РОССИЙСКАЯ АКАДЕМИЯ НАУК
ИНСТИТУТ РУССКОГО ЯЗЫКА им. В. В. ВИНОГРАДОВА

С. И. ОЖЕГОВ и Н. Ю. ШВЕДОВА

ТОЛКОВЫЙ СЛОВАРЬ РУССКОГО ЯЗЫКА

4-е издание, дополненное

80 000 слов и фразеологических выражений

Москва,
1998

ББК 8.1. Р-4
О - 45

Ожегов С. И. и Шведова Н. Ю.

О-45 Толковый словарь русского языка: 80 000 слов и фразеологических выражений/ Российская академия наук. Институт русского языка им. В. В. Виноградова. — 4-е изд., дополненное. — М.: Азбуковник, 1998. — 944 стр. ISBN 5-89285-003-X.

Однотомный толковый словарь русского языка содержит 80 000 слов и фразеологических выражений (считая заголовочные слова, производные слова, помещенные в словообразовательном гнезде, и фразеологические выражения и идиомы, следующие за знаком ✦). Слова и фразеологизмы, заключенные в словаре, относятся к общелитературной русской лексике, а также к взаимодействующим с ней специальным сферам языка; в словаре широко представлена также просторечная лексика, употребительная в литературе и в разговорной речи. Словарная статья включает толкование значения, характеристику строения многозначного слова, примеры употребления, сведения о сочетаемости слова, грамматические и акцентологические (в необходимых случаях также орфоэпические) характеристики слова. Словарная статья сопровождается описанием тех фразеологических выражений, которые порождены этим словом либо так или иначе с ним связаны.

Книга обращена к широким кругам читателей: ею могут пользоваться как приступающие к изучению русского языка, так и те, кто хорошо им владеет и обращается к словарю для уточнения или пополнения своих знаний.

Словарь вышел в свет в 1992 г., 2-ое изд., испр. и доп., 1994, стереотип: 3-ое изд. 1995, 1996.

ISBN 5-89285-003-X

ПРЕДИСЛОВИЕ

Предлагаемый читателям «Толковый словарь русского языка» представляет собой результат многолетней совместной работы двух его авторов. Краткая история этой книги такова. В 1949 г. вышел в свет первым изданием однотомный «Словарь русского языка» Сергея Ивановича Ожегова (1900—1964), известного русского филолога, одного из основных авторов «Толкового словаря русского языка» под редакцией проф. Д. Н. Ушакова (тт. I—IV, 1935—1940 гг.). Словарь С. И. Ожегова быстро завоевал признание широкого круга читателей: принципы, на которых он строился, были ясны и разумны, состав описываемой лексики (словник) был актуален и отражал живые языковые процессы, материал располагался доступно, толкования слов и примеры их употребления (речения) были точны и лаконичны, фразеологическая часть статьи достаточно информативна. Словарь был задуман как строго нормативный, безусловно рекомендующий определённые лексические, грамматические, орфоэпические и стилистические правила. Варианты почти не допускались, исключение составляли исторически сложившиеся и освященные традицией возможности свободного выбора той или иной формы. Однако С. И. Ожегов был лингвистом, который прекрасно чувствовал жизнь языка, видел тенденции его развития. Он понимал языковую норму как исторически складывающуюся и изменчивую категорию, чуткую к звучащей речи, к живому употреблению и постоянно на него откликающуюся. Это отразилось на всей дальнейшей жизни словаря: от издания к изданию строгая нормативность, доходившая до запретительных помет, сменялась лингвистически аргументированным рекомендательным отношением к вариантам, широкой волной хлынувшим в язык в нашу эпоху.

При жизни автора вышло шесть изданий однотомного словаря: 2-е (1952 г.) и 4-е (1960 г.) были исправленными и дополненными, 3-е (1953 г.), 5-е (1963 г.), 6-е (1964 г.) были стереотипными; стереотипными были также 7-е (1968 г.) и 8-е (1970 г.). В течение всех этих лет словарь пополнялся и совершенствовался. Незадолго до смерти С. И. Ожегов направил в издательство «Советская энциклопедия» письмо, в котором сообщал, что не считает далее возможным издавать свой словарь стереотипным способом и предполагает его существенное обновление и пополнение (см. предисловие к изданию 1972 г.). Этому замыслу не суждено было осуществиться под пером автора.

После смерти С. И. Ожегова, выполняя его волю, работу над словарём продолжила член-корреспондент Российской академии наук Н. Ю. Шведова (ранее она была редактором-лексикологом 2-го издания). Под её редакцией и с её участием как соавтора в 1972 г. вышло 9-е, исправленное и дополненное издание словаря. Его состав увеличился на 4 тыс. слов; каждая словарная статья была проверена и в необходимых случаях усовершенствована (о проделанной здесь работе см. предисловие к 9-му изданию). С этого времени началась новая жизнь словаря. С 1972 по 1991 гг. вышло в свет четырнадцать его изданий: 10-е—12-е, 14-е—15-е, 17-е—20-е — стереотипные, 13-е и 16-е (1981 г. и 1984 г.) — с исправлениями, 21-е (1989 г.) — переработанное и дополненное, 22-е и 23-е — стереотипные. Объём словаря вырос с 57 тыс. до 70 тыс. слов; постепенно увеличивался корпус словаря, расширялось описание семантической структуры многозначных слов, обогащались иллюстративная часть, показ фразеологических связей, круг ближайших производных слов (объём словопроизводственного гнезда). Все грамматические и акцентологические сведения были приведены в соответствие с последними академическими изданиями: с двухтомной академической «Русской грамматикой» 1980 г. и с «Орфоэпическим словарём русского языка» 1989 г. Двадцать первое издание «Словаря русского языка» С. И. Ожегова по сравнению с последним нестереотипным прижизненным его изданием (4-е, 1960 г.) было по существу новой книгой: весь корпус словаря был обновлён и пополнен его редактором и соавтором (см. предисловие к 21-му изданию). В то же время были сохранены все основные лексикографические принципы построения словаря, его теоретические основы: принципы отбора и описания слов, структура словарной статьи, основания для разграничения значений; осталась в прежнем виде система стилистических и исторических помет: при всей их очевидной обобщенности и открытости для дальнейшей внутренней дифференциации эти пометы правильно отражают хронологическую перспективу в жизни слова и общеязыковое стилистическое расслоение современной русской лексики.

В 1990 г. Академия Наук СССР присудила «Словарю русского языка» С. И. Ожегова премию им. А. С. Пушкина.

После выхода в свет 21-го издания работа над словарём продолжалась; её результатом является настоящая книга, которая выходит в свет под именами двух её авторов. Этот словарь существенно отличается от всех предыдущих изданий однотомника. В него вошло более 3 тыс. новых слов и выражений, большое количество новых значений и устойчивых сочетаний, отражающих активные процессы в современной русской лексике и фразеологии. Это относится прежде всего к таким сферам, как наука, политика, деловая жизнь, производство, финансы, торговля. Переработаны или уточнены толкования, расширена иллюстративная часть словарных статей, введена новая идиоматика. Существенным моментом является то, что этот словарь полностью освобождён от тех навязывавшихся извне идеологических и политических характеристик и оценок именуемых понятий, которые в той или иной степени присутствовали в предыдущих изданиях (в меньшей степени — в 21-м) и от которых ни авторы, ни редактор не в силах были освободиться. Теперь все такие характеристики и оценки последовательно устранялись, так же как тенденциозно окрашенные примеры употребления и пометы, насильственно относившие некоторые слова к сфере устаревшей лексики. Вся масса слов, принадлежащих к идеологической и политической понятийным сферам, получила в новой книге адекватное собственно филологическое описание.

В этом словаре читатель увидит стремление отразить те изменения, которые происходят в русской лексике в последние годы. Естественно, что это касается прежде всего изменений в общелитературном языке, а также в получившей широкое распространение политической, специальной и профессиональной лексике; жаргонизмы, явные слова-однодневки, кальки, имеющие равнозначные русские эквиваленты, так же, как и многие иноязычные слова, сейчас широко проникающие в речь в их непосредственном звучании, в словарь включались с большой осторожностью: они ещё должны пройти проверку временем.

Для нового словаря были заново проверены и с возможной точностью истолкованы целые массивы слов, относящихся к замкнутым понятийным сферам. Это коснулось прежде всего слов и сочетаний, именующих понятия религии и церкви. Ни в одном из русских общеязыковых толковых словарей, выходивших в советское время, эта лексика не получила сколько-нибудь полного и точного описания; некоторым исключением можно считать лишь большой академический «Словарь современного русского литературного языка» (тт. I—XVII, 1950—1965 гг.), в котором отразились усилия старых специалистов сохранить соответствующие языковые ценности. В предлагаемой книге такие слова и выражения получили новые, относительно полные характеристики, во многих случаях включающие элементы энциклопедизма (см. названия вероучений, божественных существ, церковных обрядов и таинств, русских церковных праздников и под.); значительно пополнился самый список соответствующих словарных единиц. Другим примером может служить лексика, составляющая названия народов: все относящиеся сюда слова получили уточнённые толкования, отвечающие современному статусу соответствующих реалий. На страницах словаря читатель найдёт целые серии новых разработок таких слов, которые в последнее время обогатили свои значения, породили новое фразеологическое окружение.

Таким образом, этот словарь может рассматриваться как такое лексикографическое описание современного русского языка, которое стремится отразить живые процессы, происходящие в нашем языке в последние десятилетия 20-го столетия.

«Словарь русского языка», созданный С. И. Ожеговым, надолго пережил своего автора. Эта книга почти полвека служит русскому народу и тем, кто любит и хочет знать его язык.

Н. Шведова
1992—1997

К ЧЕТВЕРТОМУ ИЗДАНИЮ

Четвертое издание «Толкового словаря русского языка» значительно отличается от первых трех его изданий: оно дополнено большим количеством слов и фразеологизмов, а также отдельных, не отмеченных ранее в этом словаре, значений внутри семантической структуры многозначного слова; в целом дополнения, касающиеся самого корпуса словаря, а также не отмеченных ранее значений слов и фразеологических выражений, вошедших в иллюстративную часть статьи, составляют более 3000 единиц. Новые материалы в большинстве случаев извлекались из современных источников и отражают живые процессы в развитии русской лексики. Для 4-го издания словаря были пересмотрены и уточнены описания некоторых групп слов, составляющих отдельные подмножества внутри лексической системы в целом. Так, были еще раз проверены и уточнены описания слов, составляющих ядро бытийных, а также полузнаменательных и фазовых глаголов, многие группы в названиях лиц и животных. Значительно пополнилась информация о фразеологизмах: в словарь внесено много новых современных устойчивых сочетаний, живых пословиц и поговорок; расширены имеющиеся этимологические справки и в ряде случаев добавлены новые.

В грамматической зоне глагольных статей в настоящем издании существенно следующее изменение: у глаголов, редко образующих формы 1 и 2 л., информации о неупотребительности таких форм предшествует обязательный показ самой возможности их образования (см. «Сведения о том, как пользоваться словарем», п. 36).

В отличие от всех предшествующих изданий однотомного словаря четвертое издание снабжено подробными грамматическими (морфологическими) таблицами, составленными по двухтомной академической «Русской грамматике» (М., «Наука», 1980).

За помощь в работе над новым изданием «Толкового словаря» я благодарю кандидатов филологических наук А. С. Белоусову, В. А. Плотникову и Ю. А. Сафонову, а также весь коллектив Отдела грамматики и лексикологии Института русского языка им. В. В. Виноградова Российской академии наук, с сотрудниками которого в ходе работы над словарем постоянно обсуждались и уточнялись его материалы. Помощь в создании компьютерной версии словаря оказана В. Н. Молодым и Р. Данвеллом.

Подготовке 4-го издания «Толкового словаря русского языка» содействовала ведущаяся в Отделе большая коллективная работа над «Русским семантическим словарем», первый том которого выходит из печати в этом году.

Н. Шведова
1997

КО ВТОРОМУ ИЗДАНИЮ

Во второе издание «Толкового словаря» внесено более 800 дополнений и уточнений, касающихся толкований слов, фразеологизмов или состава гнезда. В это издание вошёл ряд актуальных для современного употребления слов, не отражённых в первом издании. Дополнительной обработке подверглись отдельные разряды слов, в частности, некоторые группы числительных, некоторые названия денежных единиц, финансовые термины, уточнены и расширены толкования частиц и фразеологических выражений, по своей функции совпадающих с частицами. В класс имён прилагательных в качестве самостоятельных в необходимых случаях введены статьи — названия признаков по отношению к странам и народам с соответствующей иллюстративной частью.

Из текста словаря устранены все замеченные технические погрешности и опечатки.

Н. Шведова
1993

СВЕДЕНИЯ, НЕОБХОДИМЫЕ ДЛЯ ПОЛЬЗУЮЩИХСЯ СЛОВАРЁМ*

СОСТАВ СЛОВАРЯ

1. Однотомный словарь русского языка показывает правильное употребление слов, правильное образование их форм, правильное произношение, а также правильное написание слов в современном русском литературном языке. Правильное употребление слов, правильное образование их форм и произношение означает соответствие литературной норме. Такая норма представляет собой исторически изменчивое явление. Поэтому в литературном языке широко представлены варианты либо равноправные в своём употреблении, либо стилистически распределённые.

Современный русский литературный язык – это общенародный русский язык в его обработанной форме, служащий средством общения и обмена мыслями во всех областях жизни и деятельности. Словарный состав русского литературного языка нашей эпохи богат и сложен: он является продуктом многовекового развития русского языка и отражает, следовательно, изменения, которые происходят в языке в связи с развитием общества, его духовной культуры, науки и техники. Очевидно однако, что однотомный словарь не может ставить своей задачей отразить всё лексическое многообразие состава современного русского литературного языка. Поэтому определённые категории слов в словарь не включаются.

2. В соответствии с задачами словаря в него, как правило, не помещаются:

1) специальные слова и значения, которые являются узкопрофессиональными терминами отдельной отрасли науки и техники и которыми пользуется только относительно ограниченный круг специалистов той или иной профессии; исключение составляют те случаи, когда узкоспециальный термин в своём значении тесно связан с другими значениями данного слова и помогает уяснить его смысловое строение в целом, а также те случаи, когда специальное слово является омонимом по отношению к общелитературному слову и должно быть ему противопоставлено в целях избежания ложного понимания термина;

2) местные, диалектные слова и значения, если они не используются достаточно широко в составе литературного языка как выразительные средства или как слова, приобретающие терминологический характер и используемые достаточно широко не в узкоспециальных сферах;

3) просторечные слова и значения с ярко выраженной грубой окраской;

4) старые или устаревшие слова и значения, выпавшие из языка, практически не нужные с точки зрения современного языкового общения, понимания ближайшей исторической действительности или текстов классической литературы; такие слова и значения включаются в словарь в тех случаях, когда на основе старого, утраченного значения сформировалось новое, живое и достаточно употребительное;

5) собственные имена различных типов — личные, географические, названия учреждений; исключение составляют собственные имена, входящие в устойчивые фразеологические сочетания как их обязательный компонент.

3. С целью сокращения объёма словаря и, вместе с тем, сохранения возможности включить необходимую, употребительную в литературном языке лексику некоторые разряды производных слов помещаются под основным словом в его гнезде. Основанием для помещения в гнездо служит не только общность происхождения слов, не только принадлежность их к одному корню, но прежде всего их ближайшие живые словообразовательные связи в системе современного языка. Сюда относятся такие производные слова, в которых новый смысл создаётся только в связи с принадлежностью производного слова к иной грамматической категории по сравнению с производящим словом:

1) отвлечённые имена существительные на **-ость, -ство, -изна**, производные от имён прилагательных, имеющие отвлечённое значение качества и свойства, напр. **характе́рность** при **ХАРАКТЕ́РНЫЙ, доро́дность** и **доро́дство** при **ДОРО́ДНЫЙ, кру́тость** и **крутизна́** при **КРУТО́Й;**

2) производные от глаголов имена существительные, с нулевым суффиксом и на **-ние (-ание, -ение), -тие, -ка, -ация**, обозначающие действия, напр. **вы́нос** при **ВЫ́НЕСТИ, умале́ние** при **УМАЛИ́ТЬ, соса́ние** при **СОСА́ТЬ, накры́тие** при **НАКРЫ́ТЬ, сти́рка** при **СТИРА́ТЬ, акклиматиза́ция** при **АККЛИМАТИЗИ́РОВАТЬ, -СЯ;**

3) имена существительные уменьшительные, ласкательные и уничижительные с различными суффиксами, производные от имен существительных, напр. **до́мик, домо́к, доми́шко** при **ДОМ;**

4) названия лиц женского пола, образованные от соответствующего названия по профессии, занятию, деятельности лиц мужского пола, напр. **преподава́тельница** при **ПРЕПОДАВА́ТЕЛЬ, курье́рша** при **КУРЬЕ́Р;**

5) относительные имена прилагательные, производные от существительных и глаголов и обозначающие различного рода отношения к предмету, действию или свойства и качества, вытекающие из отношения к предмету, действию, напр. **университе́тский** при **УНИВЕРСИТЕ́Т, дверно́й** при **ДВЕРЬ, протир́очный** при **ПРОТЕРЕ́ТЬ, соса́тельный** при **СОСА́ТЬ;**

6) порядковые имена числительные, производные от количественных, напр. **тре́тий** при **ТРИ, пятидеся́тый** при **ПЯТЬДЕСЯ́Т;**

7) парные виды глагола (а также однократные и многократные глаголы) при отсутствии между ними каких-либо смысловых различий, кроме различия в значениях предельности (совершенный вид) и непредельности (несовершенный вид), напр. *несов.* **умиротворя́ть** при *сов.* **УМИРОТВОРИ́ТЬ,** *сов.* **сде́лать** при *несов.* **ДЕ́ЛАТЬ,** *однокр.* **кольну́ть** при *несов.* **КОЛО́ТЬ**[2];

8) собственно-возвратный залог глаголов, т. е. имеющий значение перехода действия на действователя, напр. *возвр.* **мы́ться** (т. е. мыть себя) при **МЫТЬ.**

4. Если слова, помещённые в гнезде, имеют иные, собственные значения, не вытекающие непосредственно и только из словообразовательных связей с производящим словом, то такие слова помещаются с толкованиями как заглавные, со ссылкой на наличие того же слова в гнезде. Напр., слово *гру́бость* помимо значения отвлечённого существительного имеет конкретное значение «грубое слово, выражение, поступок», поэтому оно даётся отдельно как заглавное: **ГРУ́БОСТЬ, -и,** *ж.* **1.** *см.* грубый. **2.** Грубое выражение, грубый поступок.

5. Некоторые грамматические разряды слов, если они принадлежат к числу легко образуемых производных слов, обычно не помещаются в словаре. Сюда относятся:

1) многие названия действующего лица от глаголов и имён прилагательных на **-тель, -тор, -ец** и некоторые другие;

2) регулярно образуемые имена прилагательные притяжательные на **-ов, -ин**, напр. *солдатов, старостин;*

3) имена прилагательные со значением ослабленного качества на **-оватый, -еватый**, напр. *красноватый, синеватый;*

---

* «Сведения» составлены С. И. Ожеговым, здесь в них внесены те необходимые изменения, которые диктовались характером настоящего издания.

4) имена прилагательные уменьшительные типа *красненький, белёхонький*;

5) сложные и приставочные слова, если их значение вполне вытекает из их морфемного состава, напр. *соарендатор, довязать* (кончить вязать), *неталантливый* и под. В связи с этим для справок в словаре как заглавные слова помещаются продуктивные в современном языке первые части сложений и приставки с объяснением их значений, напр. **АВИА..., КИНО..., ПОЛ..., ФОТО..., ДО..., ЗА...**;

6) несовершенный вид глаголов с суффиксами **-ыва, -ива**, образованных от приставочного глагола совершенного вида, если этот производный глагол совпадает по лексическому значению с бесприставочным глаголом несовершенного вида, напр. *сброшюровывать* при наличии *несов.* **БРОШЮРОВА́ТЬ** и *сов.* **СБРОШЮРОВА́ТЬ**. Такие глаголы даются лишь тогда, когда они могут быть рекомендованы для употребления, напр. *несов.* **УБАЮ́КИВАТЬ** (то же, что баюкать) при наличии *несов.* **БАЮ́КАТЬ** и *сов.* **УБАЮ́КАТЬ**.

6. При каждом заглавном и производном слове даются его формы; подробнее об этом см. 32—37, посвященные отдельным частям речи.

ССЫЛОЧНЫЕ СЛОВА

7. В затруднительных случаях, чтобы облегчить отыскивание слова, находящегося в гнезде, в общий алфавит введены так называемые ссылочные слова, т. е. слова из гнёзд со ссылкой на то заглавное слово, в гнезде которого находится главное производное.

Ссылки даются в следующих случаях:

1) если слова начинаются разными буквами, напр., при приставочном видообразовании тогда, когда производное слово — глагол совершенного вида отличается от производящего начальной буквой, напр.: **СДЕ́ЛАТЬ, -СЯ** *см.* делать, -ся, **ПОТЯГА́ТЬСЯ** *см.* тягаться (глаголы несовершенного вида в качестве ссылочных из гнезда не выносятся);

2) если слова начинаются на одну и ту же букву, ссылки даются:

а) при нерегулярных, редких или сразу нескольких морфологических чередованиях, отличающих начала слов, а также при чередованиях звука с нулём, напр.: **АКТРИ́СА** *см.* актёр, **СЕДЕ́ЛЬНЫЙ** *см.* седло;

б) когда в ссылочном слове, кроме словообразовательного, присутствует другое значение (или другие значения); в этом случае ссылочным является не слово, а его значение (первое), а другие значения описываются самостоятельно. Так, производное существительное *закругле́ние* как название действия по глаголу *закругли́ть* стоит в гнезде этого глагола, но, кроме того, это слово имеет значение «закруглённая часть чего-н.», поэтому слово *закругление* помещается как заглавное, но толкование даётся под цифрой **2**, а за цифрой **1** даётся ссылка на глагол, показывающая, что при нём есть производное отглагольное существительное: **ЗАКРУГЛЕ́НИЕ... 1.** *см.* закруглить, -ся. **2.** Закруглённая часть чего-н.;

в) во всех случаях, когда данное производное слово имеет показанный в словаре омоним, напр. **КРЕ́ПОСТЬ**[3] *см.* крепкий;

г) когда слово имеет двоякое звучание и написание, напр. **КРЫ́НКА** *см.* кринка, **НАСТРУГА́ТЬ** *см.* настрогать, **НУЛЬ** *см.* ноль, или когда читатель может искать слово специально для орфографической справки, напр. *застрева́ть, ки́сонька*;

д) для некоторых редко употребляемых слов или специальных терминов, напр. **ОМИ́ЧЕСКИЙ** *см.* ом, **ПОДО́ВЫЙ** *см.* под[1].

ТОЛКОВАНИЕ ЗНАЧЕНИЯ СЛОВА

8. В словаре значение слова раскрывается в кратком определении, достаточном для понимания самого слова и его употребления. Отсюда следует, что от словаря нельзя требовать сведений для всестороннего знакомства с самим называемым предметом.

Краткие определения для слов с одним или несколькими значениями охватывают только те значения (в том числе и переносные), которые являются устоявшимися в литературном языке и свойственны современному общему употреблению. Случаи расширения употребления слова в сравнениях, в метафорическом применении не учитываются при классификации значений, такие смысловые оттенки показываются в иллюстрированных примерах с соответствующими пояснениями или с пометой «перен.» (переносное) в скобках (в необходимых случаях с кратким пояснением).

Отдельные значения в многозначных словах разделяются арабскими цифрами, знак точка с запятой (;) после толкования означает, что данное значение осложняется и может быть расчленено на два самостоятельных значения.

9. В словах, сходных или близких по значению, а также в словах, совпадающих по своему значению, основное толкование даётся обычно при том слове, которое является наиболее употребительным или в том или в ином отношении более существенным в ряду сходных по значению слов. В остальных словах такого ряда, если нет добавочных оттенков, вместо определения дается именно то слово, при котором дано толкование, с указанием «то же, что...». Если такие слова различаются стилистически, по сфере своего употребления, то это показывается особой пометой (см. 11), напр. **ДЕРЖА́ВА, -ы,** *ж.* **1.** То же, что государство (высок.).

Слова, одинаковые по значению и являющиеся словообразовательными вариантами, приводятся рядом, соединяясь союзом «и», и имеют общее определение, напр. **ГО́РЛИНКА, -и** и **ГО́РЛИЦА, -ы,** *ж.*

Слова, разные по значению, но совпадающие по написанию и произношению (омонимы), даются отдельно как заглавные слова с цифровыми показателями вверху справа, напр. **ВОЛОКИ́ТА**[1] и **ВОЛОКИ́ТА**[2].

10. Толкования слов даются по возможности кратко, в расчёте на то, что слова, входящие в толкование, объяснены на своем месте и могут быть легко найдены; так, в слове **БИО́ЛОГ**, -а, *м.* Специалист по биологии — значение слова «биология» не раскрывается, так как его можно найти под заглавным словом **БИОЛО́ГИЯ**. Если толкование слова дается через многозначное слово, то после этого слова в скобках следует указание, какое из значений многозначного слова имеется в виду, напр. **ГАРМОНИ́РОВАТЬ...** Быть в соответствии с чем-н., находиться в гармонии[1] (во 2 знач.).

Точно так же, если производное слово в гнезде относится не ко всем значениям многозначного слова, после производного слова дается в круглых скобках указание «к такому-то № знач.» заглавного слова.

ХАРАКТЕРИСТИКА УПОТРЕБЛЕНИЯ СЛОВА

11. Значительная часть лексики стилистически нейтральна, т. е. может употребляться в любых видах устной и письменной речи, не придавая ей никаких стилистических оттенков. Но многие слова литературного языка по характеру и кругу своего употребления, по принадлежности к различным стилям языка неравноценны. Поэтому при словах, нуждающихся в той или иной характеристике в этом отношении, даются особые пометы. Они ставятся в круглых скобках перед толкованием значения, если слово имеет одно значение или если помета относится ко всем значениям многозначного слова. Если же помета относится к одному или лишь к некоторым значениям многозначного слова, она ставится после толкования, напр. **КА́РЛИК... 3.** Слабо светящаяся небольшая звезда (спец.). Если при производных словах в гнезде нет своих помет, то это значит, что они по характеру употребления равноценны основному. Пометы, если они нужны, даются и при иллюстративных примерах, и при фразеологических сочетаниях. Если в скобках стоят две пометы, то это значит, что в слове (или значении) сочетаются разные, обычно дополняющие друг друга стилистические характеристики, напр. (разг. шутл.) — разговорное с шутливым оттенком. Если же две пометы соединены союзом «и», напр. (устар. и ирон.), то это значит, что в одних контекстах слово употребляется как устарелое, а в других оно может придавать речи оттенок иронии.

12. В словаре используются пометы, указывающие на стилистическую характеристику слова:

(книжн.), т. е. книжное, означает, что слово характерно для письменного, книжного изложения; часто эти слова, особенно иноязычные по происхождению, являются синонимами слов нейтральной лексики;

(высок.), т. е. высокое, означает, что слово придаёт речи оттенок торжественности, приподнятости; свойственно публицистической, ораторской, а также поэтической речи;

(офиц.), т. е. официальное, означает, что слово свойственно речи официальных отношений, а также речи канцелярско-административной;

(разг.), т. е. разговорное, означает, что слово свойственно обиходной, разговорной речи, служит характеристикой явления в кругу бытовых отношений; оно не выходит из норм литературного словоупотребления, но сообщает речи непринуждённость;

(прост.), т. е. просторечное, означает, что слово свойственно нелитературной городской разговорной речи, содержащей в себе немало недавних диалектных слов, слов жаргонного происхождения, новообразований, возникающих для характеристики разнообразных бытовых отношений, словообразовательных вариантов нейтральной лексики; просторечное слово используется в литературном языке как стилистическое средство для придания речи оттенка шутливого, пренебрежительного, иронического, грубоватого и др.; часто эти слова являются выразительными, экспрессивными синонимами сло́в нейтральной лексики;

(обл.), т. е. областное, такой пометой снабжаются местные, диалектные слова, употребляемые в речи при необходимости обозначить то или иное явление средствами не литературного языка, а местного говора, диалекта;

(презр.), т. е. презрительное, (неодобр.), т. е. неодобрительное, (пренебр.), т. е. пренебрежительное, (шутл.), т. е. шутливое, (ирон.), т. е. ироническое, (бран.), т. е. бранное, (груб.), т. е. грубое — означают, что в слове содержится соответствующая эмоциональная, выразительная оценка обозначаемого явления.

13. Помета (спец.), т. е. специальное, обозначает принадлежность к определённому кругу профессионального, научного, технического употребления.

14. К пометам, указывающим на историческую перспективу слова, относятся (стар.) и (устар.): помета (стар.), т. е. старое, указывает, что слово принадлежит языку русской старины; помета (устар.), т. е. устарелое, указывает, что слово вышло или выходит из живого употребления, но ещё хорошо известно в современном литературном языке, а также по классическим литературным произведениям 19 — начала 20 вв.

Если при слове дана помета (стар.) или (устар.), а иллюстративные примеры даны с пояснениями в скобках, то это значит, что к иллюстративным примерам, отражающим современное употребление, помета не относится (см., напр., слово *кой*). Для слова, которое совсем недавно заменилось другим, даётся указание: «прежнее название» (см., напр., *местком*).

15. Сфера употребления, одновременно служащая и уточнению значения слова, определяется также помещением перед толкованием различного рода пояснений, напр.: в математике, в народной словесности, в сказках, в старину, в царской России, в христианском вероучении, по религиозным представлениям.

16. В некоторых случаях после толкования (или после иллюстративных примеров) в прямых скобках даются указания, предостерегающие от неправильного употребления слов, или после толкования в круглых скобках даются указания на условия правильного употребления (см., напр., указание при словах *заимообразно, кушать, ностальгия*). Подобные указания даются только в тех случаях, когда неправильное употребление встречается очень часто.

ПРИМЕРЫ И ФРАЗЕОЛОГИЯ

17. После толкования значения слова в необходимых случаях даются примеры, иллюстрирующие его употребление в речи. Примеры помогают точнее понять значение слова и способы его применения. В качестве примеров даются короткие фразы, наиболее употребительные сочетания слов, а также пословицы, поговорочные, обиходные и образные выражения, показывающие употребление данного слова. Если такие выражения нуждаются в дополнительном объяснении, т. е. если всё выражение приобретает какой-н. новый смысл (образный, переносный при сохранении значения самого слова), то после него в круглых скобках даётся краткое объяснение. Для иллюстрации синтаксических связей слова даются наиболее типичные словосочетания, которые показывают употребление данного слова с теми или иными определениями, дополнениями, предлогами. Если слово в примере совпадает с исходной формой заглавного слова (напр., если это имя существительное в им. п., глагол в неопределённом наклонении), то оно даётся сокращенно — одной первой буквой с точкой.

18. После толкования значений и примеров (а также возможно и после производных слов в гнезде) даются за знаком ✦ так называемые фразеологические выражения, общее значение которых не определяется непосредственно значением данного слова. Такие фразеологические выражения сопровождаются особым толкованием и пометой, напр. **НОС...** ✦ **Под носом** (разг. неодобр.) — рядом, совсем близко.

Если какое-н. слово в литературном языке встречается только в таком выражении и независимо от него не употребляется, то значение такого слова не толкуется. В этом случае данное слово даётся как заглавное (с приведением форм, если они имеются), после него ставится двоеточие, приводится выражение, в котором находится это слово, и даётся толкование этого выражения; напр. **БАКЛУ́ШИ: бить баклуши** (разг.) — бездельничать; **АМУ́РЫ**, -ов: **амуры разводить** (прост. шутл.) — заниматься любовными похождениями, ухаживаниями.

ПРОИЗНОШЕНИЕ

19. При расхождении правописания слова с его произношением последнее указывается только в отдельных необходимых случаях. Указание на произношение даётся вслед за словом, в прямых скобках курсивом, но обычно не для всего слова, а только для той его части, которая нуждается в таком указании, напр. пометки при **АГА́**, [*а́hа́*] **КОМПЬЮ́ТЕР** [*тэ*], **ДИЕ́ТА** [*иэ*] указывают, что нужно произносить звонкое фрикативное «г» в первом случае, твёрдый согласный перед «е» в другом, сочетание «иэ» без промежуточного «j» в третьем.

Во всех остальных случаях следует придерживаться излагаемых ниже норм современного литературного произношения, которые сложились в процессе развития и совершенствования старых московских норм произношения.

1) Произношение безударных гласных подчиняется норме старого московского произношения. В первом предударном слоге буквы **о** и **а** обозначают звук *а*, напр. *сады́*, *вады́*; в остальных неударяемых слогах произносится неясный звук, который в разных положениях колеблется от произношения, близкого к *ы*, к произношению, близкому к *а*, не достигая, однако, полноты и ясности звука *а́* (условно этот звук обозначается значком ъ), напр. *съдово́д, въдаво́з*. Буквы **е**, **я** в безударных слогах обозначают звук *е*, склонный к *и* (условно этот звук обозначается значком *е*[и]), напр. *ве*[и]*зу́*, *пе*[и]*та́к*. Произношение иноязычных по происхожде-

нию слов также подчиняется этой норме, и допускавшееся прежде сохранение в некоторых из них произношения чистых *о, е* в безударном положении теперь не рекомендуется; отступления от этой нормы в отдельных словах указываются в словаре.

В отличие от старого московского произношения после **ж, ш** в первом предударном слоге буква **а** обычно обозначает звук *а*, т. е. *жара́, шары́*, а не *жыра́, шыры́*. После **ч** и **щ** в первом предударном слоге *а* произносится как *е*, склонное к *и*, т. е. *чеисы́, щеиве́ль*.

2) Буква **г** обозначает взрывной звук. Длительное **г** (как звонкое *х*, которое в словаре обозначается латинской буквой h) произносится, как правило, только в междометиях ага́ — *а́hа́*, гоп — *h*оп и в некоторых других словах, что всегда обозначено в словаре.

3) Звонкие согласные в конце слова и в середине, в начале слова перед глухими* произносятся как соответствующие им глухие, напр. хлеб — хле*п*, бабка — ба́*п*ка, бровь — бро*ф*ь**, вторник — *ф*то́рник, друг — дру*к*, зуд — зу*т*, нож — но*ш*, ложка — ло́*ш*ка, глаз — гла*с*, груздь — гру*сьть*; **г** произносится как *х* только в слове бог — бо*х* и в сочетаниях **гк, гч**: лёгкий — лё*х*кий, мягкий — мя*х*кий, легче — ле́*х*че, мягче — мя́*х*че.

Глухие согласные перед звонкими (кроме **в**) произносятся как соответствующие звонкие, напр. просьба — про́*з*ьба, сделать — *зь*де́лать, молотьба — моло*д*ьба, отдал — о́*д*дал, вокзал — во*г*за́л.

4) Согласные перед мягкими согласными в старом московском произношении в большинстве случаев произносились мягко. В настоящее время для многих согласных господствует в этом положении твёрдое произношение. Мягкое произношение возможно для зубных **с, з** и реже для **т, д** перед мягкими зубными согласными (**с, з, т, д, н**), реже перед губными (**в, м, ф, п, б**), а также допустимо для **в** перед мягким **в**, напр. пе́*сь*ни, *зь*де́лать, ко́*сь*ть, *ть*вёрдый, *дь*ве́ри, *вь*ве́рх. Вообще же на стыке приставки и корня и в этих случаях согласный перед мягким согласным обычно не смягчается, напр. растере́ть.

Буква **н** всегда обозначает мягкий звук перед **ч** и **щ**, напр. ня́*нь*чить, ба́*нь*щик.

Перед разделительным **ъ**, в отличие от старого московского произношения, согласные произносятся твёрдо, напр. съесть, подъём.

5) Буквы **ж, ш, ц** всегда обозначают твёрдый звук: *жы*знь, *шы*рь, *цы́*фра, конститу́*цы*я, *жо́*лтый.

6) Буква **щ** и сочетания **жч, зч, сч** обозначают сочетания *шьшь* (долгое мягкое *ш*) или *шьч*: ро́*шьшь*а, му*шьшь*и́на, изво́*шьшь*ик, *шьшь*а́стье, бе*шь*чи́сленный, и*шь*че́знуть. С долгим мягким **щ** произносится также слово дождь — до*шьшь* (допустимо до*шть*).

7) Сочетания **жж** и **зж** произносятся как долгое мягкое *ж* (*жьжь*), напр. в словах жужжать — жу*жьжь*а́ть, визжать — ви*жьжь*а́ть, позже — по́*жьжь*е.

На стыке приставки и корня сочетание **зж** произносится только как долгое твёрдое *ж*, напр. в словах разжиреть — ра*жжы*ре́ть, разжать — ра*жж*а́ть, изживать — и*жжы*ва́ть.

8) Сочетание **чн** обычно так и произносится, хотя в некоторых словах (количество их теперь очень уменьшилось), как напр. *конечно, прачечная* и некоторых других, остаётся старое московское произношение *шн* (произношение *шн*, если оно может быть допущено, указывается в словаре при отдельных словах).

Слова что, чтобы произносятся *ш*то, *ш*то́бы.

9) Сочетания **дс, тс** произносятся на стыке корня и суффикса как *ц*: городской — горо*ц*ко́й, светский — све́*ц*кий. Сочетание **тс** на стыке окончания формы 3 лица глаголов с **-ся** произносится как долгое *ц*: катятся — ка́тя*цц*а, берётся — берё*цц*а.

Так же произносится группа **-ться** (на стыке окончания неопределённого наклонения и **-ся**): учиться — учи́*цц*а, собираться — собира́*цц*а.

Сочетания **дц, тц** произносятся как долгое *ц*: двадцать — два́*цц*ать, молодца — моло*цц*а́, подцепить — по*цц*епи́ть.

10) Сочетания **стн, здн, стл, ндс** и **ндц** произносятся как *сн, зн, сл, нс, нц*: грустный — гру́*сн*ый, праздный — пра́*зн*ый, счастливый — сча*сл*и́вый, голландский — голла́*нс*кий, нидерландцы — нидерла́*нц*ы.

11) Буква **г** в окончании род. п. ед. ч. **-ого, -его** обозначает звук *в*: кого — ко*в*о́, чего — че*в*о́, зелёного — зелёно*в*о, так же и в слове сегодня — се*в*о́дня.

12) Прилагательные на **-гий, -кий, -хий** произносятся с мягкими *г, к, х*: стро́*гь*ий, кра́т*кь*ий, ве́т*хь*ий. В литературном языке встречается еще произношение по старой московской норме, т. е. в этих прилагательных произносятся твердые *г, к, х* как если бы было написано **-гой, -кой, -хой** (с ослабленным произнесением *о*).

13) Глаголы на **-гивать, -кивать, -хивать** произносятся с мягким *г, к, х*: натя́*гь*ивать, пома́л*кь*ивать, потря́*хь*ивать. В литературном языке ещё встречается произношение твёрдых *г, к, х* по старой московской норме.

14) В окончаниях 3 лица мн. ч. глаголов **-ат, -ят**, если на них не падает ударение, **а, я** произносятся так же, как всякие *а, я* в безударном положении: держат, пилят; старое московское произношение *у* и *ю* в этих окончаниях в литературном языке постепенно исчезает.

15) Глагольные окончания на **-ся, -сь** произносятся мягко: учи́л*сь*я, учи́ла*сь*, мо́й*сь*я, бою́*сь*; старое московское произношение с твердым **с** в литературном языке постепенно исчезает.

16) Перед буквой **е** согласный в иноязычных словах по нормам русского языка произносится мягко; однако в ряде слов сохраняются следы иноязычного произношения в виде твёрдости согласного, что всегда отмечается в словаре, напр. **АТЕЛЬЕ́** [*тэ*], **БА́РТЕР** [*тэ*], **ВЕ́СТЕРН** [*тэ*]. В этих случаях безударное **е**, не подчиняясь общим правилам произношения безударных, произносится почти как чистое *э*: ат*э*лье́.

17) Начальное предударное **э** в иноязычных словах (а также вообще безударное **э** в книжных по преимуществу словах) произносится почти как чистое *э*, напр. эпо́ха, эма́ль, экра́н.

18) Отглагольные существительные на **-ние** обычно так и произносятся, но в разговорной речи они могут произноситься так, как если бы было написано **-нье**.

УДАРЕНИЕ

20. Ударение в слове обозначается штрихом над гласной, напр. **ТРА́ТИТЬ, ЗАБО́ТА, посети́тельница.**

В русском языке ударение подвижное, не связанное с определённым слогом в слове, как напр. во французском языке, где ударение всегда падает на последний слог в слове, или в польском, где ударение всегда падает на предпоследний слог слова. Во многих словах, в силу сложных исторических условий развития русского ударения, оно колеблется, имеются варианты в ударении слов и их отдельных форм. В таких случаях словарь, как правило, рекомендует в качестве литературного только одно из возможных ударений. Так, при наличии в бытовой речи произношения *киломе́тр* и *кило́метр*, *принесён* и *принёсен*, словарь даёт только литературно правильные *киломе́тр* и *принесён*, не отмечая другого ударения.

Существующие литературные варианты ударения даются как равноправные (при этом на первом месте дается предпочитаемый вариант, напр. **ТВОРО́Г**, -а́ (-у́) и **ТВО́РОГ**, -а (-у); **БО́НДАРЬ**, -я и **БОНДА́РЬ**, -я́; **ГРУЗИ́ТЬ**, гружу́, гру́зишь *и* грузи́шь) или сопровождаются необходимыми пометами, напр.

---
* Звонкие согласные: б, в, г, д, ж, з; глухие: п, ф, к, х, т, ш, с, щ, ц, ч.
** Знаком ь условно обозначается мягкость предыдущего согласного.

...деньга́м *и* (устар.) де́ньгам. Особо отмечается распространённое профессиональное ударение, напр. **КО́МПАС**, -а (у моряков: компа́с, -а); **ДОБЫ́ЧА**, -и (у горняков; до́быча).

Если формы одного слова в разных значениях имеют неодинаковое ударение, то это указывается после цифры перед толкованием, напр. **КУРИ́ТЬСЯ...1.** (ку́рится)... **2.** (кури́тся)...

В иллюстративных примерах и фразеологических единицах ударение, как правило, не даётся, если слова, входящие в них, сохраняют свое обычное ударение. Оно даётся только в отдельных случаях, когда могут возникнуть затруднения, напр. **КУР: как кур во́ щи попасть.**

Односложные слова знаком ударения не помечаются, т. к. в них не может быть сомнения о месте ударения. В сложных словах ставится одно ударение, напр. *кораблестрое́ние*, т. к. в первой части имеется только так называемое побочное (второстепенное) ударение, что почти соответствует такому произнесению безударной **а** в данном слове, какое оно имело бы под ударением. Литературной норме соответствует или такое произношение сложных слов, или же произношение их без побочного ударения, как напр. в слове *водопрово́д*. Произношение сложных слов с двумя равноправными ударениями, наблюдаемое иногда в разговорной речи, напр. *дирижа́блестрое́ние, тру́бопрово́д, бо́мбоубе́жище*, противоречит литературной норме.

В сложных словах, которые пишутся через чёрточку (дефис), может быть или два, или одно ударение, что в каждой такой словарной статье специально отмечается; при этом первое ударение всегда побочное, второе — главное, напр. **КО́Е-КОГДА́**.

Буква **ё** показывает одновременно и произношение (*ё*, а не *е*), и место ударения. Поэтому значок ударения в этих случаях не ставится, напр. **СВЁКЛА, НАДЁЖНЫЙ**. Лишь в некоторых сложных словах, в которых ударение не на *ё*, значок ставится над ударной гласной, напр. **ТРЁХЛЕ́ТИЕ.**

ПРАВОПИСАНИЕ

21. Правописание в словаре следует «Правилам русской орфографии и пунктуации» (1956 г.) и правилам, зафиксированным академическим «Орфографическим словарём русского языка» (1989 г.). Никаких орфографических вариантов не даётся.

О ПРОИСХОЖДЕНИИ СЛОВ

22. Основной состав русской лексики принадлежит исконным собственно русским образованиям, а также лексике общеславянского фонда. В процессе многовекового общения с другими народами русский литературный язык усваивал слова иноязычного происхождения. От древнего времени в современном языке сохранились слова главным образом греческого и тюркского происхождения, а от более позднего — слова, пришедшие из латинского и новых западноевропейских языков.

Подавляющее большинство заимствованных слов приняло русское грамматическое оформление (русские окончания, род, спряжение, склонение). Многие слова приобрели на русской почве новые значения или смысловые оттенки.

Следует иметь в виду, что есть много слов, в особенности научных и технических терминов, не заимствованных, а образованных на русской почве из ранее заимствованных слов при по́мощи суффиксов и приставок (напр. *метраж*). Есть много слов, образованных из сочетания русских и иноязычных словообразовательных элементов (напр. *военизация, листаж*). Таким образом, иноязычные слова и слова с иноязычными элементами очень разнообразны по своему происхождению.

Словарь не даёт сведений о происхождении слов, так как он не ставит перед собой задач этимологических, а стремится представить только нормы современного словоупотребления. Одни иноязычные по происхождению слова проникли в широкое народное употребление, закрепились в нём и не имеют поэтому равноценного русского по происхождению слова, которым целесообразно было бы заменить иноязычное. Другие — свойственны лишь узким сферам употребления, специальной терминологии, книжному стилю. При всех таких словах стоят соответствующие пометы или специальные пояснения, характеризующие сферу их употребления.

Сведения о происхождении слов даются (после толкования) только в тех случаях, когда эти сведения помогают более точному пониманию значения слова; см., напр., такие сведения при словах *абракадабра, гомерический*.

Этимологические справки присутствуют также после толкований многих фразеологических сочетаний в тех случаях, когда такие справки способствуют лучшему пониманию фразеологизма, напр. *соломоново решение, яблоко раздора*.

ГРАММАТИЧЕСКИЕ РАЗРЯДЫ СЛОВ

23. Принадлежность слова к тому или иному грамматическому разряду (части речи) обозначается или непосредственно пометами: *нареч., числит., мест., предлог, союз, межд., вводн. сл., частица* (см. список условных сокращений), или косвенно — указанием его форм (словоизменения). Так, принадлежность слова к именам существительным видна из указания окончания формы родительного падежа слова и указания его грамматического рода (пометы: *м., ж., ср.*); к глаголам — из указания личных окончаний и совершенного или несовершенного вида, к прилагательным — из родовых окончаний. Слова типа **«жаль»**, употребляющиеся в роли сказуемого и обозначающие различные состояния, снабжаются пометой *в знач. сказ.*

24. Формы слов приводятся обычно сокращённо, начиная с той буквы, после которой изменяется начертание слова в данной форме или начиная с которой в форме слова изменяется ударение, напр. ребёнок, -нка (род. п.); кра́сный, -сен (кратк. форма); зави́довать, -дую, -дуешь (1 и 2 *л.*). Если изменения слов начинаются в пределах первых двух букв, то формы не сокращаются, напр. сон, сна.

25. Если в каком-н. из значений многозначного слова имеются дополнительные грамматические признаки или формальные отличия от приводимых после заглавного слова грамматических указаний, то это отмечается помещением после арабской цифры соответствующих сведений. Так, в существительных отмечается, напр., употребление данного значения только во множественном числе или только в форме определённого падежа. В прилагательных отмечается, напр., употребление данного значения только в краткой или только в полной форме. В глаголах отмечаются, напр., ограничения в употреблении форм лица, отношение к безличности.

26. В случае колебаний, когда в литературном языке присутствуют варианты форм, словарь фиксирует эти варианты, причём на первом месте даётся предпочитаемый вариант, напр. засты́ть и засты́гнуть; застла́ть и застели́ть; ла́зить и ла́зать.

ИМЕНА СУЩЕСТВИТЕЛЬНЫЕ

27. Имена существительные даются в именительном падеже единственного числа, за ним указывается окончание родительного падежа единственного числа или, если флексия отсутствует (во множественном числе), — окончание дательного падежа и род существительного: *м.* — мужской, *ж.* — женский, *ср.* — средний. Наличие двух помет рода, напр. **У́МНИЦА**, -ы, *м.* и *ж.*, показывает, что слово может быть и мужского и женского рода (так называемый общий род), что выражается родовой формой согласуемого прилагательного: *он большой умница, он* (или *она) большая умница*. Несклоняемые существительные даются с пометой *нескл.*, напр. **ВИ́ДЕО**, *нескл., ср.*

28. Если показана только форма родительного падежа единственного числа, это значит, что все другие падежи образуются согласно норме и с сохранением того же места ударения. Если же отдельные падежи в своём образовании и месте ударения отступают от общих правил парадигмы, это отмечается в словаре. Если после косвенных падежей единственного числа указывается форма именительного падежа множественного числа (а в случае необходимости и формы родительного и дательного падежей) с пометой *мн.*, то это значит, что типы парадигм форм единственного числа и форм множественного числа в слове не совпадают, напр. **ДОЛОТО́**, -а́, *мн.* -о́та, -о́т, -о́там. Некоторые существительные мужского рода, кроме окончания -а в родительном падеже единственного числа, могут иметь и окончание -у, напр. са́хара и са́хару. Возможность второго окончания обычно отмечается только в тех случаях, когда в литературном языке употребляются оба варианта.

29. В именительном падеже множественного числа помещаются существительные, или вовсе не имеющие единственного числа, или употребляющиеся преимущественно во множественном числе. В первом случае после именительного падежа указывается только форма родительного падежа множественного числа, напр. **СА́НИ**, -е́й. Во втором случае, кроме родительного падежа множественного числа, указываются и формы именительного и родительного падежей единственного числа, напр. **БО́ТИКИ**, -ов, *ед.* бо́тик, -а, *м.* и **БО́ТЫ**, бо́тов *и* бот, *ед.* бот, -а, *м.* Если в значении формы множественного числа данного слова употребляются формы других слов, то это всегда указывается, напр. **МЕЧТА́**, -ы́, *в знач. род. мн.* употр. мечта́ний, *ж.* Если существительное употребляется в том же значении и в форме другого числа, то после пометы *мн.* или *ед.* указывается в круглых скобках: (в одном знач. с *ед.*) или (в одном знач. с *мн.*) и даются формы другого числа, напр. **ХЛЯБЬ**, -и, *мн.* (в одном знач. с *ед.*) хля́би, -ей, *ж.*; **КРУЖЕВА́**, кру́жев, -а́м, *ед.* (в одном знач. с *мн.*) кру́жево, -а, *ср.*

30. При собирательных существительных дается помета *собир.*, напр. **ДУБНЯ́К**, -а́, *м.*, *собир.*; **СТУДЕ́НЧЕСТВО**...1. *собир.* Если существительное употребляется и в собирательном и в несобирательном значении, это указывается следующим образом: **ГА́ЛЬКА**, -и, *ж.*, также *собир.*

ИМЕНА ПРИЛАГАТЕЛЬНЫЕ

31. Имена прилагательные даются в именительном падеже мужского рода в полной форме, напр. **НО́ВЫЙ**, -ая, -ое; **СИ́НИЙ**, -яя, -ее; **ГЛУБО́КИЙ**, -ая, -ое; **БЛЕСТЯ́ЩИЙ**, -ая, -ее; во́лчий, -ья, -ье (в статье **ВОЛК**). Если мужской род не употребляется или редко употребляется, это в соответствующих случаях отмечается.

32. Краткие формы даются после заглавного прилагательного с его формами, напр. **ГЛИ́НИСТЫЙ**, -ая, -ое; -ист. Краткие формы женского рода даются в том случае, если они по написанию или по ударению отличаются от мужского рода. Краткие формы среднего рода и множественного числа даются, если они по ударению отличаются от предшествующей им формы или в них наблюдаются колебания, напр. **ГРАНДИО́ЗНЫЙ**, -ая, -ое; -зен, -зна. **ГО́РДЫЙ**, -ая, -ое; горд, горда́, го́рдо, горды́ и го́рды.

33. Степени сравнения даются в тех случаях, когда они отступают от обычных способов их образования. Сравнительная степень помещается вслед за формами рода и краткими формами. Превосходная степень помещается, в случае необходимости, вслед за сравнительной степенью, напр. **ВЫСО́КИЙ**, -ая, -ое; -о́к, -ока́, -о́ко и -око́; вы́ше; высоча́йший.

ИМЕНА ЧИСЛИТЕЛЬНЫЕ

34. Числительные количественные даются в именительном падеже с формами родительного падежа, а также и других падежей, если они представляют собой отклонения по сравнению с родительным падежом по образованию и месту ударения. Числительные порядковые даются как производные при количественных, напр. **ПЯТЬ**, -и́, пятью́, *числит. колич.* ...// *порядк.* **пя́тый**, -ая, -ое.

МЕСТОИМЕНИЯ

35. Склоняемые местоимения даются в именительном падеже и, если они имеют формы рода, в мужском роде с приведением необходимых падежных и других родовых форм. Они снабжаются пометой мест. и указанием разряда местоимения.

ГЛАГОЛЫ

36. Глаголы даются в неопределённом наклонении. Глагольные формы даются сокращённо в соответствии с правилами сокращения (см. 24). После заглавного слова указываются окончания 1 и 2 лица единственного числа настоящего времени (у глаголов несовершенного вида) или будущего простого (у глаголов совершенного вида). Форма 3 лица множественного числа приводится в тех случаях, когда в её образовании есть отличия (по типу парадигмы) от 2 лица единственного числа. Если форма 1 лица не образуется, то указывается, что 1 лицо ед. ч. не употребляется, и тогда дается только форма 2 лица. Если образование форм 1 и 2 лица затруднено или они реально не употребительны, то такие формы приводятся и сопровождаются соответствующей информацией; в этих случаях показывается также образование форм 3 лица, например: **АЛЕ́ТЬСЯ** (-е́юсь, -е́ешься, 1 и 2 *л.* не употр.), -е́ется. При безличных глаголах приводится только форма 3 лица единственного числа и даётся помета *безл.* После личных форм глагола приводятся, если есть особенности по образованию и ударению, формы прошедшего времени, формы повелительного наклонения, причастие страдательное прошедшего времени при переходных глаголах (приведением сокращённо кратких форм) и деепричастие, напр. **ПЕРЕНЕСТИ́**, -су́, -сёшь; -нёс, -несла́; -нёсший; -несённый (-ён, -ена́); неся́.

После форм указывается принадлежность к глагольному виду: *сов.*, *несов.* Далее показывается, если нужно, сильное управление глагола, т. е. какого падежа он требует, что обозначается так называемыми падежными вопросами: *кого-чего* (род. п.), *кому-чему* (дат. п.), *кого-что* (вин. п.), *кем-чем* (тв. п.), *о ком-чём* (предл. п.); управление с предлогами обозначается соответственно — *с кем-чем, во что, от кого-чего*. Если глагол управляет только существительным одушевлённым, то в падежном вопросе дается только местоимение *кто, кому, кем* и т. д., а в вин. п. — *кого(что)* для различия с родительным. Если глагол управляет только существительным неодушевленным, то в падежном вопросе даётся только местоимение *что, чему, чем* и т. д.

НАРЕЧИЯ И ПРЕДИКАТИВЫ

37. Наречия на -о, -ски, по-... -ски (напр. *весело, дружески, по-дружески*), образованные от прилагательных, даются в статье соответствующего прилагательного в качестве иллюстративного примера. То же относится к предикативным наречиям (предикативам) на -о, напр. **ВЕСЁЛЫЙ**... *Мне весело* (в знач. сказ.). Наречия и предикативы других словообразовательных типов даются в качестве отдельных слов со своими собственными грамматическими характеристиками и толкованиями.

УСЛОВНЫЕ СОКРАЩЕНИЯ, ПРИНЯТЫЕ В СЛОВАРЕ

безл. — безличное
безударн. — безударный
бран. — бранное
буд. — будущее время
букв. — буквально
вводн. сл. — вводное слово
в знач. сказ. — в значении сказуемого
вин. — винительный падеж
возвр. — возвратный залог
вопрос. — вопросительное
вр. — время глагола
высок. — высокое
гл. и глаг. — глагол
груб. — грубое
дат. — дательный падеж
деепр. — деепричастие
др. — другие
ед. — единственное число
ж. — женский род
зват. — старый звательный падеж
звукоподр. — звукоподражание, звукоподражательный
знач. — значение
им. — именительный падеж
ирон. — ироническое
книжн. — книжное
колич. — количественное числительное
косв. — косвенный падеж
кратк. и кр. ф. — краткая форма прилагательного
к-рый — который
л. — лицо
ласк. — ласкательное
м. — мужской род
межд. — междометие, междометный
мест. — местоимение
мест. нареч. — местоименное наречие
мн. — множественное число
многокр. — многократный глагол
-н. (кто-н. и т. д.) — нибудь (кто-нибудь и т. д.)
накл. — наклонение глагола
напр. — например
нареч. — наречие
наст. — настоящее время
неизм. — неизменяемое
нек-рый — некоторый
неодобр. — неодобрительное
неодуш. — неодушевлённое
неопр. — неопределённое наклонение глагола
неопред. — неопределённое местоимение
нескл. — несклоняемое
несов. — несовершенный вид
обл. — областное
однокр. — однократное
одуш. — одушевлённое
определит. — определительное
относит. — относительное
отриц. — отрицание
офиц. — официальное
п. — падеж
первонач. — первоначально
перен. — переносное значение
пов. — повелительное наклонение
погов. — поговорка
полн. и полн. ф. — полная форма прилагательного
порядк. — порядковое числительное
посл. — пословица
превосх. ст. — превосходная степень прилагательного
предл. — предложный падеж
презр. — презрительное
преимущ. — преимущественно
пренебр. — пренебрежительное
прил. — прилагательное
притяж. — притяжательное
прич. — причастие
произн. — произносится
прост. — просторечие, просторечное
противоп. — противоположное или противоположность
проф. — профессиональное
прош. — прошедшее время
р. — род
разг. — разговорное
респ. — республика
род. — родительный падеж
сем. — семейство
сказ. — сказуемое
соб. — имя собственное
собир. — собирательное
сов. — совершенный вид
союзн. сл. — союзное слово
спец. — специальное
ср. — средний род
сравн. ст. — сравнительная степень
стар. — старое
сущ. — существительное
тв. — творительный падеж
увел. — увеличительное
удар. — ударение
указат. — указательное
уменьш. — уменьшительное
уменьш.-ласк. — уменьшительно-ласкательное
уменьш.-унич. — уменьшительно-уничижительное
унич. — уничижительное
употр. — употребляется, употребляющийся
усилит. — усилительный
устар. — устарелое
ц.-сл. и церк.-слав. — церковно-славянское
ч. — число
числит. — числительное
шутл. — шутливое

РУССКИЙ АЛФАВИТ
с указанием правильного названия букв

Аа	[*а*]	**Кк**	[*ка*]	**Хх**	[*ха*]
Бб	[*бэ*]	**Лл**	[*эль*]	**Цц**	[*цэ*]
Вв	[*вэ*]	**Мм**	[*эм*]	**Чч**	[*че*]
Гг	[*гэ*]	**Нн**	[*эн*]	**Шш**	[*ша*]
Дд	[*дэ*]	**Оо**	[*о*]	**Щщ**	[*ща*]
Ее	[*е*]	**Пп**	[*пэ*]	**Ъъ**	[*твёрдый знак, стар. ер*]
Ёё	[*ё*]	**Рр**	[*эр*]	**Ыы**	[*ы*]
Жж	[*жэ*]	**Сс**	[*эс*]	**Ьь**	[*мягкий знак, стар. ерь*]
Зз	[*зэ*]	**Тт**	[*тэ*]	**Ээ**	[*э*]
Ии	[*и*]	**Уу**	[*у*]	**Юю**	[*ю*]
Йй	[*и краткое*]	**Фф**	[*эф*]	**Яя**	[*я*]

А

А[1], *союз.* 1. Соединяет предложения или члены предложения, выражая противопоставление, сопоставление. *Он поехал, а я остался. Пиши ручкой, а не карандашом. Красив, а не умён.* 2. Присоединяет предложения или члены предложения со значением добавления чего-н. при последовательном изложении, со значением пояснения, возражения, усиления, перехода к другой мысли. *На горе дом, а под горой ручей. Было бы болото, а черти найдутся* (посл.). *Что ты сегодня делаешь? а завтра? Он не виноват. — А кто же виноват, если не он?* 3. Употр. в начале вопросительных и восклицательных предложений, а также в начале речи для усиления выразительности, убедительности (часто в сочетании с местоимениями, наречиями, другими союзами). *А как нам будет весело! А всё-таки я не согласен.* ✦ **А также (и)**, *союз* — выражает присоединение, усилительное или сопоставительное добавление. *Умелый водитель, а также и слесарь. Снимается в кино, а также и на телевидении.* **А то** — 1) *союз,* в противном случае, иначе. *Спеши, а то опоздаешь;* 2) в действительности же, а на самом деле. *Если бы было так, а то всё наоборот;* **А то́! (а то ка́к же!)** (прост.) — в ответной реплике выражает: 1) уверенное согласие, подтверждение. *Замёрз? — А то! Мороз на дворе;* 2) ироническое несогласие, отрицание: *Он пойдёт? — А то! Дожидайся!* **А не то,** *союз* — то же, что а то (в 1 знач.). **А то и,** *союз* — присоединяет сообщение о чём-н. нежелательном или неожиданном. *Накричит, а то и побьёт.*

А[2], *частица* (разг.). 1. Обозначает вопрос или отклик на чьи-н. слова. *Пойдём гулять, а? Почему ты не отвечаешь? — А? Что такое?* 2. Усиливает обращение. *Ваня, а Ваня!* 3. [*произносится с различной степенью длительности*]. Выражает уяснение, удовлетворенное понимание. *А-а, так это были вы! Почему ты не звонил? — Не работал телефон! — А-а! А-а, так вот в чём дело!*

А[3] [*произносится с различной степенью длительности*], *межд.* Выражает досаду, горечь, а также удивление, злорадство и другие подобные чувства. *Что я наделал? — А-а! А, попался!*

А..., *приставка.* Образует существительные и прилагательные со знач. отсутствия (в словах с иноязычным корнем), то же, что «не», напр. *асимметрия, алогичный, аморальный, аритмичный, асинхронный.*

АБАЖУ́Р, -а, *м.* Колпак для лампы, светильника. *Зелёный а.* ‖ *прил.* **абажу́рный**, -ая, -ое.

АБАЗИ́НСКИЙ, -ая, -ое. 1. *см.* абазины. 2. Относящийся к абазинам, к их языку, национальному характеру, образу жизни, культуре, а также к территории их проживания, её внутреннему устройству, истории; такой, как у абазин. *А. язык* (абхазско-адыгейской группы кавказских языков). *По-абазински* (нареч.).

АБАЗИ́НЫ, -и́н, *ед.* -и́нец, -нца, *м.* Народ, живущий в Карачаево-Черкесии и в Адыгее. ‖ *ж.* **абази́нка**, -и. ‖ *прил.* **абази́нский**, -ая, -ое.

АББА́Т, -а, *м.* 1. Настоятель мужского католического монастыря. 2. Католический священнослужитель. ‖ *прил.* **абба́тский**, -ая, -ое.

АББАТИ́СА, -ы, *ж.* Настоятельница женского католического монастыря.

АББА́ТСТВО, -а, *ср.* Католический монастырь.

АББРЕВИАТУ́РА, -ы, *ж.* В словообразовании: существительное, образованное из усечённых отрезков слов (напр., исполком, комсомол), из таких же отрезков в сочетании с целым словом (напр., роддом, запчасти), а также из начальных звуков слов или названий их начальных букв (напр., вуз, АТС, МХАТ, ЭВМ, СКВ), сложносокращённое слово. ‖ *прил.* **аббревиату́рный**, -ая, -ое.

АБЕРРА́ЦИЯ, -и, *ж.* (спец.). Отклонение от чего-н., а также искажение чего-н. *А. световых лучей. А. оптических систем* (искажение изображений). *А. идей* (перен.). ‖ *прил.* **аберрацио́нный**, -ая, -ое.

АБЗА́Ц, -а, *м.* 1. Красная строка, отступ в начале строки. *Начать писать с абзаца.* 2. Текст между двумя такими отступами. *Прочесть первый а.*

АБИССИ́НСКИЙ, -ая, -ое. 1. *см.* абиссинцы. 2. Относящийся к абиссинцам, к их языку, национальному характеру, образу жизни, культуре, а также к Абиссинии (прежнее название Эфиопии), её территории, внутреннему устройству, истории; такой, как у абиссинцев, в Абиссинии. *По-абиссински* (нареч.).

АБИССИ́НЦЫ, -ев, *ед.* -нец, -нца, *м.* Прежнее название населения Эфиопии (Абиссинии), эфиопы. ‖ *ж.* **абисси́нка**, -и. ‖ *прил.* **абисси́нский**, -ая, -ое.

АБИТУРИЕ́НТ, -а, *м.* 1. Выпускник средней школы (устар.). 2. Человек, поступающий в высшее или специальное учебное заведение. ‖ *ж.* **абитурие́нтка**, -и. ‖ *прил.* **абитурие́нтский**, -ая, -ое.

АБОНЕМЕ́НТ, -а, *м.* Документ, предоставляющий право на пользование чем-н., какое-н. обслуживание, а также само такое право. *А. в театр. А. на цикл лекций. Межбиблиотечный а.* ‖ *прил.* **абонеме́нтный**, -ая, -ое.

АБОНЕ́НТ, -а, *м.* Лицо, пользующееся абонементом, имеющее право на пользование чем-н. по абонементу. *А. библиотеки. А. телефонной сети* (лицо или учреждение, имеющее телефон). ‖ *ж.* **абоне́нтка**, -и (разг.). ‖ *прил.* **абоне́нтский**, -ая, -ое.

АБОНИ́РОВАТЬ, -рую, -руешь; -анный; *сов.* и *несов., что.* Получить (-чать) по абонементу, стать (быть) абонентом чего-н. *А. ложу в театре.*

АБОРДА́Ж, -а, *м.* В эпоху гребного и парусного флота: атака корабля противника при непосредственном сближении с ним для рукопашного боя. *Взять на а.* (также перен.). ‖ *прил.* **аборда́жный**, -ая, -ое.

АБОРИГЕ́Н, -а, *м.* (книжн.). Коренной житель страны, местности. ‖ *ж.* **абориге́нка**, -и (разг.).

АБОРИГЕ́ННЫЙ, -ая, -ое. Относящийся к аборигенам, к их жизни, к местам их исконного обитания; такой, как у аборигенов.

АБО́РТ, -а, *м.* Преждевременное прерывание беременности, самопроизвольное или искусственное, выкидыш.

АБОРТИ́ВНЫЙ, -ая, -ое (спец.). 1. Приостанавливающий или резко изменяющий развитие, течение болезни. *А. метод. Абортивные средства.* 2. Недоразвившийся. *Абортивные органы растений.* ‖ *сущ.* **аборти́вность**, -и, *ж.* (ко 2 знач.).

АБРАЗИ́В, -а, *м.* (спец.). Твёрдое мелкозернистое или порошкообразное вещество (кремень, наждак, корунд, карборунд, пемза, гранат), применяемое для шлифовки, полировки, заточки. ‖ *прил.* **абрази́вный**, -ая, -ое. *Абразивные материалы. А. инструмент* (шлифовальный, полировочный).

АБРАКАДА́БРА, -ы, *ж.* Бессмысленный, непонятный набор слов [*первонач.*: таинственное персидское слово, служившее спасительным магическим заклинанием].

АБРЕ́К, -а, *м.* В период присоединения Кавказа к России: горец, участвовавший в борьбе против царских войск и администрации.

АБРИКО́С, -а, *род. мн.* -ов, *м.* Южное фруктовое дерево сем. розоцветных, дающее сочные сладкие плоды с крупной косточкой, а также плод его. ‖ *прил.* **абрико́сный**, -ая, -ое и **абрико́совый**, -ая, -ое.

АБРИКО́СОВЫЙ, -ая, -ое. 1. *см.* абрикос. 2. Жёлто-красный, цвета спелого абрикоса.

А́БРИС, -а, *м.* (книжн.). Очертание предмета, контур. ‖ *прил.* **а́брисный**, -ая, -ое.

АБСЕНТЕИ́ЗМ [*сэнтэ*], -а, *м.* (книжн.). Уклонение избирателей от участия в выборах в государственные органы. ‖ *прил.* **абсентеи́стский**, -ая, -ое.

АБСОЛЮ́Т, -а, *м.* (книжн.). 1. В философии: вечная, неизменная первооснова всего существующего (дух, идея, божество). 2. Нечто самодовлеющее, независимое от каких-н. условий и отношений. *Возвести что-н. в а.*

АБСОЛЮТИ́ЗМ, -а, *м.* Форма правления, при к-рой верховная власть целиком принадлежит самодержавному монарху, неограниченная монархия. ‖ *прил.* **абсолюти́стский**, -ая, -ое.

АБСОЛЮ́ТНЫЙ, -ая, -ое; -тен, -тна. 1. *полн. ф.* Безусловный, ни от чего не зависящий, взятый вне сравнения с чем-н. *Абсолютная величина действительного числа* (в математике: само это число, взятое без знака + или -). *А. нуль* (температура в -273,15° С). *А. чемпион* (спортсмен — победитель в многоборье, в нек-рых других видах состязаний). 2. Совершенный, полный. *А. покой. Он абсолютно* (нареч.) *прав. Абсолютное большинство* (подавляющее большинство). *Абсолютная монархия* (самодержавие). *А. слух* (слух, точно определяющий высоту любого тона). ‖ *сущ.* **абсолю́тность**, -и, *ж.* (ко 2 знач.).

АБСТРАГИ́РОВАТЬ, -рую, -руешь; -анный; *сов.* и *несов., что* (книжн.). Произвести (-водить) абстракцию (в 1 знач.) чего-н.

АБСТРАГИ́РОВАТЬСЯ, -руюсь, -руешься; *сов.* и *несов., от чего* (книжн.). Мысленно отвлечься (-екаться), представить (-влять) что-н. в абстрагированном виде.

АБСТРА́КТНЫЙ, -ая, -ое; -тен, -тна. Основанный на абстракции (в 1 знач.), отвлечённый. *Абстрактное понятие. Абстрактное мышление.* ✦ **Абстрактные имена существительные** — в грамматике: существительные, называющие отвлечённые понятия, действия, состояния, признаки, качества, свойства (напр., зависимость, причинность, бег, бодрость, белизна, доброта). ‖ *сущ.* **абстра́ктность**, -и, *ж.*

АБСТРАКЦИОНИ́ЗМ, -а, *м.* В изобразительном искусстве 20 в.: направление, последователи к-рого изображают реальный мир как сочетание отвлечённых форм или цветовых пятен. ‖ *прил.* **абстракциони́стский**, -ая, -ое.

АБСТРАКЦИОНИ́СТ, -а, *м.* Художник — последователь абстракционизма. ‖ *ж.* **абстракциони́стка**, -и.

АБСТРА́КЦИЯ, -и, *ж.* (книжн.). 1. Мысленное отвлечение, обособление от тех или иных сторон, свойств или связей предметов и явлений для выделения существенных их признаков. **2.** Отвлечённое понятие, теоретическое обобщение опыта. *Научная а.*

АБСУ'РД, -а, *м.* Нелепость, бессмыслица. *Довести мысль до абсурда.* ✦ **Театр (драма) абсурда** — течение в драматургии, изображающее мир как хаос и поступки людей как алогичные, бессмысленные.

АБСУ'РДНЫЙ, -ая, -ое; -ден, -дна. Нелепый, бессмысленный. *Абсурдное мнение.* || *сущ.* **абсу́рдность, -и,** *ж.*

АБСЦЕ'СС, -а, *м.* (спец.). Нарыв, гнойник, скопление гноя в органах или тканях в результате воспалительного процесса. || *прил.* **абсце́ссный, -ая, -ое.**

АБХА'ЗСКИЙ, -ая, -ое. **1.** *см.* абхазы. **2.** Относящийся к абхазам (абхазцам), к их языку, национальному характеру, образу жизни, культуре, а также к Абхазии, её территории, внутреннему устройству, истории; такой, как у абхазов (абхазцев). *А. язык* (абхазско-адыгейской группы кавказских языков). *По-абхазски* (нареч.).

АБХА'ЗСКО-АДЫГЕ'ЙСКИЙ, -ая, -ое: **абхазско-адыгейские языки** — западная группа кавказских языков, включающая языки: абазинский, абхазский, адыгейский, кабардино-черкесский и нек-рые другие.

АБХА'ЗЫ, -ов, *ед.* абха́з, -а, *м.* и **АБХА'ЗЦЫ,** -ев, *ед.* абха́зец, -зца, *м.* Народ, составляющий основное коренное население Абхазии. || *ж.* **абха́зка, -и.** || *прил.* **абха́зский,** -ая, -ое.

АБЫ [*без удар.*], *союз* (прост.). Лишь бы, только бы. *Делает кое-как, абы скорее кончить.* ✦ **Абы как** — кое-как, как-нибудь. *Работает абы как.*

АВАНГА'РД, -а, *м.* **1.** Часть войск (или флота), находящаяся впереди главных сил. **2.** *перен.* Передовая, ведущая часть какой-н. общественной группы. *В авангарде демократического движения* (впереди, в первых рядах). || *прил.* **авангáрдный,** -ая, -ое.

АВАНГАРДИ'ЗМ, -а, *м.* **1.** Стремление какой-н. общественной группы к главенствующей роли в чём-н. **2.** Общее название разных течений в искусстве 20 в., отходящих от реализма и ищущих новые формы художественного выражения. || *прил.* **авангарди́стский,** -ая, -ое.

АВАНГАРДИ'СТ, -а, *м.* Сторонник авангардизма (во 2 знач.). || *ж.* **авангарди́стка,** -и.

АВАНЗА'Л, -а, *м.* Помещение перед главным залом в общественных зданиях. || *прил.* **аванза́льный,** -ая, -ое.

АВАНЛО'ЖА, -и, *ж.* Небольшое помещение перед входом в театральную ложу.

АВАНПО'РТ, -а, *м.* Защищённая от волн внешняя часть порта. || *прил.* **аванпо́ртный,** -ая, -ое.

АВАНПО'СТ, -а, *м.* Передовой сторожевой пост, а также место расположения такого поста. || *прил.* **аванпо́стный,** -ая, -ое.

АВА'НС, -а, *м.* Деньги (или другие ценности), выдаваемые вперед в счёт заработка, причитающихся кому-н. платежей. *Получить а. А. в счёт зарплаты.* ✦ **Делать авансы** *кому* (разг.) — стараться расположить заранее в свою пользу. || *прил.* **ава́нсовый,** -ая, -ое.

АВАНСИ'РОВАТЬ, -рую, -руешь; -анный; *сов.* и *несов., кого-что.* Дать (давать) кому-н. аванс. *А. строительство.*

АВА'НСОМ, *нареч.* В качестве аванса; вперёд, заранее. *Получить а. сто рублей. Поощрить а.* (разг.).

АВАНСЦЕ'НА, -ы, *ж.* Передняя часть сцены.

АВАНТЮ'РА, -ы, *ж.* Рискованное и сомнительное дело, предпринятое в расчёте на случайный успех. *Безрассудная а. Пуститься в авантюры. Втянуть в авантюру кого-н.*

АВАНТЮРИ'ЗМ, -а, *м.* Склонность к авантюрам. || *прил.* **авантюристи́ческий,** -ая, -ое.

АВАНТЮРИ'СТ, -а, *м.* Беспринципный человек, занимающийся авантюрами. || *ж.* **авантюри́стка, -и.** || *прил.* **авантюри́стский,** -ая, -ое.

АВАНТЮРИСТИ'ЧЕСКИЙ, -ая, -ое. **1.** *см.* авантюризм. **2.** То же, что авантюрный (в 1 знач.).

АВАНТЮРИСТИ'ЧНЫЙ, -ая, -ое; -чен, -чна. Проникнутый авантюризмом, авантюристический. || *сущ.* **авантюристи́чность,** -и, *ж.*

АВАНТЮ'РНЫЙ, -ая, -ое; -рен, -рна. **1.** Рискованный и сомнительный, являющийся авантюрой. *Авантюрная затея.* **2.** О литературе: описывающий приключения. *А. роман.* || *сущ.* **авантю́рность, -и,** *ж.* (к 1 знач.).

АВАРИ'ЙНОСТЬ, -и, *ж.* **1.** *см.* аварийный. **2.** Наличие аварий. *А. на транспорте.*

АВАРИ'ЙНЫЙ, -ая, -ое; -и́ен, -и́йна. **1.** *см.* авария. **2.** Грозящий аварией. *А. дом. Аварийное состояние моста.* || *сущ.* **авари́йность,** -и, *ж.*

АВАРИ'ЙЩИК, -а, *м.* **1.** Работник аварийной службы (разг.). **2.** Нерадивый работник, допускающий аварии (прост.). || *ж.* **авари́йщица,** -ы (ко 2 знач.).

АВА'РИЯ, -и, *ж.* Повреждение, выход из строя какого-н. механизма, машины, устройства во время работы, движения. *Потерпеть аварию* (также перен.: о неудаче, провале какого-н. дела, предприятия). || *прил.* **авари́йный,** -ая, -ое. *А. сигнал. Аварийная служба.*

АВА'РСКИЙ, -ая, -ое. **1.** *см.* аварцы. **2.** Относящийся к аварцам, к их языку, национальному характеру, образу жизни, культуре, а также к территории их проживания, её внутреннему устройству, истории; такой, как у аварцев. *А. язык* (один из кавказских языков). *По-аварски* (нареч.).

АВА'РЦЫ, -ев, *ед.* -рец, -рца, *м.* Народ, относящийся к коренному населению Дагестана. || *ж.* **ава́рка, -и.** || *прил.* **ава́рский,** -ая, -ое.

А'ВГИЕВ, -ы: **авгиевы конюшни** (книжн.) — о крайне запущенном помещении, а также (перен.) о делах, находящихся в крайнем беспорядке [по древнегреческому мифу о конюшнях царя Авгия, к-рые не очищались 30 лет].

А'ВГУСТ, -а, *м.* Восьмой месяц календарного года. || *прил.* **а́вгустовский,** -ая, -ое.

АВИА... *Первая часть сложных слов со знач.* относящийся к авиации, авиационный, напр. *авиабаза, авиабомба, авиадесант, авиаконструктор, авиатехник, авиатранспорт, авиасвязь, авиалиния, авиасъёмка, авиачасть, авиатрасса, авиаприборы, авиапромышленность, авиабилет, авиапассажир.*

АВИАМОДЕЛИ'ЗМ [*дэ*], -а, *м.* Постройка и запуск моделей летательных аппаратов. || *прил.* **авиамоде́льный,** -ая, -ое. *А. кружок.*

АВИАМОДЕЛИ'СТ [*дэ*], -а, *м.* Человек, занимающийся авиамоделизмом. || *ж.* **авиамодели́стка, -и.** || *прил.* **авиамодели́стский,** -ая, -ое.

АВИАМОДЕ'ЛЬ [*дэ*], -и, *ж.* Модель летательного аппарата. || *прил.* **авиамоде́льный,** -ая, -ое.

АВИАНО'СЕЦ, -сца, *м.* Военный корабль, оборудованный как подвижной морской аэродром. *Тяжёлый, лёгкий а.*

АВИАНО'СНЫЙ, -ая, -ое. Относящийся к авиации, к-рая базируется на авианосцах. *Авианосное соединение.*

АВИАПО'ЧТА, -ы, *ж.* Воздушная почта.

АВИАСАЛО'Н, -а, *м.* Выставка новейших образцов самолётов, авиационной техники.

АВИА'ТОР, -а, *м.* Специалист по управлению, вождению и обслуживанию летательных аппаратов. || *прил.* **авиа́торский, -ая,** -ое.

АВИА'ЦИЯ, -и, *ж.* **1.** Теория и практика передвижения по воздуху на летательных аппаратах тяжелее воздуха. **2.** Воздушные средства передвижения, воздушный флот. *Гражданская а. Военная а.* || *прил.* **авиацио́нный,** -ая, -ое.

АВИ'ЗО, *нескл., ср.* (спец.). Банковское или иное официальное извещение о выполнении какой-н. расчётной операции, направленное одним контрагентом другому. *Дебитовое, кредитовое а.*

АВИТАМИНО'З, -а, *м.* (спец.). Заболевание, вызываемое резким недостатком витаминов в организме. || *прил.* **авитамино́зный,** -ая, -ое.

АВО'СЬ, *вводн. сл.* и *частица* (прост.). Может быть (о том, что желательно для говорящего, на что он надеется). *Он, а., согласится. А. не опоздаем. А. да небось до добра не доведут* (посл.). ✦ **На авось** (делать что-н.) (разг.) — в надежде на случайную удачу. **Авось с небосем водились, да оба в яму ввалились** — стар. посл. о том, что не следует надеяться на случайную удачу. **От авося добра не жди** — стар. посл. о том, что в делах нельзя надеяться на счастливую случайность.

АВО'СЬКА, -и, *ж.* (разг.). То же, что сетка (во 2 знач.).

АВРА'Л, -а, *м.* **1.** Спешная (по специальному заданию или по тревоге) работа на судне всей командой. **2.** *перен.* Выполняемая всем коллективом спешная работа (разг.). || *прил.* **авра́льный,** -ая, -ое.

АВСТРАЛИ'ЙСКИЙ, -ая, -ое. **1.** *см.* австралийцы. **2.** Относящийся к аборигенам Австралии, их языкам, образу жизни, культуре, истории, а также к флоре и фауне материка Австралия; такой, как у аборигенов Австралии, как на материке Австралия. *Австралийские языки* (языки коренного населения материка). *А. меринос* (порода тонкорунных овец). **3.** Относящийся к некоренному населению Австралии, к его образу жизни, культуре, а также к государству Австралия, его территории, внутреннему устройству, истории; такой, как у австралийцев, как в Австралии.

АВСТРАЛИ'ЙЦЫ, -ев, *ед.* -и́ец, -и́йца, *м.* **1.** Название коренного населения Австралии. **2.** Название всего современного населения Австралии. || *ж.* **австрали́йка, -и.** || *прил.* **австрали́йский,** -ая, -ое.

АВСТРАЛО'ИДНЫЙ, -ая, -ое. **1. австралоидная раса** (спец.) — раса людей с тёмной кожей, волнистыми волосами, широким носом, сильным ростом волос на лице, теле, и нек-рыми другими признаками. **2.** Относящийся к такой расе, имеющий признаки такой расы. *А. тип лица.*

АВСТРИ́ЙСКИЙ, -ая, -ое. **1.** *см.* австрийцы. **2.** Относящийся к австрийцам, к их языку (немецкому), национальному характеру, образу жизни, культуре, а также к Австрии, её территории, внутреннему устройству, истории; такой, как у австрийцев, как в Австрии. *А. вариант немецкого языка. Австрийские земли. А. парламент* (ландтаг). *А. канцлер. Австрийская рыцарская культура. А. шиллинг* (денежная единица). *По-австрийски* (нареч.).

АВСТРИ́ЙЦЫ, -ев, *ед.* -и́ец, -и́йца, *м.* Народ, составляющий основное население Австрии. ‖ *ж.* **австри́йка**, **-и.** ‖ *прил.* **австри́йский**, -ая, -ое.

АВСТРОАЗИА́ТСКИЙ (АУСТРОАЗИА́ТСКИЙ), -ая, -ое: **австроазиатские языки** — семья языков, на к-рых говорит часть населения Юго-Восточной и Южной Азии, а также ряда островов в Индийском океане, включающая, в частности, вьетнамский и кхмерский языки.

АВСТРОНЕЗИ́ЙСКИЙ, -ая, -ое: **австронезийские языки** — семья языков, к к-рой относятся, в частности, филиппинские языки и нек-рые другие, на к-рых говорят народы Малайского архипелага, южных районов Индии, Океании и нек-рых других регионов.

АВТА́РКИЯ, -и и **АВТАРКИ́Я**, **-и**, *ж.* (книжн.). Политика нек-рых государств, направленная на создание замкнутого национального хозяйства, обособленного от экономики других государств. ‖ *прил.* **автарки́ческий**, -ая, -ое.

АВТО[1] ... *Первая часть сложных слов со знач.:* 1) автоматический, напр. *автосцепка, авторезка, автокормушка, автоответчик;* 2) самодвижущийся, напр. *автоплуг, автодрезина.*

АВТО[2] ... *Первая часть сложных слов со знач.* относящийся к автомобилям, автомобильному транспорту, автомобильный, напр. *автобаза, автошина, автопробег, автоколонна, авторемонтный, автомагистраль, автолюбитель, автотурист, автоинспектор, автоспорт.*

АВТО[3] ... *Первая часть сложных слов со знач.* свой, относящийся к самому себе, напр. *автобиография, автопортрет, автогравюра, автореферат.*

АВТОБА́ЗА, -ы, *ж.* Автотранспортное предприятие со стоянками для машин и мастерскими для ремонта. ‖ *прил.* **автоба́зовский**, -ая, -ое (разг.).

АВТОБИОГРАФИ́ЧЕСКИЙ, -ая, -ое. **1.** *см.* автобиография. **2.** То же, что автобиографичный.

АВТОБИОГРАФИ́ЧНЫЙ, -ая, -ое; -чен, -чна. Обладающий чертами автобиографии. *А. роман.* ‖ *сущ.* **автобиографи́чность**, -и, *ж.*

АВТОБИОГРА́ФИЯ, -и, *ж.* Описание своей жизни. ‖ *прил.* **автобиографи́ческий**, -ая, -ое.

АВТОБЛОКИРО́ВКА, -и, *ж.* Автоматическая система связи для регулирования движения поездов. ‖ *прил.* **автоблокиро́вочный**, -ая, -ое.

АВТО́БУС, -а, *м.* Многоместный автомобиль для перевозки пассажиров. *Городской а. Служебный а.* ‖ *прил.* **авто́бусный**, -ая, -ое.

АВТОВОКЗА́Л, -а, *м.* Большая станция пригородного или междугородного автобусного сообщения. ‖ *прил.* **автовокза́льный**, -ая, -ое.

АВТОГЕ́Н, -а, *м.* Автогенная сварка, резка.

АВТОГЕ́ННЫЙ, -ая, -ое: **автогенная сварка, резка** — то же, что газовая сварка, резка.

АВТО́ГРАФ, -а, *м.* **1.** Собственноручная, обычно памятная, надпись или подпись. *Дать свой а.* **2.** Подлинная рукопись автора. *Пушкинские автографы.* ‖ *прил.* **автографи́ческий**, -ая, -ое (к 1 знач.).

АВТОГУЖЕВО́Й, -а́я, -о́е. Относящийся к автомобильным и гужевым перевозкам. *А. транспорт.*

АВТОДОРО́ЖНЫЙ, -ая, -ое. Относящийся к автомобильным дорогам, их строительству, использованию и обслуживанию. *А. техникум. Автодорожное происшествие.*

АВТОЗАВО́Д, -а, *м.* Сокращение: автомобильный завод. ‖ *прил.* **автозаво́дский**, -ая, -ое *и* **автозаводско́й**, -а́я, -о́е.

АВТОКА́Р, -а, *м.* Самодвижущаяся тележка с двигателем внутреннего сгорания для безрельсовой перевозки грузов. ‖ *прил.* **автока́рный**, -ая, -ое.

АВТОКЛА́В, -а, *м.* Аппарат для нагревания под давлением, выше атмосферного, при высокой температуре. ‖ *прил.* **автокла́вный**, -ая, -ое.

АВТО́Л, -а, *м.* Смазочное масло для карбюраторных двигателей. ‖ *прил.* **авто́ловый**, -ая, -ое.

АВТОМА́Т, -а, *м.* **1.** Аппарат (машина, прибор, устройство), после включения самостоятельно выполняющий ряд заданных операций. *Станки-автоматы. Игровые автоматы. Работать как а.* (точно, ритмично). **2.** Индивидуальное автоматическое стрелковое оружие с надевающимся штыком-ножом. ‖ *прил.* **автома́тный**, -ая, -ое.

АВТОМАТИЗИ́РОВАТЬ, -рую, -руешь; -анный; *сов.* и *несов., что.* **1.** Внедрить (-рять) автоматы (в 1 знач.) в производство. *Автоматизированная система управления (АСУ).* **2.** Сделать (делать) автоматичным, автоматическим. *А. движения.* ‖ *сущ.* **автоматиза́ция**, -и, *ж.*

АВТОМАТИЗИ́РОВАТЬСЯ, -руюсь, -руешься; *сов.* и *несов.* Стать (становиться) автоматичным, автоматическим. ‖ *сущ.* **автоматиза́ция**, **-и**, *ж.*

АВТОМАТИ́ЗМ, -а, *м.* Ме́ханичность, непроизвольность действий, движений.

АВТОМА́ТИКА, -и, *ж.* **1.** Отрасль науки и техники, разрабатывающая теорию и методы автоматизации производственных процессов. **2.** Совокупность механизмов, приспособлений, действующих автоматически.

АВТОМАТИ́ЧЕСКИЙ, -ая, -ое. **1.** Являющийся автоматом или осуществляющийся с помощью автомата (в 1 знач.). *А. тормоз. Дверь закрывается автоматически* (нареч.). **2.** Отличающийся автоматизмом, непроизвольный. *Автоматическое движение.*

АВТОМАТИ́ЧНЫЙ, -ая, -ое; -чен, -чна. То же, что автоматический (во 2 знач.). ‖ *сущ.* **автомати́чность**, -и, *ж.*

АВТОМА́ТЧИК, -а, *м.* **1.** Рабочий, специалист, обслуживающий автомат, автоматическое устройство. **2.** Боец, вооружённый автоматом (во 2 знач.). ‖ *ж.* **автома́тчица**, -ы (к 1 знач.).

АВТОМАШИ́НА, -ы, *ж.* То же, что автомобиль.

АВТОМОБИЛИ́ЗМ, -а, *м.* Автомобильное дело; автомобильный спорт.

АВТОМОБИЛИ́СТ, -а, *м.* Человек, занимающийся автомобилизмом. ‖ *ж.* **автомобили́стка**, **-и.** ‖ *прил.* **автомобили́стский**, -ая, -ое.

АВТОМОБИ́ЛЬ, -я, *м.* Транспортное средство на колёсном (реже полугусеничном или другом) ходу с собственным двигателем для перевозок по безрельсовым путям. *Грузовой а. Легковой а. Гоночный а. Ездить на автомобиле (в автомобиле).* ‖ *прил.* **автомоби́льный**, -ая, -ое.

АВТОМОДЕЛИ́ЗМ [дэ], -а, *м.* Постройка и запуск моделей автомобилей. ‖ *прил.* **автомоде́льный**, -ая, -ое. *А. кружок.*

АВТОМОДЕЛИ́СТ [дэ], -а, *м.* Человек, занимающийся автомоделизмом. ‖ *ж.* **автомодели́стка**, **-и.** ‖ *прил.* **автомодели́стский**, -ая, -ое.

АВТОМОДЕ́ЛЬ [дэ], -и, *ж.* Модель автомобиля. ‖ *прил.* **автомоде́льный**, -ая, -ое. *А. спорт* (то же, что автомоделизм).

АВТОМОТРИ́СА, -ы, *ж.* (спец.). Железнодорожный вагон с собственным двигателем.

АВТОНО́МИЯ, -и, *ж.* Право самостоятельного осуществления государственной власти или управления, предоставленное конституцией какой-н. части государства; самоуправление. *Федеративная а.*

АВТОНО́МНЫЙ, -ая, -ое; -мен, -мна. **1.** Пользующийся автономией. *Автономная область.* **2.** Самостоятельный, осуществляющийся независимо от кого-чего-н. (спец.). *А. полёт.* ‖ *сущ.* **автоно́мность**, -и, *ж.*

АВТОПИЛО́Т, -а, *м.* Устройство для автоматического управления летательным аппаратом. ‖ *прил.* **автопило́тный**, -ая, -ое.

АВТОПОГРУ́ЗЧИК, -а, *м.* Самодвижущаяся машина для погрузки, разгрузки и перевозки грузов на небольшие расстояния (на станциях, складах, в цехах).

АВТОПОИ́ЛКА, -и, *ж.* Установка с автоматической подачей воды для поения животных. *Автопоилки на фермах.*

АВТОПОРТРЕ́Т, -а, *м.* Портрет, написанный с самого себя. *А. художника.*

А́ВТОР, -а, *м.* Создатель какого-н. произведения. *А. проекта. А. романа.* ‖ *ж.* **а́вторша**, -и (прост.). ‖ *прил.* **а́вторский**, -ая, -ое.

АВТОРЕФЕРА́Т, -а, *м.* Реферат, краткое изложение какого-н. исследования, написанное самим автором. *А. диссертации.*

АВТОРИЗОВА́ТЬ, -зу́ю, -зу́ешь; -о́ванный; *сов.* и *несов., что* (книжн.). Одобрить (-рять) форму, вид своего произведения, изобретения (для воспроизведения, издания, перевода). *Авторизованный перевод* (одобренный автором).

АВТОРИТАРИ́ЗМ, -а, *м.* (книжн.). Государственный строй, основанный на неограниченной личной власти; самовластие.

АВТОРИТА́РНЫЙ, -ая, -ое; -рен, -рна (книжн.). Основанный на беспрекословном подчинении власти, диктатуре. *Авторитарные режимы.* ‖ *сущ.* **авторита́рность**, -и, *ж.*

АВТОРИТЕ́Т, -а, *м.* **1.** Общепризнанное значение, влияние, общее уважение. *А. учёного. Пользоваться авторитетом. Завоевать а. Уронить свой а.* (потерять). **2.** Лицо, пользующееся влиянием, признанием. *Крупный а. в науке. Верить авторитетам.*

АВТОРИТЕ́ТНЫЙ, -ая, -ое; -тен, -тна. **1.** Пользующийся авторитетом. *А. учёный.* **2.** Заслуживающий безусловного доверия. *Авторитетное мнение.* **3.** Не допускающий возражений. *А. тон. С авторитетным видом.* ‖ *сущ.* **авторите́тность**, -и, *ж.*

А́ВТОРСТВО, -а, *ср.* Принадлежность произведения автору. *Установить чьё-н. а.*

АВТОРУ́ЧКА, -и, *ж.* Ручка для письма, в к-рой чернила из внутреннего резервуара автоматически подаются к перу.

АВТОСАЛО́Н, -а, *м.* Выставка новейших образцов автомобилей, автомобильной техники.

АВТОСЕ́РВИС, -а, *м.* **1.** Техническое обслуживание автомобилей, автомобилистов. *Организация автосервиса.* **2.** Совокупность предприятий, занимающихся обслуживанием автомобилей, автомобилистов. *Система автосервиса.*

АВТОСТО́П, -а, *м.* **1.** Устройство для автоматической остановки поезда. **2.** Вид спорта — путешествие на попутных машинах. *Чемпионат по автостопу.* **3.** Документ, дающий туристу право на остановку попутных автомашин, а также туристическое путешествие с таким документом. *Путешествовать с автостопом.* ‖ *прил.* **автосто́пный**, -ая, -ое.

АВТОСТРА́ДА, -ы, *ж.* Дорога для автомобильного движения без поперечных наземных переездов. ‖ *прил.* **автостра́дный**, -ая, -ое.

АВТОСЦЕ́ПКА, -и, *ж.* Устройство для автоматической сцепки вагонов. ‖ *прил.* **автосце́почный**, -ая, -ое.

АВТОТРА́КТОРНЫЙ, -ая, -ое. Относящийся к автомобильной и тракторной технике. *Автотракторные предприятия.*

АВТОТРА́НСПОРТ, -а, *м.* Сокращение: автомобильный транспорт. *Городской а.* ‖ *прил.* **автотра́нспортный**, -ая, -ое.

АВТОХТО́ННЫЙ, -ая, -ое (спец.). То же, что аборигенный.

АВТОХТО́НЫ, -ов, *ед.* -о́н, -а, *м.* (книжн.). **1.** То же, что аборигены. **2.** Растения или животные, возникшие и продолжающие существовать в данной местности.

АВТОЦИСТЕ́РНА, -ы, *ж.* Сокращение: автомобиль-цистерна.

АГА́ [*ahá*]. **1.** *межд.* Восклицание с торжествующей интонацией. *Ага! попался!* **2.** *частица.* Выражает подтверждение, а также уяснение или догадку (прост.). *Ага, вот в чём дело-то! Видишь? — Ага, вижу.*

АГА́ВА, -ы, *ж.* Тропическое травянистое растение, разводимое как декоративное и для добывания волокна. ‖ *прил.* **ага́вовый**, -ая, -ое. *Семейство агавовых* (сущ.).

АГА́Т, -а, *м.* Твёрдый слоистый минерал, разновидность халцедона, употр. для украшений, мелких изделий и в технике. ‖ *прил.* **ага́товый**, -ая, -ое. *Агатовые глаза* (перен.: чёрные и блестящие; контаминация с гагатовый).

АГЕ́НТ, -а, *м.* **1.** Лицо, уполномоченное учреждением, предприятием для выполнения служебных, деловых поручений. *А. по снабжению. Дипломатический а. Страховой а.* **2.** Человек, к-рый действует в чьих-н. интересах, служит чьим-н. интересам. **3.** То же, что шпион. ‖ *прил.* **аге́нтский**, -ая, -ое (к 1 знач.).

АГЕ́НТСТВО, -а, *ср.* Местное отделение какого-н. учреждения, а также название нек-рых информационных, посреднических учреждений. *Транспортное а. Телеграфное а.*

АГЕНТУ́РА, -ы, *ж.* **1.** Разведывательная или сыскная служба. **2.** *собир.* Агенты (во 2 и 3 знач.). ‖ *прил.* **агенту́рный**, -ая, -ое (к 1 знач.). *Агентурные сведения.*

АГИТ... *Первая часть сложных слов со знач.* агитационный, напр. *агитбригада, агитпоезд, агитколлектив, агитмассовый.*

АГИТА́ТОР, -а, *м.* Тот, кто занимается агитацией (во 2 знач.). ‖ *ж.* **агита́торша**, -и (разг.). ‖ *прил.* **агита́торский**, -ая, -ое.

АГИТА́ЦИЯ, -и, *ж.* **1.** *см.* агитировать. **2.** Активная деятельность по распространению политических идей средствами массовой информации, устными выступлениями с целью оказать воздействие на широкие массы. *А. и пропаганда.* ‖ *прил.* **агитацио́нный**, -ая, -ое.

АГИТИ́РОВАТЬ, -рую, -руешь; *несов.* **1.** *за кого-что.* Заниматься агитацией (во 2 знач.), склонять в пользу кого-чего-н. *А. за выдвинутого кандидата.* **2.** *кого (что).* Убеждать в чём-н., склонять к чему-н. (разг.). *Ты меня не агитируй, я знаю, что мне делать.* ‖ *сов.* **сагити́ровать**, -рую, -руешь; -анный (ко 2 знач.). ‖ *сущ.* **агита́ция**, -и, *ж.* (ко 2 знач.; разг.).

АГИ́ТКА, -и, *ж.* (разг.). Литературное или живописное произведение, преследующее узкоагитационные цели.

АГИТПУ́НКТ, -а, *м.* Сокращение: агитационный пункт — местное учреждение для политической работы среди населения во время выборов. *А. при избирательном участке.* ‖ *прил.* **агитпу́нктовский**, -ая, -ое (разг.).

А́ГЛИЦКИЙ, -ая, -ое (устар.) То же, что английский.

А́ГНЕЦ, -нца, *м.* (стар.). Ягнёнок (обычно как жертвенное животное). *Принести агнца на заклание. Кроток как а.* (ирон.). *Прикинуться агнцем* (очень кротким; ирон.).

АГНО́СТИК, -а, *м.* Последователь агностицизма.

АГНОСТИЦИ́ЗМ, -а, *м.* Идеалистическое философское учение, отрицающее возможность познания объективного мира и его закономерностей. ‖ *прил.* **агности́ческий**, -ая, -ое.

АГОНИЗИ́РОВАТЬ, -рую, -руешь; *несов.* Находиться в состоянии агонии.

АГО́НИЯ, -и, *ж.* Предсмертное состояние организма. ‖ *прил.* **агони́ческий**, -ая, -ое.

АГРА́РИЙ, -я, *м.* **1.** Политик, представляющий интересы агропромышленного комплекса (разг.). **2.** Крупный землевладелец, помещик (устар.).

АГРА́РНЫЙ, -ая, -ое. Земельный, относящийся к землепользованию. *Аграрная политика, реформа.*

АГРЕГА́Т, -а, *м.* **1.** Соединение для общей работы двух или нескольких разнотипных машин. *Уборочный а.* **2.** Часть какой-н. машины, узел[1] (в 3 знач.) для выполнения определённых операций. ‖ *прил.* **агрега́тный**, -ая, -ое.

АГРЕССИ́ВНЫЙ, -ая, -ое; -вен, -вна. **1.** *см.* агрессия. **2.** Наступательно-захватнический. *Агрессивная политика. Действовать агрессивно* (нареч.). **3.** *перен.* Враждебный и вызывающий. *А. тон.* **4.** Оказывающий вредное воздействие (спец.). *Агрессивные среды.* ‖ *сущ.* **агресси́вность**, -и, *ж.*

АГРЕ́ССИЯ, -и, *ж.* **1.** Незаконное с точки зрения международного права применение вооружённой силы одним государством против суверенитета, территориальной неприкосновенности или политической независимости другого государства. **2.** *перен.* Открытая неприязнь, вызывающая враждебность. ‖ *прил.* **агресси́вный**, -ая, -ое. *Агрессивная война.*

АГРЕ́ССОР, -а, *м.* Тот, кто производит агрессию (в 1 знач.). ‖ *прил.* **агре́ссорский**, -ая, -ое.

АГРИКУЛЬТУ́РА, -ы, *ж.* (устар.). То же, что земледелие. ‖ *прил.* **агрикульту́рный**, -ая, -ое.

АГРО... *Первая часть сложных слов со знач.:* 1) относящийся к агрономии, напр. *агрофизика, агроэкология, агрохимия;* 2) относящийся к сельскому хозяйству, к обработке земли, напр. *агротехника, агролаборатория;* 3) относящийся к сельской местности, напр. *агрокомплекс, агрорайон, агроклимат.*

АГРОКУЛЬТУ́РА, -ы, *ж.* Совокупность мероприятий по улучшению культуры земледелия. ‖ *прил.* **агрокульту́рный**, -ая, -ое.

АГРОНО́М, -а, *м.* Специалист по агрономии. ‖ *ж.* **агроно́мша**, -и (прост.).

АГРОНО́МИЯ, -и, *ж.* Комплекс наук о возделывании сельскохозяйственных культур. ‖ *прил.* **агрономи́ческий**, -ая, -ое.

АГРОПРОМЫ́ШЛЕННЫЙ, -ая, -ое. Относящийся к сельскохозяйственному производству, его материально-технической базе и реализации его продукции. *А. комплекс.*

АГРОТЕ́ХНИК, -а, *м.* Специалист по агротехнике.

АГРОТЕ́ХНИКА, -и, *ж.* Технология возделывания сельскохозяйственных культур. ‖ *прил.* **агротехни́ческий**, -ая, -ое.

АГРОХИ́МИК, -а, *м.* Специалист по агрохимии.

АГРОХИ́МИЯ, -и, *ж.* Наука о химических процессах в почве и растениях, питании растений, применении удобрений. ‖ *прил.* **агрохими́ческий**, -ая, -ое.

АГУ́, *межд.* Ласковое слово, обращаемое к младенцу.

АД, -а, об а́де, в аду́, *м.* **1.** В религиозных представлениях: место, где души грешников после смерти предаются вечным мукам. *Муки ада* (также перен.). *Благими намерениями вымощена дорога в ад* (о том, что хорошие намерения часто забываются, уступая место недобрым делам; книжн.). **2.** *перен.* Невыносимые условия, тяжёлое состояние; хаос и ужас, царящие где-н. *Душевный ад.* ‖ *прил.* **а́дский**, -ая, -ое (к 1 знач.).

АДА́ЖИО (спец.). **1.** *нареч.* О темпе исполнения музыкальных произведений: медленно, протяжно. **2.** *нескл., ср.* Музыкальное произведение или часть его в таком темпе.

АДА́МОВ, -о: **адамово яблоко** — то же, что кадык.

АДАПТА́ЦИЯ, -и, *ж.* **1.** Приспособление организма к изменяющимся внешним условиям. **2.** Упрощение текста для малоподготовленных читателей. ‖ *прил.* **адапти́вный**, -ая, -ое (к 1 знач.) *и* **адаптацио́нный**, -ая, -ое. *Адаптивная система автоматического управления* (перен.: самоприспосабливающаяся; спец.). *Адаптационные способности организма.*

АДАПТИ́РОВАТЬ, -рую, -руешь; -анный; *сов. и несов., что.* Подвергнуть (-гать) адаптации, произвести (-водить) адаптацию. *Адаптированный перевод.* ‖ *возвр.* **адапти́роваться**, -руюсь, -руешься (по 1 знач. сущ. адаптация).

АДВЕНТИ́СТ, -а, *м.* **1.** *мн:* Протестантская секта, проповедующая близость царствия Божия. *Адвентисты седьмого дня* (признающие седьмым днём недели субботу, а не воскресенье). **2.** Член такой секты. ‖ *ж.* **адвенти́стка**, -и (ко 2 знач.). ‖ *прил.* **адвенти́стский**, -ая, -ое.

АДВОКА́Т, -а, *м.* Юрист, к-рому поручается оказание юридической помощи гражданам и организациям, в том числе защита чьих-н. интересов в суде, защитник. *Коллегия адвокатов.* ‖ *ж.* **адвокате́сса** [тэ], -ы (разг.) *и* **адвока́тша**, -и (прост.). ‖ *прил.* **адвока́тский**, -ая, -ое.

АДВОКАТУ́РА, -ы, *ж.* **1.** Коллегия адвокатов. **2.** *собир.* Адвокаты.

АДЕКВА́ТНЫЙ [дэ], -ая, -ое; -тен, -тна (книжн.). Вполне соответствующий, совпадающий. *Адекватные понятия.* ‖ *сущ.* **адеква́тность**, -и, *ж.*

АДЕНО́ИДЫ [дэ], -ов, *ед.* адено́ид, -а, *м.* (спец.). Опухолевидные разрастания носоглоточных миндалин. ‖ *прил.* **адено́идный**, -ая, -ое.

АДЕ́ПТ [дэ], -а, *м.* (книжн.). Приверженец, последователь какого-н. учения.

АДЖА́РСКИЙ, -ая, -ое. **1.** *см.* аджарцы. **2.** Относящийся к аджарцам, к их языку, национальному характеру, образу жизни, культуре, а также к Аджарии, её территории, внутреннему устройству, истории; такой, как у аджарцев, как в Аджарии. *А. диалект грузинского языка. По-аджарски* (нареч.).

АДЖА́РЦЫ, -ев, *ед.* -рец, -рца, *м.* Народ, составляющий основное коренное население Аджарии. ‖ *ж.* **аджа́рка**, -и. ‖ *прил.* **аджа́рский**, -ая, -ое.

АДМИНИСТРА́ТОР, -а, *м.* Должностное лицо, управляющее чем-н.; ответственный распорядитель. *А. в театре. А. гостиницы. Дежурный а.* ‖ *ж.* **администра́торша**, -и (разг.). ‖ *прил.* **администра́торский**, -ая, -ое.

АДМИНИСТРА́ЦИЯ, -и, *ж.* **1.** Органы управления исполнительной власти, а также вообще власти. **2.** *собир.* Должностные лица управления. *А. завода.* ‖ *прил.* **администрати́вный**, -ая, -ое (к 1 знач.). *В административном порядке* (распоряжением исполнительной власти). *А. тон* (перен.: строгий и официальный). *А. восторг* (чрезмерное увлечение администрированием; ирон.).

АДМИНИСТРИ́РОВАТЬ, -рую, -руешь; *несов.* **1.** Об администрации: управлять, руководить чем-н. **2.** *перен.* Управлять чем-н. бюрократически, формально, не входя в существо дела. ‖ *сущ.* **администри́рование**, -я, *ср.*

АДМИРА́Л, -а, *м.* Звание или чин высшего командного состава военно-морских сил, а также лицо, имеющее это звание или чин. *А. флота* (высшее звание адмиралов). ‖ *прил.* **адмира́льский**, -ая, -ое.

АДМИРАЛТЕ́ЙСТВО, -а, *ср.* **1.** Центр постройки и оборудования военных судов (устар. и спец.). **2.** В царской России и Англии: морское ведомство. ‖ *прил.* **адмиралте́йский**, -ая, -ое.

А́ДОВ, -а, -о (разг.). То же, что адский (во 2 знач.). *Адово терпение. Адовы муки.*

А́ДРЕС, -а, *мн.* -а́, -о́в *и* -ы, -ов, *м.* **1.** (*мн.* -а́, -о́в). Надпись на письме, почтовом отправлении, указывающая место назначения и получателя. *Точный а.* **2.** (*мн.* -а́, -о́в). Местонахождение, местожительство, а также обозначение, название местонахождения, местожительства. *Переменить а. Служебный а. Дать свой а. Попросить чей-н. а.* **3.** Письменное приветствие в ознаменование юбилея или какого-н. другого события. *Поднести а.* ✦ **В адрес** *кого-чего, в знач. предлога с род. п.* (офиц.) — обращая, направляя к кому-чему-н. *Критика в адрес дирекции.* **Не по адресу** (разг.) — не туда или не тому, куда или кому назначалось. *Ваше замечание не по адресу.* **По адресу** *кого-чего, в знач. предлога с род. п.* — относительно кого-чего-н., в адрес кого-чего-н. *Замечания по адресу профкома.* ‖ *прил.* **а́дресный**, -ая, -ое. *А. стол, адресное бюро* (учреждение, регистрирующее адреса жителей города и выдающее соответствующие справки).

АДРЕСА́Т, -а, *м.* Тот, кому адресовано письмо, телеграмма, почтовое отправление.

АДРЕСОВА́ТЬ, -су́ю, -су́ешь; -о́ванный; *сов. и несов., что кому.* **1.** Послать (-сылать) по какому-н. адресу. *А. письмо заводу.* **2.** *перен.* Направить (-влять), обратить (-ащать). *Критика адресована руководству. Вопрос, адресованный докладчику.* ‖ *прил.* **адресова́льный**, -ая, -ое (к 1 знач.; спец.).

АДРЕСОВА́ТЬСЯ, -су́юсь, -су́ешься; *сов. и несов., к кому* (устар.). Обратиться (-ащаться) лично или письменно.

А́ДСКИЙ, -ая, -ое. **1.** *см.* ад. **2.** *перен.* О чём-н. неприятном: очень сильный, а также невыносимый (разг.). *А. холод. Адски* (нареч.) *устать.* ✦ **Адская машина** (устар.) — снаряд с часовым механизмом, взрывающийся в определённый момент.

АДЪЮ́НКТ, -а, *м.* **1.** Аспирант высших военно-учебных заведений. **2.** В дореволюционной России и в Западной Европе: младшая учёная должность в нек-рых научных учреждениях, а также лицо, занимающее эту должность. ‖ *прил.* **адъю́нктский**, -ая, -ое.

АДЪЮНКТУ́РА, -ы, *ж.* Подготовка, которую проходят адъюнкты; система такой подготовки. *Учиться в адъюнктуре. Кончить адъюнктуру.*

АДЪЮТА́НТ, -а, *м.* Офицер (в нек-рых армиях также прапорщик, мичман), состоящий при военном начальнике для исполнения служебных поручений или для выполнения штабной работы. ‖ *прил.* **адъюта́нтский**, -ая, -ое.

АДЫГЕ́ЙСКИЙ, -ая, -ое. **1.** *см.* адыгейцы. **2.** Относящийся к адыгам (адыгейцам), к их языку, национальному характеру, образу жизни, культуре, а также к Адыгее, её территории, внутреннему устройству, истории; такой, как у адыгов (а также адыгейцев), как в Адыгее. *А. язык* (абхазско-адыгейской группы кавказских языков). *По-адыгейски* (нареч.).

АДЫГЕ́ЙЦЫ, -ев, *ед.* -е́ец, -е́йца, *м.* Народ, составляющий основное коренное население Адыгеи. ‖ *ж.* **адыге́йка**, -и. ‖ *прил.* **адыге́йский**, -ая, -ое.

АДЫ́ГИ, -ов, *ед.* ады́г, -а, *м.* Общее название адыгейцев, кабардинцев и черкесов. ‖ *прил.* **ады́гский**, -ая, -ое.

АЖ и **А́ЖНО** (прост.). **1.** *частица.* То же, что даже (в 4 знач.). *Аж (ажно) вскрикнул от радости. Расса́рдилась, аж затряслась.* **2.** (аж), *частица.* Подчёркивает важность, весомость следующей далее части сообщения. *Дошел аж до самого министра. Пробежал аж целый километр.* **3.** *союз.* Выражает следственные отношения и усиливает их, так что даже. *Светло, аж глазам больно.*

АЖИОТА́Ж, -а, *м.* **1.** Искусственно вызванное возбуждение, волнение с целью привлечения внимания к чему-н. **2.** Искусственное, спекулятивное повышение или понижение курса биржевых бумаг или цен на товары с целью извлечения прибыли. ‖ *прил.* **ажиота́жный**, -ая, -ое. *А. спрос на товары.*

АЖИТА́ЦИЯ, -и, *ж.* (устар.). Волнение, возбуждённое состояние. *Находиться в ажитации. Прийти в ажитацию.*

АЖУ́Р, -а, *м.* **1.** В бухгалтерии: такое ведение дел, при к-ром каждая операция регистрируется немедленно после её совершения (спец.) **2.** Ажурная вышивка, строчка, вязка. *Воротник с ажуром.* ✦ **В ажуре** (разг.) — **в полном порядке.** *Все дела в ажуре.*

АЖУ́РНЫЙ, -ая, -ое. Сквозной, мелкосетчатый. *Ажурные чулки. Ажурная строчка.* ✦ **Ажурная работа** — очень тонкая, искусная. ‖ *сущ.* **ажу́рность**, -и, *ж.*

АЗ. **1.** *мест. личн. 1 л. ед. ч.* Я — как обозначение говорящим самого себя. *Мне отмщение и аз воздам* (т. е. только мне принадлежит право отмщения, и карать могу только я [по библейскому сказанию о том, что единственно Господь может судить и карать]). **2.** аза́, *м.* Старинное название буквы «а». **3.** *перен.*, аза́, *м.*, *мн.* Начальные сведения (разг.). *Азы науки. Начать с азов.* ✦ **Ни аза (в глаза) не знать или не смыслить** (разг.) — совсем ничего не знать, не смыслить. **От аза до ижицы** (устар. разг.) — от начала до конца.

АЗА́ЛИЯ, -и, *ж.* Декоративное кустарниковое растение сем. вересковых с розовыми, белыми, жёлтыми или красными цветками. ‖ *прил.* **аза́лиевый**, -ая, -ое.

АЗА́РТ, -а, *м.* Сильное возбуждение, задор, увлечение. *Войти, впасть в а. Работать с азартом.*

АЗА́РТНЫЙ, -ая, -ое; -тен, -тна. Страстный и увлечённый, делающий что-н. с азартом. *А. игрок. Азартно* (нареч.) *спорить.* ✦ **Азартные игры** — игры, в ходе к-рых ставки постоянно возрастают, а выигрыш зависит от случая (например, от случайного расклада карт). ‖ *сущ.* **аза́ртность**, -и, *ж.*

А́ЗБУКА, -и, *ж.* **1.** Совокупность букв, принятых в данной письменности, располагаемых в установленном порядке, буквенный алфавит. *Русская а.* **2.** То же, что букварь (устар.). **3.** *перен.* Основные, простейшие начала какой-н. науки, дела. *А. науки.* ✦ **Азбука Морзе** — телеграфный код, в к-ром каждый знак представлен комбинацией точек и тире. **Нотная азбука** — система нотных знаков. ‖ *прил.* **а́збучный**, -ая, -ое (к 1 и 3 знач.). *В азбучном порядке. Азбучная истина* (о том, что просто и известно всем).

АЗЕРБАЙДЖА́НСКИЙ, -ая, -ое. **1.** *см.* азербайджанцы. **2.** Относящийся к азербайджанцам, к их языку, национальному характеру, образу жизни, культуре, а также к Азербайджану, его территории, внутреннему устройству, истории, такой, как у азербайджанцев, как в Азербайджане. *А. язык* (тюркской семьи языков). *А. чай* (сорт). *По-азербайджански* (нареч.).

АЗЕРБАЙДЖА́НЦЫ, -ев, *ед.* -нец, -нца, *м.* Народ, составляющий основное коренное население Азербайджана. ‖ *ж.* **азербайджа́нка**, -и. ‖ *прил.* **азербайджа́нский**, -ая, -ое.

АЗИА́ТСКИЙ, -ая, -ое. **1.** *см.* азиаты. **2.** Относящийся к народам Азии, к их языкам, образу жизни, культуре, а также к Азии, её странам, их территории, истории, флоре и фауне; такой, как у азиатов, как в Азии. *Азиатские народы. Азиатские страны. А. континент. Азиатские игры* (спортивные соревнования стран Азии). *Азиатская саранча* (один из наиболее опасных видов).

АЗИА́ТЫ, -ов, *ед.* азиа́т, -а, *м.* Коренные жители Азии. ‖ *ж.* **азиа́тка**, -и. ‖ *прил.* **азиа́тский**, -ая, -ое.

А'ЗИМУТ, -а, *м.* (спец.). Угол между плоскостью меридиана точки наблюдения и вертикальной плоскостью, проходящей через эту точку и наблюдаемый объект. ‖ *прил.* **а́зимутный**, -ая, -ое *и* **азимута́льный**, -ая, -ое.

АЗО'Т, -а, *м.* Химический элемент, газ без цвета и запаха, главная составная часть воздуха, входящий также в состав белков и нуклеиновых кислот. ‖ *прил.* **азо́тистый**, -ая, -ое *и* **азо́тный**, -ая, -ое. *Азотная, азотистая кислоты. Азотные удобрения.*

АЗУ', *нескл., ср.* Кушанье из мелких кусочков мяса в остром соусе.

А'ИСТ, -а, *м.* Крупная перелётная птица с длинным прямым клювом из отряда голенастых. *Белый а. Чёрный а. Семейство аистов.* ‖ *прил.* **а́истовый**, -ая, -ое *и* **аисти́ный**, -ая, -ое.

АИСТЁНОК, -нка, *мн.* -тя́та, -тя́т, *м.* Птенец аиста.

АИСТИ'ХА, -и, *ж.* (разг.). Самка аиста.

АЙ и АЙ-АЙ-А'Й [*айя́й*], *межд.* **1.** Выражает самые разные чувства: испуг, боль, упрёк, порицание, удивление, одобрение, насмешку. *Ай, больно!* **2.** Усиливает слово, к к-рому примыкает одно или вместе с местоименными словами «как», «какой» (разг.). *Ай как нехорошо! Ай (какой) молодец!* ✦ **Ай да** (всегда в непосредственном сочетании с именем или глаголом) (разг.) — выражает похвалу, одобрение. *Ай да молодец! Ай да погуляли!*

АЙБОЛИ'Т, -а, *м.* (разг. шутл.). Человек, к-рый лечит животных [по имени героя сказки К. И. Чуковского].

АЙВА', -ы́, *ж.* Южное дерево сем. розоцветных с твёрдыми ароматными плодами, похожими по форме на яблоко или грушу, а также плод его. ‖ *прил.* **айво́вый**, -ая, -ое.

АЙДА' (прост.). **1.** *частица.* Пойдём, идти. *А. в лес!* **2.** *в знач. сказ.* Употр. для обозначения быстрого отправления куда-н. *Сел на велосипед и а.*

АЙМА'К, -а, *м.* В Бурятии, Монголии и нек-рых др. странах Центральной Азии: административно-территориальная единица. ‖ *прил.* **айма́чный**, -ая, -ое.

А'ЙСБЕРГ, -а, *м.* Отколовшийся от ледника дрейфующий ледяной массив с глубоко погружённой подводной частью. ‖ *прил.* **а́йсберговый**, -ая, -ое.

АКАДЕМИ'ЗМ, -а, *м.* (книжн.). **1.** Академическое (во 2 и 4 знач.) отношение к чему-н. **2.** Направление в искусстве, догматически следующее сложившимся канонам искусства античности и эпохи Возрождения.

АКАДЕ'МИК, -а, *м.* Член академии (в 1 знач.), а также звание члена академии.

АКАДЕМИ'ЧЕСКИЙ, -ая, -ое. **1.** *см.* академия. **2.** Соблюдающий установившиеся традиции (в науке, искусстве). *Академическая живопись.* **3.** Учебный (в применении к высшим учебным заведениям). *А. год. А. час.* **4.** *перен.* Чисто теоретический, не имеющий практического значения (книжн.). *А. спор.* **5.** В составе названий театров, оркестров, хоров, ансамблей: высшей квалификации, образцовый. *Государственный а. Большой театр.*

АКАДЕМИ'ЧНЫЙ, -ая, -ое; -чен, -чна. То же, что академический (в 4 знач.). ‖ *сущ.* **академи́чность**, -и, *ж.*

АКАДЕ'МИЯ, -и, *ж.* **1.** Высшее научное или художественное учреждение. *Российская а. наук. А. художеств. А. медицинских наук.* **2.** Название нек-рых высших учебных заведений. *Военно-медицинская а.* ‖ *прил.* **академи́ческий**, -ая, -ое.

А'КАТЬ, -аю, -аешь; *несов.* Произносить неударяемый гласный «о» как «а» или как звук, близкий к «а». *Акающие говоры.* ‖ *сущ.* **а́канье**, -я, *ср.*

АКА'ФИСТ, -а, *м.* Род хвалебного церковного песнопения. ‖ *прил.* **ака́фистный**, -ая, -ое.

АКА'ЦИЯ, -и, *ж.* Род деревьев и кустарников сем. мимозовых. *Белая а.* (высокое дерево с кистями белых душистых цветков). *Жёлтая а.* (кустарник с жёлтыми цветками). ‖ *прил.* **ака́циевый**, -ая, -ое.

АКВА... *Первая часть сложных слов со знач.* относящийся к воде, напр. *акватехника, аквасоединение.*

АКВАЛА'НГ, -а, *м.* Аппарат для дыхания под водой при погружении человека на сравнительно небольшую глубину. ‖ *прил.* **аквала́нговый**, -ая, -ое.

АКВАЛАНГИ'СТ, -а, *м.* Спортсмен, плавающий с аквалангом. ‖ *ж.* **акваланги́стка**, -и. ‖ *прил.* **акваланги́стский**, -ая, -ое.

АКВАМАРИ'Н, -а, *м.* Драгоценный камень зеленовато-голубого цвета. ‖ *прил.* **аквамари́новый**, -ая, -ое.

АКВАМАРИ'НОВЫЙ, -ая, -ое. **1.** *см.* аквамарин. **2.** Зеленовато-голубой и прозрачный, цвета аквамарина. *Аквамариновые волны.*

АКВАНА'ВТ, -а, *м.* Исследователь, совершающий в специальном аппарате плавание под водой на больших глубинах. ‖ *ж.* **аквана́втка**, -и.

АКВАПА'РК, -а, *м.* Парк с водными аттракционами, бассейнами, водяными горками.

АКВАРЕЛИ'СТ, -а, *м.* Художник, пишущий акварелью. ‖ *ж.* **акварели́стка**, -и.

АКВАРЕ'ЛЬ, -и, *ж.* **1.** *собир.* Прозрачные, обычно клеевые краски, разводимые на воде. *Писать акварелью.* **2.** Картина, написанная такими красками. *Выставка акварелей.* ‖ *прил.* **акваре́льный**, -ая, -ое. *Акварельные тона* (мягкие, нежные).

АКВА'РИУМ, -а, *м.* **1.** Искусственный водоём или стеклянная ёмкость с водой для содержания рыб, водных животных и растений. **2.** *перен.* Небольшое здание, помещение с прозрачными стенами (разг.). *Кафе-а.* ‖ *прил.* **аква́риумный**, -ая, -ое (к 1 знач.). *Аквариумное рыбоводство.*

АКВАТО'РИЯ, -и, *ж.* (спец.). Поверхность водного пространства, водоёма; водный участок. *А. порта. А. Мирового океана.* ‖ *прил.* **акваториа́льный**, -ая, -ое.

АКВЕДУ'К, -а, *м.* Мостовое сооружение с каналом (или трубопроводом) для подачи воды через овраг, реку.

АККЛИМАТИЗИ'РОВАТЬ, -рую, -руешь; -анный; *сов. и несов., кого-что.* Приспособить (приспособлять) к новой среде, к новому климату. ‖ *сущ.* **акклиматиза́ция**, -и, *ж.* ‖ *прил.* **акклиматизацио́нный**, -ая, -ое.

АККЛИМАТИЗИ'РОВАТЬСЯ, -руюсь, -руешься; *сов. и несов.* Приспособиться (приспособляться) к новой среде, к новому климату. ‖ *сущ.* **акклиматиза́ция**, -и, *ж.* ‖ *прил.* **акклиматизацио́нный**, -ая, -ое.

АККОМОДА'ЦИЯ, -и, *ж.* (спец.). Приспособление (организма). *А. органов речи. А. глаза* (способность глаза приспособляться к рассматриванию предметов, находящихся от него на различных расстояниях). ‖ *прил.* **аккомодацио́нный**, -ая, -ое.

АККОМПАНЕМЕ'НТ, -а, *м.* Музыкальное сопровождение. *Петь под а. рояля. Под а. дождя* (перен.: при звуках дождя). ‖ *прил.* **аккомпанеме́нтный**, -ая, -ое.

АККОМПАНИА'ТОР, -а, *м.* Музыкант, который аккомпанирует. ‖ *ж.* **аккомпаниа́торша**, -и (разг.).

АККОМПАНИ'РОВАТЬ, -рую, -руешь; *несов., кому.* Исполнять аккомпанемент. *А. на рояле.*

АККО'РД, -а, *м.* Сочетание нескольких музыкальных звуков различной высоты, воспринимаемых как звуковое единство. *Брать аккорды. Взять а. на рояле. Заключительный а.* (также перен.: заключительное, завершающее действие). ‖ *прил.* **акко́рдовый**, -ая, -ое.

АККОРДЕО'Н, -а, *м.* Разновидность большой гармоники с клавиатурой фортепьянного типа для правой руки. ‖ *прил.* **аккордео́нный**, -ая, -ое.

АККОРДЕОНИ'СТ, -а, *м.* Музыкант, играющий на аккордеоне. ‖ *ж.* **аккордеони́стка**, -и.

АККО'РДНЫЙ, -ая, -ое (спец.). Сдельный, выполняемый по договору. *Аккордная плата. Аккордная работа.* ‖ *сущ.* **акко́рдность**, -и, *ж.*

АККРЕДИТИ'В, -а, *м.* **1.** Именная ценная бумага, содержащая распоряжение одного кредитного учреждения другому об уплате кому-н. определённой суммы. *Держать деньги на аккредитиве.* **2.** Банковский счёт, предоставляющий контрагенту возможность получить на оговорённых условиях платёж за что-н. вслед за исполнением поручения. ‖ *прил.* **аккредити́вный**, -ая, -ое. *Аккредитивная форма расчётов. Аккредитивное поручение.*

АККРЕДИТОВА'ТЬ, -ту́ю, -ту́ешь; -о́ванный; *сов. и несов., кого (что)* (офиц.). Назначить (-чать), направить (-влять) кого-н. представителем (при иностранном правительстве, посольстве, в международной организации, пресс-центре). *Аккредитован в качестве посла. Аккредитованные журналисты.* ‖ *сущ.* **аккредита́ция**, -и, *ж.*

АККУМУЛЯ'ТОР, -а, *м.* Устройство для накопления энергии с целью последующего её использования. *Электрический, тепловой, гидравлический а.* ‖ *прил.* **аккумуля́торный**, -ая, -ое.

АККУРА'Т, *нареч.* (прост.). Как раз, точно. *А. через час пришел.* ✦ **В аккурат** — то же, что аккурат.

АККУРАТИ'СТ, -а, *м.* (разг.). Аккуратный человек. ‖ *ж.* **аккурати́стка**, -и.

АККУРА'ТНЫЙ, -ая, -ое; -тен, -тна. **1.** Исполнительный, соблюдающий во всём порядок. *А. ученик.* **2.** Тщательный, выполненный старательно и точно. *Аккуратное исполнение. Аккуратно* (нареч.) *работать. Аккуратно* (нареч.) *одет* (тщательно и чисто). **3. аккура́тно**, *нареч.* Точно, регулярно. *Поезда ходят аккуратно. Аккуратно посылать письма.* **4. аккура́тно**, *нареч.* Осторожно, бережно (прост.). *Выведай аккуратно об их житье-бытье.* ‖ *сущ.* **аккура́тность**, -и, *ж.* (к 1 и 2 знач.).

АКМЕИ'ЗМ, -а, *м.* В русской литературе 20 в.: течение, провозгласившее освобождение от символизма. ‖ *прил.* **акмеи́стский**, -ая, -ое.

АКМЕИ'СТ, -а, *м.* Последователь акмеизма. ‖ *ж.* **акмеи́стка**, -и.

АКР, -а, *м.* Земельная мера в нек-рых странах, равная 4047 кв. м.

АКРИ'ДЫ, -и́д: **питаться акридами (и диким мёдом)** (устар. книжн. и ирон.) — питаться скудно, впроголодь [по евангельской притче об Иоанне Крестителе, питавшемся в пустыне акридами (саранчой) и диким мёдом].

АКРОБА́Т, -а, *м.* Цирковой гимнаст, а также вообще спортсмен, занимающийся акробатикой. ‖ *ж.* **акроба́тка, -и.** ‖ *прил.* **акроба́тский**, -ая, -ое.

АКРОБАТИ́ЗМ, -а, *м.* Акробатическая ловкость в исполнении гимнастических упражнений.

АКРОБА́ТИКА, -и, *ж.* **1.** Цирковая гимнастика. **2.** Вид спорта. *Спортивная а.* (комплексы прыжковых, силовых, вольных и других упражнений). ‖ *прил.* **акробати́ческий**, -ая, -ое.

АКРО́ПОЛЬ, -я, *м.* В древнегреческих городах: центральная укреплённая часть, обычно на холме. *Афинский а.*

АКРОСТИ́Х, -а, *м.* Стихотворение, в к-ром начальные буквы строк составляют какое-н. слово или фразу.

АКСЕЛЕРА́Т, -а, *м.* Ребёнок, подросток, к-рый растёт, развивается ускоренно. ‖ *ж.* **акселера́тка**, -и (разг.). ‖ *прил.* **акселера́тский**, -ая, -ое.

АКСЕЛЕРА́ЦИЯ, -и, *ж.* (спец.). Ускорение роста и полового созревания у детей и подростков по сравнению с предшествующими поколениями. ‖ *прил.* **акселерацио́нный**, -ая, -ое.

АКСЕЛЬБА́НТЫ, -ов, *ед.* -а́нт, -а, *м.* Принадлежность воинской формы — плетённые из золотых, серебряных или цветных нитей наплечные шнуры на мундире. *А. на парадной форме.*

АКСЕССУА́Р, -а, *м.* **1.** Мелкий предмет, деталь сценической обстановки (спец.). **2.** Принадлежность чего-н.; сопутствующий чему-н. предмет. *Аксессуары одежды.* **3.** *перен.* Частность, подробность, сопровождающая что-н. главное (книжн.). ‖ *прил.* **аксессуа́рный**, -ая, -ое.

АКСИО́МА, -ы, *ж.* **1.** Исходное положение, принимаемое без доказательств и лежащее в основе доказательств истинности других положений (спец.). **2.** Положение, принимаемое без доказательств (книжн.). ‖ *прил.* **аксиомати́ческий**, -ая, -ое.

АКСИОМАТИ́ЧЕСКИЙ, -ая, -ое (книжн.). **1.** *см.* аксиома. **2.** То же, что аксиоматичный.

АКСИОМАТИ́ЧНЫЙ, -ая, -ое; -чен, -чна (книжн.). Бесспорный, ясный без доказательств. ‖ *сущ.* **аксиомати́чность**, -и, *ж.*

АКТ, -а, *м.* **1.** Единичное действие, а также отдельный поступок. *Познавательный а. Террористический а. А. агрессии.* **2.** То же, что действие (в 5 знач.). *Трагедия в пяти актах.* **3.** Закон, указ государственных органов или постановление общественных организаций. *А. конгресса.* **4.** Документ, удостоверяющий что-н. *Составить а. о сдаче имущества. А. на вечное пользование землёй. Обвинительный а.* (в суде). **5.** В нек-рых учебных заведениях: торжественное собрание (по поводу выпуска, вручения наград). ✦ **Акты гражданского состояния** — записи специальными органами государства фактов рождения, смерти, брака, развода, усыновления, перемены имени. ‖ *прил.* **а́ктовый**, -ая, -ое (к 4 и 5 знач.).

АКТЁР, -а, *м.* Артист — исполнитель ролей в театральных представлениях, в кино, на телевидении. *В жизни этот человек — а.* (перен.: старается показать себя не таким, каков он есть; неодобр.). ‖ *ж.* **актри́са**, -ы *и* **актёрка**, -и (прост.). ‖ *прил.* **актёрский**, -ая, -ое. *Актёрское мастерство. Актёрские жесты* (перен.: деланные, лишённые естественности).

АКТЁРСТВО, -а, *ср.* **1.** Профессия актёра. **2.** *перен.* Притворство, рисовка в поведении.

АКТЁРСТВОВАТЬ, -ствую, -ствуешь; *несов.* (неодобр.). Вести себя с наигранной красивостью, рисоваться. *Оратор актёрствует перед публикой.* ‖ *сущ.* **актёрствование**, -я, *ср.*

АКТИ́В[1], -а, *м.* Наиболее деятельная часть организации, коллектива. *Профсоюзный а.*

АКТИ́В[2], -а, *м.* (спец.). **1.** Часть бухгалтерского баланса, отражающая все принадлежащие предприятию материальные ценности. *Активы госбанка. Записать в а.* (также перен.). *В активе кого-н., чьём-н.* (перен.: в числе положительных сторон, успехов, достижений). **2.** Имущество, а также права на него, принадлежащие физическому или юридическому лицу. ‖ *прил.* **акти́вный**, -ая, -ое. *А. баланс. Активные операции.*

АКТИВИЗИ́РОВАТЬ, -рую, -руешь; -анный; *сов.* и *несов., кого-что.* Побудить (-уждать) к активности, усиливая деятельность, оживить (-влять). ‖ *сущ.* **активиза́ция**, -и, *ж.*

АКТИВИЗИ́РОВАТЬСЯ, -руюсь, -руешься; *сов.* и *несов.* Стать (становиться) активнее, деятельнее, оживиться (-вляться). ‖ *сущ.* **активиза́ция**, -и, *ж.*

АКТИВИ́СТ, -а, *м.* Тот, кто принадлежит к активу[1], деятельный член какого-н. коллектива. ‖ *ж.* **активи́стка**, -и. ‖ *прил.* **активи́стский**, -ая, -ое.

АКТИ́ВНИЧАТЬ, -аю, -аешь; *несов.* (разг.). Вести себя слишком активно.

АКТИ́ВНЫЙ[1], -ая, -ое; -вен, -вна. **1.** Деятельный, энергичный. *А. член кружка. Активная оборона* (прочная оборона, сочетающаяся с контрударами по врагу, а также рассчитанная на истощение его сил). *Активно* (нареч.) *действовать.* **2.** Развивающийся, усиленно действующий. *А. процесс в лёгких.* ‖ *сущ.* **акти́вность**, -и, *ж. А. вулкана. Солнечная а.* (периодически повторяющееся возникновение на Солнце пятен, вспышек, протуберанцев и др.).

АКТИ́ВНЫЙ[2] *см.* актив[2].

АКТИ́РОВАТЬ, -рую, -руешь; -анный; *сов.* и *несов., что* (спец.). Составить (-влять) акт (в 4 знач.) с целью удостоверить наличие или отсутствие чего-н. ‖ *сов.* также **заакти́ровать**, -рую, -руешь; -анный. ‖ *сущ.* **акти́рование**, -я, *ср.*

АКТРИ́СА *см.* актёр.

АКТУА́ЛЬНЫЙ, -ая, -ое; -лен, -льна. Важный, существенный для настоящего момента. *Актуальная тема.* ‖ *сущ.* **актуа́льность**, -и, *ж.*

АКУ́ЛА, -ы, *ж.* Крупная хищная морская рыба. ‖ *прил.* **аку́лий**, -ья, -ье *и* **аку́ловый**, -ая, -ое. *Акулья пасть. Семейство акуловых* (сущ.).

АКУ́СТИК, -а, *м.* **1.** Специалист по акустике (в 1 знач.). **2.** Работник, обслуживающий звукоулавливающие аппараты.

АКУ́СТИКА, -и, *ж.* **1.** Раздел физики, изучающий звук. **2.** Слышимость звуков музыки, речи в каком-н. специальном помещении. *Хорошая а. зала.* ‖ *прил.* **акусти́ческий**, -ая, -ое.

АКУШЕ́Р, -а и (устар.) **АКУШЁР**, -а, *м.* Врач — специалист по акушерству. ‖ *прил.* **акуше́рский**, -ая, -ое *и* **акушёрский**, -ая, -ое.

АКУШЕ́РКА, -и, *ж.* Специалистка по акушерству (во 2 знач.), имеющая среднее медицинское образование. ‖ *прил.* **акуше́рский**, -ая, -ое.

АКУШЕ́РСТВО, -а, *ср.* **1.** Раздел медицины, занимающийся проблемами зачатия, беременности, родов и протекания послеродового периода. **2.** Оказание помощи при родах. ‖ *прил.* **акуше́рский**, -ая, -ое.

АКЦЕ́НТ, -а, *м.* **1.** Ударение в слове, а также знак ударения (спец.). *Поставить а.* **2.** *перен.* Подчёркивание какого-н. положения, мысли (книжн.). *Сделать а. на чём-н. Расставить все акценты. Сместить акценты.* **3.** Особенности выговора, свойственные говорящему не на своем родном языке. *Говорить с южным, белорусским акцентом.* ‖ *прил.* **акце́нтный**, -ая, -ое (к 1 знач.).

АКЦЕНТИ́РОВАТЬ, -рую, -руешь; -анный; *сов.* и *несов., что.* **1.** Поставить (ставить) акцент (в 1 знач.) на чём-н. (спец.). *А. текст.* **2.** *перен.* Выдвинуть (-игать) на первый план, подчеркнуть (-кивать) какую-н. мысль (книжн.).

АКЦЕНТОЛО́ГИЯ, -и, *ж.* Раздел языкознания, занимающийся изучением ударения. *Русская а.* ‖ *прил.* **акцентологи́ческий**, -ая, -ое. *Акцентологические исследования.*

АКЦИ́З, -а, *м.* **1.** Косвенный налог, преимущественно на товары широкого потребления, а также на услуги (спец.). **2.** В царской России: учреждение по сбору такого налога (разг.). *Служить в акцизе.* ‖ *прил.* **акци́зный**, -ая, -ое. *Служить в акцизных* (сущ.).

АКЦИОНЕ́Р, -а, *м.* Владелец акций[1], совладелец акционерного предприятия. ‖ *ж.* **акционе́рка**, -и (разг.). ‖ *прил.* **акционе́рский**, -ая, -ое.

А́КЦИЯ[1], -и, *ж.* Ценная бумага, свидетельствующая о взносе определённого пая в предприятие, дающая её владельцу право участия в прибылях. *Пакет акций. Акции поднялись, упали* (цена на них возросла, снизилась). ✦ **Акции чьи падают** (или **повышаются**) — падает (или повышается) влияние, роль кого-н. в чём-н. ‖ *прил.* **акционе́рный**, -ая, -ое. *Акционерное общество.*

А́КЦИЯ[2], -и, *ж.* (книжн.). Действие, предпринимаемое для достижения какой-н. цели. *Дипломатическая а. Военная а.*

АКЫ́Н, -а, *м.* Народный поэт-певец (в Казахстане, Киргизии). ‖ *прил.* **акы́нский**, -ая, -ое (разг.).

АЛБА́НСКИЙ, -ая, -ое. **1.** *см.* албанцы. **2.** Относящийся к албанцам, к их языку, национальному характеру, образу жизни, культуре, а также к Албании, её территории, внутреннему устройству, истории; такой, как у албанцев, как в Албании. *А. язык* (индоевропейской семьи языков). *По-албански* (нареч.).

АЛБА́НЦЫ, -ев, *ед.* -нец, -нца, *м.* Народ, составляющий основное население Албании. ‖ *ж.* **алба́нка**, -и. ‖ *прил.* **алба́нский**, -ая, -ое.

А́ЛГЕБРА, -ы, *ж.* Раздел математики, изучающий такие качества величин, к-рые вытекают из отношений между величинами и не зависят от их природы. ‖ *прил.* **алгебраи́ческий**, -ая, -ое.

АЛГОРИ́ТМ, -а, *м.* (спец.). Совокупность действий, правил для решения данной задачи. *А. извлечения корня.* ‖ *прил.* **алгоритми́ческий**, -ая, -ое.

АЛЕБА́РДА, -ы, *ж.* Старинное оружие — фигурный топорик на длинном древке. ‖ *прил.* **алеба́рдный**, -ая, -ое.

АЛЕБА́СТР, -а, *м.* Мелкозернистый строительный гипс. ‖ *прил.* **алеба́стровый**, -ая, -ое.

АЛЕБА́СТРОВЫЙ, -ая, -ое. **1.** *см.* алебастр. **2.** Матово-белый с налётом желтизны, напоминающий по виду алебастр. *Алебастровое лицо. А. профиль. Алебастровые руки.*

АЛЕКСАНДРИ́Т, -а, *м.* Драгоценный камень, меняющий окраску от изумрудного (днём) до тёмно-красного (при искусственном освещении).

АЛЕ́ТЬ, -е́ю, -е́ешь; *несов.* **1.** Становиться алым, алее. **2.** (1 и 2 *л.* не употр.). О чем-н. алом: виднеться. *Вдали алеют маки.*

АЛЕ́ТЬСЯ (-е́юсь, -е́ешься, 1 и 2 *л.* не употр.), -е́ется; *несов.* То же, что алеть (во 2 знач.).

АЛЕУ́ТСКИЙ, -ая, -ое. **1.** *см.* алеуты. **2.** Относящийся к алеутам, к их языку, национальному характеру, образу жизни, культуре, а также к местам их проживания, их внутреннему устройству, истории; такой, как у алеутов. *А. язык* (эскимосско-алеутской семьи языков). *А. хребет* (на Аляске). *Алеутские острова* (на севере Тихого океана). *По-алеутски* (нареч.).

АЛЕУ́ТЫ, -ов, *ед.* -у́т, -а, *м.* Северная народность, коренное население Алеутских островов, юго-запада Аляски и нек-рых Командорских островов. || *ж.* **алеу́тка**, -и. || *прил.* **алеу́тский**, -ая, -ое.

АЛЖИ́РСКИЙ, -ая, -ое. **1.** *см.* алжирцы. **2.** Относящийся к алжирцам, к их языку (арабскому), национальному характеру, образу жизни, культуре, а также к Алжиру, его территории, внутреннему устройству, истории; такой, как у алжирцев, как в Алжире. *Алжирские арабы* (алжирцы). *А. диалект арабского языка. А. динар* (денежная единица). *По-алжирски* (нареч.).

АЛЖИ́РЦЫ, -ев, *ед.* -рец, -рца, *м.* Основное население Алжира. || *ж.* **алжи́рка**, -и. || *прил.* **алжи́рский**, -ая, -ое.

А́ЛИ, *союз* и *частица* (нар.-поэт. и прост.). То же, что или (в 1 и 5 знач.). *Устал али болен. Али я тебя не любила?*

А́ЛИБИ, *нескл., ср.* (спец.). Нахождение обвиняемого в момент, когда совершалось преступление, в другом месте как доказательство непричастности его к преступлению. *Доказать свое а.*

АЛИЗАРИ́Н, -а, *м.* Красящее вещество, употр. для крашения тканей, изготовления художественных красок, в полиграфии. || *прил.* **ализари́новый**, -ая, -ое.

АЛИМЕ́НТЩИК, -а, *м.* (разг. неодобр.). Тот, кто платит алименты.

АЛИМЕ́НТЫ, -ов. Материальное обеспечение, по закону предоставляемое родственником нетрудоспособному члену семьи, детям. *Платить а. Получать а.* || *прил.* **алиме́нтный**, -ая, -ое. *Алиментное законодательство.*

АЛКАЛО́ИДЫ, -ов, *ед.* алкало́ид, -а, *м.* (спец.). Группа азотсодержащих соединений, главным образом растительного происхождения, применяемых в медицине и в сельском хозяйстве. || *прил.* **алкало́идный**, -ая, -ое.

АЛКА́ТЬ, а́лчу, а́лчешь *и* алка́ю, алка́ешь; а́лчущий *и* алка́ющий; а́лча *и* алка́я; *несов.*, *чего* (устар. книжн.). Сильно желать [*первонач.* чувствовать голод]. *Ум, алчущий познаний.*

АЛКА́Ш, -а́, *м.* (прост. неодобр.). Алкоголик, пьяница. || *ж.* **алка́шка**, -и.

АЛКОГОЛИ́ЗМ, -а, *м.* **1.** Тяжёлое хроническое заболевание, вызываемое злоупотреблением спиртными напитками. *Лечение от алкоголизма.* **2.** То же, что пьянство. *Борьба с алкоголизмом.* || *прил.* **алкоголи́ческий**, -ая, -ое (к 1 знач.).

АЛКОГО́ЛИК, -а, *м.* Человек, страдающий алкоголизмом. || *ж.* **алкоголи́чка**, -и.

АЛКОГО́ЛЬ, -я, *м.* **1.** Одноатомный спирт (спец.). **2.** Вообще вино, спиртные напитки. || *прил.* **алкого́льный**, -ая, -ое. *Алкогольная зависимость* (болезненное влечение к алкоголю).

АЛЛА́Х, -а, *м.* (А прописное). В исламе: Бог. ✦ **Аллах его ведает или одному аллаху известно** (разг. шутл.) — не знаю, неизвестно. **Ну его к Аллаху!** (прост.) — то же, что и ну его!

АЛЛЕГОРИ́ЧЕСКИЙ, -ая, -ое (книжн.). **1.** *см.* аллегория. **2.** То же, что аллегоричный.

АЛЛЕГОРИ́ЧНЫЙ, -ая, -ое; -чен, -чна (книжн.). Заключающий в себе аллегорию. *А. стиль.* || *сущ.* **аллегори́чность**, -и, *ж.*

АЛЛЕГО́РИЯ, -и, *ж.* (книжн.). Иносказание, выражение чего-н. отвлечённого, какой-н. мысли, идеи в конкретном образе. *Говорить аллегориями* (неясно, с малопонятными намёками на что-н.). || *прил.* **аллегори́ческий**, -ая, -ое.

АЛЛЕ́ГРО (спец.). **1.** *нареч.* О темпе исполнения музыкальных произведений: быстро, оживлённо. **2.** *нескл., ср.* Музыкальное произведение или часть его в таком темпе.

АЛЛЕРГЕ́Н, -а, *м.* (спец.). Раздражитель, вызывающий аллергию.

АЛЛЕ́РГИК, -а, *м.* Человек, страдающий аллергией.

АЛЛЕРГИ́Я, -и, *ж.* (спец.). Изменённая реактивность организма, вызываемая какими-н. чуждыми организму веществами и выражающаяся различными болезненными состояниями. || *прил.* **аллерги́ческий**, -ая, -ое. *Аллергические болезни.*

АЛЛЕРГО... *Первая часть сложных слов со знач.* относящийся к аллергии, к её изучению, напр. *аллергология, аллерголог.*

АЛЛЕ́Я, -и, *ж.* Дорога (в саду, парке) с рядами деревьев, посаженными по обеим её сторонам. *Липовая а.* || *уменьш.* **алле́йка**, -и, *ж.* || *прил.* **алле́йный**, -ая, -ое.

АЛЛИГА́ТОР, -а, *м.* Американский и восточноазиатский крокодил.

АЛЛИЛУ́ЙЯ. В христианском богослужении: возглас, выражающий хвалу. ✦ **Аллилуйю петь** *кому* — непомерно восхвалять кого-н.

АЛЛО́. **1.** В телефонном разговоре: возглас в значении «слушаю», «слушаете?». **2.** Фамильярный оклик при встрече.

АЛЛОПА́Т, -а, *м.* Врач, лечащий методами аллопатии.

АЛЛОПА́ТИЯ, -и, *ж.* Обычная система лечения, называемая так в противоп. гомеопатии. || *прил.* **аллопати́ческий**, -ая, -ое.

АЛЛЮ́Р, -а, *м.* Способ хода, бега лошади (шагом, рысью, галопом, иноходью, в карьер). || *прил.* **аллю́рный**, -ая, -ое.

АЛМА́З, -а, *м.* **1.** Прозрачный драгоценный камень, блеском и твёрдостью превосходящий все другие минералы. *Ювелирный а.* (бриллиант). *Сырые алмазы* (необработанные, не огранённые в бриллианты). **2.** Инструмент для резки стекла в виде острого куска этого камня, вделанного в рукоятку. ✦ **Свой глаз — алмаз** (разг.) — свои глаза — лучшая проверка. || *прил.* **алма́зный**, -ая, -ое. *А. рынок.*

АЛМА́ЗНЫЙ, -ая, -ое. **1.** *см.* алмаз. **2.** Такой, как у алмаза. *Алмазная огранка стали.*

АЛО́Э, *нескл., ср.* Южное растение сем. лилейных с толстыми мясистыми листьями, разводимое у нас в комнатных условиях как лекарственное или декоративное. || *прил.* **ало́йный**, -ая, -ое.

АЛТА́ЙСКИЙ, -ая, -ое. **1.** *см.* алтайцы. **2.** Относящийся к алтайцам, к их языку, национальному характеру, образу жизни, культуре, а также к Горному Алтаю, его территории, внутреннему устройству, истории; такой, как у алтайцев, как в Горном Алтае. *А. язык* (тюркской семьи языков). *А. заповедник* (в Горном Алтае). *По-алтайски* (нареч.). ✦ **Алтайские языки** — условный термин, обозначающий праязыковую макросемью языков, к к-рой предположительно относятся семьи: тюркская, монгольская и тунгусо-маньчжурская.

АЛТА́ЙЦЫ, -ев, *ед.* -а́ец, -а́йца, *м.* Народ, составляющий коренное население Горного Алтая. || *ж.* **алта́йка**, -и. || *прил.* **алта́йский**, -ая, -ое.

АЛТА́РЬ, -я́, *м.* **1.** Восточная возвышенная часть христианского храма (в православной церкви отделённая от общего помещения иконостасом). **2.** В старину: то же, что жертвенник. *Принести свою жизнь на а. отечества* (перен.: пожертвовать своей жизнью во имя родины; высок.). || *прил.* **алта́рный**, -ая, -ое (к 1 знач.).

АЛТЫ́Н, -а, *род. мн.* -ы́н *и* -ов, *м.* В старину: три копейки (*род. мн.* -ы́н), а также монета в три копейки (род. мн. -ов). *Не было ни гроша, да вдруг а.* (посл.). *Цена пять алтын. Пять медных алтынов.* || *прил.* **алты́нный**, -ая, -ое.

АЛФАВИ́Т, -а, *м.* **1.** Совокупность букв или других знаков данной системы письма. *Русский а.* **2.** Порядок букв, принятый в азбуке. *Написать фамилии по алфавиту.* **3.** *чего.* Указатель, перечень чего-н. по порядку букв, принятому в азбуке. *А. собственных имён в приложении к книге.* || *прил.* **алфави́тный**, -ая, -ое. *А. указатель.*

АЛХИ́МИК, -а, *м.* Человек, занимающийся алхимией.

АЛХИ́МИЯ, -и, *ж.* Донаучное направление в химии: изыскание способов превращать простые металлы в драгоценные при помощи фантастического философского камня, поиски эликсира долголетия. || *прил.* **алхими́ческий**, -ая, -ое.

А́ЛЧНЫЙ, -ая, -ое; -чен, -чна. **1.** Жадный, корыстолюбивый. *А. к деньгам* или *до денег.* **2.** Страстно желающий чего-н., выражающий такое желание. *Алчные взоры* (устар.). || *сущ.* **а́лчность**, -и, *ж.* (к 1 знач.).

А́ЛЫЙ, -ая, -ое; ал. Ярко-красный. *Алые стяги. Алая роза.*

АЛЫЧА́, -и́, *ж.* Южное плодовое дерево, родственное сливе, а также плод его. || *прил.* **алычо́вый**, -ая, -ое.

АЛЬ, *союз* и *частица* (нар.-поэт. и прост.). Али, или (в 1 и 5 знач.).

АЛЬБАТРО́С, -а, *м.* Большая океаническая птица отряда буревестников.

АЛЬБИНО́С, -а, *м.* Живое существо, волосяной (перьевой, шёрстный) покров к-рого лишён пигментов. *Полный а.* (абсолютно белый). || *ж.* **альбино́ска**, -и. || *прил.* **альбино́совый**, -ая, -ое.

АЛЬБО́М, -а, *м.* **1.** Тетрадь из плотных листов в переплёте для рисунков, каких-н. коллекций, фотографий. *А. для марок. А. для открыток.* **2.** Собрание рисунков, репродукций, чертежей в виде книги, папки. *А. видов Москвы. Архитектурный а.* **3.** Несколько объединённых одним названием музыкальных произведений одного исполнителя или одного ансамбля, записанных на грампластинку, кассету или на компакт-диск. *Песня из популярного альбома. Записать новый а.* || *прил.* **альбо́мный**, -ая, -ое (к 1 и 2 знач.).

АЛЬКО́В, -а, *м.* Углублённая часть комнаты, обычно для кровати. || *прил.* **алько́вный**, -ая, -ое. *Альковные похождения* (перен.: любовные, романтические).

А'ЛЬМА-МА'ТЕР [тэ], *нескл., ж.* (книжн.). Университет, институт, в к-ром учился.

АЛЬМАНА'Х, -а, *м.* Непериодический литературный сборник произведений разных писателей. ‖ *прил.* **альмана́шный**, -ая, -ое (устар.).

АЛЬПИ'ЙСКИЙ, -ая, -ое. Растущий, расположенный (о местности) или действующий в горах, высокогорный. *Альпийская растительность. Альпийские пастбища. Альпийская фиалка* (цикламен). *Альпийские стрелки* (стрелки горных войск в нек-рых армиях).

АЛЬПИНА'РИЙ, -я, *м.* Участок сада или парка — искусственная каменистая горка, на к-рой выращиваются горные растения.

АЛЬПИНИА'ДА, -ы, *ж.* Учебно-спортивные или юбилейные сборы альпинистов. ‖ *прил.* **альпиниа́дный**, -ая, -ое.

АЛЬПИНИ'ЗМ, -а, *м.* Вид спорта — восхождение на труднодоступные горные вершины. ‖ *прил.* **альпини́стский**, -ая, -ое. *А. лагерь.*

АЛЬПИНИ'СТ, -а, *м.* Спортсмен, занимающийся альпинизмом, горовосходитель. ‖ *ж.* **альпини́стка**, -и. ‖ *прил.* **альпини́стский**, -ая, -ое. *Альпинистское снаряжение.*

АЛЬТ, -а́, *мн.* -ы́, -о́в, *м.* **1.** Низкий женский или детский голос (у мальчика). **2.** Певец-мальчик с таким голосом. **3.** Музыкальный смычковый инструмент несколько больше скрипки. *А. скрипичный.* **4.** Медный духовой оркестровый инструмент. ‖ *прил.* **альто́вый**, -ая, -ое (к 1, 3 и 4 знач.).

АЛЬТЕРНАТИ'ВА [тэ], -ы, *ж.* (книжн.). Необходимость выбора одного из двух (или нескольких) возможных решений. *Нет альтернативы у кого-н., чему-н.* (нет возможности выбирать). ‖ *прил.* **альтернати́вный**, -ая, -ое.

АЛЬТЕРНАТИ'ВНЫЙ [тэ], -ая, -ое; -вен, -вна. **1.** *см.* альтернатива. **2.** Противопоставленный другому и его исключающий. *А. проект. Альтернативная служба* (у военнообязанных: служба на гражданских объектах, заменяющая воинскую, строевую). ‖ *сущ.* **альтернати́вность**, -и, *ж.*

АЛЬТИ'СТ, -а, *м.* Музыкант, играющий на альте. ‖ *ж.* **альти́стка**, -и.

АЛЬТРУИ'ЗМ, -а, *м.* (книжн.). Готовность бескорыстно действовать на пользу другим, не считаясь со своими интересами. ‖ *прил.* **альтруисти́ческий**, -ая, -ое.

АЛЬТРУИ'СТ, -а, *м.* (книжн.). Человек, отличающийся альтруизмом. ‖ *ж.* **альтруи́стка**, -и. ‖ *прил.* **альтруи́стский**, -ая, -ое.

АЛЬТРУИСТИ'ЧЕСКИЙ, -ая, -ое. **1.** *см.* альтруизм. **2.** То же, что альтруистичный.

АЛЬТРУИСТИ'ЧНЫЙ, -ая, -ое; -чен, -чна. Проникнутый альтруизмом, самоотверженный. ‖ *сущ.* **альтруисти́чность**, -и, *ж.*

А'ЛЬФА, -ы, *ж.* Название первой буквы греческого алфавита. ◆ **Альфа и омега** *чего* (книжн.) — самое главное в чём-н., основа, суть. **От альфы до омеги** (книжн.) — от начала до конца.

А'ЛЬФА-... *Первая часть сложных слов* в составе нек-рых терминов: *альфа-частицы* (ядра атомов гелия), *альфа-лучи* (один из видов излучения радиоактивных ядер), *альфа-распад* (испускание альфа-частиц при самопроизвольном радиоактивном распаде атомных ядер).

АЛЬЯ'НС, -а, *м.* (книжн.). Союз, объединение. *Международный кооперативный а.*

АЛЮМИ'НИЙ, -я, *м.* Химический элемент, серебристо-белый лёгкий ковкий металл, получаемый электролизом глинозёма. ‖ *прил.* **алюми́ниевый**, -ая, -ое.

А-ЛЯ', *в знач. предлога.* В нек-рых сочетаниях: подобно кому-чему-н., так, как кто-что-н. *Причёска а-ля мужик. Кафтан а-ля казак.*

АЛЯПОВА'ТЫЙ, -ая, -ое; -а́т. Грубо, неискусно и безвкусно сделанный. *А. рисунок.* ‖ *сущ.* **аляпова́тость**, -и, *ж.*

АМАЗО'НКА, -и, *ж.* **1.** В греческой мифологии: всадница-воительница. **2.** Всадница, одетая в специальное длинное платье для верховой езды, а также вообще всадница. **3.** Женское платье для верховой езды.

АМАЛЬГА'МА, -ы, *ж.* **1.** Жидкий, полужидкий или твёрдый сплав ртути с др. металлами (спец.). **2.** *перен.* Разнородная смесь, сочетание чего-н. (книжн.). ‖ *прил.* **амальга́мный**, -ая, -ое (к 1 знач.).

А'МБА, *нескл., ж. и в знач. сказ., кому* (прост.). Конец (в 5 знач.), капут. *А. приходит кому-н.*

АМБА'Л, -а, *м.* (прост.). Большой и сильный человек, обычно с примитивным интеллектом.

АМБА'Р, -а, *м.* Строение для хранения зерна, муки, припасов, а также товаров. ‖ *уменьш.* **амбару́шка**, -и, *ж.* ‖ *прил.* **амба́рный**, -ая, -ое. *А. замок* (большой висячий замок). *Амбарная книга* (большая в переплёте тетрадь для записей о товарах, припасах).

АМБИ'ЦИЯ, -и, *ж.* **1.** Обострённое самолюбие, а также спесивость, чванство. *Войти (вломиться, удариться) в амбицию* (обидевшись, рассердиться; разг.). **2.** обычно *мн.* Претензии, притязания на что-н. (неодобр.). *Ничем не обоснованные амбиции.* ‖ *прил.* **амбицио́зный**, -ая, -ое.

АМБРАЗУ'РА, -ы, *ж.* **1.** Отверстие в оборонительном сооружении или бронебашне для ведения огня. **2.** Узкий оконный или дверной проём (спец.). ‖ *прил.* **амбразу́рный**, -ая, -ое.

АМБРО'ЗИЯ, -и, *ж.* В греческой мифологии: пища богов.

АМБУЛАТО'РИЯ, -и, *ж.* Лечебница для приходящих больных и оказания помощи на дому. ‖ *прил.* **амбулато́рный**, -ая, -ое. *А. приём.*

АМВО'Н, -а, *м.* Возвышенная площадка в церкви перед иконостасом, с к-рой произносятся проповеди. ‖ *прил.* **амво́нный**, -ая, -ое.

АМЕРИКАНИЗИ'РОВАТЬ, -рую, -руешь; -анный; *сов. и несов., кого-что.* Придать (-давать) кому-чему-н. черты американского образа жизни, поведения. ‖ *сущ.* **американиза́ция**, -и, *ж.*

АМЕРИКАНИ'СТИКА, -и, *ж.* Совокупность наук, изучающих историю, языки, литературу и культуру народов Америки.

АМЕРИКА'НСКИЙ, -ая, -ое. **1.** *см.* американцы. **2.** Относящийся к народам Соединённых Штатов Америки, к их языку, национальному характеру, образу жизни, культуре, а также к Соединённым Штатам Америки, их территории, внутреннему устройству, истории; такой, как у американцев, как в США. *А. вариант английского языка. А. доллар* (денежная единица). **3.** Относящийся к народам континента Америка, к его странам, флоре и фауне; такой, как на континенте Америка. *Американские индейцы. Американские народы. Американские страны. Американские широконосые обезьяны* (секция человекоподобных приматов). *Американские олени* (род оленевых). *По-американски* (нареч.).

АМЕРИКА'НЦЫ, -ев, *ед.* -нец, -нца, *м.* **1.** Народ, составляющий основное население Соединенных Штатов Америки. **2.** Население американского континента (разг.). ‖ *ж.* **америка́нка**, -и. ‖ *прил.* **америка́нский**, -ая, -ое.

АМЕТИ'СТ, -а, *м.* Драгоценный камень фиолетового или голубовато-фиолетового цвета, разновидность кварца. ‖ *прил.* **амети́стовый**, -ая, -ое.

АМЁБА, -ы, *ж.* Простейшее одноклеточное животное. ‖ *прил.* **амёбный**, -ая, -ое.

АМИНОКИСЛО'ТЫ, -о́т, *ед.* аминокислота́, -ы́, *ж.* (спец.). Класс органических соединений, обладающих свойствами и кислот, и оснований. ‖ *прил.* **аминокисло́тный**, -ая, -ое.

АМИ'НЬ. **1.** В христианском богослужении: заключительное восклицание молитв, проповедей в знач. верно, истинно. **2.** *нескл., м. и в знач. сказ., кому-чему.* Конец, смерть (устар.). *А. пришёл кому-н.*

АММИА'К, -а, *м.* Бесцветный газ с едким запахом, соединение азота с водородом. ‖ *прил.* **аммиа́чный**, -ая, -ое.

АММОНА'Л, -а, *м.* Взрывчатое вещество. ‖ *прил.* **аммона́льный**, -ая, -ое.

АММО'НИЙ, -я, *м.* Не существующее в свободном виде соединение атомов азота и водорода, обладающее химическими свойствами металлов. ‖ *прил.* **аммо́ниевый**, -ая, -ое.

АМНИСТИ'РОВАТЬ, -рую, -руешь; -анный; *сов. и несов., кого (что).* Применить (-нять) амнистию к кому-н.

АМНИ'СТИЯ, -и, *ж.* Частичное или полное освобождение от судебного наказания определённой категории лиц, производимое верховной властью. *Общая а. Объявить амнистию. Попасть под амнистию.* ‖ *прил.* **амнисти́йный**, -ая, -ое.

АМОРА'ЛКА, -и, *ж.* (прост.). Аморальное поведение в быту. *Выговор за аморалку.*

АМОРА'ЛЬНЫЙ, -ая, -ое; -лен, -льна. Противоречащий морали, безнравственный. *А. поступок. Аморальное поведение. А. человек.* ‖ *сущ.* **амора́льность**, -и, *ж.*

АМОРТИЗА'ТОР, -а, *м.* Приспособление для амортизации (во 2 знач.). ‖ *прил.* **амортиза́торный**, -ая, -ое.

АМОРТИЗА'ЦИЯ, -и, *ж.* **1.** Постепенное снижение ценности имущества вследствие его изнашивания. **2.** Смягчение силы удара, толчка, тряски во время движения, действия при помощи специальных устройств. ‖ *прил.* **амортизацио́нный**, -ая, -ое. *А. срок. Амортизационные устройства* (рессоры, буфера).

АМОРТИЗИ'РОВАТЬ, -рую, -руешь; -анный; *сов. и несов., что.* Произвести (-водить) амортизацию.

АМО'РФНЫЙ, -ая, -ое; -фен, -фна. **1.** Не имеющий кристаллического строения (спец.). *Аморфное вещество.* **2.** *перен.* Бесформенно-расплывчатый (книжн). ‖ *сущ.* **амо́рфность**, -и, *ж.*

АМПЕ'Р, -а, *род. мн.* ампе́ров *и* при счёте преимущ. ампе́р, *м.* Единица силы электрического тока. ‖ *прил.* **ампе́рный**, -ая, -ое.

АМПЕРМЕ'ТР, -а, *м.* Прибор для измерения силы электрического тока.

АМПИ'Р. **1.** -а, *м.* Возникший во Франции в конце 18 — нач. 19 в. стиль в архитектуре и в декоративном искусстве, основанный на подражании античным образцам. **2.** *неизм.* Имеющий такой стиль, выполненный в таком стиле. *Архитектура а.* ‖ *прил.* **ампи́рный**, -ая, -ое (к 1 знач.).

АМПЛИТУ́ДА, -ы, *ж.* (спец.). Размах колебания, наибольшее отклонение колеблющегося тела от положения равновесия. *А. колебаний маятника.* ‖ *прил.* **амплиту́дный**, -ая, -ое.

АМПЛУА́, *нескл., ср.* Тип актёрских ролей. *А. резонёра. Это не его а.* (также перен.: он этим не занимается, это не входит в его правила, в круг его интересов).

А́МПУЛА, -ы, *ж.* Герметически запаянный сосуд для хранения чего-н. *Лекарство в ампулах.* ‖ *прил.* **а́мпульный**, -ая, -ое.

АМПУТИ́РОВАТЬ, -рую, -руешь; -анный; *сов.* и *несов., что.* Удалить (-лять) оперативным путём больную конечность, орган, часть органа. ‖ *сущ.* **ампута́ция**, -и, *ж. А. ноги.* ‖ *прил.* **ампутацио́нный**, -ая, -ое.

АМУЛЕ́Т, -а, *м.* Предмет, носимый на теле и считаемый магическим средством против болезни, несчастья. ‖ *прил.* **амуле́тный**, -ая, -ое.

АМУНИ́ЦИЯ, -и, *ж.; собир.* Снаряжение военнослужащего (кроме оружия и одежды). ‖ *прил.* **амуни́чный**, -ая, -ое.

АМУ́РНЫЙ, -ая, -ое (разг. и шутл.). Относящийся к любовным делам, ухаживаниям. *Амурные похождения.*

АМУ́РЫ, -ов: **амуры разводить** (прост. шутл.) — заниматься любовными похождениями, ухаживаниями [по имени Амура, бога любви в античной мифологии].

АМФИ́БИЯ, -и, *ж.* **1.** Позвоночное животное, дышащее в раннем возрасте жабрами, а во взрослом состоянии лёгкими. **2.** Земноводное растение. **3.** Самолёт для взлёта и посадки на воде и на суше, а также вообще средство для передвижения по суше и по воде (автомобиль, танк, судно, аэросани). *Суда-амфибии. Вездеход-а.* ‖ *прил.* **амфиби́йный**, -ая, -ое.

АМФИБРА́ХИЙ, -я, *м.* (спец.). Трёхсложная стихотворная стопа с ударением на втором слоге. ‖ *прил.* **амфибрахи́ческий**, -ая, -ое.

АМФИТЕА́ТР, -а, *м.* **1.** В Древней Греции и Риме: сооружение для зрелищ, в к-ром места для зрителей возвышаются полукругом. *Здания расположены амфитеатром* (перен.: возвышаясь одно за другим). **2.** Места в зрительном зале, возвышающиеся уступами за партером, а также так расположенные места в цирке, в лекционном зале.

А́МФОРА, -ы, *ж.* В античности: большой, с узким горлом и двумя ручками, сосуд для хранения вина, масла, зерна. ‖ *прил.* **а́мфорный**, -ая, -ое.

АН (прост.). **1.** *союз.* Служит для указания на то, что происходит нечто неожиданное, противоположное ожидаемому, в знач. а оказывается. *Решили пойти через реку, ан лёд-то тронулся.* **2.** *частица.* Употр. в начале речи для подчёркивания противопоставления, несоответствия. *Пристал: пойдём. Ан нет, не пойду.*

АНАБИО́З, -а, *м.* (спец.). Резкое снижение жизнедеятельности организма с последующим восстановлением её при благоприятных условиях. ‖ *прил.* **анабиоти́ческий**, -ая, -ое *и* **анабио́зный**, -ая, -ое.

АНАКО́НДА, -ы, *ж.* Очень крупная змея сем. удавов, обитающая по берегам рек, озёр. ‖ *прил.* **анако́ндовый**, -ая, -ое.

АНА́ЛИЗ, -а, *м.* **1.** Метод исследования путём рассмотрения отдельных сторон, свойств, составных частей чего-н. **2.** Всесторонний разбор, рассмотрение. *А. художественного произведения. А. своих поступков.* **3.** Определение состава вещества. *Химический а. А. крови.* ✦ **Анализ математический** — часть математики, занимающаяся исследованием функций (во 2 знач.) методами дифференциального и интегрального исчислений. ‖ *прил.* **аналити́ческий**, -ая, -ое. *А. метод. А. ум* (склонный к анализу).

АНАЛИЗИ́РОВАТЬ, -рую, -руешь; -анный; *сов.* и *несов., что.* Произвести (-водить) анализ (в 1 и 2 знач.) чего-н. ‖ *сов.* также **проанализи́ровать**, -рую, -руешь; -анный.

АНАЛИ́ТИК, -а, *м.* **1.** Человек, умеющий хорошо анализировать, склонный к аналитическому мышлению. **2.** Специалист, занимающийся анализом (в 3 знач.). *Химик-а.*

АНА́ЛОГ, -а, *м.* (книжн.). Нечто сходное, подобное чему-н. ‖ *прил.* **ана́логовый**, -ая, -ое (спец.).

АНАЛОГИ́ЧНЫЙ, -ая, -ое; -чен, -чна. Сходный, подобный. *А. случай. Аналогичное решение.* ‖ *сущ.* **аналоги́чность**, -и, *ж.*

АНАЛО́ГИЯ, -и, *ж.* (книжн.). Сходство в каком-н. отношении между явлениями, предметами, понятиями. *Заключить по аналогии. Провести аналогию между чем-н.*

АНАЛО́Й, -я, *м.* Высокий столик с покатым верхом, на к-рый в церкви кладут иконы, книги, крест. ‖ *прил.* **анало́йный**, -ая, -ое.

АНА́МНЕЗ [нэ], -а, *м.* (спец.). Совокупность медицинских сведений, получаемых путём опроса обследуемого, знающих его лиц. *Аллергический а. Психиатрический а.* ‖ *прил.* **анамнести́ческий**, -ая, -ое.

АНАНА́С, -а, *м.* Тропическое растение с крупным, овальной формы, ароматным и сочным толстокожим плодом, а также плод его. ‖ *прил.* **анана́сный**, -ая, -ое *и* **анана́совый**, -ая, -ое.

АНА́ПЕСТ, -а, *м.* (спец.). Трёхсложная стихотворная стопа с ударением на последнем слоге. ‖ *прил.* **анапести́ческий**, -ая, -ое.

АНАРХИ́ЗМ, -а, *м.* Общественно-политическое течение, проповедующее анархию, отрицающее всякую государственную власть, организованную политическую борьбу. ‖ *прил.* **анархи́ческий**, -ая, -ое.

АНАРХИ́СТ, -а, *м.* Сторонник анархизма, член анархической организации. ‖ *ж.* **анархи́стка**, -и. ‖ *прил.* **анархи́стский**, -ая, -ое.

АНАРХИ́ЧЕСКИЙ, -ая, -ое. **1.** *см.* анархизм *и* анархия. **2.** То же, что анархичный. *Анархически* (нареч.) *настроенные группировки.*

АНАРХИ́ЧНЫЙ, -ая, -ое; -чен, -чна. Склонный к анархии. ‖ *сущ.* **анархи́чность**, -и, *ж.*

АНА́РХИЯ, -и, *ж.* **1.** Безвластие, отсутствие всякого управления. *А. — мать порядка* (девиз анархистов). **2.** Стихийность в осуществлении чего-н., отсутствие организованности, полный беспорядок. *А. производства.* ‖ *прил.* **анархи́ческий**, -ая, -ое.

АНА́РХО-СИНДИКАЛИ́ЗМ, -а, *м.* Общественно-политическое течение в рабочем движении, находящееся под идейным влиянием анархизма и выступающее за социально-экономическое преобразование общества при помощи экономической борьбы профессиональных союзов (синдикатов). ‖ *прил.* **ана́рхо-синдикали́стский**, -ая, -ое.

АНАТОМИ́РОВАТЬ, -рую, -руешь; -анный; *сов.* и *несов., кого-что.* Вскрыть (-ывать) (труп) для научных или диагностических целей.

АНАТО́МИЯ, -и, *ж.* Наука о строении организмов. *А. животных. А. растений.* ‖ *прил.* **анатоми́ческий**, -ая, -ое. *А. атлас.*

АНА́ФЕМА, -ы, *ж.* **1.** В христианстве: церковное проклятие за грехи против церкви, за поношение веры. *Предать анафеме вероотступника.* **2.** Употр. как бранное слово (прост.). *Сгинь с глаз моих, а. ты этакая.*

АНАХОРЕ́Т, -а, *м.* (устар. книжн.). Отшельник; тот, кто живёт в уединении, избегая людей.

АНАХРОНИ́ЗМ, -а, *м.* (книжн.). **1.** Пережиток старины. **2.** Нарушение хронологической точности ошибочным отнесением событий одной эпохи к другой, хронологически неточным выражением, изображением чего-н. ‖ *прил.* **анахрони́ческий**, -ая, -ое.

АНАХРОНИ́ЧЕСКИЙ, -ая, -ое. **1.** *см.* анахронизм. **2.** Устарелый, пережиточный.

АНАХРОНИ́ЧНЫЙ, -ая, -ое; -чен, -чна. То же, что анахронический (во 2 знач.). ‖ *сущ.* **анахрони́чность**, -и, *ж.*

АНАША́, -и́, *ж.* Наркотик из индийской конопли.

АНГАЖЕМЕ́НТ, -а, *м.* (устар.). Приглашение артиста для участия в спектаклях на определённый срок. *Получить а.* ‖ *прил.* **ангажеме́нтный**, -ая, -ое.

АНГАЖИ́РОВАТЬ, -рую, -руешь; -анный; *сов.* и *несов., кого (что)* (устар.). **1.** Предложить (-лагать) ангажемент кому-н. **2.** Пригласить (-ашать) на танец. *А. на мазурку.*

АНГА́Р, -а, *м.* Специальное помещение для стоянки и текущего ремонта самолётов, вертолётов, дирижаблей. ‖ *прил.* **анга́рный**, -ая, -ое.

А́НГЕЛ, -а, *м.* **1.** В религии: служитель Бога, исполнитель его воли и его посланец к людям (изображаемый обычно крылатым отроком, юношей). *Сонм ангелов. Ангелы небесные. А. божий. Белый а.* (добрый). *Чёрный а.* (злой). *А.-хранитель кого-чей-н.* (оберегающий данного человека ангел или святой, имя к-рого человек носит, а также перен.: вообще тот, кто защищает, оберегает кого-н.). *Падший а.* (изгнанный из рая; также перен.: о грешнике). *А. смерти* (являющийся за душой умирающего). *А. помогает, а бес подстрекает* (стар. посл.). **2.** *перен.* О человеке как воплощении красоты, доброты. *А. кротости, чистоты, невинности.* **3.** обычно *в сочет. с мест. «мой», «наш».* Ласковое обращение (устар. разг.). *Прощайте, а. мой.* ✦ **День ангела** — то же, что именины. *Поздравить с днём ангела. Подарок в день ангела.* **Поздравить с ангелом** — с днём ангела. **Ангела из терпения выведет** *кто* (разг.) — очень раздражает, надоедает кто-н. **Тихий ангел пролетел** — о наступившем молчании, тишине. **Не ангел** *кто* (разг. неодобр.) — о том, кто не отличается добротой, положительными качествами. *Муж у неё далеко не а.* ‖ *уменьш.* **ангело́чек**, -чка, *м.* (к 1 знач.; ангел-дитя), **ангело́к**, -лка, *м.* (к 1 знач.; устар. — обычно об изображении маленького ангела) *и* **а́нгельчик**, -а, *м.* (к 3 знач.; устар.). ‖ *прил.* **а́нгельский**, -ая, -ое (к 1 знач.). *А. глас. А. лик* (хор ангелов). *А. чин* (одна из ступеней иерархии, образующих триаду, или ангельский лик[2]).

АНГИ́НА, -ы, *ж.* Острое инфекционное заболевание — воспаление нёбных миндалин, слизистой оболочки зева. ‖ *прил.* **анги́нный**, -ая, -ое *и* (спец.) **ангино́зный**, -ая, -ое.

АНГЛИ́ЙСКИЙ, -ая, -ое. **1.** *см.* англичане. **2.** Относящийся к англичанам, к их языку, национальному характеру, образу жизни, культуре, а также к Англии, её территории, внутреннему устройству, истории; такой, как у англичан, как в Англии. *А. язык* (германской группы индоевропейской семьи языков). *Английские графства. А. парламент* (парламент Великобритании). *Английское сукно. А. костюм* (прямой и строгий). *Уйти по-английски* (нареч.; незаметно, не прощаясь). ✦ **Английский рожок** — музыкальный духовой деревянный инструмент. **Английская соль** — слабительное средство.

АНГЛИКА́НСКИЙ, -ая, -ое. **1. англиканская церковь** — разновидность протестантизма, сочетающая положения протестантской и католической церквей (в Англии — государственная религия, возглавляемая королём). **2.** Относящийся к такой церкви. *А. священник.*

АНГЛИКА́НСТВО, -а, *ср.* То же, что англиканская церковь.

АНГЛИЦИ́ЗМ, -а, *м.* Слово или оборот речи в каком-н. языке, заимствованные из английского языка или созданные по образцу английского слова или выражения.

АНГЛИЧА́НЕ, -а́н, *ед.* -а́нин, -а, *м.* Народ, составляющий основное население Англии (шире — вообще Великобритании). ‖ *ж.* **англича́нка**, -и. ‖ *прил.* **англи́йский**, -ая, -ое.

АНГЛО... и **А́НГЛО-...** *Первая часть сложных слов со знач.* английский, напр. *англоязычный, англо-русский, англо-германский, англоговорящий* (о странах с населением, говорящем на английском языке).

АНГЛОМА́Н, -а, *м.* (устар.). Человек, испытывающий пристрастие (в 1 знач.) ко всему английскому. ‖ *ж.* **англома́нка**, -и. ‖ *прил.* **англома́нский**, -ая, -ое.

АНГЛОФО́Б, -а, *м.* (устар.). Человек, ненавидящий всё английское. ‖ *ж.* **англофо́бка**, -и. ‖ *прил.* **англофо́бский**, -ая, -ое.

АНДА́НТЕ [тэ] (спец.). **1.** *нареч.* О темпе исполнения музыкальных произведений: медленно, плавно. **2.** *нескл., ср.* Музыкальное произведение или часть его в таком темпе.

АНЕКДО́Т, -а, *м.* **1.** Очень маленький рассказ с забавным, смешным содержанием и неожиданным острым концом. *Рассказать а. Скабрёзный а. Политический а.* **2.** *перен.* Смешное происшествие (разг.). *А. случился с кем-н.* ‖ *уменьш.* **анекдо́тец**, -тца, *м.* (к 1 знач.). ‖ *прил.* **анекдоти́ческий**, -ая, -ое.

АНЕКДОТИ́ЧНЫЙ, -ая, -ое; -чен, -чна. Похожий на анекдот; смешной и странный. *А. случай. Анекдотичная личность.* ‖ *сущ.* **анекдоти́чность**, -и, *ж.*

АНЕМИ́ЧЕСКИЙ, -ая, -ое. **1.** *см.* анемия. **2.** То же, что анемичный.

АНЕМИ́ЧНЫЙ, -ая, -ое; -чен, -чна. Малокровный, а также вообще бледный, вялый; выражающий такое состояние. *А. подросток. А. вид.* ‖ *сущ.* **анеми́чность**, -и, *ж.*

АНЕМИ́Я, -и, *ж.* (спец.). То же, что малокровие. ‖ *прил.* **анеми́ческий**, -ая, -ое.

АНЕСТЕЗИО́ЛОГ [нэстэ], -а, *м.* Врач — специалист по анестезиологии.

АНЕСТЕЗИОЛО́ГИЯ [нэстэ], -и, *ж.* (спец.). Раздел медицины, занимающийся обезболиванием. ‖ *прил.* **анестезиологи́ческий**, -ая, -ое.

АНЕСТЕЗИ́РОВАТЬ [нэстэ], -рую, -руешь; -анный; *сов. и несов., что* (спец.). Вызвать (-зывать) анестезию (в 1 знач.), обезболить (-ивать). *Анестезирующее средство.*

АНЕСТЕЗИ́Я [нэстэ], -и, *ж.* (спец.). **1.** Потеря, ослабление чувствительности. **2.** То же, что обезболивание. *Местная а.* ‖ *прил.* **анестети́ческий**, -ая, -ое.

АНИ́КА-ВО́ИН, ани́ки-во́ина (разг. ирон.). Неудачливый вояка.

АНИЛИ́Н, -а, *м.* Органическое соединение — маслянистая жидкость, употр. при производстве красителей, лекарств, пластмасс, взрывчатых веществ. ‖ *прил.* **анили́новый**, -ая, -ое. *Анилиновые краски.*

АНИМАЛИ́СТ, -а, *м.* Художник, изображающий животных. *Живописец-а. Скульптор-а. Фотограф-а.* ‖ *ж.* **анималистка**, -и (разг.).

АНИМА́ТОР, -а, *м.* Художник, создающий мультфильмы. ‖ *прил.* **анима́торский**, -ая, -ое.

АНИМИ́ЗМ, -а, *м.* Религиозное представление о независимом существовании духа, души у каждого человека, животного, растения (в первобытных религиях — также у каждой вещи) и о возможности свободного общения человека со своим духом, душой. *А. первобытных народов.* ‖ *прил.* **анимисти́ческий**, -ая, -ое.

АНИ́С, -а, *м.* **1.** Однолетнее травянистое зонтичное растение с пахучими сладковато-пряными семенами, содержащими маслянистые вещества, используемые в медицине, парфюмерии, пищевой промышленности. **2.** Сорт яблок. ‖ *прил.* **ани́совый**, -ая, -ое. *Анисовое масло.*

АНИ́СОВКА, -и, *ж.* **1.** То же, что анис (во 2 знач.). **2.** Водка, настоянная на анисе (в 1 знач.).

АНКЕ́ТА, -ы, *ж.* **1.** Опросный лист для получения каких-н. сведений о том, кто его заполняет. *Заполнить анкету.* **2.** Сбор сведений путём получения ответов на определённые вопросы (книжн.). *Провести анкету.* ‖ *прил.* **анке́тный**, -ая, -ое.

АНКЕТИ́РОВАТЬ, -рую, -руешь; -анный; *сов. и несов., что* (книжн.). Собрать (-бирать) какие-н. сведения путём проведения анкет (во 2 знач.). ‖ *сов.* также **проанкети́ровать**, -рую, -руешь; -анный. ‖ *сущ.* **анкети́рование**, -я, *ср.*

АНКЛА́В, -а, *м.* (спец.). Часть территории государства, со всех сторон окружённая территорией других государств и не имеющая выхода к морю. ‖ *прил.* **анкла́вный**, -ая, -ое.

АННА́ЛЫ, -ов. Летопись (у нек-рых древних народов). *В анналах истории* (перен.: о чём-н. значительном, героическом, о том, что вошло в историю; высок.).

АННЕКСИ́РОВАТЬ, -рую, -руешь; -анный; *сов. и несов., что.* Осуществить (-влять) аннексию чего-н.

АННЕ́КСИЯ, -и, *ж.* (книжн.). Насильственное присоединение государства или части его к другому государству. ‖ *прил.* **аннекcио́нный**, -ая, -ое.

АННИБА́ЛОВ, -а: **аннибалова клятва** — клятва бороться до конца [по имени карфагенского полководца].

АННОТА́ЦИЯ, -и, *ж.* Краткое изложение содержания книги, статьи и т. п. ‖ *прил.* **аннотацио́нный**, -ая, -ое.

АННОТИ́РОВАТЬ, -рую, -руешь; -анный; *сов. и несов., что.* Составить (-влять) аннотацию чего-н. *Аннотированный библиографический указатель* (снабжённый аннотациями). ‖ *сов.* также **проаннoти́ровать**, -рую, -руешь; -анный. ‖ *сущ.* **аннoти́рование**, -я, *ср.*

АННУЛИ́РОВАТЬ, -рую, -руешь; -анный; *сов. и несов., что.* Объявить (-влять) недействительным, отменить (-нять). *А. договор.* ‖ *сущ.* **аннули́рование**, -я, *ср.* и **аннуля́ция**, -и, *ж.*

АНО́Д, -а, *м.* (спец.). Положительный электрод; *противоп.* катод. ‖ *прил.* **ано́дный**, -ая, -ое.

АНОДИ́РОВАТЬ, -рую, -руешь; -анный; *сов. и несов., что* (спец.). Покрыть (-ывать) (металлическую поверхность) плёнкой окислов металла путём электролиза. *Часы с анодированным корпусом.*

АНОМА́ЛИЯ, -и, *ж.* (книжн.). Отклонение от нормы, общей закономерности; неправильность. *Магнитная а.* ‖ *прил.* **анома́льный**, -ая, -ое.

АНОНИ́М, -а, *м.* (книжн.). Автор, скрывший своё имя, а также (устар.) сочинение без указания имени автора.

АНОНИ́МКА, -и, *ж.* (разг. неодобр.). Анонимное письмо, сообщающее о ком-н. что-н. обидное, неприятное, компрометирующее.

АНОНИ́МНЫЙ, -ая, -ое; -мен, -мна. Без указания имени того, кто пишет, сообщает о чём-н., без подписи. *Анонимное письмо. Писать анонимно* (нареч.). ‖ *сущ.* **анони́мность**, -и, *ж.*

АНОНИ́МЩИК, -а, *м.* (разг. презр.). Тот, кто пишет анонимные письма, анонимки. ‖ *ж.* **анони́мщица**, -ы.

АНО́НС, -а, *м.* (книжн.). Предварительное объявление (о спектакле, концерте, каком-н. зрелище). ‖ *прил.* **ано́нсный**, -ая, -ое и **ано́нсовый**, -ая, -ое.

АНОНСИ́РОВАТЬ, -рую, -руешь; -анный; *сов. и несов., что* (книжн.). Сделать (делать) анонс.

АНСА́МБЛЬ, -я, *м.* **1.** Согласованность, стройность частей единого целого, а также само такое целое. *Архитектурный а.* **2.** Исполнительский коллектив (певцов, музыкантов), а также состав исполнителей. *А. песни и пляски.* ‖ *прил.* **анса́мблевый**, -ая, -ое. *Ансамблевое пение.*

АНТАГОНИ́ЗМ, -а, *м.* Непримиримое противоречие. *А. взглядов.* ‖ *прил.* **антагонисти́ческий**, -ая, -ое.

АНТАГОНИ́СТ, -а, *м.* Непримиримый противник. ‖ *ж.* **антагони́стка**, -и (разг.). ‖ *прил.* **антагони́стский**, -ая, -ое.

АНТА́РКТИКА, -и, *ж.* (А прописное). Южная полярная область земного шара: материк Антарктида с прилегающими островами и участками океанов. ‖ *прил.* **антаркти́ческий**, -ая, -ое. *Антарктические льды. Антарктическая растительность. Антарктические станции.*

АНТЕ́ННА [тэ], -ы, *ж.* Часть радио- и телевизионной установки, служащая для излучения радиоволн при передаче или для улавливания их при приёме. *Телевизионная а.* ‖ *прил.* **анте́нный**, -ая, -ое.

АНТИ..., *приставка.* Образует существительные и прилагательные со знач. противоположности, враждебности, направленности против кого-чего-н., то же, что противо..., напр. *антидемократический, антихудожественный, антивоенный, антисанитарный, антинародный, антиимпериалистический, антисоветский, антимонопольный, антигерой, антиракета, антиобледенитель, антиокислитель.*

АНТИБИО́ТИКИ, -ов, *ед.* антибио́тик, -а, *м.* Биологически активные вещества микробного, животного, растительного происхождения (а также синтезированные), могущие подавлять жизнеспособность микроорганизмов. ‖ *прил.* **антибиоти́ческий**, -ая, -ое.

АНТИИСТОРИ́ЧЕСКИЙ, -ая, -ое. Противоречащий истории, принципам историзма.

АНТИИСТОРИ́ЧНЫЙ, -ая, -ое; -чен, -чна. То же, что антиисторический. ‖ *сущ.* **антиистори́чность**, -и, *ж.*

АНТИКВА́Р, -а, *м.* Любитель или продавец антикварных предметов.

АНТИКВАРИА́Т, -а, *м., собир.* Антикварные вещи.

АНТИКВА́РНЫЙ, -ая, -ое; -рен, -рна. **1.** Старинный и ценный. *Антикварная ваза.* **2.** *полн. ф.* Относящийся к торговле старинными вещами. *А. магазин.* ‖ *сущ.* **антиква́рность**, -и, *ж.* (к 1 знач.).

АНТИКОММУНИ́ЗМ, -а, *м.* Идеология и политика, направленная против коммунизма. ‖ *прил.* **антикоммунисти́ческий**, -ая, -ое.

АНТИЛО́ПЫ, -о́п, *ед.* антило́па, -ы, *ж.* **1.** Название разных видов парнокопытных жвачных млекопитающих сем. полорогих (серны, сайгаки, джейраны и др.). **2.** Жвачное парнокопытное сем. полорогих, обитающее в Африке и на Индийском полуострове. *Лесная а. Карликовая а.* ‖ *прил.* **антило́пий**, -ья, -ье.

АНТИМИРЫ́, -о́в, *ед.* **антими́р**, -а, *м.* (спец.). Совокупность форм материи, противоположных вещественному миру[1] (в 1 знач.), Вселенной.

АНТИМО́НИЯ, -и, *ж.*: **разводить антимонии** (разг. шутл.) — заниматься отвлекающими от дела пустяками, пустой болтовнёй.

АНТИНО́МИЯ, -и, *ж.* (спец.). Противоречие между двумя взаимоисключаемыми положениями, сущностями, явлениями, каждое из к-рых доказуемо логическим путём, существует в отдельности. *А. учений о смерти и бессмертии. А. духа и материи. А. между свободой личности и государством.* ‖ *прил.* **антиноми́ческий**, -ая, -ое.

АНТИПАТИ́ЧНЫЙ, -ая, -ое; -чен, -чна. Неприятный, вызывающий антипатию, несимпатичный. *Этот человек мне антипатичен.* ‖ *сущ.* **антипати́чность**, -и, *ж.*

АНТИПА́ТИЯ, -и, *ж.* Чувство неприязни, нерасположения к кому-н. *Испытывать антипатию к кому-н.*

АНТИПО́Д, -а, *м.* **1.** Человек, противоположный кому-н. по убеждениям, свойствам, вкусам (книжн.). **2.** Тот или те, кто живёт в диаметрально противоположных точках земного шара (спец.). ‖ *прил.* **антипо́дный**, -ая, -ое.

АНТИРЕЛИГИО́ЗНЫЙ, -ая, -ое. Направленный против религии, религиозных убеждений.

АНТИСАНИТАРИ́Я, -и, *ж.* Антисанитарное состояние.

АНТИСАНИТА́РНЫЙ, -ая, -ое; -рен, -рна. Противоречащий правилам санитарии, грязный и вредный для здоровья. *Антисанитарное состояние помещения.*

АНТИСЕМИ́Т, -а, *м.* Сторонник антисемитизма. ‖ *ж.* **антисеми́тка**, -и. ‖ *прил.* **антисеми́тский**, -ая, -ое.

АНТИСЕМИТИ́ЗМ, -а, *м.* Одна из форм национальной нетерпимости — враждебное отношение к евреям. ‖ *прил.* **антисеми́тский**, -ая, -ое.

АНТИСЕ́ПТИК [*сэ*], -а, *м.* (спец.). Обеззараживающее средство. ‖ *прил.* **антисепти́ческий**, -ая, -ое.

АНТИСЕ́ПТИКА [*сэ*], -и, *ж.* (спец.). Обеззараживание ран, воспалённых тканей. ‖ *прил.* **антисепти́ческий**, -ая, -ое.

АНТИСОВЕТИ́ЗМ, -а, *м.* Агитационная деятельность и пропаганда, направленная против СССР. ‖ *прил.* **антисове́тский**, -ая, -ое.

АНТИСТА́ТИК, -а, *м.* Вещество, понижающее статическую электризацию химических волокон, пластмасс, резин. ‖ *прил.* **антистати́ческий**, -ая, -ое. *Антистатические эмульсии.*

АНТИТЕ́ЗА [*тэ*], -ы, *ж.* **1.** Стилистическая фигура, основанная на резком противопоставлении, противоположности образов и понятий (спец.). *Поэтическая а. «лёд и пламень» в «Евгении Онегине».* **2.** *перен.* Противопоставление, противоположность (книжн.). *А. динамики и покоя, активности и бездействия. А. пейзажа и настроения.*

АНТИТЕ́ЗИС [*тэ*], -а, *м.* В логике: суждение, противопоставляемое другому суждению (тезису).

АНТИТЕЛА́, -е́л, *ед.* антите́ло, -а, *ср.* (спец.). Сложные белки — вещества, образующиеся в организме при введении в него чужеродных веществ и нейтрализующие их вредное действие.

АНТИФАШИ́СТ, -а, *м.* Враг фашизма, борец против фашизма. ‖ *ж.* **антифаши́стка**, -и.

АНТИФАШИ́СТСКИЙ, -ая, -ое. Направленный против фашизма, на борьбу с фашизмом. *Антифашистское движение.*

АНТИ́ХРИСТ, -а, *м.* **1.** В христианской мифологии: противник Христа, к-рый должен явиться перед концом света. **2.** Употр. как бранное слово (устар. прост.).

АНТИЦИКЛО́Н, -а, *м.* Область устойчивого повышенного атмосферного давления. ‖ *прил.* **антициклóнный**, -ая, -ое, **антициклони́ческий**, -ая, -ое *и* **антициклона́льный**, -ая, -ое.

АНТИ́ЧНОСТЬ, -и, *ж.* Древний греко-римский мир и его культура.

АНТИ́ЧНЫЙ, -ая, -ое. Относящийся к истории и культуре древних греков и римлян. *Античная философия. Античное искусство. А. профиль* (как у античных статуй).

АНТОЛОГИ́ЧЕСКИЙ, -ая, -ое. **1.** *см.* антология. **2.** Созданный в духе античной лирики (спец.). *Антологическая поэзия. Антологическое стихотворение.*

АНТОЛО́ГИЯ, -и, *ж.* Сборник избранных художественных произведений разных авторов. *А. античной поэзии.* ‖ *прил.* **антологи́ческий**, -ая, -ое.

АНТО́НИМ, -а, *м.* В языкознании: слово, противоположное по значению другому слову, напр. «светлый» и «тёмный» — антонимы. ‖ *прил.* **антоними́ческий**, -ая, -ое.

АНТОНИМИ́Я, -и, *ж.* В языкознании: отношения, существующие между антонимами. ‖ *прил.* **антоними́ческий**, -ая, -ое.

АНТО́НОВ: **антонов огонь** (устар.) — народное название гангрены, заражения крови.

АНТО́НОВКА, -и, *ж.* То же, что антоновские яблоки.

АНТО́НОВСКИЙ, -ая, -ое: **антоновские яблоки** — сорт поздних крупных ароматных яблок с приятным кислым вкусом.

АНТРА́КТ, -а, *м.* **1.** Краткий перерыв между действиями спектакля или отделениями концерта, циркового представления, какого-н. зрелища. **2.** Небольшое музыкальное произведение для исполнения между двумя действиями оперы, пьесы. *Музыкальный а.* ‖ *прил.* **антра́ктный**, -ая, -ое.

АНТРАЦИ́Т, -а, *м.* Каменный уголь высшего качества. ‖ *прил.* **антраци́товый**, -ая, -ое *и* **антраци́тный**, -ая, -ое.

АНТРАША́, *нескл., ср.* Прыжок в балетных танцах, при к-ром танцующий ударяет несколько раз ногой об ногу. *Выделывать (ногами) а. Выкидывать а.* (перен.: делать затейливые, замысловатые движения ногами; разг.).

АНТРЕКО́Т, -а, *м.* Отбивная котлета из межрёберной части говядины. ‖ *прил.* **антреко́тный**, -ая, -ое.

АНТРЕПРЕНЁР, -а, *м.* Частный театральный предприниматель. ‖ *прил.* **антрепренёрский**, -ая, -ое.

АНТРЕСО́ЛИ, -ей, *ед.* антресо́ль, -и, *ж.* **1.** Верхний полуэтаж дома. **2.** Род балкона внутри высокого помещения. **3.** Настил под потолком для хранения вещей, а также отдельная верхняя часть шкафа, предназначенная для такого хранения. ‖ *прил.* **антресо́льный**, -ая, -ое.

АНТРОПО... *Первая часть сложных слов со знач.* относящийся к человеку, его изучению, напр. *антропогенез, антропогеография, антропометрия.*

АНТРОПО́ЛОГ, -а, *м.* Специалист по антропологии.

АНТРОПОЛО́ГИЯ, -и, *ж.* Наука о биологической природе человека. ‖ *прил.* **антропологи́ческий**, -ая, -ое.

АНТРОПОМОРФИ́ЗМ, -а, *м.* (спец.). Перенесение присущих человеку психических свойств на явления природы (на животных, предметы), а также представление божества в образе человека. ‖ *прил.* **антропоморфи́ческий**, -ая, -ое.

АНТУРА́Ж, -а, *м.* (книжн.). Совокупность окружающих условий, окружающая обстановка.

АНФА́С, *нареч.* Лицом к смотрящему. *Сфотографироваться а.* ‖ *прил.* **анфа́сный**, -ая, -ое.

АНФИЛА́ДА, -ы, *ж.* Длинный сквозной ряд комнат в общественных зданиях, дворцах, больших домах. ‖ *прил.* **анфила́дный**, -ая, -ое.

АНЧА́Р, -а, *м.* Тропическое южноазиатское дерево (также кустарник) сем. тутовых, один из видов к-рого содержит ядовитый млечный сок. *Древесный а. Кустарниковый а.* ‖ *прил.* **анча́рный**, -ая, -ое.

АНЧО́УС, -а, *м.* Мелкая морская рыба, родственная сельди, консервируемая в уксусе с пряностями, хамса. *Семейство анчоусов.* ‖ *прил.* **анчо́усный**, -ая, -ое.

АНШЛА́Г, -а, *м.* **1.** Объявление о том, что все билеты (на спектакль, концерт, представление) проданы. *Вывесить а.* **2.** Успешное представление при полном зале. *Спектакль прошёл с полным аншлагом.* **3.** Крупный заголовок в газете (спец.). *А. на всю полосу.* ‖ *прил.* **аншла́говый**, -ая, -ое (разг.). *А. сеанс.*

АНЮ́ТИН, -ы: **анютины глазки** — крупные трёхцветные садовые фиалки с глазком в середине.

АНЮ́ТКИ, -ток, *ед.* аню́тка, -и, *ж.* (разг.). То же, что анютины глазки.

АО́РТА, -ы, *ж.* Главная, самая крупная артерия, питающая артериальной кровью все ткани и органы тела. ‖ *прил.* **ао́ртовый**, -ая, -ое, **ао́ртный**, -ая, -ое *и* **аорта́льный**, -ая, -ое (спец.).

АПАРТА́МЕНТЫ, -ов, *ед.* апарта́мент, -а, *м.* и **АПАРТАМЕ́НТЫ**, -ов, *ед.* апартаме́нт, -а, *м.* Большое парадное жилое помещение. ‖ *прил.* **апарта́ментный**, -ая, -ое *и* **апартаме́нтный**, -ая, -ое.

АПАРТЕИ́Д [тэ], -а, *м.* Крайняя форма расовой дискриминации, выражающаяся в ограничении прав коренных жителей страны и в их территориальной изоляции. *Жертвы апартеида.*

АПАТИ́Т, -а, *м.* Минерал класса фосфатов, сырьё для производства суперфосфата, фосфорной кислоты. ‖ *прил.* **апати́товый**, -ая, -ое. *Апатитовые руды.*

АПАТИ́ЧНЫЙ, -ая, -ое; -чен, -чна. Склонный к апатии, полный апатии. *А. характер.* ‖ *сущ.* **апати́чность**, -и, *ж.*

АПА́ТИЯ, -и, *ж.* Состояние полного безразличия, равнодушия. *Впасть в апатию.* ‖ *прил.* **апати́ческий**, -ая, -ое.

АПА́ЧИ, -а́чей, *ед.* апа́чи, *нескл.* Группа индейских народов, живущих на Юго-Западе США.

АПА́Ш, *неизм.:* 1) **воротник апаш** — открытый и широкий; 2) **рубашка апаш** — с открытым широким воротом.

АПЕЛЛИ́РОВАТЬ, -рую, -руешь; *сов.* и *несов.* 1. Подать (-авать) апелляцию (в 1 знач.) (спец.). 2. *к кому-чему.* Обратиться (-ащаться) за советом, поддержкой (книжн.). *А. к общественному мнению.*

АПЕЛЛЯ́ЦИЯ, -и, *ж.* 1. Обжалование решения суда в более высокую судебную инстанцию с целью пересмотра дела (спец.). 2. Обращение с просьбой, с призывом о чём-н. (книжн.). *А. к общественному мнению.* ‖ *прил.* **апелляцио́нный**, -ая, -ое (к 1 знач.). *А. суд.*

АПЕЛЬСИ́Н, -а, *род. мн.* -ов, *м.* Цитрусовое дерево, а также сочный ароматный кисло-сладкий плод его с мягкой кожурой оранжевого цвета. ◆ **Как свинья в апельсинах** понимает *кто* (разг. ирон.) — о том, кто совершенно не разбирается, ничего не смыслит в чём-н. ‖ *прил.* **апельси́нный**, -ая, -ое *и* **апельси́новый**, -ая, -ое. *Апельсинная корка.*

АПЕЛЬСИ́НОВЫЙ, -ая, -ое. 1. *см.* апельсин. 2. Оранжевый, цвета кожуры зрелого апельсина.

АПЕРИТИ́В, -а, *м.* Слабый спиртной напиток, возбуждающий аппетит.

АПИТЕРАПИ́Я, -и, *ж.* (спец.). Лечение пчелиным ядом. ‖ *прил.* **апитерапевти́ческий**, -ая, -ое.

АПЛОДИ́РОВАТЬ, -рую, -руешь; *несов., кому-чему.* Хлопать в ладоши в знак одобрения, рукоплескать.

АПЛОДИСМЕ́НТЫ, -ов, *ед.* (устар.) аплодисмент, -а, *м.* Рукоплескания в знак одобрения или приветствия. *Сорвать а.* (также перен.: добиться знаков одобрения; обычно ирон.).

АПЛО́МБ, -а, *м.* (книжн.). Излишняя самоуверенность в поведении, в речи. *Говорить с апломбом.*

АПОГЕ́Й, -я, *м.* 1. Наиболее удалённая от Земли точка лунной орбиты или орбиты искусственного спутника Земли; *противоп.* перигей (спец.). 2. *перен.* Высшая степень, расцвет чего-н. (книжн). *В апогее славы.* ‖ *прил.* **апоге́йный**, -ая, -ое (к 1 знач.).

АПОКА́ЛИПСИС, -а, *м.* Библейская книга из «Нового Завета», содержащая пророчества о «конце света». ‖ *прил.* **апокалипси́ческий**, -ая, -ое *и* **апокалипти́ческий**, -ая, -ое.

АПО́КРИФ, -а, *м.* (спец.). Произведение иудейской или раннехристианской литературы на библейскую тему, не включённое в канонический текст Библии и отвергаемое церковью как недостоверное. ‖ *прил.* **апокрифи́ческий**, -ая, -ое *и* **апо́крифный**, -ая, -ое. *Апокрифическая литература.*

АПОЛИТИ́ЗМ, -а, *м.* Безразличие к вопросам политики, к общественно-политической жизни. ‖ *прил.* **аполити́ческий**, -ая, -ое.

АПОЛИТИ́ЧНЫЙ, -ая, -ое; -чен, -чна. Безразличный к вопросам политики, характеризующийся аполитизмом. ‖ *сущ.* **аполити́чность**, -и, *ж.*

АПОЛОГЕ́Т, -а, *м.* (книжн.). Тот, кто выступает с апологией кого-чего-н.

АПОЛО́ГИЯ, -и, *ж.* (книжн.). Неумеренное, чрезмерное восхваление, защита кого-чего-н. ‖ *прил.* **апологети́ческий**, -ая, -ое.

АПОПЛЕ́КСИЯ, -и и **АПОПЛЕКСИ́Я**, -и, *ж.* (спец.). Внезапно развивающееся кровоизлияние в какой-н. орган, напр. в мозг, сопровождающееся внезапной потерей сознания, параличом. ‖ *прил.* **апоплекси́ческий**, -ая, -ое. *А. удар.*

АПО́РТ, -а, *м.* Сорт крупных сладких яблок. ‖ *прил.* **апо́ртовый**, -ая, -ое.

АПОСТЕРИО́РИ [тэ], *нареч.* (книжн.). На основании опыта, имеющихся данных; *противоп.* априори.

АПОСТЕРИО́РНЫЙ [тэ], -ая, -ое; -рен, -рна (книжн.). Опирающийся на опыт, основанный на знании фактов. *Апостериорное знание.* ‖ *сущ.* **апостерио́рность**, -и, *ж.*

АПО́СТОЛ, -а, *м.* 1. В христианстве: ученик Христа, несущий людям его учение. *Святые апостолы. Двенадцать апостолов* (ближайшие ученики, первыми посланные для проповеди). *Апостолы-евангелисты* (составители Евангелия: Матфей, Марк, Лука и Иоанн Богослов). 2. *перен., чего.* Последователь и распространитель какой-н. идеи (книжн.). *А. науки. А. добра.* 3. Богослужебная книга, содержащая «Деяния» и «Послания апостолов». ‖ *прил.* **апо́стольский**, -ая, -ое (к 1 знач.).

АПОСТРО́Ф, -а, *м.* Надстрочный знак в виде запятой ('), напр. в написании *Жанна д'Арк.*

АПОФЕО́З, -а, *м.* 1. Прославление, возвеличение кого-чего-н. (книжн.). 2. Торжественная заключительная массовая сцена нек-рых театральных представлений (спец.). ‖ *прил.* **апофео́зный**, -ая, -ое.

АППАРА́Т, -а, *м.* 1. Прибор, техническое устройство, приспособление. *Телефонный а.* 2. Совокупность органов, выполняющих какую-н. особую функцию организма (спец.). *Пищеварительный а.* 3. Совокупность учреждений, обслуживающих какую-н. отрасль управления, хозяйства. *Государственный а.* 4. Совокупность сотрудников учреждения, организации, какой-н. области управления. *А. канцелярии.* ‖ *прил.* **аппара́тный**, -ая, -ое (к 1 знач.).

АППАРА́ТНАЯ, -ой, *ж.* Помещение, в котором установлена аппаратура.

АППАРАТУ́РА, -ы, *ж., собир.* Аппараты (в 1 знач.). ‖ *прил.* **аппарату́рный**, -ая, -ое.

АППАРА́ТЧИК, -а, *м.* 1. Специалист, управляющий аппаратом, несколькими аппаратами (в 1 знач.). 2. Работник аппарата (в 3 знач.) (разг.). ‖ *ж.* **аппара́тчица**, -ы (к 1 знач.).

АППЕ́НДИКС, -а, *м.* (спец.). Червеобразный отросток слепой кишки. ‖ *прил.* **аппе́ндиксный**, -ая, -ое.

АППЕНДИЦИ́Т, -а, *м.* Воспаление аппендикса. ‖ *прил.* **аппендици́тный**, -ая, -ое.

АППЕРЦЕ́ПЦИЯ, -и, *ж.* (книжн.). Восприятие, узнавание на основе прежних представлений. ‖ *прил.* **апперцепцио́нный**, -ая, -ое *и* **апперцепти́вный**, -ая, -ое.

АППЕТИ́Т, -а, *м.* 1. Желание есть. *Отсутствие аппетита. Перебить а. А. приходит во время еды* (посл.). *Приятного аппетита!* (пожелание тому, кто ест). 2. *перен.*, обычно *мн.* Потребность, желание (разг.). *Умерьте свои аппетиты. Его аппетиты не совпадают с его возможностями.* ‖ *уменьш.* **аппети́тец**, -тца, *м.* (к 1 знач.; ирон.).

АППЕТИ́ТНЫЙ, -ая, -ое; -тен, -тна. Возбуждающий аппетит. *А. пирог. А. запах. Аппетитно* (нареч.) *есть* (с аппетитом). ‖ *сущ.* **аппети́тность**, -и, *ж.*

АППЛИКА́ЦИЯ, -и, *ж.* 1. Изготовление рисунка из наклеенных или нашитых на что-н. кусков цветной бумаги, материи. 2. Изготовленная таким образом картина, украшение. ‖ *прил.* **аппликацио́нный**, -ая, -ое. *Аппликационные работы.*

АПРЕ́ЛЬ, -я, *м.* Четвертый месяц календарного года. *Первое апреля* (день, в который, по шуточному обычаю, все обманывают друг друга). ‖ *прил.* **апре́льский**, -ая, -ое.

АПРИО́РИ, *нареч.* (книжн.). Не опираясь на изучение фактов, до опыта, независимо от опыта; *противоп.* апостериори.

АПРИО́РНЫЙ, -ая, -ое; -рен, -рна (книжн.). Не опирающийся на знание фактов, чисто умозрительный. *Априорное утверждение.* ‖ *сущ.* **априо́рность**, -и, *ж.*

АПРОБИ́РОВАТЬ, -рую, -руешь; -анный; *сов.* и *несов., что* (книжн.). Проверив, официально одобрить (-рять) что-н. ‖ *сущ.* **апроба́ция**, -и, *ж.*

АПТЕ́КА, -и, *ж.* 1. Учреждение, в к-ром продаются (или изготовляются и продаются) лекарства, лечебные средства, предметы санитарии и гигиены. *Как в аптеке* (совершенно точно; разг. шутл.). *Лесная а.* (перен.: о дикорастущих лекарственных растениях). 2. Набор лекарств для оказания первой помощи, а также (обычно уменьш.) шкафчик, коробка с таким набором. *Дорожная а.* ‖ *уменьш.* **апте́чка**, -и, *ж.* (ко 2 знач.). ‖ *прил.* **апте́карский**, -ая, -ое (к 1 знач.) *и* **апте́чный**, -ая, -ое (к 1 знач.). *Аптечный шкаф. Аптекарские товары.*

АПТЕ́КАРЬ, -я, *м.* Специалист — работник аптеки. ‖ *ж.* **апте́карша**, -и (разг.). ‖ *прил.* **апте́карский**, -ая, -ое.

АПЧХИ́, *межд. звукоподр.* Воспроизведение звука чихания.

АР, -а, *род. мн.* а́ров *и* при счёте преимущ. ар, *м.* Единица земельной площади, равная 100 кв. м.

АРАБЕ́СКА, -и, *род. мн.* -сок, *ж.* 1. Сложный узорчатый орнамент из геометрических фигур, стилизованных листьев [*первонач.* в арабском стиле] (спец.). 2. *мн.* Собрание мелких литературных или музыкальных произведений (книжн.). ‖ *прил.* **арабе́сковый**, -ая, -ое *и* **арабе́сочный**, -ая, -ое.

АРАБИ́СТ, -а, *м.* Учёный — специалист по арабистике. ‖ *ж.* **араби́стка**, -и.

АРАБИ́СТИКА, -и, *ж.* Совокупность наук о языке, культуре и истории арабов.

АРА́БСКИЙ, -ая, -ое. 1. *см.* арабы. 2. Относящийся к арабам, к их языку, национальному характеру, образу жизни, культуре, а также к странам и территориям их проживания, внутреннему устройству, истории; такой, как у арабов. *А. язык* (семитской ветви афразийской семьи языков). *Арабские народы. Арабские страны. Арабское письмо* (один из видов слогового письма). *Арабские цифры* (общераспространённые знаки для обозначения чисел: 0, 1, 2, 3, 4, 5, 6, 7, 8, 9). *А. скакун. По-арабски* (нареч.).

АРА́БЫ, -ов, *ед.* ара́б, -а, *м.* Населяющие Западную Азию и Северную Африку народы, к к-рым относятся алжирцы, египтяне, йеменцы, ливанцы, сирийцы, палестинцы и др. ‖ *ж.* **ара́бка**, -и. ‖ *прил.* **ара́бский**, -ая, -ое.

АРАКЧЕ́ЕВЩИНА, -ы, *ж.* В России в начале 19 в.: режим неограниченного полицейского деспотизма и насилия, произвола военщины [по имени Аракчеева, министра-временщика при Александре I].

АРАНЖИ́РОВАТЬ, -рую, -руешь; -анный; *сов.* и *несов.*, *что* (спец.). 1. Переложить (-лагать) (музыкальное произведение) для исполнения на другом инструменте или для другого состава инструментов (голосов). 2. То же, что составить (-влять) (в 1 знач.). *А. букет.* ‖ *сущ.* **аранжиро́вка**, -и, *ж. А. оперы. Искусство аранжировки цветов.*

АРА́П, -а, *м.* 1. Чернокожий, темнокожий человек, негр (стар.). 2. Плут, мошенник (устар. прост.). ✦ **На арапа** (разг.) — плутовски, путём обмана. ‖ *ж.* **ара́пка**, -и (к 1 знач.). ‖ *прил.* **ара́пский**, -ая, -ое.

АРА́ПНИК, -а, *м.* Длинная охотничья плеть с короткой рукояткой.

АРА́Т, -а, *м.* В Монголии: крестьянин-скотовод. ‖ *прил.* **ара́тский**, -ая, -ое.

АРА́ХИС, -а, *м.* Южное травянистое растение сем. бобовых с плодами, содержащими маслянистые вещества, а также плод его, земляной орех. ‖ *прил.* **ара́хисовый**, -ая, -ое. *А. торт* (с арахисом).

АРБА́, -ы́, *мн.* а́рбы, арб, а́рбам *и* арбы́, арб, арба́м, *ж.* Телега (двухколёсная — в Крыму, на Кавказе и в Средней Азии или длинная четырёхколёсная — на Украине).

АРБАЛЕ́Т, -а, *м.* Старинное ручное метательное оружие в форме лука. ‖ *прил.* **арбале́тный**, -ая, -ое.

АРБИ́ТР, -а, *м.* 1. Посредник в спорах, третейский судья. 2. То же, что судья (во 2 знач.). *Футбольный а.*

АРБИТРА́Ж, -а, *м.* Разрешение спорных вопросов арбитрами (в 1 знач.), третейским судом, а также государственный орган, занимающийся таким разрешением. *Ведомственный а.* ‖ *прил.* **арбитра́жный**, -ая, -ое. *Арбитражная комиссия. А. суд.*

АРБУ́З, -а, *м.* Бахчевое растение сем. тыквенных с большими шарообразными сладкими плодами, а также плод его. ‖ *прил.* **арбу́зный**, -ая, -ое.

АРГАМА́К, -а, *м.* В старину: верховая лошадь восточной породы. ‖ *прил.* **аргама́чный**, -ая, -ое.

АРГЕНТИ́НСКИЙ, -ая, -ое. 1. *см.* аргентинцы. 2. Относящийся к аргентинцам, к их языку (испанскому), национальному характеру, образу жизни, культуре, а также к Аргентине, её территории, внутреннему устройству, истории; такой, как у аргентинцев, как в Аргентине. *А. диалект испанского языка. Аргентинские провинции. Аргентинское танго. По-аргентински* (нареч.).

АРГЕНТИ́НЦЫ, -ев, *ед.* -и́нец, -нца, *м.* Латиноамериканский народ, составляющий основное население Аргентины. ‖ *ж.* **аргенти́нка**, -и. ‖ *прил.* **аргенти́нский**, -ая, -ое.

АРГО́, *нескл.*, *ср.* Условные выражения и слова, применяемые какой-н. обособленной социальной или профессиональной группой, её условный язык. *Воровское а.* ‖ *прил.* **арготи́ческий**, -ая, -ое.

АРГО́Н, -а, *м.* Химический элемент, инертный газ без цвета и запаха, в электрических лампах и осветительных трубках дающий синеватое свечение. ‖ *прил.* **арго́новый**, -ая, -ое.

АРГОТИ́ЗМ, -а, *м.* Слово или оборот речи из арго.

АРГУМЕ́НТ, -а, *м.* 1. Довод, доказательство. *Веский а.* 2. В математике: независимая переменная величина, изменением к-рой определяется изменение другой величины (функции).

АРГУМЕНТА́ЦИЯ, -и, *ж.* 1. *см.* аргументировать. 2. Совокупность аргументов (в 1 знач.). ‖ *прил.* **аргументацио́нный**, -ая, -ое.

АРГУМЕНТИ́РОВАТЬ, -рую, -руешь; -анный; *сов.* и *несов.*, *что.* Привести (-водить) доказательства, аргументы (в 1 знач.). ‖ *сущ.* **аргументи́рование**, -я, *ср.* и **аргумента́ция**, -и, *ж. Убедительная аргументация.*

АРЕА́Л, -а, *м.* (спец.). Область распространения чего-н. на земной поверхности, на какой-н. территории. ‖ *прил.* **ареа́льный**, -ая, -ое.

АРЕ́НА, -ы, *ж.* 1. Большая круглая площадка посредине цирка, на к-рой даются представления. 2. Часть стадиона, на к-рой происходят спортивные состязания. *На спортивных аренах.* 3. *перен.* Поприще, область деятельности (книжн.). *На литературной арене.* ‖ *прил.* **аре́нный**, -ая, -ое.

АРЕ́НДА, -ы, *ж.* 1. Наём предприятия, источников природных ресурсов, какого-н. имущества, земли, помещения во временное пользование. *Долгосрочная а. Взять (сдать) в аренду.* 2. Плата за такой наём. *Снизить аренду.* ‖ *прил.* **аре́ндный**, -ая, -ое. *Арендная плата.*

АРЕНДА́ТОР, -а, *м.* Лицо, к-рое арендует что-н. ‖ *ж.* **аренда́торша**, -и (разг.). ‖ *прил.* **аренда́торский**, -ая, -ое.

АРЕНДОВА́ТЬ, -ду́ю, -ду́ешь; -о́ванный; *сов.* и *несов.*, *что.* Взять (брать) в аренду. *А. дом, сад, земельный участок.*

АРЕО́МЕТР, -а, *м.* Прибор для определения плотности жидкостей и твёрдых тел, а также концентрации веществ в растворах.

АРЕОПА́Г, -а, *м.* (книжн. ирон.). Собрание авторитетных лиц [*первонач.* название верховного суда в Древних Афинах]. *Учёный а.*

АРЕ́СТ, -а, *м.* 1. Заключение под стражу. *Подвергнуть аресту. Взять под а. Домашний а.* (запрет выходить из дома как форма наказания, пресечения деятельности). 2. Запрещение распоряжаться имуществом, налагаемое судебными органами. *Наложить а. на товары.* ‖ *прил.* **аре́стный**, -ая, -ое. *Арестное помещение.*

АРЕСТА́НТ, -а, *м.* (устар.) Человек, к-рый содержится под арестом. ✦ **Сорок бочек арестантов** (наговорить, насочинить, наврать) (разг. шутл.) — очень много. ‖ *ж.* **ареста́нтка**, -и. ‖ *прил.* **ареста́нтский**, -ая, -ое.

АРЕСТОВА́ТЬ, -ту́ю, -ту́ешь; -о́ванный; *сов.*, *кого* (*что*). Подвергнуть аресту, лишить свободы по решению суда или с санкции прокурора. *А. правонарушителя.* 2. *что.* Наложить арест, запретить пользоваться чем-н. (спец.). *Грузы арестованы по решению суда. А. счёт в банке.* ‖ *несов.* **аресто́вывать**, -аю, -аешь.

АРИА́ДНИН, -а: **ариаднина нить** — о том, что помогает выйти из затруднительного, сложного положения [по древнегреческому мифу об Ариадне, давшей Тесею клубок ниток, чтобы помочь ему выйти из лабиринта].

АРИ́ЙСКИЙ, -ая, -ое. 1. *см.* арийцы. 2. Относящийся к арийцам (в 1 знач.), к их языкам, образу жизни, культуре, а также к территориям их проживания, истории; такой, как у арийцев (в 1 знач.). *Арийские языки* (восточной ветви индоевропейской семьи языков).

АРИ́ЙЦЫ, -ев, *ед.* ари́ец, -и́йца, *м.* 1. Название народов, принадлежащих к восточной ветви индоевропейской семьи языков. 2. В терминологии расизма — представитель «высшего расового типа» белых людей. ‖ *ж.* **ари́йка**, -и. ‖ *прил.* **ари́йский**, -ая, -ое.

АРИО́ЗО, *нескл.*, *ср.* Небольшая ария с напевно-декламационной мелодикой, часто чередующаяся с речитативом. ‖ *прил.* **арио́зный**, -ая, -ое.

АРИСТОКРА́Т, -а, *м.* Лицо, принадлежащее к аристократии (в 1 знач.). ‖ *ж.* **аристокра́тка**, -и. ‖ *прил.* **аристокра́тский**, -ая, -ое (разг.).

АРИСТОКРАТИ́ЗМ, -а, *м.* Внешняя изысканность, утончённость поведения. ‖ *прил.* **аристократи́ческий**, -ая, -ое. *А. вид. Аристократические манеры.*

АРИСТОКРАТИ́ЧЕСКИЙ, -ая, -ое. 1. *см.* аристократия. 2. То же, что аристократичный.

АРИСТОКРАТИ́ЧНЫЙ, -ая, -ое; -чен, -чна. Проникнутый аристократизмом, утончённый, изысканный. ‖ *сущ.* **аристократи́чность**, -и, *ж.*

АРИСТОКРА́ТИЯ, -и, *ж.* 1. Высший родовитый слой дворянства. 2. *перен.* Привилегированная часть класса или какой-н. общественной группы. *Финансовая а.* (верхушка финансовых кругов). ‖ *прил.* **аристократи́ческий**, -ая, -ое.

АРИТМИ́Я, -и, *ж.* (спец.). Нарушение сердечного ритма, перебои. ‖ *прил.* **аритми́ческий**, -ая, -ое.

АРИФМЕ́ТИКА, -и, *ж.* 1. Раздел математики, изучающий простейшие свойства чисел, выраженных цифрами, и действия над ними. 2. *перен.* То же, что подсчёт (во 2 знач.) (разг.). *Проверили расходы — неутешительная получилась а.* ‖ *прил.* **арифмети́ческий**, -ая, -ое (к 1 знач.).

АРИФМО́МЕТР, -а, *м.* Настольный ручной вычислительный прибор для механического выполнения арифметических действий. *Считать на арифмометре.*

А́РИЯ, -и, *ж.* Партия для голоса (в опере, оперетте, оратории или кантате), а также самостоятельная вокальная или инструментальная пьеса.

А́РКА, -и, *род. мн.* а́рок, *ж.* 1. Обычно дугообразное перекрытие проёма в стене или пролёта между двумя опорами. 2. Сооружение в виде больших ворот такой формы. *А. Победы. Триумфальная а.* ‖ *прил.* **а́рочный**, -ая, -ое. *Арочное перекрытие. Арочная плотина.*

АРКА́ДА, -ы, *ж.* (спец.). Ряд арок (в 1 знач.), составляющих архитектурное целое.

АРКА́Н, -а, *м.* Длинная верёвка с затягивающейся петлёй на конце для ловли животных. *Накинуть а.* ‖ *прил.* **арка́нный**, -ая, -ое.

АРКА́НИТЬ, -ню, -нишь; *несов.*, *кого* (*что*). Ловить арканом. *А. оленя.* ‖ *сов.* **заарка́нить**, -ню, -нишь; -ненный.

А́РКТИКА, -и, *ж.* (А прописное). Северная полярная область земного шара: окраины материков Евразии и Северной Америки с прилегающими островами, Северным Ледовитым океаном и участками других океанов. ‖ *прил.* **аркти́ческий**, -ая, -ое.

АРЛЕКИ´Н, -а, *м.* Традиционный персонаж итальянской «комедии масок»; паяц, шут. ‖ *прил.* **арлеки́нский**, -ая, -ое.

АРЛЕКИНА´ДА, -ы, *ж.* Сцена с участием персонажей итальянской «комедии масок» с Арлекином в главной роли.

АРМА´ДА, -ы, *ж.* Большое соединение кораблей, самолётов, танков. *Непобедимая а. Воздушная а. Танковая а.*

АРМАТУ´РА, -ы, *ж.* **1.** *собир.* Вспомогательные устройства и детали, необходимые для обеспечения работы основного оборудования. *А. трубопроводная, электротехническая, печная.* **2.** Стальной каркас железобетонных конструкций (спец.). ‖ *прил.* **армату́рный**, -ая, -ое.

АРМАТУ´РЩИК, -а, *м.* Строительный рабочий, специалист по сооружению арматуры (во 2 знач.). ‖ *ж.* **армату́рщица**, -ы. ‖ *прил.* **армату́рщицкий**, -ая, -ое.

АРМЕ´ЕЦ, -е́йца, *м.* Военнослужащий армии (в 1, 2 и 4 знач.). ‖ *прил.* **арме́йский**, -ая, -ое.

А´РМИЯ, -и, *ж.* **1.** Вооружённые силы государства. *Русская а. Действующая а.* (войска, находящиеся на фронте). *Сухопутная а.* **2.** Сухопутные вооружённые силы в отличие от морских и воздушных сил. **3.** Оперативное войсковое объединение из нескольких корпусов, дивизий. *Танковая а.* **4.** В дореволюционной России: обычные сухопутные войска в отличие от гвардии. **5.** *перен., кого.* Вообще — совокупность большого количества чем-то объединённых людей. *А. читателей. Целая а. помощников.* ‖ *прил.* **арме́йский**, -ая, -ое (к 1, 2, 3 и 4 знач.).

АРМРЕ´СТЛИНГ, -а, *м.* Спортивная борьба, в к-рой каждый из двух соперников, упираясь локтем в стол, стремится согнуть руку другого и прижать её к поверхности стола.

АРМЯ´К, -а́, *м.* В старину у крестьян: кафтан из толстого сукна. ‖ *прил.* **армя́чный**, -ая, -ое.

АРМЯ´НЕ, -я́н, *ед.* -яни́н, -а, *м.* Народ, составляющий основное коренное население Армении. ‖ *ж.* **армя́нка**, -и. ‖ *прил.* **армя́нский**, -ая, -ое.

АРМЯ´НСКИЙ, -ая, -ое. **1.** *см.* армяне. **2.** Относящийся к армянам, к их языку, национальному характеру, образу жизни, культуре, а также к Армении, её территории, внутреннему устройству, истории; такой, как у армян, как в Армении. *А. язык* (индоевропейской семьи языков). *Армянская культура. Армянское письмо* (особый вид письма). *По-армянски* (нареч.).

АРОМА´Т, -а, *м.* **1.** Душистый, приятный запах. *А. полей.* **2.** *перен., чего.* Неуловимый отпечаток, признак, дух чего-н. (книжн.). *А. молодости.* ‖ *прил.* **аромати́ческий**, -ая, -ое (к 1 знач.).

АРОМА´ТНЫЙ, -ая, -ое; -тен, -тна и **АРОМАТИ´ЧНЫЙ**, -ая, -ое; -чен, -чна. Душистый, распространяющий аромат, насыщенный ароматом. *А. чай. А. ликёр.* ‖ *сущ.* **арома́тность**, -и, *ж.* и **аромати́чность**, -и, *ж.*

АРСЕНА´Л, -а, *м.* **1.** Склад оружия и военного снаряжения. *А. знаний* (перен.). **2.** Предприятие, изготовляющее оружие и военное снаряжение. ✦ **В арсенале** *кого, чём* — в распоряжении кого-н., в запасе у кого-н. *В арсенале докладчика много убедительных примеров.* ‖ *прил.* **арсена́льный**, -ая, -ое.

АРТ... *Первая часть сложных слов со знач.* артиллерийский, напр. *артналёт, артобстрел, артподготовка, артполк.*

АРТА´ЧИТЬСЯ, -чусь, -чишься; *несов.* (разг.). Упрямиться, не соглашаться. *Полно а., пойдём!*

АРТЕЗИА´НСКИЙ, -ая, -ое. Относящийся к глубоким подземным водам, находящимся под естественным давлением. *А. колодец. Артезианская скважина. Артезианские воды. А. пласт.*

АРТЕ´ЛЬ, -и, *ж.* **1.** Объединение крестьян для ведения коллективного хозяйства. *Сельскохозяйственная а.* **2.** Объединение лиц нек-рых профессий (связанных с физическим трудом) для совместной работы, с участием в общих доходах и общей ответственностью. *Рыболовецкая а. А. грузчиков. А. носильщиков. Плотницкая а.* ‖ *прил.* **арте́льный**, -ая, -ое. *А. устав. Артельное хозяйство. На артельных началах* (на коллективных началах; разг.). ✦ **Артельный человек, парень** (прост.) — общительный, приятный в общении.

АРТЕ´ЛЬЩИК, -а, *м.* (устар.). Член артели (во 2 знач.). ‖ *ж.* **арте́льщица**, -ы. ‖ *прил.* **арте́льщицкий**, -ая, -ое.

АРТЕРИОСКЛЕРО´З [тэ], -а, *м.* Устаревшее название разных заболеваний артерий, сопровождающееся их склерозом.

АРТЕ´РИЯ [тэ], -и, *ж.* **1.** Кровеносный сосуд, проводящий кровь от сердца ко всем органам и тканям тела. **2.** *перен.* Путь сообщения (высок.). *Водные артерии страны.* ‖ *прил.* **артериа́льный**, -ая, -ое (к 1 знач.). *Артериальное давление.*

АРТИ´КЛЬ, -я, *м.* В грамматике нек-рых языков при существительном: показатель определённости или неопределённости, а также рода, числа и нек-рых других грамматических значений.

АРТИ´КУЛ, -а, *м.* (спец.). Тип или род изделия, товара, а также его цифровое или буквенное обозначение. ‖ *прил.* **арти́кульный**, -ая, -ое.

АРТИКУЛЯ´ЦИЯ, -и, *ж.* В языкознании: работа органов речи при произнесении звука. ‖ *прил.* **артикуляцио́нный**, -ая, -ое.

АРТИЛЛЕРИ´СТ, -а, *м.* Военнослужащий артиллерии. ‖ *прил.* **артиллери́стский**, -ая, -ое.

АРТИЛЛЕ´РИЯ, -и, *ж.* **1.** Огнестрельные орудия (пушки, гаубицы, миномёты). *Береговая а. Противотанковая а. Зенитная а. Реактивная а. Тяжёлая а.* (также перен. шутл.: 1) о наиболее веских, неотразимых аргументах в споре; 2) о ком-н. тяжёлом на подъём, медлительном и неповоротливом). **2.** Род войск с таким вооружением. *Служить в артиллерии. А. — бог войны.* **3.** Наука, изучающая технику огнестрельных орудий и их применение. ‖ *прил.* **артиллери́йский**, -ая, -ое. *А. парк. Артиллерийская подготовка* (перед наступлением).

АРТИ´СТ, -а, *м.* **1.** Творческий работник, занимающийся публичным исполнением произведений искусства (актёр, певец, музыкант). *Оперный а. А. эстрады. Цирковой а. Драматический а. А. кино.* **2.** *в чём.* Человек, к-рый обладает высоким мастерством в какой-н. области (разг.). *А. в своём деле.* ‖ *ж.* **арти́стка**, -и (к 1 знач.). ‖ *прил.* **артисти́ческий**, -ая, -ое. *Артистическая уборная. Артистическое фойе.*

АРТИСТИ´ЗМ, -а, *м.* (книжн.). Тонкое мастерство в искусстве, виртуозность в работе. *Высокий а.*

АРТИСТИ´ЧЕСКИЙ, -ая, -ое. **1.** *см.* артист. **2.** Свойственный артистам, характерный для них. *Артистические склонности. А. характер. Артистическая внешность.* **3.** Очень искусный. *Артистическая работа. Артистически* (нареч.) *исполнить что-н.*

АРТИСТИ´ЧНЫЙ, -ая, -ое; -чен, -чна. То же, что артистический (в 3 знач.). ‖ *сущ.* **артисти́чность**, -и, *ж.*

АРТИШО´К, -а, *м.* Травянистое растение сем. сложноцветных с крупными соцветиями, нижние мясистые части к-рых идут в пищу. ‖ *прил.* **артишо́ковый**, -ая, -ое.

АРТРИ´Т, -а, *м.* Воспаление сустава, суставов. *Инфекционный а. Ревматический а.*

А´РФА, -ы, *ж.* Щипковый музыкальный инструмент в виде большой треугольной рамы с натянутыми внутри неё струнами. *Играть на арфе.* ‖ *прил.* **а́рфовый**, -ая, -ое.

АРФИ´СТ, -а, *м.* Музыкант, играющий на арфе. ‖ *ж.* **арфи́стка**, -и.

АРХАИЗИ´РОВАТЬ, -рую, -руешь; -анный; *сов.* и *несов., что.* Делать (сделать) архаичным, устарелым по стилю, по манере изображения. ‖ *сущ.* **архаиза́ция**, -и, *ж.*

АРХАИ´ЗМ, -а, *м.* **1.** Устарелое слово, оборот речи или грамматическая форма. **2.** Пережиток старины.

АРХА´ИКА, -и, *ж.* О чём-н. старинном, древнем.

АРХАИ´ЧЕСКИЙ, -ая, -ое. Представляющий собой архаизм, архаику, свойственный старине. *А. стиль.*

АРХАИ´ЧНЫЙ, -ая, -ое; -чен, -чна. То же, что архаический. ‖ *сущ.* **архаи́чность**, -и, *ж.*

АРХАЛУ´К, -а, *м.* В старину: род короткого кафтана.

АРХА´НГЕЛ, -а, *м.* В христианстве: ангел, относящийся к одному из высших ангельских ликов[2]. ‖ *прил.* **арха́нгельский**, -ая, -ое.

АРХА´Р, -а, *м.* Горный дикий баран с закрученными рогами.

АРХА´РОВЕЦ, -вца, *м.* (прост.). Буян, головорез.

АРХЕО´ГРАФ, -а, *м.* Специалист по археографии.

АРХЕОГРА´ФИЯ, -и, *ж.* Историческая дисциплина, занимающаяся описанием и изданием письменных памятников прошлого, а также научное собирание таких памятников. ‖ *прил.* **археографи́ческий**, -ая, -ое.

АРХЕО´ЛОГ, -а, *м.* Специалист по археологии.

АРХЕОЛО´ГИЯ, -и, *ж.* Наука, изучающая быт и культуру древних народов по сохранившимся вещественным памятникам. ‖ *прил.* **археологи́ческий**, -ая, -ое. *Археологические раскопки.*

АРХИ..., *приставка.* Образует существительные и прилагательные со знач. высшей степени чего-н., напр. *архимиллионер, архиплут, архиреакционный, архиопасный.*

АРХИ´В, -а, *м.* **1.** Учреждение для хранения старых, старинных документов, документальных материалов. *Государственный а. древних актов.* **2.** Отдел учреждения, где хранятся старые документы. *Сдать в а.* (также перен.: упразднить, признать устаревшим, негодным). **3.** Собрание рукописей, писем и т. п., относящихся к деятельности какого-н. учреждения, лица. *А. Толстого.* ‖ *прил.* **архи́вный**, -ая, -ое. *Архивное дело* (изучение архивов, работа с архивами).

АРХИВА´РИУС, -а, *м.* Сотрудник архива, хранитель архива.

АРХИВИ´СТ, -а, *м.* Специалист по архивному делу. ‖ *ж.* **архиви́стка**, -и.

АРХИЕПИ´СКОП, -а, *м.* Епископ, надзирающий над несколькими епархиями; вообще почётный титул епископа, а также лицо, имеющее этот титул. ‖ *прил.* **архиепи́скопский, -ая, -ое.**

АРХИЕРЕ´Й, -я, *м.* Общее название высших чинов православного духовенства. ‖ *прил.* **архиере́йский, -ая, -ое.**

АРХИМАНДРИ´Т, -а, *м.* Монашеское звание (обычно настоятеля мужского монастыря), предшествующее епископу, а также лицо, имеющее это звание. ‖ *прил.* **архимандри́тский, -ая, -ое.**

АРХИПЕЛА´Г, -а, *м.* Группа близко расположенных друг к другу морских островов. ‖ *прил.* **архипела́говый, -ая, -ое.**

АРХИТЕКТО´НИКА, -и, *ж.* (спец.). Сочетание частей в одном стройном целом, композиция. *А. здания. А. романа.* ‖ *прил.* **архитектони́ческий, -ая, -ое.**

АРХИТЕ´КТОР, -а, *м.* Специалист по архитектуре, зодчий. ‖ *ж.* **архите́кторша, -и** (разг.). ‖ *прил.* **архите́кторский, -ая, -ое.**

АРХИТЕКТУ´РА, -ы, *ж.* **1.** Искусство проектирования и строения зданий, сооружений, зодчество. *Садово-парковая а.* (композиция садов, парков). *Ландшафтная а.* (искусство гармонического сочетания естественных ландшафтов с архитектурными комплексами, искусственными ландшафтами). **2.** Стиль постройки. *А. здания.* **3.** *собир.* Здания, сооружения. *А. малых форм* (небольшие сооружения декоративного, мемориального, служебного назначения). ‖ *прил.* **архитекту́рный, -ая, -ое.** *А. институт. А. ансамбль.*

АРШИ´Н, -а, *род. мн.* **-и́н** *и* **-ов**, *м.* **1.** (*род. мн.* -и́н). Старая русская мера длины, равная 0,71 м. *Пять аршин ситца.* **2.** (*род. мн.* -ов). Линейка, планка такой длины для измерения. *Пять деревянных аршинов. Мерить на свой а.* (перен.: судить о чём-н. односторонне, со своей точки зрения). *Словно (или как, будто) а. проглотил* (о человеке, к-рый стоит или сидит неестественно прямо; разг.). ‖ *прил.* **арши́нный, -ая, -ое.**

АРШИ´ННЫЙ, -ая, -ое. **1.** *см.* аршин. **2.** *перен.* Очень длинный, большой (разг.). *Писать аршинными буквами. А. заголовок.*

АРЫ´К, -а, *м.* В Средней Азии: оросительный канал, канава. ‖ *прил.* **ары́чный, -ая, -ое.** *Арычное орошение.*

АРЬЕРГА´РД, -а, *м.* Часть войск (или флота), находящаяся позади главных сил. *В арьергарде чего-н.* (перен.: позади, в задних рядах). ‖ *прил.* **арьерга́рдный, -ая, -ое.**

АС, -а, *м.* **1.** Выдающийся по летному и боевому мастерству лётчик. *Прославленный а.* **2.** *перен., чего и в чём.* Большой мастер, отличный специалист. *Ас своего дела или в своём деле.*

АСБЕ´СТ, -а, *м.* Волокнистый светлый огнеупорный минерал класса силикатов. ‖ *прил.* **асбе́стовый, -ая, -ое.** *Асбестовая прокладка.*

АСЕ´ПТИКА [сэ], **-и**, *ж.* (спец.). Предохранение тканей от заражения при операциях, при лечении ран. ‖ *прил.* **асепти́ческий, -ая, -ое.**

АСЕ´ССОР, -а, *мн.* **-ы, -ов** *и* **-а́, -о́в**, *м.*: **коллежский асессор** — в царской России: гражданский чин восьмого класса, а также лицо, имеющее этот чин. ‖ *прил.* **асе́ссорский, -ая, -ое.**

АСИММЕТРИ´ЧЕСКИЙ, -ая, -ое. **1.** *см.* асимметрия. **2.** То же, что асимметричный. *А. атом* (спец.).

АСИММЕТРИ´ЧНЫЙ, -ая, -ое; -чен, -чна. Лишённый симметрии. ‖ *сущ.* **асимметри́чность, -и,** *ж.*

АСИММЕТРИ´Я, -и, *ж.* Отсутствие, нарушение симметрии. ‖ *прил.* **асимметри́ческий, -ая, -ое.**

АСКЕ´Т, -а, *м.* Человек, к-рый ведёт аскетическую жизнь.

АСКЕТИ´ЗМ, -а, *м.* Строгий образ жизни с отказом от жизненных благ и удовольствий. ‖ *прил.* **аскети́ческий, -ая, -ое.**

АСКОРБИ´НКА, -и, *ж.* (разг.). То же, что аскорбиновая кислота.

АСКОРБИ´НОВЫЙ, -ая, -ое: **аскорбиновая кислота** — витамин С, участвующий в окислительных и восстановительных процессах в организме.

АСПЕ´КТ, -а, *м.* (книжн.). Точка зрения, взгляд на что-н. ✦ **В аспекте** *чего, в знач. предлога с род. п.* — то же, что в свете чего. *В аспекте новых данных.* ‖ *прил.* **аспе́ктный, -ая, -ое.**

А´СПИД[1], -а, *м.* **1.** Ядовитая змея, родственная кобре, ехидне (во 2 знач.). *Семейство аспидов.* **2.** Злой, злобный человек (прост. бран.).

А´СПИД[2], -а, *м.* Разновидность горного сланца. ‖ *прил.* **а́спидный, -ая, -ое.** *Аспидная доска* (чёрная доска, на к-рой пишут грифелем).

А´СПИДНО-... *Первая часть сложных слов со знач.* аспидный (во 2 знач.), с серо-чёрным оттенком, напр. *аспидно-серый, аспидно-синий, аспидно-чёрный.*

А´СПИДНЫЙ, -ая, -ое. **1.** *см.* аспид[2]. **2.** Серо-чёрный, цвета аспида[2].

АСПИРА´НТ, -а, *м.* Специалист при высшем учебном заведении или научном учреждении, готовящийся к научной, научно-педагогической деятельности и к защите кандидатской диссертации. ‖ *ж.* **аспира́нтка, -и.** ‖ *прил.* **аспира́нтский, -ая, -ое.**

АСПИРАНТУ´РА, -ы, *ж.* Подготовка, которую проходят аспиранты; система такой подготовки. *Учиться в аспирантуре. Кончить аспирантуру.*

АССАМБЛЕ´Я, -и, *ж.* **1.** Общее собрание какой-н. международной организации; её высший орган. *Генеральная А. Организации Объединённых Наций.* **2.** При Петре I: бал, увеселительный вечер. ‖ *прил.* **ассамбле́йный, -ая, -ое** (ко 2 знач.).

АССЕНИЗА´ТОР, -а, *м.* Работник, занимающийся ассенизацией. ‖ *прил.* **ассениза́торский, -ая, -ое.**

АССЕНИЗА´ЦИЯ, -и, *ж.* Система санитарных мероприятий и устройств по удалению и обезвреживанию жидких нечистот. ‖ *прил.* **ассенизацио́нный, -ая, -ое.**

АССИГНА´ЦИЯ, -и, *ж.* Бумажный денежный знак в России (с 1769 по 1849 г.). ‖ *прил.* **ассигнацио́нный, -ая, -ое** (спец.).

АССИГНОВА´НИЕ, -я, *ср.* **1.** *см.* ассигновать. **2.** Ассигнованная сумма. *Большие ассигнования.*

АССИГНОВА´ТЬ, -ну́ю, -ну́ешь; -о́ванный; *сов. и несов., что.* Выделить (-лять) определённые денежные средства на какие-н. расходы. ‖ *сущ.* **ассигнова́ние, -я,** *ср.*

АССИМИЛИ´РОВАТЬ, -рую, -руешь; -анный; *сов. и несов., кого-что* (книжн.). Видоизменяя, уподобить (уподоблять) кому-чему-н. ‖ *сущ.* **ассимиляция, -и,** *ж.* ‖ *прил.* **ассимиляти́вный, -ая, -ое** *и* **ассимиляцио́нный, -ая, -ое.**

АССИМИЛИ´РОВАТЬСЯ, -руюсь, -руешься; *сов. и несов.* (книжн.). Изменяясь, уподобиться (уподобляться) чему-н. ‖ *сущ.* **ассимиля́ция, -и,** *ж.* ‖ *прил.* **ассимиляти́вный, -ая, -ое** *и* **ассимиляцио́нный, -ая, -ое.**

АССИМИЛЯ´ЦИЯ, -и, *ж.* (книжн.). **1.** *см.* ассимилировать, -ся. **2.** В языкознании: уподобление, возникновение сходства с другим, соседним звуком, напр. произнесение вместо звонкого *б* в слове бабка глухого звука *п* [бапка] в результате уподобления по глухости следующему *к.* ‖ *прил.* **ассимиляти́вный, -ая, -ое.**

АССИРИ´ЙСКИЙ, -ая, -ое. **1.** *см.* ассирийцы. **2.** Относящийся к ассирийцам, к их языку, национальному характеру, образу жизни, культуре, а также к местам их проживания, истории; такой, как у ассирийцев. *А. язык* (семитской ветви афразийской семьи языков). *По-ассирийски* (нареч.).

АССИРИ´ЙЦЫ, -ев, *ед.* **-и́ец, -и́йца,** *м.* Народ, живущий в Северном Ираке, Иране, Турции, Сирии, Иордании, Ливане, США и в нек-рых других странах; люди, принадлежащие к этому народу. ‖ *ж.* **асси́рийка, -и.** ‖ *прил.* **ассири́йский, -ая, -ое.**

АССИСТЕ´НТ, -а, *м.* **1.** Помощник профессора, врача при выполнении ими каких-н. научных работ, операций. *А. экзаменатора.* **2.** Младшая преподавательская должность в высших учебных заведениях, а также лицо, занимающее эту должность. ‖ *ж.* **ассисте́нтка, -и.** ‖ *прил.* **ассисте́нтский, -ая, -ое.**

АССИСТИ´РОВАТЬ, -рую, -руешь; *несов., кому* (спец.). Исполнять обязанности ассистента (в 1 знач.). *А. хирургу.*

АССОНА´НС, -а, *м.* (спец.). Созвучие гласных звуков. ‖ *прил.* **ассона́нсный, -ая, -ое.** *Ассонансная рифма* (неточная).

АССОРТИ´. **1.** *нескл., ср.* Специально подобранная смесь чего-н., набор. *Шоколадное а.* **2.** *неизм.* Являющийся такой смесью, набором. *Компот а. Шоколад а.*

АССОРТИМЕ´НТ, -а, *м.* Наличие, подбор каких-н. товаров, предметов или их сортов. *Богатый а. тканей.* ‖ *прил.* **ассортиме́нтный, -ая, -ое.**

АССОЦИАТИ´ВНЫЙ, -ая, -ое; -вен, -вна. Устанавливаемый по ассоциации (во 2 знач.). ‖ *сущ.* **ассоциати́вность, -и,** *ж.*

АССОЦИА´ЦИЯ, -и, *ж.* **1.** Объединение лиц или учреждений одного рода деятельности. *Научная а.* **2.** Связь между отдельными представлениями, при к-рой одно из представлений вызывает другое. *А. по сходству. А. по смежности.* **3.** Соединение каких-н. единиц, элементов (спец.). *А. молекул. А. звёзд. А. растений.* ‖ *прил.* **ассоциацио́нный, -ая, -ое** (к 1 знач.).

АССОЦИИ´РОВАТЬ, -рую, -руешь; -анный; *сов. и несов., кого-что с кем-чем* (книжн.). Установить (-навливать) ассоциацию (во 2 знач.) между чем-н.

АССОЦИИ´РОВАТЬСЯ, -руюсь, -руешься; *сов. и несов., с кем-чем* (книжн.). Соединиться (-няться) в представлении по ассоциации (во 2 знач.).

АСТЕНИ´ЧЕСКИЙ [тэ], -ая, -ое. **1.** *см.* астения. **2.** Слабый и раздражительный, быстро утомляющийся; выражающий такое состояние. *А. склад личности.*

АСТЕНИ´ЧНЫЙ [тэ], -ая, -ое; -чен, -чна. То же, что астенический. ‖ *сущ.* **астени́чность, -и,** *ж.*

АСТЕНИ´Я [тэ], -и, *ж.* (спец.). Состояние нервной и психической слабости, быстрой утомляемости, бессилия. ‖ *прил.* **астени́ческий, -ая, -ое.**

АСТЕРО´ИД [тэ], -а, *м.* (спец.). Малая планета (с диаметром от 1 до 1000 км). *Пояс астероидов* (орбиты малых планет, проходящие между орбитами Марса и Юпитера). ‖ *прил.* **астеро́идный, -ая, -ое.**

АСТИГМАТИ́ЗМ, -а, *м.* (спец.). Аномалия преломляющей среды глаза, приводящая к расплывчатости изображения. ‖ *прил.* астигмати́ческий, -ая, -ое.

А́СТМА, -ы, *ж.* Болезнь — приступы удушья. *Бронхиальная а.* (спазмы бронхов). ‖ *прил.* **астмати́ческий**, -ая, -ое.

АСТМА́ТИК, -а, *м.* Человек, страдающий астмой. ‖ *ж.* **астмати́чка**, -и (разг.).

А́СТРА, -ы, *ж.* Садовое декоративное растение сем. сложноцветных с крупными цветками различной окраски, обычно без запаха. ‖ *прил.* **а́стровый**, -ая, -ое.

АСТРА́ЛЬНЫЙ, -ая, -ое (книжн.). То же, что звёздный. *А. свет. А. мир. Астральные культы древнего мира.*

АСТРО... *Первая часть сложных слов со знач.*: 1) относящийся к небесным телам, напр. *астроориентация, астрофотография;* 2) относящийся к космическому пространству, напр. *астрофизика, астроботаника, астрогеология;* 3) относящийся к астрономии, напр. *астроприбор.*

АСТРО́ЛОГ, -а, *м.* Человек, занимающийся астрологией. *Предсказания астрологов.*

АСТРОЛО́ГИЯ, -и, *ж.* Учение о возможной связи, существующей между расположением небесных светил и судьбами людей и народов, о возможности предсказания будущего по положению звёзд. ‖ *прил.* **астрологи́ческий**, -ая, -ое. *А. прогноз.*

АСТРОЛЯ́БИЯ, -и, *ж.* Старинный геодезический (а ещё ранее — астрономический) прибор для измерения углов.

АСТРОНА́ВТ, -а, *м.* **1.** Специалист по астронавтике. **2.** В нек-рых зарубежных терминологиях: то же, что космонавт. ‖ *ж.* **астрона́втка**, -и.

АСТРОНА́ВТИКА, -и, *ж.* То же, что космонавтика.

АСТРОНО́М, -а, *м.* Специалист по астрономии.

АСТРОНО́МИЯ, -и, *ж.* Наука о космических телах, образуемых ими системах и о Вселенной в целом. ‖ *прил.* **астрономи́ческий**, -ая, -ое. *Астрономическая единица* (расстояние от Земли до Солнца). *Астрономическое число* (перен.: чрезвычайно большое).

АСФА́ЛЬТ, -а, *м.* **1.** Чёрная смолистая масса, употр. для заливки покрытий дорог, улиц, тротуаров. **2.** Дорога, покрытая такой массой. *Ехать по асфальту.* ‖ *прил.* **асфа́льтовый**, -ая, -ое (к 1 знач.).

АСФАЛЬТИ́РОВАТЬ, -рую, -руешь; -анный; *сов.* и *несов.*, *что.* Покрыть (-ывать) асфальтом (в 1 знач.). ‖ *сов.* также **заасфальти́ровать**, -рую, -руешь; -анный. ‖ *сущ.* **асфальти́рование**, -я, *ср.* и **асфальтиро́вка**, -и, *ж.* (разг.).

АСЬ, *частица* (прост.). Употр. как вопросительный отклик при переспросе, как просьба подтвердить что-н. *Дед, открой, звонят! — Ась, я глух, недослышу.*

АТАВИ́ЗМ, -а, *м.* Наличие у потомка признаков, свойственных его отдалённым предкам (обычно о явлениях вырождения, уродства). ‖ *прил.* **атависти́ческий**, -ая, -ое.

АТА́КА, -и, *ж.* **1.** Стремительное наступательное движение войск. *Фронтальная, фланговая а. Пойти в атаку. А. укреплений противника.* **2.** *перен.* Быстрое и решительное наступление (в споре, в работе, в игре). *Шахматная а.*

АТАКОВА́ТЬ, -ку́ю, -ку́ешь; -о́ванный; *сов.* и *несов.*, *кого-что.* Произвести (-водить) атаку. *А. врага. Наши спортсмены атакуют. А. оппонента.*

АТАМА́Н, -а, *м.* **1.** Высший начальник в казачьих войсках, а также военно-административный начальник в казачьих областях. *Станичный а. Войсковой а. А. казачьего круга.* **2.** *перен.* Главарь, предводитель. *А. разбойников.* ‖ *ж.* **атама́нша**, -и (ко 2 знач.; разг.). ‖ *прил.* **атама́нский**, -ая, -ое.

АТЕИ́ЗМ [тэ], -а, *м.* Совокупность положений, отвергающих веру в Бога, в сверхъестественные силы и вообще всякую религию. ‖ *прил.* **атеисти́ческий**, -ая, -ое.

АТЕИ́СТ [тэ], -а, *м.* Последователь атеизма. ‖ *ж.* **атеи́стка**, -и. ‖ *прил.* **атеи́стский**, -ая, -ое.

АТЕЛЬЕ́ [тэ], *нескл.*, *ср.* **1.** То же, что студия (в 1 знач.). *А. скульптора.* **2.** Мастерская по шитью одежды [из первоначального названия «ателье мод»], а также по нек-рым другим видам обслуживания. *Заказать костюм в а. Телевизионное а.*

АТЛА́НТ, -а, *м.* (спец.). Мужская статуя в полный рост — архитектурная деталь, заменяющая колонну, пилястр, кронштейн [по древнегреческому мифу о титане, держащем на плечах небесный свод]. *Фигуры атлантов. Атланты в портике Эрмитажа.*

А́ТЛАС, -а, *м.* Сборник таблиц, карт, специальных рисунков. *Географический а. Анатомический а.* ‖ *прил.* **а́тласный**, -ая, -ое.

АТЛА́С, -а, *м.* Сорт гладкой и блестящей шёлковой ткани. ‖ *прил.* **атла́сный**, -ая, -ое. *Атласная бумага* (плотная и блестящая). *Атласная кожа* (перен.: мягкая, нежная).

АТЛЕ́Т, -а, *м.* **1.** Спортсмен, занимающийся атлетической гимнастикой, атлетикой. *Атлеты тяжёлых весовых категорий.* **2.** О человеке крепкого телосложения. ‖ *прил.* **атлети́ческий**, -ая, -ое. *Атлетическое телосложение.*

АТЛЕТИ́ЗМ, -а, *м.* **1.** Крепкое и красивое телосложение. **2.** То же, что культуризм.

АТЛЕ́ТИКА, -и, *ж.* Спортивные упражнения, требующие разносторонней физической подготовки. *Лёгкая а.* (вид спорта — бег, ходьба, прыжки, метание копья, диска, толкание ядра и др.). *Тяжёлая а.* (вид спорта — поднятие штанги). ‖ *прил.* **атлети́ческий**, -ая, -ое.

АТЛЕТИ́ЧЕСКИЙ, -ая, -ое. **1.** *см.* атлетика. **2.** О телосложении: мощный, крепкий, такой, как у атлета. *Атлетическая фигура. Атлетически* (нареч.) *сложён кто-н.*

АТМОСФЕ́РА, -ы, *ж.* **1.** Газообразная оболочка, окружающая Землю, нек-рые другие планеты, Солнце и звёзды. *А. Земли. Солнечная а.* **2.** *перен.* Окружающие условия, обстановка. *Товарищеская а. А. доверия. В атмосфере дружбы.* **3.** Единица давления. ‖ *прил.* **атмосфери́ческий**, -ая, -ое (к 1 знач.) и **атмосфе́рный**, -ая, -ое (к 1 знач.). *Атмосферное давление.*

АТО́ЛЛ, -а, *м.* Коралловый остров кольцеобразной формы. ‖ *прил.* **ато́лловый**, -ая, -ое.

А́ТОМ, -а, *м.* Мельчайшая частица химического элемента, состоящая из ядра и электронов. ‖ *прил.* **а́томный**, -ая, -ое и **атома́рный**, -ая, -ое. *Атомный вес. Атомное ядро. Атомная физика* (раздел физики, в к-ром изучается строение и состояние атомов). *Атомная энергия. Атомная электростанция. Атомная бомба. Атомарный кислород. Атомный век* (период развития общественной жизни и науки, характеризующийся открытием атомной энергии).

АТОМА́РНЫЙ, -ая, -ое. **1.** *см.* атом. **2.** Дробный, нецелостный (книжн.). ‖ *сущ.* **атома́рность**, -и, *ж.*

АТОМИСТИ́ЧЕСКИЙ, -ая, -ое (спец.). Относящийся к учению об атомах. *Атомистическая теория.*

А́ТОМНИК, -а, *м.* Специалист по атомной физике.

АТОМОХО́Д, -а, *м.* Судно с ядерной силовой установкой. ‖ *прил.* **атомохо́дный**, -ая, -ое.

А́ТОМЩИК, -а, *м.* (разг.). То же, что атомник.

АТРИБУ́Т, -а, *м.* **1.** Необходимый, постоянный признак, принадлежность (книжн.). **2.** В грамматике: то же, что определение. ‖ *прил.* **атрибути́вный**, -ая, -ое (ко 2 знач.).

АТРОФИ́РОВАННЫЙ, -ая, -ое; -ан (спец.). Подвергшийся атрофии. *А. орган.* ‖ *сущ.* **атрофи́рованность**, -и, *ж.*

АТРОФИ́РОВАТЬСЯ (-руюсь, -руешься, 1 и 2 л. не употр.), -руется; *сов.* и *несов.* (спец.). Подвергнуться (-гаться) атрофии.

АТРОФИ́Я, -и, *ж.* (спец.). Уменьшение какого-н. органа, потеря им жизнеспособности. *А. мышцы. А. чувствительности* (потеря чувствительности).

АТТАШЕ́, *нескл.*, *м.* Должностное лицо при дипломатическом представительстве, являющееся специалистом-консультантом в какой-н. области. *Военный а.*

АТТЕСТА́Т, -а, *м.* **1.** Официальный документ об окончании учебного заведения, о присвоении звания. *А. профессора. А. зрелости* (в советской школе с 1944 до 1962 г.: свидетельство об окончании средней школы). **2.** В дореволюционной России: свидетельство о прохождении службы. **3.** Рекомендация с места прежней службы, работы (устар.). **4.** Выдаваемый военнослужащему документ на право получения денежного или другого довольствия. **5.** Документ, удостоверяющий породистость животного. ‖ *прил.* **аттеста́тный**, -ая, -ое.

АТТЕСТОВА́ТЬ, -ту́ю, -ту́ешь; -о́ванный; *сов.* и *несов.* **1.** *кого (что).* Дать (давать) отзыв, характеристику, рекомендацию кому-н. (книжн.). *А. кого-н. как отличного работника.* **2.** *кого (что).* Присвоить (-ваивать) звание кому-н. **3.** *кого-что.* Оценить (-нивать) чьи-н. знания, поставив какую-н. отметку. ‖ *сущ.* **аттеста́ция**, -и, *ж.* ‖ *прил.* **аттестацио́нный**, -ая, -ое (ко 2 и 3 знач.). *Аттестационная комиссия.*

АТТРАКЦИО́Н, -а, *м.* **1.** Эффектный цирковой или эстрадный номер. **2.** Устройство для развлечений в местах общественного отдыха, напр. карусель, тир, качели. *Аттракционы в луна-парке.* ‖ *прил.* **аттракцио́нный**, -ая, -ое.

АТУ́, *межд.* Побуждающая команда собаке: лови, хватай. *Ату его!*

АУ́. **1.** *межд.* Восклицание, к-рым перекликаются в лесу, чтобы не потерять друг друга. **2.** *в знач. сказ.* Кончено, пропало (разг.). *Теперь-то уж ау, не догонишь его!*

АУДИЕ́НЦ-ЗА́Л, аудие́нц-за́ла, *м.* Зал для официальных приёмов.

АУДИЕ́НЦИЯ, -и, *ж.* Официальный приём у высокопоставленного лица. *Дать аудиенцию кому-н.*

АУДИО... *Первая часть сложных слов со знач.* относящийся к слуху, к восприятию слухом, напр. *аудиотехника, аудиокассета, аудиозапись, аудиосистема.*

АУДИ́ТОР, -а, *м.* **1.** Лицо, на основе специального контракта проверяющее финансово-хозяйственную деятельность компании, учреждения (спец.). **2.** В нек-рых странах: присяжный заседатель или особое должностное лицо в суде (спец.). **3.** В нек-рых учебных заведениях: ученик, к-рому учитель поручает выслушивать уроки других учеников (устар.). ‖ *прил.* **аудиторский**, -ая, -ое.

АУДИТО́РИЯ, *-и, ж.* **1.** Помещение для чтения лекций. **2.** Слушатели лекции, доклада, выступления. *Внимательная а.* ‖ *прил.* **аудито́рный**, -ая, -ое (к 1 знач.).

АУ́КАТЬ, -аю, -аешь; *несов.* (разг.). Кричать «ау!». ‖ *однокр.* **а́укнуть**, -ну, -нешь. ‖ *сущ.* **а́уканье**, *-я, ср.*

АУ́КАТЬСЯ, -аюсь, -аешься; *несов.* (разг.). Перекликаться, крича «ау!». ‖ *однокр.* **ау́кнуться**, -нусь, -нешься. *Как аукнется, так и откликнется* (посл.). ‖ *сущ.* **а́уканье**, *-я, ср.*

АУКЦИО́Н, *-а, м.* Публичная распродажа, при к-рой покупателем становится тот, кто предложит более высокую цену. *Продать с аукциона. Купить на аукционе. Пушной а. Международный а. племенных лошадей.* ‖ *прил.* **аукцио́нный**, -ая, -ое.

АУКЦИОНЕ́Р, *-а, м.* Участник аукциона.

АУКЦИОНИ́СТ, *-а, м.* Человек, ведущий аукцион.

АУ́Л, *-а, м.* Селение (на Кавказе, в Ср. Азии). ‖ *прил.* **ау́льный**, -ая, -ое.

А́УРА, *-ы, ж.* (спец.). **1.** Изображаемое как нимб, ореол, сияние вокруг головы, тела, представляемое как проявление души, духа. **2.** В парапсихологии: то же, что биополе.

А́УТ, *-а, м.* **1.** В спортивных играх: положение, когда мяч (шайба) оказывается за пределами игрового поля, площадки. **2.** В боксе: возглас судьи, означающий, что боксёр нокаутирован.

АУТЕНТИ́ЧЕСКИЙ [*тэ*], -ая, -ое (книжн.). Действительный, подлинный, соответствующий подлинному.

АУТЕНТИ́ЧНЫЙ [*тэ*], -ая, -ое; -чен, -чна (книжн.). То же, что аутентический. ‖ *сущ.* **аутенти́чность**, *-и, ж.*

АУТОГЕ́ННЫЙ, -ая, -ое: **аутогенная тренировка** (спец.) — метод психотерапии, основанный на самовнушении.

АУТОДАФЕ́ [*фэ*], *нескл., ср.* В средние века: публичное сожжение еретиков, еретических сочинений по приговорам инквизиции.

АУТОТРЕ́НИНГ, *-а, м.* (спец.). То же, что аутогенная тренировка.

АУТСА́ЙДЕР [*дэ*], *-а, м.* **1.** Спортивная команда (или спортсмен), занявшая одно из последних мест и выбывшая из числа основных участников. *Аутсайдеры розыгрыша кубка чемпионов.* **2.** *перен.* Тот, кто, потерпев неудачу, выбыл из числа участников какого-н. дела, предприятия. *А. на выборах* (о кандидате, не набравшем нужного числа голосов). **3.** Предприятие, действующее рядом и одновременно с монополией, но не входящее в её состав (спец.). *Фирма-а.* ‖ *прил.* **аутса́йдерский**, -ая, -ое.

АФГАНИ́, *нескл., ж.* Денежная единица в Афганистане.

АФГА́НСКИЙ, -ая, -ое. **1.** *см.* афганцы. **2.** Относящийся к афганцам (в 1 знач.), к их языку, национальному характеру, образу жизни, культуре, а также к Афганистану, его территории, внутреннему устройству, истории; такой, как у афганцев, как в Афганистане. *А. язык* (иранской группы индоевропейской семьи языков). *Афганские племенные объединения. Афганская борзая* (порода собак). *По-афгански* (нареч.).

АФГА́НЦЫ, *-ев, ед.* -нец, -нца, *м.* **1.** Народ, составляющий основное население Афганистана. **2.** Военнослужащие советской армии, воевавшие в Афганистане в 1979—1989 гг. (разг.). ‖ *ж.* **афга́нка**, -и (к 1 знач.). ‖ *прил.* **афга́нский**, -ая, -ое.

АФЕ́РА, *-ы, ж.* Недобросовестное, мошенническое предприятие, дело, действие. *Пускаться в аферы.*

АФЕРИ́СТ, *-а, м.* Человек, к-рый занимается аферами. *Брачный а.* (тот, кто вступает в брак с жульническими, корыстными целями). ‖ *ж.* **афери́стка**, -и. ‖ *прил.* **афери́стский**, -ая, -ое.

АФИ́ША, *-и, ж.* Объявление о спектакле, концерте, кинофильме, лекции. ‖ *прил.* **афи́шный**, -ая, -ое.

АФИШИ́РОВАТЬ, -рую, -руешь; -анный; *сов. и несов., что* **1.** Выставлять (-вить) напоказ, так, чтобы знали все. *А. свои сильные связи, свои знакомства* [*первонач.* сообщать, объявляя на афишах]. **2.** Рисоваться каким-н. своим качеством, состоянием. *А. свою болезнь.* ‖ *сущ.* **афиши́рование**, *-я, ср.*

АФОРИ́ЗМ, *-а, м.* Краткое выразительное изречение, содержащее обобщающее умозаключение. ‖ *прил.* **афористи́ческий**, -ая, -ое.

АФОРИСТИ́ЧНЫЙ, -ая, -ое; -чен, -чна. Содержащий афоризм, построенный на афоризмах. *А. стиль.* ‖ *сущ.* **афористи́чность**, *-и, ж.*

АФРАЗИ́ЙСКИЙ, -ая, -ое: **афразийские (афроазиатские) языки** — семья языков, к к-рой относятся древнеегипетский язык, семитские языки и нек-рые другие.

АФРИКАНИ́СТИКА, *-и, ж.* Совокупность наук, изучающих историю, языки, литературу и культуру народов Африки.

АФРИКА́НСКИЙ, -ая, -ое. **1.** *см.* африканцы. **2.** Относящийся к африканцам, к их языкам, образу жизни, культуре, а также к Африке, её странам, их территории, истории, флоре и фауне; такой, как у африканцев, как в Африке. *А. континент. Африканские государства. Африканские пустыни. Африканские маски. Африканская кровь* (о горячем, бурном темпераменте). *Африканская жара* (также перен.: очень сильная). *Африканские игры* (спортивные соревнования стран Африки). *Африканское просо* (однолетнее растение семейства злаковых). *А. слон* (вид). *Африканская муха цеце.*

АФРИКА́НЦЫ, *-ев, ед.* -нец, -нца, *м.* Коренные жители Африки. ‖ *ж.* **африка́нка**, -и. ‖ *прил.* **африка́нский**, -ая, -ое.

АФРО́НТ, *-а, м.* (устар.). Неудача, посрамление. *Потерпеть а.*

АФФЕ́КТ, *-а, м.* (книжн.). Состояние сильного возбуждения, потери самоконтроля. ‖ *прил.* **аффекти́вный**, -ая, -ое.

АФФЕКТА́ЦИЯ, *-и, ж.* (книжн.). Неестественная, обычно показная возбуждённость в поведении, в речи.

АФФЕКТИ́РОВАННЫЙ, -ая, -ое; -ан (книжн.). Проникнутый аффектацией, с аффектацией. *А. тон.* ‖ *сущ.* **аффекти́рованность**, *-и, ж.*

А́ФФИКС, *-а, м.* В грамматике: морфема, заключающая в себе словообразовательное или собственно формальное значение (приставка, суффикс, постфикс, флексия). ‖ *прил.* **аффикса́льный**, -ая, -ое.

АХ. 1. *межд.* Выражает удивление, восхищение, испуг и другие чувства. **2.** *межд.* Усиливает слово, к к-рому примыкает — одно или вместе с местоименными словами «как», «какой». *Устал ты, ах (ах и, ах как) устал! Чудак он, ах какой чудак!* **3. а́хи**, -ов. Аханье, восклицания, выражающие удивление, сожаление (разг.). *Ахами да охами делу не поможешь.* ✦ **Ах да!** (разг.) — вот кстати; восклицание при внезапном воспоминании о чём-н. упущенном. *Ах да, чуть не забыл сказать.* **Не ах** (разг. шутл.) — не особенно хорош, так себе. *Костюмчик, конечно, не ах.*

А́ХАТЬ, -аю, -аешь; *несов.* (разг.). Выражать чувства (удивления, досады, сожаления), восклицая «ах!». ‖ *однокр.* **а́хнуть**, -ну, -нешь. ‖ *сущ.* **а́ханье**, *-я, ср.*

АХИЛЛЕ́СОВ, -а: **ахиллесова пята** (книжн.) — наиболее уязвимое место кого-чего-н. [по древнегреческому мифу об Ахиллесе, тело к-рого было неуязвимо во всех местах, кроме пятки].

АХИНЕ́Я, *-и, ж.* (разг.). Вздор, бессмыслица. *Нести ахинею.*

А́ХНУТЬ, -ну, -нешь; *сов.* (разг.) **1.** *см.* ахать. **2.** Издать резкий и громкий звук. *Ахнули орудия.* **3.** Произвести какое-н. действие резко, с шумом, внезапно. *Всю соль в суп ахнул. А. по спине* (ударить сильно). ✦ **Ахнуть не успел, как...** (разг.) — то же, что оглянуться не успел, как...

А́ХОВЫЙ, -ая, -ое (прост.). **1.** Плохой, скверный. *Одежонка аховая.* **2.** Озорной, отчаянный. *Парень он а.*

АХТИ́, *межд.* (устар. и обл.). То же, что ах (в 1 знач.). ✦ **Не ахти как** (разг.) — не очень. **Не ахти какой** (разг.) — не очень хороший. **Не ахти** (разг.) — то же, что не ахти как и не ахти какой.

АЦЕТА́ТЫ, *-ов, ед.* ацета́т, *-а, м.* (спец.). Сложные эфиры уксусной кислоты или её соли. ‖ *прил.* **ацета́тный**, -ая, -ое. *Ацетатное волокно* (искусственное волокно из растворов ацетата целлюлозы).

АЦЕТИЛЕ́Н, *-а, м.* Бесцветный горючий газ, соединение углерода с водородом. ‖ *прил.* **ацетиле́новый**, -ая, -ое.

АЦЕТО́Н, *-а, м.* Бесцветная горючая жидкость, употребляемая в технике и медицине, а также как растворитель. ‖ *прил.* **ацето́новый**, -ая, -ое.

АЦТЕ́КИ [*тэ*], -ков, *ед.* ацте́к, -а, *м.* Индейский народ, живущий в Мексике. ‖ *прил.* **ацте́кский**, -ая, -ое.

АЦТЕ́КСКИЙ, -ая, -ое. **1.** *см.* ацтеки. **2.** Относящийся к ацтекам, к их языку, образу жизни, культуре, а также к территории их проживания, её внутреннему устройству, истории; такой, как у ацтеков. *А. язык* (один из индейских языков). *Ацтекская цивилизация. Ацтекское письмо* (пиктографическое, с элементами иероглифов).

АШУ́Г, *-а, м.* У нек-рых народов Кавказа и в Турции: народный поэт-певец.

АЭРА́РИЙ, *-я, м.* Площадка для принятия воздушных ванн.

АЭРА́ЦИЯ, *-и, ж.* (спец.). **1.** Вентиляция, воздухообмен. *А. горячих цехов.* **2.** Насыщение воды, почвы воздухом. ‖ *прил.* **аэрацио́нный**, -ая, -ое.

АЭРО... *Первая часть сложных слов со знач.:* 1) относящийся к авиации, воздухоплаванию, напр. *аэронавигация, аэроклуб, аэромаяк, аэросев;* 2) относящийся к воздуху, напр. *аэроклиматология, аэротерапия.*

АЭРО́БИКА, *-и, ж.* Оздоровительная ритмическая гимнастика, выполняемая под музыку без пауз и в быстром темпе. *Занятия по аэробике.*

АЭРО́БУС, *-а, м.* Двухпалубный самолёт, предназначенный для одновременной перевозки большого количества людей и их багажа, размещаемого самими пассажирами в багажных отсеках. ‖ *прил.* **аэро́бусный**, -ая, -ое.

АЭРОВОКЗА́Л, *-а, м.* Вокзал аэропорта. ‖ *прил.* **аэровокза́льный**, -ая, -ое.

АЭРОДИНА́МИКА, -и, *ж.* Раздел аэромеханики, изучающий движение воздуха и других газов и взаимодействие газов с обтекаемыми ими телами. ‖ *прил.* **аэродинами́ческий**, -ая, -ое. *А. нагрев* (повышение температуры тела, движущегося с большой скоростью в воздухе или другом газе).

АЭРОДРО́М, -а, *м.* Комплекс сооружений и технических средств, предназначенный для взлёта, посадки, стоянки и обслуживания самолётов, вертолётов и планеров. ‖ *прил.* **аэродро́мный**, -ая, -ое.

АЭРОЗО́ЛИ, -ей, *ед.* аэрозо́ль, -я, *м.* (спец.). Газ или жидкость со взвешенными в них мельчайшими частицами. ‖ *прил.* **аэрозо́льный**, -ая, -ое. *А. препарат.*

АЭРО́ЛОГ, -а, *м.* Специалист по аэрологии.

АЭРОЛО́ГИЯ, -и, *ж.* Наука о свойствах высоких слоёв атмосферы (в 1 знач.). ‖ *прил.* **аэрологи́ческий**, -ая, -ое.

АЭРОМЕХА́НИКА, -и, *ж.* Раздел механики, изучающий газообразные среды и их воздействие на погружённые в них тела. ‖ *прил.* **аэромехани́ческий**, -ая, -ое.

АЭРОНА́ВТ, -а, *м.* (книжн.). То же, что воздухоплаватель.

АЭРОНА́ВТИКА, -и, *ж.* (книжн.). То же, что воздухоплавание.

АЭРОПЛА́Н, -а, *м.* То же, что самолёт. ‖ *прил.* **аэропла́нный**, -ая, -ое.

АЭРОПО́РТ, -а, *предл.* в аэропо́рте *и* в аэропорту́, *м.* Крупная станция воздушного транспорта с большим аэродромом, воздушный порт. ‖ *прил.* **аэропорто́вый**, -ая, -ое *и* **аэропо́ртовский**, -ая, -ое (разг.).

АЭРОСА́НИ, -е́й. Механические сани с воздушным винтом. ‖ *прил.* **аэроса́нный**, -ая, -ое.

АЭРОСТА́Т, -а, *м.* Летательный аппарат легче воздуха с корпусом, наполненным газом. *Привязной а. Управляемый а.* (дирижабль). ‖ *прил.* **аэроста́тный**, -ая, -ое.

АЭРОСТА́ТИКА, -и, *ж.* Раздел аэромеханики, изучающий равновесие воздуха, газов и действие неподвижных газов на помещённые в них тела. ‖ *прил.* **аэростати́ческий**, -ая, -ое.

АЭРОФОТОСЪЁМКА, -и, *ж.* Фотографирование местности с летательного аппарата. ‖ *прил.* **аэрофотосъёмочный**, -ая, -ое.

АЯТОЛЛА́, -ы́, *м.* В шиитском направлении ислама: высший духовный титул в Иране, а также лицо, имеющее этот титул.

Б

Б, *частица.* То же, что бы (употребляется после слов, оканчивающихся на гласный).

БА, *межд.* Выражает удивление. *Ба! Кого я вижу!*

БА́БА[1], -ы, *ж.* **1.** Замужняя крестьянка, а также вообще женщина из простонародья (прост.). **2.** Вообще о женщине (иногда с пренебр. или шутл. оттенком) (прост.). **3.** То же, что жена (в 1 знач.) (прост. и обл.). **4.** То же, что бабушка (во 2 знач.) (прост. и обл.); в детской речи — то же, что бабушка (в 1 знач.). *Жили-были дед и б.* **5.** *перен.* О робком слабохарактерном мужчине (разг.). **6.** Тёплая покрышка на чайник для сохранения тепла, распаривания, заварки. *Вязаная б.* ✦ **Каменная баба** — древнее каменное изваяние в виде человеческой фигуры. **Снежная** или **снеговая баба** — человеческая фигура, слеплённая из комков снега. ‖ *собир.* **бабьё**, -я́, *ср.* (к 1 и 2 знач.; прост.). ‖ *прил.* **ба́бий**, -ья, -ье (к 1 и 2 знач.). *Бабьи сказки* (вздор, вымысел; разг.). ✦ **Бабье лето** — ясные тёплые дни ранней осени.

БА́БА[2], -ы, *ж.* (спец.). Ударная часть молота (во 2 знач.), копра, ковочного и штамповочного устройства. *Ручная б. Пневматическая б.*

БА́БА[3], -ы, *ж.*: **ромовая баба** — род кекса цилиндрической или конической формы, пропитанного ромом, вином.

БАБА́ХНУТЬ, -ну, -нешь; *сов.* (разг.) То же, что бахнуть. *Бабахнули пушки. Б. из пушки. Б. по спине.* ‖ *несов.* **баба́хать**, -аю, -аешь.

БАБА́ХНУТЬСЯ, -нусь, -нешься; *сов.* (разг.). То же, что бахнуться. *Б. на́ пол.*

БА́БА-ЯГА́, ба́бы-яги́, *ж.* В русских сказках: злая старуха-колдунья. *Баба-яга костяная нога.*

БАБЁНКА, -и, *ж.* (прост.). Молодая бойкая женщина.

БА́БКА[1], -и, *ж.* **1.** То же, что бабушка. **2.** То же, что повивальная бабка (устар.). **3.** То же, что знахарка (прост.). *Лечиться у бабки.*

БА́БКА[2], -и, *ж.* **1.** У животных: надкопытный сустав ноги. **2.** Кость этого сустава, употр. для игры. *Играть в бабки* (броском сбивать бабки, установленные на расстоянии). **3.** *мн.* То же, что деньги (прост.). *Бабки зарабатывать, считать. Бабок не хватает.* ✦ **Бабки подбить** (прост.) — подвести итоги.

БА́БНИК, -а, *м.* (прост. неодобр.) Любитель ухаживать за женщинами, волокита[2].

БА́БОЧКА, -и, *ж.* **1.** Насекомое с двумя парами крыльев разнообразной окраски, покрытых мельчайшими чешуйками. *Коллекция бабочек.* **2.** *перен.* Галстук в виде короткого жёсткого банта, по форме напоминающего бабочку. ✦ **Ночные бабочки** (разг.) — проститутки.

БАБУ́ШИ, -у́ш, *ед.* бабу́ша, -и, *ж.* Род мягких туфель. *Войлочные б.*

БА́БУШКА, -и, *ж.* **1.** Мать отца или матери. **2.** Вообще о старой женщине (разг.). ✦ **Бабушка надвое сказала** — погов.: ещё неизвестно, что будет, может быть и так и иначе. ‖ *ласк.* **бабу́ся**, -и, *ж.*, **бабу́ля**, -и, *ж.*, **бабу́лечка**, -и, *ж. и* **бабу́ленька**, -и, *ж.*

БАГА́Ж, -а́, *м.* **1.** Вещи, груз пассажиров, упакованные для отправки, перевозки. *Сдать в б. Отправить багажом. Ручной б.* (вещи пассажира, находящиеся при нём). **2.** *перен.* Запас знаний, сведений (книжн.). *Умственный б.* ‖ *прил.* **бага́жный**, -ая, -ое (к 1 знач.). *Б. вагон.*

БАГА́ЖНИК, -а, *м.* Вместилище в автомобиле, приспособление у велосипеда, мотоцикла для перевозки поклажи.

БАГЕ́Т, -а, *м.* Планка для рамок и карнизов. ‖ *прил.* **баге́тный**, -ая, -ое.

БАГО́Р, -гра́, *м.* Шест с металлическим крюком и остриём. *Пожарный б. Зацепить багром.* ‖ *прил.* **баго́рный**, -ая, -ое.

БАГРОВЕ́ТЬ, -е́ю, -е́ешь; *несов.* **1.** Становиться багровым, багровее. **2.** (1 и 2 л. не употр.). О багровом: быть видимым, резко выделяться. *Багровеет закат.* ‖ *сов.* **побагрове́ть**, -е́ю, -е́ешь (к 1 знач.).

БАГРО́ВО-... *Первая часть сложных слов со знач.*: багровый, с тёмным густо-красным оттенком, напр. *багрово-золотой, багрово-красный, багрово-синий.*

БАГРО́ВЫЙ, -ая, -ое; -о́в. Красный густого, тёмного оттенка. *Багровое лицо. Б. дым пожара.* ‖ *сущ.* **багро́вость**, -и, *ж.*

БАГРЯНЕ́ТЬ (-е́ю, -е́ешь, 1 и 2 л. не употр.), -е́ет; *несов.* (устар.). Становиться багряным, багрянее. *К морозу небо на закате багрянеет.*

БАГРЯ́НЕЦ, -нца, *м.* (книжн.). Багровый цвет. *Б. заката.*

БАГРЯ́НО-... *Первая часть сложных слов со знач.*: багряный, с густо-красным оттенком, напр. *багряно-золотой, багряно-фиолетовый.*

БАГРЯ́НЫЙ, -ая, -ое; -я́н (книжн.). То же, что багровый. ‖ *сущ.* **багря́ность**, -и, *ж.*

БАГУ́ЛЬНИК, -а, *м.* **1.** Вечнозелёный болотный с одурманивающим запахом кустарничек сем. вересковых. **2.** Народное название кустарникового растения с нежными сиренево-розовыми цветками — одного из видов рододендрона. ‖ *прил.* **багу́льниковый**, -ая, -ое.

БАДМИНТО́Н, -а, *м.* Спортивная игра в волан, перебрасываемый ракетками через сетку от одного игрока к другому, а также соответствующий вид спорта. ‖ *прил.* **бадминто́нный**, -ая, -ое.

БАДМИНТОНИ́СТ, -а, *м.* Спортсмен, занимающийся бадминтоном; игрок в бадминтон. ‖ *ж.* **бадминтони́стка**, -и. ‖ *прил.* **бадминтони́стский**, -ая, -ое.

БАДЬЯ́, -и́, *род. мн.* -де́й, *ж.* Широкое низкое ведро. *Деревянная б. Кожаная б. Железная б.* ‖ *уменьш.* **баде́йка**, -и, *ж.* ‖ *прил.* **баде́ечный**, -ая, -ое *и* **баде́йный**, -ая, -ое.

БА́ЗА, -ы, *ж.* **1.** Основание сооружения (спец.). *Б. колонны.* **2.** Основание, основа чего-н. (книжн.). *Социальная б. Материальная б.* **3.** Опорный пункт вооружённых сил страны на своей или чужой территории. *Военно-морские базы.* **4.** Учреждение, предприятие, центральный пункт по снабжению или обслуживанию кого-чего-н. *Туристская б. Экскурсионная б.* **5.** Склад, место хранения товаров, материалов, продуктов. *Овощная б. Получить продукты на базе.* ✦ **На базе** *чего, в знач. предлога с род. п.* — то же, что на основе чего. *Исследование на базе новых материалов.* ‖ *прил.* **ба́зовый**, -ая, -ое (ко 2, 4 и 5 знач.).

БАЗА́ЛЬТ, -а, *м.* Вулканическая горная порода тёмного цвета. ‖ *прил.* **база́льтовый**, -ая, -ое.

БАЗА́Р, -а, *м.* **1.** Место для торговли, обычно на площади, а также розничная торговля на таком месте. *Летний б. Книжный б.* (широкая, обычно оптовая, продажа книг). *Новогодний б.* (предновогодняя продажа ёлочных украшений, ёлок). **2.** *перен.* Шум, крик (разг.). *Устроить, поднять б. Кончай б.!* ✦ **Птичий базар** — место массового гнездовья морских птиц на прибрежных скалах. ‖ *прил.* **база́рный**, -ая, -ое. *Б. день. Базарная баба* (перен.: о грубой и крикливой женщине; прост.).

БАЗИЛИ́КА, -и, и **БАЗИ́ЛИКА**, -и, *ж.* (спец.). Античная и средневековая постройка (обычно храм) в виде удлинённого прямоугольника с двумя продольными рядами колонн внутри. ‖ *прил.* **базили́ковый**, -ая, -ое *и* **бази́ликовый**, -ая, -ое.

БАЗИ́РОВАТЬ, -рую, -руешь; *несов., что на чём* (книжн.). Основывать на чём-н. *Б. выступление на фактах.*

БАЗИ́РОВАТЬСЯ, -руюсь, -руешься; *несов.* **1.** *на чём.* Основываться на чём-н. (книжн.). *Б. на фактах.* **2.** *на что* или *на чём.* Иметь что-н. своей базой, местом стоянки, снабжения. *Флот базируется на плавучие базы.* ‖ *сущ.* **бази́рование**, -я, *ср.* (ко 2 знач.). *Ракеты морского базирования.*

БА́ЗИС, -а, *м.* **1.** То же, что база (в 1 и 2 знач.). **2.** В материалистическом социологическом учении: совокупность исторически сложившихся производственных отношений, лежащих в основе надстройки (в 3 знач.) данного общества. ‖ *прил.* **ба́зисный**, -ая, -ое (ко 2 знач.).

БА́ИНЬКИ (разг.). В детской речи или в обращении к ребёнку: время ложиться спать, бай-бай. *Хочешь б.?*

БАЙ[1], -я, *м.* В Средней Азии: богатый землевладелец или скотовод. ‖ *прил.* **ба́йский**, -ая, -ое.

БАЙ[2] и **БАЙ-БАЙ**, *межд.* Припев колыбельной песни в знач. спи, засыпай. *Идти бай-бай* (у детей: идти спать).

БАЙБА́К, -а́, *м.* **1.** Степной грызун из рода сурков, осенью и зимой впадающий в спячку. **2.** *перен.* Неповоротливый, ленивый человек (разг.). ‖ *прил.* **байба́чий**, -ья, -ье (к 1 знач.).

БАЙДА́РКА, -и, *ж.* Узкая и лёгкая спортивная лодка без уключин, с двухлопастным веслом. *Спортивная б. Туристская б.* ‖ *прил.* **байда́рочный**, -ая, -ое.

БАЙДА́РОЧНИК, -а, *м.* Спортсмен, занимающийся греблей на байдарке, а также вообще тот, кто плавает, плывёт на байдарке. ‖ *ж.* **байда́рочница**, -ы.

БА́ЙКА[1], -и, *ж.* Мягкая ворсистая хлопчатобумажная ткань. ‖ *прил.* **ба́йковый**, -ая, -ое.

БА́ЙКА[2], -и, *ж.* (разг.) Побасенка, выдумка, басня (во 2 знач.). *Охотничьи байки. Что-то не похожа эта б. на правду.*

БА́ЙХОВЫЙ, -ая, -ое. О сорте чая: рассыпной. *Чай б. чёрный.*

БАК[1], -а, *м.* (спец.). Носовая надстройка судна. ‖ *прил.* **ба́ковый**, -ая, -ое.

БАК[2], -а, *м.* Большой сосуд для жидкостей. ‖ *уменьш.* **бачо́к**, -чка́, *м.* ‖ *прил.* **ба́ковый**, -ая, -ое.

БАКАЛА́ВР, -а, *м.* В нек-рых странах: учёная степень, а также лицо, имеющее эту степень (во Франции — человек, сдавший экзамен за курс средней школы). ‖ *прил.* **бакала́врский**, -ая, -ое.

БАКАЛЕ́Я, -и, *ж.* **1.** *собир.* Сухие съестные товары (чай, сахар, кофе, мука, крупа, перец, пряности и т. п.). **2.** Магазин, торгующий такими товарами (разг.). *Купить кофе в бакалее.* ‖ *прил.* **бакале́йный**, -ая, -ое (к 1 знач.).

БА́КЕН, -а, *м.* Укреплённый на якоре плавучий знак пирамидальной, конической или иной формы для обозначения фарватера и мелей. ‖ *прил.* **ба́кенный**, -ая, -ое.

БАКЕНБА́РДЫ, -а́рд, *ед.* -а, -ы, *ж.* и **БА́КИ**, бак. Волосы, растущие от висков по щекам (обычно при выбритом подбородке). ‖ *прил.* **бакенба́рдный**, -ая, -ое.

БА́КЕНЩИК, -а, *м.* Работник, обслуживающий бакены. ‖ *прил.* **ба́кенщицкий**, -ая, -ое.

БАККАРА́. **1.** *нескл.*, *ср.* Один из наиболее ценных сортов хрусталя. **2.** *неизм.* Сделанный из такого хрусталя. *Ваза б.*

БАКЛА́ГА, -и, *ж.* Небольшой, обычно плоский сосуд с крышкой или пробкой. ‖ *уменьш.* **бакла́жка**, -и, *ж.* ‖ *прил.* **бакла́жный**, -ая, -ое.

БАКЛАЖА́Н, -а, *род. мн.* -ов, *м.* Огородное растение сем. паслёновых с продолговатым, обычно тёмно-фиолетовым плодом, а также плод его. ‖ *прил.* **баклажа́нный**, -ая, -ое. *Баклажанная икра.*

БАКЛА́Н, -а, *м.* Родственная пеликану водоплавающая птица, обычно с чёрным оперением. *Семейство бакланов.* ‖ *прил.* **бакла́новый**, -ая, -ое.

БАКЛУ́ШИ: **бить баклуши** (разг.) — бездельничать [*первонач.* делать несложное, лёгкое дело — разбивать полено на баклуши, т. е. чурки для выделки мелких изделий].

БАКЛУ́ШНИЧАТЬ, -аю, -аешь; *несов.* (устар. прост.). Бездельничать, бить баклуши. *Хватит б., пора остепениться.*

БАКС, -а, *м.* (прост.). Один доллар США.

БАКТЕРИО́ЛОГ, -а, *м.* Специалист по бактериологии.

БАКТЕРИОЛО́ГИЯ, -и, *ж.* Раздел микробиологии — наука о бактериях. ‖ *прил.* **бактериологи́ческий**, -ая, -ое. *Бактериологическая война* (с применением болезнетворных бактерий как средства массового поражения).

БАКТЕРИЦИ́ДНЫЙ, -ая, -ое (спец.). Убивающий бактерии. *Бактерицидные вещества. Б. пластырь.* ‖ *сущ.* **бактерици́дность**, -и, *ж.*

БАКТЕ́РИЯ, -и, *ж.* Микроорганизм, преимущ. одноклеточный. ‖ *прил.* **бактериа́льный**, -ая, -ое и **бактери́йный**, -ая, -ое (спец.).

БАЛ, -а, о ба́ле, на балу́ и (устар.) на ба́ле, *мн.* -ы, -о́в, *м.* Большой танцевальный вечер. *Костюмированный б. Б.-маскарад.* ✦ **Кончен бал** (разг.) — всё кончено, конец. ‖ *прил.* **ба́льный**, -ая, -ое. *Бальные танцы.*

БАЛАБО́Л, -а, *м.* (разг.). То же, что балаболка. ‖ *прил.* **балабо́льский**, -ая, -ое.

БАЛАБО́ЛКА, -и, *м.* и *ж.* (разг.). Человек, любящий заниматься пустой болтовнёй, пустомеля.

БАЛАГА́Н, -а, *м.* **1.** Временная лёгкая деревянная постройка для ярмарочной торговли, жилья, зрелищ; сарай, конюшня (устар.). **2.** Старинное народное театральное зрелище комического характера с примитивным сценическим оформлением. **3.** *перен.* Нечто грубое, шутовское, пошло-несерьёзное (разг.). *Не серьёзный разговор, а б.* ‖ *прил.* **балага́нный**, -ая, -ое.

БАЛАГА́НИТЬ, -ню, -нишь; *несов.* (прост. неодобр.). Держать себя несерьёзно, дурачиться.

БАЛАГУ́Р, -а, *м.* (разг.). Человек, к-рый любит балагурить, шутник, весельчак. ‖ *ж.* **балагу́рка**, -и. ‖ *прил.* **балагу́рский**, -ая, -ое.

БАЛАГУ́РИТЬ, -рю, -ришь; *несов.* (разг.). Болтать весело, с шутками. ‖ *сущ.* **балагу́рство**, -а, *ср.*

БАЛАЛА́ЕЧНИК, -а, *м.* Музыкант, играющий на балалайке. ‖ *ж.* **балала́ечница**, -ы.

БАЛАЛА́ЙКА, -и, *ж.* Трёхструнный щипковый музыкальный инструмент с треугольной декой. ‖ *прил.* **балала́ечный**, -ая, -ое.

БАЛАМУ́Т, -а, *м.* (разг.). Человек, вызывающий беспокойство, волнение среди кого-н., вздорный болтун. ‖ *ж.* **баламу́тка**, -и. ‖ *прил.* **баламу́тский**, -ая, -ое.

БАЛАМУ́ТИТЬ, -у́чу, -у́тишь; -у́ченный; *несов.* (разг.). **1.** *что.* То же, что мутить (в 1 знач.). *Б. воду.* **2.** *перен.*, *кого (что).* Вызывать беспокойство, волнение среди кого-н. *Б. соседей.* ‖ *сов.* **взбаламу́тить**, -у́чу, -у́тишь; -у́ченный и **набаламу́тить**, -у́чу, -у́тишь (ко 2 знач.).

БАЛА́НС, -а, *м.* **1.** Соотношение взаимно связанных показателей какой-н. деятельности, процесса. *Торговый б.* (соотношение ввоза и вывоза). *Активный б.* (с превышением прихода, вывоза). *Пассивный б.* (с превышением расхода, ввоза). **2.** Сравнительный итог прихода и расхода (спец.). *Годовой б. Подвести б.* **3.** Сводная ведомость о состоянии приходно-расходных средств предприятия на определённую дату. *На балансе* (на счету учреждения). ‖ *прил.* **бала́нсовый**, -ая, -ое.

БАЛАНСЁР, -а, *м.* Акробат, балансирующий на чём-н. (на канате, проволоке, на шаре). ‖ *прил.* **балансёрский**, -ая, -ое.

БАЛАНСИ́Р, -а, *м.* (спец.). **1.** Шест, при помощи к-рого акробат на канате сохраняет равновесие. **2.** Двуплечий рычаг. **3.** Регулятор хода в часовом механизме, заменяющий маятник.

БАЛАНСИ́РОВАТЬ, -рую, -руешь; *несов.* **1.** Сохранять равновесие посредством телодвижений. *Б. на канате. Б. на грани конфликта* (перен.). **2.** *что.* Подводить баланс (спец.). ‖ *сов.* **сбаланси́ровать**, -рую, -руешь; -анный. ‖ *сущ.* **баланси́рование**, -я, *ср.* и **балансиро́вка**, -и, *ж.* ‖ *прил.* **балансиро́вочный**, -ая, -ое.

БАЛАХО́Н, -а, *м.* Просторный длинный халат, а также (шутл.) вообще слишком просторная, бесформенная одежда. *Белый б.* (клановая одежда куклуксклановцев). ‖ *прил.* **балахо́нный**, -ая, -ое.

БАЛБЕ́С, -а, *м.* (прост.). Бестолковый, грубый и неотёсанный человек, обалдуй.

БАЛБЕ́СНИЧАТЬ, -аю, -аешь; *несов.* (прост.). Вести себя балбесом, лоботрясничать. *Перестань б., займись делом.*

БАЛДА́, -ы́, *м.* и *ж.* (прост. бран.). Бестолковый человек, дурак.

БАЛДАХИ́Н, -а, *м.* Украшенный навес (напр., над троном, над кроватью, на катафалке). ‖ *прил.* **балдахи́нный**, -ая, -ое.

БАЛДЕ́ТЬ, -е́ю, -е́ешь; *несов.* (прост.). **1.** То же, что обалдевать. **2.** Проводить время в бездействии, праздности.

БАЛДЁЖ, -ежа́, *м.* (прост.). Пустое и бессмысленное времяпрепровождение. ‖ *прил.* **балдёжный**, -ая, -ое.

БАЛЕРИ́НА, -ы, *ж.* Артистка балета.

БАЛЕ́Т, -а, *м.* **1.** Искусство сценического танца. *Классический б.* **2.** Театральное представление — танцы и пантомима, сопровождаемые музыкой. *Б. на льду* (на коньках). **3.** Артисты, участвующие в таком представлении. ‖ *прил.* **бале́тный**, -ая, -ое.

БАЛЕТМЕ́ЙСТЕР, -а, *м.* Автор и постановщик балетов, хореографических миниатюр, танцев. ‖ *прил.* **балетме́йстерский**, -ая, -ое.

БАЛЕТОМА́Н, -а, *м.* Страстный любитель балета как зрелища. ‖ *ж.* **балетома́нка**, -и. ‖ *прил.* **балетома́нский**, -ая, -ое.

БАЛЕТОМА́НИЯ, -и, *ж.* Чрезмерное увлечение балетом как зрелищем.

БА́ЛКА[1], -и, *ж.* Часть сооружения, машины, станка — опорный брус. *Железобетонная, металлическая, деревянная б. Консольная б. Тавровая б.* ‖ *прил.* **ба́лочный**, -ая, -ое. *Балочное перекрытие* (из балок).

БА́ЛКА[2], -и, *ж.* Лощина, ложбина, овраг, иногда большой протяжённости. ‖ *прил.* **ба́лочный**, -ая, -ое (спец.). *Б. рельеф.*

БАЛКАНИ́СТИКА, -и, *ж.* Совокупность наук, изучающих историю, языки и культуру народов Балканского полуострова.

БАЛКА́РСКИЙ, -ая, -ое. **1.** *см.* балкарцы. **2.** Относящийся к балкарцам, к их языку (карачаево-балкарскому), национальному характеру, образу жизни, культуре, а также к территории их проживания, её внутреннему устройству, истории; такой, как у балкарцев. *Балкарские диалекты.*

БАЛКА́РЦЫ, -ев, *ед.* -рец, -рца, *м.* Народ, составляющий основное коренное население Балкарии. ‖ *ж.* **балка́рка**, -и. ‖ *прил.* **балка́рский**, -ая, -ое.

БАЛКО'Н, -а, *м.* **1.** Выступающая из стены здания площадка с перилами, решёткой. **2.** Верхний или средний ярус в зрительном зале. || *прил.* **балко́нный**, -ая, -ое (к 1 знач.).

БАЛЛ, -а, *м.* **1.** Единица оценки степени, силы какого-н. физического явления (спец.). *Ветер в шесть баллов. Землетрясение в восемь баллов.* **2.** Цифровая отметка успехов (в учебных заведениях, в спорте). *Поставить, вывести хороший б. Сумма баллов.* || *прил.* **ба́лловый**, -ая, -ое (к 1 знач.) *и* **ба́лльный**, -ая, -ое.

БАЛЛА'ДА, -ы, *ж.* **1.** Лирическое или лиро-эпическое стихотворение особой формы на историческую, обычно легендарную, тему. **2.** Сольное музыкальное произведение повествовательного или героико-эпического характера. || *прил.* **балла́дный**, -ая, -ое.

БАЛЛА'СТ, -а, *м.* **1.** Груз для улучшения мореходных качеств судна, для регулирования высоты полёта аэростата. *Сбросить б.* **2.** *перен.* То, что излишне отягощает, обременяет кого-что-н. (книжн.) *Б. устарелых взглядов.* **3.** Сыпучий материал, к-рым покрывается земляное полотно железнодорожного пути перед укладкой шпал (спец.). || *прил.* **балла́стный**, -ая, -ое *и* **балла́стовый**, -ая, -ое (к 1 и 3 знач.).

БАЛЛИ'СТИКА, -и, *ж.* Наука о законах полёта снарядов, мин, бомб, пуль. || *прил.* **баллисти́ческий**, -ая, -ое. *Баллистическая ракета* (проходящая часть пути как свободно брошенное тело).

БАЛЛО'Н, -а, *м.* **1.** Шарообразный или цилиндрический сосуд специального назначения (для жидкостей, газов). *Б. с кислородом.* **2.** Резиновая автомобильная, велосипедная камера, наполняемая воздухом. *Б. спустил.* **3.** Оболочка аэростата, наполняемая газом (спец.). || *прил.* **балло́нный**, -ая, -ое.

БАЛЛОТИ'РОВАТЬ, -рую, -руешь; -анный; *несов., кого-что* (книжн.). То же, что голосовать (в 1 знач.) [*первонач.* опуская в урну специальные шары — баллы]. *Б. предложение.* || *сущ.* **баллотиро́вка**, -и, *ж.* || *прил.* **баллотиро́вочный**, -ая, -ое. *Б. бюллетень.*

БАЛЛОТИ'РОВАТЬСЯ, -руюсь, -руешься; *несов.* (книжн.). Выставлять свою кандидатуру для баллотировки. *Б. в депутаты.*

БАЛО'ВАННЫЙ, -ая, -ое (разг.). То же, что избалованный. *Б. ребёнок.*

БАЛОВА'ТЬ, -лу́ю, -лу́ешь; -о́ванный; *несов.* **1.** *кого (что).* Относиться к кому-н. с излишним вниманием, потворствуя всем желаниям, прихотям. *Б. детей.* **2.** То же, что баловаться (в 1 знач.) (прост.). *Не балуй со спичками!* || *сов.* **избалова́ть**, -лу́ю, -лу́ешь; -о́ванный (к 1 знач.). || *сущ.* **баловство́**, -а́, *ср.*

БАЛОВА'ТЬСЯ, -лу́юсь, -лу́ешься; *несов.* **1.** Шалить, забавляться, а также обращать в забаву что-н. серьёзное. *Дети балуются с огнём.* **2.** *чем.* Заниматься чем-н. попутно, не всерьёз (разг.). *Б. стишками* (неумело писать стихи). **3.** *чем.* Делать что-н. ради удовольствия, развлечения (прост.). *Б. чайком.* || *сущ.* **баловство́**, -а́, *ср.*

БА'ЛОВЕНЬ, -вня, *м.* **1.** Человек, к-рого балуют, к-рому во всём потворствуют (разг.). *Этот ребёнок — общий б. Б. судьбы* (перен.: о том, кому во всём сопутствует удача). **2.** То же, что баловник (прост.).

БАЛОВНИ'К, -а́, *м.* (разг.). Тот, кто балуется, шалун. || *ж.* **баловни́ца**, -ы.

БАЛО'К, -лка́, *м.* На севере: временное жильё — домик, установленный на полозьях.

БАЛТИ'ЕЦ, -и́йца, *м.* Моряк Балтийского флота.

БАЛТИ'ЙСКИЙ, -ая, -ое. **1.** *см.* балты. **2.** Относящийся к балтам, к их языкам, образу жизни, культуре, а также к территориям их проживания, внутреннему устройству, истории; такой, как у балтов. *Балтийские языки* (индоевропейской семьи языков: литовский, латышский, древний прусский). *Балтийское море. Балтийская гряда* (моренная гряда по южному и юго-восточному побережью Балтийского моря).

БА'ЛТЫ, -ов, *ед.* балт, -а, *м.* Древние племена, населявшие в 1 тыс. н. э. юго-запад Прибалтики, Верхнее Поднепровье и бассейн реки Оки. || *прил.* **балти́йский**, -ая, -ое.

БАЛЫ'К, -а́ (-у́), *м.* Солёная и провяленная хребтовая часть красной рыбы. *Осетровый б.* || *прил.* **балыко́вый**, -ая, -ое.

БАЛЬЗА'М, -а (-у), *м.* **1.** Содержащееся в коре нек-рых деревьев (реже — в листьях и древесине) густое ароматическое вещество, содержащее эфирные масла и растворённые в них смолы. **2.** Целительное средство. *Лечебный б. Эта радостная весть — б. для его души* (перен.). || *прил.* **бальза́мный**, -ая, -ое (к 1 знач.) *и* **бальзами́ческий**, -ая, -ое (к 1 знач.).

БАЛЬЗАМИ'Н, -а, *м.* Садовое и комнатное травянистое растение с яркими цветками, густо сидящими на ветвях и стебле. || *прил.* **бальзами́новый**, -ая, -ое. *Семейство бальзаминовых* (сущ.).

БАЛЬЗАМИ'РОВАТЬ, -рую, -руешь; -анный; *сов. и несов., кого-что.* Пропитывать (-тать) (тело умершего) особыми веществами для предохранения от гниения. || *сов.* также **забальзами́ровать**, -рую, -руешь; -анный *и* **набальзами́ровать**, -рую, -руешь; -анный.

БАЛЬНЕОЛО'ГИЯ, -и, *ж.* Раздел медицины, изучающий лечебное применение минеральных вод. || *прил.* **бальнеологи́ческий**, -ая, -ое. *Б. санаторий.*

БАЛЮСТРА'ДА, -ы, *ж.* Перила из фигурных столбиков. || *прил.* **балюстра́дный**, -ая, -ое.

БАЛЯ'СИНА, -ы, *ж.* Точёный столбик перил, ограды.

БАЛЯ'СНИЧАТЬ, -аю, -аешь; *несов.* (прост.). Заниматься праздным, пустым разговором, болтать.

БАЛЯ'СЫ: **балясы точить** (прост.) — балясничать, точить лясы.

БАМБУ'К, -а, *м.* Высокое и гибкое тропическое и субтропическое растение, древовидный злак с крепким полым стеблем. || *прил.* **бамбу́ковый**, -ая, -ое. *Бамбуковые заросли. Бамбуковая трость.* ✦ **Бамбуковый медведь** — то же, что большая панда. **Бамбуковое положение** (устар. шутл.) — затруднительное, неприятное.

БА'МПЕР, -а, *м.* Буфер автомобиля. || *прил.* **ба́мперный**, -ая, -ое.

БАНА'ЛЬНОСТЬ, -и, *ж.* **1.** *см.* банальный. **2.** Избитое выражение, банальная мысль. *Говорить банальности.*

БАНА'ЛЬНЫЙ, -ая, -ое; -лен, -льна. Лишённый оригинальности, избитый, тривиальный. *Банальная мысль.* || *сущ.* **бана́льность**, -и, *ж.*

БАНА'Н, -а, *род. мн.* -ов, *м.* Высокое тропическое растение с большими листьями, а также его удлинённый и слегка изогнутый сладкий мучнистый плод, растущий в соплодии. || *прил.* **бана́новый**, -ая, -ое. *Семейство банановых* (сущ.).

БА'НДА, -ы, *ж.* Разбойная, преступная группа, шайка. *Б. грабителей. Вооружённая б.*

БАНДА'Ж, -а́, *м.* **1.** Упруго облегающая повязка для поддержания отдельных частей тела в нужном положении. **2.** Металлический пояс, обод, надеваемый на части машин, на железнодорожные колёса для увеличения их прочности или уменьшения износа (спец.). || *прил.* **банда́жный**, -ая, -ое.

БАНДЕРО'ЛЬ, -и, *ж.* **1.** Бумажная обёртка в виде широкой ленты или конверта. *Книга в бандероли.* **2.** Небольшое почтовое отправление в бумажной обёртке. *Отправить книгу бандеролью.* **3.** Ярлык на товаре в знак уплаты акциза или пошлины (спец.). || *прил.* **бандеро́льный**, -ая, -ое.

БА'НДЖО, *нескл., ср.* Струнный щипковый музыкальный инструмент. *Играть на б.*

БАНДИ'Т, -а, *м.* Участник банды, вооружённый грабитель. || *ж.* **банди́тка**, -и (разг.). || *прил.* **банди́тский**, -ая, -ое. *Бандитское нападение. Бандитская шайка.*

БАНДИТИ'ЗМ, -а, *м.* Преступная деятельность бандитов, разбой, грабёж.

БАНДУ'РА, -ы, *ж.* **1.** Украинский народный струнный щипковый музыкальный инструмент. **2.** *перен.* Громоздкий и нескладный предмет (прост. неодобр.). || *прил.* **банду́рный**, -ая, -ое (к 1 знач.).

БАНДУРИ'СТ, -а, *м.* Музыкант, играющий на бандуре. || *ж.* **бандури́стка**, -и.

БАНДЮ'ГА, -и, *м.* и *ж.* (прост. презр.). То же, что бандит.

БАНК[1], -а, *м.* **1.** Финансовое предприятие, производящее операции со вкладами, кредитами и платежами. *Государственный б. Сберегательный б. Коммерческий б.* **2.** *перен.* Место, центр, где сосредоточены какие-н. предметы, объекты, сведения (спец.). *Б. данных. Б. терминов. Заповедник — б. древних растений.* || *прил.* **ба́нковский**, -ая, -ое (к 1 знач.) *и* **ба́нковый**, -ая, -ое (к 1 знач.). *Банковская система. Банковские счета. Банковский работник. Банковская деятельность. Банковские* (или устар. *банковые*) *билеты* (банкноты).

БАНК[2], -а, *м.* **1.** В карточных играх: поставленные на кон деньги. *Держать б.* (поставив свои деньги на кон, вести игру против каждого из игроков). **2.** Азартная карточная игра.

БА'НКА[1], -и, *ж.* **1.** Цилиндрический сосуд. *Жестяная, стеклянная б. Консервная б.* **2.** *чаще мн.* Маленький грушевидный стеклянный сосуд, применяемый в медицине с целью вызвать местный прилив крови. *Поставить банки.* || *уменьш.* **ба́ночка**, -и, *ж.* || *прил.* **ба́ночный**, -ая, -ое.

БА'НКА[2], -и, *ж.* (спец.). Часть морского дна, возвышающаяся над окружающими глубинами.

БАНКЕ'Т, -а, *м.* Торжественный званый обед или ужин. *Б. в честь юбиляра.* || *прил.* **банке́тный**, -ая, -ое. *Б. зал.*

БАНКИ'Р, -а, *м.* Владелец или крупный акционер банка[1] (в 1 знач.). || *прил.* **банки́рский**, -ая, -ое. ✦ **Банкирский дом** — частный банк.

БАНКНО'ТЫ, -о́т *и* -ов, *ед.* **банкно́т**, -а, *м.* *и* **банкно́та**, -ы, *ж.* Беспроцентные кредитные билеты, выпускаемые эмиссионным банком и заменяющие в обращении металлические деньги. || *прил.* **банкно́тный**, -ая, -ое.

БАНКОМА'Т, -а, *м.* Сложение: банковский автомат — автоматическое устройство для выдачи (получения) денег, проверки наличности на лицевом счёте по пластиковым карточкам. ‖ *прил.* **банкома́тский**, -ая, -ое.

БАНКОМЁТ, -а, *м.* Игрок в карты, к-рый держит банк² (в 1 знач.). ‖ *прил.* **банкомётский**, -ая, -ое.

БАНКРО́Т, -а, *м.* **1.** Несостоятельный должник, отказывающийся платить своим кредиторам вследствие разорения. **2.** *перен.* Тот, кто оказался несостоятельным в своей деятельности, в личной жизни. *Политический б.* ‖ *прил.* **банкро́тский**, -ая, -ое.

БАНКРО́ТСТВО, -а, *ср.* **1.** Несостоятельность, сопровождающаяся прекращением платежей по долговым обязательствам. *Б. фирмы. Злостное б.* (умышленное). **2.** *перен.* Полная несостоятельность, провал, крушение. *Политическое б.*

БАНТ, -а, *м.* Лента, завязанная в виде нескольких перетянутых посередине петель. *Косы с бантами. Галстук бантом.* ‖ *уменьш.* **ба́нтик**, -а, *м.* *Завязать шнурок бантиком* (в виде банта). *Губки бантиком* (о маленьком ротике с несколько приподнятой верхней губой).

БА́НЩИК, -а, *м.* Работник в моечном отделении бани. ‖ *ж.* **ба́нщица**, -ы. ‖ *прил.* **ба́нщицкий**, -ая, -ое.

БА́НЯ, -и, *ж.* **1.** Специальное помещение или учреждение, где моются и парятся. *Истопить баню. Городская б. Финская б.* (сауна). **2.** Мытье людей (разг.). *Устроить детям баню.* ✦ **Задать баню** *кому* (разг.) — сильно разбранить. **Кровавая баня** (высок.) — беспощадное кровопролитие. ‖ *прил.* **ба́нный**, -ая, -ое. *Как б. лист пристал* (о том, кто неотвязно надоедает; прост.).

БАОБА́Б, -а, *м.* Тропическое дерево с очень толстым стволом. ‖ *прил.* **баоба́бовый**, -ая, -ое.

БАПТИ́ЗМ, -а, *м.* Разновидность протестантизма, возникшая в нач. 17 в. и распространённая главным образом в Америке и Европе.

БАПТИ́СТ, -а, *м.* Последователь баптизма. ‖ *ж.* **бапти́стка**, -и. ‖ *прил.* **бапти́стский**, -ая, -ое. *Баптистская община.*

БАР¹, -а, *м.* **1.** Маленький ресторан, где пьют и едят у стойки, а также сама такая стойка. *Пивной б.* **2.** Род небольшого буфета для вин или отделение для вин в шкафу, серванте.

БАР², -а, *род. мн.* ба́ров *и* при счёте преимущ. бар, *м.* (спец.). Единица атмосферного давления.

БАРАБА́Н, -а, *м.* **1.** Ударный мембранный музыкальный инструмент в виде цилиндра, сверху и снизу обтянутого кожей. *Бить в б.* **2.** Полый цилиндр в механизмах, а также вообще техническое устройство цилиндрической формы (спец.). **3.** Цилиндрическая или многогранная часть здания, поддерживающая купол (спец.). ‖ *прил.* **бараба́нный**, -ая, -ое. ✦ **Барабанная перепонка** — перепонка, отделяющая наружный слуховой канал от среднего уха.

БАРАБА́НИТЬ, -ню, -нишь; *несов.* **1.** Бить в барабан (в 1 знач.), играть на барабане. **2.** Часто и дробно стучать (разг.). *Дождь барабанит в окна. Б. пальцами по столу.* **3.** Быстро и небрежно играть или говорить (разг.). *Б. на рояле вальс. Барабанит стихи без всякого выражения.* ‖ *сов.* **пробараба́нить**, -ню, -нишь.

БАРАБА́НЩИК, -а, *м.* Музыкант, играющий на барабане; тот, кто бьёт в барабан. ✦ **Отставной козы барабанщик** (разг. шутл.) — ничего не значащий, незначительный человек. ‖ *ж.* **бараба́нщица**, -ы. ‖ *прил.* **бараба́нщицкий**, -ая, -ое.

БАРА́К, -а, *м.* Здание лёгкой постройки, предназначенное для временного жилья. ‖ *прил.* **бара́чный**, -ая, -ое. *Дом барачного типа.*

БАРА́Н, -а, *м.* **1.** Жвачное парнокопытное дикое млекопитающее сем. полорогих с густой волнистой шерстью и изогнутыми рогами. *Горный б. Снежный б.* (толсторог). **2.** Самец домашней овцы. *Глуп как б. Как б. на новые ворота* (смотрит, уставился: ничего не понимая; разг. неодобр.). *Стадо баранов* (также перен.: о тех, кто, не имея собственного мнения, слепо следует за кем-чем-н.; разг. пренебр.). ✦ **Вернёмся к нашим баранам** (книжн.) — вернёмся к прежней теме, к прерванному разговору [по французскому фарсу 15 в. «Адвокат Патлен», где судья, разбирая дело о краже баранов, пытается навести порядок в спорах между истцом и адвокатом ответчика]. ‖ *уменьш.-ласк.* **бара́шек**, -шка, *м.* ‖ *прил.* **бара́ний**, -ья, -ье.

БАРА́НИНА, -ы, *ж.* Овечье мясо как пища.

БАРА́НКА, -и, *ж.* **1.** Пшеничный хлебец в виде кольца из заварного крутого теста. **2.** *перен.* Рулевое колесо автомобиля (прост.). *Сесть за баранку. Крутить баранку.* ‖ *прил.* **бара́ночный**, -ая, -ое (к 1 знач.). *Бараночные изделия.*

БАРАХЛИ́ТЬ, -лю́, -ли́шь; *несов.* (прост.). Работать плохо, с перебоями (обычно о моторе, машине). *Сердце барахлит* (перен.).

БАРАХЛО́, -а́, *ср.* (прост.). **1.** Старьё, старые вещи, а также (пренебр.) вообще вещи (во 2 знач.). **2.** О ком-чём-н. плохом, негодном. ‖ *уменьш.-унич.* **барахли́шко**, -а, *ср.* (к 1 знач.). ‖ *прил.* **барахо́льный**, -ая, -ое.

БАРАХО́ЛКА, -и, *ж.* (прост.). То же, что толкучка (во 2 знач.). *Купить на барахолке.*

БАРАХО́ЛЬЩИК, -а, *м.* (разг. пренебр.). Любитель вещей (во 2 знач.), барахла. ‖ *ж.* **барахо́льщица**, -ы. ‖ *прил.* **барахо́льщицкий**, -ая, -ое.

БАРА́ХТАТЬСЯ, -аюсь, -аешься; *несов.* (разг.). Делать беспорядочные движения, лежа или находясь в воде.

БАРА́ШЕК, -шка, *м.* **1.** *см.* баран. **2.** То же, что ягнёнок (разг.). **3.** Выделанная шкурка молодой овцы. *Воротник из барашка.* ✦ **Барашка в бумажке дать (подсунуть, поднести)** (прост. шутл.) — дать взятку. ‖ *прил.* **бара́шковый**, -ая, -ое (к 3 знач.). *Барашковая шапка.*

БАРА́ШКИ, -ов. Небольшие белые пенистые волны, а также небольшие перисто-кучевые облака. *По небу (или морю) бегут б.*

БАРБАРИ́С, -а, *м.* Колючий кустарник с мелкими красными кислыми ягодами, а также его ягоды. ‖ *прил.* **барбари́совый**, -ая, -ое *и* **барбари́сный**, -ая, -ое. *Семейство барбарисовых* (сущ.). *Б. куст.*

БАРБО́С, -а, *м.* Большая дворовая собака [по распространённой кличке].

БАРВИ́НОК, -нка, *м.* Вечнозелёное травянистое растение обычно с голубоватыми цветками. ‖ *прил.* **барви́нковый**, -ая, -ое.

БАРГУЗИ́Н, -а, *м.* Северо-восточный ветер, дующий в средней части озера Байкал.

БАРД, -а, *м.* **1.** У древних кельтов: певец-поэт. **2.** Поэт и музыкант, исполнитель собственных песен. ‖ *прил.* **ба́рдовый**, -ая, -ое.

БАРДА́, -ы́, *ж.* (спец.). Отходы спиртового производства и пивоварения в виде гущи. *Картофельная, зерновая, паточная б.* ‖ *прил.* **ба́рдовый**, -ая, -ое *и* **бардяно́й**, -а́я, -о́е.

БАРДА́К, -а́, *м.* (прост.). **1.** То же, что публичный дом. **2.** Полный беспорядок и развал. ‖ *уменьш.* **бардачо́к**, -чка, *м.* ‖ *прил.* **барда́чный**, -ая, -ое.

БАРЕЛЬЕ́Ф, -а, *м.* Скульптурное изображение на плоскости, в к-ром фигуры слегка выступают над поверхностью. ‖ *прил.* **барелье́фный**, -ая, -ое.

БА́РЖА, -и, *род. мн.* барж и **БАРЖА́**, -и́, *род. мн.* -е́й, *ж.* Грузовое судно, обычно плоскодонное. *Несамоходная б. Самоходная б. Б.-цистерна.* ‖ *прил.* **ба́ржевый**, -ая, -ое *и* **баржево́й**, -а́я, -о́е.

БА́РИЙ, -я, *м.* Химический элемент, мягкий металл серебристого цвета. ‖ *прил.* **ба́риевый**, -ая, -ое.

БА́РИН, -а, *мн.* господа́, -о́д *и* (прост.) ба́ре *и* ба́ры, *м.* **1.** В дореволюционной России: человек из привилегированных классов (помещик, чиновник), а также обращение к нему. *Сидеть барином* (перен.: бездельничать; разг.). *Жить барином* (перен.: жить в достатке и праздности; разг.). **2.** *перен.* Человек, к-рый не любит трудиться сам и предпочитает перекладывать работу на других (разг.). ‖ *ж.* **ба́рыня**, -и; *унич.* и *ласк.* **ба́рынька**, -и, *ж.* (к 1 знач.). ‖ *прил.* **ба́рский**, -ая, -ое. *Барская усадьба. Барская прихоть.*

БАРИТО́Н, -а, *м.* **1.** Мужской голос, средний между тенором и басом. **2.** Певец с таким голосом. **3.** Медный духовой музыкальный инструмент среднего регистра и тембра. ‖ *прил.* **барито́нный**, -ая, -ое (к 1 и 3 знач.) *и* **барито́новый**, -ая, -ое (к 3 знач.).

БАРИТОНА́ЛЬНЫЙ, -ая, -ое (спец). О голосе: с баритонным оттенком тембра. *Б. бас.*

БА́РИЧ, -а, *м.* **1.** Сын барина (в 1 знач.) (устар.). **2.** То же, что барин (во 2 знач.) (разг. пренебр.).

БАРК, -а, *м.* Морское парусное судно с косыми парусами на кормовой мачте.

БА́РКА, -и, *ж.* Лёгкая деревянная баржа. ‖ *прил.* **ба́рочный**, -ая, -ое.

БАРКАРО́ЛА, -ы, *ж.* Песня венецианских гондольеров, а также музыкальное или вокальное произведение в стиле песни лирического склада.

БАРКА́С, -а, *м.* **1.** Большая гребная шлюпка. **2.** Небольшое портовое судно. *Пожарный б.* ‖ *прил.* **барка́сный**, -ая, -ое.

БА́РМЕН, -а, *м.* Официант в баре¹ (в 1 знач.), а также владелец бара. ‖ *ж.* **ба́рменша**, -и (разг.). ‖ *прил.* **ба́рменский**, -ая, -ое.

БА́РМЫ, барм (стар.). Род наплечников в торжественной одежде русских князей и царей, византийских императоров.

БАРО... *Первая часть сложных слов со знач.* относящийся к давлению (во 2 знач.), напр. *баротерапия, барохирургия, баротравма.*

БАРО́ГРАФ, -а, *м.* Самозаписывающий барометр. ‖ *прил.* **баро́графный**, -ая, -ое.

БАРОКА́МЕРА, -ы, *ж.* Герметическая камера (в 1 знач.), в к-рой искусственно регулируется давление (во 2 знач.). *Операционная б.* ‖ *прил.* **бaрока́мерный**, -ая, -ое.

БАРО́ККО. **1.** *нескл., ср.* Вычурный и пышный стиль в искусстве 17—18 вв. **2.** *неизм.* Имеющий такой стиль, выполненный в таком стиле. *Архитектура б.* ‖ *прил.* **баро́чный**, -ая, -ое (к 1 знач.).

БАРО́МЕТР, -а, *м.* **1.** Прибор для измерения атмосферного давления. *Ртутный б. Водяной б. Б. падает* (показывает понижение давления). **2.** *перен., чего.* Показатель каких-н. изменений, состояния чего-н. (книжн.). *Б. общественного мнения.*

БАРО́Н, -а, *м.* Дворянский титул ниже графского, а также лицо, имеющее этот титул. ‖ *ж.* **барон́есса**, -ы. ‖ *прил.* **баро́нский**, -ая, -ое.

БАРРАЖИ́РОВАТЬ, -рую, -руешь; *несов.* (спец.). О самолётах-истребителях: патрулировать по определённому маршруту, охраняя от авиации противника военные или другие важные объекты. ‖ *сущ.* **баррaжи́рование**, -я, *ср.*

БА́РРЕЛЬ [*рэ*], -я, *м.* Мера вместимости и объёма жидких и сыпучих тел в различных странах — от 115 до 164 л. *Сухой б. Нефтяной б.*

БАРРИКА́ДА, -ы, *ж.* Заграждение из подручных материалов, служащее защитой во время уличных боёв. *Строить баррикады. На баррикады!* (призыв к вооружённой борьбе). *По ту сторону баррикад* (перен.: в другом лагере, на другой стороне). ‖ *прил.* **баррика́дный**, -ая, -ое. *Баррикадные бои.*

БАРРИКАДИ́РОВАТЬ, -рую, -руешь; *несов., что.* Загораживать баррикадой. ‖ *сов.* **забаррикади́ровать**, -рую, -руешь; -анный. ‖ *возвр.* **баррикади́роваться**, -руюсь, -руешься; *сов.* **забаррикади́роваться**, -руюсь, -руешься.

БАРС, -а, *м.* Крупное хищное животное сем. кошачьих с пятнистой шерстью, леопард. *Снежный б.* (ирбис). ✦ **Снежный барс** — название альпиниста, покорившего четыре семитысячника. ‖ *прил.* **ба́рсий**, -ья, -ье *и* **ба́рсовый**, -ая, -ое. *Барсьи повадки. Барсовая шкура.*

БА́РСКИЙ, -ая, -ое. **1.** *см.* барин. **2.** *перен.* Высокомерно-пренебрежительный. *Б. тон. Барские манеры.*

БА́РСТВЕННЫЙ, -ая, -ое; -вен, -венна. Высокомерно-пренебрежительный. *Б. тон.* ‖ *сущ.* **ба́рственность**, -и, *ж.*

БА́РСТВО, -а, *ср.* **1.** Барская изнеженность, нежелание работать. **2.** Высокомерие, пренебрежительное отношение к людям. **3.** *собир.* Помещики, дворяне (устар.).

БАРСУ́К, -а́, *м.* Хищный зверь сем. куниц с неуклюжим телом, острой мордой и с густой длинной грубой шерстью, а также мех его. ‖ *прил.* **барсу́чий**, -ья, -ье *и* **барсуко́вый**, -ая, -ое. *Барсучья нора. Б. жир.*

БАРСУЧИ́ХА, -и, *ж.* Самка барсука. *Супоросая б.*

БА́РТЕР [*тэ*], -а, *м.* (спец.). Товарообменная сделка, натуральный обмен. *Получить товар по бартеру.* ‖ *прил.* **ба́ртерный**, -ая, -ое. *Бартерная сделка.*

БАРХА́Н, -а, *м.* Песчаный наносный холм в степях, пустынях. *Подвижные барханы.* ‖ *прил.* **барха́нный**, -ая, -ое.

БА́РХАТ, -а (-у), *м.* Плотная шёлковая или хлопчатобумажная ткань с мягким гладким и густым ворсом. *Б. южной ночи* (перен.: о тёплой и мягкой южной ночи). ‖ *прил.* **ба́рхатный**, -ая, -ое.

БАРХАТИ́СТЫЙ, -ая, -ое; -и́ст. Подобный бархату, мягкий, нежный. *Бархатистая кожа.* ‖ *сущ.* **бархати́стость**, -и, *ж.*

БА́РХАТКА, -и и **БАРХО́ТКА**, -и, *ж.* Ленточка из бархата, кусочек бархата.

БА́РХАТНЫЙ, -ая, -ое; -тен, -тна. **1.** *см.* бархат. **2.** *перен.* Мягкий, нежный. *Б. голос. Бархатная кожа. Б. сезон* (первые осенние месяцы на курортах юга). ‖ *сущ.* **ба́рхатность**, -и, *ж.*

БА́РХАТЦЫ, -ев, *ед.* ба́рхатец, -тца, *м.* Травянистое декоративное растение сем. сложноцветных с бархатистыми оранжевыми или жёлтыми цветками. ‖ *прил.* **ба́рхатцевый**, -ая, -ое.

БАРЧО́НОК, -нка, *мн.* -ча́та, -ча́т, *м.* (устар. разг.). То же, что барчук.

БАРЧУ́К, -а́, *м.* (устар.). Мальчик из барской семьи.

БА́РЩИНА, -ы, *ж.* При крепостном праве: принудительный труд крестьян на помещичьей земле. ‖ *прил.* **ба́рщинный**, -ая, -ое.

БАРЫ́ГА, -и, *м.* и *ж.* (прост. презр.). Спекулянт, перекупщик.

БА́РЫНЯ[1], -и, *ж.* Русская народная плясовая песня, а также пляска в ритме этой песни.

БА́РЫНЯ[2] *см.* барин.

БАРЫ́Ш, -а́, *м.* (разг.). Прибыль, материальная выгода. *Быть в барыше или в барышах. Какой ему от этого б.?* (какая выгода, польза?). *Не до барыша, была бы слава хороша* (стар. посл.). ‖ *прил.* **бары́шный**, -ая, -ое *и* **барышо́вый**, -ая, -ое.

БАРЫ́ШНИК, -а, *м.* (устар.). **1.** То же, что перекупщик. **2.** Торговец лошадьми. ‖ *прил.* **бары́шнический**, -ая, -ое. *Б. подход* (перен.: торгашеский, своекорыстный).

БАРЫ́ШНИЧАТЬ, -аю, -аешь; *несов.* (устар.). Быть барышником; поступать подобно барышнику. ‖ *сущ.* **бары́шничество**, -а, *ср.*

БА́РЫШНЯ, -и, *род. мн.* -шень, *ж.* (устар.). Девушка из барской семьи или вообще из интеллигентной среды. ✦ **Кисейная барышня** (разг.) — жеманная девушка с мещанским кругозором. **Телефонная барышня** (устар.) — то же, что телефонистка.

БАРЬЕ́Р, -а, *м.* **1.** Преграда (род стенки, перекладина), поставленная на пути (при скачках, беге). *Взять б.* (преодолеть его). **2.** Загородка, ограждение. *Б. ложи, балкона.* **3.** *перен.* Преграждение, препятствие для чего-н. *Река — естественный б. для наступающих. Звуковой б.* (аэродинамическое сопротивление, встречаемое летательным аппаратом при достижении им скорости звука). *Психологический б. Языковой б.* (невозможность общения из-за незнания чужого языка). *Таможенный б. Ведомственные барьеры.* **4.** Черта, обозначающая расстояние между участниками дуэли (устар.). *Поставить кого-н. к барьеру* (перен.: заставить драться на дуэли). ‖ *прил.* **барье́рный**, -ая, -ое. *Б. бег* (в спорте).

БАС, -а, *предл.* в ба́се *и* в басу́, *мн.* -ы́, -о́в, *м.* **1.** (в ба́се). Самый низкий мужской голос. **2.** (в ба́се). Певец с таким голосом. **3.** (в басу́). Медный духовой музыкальный инструмент низкого регистра и тембра. ‖ *прил.* **басо́вый**, -ая, -ое (к 1 и 3 знач.). ✦ **Басовый ключ** (спец.) — знак на нотном стане, устанавливающий высоту и название следующих за ним нот низкого регистра.

БАСИ́СТЫЙ, -ая, -ое; -и́ст. **1.** О звуке: низкий. **2.** Обладающий густым басом (разг.). ‖ *сущ.* **баси́стость**, -и, *ж.* (к 1 знач.).

БАСИ́ТЬ, башу́, баси́шь; *несов.* (разг.). Говорить басом. ‖ *сов.* **пробаси́ть**, -ашу́, -си́шь.

БАСКЕТБО́Л, -а, *м.* Спортивная командная игра, в к-рой игроки стараются руками забросить мяч в корзину (во 2 знач.), а также соответствующий вид спорта. ‖ *прил.* **баскетбо́льный**, -ая, -ое.

БАСКЕТБОЛИ́СТ, -а, *м.* Спортсмен, занимающийся баскетболом; игрок в баскетбол. ‖ *ж.* **баскетболи́стка**, -и. ‖ *прил.* **баскетболи́стский**, -ая, -ое.

БА́СКИ, -ов, *ед.* баск, -а, *м.* Народ, составляющий основное население северо-восточных областей Испании и юго-западных районов Франции. ‖ *ж.* **баско́нка**, -и. ‖ *прил.* **ба́скский**, -ая, -ое *и* (устар.) **баско́нский**, -ая, -ое.

БА́СКСКИЙ, -ая, -ое и (устар.) **БАСКО́НСКИЙ**, -ая, -ое. **1.** *см.* баски. **2.** Относящийся к баскам, к их языку, национальному характеру, образу жизни, культуре, а также к Стране Басков, её территории внутреннему устройству, истории; такой, как у басков, как в Стране Басков. *Баскский язык* (изолированный язык). *Баскские провинции. По-баскски* (нареч.).

БА́СМА, -ы, *ж.* Краска для волос.

БАСМА́Ч, -а́, *м.* В Средней Азии в первые годы советской власти и в нек-рых азиатских странах: участник вооружённой группировки, противоборствующей новым порядкам. ‖ *прил.* **басма́ческий**, -ая, -ое.

БАСНОПИ́СЕЦ, -сца, *м.* Писатель, пишущий басни.

БАСНОСЛО́ВНЫЙ, -ая, -ое; -вен, -вна. **1.** Легендарный, мифический (устар.). *Баснословные времена.* **2.** Необычайно большой. *Б. урожай. Баснословные цены. Баснословно* (нареч.) *богат.* ‖ *сущ.* **басносло́вность**, -и, *ж.*

БА́СНЯ, -и, *род. мн.* -сен, *ж.* **1.** Краткое иносказательное нравоучительное стихотворение, рассказ. **2.** обычно *мн.* Вымысел, выдумка. ‖ *уменьш.* **ба́сенка**, -и, *ж.* (к 1 знач.). ‖ *прил.* **ба́сенный**, -ая, -ое (к 1 знач.).

БАСОВИ́ТЫЙ, -ая, -ое; -и́т (разг.). То же, что басистый. ‖ *сущ.* **басови́тость**, -и, *ж.*

БАСО́ВЫЙ *см.* бас.

БАСО́К, -ска́, *м.* (разг.). Несильный бас. *Говорить баском.*

БАССЕ́ЙН, -а, *м.* **1.** Искусственный водоём, сооружённый для плавания, купания, в декоративных целях. *Зимний б. для плавания.* **2.** Совокупность притоков реки, озера, а также площадь стока поверхностных и подземных вод в водоём. *Б. Волги.* **3.** Область залегания полезных ископаемых. *Каменноугольный б.* ‖ *прил.* **бассе́йновый**, -ая, -ое.

БА́СТА, *частица* (разг.). Возглас в знач. довольно, достаточно; кончено. *Больше я на тебя не работаю — б.!*

БАСТИО́Н, -а, *м.* Крепостное военное укрепление пятиугольной формы. ‖ *прил.* **бастио́нный**, -ая, -ое. *Б. вал. Бастионная система.*

БАСТОВА́ТЬ, -ту́ю, -ту́ешь; *несов.* **1.** Объявив забастовку, прекращать работу. **2.** *перен.* Отказываться делать что-н. (разг. шутл.). *Обеда нет — жена бастует.*

БАСУРМА́Н, -а, *мн.* -а́не, *род.* -а́н *и* (устар.) -а́нов, *м.* В старину: иноземец, иноверец (преимущ. о мусульманине). ‖ *ж.* **басурма́нка**, -и. ‖ *прил.* **басурма́нский**, -ая, -ое.

БАТАЛИ́СТ, -а, *м.* Художник, занимающийся батальной живописью. ‖ *прил.* **батали́стский**, -ая, -ое.

БАТА́ЛИЯ, -и, *ж.* **1.** Сражение, битва (устар.). *Предвыборные баталии* (перен.). **2.** *перен.* Шумная ссора (разг. шутл.). *У соседей опять б.*

БАТА́ЛЬНЫЙ, -ая, -ое. Изображающий войну. *Батальная живопись. Батальные сцены.*

БАТАЛЬО́Н [*льё*], -а, *м.* Войсковое подразделение из трёх-четырёх рот и специальных взводов, обычно входящее в состав полка или бригады. ‖ *прил.* **батальо́нный**, -ая, -ое. *Б. командир. Приказ батальонного* (сущ.; батальонного командира).

БАТАРЕ́ЕЦ, -е́йца, *м.* (разг.). Военнослужащий артиллерийского расчёта.

БАТАРЕ́ЙКА, -и, *ж.* **1.** *см.* батарея[2]. **2.** Маленькая аккумуляторная батарея. *Часы на батарейках.*

БАТАРЕ́Я[1], -и, *ж.* Артиллерийское подразделение из нескольких орудий и средств управления, а также позиция, к-рую занимает такое подразделение. ‖ *прил.* **батаре́йный**, -ая, -ое.

БАТАРЕ́Я[2], -и, *ж.* Соединение нескольких однородных приборов, устройств, сооружений, образующих единое целое. *Б. аккумуляторов. Б. коксовых печей. Б. парового отопления. Б. бутылок* (шутл. о стоящих в ряд бутылках). ‖ *уменьш.* **батаре́йка**, -и, *ж.* ‖ *прил.* **батаре́йный**, -ая, -ое.

БА́ТЕНЬКА, -и, *м.* (разг.). **1.** *см.* батя. **2.** То же, что батюшка (во 2 знач.).

БАТИСКА́Ф, -а, *м.* Самоходный аппарат для глубоководных исследований. ‖ *прил.* **батиска́фный**, -ая, -ое.

БАТИ́СТ, -а, *м.* Тонкая, полупрозрачная, слегка блестящая бумажная или льняная ткань полотняного переплетения. ‖ *прил.* **бати́стовый**, -ая, -ое.

БА́ТНИК, -а, *м.* (разг.). Приталенная рубашка или кофта с отложным воротником и застёжкой на планке.

БАТО́Г, -а́, *м.* **1.** Палка, толстый прут для телесных наказаний в старину. *Поставить в батоги* (о таком наказании). **2.** Палка, трость (обл.). ‖ *собир.* **батожьё**, -я́, *ср.* (к 1 знач.). ‖ *уменьш.* **батожо́к**, -жка́, *м.* ‖ *прил.* **бато́жный**, -ая, -ое.

БАТО́Н, -а, *м.* **1.** Белый хлеб продолговатой формы. **2.** Пищевое изделие округлой и удлинённой формы. ‖ *уменьш.* **бато́нчик**, -а, *м. Шоколадный б.*

БАТРА́К, -а́, *м.* Наёмный сельскохозяйственный рабочий. *Наняться в батраки.* ‖ *ж.* **батра́чка**, -и. ‖ *прил.* **батра́цкий**, -ая, -ое *и* **батра́ческий**, -ая, -ое.

БАТРА́ЧЕСТВО, -а, *ср., собир.* Батраки.

БАТРА́ЧИТЬ, -чу, -чишь; *несов.* Работать батраком.

БАТТЕРФЛЯ́Й [*тэ*], -я, *м.* Стиль спортивного плавания на груди, при к-ром обе руки одновременно выбрасываются над водой.

БАТУ́Т, -а, *м.* Туго натянутая сетка для прыжков-подскоков (в спорте, цирке). *Прыжки на батуте.* ‖ *прил.* **бату́тный**, -ая, -ое.

БА́ТЬКА, -и, *м.* (прост.). То же, что батя.

БА́ТЮШКА, -и, *м.* **1.** То же, что отец (в 1 знач.) (устар.). *По батюшке звать* (по отчеству). **2.** Фамильярное или дружеское обращение к собеседнику. **3.** Православный священник, а также обращение к нему. *Деревенский б.* ✦ **Батюшки (мои)!** (разг.) и **батюшки светы!** (устар. и прост.) — выражение изумления, испуга.

БА́ТЯ, -и, *м.* (прост.). **1.** То же, что батюшка (в 1 и 2 знач.). **2.** Православный священник, а также фамильярное обращение к нему. ‖ *ласк.* **ба́тенька**, -и, *м.* (по 1 знач. батюшка).

БАУ́Л, -а, *м.* Продолговатый дорожный сундучок. *Фанерный б.* ‖ *прил.* **бау́льный**, -ая, -ое.

БАХ. **1.** *межд. звукоподр.* Об отрывистом низком и сильном звуке. **2.** *в знач. сказ.* Бахнул (во 2 знач.) (разг.). *Он б. стакан об пол!* **3.** *межд. глагол* [*интонационно чётко обособлен*]. Предваряет сообщение о возникновении другой (сменяющей другую) ситуации, к-рая в высшей степени неожиданна. *Долго ходил женихом, потом бах! — и женился. Сижу без денег и вдруг бах! — перевод!*

БАХВА́Л, -а, *м.* (разг.). Болтливый хвастун. ‖ *ж.* **бахва́лка**, -и. ‖ *прил.* **бахва́льский**, -ая, -ое.

БАХВА́ЛИТЬСЯ, -люсь, -лишься; *несов.* (разг.). Хвастаться, кичиться. ‖ *сущ.* **бахва́льство**, -а, *ср.*

БА́ХНУТЬ, -ну, -нешь; *сов.* (разг.). **1.** Издать резкий и отрывистый низкий звук. *Бахнуло орудие. Бахнул выстрел.* **2.** С шумом ударить или бросить. *Б. стакан об пол.* ‖ *несов.* **ба́хать**, -аю, -аешь.

БА́ХНУТЬСЯ, -нусь, -нешься; *сов.* (разг.). С шумом упасть или удариться обо что-н. *Б. на пол.* ‖ *несов.* **ба́хаться**, -аюсь, -аешься.

БАХРОМА́, -ы́, *ж.* Тесьма для обшивки чего-н. с рядом свободно свисающих нитей, а также ряд таких свисающих нитей, кистей. *Б. у скатерти. Брюки с бахромой* (перен.: сильно обтрёпанные; шутл.). ‖ *уменьш.* **бахро́мка**, -и, *ж.*

БАХРО́МЧАТЫЙ, -ая, -ое; -ат. С бахромой, наподобие бахромы. *Б. край листа.* ‖ *сущ.* **бахро́мчатость**, -и, *ж.*

БАХЧА́, -и́, *род. мн.* -е́й, *ж.* Участок, засеянный арбузами, дынями, тыквами. ‖ *прил.* **бахчево́й**, -а́я, -о́е. *Бахчевые культуры* (сем. тыквенных: арбузы, дыни, тыквы).

БАХЧЕВО́Д, -а, *м.* Специалист по бахчеводству.

БАХЧЕВО́ДСТВО, -а, *ср.* Отрасль растениеводства — разведение бахчевых культур. ‖ *прил.* **бахчево́дческий**, -ая, -ое.

БАЦ. **1.** *межд. звукоподр.* О коротком сильном и резком звуке. **2.** *в знач. сказ.* Ударил, бацнул (разг.). *Б. его по спине.* **3.** *межд. глагол* [*интонационно чётко обособлен*]. Предваряет сообщение о возникновении такой (сменяющий другую) ситуации, к-рая в высшей степени неожиданна. *Никто не гадал — бац! — явился. Был солнечный день — бац! — ливень.*

БАЦИ́ЛЛА, -ы, *ж.* Бактерия (обычно болезнетворная) в форме палочки. *Б. иждивенчества, стяжательства* (перен.). ‖ *прил.* **баци́лловый**, -ая, -ое.

БА́ЦНУТЬ, -ну, -нешь; *сов.* (прост.). **1.** Издать короткий, сильный и резкий звук. **2.** То же, что бахнуть (во 2 знач.).

БА́ЧКИ, -чек. Небольшие, не закрывающие щёку бакенбарды. *Прямые, косые б.*

БАЧО́К *см.* бак[2].

БАШ: **баш на баш** (прост.) — то же, что так на так.

БА́ШЕНКА, БА́ШЕННЫЙ *см.* башня.

БАШИБУЗУ́К, -а, *м.* (устар. разг.). Разбойник, головорез.

БАШКА́, -и́, *ж.* (прост.). То же, что голова (в 1, 2 и 4 знач.).

БАШКИ́РСКИЙ, -ая, -ое. **1.** *см.* башкиры. **2.** Относящийся к башкирам, к их языку, национальному характеру, образу жизни, культуре, а также к Башкирии (Башкортостану), её территории, внутреннему устройству, истории; такой, как у башкир, как в Башкирии (Башкортостане). *Б. язык* (тюркской семьи языков). *Б. заповедник. Б. мёд. Башкирская лошадь* (порода). *По-башкирски* (нареч.).

БАШКИ́РЫ, -и́р, *ед.* -и́р, -а, *м.* Народ, составляющий основное коренное население Башкирии (Башкортостана). ‖ *ж.* **башки́рка**, -и. ‖ *прил.* **башки́рский**, -ая, -ое.

БАШКОВИ́ТЫЙ, -ая, -ое; -и́т (прост.). Умный, сообразительный. ‖ *сущ.* **башкови́тость**, -и, *ж.*

БАШЛЫ́К, -а́, *м.* Суконный тёплый головной убор — остроугольный колпак с длинными концами, надеваемый поверх шапки. ‖ *прил.* **башлыко́вый**, -ая, -ое.

БАШМА́К[1], -а́, *м.* Ботинок или полуботинок. *Под башмаком у жены* (перен.: то же, что под каблуком у жены; разг.). ‖ *прил.* **башма́чный**, -ая, -ое.

БАШМА́К[2], -а́, *м.* (спец.). Приспособление, накладываемое на рельс для остановки колёс. ‖ *прил.* **башма́чный**, -ая, -ое.

БАШМА́ЧНИК[1], -а, *м.* (устар.). То же, что сапожник (в 1 знач.).

БАШМА́ЧНИК[2], -а, *м.* Тот, кто работает с башмаками[2].

БА́ШНЯ, -и, *род. мн.* -шен, *ж.* **1.** Высокое и узкое архитектурное сооружение. *Кремлёвские башни. Телевизионная б. Водонапорная б. Б. маяка.* **2.** Возвышение для орудий на судах, танках, бронемашинах. **3.** Высокий и узкий многоэтажный дом. *Шестнадцатиэтажная б. Дом-б.* ✦ **В башне из слоновой кости** (жить, уединиться) (книжн.) — о художнике, учёном: в отрешённости от жизни, в мире чистого искусства, науки. ‖ *уменьш.* **ба́шенка**, -и, *ж.* (к 1 знач.). ‖ *прил.* **ба́шенный**, -ая, -ое (к 1 и 2 знач.). *Б. кран* (с несущей конструкцией в виде башни).

БАШТА́Н, -а, *м.* (обл.). То же, что бахча. ‖ *прил.* **башта́нный**, -ая, -ое.

БА́Ю-БА́Й, БА́Ю-БА́ЮШКИ-БАЮ́ и **БА́ЮШКИ-БАЮ́**, *межд.* То же, что бай[2].

БАЮ́КАТЬ, -аю, -аешь; *несов., кого (что).* Укачивать (ребёнка), напевая. ‖ *сов.* **убаю́кать**, -аю, -аешь; -анный.

БАЯДЕ́РА [*дэ*], -ы и **БАЯДЕ́РКА** [*дэ*], -и, *ж.* (устар.). Индийская профессиональная танцовщица (при храмах, на празднествах).

БАЯ́Н, -а, *м.* Разновидность большой гармоники со сложной системой ладов. ‖ *прил.* **бая́нный**, -ая, -ое. *Русская баянная школа.*

БАЯНИ́СТ, -а, *м.* Музыкант, играющий на баяне. ‖ *ж.* **баяни́стка**, -и. ‖ *прил.* **баяни́стский**, -ая, -ое.

БДЕТЬ, 1 л. не употр., бдишь; *несов.* (устар.). **1.** То же, что бодрствовать. **2.** *перен.* Неусыпно следить за кем-чем-н. ‖ *сущ.* **бде́ние**, -я, *ср.* ✦ **Всенощное бдение** — церковная служба в канун Рождества и Пасхи, в канун больших праздников и под воскресение, всенощная.

БДИ́ТЕЛЬНЫЙ, -ая, -ое; -лен, -льна. Очень внимательный, неослабно настороженный. *Б. часовой. Б. досмотр.* ‖ *сущ.* **бди́тельность**, -и, *ж. Проявить б.*

БЕ: **ни бе ни ме** (прост. неодобр.) — 1) *кто*, молчит, не говорит ни слова. *Его спрашивают, а он ни бе ни ме;* 2) *кто в чём*, ничего не смыслит, не понимает. *Он в математике ни бе ни ме.* ✦ **Ни бе ни ме ни кукареку** (прост. неодобр.) — молчит, потому что ничего не знает, не понимает, а также вообще молчит, ничего не говорит.

БЕБЕ́ХИ, -ов (прост. пренебр.). Всякие домашние вещи (во 2 знач.). *Перебрались на новую квартиру со всеми бебехами.*

БЕГ, -а, *предл.* о бе́ге, на бегу́, *м.* **1.** *см.* бегать, бежать. **2.** Вид лёгкой атлетики — бегание на разные дистанции. *Спортивный б. Б. на сто метров. Б. с препятствиями* (также перен.: о том, что достигается с большим трудом, с препятствиями; шутл.). ‖ *прил.* **бегово́й**, -а́я, -о́е. *Беговая дорожка.*

БЕГА́[1], -о́в. Состязания, гонки упряжных рысистых лошадей (а также нек-рых других животных). *Ездить на б. Играть на бегах* (в тотализатор). *Верблюжьи б.* ‖ *прил.* **бегово́й**, -а́я, -о́е. *Беговая лошадь.*

БЕГА́[2]: в бегах — 1) в хождении по каким-н. делам (разг.). *Сегодня весь день прошёл в бегах;* 2) в длительной самовольной отлучке, в бегстве (устар.). *Крепостные в бегах.*

БЕ́ГАТЬ, -аю, -аешь; *несов.* **1.** То же, что бежать (в 1 и 3 знач.), но обозначает действие, совершающееся не в одно время, не за один приём или не в одном направлении. *Б. трусцой.* **2.** *от кого-чего.* Избегать кого-чего-н., устраняться (разг.). *От дела не бегай.* **3.** Быстро двигаясь, сновать взад и вперёд. *Бегает челнок.* **4.** *за кем.* Неотступно следовать, ходить за кем-н. с какой-н. целью (разг.). **5.** О глазах: быстро менять направление взгляда (разг.). **6.** *за кем.* То же, что ухаживать (во 2 знач.) (прост.). *Он за ней бегает.* ‖ *сущ.* **бе́ганье**, -я, *ср.* и **бег**, -а, *м.* (к 1 и 3 знач.). ‖ *прил.* **бегово́й**, -а́я, -о́е (к 1 знач.). *Беговые лыжи* (для скоростного бега).

БЕГЕМО́Т, -а, *м.* Крупное парнокопытное млекопитающее, живущее в пресноводных бассейнах тропической Африки. *Б. обыкновенный* (гиппопотам). *Б. карликовый.* ‖ *прил.* **бегемо́тный**, -ая, -ое.

БЕГЛЕ́Ц, -а́, *м.* Тот, кто предпринял побег[1], спасся бегством (в 1 знач.). ‖ *ж.* **бегля́нка**, -и.

БЕ́ГЛЫЙ, -ая, -ое; бегл. **1.** *полн. ф.* Спасающийся бегством, убежавший откуда-н. *Б. крепостной.* **2.** Быстрый, не задерживающийся. *Б. взгляд. Беглое чтение* (без затруднений). *Б. просмотр рукописи* (сделанный наскоро). *Бегло* (нареч.) *играть на рояле* (умело и свободно). *Б. шаг* (ускоренный). *Б. огонь* (частая одиночная стрельба, не залпами). ✦ **Беглые гласные** (спец.) — гласные «о» и «е», имеющиеся в одних формах слова и пропадающие в других (напр. день — дня). ‖ *сущ.* **бе́глость**, -и, *ж.* (ко 2 знач). ✦ **Беглость гласного** (спец.) — свойство гласного быть беглым.

БЕГОВО́Й *см.* бег, бегать *и* бега[1].

БЕГО́М, *нареч.* О способе передвижения: двигаясь бегом. *Бежать б.*

БЕГО́НИЯ, -и, *ж.* Декоративное растение с красивыми пёстрыми листьями разной формы, с мелкими цветками. ‖ *прил.* **бего́ниевый**, -ая, -ое. *Семейство бегониевых* (сущ.).

БЕГОТНЯ́, -и́, *ж.* **1.** Непрерывное движение бегом в разных направлениях. *Дети подняли беготню.* **2.** *перен.* Занятия, хлопоты, требующие спешки, беганья по разным местам. *Весь день прошел в беготне.*

БЕ́ГСТВО, -а, *ср.* **1.** Тайный самовольный уход откуда-н., побег[1]. *Б. из плена.* **2.** Беспорядочное отступление. *Обратиться в б.*

БЕГУ́Н, -а́, *м.* Спортсмен, занимающийся бегом, а также вообще тот, кто бежит или хорошо бегает. *Б. на короткие дистанции.* ‖ *ж.* **бегу́нья**, -и, *род. мн.* -ний (о спортсменке).

БЕГУНО́К, -нка́, *м.* (разг.). То же, что обходной лист (см. обойти).

БЕДА́, -ы́, *мн.* бе́ды, бед, бе́дам, *ж.* **1.** То же, что несчастье. *Случилась б. Выручить из беды. Помочь, не оставить в беде. Пришла б. — отворяй ворота́* (прост). *Долго ли до беды* (легко может случиться беда; разг.). *Б. мне с ним* (очень трудно, тяжело; разг.). *Просто б.!* (о тяжёлом, безвыходном положении; разг.). **2.** *в знач. сказ.* Очень много, гибель[2], масса (в 4 знач.) (прост.). *Людей там — б.!* **или** *б. сколько!* ✦ **Беда в том, что... (разг.)** — плохо то, что... *Беда в том, что он не хочет учиться.* **Беда как** (прост.) — очень. *Беда как устал.* **На беду или на ту беду** (разг.) — к несчастью. **На свою беду** (разг.) — во вред себе. **Не беда** (разг.) — ничего, это не важно, не страшно. **Что за беда!** (разг.) — что же тут плохого, стоит ли волноваться. ‖ *уменьш.* **бе́дка**, -и, *ж.* *Маленькие детки — маленькие бедки* (посл.).

БЕДЛА́М, -а, *м.* (разг.). Неразбериха, хаос.

БЕДНЕ́ТЬ, -е́ю, -е́ешь; *несов.* Становиться бедным (в 1 и 2 знач.), беднее. ‖ *сов.* **обедне́ть**, -е́ю, -е́ешь.

БЕ́ДНОСТЬ, -и, *ж.* **1.** *см.* бедный. **2.** Жизнь в нужде, состояние того, кто постоянно нуждается. *Б. не порок* (посл.).

БЕДНОТА́, -ы́, *ж., собир.* Бедняки, неимущие люди.

БЕ́ДНЫЙ, -ая, -ое; -ден, -дна́, -дно, -дны́ *и* -дны. **1.** То же, что неимущий. **2.** *перен.* Имеющий недостаток в чём-н., скудный. *Бедная природа. Бедное воображение. Край беден лесом.* **3.** *полн. ф.* Несчастный, жалкий. *Он, б., так одинок.* ‖ *сущ.* **бе́дность**, -и, *ж.* (к 1 и 2 знач.).

БЕДНЯ́ГА, -и, *м.* и *ж.* (разг.). Жалкий, заслуживающий сожаления человек. ‖ *ласк.* **бедня́жка**, -и, *м.* и *ж.*

БЕДНЯ́К, -а́, *м.* **1.** Неимущий человек. **2.** Маломощный крестьянин-единоличник. **3.** То же, что бедняга. ‖ *ж.* **бедня́чка**, -и (ко 2 знач.). ‖ *прил.* **бедня́цкий**, -ая, -ое (к 1 и 2 знач.). *Бедняцкое хозяйство.*

БЕДО́ВЫЙ, -ая, -ое; -о́в (разг.). Шустрый, смелый. *Б. мальчишка.* ‖ *сущ.* **бедо́вость**, -и, *ж.*

БЕДОКУ́Р, -а, *м.* (разг.) Человек, к-рый бедокурит. ‖ *ж.* **бедоку́рка**, -и.

БЕДОКУ́РИТЬ, -рю, -ришь; *несов.* (разг.). Шалостями или неосторожностью устраивать беспорядок, проказничать. ‖ *сов.* **набедоку́рить**, -рю, -ришь.

БЕДОЛА́ГА, -и, *м.* и *ж.* (прост.). Бедняга, неудачник.

БЕДРО́, -а́, *мн.* бёдра, бёдер, бёдрам, *ср.* Часть ноги (у животных — задней конечности) от тазобедренного сустава до коленного. *Широкие бёдра* (широкая задняя часть туловища, широкий таз). ‖ *прил.* **бе́дренный**, -ая, -ое. *Бедренная кость.*

БЕ́ДСТВЕННЫЙ, -ая, -ое; -вен, -венна. Тяжкий, связанный с несчастьем, горем. *Бедственное положение.* ‖ *сущ.* **бе́дственность**, -и, *ж.*

БЕ́ДСТВИЕ, -я, *ср.* Большое несчастье. *Стихийное б.*

БЕ́ДСТВОВАТЬ, -твую, -твуешь; *несов.* Сильно нуждаться (в 1 знач.), жить в бедности.

БЕДУИ́НЫ, -и́н, *ед.* бедуи́н, -а, *м.* Кочевые арабы-скотоводы. ‖ *ж.* **бедуи́нка**, -и. ‖ *прил.* **бедуи́нский**, -ая, -ое.

БЕЖ, *неизм.* и **БЕ́ЖЕВЫЙ**, -ая, -ое. Светло-коричневый с желтоватым или сероватым оттенком.

БЕЖА́ТЬ, бегу́, бежи́шь, бегу́т, беги́; *несов.* **1.** Двигаться быстро, резко отталкивающимися от земли движениями ног. *Б. рысью.* **2.** *перен.* Быстро двигаться, проходить, течь. *Облака бегут. Дни бегут. Вода бежит ручьями. Кровь бежит из раны.* **3.** *также сов.* Спасаться (спастись) бегством. *Б. из плена.* **4.** О часах: спешить, идти вперёд. ‖ *сущ.* бег, -а, *м.* (к 1 и 2 знач.). *Б. коня. Б. на месте* (также перен.: о деятельности, к-рая не приносит результата). *Б. времени.*

БЕ́ЖЕНЕЦ, -нца, *м.* Человек, оставивший место своего жительства вследствие какого-н. бедствия. *Помощь беженцам.* ‖ *ж.* **бе́женка**, -и. ‖ *прил.* **бе́женский**, -ая, -ое.

БЕЗ *кого-чего, предлог с род.п.* **1.** Указывает на неимение, недостаток, отсутствие кого-чего-н. *Б. денег. Б. друзей. Оставить письмо б. ответа. Б. четверти час. Б. сомнения* (несомненно). *Б. сердца* (очень жестоко). *Б. сознания* (в беспамятстве). **2.** В отсутствие кого-чего-н. *Скучать б. друга. Б. сигнала не начинать.* ✦ **Не без чего** — с нек-рой степенью чего-н. *Не без интереса* (в какой-то степени интересен). **И без того**, *союз* — независимо от чего-н.; мало того, что..., так ещё... *Не плачь, и без того грустно.*

БЕЗ..., *приставка.* Образует: 1) прилагательные со знач. не имеющий чего-н., напр. *безаварийный, беззвёздный, безлошадный, бездымный, безрогий, безотвальный;* 2) существительные со знач. отсутствия чего-н., напр. *безлесье, безветрие, безлуние, безучастие, безначалие.*

БЕЗАЛА́БЕРНЫЙ, -ая, -ое; -рен, -рна (разг.). Бестолковый и беспорядочный. *Б. человек. Безалаберная работа.* ‖ *сущ.* **безала́берность**, -и, *ж.*

БЕЗАЛА́БЕРЩИНА, -ы, *ж.* (разг.). Безалаберное состояние чего-н., в чём-н., неразбериха. *Б. в доме.*

БЕЗАЛКОГО́ЛЬНЫЙ, -ая, -ое. Не содержащий алкоголя. *Безалкогольные напитки.*

БЕЗАПЕЛЛЯЦИО́ННЫЙ, -ая, -ое; -о́нен, -о́нна. Категорический, не допускающий возражений [*первонач.* не подлежащий апелляции]. *Б. тон. Безапелляционно* (нареч.) *ответить.* ‖ *сущ.* **безапелляцио́нность**, -и, *ж.*

БЕЗА́ТОМНЫЙ, -ая, -ое. То же, что безъядерный. *Безатомная зона.*

БЕЗБЕ́ДНЫЙ, -ая, -ое; -ден, -дна. Благополучный, не знающий нужды. *Безбедное существование.* ‖ *сущ.* **безбе́дность**, -и, *ж.*

БЕЗБИЛЕ́ТНИК, -а, *м.* (разг.). Безбилетный пассажир. ‖ *ж.* **безбиле́тница**, -ы.

БЕЗБИЛЕ́ТНЫЙ, -ая, -ое. Не имеющий билета (в 1 знач.), осуществляемый без билета. *Б. пассажир. Б. проезд.*

БЕЗБО́ЖИЕ, -я, *ср.* Отрицание существования Бога.

БЕЗБО́ЖНИК, -а, *м.* (разг.). Человек неверующий, отрицающий существование Бога. ‖ *ж.* **безбо́жница**, -ы. ‖ *прил.* **безбо́жнический**, -ая, -ое.

БЕЗБО́ЖНЫЙ, -ая, -ое; -жен, -жна. **1.** *полн. ф.* Не признающий существования Бога. *Безбожные речи.* **2.** Недопустимый, бессовестный (разг.). *Б. враль. Безбожно* (нареч.) *путать.* ‖ *сущ.* **безбо́жность**, -и, *ж.* (ко 2 знач.).

БЕЗБОЛЕ́ЗНЕННЫЙ, -ая, -ое; -знен, -зненна. **1.** Не вызывающий боли. *Б. укол.* **2.** *перен.* Не вызывающий неприятностей, затруднений. *Реорганизация прошла безболезненно* (нареч.). ‖ *сущ.* **безболе́зненность**, -и, *ж.*

БЕЗБОЯ́ЗНЕННЫЙ, -ая, -ое; -знен, -зненна (книжн.). Лишённый боязни, бесстрашный. *Безбоязненно* (нареч.) *действовать.* ‖ *сущ.* **безбоя́зненность**, -и, *ж.*

БЕЗБРА́ЧИЕ, -я, *ср.* (книжн.). Сохранение девственности; холостая или незамужняя жизнь. *Монашеский обет безбрачия.* ‖ *прил.* **безбра́чный**, -ая, -ое.

БЕЗБРЕ́ЖНЫЙ, -ая, -ое; -жен, -жна. Такой широкий, что не видно берегов, простирающийся на необозримое пространство, безграничный. *Безбрежное море. Безбрежные степи. Безбрежная тоска* (перен.). ‖ *сущ.* **безбре́жность**, -и, *ж.*

БЕЗБРО́ВЫЙ, -ая, -ое; -о́в. С еле заметными бровями или совсем без бровей. *Безбровое лицо.* ‖ *сущ.* **безбро́вость**, -и, *ж.*

БЕЗВЕ́СТНЫЙ, -ая, -ое; -тен, -тна (книжн.). Никому не известный. *Безвестные старые мастера. Безвестное отсут-*

ствие (официально установленное длительное отсутствие лица и сведений о нём в месте его постоянного жительства; спец.). ‖ *сущ.* **безве́стность, -и, ж.**

БЕЗВЕ́ТРЕННЫЙ, -ая, -ое; -рен, -ренна. О погоде: тихий, без ветра. ‖ *сущ.* **безве́тренность, -и, ж.**

БЕЗВЕ́ТРИЕ, *-я, ср.* Полное отсутствие ветра, тихая погода.

БЕЗВИ́ННЫЙ, -ая, -ое; -нен, -нна (устар.). То же, что невиновный. *Безвинно* (нареч.) *пострадавший* (книжн.). ‖ *сущ.* **безви́нность, -и, ж.**

БЕЗВКУ́СИЦА, *-ы, ж.* и (устар.) **БЕЗВКУ́СИЕ**, *-я, ср.* Отсутствие хорошего вкуса, изящества или чувства изящного.

БЕЗВКУ́СНЫЙ, -ая, -ое; -сен, -сна. **1.** О пище: не имеющий вкуса, пресный. *Безвкусная еда.* **2.** Не отвечающий требованиям хорошего вкуса, лишённый изящества. *Безвкусная мебель.* ‖ *сущ.* **безвку́сность, -и, ж.**

БЕЗВЛА́СТИЕ, *-я, ср.* Отсутствие власти, бездеятельность властей. *Период безвластия.*

БЕЗВО́ДНЫЙ, -ая, -ое; -ден, -дна. **1.** Бедный влагой, водой. *Безводная пустыня.* **2.** В химии: не содержащий воды. *Безводная кислота.* ‖ *сущ.* **безво́дность, -и, ж.**

БЕЗВО́ДЬЕ, *-я, ср.* Недостаток водных источников, воды, влаги.

БЕЗВОЗБРА́ННЫЙ, -ая, -ое; -нен, -нна (книжн.). То же, что беспрепятственный. *Б. доступ.* ‖ *сущ.* **безвозбра́нность, -и, ж.**

БЕЗВОЗВРА́ТНЫЙ, -ая, -ое; -тен, -тна. **1.** Невозвратный, такой, к-рый уже не вернётся (книжн.). *Безвозвратная юность. Безвозвратно* (нареч.) *исчезнуть.* **2.** *полн. ф.* Не подлежащий возврату. *Безвозвратная ссуда.* ‖ *сущ.* **безвозвра́тность, -и, ж.** (к 1 знач.).

БЕЗВОЗДУ́ШНЫЙ, -ая, -ое. Не заполненный воздухом. *Безвоздушное пространство.*

БЕЗВОЗМЕ́ЗДНЫЙ, -ая, -ое; -ден, -дна (книжн.). Бесплатный, неоплачиваемый. *Безвозмездная помощь. Безвозмездное пользование.* ‖ *сущ.* **безвозме́здность, -и, ж.**

БЕЗВО́ЛИЕ, *-я, ср.* Слабохарактерность, отсутствие силы воли.

БЕЗВО́ЛЬНЫЙ, -ая, -ое; -лен, -льна. Со слабой волей, слабохарактерный, нерешительный. *Б. человек. Б. характер.* ‖ *сущ.* **безво́льность, -и, ж.**

БЕЗВРЕ́ДНЫЙ, -ая, -ое; -ден, -дна. Не причиняющий вреда. *Безвредное средство.* ‖ *сущ.* **безвре́дность, -и, ж.**

БЕЗВРЕ́МЕННЫЙ, -ая, -ое; -енен, -енна (высок.). То же, что преждевременный. *Безвременная кончина.* ‖ *сущ.* **безвре́менность, -и, ж.**

БЕЗВРЕ́МЕНЬЕ, *-я, ср.* (устар.). Время общественного, культурного застоя, тяжёлое время.

БЕЗВЫ́ЕЗДНЫЙ, -ая, -ое. О пребывании где-н.: безотлучный, без выезда в другое место. *Безвыездно* (нареч.) *жить в деревне.*

БЕЗВЫ́ЛАЗНЫЙ, -ая, -ое (разг.). То же, что безвыходный (в 1 знач.).

БЕЗВЫ́ХОДНЫЙ, -ая, -ое; -ден, -дна. **1.** *полн. ф.* О пребывании где-н.: безотлучный, постоянный. *Безвыходно* (нареч.) *сидеть дома.* **2.** Такой, при к-ром нет выхода, исхода. *Безвыходное положение.* ‖ *сущ.* **безвы́ходность, -и, ж.** (ко 2 знач.).

БЕЗГЛА́ВЫЙ, -ая, -ое (высок.). То же, что обезглавленный.

БЕЗГЛА́СНЫЙ, -ая, -ое; -сен, -сна. **1.** Лишённый речи, безмолвный. *Безгласная тварь* (о животном). **2.** *перен.* Слишком робкий, не выражающий своего мнения. *Б. исполнитель.* ‖ *сущ.* **безгла́сность, -и, ж.**

БЕЗГОЛО́ВЫЙ, -ая, -ое; -о́в. **1.** *полн. ф.* Без головы, с отрезанной головой. *Безголовая селёдка.* **2.** Глупый, тупой, несообразительный (разг.). ‖ *сущ.* **безголо́вость, -и, ж.** (ко 2 знач.).

БЕЗГОЛО́СИЦА, *-ы, ж.* (разг.). Отсутствие хороших голосов, плохое пение.

БЕЗГОЛО́СЫЙ, -ая, -ое; -о́с. О певце: обладающий плохим, слабым голосом. ‖ *сущ.* **безголо́сость, -и, ж.**

БЕЗГРА́МОТНЫЙ, -ая, -ое; -тен, -тна. **1.** Не умеющий читать и писать, неграмотный (в 1 знач.). *Безграмотная старуха. Поставить подпись за безграмотного* (сущ.). **2.** Делающий или содержащий много грамматических ошибок, малограмотный (в 1 знач.). *Б. человек. Б. диктант. Безграмотно* (нареч.) *писать.* **3.** Плохо осведомлённый в какой-н. области знания, неграмотный (во 2 знач.). *Технически безграмотен кто-н.* **4.** То же, что неграмотный (в 3 знач.). *Б. чертёж.* ‖ *сущ.* **безгра́мотность, -и, ж.**

БЕЗГРАНИ́ЧНЫЙ, -ая, -ое; -чен, -чна. **1.** Не имеющий видимых границ, безбрежный. *Безграничные просторы.* **2.** *перен.* Чрезвычайный, безмерный (книжн.). *Безграничная радость. Безграничное уважение. Безгранично* (нареч.) *любить родину.* ‖ *сущ.* **безграни́чность, -и, ж.**

БЕЗГРЕ́ШНЫЙ, -ая, -ое; -шен, -шна (книжн.). Лишённый греха, грехов, греховных помыслов. *Безгрешное дитя. Безгрешные мысли.* ‖ *сущ.* **безгре́шность, -и, ж.**

БЕЗДА́РНОСТЬ, *-и, ж.* **1.** *см.* бездарный. **2.** Ни к чему не способный, лишённый таланта человек (разг. пренебр.). *Этот певец — совершенная б.*

БЕЗДА́РНЫЙ, -ая, -ое; -рен, -рна. Лишённый таланта, дара, неталантливый. *Б. поэт. Бездарное произведение.* ‖ *сущ.* **безда́рность, -и, ж.**

БЕ́ЗДАРЬ, *-и, ж.* (разг. пренебр.). То же, что бездарность (во 2 знач.).

БЕЗДЕ́ЙСТВИЕ, *-я, ср.* Отсутствие деятельности, должной энергии. *Преступное б. В бездействии пребывать, находиться.*

БЕЗДЕ́ЙСТВОВАТЬ, -твую, -твуешь; *несов.* Пребывать в бездействии, не действовать. *Бездействующий механизм.*

БЕЗДЕ́ЛИЦА, *-ы, ж.* (разг.). **1.** Нечто, не имеющее значения, пустяк (в 1 знач.). *Из-за безделицы расстроился.* **2.** Не имеющая цены вещь, малая сумма, пустяк (во 2 знач.). *Подарил какую-то безделицу.*

БЕЗДЕЛУ́ШКА, *-и, ж.* (разг.). Мелкая вещица для украшения. *Фарфоровые безделушки. Безделушки на полках.*

БЕЗДЕ́ЛЬЕ, *-я, ср.* Пребывание без дела, в праздности. *Вынужденное б.*

БЕЗДЕ́ЛЬНИК, *-а, м.* (разг.). Человек, который бездельничает, лентяй. ‖ *ж.* **безде́льница, -ы.**

БЕЗДЕ́ЛЬНИЧАТЬ, -аю, -аешь; *несов.* (разг.). Ничего не делать, пребывать в безделье, в праздности.

БЕЗДЕ́ЛЬНЫЙ, -ая, -ое; -лен, -льна (разг.). Не заполненный делами, праздный. *Бездельное времяпрепровождение.* ‖ *сущ.* **безде́льность, -и, ж.**

БЕЗДЕ́НЕЖНЫЙ, -ая, -ое; -жен, -жна. **1.** *полн. ф.* То же, что безналичный (спец.). *Б. расчёт.* **2.** Имеющий мало денег или не имеющий их (разг.). *Б. человек.* ‖ *сущ.* **безде́нежность, -и, ж.** (ко 2 знач.).

БЕЗДЕ́НЕЖЬЕ, *-я, ср.* Недостаток в деньгах, отсутствие денег у кого-н.

БЕЗДЕ́ТНОСТЬ, *-и, ж.* **1.** *см.* бездетный. **2.** Бесплодие, неспособность иметь детей (о женщине).

БЕЗДЕ́ТНЫЙ, -ая, -ое; -тен, -тна. Не имеющий своих детей. *Бездетные супруги.* ‖ *сущ.* **безде́тность, -и, ж.**

БЕЗДЕ́ЯТЕЛЬНЫЙ, -ая, -ое; -лен, -льна. Пассивный (в 1 знач.), не проявляющий необходимой энергии в делах, в деятельности. ‖ *сущ.* **безде́ятельность, -и, ж.**

БЕ́ЗДНА[1], *-ы, ж.* Глубокая пропасть, пучина. *Морская б.*

БЕ́ЗДНА[2], *-ы, ж.* (разг.). Огромное количество, пропасть[2], тьма[2], гибель[2]. *Б. премудрости* (о глубоких познаниях; шутл.).

БЕЗДО́ЖДЬЕ, *-я, ср.* Отсутствие дождей, засуха.

БЕЗДОКАЗА́ТЕЛЬНЫЙ, -ая, -ое; -лен, -льна. Ничем не доказанный. *Бездоказательное обвинение.* ‖ *сущ.* **бездоказа́тельность, -и, ж.**

БЕЗДО́МНЫЙ, -ая, -ое; -мен, -мна. Не имеющий жилья, приюта. *Бездомная кошка.* ‖ *сущ.* **бездо́мность, -и, ж.**

БЕЗДО́ННЫЙ, -ая, -ое; -о́нен, -о́нна. Не имеющий дна, чрезвычайно глубокий. *Бездонная пропасть.* ✦ **Бездонная бочка** (разг. неодобр.) — 1) о чём-н. требующем многих и неокупающихся затрат; 2) о человеке, к-рый может выпить много спиртного. ‖ *сущ.* **бездо́нность, -и, ж.**

БЕЗДОРО́ЖНЫЙ, -ая, -ое; -жен, -жна. Не имеющий проезжих дорог. *Бездорожное захолустье.* ‖ *сущ.* **бездоро́жье, -я, ср.**

БЕЗДОРО́ЖЬЕ, *-я, ср.* **1.** *см.* бездорожный. **2.** Плохое состояние проезжих дорог. *Осеннее б.*

БЕЗДУ́МНЫЙ, -ая, -ое; -мен, -мна. Не отягощённый размышлениями, ни над чем не задумывающийся, беззаботный. *Бездумное житьё.* ‖ *сущ.* **безду́мность, -и, ж.**

БЕЗДУ́МЬЕ, *-я, ср.* Отсутствие ясных мыслей, сосредоточенности.

БЕЗДУХО́ВНЫЙ, -ая, -ое; -вен, -вна. Лишённый интеллектуального, духовного содержания. ‖ *сущ.* **бездухо́вность, -и, ж.**

БЕЗДУ́ШНЫЙ, -ая, -ое; -шен, -шна. **1.** Без сочувственного, живого отношения к кому-чему-н., равнодушный к людям, бессердечный. *Бездушно* (нареч.) *отнестись к чужому горю.* **2.** Лишённый живого чувства, яркости, остроты. *Бездушная игра актёров.* ‖ *сущ.* **безду́шие, -я, ср.** (к 1 знач.) и **безду́шность, -и, ж.**

БЕЗДЫХА́ННЫЙ, -ая, -ое; -а́нен, -а́нна (высок.). Не дышащий, мёртвый. *Бездыханное тело.* ‖ *сущ.* **бездыха́нность, -и, ж.**

БЕЗЕ́ [зэ́]. **1.** *нескл., ср.* Лёгкое пирожное из взбитых белков и сахара. **2.** *неизм.* О пирожном, торте: приготовленный из взбитых белков и сахара. *Торт б.*

БЕЗЖА́ЛОСТНЫЙ, -ая, -ое; -тен, -тна. Неспособный к жалости, жестокий. *Б. тиран.* ‖ *сущ.* **безжа́лостность, -и, ж.**

БЕЗЖИ́ЗНЕННЫЙ, -ая, -ое; -знен, -зненна. **1.** Лишённый признаков жизни, мёртвый (книжн.). *Безжизненное тело.* **2.** *перен.* Лишённый выразительности, без оживления. *Б. взгляд.* ‖ *сущ.* **безжи́зненность, -и, ж.** (ко 2 знач.).

БЕЗЗАБО́ТНЫЙ, -ая, -ое; -тен, -тна. **1.** Ни о чём не заботящийся, легкомысленный, бездумный. *Б. юноша.* **2.** Свободный от забот. *Беззаботное существование.* ‖ *сущ.* **беззабо́тность, -и, ж.**

БЕЗЗАВЕ́ТНЫЙ, -ая, -ое; -тен, -тна (высок.). Самоотверженный и героический. *Беззаветное служение родине.* ‖ *сущ.* **беззаве́тность, -и, *ж.***

БЕЗЗАКО´НИЕ, -я, *ср.* **1.** Нарушение, отсутствие законности. *Полное б.* **2.** Беззаконный поступок. *Совершать беззакония.*

БЕЗЗАКО´ННЫЙ, -ая, -ое; -о́нен, -о́нна. Противоречащий законам, законности. *Беззаконные действия.* ‖ *сущ.* **беззако́нность,** *-и, ж.*

БЕЗЗАСТЕ´НЧИВЫЙ, -ая, -ое; -ив. Наглый, ничем не стесняющийся, бесцеремонный. *Б. лгун.* ‖ *сущ.* **беззасте́нчивость, -и,** *ж.*

БЕЗЗАЩИ´ТНЫЙ, -ая, -ое; -тен, -тна. Лишённый защиты, неспособный защитить себя. *Беззащитное создание.* ‖ *сущ.* **беззащи́тность, -и,** *ж.*

БЕЗЗВУ´ЧНЫЙ, -ая, -ое; -чен, -чна. Неслышный, едва слышный. *Б. плач.* ‖ *сущ.* **беззву́чность, -и,** *ж.*

БЕЗЗЕМЕ´ЛЬЕ, -я, *ср.* Недостаток земли для ведения сельского хозяйства.

БЕЗЗЕМЕ´ЛЬНЫЙ, -ая, -ое. Не имеющий земли для ведения сельского хозяйства. *Беземельная беднота.*

БЕЗЗЛО´БНЫЙ, -ая, -ое; -бен, -бна. Добродушный, лишённый зла, злости. *Б. смех.* ‖ *сущ.* **беззло́бность, -и,** *ж.* и (устар.) **беззло́бие,** *-я, ср.*

БЕЗЗУ´БЫЙ, -ая, -ое; -у́б. **1.** Не имеющий зубов. *Б. старик.* **2.** *перен.* Лишённый остроты, слабый. *Беззубая критика.* ‖ *сущ.* **беззу́бость,** *-и, ж.* (ко 2 знач.).

БЕЗЛЕ´СНЫЙ, -ая, -ое; -сен, -сна. Лишённый лесов, лесной растительности. *Безлесные пространства.* ‖ *сущ.* **безле́сье,** *-я, ср.* и **безле́сность,** *-и, ж.*

БЕЗЛИ´КИЙ, -ая, -ое; -и́к. Лишённый своеобразия, ярких, индивидуальных, характерных черт. *Б. сочинитель.* ‖ *сущ.* **безли́кость,** *-и, ж.*

БЕЗЛИ´ЧНЫЙ, -ая, -ое. В грамматике: не допускающий употребления подлежащего. *Б. глагол. Безличное предложение.* ‖ *сущ.* **безли́чность,** *-и, ж.*

БЕЗЛЮ´ДНЫЙ, -ая, -ое; -ден, -дна. Такой, где мало или совсем нет людей; малонаселённый. *Б. переулок. Безлюдная местность.* ✦ **Безлюдная технология** (спец.) — технология, осуществляемая на автоматических линиях, при помощи роботов. **Безлюдный фонд** (спец.) — денежные суммы для оплаты внештатных работников, нештатный фонд. ‖ *сущ.* **безлю́дность,** *-и, ж.*

БЕЗЛЮ´ДЬЕ, -я, *ср.* Отсутствие людей или недостаток в нужных людях. *На безлюдье* (за неимением людей или нужных людей).

БЕЗМЕ´Н, -а, *м.* Ручные рычажные или пружинные весы. *Взвесить на безмене.*

БЕЗМЕ´РНЫЙ, -ая, -ое; -рен, -рна (книжн.). Огромный, безграничный. *Безмерное счастье.* ‖ *сущ.* **безме́рность,** *-и, ж.*

БЕЗМО´ЗГЛЫЙ, -ая, -ое; -о́згл (разг.). Очень глупый, тупой. ‖ *сущ.* **безмо́зглость,** *-и, ж.*

БЕЗМО´ЛВИЕ, -я, *ср.* **1.** Полная тишина. *Б. леса. Ночное б. Белое б.* (о тундре, о льдах океана). **2.** Полное молчание (в ответ на чью-н. речь, среди собравшихся) (устар.). *Воцарилось б. Б. в ответ на просьбы.*

БЕЗМО´ЛВНЫЙ, -ая, -ое; -вен, -вна. **1.** То же, что молчаливый (во 2 знач.). *Б. упрёк.* **2.** *перен.* Не нарушаемый звуками, тихий. *Безмолвные поля.* ‖ *сущ.* **безмо́лвность,** *-и, ж.*

БЕЗМО´ЛВСТВОВАТЬ, -твую, -твуешь; *несов.* (книжн.). То же, что молчать (в 1 знач.). *Толпа безмолвствует.*

БЕЗМЯТЕ´ЖНЫЙ, -ая, -ое; -жен, -жна. Ничем не тревожимый, спокойный. *Безмятежное детство. Б. сон.* ‖ *сущ.* **безмяте́жность,** *-и, ж.*

БЕЗНАДЁЖНЫЙ, -ая, -ое; -жен, -жна. **1.** Не дающий надежд на улучшение; выражающий отсутствие надежды. *Б. больной. Безнадёжно* (нареч.) *болен. Безнадёжное положение. Б. взгляд.* **2.** *перен., полн. ф.* Неисправимый, полнейший. *Б. тупица.* ‖ *сущ.* **безнадёжность,** *-и, ж.* (к 1 знач.).

БЕЗНАДЗО´РНЫЙ, -ая, -ое; -рен, -рна. Лишённый надзора, присмотра. *Б. ребёнок.* ‖ *сущ.* **безнадзо́рность,** *-и, ж.*

БЕЗНАКА´ЗАННЫЙ, -ая, -ое; -ан, -анна. Остающийся без наказания. *Не пройдёт безнаказанно* (нареч.) *что-н.* ‖ *сущ.* **безнака́занность,** *-и, ж.*

БЕЗНАЛИ´ЧНЫЙ, -ая, -ое (спец.). Осуществляемый путём перечисления денежных сумм со счёта плательщика на счёт кредитора или на основе зачёта взаимных требований. *Б. расчёт.*

БЕЗНАЧА´ЛИЕ, -я, *ср.* (книжн.). Отсутствие власти, руководства.

БЕЗНО´ГИЙ, -ая, -ое; -о́г. **1.** Не имеющий ноги или ног. *Б. инвалид.* **2.** *полн. ф.* Не имеющий ножки (разг.). *Б. стул.* ‖ *сущ.* **безно́гость,** *-и, ж.* (к 1 знач.).

БЕЗНО´СЫЙ, -ая, -ое; -о́с. Не имеющий носа (в 1 знач.). *Безносая* (или *курносая*; сущ.) *с косой* (образ смерти).

БЕЗНРА´ВСТВЕННЫЙ, -ая, -ое; -вен, -венна. Нарушающий правила нравственности, противоречащий им. *Б. поступок. Безнравственно* (нареч.) *вести себя.* ‖ *сущ.* **безнра́вственность,** *-и, ж.*

БЕЗО, *предлог.* То же, что без; употр. вместо «без» перед косвенными падежами слов «весь» и «всякий», напр. *безо всего.*

БЕЗОБИ´ДНЫЙ, -ая, -ое; -ден, -дна. Не причиняющий обиды или вреда. *Безобидная шутка. Б. зверёк.* ‖ *сущ.* **безоби́дность,** *-и, ж.*

БЕЗО´БЛАЧНЫЙ, -ая, -ое; -чен, -чна. **1.** Не закрытый облаками. *Безоблачное небо.* **2.** *перен.* Ничем не омрачённый (книжн.). *Безоблачное счастье.* ‖ *сущ.* **безо́блачность,** *-и, ж.*

БЕЗОБРА´ЗИЕ, -я, *ср.* **1.** Некрасивая внешность, уродство. **2.** Безобразный (во 2 знач.) поступок. *Прекратить безобразия.*

БЕЗОБРА´ЗИТЬ, -а́жу, -а́зишь; *несов.* **1.** *кого-что.* Делать безобразным (в 1 знач.). *Платье безобразит фигуру.* **2.** То же, что безобразничать (прост.). *Перестань б.!* ‖ *сов.* **обезобра́зить,** -а́жу, -а́зишь; -а́женный (к 1 знач.); *возвр.* **обезобра́зиться,** -а́жусь, -а́зишься.

БЕЗОБРА´ЗНИК, -а, *м.* (разг.). Тот, кто безобразничает, озорник. ‖ *ж.* **безобра́зница,** -ы.

БЕЗОБРА´ЗНИЧАТЬ, -аю, -аешь; *несов.* (разг.). Непристойно, безобразно вести себя, озорничать. ‖ *сов.* **набезобра́зничать,** -аю, -аешь.

БЕЗОБРА´ЗНЫЙ, -ая, -ое; -зен, -зна. **1.** Крайне некрасивый. *Б. вид.* **2.** *перен.* Непристойный, возмутительный. *Б. поступок.* ‖ *сущ.* **безобра́зность,** *-и, ж.*

БЕЗОГЛЯ´ДНЫЙ, -ая, -ое; -ден, -дна. Совершаемый без раздумий и рассуждений. *Безоглядно* (нареч.) *щедр.* ‖ *сущ.* **безогля́дность,** *-и, ж.*

БЕЗОГОВО´РОЧНЫЙ, -ая, -ое; -чен, -чна. Без всяких оговорок, отговорок, беспрекословный. *Безоговорочное подчинение.* *Безоговорочная капитуляция* (полная, безусловная). *Безоговорочно* (нареч.) *исполнить.* ‖ *сущ.* **безогово́рочность,** *-и, ж.*

БЕЗОПА´СНОСТЬ, -и, *ж.* **1.** *см.* безопасный. **2.** Состояние, при к-ром не угрожает опасность, есть защита от опасности. *В безопасности кто-н. Техника безопасности. Б. движения. Международная б.*

БЕЗОПА´СНЫЙ, -ая, -ое; -сен, -сна. Не угрожающий опасностью, защищающий от опасности. *Безопасное место.* ‖ *сущ.* **безопа́сность,** *-и, ж.*

БЕЗОРУ´ЖНЫЙ, -ая, -ое; -жен, -жна. Не имеющий при себе оружия. *Безоружен в споре* (перен.: не располагает нужными аргументами). ‖ *сущ.* **безору́жность,** *-и, ж.* (перен.).

БЕЗОСТАНО´ВОЧНЫЙ, -ая, -ое; -чен, -чна. Совершаемый без остановок. *Безостановочное движение.* ‖ *сущ.* **безостано́вочность,** *-и, ж.*

БЕЗО´СТЫЙ, -ая, -ое (спец.). О злаках: не имеющий остей. *Безостая пшеница.*

БЕЗОТВЕ´ТНЫЙ, -ая, -ое; -тен, -тна. **1.** Не получающий, не дающий ответа, отклика. *Безответная любовь.* **2.** Неспособный возражать, прекословить, очень кроткий. *Безответное существо.* ‖ *сущ.* **безотве́тность,** *-и, ж.*

БЕЗОТВЕ´ТСТВЕННЫЙ, -ая, -ое; -вен, -венна. Не несущий или не сознающий ответственности. *Безответственное решение.* ‖ *сущ.* **безотве́тственность,** *-и, ж.*

БЕЗОТКА´ЗНЫЙ, -ая, -ое; -зен, -зна. **1.** Происходящий без перебоев, без отказа. *Безотказная работа машин.* **2.** Никогда не отказывающийся от поручения, просьбы (разг.). *Б. работник.* ‖ *сущ.* **безотка́зность,** *-и, ж.*

БЕЗОТЛАГА´ТЕЛЬНЫЙ, -ая, -ое; -лен, -льна (книжн.). Спешный, не терпящий отлагательства, промедления. *Б. отъезд.* ‖ *сущ.* **безотлага́тельность,** *-и, ж.*

БЕЗОТЛУ´ЧНЫЙ, -ая, -ое; -чен, -чна. О пребывании где-н.: постоянный, без отлучек. *Безотлучно* (нареч.) *находиться при больном.* ‖ *сущ.* **безотлу́чность,** *-и, ж.*

БЕЗОТНОСИ´ТЕЛЬНЫЙ, -ая, -ое; -лен, -льна (книжн.). Сохраняющий своё значение при любых условиях, независимый от чего-н. ‖ *сущ.* **безотноси́тельность,** *-и, ж.*

БЕЗОТРА´ДНЫЙ, -ая, -ое; -ден, -дна (книжн.). Не содержащий радости, ничего отрадного, безрадостный. *Безотрадное существование.* ‖ *сущ.* **безотра́дность,** *-и, ж.*

БЕЗОТХО´ДНЫЙ, -ая, -ое; -ден, -дна. Осуществляющийся, происходящий без отходов (во 2 знач.). *Безотходное производство.* ‖ *сущ.* **безотхо́дность,** *-и, ж.*

БЕЗОТЦО´ВЩИНА, -ы. **1.** *ж.* Жизнь и воспитание ребёнка без отца в семье (разг.). **2.** *м.* и *ж.* Ребёнок, растущий без отца (прост. неодобр.).

БЕЗОТЧЁТНЫЙ, -ая, -ое; -тен, -тна. **1.** Не поддающийся осмыслению, бессознательный (во 2 знач.), инстинктивный (книжн.). *Б. страх.* **2.** То же, что бесконтрольный. *Безотчётно* (нареч.) *распоряжаться деньгами.* ‖ *сущ.* **безотчётность,** *-и, ж.*

БЕЗОШИ´БОЧНЫЙ, -ая, -ое; -чен, -чна. **1.** Не содержащий ошибок, совершенно правильный (в 3 знач.). *Безошибочное решение.* **2.** *полн. ф.* Не совершающий ошибок, не ошибающийся. *Б. ценитель чего-н.* ‖ *сущ.* **безоши́бочность,** *-и, ж.* (к 1 знач.). *Б. в расчётах, оценках.*

БЕЗРАБО´ТИЦА, -ы, *ж.* Наличие безработных. *Рост безработицы. Пособие по безработице.*

БЕЗРАБО́ТНЫЙ, -ая, -ое. Не имеющий постоянной работы, заработка. *Безработное взрослое население. Скрытая б.* (вынужденная неполная занятость работников). *Пособие безработным* (сущ.).

БЕЗРА́ДОСТНЫЙ, -ая, -ое; -тен, -тна. Не содержащий ничего радостного, безотрадный. *Безрадостное существование.* ‖ *сущ.* **безра́достность**, -и, *ж.*

БЕЗРАЗДЕ́ЛЬНЫЙ, -ая, -ое; -лен, -льна (книжн.). Полностью принадлежащий кому-н., не разделяемый ни с кем. *Безраздельная власть. Владеть чем-н. безраздельно* (нареч.). ‖ *сущ.* **безразде́льность**, -и, *ж.*

БЕЗРАЗЛИ́ЧИЕ, -я, *ср.* Равнодушие, безучастное отношение к кому-чему-н. *Б. к окружающим.*

БЕЗРАЗЛИ́ЧНЫЙ, -ая, -ое; -чен, -чна. **1.** Равнодушный, безучастный. *Б. взгляд.* **2.** Не имеющий существенного значения, не представляющий интереса. *Всё стало безразличным кому-н. Безразлично* (в знач. сказ.), *придёт он или нет. Безразлично кто* (всё равно кто). *Безразлично где* (всё равно где). ‖ *сущ.* **безразли́чность**, -и, *ж.* (ко 2 знач.).

БЕЗРАЗМЕ́РНЫЙ, -ая, -ое. Приобретающий нужный размер при натягивании, эластичный. *Безразмерные носки.*

БЕЗРАССУ́ДНЫЙ, -ая, -ое; -ден, -дна. Неблагоразумный, не сдерживаемый доводами рассудка. *Б. поступок.* ‖ *сущ.* **безрассу́дность**, -и, *ж.* и **безрассу́дство**, -а, *ср.*

БЕЗРАССУ́ДСТВО, -а, *ср.* **1.** *см.* безрассудный. **2.** Безрассудный поступок. *Совершать безрассудства.*

БЕЗРЕЗУЛЬТА́ТНЫЙ, -ая, -ое; -тен, -тна. Не дающий результатов, безуспешный. *Б. спор.* ‖ *сущ.* **безрезульта́тность**, -и, *ж.*

БЕЗРЕ́ЛЬСОВЫЙ, -ая, -ое. Относящийся к движению транспортных машин не по рельсам. *Б. транспорт. Б. путь.*

БЕЗРО́ДНЫЙ, -ая, -ое; -ден, -дна. **1.** Не имеющий или не знающий родства, родственных связей. *Б. бродяга.* **2.** Неродовитый, незнатного рода (устар.). *Б. дворянин.* ‖ *сущ.* **безро́дность**, -и, *ж.*

БЕЗРО́ПОТНЫЙ, -ая, -ое; -тен, -тна. Покорный, не ропщущий. *Б. исполнитель. Безропотное подчинение.* ‖ *сущ.* **безро́потность**, -и, *ж.*

БЕЗРУКА́ВКА, -и, *ж.* Кофта или куртка без рукавов. *Стёганая б.* ‖ *прил.* **безрука́вочный**, -ая, -ое.

БЕЗРУ́КИЙ, -ая, -ое; -у́к. **1.** Не имеющий руки или рук. *Б. инвалид.* **2.** *перен.* Неловкий, неумелый в работе (разг.). *Б. руководитель.* ‖ *сущ.* **безру́кость**, -и, *ж.*

БЕЗРЫ́БЬЕ, -я, *ср.* Отсутствие или недостаток рыбы. *На б. и рак рыба* (посл.). ‖ *прил.* **безры́бный**, -ая, -ое.

БЕЗУБЫ́ТОЧНЫЙ, -ая, -ое; -чен, -чна. Не приносящий убытка. *Безубыточное предприятие.* ‖ *сущ.* **безубы́точность**, -и, *ж.*

БЕЗУДА́РНЫЙ, -ая, -ое; -рен, -рна (спец.). О звуке, слоге: не имеющий на себе ударения. ‖ *сущ.* **безуда́рность**, -и, *ж.*

БЕЗУ́ДЕРЖНЫЙ, -ая, -ое; -жен, -жна (книжн.). Неудержимый, ничем не сдерживаемый. *Безудержные рыдания. Безудержная фантазия. Б. разгул.* ‖ *сущ.* **безу́держность**, -и, *ж.*

БЕЗУКОРИ́ЗНЕННЫЙ, -ая, -ое; -знен, -зненна. Без недостатков, безупречный. *Б. работник. Б. вкус.* ‖ *сущ.* **безукори́зненность**, -и, *ж.*

БЕЗУ́МЕЦ, -мца, *м.* (книжн.). Безумный (в 1 и 2 знач.) человек. ‖ *ж.* **безу́мица**, -ы (стар.).

БЕЗУ́МИЕ, -я, *ср.* **1.** То же, что сумасшествие (устар.). **2.** Безрассудство, полная утрата разумности в действиях, в поведении. *Любить до безумия* (очень сильно).

БЕЗУ́МНЫЙ, -ая, -ое; -мен, -мна. **1.** То же, что сумасшедший (устар.). **2.** Крайне безрассудный. *Безумное намерение.* **3.** *перен.* Очень сильный, крайний по своему проявлению (разг.). *Безумная страсть.* ‖ *сущ.* **безу́мность**, -и, *ж.* (ко 2 и 3 знач.).

БЕЗУМО́ЛЧНЫЙ, -ая, -ое; -чен, -чна (книжн.). Никогда не замолкающий, не прекращающийся. *Б. шум моря.* ‖ *сущ.* **безумо́лчность**, -и, *ж.*

БЕЗУ́МСТВО, -а, *ср.* Безумное (во 2 знач.), безрассудное поведение, поступок. *Совершать безумства.*

БЕЗУ́МСТВОВАТЬ, -твую, -твуешь; *несов.* Вести себя безумно.

БЕЗУПРЕ́ЧНЫЙ, -ая, -ое; -чен, -чна. Ничем не опороченный, безукоризненный. *Безупречная репутация. Безупречная работа.* ‖ *сущ.* **безупре́чность**, -и, *ж.*

БЕЗУСЛО́ВНЫЙ, -ая, -ое; -вен, -вна. **1.** Не ограниченный никакими условиями, полный, безоговорочный. *Безусловное обязательство. Безусловное подчинение.* **2.** То же, что несомненный (в 1 знач.). *Безусловная удача. Безусловно* (нареч.) *необходим.* **3.** **безусло́вно**, *вводн. сл.* Конечно, без сомнения. *Он, безусловно, согласится.* **4.** **безусло́вно**, *частица.* Выражает уверенное утверждение, подтверждение, конечно. *Он умён? — Безусловно.* ✦ **Безусловный рефлекс** (спец.) — наследственная реакция организма на определённые воздействия извне. ‖ *сущ.* **безусло́вность**, -и, *ж.*

БЕЗУСПЕ́ШНЫЙ, -ая, -ое; -шен, -шна. Не имеющий успеха, неудачный, безрезультатный. *Безуспешная попытка. Б. поиск.* ‖ *сущ.* **безуспе́шность**, -и, *ж.*

БЕЗУСТА́ННЫЙ, -ая, -ое; -а́нен, -а́нна (высок.). Неустанный, неутомимый. *Безустанные заботы.* ‖ *сущ.* **безуста́нность**, -и, *ж.*

БЕЗУ́СЫЙ, -ая, -ое; -у́с. **1.** Не имеющий усов. *Б. юнец* (также вообще об очень молодом человеке; неодобр.). **2.** *полн. ф.* То же, что безостый (спец.). *Безусая пшеница.* ‖ *сущ.* **безу́сость**, -и, *ж.* (к 1 знач.).

БЕЗУТЕ́ШНЫЙ, -ая, -ое; -шен, -шна (книжн.). Не находящий утешения, неутешный. *Безутешная печаль.* ‖ *сущ.* **безуте́шность**, -и, *ж.*

БЕЗУЧА́СТНЫЙ, -ая, -ое; -тен, -тна. Не проявляющий или не выражающий участия к кому-чему-н., равнодушный. *Безучастное отношение к кому-н. Б. взгляд.* ‖ *сущ.* **безуча́стие**, -я, *ср.* и **безуча́стность**, -и, *ж.*

БЕЗЪ..., *приставка.* То же, что без...; пишется вместо «без» перед *я* (потенциально также перед *е, ё, ю*), напр. *безъязыкий.*

БЕЗЪЯ́ДЕРНЫЙ, -ая, -ое. Свободный от ядерного оружия. *Безъядерная зона.*

БЕЗЪЯЗЫ́КИЙ, -ая, -ое; -ы́к. Не имеющий языка², не владеющий речью. ‖ *сущ.* **безъязы́кость**, -и, *ж.*

БЕЗЫМЯ́ННЫЙ, -ая, -ое; -я́нен, -я́нна. Не известный по имени, не имеющий имени, названия; такой, чьё имя неизвестно. *Безымянная речка. Безымянные герои.* ✦ **Безымянный палец** — четвёртый палец на руке, между средним и мизинцем. ‖ *сущ.* **безымя́нность**, -и, *ж.*

БЕЗЫНИЦИАТИ́ВНЫЙ, -ая, -ое; -вен, -вна. Лишённый инициативы, пассивный. *Б. работник.* ‖ *сущ.* **безынициати́вность**, -и, *ж.*

БЕЗЫСКУ́ССТВЕННЫЙ, -ая, -ое; -вен, -венна. Лишённый искусственности, нарочитости. *Б. рассказ.* ‖ *сущ.* **безыску́сственность**, -и, *ж.*

БЕЗЫСХО́ДНЫЙ, -ая, -ое; -ден, -дна (книжн.). О горе, печали: не имеющий исхода, конца. *Безысходная тоска.* ‖ *сущ.* **безысхо́дность**, -и, *ж.*

БЕЙ, -я и **БЕК**, -а, *м.* Титул мелких феодальных правителей и должностных лиц в некрых странах Ближнего и Среднего Востока (до 1917 г. также в Закавказье и Средней Азии), а также лицо, имеющее этот титул; добавление к имени в знач. господин.

БЕ́ЙКА, -и, *ж.* (разг.). Полоска ткани, выпускаемая по шву для отделки. ‖ *уменьш.* **бе́ечка**, -и, *ж.* ‖ *прил.* **бе́ечный**, -ая, -ое.

БЕЙСБО́Л, -а, *м.* Спортивная командная игра с мячом и битой, а также соответствующий вид спорта. ‖ *прил.* **бейсбо́льный**, -ая, -ое.

БЕЙСБОЛИ́СТ, -а, *м.* Спортсмен, занимающийся бейсболом; игрок в бейсбол. ‖ *ж.* **бейсболи́стка**, -и. ‖ *прил.* **бейсболи́стский**, -ая, -ое.

БЕКА́С, -а, *м.* Родственная кулику болотная птица с длинным клювом. ‖ *прил.* **бекаси́ный**, -ая, -ое.

БЕКЕ́ША, -и, *ж.* Верхняя мужская одежда на меху, в талию и со сборками, род казакина, чекменя.

БЕКО́Н, -а, *м.* Малосольная или копчёная свинина особого приготовления. ‖ *прил.* **беко́нный**, -ая, -ое.

БЕЛЕНА́, -ы́, *ж.* Ядовитое сорное растение сем. паслёновых с лилово-жёлтыми цветками и одуряющим запахом, употр. в медицине. *Как белены объелся* (совсем одурел; прост.). ‖ *прил.* **беленно́й**, -а́я, -о́е. *Беленное масло.*

БЕЛЕ́ТЬ, -е́ю, -е́ешь; *несов.* **1.** Становиться белым, белее. **2.** (1 и 2 л. не употр.). Виднеться (о чём-н. белом). *Белеет седина в волосах.* ‖ *сов.* **побеле́ть**, -е́ю, -е́ешь (к 1 знач.).

БЕЛЕ́ТЬСЯ (-е́юсь, -е́ешься, 1 и 2 л. не употр.), -е́ется; *несов.* То же, что белеть (во 2 знач.).

БЕЛЁК, -лька́, *м.* Детёныш тюленя, а также мех его. ‖ *прил.* **бельќо́вый**, -ая, -ое.

БЕЛЁНЫЙ, -ая, -ое. Подвергшийся белению. *Б холст.*

БЕЛЁСО-... *Первая часть сложных слов со знач.* белёсый, с тускло-светлым оттенком, напр. *белёсо-серый, белёсо-синий.*

БЕЛЁСЫЙ, -ая, -ое; -ёс. Тусклый и светлый до белизны. *Белёсые брови. Б. туман.* ‖ *сущ.* **белёсость**, -и, *ж.*

БЕ́ЛИ, -ей (спец.). Выделения из женских половых органов при воспалительных заболеваниях.

БЕЛИБЕРДА́, -ы́, *ж.* (разг.). Вздор, бессмыслица, чепуха.

БЕЛИЗНА́, -ы́, *ж.* Яркий, чистый белый цвет. *Б. снега.*

БЕЛИ́ЛА, -и́л. **1.** Белая минеральная краска. *Свинцовые б. Цинковые б.* **2.** Белое косметическое втирание для лица. *Б. и румяна.*

БЕЛИ́ТЬ, белю́, бе́лишь и бели́шь; белённый (-ён, -ена́); *несов., что.* **1.** Покрывать мелом, известью; красить белым. *Б. потолок, стены.* **2.** Покрывать белилами (во 2 знач.). *Б. лицо.* **3.** То же, что отбеливать. *Б. холст.* ‖ *сов.* **вы́белить**, -лю, -лишь; -ленный (к 3 знач.), **набели́ть**, -елю́, -е́лишь и -ели́шь; -лённый (-ён, -ена́) (ко 2 знач.) и **побели́ть**, -елю́, -е́лишь и -ели́шь; -лённый (-ён, -ена́) (к 1 знач.). ‖ *возвр.* **бели́ться**, белю́сь, бе́лишься и бели́шься (ко 2 знач.); *сов.* **набели́ться,** -елю́сь, -е́лишься *и* -ели́шься (ко 2 знач.). ‖ *сущ.* **беле́ние,** -я, *ср. и* **побе́лка,** -и, *ж.* (к 1 знач.). ‖ *прил.* **бели́льный,** -ая, -ое (к 1 и 3 знач.).

БЕ́ЛКА, -и, *ж.* Небольшой лесной зверёк-грызун с пушистым хвостом, а также мех его. *Как б. в колесе вертеться* (суетиться, быть в постоянных хлопотах; разг.). ✦ **Будет вам и белка, будет и свисток** (разг. шутл., часто ирон.) — обещание чего-н. приятного, хорошего. ‖ *прил.* **бе́личий,** -ья, -ье. *Беличья шубка. Семейство беличьих* (сущ.).

БЕЛЛАДО́ННА, -ы, *ж.* Ядовитое растение сем. паслёновых, употр. в медицине и косметике, красавка. ‖ *прил.* **белладо́нный,** -ая, -ое.

БЕЛЛЕТРИ́СТ, -а, *м.* Писатель — автор беллетристических произведений. ‖ *ж.* **беллетри́стка,** -и. ‖ *прил.* **беллетри́стский,** -ая, -ое.

БЕЛЛЕТРИ́СТИКА, -и, *ж.* **1.** Повествовательная художественная литература. **2.** *перен.* О литературе, к-рая читается легко, без затруднений. ‖ *прил.* **беллетристи́ческий,** -ая, -ое (к 1 знач.).

БЕЛО... и БЕ́ЛО-... *Первая часть сложных слов со знач.:* 1) с белым (в 1, 2 и 4 знач.), напр. *белогрудый, белотелый, беловолосый, белокочанный;* 2) белый, из белого (в 1 знач.), напр. *белоснежный, беломраморный;* 3) белый (в 1 знач.) в сочетании с другим отдельным цветом, напр. *бело-голубой, бело-сине-красный;* 4) относящийся к белым (в 3 знач.), напр. *белоэмигрант, белогвардеец.*

БЕЛОБИЛЕ́ТНИК, -а, *м.* (разг.). Человек, имеющий белый билет, неспособный нести военную службу.

БЕЛОБО́КИЙ, -ая, -ое; -о́к. С белыми боками. *Белобокая сорока.*

БЕЛОБРЫ́СЫЙ, -ая, -ое; -ы́с (разг.). С очень светлыми волосами, бровями и ресницами. ‖ *сущ.* **белобры́сость,** -и, *ж.*

БЕЛОВИ́К, -а́, *м.* Беловая рукопись. *Переписать с черновика на б.*

БЕЛОВО́Й, -а́я, -о́е. Переписанный с черновика набело. *Б. экземпляр рукописи.*

БЕЛОГВАРДЕ́ЕЦ, -е́йца, *м.* В годы гражданской войны: член белой гвардии — русских военных формирований, сражавшихся за восстановление законной власти в России. ‖ *прил.* **белогварде́йский,** -ая, -ое.

БЕЛОГОЛО́ВЫЙ, -ая, -ое; -о́в. Имеющий светлые или седые волосы.

БЕЛОДЕРЕ́ВЕЦ, -вца и **БЕЛОДЕРЕ́ВЩИК,** -а, *м.* Столяр, специалист по изготовлению простых изделий, без полировки, фанеровки.

БЕЛО́К[1], -лка́, *м.* Высокомолекулярное органическое вещество, обеспечивающее жизнедеятельность животных и растительных организмов. ‖ *прил.* **белко́вый,** -ая, -ое. *Белковые корма* (с высоким содержанием белка).

БЕЛО́К[2], -лка́, *м.* **1.** Прозрачная часть яйца, белеющая при варке. **2.** Непрозрачная белая оболочка глаза. ‖ *прил.* **белко́вый,** -ая, -ое (к 1 знач.) *и* **бело́чный,** -ая, -ое (ко 2 знач.).

БЕЛОКА́МЕННЫЙ, -ая, -ое. Относящийся к белому камню (известняку), к строительству из белого камня. *Белокаменные стены Кремля. Белокаменные строительные работы. Москва белокаменная.*

БЕЛОКРО́ВИЕ, -я, *ср.* То же, что лейкоз. ‖ *прил.* **белокро́вный,** -ая, -ое.

БЕЛОКУ́РЫЙ, -ая, -ое; -у́р. Светло-русый, со светло-русыми волосами.

БЕЛОЛИ́ЦЫЙ, -ая, -ее; -и́ц. С очень светлой кожей лица.

БЕЛОРУ́ССКИЙ, -ая, -ое. **1.** *см.* белорусы. **2.** Относящийся к белорусам, к их языку, национальному характеру, образу жизни, культуре, а также к Белоруссии (Беларуси), её территории, внутреннему устройству, истории; такой, как у белорусов, как в Белоруссии (Беларуси). *Б. язык* (восточнославянской группы индоевропейской семьи языков). *Белорусские заповедники. По-белорусски* (нареч.).

БЕЛОРУ́СЫ, -ов, *ед.* -ру́с, -а, *м.* Восточнославянский народ, составляющий основное население Белоруссии (Беларуси). ‖ *ж.* **белору́ска,** -и. ‖ *прил.* **белору́сский,** -ая, -ое.

БЕЛОРУ́ЧКА, -и, *м. и ж.* (разг. неодобр.). Человек, к-рый чуждается физической или вообще трудной работы.

БЕЛОРЫ́БИЦА, -ы, *ж.* Рыба сем. сиговых.

БЕЛОСНЕ́ЖНЫЙ, -ая, -ое; -жен, -жна. Белый как снег. *Белоснежная рубашка.* ‖ *сущ.* **белосне́жность,** -и, *ж.*

БЕЛОШВЕ́ЙКА, -и, *ж.* Швея, шьющая бельё.

БЕЛОШВЕ́ЙНЫЙ, -ая, -ое. Относящийся к шитью белья. *Белошвейная мастерская.*

БЕЛОЭМИГРА́НТ, -а, *м.* Название эмигранта из России в первые годы после революции (1917—1920 гг.). ‖ *ж.* **белоэмигра́нтка,** -и. ‖ *прил.* **белоэмигра́нтский,** -ая, -ое.

БЕЛУ́ГА, -и, *ж.* Крупная рыба сем. осетровых. ✦ **Реветь белугой** (прост.) — неистово кричать или плакать. ‖ *прил.* **белу́жий,** -ья, -ье.

БЕЛУ́ХА, -и, *ж.* Крупный полярный дельфин. ‖ *прил.* **белу́ший,** -ья, -ье.

БЕ́ЛЫЙ, -ая, -ое; бел, бела́, бело́ *и* бе́ло. **1.** Цвета снега или мела. *Белая бумага. Б. парус.* **2.** *полн. ф.* Светлый, в противоположность чему-н. более тёмному, именуемому чёрным. *Б. хлеб* (пшеничный). *Б. гриб* (ценный трубчатый съедобный гриб с белой мякотью, с бурой шляпкой и толстой белой ножкой). *Белое вино. Белые ночи* (ночи на севере, когда сумерки не переходят в темноту). **3.** *полн. ф.* В первые годы гражданской войны: относящийся к вооружённой борьбе за восстановление законной власти в России. *Б. офицер.* **4.** **бе́лый,** -ого, *м.* То же, что белогвардеец. **5.** *полн. ф.* Со светлой кожей (как признак расы). *Цветные и белые* (сущ.). ✦ **Белая горячка** — тяжёлая психическая болезнь на почве алкоголизма. **Белое мясо** — телятина, мясо кур, индеек, а также нек-рые сорта дичи (во 2 знач.). **Белый танец** — танец, на к-рый дамы приглашают кавалеров. **Белые стихи** (спец.) — стихи без рифм. **Белый билет** (разг.) — свидетельство о неспособности нести военную службу. **Средь бела дня** — 1) днём, когда совсем светло (разг.). *Напали средь бела дня;* 2) открыто, у всех на виду, не стесняясь (разг. неодобр.). *Мошенничает средь бела дня.* **Белы́м-бело́** (разг.) — очень бело (см. белый в 1 знач.).

БЕЛЬВЕДЕ́Р [дэ], -а, *м.* Башенка на здании как архитектурное украшение; павильон, беседка на возвышенном месте. ‖ *прил.* **бельведе́рный,** -ая, -ое.

БЕЛЬГИ́ЙСКИЙ, -ая, -ое. **1.** *см.* бельгийцы. **2.** Относящийся к бельгийцам, к их языкам, национальному характеру, образу жизни, культуре, а также к Бельгии, её территории, внутреннему устройству, истории; такой, как у бельгийцев, как в Бельгии. *Бельгийские официальные языки* (нидерландский, французский, немецкий). *Бельгийские провинции. Б. франк* (денежная единица). *По-бельгийски* (нареч.).

БЕЛЬГИ́ЙЦЫ, -ев, *ед.* -и́ец, -и́йца, *м.* Народ, составляющий население Бельгии. ‖ *ж.* **бельги́йка,** -и. ‖ *прил.* **бельги́йский,** -ая, -ое.

БЕЛЬЕВА́Я, -о́й, *ж.* Служебное помещение, где хранится бельё.

БЕЛЬЕВЩИ́ЦА, -ы и **БЕЛЬЁВЩИЦА,** -ы, *ж.* **1.** Работница, занимающаяся шитьём белья. **2.** (бельевщи́ца). Кладовщица, ведающая хранением и раздачей белья.

БЕЛЬЁ, -я́, *ср., собир.* Предметы нижней одежды, а также тканевые изделия для домашних, хозяйственных надобностей. *Шёлковое, хлопчатобумажное б. Нательное, постельное, столовое б. Рыться (копаться) в чужом (грязном) белье* (также перен.: вникать в подробности чужой интимной жизни; разг. неодобр.). ‖ *уничи.* **бельи́шко,** -а, *ср.* ‖ *прил.* **бельево́й,** -а́я, -о́е. *Бельевая ткань. Бельевая верёвка* (для сушки белья).

БЕЛЬМЕ́С: ни бельмеса (не знать, не понимать, не смыслить) (прост.) — совершенно ничего.

БЕЛЬМО́, -а́, *мн.* бе́льма, бельм, бе́льмам, *ср.* Беловатое пятно — помутнение роговицы после различных заболеваний её или травмы. *Как б. на (в) глазу* (о ком-чём-н. сильно надоедающем, назойливом; разг.). ‖ *прил.* **бельмово́й,** -а́я, -о́е.

БЕЛЬЭТА́Ж, -а, *м.* **1.** Второй этаж в домах-особняках. **2.** Ярус в зрительном зале, расположенный непосредственно над партером или амфитеатром. ‖ *прил.* **бельэта́жный,** -ая, -ое.

БЕЛЯ́К, -а́, *м.* **1.** Заяц, меняющий зимой тёмную окраску на белую, светлую. **2.** То же, что белогвардеец (разг.).

БЕЛЯШИ́, -е́й, *ед.* -я́ш, -яша́, *м.* Маленькие круглые пирожки.

БЕМО́ЛЬ, -я, *м.* (спец.). Нотный знак, обозначающий понижение звука на полутон. ‖ *прил.* **бемо́льный,** -ая, -ое.

БЕНЕДИКТИ́Н, -а, *м.* Сорт ликёра. ‖ *прил.* **бенедикти́новый,** -ая, -ое.

БЕНЕФИ́С, -а, *м.* Спектакль в честь (или в пользу) одного из его участников. *Устроить б. кому-н.* (также перен.: устроить неприятность; разг. шутл.). ‖ *прил.* **бенефи́сный,** -ая, -ое.

БЕНЕФИЦИА́НТ, -а, *м.* Артист, играющий в своём бенефисе. ‖ *ж.* **бенефициа́нтка,** -и. ‖ *прил.* **бенефициа́нтский,** -ая, -ое.

БЕНЗИ́Н, -а (-у), *м.* Смесь лёгких углеводородов — бесцветная горючая жидкость, продукт переработки нефти. ‖ *прил.* **бензи́новый,** -ая, -ое *и* **бензи́нный,** -ая, -ое.

БЕНЗО... *Первая часть сложных слов со знач.* относящийся к бензину, бензиновый, напр. *бензобак, бензоколонка, бензохранилище, бензопила, бензомоторный.*

БЕНЗОВО́З, -а, *м.* Автоцистерна для перевозки бензина, керосина и другого жидкого топлива. ‖ *прил.* **бензово́зный,** -ая, -ое.

БЕНЗОЗАПРА́ВЩИК, -а, *м.* Автоцистерна, оборудованная для заправки самолётов, автомашин, танков.

БЕНЗО́Л, -а, *м.* Один из видов углеводорода — бесцветная горючая жидкость, продукт перегонки угля, нефти. ‖ *прил.* **бензо́льный,** -ая, -ое.

БЕНУА́Р, -а, *м.* Ряд лож в зрительном зале, расположенный на уровне партера. ‖ *прил.* **бенуа́рный,** -ая, -ое.

БЕРБЕ́РСКИЙ, -ая, -ое. **1.** *см.* берберы. **2.** Относящийся к берберам, к их языкам, национальному характеру, образу жизни, культуре, а также к территории их проживания, её внутреннему устройству, истории; такой, как у берберов. *Берберские языки (берберо-ливийские)* (одна из ветвей афразийской семьи языков). *Берберское население Северной Африки.*

БЕРБЕ́РЫ, -ов, *ед.* -е́р, -а, *м.* Группа народов, составляющих коренное население Северной Африки. ‖ *ж.* **берберка, -и.** ‖ *прил.* **берберский**, -ая, -ое.

БЕРГАМО́Т, -а, *м.* Сорт сочных сладких груш. ‖ *прил.* **бергамо́товый**, -ая, -ое *и* **бергамо́тный**, -ая, -ое.

БЕРДА́НКА, -и, *ж.* (устар.). Однозарядная винтовка.

БЕРДЫ́Ш, -а́, *м.* Старинное оружие — широкий длинный топор на высоком древке с лезвием в виде полумесяца.

БЕ́РЕГ, -а, о бе́реге, на берегу́, *мн.* -а́, -о́в, *м.* **1.** Край земли около воды. *Б. моря. Выйти из берегов* (о реке: разлиться). **2.** У моряков, речников: суша (в противопоставлении пребыванию в плавании). *Списаться на б.* ‖ *уменьш.* **бережо́к**, -жка́, о бережке́, на бережку́, *м.* (к 1 знач.). ‖ *прил.* **берегово́й**, -а́я, -о́е. *Б. ветер. Береговая линия. Береговые службы* (в портах). *Береговая фауна* (прибрежная).

БЕРЕДИ́ТЬ, -ежу́, -еди́шь; *несов.*, *что* (разг.). Раздражать больное место прикосновением. *Б. рану. Б. душу, сердечные раны* (перен.: расстраивать тяжёлыми воспоминаниями). ‖ *сов.* **разбереди́ть**, -ежу́, -еди́шь.

БЕРЕЖЁНЫЙ, -ая -ое (прост.). Такой, к-рого оберегают; к-рый бережётся, осторожен. *Бережёного* (сущ.) *бог бережёт* (посл.).

БЕРЕЖЛИ́ВЫЙ, -ая, -ое; -и́в. Бережно относящийся к имуществу, расчётливый, экономный. *Б. хозяин.* ‖ *сущ.* **бережли́вость**, -и, *ж.*

БЕ́РЕЖНЫЙ, -ая, -ое; -жен, -жна. Заботливый, внимательный и осторожный. *Бережное отношение. Бережно* (нареч.) *обращаться с приборами.* ‖ *сущ.* **бе́режность**, -и, *ж.*

БЕРЕЗНЯ́К, -а́ и **БЕРЕ́ЗНИК**, -а, *м.*, *собир.* Берёзовый лес, роща.

БЕРЕ́ЙТОР, -а, *м.* (спец.). **1.** Объездчик верховых лошадей. **2.** Специалист, обучающий верховой езде. ‖ *прил.* **бере́йторский**, -ая, -ое.

БЕРЕ́МЕНЕТЬ, -ею, -еешь; *несов.* Становиться беременной. ‖ *сов.* **забере́менеть**, -ею, -еешь.

БЕРЕ́МЕННАЯ; -енна, *м.* и *ср.* употр. только *перен.* Носящая в утробе плод. *Б. женщина. Б. самка. Консультация для беременных* (сущ.).

БЕРЕ́МЕННОСТЬ, -и, *ж.* Состояние женщины (и живородящих вообще) в период развития в организме зародыша, плода. *Отпуск по беременности.*

БЕРЕСТЯНО́Й, -а́я, -о́е. **1.** *см.* берёста. **2.** **берестяная грамота** — древнерусская грамота (в 3 знач.), выцарапанная на полоске, кусочке берёсты.

БЕРЕ́Т, -а, *м.* Мягкий, свободно облегающий головной убор. *Мужской, женский, детский б.* ✦ **Зелёные береты** — обиходное название военнослужащих американских отрядов специального назначения, предназначенных для действий в других странах. *Отряды зелёных беретов.* ‖ *прил.* **бере́тный**, -ая, -ое.

БЕРЕ́ТКА, -и, *ж.* (прост.). То же, что берет.

БЕРЕ́ЧЬ, -егу́, -ежёшь, -егу́т; -ёг, -егла́; -еги́; -ёгший; -ежённый (-ён, -ена́); *несов.*, *кого-что.* **1.** Не тратить, не расходовать что-н. напрасно. *Б. народное добро. Б. своё время. Б. здоровье.* **2.** Охранять от кого-чего-н., хранить, защищать. *Б. детей. Б. тайну. Б. свою репутацию.*

БЕРЕ́ЧЬСЯ, -егу́сь, -ежёшься, -егу́тся; -ёгся, -егла́сь; -еги́сь; -ёгшийся; *несов.*, *кого-чего.* **1.** Быть осторожным, охранять себя от кого-чего-н. *Б. простуды. Б. льстецов. Эй, берегись!* (предупреждающий оклик). **2.** **берегись (берегитесь)!** Угрожающее предупреждение (разг.). *Опять ты грубишь? Ну, берегись!*

БЕРЁЗА, -ы, *ж.* Лиственное дерево с белой (реже тёмной) корой и с сердцевидными листьями. *Белая б. Чёрная б. Карликовая б.* ‖ *уменьш.* **берёзка**, -и, *ж.* ‖ *ласк.* **берёзонька**, -и, *ж.* ‖ *прил.* **берёзовый**, -ая, -ое. *Б. сок. Б. веник. Берёзовая каша* (о наказании розгами; устар. шутл.). *Семейство берёзовых* (сущ.).

БЕРЁЗОВИК, -а, *м.* То же, что подберёзовик.

БЕРЁСТА, -ы и **БЕРЕСТА́**, -ы́, *ж.* **1.** Верхний слой коры берёзы. *Содрать берёсту. Туес из бересты.* **2.** (берёста). То же, что берестяная грамота. *Новгородские берёсты.* ‖ *прил.* **берестяно́й**, -а́я, -о́е *и* **берёстовый**, -ая, -ое (к 1 знач.). *Б. короб.*

БЕ́РКОВЕЦ, -вца, *м.* Старая русская мера веса, равная десяти пудам.

БЕ́РКУТ, -а, *м.* Крупная хищная птица сем. ястребиных. *Охота с беркутом.* ‖ *прил.* **беркути́ный**, -ая, -ое.

БЕРЛО́ГА, -и, *ж.* Зимнее логовище медведя. ‖ *прил.* **берло́жный**, -ая, -ое.

БЕРЦО́ВЫЙ, -ая, -ое: **берцовая кость** — одна из двух трубчатых костей голени (от колена до ступни).

БЕС, -а, *м.* **1.** В религии и народных поверьях: злой дух. *Умён (хитёр) как б.* (очень умён, хитёр; разг.). *Б.-искуситель* (о том, кто искушает, соблазняет; шутл.). *Б. попутал кого-н.* (самому непонятно, как мог так поступить; разг. шутл.). **2.** *перен.* О живом, ловком, задорном человеке (разг.). *Б.-девка.* ✦ **Мелким бесом рассыпаться** (разг.) — угодливо льстить, юлить, лебезить. **Какого беса?** (прост.) — то же, что какого дьявола? ‖ *прил.* **бесо́вский**, -ая, -ое. *Бесовское наваждение.*

БЕС..., *приставка.* То же, что без...; пишется вместо «без» перед глухими согласными, напр. *бесполезный, бессильный.*

БЕСЕ́ДА, -ы, *ж.* **1.** Разговор, обмен мнениями. *Дружеская б.* **2.** Род популярного доклада, обычно с обменом мнениями, собеседование. *Провести беседу.*

БЕСЕ́ДКА, -и, *ж.* Крытая лёгкая постройка для отдыха в саду, парке. ‖ *прил.* **бесе́дочный**, -ая, -ое *и* **бесе́дковый**, -ая, -ое (спец.).

БЕСЕ́ДОВАТЬ, -дую, -дуешь; *несов.*, *с кем.* Вести беседу (в 1 знач.).

БЕСЁНОК, -нка, *мн.* -еня́та, -еня́т, *м.* Маленький бес. *Не мальчишка, а б.* (разг.).

БЕСИ́ТЬ, бешу́, бе́сишь; *несов.*, *кого (что)* (разг.). Приводить в крайнее раздражение. ‖ *сов.* **взбеси́ть**, -ешу́, -е́сишь; -ешённый (-ён, -ена́).

БЕСИ́ТЬСЯ, бешу́сь, бе́сишься; *несов.* **1.** (1 и 2 л. не употр.). О животных: заболевать бешенством. **2.** Быть в крайнем раздражении, беснояться (разг.). *Б. при всякой неудаче.* **3.** Резвиться, шалить без удержу (разг.). *Дети бесились весь вечер.* ✦ **С жиру беситься** (разг.) — привередничать от сытой, обеспеченной жизни. ‖ *сов.* **взбеси́ться**, -ешу́сь, -е́сишься (к 1 и 2 знач.).

БЕСКЛА́ССОВЫЙ, -ая, -ое. Не подразделяющийся на общественные классы. *Бесклассовое общество.* ‖ *сущ.* **бескла́ссовость**, -и, *ж.*

БЕСКОЗЫ́РКА, -и, *ж.* Головной убор с твёрдым околышем без козырька. *Матросская б.*

БЕСКОМПРОМИ́ССНЫЙ, -ая, -ое; -сен, -сна. Не допускающий компромиссов. *Бескомпромиссное решение.* ‖ *сущ.* **бескомпроми́ссность**, -и, *ж.*

БЕСКОНЕ́ЧНЫЙ, -ая, -ое; -чен, -чна. **1.** Не имеющий конца, пределов. *Бесконечное мировое пространство. Бесконечная дробь* (десятичная дробь с неограниченным числом знаков; спец.). **2.** Непомерно длинный, не прекращающийся. *Бесконечные споры.* **3.** Чрезвычайный по силе проявления. *Бесконечная нежность. Бесконечно* (нареч.) *рад.* ✦ **Бесконечно малая величина** — в математике: функция (во 2 знач.), имеющая пределом нуль. ‖ *сущ.* **бесконе́чность**, -и, *ж.* *Спорить до бесконечности* (очень долго, без конца).

БЕСКОНТРО́ЛЬНЫЙ, -ая, -ое; -лен, -льна. Никем не контролируемый. ‖ *сущ.* **бесконтро́льность**, -и, *ж.*

БЕСКОНФЛИ́КТНЫЙ, -ая, -ое; -тен, -тна. Не содержащий конфликтов. ‖ *сущ.* **бесконфли́ктность**, -и, *ж.*

БЕСКО́РМИЦА, -ы, *ж.* (устар.). Недостаток кормов для скота.

БЕСКОРЫ́СТНЫЙ, -ая, -ое; -тен, -тна. Чуждый корыстных интересов. *Б. человек. Б. поступок. Бескорыстно* (нареч.) *помогать кому-н.* ‖ *сущ.* **бескоры́стие**, -я, *ср.* и **бескоры́стность**, -и, *ж.*

БЕСКО́СТНЫЙ, -ая, -ое. Не имеющий костяка, костей.

БЕСКРА́ЙНИЙ, -яя, -ее; -а́ен, -а́йня (книжн.) и (устар.) **БЕСКРА́ЙНЫЙ**, -ая, -ое; -а́ен, -а́йна. Не имеющий видимых пределов, края. *Бескрайние просторы, снега.* ‖ *сущ.* **бескра́йность**, -и, *ж.*

БЕСКРО́ВНЫЙ, -ая, -ое; -вен, -вна. **1.** Лишённый крови или бедный кровью, а также очень бледный. *Бескровное лицо. Бескровные губы.* **2.** Совершаемый, достигаемый без кровопролития. *Б. революция.* ‖ *сущ.* **бескро́вность**, -и, *ж.*

БЕСКРЫ́ЛЫЙ, -ая, -ое; -ы́л. **1.** *полн. ф.* Не имеющий крыльев. *Бескрылые насекомые.* **2.** *перен.* Лишённый творческой фантазии, полёта. *Бескрылые мечты.* ‖ *сущ.* **бескры́лость**, -и, *ж.* (ко 2 знач.).

БЕСКУЛЬТУ́РЬЕ, -я, *ср.* Отсутствие культуры (во 2 знач.), культурности.

БЕСНОВА́ТЫЙ, -ая, -ое (устар.). Душевнобольной, ненормальный [по старым народным представлениям: такой, в к-рого вселился бес].

БЕСНОВА́ТЬСЯ, -ну́юсь, -ну́ешься; *несов.* Неистовствовать, быть в крайнем раздражении, возбуждении [*первонач.* о бесноватом]. ‖ *сущ.* **беснова́ние**, -я, *ср.*

БЕСО́ВСКИЙ *см.* бес.

БЕСПА́ЛЫЙ, -ая, -ое. Не имеющий пальца или пальцев.

БЕСПА́МЯТНЫЙ, -ая, -ое; -тен, -тна (разг.). То же, что забывчивый. ‖ *сущ.* **беспа́мятность**, -и, *ж.*

БЕСПА́МЯТСТВО, -а, *ср.* **1.** Обморочное состояние. *Впасть в б.* **2.** То же, что исступление. *В беспамятстве наговорить много лишнего.*

БЕСПАРДО́ННЫЙ, -ая, -ое; -о́нен, -о́нна (разг.). Крайне бесцеремонный, беззастенчивый. *Беспардонное поведение. Б. лжец.* ‖ *сущ.* **беспардо́нность**, -и, *ж.*

БЕСПАРТИ́ЙНЫЙ, -ая, -ое; -и́ен, -и́йна. **1.** Не являющийся членом какой-н. партии (в 1 знач.). **2.** Не являющийся членом коммунистической партии. ‖ *сущ.* **беспарти́йность**, -и, *ж.*

БЕСПА́СПОРТНЫЙ, -ая, -ое. Не имеющий или лишившийся паспорта. ‖ *сущ.* **беспа́спортность**, -и, *ж.*

БЕСПЕРЕБО́ЙНЫЙ, -ая, -ое; -о́ен, -о́йна. Совершающийся без перебоев, ритмично. *Бесперебойное снабжение.* ‖ *сущ.* **бесперебо́йность**, -и, *ж.*

БЕСПЕРЕСА́ДОЧНЫЙ, -ая, -ое. Совершаемый без пересадок. *Беспересадочное сообщение.*

БЕСПЕРСПЕКТИ́ВНЫЙ, -ая, -ое; -вен, -вна. Лишённый перспектив (в 3 знач.), хороших видов на будущее. *Бесперспективная дискуссия.* ‖ *сущ.* **бесперспекти́вность**, -и, *ж.*

БЕСПЕЧА́ЛЬНЫЙ, -ая, -ое; -лен, -льна (устар.). Не омрачённый печалью. *Беспечальное существование. Беспечально* (нареч.) *жить.* ‖ *сущ.* **беспеча́льность**, -и, *ж.*

БЕСПЕ́ЧНЫЙ, -ая, -ое; -чен, -чна. Беззаботный, легкомысленный. *Б. человек. Беспечное отношение к делу.* ‖ *сущ.* **беспе́чность**, -и, *ж.*

БЕСПИЛО́ТНЫЙ, -ая, -ое. О летательном аппарате: управляемый автоматически, без пилота.

БЕСПИ́СЬМЕННЫЙ, -ая, -ое. Не имеющий письменности. *Бесписьменные народы.*

БЕСПЛА́НОВЫЙ, -ая, -ое. Осуществляемый без плана, планирования. ‖ *сущ.* **беспла́новость**, -и, *ж.*

БЕСПЛА́ТНЫЙ, -ая, -ое; -тен, -тна. Такой, за к-рый не взимается плата. *Б. проезд. Бесплатное обучение. Бесплатные обеды.* ‖ *сущ.* **беспла́тность**, -и, *ж.*

БЕСПЛО́ДНЫЙ, -ая, -ое; -ден, -дна. **1.** Неспособный производить потомство. **2.** О почве: неплодородный. **3.** *перен.* Безуспешный, безрезультатный. *Бесплодные усилия.* ‖ *сущ.* **беспло́дие**, -я, *ср.* (к 1 и 2 знач.) *и* **беспло́дность**, -и, *ж.* (ко 2 и 3 знач.).

БЕСПЛО́ТНЫЙ, -ая, -ое; -тен, -тна. Не имеющий тела, плоти. *Б. призрак. Душа бесплотна.* ‖ *сущ.* **беспло́тность**, -и, *ж.*

БЕСПОВОРО́ТНЫЙ, -ая, -ое; -тен, -тна. Такой, к-рый не изменится, окончательный. *Бесповоротное решение.* ‖ *сущ.* **бесповоро́тность**, -и, *ж.*

БЕСПОДО́БНЫЙ, -ая, -ое; -бен, -бна (разг.). Превосходный, ни с чем не сравнимый. *Б. голос.* ‖ *сущ.* **бесподо́бность**, -и, *ж.*

БЕСПОЗВОНО́ЧНЫЙ, -ая, -ое. Не имеющий позвоночника. *Беспозвоночные животные. Группа беспозвоночных* (сущ.).

БЕСПОКО́ИТЬ, -о́ю, -о́ишь; *несов., кого (что).* **1.** Нарушать покой, мешать. *Беспокоят шумные соседи. Прошу не б.* **2.** То же, что тревожить (в 1 знач.). *Мать беспокоит поведение сына.* **3.** (1 и 2 л. не употр.). Об ощущении боли, неудобства. *Беспокоит боль в сердце. Беспокоят старые раны.*

БЕСПОКО́ИТЬСЯ, -о́юсь, -о́ишься; *несов.* **1.** То же, что тревожиться (в 1 знач.). *Б. о детях (за детей).* **2.** Причинять себе беспокойство, утруждать себя чем-н. (разг.). *Не беспокойтесь, я сам сделаю.*

БЕСПОКО́ЙНЫЙ, -ая, -ое; -о́ен, -о́йна. **1.** Испытывающий волнение, склонный к нему, лишённый покоя. *Б. человек.* **2.** Причиняющий неудобства, заботы, лишающий покоя. *Беспокойная дорога. Беспокойная служба.* **3.** Лишённый спокойствия, тревожный. *Беспокойное состояние. Б. сон.* ‖ *сущ.* **беспоко́йность**, -и, *ж.*

БЕСПОКО́ЙСТВО, -а, *ср.* **1.** Нарушение покоя. *Причинять б. Простите за б.* **2.** Тревожное состояние. *С беспокойством ждать. Испытывать б.*

БЕСПОЛЕ́ЗНЫЙ, -ая, -ое; -зен, -зна. Не приносящий пользы, напрасный. *Бесполезные усилия. Бесполезное занятие.* ‖ *сущ.* **бесполе́зность**, -и, *ж.*

БЕСПО́ЛЫЙ, -ая, -ое. Не имеющий признаков пола. *Бесполое существо. Бесполое размножение* (без участия половых клеток, без оплодотворения; спец.). ‖ *сущ.* **беспо́лость**, -и, *ж.*

БЕСПО́МОЩНЫЙ, -ая, -ое; -щен, -щна. **1.** Нуждающийся в помощи, неспособный сам делать что-н. для себя. *Б. ребёнок. Больной беспомощен. Быть в беспомощном состоянии.* **2.** *перен.* Очень плохой, слабый, бездарный. *Беспомощные стихи. Б. аргумент.* ‖ *сущ.* **беспо́мощность**, -и, *ж.*

БЕСПОРО́ДНЫЙ, -ая, -ое; -ден, -дна. Не породистый или не сортовой. *Б. скот. Беспородное зерно.* ‖ *сущ.* **беспоро́дность**, -и, *ж.*

БЕСПОРО́ЧНЫЙ, -ая, -ое; -чен, -чна (устар.). Безукоризненный, честный. *Беспорочная служба.* ‖ *сущ.* **беспоро́чность**, -и, *ж.*

БЕСПОРЯ́ДОК, -дка, *м.* **1.** Отсутствие, нарушение порядка. *Противник отступает в беспорядке. В комнате б.* **2.** *мн.* Волнения в обществе, выражающие протест против властей. *В городе беспорядки.*

БЕСПОРЯ́ДОЧНЫЙ, -ая, -ое; -чен, -чна. Находящийся в беспорядке, бессистемный. *Беспорядочная груда бумаг. Беспорядочные записи.* ‖ *сущ.* **беспоря́дочность**, -и, *ж.*

БЕСПОСА́ДОЧНЫЙ, -ая, -ое. О полёте летательного аппарата: производимый без посадок в промежуточных пунктах. *Б. перелёт.*

БЕСПО́ЧВЕННЫЙ, -ая, -ое; -вен, -венна. Необоснованный, не подтвержденный фактами, доказательствами. *Беспочвенное обвинение.* ‖ *сущ.* **беспо́чвенность**, -и, *ж.*

БЕСПО́ШЛИННЫЙ, -ая, -ое. Свободный от пошлины. *Б. ввоз товаров. Беспошлинно* (нареч.) *торговать.* ‖ *сущ.* **беспо́шлинность**, -и, *ж.*

БЕСПОЩА́ДНЫЙ, -ая, -ое; -ден, -дна. **1.** Не знающий пощады, непримиримый. *Беспощадная сатира. Беспощадно* (нареч.) *бороться с врагами.* **2.** Жестокий, безжалостный. *Беспощадная расправа.* ‖ *сущ.* **беспоща́дность**, -и, *ж.*

БЕСПРА́ВИЕ, -я, *ср.* **1.** Отсутствие законности, беззаконие. **2.** Бесправность, отсутствие прав у кого-н.

БЕСПРА́ВНЫЙ, -ая, -ое; -вен, -вна. **1.** Лишённый гражданских, политических прав. **2.** Неравноправный, неполноправный. *Бесправное положение в семье, в доме.* ‖ *сущ.* **беспра́вность**, -и, *ж.* (ко 2 знач.).

БЕСПРЕДЕ́Л, -а, *м.* (разг.). Крайняя степень беззакония, беспорядка.

БЕСПРЕДЕ́ЛЬНЫЙ, -ая, -ое; -лен, -льна. Безграничный, безмерный. *В беспредельной вышине. Беспредельная любовь. Беспредельная отвага.* ‖ *сущ.* **беспреде́льность**, -и, *ж.*

БЕСПРЕДМЕ́ТНЫЙ, -ая, -ое; -тен, -тна. Не имеющий определённой цели, содержания. *Б. спор.* ‖ *сущ.* **беспредме́тность**, -и, *ж.*

БЕСПРЕКОСЛО́ВНЫЙ, -ая, -ое; -вен, -вна. Не допускающий возражений, безоговорочный. *Беспрекословное исполнение приказа. Беспрекословно* (нареч.) *повиноваться.* ‖ *сущ.* **беспрекосло́вность**, -и, *ж.*

БЕСПРЕМЕ́ННО, *нареч.* (прост.). Непременно, обязательно. *Б. сделаю.*

БЕСПРЕПЯ́ТСТВЕННЫЙ, -ая, -ое; -вен, -венна. Не связанный ни с какими затруднениями, не встречающий препятствий. *Б. въезд.* ‖ *сущ.* **беспрепя́тственность**, -и, *ж.*

БЕСПРЕРЫ́ВНЫЙ, -ая, -ое; -вен, -вна. Совершающийся без перерывов, не прекращающийся, непрерывный. *Б. дождь. Беспрерывно* (нареч.) *звонит телефон.* ‖ *сущ.* **беспреры́вность**, -и, *ж.*

БЕСПРЕСТА́ННЫЙ, -ая, -ое; -а́нен, -а́нна (книжн.). Беспрерывный, часто повторяющийся. *Беспрестанные упрёки.* ‖ *сущ.* **беспреста́нность**, -и, *ж.*

БЕСПРЕЦЕДЕ́НТНЫЙ, -ая, -ое; -тен, -тна (книжн.). Не имеющий прецедента, прецедентов. *Б. случай.* ‖ *сущ.* **беспрецеде́нтность**, -и, *ж.*

БЕСПРИ́ВЯЗНЫЙ, -ая, -ое (спец.). О содержании крупного рогатого скота: без привязи и выгороженных стойл.

БЕСПРИДА́ННИЦА, -ы, *ж.* В старое время: бедная девушка, не имеющая приданого.

БЕСПРИЗО́РНИК, -а, *м.* Беспризорный (во 2 знач.) ребёнок, подросток. ‖ *ж.* **беспризо́рница**, -ы. ‖ *прил.* **беспризо́рнический**, -ая, -ое.

БЕСПРИЗО́РНИЧАТЬ, -аю, -аешь; *несов.* (разг.). Жить беспризорником.

БЕСПРИЗО́РНЫЙ, -ая, -ое; -рен, -рна. **1.** Лишённый присмотра. *Беспризорное хозяйство.* **2.** Бездомный, живущий на улице. *Б. ребёнок. В детстве был беспризорным* (сущ.). ‖ *сущ.* **беспризо́рность**, -и, *ж.*

БЕСПРИМЕ́РНЫЙ, -ая, -ое; -рен, -рна (высок.). Не имеющий себе равного, исключительный. *Б. героизм.* ‖ *сущ.* **бесприме́рность**, -и, *ж.*

БЕСПРИНЦИ́ПНЫЙ, -ая, -ое; -пен, -пна. Лишённый каких-н. определённых принципов, моральных устоев. *Б. карьерист. Беспринципное решение.* ‖ *сущ.* **беспринци́пность**, -и, *ж.*

БЕСПРИСТРА́СТНЫЙ, -ая, -ое; -тен, -тна. Не имеющий ни к кому пристрастия, справедливый. *Б. судья. Б. приговор.* ‖ *сущ.* **беспристра́стие**, -я, *ср. и* **беспристра́стность**, -и, *ж.*

БЕСПРИЧИ́ННЫЙ, -ая, -ое; -и́нен, -и́нна. Не имеющий основания, причины. *Б. смех.* ‖ *сущ.* **беспричи́нность**, -и, *ж.*

БЕСПРИЮ́ТНЫЙ, -ая, -ое; -тен, -тна. Лишённый приюта, крова. ‖ *сущ.* **бесприю́тность**, -и, *ж.*

БЕСПРОБУ́ДНЫЙ, -ая, -ое; -ден, -дна. Непробудный, беспросыпный. *Б. сон. Беспробудное пьянство.* ‖ *сущ.* **беспробу́дность**, -и, *ж.*

БЕСПРО́ВОЛОЧНЫЙ, -ая, -ое. Работающий без проводов. *Беспроволочная связь* (радиосвязь). *Б. телеграф* (радиотелеграф; устар.).

БЕСПРО́ИГРЫШНЫЙ, -ая, -ое; -шен, -шна. С обязательным выигрышем. *Беспроигрышная лотерея.* ‖ *сущ.* **беспро́игрышность**, -и, *ж.*

БЕСПРОСВЕ́ТНЫЙ, -ая, -ое; -тен, -тна. **1.** О темноте, мраке: полный, совершенный. *Беспросветная тьма.* **2.** *перен.* Очень мрачный, без всякого просвета, радости, без надежды на лучшее. *Беспросветная тоска.* ‖ *сущ.* **беспросве́тность**, -и, *ж.*

БЕСПРОСЫ́ПНЫЙ, -ая, -ое; -пен, -пна (разг.). Непробудный, непрекращающийся. ‖ *сущ.* **беспросы́пность**, -и, *ж.*

БЕСПРОЦЕ́НТНЫЙ, -ая, -ое. Такой, на к-рый не начисляется процентов. *Беспроцентная ссуда.*

БЕСПУ́ТНИК, -а, *м.* (разг.). Беспутный человек. ‖ *ж.* **беспу́тница**, -ы. ‖ *прил.* **беспу́тнический**, -ая, -ое.

БЕСПУ́ТНИЧАТЬ, -аю, -аешь; *несов.* (разг.). Вести себя беспутно.

БЕСПУ́ТНЫЙ, -ая, -ое; -тен, -тна. Легкомысленный и разгульный. *Б. человек.* ‖ *сущ.* **беспу́тность**, -и, *ж.*

БЕСПУ́ТСТВО, -а, *ср.* (разг.). Беспутное и непристойное поведение.

БЕССВЯ́ЗНЫЙ, -ая, -ое; -зен, -зна. Лишённый связности, отрывочный. *Б. рассказ.* ‖ *сущ.* **бессвя́зность**, -и, *ж.*

БЕССЕРДЕ́ЧНЫЙ, -ая, -ое; -чен, -чна. Чуждый мягкости, сердечности; бездушный, жестокий. *Б. человек. Бессердечное отношение к кому-н.* ‖ *сущ.* **бессерде́чие**, -я, *ср.* и **бессерде́чность**, -и, *ж.*

БЕССИ́ЛИЕ, -я, *ср.* **1.** Отсутствие сил, физическая слабость. *Старческое б.* **2.** Отсутствие возможности действовать. *Чувствовать своё б. в чём-н.*

БЕССИ́ЛЬНЫЙ, -ая, -ое; -лен, -льна. **1.** Не имеющий сил, слабый. *Бессильно* (нареч.) *опустились руки.* **2.** Лишённый возможности действовать, оказывать воздействие. *Б. гнев. Медицина здесь бессильна* (больной безнадёжен).

БЕССИСТЕ́МНЫЙ, -ая, -ое; -мен, -мна. Не приведённый в систему, беспорядочный. *Бессистемное изложение. Бессистемно* (нареч.) *заниматься.* ‖ *сущ.* **бессисте́мность**, -и, *ж.*

БЕССЛА́ВНЫЙ, -ая, -ое; -вен, -вна (высок.). Позорный, достойный осуждения. *Б. конец.* ‖ *сущ.* **бессла́вность**, -и, *ж.*

БЕССЛЕ́ДНЫЙ, -ая, -ое; -ден, -дна. Не оставивший никаких следов после себя, сведений о себе. *Пропасть бесследно* (нареч.). ‖ *сущ.* **бессле́дность**, -и, *ж.*

БЕССЛОВЕ́СНЫЙ, -ая, -ое; -сен, -сна. **1.** Лишённый речи, неспособный говорить. *Бессловесная тварь* (о животных). **2.** Молчаливый, не высказывающий ни о чём своего мнения, безропотный. *Б. исполнитель.* ✦ **Бессловесная роль** — театральная роль без слов. ‖ *сущ.* **бесслове́сность**, -и, *ж.*

БЕССМЕ́ННЫЙ, -ая, -ое; -е́нен, -е́нна. Постоянный, не имеющий замены. *Б. руководитель кружка.* ‖ *сущ.* **бессме́нность**, -и, *ж.*

БЕССМЕ́РТИЕ, -я, *ср.* **1.** Посмертная слава (высок.). *Стяжать себе б.* **2.** В религиозных представлениях: вечное существование души, обитающей в теле и покидающей его после смерти, загробная жизнь. *Вера в б. души.*

БЕССМЕ́РТНИК, -а, *м.* Растение сем. сложноцветных с сухими невянущими цветками и ярко окрашенными листочками у соцветий, иммортель.

БЕССМЕ́РТНЫЙ, -ая, -ое; -тен, -тна. **1.** Не подверженный смерти, живущий вечно. *Народ бессмертен.* **2.** Остающийся навсегда в памяти людей (высок.). *Бессмертное имя. Бессмертная слава.* ‖ *сущ.* **бессме́ртность**, -и, *ж.*

БЕССМЫ́СЛЕННЫЙ, -ая, -ое; -лен, -ленна. **1.** Лишённый смысла, неразумный. *Б. набор слов. Б. поступок.* **2.** Не выражающий никакой мысли. *Б. взгляд. Бессмысленная улыбка.* ‖ *сущ.* **бессмы́сленность**, -и, *ж.*

БЕССМЫ́СЛИЦА, -ы, *ж.* (разг.). Нечто бессмысленное, нелепость, глупость.

БЕССО́ВЕСТНЫЙ, -ая, -ое; -тен, -тна. Нечестный и наглый. *Б. обман. Б. лжец.* ‖ *сущ.* **бессо́вестность**, -и, *ж.*

БЕССОДЕРЖА́ТЕЛЬНЫЙ, -ая, -ое; -лен, -льна. Бедный содержанием, мыслями. *Бессодержательная статья.* ‖ *сущ.* **бессодержа́тельность**, -и, *ж.*

БЕССОЗНА́ТЕЛЬНЫЙ, -ая, -ое; -лен, -льна. **1.** *полн. ф.* Сопровождаемый потерей сознания. *Быть в бессознательном состоянии.* **2.** Непроизвольный, безотчётный. *Б. жест. Действовать бессознательно* (нареч.). ‖ *сущ.* **бессозна́тельность**, -и, *ж.* (ко 2 знач.).

БЕССОЛЕВО́Й, -а́я, -о́е. О питании, продуктах: без употребления, добавления соли. *Бессолевая диета. Б. хлеб.*

БЕССО́ННИЦА, -ы, *ж.* Болезненное отсутствие, нарушение сна. *Страдать бессонницей. Средство против (от) бессонницы.*

БЕССО́ННЫЙ, -ая, -ое. Проведённый без сна; не знающий сна. *Бессонная ночь. Бессонная стража.*

БЕССОЮ́ЗНЫЙ, -ая, -ое: 1) **бессоюзная связь** — в грамматике: связь словоформы или предложений, осуществляющаяся без участия союза или союзного слова; 2) **бессоюзное предложение** — в грамматике: предложение, в к-ром отношения между его частями — простыми предложениями — не выражены союзами или союзными словами.

БЕССПО́РНЫЙ, -ая, -ое; -рен, -рна. **1.** Несомненный, совершенно очевидный. *Бесспорная истина.* **2. бесспо́рно**, *вводн. сл.* Безусловно, вне всякого сомнения. *Он, бесспорно, прав.* ‖ *сущ.* **бесспо́рность**, -и, *ж.* (к 1 знач.).

БЕССРЕ́БРЕНИК, -а, *м.* Равнодушный к деньгам, богатству, бескорыстный человек. ‖ *ж.* **бессре́бреница**, -ы. ‖ *прил.* **бессре́бренический**, -ая, -ое.

БЕССРО́ЧНЫЙ, -ая, -ое; -чен, -чна. Не ограниченный сроком. *Б. паспорт. Бессрочное пользование.* ‖ *сущ.* **бессро́чность**, -и, *ж.*

БЕССТО́ЧНЫЙ, -ая, -ое. Не имеющий стока. *Бессточное озеро.*

БЕССТРА́СТИЕ, -я, *ср.* Отсутствие страстности, холодное спокойствие.

БЕССТРА́СТНЫЙ, -ая, -ое; -тен, -тна. Не подверженный страстям, холодный и спокойный. *Б. мудрец. Б. тон.* ‖ *сущ.* **бесстра́стность**, -и, *ж.*

БЕССТРА́ШИЕ, -я, *ср.* Отсутствие страха, храбрость. *Проявить б.*

БЕССТРА́ШНЫЙ, -ая, -ое; -шен, -шна. Не испытывающий страха, храбрый. *Б. воин.* ‖ *сущ.* **бесстра́шность**, -и, *ж.*

БЕССТЫ́ДНИК, -а, *м.* (разг.). Бесстыдный человек. ‖ *ж.* **бессты́дница**, -ы.

БЕССТЫ́ДНИЧАТЬ, -аю, -аешь; *несов.* (прост.). Вести себя бесстыдно, бессовестно. *Не бесстыдничай при детях!*

БЕССТЫ́ДНЫЙ, -ая, -ое; -ден, -дна. Лишённый чувства стыда, противоречащий общественной морали, непристойный. *Бесстыдное поведение. Бесстыдная ложь* (открытая и наглая). ‖ *сущ.* **бессты́дство**, -а, *ср.* и **бессты́дность**, -и, *ж.*

БЕССТЫ́ДСТВО, -а, *ср.* **1.** *см.* бесстыдный. **2.** Бесстыдный поступок.

БЕССТЫ́ЖИЙ, -ая, -ее; -ы́ж (прост.). То же, что бесстыдный. *Бесстыжие твои глаза!* (упрёк в бесстыдстве, наглости). ‖ *сущ.* **бессты́жесть**, -и, *ж.*

БЕСТА́КТНОСТЬ, -и, *ж.* **1.** *см.* бестактный. **2.** Бестактный поступок. *Совершить б.*

БЕСТА́КТНЫЙ, -ая, -ое; -тен, -тна. Лишённый такта, чуткости, чувства приличия. *Б. человек. Б. вопрос. Бестактно* (нареч.) *вести себя.* ‖ *сущ.* **беста́ктность**, -и, *ж.*

БЕСТАЛА́ННЫЙ[1], -ая, -ое; -а́нен, -а́нна. Лишённый таланта. *Б. рифмоплёт.* ‖ *сущ.* **бестала́нность**, -и, *ж.*

БЕСТАЛА́ННЫЙ[2], -ая, -ое. В народно-поэтической речи: несчастный, обездоленный. *Бесталанная головушка.*

БЕСТЕНЕВО́Й, -а́я, -о́е: **бестеневая лампа** — электрическая лампа, снабжённая устройством, к-рое исключает возможность образования тени.

БЕ́СТИЯ, -и, *м.* и *ж.* (прост.). Плут, пройдоха. *Продувная, тонкая б.*

БЕСТОЛКО́ВЩИНА, -ы (разг. неодобр.). **1.** *ж.* Беспорядок, неразбериха. *В делах полная б.* **2.** *м.* и *ж.* Бестолковый человек. *Ну что ты за б. (такая) (такой)!*

БЕСТОЛКО́ВЫЙ, -ая, -ое; -о́в. **1.** Непонятливый, глупый, несообразительный. *Б. ученик.* **2.** Беспорядочный, невразумительный, неразумный. *Б. рассказ. Бестолково* (нареч.) *делать что-н.* ‖ *сущ.* **бестолко́вость**, -и, *ж.*

БЕ́СТОЛОЧЬ, -и, *м.* и *ж.* (разг. неодобр.). То же, что бестолковщина.

БЕСТРЕ́ПЕТНЫЙ, -ая, -ое; -тен, -тна (высок.). Бесстрашный, неустрашимый. ‖ *сущ.* **бестре́петность**, -и, *ж.*

БЕСТСЕ́ЛЛЕР [сэ], -а, *м.* Популярная, быстрее других раскупаемая книга. *Новый роман стал бестселлером.*

БЕСФО́РМЕННЫЙ, -ая, -ое; -мен, -менна. Не имеющий определённой формы, ясных очертаний. *Бесформенная масса.* ‖ *сущ.* **бесфо́рменность**, -и, *ж.*

БЕСХАРА́КТЕРНЫЙ, -ая, -ое; -рен, -рна. Безвольный, легко поддающийся чужим влияниям. *Б. человек.* ‖ *сущ.* **бесхара́ктерность**, -и, *ж.*

БЕСХИ́ТРОСТНЫЙ, -ая, -ое; -тен, -тна. Прямодушный, простой. *Б. ребёнок. Б. рассказ.* ‖ *сущ.* **бесхи́тростность**, -и, *ж.*

БЕСХО́ЗНЫЙ, -ая, -ое; -зен, -зна (офиц.). Не имеющий хозяина. *Бесхозное имущество.* ‖ *сущ.* **бесхо́зность**, -и, *ж.*

БЕСХОЗЯ́ЙСТВЕННЫЙ, -ая, -ое; -вен, -венна. Не умеющий вести хозяйство, нарушающий интересы хозяйства. *Бесхозяйственное отношение к делу.* ‖ *сущ.* **бесхозя́йственность**, -и, *ж.*

БЕСХРЕБЕ́ТНЫЙ, -ая, -ое; -тен, -тна. Не имеющий твёрдой линии поведения, беспринципный. *Бесхребетное решение.* ‖ *сущ.* **бесхребе́тность**, -и, *ж.*

БЕСЦВЕ́ТНЫЙ, -ая, -ое; -тен, -тна. **1.** Не имеющий цвета. *Бесцветная жидкость.* **2.** *перен.* Невыразительный, ничем не замечательный. *Б. рассказ.* ‖ *сущ.* **бесцве́тность**, -и, *ж.*

БЕСЦЕ́ЛЬНЫЙ, -ая, -ое; -лен, -льна. Не имеющий определённой цели, бесполезный. *Бесцельное времяпрепровождение. Б. спор.* ‖ *сущ.* **бесце́льность**, -и, *ж.*

БЕСЦЕ́ННЫЙ, -ая, -ое; -е́нен, -е́нна (книжн.). **1.** Очень ценный, неоценимый. *Бесценные сокровища. Б. дар.* **2.** Дорогой, любимый. *Б. друг.* ‖ *сущ.* **бесце́нность**, -и, *ж.* (к 1 знач.).

БЕСЦЕ́НОК: за бесценок (разг.) — очень дёшево. *Купить, продать за бесценок.*

БЕСЦЕРЕМО́ННЫЙ, -ая, -ое; -о́нен, -о́нна. Беззастенчивый и развязный, выходящий за границы вежливости. *Б. посетитель. Б. поступок. Бесцеремонно* (нареч.) *вести себя.* ‖ *сущ.* **бесцеремо́нность**, -и, *ж.*

БЕСЧЕЛОВЕ́ЧНЫЙ, -ая, -ое; -чен, -чна. Очень жестокий, безжалостный. *Бесчеловечное обращение.* ‖ *сущ.* **бесчелове́чность**, -и, *ж.*

БЕСЧЕ́СТИТЬ, -е́щу, -е́стишь; *несов., кого-что* (книжн.). **1.** Позорить, порочить. **2.** Лишать женской чести. ‖ *сов.* **обесче́стить**, -е́щу, -е́стишь; -е́щенный.

БЕСЧЕ́СТНЫЙ, -ая, -ое; -тен, -тна. Нарушающий требования чести, непорядочный. *Б. поступок.* ‖ *сущ.* **бесче́стность**, -и, *ж.*

БЕСЧЕ́СТЬЕ, -я, *ср.* (устар.). Поругание чести, оскорбление. *Нанести б. кому-н.*

БЕСЧИ́НСТВО, -а, *ср.* Грубое нарушение порядка, скандальное поведение.

БЕСЧИ́НСТВОВАТЬ, -твую, -твуешь; *несов.* Совершать бесчинства.

БЕСЧИ́СЛЕННЫЙ, -ая, -ое; -лен, -ленна. Очень большой по количеству, неисчислимый. *Бесчисленные толпы.* ‖ *сущ.* **бесчи́сленность**, -и, *ж.*

БЕСЧУ́ВСТВЕННЫЙ, -ая, -ое; -вен, -венна. **1.** Лишённый чувств (во 2 знач.), сознания. *В бесчувственном состоянии кто-н.* (без сознания). **2.** Лишённый чувства сострадания, отзывчивости. *Б. человек.* ‖ *сущ.* **бесчу́вственность**, -и, *ж.*

БЕСЧУ́ВСТВИЕ, -я, *ср.*: 1) **в бесчувствии** (быть, лежать) — без сознания; 2) **до бесчувствия** (избить, довести, дойти, напиться) — до потери сознания.

БЕСШАБА́ШНЫЙ, -ая, -ое; -шен, -шна (разг.). Беспечный, залихватский, отчаянный. *Б. парень. Б. поступок.* ‖ *сущ.* **бесшаба́шность**, -и, *ж.*

БЕСШУ́МНЫЙ, -ая, -ое; -мен, -мна. Не производящий шума, тихий. *Б. мотор. Бесшумно* (нареч.) *подкрасться.* ‖ *сущ.* **бесшу́мность**, -и, *ж.*

БЕ́ТА-... [бэ́]. *Первая часть сложных слов* в составе нек-рых терминов: *бета-распад* (один из видов радиоактивного превращения атомного ядра), *бета-частицы* (электроны и позитроны, испускаемые радиоактивными веществами при бета-распаде), *бета-лучи* (поток бета-частиц, испускаемых радиоактивными веществами при бета-распаде).

БЕТО́Н, -а (-у), *м.* Строительный материал из вяжущих смесей (цемента, силиката, битума) с водой и заполнителями, твердеющий после укладки. *Архитектурный б.* (бетонные панели, блоки, отделанные каменной или керамической крошкой). ‖ *прил.* **бето́нный**, -ая, -ое.

БЕТОНИ́РОВАТЬ, -рую, -руешь; -анный; *сов.* и *несов., что.* Заполнить (-нять) бетоном. ‖ *сов.* также **забетони́ровать**, -рую, -руешь; -анный. ‖ *сущ.* **бетони́рование**, -я, *ср.* и **бетониро́вка**, -и, *ж.*

БЕТО́НКА, -и, *ж.* (разг.). Бетонированная дорога или полоса на взлётном поле.

БЕТОНОМЕША́ЛКА, -и, *ж.* Машина для приготовления бетонной смеси.

БЕТО́НЩИК, -а, *м.* Рабочий, занимающийся бетонными работами. ‖ *ж.* **бето́нщица**, -ы. ‖ *прил.* **бето́нщицкий**, -ая, -ое.

БЕФСТРО́ГАНОВ, -а, *м.*, только *ед.* Кушанье из мелких кусочков мяса, тушёных в сметане.

БЕЧЕВА́, -ы́, *ж.* Прочная толстая верёвка, канат. ‖ *прил.* **бечево́й**, -а́я, -о́е. *Бечевая тяга* (в старину: передвижение судна бечевой, к-рую тянули по берегу бурлаки или лошади). *Бечевая* (сущ.; узкая полоса земли вдоль берега, по к-рой идут бурлаки; устар. *Идти бечевой).*

БЕЧЁВКА, -и, *ж.* Тонкая верёвка. ‖ *прил.* **бечёвочный**, -ая, -ое.

БЕ́ШЕНСТВО, -а, ср. **1.** Вирусное заболевание, поражающее нервную систему. *Вакцина против бешенства.* **2.** *перен.* Крайняя степень раздражения. *Прийти в бешенство.*

БЕ́ШЕНЫЙ, -ая, -ое. **1.** Больной бешенством (в 1 знач.). *Бешеная собака.* **2.** Необузданный, крайне раздражительный. *Б. характер.* **3.** Большой силы, напряжения, яростный. *Бешеная скорость. Б. ураган.* ✦ **Бешеные деньги** (разг.) — легко доставшиеся большие деньги, а также вообще чрезмерно большие деньги. **Бешеные цены** (разг.) — очень высокие.

БЕШМЕ́Т, -а, *м.* У нек-рых народов Кавказа и Средней Азии: верхняя распашная, обычно стёганая, одежда.

БЗИК, -а, *м.* (прост.). Странность, причуда. *С бзиком кто-н.* (не совсем нормален).

БИАТЛО́Н, -а, *м.* Вид зимнего двоеборья, включающий лыжную гонку и стрельбу из винтовки. ‖ *прил.* **биатло́нный**, -ая, -ое.

БИАТЛОНИ́СТ, -а, *м.* Спортсмен, занимающийся биатлоном. ‖ *ж.* **биатлони́стка**, -и. ‖ *прил.* **биатлони́стский**, -ая, -ое.

БИБЛИО... *Первая часть сложных слов со знач.* относящийся к книгам, напр. *библиомания, библиофильство, библиофильский.*

БИБЛИО́ГРАФ, -а, *м.* Специалист по библиографии.

БИБЛИОГРА́ФИЯ, -и, *ж.* **1.** Научное описание и систематизация произведений печати и письменности, их выявление и отбор, составление их перечней, указателей и информационных изданий. **2.** Перечень книг и статей по какому-н. вопросу. *К статье приложена б.* ‖ *прил.* **библиографи́ческий**, -ая, -ое. *Библиографическая редкость* (печатное издание, к-рое стало редким, к-рое трудно найти).

БИБЛИОТЕ́КА, -и, *ж.* **1.** Учреждение, собирающее и хранящее произведения печати и письменности для общественного пользования, а также осуществляющее справочно-библиографическую работу. *Публичная б. Научная, детская б. Передвижная б.* **2.** Собрание книг, произведений печати, а также помещение, где они хранятся. *Б. учёного. Домашняя б.* **3.** Название серии книг, объединённых тематически или по назначению, жанру. *Б. путешествий. Б. поэта (поэтическая).* ‖ *уменьш.* **библиоте́чка**, -и, *ж.* ‖ *прил.* **библиоте́чный**, -ая, -ое (к 1 и 2 знач.). *Библиотечное дело* (научная и практическая деятельность библиотек).

БИБЛИОТЕ́КАРЬ, -я, *м.* Работник библиотеки (в 1 знач.). ‖ *ж.* **библиоте́карша**, -и (разг.). ‖ *прил.* **библиоте́карский**, -ая, -ое.

БИБЛИОФИ́Л, -а, *м.* Любитель и собиратель книг. ‖ *ж.* **библиофи́лка**, -и (разг.). ‖ *прил.* **библиофи́льский**, -ая,-ое.

БИ́БЛИЯ, -и, *ж.* (Б прописное). Канонизированное собрание священных книг иудейской и христианской религий. *Дохристианская часть Библии* (Ветхий Завет). *Христианская часть Библии* (Новый Завет). ‖ *прил.* **библе́йский**, -ая, -ое. *Библейские сказания. Библейское лицо* (перен.: иконописное).

БИВА́К, -а и **БИВУА́К**, -а, *м.* **1.** Привал, расположение войск вне населённого пункта (устар.). *Разбить б. Стоять биваком или на биваках.* **2.** (бивуа́к).Стоянка альпинистов, туристов. ‖ *прил.* **бива́чный**, -ая, -ое *и* **бивуа́чный**, -ая, -ое. *Бивачная жизнь* (перен.: неустроенная, неоседлая; устар.). *Бивуачное жильё.*

БИ́ВНИ, -ей, *ед.* -вень, -вня, *м.* У нек-рых млекопитающих: сильно развитые, выступающие наружу зубы, клыки, резцы. *Б. слона, моржа, кабана.*

БИГУДИ́, *нескл., ср. и мн.* (*мн.* также бигуди́, -е́й; прост.) Трубочки для завивки волос. *Накрутить волосы на б.*

БИДО́Н, -а, *м.* Металлический или пластмассовый сосуд цилиндрической формы с крышкой. *Б. для молока.* ‖ *уменьш.* **бидо́нчик**, -а, *м.* ‖ *прил.* **бидо́нный**, -ая, -ое.

БИЕ́НИЕ *см.* биться.

БИЖУТЕРИ́Я [тэ], -и и **БИЖУТЕ́РИЯ** [тэ́], -и, *ж., собир.* Украшения, имитирующие ювелирные изделия. *Женская б.* ‖ *прил.* **бижутери́йный**, -ая, -ое.

БИ́ЗНЕС [нэ], -а, *м.* Предпринимательская экономическая деятельность, приносящая доход, прибыль. *Малый, средний б. Заняться бизнесом. Делать б. на чём-н.* (получать доход, а также наживаться).

БИ́ЗНЕС-... *Первая часть сложных слов со знач.* относящийся к бизнесу, занятый бизнесом. *Б.-клуб, б.-план, б.-шоу. Б.-класс* (разряд мест на транспорте).

БИЗНЕСМЕ́Н [нэ], -а, *м.* Человек, занимающийся бизнесом, предприниматель; тот, кто делает бизнес на чём-н. ‖ *прил.* **бизнесме́нский**, -ая, -ое (разг.).

БИЗО́Н, -а, *м.* Крупное полорогое парнокопытное животное с мягкой шерстью, дикий североамериканский бык. ‖ *прил.* **бизо́ний**, -ья, -ье *и* **бизо́новый**, -ая, -ое.

БИКИ́НИ, *нескл., ср.* Женский купальный костюм: узкий бюстгальтер и плавки, не доходящие до талии.

БИКФО́РДОВ: бикфордов шнур — огнепроводный (с пороховой сердцевиной) шнур для взрывов.

БИЛЕ́Т, -а, *м.* **1.** Документ, удостоверяющий право пользования чем-н. — разовый или на определённый срок. *Железнодорожный б. Сезонный, месячный б.* (для проезда на сезон, на месяц). *Единый проездной б.* (для проезда на разных видах городского транспорта). *Проверка билетов. Б. на поезд, на самолёт. Б. на матч. Б. в театр, в цирк, в кино, в оперу, в музей. Б. на стадион, на каток. Б. от Москвы до Петербурга. Обратный б.* (для проезда туда и обратно, или обратно). *Входной б.* (дающий право на вход в зрительный зал, музей, лекторий). **2.** Документ, удостоверяющий принадлежность к какой-н. организации, партии, отношение к каким-н. обязанностям. *Партийный б. Профсоюзный б. Студенческий б. Членский б. Военный б.* **3.** Бумажный денежный знак. *Б. государственного банка. Кредитный б.* (то же, что банковский билет). *Казначейский б.* **4.** Листок, карточка с каким-н. текстом. *Пригласительный б. Экзаменационный б. Отвечать по билету. Лотерейный б. Счастливый б.* (в лотерее: выигрышный; также перен.: вообще об удаче). ✦ **Белый билет** (разг.) — свидетельство о неспособности нести военную службу. ‖ *уменьш.* **биле́тик**, -а, *м.* (к 1 и 4 знач.). *Нет ли лишнего билетика?* (вопрос желающего купить билет на спектакль у подъезда театра; разг.). ‖ *прил.* **биле́тный**, -ая, -ое (к 1 и 2 знач.). *Б. кассир, контролёр. Билетная касса. Билетная система на экзамене.*

БИЛЕТЁР, -а, *м.* **1.** Контролёр, проверяющий входные билеты. **2.** Распространитель, продавец входных билетов. *Кассир-б.* ‖ *ж.* **билетёрша**, -и (разг.). ‖ *прил.* **билетёрский**, -ая, -ое.

БИЛЛИО́Н, -а, *м.* Название числа, изображаемого единицей с девятью нулями или (в нек-рых странах) с двенадцатью нулями. ‖ *прил.* **биллио́нный**, -ая, -ое.

БИ́ЛО, -а, *ср.* **1.** Металлическая доска для подачи сигналов. **2.** Ударная часть какого-н. приспособления, машины (спец.). *Б. барабана* (в трепальной машине).

БИЛЬЯ́РД, -а, *м.* **1.** Игра на специальном столе, при к-рой ударами кия шары загоняются в лузы. *Играть в б. Партия в б.* **2.** Стол с бортами и лузами для этой игры. *Играть на бильярде.* ‖ *прил.* **бильярдный**, -ая, -ое.

БИНА́РНЫЙ, -ая, -ое; -рен, -рна (спец.). Двойной, состоящий из двух компонентов. *Бинарные сплавы. Бинарная оппозиция* (в лингвистике). ‖ *сущ.* **бина́рность**, -и, *ж.*

БИНО́КЛЬ, -я, *м.* Ручной оптический прибор из двух параллельно соединённых зрительных трубок для рассматривания далёких предметов. *Полевой б. Театральный б.* ‖ *прил.* **бино́клевый**, -ая, -ое.

БИНО́М, -а, *м.* В математике: двучлен.

БИНТ, -а́, *м.* Длинная узкая лента из марли или хлопчатобумажной ткани для лечебных повязок. *Стерильный б. Наложить б. на рану.* ‖ *прил.* **бинтово́й**, -а́я, -о́е.

БИНТОВА́ТЬ, -ту́ю, -ту́ешь; -о́ванный; *несов., кого-что.* Перевязывать бинтом. ‖ *сов.* **забинтова́ть**, -ту́ю, -ту́ешь; -о́ванный. ‖ *возвр.* **бинтова́ться**, -ту́юсь, -ту́ешься; *сов.* **забинтова́ться**, -ту́юсь, -ту́ешься.

БИО... *Первая часть сложных слов со знач.:* 1) относящийся к органической жизни, напр. *биокоммуникация, биоритмы, биополе, биомасса;* 2) относящийся к биологии, напр. *биофизика, биохимия, биомеханика, биогеография, биогеохимия, биокибернетика.*

БИО́ГРАФ, -а, *м.* Составитель биографии. *Биографы Пушкина.*

БИОГРА́ФИЯ, -и, *ж.* **1.** Описание чьей-н. жизни. *Б. Льва Толстого.* **2.** *перен.* Чья-н. жизнь. *Случай из биографии.* ‖ *прил.* **биографи́ческий**, -ая, -ое.

БИО́ЛОГ, -а, *м.* Специалист по биологии.

БИОЛО́ГИЯ, -и, *ж.* Совокупность наук о живой природе, о закономерностях органической жизни. *Космическая б.* (изучающая жизнедеятельность организмов в условиях космоса). ‖ *прил.* **биологи́ческий**, -ая, -ое.

БИО́НИКА, -и, *ж.* Раздел кибернетики, занимающийся изучением строения и жизнедеятельности организмов в целях постановки и решения новых инженерных задач. ‖ *прил.* **биони́ческий**, -ая, -ое.

БИОПО́ЛЕ, -я, *ср.* В парапсихологии: невидимое поле (в 5 знач.), создаваемое каким-н. организмом, группой организмов вокруг себя.

БИОПСИ́Я, -и, *ж.* Иссечение кусочка живой ткани для микроскопического анализа в диагностических целях. ‖ *прил.* **биопси́ческий**, -ая, -ое.

БИОСФЕ́РА, -ы *ж.* Атмосфера, почва и во́ды как среда обитания живых организмов. ‖ *прил.* **биосфе́рный**, -ая, -ое. *Б. заповедник.*

БИОТО́КИ, -ов, *ед.* -то́к, -а, *м.* (спец.). Электрические токи в живых организмах.

БИПЛА́Н, -а, *м.* Самолёт с двумя крыльями, расположенными одно над другим. ‖ *прил.* **бипла́нный**, -ая, -ое.

БИ́РЖА, -и, *ж.* **1.** Учреждение, в к-ром осуществляются финансовые, коммерческие операции с ценными бумагами, валютой или массовыми товарами, продаваемыми по стандартам или образцам. *Валютная б. Товарная б. Фондовая б.* (по купле и продаже ценных бумаг). **2.** Склад лесоматериалов, древесного сырья (спец.). **3.** Уличная стоянка извозчиков (устар.). *Лесная б.* ✦ **Биржа труда** — государственное посредническое учреждение по найму рабочей силы. ‖ *прил.* **биржево́й**, -а́я, -о́е.

БИРЖЕВИ́К, -а́, *м.* Биржевой делец.

БИ́РКА, -и, *ж.* **1.** Палочка или дощечка, на к-рой нарезками отмечается счёт (устар.). **2.** Пластинка с надписью (на товарах, на багаже, грузах). *Товарная б.* ‖ *прил.* **би́рочный**, -ая, -ое.

БИРЮЗА́, -ы́, *ж.* Матовый драгоценный камень голубого или зеленоватого цвета. ‖ *прил.* **бирюзо́вый**, -ая, -ое. *Б. перстень* (с бирюзой).

БИРЮЗО́ВЫЙ, -ая, -ое. **1.** *см.* бирюза. **2.** Зеленовато-голубой, цвета бирюзы. *Бирюзовое море.*

БИРЮ́К, -а́, *м.* **1.** Волк-одиночка (обл.). **2.** *перен.* Нелюдимый и угрюмый человек (разг.). *Смотреть бирюком.* ‖ *прил.* **бирю́чий**, -ья, -ье (к 1 знач.).

БИРЮ́ЛЬКА, -и, *ж.* Маленькая точёная фигурка, применяемая в игре, в к-рой из кучки таких фигурок достают крючком одну за другой, не шевеля остальных. *Играть в бирюльки* (также перен.: заниматься пустяками).

БИС, *межд.* Обращённый к исполнителю (во 2 знач.) возглас, требующий повторного исполнения. *На б. сыграть, спеть, исполнить что-н.* (повторить по просьбе публики). ‖ *прил.* **би́совый**, -ая, -ое. *Бисовое исполнение* (повторяемое на бис).

БИ́СЕР, -а (-у), *м., собир.* Мелкие стеклянные цветные бусинки, зёрнышки со сквозными отверстиями. *Вышивать бисером.* ✦ **Метать бисер перед свиньями** — серьёзно рассуждать о чём-н. с невеждами. ‖ *прил.* **би́серный**, -ая, -ое. *Б. почерк* (перен.: очень мелкий).

БИ́СЕРИНА, -ы, *ж.* Зерно бисера. ‖ *уменьш.* **би́серинка**, -и, *ж.*

БИСИ́РОВАТЬ, -рую, -руешь; *сов.* и *несов.* Исполнить (-нять) на бис.

БИСКВИ́Т, -а, *м.* Сорт лёгкого сдобного печенья. ‖ *прил.* **бискви́тный**, -ая, -ое. *Бисквитное тесто* (на взбитых яйцах).

БИССЕКТРИ́СА, -ы, *ж.* В математике: луч (в 3 знач.), исходящий из вершины угла и делящий его пополам.

БИСТРО́, *нескл., ср.* В нек-рых странах на Западе: маленький ресторан.

БИТ, -а, *м.* (спец.). Единица измерения количества информации (в 1 знач.).

БИТА́, -ы́, *ж.* В нек-рых играх (в бабки, в городки, в лапту): предмет, к-рым бьют.

БИ́ТВА, -ы, *ж.* (высок.). То же, что сражение. *Б. за Москву. Б. под Полтавой. Б. при Бородине.*

БИТКИ́, -о́в, *ед.* бито́к, -тка́, *м.* Круглые котлеты из рубленого мяса [*первонач.* отбивные]. *Б. в сметане.* ‖ *уменьш.* **бито́чки**, -ов, *ед.* бито́чек, -чка, *м.*

БИТКО́М: **битком набит** (разг.) — наполнен очень плотно, до отказа. *Вагон набит битком. Народу битком набито где-н.* или *народу битком где-н.* (очень много; в знач. сказ.).

БИТЛЗ, *нескл.*, (разг.) **БИ́ТЛЫ**, -ов и **БИТЛЫ́**, -о́в. Популярный английский вокально-инструментальный квартет.

БИ́ТУМЫ, -ов, *ед.* би́тум, -а, *м.* и **БИТУ́МЫ**, -ов, *ед.* биту́м, -а, *м.* Общее название водонерастворимых природных или искусственных органических смесей, применяемых в строительстве и в промышленности. ‖ *прил.* **би́тумный**, -ая, -ое *и* **биту́мный**, -ая, -ое.

БИ́ТЫЙ, -ая, -ое. Расколотый, разбитый. *Битые яйца. Битая посуда. Битое стекло.* ✦ **Битый час** (разг. неодобр.) — долгое время, целый час. *Битый час жду.*

БИТЬ, бью, бьёшь; бей; би́тый; (стар.) бия́; *несов.* **1.** То же, что ударять (в 1, 2, 4 и 7 знач.). *Б. молотком. Б. в дверь кулаком. Говорить, бия себя в грудь* (с жаром уверять, убеждать, обычно сопровождая речь жестикуляцией; ирон.). *Б. задом* (о лошади: лягаться). *Свет бьёт в глаза* (перен.). *Б. по воротам* (в играх с мячом, с шайбой: посылать мяч, шайбу в ворота соперника). **2.** *во что.* Ударами производить звуки. *Б. в барабан. Б. в колокол.* **3.** *что.* Отмечать ударами, звуками, звоном что-н. или издавать звуки, обозначая что-н. *Часы бьют. Бьёт* (безл.) *шесть часов. Бьёт* (безл.) *третий звонок.* **4.** *кого (что).* Ударяя, причинять боль кому-н., избивать. *Больно б. За битого* (сущ.) *двух небитых дают* (посл.: человеку, к-рый живёт тяжело, изведал беду, больше цены, чем тому, кто изнежен, не знает трудностей). **5.** *кого (что).* Разить, наносить поражение. *Б. врага.* **6.** *кого (что).* Умерщвлять (животных), охотясь, заготовляя для чего-н. *Б. тюленей. Б. птицу. Б. рыбу острогой. Битая дичь.* **7.** *что.* Ломать, раздроблять, раскалывать. *Б. стёкла. Б. посуду.* **8.** О стрелке, оружии: стрелять. *Б. из орудий. Бьют зенитки. Винтовка хорошо бьёт. Ружьё бьёт на пятьсот метров. Б. в цель* (также перен.: достигать нужного результата). *Б. мимо цели* (также перен.: не достигать нужного результата). *Б. наверняка* (также перен.: добиваться чего-н. уверенно, без риска). **9.** *по кому-чему.* Направлять свои действия против кого-чего-н. *Б. по недостаткам. Б. по чьим-н. интересам* (причинять ущерб чьим-н. интересам; разг.). **10.** (1 и 2 л. не употр.), *кого (что).* Приводить в дрожь, трясти (прост.). *Бьёт лихорадка, озноб.* **11.** (1 и 2 л. не употр.). Стремительно вытекать откуда-н. *Бьёт фонтан. Вода бьёт ключом.* **12.** *что.* В нек-рых производствах: изготовлять. *Б. монету* (чеканить). *Б. масло.* ✦ **Бить на** *что* (разг.) — стремиться к чему-н., добиваться чего-н. *Б. на эффект. Б. на сознательность.* **Бить карту** *чью* — в игре: покрывать карту партнёра старшей картой. ‖ *сов.* **поби́ть**, -бью́, -бьёшь; -бе́й; -би́тый (к 4 знач.), **проби́ть**, -бью́, -бьёшь; про́бил *и* проби́л, проби́ла, про́било *и* проби́ло; -бе́й; -би́тый (к 3 знач.) *и* **разби́ть**, разобью́, разобьёшь; -бе́й; -би́тый (к 7 знач.). ‖ *многокр.* **бива́ть**, *наст. вр.* не употр. (к 1, 2, 4, 5, 6 и 7 знач.; разг.). ‖ *сущ.* **битьё**, -я́, *ср.* (к 1, 4 и 7 знач.) *и* **бой**, -я, *м.* (к 1, 2, 3, 4, 6, 7 и 8 знач.). *Битьё посуды. Барабанный бой. Бой часов. Гарпун для боя китов. Ружьё с хорошим боем.*

БИ́ТЬСЯ, бьюсь, бьёшься; бе́йся; *несов.* **1.** *обо что.* Ударяться, колотиться. *Птица бьётся о клетку. Б. головой о стену* (также перен.: тщетно, безрезультатно добиваться чего-н.; разг.). **2.** Производить резкие движения, дёргаться. *Кони бьются у крыльца. Б. в истерике.* **3.** (1 и 2 л. не употр.). О сердце, пульсе: производить ритмические толчки, пульсировать. *Сердце бьётся.* **4.** *с кем.* Драться, сражаться. *Б. с врагом. Б. на шпагах.* **5.** *перен., над чем, с кем-чем.* Прилагать усилия, добиваться чего-н. *Б. над решением* *задачи (с решением задачи).* **6.** (1 и 2 л. не употр.). Иметь свойство разбиваться. *Стекло бьётся.* ‖ *сущ.* **бие́ние**, -я, *ср.* (к 3 знач.) *и* **бой**, -я, *м.* (к 4 знач.). *Биение пульса.*

БИТЮ́Г, -а́, *м.* Рабочая лошадь — тяжеловоз крупной породы. *Б. этакий!* (перен.: о рослом, сильном человеке; прост.). ‖ *прил.* **битюго́вый**, -ая, -ое.

БИФШТЕ́КС [тэ], -а, *м.* Жареный кусок говядины.

БИ́ЦЕПС, -а, *м.* Двуглавая мышца, сгибающая руку в локтевом суставе и голень в коленном суставе. *Б. плеча. Б. бедра.*

БИЧ[1], -а́, *м.* **1.** Длинная плеть, кнут. *Хлопать бичом. Б. сатиры* (перен.: о разящей сатире). **2.** *перен.*, только *ед.* О том, что вызывает бедствие, несчастье (высок.). *Пыльные бури — б. пустыни.* ‖ *прил.* **бичево́й**, -а́я, -о́е (к 1 знач.).

БИЧ[2], -а́, *м.* (прост.). Опустившийся человек, не имеющий постоянного жительства и определённых занятий.

БИЧЕВА́ТЬ, -чу́ю, -чу́ешь; *несов.* **1.** *кого (что).* Бить бичом (устар.). **2.** *кого-что.* Изобличать, подвергать суровой критике (книжн.). *Б. пороки.* ‖ *сущ.* **бичева́ние**, -я, *ср.*

БИШЬ, *частица* (прост.). Обозначает припоминание. *Как б. его зовут? О чём б. сейчас я говорил?* ✦ **То́ бишь**, *союз* (устар.) — то есть, а именно, вернее.

БЛА́ГО[1], -а, *мн.* бла́га, благ, бла́гам, *ср.* **1.** Добро, благополучие (высок.). *Стремление к общему благу.* **2.** обычно *мн.* То, что даёт достаток, благополучие, удовлетворяет потребности. *Материальные блага. Земные блага. Ни за какие блага в мире* (ни за что). ✦ **На благо** *кого-чего, в знач. предлога с род. п.* (высок.) — в интересах кого-чего-н., для пользы кого-чего-н. **Всех благ!** (разг.) — пожелание при прощании.

БЛА́ГО[2], *союз* (разг., часто ирон.). **1.** Благодаря тому, что. *Гуляет, б. погода хорошая.* **2.** Если, раз. *Бери, б. дают.*

БЛАГОВЕ́РНАЯ, -ой, *ж.* (разг. шутл.). Жена, супруга. *Моя б.*

БЛАГОВЕ́РНЫЙ, -ого, *м.* (разг. шутл.). Муж, супруг. *Мой б.*

БЛА́ГОВЕСТ, -а, *м.* Колокольный звон перед началом церковной службы, а также перед началом важнейшей части литургии. *Пасхальный б.*

БЛА́ГОВЕСТИТЬ, -ещу, -естишь; *несов.* Звонить в колокол перед началом церковной службы.

БЛАГОВЕ́ЩЕНИЕ, -я, *ср.* **1.** (Б прописное). В христианстве: один из двенадцати основных праздников в память принесённой деве Марии благой вести о её непорочном зачатии и будущем рождении Иисуса Христа (25 марта/7 апреля). *Б. совпало со временем Великого поста. Б. пришлось на Пасху. Какое Б., такая и Пасха* (примета о погоде). **2.** Сама такая весть. *Б. Пресвятой деве Марии.* ‖ *прил.* **благове́щенский**, -ая, -ое (к 1 знач.). *Б. праздник.*

БЛАГОВИ́ДНЫЙ, -ая, -ое; -ден, -дна. Приличный с виду. *Б. поступок. Под благовидным предлогом* (удачно скрывая истинную причину какого-н. поступка). ‖ *сущ.* **благови́дность**, -и, *ж.*

БЛАГОВОЛЕ́НИЕ, -я, *ср.* (книжн.). Доброжелательство, благосклонность. *Пользоваться чьим-н. благоволением.*

БЛАГОВОЛИ́ТЬ, -лю́, -ли́шь; *несов.* **1.** *кому и к кому.* Проявлять благоволение (книжн.). *Б. подчинённому.* **2.** **благоволи́те**, *с неопр.* Употр. как знак вежливой настойчивой просьбы (устар. офиц.). *Благоволите отвечать!*

БЛАГОВО́НИЕ, -я, *ср.* (устар.). **1.** Аромат, приятный запах. **2.** *мн.* Ароматические вещества.

БЛАГОВО́ННЫЙ, -ая, -ое; -о́нен, -о́нна (книжн.). Ароматный, душистый. *Благовонные курения.* ‖ *сущ.* **благово́нность**, -и, *ж.*

БЛАГОВОСПИ́ТАННЫЙ, -ая, -ое; -ан, -анна (устар.). Умеющий хорошо держать себя в обществе. ‖ *сущ.* **благовоспи́танность**, -и, *ж.*

БЛАГОВРЕ́МЕНИЕ, -я, *ср.*: **во благовремение** (разг. шутл.) — в подходящее время.

БЛАГОГЛУ́ПОСТЬ, -и, *ж.* (ирон.). Глупость, совершаемая с серьёзным видом.

БЛАГОГОВЕ́ЙНЫЙ, -ая, -ое; -е́ен, -е́йна (высок.). Исполненный благоговения. *Благоговейное молчание.* ‖ *сущ.* **благогове́йность**, -и, *ж.*

БЛАГОГОВЕ́НИЕ, -я, *ср.* (высок.). Глубочайшее почтение. *Б. перед памятью героя.*

БЛАГОГОВЕ́ТЬ, -е́ю, -е́ешь; *несов., перед кем-чем* (высок.). Относиться с благоговением к кому-чему-н. *Б. перед творениями гения.*

БЛАГОДАРЕ́НИЕ, -я, *ср.* **1.** *см.* благодарить. **2.** То же, что благодарность (во 2 знач.) (высок.). ✦ **Благодарение Богу**, *вводн. сл.* (устар.) — то же, что слава Богу (в 1 знач.). **День благодарения** — в США и Канаде: осенний праздник в честь урожая [от первых переселенцев, возблагодаривших Бога за первый сбор плодов и хлеба].

БЛАГОДАРИ́ТЬ, -рю́, -ри́шь; *несов.* **1.** *кого (что) за что.* Будучи внутренне обязанным кому-н., испытывать и выражать чувство благодарности, признательность. *Б. за помощь. Б. судьбу за всё. Благодари Бога за то, что спасся!* **2.** *кого (что).* Вежливыми словами, жестами выражать свою признательность за что-н. *Б. за угощение, обед, подарок. Благодарю вас, спасибо! Благодарю за внимание* (выражение завершения своей речи, сообщения; офиц.). ✦ **Благодарю покорно** (ирон.) — выражение несогласия с чем-н., отказа от чего-н. *Нет, благодарю покорно! Несогласен.* ‖ *сов.* **поблагодари́ть**, -рю́, -ри́шь. ‖ *сущ.* **благодаре́ние**, -я, *ср. Б. Богу* (слава Богу, хорошо, что так).

БЛАГОДА́РНОСТЬ, -и, *ж.* **1.** *см.* благодарный. **2.** Чувство признательности к кому-н. за оказанное добро, внимание, услугу. *Принять с благодарностью что-н. Принести б. кому-н. Сделать что-н. в знак благодарности или в б. за что-н.* **3.** только *мн.* Слова, выражающие эти чувства (разг.). *Рассыпаться в благодарностях.* **4.** Официальное выражение высокой оценки чьего-н. труда, действий. *Объявить б. в приказе. Получить б. от дирекции.*

БЛАГОДА́РНЫЙ, -ая, -ое; -рен, -рна. **1.** Чувствующий или выражающий благодарность. *Б. взгляд. Я вам очень благодарен.* **2.** *перен.* Приносящий хорошие результаты, оправдывающий затрачиваемые силы, средства. *Благодарная тема для рассказа.* ‖ *сущ.* **благода́рность**, -и, *ж.*

БЛАГОДА́РСТВЕННЫЙ, -ая, -ое (устар. высок.). Торжественно выражающий благодарность. *Б. молебен. Благодарственное письмо.*

БЛАГОДА́РСТВОВАТЬ, -ствую, -ствуешь; *несов.* (стар.). **1.** То же, что благодарить. **2.** **благода́рствуйте.** Спасибо, благодарю. *Не хотите ли отобедать? — Благодарствуйте, я сыт.*

БЛАГОДАРЯ́, *кому-чему, предлог с дат. п.* Из-за кого-чего-н., по причине, вследствие чего-н. *Выздоровел б. заботам врачей. Спастись б. друзьям. Страдает б. своему характеру.* ✦ **Благодаря тому что**, *союз* — по причине того что, вследствие того что. *Образован, благодаря тому что много читал.*

БЛАГОДА́ТНЫЙ, -ая, -ое; -тен, -тна. **1.** Обильный и радостный, полный благ (высок.). *Б. край.* **2.** Исполненный благодати (в 3 знач.) (устар.). ‖ *сущ.* **благода́тность**, -и, *ж.*

БЛАГОДА́ТЬ, -и, *ж.* **1.** О чём-н. хорошем, имеющемся в изобилии (разг.). *В лесу всякая б.: и грибы, и ягоды.* **2.** *в знач. сказ.* Очень хорошо, прекрасно (где-н.). *Весной здесь б. Какая тут б.!* **3.** В религиозных представлениях: сила, ниспосланная человеку свыше [первоначально — для исполнения воли Бога]. *Б. низошла на кого-н.* ✦ **Тишь да гладь, да божья благодать** (разг.) — о полном благополучии, спокойствии.

БЛАГОДЕ́НСТВИЕ, -я, *ср.* (книжн.). То же, что благополучие. ‖ *прил.* **благоде́нственный**, -ая, -ое.

БЛАГОДЕ́НСТВОВАТЬ, -твую, -твуешь; *несов.* (устар. и разг.). Жить, пребывать в благоденствии. *Б. на лоне природы.*

БЛАГОДЕ́ТЕЛЬ, -я, *м.* (устар. и ирон.). Человек, к-рый оказывает кому-н. покровительство из милости. ‖ *ж.* **благоде́тельница**, -ы. ‖ *прил.* **благоде́тельский**, -ая, -ое.

БЛАГОДЕ́ТЕЛЬНЫЙ, -ая, -ое; -лен, -льна (книжн.). Благотворный, полезный. *Б. климат.* ‖ *сущ.* **благоде́тельность**, -и, *ж.*

БЛАГОДЕ́ТЕЛЬСТВОВАТЬ, -твую, -твуешь; *несов., кому* (книжн.). Оказывать покровительство, помощь, быть благодетелем. ‖ *сущ.* **благоде́тельство**, -а, *ср.*

БЛАГОДЕЯ́НИЕ, -я, *ср.* Спасительная помощь, доброе дело. *Оказать б. кому-н.*

БЛАГОДУ́ШЕСТВОВАТЬ, -твую, -твуешь; *несов.* Проводить время в благодушном настроении, без забот.

БЛАГОДУ́ШНЫЙ, -ая, -ое; -шен, -шна. Спокойно-беззаботный и радостный. *Благодушное настроение. Благодушная улыбка.* ‖ *сущ.* **благоду́шие**, -я, *ср.* и **благоду́шность**, -и, *ж.*

БЛАГОЖЕЛА́ТЕЛЬ, -я, *м.* (устар.). Тот, кто благожелательно относится к кому-н. ‖ *ж.* **благожела́тельница**, -ы.

БЛАГОЖЕЛА́ТЕЛЬНЫЙ, -ая, -ое; -лен, -льна (книжн.). То же, что доброжелательный. *Благожелательное отношение.* ‖ *сущ.* **благожела́тельность**, -и, *ж.*

БЛАГОЗВУ́ЧНЫЙ, -ая, -ое; -чен, -чна. Приятный на слух. *Б. стих.* ‖ *сущ.* **благозву́чие**, -я, *ср.* и **благозву́чность**, -и, *ж.*

БЛАГО́Й[1], -а́я, -о́е; благ, блага́, бла́го (устар. и ирон). То же, что хороший. *Благое намерение. Благие порывы.* ✦ **Благую часть избрав** (книжн. ирон.) — выбрав лучшее для себя решение, наиболее спокойное положение. ‖ *сущ.* **бла́гость**, -и, *ж.* (устар.).

БЛАГО́Й[2]: **благим матом** (кричать, вопить) (прост.) — отчаянно и изо всех сил.

БЛАГОЛЕ́ПИЕ, -я, *ср.* (устар.). Величественная красота.

БЛАГОНАДЁЖНЫЙ, -ая, -ое; -жен, -жна. **1.** Заслуживающий доверия (книжн.). **2.** То же, что благонамеренный (устар.). ✦ **Будьте благонадёжны** (устар. и ирон.) — будьте уверены, не беспокойтесь. ‖ *сущ.* **благонадёжность**, -и, *ж.*

БЛАГОНАМЕ́РЕННЫЙ, -ая, -ое; -рен, -ренна (устар.). Придерживающийся официального образа мыслей. ‖ *сущ.* **благонаме́ренность, -и,** *ж.*

БЛАГОНРА́ВНЫЙ, -ая, -ое; -вен, -вна (устар. и ирон.). Отличающийся хорошим поведением. *Б. юноша.* ‖ *сущ.* **благонра́вие, -я,** *ср. и* **благонра́вность, -и,** *ж.*

БЛАГООБРА́ЗНЫЙ, -ая, -ое; -зен, -зна. Приятный по внешнему виду, внушающий уважение своей наружностью. *Б. старец.* ‖ *сущ.* **благообра́зие, -я,** *ср. и* **благообра́зность, -и,** *ж.*

БЛАГОПОЛУ́ЧИЕ, -я, *ср.* **1.** Спокойное и счастливое состояние. *Семейное б. Желаю тебе всякого благополучия.* **2.** Жизнь в довольстве, полная обеспеченность. *Материальное б.*

БЛАГОПОЛУ́ЧНЫЙ, -ая, -ое; -чен, -чна. Удачный, успешный, вполне удовлетворяющий. *Б. конец. Операция прошла благополучно* (нареч.). ‖ *сущ.* **благополу́чность, -и,** *ж.*

БЛАГОПРИОБРЕ́ТЕННЫЙ, -ая, -ое и **БЛАГОПРИОБРЕТЁННЫЙ,** -ая, -ое. Лично приобретённый, не наследственный (об имуществе, болезнях, чертах характера).

БЛАГОПРИСТО́ЙНЫЙ, -ая, -ое; -о́ен, -о́йна. Соответствующий требованиям приличия. *Благопристойное поведение.* ‖ *сущ.* **благопристо́йность, -и,** *ж.*

БЛАГОПРИЯ́ТНЫЙ, -ая, -ое; -тен, -тна. Способствующий чему-н., хороший. *Благоприятные условия. Б. результат.* ‖ *сущ.* **благоприя́тность, -и,** *ж.*

БЛАГОПРИЯ́ТСТВОВАТЬ, -твую, -твуешь; *несов., кому-чему* (книжн.). Способствовать, помогая в чём-н. *Обстоятельства благоприятствуют кому-н.* ‖ *сущ.* **благоприя́тствование, -я,** *ср. Политика (режим, условия) наибольшего благоприятствования* (создание благоприятных условий для взаимных связей, отношений, торговли).

БЛАГОРАЗУ́МИЕ, -я, *ср.* Рассудительность, обдуманность в поступках. *Проявить б.*

БЛАГОРАЗУ́МНЫЙ, -ая, -ое; -мен, -мна. Рассудительный, разумный. *Б. поступок.* ‖ *сущ.* **благоразу́мность, -и,** *ж.*

БЛАГОРАСПОЛОЖЕ́НИЕ, -я, *ср.* (устар.). Хорошее отношение к кому-чему-н.

БЛАГОРАСТВОРЕ́НИЕ, -я, *ср.*: **благорастворение возду́хов** (устар. шутл.) — о лёгком, приятном воздухе, тёплой погоде.

БЛАГОРО́ДИЕ, -я, *ср.* С местоимениями «ваше», «его», «их» — титулование оберофицерских и равных им гражданских чинов в старой России (с местоимениями «ваше», «её», «их» — также их жен).

БЛАГОРО́ДНЫЙ, -ая, -ое; -ден, -дна. **1.** Высоконравственный, самоотверженно честный и открытый. *Б. человек. Б. поступок. Благородные цели. Благородное дело.* **2.** Исключительный по своим качествам, изящество. *Благородная простота линий. Благородная красота.* **3.** *полн. ф.* Дворянского происхождения, относящийся к дворянам (устар.). *Из благородных* (сущ.) *кто-н.* **4.** *полн. ф.* Употр. в составе различных терминов для обозначения чем-н. выделяющихся разрядов, пород. *Благородные металлы* (золото, серебро, платина). *Благородные газы* (то же, что инертные газы). *Б. лавр. Б. олень. Б. лосось.* ✦ **На благородном расстоянии** (разг. шутл.) — то же, что на почтительном расстоянии. ‖ *сущ.* **благоро́дство, -а,** *ср.* (к 1 и 2 знач.) *и* **благоро́дность, -и,** *ж.* (к 1 и 2 знач.).

БЛАГОРО́ДСТВО, -а, *ср.* **1.** *см.* благородный. **2.** Высокая нравственность, самоотверженность и честность. *Проявить б. в чём-н.* **3.** Дворянское происхождение (устар.).

БЛАГОСКЛО́ННЫЙ, -ая, -ое; -о́нен, -о́нна (книжн.). Доброжелательный, благожелательный. *Б. взор.* ‖ *сущ.* **благоскло́нность, -и,** *ж.*

БЛАГОСЛОВЕ́НИЕ, -я, *ср.* **1.** *см.* благословить. **2.** Обращённая к Богу просьба о благодати, помощи. *Б. Господне. С божьим благословением приступить к возведению храма.*

БЛАГОСЛОВЕ́ННЫЙ, -ая, -ое; -ве́н, -ве́нна (высок.). Счастливый, благополучный. *Б. край.* ‖ *сущ.* **благослове́нность, -и,** *ж.*

БЛАГОСЛОВИ́ТЬ, -влю́, -ви́шь; *сов., кого-что.* **1.** У христиан: осенить крестным знамением, выражая этим покровительство, согласие. *Б. хлеб и воду. Б. жениха и невесту* (давая согласие на брак). *Благослови, владыка!* (просьба, обращённая к архиерею). **2.** *перен.* То же, что напутствовать (высок.). *Б. на ратный подвиг.* **3.** Воздать благодарность кому-чему-н. (устар.). *Б. судьбу.* ‖ *несов.* **благословля́ть, -я́ю, -я́ешь.** ‖ *сущ.* **благослове́ние, -я,** *ср. Родительское б. Подойти под б. епископа.*

БЛАГОСОСТОЯ́НИЕ, -я, *ср.* Достаток, благополучие. *Материальное б. Б. народа.*

БЛА́ГОСТНЫЙ, -ая, -ое; -тен, -тна (устар.). Приятный, умиротворяющий, приносящий благо. *Благостные мысли.* ‖ *сущ.* **бла́гостность, -и,** *ж.*

БЛАГОТВОРИ́ТЕЛЬ, -я, *м.* Тот, кто занимается благотворительностью. ‖ *ж.* **благотвори́тельница, -ы.** ‖ *прил.* **благотвори́тельский, -ая, -ое.** *Благотворительские цели.*

БЛАГОТВОРИ́ТЕЛЬНОСТЬ, -и, *ж.* Благотворительная деятельность. *Общественная б. Частная б.*

БЛАГОТВОРИ́ТЕЛЬНЫЙ, -ая, -ое. **1.** О действиях, поступках: безвозмездный и направленный на общественную пользу. *Б. концерт. Благотворительная деятельность.* **2.** Направленный на оказание материальной помощи неимущим. *Благотворительное учреждение.*

БЛАГОТВО́РНЫЙ, -ая, -ое; -рен, -рна (книжн.). Оказывающий хорошее действие, большую пользу. *Б. климат. Благотворное влияние.* ‖ *сущ.* **благотво́рность, -и,** *ж.*

БЛАГОУСМОТРЕ́НИЕ, -я, *ср.*: **на чьё благоусмотрение или по** *чьему* **благоусмотрению** (устар.) — на полное усмотрение кого-н. или по чьей-н. воле.

БЛАГОУСТРО́ЕННЫЙ, -ая, -ое; -о́ен, -о́енна. Хорошо устроенный, снабжённый всеми удобствами. *Б. дом.* ‖ *сущ.* **благоустро́енность, -и,** *ж. и* **благоустройство, -а,** *ср.*

БЛАГОУСТРО́ИТЬ, -о́ю, -о́ишь; -о́енный; *сов., что.* Оборудовать, сделать хорошим и удобным. *Б. городские кварталы.* ‖ *несов.* **благоустра́ивать, -аю, -аешь.** ‖ *сущ.* **благоустро́йство, -а,** *ср. Б. дворов.*

БЛАГОУХА́НИЕ, -я, *ср.* (книжн.). **1.** *см.* благоухать. **2.** Аромат, приятный запах. *Разносятся благоухания.*

БЛАГОУХА́ННЫЙ, -ая, -ое; -а́нен, -а́нна (устар.). Распространяющий аромат, благоухание. *Благоуханная роза.* ‖ *сущ.* **благоуха́нность, -и,** *ж.*

БЛАГОУХА́ТЬ, -а́ю, -а́ешь; *несов.* (книжн.). Приятно пахнуть, издавать аромат. *Цветы благоухают. Луг благоухает травами.* ‖ *сущ.* **благоуха́ние, -я,** *ср.*

БЛАГОЧЕСТИ́ВЫЙ, -ая, -ое; -и́в. Соблюдающий предписания религии, церкви. *Б. прихожанин.* ‖ *сущ.* **благоче́стие, -я,** *ср. и* **благочести́вость, -и,** *ж.*

БЛАГОЧИ́ННЫЙ, -ая, -ое; -и́нен, -и́нна (устар.). **1.** Приличный, благопристойный. *Благочинное поведение.* **2. благочи́нный, -ого,** *м.* В православном церковном управлении: священник, выполняющий административные обязанности по отношению к нескольким церквам. ‖ *сущ.* **благочи́ние, -я,** *ср.* (к 1 знач.) *и* **благочи́нность, -и,** *ж.* (к 1 знач.).

БЛАЖЕ́ННЫЙ, -ая, -ое; -же́н, -же́нна. **1.** В высшей степени счастливый. *Блаженное состояние. Б. миг. Блажен, кто верует* (афоризм). **2.** *полн. ф.* Не совсем нормальный [*первонач.* юродивый] (разг.). **3.** То же, что святой (в 1 знач.) (устар.). *Храм Василия Блаженного.* ✦ **В блаженном неведении** (ирон.) — в полном неведении (о чём-н. плохом, неблагополучном). ‖ *сущ.* **блаже́нность, -и,** *ж.* (к 1 знач.).

БЛАЖЕ́НСТВО, -а, *ср.* Полное и невозмутимое счастье; наслаждение. *Быть на верху блаженства. Вечное б.* (в религиозных представлениях: загробная жизнь в раю).

БЛАЖЕ́НСТВОВАТЬ, -твую, -твуешь; *несов.* Испытывать блаженство.

БЛАЖИ́ТЬ, -жу́, -жи́шь; *несов.* (прост.). Поступать своенравно, дурить.

БЛАЖНО́Й, -а́я, -о́е (прост.). Взбалмошный, неуравновешенный, сумасбродный.

БЛАЖЬ, -и, *ж.* (разг.). Нелепая причуда, дурь. *Б. нашла (напала) на кого-н. Выкинуть б. из головы.*

БЛАНК, -а, *м.* Лист со специально напечатанными графами (или грифом[3]), заполняемый какими-н. официальными сведениями, официальным текстом. *Б. учреждения.* ‖ *прил.* **бла́нковый, -ая, -ое.**

БЛАТ, -а, *м.* **1.** Условный язык воров. **2.** Знакомство, связи, к-рые можно использовать в личных, корыстных интересах (прост.). *Найти б. По блату* (незаконным способом). ‖ *прил.* **блатно́й, -а́я, -о́е** (к 1 знач.). *Б. язык. Блатная музыка* (воровское арго).

БЛЕДНЕ́ТЬ, -е́ю, -е́ешь; *несов.* **1.** Становиться бледным, бледнее. *Б. от страха. Закат бледнеет.* **2.** *перен., перед чем.* Казаться неважным, незначительным в сравнении с чем-н. *Его успех бледнеет перед твоим.* ‖ *сов.* **побледне́ть, -е́ю, -е́ешь.**

БЛЕДНО... и **БЛЕ́ДНО-...** *Первая часть сложных слов со знач.:* 1) бледного цвета, бледного оттенка, напр. *бледно-зелёный, бледно-голубой;* 2) с бледным (в 1 знач.), напр. *бледнолицый, бледнокожий.*

БЛЕДНОЛИ́ЦЫЙ, -ая, -ее; -и́ц. С бледным лицом.

БЛЕ́ДНЫЙ, -ая, -ое; -ден, -дна́, -дно, -дны́ *и* -дны. **1.** Слабо окрашенный. *Бледное лицо* (без румянца). *Бледное небо.* **2.** *перен.* Не производящий впечатления, невыразительный. *Б. рассказ.* ‖ *сущ.* **бле́дность, -и,** *ж.*

БЛЕЗИ́Р: для блезиру (прост.) — только для вида, для видимости. *Замок на двери висит для блезиру.*

БЛЕСК, -а (-у), *м.* **1.** Яркий искрящийся свет, отсвет. *Б. лучей. Б. молнии. Б. штыков.* **2.** *перен.* Великолепие, яркое проявление чего-н. *Б. славы. Б. остроумия. С блеском* (превосходно, очень хорошо). *Во всём блеске* (полностью обнаруживая свои достоинства). **3. блеск,** *в знач. сказ.* О чём-н. очень хорошем, впечатляющем, красота (в 3 знач.) (прост.). *Фильм — б.!* **4.** Употр. в названиях минералов. *Железный б. Свинцовый б.*

БЛЕСНА́, -ы́, *мн.* блёсны, блёсен, блёснам, *ж.* Металлическая пластинка с одним или несколькими крючками для рыбной ловли. *Ловить на блесну.*

БЛЕСНУ́ТЬ, -ну́, -нёшь. **1.** *см.* блестеть. **2.** *перен.* О мысли, чувстве: внезапно появиться. *Блеснула надежда.*

БЛЕСТЕ́ТЬ, блещу́, блести́шь *и* бле́щешь; бле́щущий *и* блестящий; *несов.* **1.** Ярко светиться, сверкать; излучать отражённый свет. *Огни блестят. Звёзды блещут. В траве блестят осколки стекла. В доме всё блестит* (очень чисто). *Глаза блестят радостью* (в них светится радость). **2.** *перен.* Отличаться какими-н. положительными качествами. *Б. остроумием. Не блещет умом кто-н.* (недалёк, глуповат). ‖ *однокр.* **блесну́ть**, -ну́, -нёшь.

БЛЕСТЯ́ЩЕ-... *Первая часть сложных слов со знач.* блестящий (в 1 знач.), с блеском (в 1 знач.), напр. *блестяще-белый, блестяще-зелёный, блестяще-чёрный.*

БЛЕСТЯ́ЩИЙ, -ая, -ее; -я́щ. **1.** Сверкающий, с ярким блеском. *Б. шёлк.* **2.** Великолепный, превосходный, замечательный. *Б. успех. Б. лектор. Дела идут блестяще* (нареч.).

БЛЕФ, -а, *м.* (книжн.). Обман, рассчитанный на создание ложного впечатления; действие, вводящее в заблуждение.

БЛЕ́ЯТЬ, -е́ю, -е́ешь; *несов.* Об овце, козе: издавать характерные звуки, напоминающие «бе-е».

БЛЁКЛЫЙ, -ая, -ое; блёкл и **БЛЕ́КЛЫЙ**, -ая, -ое; блекл. Лишённый свежести и яркости, поблёклый. *Блёклая трава. Блеклые краски. Блеклов небо.* ‖ *сущ.* **блёклость**, -и, *ж.* и **бле́клость**, -и, *ж.*

БЛЁКНУТЬ, -ну, -нешь; блёкнул, блёкла и **БЛЕ́КНУТЬ**, -ну, -нешь; бле́кнул, бле́кла; *несов.* **1.** Становиться блеклым, более блеклым. *Красота блёкнет.* **2.** *перен.* Терять ясность, отчетливость. *Воспоминания блекнут.* ‖ *сов.* **поблёкнуть**, -ну, -нешь; поблёк, поблёкла *и* **побле́кнуть**, -ну, -нешь; побле́к, побле́кла.

БЛЁСТКИ, -ток, *ед.* -тка, -и, *ж.* **1.** Маленькие блестящие кружочки, пластинки для украшения. *Костюм фигуристки расшит блёстками.* **2.** Светящиеся точки на чём-н. *Б. росы, инея. Б. остроумия* (перен.: отдельные его проявления). ‖ *прил.* **блёсточный**, -ая, -ое.

БЛИЖА́ЙШИЙ, -ая, -ее. **1.** Самый близкий (в 1, 2, 3 и 4 знач.). *Ближайшая аптека. В ближайшие дни. Б. родственник. Б. приятель.* **2.** Непосредственный, прямой. *Ближайшее участие. При ближайшем рассмотрении.*

БЛИЖНЕ... *Первая часть сложных слов со знач.* близкий (в 1 знач.), на близком расстоянии, напр. *ближневосточный.*

БЛИ́ЖНИЙ, -яя, -ее. **1.** Наиболее близкий по расстоянию. *Ехать ближним путём. Ближние сёла.* **2.** бли́жний, -его, *м.* Всякий человек по отношению к другому. *Помогать своим ближним.* ✦ **Ближняя родня** — близкая родня.

БЛИЗ *кого-чего, предлог с род. п.* Около, подле кого-чего-н. *Б. дома. Ребёнок спокоен б. матери.*

БЛИ́ЗИТЬСЯ, 1 л. ед. не употр., бли́зишься; *несов.* Становиться близким (в 1 и 2 знач.), приближаться. *Близится туча. Близится зима. Близится гроза. Близится день отъезда.*

БЛИ́ЗКИЙ, -ая, -ое; -зок, -зка́, -зко, -зки́ *и* -зки; бли́же. **1.** Находящийся, происходящий на небольшом расстоянии, недалеко отстоящий. *Близкие выстрелы. Б. путь* (недалёкий). *Близко* (нареч.) *жить.* **2.** Отделённый небольшим промежутком времени. *Близкое будущее. Ночь близка.* **3.** *полн. ф.* О родстве: кровно связанный, непосредственный. *Б. родственник. Близкая родня. Найти своих близких* (сущ.). **4.** *с кем.* Связанный тесным личным общением, дружбой, любовью. *Б. приятель. Близкие отношения* (дружеские, а также интимные). *Они стали близки.* **5.** *кому-чему.* Тесно связанный с кем-чем-н., непосредственно относящийся к кому-чему-н., дорогой кому-чему-н. *Близкие интересы. Призывы, близкие массам.* **6.** *по чему, в чём.* Сходный, похожий. *Б. по содержанию. Б. к подлиннику. Близки во мнениях.* **7.** *к кому-чему.* Имеющий свободный доступ куда-н. *Журналист, б. к театральным кругам.* ‖ *сущ.* **бли́зость**, -и, *ж.* (к 1, 2, 4, 5, 6 и 7 знач.).

БЛИЗЛЕЖА́ЩИЙ, -ая, -ее. Расположенный вблизи. *Б. посёлок.*

БЛИЗНЕЦЫ́, -о́в, *ед.* -е́ц, -а́, *м.* У человека, а также у животных, обычно рождающих одного детёныша: дети, детёныши, одновременно рождённые одной матерью. *Б.-двойняшки. Б.-тройняшки. Братья-б. Сёстры-б. Б. обезьяны. Птенцы-б.* (вылупившиеся из двухжелткового яйца). *Однояйцовые б.* (развивающиеся из одного оплодотворённого яйца; однополые, очень похожие друг на друга). *Разнояйцовые б.* (развивающиеся из разных яиц, возможно разнополые, не во всём похожие друг на друга). ✦ **Сиамские близнецы** — близнецы, соединённые друг с другом какой-н. частью тела. ‖ *прил.* **близнецо́вый**, -ая, -ое (спец.).

БЛИЗОРУ́КИЙ, -ая, -ое; -у́к. **1.** Плохо видящий на далёкое расстояние. *Очки для близоруких* (сущ.). **2.** *перен.* Недальновидный, лишённый проницательности. *Близорукая политика.* ‖ *сущ.* **близору́кость**, -и, *ж.*

БЛИК, -а, *м.* Световое пятно или отблеск света на тёмном фоне.

БЛИН, -а́, *м.* Тонкая лепёшка из кислого жидкого теста, испечённая на сковороде, на жару. *Звать на блины кого-н.* (чтобы угостить блинами). *Первый б. комом* (посл. о том, что начало работы может быть и неудачным). *Как блины печёт* (делает что-н. быстро и в большом количестве; разг. неодобр.). ‖ *прил.* **бли́нный**, -ая, -ое.

БЛИНДА́Ж, -а́, *м.* Углублённое в землю и укреплённое полевое укрытие с накатом для защиты от огня противника. ‖ *прил.* **блинда́жный**, -ая, -ое.

БЛИ́ННАЯ, -ой, *ж.* Закусочная с подачей блинов, здесь же выпекаемых.

БЛИ́НЧАТЫЙ, -ая, -ое. **1.** Приготовленный из положенных друг на друга блинов или блинчиков. *Б. пирог.* **2.** Внешне напоминающий блин, блины (спец.). *Б. лёд* (в виде дисков со слегка приподнятыми краями). ‖ *сущ.* **бли́нчатость**, -и, *ж.* (ко 2 знач.).

БЛИ́НЧИК, -а, *м.* **1.** Маленькая тонкая лепёшка из пресного жидкого теста, испечённая на сковороде, на жару. **2.** обычно *мн.* Кушанье из таких лепёшек, свёрнутых пирожком или трубочкой, с начинкой. *Б. с мясом, творогом, вареньем.*

БЛИСТА́ТЕЛЬНЫЙ, -ая, -ое; -лен, -льна. То же, что блестящий (во 2 знач.). *Б. успех.* ‖ *сущ.* **блиста́тельность**, -и, *ж.*

БЛИСТА́ТЬ, -а́ю, -а́ешь; *несов.* То же, что блестеть. *Блистают звёзды. Б. красноречием. Б. своим отсутствием* (перен.: демонстративно отсутствовать; ирон.).

БЛИЦ, -а, *м.* (спец.). Лампа для мгновенной сильной вспышки при фотографировании.

БЛИЦ... *Первая часть сложных слов со знач.* очень быстрый, молниеносный, напр. *блицтурнир, блицпоход, блицтурне, блицкриг* (война, рассчитанная на молниеносную победу).

БЛОК[1], -а, *м.* Приспособление для подъёма тяжестей, состоящее из колеса с закреплённой осью, с жёлобом по окружности и перекинутого через него каната или другой гибкой тяги. ‖ *прил.* **бло́чный**, -ая, -ое.

БЛОК[2], -а, *м.* **1.** Соглашение, объединение государств, партий, организаций, группировок для тех или иных совместных действий. *Политический б.* **2.** Деталь, обычно сложная, используемая как готовая часть сооружения, механизма, изделия. *Дверной б. Стеновой шлакобетонный б.* **3.** Часть сооружения, механизма, изделия, представляющая собой группу отдельных функционально объединённых элементов, частей. *Б. цилиндров. Б. электропитания.* **4.** В ручных играх с мячом: блокирование спортсмена в момент завершающего удара. *Ставить б.* **5.** *перен.* Совокупность, группа, целостность. *Б. проблем, вопросов, предложений. Б. примеров.* ‖ *прил.* **бло́ковый**, -ая, -ое (к 1 знач.) *и* **бло́чный**, -ая, -ое (ко 2 знач.). *Блоковая политика. Блочное строительство.*

БЛОК... и **БЛОК-...** *Первая часть сложных слов со знач.:* 1) относящийся к блокировке, напр. *блок-аппарат, блокпост;* 2) относящийся к блоку[2] (во 2 и 3 знач.), напр. *блок-батарея, блок-бокс, блок-рама.*

БЛОКА́ДА, -ы, *ж.* **1.** Окружение войск противника, а также изоляция враждебного государства, города с целью прекращения его сношений с внешним миром. *В кольце блокады. Снять, прорвать блокаду. Экономическая б.* (хозяйственная, внешнеторговая, финансовая изоляция какого-н. государства). **2.** Отключение какого-н. органа и тканей от центральной нервной системы (спец.). *Новокаиновая б.* ‖ *прил.* **блока́дный**, -ая, -ое.

БЛОКА́ДНИК, -а, *м.* (разг.). Человек, живший в Ленинграде в период фашистской блокады города в 1941—1944 гг. ‖ *ж.* **блока́дница**, -ы.

БЛОКГА́УЗ, -а, *м.* Оборонительное укреплённое сооружение для ведения кругового пулемётного или артиллерийского огня. ‖ *прил.* **блокга́узный**, -ая, -ое.

БЛОКИ́РОВАТЬ[1], -рую, -руешь; -анный; *сов.* и *несов.* **1.** *кого-что.* Подвергнуть (-гать) блокаде. *Б. город.* **2.** *перен., кого (что).* В командных играх: парализовать активность игрока. *Б. нападающего.* ‖ *сущ.* **блоки́рование**, -я, *ср.*

БЛОКИ́РОВАТЬ[2], -рую, -руешь; -анный; *сов.* и *несов., что* (спец.). Закрепить (-плять) в определённом положении (части машины, устройства) для предотвращения аварийной ситуации. ‖ *сущ.* **блокиро́вка**, -и, *ж.* ‖ *прил.* **блокиро́вочный**, -ая, -ое. *Блокировочное устройство.*

БЛОКИРО́ВКА, -и, *ж.* **1.** *см.* блокировать[2]. **2.** Устройство, исключающее ошибочные действия при управлении работой машин, аппаратов. *Автоматическая б.*

БЛОКНО́Т, -а, *м.* Тетрадь или книжечка для записей, состоящая из отрывных листков. ‖ *прил.* **блокно́тный**, -ая, -ое.

БЛОНДИ́Н, -а, *м.* Белокурый человек. ‖ *ж.* **блонди́нка**, -и.

БЛОНДИ́НИСТЫЙ, -ая, -ое (прост. шутл.). То же, что белокурый.

БЛОХА́, -и́, *мн.* бло́хи, блох, -ам *и* -а́м, *ж.* Маленькое прыгающее насекомое-паразит. *Скачет как б.* (очень быстро; разг.). *Искать блох* (также перен.: выискивать мелкие недостатки, погрешности в чём-н.; разг.). *Блоху подковать* (перен.: выполнить мастерски, виртуозно очень тонкую и сложную работу; разг.). ‖ *уменьш.* **бло́шка**, -и, *ж.* ‖ *прил.* **блоши́ный**, -ая, -ое. *Блошиные укусы* (также перен.: о мелочных придирках, обидах; неодобр.).

БЛО́ШКИ, -шек (устар.). В детской игре: жёсткие кружочки, подпрыгивающие при нажимании на края. *Играть в б.*

БЛУД, -а, *м.* (устар.). Половое распутство. *Впасть в б.* ‖ *прил.* **блу́дный**, -ая, -ое.

БЛУДИ́ТЬ[1], -ужу́, -уди́шь; *несов.* (прост.). То же, что распутничать. ‖ *сов.* **наблуди́ть**, -ужу́, -уди́шь.

БЛУДИ́ТЬ[2], -ужу́, -у́дишь; *несов.* (прост.). Заблудившись, блуждать (в 1 знач.). *Б. по лесу.* ‖ *сов.* **заблуди́ть**, -ужу́, -у́дишь.

БЛУДЛИ́ВЫЙ, -ая, -ое; -и́в (разг.). **1.** Распутный, похотливый. *Блудлив как кошка* (погов.). **2.** Проказливый, вороватый. *Б. щенок. Б. взгляд.* ‖ *сущ.* **блудли́вость**, -и, *ж.*

БЛУДНИ́ЦА, -ы, *ж.* (стар.). Распутная женщина.

БЛУ́ДНЫЙ[1], -ая, -ое: **блудный сын** (книжн.) — о том, кто раскаялся и вернулся к прежнему после постигших его неудач [по евангельской притче о непочтительном сыне, ушедшем из дома и после долгих скитаний вернувшемся под родной кров].

БЛУ́ДНЫЙ[2] *см.* блуд.

БЛУЖДА́ТЬ, -а́ю, -а́ешь; *несов.* **1.** Бродить в поисках дороги. *Б. в лесу.* **2.** Скитаться, странствовать. *Б. по свету. Блуждающие огни* (появляющиеся и исчезающие болотные огоньки). **3.** *перен.* О взгляде, мыслях: менять направление, меняться, не сосредоточиваясь, не останавливаясь на чём-н. *Блуждающий взгляд.* ✦ **Блуждающая почка** (спец.) — ненормально подвижная или сместившаяся с обычного места.

БЛУ́ЗА, -ы, *ж.* Широкая сборчатая верхняя рубаха. *Рабочая б.* ‖ *прил.* **блу́зный**, -ая, -ое.

БЛУ́ЗКА, -и, *ж.* Лёгкая женская кофта. *Батистовая б.* ‖ *уменьш.* **блу́зочка**, -и, *ж.* ‖ *прил.* **блу́зочный**, -ая, -ое.

БЛЮ́ДО, -а, *мн.* блю́да, блюд, блю́дам, *ср.* **1.** Большая тарелка, круглая или продолговатая, для подачи кушанья на стол. *Фарфоровое б.* **2.** Приготовленное кушанье. *Обед из двух блюд. Вкусное б.* ‖ *прил.* **блю́дный**, -ая, -ое.

БЛЮ́ДЦЕ, -а, *род. мн.* -дец, *ср.* **1.** Тарелочка под чашку или стакан с приподнятыми краями. *Чайное б.* **2.** В степных зонах: плоская, обычно округлая большая впадина в почве (спец.). *Степные блюдца.* ‖ *уменьш.* **блю́дечко**, -а, *род. мн.* -чек, *ср.* (к 1 знач.). *Б. для варенья* (розетка). ✦ **На блюдечке или на блюдечке с голубой каёмочкой** (получить, преподнести) (разг. неодобр.) — о получении чего-н. без затраты труда, усилий. ‖ *прил.* **блю́дечный**, -ая, -ое (к 1 знач.) *и* **блю́дцевый**, -ая, -ое (ко 2 знач.; спец.).

БЛЮЗ, -а, *м.* Джазовая музыка, отражающая интонационный строй и ритмы медленных лирических песен американских негров, а также парный танец в ритме такой музыки. *«Рапсодия в стиле блюза» для фортепьяно с оркестром Дж. Гершвина. Танцевальный б.* (медленный фокстрот). ‖ *прил.* **блю́зовый**, -ая, -ое. *Б. музыкант. Блюзовая музыка.*

БЛЮ́МИНГ, -а, *м.* Высокопроизводительный прокатный обжимный стан. ‖ *прил.* **блю́минговый**, -ая, -ое.

БЛЮСТИ́, блюду́, блюдёшь; блюл, -а́; *несов., что* (книжн.). Беречь, охранять. *Б. порядок. Б. общие интересы.* ‖ *сов.* **соблюсти́**, -юду́, -юдёшь; -юдённый (-ён, -ена́).

БЛЮСТИ́ТЕЛЬ, -я, *м., чего* (устар. и ирон.). Человек, к-рый охраняет что-н., наблюдает за чем-н. *Б. порядка. Б. нравов.* ‖ *ж.* **блюсти́тельница**, -ы. ‖ *прил.* **блюсти́тельский**, -ая, -ое.

БЛЯ́МБА, -ы, *ж.* (прост.). О чём-н. выпуклом, резко и грубо выделяющемся. *Какая-то б. вместо брошки.*

БЛЯ́ХА, -и, *ж.* Жёсткая пластинка как опознавательный знак или как украшение (с выдавленным рисунком, надписью, номером). *Носильщик с бляхой. Бляха на сбруе.* ‖ *уменьш.* **бля́шка**, -и, *ж.* ‖ *прил.* **бля́шный**, -ая, -ое.

БОА́, *нескл.* **1.** *м.* Крупная южноамериканская змея сем. удавов. **2.** *ср.* Женский широкий шейный или наплечный шарф из меха или перьев (устар.).

БОБ[1], -а́, *м.* **1.** *мн.* Однолетнее травянистое растение сем. бобовых с овальными семенами, заключенными в стручки. **2.** Плод растения сем. бобовых. ✦ **Бобы разводить** (разг.) — заниматься пустой болтовнёй, говорить ерунду [*первонач.* о гадании на бобах]. **На бобах** (остаться, сидеть) (разг.) — ни при чём. ‖ *прил.* **бобо́вый**, -ая, -ое.

БОБ[2], -а, *м.* В бобслее: род саней с рулевым управлением. *Цельнометаллический б.*

БОБЁР, -бра́, *м.* **1.** *ед.* Мех бобра. **2.** *мн.* Бобровый воротник, одежда на бобровом меху. *Ходить в бобрах.*

БО́БИК, -а, *м.* (разг.). Дворовая собачка [по распространённой кличке]. *Устал как б.* (то же, что устал как собака). *Как б. бегает кто-н. за кем-н.* (неотвязно преследует).

БОБИ́НА, -ы, *ж.* В различных производствах: род катушки, валика для намотки чего-н.

БОБО́ВЫЙ, -ая, -ое. **1.** *см.* боб[1]. **2. бобо́вые**, -ых. Сем. двудольных растений, дающих плоды в виде бобов (горох, фасоль, соя, клевер, вика, люцерна и др.).

БОБР, -а́, *м.* Грызун с ценным мехом, живущий колониями по лесным рекам. *Болотный б.* (нутрия). ✦ **Убить бобра** (разг. ирон.) — обманувшись в расчётах, получить плохое вместо хорошего. ‖ *прил.* **бобро́вый**, -ая, -ое.

БОБРЁНОК, -нка, *мн.* -ря́та, -ря́т, *м.* Детёныш бобра.

БО́БРИК, -а, *м.* Тяжёлая плотная ткань со стоячим ворсом. ✦ **Под бобрик** — то же, что бобриком. ‖ *прил.* **бо́бриковый**, -ая, -ое.

БО́БРИКОМ, *нареч.* О мужской причёске: ёжиком. *Стричься б.*

БОБСЛЕИ́СТ, -а, *м.* Спортсмен, занимающийся бобслеем. ‖ *ж.* **бобслеи́стка**, -и. ‖ *прил.* **бобслеи́стский**, -ая, -ое.

БО́БСЛЕЙ, -я, *м.* Скоростной спуск с гор по ледяной трассе на бобе[2], а также соответствующий вид спорта. *Соревнования по бобслею.*

БОБЫ́ЛЬ, -я́, *м.* **1.** Одинокий крестьянин-бедняк, обычно безземельный (устар.). **2.** *перен.* Одинокий бессемейный человек (разг.). *Жить бобылём.* ‖ *ж.* **бобы́лка**, -и. ‖ *прил.* **бобы́льский**, -ая, -ое.

БОГ [*бох*], бо́га, *мн.* бо́ги, -о́в, *зват.* бо́же, *м.* **1.** В религии: верховное всемогущее существо, управляющее миром или (при многобожии) одно из таких существ. *Вера в бога. Языческие боги. Б. войны* (у древних римлян: Марс). *Возносить молитвы богу (богам). Принести жертву богу (богам). Красив как молодой б. Не боги горшки обжигают* (посл. в знач.: можно справиться, это по силам). **2.** (Б прописное). В христианстве: триединое божество, творец и всеобщее мировое начало — Бог Отец, Бог Сын и Бог Дух Святой. *Б. един в трёх лицах. Без Бога — ни до порога* (стар. посл. в знач.: Бог помогает во всём). **3.** *перен.* Предмет поклонения, обожания (устар., книжн.). *Музыка — его б. Эта девушка для него — б.* ✦ **От бога** (высок.) — в знач. определения: одарённый талантом. *Пианист от бога.* **Богом рождённый** (высок.) — то же, что от бога. *Богом рождённый поэт.* **Бог даёт день, Бог даёт и пищу** — афоризм в знач.: нужно спокойно и уверенно жить сегодняшним днём. **Как перед Богом** (сказать, ответить) — ничего не утаивая. **Все под Богом ходим** (разг.) — никто не знает, что может с ним случиться. **Сам Бог велел** (разг.) — совершенно необходимо. **На Бога надейся, а сам не плошай** — посл. в знач.: во всём нужно рассчитывать на самого себя. **Человек предполагает, а Бог располагает** — посл. о том, что не всегда бывает так, как задумано. **Ни богу свечка, ни чёрту кочерга** — посл. о чём-н. никчёмном: так себе, ни то, ни сё. **Бог знает (ведает)** *кто (что, какой, как, где, куда, откуда, сколько, когда, зачем, почему, отчего)* (разг.) и **Бог весть** *кто (что, какой, как, где, куда, откуда, сколько, когда, зачем, почему, отчего)* (разг.) — неизвестно, нельзя сказать ничего определённого. *Бог знает (ведает), что он за человек. Приехал бог весть откуда.* **Не бог весть** *кто* или *какой* (разг.) и **Не бог знает** *кто (что)* или *какой* (разг.) — не очень хороший, посредственный, так себе, не ахти. *Здоровье не бог весть какое.* **Не бог весть** *как (где, куда, откуда, когда, сколько)* (разг.) и **Не бог знает** *как (где, куда, откуда, когда, сколько)* (разг.) — не очень хорошо, средне (не очень далеко, не издалека, не очень давно, немного). *Не бог весть как умен. Не бог весть где живёт* (недалеко). *Не бог знает сколько стоит* (недорого). **Дай Бог каждому** (разг.) — о чем-н. хорошем, желательном. *Здоровье у него — дай Бог каждому.* **Дай бог** (разг.) — то же, что дай бог каждому. *Дай бог вам счастья!* (говорится также в знак благодарности). **Дай бог память (памяти)** (прост.) — говорится в знач.: не помню, стараюсь припомнить. *Когда же это было, дай бог память? Дай бог памяти, где я его видел?* **До Бога высо́ко, до царя далёко** — посл. о том, что простому человеку трудно найти правду, справедливость. **Не дай (не приведи) бог (боже)** (разг.) — 1) выражение нежелательности, недопустимости, беспокойства по поводу осуществления чего-н. *Не дай бог заболеть! Не приведи бог заблудиться!*; 2) выражение крайней степени проявления чего-н. нежелательного, а также вообще о ком-чём-н. очень плохом. *Так рассердился, что не приведи (не дай) бог! Мороз — не приведи бог!* **Бог даст** (разг.) — выражение надежды на что-н. желательное. *Бог даст всё уладится.* **Как бог даст** (разг.) — как придётся, как получится. *Скоро вернёшься? — Как бог даст.* **Чем бог послал (обойтись, угостить, перекусить)** (разг.) — тем, что есть, что найдётся. **Как**

бог на́ душу положит (разг.) — небрежно, кое-как. *Работает как бог на душу положит.* **Истинный бог (вот тебе/вам бог)** (устар. и прост.) — клятвенное уверение, истинный крест. **(Да) убей (побей, накажи, разрази) (меня) Бог** (прост.) — 1) клятвенное уверение, разрази меня гром. *Да убей меня бог не вру;* 2) трудно, совершенно невозможно (понять, поверить, представить). *Убей бог, не пойму, что происходит.* **Ради бога** (разг.) — пожалуйста, очень прошу, ради всего святого. *Замолчи ты ради бога! Помогите ради бога!* **С богом** (устар. и разг.) — пожелание успешного начала. *Ну, за работу, с богом! Поезжайте, с богом.* **Бог с тобой (с вами)** (устар.) — 1) пожелание хорошего, обычно при напутствии. *Будьте счастливы, бог с вами;* 2) выражение недоумения, осуждения, протеста. *Опомнись, остановись, бог с тобой.* **Бог с тобой (с вами, с ним, с нею, с ними)** (устар.) — выражение безразличия или уступки. *Не нужны мне эти деньги, бог с ними со всеми.* **Помилуй Бог** (устар. разг.) — выражение несогласия, удивления. *Я этого не говорил, помилуй Бог! Помилуй Бог, куда мы заехали!* **Бог (боже) ты мой!** (устар. и разг.) — выражение удивления, недоумения, радости. *Опять ссорятся, бог (боже) ты мой! Бог (боже) ты мой, что же я могу сделать?! Боже мой, как хорошо, что ты приехал!* **Бог (в) помощь (по́мочь)!** (устар. обл.) — пожелание успеха работающему. **Благодари Бога** (разг.) — будь благодарен судьбе. *Благодари Бога, что жив остался.* **Давай бог ноги** (прост.) — о том, кто пустился быстро бежать. *Мальчишка от сторожа давай бог ноги.* **Упаси (избави, сохрани) (тебя) бог (боже)** (разг.) — то же, что не дай бог (в 1 знач.). **Побойся (побойтесь) бога!** (разг.) — имей(те) совесть, постыди(те)сь. **Слава Богу** (разг.) — 1) *вводн. сл.*, выражает удовлетворение. *Слава Богу, все в порядке;* 2) благополучно, хорошо. *В семье всё слава Богу. Опять не слава Богу* (опять что-то не так, неблагополучно). **Ну его (её, тебя, их и т. д.) к богу** (прост.) — выражение пренебрежения, нежелания иметь дело с кем-н. ‖ *уменьш.* **бо́женька**, -и, *м.* (ко 2 знач.; обычно в обращении к Богу как к тому, кто добр и милостив). ‖ *ж.* **боги́ня**, **-и** (к 1 знач., при многобожии). *Б. плодородия. Б. красоты.* ‖ *прил.* **бо́жий**, -ья, -ье (к 1 и 2 знач.), **бого́в**, -а, -о (к 1 и 2 знач.) *и* (устар.) **бо́жеский**, -ая, -ое (к 1 и 2 знач.). *Божий суд. Божий посланец* (ангел). *Божий человек* (странник-богомолец, нищий, юродивый). *С божьей помощью* (при благоприятных обстоятельствах; разг.). *Божеская милость. Кесарю — кесарево, а богу — богово* (посл. о разумном распределении власти, сфер влияния). ✦ **Божья коровка** — небольшой летающий жучок яркой окраски (с чёрными пятнышками на красных или жёлтых надкрыльях). **Божьей милостью** — то же, что от бога. *Учитель божьей милостью.* **Свет божий (белый)** (разг.) — в нек-рых сочетаниях: то же, что мир[1] (в 3 знач.). *Свету божьему не рад. Явиться на свет божий* (родиться). **Искра божья** *в ком* или *у кого* — о таланте, одарённости. *В ребёнке есть искра божья.* **Сделай(те) (яви(те) божескую милость** (устар.) — пожалуйста, очень прошу. **Наказание божеское** (разг.) — о ком-чём-н. трудном, тяжёлом, неприятном. *Не ребёнок, а наказание божеское.*

БОГАДЕ́ЛЬНЯ, -и, *род. мн.* -лен, *ж.* **1.** Приют для стариков, инвалидов. *Б. при монастыре.* **2.** *перен.* О месте, учреждении, где люди бездеятельны, не оправдывают своего назначения (разг. ирон.). *Развели богадельню.* ‖ *прил.* **богаде́ленный**, -ая, -ое (к 1 знач.).

БОГАРА́, -ы́, *ж.* (спец.). Земли в зоне орошаемого земледелия, на к-рых посевы выращиваются без полива. ‖ *прил.* **бога́рный**, -ая, -ое. *Богарное земледелие.*

БОГАТЕ́Й, -я, *м.* (прост.). То же, что богач. *Сельский б.* ‖ *прил.* **богате́йский**, -ая, -ое.

БОГАТЕ́ТЬ, -е́ю, -е́ешь; *несов.* Становиться богатым (в 1 знач., о земле, крае в 3 знач.), богаче. ‖ *сов.* **разбогате́ть**, -е́ю, -е́ешь (по 1 знач. прил. богатый).

БОГА́ТСТВО, -а, *ср.* **1.** *см.* богатый. **2.** Обилие материальных ценностей, денег. *Народные богатства.*

БОГА́ТЫЙ, -ая, -ое; -а́т, бога́че. **1.** Обладающий большим имуществом, деньгами, очень зажиточный. *Б. фермер.* **2.** *полн. ф.* Дорого сто́ящий, роскошный. *Богатая обстановка.* **3.** То же, что обильный; содержащий в себе много чего-н. ценного. *Б. урожай. Край, б. озёрами. Богатое собрание рукописей.* **4.** *полн. ф., перен.* Содержащий много ценных качеств. *Б. голос.* ‖ *сущ.* **бога́тство**, -а, *ср.*

БОГАТЫ́РЬ, -я́, *м.* **1.** Герой русских былин, совершающий воинские подвиги. **2.** *перен.* Человек очень большой силы, стойкости, отваги. ‖ *прил.* **богатырский**, -ая, -ое. *Богатырские былины. Богатырское сложение* (крепкое телосложение). *Б. рост* (очень высокий). *Б. сон* (очень крепкий).

БОГА́Ч, -а́, *м.* Человек, обладающий богатством. ‖ *ж.* **бога́чка**, -и (разг.).

БОГДЫХА́Н, -а, *м.* (устар.). Китайский император. ‖ *прил.* **богдыха́нский**, -ая, -ое.

БОГЕ́МА, -ы, *ж.* Не имеющие устойчивого обеспечения интеллигенты (актёры, художники, музыканты, литераторы), ведущие беспорядочную жизнь, а также такой образ жизни, среда таких людей. ‖ *прил.* **богемный**, -ая, -ое.

БОГИ́НЯ, -и, *ж.* **1.** *см.* бог. **2.** *перен.* О красивой и величественной женщине, а также (устар.) о женщине как предмете любви.

БОГОБОЯ́ЗНЕННЫЙ, -ая, -ое; -знен, -зненна. Верующий в Бога и во всём следующий установлениям церкви. ‖ *сущ.* **богобоя́зненность**, -и, *ж.*

БОГОМА́ТЕРЬ, -и, *ж.* (Б прописное). То же, что Богородица.

БОГОМО́Л, -а, *м.* **1.** Человек, приверженный к молитвам, богослужениям. **2.** Крупное южное насекомое с передними ногами, хорошо приспособленными для хватания пищи. *Б. обыкновенный* (вид). ‖ *ж.* **богомо́лка**, -и (к 1 знач.). ‖ *прил.* **богомо́льный**, -ая, -ое (ко 2 знач.; спец.).

БОГОМО́ЛЕЦ, -льца, *м.* Человек, к-рый идет на богомолье. ‖ *ж.* **богомо́лка**, -и. ‖ *прил.* **богомо́льческий**, -ая, -ое.

БОГОМО́ЛЬЕ, -я, *ср.* Посещение особо почитаемых отдалённых церквей, монастырей, скитов для поклонения церковным реликвиям, святыням. *Идти на б. Хождение на б. ко гробу Господню.*

БОГОМО́ЛЬНЫЙ, -ая, -ое; -лен, -льна. Постоянно молящийся, усердный в молитвах. *Богомольная старушка.* ‖ *сущ.* **богомо́льность**, -и, *ж.*

БОГОРО́ДИЦА, -ы, *ж.* (Б прописное). В христианстве: Дева Мария — мать Иисуса Христа.

БОГОСЛО́В, -а, *м.* Специалист по богословию.

БОГОСЛО́ВИЕ, -я, *ср.* Совокупность доктрин какой-н. религии. ‖ *прил.* **богосло́вский**, -ая, -ое.

БОГОСЛУЖЕ́НИЕ, -я, *ср.* Совершение священнослужителями религиозных церемоний и обрядовых действий, отправление служб (в 6 знач.). *Совершать б.* ‖ *прил.* **богослуже́бный**, -ая, -ое.

БОГОСПАСА́ЕМЫЙ, -ая, -ое (устар. и ирон.). Благополучный, благоденствующий. *Богоспасаемое местечко.*

БОГОТВОРИ́ТЬ, -рю́, -ри́шь; *несов., кого-что.* Беззаветно любить, преклоняться перед кем-чем-н. *Б. своего кумира.* ‖ *сов.* **обоготвори́ть**, -рю́, -ри́шь. ‖ *сущ.* **обоготворе́ние**, -я, *ср.*

БОГОУГО́ДНЫЙ, -ая, -ое; -ден, -дна (устар.). Угодный Богу. *Богоугодное дело* (доброе). ✦ **Богоугодные заведения** — учреждения для бедняков: больницы, приюты, богадельни. ‖ *сущ.* **богоуго́дность**, -и, *ж.*

БОГОХУ́ЛЬНИК, -а, *м.* Тот, кто богохульствует. ‖ *ж.* **богоху́льница**, -ы. ‖ *прил.* **богоху́льнический**, -ая, -ое.

БОГОХУ́ЛЬНИЧАТЬ, -аю, -аешь; *несов.* (разг.). То же, что богохульствовать. ‖ *сущ.* **богоху́льничанье**, -я, *ср.*

БОГОХУ́ЛЬСТВОВАТЬ, -твую, -твуешь. Хулить Бога, поносить, оскорблять церковные реликвии, обряды. ‖ *сущ.* **богоху́льство**, -а, *ср.* ‖ *прил.* **богоху́льственный**, -ая, -ое. *Богохульственные речи.*

БОГОЧЕЛОВЕ́К, -а, *м.* (Б прописное). Бог, принявший образ человека. ‖ *прил.* **богочелове́ческий**, -ая, -ое.

БОДА́ТЬ, -а́ю, -а́ешь; *несов., кого-что.* Бить, колоть рогами. ‖ *сов.* **забода́ть**, -а́ю, -а́ешь. ‖ *однокр.* **боднýть**, -нý, -нёшь.

БОДА́ТЬСЯ, -а́юсь, -а́ешься; *несов.* **1.** Иметь повадку бодать. *Коровы бодаются.* **2.** Бодать кого-н. или друг друга.

БОДЛИ́ВЫЙ, -ая, -ое; -и́в. Имеющий обыкновение бодаться. *Бодливой корове бог рог не даёт* (посл.). ‖ *сущ.* **бодли́вость**, -и, *ж.*

БОДРИ́ТЬ, -рю́, -ри́шь; *несов., кого-что.* Придавать бодрость. *Весенний воздух бодрит. Бодрящая погода.*

БОДРИ́ТЬСЯ, -рю́сь, -ри́шься; *несов.* Стараться сохранять бодрость.

БО́ДРСТВОВАТЬ, -твую, -твуешь; *несов.* (книжн.). Не спать. ‖ *сущ.* **бо́дрствование**, -я, *ср.*

БО́ДРЫЙ, -ая, -ое; бодр, бодра́, бо́дро, бодры́ *и* бо́дры. Полный сил, деятельности, энергии. *Б. юноша. Бодрое настроение.* ‖ *сущ.* **бо́дрость**, -и, *ж.*

БОДРЯ́К, -а́, *м.* (разг. шутл.). Бодрый человек. ‖ *уменьш.* **бодрячо́к**, -чка́, *м.*

БОДРЯ́ЧЕСКИЙ, -ая, -ое и **БОДРЯ́ЦКИЙ**, -ая, -ое (разг.). Наигранно бодрый.

БОДЯ́ГА, -и, *ж.* (прост.). Пустые шутки, болтовня; канитель. *Бодягу разводить. Кончай бодягу!*

БОЕ... *Первая часть сложных слов со знач.* боевой (в 1 знач.), напр. *боезапас, боезаряд, боеготовность, боехранение.*

БОЕВИ́К[1], -а́, *м.* Остросюжетный кинофильм, представление, пользующиеся шумным успехом.

БОЕВИ́К[2], -а́, *м.* Член вооружённой группировки, входящей в неформальную (обычно террористическую) организацию. *Отряды боевиков.*

БОЕВИ́ТЫЙ, -ая, -ое; -и́т. Активный, решительно действующий; бойкий. *Б. тон. Боевитая девица.* ‖ *сущ.* **боеви́тость**, -и, *ж.*

БОЕВО́Й, -а́я, -о́е. **1.** Относящийся к ведению боя, войны. *Боевое задание. Боевая подготовка войск. Б. порядок войск. Первый б. вылет. Б. устав. Б. патрон* (в отличие от учебного, холостого[2]). *Б. товарищ* (товарищ по войне). **2.** Готовый к борьбе, воинственный, решительный. *Б. дух. Б. настрой.* **3.** Смелый, бойкий. *Парень б.* **4.** Очень важный, первостепенный, первоочередной. *Боевая тема. Б. вопрос.*

БОЕГОЛО́ВКА, -и, *ж.* Головная часть снаряда с взрывателем и боевым зарядом. *Ядерная б.*

БОЕКОМПЛЕ́КТ, -а, *м.* (спец.). Количество боеприпасов, установленное для единицы оружия или для боевой машины.

БОЕПИТА́НИЕ, -я, *ср.* (спец.). Обеспечение боеприпасами и вооружением.

БОЕПРИПА́СЫ, -ов. Сокращение: боевые припасы — снаряды, боевые части ракет и торпед, авиационные бомбы, патроны, гранаты, мины и др.

БОЕСПОСО́БНЫЙ, -ая, -ое; -бен, -бна. Пригодный, подготовленный к ведению боя. *Боеспособные части.* ‖ *сущ.* **боеспосо́бность, -и,** *ж.*

БОЕ́Ц, бойца́, *м.* **1.** Солдат, рядовой[1] (в 3 знач.), а также член военизированной организации, стройотряда. *Командиры и бойцы.* **2.** Участник боя (во 2 знач.). *Неустрашимый б. Воздушный б. Бойцы тыла* (перен.: о тех, кто работал на оборону во время войны). **3.** О спортсмене, активно борющемся за победу. *Футбольный б. Турнирный б.* **4.** Рабочий на скотобойне (спец.). ‖ *прил.* **бойцо́вский, -ая, -ое.**

БОЖБА́ *см.* божиться.

БО́ЖЕ. 1. *см.* бог. **2.** *межд.* Выражает удивление, восторг, негодование и другие чувства. *Б., как здесь красиво! Б., как я устал!* ✦ **Боже правый!** (высок.) — восклицание, выражение удивления, восторга, гнева, печали. **Боже (ты) мой!** (разг.) — то же, что боже (во 2 знач.). **Боже сохрани** (или **упаси, избави**) (разг.) — то же, что упаси бог (см. упасти). **Ни боже мой** (прост.) — подчёркнутое отрицание, возражение.

БО́ЖЕСКИЙ, -ая, -ое. 1. *см.* бог. **2.** Подходящий, вполне приемлемый (разг.). *Божеские цены. Божеские условия. В б. вид привести кого-что-н. По-божески* (нареч.) *поступить.*

БОЖЕ́СТВЕННЫЙ, -ая, -ое; -вен, -венна. 1. *полн. ф.* Относящийся к религии, церковный. *Божественные книги.* **2.** Очаровательный, прекрасный. *Б. голос.* ‖ *сущ.* **боже́ственность, -и,** *ж.* (ко 2 знач.).

БОЖЕСТВО́, -а́, *ср.* **1.** То же, что бог. *Языческие божества.* **2.** *перен.* Предмет обожания, преклонения. *Она его б.*

БО́ЖИЙ, -ья, -ье. 1. *см.* бог. **2.** Ничей, общий для всех. *Божья вода по божьей земле течёт* (стар. посл.).

БОЖИ́ТЬСЯ, -жу́сь, -жи́шься; *несов.* (разг.). Клятвенно уверять [*первонач.* клясться, произнося «ей-богу»]. *Божится, что ничего не видел.* ‖ *сов.* **побожи́ться, -жу́сь, -жи́шься.** ‖ *сущ.* **божба́, -ы,** *ж.*

БОЖНИ́ЦА, -ы, *ж.* Полка или киот с иконами. *Лампада перед божницей.* ‖ *прил.* **божни́чный, -ая, -ое.**

БОЖО́К, -жка́, *м.* **1.** Небольшой идол. *Деревянный б.* **2.** *перен.* Кумир (во 2 знач.), любимец (ирон.). *Сделать из сына божка.*

БОЙ, бо́я, о бо́е, в бою́ *и* в бо́е, *мн.* бои́, боёв, *м.* **1.** *см.* бить, -ся. **2.** (в бою́). Сражение войск, армий. *Наступательные бои. Ввести в б. крупные силы. Принять б. Вести б. Идти в б.* и (высок.) *на б. Разведка боем. На поле боя. К бою!* (команда). *С бою брать что-н.* (овладевать в ходе боя, также перен.: энергично добиваться чего-н.). **3.** Состязание, единоборство. *Кулачный б. Петушиные бои. Б. быков* (коррида). **4.** (в бою́). Борьба (по 3 и 4 знач. гл. бороться), действия, направленные на достижение чего-н., к искоренению чего-н. *Б. за правое дело. Пьянству — б.!* **5.** (в бо́е), только *ед.* Битое стекло, керамика, щебень, камень, а также разбитые яйца (спец.). *Б. из посудного цеха. Яйца-б.* ✦ **Бо́й-ба́ба и бо́й-де́вка** (прост.) — об энергичной, бойкой женщине, девушке. **Морской бой** — игра на листе с разграфлёнными клетками и нарисованными в них кораблями, в к-рой каждый их двух участников, называя ту или иную клетку, стремится поразить корабль и уничтожить «флот» противника. *Играть в морской бой.* ‖ *прил.* **бо́йный, -ая, -ое** (к 3 знач.; спец.). *Бойные голуби* (порода голубей).

БО́ЙКИЙ, -ая, -ое; бо́ек, бойка́, бо́йко; бо́йче *и* бойчее. **1.** Расторопный, ловкий и находчивый. *Б. распорядитель.* **2.** Быстрый, живой. *Бойкая речь. Бойко* (нареч.) *отвечать. Бойкое перо у кого-н.* (легко и быстро пишет кто-н.). **3.** *полн. ф.* Оживлённый, людный. *Бойкое место.* ‖ *сущ.* **бо́йкость, -и,** *ж.* (к 1 и 2 знач.). *Б. характера.*

БОЙКО́Т, -а, *м.* **1.** Отказ от работы, торговых связей, от участия в чём-н. как способ политической и экономической борьбы. **2.** *перен.* Прекращение отношений с кем-н. в знак протеста против чьего-н. поведения, поступка. *Объявить б. клеветнику.*

БОЙКОТИ́РОВАТЬ, -рую, -руешь; -анный; *сов. и несов., кого-что.* Подвергнуть (-гать) бойкоту.

БО́ЙЛЕР, -а, *м.* (спец.). Водонагревающее устройство в системе снабжения теплом и горячей водой. ‖ *прил.* **бо́йлерный, -ая, -ое.** *Бойлерная* (сущ.) *на ТЭЦ* (помещение, где находится бойлер).

БОЙНИ́ЦА, -ы, *ж.* Отверстие для стрельбы в оборонительном сооружении, в стене. ‖ *прил.* **бойни́чный, -ая, -ое.**

БО́ЙНЯ, -и, *род. мн.* бо́ен, *ж.* **1.** Предприятие по убою скота. **2.** *перен.* Массовое избиение, резня, убийство. *Кровавая б.* ‖ *прил.* **бо́енский, -ая, -ое** (к 1 знач.; спец.). *Боенская обработка птицы.*

БОЙЦО́ВСКИЙ, -ая, -ое. 1. *см.* боец. **2.** О поведении, характере: решительный и смелый, такой, как у бойца (в 3 знач.). *Поступить по-бойцовски* (нареч.).

БОК, -а (-у), о бо́ке, на боку́, *мн.* бока́, -о́в, *м.* **1.** Правая или левая сторона туловища, тела. *Боль в боку. Ворочаться с боку на́ бок. Взять (вытащить) что-н. из-под боку и из-под бока. Взять за бока кого-н.* (также перен.: решительно заставить делать что-н.; разг.). *Своими боками отдуваться за кого-что-н.* (самому; прост.). *Бока наломать (намять) кому-н.* (избить; прост.). *По́д боком и под бо́ком* (также перен.: совсем рядом, близко; разг.). *Руки в бо́ки стоять* (подбоченясь; разг.). *Лежать на боку* (также перен.: бездельничать, лентяйничать; разг.). **2.** Одна из сторон предмета, кроме передней и задней, а также кроме верха и низа. *С правого (левого) боку и бока. Не с того боку* (также перен.: не с той стороны, не так, как нужно; разг.). ✦ **Бок о́ бок** (разг.) — очень близко, вплотную. ‖ *уменьш.* **бочо́к, -чка́,** *м. Яблоко с бочком* (испорчено сбоку; разг.). ‖ *прил.* **боково́й, -а́я, -о́е.** ✦ **Отправиться на боковую** (прост.) — лечь спать.

БОКА́Л, -а, *м.* Сосуд для вина в виде большой рюмки. *Поднять б. за кого-что-н.* (провозгласить тост). ‖ *прил.* **бока́льный, -ая, -ое.**

БОКОВО́Й, -а́я, -о́е. 1. *см.* бок. **2.** Расположенный сбоку, направленный вбок. *Боковая дорожка, улица.*

БОКОВУ́ШКА, -и, *ж.* (разг.). Небольшая боковая комната, помещение в стороне, сбоку от чего-н.

БО́КОМ, *нареч.* Плечом вперёд. *Пройти в дверь б.* ✦ **Боком вышло** (прост.) — неудачно, не так, как хотелось бы. ‖ *уменьш.* **бочко́м.** *Сесть б.* (боком и неглубоко, на краешек).

БОКС[1], -а, *м.* Вид спорта: единоборство — кулачный бой в специальных боксёрских перчатках.

БОКС[2], -а, *м.* Мужская причёска с коротко подстриженными висками и затылком. *Стрижка под б.*

БОКС[3], -а, *м.* Изолятор в лечебном учреждении. ‖ *прил.* **бо́ксовый, -ая, -ое.**

БОКСЁР[1], -а, *м.* Спортсмен, занимающийся боксом[1]. ‖ *прил.* **боксёрский, -ая, -ое.**

БОКСЁР[2], -а, *м.* Короткошёрстая сильная служебная собака с тупой мордой, немецкий бульдог. ‖ *прил.* **боксёрский, -ая, -ое.**

БОКСИ́РОВАТЬ, -рую, -руешь; *несов.* Заниматься боксом[1], драться по правилам бокса[1].

БОКСИ́Т, -а, *м.* Горная порода, содержащая глинозём, алюминиевая руда. ‖ *прил.* **бокси́товый, -ая, -ое.**

БОЛВА́Н, -а, *м.* **1.** Грубо обтёсанный обрубок дерева, чурка (обл.). **2.** Жёсткая (обычно деревянная) форма для расправления шляп, париков. **3.** Тупица, неуч (разг. бран.). **4.** В нек-рых сложных карточных играх: воображаемый игрок, на чьё незанятое место сдаются карты, к-рыми распоряжаются другие игроки. *Играть с болваном.* ‖ *уменьш.* **болва́нчик, -а,** *м.* (к 1 и 2 знач.). ‖ *прил.* **болва́нный, -ая, -ое** (к 1, 2 и 4 знач.).

БОЛВА́НКА, -и, *ж.* **1.** Заготовка для изделий — отлитый в форму слиток металла, а также кусок дерева или другого материала. **2.** То же, что болван (во 2 знач.). ‖ *прил.* **болва́ночный, -ая, -ое.**

БОЛВА́НЧИК, -а, *м.* **1.** *см.* болван. **2.** Фигурка, изображающая сидящего божка. *Китайский б.*

БОЛГА́РСКИЙ, -ая, -ое. 1. *см.* болгары. **2.** Относящийся к болгарам, к их языку, национальному характеру, образу жизни, культуре, а также к Болгарии, её территории, внутреннему устройству, истории; такой, как у болгар, как в Болгарии. *Б. язык* (южнославянской группы индоевропейской семьи языков). *Болгарские курорты. Болгарская роза* (масличная). *По-болгарски* (нареч.).

БОЛГА́РЫ, -а́р, *ед.* **-а́рин, -а,** *м.* Южнославянский народ, составляющий основное население Болгарии. ‖ *ж.* **болга́рка, -и.** ‖ *прил.* **болга́рский, -ая, -ое.**

БОЛЕВО́Й *см.* боль.

БО́ЛЕЕ, *нареч.* **1.** То же, что больше (в 1, 2 и 3 знач.) (устар. и книжн.). **2.** В сочетании с прилагательными и наречиями обозначает сравнение. *Б. спокойный. Б. важно.* ✦ **Более или менее** — до известной степени [неправильно более-менее]. *Более или менее понятно.* **Более того,** *вводн. сл.* — то же, что больше того. *Умён, более того, талантлив.* **Более чем** — очень, весьма. *Более чем интересно.* **Не более чем** — только, всего лишь. **Тем более** — 1) *частица,* выражает усиление, выделение. *Климат здесь вредный, тем более для ребёнка;* 2) *союз,* то же, что тем более что (разг.). *Остаёмся дома, тем более собирается гроза.* **Тем**

более что, *союз* — выражает присоединение с оттенком обоснования. *Решили не ехать, тем более что и вы не едете.*

БОЛЕ́ЗНЕННЫЙ, -ая, -ое; -знен, -зненна. **1.** Возникший вследствие болезни, склонный к болезни, нездоровый. *Б. румянец. Б. вид. Б. ребёнок.* **2.** *перен.* Неестественный, ненормальный, чрезмерный. *Болезненное самолюбие.* **3.** Вызывающий боль. *Б. укол.* || *сущ.* **боле́зненность,** -и, *ж.*

БОЛЕЗНЕТВО́РНЫЙ, -ая, -ое; -рен, -рна (книжн.). Вызывающий болезнь. *Б. вирус.* || *сущ.* **болезнетво́рность,** -и, *ж.*

БОЛЕ́ЗНЬ, -и, *ж.* Расстройство здоровья, нарушение деятельности организма. *Детские болезни. Заразная б. Болезни растений. Болезни роста* (перен.: трудности, возникающие при становлении, освоении чего-н. нового).

БОЛЕ́ЛЬЩИК, -а, *м.* (разг.). Любитель наблюдать спортивные состязания, а также вообще человек, болеющий (см. болеть[1] в 3 знач.) за кого-что-н. *Футбольные болельщики.* || *ж.* **боле́льщица,** -ы. || *прил.* **боле́льщицкий,** -ая, -ое.

БОЛЕРО́, *нескл., ср.* Испанский национальный парный танец, а также музыка к нему.

БОЛЕ́ТЬ[1], -е́ю, -е́ешь; *несов.* **1.** *чем.* Быть больным, переносить какую-н. болезнь. *Б. гриппом. Озеро (лес, река) болеет* (перен.: нарушено их нормальное развитие, органическая жизнь в них). **2.** *перен., о ком-чём и за кого-что.* Сильно беспокоиться, постоянно тревожиться, остро переживая что-н. *Б. душой за детей. Б. за порученное дело.* **3.** *перен., за кого-что.* Будучи чьим-н. сторонником, поклонником, остро переживать его успехи и неудачи (разг.). *Б. за свою команду.*

БОЛЕ́ТЬ[2] (-лю́, -ли́шь, 1 и 2 л. не употр.), -ли́т; *несов.* Испытывать боль. *Рука болит. У кого что болит, тот о том и говорит* (посл.). *Болит* (безл.) *под ложечкой. Душа болит* (перен.: о состоянии беспокойства, волнения).

БОЛЕУТОЛЯ́ЮЩИЙ, -ая, -ее. Успокаивающий боль. *Болеутоляющие средства. Принять болеутоляющее* (сущ.).

БОЛИВИ́ЙСКИЙ, -ая, -ое. **1.** *см.* боливийцы. **2.** Относящийся к боливийцам, к их языкам, национальному характеру, образу жизни, культуре, а также к Боливии, её территории, внутреннему устройству, истории; такой, как у боливийцев, как в Боливии. *Б. официальный язык* (испанский). *По-боливийски* (нареч.).

БОЛИВИ́ЙЦЫ, -цев, *ед.* -и́ец, -и́йца, *м.* Латиноамериканский народ, составляющий основное население Боливии. || *ж.* **боливи́йка,** -и. || *прил.* **боливи́йский,** -ая, -ое.

БОЛИ́Д, -а, *м.* (спец.). Очень яркий крупный метеор. || *прил.* **боли́дный,** -ая, -ое.

БОЛО́НКА, -и, *ж.* Маленькая комнатная собачка с длинной мохнатой шелковистой шерстью.

БОЛО́НЬЯ, -и, *ж.* **1.** Тонкая капроновая плащевая ткань. *Куртка из болоньи.* **2.** Плащ, куртка из такой ткани. || *прил.* **боло́ньевый,** -ая, -ое.

БОЛО́ТИНА, -ы, *ж.* (прост.). Болотистое место.

БОЛО́ТИСТЫЙ, -ая, -ое; -ист. Обильный болотами, топями. *Болотистая местность.* || *сущ.* **боло́тистость,** -и, *ж.*

БОЛО́ТНЫЙ, -ая, -ое. **1.** *см.* болото. **2.** О цвете: коричневато-зелёный.

БОЛО́ТО, -а, *ср.* **1.** Избыточно увлажнённый участок земли со стоячей водой и зыбкой поверхностью, заросший влаголюбивыми растениями. *Торфяное б. Завязнуть в болоте.* **2.** *перен.* Общественная среда, находящаяся в состоянии застоя, косности. *Б. обывательщины.* **3.** *ед.* В старых народных представлениях: топь, трясина как место обитания нечистой силы. *Было бы б., а черти найдутся* (посл.). *В тихом болоте (омуте) черти водятся* (посл.). *Иди ты в б.!* (грубое требование уйти). ✦ **Ну тебя (его, её, их) в болото** (прост.) — выражение пренебрежения, нежелания видеть, считаться, иметь дело с кем-н. || *уменьш.* **боло́тце,** -а, *ср.* || *прил.* **боло́тный,** -ая, -ое (к 1 и 3 знач.). *Болотные огоньки* (светящиеся точки на болотах). *Черти болотные.*

БОЛТ, -а́, *м.* **1.** Крепёжная деталь — металлический стержень с резьбой для навинчивания гайки. **2.** Железный прут для запирания ставен, дверей. || *прил.* **болтово́й,** -а́я, -о́е.

БОЛТА́НКА, -и, *ж.* (разг.). Воздушная качка при полётах. *Попасть в болтанку.*

БОЛТАТЬ[1], -а́ю, -а́ешь; *несов.* (разг.). **1.** *что.* Размешивая, приводить в движение (жидкость). *Б. микстуру.* **2.** *чем.* Делать движения (руками, ногами) из стороны в сторону. *Б. ногой.* **3.** *безл.* О движении летательного аппарата во время болтанки. *В грозу начало б.*

БОЛТА́ТЬ[2], -а́ю, -а́ешь; *несов., что* (разг.). Говорить (много, быстро, а также о чём-н. незначительном или то, о чём не следует). *Б. вздор. Б. без умолку. Б. по-французски* (также: бегло говорить). *Не болтай никому об этом.*

БОЛТА́ТЬСЯ, -а́юсь, -а́ешься; *несов.* **1.** Свисая или вися свободно, двигаться из стороны в сторону, качаться (разг.). *Конец пояса болтается. За спиной болтается пустой рюкзак. Пиджак болтается на плечах* (слишком свободен). **2.** О предметах, неплотно лежащих в каком-н. вместилище, или о жидкости в сосуде: двигаться из стороны в сторону, перемещаться, колыхаться (прост.). *Во фляге болтаются остатки воды. Ноги болтаются в ботинках* (ботинки слишком велики). **3.** Ходить без дела, слоняться (разг.). *Б. по улицам.*

БОЛТЛИ́ВЫЙ, -ая, -ое; -и́в. Любящий много говорить, а также не умеющий хранить тайну. *Болтливая соседка.* || *сущ.* **болтли́вость,** -и, *ж.*

БОЛТОВНЯ́, -и́, *ж.* (разг.). Бессодержательные разговоры, пустословие. *Пустая б. Заниматься болтовнёй.*

БОЛТОЛО́ГИЯ, -и, *ж.* (разг. шутл.). То же, что болтовня.

БОЛТУ́Н[1], -а́, *м.* (разг.). Болтливый человек. || *уменьш.* **болтуни́шка,** -и, *м.* || *ж.* **болту́нья,** -и, *род. мн.* -ний.

БОЛТУ́Н[2], -а́, *м.* (разг.). Насиженное яйцо, без зародыша.

БОЛТУ́ШКА[1], -и, *м. и ж.* (разг.). То же, что болтун[1].

БОЛТУ́ШКА[2], -и, *ж.* Род похлёбки из муки, разболтанной на воде, молоке, квасе.

БОЛЬ, -и, *ж.* **1.** *ед.* Ощущение страдания. *Физическая б. Душевная б.* **2.** *мн.* Приступ физического страдания. *Начались боли. Боли в области печени.* ✦ **Знакомо до боли** (разг.) — очень близко, хорошо знакомо. || *прил.* **болево́й,** -а́я, -о́е. *Болевые ощущения. Б. приём* (в спорте).

БОЛЬНИ́ЦА, -ы, *ж.* Медицинское учреждение для стационарного лечения. *Детская б. Лечь в больницу. Выписаться из больницы.* || *прил.* **больни́чный,** -ая, -ое. *Б. режим. Б. лист* (то же, что листок нетрудоспособности).

БОЛЬНИ́ЧКА, -и, *ж.* (разг.). Маленькая больница, обычно в сельской местности.

БО́ЛЬНО[1], *нареч.* и *в знач. сказ.* **1.** Так, что чувствуется боль. *Б. ушибиться. Б. наступить. Сделать б. кому-н.* (причинить боль.). **2.** *перен.* Обидно, неприятно, досадно. *Б. за друга. Б. вспомнить.*

БО́ЛЬНО[2], *нареч.* (прост.). То же, что очень. *Б. хитёр.*

БОЛЬНО́Й, -а́я, -о́е; бо́лен, больна́. **1.** *полн. ф.* Поражённый какой-н. болезнью. *Больное сердце. Больное место* (также перен.: наиболее уязвимое). *Б. вопрос* (перен.: назревший, но трудно разрешимый вопрос). **2.** *полн. ф.* Свидетельствующий о наличии болезни. *Б. вид.* **3.** *полн. ф.* То же, что болезненный (во 2 знач.). *Больное воображение.* **4.** *кр. ф.* (полн. ф. разг.), *чем.* Нездоров (в 3 знач.), болеет[1] (в 1 знач.). *Целую неделю болен. Дети больны гриппом.* **5.** **больно́й,** -о́го, *м.* Тот, кто болеет[1] (в 1 знач.). *Б. пришёл к врачу. Приём больных.* ✦ **С больной головы на здоровую валить** (разг. неодобр.) — перекладывать вину с виноватого на невиновного. || *ж.* **больна́я,** -о́й (к 5 знач.).

БОЛЬША́К[1], -а́, *м.* Большая грунтовая дорога (в отличие от просёлочной).

БОЛЬША́К[2], -а́, *м.* (обл.). Старший в доме, в семье. || *ж.* **большу́ха,** -и.

БО́ЛЬШЕ. 1. *см.* большой *и* много. **2.** *нареч.* В сочетании с количественными именами обозначает превышение указанного количества. *Ждать б. часа. Стоит б. трёх рублей. Идти б. километра.* **3.** *нареч.* Далее, впредь, ещё. *Б. туда не ходи. Б. не буду* (обещание впредь не делать чего-н. предосудительного; разг.). *Б. нет вопросов?* **4.** *нареч.* Преимущественно, главным образом (разг.). *Шли б. (всё больше) лесом.* ✦ **Больше того,** *вводн. сл.* — означает переход к более важной части сообщения. **Больше чем** — то же, что более чем. **Не больше чем** — то же, что не более чем. **Ни больше ни меньше как** — именно столько, именно так. *Опоздал ни больше ни меньше как на час.* **И больше ничего** (разг.) — вот и всё, кончено. *Делай, что говорят, и больше ничего.*

БОЛЬШЕ... *Первая часть сложных слов со знач.:* 1) с большим (в 1 знач.), с крупным, напр. *большеголовый, большеглазый, большеротый, большерукий, большеформатный, большеразмерный;* 2) относящийся к чему-н. большому (в 1 знач.), напр. *большегрузный, большепролётный.*

БОЛЬШЕВИ́ЗМ, -а, *м.* Течение в рабочем движении, возникшее в России в начале 20 в. и основанное на марксистской теории, развитой впоследствии партией большевиков. || *прил.* **большеви́стский,** -ая, -ое.

БОЛЬШЕВИ́К, -а́, *м.* Член большевистской партии. || *ж.* **большеви́чка,** -и (разг.). || *прил.* **большеви́стский,** -ая, -ое.

БОЛЬШЕГРУ́ЗНЫЙ, -ая, -ое. Предназначенный для перевозки больших тяжёлых грузов. *Б. вагон.*

БОЛЬШИНСТВО́, -а́, *ср.* Бо́льшая часть кого-чего-н. *Б. присутствующих. Б. голосов. Подавляющее б.* ✦ **В большинстве случаев** — обычно, преимущественно. **В большинстве своём** — о большей части кого-чего-н. **В большинстве** — то же, что в большинстве случаев, в большинстве своём.

БОЛЬШО́Й, -а́я, -о́е; бо́льше, бо́льший. **1.** Значительный по размерам, по величине, силе. *Б. дом. Большая радость. Большая земля* (материк). *Большая буква* (прописная). **2.** Значительный, выдающийся; обладающий в высокой степени тем качеством, к-рое заключено в значении определяемого существительного. *Большая победа. Б. поэт. Б. плут.* **3.** Взрослый (с точки зрения ребёнка), а также (о ребёнке) вышедший из младенческого возраста, подросший (разг.). *Когда вырасту б.* (т.е. когда стану взрослым). *Слушаться больших* (сущ.). *Сын уже б., в школу пойдёт.* **4.** То же, что многочисленный (в 1 знач.). *Большая родня.* **5.** Появляющийся, находимый или производимый в большом количестве. *Большая вода* (в половодье). *Большая нефть.* ✦ **Большей частью** или **по большей части** — преимущественно. **От большого ума** (разг. ирон.) — по глупости. **Самое большее** — не больше чем. *Опоздаю самое большее на час.* **Сам большой** (устар. и прост.) — сам себе голова, хозяин.

БОЛЯ́ЧКА, -и, *ж.* (разг.). Небольшая незажившая ранка, язвочка.

БОЛЯ́ЩИЙ, -его, *м.* (разг. шутл.). О человеке: то же, что больной (в 5 знач.). *Ну как наш б. себя чувствует?* ‖ *ж.* **болящая**, -ей.

БО́МБА, -ы, *ж.* **1.** Разрывной снаряд, сбрасываемый с самолёта, а также вообще разрывной снаряд, ручной или орудийный; взрывное устройство. *Осколочная б. Зажигательная б. Глубинная б.* (для поражения подводных целей). *Подложить бомбу куда-н., подо что-н. Бомбой вылететь* (стремительно; разг.). **2.** Округлившийся при полёте кусок лавы, выбрасываемый при извержении вулкана (спец.). *Вулканическая б.* ‖ *прил.* **бо́мбовый**, -ая, -ое. *Б. удар.*

БОМБАРДИ́Р, -а, *м.* **1.** В царской армии: звание артиллериста, соответствующее ефрейтору, а также солдат, имеющий это звание. **2.** В командных играх с мячом, в хоккее: результативный нападающий игрок (разг.). *Лучший б. сезона.* ‖ *прил.* **бомбардирский**, -ая, -ое.

БОМБАРДИРОВА́ТЬ, -рую, -руешь; -о́ванный. **1.** *сов.* и *несов., кого-что.* Обстрелять (-ливать) из орудий или, атакуя с воздуха, сбросить (сбрасывать) бомбы на кого-что-н. *Б. город.* **2.** *перен., несов., кого (что).* Посылать, направлять (письма, просьбы, жалобы), настойчиво добиваясь чего-н. (разг. шутл.). *Б. заявлениями.* ‖ *сущ.* **бомбардиро́вка**, -и, *ж.* (к 1 знач.). ‖ *прил.* **бомбардиро́вочный**, -ая, -ое (к 1 знач.).

БОМБАРДИРО́ВЩИК, -а, *м.* **1.** Бомбардировочный самолёт. *Тяжёлый б.* **2.** Лётчик бомбардировочной авиации.

БОМБИ́ТЬ, -блю́, -би́шь; *несов., кого-что.* Атаковать с воздуха, сбрасывая бомбы. ‖ *сущ.* **бомбёжка**, -и, *ж.* (разг.). ‖ *прил.* **бомбёжный**, -ая, -ое (разг.).

БОМБО... *Первая часть сложных слов со знач.:* 1) относящийся к бомбам (в 1 знач.), напр. *бомбодержатель, бомбоотсек, бомболюк, бомбометание;* 2) относящийся к укрытию от бомб (в 1 знач.), напр. *бомбоубежище.*

БОМБОВО́З, -а, *м.* То же, что бомбардировщик (в 1 знач.). ‖ *прил.* **бомбово́зный**, -ая, -ое.

БОМБОУБЕ́ЖИЩЕ, -а, *ср.* Специальное укрытие, защищающее людей от поражения авиабомбами.

БОМЖ, -а *и* -а́, *м.* Человек без определённого местожительства и работы (сокращение).

БОНДА́РНЫЙ, -ая, -ое. Относящийся к работе бондаря. *Бондарное производство. Бондарное дело.*

БО́НДАРЬ, -я и **БОНДА́РЬ**, -я́, *м.* Мастер, изготовляющий из деревянных планок крупную посуду (бочки, кадки, лоханки). ‖ *прил.* **бо́ндарский**, -ая, -ое *и* **бонда́рский**, -ая, -ое.

БО́НЗА, -ы, *м.* (книжн.). Чванное должностное лицо, надменный чиновник.

БО́ННА, -ы, *ж.* До революции в богатых семьях: воспитательница-иностранка при маленьких детях.

БО́НЫ[1], бон, *ед.* бо́на, -ы, *ж.* (спец.). **1.** Краткосрочные кредитные документы, выпускаемые казначейством, муниципалитетом или частной фирмой и выполняющие роль бумажных денег. **2.** Бумажные денежные знаки мелкого достоинства, пускаемые временно в оборот в качестве разменных денег. **3.** Бумажные денежные знаки, вышедшие из употребления и ставшие предметом коллекционирования.

БО́НЫ[2], бон, *ед.* бон, -а, *м.* Плавучие ограждения или заграждения на реках, озёрах, в морских портах. ‖ *прил.* **бо́новый**, -ая, -ое. *Боновые заграждения.*

БОР[1], -а, о бо́ре, в бору́, *мн.* -ы́, -о́в, *м.* Сосновый лес. ✦ **С бору да с сосенки** (разг. неодобр.) — случайно, откуда попало, без разбору. ‖ *прил.* **борово́й**, -а́я, -о́е. *Боровая дичь* (пернатая лесная дичь).

БОР[2], -а, *м.* (спец.). Стальное сверло в бормашине.

БОРДЕ́ЛЬ [дэ], -я, *м.* То же, что публичный дом. ‖ *прил.* **борде́льный**, -ая, -ое.

БОРДО́, *неизм.* и **БОРДО́ВЫЙ**, -ая, -ое. Тёмно-красный.

БОРДЮ́Р, -а, *м.* **1.** Обрамляющая края цветная полоска (на обоях, материи, рисунке, лепке). **2.** Невысокое обрамляющее ограждение. *Б. вдоль тротуара. Цветочный б.* (по краям клумбы, дорожки, газона). ‖ *прил.* **бордю́рный**, -ая, -ое. *Бордюрная стенка.*

БОРЕ́НИЕ *см.* бороться.

БОРЕ́Ц, -рца́, *м.* **1.** Человек, к-рый борется во имя защиты, осуществления чего-н. (обычно передового, прогрессивного). *Б. за свободу.* **2.** Спортсмен, занимающийся борьбой. *Б. тяжёлого веса.* ‖ *прил.* **борцо́вский**, -ая, -ое (ко 2 знач.). *Б. ковёр.*

БОРЖО́МИ, *нескл., м.* и *ср.* и (разг.) **БОРЖО́М**, -а (-у), *м.* Минеральная лечебная вода, употр. для питья и ванн. ‖ *прил.* **боржо́мный**, -ая, -ое.

БОРЗОПИ́СЕЦ, -сца, *м.* (ирон.). Человек, к-рый пишет быстро, наспех и поверхностно.

БОРЗЫ́Е, -ы́х, *ед.* борза́я, -о́й. Порода охотничьих собак с острой длинной мордой и длинными тонкими ногами, специально тренируемых для охоты на волков, лис, зайцев. *Русские б. Охота с борзыми.* ‖ *прил.* **борзо́й**, -а́я, -о́е. *Борзыми щенками брать* (перен.: брать взятки, ни от чего не отказываясь; разг. ирон.).

БО́РЗЫЙ, -ая, -ое; борз, борза́, бо́рзо (устар.). Быстрый, резвый. *Б. конь.*

БОРМАШИ́НА, -ы, *ж.* (спец.). Аппарат для обтачивания, сверления. *Зубоврачебная б. Косторезная б.* ‖ *прил.* **бормаши́нный**, -ая, -ое.

БОРМОТА́ТЬ, -очу́, -о́чешь; *несов., что.* Говорить тихо, быстро и невнятно. ‖ *сущ.* **бормота́нье**, -я, *ср.*

БОРМОТУ́Н, -а́, *м.* (разг.). Человек, постоянно бормочущий или говорящий быстро и невнятно. ‖ *ж.* **бормоту́нья**, -и, *род. мн.* -ний.

БОРМОТУ́ХА, -и, *ж.* (прост.). Дешёвое плодово-ягодное вино.

БО́РНЫЙ, -ая, -ое: **борная кислота** — слабая кислота, бесцветное кристаллическое вещество, употр. в технике и медицине; **борный спирт** — спиртовой раствор борной кислоты.

БО́РОВ[1], -а, *мн.* -ы, -ов, *м.* Кастрированный самец свиньи. *Ну и б.!* (перен.: о толстом, неповоротливом человеке; прост. пренебр.).

БО́РОВ[2], -а, *мн.* -а́, -о́в, *м.* (спец.). Часть дымохода, ведущая от топки котла, печи к дымовой трубе.

БОРОВИ́К, -а́, *м.* То же, что белый гриб.

БОРОДА́, -ы́, *вин.* бо́роду, *мн.* бо́роды, боро́д, -а́м, *ж.* **1.** Волосяной покров на нижней части лица у мужчин. *Отпустить бороду. Окладистая б. Смеяться в бороду* (тихо, исподтишка; разг.). **2.** У нек-рых животных: пучок волос, перьев или мясистые отростки под лицевой частью головы. *Козлиная б. Б. петуха, индюка.* ✦ **С бородой** (разг. шутл.) — об анекдоте, сообщении: старый, давно известный. ‖ *уменьш.* **боро́дка**, -и, *ж.* ‖ *ласк.* **бородушка**, -и, *ж.*

БОРОДА́ВКА, -и, *ж.* **1.** Небольшой округлый болезненный нарост на коже. *Бородавки на пальцах. Свести бородавки.* **2.** Бугорок на коре дерева, на листе, на кожном покрове нек-рых животных. ‖ *прил.* **борода́вочный**, -ая, -ое.

БОРОДА́ВЧАТЫЙ, -ая, -ое; -ат. Покрытый бородавками.

БОРОДА́ТЫЙ, -ая, -ое; -а́т. С бородой или с большой бородой. *Б. старик.* ‖ *сущ.* **борода́тость**, -и, *ж.*

БОРОДА́Ч, -а́, *м.* (разг.). Человек с большой бородой.

БОРО́ДКА, -и, *ж.* **1.** *см.* борода. **2.** Фигурный выступ на конце ключа.

БОРОЗДА́, -ы́, *вин.* борозду́ *и* бо́розду, *мн.* бо́розды, боро́зд, -а́м, *ж.* **1.** Канавка на поверхности почвы, проведённая плугом или иным рыхлящим орудием для посева, для отвода воды. *Старый конь борозды не испортит* (посл.). **2.** *перен.* То же, что бороздка (во 2 знач.). *Борозды на стволе старого дуба.* ‖ *уменьш.* **боро́здка**, -и, *ж.* (к 1 знач.); *прил.* **боро́здковый**, -ая, -ое (к 1 знач.). *Б. посев.* ‖ *прил.* **бороздно́й**, -а́я, -о́е. *Б. посев.*

БОРОЗДИ́ТЬ, -зжу́, -здишь; *несов., что.* **1.** Пахать, рыхлить, делая борозды. *Плуги бороздят землю.* **2.** Оставлять после себя следы, подобные бороздам, бороздкам. *Лодка бороздит гладь реки.* **3.** *перен.* Пересекать в разных направлениях, как бы покрывать бороздками. *Морщины бороздят лицо.* ‖ *сов.* **взборозди́ть**, -зжу́, -здишь; -ождённый (-ён, -ена́) (к 1 и 2 знач.).

БОРО́ЗДКА, -и, *ж.* **1.** *см.* борозда. **2.** Неглубокое продольное углубление на чём-н. *Бороздки на коже, на коре.*

БОРО́ЗДЧАТЫЙ, -ая, -ое; -ат. Покрытый бороздами, бороздками. *Бороздчатая поверхность.* ‖ *сущ.* **боро́здчатость**, -и, *ж.*

БОРОНА́, -ы́, *вин.* бо́рону *и* борону́, *мн.* бо́роны, боро́н, -а́м, *ж.* Сельскохозяйственное орудие для мелкого рыхления почвы. *Дисковая б. Зубовая б.*

БОРОНИ́ТЬ, -ню́, -ни́шь; *несов., что.* Разрыхлять бороной. *Б. поле.* ‖ *сов.* **взборони́ть**, -ню́, -ни́шь; -нённый (-ён, -ена́) *и* **забороні́ть**, -ню́, -ни́шь; -нённый (-ён, -ена́). ‖ *сущ.* **боронба́**, -ы́, *ж.*

БОРОНОВА́ТЬ, -ну́ю, -ну́ешь; *несов., что.* То же, что боронить. ‖ *сов.* **взборонова́ть**, -ну́ю, -ну́ешь; -о́ванный *и* **заборонова́ть**, -ну́ю, -ну́ешь; -о́ванный. ‖ *сущ.* **боронова́ние**, -я, *ср.* ‖ *прил.* **боронова́льный**, -ая, -ое. *Б. агрегат.*

БОРО́ТЬСЯ, борю́сь, бо́решься; *несов.* **1.** *с кем.* Нападая, стараться осилить в единоборстве. *Б. на ковре. Б. в рукопашной. Б. с диким зверем.* **2.** *с кем-чем, против кого-чего.* Сражаться или состязаться, стремясь победить. *Борющиеся армии. Б. с конкурентами.* **3.** *с кем-чем, против кого-чего.* Стремиться уничтожить, искоренить. *Б. с предрассудками (против предрассудков).* **4.** *за что.* Добиваться чего-н., преодолевая препятствия, трудности. *Б. за мир. Б. за звание чемпиона.* **5.** (1 и 2 л. не употр.) *с чем.* О чувствах, стремлениях: вступать в противоречие, в столкновение. *В душе борются уверенность и сомнение.* ‖ *сущ.* **борьба́**, -ы́, *ж.* и **боре́ние**, -я, *ср.* (к 4 и 5 знач.; устар. и высок.).

БОРТ, -а, за́ борт *и* за бо́рт, за бо́ртом *и* за борто́м, о бо́рте, на борту́, *мн.* -а́, -о́в, *м.* **1.** Боковая стенка корпуса судна. *Бросить за б. Человек за бортом!* (в воде). *Борт о́ борт* (тесно соприкасаясь бортами). *Остаться за бортом* (перен.: в невыгодном положении, не у дел). **2.** В сочетаниях «на борт», «на борту», «с борта» — о самом судне, а также о летательном аппарате. *Взять на б. Иметь на борту кого-чего-н. Самолёт с пассажирами на борту.* **3.** Боковая стенка (грузового автомобиля, ложи, бильярда). *Откинуть б. грузовика, товарного вагона.* **4.** Укреплённый край шоссе, дороги, спортивной площадки. *Б. тротуара.* **5.** Правый или левый край застёгивающейся спереди одежды. ‖ *уменьш.* **бо́ртик**, -а, *м.* (к 3, 4, 5 знач.). ‖ *прил.* **бортово́й**, -а́я, -о́е. *Бортовая качка. Бортовое оборудование космического корабля. Б. материал* (бортовка).

БОРТ... *Первая часть сложных слов со знач.:* 1) относящийся к борту (во 2 знач.), напр. *бортинженер, бортрадист, бортмеханик;* 2) относящийся к борту (в 3 знач.), напр. *бортразъём.*

БОРТЖУРНА́Л, -а, *м.* Журнал (во 2 знач.), ведущийся во время полёта на летательном аппарате, космическом корабле.

БО́РТНИК, -а, *м.* Человек, к-рый занимается бортничеством. ‖ *прил.* **бо́ртнический**, -ая, -ое *и* **бо́ртницкий**, -ая, -ое.

БО́РТНИЧЕСТВО, -а, *ср.* Добывание мёда лесных пчёл и их разведение, бортевое пчеловодство. ‖ *прил.* **бо́ртнический**, -ая, -ое.

БОРТО́ВКА, -и, *ж.* Плотная жёсткая ткань, при шитье подкладываемая под борта (в 5 знач.). ‖ *прил.* **борто́вочный**, -ая, -ое.

БОРТОВО́Й *см.* борт.

БОРТОВЩИ́К, -а́, *м.* Дорожный строительный рабочий, занимающийся установкой бортов (в 4 знач.) на дорогах, улицах.

БОРТПРОВОДНИ́К, -а́, *м.* Служащий гражданского воздушного флота, обслуживающий пассажиров в самолёте. ‖ *ж.* **бортпроводни́ца**, -ы.

БОРТЬ, -и, *ж.* Улей в дупле или выдолбленном чурбане. ‖ *прил.* **бортево́й**, -а́я, -о́е. *Бортевое пчеловодство.*

БОРЦО́ВСКИЙ *см.* борец.

БОРЩ, -а́, *м.* Суп со свёклой и другими овощами. ‖ *уменьш.* **борщо́к**, -щка́, *м.* (разг.). ‖ *прил.* **борщо́вый**, -ая, -ое.

БОРЩО́К, -щка́, *м.* **1.** *см.* борщ. **2.** Суп из свекольного отвара.

БОРЬБА́, -ы́, *ж.* **1.** *см.* бороться. **2.** Вид спорта — единоборство. *Классическая б.* (основанная на действиях рук и туловища). *Б. дзюдо, самбо, карате.*

БОСИКО́М, *нареч.* С босыми ногами, без обуви и чулок. *Ходить б.*

БОСНИ́ЙСКИЙ, -ая, -ое. **1.** *см.* боснийцы. **2.** Относящийся к боснийцам, к их образу жизни, культуре, а также к Боснии и Герцеговине, их территории, внутреннему устройству, истории; такой, как у боснийцев, как в Боснии и Герцеговине.

БОСНИ́ЙЦЫ, -ев, *ед.* -и́ец, -и́йца, *м.* Прежнее название славян-мусульман, живущих в Боснии и Герцеговине. ‖ *ж.* **босни́йка**, -и. ‖ *прил.* **боснийский**, -ая, -ое.

БОСО́Й, -а́я, -о́е; бос, боса́, бо́со. Необутый, с голыми ногами. *Надеть туфли на бо́су ногу и на босу́ ногу* (без чулок).

БОСОНО́ГИЙ, -ая, -ое; -о́г. С босыми ногами.

БОСОНО́ЖКА, -и, *ж.* **1.** *см.* босоножки. **2.** Босая девочка, женщина (разг.).

БОСОНО́ЖКИ, -жек, *ед.* босоно́жка, -и, *ж.* Лёгкие летние туфли с не сплошь закрытым верхом, обычно без задников.

БОСС, -а, *м.* Хозяин, владелец, а также вообще делец.

БОСТО́Н, -а, *м.* **1.** Род карточной игры. **2.** Плотная шерстяная ткань с мелкими рубчиками по диагонали. **3.** Парный танец замедленного темпа. *Вальс-б.* ‖ *прил.* **босто́новый**, -ая, -ое (ко 2 знач.).

БОСЯ́К, -а́, *м.* Опустившийся человек из деклассированных слоёв населения. ‖ *ж.* **бося́чка**, -и. ‖ *прил.* **턴бося́цкий**, -ая, -ое.

БОСЯ́ЧЕСТВО, -а, *ср.* Образ жизни босяка. ‖ *прил.* **бося́ческий**, -ая, -ое.

БОТ[1], -а, *м.* Небольшое парусное, гребное или моторное судно. *Морской б.* ‖ *уменьш.* **бо́тик**, -а, *м.* ‖ *прил.* **бо́товый**, -ая, -ое.

БОТ[2] *см.* ботики.

БОТА́НИК, -а, *м.* Специалист по ботанике.

БОТА́НИКА, -и, *ж.* Наука о растениях. ‖ *прил.* **ботани́ческий**, -ая, -ое. *Б. сад* (научно-исследовательское и просветительское учреждение, разводящее растения и коллекционирующее их).

БОТВА́, -ы́, *ж.* Стебель и листья корнеплодов, клубнеплодов, бобовых. *Свекольная б.*

БОТВИ́НЬЯ, -и, *род. мн.* -ний, *ж.* Холодное кушанье из кваса с отварной свекольной ботвой, луком и рыбой.

БО́ТИКИ, -ов, *ед.* бо́тик, -а, *м.* и **БО́ТЫ**, бо́тов *и* бот, *ед.* бот, -а, *м.* Высокая резиновая или тёплая обувь, надеваемая поверх другой обуви. *Детские ботики. Фетровые боты.*

БОТИ́НКИ, -нок, *ед.* боти́нок, -нка, *м.* Обувь, закрывающая ногу по щиколотку. ‖ *прил.* **боти́ночный**, -ая, -ое.

БОТФО́РТЫ, -ов, *ед.* ботфо́рт, -а, *м.* (устар.). Высокие кавалерийские сапоги с раструбами.

БО́ЦМАН, -а, *мн.* -ы, -ов *и* (у моряков, речников) -а́, -о́в, *м.* На судне: лицо младшего начальствующего состава, к-рому непосредственно подчинена палубная команда. ‖ *прил.* **бо́цманский**, -ая, -ое.

БОЧА́Р, -а́, *м.* То же, что бондарь. ‖ *прил.* **боча́рский**, -ая, -ое.

БОЧА́РНЫЙ, -ая, -ое. То же, что бондарный. *Бочарное производство. Бочарная мастерская.*

БО́ЧКА, -и, *ж.* **1.** Деревянное, обтянутое обручами, или металлическое цилиндрическое вместилище с двумя днищами и обычно с несколько выгнутыми боками. *Дубовая б. Б. для воды. Б. с цементом. Набить обручи на бочку.* **2.** Старая русская мера жидкостей, равная сорока вёдрам (около 490 л). **3.** Фигура высшего пилотажа — полный оборот самолёта вокруг его продольной оси. ✦ **На пороховой бочке сидеть** — о положении, грозящем опасностью в любую минуту. **Бочку катить** *на кого* (прост.) — нападать, устраивать неприятности кому-н. **Деньги на бочку!** (разг.) — требование расплатиться сразу наличными деньгами. ‖ *уменьш.* **бо́чечка**, -и, *ж.* (к 1 знач.). ‖ *прил.* **бо́чечный**, -ая, -ое (к 1 знач.) *и* **бо́чковый**, -ая, -ое (к 1 знач.). *Бочечная дощечка. Бочковое пиво* (в бочках).

БОЧО́НОК, -нка, *мн.* -нки, -нков, *м.* Маленькая бочка (в 1 знач.). *Б. вина.* ‖ *прил.* **бочо́ночный**, -ая, -ое.

БОЯЗЛИ́ВЫЙ, -ая, -ое; -и́в. Робкий, легко поддающийся страху. ‖ *сущ.* **боязли́вость**, -и, *ж.*

БО́ЯЗНО, *нареч.* и *в знач. сказ.* (прост.). О чувстве страха, испуга: страшно. *Б. идти одному. Мне б.*

БОЯ́ЗНЬ, -и, *ж.* Беспокойство, страх перед кем-чем-н. *Б. одиночества.*

БОЯ́РИН, -а, *мн.* -я́ре, -я́р, *м.* **1.** В России до начала 18 в.: крупный землевладелец, принадлежащий к высшему слою господствующего класса. **2.** В Румынии до 1945 г.: родовой или поместный феодал. ‖ *прил.* **боя́рский**, -ая, -ое.

БОЯ́РЫНЯ, -и, *ж.* Жена боярина (в 1 знач.).

БОЯ́РЫШНИК, -а, *м.* Растение сем. розоцветных — колючий кустарник или деревце, разводимые как живая изгородь и как декоративные растения. ‖ *прил.* **боя́рышниковый**, -ая, -ое.

БОЯ́РЫШНИЦА, -ы, *ж.* Дневная бабочка с белыми в чёрных жилках крыльями, вредитель плодовых культур.

БОЯ́РЫШНЯ, -и, *род. мн.* -шень, *ж.* Незамужняя дочь боярина (в 1 знач.).

БОЯ́ТЬСЯ, бою́сь, бои́шься; *несов.* **1.** *кого-чего* и *с неопр.* Испытывать страх, боязнь. *Б. грозы. Волков б. — в лес не ходить* (посл.). **2.** *чего* и *с неопр.* Остерегаться, относиться с опаской к чему-н. *Б. простуды (простудиться). Б. опоздать.* **3.** (1 и 2 л. не употр.) *чего.* Не выдерживать воздействия чего-н. опасного. *Цветы боятся мороза. Мука боится сырости.* **4.** с союзом *что.* Неуверенно предполагать (что-н. нежелательное). *Боюсь, что ты был прав.* ✦ **Не бойся!** (прост.) — подбадривающий возглас: смелее, не бойся! ‖ *сов.* **побоя́ться**, -ою́сь, -ои́шься (ко 2 знач.; разг.). *П. идти одному. Побойся бога!* (постыдись, имей совесть; разг.).

БРА, *нескл., ср.* Настенный подсвечник, светильник. *Хрустальное б.*

БРАВА́ДА, -ы, *ж.* (книжн.). Поведение того, кто бравирует, показная удаль.

БРАВИ́РОВАТЬ, -рую, -руешь; *несов., чем* (книжн.). Пренебрегать чем-н. ради показной храбрости; хвастливо рисоваться чем-н. *Б. опасностью. Б. своей грубостью.*

БРА́ВО, *межд.* Возглас, выражающий одобрение, восхищение.

БРАВУ́РНЫЙ, -ая, -ое; -рен, -рна (книжн.). О музыке, пении: подчёркнуто мажорный и шумный. *Б. марш.* ‖ *сущ.* **браву́рность**, -и, *ж.*

БРА́ВЫЙ, -ая, -ое; брав. Мужественный и молодцеватый. *Б. солдат. Бравая походка.* ‖ *сущ.* **бра́вость**, -и, *ж.*

БРА́ГА, -и, *ж.* Слабоалкогольный напиток, род домашнего пива. ‖ *уменьш.* **бра́жка**, -и, *ж.* ‖ *прил.* **бра́жный**, -ая, -ое.

БРАДА́, -ы́, *ж.* (устар.). То же, что борода (в 1 знач.).

БРАДОБРЕ́Й, -я, *м.* (стар. и шутл.). То же, что парикмахер.

БРА́ЖНИК, -а, *м.* (устар.). Пьяница, гуляка.

БРА́ЖНИЧАТЬ, -аю, -аешь; *несов.* (устар. и шутл.). Пьянствовать, кутить, гулять (в 4 знач.).

БРАЗДА́, -ы́, *ж.* (устар.). **1.** То же, что борозда. **2.** *мн.* То же, что удила. ✦ **Бразды правления** (высок.) — власть, управление.

БРАЗИ́ЛЬСКИЙ, -ая, -ое. **1.** *см.* бразильцы. **2.** Относящийся к бразильцам, к их языку, национальному характеру, образу жизни, культуре, а также к Бразилии, её территории, внутреннему устройству, истории; такой, как у бразильцев, как в Бразилии. *Б. официальный язык* (португальский). *Б. кофе* (сорт). *Б. футбол. По-бразильски* (нареч.).

БРАЗИ́ЛЬЦЫ, -цев, *ед.* -и́лец, -льца, *м.* Латиноамериканский народ, составляющий основное население Бразилии. ‖ *ж.* **бразилья́нка**, -и. ‖ *прил.* **брази́льский**, -ая, -ое.

БРАК[1], -а, *м.* **1.** Семейные супружеские отношения между мужчиной и женщиной. *Вступить в б. Расторгнуть б. Церковный, гражданский, незарегистрированный б.* **2.** Сопровождаемое обрядом бракосочетания христианское таинство вступления в супружество. ‖ *прил.* **бра́чный**, -ая, -ое. *Б. союз.*

БРАК[2], -а (-у), *м.* Не соответствующие стандартам, недоброкачественные, с изъяном предметы производства, а также сам изъян в изделии. *Стекло с браком. Борьба с браком.*

БРАКЕРА́Ж, -а, *м.* Проверка предметов производства с целью установления наличия или отсутствия брака[2], браковка.

БРАКЁР, -а, *м.* То же, что браковщик.

БРАКОВА́ТЬ, -кую, -ку́ешь; -о́ванный; *несов.* **1.** *что.* Признавать негодным из-за изъяна, брака[2] в чём-н. **2.** *кого-что.* Признавать плохим, отвергать (разг.). ‖ *сов.* **забракова́ть**, -ку́ю, -ку́ешь; -о́ванный. ‖ *сущ.* **брако́вка**, -и, *ж.* (к 1 знач.). ‖ *прил.* **брако́вочный**, -ая, -ое.

БРАКО́ВЩИК, -а, *м.* Работник, осуществляющий бракераж. ‖ *ж.* **брако́вщица**, -ы.

БРАКОДЕ́Л, -а, *м.* Недобросовестный работник, допускающий брак[2].

БРАКОНЬЕ́Р, -а, *м.* Человек, к-рый занимается браконьерством. ‖ *прил.* **браконье́рский**, -ая, -ое.

БРАКОНЬЕ́РСТВОВАТЬ, -твую, -твуешь; *несов.* Охотиться или ловить рыбу в запрещённых местах, в запрещённое время или запрещённым способом, а также заниматься недозволенной порубкой леса. ‖ *сущ.* **браконье́рство**, -а, *ср.*

БРАКОРАЗВО́ДНЫЙ, -ая, -ое. Относящийся к расторжению брака[1]. *Б. процесс.*

БРАКОСОЧЕТА́НИЕ, -я, *ср.* (книжн.). Обряд, церемония вступления в брак[1]. *Дворец бракосочетаний.*

БРАМИ́Н, -а, *м.* (устар.). То же, что брахман. ‖ *прил.* **брами́нский**, -ая, -ое.

БРАНДАХЛЫ́СТ, -а, *м.* (прост.). **1.** Жидкий плохой суп, а также вообще плохая жидкая пища, питьё, бурда. *Не чай, а какой-то б.* **2.** Пустой, никчёмный человек.

БРАНДМАЙО́Р [нтм], -а, *м.* (устар.). Начальник пожарных частей города. ‖ *прил.* **брандмайо́рский**, -ая, -ое.

БРАНДМА́УЭР [нтм], -а, *м.* (спец.). Стена из несгораемого материала, разделяющая смежные строения или части одного строения в противопожарных целях. ‖ *прил.* **брандма́уэрный**, -ая, -ое.

БРАНДМЕ́ЙСТЕР [нтм], -а, *м.* (устар.). Начальник пожарной команды. ‖ *прил.* **брандме́йстерский**, -ая, -ое.

БРАНДСПО́ЙТ [нтс], -а, *м.* **1.** Переносный ручной насос. **2.** Наконечник на пожарном рукаве, направляющий водяную струю, ствол (устар.). ‖ *прил.* **брандспо́йтный**, -ая, -ое.

БРАНИ́ТЬ, -ню́, -ни́шь; *несов., кого-что.* **1.** Порицать, выражать своё недовольство бранными словами. *Б. за шалость.* **2.** *перен.* Подвергать осуждающей критике. *Статью бранят в журналах.* ‖ *сов.* **вы́бранить**, -ню, -нишь; -ненный (к 1 знач.).

БРАНИ́ТЬСЯ, -ню́сь, -ни́шься; *несов.* **1.** *с кем.* Бранить друг друга, ссориться. **2.** Выражать своё недовольство в грубых, резких словах. ‖ *сов.* **побрани́ться**, -ню́сь, -ни́шься (к 1 знач.) *и* **вы́браниться**, -нюсь, -нишься (ко 2 знач.).

БРА́ННЫЙ[1], -ая, -ое. Содержащий брань[1], резко порицающий. *Бранные слова. Бранная рецензия.*

БРА́ННЫЙ[2] *см.* брань[2].

БРА́НЫЙ, -ая, -ое (стар.). Вытканный с узорами. *Браная скатерть.*

БРАНЬ[1], -и, *ж.* Осуждающие и обидные слова; ругань. *Грубая б. Б. на вороту́ не виснет* (посл. о том, что на брань можно не обращать внимания).

БРАНЬ[2], -и, *ж.* (стар.). Война, битва. *На поле брани* (высок.). ‖ *прил.* **бра́нный**, -ая, -ое. *Бранное поле.*

БРАСЛЕ́Т, -а, *м.* **1.** Украшение в виде охватывающего запястье кольца, цепочки. **2.** Охватывающий запястье металлический держатель для ручных часов. *Часы на браслете.* ‖ *прил.* **брасле́тный**, -ая, -ое.

БРАСЛЕ́ТКА, -и, *ж.* (разг.). Маленький браслет (в 1 знач.).

БРАСС, -а, *м.* Стиль спортивного плавания на груди без выноса рук над водой.

БРАТ, -а, *мн.* бра́тья, -ьев, *м.* **1.** Сын тех же родителей или одного из них по отношению к другим их детям. *Родной б. Двоюродный б.* (сын дяди или тётки). *Троюродный б.* (сын двоюродного дяди или двоюродной тётки). *Сводный б.* (сын отчима или мачехи от другого брака). *Молочные братья* (неродные, вскормленные молоком одной женщины). *Названый б.* (тот, с к-рым побратался). *Б. на брата пошёл* (перен.: о борьбе близких, кровью связанных людей). **2.** Фамильярное или дружеское обращение к мужчине (разг.). **3.** Человек, близкий другому по духу, по деятельности, вообще кто-н. близкий (высок.). *Братья по перу. Братья по оружию. Все люди — братья* (афоризм). **4.** Монах, член религиозного братства (обычно в обращении). *Братья-иезуиты.* ✦ **Братья во Христе** — христиане. **Брат милосердия** — мужчина с медицинским образованием, ухаживающий за больными, ранеными. **Братья наши меньшие** (книжн.) — о животных по отношению к человеку. **Ваш (наш, их) брат** (разг.) — вы, ты (мы, я) — как и все другие мне, вам, нам, им подобные. *Знаю я вашего брата, мальчишек. Наш брат мастеровой.* **На брата (пришлось, досталось)** (разг.) — на каждого из участников. *Заработали по сотне на брата.* **С брата (взять, получить)** (разг.) — с каждого из участников, с головы. *Собрали по червонцу с брата.* **Свой брат** (разг.) — близкий, свой человек, а также (обобщённо) близкие, понимающие друг друга люди. *Студенты — свой брат.* ‖ *ласк.* **бра́тец**, -тца, *м.* (к 1 и 2 знач.), **бра́тик**, -а, *м.* (к 1 знач.; о ребёнке), **брато́к**, -тка́, *м.* (ко 2 знач.; прост.) *и* **бра́тка**, -и, *м.* (к 1 знач.; прост.). ‖ *прил.* **бра́тнин**, -а, -о (к 1 знач.; разг.).

БРАТА́Н, -а, *м.* (прост.). То же, что брат (в 1 знач.).

БРАТА́ТЬСЯ, -а́юсь, -а́ешься; *несов., с кем.* **1.** Вступать в тесную дружбу, в братские отношения (разг.). **2.** О солдатах воюющих армий: прекращать военные действия, взаимно выказывая чувства товарищества. ‖ *сов.* **побрата́ться**, -а́юсь, -а́ешься. ‖ *сущ.* **брата́ние**, -я, *ср.* (ко 2 знач.). *Б. в окопах.*

БРАТВА́, -ы́, *ж., собир.* (прост.). Друзья, товарищи.

БРАТЕ́ЛЬНИК, -а и **БРАТУ́ХА**, -и, *м.* (прост. и обл.). То же, что брат (в 1 знач.).

БРА́ТИНА, -ы, *ж.* В старину: большая чаша для вина, а также (обл.) для еды.

БРАТИ́ШКА, -и, *м.* **1.** Малолетний брат (в 1 знач.) (разг.), а также вообще брат (в 1 знач.) (прост.). **2.** Фамильярное и дружеское обращение к нестарому мужчине (прост.).

БРА́ТИЯ, -и, *ж., собир.* **1.** Монахи одной общины, одного монастыря. **2.** Компания, содружество (разг. шутл.). *Вся наша б. Актёрская б. Пишущая б.*

БРАТОУБИ́ЙСТВО, -а, *ср.* Убийство брата (в 1 знач.) (устар.), братьев (в 3 знач.) (высок.). ‖ *прил.* **братоуби́йственный**, -ая, -ое. *Братоубийственная война.*

БРАТОУБИ́ЙЦА, -ы, *м. и ж.* (устар.). Убийца своего брата.

БРА́ТСКИЙ, -ая, -ое. **1.** Свойственный брату, родственный. *Братская любовь.* **2.** Глубоко дружеский, близкий, родственный по духу. *Б. союз.* ✦ **Братская могила** (братское кладбище) — общая могила (общее кладбище) погибших в бою, во время бедствия.

БРА́ТСТВО, -а, *ср.* **1.** То же, что содружество (в 1 знач.) (высок.). *Боевое б.* **2.** Название нек-рых монашеских орденов, религиозных организаций, обществ.

БРАТЬ, беру́, берёшь; брал, брала́, бра́ло; *несов.* **1.** *кого-что.* Захватывать рукой (или каким-н. орудием, зубами), принимать в руки. *Б. книгу со стола. Б. лопату. Б. кого-н. под руку. Б. грибы* (собирать; разг.). *Рыба хорошо берёт* (хватает наживку). *Ребёнок не берёт грудь* (не хочет сосать). *Берёт за́ сердце и за се́рдце* (перен.: волнует; разг.). **2.** *кого (что).* Подвергать аресту (разг.). *Б. на месте преступления. Шайка окружена: будем брать.* **3.** *кого-что.* Уносить, увозить, уводить с собой. *Б. работу на́ дом. Б. в дорогу чемодан. Б. с собой детей.* **4.** *кого-что.* Получать (приобретать, нанимать, добывать) в свою собственность, в своё пользование, распоряжение. *Б. деньги взаймы. Б. такси. Б. тему для исследования. Б. хлеб в булочной. Б. всё от жизни* (сполна пользоваться всем тем хорошим, что даёт жизнь). **5.** *кого-что.* Принимать (с какой-н. целью, обязательством, на каких-н. условиях). *Б. специалиста на работу. Б. вещи на комиссию. Б. ребёнка на воспитание. Б. обязательство. Б. поручение.* **6.** *кого-что.* Овладевать кем-чем-н., захватывать. *Б. крепость штурмом. Б. в плен. Наша берёт!* (мы одолеваем, побеждаем; разг.). *Смелость города берёт* (посл.). **7.** *чем.* Добиваться своей цели, применяя что-н.; обладать всеми необходимыми качествами для достижения чего-н. (разг.). *Б. терпеньем. Б. хитростью. Б. не числом, а уменьем. И умом, и красотой — всем берёт кто-н.* (всем хорош). **8.** *что.* Преодолевать, одолевать. *Б. барьер. Б. крутой подъём. Б. высоту* (также перен.: успешно решать поставленную большую задачу). **9.** *что, за что.* Взимать, взыскивать (цену, плату) (разг.). *Б. хорошую цену. Б. штраф. Б. по рублю за* *вход. Недорого б. за работу. Сколько берут с человека?* **10.** О чём-н. режущем, пилящем, об оружии: действовать (разг.). *Бритва хорошо берёт. Ружьё берёт на тысячу шагов. Пуля не берёт кого-н.* (о том, кто кажется неуязвимым, кого нельзя убить). **11.** *что.* Отнимать, требовать (известного количества, времени, энергии) (разг.). *Подготовка берёт много времени, сил.* **12.** Держаться какого-н. направления, пути (разг.). *Б. влево. Б. прямо.* **13.** *кого.* Овладевать (в 3 знач.), охватывать (разг.). *Сомнение, страх, оторопь берёт кого-н. Охота берёт самому посмотреть.* **14.** В сочетании с нек-рыми существительными обозначает: производить действие, названное существительным. *Б. на учёт* (учитывать). *Б. начало* (начинаться). *Б. на себя смелость* (осмеливаться). *Б. разбег.* || *сов.* **взять,** возьму́, возьмёшь. || *сущ.* **взя́тие,** *-я, ср.* (ко 2, 4, 5, 6, 8, 9 и 14 знач.; книжн.).

БРА́ТЬСЯ, беру́сь, берёшься; бра́лся, -ла́сь; *несов.* **1.** *за что.* Брать друг друга (один другого) или брать, хватать что-н. рукой. *Б. друг за друга. Б. за́ руки. Б. за верёвку, за поручень.* **2.** *за что.* Приниматься за какое-н. дело, работу, занятие. *Б. за чтение. Б. за ученье. Б. за книгу* (начинать читать). *Б. за перо* (начинать писать). *Б. за оружие* (начинать воевать). **3.** *за кого-что.* Предпринимать какие-н. действия, чтобы воздействовать на кого-н. (разг.). *Б. за отстающих.* **4.** *за что и с неопр.* Принимать на себя обязательство что-н. выполнить (разг.). *Он не берётся за эту работу. Берётся починить сам.* **5.** Появляться, возникать (разг.). *Откуда у него деньги берутся?* || *сов.* **взя́ться,** возьму́сь, возьмёшься.

БРА́УНИНГ, -а, *м.* Автоматический пистолет.

БРАХМА́Н, -а, *м.* Член высшей жреческой касты в Индии. || *прил.* **брахма́нский,** -ая, -ое.

БРА́ЧНЫЙ, -ая, -ое. **1.** *см.* брак[1]. **2.** У животных: относящийся к периоду размножения, спаривания. *Б. период. Брачное оперение самцов.*

БРЕВЕ́НЧАТЫЙ, -ая, -ое. Сделанный из брёвен. *Б. колодец. Б. сруб.*

БРЕВНО́, -а́, *мн.* брёвна, брёвен, брёвнам, *ср.* **1.** Очищенный от веток и без верхушки ствол срубленного большого дерева или часть такого ствола. *Сруб из брёвен. Ноги как брёвна* (толстые или отёкшие). **2.** *перен.* О тупом, неотёсанном человеке (разг. бран.). *Б. ты этакое!* **3.** Гимнастический снаряд в виде бруса на стойках. *Упражнения на бревне.* || *уменьш.* **брёвнышко,** -а, *ср.* (к 1 знач.).

БРЕГ, -а, *м.* (устар.). То же, что берег (в 1 знач.).

БРЕД, -а, о бре́де, в бреду́, *м.* **1.** Симптом психического заболевания — расстройство мыслительной деятельности (спец.). **2.** Бессвязная речь больного, находящегося в бессознательном состоянии. *Больной в бреду.* **3.** *перен.* Нечто бессмысленное, вздорное, несвязное (разг.). *Рассуждения его — сплошной б.* || *прил.* **бредово́й,** -а́я, -о́е (к 1 и 2 знач.) *и* **бредо́вый,** -ая, -ое (к 3 знач.). *Бредовое состояние. Бредовые идеи.*

БРЕ́ДЕНЬ, -дня, *м.* Небольшой невод, которым ловят рыбу вдвоём, идя бродом.

БРЕ́ДИТЬ, бре́жу, бре́дишь; *несов.* **1.** Говорить в бреду, а также говорить бессвязно во сне. *Больной бредит.* **2.** *перен., кем-чем.* Неотвязно мечтать и говорить об одном и том же (разг.). *Б. музыкой. Б. славой.*

БРЕ́ДНИ, -ей (разг.). Нелепые, странные мысли, речи. *Пустые б.*

БРЕ́ЗГАТЬ, -аю, -аешь и **БРЕ́ЗГОВАТЬ,** -гую, гуешь; *несов., кем-чем.* Чувствовать брезгливость по отношению к кому-чему-н. *Б. есть из чужой тарелки. Ничем не брезгает кто-н.* (перен.: ничем не стесняется, не гнушается для достижения своей цели). || *сов.* **побре́згать,** -аю, -аешь *и* **побре́зговать,** -гую, -гуешь. *Поешьте, не побрезгуйте!* (при угощении, с оттенком приниженности; прост.).

БРЕЗГЛИ́ВЫЙ, -ая, -ое; -и́в. **1.** Испытывающий отвращение к нечистоплотности, везде её подозревающий. *Б. человек. Брезгливо* (нареч.) *отодвинуться от замарашки.* **2.** Испытывающий, выражающий неприязнь и отвращение. *Б. взгляд.* || *сущ.* **брезгли́вость,** *-и, ж.*

БРЕЗЕ́НТ, -а (-у), *м.* Грубая плотная льняная или хлопчатобумажная водозащитная ткань. || *прил.* **брезе́нтовый,** -ая, -ое. *Б. городок* (палаточный городок).

БРЕЗЕНТО́ВКА, *-и, ж.* (разг.). Куртка из брезента.

БРЕ́ЗЖИТЬ (-жу, -жишь, 1 и 2 л. не употр.), -жит; бре́зжущий; *несов.* Рассветать; слабо светиться. *Брезжит заря. Брезжущий свет.*

БРЕ́ЗЖИТЬСЯ (-жусь, -жишься, 1 и 2 л. не употр.), -жится; *несов.* (разг.). То же, что брезжить. *Брезжится рассвет. На востоке чуть брезжи́тся* (безл.).

БРЕЛО́К, -а, *м.* Подвеска для украшения на цепочке или на браслете. || *прил.* **брело́чный,** -ая, -ое.

БРЕ́МЯ, -мени, *ср.* **1.** Тяжёлая ноша (стар.). **2.** *перен.* Нечто тяжкое, трудное, тяжесть (книжн.). *Взять на себя непосильное б. Нести своё б. Под бременем забот.* ✦ **Разрешиться от бремени** (устар.) — родить.

БРЕ́ННЫЙ, -ая, -ое; -е́нен, -е́нна (устар.). Тленный, преходящий. *Сей б. мир* (о недолговечности человеческой жизни). *Бренные останки* (мёртвое тело). || *сущ.* **бре́нность,** *-и, ж.*

БРЕНЧА́ТЬ, -чу́, -чи́шь; *несов.* **1.** Тихо позванивать, звякать. *Бренчат шпоры. Б. ключами.* **2.** *на чём.* Неумело или небрежно играть на музыкальном инструменте (разг.). *Б. на гитаре.* || *сов.* **пробренча́ть,** -чу́, -чи́шь. || *сущ.* **бренча́нье,** *-я, ср.*

БРЕСТИ́, бреду́, бредёшь; брёл, брела́; бре́дший; *несов.* Идти с трудом или тихо. *Старик еле бредёт. Б. по тропинке.*

БРЕТЕ́ЛЬКА [тэ], -и и **БРЕТЕ́ЛЬ** [тэ], -и, *ж.* Полоска ткани, перекидываемая через плечо и поддерживающая верхнюю часть одежды (лифчика, юбки, сорочки). *Юбка на бретелях (на бретельках).*

БРЕТЁР, -а, *м.* (устар.). Человек, готовый драться на дуэли по любому поводу; скандалист и забияка. || *прил.* **бретёрский,** -ая, -ое.

БРЕХА́ТЬ, брешу́, бре́шешь; *несов.* (прост.). **1.** То же, что лаять (в 1 знач.). *Брешет собака.* **2.** *перен.* Врать, говорить вздор. || *сов.* **пробреха́ть,** -ешу́, -е́шешь (к 1 знач.).

БРЕХНЯ́, -и́, *ж.* (прост.). Вранье, вздор. *Пустая б.*

БРЕХУ́Н, -а́, *м.* (прост.). Враль, пустобрех. || *ж.* **брехунья,** *-и, род. мн.* -ний.

БРЕШЬ, -и, *ж.* **1.** Пролом в стене, в корпусе корабля, пробоина. *Б. от снаряда. Заделать б. Б. в обороне* (перен.). **2.** *перен.* Недостача, ущерб. *Б. в бюджете.* ✦ **Пробить брешь** *в чём* — 1) устранив препятствия, расчистить путь для каких-н. действий; 2) сделать уязвимым чьё-н. рассуждение, аргументацию.

БРЕ́ЮЩИЙ, -ая, -ее: **бреющий полёт** — полёт самолёта на предельно малой высоте, над самой землёй.

БРИГ, -а, *м.* Морское двухмачтовое парусное судно с прямыми парусами. *Военный б.*

БРИГА́ДА, -ы, *ж.* **1.** Соединение из нескольких батальонов (дивизионов) или полков и подразделений специальных войск или военно-морское соединение из кораблей одного класса. *Мотострелковая б. Танковая б.* **2.** Личный состав, обслуживающий поезд. *Кондукторская б. Поездная б.* **3.** Производственная группа, а также вообще группа, объединённая каким-н. общим заданием, деятельностью. *Б. слесарей. Рабочая б. Концертная б.* || *прил.* **брига́дный,** -ая, -ое.

БРИГАДИ́Р, -а, *м.* **1.** Руководитель бригады (во 2 и 3 знач.). *Б. поезда. Б. строителей.* **2.** В русской армии в 18 в.: военный чин рангом выше полковника, а также лицо, имеющее этот чин. || *ж.* **бригади́рша,** -и (к 1 знач.; разг.). || *прил.* **бригади́рский,** -ая, -ое.

БРИГАНТИ́НА, -ы, *ж.* Лёгкое морское парусное двухмачтовое судно.

БРИ́ДЖИ, -ей. **1.** Узкие в голени и коленях брюки, обычно заправляемые в сапоги [*первонач.* для верховой езды]. **2.** Короткие, до колен, спортивные штаны на манжетах.

БРИЗ, -а, *м.* Слабый береговой ветер, дующий днём с моря на сушу, а ночью с суши на море.

БРИЗА́НТНЫЙ, -ая, -ое (спец.). Разрывной, поражающий осколками. *Б. снаряд.*

БРИКЕ́Т, -а, *м.* Кирпич (во 2 знач.), плитка из какого-н. спрессованного материала, продукта. || *прил.* **брике́тный,** -ая, -ое.

БРИКЕТИ́РОВАТЬ, -рую, -руешь; -анный; *сов. и несов., что* (спец.). Превратить (-ащать) в брикеты. *Б. сено, уголь, торф. Брикетированные корма.*

БРИЛЛИА́НТ [лья], -а и **БРИЛЬЯ́НТ,** -а, *м.* Драгоценный камень — гранёный и шлифованный ювелирный алмаз. *В бриллиантах кто-н.* (в бриллиантовых украшениях). || *прил.* **бриллиа́нтовый,** -ая, -ое *и* **брилья́нтовый,** -ая, -ое. ✦ **Бриллиантовая свадьба** — семидесятипятилетие супружеской жизни.

БРИЛЛИА́НТОВЫЙ, -ая, -ое. **1.** *см.* бриллиант. **2.** Такой, как у бриллианта (спец.). *Бриллиантовая огранка стали.*

БРИТА́НСКИЙ, -ая, -ое. **1.** *см.* британцы. **2.** Относящийся к британцам, к их языкам (английскому, шотландскому, уэльскому), национальному характеру, образу жизни, культуре, а также к Великобритании, её территории, внутреннему устройству, истории; такой, как у британцев, как в Великобритании. *Британские территории. Британские острова. Британская голубая кошка* (порода). *По-британски* (нареч.).

БРИТА́НЦЫ, -ев, *ед.* -нец, -нца, *м.* Население Великобритании. || *ж.* **брита́нка,** -и. || *прил.* **брита́нский,** -ая, -ое.

БРИ́ТВА, -ы, *ж.* Складной нож для бритья, а также вообще инструмент для бритья. *Безопасная б.* (с закрытым лезвием в специальном держателе). *Электрическая б. Чинить карандаш бритвой* (лезвием). *Язык как б. у кого-н.* (о том, кто остёр на язык; разг.). || *прил.* **бри́твенный,** -ая, -ое. *Б. прибор.*

БРИТЬ, бре́ю, бре́ешь; бри́тый; *несов., кого-что.* Сре́зать (бритвой) волосы до корня. *Б. бороду.* || *сов.* **побри́ть,** -ре́ю, -ре́ешь; -и́тый. || *возвр.* **бри́ться,** бре́юсь, бре́ешься;

сов. побри́ться, -ре́юсь, -ре́ешься. ‖ *сущ.* бритьё, -я́, *ср.*

БРИ́ФИНГ, -а, *м.* (офиц.). Короткая пресс-конференция. *Провести б.*

БРИ́ЧКА, -и, *ж.* Лёгкая колёсная повозка, иногда крытая. ‖ *прил.* **бри́чечный**, -ая, -ое.

БРО́ВКА, -и, *ж.* **1.** *см.* бровь. **2.** Край дороги, кювета, канавы. *Б. тротуара. Идти по самой бровке.*

БРОВЬ, -и, *мн.* -и, -е́й, *ж.* Дугообразная полоска волос на выступе над глазной впадиной. *Сросшиеся брови* (сходящиеся на переносице). *И бровью не повёл кто-н.* (не выразил ни малейшего удивления, остался равнодушен; разг.). *Не в б., а (прямо) в глаз* (перен.: об удачном выражении — в цель, метко). ✦ **На бровях** (прийти, дойти, приползти) (прост.) — о пьяном: с трудом, еле-еле добраться. ‖ *уменьш.* **бро́вка, -и, *ж.*** ‖ *прил.* **бро́вный**, -ая, -ое.

БРОД, -а(-у), *м.* Мелкое место в реке, озере, удобное для перехода. *Искать б. Идти бродом. Не зная броду, не суйся в воду* (посл.). ‖ *прил.* **бро́довый**, -ая, -ое.

БРОДИ́ТЬ[1], брожу́, бро́дишь; *несов.* **1.** То же, что брести (но обозначает действие, совершающееся не в одно время, не за один приём или не в одном направлении). *Б. по лесу.* **2.** *перен.* То же, что блуждать (в 3 знач.). *Мысли бродят. Улыбка бродит на лице* (едва заметна, появляется и исчезает).

БРОДИ́ТЬ[2] (брожу́, бро́дишь, 1 и 2 л. не употр.), бро́дит; *несов.* Находиться в брожении (в 1 знач.). *Вино бродит.* ‖ *прил.* **броди́льный**, -ая, -ое. *Б. процесс. Б. чан.*

БРОДЯ́ГА, -и, *м.* и *ж.* **1.** Обнищавший, бездомный человек, скитающийся без определённых занятий. **2.** Человек, к-рый любит странствовать, жить в разных местах (разг.). **3.** О ком-н. заслуживающем удивления (прост.). *Опять он сухим из воды вышел? Ну, силён (хитёр) б.!* ‖ *уменьш.* **бродя́жка**, -и, *м.* и *ж.* (к 1 и 2 знач.). ‖ *прил.* **бродя́жий**, -ья, -ье (к 1 и 2 знач.).

БРОДЯ́ЖНИЧАТЬ, -аю, -аешь и (прост.) **БРОДЯ́ЖИТЬ**, -жу, -жишь; *несов.* Скитаться, быть бродягой (в 1 и 2 знач.). ‖ *сущ.* **бродя́жничество**, -а, *ср.* ‖ *прил.* **бродя́жнический**, -ая, -ое. *Б. образ жизни.*

БРОДЯ́ЧИЙ, -ая, -ее. Постоянно передвигающийся с места на место, кочующий. *Б. шарманщик.* ✦ **Бродячий сюжет** — сюжет, встречающийся в творчестве разных народов.

БРОЖЕ́НИЕ, -я, *ср.* **1.** Процесс расщепления органических веществ под действием микроорганизмов или выделенных из них ферментов. **2.** *перен.* Проявление недовольства (у многих), волнение. *Б. умов.*

БРО́ЙЛЕР, -а, *м.* (спец.). Мясной двухмесячный цыплёнок. ‖ *прил.* **бро́йлерный**, -ая, -ое. *Бройлерная фабрика.*

БРО́КЕР, -а, *м.* Агент, посредничающий при купле-продаже ценных бумаг, товаров. *Биржевой б.* ✦ **Страховой брокер** (спец.) — компания или отдельное лицо — посредник между страхованием и страховщиком. ‖ *прил.* **бро́керский**, -ая, -ое. *Брокерская контора.*

БРОМ, -а, *м.* Химический элемент, красно-бурая дымящаяся на воздухе едкая жидкость, употр. в химии, а также в медицине, фотографии. ‖ *прил.* **бро́мистый**, -ая, -ое и **бро́мный**, -ая, -ое.

БРОНЕ... *Первая часть сложных слов со знач.:* 1) относящийся к броне́ (во 2 знач.), к бронированию, напр. *бронебойный, бронематериалы;* 2) с бронёй (во 2 знач.), бронированный, напр. *бронепоезд, бронедрезина, бронебашня, бронеавтомобиль;* 3) обладающий свойствами брони́ (во 2 знач.), напр. *бронестекло, бронежилет;* 4) относящийся к бронетанковым войскам, напр. *броневойска, бронечасти.*

БРОНЕБО́ЙНЫЙ, -ая, -ое. Пробивающий броню́ (во 2 знач.). *Б. снаряд. Бронебойное оружие.*

БРОНЕБО́ЙЩИК, -а, *м.* Стрелок из бронебойного ружья.

БРОНЕВИ́К, -а́, *м.* То же, что бронемашина.

БРОНЕВО́Й *см.* броня́.

БРОНЕМАШИ́НА, -ы, *ж.* Вооружённый бронированный автомобиль.

БРОНЕНО́СЕЦ, -сца, *м.* В конце 19 — начале 20 в.: крупный бронированный военный корабль. *Эскадренный б.*

БРОНЕПО́ЕЗД, -а, *мн.* -а́, -о́в, *м.* Вооружённый бронированный железнодорожный состав, предназначенный для боевых действий в полосе железнодорожных путей.

БРОНЕТА́НКОВЫЙ, -ая, -ое. Относящийся к боевым машинам, имеющим броню́ (во 2 знач.). *Бронетанковые войска. Бронетанковая техника.*

БРОНЕТРАНСПОРТЁР, -а, *м.* Боевой гусеничный или колёсный бронированный автомобиль для перевозки мотострелковых войск и ведения боя. ‖ *прил.* **бронетранспортёрный**, -ая, -ое.

БРО́НЗА, -ы, *ж.* **1.** Сплав меди с оловом и нек-рыми другими элементами. **2.** Художественные изделия из такого сплава. *Старинная, золочёная б. Спортсмену досталась б.* (бронзовая медаль; разг.). ‖ *прил.* **бро́нзовый**, -ая, -ое. *Б. бюст. Б. век* (период древней культуры, характеризующийся производством орудий труда и оружия из бронзы). *Бронзовая медаль* (также награда за третье место в спортивных состязаниях). *Б. призёр* (получивший бронзовую медаль).

БРОНЗИРОВА́ТЬ, -ру́ю, -ру́ешь; -о́ванный; *сов.* и *несов.*, *что.* Покрыть (-ывать) тонким слоем бронзы, отделать (-лывать) под бронзу. ‖ *сов.* также **набронзирова́ть**, -ру́ю, -ру́ешь; -о́ванный. ‖ *сущ.* **бронзиро́вка**, -и, *ж.*

БРО́НЗОВО-... *Первая часть сложных слов со знач.* бронзовый (во 2 знач.), с бронзовым оттенком, напр. *бронзово-оливковый, бронзово-смуглый, бронзово-шоколадный.*

БРО́НЗОВЫЙ, -ая, -ое. **1.** *см.* бронза. **2.** Золотисто-коричневый, цвета бронзы. *Б. загар.* ‖ *сущ.* **бро́нзовость**, -и, *ж.*

БРОНИ́РОВАТЬ, -рую, -руешь; -анный; *сов.* и *несов.*, *что.* Предоставить (-влять) бро́ню на что-н. *Б. место в вагоне.* ‖ *сов.* также **заброни́ровать**, -рую, -руешь; -анный. ‖ *сущ.* **брони́рование**, -я, *ср.*

БРОНИРОВА́ТЬ, -ру́ю, -ру́ешь; -о́ванный; *сов.* и *несов.*, *что.* Покрыть (-ывать) бронёй (во 2 знач.). ‖ *сов.* также **забронирова́ть**, -ру́ю, -ру́ешь; -о́ванный. ‖ *сущ.* **бронирова́ние**, -я, *ср.*

БРО́НХИ, -ов, *ед.* бронх, -а, *м.* Трубчатые ветви трахеи, по к-рым воздух поступает в лёгкие. ‖ *прил.* **бронхиа́льный**, -ая, -ое.

БРОНХИ́Т, -а, *м.* Воспаление бронхов. ‖ *прил.* **бронхи́тный**, -ая, -ое.

БРО́НЯ, -и и (прост.) **БРОНЬ**, -и, *ж.* Закрепление кого-чего-н. за кем-чем-нибудь, а также документ, удостоверяющий такое закрепление. *Б. на квартиру на время командировки. Б. на железнодорожный билет.*

БРОНЯ́, -и́, *ж.* **1.** В старину: металлическая одежда воина, защищающая туловище. *Железная б. Б. безразличия* (перен.: полное равнодушие; неодобр.). **2.** Прочная защитная облицовка из специальных плит на военных судах, танках, машинах, оборонительных сооружениях. *Пуленепробиваемая б.* ‖ *прил.* **броново́й**, -а́я, -о́е (ко 2 знач.). *Б. автомобиль* (бронемашина).

БРОСА́ТЬСЯ, -а́юсь, -а́ешься; *несов.* **1.** *см.* броситься. **2.** *чем.* Бросать друг в друга или в кого-что-н. *Б. снежками.* **3.** *перен.*, *кем-чем.* Небрежно относиться к кому-чему-н., не дорожить кем-чем-н. (разг.). *Б. работниками. Б. деньгами.*

БРО́СИТЬ, бро́шу, бро́сишь; бро́шенный; *сов.* **1.** *кого-что* и *чем.* Выпустив из руки, заставить или дать полететь и упасть. *Б. мяч. Б. гранату. Раздеваясь, б. пальто на стул. Б. снежком в кого-н.* **2.** *что.* То же, что выбросить (в 1 знач.). *Б. очистки в ведро.* **3.** *перен.*, *кого-что.* Быстро переместить, направить, послать куда-н. *Б. отряд в бой. Лодку бросило* (безл.) *на камни* (резко отнесло). *Б. взгляд на кого-что-н.* (быстро посмотреть). *Солнце бросило луч. Б. вопрос, замечание* (произнести вскользь, мимоходом). **4.** *кого-что* и *с неопр.* Уйдя, оставить, покинуть; прекратить делать что-н. *Б. старых друзей. Б. семью. Б. курить. Б. музыку* (перестать заниматься музыкой). **5.** *безл.*, *кого-что во что.* Охватить, пронизать чем-н. *Бросило в жар, в пот, в дрожь, в озноб.* **6. бро́сь(те)**, также *с неопр.* Употр. в знач. перестань(те), не надо, достаточно (разг.). *Брось(те) спорить. Не ходи туда, брось!* (брось туда ходить). **7. брось(те)!** Выражение сомнения, недоверия (разг.). *Будут дорогие подарки. — Брось(те)!* ‖ *несов.* **броса́ть**, -а́ю, -а́ешь. ‖ *прил.* **броса́тельный**, -ая, -ое (к 1 знач.; спец.). *Бросательные концы* (на судне). ‖ *сущ.* **броса́ние**, -я, *ср.* (к 1, 2, 3 и 5 знач.).

БРО́СИТЬСЯ, бро́шусь, бро́сишься; *сов.* **1.** Быстро устремиться. *Б. на врага. Б. в объятия. Б. в драку. Б. на помощь. Б. бежать. Б. помогать. Б. за кем-н. Б. на диван* (стремительно лечь, сесть на диван). *Краска бросилась в лицо* (перен.: лицо внезапно покраснело). *Б. в глаза* (перен.: стать особенно заметным). *Вино бросилось в голову кому-н.* (перен.: кто-н. захмелел). **2.** Прыгнуть с высоты. *Б. с моста.* ‖ *несов.* **броса́ться**, -а́юсь, -а́ешься. *Б. из стороны в сторону* (в волнении метаться; также перен.: не сосредоточившись, беспорядочно приниматься то за одно, то за другое). ‖ *сущ.* **броса́ние**, -я, *ср.*

БРО́СКИЙ, -ая, -ое; -сок, -ска́ и -ска, -ско (разг.). Очень заметный, бросающийся в глаза, яркий. *Б. цвет. Броская одежда.* ‖ *сущ.* **бро́скость**, -и, *ж.*

БРО́СОВЫЙ, -ая, -ое (разг.). Негодный, очень низкого качества. *Бросовая вещь.* ✦ **Бросовый экспорт** (спец.) — то же, что демпинг.

БРОСО́К, -ска́, *м.* Быстрое, стремительное короткое движение, передвижение. *Б. вперёд. Марш-б.* ‖ *прил.* **броско́вый**, -ая, -ое (спец.).

БРО́ШКА, -и и **БРОШЬ**, -и, *ж.* Женское украшение, прикалываемое на груди, на воротнике. *Б. с янтарём. Брошка подковкой.*

БРОШЮ́РА [шу], -ы, *ж.* Небольшая (до 50 страниц) книжка, обычно общественно-политического или научно-популярного содержания. *Популярная б.* ‖ *уменьш.* **брошю́рка**, -и, *ж.* ‖ *прил.* **брошю́рный**, -ая, -ое.

БРОШЮРОВА́ТЬ [шу], -ру́ю, -ру́ешь; -о́ванный; *несов.*, *что.* Скреплять (отпечатанные листы) в книгу. ‖ *сов.* **сброшю-**

рова́ть, -ру́ю, -ру́ешь; -о́ванный. ‖ *сущ.* **брошюро́вка**, -и, *ж.* ‖ *прил.* **брошюрова́льный**, -ая, -ое *и* **брошюро́вочный**, -ая, -ое. *Брошюровальная машина. Брошюровочный цех.*

БРОШЮРО́ВЩИК [*шу*], -а, *м.* Рабочий, занимающийся брошюровкой. ‖ *ж.* **брошюро́вщица**, -ы.

БРУДЕРША́ФТ [*дэ*]: **выпить брудершафт** или **на брудершафт** *с кем* — о двоих: держа рюмки в скрещённых руках и чокаясь, одновременно выпить вино в знак того, что теперь они будут говорить друг другу не «вы», а «ты».

БРУС, -а, *мн.* бру́сья, -ьев, *м.* **1.** Стержень, балка, обычно круглого или прямоугольного сечения. **2.** *мн.* Гимнастический снаряд в виде двух горизонтально укреплённых шестов на стойках. *Параллельные, разновысокие брусья.*

БРУСНИ́КА, -и, *ж.* Лесное растение — кустарничек с кожистыми вечнозелёными листиками, а также съедобные красные кисловатые ягоды его. ‖ *прил.* **брусни́чный**, -ая, -ое. *Семейство брусничных* (сущ.).

БРУСНИ́ЧНИК, -а, *м.* Место, где растёт брусника.

БРУСНИ́ЧНЫЙ, -ая, -ое. **1.** *см.* брусника. **2.** Густо-розовый, цвета созревающей брусники.

БРУСО́К, -ска́, *м.* **1.** Специальный камень для шлифовки и точки. *Точить нож на бруске. Шлифовальный б.* (род абразивного инструмента). **2.** Предмет продолговатой четырёхгранной формы. *Б. мыла.* ‖ *уменьш.* **брусо́чек**, -чка, *м.* ‖ *прил.* **брусо́чный**, -ая, -ое *и* **бруско́вый**, -ая, -ое. *Брусковое мыло* (в форме брусков).

БРУ́СТВЕР, -а, *м.* Земляная насыпь на наружной стороне окопа, траншеи. ‖ *прил.* **бру́стверный**, -ая, -ое.

БРУСЧА́ТКА, -и, *ж.* **1.** *собир.* Камни в форме брусков (ранее также торцы во 2 знач.) для мощения улиц. **2.** Мостовая, вымощенная такими камнями (или торцами).

БРУСЧА́ТЫЙ, -ая, -ое. Сделанный из брусков. *Брусчатая мостовая* (вымощенная брусками, брусчатка).

БРУ́ТТО, *неизм.* (спец.). О весе товара: вместе с упаковкой; *противоп.* нетто.

БРУЦЕЛЛЁЗ, -а, *м.* Инфекционная болезнь, передающаяся от животных человеку, поражающая нервную, сердечно-сосудистую системы и костно-суставной аппарат. ‖ *прил.* **бруцеллёзный**, -ая, -ое.

БРЫ́ЗГАТЬ, -зжу, -зжешь *и* -аю, -аешь; *несов.* **1.** (-зжу, -зжешь). Разбрасывать брызги, рассеиваться брызгами (каплями). *Фонтан брызжет. Грязь брызжет из-под копыт. Искры брызжут.* **2.** *на кого-что* и *что.* Кропить, опрыскивать. *Б. на кого-н. водой.* ‖ *однокр.* **бры́знуть**, -ну, -нешь. ‖ *прил.* **бры́згательный**, -ая, -ое (к 1 знач.; спец.). ‖ *сущ.* **бры́зганье**, -я, *ср.*

БРЫ́ЗГАТЬСЯ, -зжусь, -зжешься *и* -аюсь, -аешься; *несов.* (разг.). Брызгать на кого-н. или друг на друга. ‖ *сущ.* **бры́зганье**, -я, *ср.*

БРЫ́ЗГИ, брызг. **1.** Капли жидкости, разлетающиеся от удара, всплеска. **2.** *чего.* Мелкие частицы твёрдого тела (стекла, камня), разлетающиеся от удара.

БРЫ́ЗНУТЬ, -ну, -нешь; *сов.* **1.** *см.* брызгать. **2.** (1 и 2 л. не употр.). Вдруг политься, прыснуть брызгами. *Брызнула кровь. Брызнули слёзы. Брызнул свет* (перен.: о яркой вспышке). **3.** (1 и 2 л. ед. не употр.), *перен.* Броситься бежать (разг.). *Ребята брызнули врассыпную.*

БРЫКА́ТЬ, -а́ю, -а́ешь; *несов., кого (что).* То же, что лягать. ‖ *однокр.* **брыкну́ть**, -ну́, -нёшь.

БРЫКА́ТЬСЯ, -а́юсь, -а́ешься; *несов.* **1.** То же, что лягаться, а также вообще бить, отбиваться ногами. **2.** Активно сопротивляться, упрямиться (прост.). *О чём ни попросишь — грубит и брыкается.* ‖ *однокр.* **брыкну́ться**, -ну́сь, -нёшься.

БРЫ́НЗА, -ы, *ж.* Сыр из овечьего (или смешанного с козьим) молока. ‖ *прил.* **бры́нзовый**, -ая, -ое.

БРЫСЬ, *межд.* Окрик, к-рым прогоняют кошку. *Б. отсюда! Б., пошла!*

БРЮЗГА́, -и́, *м.* и *ж.* (разг.). Брюзгливый человек. *Старый б.*

БРЮЗГЛИ́ВЫЙ, -ая, -ое; -и́в (разг.). Постоянно недовольный, надоедливо-ворчливый. *Б. старик. Б. тон.* ‖ *сущ.* **брюзгли́вость**, -и, *ж.*

БРЮЗЖА́ТЬ, -жу́, -жи́шь; *несов.* (разг.) Говорить брюзгливо. ‖ *сов.* **пробрюзжа́ть**, -жу́, -жи́шь.

БРЮ́КВА, -ы, *ж.* Корнеплод с крупным шарообразным сладковатым корнем светло-жёлтого цвета. *Столовая б. Кормовая б.* ‖ *прил.* **брю́квенный**, -ая, -ое.

БРЮ́КИ, брюк. Верхние штаны. *Мужские б. Женские б. Спортивные б. Ходить руки в б.* (бездельничать; разг.). ‖ *прил.* **брю́чный**, -ая, -ое. *Б. костюм* (женский костюм с брюками).

БРЮНЕ́Т, -а, *м.* Человек с очень тёмными, чёрными волосами. ‖ *ж.* **брюне́тка**, -и.

БРЮХА́ТЫЙ, -ая, -ое; -а́т. **1.** С большим животом (прост.). **2. брюха́тая**, **-ой**, *ж.* Беременная (устар. и прост.).

БРЮ́ХО, -а, *ср.* **1.** Живот животного. *Б. акулы.* **2.** Живот человека (прост.). *Б. отрастил* (очень толст; неодобр.). *На брюхе ползать перед кем-н.* (также перен.: угодничать, унижаться; презр.).

БРЮ́ЧИНА, -ы, *ж.* (разг.). То же, что штанина.

БРЮШИ́НА, -ы, *ж.* Оболочка, выстилающая изнутри стенки брюшной полости. ‖ *прил.* **брюши́нный**, -ая, -ое.

БРЮШКО́, -а́, *ср.* **1.** Толстеющий живот у мужчины (разг.). *Мужчина с брюшком.* **2.** Задний отдел тела членистоногих (спец.).

БРЮШНО́Й, -а́я, -о́е. Относящийся к полости живота. *Брюшная полость. Б. тиф* (острое инфекционное заболевание).

БРЮШНОТИФО́ЗНЫЙ, -ая, -ое. Относящийся к брюшному тифу, болеющий брюшным тифом. *Б. больной.*

БРЯК (разг.). **1.** *межд. звукоподр.* О резком коротком звуке. **2.** *в знач. сказ.* Брякнул (во 2 знач.). *Б. стакан об пол!*

БРЯ́КАТЬ, -аю, -аешь; *несов.* (разг.). **1.** Производить шум, стук твёрдым, звенящим предметом. *В кармане брякают ключи. Б. ложками.* **2.** *что.* Бросать, ронять, ставить, вызывая шум. *Б. об пол. Б. самовар на стол.* **3.** *что.* Неосторожно, некстати говорить то, чего не следует. *Б. глупость.* ‖ *однокр.* **бря́кнуть**, -ну, -нешь. ‖ *сущ.* **бря́канье**, -я, *ср.* (к 1 знач.).

БРЯ́КАТЬСЯ, -аюсь, -аешься; *несов.* (разг.). С шумом падать; падая, ударяться обо что-н. с шумом. *Б. на пол. Б. головой о притолоку.* ‖ *однокр.* **бря́кнуться**, -нусь, -нешься.

БРЯЦА́ТЬ, -а́ю, -а́ешь; *несов.* Издавать, производить звенящие звуки. *Бряцают шпоры. Б. оружием* (перен.: угрожать войной; высок.). *Б. на лире* (перен.: о поэтическом творчестве; устар.). ‖ *сов.* **пробряца́ть**, -а́ю, -а́ешь. ‖ *сущ.* **бряца́ние**, -я, *ср.*

БУ́БЕН, -бна, *м.* Ударный мембранный музыкальный инструмент в виде обода с натянутой на него кожей (иногда с бубенчиками или металлическими пластинками по краям).

БУБЕНЦЫ́, -о́в, *ед.* -не́ц, -нца́, *м.* Полые металлические шарики с кусочками металла внутри, позванивающие при встряхивании. *Б. под дугой.* ‖ *уменьш.* **бубе́нчики**, -ов, *ед.* -ик, -а, *м.* ‖ *прил.* **бубенцо́вый**, -ая, -ое.

БУ́БЛИК, -а, *м.* Большая толстая баранка из некрутого теста. *Б. с маком. Горячие, хрустящие бублики.* ✦ **Дырка от бублика** (разг. шутл.) — о чём-н. пустом, лишённом всякого содержания. ‖ *прил.* **бу́бликовый**, -ая, -ое *и* **бу́бличный**, -ая, -ое.

БУБНИ́ТЬ, -ню́, -ни́шь; *несов.* (разг. неодобр.). Говорить быстро и монотонно, неразборчиво. *Б. себе под нос.* ‖ *сов.* **пробубни́ть**, -ню́, -ни́шь.

БУ́БНЫ, -бён *и* -бен, -бна́м *и* -бнам, *ед.* (разг.) бу́бна, -ы, *ж.* В игральных картах: название красной масти с изображением ромбиков. *Король бубен.* ‖ *прил.* **бубно́вый**, -ая, -ое.

БУГА́Й, -я́, *м.* (обл.) То же, что бык[1] (во 2 знач.). *Разве тебе такого бугая осилить!* (перен.: о сильном, большом человеке; прост.).

БУГО́Р, -гра́, *м.* **1.** Небольшое возвышение, холм. **2.** Небольшая выпуклость, округлость. *Бугры на коже.* ✦ **За бугор, за бугром, из-за бугра** (прост.) — за границу, за границей, из-за границы. ‖ *уменьш.* **бугоро́к**, -рка́, *м.* ‖ *прил.* **бугорко́вый**, -ая, -ое (ко 2 знач.; спец.)

БУГОРЧА́ТКА, -и, *ж.* (устар.). То же, что туберкулёз.

БУГО́РЧАТЫЙ, -ая, -ое; -ат. С буграми (во 2 знач.), с бугорками. ‖ *сущ.* **бугорча́тость**, -и, *ж.*

БУГРИ́СТЫЙ, -ая, -ое; -и́ст. Покрытый буграми, бугорками. *Бугристая местность. Бугристая кожа.* ‖ *сущ.* **бугри́стость**, -и, *ж.*

БУДДИ́ЗМ, -а, *м.* Распространённая во многих странах Востока одна из трёх мировых религий, возникшая в Древней Индии в 6—5 вв. до н. э. на основе культа Будды как воплощения наивысшего духовного развития. *Религиозно-философская система буддизма. Ранние тексты буддизма.* ‖ *прил.* **будди́йский**, -ая, -ое. *Буддийские мифы. Буддийские философы.*

БУДДИ́СТ, -а, *м.* Последователь буддизма. ‖ *ж.* **будди́стка**, -и. ‖ *прил.* **будди́стский**, -ая, -ое.

БУ́ДЕ, *союз* (устар. прост. и ирон.). То же, что если (в 1 знач.) (всегда выражает обусловленность в будущем). *Б. пожелает, может прийти.*

БУ́ДЕТ (разг.). **1.** *в знач. сказ., с неопр.* Довольно, достаточно. *Поплакала и б. Больше с ним не вожусь: б.! Б. с него* (ему хватит, для него достаточно). **2.** *частица.* Употр. в знач. перестань(те), прекрати(те). *Брось(те) шутить! Б.!* ✦ **Будет тебе (ему, вам и под.)** (**вот тебе (ему, вам и под.) будет**) (прост.) — угроза. *Ну и будет тебе от отца* (т. е. достанется).

БУДЁНОВЕЦ, -вца, *м.* В годы гражданской войны: боец Первой Конной армии С. М. Будённого. ‖ *прил.* **будёновский**, -ая, -ое.

БУДЁНОВКА, -и, *ж.* Красноармейский суконный головной убор в виде шлема (в 1 знач.) с красной звездой.

БУДИ́ЛЬНИК, -а, *м.* Часы со звонком. *Завести б. на шесть часов* (поставить звуковой завод на это время).

БУДИ́ТЬ, бужу́, бу́дишь; *несов.* **1.** *кого (что).* Заставлять проснуться, нарушать чей-н. сон. **2.** *перен., что.* Возбуждать, вызывать (высок.). *Б. добрые чувства.* ‖ *сов.* **разбуди́ть**, -ужу́, -у́дишь; -у́женный (к 1 знач.) *и* **пробуди́ть**, -ужу́, -у́дишь; -уждённый (-ён, -ена́) (ко 2 знач.). *Пробудить желание. Пробудить интерес к чему-н.* ‖ *сущ.* **пробужде́ние**, *-я, ср.* (ко 2 знач.).

БУ́ДКА, -и, *ж.* **1.** Небольшое здание, строение служебного назначения (для сторожа, часового, контролёра). *Б. путевого обходчика. Проходная б.* (проходная). **2.** Небольшое помещение специального назначения. *Суфлёрская б. Трансформаторная б. Б. киномеханика.* ‖ *уменьш.* **бу́дочка**, -и, *ж.* ‖ *прил.* **бу́дочный**, -ая, -ое (к 1 знач.).

БУ́ДНИ, -ей. **1.** Не праздничные дни. *Б. и праздники.* **2.** *перен.* Повседневная, обыденная жизнь. *Суровые б. войны. Трудовые б.* ‖ *прил.* **бу́дний**, -яя, -ее (к 1 знач.), **бу́дничный**, -ая, -ое *и* **бу́днишний**, -яя, -ее. *Будний день. Будничные дни. Будничные заботы.*

БУДОРА́ЖИТЬ, -жу, -жишь; *несов., кого что* (разг.). Беспокоить, вызывать волнение. ‖ *сов.* **взбудора́жить**, -жу, -жишь; -женный.

БУДОРА́ЖИТЬСЯ, -жусь, -жишься; *несов.* (разг.). Беспокоиться, волноваться. ‖ *сов.* **взбудора́житься**, -жусь, -жишься.

БУ́ДОЧНИК, -а, *м.* В дореволюционной России: постовой полицейский, дежурящий в будке.

БУ́ДТО. **1.** *союз.* Как, словно. *Облака, б. клубы дыма.* **2.** *союз.* То же, что что² (в 1 знач.) (с оттенком недоверия, сомнения). *Уверяет, б. сам видел.* **3.** *частица.* Выражает сомнение, неуверенность (разг.). *Лицо б. знакомое.* **4.** *частица.* Употр. для выражения иронического недоверия (обычно в вопросе) (разг.) *Б. уж и вправду не понимаешь? Он хорошо зарабатывает? — Б. (будто уж)?* **5.** *частица.* Выражает уверенность в обратном (разг.). *Б. я не забочусь о детях!* (т. е., конечно, забочусь). ✦ **Будто бы** (разг.) — то же, что будто (в 1, 2, 3 и 4 знач.). *Цветок, будто бы бабочка. Говорит, будто бы ничего не знал. Будто бы я вас где-то встречал. Все экзамены сдал на отлично. — Будто бы?*

БУДУА́Р, -а, *м.* Гостиная хозяйки в богатом доме для неофициальных приёмов, а также обстановка такой гостиной. ‖ *прил.* **будуа́рный**, -ая, -ое.

БУ́ДУЩИЙ, -ая, -ее. **1.** Такой, к-рый следует за настоящим, предстоящий. *Б. месяц.* **2. бу́дущее**, -его, *ср.* Время и события, следующие за настоящим. *Счастливое будущее. Думать о будущем. В будущем.* **3. бу́дущее**, -его, *ср.* То же, что будущность. *У этого артиста прекрасное будущее.* ✦ **Будущее время** — в грамматике: форма глагола, обозначающая действие, к-рое будет происходить после момента речи или после какого-н. другого действия.

БУ́ДУЩНОСТЬ, -и, *ж.* Состояние, положение кого-чего-н. в будущем. *Б. страны. Блестящая б. у кого-н.* (ждёт успех, блестящая карьера).

БУДЬ, *пов.* от быть. ✦ **Будь то**, *союз* — употр. перед разделительным перечислением в знач. любое (любой), всё равно что (кто). *Он читает всё, будь то стихи, проза или пьесы.*

БУ́ЕР, -а, *мн.* -а́, -о́в *и* -ы, -ов, *м.* Род яхты или треугольная платформа с парусом для катания по льду, установленная на узких стальных полозьях («коньках») или колёсах. ‖ *прил.* **бу́ерный**, -ая, -ое. *Б. спорт.*

БУЕРА́К, -а, *м.* Небольшой овраг, а также провал между сугробами. ‖ *прил.* **буера́чный**, -ая, -ое.

БУЕРИ́СТ, -а, *м.* Спортсмен, занимающийся буерным спортом. ‖ *ж.* **буери́стка**, -и.

БУЖЕНИ́НА, -ы, *ж.* Свинина, запечённая или обжаренная особым способом. ‖ *прил.* **буженинный**, -ая, -ое.

БУЗА́¹, -ы́, *ж.* (обл.). Лёгкий хмельной напиток из проса, гречихи, ячменя.

БУЗА́², -ы́, *ж.* (прост.). Шум, скандал, беспорядок. *Поднять, устроить бузу.*

БУЗИНА́, -ы́, *ж.* Кустарник или деревце сем. жимолостных с чёрными или красными ягодами. *В огороде б., а в Киеве дядька* (о том, что не имеет никакого отношения к чему-н.; разг. шутл.). ‖ *прил.* **бузи́нный**, -ая, -ое *и* **бузи́новый**, -ая, -ое.

БУЗИ́ТЬ, 1 л. ед. не употр., -зи́шь; *несов.* (прост.). Устраивать бузу². ‖ *сов.* **набузи́ть**, -зи́шь.

БУЗОТЁР, -а, *м.* (прост.). Человек, к-рый скандалит, бузит. ‖ *ж.* **бузотёрка**, -и. ‖ *прил.* **бузотёрский**, -ая, -ое.

БУЙ, -я, *мн.* буи́, буёв, *м.* Сигнальный плавучий знак (поплавок) для ограждения фарватера, для обозначения отмели, местоположения якоря, места рыбацкой сети. ‖ *уменьш.* **буёк**, буйка́, *м.*

БУ́ЙВОЛ, -а, *м.* Крупное жвачное животное, родственное быку, с большой головой на короткой толстой шее и короткими ногами. *Ну и б. этот мужик!* (перен.: о грузном, толстом человеке; прост.). ‖ *прил.* **бу́йволовый**, -ая, -ое.

БУЙВОЛЁНОК, -нка, *м.* Детёныш буйвола.

БУ́ЙВОЛИЦА, -ы, *ж.* Самка буйвола.

БУ́ЙНЫЙ, -ая, -ое; бу́ен, буйна́ *и* бу́йна, бу́йно. **1.** Стремительный, неистовый, бурный. *Б. ветер.* **2.** Своенравный, непокорный, шумный. *Б. нрав, характер. Буйно* (нареч.) *вести себя.* **3.** О растительности: быстрый в росте, обильный. *Буйные побеги. Буйная зелень.* ‖ *сущ.* **бу́йность**, -и, *ж.*

БУ́ЙСТВО, -а, *ср.* **1.** *см.* буйствовать. **2.** Буйное поведение, драка, бесчинство.

БУ́ЙСТВОВАТЬ, -твую, -твуешь; *несов.* **1.** (1 и 2 л. не употр.). Проявляться с необычайной силой. *Буйствует ураган.* **2.** Вести себя буйно. *Самодур буйствует.* ‖ *сущ.* **бу́йство**, -а, *ср.* (к 1 знач.). *Б. стихии. Б. красок* (обилие, яркость).

БУК, -а, *м.* Крупное дерево с гладкой светло-серой корой и твёрдой древесиной. ‖ *прил.* **бу́ковый**, -ая, -ое. *Семейство буковых* (сущ.).

БУ́КА, -и, *м. и ж.* (разг.). **1.** Фантастическое страшное существо, к-рым пугают детей. **2.** *перен.* Нелюдимый, угрюмый человек. *Сидит, смотрит букой* (держит себя неприветливо, угрюмо).

БУКА́ШКА, -и, *ж.* Всякое маленькое, мелкое насекомое. ‖ *уменьш.* **бука́шечка**, -и, *ж.*

БУ́КВА, -ы, *ж.* **1.** Графический знак, входящий в азбуку. *Прописная, строчная б.* **2.** *ед., перен., чего.* Прямой и строгий смысл чего-н. *Следовать букве закона.* ✦ **Буква в букву** — точно, дословно. **Мёртвой буквой быть (оставаться)** (книжн.) — о решении: оставаться только записанным и не применяться на деле. **Человек с большой буквы** — человек высоких моральных достоинств. ‖ *уменьш.* **бу́ковка**, -и, *ж.* (к 1 знач.). ‖ *прил.* **бу́квенный**, -ая, -ое (к 1 знач.).

БУКВА́ЛЬНЫЙ, -ая, -ое; -лен, -льна. **1.** То же, что дословный. *Б. перевод. Буквально* (нареч.) *передать чьи-н. слова.* **2.** Точный, прямой, не переносный. *В буквальном смысле слова.* **3. буква́льно**, *нареч.* Действительно, в самом деле, прямо-таки (разг.). *Буквально замучен расспросами.* ‖ *сущ.* **буква́льность**, -и, *ж.* (к 1 и 2 знач.).

БУКВА́РЬ, -я́, *м.* Книжка для первоначального обучения грамоте. *Б. с картинками. Учиться по букварю.* ‖ *прил.* **буква́рный**, -ая, -ое.

БУКВОЕ́Д, -а, *м.* (пренебр.). Человек, отличающийся буквоедством, формалист. ‖ *ж.* **буквое́дка**, -и. ‖ *прил.* **буквое́дский**, -ая, -ое.

БУКВОЕ́ДСТВО, -а, *ср.* (пренебр.). Только внешнее, буквальное понимание, формальное толкование чего-н. в ущерб смыслу, содержанию.

БУКЕ́Т, -а, *м.* **1.** Срезанные или сорванные цветы, подобранные друг к другу. *Б. полевых цветов. Б. роз. Преподнести б. имениннику.* **2.** *перен.* О каких-н. однородных предметах, явлениях, собранных воедино. *Б. огней* (в фейерверке). *Б. цитат. У этого ученика целый б. двоек* (шутл.). **3.** Ароматические или вкусовые свойства чего-н. *Б. чая, вина, табака, сыра.* ‖ *прил.* **буке́тный**, -ая, -ое (к 1 знач.).

БУКИНИ́СТ, -а, *м.* Человек, занимающийся покупкой и продажей подержанных и старинных книг, печатных изданий. ‖ *ж.* **букини́стка**, -и. ‖ *прил.* **букини́стский**, -ая, -ое.

БУКИНИСТИ́ЧЕСКИЙ, -ая, -ое. Относящийся к продаже и покупке подержанных и старинных печатных изданий. *Б. магазин.*

БУКЛЕ́. **1.** *нескл., ср.* Ткань с шероховатой, в мелких завитках, поверхностью, а также кручёная пряжа с мелкими завитками. *Пальто из б.* **2.** *неизм.* О ткани, пряже: с шероховатой поверхностью, с завитками. *Ткань б. Пряжа б.*

БУКЛЕ́Т, -а, *м.* Печатное издание на одном листе, складывающемся тетрадкой или ширмочкой. *Б.-путеводитель по выставке.* ‖ *прил.* **букле́тный**, -ая, -ое.

БУ́КЛИ, -ей, *ед.* -я, -и, *ж.* (устар.). Кольца завитых волос, локоны. ‖ *уменьш.* **бу́кольки**, -лек.

БУКО́ЛИКА, -и, *ж.* (спец.). Литературные произведения, в к-рых описывается (обычно идеализированно) пастушеский и сельский быт на лоне природы. ‖ *прил.* **буколи́ческий**, -ая, -ое.

БУ́КСА, -ы, *ж.* (спец.). Металлическая коробка с подшипником, передающим давление вагона или локомотива на колёсную ось. ‖ *прил.* **бу́ксовый**, -ая, -ое.

БУКСИ́Р, -а, *м.* **1.** Самоходное судно, буксирующее другие суда, плоты. **2.** Трос для буксировки. *Тащить, тянуть, вести на буксире.* ✦ **Взять на буксир** *кого* (разг.) — помочь кому-н. в выполнении чего-н. **Идти на буксире** *у кого* (разг.) — действовать при помощи другого, несамостоятельно. ‖ *прил.* **букси́рный**, -ая, -ое. *Б. катер.*

БУКСИ́РОВАТЬ, -рую, -руешь; *несов., что.* Тянуть за собой на тросе или толкать (другое судно, автомобиль, движущее средство). ‖ *сущ.* **букси́рование**, *-я, ср. и* **буксиро́вка**, *-и, ж.*

БУКСОВА́ТЬ, -су́ю, -су́ешь; *несов.* О ходовых колёсах, гусеницах: вращаться, скользя и не двигаясь с места. *Машина буксует.* ‖ *сущ.* **буксова́ние**, -я, *ср. и* **буксо́вка**, -и, *ж.*

БУЛАВА́, -ы́, *ж.* **1.** Короткий жезл с шарообразной тяжёлой головкой, символ власти военачальника, в старину — ударное оружие. *Гетманская б. Атаманская б.* **2.** Гимнастический ручной снаряд в форме бутылки с утолщением на узком конце. *Упражнения с булавой.* ‖ *прил.* **була́вный**, -ая, -ое.

БУЛА́ВКА, -и, *род. мн.* -вок, *ж.* Заострённый металлический стержень для прикалывания или (с красивой головкой) для украшения. *Английская б.* (изогнутая, с приспособлением для застёгивания). *Уколоться булавкой/о булавку. Коллекция бабочек на булавках. Золотая б. для галстука. На булавках держится что-н.* (о том, что приколото, хотя должно быть пришито). ‖ *прил.* **була́вочный**, -ая, -ое. *С булавочную головку* (о чём-н. очень маленьком; разг.). ◆ **Булавочные уколы** (также неодобр. — мелкие придирки, обиды).

БУЛА́НЫЙ, -ая, -ое. О масти лошадей: светло-жёлтый (обычно в сочетании с чёрным хвостом и гривой); о масти других животных, об оперении птиц: с желтизной разных оттенков. *Б. конь. Буланая совка.*

БУЛА́Т, -а, *м.* **1.** Старинная, твёрдая и упругая, с узорчатой поверхностью сталь для клинков. **2.** Стальной клинок, меч (стар.). ‖ *прил.* **була́тный**, -ая, -ое.

БУЛГАКИА́НА, -ы, *ж.* Серия произведений искусства, исследований, посвящённых М. А. Булгакову.

БУ́ЛКА, -и, *ж.* Хлебец из пшеничной муки, а также (обл.) вообще пшеничный хлеб. *Сдобная б. Булки на деревьях растут для кого-н.* (о том, кто не знает цены хлебу, не ценит сельского труда; разг. неодобр.). ‖ *прил.* **бу́лочный** [*шн*], -ая, -ое. *Булочные изделия.*

БУ́ЛОЧНАЯ [*шн*], -ой, *ж.* Магазин, торгующий хлебными изделиями.

БУ́ЛОЧНИК [*шн*], -а, *м.* Пекарь, выпекающий булки, а также (устар.) владелец булочной, продавец булок. ‖ *ж.* **бу́лочница**, -ы.

БУЛТЫ́Х (разг.). **1.** *межд. звукоподр.* О коротком и сильном звуке при падении в воду. **2.** *в знач. сказ.* Бултыхнулся (в 1 знач.). *Б. в воду!*

БУЛТЫХА́ТЬСЯ, -а́юсь, -а́ешься; *несов.* (разг.). **1.** Падать, бросаться (в воду). **2.** Барахтаться, плескаться (в воде). **3.** О жидкости: плескаться о стенки сосуда. ‖ *однокр.* **бултыхну́ться**, -ну́сь, -нёшься (к 1 и 3 знач.).

БУЛЫ́ЖНИК, -а, *м.* Твёрдый камень (разновидность бутового), употр. для мощения улиц, дорог. ‖ *прил.* **булы́жный**, -ая, -ое. *Булыжная мостовая.*

БУЛЬВА́Р, -а, *м.* Широкая аллея посреди городской улицы или вдоль набережной. *Гулять по бульвару. Приморский б.* ‖ *прил.* **бульва́рный**, -ая, -ое.

БУЛЬВА́РНЫЙ, -ая, -ое; -рен, -рна. **1.** *см.* бульвар. **2.** *перен.* Рассчитанный на обывательские, мещанские вкусы. *Б. роман. Бульварная литература.* ‖ *сущ.* **бульва́рность**, -и, *ж.*

БУЛЬВА́РЩИНА, -ы, *ж.* (пренебр.). Бульварная литература.

БУЛЬДО́Г, -а, *м.* Собака с большой тупой мордой, сильными челюстями, широкой грудью и короткими лапами. ‖ *прил.* **бульдо́жий**, -ья, -ье. *Бульдожья хватка* (также перен.: сильная, крепкая).

БУЛЬДО́ЗЕР, -а, *м.* Монтируемая на тракторе или тягаче землеройная машина в виде рамы с широким ножом, а также трактор с такой машиной. ‖ *прил.* **бульдо́зерный**, -ая, -ое.

БУЛЬДОЗЕРИ́СТ, -а, *м.* Машинист бульдозера.

БУЛЬК (разг.). **1.** *межд. звукоподр.* О коротком булькающем звуке. **2.** *в знач. сказ.* Булькнул.

БУ́ЛЬКАТЬ, -аю, -аешь; *несов.* Производить звуки, похожие на звуки жидкости, выливаемой из узкогорлого сосуда. *Булькает* (безл.) *в горле.* ‖ *однокр.* **бу́лькнуть**, -ну, -нешь. ‖ *сущ.* **бу́льканье**, -я, *ср.*

БУЛЬО́Н [*льё*], -а (-у), *м.* Отвар мяса (а также рыбы, грибов, овощей). *Куриный б. Грибной б. Получать, иметь б. от чего-н.* (перен.: получать, иметь выгоду, барыш; разг. шутл.). ‖ *прил.* **бульо́нный**, -ая, -ое. *Бульонные кубики* (концентрат мясного бульона в виде брусочков).

БУМ[1], -а, *м.* Шумиха, искусственное оживление [*первонач.* о спекулятивном подъёме на бирже]. *Нефтяной б. Поднять б. вокруг чего-н.*

БУМ[2], *межд. звукоподр.* О глухом и сильном звуке, напр. об ударе колокола, выстреле из орудия. ◆ **Ни бум-бум** (прост. шутл.) — совершенно ничего (не знать, не понимать).

БУМ[3], -а, *м.* То же, что бревно (в 3 знач.). *Упражнения на буме.*

БУМА́ГА, -и, *ж.* **1.** Материал для письма, печатания, а также для других целей, изготовляемый из растительных волокон, тряпичной массы. *Рулонная, листовая б. Газетная б. Типографская б. Писчая б.* **2.** Деловое письменное сообщение, документ, а также вообще рукопись. *Официальная б. Б. за подписью начальника. Личные бумаги.* **3.** Хлопок и изделия из него (устар.). *Хлопчатая б.* (вата). ◆ **На бумаге (только на бумаге) остаётся** *что* — о решении, к-рое не выполняется, остаётся мёртвой буквой. **Бумага всё терпит** (ирон.) — написать можно всё, что угодно, мало ли, что можно написать. **Ценные бумаги** (спец.) — денежные и товарные документы: акции, облигации, купоны к ним, векселя, чеки и нек-рые др. ‖ *уменьш.* **бума́жка**, -и, *ж.* (к 1 и 2 знач.). ‖ *уничиж.* **бумажо́нка**, -и, *ж.* (ко 2 знач.). ‖ *уменьш.-шутл.* **бумаже́нция**, -и, *ж.* (ко 2 знач.). ‖ *прил.* **бума́жный**, -ая, -ое (к 1 и 3 знач.). *Бумажная промышленность. Бумажная ткань.*

БУМАГОМАРА́НИЕ, -я, *ср.* (разг.). Ненужное или плохое писание.

БУМАГОМАРА́ТЕЛЬ, -я, *м.* (разг.). Бездарный писатель, писака.

БУМАГОТВО́РЧЕСТВО, -а, *ср.* (разг. неодобр.). То же, что бюрократизм (во 2 знач.).

БУМА́ЖКА, -и, *ж.* **1.** *см.* бумага. **2.** Листок бумаги (в 1 знач.). *Записать на бумажке.* **3.** Бумажный денежный знак (разг.). *Платить бумажками.*

БУМА́ЖНИК[1], -а, *м.* Складывающийся вдвое карманный плоский портфельчик с несколькими отделениями, без ручки и обычно без запора, для ношения бумажных денег, документов. *Мужской б. Кожаный б.*

БУМА́ЖНИК[2], -а, *м.* Работник бумажной промышленности.

БУМА́ЖНЫЙ, -ая, -ое. **1.** *см.* бумага. **2.** *перен.* Канцелярски-бюрократический. *Бумажная волокита.*

БУМАЗЕ́Я, -и, *ж.* Мягкая хлопчатобумажная ткань с начёсом. ‖ *прил.* **бумазе́йный**, -ая, -ое.

БУМЕРА́НГ, -а, *м.* Метательное орудие в виде изогнутой палки или серповидной планки, при искусном броске возвращающееся обратно к бросившему. *Бумерангом (как б.) вернуться к кому-н.* (о чём-н. опасном, нежелательном, обращающемся на самого того, от кого оно исходит; книжн.).

БУНГА́ЛО, *нескл.*, *ср.* В нек-рых тропических странах: лёгкая жилая постройка.

БУНДЕСВЕ́Р [*дэ*], -а, *м.* Вооружённые силы Федеративной Республики Германии. ‖ *прил.* **бундесве́ровский**, -ая, -ое (разг.).

БУНДЕСТА́Г [*дэ*], -а, *м.* Высший представительный орган Федеративной Республики Германии. ‖ *прил.* **бундеста́говский**, -ая, -ое (разг.).

БУ́НКЕР, -а, *мн.* -ы, -ов *и* -а́, -о́в, *м.* **1.** Специально оборудованное вместилище для сыпучих и кусковых материалов. *Б. для угля. Б. комбайна* (для зерна). **2.** Бетонированное подземное укрытие, убежище. ‖ *прил.* **бу́нкерный**, -ая, -ое.

БУНКЕРОВА́ТЬ, -ру́ю, -ру́ешь; -о́ванный; *несов.*, *что* (спец.). Засыпать в бункер (в 1 знач.). *Б. уголь.* ‖ *сущ.* **бункеро́вка**, -и, *ж.*

БУНТ[1], -а, *мн.* -ы, -ов *и* -ы́, -о́в, *м.* Стихийно возникшее восстание, мятеж. *Б. рабов. Б. на коленях* (перен.: робкие попытки борьбы, обречённые на неудачу).

БУНТ[2], -а́, *мн.* -ы́, -о́в, *м.* (спец.). Связка, кипа. *Товар в бунтах. Б. верёвки, проволоки.* ‖ *прил.* **бунтово́й**, -а́я, -о́е.

БУНТА́РСТВО, -а, *ср.* Поведение, образ действий бунтаря. ‖ *прил.* **бунта́рский**, -ая, -ое. *Б. дух* (мятежный, неспокойный, ищущий).

БУНТА́РЬ, -я́, *м.* **1.** То же, что бунтовщик (устар.). **2.** *перен.* Неспокойный, всегда протестующий человек, призывающий к решительным действиям, к ломке старого. ‖ *ж.* **бунта́рка**, -и (разг.). ‖ *прил.* **бунта́рский**, -ая, -ое.

БУНТОВА́ТЬ, -ту́ю, -ту́ешь; *несов.* **1.** Производить бунт[1], участвовать в бунте[1]. **2.** *кого (что).* Подстрекать к бунту[1] (устар.). *Б. народ.* **3.** *перен.* Протестовать, упорно не соглашаться (разг.). *Не могу вечером дежурить: жена бунтует.* ‖ *сов.* **взбунтова́ть**, -ту́ю, -ту́ешь; -о́ванный (ко 2 знач.).

БУНТОВСКО́Й, -а́я, -о́е. Свойственный бунтовщику, мятежный. *Бунтовские речи.*

БУНТОВЩИ́К, -а́, *м.* Участник бунта[1]. ‖ *ж.* **бунтовщи́ца**, -ы. ‖ *прил.* **бунтовщи́ческий**, -ая, -ое.

БУНЧУ́К, -а́, *м.* **1.** У казачьих атаманов, гетмана: короткое украшенное древко с привязанным конским хвостом, кистями как символ власти. **2.** В военных оркестрах: украшенный конскими хвостами ударный музыкальный инструмент в форме лиры. ‖ *прил.* **бунчуко́вый**, -ая, -ое *и* **бунчу́жный**, -ая, -ое.

БУР, -а, *м.* Инструмент для бурения, сверления.

БУРА́В, -а́, *м.* Инструмент для сверления отверстий. ‖ *уменьш.* **бура́вчик**, -а, *м.*

БУРА́ВИТЬ, -влю, -вишь; *несов.*, *что.* Сверлить буравом. *Б. глазами кого-н.* (перен.: то же, что сверлить глазами; прост.). ‖ *сов.* **пробура́вить**, -влю, -вишь; -вленный.

БУРА́К, -а́, *м.* (обл.). То же, что свёкла. ‖ *уменьш.* **бурачо́к**, -чка́, *м.* ‖ *прил.* **бура́чный**, -ая, -ое.

БУРА́Н, -а, *м.* Снежная буря, метель в степи. *Поднялся б.* ‖ *прил.* **бура́нный**, -ая, -ое.

БУРБО́Н, -а, *м.* (устар.). Грубый, невежественный и властный человек.

БУРГОМИ́СТР, -а, *м.* В нек-рых европейских странах и в России в 18—19 вв.: глава городского управления. ‖ *прил.* **бургоми́стерский**, -ая, -ое.

БУРДА́, -ы́, *ж.* (разг. неодобр.). Мутное безвкусное жидкое кушанье. *Не суп, а какая-то б.*

БУРДЮ́К, -а́, *м.* Мешок из цельной шкуры животного (для хранения вина, кумыса и других жидкостей). ‖ *прил.* **бурдю́чный**, -ая, -ое.

БУРЕВЕ́СТНИК, -а, *м.* Большая океаническая птица с длинным клювом и с длинными острыми крыльями. *Отряд буревестников. Ныряющие буревестники* (семейство).

БУРЕЛО́М, -а, *м.* Лес, поваленный бурей. ‖ *прил.* **бурело́мный**, -ая, -ое.

БУРЕ́ТЬ, -е́ю, -е́ешь; *несов.* **1.** Становиться бурым, бурее. **2.** (1 и 2 л. не употр.). О чём-н. буром: виднеться. ‖ *сов.* **побуре́ть**, -е́ю, -е́ешь (к 1 знач.).

БУРЁНКА, -и, *ж.* (разг.). Корова [по распространённой кличке]. ‖ *ласк.* бурёнушка, -и, *ж.*

БУРЖУА́, *нескл., м.* Человек, принадлежащий к буржуазии. ‖ *ж.* **буржуа́зка**, -и (устар. разг.).

БУРЖУАЗИ́Я, -и, *ж.* В капиталистическом обществе: класс собственников средств производства, существующий за счёт прибавочной стоимости, получаемой в результате применения наёмного труда. *Крупная б. Финансовая б. Мелкая б.* (городские и сельские мелкие собственники, живущие своим трудом, иногда с привлечением наёмных рабочих). ‖ *прил.* **буржуа́зный**, -ая, -ое.

БУРЖУ́Й, -я, *м.* (разг. презр.). То же, что буржуа. ‖ *ж.* **буржу́йка**, -и. ‖ *прил.* буржу́йский, -ая, -ое. *Буржуйские замашки* (как у буржуя).

БУРЖУ́ЙКА[1], -и, *ж.* (разг.). Металлическая печка-времянка. *Железная б.*

БУРЖУ́ЙКА[2] *см.* буржуй.

БУРИДА́НОВ: буриданов осёл, обычно *в составе сравнения* (книжн.) — говорится о том, кто при двух равных возможностях выбора не может ни на что решиться [по имени французского философа 14 в. Ж. Буридана, к-рому приписывается парадокс об осле, не решающемся выбрать ни одну из двух равных и одинаково удалённых от него охапок сена и потому обречённом на голодную смерть].

БУРИ́ЛЬЩИК, -а, *м.* Рабочий, производящий бурение, специалист по бурению.

БУРИМЕ́ [*мэ́*], *нескл., ср.* **1.** Стихотворение, написанное на заранее заданные рифмы. **2.** Игра, состоящая в написании таких стихотворений. *Играть в б.*

БУРИ́ТЬ, -рю́, -ри́шь; *несов., что.* Делая скважины, шпуры, сверлить, пробивать (почву, горную породу). ‖ *сов.* **пробури́ть**, -рю́, -ри́шь; -рённый (-ён, -ена́). ‖ *сущ.* буре́ние, -я, *ср.* ‖ *прил.* **бури́льный**, -ая, -ое *и* **буровой**, -а́я, -о́е. *Б. инструмент. Бурильный молоток* (машина ударного действия для бурения шпуров, скважин). *Буровые работы.*

БУ́РКА, -и, *ж.* На Кавказе: род плаща из мохнатого овечьего или козьего войлока. *Пастух в бурке.*

БУ́РКАТЬ, -аю, -аешь; *несов., что* (прост.). Бормотать, говорить ворчливо и невнятно, бурчать. ‖ *однокр.* **бу́ркнуть**, -ну, -нешь. ‖ *сущ.* **бу́рканье**, -я, *ср.*

БУ́РКИ, -рок, *ед.* бу́рка, -и, *ж.* Сапоги из тонкого войлока или фетра на кожаной подмётке и с кожаной оторочкой по головке. ‖ *прил.* **бу́рочный**, -ая, -ое.

БУРЛА́К, -а́, *м.* В старину: рабочий в артели, к-рая вдоль берега против течения тянет суда бечевой. ‖ *прил.* **бурла́цкий**, -ая, -ое. *Бурлацкая артель.*

БУРЛИ́ВЫЙ, -ая, -ое; -и́в. Бурный, шумный, беспокойный. *Б. поток.* ‖ *сущ.* **бурли́вость**, -и, *ж.*

БУРЛИ́ТЬ (-лю́, -ли́шь, 1 и 2 л. не употр.), -ли́т; *несов.* **1.** Бить ключом, клокотать. *Море бурлит. Вода бурлит в котле.* **2.** *перен.* То же, что кипеть (во 2 знач.). *Бурлит ненависть.*

БУРМИ́СТР, -а, *м.* В России при крепостном праве: управляющий помещичьим имением; староста, назначенный помещиком. ‖ *прил.* **бурми́стрский**, -ая, -ое.

БУРНУ́С, -а, *м.* В старое время: просторное женское пальто. ‖ *прил.* **бурну́сный**, -ая, -ое.

БУ́РНЫЙ, -ая, -ое; -рен, -рна́ *и* -рна, -рно. **1.** Обильный бурями, волнуемый бурей. *Б. океан. Бурная жизнь, бурная молодость* (перен.: обильные волнующими событиями). **2.** Резкий, стремительный. *Б. порыв ветра. Б. рост.* **3.** Страстный, неистовый. *Б. спор. Б. восторг.* ‖ *сущ.* **бу́рность**, -и, *ж.*

БУ́РО-...: *Первая часть сложных слов со знач.* бурый, с бурым оттенком, напр. *буро-жёлтый, буро-коричневый, буро-красный, буро-рыжий, буро-чёрный.*

БУРОВА́Я, -о́й, *ж.* То же, что буровая вышка. *Работать на буровой.*

БУРОВИ́К, -а́, *м.* Специалист по буровым работам.

БУРОВО́Й, -а́я, -о́е. **1.** *см.* бурить. **2.** Сделанный посредством бурения, предназначенный для бурения. *Буровая скважина. Буровая вышка* (подъёмное сооружение, вышка над скважиной для бурения).

БУ́РСА, -ы, *ж.* В старое время: духовное училище с общежитием [*первонач.* общежитие при духовном училище].

БУРСА́К, -а́, *м.* Ученик бурсы. ‖ *прил.* **бурса́цкий**, -ая, -ое. *Бурсацкие нравы* (перен.: грубые).

БУРТ, -а́ *и* -а, *мн.* -ы́, -о́в, *м.* Сложенные в виде вала и укрытые для хранения овощи, корнеплоды. *Картофельные бурты.* ‖ *прил.* **буртово́й**, -а́я, -о́е.

БУРУ́Н, -а́, *м.* Пенистая волна, разбивающаяся у скал, каменистых мелей. ‖ *прил.* **буру́нный**, -ая, -ое.

БУРУНДУ́К, -а́, *м.* Небольшой грызун семейства беличьих, а также мех его. ‖ *прил.* **бурунду́чий**, -ья, -ье *и* **бурундуко́вый**, -ая, -ое. *Бурундуковый воротник. Бурундучья нора.*

БУРЧА́ТЬ, -чу́, -чи́шь; *несов.* (разг.). **1.** Ворчать, ворчливо бормотать. *Б. себе под нос.* **2.** (1 и 2 л. не употр.). О бурлящих, клокочущих звуках. *В животе бурчит* (безл.). ‖ *сов.* **пробурча́ть**, -чу́, -чи́шь (к 1 знач.). ‖ *сущ.* **бурча́нье**, -я, *ср.*

БУ́РЫЙ, -ая, -ое; бур, бура́ *и* бу́ра, бу́ро. **1.** Серовато-коричневый или серовато-рыжий. *Бурая окраска. Б. уголь* (горючее ископаемое — уголь, по качеству близкий к торфу). **2.** О масти, шерсти: чёрный с коричневатым отливом. *Б. медведь* (один из видов медведей).

БУРЬЯ́Н, -а, *м.* Общее название высоких сорных трав. *Сад зарос бурьяном.* ‖ *прил.* **бурья́нный**, -ая, -ое.

БУ́РЯ, -и, *ж.* **1.** Ненастье с сильным разрушительным ветром. *Песчаная б. Пыльная б. Душевная, сердечная б.* (перен.: о тяжёлых переживаниях, глубоких волнениях). *Б. в стакане воды* (ирон.: волнение, ссора по пустякам). **2.** *перен., чего.* О сильном, бурном проявлении чего-н. *Б. восторгов. Б. рукоплесканий.* ✦ **Буря и натиск** — литературное движение в Германии в 70—80-х гг. 18 в., противопоставившее себя классицизму, утверждавшее национальную самобытность искусства, изображение сильных и ярких чувств. ‖ *прил.* **бурево́й**, -а́я, -о́е.

БУРЯ́ТСКИЙ, -ая, -ое. **1.** *см.* буряты. **2.** Относящийся к бурятам, к их языку, национальному характеру, образу жизни, культуре, а также к Бурятии, её территории, внутреннему устройству, истории; такой, как у бурят, как в Бурятии. *Б. язык* (монгольской группы языков). *Бурятская кибитка. Бурятская лошадь* (верховая, упряжная, а также мясо-молочная порода). *По-бурятски* (нареч.).

БУРЯ́ТЫ, -я́т, *ед.* -я́т, -а, *м.* Народ, составляющий основное коренное население Бурятии. ‖ *ж.* **буря́тка**, -и. ‖ *прил.* **буря́тский**, -ая, -ое.

БУ́СИНА, -ы, *ж.* Один шарик, одно зерно бус. ‖ *уменьш.* **бу́синка**, -и, *ж.*

БУ́СЫ, бус. Украшение в виде нанизанных на нитку шариков, зёрен (в 3 знач.). *Жемчужные б. Ёлочные б.* (дутые из тонкого блестящего стекла).

БУТ, -а, *м.* (спец.). Крупный строительный камень (гл. обр. для фундаментов). ‖ *прил.* **бу́товый**, -ая, -ое. *Б. камень. Бутовая кладка.*

БУТАФО́Р, -а, *м.* Театральный работник, ведающий бутафорией. *Художник-б.* (изготовляющий бутафорию). ‖ *прил.* **бутафо́рский**, -ая, -ое.

БУТАФО́РИЯ, -и, *ж.* **1.** Предметы, имитирующие подлинные (в сценической обстановке, в витринах магазинов). **2.** *перен.* О чём-н. показном, фальшивом. *Его хорошие манеры — только б.* ‖ *прил.* **бутафо́рский**, -ая, -ое *и* **бутафо́рный**, -ая, -ое (к 1 знач.).

БУТЕРБРО́Д [*тэ*], -а, *м.* Ломтик хлеба с маслом, с сыром, колбасой, рыбой, икрой. ✦ **Закон бутерброда** (разг. шутл.) — говорится об обязательном невезении [по тому наблюдению, что бутерброд роняют всегда маслом вниз]. ‖ *прил.* **бутербро́дный**, -ая, -ое.

БУТИ́ТЬ, бучу́, бути́шь; *несов., что* (спец.). Заполнять бутовой кладкой. ‖ *сов.* **забути́ть**, -учу́, -ути́шь.

БУТО́Н, -а, *м.* Почка цветка. *Б. розы.* ‖ *прил.* **буто́нный**, -ая, -ое.

БУТОНЬЕ́РКА, -и, *ж.* Цветок или букетик цветов, прикрепляемый к платью. ‖ *прил.* **бутоньерочный**, -ая, -ое.

БУ́ТСЫ, бутс, *ед.* бу́тса, -ы, *ж.* Ботинки с шипами или поперечными планками на подошвах для игры в футбол.

БУТУ́З, -а, *м.* (разг.). Здоровый толстый ребёнок, малыш.

БУТЫ́ЛКА, -и, *ж.* **1.** Удлинённый стеклянный сосуд с узким горлышком. *Винная б. Молочная б.* **2.** Старая русская мера жидкости, равная 1/16 или 1/20 ведра. ✦ **В бутылку лезть** (прост.) — споря или ссорясь, упорствовать, упрямо настаивать на своём, а также вообще горячиться, раздражаться по пустякам. **В бутылку заглядывает** (разг.) — любит выпивать (во 2 знач.). **Не враг бутылке** (разг.) — о любителе спиртного. ‖ *прил.* **буты́лочный**, -ая, -ое.

БУТЫ́ЛОЧНЫЙ, -ая, -ое. **1.** *см.* бутылка. **2** Тёмно-зелёный. *Стекло бутылочного цвета.*

БУТЫ́ЛЬ, -и, *ж.* Большая бутылка. ‖ *прил.* **буты́льный**, -ая, -ое.

БУ́ФЕР, -а, *мн.* -а́, -о́в, *м.* **1.** У вагонов, локомотивов, автомобилей: специальное устройство для смягчения силы удара, толчка при столкновении. **2.** *перен.* О том, кто (что) ослабляет конфликт, столкновение между двумя сторонами. *Служить буфером кому-чему-н. (для кого-чего-н.).* ‖ *прил.* **бу́ферный**, -ая, -ое.

БУФЕ́Т, -а, *м.* **1.** Длинный стол или стойка для продажи закусок и напитков, а также комната, в к-рой производится такая продажа. *Б. в фойе.* **2.** Небольшая закусочная. **3.** Шкаф для хранения посуды, столового белья, закусок, напитков. ‖ *прил.* **буфе́тный**, -ая, -ое.

БУФЕ́ТЧИК, -а, *м.* Продавец в буфете. ‖ *ж.* **буфе́тчица**, -ы. ‖ *прил.* **буфе́тчицкий**, -ая, -ое.

БУФФОНА́ДА, -ы, *ж.* Сценическое представление, а также актёрские приёмы, построенные на комических, шутовских положениях. *Грубая б.* (перен.: о грубых шутках, шутовстве). ‖ *прил.* **буффона́дный**, -ая, -ое.

БУ́ФЫ, буф, *ед.* буф, -а, *м.* Собранные в пышные сборки части одежды (на рукавах, юбках). *Б. на плечах.*

БУХ. **1.** *межд. звукоподр.* О коротком и сильном глухом звуке. **2.** *в знач. сказ.* Упал, бухнулся (разг.). *Б. в яму!* **3.** *межд. глагол* [*интонационно чётко обособлен*]. Предваряет сообщение о возникновении такой (сменяющей другую) ситуации, к-рая в высшей степени неожиданна. *Все думали, что он погостит, а он — бух! — и уехал.*

БУХА́НКА, -и, *ж.* Формовой, обычно чёрный хлеб. ‖ *прил.* **буха́ночный**, -ая, -ое.

БУ́ХАТЬ, -аю, -аешь; *несов.* (разг.). **1.** Производить глухой и сильный звук. *Бухают пушки.* **2.** С силой, шумом ударять, бросать, падать. *Б. кулаком в дверь. Б. по плечу. Б. в канаву.* ‖ *однокр.* **бу́хнуть**, -ну, -нешь. ‖ *сущ.* **бу́ханье**, -я, *ср.*

БУ́ХАТЬСЯ, -аюсь, -аешься; *несов.* (разг.). С силой, шумом ударяться, падать. ‖ *сов.* **бу́хнуться**, -нусь, -нешься. *Бухнулся в канаву. Б. в ноги кому-н.* (упасть на колени перед кем-н.).

БУХГА́ЛТЕР [*yhá*], -а, *м.* Специалист по бухгалтерии (в 1 знач.); работник бухгалтерии (во 2 знач.). *Главный б.* ‖ *ж.* **бухга́лтерша**, -и (о работнике бухгалтерии; разг.). ‖ *прил.* **бухга́лтерский**, -ая, -ое.

БУХГАЛТЕ́РИЯ [*yha*], -и, *ж.* **1.** Теория и практика счетоводства и документального хозяйственного учёта денежных средств. *Двойная б.* (метод учёта, при к-ром операции записываются дважды в разных книгах; также перен.: о двурушническом поведении; разг.). **2.** Отдел предприятия, учреждения, осуществляющий документальный хозяйственный учёт денежных средств. ‖ *прил.* **бухга́лтерский**, -ая, -ое (к 1 знач.). *Б. учёт.*

БУ́ХНУТЬ[1] (-ну, -нешь, 1 и 2 л. не употр.), -нет; бух, -ла; *несов.* Расширяться, увеличиваться в объёме от влаги, разбухать.

БУ́ХНУТЬ[2] *см.* бухать.

БУ́ХТА, -ы, *ж.* Небольшой глубокий залив. *Морская б.*

БУ́ХТЫ-БАРА́ХТЫ: **с бухты-барахты** (разг.) — ни с того ни с сего, необдуманно. *Сказать, сделать что-н. с бухты-барахты.*

БУ́ЧА, -и, *ж.* (прост.). Шумный переполох, суматоха. *Поднять бучу.*

БУШЕВА́ТЬ, -шу́ю, -шу́ешь; *несов.* **1.** (1 и 2 л. не употр.). О стихии, чувствах: проявляться с необычайной силой. *Бушует пламя, пожар, ветер, ураган. Бушует радость, злоба.* **2.** Буйствовать, скандалить (разг.).

БУ́ШЕЛЬ, -я, *м.* В Англии, США и нек-рых других странах: мера вместимости и объёма жидких и сыпучих тел (около 35—36 л). *Б. пшеницы.*

БУШЛА́Т, -а, *м.* Форменная суконная куртка. *Матросский б.* ‖ *прил.* **бушла́тный**, -ая, -ое.

БУЯ́Н, -а, *м.* (разг.). Человек, к-рый буянит, скандалит. *Унять буяна.*

БУЯ́НИТЬ, -ню, -нишь; *несов.* (разг.). Буйствовать, скандалить. ‖ *сущ.* **буя́нство**, -а, *ср.*

БЫ, *частица.* **1.** С глаголами прошедшего времени образует сослагательное наклонение в знач.: 1) предположительной возможности. *Поехал бы, если бы было время;* 2) вежливо-предупредительного пожелания, совета, предложения. *Ты прилёг бы;* 3) желательности или долженствования. *Покрапал бы дождичек! Ты бы хоть позвонил!* 4) (с отрицанием «не») опасения. *Не заблудились бы ребята. Не захватил бы нас дождь.* **2.** В составе предложения без спрягаемой формы глагола выражает пожелание. *Отдохнуть бы! Чайку бы! Потише бы! Нам бы вместе поехать!* **3.** С неопр. с отрицанием «не» выражает обусловленную возможность. *Не знать бы ей забот, если бы не семья. Не бывать бы счастью, да несчастье помогло.* **4.** В составе предложения без спрягаемой формы глагола выражает опасение. *Не опоздать бы.*

БЫВА́ЛО, *вводн. сл.* (разг.). О вспоминаемом: случалось в прошлом, прежде. *Сядет, б., и начнёт рассказывать.*

БЫВА́ЛЫЙ, -ая, -ое. **1.** Много видавший и испытавший. *Он человек б. Б. турист.* **2.** Привычный, бывавший уже ранее (разг.). *Это дело бывалое.*

БЫВА́ТЬ, -а́ю, -а́ешь; *несов.* **1.** (1 и 2 л. не употр.). Жить, существовать (время от времени, случайно, иногда). *Бывали богатыри на Руси. Бывают и смельчаки и трусы.* **2.** (1 и 2 л. не употр.). Наличествовать, иметься, иметь место (время от времени, случайно, иногда). *Бывали тяжёлые времена. На юге суровых зим не бывает. У каждого человека бывают ошибки. В жизни бывает всякое. Бывали и мы в чести. И так бывает* (безл.), *что и жизни не рад.* **3.** Присутствовать, находиться где-н., являться куда-н. (время от времени, случайно, иногда). *Бывал в театре, в музее. По вечерам бывал у друзей. У этого человека больше не бываю и бывать не буду.* **4.** Полузнаменательный глагол, означающий непостоянство, эпизодичность того, о чём сообщается. *Он бывает весел, бывает и сердит. В жизни приходилось б. и начальником, и простым рабочим. Его слова редко бывают правдой. В толпе бывает не протолкнуться.* **5.** **быва́й(те!)** Приветствие при прощании (прост.). *Ну я пошёл, бывайте!* ✦ **Быва́й(те) здоровы!** (прост.) — то же, что бывай(те). **Как не бывало** (разг.) — как будто и не было. *Страха как не бывало.* **Как ни в чём не бывало** (разг.) — как будто ничего (неприятного) и не было, спокоен, доволен. *Других наказали, а он (ему) как ни в чём не бывало.* **Не бывать** *чему* (разг.) — о том, что не будет, не состоится, не может быть. *Этой свадьбе не бывать.* **Не бывать** *кому где или кем* (разг.) — никогда не придётся быть. *Не бывать тебе богачом. Не бывать ему больше дома.* **С кем не бывает?** (разг.) — всякий может ошибиться, допустить оплошность. **Ничуть не бывало** (разг.) — вовсе нет.

БЫ́ВШИЙ, -ая, -ее. **1.** Ныне не состоящий в какой-н. должности, звании. *Б. директор. Б. министр.* **2.** **бы́вшие**, -их. То же, что бывшие люди (разг.). ✦ **Бывшие люди** — о людях деклассированных, опустившихся, а также о людях, утративших своё прежнее положение, свои корни. **Из бывших** (разг., часто ирон.) — о людях, утративших своё привилегированное положение.

БЫ́ДЛО, -а, *ср.* (прост. презр.). О людях, к-рые бессловесно выполняют для кого-н. тяжёлую работу.

БЫК[1], -а́, *м.* **1.** Крупное жвачное парнокопытное животное сем. полорогих. *Дикие быки. Домашние быки. Настоящий б.* (тур). **2.** Самец домашней коровы. *Племенной б. Ездовые быки. Здоров как б.* (совершенно здоров). ✦ **Взять быка за рога** (разг.) — смело и сразу взяться за самое главное в трудном деле. ‖ *уменьш.* **бычо́к**, -чка́, *м.* ✦ **Сказка про белого бычка** — погов. о бесконечном повторении, возвращении к одному и тому же. **Быть бычку на верёвочке** — посл. о том, кого в конце концов обязательно утихомирят, приструнят или поймают. ‖ *прил.* **быча́чий**, -ья, -ье *и* **бы́чий**, -ья, -ье. *Бычья шея* (также перен.: короткая и сильная).

БЫК[2], -а́, *м.* Промежуточная опора моста или гидротехнического сооружения. *Бетонные быки и устои.*

БЫЛЕВО́Й, -а́я, -о́е. В фольклоре: эпический. *Б. эпос. Былевые песни.*

БЫЛИ́НА, -ы, *ж.* Русская народная эпическая песня — сказание о богатырях. ‖ *прил.* **были́нный**, -ая, -ое. *Б. склад.*

БЫЛИ́НКА, -и, *ж.* Стебель травы, травинка. *Как б. кто-н.* (очень худ, слаб).

БЫ́ЛО, *частица.* Употр. для обозначения того, что действие началось или предполагалось, но было прервано или не завершилось. *Пошел б., да остановился. Хотел было поехать, да не получилось. Стал б. учителем, да не понравилось.* ✦ **Было б(ы)** (разг.) и **было́ б** (устар. разг.), *частица* — в сочетании с неопр. выражает сожаление по поводу того, что что-то не сделано или сделано то, чего не следовало делать. *Было б тебе помолчать* (напрасно ты не помолчал).

БЫЛО́Й, -а́я, -о́е (высок.). **1.** Минувший, прошлый. *Былая слава. Былые времена.* **2.** **было́е**, -о́го, *ср.* То же, что прошлое (во 2 знач.). *Вспомнить былое. Образы былого.*

БЫЛЬ, -и, *ж.* **1.** То, что было в прошлом (устар.). *Б. молодцу не укор (укора)* (посл.). **2.** То, что было в действительности, действительное происшествие, в отличие от небылицы (разг.). *Рассказывают и б. и небыль.*

БЫЛЬЁ, -я́, *ср., собир.* (обл.). Трава, стебли травы. ✦ **Быльём поросло** *что* (разг.) — было давно и окончательно забыто.

БЫСТРИНА́, -ы́, *мн.* -и́ны, -и́н, -и́нам, *ж.* Место быстрого течения реки.

БЫСТРО... *Первая часть сложных слов со знач.:* 1) быстрый, быстро, напр. *быстродействующий, быстрорастворимый, быстросъёмный, быстрорежущий, быстросохнущий;* 2) с быстрым, с быстрыми, напр. *быстроглазый, быстрокрылый, быстроногий, быстроходный.*

БЫСТРОТА́, -ы́, *ж.* **1.** *см.* быстрый. **2.** Скорость, стремительность. *Мчаться с необычайной быстротой.*

БЫСТРОТЕ́ЧНЫЙ, -ая, -ое; -чен, -чна (устар. высок.). То же, что скоропреходящий. *Быстротечное время.* || *сущ.* быстроте́чность, -и, *ж.*

БЫСТРОХО́ДНЫЙ, -ая, -ое; -ден, -дна. С очень быстрым ходом. *Б. катер.* || *сущ.* **быстрохо́дность**, -и, *ж.*

БЫ́СТРЫЙ, -ая, -ое; быстр, быстра́, бы́стро, бы́стры *и* быстры́. То же, что скорый (в 1 и 2 знач.). *Быстрое течение. Быстрые движения. Быстрое утомление. Быстро* (нареч.) *бегать. Быстр в работе. Б. рост. Быстрая речь* (скорая, торопливая). *Б. взгляд* (мимолётный). || *сущ.* **быстрота́**, -ы́, *ж.*

БЫТ, -а, о бы́те, в быту́, *м.* Жизненный уклад, повседневная жизнь. *Домашний б. Вошло в б. что-н.* (стало повседневным). *Служба быта* (учреждения, обслуживающие людей в сфере их повседневных нужд). || *прил.* **бытово́й**, -а́я, -о́е. *Бытовые условия. Бытовое явление* (обычное в быту). *Бытовое обслуживание населения* (служба быта).

БЫТИЕ́, -я́, *ср.* (книжн.). **1.** Жизнь, существование. *Радость бытия.* **2.** Совокупность материальных условий жизни общества. *Б. определяет сознание.* || *прил.* **быти́йный**, -ая, -ое (к 1 знач.; спец.). ✦ **Бытийные глаголы** — в языкознании: глаголы, называющие процесс бытия, существования, наличия, напр. *быть* (в 1 знач.), *иметься, существовать, есть*[2] (во 2 знач.), *звучать* (по отношению к существованию звука «звучит музыка»), *течь* (по отношению к существованию реки «течёт река») и многие др.

БЫ́ТНОСТЬ: **в бытность** (книжн.) — во время пребывания, нахождения где-н., в качестве кого-н. *В бытность свою в городе посетил театр. В бытность начальником сделал много полезного.*

БЫТОВА́ТЬ (-ту́ю, -ту́ешь, 1 и 2 л. не употр.), -ту́ет; *несов.* Бывать, иметь место. *Бытуют хорошие обычаи.*

БЫТОВИ́ЗМ, -а, *м.* (книжн.). Описание быта, повседневности, жизни. *Писатель склонен к бытовизму.*

БЫТО́ВКА, -и, *ж.* (разг.). На предприятиях, стройках, фермах: подсобное помещение для бытового самообслуживания рабочих. || *прил.* **быто́вочный**, -ая, -ое.

БЫТОВО́Й *см.* быт.

БЫТОПИСА́НИЕ, -я, *ср.* (устар.). Описание быта, повседневной жизни.

БЫТОПИСА́ТЕЛЬ, -я, *м.* Писатель или художник, изображающий быт, повседневную жизнь. || *прил.* **бытописа́тельский**, -ая, -ое.

БЫТЬ, *наст.* нет (кроме 3 л. ед. ч. есть и устар. и книжн. 3 л. мн. ч. суть); был, была́, бы́ло (не́ был, не была́, не́ было, не́ были); бу́ду, бу́дешь; будь; бы́вший; бу́дучи; *несов.* **1.** Жить, существовать. *Вопрос: быть или не быть? Были люди в наше время. Помни о друге, когда его не будет. Прежде в лесу были волки.* **2.** Наличествовать, иметься, иметь место. *Быть беде. Ошибки есть, были и будут. Чему быть, того не миновать* (посл.). *Не всё коту масленица, будет и Великий пост* (посл.). *Был бы купец, а товар найдётся* (о невесте; посл.). *Быть было ненастью, да дождь помешал* (погов.). **3.** Присутствовать, находиться где-н. *Вчера был в театре, завтра буду в гостях. Улита едет — когда-то будет* (посл.). *И я там был, мёд-пиво пил* (сказочная концовка). **4.** *в составе неглагольного сказуемого, а также нек-рых односоставных предложений.* Означает время, реальность или гипотетичность того, о чём сообщается. *Хочу быть музыкантом, артистом. Из-за шума тебе было (будет, было бы) не заснуть. Сын был (будет, был бы, пусть будет) врачом. Дети будь послушными, а в семье ссоры. Счастливым быть — всем досадить* (стар. посл.). **5.** (только личные формы) *что и чего.* О согласии, желании что-н. есть, пить (разг.). *Суп (супу) не буду. Кошка картошки (картошку) не будет. Я чай вскипятила: будешь?* ✦ **Кем быть?** — какую избрать профессию. **Была не была!** (разг.) — надо рискнуть, попытаться. *Была не была катай с плеча* (погов.). **Будь что будет** (разг.) — 1) что бы ни случилось. *Будь что будет — еду!*; 2) выражение принятия любого из возможных последствий. *Я этому не подчинюсь, будь что будет!* **Быть по сему** — в царской России: формула утвердительной резолюции царя; сейчас (ирон.) — выражение безусловного согласия. **Кто (какой) бы то ни был, что (когда, где, куда, откуда) бы то ни было** — при любых условиях; по отношению к любому, в любом месте, в любое время. *Кто бы то ни был, а поможет. Когда бы то ни было, а встретимся. Где бы то ни было, а найду его.* **Больше не буду** (разг.) — обещание в дальнейшем не повторять, не делать чего-н. предосудительного.

БЫТЬЁ, -я́, *ср.* (устар.). Жизнь, образ жизни. *Житье-бытьё* (разг.).

БЫЧА́ЧИЙ, БЫ́ЧИЙ *см.* бык[1].

БЫЧИ́ТЬСЯ, -чу́сь, -чи́шься; *несов.* (прост.). Насупившись, хмуриться, быть угрюмым. *Б. при посторонних.* || *сов.* **сбы́читься**, -чусь, -чишься.

БЫЧО́К[1], -чка́, *м.* **1.** *см.* бык[1]. **2.** Молодой бык.

БЫЧО́К[2], -чка́, *м.* Небольшая морская рыба, родственная окуню.

БЫЧО́К[3], -чка́, *м.* (прост.). То же, что окурок. *Оставь б. затянуться.*

БЬЕФ, -а, *м.* (спец.). Часть водоёма, реки или канала, примыкающая к плотине, шлюзу. *Верхний, нижний б.*

БЮВА́Р, -а, *м.* Настольная папка для бумаги, конвертов. || *прил.* **бюва́рный**, -ая, -ое.

БЮДЖЕ́Т, -а, *м.* **1.** Роспись доходов и расходов государства, предприятия или отдельного лица на определённый срок. *Государственный б. Доходная, расходная часть бюджета.* **2.** Чьи-н. средства к существованию, доходы и расходы. *Б. семьи. Выйти из бюджета* (допустить перерасход). || *прил.* **бюдже́тный**, -ая, -ое (к 1 знач.). *Б. год. Бюджетная политика.*

БЮЛЛЕТЕ́НИТЬ, -ню, -нишь, *несов.* (разг.). Будучи больным, иметь бюллетень (в 4 знач.).

БЮЛЛЕТЕ́НЬ, -я, *м.* **1.** Краткое сообщение о событии, имеющем общественное значение. *Вывесить б.* **2.** Название нек-рых повременных изданий. *Б. Академии наук.* **3.** Официальный документ — листок для голосования. *Избирательный б. Подача бюллетеней.* **4.** То же, что листок нетрудоспособности (разг.). *Работник на бюллетене* (болен).

БЮ́РГЕР, -а, *м.* (устар.). В Германии и нек-рых других странах: городской житель. || *ж.* **бю́ргерша**, -и (разг.). || *прил.* **бю́ргерский**, -ая, -ое. *Бюргерские нравы* (перен.: обывательские).

БЮРО́[1], *нескл.*, *ср.* **1.** В нек-рых организациях: группа руководящего состава. *Обсудить на б.* (на заседании бюро). **2.** Название некоторых учреждений. *Б. находок. Б. погоды. Б. добрых услуг.*

БЮРО́[2], *нескл.*, *ср.* Конторка, стол для письменных занятий и хранения бумаг, с ящиками и обычно с крышкой.

БЮРОКРА́Т, -а, *м.* **1.** Крупный чиновник. **2.** Человек, приверженный к бюрократизму (во 2 знач.). *Закоренелый б.* || *ж.* **бюрокра́тка**, -и (ко 2 знач.). || *прил.* **бюрокра́тский**, -ая, -ое (ко 2 знач.; разг.).

БЮРОКРАТИ́ЗМ, -а, *м.* **1.** Управление, при к-ром деятельность органов исполнительной власти излишне осложнена и направлена на обеспечение ведомственных интересов в ущерб интересам общества, во вред ему. **2.** Канцелярщина, пренебрежение к существу дела ради соблюдения формальностей. || *прил.* **бюрократи́ческий**, -ая, -ое.

БЮРОКРАТИ́ЧЕСКИЙ, -ая, -ое. **1.** *см.* бюрократия и бюрократизм. **2.** Полный бюрократизма, формализма. *Б. подход.*

БЮРОКРАТИ́ЧНЫЙ, -ая, -ое; -чен, -чна. То же, что бюрократический (во 2 знач.). || *сущ.* **бюрократи́чность**, -и, *ж.*

БЮРОКРА́ТИЯ, -и, *ж.* **1.** Система управления чиновнической администрации, защищающей интересы господствующей верхушки. **2.** *собир.* Бюрократы. || *прил.* **бюрократи́ческий**, -ая, -ое.

БЮСТ, -а, *м.* **1.** Скульптурное изображение головы и верхней части тела человека (по грудь или по пояс). *Б. Пушкина.* **2.** Женская грудь. || *уменьш.* **бю́стик**, -а, *м.* || *прил.* **бю́стовый**, -ая, -ое (к 1 знач.; спец.).

БЮСТГА́ЛЬТЕР [*hа́*льтэр], -а, *м.* Женский лифчик для поддерживания бюста. || *прил.* **бюстга́льтерный**, -ая, -ое.

БЯЗЬ, -и, *ж.* Хлопчатобумажная плотная ткань. || *прил.* **бя́зевый**, -ая, -ое.

БЯ́КА, -и, *м.* и *ж.* В детской речи: что-н. плохое, дурное. *Брось, это б.*

В

В, *предлог.* **I.** *с вин.* и *предл. п.* **1.** Употр. при обозначении места, направления куда-н. или нахождения где-н. *Положить бумаги в стол. Бумаги лежат в столе. Уехать в Сибирь. Жить в Сибири. Подать заявление в университет. Учиться в университете.* **2.** Употр. при обозначении явлений, представляющих собой область деятельности, состояние кого-н. *Вовлечь в работу. Весь день в работе. Впасть в сомнение. Погрузиться в глубокое раздумье.* **3.** Употр. при обозначении состояния, формы, вида чего-н. *Растереть в порошок. Лекарство в порошках. Сахар в кусках. Разорвать в клочки. Все пальцы в чернилах.* **4.** Употр. при указании на внешний вид кого-чего-н., на оболочку, одежду. *Завернуть в бумагу. Конфеты в обёртке. Одеться в шубу. Ходить в шубе. Нарядиться в новое платье.* **5.** Употр. для указания количества каких-н. единиц, из к-рых что-н. состоит. *Комната в двадцать метров. Комедия в трёх актах. Отряд в сто человек.* **6.** Употр. при обозначении момента времени. *В ночь на четверг. В один день. В прошлом году. В третьем часу.* **II.** *с вин. п.* **1.** Употр. при обозначении соотношений чисел. *В три раза меньше.* **2.** Ради, для, в качестве чего-н. *Сделать что-н. в насмешку. Не в обиду будь сказано.* **3.** Употр. для указания на семейное сходство с кем-н. *Весь в мать.* **III.** *с предл. п.* **1.** Употр. при обозначении расстояния от чего-н., временно́го отрезка. *В двух шагах от дома. В пяти минутах езды от города.* **2.** Употр. при обозначении предметов, лиц, явлений, по отношению к к-рым что-н. происходит, наблюдается. *Недостатки в воспитании. Знаток в литературе. Разби-*

раться в людях. Разница в годах. **3.** Употр. при обозначении субъекта — носителя состояния. *В юноше зреет пианист. В человеке живёт уверенность. В душе радость.*

В..., *приставка.* **I.** Образует глаголы со знач.: 1) направленности действия внутрь или на поверхность чего-н., напр. *входить, вбежать, влезать, вписать;* 2) с постфиксом -ся — доведение до высокой степени, до предела действия, направленного внутрь чего-н., напр. *всмотреться, вслушаться, вчитаться.* **II.** Образует наречия: 1) от прилагательных, напр. *вручную, вслепую, врассыпную, вкратце, вновь, вскоре, вкривь, вкось;* 2) от существительных, напр. *вверх, вниз, вбок, вконец, вверху, внизу, вначале, вполсилы, вполнакала, вполголоса;* 3) от числительных, напр. *вдвоём, вчетвером, впятеро, вдесятеро;* 4) от глаголов, напр. *вдогонку, вприглядку, вприкуску, вдогон, впритык, вплавь, впроголодь.*

ВА-БА́НК, *нареч.* В карточных играх: на все деньги, находящиеся в банке[2] (в 1 знач.). *Играть ва-банк. Пойти ва-банк* (также перен.: рискуя всем).

ВАВИЛО́НСКИЙ, -ая, -ое: **вавилонское столпотворение** (книжн.) — то же, что столпотворение [из библейской легенды о попытке построить башню до неба, закончившейся неудачей, потому что строители говорили на разных языках и не понимали друг друга].

ВА́ГА, -и, *ж.* (устар.). **1.** Большие весы для тяжёлых предметов. **2.** Шест, служащий рычагом при поднятии тяжестей.

ВАГО́Н, -а, *м.* Несамоходное (при оборудовании мотором — самоходное) транспортное средство, движущееся по рельсам. *Товарный, пассажирский в. Моторный в. В.-ресторан. Времени у нас в.* (перен.: очень много; разг.). *В. и маленькая тележка* (перен.: очень много кого-чего-н.; разг. шутл.). ‖ *уменьш.* **ваго́нчик,** -а, *м.* ‖ *прил.* **ваго́нный,** -ая, -ое. *Вагонное депо.*

ВАГОНЕ́ТКА, -и, *ж.* Небольшой открытый вагон для перевозки грузов на узкоколейных или подвесных дорогах.

ВАГОНЕ́ТЧИК, -а, *м.* Рабочий, ведущий вагонетку. ‖ *ж.* **вагоне́тчица,** -ы.

ВАГОНОВОЖА́ТЫЙ, -ого, *м.* Водитель трамвая. ‖ *ж.* **вагоновожа́тая,** -ой.

ВАГОНОРЕМО́НТНЫЙ, -ая, -ое. Относящийся к ремонту вагонов, подвижного состава. *В. завод.*

ВАГОНОСТРОЕ́НИЕ, -я, *ср.* Производство вагонов. ‖ *прил.* **вагоностро́ительный,** -ая, -ое. *В. завод.*

ВАГО́НЧИК, -а, *м.* **1.** *см.* вагон. **2.** Передвижное временное жильё-прицеп в виде маленького вагона. *Утеплённый в. В. строителей. Полевой в. В.-бытовка.*

ВАГРА́НКА, -и, *ж.* Шахтная печь для плавки чугуна, а также для обжига руд цветных металлов. ‖ *прил.* **вагра́ночный,** -ая, -ое *и* **вагра́нковый,** -ая, -ое.

ВА́ЖЕНКА, -и, *ж.* (обл.). Взрослая самка оленя, а также стельная самка оленя.

ВАЖНЕ́ЦКИЙ, -ая, -ое (прост.). То же, что важный (в 4 знач.). *Щи важнецкие!*

ВА́ЖНИЧАТЬ, -аю, -аешь; *несов.* (разг.). Держать себя важно, зазнаваться.

ВА́ЖНОСТЬ, -и, *ж.* **1.** *см.* важный. **2.** Гордое (в 3 знач.) поведение, гордый вид. *Напустить на себя в.* ✦ **(Не) велика важность или эка важность** (разг.) — о чём-н. незначительном, не заслуживающем внимания. *Промокнешь! — Не велика важность!*

ВА́ЖНЫЙ, -ая, -ое; ва́жен, важна́, ва́жно, важны́ *и* ва́жны. **1.** Имеющий особое значение, значительный. *Важное событие. Важное сообщение.* **2.** Высокий по должности, положению (разг.). *В. начальник. Важная персона.* **3.** Гордый и значительный. *В. вид. Важно* (нареч.) *держать себя.* **4.** *полн. ф.* Очень хороший, отличный (прост.). *Рукавицы важные!* ✦ **Важная птица** (разг. ирон.) — о значительной персоне. ‖ *сущ.* **ва́жность,** -и, *ж.* (к 1, 2 и 3 знач.).

ВА́ЗА, -ы, *ж.* Сосуд изящной формы для фруктов, цветов или декоративный. ‖ *уменьш.* **вазочка,** -и, *ж. В. для варенья.* ‖ *прил.* **ва́зовый,** -ая, -ое (спец.).

ВАЗЕЛИ́Н, -а (-у), *м.* Мазь, употр. в медицине, косметике, технике. *Борный в.* ‖ *прил.* **вазели́новый,** -ая, -ое. *Вазелиновое масло.*

ВАЗО́Н, -а, *м.* Цветочный горшок. ‖ *прил.* **вазо́нный,** -ая, -ое.

ВАКА́НСИЯ, -и, *ж.* Вакантная должность, место. *Открылась в.*

ВАКА́НТНЫЙ, -ая, -ое; -тен, -тна. О должности, служебном месте: незанятый, незамещённый. *Вакантная должность доцента.* ‖ *сущ.* **вака́нтность,** -и, *ж.*

ВА́КСА, -ы, *ж.* Чёрная мазь для чистки кожаной обуви. ‖ *прил.* **ва́ксовый,** -ая, -ое *и* **ва́ксенный,** -ая, -ое.

ВА́КСИТЬ, -кшу, -ксишь; *несов., что* (прост.). Чистить ваксой. *В. сапоги.* ‖ *сов.* **нава́ксить,** -кшу, -ксишь; -кшенный.

ВА́КУУМ, -а, *м.* **1.** Состояние сильно разреженного газа при низком давлении (спец.). **2.** *перен.* Полное отсутствие, острый недостаток чего-н. (книжн.). *Духовный в.* (моральная опустошённость). ‖ *прил.* **ва́куумный,** -ая, -ое (к 1 знач.).

ВАКУУМ... и ВА́КУУМ-... *Первая часть сложных слов со знач.* относящийся к вакууму (в 1 знач.), напр. *вакуумметр, вакуум-аппарат, вакуумкамера.*

ВАКХА́ЛЬНЫЙ, -ая, -ое и **ВАКХИ́ЧЕСКИЙ,** -ая, -ое (устар.). Относящийся к Вакху — богу вина и веселья, к празднествам, связанным с его культом, а также вообще к разгульному и безудержному веселью.

ВАКХАНА́ЛИЯ, -и, *ж.* **1.** обычно *мн.* В античном мире: празднество в честь Вакха — бога вина и веселья. **2.** *перен.* Крайняя степень беспорядка, неистового разгула (книжн.). ‖ *прил.* **вакхана́льный,** -ая, -ое (к 1 знач.).

ВАКХА́НКА, -и, *ж.* **1.** В античном мире: жрица Вакха — бога вина и веселья. **2.** *перен.* Молодая женщина, проводящая жизнь в пирах и в веселье (устар.).

ВАКЦИ́НА, -ы, *ж.* (спец.). Препарат из микроорганизмов или продуктов их жизнедеятельности, применяемый для предохранительных или лечебных прививок против инфекционных болезней. *Противоспоянячная в. В. против дифтерии.* ‖ *прил.* **вакци́нный,** -ая, -ое.

ВАКЦИНИ́РОВАТЬ, -рую, -руешь; -ованный; *сов. и несов., кого (что)* (спец.). Ввести (вводить) вакцину. ‖ *сущ.* **вакцина́ция,** -и, *ж.*

ВАЛ[1], -а, *мн.* -ы́, -о́в, *м.* **1.** Длинная земляная насыпь. *Крепостной в.* **2.** Очень высокая волна. *Пенятся валы. Девятый в.* (самая сильная и бурная волна, по старинным представлениям, роковая для мореплавателей). ✦ **Огневой вал** — 1) мощный, последовательно перемещающийся артиллерийский обстрел противника перед фронтом своих наступающих войск; 2) огневое заграждение из горючих материалов (брёвен, хвороста) на пути наступления противника. ‖ *прил.* **ва́льный,** -ая, -ое (спец.).

ВАЛ[2], -а, *мн.* -ы́, -о́в, *м.* В механизмах: стержень, вращающийся на опорах и передающий движение другим частям механизма. ‖ *уменьш.* **ва́лик,** -а, *м.* ‖ *прил.* **ва́льный,** -ая, -ое (спец.).

ВАЛ[3], -а, *м.* В экономике: общий объём продукции в стоимостном выражении, произведённой за какой-н. определённый период. *Выполнить план по валу.* ‖ *прил.* **вало́во́й,** -а́я, -о́е. *В. доход. Валовая прибыль. Валовая продукция.*

ВАЛАА́МОВ, -а: **валаамова ослица заговорила** (книжн. ирон.) — о том, кто долго молчал и неожиданно подал голос протеста, высказал своё мнение.

ВАЛА́НДАТЬСЯ, -аюсь, -аешься; *несов.* (прост.). Бестолково возиться с кем-чем-н. *В. с уборкой.*

ВАЛЕ́ЖНИК, -а (-у), *м., собир.* Сухие сучья, деревья, упавшие на землю. *В. для костра.*

ВА́ЛЕНКИ, -нок, *ед.* -нок, -нка, *м.* Зимние мягкие сапоги, свалянные из шерсти. *Подшитые в.* (с пришитой кожаной или войлочной подошвой). ‖ *прил.* **ва́леночный,** -ая, -ое.

ВАЛЕ́НТНОСТЬ, -и, *ж.* (спец.). Способность атома (или атомной группы) образовывать химические связи с другими атомами (или атомными группами). ‖ *прил.* **вале́нтный,** -ая, -ое.

ВАЛЕРИА́НА, -ы и **ВАЛЕРЬЯ́НА,** -ы, *ж.* Луговое травянистое растение с розоватыми цветками, из корней к-рого приготовляются лекарственные настойки. ‖ *прил.* **валериа́новый,** -ая, -ое *и* **валерья́новый,** -ая, -ое. *В. корень. Валерьяновые капли* (спиртовая настойка валерианы). *Семейство валериановых* (сущ.).

ВАЛЕРЬЯ́НКА, -и, *ж.* (разг.). Успокоительные валерьяновые капли.

ВАЛЕ́Т, -а, *м.* Игральная карта с изображением молодого мужчины-оруженосца. ✦ **Валетом лечь (спать)** — вдвоём на одной постели, головами в разные стороны.

ВАЛЁК, -лька́, *м.* **1.** Длинный, плоский, слегка выгнутый, по одной стороне ребристый брусок с рукояткой для катания белья на скалке, для выбивания его при стирке (обычно у берега, в текучей воде). *Бить вальком по скалке* (по ровно намотанному на неё белью). *Бить (выколачивать бельё вальком.* **2.** Толстая палка у передка повозки, к к-рой прикрепляются постромки пристяжной лошади. **3.** Стержень, имеющий различное применение (напр., в качестве катка, оси для накатывания краски на типографский набор). ‖ *прил.* **валько́вый,** -ая, -ое.

ВА́ЛИК, -а, *м.* **1.** *см.* вал[2]. **2.** Туго набитая продолговатая подушка для поперечных краев дивана, тахты. **3.** Утолщённый и продолговатый предмет цилиндрической формы. *Подложить в. под спину. Уложить волосы валиком. В. из теста.*

ВАЛИ́ТЬ[1], валю́, ва́лишь; ва́ленный; *несов.* **1.** *кого-что.* Обрушивать вниз, заставлять падать (обычно что-н. тяжёлое). *Ураган валит деревья. В. с ног кого-н.* **2.** *что.* Беспорядочно сбрасывать, складывать (разг.). *В. вещи в ящик. В. всё в одну кучу* (также перен.: смешивать, не различать что-н. совсем разное; неодобр.). **3.** *перен., что на кого-что.* Слагать ответственность за что-н. на кого-что-н. (разг.). *В. вину на* *смежников. В. всё на обстоятельства.* **4.** Спиливать (деревья, лес), а также рубить топором. *В. сосны.* ‖ *сов.* **повали́ть**, -алю́, -а́лишь; -а́ленный (к 1 и 4 знач.) *и* **свали́ть**, -алю́, -а́лишь; -а́ленный. ‖ *сущ.* **ва́лка**, -и, *ж.* (к 4 знач.), **свал**, -а, *м.* (к 1 знач.; спец.), **пова́л**, -а, *м.* (к 4 знач.) *и* **сва́лка**, -и, *ж.* (к 1, 2 и 4 знач.). *Валка деревьев. Косить хлеб на свал. Повал леса. Свалка мусора.* ‖ *прил.* **ва́лочный**, -ая, -ое (к 4 знач.; спец.), **сва́льный**, -ая, -ое (к 1 и 4 знач.; спец.) *и* **сва́лочный**, -ая, -ое (к 1 знач.; спец.).

ВАЛИ́ТЬ² (валю́, вали́шь, 1 и 2 л. ед. не употр.), вали́т; *несов.* **1.** Идти, двигаться или падать массой, во множестве (разг.). *Толпа валит на площадь.* **2.** *перен.* О снеге: идти хлопьями, сплошной массой. *Снег валит.* **3. вали́(те).** Употр. как побуждение к действию (прост.). *Вали беги! Начинать? — Вали!*

ВАЛИ́ТЬСЯ¹, валю́сь, ва́лишься; *несов.* Тяжело падать, повергаться вниз. *Деревья валятся под ударами ветра. В. на бок. Все беды валятся на кого-н.* (перен.) ✦ **С ног валиться** (разг.) — очень устать. ‖ *сов.* **повали́ться**, -алю́сь, -а́лишься *и* **свали́ться**, -алю́сь, -а́лишься.

ВАЛИ́ТЬСЯ² (валю́сь, валишься, 1 и 2 л. ед. не употр.), -ится; *несов.* (прост.). То же, что валить² (в 1 и 2 знач.). *Снег валится на крышу. В дом валится целая ватага.*

ВА́ЛКА¹ *см.* валить¹.

ВА́ЛКА² *см.* валять.

ВАЛКИ́, -о́в, *ед.* вало́к, -лка́, *м.* Механизм или часть механизма в виде спаренных валов². *Прокатные в.* ‖ *прил.* **валко́вый**, -ая, -ое.

ВА́ЛКИЙ, -ая, -ое; -лок, -лка́ *и* -лка, -лко. Неустойчивый, легко падающий на бок, на сторону. ‖ *сущ.* **ва́лкость**, -и, *ж.* (спец.). *В. судна.*

ВАЛОВО́Й *см.* вал³.

ВАЛО́К, -лка́, *м.* Скошенная трава или скошенный хлеб, лежащие ровным рядом. *Пшеница лежит в валках.*

ВАЛО́М: **валом валить** (разг.) — 1) двигаться, валить² (в 1 знач.) толпой. *Народ валом валит;* 2) валить¹ (во 2 знач.) в кучу. *Вали валом, потом разберём* (погов.).

ВАЛТО́РНА, -ы, *ж.* Духовой мундштучный музыкальный инструмент — спирально согнутая медная труба с широким раструбом. ‖ *прил.* **валто́рновый**, -ая, -ое.

ВАЛТОРНИ́СТ, -а, *м.* Музыкант, играющий на валторне.

ВАЛУ́Й, -я́, *м.* Съедобный пластинчатый гриб с желтовато-белой, липкой, слегка вогнутой шляпкой.

ВАЛУ́Н, -а́, *м.* Большой округлый камень. ‖ *прил.* **валу́нный**, -ая, -ое.

ВА́ЛЬДШНЕП, -а, *м.* Крупная лесная птица, родственная бекасу и кулику. ‖ *прил.* **вальдшнепи́ный**, -ая, -ое.

ВАЛЬКО́ВЫЙ *см.* валёк.

ВА́ЛЬНЫЙ¹⁻² *см.* вал¹⁻².

ВАЛЬС, -а, *м.* Плавный парный бальный танец, а также музыка в ритме этого танца. *Кружиться в вальсе.* ‖ *прил.* **ва́льсовый**, -ая, -ое.

ВАЛЬСИ́РОВАТЬ, -рую, -руешь; *несов.* Танцевать вальс. *Легко в.*

ВАЛЬЦЕВА́ТЬ, -цу́ю, -цу́ешь; -цо́ванный; *несов., что* (спец.). Обрабатывать на вальцах. *В. металл.* ‖ *сущ.* **вальцева́ние**, -я, *ср.* *и* **вальцо́вка**, -и, *ж.* ‖ *прил.* **вальцо́вочный**, -ая, -ое.

ВАЛЬЦО́ВКА, -и, *ж.* (спец.). **1.** *см.* вальцевать. **2.** Инструмент, к-рым вальцуют.

ВАЛЬЦО́ВЩИК, -а, *м.* Рабочий на вальцах. ‖ *ж.* **вальцо́вщица**, -ы.

ВАЛЬЦЫ́, -о́в. Машинное устройство с двумя соприкасающимися валами², валками, между к-рыми пропускается обрабатываемый материал. ‖ *прил.* **вальцо́вый**, -ая, -ое. *В. станок* (оборудованный вальцами).

ВА́ЛЬЩИК, -а, *м.* Рабочий, занимающийся валкой леса.

ВАЛЬЯ́ЖНЫЙ, -ая, -ое; -жен, -жна (устар. и ирон.). Полный достоинства и благообразия, приятной важности. *В. вид.* ‖ *сущ.* **вальяжность**, -и, *ж.*

ВАЛЮ́ТА, -ы, *ж.* **1.** Денежная система страны, а также денежные единицы этой системы. *Твёрдая в. Свободно конвертируемая в. (СКВ)* (свободно обмениваемая на другую по действующему курсу). **2.** Иностранные деньги. *Иностранная в.* ‖ *прил.* **валю́тный**, -ая, -ое. *В. курс.*

ВАЛЮ́ТЧИК, -а, *м.* (разг.). Спекулянт иностранной валютой. ‖ *ж.* **валю́тчица**, -ы.

ВАЛЯ́ЛЬЩИК, -а, *м.* Мастер, валяющий изделия из шерсти, пуха. ‖ *ж.* **валя́льщица**, -ы.

ВА́ЛЯНЫЙ, -ая, -ое. Изготовленный валянием (см. валять в 3 знач.). *Валяные сапоги* (валенки).

ВАЛЯ́ТЬ, -я́ю, -я́ешь; ва́лянный; *несов.* **1.** *кого-что.* Ворочать с боку на бок, катать, волочить по чему-н. *В. по полу. В. в снегу. В. в муке.* **2.** *что.* Скатывать в определённую форму. *В. тесто. В. хлебы.* **3.** *что.* Катая (в 6 знач.), сбивать из шерсти или пуха. *В. войлок. В. валенки.* **4.** Делать что-н. небрежно, плохо (прост.). *Валяет кое-как, лишь бы отделаться.* **5. валя́й(те).** Употр. как побуждение к действию (прост.). *Валяй начинай! Валяй за папиросами.* ‖ *сов.* **сваля́ть**, -я́ю, -я́ешь; -а́лянный (ко 2, 3 и 4 знач.) *и* **наваля́ть**, -я́ю, -я́ешь; -а́лянный (к 4 знач.). ‖ *сущ.* **валя́ние**, -я, *ср.* (к 1, 2, 3 и 4 знач.) *и* **ва́лка**, -и, *ж.* (к 3 знач.). ‖ *прил.* **валя́льный**, -ая, -ое (к 3 знач.). *В. цех.*

ВАЛЯ́ТЬСЯ, -я́юсь, -я́ешься; *несов.* **1.** Лёжа, ворочаться с боку на бок. *В. в пыли, в песке, в грязи. В. по полу, по земле.* **2.** Лежать, небрежно раскинувшись, бездельничая, а также лежать, будучи больным (разг.). *В. на диване. Уже неделю валяюсь с гриппом.* **3.** Лежать, будучи небрежно брошенным или упав и не двигаясь (разг.). *На полу валяется бумага. В. под забором. На земле (на дороге) не валяется* (также перен.: 1) *что,* даром, легко не достаётся. *Такие деньги на земле не валяются;* 2) *кто-что,* не так часто встречается. *Такие специалисты на дороге не валяются).*

ВАМПИ́Р, -а, *м.* **1.** Крупная летучая мышь (в нек-рых видах кровососущая). **2.** В сказках, народных поверьях: оборотень, мертвец, выходящий из могилы и сосущий кровь живых. **3.** *перен.* Жестокий человек, кровопийца. ‖ *прил.* **вампи́рский**, -ая, -ое (ко 2 и 3 знач.).

ВАНДА́Л, -а *м.* Разрушитель культуры, варвар [по названию воинственных древнегерманских племён, разрушивших Рим и уничтоживших его культурные ценности].

ВАНДАЛИ́ЗМ, -а, *м.* Бессмысленно жестокое разрушение исторических памятников и культурных ценностей, варварство. ‖ *прил.* **вандали́стский**, -ая, -ое.

ВАНИЛИ́Н, -а (-у), *м.* Ароматическое вещество, содержащееся в ванили. ‖ *прил.* **ванили́новый**, -ая, -ое.

ВАНИ́ЛЬ, -и, *ж.* Родственное орхидее тропическое растение, а также его плоды (стручки), употр. как пряность и в парфюмерии. ‖ *прил.* **вани́льный**, -ая, -ое.

ВА́ННА, -ы, *ж.* **1.** Большой, обычно продолговатый сосуд для купания, мытья. *Сесть в ванну.* **2.** Мытьё или лечебная процедура в таком сосуде. *Принять ванну. Хвойная в.* **3.** *перен.* Лечение воздействием на тело солнца, воздуха, грязей. *Солнечные, воздушные, грязевые ванны.* **4.** В технике: вместилище для растворов, жидкостей, используемое для их хранения или для различных технологических процессов. *Красильная в.* ‖ *уменьш.* **ва́нночка**, -и, *ж.* (к 1 и 4 знач.). ‖ *прил.* **ва́нный**, -ая, -ое. *Ванная комната. В. павильон.*

ВА́ННАЯ, -ой, *ж.* Комната, в к-рой находится ванна (в 1 знач.), принимаются ванны (во 2 знач.).

ВА́НЬКА, -и, *м.* (устар.). Дешёвый, обычно санный городской извозчик. ✦ **Ваньку валять** — то же, что дурака валять.

ВА́НЬКА-ВСТА́НЬКА, ва́ньки-вста́ньки, *м.* Куколка в виде округлой фигурки, которая из-за находящейся в нижней её части тяжести принимает только стоячее положение.

ВАР, -а (-у), *м.* **1.** Варёная смола. *Сапожный в.* (особый состав со смолой, употр. для натирания дратвы). **2.** Крутой кипяток (прост.). *Словно варом обдало* (бросило в жар).

ВА́РВАР, -а, *м.* **1.** У древних греков и римлян: пренебрежительное название чужеземца. **2.** Невежественный, грубый, жестокий человек. *Фашистские варвары.* ‖ *ж.* **ва́рварка**, -и (ко 2 знач.; прост.). ‖ *прил.* **ва́рварский**, -ая, -ое. *Варварские народы. Варварские нашествия, походы.*

ВАРВАРИ́ЗМ, -а, *м.* (устар.). Слово из чужого языка или оборот речи, построенный по образцу чужого языка, нарушающие чистоту речи.

ВА́РВАРСКИЙ, -ая, -ое. **1.** *см.* варвар. **2.** *перен.* Бессмысленно разрушительный, грубый, жестокий. *Варварское отношение к памятникам культуры.*

ВА́РВАРСТВО, -а, *ср.* Грубость, дикость нравов, бессмысленное разрушение культурных ценностей.

ВАРГА́НИТЬ, -ню, -нишь; *несов., что* (прост.). Делать, изготовлять что-н. (обычно плохо, наспех). ‖ *сов.* **сварга́нить**, -ню, -нишь; -ненный. *Быстро сварганил дельце.*

ВА́РЕВО, -а, *ср.* (прост.). Горячее жидкое кушанье, похлёбка.

ВА́РЕЖКА, -и, *ж.* Мягкая зимняя рукавица. *Вязаные, шерстяные варежки.*

ВАРЕНЕ́Ц, -нца́, *м.* Квашеное топлёное молоко.

ВАРЕ́НИКИ, -ов, *ед.* -ик, -а, *м.* Род маленьких пирожков из пресного теста, начинённых творогом, ягодами, употр. в варёном виде. ‖ *прил.* **варе́ничный**, -ая, -ое.

ВАРЕ́НЬЕ, -я, *род. мн.* -ний, *ср.* Сладкое кушанье — ягоды или фрукты, сваренные на сахаре. *Малиновое в. Ореховое в. В. из роз* (из розовых лепестков). ‖ *прил.* **варе́ньевый**, -ая, -ое.

ВАРЁНЫЙ, -ая, -ое. Приготовленный варкой. *Варёное мясо. В. картофель.*

ВАРИА́НТ, -а, *м.* **1.** Видоизменение, разновидность. *Проект в двух вариантах. Дебютный в.* (в шахматах). **2.** Разночтение в тексте. *Издание сочинений Пушкина с вариантами.* ‖ *прил.* **вариа́нтный**, -ая, -ое.

ВАРИАТИ́ВНЫЙ, -ая, -ое; -вен, -вна. В лингвистике: представленный несколькими вариантами, состоящий из вариантов.

Вариативные связи. ‖ *сущ.* **вариати́вность**, -и, *ж. В. ударения* (напр. тво́рог и творо́г).

ВАРИА́ЦИЯ, -и, *ж.* **1.** То же, что вариант (в 1 знач.) (книжн.). **2.** В музыке: видоизменение темы (во 2 знач.). *Тема с вариациями.* **3.** В балете: короткий виртуозный классический танец. ‖ *прил.* **вариацио́нный**, -ая, -ое. *Вариационное исчисление* (одна из отраслей математического анализа).

ВАРИ́ТЬ, варю́, ва́ришь; ва́ренный; *несов., что.* **1.** Приготовлять (пищу) кипячением, а также вообще готовить (в 4 знач.). *В. суп. В. обед.* **2.** Держа в кипятке, делать готовым для еды. *В. картофель, яйца.* **3.** Подвергать обработке кипячением; изготовлять при помощи кипячения, плавления. *В. масло. В. мыло. В. сталь.* **4.** То же, что сваривать (во 2 знач.). *В. швы.* ✦ **Голова (котелок) вари́т** (прост.) — хорошо соображает. **Желудок вари́т** — перерабатывает пищу. ‖ *сов.* **свари́ть**, сварю́, сва́ришь; сва́ренный. ‖ *сущ.* **ва́рка**, -и, *ж.* (к 1, 2 и 3 знач.) *и* **варе́ние**, -я, *ср.* (к 1, 2 и 3 знач.). ‖ *прил.* **ва́рочный**, -ая, -ое (к 3 и 4 знач.; спец.). *В. цех.*

ВАРИ́ТЬСЯ, варю́сь, ва́ришься; *несов.* **1.** О жидкой пище: приготовляться на огне, на жару. *Суп варится.* **2.** (1 и 2 л. не употр.). Находясь в кипятке, делаться готовым для еды. *Картофель варится. В. в собственном соку* (также перен.: жить или работать без общения с другими, не используя чужого опыта). **3.** Подвергаться обработке кипячением; изготовляться при помощи кипячения, плавления. *Клей, мыло варится. Сталь варится.* ‖ *сов.* **свари́ться**, сварю́сь, сва́ришься. ‖ *сущ.* **ва́рка**, -и, *ж.*

ВАРШАВЯ́НКА, -и, *ж.* (В прописное). Боевая песня польских и русских революционеров конца 19 в.

ВАРЬЕТЕ́ [тэ́]. **1.** *нескл., ср.* Театр, сочетающий в своих представлениях разные произведения лёгких жанров (эстрадных, комедийных, цирковых, музыкальных). *Открылось в.* **2.** *неизм.* О театре: дающий такие представления. *Театр-в.*

ВАРЬИ́РОВАТЬ, -рую, -руешь; -анный; *несов., что* (книжн.). То же, что видоизменять. *В. способы изложения.*

ВАРЬИ́РОВАТЬСЯ (-руюсь, -руешься, 1 и 2 л. не употр.), -руется; *несов.* (книжн.). То же, что видоизменяться.

ВАРЯ́ГИ, -ов, *ед.* -я́г, -а, *м.* **1.** В Древней Руси: выходцы из Скандинавии, объединявшиеся в вооружённые отряды для торговли и разбоя, нередко оседавшие на Руси и служившие в княжеских дружинах. *Путь из Варяг в Греки* (древний великий водный путь — по рекам, озёрам и морям — от Финского залива до берегов Греции). **2.** *перен.* Посторонние люди, приглашённые для помощи, усиления чего-н. (разг. шутл.). *Футбольная команда обошлась без варягов.* ‖ *прил.* **варя́жский**, -ая, -ое (к 1 знач.).

ВАРЯ́ЖСКИЙ, -ая, -ое. **1.** *см.* варяги. **2.** Относящийся к варягам (в 1 знач.), к их военным походам, службе в русских княжеских дружинах. *Варяжские гости* (купцы). *Варяжское море* (древнее название Балтийского моря).

ВАСИЛЁК, -лька́, *м.* Светло-синий полевой цветок-сорняк, растущий во ржи и других злаках. ‖ *прил.* **василько́вый**, -ая, -ое.

ВАСИЛИ́СК, -а, *м.* Сказочное чудовище, змей, убивающий взглядом и дыханием.

ВАСИЛЬКО́ВЫЙ, -ая, -ое. **1.** *см.* василёк. **2.** Ярко-синий, цвета василька. *Васильковые глаза. Васильковая синева неба.*

ВАССА́Л, -а, *м.* **1.** В средневековой Западной Европе: землевладелец-феодал, зависящий от сюзерена и обязанный ему различными повинностями. **2.** *перен.* О подчинённом, зависимом лице, государстве (книжн.). ‖ *прил.* **васса́льный**, -ая, -ое. *Вассальная зависимость.*

ВА́ТА, -ы, *ж.* Волокнистый распушённый материал из хлопка, шерсти или синтетический, употр. в медицине, для утепляющих прокладок. *Стерильная в. Пальто на вате.* ✦ **Минеральная вата** — синтетический волокнистый тепло- и звукоизолирующий строительный материал. ‖ *прил.* **ва́тный**, -ая, -ое *и* **ва́точный**, -ая, -ое (устар.). *Ватное одеяло* (на вате).

ВАТА́ГА, -и, *ж.* **1.** Шумная толпа, сборище (разг.). *В. ребятишек.* **2.** Рыболовецкая артель (обл.). ‖ *прил.* **вата́жный**, -ая, -ое (ко 2 знач.).

ВАТЕРЛИ́НИЯ [тэ], -и, *ж.* (спец.). Линия по борту, до к-рой судно погружается в воду при нормальной осадке. *Грузовая в.* (совпадающая с поверхностью воды при полной загрузке судна).

ВАТЕРПА́С [тэ], -а, *м.* Прибор для проверки горизонтальности и измерения небольших углов наклона, употр. в строительных, плотничных работах. ‖ *прил.* **ватерпа́сный**, -ая, -ое.

ВАТЕРПОЛИ́СТ [тэ], -а, *м.* Спортсмен, играющий в ватерполо.

ВАТЕРПО́ЛО [тэ], *нескл., ср.* То же, что водное поло (см. поло). ‖ *прил.* **ватерпо́льный**, -ая, -ое. *В. мяч.*

ВАТИ́Н, -а, *м.* Утепляющий материал — трикотаж с начёсом или тонкий слой ваты, простроченный или укреплённый на сетке, марле. *Пальто на ватине.* ‖ *прил.* **вати́новый**, -ая, -ое *и* **вати́нный**, -ая, -ое.

ВА́ТКА, -и, *ж.* Кусочек медицинской ваты.

ВА́ТМАН, -а, *м.* Плотная белая бумага для черчения, рисования. ‖ *прил.* **ва́тманский**, -ая, -ое.

ВА́ТНИК, -а, *м.* Стёганая ватная куртка или безрукавка.

ВА́ТНЫЙ, -ая, -ое. **1.** *см.* вата. **2.** *перен.* Обмякший, лишённый способности двигаться, действовать. *От испуга ноги стали ватные.*

ВАТРУ́ШКА, -и, *ж.* Род открытого пирога, пирожка с творожной начинкой. ‖ *прил.* **ватру́шечный**, -ая, -ое.

ВАТТ, -а, *род. мн.* ва́ттов *и* при счёте преимущ. ватт, *м.* Единица мощности. ‖ *прил.* **ва́ттный**, -ая, -ое.

ВА́УЧЕР, -а, *м.* Ценная бумага, дающая предъявителю право на участие в приватизации государственной или муниципальной собственности. ‖ *прил.* **ва́учерный**, -ая, -ое. *В. фонд. Ваучерная приватизация.*

ВА́ФЕЛЬНИЦА, -ы, *ж.* Форма для выпечки вафель; прибор для такой выпечки. *Приготовить вафли в вафельнице.*

ВА́ФЕЛЬНЫЙ, -ая, -ое. **1.** *см.* вафля. **2.** О хлопчатобумажной ткани: выделанный в мелкую рельефную клетку. *Вафельное полотенце.*

ВА́ФЛЯ, -и, *род. мн.* -фель, *ж.* Тонкое сухое печенье с рельефными клеточками по поверхности. ‖ *прил.* **ва́фельный**, -ая, -ое. *Вафельные трубочки с кремом.*

ВАХЛА́К, -а́, *м.* (разг.). Неповоротливый, неуклюжий и невоспитанный человек. ‖ *ж.* **вахла́чка**, -и. ‖ *прил.* **вахла́цкий**, -ая, -ое.

ВА́ХМИСТР, -а, *м.* В царской армии: унтер-офицерское звание в кавалерии и конной артиллерии, соответствующее фельдфебелю, а также лицо, имеющее это звание. ‖ *прил.* **ва́хмистрский**, -ая, -ое *и* **ва́хмистерский**, -ая, -ое.

ВА́ХТА, -ы, *ж.* **1.** Во флоте, на полярных станциях: дежурство, сменная работа, а также смена, группа, несущая такое дежурство. *Стоять на вахте. Нести вахту. Зимняя в. полярников.* **2.** Человек или группа людей, работающие посменно. *Утренняя, дневная, ночная в. Сдать, принять вахту.* ‖ *прил.* **ва́хтенный**, -ая, -ое *и* **ва́хтовый**, -ая, -ое. *Вахтенный журнал. Вахтенный офицер, матрос.*

ВА́ХТЕННЫЙ, -ая, -ое. **1.** *см.* вахта. **2.** **ва́хтенный**, -ого, *м.* Человек, несущий вахту. *Сменить вахтенных.* ‖ *ж.* **ва́хтенная**, -ой.

ВАХТЁР, -а, *м.* Дежурный сторож на предприятии, в учреждении. ‖ *ж.* **вахтёрша**, -и (разг.). ‖ *прил.* **вахтёрский**, -ая, -ое.

ВА́ХТОВЫЙ, -ая, -ое. **1.** *см.* вахта. **2.** Осуществляемый по сменам. *В. метод работы.*

ВАШ, -его, *м.; ж.* ва́ша, -ей; *ср.* ва́ше, -его; *мн.* ва́ши, -их, *мест. притяж.* Принадлежащий вам, имеющий отношение к вам. *В. дом. Как поживают ваши?* (сущ.; ваши родные, близкие). *Знаю не хуже вашего* (не хуже, чем вы). ✦ **По-вашему** — 1) *нареч.*, по вашей воле, желанию. *Будь по-вашему;* 2) *нареч.*, так, как делаете вы. *Научите, и мы будем работать по-вашему;* 3) *вводн. сл.*, по вашему мнению. *Я, по-вашему, шучу?* **И нашим и вашим** (разг. неодобр.) — о том, кто двурушничает. **С ваше** (разг.) — столько, так много, сколько вы. *Поживём с ваше, может, и мы поумнеем.*

ВАЯ́ТЕЛЬ, -я, *м.* (устар. и высок.). То же, что скульптор. ‖ *прил.* **вая́тельский**, -ая, -ое.

ВАЯ́ТЬ, -я́ю, -я́ешь; ва́янный; *несов., что* (устар. и высок.). Лепить из глины, высекать из камня, дерева или отливать из металла скульптурные изображения. ‖ *сов.* **изваять**, -я́ю, -я́ешь; изва́янный *и* (устар.) изваЯ́нный. ‖ *сущ.* **вая́ние**, -я, *ср. Училище живописи, ваяния и зодчества.* ‖ *прил.* **вая́тельный**, -ая, -ое (устар.).

ВБЕЖА́ТЬ, вбегу́, вбежи́шь, вбегу́т; *сов.* Войти куда-н. бегом. *В. в комнату.* ‖ *несов.* **вбега́ть**, -а́ю, -а́ешь.

ВБИРА́ТЬ *см.* вобрать.

ВБИТЬ, вобью́, вобьёшь; вбей; вби́тый; *сов., что во что.* Ударяя по какому-н. предмету, заставить его войти внутрь. *В. гвоздь в стену.* ✦ **Вбить в голову** *что кому* (разг. неодобр.) — заставить усвоить, убедить. *Этому неучу ничего в голову не вобьёшь. Вбили ему в голову, что он талантлив.* **Вбить себе в голову** *что* (разг. неодобр.) — вообразить, уверить себя в чём-н. *Вбил себе в голову, что он поэт.* ‖ *несов.* **вбива́ть**, -а́ю, -а́ешь.

ВБЛИЗИ́. **1.** *нареч.* На близком расстоянии. *В. раздался крик.* **2.** *кого-чего, предлог с род. п.* Около, рядом с кем-чем-н., недалеко от кого-чего-н. *Жить в. вокзала. Находиться в. командира.* ✦ **Вблизи от** *кого-чего, предлог с род. п.* — то же, что вблизи (во 2 знач.). *Школа вблизи от дома.*

ВБОК, *нареч.* В сторону. *Смотреть в.*

ВБРОД, *нареч.* По броду, по дну в мелком месте, не вплавь. *Перейти речку в.*

ВБРО́СИТЬ, -о́шу, -о́сишь; -о́шенный; *сов., что.* Бросить внутрь чего-н. *В. мяч, шайбу* (в спорте: ввести снова в игру). ‖ *несов.* **вбра́сывать**, -аю, -аешь. ‖ *сущ.* **вбра́сывание**, -я, *ср.*

ВБУ́ХАТЬ, -аю, -аешь; *сов., что* (прост.). Всыпать, влить, положить куда-н. в большом количестве. *В. весь сахар в стакан.* ‖ *однокр.* **вбу́хнуть**, -ну, -нешь; -нутый.

ВВАЛИ́ТЬСЯ, ввалю́сь, вва́лишься; *сов.* **1.** *во что.* О ком-чём-н. тяжёлом: упасть внутрь, вглубь (разг.). *В. в яму.* **2.** О ком-н.

грузном или шумном: войти (разг.). *В дом ввалилась целая ватага.* **3.** (1 и 2 л. не употр.). Стать впалым, втянуться внутрь. *Щёки ввалились.* ‖ *несов.* **ввáливаться,** -аюсь, -аешься.

ВВЕДЕ́НИЕ, *-я, ср.* **1.** *см.* ввести. **2.** Вступительная, начальная часть чего-н. (изложения, книги, учебного курса). *В. к учебнику. В. в языкознание* (учебный предмет — основы общего языкознания).

ВВЕЗТИ́, -зу́, -зёшь; ввёз, -зла́; ввёзший; -зённый (-ён, -ена́); везя́; *сов., кого-что во что.* Везя, доставить куда-н., в пределы чего-н. *В. товары, оборудование, материалы.* ‖ *несов.* **ввози́ть,** ввожу́, ввóзишь. ‖ *сущ.* **ввоз,** -а, *м.* ‖ *прил.* **ввóзный,** -ая, -ое *и* **ввозно́й,** -а́я, -о́е. *Ввозные пошлины.*

ВВЕК, *нареч.* (разг.). То же, что вовек (во 2 знач.). *В. не расстанемся.*

ВВЕ́РГНУТЬ, -ну, -нешь; вверг *и* вве́ргнул, вве́ргла; вве́ргнувший *и* вве́ргший; вве́ргнутый; вве́ргнув *и* вве́ргши; *сов., кого (что) во что* (устар. и высок.). **1.** Силой вовлечь, поместить куда-н. *В. в темницу. В. в пучину бед* (перен.). **2. ввергнуть в отчаяние, скорбь, тоску, уныние** — привести в отчаяние, уныние, погрузить в скорбь, тоску. ‖ *несов.* **ввергáть,** -а́ю, -а́ешь.

ВВЕ́РГНУТЬСЯ, -нусь, -нешься; вве́ргся *и* вве́ргнулся, вве́рглась; вве́ргнувшийся *и* вве́ргшийся; вве́ргшись; *сов., во что* (устар. и высок.). **1.** С силой войти, упасть, вторгнуться. *В. в бездну. В. в пучину бед* (перен.). **2. ввергнуться в отчаяние, скорбь, тоску, уныние** — погрузиться в отчаяние, скорбь, тоску, уныние. ‖ *несов.* **ввергáться,** -а́юсь, -а́ешься.

ВВЕ́РЗИТЬСЯ, 1 л. ед. не употр., -ишься; *сов.* (прост.). То же, что ввалиться (в 1 знач.). *В. в прорубь.*

ВВЕ́РИТЬ, -рю, -ришь; -ренный; *сов., кого-что кому* (книжн.). Поручить, доверив. *В. свою судьбу кому-н. Вверенное ему учреждение* (то, к-рым он руководит). ‖ *несов.* **вверя́ть,** -я́ю, -я́ешь.

ВВЕ́РИТЬСЯ, -рюсь, -ришься; *сов., кому* (книжн.). Доверяя, всецело положиться на кого-н. *В. друзьям. В. судьбе* (перен.). ‖ *несов.* **вверя́ться,** -я́юсь, -я́ешься.

ВВЕРНУ́ТЬ, -ну́, -нёшь; ввёрнутый; *сов., что во что.* **1.** Вращая, вертя, вставить. *В. винт.* **2.** *перен.* Вставить слово, замечание в речь, в беседу (разг.). *В. словцо.* ‖ *несов.* **ввёртывать,** -аю, -аешь.

ВВЕРХ, *нареч.* **1.** По направлению от низа к верху. *Росток тянется в. Руки в.!* (приказ тому, кто может оказать сопротивление). **2.** Внутренней стороной наружу или нижней стороной наверх. *Вывернуть шубу мехом в. Поставить бочку в. дном.* **3.** По направлению к истоку реки. *Плыть по Волге в.* ✦ **Вверх дном** (разг.) — в полном беспорядке. *В доме всё вверх дном.* **Вверх по чему,** *предлог с дат. п.* — 1) в направлении по чему-н. и кверху. *Идти вверх по лестнице. Карабкаться вверх по склону;* 2) по направлению к верховьям реки. *Плыть вверх по Волге.*

ВВЕРХУ́. **1.** *нареч.* В верхней части, на высоте. *Живёт в., под самой крышей.* **2.** *чего, предлог с род. п.* В верхней части чего-н.; на верхней части чего-н. *Укрепить флаг в. здания.*

ВВЕСТИ́, введу́, -дёшь; ввёл, -ела́; введший; введённый (-ён, -ена́); введя́; *сов.* **1.** *кого-что во что.* Ведя, привести куда-н., дать возможность войти. *В. войска в город. В. лошадь в конюшню.* **2.** *что во что.* Поместить, влить, впустить, вмешать внутрь чего-н. *В. препарат в вену. В. тампон в рану. В. данные в ЭВМ.* **3.** *кого-что во что.* Включить во что-н., сделать действующим. *В. в бой крупные силы. В. в строй новые предприятия. В. объект в эксплуатацию. В. в употребление новое лекарство.* **4.** *кого (что) во что.* Вовлечь во что-н.; причинить кому-н. что-н. (в соответствии со значением следующего далее существительного). *В. в расход. В. в обман. В. в заблуждение.* **5.** *кого (что) во что.* Помочь освоиться с чем-н., ознакомить. *В. сотрудника в курс дела.* **6.** *что.* Положить начало чему-н., установить. *В. свои порядки. В. новую методику преподавания.* **7.** *кого (что) во что.* Оформить чьи-н. права на что-н. *В. во владение. В. в наследство. В. в права опекуна.* ‖ *несов.* **вводи́ть,** -ожу́, -о́дишь. ‖ *сущ.* **введе́ние,** -я, *ср. и* **ввод,** -а, *м.* (к 1, 2, 3 и 7 знач.). ‖ *прил.* **вво́дный,** -ая, -ое (к 1 и 7 знач.; спец.) *и* **вводно́й,** -а́я, -о́е (к 1 знач.; спец.).

ВВЕСТИ́СЬ (введу́сь, введёшься, 1 и 2 л. не употр.), введётся; ввёлся, ввела́сь; введшийся; введя́сь; *сов.* Войти в употребление, установиться. *Ввелись новые правила.* ‖ *несов.* **вводи́ться** (ввожу́сь, вво́дишься, 1 и 2 л. не употр.), вво́дится.

ВВЕЧЕРУ́, *нареч.* (устар.). То же, что вечером.

ВВИДУ́ *чего, предлог с род. п.* Из-за чего-н., по причине чего-н. *Задержка в. ремонта.* ✦ **Ввиду того что,** *союз* (книжн.) — по причине того что, из-за того что. *Поезда задерживаются, ввиду того что изменилось расписание.*

ВВИНТИ́ТЬ, -нчу́, -нти́шь *и* (разг.) вви́нтишь; вви́нченный; *сов., что во что.* Винтя, вставить. *В. винт в раму.* ‖ *несов.* **вви́нчивать,** -аю, -аешь.

ВВИТЬ, вовью́, вовьёшь; ввил, -а́, -о; вви́тый (ввит, -а́ *и* -а, -о); *сов., что во что.* Вплести витьём. *В. ленту в косу.* ‖ *несов.* **вивáть,** -а́ю, -а́ешь.

ВВОД, -а, *м.* **1.** *см.* ввести. **2.** Место, через к-рое что-н. входит, вставляется куда-н.; приёмная часть машины или установки. *Электрический в.*

ВВОДИ́ТЬ, -СЯ *см.* ввести, -сь.

ВВОДНО́Й *см.* ввести.

ВВО́ДНЫЙ, -ая, -ое. **1.** *см.* ввести. **2.** Являющийся введением к чему-н., вступлением. *Вводная лекция.* ✦ **Вводное слово** (или **сочетание, предложение**) — в синтаксисе: интонационно обособленное слово (или сочетание, предложение) внутри другого предложения, выражающее разные виды отношения говорящего к сообщаемому(напр., кажется, к сожалению, может быть, как известно).

ВВОЗ, ВВОЗИ́ТЬ, ВВО́ЗНЫЙ, ВВОЗНО́Й *см.* ввезти.

ВВО́ЛЮ, *нареч.* (разг.). То же, что вдоволь. *В. повеселились.*

ВВО́СЬМЕРО, *нареч.* В восемь раз. *В. больше.*

ВВОСЬМЕРО́М, *нареч.* В количестве восьми человек. *Пришли в.*

В-ВОСЬМЫ́Х, *вводн. сл.* Употр. при обозначении восьмого пункта при перечислении.

ВВЫСЬ, *нареч.* Вверх, в высоту. *Взлететь в.*

ВВЯЗА́ТЬ, вяжу́, ввя́жешь; ввя́занный; *сов., во что.* **1.** *что.* Вплести вязанием. *В. цветную полоску в шарф.* **2.** *кого (что).* Вовлечь, заставить принять участие (разг. неодобр.). *Зачем ты ввязал меня в это дело?* ‖ *несов.* **ввя́зывать,** -аю, -аешь. ‖ *сущ.* **ввя́зывание,** -я, *ср. и* **ввя́зка,** -и, *ж.* (к 1 знач.). ‖ *прил.* **ввязочный,** -ая, -ое.

ВВЯЗА́ТЬСЯ, ввяжу́сь, ввя́жешься; *сов., во что* (разг. неодобр.). То же, что вмешаться (в 1 знач.). *В. в спор. В. в историю.* ‖ *несов.* **ввя́зываться,** -аюсь, -аешься.

ВВЯ́ЗКА, -и, *ж.* **1.** *см.* ввязать. **2.** Ввязанная во что-н. часть, вставка. *Узорная в.*

ВГИБА́ТЬ, -СЯ *см.* вогнуть, -ся.

ВГЛУБЬ. **1.** *нареч.* В глубину чего-н., внутрь. *Погрузиться в.* **2.** *чего, предлог с род. п.* Во что-н., внутрь чего-н. *Спрятать записную книжку в. кармана.*

ВГЛЯДЕ́ТЬСЯ, -яжу́сь, -яди́шься; *сов., в кого-что.* То же, что всмотреться. ‖ *несов.* **вгля́дываться,** -аюсь, -аешься.

ВГОНЯ́ТЬ *см.* вогнать.

ВГОРЯЧА́Х, *нареч.* (разг.). В раздражении, в запальчивости.

ВГРЫ́ЗТЬСЯ, -зу́сь, -зёшься; вгры́зся, вгры́злась; вгры́зшийся; вгры́зшись; *сов., в кого-что* (разг.). Крепко вцепиться зубами. *Собака вгрызлась в кость. Ковш экскаватора вгрызся в землю* (перен.). ‖ *несов.* **вгрыза́ться,** -а́юсь, -а́ешься.

ВДАВА́ТЬСЯ *см.* вдаться.

ВДАВИ́ТЬ, вдавлю́, вда́вишь; вда́вленный; *сов., что.* **1.** *во что.* Давя, заставить углубиться, вогнать внутрь. *В. пробку в бутылку.* **2.** Прогнуть внутрь давлением, ударом. ‖ *несов.* **вда́вливать,** -аю, -аешь.

ВДА́ВЛИНА, -ы, *ж.* То же, что вмятина. *В. в крыле автомобиля.*

ВДА́ЛБЛИВАТЬ *см.* вдолбить.

ВДАЛЕКЕ́, *нареч.* То же, что вдали. *В. синеет озеро.* ✦ **Вдалеке от** *кого-чего, предлог с род. п.* — на далёком расстоянии от кого-чего-н. *Жить вдалеке от города. Вдалеке от родных, близких.*

ВДАЛИ́, *нареч.* Далеко, на далёком расстоянии. *В. желтеет рожь.* ✦ **Вдали от** *кого-чего, предлог с род. п.* — то же, что вдалеке от кого-чего. *Жить вдали от родных. Вдали от суеты.*

ВДАЛЬ, *нареч.* На далёкое расстояние. *Смотреть в.*

ВДА́ТЬСЯ, вда́мся, вда́шься, вда́стся, вдади́мся, вдади́тесь, вдаду́тся; вда́лся, вдала́сь, вдало́сь *и* вда́лось; вда́йся; *сов., во что.* **1.** (1 и 2 л. не употр.). Зайти далеко вглубь. *Залив вдался в берег.* **2.** *перен.* Предаться разговорам, рассуждениям о чём-н., углубиться (в 3 знач.) (разг.). *В. в рассуждения. В. в подробности* (начать излагать что-н. очень подробно). ‖ *несов.* **вдава́ться,** вдаю́сь, вдаёшься.

ВДВИ́НУТЬ, -ну, -нешь; -утый; *сов., что во что.* Двигая, поставить или вставить внутрь. *В. шкаф в нишу. В. ящик в стол.* ‖ *несов.* **вдвига́ть,** -а́ю, -а́ешь.

ВДВО́Е, *нареч.* **1.** В два раза. *В. сильнее.* **2.** В два слоя, пласта, ряда; согнув пополам. *Сметать ватин в. Сложить лист в.*

ВДВОЁМ, *нареч.* В количестве двух человек. *Жить в.*

ВДВОЙНЕ́, *нареч.* Вдвое больше. *Заплатить в. В. виноват.*

ВДЕВА́ТЬ *см.* вдеть.

ВДЕ́ВЯТЕРО, *нареч.* В девять раз. *В. больше.*

ВДЕВЯТЕРО́М, *нареч.* В количестве девяти человек.

В-ДЕВЯ́ТЫХ, *вводн. сл.* Употр. при обозначении девятого пункта при перечислении.

ВДЕ́ЛАТЬ, -аю, -аешь; -анный; *сов., что во что.* Вставить внутрь, закрепив. *В. в оправу.* ‖ *несов.* **вде́лывать,** -аю, -аешь.

ВДЕ́СЯТЕРО, *нареч.* В десять раз. *В. больше.*

ВДЕСЯТЕРО́М, *нареч.* В количестве десяти человек.

В-ДЕСЯ́ТЫХ, *вводн. сл.* Употр. при обозначении десятого пункта при перечислении.

ВДЕТЬ, вде́ну, вде́нешь; вде́тый; *сов., что во что.* Просунуть в узкое отверстие. *В. нитку в иголку. В. ногу в стремя.* ‖ *несов.* **вдева́ть**, -а́ю, -а́ешь. ‖ *прил.* **вдева́льный**, -ая, -ое.

ВДЁРНУТЬ, -ну, -нешь; -утый; *сов., что во что.* Продёрнув, вдеть, ввести внутрь чего-н. *В. шнурок в ботинок.* ‖ *несов.* **вдёргивать**, -аю, -аешь.

ВДОБА́ВОК, *нареч.* (разг.). В добавление к чему-н. *Дал рубль и гривенник в.* ✦ **Вдобавок к** *чему, предлог с дат. п.* — прибавляя, присоединяя к чему-н. *Грубость вдобавок ко лжи.* **Да (а, и) вдобавок**, *союз* — к тому же, плюс к тому. *Грубит, да (а, и) вдобавок ещё и лжёт.*

ВДОВА́, -ы́, *мн.* вдо́вы, вдов, вдо́вам, *ж.* Женщина, у к-рой умер муж. ‖ *уменьш.-ласк.* **вдо́вушка**, -и, *ж.* ‖ *прил.* **вдо́вий**, -ья, -ье.

ВДОВЕ́ТЬ, -е́ю, -е́ешь; *несов.* Жить вдовой или вдовцом.

ВДОВЕ́Ц, -вца́, *м.* Мужчина, у к-рого умерла жена.

ВДОВИ́ЦА, -ы, *ж.* (устар.). То же, что вдова.

ВДО́ВОЛЬ, *нареч.* До полного удовлетворения, вполне достаточно. *В доме всего в. В. посмеялись.*

ВДОВСТВО́, -а́, *ср.* Состояние вдовы, вдовца.

ВДО́ВСТВОВАТЬ, -твую, -твуешь; *несов.* (устар.). То же, что вдоветь.

ВДО́ВЫЙ, -ая; вдов. Являющийся (-аяся) вдовцом (вдовой).

ВДОГО́Н. **1.** *нареч.* **Вслед за тем, кто** удалился, ушёл; догоняя следом. *Он побежал, я пустился в.* **2.** *кому-чему, предлог с дат. п.* Вслед за кем-чем-н. *Пуститься в. беглецу. В. тебе послал телеграмму.* ✦ **Вдогон за** *кем-чем, предлог с тв. п.* — за кем-чем.

ВДОГО́НКУ, *нареч.* и *предлог с дат. п.* То же, что вдогон. *Послать письмо в. Бросился в. убегающему.* ✦ **Вдогонку за** *кем-чем, предлог с тв. п.* — то же, что вдогон за кем-чем. *Бросился вдогонку за велосипедистом.*

ВДОЛБИ́ТЬ, -блю́, -би́шь; -блённый (-ён, -ена́); *сов., что в кого (что)* или *кому* (прост. неодобр.). Настойчиво втолковывая, убедить. *В. в голову* (то же, что вбить в голову). ‖ *несов.* **вдалбливать**, -аю, -аешь.

ВДОЛЬ. **1.** *нареч.* В продольном направлении, по длине. *Разрезать полотнище в.* **2.** *чего, предлог с род. п.* В направлении длины чего-н. *Идти в. берега. Расстелить ковёр в. коридора.* ✦ **Вдоль и поперёк** (разг.) — 1) во всех направлениях. *Исходить страну вдоль и поперёк;* 2) хорошо, во всех подробностях. *Изучить инструкцию вдоль и поперёк.* Вдоль по *чему, предлог с дат. п.* — в протяжённом направлении, вдоль (во 2 знач.). *Идти вдоль по берегу. Вдоль по дороге, по речке.*

ВДОЛЬ..., *приставка.* Образует прилагательные со знач. расположенный по длине, напр. *вдольрядный, вдольбереговой.*

ВДО́СТАЛЬ, *нареч.* (прост.). То же, что вдоволь. *Поели, попили в.*

ВДОХ, -а, *м.* Одно вдыхательное движение; *противоп.* выдох. *Сделать глубокий в.*

ВДОХНОВЕ́НИЕ, -я, *ср.* Творческий подъём, прилив творческих сил.

ВДОХНОВЕ́ННЫЙ, -ая, -ое; -ве́н и -ве́нен, -ве́нна (высок.). Проникнутый вдохновением, исполненный вдохновения. *В. поэт. В. труд. Вдохновенно* (нареч.) *декламировать. В. взгляд.* ‖ *сущ.* **вдохнове́нность**, -и, *ж.*

ВДОХНОВИ́ТЕЛЬ, -я, *м.* (высок.). Тот, кто вдохновляет на что-н. *В. побед.* ‖ *ж.* **вдохнови́тельница**, -ы.

ВДОХНОВИ́ТЬ, -влю́, -ви́шь; -влённый (-ён, -ена́); *сов.* (высок.). **1.** *кого (что).* Пробудить вдохновение в ком-н., воодушевить. *В. слушателей.* **2.** *кого (что) на что.* Побудить к совершению чего-н. *В. на подвиг.* ‖ *несов.* **вдохновля́ть**, -я́ю, -я́ешь.

ВДОХНОВИ́ТЬСЯ, -влю́сь, -ви́шься; *сов.* (высок.). Почувствовать в себе вдохновение, воодушевиться. *В. новой идеей.* ‖ *несов.* **вдохновля́ться**, -я́юсь, -я́ешься.

ВДОХНУ́ТЬ[1], -ну́, -нёшь; *сов., что.* Сделать вдох. *В. свежий воздух.* ‖ *несов.* **вдыха́ть**, -а́ю, -а́ешь. ‖ *сущ.* **вдыха́ние**, -я, *ср.* ‖ *прил.* **вдыха́тельный**, -ая, -ое.

ВДОХНУ́ТЬ[2], -ну́, -нёшь; *сов., что в кого (что)* (высок.). Возбудить в ком-н. что-н. (настроение, мысль, желание). *В. уверенность в кого-н. В. жизнь в кого-н.* (пробудить к деятельности).

ВДРЕ́БЕЗГИ, *нареч.* **1.** На мелкие части, осколки. *Разбить стакан в.* **2.** *перен.* Совершенно, полностью (разг.). *Проиграться в.*

ВДРУГ. **1.** *нареч.* Неожиданно, внезапно. *В. раздался крик.* **2.** *нареч.* Одновременно, разом; сразу (разг.). *Пришли все в. Не в. Москва строилась* (посл.). **3.** *частица.* В начале вопросительного предложения выражает предположение нежелательного, опасение, а если, а что если (разг.). *В. мы опоздаем?* ✦ **А вдруг** (разг.) — 1) то же, что вдруг (в 3 знач.). *А вдруг гроза?* 2) в ответной реплике выражает возможность чего-н. нежелательного и предупреждение. *Дождя не будет. — А вдруг.*

ВДРУГО́РЯДЬ, *нареч.* (прост.). Во второй раз, снова. *В. говорю.*

ВДРЫЗГ, *нареч.* (прост.). Совсем, окончательно. *В. пьян. В. промок.*

ВДУ́МАТЬСЯ, -аюсь, -аешься; *сов., во что.* Сосредоточившись, внимательно обдумать что-н. *В. в слова друга. В. в прочитанное.* ‖ *несов.* **вду́мываться**, -аюсь, -аешься.

ВДУ́МЧИВЫЙ, -ая, -ое; -ив. Склонный сосредоточенно мыслить, глубоко вникающий во что-н. *В. исследователь. Вдумчиво* (нареч.) *заниматься. В. взгляд.* ‖ *сущ.* **вду́мчивость**, -и, *ж.*

ВДУ́НУТЬ, -ну, -нешь; вду́нул, -ла; -нутый и **ВДУТЬ**, вду́ю, вду́ешь; вдул, -ла; вду́тый; *сов., что во что.* Дуя, ввести внутрь. ‖ *несов.* **вдува́ть**, -а́ю, -а́ешь. ‖ *сущ.* **вдува́ние**, -я, *ср.* ‖ *прил.* **вдувно́й**, -а́я, -о́е (спец.). *Вдувная вентиляция.*

ВДЫХА́НИЕ, ВДЫХА́ТЕЛЬНЫЙ, ВДЫХА́ТЬ *см.* вдохнуть[1].

ВЕГЕТАРИА́НЕЦ [рья], -нца, *м.* Человек, питающийся вегетарианской пищей. ‖ *ж.* **вегетариа́нка**, -и.

ВЕГЕТАРИА́НСТВО [рья], -а, *ср.* Питание только растительной или растительной и молочной пищей. ‖ *прил.* **вегетариа́нский**, -ая, -ое. *В. стол* (без мяса).

ВЕГЕТАТИ́ВНЫЙ, -ая, -ое (спец.). Служащий для питания, роста животных и растительных организмов. ✦ **Вегетативная нервная система** — часть нервной системы, направляющая деятельность внутренних органов и систем (кровообращения, дыхания, пищеварения), обмен веществ и функциональное состояние тканей.

ВЕГЕТА́ЦИЯ, -и, *ж.* (спец.). Рост и развитие растений. ‖ *прил.* **вегетацио́нный**, -ая, -ое. *В. период.*

ВЕ́ДАТЬ, -аю, -аешь; *несов.* **1.** *что.* То же, что знать[1] (в 1, 2 и 4 знач.) (устар.). *Не в. страха. Не ведает, что творит* (не понимает сам, что делает, каковы будут последствия; книжн.). **2.** *чем.* Управлять, заведовать. *В. делами. В. хозяйственной частью.* ✦ **Ведать не ведаю** *о ком-чём* (разг.) — совершенно не знаю, не осведомлён о ком-чём-н. *Что случилось? — Знать не знаю, ведать не ведаю.*

ВЕ́ДЕНИЕ, -я, *ср., кого, чьё* (офиц.). Сфера деятельности, управления. *Эти дела не в его ведении. Принять в своё в.*

ВЕДЕ́НИЕ *см.* вести.

ВЕДЁРНЫЙ *см.* ведро.

ВЕ́ДОМО: **с ведома** *кого* или *чьего* — с уведомлением или с согласия другого лица. *Сделать что-н. с ведома руководителя;* **без ведома** *кого* или *чьего* — без уведомления или без согласия другого лица. *Без ведома начальника.*

ВЕДОМОСТИ́ЧКА, -и, *ж.* (разг.). Листок с краткими сведениями о проделанной работе, о ходе работы.

ВЕ́ДОМОСТЬ, -и, *род. мн.* -е́й, *ж.* **1.** Сводка, список каких-н. данных. *Расчётная в. В. на зарплату.* **2.** *мн.* Название нек-рых повременных изданий. *Московские ведомости.*

ВЕ́ДОМСТВЕННЫЙ, -ая, -ое; -вен, -венна. **1.** *см.* ведомство. **2.** Ограниченный узкими интересами только своего ведомства, учреждения, местнический. *В. подход к делу.* ‖ *сущ.* **ве́домственность**, -и, *ж.*

ВЕ́ДОМСТВО, -а, *ср.* Учреждение или совокупность учреждений, обслуживающих какую-н. область государственного управления. *Таможенное в.* ‖ *прил.* **ве́домственный**, -ая, -ое.

ВЕ́ДОМЫЙ, -ая, -ое; -ом (устар.). Известный (в 1 и 2 знач.), знакомый. *Всякому ведомо* (в знач. сказ.). *Герою не ведом страх* (высок.).

ВЕДО́МЫЙ, -ая, -ое (спец.). Такой, к-рый идёт под командой ведущего (во 2 знач.). *В. самолёт. Приказал ведомому* (сущ.) *атаковать.*

ВЕДРО́, -а́, *мн.* вёдра, вёдер, вёдрам, *ср.* **1.** Сосуд, обычно цилиндрической формы, с ручкой в виде дужки для жидкостей, сыпучего. **2.** Старая русская мера жидкостей, равная 1/40 бочки (12 литров). ‖ *уменьш.* **ведёрко**, -а, *ср.* (к 1 знач.). ‖ *прил.* **ведёрный**, -ая, -ое. *В. самовар* (ёмкостью в ведро).

ВЕДУ́ЩИЙ, -ая, -ее. **1.** Приводимый в движение двигателем (спец.). *Ведущее колесо.* **2.** Идущий впереди, головной. *В. самолёт.* **3.** Возглавляющий, главный, руководящий. *В. институт. В. инженер. Ведущая роль.* **4.** **веду́щий**, -его, *м.* Человек, к-рый проводит радио-, телепередачи, вечера, встречи. ‖ *ж.* **веду́щая**, -ей (к 4 знач.).

ВЕДЬ. **1.** *союз.* Указывает на причину, обоснование предшествующего утверждения. *Веди нас, в. ты знаешь дорогу.* **2.** *частица.* Подчёркивает сказанное, в мыслях или в речи противопоставляя это чему-н. другому как мотив, как известное, очевидное или как более целесообразное. *Весна в., пойдём погуляем. Зря ты не послушался, говорил я тебе. В. опасно, не ходи одна.* ✦ **А (и) ведь** — *союз* с сопоставительно-противительным значением. *Смельчак, а (и) ведь совсем молодой.* **Но (да) ведь**, *союз* — но, однако. *Просили, но (да) ведь он отказывается.*

ВЕ́ДЬМА, -ы, *ж.* **1.** В сказках, народных поверьях: злая волшебница. **2.** *перен.* Злая, сварливая женщина (прост.). ✦ **Охота за**

ведьмами (на ведьм) — преследование, травля инакомыслящих.

ВЕ́ЕР, -а, *мн.* -а́, -о́в *и* (устар.) -ы, -ов, *м.* **1.** Небольшое, обычно складное опахало, раскрывающееся полукругом. *В. из страусовых перьев.* **2.** *перен.* То, что имеет форму полукруга, усечённого с боков и книзу. *В. искр.* ‖ *прил.* **ве́ерный**, -ая, -ое.

ВЕЕРО... *Первая часть сложных слов со знач.* веерообразный, напр. *веерокрылые, веероли́стный, вееро́усый, веерохвостый.*

ВЕЕРООБРА́ЗНЫЙ, -ая, -ое; -зен, -зна. По форме подобный вееру. *В. лист.* ‖ *сущ.* **веерообра́зность**, -и, *ж.*

ВЕ́ЖДА, -ы, *ж.* (чаще *мн.* ве́жды) (устар.). То же, что веко. *Сомкнуть вежды.*

ВЕ́ЖЛИВЫЙ, -ая, -ое; -ив. Соблюдающий правила приличия, воспитанный, учтивый. *Вежливое обращение. В. намёк. Вежливо* (нареч.) *попросить.* ‖ *сущ.* **ве́жливость**, -и, *ж.* *Точность — в. королей* (афоризм).

ВЕЗДЕ́, *нареч.* Во всех местах, повсюду. *В. побывал. В. и всюду* (в очень многих местах).

ВЕЗДЕСУ́ЩИЙ, -ая, -ее; -у́щ. Везде успевающий побывать, во всём принимающий участие.

ВЕЗДЕХО́Д, -а, *м.* Автомашина для передвижения по труднопроходимой местности, по бездорожью, по снежной целине.

ВЕЗДЕХО́ДНЫЙ, -ая, -ое. Передвигающийся по труднопроходимой местности, по бездорожью. *Вездеходные автомашины.*

ВЕЗЕ́НИЕ, -я, *ср.* (разг.). Удача, состояние, при к-ром везёт². *Во всём ему сопутствует в.*

ВЕЗТИ́¹, -зу́, -зёшь; вёз, везла́; вёзший; *несов.* **1.** *кого-что.* Перемещать, доставлять куда-н. на себе (также о транспортных средствах). *Лошадь везёт седока. Грузовик везёт доски. Поезд везёт пассажиров. Всю работу везу на себе* (перен.: всё тяжёлое делаю сам, один). **2.** *кого-что.* Перемещать, доставлять куда-н. при помощи каких-н. средств передвижения. *В. нефть в танкерах. В. доски на грузовике. В. школьников в автобусе.* **3.** *кого-что.* Отправляясь в поездку, иметь при себе, с собой. *В. детей в лагерь. Везу массу новостей.* **4.** *чем по чему.* Двигать чем-н. по поверхности чего-н. (разг.). *В. рукавом по столу. В. подолом по полу.*

ВЕЗТИ́², -зёт; *безл., несов., кому в чём* или *с кем-чем, на кого-что* (разг.). Об удаче в делах. *Везёт во всём кому-н.* ‖ *сов.* **повезти́**, -зёт *и* **подвезти́**, -зёт. *С помощниками (на помощников) повезло.*

ВЕЗУ́НЧИК, -а и **ВЕЗУНО́К**, -нка́, *м.* (разг. шутл.). Человек, к-рому постоянно везёт².

ВЕЗУ́ЧИЙ, -ая, -ее; -у́ч (разг.). Такой, которому постоянно везёт², удачливый. ‖ *сущ.* **везу́честь**, -и, *ж.*

ВЕК, -а, о ве́ке, на веку́, *мн.* -а́, -о́в, *м.* **1.** Период в сто лет, условно исчисляемый от рождения Иисуса Христа (Рождества Христова). *Третий век до нашей эры. Двадцатый в.* (период с 1 января 1901 г. до 31 декабря 2000 г.). *Начало века* (десятые — двадцатые годы). *Середина в.* (пятидесятые годы). *Конец в.* (восьмидесятые — девяностые годы). *Первая половина века* (до пятидесятых годов). *Вторая половина века* (после пятидесятых годов). *К двадцать первому веку. Событие (открытие, находка, преступление, убийство, скандал) века* (самое значительное, громкое из всех подобных за целое столетие). *Средние века* (в истории разных стран: период, совпадающий с эпохой феодализма). **2.** Срок в сто лет. *Старик прожил без малого в.* (почти сто лет). *Музею более двух веков.* **3.** *чего* или *какой.* Исторический период, эпоха, характеризующаяся чем-н. (со стороны производственной, научной, социальной). *Рыцарские века. В. просвещения. Каменный в.* (период первобытной культуры, характеризующийся производством орудий труда и оружия из камня и кости). *Бронзовый в.* (период древней культуры, характеризующийся производством орудий труда и оружия из бронзы). *Железный в.* (период древней культуры, характеризующийся производством орудий труда и оружия из железа). *Золотой в.* (время расцвета искусств и наук). *Космический в.* (период изучения и освоения космоса и внеземных объектов). **4.** **век, ве́ком.** Очень долгое время, вечность. *Не век же тебя дожидаться. Целый век ждать писем. Век дома сидит. Этот день показался ему веком.* **5.** *ед.; род.* -а (-у), обычно *с определением.* Жизнь (в 3 знач.), чьё-н. существование. *На своём веку (за свой долгий век) много повидал. Отжить свой в. Недолог в. мотылька. В. коня 20 лет. Века (веку) бог не дал кому-н.* (о ранней смерти). ✦ **В веках** (прославиться, жить) (высок.) — прославиться на все времена. *Слава героев живёт в веках.* **Во веки веков** (устар. и высок.) — вечно, всегда. **На веки** (высок.) — навсегда. **На веки вечные и на веки веков** (высок.) — навсегда. **До скончания века** (устар. высок.) — до конца жизни. **С веком наравне** — не отставая от современности. **В ногу с веком (идти, шагать)** — то же, что с веком наравне. **Век живи — век учись** — посл. о том, что учению, познанию нет пределов. *Век живи — век учись, дураком умрёшь* (посл.). **Испокон веков** (разг.) — с давнего времени, искони. *Так повелось испокон веков.* **От века** (книжн.) — то же, что испокон веков. **Испокон века, спокон века (-у)** (разг.) — то же, что испокон веков. **В кои́ (кой)-то веки** (разг.) — очень редко. *В кои-то веки навестить.* ‖ *прил.* **векова́й**, -а́я, -о́е (к 1 знач.).

ВЕ́КО, -а, *мн.* ве́ки, век, *ср.* Подвижная кожная складка, закрывающая глазное яблоко. *Верхнее, нижнее в.*

ВЕКОВА́ТЬ, -ку́ю, -ку́ешь; *несов.*: **век вековать** (устар.) — проводить всю жизнь каким-н. образом или где-н. (обычно однообразно, скучно). *Век вековать в девках. Век вековать в глуши.*

ВЕКОВЕ́ЧНЫЙ, -ая, -ое; -чен, -чна. Исконный, всегдашний. *Вековечная вражда.* ‖ *сущ.* **векове́чность**, -и, *ж.*

ВЕКОВО́Й, -а́я, -о́е. **1.** *см.* век. **2.** Многолетний, давний, существующий века. *В. дуб. Вековые традиции.*

ВЕКОВУ́ХА, -и, *ж.* (прост.). То же, что старая дева.

ВЕ́КСЕЛЬ, -я, *мн.* -я́, -е́й *и* -и, -ей, *м.* Ценная бумага, долговой документ — обязательство уплатить кому-н. определённую сумму денег в определённый срок. *Платить по векселю. Опротестовать в.* ‖ *прил.* **ве́ксельный**, -ая, -ое.

ВЕ́КТОР, -а, *м.* (спец.). Изображаемая отрезком прямой математическая величина, характеризующаяся численным значением и направлением. ‖ *прил.* **ве́кторный**, -ая, -ое. *Векторное исчисление* (математическая дисциплина).

ВЕ́КША, -и, *ж.* (обл.). То же, что белка.

ВЕЛЕ́НЕВЫЙ, -ая, -ое: **веленевая бумага** — плотная глянцевитая белая бумага.

ВЕЛЕ́НИЕ, -я, *ср.* (устар. и высок.). Приказание, волеизъявление. *По велению сердца* (перен.: как подсказало доброе чувство). *В. времени* (перен.: то, что диктуется современностью).

ВЕЛЕРЕЧИ́ВЫЙ, -ая, -ое; -и́в (устар. и ирон.). Высокопарный, напыщенный (во 2 знач.), красноречивый. *Велеречивые речи.* ‖ *сущ.* **велеречи́вость**, -и, *ж.*

ВЕЛЕ́ТЬ, -лю́, -ли́шь; *сов. и несов.* (прош. только *сов.*), *кому с неопр.* или *с союзом «чтобы».* Твёрдо изъявить (-влять) свою волю, потребовать (требовать). *Велел прийти через час.*

ВЕ́ЛИК, -а, *м.* (прост.). То же, что велосипед.

ВЕЛИКА́Н, -а, *м.* То же, что гигант (в 1 знач.). ‖ *ж.* **велика́нша**, -и (разг.; о человеке). ‖ *прил.* **велика́нский**, -ая, -ое.

ВЕЛИ́КИЙ, -ая, -ое; вели́к, велика́ *и* вели́ка, велико́ *и* вели́ко, велики́ *и* вели́ки; величайший. **1.** Превосходящий общий уровень, обычную меру, значение, выдающийся. *В. русский язык. Великие люди. Великая победа. Великая Отечественная война.* **2.** (вели́к, -а́, -о́, -и́). Очень большой. *Великая радость. У страха глаза велики* (посл.: трусу везде страшно, везде видится опасность). **3.** только *кр. ф.* (вели́к, -а́, -о́, -и́). Большего размера, чем нужно, просторный. *Сапоги велики. Кабинет слишком велик.* ✦ **Великий князь** — в Древней Руси: старший по положению князь, с 18 в. — титул членов царской фамилии, лицо, имеющее этот титул. **Великое множество** — очень много. **Не велик барин (не велика́ барыня)** (разг.) — не важный человек, нечего с ним (с ней) церемониться. ‖ *сущ.* **вели́кость**, -и, *ж.* (к 1 знач.; устар.).

ВЕЛИКОВО́ЗРАСТНЫЙ, -ая, -ое; -тен, -тна и (устар.) **ВЕЛИКОВОЗРА́СТНЫЙ**, -ая, -ое; -тен, -тна. **1.** Об учащемся: вышедший за пределы возрастной нормы (устар.). *В. гимназист.* **2.** *полн. ф.* Достигший совершеннолетия, взрослый (ирон.). *В. бездельник.* ‖ *сущ.* **великово́зрастность**, -и, *ж.* и (устар.) **великовозра́стность**, -и, *ж.*

ВЕЛИКОДЕРЖА́ВНЫЙ, -ая, -ое. Свойственный крупной державе, проникнутый духом национального превосходства над другими народами и государствами. *Великодержавная политика. В. шовинизм.*

ВЕЛИКОДУ́ШНИЧАТЬ, -аю, -аешь; *несов.* (разг.). Быть неуместно великодушным. ‖ *сов.* **свеликоду́шничать**, -аю, -аешь.

ВЕЛИКОДУ́ШНЫЙ, -ая, -ое; -шен, -шна. Обладающий высокими душевными качествами, готовый бескорыстно жертвовать своими интересами для других. *В. характер. В. поступок. Великодушно* (нареч.) *простить кого-н.* ‖ *сущ.* **великоду́шие**, -я, *ср.*

ВЕЛИКОЛЕ́ПИЕ, -я, *ср.* Пышная красота, роскошь. *В. южной природы.*

ВЕЛИКОЛЕ́ПНЫЙ, -ая, -ое; -пен, -пна. **1.** Отличающийся великолепием. *В. вид.* **2.** Превосходный, отличный (разг.). *В. обед. Великолепно* (нареч.) *чувствовать себя.* ‖ *сущ.* **великоле́пность**, -и, *ж.*

ВЕЛИКОМУ́ЧЕНИК, -а, *м.* В христианстве: особо чтимый праведник, при жизни претерпевший за веру тяжкие мучения. *Святые великомученики. Праздник в честь великомученика Георгия Победоносца.* ‖ *ж.* **великому́ченица**, -ы. ‖ *прил.* **великому́ченический**, -ая, -ое.

ВЕЛИКОРО́ССКИЙ, -ая, -ое (устар.). **1.** *см.* великороссы. **2.** То же, что великорусский (во 2 знач.).

ВЕЛИКОРО́ССЫ, -ов, *ед.* -ро́сс, -а, *м.* (устар.). То же, что русские. ‖ *ж.* **великоро́сска**, -и. ‖ *прил.* **великоро́сский**, -ая, -ое.

ВЕЛИКОРУ́ССКИЙ, -ая, -ое (книжн.). 1. *см.* великорусы. 2. В нек-рых сочетаниях: русский. *Великорусские говоры. Великорусские губернии.*

ВЕЛИКОРУ́СЫ, -ов, *ед.* -ру́с, -а, *м.* (книжн.). То же, что русские. ‖ *ж.* **великору́ска**, -и. ‖ *прил.* **великору́сский**, -ая, -ое.

ВЕЛИКОСВЕ́ТСКИЙ, -ая, -ое (устар.). Относящийся к верхушке аристократического общества, так наз. большому свету. *В. салон.*

ВЕЛИЧА́ВЫЙ, -ая, -ое; -а́в. Исполненный внутреннего достоинства, величия, внушающий почтение к себе. *Величавая поступь.* ‖ *сущ.* **велича́вость**, -и, *ж.*

ВЕЛИЧА́НИЕ, -я, *ср.* 1. *см.* величать. 2. Народная обрядовая величальная песня.

ВЕЛИЧА́ТЬ, -а́ю, -а́ешь; *несов.* 1. *кого (что) кем* или *чем* или (при вопросе) *как.* Называть, звать (по имени, отчеству, званию) (устар.). *Его величают Иваном (Иван). Как вас в.?* (как вас зовут?). *В. по батюшке* (по отчеству). 2. *кого (что).* В народных обрядах: чествовать поздравительной песней. *В. жениха и невесту.* ‖ *сущ.* **велича́ние**, -я, *ср.* ‖ *прил.* **велича́льный**, -ая, -ое (ко 2 знач.). *В. обряд.*

ВЕЛИ́ЧЕСТВЕННЫЙ, -ая, -ое; -вен, -венна (высок.). Исполненный величия. *Величественные свершения. Величественная панорама.* ‖ *сущ.* **вели́чественность**, -и, *ж.*

ВЕЛИ́ЧЕСТВО, -а, *ср.* 1. С местоимениями «ваше», «их», «его», «её» — титулование монархов, жён монархов, монархинь. 2. **Его (Её) величество** (с последующим словом, словосочетанием). О ком-чём-н. заслуживающем уважения, преклонения (высок.). *Его в. театр.* ✦ **Его величество случай** (книжн. ирон.) — о всесильности не зависящих от человека случайных обстоятельств. *Всё решил Его величество случай.*

ВЕЛИ́ЧИЕ, -я, *ср.* (высок.). Наличие в ком-чём-н. выдающихся свойств, внушающих преклонение, уважение. *В. подвига. В. духа. В. Пушкина.* ✦ **С высоты своего величия** (ирон.) — с чрезмерной важностью, с пренебрежением к другим.

ВЕЛИЧИНА́, -ы́, *мн.* -и́ны, -и́н, *ж.* 1. Размер, объём, протяжённость предмета. *Площадь большой величины. Измерить величину чего-н.* 2. То, что можно измерить, исчислить. *Равные величины.* 3. О человеке, выдающемся в какой-н. области деятельности. *Этот учёный — мировая в.*

ВЕЛО... *Первая часть сложных слов со знач.* относящийся к велосипедам, велосипедный, напр. *велоспорт, велогонки, велогонщик, велозавод, велокамера, велотрек.*

ВЕЛОГО́НКИ, -нок, *ед.* велого́нка, -и, *ж.* Сокращение: велосипедные гонки. ‖ *прил.* **велого́ночный**, -ая, -ое.

ВЕЛОДРО́М, -а, *м.* Спортивное сооружение для велосипедных гонок и тренировок. ‖ *прил.* **велодро́мный**, -ая, -ое.

ВЕЛОСИПЕ́Д, -а, *м.* Двухколёсная или трёхколёсная машина для езды, приводимая в движение ножными педалями. *Гоночный в. Детский в. Ехать на велосипеде.* ✦ **Изобретать велосипед** (разг.) — придумывать то, что давно известно. ‖ *прил.* **велосипе́дный**, -ая, -ое. *В. спорт.*

ВЕЛОСИПЕДИ́СТ, -а, *м.* Спортсмен, занимающийся велосипедным спортом; ездок на велосипеде. ‖ *ж.* **велосипеди́стка**, -и. ‖ *прил.* **велосипеди́стский**, -ая, -ое.

ВЕЛЬБО́Т, -а, *м.* Лёгкая быстроходная шлюпка с острым носом и кормой, обычно с небольшой мачтой. ‖ *прил.* **вельбо́тный**, -ая, -ое.

ВЕЛЬВЕ́Т, -а, *м.* Хлопчатобумажная плотная рубчатая ткань с густым коротким ворсом. ‖ *прил.* **вельве́товый**, -ая, -ое.

ВЕЛЬМО́ЖА, -и, *м.* В старое время: знатный и богатый сановник. *Царские вельможи.*

ВЕЛЬМО́ЖНЫЙ, -ая, -ое. 1. Знатный и могущественный (устар.). *В. гетман.* 2. *перен.* Высокомерный и презрительный. *В. тон.*

ВЕЛЮ́Р, -а, *м.* Драп или фетр с мягким густым коротким ворсом, а также мягкая кожа, выделанная под бархат. ‖ *прил.* **велю́ровый**, -ая, -ое.

ВЕ́НА, -ы, *ж.* Кровеносный сосуд, проводящий кровь к сердцу. ‖ *прил.* **вено́зный**, -ая, -ое.

ВЕНГЕ́РКА[1], -и, *ж.* 1. Народный и бальный быстрый танец венгерского происхождения, а также музыка к нему. 2. Гусарская куртка с нашитыми поперечными шнурами (устар.).

ВЕНГЕ́РКА[2] *см.* венгры.

ВЕНГЕ́РСКИЙ, -ая, -ое. 1. *см.* венгры. 2. Относящийся к венграм, к их языку, национальному характеру, образу жизни, культуре, а также к Венгрии, её территории, внутреннему устройству, истории; такой, как у венгров, как в Венгрии. *В. язык* (финно-угорской семьи языков). *В. народный танец* (чардаш). *В. форинт* (денежная единица). *По-венгерски* (нареч.).

ВЕ́НГРЫ, -ов, *ед.* венгр, -а, *м.* Народ, составляющий основное население Венгрии. ‖ *ж.* **венге́рка**, -и. ‖ *прил.* **венге́рский**, -ая, -ое.

ВЕНЕРИА́НСКИЙ, -ая, -ое. Относящийся к планете Венера. *Венерианская атмосфера. Венерианская межпланетная станция. В. ландшафт* (также перен.: грозный и фантастический).

ВЕНЕРИ́ЧЕСКИЙ, -ая, -ое. Относящийся к инфекционным заболеваниям, передающимся преимущ. половым путём. *Венерические болезни.*

ВЕНЕРО́ЛОГ, -а, *м.* Врач — специалист по венерологии.

ВЕНЕРОЛО́ГИЯ, -и, *ж.* Раздел медицины, изучающий венерические болезни. ‖ *прил.* **венерологи́ческий**, -ая, -ое. *В. диспансер.*

ВЕНЕСУЭ́ЛЬСКИЙ, -ая, -ое. 1. *см.* венесуэльцы. 2. Относящийся к венесуэльцам, их языку (испанскому), национальному характеру, образу жизни, культуре, а также к Венесуэле, её территории, внутреннему устройству, истории; такой, как у венесуэльцев, как в Венесуэле. *В. залив* (у берегов Венесуэлы). *В. боливар* (денежная единица).

ВЕНЕСУЭ́ЛЬЦЫ, -цев, *ед.* -э́лец, -льца, *м.* Латиноамериканский народ, составляющий основное население Венесуэлы. ‖ *ж.* **венесуэ́лка**, -и. ‖ *прил.* **венесуэ́льский**, -ая, -ое.

ВЕНЕ́Ц, -нца́, *м.* 1. То же, что венок (устар.). *Терновый в.* (перен.: мученичество, страдание; высок.). 2. *перен., чего.* Успешное завершение чего-н. как награда за труды, старания (высок.). *В. усилий, достижений. Конец — делу в.* (посл.). 3. Драгоценный головной убор, корона. *Царский в.* 4. В церковном обряде венчания: головное украшение в виде короны, к-рое шаферы держат над головами вступающих в брак. *Пойти под в. с кем-н.* (вступить в брак). *После венца* (после венчания). 5. Ореол, светлый ободок вокруг небесного светила. 6. Нимб, ореол (во 2 знач.). 7. В деревянном срубе: звено из четырёх брёвен в связи (в 7 знач.). ‖ *уменьш.* **ве́нчик**, -а, *м.* (к 6 знач.). ‖ *прил.* **вене́чный**, -ая, -ое (к 1, 3, 4, 5, 6 и 7 знач.).

ВЕНЕ́ЧНЫЙ, -ая, -ое. 1. *см.* венец. 2. Относящийся к сердечным сосудам (спец.). *Венечные артерии. Венечные сплетения сердца.*

ВЕ́НЗЕЛЬ, -я, *мн.* -я́, -е́й, *м.* Сочетание начальных букв имени и фамилии или имени и отчества в виде вязи. ✦ **Вензеля писать (выписывать, выделывать)** (прост. шутл.) — идти шатаясь, пьяной походкой, выписывать кренделя. ‖ *прил.* **ве́нзелевый**, -ая, -ое.

ВЕ́НИК, -а, *м.* Связка веток, прутьев, сухих длинных стеблей. *Подметать пол веником. Банный в.* (для парения в бане). *Кормовые веники.* ‖ *прил.* **ве́никовый**, -ая, -ое *и* **ве́ничный**, -ая, -ое.

ВЕНО́ЗНЫЙ *см.* вена.

ВЕНО́К, -нка́, *м.* Сплетённые в кольцо листья, цветы. *В. из васильков. Лавровый в.* (символ победы, славы, награды). *Возлагать в.* ✦ **Венок сонетов** (спец.) — произведение из 15 сонетов, связанных между собою первыми и последующими стихами, в конце целиком составляющими пятнадцатый сонет. ‖ *уменьш.* **вено́чек**, -чка, *м.* ‖ *прил.* **вено́чный**, -ая, -ое.

ВЕ́НТЕРЬ, -я, *мн.* -и, -ей *и* -я́, -е́й, *м.* Рыболовная снасть в виде суживающейся книзу сети на обручах, мережа. ‖ *прил.* **ве́нтерный**, -ая, -ое.

ВЕНТИЛИ́РОВАТЬ, -рую, -руешь; *несов., что.* 1. То же, что проветривать. *В. помещение.* 2. *перен.* Обсуждать, выяснять (разг.). *В. вопрос.* ‖ *сов.* **провентили́ровать**, -рую, -руешь; -анный. ‖ *сущ.* **вентиля́ция**, -и, *ж.* (к 1 знач.).

ВЕ́НТИЛЬ, -я, *м.* (спец.). 1. Клапан для регулирования расхода жидкости, пара или газа в нек-рых технических устройствах. 2. В духовых музыкальных инструментах: род клапана для регулирования высоты звука. ‖ *прил.* **ве́нтильный**, -ая, -ое.

ВЕНТИЛЯ́ТОР, -а, *м.* Устройство, служащее для вентиляции или для подачи потока воздуха.

ВЕНТИЛЯ́ЦИЯ, -и, *ж.* 1. *см.* вентилировать. 2. Регулируемый воздухообмен помещений при помощи особых устройств. *Вытяжная в.* 3. Система таких устройств. ‖ *прил.* **вентиляцио́нный**, -ая, -ое.

ВЕНЦЕНО́СЕЦ, -сца, *м.* (устар. высок.). Торжественное название монарха.

ВЕНЧА́НИЕ, -я, *ср.* 1. *см.* венчать, -ся. 2. Церковный обряд бракосочетания. *Приглашать на в.*

ВЕНЧА́ТЬ, -а́ю, -а́ешь; ве́нчанный *и* (устар.) -а́нный; *несов.* 1. (также *сов.*), *кого-что.* Возлагать(-ложить) венец или венок в знак возведения в какой-н. сан, присвоения высокого звания. *В. на царство. В. чемпиона лавровым венком.* 2. (1 и 2 л. не употр.), *перен., что.* Находиться на верху чего-н. *Башню венчает рубиновая звезда.* 3. (1 и 2 л. не употр.), *перен., что.* Заканчивать собой что-н., успешно завершать (высок.). *Конец венчает дело.* 4. *кого (что) с кем.* Соединять браком по церковному обряду. *В. перед алтарём.* ‖ *сов.* **обвенча́ть**, -а́ю, -а́ешь; -е́нчанный (к 4 знач.), **повенча́ть**, -а́ю, -а́ешь; -е́нчанный (к 4 знач.) *и* **увенча́ть**, -а́ю, -а́ешь; -е́нчанный (к 1, 2 и 3 знач.). ‖ *сущ.* **венча́ние**, -я, *ср.* (к 1 и 4 знач.) *и* **увенча́ние**, -я, *ср.* (к 1 и 3 знач.). ‖ *прил.* **венча́льный**, -ая, -ое (к 4 знач.). *В. обряд.*

ВЕНЧА́ТЬСЯ, -а́юсь, -а́ешься; *несов., с кем.* Соединяться браком по церковному обряду. *В. в церкви.* ‖ *сов.* **обвенча́ться**, -а́юсь,

-а́ешься *и* **повенча́ться,** -а́юсь, -а́ешься. || *сущ.* **венча́ние,** *-я, ср.* || *прил.* **венча́льный,** -ая, -ое.

ВЕ́НЧИК, -а, *м.* **1.** *см.* венец. **2.** Часть цветка, состоящая из отдельных или сросшихся лепестков (спец.). || *прил.* **ве́нчиковый,** -ая, -ое.

ВЕПРЬ, *-я, м.* То же, что кабан (в 1 знач.). || *прил.* **ве́превый,** -ая, -ое.

ВЕ́ПССКИЙ, -ая, -ое. **1.** *см.* вепсы. **2.** Относящийся к вепсам, к их языку, национальному характеру, образу жизни, культуре, а также к местам их проживания, внутреннему устройству, истории; такой, как у вепсов. *В. язык* (финно-угорской семьи языков). *По-вепсски* (нареч.).

ВЕ́ПСЫ, -ов, *ед.* вепс, -а, *м.* Народ, живущий группами на юге Карелии, на востоке Ленинградской и западе Вологодской областей. || *ж.* **ве́пска,** -ы. || *прил.* **ве́псский,** -ая, -ое.

ВЕ́РА, -ы, *ж.* **1.** Убеждённость, глубокая уверенность в ком-чём-н. *В. в победу. В. в людей.* **2.** Убеждённость в существовании Бога, высших божественных сил. *В. в Бога.* **3.** То же, что вероисповедание. *Христианская в. Человек иной веры.* ✦ **Принять на веру** — признать истинным без доказательств. **Верой и правдой служить** *кому* — служить преданно, честно.

ВЕРА́НДА, -ы, *ж.* То же, что терраса (в 1 знач.). *Застеклённая в.* || *прил.* **вера́ндовый,** -ая, -ое *и* **вера́ндный,** -ая, -ое.

ВЕ́РБА, -ы, *ж.* Дерево или кустарник сем. ивовых с пушистыми почками. || *прил.* **ве́рбный,** -ая, -ое *и* **ве́рбовый,** -ая, -ое.

ВЕРБА́ЛЬНЫЙ, -ая, -ое; -лен, -льна (книжн.). Словесный, устный. *Вербальное заявление.* ✦ **Вербальная нота** (спец.) — дипломатическая нота без подписи, приравниваемая к устному заявлению. || *сущ.* **верба́льность,** -и, *ж.*

ВЕРБЕ́НА, -ы, *ж.* Травянистое дикорастущее душистое растение, разводимое как декоративное. || *прил.* **вербе́новый,** -ая, -ое. *Семейство вербеновых* (сущ.).

ВЕРБЛЮ́Д, -а, *м.* Жвачное парнокопытное млекопитающее с одним или двумя жировыми горбами. *Одногорбый в. Двугорбый в. Караван верблюдов. Легче верблюду пройти сквозь игольное ушко, нежели богатому войти в Царство Божие* (по библейскому изречению). ✦ **Докажи, что ты не верблюд** (разг. шутл.) — о невозможности доказать очевидную необоснованность какого-н. обвинения. **Откуда? — От верблюда** (прост.) — выражение насмешки по поводу неосведомлённости спрашивающего. || *прил.* **верблю́жий,** -ья, -ье *и* **верблю́довый,** -ая, -ое. *Верблюжья шерсть. Семейство верблюдовых* (сущ.).

ВЕРБЛЮ́ДИЦА, -ы, *ж.* Самка верблюда.

ВЕРБЛЮ́ЖИЙ, -ья, -ье. **1.** *см.* верблюд. **2.** Серовато-жёлтый, цве́та шерсти верблюда.

ВЕРБЛЮЖО́НОК, -нка, *мн.* -жа́та, -жа́т, *м.* Детёныш верблюда.

ВЕРБОВА́ТЬ, -бу́ю, -бу́ешь; -о́ванный; *несов.* **1.** *кого (что).* Набирать, нанимать, привлекать для каких-н. работ, в какую-н. организацию [*первонач.* в войско]. *В. добровольцев. В. рабочую силу. В. агентуру.* **2.** *что.* Создавать из добровольцев [*первонач.* войско]. *В. поисковые группы.* || *сов.* **завербова́ть,** -бу́ю, -бу́ешь; -о́ванный (к 1 знач.). || *сущ.* **вербо́вка,** -и, *ж.* || *прил.* **вербо́вочный,** -ая, -ое. *В. пункт.*

ВЕРБО́ВЩИК, -а, *м.* Человек, к-рый занимается вербовкой. || *ж.* **вербо́вщица,** -ы. || *прил.* **вербо́вщицкий,** -ая, -ое.

ВЕРДИ́КТ, -а, *м.* (спец.). Решение присяжных заседателей о виновности или невиновности обвиняемого. *Вынести оправдательный (обвинительный) в.* || *прил.* **верди́ктный,** -ая, -ое.

ВЕРЕДИ́ТЬ, -ежу́, -еди́шь; *несов., что* (прост.). То же, что бередить. || *сов.* **разреди́ть,** -ежу́, -еди́шь; -режённый (-ён, -ена́).

ВЕРЕНИ́ЦА, -ы, *ж.* Ряд сходных предметов (людей, фигур), движущихся друг за другом цепью, один за другим. *Обоз тянется вереницей. В. журавлей. В. облаков. В. мыслей* (перен.).

ВЕ́РЕСК, -а, *м.* Вечнозелёный кустарничек с мелкими листьями и лилово-розовыми цветками. || *прил.* **ве́ресковый,** -ая, -ое. *В. мёд. Семейство вересковых* (сущ.).

ВЕРЕТЕНО́, -а́, *мн.* -тёна, -тён, *ср.* **1.** Приспособление для прядения (ручного или машинного) — утолщённый стержень для навивания нити. **2.** Вращающаяся ось в нек-рых машинах. || *уменьш.* **веретёнце,** -а, *род. мн.* -цев *и* -нец, *ср.* || *прил.* **веретённый,** -ая, -ое.

ВЕРЕЩА́ТЬ, -щу́, -щи́шь; *несов.* **1.** Издавать пискливые, скрипучие или визгливые звуки. *Верещат галчата.* **2.** *перен.* Говорить быстро, много, визгливо (разг. неодобр.). || *сов.* **проверещи́ть,** -щу́, -щи́шь.

ВЕРЁВКА, -и, *ж.* Изделие из кручёных или витых в несколько рядов длинных прядей пеньки или другого свивающегося материала. *Перевязать тюк верёвкой. Привязать бычка на верёвку. Капроновая в. В доме повешенного не говорят о верёвке* (посл. о неуместности, бестактности напоминания кому-н. о том, что может быть ему тяжело, неприятно). ✦ **Верёвки вить** *из кого* (разг.) — распоряжаться кем-н., полностью подчинив себе, своей воле. **Верёвка плачет** *по ком* и *о ком* (разг.) — погов. об отпетом негодяе. || *уменьш.* **верёвочка,** -и, *ж. Быть бычку на верёвочке* (погов. о том, кого в конце концов обязательно утихомирят, приструнят или поймают). *Завить горе верёвочкой* (перестать горевать; разг. шутл.). *И в. пригодится* (говорится в знач.: запасаясь чем-н., не стоит отказываться и от малого; разг. шутл.). || *прил.* **верёвочный,** -ая, -ое. *Верёвочная лестница.*

ВЕРЗИ́ЛА, -ы, *м.* и *ж.* (разг.). Высокий и нескладный человек.

ВЕРИ́ГИ, -и́г, *ед.* -а, -и, *ж.* Железные цепи, надевавшиеся на тело религиозными фанатиками. *Юродивый в веригах.* || *прил.* **вери́жный,** -ая, -ое.

ВЕРИ́ТЕЛЬНЫЙ, -ая, -ое: **верительная грамота** (спец.) — правительственный документ, удостоверяющий назначение кого-н. дипломатическим представителем. *Верительная грамота посла.*

ВЕ́РИТЬ, -рю, -ришь; *несов.* **1.** *кому-чему* и *во что.* Быть убеждённым, уверенным в ком-чём-н. *В. в победу. В. в народ. Не в. своим ушам* или *своим глазам* (крайне удивляться неожиданно услышанному или увиденному). **2.** *чему.* Принимать за истину что-н. *В. каждому слову.* **3.** *кому.* Вполне доверять. *В. другу.* **4.** Верить в Бога, веровать. ✦ **Верить в Бога** — быть убеждённым в существовании Бога. || *сов.* **пове́рить,** -рю, -ришь.

ВЕ́РИТЬСЯ, -ится; *безл.; несов.* Казаться истинным. *Не верится, что это так.* || *сов.* **пове́риться,** -ится.

ВЕ́РМАХТ, -а, *м.* Вооружённые силы фашистской Германии. *Разгром вермахта.*

ВЕРМИШЕ́ЛЬ, -и, *ж.* Сорт лапши. || *прил.* **вермише́левый,** -ая, -ое *и* **вермише́льный,** -ая, -ое. *Вермишелевый суп. Вермишельный цех.*

ВЕ́РМУТ, -а, *м.* Виноградное вино с настоями из трав. || *прил.* **ве́рмутовый,** -ая, -ое.

ВЕРНИСА́Ж, -а, *м.* Торжественное открытие художественной выставки. || *прил.* **вернисажный,** -ая, -ое.

ВЕРНОПО́ДДАННЫЙ, -ого, *м.* (устар.). Человек, к-рый соблюдает верность своему государю. || *ж.* **верноподданная,** -ой. || *прил.* **верноподданнический,** -ая, -ое. *Верноподданнические чувства* (также вообще о преданности власти, правящей верхушке; ирон.).

ВЕ́РНОСТЬ, -и, *ж.* **1.** *см.* верный. **2.** Стойкость и неизменность в чувствах, отношениях, в исполнении своих обязанностей, долга. *Соблюдать в. В. своему слову.* ✦ **Для верности** (разг.) — чтобы быть уверенным. *Для верности повернул ключ два раза.*

ВЕРНУ́ТЬ, -ну́, -нёшь; *сов., кого-что.* **1.** Отдать взятое, полученное ранее. *В. долг. В. книгу в библиотеку.* **2.** Получить обратно. *В. потерянное. В. себе то, что отняли.* **3.** Заставить или дать возможность вернуться, появиться вновь. *В. беглеца домой. В. отца детям. В. жизнь кому-чему-н.* (сделать вновь живым, действующим). *В. кому-н. надежду, счастье, веру в себя.*

ВЕРНУ́ТЬСЯ, -ну́сь, -нёшься; *сов.* **1.** Прийти обратно; появиться вновь. *В. домой. Вернулось счастье.* **2.** Обратиться к чему-н. вновь. *В. к прежней мысли, к первоначальному решению.*

ВЕ́РНЫЙ, -ая, -ое; -рен, -рна́, -рно, -рны *и* -рны́. **1.** Соответствующий истине, правильный, точный. *Верная мысль. Верное решение. Верно* (нареч.) *скопировать.* **2.** *полн. ф.* Несомненный, неизбежный. *В. выигрыш. Идти на верную гибель.* **3.** Надёжный, прочный, стойкий, преданный. *Верная опора. Верно* (нареч.) *служить. В. друг. В. муж* (не изменяющий жене). **4.** **ве́рно,** *вводн. сл.* Должно быть, вероятно (разг.). *Он, верно, не придёт.* **5.** **верне́е,** *вводн. сл.* Вносит поправку: говоря более точно. *Это портрет или, вернее, карикатура.* **6.** **ве́рно,** *частица.* Выражает уверенное утверждение, да, действительно. *Он прекрасный работник. — Верно.* ✦ **Вернее всего,** *вводн. сл.* — то же, что скорее всего. **Вернее сказать,** *вводн. сл. — то же, что вернее (в 5 знач.)* **А вернее (а вернее сказать),** *в знач. союза* — вводит уточнение. *Он переутомился, а вернее (а вернее сказать) болен.* || *сущ.* **ве́рность,** -и, *ж.* (к 1, 2 и 3 знач.).

ВЕ́РОВАНИЕ, -я, *ср.* (книжн.). Вера (во 2 знач.), религиозное представление. *Верования древних славян.*

ВЕ́РОВАТЬ, -рую, -руешь; *несов.* (книжн.). То же, что верить в Бога.

ВЕРОИСПОВЕ́ДАНИЕ, -я, *ср.* (книжн.). Религия (во 2 знач.), религиозная система, а также официальная принадлежность к одной из её разновидностей. *Католическое в.* || *прил.* **вероиспове́дный,** -ая, -ое.

ВЕРОЛО́МНЫЙ, -ая, -ое; -мен, -мна. Коварный, действующий путём обмана, измены. *В. льстец. Вероломное нападение.* || *сущ.* **вероло́мство,** -а, *ср. и* **вероло́мность,** -и, *ж.*

ВЕРОЛО́МСТВО, -а, *ср.* **1.** *см.* вероломный. **2.** Вероломный поступок.

ВЕРООТСТУ́ПНИК, -а, *м.* Человек, отрекшийся от своей веры (в 3 знач.). || *ж.* **вероотсту́пница,** -ы. || *прил.* **вероотсту́пнический,** -ая, -ое.

ВЕРООТСТУ́ПНИЧЕСТВО, -а, *ср.* Отречение от своей веры (в 3 знач.), измена своей религии. || *прил.* **вероотсту́пнический**, -ая, -ое.

ВЕРОТЕРПИ́МОСТЬ, -и, *ж.* Терпимость к чужой религии, признание её права на существование.

ВЕРОУЧЕ́НИЕ, -я, *ср.* (книжн.). Совокупность догматов и положений какой-н. религии. *Христианское в.*

ВЕРОЯ́ТИЕ, -я, *ср.*: **по всему вероятию** — очень может быть; **сверх всякого вероятия** — сверх ожидаемого.

ВЕРОЯ́ТНОСТЬ, -и, *ж.* **1.** *см.* вероятный. **2.** Возможность исполнения, осуществимости чего-н. *Степень вероятности чего-н.* ✦ **Теория вероятностей** — раздел математики, изучающий закономерности возникновения случайных явлений. **По всей вероятности**, *вводн. сл.* — можно с уверенностью предположить. *По всей вероятности, будет гроза.* || *прил.* **вероя́тностный**, -ая, -ое (спец.).

ВЕРОЯ́ТНЫЙ, -ая, -ое; -тен, -тна. **1.** Возможный, допустимый. *Вполне в. случай. Очень вероятно* (очень может быть). **2. вероя́тно**, *вводн. сл.* По-видимому, по всей вероятности. *Он, вероятно, не придёт.* **3. вероя́тно**, *частица.* Выражает подтверждение с нек-рым оттенком сомнения, по-видимому, возможно. *Лекция состоится? — Вероятно.* ✦ **Вероятнее всего**, *вводн. сл.* — скорее всего, наверняка. || *сущ.* **вероя́тность**, -и, *ж.* (к 1 знач.).

ВЕРСИФИКА́ТОР, -а, *м.* (книжн.). Человек, легко слагающий стихи, но лишённый поэтического дара. || *прил.* **версификáторский**, -ая, -ое.

ВЕ́РСИЯ, -и, *ж.* Разновидность, вариант в изложении, толковании чего-н., в рассказе о чём-н. *Новая в. Следственная в.* (одно из предположений относительно характера и связей фактов, установленных следствием; спец.).

ВЕРСТА́, -ы́, *мн.* вёрсты, вёрст, вёрстам, *ж.* **1.** Старая русская мера длины, равная 1,06 км. *Исчисление в вёрстах* (но: *он живёт в двух верстáх*). *Прошёл с версту́* (т. е. около версты). *За версту́* или *за́ версту увидеть кого-н.* (издали). *Семь вёрст до небес и всё (все) лесом* (шутл. погов.: 1) о многословной, запутанной речи; 2) о дальней трудной дороге). **2.** Выкрашенный чёрно-белыми полосами дорожный столб, отмечающий эту меру (устар.). ✦ **Коломенская верста или с коломенскую версту** (разг. шутл.) — о человеке очень большого роста. || *прил.* **верстово́й**, -áя, -óе. *В. столб.*

ВЕРСТА́К, -á, *м.* Специально оборудованный рабочий стол для столярной, слесарной или другой ручной работы. *Сборочный в.* || *прил.* **верстáчный**, -ая, -ое.

ВЕРСТА́ТЬ, -áю, -áешь; вёрстанный; *несов., что* (спец.). Располагать типографский набор по страницам, полосам (в 4 знач.). *В. газету.* || *сов.* **сверстáть**, -áю, -áешь; свёрстанный. || *сущ.* **вёрстка**, -и, *ж.*

ВЕ́РТЕЛ, -а, *мн.* -á, -óв, *м.* Металлический прут для жарения мяса над огнём. *Насадить тушку на вертел.* || *прил.* **вéртельный**, -ая, -ое.

ВЕРТЕ́П, -а, *м.* **1.** Притон преступников, развратников (устар.). **2.** Большой ящик с марионетками — место кукольных представлений на библейские и комические сюжеты (стар.). || *прил.* **вертéпный**, -ая, -ое.

ВЕРТЕ́ТЬ, верчу́, ве́ртишь; ве́рченный; *несов.* **1.** *кого-что.* Приводить в круговое движение. *В. колесо.* **2.** *кого-что и чем.* Крутя, поворачивать из стороны в сторону. *В. куклу в руках. В. головой.* **3.** *перен., кем.* Распоряжаться по своей прихоти (разг.). *Вертела мужем, как хотела.* **4.** *что.* Изготовлять, скручивая. *В. цигарку.* ✦ **Как ни верти** (разг.) — как ни думай, как ни гадай. *Как ни верти, а получается, что он прав.* || *сущ.* **верчéние**, -я, *ср.* (к 1, 2 и 4 знач.). || *прил.* **вертéльный**, -ая, -ое (к 1 знач.; спец.).

ВЕРТЕ́ТЬСЯ, верчу́сь, ве́ртишься; *несов.* **1.** Находиться в состоянии кругового движения. *Колесо вертится.* **2.** Поворачиваться из стороны в сторону, меняя положение. *В. перед зеркалом. В. на стуле.* **3.** Постоянно находиться на виду, мешая, раздражая (разг.). *В. около старших.* **4.** (1 и 2 л. не употр.). Постоянно находиться в мыслях, припоминаться (разг.). *В голове вертится вчерашний разговор.* **5.** Увиливать от ответа, прибегая к уловкам (разг.). *Не вертись, говори правду.* **6.** Уметь приспосабливаться к обстоятельствам, ловчить (разг.). *Хочешь жить — умей в.* (шутл. посл.). ✦ **Вертится на языке** *что* (разг.) — очень хочется, не терпится сказать, рассказать что-н. **Вертеться под ногами** (разг.) — мешать кому-н. своим присутствием. **Как ни вертись** (разг.) — что ни делай, что ни предпринимай. *Как ни вертись, а ответ держать придётся.* || *сущ.* **верчéние**, -я, *ср.* (к 1, 2, 3 и 4 знач.).

ВЕРТИКА́ЛЬ, -и, *ж.* Вертикальная линия. *По вертикали* (также *перен.*: по восходящей линии, а также по линии подчинения снизу вверх или подчинённости сверху вниз).

ВЕРТИКА́ЛЬНЫЙ, -ая, -ое; -лен, -льна. **1.** Отвесный, перпендикулярный по отношению к горизонту. *Вертикальная линия. В. срез.* **2.** Расположенный, осуществляемый по вертикали. *В. транспорт* (лифты). *В. взлёт* (летательного аппарата). *В. контроль* (перен.). || *сущ.* **вертикáльность**, -и, *ж.*

ВЕРТИХВО́СТКА, -и, *ж.* (прост. неодобр.). Легкомысленно-кокетливая женщина.

ВЕРТЛУ́Г, -á, *м.* (спец.). Подвижный конец бедренной кости, входящий в чашку таза. || *прил.* **вертлу́жный**, -ая, -ое. *Вертлужная впадина.*

ВЕРТЛЮ́Г, -á, *м.* (спец.). Шарнирное звено для соединения двух частей механизма, позволяющее одной из них вращаться независимо от другой. || *прил.* **вертлю́жный**, -ая, -ое.

ВЕРТЛЯ́ВЫЙ, -ая, -ое; -я́в (разг.). **1.** Чересчур подвижный, непоседливый. *В. ребёнок. Вертлявая девица* (кривляющаяся, манерничающая). **2.** О движениях: развинченный (во 2 знач.), вихляющийся. *Вертлявая походка.* || *сущ.* **вертля́вость**, -и, *ж.*

ВЕРТОДРО́М, -а, *м.* Аэродром для вертолётов. || *прил.* **вертодро́мный**, -ая, -ое.

ВЕРТОЛЁТ, -а, *м.* Летательный аппарат тяжелее воздуха с вертикальным взлётом и посадкой, с горизонтальным несущим воздушным винтом (винтами). || *прил.* **вертолётный**, -ая, -ое.

ВЕРТОЛЁТОНО́СЕЦ, -сца, *м.* Военный корабль, оборудованный как подвижной морской вертодром.

ВЕРТОЛЁТЧИК, -а, *м.* Специалист по производству и вождению вертолётов. || *ж.* **вертолётчица**, -ы.

ВЕРТОПРА́Х, -а, *м.* (разг.). Легкомысленный, ветреный человек.

ВЕРТУ́ШКА, -и. **1.** *ж.* Название разного рода вращающихся аппаратов, приспособлений. *Дверь-в. Звонить по вертушке* (по внутреннему телефону прямой связи; разг.). *Гидрометрическая в.* (для измерения скорости течения воды). **2.** *м. и ж.* Легкомысленный, ветреный человек (разг.).

ВЕ́РУЮЩИЙ, -ая, -ее. Признающий существование Бога. *Верующие старики. Она верующая* (сущ.).

ВЕРФЬ, -и, *ж.* **1.** Место постройки и ремонта судов. **2.** То же, что эллинг (во 2 знач.). || *прил.* **ве́рфенный**, -ая, -ое *и* **верфяно́й**, -áя, -óе.

ВЕРХ, -а (-у), о ве́рхе, на верху́, *мн.* -и́ *и* -á, -óв, *м.* **1.** Наиболее высокая, расположенная над другими часть чего-н. *В. дома. Жить на самом верху. До самого (с самого) верху* и *верха. Снять в. дачи.* **2.** Крыша экипажа, автомашины. *Подъёмный, откидной в.* **3.** (*мн.* -á). Лицевая сторона одежды, крытой материей, а также сама материя; верхняя часть шапки из другого материала; верхняя часть обуви. *Шуба с суконным верхом. Красный в. папахи. Кожаные верха полусапожек.* **4.** Превосходство, преимущество (прост.). *Чей в., того и воля* (посл.). **5.** *перен., чего.* Высшая, крайняя степень чего-н. *В. совершенства. В. глупости. Быть на верху блаженства.* **6.** только *мн.* (-и́). Высшие, руководящие круги общества, государства. *Совещание (встреча, переговоры) в верхах.* **7.** *перен.*, только *мн.* (-и́). Внешняя, поверхностная сторона явлений (разг.). *Хватать верхи. Скользить по верхам.* **8.** *мн.* Высокие ноты (спец.). ✦ **Одержать (взять) верх** — победить (в споре, соревновании). **По верхам глядеть** (разг.) — идти, не глядя перед собой, ротозейничать. **Под верх** (спец.) — для верховой езды. *Лошадь под верх.*

ВЕРХА́МИ, *нареч.* (разг.). То же, что верхо́м (о нескольких всадниках).

ВЕРХНЕ... *Первая часть сложных слов со знач.:* 1) расположенный в верховьях реки, напр. *верхневолжский, верхнекамский;* 2) находящийся в верхней, возвышенной части какой-н. местности, напр. *верхнеуральский, верхнелужицкий.*

ВЕ́РХНИЙ, -яя, -ее. **1.** Расположенный вверху, выше прочих. *В. этаж.* **2.** Близкий к верховью реки. *Верхнее течение.* **3.** Об одежде: носимый поверх другой одежды. *Верхняя одежда* (пальто, шуба, плащ, куртка). **4.** Относящийся к верхам (в 8 знач.). *В. регистр.*

ВЕРХОВЕ́НСТВО, -а, *ср.* (книжн.). Начальствование, главенство. *В. закона.*

ВЕРХО́ВНЫЙ, -ая, -ое. Высший, главный. *В. главнокомандующий. В. суд.*

ВЕРХОВО́Д, -а, *м.* (разг.). Тот, кто верховодит. || *ж.* **верховóдка**, -и.

ВЕРХОВО́ДИТЬ, -óжу, -óдишь; *несов., кем-чем* (разг.). Распоряжаться, руководить, заставляя подчиняться своей воле. *Во дворе он верховодит всеми ребятами.*

ВЕРХОВО́Й[1], -áя, -óе. **1.** Относящийся к передвижению верхо́м. *Верховая езда. Верховая лошадь.* **2. верхово́й**, -óго, *м.* То же, что всадник.

ВЕРХОВО́Й[2], -áя, -óе. **1.** Верхний (в 1 знач.), идущий поверху. *В. ветер. В. огонь* (на лесном пожаре). *В. мяч* (в спортивных играх: летящий высоко). **2.** Находящийся в верховьях. *Верховые сёла. Верховые болота* (расположенные на водоразделах). **3. верхово́й**, -óго, *м.* Человек, работающий на высоте (разг.). *В. на буровой вышке.*

ВЕРХО́ВЬЕ, -я, *род. мн.* -ьев *и* -вий, *ср.* Часть реки, близкая к её истокам, а также прилегающая к ней местность. *В верховьях Волги.*

ВЕРХОГЛЯ́Д, -а, *м.* (разг.). Человек, отличающийся верхоглядством. ‖ *ж.* **верхогля́дка**, -и. ‖ *прил.* **верхогля́дский**, -ая, -ое.

ВЕРХОГЛЯ́ДСТВО, -а, *ср.* (разг.). Поверхностное неглубокое ознакомление с чем-н.

ВЕРХОЛА́З, -а, *м.* Рабочий, специалист по работам на большой высоте. ‖ *ж.* **верхола́зка**, -и (разг.).

ВЕРХОЛА́ЗНЫЙ, -ая, -ое. Относящийся к труду верхолаза. *Верхолазные работы.*

ВЕ́РХОМ, *нареч.* **1.** По верхней, нагорной части местности. *Ехать в.* **2.** Выше уровня краев (разг.). *Насыпать крупы в чашку в.*

ВЕРХО́М, *нареч.* **1.** О езде: на спине животного. *Ехать в. на лошади, на осле. В. на палочке скакать* (в детской игре). **2.** *перен.* Обхватив сиденье ногами. *В. на стуле, на табуретке.*

ВЕРХОТУ́РА, -ы, *ж.* (разг.). Высоко расположенная часть чего-н. *Жить на верхотуре. Забраться на самую верхотуру.*

ВЕРХУ́ШКА, -и, *ж.* **1.** Верх, верхняя часть чего-н. *В. дерева.* **2.** *перен.* Привилегированная часть какой-н. социальной группы, класса, организации (разг.). **3.** *перен., мн.* Поверхностные, неглубокие знания в какой-н. области (разг.). *Верхушки знаний. Нахвататься верхушек.* ‖ *прил.* **верху́шечный**, -ая, -ое (к 1 и 2 знач.).

ВЕ́РША, -и, *ж.* Плетёная рыболовная снасть конической формы.

ВЕРШИ́НА, -ы, *ж.* Самый верх, верхняя часть (горы, дерева и т. п.). *В. Казбека. В. сосны. На вершине славы* (перен.). ✦ **Вершина угла** — в геометрии: точка пересечения двух лучей (в 3 знач.), образующих угол. ‖ *прил.* **верши́нный**, -ая, -ое.

ВЕРШИ́ТЕЛЬ, -я, *м.* (высок.). Тот, кто вершит что-н. *В. судеб.* ‖ *ж.* **верши́тельница**, -ы.

ВЕРШИ́ТЬ, -шу́, -ши́шь; *несов.* **1.** *что.* Кончить, окончить (стар.). *Конец дело вершит* (посл.). **2.** *что и чем.* Осуществлять, совершать, производить (устар. и высок.). *В. суд и расправу. В. дела* или *делами. В. судьбами людей* (распоряжаться, управлять).

ВЕРШИ́ТЬСЯ *см.* свершиться.

ВЕРШКИ́, -о́в (разг.). Верхняя часть чего-н. (напр. огородного растения). *Мне в., а тебе корешки* (из сказки; шутл.).

ВЕРШО́К, -шка́, *м.* Старая русская мера длины, равная 4,4 см. *На в. от гибели* (перен.: о грозящей гибели). *От горшка два вершка кто-н.* (о том, кто ещё очень мал; разг. шутл.). ‖ *прил.* **вершко́вый**, -ая, -ое.

ВЕС, -а (-у), *м.* **1.** (мн. -а́, -о́в). Количество вещества, определяемое мерой массы (в 1 знач.). *В. товара. Весом в один килограмм. Продать на в.* или (прост.) *с весу* (взвесив). *Борец тяжёлого веса. На в. золота ценить что-н.* (перен.: очень высоко). **2.** Влияние, авторитет. *Руководитель с большим весом.* ✦ **На весу** — в висячем положении. ‖ *прил.* **весово́й**, -а́я, -о́е (к 1 знач.; спец.). *Весовые категории борцов.*

ВЕСЕЛЕ́ТЬ, -е́ю, -е́ешь; *несов.* Становиться весёлым, веселее. ‖ *сов.* **повеселе́ть**, -е́ю, -е́ешь.

ВЕСЕЛИ́ТЬ, -лю́, -ли́шь; *несов., кого-что.* Вызывать веселье, радость. *В. публику. Песня веселит душу.* ✦ **Веселящий газ** (спец.) — закись азота, вызывающая особое состояние опьянения. ‖ *сов.* **развесели́ть**, -лю́, -ли́шь; -лённый (-ён, -ена́).

ВЕСЕЛИ́ТЬСЯ, -лю́сь, -ли́шься; *несов.* Весело проводить время. *Дети веселятся в саду.*

ВЕСЕ́ЛЬЕ, -я, *ср.* Беззаботно-радостное настроение, оживлённое, радостное времяпрепровождение. *Предаваться веселью.*

ВЕСЕ́ЛЬНЫЙ, ВЁСЕЛЬНЫЙ *см.* весло.

ВЕСЕЛЬЧА́К, -а́, *м.* (разг.). Весёлый человек, забавник.

ВЕСЕ́ННИЙ *см.* весна.

ВЕСЁЛЫЙ, -ая, -ое; ве́сел, -а́, -о, -ы *и* (разг.) -ы́. **1.** Проникнутый весельем, полный веселья. *В. характер. В. взгляд. Мне весело* (в знач. сказ.). *Весело* (нареч.) *смеяться.* **2.** *полн. ф.* Вызывающий, доставляющий веселье. *В. спектакль.* **3.** *полн. ф.* Приятный для взора, не мрачный. *В. пейзаж. Весёлые обои. Весёлая расцветка.* **4. ве́село!** Выражает огорчение: совсем не весело, грустно. *Всё лето будут дожди. — Весело!* ‖ *уменьш.* **весёленький**, -ая, -ое. *В. ситчик. Весёленькое дело!* (о чём-н. неожиданном и неприятном; разг.). *Весёленькая перспектива!* (о чём-н. неприятном в будущем; разг.). ‖ *сущ.* **весёлость**, -и, *ж.* (к 1 знач.).

ВЕ́СИТЬ, ве́шу, ве́сишь; *несов.* **1.** Иметь тот или иной вес (в 1 знач.). *Рыба весит три килограмма.* **2.** *кого-что.* То же, что взвешивать (в 1 знач.) (прост.).

ВЕ́СКИЙ, -ая, -ое; -сок, -ска. **1.** Имеющий большой вес при малом количестве, объёме. *Веская древесина.* **2.** Серьёзный, убедительный, значительный. *В. довод.* ‖ *сущ.* **ве́скость**, -и, *ж.*

ВЕСЛО́, -а́, *мн.* вёсла, вёсел, вёслам, *ср.* Шест с лопастью для гребли. *Байдарочное в.* (с двумя лопастями). *Идти (плыть) на вёслах* (гребя). *Суши вёсла!* (команда: кончай грести). ‖ *прил.* **весе́льный**, -ая, -ое *и* **вёсельный**, -ая, -ое.

ВЕСЛОНО́ГИЕ, -их. Отряд водоплавающих птиц с густым плотным оперением и горловым мешком у большинства видов: бакланы, розовые пеликаны, фламинго и нек-рые другие.

ВЕСНА́, -ы́, *мн.* вёсны, вёсен, вёснам, *ж.* Время года, следующее за зимой и предшествующее лету. *Поздняя, ранняя, дружная в. По весне* (весною; прост.) *В. жизни* (перен.: о молодости). ✦ **Весна́-красна́**, весны́-красны́ — в народной поэзии: ясная, радостная весна. ‖ *прил.* **весе́нний**, -яя, -ее. *В. сев. Одеться по-весеннему* (нареч.).

ВЕСНОВСПА́ШКА, -и, *ж.* (спец.). Весенняя вспашка полей, не вспаханных под зябь.

ВЕСНО́Й, *нареч.* В весеннее время.

ВЕСНУ́ШКИ, -шек, *ед.* -шка, -и, *ж.* Рыжеватые пятнышки на коже, появляющиеся у нек-рых людей весной. *Нос в веснушках.* ‖ *прил.* **весну́шечный**, -ая, -ое.

ВЕСНУ́ШЧАТЫЙ, -ая, -ое; -ат. Покрытый веснушками, с веснушками. *В. мальчик.* ‖ *сущ.* **весну́шчатость**, -и, *ж.*

ВЕСНЯ́НКА, -и, *ж.* Старинная обрядовая восточнославянская песня, воспевающая приход весны.

ВЕСОВО́Й, -а́я, -о́е. **1.** *см.* вес *и* весы. **2.** Отпускаемый, продаваемый на вес, не поштучно. *В. товар. В. хлеб.*

ВЕСОВЩИ́К, -а́, *м.* Работник, занимающийся взвешиванием грузов. *Железнодорожный в.* ‖ *ж.* **весовщи́ца**, -ы. ‖ *прил.* **весовщи́цкий**, -ая, -ое.

ВЕСО́МЫЙ, -ая, -ое; -о́м (книжн.). **1.** Обладающий весом (в 1 знач.), тяжёлый. **2.** *перен.* Вполне ощутимый, значительный, убедительный. *В. аргумент. В. вклад в науку.* ‖ *сущ.* **весо́мость**, -и, *ж.*

ВЕСТА́ЛКА, -и, *ж.* **1.** В Древнем Риме: девственная жрица Весты — богини домашнего очага, хранительница огня в храме. **2.** *перен.* Стареющая незамужняя девица (устар. книжн., обычно ирон.).

ВЕ́СТЕРН [тэ], -а, *м.* Приключенческий фильм из жизни первых поселенцев американского Запада.

ВЕСТИ́, веду́, ведёшь; вёл, вела́; ве́дший; ведя́; ведо́мый; *несов.* **1.** *кого (что).* Помогать идти, сопровождать идущего. *В. больного под руку.* **2.** *кого-что.* Идти во главе, возглавлять кого-что-н. *В. войска в бой. В. за собой молодёжь.* **3.** *что.* Управлять движением транспортного средства. *В. поезд. В. автомашину. В. трамвай.* **4.** *что.* Прокладывать в определённом направлении. *В. шоссе на юг. В. телеграфную линию через лес.* **5.** *чем.* Двигать чем-н. в каком-н. направлении. *В. смычком по струнам. В. пальцем по строчкам. И бровью не ведёт кто-н.* (не выражает ни малейшего удивления, остаётся равнодушен; разг.). **6.** (1 и 2 л. не употр.). Иметь то или иное направление, служить путём куда-н. *Лестница ведёт на крышу. Дорога ведёт в село.* **7.** (1 и 2 л. не употр.), *перен., к чему.* Иметь что-н. своим следствием, завершением. *Эксперимент ведёт к важным обобщениям. Ложь к добру не ведёт.* **8.** *что.* Производить, осуществлять, делать что-н. (в соответствии со знач. следующего далее существительного). *В. войну. В. переписку. В. следствие. В. огонь* (стрелять). **9.** *что.* Руководить кем-чем-н., осуществлять наблюдение за кем-чем-н. *В. хозяйство. В. кружок. В. больного после операции. В. ученика. В. собрание* (председательствовать). ✦ **Вести себя** *как, каким образом* — поступать каким-н. образом, иметь то или иное поведение, манеры. *Вести себя по-джентльменски (джентльменом, как джентльмен).* **Вести дело (речь)** *к чему* — делая (говоря) что-н., преследовать какую-н. цель. ‖ *сущ.* **веде́ние**, -я, *ср.* (ко 2, 3, 4, 5, 8 и 9 знач.). *В порядке ведения* (собрания, заседания: по ходу, в связи с прохождением собрания, заседания).

ВЕСТИБУЛЯ́РНЫЙ, -ая, -ое: **вестибулярный аппарат** (спец.) — расположенный во внутреннем ухе орган чувств, воспринимающий изменения положения головы и тела в пространстве.

ВЕСТИБЮ́ЛЬ, -я, *м.* Большое помещение, отделяющее вход от внутренних частей здания, преимущ. общественного. *В. метро.* ‖ *прил.* **вестибю́льный**, -ая, -ое.

ВЕСТИ́МО, *вводн. сл.* и *частица* (устар. обл.). То же, что конечно. *Дровишки-то из лесу? — В.!*

ВЕСТИ́СЬ (веду́сь, ведёшься, 1 и 2 л. не употр.), ведётся; вёлся, вела́сь; ве́дшийся; *несов.* **1.** Производиться, осуществляться. *Ведутся переговоры. Ведётся расследование.* **2.** Быть в обыкновении, быть принятым. *Так ведётся исстари.*

ВЕ́СТНИК, -а, *м.* **1.** Тот, кто приносит какие-н. вести (книжн.). *В. победы.* **2.** Название нек-рых периодических изданий. *В. университета.* ‖ *ж.* **ве́стница**, -ы (к 1 знач.).

ВЕСТОВО́Й[1], -а́я, -о́е (устар.). Подающий весть, сигнал о чём-н. *Вестовое судно. Вестовые огни.*

ВЕСТОВО́Й[2], -о́го, *м.* В армии: рядовой, назначаемый для выполнения поручений офицера.

ВЕСТЬ[1], -и, *мн.* -и, -е́й, *ж.* Известие, сообщение. *В. о победе.* ✦ **Бе́з вести пропал** *кто* — о том, кто исчез (обычно в войну) и чья участь неизвестна. ‖ *уменьш.* **ве́сточка**, -и, *ж. Подать о себе весточку* (дать знать о себе).

ВЕСТЬ[2]: 1) **не весть или бог весть** *кто, что, какой, где, когда* и т. д. (устар. и разг.) — неизвестно кто, что, какой, где, когда и т. д.; 2) **не бог весть** *кто, что, какой* (разг.). — о ком-чём-н. не особенно важном, значительном; 3) **не бог весть** *когда* (разг.) — не очень давно; 4) **не бог весть** *где, куда, откуда* (разг.) — не очень далеко, не очень издалека.

ВЕСЫ́, -о́в. Прибор, механизм для определения веса. *В.-автомат. Лабораторные в. На в. брошено (положено) всё* (перен.: в решительный момент сделано всё, приняты крайние меры для достижения чего-н.; книжн.). ‖ *прил.* **весово́й**, -а́я, -о́е.

ВЕСЬ[1], всего́, *м.; ж.* вся, всей; *ср.* всё, всего́; *мн.* все, всех, *мест. определит.* **1.** Полный, без изъятия, целиком. *Всю ночь читал. Со всей энергией. Я всё сказал. У меня всё* (я кончил говорить). *Патриарх всея Руси* (всея — старая форма род. п. ед. ч.). **2. всё**, всего́, *ср.* То, что имеется, есть, наличное. *Всё для победы. Это лучше всего. Остаться без всего. Всего понемногу. Всё вместе взятое* (все обстоятельства, всё, о чём говорилось). **3. все**, всех. В полном составе, без изъятия. *Один за всех, все за одного. Все до одного* (без исключения). *Добрее всех.* **4.** (только *им. п.*), *в знач. сказ.* Кончился, больше нет, израсходован (разг.). *Хлеб в., ни крошки не осталось. Соль вся.* **5. всё**, *в знач. сказ.* То же, что кончено (см. кончить в 5 знач.) (разг.). *Я свободен? — Всё, можете идти. Больше не увидимся: всё.* **6. всё**, всем, *ср.* О том, кто (что) имеет большое значение, определяет собой что-н. *Этот человек для неё — всё (стал всем). Семья для неё стала всем.* ✦ **Весь в** *кого* (разг.) — о большом сходстве с кем-н. (с отцом, матерью). *Сын весь в отца, внук весь в деда.* **Всего хорошего, всего доброго** (или **лучшего**) и (прост.) **всего** — пожелание при прощании. **Всем берёт** *кто* (разг.) — имеет все достоинства. *И красотой, и умом — всем берёт.* **Всё равно** — безразлично, одинаково, в любом случае. *Мне всё равно. Я всё равно не пойду.* **Всё одно** (прост.) — то же, что всё равно. **Всё едино** (устар. и ирон.) — то же, что всё равно. **Всё равно что**, *союз* — выражает сравнение, уподобление. *Ему туда идти всё равно что на казнь.* **Всё равно как, как всё равно**, *союз* (прост.) — то же, что всё равно что. **Всё и вся или все и вся** — все без исключения. **За всё про всё или на всё про всё** (прост.) — употр. для большей выразительности в знач. за всё, на всё. *Заплатил за всё про всё рубль. Дал на всё про всё рубль.* **При всём том, со всем тем** и (разг. шутл.) **при всём при том** — тем не менее. **По всему** (разг.) — по всем признакам. *По всему видно, что он прав.*

ВЕСЬ[2], -и, *ж.* (стар.). Селение, деревня. *По городам и весям* (повсюду; книжн.).

ВЕСЬМА́, *нареч.* (книжн.). То же, что очень. *В. рад.*

ВЕТ... *Первая часть сложных слов со знач.* ветеринарный, напр. *ветврач, ветслужба, ветлечебница, ветстанция.*

ВЕТВИ́СТЫЙ, -ая, -ое; -и́ст. Со множеством ветвей, с отростками, ответвлениями. *В. дуб. Ветвистые злаки. Ветвистые рога оленя.* ‖ *сущ.* **ветвистость**, -и, *ж.*

ВЕТВИ́ТЬСЯ (-влю́сь, -ви́шься, 1 и 2 л. не употр.), -ви́тся; *несов.* О растении: пускать ветви, отростки.

ВЕТВЬ, -и, *мн.* -и, -е́й, *ж.* **1.** То же, что ветка (в 1 знач.). **2.** Ответвление от чего-н. основного, главного, отходящая в сторону часть чего-н. *В. горного хребта. В. дороги. Ветви трахеи.* **3.** Отдельная линия родства. *Боковая в. рода.* ‖ *прил.* **ветвяно́й**, -а́я, -о́е (к 1 знач.).

ВЕ́ТЕР, ве́тра (ве́тру), о ве́тре, на ветру́, *мн.* -ы, -ов и -а́, -о́в, *м.* Движение, поток воздуха в горизонтальном направлении. *Скорость ветра. Сильный, лёгкий в. Попутный в. Стоять на ветру́* (там, где дует ветер). *По́ ветру или по ве́тру развеять что-н. Каким ветром занесло?* (перен.: то же, что какими судьбами?). *Держать нос по ветру* (перен.: приспосабливаться к обстоятельствам; разг. неодобр.). *Ищи ветра в поле* (о бесполезных поисках исчезнувшего). *Откуда (куда) в. дует* (также перен.: беспринципно применяясь к обстоятельствам, к чужим мнениям, взглядам; разг.). *В. перемен* (перен.: о свежих, новых веяниях в общественной жизни; книжн.). ✦ **Бросать слова на ветер** — говорить что-н. безответственно, не подумав. **Бросать деньги на ветер** — безрассудно тратить. **Ветер в голове** *у кого* — о пустом, легкомысленном человеке. **До ветру (выйти, пойти)** (прост.) — по естественной надобности. **На семи ветрах** — в месте, открытом всем ветрам. **Подбитый ветром** — 1) о легкомысленном, пустом человеке (разг.); 2) о слишком лёгкой, не по сезону, верхней одежде (шутл.). ‖ *уменьш.* **ветеро́к**, -рка́, *м. С ветерком* (о езде: быстро). ‖ *прил.* **ветрово́й**, -а́я, -о́е (спец.). *Ветровая эрозия почвы. Ветровое стекло* (переднее стекло автомобиля).

ВЕТЕРА́Н, -а, *м.* **1.** Старый, опытный воин; участник прошедшей войны (высок.). *В. Великой Отечественной войны. Чествование ветеранов.* **2.** *чего.* Старый, заслуженный деятель, работник. *В. труда. В. сцены. Ветераны науки. Корабль-в.* (перен.). ‖ *ж.* **ветера́нка**, -и (разг.). ‖ *прил.* **ветера́нский**, -ая, -ое.

ВЕТЕРИНА́Р, -а, *м.* Специалист по ветеринарии. ‖ *прил.* **ветерина́рский**, -ая, -ое.

ВЕТЕРИНА́РИЯ, -и, *ж.* Наука о болезнях животных, их лечении и предупреждении, а также о методах защиты людей от инфекционных болезней животных. ‖ *прил.* **ветерина́рный**, -ая, -ое.

ВЕ́ТКА, -и, *ж.* **1.** Небольшой боковой отросток, побег дерева, кустарника или травянистого растения. *В. сирени.* **2.** Отдельная линия в системе железных дорог, отклоняющаяся в сторону от основного пути. ‖ *уменьш.* **ве́точка**, -и, *ж.* (к 1 знач.). ‖ *прил.* **ве́точный**, -ая, -ое (к 1 знач.). *В. корм.*

ВЕТЛА́, -ы́, *мн.* вётлы, вётел, вётлам, *ж.* Белая (серебристая) ива. ‖ *прил.* **ветло́вый**, -ая, -ое. *В. мёд* (из нектара, собранного с ветловых серёжек).

ВЕ́ТО, *нескл., ср.* (книжн.). В государственном праве, в международных отношениях: запрещение, запрет. *Право в.* (право налагать запрет на какое-н. решение, закон). *Наложить в. на что-н.*

ВЕТО́ШКА, -и, *ж.* (разг.). Старая тряпка, лоскут.

ВЕТО́ШНИК, -а, *м.* (устар.). Торговец ветошью. ‖ *ж.* **вето́шница**, -ы.

ВЕ́ТОШЬ, -и, *ж., собир.* **1.** Ветхое платье, ветхие вещи. **2.** Протирка (во 2 знач.), тряпье, к-рым вытирают, обтирают что-н. *Обтирочная в. Протереть станок ветошью.* ‖ *прил.* **вето́шный**, -ая, -ое.

ВЕ́ТРЕНИК, -а, *м.* (разг.). Ветреный человек. ‖ *ж.* **ве́треница**, -ы.

ВЕ́ТРЕНЫЙ, -ая, -ое; -ен. **1.** С ветром. *В. день. Сегодня ветрено* (в знач. сказ.). **2.** *перен.* Легкомысленный, пустой. *В. юноша.* ‖ *сущ.* **ве́треность**, -и, *ж.* (ко 2 знач.).

ВЕТРИ́ЛО, -а, *ср.* (стар.). То же, что парус. *Без руля и без ветрил* (перен.: о чём-н. неуправляемом, подчиняющемся случайным обстоятельствам; книжн.).

ВЕТРО... *Первая часть сложных слов со знач.* относящийся к ветру, напр. *ветродвигатель, ветроколесо, ветроэнергетика, ветронепроницаемый.*

ВЕТРО́ВКА, -и, *ж.* Куртка из плотной ткани для защиты от ветра.

ВЕТРОВО́Й *см.* ветер.

ВЕТРОГО́Н, -а, *м.* (разг.). То же, что ветреник. ‖ *ж.* **ветрого́нка**, -и. ‖ *прил.* **ветрого́нский**, -ая, -ое.

ВЕТРОСИЛОВО́Й, -а́я, -о́е. То же, что ветряной. *Ветросиловая установка.*

ВЕТРЯ́К, -а́, *м.* (разг.). **1.** Ветряной двигатель. **2.** Ветряная мельница.

ВЕТРЯ́НКА[1], -и, *ж.* (прост.). Ветряная мельница.

ВЕТРЯ́НКА[2], -и, *ж.* (разг.). То же, что ветряная оспа.

ВЕТРЯНО́Й, -а́я, -о́е. Приводимый в действие силой ветра. *Ветряная мельница. В. двигатель.*

ВЕ́ТРЯНЫЙ, -ая, -ое: **ветряная оспа** — острая, преимущ. детская вирусная болезнь, сопровождающаяся крупной сыпью.

ВЕ́ТХИЙ, -ая, -ое; ветх, -а́, -о. Разрушающийся от старости; дряхлый. *В. домик. В. старик.* ✦ **Ветхий Завет** — дохристианская часть Библии. ‖ *сущ.* **ве́тхость**, -и, *ж. Строение пришло в в.* (изветшало).

ВЕТХОЗАВЕ́ТНЫЙ, -ая, -ое; -тен, -тна. **1.** *полн. ф.* Относящийся к Ветхому Завету. **2.** Старинный, вышедший из обихода. *В. обычай.* ‖ *сущ.* **ветхозаве́тность**, -и, *ж.* (ко 2 знач.).

ВЕТЧИНА́, -ы́, *мн.* (при обозначении сортов) ветчи́ны, -и́н, -и́нам, *ж.* Мясо копчёного или запечённого свиного окорока. ‖ *прил.* **ветчи́нный**, -ая, -ое.

ВЕТША́ТЬ, -а́ю, -а́ешь; *несов.* Становиться ветхим, более ветхим. *Строение ветшает.* ‖ *сов.* **обветша́ть**, -а́ю, -а́ешь.

ВЕ́ХА, -и, *ж.* **1.** Шест в поле для указания пути, границ земельных участков, а также шест на поплавке для указания пути по воде. **2.** *перен.*, обычно *мн.* Важный момент, этап в развитии чего-н. *Основные вехи русской истории.* ‖ *уменьш.* **ве́шка**, -и, *ж.* (к 1 знач.).

ВЕ́ЧЕ, -а, *ср.* На Руси в 10—15 вв.: собрание горожан для решения общественных дел, а также место такого собрания. *Новгородское в. Колокол зовёт на в.* ‖ *прил.* **вечево́й**, -а́я, -о́е. *В. колокол.*

ВЕ́ЧЕР, -а, *мн.* -а́, -о́в, *м.* **1.** Часть суток, сменяющая день и переходящая в ночь. *Поздний в. Пришёл домой под ве́чер* или (устар.) *по́д вечер* (близко к вечеру). *В. жизни* (перен.: старость; высок.). *Ещё не в.* (также перен.: ещё не старость, будет что-то хорошее впереди). **2.** Общественное собрание, встреча в это время. *Литературный в. Танцевальный в. В.-встреча.* **3.** Встреча друзей, знакомых в вечернее время. *Званый в. В. по поводу дня рождения.* ‖ *уменьш.* **вечеро́к**, -рка́, *м.* (к 1 и 3 знач.). ‖ *прил.* **вече́рний**, -яя, -ее (к 1 знач.). *Вечерняя заря. Вечерняя газета. Вечернее платье* (нарядное, выходное).

ВЕЧЕРЕ́ТЬ (-е́ю, -е́ешь, 1 и 2 л. не употр.), -е́ет; чаще *безл.; несов.* Клониться к вечеру; наступать (о вечере). *День вечереет. Осенью рано вечереет* (безл.). ‖ *сов.* **завечере́ть** (-е́ю, -е́ешь, 1 и 2 л. не употр.), -е́ет (разг.).

ВЕЧЕРИ́НКА, -и, *ж.* Вечернее собрание для дружеской встречи, для развлечения. *Студенческая в. Пойти на вечеринку.*

ВЕЧЕ́РНИЙ, -яя, -ее. **1.** *см.* вечер. **2.** Об учебном заведении: осуществляющий очное обучение без отрыва учащихся от производства, с занятиями по вечерам. *Вечерняя школа. В. техникум. Вечернее отделение института. Вечернее обучение* (в таком учебном заведении).

ВЕЧЕ́РНИК, -а, *м.* (разг.). Учащийся вечернего учебного заведения. *Студент-в.* ‖ *ж.* **вечёрница**, -ы.

ВЕЧЕ́РНЯ, -и, *род. мн.* -рен, *ж.* У православных: вечерняя церковная служба. *Пойти к вечерне.*

ВЕ́ЧЕРОМ, *нареч.* В вечернее время. ‖ *уменьш.* **вечерко́м**.

ВЕ́ЧЕРЯ, -и, *ж.* (стар. высок.). То же, что ужин (в 1 знач.). ✦ **Тайная вечеря** (высок.) — по евангельской притче: последний ужин Иисуса Христа с учениками, на котором Иисус Христос установил таинство причащения и сказал, что один из учеников предаст его.

ВЕ́ЧНО, *нареч.* **1.** В течение веков, не прекращаясь, всегда. *Вечно живые* (о погибших героях). **2.** Постоянно, очень часто (разг.). *В. чем-то недоволен.*

ВЕЧНОЗЕЛЁНЫЙ, -ая, -ое. О растениях: с не желтеющими и не опадающими в течение всего года листьями, хвоей.

ВЕ́ЧНОСТЬ, -и, *ж.* Очень долгое время, бесконечность. *Не виделись целую в.* (очень давно; разг.). *Кануть в в.* (бесследно исчезнуть, не оставив следов, памяти о себе).

ВЕ́ЧНЫЙ, -ая, -ое; -чен, -чна. **1.** Не перестающий существовать, сохраняющийся на многие века. *Вечные льды. Вечная мерзлота. Вечная слава героям.* **2.** То же, что бессрочный. *Боевое знамя передано в воинскую часть на вечное хранение.* **3.** *полн. ф.* Постоянно повторяющийся, всегдашний (разг.). *Вечные ссоры.* ✦ **Вечное перо** — прежнее название авторучки.

ВЕЧО́Р, *нареч.* (устар. и прост.). Вчера вечером.

ВЕ́ШАЛКА, -и, *род. мн.* -лок, *ж.* **1.** Планка или стойка для вешания платья, головных уборов. *Деревянная в. В. из оленьих рогов. Снять пальто с вешалки. Повесить пальто на вешалку.* **2.** То же, что плечики. *Костюм сидит как на вешалке* (широк, болтается). **3.** То же, что гардероб (во 2 знач.) (разг.). *Сдать пальто на вешалку.* **4.** Большая пришивная петля, за к-рую вешают платье. *Пришить вешалку.* ✦ **Театр начинается с вешалки** — афоризм: радостное, приподнятое настроение зрителей должно возникать уже при входе в театр. ‖ *прил.* **ве́шалочный**, -ая, -ое (к 1 знач.). *Вешалочные крючки.*

ВЕ́ШАТЬ[1], -аю, -аешь; *несов.* **1.** *что.* Помещать в висячем положении. *В. картину на стену.* **2.** *кого (что).* Подвергать смертной казни на виселице. ✦ **Вешать голову** (разг.) — унывать, отчаиваться. ‖ *сов.* **пове́сить**, -ешу, -е́сишь; -е́шенный. ‖ *сущ.* **ве́шание**, -я, *ср.* (к 1 знач.) *и* **повеше́ние**, -я, *ср.* (ко 2 знач.). *Смертная казнь через повешение.*

ВЕ́ШАТЬ[2], -аю, -аешь; *несов., кого-что.* Определять вес, взвешивать (в 1 знач.). *В. товар.* ‖ *сов.* **све́шать**, -аю, -аешь; -анный.

ВЕ́ШАТЬСЯ[1], -аюсь, -аешься; *несов.* Лишать себя жизни, повесившись на затягивающейся петле. *Хоть вешайся* (о безвыходном положении). ✦ **Вешаться на шею кому** (разг. неодобр.) — о женщине: всеми способами добиваться расположения, взаимности. ‖ *сов.* **пове́ситься**, -е́шусь, -е́сишься.

ВЕ́ШАТЬСЯ[2], -аюсь, -аешься; *несов.* (разг.). Определять свой вес на весах. ‖ *сов.* **све́шаться**, -аюсь, -аешься.

ВЕ́ШКА *см.* веха.

ВЕ́ШНИЙ, -яя, -ее. О времени, погоде, состоянии природы: весенний. *Вешние деньки. Вешние воды. В. сток вод* (спец.).

ВЕЩА́ТЬ, -а́ю, -а́ешь; *несов.* **1.** Предсказывать, говорить торжественным, непререкаемым тоном (книжн.). **2.** (1 и 2 л. не употр.). О радио, телевидении: передавать для массовой информации. *В. на европейские страны.* ‖ *сов.* **провеща́ть**, -а́ю, -а́ешь (к 1 знач.). ‖ *сущ.* **веща́ние**, -я, *ср.* (ко 2 знач.). ‖ *прил.* **веща́тельный**, -ая, -ое (ко 2 знач.).

ВЕЩЕ́СТВЕННЫЙ, -ая, -ое; -вен, -венна. **1.** Состоящий из вещества, материальный. *В. мир.* **2.** *полн. ф.* Состоящий из вещей, относящийся к вещам (в 1 и 2 знач.). *Вещественные доказательства.* ✦ **Вещественные имена существительные** — в грамматике: существительные, называющие однородную делимую массу, вещество (напр., вода, песок, табак). ‖ *сущ.* **веще́ственность**, -и, *ж.* (к 1 знач.).

ВЕЩЕСТВО́, -а́, *ср.* Вид материи; то, из чего состоит физическое тело. *Органические вещества. Взрывчатые вещества.*

ВЕЩИ́ЗМ, -а, *м.* (неодобр.). Пристрастие к вещам (во 2 знач.), к материальным ценностям в ущерб ценностям духовным.

ВЕ́ЩИЙ, -ая, -ее (высок.). Предвидящий будущее, пророческий. *Вещие слова.*

ВЕЩМЕШО́К, -шка́, *м.* Сокращение: вещевой мешок — заплечный мешок для личных вещей.

ВЕЩУ́Н, -а́, *м.* (устар.). То же, что предсказатель. *Ворон-в.* (по старым народным представлениям: своим криком предсказывающий несчастье). ‖ *ж.* **вещу́нья**, -и, *род. мн.* -ний.

ВЕЩЬ, -и, *мн.* -и, -е́й, *ж.* **1.** Отдельный предмет, изделие. *Антикварная в.* **2.** То, что принадлежит к личному движимому имуществу. *Сдать вещи в багаж.* **3.** О произведении науки, искусства. *Удачная в. Слабая в.* **4.** Нечто, обстоятельство, явление. *Произошла непонятная в. Прекрасная в. — молодость! Называть вещи своими именами* (говорить прямо, не скрывая истины). ‖ *уменьш.* **веща́ца**, -ы, *ж.* (к 1 и 3 знач.; о чём-н. хорошем) *и* **вещи́чка**, -и, *ж.* (к 1, 2 и 3 знач.). ‖ *прил.* **ве́щный**, -ая, -ое (к 1 и 2 знач.; спец.) *и* **вещево́й**, -а́я, -о́е (ко 2 знач.). *Вещное право* (имущественное право владения вещами). *Вещная болезнь* (пристрастие к приобретению вещей во 2 знач., вещизм). *Вещевой мешок.*

ВЕ́ЯЛКА, -и, *ж.* Сельскохозяйственная машина, на к-рой веют зерно.

ВЕ́ЯЛЬЩИК, -а, *м.* Работник на веялке. ‖ *ж.* **ве́яльщица**, -ы.

ВЕ́ЯНИЕ, -я, *ср.* **1.** *см.* веять. **2.** *перен.* Изменение в направлении умственной жизни, общественных вкусов и настроений (книжн.). *Новые веяния в искусстве.*

ВЕ́ЯНЫЙ, -ая, -ое. Подвергшийся веянию. *Веяное зерно.*

ВЕ́ЯТЬ, ве́ю, ве́ешь; ве́янный; *несов.* **1.** (1 и 2 л. не употр.). О ветре, струе воздуха, запахе: слабо литься. *Веет ветерок. Из сада веют ароматы, запахи цветов, трав. В воздухе веет* (безл.) *прохладой.* **2.** (1 и 2 л. не употр.). О чём-н. предстоящем: ожидаться, чувствоваться. *Веет весной.* **3.** (1 и 2 л. не употр.). То же, что развеваться. *Веют знамена.* **4.** *что.* Очищать (обмолоченное зерно) от мякины и сора на веялке или подбрасывая его деревянной лопатой в направлении против ветра. ‖ *сов.* **прове́ять**, -ею, -еешь; -янный (к 4 знач.). ‖ *сущ.* **ве́яние**, -я, *ср.*

ВЁДРО, -а, *ср.* (прост.). Летняя сухая и ясная погода. *В. стоит, наступило.* ‖ *прил.* **ве́дренный**, -ая, -ое. *В. день.*

ВЁРСТКА, -и, *ж.* (спец.). **1.** *см.* верстать. **2.** Свёрстанный набор, а также его оттиск, предназначенный для корректуры. *Править вёрстку.* ‖ *прил.* **вёрсточный**, -ая, -ое.

ВЁРТКИЙ, -ая, -ое; -ток, -тка́ *и* -тка, -тко (разг.). Очень подвижный, увёртливый. *Вёрток как угорь.* ‖ *сущ.* **вёрткость**, -и, *ж.*

ВЖИ́ВЕ, *нареч.* **1.** То же, что в живых (устар.). *Остаться в.* **2.** То же, что заживо (высок.).

ВЖИВИ́ТЬ, -влю́, -ви́шь; -влённый (-ён, -ена́); *сов., что* (спец.). Поместить внутрь живого организма временно или для приживления. *Под мышцу больного вживлён специальный аппарат.* ‖ *несов.* **вживля́ть**, -я́ю, -я́ешь. ‖ *сущ.* **вживле́ние**, -я, *ср. В. искусственного сердца.*

ВЖИК (разг.). **1.** *межд. звукоподр.* О резком и коротком свистящем звуке. **2.** *в знач. сказ.* Вжикнул. *В. пуля!*

ВЖИ́КАТЬ, -аю, -аешь; *несов.* (разг.). Издавать короткие резкие свистящие звуки. *Вжикают пули. В. ножиком.* ‖ *однокр.* **вжи́кнуть**, -ну, -нешь.

ВЖИ́ТЬСЯ, вживу́сь, вживёшься; вжи́лся, вжила́сь, вжило́сь *и* вжи́лось; *сов., во что.* Вникнув, сделать близким себе, хорошо освоиться с чем-н. *В. в свою роль* (об актёре). *Художник вжился в образ.* ‖ *несов.* **вжива́ться**, -а́юсь, -а́ешься. ‖ *сущ.* **вжива́ние**, -я, *ср.*

ВЗ..., *приставка.* Обозначает: **I.** в глаголах: 1) направление действия вверх, напр. *взметнуть, взлететь;* 2) доведение действия до какого-н. состояния, предела, напр. *взболтать;* 3) быстрое возникновение, наступление действия, состояния, напр. *взвизгнуть, взвыть;* 4) с постфиксом -ся — интенсивное возникновение действия, напр. *взбунтоваться, вздуриться;* 5) неинтенсивное, слабое действие, напр. *вздремнуть;* **II.** в существительных: возвышенное или прилегающее место, напр. *взгорье, взгорок, взморье.*

ВЗАД, *нареч.* (разг.). В обратном направлении, назад. *В. и вперёд. Ни в. ни вперёд* (ни с места).

ВЗАИ́МНОСТЬ, -и, *ж.* **1.** *см.* взаимный. **2.** Ответное чувство любви, симпатии. *Влюблён без взаимности. Любит и пользуется взаимностью. Семь лет без взаимности* (шутл. примета: тому, кто сидит в углу стола, не повезёт в любви).

ВЗАИ́МНЫЙ, -ая, -ое; -мен, -мна. Общий для обеих сторон, обоюдный; обусловленный один другим, связанный один с другим. *Взаимное доверие. Взаимная любовь. Взаимное нерасположение.* ‖ *сущ.* **взаи́мность**, -и, *ж.*

ВЗАИМО... *Первая часть сложных слов со знач.* взаимный, напр. *взаимовлияние, взаимопроверка, взаимовыручка, взаимозаменяемость, взаимозависимость, взаимовыгодный.*

ВЗАИМОДЕ́ЙСТВИЕ, -я, *ср.* **1.** Взаимная связь явлений. *В. спроса и предложения.* **2.** Взаимная поддержка. *В. войск* (согласованные действия войск при выполнении боевой задачи).

ВЗАИМОДЕ́ЙСТВОВАТЬ, -твую, -твуешь; *несов.* Находиться во взаимодействии.

ВЗАИМООБУСЛО́ВЛЕННОСТЬ, -и, *ж.* Взаимная обусловленность, влияние одних явлений на другие.

ВЗАИМООТНОШЕ́НИЕ, -я, *ср.* Взаимные отношения между кем-чем-н. *Нормальные взаимоотношения. Взаимоотношения в семье.*

ВЗАИМОПО́МОЩЬ, -и, *ж.* Взаимная помощь, помощь друг другу. *Касса взаимопомощи* (общественная кредитная организация).

ВЗАИМОПОНИМА́НИЕ, -я, *ср.* Взаимное понимание и согласие. *Достигнуть взаимопонимания.*

ВЗАИМОСВЯ́ЗЬ, -и, *ж.* Взаимная связь. *В. явлений.*

ВЗАЙМЫ́, *нареч.* В долг, с последующей отдачей. *Дать, взять деньги в.*

ВЗАЛКА́ТЬ, -а́ю, -а́ешь; *сов., чего* (устар. книжн.). Сильно захотеть, пожелать. *В. славы.*

ВЗАМЕ́Н. **1.** *нареч.* В обмен на что-н. *Отдал и ничего не попросил в.* **2.** *кого-чего, предлог с род. п.* То же, что **вместо**. *Справка в. утерянного документа.*

ВЗАПЕРТИ́, *нареч.* В запертом помещении. *Сидеть в.*

ВЗАПРА́ВДАШНИЙ, -яя, -ее (прост.). Подлинный, настоящий.

ВЗАПРА́ВДУ, *нареч.* (прост.). То же, что вправду. *В. не шучу.*

ВЗА́ПУСКИ, *нареч.* (разг.). То же, что наперегонки. *Бегать в.*

ВЗАСО́С, *нареч.* Не отрывая губ. *Целоваться в. Курить в. В. прочитал роман* (перен.: не отрываясь).

ВЗАТЯ́ЖКУ, *нареч.* (разг.). Затягивая, затягиваясь, а также оттягивая что-н. *Курить в. Хлестнуть в.*

ВЗАХЛЁБ, *нареч.* (прост.). Торопливо, захлёбываясь (во 2 знач.). *Рассказывать что-н. в. В. хвалят кого-н.*

ВЗА́ШЕЙ и **ВЗАШЕ́Й**, *нареч.* (прост.). Грубо, толкая в шею. *Гнать, выпроваживать в.*

ВЗБА́ДРИВАТЬ, -СЯ *см.* взбодрить, -ся.

ВЗБАЛАМУ́ТИТЬ *см.* баламутить.

ВЗБА́ЛМОШНЫЙ, -ая, -ое; -шен, -шна (разг.). Сумасбродный, неуравновешенный, с причудами. *Взбалмошная баба.* ‖ *сущ.* **взба́лмошность**, -и, *ж.*

ВЗБА́ЛТЫВАТЬ *см.* взболтать.

ВЗБЕЖА́ТЬ, -егу́, -ежи́шь, -егу́т, -еги́; *сов.* Бегом подняться куда-н. ‖ *несов.* **взбега́ть**, -а́ю, -а́ешь.

ВЗБЕЛЕНИ́ТЬ, -ню́, -ни́шь; -нённый (-ён, -ена́); *сов., кого (что)* (прост.). Привести в крайнее раздражение, ярость.

ВЗБЕЛЕНИ́ТЬСЯ, -ню́сь, -ни́шься; *сов.* (прост.). Прийти в крайнее раздражение, ярость.

ВЗБЕСИ́ТЬ, -СЯ *см.* бесить, -ся.

ВЗБИРА́ТЬСЯ *см.* взобраться.

ВЗБИТЬ, взобью́, взобьёшь; взбей; взби́тый; *сов., что.* Лёгкими ударами сделать рыхлым, пышным, пенистым. *В. подушки. В. сливки.* ‖ *несов.* **взбива́ть**, -а́ю, -а́ешь.

ВЗБОДРИ́ТЬ, -рю́, -ри́шь; -рённый (-ён, -ена́); *сов., кого (что)* (разг.). Придать бодрость, энергию кому-н. *В. приунывших.* ‖ *несов.* **взба́дривать**, -аю, -аешь.

ВЗБОДРИ́ТЬСЯ, -рю́сь, -ри́шься; *сов.* (разг.). Прийти в бодрое состояние, настроение, стать бодрым, бодрее. ‖ *несов.* **взба́дриваться**, -аюсь, -аешься.

ВЗБОЛТА́ТЬ, -а́ю, -а́ешь; -о́лтанный; *сов., что.* Болтая, смешать осадок с отстоявшейся жидкостью. *В. микстуру.* ‖ *несов.* **взба́лтывать**, -аю, -аешь. ‖ *сущ.* **взба́лтывание**, -я, *ср.*

ВЗБОРОЗДИ́ТЬ *см.* бороздить.

ВЗБОРОНИ́ТЬ *см.* боронить.

ВЗБОРОНОВА́ТЬ *см.* бороновать.

ВЗБРЕСТИ́, -еду́, -едёшь; -ёл, -ела́; -е́дший; *сов.* (разг.). С трудом взойти наверх. *В. на пригорок.* ✦ **Взбрести в голову или на ум** (разг. неодобр.) — случайно прийти в голову. ‖ *несов.* **взбреда́ть**, -а́ю, -а́ешь.

ВЗБУДОРА́ЖИТЬ, -СЯ *см.* будоражить, -ся.

ВЗБУНТОВА́ТЬ *см.* бунтовать.

ВЗБУНТОВА́ТЬСЯ, -ту́юсь, -ту́ешься; *сов.* **1.** (1 и 2 л. не употр.). Поднять бунт[1], принять участие в бунте[1]. *Рабы взбунтовались.* **2.** Категорически возразить, запротестовать (разг.). *Взбунтовалось всё семейство.*

ВЗБУ́ХНУТЬ (-ну, -нешь, 1 и 2 л. не употр.), -нет; -у́х, -у́хла; *сов.* То же, что набухнуть. *Земля взбухла от дождей.* ‖ *несов.* **взбуха́ть** (-а́ю, -а́ешь, 1 и 2 л. не употр.), -а́ет.

ВЗБУ́ЧКА, -и, *ж.* Грубый выговор, нагоняй или побои, выволочка (прост.). *Задать взбучку кому-н.*

ВЗВАЛИ́ТЬ, -алю́, -а́лишь; -а́ленный; *сов., что на кого-что.* **1.** Подняв, навалить. *В. ношу на́ спину.* **2.** *перен.* Обременить кого-н. чем-н., возложить что-н. на кого-н. (разг.). *В. всю работу на секретаря.* ‖ *несов.* **взва́ливать**, -аю, -аешь.

ВЗВАР, -а (-у), *м.* (обл.). Отвар с варившимися в нём сухими фруктами, ягодами.

ВЗВЕ́СИТЬ, -е́шу, -е́сишь; -е́шенный; *сов.* **1.** *кого-что.* Определить вес кого-чего-н. *В. товар.* **2.** *перен., что.* Предварительно обдумать, оценить. *В. все доводы.* ‖ *несов.* **взве́шивать**, -аю, -аешь. ‖ *возвр.* **взве́ситься**, -е́шусь, -е́сишься (к 1 знач.); *несов.* **взве́шиваться**, -аюсь, -аешься (к 1 знач.).

ВЗВЕСТИ́, -еду́, -едёшь; -ёл, -ела́; -е́дший; -едённый (-ён, -ена́); -едя́; *сов.* **1.** *что.* Поднять, устремить вверх. *В. глаза, взгляд, взор. В. курок* (привести в положение готовности к выстрелу). **2.** *что на кого (что).* Со словами «поклёп», «неправда», «напраслина» и т. п.: несправедливо обвинить. *В. поклёп, напраслину на кого-н. В. обвинение на кого-н.* ‖ *несов.* **взводи́ть**, -ожу́, -о́дишь. ‖ *сущ.* **взвод**, -а, *м.* (к 1 знач.; спец.). *В. курка.*

ВЗВЕСЬ, -и, *ж.* (спец.). Суспензия, в к-рой из-за малой разницы в величине и плотности составляющих элементов частицы оседают или всплывают очень медленно.

ВЗВЕ́ШЕННЫЙ, -ая, -ое; -ен. **1.** О частицах: находящийся во взвеси (спец.). *Во взвешенном состоянии* (также перен.: в состоянии полной неопределённости; разг. шутл.). **2.** Хорошо продуманный, обдуманный. *Взвешенное решение.* ‖ *сущ.* **взве́шенность**, -и, *ж.*

ВЗВИ́ЗГНУТЬ, -ну, -нешь; *сов.* Вскрикнуть с резким визгом, издать визг. ‖ *несов.* **взвизгивать**, -аю, -аешь.

ВЗВИНТИ́ТЬ, -нчу́, -нти́шь; -и́нченный; *сов., кого-что* (разг.). Возбудить, напрячь в сильной степени. *В. нервы.* ✦ **Взвинтить цены** (разг.) — искусственно поднять, увеличить цены. ‖ *несов.* **взви́нчивать**, -аю, -аешь.

ВЗВИТЬ, взовью́, взовьёшь; взвил, -ила́, -и́ло; взвей; взви́тый (-ит, -ита́ *и* разг. -и́та, -и́то); *сов., что.* Подняв, закружить, завертеть. *Ветер взвил пыль.* ‖ *несов.* **взвива́ть**, -а́ю, -а́ешь.

ВЗВИ́ТЬСЯ, взовью́сь, взовьёшься; взви́лся, -ла́сь, -ло́сь *и* -ло́сь; взве́йся; *сов.* **1.** Взлететь, поднявшись, завертеться, закружиться. *Взвились сухие листья. Птица взвилась вверх.* **2.** *перен.* Возмутиться, рассердиться (прост.). *В. из-за пустяка.* ‖ *несов.* **взвива́ться**, -а́юсь, -а́ешься.

ВЗВИ́ХРИТЬСЯ (-рюсь, -ришься, 1 и 2 л. не употр.), -рится и **ВЗВИХРИ́ТЬСЯ** (-рюсь, -ри́шься, 1 и 2 л. не употр., -ри́тся; *сов.* (разг.). Закружиться вихрем или в вихре. *Песок взвихрился.* ‖ *несов.* **взвихря́ться** (-я́юсь, -я́ешься, 1 и 2 л. не употр.), -я́ется.

ВЗВОД[1], -а, *м.* **1.** *см.* взвести. **2.** Приспособление в ударном механизме оружия, служащее упором для поднятого курка (спец.). *Курок на взводе.* ✦ **На взводе** *кто* (разг.) — 1) слегка пьян; 2) в состоянии нервного возбуждения. ‖ *прил.* **взводно́й**, -а́я, -о́е.

ВЗВОД[2], -а, *м.* Подразделение роты, батареи или эскадрона. ‖ *прил.* **взво́дный**, -ая, -ое. *В. командир. Приказ взводного* (сущ.).

ВЗВОДИ́ТЬ *см.* взвести.

ВЗВОЛНО́ВАННЫЙ, -ая, -ое; -ан, -анна. Полный волнения, выражающий волнение. *В. вид. В. голос. Говорить взволнованно* (нареч.). ‖ *сущ.* **взволнованность**, -и, *ж.*

ВЗВОЛНОВА́ТЬ, -СЯ *см.* волновать, -ся.

ВЗВЫТЬ, взво́ю, взво́ешь; *сов.* Поднять вой, внезапно завыть. *Взвыла сирена. В. от боли.* ‖ *несов.* **взвыва́ть**, -а́ю, -а́ешь.

ВЗГЛЯД, -а, *м.* **1.** Направленность зрения на кого-что-н. *Обменяться взглядами. Бросить в. на кого-что-н.* (быстро посмотреть). *С первого взгляда или на первый в.* (по первому впечатлению). *Смерить взглядом кого-н.* (пристально, гордо или насмешливо оглядеть кого-н.). *На в.* (судя по внешности; разг.). **2.** Выражение глаз. *Суровый в. Растерянный в.* **3.** *перен.* Мнение, суждение. *Научные взгляды. Правильный в. на вещи. Высказать свои взгляды. На мой в.* (по моему мнению).

ВЗГЛЯНУ́ТЬ, -яну́, -я́нешь; *сов., на кого-что.* **1.** Обратить взгляд, посмотреть. *В. на небо.* **2.** *перен.* Обратить внимание, оценить каким-н. образом. *В. на дело просто.* ‖ *несов.* **взгля́дывать**, -аю, -аешь (к 1 знач.).

ВЗГО́РЬЕ, -я, *род. мн.* -рий, *ср.* Небольшая возвышенность, холм, пригорок.

ВЗГРЕТЬ, -е́ю, -е́ешь; -ре́тый; *сов., кого (что)* (прост.). Ругая, сделать выговор, наказать. ‖ *несов.* **взгрева́ть**, -а́ю, -а́ешь.

ВЗГРОМОЗДИ́ТЬ, -зжу́, -зди́шь; -ождённый (-ён, -ена́); *сов., кого-что* (разг.). О тяжёлом, громоздком: поместить с усилием на что-н. высокое. *В. ящик на шкаф.* ‖ *несов.* **взгроможда́ть**, -а́ю, -а́ешь.

ВЗГРОМОЗДИ́ТЬСЯ, -зжу́сь, -зди́шься; *сов., на что* (разг.). Взобраться с усилием, тяжело на что-н. высокое. *В. на крышу.* ‖ *несов.* **взгроможда́ться**, -а́юсь, -а́ешься.

ВЗГРУСТНУ́ТЬ, -ну́, -нёшь; *сов.* (разг.). Почувствовать лёгкую грусть.

ВЗГРУСТНУ́ТЬСЯ, -нётся; *безл.; сов., кому.* О внезапном чувстве лёгкой грусти.

ВЗДВА́ИВАТЬ[1], -аю, -аешь; *несов., что.* То же, что двоить (во 2 знач.).

ВЗДВА́ИВАТЬ[2] *см.* вздвоить.

ВЗДВО́ИТЬ, -о́ю, -о́ишь; -о́енный; *сов., что:* **вздвоить ряды** — произвести перестроение, удвоив ряды, шеренгу. *Ряды вздвой!* (команда). ‖ *несов.* **вздва́ивать**, -аю, -аешь. ‖ *сущ.* **вздва́ивание**, -я, *ср.*

ВЗДВОИ́ТЬ *см.* двоить.

ВЗДЕТЬ, -е́ну, -е́нешь; взде́тый; *сов., что* (устар.). **1.** Поднять вверх. *В. руки.* **2.** То же, что надеть. *В. очки на нос.* ‖ *несов.* **вздева́ть**, -а́ю, -а́ешь.

ВЗДЁРЖКА, *-и, род. мн.* -жек, *ж.* Продёрнутая тесёмка, шнурок. *Мешок, занавеска на вздёржке. В. в юбке.* ‖ *прил.* **вздёржечный**, -ая, -ое.

ВЗДЁРНУТЬ, -ну, -нешь; -нутый; *сов., кого-что* (разг.). Дёргая, поднять вверх. *В. кого-н. на виселицу* (повесить). *В. нос* (перен.: начать вести себя заносчиво, гордо; разг.). *Вздёрнутый нос* (приподнятый). ‖ *несов.* **вздёргивать**, -аю, -аешь.

ВЗДОР, -а, *м.* (разг.). Нелепость, глупость, ерунда. *Всё это в. Нести, молоть в.* (говорить глупости).

ВЗДО́РИТЬ, -рю, -ришь; *несов.* (разг.). Ссориться, перебраниваться. ‖ *сов.* **повздо́рить**, -рю, -ришь.

ВЗДО́РНЫЙ, -ая, -ое; -рен, -рна. **1.** Пустой, нелепый. *В. слух. Вздорное обвинение.* **2.** Сварливый, ворчливый (разг.). *Вздорная старуха.* ‖ *сущ.* **вздо́рность**, -и, *ж.*

ВЗДОРОЖА́ТЬ *см.* дорожать.

ВЗДО́РЩИК, -а, *м.* (разг.). Тот, кто постоянно вздорит. ‖ *ж.* **вздо́рщица**, -ы.

ВЗДОХ, -а, *м.* Вдох и происходящий вслед за ним выдох. *Глубокий в. Тяжёлый в.* (выражение огорчения, грусти). *В. облегчения. Испустить последний в.* (умереть). ✦ **Под вздох** (ударить) (прост.) — под ложечку, под дых.

ВЗДОХНУ́ТЬ, -ну́, -нёшь; *сов.* **1.** *см.* вздыхать. **2.** Отдохнуть, прийти в нормальное состояние после чего-н. (разг.). *В. после всех дел. В. некогда* (очень занят). *В. свободно* (почувствовать себя спокойным).

ВЗДРЕМНУ́ТЬ, -ну́, -нёшь; *сов.* (разг.). Ненадолго заснуть, забыться лёгким сном. *В. часок.*

ВЗДРО́ГНУТЬ, -ну, -нешь; *сов.* Внезапно на мгновение задрожать. *В. от неожиданности.* ‖ *несов.* **вздра́гивать**, -аю, -аешь.

ВЗДУ́МАТЬ, -аю, -аешь; *сов., с неопр.* (разг.). Неожида́нно, вдруг захотеть или решить что-н. сделать. *Вздумал прокатиться. Не вздумай убежать!* (не посмей!).

ВЗДУ́МАТЬСЯ, -ается; *безл.; сов., с неопр.* (разг.). Неожиданно захотеться, прийти на ум. *Вздумалось прогуляться.*

ВЗДУТЬ[1], -у́ю, -у́ешь; -у́тый; *сов., что.* **1.** Дунув, поднять. *Ветер вздул пыль.* **2.** Разжечь, заставить гореть (прост.). *В. огонь.* **3.** *безл.* Непомерно увеличить в объёме. *Вздуло живот.* **4.** *перен.* Повысить, поднять (цену) (разг.). ‖ *несов.* **вздува́ть**, -а́ю, -а́ешь.

ВЗДУТЬ[2], -у́ю, -у́ешь; -у́тый; *сов., кого (что)* (прост.). Избить, отколотить.

ВЗДУ́ТЬСЯ, -у́юсь, -у́ешься; *сов.* **1.** (1 и 2 л. не употр.). Подняться кверху (первонач. от дуновения). *Паруса вздулись от ветра.* **2.** То же, что вспухнуть. *Щека вздулась.* **3.** (1 и 2 л. не употр.), *перен.* О ценах: повыситься, подняться (разг.). ‖ *несов.* **вздува́ться**, -а́юсь, -а́ешься. ‖ *сущ.* **взду́тие**, -я, *ср.* (ко 2 и 3 знач.).

ВЗДЫ́БИТЬ, -блю, -бишь; -бленный; *сов.* **1.** *что.* Поставить дыбом. *В. шерсть. Взрыв вздыбил землю* (перен.). **2.** *кого (что).* Поднять на дыбы (в 1 знач.). *В. коня.* ‖ *несов.* **вздыбливать**, -аю, -аешь.

ВЗДЫ́БИТЬСЯ (-блюсь, -бишься, 1 и 2 л. не употр.), -бится; *сов.* **1.** Встать дыбом. *Волосы вздыбились. Земля вздыбилась от взрыва* (перен.). **2.** Стать на дыбы (в 1 знач.). *Конь вздыбился.* ‖ *несов.* **вздыбливаться** (-аюсь, -аешься, 1 и 2 л. не употр.), -ается.

ВЗДЫМА́ТЬ, -а́ю, -а́ешь; *несов., что* (книжн.). Поднимать кверху. *В. пыль.*

ВЗДЫМА́ТЬСЯ (-а́юсь, -а́ешься, 1 и 2 л. не употр.), -а́ется; *несов.* (книжн.). Подниматься кверху. *Пыль вздымается от ветра.*

ВЗДЫХА́ТЕЛЬ, -я, *м.* (устар. шутл.). Поклонник, влюблённый. *Девица окружена вздыхателями.* ‖ *ж.* **вздыха́тельница**, -ы.

ВЗДЫХА́ТЬ, -а́ю, -а́ешь; *несов.* **1.** Делать вздохи. *Глубоко в.* **2.** *перен., о ком-чём, по кому-чему* и (устар. и прост.) *по ком-чём.* Грустить, тосковать. *В. о прошедшей молодости. В. по девушке* (быть влюблённым; шутл.). ‖ *однокр.* **вздохну́ть**, -ну́, -нёшь (к 1 знач.).

ВЗИМА́ТЬ, -а́ю, -а́ешь; *несов., что* (офиц.). Брать, взыскивать (в 1 знач.). *В. налог. В. штраф.* ‖ *сущ.* **взима́ние**, -я, *ср.*

ВЗИРА́ТЬ, -а́ю, -а́ешь; *несов., на кого-что* (устар.). То же, что смотреть (в 1, 2 и 7 знач.). *В. окрест. В. свысока на кого-н. В. равнодушно.*

ВЗЛА́МЫВАТЬ *см.* взломать.

ВЗЛЕЛЕ́ЯТЬ *см.* лелеять.

ВЗЛЕТЕ́ТЬ, взлечу́, взлети́шь; *сов.* Поднявшись, полететь. *Взлетели самолёты. В. на воздух* (взорваться, разлететься от взрыва). ‖ *несов.* **взлета́ть**, -а́ю, -а́ешь. ‖ *сущ.* **взлёт**, -а, *м.* ‖ *прил.* **взлётный**, -ая, -ое. *Взлётная полоса.*

ВЗЛЁТ, -а, *м.* **1.** *см.* взлететь. **2.** *перен.* Подъём, воодушевление (высок.). *В. творческой мысли.*

ВЗЛЁТНО-ПОСА́ДОЧНЫЙ, -ая, -ое. Предназначенный для взлёта и посадки летательных аппаратов. *Взлётно-посадочная полоса.*

ВЗЛИ́ЗИНА, -ы, *ж.* (разг.). Вытянутое кверху лысое место над виском.

ВЗЛОМА́ТЬ, -а́ю, -а́ешь; -о́манный; *сов., что.* Ломая, вскрыть, разворотить (что-н. запертое, целое и т. п.). *В. дверь. В. сейф. В. пол. Река взломала лёд. В. оборону врага* (перен.). ‖ *несов.* **взла́мывать**, -аю, -аешь. ‖ *сущ.* **взлом**, -а, *м. Кража со взломом.*

ВЗЛО́МЩИК, -а, *м.* Вор, совершающий кражи со взломом.

ВЗЛОХМА́ТИТЬ, -СЯ *см.* лохматить, -ся.

ВЗЛУЩИ́ТЬ *см.* лущить.

ВЗМАНИ́ТЬ *см.* манить.

ВЗМАХНУ́ТЬ, -ну́, -нёшь; *сов., чем.* Сделать маховое движение вверх. *В. рукой. В. вёслами. В. крыльями.* ‖ *многокр.* **взма́хивать**, -аю, -аешь. ‖ *сущ.* **взмах**, -а, *м.*

ВЗМЕСТИ́, -мету́, -метёшь; -мёл, -мела́; -мётший; -метённый (-ён, -ена́); -метя́; *сов., что.* То же, что взметнуть. *Взметённая ветром листва.* ‖ *несов.* **взмета́ть**, -а́ю, -а́ешь.

ВЗМЕТА́ТЬ *см.* взмести *и* взмётывать.

ВЗМЕТНУ́ТЬ, -ну́, -нёшь; *сов., что.* Поднять кверху резко или броском. *Ветром взметнуло* (безл.) *сухие листья. Птица взметнула крыльями.* ‖ *несов.* **взмётывать**, -аю, -аешь.

ВЗМЕТНУ́ТЬСЯ, -ну́сь, -нёшься; *сов.* Подняться стремительно кверху. *Птица взметнулась в небо.* ‖ *несов.* **взмётываться**, -аюсь, -аешься.

ВЗМЁТЫВАТЬ, -аю, -аешь; *несов., что.* **1.** *см.* взметнуть. **2.** Вспахивать пар или целину (спец.). ‖ *сов.* **взмета́ть**, -ечу́, -е́чешь; -ётанный. ‖ *сущ.* **взмёт**, -а, *м. В. зяби.*

ВЗМО́КНУТЬ, -ну, -нешь; взмок, взмо́кла; *сов.* (разг.). Вспотеть, покрыться потом. ‖ *несов.* **взмока́ть**, -а́ю, -а́ешь.

ВЗМОЛИ́ТЬСЯ, -олю́сь, -о́лишься; *сов.* Начать горячо просить, умолять кого-н. *В. о прощении.*

ВЗМО́РЬЕ, -я, *род. мн.* -рий, *ср.* Морское побережье, а также море у берега. *Жить на в., у взморья.*

ВЗМОСТИ́ТЬСЯ, -ощу́сь, -ости́шься; *сов., на кого-что* (разг.). Взобравшись, поместиться. *В. на дерево.* ‖ *несов.* **взма́щиваться**, -аюсь, -аешься.

ВЗМУТИ́ТЬ *см.* мутить.

ВЗМЫ́ЛИТЬ, -лю, -лишь; -ленный; *сов., кого (что).* Доведя до обильного пота, испарины, заставить покрыться пеной. *В. коня бешеной ездой. Как взмыленный кто-н.* (о том, кто спешит, взволнован, запыхался; разг.). ‖ *несов.* **взмы́ливать**, -аю, -аешь.

ВЗМЫТЬ, взмо́ю, взмо́ешь; *сов.* Высоко взлететь. *Орёл взмыл под облака.* ‖ *несов.* **взмыва́ть**, -а́ю, -а́ешь.

ВЗНОС, -а, *м.* **1.** *см.* внести. **2.** Внесённые в уплату чего-н. деньги. *Членский в.*

ВЗНУЗДА́ТЬ, -а́ю, -а́ешь; -у́зданный; *сов., кого (что).* Вложить удила в рот лошади. ‖ *несов.* **взну́здывать**, -аю, -аешь.

ВЗО..., *приставка.* То же, что вз...; употр. вместо «вз» перед *й* (j) и нек-рыми сочетаниями согласных, напр. *взойти, взорвать, взопреть.*

ВЗОБРА́ТЬСЯ, взберу́сь, взберёшься; -а́лся, -ала́сь, -ало́сь *и* -а́лось; *сов., на кого-что.* Забраться вверх с усилием. *В. на гору.* ‖ *несов.* **взбира́ться**, -а́юсь, -а́ешься.

ВЗОЙТИ́, -йду́, -йдёшь; взошёл, -шла́; взоше́дший; взойдя́; *сов.* **1.** Идя, подняться наверх. *В. на гору. В. по лестнице.* **2.** (1 и 2 л. не употр.). О небесных светилах: подняться над горизонтом. *Солнце взошло.* **3.** (1 и 2 л. не употр.). Прорастая, показаться на поверхности почвы (о посеянном, посаженных семенах). *Рассада взошла.* **4.** (1 и 2 л. не употр.). О тесте: вздуваясь, подняться. ✦ **Взойти на престол** — начать царствовать. ‖ *несов.* **всходи́ть**, -ожу́, -о́дишь *и* **восходи́ть**, -ожу́, -о́дишь (к 1 и 2 знач.). *В. на высокую гору. Солнце восходит* (всходит). *Восходящая звезда, восходящее светило* (также перен.: о том, кого ждет слава, известность на каком-н. поприще). ‖ *сущ.* **восхожде́ние**, -я, *ср.* (к 1 знач.), **восше́ствие**, -я, *ср.* (к 1 знач.; устар.), **восхо́д**, -а, *м.* (ко 2 знач.) *и* **всход**, -а, *м.* (к 3 знач.). *Восхождение на Казбек. Восход Солнца. Всход семян.*

ВЗОПРЕ́ТЬ *см.* преть.

ВЗОР, -а, *м.* То же, что взгляд (в 1 и 2 знач.). *Устремить в. куда-н. Обратить в. на кого-н. Ласковый в.*

ВЗОРВА́ТЬ, -ву́, -вёшь; -а́л, -ала́, -а́ло; взо́рванный; *сов.* **1.** *что.* Разрушить взрывом. *В. мост.* **2.** *перен.; безл., кого (что).* Возмутить, рассердить (разг.). *От таких слов его взорвало.* ‖ *несов.* **взрыва́ть**, -а́ю, -а́ешь (к 1 знач.). ‖ *сущ.* **взрыв**, -а, *м.* (к 1 знач.). *В. скальных пород.* ‖ *прил.* **взрывно́й**, -а́я, -о́е (к 1 знач.). *Взрывная сила снаряда. Взрывная волна. Взрывные работы.*

ВЗОРВА́ТЬСЯ, -ву́сь, -вёшься; -а́лся, -ала́сь, -ало́сь *и* -а́лось; *сов.* **1.** (1 и 2 л. не употр.). Подвергнуться взрыву, разрушиться от взрыва. *Бомба взорвалась. Мост взорвался.* **2.** *перен.* Не сдержать своего возмущения, негодования (разг.). *Услышав ложь, он взорвался.* ‖ *несов.* **взрыва́ться**, -а́юсь, -а́ешься. ‖ *сущ.* **взрыв**, -а, *м.* (к 1 знач.). *В. бомбы. В. газов.* ‖ *прил.* **взрывно́й**, -а́я, -о́е (к 1 знач.).

ВЗРАСТИ́ТЬ, -ащу́, -асти́шь; -ащённый (-ён, -ена́); *сов., кого-что* (высок.). То же, что вырастить. *В. сады. В. таланты.* ‖ *несов.* **взра́щивать**, -аю, -аешь.

ВЗРЕВЕ́ТЬ, -ву́, -вёшь; *сов.* Начать реветь (в 1 знач.). *Раненый зверь взревел.*

ВЗРЕ́ЗАТЬ, -е́жу, -е́жешь; -е́занный; *сов., кого-что.* Надрезать или, разрезав часть, вскрыть. *В. арбуз.* ‖ *несов.* **взреза́ть**, -а́ю, -а́ешь *и* **взре́зывать**, -аю, -аешь. ‖ *сущ.* **взрез**, -а, *м.*

ВЗРОСЛЕ́ТЬ, -е́ю, -е́ешь; *несов.* Становиться взрослым, взрослее. *Дети взрослеют.* ‖ *сов.* **повзросле́ть**, -е́ю, -е́ешь.

ВЗРОСЛИ́ТЬ (-лю́, -ли́шь, 1 и 2 л. не употр.), -ли́т; *несов., кого (что)* (разг.). Придавать вид взрослого. *Эта причёска тебя взрослит.*

ВЗРО́СЛЫЙ, -ая, -ое; взро́сел *и* взросл, взро́сла, взро́сло. **1.** Достигший зрелого возраста. *Взрослые особи. В. юноша. Достаточно в.* **2. взро́слый**, -ого, *м.* Человек, достигший зрелого возраста. *Слушаться взрослых.* **3.** *полн. ф.* Предназначенный не для детей, не детский. *В. фильм.* ‖ *сущ.* **взро́слость**, -и, *ж.* (к 1 знач.) ‖ *ж.* **взро́слая**, -ой (ко 2 знач.).

ВЗРЫВ, -а, *м.* **1.** *см.* взорвать, -ся. **2.** Мгновенное разрушение чего-н., сопровождающееся образованием сильно нагретых, с высоким давлением газов; звук, сопровождающий такое разрушение. *Разрушительный в. Ядерный в. Раздался в.* **3.** *перен., чего.* Внезапное сильное и шумное проявление чего-н. *В. смеха. В. возмущения, негодования.* ‖ *прил.* **взрывно́й**, -а́я, -о́е (ко 2 знач.).

ВЗРЫВА́ТЕЛЬ, -я, *м.* (спец.). Механизм, вызывающий взрыв заряда в артиллерийском снаряде, ракете, авиабомбе, торпеде.

ВЗРЫВА́ТЬ[1] *см.* взрыть.

ВЗРЫВА́ТЬ[2], **-СЯ** *см.* взорвать, -ся.

ВЗРЫВНИ́К, -а́, *м.* Специалист по взрывным работам.

ВЗРЫВО... *Первая часть сложных слов со знач.* относящийся к взрыву, напр. *взрывоопасный, взрывобезопасность, взрывобур, взрывоударный, взрывонепроницаемый, взрывоподобный.*

ВЗРЫВЧА́ТКА, -и, *ж.* (разг.). Взрывчатое вещество. *Заложить взрывчатку.*

ВЗРЫ́ВЧАТЫЙ, -ая, -ое. Способный произвести взрыв (в 1 и 2 знач.), способный взрываться. *Взрывчатые вещества. Взрывчатая смесь.*

ВЗРЫТЬ, взро́ю, взро́ешь; взры́тый; *сов., что.* Разрыть сверху. *В. землю.* ‖ *несов.* **взрыва́ть**, -а́ю, -а́ешь.

ВЗРЫХЛЕ́НИЕ, ВЗРЫХЛИ́ТЬ *см.* рыхлить.

ВЗРЫХЛЯ́ТЬ, -я́ю, -я́ешь; *несов., что.* То же, что рыхлить.

ВЗЪ..., *приставка.* То же, что вз...; пишется вместо «вз» перед *е, ё, я* (потенциально также перед *ю*), напр. *взъерошить, взъяриться.*

ВЗЪЕРЕПЕ́НИТЬСЯ *см.* ерепениться.

ВЗЪЕРО́ШИТЬ, -СЯ *см.* ерошить, -ся.

ВЗЪЕ́СТЬСЯ, -е́мся, -е́шься, -е́стся, -еди́мся, -еди́тесь, -едя́тся; -е́лся, -е́лась; *сов., на кого-что* (прост. неодобр.). Невзлюбив, рассердившись или раздражившись, начать упрекать, обвинять, бранить кого-н. *В. на невестку.* ‖ *несов.* **взъеда́ться**, -а́юсь, -а́ешься.

ВЗЪЯРИ́ТЬСЯ, -рю́сь, -ри́шься; *сов.* (устар.). Внезапно вспылить, разъяриться. ‖ *несов.* **взъяря́ться**, -я́юсь, -я́ешься.

ВЗЫВА́ТЬ, -а́ю, -а́ешь; *несов., к кому-чему о чём* (высок.). Обращаться с призывом, звать. *В. о помощи. В. к чьему-н. разуму, милосердию.* ‖ *сов.* **воззва́ть**, -зову́, -зовёшь; -а́л, -ала́.

ВЗЫГРА́ТЬ (-а́ю, -а́ешь, 1 и 2 л. не употр.), -а́ет; *сов.* **1.** Внезапно прийти в неспокойное, бурное состояние. *Море взыграло.* **2.** Прийти в возбуждённое, весёлое состояние. *Сердце взыграло.* ‖ *несов.* **взы́грывать** (-аю, -аешь, 1 и 2 л. не употр.), -ает.

ВЗЫСКА́НИЕ, -я, *ср.* **1.** *см.* взыскать. **2.** Наказание, мера воздействия (офиц.). *Административное в. Дисциплинарное в. Наложить в.*

ВЗЫСКА́ТЕЛЬНЫЙ, -ая, -ое; -лен, -льна. Требовательный, строгий. *В. критик.* ‖ *сущ.* **взыска́тельность**, -и, *ж.*

ВЗЫСКА́ТЬ, взыщу́, взы́щешь; взы́сканный; *сов.* **1.** *что с кого.* Заставить уплатить (офиц.). *В. долг.* **2.** *с кого.* Подвергнуть наказанию, привлечь к ответственности кого-н. *Строго в. с бракоделов.* ✦ **Не взыщи(те)!** (разг., часто ирон.) — просьба быть снисходительным, не осуждать, не обижаться. ‖ *несов.* **взы́скивать**, -аю, -аешь. ‖ *сущ.* **взыска́ние**, -я, *ср.*

ВЗЫСКУ́ЮЩИЙ, -ая, -ее (устар. высок.). Ищущий, жаждущий познаний. *В. ум.* ✦ **Взыскующие града** (стар.) — жаждущие познания, ищущие истины [по евангельскому сказанию о тех, кто ищет для себя Божественного храма, небесного Иерусалима].

ВЗЯ́ТИЕ *см.* брать.

ВЗЯ́ТКА, -и, *ж.* **1.** Деньги или материальные ценности, даваемые должностному лицу как подкуп, как оплата караемых законом действий. *Давать взятку. Брать взятки. Осуждён за взятку* (за взяточничество). **2.** В карточной игре: карты игрока, покрытые старшей картой или козырем партнёра. *Упустить взятку.* ✦ **Взятки гладки** *с кого* (разг.) — о том, кто не будет нести ответственности за что-н., с кого ничего нельзя потребовать.

ВЗЯТКОДА́ТЕЛЬ, -я, *м.* (офиц.). Человек, к-рый даёт, дал взятку (в 1 знач.).

ВЗЯ́ТОК, -тка, *м.* (спец.). То же, что медосбор.

ВЗЯ́ТОЧНИК, -а, *м.* Человек, к-рый берёт взятки (в 1 знач.). ‖ *ж.* **взя́точница**, -ы. ‖ *прил.* **взя́точнический**, -ая, -ое.

ВЗЯ́ТОЧНИЧЕСТВО, -а, *ср.* Должностное преступление — получение взятки (в 1 знач.). ‖ *прил.* **взя́точнический**, -ая, -ое.

ВЗЯТЬ, возьму́, возьмёшь; взял, -а́, -о; взя́тый (взят, -а́, -о); *сов.* **1.** *см.* брать. **2.** Употр. в сочетании с союзом «да», «и» или «да и» и другим глаголом при обозначении неожиданного, внезапного действия (разг.). *Возьму и скажу. Взял да убежал. В. да и отказаться.* **3. взять, возьми́(те)**, *кого-что.* Употр. для выделения того, что явится предметом дальнейшего сообщения (разг.). *Взять студентов (возьми студентов): у них большая нагрузка. Возьмём зарплату: она невелика.* ✦ **С чего** (или **откуда**) **ты** (**он** и т. д.) **взял?** (разг. неодобр.) — на основании чего ты так думаешь? **Взять (возьмите) хоть (хотя бы)** (разг.) — употр. для выделения того, что будучи представлено как пример явится предметом дальнейшего сообщения. *Взять хоть (хотя бы) этот случай: он типичен.*

ВЗЯ́ТЬСЯ, возьму́сь, возьмёшься; взя́лся *и* (устар.) взялся́, взяла́сь, взяло́сь *и* взя́лось; *сов.* **1.** *см.* браться. **2.** (1 и 2 л. не употр.). Покрыться, слегка подёрнуться (прост.). *Пруд взялся ледком. Лес взялся предвечерней синевой.*

ВИАДУ́К, -а, *м.* Мост через глубокий овраг, ущелье или через дорогу, пути. ‖ *прил.* **виаду́чный**, -ая, -ое.

ВИБРА́ТОР, -а, *м.* Часть прибора, аппарата, в к-ром могут возбуждаться колебания. ‖ *прил.* **вибра́торный**, -ая, -ое.

ВИБРИ́РОВАТЬ (-рую, -руешь, 1 и 2 л. не употр.), -рует; *несов.* (книжн.). **1.** Находиться в колебательном движении, дрожать. *Конвейер вибрирует. Машина вибрирует.* **2.** О высоте тона: слегка колебаться. *Звук, голос вибрирует.* ‖ *сущ.* **вибра́ция**, -и, *ж.* ‖ *прил.* **вибрацио́нный**, -ая, -ое (к 1 знач.). *Вибрационное бурение. Вибрационная болезнь* (вызываемая действием вибрации).

ВИБРО... *Первая часть сложных слов со знач.* относящийся к вибрации, напр. *виброизоляция, виброударный, виброустойчивый, виброгаситель, вибростенд, виброболезнь.*

ВИВА́РИЙ, -я, *м.* (спец.). Помещение для подопытных животных.

ВИВА́Т, *межд.* Восклицание в знач. «да здравствует». *В. Россия!*

ВИВЕ́РРОВЫЕ, -ых. Семейство небольших хищных млекопитающих, внешне сходных с куницами или с кошками: мангусты и нек-рые другие животные.

ВИВИСЕ́КЦИЯ, -и, *ж.* (спец.). Вскрытие живого животного с научной целью.

ВИГВА́М, -а, *м.* У индейцев Северной Америки: хижина, покрытая кожей, корой, ветвями.

ВИГО́НЬ, -и, *ж.* **1.** Южноамериканское животное, родственное ламе, а также шерсть этого животного и ткань из неё. **2.** Род пряжи из отходов шерсти и хлопка, а также ткань из такой пряжи. ‖ *прил.* **виго́невый**, -ая, -ое (ко 2 знач., к 1 знач. о шерсти и ткани).

ВИД[1], -а (-у), о ви́де, в ви́де, в виду́, на виду́, *м.* **1.** (предл. о ви́де, в ви́де). Внешность, видимый облик; состояние. *Внешний в. человека. Здоровый в. С видом знатока. На в. или с виду ему мало лет. В исправленном виде.* **2.** (предл. о ви́де, в ви́де). Местность, видимая взором. *В. на озеро. Комната с видом на море.* **3.** (предл. о ви́де, в ви́де). Пейзаж (во 2 знач.), изображение природы. *Альбом с видами Кавказа.* **4.** (предл. в виду́, на виду́), *в сочетании с нек-рыми предлогами.* Нахождение в поле зрения, возможность быть видимым. *Плыть в виду берегов. Скрыться из вида. Потерять из виду кого-н.* (также перен.). *Вся местность на виду* (хорошо видна). **5.** *перен., мн.* Предположение, расчёт, намерение. *Виды на урожай. Виды на будущее.* ✦ **В виде** *кого-чего; предлог с род. п.* — в качестве кого-чего-н., как кто-что-н., сходно с кем-чем-н. *Явиться в виде помощника. Реферат в виде тезисов.* **В чистом виде** — 1) без посторонних примесей; 2) в ясной форме, без чего-н. осложняющего. **Видал виды** (разг.) — о том, кто много испытал, о бывалом человеке. **Вид на жительство** (устар.) — то же, что паспорт (в 1 знач.). **Делать вид** — то же, что притворяться. *Делает вид, что огорчён.* **Для вида (виду)** — чтобы скрыть истинное положение, только внешне. *Согласился для вида.* **Иметь в виду** — 1) *кого-что,* думать о ком-чём-н., подразумевать. *Говорит о тебе, а имеет в виду меня;* 2) *кого-что,* принимать во внимание. *Имей в виду, что придётся отвечать;* 3) *с неопр.,* то же, что предполагать. *Пришёл, имея в виду поговорить о деле.* **Иметь виды** *на кого-что* — рассчитывать использовать для себя, в своих интересах. **На виду** (разг.) — о том, кто занимает видное общественное положение. **На виду** *у кого, в знач. предлога с род. п.* — не скрываясь, так, что видно другим. *Остановиться на виду у преследователей.* **Не показать (не подать) виду** — сохранить спокойный вид, не дать понять, заметить что-н. *Не показал виду, что обижен.* **Ни под каким видом** — ни за что, ни при каких условиях. *Ни под каким видом не согласится.* **Под видом** *кого-чего, предлог с род. п.* — в качестве, в роли кого-чего-н. *Приехал под видом туриста.* **Под видом того что,** *союз* — будто бы, якобы, потому что. *Не пришёл, под видом того что болен.* **Поставить на вид** *что кому* — сделать предупредительное замечание о каком-н. упущении. **При виде** *кого-чего, предлог с род. п.* — столкнувшись с кем-чем-н., встретившись с кем-чем-н. *Испугаться при виде зверя. Не отступить при виде опасности.* **Упустить из виду** *что* — забыть (обычно по невниманию, рассеянности). ‖ *уменьш.* **видик,** -а, *м.* (ко 2 знач. и разг. ирон. к 1 знач. о смешном или плохом внешнем виде). *Ну и в. у тебя: грязный, лохматый.* ‖ *прил.* **видово́й,** -а́я, -о́е (ко 2 и 3 знач.). *Видовая площадка* (для обозрения чего-н.). *Видовые открытки.*

ВИД², -а, *м.* **1.** Подразделение в систематике, входящее в состав высшего раздела — рода. *Виды растений, животных.* **2.** Разновидность, тип. *Виды обучения. В. спорта.* **3.** В грамматике: категория глагола, выражающая ограниченность или неограниченность протекания действия по отношению к его пределу. *Совершенный в. Несовершенный в.* ‖ *прил.* **видово́й,** -а́я, -о́е. *Видовые признаки. Видовая пара* (в глаголе).

ВИ́ДАННЫЙ, -ая, -ое (разг.). **1. виданное ли (видано ли) это дело?** — выражение удивления и неодобрения. *Виданное ли это дело матери грубить?* **2. где это видано?** — разве так можно, разве так бывает, делается? *Неделями дома не бывает — где это видано? Где это видано, где это слыхано, чтобы всё было позволено?*

ВИДА́ТЬ, -а́ю, -а́ешь; ви́данный; *несов.* (разг.). **1.** *кого-что.* То же, что видеть (в 3 и 4 знач.). *Разве кто-н. видал динозавров? Никогда не видал ничего подобного.* **2. вида́ть.** То же, что видно (см. видный в 5, 6 и 7 знач.) (прост.). *В., это парень смышлёный. Прохожих не в. Его, в., дома нет.* **3. вида́л?! (вида́ли?!)** — возглас, обращающий внимание на что-н. интересное, удивительное (часто неодобр.). *За неделю истратил миллион! — Видали?!* ✦ **Видал миндал?!** (прост. шутл.) — то же, что видал?! (см. видать в 3 знач.). **Видом не видать** *кого-что* (прост.) — совсем или никогда не видел кто-н. кого-что-н. *Такие чудеса у нас и видом не виданы.* ‖ *сов.* **повида́ть,** -а́ю, -а́ешь (к 1 знач.) *и* **увида́ть,** уви́жу, уви́дишь (к 1 знач.).

ВИДА́ТЬСЯ, -а́юсь, -а́ешься; *несов., с кем* (разг.). То же, что видеться (во 2 знач.). ‖ *сов.* **повида́ться,** -а́юсь, -а́ешься *и* **увида́ться,** уви́жусь, уви́дишься.

ВИ́ДЕНИЕ, -я, *ср.* (книжн.). **1.** *см.* видеть. **2.** Способность воспринимать окружающее. *Художественное в. Детское в. мира.*

ВИДЕ́НИЕ, -я, *ср.* Призрак, привидение; что-н. возникшее в воображении. *Больного преследуют видения. Видения прошлого.*

ВИ́ДЕО, *нескл., ср.* Видеомагнитофон.

ВИДЕО... *Первая часть сложных слов со знач.:* 1) относящийся к электрическим сигналам, вызывающим изображение (видеосигналам), напр. *видеозапись, видеотелефон, видеомагнитофон, видеоконтроль, видеоплейер;* 2) относящийся к видеозаписи, напр. *видеоплёнка, видеофильм, видеоинженер, видеопрокат, видеосалон, видеопираты.*

ВИДЕОЗА́ПИСЬ, -и, *ж.* (спец.). Запись (*см.* записать во 2 знач.) изображения, визуальной информации.

ВИДЕОКЛИ́П, -а, *м.* Телевизионный ролик — эстрадная поп- или рок-песня, сопровождаемая разнообразными изображениями на экране.

ВИДЕОМАГНИТОФО́Н, -а, *м.* Магнитофон, записывающий и воспроизводящий звук и изображение. ‖ *прил.* **видеомагнитофо́нный,** -ая, -ое.

ВИДЕОПИРА́ТСТВО, -а, *ср.* Незаконное размножение и прокат видеофильмов.

ВИДЕОТЕ́КА, -и, *ж.* Учреждение, собирающее и хранящее видеофильмы, а также само такое собрание.

ВИ́ДЕТЬ, ви́жу, ви́дишь; ви́денный; *несов.* **1.** Обладать способностью зрения. *Хорошо в. Совы видят ночью.* **2.** *кого-что.* Воспринимать зрением. *В. вдали горы.* **3.** *кого (что).* Иметь встречу с кем-н. *Вчера видел его у друзей. Рад вас в.* **4.** *что.* Наблюдать, испытывать. *Многое видел на своём веку.* **5.** *что.* Сознавать, усматривать. *В. свою ошибку. В. в чём-н. своё призвание. Вот видишь, я был прав* (т. е. согласись, признайся). **6.** Со словами «сон», «во сне»: представлять в сновидении. **7.** *кого-что.* Воспринимать интеллектуально и зрительно (пьесу, фильм, игру актёра), смотреть (в 3 знач.). *В. спектакль в новой постановке. В. цирковое представление. В. Смоктуновского в «Гамлете».* **8. ви́дишь (ви́дите),** *вводн. сл.* Употр. при желании обратить внимание на что-н., подчеркнуть что-н. (часто с оттенком осуждения, недоверия, иронии). *Он, видишь, немного нездоров.* ✦ **Видишь ли, видите ли,** *вводн. сл.* — то же, что видеть (в 8 знач.). *Ему видите ли, некогда позвонить.* **Видит Бог** (разг.) — уверение в своей правоте, божба. ‖ *сов.* **уви́деть,** уви́жу, уви́дишь; -енный (ко 2, 3, 4, 5 и 7 знач.). ✦ **Вот увидишь (увидите)** (разг.) — предупреждение собеседнику: будущее покажет, что я прав, что так и будет. **Там увидим** (разг.) — то же, что там видно будет. ‖ *многокр.* **ви́дывать,** -ал (ко 2, 3, 4 и 7 знач.). ‖ *сущ.* **ви́дение,** -я, *ср.* (ко 2 знач.; спец.). *Приборы ночного видения.*

ВИ́ДЕТЬСЯ, ви́жусь, ви́дишься; *несов.* **1.** Быть видимым, представляться взору. *Вдали видятся корабли.* **2.** *с кем.* Видеть друг друга, встречаться. *Видеться с друзьями.* **3.** Представляться воображению. *Видится былое.* **4.** (1 и 2 л. не употр.). Осознаваться, усматриваться. *Выход видится в новых решениях.* ‖ *сов.* **уви́деться,** уви́жусь, уви́дишься, **приви́деться,** -и́жусь, -и́дишься (к 1 и 3 знач.) *и* **сви́деться,** сви́жусь, сви́дишься (ко 2 знач.; разг.).

ВИ́ДИМОСТЬ, -и, *ж.* **1.** *см.* видимый. **2.** Возможность видеть (во 2 знач.). *Хорошая в. Горизонтальная, вертикальная в.* (при полёте). **3.** Внешность, преимущ. обманчивая (разг.). *В. благополучия.* ✦ **По (всей) видимости,** *вводн. сл.* (разг.) — по-видимому, вероятно.

ВИ́ДИМЫЙ, -ая, -ое; -им. **1.** Доступный зрению. *В. мир.* **2.** Заметный, очевидный. *С видимым смущением. Видимое дело* (конечно, очевидно; прост.). **3.** *полн. ф.* Кажущийся, внешний. *Его сочувствие только видимое.* **4. ви́димо,** *вводн. сл.* Кажется, по-видимому. *Ты, видимо, ещё не знаешь об этом?* ✦ **Видимо-невидимо** (разг.) — очень много. *Народу было видимо-невидимо.* ‖ *сущ.* **ви́димость,** -и, *ж.* (к 3 знач.). *Для видимости* (для создания лишь внешнего впечатления, для вида; прост.).

ВИДНЕ́ТЬСЯ (-е́юсь, -е́ешься, 1 и 2 л. не употр.), -е́ется; *несов.* Быть видным, заметным для зрения. *Вдали виднеется лес.*

ВИ́ДНЫЙ, -ая, -ое; ви́ден, видна́, ви́дно, видны́ *и* (устар.) ви́дны. **1.** Доступный зрению, заметный. *Дом виден издалека. На видном месте* (так, что видно всем, отовсюду). **2. ви́ден** (-дна́, -дно, -дны и -дны́), *в знач. сказ.* Видится, ощущается, чувствуется. *Виден успех. В его словах видна ложь.* **3.** *перен., полн. ф.* Значительный, известный. *Видная должность. В. учёный.* **4.** *перен.* (также -дна). Рослый, статный. *В. мужчина. Видна собою.* **5. ви́дно,** *кого-что и с союзом «как», в знач. сказ.* Можно видеть (во 2 знач.). *Отсюда хорошо видно дорогу. Вас не видно, покажитесь. Видно, как отплывает теплоход.* **6. ви́дно,** *в знач. сказ.* Можно понять, осмыслить. *Видно, что он лжёт. Старшим виднее* (старшие лучше знают, как поступать). **7. ви́дно,** *вводн. сл.* По-видимому, кажется, вероятно (разг.). *Придётся, видно, уезжать.* ✦ **Как видно,** *вводн. сл.* — приходится заключить, оказывается. *Дела, как видно, идут хорошо!* **Там видно будет** (разг.) — дальнейшее покажет, как пойдут дела, что произойдет.

ВИДОВО́Й *см.* вид.

ВИДОИЗМЕНЕ́НИЕ, -я, *ср.* **1.** *см.* видоизменить. **2.** Вариант, разновидность, предмет или явление, предстающее в ином, изменённом качестве, при сохранении своей основы, сущности. *Проект в нескольких видоизменениях. Небольшие видоизменения в программе.*

ВИДОИЗМЕНИ́ТЬ, -ню́, -ни́шь; -нённый (-ён, -ена́); *сов., что.* Внести изменения, частично изменить. *В. план.* ‖ *несов.* **видоизменя́ть,** -я́ю, -я́ешь. ‖ *сущ.* **видоизмене́ние,** -я, *ср.*

ВИДОИЗМЕНИ́ТЬСЯ, -ню́сь, -ни́шься; *сов.* Измениться в отношении частностей, отдельных признаков. ‖ *несов.* **видоизменя́ться,** -я́юсь, -я́ешься.

ВИДОИСКА́ТЕЛЬ, -я, *м.* (спец.). Оптическое устройство в фото- или киноаппарате для определения границ изображения.

ВИ́ДЫВАТЬ *см.* видеть.

ВИ́ЗА, -ы, *ж.* **1.** Пометка должностного лица на документе. *Поставить свою визу.* **2.** Разрешение на въезд в страну, выезд или проезд через неё, а также пометка в паспорте в знак такого разрешения. ‖ *прил.* **ви́зовый,** -ая, -ое. *В. режим.*

ВИЗАВИ́ (книжн.). **1.** *нареч.* Друг против друга. *Сидеть в.* **2.** *нескл., м.* и *ж.* Тот, кто находится напротив, стоит или сидит лицом к лицу к кому-н. *Мой (моя) в.*

ВИЗАЖИ́СТ, -а, *м.* (спец.). Специалист по макияжу, по наложению косметического грима. ‖ *ж.* **визажи́стка,** -и. ‖ *прил.* **визажи́стский,** -ая, -ое.

ВИЗАНТИ́ЙСКИЙ, -ая, -ое. Относящийся к Византии — государству 4—15 вв., образовавшемуся после распада Римской империи. *Византийское искусство. Византийская литература.*

ВИЗАНТИНОВЕ́ДЕНИЕ, -я, *ср.* Совокупность наук, изучающих историю и культуру Византии.

ВИЗГ, -а (-у), *м.* Высокий и резкий крик, звук. *В. поросёнка. В. тормозов.*

ВИЗГЛИ́ВЫЙ, -ая, -ое; -ив. **1.** Пронзительно резкий, с визгом. *В. голос.* **2.** Склонный к визгу, крикливый. ‖ *сущ.* **визгли́вость,** -и, *ж.*

ВИЗГОТНЯ́, -и́, *ж.* (разг.). Продолжительный визг, шум с визгом. *Поднять визготню.*

ВИЗГУ'Н, -а́, *м.* (разг.). Тот, кто постоянно визжит. ‖ *ж.* **визгу́нья**, -и, *род. мн.* -ний.

ВИЗЖА'ТЬ, -жу́, -жи́шь; *несов.* Издавать визг, визгливые звуки. *Щенок визжит. Пила визжит.*

ВИЗИ'ГА, -и, *ж.* Продукт из спинной струны (хорды) крупных (преимущ. осетровых) рыб. *Пирог с визигой.* ‖ *прил.* **визиго́вый**, -ая, -ое.

ВИЗИ'Р, -а, *м.* (спец.). Прибор для визирования. ‖ *прил.* **визи́рный**, -ая, -ое.

ВИЗИ'РОВАТЬ[1], -рую, -руешь; -анный; *сов.* и *несов., что.* Поставить (ставить) визу на чем-н. *В. документ, паспорт.* ‖ *сов.* также **завизи́ровать**, -рую, -руешь; -анный. ‖ *сущ.* **визи́рование**, *-я, ср.*

ВИЗИ'РОВАТЬ[2], -рую, -руешь; -анный; *сов.* и *несов., что* (спец.). Навести (наводить) оптический или геодезический прибор на какой-н. ориентир. ‖ *сущ.* **визи́рование**, -я, *ср.*

ВИЗИ'РЬ, -я, *м.* Во многих странах Ближнего и Среднего Востока: титул министра, высшего сановника, а также лицо, имеющее этот титул.

ВИЗИ'Т, -а, *м.* Посещение, преимущ. официальное. *Прибыть с визитом. Сделать или нанести в. кому-н. В. врача.* ‖ *прил.* **визи́тный**, -ая, -ое. *Визитная карточка* (специально отпечатанная карточка с фамилией, званием и другими сведениями о её владельце; первонач. для сведений о том, кто нанёс визит).

ВИЗИТЁР, -а, *м.* (устар. и ирон.). Тот, кто пришёл с визитом. ‖ *ж.* **визитёрка**, -и (прост.). ‖ *прил.* **визитёрский**, -ая, -ое (разг.).

ВИЗИ'ТКА, -и, *ж.* **1.** Однобортный короткий сюртук с закруглёнными полами. **2.** Мужская ручная сумочка. **3.** То же, что визитная карточка (разг.).

ВИЗУА'ЛЬНЫЙ, -ая, -ое; -лен, -льна (спец.). Относящийся к непосредственному зрительному восприятию (невооружённым или вооружённым глазом). *Визуальное наблюдение. В. сигнал.* ‖ *сущ.* **визуа́льность**, -и, *ж.*

ВИ'КА, -и, *ж.* Однолетнее травянистое растение сем. бобовых, идущее на корм скоту. ‖ *прил.* **ви́ковый**, -ая, -ое.

ВИКА'РИЙ, -я, *м.* В православной церкви: помощник епископа, епископ без епархии; в протестантской церкви: помощник священника.

ВИ'КИНГ, -а, *м.* Древнескандинавский воин, участник морских завоевательных походов.

ВИКО'НТ, -а, *м.* Во Франции, Англии: дворянский титул, средний между бароном и графом, а также лицо, имеющее этот титул. ‖ *ж.* **виконте́сса** [тэ], -ы.

ВИКТОРИ'НА, -ы, *ж.* Игра в ответы на вопросы, обычно объединённые какой-н. общей темой. *Музыкальная в. Литературная в.*

ВИКТО'РИЯ, -и, *ж.* Экзотическое водное растение сем. кувшинковых с крупными ароматными цветками и большими твёрдыми круглыми листьями.

ВИ'ЛКА, -и, *род. мн.* -лок, *ж.* **1.** Предмет столового прибора с острыми зубьями на длинной ручке. *Серебряная, мельхиоровая в. В. на металлической, деревянной, костяной ручке. В. с двумя, с тремя, с четырьмя зубьями. Подцепить мясо на вилку. Нож с вилкой* (парный столовый прибор). **2.** Название различных устройств, приспособлений с деталью в виде зубьев, выступов. *Штепсельная в.* **3.** Такое положение при стрельбе, когда один снаряд падает ближе, а другой дальше цели (спец.). *Взять батарею в вилку.* ‖ *уменьш.* **ви́лочка**, -и, *род. мн.* -чек, *ж. Десертная в.* ‖ *прил.* **ви́лочный**, -ая, -ое.

ВИ'ЛЛА, -ы, *ж.* Богатый дом с садом, парком (обычно загородный).

ВИЛО'К, -лка́, *м.* Капуста, начавшая завиваться в кочан, а также (разг.) вообще кочан капусты. ‖ *прил.* **вилко́вый**, -ая, -ое.

ВИ'ЛЫ, вил. Сельскохозяйственное орудие — несколько длинных металлических зубьев на деревянной рукояти. *Вилами на воде писано* (о чём-н. маловероятном; разг.). ‖ *прил.* **ви́льный**, -ая, -ое.

ВИЛЯ'ТЬ, -я́ю, -я́ешь; *несов.* **1.** *чем.* Двигать, мотать из стороны в сторону. *В. хвостом* (также перен.: заискивать перед кем-н.; разг. неодобр.). **2.** (1 и 2 л. не употр.). Делать крутые повороты, извиваться (разг.). *Дорога виляет между холмами.* **3.** *перен.* Колебаться в суждении, уклоняться от прямого ответа (разг. неодобр.). *Не виляй, а говори правду.* ‖ *однокр.* **вильну́ть**, -ну́, -нёшь (к 1 и 2 знач.). ‖ *сущ.* **виля́нье**, -я, *ср.*

ВИНА', -ы́, *мн.* ви́ны, вин, ви́нам, *ж.* **1.** Проступок, преступление. *Признать свою вину. Загладить свою вину.* **2.** *ед.* Причина, источник чего-н. (неблагоприятного). *В. (виной) аварии — небрежность.* ✦ **По вине** *кого-чего, в знач. предлога с род. п.* — из-за кого-чего-н., по причине чего-н. неблагоприятного. *Не пришёл по вине дождя.*

ВИНЕГРЕ'Т, -а, *м.* Холодное кушанье из мелко нарезанных овощей, мяса или рыбы, яиц с соусом, маслом. *В. в голове у кого-н.* (перен.: перемешались разнородные сведения, мысли; разг.). ‖ *прил.* **винегре́тный**, -ая, -ое.

ВИНИ'ТЕЛЬНЫЙ: винительный падеж — падеж, отвечающий на вопрос: кого-что?

ВИНИ'ТЬ, -ню́, -ни́шь; *несов.* **1.** *кого (что) в чём.* Считать виноватым, виновным. *Во всём вини самого себя.* **2.** *кого (что) за что.* Упрекать, осуждать (разг.). *Не вини меня за опоздание.*

ВИНИ'ТЬСЯ, -ню́сь, -ни́шься; *несов., в чем* (разг.). Сознаваться в своей вине. ‖ *сов.* **повини́ться**, -ню́сь, -ни́шься.

ВИНО', -а́, *мн.* ви́на, вин, ви́нам, *ср.* **1.** Алкогольный напиток (преимущ. виноградный). *Красное в. Виноградные вина. Хлебное в.* (водка). **2.** То же, что водка (прост.). ‖ *уменьш.* **винцо́**, -а́, *ср.* ‖ *прил.* **ви́нный**, -ая, -ое. *В. погреб.* ✦ **Винные ягоды** — то же, что инжир. **Винный спирт** (спец.) — этиловый спирт.

ВИНО... *Первая часть сложных слов со знач.* относящийся к вину, производству вина, напр. *виноматериал, винопровод, виноразливочный, виноторговля.*

ВИНОВА'ТИТЬ, -а́чу, -а́тишь; *несов., кого* (прост. и обл.). Винить, обвинять.

ВИНОВА'ТЫЙ, -ая, -ое; -а́т. **1.** Виновный в чём-н., совершивший проступок. *В. в небрежности. В. перед товарищами. Без вины в.* (о невиновном, к-рый вынужден отвечать за чужую вину). **2.** *полн. ф.* Выражающий сознание виновности в чем-н. *В. взгляд. Виновато* (нареч.) *улыбнуться.* **3. винова́т, винова́та.** Выражение сожаления по поводу причиняемого беспокойства, неудобства, а также форма вежливости при обращении, вопросе. *Виноват, я, кажется, вам помешал. Виноват, не скажете, который час?* ‖ *сущ.* **винова́тость**, -и, *ж.* (ко 2 знач.).

ВИНО'ВНИК, -а, *м.* Тот, кто виновен в чём-н., а также тот, кто является причиной, источником чего-н. *В. пожара. В. всех бед. В. происшествия. В. торжества* (тот, кому посвящено торжество, праздник; шутл.). ‖ *ж.* **вино́вница**, -ы.

ВИНО'ВНЫЙ, -ая, -ое; -вен, -вна. Такой, на к-ром лежит вина (в 1 знач.), совершивший проступок, преступление. *Признать виновным. Виновен в краже.* ‖ *сущ.* **вино́вность**, -и, *ж. Установить в. кого-н.*

ВИНОГРА'Д, -а, *м.* Южное лиановое растение со сладкими ягодами, а также ягоды этого растения, идущие в пищу, на изготовление вина. ‖ *прил.* **виногра́дный**, -ая, -ое *и* **виногра́довый**, -ая, -ое. *Виноградный сок. Семейство виноградовых* (сущ.).

ВИНОГРА'ДАРСТВО, -а, *ср.* **1.** Разведение винограда как отрасль растениеводства. **2.** Наука о культуре винограда.

ВИНОГРА'ДАРЬ, -я, *м.* Человек, занимающийся виноградарством (в 1 знач.). ‖ *прил.* **виногра́дарский**, -ая, -ое.

ВИНОГРА'ДИНА, -ы, *ж.* Ягода винограда. ‖ *уменьш.* **виногра́динка**, -и, *ж.*

ВИНОГРА'ДНИК, -а, *м.* Участок, засаженный виноградом, виноградная плантация. ‖ *прил.* **виногра́дниковый**, -ая, -ое.

ВИНОДЕ'Л, -а, *м.* Специалист по виноделию.

ВИНОДЕ'ЛИЕ, -я, *ср.* Производство виноградных и плодово-ягодных вин. ‖ *прил.* **виноде́льный**, -ая, -ое *и* **виноде́льческий**, -ая, -ое.

ВИНОКУ'Р, -а, *м.* (устар.). Человек, занимающийся винокурением.

ВИНОКУРЕ'НИЕ, -я, *ср.* (устар.). Производство спирта, водки из сахаристых и крахмалистых продуктов (хлебных злаков, картофеля, свёклы). ‖ *прил.* **виноку́ренный**, -ая, -ое. *В. завод.*

ВИНОТЕ'КА, -и, *ж.* (спец.). Собрание коллекционных вин. ‖ *прил.* **виноте́чный**, -ая, -ое.

ВИНОЧЕ'РПИЙ, -я, *м.* В Русском государстве до 18 в.: должностное лицо, ведающее винными погребами, разливающее и подносящее напитки на пиру.

ВИНТ[1], -а́, *м.* **1.** Крепёжное приспособление-стержень со спиральной нарезкой. *Ввинтить в. Лестница винтом* (спиралью). **2.** Приспособление для приведения в движение судна, самолёта, вертолёта — лопасти на вращающейся оси. *Гребной в. Воздушный в.* (пропеллер). ✦ **От винта!** (разг.) — возглас в знач. начинаем! [*первонач.* у лётчиков: команда запустить пропеллер перед взлётом и отойти от аппарата]. ‖ *уменьш.* **ви́нтик**, -а, *м.* (к 1 знач.). ✦ **Винтиков не хватает (в голове)** *у кого* (разг.) — о глуповатом человеке. ‖ *прил.* **винтово́й**, -а́я, -о́е. *Винтовая нарезка* (спиральная). *Винтовая лестница* (винтом, спиралью).

ВИНТ[2], -а *и* -а́, *м.* Род карточной игры.

ВИ'НТИК, -а, *м.* **1.** *см.* винт[1]. **2.** *перен.* Деталь, частность. *В системе воспитания важен каждый в.* **3.** *перен.* Тот, кто вынужден действовать механически и безынициативно.

ВИНТИ'ТЬ[1], -нчу́, -нти́шь *и* -нтишь; *несов., что* (разг.). Вертеть, завинчивая, ввинчивая.

ВИНТИ'ТЬ[2], -нчу́, -нти́шь; *несов.* (разг.). Играть в винт[2].

ВИНТО... *Первая часть сложных слов со знач.:* 1) относящийся к винтовой нарезке, напр. *винтонарезной, винторезный, винтонакатный;* 2) относящийся к винту[1], с винтом[1] (во 2 знач.), напр. *винтореактивный, винтотурбинный;* 3) с винтообразным, напр. *винторогий* (козёл).

ВИНТО́ВКА, -и, *ж.* Ручное огнестрельное оружие с винтовой нарезкой в канале ствола, с надевающимся штыком. *В. с оптическим прицелом.* ‖ *прил.* **винто́вочный**, -ая, -ое.

ВИНТОКРЫ́Л, -а, *м.* Летательный аппарат с несущим винтом (винтами) и крылом, сочетающий свойства самолёта и вертолёта. ‖ *прил.* **винтокры́льный**, -ая, -ое.

ВИНТОМОТО́РНЫЙ, -ая, -ое. О летательных аппаратах: двигающийся при помощи мотора и винта (пропеллера). *В. самолёт. Винтомоторная авиация.*

ВИНТООБРА́ЗНЫЙ, -ая, -ое; -зен, -зна. Имеющий форму винтовой нарезки, напоминающий её. ‖ *сущ.* **винтообра́зность**, -и, *ж.*

ВИНТОРЕ́ЗНЫЙ, -ая, -ое (спец.). Служащий для нанесения резьбы на винтах. *В. станок.*

ВИНЬЕ́ТКА, -и, *ж.* Украшение в виде рисунка, орнамента в конце или в начале книги, текста. ‖ *прил.* **винье́точный**, -ая, -ое.

ВИО́ЛА, -ы, *ж.* Старинный струнный смычковый музыкальный инструмент.

ВИОЛОНЧЕЛИ́СТ, -а, *м.* Музыкант, играющий на виолончели. ‖ *ж.* **виолончели́стка**, -и.

ВИОЛОНЧЕ́ЛЬ, -и, *ж.* Смычковый музыкальный инструмент, средний по регистру и размерам между скрипкой и контрабасом. ‖ *прил.* **виолонче́льный**, -ая, -ое.

ВИ́РА. У такелажников, строителей выражение в знач.: поднимай вверх! *В. помалу!* (команда).

ВИРА́Ж[1], -а́, *м.* (спец.). **1.** Полёт самолёта с креном по кругу или поворот по кривой автомобиля, велосипеда. *Войти в в. Крутые виражи.* **2.** В вело- и мотоспорте: наклонный поворот трека. ‖ *прил.* **вира́жный**, -ая, -ое.

ВИРА́Ж[2], -а, *м.* (спец.). Раствор для окрашивания фотографических отпечатков. ‖ *прил.* **вира́жный**, -ая, -ое.

ВИРТУА́ЛЬНЫЙ, -ая, -ое; -лен, -льна (спец.). Несуществующий, но возможный. *Виртуальные миры. Виртуальная реальность* (несуществующая, воображаемая). *В. образ* (в компьютерных играх).

ВИРТУО́З, -а, *м.* Человек, в совершенстве владеющий техникой своего искусства, своего дела. *Пианист-в.*

ВИРТУО́ЗНЫЙ, -ая, -ое; -зен, -зна. Свойственный виртуозу, технически совершенный. *Виртуозное исполнение. Виртуозная работа.* ‖ *сущ.* **виртуо́зность**, -и, *ж.*

ВИ́РУС, -а, *м.* Мельчайшая неклеточная частица, размножающаяся в живых клетках, возбудитель инфекционного заболевания. *В. индивидуализма, стяжательства* (перен.). ✦ **Компьютерный вирус** (спец.) — специально созданная небольшая программа (в 6 знач.), способная присоединяться к другим программам ЭВМ, засорять оперативную память и выполнять другие нежелательные действия. ‖ *прил.* **вирусный**, -ая, -ое. *В. грипп.*

ВИРУСО́ЛОГ, -а, *м.* Специалист по вирусологии.

ВИРУСОЛО́ГИЯ, -и, *ж.* Наука о вирусах. ‖ *прил.* **вирусологи́ческий**, -ая, -ое.

ВИ́РШИ, -ей. Старинные русские и украинские силлабические стихи (теперь ирон. — о плохих стихах). ‖ *прил.* **ви́ршевый**, -ая, -ое.

ВИ́СЕЛИЦА, -ы, *ж.* Два столба (или столб) с перекладиной — сооружение для смертной казни через повешение. ‖ *прил.* **ви́сельный**, -ая, -ое.

ВИ́СЕЛЬНИК, -а, *м.* **1.** Тот, кто повешен на виселице (устар.). *Юмор висельника* (перен.: мрачный юмор). **2.** Человек, достойный виселицы, негодяй (прост.).

ВИСЕ́ТЬ, вишу́, виси́шь; *несов.* **1.** Находиться в висячем положении, уцепившись за что-н. руками или другой частью тела. *В. на турнике. В. на заборе, на подоконнике. Обезьяна висит на хвосте.* **2.** Будучи прикреплённым вверху, находиться в направленном вниз положении без опоры. *Люстра висит под потолком. Картина висит на стене. Волосы висят* (свисают длинными прядями). *Пальто висит на ком-н.* (широко, не по фигуре). *Над городом висит туман* (перен.). **3.** *перен.* Летать, кружа над ограниченным пространством, или зависнуть над чем-н. *Ястреб висит над лесом. Вертолёт висит над строительной площадкой.* **4.** (1 и 2 л. не употр.). Выдаваться, выступать вперёд какой-н. своей частью. *Утёс висит над морем.* **5.** (1 и 2 л. не употр.), *перен., над кем-чем.* Ожидаться, предстоять; ждать исполнения (о чём-н. неприятном). *Надо мной давно висит это поручение. Опасность висит над кем-н.* ✦ **Висеть на шее** *у кого* (разг. неодобр.) — 1) обременять собой, заботами о себе. *На шее висит куча дел;* 2) добиваться ухаживания, виснуть (во 2 знач.). **Висеть в воздухе** — о шатком, неопределённом положении кого-чего-н. **Висеть на телефоне** (разг. неодобр.) — часто и помногу говорить по телефону.

ВИ́СКИ, *нескл., ср.* Крепкая английская или американская водка.

ВИСКО́ЗА, -ы, *ж.* **1.** Продукт переработки целлюлозы — густая вязкая масса, употр. для изготовления искусственного шёлка, целлофана. **2.** Искусственный шёлк. ‖ *прил.* **виско́зный**, -ая, -ое. *Вискозное волокно.*

ВИСЛОЗА́ДЫЙ, -ая, -ое; -а́д. С отвислым задом. *Вислозадая лошадь.* ‖ *сущ.* **вислоза́дость**, -и, *ж.*

ВИСЛОУ́ХИЙ, -ая, -ое; -у́х. С отвислыми ушами. *Вислоухая собака.* ‖ *сущ.* **вислоу́хость**, -и, *ж.*

ВИ́СМУТ, -а, *м.* Химический элемент — хрупкий легкоплавкий серебристо-белый металл. ‖ *прил.* **ви́смутовый**, -ая, -ое.

ВИ́СНУТЬ, -ну, -нешь; вис *и* ви́снул, ви́сла; ви́снувший; *несов.* **1.** Спускаться книзу, принимая висячее положение, свисать. *Волосы виснут на лоб.* **2.** *перен., на ком.* Неотступно добиваться расположения, взаимности (разг. неодобр.). *На этом парне все девчонки виснут.* ✦ **Виснуть на шее** *у кого* (разг. неодобр.) — то же, что висеть на шее (во 2 знач.). ‖ *сов.* **пови́снуть**, -ну, -нешь; -ви́с, -ви́сла; пови́сший *и* (устар.) пови́снувший.

ВИСО́К, -ска́, *м.* Часть черепа от уха до лба. ‖ *уменьш.* **висо́чек**, -чка, *м.* ‖ *прил.* **висо́чный**, -ая, -ое. *Височные кости.*

ВИСОКО́СНЫЙ: **високосный год** — каждый четвёртый год, содержащий 366 дней и имеющий в феврале 29, а не 28 дней.

ВИСТ, -а, *м.* **1.** Род карточной игры. **2.** В нек-рых карточных играх: игра против взявшего прикуп.

ВИСЮ́ЛЬКА, -и, *ж.* (разг.). Небольшая висячая вещица, украшение, безделушка.

ВИСЯ́ЧИЙ, -ая, -ее. Такой, к-рый висит; связанный с висением. *Висячие сады* (на крутых горных склонах, на древних башнях). *Висячее положение* (на весу). *В. мост* (с несущей конструкцией из высокопрочных тросов, канатов, цепей).

ВИТАМИ́Н, -а, *м.* Органическое вещество, первоисточником к-рого обычно служат растения, необходимое для нормальной жизнедеятельности организма, а также препарат, содержащий такие вещества. ‖ *прил.* **витами́нный**, -ая, -ое *и* **витамино́зный**, -ая, -ое. *Витаминные препараты. Витаминозная пища.*

ВИТАМИНИЗИ́РОВАТЬ, -рую, -руешь; -анный; *сов. и несов., кого-что* (спец.). Обогатить (-ащать) (организм, продукты) витаминами. ‖ *сущ.* **витаминиза́ция**, -и, *ж.*

ВИТА́ТЬ, -а́ю, -а́ешь; *несов.* Двигаться, носиться в вышине (высок.). *Смерть витает над кем-н.* (перен.: смерть близка). *В. в облаках* (также перен.: предаваться бесплодным мечтам, забывать о действительности). *В. в мире мечтаний* (перен.).

ВИТИЕВА́ТЫЙ, -ая, -ое; -а́т. О языке, стиле: замысловатый, лишённый простоты, цветистый. *Витиеватая речь. Писать витиевато* (нареч.). ‖ *сущ.* **витиева́тость**, -и, *ж.*

ВИТИ́ЙСТВО, -а, *ср.* (устар.). Искусство витии, красноречие.

ВИТИ́ЙСТВОВАТЬ, -твую, -твуешь; *несов.* (устар. и ирон.). Говорить красноречиво, ораторствовать.

ВИТИ́Я, -и, *м.* (устар.). Оратор, красноречивый человек.

ВИТО́Й, -а́я, -о́е. Идущий спиралью; кручёный. *Витая лестница. В. хлеб* (плетёнка).

ВИТО́К, -тка́, *м.* **1.** Один оборот спирали, винтовой или винтообразной линии. **2.** Моток, свитый спиралью, или завившийся кусок чего-н. *В. проволоки.* **3.** При полёте: один оборот по орбите. *В. вокруг Земли.* **4.** *перен.* Нарастающий цикл каких-н. действий, явлений. ‖ *прил.* **витко́вый**, -ая, -ое.

ВИТРА́Ж, -а́, *м.* Картина или узор из цветного стекла (в окнах, дверях). ‖ *прил.* **витра́жный**, -ая, -ое.

ВИТРИ́НА, -ы, *ж.* Место за окном магазина, шкаф или ящик под стеклом для показа разных предметов, товаров. *Оформление витрины. Газетная в.* ‖ *прил.* **витри́нный**, -ая, -ое.

ВИТЬ, вью, вьёшь; вил, вила́, ви́ло; вей; ви́тый (вит, -а́, -о); *несов., что.* Изготовлять, скручивая, сплетая или плетя. *В. верёвку. В. гнездо. В. венок.* ‖ *сов.* **свить**, совью́, совьёшь; сви́тый (свит, -а́ *и* -а, -о). ‖ *сущ.* **витьё**, -я́, *ср.*, **свива́ние**, -я, *ср.* *и* **сви́вка**, -и, *ж.* *Витьё верёвок. Свивание гнезда.*

ВИ́ТЬСЯ, вьюсь, вьёшься; ви́лся, -ла́сь, -ло́сь *и* -лось; ве́йся; *несов.* **1.** Расти завитками. *Плющ вьётся. Вьющиеся растения* (обвивающиеся вокруг чего-н. или цепляющиеся за что-н.). *Кудри вьются. Вьющиеся волосы* (волнистые, в завитках). **2.** Кружиться, крутиться, изгибаться. *Пыль вьётся из-под копыт. Собака вьётся у ног. Сколько верёвочке ни в., а концу быть* (посл.: обман, мошенничество в конце концов будут раскрыты).

ВИТЮ́ТЕНЬ, -тня и **ВИ́ТЮТЕНЬ**, -тня, *м.* Крупный дикий голубь.

ВИ́ТЯЗЬ, -я, *м.* В Древней Руси: отважный, доблестный воин.

ВИХЛЯ́ТЬ, -я́ю, -я́ешь; *несов.* (прост.). Двигаться шатаясь. *Колесо вихляет. Вихляющая походка.*

ВИХЛЯ́ТЬСЯ, -я́юсь, -я́ешься; *несов.* (прост.). Шататься при движении.

ВИХО́Р, -хра́, *м.* Клок, прядь торчащих волос, шерсти. *Причесать вихры.*

ВИХРА́СТЫЙ, -ая, -ое; -а́ст (разг.). С вихрами. *В. парень. Вихрастая голова.*

ВИ́ХРИТЬСЯ (-рюсь, -ришься, 1 и 2 л. не употр.), -рится и **ВИХРИ́ТЬСЯ** (-рю́сь, -ри́шься, 1 и 2 л. не употр.), -ри́тся; *несов.* (разг.). Кружиться вихрем, в вихре. *Пыль вихрится.*

ВИХРЬ, -я, *м.* Порывистое круговое движение ветра. *Налетел в. Снежный в. В вихре событий* (перен.). ‖ *прил.* **вихрево́й,** -а́я, -о́е.

ВИ́ЦЕ-... (офиц.). *Первая часть сложных слов со знач.* помощник, заместитель по должности, названной во второй части слова, напр. *вице-губернатор, вице-консул, вице-президент, вице-председатель.*

ВИ́ЦЕ-АДМИРА́Л, -а, *м.* Второе адмиральское звание или чин во флоте, равное званию генерал-лейтенанта в сухопутных войсках, а также лицо, имеющее это звание. ‖ *прил.* **ви́це-адмира́льский,** -ая, -ое.

ВИЦМУНДИ́Р, -а, *м.* До революции: форменный фрак гражданских чиновников. ‖ *прил.* **вицмунди́рный,** -ая, -ое.

ВИЧ. 1. *нескл., м.* Сокращение: вирус иммунодефицита человека (вирус, подавляющий иммунную систему организма и приводящий к спиду). *Анализ на ВИЧ.* **2.** *неизм.* Относящийся к такому вирусу, содержащий его. *Вирус ВИЧ. ВИЧ-инфекция.*

ВИ́ШЕННИК, -а, *м., собир.* (обл.). Вишнёвый сад.

ВИШНЁВКА, -и, *ж.* Вишнёвая наливка или настойка.

ВИШНЁВО-... *Первая часть сложных слов со знач.* вишнёвый (во 2 знач.), с вишнёвым оттенком, напр. *вишнёво-коричневый, вишнёво-красный, вишнёво-малиновый.*

ВИШНЁВЫЙ, -ая, -ое. **1.** *см.* вишня. **2.** Тёмно-красный с лиловатым оттенком, цвета зрелой вишни. *Вишнёвые губы.*

ВИ́ШНЯ, -и, *род. мн.* -шен, *ж.* Плодовое дерево сем. розоцветных с сочными тёмно-красными плодами, а также плод его. ‖ *уменьш.* **ви́шенка,** -и, *ж.* ‖ *прил.* **вишнёвый,** -ая, -ое. *Вишнёвое варенье.*

ВИШЬ (прост.). **1.** *частица.* Употр. для выражения удивления, недоверия, сомнения. *В., что выдумал.* **2.** *частица.* Употр. для привлечения внимания к тому, чем будет обосновано предшествующее сообщение. *Не ходи, в. гроза!* **3.** *вводн. сл.* Видишь (см. видеть в 8 знач.), видите ли. *Он, в., опять проспал.* ✦ **Вишь ты,** *частица* и *вводн. сл.* — то же, что вишь (в 1 и 3 знач.). *Вишь ты, какая история! Он, вишь ты, начальником стал.*

ВКА́ЛЫВАТЬ, -аю, -аешь; *несов.* **1.** *см.* вколоть. **2.** Работать с большим напряжением и много (прост.). *Всю жизнь вкалывал для семьи.*

ВКА́ПЫВАТЬ *см.* вкопать.

ВКАТИ́ТЬ, вкачу́, вка́тишь; вка́ченный; *сов.* **1.** *что во что.* Катя́, втолкнуть. *В. бочку в сарай.* **2.** *перен., что.* Сделать, устроить что-н. неприятное (прост.). *В. выговор. В. пощёчину* (ударить). **3.** То же, что вкатиться (разг.). ‖ *несов.* **вка́тывать,** -аю, -аешь.

ВКАТИ́ТЬСЯ, вкачу́сь, вка́тишься; *сов., во что.* Катясь, появиться внутри чего-н., войти, въехать. *Мяч вкатился в комнату.* ‖ *несов.* **вка́тываться,** -аюсь, -аешься.

ВКЛАД, -а, *м.* **1.** *см.* вложить. **2.** Вложенные куда-н. деньги, ценности. *В. в сбербанк. Большие вклады. Выдача вкладов в банках. Внести свой в. в общее дело* (перен.). **3.** *перен.* Достижение в области науки, культуры. *В. в науку.*

ВКЛА́ДКА, -и, *ж.* **1.** *см.* вложить. **2.** Вложенный в книгу отдельный дополнительный лист. *Альбом со вкладками.* ‖ *прил.* **вкла́дочный,** -ая, -ое.

ВКЛАДНО́Й, -а́я, -о́е. **1.** *см.* вложить. **2.** Такой, к-рый вложен куда-н., являющийся вкладкой (во 2 знач.). *В. лист.*

ВКЛА́ДЧИК, -а, *м.* Владелец денежного вклада. ‖ *ж.* **вкла́дчица,** -ы.

ВКЛА́ДЫВАТЬ *см.* вложить.

ВКЛА́ДЫШ, -а, *м.* То, что вложено во что-н. (напр. вкладной лист, вкладная деталь).

ВКЛЕ́ИТЬ, -е́ю, -е́ишь; -е́енный; *сов., что во что.* Вставить, вложить, закрепив клеем. *В. лист в книгу.* ‖ *несов.* **вкле́ивать,** -аю, -аешь. ‖ *сущ.* **вкле́йка,** -и, *ж.*

ВКЛЕ́ЙКА, -и, *ж.* **1.** *см.* вклеить. **2.** Вклеенный куда-н. лист бумаги.

ВКЛИ́НИТЬ, -ню, -нишь; -ненный и **ВКЛИНИ́ТЬ,** -ню́, -ни́шь; -нённый (-ён, -ена́); *сов., что во что.* Вделать, вставить клином. *В. доску в щель.* ‖ *несов.* **вкли́нивать,** -аю, -аешь.

ВКЛИ́НИТЬСЯ, -нюсь, -нишься и **ВКЛИНИ́ТЬСЯ,** -ню́сь, -ни́шься; *сов., во что.* Войти, вдаться клином. *В. в расположение противника* (перен.: вторгнуться). ‖ *несов.* **вкли́ниваться,** -аюсь, -аешься.

ВКЛЮЧА́Я *кого-что, предлог с вин. п.* В том числе и..., вместе с кем-чем-н. *Собрались все в. стариков. Расписание составлено в. воскресенье.* ✦ **Не включая** *кого-чего* и (разг.) *кого-что, предлог с род. п.* и *вин. п.* — то же, что исключая. *Собралась вся семья не включая бабушку. Работали целый месяц не включая праздники (праздников).*

ВКЛЮЧИ́ТЕЛЬНО, *нареч.* Вместе с последним из того, что названо. *С 1-го по 10-е число в.*

ВКЛЮЧИ́ТЬ, -чу́, -чи́шь; -чённый (-ён, -ена́); *сов.* **1.** *кого-что во что.* Ввести, внести в состав, в число кого-чего-н. *В. в список учащихся. В. новую статью в договор.* **2.** *что во что.* Присоединить к системе чего-н. *В. аппарат в сеть.* **3.** *что.* Привести в действие. *В. мотор. В. свет.* ‖ *несов.* **включа́ть,** -а́ю, -а́ешь. ‖ *сущ.* **включе́ние,** -я, *ср.*

ВКЛЮЧИ́ТЬСЯ, -чу́сь, -чи́шься; *сов., во что.* **1.** Присоединиться к чему-н., стать участником чего-н. *В. в работу.* **2.** (1 и 2 л. не употр.). Присоединиться к системе чего-н., стать включённым. *Аппарат включился. Свет включился.* ‖ *несов.* **включа́ться,** -а́юсь, -а́ешься. ‖ *сущ.* **включе́ние,** -я, *ср.*

ВКОЛОТИ́ТЬ, -очу́, -о́тишь; -о́ченный; *сов., что во что.* Вбить, колотя. *В. кол в землю.* ‖ *несов.* **вкола́чивать,** -аю, -аешь.

ВКОЛО́ТЬ, вколю́, вко́лешь; вко́лотый; *сов., что во что.* Проколов, вставить, ввести внутрь. *В. булавку.* ‖ *несов.* **вка́лывать,** -аю, -аешь.

ВКОНЕ́Ц, *нареч.* (разг.). Совершенно, совсем. *В. измучился. В. заврался.*

ВКОПА́ТЬ, -а́ю, -а́ешь; вко́панный; *сов., что во что.* Укрепить в выкопанном углублении. *В. столб. Как вкопанный стоит* (совершенно неподвижно; разг.). ‖ *несов.* **вка́пывать,** -аю, -аешь.

ВКОПА́ТЬСЯ, -а́юсь, -а́ешься; *сов., во что.* То же, что врыться. *В. в землю.* ‖ *несов.* **вка́пываться,** -аюсь, -аешься.

ВКОРЕНИ́ТЬ, -ню́, -ни́шь; -нённый (-ён, -ена́); *сов., что.* Укоренить, прочно ввести в обиход. *В. строгие правила.* ‖ *несов.* **вкореня́ть,** -я́ю, -я́ешь.

ВКОРЕНИ́ТЬСЯ (-ню́сь, -ни́шься, 1 и 2 л. не употр.), -ни́тся; *сов.* Укорениться, прочно войти в обиход. *Вкоренились вредные привычки.* ‖ *несов.* **вкореня́ться** (-я́юсь, -я́ешься, 1 и 2 л. не употр.), -я́ется.

ВКОСЬ, *нареч.* Не прямо, по косому направлению. *Взглянуть в. Сложить платок в.*

ВКРА́ДЧИВЫЙ, -ая, -ое; -ив. Старающийся вызвать доверие, расположение к себе лестью, притворной любезностью. *В. голос.* ‖ *сущ.* **вкра́дчивость,** -и, *ж.*

ВКРА́ПИТЬ, -плю, -пишь; -а́пленный; *сов., что.* **1.** Брызгая, сделать крапины, крап на чем-н. **2.** *перен.* Внести, включить в состав чего-н. как мелкие вставки, дополнения к основному. *Цифры, вкраплённые в текст.* ‖ *несов.* **вкрапля́ть,** -я́ю, -я́ешь. ‖ *сущ.* **вкрапле́ние,** -я, *ср.*

ВКРА́ПИТЬСЯ (-плюсь, -пишься, 1 и 2 л. не употр.), -пится; *сов.* Войти, включиться куда-н. крапинами, отдельными мелкими частями. ‖ *несов.* **вкрапля́ться** (-я́юсь, -я́ешься, 1 и 2 л. не употр.), -я́ется. ‖ *сущ.* **вкрапле́ние,** -я, *ср.*

ВКРАПЛЕ́НИЕ, -я, *ср.* **1.** *см.* вкрапить, -ся. **2.** обычно *мн.* То, что вкраплено, вкрапилось во что-н. *Вкрапления в горные породы. Иллюстративные вкрапления в текст.*

ВКРА́СТЬСЯ, -аду́сь, -адёшься; -а́лся, -а́лась; -а́вшийся; -а́вшись; *сов., во что.* **1.** (1 и 2 л. не употр.). Случайно появившись, остаться незамеченным. *В текст вкралась опечатка.* **2.** Незаметно появиться где-н., проникнуть куда-н. *Вкралось подозрение.* ✦ **Вкрасться в доверие** — расположить к себе хитростью, лестью. ‖ *несов.* **вкра́дываться,** -аюсь, -аешься.

ВКРА́ТЦЕ, *нареч.* В кратком виде. *Изложить дело в.*

ВКРИВЬ, *нареч.* (разг.). Криво, не прямо. *В. и вкось* (в разных направлениях, в беспорядке). *В. и вкось судить о чём-н.* (перен.: самоуверенно и без знания дела).

ВКРУГ (устар.). **1.** *нареч.* Кру́гом, окружив кого-что-н. *Рассказчик сел, все встали в.* **2.** *кого-чего, предлог с род.п.* То же, что вокруг (во 2 знач.). *Бродить в. за́мка.*

ВКРУГОВУ́Ю, *нареч.* (разг.). В круговом направлении.

ВКРУТИ́ТЬ, -учу́, -у́тишь; -у́ченный; *сов., что во что* (разг.). Крутя, вставить. *В. пробку.* ‖ *несов.* **вкру́чивать,** -аю, -аешь.

ВКРУТУ́Ю, *нареч.* О способе варки яйца: круто, до твёрдого состояния. *Сварить яйца в.*

ВКУ́ПЕ, *нареч.* (устар.). Вместе, сообща. *Собраться всем в.* ✦ **Вкупе с** *кем-чем, предлог с тв. п.* (устар. и ирон.) — то же, что вместе с (в 1 знач.). *Действовать вкупе с соучастниками.*

ВКУС[1], -а (-у), *м.* **1.** Одно из внешних чувств человека и животных, органом которого служит слизистая оболочка языка и полости рта. **2.** Ощущение на языке, во рту или свойство пищи, являющееся источником этого ощущения. *Плоды, приятные на в. Горький в. во рту. Кислый в. лимона.* ‖ *прил.* **вкусово́й,** -а́я, -о́е. *Вкусовые ощущения.*

ВКУС[2], -а, *м.* **1.** Чувство, понимание изящного, красивого. *Тонкий в. Одеваться со вкусом. На чей-н. в., в чьём-н. вкусе* (с точки зрения чьих-н. мнений об изящном, красивом). **2.** Склонность, пристрастие к чему-н. *Иметь в. к чему-н. Входить во в.* (пристрастившись, привыкать к чему-н.). *По вкусу прийтись кому-н.* (понравиться). *О вкусах не спорят.* **3.** Стиль, манера (разг.). *Танец* *в испанском вкусе.* ‖ *прил.* **вкусово́й, -а́я, -о́е** (ко 2 знач.). *Вкусовые оценки.*

ВКУСИ́ТЬ, вкушу́, вкуси́шь; вкушённый (-ён, -ена́); *сов., что* и *чего* (высок.). Ощутить, испытать. *В. счастье. В. славы.* ✦ **Вкусить от древа познания** (высок.) — познать жизнь, её законы, добро и зло [по библейскому сказанию об Адаме и Еве, вкусивших запретный плод и тем познавших тайну продолжения жизни]. ‖ *несов.* **вкуша́ть, -а́ю, -а́ешь.**

ВКУ́СНОСТИ, -ей, *ед.* вку́сность, -и, *ж.* (разг.). Вкусные кушанья. *Наготовить разных вкусностей.*

ВКУСНОТА́, -ы́, *ж.* (разг.). О чём-н. очень вкусном. ‖ *увел.* **вкуснoти́ща,** -и, *ж.*

ВКУ́СНЫЙ, -ая, -ое; -сен, -сна́, -сно, -сны́ *и* -сны. **1.** Приятный на вкус[1]. *В. обед. Вкусно* (нареч.) *кормить.* **2.** Выражающий аппетит, удовольствие, ощущение приятного. *Вкусное причмокивание.* ‖ *сущ.* **вку́сность,** -и, *ж.* (к 1 знач.).

ВКУСОВО́Й[1-2] *см.* вкус[1-2].

ВКУСОВЩИ́НА, -ы, *ж.* (разг. неодобр.). Оценка каких-н. явлений с точки зрения своего, субъективного вкуса[2].

ВЛА́ГА, -и, *ж.* Сырость, вода, содержащаяся в чём-н. *Воздух, насыщенный влагой.*

ВЛАГА́ЛИЩЕ, -а, *ср.* **1.** Конечный отдел половых проводящих путей у женщины. **2.** Место, в к-ром укрепляется какой-н. орган, а также вместилище из кожных покровов (спец.). *В. сухожилия. В. волоса. В. листа.* ‖ *прил.* **влага́лищный,** -ая, -ое.

ВЛАГА́ТЬ *см.* вложить.

ВЛАГО... *Первая часть сложных слов со знач.* относящийся к влаге, напр. *влагообеспеченность, влаголюбивый, влагостойкий, влагозащитный, влагоёмкость.*

ВЛАДЕ́ЛЕЦ, -льца, *м.* Человек, владеющий чем-н. *В. дома. Вернуть вещь владельцу.* ‖ *ж.* **владе́лица,** -ы. ‖ *прил.* **владе́льческий,** -ая, -ое (спец.).

ВЛАДЕ́НИЕ, -я, *ср.* **1.** *см.* владеть. **2.** Недвижимое имущество, земельный участок. *Земельное в. Колониальные владения.*

ВЛАДЕ́ТЕЛЬ, -я, *м.* (устар.). **1.** То же, что правитель (в 1 знач.). 2. То же, что владелец. ‖ *ж.* **владе́тельница,** -ы.

ВЛАДЕ́ТЕЛЬНЫЙ, -ая, -ое (устар.). Обладающий правом наследственной монархической власти. *В. князь.*

ВЛАДЕ́ТЬ, -е́ю, -е́ешь; *несов.* **1.** *кем-чем.* Иметь своей собственностью. *В. имуществом.* **2.** *перен., кем-чем.* Держать в своей власти, подчинять себе. *Одна мысль владеет кем-н. Душой владеет гнев. В. собой, своими чувствами* (уметь сохранять самообладание). **3.** *чем.* Уметь, иметь возможность пользоваться чем-н., действовать при помощи чего-н. *В. оружием. В. пером* (уметь хорошо писать, излагать свои мысли). *В. иностранными языками* (знать их). *Не владеет руками, ногами* (не может действовать руками, ходить). ‖ *сущ.* **владе́ние,** -я, *ср. Вступить во в. чем-н.*

ВЛАДЫ́КА, -и, *м.* **1.** То же, что властелин. *В. страны, государства. В. полумира* (о могучем завоевателе). *В. душ* (перен.: о том, кто владеет умами, сердцами людей). **2.** Титулование архиерея. ✦ **Своя рука — владыка** — посл. о возможности самому всем распоряжаться. ‖ *ж.* **владычица,** -ы (к 1 знач.).

ВЛАДЫ́ЧЕСТВОВАТЬ, -твую, -твуешь; *несов., над кем-чем* (высок.). Быть владыкой (в 1 знач.), господствовать. ‖ *сущ.* **владычество,** -а, *ср. Быть, находиться под чьим-н. владычеством.*

ВЛАЖНЕ́ТЬ (-е́ю, -е́ешь, 1 и 2 л. не употр.), -е́ет; *несов.* Становиться влажным, влажнее. ‖ *сов.* **повлажне́ть** (-е́ю, -е́ешь, 1 и 2 л. не употр.), -е́ет.

ВЛА́ЖНОСТЬ, -и, *ж.* Наличие влаги. *В. воздуха, почвы.* ‖ *прил.* **вла́жностный,** -ая, -ое (спец.). *В. режим.*

ВЛА́ЖНЫЙ, -ая, -ое; -жен, -жна́, -жно, -жны́ *и* -жны. Пропитанный влагой, мокрый, сырой. *Влажная одежда* (отсыревшая). *Влажная почва. В. лоб* (от испарины). *Влажные глаза* (от слёз).

ВЛА́МЫВАТЬСЯ *см.* вломиться.

ВЛА́СТВОВАТЬ, -твую, -твуешь; *несов., над кем-чем* и (устар.) *кем-чем* (высок.). Иметь власть, господствовать, повелевать. *В. над людьми. В. собой* (управлять своими чувствами, поступками).

ВЛАСТЕЛИ́Н, -а и **ВЛАСТИ́ТЕЛЬ,** -я, *м.* (устар. высок.). Тот, кто обладает властью, повелитель. *Властитель дум* (перен.). ‖ *ж.* **властительница,** -ы.

ВЛА́СТНЫЙ, -ая, -ое; -тен, -тна *и* -тна́, -тно. **1.** *см.* власть. **2.** Имеющий склонность и привычку повелевать; повелевающий. *В. характер. В. жест.* **3.** обычно *кр. ф.* Имеющий право, власть что-н. делать. *Он не властен изменить положение. Не властен над собой* (не может управлять своими чувствами, поступками). *Время не властно над кем-чем-н.* (о ком-чём-н. нестареющем). ‖ *сущ.* **вла́стность,** -и, *ж.* (ко 2 знач.).

ВЛАСТОЛЮ́БЕЦ, -бца, *м.* (книжн.). Властолюбивый человек.

ВЛАСТОЛЮБИ́ВЫЙ, -ая, -ое; -и́в (книжн.). Любящий, стремящийся властвовать. ‖ *сущ.* **властолю́бие,** -я, *ср.*

ВЛАСТЬ, -и, *мн.* -и, -е́й, *ж.* **1.** Право и возможность распоряжаться кем-чем-н., подчинять своей воле. *Родительская в. Превышение власти. Под чьей-н. властью быть, находиться. В. употребить* (заставить подчиниться себе как имеющему власть). *Терять в. над собой* (терять самообладание). *Во власти предрассудков* (перен.: о том, кто полон предрассудков). **2.** Политическое господство, государственное управление и его органы. *В. народа или народная в. Верховная в. Прийти к власти. Быть у власти.* **3.** *мн.* Лица, облечённые правительственными, административными полномочиями. *Местные власти.* ✦ **Ваша власть** (устар.) — как вам угодно, вам решать, дело ваше. **Под властью** *чего, предлог с род. п.* — под влиянием, под воздействием чего-н. *Действовать под властью обстоятельств.* ‖ *прил.* **вла́стный,** -ая, -ое (к 1 знач.). *Властные функции главы государства. Властная элита.*

ВЛАСЫ́, -о́в, *ед.* влас, -а, *м.* (устар.). Волосы человека. *В. седые.*

ВЛАСЯНИ́ЦА, -ы, *ж.* (стар.). Грубая волосяная одежда монаха, отшельника, ведущего аскетическую жизнь. *Покрыть себя власяницей.*

ВЛАЧИ́ТЬ, -чу́, -чи́шь; *несов., что.* **1.** То же, что волочить (в 1 знач.) (устар. высок.). *В. цепь.* 2. В сочетании со словами «век», «дни», «жизнь», «существование»: вести трудную (одинокую, жалкую) жизнь (высок.). *В. мучительную жизнь. В. жалкое существование* (также перен.: находиться в плохом состоянии).

ВЛАЧИ́ТЬСЯ, -чу́сь, -чи́шься; *несов.* **1.** То же, что волочиться (в 1 знач.) (устар. высок.). **2.** В сочетании со словами «век», «дни», «существование»: протекать трудно, мучительно (высок.).

ВЛЕ́ВО, *нареч.* В левую сторону, в левой стороне. *В. от дороги.*

ВЛЕЗТЬ, -зу, -зешь; влез, вле́зла; *сов.* **1.** *на что, во что.* Взобраться или забраться куда-н. (цепляясь, карабкаясь или с трудом, а также тайно). *В. на дерево. В. в окно.* **2.** *во что.* То же, что войти (в 1 знач.) (разг.). *В. в трамвай, в автобус, в вагон. Воры влезли в дом. В. в чужую семью* (перен.: втереться; неодобр.). **3.** *во что.* Уместиться внутри чего-н. (разг.). *Все книги влезли в портфель. Не влезаю в старое платье* (стало мало). **4.** Вмешаться, ввязаться (разг. неодобр.). *В. не в своё дело. В. в чужой разговор.* ✦ **Сколько влезет** (прост.) — сколько угодно. ‖ *несов.* **влеза́ть,** -а́ю, -а́ешь.

ВЛЕПИ́ТЬ, влеплю́, вле́пишь; вле́пленный; *сов.* **1.** *что во что.* Укрепить, вставив во что-н. липкое, вязкое, вмазать. **2.** *перен., что.* То же, что вкатить (во 2 знач.) (прост.). *В. пощёчину. В. выговор. В. двойку за сочинение.* ‖ *несов.* **влепля́ть,** -я́ю, -я́ешь.

ВЛЕТЕ́ТЬ, влечу́, влети́шь; *сов.* **1.** Летя, проникнуть куда-н. *Птица влетела в окно.* **2.** Вбежать поспешно куда-н. (разг.). *Взволнованно в. в комнату.* **3.** *безл., кому.* То же, что попасть (в 3 знач.). *Шалуну влетело от отца.* ‖ *несов.* **влета́ть,** -а́ю, -а́ешь. ‖ *сущ.* **влёт,** -а, *м.* (к 1 знач.).

ВЛЕЧЕ́НИЕ, -я, *ср.* Сильная склонность к кому-чему-н. *В. к искусству. Сердечное в.* (любовь).

ВЛЕЧЬ, влеку́, влечёшь, влеку́т; влёк, влекла́; влеки́; влёкший; влеко́мый; влечённый (-ён, -ена́); *несов.* **1.** *кого-что.* Тащить, тянуть (устар.). *В. колесницу.* **2.** *кого-что.* Увлекая, манить, притягивать к себе. *Юношу влечёт наука.* **3.** *что.* Иметь своим последствием что-н. *Преступление влечёт за собой наказание.* ‖ *сов.* **повле́чь,** -еку́, -ечёшь, -еку́т; -ёк, -екла́; -ёкший (к 3 знач.).

ВЛЁТ[1], *нареч.* О стрельбе по летящей цели: во время полёта. *Бить птицу в.*

ВЛЁТ[2] *см.* влететь.

ВЛИ́ПНУТЬ, -ну, -нешь; влип, вли́пла; вли́пший; *сов., во что.* **1.** Попасть во что-н. липкое, вязкое. *Оса влипла в варенье.* **2.** Попасть в неприятное положение (прост.). *В. в скверную историю.* ‖ *несов.* **влипа́ть,** -а́ю, -а́ешь.

ВЛИТЬ, волью́, вольёшь; влил, -а́, -о; влей; вли́тый (влит, -а́, -о); *сов.* **1.** *что во что.* Налить внутрь. *В. воду в бочку.* **2.** *перен., что в кого-что.* В сочетании со словами «силы», «бодрость», «уверенность»: заставить появиться. *В. новые силы в кого-н.* **3.** *перен., кого* (мн.) *что во что.* Добавить, включить дополнительно. *В. молодых специалистов в бригаду.* ‖ *несов.* **влива́ть,** -а́ю, -а́ешь. ‖ *сущ.* **влива́ние,** -я, *ср.* (к 1 знач.). *Внутривенное в.*

ВЛИ́ТЬСЯ, вольюсь, вольёшься; вли́лся, влила́сь, влило́сь *и* вли́лось; вле́йся; *сов.* **1.** (1 и 2 л. не употр.), *во что.* Налиться внутрь. *Вода влилась в подпол.* **2.** (1 и 2 л. не употр.), *перен., в кого-что.* В сочетании со словами «силы», «бодрость», «уверенность»: появиться. **3.** *перен., во что.* Дополнить собой, присоединиться. *В отряд влилось пополнение.* ‖ *несов.* **влива́ться,** -а́юсь, -а́ешься.

ВЛИЯ́НИЕ, -я, *ср.* **1.** Действие, оказываемое кем-чем-н. на кого-что-н., воздействие. *Оказать в. на ход дел. Под чужим влиянием. Благотворное в.* **2.** Авторитет, власть. *Человек с большим влиянием.* ✦ **Под влиянием** *кого-чего, в знач. предлога с род. п.* — испытывая воздействие кого-чего-н., подчиняясь кому-чему-н. *Действовать под влиянием аффекта.*

ВЛИЯ́ТЕЛЬНЫЙ, -ая, -ое; -лен, -льна. Обладающий влиянием (во 2 знач.). *В. руководитель.* ‖ *сущ.* **влиятельность**, -и, *ж.*

ВЛИЯ́ТЬ, -я́ю, -я́ешь; *несов., на кого-что.* Оказывать влияние (в 1 знач.). *В. на детей. В. на ход событий.* ‖ *сов.* **повлия́ть**, -я́ю, -я́ешь.

ВЛОЖЕ́НИЕ, -я, *ср.* **1.** *см.* вложить. **2.** Вложенная сумма денег; вложенный предмет. *Вложения в промышленность. Бандероль с ценным вложением.*

ВЛОЖИ́ТЬ, вложу́, вло́жишь; вло́женный; *сов., что во что.* **1.** Положить, поместить внутрь. *В. письмо в конверт. В. душу в любимое дело* (перен.). *В. скрытый смысл в свои слова* (перен.). **2.** Поместить в какое-н. предприятие (средства, деньги). *В. капитал в предпринимательство.* ‖ *несов.* **вкла́дывать**, -аю, -аешь *и* **влага́ть**, -а́ю, -а́ешь (к 1 знач.; устар.). *Вкладывать капитал. Влагать душу во что-н.* ‖ *сущ.* **вложе́ние**, -я, *ср.*, **вклад**, -а, *м.* (ко 2 знач.) *и* **вкла́дка**, -и, *ж.* (к 1 знач.; разг.). ‖ *прил.* **вкладно́й**, -а́я, -о́е (ко 2 знач.). *Вкладные операции.*

ВЛОМИ́ТЬСЯ, вломлю́сь, вло́мишься; *сов., во что* (разг.). Насильно, грубо войти куда-н. *В. в чужой дом.* ‖ *несов.* **вла́мываться**, -аюсь, -аешься.

ВЛО́ПАТЬСЯ, -аюсь, -аешься; *сов., во что* (прост.). **1.** Попасть во что-н. нечаянно. *В. в грязь.* **2.** То же, что влипнуть (во 2 знач.). *В. в беду.*

ВЛЮБИ́ТЬ, влюблю́, влю́бишь; *сов., кого (что) в кого-что* (разг.). Внушить любовь к кому-чему-н., заставить влюбиться. *В. в себя.* ‖ *несов.* **влюбля́ть**, -я́ю, -я́ешь.

ВЛЮБИ́ТЬСЯ, влюблю́сь, влю́бишься; *сов., в кого-что.* Страстно полюбить кого-что-н. *В. с первого взгляда. В. в северную природу.* ‖ *несов.* **влюбля́ться**, -я́юсь, -я́ешься.

ВЛЮБЛЁННЫЙ, -ая, -ое; -ён, -ена́. Испытывающий страстную любовь, влечение к кому-чему-н.; полный любви. *Влюблён без памяти. Свидание влюблённых* (сущ.). *В. взгляд.* ‖ *сущ.* **влюблённость**, -и, *ж.*

ВЛЮ́БЧИВЫЙ, -ая, -ое; -ив (разг.). Склонный быстро и часто влюбляться. *В. юноша.* ‖ *сущ.* **влю́бчивость**, -и, *ж.*

ВЛЯ́ПАТЬСЯ, -аюсь, -аешься; *сов.* (прост.). То же, что влопаться. ‖ *несов.* **вля́пываться**, -аюсь, -аешься.

ВМА́ЗАТЬ, вма́жу, вма́жешь; вма́занный; *сов., что во что.* Вставить, укрепив чем-н. вязким. *В. стекло. В. котёл в топку.* ‖ *несов.* **вма́зывать**, -аю, -аешь. ‖ *сущ.* **вма́зка**, -и, *ж.*

ВМА́ТЫВАТЬ *см.* вмотать.

ВМЕНИ́ТЬ, -ню́, -ни́шь; -нённый (-ён, -ена́); *сов., что кому во что* (офиц.): 1) **вменить в вину** — обвинить в чём-н.; 2) **вменить в обязанность** — обязать что-н. сделать. ‖ *несов.* **вменя́ть**, -я́ю, -я́ешь. ‖ *сущ.* **вмене́ние**, -я, *ср.*

ВМЕНЯ́ЕМЫЙ, -ая, -ое; -ем (спец.). По своему психическому состоянию способный сознавать значение своих действий и управлять ими. *Суд признал подсудимого вменяемым.* ‖ *сущ.* **вменя́емость**, -и, *ж.*

ВМЕСИ́ТЬ, вмешу́, вме́сишь; вме́шенный; *сов., что во что.* Меся, добавить. *В. изюм в тесто.* ‖ *несов.* **вме́шивать**, -аю, -аешь.

ВМЕ́СТЕ, *нареч.* В соединении с кем-чем-н., в общении с кем-н. *Сложить все книги в. Жить в. В. подумаем.* ✦ **Вместе с кем-чем** или **чем**, *предлог с тв. п.* — 1) *кем-чем.* Указывает на совместность, участие в одном и том же действии, пребывание в одном и том же состоянии с кем-чем-н. *Действовать вместе с друзьями. Пришёл вместе с отцом. Мы вместе с ним решили;* 2) *чем.* Одновременно с чем-н. *Вместе с телеграммой принесли письмо.* **Вместе с тем (и вместе с тем)**, *союз* — а также, в добавление к сказанному. *Осторожен, вместе с тем (и вместе с тем) решителен.* **А (но) вместе с тем**, *союз* — но в то же время, и однако. *Хочет рассказать, а (но) вместе с тем боится.*

ВМЕСТИ́ЛИЩЕ, -а, *ср.* Место, сосуд, резервуар для чего-н., ёмкость. *В. для воды, для зерна.*

ВМЕСТИ́МОСТЬ, -и, *ж.* Способность вмещать то или иное количество чего-н., ёмкость. *Резервуар большой вместимости.*

ВМЕСТИ́ТЕЛЬНЫЙ, -ая, -ое; -лен, -льна. Вмещающий значительное количество, много кого-чего-н. *В. зал. В. чемодан.* ‖ *сущ.* **вмести́тельность**, -и, *ж.*

ВМЕСТИ́ТЬ, вмещу́, вмести́шь; вмещённый (-ён, -ена́); *сов., кого-что.* **1.** (1 и 2 л. не употр.). Поместить, заключить в себе. *Зал вместил всех желающих.* **2.** *во что.* Поместить внутри чего-н. *В. все вещи в шкаф.* ‖ *несов.* **вмеща́ть**, -а́ю, -а́ешь.

ВМЕСТИ́ТЬСЯ, вмещу́сь, вмести́шься; *сов., во что.* Поместиться, уместиться внутри чего-н. *Вещи вместились в чемодан.* ‖ *несов.* **вмеща́ться**, -а́юсь, -а́ешься.

ВМЕ́СТО *кого-чего, предлог с род. п.* Заменяя, замещая кого-что-н. *Взять одну книгу в. другой. Иди в. меня.* ✦ **Вместо того чтобы**, *союз* — выражает противопоставление предпочитаемому, чем бы. *Вместо того чтобы по улицам болтаться, почитал бы книжку.*

ВМЕТА́ТЬ, -а́ю, -а́ешь; вмётанный; *сов., что во что.* Вшить крупными стежками, метая[2]. *В. рукав.* ‖ *несов.* **вмётывать**, -аю, -аешь.

ВМЕША́ТЕЛЬСТВО, -а, *ср.* **1.** *см.* вмешаться. **2.** Самовольные насильственные действия в чужой стране, в чужих политических сферах. *Вооружённое в.* **3.** Медицинское воздействие, выражающееся в непосредственном проникновении во внутренние органы больного (спец.). *Хирургическое (оперативное) в.*

ВМЕША́ТЬ, -а́ю, -а́ешь; вме́шанный; *сов., во что.* **1.** *что.* Мешая, добавить. *В. яйцо в тесто.* **2.** *перен., кого (что).* Заставить против воли участвовать в чём-н. (разг.). *В. подростка в опасное дело.* ‖ *несов.* **вме́шивать**, -аю, -аешь.

ВМЕША́ТЬСЯ, -а́юсь, -а́ешься; *сов., во что.* **1.** Стать участником чужого дела, ввязаться. *В. в спор, в разговор, в драку.* **2.** Принять участие в каком-н. деле с целью изменения его хода. *В конфликт пришлось в. директору.* **3.** Проникнув в большую группу людей, затеряться в ней. *В. в толпу.* ‖ *несов.* **вме́шиваться**, -аюсь, -аешься. ‖ *сущ.* **вмеша́тельство**, -а, *ср.* (к 1 и 2 знач.).

ВМЕЩА́ТЬ, -СЯ *см.* вместить, -ся.

ВМЁРЗНУТЬ, -ну, -нешь; вмёрз, вмёрзла; *сов., во что.* Войдя в замерзающую землю, воду, плотно в них укрепиться. *Судно вмёрзло в лёд.* ‖ *несов.* **вмерза́ть**, -а́ю, -а́ешь.

ВМИГ, *нареч.* (разг.). Очень быстро, сразу. *В. всё понял.*

ВМИНА́ТЬ *см.* вмять.

ВМОНТИ́РОВАТЬ, -рую, -руешь; -анный; *сов., что во что.* Монтируя, вставить. *В. датчик.*

ВМОТА́ТЬ, -а́ю, -а́ешь; вмо́танный; *сов., что во что.* Мотая, вложить. *В. цветную нитку в клубок.* ‖ *несов.* **вма́тывать**, -аю, -аешь.

ВМУРОВА́ТЬ, -ру́ю, -ру́ешь; -о́ванный; *сов., что во что.* Обмуровывая, поместить, укрепить каменной кладкой. *В. памятную доску в стену.* ‖ *несов.* **вмуро́вывать**, -аю, -аешь.

ВМЯ́ТИНА, -ы, *ж.* Вмятое, вдавленное место, вдавлина. *В. в стенке бака.*

ВМЯТЬ, вомну́, вомнёшь; вмя́тый; *сов., что* (разг.). **1.** *во что.* Вдавить (в 1 знач.) во что-н. мягкое. *В. что-н. в глину, в тесто.* **2.** Образовать вмятину, вдавлину. *В. крыло автомобиля.* ‖ *несов.* **вмина́ть**, -а́ю, -а́ешь.

ВНАЙМЫ́ и **ВНАЁМ**, *нареч.* Во временное пользование за плату (обычно о жилье). *Отдать дом в.*

ВНАКИ́ДКУ, *нареч.* (разг.). Не вдевая рук в рукава, накинув на плечи. *Надеть пальто в.*

ВНАКЛА́ДЕ, *в знач. сказ.* (прост.). В убытке. *Не остаться в.*

ВНАКЛА́ДКУ, *нареч.* (прост.). О питье чая: положив сахар в чашку, в стакан (в отличие от вприкуску). *Пить чай в.*

ВНАЧА́ЛЕ, *нареч.* В первое время, сначала. *В. было трудно.*

ВНЕ, *предлог с род. п.* **1.** *кого-чего.* За пределами чего-н., не в ком-чём-н. *В. города. В. опасности. Положение в. игры* (в нек-рых спортивных играх). **2.** *чего.* Минуя что-н., в обход (во 2 знач.) чего-н. *Пройти в. очереди. В. всяких правил.* **3.** *чего.* Сверх чего-н. *В. плана.* ✦ **Вне закона** — лишён защиты законов, охраны со стороны государства. **Вне себя** — в крайнем волнении, в исступлении от чего-н. *Вне себя от возмущения.*

ВНЕ..., *приставка.* Образует прилагательные со знач. находящийся за пределами чего-н., напр. *вневедомственный, внеслужебный, внеатмосферный, внеземной, внеконкурсный, внеурочный.*

ВНЕБРА́ЧНЫЙ, -ая, -ое. Относящийся к официально не оформленному браку. *Внебрачная связь. В. ребёнок.*

ВНЕВОЙСКОВО́Й, -а́я, -о́е. Не связанный с пребыванием в войсках. *Вневойсковая подготовка.*

ВНЕВРЕ́МЕННЫЙ, -ая, -ое; -енен, -енна. Не ограниченный рамками времени, рассматриваемый вне времени. ‖ *сущ.* **вневре́менность**, -и, *ж.*

ВНЕДРЕ́НИЕ, -я, *ср.* **1.** *см.* внедрить, -ся. **2.** Использование в производстве, в практике результатов каких-н. исследований, экспериментов. ‖ *прил.* **внедре́нческий**, -ая, -ое (спец.).

ВНЕДРИ́ТЬ, -рю́, -ри́шь; -рённый (-ён, -ена́); *сов., что во что.* Ввести, укрепить в чём-н. *В. в производство прогрессивные методы труда.* ‖ *несов.* **внедря́ть**, -я́ю, -я́ешь. ‖ *сущ.* **внедре́ние**, -я, *ср.*

ВНЕДРИ́ТЬСЯ, -рю́сь, -ри́шься; *сов., в кого-что.* Войти, укрепиться в ком-чём-н. *Внедрилась мысль.* ‖ *несов.* **внедря́ться**, -я́юсь, -я́ешься. ‖ *сущ.* **внедре́ние**, -я, *ср.*

ВНЕЗА́ПНЫЙ, -ая, -ое; -пен, -пна. Вдруг, неожиданно наступивший. *В. отъезд. Внезапно* (нареч.) *поднялась метель.* ‖ *сущ.* **внеза́пность**, -и, *ж.*

ВНЕКЛА́ССНЫЙ, -ая, -ое. Происходящий вне классных занятий, не в школе. *Внеклассное чтение.*

ВНЕКЛА́ССОВЫЙ, -ая, -ое. Стоящий вне общественных классов. *Внеклассовые интересы.*

ВНЕМА́ТОЧНЫЙ, -ая, -ое: **внематочная беременность** — беременность, при к-рой плод развивается вне матки (в маточной трубе).

ВНЕОЧЕРЕДНО́Й, -а́я, -о́е. Производимый вне или сверх очереди. *В. рейс. Внеочередное заседание.* ‖ *сущ.* **внеочерёдность**, **-и**, *ж.*

ВНЕПЛА́НОВЫЙ, -ая, -ое. Не входящий в план, выполняемый сверх плана. *Внеплановое задание.* ‖ *сущ.* **внепла́новость**, -и, *ж.*

ВНЕСТИ́, -су́, -сёшь; внёс, внесла́; внёсший; -сённый (-ён, -ена́); внеся́; *сов.* **1.** *кого-что во что.* Принести внутрь. *В. вещи в вагон.* **2.** *что.* Уплатить, сделать взнос. *В. плату.* **3.** *что.* Представить на чьё-н. усмотрение. *В. своё предложение в президиум.* **4.** *кого-что во что.* Включить, добавить. *В. в список. В. новое условие в договор. В. в текст поправку. В. удобрение в почву.* **5.** *что.* Вызвать (то, что названо следующим далее существительным). *В. веселье в дом. В. оживление. В. раздоры, скуку.* ‖ *несов.* **вноси́ть**, вношу́, вно́сишь. ‖ *сущ.* **взнос**, -а, *м.* (ко 2 знач.) *и* **внесе́ние**, -я, *ср.*

ВНЕШКО́ЛЬНЫЙ, -ая, -ое. Происходящий вне школы. *Внешкольные занятия.*

ВНЕШНЕПОЛИТИ́ЧЕСКИЙ, -ая, -ое. Относящийся к внешней политике. *В. курс.*

ВНЕШНЕТОРГО́ВЫЙ, -ая, -ое. Относящийся к внешней торговле. *Внешнеторговое объединение.*

ВНЕ́ШНИЙ, -яя, -ее. **1.** Наружный, находящийся вне, за пределами чего-н. *Внешняя среда.* **2.** Выражающийся только наружно, не соответствующий внутреннему состоянию. *Внешнее спокойствие. Внешне* (нареч.) *он доволен.* **3.** Поверхностный, лишённый глубины, внутреннего содержания. *В. лоск.* **4.** Относящийся к сношениям с другими государствами. *Внешняя политика. Внешняя торговля.* ✦ **Внешний вид** — наружный облик, то, что видно снаружи. *Судить о ком-н. по внешнему виду. Внешний вид изделия.* ‖ *сущ.* **вне́шность**, -и, *ж.* (к 1, 2 и 3 знач.).

ВНЕ́ШНОСТЬ, -и, *ж.* **1.** *см.* внешний. **2.** Внешний вид чего-н. *В. книги.* **3.** Наружный облик человека. *Приятная в.*

ВНЕШТА́ТНЫЙ, -ая, -ое. Не состоящий в штате. *В. сотрудник.*

ВНИЗ, *нареч.* **1.** По направлению к низу, к земле. *Спуститься в.* **2.** Нижней стороной. *Перевернуть бутылку пробкой в.* **3.** По направлению к устью реки. *Плыть по Волге в.* ✦ **Вниз по** *чему, предлог с дат. п.* — 1) в направлении по чему-н. и книзу. *Идти вниз по лестнице. Спускаться вниз по склону;* 2) по направлению к низовьям реки. *Плыть вниз по Волге.* **Вниз от** *чего, предлог с род. п.* — по направлению вниз и от чего-н. *Спуститься вниз от холма.*

ВНИЗУ́. **1.** *нареч.* В нижней части чего-н., под чем-н. *Жить в.* (в нижнем этаже, в низменной местности). **2.** *чего, предлог с род. п.* В нижней части чего-н. *Сноска в. страницы.*

ВНИ́КНУТЬ, -ну, -нешь; вник, вни́кла; вни́кший *и* вни́кнувший; вни́кнув *и* вни́кши; *сов., во что.* Вдумавшись, понять. *В. в слова учителя. В. в суть дела.* ‖ *несов.* **вника́ть**, -а́ю, -а́ешь.

ВНИМА́НИЕ, -я, *ср.* **1.** Сосредоточенность мыслей или зрения, слуха на чём-н. *Обратить в. на что-н. Отнестись со вниманием. Привлечь чьё-н. в. Принять во в. Уделить в. кому-н. В центре внимания. Оставить без внимания. Ноль внимания* (никакого внимания; разг.). *Вниманию зрителей!* (т. е. зрители, обратите внимание). *Благодарю (спасибо) за в.* (формула вежливого заключения доклада, выступления). **2.** Заботливое отношение к кому-чему-н. *Окружить кого-н. вниманием.*

ВНИМА́ТЕЛЬНЫЙ, -ая, -ое; -лен, -льна. **1.** Проникнутый вниманием, сосредоточенный. *В. читатель. В. взгляд.* **2.** Проявляющий внимание, чуткий. *В. уход за больными. Внимательно* (нареч.) *относиться к чужому мнению.* ‖ *сущ.* **внима́тельность**, -и, *ж.*

ВНИМА́ТЬ *см.* внять.

ВНИЧЬЮ́, *нареч.* Об исходе игры или состязания: без выигрыша и без поражения, с ничейным результатом. *Сыграть в.*

ВНО́ВЕ, *в знач. сказ., кому.* Ново, непривычно. *Приезжему здесь всё в.*

ВНОВЬ, *нареч.* Снова, ещё раз. *Увидеться в.*

ВНОСИ́ТЬ *см.* внести.

ВНО́СКА, -и, *ж.* (спец.). Вставка, то, что внесено. *Вноски в тексте.*

ВНУК, -а, *м.* **1.** Сын сына или дочери. **2.** *мн.* Дети сына или дочери. *У неё уже внуки подрастают.* **3.** *мн.* То же, что потомки (во 2 знач.). *Герои — внуки Суворова.* ‖ *уменьш.* **вну́чек**, -чка, *м.* (к 1 знач.), **внучо́нок**, -нка, *мн.* -ча́та, -ча́т, *м.* (к 1 и 2 знач.) *и* **внучо́к**, -чка́, *м.* (к 1 знач.; прост.).

ВНУ́ТРЕННИЙ, -яя, -ее. **1.** Находящийся внутри, помещаемый внутрь. *Внутренняя сторона. Внутренние болезни* (органов грудной и брюшной полости). *Внутреннее лекарство* (принимаемое внутрь). **2.** *перен.* Составляющий содержание, раскрывающий глубину, сущность, душу кого-чего-н. *Внутреннее побуждение. В. смысл событий. В. мир поэта. В. голос* (перен.: подсказывающая что-н. мысль, соображение). **3.** Относящийся к жизни внутри какой-н. организации, государства. *Внутренняя политика. В. рынок. Правила внутреннего распорядка.* **4.** **вну́тренне**, *нареч.* Про себя, в душе. *Внутренне доволен собой.*

ВНУ́ТРЕННОСТЬ, -и, *ж.* **1.** *чего.* То, что находится внутри чего-н., внутреннее помещение. *В. дома.* **2.** *мн.* Органы грудной и брюшной полости тела.

ВНУТРИ́. **1.** *нареч.* В пределах, в середине чего-н. *Покрасить ящик и снаружи и в.* **2.** *кого-чего, предлог с род. п.* В ком-чём-н., в границах чего-н. *Группировки в. организации.*

ВНУТРИ..., *приставка.* Образует прилагательные со знач. находящийся в середине, внутри или направленный внутрь чего-н., напр. *внутриатомный, внутриквартирный, внутригосударственный, внутривенный, внутримышечный.*

ВНУТРЬ. **1.** *нареч.* Во внутреннюю часть, во внутренность. *Лекарство принимается в.* **2.** *кого-чего, предлог с род. п.* В кого-что-н., в границы чего-н. *Проникнуть в. помещения.*

ВНУЧА́ТНЫЙ, -ая, -ое и **ВНУЧА́ТЫЙ**, -ая, -ое. Являющийся родственником в третьем колене. *В. племянник* (внук брата или сестры).

ВНУ́ЧКА, -и, *ж.* Дочь сына или дочери.

ВНУШЕ́НИЕ, -я, *ср.* **1.** *см.* внушить. **2.** Воздействие на психику, гипноз. *Лечение внушением.* **3.** Наставление, выговор. *Родительское в.*

ВНУШИ́ТЕЛЬНЫЙ, -ая, -ое; -лен, -льна. **1.** Способный внушить что-н., производящий впечатление. *В. тон. Внушительно* (нареч.) *говорить.* **2.** Большой, очень крупный (разг.). *Внушительные размеры. В. результат.* ‖ *сущ.* **внуши́тельность**, -и, *ж.*

ВНУШИ́ТЬ, -шу́, -ши́шь; -шённый (-ён, -ена́); *сов., что кому и с союзом «что».* Воздействуя на волю, сознание, побудить к чему-н., заставить усвоить что-н. *В. страх. В. уважение к старшим.* ‖ *несов.* **внуша́ть**, -а́ю, -а́ешь. ‖ *сущ.* **внуше́ние**, -я, *ср.*

ВНЯ́ТНЫЙ, -ая, -ое; -тен, -тна. Хорошо слышный, отчётливо звучащий. *Внятная речь.* ‖ *сущ.* **вня́тность**, -и, *ж.*

ВНЯТЬ, *буд. вр.* не употр.; внял, -а́, -о; *сов., кому-чему.* **1.** То же, что услышать (см. слышать в 1 знач.) (устар. высок.). *В. дальний звук.* **2.** Отнестись к чему-н. со вниманием (высок.). *В. чьей-н. просьбе. В. голосу рассудка* (поступить разумно). *В. чьим-н. мольбам.* ‖ *несов.* **внима́ть**, -а́ю, -а́ешь; -а́й *и* (устар.) вне́млю, -лешь; вне́мли *и* внемли́; вне́млющий.

ВО[1], *предлог.* Употр. вместо **«в»** перед некрыми сочетаниями согласных, напр. *во двор, во сне, во рту, во всем,* в отдельных выражениях, напр. *во весь рост, во имя, во исполнение.*

ВО[2], *частица* (прост.). **1.** То же, что вот (в 3 знач.). *Во какой синяк! Мне во как неохота ехать! Во чего натащил домой. Во куда запрятался.* **2.** Выражает высокую оценку кого-чего-н. *Фильм — во!* (т. е. очень хороший). *Во девчонка!* **3.** Выражает подтверждение, именно так, вот именно. *Он обманывает. — Во, я так и думал!*

ВО..., *приставка.* То же, что в...; употр. вместо **«в»** перед *й* (j), *о* и перед нек-рыми сочетаниями согласных, напр. *войти, вооружить, вошью, воткну, вогнуть, вовнутрь, вокруг,* а также *вошёл (вошедший...), вообще, воедино.*

ВО́БЛА, -ы, *ж.* Небольшая промысловая рыба сем. карповых. *Вяленая в.* ‖ *прил.* **во́бловый**, -ая, -ое.

ВОБРА́ТЬ, вберу́, вберёшь; вобра́л, -ала́, -а́ло; во́бранный; *сов., что во что.* Постепенно принять, втянуть, всосать в себя. *Земля вобрала влагу.* ✦ **Вобрать в себя воздух** — глубоко вдохнуть. ‖ *несов.* **вбира́ть**, -а́ю, -а́ешь.

ВОВЕ́К и **ВОВЕ́КИ**, *нареч.* (высок.). **1.** Всегда, вечно. *Прославиться вовеки.* **2.** (при глаголе с отриц.). Никогда. *В. не забуду.*

ВОВЛЕ́ЧЬ, -еку́, -ечёшь, -еку́т; -ёк, -екла́; -еки́; -ёкший; -ечённый (-ён, -ена́); -ёкши; *сов., кого (что) во что.* Побудить, привлечь к участию в чём-н. *В. в работу. В. учеников в кружки.* ‖ *несов.* **вовлека́ть**, -а́ю, -а́ешь. ‖ *сущ.* **вовлече́ние**, -я, *ср.*

ВОВНЕ́, *нареч.* (книжн.). Вне кого-чего-н., вне пределов чего-н.

ВО-ВО́, *частица* (прост.). То же, что вот-вот (во 2 знач.).

ВО́ВРЕМЯ, *нареч.* Своевременно, в назначенное время. *Явиться в.*

ВО́ВСЕ, *нареч.* (разг.). Совсем, совершенно (без отриц. при следующем слове прост.). *В. не требуется. В. пропал.*

ВОВСЮ́, *нареч.* (прост.). Очень сильно, изо всех сил. *Дождь припустил в.*

ВО-ВТОРЫ́Х, *вводн. сл.* Употр. при обозначении второго пункта при перечислении.

ВОГНА́ТЬ, вгоню́, вго́нишь; вогна́л, -ала́, -а́ло; во́гнанный; *сов.* **1.** *кого (что) во что.* Загнать внутрь. *В. овец в сарай.* **2.** *что во что.* Вставить, вбить (прост.). *В. гвоздь в доску.* **3.** *перен., кого (что) во что.* Привести в какое-н. неприятное состояние (разг.). *В. в тоску. В. в пот. В. в краску кого-н.* (заставить покраснеть). ‖ *несов.* **вгоня́ть**, -я́ю, -я́ешь.

ВО́ГНУТЫЙ, -ая, -ое; -ут. Имеющий поверхность, шарообразно выгнутую внутрь; *противоп.* выпуклый. *Вогнутая линза.* ✦ **Вогнутая кривая** (спец.) — изображающая функцию (во 2 знач.) кривая, каждая дуга к-рой не ниже стягивающей её хорды. ‖ *сущ.* **во́гнутость**, -и, *ж.*

ВОГНУ́ТЬ, -ну́, -нёшь; во́гнутый; *сов., что.* Прогнуть, вдавить внутрь, сделать в чем-н. углубление. ‖ *несов.* **вгиба́ть**, -а́ю, -а́ешь.

ВОГНУ́ТЬСЯ (-ну́сь, -нёшься, 1 и 2 л. не употр.), -нётся; *сов.* Прогнуться внутрь, образовав углубление. ‖ *несов.* **вгиба́ться** (-а́юсь, -а́ешься, 1 и 2 л. не употр.), -а́ется.

ВОГУ́ЛЫ, -ов, *ед.* -у́л, -а, *м.* Прежнее название народа манси. ‖ *ж.* **вогу́лка**, -и. ‖ *прил.* **вогу́льский**, -ая, -ое.

ВОГУ́ЛЬСКИЙ, -ая, -ое. **1.** *см.* вогулы. **2.** То же, что манси (во 2 знач.) (устар.). *В. язык* (мансийский).

ВОДА́, -ы́, *вин.* во́ду, *мн.* во́ды, вод, во́дам *и* (устар.) вода́м, *ж.* **1.** Прозрачная бесцветная жидкость, представляющая собой химическое соединение водорода и кислорода. *Речная, родниковая в. Водопроводная в. Морская в. Стакан воды. По́ воду ходить* (за водой; прост.). *Прополоскать (промыть) в трёх вода́х* (трижды). *Много (немало) воды утекло* (прошло много времени; разг.). *Как (словно) воды в рот набрал* (перен.: упорно молчит; разг.). *Водой не разольёшь (не разлить) кого-н.* (перен.: очень дружны; разг.). *Как в воду глядел* (предвидел, предупреждал, как будто заранее знал; разг.). *Толочь воду в ступе* (перен.: заниматься пустыми разговорами, бесполезным делом; разг.). *Воду решетом носить* (перен.: заниматься пустяками, бесполезным делом; разг.). *Воды не замутит кто-н.* (перен.: внешне очень тих, скромен; разг. ирон.). *Из воды сухим выйти* (перен.: остаться безнаказанным или незапятнанным, не пострадать; разг. неодобр.). *Воду возить на ком-н.* (перен.: пользоваться чьей-н. безотказностью в делах, поручениях; разг. неодобр.). *Лить воду на чью-н. мельницу* (перен.: приводить доводы или действовать в чью-н. пользу). **2.** В нек-рых сочетаниях: напиток или настой. *Брусничная в. Газированная в. Минеральная в. Фруктовая в. Розовая в. Туалетная в.* **3.** Речное, морское, озёрное пространство, а также их поверхность или уровень. *Путешествие по воде. Высокая в.* (высоко поднявшаяся в берегах). *Большая в.* (в половодье). *Малая в.* (самый низкий её уровень). *Спустить лодку на во́ду или на́ воду. Опуститься под во́ду или по́д воду. Ехать водой* (водным путём). **4.** *мн.* Моря, реки, озёра, каналы, проливы, относящиеся к данному государству, региону, территории. *Внутренние воды* (в пределах данного государства). *Территориальные воды* (участки морского пространства, входящие в состав данного государства). *Нейтральные воды.* **5.** *мн.* Потоки, струи, волны, водная масса. *Весенние воды. Воды Волги.* **6.** *мн.* Минеральные источники, курорт с такими источниками. *Лечиться на водах. Поехать на воды. Минеральные воды.* **7.** *перен., ед.* О чём-н. бессодержательном и многословном (разг.). *Не доклад, а сплошная в. В сообщении много воды. Воду лить* (о пустой болтовне). **8.** *мн.* Питательная жидкость, заполняющая защитную оболочку плода (спец.). *Околоплодные воды.* ✦ **Тяжёлая вода** (спец.) — разновидность воды, в состав к-рой вместо обычного водорода входит дейтерий. **Жёлтая вода** — старое название глаукомы. **Тёмная вода** — слепота вследствие болезни зрительного нерва. **Чистой воды** — 1) о драгоценных камнях: лучшего качества. *Бриллиант чистой воды;* 2) самый настоящий, подлинный. *Идеалист чистой воды.* **На чистую воду вывести** *кого* (разг.) — раскрыть чьи-н. тёмные дела. **С лица не воду пить** (устар. прост.) — дело не в красоте, красота в человеке не главное. ‖ *уменьш.-ласк.* **води́ца**, -ы, *ж.* (к 1 знач.) *и* **води́чка**, -и, *ж.* (к 1, 2 и 7 знач.). ‖ *прил.* **во́дный**, -ая, -ое (к 1 и 3 знач.) *и* **водяно́й**, -а́я, -о́е (к 1 знач.). *Водные животные* (живущие в воде). *Водный транспорт. Водный стадион. Водяной пар. Водяной жук.* ✦ **Водяной знак** — видный только на свет рисунок или клеймо на бумаге.

ВОДВОРИ́ТЬ, -рю́, -ри́шь; -рённый (-ён, -ена́); *сов.* (книжн.). **1.** *кого-что.* Поселить на жительство, поместить. *В. на новое место.* **2.** *перен., что.* Установить, устроить. *В. порядок.* ‖ *несов.* **водворя́ть**, -я́ю, -я́ешь.

ВОДВОРИ́ТЬСЯ, -рю́сь, -ри́шься; *сов.* (книжн.). **1.** *в чём.* Поселиться на жительство, поместиться. *В. в новом доме.* **2.** (1 и 2 л. не употр.), *перен.* Установиться, наступить. *Водворился порядок. Водворилась тишина.* ‖ *несов.* **водворя́ться**, -я́юсь, -я́ешься.

ВОДЕВИ́ЛЬ [дэ], -я, *м.* Короткая комическая пьеса, обычно с пением. ‖ *прил.* **водеви́льный**, -ая, -ое.

ВОДИ́ТЕЛЬ, -я, *м.* Тот, кто управляет самоходной, наземной машиной. *В. трамвая, троллейбуса, автобуса, трактора, комбайна.* ‖ *ж.* **води́тельница**, -ы (разг.). ‖ *прил.* **води́тельский**, -ая, -ое. *Водительские курсы. Водительские права* (документ).

ВОДИ́ТЕЛЬСТВО, -а, *ср.*: **под водительством** *чьим, кого-чего* (высок.) — под руководством.

ВОДИ́ТЬ, вожу́, во́дишь; *несов.* **1.** То же, что вести (в 1, 2, 3 и 5 знач., но обозначает действие, совершающееся не в одно время, не за один приём или не в одном направлении). *В. детей гулять. В. войска в бой. В. корабли. В. машину. В. смычком по струнам. Заяц водит ушами* (поводит). **2.** *что с кем.* Поддерживать (о знакомстве, хороших отношениях) (разг.). *В. дружбу. В. хлеб-соль с кем-н.* **3.** В детских и нек-рых спортивных играх: выполнять наиболее активные обязанности согласно с правилами игры. **4.** Держать, разводить (животных) (устар. и прост.). *В. голубей. В. пчёл.* ‖ *сущ.* **вожде́ние**, -я, *ср.* (к 1 знач.).

ВОДИ́ТЬСЯ, вожу́сь, во́дишься; *несов.* **1.** (1 и 2 л. не употр.). Иметься, бывать. *В пруду водятся караси. За ним водятся грешки* (разг.). **2.** *с кем.* Водить знакомство, дружбу (разг.). *С этим мальчиком больше не вожусь.* ✦ **Как водится** (разг.) — как принято, как обычно бывает.

ВО́ДКА, -и, *ж.* Алкогольный напиток, смесь очищенного спирта (в 1 знач.) с водой. *Пшеничная в.* ‖ *уменьш.* **во́дочка**, -и, *ж.* ‖ *прил.* **во́дочный**, -ая, -ое.

ВО́ДНИК, -а, *м.* **1.** Работник водного, речного транспорта. **2.** Человек, занимающийся водным туризмом (разг.). *Туристы-водники.*

ВОДНОЛЫ́ЖНИК, -а, *м.* Спортсмен, занимающийся воднолыжным спортом, водный лыжник. *Соревнования воднолыжников.* ‖ *ж.* **воднолы́жница**, -ы.

ВОДНОЛЫ́ЖНЫЙ, -ая, -ое. Относящийся к водным лыжам. *В. спорт.*

ВО́ДНОСТЬ, -и, *ж.* (спец.). Наличие воды, степень накопления воды в водоёмах. *В. реки. Средний по водности год.*

ВО́ДНЫЙ *см.* вода.

ВОДО... *Первая часть сложных слов со знач.:* 1) относящийся к воде (в 1 знач.), напр. *водолюбивый, водоочистка, водопотребление, водоочиститель, водохранилище;* 2) относящийся к воде (в 3 знач.), напр. *водоплавающий, водопонижение, водораздел, водосброс, водоохрана;* 3) относящийся к водам (в 5 знач.), напр. *водопад, водопадный, водоток;* 4) относящийся к водам (в 6 знач.), напр. *водолечебница, водоминеральный;* 5) относящийся к воде (в 7 знач.), напр. *водотолчение.*

ВОДОБОЯ́ЗНЬ, -и, *ж.* То же, что бешенство (в 1 знач.).

ВОДОВО́З, -а, *м.* Возчик, доставляющий воду.

ВОДОВО́ЗНЫЙ, -ая, -ое. Служащий для перевозки воды. *Водовозная бочка.*

ВОДОВОРО́Т, -а, *м.* Место в реке, море, в к-ром течения образуют вращательное движение. *В. событий* (перен.: их бурный круговорот).

ВОДОГРЕ́ЙНЫЙ, -ая, -ое (спец.). Относящийся к нагреванию воды. *В. котёл.*

ВОДОЁМ, -а, *м.* Место скопления или хранения воды (озеро, бассейн, пруд, водохранилище). *Естественный, искусственный в.* ‖ *прил.* **водоёмный**, -ая, -ое.

ВОДОЗАБО́Р, -а, *м.* (спец.). Забор воды из водоёма для её использования; сооружение для такого забора. ‖ *прил.* **водозабо́рный**, -ая, -ое.

ВОДОЗАЩИ́ТНЫЙ, -ая, -ое. Предохраняющий от проникновения воды. *В. состав. Водозащитная ткань* (пропитанная таким составом). *Водозащитная зона.*

ВОДОИЗМЕЩЕ́НИЕ, -я, *ср.* Количество вытесняемой судном воды, характеризующее его размеры. *Корабль водоизмещением в 25 000 тонн.*

ВОДОКА́ЧКА, -и, *ж.* Специальное здание с насосами для подачи воды.

ВОДОЛА́З, -а, *м.* **1.** Специалист, занимающийся подводными работами в водонепроницаемом костюме и со специальным снаряжением. **2.** Сильная, хорошо плавающая собака, используемая для спасения утопающих.

ВОДОЛА́ЗКА, -и, *ж.* (разг.). Тонкий обтягивающий свитер.

ВОДОЛА́ЗНЫЙ, -ая, -ое. Относящийся к работе водолаза. *Водолазные работы. Водолазное снаряжение.*

ВОДОЛЕ́Й, -я, *м.* **1.** Человек, к-рый многословен и бессодержателен в своих речах, писаниях (разг. неодобр.). **2.** Работник, наливающий и отливающий воду (стар.).

ВОДОЛЕЧЕ́БНИЦА, -ы, *ж.* Учреждение для водолечения.

ВОДОЛЕЧЕ́НИЕ, -я, *ср.* Лечение водными процедурами. ‖ *прил.* **водолече́бный**, -ая, -ое.

ВОДОЛЮБИ́ВЫЙ, -ая, -ое; -и́в. О растениях: хорошо растущий во влажных, сырых местах.

ВОДОМЕ́Р, -а, *м.* **1.** Прибор, показывающий уровень воды в каком-н. устройстве. **2.** Прибор для измерения расхода воды. ‖ *прил.* **водоме́рный**, -ая, -ое.

ВОДОМО́ИНА, -ы, *ж.* Углубление в почве, размытое водой.

ВОДОНАПО́РНЫЙ, -ая, -ое: **водонапорная башня** — сооружение в виде башни с резервуаром для воды, под напором подаваемой оттуда в водопровод.

ВОДОНЕПРОНИЦА́ЕМЫЙ, -ая, -ое; -аем. Непроницаемый для воды; непромокаемый. *Водонепроницаемая переборка на корабле. Водонепроницаемое покрытие.* ‖ *сущ.* **водонепроница́емость**, -и, *ж.*

ВОДОНО́С, -а, *м.* Человек, к-рый носит воду. ‖ *ж.* **водоно́ска**, -и (разг.).

ВОДОНО́СНЫЙ, -ая, -ое; -сен, -сна. Содержащий воду. *В. пласт.* ‖ *сущ.* **водоно́сность**, -и, *ж.*

ВОДООТВО́ДНЫЙ, -ая, -ое. Предназначенный для отвода воды в сторону. *Водоотводное сооружение.*

ВОДООТЛИ́ВНЫЙ, -ая, -ое. Предназначенный для отлива воды. *Водоотливное отверстие* (в борту корабля).

ВОДООТТА́ЛКИВАЮЩИЙ, -ая, -ее. Не пропускающий влагу. *Водоотталкивающая ткань.*

ВОДООЧИСТИ́ТЕЛЬНЫЙ, -ая, -ое. Обеззараживающий, очищающий воду. *В. фильтр.*

ВОДООЧИ́СТНЫЙ, -ая, -ое и **ВОДООЧИСТНО́Й**, -а́я, -о́е. Предназначенный для очистки природных и сточных вод. *Водоочистные сооружения.*

ВОДОПА́Д, -а, *м.* Стремительно падающий с высоты поток воды. *Горный в.* ‖ *прил.* **водопа́дный**, -ая, -ое.

ВОДОПЛА́ВАЮЩИЙ, -ая, -ее. О птицах: плавающий, имеющий на лапах перепонки для плавания.

ВОДОПОДЪЁМНЫЙ, -ая, -ое. Служащий для подачи воды на высоту. *В. механизм.*

ВОДОПО́Й, -я, *м.* **1.** Место на реке, водоёме, где поят скот или куда приходят пить звери. **2.** Поение скота водой. ‖ *прил.* **водопо́йный**, -ая, -ое.

ВОДОПРОВО́Д, -а, *м.* Система сооружений и устройств, по трубам доставляющая воду в места потребления. ‖ *прил.* **водопрово́дный**, -ая, -ое.

ВОДОПРОВО́ДЧИК, -а, *м.* Специалист по водопроводным работам.

ВОДОПРОНИЦА́ЕМЫЙ, -ая, -ое; -а́ем. Пропускающий сквозь себя воду. ‖ *сущ.* **водопроница́емость**, -и, *ж.*

ВОДОРАЗБО́РНЫЙ, -ая, -ое: **водоразборная колонка** — то же, что колонка (в 4 знач.).

ВОДОРАЗДЕ́Л, -а, *м.* Возвышенная местность между бассейнами двух или нескольких рек. ‖ *прил.* **водоразде́льный**, -ая, -ое.

ВОДОРО́Д, -а, *м.* Химический элемент, самый лёгкий газ, в соединении с кислородом образующий воду. ‖ *прил.* **водоро́дный**, -ая, -ое. *Водородная бомба.*

ВО́ДОРОСЛЬ, -и, *ж.* Низшее водяное растение, у к-рого отсутствует расчленение на корень, стебель и листья. *Пруд зарос водорослями.* ‖ *прил.* **во́дорослевый**, -ая, -ое.

ВОДОСБРО́С, -а, *м.* (спец.). Сооружение в плотинах и водохранилищах для сброса излишней воды. ‖ *прил.* **водосбро́сный**, -ая, -ое.

ВОДОСЛИ́В, -а, *м.* (спец.). Водосброс со свободным переливом воды через его гребень. ‖ *прил.* **водосли́вный**, -ая, -ое.

ВОДОСНАБЖЕ́НИЕ, -я, *ср.* Снабжение водой. *Городское в. Горячее в.* (снабжение горячей водой).

ВОДОСПУ́СК, -а, *м.* (спец.). Сооружение в плотинах и водохранилищах для спуска воды. ‖ *прил.* **водоспу́скный**, -ая, -ое.

ВОДОСТО́К, -а, *м.* Сооружение для отвода, стока воды, а также покатое место, по к-рому может стекать вода. ‖ *прил.* **водосто́чный**, -ая, -ое. *Водосточная труба.*

ВОДОТОЛЧЕ́НИЕ, -я, *ср.* (разг. неодобр.). Пустые разговоры, бессодержательное обсуждение чего-н. *Заниматься водотолчением.*

ВОДОТРУ́БНЫЙ, -ая, -ое: **водотрубный котёл** — паровой котёл, в к-ром вода нагревается, проходя по трубам.

ВОДОХЛЁБ, -а, *м.* (разг. шутл.). Человек, к-рый пьет много воды, чая.

ВОДОХРАНИ́ЛИЩЕ, -а, *ср.* Водоём, в котором скапливается и сохраняется вода. *Природное в. Искусственное в.* (для хранения и регулирования запасов воды). ‖ *прил.* **водохрани́лищный**, -ая, -ое.

ВОДРУЗИ́ТЬ, -ужу́, -узи́шь; -ужённый (-ён, -ена́); *сов., что* (высок.). Установить где-н. на высоте, укрепить (обычно что-н. большое или тяжёлое). *В. знамя Победы.* ‖ *несов.* **водружа́ть**, -а́ю, -а́ешь.

ВО́ДСКИЙ, -ая, -ое. **1.** *см.* водь. **2.** Относящийся к води, к её языку, национальному характеру, образу жизни, культуре, а также к местам её проживания, их внутреннему устройству, истории; такой, как у води. *В. язык* (финно-угорской семьи языков). *Водская пятина* (в 15 — нач. 18 в.: административно-территориальная единица Новгородской земли).

ВОДЬ, -и, *ж., собир.* Народ, живущий немногочисленной группой в Ленинградской области в районе реки Луги. ‖ *прил.* **во́дский**, -ая, -ое.

ВОДЯНИ́СТЫЙ, -ая, -ое; -и́ст. **1.** Содержащий излишнюю влагу; жидкий (во 2 знач.). *В. картофель.* **2.** *перен.* Расплывчатый, бессодержательный, невыразительный (разг.). *В. доклад. В. стиль.* **3.** Бесцветный или слабоокрашенный. *Водянистые краски. Водянистые глаза.* ‖ *сущ.* **водяни́стость**, -и, *ж.*

ВОДЯ́НКА, -и, *ж.* При нек-рых болезнях: скопление жидкости в полостях и тканях тела. ‖ *прил.* **водя́ночный**, -ая, -ое.

ВОДЯНО́Й[1], -о́го, *м.* В славянской мифологии: сказочный старик, живущий в воде, её хозяин.

ВОДЯНО́Й[2] *см.* вода.

ВОЕВА́ТЬ, вою́ю, вою́ешь; *несов.* **1.** Вести войну, участвовать в войне, сражаться. *В. с захватчиками. Воевал всю войну. Воевал под Москвой.* **2.** *перен., с кем-чем и против кого-чего.* То же, что бороться (в 3 знач.). *В. с предрассудками.* **3.** *перен.* Шумно ссориться, буянить (прост.). *В. с домашними.*

ВОЕВО́ДА, -ы, *м.* В Древней Руси и в нек-рых славянских государствах: начальник войска, а также области, округа. ✦ **Мороз-воевода** — сказочный старик, олицетворяющий сильный мороз. ‖ *прил.* **воево́дский**, -ая, -ое.

ВОЕВО́ДСТВО, -а, *ср.* **1.** В Древней Руси: область, управляемая воеводой. **2.** Административно-территориальная единица в Польше. ‖ *прил.* **воево́дский**, -ая, -ое.

ВОЕДИ́НО, *нареч.* (высок.). В одно место, в одно целое. *Слиться в. Собрать силы в.*

ВОЕН... *Первая часть сложных слов со знач.* военный, напр. *военкор* (военный корреспондент), *военрук* (военный руководитель), *военпред* (военный представитель), *военврач.*

ВОЕНАЧА́ЛЬНИК, -а, *м.* Войсковой или флотский начальник, командир (обычно высший). *Опытный в.*

ВОЕНИЗИ́РОВАТЬ, -рую, -руешь; -анный; *сов. и несов., кого-что.* **1.** Приспособить (-соблять) к военным условиям, перевести (-водить) на обслуживание военных нужд. *В. промышленность.* **2.** Вооружить (-жать); организовать на военный лад. *Военизированная охрана. Военизированный отряд.* ‖ *сущ.* **воениза́ция**, -и, *ж.*

ВОЕНКО́М, -а, *м.* Сокращение: военный комиссар. ‖ *прил.* **военко́мовский**, -ая, -ое (разг.).

ВОЕНКОМА́Т, -а, *м.* Сокращение: военный комиссариат. *Районный в.* ‖ *прил.* **военкома́тский**, -ая, -ое (разг.).

ВОЕ́ННО-... *Первая часть сложных слов со знач.* военный, относящийся к обслуживанию вооружённых сил, к ведению войны, напр. *военно-воздушный, военно-морской, военно-учебный, военно-политический, военно-инженерный.*

ВОЕННООБЯ́ЗАННЫЙ, -ого, *м.* Человек, обязанный нести военную службу (подлежащий призыву или состоящий в запасе). ‖ *ж.* **военнообя́занная**, -ой.

ВОЕННОПЛЕ́ННЫЙ, -ого, *м.* Военнослужащий, взятый в плен. *Лагерь для военнопленных.* ‖ *ж.* **военнопле́нная**, -ой.

ВОЕ́ННО-ПОЛЕВО́Й, -а́я, -о́е. Осуществляющий, действующий в армии в военное время. *Военно-полевой суд. Военно-полевой госпиталь. Военно-полевая хирургия.*

ВОЕ́ННО-ПРОМЫ́ШЛЕННЫЙ, -ая, -ое: **военно-промышленный комплекс** — объединение производящих военную продукцию монополий, предприятий, представителей вооружённых сил и части государственно-административного аппарата, вся совокупность отраслей военной науки и производства.

ВОЕННОСЛУ́ЖАЩИЙ, -его, *м.* Человек, состоящий на военной службе. ‖ *ж.* **военнослу́жащая**, -ей.

ВОЕ́ННЫЙ, -ая, -ое. **1.** *см.* война. **2.** Относящийся к службе в армии, обслуживанию армии, военнослужащих. *Военная промышленность. В. врач* (военврач). *Военная форма, шинель, фуражка. В. человек* (военнослужащий). *В. городок* (жилой комплекс, в к-ром живут военнослужащие). **3.** Такой, как у военнослужащих, у армейцев, свойственный им. *Военная выправка. Военная косточка* (о человеке с крепкой воинской закалкой). **4. вое́нный**, -ого, *м.* То же, что военнослужащий. ✦ **Военная наука** — система знаний о законах войны, о подготовке к ней и о способах её ведения. **Военное дело** — круг знаний, охватывающих вопросы военной теории и практики применительно к военному и мирному времени; такие знания как учебный предмет. **Военное положение** — устанавливаемое властями при исключительных обстоятельствах положение в стране, городе, когда функции сохранения порядка и государственной безопасности передаются армии.

ВОЕНСПЕ́Ц, -а *и* -а́, *м.* Сокращение: военный специалист — в первые годы Советской власти: военный специалист старой русской армии, состоящий на службе в Красной армии.

ВОЕ́НЩИНА, -ы, *ж., собир.* (неодобр.). Агрессивные военные круги.

ВОЖА́К, -а́, *м.* **1.** Человек, к-рый ведёт за собой кого-н. (обычно многих), указывает путь. *Местный житель — в. по болотным тропам.* **2.** Человек, водящий слепого, поводырь. *В. у слепого.* **3.** Человек, возглавляющий какое-н. общественное движение, активно действующую группу. *Молодёжные вожаки. Уличная компания со своим вожаком.* **4.** Животное, ведущее за собой стаю, группу. *В. собачьей упряжки.*

ВОЖА́ТЫЙ, -ого, *м.* **1.** Проводник, указывающий дорогу, а также вожак (в 1 знач.). *В. служебной собаки.* **2.** Руководитель детской общественной организации в школе, пионерском лагере. **3.** То же, что вагоновожатый. ‖ *ж.* **вожа́тая**, -ой (ко 2 и 3 знач.). ‖ *прил.* **вожа́тский**, -ая, -ое (ко 2 знач.; разг.).

ВОЖДЕЛЕ́ННЫЙ, -ая, -ое; -ле́н, -ле́нна (высок.). Желанный, страстно ожидаемый. *В. час. Вожделенная цель.* ‖ *сущ.* **вожделе́нность**, -и, *ж.*

ВОЖДЕЛЕ́ТЬ, -е́ю, -е́ешь; *несов.* (устар. и высок.). Испытывать страстное желание, сильное чувственное влечение. ‖ *сущ.* **вожделе́ние**, -я, *ср.*

ВОЖДЬ, -я́, *м.* **1.** Глава племени, родовой общины. *Совет племенных вождей. Наследственные вожди. Индейские вожди. В. краснокожих.* **2.** Военачальник, полководец (устар. высок.). *Вожди русских полков.* **3.** Общепризнанный идейный, политический руководитель масс. *В. партии. Портреты вождей.* **4.** Глава идейного течения, научного направления (устар.). *Вожди просвещения.* ‖ *прил.* **вожди́тский**, -ая, -ое (к 3 знач.).

ВОЖЖА́ТЬСЯ, -а́юсь, -а́ешься; *несов., с кем-чем* (прост. неодобр.). То же, что возиться (во 2 и 3 знач.).

ВО́ЖЖИ, -е́й, *ед.* -а́, -и́, *ж.* Часть упряжи: ремни, верёвки, с двух сторон прикрепляемые к удилам для управления лошадью. *Выпустить, ослабить в.* (также перен.: об утрате, ослаблении строгого наблюдения над кем-чем-н., руководства). *Держать в. в руках* (также перен.: неослабно наблюдать за кем-н., руководить). *Вожжа под хвост попала кому-н.* (перен.: о том, кто поступает взбалмошно и упрямо; прост. неодобр.). ‖ *прил.* **вожжево́й**, -а́я, -о́е.

ВОЗ, -а (-у), о во́зе, на возу́, *мн.* -ы́, -о́в, *м.* Колёсная повозка или сани с кладью. *В. с сеном. В. дров. Положить на́ воз или на во́з. Что с возу упало, то пропало* (посл.). *Целый в. новостей* (перен.: очень много; разг.). *А в. и ныне там* (перен.: дело не подвигается вперёд; разг. неодобр.). *Весь в. тянуть, тащить* (перен.: делать всю тяжёлую работу; разг.).

ВОЗ..., *приставка.* Образует глаголы со знач.: 1) направленности действия вверх, на поверхность чего-н., напр. *вознести, возлечь;* 2) создания чего-н. вновь, напр. *возродить, возобновить;* 3) начала действия, напр. *возжечь, воззвать, возликовать, вознегодовать;* 4) собственно совершения, предела действия, напр. *возблагодарить, возгордиться, вознаградить.*

ВОЗБЛАГОДАРИ́ТЬ, -рю́, -ри́шь; -рённый (-ён, -ена́); *сов., кого-что* (устар. высок.). То же, что поблагодарить за что-н. *В. судьбу.*

ВОЗБРАНИ́ТЬ, -ню́, -ни́шь; -нённый (-ён, -ена́); *сов., что* (устар.). То же, что запретить. *В. въезд.* ‖ *несов.* **возбраня́ть**, -я́ю, -я́ешь.

ВОЗБРАНЯ́ТЬСЯ (-я́юсь, -я́ешься, 1 и 2 л. не употр.), -я́ется; *несов.* (устар. и книжн.). То же, что запрещаться. *Спорить никому не возбраняется. Въезд возбраняется.*

ВОЗБУДИ́МЫЙ, -ая, -ое; -и́м. **1.** Легко приводимый в возбуждённое состояние. *В. ребёнок.* **2.** Способный отвечать на раздражение (спец.). *Возбудимые ткани.* ‖ *сущ.* **возбуди́мость**, -и, *ж.*

ВОЗБУДИ́ТЕЛЬ, -я, *м.* **1.** Тот, кто возбудил, возбуждает кого-что-н. (устар.). *В. страстей.* **2.** То, что стимулирует собой, вызывает что-н. (спец.). *В. болезни. В. инфекции.*

ВОЗБУДИ́ТЬ, -ужу́, -уди́шь; -уждённый (-ён, -ена́); *сов.* **1.** *что.* Вызвать, породить какое-н. состояние в ком-чём-н. *В. аппетит. В. волнение. В. любопытство.* **2.** *кого-что.* Привести в возбуждённое состояние. *В. ребёнка.* **3.** *кого (что).* Настроить, восстановить кого-н. против кого-н. *В. всех против себя.* **4.** *что.* Предложить для решения, поставить на обсуждение. *В. вопрос. В. иск. В. ходатайство. В. дело против кого-н.* ‖ *несов.* **возбужда́ть**, -а́ю, -а́ешь. ‖ *сущ.* **возбужде́ние**, -я, *ср.*

ВОЗБУДИ́ТЬСЯ, -ужу́сь, -уди́шься; *сов.* **1.** Прийти в возбуждённое состояние. *Больной возбудился.* **2.** (1 и 2 л. не употр.). О каком-н. деле, состоянии: возникнуть. *Возбудился иск. Возбудился интерес.* ‖ *несов.* **возбужда́ться**, -а́юсь, -а́ешься. ‖ *сущ.* **возбужде́ние**, -я, *ср.*

ВОЗБУЖДЁННЫЙ, -ая, -ое; -ён, -ена́. Взволнованный, выражающий нервный подъём. *В. тон. Больной сильно возбуждён.* ‖ *сущ.* **возбуждённость**, -и, *ж.*

ВОЗВЕЛИ́ЧИТЬ, -чу, -чишь; -ченный; *сов., кого-что.* **1.** Представить великим, превознести. *В. героя. В. чей-н. подвиг* (высок.). **2.** Создать славу кому-чему-н., прославить (высок.). *В. свой народ.* **3.** То же, что возвысить (во 2 знач.). ‖ *несов.* **возвели́чивать**, -аю, -аешь. ‖ *сущ.* **возвели́чение**, -я, *ср.* и **возвели́чивание**, -я, *ср.*

ВОЗВЕСТИ́, -еду́, -едёшь; -ёл, -ела́; -е́дший; -едённый (-ён, -ена́); -едя́; *сов.* **1.** *что.* О взгляде: поднять кверху (устар.). *В. очи к небу.* **2.** *что.* Соорудить, воздвигнуть. *В. здание.* **3.** *кого-что во что.* Возвысить до какого-н. положения; наделить какими-н. значительными, высокими свойствами. *В. что-н. в закон. В. в принцип что-н.* (счесть что-н. очень значительным, положить в основу). **4.** *что на кого (что).* То же, что взвести (во 2 знач.). *В. обвинение на кого-н. В. поклёп.* **5.** *что во что* (в какую-н. степень, в куб, в квадрат). Умножить число (или величину) само на себя столько раз, сколько указывает показатель степени. *В. пять в квадрат.* **6.** *кого-что к кому-чему.* Отнести происхождение кого-чего-н. к какому-н. времени, источнику (книжн.). *Некоторые обычаи можно в. к глубокой древности. В. своё происхождение к старинному роду.* ✦ **Возвести на престол** — поставить на царство. ‖ *несов.* **возводи́ть**, -ожу́, -о́дишь. ‖ *сущ.* **возведе́ние**, -я, *ср.* (ко 2, 3 и 5 знач.).

ВОЗВЕСТИ́ТЬ, -ещу́, -ести́шь; -ещённый (-ён, -ена́); *сов., что* или *о чём* (высок.). Торжественно объявить. *В. о победе.* ‖ *несов.* **возвеща́ть**, -а́ю, -а́ешь.

ВОЗВРАТИ́ТЬ, -ащу́, -ати́шь; -ащённый (-ён, -ена́); *сов., кого-что.* То же, что вернуть. *В. долг. В. утраченное. В. к жизни кого-что-н.* (вернуть жизнь). ‖ *несов.* **возвраща́ть**, -а́ю, -а́ешь. ‖ *сущ.* **возвраще́ние**, -я, *ср.* и **возвра́т**, -а, *м.* *Возвращение имущества. Возврат долга. Дать что-н. без возврата* (безвозвратно).

ВОЗВРАТИ́ТЬСЯ, -ащу́сь, -ати́шься; *сов.* То же, что вернуться. *В. из путешествия. Любовь не возвратится. В. к прежнему решению.* ‖ *несов.* **возвраща́ться**, -а́юсь, -а́ешься.

ВОЗВРА́ТНЫЙ, -ая, -ое. **1.** То же, что обратный (в 1 знач.) (устар.). *В. путь.* **2.** Возобновляющийся, иногда возникающий вновь. *В. тиф* (острое инфекционное заболевание, протекающее в виде приступов). **3.** В грамматике: 1) **возвратный глагол** — обозначающий обращённость действия на его субъект, напр., мыться, одеваться; 2) **возвратное местоимение** — местоимение «себя», указывающее на того (то), кто (что) является объектом своего собственного действия. ‖ *сущ.* **возвра́тность**, -и, *ж.* (к 3 знач.).

ВОЗВЫ́СИТЬ, -ы́шу, -ы́сишь; -ы́шенный; *сов., кого-что.* **1.** Повысить, увеличить (устар.). *В. насыпь. В. цену.* **2.** *перен.* Придать кому-н. более высокое положение, усилить чьё-н. значение, роль. *В. подчинённого. В. кого-н. в чьих-н. глазах.* ✦ **Возвысить голос** — то же, что повысить голос. ‖ *несов.* **возвыша́ть**, -а́ю, -а́ешь. ‖ *сущ.* **возвыше́ние**, -я, *ср.*

ВОЗВЫ́СИТЬСЯ, -ы́шусь, -ы́сишься; *сов.* **1.** Повыситься, подняться высоко (устар.). *Уровень воды возвысился.* **2.** *перен.* Получить более важное значение, занять более высокое положение. *В. в чьём-н. мнении.* ‖ *несов.* **возвыша́ться**, -а́юсь, -а́ешься. ‖ *сущ.* **возвыше́ние**, -я, *ср.*

ВОЗВЫША́ТЬСЯ, -а́юсь, -а́ешься; *несов.* **1.** *см.* возвыситься. **2.** О чём-н. высоком: стоять, находиться где-н., выделяясь среди чего-н. своей высотой, выситься. *На горе возвышается башня.*

ВОЗВЫШЕ́НИЕ, -я, *ср.* **1.** *см.* возвысить, -ся. **2.** Возвышенное место. *Стоять на возвышении. Подняться на в.*

ВОЗВЫ́ШЕННОСТЬ, -и, *ж.* **1.** *см.* возвышенный. **2.** Участок земной поверхности, приподнятый над окружающими территориями. *Валдайская в.*

ВОЗВЫ́ШЕННЫЙ, -ая, -ое; -ен, -енна. **1.** Возвышающийся над окружающим, высокий. *Возвышенная местность.* **2.** *перен.* Благородный и глубокий, стоящий выше повседневности (высок.). *Возвышенная цель.* ‖ *сущ.* **возвы́шенность**, -и, *ж.*

ВОЗГЛА́ВИТЬ, -влю, -вишь; -вленный; *сов., что.* Стать во главе чего-н., взять на себя руководство чем-н. *В. коллектив. В. движение.* ‖ *несов.* **возглавля́ть**, -я́ю, -я́ешь.

ВО́ЗГЛАС, -а, *м.* Громкое восклицание. *Радостный в.*

ВОЗГЛАСИ́ТЬ, -ашу́, -аси́шь; -ашённый (-ён, -ена́); *сов., что* (устар.). Громко, торжественно произнести, объявить. ‖ *несов.* **возглаша́ть**, -а́ю, -а́ешь.

ВОЗГОНЯ́ТЬСЯ (-я́юсь, -я́ешься, 1 и 2 л. не употр.), -я́ется; *несов.* (спец.). О веществе: переходить при нагревании из твёрдого состояния в газообразное, минуя стадию жидкости. ‖ *сов.* **возогна́ться** (-згоню́сь, -зго́нишься, 1 и 2 л. не употр.), -зго́нится. ‖ *сущ.* **возго́нка**, -и, *ж.*

ВОЗГОРДИ́ТЬСЯ, -ржу́сь, -рди́шься; *сов., чем.* Стать гордым, начать кичиться чем-н. *В. своими успехами.*

ВОЗГОРЕ́ТЬСЯ, -рю́сь, -ри́шься; *сов.* **1.** (1 и 2 л. не употр.). То же, что разгореться (в 1 знач.) (устар. высок.). *Из искры возгорится пламя* (афоризм). **2.** (1 и 2 л. не употр.), *перен.* Внезапно возникнуть, начаться (высок.). *Возгорелась борьба.* **3.** *перен., чем.* Оказаться внезапно охваченным каким-н. чувством (высок.). *В. желанием* (сильно захотеть чего-н.). **4.** Загореться, зажечься (спец.). *Смесь возгорелась.* ‖ *несов.* **возгора́ться**, -а́юсь, -а́ешься. ‖ *сущ.* **возгора́ние**, -я, *ср.* (к 4 знач.; спец.).

ВОЗДА́ТЬ, -а́м, -а́шь, -а́ст, -ади́м, -ади́те, -аду́т; -а́л, -ала́, -а́ло; -а́й; во́зданный (-ан, -ана́, -ано); *сов.* (книжн.). **1.** *что.* Дать, оказать (в награду или в наказание за что-н.). *В. по заслугам.* **2.** *чем за что.* То же, что отплатить. *В. злом за добро.* ✦ **Воздать должное** (книжн.) — то же, что отдать должное (*см.* должный). ‖ *несов.* **воздава́ть**, -даю́, -даёшь; -дава́й; -дава́я. ‖ *сущ.* **воздая́ние**, -я, *ср.*

ВОЗДА́ТЬСЯ, -а́стся; -ало́сь и -а́лось; *безл.; сов.* (книжн.). О вознаграждении или возмездии: наступить, осуществиться. *Ему воздастся за труды. Преступникам воздастся за их злодеяния.* ‖ *несов.* **воздава́ться**, -даётся. ‖ *сущ.* **воздая́ние**, -я, *ср.*

ВОЗДАЯ́НИЕ, -я, *ср.* (книжн.). **1.** *см.* воздать, -ся. **2.** То, что воздаётся кому-н. за что-н., награда или кара. *В. за труды. В. за помощь. В. за предательство.* ✦ **В воздаяние за** *что, в знач. предлога с вин. п.* — в возмещение чего-н., за что-н. *Награда в воздаяние за труды. Карать в воздаяние за преступление.*

ВОЗДВИ́ГНУТЬ, -ну, -нешь; -и́г, -и́гла; *сов., что* (высок.). Соорудить, построить. *В. здание.* ‖ *несов.* **воздвига́ть**, -а́ю, -а́ешь. ‖ *сущ.* **воздвиже́ние**, *-я, ср.*

ВОЗДЕ́ЙСТВОВАТЬ, -твую, -твуешь; *сов. и несов., на кого-что.* Оказав влияние, добиться (-иваться) необходимого результата. *В. на ребёнка лаской.* ‖ *сущ.* **возде́йствие**, *-я, ср. Оказать в. на ход дела.* ✦ **Под воздействием** *кого-чего, в знач. предлога с род. п.* — то же, что под влиянием. *Исправиться под воздействием коллектива.*

ВОЗДЕ́ЛАТЬ, -аю, -аешь; -анный; *сов., что.* То же, что обработать (землю). *В. поле.* ‖ *несов.* **возде́лывать**, -аю, -аешь. ‖ *сущ.* **возде́лывание**, *-я, ср.*

ВОЗДЕ́РЖАННЫЙ, -ая, -ое; -ан, -анна и (устар.) **ВОЗДЕ́РЖНЫЙ**, -ая, -ое; -жен, -жна. Умеющий ограничивать свои потребности; не позволяющий себе лишнего. *Воздержан в еде. Воздержан в оценках, суждениях.* ‖ *сущ.* **возде́ржанность**, *-и, ж.* и (устар.) **возде́ржность**, *-и, ж.*

ВОЗДЕРЖА́ТЬСЯ, -держу́сь, -де́ржишься; *сов., от чего.* **1.** Удержать себя, отказаться от какого-н. действия. *В. от курения.* **2.** Не подать свой голос ни за ни против. *Воздержаться от голосования. Кто воздержался? Воздержавшихся* (сущ.) *нет.* ‖ *несов.* **возде́рживаться**, -аюсь, -аешься. ‖ *сущ.* **воздержа́ние**, *-я, ср.* (к 1 знач.). *В. в еде.*

ВОЗДЕ́ТЬ, -е́ну, -е́нешь; -де́тый; *сов.:* **воздеть руки** (устар.) — поднять вверх руки (в знак возмущения, мольбы, призыва к справедливости). ‖ *несов.* **воздева́ть**, -а́ю, -а́ешь.

ВО́ЗДУХ, -а, *м.* **1.** Смесь газов, составляющая атмосферу Земли. *Струя воздуха. В воздухе носится* или *чувствуется что-н.* (перен.: заметно появление каких-н. идей, настроений). *Повиснуть в воздухе* (перен.: о ком-чём-н., оказавшемся в неопределённом положении. *Вопрос повис в воздухе). Поднять на в.* (взорвать). *Взлететь на в.* (взорваться, разлететься от взрыва). *Из воздуха делать что-н.* (перен.: из ничего, из пустого места). *Воздух!* (команда в знач.: тревога, появился вражеский самолёт). *Война в воздухе* (средствами авиации). **2.** Такая атмосфера как дыхательная среда человека, живого организма. *Дышать воздухом. Городской, деревенский в. Свежий в. Бывать на воздухе* (не в помещении). *Выйти на в.* (из помещения). *На вольном воздухе* (в саду или за городом). *На открытом воздухе* (не в помещении). *Как в. нужен кто-н.* (совершенно необходим). **3.** То же, что атмосфера (во 2 знач.). *В. свободы. Дышать воздухом кулис* (о театральной жизни). ‖ *прил.* **возду́шный**, -ая, -ое (к 1 и 2 знач.). *Воздушная ванна. Воздушная линия связи* (не кабельная, на опорах).

ВОЗДУХО... *Первая часть сложных слов со знач.* относящийся к воздуху (в 1 и 2 знач.), напр. *воздухоплавание, воздухонепроницаемый, воздухоподогреватель, воздухонагнетательный, воздухоочиститель, воздуходувный.*

ВОЗДУХООБМЕ́Н, -а, *м.* Проветривание, вентиляция. ‖ *прил.* **воздухообме́нный**, -ая, -ое.

ВОЗДУХОПЛА́ВАНИЕ, -я, *ср.* **1.** Теория и практика передвижения по воздуху на аппаратах легче воздуха. **2.** То же, что авиация (в 1 знач.) (устар.). ‖ *прил.* **воздухопла́вательный**, -ая, -ое.

ВОЗДУХОПЛА́ВАТЕЛЬ, -я, *м.* Человек, к-рый занимается воздухоплаванием. ‖ *ж.* **воздухопла́вательница**, -ы.

ВОЗДУ́ШНЫЙ, -ая, -ое; -шен, -шна. **1.** *см.* воздух. **2.** *полн. ф.* Относящийся к воздухоплаванию и авиации. *Воздушное сообщение. В. бой.* **3.** *полн. ф.* Приводимый в движение воздухом. *В. руль.* **4.** *перен.* Очень лёгкий, нежный. *Воздушные одежды. Воздушное печенье.* ✦ **Воздушные за́мки строить** — мечтать о несбыточном. **Воздушный поцелуй** — знак поцелуя, выражаемый движением руки от губ. ‖ *сущ.* **возду́шность**, -и, *ж.* (к 4 знач.).

ВОЗДЫХА́НИЕ, -я, обычно *мн., ср.* (устар.). Сетование, жалоба. *Мольбы и воздыхания.*

ВОЗЖЕ́ЧЬ, -жгу́, -жжёшь, -жгу́т; -жёг, -жгла́; -жёгший; -жжённый (-ён, -ена́); -жёгши; *сов., что* (устар. и высок.). То же, что зажечь. ‖ *несов.* **возжига́ть**, -а́ю, -а́ешь.

ВОЗЗВА́НИЕ, -я, *ср.* Обращение с призывом к кому-н. *В. к народу.*

ВОЗЗВА́ТЬ *см.* взывать.

ВОЗЗРЕ́НИЕ, -я, *ср.* (книжн.). Образ мыслей, точка зрения. *Материалистические воззрения.*

ВОЗЗРИ́ТЬСЯ, -рю́сь, -ри́шься; *сов., на кого-что* (устар. и разг.). Устремить взор на кого-что-н.

ВОЗИ́ТЬ, вожу́, во́зишь; *несов., кого-что* и *чем по чему.* То же, что везти[1] (но обозначает действие, совершающееся не в одно время, не за один приём или не в одном направлении). *В. зерно на элеватор. В. рукавом по столу.* ‖ *сущ.* **во́зка**, -и, *ж.* (по 1 знач. глаг. везти[1]).

ВОЗИ́ТЬСЯ, вожу́сь, во́зишься; *несов.* **1.** Беспокойно, суетливо двигаться, заниматься возней. *Ребята возятся в углу.* **2.** *с кем-чем.* Заниматься чем-н. кропотливым, трудным, а также делать что-н. медленно (разг. неодобр.). *В. с отчётом. В. с уборкой.* **3.** *с кем-чем.* Заниматься кем-чем-н., уделяя много внимания (разг.). *Сколько возились с этим лодырем!*

ВО́ЗКА, -и, *ж.* **1.** *см.* возить. **2.** Одна поездка с грузом. *Дров осталось на три возки.*

ВОЗЛАГА́ТЬ *см.* возложить.

ВО́ЗЛЕ. **1.** *нареч.* Рядом, совсем близко. *Он живёт в.* **2.** *кого-чего, предлог с род. п.* Рядом с кем-чем-н., вблизи, около кого-чего-н. *Он живёт в. нас. Дом в. леса.*

ВОЗЛЕЖА́ТЬ, -жу́, -жи́шь; *несов., на чём* (устар. и шутл.). То же, что лежать (в 1 знач.).

ВОЗЛЕ́ЧЬ, -ля́гу, -ля́жешь, -ля́гут; -лёг, -легла́; -лёгший; -лёгши; *сов., на что* (устар. и шутл.). То же, что лечь (в 1 знач.). *В. на ложе.*

ВОЗЛИКОВА́ТЬ, -ку́ю, -ку́ешь; *сов.* (высок.). Начать ликовать. *Народ возликовал.*

ВОЗЛИЯ́НИЕ, -я, *ср.* **1.** В античном мире: принесение вина в жертву богам в начале трапезы. **2.** Питьё спиртных напитков, выпивка (разг. шутл.). *Обильные возлияния.*

ВОЗЛОЖИ́ТЬ, -ожу́, -о́жишь; -о́женный; *сов., что.* **1.** *на кого-что.* Торжественно положить сверху, поверх чего-н. (высок.). *В. венок на могилу.* **2.** *на кого (что).* Поручить что-н. кому-н. (книжн.). *В. обязанность. В. общее руководство.* ✦ **Возложить вину, ответственность** *на кого* (офиц.) — счесть виновным, ответственным кого-н. ‖ *несов.* **возлага́ть**, -а́ю, -а́ешь. ✦ **Возлагать надежды** *на кого-что* (книжн.) — надеяться. ‖ *сущ.* **возложе́ние**, *-я, ср.*

ВОЗЛЮБИ́ТЬ, -люблю́, -лю́бишь; -лю́бленный; *сов., кого-что* (устар.). То же, что полюбить. *Возлюби ближнего своего* (одна из евангельских заповедей).

ВОЗЛЮ́БЛЕННЫЙ, -ая, -ое. **1.** Горячо любимый (устар.). *В. сын.* **2.** **возлю́бленный**, -ого, *м.* Любимый человек; любовник. ‖ *ж.* **возлю́бленная**, -ой (ко 2 знач.).

ВОЗМЕ́ЗДИЕ, -я, *ср.* (высок.). Отплата, кара за преступление, за зло. *Справедливое в. Неотвратимое в.*

ВОЗМЕСТИ́ТЬ, -ещу́, -ести́шь; -ещённый (-ён, -ена́); *сов., что чем.* Заменить чем-н. недостающее или утраченное. *В. убытки. В. потерянное время усиленной работой.* ‖ *несов.* **возмеща́ть**, -а́ю, -а́ешь. ‖ *сущ.* **возмеще́ние**, *-я, ср.* ‖ *прил.* **возме́здный**, -ая, -ое (спец.). *Возмездное изъятие. Возмездное владение чем-н.*

ВОЗМЕЧТА́ТЬ, -а́ю, -а́ешь; *сов.* (устар.). Увлечься мечтой. *В. о счастье.* ✦ **Возмечтать о себе** (разг.) — возыметь о себе преувеличенно высокое мнение, возомнить о себе.

ВОЗМО́ЖНОСТЬ, -и, *ж.* **1.** *см.* возможный. **2.** Средство, условие, обстоятельство, необходимое для осуществления чего-н. *Большие возможности. Упущенная в. В. роста.* ✦ **Дать возможность** — позволить, сделать возможным. *Дать возможность учиться.* **Иметь возможность** — располагать необходимыми условиями, средствами. *Имеет возможность отдохнуть.* **По возможности (по мере возможности)** — насколько возможно. *Помогает по возможности (по мере возможности).* **При первой возможности** — как только возникает возможность. **До последней возможности** — до тех пор, пока есть возможность, силы.

ВОЗМО́ЖНЫЙ, -ая, -ое; -жен, -жна. **1.** Такой, к-рый может произойти, мыслимый, осуществимый, допустимый. *Вполне в. случай. В. исход дела. Со всей возможной серьёзностью. Такой исход возможен.* **2.** **возмо́жно**, *в знач. сказ., с неопр.* Не исключена возможность, допустимо. *Вполне возможно, что он прав. Возможно ли с этим согласиться?* **3.** **возмо́жно**, *нареч., со сравн. ст.* Насколько можно. *Возможно быстрее.* **4.** **возмо́жно**, *вводн. сл.* Может быть, вероятно. *Мне, возможно, придётся уехать.* **5.** **возмо́жно**, *частица.* Выражает неуверенное подтверждение. *Он придёт? — Возможно.* ‖ *сущ.* **возмо́жность**, -и, *ж.* (к 1 знач.).

ВОЗМУЖА́ЛЫЙ, -ая, -ое; -а́л. Достигший зрелости, ставший взрослым, зрелым (во 2 и 3 знач.). *Стать возмужалым. В. вид.* ‖ *сущ.* **возмужа́лость**, -и, *ж.*

ВОЗМУЖА́ТЬ *см.* мужать.

ВОЗМУТИ́ТЕЛЬ, -я, *м., чего* (книжн.). Тот, кто нарушает что-н. (покой, тишину, порядок). *В. спокойствия.* ‖ *ж.* **возмути́тельница**, -ы.

ВОЗМУТИ́ТЕЛЬНЫЙ, -ая, -ое; -лен, -льна. Вызывающий чувство возмущения (во 2 знач.). *В. поступок.* ‖ *сущ.* **возмути́тельность**, -и, *ж.*

ВОЗМУТИ́ТЬ, -ущу́, -ути́шь; -ущённый (-ён, -ена́); *сов., кого (что).* **1.** Вызвать у кого-н. чувство негодования, раздражения. *В. кого-н. грубостью.* **2.** Побудить к мятежу (устар.). *В. народ.* ‖ *несов.* **возмуща́ть**, -а́ю, -а́ешь. ‖ *сущ.* **возмуще́ние**, -я, *ср.* (ко 2 знач.).

ВОЗМУТИ́ТЬСЯ, -ущу́сь, -ути́шься; *сов.* **1.** Испытать негодование, раздражение. *В. при виде несправедливости.* **2.** Поднять мятеж (устар.). *Народ возмутился.* ‖ *несов.* **возмуща́ться**, -а́юсь, -а́ешься. ‖ *сущ.* **возмуще́ние**, -я, *ср.* (ко 2 знач.).

ВОЗМУЩЕ́НИЕ, -я, *ср.* **1.** *см.* возмутить, -ся. **2.** Сильное раздражение, негодование. *Чувство возмущения. В крайнем возмущении кто-н.* **3.** Восстание, мятеж (устар.). *В. крестьян.*

ВОЗМУЩЁННЫЙ, -ая, -ое; -ён. Исполненный возмущения (во 2 знач.). *В. тон. Возмущённо* (нареч.) *говорить.* ‖ *сущ.* **возмущённость**, -и, *ж.*

ВОЗНАГРАДИ́ТЬ, -ажу́, -ади́шь; -аждённый (-ён, -ена́); *сов., кого (что).* Достойно наградить за что-н. *В. за труд. В. себя за что-н.* (доставить себе удовольствие в награду за какие-н. лишения). ‖ *несов.* **вознагражда́ть**, -а́ю, -а́ешь. ‖ *сущ.* **вознагражде́ние**, -я, *ср.*

ВОЗНАГРАЖДЕ́НИЕ, -я, *ср.* **1.** *см.* вознаградить. **2.** Плата за труд, за услугу. *Денежное в.*

ВОЗНАМЕ́РИТЬСЯ, -рюсь, -ришься; *сов., с неопр.* (устар. и ирон.). Возыметь намерение, захотеть. *В. уехать.* ‖ *несов.* **возна-ме́риваться**, -аюсь, -аешься.

ВОЗНЕГОДОВА́ТЬ, -ду́ю, -ду́ешь; *сов., на кого-что* (книжн.). Почувствовать негодование против кого-чего-н.

ВОЗНЕНАВИ́ДЕТЬ, -и́жу, -и́дишь; *сов., кого-что.* Почувствовать ненависть к кому-чему-н. *В. клеветника.*

ВОЗНЕСЕ́НИЕ, -я, *ср.* **1.** *см.* вознести, -сь. **2.** (В прописное). В христианстве: один из двенадцати основных праздников, отмечаемый на 40-ой день после Пасхи в память вознесения на небо Иисуса Христа. *Обедня на В.*

ВОЗНЕСТИ́, -су́, -сёшь; -ёс, -есла́; -ёсший; -есённый (-ён, -ена́); -еся́; *сов.* (книжн.). **1.** *кого-что.* Поднять вверх. *В. стяги. В. просьбы, мольбы* (перен.: обратиться с просьбами, мольбой). **2.** *перен., кого (что).* Возвеличить, возвысить. *Судьба вознесла его высоко* (о том, кто занимает высокое положение, пост). ‖ *несов.* **возноси́ть**, -ошу́, -о́сишь. ‖ *сущ.* **вознесе́ние**, -я, *ср.*

ВОЗНЕСТИ́СЬ, -су́сь, -сёшься; -ёсся, -есла́сь; -ёсшийся; -ёсшись *и* -еся́сь; *сов.* **1.** Подняться вверх (книжн.). *В. к небесам.* **2.** *перен.* Стать высокомерным, возгордиться. *Чересчур вознёсся кто-н.* ‖ *несов.* **возноси́ться**, -ошу́сь, -о́сишься. ‖ *сущ.* **вознесе́ние**, -я, *ср.* (к 1 знач.).

ВОЗНИ́КНУТЬ, -ну, -нешь; -ни́к, -ни́кла; *сов.* **1.** (1 и 2 л. не употр.). Начаться, образоваться, зародиться. *Возникло подозрение. Возникли трудности.* **2.** Появиться неожиданно, а также (прост. неодобр.) вообще начать как-то действовать, что-н. говорить. *Откуда ты возник?* ‖ *несов.* **возника́ть**, -а́ю, -а́ешь. *Возникают потребности. Не возникай!* (не вступайся, не вмешивайся; помолчи; разг.). ‖ *сущ.* **возникнове́ние**, -я, *ср.*

ВОЗНИ́ЦА, -ы, *м.* Тот, кто правит лошадьми в запряжке.

ВОЗНОСИ́ТЬ, -СЯ *см.* вознести, -сь.

ВОЗНЯ́, -и́, *ж.* **1.** Беспорядочные, шумные движения (при игре, борьбе). *Дети подняли возню.* **2.** *с кем-чем.* Занятие, доставляющее много хлопот, кропотливой работы (разг.). *Много возни с огородом.* **3.** *перен.* Скрытная деятельность, интриги (разг. неодобр.). *Подозрительная в. Недостойная в. вокруг чего-н.*

ВОЗО..., *приставка.* То же, что воз...; употр. вместо «воз» перед нек-рыми сочетаниями согласных, напр. *возомнить.*

ВОЗОБЛАДА́ТЬ (-а́ю, -а́ешь, 1 и 2 л. не употр.), -а́ет; *сов., над кем-чем* (книжн.). Получить преобладание, перевес. *Чувство долга возобладало над страхом.*

ВОЗОБНОВИ́ТЬ, -влю́, -ви́шь; -влённый (-ён, -ена́); *сов., что.* **1.** Начать снова. *В. переговоры.* **2.** Отремонтировать, обновить, приведя в прежнее состояние (устар.). *В. старую мебель.* ‖ *несов.* **возобновля́ть**, -я́ю, -я́ешь. ‖ *сущ.* **возобновле́ние**, -я, *ср.*

ВОЗОБНОВИ́ТЬСЯ (-влю́сь, -ви́шься, 1 и 2 л. не употр.), -ви́тся; *сов.* О прекратившемся, прерванном, утраченном: начаться снова. *Занятия возобновились. Возобновились забытые привычки. Возобновилась дискуссия.* ‖ *несов.* **возобновля́ться** (-я́юсь, -я́ешься, 1 и 2 л. не употр.), -я́ется. ‖ *сущ.* **возобновле́ние**, -я, *ср.*

ВОЗОГНА́ТЬСЯ *см.* возгоняться.

ВОЗО́К, -зка́, *м.* В старину: крытая зимняя повозка, а также сани со спинкой.

ВОЗОМНИ́ТЬ, -ню́, -ни́шь; *сов.*: **возомнить о себе или себя** *кем* — составить преувеличенно высокое мнение о себе. *Возомнить себя поэтом.*

ВОЗОПИ́ТЬ, -плю́, -пи́шь; *сов.* (устар.). Начать вопить, громко закричать.

ВОЗОПИЯ́ТЬ, -ию́, -ие́шь; *сов.* (стар.). Начать вопиять; теперь только перен. в выражении **«камни возопиют»** (то же, что **«камни вопиют»**; книжн.).

ВОЗРА́ДОВАТЬСЯ, -дуюсь, -дуешься; *сов.* (устар.). То же, что обрадоваться.

ВОЗРАЖЕ́НИЕ, -я, *ср.* Довод, мнение против чего-н.; выражение несогласия с чем-н. *Проект встретил возражения. Не терпит возражений кто-н.* (не считается с мнением других).

ВОЗРАЗИ́ТЬ, -ажу́, -ази́шь; *сов.* Заявить о своём несогласии, высказать возражение. *В. на замечание оппонента. В. докладчику.* ‖ *несов.* **возража́ть**, -а́ю, -а́ешь.

ВО́ЗРАСТ, -а, *м.* **1.** Период, ступень в развитии, росте кого-чего-н. *В. человека, животного, растения. В. Земли. Младенческий в. Зрелый в.* (сменяющий юность). *Выйти из школьного возраста.* **2.** Количество прожитого времени, лет. *Ребёнок в возрасте шести лет.* ✦ **Войти в возраст** (разг.) — стать взрослым. **Девица на возрасте** (разг.) — уже взрослая. ‖ *прил.* **возрастно́й**, -а́я, -о́е. *Возрастные изменения.*

ВОЗРАСТИ́, -ту́, -тёшь; -ро́с, -ла́; -ро́сший; -ро́сши; *сов.* **1.** Вырасти, стать взрослым (устар. и прост.). *Дети возросли.* **2.** (1 и 2 л. не употр.). Увеличиться, стать больше, сильнее. *Силы возросли. Потребности возросли.* ‖ *несов.* **возраста́ть**, -а́ю, -а́ешь. ‖ *сущ.* **возраста́ние**, -я, *ср.*

ВОЗРОДИ́ТЬ, -ожу́, -оди́шь; -ождённый (-ён, -ена́); *сов., кого-что.* Восстановить, сделать вновь деятельным, живым. *В. промыслы. Возрождённые города.* ‖ *несов.* **возрожда́ть**, -а́ю, -а́ешь. ‖ *сущ.* **возрожде́ние**, -я, *ср.*

ВОЗРОДИ́ТЬСЯ, -ожу́сь, -оди́шься; *сов.* Восстановиться, стать вновь деятельным, живым. *Возродилось прежнее чувство. В. к жизни* (перен.: вновь почувствовать радость жизни, желание жить). ‖ *несов.* **возрожда́ться**, -а́юсь, -а́ешься. ‖ *сущ.* **возрожде́ние**, -я, *ср.*

ВОЗРОЖДЕ́НИЕ, -я, *ср.* **1.** *см.* возродить, -ся. **2.** Появление вновь, возобновление, подъём после периода упадка, разрушения. *Эпоха Возрождения* (эпоха расцвета наук и искусств в Европе, сменившая средневековье).

ВОЗРОПТА́ТЬ, -опщу́, -о́пщешь; *сов.* (устар.). Начать роптать.

ВО́ЗЧИК, -а, *м.* Перевозчик грузов на телегах, повозках. ‖ *прил.* **во́зчицкий**, -ая, -ое.

ВОЗЫМЕ́ТЬ, -е́ю, -е́ешь; *сов., что* (книжн.). В сочетании с нек-рыми существительными обозначает начало или осуществление действия в соответствии со значением существительного. *В. уважение к кому-н.* (начать уважать). *В. намерение* (вознамериться). *В. желание* (захотеть). *Лекарство возымело действие* (подействовало).

ВО́ИН, -а, *м.* (высок.). Человек, к-рый служит в армии, воюет, тот, кто сражается с врагом. *Воины-освободители. Один в поле не в.* (посл.). ‖ *прил.* **во́инский**, -ая, -ое. *Воинская доблесть. В. долг.*

ВО́ИНСКИЙ, -ая, -ое. **1.** *см.* воин. **2.** Относящийся к военному делу, военной службе. *В. поезд. В. билет. Воинская часть. Воинская обязанность* (установленный законом долг граждан нести службу в рядах Вооружённых Сил и выполнять другие обязанности, связанные с обороной страны).

ВОИ́НСТВЕННЫЙ, -ая, -ое; -вен, -венна. **1.** *полн. ф.* Обладающий воинским духом, храбрый. *Воинственные племена.* **2.** Свойственный воину, решительный, готовый к столкновению (также ирон.). *В. характер. Воинственные планы* (агрессивные). *В. вид. Воинственная осанка. В. тон.* ‖ *сущ.* **вои́нственность**, -и, *ж.* (ко 2 знач.).

ВО́ИНСТВО, -а, *ср.* (высок.). Войско, воины. *Русское в.*

ВОИ́НСТВУЮЩИЙ, -ая, -ее. Активный, непримиримый. *В. атеизм.*

ВОИ́СТИНУ (высок.). **1.** *нареч.* Действительно, вправду. *В. великие дела. В. так* (уверенное подтверждение). **2.** *вводн. сл.* Выражает уверенность. *С ним, в., нельзя не согласиться.*

ВОИ́ТЕЛЬ, -я, *м.* **1.** То же, что воин, военачальник (стар. высок.). **2.** Человек задорный, с воинственным характером (устар.). ‖ *ж.* **вои́тельница**, -ы (ко 2 знач.). ‖ *прил.* **вои́тельский**, -ая, -ое.

ВОЙ, -я, *м.* **1.** Протяжный крик нек-рых животных (волка, собаки, шакала). **2.** Протяжный громкий плач, вопль (прост.). **3.** Протяжные, заунывные, тревожные звуки. *В. ветра, вьюги. В. сирены.* **4.** *перен.* Шумный протест, злобная брань. *Поднять злобный в. по поводу чего-н.*

ВО́ЙЛОК, -а, *м.* Плотный толстый материал из валяной шерсти или из синтетических волокон. ‖ *прил.* **во́йлочный**, -ая, -ое. *Войлочные стельки.*

ВОЙНА́, -ы́, *мн.* во́йны, войн, во́йнам, *ж.* **1.** Вооружённая борьба между государствами или народами, между классами внутри государства. *Находиться в состоянии войны с кем-н. Объявить войну. Вести войну. Пойти на войну. Вернуться с войны. Погиб на войне. Не пришёл с войны кто-н. Победоносная в. Региональные войны. В. за независимость. Гражданская в.* (вооружённая борьба внутри государства). **2.** *перен.* Борьба, враждебные отношения с кем-чем-н. *Объявить войну бездельникам.* ✦ **Холодная война** — политика, заключающаяся в нагнетании напряжённости, враждебности в отношениях между странами. *Конец холодной войны.* **Война нервов** — об обоюдном нервном напряжении кого-н. **На**

войне как на войне (книжн.) — 1) война, а также вообще любая борьба есть война со всеми её тяготами, последствиями; 2) в трудных условиях, обстоятельствах надо уметь к ним приспосабливаться. ‖ *прил.* вое́нный, -ая, -ое (к 1 знач.).

ВО́ЙСКО, -а, *мн.* войска́, войск, войска́м, *ср.* **1.** обычно *мн.* Вооружённые силы государства или часть их. *Сухопутные войска.* **2.** Часть, подразделение армии (обычно воюющей). *Войска сошлись в бою. Передвижение войск.* ‖ *прил.* **войсково́й**, -а́я, -о́е. *Войсковое соединение.*

ВОЙТИ́, войду́, войдёшь; вошёл, -шла́; воше́дший; войдя́; *сов., во что.* **1.** Вступить, проникнуть внутрь. *В. в дом. В. в историю* (перен.: сохраниться в памяти потомков). **2.** Включиться, стать членом чего-н. *В. в состав комитета. В. в комиссию.* **3.** То же, что уместиться. *В шкаф вошло много книг.* **4.** *с чем.* Обратиться куда-н. с просьбой, предложением (офиц.). *В. с ходатайством в министерство.* **5.** В сочетании с отвлечёнными существительными означает начало действия, состояния, названного существительным. *В. в моду* (стать модным). *В. в привычку* (стать привычным). *В. в силу* (окрепнуть, а также начать действовать, стать действенным). *В. в доверие* (начать пользоваться доверием). **6.** Освоиться с чем-н., привыкнуть к чему-н. *В. в роль* (также перен.: освоить какую-н. линию поведения). *В. в суть дела. В. во вкус чего-н.* ✦ **Не дал войти, как...** (разг. неодобр.) — сразу после того, как кто-н. вошёл. *Не дал войти, как накинулся с упреками.* ‖ *несов.* **входи́ть**, вхожу́, вхо́дишь. ‖ *сущ.* **вход**, -а, *м.* (к 1 знач.) *и* **вхожде́ние**, -я, *ср.* (к 1, 2, 4, 5 и 6 знач.). ‖ *прил.* **входно́й**, -а́я, -о́е (к 1 знач.). *Входное отверстие.*

ВОКА́Л, -а, *м.* (спец.). Певческое искусство.

ВОКАЛИ́СТ, -а, *м.* Певец-профессионал. ‖ *ж.* **вокали́стка**, -и.

ВОКА́ЛЬНЫЙ, -ая, -ое. Певческий, относящийся к пению. *Вокальная музыка. Вокальное искусство.*

ВОКЗА́Л, -а, *м.* Большая станция (в 1 знач.) на путях сообщения. *Железнодорожный в. Речной в. Морской в.* ‖ *прил.* **вокза́льный**, -ая, -ое.

ВОКРУ́Г. **1.** *нареч.* В окружности, по окрестностям, кругом кого-чего-н. *Оглядеться в. В. ни души. В. друзья.* **2.** *кого-чего, предлог с род. п.* Около, кругом кого-чего-н. *Ходить в. дома. Сад в. дачи.* **3.** *кого-чего, предлог с род. п.* По поводу кого-чего-н. *Споры в. сложного вопроса.* ✦ **Вокруг да около** (разг.) — не доходя до сути дела. *Разговоры идут вокруг да около.*

ВОЛ, -а́, *м.* Сельскохозяйственное животное — кастрированный бык. *Работает как в.* (очень много и тяжело). ‖ *прил.* **воло́вий**, -ья, -ье. *Воловья шея* (также перен.: короткая и сильная). *Воловье упрямство* (перен.).

ВОЛА́Н, -а, *м.* **1.** Пришивная полоска из лёгкой ткани или кружев в виде оборки или свободно лежащей волнистой поперечной складки на платье. *Кружевной в.* **2.** Лёгкий мячик с перьями или широким волнистым ободком для игры в бадминтон. ‖ *прил.* **вола́нный**, -ая, -ое.

ВОЛГА́РЬ, -я́, *м.* Уроженец Поволжья (обычно о работающем на реке).

ВО́ЛГЛЫЙ, -ая, -ое; волгл. Сырой, влажный. ‖ *сущ.* **во́лглость**, -и, *ж.*

ВО́ЛГНУТЬ, -ну, -нешь; во́лгнул, во́лгла; *несов.* Становиться волглым. ‖ *сов.* **наво́лгнуть**, -ну, -нешь.

ВОЛДЫ́РЬ, -я́, *м.* Болезненное образование на коже — наполненное жидкостью вздувшееся место. *В. вскочил. Натереть волдыри. В. от ожога.*

ВОЛЕВО́Й, -а́я, -о́е. **1.** *см.* **воля**[1]. **2.** Обладающий твёрдой волей[1], обнаруживающий твёрдую волю[1]. *Волевая натура. В. голос.*

ВОЛЕИЗЪЯВЛЕ́НИЕ, -я, *ср.* (высок.). Обнаружение воли[1] (в 3 знач.), выражение своего желания, согласия на что-н. *Свободное в. избирателей.*

ВОЛЕЙБО́Л, -а, *м.* Спортивная командная игра в мяч, к-рый участники перебрасывают через высокую сетку, стараясь, чтобы он коснулся земли на площадке соперников, а также соответствующий вид спорта. ‖ *прил.* **волейбо́льный**, -ая, -ое.

ВОЛЕЙБОЛИ́СТ, -а, *м.* Спортсмен, занимающийся волейболом; игрок в волейбол. ‖ *ж.* **волейболи́стка**, -и.

ВО́ЛЕЙ-НЕВО́ЛЕЙ, *нареч.* Несмотря на нежелание, вынужденно. *Волей-неволей приходится согласиться.*

ВО́ЛЕНС-НО́ЛЕНС, *нареч.* (книжн.). То же, что волей-неволей.

ВОЛЖА́НИН, -а, *мн.* -а́не, -а́н, *м.* Уроженец или житель Поволжья. ‖ *ж.* **волжа́нка**, -и.

ВОЛК, -а, *мн.* -и, -о́в, *м.* Хищное животное сем. псовых. *Волка ноги кормят* (посл.). *С волками жить — по-волчьи выть* (посл.). *Волков бояться — в лес не ходить* (посл.). *Как волка ни корми, всё в лес смотрит* (посл.). *Не первая волку зима* (посл. о том, кому не впервой встречаться с трудностями, переносить тяготы). *Голоден как в.* (очень голоден). *К волку в пасть лезть* (перен.: общаясь с кем-н., подвергать себя явной опасности, неприятности; разг. неодобр.). *Хоть волком вой* (о состоянии тяжёлой тоски или безвыходности; разг.). *Волком смотреть* (смотреть угрюмо, враждебно). ✦ **Морской волк** — старый, опытный моряк. ‖ *уменьш.-ласк.* **волчо́к**, -чка́, *м.* *и* **волчи́шка**, -и, *м.* ‖ *прил.* **во́лчий**, -ья, -ье. *Волчье логово. Волчья стая. Волчья яма* (яма для ловли волков; также перен.: глубокая яма как препятствие для наступающего противника). *В. аппетит* (очень сильный). ✦ **Волчий закон** — беззаконие, опирающееся на грубую силу. **Волчий паспорт или билет** — в царской России: документ с отметкой о политической неблагонадёжности. **Волчьи ягоды** — кустарник с ядовитыми красными ягодами, а также сами ягоды.

ВОЛКОДА́В, -а, *м.* Крупная собака, используемая для охоты на волков.

ВОЛНА́, -ы́, *мн.* во́лны, волн, волна́м *и* во́лнам, *ж.* **1.** Водяной вал, образуемый колебанием водной поверхности. *Шум волн. Гребень волны. Цвет морской волны* (зеленовато-голубой). **2.** Колебательное движение в физической среде, а также распространение этого движения. *Звуковая в. Передача на короткой волне. Воздушная в.* **3.** *перен., кого-чего.* О том, что движется друг за другом во множестве на нек-ром расстоянии; о массовом проявлении чего-н. *В. бегущих, наступающих. В. возмущения. В. героизма.* ‖ *прил.* **волново́й**, -а́я, -о́е (к 1 и 2 знач.; спец.).

ВОЛНЕ́НИЕ, -я, *ср.* **1.** Движение волн на водной поверхности. *В. на море.* **2.** Сильная тревога, душевное беспокойство. *Прийти в в.* **3.** обычно *мн.* Массовое выражение недовольства, протеста. *Крестьянские волнения.*

ВОЛНИ́СТЫЙ, -ая, -ое; -и́ст. Похожий на колеблемую волнами поверхность, волнообразный. *Волнистые волосы.* ‖ *сущ.* **волни́стость**, -и, *ж.*

ВОЛНОВА́ТЬ, -ну́ю, -ну́ешь; *несов.* **1.** *что.* Приводить в волнение (в 1 знач.). *Ветер волнует море.* **2.** *кого (что).* Приводить в волнение (во 2 знач.), в тревожно-беспокойное состояние, возбуждать. *Волнующее зрелище. В. семью.* **3.** *кого (что).* Подстрекать к волнениям (в 3 знач.) (устар.). *В. народ.* ‖ *сов.* **взволнова́ть**, -ну́ю, -ну́ешь; -о́ванный (к 1 и 2 знач.).

ВОЛНОВА́ТЬСЯ, -ну́юсь, -ну́ешься; *несов.* **1.** (1 и 2 л. не употр.). Приходить в волнение (в 1 знач.). *Море волнуется.* **2.** Приходить в волнение (во 2 знач.), в тревожно-беспокойное состояние. *В. перед экзаменом. В. о детях.* **3.** (1 и 2 л. ед. не употр.). Выражать недовольство, массовый протест против чего-н. ‖ *сов.* **взволнова́ться**, -ну́юсь, -ну́ешься (к 1 и 2 знач.).

ВОЛНОЛО́М, -а, *м.* Сооружения, ограждающие от волн место стоянки судов. ‖ *прил.* **волноло́мный**, -ая, -ое.

ВОЛНООБРА́ЗНЫЙ, -ая, -ое; -зен, -зна. Имеющий вид волн. *Волнообразная поверхность.* ‖ *сущ.* **волнообра́зность**, -и, *ж.*

ВОЛНУ́ШКА, -и, *ж.* Съедобный пластинчатый гриб со светлой шляпкой.

ВО́ЛОК, -а, *м.* Участок между двумя судоходными реками, через к-рый в старину перетаскивали судно для продолжения пути.

ВОЛОКИ́ТА[1], -ы, *ж.* (разг.). Недобросовестное затягивание дела или решения какого-н. вопроса, а также медленное течение дела, осложняемое выполнением мелких формальностей, излишней перепиской. *Бюрократическая в.* ‖ *прил.* **волоки́тный**, -ая, -ое.

ВОЛОКИ́ТА[2], -ы, *м.* (разг.). Любитель ухаживать за женщинами.

ВОЛОКИ́ТЧИК, -а, *м.* (разг.). Тот, кто занимается волокитой[1]. ‖ *ж.* **волоки́тчица**, -ы.

ВОЛОКНИ́СТЫЙ, -ая, -ое; -и́ст. Состоящий из волокон, с волокнами. *Волокнистое строение растительной ткани. Волокнистые растения.* ‖ *сущ.* **волокни́стость**, -и, *ж.*

ВОЛОКНО́, -а́, *мн.* -о́кна, -о́кон, -о́кнам, *ср.* **1.** обычно *мн.* Клетка животной или растительной ткани, имеющая нитевидную форму. *Нервные волокна.* **2.** Тонкая непряденая нить растительного, минерального или искусственного происхождения. *Льняное в. Ацетатное в.* ‖ *уменьш.* **волоко́нце**, -а, *род. мн.* -нцев *и* -нец, *ср.* ‖ *прил.* **волоко́нный**, -ая, -ое.

ВОЛОКОВО́Й, -а́я, -о́е: **волоковое окно** — в старину в курных избах, банях: маленькое оконце, через к-рое выходит дым.

ВО́ЛОКОМ, *нареч.* Таща, волоча по земле. *Тащить лодку в.*

ВОЛОКУ́ША, -и, *ж.* **1.** Приспособление в виде двух скреплённых жердей, употр. для перевозки грузов волоком. *Везти (тащить, тянуть) на волокуше.* **2.** Общее название для сельскохозяйственных и других орудий, применяемых для сгребания, рыхления.

ВОЛОНТЁР, -а, *м.* (книжн.). То же, что доброволец (в 1 знач.). ‖ *ж.* **волонтёрка**, -и (разг.). ‖ *прил.* **волонтёрский**, -ая, -ое.

ВОЛОО́КИЙ, -ая, -ое; -о́к (книжн.). С большими и спокойными, как бы подёрнутыми дымкой глазами. *Волоокая красавица.* ‖ *сущ.* **волоо́кость**, -и, *ж.*

ВО́ЛОС, -а, *мн.* -ы, -о́с, -а́м, *м.* **1.** Тонкое роговое нитевидное образование, растущее на коже человека, млекопитающих; мн. также в знач. растительности на голове, на теле; ед. в этом знач. прост. и спец. *Длинный в. Вьющиеся волосы. Схватиться за́ волосы* или *за во́лосы* (также перен. за́ волосы: о выражении ужаса, крайнего удивления). *Волосы рвать на себе* (сильно досадовать на себя; разг.). *До седых волос* (до старости). *Притянуть за́ волосы что-н.* (перен.: привлечь для объяснения какие-н. неосновательные доводы). *Снявши голову, по волосам не плачут* (посл.). **2.** *ед.* Растительность на теле животного, употр. на технические надобности. *Конский в. Матрас из волоса.* ✦ **Ни на́ волос** (разг.) — нисколько, ничуть, совершенно нет. *Ни на волос любви.* ‖ *уменьш.* **воло́сик**, -а, *м.* (к 1 знач.), **волосо́к**, -ска́ (к 1 знач.) *и* (только мн.) **волосёнки**, -нок (к 1 знач.). ‖ *прил.* **волосяно́й**, -а́я, -о́е. *В. покров. В. тюфяк.*

ВОЛОСА́ТЫЙ, -ая, -ое; -а́т. Покрытый волосами; с густыми волосами. *Волосатая грудь. В. мужчина.* ‖ *сущ.* **волоса́тость**, -и, *ж.*

ВОЛОСИ́НКА, -и, *ж.* (разг.). Небольшой волос, волосок. *На голове три волосинки* (мало волос; шутл.).

ВОЛОСНО́Й, -а́я, -о́е. Тонкий как волос. *Волосные сосуды* (то же, что капилляры; спец.). *Волосные линии* (в каллиграфии).

ВОЛОСО́К, -ска́, *м.* **1.** *см.* волос. **2.** Тонкая пружина, нить, проволока в каком-н. приборе. *В. в часовом механизме.* **3.** То же, что ворсинка (во 2 знач.) (спец.). ✦ **На волоске (висеть, держаться)** — находиться в очень ненадёжном положении. *Жизнь больного висит на волоске.* **На волосок от** *чего* — очень близко (от какого-н. несчастья). *На волосок от гибели.* ‖ *прил.* **волоско́вый**, -ая, -ое.

ВО́ЛОСТЬ, -и, *мн.* -и, -е́й, *ж.* **1.** В Древней Руси: местность, область, подчинённая одной власти. **2.** В России до 1929 г.: административно-территориальная единица в составе уезда. ‖ *прил.* **волостно́й**, -а́я, -о́е.

ВОЛОЧЁНЫЙ, -ая, -ое (спец.). Подвергшийся волочению (см. волочить во 2 знач.). *Волочёная проволока. Волочёное железо.*

ВОЛОЧИ́ТЬ, -очу́, -о́чишь *и* -очи́шь; -о́кший; *несов., кого-что.* **1.** Тащить, тянуть по земле. *В. мешок. Еле ноги в.* (идти с большим трудом). **2.** Вытягивать металлические заготовки в нить, в трубку (спец.). *В. проволоку. В. трубы.* ‖ *сущ.* **волоче́ние**, -я, *ср.* ‖ *прил.* **волочи́льный**, -ая, -ое (ко 2 знач.). *В. стан.*

ВОЛОЧИ́ТЬСЯ, -очу́сь, -о́чишься *и* -очи́шься; *несов.* **1.** (-о́чишься). Тащиться, тянуться по земле, по полу. **2.** *за кем.* То же, что ухаживать (во 2 знач.) (прост.).

ВОЛО́ЧЬ, -оку́, -очёшь, -оку́т; -о́к, -окла́; -оки́; -очённый (-ён, -ена́); -о́кши; *несов., кого-что* (прост.). То же, что волочить (в 1 знач.).

ВОЛО́ЧЬСЯ, -оку́сь, -очёшься, -оку́тся; -о́кся, -окла́сь; -о́кшийся; *несов.* (прост.). То же, что волочиться (в 1 знач.).

ВОЛХВ, -а́, *м.* У древних славян: чародей, колдун.

ВОЛЧА́НКА, -и, *ж.* Болезнь, поражающая кожу, а также слизистую оболочку, суставы. *В. туберкулёзная* (тяжёлая форма туберкулёза кожи). ‖ *прил.* **волча́ночный**, -ая, -ое.

ВОЛЧА́ТНИК, -а, *м.* Охотник на волков. *Егерь-в.*

ВО́ЛЧИЙ *см.* волк.

ВОЛЧИ́ЦА, -ы и (разг.) **ВОЛЧИ́ХА**, -и, *ж.* Самка волка.

ВОЛЧО́К[1], -чка́, *м.* Игрушка в виде кружка, шарика на вращающейся оси. *Пустить в. Вертеться волчком* (быстро крутиться).

ВОЛЧО́К[2] *см.* волк.

ВОЛЧО́НОК, -нка, *мн.* -ча́та, -ча́т, *м.* Детёныш волка.

ВОЛШЕ́БНИК, -а, *м.* **1.** Колдун, чародей. *Добрый в.* **2.** *перен.* Человек, чем-н. очаровывающий, пленяющий других. ‖ *ж.* **волше́бница**, -ы.

ВОЛШЕ́БНЫЙ, -ая, -ое; -бен, -бна. **1.** *полн. ф.* Действующий волшебством, обладающий чудодейственной силой. *Волшебная палочка. В. напиток.* **2.** *перен.* Очаровательный, пленительный. *В. голос.* ✦ **Волшебный фонарь** (устар.) — то же, что проекционный фонарь. ‖ *сущ.* **волше́бность**, -и, *ж.* (ко 2 знач.).

ВОЛШЕБСТВО́, -а́, *ср.* **1.** Колдовство, ворожба. **2.** *перен.* Чарующее действие кого-чего-н. *В. музыки.*

ВОЛЫ́НИТЬ, -ню, -нишь; *несов.* (прост.). Заниматься волынкой[2] (в 1 знач.), канителиться.

ВОЛЫ́НКА[1], -и, *ж.* Народный духовой музыкальный инструмент из нескольких трубок, вделанных в кожаный мешок или пузырь, через к-рый вдувается воздух.

ВОЛЫ́НКА[2], -и, *ж.* (прост.). **1.** Медлительность в каком-н. деле, намеренное его затягивание. *Тянуть волынку* (волынить). **2.** Канительное дело.

ВОЛЫ́НЩИК[1], -а, *м.* Музыкант, играющий на волынке.

ВОЛЫ́НЩИК[2], -а, *м.* (прост.). Тот, кто волынит. ‖ *ж.* **волы́нщица**, -ы.

ВОЛЬГО́ТНИЧАТЬ, -аю, -аешь; *несов.* (разг.). Проводить время вольготно и праздно. *В. на приволье.*

ВОЛЬГО́ТНЫЙ, -ая, -ое; -тен, -тна (разг.). Свободный, привольный. *Вольготная жизнь. Вольготно* (нареч.) *живётся кому-н.* ‖ *сущ.* **вольго́тность**, -и, *ж.*

ВОЛЬЕ́РА, -ы, *ж.* и **ВОЛЬЕ́Р**, -а, *м.* Площадка для содержания животных, огороженная металлической сеткой (напр. в зоопарке). ‖ *прил.* **волье́рный**, -ая, -ое. *Вольерное содержание пушных зверей.*

ВО́ЛЬНИЦА[1], -ы, *ж.* В старину: люди, преимущ. из бежавших от тяжёлых условий крепостной, подневольной жизни, оседавшие по окраинам Русского государства. *Казачья в.*

ВО́ЛЬНИЦА[2], -ы, *м.* и *ж.* (устар.). Своенравный, самовольный человек.

ВО́ЛЬНИЧАТЬ, -аю, -аешь; *несов.* (разг.). **1.** То же, что своевольничать. **2.** То же, что фамильярничать.

ВОЛЬНО́, *в знач. сказ., кому с неопр.* (прост.). Зачем было делать что-н. (о том, кто сам виноват в своём неудачном действии). *В. ж ему было не слушаться* (т. е. надо было слушаться).

ВОЛЬНОДУ́МЕЦ, -мца, *м.* (устар.). Человек, отличающийся вольнодумством. ‖ *ж.* **вольноду́мка**, -и (разг.).

ВОЛЬНОДУ́МСТВО, -а, *ср.* (устар.). Скептическое или отрицательное отношение к существующим порядкам [*первонач.* к религии]. ‖ *прил.* **вольноду́мный**, -ая, -ое.

ВОЛЬНОЛЮБИ́ВЫЙ, -ая, -ое; -и́в (книжн.). То же, что свободолюбивый. *Вольнолюбивые мечты.* ‖ *сущ.* **вольнолю́бие**, -я, *ср.*

ВОЛЬНОНАЁМНЫЙ, -ая, -ое. **1.** Работающий по вольному найму. *В. состав. Зачислиться вольнонаёмным* (сущ.). **2.** Работающий или производимый по найму (в отличие от крепостного или принудительного). *В. рабочий. В. труд.*

ВОЛЬНООПРЕДЕЛЯ́ЮЩИЙСЯ, -егося, *м.* В царской России: человек со средним или высшим образованием, отбывающий воинскую повинность добровольно и на льготных условиях.

ВОЛЬНООТПУ́ЩЕННИК, -а, *м.* В старину: раб, крепостной, отпущенный на свободу.

ВОЛЬНООТПУ́ЩЕННЫЙ, -ая, -ое. В старину: отпущенный на свободу (о рабе, крепостном).

ВОЛЬНОСЛУ́ШАТЕЛЬ, -я, *м.* (устар.). Человек, слушающий лекции в высшем учебном заведении без зачисления в студенты. ‖ *ж.* **вольнослу́шательница**, -ы.

ВО́ЛЬНОСТЬ, -и, *ж.* **1.** *см.* вольный. **2.** Свобода, независимость (устар.). *Борьба за в.* **3.** Непринуждённость, преимущ. излишняя. *В. в обращении.* **4.** Отступление от правил, от нормы в чём-н. *Поэтические вольности.* **5.** Преимущество, льгота (стар.). *Казацкие вольности.*

ВО́ЛЬНЫЙ, -ая, -ое; -лен, -льна́, -льно, -льны *и* -льны́. **1.** Свободный, независимый. *В. народ. Вольные люди.* **2.** То же, что свободолюбивый (устар.). *Вольные идеи, мысли.* **3.** Свободный, ничем не стеснённый. *Вольная жизнь. В. ветер.* **4.** *полн. ф.* Не ограниченный какими-н. правилами, нормами, законом. *Вольная продажа. По вольным ценам.* **5.** Непринуждённый или слишком непринуждённый, нескромный, нестрогий. *Вольное обращение. Вольные шутки. Вольная интерпретация фактов.* **6.** *полн. ф.* Частный (в отличие от казённого, государственного); штатский (в отличие от военного) (устар.). *На вольной квартире. В вольном платье.* **7.** Совершаемый сознательно, по своей воле (устар.). *Вольные и невольные прегрешения.* **8.** только *кр. ф.* (-лен, -льна́, -льно́), *с неопр.* Имеющий возможность свободно делать что-н. *Волен поступать, как хочет.* **9.** **во́льная**, -ой, *ж.* В старину: документ, с к-рым крепостной отпускался помещиком на волю. *Дать, получить вольную.* **10.** *полн. ф.* В спорте: осуществляемый со значительной свободой в выборе технических приёмов. *Вольная борьба. В. стиль* (в плавании: выбираемый самим пловцом). *Вольные упражнения* (гимнастические упражнения без снарядов). **11.** **во́льно!** Военная команда, отменяющая команду «смирно!», разрешающая стоять в строю свободно. ✦ **Вольному воля** — о том, кто может поступать по своему усмотрению. **Вольные стихи** — разностопные, обычно ямбические стихи. **Вольный город** — самостоятельный город-государство. **Вольный пар, жар, дух** (прост.) — жаркий воздух в печи после прекращения топки. **Вольный перевод** — не буквальный, свободный. **По вольному найму** — о службе гражданских лиц в военном учреждении, организации. ‖ *сущ.* **во́льность**, -и, *ж.* (ко 2, 3 и 5 знач.).

ВОЛЬТ[1], -а, на вольту́, *м.* (спец.). **1.** В манежной езде: крутой круговой поворот. **2.** В фехтовании: уклонение от удара противника.

ВОЛЬТ[2], -а, *род. мн.* во́льтов *и при счёте* преимущ. вольт, *м.* Единица электрического напряжения и электрической силы.

ВОЛЬТА́Ж, -а, *м.* Устарелое название напряжения электрического тока. ‖ *прил.* **вольта́жный**, -ая, -ое.

ВОЛЬТЕ́РОВСКИЙ [тэ], -ая, -ое: **вольтеровское кресло** — большое глубокое кресло с высокой спинкой.

ВОЛЬТИЖИ́РОВАТЬ, -рую, -руешь; *несов.* (спец.). Делать гимнастические упражнения во время езды верхом на лошади, а также выполнять номера цирковой акробатики. ‖ *сущ.* **вольтижиро́вка,** -и, *ж.* ‖ *прил.* **вольтижиро́вочный,** -ая, -ое.

ВОЛЬТМЕ́ТР, -а, *м.* Прибор для измерения электродвижущей силы и напряжения в электрической цепи.

ВОЛЬФРА́М, -а, *м.* Химический элемент, тугоплавкий металл серебристого цвета. ‖ *прил.* **вольфра́мовый,** -ая, -ое. *Вольфрамовая руда.*

ВОЛЮНТАРИ́ЗМ, -а, *м.* **1.** Направление в идеалистической философии, приписывающее божественной или человеческой воле основную роль в развитии природы и общества, отрицающее объективную закономерность и необходимость. **2.** В политике и общественной жизни: субъективистские произвольные решения, игнорирующие объективно существующие условия и закономерности. ‖ *прил.* **волюнтаристи́ческий,** -ая, -ое (к 1 знач.) *и* **волюнтари́стский,** -ая, -ое (ко 2 знач.).

ВО́ЛЯ[1], -и, *ж.* **1.** Способность осуществлять свои желания, поставленные перед собой цели. *Сила воли. Воспитание воли.* **2.** *к чему.* Сознательное стремление к осуществлению чего-н. *В. к победе. Люди доброй воли* (стремящиеся к добру, к миру; высок.). **3.** Пожелание, требование. *В. владыки — закон. Последняя в.* (предсмертная). **4.** Власть, возможность распоряжаться. *Это в твоей воле.* **5.** **во́лею** *кого-чего, в знач. предлога с род. п.* В силу случайных обстоятельств. *Волею случая оказаться на чужбине. Волею судеб. Волею обстоятельств.* ✦ **Воля ваша (твоя)** (разг.) — 1) поступайте, как хотите, как считаете нужным; 2) *вводн. сл.,* выражает утверждение своей точки зрения в противоположность другой. *Воля ваша (твоя), я не согласен.* ‖ *прил.* **волево́й,** -а́я, -о́е (к 4 знач.). *Волевые решения* (принимаемые самолично тем, кто имеет власть).

ВО́ЛЯ[2], -и, *ж.* **1.** Свобода в проявлении чего-н. *Дать волю своему чувству. Взять волю* (почувствовать свободу в своих поступках, начать поступать своевольно). *Рукам воли не давай* (не дерись, убери руки; разг.). **2.** Свободное состояние, не в тюрьме, не взаперти. *Выпустить на волю.* ✦ **На волю, на воле** (устар. и прост.) — на свежий воздух, на свежем воздухе. ‖ *уменьш.-ласк.* **во́люшка,** -и, *ж.* (ко 2 знач.).

ВОН[1] (разг.). **1.** *нареч.* Прочь, долой. *С глаз долой — из сердца в.* (посл.). *Выйти в.* **2.** *частица.* Требование уйти, убраться. *В. отсюда!*

ВОН[2] (разг.). **1.** *мест. нареч.* Указывает на происходящее или находящееся в нек-ром отдалении. *В. он идёт. В. туда иди.* **2.** *частица.* Употр. для подчёркивания количественного признака, меры, степени. *В. ты какой сильный. В. сколько книг.* ✦ **Во́н (оно) что** (разг.) — то же, что вот оно что.

ВО́НА[1] (прост.). **1.** *мест. нареч.* То же, что вон[2] (в 1 знач.). **2.** *частица.* Вот[1] (в 3 знач.), вон[2] (во 2 знач.). *В. чего захотел! В. сколько всего напекла!* **3.** *межд.* Выражение удивления в знач. каково.

ВО́НА[2], -ы, *ж.* Денежная единица в Корее.

ВОНЗИ́ТЬ, -нжу́, -нзи́шь; -зённый (-ён, -ена́); *сов., что в кого-что.* Воткнуть остриём. *В. кинжал в грудь.* ‖ *несов.* **вонза́ть,** -а́ю, -а́ешь.

ВОНЗИ́ТЬСЯ (вонжу́сь, вонзи́шься, 1 и 2 л. не употр.), вонзи́тся; *сов.* Воткнуться остриём. *Иголка вонзилась в палец.* ‖ *несов.* **вонза́ться** (-а́юсь, -а́ешься, 1 и 2 л. не употр.), -а́ется.

ВОНЬ, -и, *ж.* (разг.). Отвратительный запах, зловоние. ‖ *увел.* **вони́ща,** -и, *ж.* (прост.).

ВОНЮ́ЧИЙ, -ая, -ее; -ю́ч (разг.). Издающий вонь.

ВОНЮ́ЧКА, -и, *ж.* **1.** То же, что скунс. **2.** Название различных растений с неприятным запахом (разг.).

ВОНЯ́ТЬ, -я́ю, -я́ешь; *несов.* (прост.). Издавать вонь. ‖ *сов.* **навоня́ть,** -я́ю, -я́ешь.

ВООБРАЖА́ЛА, -ы, *м.* и *ж.* (разг.). Человек, к-рый много воображает о себе, гордец (гордячка).

ВООБРАЖА́ТЬ, -а́ю, -а́ешь; *несов.* **1.** *см.* вообразить. **2.** Быть преувеличенно высокого мнения о самом себе (разг.). *Стал начальником и воображает.* ✦ **Воображать о себе** (разг.) — то же, что воображать (во 2 знач.).

ВООБРАЖЕ́НИЕ, -я, *ср.* **1.** Способность воображать, творчески мыслить, фантазировать; мысленное представление. *Богатое в. Творческое в.* **2.** Домысел, плод фантазии (разг.). *Его доброта — это только твоё в.*

ВООБРАЗИ́ТЬ, -ажу́, -ази́шь; -ажённый (-ён, -ена́); *сов.* **1.** *кого-что.* Представить себе мысленно. *В. картину южной ночи.* **2.** *кого (что) кем-чем и с союзом «что».* Ошибочно предположить, счесть. *Вообразил себя поэтом. Вообразил, что без него не обойтись.* **3.** **вообрази́(те),** *вводн. сл.* Выражает удивление: подумать только (разг.). *Вообрази, он же ещё и спорит.* ‖ *несов.* **вообража́ть,** -а́ю, -а́ешь (к 1 и 2 знач.). *Воображаемая опасность* (мнимая). *Воображаемая линия* (не существующая в действительности).

ВООБЩЕ́, *нареч.* **1.** В общем, в большей части случаев. *В. это верно.* **2.** *нареч.* Всегда, при всяких условиях (разг.). *Этот человек в. необщителен.* **3.** *нареч.* Взяв в целом, в общем, обобщая. *Я говорю о людях в., а не о тебе.* **4.** *вводн. сл. и частица.* Употр. при противопоставлении чего-н. одного, более существенного и бесспорного, другому, сопутствующему (разг.). *Над ним всегда смеются, хотя в. он прав. В. он чудак, но с ним интересно.* ✦ **И вообще** (разг.) — употр. при присоединении предложения (или его части), выражающего мысль, более общую по сравнению с предыдущим. *Он гулял, купался и вообще отдыхал. Ты не спал и вообще нездоров.* **Но вообще (но вообще-то, а вообще, а вообще-то)** — то же, что вообще (в 4 знач.). **Вообще говоря** — то же, что вообще (в 4 знач.).

ВООДУШЕВИ́ТЬ, -влю́, -ви́шь; -влённый (-ён, -ена́); *сов., кого (что).* Вызвать подъём духа у кого-н., побудить к деятельности. *В. людей на подвиг.* ‖ *несов.* **воодушевля́ть,** -я́ю, -я́ешь. ‖ *сущ.* **воодушевле́ние,** -я, *ср.*

ВООДУШЕВИ́ТЬСЯ, -влю́сь, -ви́шься; *сов., чем.* Почувствовать подъём духа от чего-н., вдохновиться, увлечься. *В. новой идеей.* ‖ *несов.* **воодушевля́ться,** -я́юсь, -я́ешься. ‖ *сущ.* **воодушевле́ние,** -я, *ср. Говорить с воодушевлением.*

ВООРУЖЕ́НИЕ, -я, *ср.* **1.** *см.* вооружить, -ся. **2.** Совокупность средств для ведения войны, боя, оружие, техника. *Производство вооружения. Новые виды вооружения. Быть (состоять) на вооружении* (об оружии, к-рым вооружены войска). *Сокращение вооружений. Принять (взять) на вооружение* (также перен.: активно использовать что-н.). **3.** Снаряжение, оснастка (спец.). *Парусное в. судна.*

ВООРУЖЁННОСТЬ, -и, *ж.* **1.** Оснащённость вооружением (во 2 знач.). **2.** *перен.* Оснащённость чем-л., наличие необходимых средств. *Техническая в. промышленности.*

ВООРУЖЁННЫЙ, -ая, -ое; -ён, -ена́. Относящийся к борьбе или нападению с оружием в руках. *Вооружённое восстание. Вооружённое нападение.* ✦ **Вооружённые силы** — все виды сухопутных войск, военно-воздушные силы, военно-морской флот и ракетные войска стратегического назначения, принадлежащие какой-н. стране. **Вооружённый нейтралитет** — невмешательство в войну при полной к ней готовности. **Вооружённым глазом** — с помощью увеличительных оптических приборов.

ВООРУЖИ́ТЬ, -жу́, -жи́шь; -жённый (-ён, -ена́); *сов., кого-что.* **1.** Снабдить средствами для ведения войны, боя (оружием, техникой). *В. армию. В. винтовкой. Вооружённый отряд.* **2.** *перен., чем.* Снабдить средствами для какой-н. деятельности. *В. кого-н. знаниями. В. народное хозяйство современной техникой.* **3.** *перен., кого (что) против кого-чего.* Внушить кому-н. неприязнь, вражду к кому-чему-н. *В. сына против отца.* ‖ *несов.* **вооружа́ть,** -а́ю, -а́ешь. ‖ *сущ.* **вооруже́ние,** -я, *ср.* (к 1 и 2 знач.).

ВООРУЖИ́ТЬСЯ, -жу́сь, -жи́шься; *сов.* **1.** Обеспечить себя средствами для ведения войны, боя (оружием, техникой), для нападения или защиты. **2.** *перен., чем.* Обеспечить себя средствами для какой-н. деятельности. *В. знаниями. В. терпением* (решить быть терпеливым). ‖ *несов.* **вооружа́ться,** -а́юсь, -а́ешься. ‖ *сущ.* **вооруже́ние,** -я, *ср.*

ВОО́ЧИЮ, *нареч.* **1.** Своими глазами. *Убедиться в. в чём-н.* **2.** Вполне наглядно, зримо. *В. представить себе что-н.*

ВО-ПЕ́РВЫХ, *вводн. сл.* Употр. при обозначении первого пункта при перечислении.

ВОПИ́ТЬ, -плю́, -пи́шь; *несов.* (разг.). Громко и протяжно кричать, выть.

ВОПИЮ́ЩИЙ, -ая, -ее (высок.). Вызывающий крайнее возмущение, совершенно недопустимый. *В. обман. Вопиющая несправедливость.*

ВОПИЯ́ТЬ, -ию́, -ие́шь; *несов.* (стар.). Громко взывать; теперь только перен. в выражениях: 1) **камни вопиют** (высок.) — говорится о чём-н. крайне возмутительном; 2) **(дело, положение, факт) вопиет о себе** (высок.) — о чём-н. очевидно возмутительном, недопустимом; 3) **глас вопиющего в пустыне** (книжн.) — безответный призыв, мольба.

ВОПЛОТИ́ТЬ, -ощу́, -оти́шь; -ощённый (-ён, -ена́); *сов., кого-что в ком-чём* (книжн.). Выразить в конкретной, реальной форме. *В. идею в художественном образе.* ✦ **Воплотить в жизнь** *что* (книжн.) — осуществить, выполнить. *Воплотить в жизнь заветы учителя.* ‖ *несов.* **воплоща́ть,** -а́ю, -а́ешь. ‖ *сущ.* **воплоще́ние,** -я, *ср.*

ВОПЛОТИ́ТЬСЯ, -ощу́сь, -оти́шься; *сов., в ком-чём* (книжн.). Получить реальное выражение, осуществиться. ✦ **Воплотиться в жизнь** (книжн.) — осуществиться, реализоваться. *Мечта воплотилась в жизнь.* ‖ *несов.* **воплоща́ться,** -а́юсь, -а́ешься. ‖ *сущ.* **воплоще́ние,** -я, *ср.*

ВОПЛОЩЕ́НИЕ, -я, *ср.* **1.** *см.* воплотить, -ся. **2.** *чего.* Тот (то), в ком (чём) воплотились какие-н. характерные черты, свойства, олицетворение (во 2 знач.). *Этот человек — в. доброты.*

ВОПЛОЩЁННЫЙ, -ая, -ое. Олицетворяющий собою какие-н. качества. *Этот человек — воплощённая честность. Воплощённая добродетель* (обычно ирон.).

ВОПЛЬ, -я, *м.* Громкий и протяжный крик, плач. *В. отчаяния.*

ВОПРЕКИ́ *кому-чему, предлог с дат. п.* Несмотря на что-н., не считаясь с чем-н., наперекор кому-чему-н. *Действовать, поступать в. приказу, желанию, здравому смыслу.* ✦ **Вопреки тому что,** *союз* — несмотря на то, что ожидалось бы, следовало бы. *Вопреки тому что было приказано, отправился один.*

ВОПРО́С, -а, *м.* **1.** Обращение, направленное на получение каких-н. сведений, требующее ответа. *Задать в. В. докладчику. Сказать что-н. в ответ на в.* **2.** То или иное положение, обстоятельство как предмет изучения и суждения, задача, требующая решения, проблема. *Национальный в. Поднять в. В. ребром поставить* (заявить о чём-н. со всей решительностью; разг.). *Оставить в. открытым. Изучить в. Узловые вопросы. В. ясен.* **3.** *чего.* Дело, обстоятельство, касающееся чего-н., зависящее от чего-н. *Положительное решение — в. времени. В. чести. В. жизни и смерти* (крайне важное дело). **4.** Нечто неясное, до конца неизвестное (разг.). *Поедем или нет — это ещё в.* ✦ **Под вопросом** *что* — не решено, не выяснено, вызывает сомнение. *Его командировка под большим вопросом.* **Ставить под вопрос** *что* — считать сомнительным, сомневаться в целесообразности чего-н. *Ставить под вопрос компетентность специалиста.* **Вопрос вопросов** (книжн.) — самая главная проблема. **Вот в чём вопрос** — вот что неясно, что требует размышления, раздумий. *Быть или не быть, вот в чём вопрос* (афоризм). **По вопросу о** *ком-чём, в знач. предлога с предл. п.* (офиц.) — о, относительно, насчёт кого-чего-н. *Советоваться по вопросу о поездке. Совещание по вопросу о выполнении плана.* **Что за вопрос?** (разг.) — ну конечно, да, согласен. **Нет вопросов** (разг.) — всё ясно. ‖ *прил.* **вопросительный**, -ая, -ое (к 1 знач.) *и* **вопро́сный**, -ая, -ое (к 1 знач.; офиц.). *Вопросительная интонация. Вопросительный знак (?). Вопросный лист.*

ВОПРОСИ́ТЕЛЬНЫЙ, -ая, -ое; -лен, -льна. **1.** *см.* вопрос. **2.** Выражающий вопрос (в 1 знач.), недоумение. *В. взгляд.* **3.** *полн. ф.* В грамматике: выражающий вопрос (в 1 знач.), поиск информации. *Вопросительное предложение. Вопросительное местоимение.* ‖ *сущ.* **вопроси́тельность**, -и, *ж.* (ко 2 знач.).

ВОПРОСИ́ТЬ, -ошу́, -оси́шь; *сов.* (устар.). То же, что спросить (в 1 знач.). ‖ *несов.* **вопроша́ть**, -а́ю, -а́ешь. *Вопрошающий взгляд* (недоумённый; книжн.).

ВОПРО́СНИК, -а, *м.* Перечень вопросов (напр. по какому-н. учебному предмету, для собирания каких-н. сведений).

ВОР, -а, *мн.* -ы, -о́в, *м.* **1.** Человек, к-рый ворует, преступник, занимающийся кражами. *Не клади плохо, не вводи вора в грех* (посл.). *Не пойман — не в.* (посл.). *В. у вора́ дубинку украл* (посл. о двух обманщиках, обманывающих друг друга). *Доброму вору всё впору* (посл.: что ни дадут, всё сгодится, за всё спасибо). **2.** В старину: изменник, злодей. *Тушинский в.* (Лжедмитрий II). *Поделом во́ру (вору́) и мука* (посл.). ✦ **Вор в законе** — в среде уголовных преступников: вор-рецидивист, принятый на специальной сходке в привилегированное сообщество, объединяющее главарей воровского мира. ‖ *уменьш.* **вори́шка**, -и, *м.* (к 1 знач.). ‖ *ж.* **воро́вка**, -и (к 1 знач.). ‖ *собир.* **ворьё**, -я́, *ср.* ‖ *прил.* **воровско́й**, -а́я, -о́е. *В. притон.*

ВО́РВАНЬ, -и, *ж.* (устар.). Вытопленный жир морских животных и нек-рых рыб. ‖ *прил.* **во́рванный**, -ая, -ое.

ВОРВА́ТЬСЯ, -ву́сь, -вёшься; -а́лся, -ала́сь, -ало́сь *и* -а́лось; *сов.* С силой, преодолевая препятствия, войти, проникнуть куда-н. *В. в чужой дом. Ветер ворвался в окно.* ‖ *несов.* **врыва́ться**, -а́юсь, -а́ешься.

ВОРКОВА́ТЬ, -ку́ю, -ку́ешь; *несов.* **1.** О голубях: издавать однообразные мягкие гортанные звуки. **2.** *перен.* О влюблённых: нежно разговаривать (разг. шутл.).

ВОРКОТНЯ́, -и́, *ж.* (разг.). Брюзжание, ворчание. *Старушечья в.*

ВОРОБЕ́Й, -бья́, *м.* Маленькая птичка с серо-чёрным оперением. *Домовой, полевой в. Слово не (что, как) в., вылетит — не поймаешь* (посл.). *Старый* или *стреляный в.* (перен.: опытный, бывалый человек; разг. шутл.). ‖ *уменьш.* **воро́бышек**, -шка, *м.* и **воро́бушек**, -шка, *м.* *Дядя достань воробушка* (об очень высоком человеке; разг. шутл.). ‖ *прил.* **воробьи́ный**, -ая, -ое. *С в. нос* или *короче воробьиного носа* (очень маленький). ✦ **Воробьиная ночь** — короткая летняя ночь, а также ночь с непрерывной грозой и зарницами.

ВОРОБЬИ́НЫЕ, -ых (спец.). Широко распространённый отряд птиц, объединяющий более 5 тысяч видов. ✦ **Певчие воробьиные** (спец.) — подотряд птиц, многие из к-рых (самцы) способны к красивому мелодичному пению: соловьи, дрозды, вьюрки, жаворонки, иволги и многие др.

ВОРОБЬИ́ХА, -и, *ж.* (разг.). Самка воробья.

ВОРОВА́ТЫЙ, -ая, -ое; -а́т (разг.). **1.** Нечестный, плутовской. *В. взгляд.* **2.** Опасливый, осторожный (неодобр.). *Вороватая походка.* ‖ *сущ.* **ворова́тость**, -и, *ж.*

ВОРОВА́ТЬ, -ру́ю, -ру́ешь; -о́ванный; *несов., что.* Преступно присваивать, похищать чужое. *В. деньги. Ворованные вещи. Лисица ворует кур.* ‖ *сущ.* **воровство́**, -а́, *ср.*

ВОРОВСКИ́, *нареч.* (разг.). Как свойственно ворам, исподтишка и мошеннически. *Поступать в.*

ВОРОВСКО́Й *см.* вор *и* воровство.

ВОРОВСТВО́, -а́, *ср.* **1.** *см.* воровать. **2.** Занятие вора, воров. *Простота — хуже воровства* (посл.). *Литературное в.* (плагиат). ‖ *прил.* **воровско́й**, -а́я, -о́е.

ВО́РОГ, -а, *м.* (стар. и высок.). То же, что враг. *Лютый в.*

ВОРОЖБА́, -ы́, *ж.* **1.** *см.* ворожить. **2.** Гадание, колдовство. *Заниматься ворожбой.*

ВОРОЖЕ́Я, -и́, *ж.* Гадалка, женщина, занимающаяся ворожбой.

ВОРОЖИ́ТЬ, -жу́, -жи́шь; *несов.* Колдуя, гадать (в 1 знач.). *Знахарка ворожит над наговорной водой.* ✦ **Бабушка ворожит** *кому* (разг. шутл.) — о том, кто удачлив, кому во всём везёт. ‖ *сущ.* **ворожба́**, -ы́, *ж.*

ВО́РОН, -а, *м.* Большая всеядная птица с блестящим чёрным оперением. *Во́роны слетелись на падаль. В. ворону глаз не выклюет* (посл.). *Куда в. костей не заносил* (куда-н. очень далеко, в неизвестное место; разг. неодобр.). ✦ **Чёрный ворон** — в годы сталинских репрессий: закрытый автомобиль для перевозки арестованных. ‖ *собир.* **вороньё**, -я́, *ср.* ‖ *прил.* **во́ронов**, -а, -о *и* **во́роновый**, -ая, -ое. *Цвета воронова крыла* (блестяще-чёрный). *Семейство вороновых* (сущ.).

ВОРО́НА, -ы, *ж.* **1.** Всеядная птица сем. вороновых, серая с чёрным или чёрная. *Белая в.* (о том, кто резко отличается от других, не похож на окружающих). *Ворон считать (ловить)* (перен.: ротозейничать; разг.). *В. в павлиньих перьях* (о том, кто хочет казаться важнее и значительнее, чем он есть на самом деле). **2.** *перен.* Зевака, ротозей (разг.). ‖ *собир.* **вороньё**, -я́, *ср.* (к 1 знач.). ‖ *прил.* **воро́ний**, -ья, -ье (к 1 знач.). *Воронье гнездо.*

ВОРОНЁНОК, -нка, *мн.* -ня́та, -ня́т, *м.* Птенец во́рона или вороны.

ВОРОНЁНЫЙ, -ая, -ое. Покрытый чернью[2]. *Воронёная сталь.*

ВОРО́НИТЬ, -ню, -нишь; *несов.* (прост.). Быть вороной (во 2 знач.), ротозейничать. ‖ *сов.* **проворо́нить**, -ню, -нишь. *П. выгодное дело.*

ВОРОНИ́ТЬ, -ню́, -ни́шь; *несов., что.* То же, что чернить (в 3 знач.). *В. сталь.* ‖ *сущ.* **вороне́ние**, -я, *ср.*

ВОРОНИ́ХА, -и, *ж.* (разг.). Самка во́рона.

ВОРО́НКА, -и, *род. мн.* -нок, *ж.* **1.** Приспособление для переливания жидкостей — конусообразный резервуар с выливной трубкой на дне. *Вставить воронку в горлышко бутылки.* **2.** Яма от взрыва бомбы, снаряда. *Земля изрыта воронками.* ‖ *прил.* **воро́ночный**, -ая, -ое (к 1 знач.).

ВОРОНКООБРА́ЗНЫЙ, -ая, -ое; -зен, -зна. По форме напоминающий воронку (в 1 знач.). ‖ *сущ.* **воронкообра́зность**, -и, *ж.*

ВОРОНО́Й, -а́я, -о́е. О масти животных: чёрный.

ВО́РОТ[1], -а, *м.* **1.** На одежде: вырез вокруг шеи. *Открытый, закрытый в. Прямой в.* (с разрезом посередине). *Косой в.* (с разрезом сбоку). *По́ ворот* или *по во́рот в грязи* (об очень грязном человеке). **2.** То же, что воротник. *Отложной в. Схватить за́ ворот* или *за во́рот. Брань на вороту́ не виснет* (посл.: брань забудется, от неё ничего не останется).

ВО́РОТ[2], -а, *м.* Простейшая грузоподъёмная машина — горизонтальный вал, на который наматывается трос с грузом. ‖ *прил.* **во́ротный**, -ая, -ое.

ВОРО́ТА, -о́т, -о́там и (устар. и прост.) **ВОРОТА́**, -о́т, -ота́м. **1.** Проезд внутрь строения или за ограду, закрываемый широкими створами, а также сами эти створы. *Въехать в в. Закрыть в. Тесовые в. В. шлюза* (регулирующие уровень воды в шлюзе). *У ворот города* (перен.: у самого города; высок.). *От ворот поворот показать (дать) кому-н.* (выпроводить вон, предложить уйти; прост.). *За в. выставить* (прогнать). *Оказаться за воротами* (также перен.: лишиться работы в результате увольнения). *Ни в какие в. не лезет* (о чём-н. несуразном, бессмысленном; разг.). *Пришла беда — отворяй ворота́* (посл. о том, что беда идёт за бедой). **2.** В разных спортивных играх: воткнутая в землю дужка или два столба с перекладиной, заграждение с сеткой — место, куда забрасывают мяч, шайбу, загоняют шар. *Футбольные, хоккейные в. Крокетные в. Удар по воротам. Мяч в воротах.* **3.** Арка, колоннада, сооружённая в память какого-н. события. *Триумфальные в.* ‖ *уменьш.* **воро́тца**, -тец (к 1 знач.). ‖ *прил.* **воро́тный**, -ая, -ое (к 1 и 2 знач.). *Воротные столбы.*

ВОРОТИ́ЛА, -ы, *м.* (разг.). Тот, кто ворочает большими делами, деньгами, делец. *Банковские воротилы.*

ВОРОТИ́ТЬ[1], -очу́, -о́тишь; *сов., кого-что* (прост.). То же, что вернуть. *В. всё сполна. Прошлого не воротишь. Вороти его!*

ВОРОТИ́ТЬ², -очу́, -о́тишь; *несов., что* (прост.). Поворачивать, отворачивать. *Вороти назад, в сторону. В. нос (морду, рыло) от кого-чего-н.* (относиться к кому-чему-н. пренебрежительно; неодобр.). ✦ **С души воротит** — противно думать о чём-н., смотреть на что-н.

ВОРОТИ́ТЬСЯ, -очу́сь, -о́тишься; *сов.* (прост.). То же, что вернуться. *В. домой к вечеру.*

ВОРОТНИ́К, -а́, *м.* Часть одежды, пришиваемая или пристёгиваемая к вороту¹. *Меховой в. Стоячий, отложной в.* ‖ *уменьш.* **воротничо́к**, -чка́, *м. Крахмальный в.* ✦ **Белые воротнички** — обиходное название учрежденческих служащих в нек-рых странах; *прил.* **воротничко́вый**, -ая, -ое. ‖ *прил.* **воротнико́вый**, -ая, -ое.

ВО́РОХ, -а, *мн.* -и, -ов *и* -а́, -о́в, *м.* Куча, груда. *В. тряпья. В. бумаг. Зерно в ворохах* (после обмолота). *Целый в. дел* (перен.: очень много; разг.). ‖ *уменьш.* **ворошо́к**, -шка́, *м.*

ВОРО́ЧАТЬ, -аю, -аешь; *несов.* **1.** *кого-что.* Перевёртывая, шевелить, двигать. *В. камни.* **2.** *чем.* Распоряжаться, управлять (чем-н. большим, важным) (разг.). *В. большими делами. В. миллионами.*

ВОРО́ЧАТЬСЯ, -аюсь, -аешься; *несов.* (разг.). Шевелиться, двигаться, вертясь, перевёртываясь. *Беспокойно в. в постели. В. с боку на́ бок.*

ВОРОШИ́ТЬ, -шу́, -ши́шь; *несов., что.* **1.** Шевелить, переворачивать ворох чего-н. *В. сено.* **2.** *перен.* Вспоминать забытое (о неприятном, тяжёлом). *Незачем в. прошлое.* ‖ *сущ.* **вороше́ние**, -я, *ср.* (к 1 знач.).

ВОРС, -а, *м.* Короткий густой пушок на лицевой стороне нек-рых тканей, трикотажа, а также нек-рых сортов кож. *Сукно с ворсом. Гладить по ворсу, против ворса.* ‖ *прил.* **ворсяно́й**, -а́я, -о́е, **во́рсовый**, -ая, -ое *и* **ворсово́й**, -а́я, -о́е. *Ворсяная поверхность. Ворсовые ткани.*

ВОРСИ́НКА, -и, *ж.* **1.** Ниточка, волосок ворса. **2.** Тончайшее нитевидное образование на поверхности растительных и животных организмов (спец.). **3.** Микроскопический вырост на оболочках нек-рых органов (спец.). *Ворсинки слизистой оболочки кишечника.* ‖ *прил.* **ворси́нковый**, -ая, -ое (ко 2 и 3 знач.).

ВОРСИ́СТЫЙ, -ая, -ое; -и́ст. Покрытый ворсом, ворсинками. *В. трикотаж.* ‖ *сущ.* **ворси́стость**, -и, *ж.*

ВОРСОВА́ТЬ, -су́ю, -су́ешь; -о́ванный; *несов., что* (спец.). Делать ворс на чём-н. *Ворсованные ткани.* ‖ *сов.* **наворсова́ть**, -су́ю, -су́ешь; -о́ванный. ‖ *сущ.* **ворсова́ние**, -я, *ср. и* **ворсо́вка**, -и, *ж.* ‖ *прил.* **ворсова́льный**, -ая, -ое.

ВОРУ́Й-ГОРОДО́К, ворýй-городка́, *м.* (разг.). Жульническое, воровское место.

ВОРЧА́ТЬ, -чу́, -чи́шь; *несов.* **1.** О человеке: сердито бормотать, выражая неудовольствие. *Старик на всех ворчит.* **2.** О животных: издавать короткие, низкие звуки. *Собака зло ворчит.* ‖ *сущ.* **ворча́ние**, -я, *ср.*

ВОРЧЛИ́ВЫЙ, -ая, -ое; -и́в. Склонный ворчать (в 1 знач.), брюзгливый. *Ворчливая старуха. В. тон.* ‖ *сущ.* **ворчли́вость**, -и, *ж.*

ВОРЧУ́Н, -а́, *м.* (разг.). Ворчливый человек. ‖ *ж.* **ворчу́нья**, -и, *род. мн.* -ний.

ВОРЮ́ГА, -и, *м. и ж.* (прост. презр.) То же, что вор (в 1 знач.).

ВОС..., *приставка.* То же, что воз...; пишется вместо «воз» перед глухими согласными, напр. *воскурить, воспрепятствовать, воспарить, воссоздать, воспротивиться.*

ВОСВОЯ́СИ, *нареч.* (разг. и ирон.). Домой, к себе. *Отправился в. Убраться в.*

ВОСЕМНА́ДЦАТЬ, -и, *числит. колич.* Число и количество 18. ‖ *порядк.* **восемна́дцатый**, -ая, -ое.

ВО́СЕМЬ, восьми́, восьмью́ *и* восемью́, *числит. колич.* Число, цифра и количество 8. ‖ *порядк.* **восьмо́й**, -а́я, -о́е.

ВО́СЕМЬДЕСЯТ, восьми́десяти, восьмью́десятью *и* восемью́десятью, *числит. колич.* Число и количество 80. *За в. кому-н.* (больше восьмидесяти лет). *Под в. кому-н.* (скоро будет восемьдесят лет). ‖ *порядк.* **восьмидеся́тый**, -ая, -ое.

ВОСЕМЬСО́Т, восьмисо́т, восьмьюста́ми *и* восемьюста́ми, восьмиста́х, *числит. колич.* Число и количество 800. ‖ *порядк.* **восьмисо́тый**, -ая, -ое.

ВО́СЕМЬЮ, *нареч.* В умножении: восемь раз. *В. три — двадцать четыре.*

ВОСК, -а(-у), *м.* Вещество, вырабатываемое пчёлами и служащее им материалом для постройки сот, а также сходное с ним минеральное или органическое вещество. *Природный в. Животный в. Искусственный в. Мять в. Топить в. Как в. кто-н.* (мягок, податлив). ‖ *прил.* **восково́й**, -а́я, -о́е *и* (*устар.*) **во́щный**, -ая, -ое. *Восковая свеча. Восковое лицо, руки* (перен.: бледно-жёлтые до прозрачности). *Восковая спелость зерна* (спелость, предшествующая полному созреванию). *Вощные остатки мёда.*

ВОСКЛИ́КНУТЬ, -ну, -нешь; *сов.* Произнести что-н. громко, с чувством, выразительно. ‖ *несов.* **восклица́ть**, -а́ю, -а́ешь. ‖ *прил.* **восклица́тельный**, -ая, -ое. *Восклицательная интонация. В. знак* (!).

ВОСКЛИЦА́НИЕ, -я, *ср.* Возглас, выражающий сильное чувство. *Радостное в.*

ВОСКЛИЦА́ТЕЛЬНЫЙ, -ая, -ое. **1.** *см.* воскликнуть. **2. восклицательное предложение** — в грамматике: предложение, произносимое с особой интонацией и выражающее эмоциональное напряжение, эмфазу.

ВОСКО́ВКА, -и, *ж.* (спец.). Вощёная бумага. ‖ *прил.* **воско́вочный**, -ая, -ое.

ВОСКРЕСЕ́НИЕ, -я, *ср.* **1.** *см.* воскреснуть. **2.** В религиозных представлениях: возвращение к жизни Иисуса Христа. *В. Иисуса Христа. Праздник воскресения Христова* (Пасха).

ВОСКРЕСЕ́НЬЕ, -я, *род. мн.* -ний, *ср.* Седьмой день недели, общий день отдыха. ‖ *прил.* **воскре́сный**, -ая, -ое. *В. день.*

ВОСКРЕСИ́ТЬ, -ешу́, -еси́шь; -ешённый (-ён, -ена́); *сов.* **1.** *кого-что.* В религиозных представлениях: вернуть жизнь умершему. *В. праведника.* **2.** *перен., кого* (*что*). Придать силы, бодрости, оживить. *Горный воздух воскресил больного.* **3.** *перен., кого-что.* Восстановить, возродить что-н. утраченное, забытое. *В. в памяти былое.* ‖ *несов.* **воскреша́ть**, -а́ю, -а́ешь. ‖ *сущ.* **воскреше́ние**, -я, *ср.*

ВОСКРЕ́СНИК, -а, *м.* Добровольная коллективная безвозмездная для каждого отдельного участника работа в один из воскресных дней или в другое нерабочее время. *Работать на воскреснике. В. по уборке двора.*

ВОСКРЕ́СНУТЬ, -ну, -нешь; -е́с, -е́сла; *сов.* **1.** В религиозных представлениях: стать вновь живым. *Христос воскресе* (старая форма прош. времени) *из мёртвых. Христос воскресе! — Воистину воскресе!* (обмен поздравлениями на праздник Пасхи). **2.** *перен.* Приобрести новые силы, стать вновь бодрым, ожить. *Больной воскрес на юге.* **3.** *перен.* О чувствах, представлениях: вновь возникнуть с прежней яркостью. *Прошлое воскресло в памяти.* ‖ *несов.* **воскреса́ть**, -а́ю, -а́ешь. ‖ *сущ.* **воскресе́ние**, -я, *ср.* (к 1 и 2 знач.).

ВОСКУРИ́ТЬ, -урю́, -у́ришь *и* -ури́шь; -у́ренный; *сов.*: **воскурить фимиам** *кому* (устар. и ирон.) — льстиво или преувеличенно расхваливать кого-н. ‖ *несов.* **воскуря́ть**, -я́ю, -я́ешь.

ВОСПАЛЕ́НИЕ, -я, *ср.* **1.** *см.* воспалить, -ся. **2.** Болезненный процесс, сопровождающийся болью, жаром, припухлостью и краснотой поражённой ткани. *В. суставов.* ‖ *прил.* **воспали́тельный**, -ая, -ое. *В. процесс.*

ВОСПАЛЁННЫЙ, -ая, -ое; -ён, -ена́. Припухлый, с краснотой, находящийся в состоянии воспаления. *Воспалённые глаза.* ‖ *сущ.* **воспалённость**, -и, *ж.*

ВОСПАЛИ́ТЬ, -лю́, -ли́шь; -лённый (-ён, -ена́); *сов., что* (устар.). Привести в сильное возбуждение. *В. воображение.* ‖ *несов.* **воспаля́ть**, -я́ю, -я́ешь. ‖ *сущ.* **воспале́ние**, -я, *ср.*

ВОСПАЛИ́ТЬСЯ, -лю́сь, -ли́шься; *сов.* **1.** (1 и 2 л. не употр.). Прийти в состояние воспаления. *Горло воспалилось.* **2.** *перен.* Прийти в состояние крайнего возбуждения (устар.). *В. гневом.* ‖ *несов.* **воспаля́ться**, -я́юсь, -я́ешься. ‖ *сущ.* **воспале́ние**, -я, *ср.*

ВОСПАРИ́ТЬ, -рю́, -ри́шь; *сов.* (устар.). Летя, подняться вверх. *В. под облака. В. мыслью* (перен.: задумать что-н. высокое, важное). ‖ *несов.* **воспаря́ть**, -я́ю, -я́ешь.

ВОСПЕ́ТЬ, -пою́, -поёшь; -пе́тый; *сов., кого-что* (высок.). Прославить, восхвалить (обычно в стихах). *В. героев.* ‖ *несов.* **воспева́ть**, -а́ю, -а́ешь.

ВОСПИТА́НИЕ, -я, *ср.* **1.** *см.* воспитать. **2.** Навыки поведения, привитые семьёй, школой, средой и проявляющиеся в общественной жизни. *Хорошее в.*

ВОСПИ́ТАННИК, -а, *м., кого-чего.* Тот, кто воспитан, выучен кем-чем-н. или обучается где-н. *В. Московского университета. В. суворовского училища.* ‖ *ж.* **воспи́танница**, -ы.

ВОСПИ́ТАННЫЙ, -ая, -ое; -ан, -анна. Отличающийся хорошим воспитанием, умеющий хорошо вести себя. *В. ребёнок. В. человек.* ‖ *сущ.* **воспи́танность**, -и, *ж.*

ВОСПИТА́ТЕЛЬ, -я, *м.* **1.** Человек, к-рый воспитывает или воспитал кого-н. **2.** Специалист, занимающийся воспитательной работой. *В. детского сада. В. в интернате.* ‖ *ж.* **воспита́тельница**, -ы. ‖ *прил.* **воспита́тельский**, -ая, -ое.

ВОСПИТА́ТЬ, -а́ю, -а́ешь; -и́танный; *сов.* **1.** *кого* (*что*). Вырастить (ребёнка), воздействуя на духовное и физическое развитие, дав образование, обучив правилам поведения. *В. детей.* **2.** *кого* (*что*). Путём систематического воздействия, влияния сформировать (характер, навыки). *В. специалиста. В. ученика.* **3.** *что в ком.* Привить, внушить что-н. кому-н. *В. в детях любовь к Родине.* ‖ *несов.* **воспи́тывать**, -аю, -аешь. ‖ *сущ.* **воспита́ние**, -я, *ср. В. гражданина. В. подрастающего поколения.* ‖ *прил.* **воспита́тельный**, -ая, -ое. *Воспитательная работа.*

ВОСПЛАМЕНИ́ТЬ, -ню́, -ни́шь; -нённый (-ён, -ена́); *сов.* **1.** *что.* Зажечь, заставить гореть. *В. горючий состав.* **2.** *перен., кого* (*что*). То же, что воодушевить (высок.). *В. слушателей.* ‖ *несов.* **воспламеня́ть**, -я́ю, -я́ешь.

ВОСПЛАМЕНИ́ТЬСЯ, -ню́сь, -ни́шься; *сов.* **1.** Начать гореть, охватиться пламенем.

2. *перен.* То же, что воодушевиться (высок.). *В. любовью к Родине.* ‖ *несов.* **воспламеня́ться, -я́юсь, -я́ешься.**

ВОСПО́ЛНИТЬ, -ню, -нишь; -ненный; *сов., что* (книжн.). Добавить то, чего не хватает, пополнить; возместить. *В. пробелы в знаниях.* ‖ *несов.* **восполня́ть,** -я́ю, -я́ешь.

ВОСПО́ЛЬЗОВАТЬСЯ *см.* пользоваться.

ВОСПОМИНА́НИЕ, -я, *ср.* **1.** Мысленное воспроизведение чего-н. сохранившегося в памяти. *В. детства. Осталось одно в. от чего-н.* (ничего не осталось; шутл.). **2.** *мн.* Записки или рассказы о прошлом. *Литературные воспоминания. Вечер воспоминаний.*

ВОСПОСЛЕ́ДОВАТЬ, -дую, -дуешь; *сов.* (устар.). Последовать после чего-н. *Скоро воспоследовало решение.*

ВОСПРЕПЯ́ТСТВОВАТЬ *см.* препятствовать.

ВОСПРЕТИ́ТЬ, -рещу́, -рети́шь; -рещённый (-ён, -ена́); *сов., что и с неопр.* (офиц.). То же, что запретить. *В. въезд в город. Вход воспрещён.* ‖ *несов.* **воспреща́ть,** -а́ю, -а́ешь.

ВОСПРИЕ́МНИК, -а, *м.* (устар.). У христиан при обряде крещения: человек, принимающий на руки ребёнка из купели, крестный отец. ‖ *ж.* **восприе́мница,** -ы. ‖ *прил.* **восприе́мнический,** -ая, -ое.

ВОСПРИИ́МЧИВЫЙ, -ая, -ое; -ив. Легко воспринимающий что-н. *В. ум. Восприимчив к болезням кто-н.* ‖ *сущ.* **восприи́мчивость,** -и, *ж.*

ВОСПРИНЯ́ТЬ, -иму́, -и́мешь; -и́нял, -иняла́, -и́няло; -иня́вший; -и́нятый (-ят, -ята́, -ято); *сов., что.* **1.** Ощутить, распознать органами чувств. *В. зрительные образы, звуки, запахи, прикосновение.* **2.** Понять и усвоить. *Хорошо в. содержание книги.* ‖ *несов.* **воспринима́ть,** -а́ю, -а́ешь. ‖ *сущ.* **восприя́тие,** -я, *ср.*

ВОСПРИЯ́ТИЕ, -я, *ср.* **1.** *см.* воспринять. **2.** Форма чувственного отражения действительности в сознании, способность обнаруживать, принимать, различать и усваивать явления внешнего мира и формировать их образ. *Законы восприятия.*

ВОСПРОИЗВЕСТИ́, -еду́, -едёшь; -едённый (-ён, -ена́); *сов., что.* **1.** Произвести вновь. *Капитал, воспроизведённый в процессе производства.* **2.** Воссоздать, возобновить, повторить в копии. *В. картину. В. что-н. в памяти.* ‖ *несов.* **воспроизводи́ть,** -ожу́, -о́дишь. ‖ *сущ.* **воспроизведе́ние,** -я, *ср.* и **воспроизво́дство,** -а, *ср.* (к 1 знач.).

ВОСПРОИЗВО́ДСТВО, -а, *ср.* **1.** *см.* воспроизвести. **2.** Непрерывно возобновляющийся в последовательно сменяющихся стадиях процесс общественного производства (спец.). *Простое в.* (возобновляющееся в прежних размерах). *Расширенное в.* (возобновляющееся в возрастающих размерах). ‖ *прил.* **воспроизво́дственный,** -ая, -ое (спец.).

ВОСПРОТИ́ВИТЬСЯ *см.* противиться.

ВОСПРЯ́НУТЬ, -ну, -нешь; -нул, -а; *сов.*: 1) **воспрянуть духом** (книжн.) — прийти в бодрое состояние, оживиться; 2) **воспрянуть ото сна** (устар. высок.) — проснуться.

ВОСПЫЛА́ТЬ, -а́ю, -а́ешь; *сов., чем* (книжн.). Начать пылать (в 3 знач.), предаться какому-н. сильному чувству (в соответствии со знач. существительного). *В. страстью, ненавистью. В. желанием.*

ВОССЕДА́ТЬ, -а́ю, -а́ешь; *несов.* (устар. и ирон.). Важно, торжественно сидеть. *В. на троне. В. на председательском месте.*

ВОССЕ́СТЬ, -ся́ду, -ся́дешь; -се́л, -ла; -ся́дь; -се́вший; -се́в; *сов.* (устар. и ирон.). Важно, торжественно сесть. *В. на престол* (перен.: начать царствовать).

ВОССИЯ́ТЬ, -я́ю, -я́ешь; *сов.* (высок.). Начать сиять (в 1 знач.). *Воссияли звёзды. Воссияла свобода* (перен.).

ВОССЛА́ВИТЬ, -влю, -вишь; -вленный; *сов., кого-что* (высок.). То же, что прославить. *В. свой народ.* ‖ *несов.* **восславля́ть,** -я́ю, -я́ешь.

ВОССОЕДИНИ́ТЬ, -ню́, -ни́шь; -нённый (-ён, -ена́); *сов., что с чем* (высок. и офиц.). Вновь соединить. ‖ *несов.* **воссоединя́ть,** -я́ю, -я́ешь. ‖ *сущ.* **воссоедине́ние,** -я, *ср.*

ВОССОЕДИНИ́ТЬСЯ, -ню́сь, -ни́шься; *сов.* (высок. и офиц.). Вновь соединиться. ‖ *несов.* **воссоединя́ться,** -я́юсь, -я́ешься. ‖ *сущ.* **воссоедине́ние,** -я, *ср.*

ВОССОЗДА́ТЬ, -а́м, -а́шь, -а́ст, -ади́м, -ади́те, -аду́т; -а́л, -ала́, -а́ло; -а́й; -о́зданный (-ан, -ана́ *и* разг. -ана, -ано); *сов., кого-что.* Создать вновь, повторить; возобновить в памяти. *Воссозданные города. В. картину прошлого.* ‖ *несов.* **воссоздава́ть,** -даю́, -даёшь; -дава́й; -дава́я.

ВОССТА́ВИТЬ, -влю, -вишь; -вленный; *сов., что*: **восставить перпендикуляр** — провести перпендикуляр к прямой (или плоскости) из точки, находящейся на ней. ‖ *несов.* **восставля́ть,** -я́ю, -я́ешь.

ВОССТА́НИЕ, -я, *ср.* Массовое вооружённое выступление против существующей власти. *В. декабристов. В. рабов.*

ВОССТАНОВИ́ТЕЛЬ, -я, *м.* **1.** Работник, специалист, ведущий восстановительные работы. *Восстановители городов.* **2.** Вещество, с помощью к-рого производится реакция восстановления. *В. для волос* (средство для восстановления прежнего цвета).

ВОССТАНОВИ́ТЬ, -овлю́, -о́вишь; -о́вленный; *сов.* **1.** *что.* Привести в прежнее состояние. *В. разрушенный город. В. своё здоровье.* **2.** *перен., кого-что.* Вновь представить кого-что-н., воспроизвести. *В. в памяти.* **3.** *кого.* Вернуть в прежнее общественное, служебное положение. *В. в должности. В. в правах. В. на работе.* **4.** *кого (что) против кого-чего.* Враждебно настроить. *В. окружающих против себя.* ‖ *несов.* **восстана́вливать,** -аю, -аешь. ‖ *сущ.* **восстановле́ние,** -я, *ср.* (к 1, 2 и 3 знач.). *Реакция восстановления* (спец.). ‖ *прил.* **восстанови́тельный,** -ая, -ое (к 1 знач.). *Восстановительные работы. В. период. Восстановительная хирургия.*

ВОССТАНОВИ́ТЬСЯ, -овлю́сь, -о́вишься; *сов.* **1.** (1 и 2 л. не употр.). Прийти в прежнее нормальное состояние; возобновиться. *Здоровье восстановилось. Восстановились старые связи, обычаи.* **2.** Вернуть себе прежнее общественное, служебное положение. *В. в правах.* ‖ *несов.* **восстана́вливаться,** -аюсь, -аешься.

ВОССТА́ТЬ, -а́ну, -а́нешь; -а́нь; *сов.* **1.** Подняться для борьбы с кем-н., против чего-н., поднять восстание, бунт. *Восставшие рабы.* **2.** *против кого-чего.* Категорически не соглашаясь, возражая, выступить против кого-чего-н. (высок.). *В. против злоупотреблений.* ✦ **Восстать из руин, из пепла** (высок.) — о разрушенном, сожжённом: возродиться. *Город восстал из руин.* **Восстать ото сна** (устар.) — проснуться и встать. ‖ *несов.* **восстава́ть,** -таю́, -таёшь; -тава́й; -тава́я.

ВОСТО́К, -а, *м.* **1.** Одна из четырёх стран света и направление, противоположное западу; часть горизонта, где восходит солнце. **2.** Местность, лежащая в этом направлении, а также (В прописное) страны, расположенные в этом направлении и противопоставляемые Европе и Америке. *Путешествие на В. Ближний В.* (территория, охватывающая запад Азии и северо-восток африканского континента). *Дальний В.* (территория на востоке Азии, на к-рой расположена восточная часть России, Корея и нек-рые другие страны). ‖ *прил.* **восто́чный,** -ая, -ое. *Восточные религии.*

ВОСТОКОВЕ́Д, -а, *м.* Учёный — специалист по востоковедению.

ВОСТОКОВЕ́ДЕНИЕ, -я, *ср.* Совокупность наук о странах Востока. ‖ *прил.* **востокове́дный,** -ая, -ое *и* **востокове́дческий,** -ая, -ое.

ВОСТО́РГ, -а, *м.* Подъём радостных чувств, восхищение. *Прийти в в. от чего-н.*

ВОСТОРГА́ТЬ, -а́ю, -а́ешь; *несов., кого (что).* Приводить в восторг. *Игра музыканта восторгает слушателей.*

ВОСТОРГА́ТЬСЯ, -а́юсь, -а́ешься; *несов., кем-чем.* Приходить в восторг. *В. красотой природы.*

ВОСТО́РЖЕННЫЙ, -ая, -ое; -жен, -женна. Склонный восторгаться, исполненный восторга. *В. поклонник музыки. Восторженная похвала. Восторженно* (нареч.) *относиться к чему-н.* ‖ *сущ.* **восто́рженность,** -и, *ж.*

ВОСТОРЖЕСТВОВА́ТЬ, -тву́ю, -тву́ешь; *сов., над кем-чем* (высок.). Одержать верх, оказаться победителем. *В. над врагом. Истина восторжествовала.*

ВОСТРЕ́БОВАТЬ, -бую, -буешь; -анный; *сов., что* (офиц.). Потребовать выдачи чего-н. (предназначенного, посланного). *В. груз.* ‖ *сущ.* **востре́бование,** -я, *ср.* ✦ **До востребования** — о почтовом отправлении: адресуемое в отделение связи и там выдаваемое адресату по его требованию. *Письмо, бандероль до востребования.*

ВОСТРО́, *нареч.*: **держать ухо востро** (разг.) — быть настороже, начеку, не ослаблять внимания.

ВОСТРУ́ШКА, -и, *ж.* (разг.). Живая, бойкая девчонка, девушка.

ВОСХВАЛЯ́ТЬ, -я́ю, -я́ешь; *несов., кого-что* (книжн.). Превозносить похвалами. ‖ *сов.* **восхвали́ть,** -лю́, -ли́шь. ‖ *сущ.* **восхвале́ние,** -я, *ср.*

ВОСХИТИ́ТЕЛЬНЫЙ, -ая, -ое; -лен, -льна. Приводящий в восхищение, очаровательный, замечательный. *В. голос. Восхитительно* (нареч.) *петь.* ‖ *сущ.* **восхити́тельность,** -и, *ж.*

ВОСХИТИ́ТЬ, -ищу́, -ити́шь; -ищённый (-ён, -ена́); *сов., кого (что).* Привести в восхищение. ‖ *несов.* **восхища́ть,** -а́ю, -а́ешь.

ВОСХИТИ́ТЬСЯ, -ищу́сь, -ити́шься; *сов., кем-чем.* Прийти в восхищение. ‖ *несов.* **восхища́ться,** -а́юсь, -а́ешься.

ВОСХИЩЕ́НИЕ, -я, *ср.* Высшее удовлетворение, восторг. *Прийти в в. от чего-н. Выразить своё в.*

ВОСХО́Д, -а, *м.* **1.** *см.* взойти. **2.** Время, а также место появления светила над горизонтом. *На восходе солнца* (рано утром). *В. луны.*

ВОСХОДИ́ТЕЛЬ, -я, *м.* То же, что альпинист. ‖ *ж.* **восходи́тельница,** -ы. ‖ *прил.* **восходи́тельский,** -ая, -ое.

ВОСХОДИ́ТЬ, -ожу́, -о́дишь; *несов.* **1.** *см.* взойти. **2.** (1 и 2 л. не употр.). Быть направленным, подниматься вверх. *Клубы дыма восходят к небу.* **3.** *к кому-чему.* Иметь что-н. своим началом, источником. *Многие обычаи восходят к древности.*

ВОСХОДЯ́ЩИЙ, -ая, -ее. Поднимающийся вверх, ввысь. *Восходящая линия. В восходящем направлении. Восходящая величина* (перен.: о том, кто начинает приобретать известность, авторитет).

ВОСЧУ́ВСТВОВАТЬ, -твую, -твуешь; *сов., что* (устар. и ирон.). Почувствовать, ощутить.

ВОСШЕ́СТВИЕ *см.* взойти.

ВОСЬМЕРИ́К, -а́, *м.* **1.** Старинная русская мера (веса, счёта), содержащая восемь каких-н. единиц, а также предмет, содержащий в себе восемь каких-н. единиц. *В. муки* (восемь пудов). *В. свечей.* **2.** Упряжка в восемь лошадей. *Ехать восьмериком.* ‖ *прил.* **восьмерико́вый**, -ая, -ое.

ВОСЬМЕРИ́ЧНЫЙ, -ая, -ое: **«и» восьмеричное** — прежнее название буквы «и» в отличие от «i» десятеричного (в старину обозначавшей число и цифру 8).

ВО́СЬМЕРО, -ы́х, -ы́м, *числит. собир.* **1.** С существительными мужского рода, обозначающими лиц, с личными местоимениями мн. ч. и без зависимого слова: количество восемь. *В. мужчин. В. ребят. Нас в. Ждём восьмерых.* **2.** обычно *им.* и *вин. п.* С существительными, имеющими только мн. ч.: восемь предметов. *В. суток. В. саней. В. щипцов.* **3.** обычно *им.* и *вин. п.* С нек-рыми существительными, обозначающими предметы, существующие или носимые в паре: восемь пар. *В. глаз. В. варежек натянул.* ✦ **За восьмерых** — так, как могут только восьмеро. *Один за восьмерых управляется.*

ВОСЬМЁРКА, -и, *ж.* **1.** Цифра 8, а также (о сходных или однородных предметах) количество восемь (разг.). *Фигурист вычерчивает на льду восьмёрки. В. самолётов. Орнамент восьмёрками* (из комбинации таких цифр). **2.** Название чего-н., содержащего восемь одинаковых единиц. *В. пик* (игральная карта). *Лодка-в.* (распашная лодка с восьмью гребцами). **3.** Название чего-н. (обычно транспортного средства, обозначенного цифрой 8 (разг.). *Сесть на восьмёрку* (т. е. на трамвай, троллейбус, автобус под номером 8). ‖ *уменьш.* **восьмёрочка**, -и *ж.* ‖ *прил.* **восьмёрочный**, -ая, -ое (ко 2 и в нек-рых сочетаниях к 3 знач.).

ВОСЬМИ... *Первая часть сложных слов со знач.*: 1) содержащий восемь каких-н. единиц, состоящий из восьми единиц, напр. *восьмигранник, восьмиугольный, восьмимесячный;* 2) относящийся к восьми, к восьмому, напр. *восьмичасовой* (поезд), *восьмиклассник.*

ВОСЬМИДЕСЯТИЛЕ́ТИЕ, -я, *ср.* **1.** Срок в восемьдесят лет. *Прошло целое в.* **2.** *чего.* Годовщина события, бывшего восемьдесят лет тому назад. *В. основания завода.* **3.** *кого.* Чья-н. восьмидесятая годовщина. *Отмечать чьё-н. в.* (восьмидесятый день рождения). ‖ *прил.* **восьмидесятиле́тний**, -яя, -ее.

ВОСЬМИДЕСЯТИЛЕ́ТНИЙ, -яя, -ее. **1.** *см.* восьмидесятилетие. **2.** Существующий или просуществовавший, проживший восемьдесят лет. *В. старик.*

ВОСЬМИКЛА́ССНИК, -а, *м.* Ученик восьмого класса. ‖ *ж.* **восьмикла́ссница**, -ы.

ВОСЬМИКРА́ТНЫЙ, -ая, -ое. Повторяющийся восемь раз, увеличенный в восемь раз. *Восьмикратное напоминание. В восьмикратном размере. В. чемпион* (восемь раз завоёвывавший это звание).

ВОСЬМИЛЕ́ТИЕ, -я, *ср.* **1.** Срок в восемь лет. **2.** *чего.* Годовщина события, бывшего восемь лет назад. *В. завода* (восемь лет со дня основания). ‖ *прил.* **восьмиле́тний**, -яя, -ее.

ВОСЬМИЛЕ́ТНИЙ, -яя, -ее. **1.** *см.* восьмилетие. **2.** Существующий или просуществовавший, проживший восемь лет. *Восьмилетнее обучение. В. ребёнок.*

ВОСЬМИМЕ́СЯЧНЫЙ, -ая, -ое. **1.** Продолжительностью в восемь месяцев. *Восьмимесячная экспедиция.* **2.** Возрастом в восемь месяцев. *В. щенок.* **3.** О младенце: родившийся недоношенным, через восемь месяцев после зарождения. *Выхаживание восьмимесячных* (сущ.).

ВОСЬМИСОТЛЕ́ТИЕ, -я, *ср.* **1.** Срок в восемьсот лет. **2.** *чего.* Годовщина события, бывшего восемьсот лет тому назад. *В. Москвы* (т. е. восемьсот лет со дня её основания). ‖ *прил.* **восьмисотле́тний**, -яя, -ее.

ВОСЬМИСОТЛЕ́ТНИЙ, -яя, -ее. **1.** *см.* восьмисотлетие. **2.** Существующий или просуществовавший восемьсот лет. *В. храм.*

ВОСЬМИТЫ́СЯЧНИК, -а, *м.* (спец.). Гора высотой в восемь тысяч метров.

ВОСЬМИТЫ́СЯЧНЫЙ, -ая, -ое. **1.** *Числит. порядк.* к восемь тысяч. **2.** Ценою в восемь тысяч. *Восьмитысячная дача.* **3.** Состоящий из восьми тысяч единиц.

ВОСЬМИЧАСОВО́Й, -а́я, -о́е. **1.** Продолжительностью в восемь часов. *В. рабочий день.* **2.** Назначенный на восемь часов. *В. поезд.*

ВОСЬМО́Й, -а́я, -о́е. **1.** *см.* восемь. **2. восьма́я**, -о́й. Получаемый делением на восемь. *Восьмая часть. Одна восьмая* (сущ.).

ВОСЬМУ́ШКА, -и, *ж.* (разг.). Восьмая доля, часть (какого-н. предмета или какой-н. единицы измерения). *В. табаку* (одна восьмая часть фунта). *В. бумажного листа.*

ВОТ. 1. *мест. нареч.* Указывает на происходящее или находящееся в непосредственной близости или (при рассказывании) как бы перед глазами. *В. идёт поезд. В. наш дом. В. здесь пойдём. В. эти книги.* **2.** *мест. нареч.* [*всегда ударное*]. В сочетании с вопросительным местоимением и наречием придаёт им смысл подчёркнутого указания на что-н. в соответствии с их значением. *В. что я тебе скажу. В. какой вопрос. В. в чём вопрос. В. какое дело. В. куда попал.* **3.** *частица.* В сочетании с местоименными словами «какой», «как» и нек-рыми другими выражает высокую степень оценки, удивления. *В. сколько орехов! В. в какую глушь заехали! В. как обрадовался!* **4.** *частица.* Открывая предложение, употр. для выделения того, на чём должно быть сосредоточено внимание, что оценивается как главное, существенное или безусловное. *В. послушайте, что говорят. В. вас-то мне и надо. А, так в. куда ты ходил.* **5.** *частица.* Выражает истинность, отсылает к истинности того, что утверждалось ранее, вот именно (разг.). *Все-таки была игра. — В. А я что говорил! Озяб? В. говорил: надень плащ.* **6.** *частица.* То же, что хорошо (*см.* хороший в 12 знач.) (разг.). *Послушай, что было. Звонит он вечером. В. (ну вот). Оказывается, у него важное дело.* **7.** Употр. в знач. связки при именном сказуемом. *Благополучие всех — в. наша цель.* ✦ **Вот бы** (разг.) — частица со знач. желательности, то же, что хорошо бы. *Вот бы дождичка хорошего!* **Вот ещё!** (разг.). — Выражение отказа, несогласия с чем-н., протеста. **Вот и** — употр. при указании на завершение чего-н., наступление чего-н. желаемого, ожидаемого. *Вот и приехали. Вот и мы. Вот и дождались!* **Вот и всё** — употр. при окончании речи в знач. больше нечего прибавить. **Вот (оно) как!** или **вот (оно) что!** (разг.) — выражение удивления или уяснения. *Не ищи его: он уехал. — Вот оно что!* **Во́т так** (в обязательном сочетании с последующим знаменательным словом) (разг. ирон.) — употр. для выражения общей оценки чего-н. *Вот так игрок! Вот так рушщи! Вот так повеселились!* **Вот та́к!** (разг.) — употр. как указание на то, что разговор закончен и продолжать его бесполезно. **Во́т тебе (вам)!** (разг.) — употр. в знач. получай(те), что заслужил(и) (говорится обычно при нанесении ударов кому-н.). **Вот тебе и** — начинает речь о том, что оказалось не таким, как ожидалось. *Вот тебе и праздник! Вот тебе и повеселились!* **Вот тебе (и) на́! или вот те (и) на́!, вот тебе раз!, вот так та́к!** (разг.) — выражение удивления, недоумения по поводу чего-н. неожиданного. *Я с тобой больше не дружу. — Вот тебе (и) раз! (вот тебе и на́!, во так та́к!).* **Во́т... так** (разг.) — при повторении слов со знач. признака, свойства, характерного действия оформляет предложение со знач. оценки или высокой степени проявления чего-н. *Вот мастер так мастер* (т. е. отличный мастер). *Вот уж пляшет так пляшет!* **И вот**, *союз* — в результате. *Все от него отвернулись, и вот он один.* **И вот почему (оттого, поэтому)**, *союз* — и поэтому, и вследствие этого. *Он устал, и вот почему (оттого, поэтому) раздражён.*

ВОТ-ВОТ (разг.). **1.** *нареч.* В самом скором времени, сейчас. *Он вот-вот придёт. Слабеет, вот-вот умрёт.* **2.** *частица.* Выражает уверенное подтверждение, истинность, вот именно, именно так. *Премии не будет. — Вот-вот, я так и знал.*

ВОТИ́РОВАТЬ, -рую, -руешь; -анный; *сов.* и *несов., что* (спец.). В парламенте: принять (-нимать) голосованием. *В. кредиты.* ‖ *сущ.* **вотиро́вание**, -я, *ср.*

ВОТКНУ́ТЬ, -ну́, -нёшь; во́ткнутый; *сов., что во что.* Заставить войти, вонзить что-н. острое, тонкое. *В. иголку в шитьё. В. кол в землю.* ‖ *несов.* **втыка́ть**, -а́ю, -а́ешь.

ВО́ТУМ, -а, *м.* В государственном праве: решение, принятое голосованием. *В. доверия (недоверия) правительству.*

ВО́ТЧИНА, -ы, *ж.* На Руси до 18 в.: родовое наследственное земельное владение. ‖ *прил.* **во́тчинный**, -ая, -ое.

ВОТЩЕ́, *нареч.* (устар.). Тщетно, напрасно.

ВОТЯКИ́, -о́в, *ед.* -я́к, -а́, *м.* Прежнее название удмуртов. ‖ *ж.* **вотя́чка**, -и. ‖ *прил.* **вотя́цкий**, -ая, -ое.

ВОТЯ́ЦКИЙ, -ая, -ое (устар.). **1.** *см.* вотяки. **2.** То же, что удмуртский (во 2 знач.). *В. язык* (прежнее название удмуртского языка). *В. фольклор. По-вотяцки* (нареч.).

ВОЦАРИ́ТЬСЯ, -рю́сь, -ри́шься; *сов.* **1.** Начать царствовать (устар.). **2.** (1 и 2 л. не употр.). Настать, наступить, распространившись, охватив собою. *Воцарилось молчание. Воцарилась тишина. Воцарился мир, покой, порядок.* ‖ *несов.* **воцаря́ться**, -я́юсь, -я́ешься. ‖ *сущ.* **воцаре́ние**, -я, *ср.*

ВОШЬ, вши, *тв.* во́шью, *мн.* вши, вшей, *ж.* Мелкое бескрылое кровососущее насекомое, паразит на теле животного, человека. ‖ *уменьш.* **во́шка**, -и, *ж.*

ВОЩА́НКА, -и, *ж.* (разг.). Вощёная ткань, бумага.

ВОЩЁНЫЙ, -ая, -ое. Пропитанный или натёртый воском. *Вощёная бумага.*

ВОЩИ́НА, -ы, *ж.* (спец.). **1.** Восковой остов пчелиного сота. *Искусственная в.* **2.** Неочищенный воск. ‖ *прил.* **вощи́нный**, -ая, -ое.

ВОЩИ́ТЬ, -щу́, -щи́шь; -щённый (-ён, -ена́); *несов., что.* Натирать или пропитывать воском. *В. нитку.* || *сов.* **навощи́ть,** -щу́, -щи́шь; -щённый (-ён, -ена́).

ВОЯ́Ж, -а, *м.* (устар. и ирон.). Путешествие, поездка. *Отправиться в в. Увеселительный в.*

ВОЯ́КА, -и, *м.* Испытанный и храбрый воин (устар.) или тот, кто воюет задиристо и незадачливо (разг. ирон.). *Старый в. Горе-вояки.*

ВПАДА́ТЬ, -а́ю, -а́ешь; *несов.* **1.** *см.* впасть. **2.** (1 и 2 л. не употр.), *во что.* О реке, водном потоке: втекать, вливаться. *Нева впадает в Финский залив.* || *сущ.* **впаде́ние,** -я, *ср. У впадения реки Москвы в Оку.*

ВПА́ДИНА, -ы, *ж.* **1.** Ямка, углубление. *Глазная в.* (глазница). **2.** Понижение земной поверхности в пределах суши, на дне океанов и морей. *В. между холмами. Глубоководная в.* || *уменьш.* **впа́динка,** -и, *ж.*

ВПА́ЙКА, -и, *ж.* **1.** *см.* впаять. **2.** Впаянный кусок, предмет. *Металлическая в.*

ВПА́ЛЫЙ, -ая, -ое; впал. Вдавшийся внутрь, ввалившийся. *Впалая грудь.* || *сущ.* **впа́лость,** -и, *ж.*

ВПАСТЬ, впаду́, впадёшь; впа́л, -ла; впа́вший; впав; *сов.* **1.** (1 и 2 л. не употр.). Стать впалым. *Щёки впали.* **2.** *во что.* Прийти в какое-н. (неприятное, тяжёлое) состояние или прийти к чему-н. (неправильному) в поведении, взглядах. *В. в отчаяние, в тоску, в крайность. В. в грех, в ересь. В. в противоречие* (начать противоречить самому себе). || *несов.* **впада́ть,** -а́ю, -а́ешь.

ВПАЯ́ТЬ, -я́ю, -я́ешь; впа́янный; *сов., что во что.* Вделать, паяя. || *несов.* **впа́ивать,** -аю, -аешь. || *сущ.* **впа́йка,** -и, *ж.* || *прил.* **впа́йный,** -ая, -ое *и* **впа́ечный,** -ая, -ое.

ВПЕРВО́Й, *нареч.* (разг.). То же, что впервые (обычно с отриц.). *Ему не в. ехать ночью.*

ВПЕРВЫ́Е, *нареч.* В первый раз. *В. в жизни. В. слышу.*

ВПЕРЕБО́Й, *нареч.* (разг.). То же, что наперебой.

ВПЕРЕВА́ЛКУ, *нареч.* (разг.). Покачиваясь на ходу, вразвалку. *Идти в.* || *уменьш.* **вперева́лочку.**

ВПЕРЕГИ́Б, *нареч.* (разг.). Сильно перегнувшись. *Поклониться в.* (низко, до земли).

ВПЕРЕГОНКИ́ и (разг.) **ВПЕРЕГО́НКИ** и (прост.) **ВПЕРЕГО́НКУ,** *нареч.* То же, что наперегонки. *Бежать в.*

ВПЕРЕДИ́. 1. *нареч.* На каком-н. расстоянии перед кем-чем-н. *Идти в. В. болото.* **2.** *нареч.* В будущем. *У юноши всё в.* **3.** *нареч.* То же, что вперёд (в 4 знач.) (разг.). *Мои часы в.* **4.** *кого-чего, предлог с род. п.* На расстоянии и с передней стороны от кого-чего-н., перед кем-чем-н. *Идти в. всех.*

ВПЕРЕМЕ́ЖКУ, *нареч.* Чередуя или чередуясь, перемежаясь. *Высадить деревья в. с кустами.*

ВПЕРЕМЕ́ШКУ, *нареч.* В смешанном виде, в беспорядке. *Книги лежат в. с тетрадями.*

ВПЕРЕХВА́Т, *нареч.* (прост.). **1.** Перехватывая или обхватывая руками. *Тянуть канат в.* **2.** Наперехват, наперерез. *Бежать в. беглецу.*

ВПЕРЁД, *нареч.* **1.** В направлении перед собой, в направлении поступательного движения. *Идти в. по дороге. В., к победе! Двигать науку в.* (перен.). *Большой шаг в.* (перен.: большой успех в чем-н.). *Пропустить кого-н. в. себя* (перед собой). **2.** Впредь, на будущее время (разг.). *В. будьте осторожнее.* **3.** За счёт будущего, авансом. *Заплатить в.* **4.** О часах: спешат (разг.). *Эти часы в. Будильник в. на десять минут.* **5.** Сначала, раньше, сперва (прост.). *В. подумай, а потом говори.*

ВПЕРЁДСМОТРЯ́ЩИЙ, -его, *м.* (спец.). Матрос, назначенный для наблюдения за обстановкой во время плавания.

ВПЕРИ́ТЬ, -рю́, -ри́шь; -рённый (-ён, -ена́); *сов.*: **вперить взор, взгляд** *в кого-что* или *на кого-что* (устар. высок.) — устремить взгляд. || *несов.* **вперя́ть,** -я́ю, -я́ешь.

ВПЕРИ́ТЬСЯ (-рю́сь, -ри́шься, 1 и 2 л. не употр.), -ри́тся; *сов., в кого-что* (устар.). О глазах, взгляде: устремившись, остановиться на ком-чём-н.

ВПЕЧАТЛЕ́НИЕ, -я, *ср.* **1.** След, оставленный в сознании, в душе чем-н. пережитым, воспринятым. *Впечатления детства. Дорожные впечатления.* **2.** Влияние, воздействие. *Находиться под впечатлением разговора.* **3.** Мнение, оценка, сложившиеся после знакомства, соприкосновения с кем-чем-н. *Делиться впечатлениями с кем-н. Произвести благоприятное в. на кого-н.* ✦ **Такое впечатление, что (будто)...** — кажется, как будто бы... *Такое впечатление, что идёт дождь.*

ВПЕЧАТЛИ́ТЕЛЬНЫЙ, -ая, -ое; -лен, -льна. Легко поддающийся впечатлениям, чуткий. *В. юноша.* || *сущ.* **впечатли́тельность,** -и, *ж.*

ВПЕЧАТЛЯ́ТЬ, -я́ю, -я́ешь; *несов.* Производить большое впечатление. *Эта картина впечатляет. Впечатляющее зрелище.*

ВПИВА́ТЬ, -а́ю, -а́ешь; *несов., что* (высок.). Вбирать в себя, запечатлевать в сознании. *Жадно в. (в. в себя) всё новое.*

ВПИВА́ТЬСЯ *см.* впиться.

ВПИСА́ТЬ, -ишу́, -и́шешь; -и́санный; *сов.* **1.** *кого-что во что.* Написав, внести, включить куда-н. *В. цитату в текст. В. фамилию в список. В. славную страницу в историю* (перен.; высок.). **2.** *что.* В математике: начертить одну фигуру внутри другой с соблюдением определённых условий. *В. треугольник в окружность. Вписанный многоугольник.* || *несов.* **впи́сывать,** -аю, -аешь.

ВПИСА́ТЬСЯ, -ишу́сь, -и́шешься; *сов., во что.* Гармонировать с окружающей обстановкой. *Новое здание вписалось в архитектурный ансамбль. В. в уклад семьи.* || *несов.* **впи́сываться,** -аюсь, -аешься.

ВПИТА́ТЬ, -а́ю, -а́ешь; -анный; *сов., что.* **1.** Вобрать в себя (жидкое, влагу). *Повязка впитала кровь.* **2.** *перен.* Восприняв, усвоить. *В. новые впечатления.* || *несов.* **впи́тывать,** -аю, -аешь.

ВПИТА́ТЬСЯ (-а́юсь, -а́ешься, 1 и 2 л. не употр.), -а́ется; *сов.* О жидком, влаге: вобраться, всосаться. *Влага впиталась в почву.* || *несов.* **впи́тываться** (-аюсь, -аешься, 1 и 2 л. не употр.), -ается.

ВПИ́ТЬСЯ, вопью́сь, вопьёшься; впи́лся *и* впился́, -ла́сь, -ло́сь *и* -лось; впе́йся; *сов., в кого-что.* Крепко, глубоко проникнуть, вонзиться во что-н. *Пиявка впилась в тело. В. зубами. В. в новую книгу* (перен.: увлечься чтением). *В. глазами в кого-н.* (перен.: пристально, не отрываясь, начать смотреть на кого-н.). || *несов.* **впива́ться,** -а́юсь, -а́ешься.

ВПИХНУ́ТЬ, -ну́, -нёшь; -нутый; *сов., кого-что во что* (разг.). Втолкнуть, всунуть. || *несов.* **впи́хивать,** -аю, -аешь.

ВПЛАВЬ, *нареч.* Плывя по воде (о человеке, животном). *Переправиться в.*

ВПЛЕСТИ́, -лету́, -летёшь; -ёл, -ела́; -лётший; -летённый (-ён, -ена́); -летя́; *сов., что во что.* Плетя, поместить внутрь. *В. ленту в косу.* || *несов.* **вплета́ть,** -а́ю, -а́ешь.

ВПЛОТНУ́Ю, *нареч.* Очень плотно, близко. *Шкаф встал в. Заняться работой в.* (перен.; разг.). ✦ **Вплотную к кому-чему,** *предлог с дат. п.* — на ближайшем расстоянии, не оставляя промежутка. *Пароход подошёл вплотную к пристани. Встать вплотную друг к другу.* **Вплотную с кем-чем,** *предлог с тв. п.* — то же, что вплотную к кому-чему.

ВПЛОТЬ: вплоть до *кого-чего, предлог с род. п.* — 1) продолжая(сь) непосредственно до чего-н., до какого-н. предела. *Дотянуть кабель вплоть до посёлка. Ждать вплоть до самого вечера;* 2) не исключая даже кого-что-н. *Снял всё, вплоть до рубахи. Собрались все, вплоть до детей;* **вплоть к** *кому-чему, предлог с дат. п.* — то же, что вплотную к кому-чему.

ВПЛЫТЬ, -ыву́, -ывёшь; вплыл, -ыла́, -ы́ло; *сов., во что.* Заплыть внутрь. *В. в залив.* || *несов.* **вплыва́ть,** -а́ю, -а́ешь.

ВПОВА́ЛКУ, *нареч.* (разг.). Улёгшись, повалившись рядом (о многих). *Спать в. на полу.*

ВПОЛГЛА́ЗА, *нареч.* (разг.). **1.** С глаголами «наблюдать», «смотреть», «глядеть», «видеть», «взглянуть»: менее внимательно, чем можно было бы. **2.** С глаголами «спать», «дремать»: находясь в полусне, в полудрёме.

ВПОЛГО́ЛОСА, *нареч.* Не полным голосом, тихо. *Напевать в.*

ВПОЛЗТИ́, -зу́, -зёшь; вполз, -ла́; *сов.* Вместиться, забраться куда-н. ползком. *В. в щель.* || *несов.* **вполза́ть,** -а́ю, -а́ешь.

ВПОЛНАКА́ЛА, *нареч.* Не до полного нагревания, свечения. *Лампочка горит в.*

ВПОЛНЕ́, *нареч.* Совершенно, полностью. *В. доволен.*

ВПОЛОБОРО́ТА, *нареч.* Обернувшись наполовину. *Стоять в.*

ВПОЛОВИ́НУ, *нареч.* (устар.). То же, что наполовину.

ВПОЛСИ́ЛЫ, *нареч.* (разг.). Не в полную силу, слабее, чем можно было бы. *Работать в.*

ВПОЛУ́ХА, *нареч.* (разг.). С глаголами «слушать», «слышать»: менее внимательно, чем можно было бы; недостаточно хорошо. *Слушать в.*

ВПОПА́Д, *нареч.* (разг.). Кстати, уместно. *Сказать что-н. в.*

ВПОПЫХА́Х, *нареч.* Очень торопясь, во время спешки. *В. забыть ключи.*

ВПО́РУ, *в знач. сказ., кому* (разг.). **1.** Об одежде: как раз, по мерке, годится. *Сапоги мне в.* **2.** *с неопр.* Только и, остается лишь. *В. расплакаться.*

ВПОРХНУ́ТЬ, -ну́, -нёшь; *сов.* **1.** Порхая, влететь. *Воробей впорхнул в окно.* **2.** *перен.* Вбежать легко и быстро. *Девочка впорхнула в комнату.*

ВПОСЛЕ́ДСТВИИ, *нареч.* Потом, после.

ВПОТЬМА́Х, *нареч.* В потёмках, в темноте. *Сидеть в.*

ВПРА́ВДУ, *нареч.* (прост.). В самом деле, действительно. *В. так.* ✦ **И вправду** — то же, что вправду. *Я и вправду этого не знал.*

ВПРА́ВЕ, *в знач. сказ., с неопр.* Имеет право. *Он не в. так поступать.*

ВПРА́ВИТЬ, -влю, -вишь; -вленный; *сов., что.* Ввести, вставить на своё место (сместившееся, вывихнутое). *В. сустав. В. мозги кому-н.* (перен.: заставить одуматься, образумиться; разг.). || *несов.* **вправля́ть,** -я́ю, -я́ешь. || *сущ.* **вправле́ние,** -я, *ср. и* **впра́вка,** -и, *ж.*

ВПРА́ВО, *нареч.* В правую сторону, в правой стороне. *Повернуть в. В. от дома.*

ВПРЕДЬ, *нареч.* На будущее время, в будущем. *В. будь внимательней.* ✦ **Впредь до** *чего, предлог с род. п.* (книжн.) — от настоящего времени до какого-н. определённого момента в будущем. *Отложить вопрос впредь до выяснения.*

ВПРИГЛЯ́ДКУ, *нареч.* (разг. шутл.). О питье чая: без сахара, только глядя на сахар. *Пить чай в.*

ВПРИКУ́СКУ, *нареч.* О питье чая: откусывая по кусочкам сахар (в отличие от «внакладку»). *Пить чай в.*

ВПРИПРЫ́ЖКУ, *нареч.* То же, что подпрыгивая. *Бежать в.*

ВПРИСКО́ЧКУ, *нареч.* (разг.). Подскакивая, подпрыгивая. *Плясать в.*

ВПРИСЯ́ДКУ, *нареч.* О пляске: приседая с попеременным выбрасыванием ног. *Пуститься в.*

ВПРИТИ́РКУ, *нареч.* (разг.). Плотно соприкасаясь, вплотную.

ВПРИТЫ́К, *нареч.* (разг.). Плотно примыкая, вплотную. *Сарай стоит в. к дому.*

ВПРИЩУ́Р, *нареч.* (разг.). То же, что прищурившись.

ВПРО́ГОЛОДЬ, *нареч.* (разг.). Питаясь не досыта, испытывая голод. *Жили в.*

ВПРОК (разг.). **1.** *нареч.* Про запас. *Заготовить овощи в.* **2.** *в знач. сказ., кому.* На пользу. *Ученье лентяю не в.*

ВПРОСА́К: попасть(ся) впросак (разг.) — по своей оплошности очутиться в невыгодном, неприятном, смешном положении.

ВПРОСО́НКАХ, *нареч.* (разг.). То же, что спросонья.

ВПРО́ЧЕМ. 1. *союз.* Присоединяет предложение (или его часть), ограничивая смысл предшествующего, в знач. однако, но, хотя и. *Пособие хорошее, в. не во всех частях.* **2.** *вводн. сл.* Выражает нерешительность, колебание, переход к другой мысли. *Я, в., не знаю, решай сам.*

ВПРЫ́ГНУТЬ, -ну, -нешь; *сов.* Прыгнуть внутрь чего-н. *В. через окно.* ‖ *несов.* **впрыгивать**, -аю, -аешь.

ВПРЫ́СНУТЬ, -ну, -нешь; -утый; *сов., что.* Впустить под кожу (шприцем). *В. больному лекарство.* ‖ *несов.* **впры́скивать**, -аю, -аешь. ‖ *сущ.* **впры́скивание**, -я, *ср.*

ВПРЯМУ́Ю, *нареч.* (разг.). Напрямик (во 2 знач.), без обиняков.

ВПРЯМЬ (прост. и обл.). **1.** *нареч.* Действительно, в самом деле, вправду. *Ты в. болен.* **2.** *частица.* Выражает уверенность: так и есть, на самом деле. *В. с ума сошёл.* ✦ **И впрямь** — то же, что впрямь. *И впрямь пора отдохнуть. Уже утро. — И впрямь светает.*

ВПРЯЧЬ, -ягу́, -яжёшь, -ягу́т; -я́г, -ла́; -я́гший; -яжённый (-ён, -ена́); -я́гши; *сов., кого (что) во что.* Запрячь (животное) в повозку. *В. лошадь в телегу.* ‖ *несов.* **впряга́ть**, -а́ю, -а́ешь. ‖ *возвр.* **впря́чься**, -ягу́сь, -яжёшься, -ягу́тся; -я́гся, -ягла́сь; *сов. В. в работу* (перен.: приняться за длительную, трудную работу; разг.); *несов.* **впряга́ться**, -а́юсь, -а́ешься.

ВПУСТИ́ТЬ, впущу́, впу́стишь; впу́щенный; *сов.* **1.** *кого (что).* Дать доступ куда-н. *В. публику в зал.* **2.** *что.* Дать возможность проникнуть куда-н. *В. пар в трубы. В. капли в нос.* ‖ *несов.* **впуска́ть**, -а́ю, -а́ешь. ‖ *сущ.* **впуск**, -а, *м.* и **впуска́ние**, -я, *ср.* ‖ *прил.* **впускно́й**, -а́я, -о́е (спец.). *В. клапан.*

ВПУСТУ́Ю, *нареч.* (разг.). Ничего не достигая, зря. *Стараться в.*

ВПУ́ТАТЬ, -СЯ *см.* путать, -ся.

ВПУ́ТЫВАТЬ, -аю, -аешь; *несов., кого (что)* (разг. неодобр.). То же, что путать (в 4 знач.).

ВПУ́ТЫВАТЬСЯ, -аюсь, -аешься; *несов., во что* (разг. неодобр.). То же, что путаться (в 4 знач.).

ВПЯ́ТЕРО, *нареч.* В пять раз. *В. больше.*

ВПЯТЕРО́М, *нареч.* В количестве пяти человек. *Играть в.*

В-ПЯ́ТЫХ, *вводн. сл.* Употр. при обозначении пятого пункта при перечислении.

ВРАГ, -а́, *м.* **1.** Человек, к-рый находится в состоянии вражды с кем-н., противник. *Заклятый в. Язык мой — в. мой* (посл. о том, как вредно говорить лишнее). **2.** Военный противник, неприятель. *В. разбит.* **3.** *чего.* Принципиальный противник чего-н. *В. курения.* ✦ **Лучшее — враг хорошего** — афоризм: стремление к лучшему может привести к утрате того хорошего, что уже есть. ‖ *прил.* **вра́жеский**, -ая, -ое (к 1 и 2 знач.) и **вра́жий**, -ья, -ье (к 1 и 2 знач.; устар. и высок.). *Вражеский стан. Вражья сила.*

ВРАЖДА́, -ы́, *ж.* Отношения и действия, проникнутые неприязнью, ненавистью. *Непримиримая в. Питать вражду к кому-н.*

ВРАЖДЕ́БНЫЙ, -ая, -ое; -бен, -бна. **1.** Крайне неприязненный, полный вражды, ненависти. *Враждебные отношения. В. взгляд.* **2.** Вражеский, неприятельский. *Враждебная сторона.* ‖ *сущ.* **вражде́бность**, -и, *ж.* (к 1 знач.).

ВРАЖДОВА́ТЬ, -ду́ю, -ду́ешь; *несов.* **1.** *с кем-чем.* Находиться в отношениях напряжённой неприязни или войны. *В. с пограничной страной. В. друг с другом. Враждующие партии, группировки. Холодная война между враждующими государствами.* **2.** Находиться в состоянии давней ссоры, вражды. *В. с соседями из-за земли. Сначала поругивались, ссорились, теперь по-настоящему враждуют. Враждующие между собой семьи. Враждующие племена, кланы.*

ВРАЗ, *нареч.* (прост.). **1.** Все вместе, разом, одновременно. *Пушки ударили в.* **2.** То же, что сразу (в 1 и 2 знач.). *В. кончили работу. В. понял.*

ВРАЗБИ́ВКУ, *нареч.* (разг.). Не подряд, не по порядку. *Спрашивать урок в.*

ВРАЗБРО́Д, *нареч.* Не дружно, разрозненно. *Действовать в.*

ВРАЗБРО́С, *нареч.* (разг.). Порознь, в разбросанном виде. *Книги лежат в.*

ВРАЗВА́ЛКУ, *нареч.* О походке: переваливаясь, покачиваясь на ходу. *Идти в.*

ВРАЗНОБО́Й, *нареч.* Порознь, несогласованно. *Действовать в.*

ВРАЗНО́С, *нареч.* Разнося товары по улицам, дворам. *Торговля в.*

ВРАЗНОТЫ́К, *нареч.* (прост.). Без всякого порядка, вразнобой, противореча друг другу.

ВРАЗРЕ́З: вразрез с *чем, в знач. предлога с тв. п.* — в противоречии с чем-н., не согласуясь с чем-н. *Действовать вразрез с инструкцией.*

ВРАЗРЯ́ДКУ, *нареч.* (спец.). Разрядкой, с редкой постановкой букв. *Набрать слово в.*

ВРАЗУМИ́ТЕЛЬНЫЙ, -ая, -ое; -лен, -льна. Понятный, ясно и убедительно изложенный. *В. ответ.* ‖ *сущ.* **вразуми́тельность**, -и, *ж.*

ВРАЗУМИ́ТЬ, -млю́, -ми́шь; -млённый (-ён, -ена́); *сов., кого (что).* Убедить, наставить. *В. шалуна.* ‖ *несов.* **вразумля́ть**, -я́ю, -я́ешь.

ВРА́КИ, врак, вра́кам (разг.). Вздор, ложь.

ВРАЛЬ, -я́, *м.* (разг.). Лжец, лгун, врун.

ВРАНЬЁ, -я́, *ср.* (разг.). **1.** *см.* врать. **2.** Ложь, вздор, выдумка. *Его рассказы — сплошное в.*

ВРАСКА́ЧКУ, *нареч.* (разг.). Покачиваясь на ходу. *Идти в.*

ВРАСПЛО́Х, *нареч.* Неожиданно, внезапно. *Напасть в.*

ВРАССЫПНУ́Ю, *нареч.* В разные стороны (о разбегающихся). *Побежать, броситься в.*

ВРАСТИ́ (-ту́, -тёшь, 1 и 2 л. не употр.), -тёт; врос, -ла́; вро́сший; вро́сши; *сов., во что.* Войти внутрь чего-н., вырастая. *Черенок врос в лозу. В. в землю* (перен.: сильно осесть, напр. о камне). ‖ *несов.* **враста́ть** (-а́ю, -а́ешь, 1 и 2 л. не употр.), -а́ет. ‖ *сущ.* **враста́ние**, -я, *ср.*

ВРАСТЯ́ЖКУ, *нареч.* (разг.). **1.** Растянувшись всем телом. *Упасть в.* **2.** Растягивая слова, замедляя речь. *Говорить в.*

ВРАТА́, врат (устар.). То же, что ворота (в 1 и 3 знач.). ✦ **Царские врата** — средние двери в церковном иконостасе, ведущие в алтарь.

ВРАТА́РЬ, -я́, *м.* В футболе, хоккее и нек-рых других командных играх: игрок, защищающий ворота, голкипер. ‖ *прил.* **вратарский**, -ая, -ое.

ВРАТЬ, вру, врёшь; врал, -ла́, -а́ло; *несов.* (разг.). **1.** Лгать, говорить неправду. *Врёт и не краснеет* (бессовестно лжёт). *Ври, ври, да не завирайся* (разг. шутл.). **2.** Действовать неправильно, неверно; фальшивить. *Часы врут. В. в пении.* **3.** Болтать, говорить вздор (устар.). *В. без умолку.* **4. врёшь (врёте)!** Выражение несогласия, протеста, а также уверенности в своей правоте, в превосходстве (прост.). *Опять мне за других работать, ну врёшь! Врёшь, от меня не убежишь!* ‖ *сов.* **навра́ть**, -ру́, -рёшь; на́вранный (к 1 и 2 знач.) и **совра́ть**, -ру́, -рёшь; со́вранный (к 1 и 2 знач.). *Не даст соврать кто-н.* (т. е. подтвердит, что я прав; разг.). ‖ *сущ.* **враньё**, -я́, *ср.*

ВРАЧ, -а́, *м.* Специалист с высшим медицинским образованием. *В.-терапевт. В.-эпидемиолог. В.-рентгенолог. В.-хирург. Санитарный в.* (осуществляющий санитарный надзор). *«Врачи без границ»* (международная организация). ✦ **Врачу** (зват. п.), **исцелися сам!** (книжн.) — о человеке, не видящем в себе тех недостатков, к-рые он осуждает в других. ‖ *ж.* **врачи́ха**, -и (прост.).

ВРАЧЕ́БНЫЙ, -ая, -ое. Относящийся к деятельности врача, к лечению больных. *Врачебная помощь. Врачебная экспертиза.*

ВРАЧЕВА́ТЬ, -чу́ю, -чу́ешь; *несов., кого-что* (устар.). Лечить, исцелять. *В. недуги.* ‖ *сов.* **уврачева́ть**, -чу́ю, -чу́ешь.

ВРАЩА́ТЬ, -а́ю, -а́ешь; *несов., что* и *чем.* Заставлять двигаться по окружности, вертеть. *В. колесо. В. глазами* (напряжённо двигать глазами). ‖ *сущ.* **враще́ние**, -я, *ср.* ‖ *прил.* **враща́тельный**, -ая, -ое.

ВРАЩА́ТЬСЯ, -а́юсь, -а́ешься; *несов.* **1.** То же, что вертеться (в 1 знач.). *Земля вращается вокруг своей оси.* **2.** Постоянно, часто бывать в какой-н. среде или в обществе каких-н. людей. *В. в учёных кругах. В. среди молодёжи.* ‖ *сущ.* **враще́ние**, -я, *ср.* ‖ *прил.* **враща́тельный**, -ая, -ое (к 1 знач.). *Вращательные движения.*

ВРЕД, -а́, *м.* Ущерб, порча. *Причинить в. В. здоровью. Ни вреда ни пользы от кого-чего-н.* (совершенно бесполезен; разг.). ✦ **Во вред** *кому-чему, в знач. предлога с дат. п.* — нанося ущерб, вредя. *Действовать во вред делу. Во вред себе.*

ВРЕДИ́ТЕЛЬ, -я, *м.* **1.** Насекомое, причиняющее вред растениям. *Вредители злаков.* **2.** Человек, с преступной целью наносящий вред, зло государству (устар.), а также вообще тот, кто сознательно причиняет вред какому-н. начинанию. ‖ *прил.* **вреди́тельский**, -ая, -ое (ко 2 знач.).

ВРЕДИ́ТЕЛЬСТВО, -а, *ср.* Вредительский поступок, вредительская деятельность.

ВРЕДИ́ТЬ, -ежу́, -еди́шь; *несов., кому-чему.* **1.** Причинять ущерб, порчу, вред. *Сорняки вредят посевам. Курение вредит здоровью.* **2.** Тайно причинять вред с преступной целью, заниматься вредительством. *В. на транспорте. В. государству.* ‖ *сов.* **навреди́ть**, -ежу́, -еди́шь. ✦ **Не навреди! — совет: стараясь помочь, не принеси вреда, не сделай хуже.**

ВРЕ́ДНИЧАТЬ, -аю, -аешь; *несов.* (прост.). Вести себя неприязненно, недоброжелательно, стараясь обидеть, поддеть², навредить.

ВРЕ́ДНОСТЬ, -и, *ж.* **1.** *см.* вредный. **2.** Вредные для здоровья условия производства (офиц.). *Надбавки за в.*

ВРЕ́ДНЫЙ, -ая, -ое; -ден, -дна́, -дно, -дны *и* -дны́. **1.** Причиняющий вред, опасный. *В. для здоровья. Курить вредно* (в знач. сказ.). *Вредное производство. Вредная теория.* **2.** *полн. ф.* Недоброжелательный, неприязненно настроенный (прост.). *В. парень.* ‖ *сущ.* **вре́дность**, -и, *ж.*

ВРЕДОНО́СНЫЙ, -ая, -ое; -сен, -сна (книжн.). Крайне вредный, наносящий вред. *Вредоносные действия.* ‖ *сущ.* **вредоно́сность**, -и, *ж.*

ВРЕ́ЗАТЬ, вре́жу, вре́жешь; вре́занный; *сов.* **1.** *что во что.* Вставить в вырезанное место. *В. замок в дверь.* **2.** *кому.* Сильно ударить, а также сказать прямо и резко (прост.). *В. по уху.* ‖ *несов.* **вреза́ть**, -а́ю, -а́ешь. ‖ *сущ.* **вреза́ние**, -я, *ср.* (к 1 знач.) *и* **вре́зка**, -и, *ж.* (к 1 знач.).

ВРЕ́ЗАТЬСЯ, вре́жусь, вре́жешься; *сов.* **1.** *во что.* Воткнуться, вклиниться во что-н. чем-н. узким, острым. *Лодка врезалась в песок. Отмель врезалась в море.* **2.** *перен., во что.* Ворваться стремительным движением внутрь чего-н. *Конница врезалась в неприятельские ряды.* **3.** *перен., во что.* Запечатлеться сильно и сразу. *В. в память, в сознание.* **4.** *перен., в кого.* То же, что влюбиться (прост.). *В. по́ уши.* ‖ *несов.* **вреза́ться**, -а́юсь, -а́ешься (к 1, 2 и 3 знач.).

ВРЕМЕНА́МИ, *нареч.* (разг.). То же, что иногда. *В. шёл дождь.*

ВРЕМЕННИ́К, -а́, *м.* Название нек-рых периодических изданий.

ВРЕМЕННО́Й *см.* время.

ВРЕ́МЕННЫЙ, -ая, -ое; -менен, -менна (кр. ф. только с неодуш.). Непостоянный, бывающий или действующий в течение нек-рого времени. *Временное явление. В. работник. Эти трудности временны.* ‖ *сущ.* **вре́менность**, -и, *ж.*

ВРЕМЕНЩИ́К, -а́, *м.* (устар.). Человек, получивший высокое положение по воле стоящего у власти покровителя. *Всесильный в.* ‖ *прил.* **временщи́цкий**, -ая, -ое.

ВРЕ́МЯ, -мени, *мн.* -мена́, -мён, -мена́м, *ср.* **1.** Одна из форм (наряду с пространством) существования бесконечно развивающейся материи — последовательная смена её явлений и состояний. *Вне времени и пространства нет движения материи.* **2.** Продолжительность, длительность чего-н., измеряемая секундами, минутами, часами. *Сколько времени* (который час?). **3.** Промежуток той или иной длительности, в к-рый совершается что-н., последовательная смена часов, дней, лет. *Отрезок времени. Хорошо провести в. В. не ждёт* (надо торопиться). *В. терпит* (еще можно ждать). *В. покажет* (будет видно в будущем). *В. работает на нас. Продолжительное в. На короткое в. Выиграть в.* **4.** Определённый момент, в который происходит что-н. *Назначить в. заседания. В. обеда. В любое в. дня.* **5.** (мн. в одном знач. с ед.). Период, эпоха. *Во время (времена) Петра I. Суровое время (суровые времена). С незапамятного времени (с незапамятных времён). Во все времена* (всегда). *На все времена* (навсегда). **6.** Пора дня, года. *Вечернее в. В. детское* (взрослым ещё рано ложиться спать; разг.). *Дождливое в. Времена года* (зима, весна, лето, осень). **7.** *в знач. сказ., с неопр.* Подходящий, удобный срок, благоприятный момент. *Не в. сидеть сложа руки. Самое в. обедать.* **8.** Период или момент, не занятый чем-н., свободный от чего-н. *Свободное в. Есть в. поговорить. Нет времени для прогулок.* **9.** В грамматике: категория глагола, специальными формами относящая действие в план настоящего, прошлого или будущего. *Настоящее, прошедшее, будущее в. Причастие настоящего, прошедшего времени.* **10.** **времён** *кого-чего, в знач. предлога с род. п.* В период, во время существования кого-чего-н. (о ком-чём-н. бывшем в отдалённом прошлом). *Писатели времён классицизма. Оружие времён гражданской войны.* ✦ **Во время** *чего, предлог с род. п.* — в то время, когда что-н. происходит. *Шум во время лекции.* **(В) первое время** — в начальный период чего-н., вначале. *В первое время на работе уставал.* **(В) последнее время** — незадолго до настоящего момента и сейчас. *В последнее время получаю много писем.* **Время от времени** — иногда. **Всё время** — не переставая, постоянно. **Всему своё время** — всё должно делаться вовремя, своевременно. **В своё время** — 1) когда-то, в прошлом. *В своё время хорошо играл в футбол;* 2) когда нужно, своевременно. *В своё время всё узнаешь.* **В скором времени** — скоро, в ближайшем будущем. **В то время как (когда)**, *союз* — 1) присоединяет предложение со знач. одновременности. *В то время как она отдыхала, он приготовил обед;* 2) то же, что тогда как (в 1 знач.). *Бездельничает, в то время как завтра экзамен.* **(И, а, но) в то же время**, *союз* — (и, а, но) одновременно, наряду с этим. *Осторожен, (и, а, но) в то же время расчётлив.* **До времени или до поры до времени** — пока, до какого-н. момента. **До сего времени** — до сих пор, до этого времени, момента. **Ко времени** (разг.) — к сроку, вовремя. *Этот разговор не ко времени* (несвоевременен). **На время** — на какой-н. срок, ненадолго. **На первое время** — на ближайшее будущее. **Одно время** — в течение нек-рого времени в прошлом. *Одно время не ладилось с учёбой.* **По временам** — то же, что иногда. *По временам скучает.* **Раньше времени** — то же, что преждевременно. **Со временем** — по прошествии нек-рого времени. *Со временем остепенится.* **Тем временем** — одновременно с этим, именно в это же время. ‖ *уменьш.* **вре́мечко**, -а, *ср.* (к 3, 4, 6, 7 и 8 знач.). ‖ *прил.* **временно́й**, -ая, -о́е (к 1, 2 и 9 знач.).

ВРЕМЯИСЧИСЛЕ́НИЕ, -я, *ср.* Способ исчисления календарного времени, дней в году.

ВРЕМЯ́НКА, -и, *ж.* **1.** Временная, обычно железная печка. **2.** Вообще всякое временное сооружение, оборудование. *Лестница-в. Железнодорожная ветка-в.*

ВРЕМЯПРЕПРОВОЖДЕ́НИЕ, -я, *ср.* Способ проводить время. *Весёлое в.*

ВРО́ВЕНЬ, *нареч.* На определённом уровне, на одном уровне с чем-н. *Налить в.* (до какой-н. отметки или до краев). ✦ **Вровень с** *кем-чем, предлог с тв. п.* — 1) на одном уровне с чем-н. *Вода вровень с краями бочки;* 2) так же, как (и), так же, как кто-что-н., не отличаясь от кого-чего-н. *Работает вровень с молодыми.*

ВРО́ДЕ. **1.** *кого-чего, предлог с род. п.* Подобно кому-чему-н., сходно с кем-чем-н. *Пальто в. моего. Он в. тебя, тоже чудак.* **2.** *частица.* Как будто, кажется, словно (разг.). *Он в. заболел.* ✦ **Вроде бы, (вроде как, в роде того, что)** (разг.) — то же, что вроде (во 2 знач.). *Он вроде бы (вроде как, вроде того что) обиделся.* **Вроде того как**, *союз* (разг.) — выражает сравнение. *Постукивает что-то, вроде того как дождь стучит.*

ВРОЖДЁННЫЙ, -ая, -ое. Свойственный от рождения. *В. талант. В. порок сердца.* ‖ *сущ.* **врождённость**, -и, *ж.*

ВРОЗЬ, *нареч.* Отдельно, не вместе. *Жить в.* ✦ **Врозь от** *кого-чего, предлог с род. п.* (разг.) — не с кем-чем-н., отдельно от кого-чего-н. *Жить врозь от родных.* **Врозь с** *кем-чем, предлог с тв. п.* (разг.) — то же, что врозь от кого-чего. *Жить врозь с родными.*

ВРУБ, -а, *м.* (спец.). Искусственная полость, щель, пробиваемая в горной породе перед отбиванием глыб. ‖ *прил.* **вру́бовый**, -ая, -ое. *Врубовая машина.*

ВРУБИ́ТЬ, врублю́, вру́бишь; вру́бленный; *сов.* **1.** *что во что.* Вделать в вырубленное место. **2.** *что.* Включить (при помощи рубильника). *В. свет.* ‖ *несов.* **вруба́ть**, -а́ю, -а́ешь. ‖ *сущ.* **вру́бка**, -и, *ж.* (к 1 знач.).

ВРУБИ́ТЬСЯ, врублю́сь, вру́бишься; *сов., во что.* **1.** Рубя (в 3 знач.), проникнуть вглубь чего-н. *В. в пласт породы.* **2.** Рубясь, продвинуться вперёд, в гущу чего-н. *В. в ряды противника.* ‖ *несов.* **вруба́ться**, -а́юсь, -а́ешься. ‖ *сущ.* **вру́бка**, -и, *ж.* (к 1 знач.).

ВРУКОПА́ШНУЮ, *нареч.* Действуя руками или ручным оружием (о борьбе, драке). *Схватиться, сойтись в.*

ВРУН, -а́, *м.* (разг.). То же, что враль. ‖ *ж.* **вру́нья**, -и, *род. мн.* -ний. ‖ *уменьш.* **вруни́шка**, -и, *м.*

ВРУЧИ́ТЬ, -чу́, -чи́шь; -чённый (-ён, -ена́); *сов., кого-что кому.* **1.** Отдать в руки, непосредственно. *В. повестку. В. лично.* **2.** Вверить, поручить (книжн.). *В. свою судьбу кому-н.* ‖ *несов.* **вруча́ть**, -а́ю, -а́ешь. ‖ *сущ.* **вруче́ние**, -я, *ср.*

ВРУЧНУ́Ю, *нареч.* **1.** Ручным способом. *Обрабатывать деталь в.* **2.** О расчётах, подсчётах: без помощи машины, аппарата. *Пересчитать в.*

ВРЫВА́ТЬСЯ¹ *см.* ворваться.

ВРЫВА́ТЬСЯ² *см.* врыться.

ВРЫТЬ, врóю, врóешь; вры́тый; *сов., что во что.* Вставить и укрепить в вырытом углублении. *В. столб в землю.* ‖ *несов.* **врыва́ть**, -а́ю, -а́ешь.

ВРЫ́ТЬСЯ, врóюсь, врóешься; *сов., во что.* Роя, углубиться во что-н.; выкопать укрытие. *Пехота врылась в землю.* ‖ *несов.* **врыва́ться**, -а́юсь, -а́ешься.

ВРЯД, *частица* (устар.). Употр. в знач. сомнительно, чтобы... едва ли. *В. можно ждать пощады.* ✦ **Вряд ли** — то же, что вряд. *Вряд ли он придёт.*

ВС..., *приставка.* То же, что вз...; пишется вместо «вз» перед глухими согласными, напр. *вскинуть, вспрыгнуть, всполье.*

ВСАДИ́ТЬ, всажу́, вса́дишь; вса́женный; *сов.* **1.** *что в кого-что.* Воткнуть, вонзить, а также попасть снарядом, пулей во что-н. (разг.). *В. топор в дерево. В. пулю в стену.* **2.** *что во что.* Употребить, затратить (средства, деньги) (прост.). *В. все сбережения в дачу.* || *несов.* **вса́живать**, -аю, -аешь.

ВСА́ДНИК, -а, *м.* Тот, кто едет верхом. *Союз коня и всадника* (перен.: о заведомо неравноправном партнёрстве; книжн.). || *ж.* **вса́дница**, -ы.

ВСАМДЕ́ЛИШНЫЙ, -ая, -ое. В детской речи: настоящий, подлинный. *Всамделишное ружьё.*

ВСА́СЫВАТЬ, -СЯ *см.* всосать, -ся.

ВСЕ *см.* весь[1].

ВСЕ... *Первая часть сложных слов со знач.:* 1) охватывающий всех, распространяющийся на всех, на всё, на весь предмет, напр. *всевидящий, всезнающий, всеведение, всероссийский, всеславянский, всесокрушающий, всепреодолевающий, всепрощающий, всепобеждающий;* 2) постоянно, напр. *всевозрастающий;* 3) самой высокой степени признака, напр. *всецело, всесильный, всевластие, Всевышний, всенепременный* (устар.).

ВСЕВЕ́ДУЩИЙ, -ая, -ее; -ущ (устар. и ирон.). Всё знающий, обо всём осведомлённый. *Всеведущие корреспонденты.*

ВСЕВЛА́СТИЕ, -я, *ср.* (книжн.). Неограниченная власть, всесилие. *В. монарха.*

ВСЕВОЗМО́ЖНЫЙ, -ая, -ое. Всякий, какой можно себе представить, самый разнообразный. *Всевозможные товары.*

ВСЕВЫ́ШНИЙ, -его, *м.* (В прописное). У верующих: торжественное наименование Бога.

ВСЕГДА́, *мест.нареч.* Во всякое время, постоянно. *В. весел, приветлив.*

ВСЕГДА́ШНИЙ, -яя, -ее (разг.). Бывающий всегда, постоянный, обычный. *В. гость. Всегдашние жалобы.*

ВСЕГО́. **1.** *см.* весь[1]. **2.** *мест. нареч.* То же, что итого. *В. израсходовано сто рублей.* **3.** *частица.* Только, не более чем. *Откликнулось в. трое.* ✦ **Всего лишь (всего только)** (разг.) — только это и больше ничего, только и всего. *Это была всего лишь шутка.* **Всего́-на́всего** — всего (в 3 знач.), всего лишь. *Нас всего-навсего двое.* **Всего то?**(разг.) — так мало, только это? *Заработал тысячу. — Всего-то?* **Всего ничего** (разг.) — очень мало, почти ничего. *Денег осталось всего ничего.*

ВСЕДЕРЖИ́ТЕЛЬ, -я, *м.* (высок.) (В прописное). У верующих: то же, что Всевышний.

ВСЕДОЗВО́ЛЕННОСТЬ, -и, *ж.* (книжн. неодобр.). Поведение того, кто в своих поступках чувствует себя свободным от всяких общественно установленных норм и правил.

В-СЕДЬМЫ́Х, *вводн. сл.* Употр. при обозначении седьмого пункта при перечислении.

ВСЕЗНА́ЙКА, -и, *м.* и *ж.* (разг.). Человек, самоуверенно полагающий, что он знает всё.

ВСЕЛЕ́ННАЯ, -ой, *ж.* **1.** (в терминологическом значении В прописное). Всё мироздание, весь мир. *Тайны Вселенной.* **2.** Вся земля, все страны. *Объехать всю вселенную.*

ВСЕЛЕ́НСКИЙ, -ая, -ое (устар. и высок.). То же, что всемирный. *В. собор* (съезд высшего духовенства христианской церкви). *Вселенская скорбь* (глубочайшая; обычно ирон.).

ВСЕЛИ́ТЬ, -лю́, -ли́шь *и* (разг.) -лишь; -лённый (-ён, -ена́); *сов.* **1.** *кого (что).* Поселить на жительство. *В. в новый дом.* **2.** *перен., что в кого-что.* Внушить, заронить (высок.). *В. тревогу в сердце. В. уверенность в новичка.* || *несов.* **вселя́ть**, -я́ю, -я́ешь. || *сущ.* **вселе́ние**, -я, *ср.* (к 1 знач.).

ВСЕЛИ́ТЬСЯ, -лю́сь, -ли́шься *и* (разг.) -лишься; *сов.* **1.** Поселиться на жительство. *В. в квартиру.* **2.** (1 и 2 л. не употр.), *перен.* Внедриться, зародиться, проникнуть в кого-что-н. (высок.). *В сердце вселилась тревога.* || *несов.* **вселя́ться**, -я́юсь, -я́ешься. || *сущ.* **вселе́ние**, -я, *ср.* (к 1 знач.).

ВСЕМЕ́РНЫЙ, -ая, -ое (книжн.). Осуществляемый всеми возможными мерами, максимальный. *Всемерная поддержка. Всемерно* (нареч.) *поощрять инициативу масс.*

ВСЕ́МЕРО, *нареч.* В семь раз.

ВСЕМЕРО́М, *нареч.* В количестве семи человек.

ВСЕМИ́РНО-ИСТОРИ́ЧЕСКИЙ, -ая, -ое (высок.). Имеющий значение для развития всей мировой истории.

ВСЕМИ́РНЫЙ, -ая, -ое. Распространяющийся на весь мир, относящийся ко всему миру. *Всемирная история. В. конгресс. Всемирно* (нареч.) *знаменит.*

ВСЕМОГУ́ЩИЙ, -ая, -ее; -у́щ (высок.). Обладающий неограниченной силой, могуществом. || *сущ.* **всемогу́щество**, -а, *ср.*

ВСЕНАРО́ДНЫЙ, -ая, -ое; -ден, -дна. Общий для всего народа, принадлежащий всему народу. *В. праздник. Всенародное достояние.*

ВСЕ́НОЩНАЯ [шн], -ой, *ж.* У православных: церковная предпраздничная вечерняя (иногда продолжающаяся и ночью) служба. *У всенощной быть. Пойти ко всенощной.*

ВСЕО́БУЧ, -а, *м.* **1.** Сокращение: всеобщее обучение. **2.** *перен.* Широкая пропаганда основ каких-н. знаний. *Экономический в. Правовой в.*

ВСЕО́БЩИЙ, -ая, -ее; -о́бщ. Относящийся ко всем, распространяющийся на всё, всех. *Всеобщее избирательное право. Всеобщее среднее образование. В. закон природы.* || *сущ.* **всеобщность**, -и, *ж.*

ВСЕОБЪЕ́МЛЮЩИЙ, -ая, -ее; -ющ (книжн.). Охватывающий, постигающий всё. *В. ум.*

ВСЕОРУ́ЖИЕ: во всеоружии *чего* (высок.) — обладая чем-н. в полноте, в совершенстве. *Во всеоружии знаний.*

ВСЕПОБЕЖДА́ЮЩИЙ, -ая, -ее (высок.). Побеждающий всех, всё. *Всепобеждающая сила искусства.*

ВСЕПОГО́ДНЫЙ, -ая, -ое (спец.). Действующий в любую погоду. *В. самолёт. В. спасательный катер.*

ВСЕПРОЩЕ́НИЕ, -я, *ср.* (книжн.). Полное прощение всех обид, зла.

ВСЕПРОЩЕ́НЧЕСТВО, -а, *ср.* (книжн.). Склонность прощать, оправдывать любые поступки. || *прил.* **всепроще́нческий**, -ая, -ое.

ВСЕРОССИ́ЙСКИЙ, -ая, -ое. Относящийся ко всей России, к Российской Федерации, распространяющийся на всю Россию, на Российскую Федерацию. *Всероссийское общество охраны природы.*

ВСЕРЬЁЗ, *нареч.* Серьёзно, не в шутку. *В. взяться за дело. Принять чьи-н. слова в. В. и надолго* (очень серьёзно).

ВСЕСИ́ЛЬНЫЙ, -ая, -ое; -лен, -льна (высок.). Обладающий неограниченной властью, влиянием, а также непреодолимой силой воздействия. *Всесильное учение.* || *сущ.* **всеси́лие**, -я, *ср.* и **всеси́льность**, -и, *ж.*

ВСЕСТОРО́ННИЙ, -яя, -ее; -о́нен, -о́ння. Охватывающий все стороны какого-н. явления, предмета, подробный. *В. анализ. В. разбор дела. Всесторонне* (нареч.) *образованная личность.* || *сущ.* **всесторо́нность**, -и, *ж.*

ВСЕУСЛЫ́ШАНИЕ: во всеуслышание (книжн.) — громко, для всеобщего сведения. *Объявить (заявить, сказать) что-н. во всеуслышание.*

ВСЕЦЕ́ЛО, *нареч.* (книжн.). Полностью, целиком. *В. предан науке.*

ВСЕЯ́ДНОСТЬ, -и, *ж.* **1.** *см.* всеядный. **2.** *перен.* Нравственная неразборчивость, нетребовательность (книжн.).

ВСЕЯ́ДНЫЙ, -ая, -ое; -ден, -дна. О животных: питающийся любой пищей, и травоядный, и плотоядный. || *сущ.* **всея́дность**, -и, *ж.*

ВСЁ[1] (разг.). **1.** *нареч.* Всё время, всегда, постоянно. *Он в. в разъездах.* **2.** *нареч.* До сих пор. *Он в. (в. ещё) болен.* **3.** *нареч.* Только, исключительно. *Вышла неприятность, и в. из-за тебя. В. ты виноват.* **4.** *нареч.* В сочетании со словами, называющими изменяющийся признак, обозначает нарастание признака. *Шум в. сильнее. Больной в. слабеет.* **5.** *нареч.* В сочетании со сравнительной степенью и союзом **«чем»** служит для усиления противопоставления. *С соседкой поболтать — в. лучше (веселее), чем одной сидеть.* **6.** *союз.* Однако, тем не менее. *Как ни старается, в. им недовольны.* ✦ **Всё же** — 1) *частица,* подчёркивает противопоставление или ожидавшийся результат. *Он согласился всё же?;* 2) *союз,* тем не менее, и всё-таки. *Он мне друг, всё же я его не оправдываю.* **И (а, но) всё же**, *союз* — то же, что всё же (во 2 знач.). *Он мне друг, и (а, но) всё же я на него сердит.*

ВСЁ[2] *см.* весь[1].

ВСЁ Ж ТАКИ *см.* всё-таки.

ВСЁ-ТАКИ и (разг.) **ВСЁ Ж ТАКИ**, *частица.* Подчёркивает скрытое противопоставление. *Может быть, согласишься всё-таки?* ✦ **И (но, а) всё-таки (всё ж таки)**, *союз* — тем не менее, несмотря на. *Он хитрец, и (но, а) всё-таки он мне нравится.*

ВСКА́КИВАТЬ *см.* вскочить.

ВСКА́ПЫВАТЬ *см.* вскопать.

ВСКАРА́БКАТЬСЯ *см.* карабкаться.

ВСКА́РМЛИВАНИЕ *см.* вскормить.

ВСКА́РМЛИВАТЬ *см.* вскормить.

ВСКАЧЬ, *нареч.* Скачками, очень быстро. *Пуститься в. Кони несут в.*

ВСКИ́НУТЬ, -ну, -нешь; -утый; *сов., что.* **1.** Подняв вверх, кинув, поместить. *В. рюкзак на спину.* **2.** Поднять быстрым движением. *В. винтовку. В. голову. В. глаза* (быстро и прямо взглянуть). || *несов.* **вски́дывать**, -аю, -аешь. || *сущ.* **вски́дывание**, -я, *ср.* и **вски́дка**, -и, *ж.* (ко 2 знач.; спец.).

ВСКИ́НУТЬСЯ, -нусь, -нешься; *сов.* (прост.). **1.** Резким движением подняться, обратиться куда-н. *В испуге в. с места.* **2.** То же, что наброситься (в 3 знач.). *В. на кого-н. с упрёками.* || *несов.* **вски́дываться**, -аюсь, -аешься.

ВСКИПА́ТЬ, -а́ю, -а́ешь; *несов.* Начинать кипеть (в 1 и 3 знач.). *Вода в котелке вскипает. В. от возмущения.*

ВСКИПЕ́ТЬ, -плю́, -пи́шь; *сов.* **1.** *см.* кипеть. **2.** *перен.* Прийти в раздражённое состояние, вспылить. *Вскипел и наговорил резкостей.*

ВСКИПЯТИ́ТЬ *см.* кипятить.

ВСКИПЯТИ́ТЬСЯ *см.* кипятиться.

ВСКЛОКО́ЧИТЬ, -чу, -чишь; -ченный; *сов., что* (разг.). Сбить в клочья, спутать, взлохматить (волосы, шерсть). ‖ *несов.* **всклоко́чивать**, -аю, -аешь.

ВСКЛО́ЧИТЬ, -чу, -чишь; -ченный; *сов., что* (разг.). То же, что всклокочить. ‖ *несов.* **всклочивать**, -аю, -аешь.

ВСКЛУБИ́ТЬ (-блю́, -би́шь, 1 и 2 л. не употр.), -би́т; *сов., что.* Поднять клубами. *Ветер всклубил пыль.*

ВСКОЛЫХНУ́ТЬ, -ну́, -нёшь; *сов., кого-что.* **1.** Заставить колыхаться. *Ветер всколыхнул рожь.* **2.** *перен.* Привести в движение, побудить к деятельности. *Отечественная война всколыхнула все силы народные.* ‖ *несов.* **всколы́хивать**, -аю, -аешь.

ВСКОЛЫХНУ́ТЬСЯ (-ну́сь, -нёшься, 1 и 2 л. не употр.), -нётся; *сов.* **1.** Начать колыхаться. *Вода в озере всколыхнулась. Душа всколыхнулась* (перен.). **2.** *перен.* Прийти в движение, в волнение, начать проявлять деятельность. *Массы всколыхнулись.* **3.** *перен.* Вернуться, возобновиться неожиданно, с силой. *В памяти всколыхнулось всё былое, давно забытое.* ‖ *несов.* **всколы́хиваться** (-аюсь, -аешься, 1 и 2 л. не употр.), -ается.

ВСКОЛЬЗЬ, *нареч.* Кратко и мимоходом, между прочим, попутно. *В. упомянуть (заметить, сказать).*

ВСКОПА́ТЬ, -а́ю, -а́ешь; -о́панный; *сов., что.* Копая взрыхлить. *В. землю.* ‖ *несов.* **вска́пывать**, -аю, -аешь. ‖ *сущ.* **вска́пывание**, -я, *ср. и* **вско́пка**, -и, *ж.*

ВСКО́РЕ, *нареч.* В скором времени, в недалёком будущем. *В. всё узнаем. В. после приезда.*

ВСКОРМИ́ТЬ, -ормлю́, -о́рмишь; -о́рмленный *и* (устар.) -ормлённый (-ён, -ена́); *сов., кого (что).* Вырастить, воспитать; выкормить. *Отец нас вскормил и вспоил* (разг.). ‖ *несов.* **вска́рмливать**, -аю, -аешь. ‖ *сущ.* **вска́рмливание**, -я, *ср.*

ВСКО́РОСТИ, *нареч.* (прост.). То же, что вскоре.

ВСКОЧИ́ТЬ, -очу́, -о́чишь; *сов.* **1.** *на кого-что.* То же, что вспрыгнуть. *В. на коня.* **2.** Быстрым движением подняться с места. *В. от испуга.* **3.** (1 и 2 л. не употр.). О волдыре, шишке: внезапно образоваться, появиться (разг.). *Вскочил прыщ.* ‖ *несов.* **вска́кивать**, -аю, -аешь.

ВСКРИ́КНУТЬ, -ну, -нешь; *сов.* Внезапно и отрывисто крикнуть. *В. от испуга.* ‖ *несов.* **вскри́кивать**, -аю, -аешь. ‖ *сущ.* **вскри́кивание**, -я, *ср. и* **вскрик**, -а, *м.*

ВСКРИЧА́ТЬ, -чу́, -чи́шь; *сов.* (книжн.). Громко и возбуждённо произнести что-н., воскликнуть. *В. в негодовании.*

ВСКРУЖИ́ТЬ, -ужу́, -у́жишь *и* -ужи́шь; *сов.*: **вскружить голову** *кому* — сильно увлечь, лишив способности здраво рассуждать. *Успех вскружил ему голову. Вскружить голову девчонке* (привлекая, ухаживая, заставить влюбиться в себя).

ВСКРУЖИ́ТЬСЯ, -у́жится *и* -ужи́тся; *сов.*: **ум или голова вскружится** — о потере ясного понимания из-за сильного увлечения чем-н.

ВСКРЫ́ТИЕ, -я, *ср.* **1.** *см.* вскрыть, -ся. **2.** Анатомирование трупа. *В. покажет причину смерти.*

ВСКРЫТЬ, -ро́ю, -ро́ешь; -ытый; *сов.* **1.** *что.* Открыть, сломав, разорвав, разъединив что-н. *В. конверт. В. посылку. В. пласт* (обнажив, начать его открытую разработку). **2.** *что.* Обнаружить, найти. *В. недостатки в работе.* **3.** *кого-что.* Разрезать (оперировать, анатомировать). *В. нарыв.* ‖ *несов.* **вскрыва́ть**, -а́ю, -а́ешь. ‖ *сущ.* **вскры́тие**, -я, *ср. и* **вскры́ша**, -и, *ж.* (к 1 знач.; спец.). *Вскрытие трупа. Вскрыша горных пород.* ‖ *прил.* **вскрышно́й**, -а́я, -о́е (к 1 знач.; спец.). *Вскрышные работы.*

ВСКРЫ́ТЬСЯ (-ро́юсь, -ро́ешься, 1 и 2 л. не употр.), -ро́ется; *сов.* **1.** Прорваться наружу, лопнуть. *Нарыв вскрылся.* **2.** О реках, водоёмах: освободиться ото льда. **3.** Стать явным, обнаружиться. *Вскрылись злоупотребления.* ‖ *несов.* **вскрыва́ться** (-а́юсь, -а́ешься, 1 и 2 л. не употр.), -а́ется. ‖ *сущ.* **вскры́тие**, -я, *ср.* (ко 2 знач.).

ВСКРЫ́ША, -и, *ж.* (спец.). **1.** *см.* вскрыть. **2.** Горные породы, пласты, удаляемые при открытой разработке полезного ископаемого. ‖ *прил.* **вскрышно́й**, -а́я, -о́е.

ВСЛАСТЬ, *нареч.* (разг.). До полного удовлетворения. *Выспаться в. Наговориться в.*

ВСЛЕД. **1.** *нареч.* По следам кого-чего-н., следом, непосредственно за кем-чем-н. *Иди в., не отставай. Прогнал, да в. ещё погрозил.* **2.** *кому-чему, предлог с дат. п.* По направлению за кем-чем-н. *Смотреть в. ушедшему.* ✦ **Вслед за** *кем-чем, предлог с тв. п.* — за кем-чем-н., после кого-чего-н., следом за кем-чем-н. *Идти вслед за проводником. Выступать вслед за докладчиком.* **Вслед за тем**, *союз* — вскоре после чего-н. *Прислал письмо, а вслед за тем приехал и сам.* **Вслед за тем как**, *союз* — вскоре после того как. *Приехал вслед за тем как пришло письмо.*

ВСЛЕ́ДСТВИЕ *чего, предлог с род. п.* По причине чего-н., из-за чего-н., являясь результатом, следствием чего-н. *Отставание в. болезни.* ✦ **Вследствие того что**, *союз* (книжн.) — то же, что благодаря тому что. **Вследствие чего**, *союз* (офиц.) — и поэтому, и потому. *Докладчик заболел, вследствие чего собрание отменяется.*

ВСЛЕПУ́Ю, *нареч.* **1.** Не видя, не воспринимая зрением. *Двигаться в темноте в. Самолёт летит в.* (ориентируясь по приборам). *Играть в шахматы в.* (не глядя на доску). **2.** *перен.* Не разобравшись, наугад. *Действовать, решать в.*

ВСЛУХ, *нареч.* Так, что слышно другим, громко. *Читать в.*

ВСЛУ́ШАТЬСЯ, -аюсь, -аешься; *сов., во что.* Напрячь слух и внимание, чтобы расслышать и понять. *В. в разговор.* ‖ *несов.* **вслу́шиваться**, -аюсь, -аешься.

ВСМОТРЕ́ТЬСЯ, -отрю́сь, -о́тришься; *сов., в кого-что.* Напрячь зрение и внимание, чтобы рассмотреть, разобрать. *В. в незнакомое лицо.* ‖ *несов.* **всма́триваться**, -аюсь, -аешься.

ВСМЯ́ТКУ, *нареч.* О способе варки яйца: до полужидкого состояния. ✦ **Сапоги всмятку** (разг. шутл.) полная бессмыслица.

ВСО́ВЫВАТЬ *см.* всунуть.

ВСОСА́ТЬ, -су́, -сёшь; всо́санный; *сов., что.* **1.** Сося, вобрать в себя. *В. что-н. с молоком матери* (перен.: усвоить с младенчества). **2.** То же, что впитать. *Почва всосала влагу.* ‖ *несов.* **вса́сывать**, -аю, -аешь.

ВСОСА́ТЬСЯ (-су́сь, -сёшься, 1 и 2 л. не употр.), -сётся; *сов., в кого-что.* **1.** Впившись, начать сосать. *Пиявки всосались в тело.* **2.** Впитаться, просачиваясь. *Вода всосалась в почву.* ‖ *несов.* **вса́сываться** (-аюсь, -аешься, 1 и 2 л. не употр.), -ается.

ВСПА́ИВАТЬ *см.* вспоить.

ВСПА́РЫВАТЬ *см.* вспороть.

ВСПАХА́ТЬ *см.* пахать.

ВСПЕ́НИВАТЬ, -аю, -аешь; *несов., что.* То же, что пенить.

ВСПЕ́НИВАТЬСЯ (-аюсь, -аешься, 1 и 2 л. не употр.), -ается; *несов.* То же, что пениться.

ВСПЕ́НИТЬ, -СЯ *см.* пенить, -ся.

ВСПЛАКНУ́ТЬ, -ну́, -нёшь; *сов.* (разг.). Немного поплакать.

ВСПЛЕСК, -а, *м.* Звук, шум плеснувшей воды. *Всплески волн. В. голосов, смеха* (перен.).

ВСПЛЕСНУ́ТЬ, -ну́, -нёшь; *сов.* Плеснуть вверх. *Рыба всплеснула в реке.* ✦ **Всплеснуть руками** — вскинув руки, слегка ударить в ладоши (в знак удивления, недоумения). ‖ *несов.* **всплёскивать**, -аю, -аешь.

ВСПЛОШНУ́Ю, *нареч.* (прост.). Сплошь, тесно, рядом. *Льдины идут в.*

ВСПЛЫТЬ, -ыву́, -ывёшь; всплыл, -ыла́, -ы́ло; *сов.* **1.** Подняться из глубины воды на поверхность. *Всплыла затонувшая лодка.* **2.** (1 и 2 л. не употр.), *перен.* (обычно со словами «наружу», «на поверхность»). Обнаружиться, неожиданно появиться, стать явным (о чём-н. отрицательном). *Всплыли ошибки. Всплыли неожиданные подробности.* ✦ **Всплыть на поверхность** — то же, что всплыть (во 2 знач.). *На поверхность всплыли тёмные делишки.* ‖ *несов.* **всплыва́ть**, -а́ю, -а́ешь. ‖ *сущ.* **всплы́тие**, -я, *ср.* (к 1 знач.). *В. подводной лодки.*

ВСПОИ́ТЬ, -ою́, -о́ишь *и* -ои́шь; -оённый (-ён, -ена́) *и* -о́енный; *сов., кого.* То же, что выпоить. *В. телёнка.* ✦ **Вспои́ть и вскорми́ть** (разг.) — вырастить, воспитать. *Отец тебя вспоил и вскормил.* ‖ *несов.* **вспа́ивать**, -аю, -аешь.

ВСПОЛОШИ́ТЬ, -СЯ *см.* полошить, -ся.

ВСПО́МНИТЬ, -ню, -нишь; *сов., кого-что и о ком-чём.* **1.** Возобновить в памяти, вернуться мыслью к прошлому. *В. свою молодость.* **2.** Внезапно вернуться мыслью к забытому, упущенному. *В. о важном деле. Вспомнил, что обещал позвонить.* ‖ *несов.* **вспомина́ть**, -а́ю, -а́ешь.

ВСПО́МНИТЬСЯ, -нюсь, -нишься; *сов.* Возобновиться в памяти. *Вспомнилось прошлое.* ‖ *несов.* **вспомина́ться**, -а́юсь, -а́ешься.

ВСПОМОГА́ТЕЛЬНЫЙ, -ая, -ое. Подсобный, дополнительный. *В. отряд. Вспомогательные разделы науки. В. глагол* (в грамматике: полузнаменательный или связочный).

ВСПОМОЖЕ́НИЕ, -я и **ВСПОМОЩЕСТВОВА́НИЕ**, -я, *ср.* (устар.). Пособие, материальная помощь.

ВСПОМЯНУ́ТЬ, -яну́, -я́нешь; -я́нутый; *сов., кого-что и о ком-чём* (разг.). Вспомнить (в 1 знач.), припомнить. *Вспомяни мое слово* (увидишь, что я был прав).

ВСПОРО́ТЬ, -орю́, -о́решь; -о́ротый; *сов., что* (разг.). Распоров, открыть, отвернуть. *В. тюфяк. В. подкладку.* ‖ *несов.* **вспа́рывать**, -аю, -аешь.

ВСПОРХНУ́ТЬ, -ну́, -нёшь; *сов.* Порхнув, взлететь. *В. на ветку.* ‖ *несов.* **вспа́рхивать**, -аю, -аешь.

ВСПОТЕ́ТЬ *см.* потеть.

ВСПРЫ́ГНУТЬ, -ну, -нешь; *сов.* Прыжком подняться на кого-что-н. *В. на коня.* ‖ *несов.* **вспры́гивать**, -аю, -аешь.

ВСПРЫ́СНУТЬ, -ну, -нешь; -утый; *сов., что.* **1.** Обдать брызгами. *В. одеколоном.* **2.** *перен.* Отпраздновать что-н., выпив вина, устроив угощенье (разг.). *В. покупку.* ‖ *несов.* **вспры́скивать**, -аю, -аешь. ‖ *сущ.* **вспры́скивание**, -я, *ср.* (к 1 знач.) *и* **вспры́ски**, -ов (ко 2 знач.).

ВСПУГНУ́ТЬ, -ну́, -нёшь; -у́гнутый; *сов., кого-что.* Испугав, заставить подняться, удалиться. *В. птицу с гнезда.* ‖ *несов.* **вспу́гивать**, -аю, -аешь.

ВСПУХА́ТЬ (-а́ю, -а́ешь, 1 и 2 л. не употр.), -а́ет; *несов.* То же, что пухнуть (в 1 знач.).

ВСПУ́ХНУТЬ *см.* пухнуть.

ВСПУ́ЧИТЬ, -СЯ *см.* пучить, -ся.

ВСПЫЛИ́ТЬ, -лю́, -ли́шь; *сов.* Внезапно рассердиться. *В. из-за пустяков.*

ВСПЫ́ЛЬЧИВЫЙ, -ая, -ое; -ив. Склонный к горячности, легко раздражающийся. *В. начальник. В. характер.* ‖ *сущ.* **вспы́льчивость**, -и, *ж.*

ВСПЫ́ХНУТЬ, -ну, -нешь; *сов.* **1.** (1 и 2 л. не употр.). Внезапно разгореться, зажечься. *Вспыхнул пожар. Вспыхнул огонек.* **2.** (1 и 2 л. не употр.), *перен.* О чувствах, потрясениях: внезапно возникнуть. *Вспыхнула страсть. Вспыхнула война.* **3.** *перен.* Внезапно прийти в возбуждённое, раздражённое состояние. *В. от обиды. В. гневом.* **4.** *перен.* Покраснеть (от волнения, смущения). *В. от радости.* ‖ *несов.* **вспы́хивать**, -аю, -аешь. ‖ *сущ.* **вспы́шка**, -и, *ж.* (к 1 и 2 знач.). *В. магния. В. гнева. В. эпидемии.* ‖ *прил.* **вспы́шечный**, -ая, -ое (к 1 знач.; спец.). *Вспышечная активность Солнца.*

ВСПЫ́ШКА, -и, *ж.* **1.** *см.* вспыхнуть. **2.** *перен.* Внезапное проявление сильного чувства. *Гневная в.* **3.** Лампа для мгновенного освещения, применяемая при фото- и киносъёмке, в технике. *Фотографическая в.*

ВСПЯТЬ, *нареч.* (книжн.). То же, что назад (в 1 знач.). *Двинуться в. Колесо истории нельзя повернуть в.*

ВСТА́ВИТЬ, -влю, -вишь; -вленный; *сов., что.* Поместить, поставить внутрь чего-н. *В. стекло в раму. В. зубы* (сделать зубной протез). ‖ *несов.* **вставля́ть**, -я́ю, -я́ешь. ‖ *сущ.* **вста́вка**, -и, *ж.*

ВСТА́ВКА, -и, *ж.* **1.** *см.* вставить. **2.** То, что вставлено. *Вставки в рукописи. Платье со вставкой на груди.* ‖ *прил.* **вста́вочный**, -ая, -ое.

ВСТАВНО́Й, -а́я, -о́е. Вставленный, приспособленный для того, чтобы вставлять. *Вставные рамы в окнах* (вставляемые на зиму). *Вставное предложение* (в грамматике: вводящее попутное замечание).

ВСТАРЬ, *нареч.* (высок.). В старое время, в старину.

ВСТАТЬ, -а́ну, -а́нешь; *сов.* **1.** Принять стоячее положение, подняться на ноги. *В. со стула. Рано в.* (рано подняться с постели). *Больной встал* (перестал быть лежачим). **2.** Занять место, уместиться стоя. *Шкаф встал в простенок.* **3.** То же, что стать[1] (в 3, 4 и 5 знач.) (разг.). *В. у дверей. В. на колени. В. за станок. В. на учёт.* **4.** Подняться, двинуться для совершения чего-н. *В. на защиту Родины.* **5.** Возникнуть, появиться. *На окраинах встали новые дома. Перед глазами встали картины прошлого.* **6.** (1 и 2 л. не употр.). Остановиться в работе, перестать действовать. *Встали заводы. Часы встали. Встало производство.* ‖ *несов.* **встава́ть**, -таю́, -таёшь. ‖ *сущ.* **встава́ние**, -я, *ср.* (к 1 знач.).

ВСТОПО́РЩИТЬ, -СЯ *см.* топорщить, -ся.

ВСТОПЫ́РИТЬ, -СЯ *см.* топырить, -ся.

ВСТРЕВА́ТЬ, -а́ю, -а́ешь; *несов.* (прост.). Вмешиваться не в своё дело. *В. в драку, спор.* ‖ *сов.* **встря́нуть**, -ну, -нешь *и* **встрять**, -ну, -нешь.

ВСТРЕВО́ЖИТЬ, -СЯ *см.* тревожить, -ся.

ВСТРЕПЕНУ́ТЬСЯ, -ну́сь, -нёшься; *сов.* Внезапно вздрогнуть, оживиться, прийти в движение. *Птицы встрепенулись.*

ВСТРЕ́ТИТЬ, -е́чу, -е́тишь; -е́ченный; *сов.* **1.** *кого-что.* Увидеть, идя или придя куда-н. *В. знакомого на улице, в театре.* **2.** *кого-что.* Принять на месте прибытия, появления. *В. приезжих на вокзале. В. поезд. В. доставленный груз.* **3.** *кого-что.* Принять каким-н. образом, показать своё отношение к кому-чему-н. *В. насмешками. Хорошо в. новичка. В. противника огнём. Мужественно в. испытание.* **4.** *что.* Испытать, получить (направленное к себе). *В. радушный приём. Враг встретил упорное сопротивление.* **5.** *что.* Воспринять какое-н. событие, оказаться его свидетелем, участником. *В. весть о победе в госпитале. В. своё семидесятилетие в добром здоровье.* ✦ **Встретить Новый год** — отпраздновать его наступление. ‖ *несов.* **встреча́ть**, -а́ю, -а́ешь. ‖ *сущ.* **встре́ча**, -и, *ж.* (к 1, 2, 3 и 5 знач.).

ВСТРЕ́ТИТЬСЯ, -е́чусь, -е́тишься; *сов.* **1.** *с кем-чем.* Сойтись, съехаться, двигаясь с противоположных сторон. *В. на дороге. В. с трудностями* (перен.). **2.** *с кем.* Сойтись для борьбы, состязания. *Встретились лучшие шахматисты.* **3.** (1 и 2 л. не употр.). Попасться, обратить на себя внимание. *В книге встретились интересные места.* ‖ *несов.* **встреча́ться**, -а́юсь, -а́ешься. ‖ *сущ.* **встре́ча**, -и, *ж.* (к 1 и 2 знач.).

ВСТРЕ́ЧА, -и, *ж.* **1.** *см.* встретить, -ся. **2.** Собрание, устраиваемое с целью знакомства с кем-н., беседы. *В. депутата с избирателями. Вечер встречи ветеранов войны.* **3.** Состязание, соревнование. *Очередная в. футболистов.*

ВСТРЕЧА́ТЬСЯ, -а́юсь, -а́ешься; *несов.* **1.** *см.* встретиться. **2.** *с кем.* Видеться, поддерживать знакомство, близкие отношения. *Часто в. со старыми друзьями. Мы с ним больше не встречаемся.*

ВСТРЕ́ЧНЫЙ, -ая, -ое. **1.** Движущийся навстречу. *В. поезд. Первый в.* (сущ.; случайный, посторонний человек; разг.). **2.** Направляющийся или направляемый навстречу кому-чему-н. *В. ветер. В. бой* (в к-ром обе стороны наступают). **3.** Представляющий собой ответное действие на что-н. *В. иск. В. план.*

ВСТРЁПАННЫЙ, -ая, -ое; -ан (разг.). Лохматый, взъерошенный. *Встрёпанная голова.* ✦ **Как встрёпанный** (встал, побежал) (разг.) — быстро, стремительно. ‖ *сущ.* **встрёпанность**, -и, *ж.*

ВСТРЁПКА, -и, *ж.* (разг.). Строгое наказание, с руганью, битьём, нагоняй. *Хорошая в. Задать встрёпку кому-н.*

ВСТРО́ИТЬ, -о́ю, -о́ишь; -о́енный; *сов., что.* Построить, соорудить внутри чего-н. *В. вестибюль метро в здание гостиницы. Встроенный шкаф* (в стене). ‖ *несов.* **встра́ивать**, -аю, -аешь. ‖ *сущ.* **встро́йка**, -и, *ж.*

ВСТРЯ́СКА, -и, *ж.* **1.** *см.* встряхнуть. **2.** Сильное нервное потрясение (разг.).

ВСТРЯХНУ́ТЬ, -ну́, -нёшь; -я́хнутый; *сов., кого-что.* **1.** Приподняв, тряхнуть. *В. коврик. Грузовик встряхнуло* (безл.). **2.** *перен.* Возбудить к деятельности. *Событие встряхнуло всю округу.* ‖ *несов.* **встря́хивать**, -аю, -аешь. ‖ *сущ.* **встря́хивание**, -я, *ср. и* **встря́ска**, -и, *ж.* (ко 2 знач.).

ВСТРЯХНУ́ТЬСЯ, -ну́сь, -нёшься; *сов.* **1.** Стряхнуть с себя что-н. быстрым движением тела. **2.** *перен.* Оживиться, ободриться (разг.). *В. после всего пережитого.* **3.** *перен.* То же, что развлечься (в 1 знач.) (разг.). *Пойду в кино: надо в.* ‖ *несов.* **встря́хиваться**, -аюсь, -аешься.

ВСТУПИ́ТЕЛЬНЫЙ, -ая, -ое. **1.** *см.* вступить. **2.** Являющийся вступлением к чему-н., вводный. *Вступительное слово.* **3.** Связанный с поступлением куда-н. *В. экзамен.*

ВСТУПИ́ТЬ, -уплю́, -у́пишь; *сов.* **1.** *во что.* Войти, въехать куда-н. *В. в крепость.* **2.** *на что.* Ступить, поднимаясь. *В. на лестницу. В. на престол, на трон* (перен.: начать царствовать). **3.** *во что.* Стать членом, участником чего-н. *В. в профсоюз. В. в кооператив.* **4.** *во что.* Начать делать что-н. или прийти в какое-н. состояние (в соответствии со знач. следующего сущ.). *В. в бой. В. в разговор, в спор. В. в должность. В. в брак* (жениться, выйти замуж). *В. в свои права. В. в законную силу* (стать законным). *Завод вступил в строй* (начал действовать). ‖ *несов.* **вступа́ть**, -а́ю, -а́ешь. ‖ *сущ.* **вступле́ние**, -я, *ср.* ‖ *прил.* **вступи́тельный**, -ая, -ое (к 3 знач.). *В. взнос.*

ВСТУПИ́ТЬСЯ, -уплю́сь, -у́пишься; *сов., за кого-что.* Взять под свою защиту кого-что-н. *В. за товарища. В. за чьи-н. интересы.* ‖ *несов.* **вступа́ться**, -а́юсь, -а́ешься.

ВСТУПЛЕ́НИЕ, -я, *ср.* **1.** *см.* вступить. **2.** Начальная часть чего-н., введение к чему-н. *Оркестровое в. к опере.*

ВСУ́Е, *нареч.* (книжн.). Зря, напрасно (вспоминать, называть; по отношению к кому-чему-н. уважаемому, высокому). *Поминать чьё-н. имя в.*

ВСУ́НУТЬ, -ну, -нешь; -утый; *сов., что во что.* Сунув, поместить. *В. руки в карманы. В. записку в руки кому-н.* ‖ *несов.* **всо́вывать**, -аю, -аешь.

ВСУХОМЯ́ТКУ, *нареч.* (разг.). О питании: без жидкого и горячего. *Есть в.*

ВСУХУ́Ю, *нареч.* (разг.). Об игре: с сухим счётом. *Сыграть в.*

ВСУЧИ́ТЬ, всучу́, всучи́шь *и* всу́чишь; всу́ченный; *сов., что.* **1.** *во что.* Суча, вплести. *В. нить в пряжу.* **2.** *перен.* Насильно или обманом заставить взять, вручить (прост.). *В. плохой товар, ненужную вещь.* ‖ *несов.* **всу́чивать**, -аю, -аешь.

ВСХЛИП, -а, *м.* Судорожный громкий вздох при плаче.

ВСХЛИ́ПЫВАТЬ, -аю, -аешь; *несов.* Плача, судорожно вздыхать. ‖ *однокр.* **всхли́пнуть**, -ну, -нешь. ‖ *сущ.* **всхли́пывание**, -я, *ср.*

ВСХОД, -а, *м.* **1.** *см.* взойти. **2.** *мн.* Первые ростки посевов. *Ранние всходы.*

ВСХОДИ́ТЬ *см.* взойти.

ВСХО́ЖИЙ, -ая, -ее. О семенах: способный прорасти. ‖ *сущ.* **всхо́жесть**, -и, *ж.* *Высокая в. семян. Проверка семян на в.*

ВСХОЛМЛЁННЫЙ, -ая, -ое. То же, что холмистый. *Всхолмлённая местность.*

ВСХРАП, -а, *м.* Отрывистый хриплый звук при храпе.

ВСХРАПНУ́ТЬ, -ну́, -нёшь; *сов.* **1.** см. всхрапывать. **2.** Поспать немного (разг. шутл.). *В. часок после обеда.*

ВСХРА́ПЫВАТЬ, -аю, -аешь; *несов.* Прерывисто и коротко храпеть. *В. во сне.* ‖ *однокр.* **всхрапну́ть**, -ну́, -нёшь.

ВСЫ́ПАТЬ, -плю, -плешь *и* (разг.) -пешь, -пет, -пем, -пете, -пят; -анный; *сов.* **1.** *что или чего во что.* Сыпля, поместить. *В. крупу в суп.* **2.** *кому.* Сильно выругать или побить (разг.). *Отец ему всыпал за озорство. В. по первое число* (строго наказать). ‖ *несов.* **всыпа́ть**, -а́ю, -а́ешь. ‖ *сущ.* **всы́пка**, -и, *ж.*

ВСЮ́ДУ, *мест. нареч.* Во всех местах, везде или в разные, во все места. *В. побывал. В. суёт свой нос.*

ВСЯК, *мест. определит.*, употр. в **им. п., м.** (прост.). Каждый (обычно о человеке). *В.*

молодец на свой образец (посл.). *В.* (сущ.) *по-своему судит.*

ВСЯ́КИЙ, -ая, -ое, *мест. определит.* **1.** Каждый, какой угодно из всех, любой. *В. раз одно и то же. В.* (сущ.) *знает.* **2.** Разный, всевозможный. *Всякие книги. Ходят тут всякие* (сущ.; разг. неодобр.). *Бывает по-всякому* (нареч.; по-разному). **3.** Какой бы то ни было. *Отсутствие всяких желаний.* **4.** В сочетании с «без», усиливая предлог, означает: совсем без. *Без всякого сомнения. Без всяких затруднений.* ✦ **Безо всякого (всяких)** (согласиться, послушаться) (разг.) — не думая, не сомневаясь, не споря. *Решайся безо всякого.*

ВСЯ́КО, *мест. нареч.* (прост.). По-разному, по-всякому, и так и так. *В. бывает. В. случалось.*

ВСЯ́ЧЕСКИЙ, -ая, -ое, *мест. определит.* (разг.). То же, что всякий (во 2 знач.). *Всячески* (нареч.) *меня ругает* (по-всякому). ✦ **Все и всяческие** (книжн.) — все, самые разные. *Срывать все и всяческие маски.*

ВСЯ́ЧИНА, -ы, *ж.*: **всякая всячина** (разг.) — всё что угодно, смесь чего-н. различного, разнородного. *Рассказывать всякую всячину.*

ВСЯ́ЧИНКА, -и, *ж.*: **со всячинкой** (разг. шутл.) — и хорошо и плохо, и так и сяк, различно.

ВТА́ЙНЕ, *нареч.* Тайным образом, не обнаруживая. *В. готовиться к отъезду. Действовать в. от других.*

ВТА́ЛКИВАТЬ *см.* втолкать.

ВТА́ПТЫВАТЬ *см.* втоптать.

ВТАЧА́ТЬ, -а́ю, -а́ешь; втА́чанный; *сов., что.* Тачая, вшить. *В. рукава.* ‖ *несов.* **втА́чивать**, -аю, -аешь. ‖ *сущ.* **втА́чивание**, -я, *ср.* и **втА́чка**, -и, *ж.*

ВТАЩИ́ТЬ, втащу́, вта́щишь; вта́щенный; *сов., кого-что.* **1.** *во что.* Таща, внести внутрь. *В. вещи в вагон.* **2.** Таща, поднять наверх. *В. ящик на лестницу.* ‖ *несов.* **втА́скивать**, -аю, -аешь.

ВТАЩИ́ТЬСЯ, втащу́сь, вта́щишься; *сов.* (разг.). Медленно, с усилием войти внутрь или наверх. *Еле втащился в дом. В. на пятый этаж.* ‖ *несов.* **втА́скиваться**, -аюсь, -аешься.

ВТЕКА́ТЬ *см.* втечь.

ВТЕМЯ́ШИТЬ, -шу, -шишь; -шенный; *сов., что кому* (прост. неодобр.). С трудом втолковать, внушить. *Ему не втемяшишь. В. себе в голову что-н.*

ВТЕМЯ́ШИТЬСЯ (-шусь, -шишься, 1 и 2 л. не употр.), -шится; *сов., кому* (прост. неодобр.). Засесть в голове, укрепиться в сознании. *Втемяшилась (в голову кому-н.) дикая мысль.*

ВТЕРЕ́ТЬ, вотру́, вотрёшь; втёр, -ла; втёрший; втёртый; втере́в и втёрши; *сов., что во что.* Растирая, заставить впитаться. *В. мазь в кожу.* ‖ *несов.* **втира́ть**, -а́ю, -а́ешь. ‖ *сущ.* **втира́ние**, -я, *ср.*

ВТЕРЕ́ТЬСЯ, вотру́сь, вотрёшься; втёрся, -лась; втёршийся; втёршись; *сов., во что.* **1.** (1 и 2 л. не употр.). Впитаться при растирании. *Мазь хорошо втёрлась.* **2.** Протиснувшись, войти, проникнуть (разг.). *В. в толпу.* **3.** Проникнуть куда-н. при помощи неблаговидных приёмов, происков (разг.). *В. в компанию. В. в доверие к кому-н.* (перен.). ‖ *несов.* **втира́ться**, -а́юсь, -а́ешься. ‖ *сущ.* **втира́ние**, -я, *ср.*

ВТЕСА́ТЬСЯ, -ешу́сь, -е́шешься; *сов., во что* (прост.). То же, что втереться (во 2 и 3 знач.). ‖ *несов.* **втёсываться**, -аюсь, -аешься.

ВТЕЧЬ (втеку́, втечёшь, 1 и 2 л. не употр.), втечёт; втёк, втекла́; втёкший; втёкши; *сов., во что.* Влиться, проникнуть струёй. *Вода втекла в трюм.* ‖ *несов.* **втека́ть** (-а́ю, -а́ешь, 1 и 2 л. не употр.), -а́ет.

ВТЁМНУЮ, *нареч.* (прост.). То же, что вслепую. *Играть в карты в.* (не видя своих карт).

ВТИРА́НИЕ, -я, *ср.* **1.** *см.* втереть, -ся. **2.** Втираемая мазь, состав. *Врач назначил в.*

ВТИРА́ТЬ, -СЯ *см.* втереть, -ся.

ВТИ́СКАТЬ, -аю, -аешь; *сов., что во что* (прост.). Втиснуть в несколько приёмов. ‖ *несов.* **вти́скивать**, -аю, -аешь.

ВТИ́СКАТЬСЯ, -аюсь, -аешься; *сов.* (прост.). Втиснуться в несколько приёмов. ‖ *несов.* **вти́скиваться**, -аюсь, -аешься.

ВТИ́СНУТЬ, -ну, -нешь; -утый; *сов., кого-что во что.* Сжимая, с трудом поместить, впихнуть. *В. бельё в чемодан.*

ВТИ́СНУТЬСЯ, -нусь, -нешься; *сов.* **1.** (1 и 2 л. не употр.). С трудом поместиться (разг.). *Книги еле втиснулись в портфель.* **2.** С трудом войти, проникнуть куда-н. (прост.). *В. в переполненный автобус.*

ВТИХАРЯ́ и **ВТИХУ́Ю**, *нареч.* (прост.). То же, что втихомолку.

ВТИХОМО́ЛКУ, *нареч.* (разг.). Потихоньку, тайком.

ВТОЛКА́ТЬ, -а́ю, -а́ешь; *сов., что во что.* Втолкнуть в несколько приёмов. ‖ *несов.* **вта́лкивать**, -аю, -аешь.

ВТОЛКНУ́ТЬ, -ну́, -нёшь; вто́лкнутый; *сов., кого-что во что.* Толкая, поместить, ввести. *В. кого-н. в комнату. В. бочку в подвал.*

ВТОЛКОВА́ТЬ, -ку́ю, -ку́ешь; -о́ванный; *сов., что кому* (разг.). Разъясняя, заставить понять, усвоить что-н. *В. правило. Ему не втолкуешь* (он очень непонятлив). ‖ *несов.* **втолко́вывать**, -аю, -аешь.

ВТОПТА́ТЬ, -опчу́, -о́пчешь; -о́птанный; *сов., кого-что во что.* Топча, вдавить. *В. окурок в землю. В. в грязь кого-н.* (перен.: унизить, оскорбить, опорочить). ‖ *несов.* **вта́птывать**, -аю, -аешь.

ВТО́РА, -ы, *ж.* (спец.). Второй голос в музыкальной партии.

ВТО́РГНУТЬСЯ, -нусь, -нешься; вто́ргся и вто́ргнулся, вто́рглась; *сов., во что.* Войти силой. *В. на чью-н. территорию. В. в чужую жизнь* (перен.: бесцеремонно вмешаться). ‖ *несов.* **вторга́ться**, -а́юсь, -а́ешься. ‖ *сущ.* **вторже́ние**, -я, *ср.*

ВТО́РИТЬ, -рю, -ришь; *несов.* **1.** *кому-чему.* Исполнять партию вторы (спец.). *Бас вторит тенору.* **2.** *кому-чему.* Повторять, отражать какие-н. звуки. *Эхо вторит грому.* **3.** *кому.* Поддакивать, соглашаться с кем-н. в чём-н. (разг.). *Жена во всём вторит мужу.*

ВТОРИ́ЧНЫЙ, -ая, -ое; -чен, -чна. **1.** *полн. ф.* Происходящий (совершаемый, используемый) второй раз. *В. вызов. Вторичное сырьё* (материалы, изделия, после износа применяемые в производстве как исходное сырьё, утиль). **2.** *полн. ф.* Образующий вторую ступень в чём-н., представляющий собой вторую стадию в развитии чего-н. *В. период болезни.* **3.** Второстепенный, побочный, являющийся следствием чего-н. *Вторичные половые признаки.* ‖ *сущ.* **втори́чность**, -и, *ж.*

ВТО́РНИК, -а, *м.* Второй день недели. ‖ *прил.* **вто́рничный**, -ая, -ое.

ВТОРО... *Первая часть сложных слов со знач.:* 1) относящийся к чему-н. второму по счёту, напр. *второбрачный, второразрядник, второклассник;* 2) не из числа первых, напр. *второстепенный, второочередник;* 3) не самый лучший, напр. *второразрядный, второсортный.*

ВТОРОГО́ДНИК, -а, *м.* Ученик, оставшийся в классе на второй год для повторного прохождения программы. ‖ *ж.* **второго́дница**, -ы. ‖ *прил.* **второго́днический**, -ая, -ое.

ВТОРОГО́ДНИЧЕСТВО, -а, *ср.* Пребывание учеников второй год в том же классе по неуспеваемости.

ВТОРО́Й, -а́я, -о́е. **1.** *см.* два. **2.** Не основной, не главный. *Вторая скрипка* (в оркестре; также перен.: о человеке, играющем в каком-н. деле второстепенную роль). *На вторых ролях* (также перен.). *На втором плане* (также перен.). **3.** Вполне заменяющий первого (первое), настоящего (настоящее). *Отчим стал вторым отцом. В. родной язык.* **4.** **втора́я**, -о́й. Получаемый делением на два. *Вторая часть. Одна вторая* (сущ.; половина). **5.** **второ́е**, -о́го, *ср.* Блюдо в обеде, ужине, обычно следующее после супа. *На второе — котлеты.* ✦ **Второй сорт** — 1) сорт товара, продукции, следующий за первым; 2) о чём-н. не самом лучшем.

ВТОРОКЛА́ССНИК, -а, *м.* Ученик второго класса. ‖ *ж.* **второкла́ссница**, -ы.

ВТОРОКЛА́ШКА, -и, *м.* и *ж.* (прост.). То же, что второклассник, второклассница.

ВТОРООЧЕРЕДНО́Й, -а́я, -о́е; -рёден, -рёдна. Выполняемый во вторую очередь, менее существенный. *В. вопрос.* ‖ *сущ.* **второочерёдность**, -и, *ж.*

ВТОРОПЯ́Х, *нареч.* (разг.). Торопясь, спеша. *В. забыть что-н. В. не разглядел.*

ВТОРОРАЗРЯ́ДНЫЙ, -ая, -ое. Второго разряда, посредственный. *В. ресторан.*

ВТОРОСО́РТНЫЙ, -ая, -ое; -тен, -тна. Второго сорта, посредственный. *В. товар.* ‖ *сущ.* **второсо́ртность**, -и, *ж.*

ВТОРОСТЕПЕ́ННЫЙ -ая, -ое; -е́нен, -е́нна. **1.** Не главный, не основной. *В. вопрос.* **2.** Не лучший, заурядный. *В. писатель.* ✦ **Второстепенные члены предложения** — в грамматике: члены предложения, противопоставленные его главным членам и распространяющие, расширяющие собой его грамматическую основу. ‖ *сущ.* **второстепе́нность**, -и, *ж.*

ВТОРСЫРЬЁ, -я́, *ср., собир.* Сокращение: вторичное сырьё, то же, что утиль.

ВТРАВИ́ТЬ, -авлю́, -а́вишь; -а́вленный; *сов., кого (что).* **1.** Приучить к травле (в 4 знач.) (спец.). *В. собаку.* **2.** *перен., во что.* Вовлечь, втянуть в какое-н. нежелательное, неприятное дело (прост.). *В. в преступное дело.* ‖ *несов.* **втра́вливать**, -аю, -аешь и **втравля́ть**, -я́ю, -я́ешь.

ВТРЕ́СКАТЬСЯ, -аюсь, -аешься; *сов., в кого (что)* (прост.). То же, что влюбиться. *В. по уши.* ‖ *несов.* **втре́скиваться**, -аюсь, -аешься.

В-ТРЕ́ТЬИХ, *вводн. сл.* Употр. при обозначении третьего пункта при перечислении.

ВТРИ́ДОРОГА, *нареч.* (разг.). Втрое или во много раз дороже. *Платить в.*

ВТРО́Е, *нареч.* В три раза. *В. больше.*

ВТРОЁМ, *нареч.* В количестве трёх человек. *Жить в квартире в.*

ВТРОЙНЕ́, *нареч.* В три раза больше. *Переплатить в.*

ВТУЗ, -а, *м.* Сокращение: высшее техническое учебное заведение. ‖ *прил.* **вту́зовский**, -ая, -ое.

ВТУ́ЛКА, -и, *ж.* **1.** Цилиндрическая или конической формы деталь машины с продольным отверстием для вставляемой другой детали. **2.** Затычка, пробка. ‖ *прил.* **вту́лочный**, -ая, -ое.

ВТУ´НЕ, *нареч.* (устар.). Бесплодно, напрасно; без результата. *Все просьбы остались в.*

ВТЫК, -а, *м.* (прост.). Выговор, строгое внушение. *Сделать кому-н. в. Получить от начальства хороший в.*

ВТЫКА´ТЬ *см.* воткнуть.

ВТЮ´РИТЬСЯ, -рюсь, -ришься; *сов., в кого (что)* (прост.). То же, что влюбиться. ‖ *несов.* **втю́риваться**, -аюсь, -аешься.

ВТЯ´НУТЫЙ, -ая, -ое; -ут. Впалый, ввалившийся. *В. живот.* ‖ *сущ.* **втя́нутость**, -и, *ж.*

ВТЯНУ´ТЬ, -яну́, -я́нешь; -я́нутый; *сов.* **1.** *кого-что.* Ввести куда-н. волоча, втащить. *В. лодку на берег.* **2.** *что.* Вобрать в себя. *В. струю воздуха. В. когти.* **3.** *перен., кого (что) во что.* То же, что вовлечь (разг.). *В. в работу. В. в беду.* ‖ *несов.* **втя́гивать**, -ваю, -аешь. ‖ *прил.* **втяжно́й**, -а́я, -о́е (к 1 и 2 знач.). *Втяжная труба.*

ВТЯНУ´ТЬСЯ, -яну́сь, -я́нешься; *сов.* **1.** (1 и 2 л. не употр.). Вобраться внутрь; впасть. *Когти втянулись. Щёки после болезни втянулись.* **2.** (1 и 2 л. ед. не употр.). О многих: постепенно войти, вступить куда-н. *Пехота втянулась в лес.* **3.** *перен., во что.* Приобретя навык, освоив что-н., привыкнуть (разг.). *В. в работу.* **4.** *перен., во что.* Постепенно включиться, войти, стать участником чего-н. (разг.). *В. в спор, в беседу.* ‖ *несов.* **втя́гиваться**, -аюсь, -аешься.

ВУАЛЕ´ТКА, -и, *ж.* Небольшая короткая вуаль (во 2 знач.). *В. на шляпе.*

ВУАЛИ´РОВАТЬ, -рую, -руешь; *несов., что.* Намеренно делать неясным, затенять суть чего-н. ‖ *сов.* **завуали́ровать**, -рую, -руешь; -анный. *В завуалированной форме.*

ВУА´ЛЬ, -и, *ж.* **1.** Тонкая прозрачная материя. **2.** Сетка, прикрепляемая к женской шляпе и закрывающая лицо. *Шляпа с вуалью. Откинуть в.* **3.** Потемнение в неосвещенных участках проявленного кино- или фотоизображения (спец.). ‖ *прил.* **вуа́левый**, -ая, -ое (к 1 знач.) *и* **вуа́льный**, -ая, -ое (к 3 знач.).

ВУЗ, -а, *м.* Сокращение: высшее учебное заведение. ‖ *прил.* **ву́зовский**, -ая, -ое.

ВУЛКА´Н, -а, *м.* Геологическое образование — коническая гора с кратером на вершине, через к-рый из недр земли время от времени извергается огонь, лава, пепел, горячие газы, пары воды и обломки горных пород. *Наземный, подводный в. Действующий в. Спящий в.* (притихший). *Потухший в. Жить (как) на вулкане* (в постоянной тревоге, опасности). ‖ *прил.* **вулкани́ческий**, -ая, -ое. *Вулканические породы. Вулканическое стекло* (некристаллизовавшаяся остывшая лава).

ВУЛКАНИЗА´ЦИЯ, -и, *ж.* (спец.). Технологический процесс превращения каучука в резину. ‖ *прил.* **вулканизацио́нный**, -ая, -ое.

ВУЛКАНО´ЛОГ, -а, *м.* Специалист по вулканологии.

ВУЛКАНОЛО´ГИЯ, -и, *ж.* Наука о вулканах. ‖ *прил.* **вулканологи́ческий**, -ая, -ое.

ВУЛЬГАРИЗА´ТОР, -а, *м.* Человек, к-рый вульгаризирует что-н., упроститель. ‖ *прил.* **вульгариза́торский**, -ая, -ое.

ВУЛЬГАРИЗИ´РОВАТЬ, -рую, -руешь; -анный; *сов. и несов., что.* Представить (-влять) в вульгарном, грубо упрощенном, искаженном виде. *В. науку.* ‖ *сущ.* **вульгариза́ция**, -и, *ж.*

ВУЛЬГАРИ´ЗМ, -а, *м.* Вульгарное (в 1 знач.) слово или выражение, употреблённое в литературном языке.

ВУЛЬГА´РНЫЙ, -ая, -ое; -рен, -рна. **1.** Пошлый и грубый; непристойный. *В. вкус. Вульгарное выражение.* **2.** *полн. ф.* Упрощённый до искажения, опошления. *Вульгарное изложение учения. В. материализм* (в философии середины 19 в.: течение, упрощающее материалистическое миропонимание и отождествляющее сознание с материей). ‖ *сущ.* **вульга́рность**, -и, *ж.* (к 1 знач.).

ВУНДЕРКИ´НД [дэ], -а, *м.* (часто ирон.). Высокоодарённый ребёнок. *Делать из ребёнка вундеркинда* (воспитывать так, как будто он одарён исключительными способностями; неодобр.). ‖ *прил.* **вундеркин́довский**, -ая, -ое (разг.).

ВУРДАЛА´К, -а, *м.* То же, что вампир (во 2 знач.).

ВХОД, -а, *м.* **1.** *см.* войти. **2.** Место, где входят. *В. в театр. Встретиться у входа.* ✦ **На входе** (спец.) — об информации, данных: поступая для обработки. ‖ *прил.* **входно́й**, -а́я, -о́е. *Входная дверь. В. билет* (дающий право на вход куда-н.).

ВХОДИ´ТЬ *см.* войти.

ВХОДНО´Й *см.* войти *и* вход.

ВХОДЯ´ЩИЙ, -ая, -ее (офиц.). О корреспонденции: получаемый учреждением; *противоп.* исходящий. *Входящая почта.*

ВХОЖДЕ´НИЕ *см.* войти.

ВХО´ЖИЙ, -ая, -ее; вхож (разг.). Часто бывающий где-н., охотно допускаемый, приглашаемый куда-н. *Вхож в дом. Вхож в театральные круги.*

ВХОЛО´ДНУЮ, *нареч.* Холодным (в 8 знач.) способом. *Ковка в.*

ВХОЛОСТУ´Ю, *нареч.* О движении механизма: не производя полезной работы. *Станок работает в.*

ВЦЕПИ´ТЬСЯ, вцеплю́сь, вце́пишься; *сов., в кого-что* (разг.). Цепко схватить что-н. или кого-н. за что-н. *В. в поручни. Собака вцепилась в ногу.* ‖ *несов.* **вцепля́ться**, -яюсь, -яешься.

ВЧЕРА´. **1.** *нареч.* В день перед сегодняшним. *Виделись в.* **2.** *нареч., перен.* В недалёком прошлом. *В. был студентом, сегодня — уже учитель.* **3.** *нескл., ср.* День, предшествовавший сегодняшнему. *Договорились на в., а он не пришёл.* ‖ *прил.* **вчера́шний**, -яя, -ее. *Искать вчерашнего дня* (тратить время на поиски того, чего уже нет; шутл.).

ВЧЕРА´СЬ, *нареч.* (обл.). То же, что вчера (в 1 знач.).

ВЧЕРА´ШНИЙ, -яя, -ее. **1.** *см.* вчера. **2.** *перен.* Недавно бывший кем-чем-н. *Вчерашние школьники. Вчерашнее захолустье.* **3.** *перен.* Устарелый, несовременный. *Вчерашние представления о чём-н.* ✦ **Вчерашний день** — о чём-н. устарелом, несовременном. *Вчерашний день науки.* **Жить вчерашним днём** — отстать от времени.

ВЧЕРНЕ´, *нареч.* То же, что начерно. *Проект готов в.*

ВЧЕ´ТВЕРО, *нареч.* В четыре раза. *В. больше. Сложить лист в.* (дважды согнуть).

ВЧЕТВЕРО´М, *нареч.* В количестве четырех человек. *Работать в.*

В-ЧЕТВЁРТЫХ, *вводн. сл.* Употр. при обозначении четвёртого пункта при перечислении.

ВЧИНИ´ТЬ, -ню́, -ни́шь; -нённый (-ён, -ена́); *сов.:* **вчинить иск** *кому* (устар.) — предъявить иск. ‖ *несов.* **вчиня́ть**, -я́ю, -я́ешь.

ВЧИСТУ´Ю, *нареч.* (прост.). Совсем, совершенно, подчистую. *Проиграться в.*

ВЧИТА´ТЬСЯ, -а́юсь, -а́ешься; *сов., во что.* Читая, вникнуть. *В. в трудный текст.* ‖ *несов.* **вчи́тываться**, -аюсь, -аешься.

ВЧУ´ВСТВОВАТЬСЯ, -твуюсь, -твуешься; *сов., во что.* Чувством понять, вникнуть во что-н. *В. в роль.*

ВЧУ´ЖЕ, *нареч.* Со стороны, с точки зрения чужого, постороннего. *В. жаль.*

ВШЕ´СТЕРО, *нареч.* В шесть раз. *В. больше.*

ВШЕСТЕРО´М, *нареч.* В количестве шести человек. *Взяться за дело в.*

В-ШЕСТЫ´Х, *вводн. сл.* Употр. при обозначении шестого пункта при перечислении.

ВШИВА´ТЬ *см.* вшить.

ВШИ´ВЕТЬ, -ею, -еешь; *несов.* Становиться вшивым. ‖ *сов.* **завши́веть**, -ею, -еешь *и* **обовши́веть**, -ею, -еешь.

ВШИВНО´Й, -а́я, -о́е. Такой, к-рый вшивается, вшитый. *В. рукав.*

ВШИ´ВЫЙ, -ая, -ое; вшив. Имеющий много вшей, покрытый вшами. ‖ *сущ.* **вши́вость**, -и, *ж.*

ВШИРЬ, *нареч.* В ширину, на широкое пространство. *Раздаться в.*

ВШИТЬ, вошью́, вошьёшь; вшей; вши́тый; *сов., что во что.* Вставить, пришив. *В. рукава.* ‖ *несов.* **вшива́ть**, -а́ю, -а́ешь. ‖ *сущ.* **вшива́ние**, -я, *ср. и* **вши́вка**, -и, *ж.* (разг.).

ВЪ..., *приставка.* То же, что в...; пишется вместо «в» перед *е, ё, я,* (потенциально также перед *ю*), напр. *въехать, въявь.*

ВЪЕДА´ТЬСЯ *см.* въесться.

ВЪЕ´ДЛИВЫЙ, -ая, -ое; -ив (разг.). Придирчиво вникающий во все мелочи, дотошный. *В. начальник.* ‖ *сущ.* **въе́дливость**, -и, *ж.*

ВЪЕ´ДЧИВЫЙ, -ая, -ое; -ив (разг.). **1.** Имеющий свойство въедаться во что-н. *Въедчивая краска.* **2.** *перен.* То же, что въедливый. *В. человек.* ‖ *сущ.* **въе́дчивость**, -и, *ж.*

ВЪЕЗД, -а, *м.* **1.** *см.* въехать. **2.** Место, где въезжают. *У въезда в город.* ‖ *прил.* **въездно́й**, -а́я, -о́е. *Въездная виза* (дающая право на въезд).

ВЪЕ´СТЬСЯ (въе́мся, въеди́мся, въе́шься, въеди́тесь, 1 и 2 л. не употр.), въе́стся, въедя́тся; въе́лся, -лась; въе́вшийся; въе́вшись; *сов., во что.* Пропитать собой, впитаться. *Краска въелась в кожу.* ‖ *несов.* **въеда́ться** (-а́юсь, -а́ешься, 1 и 2 л. не употр.), -а́ется.

ВЪЕ´ХАТЬ, въе́ду, въе́дешь; *в знач. пов. употр.* въезжа́й; *сов.* **1.** Едучи, попасть, проникнуть внутрь. *В. в город.* **2.** Вселиться куда-н. *В. в новую квартиру.* **3.** Едучи, подняться. *В. на гору.* ‖ *несов.* **въезжа́ть**, -а́ю, -а́ешь. ‖ *сущ.* **въезд**, -а, *м.* ‖ *прил.* **въездно́й**, -а́я, -о́е. *Въездные ворота.*

ВЪЯВЬ, *нареч.* (устар.). То же, что наяву. *Увидеть в.*

ВЫ, вас, вам, вас, ва́ми, о вас; *мест. личн. 2 л. мн. ч.* Служит для обозначения нескольких лиц, включая собеседника и исключая говорящего, а также как форма вежливости для обозначения одного лица, собеседника. *Сухое, официальное «вы»* (об обращении на вы). ✦ **На вы** (говорить, быть с кем-н.) — об отношениях между людьми, когда друг другу говорят «вы», а не «ты». **Иду на вы!** — открытое объявление боя, борьбы [по древнему воинственному кличу].

ВЫ..., *приставка.* Образует глаголы со знач.: 1) исчерпанности действия, достижения чего-н., напр. *выучить, выявить, выяснить, выпросить;* 2) движения изнутри, напр. *вывезти, выгнать, вывесить, выбежать;* 3) тщательности и интенсивности действия, напр. *вытанцовывать, вызвани-*

вать; 4) с постфиксом -ся — полной исчерпанности действия, удовлетворённости лица действием, напр. *вылежаться, выспаться, выговориться;* 5) собственно предела действия, напр. *выиграть, выстирать, вычислить, высушить, выгладить.*

ВЫБА́ЛТЫВАТЬ *см.* выболтать.

ВЫ́БЕЖАТЬ, -егу, -ежишь, -егут; -еги; *сов.* **1.** Удалиться откуда-н. бегом. *В. из дому.* **2.** Двигаясь бегом, появиться. *В. навстречу. Из лесу выбежал олень.* ‖ *несов.* **выбега́ть,** -а́ю, -а́ешь.

ВЫ́БЕЛИТЬ *см.* белить.

ВЫБИРА́ТЬ, -СЯ *см.* выбрать, -ся.

ВЫ́БИТЬ, -бью, -бьешь; -бей; -итый; *сов.* **1.** *кого-что.* Ударом удалить; с боем вытеснить. *В. стекло из рамы. В. врага из окопов. В. из колеи* (перен.: нарушить привычный образ жизни). **2.** *что.* Ударами очистить от пыли. *В. ковёр.* **3.** *что.* Ударами сделать углубление в чём-н.; выгравировать. *В. надпись на камне. В. медаль.* **4.** *что.* С трудом добиться, получить что-н. у кого-н. (прост.). *В. дополнительные средства.* **5.** *что.* Отпечатать (кассовый чек), а также, оплатив, получить (такой чек) в кассе (разг.). *Кассирша выбила чек. Выбей за хлеб.* ‖ *несов.* **выбива́ть,** -а́ю, -а́ешь. ‖ *прил.* **выбивно́й,** -а́я, -о́е (к 3 знач.). *Выбивные работы.*

ВЫ́БИТЬСЯ, -бьюсь, -бьешься; -бейся; *сов.* **1.** *из чего.* С трудом выйти откуда-н., освободиться. *В. из толпы. В. из нужды. В. из долгов.* **2.** (1 и 2 л. не употр.). Выступить, показаться наружу. *Волосы выбились из-под шапки.* ✦ **Выбиться из сил** — очень утомиться, изнемочь. **Выбиться из графика** — нарушить график работ, движения. **Выбиться в люди** — после долгих усилий достичь хорошего общественного положения. ‖ *несов.* **выбива́ться,** -а́юсь, -а́ешься.

ВЫ́БОИНА, -ы, *ж.* **1.** Яма на дороге от езды, ухаб. *Грузовик подбрасывает на выбоинах.* **2.** Углубление, выбитое на поверхности чего-н. *В. в стене.*

ВЫ́БОЛЕТЬ (-лю, -лишь, 1 и 2 л. не употр.), -лит; *сов.* (разг.). **1.** О поверхности тела: измениться там, где было больное место. *Выболевшая кожа.* **2.** Пропасть, утратиться под действием боли, страдания. *Выболело прежнее чувство. Вся душа выболела у кого-н.* (кто-н. исстрадался).

ВЫ́БОЛТАТЬ, -аю, -аешь; -анный; *сов.* (разг.). Болтая, рассказать (тайну). *В. секрет.* ‖ *несов.* **выба́лтывать,** -аю, -аешь.

ВЫ́БОР, -а, *м.* **1.** *см.* выбрать. **2.** То, из чего можно выбрать. *Большой в. товаров.* **3.** О том, кто (или что) выбран (выбрано). *Одобрить чей-н. в.* ✦ **На выбор** — с возможностью выбрать по своему вкусу, усмотрению. *Продавать яблоки на выбор.* **По выбору чьему** — по усмотрению. *Взять помощников по своему выбору.*

ВЫ́БОРКА, -и, *ж.* **1.** *см.* выбрать. **2.** обычно *мн.* Материалы (статьи, заметки, выдержки), подобранные на какую-н. тему, подборка (во 2 знач.).

ВЫ́БОРНОСТЬ, -и, *ж.* Замещение должностей путём выборов, а не назначения. *Принцип выборности. В. судей.*

ВЫ́БОРНЫЙ, -ая, -ое. **1.** *см.* выбрать. **2.** Замещаемый по принципу выборности. *Выборная должность. Выборные органы.* **3.** **выборный,** -ого, *м.* Человек, избранный каким-н. коллективом для представительства где-н. в качестве ходатая (устар.).

ВЫ́БОРОЧНЫЙ, -ая, -ое; -чен, -чна. Не сплошной, частичный. *Выборочное обследование.* ‖ *сущ.* **вы́борочность,** -и, *ж.*

ВЫ́БОРЩИК, -а, *м.* **1.** Представитель от избирателей (при косвенных выборах), направляемый ими для участия в выборах. **2.** Работник, занимающийся выборкой чего-н. ‖ *ж.* **вы́борщица,** -ы (ко 2 знач.).

ВЫ́БОРЫ, -ов. Избрание путём голосования (депутатов, главы государства, должностных лиц, членов организации). *Прямые в.* (осуществляемые непосредственно избирателями). *Косвенные в.* (при посредстве выборщиков). *В. народных депутатов России. В. президента. В. в профком.*

ВЫ́БРАКОВАТЬ, -кую, -куешь; -анный; *сов., кого-что.* (спец.). Бракуя, изъять как имеющее недостаток, не соответствующее норме. ‖ *несов.* **выбрако́вывать,** -аю, -аешь. ‖ *сущ.* **выбрако́вка,** -и, *ж. В. скота.* ‖ *прил.* **выбрако́вочный,** -ая, -ое.

ВЫ́БРАНИТЬ, -СЯ *см.* бранить, -ся.

ВЫБРА́СЫВАТЬ, -СЯ *см.* выбросить, -ся.

ВЫ́БРАТЬ, -беру, -берешь; -анный; *сов.* **1.** *что.* Отобрать, извлечь. *В. соринки из крупы.* **2.** *кого-что.* Взять, отобрать, определить для себя нужное, предпочитаемое. *В. книгу для чтения. В. себе хороших помощников. В. профессию.* **3.** *кого-что.* Избрать голосованием. *В. профком, председателя профкома.* **4.** *что.* Извлечь откуда-н. всё без остатка. *В. все запасы.* **5.** *что.* Вытянуть, поднять (якорь, снасть). *В. невод.* **6.** *что.* О времени: найти, освободить для какой-н. цели. *В. свободную минутку.* ‖ *несов.* **выбира́ть,** -а́ю, -а́ешь. ‖ *сущ.* **вы́бор,** -а, *м.* (к 1 и 2 знач.) *и* **вы́борка,** -и, *ж.* (к 1 и 5 знач.). *Выбор пал на кого-н.* (кто-н. был выбран). ‖ *прил.* **вы́борный,** -ая, -ое (к 3 знач.). *Отчётно-выборное собрание.*

ВЫ́БРАТЬСЯ, -берусь, -берешься; *сов.* **1.** С трудом выйти, выехать откуда-н. *В. из леса на проезжую дорогу.* **2.** Найти время, возможность отправиться куда-н. (разг.). *В. в театр.* ‖ *несов.* **выбира́ться,** -а́юсь, -а́ешься.

ВЫ́БРЕСТИ, -еду, -едешь; -ел, -ела; -едший; -едя; *сов.* (разг.). Бредя, выйти откуда-н. *В. из лесу.*

ВЫ́БРИТЬ, -рею, -реешь; -итый; *сов., что.* Бритьём очистить от волос, побрить, а также бритьём освободить (какое-н. место) от волос. *Тщательно выбрит кто-н. В. голову.* ‖ *несов.* **выбрива́ть,** -а́ю, -а́ешь. ‖ *возвр.* **вы́бриться,** -реюсь, -реешься; *несов.* **выбрива́ться,** -а́юсь, -а́ешься.

ВЫ́БРОСИТЬ, -ошу, -осишь; -ошенный; *сов.* **1.** *кого-что.* Бросая, удалить, освободиться от чего-н. *В. мусор. В. ненужные вещи. В. лишние цитаты* (перен.). *Выброшенные деньги* (истраченные зря; разг.). **2.** *перен., кого (что).* Грубо или незаконно уволить (разг.). *В. за заводские ворота.* **3.** *что.* Поднять, вывесить (флаг). *В. белый флаг* (в знак сдачи в плен, капитуляции). *В. лозунг* (перен.: провозгласить). **4.** *кого-что.* Пустить, направить. *В. десант. В. товар на рынок* (пустить в продажу). **5.** *что.* Выдвинуть, выставить резким движением. *В. руку вперёд.* **6.** (1 и 2 л. не употр.), *что.* О растениях: дать росток, лист, новый побег, колос. *Лук выбросил зелёные стрелки.* ‖ *несов.* **выбра́сывать,** -аю, -аешь. ‖ *сущ.* **выбра́сывание,** -я, *ср.*, **вы́броска,** -и, *ж.* (к 1 и 3 знач.) *и* **вы́брос,** -а, *м.* (к 1, 3 и 4 знач.). ‖ *прил.* **выбросно́й,** -а́я, -о́е (к 1 знач.; спец.).

ВЫ́БРОСИТЬСЯ, -ошусь, -осишься; *сов.* Броситься вниз откуда-н. *В. из окна. В. с парашютом.* ‖ *несов.* **выбра́сываться,** -аюсь, -аешься.

ВЫ́БЫТЬ, -буду, -будешь; -будь; *сов., из чего* (офиц.). Перестать находиться или числиться где-н. *В. из города. В. из полка по ранению. В. из числа студентов. В. из строя* (перен.: утратить работоспособность, выйти из строя). ‖ *несов.* **выбыва́ть,** -а́ю, -а́ешь. ‖ *сущ.* **вы́бытие,** -я, *ср.*

ВЫВА́ЖИВАТЬ *см.* выводить.

ВЫВА́ЛИВАТЬ[1], -СЯ[1] *см.* вывалить, -ся.

ВЫВА́ЛИВАТЬ[2], -СЯ[2] *см.* вывалять, -ся.

ВЫ́ВАЛИТЬ, -лю, -лишь; -ленный; *сов., кого-что из чего.* Валя, опрокидывая, удалить откуда-н. *В. песок из кузова.* ‖ *несов.* **выва́ливать,** -аю, -аешь. ‖ *сущ.* **выва́ливание,** -я, *ср. и* **вы́валка,** -и, *ж.* (разг.).

ВЫ́ВАЛИТЬСЯ, -люсь, -лишься; *сов.* **1.** Падая, валясь, выпасть откуда-н. *Книга вывалилась из рук.* **2.** (1 и 2 л. ед. не употр.). Появиться откуда-н. в большом количестве (прост.). *Из дверей вывалилась целая толпа.* ‖ *несов.* **выва́ливаться,** -аюсь, -аешься.

ВЫ́ВАЛЯТЬ, -яю, -яешь; *сов., кого-что* (разг.). Валяя, покрыть чем-н., выпачкать в чём-н. *В. в снегу.* ‖ *несов.* **выва́ливать,** -аю, -аешь.

ВЫ́ВАЛЯТЬСЯ, -яюсь, -яешься; *сов.* (разг.). Валяясь или упав, покрыться чем-н., выпачкаться в чём-н. *В. в снегу, в песке, в грязи.* ‖ *несов.* **выва́ливаться,** -аюсь, -аешься.

ВЫ́ВАРИТЬ, -рю, -ришь; -ренный; *сов., что.* **1.** Варкой добыть, извлечь или приготовить. *В. соль. В. клей.* **2.** Варкой довести до нужной степени готовности или переварить (во 2 знач.). *В. мясо.* ‖ *несов.* **выва́ривать,** -аю, -аешь. ‖ *сущ.* **выва́ривание,** -я, *ср. и* **вы́варка,** -и, *ж.* (к 1 знач.). ‖ *прил.* **вы́варочный,** -ая, -ое (к 1 знач.).

ВЫ́ВЕДАТЬ, -аю, -аешь; -анный; *сов., что* (разг.). Разузнавая, получить какие-н. сведения. *В. секрет. В. чьи-н. намерения.* ‖ *несов.* **выве́дывать,** -аю, -аешь.

ВЫВЕДЕ́НИЕ *см.* вывести[1].

ВЫ́ВЕЗТИ, -зу, -зешь; -ез, -езла; -езший; -езенный; -езя; *сов., кого-что.* **1.** Везя, удалить, отправить куда-н., за пределы чего-н. *В. древесину из леса. В. детей за́ город. В. товары из страны.* **2.** Привезти с собой откуда-н. *В. из экспедиции образцы минералов.* **3.** (1 и 2 л. не употр.). С трудом, путём больших усилий выручить (разг.). *В. из беды, из трудного положения. Вывез счастливый случай.* ‖ *несов.* **вывози́ть,** -ожу́, -о́зишь. ‖ *сущ.* **вы́воз,** -а, *м.* (к 1 и 2 знач.) *и* **вы́возка,** -и, *ж.* (к 1 и 2 знач.; разг.). ‖ *прил.* **вывозно́й,** -а́я, -о́е (к 1 знач.).

ВЫ́ВЕРИТЬ, -рю, -ришь; -ренный; *сов., что.* Тщательно проверить. *В. часы.* ‖ *несов.* **выверя́ть,** -я́ю, -я́ешь. ‖ *сущ.* **вы́верка,** -и, *ж.*

ВЫ́ВЕРНУТЬ, -ну, -нешь; -утый; *сов., что.* **1.** *из чего.* Вынуть, крутя, вертя. *В. винт.* **2.** Крутя, вертя, загнуть, вывихнуть (разг.). *В. руки кому-н.* **3.** Перевернуть внутренней стороной наружу. *В. рукав. В. карманы.* ‖ *несов.* **вывёртывать,** -аю, -аешь *и* **вывора́чивать,** -аю, -аешь. ‖ *сущ.* **вывёртывание,** -я, *ср.*, **вывора́чивание,** -я, *ср. и* **вы́воротка,** -и, *ж.* (к 3 знач.). ‖ *прил.* **вы́воротный,** -ая, -ое (к 3 знач.).

ВЫ́ВЕРНУТЬСЯ, -нусь, -нешься; *сов.* (разг.). **1.** (1 и 2 л. не употр.), *из чего.* Крутясь, вертясь, выпасть. *Болт вывернулся.* **2.** (1 и 2 л. не употр.). То же, что вывихнуться. *Рука вывернулась.* **3.** (1 и 2 л. не употр.). Перевернуться внутренней стороной наружу. *Рукав вывернулся наизнанку.* **4.** Ловко повернувшись, выскользнуть, освободиться. *В. из чьих-н. рук.* **5.** *перен.* Ловко выйти из трудного положения. ‖ *несов.* **вывёртываться,** -аюсь, -аешься *и* **вывора́чиваться,** -аюсь, -аешься.

ВЫ́ВЕРТ, -а, *м.* (разг.). **1.** Неестественное телодвижение. *Танцевать с вывертами.* **2.** *перен.* Причуда, причудливо-неестественный оборот речи или поступок. *Говорить с вывертами. Надоели его вечные выверты.*

ВЫ́ВЕСИТЬ[1], -ешу, -есишь; -ешенный; *сов., что.* **1.** Повесить на открытом месте. *В. флаг. В. бельё для просушки.* **2.** Повесить для обозрения, для всеобщего сведения. *В. объявление, приказ.* ‖ *несов.* **выве́шивать**, -аю, -аешь. ‖ *сущ.* **выве́шивание**, *-я, ср.*

ВЫ́ВЕСИТЬ[2], -ешу, -есишь; -ешенный; *сов., что.* Проверить взвешиванием. *В. гири.* ‖ *несов.* **выве́шивать**, -аю, -аешь. ‖ *сущ.* **выве́шивание**, *-я, ср.*

ВЫ́ВЕСКА, -и, *ж.* **1.** Пластина с надписью или рисунком, сообщающими о названии учреждения, о роде его деятельности. **2.** *перен.* О внешнем, показном в поведении, образе жизни, деятельности (разг.). *Его красивые слова — только в.* ◆ **Под вывеской** *чего, в знач. предлога с род. п.* — под видом, под прикрытием чего-н. *Лицемерие под вывеской участия.* ‖ *прил.* **вывесочный**, -ая, -ое (к 1 знач.).

ВЫ́ВЕСТИ[1], -еду, -едешь; -ел, -ела; -едший; -еденный; -едя; *сов.* **1.** *кого-что.* Ведя, направить куда-н.; удалить откуда-н. *В. войска с чужой территории. В. ребёнка на прогулку. В. машину из гаража. В. кого-н. на новый путь* (перен.: на новую дорогу, к новой жизни). *В. из беды* (перен.). **2.** *кого-что из чего.* Исключить, заставить выбыть. *В. из состава президиума. В. из строя* (лишить возможности или способности работать, действовать). **3.** *кого (что) из чего.* Привести в состояние, противоположное тому, к-рое названо следующим далее существительным. *В. из равновесия* (лишить равновесия, покоя). *В. из терпения* (раздражить). *В. из шокового состояния.* **4.** *кого-что.* Истребить, уничтожить. *В. клопов. В. пятно.* **5.** *что.* Умозаключить, прийти к чему-н. на основе анализа. *Из сказанного можно в., что эксперимент удался. В. формулу.* ◆ **Вывести из себя** *кого* — рассердив, лишить самообладания. ‖ *несов.* **выводи́ть**, -ожу́, -о́дишь. ‖ *сущ.* **выведе́ние**, *-я, ср.*, **вы́вод**, -а, *м.* (к 1, 2 и 5 знач.) *и* **вы́водка**, -и, *ж.* (к 4 знач.). *Вывод данных из ЭВМ* (воспроизведение и регистрация полученных результатов при помощи специальных устройств). ‖ *прил.* **выводно́й**, -а́я, -о́е (к 1 знач.).

ВЫ́ВЕСТИ[2], -еду, -едешь; -ел, -ела; -едший; -еденный; -едя; *сов.* **1.** *кого (что).* О птицах, насекомых и нек-рых других животных: произвести на свет. *Наседка вывела цыплят. Кошка вывела новое потомство.* **2.** *что.* Выращивая, создать. *В. новый сорт растений, новую породу скота.* **3.** *что.* Построить, возвести (во 2 знач.). *В. фундамент.* **4.** *что.* Старательно изобразить, а также старательно произнести или спеть. *В. букву. В. узор. В. ноту, мелодию.* **5.** *кого-что.* Представить, создать, изобразить (в литературном произведении). *В. образ героя.* ‖ *несов.* **выводи́ть**, -ожу́, -о́дишь. ‖ *сущ.* **выведе́ние**, *-я, ср.*

ВЫ́ВЕСТИСЬ[1] (-ведусь, -ведешься, 1 и 2 л. не употр.), -ведется; -велся, -велась; -ведшийся; *сов.* **1.** Перестать существовать; выйти из употребления. *Вывелись старые обычаи.* **2.** Исчезнуть, уничтожиться, оказаться выведенным (см. вывести[1] в 4 знач.). *Тараканы вывелись. Пятно вывелось.* ‖ *несов.* **выводи́ться** (-вожу́сь, -во́дишься, 1 и 2 л. не употр.), -во́дится.

ВЫ́ВЕСТИСЬ[2] (-ведусь, -ведешься, 1 и 2 л. не употр.), -ведется; -велся, -велась; -ведшийся; -ведясь; *сов.* О птицах, насекомых и нек-рых других животных: появиться на свет. *Вывелись птенцы.* ‖ *несов.* **выводи́ться** (-вожу́сь, -во́дится, 1 и 2 л. не употр.), -о́дится.

ВЫ́ВЕТРИТЬ, -рю, -ришь; -ренный; *сов., что.* **1.** (1 и 2 л. не употр.). О ветре и других атмосферных явлениях: разрушить. *Выветренные берега.* **2.** Удалить что-н. проветриванием. *В. запах.* ‖ *несов.* **выве́тривать**, -аю, -аешь. ‖ *сущ.* **выве́тривание**, *-я, ср.*

ВЫ́ВЕТРИТЬСЯ (-рюсь, -ришься, 1 и 2 л. не употр.), -рится; *сов.* **1.** О горных породах: разрушиться под влиянием ветра и других атмосферных явлений. **2.** Исчезнуть под действием свежего воздуха. *Запах табака выветрился. В. из памяти* (перен.: постепенно забыться). ‖ *несов.* **выве́триваться** (-аюсь, -аешься, 1 и 2 л. не употр.), -ается. ‖ *сущ.* **выве́тривание**, *-я, ср. В. горных пород.*

ВЫВЕ́ШИВАТЬ[1-2] *см.* вывесить[1-2].

ВЫ́ВИНТИТЬ, -нчу, -нтишь; -нченный; *сов., что из чего.* Винтя, вынуть. *В. гайку.* ‖ *несов.* **выви́нчивать**, -аю, -аешь.

ВЫ́ВИХ, -а, *м.* Смещение суставных концов костей, а также место такого смещения. *В. ноги. В. в мозгах* (перен.: ненормальность, странность в мыслях, рассуждениях; заскок; разг. шутл.).

ВЫ́ВИХНУТЬ, -ну, -нешь; -утый; *сов., что.* Повредить (себе), сделать вывих. *В. ногу, руку.* ‖ *несов.* **выви́хивать**, -аю, -аешь.

ВЫ́ВИХНУТЬСЯ (-нусь, -нешься, 1 и 2 л. не употр.), -нется; *сов.* Сместиться в суставе. *Палец вывихнулся.* ‖ *несов.* **выви́хиваться** (-аюсь, -аешься, 1 и 2 л. не употр.), -ается.

ВЫ́ВОД, -а, *м.* **1.** *см.* вывести[1]. **2.** Умозаключение, то, что выведено (см. вывести[1] в 5 знач.). *Важный в. Сделать необходимые выводы.* **3.** Провод, устройство, выходящее или выводящее что-н. наружу (спец.). ‖ *прил.* **выводно́й**, -а́я, -о́е (к 3 знач.).

ВЫ́ВОДИТЬ, -ожу, -одишь; -оженный; *сов., кого (что).* Водя разгорячённую лошадь, дать ей остынуть. ‖ *несов.* **выва́живать**, -аю, -аешь. ‖ *сущ.* **вы́водка**, *-и, ж.*

ВЫВОДИ́ТЬ[1-2] *см.* вывести[1-2].

ВЫВОДИ́ТЬСЯ[1-2] *см.* вывестись[1-2].

ВЫ́ВОДКА, -и, *ж.* **1.** *см.* вывести[1] *и* выводить. **2.** Вывод животных из помещения для прогулки, осмотра (спец.). ‖ *прил.* **вы́водочный**, -ая, -ое.

ВЫВОДНО́Й *см.* вывести[1] *и* вывод.

ВЫ́ВОДОК, -дка, *м.* Птенцы или детёныши млекопитающих, выведенные одной самкой и держащиеся вместе. *Утиный в. Волчий в.* ‖ *прил.* **вы́водковый**, -ая, -ое.

ВЫ́ВОЗ, ВЫВОЗИ́ТЬ *см.* вывезти.

ВЫ́ВОЗИТЬ, -ожу, -озишь; -оженный; *сов., кого-что* (прост.). То же, что вывалять. *В. в грязи.*

ВЫ́ВОЗИТЬСЯ, -ожусь, -озишься; *сов.* (прост.). То же, что вываляться. *В. в грязи.*

ВЫ́ВОЗКА, ВЫВОЗНО́Й *см.* вывезти.

ВЫ́ВОЛОЧКА, -и, *ж.* (прост.). То же, что взбучка. *Задать выволочку.*

ВЫ́ВОЛОЧЬ, -оку, -очешь, -окут; -ок, -окла; -олокший; -оченный; -окши; *сов., кого-что* (прост.). Вытащить волоком. *В. мешки из подвала.* ‖ *несов.* **выволакивать**, -аю, -аешь.

ВЫВОРА́ЧИВАТЬ *см.* вывернуть *и* выворотить.

ВЫВОРА́ЧИВАТЬСЯ *см.* вывернуться.

ВЫ́ВОРОТ, -а, *м.* (спец.). Болезненное состояние, при к-ром орган или его часть вывернуты внутренней поверхностью наружу. *В. век.* ‖ *прил.* **вы́воротный**, -ая, -ое.

ВЫ́ВОРОТИТЬ, -очу, -отишь; -оченный; *сов.* (прост.). **1.** *что.* Раскачивая, с силой выдернуть, вынуть. *В. столб.* **2.** *что.* То же, что вывернуть (в 3 знач.). *В. наизнанку.* **3.** *кого-что.* То же, что вывалить. *В. седока из саней.* ‖ *несов.* **вывора́чивать**, -аю, -аешь.

ВЫ́ВОРОТНЫЙ *см.* вывернуть *и* выворот.

ВЫ́ВЯЗАТЬ, -яжу, -яжешь; -язанный; *сов., что* (разг.). Вязанием изготовить, сделать. *В. узор.* ‖ *несов.* **вывя́зывать**, -аю, -аешь.

ВЫ́ГАДАТЬ, -аю, -аешь; -анный; *сов., что.* О времени, средствах, материале: суметь сберечь, найти, сохранить. *В. время. В. сто рублей.* ‖ *несов.* **выга́дывать**, -аю, -аешь.

ВЫ́ГИБ, -а, *м.* Образовавшаяся под давлением выпуклость или вдавленное место.

ВЫГИБА́ТЬ, -СЯ *см.* выгнуть, -ся.

ВЫ́ГЛАДИТЬ *см.* гладить.

ВЫГЛЯ́ДЕТЬ, -яжу, -ядишь; *несов.* Иметь тот или иной вид, восприниматься каким-н. образом. *Хорошо в. В. больным. Его показания выглядят неубедительно.*

ВЫГЛЯ́ДЫВАТЬ, -аю, -аешь; *несов.* **1.** *см.* выглянуть. **2.** То же, что высматривать (разг.). *Приходит к нам, всё что-то выглядывает, выспрашивает. В. знакомых среди собравшихся.*

ВЫ́ГЛЯНУТЬ, -ну, -нешь; *сов.* Посмотреть, высунувшись откуда-н. *В. в окно (из окна). Из-за тучи выглянуло солнце* (перен.). ‖ *несов.* **выгля́дывать**, -аю, -аешь.

ВЫ́ГНАТЬ[1], -гоню, -гонишь; -анный; *сов.* **1.** *кого (что).* Гоня, удалить или направить куда-н. *В. из дома. В. лошадей в ночное.* **2.** *перен., кого (что).* Уволить, исключить (разг. неодобр.). *В. с работы.* **3.** *что.* Вырастить (растение) в короткий срок (обычно в несезонное время). *В. рассаду.* ‖ *несов.* **выгоня́ть**, -яю, -яешь. ‖ *сущ.* **вы́гон**, -а, *м.* (к 1 знач., по 1 знач. глаг. «гнать») *и* **вы́гонка**, -и, *ж.* (к 3 знач.). *Выгон скота на пастбище. Зимняя выгонка тюльпанов.*

ВЫ́ГНАТЬ[2], -гоню, -гонишь; -анный; *сов., что* (прост.). Добыть перегонкой. *В. спирт.* ‖ *несов.* **выгоня́ть**, -яю, -яешь. ‖ *сущ.* **вы́гонка**, -и, *ж.*

ВЫ́ГНИТЬ (-нию, -ниешь, 1 и 2 л. не употр.), -ниет; *сов.* Сгнить изнутри. *Сердцевина выгнила.* ‖ *несов.* **выгнива́ть** (-а́ю, -а́ешь, 1 и 2 л. не употр.), -а́ет.

ВЫ́ГНУТЬ, -ну, -нешь; -утый; *сов., что.* Согнуть дугой. *Конь выгнул шею.* ‖ *несов.* **выгиба́ть**, -а́ю, -а́ешь. ‖ *прил.* **выгибно́й**, -а́я, -о́е (спец.).

ВЫ́ГНУТЬСЯ, -нусь, -нешься; *сов.* Вытягиваясь, согнуться; образовать выгиб. *В. дугой. Лёд выгнулся под тяжестью грузовика.* ‖ *несов.* **выгиба́ться**, -а́юсь, -а́ешься.

ВЫГОВА́РИВАТЬ, -аю, -аешь; *несов.* **1.** *см.* выговорить. **2.** *кому.* Делать выговор кому-н. (разг.). *В. за опоздание.*

ВЫ́ГОВОР, -а, *м.* **1.** Качество, характер произношения. *Чистый в. Украинский в.* **2.** Строгое словесное внушение; замечание, являющееся взысканием, наказанием за проступок. *Сделать в. Объявить, получить в. Строгий в. В. с предупреждением. Снять в.*

ВЫ́ГОВОРИТЬ, -рю, -ришь; -ренный; *сов., что.* **1.** Произнести, проговорить. *С трудом в. слово.* **2.** Договором, соглашением условиться о чём-н. (разг.). *В. себе право на отсрочку.* ‖ *несов.* **выгова́ривать**, -аю, -аешь.

ВЫ́ГОВОРИТЬСЯ, -рюсь, -ришься; *сов.* (разг.). Высказать всё до конца. *Он взволнован, ему нужно в.*

ВЫ́ГОДА, -ы, *ж.* Польза, преимущество. *Получить много выгод. Думать о своей выгоде.*

ВЫ́ГОДНЫЙ, -ая, -ое; -ден, -дна. **1.** Приносящий выгоду. *В. договор.* **2.** Положительный, оставляющий хорошее впечатление. *Представить что-н. в выгодном свете. Новый начальник выгодно* (нареч.) *отличается от старого.* ‖ *сущ.* **выгодность**, -и, *ж.*

ВЫ́ГОН, -а, *м.* **1.** *см.* выгнать. **2.** Место, где пасётся скот, пастбище. *Колхозный в.* ‖ *прил.* **вы́гонный**, -ая, -ое. *Выгонные земли.*

ВЫ́ГОНКА *см.* выгнать[1-2].

ВЫГОНЯ́ТЬ[1-2] *см.* выгнать[1-2].

ВЫ́ГОРЕТЬ[1] (-рю, -ришь, 1 и 2 л. не употр.), -рит; *сов.* **1.** Сгореть целиком. *Деревня выгорела.* **2.** Выцвести, потерять окраску. *Ситец выгорел. Волосы выгорели на солнце.* ‖ *несов.* **выгора́ть** (-а́ю, -а́ешь, 1 и 2 л. не употр.), -а́ет.

ВЫ́ГОРЕТЬ[2] (-рю, -ришь, 1 и 2 л. не употр.), -рит; *сов.* (разг.). То же, что удаться (в 1 знач.). *Дело не выгорело.*

ВЫ́ГОРОДИТЬ, -ожу, -одишь; -оженный; *сов.* **1.** *что.* Отделить, выделить оградой. *В. участок.* **2.** *перен., кого (что).* Избавить от ответственности, обвинения, доказывая чью-н. непричастность к чему-н. (разг.). *В. приятеля.* ‖ *несов.* **выгора́живать**, -аю, -аешь.

ВЫ́ГРАВИРОВАТЬ *см.* гравировать.

ВЫ́ГРЕСТИ[1], -ребу, -ребешь; -реб, -ребла; -ребший; -ребенный; -ребши *и* -ребя; *сов., что.* Сгребая, удалить. *В. мусор.* ‖ *несов.* **выгреба́ть**, -а́ю, -а́ешь. ‖ *сущ.* **вы́греб**, -а, *м. и* **вы́гребка**, -и, *ж.* ‖ *прил.* **выгребно́й**, -а́я, -о́е. *В. черпак. Выгребная яма* (помойная).

ВЫ́ГРЕСТИ[2], -ребу, -ребешь; -реб, -ребла; -ребший; -ребши *и* -ребя; *сов.* Гребя[2], выплыть. *В. к берегу.* ‖ *несов.* **выгреба́ть**, -а́ю, -а́ешь.

ВЫ́ГРУЗИТЬ, -ужу, -узишь; -уженный; *сов., что.* Извлечь, вынуть какой-н. груз, что-н. тяжёлое. *В. багаж.* ‖ *несов.* **выгружа́ть**, -а́ю, -а́ешь. ‖ *сущ.* **вы́грузка**, -и, *ж.* ‖ *прил.* **вы́грузочный**, -ая, -ое (спец.).

ВЫ́ГРУЗИТЬСЯ, -ужусь, -узишься; *сов.* **1.** Выгрузить свой груз. *В. в порту.* **2.** (1 и 2 л. не употр.). О многих: высадиться откуда-н. *Полк выгрузился из эшелона.* ‖ *несов.* **выгружа́ться**, -а́юсь, -а́ешься. ‖ *сущ.* **вы́грузка**, -и, *ж.*

ВЫ́ГРЫЗТЬ, -зу, -зешь; -ыз, -ызла; -ызший; -зенный; -ызши; *сов., что.* Грызя, выесть отверстие в чём-н. ‖ *несов.* **выгрыза́ть**, -а́ю, -а́ешь.

ВЫ́ГУЛЯТЬ, -яю, -яешь; *сов., кого (что).* Вывести на прогулку (обычно о комнатных животных). *В. щенка.* ‖ *несов.* **выгу́ливать**, -аю, -аешь. ‖ *сущ.* **выгу́ливание**, -я, *ср. и* **вы́гул**, -а, *м. Площадка для выгула собак.* ‖ *прил.* **вы́гульный**, -ая, -ое.

ВЫ́ГУЛЯТЬСЯ (-яюсь, -яешься, 1 и 2 л. не употр.), -яется; *сов.* О животных: хорошо откормиться на подножном корму, на пастбищах. ‖ *несов.* **выгу́ливаться** (-аюсь, -аешься, 1 и 2 л. не употр.), -ается. ‖ *сущ.* **выгу́ливание**, -я, *ср. и* **вы́гул**, -а, *м.* (спец.).

ВЫДАВА́ТЬСЯ, -даю́сь, -даёшься; -дава́йся; *несов.* **1.** *см.* выдаться. **2.** Выделяться среди других. *В. своими способностями.*

ВЫ́ДАВИТЬ, -влю, -вишь; -вленный; *сов., что.* **1.** Давлением извлечь или, давя, выпустить (жидкое) из чего-н. *В. сок из ягод. В. лимон. В. слёзы* (перен.: принуждённо заплакать; разг.). *Слова не выдавишь из кого-н.* (перен.: не заставишь слова сказать; разг.). **2.** Давлением выломать. *В. стекло из рамы.* **3.** Давлением воспроизвести, вытиснить. *В. знак на жести.* ‖ *несов.* **выда́вливать**, -аю, -аешь.

ВЫДА́ИВАТЬ *см.* выдоить.

ВЫДА́ЛБЛИВАТЬ, -аю, -аешь; *несов.* То же, что долбить (в 1, 2 и 5 знач.). *В. лёд. В. улей. В. басню наизусть.*

ВЫ́ДАНЬЕ: на выданье (устар. и прост.) — о девушке: в возрасте, когда пора выдавать замуж. *Дочка на выданье.*

ВЫ́ДАТЬ, -ам, -ашь, -аст, -адим, -адите, -адут; -ай; -анный; *сов.* **1.** *что.* Дать, предоставить что-н., снабдить чем-н. *В. зарплату. В. пропуск.* **2.** *что.* Изготовить, выпустить (какую-н. продукцию), представить как результат работы. *Печь выдала первую плавку. Машина выдала информацию.* **3.** *кого-что.* Открыть, обнаружить, разоблачить. *В. сообщников. В. секрет. В. своё раздражение необдуманным словом.* **4.** (со словом «замуж» или разг. без него), *кого за кого.* Способствовать чьему-н. замужеству, согласиться на чьё-н. замужество. *Удачно выдала дочку.* **5.** *кого-что за кого-что.* Неправильно представить кем-чем-н., объявить не тем, кто (что) есть на самом деле. *В. себя за ревизора.* **6.** *что.* Сказать что-н. неожиданное или резкое, неприятное, неуместное (прост.). *Ну и выдал он новость! В. всю правду в глаза.* ‖ *несов.* **выдава́ть**, -даю́, -даёшь; -дава́й. ‖ *сущ.* **вы́дача**, -и, *ж.* (к 1, 2 и 3 знач.).

ВЫ́ДАТЬСЯ, -амся, -ашься; -айся; *сов.* **1.** (1 и 2 л. не употр.). Выдвинуться наружу, выступить. *Дом выдался углом на площадь.* **2.** (1 и 2 л. не употр.). Случиться, оказаться (обычно о времени, погоде) (разг.). *Выдался хороший денёк. Выдалась свободная минута.* **3.** *в кого.* Унаследовать чьи-н. черты, оказаться похожим (разг.). *В. в отца. И в кого она такая выдалась?* ‖ *несов.* **выдава́ться**, -даю́сь, -даёшься.

ВЫ́ДАЧА, -и, *ж.* **1.** *см.* выдать. **2.** Выданные деньги, товар. *Крупная в.*

ВЫДАЮ́ЩИЙСЯ, -аяся, -ееся. Выделяющийся какими-н. качествами (обычно положительными). *В. учёный. Выдающиеся достижения.*

ВЫДВИЖЕ́НЕЦ, -нца, *м.* В первые годы советской власти: рабочий, выдвинутый на какую-н. ответственную должность. *Инспектор из выдвиженцев.* ‖ *ж.* **выдвиже́нка**, -и. ‖ *прил.* **выдвиже́нческий**, -ая, -ое.

ВЫДВИЖНО́Й, -а́я, -о́е. О части какого-н. предмета, устройства: такой, к-рый вдвигается и выдвигается. *В. ящик. Выдвижная доска. Выдвижные дверцы.*

ВЫ́ДВИНУТЬ, -ну, -нешь; -утый; *сов.* **1.** *что.* Двигая, переместить, выставить вперёд. *В. ящик стола. В. шкаф на середину комнаты.* **2.** *перен., что.* Объявить, представить на чьё-н. суждение, для сведения. *В. задачу. В. обвинение против кого-н.* **3.** *перен., кого (что).* Отличив, выделить из других для более ответственной работы, деятельности. *В. на руководящую работу, на должность председателя.* ‖ *несов.* **выдвига́ть**, -а́ю, -а́ешь. ‖ *сущ.* **выдвиже́ние**, -я, *ср.* (ко 2 и 3 знач.). *В. кандидатов в депутаты.*

ВЫ́ДВИНУТЬСЯ, -нусь, -нешься; *сов.* **1.** Подвинуться, переместиться вперёд. *Ящик выдвинулся. В. из шеренги.* **2.** Отличиться, стать заметным, известным. *Талантливый скрипач быстро выдвинулся.* ‖ *несов.* **выдвига́ться**, -а́юсь, -а́ешься.

ВЫ́ДВОРИТЬ, -рю, -ришь; -ренный; *сов., кого (что).* Выселить, заставить уйти, уехать откуда-н. ‖ *несов.* **выдворя́ть**, -я́ю, -я́ешь. ‖ *сущ.* **выдворе́ние**, -я, *ср.*

ВЫ́ДЕЛАТЬ, -аю, -аешь; -анный; *сов., что.* Обработав, изготовить, сделать годным к употреблению. *В. шкуру. В. кожу.* ‖ *несов.* **выде́лывать**, -аю, -аешь. ‖ *сущ.* **вы́делка**, -и, *ж.* ‖ *прил.* **вы́делочный**, -ая, -ое.

ВЫДЕЛЕ́НИЕ, -я, *ср.* **1.** *см.* выделить, -ся. **2.** обычно *мн.* То, что выводится из организма (конечные продукты обмена, избыток воды, солей, органических соединений).

ВЫ́ДЕЛИТЬ, -лю, -лишь; -ленный; *сов.* **1.** *кого-что.* Расчленив или отделив, распределив, назначить или предоставить для какой-н. цели. *В. часть имущества. В. суть вопроса. В. квартиру молодожёнам. В. людей в помощь стройке.* **2.** *кого-что.* Отличить, отметить чем-н. *В. строку особым шрифтом. В. отличившегося работника.* **3.** (1 и 2 л. не употр.), *что.* Удалить, вывести из организма, из состава чего-н. *В. углекислый газ.* ‖ *несов.* **выделя́ть**, -я́ю, -я́ешь. ‖ *сущ.* **выделе́ние**, -я, *ср. и* **вы́дел**, -а, *м.* (к 1 знач.; спец. и обл.). ‖ *прил.* **выдели́тельный**, -ая, -ое (к 3 знач.). *Выделительные канальца.*

ВЫ́ДЕЛИТЬСЯ, -люсь, -лишься; *сов.* **1.** Обособиться, отделиться от целого, общего. *Старший сын выделился из семьи.* **2.** Отличиться чем-н., какими-н. качествами, достоинствами. *В. своей смелостью.* **3.** (1 и 2 л. не употр.). Выйти из организма, из состава чего-н. *Выделилась мокрота.* ‖ *несов.* **выделя́ться**, -я́юсь, -я́ешься. ‖ *сущ.* **выделе́ние**, -я, *ср.* (к 1 и 3 знач.). ‖ *прил.* **выдели́тельный**, -ая, -ое (к 3 знач.).

ВЫ́ДЕЛКА, -и, *ж.* **1.** *см.* выделать. **2.** Рельефный рисунок на ткани. *Ситец с выделкой.*

ВЫДЕ́ЛЫВАТЬ, -аю, -аешь; *несов.* **1.** *см.* выделать. **2.** *что.* Производить, вырабатывать. *В. деревянную посуду.* **3.** *что.* Делать затейливые движения, а также поступать странно или предосудительно (разг.). *В. трудные па. Что ты выделываешь?* (как ты себя ведёшь, что ты себе позволяешь?).

ВЫ́ДЕРЖАННЫЙ, -ая, -ое; -ан, -анна. **1.** *полн. ф.* Точно следующий чему-н., последовательный. *Выдержанная теория.* **2.** Обладающий выдержкой[1] (во 2 знач.). *В. человек.* ‖ *сущ.* **вы́держанность**, -и, *ж.*

ВЫ́ДЕРЖАТЬ, -жу, -жишь; -анный; *сов.* **1.** *кого-что.* Устоять, не поддавшись действию тяжести, давления, какому-н. воздействию; стойко перенести. *В. напор воды. В. осаду.* **2.** *что.* Сохранить стойкость, спокойствие; вытерпеть. *Ему трудно, но он выдержит. Нервы выдержат. В. боль.* **3.** *что.* Подвергаясь проверке, оказаться годным. *В. экзамен, испытание.* **4.** *что.* Соблюсти, не допуская отклонений. *В. нужные размеры. В. роль* (перен.: не отступить от избранной линии поведения). **5.** *кого-что.* Продержать где-н. какое-н. время (разг.). *В. больного в постели.* **6.** *что.* Долгим хранением довести до высокого качества. *В. вино. Выдержанный коньяк.* **7.** (1 и 2 л. не употр.). О тиражах книг, представлениях: осуществиться, состояться в нек-ром количестве. *Книга выдержала десять изданий. Пьеса выдержала несколько постановок.* ◆ **Выдержать характер** — не уступить, оставшись при прежнем решении, при своём твёрдом мнении. ‖ *несов.* **выде́рживать**, -аю, -аешь. *Не выдерживает критики что-н.* (никуда не годится). ‖ *сущ.* **вы́держка**, -и, *ж.* (к 1, 2, 3, 4, 5 и 6 знач.).

ВЫ́ДЕРЖКА[1], -и, *ж.* **1.** *см.* выдержать. **2.** Терпение, стойкость, самообладание. *Проявить выдержку. Выдержки не хватает.* **3.** Время, в течение к-рого свет действует на светочувствительный фотографический слой. *Снять с большой выдержкой.*

ВЫ´ДЕРЖКА², -и, *ж.* Цитата, выписка. *Выдержки из доклада.*

ВЫ´ДЕРНУТЬ, -ну, -нешь; -утый; *сов., что.* Дёрнув, извлечь. *В. растение с корнем.* ‖ *несов.* **выдёргивать**, -аю, -аешь.

ВЫДИРА´ТЬ *см.* выдрать.

ВЫ´ДОИТЬ, -ою, -оишь; -оенный; *сов.* **1.** *кого (что).* То же, что подоить. *Коровы выдоены.* **2.** *что.* Получить доением. *В. всё молоко у коровы.* ‖ *несов.* **выда́ивать**, -аю, -аешь.

ВЫ´ДОЛБИТЬ *см.* долбить.

ВЫ´ДОХ, -а, *м.* Одно выдыхательное движение; *противоп.* вдох. *Сделать в. Глубокий в.*

ВЫ´ДОХНУТЬ, -ну, -нешь; -утый; *сов., что.* Сделать выдох. *В. во́здух.* ‖ *несов.* **выдыха́ть**, -а́ю, -а́ешь. ‖ *сущ.* **выдыха́ние**, -я, *ср.* ‖ *прил.* **выдыха́тельный**, -ая, -ое.

ВЫ´ДОХНУТЬСЯ, -нусь, -нешься; -охся, -охлась; *сов.* **1.** (1 и 2 л. не употр.). Утратить крепость или запах. *Духи выдохлись.* **2.** *перен.* Утратить силу, энергию, способности. *Талант поэта выдохся.* ‖ *несов.* **выдыха́ться**, -а́юсь, -а́ешься.

ВЫ´ДРА, -ы, *ж.* **1.** Хищное, хорошо плавающее животное сем. куньих, а также мех его. **2.** О некрасивой и худой женщине (прост.). ✦ **Морская выдра** — то же, что калан. ‖ *прил.* **вы́дровый**, -ая, -ое (к 1 знач.) *и* **вы́дрий**, -ья, -ье (к 1 знач.).

ВЫ´ДРАТЬ, -деру, -дерешь; -анный; *сов.* (прост.). **1.** *см.* драть. **2.** *что из чего.* С силой, рывком вырвать¹. *В. страницу из тетради.* ‖ *несов.* **выдира́ть**, -а́ю, -а́ешь.

ВЫ´ДРЕССИРОВАТЬ *см.* дрессировать.

ВЫ´ДУБИТЬ *см.* дубить.

ВЫДУВА´ТЬ *см.* выдуть.

ВЫ´ДУВКА, ВЫДУВНО´Й *см.* дуть.

ВЫ´ДУМАТЬ, -аю, -аешь; -анный; *сов., что.* **1.** Придумать, изобрести. *В. новую игру.* **2.** Измыслить то, чего нет, не было, придумать (во 2 знач.). *В. жалостную историю.* ‖ *несов.* **выду́мывать**, -аю, -аешь.

ВЫ´ДУМКА, -и, *ж.* **1.** Ложь, то, что выдумано. *Его рассказ — сплошная в.* **2.** Изобретение, затея; изобретательность (разг.). *Хитёр на выдумки. Работать с выдумкой.*

ВЫ´ДУМЩИК, -а, *м.* (разг.). Человек изобретательный, ловкий на выдумки, придумщик. ‖ *ж.* **вы́думщица**, -ы.

ВЫ´ДУТЬ, -ую, -уешь; -утый; *сов., что.* **1.** *см.* дуть. **2.** Дуя, удалить. *В. пепел из трубки.* ‖ *несов.* выдува́ть, -а́ю, -а́ешь.

ВЫДЫХА´НИЕ, ВЫДЫХА´ТЕЛЬНЫЙ, ВЫДЫХА´ТЬ *см.* выдохнуть.

ВЫДЫХА´ТЬСЯ *см.* выдохнуться.

ВЫ´ДЮЖИТЬ, -жу, -жишь; *сов.* (прост.). Выдержать (во 2 знач.), вытерпеть.

ВЫЕДА´ТЬ *см.* выесть.

ВЫ´ЕЗД, -а, *м.* **1.** *см.* выехать. **2.** Место, через к-рое выезжают. *На выезде из города.* **3.** Лошади с экипажем и упряжкой (устар.). *Богатый в.* ‖ *прил.* **выездно́й**, -а́я, -о́е. *Выездные лошади* (не рабочие; устар.).

ВЫ´ЕЗДИТЬ, -зжу, -здишь; -зженный; *сов., кого (что).* Приучить к езде. *В. жеребца.* ‖ *несов.* **выезжа́ть**, -а́ю, -а́ешь. ‖ *сущ.* **вы́ездка**, -и, *ж.*

ВЫ´ЕЗДКА, -и, *ж.* **1.** *см.* выездить. **2.** В конном спорте: мастерство управления лошадью на разных аллюрах. *Соревнования по выездке.*

ВЫЕЗЖА´ТЬ *см.* выездить *и* выехать.

ВЫ´ЕМ, -а, *м.* (разг.). То же, что выемка (во 2 знач.).

ВЫ´ЕМКА, -и, *ж.* **1.** *см.* вынуть. **2.** Углубление; вырез. *В. в стене. В. на спинке* (у платья).

ВЫ´ЕМОЧНЫЙ *см.* вынуть.

ВЫ´ЕМЧАТЫЙ, -ая, -ое; -ат. С выемками (во 2 знач.). *В. лист дуба.* ‖ *сущ.* **вы́емчатость**, -и, *ж.*

ВЫ´ЕСТЬ, -ем, -ешь, -ест, -едим, -едите, -едят; -ел, -ела; -ешь; -еденный; -ев; *сов., что* (разг.). **1.** Съесть внутреннюю часть чего-н. *В. начинку. Выеденного яйца не стоит что-н.* (о чём-н. пустячном, не имеющем никакого значения; разг.). **2.** (1 и 2 л. не употр.). Разрушить, вытравить чем-н. едким. *Дымом глаза выело* (безл.; стало больно смотреть от дыма). ‖ *несов.* **выеда́ть**, -а́ю, -а́ешь.

ВЫ´ЕХАТЬ, -еду, -едешь; *в знач. пов. употр.* выезжа́й; *сов.* **1.** Поехав, оставить пределы чего-н., отправиться из одного места в другое. *В. из города. В. из ворот.* **2.** О ком-чём-н. едущем: появиться. *Из-за угла выехал верховой. В. на площадь.* **3.** Покинуть дом, квартиру. *Жильцы выехали.* **4.** *перен., на ком-чем.* Использовать для своей выгоды чей-н. труд, какое-н. обстоятельство (разг. неодобр.). *В. на помощнике. В. на своих прежних заслугах.* ‖ *несов.* **выезжа́ть**, -а́ю, -а́ешь. ‖ *сущ.* **вы́езд**, -а, *м.* (к 1, 2 и 3 знач.). ‖ *прил.* **выездно́й**, -а́я, -о́е (к 1 и 3 знач.). *Выездные ворота. Выездная сессия суда* (вне места постоянной работы).

ВЫ´ЖАРИТЬ, -рю, -ришь; -ренный; *сов., что* (разг.). Прогреть на сильном жару, на солнце. *В. горшки, крынки.* ‖ *несов.* **выжа́ривать**, -аю, -аешь.

ВЫ´ЖАТЬ¹, -жму, -жмешь; -атый; *сов., что.* **1.** Отжать¹ (в 1 знач.), выкрутить (во 2 знач.). *В. бельё.* **2.** Сжимая, извлечь жидкость. *В. сок из лимона.* **3.** *перен.* Извлечь, получив какую-н. пользу, результат (разг.). *В. выгоду из чего-н.* **4.** В спорте: медленно поднять (штангу, гирю) от груди вверх до полного распрямления рук. *В. левой рукой 50 кг.* ‖ *несов.* **выжима́ть**, -а́ю, -а́ешь. ‖ *сущ.* **вы́жимка**, -и, *ж.* (к 1 и 2 знач.; разг.). ‖ *прил.* **выжимно́й**, -а́я, -о́е (ко 2 и 4 знач.; спец.).

ВЫ´ЖАТЬ², -жну, -жнешь; -атый; *сов., что.* **1.** Произвести жатву на каком-н. пространстве. *В. поле.* **2.** Сжать² какое-н. количество чего-н. *В. всю пшеницу.* ‖ *несов.* **выжина́ть**, -а́ю, -а́ешь.

ВЫ´ЖДАТЬ, -ду, -дешь; *сов., что.* Намеренно промедлив, дождаться чего-н., подождать. *В. удобный случай. В. некоторое время.* ‖ *несов.* **выжида́ть**, -а́ю, -а́ешь. ‖ *сущ.* **выжида́ние**, -я, *ср.* ‖ *прил.* **выжида́тельный**, -ая, -ое. *Выжидательная политика. В. взгляд* (выражающий ожидание).

ВЫ´ЖЕЛТИТЬ *см.* желтить.

ВЫ´ЖЕЧЬ, -жгу, -жжешь; -жег, -жгла; -жегший; -жженный; -жегши; *сов., что.* **1.** Сжечь до конца, целиком. *В. дотла. Солнцем выжгло* (безл.) *посевы. Политика (тактика) выжженной земли* (уничтожение на завоёванной земле всего живого, всех поселений). **2.** Очистить обжиганием, сильным жаром. *В. противень.* **3.** Сделать знак, рисунок на чём-н. раскаленным предметом. *В. клеймо.* ‖ *несов.* **выжига́ть**, -а́ю, -а́ешь. ‖ *сущ.* **выжига́ние**, -я, *ср. В. по дереву.* ‖ *прил.* **выжига́тельный**, -ая, -ое (к 3 знач.).

ВЫЖИВА´ЕМОСТЬ, -и, *ж.* Количество тех, кто выжил (того, что выжило). *В. микроорганизмов.*

ВЫ´ЖИГА, -и, *м. и ж.* (прост.). Плут, пройдоха; прижимистый человек.

ВЫЖИДА´ТЬ *см.* выждать.

ВЫЖИМА´ТЬ *см.* выжать¹.

ВЫ´ЖИМКА, -и, *ж.* **1.** *см.* выжать¹. **2.** *перен.* Сжатое изложение содержания какого-н. документа, текста. *В. из конспекта.*

ВЫ´ЖИМКИ, -мок *и* -мков, *ед.* **вы́жимка**, -и, *ж.* Остатки от выжимания из чего-н. сока, жидкости, масла. *Яблочные, виноградные в. Плодовая выжимка.* ‖ *прил.* **выжимочный**, -ая, -ое.

ВЫЖИНА´ТЬ *см.* выжать².

ВЫ´ЖИТЬ, -иву, -ивешь; -итый (ко 2 знач.); *сов.* **1.** Остаться в живых после болезни, несчастья. *Раненый выжил.* **2.** *кого (что).* Заставить покинуть свой дом, вынудить удалиться откуда-н. (разг.). *В. жильца. В. со службы.* ✦ **Выжить из ума** (разг.) — к старости лишиться памяти, соображения. ‖ *несов.* **выжива́ть**, -а́ю, -а́ешь. ‖ *сущ.* **выжива́ние**, -я, *ср.*

ВЫ´ЖЛЕЦ, -а, *м.* Гончий кобель.

ВЫЖЛЯ´ТНИК, -а, *м.* В псовой охоте: охотник, ведающий гончими.

ВЫЗВА´НИВАТЬ, -аю, -аешь; *несов., что.* Звонить, звоном исполнять что-н. *В. мелодию на колоколах.* ‖ *сов.* **вызвонить**, -ню, -нишь.

ВЫ´ЗВАТЬ, -зову, -зовешь; -анный; *сов.* **1.** *кого (что).* Позвать откуда-н., пригласить, предложить, потребовать явиться. *В. из дома. В. в суд. В. врача. В. певца на бис. В. ученика к доске.* **2.** *кого на что или с неопр.* Призвать, побудить к каким-н. действиям. *В. на соревнование (соревноваться). В. на откровенность.* **3.** *что.* Заставить появиться, породить. *В. чей-н. гнев. Чем вызван пожар?* ‖ *несов.* **вызыва́ть**, -а́ю, -а́ешь. ‖ *сущ.* **вы́зов**, -а, *м.* (к 1 и 2 знач.). ‖ *прил.* **вызывно́й**, -а́я, -о́е (к 1 знач.; спец.). *Вызывное устройство.*

ВЫ´ЗВАТЬСЯ, -зовусь, -зовешься; *сов., с неопр.* Добровольно взяться за какое-н. дело, предложить себя в качестве участника, помощника. *В. помочь кому-н. В. идти на поиск.* ‖ *несов.* **вызыва́ться**, -а́юсь, -а́ешься.

ВЫ´ЗВЕЗДИТЬ (1 л. ед. не употр.), -ишь, -ит; *сов.* О небе: покрыться звездами. *К ночи вызвездило* (безл.).

ВЫ´ЗВОЛИТЬ, -лю, -лишь; -ленный; *сов., кого (что)* (прост.). Выручить из беды, из трудного положения. ‖ *несов.* **вызволя́ть**, -я́ю, -я́ешь.

ВЫ´ЗДОРОВЕТЬ, -ею, -еешь; *сов.* Стать вновь здоровым. ‖ *несов.* **выздора́вливать**, -аю, -аешь. *Палата для выздоравливающих* (сущ.). ‖ *сущ.* **выздоровле́ние**, -я, *ср.*

ВЫ´ЗНАТЬ, -аю, -аешь; *сов., что* (прост.). Выведать, разузнать. *Всё вызнал о соседке.* ‖ *несов.* **вызнава́ть**, -наю́, -наёшь.

ВЫ´ЗОВ, -а, *м.* **1.** *см.* вызвать. **2.** Требование, приглашение явиться куда-н. *Направить в. кому-н. Прибыть по вызову. Явиться с вызовом на руках.* **3.** *кому-чему.* Выраженное словами, поступками, взглядом желание вступить в борьбу, спор. *В его словах прозвучал в. С вызовом посмотреть на кого-н. Бросить в. окружающим* (обычно о поступке, идущем вразрез с чем-н. общепринятым).

ВЫ´ЗОЛОТИТЬ *см.* золотить.

ВЫ´ЗРЕТЬ (-ею, -еешь, 1 и 2 л. не употр.), -еет; *сов.* О плодах, злаках: полностью созреть. *Вызревшая рожь.* ‖ *несов.* **вызрева́ть** (-ва́ю, -ва́ешь, 1 и 2 л. не употр.), -а́ет.

ВЫ´ЗУБРИТЬ *см.* зубрить².

ВЫЗЫВА´ТЬ, -СЯ *см.* вызвать, -ся.

ВЫЗЫВА´ЮЩИЙ, -ая, -ее. Содержащий в себе вызов (в 3 знач.), обращающий на себя внимание дерзостью, несоответствием приличию. *Говорить вызывающим тоном. Вызывающе* (нареч.) *вести себя. В. костюм* (эксцентричный).

ВЫ́ИГРАТЬ, -аю, -аешь; -анный; *сов.* **1.** *что.* Одержать верх, победить в чём-н. (в игре, споре, состязании). *В. партию. В. дело в суде. В. бой.* **2.** *что.* Получить, приобрести в результате участия в лотерее, в игре, в состязании. *В. много денег. В. дорогую вещь.* **3.** *что.* Получить пользу, выгоду, преимущество; выгадать. *В. от снижения цен. В. время.* **4.** *перен., в чём.* Получить, заслужить одобрительную оценку. *В. во мнении товарищей.* ‖ *несов.* **выи́грывать**, -аю, -аешь. ‖ *сущ.* **вы́игрыш**, -а, *м.* (к 1, 2 и 3 знач.). ‖ *прил.* **вы́игрышный**, -ая, -ое (ко 2 знач.).

ВЫ́ИГРЫШ, -а, *м.* **1.** *см.* выиграть. **2.** То, что выиграно. **3.** Доход, полученный владельцем облигации, лотерейного билета или вкладчиком при соответствующих тиражах. *Крупный в. по займу. Быть в выигрыше* (выиграть в какой-н. игре; также перен.: оказаться в выгодном положении). *В. пал на чётные номера облигаций.* ‖ *прил.* **вы́игрышный**, -ая, -ое (к 3 знач.). *Выигрышная облигация. Выигрышные займы.*

ВЫ́ИГРЫШНЫЙ, -ая, -ое; -шен, -шна. **1.** *см.* выиграть *и* выигрыш. **2.** Удачный, выгодный. *Выигрышное положение.* ‖ *сущ.* **вы́игрышность**, -и, *ж.*

ВЫ́ИСКАТЬ, -ищу, -ищешь; -анный; *сов., что* (разг.). Найти после поисков; отыскать. *В. редкую книгу. В. предлог для оправдания.* ‖ *несов.* **выи́скивать**, -аю, -аешь.

ВЫ́ИСКАТЬСЯ, -ищусь, -ищешься; *сов.* (разг., обычно ирон.). Найтись, оказаться. *Выискались добровольцы среди собравшихся. Тоже мне умник выискался!* ‖ *несов.* **выи́скиваться**, -аюсь, -аешься.

ВЫ́ЙТИ, вы́йду, вы́йдешь; вы́шел, -шла; вы́йди; вы́шедший; вы́йдя; *сов.* **1.** Уйдя, удалившись, оставить пределы чего-н., покинуть что-н.; оказаться выпущенным, выброшенным, вытечь. *В. из комнаты. В. из-за стола* (встать и отойти от стола). *В. из боя. В. из состава комиссии. Река вышла из берегов. Газ вышел на поверхность.* **2.** Уйдя откуда-н., появиться, оказаться где-н. *В. на дорогу. Охотник вышел на зверя. В. в море. Из отстающих в. в число передовых.* **3.** *перен., из чего.* Перестать находиться в каком-н. состоянии, положении. *В. из терпения. В. из употребления, из моды.* **4.** (1 и 2 л. не употр.). Быть выпущенным, изданным, опубликованным. *Книга вышла из печати. Фильм вышел на экраны* (демонстрируется). **5.** (1 и 2 л. не употр.). Израсходоваться, иссякнуть, окончиться. *Запасы все вышли. Вышел срок.* **6.** (со словом «замуж» или разг. без него), *за кого.* Стать чьей-н. женой. *В. за врача.* **7.** Получиться, образоваться. *Из гадкого утёнка вышел красавец. Сын вышел в отца* (похож на отца). *Из этой затеи ничего не вышло. Вышла неприятность. Из куска ткани вышло два платья.* **8.** (1 и 2 л. не употр.) *кем-чем* и с союзом *что.* То же, что оказаться (в 1 знач.). *Вышло* (безл.), *что я прав. Я помогал, и я же вышел обманщиком.* **9.** *кем-чем.* Стать кем-чем-н. в результате чего-н. *В. победителем в состязании.* **10.** *из кого-чего.* Произойти откуда-н., от кого-н. *В. из крестьян.* **11.** *на кого (что).* Вступить в контакт с кем-н., непосредственно обратиться к кому-н. (разг.). *Со своей просьбой в. прямо на главного инженера.* **12.** *из чего.* Нарушить что-н. (то, что названо следующим далее существительным). *В. из графика. В. из бюджета.* ✦ **Выйти из себя** — в гневе утратить самообладание. **Как бы чего не вышло** (разг., часто ирон.) — выражение трусливого опасения, желания избежать неприятностей. **Не вышел** *чем* (разг.) — не имеет чего-н. в должном виде, в должной мере. *Ростом не вышел.* ‖ *несов.* **выходи́ть**, -ожу́, -о́дишь (к 1, 2, 3, 4, 5, 6, 7, 8, 9, 11 и 12 знач.). ‖ *сущ.* **вы́ход**, -а, *м.* (к 1, 2, 4, 6 и 12 знач.). *На в.!* (команда выходить). ‖ *прил.* **выходно́й**, -а́я, -о́е (к 4 знач. и в нек-рых сочетаниях к 1 знач.). *Выходные данные* (в печатном издании: сведения о месте, годе выпуска, издательстве). *Выходное отверстие. В. люк.*

ВЫКАБЛУ́ЧИВАТЬСЯ, -аюсь, -аешься; *несов.* (прост. пренебр.). Ломаться², выпендриваться.

ВЫ́КАЗАТЬ, -ажу, -ажешь; -анный; *сов., что* (разг.). Обнаружить, показать. *В. храбрость. В. недовольство.* ‖ *несов.* **выка́зывать**, -аю, -аешь.

ВЫКА́ЛЫВАТЬ *см.* выколоть.

ВЫКАМА́РИВАТЬ, -аю, -аешь; *несов., что* (прост.). Выделывать, вытворять что-н. *Какие он штуки выкамаривает!*

ВЫКА́ПЫВАТЬ *см.* выкопать.

ВЫ́КАРАБКАТЬСЯ, -аюсь, -аешься; *сов.* **1.** *из чего.* Карабкаясь, выйти, выбраться. *В. из ямы.* **2.** *перен.* Справиться с чем-н. трудным, тяжёлым (разг.). *В. из болезни.* ‖ *несов.* **выкара́бкиваться**, -аюсь, -аешься.

ВЫКА́РМЛИВАТЬ *см.* выкормить.

ВЫ́КАТАТЬ *см.* катать.

ВЫ́КАТИТЬ, -ачу, -атишь; -аченный; *сов.* **1.** *что.* Катя́, удалить. *В. бочку.* **2.** Быстро выехать откуда-н. (разг.). *Из-за угла выкатил велосипедист.* ✦ **Выкатить глаза** (прост.) — выпучить глаза. ‖ *несов.* **выка́тывать**, -аю, -аешь.

ВЫ́КАТИТЬСЯ, -ачусь, -атишься; *сов.* **1.** Покатившись, выпасть, удалиться откуда-н. *Мяч выкатился из ворот.* **2.** То же, что выкатить (во 2 знач.) (разг.). **3.** Уйти, удалиться (прост.). *Наконец-то гость выкатился!* ‖ *несов.* **выка́тываться**, -аюсь, -аешься. *Выкатывайся отсюда!* (уходи, убирайся вон; прост.).

ВЫ́КАЧАТЬ, -аю, -аешь; -анный; *сов., что.* **1.** Качая (в 4 знач.), удалить. *В. воздух. В. воду.* **2.** *перен.* Захватить, отобрать, постепенно извлекая откуда-н. (разг.). *Все деньги выкачал из родителей. (1 и 2 л. не употр.)* ‖ *несов.* **выка́чивать**, -аю, -аешь. ‖ *сущ.* **выка́чивание**, -я, *ср. и* **вы́качка**, -и, *ж.* (к 1 знач.).

ВЫКА́ШИВАТЬ *см.* выкосить.

ВЫ́КАШЛЯТЬСЯ, -яюсь, -яешься; *сов.* (разг.). Кашляя, очистить горло от чего-н., прокашляться. ‖ *несов.* **выка́шливаться**, -аюсь, -аешься.

ВЫ́КИДЫШ, -а, *м.* Прерывание беременности с рождением (извлечением) нежизнеспособного плода.

ВЫ́КИНУТЬ, -ну, -нешь; -утый; *сов.* **1.** *кого-что.* То же, что выбросить. *В. старые вещи. В. на улицу кого-н.* (перен.: выгнать). *В. белый флаг* (в знак сдачи в плен, капитуляции). *В. новые товары. В. руку вперёд. В. ростки.* **2.** *что.* Проделать, устроить (разг. неодобр.). *В. фокус, номер.* **3.** *кого (что).* Родить преждевременно нежизнеспособный плод (разг.). ‖ *несов.* **выки́дывать**, -аю, -аешь. ‖ *сущ.* **выки́дывание**, -я, *ср. и* **вы́кидка**, -и, *ж.* (к 1 знач.; прост.).

ВЫ́КИНУТЬСЯ, -нусь, -нешься; *сов.* То же, что выброситься. ‖ *несов.* **выки́дываться**, -аюсь, -аешься.

ВЫ́КИПЕТЬ (-плю, -пишь, 1 и 2 л. не употр.), -пит; *сов.* Кипя, испариться. *Вода выкипела.* ‖ *несов.* **выкипа́ть** (-а́ю, -а́ешь, 1 и 2 л. не употр.), -а́ет.

ВЫ́КЛАДКА, -и, *ж.* **1.** *см.* выложить. **2.** обычно *мн.* Расчёт, вычисление. *Математические выкладки.* **3.** Походное снаряжение солдата. *Идти с полной выкладкой.*

ВЫКЛА́ДЫВАТЬ, -СЯ *см.* выложить, -ся.

ВЫ́КЛЕВАТЬ, -люю, -люешь; -анный; *сов., что.* Клюя, вырвать, вытащить клювом. *Ворон ворону глаз не выклюет* (посл.). ‖ *несов.* **выклёвывать**, -аю, -аешь. ‖ *однокр.* **вы́клюнуть**, -ну, -нешь; -утый.

ВЫ́КЛИКНУТЬ, -ну, -нешь; -утый; *сов.* **1.** *кого (что).* Кликнув, громко назвав, вызвать. *В. первого из стоящих в шеренге.* **2.** *что.* Громко объявить. *Выкликнул мою фамилию.* ‖ *несов.* **выклика́ть**, -а́ю, -а́ешь. *В. по списку, по фамилиям.*

ВЫ́КЛЮНУТЬСЯ (-нусь, -нешься, 1 и 2 л. не употр.), -нется; *сов.* **1.** То же, что вылупиться (в 1 знач.). **2.** О мальках: выйти из икры, яйца. ‖ *несов.* **выклёвываться** (-аюсь, -аешься, 1 и 2 л. не употр.) -ается. ‖ *сущ.* **вы́клев**, -а, *м.* (спец.).

ВЫКЛЮЧА́ТЕЛЬ, -я, *м.* Прибор для включения и выключения электрического тока.

ВЫ́КЛЮЧИТЬ, -чу, -чишь; -ченный; *сов.* **1.** *что.* Прекратить, прервать действие чего-н. *В. ток, свет. В. телефон.* **2.** *кого-что.* То же, что исключить (в 1 знач.). *В. из списков. В. часть текста.* ‖ *несов.* **выключа́ть**, -а́ю, -а́ешь. ‖ *сущ.* **выключе́ние**, -я, *ср. и* **вы́ключка**, -и, *ж.* (ко 2 знач.; устар. и прост.).

ВЫ́КЛЮЧИТЬСЯ, -чусь, -чишься; *сов.* **1.** (1 и 2 л. не употр.). Прекратиться, прерваться, перестать поступать. *Свет выключился.* **2.** Исчезнуть, устраниться. *В. из сознания. Полностью выключился кто-н.* (перестал принимать участие, реагировать, отключился). ‖ *несов.* **выключа́ться**, -а́юсь, -а́ешься. ‖ *сущ.* **выключе́ние**, -я, *ср.*

ВЫ́КЛЯНЧИТЬ *см.* клянчить.

ВЫКОБЕ́НИВАТЬСЯ, -аюсь, -аешься; *несов.* (прост.). Ломаться², выпендриваться.

ВЫ́КОВАТЬ, -кую, -куешь; -анный; *сов.* **1.** *что.* Изготовить ковкой. *В. подкову.* **2.** *перен., кого-что.* Выработать, создать (высок.). *В. сильный характер.* ‖ *несов.* **выко́вывать**, -аю, -аешь. ‖ *сущ.* **вы́ковка**, -и, *ж.* (к 1 знач.).

ВЫ́КОВЫРЯТЬ, -яю, -яешь; -янный; *сов., что.* Ковыряя, вынуть. *В. изюминку из булки.* ‖ *несов.* **выковы́ривать**, -аю, -аешь. ‖ *однокр.* **вы́ковырнуть**, -ну, -нешь.

ВЫ́КОЛОСИТЬСЯ *см.* колоситься.

ВЫ́КОЛОТИТЬ, -очу, -отишь; -оченный; *сов., что.* **1.** Колотя, вынуть. *В. клин.* **2.** Колотя, очистить. *В. ковёр.* **3.** Получить с трудом или применяя принуждение, с трудом заработать (прост.). *В. старый долг. Еле выколотил сто рублей.* ‖ *несов.* **выкола́чивать**, -аю, -аешь.

ВЫ́КОЛОТЬ, -олю, -олешь; -олотый; *сов., что.* **1.** Проткнуть остриём. *В. глаз. Хоть глаз выколи* (совершенно темно; разг.). **2.** То же, что наколоть² (в 3 знач.). *В. узор на бересте.* ‖ *несов.* **выка́лывать**, -аю, -аешь.

ВЫ́КОЛУПАТЬ, -аю, -аешь; -анный; *сов., что* (прост.). Колупая, вынуть, выковырять. ‖ *несов.* **выколу́пывать**, -аю, -аешь. ‖ *однокр.* **вы́колупнуть**, -ну, -нешь.

ВЫ́КОПАТЬ, -аю, -аешь; -анный; *сов.* **1.** *см.* копать. **2.** *перен., кого-что.* Найти, отыскать (разг.). *Где вы такого работника выкопали?* ‖ *несов.* **выка́пывать**, -аю, -аешь.

ВЫ́КОПКА *см.* копать.

ВЫ́КОРМИТЬ, -млю, -мишь; -мленный; *сов., кого (что).* Кормя, вырастить. *В. младенца.* ‖ *несов.* **выка́рмливать**, -аю, -аешь. ‖ *сущ.* **выка́рмливание**, -я, *ср.*, **вы́корм**, -а, *м.* (спец.) *и* **вы́кормка**, -и, *ж.* (спец.). *Выкормка шелкопряда. Выкорм телят.* ‖ *прил.* **вы́кормочный**, -ая, -ое (спец.).

ВЫ́КОРМОК, -мка, *м.* (обл.). **1.** Детёныш животного, выкормленный в домашних условиях, без матери. **2.** Дикое животное, выкормленное человеком.

ВЫ́КОРМЫШ, -а, *м.* **1.** То же, что выкормок (обл.). **2.** *перен.* О низком, подлом человеке, воспитанном в какой-н. плохой среде (презр.). *Бандитский в.*

ВЫ́КОРЧЕВАТЬ, -чую, -чуешь; -анный; *сов., что.* Корчуя, извлечь, удалить. *В. пень. В. бюрократизм* (перен.: уничтожить). ‖ *несов.* **выкорчёвывать**, -аю, -аешь. ‖ *сущ.* **выкорчёвывание**, -я, *ср. и* **выкорчёвка**, -и, *ж.* (разг.).

ВЫ́КОСИТЬ, -ошу, -осишь; -ошенный; *сов., что.* **1.** Косьбой освободить от травы, злаков. *В. луг.* **2.** Скосить полностью. *В. траву. В. овёс. В. пулемётом ряды противника* (перен.). ‖ *несов.* **выка́шивать**, -аю, -аешь. ‖ *сущ.* **выка́шивание**, -я, *ср. и* **вы́кос**, -а, *м.* (спец.). *Выкос травы.* ‖ *прил.* **выкосно́й**, -а́я, -о́е (спец.).

ВЫКРА́ИВАТЬ *см.* выкроить.

ВЫ́КРАСИТЬ, -СЯ *см.* красить, -ся.

ВЫ́КРАСТЬ, -аду, -адешь; -ал, -ала; -авший; -аденный; -ав; *сов., что.* Добыть кражей, извлекая откуда-н. *В. документы.* ‖ *несов.* **выкра́дывать**, -аю, -аешь.

ВЫ́КРЕСТ, -а, *м.* Человек, перешедший в христианство из другой религии. ‖ *ж.* **вы́крестка**, -и.

ВЫ́КРИК, -а, *м.* Громкий возглас, крик. *Выкрики в толпе.*

ВЫ́КРИКНУТЬ, -ну, -нешь; -утый; *сов., что.* Громко крикнуть, произнести крича. *В. чьё-н. имя.* ‖ *несов.* **выкри́кивать**, -аю, -аешь.

ВЫ́КРИСТАЛЛИЗОВАТЬСЯ *см.* кристаллизоваться.

ВЫ́КРОИТЬ, -ою, -оишь; -оенный; *сов., что.* **1.** *см.* кроить. **2.** *перен.* Уделить, с трудом выделить для чего-н. (разг.). *В. время. В. деньги на покупку.* ‖ *несов.* **выкра́ивать**, -аю, -аешь.

ВЫ́КРОЙКА, -и, *ж.* Образец для кройки. *Бумажная в. Кроить по выкройке. В. воротника.* ‖ *прил.* **вы́кроечный**, -ая, -ое.

ВЫ́КРОШИТЬСЯ (-шусь, -шишься, 1 и 2 л. не употр.), -шится; *сов.* (разг.). Крошась, разрушиться. *Зуб выкрошился.* ‖ *несов.* **выкра́шиваться** (-аюсь, -аешься, 1 и 2 л. не употр.), -ается.

ВЫКРУТА́СЫ, -ов (разг.). **1.** Затейливые телодвижения. *Выделывать ногами разные в.* **2.** *перен.* То же, что вычуры. *Говорить с выкрутасами.* **3.** Причуды, чудачества.

ВЫ́КРУТИТЬ, -учу, -утишь; -ученный; *сов., что* (разг.). **1.** То же, что вывернуть (в 1 и 2 знач.). *В. лампочку. В. руки кому-н.* (также перен.: применить насилие, грубый нажим на кого-н.). **2.** Туго свёртывая, скатывая, отжать[1] (в 1 знач.), выжать[1] (в 1 знач.). *В. бельё.* ‖ *несов.* **выкру́чивать**, -аю, -аешь. ‖ *сущ.* **выкру́чивание**, -я, *ср. и* **вы́крутка**, -и, *ж.* (разг.).

ВЫ́КРУТИТЬСЯ, -учусь, -утишься; *сов.* (разг.). То же, что вывернуться (в 1 и 5 знач.). *Лампочка выкрутилась. В. из беды.* ‖ *несов.* **выкру́чиваться**, -аюсь, -аешься.

ВЫ́КУВЫРНУТЬ, -ну, -нешь; -утый; *сов., кого-что* (разг.). Кувыркнув, вывалить, опрокинуть. *В. из саней.*

ВЫ́КУП, -а, *м.* **1.** *см.* выкупить. **2.** Плата, деньги, к-рыми выкупа́ют. *Дать в. Потребовать большой в. за кого-что-н.*

ВЫ́КУПАТЬ, -СЯ *см.* купать.

ВЫ́КУПИТЬ, -плю, -пишь; -пленный; *сов.* **1.** *что.* Заплатив деньги, вернуть залог (во 2 знач.). *В. заложенное имущество.* **2.** *кого (что).* Заплатив деньги или выполнив какое-н. требование, освободить заложника, пленника. ‖ *несов.* **выкупа́ть**, -а́ю, -а́ешь. ‖ *возвр.* **вы́купиться**, -плюсь, -пишься; *несов.* **выкупа́ться**, -а́юсь, -а́ешься. ‖ *сущ.* **вы́куп**, -а, *м.* ‖ *прил.* **выкупно́й**, -а́я, -о́е (спец.).

ВЫ́КУРИТЬ, -рю, -ришь; -ренный; *сов.* **1.** *что.* Израсходовать курением, докурить до конца. *В. весь табак. В. сигарету.* **2.** *что.* Добыть сухой перегонкой, куря (в 3 знач.). *В. много смолы.* **3.** *кого (что).* Выгнать, удалить окуриванием. *В. лису из норы.* **4.** *перен., кого (что).* Выгнать, заставить уйти, удалиться (прост.). *В. из дому.* ‖ *несов.* **выку́ривать**, -аю, -аешь. ‖ *сущ.* **выку́ривание**, -я, *ср. и* **вы́курка**, -и, *ж.* (ко 2 знач.; разг.).

ВЫ́КУСИТЬ, -ушу, -усишь; -ушенный; *сов., что.* Кусая, выесть, выгрызть зубами кусок чего-н. *В. мякиш.* ◆ **На-ка, выкуси!** (прост.) — ничего не получишь, ничего не выйдет. ‖ *несов.* **выку́сывать**, -аю, -аешь.

ВЫ́КУШАТЬ, -аю, -аешь; -анный; *сов., что* (устар.). В почтительной речи: выпить, попробовать питьё. *В. чашечку кофе. Выкушайте чайку. В. кваску.*

ВЫЛА́ВЛИВАТЬ *см.* выловить.

ВЫ́ЛАЗКА, -и, *ж.* **1.** Выход из осаждённого укрепления для нападения на осаждающих (устар.). *В. из крепости. Партизанская в.* (смелое и неожиданное нападение на врага). **2.** *перен.* То же, что выпад (во 2 знач.). *Бестактная в.* **3.** Прогулка (обычно коллективная) за город, в лес. *Лыжная в.*

ВЫ́ЛАКАТЬ, -аю, -аешь; -анный; *сов.* Лакая, съесть или выпить полностью.

ВЫЛА́МЫВАТЬ *см.* выломать.

ВЫЛА́МЫВАТЬСЯ, -аюсь, -аешься; *несов.* (прост.). То же, что кривляться.

ВЫ́ЛЕЖАТЬ, -жу, -жишь; *сов.* Пролежать сколько нужно, до определённого срока. *Больному нужно в.* ‖ *несов.* **вылёживать**, -аю, -аешь.

ВЫ́ЛЕЖАТЬСЯ, -жусь, -жишься; *сов.* **1.** Пролежать долгое время, полежать вдоволь (разг.). *В. в постели.* **2.** (1 и 2 л. не употр.). Стать лучше после лежания, хранения. *Табак вылежался. Яблоки вылежались.* ‖ *несов.* **вылёживаться**, -аюсь, -аешься.

ВЫ́ЛЕЗТИ и (разг.) **ВЫ́ЛЕЗТЬ**, -зу, -зешь; -ез, -езла; -езший; -езши; *сов.* **1.** Выйти наружу, цепляясь, карабкаясь, ползя. *В. из оврага. В. из норы.* **2.** То же, что выйти (в 1, 2 и 3 знач. в нек-рых сочетаниях). *В. из вагона. В. из-за перегородки. В. из-за стола. В. из долгов* (с трудом расплатиться). **3.** (1 и 2 л. не употр.). Выступить, показаться наружу; обнаружиться (разг.). *Волосы вылезли из-под шапки. Вылезли неприятные подробности дела.* **4.** (1 и 2 л. не употр.). О шерсти, волосах, перьях: выпасть. **5.** Неуместно, некстати сказать, поступить (разг.). *Зачем-то вылез со своими замечаниями.* ‖ *несов.* **вылеза́ть**, -а́ю, -а́ешь. *Не вылезает из болезней, из долгов* (постоянно болен, должен; разг.).

ВЫ́ЛЕПИТЬ *см.* лепить.

ВЫ́ЛЕТЕТЬ, -лечу, -летишь; *сов.* **1.** Летя, направиться, отправиться куда-нибудь. *Самолёт вылетел по расписанию. Птенец вылетел из гнезда. Вылетело* (безл.) *из головы* (перен.: забылось; разг.). **2.** Летя, появиться откуда-н. *Самолёт вылетел из-за облаков.* **3.** Оказаться уволенным, исключенным откуда-н. (прост.). *В. из института. В. с работы.* ‖ *несов.* **вылета́ть**, -аю, -а́ешь. ‖ *сущ.* **вы́лет**, -а, *м.* (к 1 и 2 знач.).

ВЫ́ЛЕЧИТЬ, -чу, -чишь; -ченный; *сов., кого-что.* Леча, сделать здоровым. ‖ *несов.* **выле́чивать**, -аю, -аешь.

ВЫ́ЛЕЧИТЬСЯ, -чусь, -чишься; *сов.* Лечением восстановить своё здоровье. *В. от ревматизма.* ‖ *несов.* **выле́чиваться**, -аюсь, -аешься.

ВЫ́ЛИЗАТЬ, -ижу, -ижешь; -анный; *сов.* **1.** *кого-что.* Очистить лизанием. *В. тарелку. Кошка вылизала котёнка.* **2.** *перен., что.* Тщательно очистить, привести в порядок (разг.). *В. квартиру.* ‖ *несов.* **выли́зывать**, -аю, -аешь.

ВЫ́ЛИНЯТЬ (-яю, -яешь, 1 и 2 л. не употр.), -яет; *сов.* **1.** *см.* линять. **2.** Окончательно полинять. *Ситец вылинял.*

ВЫ́ЛИТЫЙ, -ая, -ое. Очень похожий на кого-н. *Сын — в. отец.*

ВЫ́ЛИТЬ, -лью, -льешь; -лей; -итый; *сов., что.* **1.** Удалить (жидкость) откуда-н. *В. воду из стакана.* **2.** Изготовить литьём, отлить. *В. оловянную фигурку.* ‖ *несов.* **вылива́ть**, -а́ю, -а́ешь. ‖ *прил.* **выливно́й**, -а́я, -о́е (спец.).

ВЫ́ЛИТЬСЯ (-льюсь, -льешься, 1 и 2 л. не употр.), -льется; -лейся; *сов.* **1.** О жидкости: выйти наружу. *Вода вылилась из бочки.* **2.** *перен., во что.* Принять тот или иной вид, образ. *Раздражение вылилось в неприязнь.* ‖ *несов.* **вылива́ться** (-а́юсь, -а́ешься, 1 и 2 л. не употр.), -а́ется.

ВЫ́ЛОВИТЬ, -влю, -вишь; -вленный; *сов., кого-что.* **1.** Ловя, добыть, извлечь. *В. много рыбы. В. плывущие брёвна. В. ошибки* (перен.). **2.** Переловить всех, всё. *В. всю рыбу в пруду.* ‖ *несов.* **выла́вливать**, -аю, -аешь. ‖ *сущ.* **выла́вливание**, -я, *ср. и* **вы́лов**, -а, *м.* (к 1 знач.; спец.).

ВЫ́ЛОЖИТЬ, -жу, -жишь; -женный; *сов.* **1.** *что.* Вынув, положить. *В. покупки на стол.* **2.** *перен., что.* Откровенно высказать (разг.). *В. всю правду. Всё выложил другу.* **3.** *что чем.* Покрыть, отделать (поверхность чего-нибудь). *В. стену плиткой.* **4.** *кого (что).* То же, что кастрировать. *В. жеребца.* ‖ *несов.* **выкла́дывать**, -аю, -аешь. ‖ *сущ.* **вы́кладка**, -и, *ж.* (к 1, 3 и 4 знач.). ‖ *прил.* **выкладно́й**, -а́я, -о́е (к 3 знач.).

ВЫ́ЛОЖИТЬСЯ, -жусь, -жишься; *сов.* (разг.). Отдать, истратить все силы на что-н. *В. на дистанции.* ‖ *несов.* **выкла́дываться**, -аюсь, -аешься.

ВЫ́ЛОМАТЬ, -аю, -аешь; -анный; *сов., что.* Ломая, вынуть. *В. замок.* ‖ *несов.* **выла́мывать**, -аю, -аешь.

ВЫ́ЛОЩИТЬ, -щу, -щишь; -щенный; *сов., что.* Навести лоск на что-н. *В. пол, доски. Вылощенные манеры* (перен.: подчёркнуто изысканные, утонченные). ‖ *несов.* **выла́щивать**, -аю, -аешь.

ВЫ́ЛУДИТЬ *см.* лудить.

ВЫ́ЛУПИТЬ, -плю, -пишь; -пленный; *сов.* (прост.). Широко раскрыть, выпучить (глаза). ‖ *несов.* **вылу́пливать**, -аю, -аешь.

ВЫ́ЛУПИТЬСЯ, -плюсь, -пишься; *сов.* **1.** (1 и 2 л. не употр.). О птицах, пресмыкающихся: выйти из яйца. **2.** (1 и 2 л. не употр.). О глазах: широко раскрыться (прост.). **3.** *на кого-что.* То же, что уставиться (в 3 знач.) (прост. неодобр.). ‖ *несов.* **вылу́пливаться**, -ается (к 1 знач.).

ВЫ́ЛУЩИТЬ, -щу, -щишь; -щенный; *сов., что.* **1.** Луща, вынуть. *В. горох из шелухи.* **2.** Хирургическим путём очистить, изъять (спец.). *В. кость.* ‖ *несов.* **вылу́щивать,** -аю, -аешь.

ВЫ́МАЗАТЬ, -ажу, -ажешь; -азанный; *сов., что.* **1.** Покрыть чем-н. красящим, жидким. *В. печь глиной.* **2.** Загрязнить, испачкать (разг.). *Всё платье вымазала.* ‖ *несов.* **выма́зывать,** -аю, -аешь.

ВЫ́МАЗАТЬСЯ *см.* мазаться.

ВЫМА́ЗЫВАТЬСЯ, -аюсь, -аешься; *несов.* То же, что мазаться (во 2 знач.).

ВЫ́МАКАТЬ, -аю, -аешь; *сов., что* (разг.). Макая во что-н., израсходовать. *В. всё масло.*

ВЫМА́ЛИВАТЬ *см.* вымолить.

ВЫ́МАНИТЬ, -ню, -нишь; -ненный; *сов.* **1.** *кого (что).* Маня, побудить выйти. *В. собаку из конуры.* **2.** *что.* Добыть хитростью. *В. деньги у кого-н.* ‖ *несов.* **выма́нивать,** -аю, -аешь.

ВЫ́МАРАТЬ, -аю, -аешь; -анный; *сов.* **1.** *см.* марать. **2.** *что.* Зачеркнуть, вычеркнуть (прост.). *В. строчку.* ‖ *несов.* **выма́рывать,** -аю, -аешь.

ВЫ́МАРАТЬСЯ *см.* мараться.

ВЫМА́РИВАТЬ *см.* выморить.

ВЫМА́ТЫВАТЬ, -СЯ *см.* вымотать, -ся.

ВЫ́МАХАТЬ, -машу, -машешь *и* -аю, -аешь; *сов.* (прост.). **1.** *кого-что.* Махая, удалить откуда-н. *В. мух из комнаты.* **2.** *что.* Маханием утомить. *В. руки.* **3.** Вырасти, стать высоким. *Какой молодец вымахал!* ‖ *несов.* **выма́хивать,** -аю, -аешь.

ВЫМА́ЧИВАТЬ, -СЯ *см.* вымочить, -ся.

ВЫ́МЕНЯТЬ, -яю, -яешь; -янный; *сов., кого-что на кого-что.* Приобрести обменом. *В. ножик на удочку.* ‖ *несов.* **выме́нивать,** -аю, -аешь.

ВЫ́МЕРЕТЬ (-мру, -мрешь, 1 и 2 л. ед. не употр.), -мрет; -мер, -мерла; -мерший; -мерев *и* -мерши; *сов.* **1.** Полностью исчезнуть вследствие гибели, смерти. *Мамонты вымерли.* **2.** Опустеть вследствие массовой смерти населения от голода, эпидемий. *Селение наполовину вымерло. Вымерший город.* ‖ *несов.* **вымира́ть** (-а́ю, -а́ешь, 1 и 2 л. ед. не употр.), -а́ет. ‖ *сущ.* **вымира́ние,** -я, *ср.*

ВЫ́МЕРЗНУТЬ (-ну, -нешь, 1 и 2 л. не употр.), -нет; -мерз, -мерзла; *сов.* О растительности, насекомых: погибнуть от морозов. *Посевы вымерзли.* ‖ *несов.* **вымерза́ть** (-а́ю, -а́ешь, 1 и 2 л. не употр.), -а́ет.

ВЫ́МЕРИТЬ, -рю, -ришь; -ренный; *сов., что* (разг.). То же, что обмерить (в 1 знач.). *В. площадь участка.* ‖ *несов.* **вымеря́ть,** -яю, -яешь *и* **выме́ривать,** -аю, -аешь.

ВЫ́МЕСИТЬ, -ешу, -есишь; -ешенный; *сов., что.* Меся, размять окончательно. *В. тесто. В. глину.* ‖ *несов.* **выме́шивать,** -аю, -аешь. ‖ *сущ.* **выме́шивание,** -я, *ср. и* **вы́меска,** -и, *ж.* ‖ *прил.* **вымесно́й,** -а́я, -о́е (спец.).

ВЫ́МЕСТИ, -мету, -метешь; -мел, -мела; -метший; -метенный; -метя; *сов., что из чего.* Подметая, удалить, убрать. *В. сор из комнаты. В. комнату* (очистить от сора). ‖ *несов.* **вымета́ть,** -а́ю, -а́ешь.

ВЫ́МЕСТИТЬ, -ещу, -естишь; -ещенный; *сов., что на ком.* Удовлетворить свою обиду, неудовольствие, причинив зло кому-н. *В. злобу на домашних.* ‖ *несов.* **вымеща́ть,** -а́ю, -а́ешь. ‖ *сущ.* **вымеще́ние,** -я, *ср.*

ВЫ́МЕТАТЬ[1-2] *см.* метать[1-2].

ВЫМЕТА́ТЬ *см.* вымести.

ВЫ́МЕШАТЬ, -аю, -аешь; -анный; *сов., что.* Мешая, довести составные части смеси до полного соединения. ‖ *несов.* **выме́шивать,** -аю, -аешь.

ВЫМИРА́НИЕ, ВЫМИРА́ТЬ *см.* вымереть.

ВЫМОГА́ТЕЛЬ, -я, *м.* Тот, кто занимается вымогательством. ‖ *ж.* **вымога́тельница,** -ы. ‖ *прил.* **вымога́тельский,** -ая, -ое.

ВЫМОГА́ТЬ, -а́ю, -а́ешь; *несов., что.* Шантажом, угрозами добиваться чего-н. *В. деньги.* ‖ *сущ.* **вымога́тельство,** -а, *ср.* ‖ *прил.* **вымога́тельский,** -ая, -ое.

ВЫ́МОИНА, -ы, *ж.* Рытвина, яма, размытая водой.

ВЫ́МОКНУТЬ, -ну, -нешь; -мок, -мокла; *сов.* **1.** Стать совсем мокрым. *В. под дождём.* **2.** (1 и 2 л. не употр.). Приобрести какие-н. свойства, вид, пролежав в воде, жидкости. *Селёдка вымокла* (стала менее солёной). *Лён вымок.* ‖ *несов.* **вымока́ть,** -а́ет (ко 2 знач.).

ВЫ́МОЛВИТЬ, -влю, -вишь; -вленный; *сов., что.* Сказать, произнести. *Сло́ва не вымолвил.*

ВЫ́МОЛИТЬ, -лю, -лишь; -ленный; *сов., что.* **1.** Молясь, получить что-н., добиться чего-н. *В. у Бога прощение.* **2.** Выпросить, добиться мольбами. *В. пощаду.* ‖ *несов.* **выма́ливать,** -аю, -аешь.

ВЫ́МОРИТЬ, -рю, -ришь; -ренный; *сов., кого (что).* Уничтожить отравой. *В. мышей.* ‖ *несов.* **выма́ривать,** -аю, -аешь.

ВЫ́МОРОЗИТЬ, -ожу, -озишь; -оженный; *сов.* (разг.). **1.** *что.* Выстудить (морозным воздухом). *В. дом.* **2.** *кого (что).* Истребить морозом. *В. тараканов.* ‖ *несов.* **вымора́живать,** -аю, -аешь.

ВЫ́МОРОЧНЫЙ, -ая, -ое (спец.). Об имуществе: оставшийся после владельца без наследника.

ВЫ́МОСТИТЬ *см.* мостить.

ВЫ́МОТАТЬ, -аю, -аешь; -анный; *сов., кого-что* (разг.). Истощить, изнурить, измучить. *В. все силы. Дорога вымотала кого-н. В. душу, нервы кому-н.* (издергать). ‖ *несов.* **выма́тывать,** -аю, -аешь.

ВЫ́МОТАТЬСЯ, -аюсь, -аешься; *сов.* (разг.). Очень устать, обессилеть. *В. до предела.* ‖ *несов.* **выма́тываться,** -аюсь, -аешься.

ВЫ́МОЧИТЬ, -чу, -чишь; -ченный; *сов.* **1.** *кого-что.* Сделать совсем мокрым. *Дождь вымочил до нитки.* **2.** *что.* Продержать в воде, в жидкости для придания каких-н. нужных свойств. *В. лён.* ‖ *несов.* **выма́чивать,** -аю, -аешь. ‖ *сущ.* **выма́чивание,** -я, *ср. и* **вы́мочка,** -и, *ж.* (ко 2 знач.).

ВЫ́МОЧИТЬСЯ, -чусь, -чишься; *сов.* (разг.). То же, что вымокнуть (в 1 знач.). ‖ *несов.* **выма́чиваться,** -аюсь, -аешься.

ВЫ́МПЕЛ, -а, *мн.* -ы, -ов *и* -а́, -о́в, *м.* **1.** Узкий длинный раздвоенный на конце флаг на мачте военного корабля. **2.** Узкий треугольный флажок или полотнище, служащие знаком чего-н. *Переходящий в.* (в соревновании). **3.** Снабжённый длинным флажком или лентой футляр, в к-ром заключен предмет, сбрасываемый с летательного аппарата. *Сбросить в. с донесением.*

ВЫ́МУЧИТЬ, -чу, -чишь; -ченный; *сов., что* (разг.). С трудом, с усилием сделать, произвести. *В. мысль. Вымученное признание. Вымученный смех* (неестественный, деланный). ‖ *несов.* **выму́чивать,** -аю, -аешь.

ВЫ́МУШТРОВАТЬ *см.* муштровать.

ВЫ́МЫСЕЛ, -сла, *м.* **1.** То, что создано воображением, фантазией. *Поэтический в.* **2.** Выдумка, ложь. *Не верить вымыслам.*

ВЫ́МЫТЬ, -СЯ *см.* мыть.

ВЫ́МЫШЛЕННЫЙ, -ая, -ое; -ен. Представляющий собой вымысел, выдуманный. *Вымышленные герои, образы. В. случай. Под вымышленным именем* (под чужим именем). ‖ *сущ.* **вы́мышленность,** -и, *ж.*

ВЫ́МЯ, -мени, (редко) *мн.* вымена́, -ён, -ена́м, *ср.* Молочные железы у самок млекопитающих животных. *Коровье, козье, овечье в. В. свиньи, собаки, кошки.* ‖ *прил.* **выменно́й,** -а́я, -о́е.

ВЫНА́ШИВАНИЕ *см.* выносить.

ВЫНА́ШИВАТЬ *см.* выносить.

ВЫ́НЕСТИ, -су, -сешь; -ес, -есла; -есший; -сенный; -еся; *сов.* **1.** *кого-что.* Неся, доставить наружу, за пределы чего-н. *В. вещи из вагона. В. раненого с поля боя.* **2.** *кого-что.* Переместить куда-н., выдвинуть. *В. наблюдательный пункт вперёд. Лодку вынесло* (безл.) *на берег. В. ногу вперёд при маршировке. В. икс за скобки. В. вопрос на собрание* (поставить для обсуждения). **3.** *что.* Извлечь, получить, знакомясь с чем-н. *В. впечатление.* **4.** *что.* Приняв решение, объявить (офиц.). *В. приговор. В. постановление. В. благодарность.* **5.** *что.* Вытерпеть, выдержать. *В. боль. Не мог в. оскорбления.* ‖ *несов.* **выноси́ть,** -ошу́, -о́сишь. ♦ **Не выносить** *кого-чего* и *что* — испытывать сильную неприязнь, отвращение к кому-чему-н. *Не выношу хвастунов. Не выносит крика (крик).* ‖ *сущ.* **вынесе́ние,** -я, *ср.* (к 1, 2, 3 и 4 знач.), **вынос,** -а, *м.* (к 1 и 2 знач.) *и* **вы́носка,** -и, *ж.* (к 1 знач.; разг.). *Продавать вино на вынос* (без распития на месте продажи). *Вынос тела* (при похоронах). ‖ *прил.* **выносно́й,** -а́я, -о́е (ко 2 знач.; спец.). *Выносная сейсмостанция.*

ВЫ́НЕСТИСЬ, -сусь, -сешься; -есся, -еслась; -есшийся; -есясь; *сов.* **1.** Стремительно двигаясь, удалиться откуда-н. *Всадники вынеслись из города.* **2.** Стремительно двигаясь, появиться откуда-н. *Из-за поворота вынеслась тройка.* ‖ *несов.* **выноси́ться,** -ошу́сь, -о́сишься.

ВЫНИМА́ТЬ *см.* вынуть.

ВЫ́НОС *см.* вынести.

ВЫ́НОСИТЬ, -ошу, -осишь; -ошенный; *сов.* **1.** *кого (что).* О матери, самке: проносить в себе (плод) до срока родов. *В. младенца.* **2.** *перен., что.* Обдумать, прийти к чему-н. после размышлений. *В. новый замысел, план, идею.* **3.** *кого (что).* Вынянчить, выпестовать. *В. детей на своих руках.* ‖ *несов.* **вына́шивать,** -аю, -аешь. ‖ *сущ.* **вына́шивание,** -я, *ср.*

ВЫНОСИ́ТЬ, -СЯ *см.* вынести, -сь.

ВЫ́НОСКА, -и, *ж.* **1.** *см.* вынести. **2.** Примечание к тексту, а также сноска.

ВЫНО́СЛИВЫЙ, -ая, -ое; -ив. Физически сильный, стойкий, способный много вынести (в 5 знач.), выдержать. *Русский солдат вынослив.* ‖ *сущ.* **выно́сливость,** -и, *ж.*

ВЫНОСНО́Й, -а́я, -о́е (спец.). **1.** *см.* вынести. **2.** Запряжённый сбоку или спереди в помощь основной запряжке. *Выносные лошади.*

ВЫ́НУДИТЬ, -ужу, -удишь; -ужденный; *сов.* **1.** *кого (что) к чему и с неопр.* Заставить, принудить. *В. противника отступить (к отступлению).* **2.** *что.* Добиться чего-н. силой, угрозами, принуждением. *В. признание у кого-н.* ‖ *несов.* **вынужда́ть,** -а́ю, -а́ешь.

ВЫ́НУЖДЕННЫЙ, -ая, -ое; -ен. Вызванный какими-н. обстоятельствами, совершаемый не по своей воле. *В. прогул. Вынужденная отставка. В. отказ.* ‖ *сущ.* **вы́нужденность,** -и, *ж.*

ВЫ́НУТЬ, -ну, -нешь; вынь; -утый; *сов., что.* Взять изнутри или переместить изнутри наружу. *В. деньги из кошелька. В. руки из карманов.* ♦ **Вынь да положь**

(разг.) — чтоб было сейчас же (об исполнении капризного требования). ‖ *несов.* **вынима́ть**, -а́ю, -а́ешь. ‖ *сущ.* **вы́емка**, -и, *ж.* *В. писем. В. грунта.* ‖ *прил.* **вы́емочный**, -ая, -ое. *Выемочная машина.*

ВЫ́НЫРНУТЬ, -ну, -нешь; *сов.* **1.** Нырнув, всплыть, показаться из воды. **2.** *перен.* Внезапно появиться (разг.). *Из-за угла вынырнула машина.* ‖ *несов.* **выны́ривать**, -аю, -аешь.

ВЫ́НЯНЧИТЬ, -чу, -чишь; -ченный; *сов.*, *кого (что).* Нянча, пестуя, вырастить, воспитать. *В. ребёнка.*

ВЫ́ПАД, -а, *м.* **1.** В спорте: выставление согнутой ноги в каком-н. направлении с упором туловища на эту ногу. **2.** Враждебное действие, выступление против кого-чего-н. *Злобный в. Необоснованный в.*

ВЫПАДА́ТЬ *см.* выпасть.

ВЫПА́ИВАТЬ *см.* выпоить.

ВЫ́ПАЛИТЬ, -лю, -лишь; -ленный; *сов.* **1.** *см.* палить². **2.** *что.* Сказать или выкрикнуть сразу, одним духом (разг.). *В. новость.* ‖ *несов.* **выпа́ливать**, -аю, -аешь.

ВЫ́ПАРИТЬ, -рю, -ришь; -ренный; *сов.* **1.** *кого-что.* Паром уничтожить или очистить. *В. насекомых. В. бельё.* **2.** *что.* Сгустить, превращая лишнюю влагу в пар. *В. соль* (добыть из рассола во 2 знач.). ‖ *несов.* **выпа́ривать**, -аю, -аешь. ‖ *прил.* **выпарно́й**, -а́я, -о́е (ко 2 знач.; спец.). *В. аппарат.*

ВЫ́ПАРИТЬСЯ, -рюсь, -ришься; *сов.* **1.** Хорошо попариться (разг.). *В. в бане.* **2.** (1 и 2 л. не употр.). Превратиться в пар (о влаге) или сгуститься после удаления влаги. ‖ *несов.* **выпа́риваться**, -аюсь, -аешься.

ВЫПА́РХИВАТЬ *см.* выпорхнуть.

ВЫПА́РЫВАТЬ *см.* выпороть¹.

ВЫ́ПАС, -а, *м.* **1.** *см.* выпасать. **2.** Место, где пасут скот, пастбище, а также (спец.) место кормления диких животных. *Богатые выпасы.*

ВЫПАСА́ТЬ, -а́ю, -а́ешь; *несов.*, *кого-что.* Содержать (скот) на пастбищах. ‖ *сущ.* **вы́пас**, -а, *м.* *Луга под в.* ‖ *прил.* **выпасно́й**, -а́я, -о́е (спец.).

ВЫ́ПАСТЬ, -аду, -адешь; -ал, -ала; -авший; -ав; *сов.* **1.** Упасть наружу, вывалиться. *Платок выпал из кармана. Монета выпала из рук.* **2.** (1 и 2 л. не употр.). О волосах, шерсти, перьях, зубах: ослабев и отделившись от своего основания, упасть; исчезнуть. *Волосы выпали после болезни. У старика выпали зубы.* **3.** (1 и 2 л. не употр.). Об осадках: пойти, появиться. *Выпал ранний снег. Выпали дожди. Выпала обильная роса. На дно сосуда выпал осадок.* **4.** (1 и 2 л. не употр.). Произойти случайно, независимо от чего-н. *Выпало дождливое лето. Выпал трудный день. Выпало счастье кому-н.* (посчастливилось). *Выпало* (безл.) *идти первому кому-н. Так уж выпало* (безл.) *на долю кому-н.* (такова была его участь). **5.** (1 и 2 л. не употр.). Случайно достаться (в 1 знач.). *Выпал счастливый жребий.* ‖ *несов.* **выпада́ть**, -а́ю, -а́ешь. *День на день не приходится — час на час не выпадает* (стар. посл.). ‖ *сущ.* **выпаде́ние**, -я, *ср.* (к 1, 2 и 3 знач.) *и* **выпада́ние**, -я, *ср.* (к 1, 2 и 3 знач.).

ВЫ́ПАЧКАТЬ, -СЯ *см.* пачкать, -ся.

ВЫПЕВА́ТЬ *см.* выпеть.

ВЫПЕКА́ТЬ *см.* выпечь.

ВЫПЕ́НДРИВАТЬСЯ, -аюсь, -аешься; *несов.* (прост. пренебр.). Важничая, выставлять себя напоказ; проявлять гонор. *В. перед подружками.* ‖ *сущ.* **выпендрёж**, -а, *м.*

ВЫ́ПЕРЕТЬ, -пру, -прешь; -пер, -перла; -перший; -пертый; -перев; *сов.* (прост.). **1.** *кого-что.* Вытеснить напором, удалить силой. *Льдом выперло* (безл.) *баржу.* **2.** (1 и 2 л. не употр.). Выдаться вперёд. *Бревно выперло из стены.* **3.** *кого (что).* Выгнать, прогнать (неодобр.). ‖ *несов.* **выпира́ть**, -а́ю, -а́ешь.

ВЫ́ПЕСТОВАТЬ *см.* пестовать.

ВЫ́ПЕТЬ, -пою, -поешь; -петый; *сов.*, *что.* Спеть, старательно выводя слова, мелодию. ‖ *несов.* **выпева́ть**, -а́ю, -а́ешь.

ВЫ́ПЕЧКА, -и, *ж.* **1.** *см.* выпечь. **2.** *собир.* Выпечные изделия из муки. *Вкусная в.*

ВЫ́ПЕЧЬ, -еку, -ечешь, -екут; -ек, -екла; -еки; -екший; -еченный; -екши; *сов.*, *что.* **1.** Изготовить пищу печением, в печи. *В. тонну хлеба.* **2.** Испечь до готовности. *Хлеб хорошо выпечен.* ‖ *несов.* **выпека́ть**, -а́ю, -а́ешь. ‖ *сущ.* **выпека́ние**, -я, *ср.* и **вы́печка**, -и, *ж.* ‖ *прил.* **выпечно́й**, -а́я, -о́е (к 1 знач.). *Выпечные изделия.*

ВЫПИВА́ТЬ, -а́ю, -а́ешь; *несов.* **1.** *что.* Пить (в каком-н. количестве). *В. по два стакана чаю.* **2.** Любить пить (в 3 знач.), иметь пристрастие к спиртному (разг.). *Муж выпивает.*

ВЫ́ПИВКА, -и, *ж.* (прост.). **1.** То же, что попойка. *Устроить выпивку.* **2.** *собир.* Спиртные напитки.

ВЫПИВО́Н, -а, *м.* (разг. шутл.). Выпивка, попойка. *Устроить в. с приятелями.*

ВЫПИВО́ХА, -и, *м.* и *ж.* (прост.). То же, что пьяница.

ВЫ́ПИЛИТЬ, -лю, -лишь; -ленный; *сов.*, *что.* Вырезать пилой, изготовить пилкой. *В. окошко. В. рамку.* ‖ *несов.* **выпи́ливать**, -аю, -аешь.

ВЫПИРА́ТЬ *см.* выпереть.

ВЫ́ПИСАТЬ, -ишу, -ишешь; -анный; *сов.* **1.** *что.* Выбрав из текста, списать, записать. *В. цитату.* **2.** *что.* Написать (документ, официальную бумагу) для выдачи кому-н. *В. ордер. В. счёт.* **3.** *кого-что.* Написать или нарисовать тщательно. *Красиво выписанные строчки.* **4.** *что.* Письменно заказать доставку чего-н. *В. газеты, журналы.* **5.** *кого (что).* Вызвать письменно. *В. к себе семью.* **6.** *кого (что).* Исключить из списка, из состава кого-чего-н. *В. из домовой книги. В. из больницы.* ‖ *несов.* **выпи́сывать**, -аю, -аешь. ‖ *сущ.* **выпи́сывание**, -я, *ср.* и **вы́писка**, -и, *ж.* (к 1, 2, 4, 5 и 6 знач.). ‖ *прил.* **выписно́й**, -а́я, -о́е (к 3 и 5 знач.).

ВЫ́ПИСАТЬСЯ, -ишусь, -ишешься; *сов.* Выбыть из списка (о находящихся на излечении в больнице, о проживающих где-н.). *В. из госпиталя. В. из домовой книги.* ‖ *несов.* **выпи́сываться**, -аюсь, -аешься.

ВЫ́ПИСКА, -и, *ж.* **1.** *см.* выписать. **2.** То, что выписано из какого-н. текста, документа. *В. из протокола.*

ВЫ́ПИСЬ, -и, *ж.* (устар.). То же, что выписка (во 2 знач.). *Метрическая в.* (метрика²).

ВЫ́ПИТЬ, -пью, -пьешь; -питый; *сов.*, *что.* **1.** *см.* пить. **2.** **вы́пивши**, *в знач. сказ.* В подпитии, под хмельком (прост.). *Пришёл домой выпивши.*

ВЫ́ПИХНУТЬ, -ну, -нешь; -утый; *сов.*, *кого-что* (разг.). То же, что вытолкнуть. *В. из комнаты. В. вперёд кого-н.* ‖ *несов.* **выпи́хивать**, -аю, -аешь.

ВЫ́ПЛАВИТЬ, -влю, -вишь; -вленный; *сов.*, *что.* Плавя, изготовить. *В. чугун.* ‖ *несов.* **выплавля́ть**, -я́ю, -я́ешь. ‖ *сущ.* **вы́плавка**, -и, *ж.*

ВЫ́ПЛАКАТЬ, -ачу, -ачешь; -анный; *сов.*, *что.* **1.** Излить в слезах. *В. своё горе.* **2.** Вымолить плачем (разг.). *В. себе прощение.* ✦ **(Все) глаза выплакать** — в горести плакать долго, много. ‖ *несов.* **выпла́кивать**, -аю, -аешь.

ВЫ́ПЛАКАТЬСЯ, -ачусь, -ачешься; *сов.* (разг.). Облегчить себя плачем. ‖ *несов.* **выпла́киваться**, -аюсь, -аешься.

ВЫ́ПЛАТА, -ы, *ж.* **1.** *см.* платить. **2.** Выплаченные деньги. *Очередные выплаты.* ✦ **На выплату (купить)** *что* (прост.) — в кредит.

ВЫ́ПЛАТИТЬ, -ачу, -атишь; -аченный; *сов.*, *что.* Выдать плату, полностью уплатить. *В. долг.* ‖ *несов.* **выпла́чивать**, -аю, -аешь. ‖ *сущ.* **вы́плата**, -ы, *ж.* ‖ *прил.* **выплатно́й**, -а́я, -о́е. *Выплатная ведомость.*

ВЫ́ПЛЕСКАТЬ, -ещу, -ещешь; -анный; *сов.*, *что.* Плеща, вылить. *В. воду из ведра.* ‖ *несов.* **выплёскивать**, -аю, -аешь. ‖ *однокр.* **вы́плеснуть**, -ну, -нешь; -утый. *Вместе с водой в. из ванны ребёнка* (увлекшись рассуждением, спором, вместе с несущественным отмести и главное; книжн.).

ВЫ́ПЛЕСКАТЬСЯ (-плещусь, -плещешься, 1 и 2 л. не употр.), -плещется; *сов.* (разг.). Плескаясь, вылиться. *Вода выплескалась из ведра.* ‖ *несов.* **выплёскиваться** (-аюсь, -аешься, 1 и 2 л. не употр.), -ается. ‖ *однокр.* **вы́плеснуться**, -нется.

ВЫ́ПЛЕСТИ, -лету, -летешь; -лел, -лела; -летший; -летенный; -летя; *сов.*, *что.* Расплетая, вынуть. *В. ленту из косы.* ‖ *несов.* **выплета́ть**, -а́ю, -а́ешь.

ВЫПЛЁВЫВАТЬ *см.* выплюнуть.

ВЫ́ПЛЫТЬ, -ыву, -ывешь; *сов.* **1.** Плывя (в 1 знач.), выйти куда-н. *В. в открытое море.* **2.** Плывя (в 1 и 3 знач.), появиться откуда-н. *В. из-за поворота. Луна выплыла из-за облаков.* **3.** Подняться из глубины на поверхность, всплыть (в 1 знач.). *Выплыло затонувшее бревно.* **4.** (1 и 2 л. не употр.), *перен.* Обнаружиться, неожиданно появиться (о чём-н. отрицательном), всплыть (во 2 знач.) (разг.). *Выплыли подробности, новые обстоятельства дела.* ‖ *несов.* **выплыва́ть**, -а́ю, -а́ешь. ‖ *прил.* **выплывно́й**, -а́я, -о́е (к 3 знач.; спец.).

ВЫ́ПЛЮНУТЬ, -ну, -нешь; -утый; *сов.*, *что.* Выбросить плевком. *В. шелуху.* ‖ *несов.* **выплёвывать**, -аю, -аешь.

ВЫПЛЯ́СЫВАТЬ, -аю, -аешь; *несов.* (разг.). Старательно плясать, выделывать фигуры в пляске. *В. трепака.*

ВЫ́ПОИТЬ, -ою, -оишь; -оенный; *сов.*, *кого (что).* Выкормить (животное) пойлом, питьём. *В. телёнка.* ‖ *несов.* **выпа́ивать**, -аю, -аешь. ‖ *сущ.* **выпа́ивание**, -я, *ср.* и **вы́пойка**, -и, *ж.*

ВЫ́ПОЛЗЕНЬ, -зня, *м.* (обл.). Насекомое, образовавшееся из личинки.

ВЫ́ПОЛЗОК, -зка, *м.* Наружный покров насекомого, гусеницы или наружный ороговевший слой кожи змеи, сброшенный во время линьки. ‖ *прил.* **вы́ползковый**, -ая, -ое.

ВЫ́ПОЛЗТИ, -зу, -зешь; -олз, -олзла; -олзший; -олзши; *сов.* **1.** Выйти ползком, ползя. *В. из норы.* **2.** Ползя, появиться. *Из-под пня выползла змея.* ‖ *несов.* **выполза́ть**, -а́ю, -а́ешь.

ВЫПОЛНИ́МЫЙ, -ая, -ое; -и́м. Возможный для исполнения. *Выполнимое требование.* ‖ *сущ.* **выполни́мость**, -и, *ж.*

ВЫ́ПОЛНИТЬ, -ню, -нишь; -ненный; *сов.*, *что.* **1.** Осуществить, провести в жизнь (порученное, задуманное). *В. работу. В. задание.* **2.** Создать, сделать. *Хорошо выполненный чертёж.* ‖ *несов.* **выполня́ть**, -я́ю, -я́ешь. ‖ *сущ.* **выполне́ние**, -я, *ср.* *Доложить о выполнении задания.*

ВЫ́ПОЛОСКАТЬ *см.* полоскать.

ВЫ́ПОЛОТЬ *см.* полоть.

ВЫ́ПОРОТОК, -тка, *м.* (спец.). Шкурка недоношенного животного, извлечённого из живота самки. *Олений в.* ‖ *прил.* **выпоротковый,** -ая, -ое. *Выпоротковая шкурка.*

ВЫ́ПОРОТЬ[1], -рю, -решь; -ротый; *сов., что.* Распоров, вынуть. *В. подкладку.* ‖ *несов.* **выпа́рывать,** -аю, -аешь.

ВЫ́ПОРОТЬ[2] *см.* пороть[2].

ВЫ́ПОРХНУТЬ, -ну, -нешь; *сов.* Вылететь, порхнув. *Птица выпорхнула из клетки.* ‖ *несов.* **выпа́рхивать,** -аю, -аешь.

ВЫ́ПОТ, -а, *м.* (спец.). При воспалении, отёках: скопление жидкости из кровеносных сосудов в какой-н. полости тела или в ткани. ‖ *прил.* **вы́потный,** -ая, -ое.

ВЫ́ПОТРОШИТЬ *см.* потрошить.

ВЫ́ПРАВИТЬ, -влю, -вишь; -вленный; *сов.* **1.** *что.* Сделать прямым, ровным. *В. погнувшийся стержень.* **2.** *что.* Внести необходимые исправления, правку во что-н. *В. рукопись. В. корректуру.* **3.** *кого-что.* Исправить, улучшить. *В. положение.* **4.** *что.* Высвободив, выставить на вид, наружу. *В. рукава. В. воротник. В. косы из-под шали.* **5.** *что.* О документе: получить из какого-н. учреждения (устар. и прост.). *В. удостоверение. В. паспорт.* ‖ *несов.* **выправля́ть,** -я́ю, -я́ешь. ‖ *прил.* **вы́правочный,** -ая, -ое (к 1 знач.; спец.) *и* **выправно́й,** -а́я, -о́е (к 1 знач.; спец.).

ВЫ́ПРАВИТЬСЯ, -влюсь, -вишься; *сов.* **1.** (1 и 2 л. не употр.). О чём-н. искривившемся, накренившемся: то же, что выпрямиться. **2.** Исправиться, прийти в лучшее состояние. *Подросток выправился. Положение выправилось.* ‖ *несов.* **выправля́ться,** -я́юсь, -я́ешься.

ВЫ́ПРАВКА, -и, *ж.* Осанка, манера держаться собранно, подтянуто. *Военная в. Молодцеватая в.*

ВЫ́ПРОВОДИТЬ, -ожу, -одишь; -оженный; *сов., кого (что)* (разг.). Заставить уйти, удалить. *В. непрошенного гостя. В. за порог* (из дома). ‖ *несов.* **выпрова́живать,** -аю, -аешь.

ВЫ́ПРОСИТЬ, -ошу, -осишь; -ошенный; *сов., что и чего.* Просьбами добиться чего-н. *В. подарок. В. денег.* ‖ *несов.* **выпра́шивать,** -аю, -аешь.

ВЫ́ПРОСТАТЬ, -аю, -аешь; -анный; *сов., что* (прост.). Вынув из-под чего-н., освободить. *В. руки из-под одеяла.* ‖ *несов.* **выпра́стывать,** -аю, -аешь.

ВЫ́ПРЫГНУТЬ, -ну, -нешь; *сов.* **1.** Прыгнув, удалиться откуда-н. *В. из окна.* **2.** Прыгнув, появиться откуда-н. *Из кустов выпрыгнул заяц.* ‖ *несов.* **выпры́гивать,** -аю, -аешь.

ВЫПРЯМИ́ТЕЛЬ, -я, *м.* (спец.). Преобразователь переменного электрического тока в постоянный. *Полупроводниковый в. Ртутный в.*

ВЫ́ПРЯМИТЬ, -млю, -мишь; -мленный; *сов., кого-что.* Сделать прямым (в 1 знач.). *В. проволоку.* ‖ *несов.* **выпрямля́ть,** -я́ю, -я́ешь. ‖ *прил.* **выпрями́тельный,** -ая, -ое (спец.).

ВЫ́ПРЯМИТЬСЯ, -млюсь, -мишься; *сов.* Стать прямым (в 1 знач.), принять прямое положение. *Стебель выпрямился. В. во весь рост.* ‖ *несов.* **выпрямля́ться,** -я́юсь, -я́ешься.

ВЫ́ПРЯЧЬ, -ягу, -яжешь, -ягут; -яг, -ягла; -яги; -ягший; -яженный; -ягши; *сов., кого (что).* Освободить (животное) от упряжи. *В. коня из телеги.* ‖ *несов.* **выпряга́ть,** -а́ю, -а́ешь. ‖ *прил.* **выпряжно́й,** -а́я, -о́е.

ВЫ́ПРЯЧЬСЯ, -ягусь, -яжешься, -ягутся; -ягся, -яглась; -ягшийся; -ягшись; *сов.* О животном: освободиться из упряжи. *Лошадь выпряглась.* ‖ *несов.* **выпряга́ться,** -а́юсь, -а́ешься.

ВЫ́ПУКЛОСТЬ, -и, *ж.* **1.** *см.* выпуклый. **2.** Выпуклое место на чём-н. *В. на стене.*

ВЫ́ПУКЛЫЙ, -ая, -ое; выпукл. **1.** Имеющий поверхность, шарообразно выгнутую наружу; *противоп.* вогнутый. *Выпуклая линза.* **2.** Выдающийся вперёд, выступающий над поверхностью, рельефный. *В. лоб. Выпуклые глаза. Выпуклые буквы.* ✦ **Выпуклая кривая** (спец.) — изображающая функцию (во 2 знач.) кривая, каждая дуга к-рой не выше стягивающей её хорды. ‖ *сущ.* **вы́пуклость,** -и, *ж.*

ВЫ́ПУСК, -а, *м.* **1.** *см.* выпустить. **2.** Группа учащихся, окончивших курс. *Прошлогодний в.* **3.** Часть сочинения, изданная отдельно. *Роман в трёх выпусках.*

ВЫПУСКНИ́К, -а́, *м.* Учащийся, оканчивающий учебное заведение, находящийся в последнем классе, на последнем курсе; вообще тот, кто окончил данное учебное заведение. *Традиционная встреча выпускников.* ‖ *ж.* **выпускни́ца,** -ы.

ВЫ́ПУСТИТЬ, -ущу, -устишь; -ущенный; *сов.* **1.** *кого-что.* Дать выйти. *В. ребёнка погулять. В. на свободу. В. воду из ванны. В. снаряд* (выстрелить). **2.** *кого (что).* Дать закончить учебное заведение, предоставив соответствующее право. *В. молодых специалистов.* **3.** *что.* Изготовив, подготовив, создав, пустить в обращение. *В. изделие в продажу. В. новые товары. В. роман.* **4.** *что.* Выставить, выправить (в 4 знач.). *В. когти. В. рубаху.* **5.** *что.* Сделать длиннее или шире, употребив запас (в шитье). *В. платье в талии.* **6.** *что.* Исключить, выбросить (часть написанного). *В. параграф из рукописи.* ‖ *несов.* **выпуска́ть,** -а́ю, -а́ешь. ‖ *сущ.* **вы́пуск,** -а, *м.* (к 1, 2, 3, 5 и 6 знач.). ‖ *прил.* **выпускно́й,** -а́я, -о́е (к 1, 2, 4 и 5 знач.). *Выпускное отверстие доменной печи. В. класс. Выпускные экзамены. В. воротник.*

ВЫ́ПУТАТЬ, -аю, -аешь; -анный; *сов.* **1.** *кого-что.* Распутав, вынуть, освободить. *В. из сетей.* **2.** *перен., кого (что).* Вывести из неприятного, сложного положения (разг.). *В. из неприятной истории.* ‖ *несов.* **выпу́тывать,** -аю, -аешь.

ВЫ́ПУТАТЬСЯ, -аюсь, -аешься; *сов.* **1.** Высвободиться из пут, сети. **2.** *перен.* Выйти из затруднительного, сложного положения (разг.). *В. из долгов. В. из беды.* ‖ *несов.* **выпу́тываться,** -аюсь, -аешься.

ВЫ́ПУЧЕННЫЙ, -ая, -ое. О глазах: чрезмерно выступающий из глазниц. ‖ *сущ.* **вы́пученность,** -и, *ж.*

ВЫ́ПУЧИТЬ, -СЯ *см.* пучить, -ся.

ВЫ́ПУШКА, -и, *ж.* Обшивка, оторочка по краям одежды, кант. *Меховая в. Мундир с выпушкой.* ‖ *прил.* **вы́пушечный,** -ая, -ое.

ВЫ́ПЫТАТЬ, -аю, -аешь; -анный; *сов., что* (разг.). Разузнать, выведать. *В. секрет.* ‖ *несов.* **выпы́тывать,** -аю, -аешь.

ВЫПЬ, -и, *ж.* Ночная болотная птица сем. цапель.

ВЫ́ПЯЛИТЬ, -лю, -лишь; -ленный; *сов., что* (прост.). Выставить вперёд, выпятить. ✦ **Выпялить глаза** — 1) выпучить, широко раскрыть; 2) *на кого-что,* то же, что уставиться (в 3 знач.) (неодобр.). ‖ *несов.* **выпя́ливать,** -аю, -аешь.

ВЫ́ПЯЛИТЬСЯ, -люсь, -лишься; *сов.* (прост. неодобр.). То же, что выпялить глаза на кого-что-н. *Что ты на меня выпялился?* ‖ *несов.* **выпя́ливаться,** -аюсь, -аешься.

ВЫ́ПЯТИТЬ, -ячу, -ятишь; -яченный; *сов., что* (разг.). Выставить, выдвинуть вперёд. *В. грудь. В. губы. В. отдельный факт* (перен.: выхватить; неодобр.). ‖ *несов.* **выпя́чивать,** -аю, -аешь.

ВЫ́РАБОТАТЬ, -аю, -аешь; -анный; *сов., что.* **1.** Произвести, сделать. *В. продукцию сверх плана.* **2.** Создать, отработать (в 4 знач.). *В. программу заседания. В. привычку.* **3.** То же, что заработать (в 1 знач.) (разг.). *В. сто рублей.* ‖ *несов.* **выраба́тывать,** -аю, -аешь. ‖ *сущ.* **вы́работка,** -и, *ж.*

ВЫ́РАБОТАТЬСЯ (-аюсь, -аешься, 1 и 2 л. не употр.), -ается; *сов.* Установиться, образоваться в результате опыта, работы. *Выработались привычка, навык.* ‖ *несов.* **выраба́тываться** (-аюсь, -аешься, 1 и 2 л. не употр.), -ается.

ВЫ́РАБОТКА, -и, *ж.* **1.** *см.* выработать. **2.** То, что выработано, изготовлено, готовая продукция (спец.). *Оплата с выработки* (сдельная). **3.** обычно *мн.* В горнопроходческих работах: наклонная вертикальная или горизонтальная полость[1], служащая для разведочных и эксплуатационных работ.

ВЫРА́ВНИВАТЬ, -СЯ *см.* выровнять, -ся.

ВЫРАЖА́ТЬ *см.* выразить.

ВЫРАЖА́ТЬСЯ, -а́юсь, -а́ешься; *несов.* **1.** *см.* выразиться. **2.** Произносить бранные, неприличные слова (прост.). *Прошу не в.*

ВЫРАЖЕ́НИЕ, -я, *ср.* **1.** *см.* выразить, -ся. **2.** То, в чём проявляется, выражается что-н. *Цена — денежное в. стоимости товара.* **3.** Внешний вид (лица), отражающий внутреннее состояние. *Весёлое в. глаз. Недовольное в.* **4.** Фраза (в 1 знач.) или сочетание слов, часто употребляющиеся в речи. *Устарелое, общеупотребительное в. Образное, меткое, избитое, ходячее в. Устойчивое в. Не стесняться в выражениях* (говорить, пренебрегая вежливостью, пристойностью). **5.** Формула, выражающая какие-н. математические отношения. *Алгебраическое в.* ✦ **С выражением** (читать, декламировать) (разг.) — выразительно, с чувством.

ВЫРАЗИ́ТЕЛЬ, -я, *м., чего.* Тот (то), кто (что) выражает какую-н. идею, мысль, чувство. *В. передовых идей. В. общего настроения.* ‖ *ж.* **вырази́тельница,** -ы.

ВЫРАЗИ́ТЕЛЬНЫЙ, -ая, -ое; -лен, -льна. **1.** Хорошо выражающий что-н., яркий по своим свойствам, внешнему виду. *Выразительная речь. Выразительное лицо. Выразительные глаза.* **2.** Многозначительный, как бы сообщающий что-н. *В. взгляд. Выразительно* (нареч.) *посмотреть.* ‖ *сущ.* **вырази́тельность,** -и, *ж.*

ВЫ́РАЗИТЬ, -ажу, -азишь; -аженный; *сов., что.* Воплотить, обнаружить в каком-н. внешнем проявлении. *В. мысль словами. В. желание. В. план в цифрах.* ‖ *несов.* **выража́ть,** -а́ю, -а́ешь. ‖ *сущ.* **выраже́ние,** -я, *ср.*

ВЫ́РАЗИТЬСЯ, -ажусь, -азишься; *сов.* **1.** Проявиться, обнаружиться, воплотиться в чём-н. *Мысль выразилась в словах. На лице выразилось удивление.* **2.** Сказать, в тех или иных словах передать свою мысль. *В. точно и кратко.* ‖ *несов.* **выража́ться,** -а́юсь, -а́ешься. ‖ *сущ.* **выраже́ние,** -я, *ср.*

ВЫРАСТА́ТЬ, -а́ю, -а́ешь; *несов.* **1.** *см.* вырасти. **2.** То же, что расти (в 1 и 3 знач.). *Дети вырастают на глазах. Вырастают новые дома.*

ВЫ́РАСТИ, -ту, -тешь; -рос, -росла; -росший; -росши; *сов.* **1.** *см.* расти. **2.** *из чего.* Стать больше ростом, крупнее настолько, что одежда стала мала. *Мальчик вырос из* пальто. **3.** *в кого-что.* Развившись, дойти до чего-н., достигнуть какой-н. степени. *Шум вырос в грохот. В. в крупного учёного.* **4.** *перен.* Обнаружиться неожиданно; появиться перед чьим-н. взором (обычно о ком-чём-н. высоком). *Вдали выросли очертания гор. Перед ним выросла фигура командира. Как из-под земли вырос кто-н.* (неожиданно появился). ‖ *несов.* **вырастáть, -áю, -áешь.**

ВЫ́РАСТИТЬ, -ащу, -астишь; -ащенный; *сов.* **1.** *кого (что).* То же, что воспитать (в 1 знач.). *В. детей.* **2.** *кого-что.* Ухаживая (за растением, животным), вскармливая, дать вырасти. *В. дерево. В. щенка.* ‖ *несов.* **выра́щивать,** -аю, -аешь. ‖ *сущ.* **выра́щивание,** -я, *ср.* (ко 2 знач.). ‖ *прил.* **выростнóй,** -áя, -óе (ко 2 знач.; спец.). *Выростное рыбоводное хозяйство. Выростные пруды.*

ВЫ́РВАТЬ[1], -ву, -вешь; -анный; *сов., кого-что.* Резким движением, рывком удалить, извлечь, взять. *В. больной зуб. В. лист из книги. В. из рук что-н. В. признание у кого-н.* (перен.: вынудить). ✦ **Вырви глаз** (прост.) — о чём-н. очень кислом, терпком. ‖ *несов.* **вырывáть,** -áю, -áешь.

ВЫ́РВАТЬ[2] *см.* рвать[2].

ВЫ́РВАТЬСЯ, -вусь, -вешься; *сов.* **1.** Силой освободиться, уйти откуда-н. *В. из рук. В. из плена. Наконец-то вырвался в театр* (перен.: нашёл время пойти). **2.** (1 и 2 л. не употр.). О том, что обнаруживается, прорывается сразу, резко: выйти наружу. *Пламя вырвалось из трубы. Вырвалось признание. Вырвался стон.* **3.** Оторвавшись от других, устремиться вперёд. *Гонщик вырвался вперёд.* ‖ *несов.* **вырывáться,** -áюсь, -áешься.

ВЫ́РЕЗ, -а, *м.* **1.** *см.* вы́резать. **2.** Вырезанное отверстие, выем. *Низкий, широкий, круглый в.* (у платья).

ВЫ́РЕЗАТЬ, -ежу, -ежешь; -анный; *сов.* **1.** *что.* Разрезая, вынуть, удалить, а также сделать что-н. резанием. *В. опухоль. В. лист из тетради. В. фигурку из бумаги.* **2.** *что.* Сделать, начертить чем-н. режущим, острым. *В. свои инициалы на доске.* **3.** *кого-что.* Резней истребить. *В. целое племя.* ‖ *несов.* **вырезáть,** -áю, -áешь *и* **вырéзывать,** -аю, -аешь. ‖ *сущ.* **вырезáние,** -я, *ср.*, **вырéзывание,** -я, *ср.*, **вы́рез,** -а, *м.* (к 1 знач.) *и* **вы́резка,** -и, *ж.* (к 1 и 2 знач.). ‖ *прил.* **вырезнóй,** -áя, -óе (к 1 знач.; спец.).

ВЫ́РЕЗКА, -и, *ж.* **1.** *см.* вырезать. **2.** То, что вырезано, вырезанная часть чего-н. *Газетная в.* **3.** Мясо из средней части туши, филе. *Свиная в.*

ВЫРЕЗНÓЙ, -áя, -óе. **1.** *см.* вырезать. **2.** Изготовленный вырезыванием или с резьбой. *Вырезные наличники* (резные).

ВЫ́РЕШИТЬ, -шу, -шишь; -шенный; *сов., что* (устар. и прост.). Окончательно решить. *В. вопрос.*

ВЫ́РИСОВАТЬ, -сую, -суешь; -анный; *сов., кого-что.* Тщательно, старательно нарисовать. *В. все детали.* ‖ *несов.* **вырисóвывать,** -аю, -аешь.

ВЫ́РИСОВАТЬСЯ (-суюсь, -суешься, 1 и 2 л. не употр.), -суется; *сов.* **1.** О видимом: обозначиться, стать явным, отчётливым. *Вдали вырисовались очертания зданий.* **2.** *перен.* Постепенно обнаружиться, проявиться. ‖ *несов.* **вырисóвываться** (-аюсь, -аешься, 1 и 2 л. не употр.), -ается. *Вырисовывается неприглядная картина.*

ВЫ́РОВНЯТЬ, -яю, -яешь; -ненный; *сов., что.* Сделать ровным. *В. дорожку. В. дыхание. В. ход машины.* ‖ *несов.* **вырáвнивать,** -аю, -аешь.

ВЫ́РОВНЯТЬСЯ, -яюсь, -яешься; *сов.* **1.** (1 и 2 л. не употр.). Стать ровным. *Шеренга выровнялась. Слог выровнялся.* **2.** *перен.* Стать лучше в физическом или духовном отношении. *Ребёнок выровнялся. Характер выровнялся.* ‖ *несов.* **вырáвниваться,** -аюсь, -аешься.

ВЫ́РОДИТЬСЯ (-ожусь, -одишься, 1 и 2 л. не употр.), -одится; *сов.* Ухудшиться в породе, потерять ценные свойства предков. *Растение выродилось.* ‖ *несов.* **вырождáться** (-áюсь, -áешься, 1 и 2 л. не употр.), -áется. ‖ *сущ.* **вырождéние,** -я, *ср.*

ВЫ́РОДОК, -дка, *м.* (разг.). Человек, который выделяется в какой-н. среде своими крайне отрицательными, отталкивающими качествами. *В. в семье. В. рода человеческого* (бран.).

ВЫРОЖДÉНИЕ, -я, *ср.* **1.** *см.* выродиться. **2.** Потеря ценных свойств, ухудшение. *Духовное в.*

ВЫ́РОНИТЬ, -ню, -нишь; -ненный; *сов., что.* Роняя, дать упасть. *В. письмо из рук.* ✦ **Слóва не выронил** *кто* (разг.) — не проронил ни слова.

ВЫ́РОСТ, -а, *м.* Отросток, небольшой нарост; удлинённый придаток. ✦ **На вырост** (разг.) — то же, что на рост. *Сшить костюмчик на вырост.*

ВЫ́РОСТОК, -тка, *м.* (спец.). Шкура телёнка, а также выделанная из неё кожа. ‖ *прил.* **вы́ростковый,** -ая, -ое.

ВЫ́РУБИТЬ, -блю, -бишь; -бленный; *сов., что.* **1.** Свести (деревья, лес) рубкой, валкой. *В. сад. В. рощу.* **2.** Выбрав, срубить. *В. хорошую ёлку.* **3.** Рубя, вынуть, удалить, а также изготовить рубящим инструментом. *В. сук из бревна. В. фигуру медведя из пня.* **4.** Добыть (руду, уголь). **5.** Выключить (при помощи рубильника). *В. свет, сигнализацию.* ‖ *несов.* **вырубáть,** -áю, -áешь. ‖ *сущ.* **вы́рубка,** -и, *ж.* (к 1, 2, 3 и 4 знач.). ‖ *прил.* **вырубнóй,** -áя, -óе (к 3 и 4 знач.; спец.).

ВЫ́РУБКА, -и, *ж.* **1.** *см.* вырубить. **2.** Место, где вырублен, повален лес. *На вырубке растёт земляника.*

ВЫ́РУГАТЬ *см.* ругать.

ВЫ́РУГАТЬСЯ, -аюсь, -аешься; *сов.* (разг.). Произнести ругательство. *Крепко в.*

ВЫ́РУЛИТЬ *см.* рулить.

ВЫРУЧÁЛОЧКА, -и, *ж.*: **палочка-выручалочка** (разг. шутл.) — о том, что (кто) всегда помогает, выручает [*первонач.* подвижная детская игра].

ВЫ́РУЧИТЬ, -чу, -чишь; -ченный; *сов.* **1.** *кого (что).* Помочь кому-н. в трудных обстоятельствах. *В. друга. В. из беды. В. до зарплаты* (дать в долг; разг.). **2.** *что.* Получить (плату) за проданное (разг.). *В. деньги за товар.* ‖ *несов.* **выручáть,** -áю, -áешь. ‖ *сущ.* **вы́ручка,** -и, *ж.* (к 1 знач.). *На выручку идти, спешить* (на помощь кому-н.).

ВЫ́РУЧКА, -и, *ж.* **1.** *см.* выручить. **2.** Вырученные от продажи чего-н. деньги. *Дневная в.*

ВЫРЫВÁТЬ[1], **-СЯ** *см.* вырвать[1], -ся.

ВЫРЫВÁТЬ[2] *см.* вырыть.

ВЫ́РЫТЬ, -рою, -роешь; -ытый; *сов.* **1.** *см.* рыть. **2.** *кого-что.* Роя, извлечь. *В. камень.* ‖ *несов.* **вырывáть,** -áю, -áешь.

ВЫ́РЯДИТЬ, -яжу, -ядишь; -яженный; *сов., кого (что)* (разг.). Одеть очень нарядно. *В. как куколку.* ‖ *несов.* **выряжáть,** -áю, -áешь.

ВЫ́РЯДИТЬСЯ, -яжусь, -ядишься; *сов.* (разг., часто неодобр.). Одеться очень нарядно. ‖ *несов.* **выряжáться,** -áюсь, -áешься.

ВЫ́САДИТЬ, -ажу, -адишь; -аженный; *сов.* **1.** *кого (что).* Дать или заставить выйти из повозки, автомобиля, вагона или другого транспортного средства. *В. пассажира. В. десант* (выбросить). **2.** *что.* Вынуть из земли для посадки в другом месте, а также посадить в землю (о рассаде, саженцах). *В. помидоры из парников. В. цветы в грунт.* **3.** *что.* Выломать сильным ударом (прост.). *В. дверь.* ‖ *несов.* **выса́живать,** -аю, -аешь. ‖ *сущ.* **вы́садка,** -и, *ж.* (к 1 и 2 знач.).

ВЫ́САДИТЬСЯ, -ажусь, -адишься; *сов.* Выйти из повозки, автомобиля, вагона и другого транспортного средства, прибыв куда-н. *В. на берег.* ‖ *несов.* **выса́живаться,** -аюсь, -аешься. ‖ *сущ.* **вы́садка,** -и, *ж.*

ВЫСÁСЫВАТЬ *см.* высосать.

ВЫ́СВАТАТЬ, -аю, -аешь; -анный; *сов., кого (что)* (устар. разг.). Сватая или сватаясь, получить согласие родителей (будущего жениха или будущей невесты) на брак. *В. девку в соседнем селе.* ‖ *несов.* **высвáтывать,** -аю, -аешь.

ВЫ́СВЕРЛИТЬ, -лю, -лишь; -ленный; *сов., что.* **1.** Сверля, сделать (отверстие). *В. дырку.* **2.** Сверля, извлечь. *В. пломбу.* ‖ *несов.* **высвéрливать,** -аю, -аешь.

ВЫ́СВЕТИТЬ, -ечу, -етишь; -еченный; *сов., кого-что.* Ярко осветить в темноте. *В. фарами дорогу. Луч прожектора высветил шлюпку.* ‖ *несов.* **высвéчивать,** -аю, -аешь.

ВЫСВИ́СТЫВАТЬ, -аю, -аешь; *несов., что* (разг.). Свистеть, старательно выводя мелодию. *В. песенку.*

ВЫ́СВОБОДИТЬ, -ожу, -одишь; -ожденный *и* -оженный; *сов., кого-что.* **1.** Вынуть, освободить от чего-н. стесняющего. *В. ногу из стремени.* **2.** Освободить, взяв откуда-н. *В. средства. В. рабочую силу. В. время* (освободить время). ‖ *несов.* **высвобождáть,** -áю, -áешь.

ВЫ́СВОБОДИТЬСЯ, -ожусь, -одишься; *сов.* Стать свободным, освободиться. *В. из сугроба. Высвободилось время.* ‖ *несов.* **высвобождáться,** -áюсь, -áешься.

ВЫСЕВÁТЬ, ВЫСÉИВАТЬ *см.* высеять.

ВЫ́СЕВКИ, -ов *и* -вок. Остатки от просеянного. *Овсяные в.* ‖ *прил.* **вы́севочный,** -ая, -ое.

ВЫСЕКÁТЬ *см.* вы́сечь[1].

ВЫ́СЕЛИТЬ, -лю, -лишь; -ленный; *сов., кого (что).* Заставить покинуть место своего жительства. *В. из дома.* ‖ *несов.* **выселя́ть,** -я́ю, -я́ешь. ‖ *сущ.* **выселéние,** -я, *ср.*

ВЫ́СЕЛИТЬСЯ, -люсь, -лишься; *сов.* Покинуть место своего жительства. *В. из старого дома.* ‖ *несов.* **выселя́ться,** -я́юсь, -я́ешься. ‖ *сущ.* **выселéние,** -я, *ср.*

ВЫ́СЕЛОК, -лка, чаще *мн., м.* Небольшой посёлок на новом месте, выделившийся из другого селения. *Поселиться на выселках.* ‖ *прил.* **вы́селковый,** -ая, -ое.

ВЫ́СЕМЕНИТЬСЯ (-нюсь, -нишься, 1 и 2 л. не употр.), -нится; *сов.* (спец.). О растениях: созрев, осыпать семена. *Трава высеменилась.* ‖ *несов.* **высеменя́ться** (-я́юсь, -я́ешься, 1 и 2 л. не употр.), -я́ется.

ВЫ́СЕРЕБРИТЬ *см.* серебрить.

ВЫ́СЕЧЬ[1], -еку, -ечешь, -екут; -ек, -екла; -екший; -еченный; -екши; *сов.* **1.** *кого-что.* Вырезать из камня или на камне. *В. надпись. В. бюст.* **2.** *что.* Добыть ударом по кремню (огонь, искру). ‖ *несов.* **высекáть,** -áю, -áешь.

ВЫ́СЕЧЬ[2] *см.* сечь[1].

ВЫ́СЕЯТЬ, -ею, -еешь; -янный; *сов., что.* Посеять (какое-н. количество). *В. сто центнеров пшеницы.* ‖ *несов.* **высевáть,**

-а́ю, -а́ешь *и* высе́ивать, -аю, -аешь. ‖ *сущ.* **высева́ние,** *-я, ср. и* вы́сев, -а, *м.* (спец.). *В. трав. Нормы высева.* ‖ *прил.* **высевно́й,** -а́я, -о́е.

ВЫ́СИДЕТЬ, -ижу, -идишь; -иженный; *сов.* **1.** (1 и 2 л. не употр.), *кого (что).* Вывести птенцов, сидя на яйцах. *В. цыплят.* **2.** *что.* Написать, сочинить что-н. с трудом в результате долгого сидения (разг. шутл.). *В. стишки.* **3.** С трудом просидеть, пробыть где-н. какое-н. время. *Еле высидел до конца представления.* ‖ *несов.* **выси́живать,** -аю, -аешь. ‖ *сущ.* **выси́живание,** -я, *ср. и* вы́сидка, -и, *ж.* (к 1 знач.).

ВЫ́СИТЬСЯ (вы́шусь, вы́сишься, 1 и 2 л. не употр.), вы́сится; *несов.* Возвышаться, стоять высоко. *Высятся новые дома.*

ВЫСКА́БЛИВАНИЕ, -я, *ср.* **1.** *см.* выскоблить. **2.** Медицинская операция — очистка или удаление чего-н. выскабливающим инструментом. *В. раны, матки, лунки зуба.*

ВЫСКА́БЛИВАТЬ *см.* выскоблить.

ВЫ́СКАЗАТЬ, -ажу, -ажешь; -анный; *сов., что.* Выразить словами. *В. свою мысль. В. пожелание.* ‖ *несов.* **выска́зывать,** -аю, -аешь. ‖ *сущ.* **выска́зывание,** -я, *ср.*

ВЫ́СКАЗАТЬСЯ, -ажусь, -ажешься; *сов.* Высказать своё мнение о чём-н. *В. по докладу. В. за резолюцию, против резолюции.* ‖ *несов.* **выска́зываться,** -аюсь, -аешься. ‖ *сущ.* **выска́зывание,** -я, *ср.*

ВЫСКА́ЗЫВАНИЕ, -я, *ср.* **1.** *см.* высказать, -ся. **2.** Высказанное суждение. *Содержательное в.* **3.** В грамматике: любая интонационно оформленная синтаксическая единица, содержащая сообщение, фраза.

ВЫ́СКОБЛИТЬ, -лю, -лишь; -ленный; *сов., что.* Скоблением очистить или удалить. *В. доску. В. краску.* ‖ *несов.* **выска́бливать,** -аю, -аешь. ‖ *сущ.* **выска́бливание,** -я, *ср.*

ВЫ́СКОЛЬЗНУТЬ, -ну, -нешь; *сов.* **1.** Скользнув, выпасть, вырваться. *Рыба выскользнула из рук.* **2.** *перен.* Незаметно уйти (разг.). *В. из дому, за дверь.* ‖ *несов.* **выска́льзывать,** -аю, -аешь.

ВЫ́СКОЧИТЬ, -чу, -чишь; *сов.* **1.** Выпрыгнуть откуда-н. *В. из трамвая. В. из окна. Выскочило* (безл.) *из головы* (перен.: забылось; разг.). *В. замуж* (перен.: поспешно или неожиданно выйти замуж; разг. шутл.). **2.** Скача или поспешно выбежав, выехав, появиться откуда-н. *Заяц выскочил из кустов. В. навстречу.* **3.** (1 и 2 л. не употр.). То же, что выпасть (в 1 знач.) (разг.). *Выскочил зубец из граблей.* **4.** То же, что вылезти (в 5 знач.) (разг.). *В. с неуместным вопросом, с замечанием.* ‖ *несов.* **выска́кивать,** -аю, -аешь.

ВЫ́СКОЧКА, -и, *м.* и *ж.* (разг. неодобр.). Человек, к-рый выдвинулся (во 2 знач.) слишком быстро или занял видное общественное положение не по заслугам.

ВЫ́СКРЕСТИ, -ребу, -ребешь; -реб, -ребла; -ребший; -ребенный; -ребши *и* -ребя; *сов., что* (разг.). Скребя, очистить или удалить. *В. сковороду. В. грязь.* ‖ *несов.* **выскреба́ть,** -а́ю, -а́ешь.

ВЫ́СЛАТЬ, вышлю, вышлешь; -анный; *сов., кого-что.* **1.** Послать откуда-н. *В. посылку. В. сына навстречу гостю.* **2.** В наказание удалить за пределы чего-н. *В. из города.* ‖ *несов.* **высыла́ть,** -а́ю, -а́ешь. ‖ *сущ.* **вы́сылка,** -и, *ж. Административная в.* ‖ *прил.* **вы́сылочный,** -ая, -ое.

ВЫ́СЛЕДИТЬ, -ежу, -едишь; -еженный; *сов., кого (что).* Следя (в 1 и 4 знач.), отыскать, раскрыть. *В. зверя. В. преступника.* ‖ *несов.* **выслеживать,** -аю, -аешь.

ВЫ́СЛУГА, -и, *ж.*: 1) **за выслугу лет** (офиц.) — за долголетнюю службу; 2) **за выслугой лет** (устар. и офиц.) — вследствие истечения определённого срока службы.

ВЫ́СЛУЖИТЬ, -жу, -жишь; -женный; *сов.* **1.** *что.* Приобрести службой. *В. награду.* **2.** То же, что прослужить. *В. десять лет в канцелярии.* ‖ *несов.* **выслу́живать,** -аю, -аешь.

ВЫ́СЛУЖИТЬСЯ, -жусь, -жишься; *сов.* (разг.). Угождая, приобрести чьё-н. расположение. *В. перед начальством.* ‖ *несов.* **выслу́живаться,** -аюсь, -аешься.

ВЫ́СЛУШАТЬ, -аю, -аешь; -анный; *сов., кого-что.* **1.** Прослушать до конца. *В. посетителя. В. чтеца.* **2.** Исследовать на слух. *В. лёгкие, сердце. В. грудную клетку.* ‖ *несов.* **выслу́шивать,** -аю, -аешь. ‖ *сущ.* **выслу́шивание,** -я, *ср.*

ВЫСМА́РКИВАТЬ, -аю, -аешь; *несов., что.* То же, что сморкать. ‖ *однокр.* **вы́сморкнуть,** -ну, -нешь; -нутый. ‖ *сущ.* **высма́ркивание,** -я, *ср.*

ВЫ́СМЕЯТЬ, -ею, -еешь; -янный; *сов., кого-что.* Насмешкой выразить отрицательное отношение, осмеять. *В. глупца.* ‖ *несов.* **высме́ивать,** -аю, -аешь.

ВЫ́СМОЛИТЬ *см.* смолить.

ВЫ́СМОРКАТЬ, -СЯ *см.* сморкать, -ся.

ВЫ́СМОТРЕТЬ, -рю, -ришь; -ренный; *сов., кого-что* (разг.). **1.** Старательно осмотреть, обозреть. *В. всё в доме.* **2.** Всматриваясь, разглядеть, найти. *В. в толпе знакомого.* ✦ **Все глаза высмотреть** (прост.) — то же, что все глаза проглядеть. ‖ *несов.* **высма́тривать,** -аю, -аешь.

ВЫСО́ВЫВАТЬ, -СЯ *см.* высунуть, -ся.

ВЫСО́КИЙ, -ая, -ое; -о́к, -ока́, -о́ко *и* -око́; вы́ше; вы́сший; высоча́йший. **1.** Большой по протяжённости снизу вверх или далеко расположенный в таком направлении. *Высокая гора. В. дом. В. рост. Высокие потолки. Высокие облака. Жить высоко* (нареч.). *В. лоб* (большой и открытый). *Высокая грудь* (круто подымающаяся). **2.** только *кр. ф.* (высо́к, -ока́, -око́). Больший по такой протяжённости, чем нужно. *Этот стул малышу высок.* **3.** Превышающий средний уровень, среднюю норму, значительный. *Высокое кровяное давление. В. удой. Высокая производительность труда. Высокие цены. Высокая вода* (высоко поднявшаяся в берегах). *В. процент. Высокие темпы.* **4.** Выдающийся по своему значению, очень важный, почётный (книжн.). *Высокая ответственность. Высокая награда. Высокая честь. В. гость. Высокие договаривающиеся стороны* (офиц.). **5.** Очень значительный, возвышенный по форме и содержанию (книжн.). *Высокая мысль. В. стиль.* **6.** Очень хороший. *Быть высокого мнения о ком-н. Высокое качество товаров. Книга высокого достоинства. Высший сорт.* **7.** О звуке, голосе: тонкий и звонкий. *Высокая нота. В. голос* (сопрано). *В. звук* (звук большой частоты). ✦ **На высоких нотах** (разговаривать) — громко и раздражённо.

ВЫСОКО... *Первая часть сложных слов со знач.*: 1) высоко, на высоком уровне, напр.: *высокоприподнятый, высокорасположенный, высокоширотный* (расположенный в высоких широтах); 2) с чем-н. большим или высоким, напр. *высокообъёмный, высокорослый, высоковорсовый, высоководный, высокоствольный, высокостебельный, высокорельефный, высокотравье, высокогорный, высокогорье;* 3) с высоким, большим содержанием чего-н., имеющий или дающий что-н. превышающее средний уровень, напр.: *высокомолекулярный, высокотемпературный, высокопробный* (о драгоценных металлах), *высокоурожайный, высокооплачиваемый, высококачественный;* 4) в высшей степени, напр.: *высокоодарённый, высокопродуктивный, высокоразвитый;* 5) в составе дореволюционных и церковных титулований лиц, высоких чинов, а также в уважительных обращениях означает высокую степень почтительности, напр.: *высокоблагородие, высокопревосходительство, высокородие, высокопреосвященство, высокопреподобие, высокоуважаемый, высокочтимый;* 6) очень часто бывающий, напр.: *высокоповторяющийся.*

ВЫСОКОБЛАГОРО́ДИЕ, -я, *ср.* С местоимениями «ваше», «его», «их» — титулование высоких гражданских и военных чинов царской России (с местоимениями "ваше", "её", «их» — также их жён).

ВЫСОКОГО́РНЫЙ, -ая, -ое. **1.** О рельефе местности: с крутыми склонами гор, острыми и обнаженными вершинами (спец.). **2.** Расположенный высоко в горах, в высокой горной местности. *В. район. Высокогорное озеро. Высокогорная обсерватория.*

ВЫСОКОМЕ́РИЕ, -я, *ср.* Гордое и надменное поведение, отношение к кому-н.

ВЫСОКОМЕ́РНЫЙ, -ая, -ое; -рен, -рна. Презрительно надменный. *В. взгляд.* ‖ *сущ.* **высокоме́рность,** -и, *ж.*

ВЫСОКОПА́РНЫЙ, -ая, -ое; -рен, -рна. То же, что напыщенный (во 2 знач.). *В. стиль. Высокопарная речь.* ‖ *сущ.* **высокопа́рность,** -и, *ж.*

ВЫСОКОПОСТА́ВЛЕННЫЙ, -ая, -ое. Занимающий высокий пост или высокое положение в обществе. *Высокопоставленные лица.* ‖ *сущ.* **высокопоста́вленность,** -и, *ж.*

ВЫСОКОПРОИЗВОДИ́ТЕЛЬНЫЙ, -ая, -ое; -лен, -льна. Обладающий высокой производительностью. *В. труд.*

ВЫСОКОТОВА́РНЫЙ, -ая, -ое. Выпускающий, дающий большую товарную продукцию. *Высокотоварное производство.*

ВЫ́СОСАТЬ, -осу, -осешь; -анный; *сов., что.* Сосанием вытянуть. *В. кровь из раны. В. все соки из кого-н.* (перен.: измучить, изнурить). ‖ *несов.* **выса́сывать,** -аю, -аешь.

ВЫСОТА́, -ы́, *мн.* -о́ты, -о́т, -о́там, *ж.* **1.** Величина, протяжённость чего-н. от нижней точки до верхней. *В. кирпичной кладки. В. прибоя. В. циклона.* **2.** Пространство, расстояние от земли вверх. *Смотреть в высоту. Самолёт набирает высоту. Лететь на большой высоте.* **3.** Возвышенное место, возвышенность. *Занять высоту.* **4.** Высокий уровень развития чего-н. *Достигнуть новых высот. Овладеть высотами мастерства.* **5.** В математике: отрезок перпендикуляра, опущенного из вершины геометрической фигуры на её основание. *В. треугольника.* **6.** Одно из основных свойств звука — результат колебаний звучащего тела (спец.). *Абсолютная, относительная в.* ✦ **На высоте (быть, оказаться)** — удовлетворять самым строгим требованиям. **Поднять на принципиальную высоту** *что* (книжн.) — действовать принципиально, основываясь на строгих принципах. ‖ *уменьш.* **высо́тка,** -и, *ж.* (к 3 знач.). ‖ *прил.* **высо́тный,** -ая, -ое (к 6 знач.).

ВЫСО́ТНИК, -а, *м.* **1.** Строитель высотных сооружений; специалист, работающий на большой высоте. *Монтажник-в.* **2.** Специалист по высотным полётам, подъёмам. *Лётчик-в. Альпинист-в.* ‖ *ж.* **высо́тница,** -ы.

ВЫСО́ТНЫЙ, -ая, -ое. **1.** *см.* высота. **2.** Производящийся, осуществляющийся на большой высоте (в 1 знач.). *Высотные ра-*

боты. В. полёт. Высотная пурга (в горах). **3.** Об архитектурных сооружениях: очень высокий, многоэтажный. *Высотное здание. Высотное строительство.* ‖ *сущ.* **высо́тность, -и,** *ж.*

ВЫСОТОМЕ́Р, -а, *м.* Прибор для измерения высоты полёта. ‖ *прил.* **высотоме́рный,** -ая, -ое.

ВЫ́СОХНУТЬ *см.* сохнуть.

ВЫСОЧА́ЙШИЙ, -ая, -ее. **1.** *см.* высокий. **2.** В дореволюционной России: царский, императорский. *Прошение на высочайшее имя.*

ВЫСОЧЕ́ННЫЙ, -ая, -ое (разг.). Очень высокий (в 1 знач.). *В. дом. Высоченные каблуки.*

ВЫСО́ЧЕСТВО, -а, *ср.* С местоимениями «ваше», «их», «его», «её» — титулование членов царствующего дома и их жён.

ВЫ́СПАТЬСЯ, -плюсь, -пишься; *сов.* Поспав достаточно, хорошо отдохнуть. ‖ *несов.* **высыпа́ться,** -а́юсь, -а́ешься. *Не высыпается кто-н.* (недосыпает).

ВЫ́СПРЕННИЙ, -яя, -ее; -ен, -нняя (устар. и книжн.). Высокопарный, напыщенный. *Выспренние речи.* ‖ *сущ.* **вы́спренность, -и,** *ж.*

ВЫ́СПРОСИТЬ, -ошу, -осишь; -ошенный; *сов., что* (разг.). Расспросами выведать. *В. все новости.* ‖ *несов.* **выспра́шивать,** -аю, -аешь.

ВЫ́СТАВИТЬ, -влю, -вишь; -вленный; *сов.* **1.** *что.* Поставить, выдвинув вперёд или наружу. *В. ногу вперёд. В. шкаф в коридор.* **2.** *что.* Вынуть вставленное. *В. зимние рамы.* **3.** *кого (что).* Выгнать, выпроводить (прост.). *В. за дверь.* **4.** *кого-что.* Поместить куда-н. для обозрения. *В. новые экспонаты.* **5.** *кого-что.* Поместить, поставить (часовых, охрану). *В. караул, охранение.* **6.** *кого-что.* Предложить, выдвинуть. *В. кандидатуру. В. веские аргументы.* **7.** *перен., кого-что кем-чем, в качестве кого-чего* или *как.* Показать в том или ином виде. *В. себя знатоком (как знатока). В. кого-н. в дурном свете.* **8.** *кого-что.* Собрав, предоставить для определённой цели. *В. большую армию.* **9.** *что.* Написать, проставить. *В. ученику годовые отметки.* **10.** *что.* Взяв, вынув откуда-н., поставить (разг.). *В. угощение.* ‖ *несов.* **выставля́ть,** -я́ю, -я́ешь. ‖ *сущ.* **выставле́ние,** -я, *ср. и* **вы́ставка,** -и, *ж.* (к 4 знач.). ‖ *прил.* **вы́ставочный,** -ая, -ое (к 4 знач.).

ВЫ́СТАВИТЬСЯ, -влюсь, -вишься; *сов.* (разг.). **1.** Выдвинуться вперёд, высунуться. *В. из окна.* **2.** Выставить (в 4 знач.) свои произведения. *Художник выставился в салоне.* ‖ *несов.* **выставля́ться,** -я́юсь, -я́ешься.

ВЫ́СТАВКА, -и, *ж.* **1.** *см.* выставить. **2.** Собрание каких-н. предметов, животных, расположенных где-н. для обозрения, а также место такого обозрения. *В. открылась, закрылась. В. собак. В. детского рисунка. Идти на выставку, с выставки. В.-продажа* (с продажей экспонатов). ‖ *прил.* **вы́ставочный,** -ая, -ое. *В. зал.*

ВЫСТАВЛЯ́ТЬСЯ, -я́юсь, -я́ешься; *несов.* **1.** *см.* выставиться. **2.** Важничая, вести себя напоказ (прост.). *В. перед сверстниками.*

ВЫ́СТЕГАТЬ *см.* стегать[2].

ВЫ́СТИРАТЬ *см.* стирать[1].

ВЫ́СТЛАТЬ, -телю, -телешь; -анный и **ВЫ́СТЕЛИТЬ,** -телю, -телешь; -ленный; *сов., что.* Покрыть сплошь, устлать. *В. пол плиткой.* ‖ *несов.* **выстила́ть,** -а́ю, -а́ешь. ‖ *прил.* **вы́стилочный,** -ая, -ое.

ВЫ́СТОЯТЬ, -ою, -оишь; *сов.* **1.** *что.* С трудом или долго простоять где-н. какое-н. время. *В. на ногах весь спектакль.* **2.** Удержаться в определённом положении, устоять, остаться стойким. *В. против ветра. В. против врага. В. в беде.* ‖ *несов.* **выста́ивать,** -аю, -аешь.

ВЫ́СТОЯТЬСЯ (-оюсь, -оишься, 1 и 2 л. не употр.), -оится; *сов.* Приобрести необходимые качества (о том, что доходит до готовности постепенно). *Квас выстоялся.* ‖ *несов.* **выста́иваться** (-аюсь, -аешься, 1 и 2 л. не употр.), -ается.

ВЫ́СТРАДАТЬ, -аю, -аешь; -анный; *сов., что.* **1.** Пережить много страданий. *Сколько пришлось в. на чужбине!* **2.** Достичь страданием. *В. прощение.*

ВЫСТРА́ИВАТЬ, -аю, -аешь; *несов.* То же, что строить[1] (в 1, 3 и 5 знач.). ‖ *сов.* **вы́строить,** -ою, -оишь; -оенный.

ВЫСТРА́ИВАТЬСЯ, -аюсь, -аешься; *несов.* То же, что строиться[2].

ВЫ́СТРЕЛ, -а, *м.* Взрыв заряда в канале ствола огнестрельного оружия, выбрасывающий пулю, снаряд на определённую дальность (также пуск стрелы, ядра); звук такого взрыва. *Произвести в. Раздался в. Подпустить на в.* (на расстояние, какого может достичь выпущенный снаряд, пуля). ✦ **Артиллерийский выстрел** (спец.) — боеприпас для одного артиллерийского выстрела.

ВЫ́СТРЕЛИТЬ, -лю, -лишь; *сов.* Произвести один выстрел. *В. из винтовки.* ‖ *несов.* **выстре́ливать,** -аю, -аешь. *В. именами, цитатами* (перен.).

ВЫ́СТРЕЛЯТЬ, -яю, -яешь; *сов., что.* То же, что исстрелять (в 1 знач.). ‖ *несов.* **выстре́ливать,** -аю, -аешь.

ВЫ́СТРИЧЬ, -игу, -ижешь, -игут; -иг, -игла; -игший; -иженный; -игши; *сов., что.* Стрижкой удалить, а также стрижкой освободить (какое-н. место) от волос, шерсти. *В. прядь волос.* ‖ *несов.* **выстрига́ть,** -а́ю, -а́ешь.

ВЫ́СТРОГАТЬ и **ВЫ́СТРУГАТЬ** *см.* строгать.

ВЫ́СТРОИТЬ[1-2], **-СЯ** *см.* строить[1-2], -ся[1-2] и выстраивать.

ВЫ́СТРОЧИТЬ, -чу, -чишь; -ченный; *сов., что.* Прошить на швейной машине. *В. воротник.* ‖ *несов.* **выстра́чивать,** -аю, -аешь. ‖ *сущ.* **выстра́чивание,** -я, *ср. и* **вы́строчка,** -и, *ж.* ‖ *прил.* **выстрочно́й,** -а́я, -о́е.

ВЫ́СТУДИТЬ, -ужу, -удишь; -уженный; *сов., что.* Выпустив тепло, сильно охладить. *В. помещение.* ‖ *несов.* **высту́живать,** -аю, -аешь.

ВЫ́СТУДИТЬСЯ (-ужусь, -удишься, 1 и 2 л. не употр.), -удится; *сов.* Стать выстуженным. *Комнаты выстудились.* ‖ *несов.* **высту́живаться** (-аюсь, -аешься, 1 и 2 л. не употр.) -ается.

ВЫ́СТУКАТЬ, -аю, -аешь; -анный; *сов.* (разг.). **1.** *что.* Условными стуками, ударами передать, воспроизвести. *В. сигналы.* **2.** *кого-что.* Исследовать состояние внутренних органов, определяя характер звука, возникающего при ударах молоточка или пальцев по телу, простукать. *В. лёгкие.* ‖ *несов.* **высту́кивать,** -аю, -аешь.

ВЫ́СТУП, -а, *м.* Выступающая часть чего-н. *В. стены.* ‖ *прил.* **выступно́й,** -а́я, -о́е (спец.).

ВЫСТУПА́ТЬ, -а́ю, -а́ешь; *несов.* **1.** *см.* выступить. **2.** (1 и 2 л. не употр.). Выдаваться вперёд. *Здание выступает углом в переулок.* **3.** Ходить медленной и величавой поступью. *Выступает будто пава.* **4.** То же, что высказываться (обычно в споре, не соглашаясь) (прост. неодобр.). *Характер такой: вечно он выступает. Сиди тихо, не выступай!*

ВЫ́СТУПИТЬ, -плю, -пишь; *сов.* **1.** Отделившись, выйти, выдаться вперёд. *В. из шеренги.* **2.** Отправиться куда-н., выйдя с места стоянки. *В. в поход.* **3.** (1 и 2 л. не употр.). Выйти за свои пределы, наружу; появиться. *Вода выступила из берегов. Слёзы выступили на глазах.* **4.** Сделать, исполнить что-н. публично. *В. с концертом, с лекцией.* **5.** Произнести речь, высказать своё мнение, высказаться (на собрании, перед публикой, в печати). *В. на заседании. В. с конкретным предложением. В. против своего оппонента. В. в газете.* ‖ *несов.* **выступа́ть,** -а́ю, -а́ешь. ‖ *сущ.* **выступле́ние,** -я, *ср.* (ко 2, 4 и 5 знач.).

ВЫСТУПЛЕ́НИЕ, -я, *ср.* **1.** *см.* выступить. **2.** Исполнение, игра перед публикой. *В. ансамбля.* **3.** Речь, высказывание (на собрании, перед публикой). *Краткое в. Публичное в.*

ВЫ́СУДИТЬ, -ужу, -удишь; -уженный; *сов., кого-что* (прост.). Получить на основании решения суда. *В. наследство.* ‖ *несов.* **высу́живать,** -аю, -аешь.

ВЫ́СУНУТЬ, -ну, -нешь; -утый; *сов., что.* Выставить, выдвинуть наружу. *В. голову из окна. Высунув (высуня) язык бежать* (перен.: очень быстро, едва переводя дыхание; разг.). *Носа в. не смеет кто-н.* (перен.: ведёт себя тихо; разг.). ‖ *несов.* **высо́вывать,** -аю, -аешь.

ВЫ́СУНУТЬСЯ, -нусь, -нешься; *сов.* **1.** Выставиться, выдвинуться наружу. *В. из окна. Манжеты высунулись из рукавов.* **2.** *перен.* Постараться выдвинуться (во 2 знач.), стать заметным (разг. неодобр.). *В. с глупыми советами, с неуместными шутками.* ‖ *несов.* **высо́вываться,** -аюсь, -аешься. *Не высовывайся, когда тебя не спрашивают.*

ВЫ́СУШИТЬ, -СЯ *см.* сушить, -ся.

ВЫ́СЧИТАТЬ, -аю, -аешь; -анный; *сов., что.* Сосчитав, определить, вычислить. *В. размер расходов.* ‖ *несов.* **высчи́тывать,** -аю, -аешь.

ВЫ́СШИЙ, -ая, -ее. **1.** *см.* высокий. **2.** Самый главный, руководящий. *Высший орган государственной власти. Высшая судебная инстанция. Высшее командование.* **3.** О самой высокой ступени в развитии, в науке, в системе образования. *Высшая нервная деятельность. Высшая математика. Высшие учебные заведения* (университеты, институты, учебные академии, консерватории, а также приравненные к ним училища). ✦ **В высшей степени** — очень, крайне. **Высшая награда** — почётнейшая из возможных. **Высшая мера наказания** — исключительная мера наказания, расстрел.

ВЫСЫЛА́ТЬ, ВЫ́СЫЛКА *см.* выслать.

ВЫ́СЫПАТЬ, -плю, -плешь *и* (разг.) -пешь, -пет, -пем, -пете, -пят; -сыпи *и* -сыпь; -анный; *сов.* **1.** *что.* Сыпля, удалить откуда-н. *В. мелочь из кошелька.* **2.** (1 и 2 л. не употр.). О сыпи: появиться. *Высыпало* (безл.) *на груди.* **3.** (1 и 2 л. ед. не употр.). Появиться толпой или во множестве (разг.). *На улицу высыпал народ. На небе высыпали звезды.* ‖ *несов.* **высыпа́ть,** -а́ю, -а́ешь. ‖ *сущ.* **высыпа́ние,** -я, *ср.* (к 1 и 2 знач.) *и* **высыпка,** -и, *ж.* (к 1 знач.). ‖ *прил.* **высыпно́й,** -а́я, -о́е (к 1 и 2 знач.; спец.).

ВЫ́СЫПАТЬСЯ (-плюсь, -плешься *и* разг. -пешься, 1 и 2 л. ед. не употр.), -плется *и* (разг.) -пется, -пемся, -петесь, -пятся; *сов.* **1.** (1 и 2 л. не употр.). Сыплясь, упасть, удалиться откуда-н. *Яблоки высыпались из корзинки. Зёрна высыпались из колоса.* **2.**

перен. Выбежать, выйти откуда-н. (о многих) (разг.). *Ребята гурьбой высыпали из школы.* ‖ *несов.* **высыпа́ться** (-а́юсь, -а́ешься, 1 и 2 л. не употр.), -а́ется.

ВЫСЫПА́ТЬСЯ[1] *см.* выспаться.

ВЫСЫПА́ТЬСЯ[2] *см.* вы́сыпаться.

ВЫСЫХА́ТЬ, -а́ю, -а́ешь; *несов.* То же, что сохнуть (в 1 знач.).

ВЫСЬ, -и, *ж.* Пространство, находящееся высоко над землей, в вышине. *Заоблачная в. Горные выси.*

ВЫТА́ЛКИВАТЬ *см.* вытолкать *и* вытолкнуть.

ВЫ́ТАНЦЕВАТЬСЯ (-цуюсь, -цуешься, 1 и 2 л. не употр.), -цуется; *сов.* (разг.). Удаться, выгореть[2]. *Дело не вытанцевалось.* ‖ *несов.* **вытанцо́вываться** (-аюсь, -аешься, 1 и 2 л. не употр.), -ается.

ВЫТА́ПЛИВАТЬ[1-2] *см.* вытопить[1-2].

ВЫТА́ПТЫВАТЬ *см.* вытоптать.

ВЫ́ТАРАЩИТЬ, -СЯ *см.* таращить, -ся.

ВЫ́ТАСКАТЬ, -аю, -аешь; -анный; *сов., что* (прост.). Вытащить в несколько приёмов. *Всю морковь с огорода вытаскали.*

ВЫТА́СКИВАТЬ *см.* вытащить.

ВЫ́ТАТУИРОВАТЬ *см.* татуировать.

ВЫ́ТАЧАТЬ *см.* тачать.

ВЫТА́ЧИВАТЬ, -аю, -аешь; *несов., что.* То же, что точить (в 3 знач.). ‖ *сущ.* **вытя́чивание**, -я, *ср.*

ВЫ́ТАЧКА, -и, *ж.* Небольшая сужающаяся складочка, застрачиваемая с изнанки, чтобы ушить одежду по фигуре.

ВЫ́ТАЩИТЬ, -щу, -щишь; -щенный; *сов., кого-что.* **1.** *см.* тащить. **2.** Таща, переместить куда-н. наружу, вынести. *В. рюкзак из палатки.* **3.** *перен.* С большим трудом помочь или спасти (разг.). *В. отстающего ученика.* ‖ *несов.* **вытя́скивать**, -аю, -аешь (ко 2 знач.).

ВЫ́ТВЕРДИТЬ *см.* твердить.

ВЫТВОРЯ́ТЬ, -я́ю, -я́ешь; *несов., что* (разг.). Делать, выделывать (что-н. странное, неподобающее). *В. глупости.*

ВЫТЕКА́ТЬ (-а́ю, -а́ешь, 1 и 2 л. не употр.), -а́ет; *несов.* **1.** *см.* вытечь. **2.** О реке: брать начало откуда-н. *Ангара вытекает из Байкала.* **3.** Являться следствием чего-н. *Это решение вытекает из предыдущего.*

ВЫ́ТЕРЕБИТЬ *см.* теребить.

ВЫ́ТЕРЕТЬ, -тру, -трешь; -тер, -терла; -терший; -тертый; -терши *и* -терев; *сов.* **1.** *кого-что.* Потерев или обтирая, сделать сухим, чистым; удалить грязное, мокрое. *В. руки. В. стол. В. посуду. В. пыль со стола.* **2.** *что.* Износить, повредить трением (разг.). *Вытертые локти* (рукава на локтях). ‖ *несов.* **вытира́ть**, -а́ю, -а́ешь. ‖ *возвр.* **вытереться**, -трусь, -трешься (к 1 знач.); *несов.* **вытира́ться**, -а́юсь, -а́ешься.

ВЫ́ТЕРЕТЬСЯ, -трусь, -трешься; -терся, -терлась; -тершийся; -тершись; *сов.* **1.** *см.* вытереть. **2.** (1 и 2 л. не употр.). Износиться от трения (разг.). *Обшлага вытерлись.* ‖ *несов.* **вытира́ться**, -а́юсь, -а́ешься.

ВЫ́ТЕРПЕТЬ, -плю, -пишь; *сов., что.* Терпеливо перенести (боль, страдание, неудобства). ‖ *несов.* **вытерпливать**, -аю, -аешь.

ВЫ́ТЕСАТЬ, -ешу, -ешешь; -анный; *сов., что.* Изготовить тесанием или сделать гладким посредством тесания. *В. доску.* ‖ *несов.* **вытёсывать**, -аю, -аешь.

ВЫ́ТЕСНИТЬ, -ню, -нишь; -ненный; *сов., кого-что.* **1.** Тесня, удалить, заставить выйти. *В. противника из города.* **2.** Заменить собой, выведя из употребления что-н. *Новая техника вытеснила старую.* ‖ *несов.* **вытесня́ть**, -я́ю, -я́ешь.

ВЫ́ТЕЧЬ (-еку, -ечешь, 1 и 2 л. не употр.), -ечет; -ек, -екла; -екший; -екши; *сов.* То же, что вылиться (в 1 знач.). *Вода вытекла из ванны. Вытекший глаз* (вследствие травмы лишившийся стекловидного тела). ‖ *несов.* **вытека́ть** (-а́ю, -а́ешь, 1 и 2 л. не употр.), -а́ет.

ВЫТИРА́ТЬ, -СЯ *см.* вытереть, -ся.

ВЫ́ТИСНИТЬ, -ню, -нишь; -ненный; *сов., что.* Изготовить тиснением. *В. надпись на переплёте.* ‖ *несов.* **вытисня́ть**, -я́ю, -я́ешь.

ВЫ́ТКАТЬ, -тку, -ткешь; -анный; *сов., что.* **1.** Соткать в каком-н. количестве. *В. много полотна.* **2.** Тканьем сделать на чём-н. (узор, рисунок).

ВЫ́ТОЛКАТЬ, -аю, -аешь; -анный; *сов., кого-что* (разг.). Вытолкнуть в несколько приёмов. *В. непрошеных гостей за дверь.* ‖ *несов.* **выта́лкивать**, -аю, -аешь.

ВЫ́ТОЛКНУТЬ, -ну, -нешь; -утый; *сов., кого-что.* Толчком выбросить, удалить, а также толчком переместить изнутри наружу. *В. за дверь. В. вперёд кого-н.* ‖ *несов.* **выта́лкивать**, -аю, -аешь.

ВЫ́ТОПИТЬ[1], -плю, -пишь; -пленный; *сов., что.* Топкой нагреть, закончить топить. *В. печь.* ‖ *несов.* **выта́пливать**, -аю, -аешь.

ВЫ́ТОПИТЬ[2], -плю, -пишь; -пленный; *сов., что.* Топлением добыть, изготовить. *В. сало.* ‖ *несов.* **выта́пливать**, -аю, -аешь. ‖ *сущ.* **выта́пливание**, -я, *ср. и* **вытопка**, -и, *ж.* ‖ *прил.* **вытопно́й**, -а́я, -о́е.

ВЫ́ТОПТАТЬ, -пчу, -пчешь; -анный; *сов., что.* Топча, испортить, уничтожить. *В. посевы.* ‖ *несов.* **выта́птывать**, -аю, -аешь.

ВЫ́ТОРГОВАТЬ, -гую, -гуешь; -анный; *сов., что* (разг.). Торгуясь, выгадать, заплатить меньше, чем просят. *В. два рубля.* ‖ *несов.* **выторго́вывать**, -аю, -аешь.

ВЫ́ТОЧИТЬ *см.* точить.

ВЫ́ТРАВИТЬ, -влю, -вишь; -вленный; *сов.* **1.** *см.* травить[1]. **2.** *кого-что.* Травя (см. травить[1] в 1 и 3 знач.), уничтожить. *В. тараканов. В. луга, посевы. В. из памяти кого-что-н.* (перен.: полностью вычеркнуть). **3.** *кого (что).* Травя (см. травить[1] в 4 знач.), выгнать, заставить выйти откуда-н. *В. волка из леса.* ‖ *несов.* **вытра́вливать**, -аю, -аешь *и* **вытравля́ть**, -я́ю, -я́ешь (ко 2 знач.). ‖ *сущ.* **вытра́вливание**, -я, *ср. и* **вы́травка**, -и, *ж.*

ВЫТРА́ВЛИВАТЬ, -аю, -аешь; *несов., что.* **1.** *см.* вытравить. **2.** То же, что травить[1] (в 6 знач.). *В. рисунок на стекле, на металле.*

ВЫТРАВНО́Й *см.* травить[1].

ВЫ́ТРЕБОВАТЬ, -бую, -буешь; -анный; *сов.* **1.** *кого-что.* Требованием добиться, получить. *В. нужный документ.* **2.** *кого (что).* Заставить явиться куда-н. *В. свидетеля в суд.*

ВЫТРЕЗВИ́ТЕЛЬ, -я, *м.* Медицинское учреждение для вытрезвления. *Попасть в в.*

ВЫ́ТРЕЗВИТЬ, -влю, -вишь; -вленный; *сов., кого (что).* Сделать трезвым (в 1 знач.). ‖ *несов.* **вытрезвля́ть**, -я́ю, -я́ешь. ‖ *возвр.* **вы́трезвиться**, -влюсь, -вишься; *несов.* **вытрезвля́ться**, -я́юсь, -я́ешься. ‖ *сущ.* **вытрезвле́ние**, -я, *ср.*

ВЫ́ТРЯСТИ *см.* трясти.

ВЫ́ТРЯХНУТЬ, -ну, -нешь; -утый; *сов.* **1.** *что.* Тряхнув, выбросить или уронить. *В. пепел из трубки. В. платок из кармана.* **2.** *перен., кого-что.* То же, что вышвырнуть (во 2 знач.) (прост.). ‖ *несов.* **вытря́хивать**, -аю, -аешь.

ВЫ́ТУРИТЬ *см.* турить.

ВЫТЬ, во́ю, во́ешь; *несов.* Издавать вой (в 1, 2 и 3 знач.). *Собака воет. В. по покойнику. С волками жить — по-волчьи в.* (посл.). *В. на луну* (перен.: изнывать от тоски, скуки; разг.). *Воет вьюга. Воет сирена.* ‖ *сущ.* **вытьё**, -я́, *ср.*

ВЫТЯ́ГИВАТЬ, -СЯ *см.* вытянуть, -ся.

ВЫ́ТЯЖКА, -и, *ж.* **1.** *см.* вытянуть, -ся. **2.** Вещество, извлечённое из органических тканей (спец.). *Семенная в.* ‖ *прил.* **вытяжечный**, -ая, -ое.

ВЫ́ТЯНУТЬ, -ну, -нешь; -утый; *сов.* **1.** *что.* Тягой, всасыванием удалить. *В. дым.* **2.** *кого-что.* Вытащить, извлечь, таща откуда-н. (разг.). *В. невод. В. все жилы из кого-н.* (перен.: измучить чем-н. непосильным или нудным, томительным). *Душу в. из кого-н.* (перен.: измучить чем-н. нудным, томительным). *Сло́ва не вытянешь из кого-н.* (перен.: о молчуне). **3.** *что.* Расправляя, натягивая, увеличить в длину. *В. кожу, шкуру.* **4.** *что.* Распрямить, расположить по длине, по прямой линии чего-н. *Лечь, вытянув ноги. В. руки по швам.* **5.** *кого (что).* Ударить чем-н. длинным, хлестнуть (прост.). *В. ремнём.* **6.** *перен.* Вытерпеть, выдержать (разг.). *Больной долго не вытянет.* **7.** Показать при взвешивании тот или иной вес (прост.). *Трёх килограмм не вытянет.* **8.** *кого-что.* С трудом, с напряжением выполнить, сделать что-н. или помочь кому-н. (разг.). *В. задание. В. слабого ученика.* **9.** *что.* Не торопясь выпить до дна (разг.). *В. кружку пива.* ‖ *несов.* **вытя́гивать**, -аю, -аешь. ‖ *сущ.* **вытя́гивание**, -я, *ср.* (к 1, 2, 3, 4 и 8 знач.), **вы́тяжка**, -и, *ж.* (к 1 и 3 знач.) *и* **вытяже́ние**, -я, *ср.* (к 1 и 3 знач.; спец.). ‖ *прил.* **вытяжно́й**, -а́я, -о́е (к 1 и 3 знач.). *В. пластырь. Вытяжное отверстие. Вытяжное кольцо парашюта.*

ВЫ́ТЯНУТЬСЯ, -нусь, -нешься; *сов.* **1.** (1 и 2 л. не употр.). Удалиться, исчезнуть вследствие тяги, всасывания. *Дым из комнаты вытянулся.* **2.** (1 и 2 л. не употр.). Увеличиться в длину, стать длиннее. *Свитер вытянулся после стирки. Лицо вытянулось* (похудев, удлинилось; также перен.: о выражении неожиданного огорчения, удивления). **3.** (1 и 2 л. не употр.). Расположиться на большом протяжении в одну линию. *Деревня вытянулась вдоль реки.* **4.** То же, что вырасти (разг.). *Дети за лето вытянулись.* **5.** Лечь, растянувшись (разг.). *В. на диване.* **6.** Встать прямо, выпрямиться (разг.). *Солдат вытянулся перед командиром.* ‖ *несов.* **вытя́гиваться**, -аюсь, -аешься. ‖ *сущ.* **вытя́гивание**, -я, *ср.* (к 1 и 2 знач.) *и* **вы́тяжка**, -и, *ж.* (к 1 знач.). ‖ *прил.* **вытяжно́й**, -а́я, -о́е (к 1 знач.).

ВЫ́УДИТЬ, -ужу, -удишь; -уженный; *сов., кого-что.* **1.** Выловить удочкой. *В. щуку.* **2.** *перен.* Достать, добыть, получить с трудом или хитростью, обманом (разг.). *В. деньги у кого-н. В. секрет.* ‖ *несов.* **выу́живать**, -аю, -аешь.

ВЫ́УТЮЖИТЬ *см.* утюжить.

ВЫ́УЧЕНИК, -а, *м., чей* или *кого* (разг.). Человек, к-рый прошёл выучку, школу у кого-н. ‖ *ж.* **вы́ученица**, -ы.

ВЫУ́ЧИВАТЬ, -аю, -аешь; *несов., кого (что).* Учить (в 1, 3 и 5 знач.), добиваясь успеха. *В. ремеслу. Всегда выучивает уроки.*

ВЫУ́ЧИВАТЬСЯ, -аюсь, -аешься; *несов., чему.* Учиться, достигая успеха. *Езде на велосипеде легко выучиваются. В. ремеслу.*

ВЫ́УЧИТЬ, -СЯ *см.* учить, -ся.

ВЫ́УЧКА, -и, *ж.* **1.** *см.* учить. **2.** Приобретённое обучением умение, практический опыт. *Хорошая в.*

ВЫХА́ЖИВАТЬ *см.* вы́ходить[2].

ВЫ́ХВАЛИТЬ, -лю, -лишь; -ленный; *сов., кого-что* (разг. неодобр.). Слишком расхвалить. ‖ *несов.* **выхва́ливать**, -аю, -аешь *и* **выхваля́ть**, -я́ю, -я́ешь.

ВЫХВАЛЯ́ТЬСЯ, -я́юсь, -я́ешься; *несов.* (прост. неодобр.). То же, что хвастаться.

ВЫ́ХВАТИТЬ, -ачу, -атишь; -аченный; *сов.* **1.** *кого-что.* Схватив, вырвать, вынуть. *В. пакет из рук. В. кинжал из-за пояса. В. отдельный факт* (перен.: произвольно отбросив другие, поставить в центр внимания, обсуждения; неодобр.). **2.** *что.* Вырезать при кройке слишком много (прост.). *Выхвачено* (безл.) *в вороте.* ‖ *несов.* **выхва́тывать**, -аю, -аешь.

ВЫ́ХЛОПНУТЬ (-ну, -нешь, 1 и 2 л. не употр.), -нет; *сов., что.* О двигателе: выпустить отработанный газ. ‖ *сущ.* **вы́хлоп**, -а, *м.* ‖ *прил.* **выхлопно́й**, -а́я, -о́е. *Выхлопные газы. Выхлопная труба.*

ВЫ́ХЛОПОТАТЬ, -очу, -очешь; -анный; *сов., что.* Добиться хлопотами. *В. разрешение.* ‖ *несов.* **выхлопа́тывать**, -аю, -аешь.

ВЫ́ХОД, -а, *м.* **1.** *см.* выйти. **2.** Появление на сцене действующего лица. *Ваш в.!* (напоминание актёру, находящемуся за сценой). **3.** Место, где выходят, а также место, где что-н. выступает наружу, выпускается, вытекает. *Стоять у выхода. Запасный в. В. алмазоносной трубки.* **4.** Способ разрешить трудность, выйти из затруднения. *В. из положения.* **5.** Количество произведённого продукта (спец.). *Норма выхода. Высокий в. шерсти у овец.* ✦ **Дать выход** *чему* — высказаться или каким-н. другим способом обнаружить чувства, дошедшие до напряжения. *Дать выход гневу, раздражению.* **Знать все ходы и выходы** (разг.) — знать все способы, как действовать, добиваясь чего-н. **На выходе** (спец.) — об информации, данных: поступая после обработки. **На выхода́х** *кто* — об актёре на выходных ролях. ‖ *прил.* **выходно́й**, -а́я, -о́е (ко 2, 3 и 5 знач.). *Выходная ария* (в опере: первая ария главного исполнителя). *Выходные данные* (сведения, помещаемые на последней странице книги или на обороте её титульного листа о тираже, формате, объёме книги и др.; спец.). *Выходная роль* (незначительная, возможно без слов, роль актёра). *В. продукт.*

ВЫ́ХОДЕЦ, -дца, *м.* **1.** Пришелец, переселенец из другого края (устар.). *Словно в. с того света* (похож на мертвеца). **2.** Человек, к-рый перешёл из одной социальной среды в другую. *В. из крестьян.*

ВЫ́ХОДИТЬ[1], -ожу, -одишь; -оженный; *сов., что* (разг.). То же, что исходить[1]. *В. все опушки, все тропинки.*

ВЫ́ХОДИТЬ[2], -ожу, -одишь; -оженный; *сов., кого (что).* Заботами, уходом вернуть в здоровое, нормальное состояние. *В. раненого, больного. В. деревце.* ‖ *несов.* **выха́живать**, -аю, -аешь.

ВЫХОДИ́ТЬ, -ожу́, -о́дишь; *несов.* **1.** *см.* выйти. **2.** (1 и 2 л. не употр.). О строении, его частях, об участке местности: быть обращённым куда-н. *Дверь выходит на балкон. Дом выходит фасадом на площадь. Палисадник выходит в переулок.* **3.** **выхо́дит**, *вводн. сл.* Следовательно, стало быть, значит (разг.). *Выходит, он прав. Он, выходит, сильнее тебя.*

ВЫ́ХОДКА, -и, *ж.* Поступок, противоречащий общепринятым правилам поведения. *Глупая в.*

ВЫХОДНО́Й, -а́я, -о́е. **1.** *см.* **выйти** *и* выход. **2.** Надеваемый не для работы, праздничный, нарядный. *В. костюм. Выходное платье.* **3.** Выдаваемый при увольнении, уходе с работы. *Выходное пособие.* **4. выходно́й**, -о́го, *м.* О рабочем или служащем, использующем свой выходной день (разг.). *Он сегодня в.* **5. выходно́й**, -о́го, *м.* То же, что выходной день (разг.). *У меня сегодня в.* ✦ **Выходной день** — день отдыха, день, свободный от работы. ‖ *ж.* **выходна́я**, -о́й (к 4 знач.).

ВЫ́ХОЛИТЬ, -лю, -лишь; -ленный; *сов., кого-что.* Холя, вырастить. *В. коня. Выхоленная борода* (имеющая холёный вид).

ВЫ́ХОЛОДИТЬ, -ожу, -одишь; -оженный; *сов., что.* То же, что выстудить. ‖ *несов.* **выхола́живать**, -аю, -аешь. ‖ *сущ.* **выхола́живание**, -я, *ср.*

ВЫ́ХОЛОДИТЬСЯ (-ожусь, -одишься, -одимся, 1 и 2 л. не употр.), -одится; *сов.* **1.** То же, что выстудиться. **2.** То же, что охладиться (в 1 знач.). *На севере воздух выхолодился до -50°.* ‖ *несов.* **выхола́живаться** (-аюсь, -аешься, 1 и 2 л. не употр.), -ается. ‖ *сущ.* **выхола́живание**, -я, *ср.*

ВЫ́ХОЛОСТИТЬ, -ощу, -остишь; -ощенный; *сов.* **1.** *см.* холостить. **2.** *перен., что.* Лишить живого содержания, обеднить. *В. идею. В. содержание книги. Выхолощенный язык* (сухой и невыразительный). ‖ *несов.* **выхола́щивать**, -аю, -аешь.

ВЫ́ХУХОЛЬ, -и, *ж.* Небольшое насекомоядное животное, родственное кроту, а также ценный мех его тёмно-бурого цвета. *Семейство выхухолей.* ‖ *прил.* **вы́хухолевый**, -ая, -ое *и* **вы́хухолий**, -ья, -ье.

ВЫ́ЦАРАПАТЬ, -аю, -аешь; -анный; *сов., что.* 1. Царапая, вырвать. *В. глаза кому-н.* (также перен.: грубо, нагло, не стесняясь в выборе средств, добиться у кого-н. своего, желаемого; прост.). **2.** *перен.* Достать, добыть, получить с большим трудом, с трудностями (разг.). *В. старый долг у кого-н.* **3.** Царапая, изобразить, написать что-н. *Гвоздём в. надпись.* ‖ *несов.* **выцара́пывать**, -аю, -аешь.

ВЫ́ЦВЕСТИ (-ету, -етешь, 1 и 2 л. не употр., -етет); -вел, -вела; -ветший; -ветя *и* -ветши; *сов.* Лишиться яркости окраски (от времени, солнца, ветра). ‖ *несов.* **выцвета́ть** (-а́ю, -а́ешь, 1 и 2 л. не употр.), -а́ет.

ВЫ́ЦЕДИТЬ, -ежу, -едишь; -еженный; *сов., что.* **1.** Цедя, выпустить, вылить. *В. квас из бочки.* **2.** Медленно выпить (разг.). *В. коктейль через соломинку.* ‖ *несов.* **выце́живать**, -аю, -аешь.

ВЫ́ЧЕКАНИТЬ *см.* чеканить[1].

ВЫ́ЧЕРКНУТЬ, -ну, -нешь; -утый; *сов., кого-что.* Зачеркнув, удалить, исключить. *В. кого-н. из списков. В. две строчки. В. из памяти кого-что-н.* (перен.: намеренно забыть). ‖ *несов.* **вычёркивать**, -аю, -аешь.

ВЫ́ЧЕРПАТЬ, -аю, -аешь; -анный; *сов., что.* Черпая, удалить, извлечь до конца или опорожнить. *В. воду из колодца. В. пруд до дна.* ‖ *несов.* **выче́рпывать**, -аю, -аешь. ‖ *прил.* **вычерпно́й**, -а́я, -о́е.

ВЫ́ЧЕРТИТЬ, -рчу, -ртишь; -рченный; *сов., что.* Сделать чертёж чего-н., изготовить черчением. *В. план постройки. В. схему.* ‖ *несов.* **выче́рчивать**, -аю, -аешь.

ВЫ́ЧЕСАТЬ, -ешу, -ешешь; -анный; *сов., кого-что.* Чесанием удалить, очистить, обработать. *В. голову. В. лён, шерсть, пеньку.* ‖ *несов.* **вычёсывать**, -аю, -аешь. ‖ *сущ.* **вычёсывание**, -я, *ср. и* **вы́ческа**, -и, *ж.*

ВЫ́ЧЕСТЬ, -чту, -чтешь; -чел, -чла; -чтенный; -чтя; *сов., что из чего.* **1.** Удержать при расплате. *В. задолженность.* **2.** Произвести вычитание одного числа из другого. *В. три из пяти.* ‖ *несов.* **вычита́ть**, -а́ю, -а́ешь. ‖ *сущ.* **вы́чет**, -а, *м.* (к 1 знач.).

ВЫ́ЧЕТ, -а, *м.* **1.** *см.* вычесть. **2.** Вычтенная, удержанная сумма. *Небольшие вычеты.* ✦ **За вычетом** *кого-чего, предлог с род. п.* — за исключением, кроме кого-чего-н. *Явились все за вычетом заболевших.*

ВЫЧИСЛИ́ТЕЛЬ, -я, *м.* Специалист по вычислительной технике. ‖ *прил.* **вычисли́тельский**, -ая, -ое.

ВЫ́ЧИСЛИТЬ, -лю, -лишь; -ленный; *сов.* **1.** *что.* Установить, подсчитывая; высчитать. *В. стоимость постройки.* **2.** Обработать числовую информацию ручным или машинным способом. *В. с помощью ЭВМ.* **3.** *перен., кого-что.* Верно рассчитать, что кто-н. будет поступать, поведёт себя определённым образом (прост.). ‖ *несов.* **вычисля́ть**, -я́ю, -я́ешь. ‖ *сущ.* **вычисле́ние**, -я, *ср.* ‖ *прил.* **вычисли́тельный**, -ая, -ое (ко 2 знач.). *Вычислительная техника. В. центр. Вычислительная машина* (устройство или комплекс устройств, предназначенные для автоматизации процесса вычислений, обработки информации).

ВЫ́ЧИСТИТЬ, -СЯ *см.* чистить, -ся.

ВЫЧИТА́ЕМОЕ, -ого, *ср.* Число или выражение, к-рое вычитается из другого.

ВЫЧИТА́НИЕ, -я, *ср.* Обратное сложению математическое действие: нахождение одного из слагаемых по сумме и другому слагаемому. *Задача на в. Знак вычитания* (—).

ВЫ́ЧИТАТЬ, -аю, -аешь; -анный; *сов., что.* **1.** Узнать, читая (разг.). *В. интересную новость.* **2.** Выверить, читая (спец.). *В. корректуру.* ‖ *несов.* **вычи́тывать**, -аю, -аешь. ‖ *сущ.* **вы́читка**, -и, *ж.* (ко 2 знач.).

ВЫЧИТА́ТЬ *см.* вычесть.

ВЫ́ЧЛЕНИТЬ, -ню, -нишь; -ненный; *сов., что.* То же, что выделить (в 1 знач.) (книжн.). ‖ *несов.* **вычленя́ть**, -я́ю, -я́ешь. ‖ *сущ.* вычлене́ние, -я, *ср.*

ВЫ́ЧУРНЫЙ, -ая, -ое; -рен, -рна. Излишне затейливый, нарочито усложнённый, замысловатый. *В. стиль. Вычурные украшения.* ‖ *сущ.* **вы́чурность**, -и, *ж.*

ВЫ́ЧУРЫ, -ур, *ед.* вы́чура, -ы, *ж.* (разг.). Излишняя вычурность в исполнении чего-н. [*первонач.* о вычурном узоре]. *Говорить без вычур.*

ВЫША́ТИВАТЬ, -аю, -аешь; *несов.* (разг.). Ходить, идти, мерно или важно шагая. *В. в волнении по комнате.*

ВЫ́ШВЫРНУТЬ, -ну, -нешь; -утый; *сов., кого-что* (разг.). **1.** Швырнув, выбросить. *В. что-н. в окно.* **2.** *перен.* Выгнать, заставить уйти откуда-н. *В. интервентов за пределы страны.* ‖ *несов.* **вышвы́ривать**, -аю, -аешь.

ВЫ́ШЕ. **1.** *см.* высокий. **2.** *нареч.* В предшествующем месте речи, текста. *В. об этом уже говорилось.* **3.** *нареч.* Вверх по течению реки от какого-н. места. *Теплоход поплыл в.* **4.** *чего, в знач. предлога с род. п.* По направлению вверх от чего-н. *Пристань в. Казани. Флажок в. крыши.* **5.** *чего, в знач. предлога с род. п.* Превосходя возможные пределы чего-н. *Это в. моего понимания. Быть в. предрассудков.*

ВЫШЕ... *Первая часть сложных слов со знач.:* 1) ранее, прежде (о сказанном, написанном), напр. *вышеназванный, вышеупомянутый, вышеуказанный, вышеозначенный, вышепоименованный, вышесказанный;* 2) расположенный по направлению вверх от чего-н., напр. *вышезалегающий, вышележащий, вышерасположенный;* 3) руководящий, главный, напр. *вышестоящий* (об организациях, инстанциях).

ВЫ́ШЕЛУШИТЬ, -шу, -шишь; -шенный; *сов., что.* Шелуша, вынуть. *В. зерно из колоса.* || *несов.* **вышелу́шивать**, -аю, -аешь.

ВЫШЕСТОЯ́ЩИЙ, -ая, -ее. Более высокий в административном, руководящем отношении. *В. орган.*

ВЫШИБА́ЛА, -ы, *м.* Служащий трактира, какого-н. заведения, выгоняющий пьяных посетителей.

ВЫ́ШИБИТЬ, -бу, -бешь; -шиб, -бла; -шибленный; *сов., кого-что.* **1.** Резким толчком выбить, удалить (разг.). *В. дверь. В. из седла* (также перен.: вывести из равновесия, лишить спокойствия, стойкости). **2.** *перен.* То же, что вышвырнуть (во 2 знач.). || *несов.* **вышиба́ть**, -а́ю, -а́ешь.

ВЫШИВА́ЛЬЩИК, -а, *м.* Человек, занимающийся вышиванием. *В. по шёлку.* || *ж.* **вышива́льщица**, -ы. *Швея-в.*

ВЫШИВА́НИЕ, -я, *ср.* **1.** *см.* вышить. **2.** Вышитая или вышиваемая вещь. *Изящное ручное в.*

ВЫ́ШИВКА, -и, *ж.* **1.** *см.* вышить. **2.** Вышитый узор. *Отделать платье вышивкой.* || *прил.* **вы́шивочный**, -ая, -ое.

ВЫШИНА́, -ы́, *ж.* **1.** То же, что высота (в 1 знач.). *В. строения.* **2.** Высоко расположенное пространство. *Орёл парит в вышине.*

ВЫ́ШИТЬ, -шью, -шьешь; -шей; -итый; *сов.* **1.** *кого-что.* Изобразить шитьём. *В. метку на платке. В. узор на ковре.* **2.** *что.* Украсить шитьём. *В. подушку шёлком, шерстью, бисером.* || *несов.* **вышива́ть**, -а́ю, -а́ешь. || *сущ.* **вышива́ние**, -я, *ср.* и **вы́шивка**, -и, *ж.* || *прил.* **вышива́льный**, -ая, -ое. *Вышивальная игла.*

ВЫ́ШКА, -и, *ж.* **1.** Верхняя, пристроенная наверху часть здания. **2.** Высокая башня, а также сооружение, оборудованное на какой-н. вышине для наблюдения, для технических надобностей. *Судейская в.* (в волейболе, теннисе, бадминтоне). *Сторожевая в. Буровая в.* **3.** Высшая мера наказания (прост.). *Дали вышку кому-н.* || *прил.* **вы́шечный**, -ая, -ое (к 1 и 2 знач.).

ВЫ́ШКОЛИТЬ *см.* школить.

ВЫ́ШУТИТЬ, -учу, -утишь; -ученный; *сов., кого-что* (разг.). Подшучивая, высказать отрицательное отношение к кому-чему-н., представить в смешном виде. *В. собеседника. В. чужую мысль.* || *несов.* **вышу́чивать**, -аю, -аешь.

ВЫ́ЩЕРБИТЬ, -блю, -бишь; -бленный; *сов., что.* Испортить, сделав зазубрины, щербины. *В. нож.* || *несов.* **выщербля́ть**, -я́ю, -я́ешь.

ВЫ́ЩИПАТЬ, -плю, -плешь *и* (разг.) -пешь, -пет, -пем, -пете, -пят; -анный; *сов., что.* Щипля (в 3 и 4 знач.), удалить, вырвать. *В. перья. В. тушку.* || *несов.* **выщи́пывать**, -аю, -аешь. || *однокр.* **вы́щипнуть**, -ну, -нешь.

ВЫ́Я, -и, *ж.* (стар.). То же, что шея. *Гнуть выю перед кем-н.* (также перен.: раболепствовать). || *прил.* **вы́йный**, -ая, -ое.

ВЫ́ЯВИТЬ, -влю, -вишь; -вленный; *сов., кого-что.* Сделать явным, обнаружить, вскрыть. *В. склонности ученика. В. отстающих.* || *несов.* **выявля́ть**, -я́ю, -я́ешь.

ВЫ́ЯВИТЬСЯ (-влюсь, -вишься, 1 и 2 л. ед. не употр.), -вимся, -витесь, -вится; *сов.* Обнаружиться, стать явным, оказаться. *Выявились недостатки.* || *несов.* **выявля́ться** (-я́юсь, -я́ешься, 1 и 2 л. ед. не употр.), -я́ется.

ВЫ́ЯСНИТЬ, -ню, -нишь; -ненный; *сов., что.* Привести в ясность. *В. положение.* || *несов.* **выясня́ть**, -я́ю, -я́ешь. *В. отношения* (объясняться, стараясь понять, убедить друг друга).

ВЫ́ЯСНИТЬСЯ (-нюсь, -нишься, 1 и 2 л. не употр.), -нится; *сов.* Стать ясным, понятным; объясниться. *Недоразумение выяснилось.* || *несов.* **выясня́ться** (-я́юсь, -я́ешься, 1 и 2 л. не употр.), -я́ется.

ВЬЕТНА́МСКИЙ, -ая, -ое. **1.** *см.* вьетнамцы. **2.** Относящийся к вьетнамцам, к их языку, национальному характеру, образу жизни, культуре, а также к Вьетнаму, его территории, внутреннему устройству, истории; такой, как у вьетнамцев, как во Вьетнаме. *В. язык* (австроазиатской семьи языков). *Вьетнамские провинции. В. донг* (денежная единица). *По-вьетнамски* (нареч.).

ВЬЕТНА́МЦЫ, -ев, *ед.* -мец, -мца, *м.* Народ, составляющий основное население Вьетнама. || *ж.* **вьетна́мка**, -и. || *прил.* **вьетна́мский**, -ая, -ое.

ВЬЮ́ГА, -и, *ж.* Снежная буря. *Поднялась в. В. воет.* || *прил.* **вью́жный**, -ая, -ое.

ВЬЮ́ЖИТЬ, -ит; *безл., несов.* (разг.). О вьюге: мести (во 2 знач.). *В поле вьюжит.*

ВЬЮК, -а и (разг.) -а́; *мн.* -и *и* (разг.) -и́, *м.* Упакованная поклажа, перевозимая на спине животных, а также сумка для такой поклажи. || *прил.* **вью́чный**, -ая, -ое.

ВЬЮН, -а́, *м.* **1.** Небольшая, очень подвижная рыбка, родственная карпу, с вытянутым червеобразным телом и мелкой чешуей. **2.** *перен.* О юрком, вертлявом человеке или зверьке, а также о ловкаче, проныре (разг.). ✦ **Вьюном вертеться** (разг.) — 1) двигаться в разные стороны, крутясь, вертясь; 2) ловчить, выкручиваться, приспосабливаясь к обстоятельствам. || *прил.* **вьюно́вый**, -ая, -ое (к 1 знач.; спец.). *Семейство вьюновых* (сущ.).

ВЬЮНО́К, -нка́, *м.* Вьющаяся трава или кустарничек — сорное растение с бело-розовыми цветками. || *прил.* **вьюнко́вый**, -ая, -ое. *Семейство вьюнковых* (сущ.).

ВЬЮРКО́ВЫЕ, -ых. Семейство небольших птиц подотряда певчих воробьиных с сильным толстым клювом: вьюрки, канарейки, клесты, коноплянки, снегири, чечётки, чижи, щеглы и нек-рые другие.

ВЬЮРО́К, -рка́, *м.* Небольшая северная лесная птица отряда воробьиных. || *прил.* **вьюрко́вый**, -ая, -ое.

ВЬЮ́ЧИТЬ, -чу, -чишь; *несов., кого-что.* Класть вьюками или нагружать вьюками. *В. поклажу на осла. В. лошадей.* || *сов.* **навью́чить**, -чу, -чишь; -ченный.

ВЬЮ́ЧНЫЙ, -ая, -ое. **1.** *см.* вьюк. **2.** Относящийся к перевозкам вьюков, вьюками. *Вьючные перевозки. Перевозить грузы вьючно* (нареч.). *Вьючное седло. Вьючное животное* (также перен.: о том, кто обременен работой, не знает отдыха; разг. неодобр.).

ВЬЮ́ШКА, -и, *ж.* Род крышки, закрывающей печную трубу для прекращения тяги. *Закрыть, открыть вьюшку.* || *прил.* **вью́шечный**, -ая, -ое. *Вьюшечное отверстие.*

ВЯ́ЖУЩИЙ, -ая, -ее. **1.** Неприятно кислый, вызывающий оскомину. *В. вкус. Вяжущее лекарство.* **2.** Вязкий и стягивающий. *Вяжущие материалы* (скрепляющие минеральные или органические вещества; спец.).

ВЯЗ, -а, *м.* Большое лиственное дерево с прочной древесиной сем. ильмовых. || *прил.* **вя́зовый**, -ая, -ое.

ВЯЗА́ЛЬЩИК, -а, *м.* Человек, к-рый занимается вязанием чего-н. *В. снопов. В. трикотажа. В. сетей.* || *ж.* **вяза́льщица**, -ы.

ВЯЗА́НИЕ, -я, *ср.* **1.** *см.* вязать. **2.** Связанная вещь или вещь, к-рую вяжут. *Отложить в. в сторону.*

ВЯ́ЗАНКА, -и, *ж.* (разг.). Вязаная вещь (кофта, фуфайка).

ВЯЗА́НКА, -и, *ж.* Связка дров, сушняка, соломы. *В. хворосту.* || *прил.* **вяза́ночный**, -ая, -ое.

ВЯ́ЗАНЫЙ, -ая, -ое. Изготовленный вязанием. *Вязаная кофта.*

ВЯЗА́ТЬ, вяжу́, вя́жешь; вя́занный; *несов.* **1.** *что.* Закручивая жгутом, верёвкой, стягивать. *В. снопы.* **2.** *кого-что.* Стягивать кого-н. верёвкой, ремнём, чтобы лишить свободы движений. *В. руки кому-н.* **3.** *что.* Плести руками, крючком, спицами или на машине из какого-н. материала. *В. на спицах, на машине. В. сети.* **4.** *что.* Скреплять чем-н. (спец.). *В. камни цементом. В. брёвна. В. плоты.* **5.** *обычно безл.* Вызывать вяжущее ощущение. *Вяжет во рту от кислого. Танин вяжет.* || *сов.* **связа́ть**, свяжу́, свя́жешь; свя́занный (к 1, 2, 3 и 4 знач.). || *сущ.* **вя́зка**, -и, *ж.* (к 1, 3 и 4 знач.) *и* **вяза́ние**, -я, *ср.* (к 1 и 3 знач.). *Машинное и ручное вязание.* || *прил.* **вяза́льный**, -ая, -ое (к 1 и 3 знач.). *В. аппарат. Вязальная машина. Вязальные спицы.*

ВЯЗА́ТЬСЯ, вяжу́сь, вя́жешься; *несов.* **1.** (1 и 2 л. не употр.), *с чем.* Соответствовать чему-н., согласоваться (разг.). *Одно с другим не вяжется.* **2.** Вмешиваться (в 1 знач.), ввязываться (прост. неодобр.). *Не стоит в. в эту неприятную историю.* ✦ **Не вяжется разговор (дело)** — не получается, не удаётся.

ВЯ́ЗКИЙ, -ая, -ое; -зок, -зка́ *и* -зка, -зко; вя́зче. **1.** Тягучий, клейкий. *Вязкое вещество.* **2.** Липкий, засасывающий, топкий. *Вязкая грязь. Вязкое болото. На глинистой дороге вязко* (в знач. сказ.). || *сущ.* **вя́зкость**, -и, *ж.*

ВЯ́ЗНУТЬ, -ну, -нешь; вяз *и* вя́знул, вя́зла; *несов.* Застревать в чём-н. вязком, липком. *Колёса вязнут в грязи. В. в болоте. В. в снегу.* || *сов.* **завя́знуть**, -ну, -нешь; завя́з, -зла *и* **увя́знуть**, -ну, -нешь; увя́з, -зла. *У. в противоречиях* (перен.).

ВЯЗЬ, -и, *ж.* Старинное декоративное орнаментальное письмо, а также соединение, сплетение нескольких букв в один сложный знак. *Арабская в.*

ВЯ́КАТЬ, -аю, -аешь; *несов.* **1.** Отрывисто лаять (обл.). *Вякают собаки.* **2.** Болтать вздор, пустяки (прост. неодобр.). || *однокр.* **вя́кнуть**, -ну, -нешь. || *сущ.* **вя́канье**, -я, *ср.*

ВЯ́ЛЕНЫЙ, -ая, -ое. Приготовленный вялением. *Вяленая вобла. Вяленая дыня.*

ВЯ́ЛИТЬ, -лю, -лишь; -ленный; *несов., что.* Сушить на солнце, на открытом воздухе для заготовки впрок. *В. рыбу. В. яблоки, груши.* || *сов.* **провя́лить**, -лю, -лишь. || *сущ.* **вя́ление**, -я, *ср.*

ВЯ́ЛЫЙ, -ая, -ое; вял. **1.** *полн. ф.* Увядший, завянувший. *В. цветок. Вялые листья.* **2.** *перен.* Лишённый бодрости, энергии. *В. работник. Вялое настроение.* || *сущ.* **вя́лость**, -и, *ж.* (ко 2 знач.).

ВЯ́НУТЬ, -ну, -нешь; вял *и* вя́нул, вя́ла; вя́нувший; *несов.* Терять свежесть, сохнуть. *Листья вянут. Вянет чья-н. красота* (перен.). ✦ **Уши вянут** (разг.) — нет возможности слушать (что-н. глупое, лживое, неприличное). || *сов.* **завя́нуть**, -ну, -нешь; завя́л, -я́ла; -я́нувший *и* (устар.) -я́дший *и* **увя́нуть**, -ну, -нешь; увя́л *и* увя́нул, -я́ла; -я́нувший *и* (устар.) -я́дший.

ВЯ́ЩИЙ, -ая, -ее (устар. и ирон.). В нек-рых сочетаниях: то же, что пущий. *Для* *вящей важности. Для вящей убедительности. К вящему огорчению.*

Г

ГАБАРДИ́Н, -а (-у), *м.* Плотная шерстяная ткань с мелкими наклонными рубчиками, а также (спец.) вообще ткань с такими рубчиками. ‖ *прил.* **габарди́новый**, -ая, -ое. *Г. плащ.*

ГАБАРИ́Т, -а, *м.* **1.** Предельные внешние очертания предмета (спец.). *Г. железнодорожного подвижного состава.* **2.** *мн.* Размер, величина предмета. *Солидные габариты у кого-н.* (о рослом или толстом человеке; разг. шутл.). ‖ *прил.* **габари́тный**, -ая, -ое (к 1 знач.).

ГА́ВАНЬ, -и, *ж.* Прибрежная часть водного пространства, используемая для стоянки, причала и ремонта судов, а также часть порта как транспортное предприятие. *Естественная г. Судостроительная, ремонтная г.* ‖ *прил.* **гаванский**, -ая, -ое.

ГА́ВКАТЬ, -аю, -аешь; *несов.* (прост.). **1.** О собаке: лаять. **2.** *перен.* Говорить грубо и злобно, ругаться. ‖ *сов.* **прога́вкать**, -аю, -аешь. ‖ *однокр.* **га́вкнуть**, -ну, -нешь. ‖ *сущ.* **га́вканье**, -я, *ср.*

ГАВО́Т, -а, *м.* Старинный французский танец умеренно оживлённого ритма, а также музыка в ритме этого танца.

ГА́ВРИК, -а, *м.* (прост.). Жуликоватый человек, пройдоха.

ГА́ГА, -и, *ж.* Полярная морская нырковая утка с ценным пухом. ‖ *прил.* **гага́чий**, -ья, -ье. *Г. пух.*

ГАГА́РА, -ы, *ж.* Крупная северная водоплавающая птица с густым оперением. ‖ *прил.* **гага́ровый**, -ая, -ое *и* **гага́рий**, -ья, -ье. *Отряд гагаровых* (сущ.). *Гагарий пух.*

ГАГА́РКА, -и, *ж.* Северная морская птица сем. чистиковых.

ГАГА́Т, -а, *м.* Чёрный поделочный камень со смолистым блеском, разновидность ископаемого каменного угля. *Чётки из гагата.* ‖ *прил.* **гага́товый**, -ая, -ое. *Г. крестик. Гагатовые бусы.*

ГАГАУ́ЗСКИЙ, -ая, -ое. **1.** *см.* гагаузы. **2.** Относящийся к гагаузам, к их языку, национальному характеру, образу жизни, культуре, а также к местам их проживания, их внутреннему устройству, истории; такой, как у гагаузов. *Г. язык* (тюркской семьи языков). *По-гагаузски* (нареч.).

ГАГАУ́ЗЫ, -ов, *ед.* -у́з, -а, *м.* Народ, живущий в Молдавии, на Украине и в Болгарии. ‖ *ж.* **гагау́зка**, -и. ‖ *прил.* **гагау́зский**, -ая, -ое.

ГАД, -а, *м.* **1.** *обычно мн.* Пресмыкающееся или земноводное (устар. и прост.). **2.** *перен.* Мерзкий, отвратительный человек, гадина (прост. презр.). ‖ *прил.* **га́дский**, -ая, -ое (ко 2 знач.).

ГАДА́ЛКА, -и, *ж.* Женщина, занимающаяся гаданием.

ГАДА́НИЕ, -я и **ГАДА́НЬЕ**, -я, *ср.* **1.** *см.* гадать. **2.** Традиционно сложившиеся в народе приёмы узнавания чего-н. (будущего, вообще того, что неизвестно) по картам, разным предметам, по приметам. *Гадания под Новый год, под Рождество, в крещенский сочельник. Святочные гадания о суженом. Девичьи гадания. Г. при луне, при месяце. Г. по руке, на картах, на воске. Г. на зеркале со свечой. Г. на бобах* (на девяти кучках из сорока одного боба, разложенных на столе и перекладываемых по сложным правилам гадания). *Сбывшееся, несбывшееся г.* ◆ **Гадание на кофейной гуще** — о чём-н. сомнительном, совершенно неопределённом.

ГАДА́ТЕЛЬНЫЙ, -ая, -ое; -лен, -льна. Основанный на догадках, сомнительный. *Успех гадателен.* ‖ *сущ.* **гада́тельность**, -и, *ж.*

ГАДА́ТЬ, -а́ю, -а́ешь; *несов.* **1.** Пытаться получить ответ (о том, что будет, или о том, что было) у гадалки, по раскладке карт или другими способами. *Г. на картах, на воске. Цыганка гадает по руке.* **2.** *о чём.* Строить догадки, предположения (разг.). *О последствиях можно только г. Не думал не гадал* (совершенно не предполагал). ◆ **Гадать на кофейной гуще** (разг. неодобр.) — заниматься необоснованными расчётами, безосновательными предположениями. ‖ *сущ.* **гада́ние**, -я, *ср.* и **гада́нье**, -я, *ср.* ‖ *прил.* **гада́льный**, -ая, -ое (к 1 знач.). *Гадальные карты.*

ГАДЁНЫШ, -а, *м.* (прост.). **1.** Детёныш гада (в 1 знач.). **2.** О невзрослом: то же, что гад (во 2 знач.) (презр.).

ГА́ДИНА, -ы, *ж.* (прост. презр.). Человек, к-рый вызывает к себе отвращение, презрение.

ГА́ДИТЬ, га́жу, га́дишь; *несов.* (прост.). **1.** О животных: испражняться. **2.** Делать пакости, скрытно вредить (презр.). ‖ *сов.* **нага́дить**, -а́жу, -а́дишь.

ГА́ДКИЙ, -ая, -ое; -док, -дка́, -дко; га́же. Очень плохой, мерзкий; вызывающий отвращение. *Г. человек. Г. поступок. Этот человек мне гадок.* ‖ *сущ.* **га́дость**, -и, *ж.*

ГАДЛИ́ВЫЙ, -ая, -ое; -и́в. Полный отвращения, брезгливости. *Г. жест. Гадливое чувство.* ‖ *сущ.* **гадли́вость**, -и, *ж.*

ГА́ДОСТНЫЙ, -ая, -ое; -тен, -тна (разг.). То же, что гадкий. ‖ *сущ.* **га́достность**, -и, *ж.*

ГА́ДОСТЬ, -и, *ж.* **1.** *см.* гадкий. **2.** Предмет, вызывающий отвращение (разг.). *Выбрось эту г.* **3.** Отвратительный поступок, подлость; отвратительные слова (разг.). *Делать гадости. Говорить гадости.*

ГАДЮ́КА, -и, *ж.* Ядовитая змея с плоской треугольной головой. *Семейство гадюк. Не женщина, а г.* (о злой, язвительной женщине; разг.). ‖ *прил.* **гадю́чий**, -ья, -ье. *Г. яд.*

ГАДЮ́ШНИК, -а, *м.* (прост.). **1.** Место скопления гадов, змей. *Обнаружить г.* **2.** То же, что змеюшник (во 2 знач.).

ГА́ЕР, -а, *м.* (устар.). То же, что шут (в 1, 2 и 3 знач.). ‖ *прил.* **га́ерский**, -ая, -ое.

ГА́ЕРНИЧАТЬ, -аю, -аешь и **ГА́ЕРСТВОВАТЬ**, -твую, -твуешь; *несов.* (устар.). Вести себя подобно гаеру, кривляться. ‖ *сущ.* **га́ерство**, -а, *ср.*

ГА́ЕЧНЫЙ *см.* гайка.

ГАЗ[1], -а (-у), *м.* **1.** Вещество в таком состоянии, при к-ром его частицы движутся свободно и распространяются по всему доступному пространству, равномерно заполняя его. *Атмосферные газы. Удушливый г. Горючий г. Болотный г.* (выделяющийся со дна стоячих водоёмов). **2.** Газообразное топливо. *Природный г. Провести г.* (к местам потребления). **3.** Нагревательное, осветительное или другое устройство, потребляющее такое топливо (разг.). *Квартира с газом. Выключить, включить г. На газе* и (прост.) *на газу́ (готовить)* (на газовой плите, плитке). **4.** *мн.* Газообразные выделения желудка и кишок. ◆ **Дать** (или **сбавить**) **газ** (разг.) — увеличить (или уменьшить) скорость движения автомашины. **На полном газу́** (прост.) — об автомобиле: на самой большой скорости; также перен. ‖ *прил.* **га́зовый**, -ая, -ое (к 1, 2 и 3 знач.). *Газовая промышленность. Газовая сварка, резка* (пламенем газа).

ГАЗ[2], -а, *м.* Шёлковая прозрачная ткань. ‖ *прил.* **га́зовый**, -ая, -ое. *Г. шарф.*

ГАЗАВА́Т, -а, *м.* У мусульман: священная война, объявленная против иноверцев.

ГАЗЕ́ЛЬ, -и, *ж.* Родственное антилопе полорогое млекопитающее, отличающееся стройностью и быстротой бега. ‖ *прил.* **газе́лий**, -ья, -ье. *Газельи глаза* (также перен.: большие и выразительные).

ГАЗЕ́ТА, -ы, *ж.* Периодическое издание в виде больших листов, обычно ежедневное, посвящённое событиям текущей политической и общественной жизни. ‖ *прил.* **газе́тный**, -ая, -ое.

ГАЗЕ́ТЧИК, -а, *м.* **1.** Работник газеты (разг.). **2.** Уличный продавец газет. ‖ *ж.* **газе́тчица**, -ы.

ГА́ЗИК, -а, *м.* (разг.). Род вездеходного легкового автомобиля (по марке Горьковского автомобильного завода).

ГАЗИ́РОВАТЬ, -рую, -руешь; -ованный и **ГАЗИРОВА́ТЬ**, -ру́ю, -ру́ешь; -о́ванный; *сов.* и *несов., что.* Насытить (-ыщать) (жидкость) газом[1] (в 1 знач.). *Газиро́ванная вода* (напиток). ‖ *сущ.* **газирование**, -я, *ср.*, **газа́ция**, -и, *ж.* и **газиро́вка**, -и, *ж.* (разг.).

ГАЗИРО́ВКА, -и, *ж.* **1.** *см.* газировать. **2.** Газированная вода (разг.). *Г. с сиропом.*

ГАЗИФИЦИ́РОВАТЬ, -рую, -руешь; -анный; *сов.* и *несов., что.* **1.** Снабдить (-бжать) газовым топливом. *Г. дома.* **2.** Превратить (-ащать) твёрдое или жидкое топливо в горючий газ, добыть (-ывать) газ из чего-н. *Г. уголь. Г. торф.* ‖ *сущ.* **газифика́ция**, -и, *ж.*

ГАЗО... *Первая часть сложных слов со знач.* газовый, относящийся к газу[1] (в 1 и 2 знач.), к использованию газа, напр. *газообразование, газоприборы, газоаппаратура, газопоглотитель, газохранилище, газодобытчик, газооператор.*

ГАЗОВА́ТЬ, -зу́ю, -зу́ешь; *несов.* (прост.). Увеличивать скорость движения автомашины.

ГАЗОВИ́К, -а́, *м.* Работник газовой промышленности.

ГАЗОВЩИ́К, -а́, *м.* Специалист по газификации, а также по обслуживанию газовых установок. ‖ *ж.* **газовщи́ца**, -ы (разг.). ‖ *прил.* **газовщи́цкий**, -ая, -ое (разг.).

ГАЗОГЕНЕРА́ТОР, -а, *м.* Аппарат для термической переработки твёрдого и жидкого топлива в горючий газ. ‖ *прил.* **газогенера́торный**, -ая, -ое.

ГАЗОМЕ́Р, -а, *м.* Прибор для измерения расхода газа[1] (в 1 и 2 знач.). ‖ *прил.* **газоме́рный**, -ая, -ое.

ГАЗО́Н, -а, *м.* Площадка (в саду, парке, на бульваре, около дома), засеянная травой, а также трава, посеянная на этой площадке. ‖ *прил.* **газо́нный**, -ая, -ое.

ГАЗОНО́СНЫЙ, -ая, -ое; -сен, -сна. Содержащий запасы природного газа[1]. *Г. пласт.* ‖ *сущ.* **газоно́сность**, -и, *ж.*

ГАЗООБРА́ЗНЫЙ, -ая, -ое; -зен, -зна. Обладающий физическими свойствами газа[1] (в 1 знач.). *Газообразные тела.* ‖ *сущ.* **газообра́зность**, -и, *ж.*

ГАЗОПРОВО́Д, -а, *м.* Трубопровод для передачи на расстояние природного горючего газа. ‖ *прил.* **газопрово́дный**, -ая, -ое.

ГАЗОУБЕ́ЖИЩЕ, -а, *ср.* Убежище (во 2 знач.) для укрытия людей от удушливых, отравляющих газов.

ГАИТЯ́НЕ, -я́н, *ед.* -я́нин, -а, *м.* и (спец.) **ГАИТИ́ЙЦЫ**, -ев, *ед.* -и́ец, -и́йца, *м.* **1.** Латиноамериканский народ, составляющий основное население республики Гаити. **2.** Население острова Гаити. ‖ *ж.* **гаитя́нка,** -и *и* (спец.) **гаити́йка,** -и. ‖ *прил.* **гаитя́нский,** -ая, -ое *и* (спец.) **гаити́йский,** -ая, -ое.

ГАИТЯ́НСКИЙ, -ая, -ое и (спец.) **ГАИТИ́ЙСКИЙ,** -ая, -ое. **1.** *см.* гаитяне *и* гаитийцы. **2.** Относящийся к гаитянам (гаитийцам), к их языкам, национальному характеру, образу жизни, культуре, а также к Республике Гаити, её территории, внутреннему устройству, истории; такой, как у гаитян (гаитийцев), как в Республике Гаити.

ГАИ́ШНИК, -а, *м.* (прост.). Работник Государственной автомобильной инспекции (ГАИ).

ГАЙДАМА́К, -а, *м.* **1.** На Правобережной Украине в 18 в.: участник народно-освободительного движения против польских помещиков. **2.** В годы гражданской войны на Украине: участник вооружённого националистического формирования, противоборствующего установлению новых порядков. ‖ *прил.* **гайдама́цкий,** -ая, -ое.

ГАЙДУ́К, -а́, *м.* **1.** На Балканах и в Венгрии в эпоху турецкого владычества: повстанец-партизан. **2.** В крепостнической России: выездной лакей. ‖ *прил.* **гайду́цкий,** -ая, -ое.

ГА́ЙКА, -и, *ж.* Навинчивающаяся на винт или болт скрепляющая деталь (обычно многогранная металлическая плашка со сквозным отверстием). ✦ **Гайка слаба** *у кого* (прост.) — о том, кто слаб, у кого не хватает сил на какое-н. дело. **Гайки закрутить** (прост.) — прибегнуть к строгостям, строгому нажиму на кого-н. ‖ *прил.* **га́ечный,** -ая, -ое. *Г. ключ.*

ГАЙМОРИ́Т, -а, *м.* Воспаление слизистой оболочки (иногда также костных стенок) гайморовой полости. ‖ *прил.* **гаймори́тный,** -ая, -ое.

ГА́ЙМОРОВ, -а: **гайморова полость** (спец.) — верхнечелюстная пазуха, придаточная парная полость носа.

ГАЛА́, *неизм.* Большой и яркий, праздничный (о зрелище). *Концерт г. Г.-представление.*

ГАЛА́КТИКА, -и, *ж.* Гигантская звездная система. *Наша Г.* (та, к к-рой принадлежит Солнце). *Другие галактики.* ‖ *прил.* **галакти́ческий,** -ая, -ое. *Галактические туманности.*

ГАЛАНТЕРЕ́Я, -и, *ж.* **1.** *собир.* Мелкие принадлежности туалета, личного обихода (перчатки, ленты, гребёнки, нитки и другие товары). *Торговля галантереей.* **2.** Магазин, торгующий такими принадлежностями (разг.). *Купить в галантерее.* ‖ *прил.* **галантере́йный,** -ая, -ое (к 1 знач.). *Галантерейные товары.* ✦ **Галантерейное обхождение** или **обращение** (устар. ирон.) — манеры, неумело усвоенные в подражание галантному поведению.

ГАЛА́НТНЫЙ, -ая, -ое; -тен, -тна. Изысканно-вежливый, любезный. *Г. молодой человек.* ‖ *сущ.* **гала́нтность,** -и, *ж.*

ГАЛДЕ́ТЬ, 1 л. не употр., -ди́шь; *несов.* (прост. неодобр.). Громко говорить, орать (преимущ. о многих).

ГАЛДЁЖ, -ежа́, *м.* (разг. неодобр.). Многоголосый крик, шум. *Поднять г. Прекратить г.*

ГАЛЕ́РА, -ы, *ж.* Старинное гребное многовёсельное военное судно, на к-ром в Западной Европе гребцами обычно были каторжники. *Сослать на галеры.* ‖ *прил.* **гале́рный,** -ая, -ое.

ГАЛЕРЕ́Я, -и, *ж.* **1.** Узкое крытое помещение, соединяющее части здания, а также длинный балкон вдоль здания. *Стеклянная г.* **2.** Верхний ярус театра (устар.). **3.** Длинный подземный ход в каких-н. сооружениях, при горных работах. **4.** В нек-рых названиях: художественный музей. *Картинная г. Национальная г.* **5.** *перен., чего.* Длинный ряд, вереница. *Г. литературных типов.* ‖ *прил.* **галере́йный,** -ая, -ое (к 1 и 3 знач.).

ГАЛЕ́ТА, -ы, *ж.* Сухое печенье из пресного теста [*первонач.* плоская сухая лепёшка]. ‖ *прил.* **гале́тный,** -ая, -ое.

ГА́ЛЕЧНИК, -а, *м.* Горная порода из скоплений гальки с примесью гравия и песка.

ГА́ЛЕЧНЫЙ *см.* галька.

ГАЛЁРКА, -и, *ж.* (разг.). То же, что галерея (во 2 знач.). *Сидеть на галёрке* (также перен.: в задних рядах; шутл.). ‖ *прил.* **галёрочный,** -ая, -ое.

ГАЛИМАТЬЯ́, -и́, *ж.* (разг.). Чепуха, бессмыслица. *Пороть галиматью.*

ГАЛИФЕ́ [фэ́]. **1.** *нескл., мн.* и *ср.* Брюки, облегающие колени, с боков расширяющиеся кверху и заправляемые в сапоги. *Форменные (форменное) г.* **2.** *неизм.* О брюках: такого покроя. *Брюки г.*

ГА́ЛКА, -и, *ж.* Небольшая птица сем. вороновых с серо-сине-чёрным оперением. ‖ *уменьш.* **га́лочка,** -и, *ж.* ‖ *прил.* **га́лочий,** -ья, -ье.

ГАЛЛИЦИ́ЗМ, -а, *м.* Слово или оборот речи в каком-н. языке, заимствованные из французского языка или созданные по образцу французского слова или выражения.

ГАЛЛОМА́Н, -а, *м.* (устар.). Человек, подверженный галломании. ‖ *ж.* **галлома́нка,** -и (разг.).

ГАЛЛОМА́НИЯ, -и, *ж.* (устар.). Пристрастие ко всему французскому, слепое преклонение перед ним.

ГАЛЛО́Н, -а, *м.* В Англии, США и нек-рых других странах: мера вместимости и объёма жидких и сыпучих тел (от 3,5 до 4,5 л).

ГА́ЛЛЫ, -ов, *ед.* галл, -а, *м.* Римское название одного из кельтских племён, населявших преимущ. территорию современной Франции. ‖ *прил.* **га́лльский,** -ая, -ое.

ГА́ЛЛЬСКИЙ, -ая, -ое. **1.** *см.* галлы. **2.** Относящийся к галлам, к их языку, образу жизни, культуре, а также к местам их проживания и расселения, истории; такой, как у галлов. *Г. язык* (кельтской группы индоевропейской семьи языков). *Галльские племена. По-галльски* (нареч.).

ГАЛЛЮЦИНА́ЦИЯ, -и, *ж.* Обман чувств, ложное восприятие вследствие психического расстройства. *Зрительная, слуховая г.* ‖ *прил.* **галлюцинато́рный,** -ая, -ое (спец.).

ГАЛЛЮЦИНИ́РОВАТЬ, -рую, -руешь; *несов.* Страдать галлюцинациями.

ГАЛО́П, -а, *м.* **1.** Бег, аллюр, при к-ром лошадь идёт вскачь. *Скакать галопом. Поднять коня в г.* **2.** **гало́пом,** *нареч.* Очень быстро (разг. неодобр.). *Докладчик прошёлся галопом по важной теме.* **3.** Скачкообразный стремительный бальный танец, а также музыка в ритме такого танца. ✦ **Галопом по Европам** (разг. неодобр.) — то же, что галопом (во 2 знач.). ‖ *прил.* **гало́пный,** -ая, -ое (к 1 и 3 знач.).

ГАЛОПИ́РОВАТЬ, -рую, -руешь; *несов.* **1.** Скакать галопом (в 1 знач.). **2.** *перен.* Развиваться чрезвычайно быстро и скачкообразно. *Галопирующая инфляция.* **3.** Танцевать галоп (в 3 знач.).

ГА́ЛОЧИЙ *см.* галка.

ГА́ЛОЧКА, -и, *ж.* **1.** *см.* галка. **2.** Пометка в виде схематического изображения летящей птички(V). *Поставить галочку. Для галочки* (только для формального отчёта; разг. неодобр.).

ГАЛО́ШИ, -о́ш, *ед.* -о́ша, -и, *ж.* Низкая резиновая (ранее также кожаная) обувь, надеваемая поверх сапог, ботинок для предохранения от сырости. ✦ **Посадить в галошу** *кого* (разг.) — то же, что посадить в калошу. **Сесть в галошу** (разг.) — то же, что сесть в калошу. ‖ *прил.* **гало́шный,** -ая, -ое.

ГАЛО́ШНИЦА, -ы, *ж.* Шкафчик или полочка для галош, уличной обуви.

ГА́ЛСТУК, -а, *м.* Повязка из широкой ленты, завязываемая узлом или бантом вокруг воротничка. *Завязать г.* ✦ **Заложить (залить) за галстук (за воротник)** (прост. шутл.) — выпить спиртного. ‖ *прил.* **га́лстучный,** -ая, -ое.

ГАЛУ́Н, -а́, *м.* Нашивка из золотой или серебряной мишурной тесьмы, ленты на форменной одежде; сама такая тесьма, лента. ‖ *прил.* **галу́нный,** -ая, -ое.

ГАЛУ́ШКИ, -шек, *ед.* -шка, -и, *ж.* Украинское кушанье — кусочки сваренного теста. *Г. со сметаной.* ‖ *прил.* **галу́шечный,** -ая, -ое.

ГАЛЧО́НОК, -нка, *мн.* -ча́та, -ча́т, *м.* Птенец галки. ‖ *прил.* **галча́чий,** -ья, -ье.

ГАЛЬВАНИЗА́ЦИЯ, -и, *ж.* Применение с лечебной целью постоянного электрического тока небольшой силы и напряжения. ‖ *прил.* **гальванизацио́нный,** -ая, -ое.

ГАЛЬВАНИЗИ́РОВАТЬ, -рую, -руешь; -анный; *сов.* и *несов., кого-что.* Подвергнуть (-гать) гальванизации. ✦ **Гальванизировать труп** (книжн. ирон.) — безуспешно стараться воскресить, оживить что-н. отжившее.

ГАЛЬВАНИ́ЧЕСКИЙ, -ая, -ое. Относящийся к получению электрического тока путём химических реакций. *Гальванические элементы.*

ГАЛЬВАНО... *Первая часть сложных слов со знач.* гальванический, напр. *гальванотехника, гальванопластика, гальванометр.*

ГА́ЛЬКА, -и, *ж.,* также *собир.* Мелкий, гладкий камень округлой формы. *Морская г.* ‖ *прил.* **га́лечный,** -ая, -ое.

ГАМ, -а (-у), *м.* (разг.). Беспорядочный гул голосов, крики. *Поднять г. Шум и г.*

ГАМА́К, -а́, *м.* Подвесное полотнище или сетка для лежания. *Спать в гамаке. Садовый г.* ‖ *прил.* **гама́чный,** -ая, -ое.

ГАМА́ШИ, -а́ш, *ед.* -а́ша, -и, *ж.* Род верхних тёплых чулок, закрывающих ногу от верхней части ступни до колена [*первонач.* также от верхней части ступни до щиколотки]. ‖ *прил.* **гама́шный,** -ая, -ое.

ГАМБИ́Т, -а, *м.* Начало шахматной партии, в к-рой ради скорейшего перехода в нападение жертвуют пешкой или фигурой. *Ферзевый г. Королевский г.* ‖ *прил.* **гамби́тный,** -ая, -ое.

ГА́МБУРГЕР, -а, *м.* Бутерброд с большой горячей мясной котлетой, сама такая котлета.

ГА́ММА, -ы, *ж.* **1.** Последовательный ряд звуков, повышающийся или понижающийся в пределах одной или нескольких октав. **2.** *перен.* Ряд однородных, последовательно изменяющихся явлений, признаков. *Г. красок. Г. чувств.* ‖ *прил.* **га́ммовый,** -ая, -ое (к 1 знач.).

ГА́ММА-... *Первая часть сложных слов со знач.* относящийся к гамма-излучению, напр. *гамма-лучи, гамма-астрономия, гамма-терапия.*

ГА́ММА-ГЛОБУЛИ́Н, га́мма-глобули́на, *м.* Препарат белков плазмы (в 1 знач.), применяемый как лечебное и профилактическое средство. || *прил.* **га́мма-глобули́новый**, -ая, -ое.

ГА́ММА-ИЗЛУЧЕ́НИЕ, га́мма-излуче́ния, *ср.* (спец.). Коротковолновое электромагнитное излучение, испускаемое радиоактивными веществами.

ГАНГРЕ́НА, -ы, *ж.* Омертвение тканей с последующим присоединением инфекции. *Газовая г.* (сопровождающаяся образованием газов). || *прил.* **гангрено́зный**, -ая, -ое.

ГА́НГСТЕР, **-а**, *м.* Участник тайной разветвлённой организации преступников. *Гангстеры пера* (перен.: о беспринципных и продажных писаках). || *прил.* **га́нгстерский**, -ая, -ое.

ГАНГСТЕРИ́ЗМ, **-а**, *м.* Действия гангстеров, целых ганстерских групп, их тайных организаций. *Политический г.* (перен.).

ГАНДБО́Л, -а, *м.* Спортивная командная игра, в к-рой игроки стремятся руками забросить мяч в ворота соперника, а также соответствующий вид спорта, ручной мяч. || *прил.* **гандбо́льный**, -ая, -ое.

ГАНДБОЛИ́СТ, -а, *м.* Спортсмен, занимающийся гандболом; игрок в гандбол. || *ж.* **гандболи́стка**, **-и**. || *прил.* **гандболи́стский**, -ая, -ое.

ГАНТЕ́ЛЬ [тэ], **-и**, *ж.* Ручной гимнастический снаряд в виде двух чугунных шаров или дисков, соединённых короткой рукояткой. *Упражнения с гантелями.* || *прил.* **ганте́льный**, -ая, -ое.

ГАОЛЯ́Н, -а, *м.* Хлебный злак рода сорго с высоким стеблем, покрытым листвой. || *прил.* **гаоля́новый**, -ая, -ое.

ГАРА́Ж, -а́, *м.* Помещение для стоянки, заправки и ремонта автомобилей, мотоциклов и других самоходных машин. || *прил.* **гара́жный**, -ая, -ое. *Гаражное строительство.*

ГАРА́НТ, -а, *м.* (книжн.). Физическое или юридическое лицо, а также государство, дающее гарантию кому-н., ручательство за кого-что-н.

ГАРАНТИ́РОВАТЬ, -рую, -руешь; -анный; *сов.* и *несов.* **1.** *что.* Дать (давать) гарантию в чём-н. *Г. прочность изделия.* **2.** *кого-что.* Защитить (-ищать), обеспечить (-ивать) (книжн.). *Г. от всяких неожиданностей. Гарантированные урожаи* (обеспеченные хорошей подготовкой почвы, обработкой посевов).

ГАРА́НТИЯ, -и, *ж.* Ручательство, порука в чём-н., обеспечение. *Дать гарантию. Часы с гарантией. Г. прочности.* || *прил.* **гаранти́йный**, -ая, -ое. *Г. срок. Гарантийное письмо.*

ГАРДЕМАРИ́Н, -а, *род. мн.* гардемари́н (при собир. знач.) и гардемари́нов (при обознач. отдельных лиц), *м.* Воспитанник старших классов морского корпуса. || *прил.* **гардемари́нский**, -ая, -ое.

ГАРДЕРО́Б, -а, *м.* **1.** Шкаф для повешенной в нём одежды. **2.** Помещение в общественном здании для хранения верхней одежды посетителей. **3.** Носильное платье, одежда одного человека. *Г. артистки. Обновить свой г.* || *прил.* **гардеро́бный**, -ая, -ое (к 1 и 2 знач.).

ГАРДЕРО́БНАЯ, -ой, *ж.* (устар.). То же, что гардероб (во 2 знач.).

ГАРДЕРО́БЩИК, -а, *м.* Служащий гардероба (во 2 знач.). || *ж.* **гардеро́бщица**, -ы. || *прил.* **гардеро́бщицкий**, -ая, -ое.

ГАРДИ́НА, -ы, *ж.* Оконная занавеска. *Тюлевые гардины.* || *уменьш.* **гарди́нка**, -и, *род. мн.* -нок, *ж.* || *прил.* **гарди́нный**, -ая, -ое. *Гардинное полотно.*

ГА́РЕВЫЙ, -ая, -ое: **гаревая дорожка** — дорожка для спортивного бега, езды со специальным покрытием из гари (во 2 знач.), шлаков. *Состязания на гаревой дорожке.*

ГАРЕ́М, -а, *м.* **1.** Женская половина дома у мусульман. **2.** Жёны и наложницы богатого мусульманина. *Целый г. у кого-н.* (перен.: несколько любовниц; разг.). || *прил.* **гаре́мный**, -ая, -ое.

ГА́РКАТЬ, -аю, -аешь; *несов.* (прост.). Громко и отрывисто кричать, рявкать (во 2 знач.). || *однокр.* **га́ркнуть**, -ну, -нешь.

ГАРМОНИЗИ́РОВАТЬ, -рую, -руешь; -анный и **ГАРМОНИЗОВА́ТЬ**, -зую, -зу́ешь; -о́ванный; *сов.* и *несов.*, *что* (спец.). Построить (строить) аккорды (музыкального произведения) по правилам гармонии[1]. || *сущ.* **гармониза́ция**, -и, *ж.*

ГАРМО́НИКА, -и, *ж.* **1.** Духовой язычковый музыкальный инструмент — подвижные меха с двумя дощечками, снабжёнными клавиатурой. **2.** *перен.* Ряд частых расходящихся параллельных складок (разг.). *Сложить бумагу гармоникой.* ✦ **Губная гармоника** — музыкальный инструмент в виде небольшой продолговатой коробочки с металлическими язычками и отверстиями для вдувания воздуха.

ГАРМОНИ́РОВАТЬ (-рую, -руешь, 1 и 2 л. не употр.), -рует; *несов.*, *с чем* (книжн.). Быть в соответствии с чем-н., находиться в гармонии[1] (во 2 знач.). *Слова гармонируют с поступками.*

ГАРМОНИ́СТ, -а, *м.* Музыкант, играющий на гармонике, а также вообще тот, кто играет на гармонике. *Дуэт гармонистов. Деревенский г.* || *прил.* **гармони́стский**, -ая, -ое.

ГАРМОНИ́ЧНЫЙ, -ая, -ое; -чен, -чна. **1.** Благозвучный, стройный. *Гармоничные звуки.* **2.** Исполненный гармонии[1] (во 2 знач.), стройности. *Гармоничные движения. Гармоничные краски.* || *сущ.* **гармони́чность**, -и, *ж.*

ГАРМО́НИЯ[1], -и, *ж.* **1.** Выразительные средства музыки, связанные с объединением тонов в созвучия и с композицией созвучий, а также соответствующий раздел в теории музыки. **2.** Согласованность, стройность в сочетании чего-н. *Г. звуков. Г. красок. Душевная г. Г. интересов.* ✦ **Поверить алгеброй гармонию** (книжн.) — попытаться переложить на язык разума, логики то высокое, духовное, что доступно только чувствам. || *прил.* **гармони́ческий**, -ая, -ое.

ГАРМО́НИЯ[2], -и, *ж.* (разг.). То же, что гармоника (в 1 знач.).

ГАРМО́НЬ, -и, *ж.* (разг.). То же, что гармоника (в 1 знач.). || *прил.* **гармо́нный**, -ая, -ое. *Гармонная фабрика.*

ГАРМО́ШКА, -и, *ж.* (разг.). **1.** То же, что гармоника (в 1 знач.). *Играть на гармошке.* **2.** *перен.* О том, что собрано в мягкие, тесно лежащие складки. *Сапоги в гармошку, гармошкой* (с голенищами, собранными в находящие друг на друга складки).

ГА́РНЕЦ, -нца, *м.* Старая русская мера сыпучих тел, равная 3,28 л. || *прил.* **га́рнцевый**, -ая, -ое.

ГАРНИЗО́Н, -а, *м.* Воинские части, расположенные в населенном пункте, крепости или укреплённом районе. || *прил.* **гарнизо́нный**, -ая, -ое. *Гарнизонная служба.*

ГАРНИ́Р, -а, *м.* Овощи, каша и другие добавления к мясным и рыбным блюдам. *Г. к котлетам.* || *прил.* **гарни́рный**, -ая, -ое.

ГАРНИТУ́Р, -а, *м.* Полный подбор, комплект предметов сходного назначения. *Г. мебели. Г. пляжной одежды.* || *прил.* **гарниту́рный**, -ая, -ое.

ГАРПУ́Н, -а́, *м.* **1.** Ручное метательное орудие — копьё с зубчатым наконечником на длинном ремне, верёвке. **2.** Орудие китобоев, охотников на морского зверя — выбрасываемая на тросе металлическая стрела с гранатой и раскрывающимися лапами на головке. || *прил.* **гарпу́нный**, -ая, -ое. *Гарпунная пушка* (механизм для метания гарпуна во 2 знач.).

ГАРПУНЁР, -а, *м.* Специалист по метанию гарпуна (во 2 знач.). || *прил.* **гарпунёрский**, -ая, -ое.

ГАРПУ́НЩИК, -а, *м.* Ловец, охотящийся с гарпуном (в 1 знач.). || *прил.* **гарпу́нщицкий**, -ая, -ое.

ГА́РУС, -а, *м.* Род мягкой кручёной шерстяной пряжи. || *прил.* **га́русный**, -ая, -ое.

ГАРЦЕВА́ТЬ, -цу́ю, -цу́ешь; *несов.* Красуясь, ловко и молодцевато ехать верхом. *Г. на скакуне.*

ГАРЬ, -и, *ж.* **1.** Что-н. горелое. *Пахнет гарью.* **2.** Мелкие, сыпучие остатки от сгорания каменного угля. *Посыпать дорожки гарью.* **3.** Выгоревшее или выжженное место в лесу. || *прил.* **гаре́вой**, -а́я, -о́е (ко 2 знач.) и **га́ревый**, -ая, -ое (ко 2 знач.).

ГАСИ́ТЬ, гашу́, га́сишь; *несов.*, *что.* **1.** Не давать больше гореть, тушить, заставлять гаснуть. *Г. свечу. Г. пожар.* **2.** *перен.* Не давать развиваться чему-н., заглушать насильственными мерами. *Г. чьи-н. порывы.* **3.** Ослаблять или прекращать действие, проявление чего-н. (спец.). *Г. звук. Г. скорость. Г. силу удара.* **4.** Делать недействительным для дальнейшего употребления, использования. *Г. почтовую марку* (наложением штемпеля). *Г. задолженность* (ликвидировать долг). ✦ **Гасить известь** — добавлять воды в известь для превращения её в строительную извёстку (гашёную известь). || *сов.* **загаси́ть**, -ашу́, -а́сишь; -а́шенный (к 1 знач.) и **погаси́ть**, -ашу́, -а́сишь; -а́шенный. || *сущ.* **гаше́ние**, -я, *ср.* || *прил.* **гаси́льный**, -ая, -ое (к 1 знач.).

ГА́СНУТЬ, -ну, -нешь; гас и га́снул, га́сла; *несов.* **1.** (1 и 2 л. не употр.). Переставать гореть, переставать светить. *Огонь гаснет. Звёзды гаснут.* **2.** *перен.* Ослабевать, терять силы; исчезать. *Надежды гаснут. В больном гаснет жизнь.* || *сов.* **зага́снуть**, -нет; зага́с, -ла (к 1 знач.), **пога́снуть**, -ну, -нешь; пога́с, -ла и **уга́снуть**, -ну, -нешь; уга́с и уга́снул, уга́сла.

ГАСТРИ́Т, -а, *м.* Воспаление слизистой оболочки желудка. || *прил.* **гастри́ческий**, -ая, -ое и **гастри́тный**, -ая, -ое.

ГАСТРОЛЁР, -а, *м.* **1.** Артист на гастролях. **2.** *перен.* О постоянно меняющем место работы, случайном и обычно недобросовестном работнике (разг.). || *ж.* **гастролёрша**, -и (разг.). || *прил.* **гастролёрский**, -ая, -ое.

ГАСТРО́ЛИ, -ей, *ед.* (устар.) гастро́ль, -и, *ж.* Выступления, спектакли, даваемые приезжими актёрами. *Пригласить на г. Г. столичного театра.* || *прил.* **гастро́льный**, -ая, -ое.

ГАСТРОЛИ́РОВАТЬ, -рую, -руешь; *несов.* Выступать на гастролях.

ГАСТРОНО́М, -а, *м.* **1.** Знаток и любитель вкусной еды, гурман (устар.). **2.** Гастрономический магазин. *Купить в гастрономе.*

ГАСТРОНО́МИЯ, -и, *ж.* Пищевые продукты, преимущ. закусочные. || *прил.* **гастрономи́ческий**, -ая, -ое. *Г. магазин.*

ГАТИ́ТЬ, гачу́, гати́шь; *несов.*, *что.* Покрывать гатью. *Г. болото.* || *сов.* **загати́ть**, -ачу́, -ати́шь.

ГАТЬ, -и, *ж.* Настил из брёвен или хвороста для проезда через топкое место.

ГА́УБИЦА, -ы, *ж.* Артиллерийское орудие для навесной стрельбы по укрытым целям. *Лёгкая г. Тяжёлая г.* ‖ *прил.* **га́убичный**, -ая, -ое. *Гаубичная батарея.*

ГАУПТВА́ХТА, -ы, *ж.* **1.** Помещение для содержания под арестом военнослужащих. *Посадить на гауптвахту.* **2.** Караульное помещение с площадкой для вывода караула (устар.). ‖ *прил.* **гауптва́хтенный**, -ая, -ое (ко 2 знач.).

ГАШЕ́ТКА, -и, *ж.* Приспособление для спуска курка. *Нажать на гашетку.* ‖ *прил.* **гаше́точный**, -ая, -ое.

ГАШЁНЫЙ, -ая, -ое. Подвергшийся гашению (см. гасить в 4 знач.). *Гашёные марки.* ✦ **Гашёная известь** — строительная извёстка, связующий материал в виде белого порошка, полученного путём добавления воды к извести.

ГАШИ́Ш, -а, *м.* Наркотик из индийской конопли. *Курить г.* ‖ *прил.* **гаши́шный**, -ая, -ое.

ГА́ШНИК, -а, *м.* (прост.). Шнурок, продёрнутый в верхней части штанов, а также верхняя кромка штанов.

ГА́ЩИВАТЬ *см.* гостить.

ГВА́ЗДАТЬСЯ, -аюсь, -аешься; *несов.* (прост.). Пачкаться, грязниться. *Г. в земле, в песке.* ‖ *сов.* **загва́здаться**, -аюсь, -аешься.

ГВАЛТ, -а (-у), *м.* (разг.). Крик, шум. *Поднять г. Г. стоит.*

ГВАРДЕ́ЕЦ, -е́йца, *м.* Военнослужащий гвардии. *Гвардейцы короля.* ‖ *прил.* **гварде́йский**, -ая, -ое.

ГВА́РДИЯ, -и, *ж.* **1.** Отборные, лучшие войска. *Национальная г. Гвардии полковник.* **2.** *перен.* Лучшая, испытанная часть какого-н. коллектива, группы. *Старая, проверенная г. Молодая г.* (о наиболее активной в общественной жизни части молодёжи). ✦ **Белая гвардия** — в годы гражданской войны: общее название русских военных формирований, боровшихся за восстановление законной власти в России. ‖ *прил.* **гварде́йский**, -ая, -ое (к 1 знач.).

ГВАТЕМА́ЛЬСКИЙ [*тэ*], -ая, -ое. **1.** *см.* гватемальцы. **2.** Относящийся к гватемальцам, к их языку (испанскому), национальному характеру, образу жизни, культуре, а также к Гватемале, её территории, внутреннему устройству, истории; такой, как у гватемальцев, как в Гватемале. *Г. диалект испанского языка. Гватемальские департаменты.*

ГВАТЕМА́ЛЬЦЫ [*тэ*], -цев, *ед.* -а́лец, -льца, *м.* Латиноамериканский народ, составляющий основное население Гватемалы. ‖ *ж.* **гватема́лка**, -и. ‖ *прил.* **гватема́льский**, -ая, -ое.

ГВО́ЗДИК, -а, *м.* **1.** *см.* гвоздь[1]. **2.** чаще *мн.* О тонком удлинённом предмете (разг.). *Туфли на гвоздиках* (на высоких тонких каблуках). *Серёжки-гвоздики* (на тонком стержне).

ГВОЗДИ́КА[1], -и, *ж.* Травянистое дикорастущее и садовое растение с яркими цветками и (у нек-рых разновидностей) с пряным запахом. ‖ *прил.* **гвозди́чный**, -ая, -ое. *Семейство гвоздичных* (сущ.).

ГВОЗДИ́КА[2], -и, *ж.* Пряность из сушёных цветочных почек гвоздичного дерева. ‖ *прил.* **гвозди́чный**, -ая, -ое. *Гвоздичное масло. Гвоздичное дерево* (тропическое дерево сем. миртовых).

ГВОЗДИ́ЛЬНЫЙ, -ая, -ое. Относящийся к производству гвоздей. *Гвоздильная машина.*

ГВОЗДИ́ТЬ, -зжу́ (редко), -ди́шь; *несов.*, *кого-что* (прост.). **1.** Бить, колотить изо всех сил. **2.** Упорно повторять одно и то же.

ГВОЗДЬ[1], -я́, *мн.* -и, -е́й, *м.* Заострённый стержень, обычно железный, со шляпкой на тупом конце. *Вколотить, забить г. Прибить гвоздями. Без единого гвоздя построено что-н.* (о старинном деревянном зодчестве). ✦ **Гвоздём сидит или засело** *что* (разг.) — о неотвязной мысли о чём-н. **И никаких гвоздей!** (прост.) — и больше ничего, только так и никак иначе. ‖ *уменьш.* **гво́здик**, -а, *м.* и *(прост.)* **гвозд́ок**, -дка́, *м.* ‖ *прил.* **гвоздяно́й**, -а́я, -о́е и **гвоздево́й**, -а́я, -о́е.

ГВОЗДЬ[2], -я́, *м.*, *чего* (разг.). Самое значительное, интересное среди чего-то другого. *Г. сезона. Г. программы.* ‖ *прил.* **гвоздево́й**, -а́я, -о́е. *Г. номер программы.*

ГДЕ. 1. *мест. нареч.* и *союзн. сл.* В каком месте. *Г. вы работаете? Город, г. я жил.* **2.** *мест. нареч.* То же, что где-нибудь (прост.). *Поищи, не потерял ли г.* **3.** *частица.* Употр. для выражения отрицания, сомнения (разг.). *Отдохнул? — Г. отдохнул! Работы много. Я сделаю. — Г. тебе.* ✦ **Где уж (где там, где тут, где уж там, где уж тут)** (разг.) — то же, что где (в 3 знач.), какое!, какое там! *Где уж тебе понять!* (т. е. ты, конечно, не поймёшь). *Ты теперь богач. — Где уж там богач!* **Где ни на есть** (прост.) — где угодно, в каком угодно месте.

ГДЕ́-ЛИБО, *мест. нареч.* То же, что где-нибудь.

ГДЕ́-НИБУДЬ, *мест. нареч.* В каком-нибудь, точно не известном, месте. *Где-нибудь встретимся.*

ГДЕ́-ТО, *мест. нареч.* **1.** В каком-то месте. *Где-то нас ждут.* **2.** Приблизительно, как-то, в чём-то (прост.). *Приду где-то около восьми. Возможно, я где-то неправ. Где-то по-человечески мне его жаль.*

ГЕГЕМО́Н, -а, *м.* (книжн.). Государство (или класс), осуществляющее (-ий) гегемонию и являющееся (-ийся) основной движущей силой чего-н.

ГЕГЕМОНИ́ЗМ, -а, *м.* (книжн.). Политика, основанная на стремлении к мировому господству, к господству над другими странами и народами. ‖ *прил.* **гегемони́стский**, -ая, -ое. *Г. курс. Гегемонистские устремления.*

ГЕГЕМО́НИЯ, -и, *ж.* (книжн.). Первенствующее положение в руководстве одного государства над другим государством (государствами) или одного класса над другим классом (классами).

ГЕЕ́ННА, -ы, *ж.* В религии: место вечных мук грешников, ад. *Г. огненная* [*первонач.* Геенна — долина близ Иерусалима, где приносились жертвы Молоху, сжигались трупы и где постоянно горел огонь]. ‖ *прил.* **гее́нский**, -ая, -ое.

ГЕ́ЙЗЕР, -а, *м.* Источник, время от времени выбрасывающий фонтаны горячей воды и пара. ‖ *прил.* **ге́йзерный**, -ая, -ое.

ГЕ́ЙША, -и, *ж.* В Японии: профессиональная танцовщица и певица, приглашаемая для приёма и развлечения гостей [*первонач.* увеселявшая посетителей так наз. чайных домиков].

ГЕКЗА́МЕТР, -а, *м.* Стихотворный размер: в античном стихосложении — шестистопный дактиль, в русском — шестистопный дактиль с хореическим окончанием. ‖ *прил.* **гекзаметри́ческий**, -ая, -ое.

ГЕКТА́Р, -а, *род. мн.* гекта́ров и при счёте преимущ. гекта́р, *м.* Единица земельной площади, равная 10 000 кв. м. ‖ *прил.* **гекта́рный**, -ая, -ое.

ГЕКТО... *Первая часть сложных слов со знач.* единицы, равной ста тем единицам, к-рые названы во второй части сложения, напр. *гектоватт, гектопаскаль* (единица давления).

ГЕКТО́ГРАФ, -а, *м.* Простейший аппарат для размножения оттисков с рукописного или машинописного текста. *Отпечатать на гектографе.* ‖ *прил.* **гектографи́ческий**, -ая, -ое.

ГЕ́ЛИЙ, -я, *м.* Химический элемент, инертный газ без цвета и запаха, самый лёгкий газ после водорода. ‖ *прил.* **ге́лиевый**, -ая, -ое.

ГЕЛИО... *Первая часть сложных слов со знач.* относящийся к Солнцу, к солнечной энергии, напр. *гелиобиология, гелиофизика, гелиосистема, гелиоцентрический, гелиоустановка, гелиоэнергетика.*

ГЕЛИОТЕ́ХНИКА, -и, *ж.* Отрасль науки и техники, теория и практика преобразования энергии солнечной радиации в энергию других видов, удобных для практического использования. ‖ *прил.* **гелиотехни́ческий**, -ая, -ое.

ГЕЛИОТРО́П, -а, *м.* **1.** Кустарниковое или травянистое растение с лиловыми или белыми цветками. **2.** Минерал тёмно-зелёного цвета с красными крапинками, вид халцедона. ‖ *прил.* **гелиотро́пный**, -ая, -ое (к 1 знач.).

ГЕЛЬ, -я, *м.* Студенистое вещество, обладающее нек-рыми свойствами твёрдых тел. *Г. для душа, для волос.*

ГЕМОГЛОБИ́Н, -а, *м.* Красный пигмент крови, переносящий кислород от органов дыхания к тканям. ‖ *прил.* **гемоглоби́нный**, -ая, -ое.

ГЕМОРРО́Й, -я, *м.* Болезнь — расширение вен нижней части прямой кишки. ‖ *прил.* **геморроида́льный**, -ая, -ое и **геморро́йный**, -ая, -ое. *Геморроидальные шишки. Геморройная кровь.*

ГЕН, -а, *м.* (спец.). Материальный носитель наследственности, единица наследственного материала, определяющая формирование элементарного признака в живом организме. *Строение гена.* ‖ *прил.* **ге́нный**, -ая, -ое и **генети́ческий**, -ая, -ое. *Генная инженерия* (конструирование новых сочетаний генов). *Генетический код.*

ГЕН... *Первая часть сложных слов со знач.* генеральный (во 2 и 3 знач.), напр. *генплан, генсовет, генштаб, генподрядчик.*

ГЕНЕАЛО́ГИЯ, -и, *ж.* (книжн.). **1.** Раздел исторической науки, изучающий происхождение и связи отдельных родов[1] (во 2 знач.). **2.** История рода[1] (во 2 знач.), родословие. ‖ *прил.* **генеалоги́ческий**, -ая, -ое. *Генеалогическое древо* (изображение истории рода в виде разветвлённого дерева).

ГЕ́НЕЗИС [*нэ*], -а, *м.* (книжн.). Происхождение, история зарождения. *Г. славянских языков.* ‖ *прил.* **генети́ческий**, -ая, -ое.

ГЕНЕРА́Л, -а, *м.* Звание или чин высшего командного состава армии, а также лицо, носящее это звание или имеющее соответствующий чин. *Г.-майор* (первое по старшинству звание генерала). *Г.-лейтенант* (второе по старшинству звание генерала). *Г.-полковник* (третье по старшинству звание генерала). *Г. армии* (высшее звание генерала). *Г.-адъютант* (генерал, исполняющий обязанности адъютанта при императоре). ✦ **Свадебный генерал** (шутл.) — человек, приглашённый куда-н. как примечательное и важное лицо для придания значительности происходящему. ‖ *прил.* генера́льский, -ая, -ое.

ГЕНЕРА́Л-ГУБЕРНА́ТОР, генера́л-губерна́тора, *м.* **1.** В России в 1703—1917 гг.: высшее должностное лицо губернской (одной, двух, реже — более губерний) администрации, обладающее гражданской и военной властью. **2.** В странах британского Содружества: должностное лицо, представляющее английскую королевскую власть. ‖ *прил.* **генера́л-губерна́торский,** -ая, -ое.

ГЕНЕРАЛИ́ССИМУС, -а, *м.* Высшее воинское звание, присваиваемое за особо выдающиеся военные заслуги, а также лицо, носящее это звание. *Г. Суворов.*

ГЕНЕРАЛИТЕ́Т, -а, *м., собир.* Генералы, высшее командование армии.

ГЕНЕРА́ЛЬНЫЙ, -ая, -ое. **1.** Главный, основной, ведущий. *Генеральная линия развития.* **2.** Общий, основательный, коренной. *Генеральная уборка. Г. план реконструкции. Генеральное сражение* (главных сил воюющих стран). **3.** Возглавляющий какую-н. отрасль, систему учреждений, организаций. *Г. штаб* (высший орган военного управления). *Г. подрядчик. Г. прокурор. Г. директор.* ✦ **Генеральная репетиция** — последняя репетиция перед спектаклем, концертом.

ГЕНЕРА́ЛЬША, -и, *ж.* (разг.). Жена генерала.

ГЕНЕРА́ТОР, -а, *м.* Общее название устройств, машин, производящих какой-н. продукт, вырабатывающих энергию или преобразующих один вид энергии в другой. ‖ *прил.* **генера́торный,** -ая, -ое.

ГЕНЕ́ТИК [*нэ*], -а, *м.* Специалист по генетике.

ГЕНЕ́ТИКА [*нэ*], -и, *ж.* Наука о законах наследственности и изменчивости организмов. ‖ *прил.* **генети́ческий,** -ая, -ое.

ГЕНЕТИ́ЧЕСКИЙ [*нэ*] *см.* ген, генезис *и* генетика.

ГЕНИА́ЛЬНЫЙ, -ая, -ое; -лен, -льна. Обладающий гением (в 1 знач.), свойственный гению. *Г. поэт. Гениальное произведение. Просто, как всё гениальное* (о том, чему нашлось лёгкое и простое объяснение; шутл.). ‖ *сущ.* **гениа́льность,** -и, *ж.*

ГЕ́НИЙ, -я, *м.* **1.** Высшая творческая способность. *Литературный г. Толстого.* **2.** Человек, обладающий такой способностью. *Творения гениев. Непризнанный г.* (о том, кто чересчур высоко оценивает свои способности; ирон.). **3.** В древнеримской мифологии: дух — покровитель человека, позже — вообще олицетворение добрых или злых сил. *Добрый г.* (тот, кто помогает кому-н., оказывает на кого-н. благотворное влияние). *Злой г.*

ГЕНО... *Первая часть сложных слов со знач.* относящийся к генам, напр. *геносистематика, генотип, генофонд.*

ГЕНО́М, -а, *м.* (спец.). Совокупность всех генов — носителей наследственной информации индивидуума. *Г. человека.* ‖ *прил.* **гено́мный,** -ая, -ое. *Геномная мутация.*

ГЕНОЦИ́Д, -а, *м.* Истребление отдельных групп населения, целых народов в мирное или военное время по расовым, национальным или религиозным мотивам. *Г. — тягчайшее преступление против человечества.* ‖ *прил.* **геноци́дный,** -ая, -ое.

ГЕНСЕ́К, -а, *м.* Сокращение: генеральный секретарь.

ГЕНШТА́Б, -а, *м.* Сокращение: генеральный штаб. ‖ *прил.* **генштабовский,** -ая, -ое.

ГЕО... *Первая часть сложных слов со знач.* относящийся к Земле, к её изучению, напр. *геосфера, геоботаника, геофизика, геохимия, геохронология.*

ГЕО́ГРАФ, -а, *м.* Специалист по географии (в 1 знач.).

ГЕОГРА́ФИЯ, -и, *ж.* **1.** Комплекс наук, изучающих поверхность Земли с её природными условиями, распределение на ней населения, экономических ресурсов. *Физическая г.* **2.** Сфера территориального распространения чего-н. *Г. растений. Г. шахмат.* ✦ **Лингвистическая география** — раздел языкознания, занимающийся изучением территориального распространения языковых явлений, представленных разными вариантами в разных народных говорах. ‖ *прил.* **географи́ческий,** -ая, -ое (к 1 знач.).

ГЕОДЕЗИ́СТ [*дэ*], -а, *м.* Специалист по геодезии. ‖ *ж.* **геодези́стка,** -и.

ГЕОДЕ́ЗИЯ [*дэ*], -и, *ж.* Наука о формах и размерах Земли и об измерении земельных площадей. ‖ *прил.* **геодези́ческий,** -ая, -ое. *Геодезическая съёмка.*

ГЕО́ЛОГ, -а, *м.* Специалист по геологии.

ГЕОЛО́ГИЯ, -и, *ж.* Комплекс наук о строении, составе и истории земной коры и Земли, о методах изыскания полезных ископаемых. ‖ *прил.* **геологи́ческий,** -ая, -ое.

ГЕОЛОГОРАЗВЕ́ДКА, -и, *ж.* Сокращение: геологическая разведка. ‖ *прил.* **геологоразве́дочный,** -ая, -ое. *Геологоразведочная партия.*

ГЕОЛОГОРАЗВЕ́ДЧИК, -а, *м.* Специалист, работающий в геологоразведке. ‖ *ж.* **геологоразве́дчица,** -ы.

ГЕО́МЕТР, -а, *м.* Специалист по геометрии.

ГЕОМЕ́ТРИЯ, -и, *ж.* Раздел математики, изучающий пространственные отношения и формы. ‖ *прил.* **геометри́ческий,** -ая, -ое.

ГЕОПОЛИ́ТИКА, -и, *ж.* (книжн.). Политическая концепция, согласно к-рой внешняя политика государства определяется в основном географическими факторами, положением страны; внешняя политика, опирающаяся на такую концепцию. ‖ *прил.* **геополити́ческий,** -ая, -ое.

ГЕО́РГИЕВСКИЙ: 1) **Георгиевский крест** — военный орден (святого Георгия) в дореволюционной России: с 1769 г. офицерский, а с 1807 г. солдатский и унтер-офицерский знак отличия. *Георгиевский крест 4-х степеней;* 2) **Георгиевский кавалер** — кавалер такого ордена. *Полный Георгиевский кавалер.*

ГЕОРГИ́Н, -а, *м.* и (спец.) **ГЕОРГИ́НА,** -ы, *ж.* Крупное садовое травянистое растение сем. сложноцветных с большими яркими соцветиями. ‖ *прил.* **георги́нный,** -ая, -ое.

ГЕОСФЕ́РА, -ы, *ж.* (спец.). Одна из концентрических оболочек Земли: атмосфера, гидросфера, земная кора, мантия Земли и ядро Земли. *Взаимодействие геосфер.* ‖ *прил.* **геосфе́рный,** -ая, -ое.

ГЕПА́РД, -а, *м.* Крупное хищное млекопитающее сем. кошачьих. ‖ *прил.* **гепа́рдовый,** -ая, -ое.

ГЕПАТИ́Т, -а, *м.* Воспалительное заболевание печени. *Инфекционный (вирусный) г.* ‖ *прил.* **гепати́тный,** -ая, -ое.

ГЕРА́ЛЬДИКА, -и, *ж.* Раздел исторической науки, изучающий гербы и их историю; описание гербов. ‖ *прил.* **геральди́ческий,** -ая, -ое.

ГЕРА́НЬ, -и, *ж.* Травянистое растение с пахучими листьями, разводимое как декоративное или как промысловое для получения эфирного масла. ‖ *прил.* **гера́невый,** -ая, -ое *и* **гера́ниевый,** -ая, -ое. *Гераневый лист. Гераниевое масло. Семейство гераниевых* (сущ.).

ГЕРБ, -а́, *м.* Эмблема государства, города, сословия, рода, изображаемая на флагах, монетах, печатях, государственных и других официальных документах. *Государственный г. России.* ‖ *прил.* **ге́рбовый,** -ая, -ое. *Гербовая пуговица* (с гербом). *Гербовая бумага* (для официальных документов с водяным знаком — государственным гербом). ✦ **Гербовый сбор** — сбор, взимаемый государством в оплату путём продажи гербовой бумаги или гербовых марок (гербовых знаков).

ГЕРБА́РИЙ, -я, *м.* Коллекция засушенных растений. ‖ *прил.* **герба́рный,** -ая, -ое.

ГЕРБИЦИ́ДЫ, -ов, *ед.* -ци́д, -а, *м.* Химические вещества для уничтожения сорных растений. ‖ *прил.* **гербици́дный,** -ая, -ое.

ГЕРКУЛЕ́С, -а, *м.* **1.** Человек, обладающий громадной физической силой [по латинскому названию Геракла — героя древнегреческой мифологии]. **2.** Сорт овсяной крупы. ‖ *прил.* **геркуле́совский,** -ая, -ое (к 1 знач.) *и* **геркуле́совый,** -ая, -ое (ко 2 знач.). *Геркулесовское телосложение. Геркулесовая каша.*

ГЕРМАНИЗИ́РОВАТЬ, -рую, -руешь; -анный; *сов. и несов., кого-что.* Привить (-вивать) кому-чему-н. германскую культуру, онемечить (-ивать). ‖ *сущ.* **германиза́ция,** -и, *ж.*

ГЕРМАНИ́ЗМ, -а, *м.* Слово или оборот речи в каком-н. языке, заимствованные из какого-н. германского языка или созданные по образцу слова или выражения такого языка.

ГЕРМАНИ́СТ, -а, *м.* Специалист по германистике. ‖ *ж.* **германи́стка,** -и.

ГЕРМАНИ́СТИКА, -и, *ж.* Совокупность наук о германской культуре, языках, литературе и фольклоре.

ГЕРМА́НО... и **ГЕРМА́НО-...** *Первая часть сложных слов со знач.* германский, напр. *германоязычный, германо-австрийский.*

ГЕРМАНОФИ́Л, -а, *м.* (устар.). Человек, испытывающий пристрастие (в 1 знач.) ко всему немецкому. ‖ *прил.* **германофи́льский,** -ая, -ое.

ГЕРМАНОФО́Б, -а, *м.* (устар.). Человек, ненавидящий всё немецкое. ‖ *прил.* **германофо́бский,** -ая, -ое.

ГЕРМА́НСКИЙ, -ая, -ое. **1.** *см.* германцы. **2.** Относящийся к древним германцам, к их языкам, образу жизни, культуре, а также к местам их проживания, истории; такой, как у древних германцев. *Германские языки* (английский, готский, датский, идиш, исландский, немецкий, нидерландский, норвежский, шведский и нек-рые другие индоевропейской семьи языков). *По-германски* (нареч.). **3.** В нек-рых сочетаниях: то же, что немецкий (во 2 знач.) (устар.). *Германская армия.*

ГЕРМА́НЦЫ, -ев, *ед.* -нец, -нца, *м.* **1.** Название древних племён индоевропейской языковой группы, обитавших в центральной, западной и юго-западной Европе. **2.** То же, что немцы (устар.). ‖ *ж.* **герма́нка,** -и. ‖ *прил.* **герма́нский,** -ая, -ое.

ГЕРМАФРОДИ́Т, -а, *м.* Существо, обладающее признаками гермафродитизма. ‖ *прил.* **гермафроди́тский,** -ая, -ое.

ГЕРМАФРОДИТИ́ЗМ, -а, *м.* Наличие у одной особи (человека, животного) признаков мужского и женского пола. ‖ *прил.* **гермафроди́тный,** -ая, -ое.

ГЕРМЕТИ́ЧЕСКИЙ, -ая, -ое. Непроницаемый для газов и жидкостей. *Герметическая закупорка.*

ГЕРМЕТИ́ЧНЫЙ, -ая, -ое; -чен, -чна. То же, что герметический. ‖ *сущ.* **гермети́чность**, -и, *ж.*

ГЕРМО... *Первая часть сложных слов со знач.* герметический, напр. *гермокамера, гермокабина, гермоперчатка.*

ГЕРМОШЛЕ́М, -а, *м.* Герметически закрытый шлем (в 3 знач.).

ГЕРОИ́ЗМ, -а, *м.* Отвага, решительность и самопожертвование в критической обстановке. *Г. защитников Родины.*

ГЕРО́ИКА, -и, *ж.* Героическое содержание, героическая сторона чьей-н. деятельности, каких-н. событий. *Г. борьбы за свободу.*

ГЕРОИ́Н, -а, *м.* Сильнодействующий наркотик, вырабатываемый из опийного мака. ‖ *прил.* **герои́новый**, -ая, -ое.

ГЕРОИ́ЧЕСКИЙ, -ая, -ое. Отличающийся героизмом. *Г. поступок.*

ГЕРОИ́ЧНЫЙ, -ая, -ое; -чен, -чна. То же, что героический. ‖ *сущ.* **герои́чность**, -и, *ж.*

ГЕРО́Й, -я, *м.* **1.** Человек, совершающий подвиги, необычный по своей храбрости, доблести, самоотверженности. *Герои Великой Отечественной войны. Г. труда.* **2.** Главное действующее лицо литературного произведения. *Г. трагедии. Г. романа.* **3.** *чего.* Человек, воплощающий в себе черты эпохи, среды. *Г. нашего времени.* **4.** *кого-чего.* Тот, кто привлёк к себе внимание (чаще о том, кто вызывает восхищение, подражание, удивление). *Г. дня.* ✦ **Герой Советского Союза** — почётное звание, присваивавшееся за доблесть и героизм. **Герой Социалистического Труда** — почётное звание, присваивавшееся за заслуги в области народного хозяйства, политической деятельности и культуры. **Город-герой** — почётное звание города, население к-рого проявило героизм во время Великой Отечественной войны. **Крепость-герой** — почётное звание, присвоенное Брестской крепости. ‖ *ж.* **герои́ня**, -и. ✦ **Мать-героиня** — почётное звание, присваивавшееся женщине-матери, воспитавшей не менее 10 детей. ‖ *прил.* **геро́йский**, -ая, -ое (к 1 знач.).

ГЕРО́ЙСТВО, -а, *ср.* Героическое поведение. *Проявить г.* ‖ *прил.* **геро́йский**, -ая, -ое. *Г. поступок.*

ГЕРО́ЛЬД, -а, *м.* Вестник, глашатай при дворах феодальных правителей, а также распорядитель на рыцарских турнирах. ‖ *прил.* **геро́льдский**, -ая, -ое.

ГЕРОНТО́ЛОГ, -а, *м.* Специалист по геронтологии.

ГЕРОНТОЛО́ГИЯ, -и, *ж.* Наука о старении живых организмов. ‖ *прил.* **геронтологи́ческий**, -ая, -ое.

ГЕРЦ, -а, *м.* Единица частоты периодического процесса.

ГЕ́РЦОГ, -а, *м.* Титул высшего дворянства или владетельных князей в Западной Европе, а также лицо, имеющее этот титул. ‖ *ж.* **герцоги́ня**, -и. ‖ *прил.* **ге́рцогский**, -ая, -ое.

ГЕ́РЦОГСТВО, -а, *ср.* **1.** Феодальное государство во главе с герцогом. **2.** Составная часть названий нек-рых современных государств. *Великое г. Люксембург.*

ГЕСТА́ПО, *нескл., ср.* Тайная государственная полиция в фашистской Германии. *Застенки г.* ‖ *прил.* **геста́повский**, -ая, -ое.

ГЕСТА́ПОВЕЦ, -вца, *м.* Сотрудник гестапо ‖ *ж.* **геста́повка**, -и.

ГЕТЕ́РА [тэ́], -ы, *ж.* В Древней Греции: незамужняя женщина, обычно с артистическими способностями, ведущая свободный образ жизни.

ГЕТЕРОГЕ́ННЫЙ [тэ], -ая, -ое (спец.). Разнородный по своему составу или происхождению; *противоп.* гомогенный.

ГЕ́ТМАН, -а, *м.* **1.** В старину на Украине: начальник казацкого войска и верховный правитель. **2.** В старину в Польше: командующий войсками, армией. ‖ *прил.* **ге́тманский**, -ая, -ое.

ГЕ́ТРЫ, гетр, *ед.* ге́тра, -ы, *ж.* Род тёплых чулок, закрывающих ногу от щиколотки до колен [*первонач.* застёгивающиеся суконные накладки, надеваемые поверх обуви]. ‖ *прил.* **ге́тровый**, -ая, -ое.

ГЕ́ТТО, *нескл., ср.* В нек-рых странах: особые городские кварталы, за пределами к-рых не имеют права селиться представители дискриминируемых расовых или религиозных групп. *Негритянские г. Еврейские г.* (в Европе при фашизме).

ГЖЕЛЬ, -и, *ж., собир.* Изделия народной художественной керамики [по названию села Гжель, где возник соответствующий промысел]; отдельное такое изделие. ‖ *прил.* **гже́льский**, -ая, -ое.

ГИАЦИ́НТ, -а, *м.* **1.** Луковичное садовое растение сем. лилейных с продолговатыми листьями и собранными в соцветие пахучими цветками. **2.** Минерал красного или золотисто-оранжевого цвета. ‖ *прил.* **гиаци́нтовый**, -ая, -ое.

ГИББО́Н, -а, *м.* Небольшая человекообразная обезьяна, живущая в Юго-Восточной Азии.

ГИ́БЕЛЬ[1], -и, *ж.* Уничтожение, разрушение, смерть (от катастрофы, стихийного бедствия, насилия). *Г. растений. Г. корабля. Обречь на г. Трагическая г. На краю гибели* (об очень опасном положении).

ГИ́БЕЛЬ[2], -и, *ж.* (разг.). Несметное множество. *В лесу г. комаров.*

ГИ́БЕЛЬНЫЙ, -ая, -ое; -лен, -льна. Угрожающий гибелью, крайне опасный. *Г. шаг. Гибельные последствия.* ‖ *сущ.* **ги́бельность**, -и, *ж.*

ГИ́БКИЙ, -ая, -ое; -бок, -бка́, -бко; ги́бче. **1.** Легко сгибаемый, упругий. *Г. прут. Гибкое тело.* **2.** *перен.* Богатый оттенками, изменяющийся в своих проявлениях. *Г. голос. Г. стих.* **3.** *перен.* Легко поддающийся изменениям, преобразованиям. *Гибкая технология. Гибкое производство.* **4.** *перен.* Способный трезво оценить обстановку, обстоятельства и приноровиться к ним. *Гибкая политика.* ‖ *сущ.* **ги́бкость**, -и, *ж.*

ГИ́БЛЫЙ, -ая, -ое (разг.). **1.** О местности: грозящий гибелью, опасный, труднодоступный. *Гиблое место. Гиблые болота.* **2.** Плохой, безнадёжный, не сулящий ничего хорошего. *Гиблое дело. Гиблая затея.*

ГИ́БНУТЬ, -ну, -нешь; гиб *и* ги́бнул, ги́бла; *несов.* Подвергаться уничтожению, гибели. *Г. от мороза. Г. от болезней.* ‖ *сов.* **поги́бнуть**, -ну, -нешь; поги́б, -ла.

ГИБРИ́Д, -а, *м.* Животное или растение, полученное в результате скрещивания генетически (по видам, линиям, породам, сортам) различающихся особей. ‖ *прил.* **гибри́дный**, -ая, -ое. *Гибридные сорта.*

ГИБРИДИЗА́ЦИЯ, -и, *ж.* Скрещивание организмов, разнородных в наследственном отношении.

ГИГА́НТ, -а, *м.* **1.** Существо (или растение, природное образование) громадных размеров, великан. *Титан-г. Дерево-г. Звёзды-гиганты. Гиганты мысли, науки* (перен.: о выдающихся мыслителях, учёных). **2.** Очень большое по своим размерам и значению предприятие. *Завод-г.* **3.** Предмет очень большого размера по сравнению с себе подобными. *Пластинка (диск)-г.*

ГИГАНТОМА́НИЯ, -и, *ж.* (неодобр.). Стремление к практически неоправданной организации чего-н. в очень крупных размерах.

ГИГА́НТСКИЙ, -ая, -ое. **1.** Очень большой по размерам. *Гигантское предприятие. Идти вперёд гигантскими шагами* (перен.: делая большие успехи). **2.** Исключительный по силе, значению. *Гигантские успехи. Гигантские усилия.* ✦ **Гигантские шаги** — аттракцион (во 2 знач.) — род больших качелей с кружащимися вокруг столба сиденьями, взлетающими вверх при разбеге. *Катание на гигантских шагах.*

ГИГИЕ́НА, -ы, *ж.* **1.** Раздел медицины, изучающий условия сохранения здоровья, а также система действий, мероприятий, направленных на поддержание чистоты, здоровья. *Правила гигиены. Г. труда. Г. питания. Личная г.* **2.** *перен.* Обеспечение условий, сохраняющих нормальное экологическое состояние растительных и животных организмов, окружающей среды. *Г. леса. Г. водных бассейнов.* ‖ *прил.* **гигиени́ческий**, -ая, -ое.

ГИГИЕНИ́СТ, -а, *м.* Врач — специалист по гигиене.

ГИГИЕНИ́ЧЕСКИЙ, -ая, -ое. **1.** *см.* гигиена. **2.** То же, что гигиеничный. *Гигиенические салфетки. Г. пакет.*

ГИГИЕНИ́ЧНЫЙ, -ая, -ое; -чен, -чна. Удовлетворяющий требованиям гигиены. *Гигиеничная одежда.* ‖ *сущ.* **гигиени́чность**, -и, *ж.*

ГИГРО... *Первая часть сложных слов со знач.* относящийся к влаге, к влажности, напр. *гигрометр, гигровата.*

ГИГРОСКОПИ́ЧЕСКИЙ, -ая, -ое. О веществах, материалах: способный вбирать в себя влагу из окружающей среды. *Гигроскопические вещества. Гигроскопическая вата.*

ГИГРОСКОПИ́ЧНЫЙ, -ая, -ое; -чен, -чна. То же, что гигроскопический. ‖ *сущ.* **гигроскопи́чность**, -и, *ж.*

ГИД, -а, *м.* **1.** Человек, сопровождающий туристов и знакомящий их с местностью, с местными достопримечательностями. **2.** То же, что путеводитель (устар.). ‖ *ж.* **гиде́сса** [дэ́], -ы (к 1 знач.; разг.). ‖ *прил.* **ги́довский**, -ая, -ое (разг.).

ГИДА́ЛЬГО, *нескл., м.* То же, что идальго.

ГИ́ДРА, -ы, *ж.* **1.** В греческой мифологии: многоголовая змея, у к-рой на месте отрубленных голов вырастают новые. *Г. злословия* (перен.). **2.** Мелкое животное, пресноводный полип с щупальцами вокруг рта.

ГИДРА́ВЛИКА, -и, *ж.* Раздел физики — наука о законах равновесия и движения жидкостей и о способах их практического применения. ‖ *прил.* **гидравли́ческий**, -ая, -ое.

ГИДРО... *Первая часть сложных слов со знач.* относящийся к воде, к водной энергии, к её использованию, напр. *гидроавиация, гидробиология, гидродинамика, гидрогеология, гидролокация, гидросфера, гидромеханика, гидротерапия, гидрометрический.*

ГИДРОГРА́ФИЯ, -и, *ж.* Раздел гидрологии, изучающий воды земной поверхности. ‖ *прил.* **гидрографи́ческий**, -ая, -ое.

ГИДРОКОСТЮ́М, -а, *м.* Специальный костюм для работы под водой. *Г. аквалангиста, водолаза.*

ГИДРО´ЛИЗ, -а, *м.* (спец.). Реакция обменного разложения соединений с водой. ‖ *прил.* **гидро́лизный**, -ая, -ое.

ГИДРОЛО´ГИЯ, -и, *ж.* Наука о природных водах, о движении воды в природе. ‖ *прил.* **гидрологи́ческий**, -ая, -ое.

ГИДРОПО´НИКА, -и, *ж.* Выращивание растений без грунта, на питательных растворах. ‖ *прил.* **гидропо́нный**, -ая, -ое.

ГИДРОПУ´ЛЬТ, -а, *м.* Ручной насос, подающий жидкость для поливки, опрыскивания и окраски.

ГИДРОСАМОЛЁТ, -а, *м.* Самолёт, способный взлетать с водной поверхности и садиться на неё. ‖ *прил.* **гидросамолётный**, -ая, -ое.

ГИДРОСТА´НЦИЯ, -и, *ж.* То же, что гидроэлектростанция.

ГИДРОСФЕ´РА, -ы, *ж.* (спец.). Совокупность всех вод земного шара: океаерв, морей, рек, озёр, водохранилищ, болот, подземных вод, ледников и снежного покрова. ‖ *прил.* **гидросфе́рный**, -ая -ое.

ГИДРОТЕ´ХНИКА, -и, *ж.* Отрасль науки и техники, занимающаяся использованием водных ресурсов в народном хозяйстве и регулированием их действий. ‖ *прил.* **гидротехни́ческий**, -ая, -ое.

ГИДРОУ´ЗЕЛ, -зла́, *м.* Комплекс гидротехнических сооружений, устройств. *Энергетический г. Водозаборный г.* ‖ *прил.* **гидроузлово́й**, -а́я, -о́е.

ГИДРОЭЛЕКТРОСТА´НЦИЯ, -и, *ж.* Электростанция, использующая энергию падающей воды для выработки электроэнергии.

ГИЕ´НА, -ы, *ж.* Хищное млекопитающее южных стран, питающееся падалью. ‖ *прил.* **гие́новый**, -ая, -ое. *Семейство гиеновых* (сущ.).

ГИ´КАТЬ, -аю, -аешь; *несов.* (разг.). Издавать резкие и отрывистые звуки, громко вскрикивать. ‖ *однокр.* **ги́кнуть**, -ну, -нешь. ‖ *сущ.* **ги́канье**, -я, *ср.* и **гик**, -а, *м.*

ГИЛЬ, -и, *ж.* (устар. разг.). Вздор, чепуха. *Что за г. ты несёшь?*

ГИ´ЛЬДИЯ, -и, *ж.* **1.** В средние века в Европе: объединение купцов или цеховое объединение ремесленников. **2.** В дореволюционной России: один из имущественных разрядов внутри купеческого сословия. *Купец второй гильдии.* **3.** Вообще союз, объединение. *Г. каскадёров. Г. киноактёров.* ‖ *прил.* **гильде́йский**, -ая, -ое (к 1 и 2 знач.).

ГИ´ЛЬЗА, -ы, *ж.* **1.** В огнестрельном оружии: трубка, стакан (во 2 знач.) для пули, заряда. **2.** Бумажный патрон папиросы, набиваемый табаком. ‖ *прил.* **ги́льзовый**, -ая, -ое.

ГИЛЬОТИ´НА, -ы, *ж.* Орудие смертной казни — машина, отсекающая голову. ‖ *прил.* **гильоти́нный**, -ая, -ое.

ГИЛЬОТИНИ´РОВАТЬ, -рую, -руешь; -анный; *сов.* и *несов.*, *кого.* Казнить на гильотине.

ГИЛЯ´КИ, -ов, *ед.* -я́к, -а́, *м.* Старое название нивхов. ‖ *ж.* **гиля́чка**, -и. ‖ *прил.* **гиля́цкий**, -ая, -ое.

ГИЛЯ´ЦКИЙ, -ая, -ое (устар.). **1.** *см.* гиляки. **2.** То же, что нивхский (во 2 знач.). *Г. фольклор.*

ГИМН, -а, *м.* **1.** Торжественная песня, принятая как символ государственного или социального единства. *Государственный г. России. Студенческий г.* **2.** Вообще — хвалебная песня, музыкальное произведение. *Г. победителям.*

ГИМНАЗИ´СТ, -а, *м.* Ученик гимназии. ‖ *ж.* **гимнази́стка**, -и. ‖ *прил.* **гимнази́стский**, -ая, -ое.

ГИМНА´ЗИЯ, -и, *ж.* Общеобразовательное среднее учебное заведение. *Классическая г.* (с обучением древним языкам). *Женская, мужская г.* ‖ *прил.* **гимнази́ческий**, -ая, -ое. *Г. курс.*

ГИМНА´СТ, -а, *м.* Спортсмен, занимающийся гимнастикой, человек, искусный в гимнастических упражнениях. *Воздушный г.* (акробат, работающий на высоте). ‖ *ж.* **гимна́стка**, -и.

ГИМНАСТЁРКА, -и, *ж.* Верхняя рубашка из плотной ткани, обычно с прямым стоячим воротом, принятая (до 1969 г.) как военная форменная одежда.

ГИМНА´СТИКА, -и, *ж.* Совокупность специально подобранных физических упражнений для укрепления здоровья и гармонического развития организма. *Спортивная г. Художественная г. Производственная г.* ‖ *прил.* **гимнасти́ческий**, -ая, -ое.

ГИНЕКО´ЛОГ, -а, *м.* Врач — специалист по гинекологии.

ГИНЕКОЛО´ГИЯ, -и, *ж.* Раздел медицины — наука об анатомо-физиологических особенностях женского организма, о женских болезнях и их лечении. ‖ *прил.* **гинекологи́ческий**, -ая, -ое.

ГИПЕР..., *приставка.* Образует существительные и прилагательные со знач. превышения предела, нормы, напр. *гипервитаминоз, гиперзвук, гиперзвуковой, гиперинфляция, гиперкомплексный, гиперчувствительный, гиперпластический.*

ГИПЕ´РБОЛА[1], -ы, *ж.* В поэтике: слово или выражение, заключающее в себе преувеличение для создания художественного образа; вообще — преувеличение. ‖ *прил.* **гиперболи́ческий**, -ая, -ое.

ГИПЕ´РБОЛА[2], -ы, *ж.* В математике: состоящая из двух ветвей незамкнутая кривая, образующаяся при пересечении конической поверхности плоскостью. ‖ *прил.* **гиперболи́ческий**, -ая, -ое.

ГИПЕРТО´НИК, -а, *м.* Человек, страдающий гипертонической болезнью.

ГИПЕРТОНИ´Я, -и, *ж.* Повышение артериального давления или тонуса тканей. ‖ *прил.* **гипертони́ческий**, -ая, -ое. *Г. криз. Гипертоническая болезнь.*

ГИПЕРТРОФИ´РОВАННЫЙ, -ая, -ое; -ан (книжн.). Подвергшийся гипертрофии; чрезмерно преувеличенный. *Гипертрофированная мышца. Гипертрофированное самолюбие.* ‖ *сущ.* **гипертрофи́рованность**, -и, *ж.*

ГИПЕРТРОФИ´РОВАТЬ, -рую, -руешь; -анный; *сов.* и *несов.* (книжн.). Чрезмерно увеличить (-ивать), преувеличить (-ивать).

ГИПЕРТРОФИ´Я, -и, *ж.* (книжн.). Увеличение объёма какого-н. органа или ткани. *Г. сердца. Г. самолюбия* (перен.). ‖ *прил.* **гипертрофи́ческий**, -ая, -ое.

ГИПНО´З, -а, *м.* **1.** Психофизиологическое состояние, похожее на сон или полусон, вызываемое внушением (гл. обр. словесным) и сопровождающееся подчинением воли спящего воле усыпляющего. *В состоянии гипноза. Действовать под гипнозом* (также перен.: непроизвольно, как бы бессознательно). **2.** Само такое внушение. *Сеанс гипноза. Поддаться гипнозу кого-чего-н.* (также перен.: совершить что-н. как бы непроизвольно, под сильным воздействием кого-чего-н.). ‖ *прил.* **гипноти́ческий**, -ая, -ое.

ГИПНОТИЗЁР, -а, *м.* Специалист по гипнозу. ‖ *прил.* **гипнотизёрский**, -ая, -ое.

ГИПНОТИЗИ´РОВАТЬ, -рую, -руешь; -анный; *несов.*, *кого (что).* Воздействовать гипнозом, приводить в состояние гипноза. ‖ *сов.* **загипнотизи́ровать**, -рую, -руешь; -анный. ‖ *сущ.* **гипнотиза́ция**, -и, *ж.* и **гипнотизи́рование**, -я, *ср.*

ГИПНОТИ´ЗМ, -а, *м.* (книжн.). Явление, относящееся к гипнотизированию, к гипнозу; искусство гипноза. ‖ *прил.* **гипноти́ческий**, -ая, -ое.

ГИПО..., *приставка.* Образует существительные и прилагательные со знач. недостижения предела, нормы, напр. *гиповитаминоз, гипосекреция.*

ГИПО´ТЕЗА, -ы, *ж.* (книжн.). Научное предположение, выдвигаемое для объяснения каких-н. явлений; вообще — предположение, требующее подтверждения. *Выдвинуть плодотворную гипотезу. Г. подтвердилась.*

ГИПОТЕНУ´ЗА, -ы, *ж.* В математике: сторона прямоугольного треугольника, лежащая против прямого угла.

ГИПОТЕТИ´ЧЕСКИЙ [тэ], -ая, -ое (книжн.). Основанный на гипотезе, предположительный. *Гипотетическое построение.*

ГИПОТЕТИ´ЧНЫЙ [тэ], -ая, -ое; -чен, -чна (книжн.). То же, что гипотетический. ‖ *сущ.* **гипотети́чность**, -и, *ж.*

ГИПОТО´НИК, -а, *м.* Человек, страдающий гипотонической болезнью.

ГИПОТОНИ´Я, -и, *ж.* Понижение артериального давления или тонуса тканей. ‖ *прил.* **гипотони́ческий**, -ая, -ое. *Гипотоническая болезнь.*

ГИППОПОТА´М, -а, *м.* Один из двух видов бегемотов — бегемот обыкновенный.

ГИПС, -а (-у), *м.* **1.** Известковое минеральное вещество белого или жёлтого цвета. *Скульптура из гипса.* **2.** Скульптурный слепок из этого вещества. *Собрание гипсов.* **3.** Хирургическая повязка из этого вещества. *Наложить г. Рука в гипсе.* ‖ *прил.* **ги́псовый**, -ая, -ое.

ГИПСОВА´ТЬ, -су́ю, -су́ешь; -о́ванный; *несов.*, *что* (спец.). **1.** Накладывать гипсовую повязку. *Г. руку.* **2.** Насыщать или удобрять гипсом. *Г. почву.* ‖ *сов.* **загипсова́ть**, -су́ю, -су́ешь; -о́ванный (к 1 знач.). ‖ *сущ.* **гипсова́ние**, -я, *ср.*

ГИПЮ´Р, -а, *м.* Тонкий ажурный материал с выпуклым рисунком, напоминающим кружево. ‖ *прил.* **гипю́ровый**, -ая, -ое и **гипю́рный**, -ая, -ое. *Гипюровое полотно.*

ГИРЕВИ´К, -а́, *м.* Прежнее название спортсмена, занимающегося поднятием тяжестей, упражнениями с гирями.

ГИ´РЛО, -а, *ср.* (спец. и обл.). Рукав в дельте реки или проток, соединяющий лиман с морем, горло (в 4 знач.) (обычно о реках, впадающих в Чёрное и Азовское моря). ‖ *прил.* **ги́рловый**, -ая, -ое.

ГИРЛЯ´НДА, -ы, *ж.* Сплетённые в виде цепи цветы и зелень. *Г. из роз. Гирлянды из фонариков* (в иллюминации). ‖ *прил.* **гирля́ндный**, -ая, -ое.

ГИРОСКО´П, -а, *м.* Используемый для автоматического регулирования устойчивости прибор с диском и свободной осью, всегда сохраняющей неизменное положение. ‖ *прил.* **гироскопи́ческий**, -ая, -ое и **гироско́пный**, -ая, -ое.

ГИ´РЯ, -и, *ж.* **1.** Металлический груз определённого веса, служащий мерой при взвешивании, а также для упражнений в тяжёлой атлетике. **2.** Подвесной груз, регулирующий или приводящий в движение механизм. *Часы с гирями.* ‖ *уменьш.* **ги́рька**, -и, *ж.* ‖ *прил.* **гирево́й**, -а́я, -о́е.

ГИСТО́ЛОГ, -а, *м.* Специалист по гистологии.

ГИСТОЛО́ГИЯ, -и, *ж.* Наука о строении и развитии тканей человека и многоклеточных животных. ‖ *прил.* **гистологи́ческий**, -ая, -ое.

ГИТА́РА, -ы, *ж.* Струнный щипковый музыкальный инструмент с деревянным корпусом-резонатором в форме восьмерки. *Семиструнная, шестиструнная г. Аккомпанировать на гитаре. Петь под гитару.* ‖ *прил.* **гита́рный**, -ая, -ое.

ГИТАРИ́СТ, -а, *м.* Музыкант, играющий на гитаре. ‖ *ж.* **гитари́стка**, -и. ‖ *прил.* **гитари́стский**, -ая, -ое.

ГИ́ЧКА, -и, *ж.* Узкая быстроходная гребная шлюпка с острым носом и низким бортом. ‖ *прил.* **ги́чечный**, -ая, -ое.

ГЛАВ... *Первая часть сложных слов со знач.:* 1) главный по должности, напр. *главврач, главбух* (главный бухгалтер), *главреж* (главный режиссёр); 2) главный в системе каких-н. учреждений, напр. *главпочтамт.*

ГЛАВА́[1], -ы́, *мн.* гла́вы, глав, гла́вам, *ж.* **1.** То же, что голова (в 1 знач.) (устар. и высок.). *Склонить главу.* **2.** *чего.* Руководитель, начальник, старший по положению. *Г. государства. Г. администрации. Г. учреждения. Г. делегации. Г. семьи.* **3.** Купол церкви. *Главы собора.* ✦ **Во главу угла ставить** *что* (книжн.) — считать самым важным. **Во главе** *кого-чего, предлог с род. п.* — возглавляя кого-что-н., впереди кого-чего-н. *Идти во главе колонны.* **Во главе с** *кем-чем, предлог с тв. п.* — имея кого-что-н. в качестве руководящего, ведущего начала. *Отряд во главе с командиром. Действовать во главе с руководством.* ‖ *уменьш.* **гла́вка**, -и, *ж.* (к 3 знач.). *Золочёные главки.*

ГЛАВА́[2], -ы́, *мн.* гла́вы, глав, гла́вам, *ж.* Раздел книги, статьи. ‖ *уменьш.* **гла́вка**, -и, *ж.*

ГЛАВА́РЬ, -я́, *м.* Зачинщик, руководитель, вожак (во 2 знач.). *Г. шайки.*

ГЛАВЕ́НСТВО, -а, *ср.* (книжн.). Господство, преобладание.

ГЛАВЕ́НСТВОВАТЬ, -твую, -твуешь; *несов., над кем-чем* (книжн.). Возглавлять, господствовать.

ГЛАВК, -а, *м.* Сокращение: главный комитет — название главных управлений, ведомственных подразделений, министерств, центральных учреждений. ‖ *прил.* **гла́вковский**, -ая, -ое (разг.).

ГЛАВНОКОМА́НДУЮЩИЙ, -его, *м.* Командующий войсками на каком-н. фронте или стратегическом направлении, а также командующий войсками отдельного вида вооружённых сил или группы войск. *Верховный г.* (высший начальник вооружённых сил государства, обычно во время войны).

ГЛА́ВНЫЙ, -ая, -ое. **1.** Самый важный, основной. *Главная мысль доклада. Главная улица.* **2.** Старший по положению, а также вообще возглавляющий что-н. *Г. врач больницы. Г. штаб. Главное предложение* (грамматически главенствующая часть сложного предложения, имеющая при себе придаточное предложение). **3. гла́вное**, *вводн. сл.* Подчёркивает то, что важно, особенно существенно. *Он, главное, сначала согласился.* ✦ **Главные члены предложения** — в грамматике: члены предложения, противопоставленные его второстепенным членам и организующие его грамматическую основу, его минимальный грамматический тип (образец). **Главным образом** — преимущественно. *Читает главным образом журналы.* **Главное дело**, *вводн. сл.* (разг.) — то же, что главное (в 3 знач.). *Главное дело, не надо волноваться.*

ГЛАГО́Л, -а, *м.* **1.** В грамматике: часть речи, обозначающая действие или состояние, выражающая это значение в формах времени, лица, числа (в наст. вр.), рода (в прош. вр.) и образующая формы причастия и деепричастия. *Глаголы совершенного и несовершенного вида.* **2.** Речь, слово (стар.). *Пророческий г.* ‖ *прил.* **глаго́льный**, -ая, -ое (к 1 знач.).

ГЛАГО́ЛАТЬ, -о́лю, -о́лешь; *несов.* (стар.). Говорить, высказывать что-н. *Устами младенца глаголет истина* (посл. о непредвзятости и истинности слов ребёнка).

ГЛАГО́ЛИЦА, -ы, *ж.* Одна из двух древних славянских азбук, заменённая кириллицей. *Г. и кириллица.* ‖ *прил.* **глаголи́ческий**, -ая, -ое. *Глаголическое письмо.*

ГЛАГО́ЛЬ, -я, *м.* Старинное название буквы «г». *Составить столы глаголем* (в виде буквы «г»).

ГЛАДИА́ТОР, -а, *м.* В Древнем Риме: боец из рабов или военнопленных, сражающийся на арене цирка с другим бойцом или с диким зверем. ‖ *прил.* **гладиа́торский**, -ая, -ое.

ГЛАДИО́ЛУС, -а, *м.* Декоративное травянистое растение сем. ирисовых с высоким стеблем и крупными яркими цветками. ‖ *прил.* **гладио́лусный**, -ая, -ое.

ГЛА́ДИТЬ, гла́жу, гла́дишь; -а́женный; *несов.* **1.** *что.* Делать гладким, выравнивать горячим утюгом или специальным механизмом. *Г. бельё.* **2.** *кого-что.* Легко проводить рукой по чему-н. *Г. волосы, по волосам. Г. по шёрстке* (также перен.: во всём угождать, потворствовать; разг. ирон.). *Г. против шерсти* (также перен.: делать или говорить наперекор; разг. ирон.). *Г. по головке* (также перен.: потворствовать проступкам, потакать; разг. ирон.). ‖ *сов.* **вы́гладить**, -ажу, -адишь; -аженный (к 1 знач.) *и* **погла́дить**, -а́жу, -а́дишь; -а́женный. ‖ *сущ.* **гла́женье**, -я, *ср.* (к 1 знач.) *и* **гла́жка**, -и, *ж.* (к 1 знач.; разг.). ‖ *прил.* **глади́льный**, -ая, -ое (к 1 знач.). *Гладильная доска. Г. цех. Г. барабан. Г. пресс.*

ГЛА́ДКИЙ, -ая, -ое; -док, -дка́, -дко; гла́же. **1.** Ровный, без выступов, впадин и шероховатостей. *Гладкая дорога. Гладкая кожа. Гладкая причёска* (с приглаженными волосами). **2.** *перен.* Плавный, легко, без затруднений текущий. *Гладкая речь. Гладко* (в знач. сказ.) *было на бумаге, да забыли про овраги* (посл.). **3.** Толстый, упитанный (прост.). *Гладкая физиономия.* **4.** Без рисунка, узора, а также вообще одноцветный. *Гладкие обои. Г. шёлк, сатин. Г. шёрстный покров животного.* ✦ **Взятки гладки** *с кого* (разг.) — о том, кто не будет нести ответственности за что-н., с кого ничего нельзя потребовать. ‖ *сущ.* **гла́дкость**, -и, *ж.*

ГЛАДКО... *Первая часть сложных слов со знач.:* 1) с гладким (в 1 и 3 знач.), напр. *гладкошёрстый, гладкокожий, гладкостенный, гладколицый;* 2) гладкий (в 4 знач.), напр. *гладкотканый, гладкокрашеный.*

ГЛАДКОСТВО́ЛЬНЫЙ, -ая, -ое. С гладким, не нарезным каналом ствола (во 2 знач.). *Гладкоствольное ружьё, орудие.*

ГЛАДЬ[1], -и, *ж.* Обширное и гладкое водное или земное пространство. *Зеркальная г. озера, пруда. Г. весеннего луга. Г. степи, полей. Г. снежной равнины, льда.* ✦ **Тишь да гладь (да божья благодать)** (разг. ирон.) — о полном спокойствии.

ГЛАДЬ[2], -и, *ж.* Вышивка сплошными, плотно прилегающими друг к другу стежками. *Вышивать гладью.*

ГЛА́ЖЕНЫЙ, -ая, -ое. Выглаженный, гладкий после глаженья. *Глаженое бельё.*

ГЛАЗ, -а (-у), о гла́зе, в глазу́, *мн.* глаза́, глаз, глаза́м, *м.* **1.** Орган зрения, а также само зрение. *Чёрные, карие, серые, голубые глаза. Своими глазами видал (видел)* (сам). *В оба глаза смотреть* (смотреть внимательно или перен.: быть осторожным, бдительным; разг.). *Во все глаза глядеть, смотреть* (очень пристально, с жадным вниманием; разг.). *Одним глазом взглянуть* (мельком; разг.). *Глаза бы не смотрели* (о чём-н. огорчающем, раздражающем; разг.). *Поднять глаза на кого-что-н.* (посмотреть вверх, снизу вверх). *Идти куда глаза глядят* (идти, не разбирая куда, всё равно куда; разг.). *С закрытыми глазами идти на что-н.* (не думая об опасности, о предстоящем). *Закрыть глаза на что-н.* (намеренно не обращать внимания на что-н.). *Глазами хлопать* (1) бессмысленно смотреть; 2) не знать, что сказать в ответ; разг. неодобр.). *Большие (круглые, квадратные) глаза делать* (выражать удивление, крайне удивляться; разг.). *Глаза на лоб лезут* (о сильном удивлении; разг.). *За прекрасные глаза, ради чьих-н. прекрасных (красивых) глаз сделать что-н.* (ни за что, просто так; разг. ирон.). *Хоть г. выколи* (совершенно темно; разг.). *Глаза разгорелись на что-н.* (очень захотелось иметь что-н.; разг.). *Глаза разбежались у кого-н.* (не знает, что выбрать, на чём остановиться; разг.). *Верный г. у кого-н.* (о том, кто действует безошибочно). *Дурной г. у кого-н.* (в старых народных представлениях: взгляд, приносящий неблагополучие, несчастье). *С глаз долой* (об уходе, исчезновении кого-н.; разг.). *С глаз долой — из сердца вон* (посл.). *Смотреть чьими-н. глазами на кого-что* (не иметь собственного мнения). *Бить, бросаться в глаза* (о чём-н. резком, заметном: привлекать к себе особое внимание). *Лезть на глаза кому-н.* (стараться, чтобы увидели, обратили внимание; разг. неодобр.). *Отвести глаза кому-н.* (намеренно отвлечь внимание; разг. неодобр.). *Для отвода глаз* (чтобы отвлечь внимание, обмануть; разг. неодобр.). *Открыть* или *раскрыть глаза кому-н. на кого-что-н.* (разубедив, показать кого-что-н. в истинном свете). *Г. положить на кого-что-н.* (приметить для себя, взять на заметку; прост.). *Глядеть в глаза опасности, смерти* (о близкой опасности, смерти; книжн.). *Г. радуется* или *глаза радуются на кого-что-н.* (радостно, приятно смотреть на кого-что-н.). *В глаза говорить* (в лицо, открыто). *В глаза не видел кого-что-н.* (никогда не видел; разг.). *За глаза говорить* (заочно, в отсутствие; разг.). *За глаза довольно* или *хватит* (больше чем достаточно; разг.). *Ни в одном глазу* (нисколько не пьян; разг.). *С глазу на́ глаз* и *на гла́з* (наедине; разг.). *С пьяных глаз* (из-за того, что пьян; прост.). *Раскрой (протри, продери, разуй) глаза!* (посмотри хорошенько, неужели не видишь, не замечаешь?; прост. неодобр.). **2.** *ед.* В нек-рых сочетаниях: присмотр, надзор. *Хозяйский г. Нужен г. да г. У семи нянек дитя без глазу* (посл.). **3.** *ед.* Дурной взгляд, сглаз. *Бояться глазу.* **4. глаза́ми** *кого.* С точки зрения кого-н., в чьём-н. понимании. *Россия глазами иностранца. Взрослые глазами детей.* ✦ **На сколько (куда) хватает глаз** — далеко, в пределах обзора, видимости, куда ни посмотришь, всюду. **Глаз (носу) не казать** (разг.) — не показываться, не появляться. **На глаза попасться** (разг.) — случайно встретиться, попасться. **На глаза не показываться** (разг.) — скрыться и не появляться. **На глаз** — то же, что на глазок. **На глазах** — очень быстро. *Город растёт на глазах.* **На глазах** *у кого или кого, в знач. предлога с род. п.* — на виду у кого-н., в чьём-н. присутствии. *На глазах у всех. На глазах у удивлённой публики.* **В глазах** *кого или чьих, в знач. предлога с род. п.* — с точки зрения кого-н. *Он преступник в глазах окружающих. В глазах матери он ещё дитя.* ‖ *уменьш.* **глазо́к**, -зка́, *мн.* гла́зки, -зок, *м.* (к 1 знач.), **гла́зик**, -а, *мн.* гла́зики, -ов, *м.* (к 1 знач.), только *мн.* **глазёнки**, -нок (к 1 знач.). ✦ **Делать глазки** *кому* (разг.) — кокетничать с кем-н. **На глазок** (разг.) — неточно, приблизительно. ‖ *увел.* **глази́ще**, -а, *м.* (к 1 знач.). ‖ *прил.* **глазно́й**, -а́я, -о́е (к 1 знач.). *Глазная впадина. Глазные болезни.*

ГЛАЗА́СТЫЙ, -ая, -ое; -а́ст (разг.). **1.** С большими глазами или с глазами навыкате. **2.** С острым зрением, зоркий. ‖ *сущ.* **глаза́стость**, -и, *ж.* (ко 2 знач.).

ГЛАЗЕ́Т, -а (-у), *м.* Парчовая ткань, обычно неузорчатая. ‖ *прил.* **глазе́товый**, -ая, -ое. *Г. гроб* (обшитый глазетом).

ГЛАЗЕ́ТЬ, -е́ю, -е́ешь; *несов., на кого-что* (прост.). Смотреть из праздного любопытства. *Г. на прохожих.*

ГЛАЗИРОВА́ТЬ, -ру́ю, -ру́ешь; -о́ванный; *сов. и несов., что.* **1.** Залить (-ивать) глазурью (во 2 знач.), покрыть (-ывать) твёрдой сладкой оболочкой. *Г. фрукты. Глазированные сырки* (покрытые тонким слоем шоколада). **2.** Придать (-авать) глянец чему-н. (спец.). *Глазированная бумага.* ‖ *сущ.* **глазиро́вка**, -и, *ж.* и **глазирова́ние**, -я, *ср.*

ГЛАЗНИ́К, -а́, *м.* (разг.). То же, что окулист.

ГЛАЗНИ́ЦА, -ы, *ж.* Парная костная впадина в лицевой части черепа, вмещающая глазное яблоко. ‖ *прил.* **глазни́чный**, -ая, -ое.

ГЛАЗО́К[1], -зка́, *мн.* -зки́, -ко́в, *м.* **1.** Небольшое круглое отверстие в чём-н. (для надзора, наблюдения, обзора). *Г. в двери.* **2.** Почка, срезаемая с растения для прививки. **3.** Небольшое углубление с почками на поверхности картофельного клубня. **4.** Пигментное пятно (в окраске насекомых, птиц, растений), а также кружок, пятнышко в рисунке ткани. ‖ *прил.* **глазко́вый**, -ая, -ое.

ГЛАЗО́К[2] *см.* глаз.

ГЛАЗОМЕ́Р, -а, *м.* Способность определять расстояние на глаз, без приборов. *Хороший г.* ‖ *прил.* **глазоме́рный**, -ая, -ое. *Глазомерная съёмка.*

ГЛАЗУ́НЬЯ, -и, *род. мн.* -ний, *ж.* Яичница, в к-рой желток не сболтан с белком.

ГЛАЗУРОВА́ТЬ, -ру́ю, -ру́ешь; -о́ванный; *сов. и несов., что.* Покрыть (-ывать) глазурью (в 1 знач.). *Г. посуду. Глазурованные керамические плитки.* ‖ *сущ.* **глазуро́вка**, -и, *ж.* и **глазурова́ние**, -я, *ср.*

ГЛАЗУ́РЬ, -и, *ж.* **1.** Закрепляемый обжигом глянцевитый стеклообразный сплав для покрытия керамических изделий. **2.** Густой сахарный сироп для приготовления цукатов, для обливки готовых мучных изделий. *Торт с глазурью.* ‖ *прил.* **глазу́ревый**, -ая, -ое и **глазурный**, -ая, -ое.

ГЛА́НДЫ, гланд, *ед.* -а, -ы, *ж.* Нёбные миндалины. ‖ *прил.* **гла́ндовый**, -ая, -ое.

ГЛАС, -а, *м.* (устар. высок.). То же, что голос (в 1 и 3 знач.). *Г. небес* (божественный голос). *Г. народа* (общественное мнение; книжн., часто ирон.). ✦ **Глас вопиющего в пустыне** (книжн.) — безответный призыв, неуслышанная мольба [по евангельской притче об Иоанне Крестителе, к-рый в пустыне перед непонимающим его народом призывал открыть пути и души Иисусу Христу]. **Трубный глас** (высок.) — призыв к ответу за всё содеянное [по евангельскому сказанию о трубах архангелов, призывающих к ответу в день Страшного суда]. **Ни гласа ни воздыхания** (устар. и ирон.) — о полной тишине или молчании в ответ на зов.

ГЛАСИ́ТЬ (глашу́, гласи́шь, 1 и 2 л. не употр.), гласи́т; *несов., что* (книжн.). Содержать в себе какое-н. утверждение. *Закон (устав) гласит, что...*

ГЛА́СНОСТЬ, -и, *ж.* **1.** *см.* гласный[1]. **2.** Открытая и полная информация всего населения о любой общественно значимой деятельности и возможность её свободного и широкого обсуждения.

ГЛА́СНЫЙ[1], -ая, -ое. Доступный для общественного ознакомления и обсуждения. *Гласное судопроизводство.* ‖ *сущ.* **гла́сность**, -и, *ж. Предать что-н. гласности* (обнародовать).

ГЛА́СНЫЙ[2], -ая, -ое. О звуках речи: при своём образовании не встречающий препятствий со стороны органов речи, образуемый без участия шума; также о буквах, изображающих такой звук. *Гласные а, о, е [э], и, у, ы. Безударные гласные* (сущ.).

ГЛАУКО́МА, -ы, *ж.* Болезнь глаз, вызванная повышением внутриглазного давления. ‖ *прил.* **глауко́мный**, -ая, -ое.

ГЛАША́ТАЙ, -я, *м.* **1.** В старину: вестник, всенародно объявляющий, возвещающий что-н. **2.** *перен., чего.* Тот, кто провозглашает что-н., провозвестник (высок.) *Г. истины.*

ГЛЕ́ТЧЕР, -а, *м.* То же, что ледни́к (в 1 знач.). ‖ *прил.* **гле́тчерный**, -ая, -ое.

ГЛИ́НА, -ы, *ж.* Осадочная горная порода, в измельчённом виде в соединении с водой образующая тестообразную массу, употр. для гончарных изделий, кирпича, строительных и скульптурных работ. *Огнеупорная г. Красная г. Белая г.* (каолин). ‖ *прил.* **гли́няный**, -ая, -ое. *Г. берег. Глиняная посуда* (из глины).

ГЛИ́НИСТЫЙ, -ая, -ое; -ист. Содержащий глину. *Глинистые минералы. Г. грунт.* ‖ *сущ.* **гли́нистость**, -и, *ж.*

ГЛИНОБИ́ТНЫЙ, -ая, -ое. Сделанный из смеси глины с соломой и другими материалами. *Глинобитная стена.*

ГЛИНОЗЁМ, -а, *м.* Природная окись алюминия. ‖ *прил.* **глинозёмный**, -ая, -ое.

ГЛИНТВЕ́ЙН, -а (-у), *м.* Горячий напиток из красного вина с сахаром и пряностями.

ГЛИ́ССЕР, -а, *мн.* -ы, -ов и -а́, -о́в, *м.* Небольшое мелкосидящее быстроходное судно, легко скользящее по поверхности воды. ‖ *прил.* **гли́ссерный**, -ая, -ое.

ГЛИСТ, -а́, *м.* и (разг.) **ГЛИСТА́**, -ы́, *ж.* Червь, паразитирующий в теле человека и животных, преимущ. в кишечнике. *Тощий как глиста* (о человеке; пренебр.). ‖ *прил.* **гли́стный**, -ая, -ое.

ГЛИСТОГО́ННЫЙ, -ая, -ое. О лекарстве: изгоняющий глистов. *Глистогонные средства. Назначить глистогонное* (сущ.).

ГЛИЦЕРИ́Н, -а (-у), *м.* Вязкая прозрачная жидкость, получаемая путём химической обработки жиров, употр. для медицинских и технических целей. ‖ *прил.* **глицери́новый**, -ая, -ое.

ГЛИЦИ́НИЯ, -и, *ж.* Вьющееся декоративное растение — лиана сем. бобовых с кистями душистых цветков. ‖ *прил.* **глици́ниевый**, -ая, -ое.

ГЛОБА́ЛЬНЫЙ, -ая, -ое; -лен, -льна. **1.** *полн. ф.* Охватывающий весь земной шар. *В глобальном масштабе.* **2.** *перен.* Полный, всеобъемлющий. *Глобальное изучение.* ‖ *сущ.* **глоба́льность**, -и, *ж.* (ко 2 знач.).

ГЛО́БУС, -а, *м.* Вращающаяся модель земного шара или другого сферического небесного тела с его картографическим изображением. *Г. Земли. Г. Луны. Небесный г.* (модель небесной сферы). ‖ *прил.* **гло́бусный**, -ая, -ое.

ГЛОДА́ТЬ, гложу́, гло́жешь; *несов.* **1.** *кого-что.* Грызть, объедая, обкусывая мякоть зубами. *Г. кость.* **2.** *перен., кого (что).* Мучить, терзать. *Тоска гложет кого-н.*

ГЛОТА́ТЬ, -а́ю, -а́ешь; *несов.* **1.** *кого-что.* Движением глотки проталкивать что-н. изо рта в пищевод. *Г. пищу. Торопясь, г. обед* (быстро съедать; разг.). *Г. слова* (перен.: произносить быстро, неразборчиво). *Г. слёзы* (перен.: подавлять рыдания). **2.** *перен., что.* Принимать молча (что-н. обидное), скрывать свою обиду. *Г. оскорбления.* **3.** *перен., что.* Читать быстро, залпом (разг.). *Г. книги.* ‖ *однокр.* **глотну́ть**, -ну́, -нёшь (к 1 знач.). *Г. воздуха, кислорода* (перен.: немного подышать свежим воздухом; разг.). ‖ *сущ.* **глота́ние**, -я, *ср.* (к 1 и 3 знач.) и **глото́к**, -тка́, *м.* (к 1 знач.). *Затруднение глотания. Выпить в один глоток.* ‖ *прил.* **глота́тельный**, -ая, -ое (к 1 знач.).

ГЛО́ТКА, -и, *ж.* **1.** Участок пищеварительного канала, соединяющий полость рта с пищеводом. **2.** То же, что горло (в 1 и во 2 знач.) (прост.). *Схватить за глотку кого-н.* (также перен.: проявить грубое насилие). *Заткнуть глотку кому-н.* (не дать говорить; неодобр.). *Драть глотку* (кричать; неодобр.). ‖ *прил.* **гло́точный**, -ая, -ое (к 1 знач.).

ГЛОТО́К, -тка́, *м.* **1.** *см.* глотать. **2.** Количество жидкости, выпиваемое при одном глотательном движении. *Г. воды.*

ГЛО́ХНУТЬ, -ну, -нешь; глох и гло́хнул, гло́хла; *несов.* **1.** Становиться глухим (в 1 знач.). **2.** (1 и 2 л. не употр.). Слабеть, затихать, исчезать. *Шум постепенно глохнет. Самовар глохнет* (гаснут угли в самоваре). *Мотор глохнет* (прекращает работать). **3.** (1 и 2 л. не употр.). Дичать, зарастать сорняком. *Сад глохнет.* ‖ *сов.* **загло́хнуть**, -нет; загло́х, загло́хла (ко 2 и 3 знач.) и **огло́хнуть**, -ну, -нешь; огло́х, огло́хла (к 1 знач.).

ГЛУБИНА́, -ы́, *мн.* -и́ны, -и́н, *ж.* **1.** Протяжённость, расстояние от поверхности до дна или до какой-н. точки по направлению вниз. *На глубине 200 метров. Г. колодца.* **2.** Место на дне водоёма, большого углубления. *Морские глубины. Глубины мироздания* (перен.). **3.** *чего.* Пространство, расположенное вглубь от границы, от края чего-н. *В глубине леса, сада. В глубине зала.* **4.** *перен., чего.* Сила, степень проявления чего-н.; основательность. *Г. идеи, чувства, знаний.* ✦ **В глубине веков** (книжн.) — в далёкой древности. **Из глубины веков** (книжн.) — из далёкой древности. **В глубине души** — глубоко в сознании. **Из глубины души** — о проявлении скрытых переживаний. **До глубины души** (тронут, удивлён, огорчён, возмущён кто-н.) — очень, чрезвычайно. ‖ *прил.* **глуби́нный**, -ая, -ое (к 1, 2 и 3 знач.). *Глубинная бомба* (против подводных лодок, якорных и донных мин).

ГЛУБИ́НКА, -и, *ж.* (разг.). Глубинный, далёкий от центра пункт, район. *Поехать в глубинку.*

ГЛУБИ́ННЫЙ, -ая, -ое. **1.** *см.* глубина. **2.** О населённом пункте, местности: находящийся далеко от центра, центрального пункта. *Г. район. Глубинная деревня.*

ГЛУБИНОМЕ́Р, -а, *м.* Прибор для измерения глубины отверстий, высоты уступов.

ГЛУБО́КИЙ, -ая, -ое; -о́к, -ока́, -о́ко *и* -око́; глу́бже; глубоча́йший. **1.** Имеющий большую глубину (в 1 знач.), простирающийся на большую глубину. *Глубокая река. Глубокое бурение. Глубоко* (нареч.) *нырнул. Здесь глубоко* (в знач. сказ.). *Г. порез. Г. выем* (у платья). **2.** Отдалённый, глубинный. *Г. тыл. Глубокая провинция.* **3.** *перен.* Недоступный, тщательно скрытый. *Глубокая тайна.* **4.** *перен.* Обладающий глубиной (в 4 знач.), большой и сильный. *Г. ум. Г. сон. Глубокое чувство. Г. кризис. Глубоко* (нареч.) *уважать.* **5.** Достигший полноты своего проявления, высшего предела. *Глубокая ночь. Глубокая старость.*

ГЛУБОКО... *Первая часть сложных слов со знач.:* 1) находящийся глубоко, на большой глубине (в 1 знач.), вдающийся в глубину, напр. *глубокодонный, глубокозалегающий, глубокопромерзающий, глубокорыхлитель, глубоковрезанный;* 2) находящийся глубоко (во 2 знач.), напр. *глубокорасположенный* (район); 3) глубокий (в 4 знач.), напр. *глубокоуважаемый, глубокочтимый;* 4) в большой степени, сильно, крепко, напр. *глубокозамороженный, глубокозасоленный, глубоконасыщенный, глубокоочищенный, глубокопрокаливаемый.*

ГЛУБОКОВО́ДНЫЙ, -ая, -ое; -ден, -дна. **1.** Полноводный, с достаточной глубиной для судоходства. *Глубоководная река.* **2.** *полн. ф.* Живущий, действующий на большой глубине, производимый на большой глубине. *Глубоководные рыбы. Г. аппарат. Глубоководные исследования.* ‖ *сущ.* **глубоково́дность**, -и, *ж.*

ГЛУБОКОВО́ДЬЕ, -я, *род. мн.* -дий, *ср.* Высокий уровень воды в реке, водоёме.

ГЛУБОКОМЫ́СЛЕННЫЙ, -ая, -ое; -лен, -ленна. **1.** Полный глубокомыслия, значительных мыслей. *Глубокомысленное замечание.* **2.** Серьёзный, сосредоточенный. *Г. взгляд.* ‖ *сущ.* **глубокомысленность**, -и, *ж.*

ГЛУБОКОМЫ́СЛИЕ, -я, *ср.* Сосредоточенность, глубина в понимании, оценке чего-н.

ГЛУБОКОСНЕ́ЖЬЕ, -я, *род. мн.* -жий, *ср.* (спец.). Зимнее время глубоких снегов.

ГЛУБОКОУВАЖА́ЕМЫЙ, -ая, -ое. Весьма уважаемый (употр. при вежливом официальном обращении).

ГЛУБЬ, -и, *ж.* То же, что глубина (во 2 знач.). *Г. реки, моря.* ✦ **В глубь веков** (книжн.) — в далёкую древность. **Из глуби веков** (книжн.) — то же, что из глубины веков.

ГЛУМИ́ТЬСЯ, -млю́сь, -ми́шься; *несов., над кем-чем.* Злобно и оскорбительно издеваться. *Г. над святыней.* ‖ *сущ.* **глумле́ние**, -я, *ср.*

ГЛУПЕ́ТЬ, -е́ю, -е́ешь; *несов.* **1.** Становиться глупым, глупее, ослабевать разумом. *К старости глупеешь.* **2.** Утрачивать способность мыслить, поступать разумно. *Г. от счастья, от восторга.* ‖ *сов.* **поглупе́ть**, -е́ю, -е́ешь.

ГЛУПЕ́Ц, -пца́, *м.* Глупый человек.

ГЛУПИ́ТЬ, -плю́, -пи́шь; *несов.* (разг.). Поступать, действовать глупо. ‖ *сов.* **сглупи́ть**, -плю́, -пи́шь.

ГЛУ́ПОСТЬ, -и, *ж.* **1.** *см.* глупый. **2.** Глупый поступок, глупые слова. *Делать глупости. Сказать г. Имел г. сделать что-н.* (поступил глупо, неосмотрительно). **3. глу́пости!** О чём-н. явно неразумном, неверном (разг.). *Оденься, ты простудишься. — Г.!*

ГЛУ́ПЫЙ, -ая, -ое; глуп, глупа́, глу́по, глу́пы *и* глупы́. **1.** С ограниченными умственными способностями, несообразительный, бестолковый. *Г. человек.* **2.** Не обнаруживающий ума, лишённый разумной содержательности, целесообразности. *Задать г. вопрос. Глупая статья. Глупое поведение.* ‖ *сущ.* **глу́пость**, -и, *ж.*

ГЛУПЫ́Ш, -а́, *м.* (разг.). Ещё неразумный ребёнок (ласкательно).

ГЛУПЫ́ШКА, -и, *м.* и *ж.* (разг.). То же, что глупыш.

ГЛУХА́РЬ, -я́, *м.* **1.** Крупная лесная птица сем. тетеревиных. **2.** Глухой человек (устар. и прост.). ‖ *прил.* **глухари́ный**, -ая, -ое (к 1 знач.). *Г. ток.*

ГЛУХО́Й, -а́я, -о́е; глух, глуха́, глу́хо, глу́хи *и* (разг.) глухи́; глу́ше. **1.** Лишённый слуха, способности слышать. *Г. старик. Азбука для глухих* (сущ.). *Диалог, разговор глухих* (сущ.; также перен.: о разговоре, контактах, исключающих возможность взаимопонимания). **2.** *перен., к чему.* Неотзывчивый, безразличный. *Глух к просьбам.* **3.** Невнятный по звуку, незвонкий. *Г. выстрел. Глухо* (нареч.) *звучать.* **4.** Смутный, затаённый, скрытый. *Глухое волнение. Глухое недовольство.* **5.** Тихий, без проявления жизни. *Глухая улица. Глухая пора* (пора застоя, упадка). **6.** *полн. ф.* Сплошной, без просветов. *Г. лес. Глухая стена.* ✦ **Глухой согласный звук** (спец.) — произносимый без участия голоса. ‖ *сущ.* **глу́хость**, -и, *ж.* (к 3 и 5 знач.).

ГЛУХОМА́НЬ, -и, *ж.* То же, что глушь. *Проснулась таёжная г.*

ГЛУХОНЕМО́Й, -а́я, -о́е. Лишённый слуха и словесной речи. *Г. ребёнок. Школа для глухонемых* (сущ.).

ГЛУХОНЕМОТА́, -ы́, *ж.* (спец.). Отсутствие слуха и словесной речи.

ГЛУХОТА́, -ы́, *ж.* Отсутствие или недостаток слуха. *Старческая г.*

ГЛУШИ́ТЕЛЬ, -я, *м.* **1.** Устройство для снижения шума. **2.** *перен., чего.* Тот, кто глушит (в 3 знач.), подавляет что-н. *Глушители критики.*

ГЛУШИ́ТЬ, -шу́, -ши́шь; *несов.* **1.** *кого (что).* Ударом ошеломлять; приводить в бесчувствие; лишить слуха ударом, громким звуком. *Г. рыбу* (острогой, взрывом). **2.** *что.* Делать более глухим, менее слышным. *Г. звуки, шум.* **3.** *что.* Не давать расти, подавлять развитие чего-н. *Сорняки глушат сад. Г. инициативу* (перен.). **4.** *что.* Заставлять гаснуть. *Г. самовар. Г. угли. Г. мотор* (выключать). **5.** *что.* Пить (спиртное) в большом количестве (прост. неодобр.). *Г. водку.* ‖ *сов.* **заглуши́ть**, -шу́, -ши́шь; -ённый (-ён, -ена́) (ко 2, 3 и 4 знач.) *и* **оглуши́ть**, -шу́, -ши́шь; -ённый (-ён, -ена́) (к 1 знач.). ‖ *сущ.* **глуше́ние**, -я, *ср.*

ГЛУШЬ, -и́, *тв.* глу́шью, *предл.* в глуши́, *ж.* **1.** Глухое, заросшее место. *Лесная г. Г. сада.* **2.** То же, что захолустье. *Жить в глуши. Провинциальная г.*

ГЛЫ́БА, -ы, *ж.* Большой обломок твёрдого вещества. *Каменная г. Г. льда.* ‖ *прил.* **глы́бовый**, -ая, -ое (спец.). *Глыбовая россыпь.*

ГЛЮКО́ЗА, -ы, *ж.* Виноградный сахар, содержащийся в плодах, мёде и животных организмах. ‖ *прил.* **глюко́зный**, -ая, -ое.

ГЛЯДЕ́ТЬ, гляжу́, гляди́шь; гля́дя; *несов.* То же, что смотреть (в 1, 5, 6, 7, 8, 9, 10 и 11 знач.). *Г. вперёд. Г. во все глаза. Г. за ребёнком. Не гляди на бездельников. Г. на дело трезво. Г. молодцом. Окна глядят в переулок. Гляди, не опаздывай! Ты, гляжу, меня не слушаешь. Надо уметь прощать. — Глядя кому (кого)* и *глядя за что.* ✦ **Глядя на**, *в знач. предлога с вин. п.* — 1) *кого-что*, беря за образец. *Подтянуться глядя на передовых;* 2) *что* (в сочетании со словом «ночь», реже «вечер», «осень», «зима»), непосредственно перед чем-н. *Зачем ехать глядя на́ ночь (на́ ночь глядя). На зиму глядя.* **Не глядя на** *кого-что, в знач. предлога с вин. п.* — не принимая во внимание. *Работать не глядя на трудности. Пошёл не глядя на дождь.* **Глядя по** *чему, предлог с дат. п.* — в зависимости от, сообразуясь, в соответствии с чем. *Действовать глядя по обстоятельствам. Одеваться глядя по погоде.* **Того и гляди** (разг.) — о чём-н. (обычно неприятном), что может случиться в любой момент. *Того и гляди дождь пойдёт.* ‖ *сов.* **погляде́ть**, -яжу́, -яди́шь. ✦ **Там поглядим** (разг.) — то же, что там видно будет. ‖ *однокр.* **гля́нуть**, -ну, -нешь; глянь (разг.).

ГЛЯДЕ́ТЬСЯ, гляжу́сь, гляди́шься; *несов.* То же, что смотреться (в 1 и 3 знач.) (разг.). *Г. в зеркало. Г. франтом.* ‖ *сов.* **погляде́ться**, -яжу́сь, -яди́шься (по 1 знач. глаг. смотреться).

ГЛЯДЬ, *частица* (разг.). Выражает неожиданность, внезапность. *Только о нём заговорили, г., он сам идёт.*

ГЛЯ́НЕЦ, -нца, *м.* Блеск начищенной или отполированной поверхности. *Навести г.* (также перен.: окончательно отделать законченную работу). ‖ *прил.* **гля́нцевый**, -ая, -ое.

ГЛЯ́НУТЬ *см.* глядеть.

ГЛЯ́НУТЬСЯ, -нусь, -нешься; *сов.* (прост.). Понравиться, произвести хорошее впечатление, показаться (в 5 знач.). *Эта вещь ему глянулась.*

ГЛЯНЦЕВА́ТЬ, -цу́ю, -цу́ешь; *несов., что* (спец.). Наводить глянец на что-н. ‖ *сов.* **наглянцева́ть**, -цу́ю, -цу́ешь.

ГЛЯНЦЕВИ́ТЫЙ, -ая, -ое; -и́т. Имеющий глянец, не матовый. *Глянцевитая бумага.* ‖ *сущ.* **глянцеви́тость**, -и, *ж.*

ГЛЯ́НЦЕВЫЙ, -ая, -ое. **1.** *см.* глянец. **2.** С наведённым глянцем, а также вообще очень блестящий. *Глянцевая поверхность.*

ГЛЯЦИО́ЛОГ, -а, *м.* Специалист по гляциологии.

ГЛЯЦИОЛО́ГИЯ, -и, *ж.* Наука о ледниках, о формах льда и о снежных покровах. ‖ *прил.* **гляциологи́ческий**, -ая, -ое.

ГМ, *межд.* (разг.). Выражает сомнение, недоверие, нерешительность, иронию.

ГНАТЬ[1], гоню́, го́нишь; гнал, гнала́, гна́ло; *несов.* **1.** *кого-что.* Заставлять двигаться в каком-н. направлении. *Г. стадо. Г. зверя* (преследовать, охотясь). *Г. лес* (сплавлять). *Ветер гонит тучи.* **2.** *кого-что.* Принуждать удалиться, грубо удалять откуда-н. *Г. из дому. Г. от себя, прочь.* **3.** *кого-что.* Понуждать к быстрому бегу, движению; ускорять движение кого-чего-н. *Г. лошадь во весь дух. Г. машину.* **4.** *кого (что) с чем.* Торопить, заставлять спешить (разг.). *Г. с работой, с уроками.* **5.** Быстро ехать (прост.). *Г. на велосипеде.* **6.** *кого-что.* Притеснять, подвергать гонениям (устар. и высок.). *Г. чью-н. мысль.* **7.** *что.* Производить, поставлять быстро, в большом количестве (прост.). *Г. продукцию.* **8. гони́(те).** Требование дать, вручить что-н. (прост.). *Гони деньги! Гони монету!* ‖ *сущ.* **гон**, -а, *м.* (к 1 знач.; спец.). *Г. зверя.* ‖ *прил.* **го́нный**, -ая, -ое (к 1 знач.; спец.). *Гонные голуби.*

ГНАТЬ[2], гоню́, го́нишь; гнал, гнала́, гна́ло; *несов., что.* Добывать перегонкой. *Г. древесный спирт, дёготь.*

ГНА́ТЬСЯ, гоню́сь, го́нишься; гна́лся, гнала́сь, гнало́сь *и* гна́лось; *несов., за кем-чем.* **1.** Преследовать с целью настигнуть. *Г. за отступающим противником.* **2.** Добиваться кого-чего-н. (разг.). *Г. за прибылью.*

ГНЕВ, -а, *м.* Чувство сильного возмущения, негодования. *Вспышка гнева. Быть в гневе. Г. — плохой советчик* (афоризм). *Сменить г. на милость* (перестать сердиться; ирон.). ✦ **Не во гнев будь сказано** — пусть сказанное не рассердит, не вызовет раздражения. *Ты, не во гнев будь сказано, поступаешь неумно.*

ГНЕ́ВАТЬСЯ, -аюсь, -аешься; *несов., на кого-что* (книжн.). Испытывать гнев, сердиться.

ГНЕВИ́ТЬ, -влю́, -ви́шь; *несов., кого (что)* (книжн.). Приводить в гнев. ✦ **Гневить Бога** — жаловаться, сетовать, забывая, что может быть и хуже. *Жив, сыт и нечего Бога гневить.* ‖ *сов.* **прогневи́ть**, -влю́, -ви́шь.

ГНЕ́ВНЫЙ, -ая, -ое; -вен, -вна́ *и* -вна, -вно. **1.** Охваченный гневом. *Г. владыка.* **2.** Выражающий гнев. *Г. взгляд.*

ГНЕДО́Й, -а́я, -о́е. О масти лошадей: красновато-рыжий (обычно с чёрным хвостом и гривой).

ГНЕЗДИ́ТЬСЯ (гнезжу́сь, -зди́шься, 1 и 2 л. не употр.), -зди́тся; *несов.* **1.** О птицах: вить гнёзда, жить в гнёздах. *Ласточки гнездятся под крышей. Сакли гнездятся в горах* (перен.). **2.** О насекомых: жить гнёздами, в большом количестве. *Тараканы гнездятся в щелях.* **3.** *перен.* О мыслях, чувствах: тесниться. *В голове гнездились назойливые мысли.*

ГНЕЗДО́, -а́, *мн.* гнёзда, гнёзд, *ср.* **1.** У птиц, насекомых, пресмыкающихся, грызунов и нек-рых других животных: место жилья, кладки яиц и выведения детёнышей. *Вить гнёзда. Г. аллигатора. Воровское г.* (перен.: притон). *Свить себе г.* (также перен.: обосноваться, устроиться где-н.). *Родимое г.* (перен.: родной дом). **2.** Выводок животных (спец.). *Волчьи гнёзда.* **3.** Группа тесно растущих молодых растений, ягод, грибов. *Г. груздей.* **4.** Углубление, в к-рое что-н. вставляется. **5.** Укрытое место для чего-н. *Пулемётные гнёзда.* **6.** В языкознании: группа слов с общим корнем. *Словообразовательное г. Г. слов.* ‖ *уменьш.* **гнёздышко**, -а, *мн.* -шки, -шек, *ср.* (к 1 и 3 знач.). ‖ *прил.* гнездово́й, -а́я, -о́е (к 3, 4 и 6 знач.). *Г. посев леса. Гнездовое расположение слов в словаре.*

ГНЕЗДОВА́ТЬСЯ (-ду́юсь, -у́ешься, 1 и 2 л. не употр.), -ду́ется; *несов.* О птицах и нек-рых других животных: вить, устраивать гнёзда. ‖ *сущ.* **гнездова́ние**, -я, *ср.*

ГНЕЗДО́ВЬЕ, -я, *род. мн.* -вий, *ср.* Место гнездования.

ГНЕСТИ́, гнету́, гнетёшь; гнету́щий; *прош.* не употр.; *несов.* **1.** *что.* Жать, давить тяжестью (устар.). **2.** *кого (что).* Терзать, мучить. *Тоска гнетёт. Гнетущее впечатление* (тягостное).

ГНЁТ, -а, *м.* **1.** Тяжесть, груз, давящий на что-н., прессующий что-н. *Творог под гнётом. Положить что-н. под г.* **2.** То, что гнетёт, мучит. *Г. рабства. Г. тоталитаризма.*

ГНИ́ДА, -ы, *ж.* **1.** Яйцо вши. **2.** *перен.* Ничтожный, подлый человек (прост. бран.). ‖ *прил.* гни́дный, -ая, -ое (к 1 знач.).

ГНИЛО́Й, -а́я, -о́е; гнил, гнила́, гни́ло. **1.** Испорченный гниением, затхлый. *Гнилые продукты. Гнилое сено.* **2.** Сырой, несущий болезни. *Г. воздух. Гнилая погода.* **3.** *перен.* Не имеющий внутреннего стержня, аморальный. *Гнилое общество. Гнилые настроения.* ‖ *сущ.* **гни́лость**, -и, *ж.*

ГНИ́ЛОСТНЫЙ, -ая, -ое; -тен, -тна. Вызывающий гниение, производимый гниением. *Гнилостные бактерии. Г. запах. Гнилостное разложение.* ‖ *сущ.* **гни́лостность**, -и, *ж.*

ГНИЛУ́ШКА, -и, *ж.* (разг.). Обломок гнилого дерева, гнилой предмет.

ГНИЛЬ, -и, *ж.* Что-н. гнилое, затхлое, с плесенью. *Пахнет гнилью.*

ГНИЛЬЁ, -я́, *ср., собир.* (разг.) О чём-н. гнилом, испорченном. *Овощи превратились в г.*

ГНИЛЬЦА́, -ы́, *ж.* (разг.). Признак слабой гнили. *Овощи с гнильцой. Попахивать гнильцой.*

ГНИТЬ, гнию́, гниёшь; гнил, гнила́, гни́ло; *несов.* Разрушаться, подвергаясь органическому разложению. *Сено гниёт. Продукты гниют.* ‖ *сов.* **сгнить**, -ию́, -иёшь. ‖ *сущ.* **гние́ние**, -я, *ср.*

ГНОИ́ТЬ, гною́, гнои́шь; *несов.* **1.** *что.* Подвергать гниению. *Г. овощи.* **2.** *перен., кого (что).* Держать в гибельных для живого существа условиях. *Г. в тюрьме.* ‖ *сов.* **сгнои́ть**, -ою́, -ои́шь; -оённый (-ён, -ена́).

ГНОИ́ТЬСЯ (гною́сь, гнои́шься, 1 и 2 л. не употр.), гнои́тся; *несов.* Выделять гной. *Рана гноится.*

ГНОЙ, -я (-ю), в гно́е *и* в гною́, *м.* Выпот серо-зелёного цвета — продукт гниения при воспалении тканей живого организма. ‖ *прил.* **гно́йный**, -ая, -ое.

ГНОЙНИ́К, -а́, *м.* Место скопления, выделения гноя. *Вскрыть г.* ‖ *уменьш.* **гнойничо́к**, -чка́, *м.*; *прил.* **гнойничко́вый**, -ая, -ое. ‖ *прил.* **гнойнико́вый**, -ая, -ое.

ГНОМ, -а, *м.* В западноевропейской мифологии: бородатый карлик, охраняющий подземные сокровища, олицетворение сил земли. ‖ *уменьш.* **гно́мик**, -а, *м.*

ГНОСЕОЛО́ГИЯ, -и, *ж.* В философии: теория познания. ‖ *прил.* **гносеологи́ческий**, -ая, -ое.

ГНУС, -а, *м., собир.* Мелкие летающие кровососущие насекомые, мошкара. *Г. напал на кого-н.*

ГНУСА́ВИТЬ, -влю, -вишь; *несов.* Говорить гнусаво.

ГНУСА́ВЫЙ, -ая, -ое; -а́в. **1.** О звуке голоса: с неприятным носовым призвуком. *Гнусавая речь.* **2.** Говорящий с таким призвуком, в нос. *Г. старик.* ‖ *сущ.* **гнуса́вость**, -и, *ж.*

ГНУСИ́ТЬ, гнушу́, гнуси́шь; *несов.* (разг.). То же, что гнусавить.

ГНУСЛИ́ВЫЙ, -ая, -ое; -и́в (разг.). То же, что гнусавый. ‖ *сущ.* **гнусли́вость**, -и, *ж.*

ГНУ́СНОСТЬ, -и, *ж.* **1.** *см.* гнусный. **2.** Гнусный поступок. *Совершать гнусности.*

ГНУ́СНЫЙ, -ая, -ое; -сен, -сна́, -сно, -сны́ *и* -сны. Внушающий отвращение, омерзительный. *Гнусная клевета.* ‖ *сущ.* **гну́сность**, -и, *ж.*

ГНУ́ТЫЙ, -ая, -ое. Изготовленный гнутьём, изогнутой формы. *Гнутая мебель. Гнутые изделия, трубы, детали.*

ГНУТЬ, гну, гнёшь; гну́тый; *несов.* **1.** *что.* Придавать чему-н. дугообразную, изогнутую форму. *Г. проволоку. Г. дуги. Г. спину* или *шею перед кем-н.* (перен.: раболепствовать, унижаться; разг.). *Г. спину на кого-н.* (перен.: работать, трудиться для другого; разг.). **2.** *кого-что.* Наклонять, пригибать. *Буря гнёт деревья.* **3.** *что, к чему.* Направлять свои действия, вести свою речь к определённой цели (разг.). *Упрямо г. своё или свою линию. К чему или куда он гнёт?* ‖ *сов.* **согну́ть**, -ну́, -нёшь; со́гнутый (к 1 и 2 знач.) *и* **погну́ть**, -ну́, -нёшь; по́гнутый (ко 2 знач.). ‖ *сущ.* **гнутьё**, -я́, *ср.* (к 1 знач.; спец.) *и* **ги́бка**, -и, *ж.* (к 1 знач.; спец.). ‖ *прил.* **ги́бочный**, -ая, -ое (к 1 знач.; спец.). *Г. пресс.*

ГНУ́ТЬСЯ, гнусь, гнёшься; *несов.* Принимать дугообразную, изогнутую форму, прогибаться, клониться. *Деревья гнутся от ветра. Г. перед кем-н.* (перен.: проявлять покорность). ‖ *сов.* **согну́ться**, -ну́сь, -нёшься *и* **погну́ться**, -ну́сь, -нёшься.

ГНУША́ТЬСЯ, -а́юсь, -а́ешься; *несов., кого-чего, с неопр.* и *кем-чем.* Испытывать чувство брезгливой неприязни к кому-чему-н. *Г. лжи. Г. знакомства с кем-н. Ничем не гнушается кто-н.* (ничем не брезгует, ничем не стесняется). ‖ *сов.* **погнуша́ться**, -а́юсь, -а́ешься.

ГО, *нескл., ср.* Игра чёрными и белыми камнями (кружка́ми) на доске, пересечённой горизонтальными и вертикальными линиями в 361 точке. *Соревнования по го.*

ГОБЕЛЕ́Н, -а, *м.* **1.** Стенной ковёр с вытканными вручную изображениями, тканая картина. *Старинные французские гобелены. Стены в гобеленах.* **2.** Плотная декоративная ткань с вытканными узорами. ‖ *прил.* **гобеле́новый**, -ая, -ое.

ГОБОИ́СТ, -а, *м.* Музыкант, играющий на гобое. ‖ *ж.* **гобои́стка**, -и.

ГОБО́Й, -я, *м.* Деревянный духовой язычковый музыкальный инструмент в виде расширяющейся трубки. ‖ *прил.* **гобо́йный**, -ая, -ое.

ГОВЕ́НЬЕ, -я, *ср.* **1.** *см.* говеть. **2.** То же, что пост (во 2 знач.) (устар.). *Великое г.* (Великий пост). *Петрово г.* (Петров пост).

ГОВЕ́ТЬ, -е́ю, -е́ешь; *несов.* У верующих: поститься и ходить в церковь во время поста, а также в сроки, установленные церковью, перед исповедью и причастием. *Г. в рождественский пост. Г. перед исповедью.* ‖ *сущ.* **гове́нье**, -я, *ср.*

ГОВНО́, -а́, *ср.* (прост. груб.). **1.** Экскременты, кал. *Не тронь говна — не воняет* (посл.). **2.** То же, что дерьмо (во 2 знач.) (бран.). ✦ **Из говна конфетку сделать** — сделать что-н. хорошее из негодного материала. ‖ *прил.* говённый, -ая, -ое.

ГО́ВОР, -а, *м.* **1.** Звуки разговора, речи. *Тихий г.* **2.** Своеобразное произношение, особенности речи. *С нерусским говором.* **3.** Территориальный диалект, а также его местная разновидность. *Южновеликорусские говоры. Окающий г.* ‖ *уменьш.* **говоро́к**, -рка́, *м.* (к 1 и 2 знач.).

ГОВОРИ́ЛЬНЯ, -и, *род. мн.* -лен, *ж.* (разг. неодобр.). Собрание, учреждение, где ведут длительные безрезультатные речи, а также вообще болтовня вместо дела.

ГОВОРИ́ТЬ, -рю́, -ри́шь; -рённый (-ён, -ена́); *несов.* **1.** Владеть устной речью, владеть каким-н. языком. *Ребёнок ещё не говорит. Г. по-русски.* **2.** *что, о ком-чём* и *с союзом «что».* Словесно выражать мысли, сообщать. *Г. правду. Г. медленно. Г. с большим увлечением. Г. о чём-н. с интересом. В своей книге автор говорит о новых открытиях. Говорит, что занят. Говоримая речь* (устная, произносимая; спец.). *Говорят вам* или *говорю тебе* (употр. для усиления высказанной мысли, для приказания. *Говорю тебе, уходи*). **3.** *о ком-чём* и *с союзом «что».* Высказывать мнение, суждение, обсуждать что-н. *Г. об успехах товарищей. Говорят, что зима будет холодная.* **4.** *с кем.* Общаясь, разговаривать, вести беседу, разговор. *Г. с товарищем. Г. по телефону. Они давно уже не говорят друг с другом* (не разговаривают, в ссоре). **5.** *перен., о чём.* То же, что свидетельствовать (во 2 знач.). *Данный факт о многом говорит. Говорит само за себя что-н.* (настолько очевидно, что не нуждается в дополнительных разъяснениях, доказательствах). *Имя этого человека мне ничего не говорит* (оно мне неизвестно, этого человека я не знаю). **6.** (1 и 2 л. не употр.), *перен., в ком.* Проявляться в чьих-н. поступках, словах. *В нём говорит гордость.* **7.** *на кого.* Называть кого-н. как виновника чего-н. (прост.). *Подозревают его, а он говорит на соседа.* **8. говоря́.** В сочетании с наречием или косв. п. существительного входит в устойчивое сочетание — *вводн. сл.* со знач.: выражаясь, излагая что-н. так, как обозначено этим наречием или существительным. *Строго говоря* (выражаясь точно). *Короче (или коротко) говоря* (подводя итог, заключая вышесказанное). *Правильнее говоря* (уточняя). *Вообще говоря* (то же, что вообще в 3 и 4 знач.). *Честно, откровенно или по правде говоря* (если быть откровенным). *Иначе говоря* (иными словами). ✦ **И не говори!** (разг.) — выражение согласия, уверенного подтверждения слов собеседника. **Кто говорит!** (разг.) — то же, что и не говори. *Нелегко, кто говорит!* **Не говоря о ком-чём,** *предлог с предл. п.* — то же, что не считая, не включая, исключая, не принимая в расчёт. *Не говоря об одном отстающем, все учатся хорошо.* **Что и говорить!** (разг.) — выражение согласия, уверенного подтверждения. **Что ни говори!** (разг.) — несмотря ни на что. *Что ни говори, а он прав.* **(Да) что вы говорите** (разг.) — выражение крайнего удивления. ‖ *сов.* **сказа́ть,** скажу́, ска́жешь (ко 2, 5 и 7 знач.). ‖ *многокр.* **гова́ривать,** *наст. вр.* не употр. (ко 2 и 4 знач.; разг.). ‖ *сущ.* **говоре́ние,** *-я, ср.* (ко 2 знач.). ‖ *прил.* **говори́льный,** -ая, -ое (ко 2 и 4 знач.; устар.).

ГОВОРИ́ТЬСЯ (-рю́сь, -ри́шься, 1 и 2 л. не употр.), -ри́тся; *несов.* **1.** О словах, речи: произноситься. *Говорятся приветственные речи.* **2.** *безл., кому,* чаще *с отрицанием.* О расположенности говорить (разг.). *От усталости не говорится, не думается.* ✦ **Как говорится,** *вводн. сл.* — как принято говорить, как говорят. *Комментарии, как говорится, излишни.*

ГОВОРЛИ́ВЫЙ, -ая, -ое; -и́в. Любящий поговорить, разговорчивый, словоохотливый. *Говорливая соседка.* ‖ *сущ.* **говорли́вость,** *-и, ж.*

ГОВОРУ́Н, -а́, *м.* (разг.). Человек, к-рый любит много говорить. ‖ *ж.* **говору́нья,** *-и, род. мн.* -ний.

ГОВЯ́ДИНА, -ы, *ж.* Мясо коровы или быка как пища. ‖ *прил.* **говя́жий,** -ья, -ье.

ГО́ГОЛЬ, -я, *м.* Нырковая утка. ✦ **Ходить гоголем** (разг.) — держаться гордо, с независимым видом. ‖ *прил.* **гоголи́ный,** -ая, -ое.

ГО́ГОЛЬ-МО́ГОЛЬ, го́голь-мо́голя, *м.* Кушанье из сырых яичных желтков, стертых с сахаром.

ГО́ГОТ, -а, *м.* **1.** Крик гусей. **2.** *перен.* То же, что хохот (прост. неодобр.).

ГОГОТА́ТЬ, -очу́, -о́чешь; *несов.* **1.** О гусях: издавать характерные звуки, похожие на «го-го-го». **2.** То же, что хохотать (прост. неодобр.). ‖ *сов.* **прогогота́ть,** -очу́, -о́чешь. ‖ *однокр.* **гоготну́ть,** -ну́, -нёшь. ‖ *сущ.* **гогота́ние,** *-я, ср.*

ГОД, -а (-у), в году́, о го́де, *мн.* го́ды *и* года́, годо́в *и* лет, года́м, *м.* **1.** Промежуток времени, равный периоду обращения Земли вокруг Солнца — 12 месяцам, вообще срок в 12 месяцев. *Календарный г.* (с января по декабрь включительно). *Четыре времени года* (зима, весна, лето, осень). *Новый г.* (наступающий следующий год, а также день 1 января). *Прошло три года, пять лет. Урожайный г. Два года, пять лет от рождения* (ребёнку). *На́ год* (на один год). *За́ год* (за один год). *Из года в год* (повторяясь каждый год). *Год на год (на́ год) не приходится* (в разные годы бывает по-разному; разг.). *Круглый г.* (весь год). *С годами* (по прошествии времени). *Годами не видимся* (по нескольку лет подряд). **2.** (*род. мн.* годо́в). Промежуток времени, в к-рый завершается цикл каких-н. работ, занятий. *Учебный г. Сельскохозяйственный г. Хозяйственный г. Финансовый г.* (годичный срок оборота финансовых средств). **3.** *мн.* Период времени, охватывающий нек-рое количество лет. *Героические годы. Детские годы. В годы юности.* **4.** *мн.* (*род. мн.* годо́в). В сочетании с порядк. числ. — промежуток времени в пределах десятилетия. *Девяностые годы 20 века. Люди сороковых годов.* **5.** *мн.* Возраст. *Он уже в годах* (пожилой, старый). *Теперь уже годы не те* (стал уже старым, стареет). *Не по годам* (не по возрасту). ✦ **Год от году** — с каждым следующим годом (о чём-н. изменяющемся). *Город хорошеет год от году.* **Бе́з году неделя** (разг. неодобр.) — с очень недавнего времени. *Живёт здесь без году неделя, а уже со всеми перессорился.* **С году на́ год** (разг.) — переходя из одного года в другой. *Решение откладывается с году на год.* ‖ *уменьш.* **го́дик,** -а, *м.* (к 1 знач.) *и* **годо́к,** -дка́, *м.* (к 1 знач.; разг.). ‖ *прил.* **годи́чный,** -ая, -ое (к 1 и 2 знач.) *и* **годово́й,** -а́я, -о́е (к 1 и 2 знач.). *Годичный отпуск* (на год). *Годичное собрание* (ежегодное). *Годовой доход* (за год). *Годовой план* (на год).

ГОДИ́НА, -ы, *ж.* (высок.). Время, ознаменованное важными (обычно напряжёнными, трудными) событиями. *Г. испытаний. В тяжёлую годину. Лихая г.* (лихолетье).

ГОДИ́ТЬ, гожу́, годи́шь; *несов.* (прост.). Выжидать, не спешить с решением, выполнением чего-н. *Погоди. — Некогда г., нужно решать.*

ГОДИ́ТЬСЯ, гожу́сь, годи́шься; *несов.* **1.** Быть годным для чего-н. *Г. в дело. Туфли не годятся* (не по ноге). *Годится в отцы, в сыновья кому-н.* (по возрасту может быть отцом, сыном кому-н.; разг.). **2.** *безл., с неопр.,* обычно *с отриц.* Можно, следует, надлежит. *Со старшими спорить не годится. Годится ли так поступать?* **3. годи́тся,** *в знач. частицы.* Выражает согласие, принятие (прост.). *Пойдём в кино? — Годится!* ✦ **Никуда не годится** (разг.) — о ком-чём-н. очень плохом. **Куда это годится?** (разг.) — очень плохо, никуда не годится.

ГО́ДНЫЙ, -ая, -ое; -ден, -дна́, -дно, -дны́ *и* -дны. Удовлетворяющий определённым требованиям, подходящий. *Семена, годные для посева. Годен к военной службе.* ‖ *сущ.* **го́дность,** *-и, ж.*

ГОДОВА́ЛЫЙ, -ая, -ое. В возрасте одного года. *Г. ребёнок.*

ГОДОВЩИ́НА, -ы, *ж.* Календарная дата, отмечающая, что со времени какого-н. события прошёл очередной год. *Г. смерти А. С. Пушкина. Г. свадьбы. Славная г. Праздник в/ на годовщину победы.*

ГОДО́К, -дка́, *м.* **1.** *см.* год. **2.** *чей* или *кого.* То же, что сверстник (прост.). *Твой дед мне г. Мы с дедом годки.*

ГОЛ, -а *и* (разг.) -а́, *мн.* -ы́, -о́в, *м.* В футболе и сходных командных играх: очко, выигрываемое после попадания мяча (шайбы) в ворота соперника, а также само такое попадание. *Забить г.* ‖ *прил.* **голево́й,** -а́я, -о́е. *Г. момент у ворот. Голевая ситуация.*

ГОЛА́ВЛЬ, -я́, *м.* Рыба сем. карповых. ‖ *прил.* **гола́влевый,** -ая, -ое.

ГОЛГО́ФА, -ы, *ж.* (Г прописное) (книжн.). Место мучений, страданий [по названию холма близ Иерусалима, где, по христианскому вероучению, был распят Иисус Христос]. *Взойти на Голгофу* (принять страдания, муки).

ГОЛЕНА́СТЫЙ, -ая, -ое; -а́ст. **1.** С длинными тонкими ногами. *Г. подросток.* **2. голена́стые,** -ых. Отряд птиц с длинными ногами и с длинным прямым клювом (аисты, цапли, ибисы и др.). ‖ *сущ.* **голена́стость,** *-и, ж.* (к 1 знач.).

ГОЛЕНИ́ЩЕ, -а, *ср.* Часть сапога, охватывающая голень.

ГОЛЕНОСТО́ПНЫЙ, -ая, -ое: **голеностопный сустав** — сустав, соединяющий кости голени и стопы.

ГО́ЛЕНЬ, -и, *ж.* Часть ноги (у животных — задней конечности) от колена до стопы. ‖ *прил.* **голенно́й,** -а́я, -о́е.

ГОЛЕ́Ц, -льца́, *м.* **1.** Небольшая речная рыбка сем. вьюновых. **2.** Морская рыба сем. лососевых.

ГОЛИ́К, -а́, *м.* (разг.). Веник из сухих прутьев. ‖ *уменьш.* **голичо́к,** -чка́, *м.*

ГОЛКИ́ПЕР, -а, *м.* То же, что вратарь. ‖ *прил.* **голки́перский,** -ая, -ое.

ГОЛЛА́НДКА¹ [нк], -и, *ж.* **1.** Комнатная печь, облицованная изразцами. **2.** Животное (самка) голландской породы (корова, курица).

ГОЛЛА́НДКА² *см.* голландцы.

ГОЛЛА́НДСКИЙ [нс], -ая, -ое. **1.** *см.* голландцы. **2.** Относящийся к голландцам (нидерландцам), к их языку, национальному характеру, образу жизни, культуре, а также к Голландии (Нидерландам), её территории, внутреннему устройству, истории; такой, как у голландцев, как в Голландии (Нидерландах). *Г. язык* (нидерландский). *Голландская школа живописи. Голландские тюльпаны. Г. сыр* (сорт). *Голландское полотно* (очень тонкое). *Голландская печь* (голландка¹). *По-голландски* (нареч.).

ГОЛЛА́НДЦЫ [нц], -ев, *ед.* -дец, -дца, *м.* Народ, составляющий основное население Нидерландов (Голландии). ✦ **Летучий голландец** (книжн.) — вечный скиталец [по легенде о призрачном корабле, обречённом вечно скитаться по морям и приносящем несчастье тому, кто с ним встретится]. ‖ *ж.* **голла́ндка** [нк], -и. ‖ *прил.* **голла́ндский** [нс], -ая, -ое.

ГОЛОВА́, -ы́, *вин.* го́лову, *мн.* го́ловы, голо́в, голова́м, *ж.* **1.** Часть тела человека (или животного), состоящая из черепной коробки и лица (у животного морды); у беспозвоночных — передний, относительно обособленный участок тела с органами чувств и ротовым отверстием. *Голову повесить, понурить* (также перен.: прийти в уныние; разг.). *С высоко поднятой головой* (также перен.: гордо). *Склонить (обнажить) голову перед кем-н.* (также перен.: выразить своё уважение, преклонение; высок.). **2.** Черепная коробка. *Ранен в голову и в лицо. Надеть на́ голову и на го́лову. Держаться за́ голову и за го́лову. Схватиться за́ голову и за го́лову* (также перен.: ужаснуться; разг.). *Г. болит. Г. раскалывается, трещит* (о сильной головной боли; разг.). *Таблетки от головы* (от боли в голове; разг.). **3.** Ум, рассудок. *Человек с головой* (умный; разг.). *Совсем без головы кто-н.* (совершенно глуп;

разг.). *В голову ничего не идёт кому-н.* (не может ни о чём думать, сосредоточиться). *Что-то с головой у кого-н.* (не совсем нормален; разг.). *Из головы нейдёт кто-что-н.* (не оставляет мысль о ком-чём-н.; разг.). *Из головы вон, из головы вылетело* (совсем забыл; разг.). **4.** Человек как носитель каких-н. идей, взглядов, способностей, свойств. *Светлая, умная г. Горячая г.* **5.** *м.* (вин. голову́). В царской России: название нек-рых военных, административных и выборных начальствующих должностей, а также лиц, занимающих эти должности. *Стрелецкий г. Волостной г. Городской г. Г. управы.* **6.** *м.* (вин. голову́). Руководитель, начальник (разг.). *Всему делу г. кто-н. Сам себе г.* **7.** (вин. го́лову *и* голову́), *чего.* Передняя часть чего-н. движущегося и вытянутого. *Г. пехотной колонны. Г. кометы. Вагон в голове состава. Идти в голове* (впереди цепочки людей, отряда; также перен.: возглавлять какое-н. дело, начинание). **8.** Пищевой продукт в форме шара, конуса. *Г. сахару. Г. сыру.* **9.** Единица счёта скота, животных. *Стадо в 200 голов.* ✦ **Головой** или **на́ голову выше** *кого* — о том, кто намного превосходит кого-н. в умственном отношении. **Голову снять** *с кого* (разг.) — 1) поставить кого-н. в тяжёлое, безвыходное положение. *Голову ты с меня снял своим отказом;* 2) строго наказать, покарать. *За этот недосмотр с тебя голову снимут.* **Голова болит** *о чём у кого* (прост.) — что-н. заботит, беспокоит. *Пускай об этом деле у начальства голова болит.* **В головах** (разг.) — в изголовье. **В первую голову** (разг.) — в первую очередь. **Всему голова** *что* (разг.) — о самом главном, самом важном. *Хлеб — всему голова.* **Выдать головой** *кого* (устар.) — предательски выдать (в 3 знач.). **Выдать (себя) с головой** — не желая того, выдать, показать себя с отрицательной стороны. **Выше головы** *чего* (разг.) — очень много. *Товаров — выше головы.* **Намылить голову** *кому* (прост.) — сделать строгий выговор, выбранить. **Головой отвечать** *за кого-что* (разг.) — нести полную ответственность за кого-что-н. **Голову ломать** *над чем* (разг.) — стараться понять или придумать что-н. трудное, сложное. **Голову потерять** (разг.) — совершенно растеряться. **Вешать голову** (разг.) — унывать, отчаиваться. **Головы не жалеть** — не жалеть жизни. **На мою голову** (разг.) — на мою ответственность, а также на мою беду. **На свою голову** (разг.) — во вред самому себе. **На́ голову садиться** *кому* (разг. неодобр.) — вести себя бессовестно. **На** *чью* **голову навязаться** (разг. неодобр.) — пристать или напроситься. **На голове ходить** (разг. неодобр.) — безобразничать, своевольничать. **О двух головах** *кто* (разг. неодобр.) — о том, кто действует слишком рискованно, необдуманно и опасно. **Позор на** *чью* **голову** — о том, что позорно для кого-н. **С больной головы на здоровую валить** (разг. неодобр.) — перекладывать вину с виноватого на невиновного. **С головой уйти (погрузиться)** *во что* — целиком, совершенно отдаться чему-н. (каким-н. делам, занятиям). **С головы** (взять, получить) (разг.) — с одного, с каждого из участников, с брата. *Приходится по рублю с головы.* **С (от) головы до ног** или **с ног до головы** (разг.) — полностью, совершенно. *Джентльмен с головы до ног. Вымокнуть, вымазаться с головы до ног.* **Через** *чью* **голову** (действовать) — минуя кого-н., не ставя в известность непосредственно заинтересованных лиц. ‖ *уменьш.* **голо́вка**, -и, *ж.* (к 1, 2, 3 и 8 знач.). *По головке не погладят за что-н.* (не похвалят, осудят или накажут; разг. ирон.). ‖ *ласк.* **голо́вушка**, -и, *ж.* (к 1 и 4 знач.). ‖ *прил.* **головно́й**, -а́я, -о́е (к 1, 2 и 7 знач.). *Г. убор. Г. мозг. Головные вагоны* (передние).

ГОЛОВА́СТИК, -а, *м.* **1.** Хвостатая личинка бесхвостых земноводных (лягушек, жаб). **2.** О том, у кого большая голова (разг. шутл.). ‖ *прил.* **голова́стиковый**, -ая, -ое (к 1 знач.).

ГОЛОВА́СТЫЙ, -ая, -ое; -а́ст (разг.). **1.** С большой головой. **2.** Умный, сообразительный. ‖ *сущ.* **голова́стость**, -и, *ж.*

ГОЛОВЕ́ШКА, -и, *ж.* То же, что головня[1].

ГОЛОВИ́ЗНА, -ы, *ж.* Голова и части хребта красной рыбы как пища. *Суп с головизной.*

ГОЛО́ВКА, -и, *ж.* **1.** *см.* голова. **2.** Утолщённая или выступающая вперёд оконечность чего-н. *Г. мышцы, кости. Г. гвоздя, винта. Г. ракеты* (боеголовка). **3.** Луковица репчатого лука, чеснока. **4.** *обычно мн.* Пришивная часть сапога, закрывающая пальцы и верхнюю переднюю часть ступни. **5.** Группа начальствующих, руководящих лиц (разг.).

ГОЛОВНО́Й, -а́я, -о́е. **1.** *см.* голова. **2.** Ведущий, руководящий, главный. *Г. институт. Головное предприятие.*

ГОЛОВНЯ́[1], -и́, *род. мн.* -е́й, *ж.* Тлеющее или обгорелое полено, кусок обуглившегося дерева, бревна.

ГОЛОВНЯ́[2], -и́, *род. мн.* -е́й, *ж.* Болезнь хлебных злаков и других растений, уничтожающая зёрна, початки, стебли, листья. *Овсяная г. Пшеничная г. Г. кукурузы.* ‖ *прил.* **головнёвый**, -ая, -ое. *Головнёвые грибы.*

ГОЛОВОКРУЖЕ́НИЕ, -я, *ср.* Состояние, при к-ром утрачивается чувство равновесия и всё представляется кружащимся, колеблющимся. *Г. от усталости. Танцевать до головокружения.*

ГОЛОВОКРУЖИ́ТЕЛЬНЫЙ, -ая, -ое; -лен, -льна. **1.** Вызывающий головокружение. *Головокружительная высота.* **2.** *перен.* Потрясающий, вызывающий восхищение и удивление. *Головокружительная карьера. Г. успех.* ‖ *сущ.* **головокружи́тельность**, -и, *ж.*

ГОЛОВОЛО́МКА, -и, *ж.* Головоломная загадка, задача. *Задать головоломку кому-н.* (также перен.: заставить подумать, поразмыслить над чем-н. трудным).

ГОЛОВОЛО́МНЫЙ, -ая, -ое; -мен, -мна. Очень сложный, трудно разрешимый. *Г. вопрос.* ‖ *сущ.* **головоло́мность**, -и, *ж.*

ГОЛОВОМО́ЙКА, -и, *ж.* (разг.). Строгий выговор с нравоучениями. *Задать (устроить) головомойку кому-н.*

ГОЛОВОНО́ГИЕ, -их, *ед.* головоно́гое, -ого, *ср.* Класс морских моллюсков со щупальцами вокруг рта (кальмары, осьминоги, каракатицы и др.).

ГОЛОВОРЕ́З, -а, *м.* (разг.). Отчаянный озорник, а также хулиган, бандит.

ГОЛОВОТЯ́П, -а, *м.* (разг. презр.). Человек, к-рый ведёт дела безответственно и бестолково. ‖ *прил.* **головотя́пский**, -ая, -ое.

ГОЛОВОТЯ́ПСТВО, -а, *ср.* (разг. презр.). Поведение, поступки головотяпа.

ГОЛОГРА́ММА, -ы, *ж.* (спец.). Объёмное изображение, полученное голографическим методом. ‖ *прил.* **гологра́ммный**, -ая, -ое.

ГОЛОГРА́ФИЯ, -и, *ж.* (спец.). Получение объёмного изображения, основанное на взаимном действии (наложении друг на друга) световых волн. ‖ *прил.* **голографи́ческий**, -ая, -ое.

ГО́ЛОД, -а (-у), *м.* **1.** Ощущение потребности в еде. *Почувствовать г. Утолить г. Г. не тётка* (шутл. посл.). **2.** Длительное недоедание. *Умереть с голоду.* **3.** Отсутствие продуктов питания вследствие неурожая или иного бедствия. *Г. из-за засухи.* **4.** *перен.* Острый недостаток чего-н. *Книжный г. Бумажный г.*

ГОЛОДА́ТЬ, -а́ю, -а́ешь; *несов.* **1.** Испытывать голод (во 2 и 3 знач.). *Помощь голодающим* (сущ.). **2.** Воздерживаться от еды или резко ограничивать себя в еде. *Г. в разгрузочные дни.* ‖ *сущ.* **голода́ние**, -я, *ср.* *Лечебное г.*

ГОЛО́ДНЫЙ, -ая, -ое; го́лоден, -дна́, го́лодно, -дны́ *и* го́лодны. **1.** Чувствующий голод, несытый. *Г. волк. Сытый голодного* (сущ.) *не разумеет* (посл.). *Очень голоден: не обедал.* **2.** *полн. ф.* Выражающий чувство голода, вызванный голодом. *Смотреть голодными глазами. Голодные боли в желудке. Голодная смерть.* **3.** *полн. ф.* Скудный хлебом, продуктами питания. *Г. край. Г. год.* **4.** *полн. ф.* Не дающий насыщения, сытости. *Г. обед. Г. паёк* (недостаточный). *Сидеть на голодном пайке* (также перен.: получать что-н. в недостаточном количестве).

ГОЛОДО́ВКА, -и, *ж.* **1.** Отказ от пищи в знак протеста. *Объявить голодовку.* **2.** То же, что голод (в 3 знач.; разг.).

ГОЛОДРА́НЕЦ, -нца, *м.* (прост. презр.). Оборванец, бедняк. ‖ *ж.* **голодра́нка**, -и.

ГОЛОДУ́ХА, -и, *ж.* (прост.). Голод (во 2 знач.), голодание. *Ослабел с голодухи.*

ГОЛОЛЕ́ДИЦА, -ы, *ж.* Слой льда на земной поверхности, образовавшийся после оттепели или дождя; время, когда образуется такой слой льда. *На дорогах г. Наступила г.* ‖ *прил.* **гололе́дичный**, -ая, -ое.

ГОЛОЛЁД, -а, *м.* Слой льда на поверхности земли или на предметах, образовавшийся после замерзания капель дождя, мороси; время, когда образуется такой слой льда. *Время гололёда.* ‖ *прил.* **гололёдный**, -ая, -ое.

ГОЛОНО́ГИЙ, -ая, -ое; -но́г. **1.** То же, что босой (разг.). *Г. мальчишка.* **2.** О животных: с ногами, не покрытыми шерстью, оперением. *Г. страус.*

ГОЛОПУ́ЗЫЙ, -ая, -ое; -пу́з (прост.). С голым, неприкрытым животом (обычно о детях).

ГО́ЛОС, -а (-у), *мн.* -а́, -о́в, *м.* **1.** Совокупность звуков, возникающих в результате колебания голосовых связок. *Громкий, тихий г. Певческий г. Г. потерять, лишиться голоса* (1) охрипнуть; 2) лишиться певческого голоса). *В г. кричать* (очень громко; прост.). *Не своим голосом кричать* (громко и отчаянно; разг.). *С голоса* и *с голосу заучивать* (на слух). *Во весь г.* (также перен.: открыто, откровенно). **2.** Одна из двух или нескольких мелодий в музыкальной пьесе, партия в вокальном ансамбле. *Романс для двух голосов.* **3.** *перен.* Мнение, высказывание. *Г. читателя. Подать г.* (высказать своё мнение). *Г. протеста* (выражение протеста; высок.). **4.** Внутреннее побуждение, осознание чего-н. (книжн.). *Г. совести. Г. чести. Г. разума. Внутренний г.* **5.** Право заявлять своё мнение при решении государственных, общественных вопросов, а также само такое выраженное мнение. *Право голоса. Голоса избирателей. Совещательный г. Решающий г. Подсчитать голоса.* **6.** *обычно мн.* О радиостанциях зарубежных стран, ведущих вещание на другие страны. ✦ **В голосе** — о певце: в данный момент голос хорошо звучит, хорошо поётся. **В один голос** (разг.) — дружно, единодушно. **Поднять голос** (высок.) — высказать своё мнение, протест. *Поднять голос в защиту кого-н.* ‖ *уменьш.* **голосо́к**, -ска́, *м.* (к 1 знач.). ‖ *прил.* **голосово́й**, -а́я, -о́е (к 1 знач.). *Голосовые связки* (парные эластичные связки на боковых стенках гортани).

ГОЛОСИ́СТЫЙ, -ая, -ое; -и́ст (разг.). Обладающий сильным и звучным голосом. *Голосистые девчата.* ‖ *сущ.* **голоси́стость**, -и, *ж.*

ГОЛОСИ́ТЬ, -ошу́, -оси́шь; *несов.* **1.** Громко с причитаниями плакать, исполняя обрядовый плач. *Плакальщицы голосят по покойнику.* **2.** *что.* Громко петь или кричать (прост.). *Г. песню. Петухи голосят на заре.* ‖ *сущ.* **голоше́ние**, -я, *ср.* (к 1 знач.).

ГОЛОСЛО́ВНЫЙ, -ая, -ое; -вен, -вна. Не подтверждённый доказательствами, фактами. *Голословное обвинение.* ‖ *сущ.* **голосло́вность**, -и, *ж.*

ГОЛОСОВА́ТЬ, -су́ю, -су́ешь; *несов.* **1.** *что и за кого-что.* Подавать голос (в 5 знач.). *Г. резолюцию. Г. за кандидата.* **2.** Поднятием руки останавливать попутную машину (разг.). *Г. на шоссе.* ✦ **Голосовать ногами** (разг. шутл.) — не являться на выборы, выражая этим своё нежелание голосовать. ‖ *сов.* **проголосова́ть**, -су́ю, -су́ешь; -ованный. ‖ *сущ.* **голосова́ние**, -я, *ср.* (к 1 знач.). *Открытое г. Тайное г.*

ГОЛУ́БА, -ы, *м.* и *ж.* (прост.). Ласково-фамильярное обращение к кому-н.

ГОЛУБЕВО́Д, -а, *м.* Человек, занимающийся голубеводством.

ГОЛУБЕВО́ДСТВО, -а, *ср.* Разведение и дрессировка домашних голубей. *Спортивное г.*

ГОЛУБЕ́ТЬ, -е́ю, -е́ешь; *несов.* **1.** Становиться голубым, голубее. *Небо голубеет.* **2.** (1 и 2 л. не употр.). О чём-н. голубом: виднеться. *В траве голубеют незабудки.* ‖ *сов.* **поголубе́ть**, -е́ю, -е́ешь (к 1 знач.).

ГОЛУБИЗНА́, -ы́, *ж.* Голубой цвет, оттенок чего-н. *Г. неба.*

ГОЛУБИ́КА, -и, *ж.* Кустарничек сем. брусничных со съедобными сизо-голубыми ягодами, а также сами ягоды его. ‖ *прил.* **голуби́чный**, -ая, -ое.

ГОЛУ́БИТЬ, -блю, -бишь; *несов., кого (что).* В народной словесности: лелеять, ласкать. *Он её и нежит и голубит.*

ГОЛУБИ́ЦА, -ы, *ж.* (устар. ласк.). Девушка, девочка, к-рая своей невинностью вызывает чувства нежности, любви (возможно также в обращении [первонач. о горлицах]). *Отец лелеет свою дочь-голубицу.*

ГОЛУ́БКА, -и, *ж.* **1.** Самка голубя. **2.** Ласковое обращение к женщине (разг.).

ГОЛУБОГЛА́ЗЫЙ, -ая, -ое; -а́з. С голубыми глазами.

ГОЛУБО́Й, -а́я, -о́е; *кратк. ф. м.* не употр., -ба́, -бо́. **1.** Светло-синий, цвета незабудки. *Голубое небо. Голубые глаза. Голубых кровей кто-н.* (о дворянском происхождении; устар.). *Голубые магистрали* (о больших реках). *Голубое топливо* (о газе). *Г. экран* (о телевизоре). **2.** *перен.* То же, что идиллический (см. идиллия во 2 знач.) (разг. ирон.). *Голубая мечта. Голубая роль* (маловыразительная роль положительного героя). *Голубая характеристика* (односторонне положительная). **3.** **голубо́й**, -о́го, *м.* То же, что педераст (разг.).

ГОЛУБЦЫ́, -о́в, *ед.* -бе́ц, -бца́, *м.* Кушанье из фарша, тушённого в капустных листьях.

ГОЛУ́БЧИК, -а, *м.* (разг.). **1.** Ласково о человеке (обычно в обращении). *Г. ты мой! Потерпи, г., всё пройдёт.* **2.** *перен.* О ком-н., заслуживающем порицания (ирон.). *Полюбуйтесь на этих голубчиков: все в грязи.* ‖ *ж.* **голубушка**, -и.

ГО́ЛУБЬ, -я, *мн.* -и, -е́й, *м.* Дикая и одомашненная птица, преимущ. с серовато-голубым или белым оперением и большим зобом. *Почтовые голуби* (порода голубей, дрессируемых для полётов с письмом). *Декоративные голуби. Гонять голубей* (заставлять их взлетать с голубятни, следя за полётом; также перен.: бездельничать; разг.). *Г. мира* (изображение голубя как символа мира[2]; высок.). ‖ *уменьш.* **голубо́к**, -бка́, *м.* ‖ *прил.* **голуби́ный**, -ая, -ое. *Голубиная почта. Голубиная кротость* (перен.). *Семейство голубиных* (сущ.).

ГОЛУБЯ́ТНИК, -а, *м.* Любитель, разводящий домашних голубей.

ГОЛУБЯ́ТНЯ, -и, *ж.* Помещение для домашних голубей (обычно на крыше, на чердаке).

ГО́ЛЫЙ, -ая, -ое; гол, гола́, го́ло, го́лы *и* (разг.) голы́. **1.** Не имеющий на себе одежды, покровов, нагой. *Голое тело. Г. череп* (совершенно лысая голова). *Голые деревья* (без листьев). *Голые стены* (без убранства). *Спать на голом полу* (без подстилки). *Голыми руками* (без оружия или без инструментов, без необходимых подсобных средств). *Голыми руками не возьмёшь кого-н.* (перен.: о том, кто хитёр, увёртлив; разг.). *Г. провод* (оголённый, без изоляции). **2.** О местности: лишённый растительности. *Голая степь. Голые скалы. В степи голо* (в знач. сказ.). **3.** *перен.* Взятый сам по себе, без добавлений, без прикрас. *Голая истина. Голые цифры.* **4.** *полн. ф.* Чистый, без всяких примесей (разг.). *Есть голую соль.*

ГОЛЫТЬБА́, -ы́, *ж., собир.* (устар. пренебр.). То же, что голь.

ГОЛЫ́Ш, -а́, *м.* (разг.). **1.** Голый человек (обычно о ребёнке). *Кукла-г.* (пластмассовая или резиновая кукла без платья). **2.** Небольшой круглый гладкий камень. *Речной г.*

ГОЛЫ́ШКА, -и, *м.* и *ж.* (разг. ласк.). Голый ребёнок.

ГОЛЬШО́М, *нареч.* (разг.). То же, что нагишом. *Купаться г.*

ГОЛЬ, -и, *ж., собир.* (устар.). Оборванцы, нищие, беднота. *Г. перекатная. Г. кабацкая. Г. на выдумки хитра* (посл.).

ГО́ЛЬДСКИЙ, -ая, -ое (устар.). **1.** *см.* гольды. **2.** То же, что нанайский (во 2 знач.).

ГО́ЛЬДЫ, -ов, *ед.* гольд, -а, *м.* Старое название нанайцев. ‖ *ж.* **го́льдка**, -и. ‖ *прил.* **го́льдский**, -ая, -ое.

ГОЛЬЁ, -я́, *ср.* (спец.). **1.** Внутренности и конечности мясной туши. **2.** Очищенная от волоса шкура, подготавливаемая к дублению. ‖ *прил.* **гольево́й**, -а́я, -о́е.

ГОЛЬЁМ, *нареч.* (прост.). В чистом виде, без примесей, добавлений.

ГОЛЬФ[1], -а, *м.* Игра в мяч, к-рый по дорожкам загоняют в лунки клюшками.

ГОЛЬФ[2] *см.* гольфы.

ГО́ЛЬФЫ, -ов, *ед.* гольф, -а, *м.* **1.** *мн.* Короткие брюки с манжетами, застёгивающимися под коленом. **2.** Короткие чулки с резинкой, охватывающей ногу ниже колена. *Мужские, женские, детские г.*

ГОМЕОПА́Т, -а, *м.* Врач, лечащий методами гомеопатии.

ГОМЕОПА́ТИЯ, -и, *ж.* Способ лекарственного лечения, заключающийся в применении очень малых доз тех лекарств, к-рые в больших дозах вызывают у здорового человека признаки данной болезни. ‖ *прил.* **гомеопати́ческий**, -ая, -ое. *Гомеопатическая доза* (также перен.: о чём-н. очень малом).

ГОМЕРИ́ЧЕСКИЙ: гомерический смех (хохот) — неудержимый, необычайной силы смех [от описания смеха богов в поэме Гомера «Илиада»].

ГО́МИК, -а, *м.* (разг.). То же, что гомосексуалист.

ГОМОГЕ́ННЫЙ, -ая, -ое (спец.). Однородный по своему составу или происхождению; *противоп.* гетерогенный.

ГО́МОН, -а (-у), *м.* Громкий шум от множества голосов, звуков. *Поднялся г. Птичий г.*

ГОМОНИ́ТЬ, -ню́, -ни́шь; *несов.* (прост.). Громко, шумно разговаривать, кричать (обычно о многих).

ГОМОСЕКСУАЛИ́ЗМ, -а, *м.* Половое влечение к лицам своего же пола. ‖ *прил.* **гомосексуа́льный**, -ая, -ое.

ГОМОСЕКСУАЛИ́СТ, -а, *м.* **1.** Человек, испытывающий сексуальное влечение к лицам своего же пола. **2.** Мужчина, испытывающий сексуальное влечение к лицам своего же пола. ‖ *ж.* **гомосексуали́стка**, -и, *род. мн.* -ток (к 1 знач.). ‖ *прил.* **гомосексуали́стский**, -ая, -ое.

ГОН *см.* гнать[1].

ГОНГ, -а, *м.* Ударный музыкальный инструмент в виде металлического диска, употр. также для подачи сигналов. *Ударить в г. Прозвучал г.*

ГОНДО́ЛА, -ы, *ж.* **1.** Венецианская длинная лодка с каютой или тентом. **2.** Корзина для пассажиров воздушного шара, а также помещение для людей, оборудования в аэростате. *Г. дирижабля.* ‖ *прил.* **гондо́льный**, -ая, -ое.

ГОНДОЛЬЕ́Р, -а, *м.* Лодочник, стоя управляющий гондолой (в 1 знач.). *Венецианский г.* ‖ *прил.* **гондолье́рский**, -ая, -ое.

ГОНДУРА́ССКИЙ, -ая, -ое. **1.** *см.* гондурасцы. **2.** Относящийся к гондурасцам, к их языку, национальному характеру, образу жизни, культуре, а также к Гондурасу, его территории, внутреннему устройству, истории; такой, как у гондурасцев, как в Гондурасе. *Г. вариант испанского языка. Г. залив* (Карибского моря, у берегов Центральной Америки).

ГОНДУРА́СЦЫ, -ев, *ед.* -ра́сец, -сца, *м.* Латиноамериканский народ, составляющий основное население Гондураса. ‖ *ж.* **гондура́ска**, -и. ‖ *прил.* **гондура́сский**, -ая, -ое.

ГОНЕ́НИЕ, -я, ср. (книжн.). Преследование с целью притеснения, угнетения, запрещения чего-н. *Подвергнуть гонениям.*

ГОНЕ́Ц, -нца́, *м.* В старину: человек, посылаемый куда-н. со срочным известием.

ГОНИ́ТЕЛЬ, -я, *м.* (высок.). Притеснитель, преследователь. ‖ *ж.* **гонительница**, -ы.

ГО́НКА, -и, *ж.* **1.** Быстрое движение, езда (разг.). **2.** Чрезмерная торопливость в каком-н. деле, спешка (разг.). *Началась г. перед отъездом.* **3.** обычно *мн.* Состязание в скорости передвижения (в езде, гребле, беге на лыжах и др.). *Автомобильные, велосипедные гонки. Лыжные гонки. Гонки на собачьих, оленьих упряжках.* ✦ **Гонка вооружений** — процесс ускоренного накопления запасов оружия и военной техники, их усовершенствования. **Задать гонку** *кому* (прост.) — наброситься на кого-н. с выговорами, упреками. ‖ *прил.* **го́ночный**, -ая, -ое (к 3 знач.). *Г. велосипед. Гоночная лодка.*

ГО́НКИЙ, -ая, -ое; -нок, -нка́ *и* -нка, -нко (спец.). О собаке: быстрый, неутомимый в преследовании дичи. *Гонкая борзая.* ‖ *сущ.* **гонкость**, -и, *ж.*

ГО́НОР, -а (-у), *м.* Самомнение, заносчивость. *Человек с гонором. Сбить г. с кого-н.*

ГОНОРА́Р, -а, *м.* Вознаграждение за труд лиц свободных профессий. *Авторский г. Г. адвоката, врача, переводчика.* ‖ *прил.* **гонора́рный**, -ая, -ое.

ГОНОРЕ́Я, -и, *ж.* Венерическая болезнь — гнойное воспаление мочеполовых органов. ‖ *прил.* **гоноре́йный**, -ая, -ое.

ГОНТ, -а, *м.* (спец.). Дранки, клиновидные дощечки с пазами, употр. как кровельный материал. ‖ *прил.* **гонтово́й**, -а́я, -о́е. *Гонтовая крыша.*

ГОНЧА́Р, -а́, *м.* Мастер, изготовляющий глиняную посуду, керамику.

ГОНЧА́РНЫЙ, -ая, -ое. Относящийся к изготовлению изделий из глины. *Г. круг. Гончарное искусство.*

ГО́НЧИЕ, -их. Порода охотничьих собак, специально тренируемых для гона зверей. *Охота с гончими. Русская гончая.* ‖ *прил.* **го́нчий**, -ая, -ее. *Г. щенок.*

ГО́НЩИК, -а, *м.* Спортсмен — участник гонок (в 3 знач.). ‖ *ж.* **го́нщица**, -ы. ‖ *прил.* **го́нщицкий**, -ая, -ое.

ГОНЬБА́, -ы́, *ж.* **1.** Быстрая езда (разг.). **2.** Преследование зверя на охоте, гон.

ГОНЯ́ТЬ, -я́ю, -я́ешь; *несов.* **1.** *кого-что.* То же, что гнать[1] (в 1, 2 и 5 знач.), но обозначает действие, совершающееся не в одно время, не за один приём или не в одном направлении. *Г. стада́. Г. птиц с огорода. Г. на велосипеде.* **2.** *кого (что).* Много раз посылать с поручениями (разг. неодобр.). *Г. курьера.* **3.** *что.* Перебрасывать, перекатывать с места на место (разг.). *Г. мяч.* **4.** *перен., кого (что).* Экзаменовать строго, с пристрастием (разг.). *Г. студента на зачёте.* ✦ **Голубей гонять** (разг.) — бездельничать. **Чаи гонять** (прост.) — распивать чай не торопясь, с удовольствием.

ГОНЯ́ТЬСЯ, -я́юсь, -я́ешься; *несов., за кем-чем.* То же, что гнаться, но обозначает действие, совершающееся не в одно время, не за один приём или не в одном направлении. *Г. за зверем. Не г. за почестями.*

ГОП [hop], *межд.* Поощрительный возглас при прыжке. *Не говори г., пока не перепрыгнешь* (посл.).

ГОПА́К, -а́, *м.* Украинская народная пляска, а также музыка в ритме этой пляски. *Плясать гопака.*

ГОПКОМПА́НИЯ, -и, *ж.* (разг. неодобр.). Разухабистая, бесшабашная компания.

ГОР... *Первая часть сложных слов со знач.* городской, напр. *горсовет, горисполком.*

ГОРА́, -ы́, *вин.* го́ру, *мн.* го́ры, гор, -а́м, *ж.* **1.** Значительная возвышенность, поднимающаяся над окружающей местностью. *Взбираться на́ гору и на го́ру. За́ гору или за го́ру спуститься (скрыться). Туннель уходит под гору. Подводные горы* (в океане). *Идти по́д гору* (также перен.: об ухудшающемся положении дел). *Идти в гору* (также перен.: об улучшающемся положении дел). *С (целую) гору* (о чём-н. очень большом; разг.). *Ледяная г.* (горка, залитая водой для катания). *Г. родила мышь* (посл. о чём-н. малом, незначительном вместо ожидавшегося большого, существенного). **2.** *перен., чего.* Нагромождение, куча, множество (разг.). *Горы книг. Переделать целую гору дел. Вещи свалены горой.* **3.** *мн.* Гористая местность. *Жители гор.* **4.** Горнопроходческая выработка (обл.). ✦ **В гору пойти** (разг.) — начать делать удачную карьеру, возвыситься по службе. **Гору своротить** (разг.) — сделать непомерно много. **Горы (горами) двигать** — совершать большие, великие дела. **Золотые (златые) горы** (часто ирон.) — огромное богатство, большие блага. *Сулить золотые (златые) горы кому-н.* **Как гора с плеч (свалилась)** (разг.) — отпала тяжёлая забота. **Не за горами** *что* (разг.) — о том, что скоро наступит. *Старость не за горами.* **Пир горой** (разг.) — обильный пир, богатое угощение. **Снежная гора** — возвышение, с к-рого катаются на санках. **Стоять горой** *за кого-что* (разг.) — всеми силами защищать. ‖ *уменьш.* **го́рка**, -и, *ж.* (к 1 знач.). ‖ *прил.* **го́рный**, -ая, -ое (к 1, 3 и 4 знач.). *Г. хребет. Горные лыжи* (для катания в горах). *Г. комбайн. Г. инженер.*

ГОРА́ЗД, -а, -о, *в знач. сказ., на что* и *с неопр.* (прост.). Способен, ловок на что-н. *На выдумки г. Г. плясать* (хорошо пляшет). ✦ **Кто во что горазд** (разг. неодобр.) — о тех, кто действует вразброд, несогласованно.

ГОРА́ЗДО, *нареч., в сочетании со сравн. ст.* Значительно, намного. *Г. лучше. Г. хуже.*

ГОРБ, -а́, о горбе́, на горбу́, *м.* **1.** Большая ненормальная выпуклость на спине или груди человека, возникающая вследствие деформации позвоночника и грудной клетки. **2.** Сгорбленная спина (прост.). *Тащить на горбу тюк. Г. гнуть, ломать* (перен.: тяжко трудиться). **3.** У верблюдов и нек-рых других животных: жировое образование, выпуклость на спине. ✦ **На своём горбу испытать** (разг.) — испытать на себе (что-н. тяжёлое, неприятное). **На чужом горбу** (ехать и т. п.) (разг. неодобр.) — пользоваться чужим трудом. **Своим горбом** (зарабатывать, добывать) (разг.) — своим трудом. ‖ *уменьш.* **го́рбик**, -а, *м.* (к 1 и 3 знач.).

ГОРБА́ТЫЙ, -ая, -ое; -а́т. **1.** Имеющий горб или очень сильно сгорбленный. *Горбатого* (сущ.) *могила исправит* (посл. о том, чьи недостатки неисправимы). *Горбатые зайцы* (млекопитающие отряда грызунов). **2.** По форме напоминающий горб, с выпуклостью. *Г. курган. Г. нос* (с горбинкой). ‖ *сущ.* **горба́тость**, -и, *ж.*

ГОРБИ́НКА, -и, *ж.* Небольшая выпуклость. *Нос с горбинкой.*

ГО́РБИТЬ, -блю, -бишь; *несов., что.* Изгибать горбом, сутулить. *Г. спину.* ‖ *сов.* **сго́рбить**, -блю, -бишь; -бленный.

ГО́РБИТЬСЯ, -блюсь, -бишься; *несов.* Изгибать (спину) горбом, сутулиться. ‖ *сов.* **сго́рбиться**, -блюсь, -бишься. *Сидеть сгорбившись.*

ГОРБОНО́СЫЙ, -ая, -ое; -о́с. **1.** О человеке: имеющий нос с горбинкой. **2.** О животных: с выпукло изогнутой верхней линией морды. *Г. лось.* ‖ *сущ.* **горбоно́сость**, -и, *ж.*

ГОРБУ́Н, -а́, *м.* (разг.). Горбатый человек. ‖ *ж.* **горбу́нья**, -и, *род. мн.* -ний.

ГОРБУНО́К, -нка, *м.*: **конёк-горбунок**, конька-горбунка — маленький сказочный горбатый конёк. *"Сказка о коньке-горбунке" П. Ершова.*

ГОРБУ́ША, -и, *ж.* Промысловая дальневосточная рыба сем. лососевых.

ГОРБУ́ШКА, -и, *ж.* Кусок хлеба, отрезанный от непочатого края.

ГОРБЫ́ЛЬ, -я́, *м.*, также *собир.* Крайняя доска при продольной распилке бревна, с одной стороны выпуклая.

ГОРДЕЛИ́ВЫЙ, -ая, -ое; -и́в. Выражающий гордость и достоинство, надменный. *Горделивая осанка.* ‖ *сущ.* **горделивость**, -и, *ж.*

ГОРДЕ́Ц, -а́, *м.* Заносчивый, чрезмерно гордый человек. ‖ *ж.* **горля́чка**, -и (разг.).

ГО́РДИЕВ: гордиев узел (книжн.) — о запутанном стечении обстоятельств [по преданию о царе Гордии, завязавшем узел, к-рый невозможно было развязать и к-рый был разрублен Александром Македонским]. *Разрубить* или *рассечь гордиев узел* (смело и сразу разрешить трудный вопрос).

ГОРДИ́ТЬСЯ, -ржу́сь, -рди́шься; *несов., кем-чем.* Испытывать гордость от чего-н. *Г. успехами. Г. сыном. Г. нечем кому-н.* (нет оснований быть самоуверенным, важничать).

ГО́РДОСТЬ, -и, *ж.* **1.** Чувство собственного достоинства, самоуважения. *Национальная г.* **2.** Чувство удовлетворения от чего-н. *Г. победой.* **3.** *кого* или *чья.* О том, кем (чем) гордятся. *Этот студент — г. института.* **4.** Высокомерие, чрезмерно высокое мнение о себе, спесь (разг.). *Из-за своей гордости ни с кем не дружит.*

ГО́РДЫЙ, -ая, -ое; горд, горда́, го́рдо, горды́ и го́рды. **1.** Исполненный чувства собственного достоинства, сознающий своё превосходство. *Г. человек. Г. взгляд.* **2.** Заключающий в себе нечто возвышенное, высокое (высок.). *Гордые мечты.* **3.** *чем.* Испытывающий чувство гордости (во 2 знач.). *Горд успехом.* **4.** Чересчур самоуверенный, надменный, самолюбивый (разг.). *Обиделся на замечание: какой г.!*

ГОРДЫ́НЯ, -и, *ж.* (высок.). Непомерная гордость (в 1 и 4 знач.). *Обуздать свою гордыню.*

ГО́РЕ, -я, *ср.* **1.** Скорбь, глубокая печаль. *Заболеть с горя. В г. кто-н.* (горюет). *Г. горевать не пир пировать* (стар. посл.). **2.** То же, что несчастье. *Случилось большое г. Горе горькое* (самое тяжёлое). *Чужого горя не бывает* (т. е. нельзя быть равнодушным к чужому горю). *Слезами горю не поможешь* (посл.). *Хватить, хлебнуть горя* (испытать много неприятного, тяжёлого; разг.). *Помочь горю* (помочь в беде; разг.). *Г. нам с бездельниками.* **3. го́ре-...** В сочетании с другим существительным означает: плохой, неумелый (разг. ирон.), напр. *горе-рыболов, горе-хозяйственник, горе-руководитель.* ✦ **Горе не беда!** (разг. шутл.) — совет не унывать в беде. **Горе ты моё!** (разг.) — обращение к тому, кто огорчает. **Горе мыкать** (устар. и прост.) — подвергаться жизненным невзгодам. **И горя мало** *кому* (разг. неодобр.) — о том, кто чувствует себя легко и спокойно, когда нужно тревожиться или действовать. **На горе** *чьё* (разг.) — то же, что на беду. **И смех и горе** (разг.) — то же, что и смех и грех. **С горем пополам** (разг.) — то же, что с грехом пополам. ‖ *уменьш.-ласк.* **го́рюшко**, -а, *ср.* (к 1 и 2 знач.).

ГОРЕВА́ТЬ, -рю́ю, -рю́ешь; *несов., о ком-чём, по кому-чему* и (устар. и прост.) *по ком-чём.* Испытывать чувство горечи (в 3 знач.), горести. *Не горюй, всё пройдёт. Г. о близких. Горе г.* (то же, что горевать; в народной словесности).

ГОРЕ́ЛКА, -и, *ж.* В осветительных и нагревательных приборах: приспособление, в к-ром происходит горение жидкости, газа или пылевидного топлива. *Паяльная г. Г. газовой плиты.* ‖ *прил.* **горе́лочный**, -ая, -ое.

ГОРЕ́ЛКИ, -лок. Русская народная игра, в к-рой один из участников ловит других, убегающих от него поочерёдно парами.

ГОРЕ́ЛЫЙ, -ая, -ое. **1.** Обожжённый или повреждённый огнём, жаром. *Горелые брёвна. Г. лес. Пахнет горелым* (сущ.). **2.** То же, что подгорелый. *Г. пирог.* **3.** Истлевший, прелый. *Г. навоз. Горелое сено.*

ГОРЕЛЬЕ́Ф, -а, *м.* (спец.). Скульптурное изображение на плоскости, в к-ром фигуры выступают более чем на половину своего объёма. ‖ *прил.* **горелье́фный,** -ая, -ое.

ГОРЕМЫ́КА, -и, *м. и ж.* (прост.). Горемычный человек.

ГОРЕМЫ́ЧНЫЙ, -ая, -ое; -чен, -чна (прост.). Несчастный, злополучный. *Г. сирота. Горемычная доля.*

ГО́РЕНКА *см.* горница.

ГО́РЕСТНЫЙ, -ая, -ое; -тен, -тна (книжн.). Исполненный горести, печальный, скорбный. *Горестное событие.* ‖ *сущ.* **го́рестность,** -и, *ж.*

ГО́РЕСТЬ, -и, *ж.* **1.** Горе, печаль, скорбь. *Чувство горести.* **2.** обычно *мн.* Тяжёлое переживание. *Сколько горестей!*

ГОРЕ́ТЬ, -рю́, -ри́шь; *несов.* **1.** Поддаваться действию огня; уничтожаться огнём. *Дерево легко горит. В печи горят дрова. Горит лес* (о лесном пожаре). *Гори (всё) огнём (синим огнём)!* (пропади всё пропадом; прост.). **2.** (1 и 2 л. не употр.). Об огне, свете: быть, излучаться. *В печи горит огонь. В окне горит свет. Горит люстра. Лампочка горит. Горящий факел.* **3.** Быть в жару, в лихорадочном, воспаленном состоянии. *Больной весь горит. Рана горит.* **4.** Краснеть от прилива крови. *Щёки горят на морозе. Лицо горит от стыда. Уши горят.* **5.** (1 и 2 л. не употр.). Сверкать, блестеть. *Горит заря. Глаза горят от радости.* **6.** *чем и от чего.* Испытывать какое-н. сильное чувство; существовать, проявляться (о таком чувстве). *Г. ненавистью. В груди горит любовь. Горят желания в ком-н. Во взгляде горит любовь. Горю нетерпением узнать подробности. Г. от стыда. Г. от любопытства.* **7.** Отдаваться полностью (какому-н. делу), отдавать все силы на что-н. *Г. на работе.* **8.** (1 и 2 л. не употр.). Преть или гнить, нагреваясь. *Сено горит в копнах.* **9.** (1 и 2 л. не употр.). Быстро изнашиваться, рваться (разг.). *Обувь горит на мальчишке.* **10.** (1 и 2 л. не употр.), *перен.* Быть под угрозой невыполнения, неиспользования из-за опоздания, упущения сроков (разг.). *План горит. Горящая путёвка.* ✦ **Земля горит под ногами** *у кого* (высок.) — о том, кто находится во враждебном окружении, вынужден всего опасаться. *Земля горит под ногами у карателей.* **Душа горит** *у кого* (разг.) — о состоянии сильного волнения. **Не горит** (разг.) — нет оснований спешить, торопиться с каким-н. делом. **Работа горит (в руках)** *у кого* (разг.) — работа идёт хорошо, всё ладится. ‖ *сов.* **сгоре́ть,** -рю́, -ри́шь (к 1, 7, 8 и 9 знач.). ‖ *сущ.* **горе́ние,** -я, *ср.* (к 1, 2, 5, 7 и 8 знач.).

ГО́РЕЦ, -рца, *м.* Житель гор. ‖ *ж.* **горя́нка,** -и. ‖ *прил.* **го́рский,** -ая, -ое. *Горские народы.*

ГО́РЕЧЬ, -и, *ж.* **1.** Горький вкус. *Г. во рту.* **2.** Что-н. горькое (разг.). *Проглотил какую-то г.* **3.** *чего.* Горькое чувство от обиды, неудачи, разочарования. *Г. воспоминаний. Г. утраты. В голосе звучит г.*

ГОРЖЕ́Т, -а, *м.* и **ГОРЖЕ́ТКА,** -и, *ж.* Принадлежность женского костюма — полоса меха или шкурка, носимая в качестве воротника. ‖ *прил.* **горже́точный,** -ая, -ое.

ГОРИЗО́НТ, -а, *м.* **1.** Видимая граница (линия кажущегося соприкосновения) неба и земной или водной поверхности, а также небесное пространство над этой границей. *Корабль скрылся за горизонтом. Солнце на горизонте. Появиться на чьём-н. горизонте* (перен.: в сфере чьей-н. деятельности, знакомств). **2.** Всё видимое вокруг наблюдателя пространство. *С горы открывается широкий г.* **3.** *перен.* Круг знаний, идей. *Учёный с широким горизонтом.* **4.** *мн., перен.* Круг будущих действий и возможностей. *Большие горизонты у кого-н.* **5.** Высота воды в реке или водоёме, в почве, а также вообще уровень чего-н. (спец.). *Г. почвенных вод. Горный г.* **6.** Совокупность пластов горных пород (спец.). *Г. горючих сланцев. Сильный г.*

ГОРИЗОНТА́ЛЬ, -и, *ж.* Горизонтальная линия. *По горизонтали* (также перен.: по линии равноправного соположения).

ГОРИЗОНТА́ЛЬНЫЙ, -ая, -ое; -лен, -льна. **1.** Расположенный вдоль линии горизонта. *Горизонтальная поверхность. Горизонтальная горная выработка.* **2.** Расположенный, осуществляемый по горизонтали. *Горизонтальные связи между предприятиями* (перен.). ‖ *сущ.* **горизонта́льность,** -и, *ж.*

ГОРИ́ЛЛА, -ы, *ж.* Крупная человекообразная обезьяна, живущая в Центральной Африке. ‖ *прил.* **гори́ллий,** -ья, -ье.

ГОРИ́СТЫЙ, -ая, -ое; -и́ст. Пересечённый горами, с горами. *Гористая местность.* ‖ *сущ.* **гори́стость,** -и, *ж.*

ГОРИХВО́СТКА, -и, *ж.* Небольшая певчая птица сем. дроздовых с рыжим хвостом.

ГОРИЦВЕ́Т, -а, *м.* Название нек-рых диких и декоративных травянистых растений сем. гвоздичных с ярко-жёлтыми и красными цветками.

ГО́РКА, -и, *род. мн.* -рок, *ж.* **1.** *см.* гора. **2.** Застеклённый шкафчик для красивой посуды, фарфора. **3.** Сужающаяся кверху кучка, кипка чего-н. *Г. книг. Ссыпать семена горкой.* **4.** Система железнодорожных путей с уклоном для сортировки вагонов (спец.). *Сортировочная г.* **5.** Фигура пилотажа — полёт по восходящей траектории без крена (спец.). ✦ **Красная горка** (устар.) — первая неделя после пасхальной, время свадеб в старину. *Сыграть свадьбу на Красную горку.*

ГО́РКНУТЬ (-ну, -нешь, 1 и 2 л. не употр.), -нет; -кнул, -кла; *несов.* Портясь, становиться горьким на вкус. *Масло горкнет.* ‖ *сов.* **прого́ркнуть** (-ну, -нешь, 1 и 2 л. не употр.), -нет; -го́рк *и* -го́ркнул, -го́ркла.

ГОРКО́М, -а, *м.* Сокращение: городской комитет. *Г. профсоюза.* ‖ *прил.* **горко́мовский,** -ая, -ое (разг.).

ГОРЛА́Н, -а, *м.* (прост. неодобр.). То же, что крикун (во 2 знач.).

ГОРЛА́НИТЬ, -ню, -нишь; *несов.* (прост. неодобр.). Громко говорить, кричать, петь. *Г. на всю улицу. Г. песни.*

ГОРЛА́СТЫЙ, -ая, -ое; -а́ст (прост.). Крикливый, с громким голосом. *Г. парень.* ‖ *сущ.* **горла́стость,** -и, *ж.*

ГО́РЛИНКА, -и и **ГО́РЛИЦА,** -ы, *ж.* Небольшая птица сем. голубиных.

ГО́РЛО, -а, *ср.* **1.** Передняя часть шеи. *По г. в воде. Схватить за г.* (также перен.: неотступно требовать чего-н.; разг. неодобр.). *С ножом к горлу пристать (приступить)* (перен.: неотступно просить, требовать; разг. неодобр.). *Взять за г. кого-н.* (также перен.: грубо принудить к чему-н.; разг. неодобр.). *Г. перегрызть кому-н.* (также перен.: в ярости уничтожить кого-н.; разг.). *Вцепиться в г. кому-н.* (перен.: с яростью обрушиться на кого-н.). **2.** Общее название зева, глотки (в 1 знач.) и гортани. *В горле сохнет. Во всё г. кричать* (очень громко; разг.). *Поперёк горла стать кому-н.* (перен.: о раздражающей помехе; разг.). *Горлом берёт кто-н.* (добивается чего-н. при помощи крика; разг. неодобр.). *Промочить г.* (немного выпить; разг.). *В три горла есть* (очень много; разг. неодобр.). **3.** Верхняя суженная часть сосуда. *Г. кувшина.* **4.** Пролив, соединяющий залив с морем, а также рукав, соединяющий устье реки с морем, озером (спец.). ✦ **По горло** *кого-чего* (разг.) — очень много, в избытке. *Дел по горло.* **Сыт по горло** (разг.) — 1) совершенно сыт. *Пообедал, сыт по горло;* 2) *чем,* чего-н. много до пресыщения (неодобр.). *Сыт по горло обещаниями.* ‖ *уменьш.* **го́рлышко,** -а, *ср.* (к 1 и 2 знач.). ‖ *прил.* **горлово́й,** -а́я, -о́е (к 1 и 2 знач.). *Горловое кровотечение.*

ГОРЛОВИ́К, -а́, *м.* (разг.). То же, что ларинголог.

ГОРЛОВИ́НА, -ы, *ж.* Глубокое и суживающееся отверстие в чём-н.; глубокий и узкий проход. *Г. вулкана* (кратер). *Г. лощины.* ‖ *прил.* **горлови́нный,** -ая, -ое.

ГОРЛОДЁР, -а, *м.* (прост.). **1.** То же, что горлопан (презр.). **2.** То, что раздражает горло. *Табак-г.*

ГОРЛОПА́Н, -а, *м.* (прост. презр.). Горлан, крикун (во 2 знач.).

ГОРЛОХВА́Т, -а, *м.* (прост. презр.). Нахал, добивающийся своего криком, бесцеремонным нажимом.

ГО́РЛЫШКО, -а, *ср.* **1.** *см.* горло. **2.** Узкое горло (в 3 знач.). *Г. бутылки.*

ГОРМО́Н, -а, *м.* (спец.). Биологически активное вещество, вырабатываемое специальными органами или клетками в одной части организма и регулирующее деятельность органов и тканей в других частях организма. ‖ *прил.* **гормона́льный,** -ая, -ое *и* **гормо́нный,** -ая, -ое. *Гормональные препараты.*

ГОРМЯ́: **гормя гореть** (прост.) — очень сильно гореть. *Душа так гормя и горит.*

ГОРН[1], -а, *м.* **1.** Печь для переплавки металлов или обжига керамических изделий, а также кузнечный очаг с мехами и поддувалом для накаливания металла. **2.** Нижняя часть доменной печи, вагранки. ‖ *прил.* **горново́й,** -а́я, -о́е.

ГОРН[2], -а, *м.* Медный духовой мундштучный музыкальный инструмент, сигнальный рожок.

ГО́РНИЙ, -яя, -ее (устар. высок.). Находящийся в вышине и сходящий с вышины, с небес. *Г. ветер. Горние ду́хи. Г. полёт ангелов.*

ГОРНИ́ЛО, -а, *ср., чего* (высок.). То, что является средоточием испытаний, переживаний [*первонач.* то же, что горн[1] в 1 знач.]. *В горниле войны. В горниле испытаний. Г. страстей.*

ГОРНИ́СТ, -а, *м.* Музыкант, играющий на горне[2].

ГО́РНИЦА, -ы, *ж.* **1.** Комната [*первонач.* в верхнем этаже] (устар.). **2.** Чистая половина крестьянской избы (обл.). ‖ *уменьш.* **го́ренка,** -и, *ж.* (к 1 знач.).

ГО́РНИЧНАЯ, -ой, *ж.* **1.** Работница, прислуживающая в частном доме, убирающая комнаты. **2.** Работница в гостинице, убирающая комнаты. *Старшая г.*

ГОРНО... и **ГО́РНО-...** *Первая часть сложных слов со знач.:* 1) относящийся к горному делу, напр. *горно-буровой, горновзрывной, горнорудный, горнорабочий, горноспасатель, горно-эксплуатационный;* 2) относящийся к горам, к горе, напр. *горно-артиллерийский, горно-долинный, горноклиматический, горнолавинный, горно-морской, горнотранспортный;* 3) относящийся к горнолыжному спорту, напр. *горнолыжник.*

ГОРНОВО´Й, -а́я, -о́е. **1.** *см.* горн¹. **2.** **горново́й**, -о́го, *м.* Рабочий горна¹. *Г. доменной печи.* ‖ *ж.* **горнова́я**, **-о́й.**

ГОРНОЗАВО´ДСКИЙ, -ая, -ое. Относящийся к горной промышленности. *Г. район.*

ГОРНОЗАВО´ДЧИК, -а, *м.* Владелец горнозаводского предприятия.

ГОРНОЛЫ´ЖНИК, -а, *м.* Спортсмен, занимающийся горнолыжным спортом. ‖ *ж.* **горнолы́жница**, -ы.

ГОРНОЛЫ´ЖНЫЙ, -ая, -ое. Относящийся к спортивному скоростному спуску с гор на лыжах по специальным трассам. *Г. спорт. Горнолыжная станция.*

ГО´РНО-ОБОГАТИ´ТЕЛЬНЫЙ, -ая, -ое. Относящийся к добыче и обогащению руд. *Горно-обогатительный комбинат.*

ГОРНОПРОМЫ´ШЛЕННЫЙ, -ая, -ое. Относящийся к горной промышленности. *Г. район.*

ГОРНОПРОХО´ДЧЕСКИЙ, -ая, -ое (спец.). Относящийся к проходке горных выработок, проходческий. *Горнопроходческие работы.*

ГОРНОРАБО´ЧИЙ, -его, *м.* Рабочий горной промышленности.

ГОРНОСПАСА´ТЕЛЬ, -я, *м.* Рабочий спасательного отряда в рудниках, шахтах.

ГОРНОСПАСА´ТЕЛЬНЫЙ, -ая, -ое. Относящийся к спасательным работам в рудниках, шахтах. *Г. отряд.*

ГОРНОСТА´Й, -я, *м.* Небольшой хищный зверёк сем. куньих с белым (в зимнее время) ценным мехом и чёрным кончиком хвоста, а также мех его. ‖ *прил.* **горноста́евый**, -ая, -ое. *Горностаевая мантия* (королевская).

ГО´РНЫЙ, -ая, -ое. **1.** *см.* гора. **2.** Минеральный, добываемый из недр земли. *Горные породы.* **3.** Относящийся к разработке недр. *Горная промышленность. Горные выработки. Горное дело. Г. инженер. Г. мастер.*

ГОРНЯ´К, -а́, *м.* Работник горной промышленности, горнорабочий или горный инженер. ‖ *прил.* **горня́цкий**, -ая, -ое.

ГОРОВОСХОДИ´ТЕЛЬ, -я, *м.* То же, что альпинист. ‖ *ж.* **горовосходи́тельница**, -ы. ‖ *прил.* **горовосходи́тельский**, -ая, -ое.

ГО´РОД, -а, *мн.* -а́, -о́в, *м.* **1.** Крупный населённый пункт, административный, торговый, промышленный и культурный центр. *Портовый г. За́ городом жить* (в пригородной местности). *За́ город поехать* (в пригородную местность). *За го́родом* (вне города). **2.** Центральная главная часть этого населённого пункта в отличие от окраин и пригородов (разг.). *Из нового района приходится в магазин ездить в г.* **3.** В старину на Руси: ограждённое стеной, валом поселение; крепость. *Китай-г.* (в центре Москвы). **4.** *ед.* Городская местность в отличие от сельской, деревенской. *Сельская молодёжь стремится в г.* **5.** В игре в городки: площадка, на к-рой ставятся фигуры из городков (см. городок в 3 знач.). ✦ **Вечный город** — Рим. **Что ни город, то норов, что изба, то обычай** — посл. о пестроте, несходстве мнений, привычек. ‖ *уменьш.* **городо́к**, -дка́, *м.* (к 1 знач.). ‖ *уничиж.* **городи́шко**, -а, *м.* (к 1 знач.). ‖ *прил.* **городско́й**, -а́я, -о́е (к 1, 2 и 4 знач.) *и* **городово́й**, -а́я, -о́е (к 1 знач.; устар.). *Городское хозяйство. Городской сад. Городская черта* (граница города). *Городовое положение* (устав о городском управлении).

ГОРОДИ´ТЬ, -ожу́, -о́дишь *и* -оди́шь; *несов.*, *что.* **1.** Ставить забор, ограду где-н. (обл.). *Г. городьбу. Огород г.* (перен.: затевать какое-н. сложное, хлопотливое дело; разг. неодобр. [здесь огород в первонач. знач. «ограда»]). **2.** Ставить, класть в большом количестве или в беспорядке громоздить (разг.). *Г. ящики друг на друга.* **3.** В сочетании с сущ. «чушь», «ерунда», «вздор», «ахинея», «гиль», «чепуха», «галиматья»: говорить несообразное, глупости (разг.). ‖ *сущ.* **городьба́**, -ы́, *ж.* (к 1 знач.).

ГОРОДИ´ЩЕ, -а, *ср.* Место, где в древности был город или укреплённое поселение. *Раскопки городища.*

ГОРОДКИ´, -о́в. Игра, в к-рой небольшие деревянные столбики (городки) выбиваются битой из города (в 5 знач.). ‖ *прил.* **городо́шный**, -ая, -ое. *Г. спорт.*

ГОРОДНИ´ЧИЙ, -его, *м.* В России до середины 19 в.: начальник уездного города.

ГОРОДОВО´Й, -а́я, -о́е. **1.** *см.* город. **2.** **городово́й**, -о́го, *м.* В царской России: низший чин городской полиции.

ГОРОДО´К, -дка́, *м.* **1.** *см.* город. **2.** Комплекс отдельно расположенных сооружений, зданий, учреждений единого назначения. *Палаточный г. Университетский, спортивный, военный, детский г.* **3.** Небольшой деревянный столбик для игры в городки, рюха.

ГОРОДО´ШНИК, -а, *м.* Игрок в городки. *Спортивная секция городошников.* ‖ *ж.* **городо́шница**, -ы.

ГОРОДЬБА´, -ы́, *ж.* (обл.). **1.** *см.* городить. **2.** Деревянная изгородь, плетень. *Перелезть через городьбу.*

ГОРОЖА´НИН, -а, *мн.* -а́не, -а́н, *м.* Городской житель. ‖ *ж.* **горожа́нка**, -и.

ГОРОСКО´П, -а, *м.* В астрологии: таблица взаимного расположения планет и звёзд, служащая для предсказаний чьей-н. судьбы, об исходе какого-н. события. ‖ *прил.* **гороскопи́ческий**, -ая, -ое.

ГОРО´Х, -а (-у), *м.* **1.** Растение сем. бобовых, а также его круглые семена, зёрна. *Рассыпался г. на семьдесят дорог* (погов.). *Как о́б стену (об стенку) г. кому-н. что-н.* (бесполезны, не доходят слова, уговоры, внушения; разг. неодобр.). *В г. или в горохи забраться* (в поле, засеянное горохом). **2.** *мн.* О рисунке на ткани: крупные одноцветные кружки на гладком фоне (разг.). *Синее платье белыми горохами.* ‖ *уменьш.* **горо́шек**, -шка (-шку), *м.* (к 1 знач.). ‖ *прил.* **горо́ховый**, -ая, -ое (к 1 знач.). *Г. суп.*

ГОРО´ХИ, -ов. **1.** *см.* горох. **2.** Гороховое поле (обл.).

ГОРО´ХОВЫЙ, -ая, -ое. **1.** *см.* горох. **2.** Зеленовато-серый с жёлтым оттенком, цвета зрелого гороха. *Гороховая шинель, гороховое пальто* (в 19 в.: шинель или пальто такого цвета, носимое агентами охранного отделения; также перен.: о самих таких агентах — пренебр.). ✦ **Шут гороховый** (разг. неодобр.) — о том, кто выставляет себя в смешном или глупом виде.

ГОРО´ШЕК, -шка (-шку), *м.* **1.** *см.* горох. **2.** **зелёный горошек** — недозрелые зерна гороха, употр. обычно как гарнир. *Консервированный зелёный горошек.* **3.** Название нек-рых травянистых растений сем. бобовых. *Душистый г.* (садовый вьющийся цветок). *Мышиный г.* **4.** Круглые крапины на материи. *Ситец в г.*

ГОРО´ШИНА, -ы, *ж.* Зерно гороха. ‖ *уменьш.* **горо́шинка**, -и, *ж.*

ГО´РСКИЙ *см.* горец.

ГО´РСТКА, -и, *ж.* **1.** Маленькая горсть (в 1 знач.). *Хомячок уместился в детской горстке.* **2.** Маленькая горсть (во 2 знач.). *Дал всего горстку орехов.* **3.** *перен.* То же, что горсть (в 3 знач.). ‖ *уменьш.* **го́рсточка**, -и, *ж.*

ГОРСТЬ, -и, *мн.* -и, -е́й, *ж.* **1.** Ладонь и согнутые пальцы, сложенные так, что в них можно что-н. положить или что-н. ими зачерпнуть. *Полная г. семечек.* **2.** Количество чего-н., помещающееся в руке, сложенной таким образом. *Две горсти муки.* **3.** *перен.* О людях: незначительное, очень малое число. *Г. мятежников.* ‖ *уменьш.* **го́рсточка**, -и, *ж.*

ГОРТА´ННЫЙ, -ая, -ое; -нен, -нна. **1.** *см.* гортань. **2.** О звуках: глухой и раскатистый, горловой. *Гортанная речь.* ‖ *сущ.* **горта́нность**, -и, *ж.*

ГОРТА´НЬ, -и, *ж.* Верхняя часть горла между глоткой и трахеей, орган дыхания и образования голоса. ‖ *прил.* **горта́нный**, -ая, -ое.

ГОРТЕ´НЗИЯ [тэ], -и, *ж.* Декоративное травянистое растение с крупными светлыми соцветиями. ‖ *прил.* **гorте́нзиевый**, -ая, -ое.

ГОРУ´ШКА, -и, *ж.* (разг.). Небольшая гора, пригорок.

ГОРЧИ´НКА, -и, *ж.* (разг.). Слабый горький привкус. *Яблоко с горчинкой. Г. в настойке.*

ГОРЧИ´ТЬ (-чу́, -чи́шь, 1 и 2 л. не употр.), -чи́т; *несов.* Иметь горьковатый привкус. *Мука горчит. Масло горчит. Во рту горчит* (безл.).

ГОРЧИ´ЦА, -ы, *ж.* **1.** Травянистое растение сем. крестоцветных с жёлтыми цветками, семена к-рого используются в пищевой промышленности, в медицине и технике. **2.** Острая приправа к пище из семян этого растения. ‖ *уменьш.-ласк.* **горчи́чка**, -и, *ж.* ✦ **С горчичкой пробрать (покритиковать)** *кого* (разг. шутл.) — остро и язвительно. **Сойдет с горчичкой** (разг. шутл.) — о чём-н. не очень хорошем: как-н. сойдёт² (во 2 знач.). ‖ *прил.* **горчи́чный** [шн], -ая, -ое. *Г. порошок. Горчичное масло. Г. газ* (иприт).

ГОРЧИ´ЧНИК [шн], -а, *м.* Пластырь, лист плотной бумаги, покрытый слоем горчичного порошка, вызывающий прилив крови и оказывающий противовоспалительное и обезболивающее действие. *Поставить горчичники.*

ГОРЧИ´ЧНИЦА [шн], -ы, *ж.* Баночка для горчицы.

ГОРЧИ´ЧНЫЙ [шн], -ая, -ое. **1.** *см.* горчица. **2.** Желтовато-коричневый, цвета горчицы.

ГОРШЕ´ЧНИК, -а, *м.* Гончар, изготовляющий горшки, глиняную посуду.

ГОРШО´К, -шка́, *м.* **1.** Округлый глиняный сосуд для приготовления и хранения пищи. *Поставить г. в печь. Г. с кашей. Не боги горшки обжигают* (посл.: хоть и трудно, но сможем, справимся). *Под г. остричь* (срезав ровно волосы вокруг всей головы; первонач. надев для этого на голову горшок). *От горшка два вершка кто-н.* (о том, кто ещё очень мал; разг. шутл.). *Г. котлу не товарищ* (посл.). **2.** Сосуд для мочи, испражнений. *Ребёнок просится на г., сидит на горшке.* ✦ **Цветочный горшок** — глиняный сосуд для комнатных растений. **Ночной горшок** — то же, что горшок (во 2 знач.). **Горшок об горшок и в стороны** (разг. шутл.) — поссорились, все отношения кончены. ‖ *уменьш.* **горшо́чек**, -чка, *м.* ‖ *прил.* **горше́чный**, -ая, -ое *и* **горшо́чный**, -ая, -ое. *Горшечная глина. Горшочные цветы.*

ГО´РЬКИЙ, -ая, -ое; -рек, -рька́, -рько, -рьки *и* -рьки́; го́рче, го́рше, го́рший; горча́йший. **1.** (го́рче). Имеющий своеобразный едкий и неприятный вкус. *Горькое лекарство. Г.*

миндаль. Во рту горько (в знач. сказ.; о горьком вкусе). *Проглотить горькую пилюлю* (также перен.: выслушать справедливый упрёк, неприятную для себя правду). **2.** (го́рше и го́рший). Горестный, тяжёлый. *Горькая доля. Горько* (в знач. сказ.) *в этом сознаться. Обидно и горько* (в знач. сказ.) *кому-н. Убедиться на горьком опыте. Горькая истина* (неприятная правда). *Г. смех* (смех, выражающий горечь). *Горькие слёзы* (слёзы подлинного горя, обильные). ✦ **Горек чужой хлеб** (книжн.) — о тяжести существования того, кто беден и зависит от другого. *Горек чужой хлеб и тяжелы ступени чужого крыльца* (афоризм). **Горький пьяница** (разг.) — неисправимый, беспробудный. **Пить горькую** (разг.) — беспробудно пьянствовать. **Горько!** — возглас гостей на свадьбе, призывающий молодых поцеловаться. ‖ *сущ.* **го́рькость,** *-и, ж.* (к 1 знач.).

ГО́РЬКО-СОЛЁНЫЙ, -ая, -ое. **1.** Горького и солёного вкуса. *Горько-солёное лекарство.* **2.** О воде: содержащий горькие, главным образом сернокислые соли (спец.). *Горько-солёное озеро.*

ГОРЮ́ЧИЙ[1], -ая, -ее; *-ю́ч.* **1.** Способный гореть. *Г. материал.* **2. горю́чее,** -его, *ср.* Топливо для двигателей: бензин, керосин и т. п. ‖ *сущ.* **горю́честь,** *-и, ж.* (к 1 знач.).

ГОРЮ́ЧИЙ[2], -ая, -ее: **горючие слёзы** (разг.) — горькие слёзы.

ГОРЯ́НКА *см.* горец.

ГОРЯ́ЧИЙ, -ая, -ее; *-я́ч, -а́.* **1.** Имеющий высокую температуру. *Горячие солнечные лучи. Г. чай. Г. лоб* (при жаре, высокой температуре). *Горячо* (в знач. сказ.) *рукам. Г. цех* (цех с высокой температурой воздуха, а также вообще вредное производство). *Обедать без горячего* (сущ.; без горячей еды). **2.** *перен.* Полный силы, чувств, возбуждения, страстный. *Горячая любовь. Горячее желание. Горячо* (нареч.) *спорить.* **3.** *полн. ф.* Производимый с помощью нагревания или при высоких температурах. *Горячее копчение. Горячая завивка. Горячая обработка металла.* **4.** *перен.* Вспыльчивый, легко возбуждающийся. *Г. характер. Горячая голова* (о человеке, склонном к горячности; разг.). **5.** *полн. ф., перен.* Напряжённый, проходящий в спешной, напряжённой работе. *Горячее время. Горячие дни. Горячая работа, пора.* ✦ **Горячие деньги** — деньги, к-рые нужно быстро пустить в оборот, истратить из-за угрозы их обесценения. **Горячая точка** — о месте возникновения напряжённой или опасной ситуации. **По горячим следам** — сразу после чего-н., не откладывая, по свежим следам. *Расследовать дело по горячим следам.* **Под горячую руку** (попасть, подвернуться) (разг.) — в сердитую минуту, когда кто-н. раздражён, рассержен. **Всыпать горячих** *кому* (прост.) — сильно побить.

ГОРЯЧИ́ТЬ, -чу́, -чи́шь; -чённый (-ён, -ена́); *несов., кого-что.* Согревать, а также возбуждать, раздражать. *Вино горячит кровь. Г. коня.* ‖ *сов.* **разгорячи́ть,** -чу́, -чи́шь; -чённый (-ён, -ена́). ‖ *прил.* **горячи́тельный,** -ая, -ое. *Горячительные напитки* (алкогольные).

ГОРЯЧИ́ТЬСЯ, -чу́сь, -чи́шься; *несов.* Возбуждённо говорить, действовать. *Успокойся, не горячись. Г. по пустякам.* ‖ *сов.* **разгорячи́ться,** -чу́сь, -чи́шься.

ГОРЯ́ЧКА, -и, *ж.* **1.** Сильное возбуждение, азарт, спешка в каком-н. деле (разг.). *Экзаменационная г. Г. перед отъездом. Пороть горячку* (делать в спешке, очень торопиться; неодобр.). **2.** То же, что лихорадка (устар.). *Лежать в горячке. Родильная г.* (старое название тяжёлого послеродового заболевания). ‖ *прил.* **горя́чечный** [*шн*], -ая, -ое (ко 2 знач.).

ГОРЯ́ЧНОСТЬ, -и, *ж.* Возбуждённость, вспыльчивость, несдержанность. *Говорить с горячностью. Излишняя г.*

ГОС... Сокращение в знач. государственный, напр. *госбюджет, госбанк, госкомитет, госкредит, госдепартамент.*

ГОСПИТАЛИЗИ́РОВАТЬ, -рую, -руешь; -анный; *сов. и несов., кого (что).* Поместить (-ещать) в больницу, в госпиталь для лечения. *Больной госпитализирован.* ‖ *сущ.* **госпитализа́ция,** *-и, ж.*

ГО́СПИТАЛЬ, -я, *мн.* -и, *-е́й и -ей, м.* Больница, преимущ. военная. *Полевой г.* ‖ *прил.* **госпита́льный,** -ая, -ое.

ГО́СПОДИ [*hо́*]. **1.** *см.* господь. **2.** *межд.* То же, что боже.

ГОСПОДИ́Н, -а, *мн.* -ода́, -о́д, -ода́м, *м.* **1.** Человек из привилегированных кругов. *Важный, сановный г.* **2.** Человек, обладающий властью над теми, кто от него зависит, повелитель. *Господа и крепостные. Раб и г.* **3.** *чего.* Тот, кто властен распоряжаться чем-н. *Г. положения. Г. своей судьбы. Сам себе г.* (вполне самостоятельный человек; разг.). **4.** Форма вежливого обращения или упоминания при фамилии или звании. *Г. министр.* ‖ *ж.* **госпожа́,** -и́. ‖ *прил.* **госпо́дский,** -ая, -ое (к 1 и 2 знач.). *Г. человек* (помещичий крепостной; стар.).

ГОСПО́ДСТВОВАТЬ, -твую, -твуешь; *несов.* **1.** Обладать властью или преимуществом перед кем-чем-н. или где-н. *Г. в воздухе. Г. на море. Господствующий класс.* **2.** Преобладать, быть распространенным. *Господствующее убеждение, мнение.* **3.** *над чем.* Возвышаться, подниматься над чем-н. *Г. над местностью* (о горе, о чём-н. возвышающемся). *Господствующая высота.* ‖ *сущ.* **госпо́дство,** -а, *ср.* (к 1 и 2 знач.). *Г. в воздухе. Политическое г.*

ГОСПО́ДЬ, го́спода, *зват.* го́споди, *м.* (Г прописное). В христианстве: Бог. *Г. Бог* (то же, что Бог). *Одному Господу известно* (никто не знает; устар. разг.). *Г. его знает* (выражение неосведомлённости, неуверенности; устар. разг.). *Не дай Господи* (пожелание, чтобы что-н. не осуществилось; разг.). *Г. с тобой* (1) пожелание хорошего, доброго, обычно при напутствии; устар.; 2) выражение несогласия, недоумения; разг.). ✦ **Господи помилуй!** (разг.) — выражение удивления, страха, несогласия. **Слава тебе господи!** (разг.) — выражение удовлетворённости. ‖ *прил.* **госпо́дний,** -яя, -ее *и* **госпо́день,** -дня, -дне. *Г. гнев. Господня воля.*

ГОССЕ́К, -а, *м.* Сокращение: государственный секретарь.

ГОССТРА́Х, -а, *м.* Сокращение: государственное страхование. ‖ *прил.* **госстра́ховский,** -ая, -ое (разг.).

ГОСТЕНЁК *см.* гость.

ГОСТЕПРИИ́МНЫЙ, -ая, -ое; -мен, -мна. Радушный к гостям. *Гостеприимные люди. Гостеприимно* (нареч.) *встретить.* ‖ *сущ.* **гостеприи́мность,** *-и, ж. и* **гостеприи́мство,** *-а, ср.*

ГОСТЁК *см.* гость.

ГОСТИ́НАЯ, -ой, *ж.* **1.** Комната для приёма гостей. *Мебель для гостиной.* **2.** Комплект мебели для такой комнаты.

ГОСТИ́НЕЦ, -нца, *м.* (прост.). Подарок (преимущ. о сладостях). *Принести детям г.* ‖ *уменьш.* **гости́нчик,** *-а, м.*

ГОСТИ́НИЦА, -ы, *ж.* Дом для временного проживания приезжающих с одноместными или неодноместными номерами, с обслуживанием. *Остановиться в гостинице. Заказать номер в гостинице.* ‖ *прил.* **гости́ничный,** -ая, -ое. *Г. комплекс. Гостиничное хозяйство. Дом гостиничного типа* (с расположением жилых помещений по типу гостиницы).

ГОСТИ́НЫЙ: гостиный двор — в нек-рых городах: построенные в старину торговые ряды, обычно каменные. ‖ *прил.* **гостинодво́рский,** -ая, -ое. *Гостинодворские купцы.*

ГОСТИ́ТЬ, гощу́, гости́шь; *несов.* Жить у кого-н. в качестве гостя. *Г. у родных. Г. в деревне.* ‖ *многокр.* **га́щивать,** *наст. вр.* не употр. (разг.).

ГОСТЬ, -я, *мн.* -и, *-е́й, м.* **1.** Тот, кто посещает, навещает кого-н. с целью повидаться, побеседовать, вместе провести время. *Идти в гости* (к кому-н. в качестве гостя). *Вернуться из гостей* (побыв гостем у кого-н.). *Быть в гостях* (гостем у кого-н.). *В гостях хорошо, а дома лучше* (посл.). *Гость на́ гость — хозяину радость* (посл.). *Не бойся гостя сидячего, а бойся гостя стоячего* (шутл. посл.). *Гости столицы* (перен.: приезжие). **2.** *перен.* О неожиданном пришельце, о том, кто (что) появился (появилось) неожиданно. *В посёлок забрёл таёжный г.* (зверь). *Космический г.* (о метеорите). **3.** Постороннее лицо, приглашённое присутствовать на собрании, заседании, празднестве. *Места для гостей. Почётные гости фестиваля.* **4.** Купец, ведущий заморскую торговлю (стар.). *Садко — богатый г.* ‖ *уменьш.-ласк.* **гостёк,** -тька́, *м.,* **гостенёк,** -нька́, *м. и* **го́стинька,** *-и, м. и ж.* ‖ *ж.* **го́стья,** -и (к 1 и 2 знач.). ‖ *прил.* **гостево́й,** -а́я, -о́е (к 3 знач.). *Г. билет. Гостевые места.*

ГОСУДА́РСТВЕННОСТЬ, -и, *ж.* Государственный строй, государственная организация.

ГОСУДА́РСТВЕННЫЙ, -ая, -ое. **1.** *см.* государство. **2.** Способный мыслить и действовать широко и мудро, в масштабах всего государства. *Г. ум. Г. человек. Мыслить государственно* (нареч.).

ГОСУДА́РСТВО, -а, *ср.* **1.** Основная политическая организация общества, осуществляющая его управление, охрану его экономической и социальной структуры. *Демократическое г. Власть, функции, законы государства. Бюджет государства. Во главе государства.* **2.** Страна, находящаяся под управлением политической организации, осуществляющей охрану её экономической и социальной структуры. *Европейские, азиатские, северо-американские, южно-американские, африканские государства.* ✦ **Государство в государстве** — 1) маленькое самостоятельное государство внутри большого; 2) организация, существующая внутри другой, но полностью самостоятельная (книжн.). ‖ *прил.* **госуда́рственный,** -ая, -ое. *Г. герб, гимн. Г. аппарат. Г. строй. Государственная граница. Государственная собственность. Государственная тайна* (сведения особой важности, не подлежащие оглашению и охраняемые государством). *Государственное право* (совокупность правовых норм, регламентирующих основы государственного и общественного строя). *Г. язык* (официальный язык государства). ✦ **Государственная машина** (книжн.) — вся система аппарата государственного управления.

ГОСУДА́РЬ, -я, *м.* **1.** В Древней Руси: князь-правитель. *Киевские государи. Дружина государя.* **2.** Единовластный правитель, царь. *Г.-император. Указ государя. Г. и его приближённые.* ✦ **Милостивый госу-**

дарь или государь мой (устар.) — вежливое обращение. ‖ *ж.* **государыня**, -и (ко 2 знач.). *Г.-императрица.* ‖ *прил.* **госуда́рский**, -ая, -ое (к 1 знач.; стар.) *и* **госуда́рев**, -а, -о.

ГО'ТИКА, -и, *ж.* Стиль средневековой западноевропейской архитектуры, характеризующийся остроконечными сооружениями, стрельчатыми сводами, обилием каменной резьбы и скульптурных украшений. ‖ *прил.* **готи́ческий**, -ая, -ое. *Готическая архитектура. Г. шрифт* (латинское письмо с угловатыми, вытянутыми и заострёнными буквами).

ГОТОВА'ЛЬНЯ, -и, *род. мн.* -лен, *ж.* Набор чертёжных инструментов, размещённый в специальном футляре.

ГОТО'ВИТЬ, -влю, -вишь; *несов.* **1.** *кого-что.* Делать годным, готовым для чего-н. (для использования, для осуществления чего-н., для работы). *Г. станок к пуску. Г. больного к операции. Г. молодых специалистов. Институт готовит учителей.* **2.** *что.* Работать над освоением, выполнением чего-н. *Г. материалы к докладу. Г. уроки. Г. роль.* **3.** *что.* Собираться сделать что-н., замышлять устроить что-н. *Г. торжественную встречу гостям.* **4.** Приготовлять пищу, стряпать. *Умеет г. В нашей столовой хорошо готовят.* ‖ *сов.* **сгото́вить**, -влю, -вишь (к 4 знач.; разг.). ‖ *сущ.* **гото́вка**, -и, *ж.* (к 4 знач.; разг.).

ГОТО'ВИТЬСЯ, -влюсь, -вишься; *несов.* **1.** *к чему и с неопр.* Делать приготовления к чему-н. *Г. к отъезду. Г. к лекции. Г. к выступлению (выступить).* **2.** (1 и 2 л. не употр.). Назревать, предстоять. *Готовятся важные события.*

ГОТО'ВНОСТЬ, -и, *ж.* **1.** Согласие сделать что-н. *Изъявил г. помочь.* **2.** Состояние, при к-ром всё сделано, всё готово для чего-н. *Боевая г.* (способность войск начать и вести боевые действия; спец.). *В полной боевой готовности кто-н.* (также перен.: о том, кто полностью готов к какому-н. действию; разг. шутл.). *Г. номер один* (полная боевая готовность, а также вообще готовность к выполнению какого-н. действия, задания; спец.).

ГОТО'ВЫЙ, -ая,-ое; -о́в. **1.** *к чему и с неопр.* Сделавший все необходимые приготовления. *Готов к экзаменам. Готов к отъезду* (ехать). **2.** *на что и с неопр.* Такой, к-рый может что-н. предпринять или с к-рым может что-н. произойти. *Готов помочь. Г. на всё. Почки готовы распуститься.* **3.** Окончательно сделанный, годный к употреблению. *Г. обед. Готовые изделия. Готовое платье* (продающееся в магазине). *На всём готовом* (сущ.; с предоставлением всего необходимого для повседневной жизни). **4. гото́во!** Сделано, выполнено. ‖ *уменьш.* **гото́венький**, -ая, -ое (к 3 знач.). *На готовенькое (прийти, разохотиться)* (сущ.; о получении чего-н. без затраты собственного труда, усилий; разг. неодобр.).

ГО'ТСКИЙ, -ая, -ое. **1.** *см.* готы. **2.** Относящийся к готам, к их языку, образу жизни, культуре, а также к местам их проживания, их внутреннему устройству, истории; такой, как у готов. *Г. язык* (германской группы индоевропейской семьи языков). *Готские племена. По-готски* (нареч.).

ГО'ТЫ, -ов, *ед.* гот, -а, *м.* Группа древнегерманских племён. ‖ *прил.* **го́тский**, -ая, -ое.

ГОФРЕ' [рэ]. **1.** *нескл., ср.* Складки, жёстко заутюженные и заложенные с изгибом. **2.** *неизм.* Об изделии: с такими складками. *Юбка г.*

ГОФРИРОВА'ТЬ, -ру́ю, -ру́ешь; -о́ванный; *сов. и несов., что.* Сделать (делать) ряды параллельных фигурных складок, сгибов (на тканях, жести, пластике). ‖ *сущ.* **гофрирова́ние**, -я, *ср. и* **гофриро́вка**, -и, *ж.* ‖ *прил.* **гофрирова́льный**, -ая, -ое *и* **гофриро́вочный**, -ая, -ое.

ГОФРИРО'ВКА, -и, *ж.* **1.** *см.* гофрировать. **2.** Ряд параллельных фигурных складок, сгибов на чём-н.

ГРАБ, -а, *м.* Дерево сем. лещиновых с гладким серым стволом. ‖ *прил.* **гра́бовый**, -ая, -ое.

ГРАБЁЖ, -а́, *м.* **1.** Открытое похищение чужого имущества. *Вооружённый г. Г. среди бела дня* (также перен.: о бессовестном вымогательстве, поборах). **2.** *перен.* О взимании непомерно высокой цены, цен (разг. неодобр.).

ГРАБИ'ЛОВКА, -и, *ж.* (прост.). **1.** Место, где грабят. **2.** То же, что грабёж (во 2 знач.).

ГРАБИ'ТЕЛЬ, -я, *м.* Человек, к-рый занимается грабежом, грабит. ‖ *ж.* **граби́тельница**, -ы. ‖ *прил.* **граби́тельский**, -ая, -ое.

ГРАБИ'ТЕЛЬСТВО, -а, *ср.* Действия грабителей, грабёж (в 1 знач.). ‖ *прил.* **граби́тельский**, -ая, -ое.

ГРА'БИТЬ, -блю, -бишь; *несов., кого-что.* **1.** Отнимать, похищать силой, заниматься грабежом (в 1 знач.). *На дорогах грабили разбойники.* **2.** *перен.* Разорять, отнимая что-н., обременяя налогами, поборами, обирать (разг.). ‖ *сов.* **огра́бить**, -блю, -бишь; -бленный. ‖ *сущ.* **ограбле́ние**, -я, *ср.* (к 1 знач.).

ГРА'БЛЕНЫЙ, -ая, -ое. Добытый, полученный грабежом, украденный. *Грабленое добро. Сбывать грабленое* (сущ.).

ГРА'БЛИ, -бель *и* -блей, -блям. **1.** Сельскохозяйственное орудие — насаженная на длинную рукоять колодка с зубьями для сгребания сена, для рыхления земли. *Сгребать граблями сено, сухие листья. Разрыхлять грядку граблями.* **2.** Устройство или сельскохозяйственная машина для сгребания травы, сена в валки, ворошения валков. *Конные г. Тракторные г.* ◆ **Наступить на грабли** (ирон.) — не думая о возможных неприятных последствиях, поступить так, что эти последствия дадут о себе знать. ‖ *уменьш.* **гра́бельки**, -лек (к 1 знач.). ‖ *прил.* **гра́бельный**, -ая, -ое.

ГРАБЬА'РМИЯ, -и, *ж.* (устар. прост.). Вооружённые отряды, занимающиеся грабежом.

ГРАВЁР, -а, *м.* **1.** Мастер, занимающийся гравировкой. **2.** Художник, создающий гравюры (во 2 знач.). ‖ *прил.* **гравёрский**, -ая, -ое.

ГРАВЁРНЫЙ, -ая, -ое. Относящийся к работе, к искусству гравёра. *Гравёрное дело, искусство. Гравёрная мастерская.*

ГРА'ВИЙ, -я (-ю), *м.* Обломочная горная порода в виде мелких камешков, употр. в строительных, дорожных работах. ‖ *прил.* **грави́йный**, -ая, -ое. *Г. карьер. Гравийные смеси.*

ГРАВИРОВА'ТЬ, -ру́ю, -ру́ешь; -о́ванный; *несов., что.* Воспроизводить рисунок или надпись, вырезая их на каком-н. твёрдом материале или вытравливая. *Г. портрет. Г. на меди.* ‖ *сов.* **вы́гравировать**, -рую, -руешь; -анный, **награвирова́ть**, -ру́ю, -ру́ешь; -о́ванный *и* **отгравирова́ть**, -ру́ю, -ру́ешь; -о́ванный. ‖ *сущ.* **гравирова́ние**, -я, *ср. и* **гравиро́вка**, -и, *ж.* ‖ *прил.* **гравирова́льный**, -ая, -ое *и* **гравиро́вочный**, -ая, -ое. *Гравировальная игла. Гравировочные работы.*

ГРАВИРО'ВКА, -и, *ж.* **1.** *см.* гравировать. **2.** Надпись, рисунок, выгравированные на чем-н.

ГРАВИРО'ВЩИК, -а, *м.* То же, что гравёр (в 1 знач.). ‖ *ж.* **гравиро́вщица**, -ы. ‖ *прил.* **гравиро́вщицкий**, -ая, -ое.

ГРАВИТА'ЦИЯ, -и, *ж.* (спец.). **1.** То же, что тяготение (в 1 знач.). **2.** Метод обогащения полезных ископаемых, основанный на различии в плотности минералов и пустой породы. ‖ *прил.* **гравитацио́нный**, -ая, -ое. *Гравитационная энергия. Гравитационное обогащение.*

ГРАВЮ'РА, -ы, *ж.* **1.** Изображение (картины, рисунка), полученное путём оттиска с клише, приготовленного гравёром. **2.** Выгравированный рисунок. *Гравюры на дереве, на металле, на камне, на линолеуме.* ‖ *прил.* **гравю́рный**, -ая, -ое.

ГРАД[1], -а, *м.* **1.** Атмосферные осадки в виде округлых частичек льда. *Выпал г. Г. побил посевы.* **2.** *перен., чего.* Поток чего-н., множество. *Г. пуль. Г. упрёков. Пот льётся градом.* ‖ *прил.* **градово́й**, -а́я, -о́е (к 1 знач.). *Г. дождь* (с градом).

ГРАД[2], -а, *м.* (устар.). То же, что город (в 1 знач.). *Стольный г.* ‖ *прил.* **градско́й**, -а́я, -о́е *и* **гра́дский**, -ая, -ое.

ГРАДА'ЦИЯ, -и, *ж.* (книжн.). Последовательность, постепенность (обычно нарастающая) в расположении чего-н., при переходе от одного к другому. ‖ *прил.* **градацио́нный**, -ая, -ое.

ГРА'ДИНА, -ы, *ж.* (разг.). Крупинка, зерно града[1] (в 1 знач.). ‖ *уменьш.* **гра́динка**, -и, *ж.*

ГРАДИ'РНЯ, -и, *род. мн.* -рен, *ж.* **1.** Сооружение для выпаривания соли из воды (устар.). **2.** Устройство для охлаждения горячей воды на промышленных предприятиях (спец.). ‖ *прил.* **гради́рный**, -ая, -ое.

ГРАДОБИ'ТИЕ, -я, *ср.* (устар. и спец.). Уничтожение градом[1] (в 1 знач.) посевов, трав, урожая. ‖ *прил.* **градоби́тный**, -ая, -ое *и* **градобо́йный**, -ая, -ое. *Градобитные посевы* (побитые градом).

ГРАДОНАЧА'ЛЬНИК, -а, *м.* В России в 19 — нач. 20 в.: должностное лицо с правами губернатора, управляющее градоначальством (городом с прилегающими землями), выделенным из губернского подчинения в особую административную единицу, а также вообще (разг.) глава города. ‖ *прил.* **градонача́льнический**, -ая, -ое.

ГРАДОСТРОЕ'НИЕ, -я, *ср.* То же, что градостроительство. ‖ *прил.* **градострои́тельный**, -ая, -ое.

ГРАДОСТРОИ'ТЕЛЬ, -я, *м.* Архитектор — специалист по строительству и планировке городов.

ГРАДОСТРОИ'ТЕЛЬСТВО, -а, *ср.* Искусство проектирования и строительства городов; само такое строительство. ‖ *прил.* **градострои́тельский**, -ая, -ое.

ГРА'ДУС, -а, *м.* **1.** Единица измерения дуг и углов, равная 1/360 окружности. *Угол в 60 градусов (60°). Поворот на сто восемьдесят градусов* (также перен.: резкое изменение своего мнения, позиции; разг.). **2.** Единица измерения температуры, а также (спец.) концентрации чего-н. или вязкости жидкости. *Мороз в десять градусов.* ◆ **Под градусом** *кто* (разг.) — слегка пьян. ‖ *прил.* **гра́дусный**, -ая, -ое. *Градусные измерения. Градусная сеть* (сетка градусов долготы и широты на географических картах).

ГРА'ДУСНИК, -а, *м.* То же, что термометр. *Поставить больному г.*

ГРАЖДАНИ́Н, -а, *мн.* гра́ждане, гра́ждан, *м.* **1.** Лицо, принадлежащее к постоянному населению данного государства, пользующееся его защитой и наделённое совокупностью прав и обязанностей. **2.** Взрослый человек, а также форма обращения к нему. ‖ *ж.* **гражда́нка**, -и.

ГРАЖДА́НКА, -и, *ж.* **1.** *см.* гражданин. **2.** В речи военных: невоенная, гражданская жизнь (прост.). *На гражданке трудились для фронта.*

ГРАЖДА́НСКИЙ, -ая, -ое. **1.** Относящийся к правовым отношениям граждан между собой и их отношениям с государственными органами и организациями. *Г. кодекс. Гражданское право. Г. спор. Гражданское дело* (судебное разбирательство, касающееся гражданского права). *Гражданское общество* (общество свободных и равноправных граждан, отношения между к-рыми в сфере экономики, культуры развиваются независимо от государственной власти). *Запись актов гражданского состояния. Гражданская казнь* (политическая кара — лишение всех прав гражданина и покровительства закона; устар.). *Гражданская смерть* (состояние подвергнувшегося гражданской казни; устар.). **2.** Свойственный гражданину как сознательному члену общества. *Г. долг. Иметь гражданское мужество.* **3.** Невоенный, штатский. *В гражданском платье.* **4.** Нецерковный, не связанный с церковным обрядом. *Г. шрифт* (введённый Петром I). *Г. брак* (также вообще официально незарегистрированный). *Гражданская панихида* (траурный митинг).

ГРАЖДА́НСТВЕННЫЙ, -ая, -ое; -вен, -венна. Присущий, свойственный гражданину (в 1 знач.). *Гражданственное самосознание.* ‖ *сущ.* **гражда́нственность**, -и, *ж.*

ГРАЖДА́НСТВО, -а, *ср.* Принадлежность к числу граждан государства, правовое положение гражданина (в 1 знач.). *Российское г. Получить права гражданства* (также перен.: о чём-н. окончательно утвердившемся; книжн.).

ГРАМЗА́ПИСЬ, -и, *ж.* Запись музыки, речи на особой плёнке, диске (граммофонной пластинке) для воспроизведения. *Оперные арии в грамзаписи. Студия грамзаписи.*

ГРАММ, -а, *род. мн.* грамм *и* гра́ммов, *м.* Единица массы в десятичной системе мер, одна тысячная доля килограмма. ✦ **Ни грамма (нет)** *чего* (разг.) — нисколько, нет совсем. *У этого человека (нет) ни грамма совести.* ‖ *прил.* **граммо́вый**, -ая, -ое.

ГРАММА́ТИКА, -и, *ж.* **1.** Формальный строй языка (словообразование, морфология и синтаксис), образующий вместе с фонетикой и лексикой его целостную систему. **2.** Наука об этом строе. *Теория грамматики.* **3.** Книга, описывающая этот строй. *Академическая г. Учебная г.* ‖ *прил.* **граммати́ческий**, -ая, -ое (к 1 и 2 знач.). *Г. строй языка. Грамматические теории. Грамматическая форма* (форма слова или синтаксической конструкции, заключающая в себе абстрактное морфологическое, синтаксическое или словообразовательное значение). *Грамматическое значение* (абстрактное значение, присущее ряду грамматических форм и объединяющее их в одну грамматическую категорию). *Грамматическая категория* (ряд грамматических форм, объединённых общим грамматическим значением, напр. категория рода, категория числа, категория падежа).

ГРАММОФО́Н, -а, *м.* Механический аппарат [первонач. с большим рупором], воспроизводящий звуки, записанные на пластинку. ‖ *прил.* **граммофо́нный**, -ая, -ое. ✦ **Граммофонная пластинка** — диск с записью звука.

ГРА́МОТА, -ы, *ж.* **1.** Умение читать и писать. *Выучиться грамоте.* **2.** Официальный документ. *Верительная г. Охранная г. Патентная г. Похвальная г.* **3.** В старину: документ, письмо. *Собрание Новгородских грамот. Берестяные грамоты* (древнерусские грамоты и деловые записки на бересте). *Г. на бересте.* ✦ **Филькина грамота** (прост. презр.) — недействительный, неправильно и безграмотно составленный документ. **Китайская грамота** (разг.) — о чём-н. совершенно непонятном. ‖ *уничи.* **грамотёшка**, -и, *ж.* (к 1 знач.; прост.). *Грамотёшки не хватает у кого-н.* (недостаточно грамотен).

ГРАМОТЕ́Й, -я, *м.* (устар. и ирон.). Грамотный человек. *Ты у нас г. известный.* ‖ *ж.* **грамоте́йка**, -и.

ГРА́МОТКА, -и, *род. мн.* -ток, *ж.* В старину: частное письмо, записка. *Г. от отца к сыну.*

ГРА́МОТНЫЙ, -ая, -ое; -тен, -тна. **1.** Умеющий читать и писать, а также умеющий писать грамматически правильно, без ошибок. *Г. человек.* **2.** Обладающий необходимыми знаниями, сведениями в какой-н. области. *Г. инженер.* **3.** Выполненный без ошибок, со знанием дела. *Г. чертёж.* ‖ *сущ.* **гра́мотность**, -и, *ж.*

ГРАМПЛАСТИ́НКА, -и, *ж.* Сокращение: граммофонная пластинка. *Завод грампластинок.*

ГРАН, -а, *род. мн.* гран, *м.* Единица массы, равная 0,062 г (в старой русской аптекарской практике) или 0,064 г (в нек-рых странах). ✦ **Ни грана (нет)** *чего* (книжн.) — нисколько, совсем нет.

ГРАНА́Т[1], -а, *м.* Южное дерево, а также круглый зернистый тёмно-красный плод его с многочисленными кисло-сладкими семенами. ‖ *прил.* **грана́товый**, -ая, -ое. *Г. сок. Семейство гранатовых* (сущ.).

ГРАНА́Т[2], -а, *м.* Минерал класса силикатов; прозрачный драгоценный камень, преимущ. тёмно-красного цвета. ‖ *прил.* **грана́товый**, -ая, -ое. *Г. браслет* (украшенный гранатами).

ГРАНА́ТА, -ы, *ж.* Разрывной снаряд. *Ручная г. Противотанковая, осколочная г.* ‖ *прил.* **грана́тный**, -ая, -ое.

ГРАНА́ТОВЫЙ, -ая, -ое. **1.** *см.* гранат[2]. **2.** Тёмно-красный, цвета граната[2].

ГРАНАТОМЁТ, -а, *м.* Оружие для стрельбы бронебойными или осколочными гранатами. *Ручной г. Противотанковый г.* ‖ *прил.* **гранатомётный**, -ая, -ое.

ГРАНАТОМЁТЧИК, -а, *м.* **1.** Боец, вооружённый ручными гранатами. **2.** Стрелок из гранатомёта.

ГРАНД, -а, *м.* В Испании до 1931 г.: высший дворянский наследственный титул, а также лицо, имеющее этот титул.

ГРАНДИО́ЗНЫЙ, -ая, -ое; -зен, -зна. Огромный, величественный. *Грандиозное сооружение. Грандиозные замыслы. Грандиозно!* (возглас, выражающий восхищение; прост.). ‖ *сущ.* **грандио́зность**, -и, *ж.*

ГРАНЁНЫЙ, -ая, -ое. **1.** Имеющий несколько граней. *Г. флакон. Г. стакан.* **2.** Подвергшийся гранению. *Г. алмаз. Г. хрусталь.*

ГРАНИ́ЛЬЩИК, -а, *м.* Мастер, специалист по гранильным работам. ‖ *ж.* **грани́льщица**, -ы.

ГРАНИ́Т, -а, *м.* Твёрдая горная зернистая порода, состоящая в основном из кварца, полевого шпата и слюды. ✦ **Грызть гранит науки** (разг. шутл.) — упорно овладевать знаниями. ‖ *прил.* **грани́тный**, -ая, -ое.

ГРАНИ́ТЬ, -ню́, -ни́шь; *несов.*, *что.* Шлифуя, делать грани (на камне, стекле, металле). *Г. алмазы.* ‖ *сущ.* **гране́ние**, -я, *ср.* ‖ *прил.* **грани́льный**, -ая, -ое.

ГРАНИ́ЦА, -ы, *ж.* **1.** Линия раздела между территориями, рубеж. *Государственная г. Г. между земельными участками. На границе двух эпох* (перен.). **2.** обычно *мн.*, *перен.* Предел, допустимая норма. *Границы возможного. Его самолюбие не знает границ.* ✦ **За границей** — в иностранных государствах (государстве), за пределами родины. **За границу** — в иностранные государства (государство), за пределы родины. **Из-за границы** — из иностранных государств (государства). **В границы** *чего, в знач. предлога с род. п.* — то же, что в пределы чего. **В границах** *чего, в знач. предлога с род. п.* — то же, что в пределах чего. **За границы** *чего, в знач. предлога с род. п.* — то же, что за пределы чего. **За границами** *чего, в знач. предлога с род. п.* — то же, что за пределами чего. **Из границ** *чего, в знач. предлога с род. п.* — то же, что за пределы чего, из пределов чего. ‖ *прил.* **грани́чный**, -ая, -ое (к 1 знач.). *Граничные знаки* (пограничные знаки).

ГРАНИ́ЧИТЬ, -чу, -чишь; *несов.*, *с чем.* **1.** Иметь общую границу. *Монголия граничит с Россией. Сад граничит с соседским огородом.* **2.** (1 и 2 л. не употр.), *перен.* Совпадать, иметь близкое сходство. *Трусость в бою граничит с предательством.*

ГРА́НКА, -и, *род. мн.* -нок, *ж.* Оттиск со столбца типографского набора, ещё не свёрстанного в страницы, а также сама эта часть набора. *Править гранки.* ‖ *прил.* **гра́ночный**, -ая, -ое.

ГРАН-ПРИ́, *нескл.*, *м.* Высшая награда на художественном конкурсе, фестивале.

ГРАНТ, -а, *м.* Единовременная субсидия, присуждаемая научному учреждению, творческому коллективу или отдельному исполнителю какого-н. труда. *Держатель, получатель гранта. Конкурс на получение грантов.*

ГРА́НУЛА, -ы, *ж.* (спец.). Мелкий, плотный комочек какого-н. вещества. *Комбикорм в гранулах. Гранулы шлака.*

ГРАНУЛИ́РОВАТЬ, -рую, -руешь; -анный; *сов.* и *несов.*, *что* (спец.). Придать (-авать) чему-н. форму гранул. *Гранулированные корма, удобрения.* ‖ *сущ.* **гранули́рование**, -я, *ср.* и **грануля́ция**, -и, *ж.*

ГРАНУЛЯ́ЦИЯ, -и, *ж.* (спец.). **1.** *см.* гранулировать. **2.** Постепенное зарастание раны молодой соединительной тканью, а также сама эта ткань. **3.** Видимая зернистость поверхностного слоя Солнца. ‖ *прил.* **грануляцио́нный**, -ая, -ое.

ГРАНЬ, -и, *ж.* **1.** Плоская часть поверхности геометрического тела. *Грани куба.* **2.** *перен.* То, что отличает, отделяет одно от другого. *Есть г. между проступком и преступлением.* ✦ **На грани** *чего* (книжн.) — в непосредственной близости к переходу в другое (обычно худшее) состояние. *На грани безумия. На грани войны, катастрофы, разорения.*

ГРАССИ́РОВАТЬ, -рую, -руешь; *несов.* (книжн.). Произносить звук «р» с гортанным призвуком. ‖ *сущ.* **граасси́рование**, -я, *ср.*

ГРАФ, -а, *м.* Дворянский титул выше баронского, а также лицо, имеющее этот титул. ‖ *ж.* **графи́ня**, -и, *род. мн.* -и́нь. ‖ *прил.* **гра́фский**, -ая, -ое.

ГРАФА́, -ы́, *мн.* -ы́, -а́м *и* -ы, -ам, *ж.* **1.** Полоса или столбец на бумажном листе, ограниченные двумя вертикальными линиями. **2.** Раздел текста, рубрика. *Г. в анкете.*

ГРА́ФИК[1], -а, *м.* **1.** Диаграмма, изображающая при помощи кривых количественные показатели движения, состояния чего-н. **2.** План работ с точными показателями норм и времени выполнения. *Работать строго по графику, с опережением графика. Отставание от графика.* || *прил.* **графи́ческий**, -ая, -ое (к 1 знач.). *Г. метод решения задачи.*

ГРА́ФИК[2], -а, *м.* Художник, занимающийся графикой.

ГРА́ФИКА, -и, *ж.* **1.** Искусство изображения предметов контурными линиями и штрихами, без красок (иногда — с применением цветовых пятен), а также (собир.) произведения этого искусства. *Станковая, книжная, газетно-журнальная г.* **2.** Начертания письменных или печатных знаков, букв. *Русская г.* || *прил.* **графи́ческий**, -ая, -ое.

ГРАФИ́Н, -а, *м.* Широкий книзу сосуд с узким длинным горлом (для воды, напитков). *Стеклянный, хрустальный г.* || *уменьш.* **графи́нчик**, -а, *м.* || *прил.* **графи́нный**, -ая, -ое.

ГРАФИ́Т, -а, *м.* **1.** Минерал тёмно-серого или чёрного цвета, употр. для изготовления карандашных стержней, огнеупорных тиглей, смазочных материалов и в других технических целях. **2.** Стержень внутри карандаша, грифель. || *прил.* **графи́тный**, -ая, -ое *и* **графи́товый**, -ая, -ое.

ГРАФИ́ТЬ, -флю́, -фи́шь; -флённый (-ён, -ена́); *несов., что.* Расчерчивать на графы (в 1 знач.). || *сов.* **разграфи́ть**, -флю́, -фи́шь; -флённый (-ён, -ена́).

ГРАФЛЁНЫЙ, -ая, -ое. Расчерченный на графы (в 1 знач.). *Графлёная бумага.*

ГРАФО́ЛОГ, -а, *м.* Специалист по графологии.

ГРАФОЛО́ГИЯ, -и, *ж.* Учение о почерке как отражении свойств характера и психических состояний человека. || *прил.* **графологи́ческий**, -ая, -ое. *Г. анализ.*

ГРАФОМА́Н, -а, *м.* Человек, страдающий графоманией. || *ж.* **графома́нка**, -и. || *прил.* **графома́нский**, -ая, -ое.

ГРАФОМА́НИЯ, -и, *ж.* Болезненное пристрастие к сочинительству.

ГРА́ФСТВО, -а, *ср.* **1.** В Великобритании, США и нек-рых других странах: административно-территориальная единица. **2.** При феодализме: земля, находящаяся во владении графа.

ГРАЦИО́ЗНЫЙ, -ая, -ое; -зен, -зна. Исполненный грации, стройный. *Г. танец. Грациозная девушка.* || *сущ.* **грацио́зность**, -и, *ж.*

ГРА́ЦИЯ, -и, *ж.* **1.** Изящество, красота в движениях. **2.** Красивая, грациозная девушка, женщина (устар.). **3.** Род эластичного корсета (в 1 знач.), поддерживающего грудь.

ГРАЧ, -а́, *м.* Птица сем. вороновых с чёрным, отливающим в блеск оперением. *Прилёт грачей* (ранней весной). || *прил.* **грачи́ный**, -ая, -ое.

ГРАЧО́НОК, -нка, *мн.* -ча́та, -ча́т, *м.* Птенец грача.

ГРЕБЕ́НЧАТЫЙ, -ая, -ое. Похожий на гребень. *Гребенчатые листья.*

ГРЕ́БЕНЬ, -бня, *м.* **1.** Высокая, обычно с украшениями, гребёнка для поддерживания причёски, а также (устар.) вообще гребёнка (в 1 знач.). **2.** То же, что гребёнка (во 2 знач.) (спец.). *Прядильный г.* **3.** Вырост на голове нек-рых птиц, пресмыкающихся. *Петушиный г.* **4.** Верхняя точка, верх. *Г. горы. Г. волны. Г. крыши. Г. атмосферного давления.* || *уменьш.* **гребешо́к**, -шка́, *м.;* *прил.* **гребешко́вый**, -ая, -ое (ко 2 и 3 знач.; спец.). || *прил.* **гребенно́й**, -а́я, -о́е (к 1, 2 и 3 знач.; спец.) *и* **гребнево́й**, -а́я, -о́е (к 4 знач.; спец.). *Гребенное прядение* (камвольное). *Гребенной вырост. Гребневые культуры* (возделываемые на гребнях гряд).

ГРЕБЕ́Ц, -бца́, *м.* Спортсмен, занимающийся гребным спортом, а также человек, занимающийся греблей; тот, кто гребет. || *ж.* **гребчи́ха**, -и (о спортсменке). || *прил.* **гребцо́вский**, -ая, -ое.

ГРЕБЕШО́К, -шка́, *м.* **1.** *см.* гребень. **2.** Небольшая расчёска с частыми мелкими зубьями. **3.**То же, что морской гребешок. ✦ **Морской гребешок** — двустворчатый морской моллюск. || *прил.* **гребешко́вый**, -ая, -ое.

ГРЕБЁНКА, -и, *ж.* **1.** Продолговатая пластинка с рядом зубцов для расчёсывания волос, для скрепления причёски. *Роговая, пластмассовая г. Стричь волосы под гребёнку* (совсем коротко). **2.** Приспособление такой формы — зубчатая рейка, употр. в разных производствах (спец.). *Резьбовая г.* (резьбовой резец). ✦ **Стричь всех под одну гребёнку** (неодобр.) — уравнивать всех в каком-н. отношении. || *прил.* **гребёночный**, -ая, -ое.

ГРЕ́БЛЯ, ГРЕБНО́Й *см.* грести[2].

ГРЕБО́К, -бка́, *м.* **1.** Взмах и удар вёсел при гребле. **2.** Одно движение руками при плавании.

ГРЕ́ЗИТЬ, гре́жу, гре́зишь; *несов.* Мечтать, погружаться в грёзы. *Г. о счастье.*

ГРЕ́ЗИТЬСЯ, гре́жусь, гре́зишься; *несов.* Мерещиться, представляться в воображении, в грёзах. *Г. во сне.* || *сов.* **пригре́зиться**, -е́жусь, -е́зишься.

ГРЕ́ЙДЕР [дэ], -а, *м.* **1.** Колёсная землеройная машина, употр. в дорожном строительстве. **2.** Дорога, построенная при помощи такой машины (разг.). || *прил.* **гре́йдерный**, -ая, -ое. *Грейдерная дорога.*

ГРЕ́ЙПФРУТ, -а и **ГРЕЙПФРУ́Т**, -а, *м.* Цитрусовое дерево, а также сочный ароматный горьковато-кислый плод его с твёрдой жёлтой кожурой. || *прил.* **гре́йпфрутовый**, -ая, -ое *и* **грейпфру́товый**, -ая, -ое.

ГРЕ́КИ, -ов, *ед.* грек, -а, *м.* Народ, составляющий основное население Греции. || *ж.* **греча́нка**, -и. || *прил.* **гре́ческий**, -ая, -ое.

ГРЕ́КО-... *Первая часть сложных слов со знач.* греческий, напр. *греко-латинский, греко-российский.*

ГРЕ́ЛКА, -и, *ж.* Прибор для согревания, обогревания. *Резиновая г.* (наполняемая водой). *Электрическая г. Поставить больному грелку.* || *прил.* **гре́лочный**, -ая, -ое.

ГРЕМЕ́ТЬ, -млю́, -ми́шь; *несов.* **1.** Производить громкие звуки. *Гремит гром. Гремят выстрелы. Г. ключами. Гремят поезда, машины, телеги* (едут с грохотом). **2.** *перен.* Иметь широкую и громкую известность. *Гремит слава чья-н.* || *сов.* **прогреме́ть**, -млю́, -ми́шь.

ГРЕМУ́ЧИЙ, -ая, -ее; -у́ч (устар.). Производящий громкие звуки, гремящий. *Г. водопад.* ✦ **Гремучая змея** — ядовитая змея, у нек-рых видов к-рой на конце хвоста находится род трещотки — гремящие роговые кольца. **Гремучая ртуть** — взрывчатое вещество — белый или серый порошок. **Гремучий газ** — взрывчатая смесь водорода с кислородом.

ГРЕНАДЕ́Р, -а, *род. мн.* гренаде́р (при собир. знач.) *и* гренаде́ров (при обознач. отдельных лиц), *м.* В царской и в нек-рых иностранных армиях: военнослужащий нек-рых отборных пехотных полков [*первонач.* солдат, вооружённый тяжёлыми ручными гранатами]. *Рота дворцовых гренадер. Двое гренадеров. Вон ты какой г.* (перен.: о рослом и сильном человеке; разг. шутл.). || *прил.* **гренаде́рский**, -ая, -ое.

ГРЕНКИ́, -о́в, *ед.* -но́к, -нка́, *м.* и (разг.) **ГРЕ́НКИ**, -нок, *ед.* -нка, -нки, *ж.* Поджаренные ломтики белого хлеба. *Бульон с гренками.*

ГРЕНЛА́НДСКИЙ [нс], -ая, -ое. **1.** *см.* гренландцы. **2.** Относящийся к гренландцам, к их языкам (эскимосско-алеутской семьи языков), национальному характеру, образу жизни, культуре, а также к Гренландии, её территории, внутреннему устройству, истории; такой, как у гренландцев, как в Гренландии. *Г. тюлень* (вид). *По-гренландски* (нареч.).

ГРЕНЛА́НДЦЫ [нц], -ев, *ед.* -а́ндец, -дца, *м.* Эскимосский народ, составляющий коренное население Гренландии. || *ж.* **гренла́ндка** [нк], -и. || *прил.* **гренла́ндский** [нс], -ая, -ое.

ГРЕСТИ́[1], гребу́, гребёшь; грёб, гребла́; грёбший; гребя́; *несов., что.* Подбирать граблями, сгребать лопатой. *Г. сено. Хоть лопатой греби* (перен.: очень много чего-н.; прост.).

ГРЕСТИ́[2], гребу́, гребёшь; грёб, гребла́; грёбший; гребя́; *несов.* **1.** Работать веслом, вёслами для приведения в движение лодки. **2.** Плывя, делать движение руками в воде, над водой. || *сущ.* **гре́бля**, -и, *ж.* *Спортивная г. Академическая г.* (вид спорта). || *прил.* **гребно́й**, -а́я, -о́е. *Г. спорт.*

ГРЕТЬ, гре́ю, гре́ешь; гре́тый; *несов.* **1.** Передавать своё тепло. *Солнце греет.* **2.** Предохранять от холода, сохранять теплоту. *Шуба хорошо греет.* **3.** *кого-что.* Делать тёплым, горячим; разогревать. *Г. воду на огне. Г. обед.* **4.** То же, что отогревать. *Г. руки над огнём.* ✦ **Греть руки на чём** (разг.) — наживаться на каком-н. деле.

ГРЕ́ТЬСЯ, гре́юсь, гре́ешься; *несов.* **1.** Греть себя, своё тело. *Г. у костра.* **2.** (1 и 2 л. не употр.). Становиться тёплым, горячим под действием огня, жара, трения. *Вода греется. Подшипник греется.*

ГРЕХ, -а́, *м.* **1.** У верующих: нарушение религиозных предписаний, правил. *Покаяться в грехах. Отпущение грехов. Вольный, невольный г. Тяжкий, смертный г.* **2.** То, что лежит на совести, отягощает её как чувство вины. *Г. на душе лежит. Взять г. на душу. Снять г. с души. Все мы не без греха.* **3.** Предосудительный поступок. *Вспомнить о грехах прошлого. Грехи молодости* (шутл.). *Не клади плохо, не вводи вора в грех* (посл.). **4.** *в знач. сказ., с неопр.* Грешно, нехорошо (разг.). *Над старостью смеяться г. Г. обижаться* (нельзя, не стоит обижаться, быть недовольным). ✦ **Грех пополам** (прост.) — придётся обоим отвечать за какую-н. вину, ошибку. **Долго ли до греха** (разг.) — легко может случиться беда. **И смех и грех** (разг.) — и смешно и досадно. **Как на грех** (разг.) — как будто нарочно. **Как смертный грех** (страшен, некрасив кто-н.) (разг.) — очень страшен, некрасив. **Не грех (бы)**, *с неопр.* (разг.) — хорошо бы, можно, нужно было бы. *Не грех бы отдохнуть.* **От греха (подальше)** (разг.) — во избежание неприятности. **С грехом пополам** (разг.) — кое-как, еле-еле. **Что или нечего греха таить** (разг.) — нужно, следует признаться. || *уменьш.*

грешо́к, -шка́, *м.* (ко 2 и 3 знач.). *Водятся грешки за кем-н.*

ГРЕХО́ВНЫЙ, -ая, -ое; -вен, -вна. То же, что грешный (в 1 знач.). *Греховные мысли.* ‖ *сущ.* **грехо́вность**, -и, *ж.*

ГРЕХОВО́ДНИК, -а, *м.* (устар. разг.). Человек легкомысленно-весёлого и предосудительного поведения. *Старый г.* ‖ *ж.* **греховóдница**, -ы.

ГРЕХОВО́ДНИЧАТЬ, -аю, -аешь; *несов.* (разг.). Вести себя греховодником, легкомысленно и предосудительно. *Старый уже, нечего г.*

ГРЕХОПАДЕ́НИЕ, -я, *ср.* (книжн.). Нравственное падение, поступок, совершённый в нарушение норм общественной морали [*первонач.* падение первых людей, Адама и Евы, вкусивших запретный плод от древа познания].

ГРЕЦИ́ЗМ, -а, *м.* Слово или оборот речи в каком-н. языке, заимствованные из греческого языка или созданные по образцу греческого слова или выражения.

ГРЕ́ЦКИЙ, -ая, -ое: **грецкий орех** — южное дерево сем. ореховых, дающее крупные плоды с очень твёрдой скорлупой, а также самый такой орех.

ГРЕ́ЧА, -и и (разг.) **ГРЕ́ЧКА**, -и, *ж.* **1.** То же, что гречиха. **2.** Гречневая крупа.

ГРЕ́ЧЕСКИЙ, -ая, -ое. **1.** *см.* греки. **2.** Относящийся к грекам, к их языку, национальному характеру, образу жизни, культуре, а также к Греции, её территории, внутреннему устройству, истории; такой, как у греков, как в Греции. *Г. язык* (индоевропейской семьи языков). *Греческое письмо* (алфавитное, буквенно-звуковое). *Греческая архитектура. Г. архипелаг* (группа гористых островов в Эгейском море). *По-гречески* (нареч.).

ГРЕЧИ́ХА, -и, *ж.* Посевное травянистое растение, из семян к-рого изготовляют крупу и муку. ‖ *прил.* **гречи́шный**, -ая, -ое. *Гречишное поле. Г. мёд* (из нектара цветков гречихи). Семейство гречишных (сущ.).

ГРЕ́ЧНЕВЫЙ [*шн*], -ая, -ое. Изготовляемый из зёрен гречихи. *Гречневая крупа. Гречневая каша.* ✦ **Гречневая каша сама себя хвалит** — посл. о том, кто хвалит себя сам.

ГРЕШИ́ТЬ, -шу́, -ши́шь; *несов.* **1.** У верующих: совершать грехи (в 1 знач.). **2.** *против чего.* Нарушать какие-н. правила, противоречить чему-н. *Г. против истины. Г. против логики.* **3.** *на кого.* Напрасно подозревать, обвинять кого-н. в чём-н. (прост.). *Зря грешил на соседа.* ‖ *сов.* **погреши́ть**, -шу́, -ши́шь (ко 2 и 3 знач.), **согреши́ть**, -шу́, -ши́шь (к 1 знач.).

ГРЕ́ШНИК, -а, *м.* Грешный человек. ‖ *ж.* **гре́шница**, -ы.

ГРЕ́ШНЫЙ, -ая, -ое; -шен, -шна́, -шно, -шны *и* -шны́. **1.** Имеющий много грехов (в 1 знач.), исполненный греха. *Г. человек. Г. помысел.* **2.** **грешно́**, *в знач. сказ.* Нехорошо, стыдно (разг.). *Обманывать грешно.* **3.** **гре́шен**, грешна́, грешно́, *вводн. сл.* Выражает признание своей неправоты (разг.). *Грешен, опять проспал.* ✦ **Грешным делом**, *вводн. сл.* (разг.) — то же, что грешен (в 3 знач.). *Я, грешным делом, солгал.* **Кто Богу не грешен, царю не виноват?** — посл. о том, что все люди грешны.

ГРЁЗА, -ы, *ж.* Светлая мечта, а также призрачное видение, сновидение. *Погрузиться в грёзы. В мире грёз.*

ГРИБ, -а́, *м.* **1.** Особый организм, не образующий цветков и семян и размножающийся спорами. *Съедобный г. Ядовитый г. Поганый г.* (поганка). *Шляпка, ножка гриба. Белый г. Царство грибов* (одна из четырёх высших сфер органического мира; спец.). *Плесневые грибы* (образующие плесень). *Растут как грибы* (появляются быстро и в большом количестве; разг.). *Старый г.* (также перен.: о старом и обрюзгшем человеке; прост. пренебр.). **2.** Нарост на стволе дерева (разг.). *Берёзовый г.* (чага). ✦ **Чайный гриб (японский гриб)** — слоистое образование (микроорганизмы) на поверхности раствора слабого сладкого чая, придающее напитку кисло-сладкий вкус и освежающие свойства. **Атомный (ядерный) гриб** — грибообразное ядовитое облако газов, огня, поднимающееся после ядерного взрыва. ‖ *уменьш.* **грибо́к**, -бка́, *м.* ‖ *прил.* **грибно́й**, -а́я, -о́е (к 1 знач.). *Г. год* (обильный грибами). *Г. дождь* (тёплый, способствующий росту грибов). *Г. суп* (с грибами). *Г. поезд* (специально для грибников).

ГРИБНИ́К, -а́, *м.* Любитель собирать грибы. *Заядлый г.* ‖ *ж.* **грибни́ца**, -ы (прост.).

ГРИБНИ́ЦА, -ы, *ж.* **1.** *см.* грибник. **2.** Вегетативное тело гриба. **3.** Теплица для выращивания грибов. **4.** Грибная похлёбка (обл. и прост.).

ГРИБОВА́Р, -а, *м.* Работник на грибоварне. ‖ *прил.* **грибова́рский**, -ая, -ое.

ГРИБОВА́РНЯ, -и, *род. мн.* -рен, *ж.* Пункт по засолке и маринованию свежесобранных грибов.

ГРИБОВА́РОЧНЫЙ, -ая, -ое и **ГРИБОВА́РНЫЙ**, -ая,-ое. Относящийся к переработке, варке грибов. *Г. пункт.*

ГРИБОВИ́ДНЫЙ, -ая, -ое; -ден, -дна. Имеющий форму гриба. *Грибовидное облако.* ‖ *сущ.* **грибови́дность**, -и, *ж.*

ГРИБО́К, -бка́, *м.* **1.** *см.* гриб. **2.** Лёгкая постройка в форме зонта для защиты от солнца, дождя. *Г. на пляже, на детской площадке.* **3.** Принадлежность для штопки чулок в форме деревянного гриба. *Штопать на грибке.* **4.** Обиходное название нек-рых возбудителей брожения, а также заболеваний кожи и других наружных покровов тела. ‖ *прил.* **грибко́вый**, -ая, -ое (к 4 знач.). *Грибковые заболевания.*

ГРИ́ВА, -ы, *ж.* **1.** Длинные волосы на шее нек-рых животных. *Конская г. Львиная г.* (на голове и верхней половине туловища у самца). *На голове у парня целая г.* (перен.). **2.** Ряд невысоких вытянутых увалов, разделённых ложбинами (спец.). *Гривы в поймах рек.*

ГРИВА́СТЫЙ, -ая, -ое; -а́ст. С большой гривой.

ГРИ́ВЕННИК, -а, *м.* (разг.). Монета или сумма в 10 копеек.

ГРИ́ВИСТЫЙ, -ая, -ое. В названиях нек-рых животных: имеющий гриву. *Г. волк. Г. баран.*

ГРИ́ВНА, -ы, *род. мн.* -вен, *ж.* **1.** Денежная и весовая единица в Древней Руси — серебряный слиток весом около полуфунта. **2.** В древности: серебряное или золотое шейное украшение. **3.** То же, что гривенник (устар.). *Шесть (семь, восемь, девять) гривен. Заплатил рубль семь гривен.* ‖ *прил.* **гри́венный**, -ая, -ое (к 1 и 3 знач.).

ГРИ́ЗЛИ, *нескл.*, *м.* Североамериканский бурый медведь.

ГРИЛЬЯ́Ж, -а, *м.* Сорт шоколадных конфет с поджаренными орехами или миндалем. ‖ *прил.* **грилья́жный**, -ая, -ое.

ГРИМ, -а, *м.* **1.** Оформление лица (раскраска, использование пластических и волосяных наклеек, париков) для игры на сцене. *Играть в гриме. Наложить г.* **2.** Карандаши и другие принадлежности, употр. при гримировке.

ГРИМА́СА, -ы, *ж.* Намеренное или невольное искажение лица (при выражении какого-н. чувства). *Делать (строить, корчить) гримасы. Г. презрения, отвращения.*

ГРИМА́СНИК, -а, *м.* (разг.). Человек, который гримасничает, любит гримасничать. ‖ *ж.* **грима́сница**, -ы.

ГРИМА́СНИЧАТЬ, -аю, -аешь; *несов.* Делать гримасы.

ГРИМЁР, -а, *м.* Специалист, занимающийся гримировкой артистов. *Художник-г.* ‖ *ж.* **гримёрша**, -и (разг.). ‖ *прил.* **гримёрский**, -ая, -ое (разг.).

ГРИМЁРНЫЙ, -ая, -ое. **1.** Относящийся к гриму, гримированию. *Гримёрное искусство.* **2.** **гримёрная**, -ой, *ж.* Комната для гримирования. *Гримёрная актёра.*

ГРИМИРОВА́ТЬ, -ру́ю, -ру́ешь; -о́ванный; *несов., кого-что.* Накладывать грим; посредством грима придавать кому-н. какую-н. внешность. *Г. лицо. Г. девушку старухой.* ‖ *сов.* **загримирова́ть**, -ру́ю, -ру́ешь; -о́ванный *и* **нагримирова́ть**, -ру́ю, -ру́ешь; -о́ванный. ‖ *возвр.* **гримирова́ться**, -ру́юсь, -ру́ешься; *сов.* **загримирова́ться**, -ру́юсь, -ру́ешься. ‖ *сущ.* **гримирова́ние**, -я, *ср.* *и* **гримиро́вка**, -и, *ж.* ‖ *прил.* **гримирова́льный**, -ая, -ое *и* **гримиро́вочный**, -ая, -ое.

ГРИМ-УБО́РНАЯ, грим-убо́рной, *ж.* (спец.). Комната в театре, цирке — гримёрная и уборная (в 1 знач.).

ГРИПП, -а, *м.* Острое вирусное заболевание, характеризующееся воспалением дыхательных путей и лихорадочным состоянием. ‖ *прил.* **гриппо́зный**, -ая, -ое. *Г. больной. Гриппозное состояние.*

ГРИППОВА́ТЬ, -пу́ю, -пу́ешь; *несов.* (разг.). Болеть гриппом. *Целую неделю грипповал.*

ГРИФ[1], -а, *м.* **1.** В древней мифологии: крылатое чудовище с головой орла и туловищем льва. **2.** Крупная хищная птица, питающаяся падалью. *Настоящие грифы* (сем. ястребиных). *Американские грифы.* ‖ *прил.* **гри́фовый**, -ая, -ое (ко 2 знач.).

ГРИФ[2], -а, *м.* Длинная узкая часть струнных музыкальных инструментов, над которой натянуты струны.

ГРИФ[3], -а, *м.* **1.** Штемпель с изображением подписи, а также оттиск такого штемпеля. **2.** Специальная надпись на книгах и документах. *Бумага с грифом «секретно». Книга издана под грифом Академии наук.*

ГРИ́ФЕЛЬ, -я, *м.* **1.** Палочка из особой породы сланца для писания на грифельной доске. **2.** То же, что графит (во 2 знач.). ‖ *прил.* **гри́фельный**, -ая, -ое.

ГРИФО́Н, -а, *м.* То же, что гриф[1] (в 1 знач.), а также скульптурное, живописное изображение грифа[1].

ГРОБ, -а, о гро́бе, в гробу́, *мн.* -ы́, -о́в, *м.* **1.** Специальный длинный ящик с крышкой, в к-ром хоронят умершего. *Лежать в гробу. Идти за гробом* (на похоронах провожать умершего). *Вогнать в г.* (перен.: довести до смерти; прост. неодобр.). *Верность до гроба* (до самой смерти). *В гробу (я) видел (кого-н.)!* (выражение презрительного безразличия; прост.). **2.** **гроб**, *в знач. сказ., кому.* Конец, гибель (прост.). *Теперь этому делу полный г.* ✦ **По гроб жизни** (прост.) — до самой смерти. *По гроб жизни не забуду.* **За гробом** (встретиться, увидеться) — у верующих: после смерти, в загробной жизни. ‖ *уменьш.* **гро́бик**, -а, *м.* (к 1 знач.). ‖ *прил.* **гробово́й**, -а́я, -о́е (к 1 знач.). *Гробовая крышка. До гробовой доски* (до самой смерти).

ГРОБАНУ́ТЬ, -ну́, -нёшь; *сов., что* (прост.). Погубить, загубить.

ГРО́БИТЬ, -блю, -бишь; *несов., кого-что* (прост.). Губить, уничтожать. ‖ *сов.* **угро́бить**, -блю, -бишь; -бленный *и* **загро́бить**, -блю, -бишь; -бленный. *Угробить дело.*

ГРОБНИ́ЦА, -ы, *ж.* Сооружение из камня, в к-ром хранится гроб с прахом умершего; усыпальница. *Мраморная г. Гробницы фараонов.* ‖ *прил.* **гробни́чный**, -ая, -ое.

ГРОБОВО́Й, -а́я, -о́е. **1.** *см.* гроб. **2.** *перен.* Глухой и мрачный. *Гробовая тишина. Гробовое молчание. Г. голос.*

ГРОБОВЩИ́К, -а́, *м.* Мастер, изготовляющий гробы. ‖ *прил.* **гробовщи́цкий**, -ая, -ое.

ГРОГ, -а (-у), *м.* Горячий напиток из рома или коньяка, смешанных с водой и сахаром. ‖ *прил.* **гро́говый**, -ая, -ое.

ГРОЗА́, -ы́, *мн.* гро́зы, гроз, гро́зам, *ж.* **1.** Бурное ненастье с дождём, громом и молниями. *Затишье перед грозой* (также перен.). *Разразилась, гремит г. Летние грозы.* **2.** *перен., кого-чего.* О ком-чём-н. очень опасном, наводящем ужас, внушающем сильный страх. *Камнепады — г. горных селений. Лев — г. зверей.* ‖ *прил.* **грозово́й**, -а́я, -о́е (к 1 знач.). *Грозовые тучи.*

ГРОЗДЬ, -и, *мн.* гро́зди, гроздéй *и* гро́здья, гро́здьев, *ж.* Кисть цветов, ягод или других мелких плодов. *Г. сирени, акации. Г. винограда.* ‖ *прил.* **гроздево́й**, -а́я, -о́е.

ГРОЗИ́ТЬ, грожу́, грози́шь; *несов.* **1.** *кому.* Делать угрожающий жест рукой. *Г. пальцем шалуну. Г. кулаком.* **2.** *кому чем* или *с неопр.* Предупреждать с угрозой о чём-н. *Г. разрывом. Г. пожаловаться отцу.* **3.** (1 и 2 л. не употр.), *чем.* Предвещать (что-н. плохое, опасное, неприятное). *Скала грозит обвалом.* **4.** (1 и 2 л. не употр.), *кому.* О чём-н. плохом: предстоять. *Грозит смерть.* ‖ *сов.* **погрози́ть**, -ожу́, -ози́шь (к 1 знач.) *и* **пригрози́ть**, -ожу́, -ози́шь (ко 2 знач.).

ГРОЗИ́ТЬСЯ, грожу́сь, грози́шься; *несов.* (разг.). То же, что грозить (в 1 и 2 знач.). *Г. пальцем. Г. наказать.* ‖ *сов.* **погрози́ться**, -ожу́сь, -ози́шься *и* **пригрози́ться**, -ожу́сь, -ози́шься (по 2 знач. гл. грозить).

ГРО́ЗНЫЙ, -ая, -ое; -зен, -зна́, -зно, -зны́ *и* -зны. **1.** Суровый и жестокий. *Г. правитель.* **2.** Заключающий, выражающий угрозу. *Грозное письмо. Г. взгляд. Грозно* (нареч.) *посмотреть.* **3.** Величественный и страшный (высок.). *Г. час. Грозное явление природы.* ‖ *сущ.* **гро́зность**, -и, *ж.*

ГРОЗОВО́Й *см.* гроза.

ГРОМ, -а (-у), *мн.* -ы, -о́в *и* (высок.) -а́, -о́в, *м.* **1.** Сильный грохот, раскаты, сопровождающие молнию во время грозы. *Гремит г. Г. среди ясного неба* (перен.: о чём-н. неприятном и неожиданном). *Г. не грянет, мужик не перекрестится* (посл. о том, что спохватываются только тогда, когда приходит беда). **2.** *перен.* Сильный шум, звуки ударов. *Г. стоит кругом* (всё грохочет). ‖ *прил.* **громово́й**, -а́я, -о́е *и* **громо́вый**, -ая, -ое. *Громовые раскаты.*

ГРОМА́ДА, -ы, *ж.* Огромный предмет, что-н. очень большое. *Громады гор, зданий, кораблей.*

ГРОМА́ДИНА, -ы, *ж.* (разг.). Огромный предмет, огромное существо.

ГРОМА́ДНЫЙ, -ая, -ое; -ден, -дна. То же, что огромный. *Г. город. Г. успех.* ‖ *сущ.* **грома́дность**, -и, *ж.*

ГРОМИ́ЛА, -ы, *м.* (разг.). **1.** Вор-взломщик. **2.** Участник погрома. *Фашистские громилы.*

ГРОМИ́ТЬ, -млю́, -ми́шь; *несов., кого-что.* **1.** Разбивать, уничтожать, разрушать. *Г. вражеские войска.* **2.** *перен.* Резко и открыто обличать, уничтожающе критиковать (разг.). *Г. бюрократов на собрании.*

ГРО́МКИЙ, -ая, -ое; -мок, -мка́, -мко; гро́мче. **1.** Сильно звучащий, хорошо слышный. *Г. голос. Громко* (нареч.) *кричать.* **2.** *перен., полн. ф.* Получивший широкую известность, огласку. *Г. процесс. Г. скандал.* **3.** *перен.* Напыщенный, фальшиво торжественный. *Громкие фразы. Громкие слова.* ‖ *сущ.* **гро́мкость**, -и, *ж.*

ГРОМКОГОВОРИ́ТЕЛЬ, -я, *м.* Прибор для громкого воспроизведения звука. *Электродинамический г.*

ГРОМКОГОЛО́СЫЙ, -ая, -ое; -о́с. Имеющий громкий голос. ‖ *сущ.* **громкоголо́сость**, -и, *ж.*

ГРОМОВО́Й, -а́я, -о́е. **1.** *см.* гром. **2.** *перен.* Очень громкий, подобный грому. *Г. голос.* **3.** *перен.* Ошеломляющий, устрашающий. *Громовая весть.*

ГРОМОГЛА́СНЫЙ, -ая, -ое; -сен, -сна. О голосе, пении: очень громкий. *Громогласное заявление* (перен.: для всеобщего сведения; ирон.). ‖ *сущ.* **громогла́сность**, -и, *ж.*

ГРОМОЗДИ́ТЬ, -зжу́, -зди́шь; *несов., что.* Беспорядочно класть друг на друга (тяжёлое, многое). *Г. ящики.* ‖ *сов.* **нагромозди́ть**, -зжу́, -зди́шь; -ождённый (-ён, -ена́). ‖ *сущ.* **нагроможде́ние**, -я, *ср.*

ГРОМОЗДИ́ТЬСЯ (-зжу́сь, -зди́шься, 1 и 2 л. не употр.), -зди́тся; *несов.* О чём-н. массивном, громоздком: располагаться, образуя беспорядочное нагромождение. *Громоздятся валуны, скалы.* ‖ *сов.* **нагромозди́ться** (-зжу́сь, -зди́шься, 1 и 2 л. не употр.), -зди́тся.

ГРОМО́ЗДКИЙ, -ая, -ое; -док, -дка. Тяжёлый и массивный, занимающий много места. *Громоздкая мебель. Громоздкое сооружение. Громоздкая фраза* (перен.). ‖ *сущ.* **громо́здкость**, -и, *ж.*

ГРОМООТВО́Д, -а, *м.* Старое название молниеотвода. ‖ *прил.* **громоотво́дный**, -ая, -ое.

ГРОМОПОДО́БНЫЙ, -ая, -ое; -бен, -бна. Звучащий очень громко. *Г. голос.* ‖ *сущ.* **громоподо́бность**, -и, *ж.*

ГРОМЫХА́ТЬ, -а́ю, -а́ешь; *несов.* (разг.). То же, что греметь (в 1 знач.). *Громыхает гром. Громыхают колёса.* ‖ *однокр.* **громыхну́ть**, -ну́, -нёшь. ‖ *сов.* **прогромыха́ть**, -а́ю, -а́ешь.

ГРОСС, -а, *м.* (спец.). Мера счёта: двенадцать дюжин (при счёте нек-рых галантерейных товаров, карандашей). *Г. пуговиц.*

ГРОССМЕ́ЙСТЕР, -а, *м.* В шахматах и шашках: высшее спортивное звание мастера, а также лицо, имеющее это звание. ‖ *прил.* **гроссме́йстерский**, -ая, -ое.

ГРОТ, -а, *м.* Неглубокая пещера с широким входом. *Искусственный г. Естественный г.*

ГРОТЕ́СК [тэ], -а, *м.* В искусстве: изображение чего-н. в фантастическом, уродливо-комическом виде, основанное на резких контрастах и преувеличениях. ‖ *прил.* **гроте́скный**, -ая, -ое *и* **гроте́сковый**, -ая, -ое. *Гротескный стиль. Гротесковая роль.*

ГРО́ХНУТЬ, -ну, -нешь; *сов.* (разг.). **1.** Произвести сильный шум, грохот. *Грохнул выстрел.* **2.** *кого-что.* Бросить, уронить с шумом (тяжёлое). *Г. мешок на пол.* **3.** Громко рассмеяться, расхохотаться. *При виде его наряда все так и грохнули.* ✦ **Грохнуть со́ смеху** (прост.) — грохнуть (в 3 знач.), покатиться со смеху. ‖ *несов.* **гро́хать**, -аю, -аешь.

ГРО́ХНУТЬСЯ, -нусь, -нешься; *сов.* (разг.). О тяжёлом: упасть с шумом. *Г. с лестницы.* ‖ *несов.* **гро́хаться**, -аюсь, -аешься.

ГРО́ХОТ[1], -а (-у), *м.* Сильный шум с раскатами. *Г. орудий.*

ГРО́ХОТ[2], -а, *мн.* -ы, -ов *и* -а́, -о́в, *м.* **1.** Большое решето. **2.** Машина, устройство, просеивающее и сортирующее сыпучие материалы (спец.). *Валковый г. Вибрационный г.*

ГРОХОТА́ТЬ, -очу́, -о́чешь; *несов.* Производить грохот[1], а также двигаться с грохотом[1]. *Грохочет гром. Г. вниз по лестнице* (с шумом бежать или падать; разг.). *Грохочут поезда.* ‖ *сов.* **прогрохота́ть**, -очу́, -о́чешь.

ГРОШ, -а́, *м.* **1.** Старинная медная монета в две копейки, позднее полкопейки. *Ни гроша нет* (совершенно нет денег; разг.). *Г. цена кому-чему-н.* или *г. медный (ломаный) цена кому-чему-н.* или *гроша медного (ломаного) не стоит* (ничего не стоит, никуда не годится; разг.). *Ни в г. не ставить кого-что-н.* (совсем не ценить, не считаться с кем-чем-н.; разг.). *Ни за г. пропал* (совершенно напрасно, зря; разг.). **2.** *обычно мн.* Очень низкая цена (разг.). *Продать за гроши. Вещь стоит гроши.* **3.** *только мн.* (гро́ши, -ей). То же, что деньги (прост.). *Грошей нет. Гроши нужны.*

ГРОШО́ВЫЙ, -ая, -ое (разг.). **1.** Очень дешевый или (о трате) незначительный. *Грошовая вещица. Грошовая цена. Грошовые расходы.* **2.** *перен.* Мелочный, мелкий (в 6 знач.). *Грошовые расчёты. Грошовое самолюбие.*

ГРУБЕ́ТЬ, -е́ю, -е́ешь; *несов.* Становиться грубым (в 1, 3 и 4 знач.), грубее. *Кожа, лицо грубеет. Душа, сердце грубеет. Голос грубеет.* ‖ *сов.* **загрубе́ть**, -е́ю, -е́ешь, **огрубе́ть**, -е́ю, -е́ешь *и* **погрубе́ть**, -е́ю, -е́ешь. *Кожа загрубела. Душа огрубела. Лицо, манеры погрубели.*

ГРУБИ́ТЬ, -блю́, -би́шь; *несов.* **1.** *кому.* Говорить грубости. *Г. старшим.* **2.** В спорте: играть, допуская грубые выходки, нарушая этику и правила игры. *Хоккеист стал г.* ‖ *сов.* **нагруби́ть**, -блю́, -би́шь (к 1 знач.).

ГРУБИЯ́Н, -а, *м.* **1.** Человек, к-рый груб и дерзок в обращении. **2.** Тот, кто грубит (во 2 знач.), ведёт себя грубо. *Грубиянам не место в футболе.* ‖ *ж.* **грубия́нка**, -и (к 1 знач.). ‖ *прил.* **грубия́нский**, -ая, -ое (к 1 знач.).

ГРУБИЯ́НИТЬ, -ню, -нишь; *несов.* (разг.). Грубить (в 1 знач.), вести себя грубияном (в 1 знач.). ‖ *сов.* **нагрубия́нить**, -ню, -нишь.

ГРУ́БОСТЬ, -и, *ж.* **1.** *см.* грубый. **2.** Грубое выражение, грубый поступок. *Говорить грубости. Допустить г. в игре.*

ГРУБОШЁРСТНЫЙ, -ая, -ое. **1.** Из грубой шерсти. *Г. костюм.* **2.** С грубым руном. *Грубошёрстная овца.* **3.** Относящийся к породам овец с грубым руном. *Грубошёрстное овцеводство.*

ГРУ́БЫЙ, -ая, -ое; груб, груба́, гру́бо, гру́бы *и* грубы́. **1.** Недостаточно культурный, неделикатный, нечуткий, нетонкий. *Г. человек. Грубая выходка. Грубые манеры. Грубая душа. Грубое сердце. Грубая игра* (в спорте: с резкими приёмами, с нарушением правил). *Грубо* (нареч.) *ответить.* **2.** Недостаточно отработанный, простой, без изящества, тонкости. *Грубая шерсть. Грубое сукно* (толстое, низкосортное). *Грубая пища. Грубые корма* (сено, солома, мякина, веточный корм). *Грубая работа.* **3.** Жёсткий, негладкий, шероховатый. *Грубая кожа. Грубые руки* (загрубелые). **4.** О голосе, смехе: глухой, низкий и неприятный. **5.** Предварительный, приблизительный, не разработанный в подробностях. *Г. подсчёт. Грубо* (нареч.) *говоря* (приблизительно). **6.** Об ошибке, нарушении чего-н.: серьёзный (в 3 знач.), немаловажный. *Грубая ошибка, опечатка. Грубое нарушение правил.* || *сущ.* **грубость**, -и, *ж.* (к 1, 3, 4 и 6 знач.).

ГРУ́ДА, -ы, *ж.* Большая куча чего-н. *Г. камней. Г. книг. Свалить вещи в груду (грудой).*

ГРУДА́СТЫЙ, -ая, -ое; -а́ст (разг.). С большой (широкой, высокой) грудью.

ГРУДИ́НА, -ы, *ж.* Кость в середине передней стенки грудной клетки. || *прил.* **груди́нный**, -ая, -ое.

ГРУДИ́НКА, -и, *ж.* Мясо из грудной части туши. *Свиная г. Копчёная г.* || *прил.* **груди́ночный**, -ая, -ое.

ГРУДКИ́: **за грудки взять (схватить, трясти)** *кого* (прост.) — схватить за грудь (обычно начиная драку; также перен.: приступить с резкими требованиями; неодобр.).

ГРУДНИ́К, -а́, *м.* Грудной младенец. || *прил.* **грудниково́й**, -ая, -ое.

ГРУДНИ́ЦА, -ы, *ж.* Воспаление грудных желез, мастит.

ГРУДНИЧО́К, -чка́, *м.* То же, что грудник. || *прил.* **грудничко́вый**, -ая, -ое.

ГРУДНО́Й, -а́я, -о́е. **1.** *см.* грудь. **2.** О младенцах: вскармливаемый грудью. *Г. ребёнок. Г. возраст* (до года). *Предметы ухода за грудными* (сущ.).

ГРУДОБРЮ́ШНЫЙ, -ая, -ое: **грудобрюшная преграда** (спец.) — то же, что диафрагма (в 1 знач.).

ГРУДЬ, груди́ и (устар.) гру́ди, о гру́ди, в (на) груди́, *мн.* -и, -е́й, *ж.* **1.** Верхняя часть передней стороны туловища, а также полость в этой части тела. *Широкая г. Г. заложило. Дышать полной грудью* (также перен.: чувствовать себя легко, свободно). *Встать* или *стоять грудью за кого-что-н.* (перен.: подняться на защиту, стойко защищать; высок.). **2.** Одна из двух молочных желез женщины. *Дать г. ребёнку. Кормить грудью. Отнять от груди* (перестать кормить грудью). **3.** Верхняя передняя часть рубашки, платья, верхней одежды. *Вышитая г. Крахмальная г.* || *уменьш.* **гру́дка**, -и, *ж.* || *прил.* **грудно́й**, -а́я, -о́е (к 1 и 2 знач.). *Грудная клетка. Грудное кормление. Грудные железы* (у млекопитающих). *Г. голос* (густой и глубокий).

ГРУЖЁНЫЙ, -ая, -ое. С грузом (во 2 знач.). *Гружёные вагоны. Г. рейс.*

ГРУЗ, -а, *м.* **1.** Тяжесть, тяжёлый предмет. *Подвесить г. Г. лет, воспоминаний* (перен.). **2.** Товар, предметы, принимаемые для перевозки, направляемые получателю. *Вагоны с грузом.* || *прил.* **грузово́й**, -а́я, -о́е (ко 2 знач.). *Г. поток. Грузовые перевозки.*

ГРУЗДЬ, -я́, *мн.* -и, -е́й, *м.* Съедобный пластинчатый гриб с широкой белой мохнатой, немного слизистой шляпкой. *Назвался груздем — полезай в кузов* (посл.: взявшись за что-н., согласившись с чем-н., не отступай). || *прил.* **гру́здевый**, -ая, -ое *и* **груздёвый**, -ая, -ое.

ГРУЗИ́ЛО, -а, *ср.* Небольшой груз (в 1 знач.), подвешиваемый к чему-н. погружаемому в воду (к концу лесы удочки, к сети, к лоту[1]).

ГРУЗИ́НСКИЙ, -ая, -ое. **1.** *см.* грузины. **2.** Относящийся к грузинам, к их языку, национальному характеру, образу жизни, культуре, а также к Грузии, её территории, внутреннему устройству, истории; такой, как у грузин, как в Грузии. *Г. язык* (картвельской группы кавказских языков). *Грузинское письмо* (вид письма, отражающий фонемный состав языка). *Г. чай* (сорт). *По-грузи́нски* (нареч.).

ГРУЗИ́НЫ, -и́н, *ед.* -и́н, -а, *м.* Народ, составляющий основное коренное население Грузии. || *ж.* **грузи́нка**, -и. || *прил.* **грузи́нский**, -ая, -ое.

ГРУЗИ́ТЬ, гружу́, гру́зишь *и* грузи́шь; гру́женный *и* гружённый (-ён, -ена́); *несов.* **1.** *что.* Наполнять грузом. *Г. баржу лесом.* **2.** *кого-что.* Складывать груз куда-н., помещать в качестве груза. *Г. лес на баржу. Г. скот в вагоны.* || *сов.* **загрузи́ть**, -ужу́, -у́зишь *и* -узи́шь (к 1 знач.), **нагрузи́ть**, -ужу́, -у́зишь *и* -узи́шь (к 1 знач.) *и* **погрузи́ть**, -ужу́, -у́зишь *и* -узи́шь (ко 2 знач.). || *сущ.* **загру́зка**, -и, *ж.* (к 1 знач.), **нагру́зка**, -и, *ж.* (к 1 знач.) *и* **погру́зка**, -и, *ж.* (ко 2 знач.). *Вагон стоит под погрузкой.* || *прил.* **загру́зочный**, -ая, -ое (к 1 знач.), **нагру́зочный**, -ая, -ое (к 1 знач.) *и* **погру́зочный**, -ая, -ое (ко 2 знач.).

ГРУЗИ́ТЬСЯ, гружу́сь, гру́зишься *и* грузи́шься; *несов.* Отправляясь в путь, помещать в транспортное средство свой груз, багаж (обычно о многих). *Г. на теплоход.* || *сов.* **погрузи́ться**, -ужу́сь, -у́зишься *и* -узи́шься. || *сущ.* **погру́зка**, -и, *ж.*

ГРУЗНЕ́ТЬ, -е́ю, -е́ешь; *несов.* (разг.). Становиться грузным (в 1 знач.), грузнее. *К старости начал г.* || *сов.* **погрузне́ть**, -е́ю, -е́ешь.

ГРУ́ЗНЫЙ, -ая, -ое; -зен, -зна́, -зно, -зны *и* -зны́. **1.** Большой и тяжёлый. *Грузная фигура. Грузно* (нареч.) *опуститься в кресло.* **2.** Тяжёлый, с большим весом. *Грузные ящики.* || *сущ.* **гру́зность**, -и, *ж.*

ГРУЗО... и **ГРУ́ЗО-...** *Первая часть сложных слов со знач.:* 1) относящийся к грузу (в 1 знач.), напр. *грузонесущий, грузоопорный, грузоподъёмник;* 2) относящийся к грузу (во 2 знач.), напр. *грузопоток, грузоотправитель;* 3) грузовой (во 2 знач.), напр. *грузо-пассажирский, грузотакси.*

ГРУЗОВИ́К, -а́, *м.* Грузовой автомобиль.

ГРУЗОВЛАДЕ́ЛЕЦ, -льца, *м.* (офиц.). Владелец груза (во 2 знач.).

ГРУЗОВО́Й, -а́я, -о́е. **1.** *см.* груз. **2.** Предназначенный для перевозки, перемещения тяжестей. *Грузовые такси. Г. космический корабль.*

ГРУЗООБОРО́Т, -а, *м.* (спец.). Исчисляемая в тонно-километрах работа транспорта по перевозке грузов (во 2 знач.). *Рост грузооборота.* || *прил.* **грузооборо́тный**, -ая, -ое.

ГРУЗООТПРАВИ́ТЕЛЬ, -я, *м.* (офиц.). Лицо или учреждение, сдающее груз (во 2 знач.) для перевозки.

ГРУЗОПОДЪЁМНОСТЬ, -и, *ж.* Предельная масса груза (в 1 знач.), к-рая может быть поднята (или перемещена) механизмом, вагоном, судном. *Кран большой грузоподъёмности.*

ГРУЗОПОДЪЁМНЫЙ, -ая, -ое. Относящийся к подъёму груза (в 1 знач.). *Г. кран.*

ГРУЗОПОЛУЧА́ТЕЛЬ, -я, *м.* (офиц.). Лицо или учреждение, к-рому адресован груз (во 2 знач.).

ГРУЗОПОТО́К, -а, *м.* Движение грузов (во 2 знач.) по путям сообщения. *Планирование грузопотоков.*

ГРУ́ЗЧИК, -а, *м.* Рабочий, занимающийся погрузкой и выгрузкой. || *прил.* **гру́зчицкий**, -ая, -ое.

ГРУМ, -а, *м.* Слуга, верхом сопровождающий всадника или едущий на козлах, на задке экипажа.

ГРУНТ, -а (-у), *м.* **1.** То же, что почва (в 1 знач.). *Песчаный г. Пересадить цветок из горшка в г.* **2.** Почва, образующая дно водоёма, водного потока; твёрдое дно. *Илистый г. пруда. Сваи вбиваются в г.* **3.** В живописи, малярных работах: промежуточный слой (краски, специального состава), к-рым покрывают поверхность перед нанесением краски. **4.** Заштрихованное поле, фон в гравюрах и рисунках (спец.). ✦ **Лунный грунт** — зернистый поверхностный слой Луны обломочно-пылевого происхождения. || *прил.* **грунтово́й**, -а́я, -о́е. *Грунтовые воды* (подпочвенные). *Грунтовые дороги* (не мощёные). *Грунтовые краски.*

ГРУНТОВА́ТЬ, -ту́ю, -ту́ешь; -о́ванный; *несов., что* (спец.). Покрывать грунтом (в 3 знач.). *Г. холст. Г. стену.* || *сов.* **загрунтова́ть**, -ту́ю, -ту́ешь; -о́ванный. || *сущ.* **грунтова́ние**, -я, *ср.* и **грунто́вка**, -и, *ж.* || *прил.* **грунто́вочный**, -ая, -ое *и* **грунтова́льный**, -ая, -ое.

ГРУПО́РГ, -а, *м.* Сокращение: групповой организатор. || *прил.* **групо́рговский**, -ая, -ое (разг.).

ГРУ́ППА, -ы, *ж.* **1.** Несколько предметов или людей, животных, расположенных близко друг от друга, соединенных вместе. *Г. строений. Г. всадников. Народ толпится группами.* **2.** Совокупность людей, объединённых общностью интересов, профессии, деятельности, а также совокупность предметов, объединённых общностью признаков. *Общественные группы. Г. учащихся. Ударная г. войск.* **3.** Определённое подразделение внутри какого-н. разряда, множества. *Г. крови. Первая (вторая, третья) г. инвалидности.* || *уменьш.* **гру́ппка**, -и, *ж.* (к 1 и 2 знач.). || *прил.* **группово́й**, -а́я, -о́е (к 1 и 2 знач.). *Групповая фотография. Групповые интересы* (узкие, ограниченные).

ГРУППИРОВА́ТЬ, -ру́ю, -ру́ешь; -о́ванный; *несов., кого-что.* Объединять в группы; классифицировать. *Г. данные.* || *сов.* **сгруппирова́ть**, -ру́ю, -ру́ешь; -о́ванный. || *сущ.* **группиро́вка**, -и, *ж.*

ГРУППИРОВА́ТЬСЯ (-ру́юсь, -ру́ешься, 1 и 2 л. ед. не употр.), -ру́ется; *несов.* Собираться, располагаться группами; классифицироваться. *На клумбах живописно группируются цветы. Группируются экспонаты.* || *сов.* **сгруппирова́ться** (-ру́юсь, -ру́ешься, 1 и 2 л. ед. не употр.), -ру́ется. || *сущ.* **группиро́вка**, -и, *ж.*

ГРУППИРО́ВКА, -и, *ж.* **1.** *см.* группировать, -ся. **2.** Группа (во 2 знач.), объединение. *Южная г. войск.*

ГРУППОВО́Й *см.* группа.

ГРУППОВЩИ́НА, -ы, *ж.* (неодобр.). Засилье, преобладание групповых интересов над общими; раздробленность коллектива на мелкие группы. *Борьба с групповщиной.*

ГРУСТИ́НКА, -и, *ж.* (разг.). Доля грусти, печали. *Г. в голосе.*

ГРУСТИ́ТЬ, грущу́, грусти́шь; *несов., о ком-чём, по кому-чему* и (устар. и прост.) *по ком-чём.* Испытывать чувство грусти, печалиться. *Г. по семье. Г. о прошлом.*

ГРУСТНЕ́ТЬ, -е́ю, -е́ешь; *несов.* Становиться грустным (в 1 знач.), грустнее. *Лицо, взгляд грустнеет.* || *сов.* **погрустне́ть**, -е́ю, -е́ешь.

ГРУ́СТНЫЙ, -ая, -ое; -тен, -тна́, -тно, -тны *и* -тны́. **1.** Полный грусти, вызывающий грустное настроение, печальный. *Г. взгляд. Грустное чувство. Грустно* (в знач. сказ.) *расставаться с другом. Г. пейзаж.* **2.** *полн. ф.* Вызывающий сожаление, достойный сожаления. *Г. итог. Грустно* (в знач. сказ.), *что он лжёт.*

ГРУСТЬ, -и, *ж.* Чувство печали, уныния. *Г. о доме, о родных. Предаваться грусти.* ✦ **В грустях** *кто* (прост.) — грустит.

ГРУ́ША, -и, *ж.* **1.** Фруктовое дерево сем. розоцветных с округлыми удлинёнными и расширяющимися книзу плодами, а также плод этого дерева. **2.** Изделие, по форме напоминающее этот плод. *Резиновая г.* ‖ *уменьш.* **гру́шка**, -и, *ж.* ‖ *прил.* **гру́шевый**, -ая, -ое (к 1 знач.).

ГРУШЕВИ́ДНЫЙ, -ая, -ое; -ден, -дна. В форме груши. ‖ *сущ.* **грушеви́дность**, -и, *ж.*

ГРУШО́ВКА, -и, *ж.* Сорт сладких летних яблок.

ГРЫ́ЖА, -и, *ж.* **1.** Выхождение (преимущ. из брюшной полости) под кожу части какого-н. внутреннего органа. **2.** Выпяченный таким образом орган. *Ущемлённая г.* (защемлённая в отверстии какой-н. полости). ‖ *прил.* **гры́жевый**, -ая, -ое *и* **грыжево́й**, -а́я, -о́е.

ГРЫЗНЯ́, -и́, *ж.* (разг.). **1.** Взаимные укусы, драка между животными. **2.** *перен.* Ожесточённый спор, ссора (презр.). *Мелочная г.*

ГРЫЗТЬ, -зу́, -зёшь; грыз, гры́зла; гры́зший; грызя́; *несов.* **1.** *кого-что.* Раскусывать зубами (что-н. твёрдое), кусать челюстями (о насекомых). *Г. орехи. Г. кость. Грызущие насекомые.* **2.** *перен., кого (что).* Постоянно придираться к кому-н., бранить (прост.). *Г. домашних.* **3.** *перен., кого-что.* Терзать, мучить (разг.). *Сомнение грызёт душу.* ‖ *сов.* **разгры́зть**, -зу́, -зёшь; -ы́зенный (к 1 знач.).

ГРЫ́ЗТЬСЯ, -зу́сь, -зёшься; гры́зся, гры́злась; гры́зшийся; *несов.* **1.** Кусать друг друга. *Свои собаки грызутся — чужая не приставай* (посл.). **2.** *перен.* Грубо и злобно ссориться (прост.). ‖ *сов.* **погры́зться**, -зу́сь, -зёшься.

ГРЫЗУ́Н, -а́, *м.* Млекопитающее с сильно развитыми передними зубами, приспособленными для питания твёрдыми растительными кормами. *Отряд грызунов.*

ГРЯДА́, -ы́, *мн.* -ы, -ам *и* -ы́, -а́м, *ж.* **1.** (-ы, -ам). Полоса вскопанной земли в огороде, цветнике, на плантации. **2.** (-ы́, -а́м). Ряд последовательно расположенных друг за другом или медленно движущихся предметов, обычно далёких, крупных, бесформенных. *Гряды волн. Г. дюн, барханов. Г. облаков, клубов дыма.* ‖ *уменьш.* **гря́дка**, -и, *ж.* (к 1 знач.). ‖ *прил.* **гря́дковый**, -ая, -ое (к 1 знач.; спец.), **грядно́й**, -а́я, -о́е (к 1 знач.; спец.), **грядово́й**, -а́я, -о́е (к 1 знач.) *и* **гря́довый**, -ая, -ое (ко 2 знач.; спец.). *Грядковые или грядные культуры. Грядовые пески* (в пустыне).

ГРЯДУ́ЩИЙ, -ая, -ее (высок.). То же, что будущий. *Грядущие годы, события. Грядущие поколения. Думать о грядущем* (сущ.). ✦ **На сон грядущий** (шутл.) — ложась спать, перед сном.

ГРЯЗЕ... *Первая часть сложных слов со знач.:* 1) относящийся к грязи (в 1 знач.), напр. *грязезащитный, грязеотстойник, грязеочиститель, грязеспуск, грязеуловитель;* 2) относящийся к грязям, напр. *грязеводолечебница, грязелечебный.*

ГРЯЗЕВО́Й *см.* грязи *и* грязь.

ГРЯЗЕКА́МЕННЫЙ, -ая, -ое (спец.). Состоящий из жидкой грязи, смешанной с камнями. *Грязекаменные потоки* (сели).

ГРЯЗЕЛЕЧЕ́БНИЦА, -ы, *ж.* Лечебное учреждение, в к-ром лечат грязями, грязевыми процедурами.

ГРЯ́ЗИ, -ей. Озёрный или лиманный ил, нек-рые виды торфа как лечебное средство, а также место, где ими лечатся. *Лечиться грязями. Поехать на г.* ‖ *прил.* **грязево́й**, -а́я, -о́е. *Грязевые процедуры.*

ГРЯЗНЕ́ТЬ (-е́ю, -е́ешь, 1 и 2 л. не употр.), -е́ет; *несов.* Покрываться грязью, становиться грязным, грязнее.

ГРЯЗНИ́ТЬ, -ню́, -ни́шь; *несов.* **1.** *кого-что.* Делать грязным (в 1 и 2 знач.), пачкать. *Г. пол. Г. свою репутацию* (порочить). **2.** Мусорить, разводить грязь. *Г. в комнатах.* ‖ *сов.* **загрязни́ть**, -ню́, -ни́шь; -нённый (-ён, -ена́) (к 1 знач.) *и* **нагрязни́ть**, -ню́, -ни́шь (ко 2 знач.). ‖ *сущ.* **загрязне́ние**, -я, *ср.*

ГРЯЗНИ́ТЬСЯ, -ню́сь, -ни́шься; *несов.* Становиться грязным, пачкаться. ‖ *сов.* **загрязни́ться**, -ню́сь, -ни́шься. ‖ *сущ.* **загрязне́ние**, -я, *ср.*

ГРЯЗНУ́ЛЯ, -и, *м.* и *ж.* (разг.). Грязный, выпачкавшийся в грязи человек (обычно о ребёнке).

ГРЯЗНУ́ХА, -и, *м.* и *ж.* (разг. пренебр.). Неопрятный, грязный человек, не следящий за чистотой.

ГРЯ́ЗНЫЙ, -ая, -ое; -зен, -зна́, -зно, -зны *и* -зны́. **1.** Покрытый грязью, запачканный, нечистый. *Г. двор. Г. пол. Грязное бельё. Грязно* (нареч.) *писать. На улице грязно* (в знач. сказ.). **2.** *перен.* Безнравственный, аморальный. *Грязная личность. Г. анекдот. Грязно* (нареч.) *говорить о женщинах. Грязная игра* (недостойные интриги). *Грязная война* (агрессивная и позорная). **3.** Серовато-мутный. *Г. цвет. Грязные тона.* **4.** Предназначенный для нечистот, помоев. *Грязное ведро.*

ГРЯЗЬ, -и, о гря́зи, в грязи́, *ж.* **1.** Размякшая от воды почва. *На дворе г. Г. месить* (идти по грязной дороге, по глубокой жидкой грязи; разг. неодобр.). **2.** То, что пачкает, грязнит. *На руках г. Забросать, закидать или облить грязью, смешать с грязью* или *втоптать в г. кого-н.* (перен.: опозорить, публично оскорбить). **3.** Нечистота, неряшливость, неопрятность. *В комнате г.* **4.** *перен.* Безнравственность, бесчестность в личных или общественных отношениях. ‖ *уменьш.* **грязца́**, -ы́, *ж.* (к 1 и 2 знач.). ‖ *увел.* **грязи́ща**, -и, *ж.* (к 1 и 2 знач.). ‖ *прил.* **грязево́й**, -а́я, -о́е (к 1 знач.). *Г. поток.*

ГРЯ́НУТЬ, -ну, -нешь; *сов.* **1.** (1 и 2 л. не употр.). Раздаться, загрохотать. *Грянул гром, залп. Грянула музыка.* **2.** (1 и 2 л. не употр.), *перен.* Разразиться, неожиданно начаться (высок.). *Грянула война.* **3.** *что.* Громко запеть, заиграть. *Музыканты грянули марш. Г. песню.*

ГРЯ́НУТЬСЯ, -нусь, -нешься; *сов.* (разг.). Упасть, грохнуться. *Г. наземь.*

ГРЯСТИ́ (неопр. и прош. вышли из употр.), гряду́, грядёшь; *несов.* (устар. высок.). Приближаться, наступать. *Грядут великие события.*

ГУА́НО, *нескл., ср.* Разложившийся помёт морских птиц, употр. как удобрение, а также удобрение из отходов рыболовного и зверобойного промыслов.

ГУА́ШЬ, -и, *ж.* Непрозрачная краска, растёртая на воде с клеем и примесью белил, а также картина, написанная такой краской. ‖ *прил.* **гуа́шевый**, -ая, -ое.

ГУБА́[1], -ы́, *мн.* гу́бы, губ, губа́м, *ж.* **1.** Одна из двух подвижных кожно-мышечных складок, образующих края рта (у животных — ротового отверстия). *Пухлые губы. Верхняя, нижняя г. Сжать губы. Кусать губы* (также перен.: о выражении досады, недовольства). *По губам помазать* (перен.: пообещать, но не сделать; прост.). *Губы распустить* (перен.: расплакаться; разг. неодобр.). *Губы надуть* (перен.: обидеться, рассердиться; разг. неодобр.). **2.** чаще *мн.* Концы клещей, тисков и нек-рых других инструментов, служащие для зажима (спец.). *Губы плоскогубцев.* ✦ **Губа́ (гу́ба) не дура** *у кого* (прост.) — о том, кто умеет воспользоваться чем-н. хорошим. *Губа не дура, язык не лопатка, знает, что сладко* (посл.). ‖ *уменьш.* **гу́бка**, -и, *ж.* (к 1 знач.). ‖ *прил.* **губно́й**, -а́я, -о́е (к 1 знач.). *Губная помада.*

ГУБА́[2], -ы́, *мн.* гу́бы, губ, губа́м, *ж.* На севере России: название морских заливов. *Онежская г.*

ГУБА́[3], -ы́, *ж.* (прост.). То же, что гауптвахта (в 1 знач.). *Посадить на губу. Сидеть на губе.*

ГУБА́СТЫЙ, -ая, -ое; -а́ст (разг.). С большими толстыми губами[1] (в 1 знач.). ‖ *сущ.* **губа́стость**, -и, *ж.*

ГУБЕРНА́ТОР, -а, *м.* Начальник какой-н. большой административно-территориальной федеративной единицы (напр. губернии в царской России, штата в США, колониальной области), а также (неофициально) глава исполнительной власти крупного города. ‖ *прил.* **губерна́торский**, -ая, -ое. ✦ **Положение хуже губернаторского** (разг. шутл.) — крайне затруднительное.

ГУБЕРНА́ТОРША, -и, *ж.* (разг.). Жена губернатора.

ГУБЕ́РНИЯ, -и, *ж.* В России с начала 18 в. и до 1929 г. (сейчас в Финляндии): основная административно-территориальная единица. *Московская г. Костромская г.* ✦ **Пошла писать губерния** (устар. разг. и шутл.) — о начале долгого и непростого дела, каких-н. запутанных или сложных действий [*первонач.* о длительной переписке, волоките в губернском правлении]. ‖ *прил.* **губе́рнский**, -ая, -ое.

ГУБИ́ТЕЛЬ, -я, *м.* (высок.). Тот, кто губит, погубил кого-что-н. *Г. сердец* (ирон.). ‖ *ж.* **губи́тельница**, -ы. ‖ *прил.* **губи́тельский**, -ая, -ое.

ГУБИ́ТЕЛЬНЫЙ, -ая, -ое; -лен, -льна (высок.). Ведущий к гибели, пагубный. *Губительно для здоровья что-н. Губительные последствия.* ‖ *сущ.* **губи́тельность**, -и, *ж.*

ГУБИ́ТЬ, гублю́, гу́бишь; *несов., кого-что.* Приводить к гибели, уничтожать. *Г. своё здоровье. Град губит урожай.* ‖ *сов.* **погуби́ть**, -ублю́, -у́бишь; -у́бленный *и* **сгуби́ть**, -ублю́, -у́бишь; -у́бленный (разг.).

ГУ́БКА[1], -и, *ж.* **1.** Неподвижное многоклеточное низшее морское животное. **2.** Мягкий, ноздреватый остов нек-рых видов этого животного, хорошо впитывающий влагу и служащий для мытья, а также подобное изделие из резины и других материалов. ‖ *прил.* **гу́бковый**, -ая, -ое.

ГУ́БКА[2], -и, *ж.* **1.** *см.* губа[1]. **2.** чаще *мн.* То же, что губа[1] (во 2 знач.). *Губки плоскогубцев.*

ГУБНО́Й *см.* губа[1].

ГУБОШЛЁП, -а, *м.* (прост.). Недотёпа и растяпа.

ГУ́БЧАТЫЙ, -ая, -ое; -ат. Ноздреватый, пористый. *Губчатая шляпка гриба.* ‖ *сущ.* **гу́бчатость**, -и, *ж.*

ГУВЕРНЁР, -а, *м.* Воспитатель детей, приглашённый в семью, часто иностранец. ‖ *ж.* **гуверна́нтка**, -и.; *прил.* **гуверна́нтский**, -ая, -ое. ‖ *прил.* **гувернёрский**, -ая, -ое.

ГУГЕНО́ТЫ, -ов, *ед.* -о́т, -а, *м.* Французские протестанты 16—18 вв., преследовавшиеся католической церковью и правительством. ‖ *прил.* **гугено́тский**, -ая, -ое.

ГУГНИ́ВЫЙ, -ая, -ое; -и́в (прост.). Гнусавый, гундосый.

ГУГУ́: ни гугу (разг.) — молчит, не произносит ни слова или молчи, никому не говори. *Сидит и весь вечер ни гугу. Смотри, об этом никому ни гугу.*

ГУД, -а (-у), *м.* (прост.). То же, что гудение.

ГУДЕ́ТЬ, гужу́, гуди́шь; *несов.* **1.** Издавать длительный однотонный звук. *Гудок гудит. Ветер гудит в трубе. Гудит* (безл.) *в ушах от грохота* (о шуме в ушах). *Г. одно и то же* (надоедливо повторять, говорить; разг.). **2.** (1 и 2 л. не употр.). Испытывать ноющую, ломящую боль (разг.). *Ноги гудят.* ‖ *сов.* **прогуде́ть**, -гужу́, -ди́шь (к 1 знач.). ‖ *сущ.* **гуде́ние**, -я, *ср.*

ГУДО́К, -дка́, *м.* **1.** Механическое устройство для подачи гудящих сигналов. *Автомобильный г. Г. теплохода.* **2.** Звук свистка или сирены. *Выходить по гудку. Короткие или длинные телефонные гудки* (сигналы «занято» или «свободно»). **3.** Старинный русский струнный смычковый музыкальный инструмент. ‖ *прил.* **гудо́чный**, -ая, -ое (к 3 знач.).

ГУДРО́Н, -а (-у), *м.* Чёрная смолистая масса из отходов перегонки нефти, употр. гл. обр. в дорожном строительстве, а также дорожное покрытие из такой массы. ‖ *прил.* **гудро́нный**, -ая, -ое.

ГУДРОНИ́РОВАТЬ, -рую, -руешь; -анный; *сов.* и *несов.*, *что.* Покрыть (-ывать) гудроном. *Г. шоссе.* ‖ *сов.* также **загудронировать**, -рую, -руешь; -анный.

ГУЖ, -а́, *м.* **1.** Петля в хомуте, скрепляющая оглоблю с дугой. *Взялся за г., не говори, что не дюж* (посл.: взявшись за дело, не говори, что слаб, что не хватает сил). **2.** Живая тяга (перевозки посредством упряжных ездовых животных: лошадей, волов, верблюдов). *Перевозки гужом.* ‖ *прил.* **гужево́й**, -а́я, -о́е. *Гужевой транспорт.*

ГУЖЕВО́Й, -а́я, -о́е. **1.** *см.* гуж. **2.** Конный, производимый живой тягой. *Г. транспорт. Гужевые перевозки.*

ГУ́КАТЬ, -аю, -аешь; *несов.* (разг.). **1.** Издавать звуки, подобные короткому гудку. **2.** О младенце: издавать нечленораздельные звуки, напоминающие «гу». ‖ *однокр.* **гу́кнуть**, -ну, -нешь.

ГУЛ, -а, *м.* Не вполне ясный, сливающийся шум. *Отдалённый г. Г. голосов.*

ГУЛА́Г, -а, *м.* Сокращение: главное управление лагерей, а также разветвлённая сеть концлагерей во время массовых репрессий. *Узники гулага.* ‖ *прил.* **гула́говский**, -ая, -ое.

ГУЛЁНА, -ы, *м.* и *ж.* (разг.). Человек, который любит гулять (в 1 и 4 знач.).

ГУ́ЛИ-ГУ́ЛИ, *межд.* Возглас, к-рым подзывают голубей.

ГУ́ЛКИЙ, -ая, -ое; -лок, -лка́, -лко. **1.** Слышный издалека, с гудящим отзвуком. *Гулкие шаги. Гулкое эхо.* **2.** С сильным резонансом. *Гулкие своды.* ‖ *сущ.* **гу́лкость**, -и, *ж.*

ГУЛЛИ́ВЫЙ, -ая, -ое; -и́в (устар. и обл.). Любящий гулять (в 4 знач.), разгульный. *Гулливая ватага. Гулливая волна* (перен.).

ГУЛЬБА́, -ы́, *ж.* (прост.). Гулянье, кутёж. *Шумная г.*

ГУ́ЛЬДЕН [дэ], -а, *м.* Денежная единица Нидерландов, а также прежде золотая и серебряная монета в нек-рых европейских странах.

ГУ́ЛЬКИН: **с гулькин нос** (разг. шутл.) — о ком-чём-н. очень маленьком или немногом. *Сам с гулькин нос, а туда же, разговаривает. Денег заработал с гулькин нос.*

ГУЛЯ́КА, -и, *м.* и *ж.* (разг.). Человек, который живёт праздно и разгульно.

ГУЛЯ́НКА, -и, *ж.* (прост.). Небольшая пирушка или весёлое времяпрепровождение в компании. *Пойти на гулянку. Прийти с гулянки.*

ГУЛЯ́НЬЕ, -я, *ср.* **1.** *см.* гулять. **2.** Массовое празднество под открытым небом. *Народные гулянья.*

ГУЛЯ́ТЬ, -я́ю, -я́ешь; *несов.* **1.** Совершать прогулку. *Няня гуляет с ребёнком. Ребёнку нужно больше г.* (т. е. находиться на свежем воздухе). *Г. с собакой* (выгуливать её). **2.** *перен.* Перемещаться в разных направлениях, распространяться. *По комнатам гуляет ветер.* **3.** Быть свободным от обязательной работы, службы, иметь выходной день, отпуск (разг.). *Сутки дежурили, двое суток гуляли.* **4.** Кутить, веселиться (прост.). *Г. на свадьбе.* **5.** *с кем.* Быть в близких, любовных отношениях (прост.). ‖ *сов.* **погуля́ть**, -я́ю, -я́ешь. ‖ *однокр.* **гульну́ть**, -ну́, -нёшь (к 4 знач.). ‖ *сущ.* **гуля́нье**, -я, *ср.* (к 1 и 4 знач.).

ГУЛЯ́Ш, -а́, *м.* Кушанье из кусочков мяса в соусе. ‖ *прил.* **гуля́шный**, -ая, -ое.

ГУЛЯ́ЩИЙ, -ая, -ее (прост.). **1.** Разгуливающий без дела, праздный (устар.). **2.** О женщине: лёгкого поведения (презр.). ✦ **Гулящие люди** (спец.) — вольные люди из низших слоёв общества, свободные от государственных повинностей и живущие работой по найму.

ГУМАНИ́ЗМ, -а, *м.* **1.** Гуманность, человечность в общественной деятельности, в отношении к людям. **2.** Прогрессивное движение эпохи Возрождения, направленное к освобождению человека от идейного закрепощения времён феодализма. ‖ *прил.* **гуманисти́ческий**, -ая, -ое.

ГУМАНИ́СТ, -а, *м.* Деятель или сторонник гуманизма; гуманный человек. ‖ *прил.* **гумани́стский**, -ая, -ое.

ГУМАНИТА́РИЙ, -я, *м.* (книжн.). Специалист по гуманитарным наукам.

ГУМАНИТА́РНЫЙ, -ая, -ое; -рен, -рна. **1.** Обращённый к человеческой личности, к правам и интересам человека. *Гуманитарные проблемы. Гуманитарная помощь* (бескорыстная помощь нуждающимся). **2.** *полн. ф.* О науках: относящийся к изучению общества, культуры и истории народа в отличие от естественных и технических наук. *Гуманитарное образование* (основанное на изучении таких наук). ‖ *сущ.* **гуманита́рность**, -и, *ж.* (к 1 знач.).

ГУМА́ННЫЙ, -ая, -ое; -а́нен, -а́нна. Направленный на благо других; человеколюбивый и отзывчивый. *Гуманное поведение. Гуманные цели. Поступить гуманно* (нареч.). ‖ *сущ.* **гума́нность**, -и, *ж.*

ГУМНО́, -а́, *мн.* гу́мна, гу́мен и гумён, гу́мнам, *ср.* Площадка для молотьбы сжатого хлеба, ток[3] (в 1 знач.). *Свезти хлеб на г. Крытое г.* ‖ *прил.* **гумённый**, -ая, -ое.

ГУ́МУС, -а, *м.* (спец.). То же, что перегной (в 1 знач.). ‖ *прил.* **гу́мусный**, -ая, -ое.

ГУНДО́СИТЬ, -о́шу, -о́сишь; *несов.* (прост.). То же, что гнусавить.

ГУНДО́СЫЙ, -ая, -ое; -о́с (прост.). То же, что гнусавый.

ГУ́ННЫ, -ов, *ед.* гунн, -а, *м.* Группа древних тюркских племён, вторгшихся в Европу в начале н. э. ‖ *прил.* **гу́ннский**, -ая, -ое.

ГУ́НСКИЙ, -ая, -ое. **1.** *см.* гунны. **2.** Относящийся к гуннам, к их языкам, образу жизни, культуре, а также к территории их расселения, истории; такой, как у гуннов. *Г. союз племён* (2—5 вв.). *Гуннские походы.*

ГУ́РИЯ, -и, *ж.* В исламе и восточной мифологии: дева, услаждающая праведников в раю.

ГУРМА́Н, -а, *м.* (книжн.). Любитель и ценитель изысканной пищи. ‖ *ж.* **гурма́нка**, -и. ‖ *прил.* **гурма́нский**, -ая, -ое.

ГУРМА́НСТВО, -а, *ср.* (книжн.). Пристрастие к изысканной пище.

ГУРТ, -а́, *м.* Большая группа домашних животных, перегоняемая с одного места на другое. *Г. коров, овец. Г. гусей.* ‖ *прил.* **гуртово́й**, -а́я, -о́е.

ГУРТОВЩИ́К, -а́, *м.* Погонщик гурта. ‖ *прил.* **гуртовщи́цкий**, -ая, -ое.

ГУРТО́М, *нареч.* **1.** Оптом, большой партией (устар.). *Продать г.* **2.** То же, что гурьбой (разг.). *Целым г. ввалиться куда-н.*

ГУРЬБА́, -ы́, *ж.* Шумливая группа людей, ватага. *Г. ребят. Идти гурьбой.*

ГУСА́К, -а́, *м.* Самец гуся. ‖ *прил.* **гуса́чий**, -ья, -ье.

ГУСА́Р, -а, *род. мн.* гуса́р (при собир. знач.) и гуса́ров (при обознач. отдельных лиц), *м.* В царской и нек-рых иностранных армиях: военнослужащий частей лёгкой кавалерии [*первонач.* в Венгрии]. *Эскадрон гусар. Двух гусаров.* ‖ *прил.* **гуса́рский**, -ая, -ое. *Гусарская венгерка.*

ГУ́СЕМ, *нареч.* (разг.). То же, что гуськом.

ГУ́СЕНИЦА, -ы, *ж.* **1.** Личинка бабочки, обычно червеобразная, с несколькими парами ног. **2.** У тракторов, танков, самоходных кранов: охватывающее колёса замкнутое полотно (во 2 знач.), состоящее из отдельных шарнирно закреплённых звеньев. ‖ *прил.* **гу́сеничный**, -ая, -ое. *На гусеничном ходу.*

ГУСЁНОК, -нка, *мн.* -ся́та, -ся́т, *м.* Птенец гуся.

ГУ́СЛИ, -ей. Старинный струнный щипковый музыкальный инструмент. ‖ *прил.* **гу́сельный**, -ая, -ое *и* **гусля́рный**, -ая, -ое.

ГУСЛЯ́Р, -а *и* -а́, *мн.* -ы́, -о́в, *м.* Народный певец, играющий на гуслях. ‖ *прил.* **гусля́рский**, -ая, -ое.

ГУСТЕ́ТЬ (-е́ю, -е́ешь, 1 и 2 л. не употр.), -е́ет; *несов.* Становиться густым (в 1, 2 и 3 знач.), гуще. *Лес густеет. Клей густеет. Туман густеет.* ‖ *сов.* **загусте́ть** (-е́ю, -е́ешь, 1 и 2 л. не употр.), -е́ет (по 2 знач. прил. густой) *и* **погусте́ть** (-е́ю, -е́ешь, 1 и 2 л. не употр.), -е́ет (по 1 и 3 знач. прил. густой).

ГУСТО... и **ГУ́СТО-...** *Первая часть сложных слов со знач.:* 1) с густым (в 1 и 2 знач.), напр. *густонаселённый, густоволосый, густолиственный;* 2) густой (в 1 и 2 знач.), напр. *густотёртый, густотекучий, густозелёный.*

ГУСТО́Й, -а́я, -о́е; густ, густа́, гу́сто, гу́сты *и* густы́; гу́ще. **1.** Состоящий из многих, близко друг к другу расположенных однородных предметов, частиц. *Густая пшеница. Густые волосы. Густые заросли. Г. цвет* (насыщенный). *Районы с густым населением.* **2.** О жидком: с ослабленной текучестью, насыщенный чем-н. *Г. суп. Густая сметана. Густая грязь.* **3.** О газообразном: насыщенный, плотный. *Густые облака. Г. мрак* (полная темнота). **4.** О низком звуке, голосе: полнозвучный. *Г. бас.* ‖ *сущ.* **густота́**, -ы́, *ж.*

ГУСТОПСО́ВЫЙ, -ая, -ое. **1.** О породистых собаках: с густой шерстью (спец.). **2.** *перен.* Самый отвратительный по своим качествам, махровый (презр.). *Г. черносотенец.*

ГУСЫ́НЯ, -и, *ж.* Самка гуся.

ГУСЬ, *-я, мн. -и, -е́й, м.* **1.** Родственная утке крупная дикая и домашняя водоплавающая птица с длинной шеей. *Белые, серые гуси. Г. свинье не товарищ* (посл.). **2.** В нек-рых сочетаниях: о ловкаче или мошеннике, пройдохе (прост.). *Хорош или каков г.!* (выражение удивления по поводу чьей-н. проделки, плутовства). ✦ **Гуси-лебеди** — персонаж русских народных сказок. **Гусь лапчатый** (прост.) — о ловком человеке, пройдохе. **Гусей дразнить** (ирон.) — намеренно вызывать у кого-н. (обычно не называя, намекая) обиду, раздражение. **Как с гуся вода** *кому* — погов. о том, кому всё проходит безнаказанно, всё сходит с рук. ‖ *уменьш.-ласк.* **гусёк**, -ська́, *м.* (к 1 знач.). ‖ *прил.* **гуси́ный**, -ая, -ое (к 1 знач.). *Гусиная кожа* (о коже, покрывшейся мелкими пупырышками от холода, волнения). *Гусиное перо* (в старое время: такое перо, расщеплённое и отточенное для писания чернилами).

ГУСЬКО́М, *нареч.* (разг.). Один вслед за другим, вереницей. *Идти г. по тропинке. Упряжка г.*

ГУСЯ́ТИНА, -ы, *ж.* Мясо гуся как пища.

ГУСЯ́ТНИЦА[1], -ы, *ж.* Работница, занимающаяся уходом за гусями. ‖ *прил.* **гуся́тницкий**, -ая, -ое.

ГУСЯ́ТНИЦА[2], -ы, *ж.* Продолговатая посуда с толстыми стенками для приготовления птичьей тушки.

ГУТАЛИ́Н, -а (-у), *м.* Мазь для кожаной обуви. ‖ *прил.* **гутали́новый**, -ая, -ое *и* **гутали́нный**, -ая, -ое.

ГУТО́РИТЬ, -рю, -ришь; *несов.* (обл.). Говорить, разговаривать. ‖ *сов.* **погуто́рить**, -рю, -ришь.

ГУТТАПЕ́РЧА, -и, *ж.* Упругая, похожая на кожу масса из свернувшегося млечного сока нек-рых растений, обладающая высоким электрическим сопротивлением и водонепроницаемостью. ‖ *прил.* **гуттапе́рчевый**, -ая, -ое.

ГУТТАПЕ́РЧЕВЫЙ, -ая, -ое. **1.** *см.* гуттаперча. **2.** Уклончивый, допускающий разные истолкования. *Гуттаперчевое решение. Гуттаперчевая резолюция.* **3.** **гуттаперчевое дерево** — общее название тропических деревьев, из млечного сока к-рых получается гуттаперча.

ГУ́ЩА, -и, *ж.* **1.** Густой осадок в жидкости. *Кофейная г.* **2.** Густая часть супа, похлёбки, компота. *Подлить гущи.* **3.** *чего.* Густая заросль, самое густое место в чём-н., середина. *Г. леса. В. гуще толпы. В. гуще событий находиться* (перен.: быть их активным участником).

ГУЩИНА́, -ы́, *ж.* (разг.). Густота, гуща.

ГЮРЗА́, -ы́, *ж.* Ядовитая змея сем. гадюк.

ГЯУ́Р, -а, *м.* У мусульман: человек иной веры.

Д

ДА[1], *частица.* **1.** Употр. при ответе для выражения утверждения, согласия. *Все здесь? — Да. Ты меня понял? — Да.* **2.** Употр. как вопрос при желании получить подтверждение чему-н. в знач. не так ли? не правда ли? *Всё обошлось благополучно, да? Ты приедешь, да?* **3.** [*всегда ударная*]. Употр. в начале относительно самостоятельного предложения при перемене темы, при воспоминании, при размышлении о чём-н. *Вот и всё. Да, ещё одна новость. Что-то я ещё забыл. Да, книгу.* **4.** [*всегда безударная*]. Употр. обычно в начале предложения и при ответе собеседнику для подчёркивания, с нек-рым оттенком раздражения, недовольства (разг.). *Да может ли это быть? Куда идти? — Да прямо!* **5.** При отклике употр. с вопросительной интонацией в знач. я слушаю, что вы хотите сказать? *Выслушайте меня. — Да? Я весь внимание.* **6.** [*всегда ударная*]. Употр. для выражения недоверия, возражения в знач. как же! (во 2 знач.), как бы не так! (разг.). *Я найду тебе книгу. — Да, ты найдёшь!* **7.** Употр. в лозунгах, призывах в знач. принятие, согласие. *Содружеству — да!* ✦ **Вот это да!** (разг.) — похвала: хорошо, замечательно. **Ну да!** (разг.) — употр. для выражения: 1) подчёркнутого подтверждения, согласия. *Ты едешь? — Ну да!;* 2) недоверия, несогласия, сомнения. *Он без тебя скучает. — Ну да, жди!* **Да ну?** (разг.) — то же, что ну да (во 2 знач.). **Ни да ни нет не говорит** *кто* — не говорит ничего определённого. **И да и нет** — о том, что противоречиво по самой своей сути. *Ты доволен? — И да и нет.*

ДА[2], *частица* (высок.). То же, что пусть (в 1 знач.). *Да здравствует свобода! Да останешься ты вечно в памяти народной! Да святится имя твоё!* (да будет свято).

ДА[3], *союз.* **1.** Употр. для соединения или присоединения отдельных слов или целых предложений. *Отец да мать. День да ночь — сутки прочь* (посл.). *Купил книгу, да (ещё) какую интересную. Ветер воет, да снег стучит в окно.* **2.** Выражает противопоставление, но, однако. *Мал золотник, да дорог* (посл.). **3.** Присоединяет предложение со знач. цели: дабы, чтобы (устар. высок.). *Приди, да утвердишь мир между нами. Благослови, да возвратимся с победой.* **4.** [*всегда безударный*]. В предложении соединяет слова, обозначающие действие или признак, утверждая невозможность сомнения, уверенность в обратном. *Ты да не поймёшь?* (ты, конечно, поймёшь). *Наш Ваня да обманщик?* (т. е., конечно, не обманщик). *Хорошие вещи да выбрасывать!* ✦ **Да и**, *союз* (разг.) — употр. в знач. союза «и» при заключающем присоединении. *Думал, думал да и надумал.* **Да и только** (разг.) — указывает на непрерывность или полноту, исключительность действия, состояния. *Не соглашается, да и только. Лень, да и только.* **Да и то**, *союз* — присоединяет добавочное, ограничивающее или уточняющее сообщение. *Дал немного, да и то неохотно. Один костюм, да и то старый.* **Да... и**, *союз* — присоединяет новое сообщение. *Не зовут, да я и не пойду.*

ДАБЫ́ и **ДА́БЫ**, *союз* (устар.). То же, что чтобы (в 1 знач.). *Явился, д. известить вас о важном событии.*

ДАВА́ЛЕЦ, -льца, *м.* **1.** Тот, кто делает заказ ремесленнику, портному, прачке (устар.). **2.** Заказчик, предоставляющий свой материал для изготовления какого-н. продукта, товара (устар. и спец.). ‖ *прил.* **давальческий**, -ая, -ое.

ДАВА́ЛЬЧЕСКИЙ, -ая, -ое. **1.** *см.* давалец. **2.** О материалах: сдаваемый кем-н. на производство для обработки, переработки (спец.). *Давальческое сырьё. Давальческая обработка алмазов. Давальческая шерсть. Давальческая бумага* (типографского заказчика).

ДАВА́ТЬ, даю́, даёшь; дава́й; дава́я; *несов.* **1.** *см.* дать. **2.** обычно *3 л. мн. ч.* Продавать (в магазине, в лавке) (разг.). *В ларьке дают бананы.* **3.** **дава́й(те)**, *частица.* В сочет. с неопр. несов. в. или с формой 1 л. мн. ч. буд. вр. образует побудительную форму совместного действия. *Давай(те) дружить! Давай(те) подружимся! Будем(те) друзьями!* **4.** **дава́й**, *частица.* С неопр. несов. в. употр. в знач. начал, стал (разг.). *Он давай кричать.* **5.** **дава́й(те)**, *частица.* С пов. накл. другого глагола или без него употр. при побуждении к действию (разг.). *Давай(те) иди(те). Давайте не будем!* (предупреждение, призыв не делать чего-н.; разг.). **6.** **дава́й**, *частица.* То же, что дать (в 9 знач.). *Решил: давай-ка возьмусь за дело.* ✦ **Вот (во) даёт!** (прост.) — возглас, выражающий удивление, оценку. **Даёшь!** (разг.) — восклицание, призывающее к осуществлению чего-н. *Даёшь новую технику!* **Давай-давай!** (прост.) — побуждение действовать быстрее.

ДАВА́ТЬСЯ, даю́сь, даёшься; дава́йся; дава́ясь; *несов.* **1.** *см.* даться. **2.** (1 и 2 л. не употр.). В нек-рых сочетаниях: иметь место, осуществляться. *Даётся концерт, спектакль, представление. В клубе даётся сеанс одновременной игры в шахматы. Даются консультации.*

ДА́ВЕЧА, *нареч.* (устар. и прост.). Недавно, незадолго до момента разговора.

ДА́ВЕШНИЙ, -яя, -ее (прост.). Недавний, происшедший незадолго до момента разговора; тот самый, что был недавно. *Д. случай. Д. гость.*

ДАВИ́ТЬ, давлю́, да́вишь; да́вленный; *несов.* **1.** *на кого-что.* Налегать тяжестью, действовать силой упругости. *Снег давит на крышу. Газ давит на стенки сосуда.* **2.** *кого-что.* Прижимать, жать, сжимать. *Сапог давит ногу. Горе давит грудь* (перен.: гнетёт). *Давящая тоска* (гнетущая). **3.** *перен., кого-что.* Угнетать, притеснять. *Д. своим авторитетом. Д. на собеседника.* **4.** *что.* Сплющивать, выжимать, извлекая жидкость, сок. *Д. лимон. Д. масло из семян.* **5.** *кого-что.* Нажимая, убивать (насекомых). *Д. мух.* **6.** *кого (что).* Сбивая с ног, калечить, убивать. *Лихач давит прохожих.* **7.** *кого (что).* Сдавливая горло, убивать. *Лиса давит кур.* ‖ *сов.* **задави́ть**, -авлю́, -а́вишь; -а́вленный (к 6 знач.), **раздави́ть**, -авлю́, -а́вишь; -а́вленный (к 5 и 6 знач.) *и* **удави́ть**, -авлю́, -а́вишь; -а́вленный (к 7 знач.). ‖ *сущ.* **давле́ние**, -я, *ср.* (к 1 и 3 знач.). ‖ *прил.* **дави́льный**, -ая, -ое (к 1 и 4 знач.; спец.). *Д. пресс. Д. жом.*

ДАВИ́ТЬСЯ, давлю́сь, да́вишься; *несов.* **1.** Лишать себя жизни повешением (разг.). *Хоть давись!* (то же, что хоть в петлю полезай!). **2.** *чем.* Испытывать затруднения при глотании. *Д. костью. Д. от смеха* (перен.). **3.** Находиться в давке, в тесноте (прост.). *Д. в автобусе.* ‖ *сов.* **подави́ться**, -авлю́сь, -а́вишься (ко 2 знач.) *и* **удави́ться**, -авлю́сь, -а́вишься (к 1 знач.).

ДА́ВКА, -и, *ж.* Скопление теснящихся в беспорядке, давящих друг друга людей. *Д. у входа, в дверях. Попасть в давку.*

ДАВЛЕ́НИЕ, -я, *ср.* **1.** *см.* давить. **2.** Сила действия одного тела на поверхность другого (спец.). *Д. жидкости на стенки сосуда. Д. воды. Атмосферное д. Кровяное д.* (давление крови в сосудах). **3.** То же, что кровяное давление (разг.). *Повышенное, пониженное д. Проверить д. у больного.* **4.** Повышенное кровяное давление (разг.). *От давления болит голова.* **5.** Принуждение, насилие над чьей-н. волей, убеждениями. *Оказывать д. на кого-н.* ✦ **Под давлением** *кого-чего, в знач. предлога с род. п.* — поддаваясь необходимости, будучи вынужденным. *Решиться под давлением обстоятельств.*

ДА́ВЛЕНЫЙ, -ая, -ое (разг.). **1.** Мятый, испорченный давлением. *Давленые ягоды, помидоры.* **2.** О дичи: удушенный, не застреленный. *Давленая птица.*

ДА́ВНИЙ, -яя, -ее. **1.** Бывший, происшедший задолго до настоящего времени. *Д. случай. С давних пор.* **2.** Существующий издавна. *Д. друг. Давняя привязанность.*

ДАВНИ́ШНИЙ, -яя, -ее (разг.). То же, что давний. *Д. долг. Давнишнее знакомство.*

ДАВНО́, *нареч.* **1.** Много времени тому назад. *Д. возвратился.* **2.** В течение долгого времени. *Д. здесь живёт.* ✦ **Давно бы так!** — удовлетворённый возглас по поводу согласия того, кто долго не решался, не соглашался. **Давны́м-давно́** (разг.). — очень давно. ‖ *уменьш.* **давне́нько.**

ДАВНОПРОШЕ́ДШИЙ, -ая, -ее. Происшедший в очень давние времена. *Давнопрошедшие события.* ✦ **Давнопрошедшее время** — в грамматике нек-рых языков: одна из форм прошедшего времени.

ДА́ВНОСТЬ, -и, *ж.* **1.** Отдалённость по времени совершения, возникновения чего-н. *Дело имеет большую д. За давностью лет* (потому что было очень давно). **2.** Длительное существование чего-н. *Д. дружбы.* **3.** Срок, по истечении к-рого приобретается или теряется какое-н. право (спец.). *Исковая д. Срок давности.* ‖ *прил.* **да́вностный**, -ая, -ое (к 3 знач.).

ДАГЕСТА́НСКИЙ, -ая, -ое. **1.** *см.* дагестанцы. **2.** Относящийся к дагестанцам, к их языкам, образу жизни, культуре, а также к Дагестану, его территории, внутреннему устройству, истории; такой, как у дагестанцев, как в Дагестане. *Дагестанские языки* (одна из групп кавказских языков, в неё входят аварский, даргинский, кумыкский, лезгинский и другие). *Дагестанские овцы* (тонкорунная порода). *По-дагестански* (нареч.).

ДАГЕСТА́НЦЫ, -ев, *ед.* -нец, -нца, *м.* Население Дагестана. ‖ *ж.* **дагеста́нка**, -и. ‖ *прил.* **дагеста́нский**, -ая, -ое.

ДА́ЖЕ. **1.** *частица.* Употр. при сообщении о том, что противоречит ожидаемому, осуществляется вопреки ему. *Шум не смолкает д. ночью. Все притихли, д. дети. Очаровательна д. без всяких украшений.* **2.** *частица.* Употр. при сообщении о том, что осуждается как противоречащее узусу. *Д. матери грубит. Обидит д. ребёнка. Не подаст д. куска хлеба.* **3.** *частица.* Употр. для выделения той части сообщения, к-рая его подтверждает, приводя дополнительные аргументы или ещё более вескую информацию. *Умён, д. талантлив. Холодно, д., кажется, снег идёт. Мила́, д. красива.* **4.** *частица.* Употр. для выражения неожиданности и интенсивности того действия, о к-ром сообщается. *Д. заплакал от радости. Обиделась, д. слушать не хочет.* **5.** *союз.* Присоединяет предложение или член предложения со знач. уточнения, добавления. *Ветер сильный, д. провода гудят.*

ДАКТИЛОСКОПИ́Я, -и, *ж.* (спец.). Изучение строения кожных линий на внутренней стороне пальцев рук, а также метод установления личности по отпечаткам пальцев. ‖ *прил.* **дактилоскопи́ческий**, -ая, -ое. *Дактилоскопическое исследование.*

ДА́КТИЛЬ, -я, *м.* Трёхсложная стихотворная стопа с ударением на первом слоге. ‖ *прил.* **дактили́ческий**, -ая, -ое.

ДАЛА́Й-ЛА́МА, -ы, *м.* В Тибете: титул ламаистского первосвященника, а также лицо, имеющее этот титул.

ДА́ЛЕЕ, *нареч.* То же, что дальше. *До села не д. двух километров. Об этом будет сказано д.* (ниже). *Продолжайте д.* ✦ **И так далее** (сокращённо: и т. д.) — употр. в конце перечисления для указания, что перечисление могло бы быть продолжено. **Не далее как... (или чем...)** — то же, что не дальше как... (или чем...).

ДАЛЁКИЙ, -ая, -ое; -ёк, -ека́, -еко́ *и* -ёко; да́льше. **1.** Находящийся, происходящий на большом расстоянии или имеющий большое протяжение. *Д. берег. Д. выстрел. Д. путь. Далеко* (нареч.) *пойти* (также перен.: добиться успехов в жизни). *Далеко* (нареч.) *зайти* (также перен.: выйти за пределы допустимого). *Далеко* (нареч.) *завести* (также перен.: иметь серьёзные последствия). *Далеко* (нареч.) *идущие цели* (о широких планах на будущее; часто неодобр.). *Дальше в лес — больше дров* (посл. об ошибках, путанице, возрастающих по ходу дела). **2.** Отделённый большим промежутком времени. *Далёкое будущее. Далёкая старина. До весны ещё далеко* (в знач. сказ.). **3.** *перен.* Чуждый, имеющий мало общего с кем-чем-н. *Мы с ним люди далёкие. Далёк от науки кто-н.* **4.** *от чего.* Не думающий чего-н., не намеревающийся что-н. делать. *Далёк от мысли спорить.* **5.** только *с отриц.* Умный, сообразительный (разг.). *Парень не очень-то д.* ✦ **Далеко́ до** *кого-чего кому-чему* — многого недостаёт (по сравнению с кем-чем-н.). **Далеко́ за** — 1) спустя много времени после чего-н. *Далеко за́ полночь;* 2) много больше, чем. *Ему далеко за сорок.* **Далеко́ не** (разг.) — совсем не. *Далеко не храбрец.* **Далеко не ходить** *за чем* (разг.) — о том, что рядом, совсем близко, под рукой. *За примерами далеко не ходить.* **Далеко не уедешь** *на чём* (разг.) — многого не добьёшься, не будет толку. *На лжи далеко не уедешь.*

ДАЛЁКО. **1.** *см.* далёкий. **2. прекрасное далёко** — о спокойном пребывании вдали от жизненных невзгод, борьбы (книжн.). *Смотреть на что-н. из своего прекрасного далёка.*

ДАЛЬ, -и, о да́ли, в дали́, *ж.* **1.** Далёкое место (разг.). *Не поеду в такую д. Этакая д.* (очень далеко). **2.** Далёкое пространство, видимое глазом. *Голубая д. Родные дали.* ✦ **Такую даль** (идти, ехать, тащиться) (разг. неодобр.) — так далеко.

ДАЛЬНЕ... *Первая часть сложных слов со знач.* далёкий (в 1 знач.), с далёкого расстояния, напр. *дальнедействующий* (аппарат), *дальнепривозное* (топливо), *дальневосточный.*

ДАЛЬНЕ́ЙШИЙ, -ая, -ее. Следующий за чем-н., последующий. *Без дальнейших объяснений. В дальнейшем* (в будущем).

ДА́ЛЬНИЙ, -яя, -ее. **1.** То же, что далёкий (в 1 знач.). *Дальние районы. Авиация дальнего действия. На дальних подступах* (также перен.). **2.** Восходящий к общему предку не ближе, чем в третьем колене. *Д. родственник.* **3.** О поезде, автобусе: идущий на далёкое расстояние. ✦ **Без дальних слов или разговоров** — не тратя лишних слов. ‖ *сущ.* **да́льность**, -и, *ж.* (к 1 и 2 знач.). *Д. полёта. Д. родства.*

ДАЛЬНОБО́ЙНЫЙ, -ая, -ое. Стреляющий на далёкое расстояние. *Дальнобойное орудие.* ‖ *сущ.* **дальнобо́йность**, -и, *ж.*

ДАЛЬНОВИ́ДНЫЙ, -ая, -ое; -ден, -дна. Предусмотрительный, предвидящий возможные последствия. *Д. человек. Дальновидно* (нареч.) *действовать.* ‖ *сущ.* **дальнови́дность**, -и, *ж.*

ДАЛЬНОЗО́РКИЙ, -ая, -ое; -рок, -рка. **1.** Видящий удалённые предметы яснее, чем близкие. *Очки для дальнозорких* (сущ.). **2.** *перен.* То же, что дальновидный. *Д. политик.* ‖ *сущ.* **дальнозо́ркость**, -и, *ж.* (к 1 знач.).

ДАЛЬНОМЕ́Р, -а, *м.* Прибор для определения расстояния. *Оптический д. Акустический д.*

ДАЛЬТОНИ́ЗМ, -а, *м.* Недостаток зрения — неспособность различать нек-рые цвета, обычно красный и зелёный.

ДАЛЬТО́НИК, -а, *м.* Человек, страдающий дальтонизмом. ‖ *ж.* **дальтони́чка**, -и (разг.).

ДА́ЛЬШЕ, *нареч.* **1.** *см.* **далёкий**. **2.** Затем, в дальнейшем. *Что-то будет д.?* **3.** Продолжая начатое. *Рассказывай д. Об этом написано д.* ✦ **Дальше — больше** (разг.) — о нарастающих осложнениях, сложностях. **Дальше некуда (дальше ехать некуда)** (разг.) — очень плохо, хуже не может быть. **Не дальше как...(или чем...)** — служит для уточнения времени недавнего действия, события. *Не дальше чем вчера.*

ДА́МА, -ы, *ж.* **1.** Женщина из интеллигентских, обычно обеспеченных городских кругов (устар.). *Светская д. Дамы и девицы. Д. сердца* (возлюбленная). *Классная д.* (надзирательница в женском учебном заведении). **2.** Форма вежливого обращения, упоминания (вообще о женщинах; разг.). *Дамы и господа!* (традиционное начало официальных речей, обращений). **3.** Женщина, танцующая в паре с кавалером. *Кавалеры приглашают дам.* **4.** Игральная карта с изображением женщины. *Пиковая д. Д. треф.* ‖ *уменьш.* **да́мочка**, -и, *ж.* (к 1 и 2 знач.). ‖ *прил.* **да́мский**, -ая, -ое (к 1 знач.).

ДА́МБА, -ы, *ж.* Гидротехническое сооружение — вал для предохранения от затопления водой низких мест, для ограждения водохранилища. *Оградительная д.* ‖ *прил.* **да́мбовый**, -ая, -ое.

ДА́МКА, -и, *ж.* В шашках: шашка, доведённая до последнего ряда клеток соперника и получившая право передвигаться на любое число клеток. *Пройти в дамки* (также перен.: добиться успеха в чём-н.; разг.). *Быть в дамках* (перен.: оказаться победителем; устар. разг.).

ДАМО́КЛОВ : дамоклов меч (книжн.) — о постоянно грозящей близкой опасности [из предания о Дамокле, над к-рым во время пира подвесили меч на конском волосе]. *Быть под дамокловым мечом.*

ДА́МСКИЙ, -ая, -ое. **1.** *см.* дама. **2.** Предназначенный для женщин или относящийся к обслуживанию женщин. *Дамская одежда. Д. портной. Д. парикмахер. Дамская комната.*

ДА́ННОСТЬ, -и, *ж.* (книжн.). То, что дано, что есть в наличии, объективная действительность.

ДА́ННЫЕ, -ых. **1.** Сведения, необходимые для какого-н. вывода, решения. *По официальным данным. Цифровые д.* **2.** Свойства, способности, качества как условия или основания для чего-н. *Хорошие голосовые д. Иметь все д. для научного роста.*

ДА́ННЫЙ, -ая, -ое. Этот, именно этот. *Д. случай. В д. момент.* ✦ **Данная величина** — в математике: величина, заранее известная и служащая для определения других.

ДАНТИ́СТ, -а, *м.* (устар.). Зубной врач. ‖ *ж.* **данти́стка**, -и. ‖ *прил.* **данти́стский**, -ая, -ое.

ДАНЬ, -и, *ж.* **1.** В старину: подать с населения или налог, взимаемый победителем с побеждённых. **2.** *перен., чего.* То должное, что нужно воздать кому-чему-н. (книжн.). *Принести д. уважения кому-н.* **3.** *перен., чему.* Вынужденная уступка чему-н. *Д. моде. Д. традиции.* ✦ **Отдать дань** *кому-чему* — оценить в полной мере. *Нужно от-*

дать дань его находчивости (он очень находчив).

ДАР, -а, *мн.* -ы́, -о́в, *м.* **1.** Подарок, приношение, пожертвование (высок.). *Принести что-н. в д. кому-н. Получить в д. Дары моря, леса, природы* (перен.: о том, что даёт человеку в пищу море, лес, природа). **2.** Способность, талант. *Литературный д. Лишиться дара речи* (потерять способность говорить). ✦ **Святые дары** — в церковном таинстве: причастие (хлеб и вино). **Дары волхвов** — по евангельской притче: дары, принесённые волхвами младенцу Иисусу — золото как царю, ладан как Богу и благовонные масла как смертному. **Дары данайцев** (книжн.) — коварное предательство, скрытое под личиной дружбы [по древнегреческому сказанию о данайцах, подаривших городу Трое большого деревянного коня, в котором спрятались воины, ночью вышедшие, перебившие охрану и впустившие в город вражеское войско]. *Бойся данайцев (даже, и), дары приносящих* (афоризм).

ДАРВИНИ́ЗМ, -а, *м.* Основанная на учении Ч. Дарвина материалистическая теория происхождения и развития видов животных и растений путём естественного отбора, учение о законах развития живой природы. ‖ *прил.* **дарвини́стский**, -ая, -ое.

ДАРВИНИ́СТ, -а, *м.* Последователь дарвинизма. ‖ *ж.* **дарвини́стка**, -и. ‖ *прил.* **дарвини́стский**, -ая, -ое.

ДАРЁНЫЙ, -ая, -ое (разг.). Такой, к-рый подарен. *Дарёная вещь. Дарёному коню в зубы не смотрят* (посл.: подарок не критикуют, не обсуждают).

ДАРИ́ТЕЛЬ, -я, *м.* (книжн. и спец.). Тот, кто приносит что-н. в дар, совершает дарение. *Поступления в музеи от дарителей.* ‖ *ж.* **дари́тельница**, -ы.

ДАРИ́ТЬ, дарю́, да́ришь; да́ренный; *несов.* **1.** *кому кого-что.* Давать, передавать в качестве подарка. *Д. что-н. ко дню рождения. Д. цветы.* **2.** *перен., кого (что) чем.* Удостаивать какими-н. знаками внимания. *Д. улыбкой.* ‖ *сов.* **подари́ть**, -арю́, -а́ришь; -а́ренный. ‖ *сущ.* **даре́ние**, -я, *ср.* (спец.). *Акт дарения.*

ДАРМОВЩИ́НКА, -и, *ж.* (прост.). То, что получается кем-н. бесплатно, за чужой счёт. *Любитель дармовщинки.* ✦ **На дармовщинку** — не расходуясь, на чужой счёт. *Полакомиться на дармовщинку.*

ДАРМОЕ́Д, -а, *м.* (разг.). Тот, кто живёт на чужой счёт, бездельник. ‖ *ж.* **дармое́дка**, -и. ‖ *прил.* **дармое́дский**, -ая, -ое.

ДАРМОЕ́ДНИЧАТЬ, -аю, -аешь; *несов.* (разг.). Жить дармоедом. ‖ *сущ.* **дармое́дство**, -а, *ср.*

ДАРОВА́НИЕ, -я, *ср.* **1.** *см.* даровать. **2.** То же, что талант (книжн.). *Музыкальное д. Юные дарования.*

ДАРОВА́ТЬ, -ру́ю, -ру́ешь; -о́ванный; *сов.* и *несов., кого-что кому* (устар. и высок.). Наградить (-аждать) чем-н., подарить (дарить) что-н. *Д. свободу. Д. жизнь кому-н.* (помиловать приговорённого к казни, а также устар., предотвратить чью-н. смерть). ‖ *сущ.* **дарова́ние**, -я, *ср.*

ДАРОВИ́ТЫЙ, -ая, -ое; -и́т. Обладающий дарованием, талантливый. *Д. юноша.* ‖ *сущ.* **дарови́тость**, -и, *ж.*

ДАРОВО́Й, -а́я, -о́е (разг.). Получаемый даром, бесплатный. *Д. хлеб.*

ДАРОВЩИ́НКА, -и, *ж.* (прост.). То же, что дармовщинка. ✦ **На даровщинку** — то же, что на дармовщинку. *Угоститься на даровщинку.*

ДА́РОМ, *нареч.* (разг.). **1.** То же, что бесплатно. *Получить что-н. д.* **2.** Бесполезно, напрасно. *Д. потерять время. Жизнь прожита не д.* (сделано что-то хорошее, полезное). ✦ **Даром не пройдёт** *что кому* — непременно вызовет неприятные для кого-н. последствия. **Даром что**, *союз* (разг.) — несмотря на то что, хотя и... но. *Даром что молодой, а разумный.*

ДА́РСТВЕННЫЙ, -ая, -ое (спец.). Относящийся к дарению, принесению в дар имущества. *Дарственная надпись. Составить дарственную* (сущ.).

ДА́ТА, -ы, *ж.* **1.** Календарное время какого-н. события. *Исторические даты. Знаменательная д. Круглая д.* (о дне рождения, юбилее, исчисляемом только десятками). *У него сегодня круглая д. — сорок лет).* **2.** Помета, указывающая время (год, месяц, число) написания чего-н. *Письмо без даты.*

ДА́ТЕЛЬНЫЙ: **дательный падеж** — падеж, отвечающий на вопрос кому-чему?

ДАТИ́РОВАТЬ, -рую, -руешь; -анный; *сов.* и *несов., что.* **1.** Надписать (-сывать) дату (во 2 знач.) на чём-н. *Д. заявление вчерашним числом.* **2.** Установить (-навливать) дату (в 1 знач.) какого-н. факта (книжн.). *Д. события.* ‖ *сущ.* **датиро́вка**, -и, *ж.*

ДА́ТСКИЙ, -ая, -ое. **1.** *см.* датчане. **2.** Относящийся к датчанам, к их языку, национальному характеру, образу жизни, культуре, а также к Дании, её территории, внутреннему устройству, истории; такой, как у датчан, как в Дании. *Д. язык* (германской группы индоевропейской семьи языков). *Острова Датского архипелага. Датская крона* (денежная единица). *По-датски* (нареч.).

ДАТЧА́НЕ, -а́н, *ед.* -а́нин, -а, *м.* Народ, составляющий основное население Дании. ‖ *ж.* **датча́нка**, -и. ‖ *прил.* **да́тский**, -ая, -ое.

ДА́ТЧИК, -а *м.* Устройство, непосредственно принимающее, преобразующее и передающее специальным приборам данные каких-н. измерений.

ДАТЬ, дам, дашь, даст, дади́м, дади́те, даду́т; дал, дала́, да́ло и дало́, да́ли (не́ дал и не да́л, не дала́, не́ дало и не дало́, не́ дали и не да́ли); дай; да́нный (дан, дана́; не́ дан, не дана́, не́ дано и не дано́, не́ даны и не даны́); *сов.* **1.** *кого-что кому.* То же, что вручить (в 1 знач.). *Д. деньги. Д. книгу. Д. свой адрес. Д. орден* (наградить орденом). *Сколько дашь за шапку?* (перен.: заплатишь). **2.** *что или с неопр. кому.* То же, что предоставить. *Д. помещение. Д. работу. Д. место. Д. возможность что-н. делать. Д. покой. Д. пить. Не дали спать всю ночь. Д. свече догореть. Д. самолёту взлёт, посадку. Дайте я попытаюсь.* **3.** *что кому.* Доставить, принести как результат чего-н. *Труд дал удовлетворение. Земля дала урожай.* **4.** *что кому.* В нек-рых сочетаниях: устроить, осуществить. *Д. обед, ужин. Д. концерт, спектакль. В Большом театре вчера была дана «Хованщина».* **5.** *что кому.* Определить возраст (разг.). *Ему не дашь сорока лет.* **6.** *что.* В сочетании с существительным выражает действие по знач. данного существительного. *Д. согласие* (согласиться). *Д. звонок* (позвонить). *Д. трещину* (треснуть). *Д. приказ* (приказать). *Д. совет. Д. телеграмму. Д. отзыв. Д. сражение. Д. начало чему-н.* (быть источником чего-н.). *Д. свет* (зажечь свет). *Д. радио* (передать по радио; спец.). *Д. веру* (поверить; устар.). **7.** *что.* Осуществить то, что приводит к значительному результату. *Эксперимент дал хорошие результаты. Переговоры ничего не дали. Что дала революция?* **8.** Нанести (удар), ударить (прост.). *Д. пощёчину. Д. по спине. Д. в ухо.* **9.** То же, что задать (в 4 знач.). *Я тебе дам!* (угроза). **10.** **дай**, *частица.* При глаголе 1 л. ед. ч. буд. вр. обозначает попытку, решение сделать что-н. или приступ к действию (разг.). *Дай, думаю, посижу отдохну. Дай-ка вздремну.* ✦ **Дать знать** *о ком-чём* — сообщить. **Дать руку** *кому* — протянуть руку для опоры или рукопожатия. **Не дано́** *кому с неопр.* (книжн.) — о том, кто лишён возможности, кому не суждено делать, сделать что-н. *Ему не дано быть поэтом. Отцу не дано было увидеть сына.* **Ни дать ни взять** (разг.) — точь-в-точь, совершенно такой же. *Дочка вся в мать: ни дать ни взять она.* ‖ *несов.* **дава́ть**, даю́, даёшь (к 1, 2, 3, 4, 5, 6 и 8 знач.); *многокр.* **да́вывать**, *наст.* не употр. (к 1 и 4 знач.; прост.). ‖ *сущ.* **да́ча**, -и, *ж.* (к 1 и 6 знач.; спец.).

ДА́ТЬСЯ, да́мся, да́шься, да́стся, дади́мся, дади́тесь, даду́тся; да́лся и дался́, дала́сь, дало́сь и да́лось; да́йся; *сов.* (разг.). **1.** обычно *с отриц.* Позволить поймать себя, поддаться. *Не даётся в руки. Не дамся в обман* (не позволю себя обмануть). **2.** (1 и 2 л. не употр.), *кому.* Легко усвоиться, стать доступным для понимания, усвоения. *Латынь ему не далась. Даётся мастерство кому-н.* **3.** *в прош. вр., кому.* Стать предметом крайнего интереса, внимания (неодобр.). *Далась тебе эта песенка!* ‖ *несов.* **дава́ться**, даю́сь, даёшься (к 1 и 2 знач.).

ДА́ЧА[1], -и, *ж.* **1.** *см.* дать. **2.** Порция, даваемая в один приём (спец.). *Две дачи овса.*

ДА́ЧА[2], -и, *ж.* **1.** Загородный дом, обычно для летнего отдыха. *Снять дачу.* **2.** *ед.* Загородная местность, где находятся такие дома, где они снимаются. *Жить на даче. Детский сад выехал на дачу.* **3.** Жизнь летом в загородной местности (разг.). *Скоро лето, опять д., езда.* ‖ *уменьш.* **да́чка**, -и, *ж.* (к 1 знач.). ‖ *прил.* **да́чный**, -ая, -ое. *Дачная мебель. Дачная местность. Д. сезон.*

ДА́ЧА[3], -и, *ж.* (спец.). Участок земли под лесом. *Лесные дачи.*

ДАЧЕВЛАДЕ́ЛЕЦ, -льца, *м.* (офиц.). Владелец дачи[2] (в 1 знач.). ‖ *ж.* **дачевладе́лица**, -ы. ‖ *прил.* **дачевладе́льческий**, -ая, -ое.

ДА́ЧНИК, -а, *м.* Человек, к-рый снимает дачу[2] (в 1 знач.) на лето, живёт летом на даче[2]. ‖ *ж.* **да́чница**, -ы.

ДАЯ́НИЕ, -я, *ср.* (устар.). Пожертвование, дар, приношение. *Всякое д. благо* (посл.). *Доброхотное д.*

ДВА, двух, двум, двумя́, о двух; *ж.* две, двух, *числит. колич.* **1.** Число, цифра и количество 2. *За́ два дня и за два́ дня. На́ два дня и на два́ дня. Рассказать в двух словах* (очень коротко). *Живёт в двух шагах* (совсем рядом). *Ни д. ни полтора* (ни то ни сё; разг.). *В д. счёта сделать что-н.* (очень быстро; разг.). **2.** *нескл.* То же, что двойка (во 2 знач.). *За сочинение получил д.* ‖ *порядк.* **второ́й**, -а́я, -о́е (к 1 знач.).

ДВАДЦАТИЛЕ́ТИЕ, -я, *ср.* **1.** Срок в двадцать лет. *Прошло целое д.* **2.** *чего.* Годовщина события, бывшего двадцать лет тому назад. *Д. основания завода.* **3.** *кого.* Чья-н. двадцатая годовщина. *Отмечать своё д.* (двадцатый день рождения). ‖ *прил.* **двадцатиле́тний**, -яя, -ее.

ДВАДЦАТИЛЕ́ТНИЙ, -яя, -ее. **1.** *см.* двадцатилетие. **2.** Существующий или просуществовавший, проживший двадцать лет.

ДВАДЦА́ТКА, -и, *ж.* (разг.). Двадцать рублей.

ДВА́ДЦАТЬ, -и́, -ью́, *числит. колич.* Число и количество 20. *Д. раз тебе говорил* (неоднократно, много раз; разг.). ‖ *порядк.* **двадца́тый**, -ая, -ое.

ДВА́ЖДЫ, *нареч.* Два раза. *Д. повторить. Д. пять — десять.* ✦ **Как дважды два** (разг.) — о том, что совершенно бесспорно, ясно.

ДВЕНАДЦАТИПЕ́РСТНЫЙ: **двенадцатиперстная кишка** — начальная часть тонкой кишки, идущая от желудка.

ДВЕНА́ДЦАТЬ, -и, *числит. колич.* Число и количество 12. ‖ *порядк.* **двена́дцатый,** -ая, -ое.

ДВЕ́РКА, -и, *ж.* **1.** *см.* дверь. **2.** Небольшая дверь (во 2 знач.), а также (мн.) небольшие двустворчатые двери. *Дверки шкафа.*

ДВЕ́РЦА, -ы, *род. мн.* -рец, *ж.* **1.** Створка, закрывающая какое-н. отверстие. *Печная д.* **2.** Небольшая дверь (обычно двустворчатая). *Дверцы кареты.*

ДВЕРЬ, -и, о две́ри, на двери́, *мн.* (также в одном знач. с ед.) -и, -е́й, -я́ми *и* -рьми́, *ж.* **1.** Проём в стене для входа и выхода. *Прорубить д. Стоять в дверях.* **2.** Укрепляемая на петлях плита (деревянная, металлическая, стеклянная), закрывающая этот проём. *Дубовая д. Навесить д. Закрыть, открыть д. Открыть д. в науку кому-н., перед кем-н.* (перен.: дать возможность заниматься наукой). *Хлопнуть дверью (дверьми)* (также перен.: возмутившись или обидевшись, демонстративно удалиться, отстраниться от дел). *Закрой д. с той стороны* (уходи вон; разг.). ✦ **Жить дверь в дверь** (разг.) — совсем рядом. **У дверей** *что* (разг.) — о чём-н. приближающемся, очень близком. *Беда у дверей.* **Показать на дверь** *кому* — прогнать, заставить уйти. **Во все двери стучаться** — обращаться с просьбами ко многим. **Выставить за дверь** *кого* — грубо выпроводить. **При закрытых дверях** — без допуска посторонней публики. *Парламентские слушанья при закрытых дверях.* **При открытых дверях** — с допуском посторонней публики. *Судебное заседание при открытых дверях.* **День открытых дверей** — день знакомства будущих абитуриентов с учебным заведением. ‖ *уменьш.* **две́рка,** -и, *ж.* ‖ *прил.* **дверно́й,** -а́я, -о́е. *Д. проём. Дверная ручка.*

ДВЕ́СТИ, двухсо́т, двумста́м, двумяста́ми, о двухста́х, *числит. колич.* Число и количество 200. ‖ *порядк.* **двухсо́тый,** -ая, -ое.

ДВИ́ГАТЕЛЬ, -я, *м.* **1.** Машина, преобразующая какой-н. вид энергии в механическую работу. *Д. внутреннего сгорания. Ракетный д.* **2.** *перен., чего.* О силе, содействующей росту, развитию в какой-н. области (высок.) *Труд — д. прогресса.*

ДВИ́ГАТЬ, -аю, -аешь *и* дви́жу, дви́жешь; дви́гая; *несов.* **1.** (-аю, -аешь), *кого-что.* Перемещать, толкая или таща. *Д. мебель.* **2.** (-аю, -аешь), *чем.* Шевелить, производить движения. *Д. пальцами.* **3.** (-аю, -аешь), *кого-что.* Заставлять идти вперёд, направлять. *Д. войска к переправе.* **4.** (1 и 2 л. не употр.; -жет), *перен., что.* Содействовать развитию чего-н. (высок.). *Д. науку. Движущие силы прогресса.* **5.** (1 и 2 л. не употр.), *что.* Приводить в движение, в действие. *Пружина движет (двигает) часовой механизм.* **6.** (1 и 2 л. не употр.; -жет), *перен., кем.* Быть причиной чьих-н. поступков (высок.). *Им движет тщеславие.* **7.** (-аю, -аешь). То же, что двигаться (во 2 знач.) (прост.). *Двигай вперёд.* ‖ *сов.* **дви́нуть,** -ну, -нешь (к 1, 2, 3, 4 и 7 знач.). ‖ *сущ.* **дви́гание,** -я, *ср.* (к 1, 2, 3, 4 и 5 знач.). ‖ *прил.* **дви́гательный,** -ая, -ое (к 1, 2, 4 и 5 знач.; спец.). *Двигательные центры.*

ДВИ́ГАТЬСЯ, -аюсь, -аешься *и* дви́жусь, дви́жешься; дви́гаясь; *несов.* **1.** Находиться в движении, перемещаться, направляться. *Движется снежная лавина, селевой поток. Стрелка движется по циферблату. Д. по дороге. Д. вперёд семимильными шагами* (перен.: очень быстро). *Д. по службе* (получать повышения). *Дело не двигается* (стоит на месте). **2.** (-аюсь, -аешься). Трогаться с места, отправляться. *Д. в путь.* **3.** Шевелиться (в 1 знач.), изменять положение тела. *Сидеть, не двигаясь. Ноги не двигаются* (не может ступить, идти кто-н.). ‖ *сов.* **дви́нуться,** -нусь, -нешься. ‖ *сущ.* **движе́ние,** -я, *ср.* ‖ *прил.* **дви́гательный,** -ая, -ое (к 3 знач.; спец.).

ДВИЖЕ́НЕЦ, -нца, *м.* Работник службы движения на транспорте. ‖ *прил.* **движе́нческий,** -ая, -ое.

ДВИЖЕ́НИЕ, -я, *ср.* **1.** *см.* двигаться. **2.** Форма существования материи, непрерывный процесс развития материального мира. *Нет материи без движения и движения без материи.* **3.** Перемещение кого-чего-н. в определённом направлении. *Вращательное д. Привести в д. что-н. Д. планет. Д. войск.* **4.** Изменение положения тела или его частей. *Д. руки. Неловкое д. Лежать без движения.* **5.** *перен.* Внутреннее побуждение, вызванное каким-н. чувством, переживанием. *Д. сердца. Душевное д.* **6.** Езда, ходьба в разных направлениях. *Оживлённое д. транспорта. Правила дорожного движения. Служба движения* (отдел управления на транспорте). **7.** *перен.* Оживлённость, напряжённость действия. *В пьесе мало движения.* **8.** Активная деятельность многих людей, направленная на достижение общей социальной цели. *Демократическое д. Д. сторонников мира.* **9.** Переход из одного состояния, из одной стадии развития в другое состояние, другую стадию. *Д. событий.*

ДВИ́ЖИМОСТЬ, -и, *ж.* (спец.). Движимое имущество.

ДВИ́ЖИМЫЙ, -ая, -ое; -им. **1.** *чем.* Побуждаемый (высок.). *Движим чувством справедливости.* **2.** *полн. ф.* Об имуществе: такой, к-рый может быть перемещён с места на место (офиц.).

ДВИ́ЖИТЕЛЬ, -я, *м.* (спец.). Название устройств, обеспечивающих движение (винт[1] во 2 знач., колесо, гусеница во 2 знач., парус, реактивное сопло самолёта). *Водомётный д.*

ДВИЖО́К, -жка́, *м.* (спец.). **1.** В разных механизмах: небольшая движущаяся часть, скользящая вдоль оси. **2.** Небольшой двигатель (в 1 знач.). **3.** Широкая деревянная лопата для уборки снега на улицах, путях. ‖ *прил.* **движко́вый,** -ая, -ое.

ДВИ́НУТЬ, -ну, -нешь; -утый; *сов.* **1.** *см.* двигать. **2.** *кого (что).* Ударить, стукнуть (прост.) *Д. кулаком по спине.*

ДВИ́НУТЬСЯ *см.* двигаться.

ДВО́Е, двои́х, двои́м, двои́ми, *числит. собир.* **1.** С существительными мужского рода, обозначающими лиц, с личными местоимениями мн. ч. и без зависимого слова: количество два. *Д. братьев. Д. носильщиков. Д. слуг. Д. детей. Нас было д. Встретил двоих. На дороге показались д. Встаньте по д.* **2.** (обычно им. и вин. п.). С существительными, имеющими только мн. ч.: два предмета. *Д. саней. Д. часов. Д. очков. Д. ножниц. Д. щипцов. Д. брюк. Д. штанов. За́ двое суток и за дво́е суток. На́ двое суток и на дво́е суток.* **3.** (обычно им. и вин. п.). С нек-рыми существительными, обозначающими предметы, существующие или носимые в паре: две пары. *Д. сапог. Надеть д. чулок, д. варежек. У меня не д. рук* (не могу всё успеть один.) ✦ **За двоих** — так, как могут только двое. *Есть за двоих. Работать за двоих.* **На своих (на) двоих** (прост. шутл.) — пешком.

ДВОЕБО́РЕЦ, -рца, *м.* Спортсмен, участвующий в двоеборье. ‖ *ж.* **двоебо́рка,** -и.

ДВОЕБО́РЬЕ, -я, *ср.* Спортивное состязание по двум видам упражнений в одном виде спорта. *Классическое (тяжелоатлетическое) д. Лыжное д. (гонки и прыжки с трамплина).*

ДВОЕВЛА́СТИЕ, -я, *ср.* Одновременное существование двух правительств, двух властей в одном государстве. *Время смуты и двоевластия.* ‖ *прил.* **двоевла́стный,** -ая, -ое.

ДВОЕДУ́ШНЫЙ, -ая, -ое; -шен, -шна. Двуличный, неискренний. ‖ *сущ.* **двоеду́шие,** -я, *ср.*

ДВОЕЖЕ́НЕЦ, -нца, *м.* Мужчина, состоящий в официальном браке одновременно с двумя женщинами.

ДВОЕЖЁНСТВО, -а, *ср.* Пребывание в официальном браке одновременно с двумя женщинами.

ДВОЕТО́ЧИЕ, -я, *ср.* Знак препинания в виде двух точек, расположенных одна над другой (:).

ДВО́ЕЧНИК [*шн*], -а, *м.* (разг.). Неуспевающий ученик, постоянно получающий двойки. ‖ *ж.* **дво́ечница,** -ы.

ДВОИ́ТЬ, двою́, двои́шь; -оённый (-ён, -ена́); *несов., что.* **1.** Раздваивать, разделять надвое. **2.** Вторично вспахивать (спец.). *Д. поле.* ‖ *сов.* **вздвои́ть,** -ою́, -ои́шь; -оённый (-ён, -ена́) (ко 2 знач.).

ДВОИ́ТЬСЯ, двою́сь, двои́шься; *несов.* **1.** (1 и 2 л. не употр.). Раздваиваться (в 1 знач.), разделяться надвое. **2.** Казаться двойным, как бы удваиваться. *В глазах двоится* (безл.).

ДВОИ́ЧНЫЙ, -ая, -ое (спец.). Основанный на счёте двойками (парами). *Двоичная система счисления. Двоичные дроби* (система цифрового изображения дробных количеств при помощи разложения на вторые, четвёртые, восьмые и т. д. части целого). *Д. код.*

ДВО́ЙКА, -и, *ж.* **1.** Цифра 2 (разг.). *Красиво выписать двойку. Д. пишется с хвостиком.* **2.** Школьная учебная отметка «неудовлетворительно». *Получить двойку. Д. в дневнике.* **3.** Название чего-н., содержащего две единицы. *Д. треф* (игральная карта). *Байдарка-д.* **4.** Название чего-н. (обычно транспортного средства), обозначенного цифрой 2 (разг.). *На работу езжу на двойке* (на трамвае, троллейбусе, автобусе под номером 2). ‖ *уменьш.* **дво́ечка,** -и, *ж.* ‖ *прил.* **дво́ечный,** -ая, -ое (ко 2 знач.; разг.).

ДВОЙНИ́К, -а́, *м.* **1.** *чей или кого.* Человек, имеющий полное сходство с другим. *Мой д.* **2.** Двойной или сдвоенный предмет.

ДВОЙНО́Й, -а́я, -о́е. **1.** Вдвое больший. *Двойная порция. В двойном размере.* **2.** Состоящий из двух однородных частей, предметов, а также осуществляющийся два раза или существующий в двух видах. *Двойная подкладка. Двойное дно. Двойное гражданство* (принадлежность гражданина одновременно к двум государствам). *Двойное сальто.* **3.** Двойственный, двуличный. *Двойная игра* (одновременная тайная служба враждебным сторонам). ✦ **Человек с двойным дном** — двойственный, двуличный.

ДВО́ЙНЯ, -и, *род. мн.* -о́ен, *ж.* Два младенца (детёныша), одновременно рождённые одной матерью.

ДВОЙНЯ́ШКИ, -шек, *ед.* -шка, -и, *м.* и *ж.* (разг.). Двое близнецов.

ДВО́ЙСТВЕННЫЙ, -ая, -ое; -вен, -венна. Склоняющийся и в одну и в другую сторону; противоречивый. *Двойственное решение. Двойственное отношение к чему-н.* ✦ **Двойственное число** — в древнерусском языке: грамматическая категория имён, обозначающая, что предмет (парный или непарный) представлен в количестве двух (напр. два рукава, два шага (при множ. шаги). ‖ *сущ.* **дво́йственность,** -и, *ж.*

ДВОЙЧА́ТКА, -и, *ж.* Предмет, состоящий из двух соединённых или сросшихся частей. *Желудь-д. Флейта-д.* (свирель). *Вилы-двойчатки* (с двумя зубьями).

ДВОР[1], -а́, *м.* **1.** Участок земли между домовыми постройками одного владения, одного городского участка. *Детская площадка во дворе.* **2.** Крестьянский дом со всеми хозяйственными постройками, отдельное крестьянское хозяйство. *Деревня в сто дворов.* **3.** Отгороженный от улицы участок земли с надворными постройками при отдельном доме, усадьбе. *Ворота во д. Сарай во дворе. Скотный, птичий, конский д.* (в усадьбе: для содержания скота, птицы, лошадей). **4.** В нек-рых сочетаниях — название производственных участков, учреждений. *Машинный д.* (на сельскохозяйственном предприятии). *Литейный д. Грузовой д.* (на железнодорожной станции). *Монетный д.* (предприятие, изготовляющее металлические деньги, медали, ордена). ✦ **На дворе** (разг.) — о наличии какой-н. погоды, времени суток или года. *На дворе мороз. Ночь на дворе. На дворе уже осень.* **Не ко двору** *кто* (разг.) — не подходит, не может прижиться. *Не ко двору пришёлся кто-н.* **Со двора** (ушёл, выехал) (прост. и устар.) — из дому. *С утра ушёл со двора.* ‖ *уменьш.* **дво́рик,** -а, *м.* (к 1 и 2 знач.). ‖ *прил.* **дворо́вый,** -ая, -ое (к 1 и 2 знач.).

ДВОР[2], -а́, *м.* В монархических странах: монарх, его семья и приближённые к ним лица. *Царский д. Находиться при дворе. Близок ко двору.*

ДВОРЕ́Ц, -рца́, *м.* **1.** Большое и великолепное здание, обычно выделяющееся своей архитектурой. **2.** Такое здание как место пребывания монарха, его семьи. *Летний д. Петра Первого.* **3.** *чего.* Большое здание общественного назначения. *Д. искусств. Д. спорта. Д. бракосочетаний.* ‖ *прил.* **дворцо́вый,** -ая, -ое (к 1 и 2 знач.). *Д. переворот* (смена монарха оппозиционной придворной группировкой).

ДВОРЕ́ЦКИЙ, -ого, *м.* **1.** В Русском государстве 15—17 вв.: глава дворцового управления. **2.** В богатом доме: старший слуга, заведующий домашним хозяйством и прислугой.

ДВО́РНИК, -а, *м.* **1.** Работник, поддерживающий чистоту и порядок на дворе и на улице около дома. **2.** Устройство для механического вытирания смотрового стекла автомашины. ‖ *ж.* **дво́рничиха,** -и (к 1 знач.; разг.). ‖ *прил.* **дво́рницкий,** -ая, -ое (к 1 знач.).

ДВО́РНИЦКАЯ, -ой, *ж.* (устар.). Помещение для дворника.

ДВО́РНЯ, -и, *ж., собир.* При крепостном праве: домашняя прислуга в помещичьем доме. *Многочисленная д.*

ДВОРНЯ́ГА, -и и **ДВОРНЯ́ЖКА,** -и, *ж.* Беспородная дворовая собака.

ДВОРО́ВЫЙ, -ая, -ое. **1.** *см.* двор[1]. **2.** Принадлежащий к дворне. *Дворовые люди. Флигель для дворовых* (сущ.).

ДВОРТЕРЬЕ́Р [тэ], -а, *м.* (разг. шутл.). Дворовая собака, дворняжка.

ДВОРЦО́ВЫЙ, -ая, -ое. **1.** *см.* дворец. **2.** Относящийся ко двору[2]. *Дворцовые интриги.*

ДВОРЯНИ́Н, -а, *мн.* -я́не, -я́н, *м.* Лицо, принадлежащее к дворянству. ‖ *ж.* **дворя́нка,** -и. ‖ *прил.* **дворя́нский,** -ая, -ое. *Дворянское сословие. Дворянские привилегии* (в России: жалованные царской грамотой 1785 г.). ✦ **Дворянское собрание** — в России 1785—1917 гг.: орган сословного самоуправления, занимавшийся делами дворянства (до 1860 г. — также вообще вопросами местного самоуправления).

ДВОРЯ́НСТВО, -а, *ср.* В феодальном и капиталистическом обществе: привилегированный господствующий класс (из помещиков и выслужившихся чиновников). ‖ *прил.* **дворя́нский,** -ая, -ое. *Д. титул.*

ДВОЮ́РОДНЫЙ, -ая, -ое. Находящийся в непрямом родстве. *Д. брат, двоюродная сестра* (сын, дочь дяди или тётки). *Д. дядя, двоюродная тётка* (двоюродный брат, двоюродная сестра отца или матери). *Д. племянник, двоюродная племянница* (сын, дочь двоюродного брата или двоюродной сестры). *Д. дедушка, двоюродная бабушка* (дядя, тётка отца или матери).

ДВОЯ́КИЙ, -ая, -ое; -я́к. Имеющий два вида, две формы, два значения. *Двоякая выгода. Решить двояко* (нареч.). ‖ *сущ.* **двоя́кость,** -и, *ж.*

ДВОЯКОВО́ГНУТЫЙ, -ая, -ое. Вогнутый с обеих сторон. *Двояковогнутое стекло.*

ДВОЯКОВЫ́ПУКЛЫЙ, -ая, -ое. Выпуклый с обеих сторон. *Двояковыпуклое стекло.*

ДВОЯКОДЫ́ШАЩИЕ, -их, *ед.* -ее, -его, *ср.* Подкласс рыб, дышащих не только жабрами, но и лёгкими.

ДВУ... и **ДВУХ...** *Первая часть сложных слов со знач.:* 1) состоящий из двух каких-н. единиц, содержащий два одинаковых признака, напр. *двуглавый, двумерный, двуногий, двугорбый, двукрылый, двугранный, двурогий, двусоставный, двухмесячный, двухлетний, двухкопеечный, двухквартирный, двухколёсный, двухколейный, двухмоторный, двухпроцентный, двухсменный, двухъярусный, двухжильный* (кабель); 2) относящийся к двум, напр. *двухчасовой* (отправляющийся в два часа).

ДВУБО́РТНЫЙ, -ая, -ое. О верхней одежде: с двумя бортами, заходящими один за другой, с глубоким запа́хом. *Д. пиджак. Двубортное пальто.*

ДВУГЛА́ВЫЙ, -ая, -ое. Имеющий две головы, главы. *Д. вершина. Д. орёл.*

ДВУГРИ́ВЕННЫЙ, -ого, *м.* (разг.). Монета или сумма в 20 копеек.

ДВУДО́ЛЬНЫЙ, -ая, -ое (спец.). Состоящий из двух долей. *Двудольные растения* (с зародышем из двух семядолей). *Д. размер стиха* (ямб, хорей).

ДВУДО́МНЫЙ, -ая, -ое (спец.). О растениях: обладающий цветками обоего пола (пестичными и тычиночными), расположенными на разных особях.

ДВУЕДИ́НЫЙ, -ая, -ое; -и́н (книжн.). Состоящий из двух частей, двух элементов и образующий единство.

ДВУЖИ́ЛЬНЫЙ, -ая, -ое (разг.). Выносливый, сильный.

ДВУЗНА́ЧНЫЙ[1], -ая, -ое. Состоящий из двух цифр. *Двузначное число.*

ДВУЗНА́ЧНЫЙ[2], -ая, -ое; -чен, -чна. Имеющий два значения. *Двузначное выражение.*

ДВУКО́ЛКА, -и, *ж.* Двухколёсная повозка. ‖ *прил.* **двуко́лочный,** -ая, -ое.

ДВУКРА́ТНЫЙ, -ая, -ое. Произведённый, осуществляющийся два раза, увеличенный в два раза. *Двукратное напоминание. Д. чемпион* (дважды завоевавший это звание). *В двукратном размере.*

ДВУКРЫ́ЛЫЕ, -ых, *ед.* -ое, -ого, *ср.* (спец.). Отряд насекомых, имеющих только одну (переднюю) пару крыльев (напр. мухи, комары, москиты).

ДВУЛИ́КИЙ, -ая, -ое; -и́к (книжн.). То же, что двуличный [*первонач.* заключающий в себе два противоречивых свойства]. ✦ **Двуликий Янус** — двуличный человек [по имени древнеримского божества, изображавшегося с двумя разными лицами, обращёнными в противоположные стороны]. ‖ *сущ.* **двули́кость,** -и, *ж.*

ДВУЛИ́ЧИЕ, -я, *ср.* Лицемерие, неискренность.

ДВУЛИ́ЧНЫЙ, -ая, -ое; -чен, -чна. Лицемерный, неискренний. ‖ *сущ.* **двули́чность,** -и, *ж.*

ДВУНА́ДЕСЯТЬ, -и, *числит. колич.* (стар.). То же, что двенадцать. *Нашествие двунадесяти языков* (об армии Наполеона во время Отечественной войны 1812 г.). ‖ *порядк.* **двунадеся́тый,** -ая, -ое. ✦ **Двунадесятые праздники** — в православии: двенадцать важнейших после Пасхи церковных праздников: Рождество Богородицы, Введение (Богородицы во храм), Благовещение, Рождество Христово, Сретение, Крещение (Богоявление), Преображение, Вход Господен в Иерусалим (Вербное воскресение), Вознесение, День святой Троицы (Пятидесятница), Успение, Воздвижение (креста Господня).

ДВУНО́ГИЙ, -ая, -ое. **1.** Имеющий две ноги. *Из породы двуногих* (сущ.; о человеке; шутл.). **2.** О предмете, устройстве: с одной ножкой (во 2 знач.), опорой. *Двуногая табуретка.*

ДВУО́КИСЬ, -и, *ж.* (спец.). Прежнее название диоксида. ‖ *прил.* **двуо́кисный,** -ая, -ое.

ДВУПА́ЛЫЙ, -ая, -ое (спец.). Имеющий два пальца (в 1 знач.) на руке или ноге (у животных на лапе).

ДВУПЕ́РСТНЫЙ, -ая, -ое. О крестном знамении: производимый двумя перстами. *Двуперстное знамение у старообрядцев.*

ДВУПЛА́НОВЫЙ, -ая, -ое; -нен. Расположенный в двух планах. *Двупланное изображение.* ‖ *сущ.* **двупла́нность,** -и, *ж.*

ДВУПО́ЛЫЙ, -ая, -ое (спец.). **1.** Об организме человека, животного: имеющий мужские и женские половые органы. **2.** О цветке: то же, что обоеполый.

ДВУПО́ЛЬЕ, -я, *ср.* Старый способ обработки земли, при к-ром ежегодно половина земли остается под паром. ‖ *прил.* **двупо́льный,** -ая, -ое.

ДВУРУ́ЧНЫЙ, -ая, -ое. Имеющий две ручки. *Двуручная пила.*

ДВУРУ́ШНИК, -а, *м.* Человек, к-рый под личиной преданности кому-чему-н. действует в пользу враждебной стороны. ‖ *ж.* **двуру́шница,** -ы. ‖ *прил.* **двуру́шнический,** -ая, -ое.

ДВУРУ́ШНИЧАТЬ, -аю, -аешь; *несов.* Быть двурушником, поступать как двурушник. ‖ *сов.* **сдвуру́шничать,** -аю, -аешь.

ДВУРУ́ШНИЧЕСТВО, -а, *ср.* Поведение двурушника. *Политическое д.* ‖ *прил.* **двуру́шнический,** -ая, -ое.

ДВУСВЕ́ТНЫЙ, -ая, -ое. О помещении: с двумя рядами окон, расположенными один над другим. *Д. зал.*

ДВУСКА́ТНЫЙ, -ая, -ое. С двумя скатами[1] в разные стороны. *Двускатная крыша.*

ДВУСЛО́ЖНЫЙ, -ая, -ое; -жен, -жна. Состоящий из двух слогов. *Двусложное слово.* ‖ *сущ.* **двусло́жность**, -и, *ж.*

ДВУСМЫ́СЛЕННОСТЬ, -и, *ж.* 1. *см.* двусмысленный. 2. Двусмысленное (во 2 знач.) выражение, высказывание. *Говорить двусмысленности.*

ДВУСМЫ́СЛЕННЫЙ, -ая, -ое; -лен, -ленна. 1. Имеющий двоякое значение, двоякий смысл. *Д. ответ* (уклончивый). 2. Содержащий неприличный, нескромный намёк. *Двусмысленная шутка.* ‖ *сущ.* **двусмы́сленность**, -и, *ж.*

ДВУСПА́ЛЬНЫЙ, -ая, -ое. Предназначенный для спанья вдвоём. *Двуспальная кровать.*

ДВУСТВО́ЛКА, -и, *ж.* Двуствольное ружье.

ДВУСТВО́ЛЬНЫЙ, -ая, -ое. Имеющий два ствола, распространяющийся на два ствола. *Двуствольное ружьё. Двуствольное бурение.*

ДВУСТВО́РЧАТЫЙ, -ая, -ое. Состоящий из двух створов, створок, с двумя створками. *Двустворчатая дверь. Двустворчатые раковинные моллюски.*

ДВУСТИ́ШИЕ, -я, *ср.* Строфа из двух стихов[1] (в 1 знач.).

ДВУСТОРО́ННИЙ, -яя, -ее; -о́нен, -о́ння. 1. *полн. ф.* С двумя равноценными сторонами (в 5 знач.). *Д. драп* (с равноценными изнанкой и лицом). 2. Имеющий место, осуществляющийся с двух сторон (в 1 знач.). *Двустороннее воспаление лёгких. Двустороннее движение.* 3. Обоюдный, обязательный для обеих сторон. *Двустороннее соглашение.* ‖ *сущ.* **двусторо́нность**, -и, *ж.* (ко 2 и 3 знач.).

ДВУТАВРО́ВЫЙ, -ая, -ое (спец.). Имеющий поперечное сечение в форме буквы Н. *Двутавровая балка.*

ДВУХ... *см.* дву...

ДВУХВЁРСТНЫЙ, -ая, -ое. 1. Протяжённостью в две версты. *Д. переход.* 2. Составленный в масштабе двух вёрст в дюйме. *Двухвёрстная карта.*

ДВУХГОДИ́ЧНЫЙ, -ая, -ое. Продолжительностью в два года. *Д. курс.*

ДВУХГОДОВА́ЛЫЙ, -ая, -ое. Возрастом в два года. *Д. ребёнок.*

ДВУХДНЕ́ВНЫЙ, -ая, -ое. 1. Продолжающийся два дня. *Д. переход.* 2. Рассчитанный на два дня. *Д. запас.*

ДВУХКИЛОМЕТРО́ВЫЙ, -ая, -ое. 1. Протяжённостью в два километра. *Д. путь.* 2. Составленный в масштабе двух километров в сантиметре. *Двухкилометровая карта.*

ДВУХЛЕ́ТИЕ, -я, *ср.* 1. Срок в два года. 2. *чего.* Годовщина события, бывшего два года тому назад. ‖ *прил.* **двухле́тний**, -яя, -ее.

ДВУХЛЕ́ТНИЙ, -яя, -ее. 1. *см.* двухлетие. 2. Существующий или просуществовавший, проживший два года. *Д. стаж. Д. ребёнок.* 3. О растениях: проходящий круг полного развития до созревания семян в течение двух лет.

ДВУХЛЕ́ТОК, -тка, *м.* Животное в возрасте двух лет.

ДВУХЛИТРО́ВЫЙ, -ая, -ое. Ёмкостью в два литра. *Д. бидон.*

ДВУХМЕ́РНЫЙ, -ая, -ое; -рен, -рна. Имеющий два измерения. ‖ *сущ.* **двухме́рность**, -и, *ж.*

ДВУХМЕ́СТНЫЙ, -ая, -ое. Предназначенный для временного пребывания, нахождения двоих. *Двухместное купе. Д. номер* (в гостинице). *Д. велосипед.*

ДВУХНЕДЕ́ЛЬНЫЙ, -ая, -ое. 1. Продолжительностью в две недели. *Д. отпуск.* 2. Двух недель от роду. *Д. ребёнок.* 3. Выходящий в свет один раз в две недели. *Д. журнал.*

ДВУХПАЛА́ТНЫЙ, -ая, -ое. О структуре высшего органа государственной власти: имеющий две палаты[2]. *Д. парламент.*

ДВУХПА́ЛУБНЫЙ, -ая, -ое. О корабле, самолёте: имеющий две палубы. *Двухпалубное судно. Д. аэробус.*

ДВУХПАРТИ́ЙНЫЙ, -ая, -ое. Об общественной системе: имеющий две политические партии.

ДВУХРА́ЗОВЫЙ, -ая, -ое. Производящийся два раза в какой-н. промежуток времени. *Двухразовое питание.*

ДВУХРЯ́ДНЫЙ, -ая, -ое. 1. Состоящий из двух рядов, образующий два ряда (в 1 знач.). *Двухрядная клётка. Двухрядная трасса.* 2. О гармони: с двумя рядами клавишей. *Двухрядная гармонь.*

ДВУХСМЕ́НКА, -и, *ж.* (разг.). Работа на предприятии в две смены.

ДВУХСОТЛЕ́ТИЕ, -я, *ср.* 1. Срок в двести лет. 2. *чего.* Годовщина события, бывшего двести лет тому назад. *Д. основания города.* ‖ *прил.* **двухсотле́тний**, -яя, -ее.

ДВУХСОТЛЕ́ТНИЙ, -яя, -ее. 1. *см.* двухсотлетие. 2. Просуществовавший двести лет.

ДВУХСО́ТЫЙ *см.* двести.

ДВУХТА́КТНЫЙ, -ая, -ое (спец.). 1. Продолжительностью в два такта. *Двухтактная пауза.* 2. О двигателе внутреннего сгорания: работающий в два такта (хода), т. е. такой, в к-ром вспышка горючего происходит за один оборот коленчатого вала. *Д. мотор.*

ДВУХТО́МНИК, -а, *м.* Двухтомное издание (во 2 знач.). *Д. Пушкина.*

ДВУХТО́МНЫЙ, -ая, -ое. В двух томах. *Д. труд.*

ДВУХТЫ́СЯЧНЫЙ, -ая, -ое. 1. *Числит. порядк.* к две тысячи. 2. Ценою в две тысячи. *Двухтысячная шуба.* 3. Состоящий из двух тысяч единиц. *Двухтысячная толпа.*

ДВУХЦВЕ́ТНЫЙ, -ая, -ое. Имеющий в своей окраске два цвета или состоящий из двух частей различного цвета. *Двухцветная ткань. Д. ковёр. Д. флаг.*

ДВУХЧАСОВО́Й, -а́я, -о́е. 1. Продолжительностью в два часа. *Д. доклад.* 2. Назначенный на два часа. *Д. поезд.*

ДВУХЭТА́ЖНЫЙ, -ая, -ое. 1. Высотой в два этажа. *Д. дом.* 2. *перен.* То же, что трёхэтажный (во 2 знач.). *Д. пример. Двухэтажная ругань.*

ДВУЧЛЕ́Н, -а, *м.* (спец.). Алгебраическое выражение — многочлен, состоящий из двух одночленов. ‖ *прил.* **двучле́нный**, -ая, -ое.

ДВУЧЛЕ́ННЫЙ, -ая, -ое. 1. *см.* двучлен. 2. Состоящий из двух членов (во 2 знач.).

ДВУ́ШКА, -и, *ж.* (прост.). Двухкопеечная монета.

ДВУЯЗЫ́ЧИЕ, -я, *ср.* 1. *см.* двуязычный. 2. Употребление двух языков среди населения какой-н. местности, группы людей (спец.).

ДВУЯЗЫ́ЧНЫЙ, -ая, -ое; -чен, -чна. 1. Пользующийся двумя языками как равноценными. *Двуязычное население.* 2. Составленный на двух языках. *Д. текст. Д. словарь* (переводящий слова с одного языка на другой). ‖ *сущ.* **двуязы́чность**, -и, *ж.* и **двуязы́чие**, -я, *ср.* (к 1 знач.).

ДЕ, *частица* (прост.). То же, что дескать.

ДЕ..., *приставка.* Образует глаголы и существительные со знач. отсутствия или противоположности, напр. *деидеологизация, декодировать, дешифровать, демаскировать, демонтаж, демилитаризация, денационализация, декомпрессия, дестабилизация, дегуманизация.*

ДЕБАРКА́ДЕР [дэр], -а и (устар.) **ДЕБАРКАДЕ́Р** [дэр], -а, *м.* 1. Плавучая пристань. 2. Крытая платформа (платформы) железнодорожной станции. ‖ *прил.* **дебарка́дерный**, -ая, -ое *и* **дебаркаде́рный**, -ая, -ое (устар.).

ДЕБАТИ́РОВАТЬ, -рую, -руешь; *несов., что* (книжн.). Обсуждать, вести дебаты. *Д. вопрос.*

ДЕБА́ТЫ, -ов (книжн.). Прения, обсуждение вопроса. *Парламентские д.*

ДЕБЕ́ЛЫЙ, -ая, -ое; -е́л (прост.). 1. О человеке, теле: толстый, полный. *Дебелая женщина.* 2. Прочный, крепкий (устар.). *Д. дуб. Дебелая стена* (бревенчатая внутренняя стена дома). ‖ *сущ.* **дебе́лость**, -и, *ж.*

ДЕ́БЕТ, -а, *м.* (спец.). В приходо-расходных книгах: счёт поступлений и долгов данному учреждению. ‖ *прил.* **дебето́вый**, -ая, -ое.

ДЕБИ́Л, -а, *м.* Психически недоразвитый человек.

ДЕБИ́ЛЬНЫЙ, -ая, -ое. То же, что идиотический. ‖ *сущ.* **деби́льность**, -и, *ж.*

ДЕБИ́Т, -а, *м.* (спец.). Количество воды, нефти или другой жидкости, а также газа, поступающее из источника в определённый промежуток времени. *Д. нефтяной скважины.* ‖ *прил.* **деби́тный**, -ая, -ое.

ДЕБИТО́Р, -а, *м.* (спец.). То же, что должник. ‖ *прил.* **дебито́рский**, -ая, -ое.

ДЕБО́Ш, -а, *м.* (разг.). Буйство, скандал с шумом и дракой. *Устроить, поднять д.*

ДЕБОШИ́Р, -а, *м.* (разг.). Человек, к-рый устраивает дебоши. ‖ *прил.* **дебоши́рский**, -ая, -ое.

ДЕБОШИ́РИТЬ, -рю, -ришь; *несов.* (разг.). Устраивать дебоши. ‖ *сов.* **надебоши́рить**, -рю, -ришь. ‖ *сущ.* **дебоши́рство**, -а, *ср.*

ДЕ́БРИ, -ей. 1. Место, заросшее непроходимым лесом. *Лесные д. Непролазные д.* 2. *перен., чего.* Большие сложности, запутанное состояние чего-н. *Д. науки* (ирон). *Запутаться в дебрях красноречия.*

ДЕБЮ́Т, -а, *м.* 1. Первое или пробное выступление на сцене, в спортивных состязаниях, на новом поприще. *Д. в театре. Д. молодого поэта.* 2. Начало шахматной, шашечной партии. *Ферзевый д.* ‖ *прил.* **дебю́тный**, -ая, -ое.

ДЕБЮТА́НТ, -а, *м.* Тот, кто дебютирует где-н. ‖ *ж.* **дебюта́нтка**, -и. ‖ *прил.* **дебюта́нтский**, -ая, -ое (разг.).

ДЕБЮТИ́РОВАТЬ, -рую, -руешь; *сов.* и *несов.* Впервые выступить (-пать) публично на сцене, в спортивных состязаниях, на новом поприще.

ДЕ́ВА, -ы, *ж.* (устар.). То же, что девушка (в 1 знач.). ✦ **Старая дева** (разг.) — о немолодой девушке, не вступавшей в брачные отношения.

ДЕВАЛЬВА́ЦИЯ, -и, *ж.* (спец.). Осуществляемое в законодательном порядке уменьшение золотого содержания денежной единицы или понижение курса национальной валюты. ‖ *прил.* **девальвацио́нный**, -ая, -ое.

ДЕВА́ТЬ, -а́ю, -а́ешь; *кого-что,* со словами «куда», «куда-то», «некуда» (разг.). 1.

несов. (наст. вр.). Помещать, определять, а также класть (неизвестно куда). *Куда д. детей на лето? Куда деваешь мои книги? Денег некуда д. кому-н.* (очень много денег у кого-н.). **2.** *сов.* (прош. вр.). Запрятать или поместить, забыв куда. *Куда я (ты, он) девал ключи?* ‖ *сов.* **деть**, де́ну, де́нешь (к 1 знач.); *сов.* также **подева́ть**, -а́ю, -а́ешь, (ко 2 знач.) *и* **задева́ть**, -а́ю, -а́ешь (ко 2 знач.).

ДЕВА́ТЬСЯ, -а́юсь, -а́ешься; со словами «куда», «куда-то», «некуда» (разг.). **1.** *несов.* (прош. редко, при указании на повторяемость действия). Исчезать, пропадать. *Куда деваются деньги? Когда я работал в библиотеке, у меня каждый день куда-то девались журналы.* **2.** *сов.* (прош. вр.). Исчезнуть, пропасть неизвестно куда. *Куда девалась моя книжка?* ✦ **Некуда деваться** *от кого-чего* (разг.) — не уйдёшь от кого-чего-н., не избежишь чего-н. *Некуда деваться от посетителей.* **Деваться некуда** (разг.) — ничего не поделаешь, приходится признаться, согласиться. *Признаю свою ошибку, деваться некуда.* ‖ *сов.* **де́ться**, де́нусь, де́нешься (к 1 знач.); *сов.* также **подева́ться**, -а́юсь, -а́ешься (ко 2 знач.) *и* **задева́ться**, -а́юсь, -а́ешься (ко 2 знач.).

ДЕ́ВЕРЬ, **-я**, *мн.* **-рья́**, **-ре́й**, *м.* Брат мужа.

ДЕВИА́ЦИЯ [*дэ*], **-и**, *ж.* (спец.). **1.** Отклонение стрелки компаса под влиянием находящихся вблизи больших масс железа, а также электромагнитных полей. **2.** Отклонение (движущегося тела) от заданного направления (напр. снаряда, пули, судна) под влиянием каких-н. случайных причин. ‖ *прил.* **девиацио́нный**, -ая, -ое.

ДЕВИ́З, **-а**, *м.* **1.** Краткое изречение, обычно выражающее руководящую идею в поведении или деятельности. *Наш д. — вперёд!* **2.** Краткое изречение или слово, к-рое на конкурсах автор ставит на произведении вместо своего имени. *Сочинение под девизом.* ‖ *прил.* **деви́зный**, -ая, -ое (ко 2 знач.).

ДЕВИ́ЦА, **-ы** и (в отдельных выражениях и в народной словесности) **ДЕ́ВИЦА**, **-ы**, *ж.* (устар.). То же, что девушка (в 1 знач.). *Скромная деви́ца. Молодая деви́ца. Красная де́вица* (в народной словесности, обычно в ласковом обращении). *Де́вица-красавица.* ✦ **Кра́сна де́вица** (разг. ирон.) — о чересчур скромном, застенчивом мужчине. *Он у нас скромник, красна девица.* ‖ *прил.* **де́вичий**, **-ья**, **-ье**, **деви́чий**, **-ья**, **-ье** *и* **деви́ческий**, -ая, -ое. *Деви́чьи лица. Память де́вичья у кого-н.* (о том, кто быстро забывает о чём-н.; шутл.). *Девическая походка.*

ДЕВИ́ЧЕСТВО, **-а**, *ср.* (устар.). Состояние до замужества, а также состояние женщины, не вступавшей в брачные отношения. *В девичестве Иванова* (урождённая Иванова).

ДЕВИ́ЧНИК [*шн*], **-а**, *м.* В народном свадебном обряде: вечеринка с подругами в доме невесты накануне венчания, а также вообще вечеринка, на к-рую собираются девушки, женщины.

ДЕ́ВИЧЬЯ, **-ей**, *ж.* Комната для женской прислуги в барских домах.

ДЕ́ВКА, **-и**, *ж.* (устар. и прост.). То же, что девушка (в 1 и 2 знач.). *В девках засидеться* (долго не выходить замуж; разг.).

ДЕ́ВОЧКА, **-и**, *ж.* Ребёнок женского пола. ‖ *уменьш.* **девчу́рка**, **-и**, *ж.*, **девчу́шка**, **-и**, *ж. и* **девчо́ночка**, **-и**, *ж.* ‖ *пренебр.* **девчо́нка**, **-и**, *ж.* (также, разг., вообще о девочке). *В нашем классе девчонок больше, чем мальчишек. Каждая д. будет мне указывать!* (о молодой и неопытной женщине). *Красивая д.* ‖ *прил.* **девчо́ночий**, **-ья**, **-ье** *и* **девча́чий**, **-ья**, **-ье**.

ДЕ́ВСТВЕННИК, **-а**, *м.* Человек, сохраняющий девственность. ‖ *ж.* **де́вственница**, **-ы**.

ДЕ́ВСТВЕННЫЙ, -ая, -ое; -ен, -енна. **1.** Не имеющий половых сношений, целомудренный. **2.** *перен.* Нетронутый, невозделанный. *Девственная почва.* ‖ *сущ.* **де́вственность**, **-и**, *ж.*

ДЕ́ВУШКА, **-и**, *ж.* **1.** Лицо женского пола в возрасте, переходном от отрочества к юности. *Юноши и девушки.* **2.** Такое лицо, достигшее половой зрелости, но ещё не вступившее в брак. **3.** Молодая служанка, горничная в барских домах (устар.). **4.** Обращение к молодой женщине (разг.).

ДЕВЧА́ТА, **-а́т** (разг.). Девушки, девочки.

ДЕВЧО́НОЧИЙ, **-ья**, **-ье** *и* **ДЕВЧА́ЧИЙ**, **-ья**, **-ье** (разг.). **1.** *см.* девочка. **2.** Свойственный девочке, девчонке, такой, как у девочки, девчонки. *Девчоночья манера. По-девчоночьи* (нареч.) *беспечна. Девчачье поведение* (несерьёзное).

ДЕВЯНО́СТО, **-а**, *числит. колич.* Число и количество 90. *За д. кому-н.* (больше девяноста лет). *Под д. кому-н.* (скоро будет девяносто лет). ‖ *порядк.* **девяно́стый**, -ая, -ое.

ДЕВЯНОСТОЛЕ́ТИЕ, **-я**, *ср.* **1.** Срок в девяносто лет. *Эти события разделяет целое д.* **2.** *чего.* Годовщина события, происшедшего девяносто лет тому назад. *Д. основания музея.* **3.** *кого.* Чья-н. девяностая годовщина. *Праздновать д. учёного* (его девяностый день рождения). ‖ *прил.* **девяностоле́тний**, -яя, -ее.

ДЕВЯНОСТОЛЕ́ТНИЙ, **-яя**, **-ее**. **1.** *см.* девяностолетие. **2.** Существующий или просуществовавший, проживший девяносто лет. *Д. старик.*

ДЕ́ВЯТЕРО, **-ы́х**, **-ы́м**, *числит. собир.* **1.** С существительными мужского рода, обозначающими лиц, с личными местоимениями мн. ч. и без зависимого слова: количество девять. *Д. братьев. Их д. Повстречал девятерых. Разделить еду на девятерых.* **2.** (обычно им. и вин. п.). С существительными, имеющими только мн. ч.: девять предметов. *Д. суток. Д. саней.* **3.** (обычно им. и вин. п.). С нек-рыми существительными, обозначающими предметы, существующие или носимые в паре: девять пар. *Д. ботинок. Д. перчаток.* ✦ **За девятерых** — так, как могут только девятеро. *Ест и пьёт за девятерых. Работает за девятерых.*

ДЕВЯТИ... *Первая часть сложных слов со знач.:* 1) содержащий девять каких-н. единиц, состоящий из девяти единиц, напр. *девятидневный, девятимесячный;* 2) относящийся к девяти, к девятому, напр. *девятичасовой* (поезд), *девятиклассник.*

ДЕВЯТИКЛА́ССНИК, **-а**, *м.* Ученик девятого класса. ‖ *ж.* **девятикла́ссница**, **-ы**.

ДЕВЯТИКРА́ТНЫЙ, -ая, -ое. Повторяющийся девять раз, увеличенный в девять раз. *В девятикратном размере.*

ДЕВЯТИЛЕ́ТИЕ, **-я**, *ср.* **1.** Срок в девять лет. **2.** *чего.* Годовщина события, бывшего девять лет тому назад. *Д. завода* (девять лет со дня основания). ‖ *прил.* **девятиле́тний**, **-яя**, **-ее**.

ДЕВЯТИЛЕ́ТНИЙ, **-яя**, **-ее**. **1.** *см.* девятилетие. **2.** Существующий или просуществовавший, проживший девять лет. *Д. стаж. Д. мальчик.*

ДЕВЯТИСОТЛЕ́ТИЕ, **-я**, *ср.* **1.** Срок в девятьсот лет. **2.** *чего.* Годовщина события, бывшего девятьсот лет тому назад. ‖ *прил.* **девятисотле́тний**, **-яя**, **-ее**.

ДЕВЯТИСОТЛЕ́ТНИЙ, **-яя**, **-ее**. **1.** *см.* девятисотлетие. **2.** Просуществовавший девятьсот лет.

ДЕВЯТИТЫ́СЯЧНЫЙ, -ая, -ое. **1.** *Числит. порядк.* к девять тысяч. **2.** Ценою в девять тысяч. **3.** Состоящий из девяти тысяч единиц.

ДЕВЯТИЧАСОВО́Й, **-а́я**, **-о́е**. **1.** Продолжительностью в девять часов. *Девятичасовое ожидание.* **2.** Назначенный на девять часов. *Д. поезд.*

ДЕВЯТИЭТА́ЖКА, **-и**, *ж.* (разг.). Девятиэтажный дом.

ДЕВЯ́ТКА, **-и**, *ж.* **1.** Цифра 9, а также (о сходных или однородных предметах) количество девять (разг.). *Д. — это перевернутая шестёрка. Д. гусей.* **2.** Название чего-н., содержащего девять одинаковых единиц. *Ходить с девятки* (об игральной карте в девять очков). **3.** Название чего-н. (обычно транспортного средства), обозначенного цифрой 9 (разг.). *Приехал на девятке* (на трамвае, троллейбусе, автобусе под номером 9). ✦ **Попасть в девятку** — в футболе: попасть в верхний угол футбольных ворот, условно считающийся их девятым квадратом). ‖ *уменьш.* **девя́точка**, **-и**, *ж.*

ДЕВЯТНА́ДЦАТЬ, **-и**, *числит. колич.* Число и количество 19. ‖ *порядк.* **девятна́дцатый**, -ая, -ое.

ДЕВЯ́ТЫЙ, -ая, -ое. **1.** *см.* девять. **2.** **девя́тая**, **-ой**. Получаемая делением на девять. *Девятая часть. Одна девятая* (сущ.).

ДЕ́ВЯТЬ, **-и́**, **-ью́**, *числит. колич.* Число, цифра и количество 9. ‖ *порядк.* **девя́тый**, -ая, -ое.

ДЕВЯТЬСО́Т, девятисо́т, девятиста́м, девятьюста́ми, о девятиста́х, *числит. колич.* Число и количество 900. ‖ *порядк.* **девятисо́тый**, **-ая**, **-ое**.

ДЕ́ВЯТЬЮ, *нареч.* В умножении: девять раз.

ДЕГАЗА́ТОР, **-а**, *м.* **1.** Аппарат для дегазации. **2.** Работник, производящий дегазацию. ‖ *прил.* **дегаза́торский**, -ая, -ое (ко 2 знач.).

ДЕГАЗА́ЦИЯ, **-и**, *ж.* Обезвреживание или удаление откуда-н. газов, отравляющих веществ. *Д. жидкости. Д. местности.* ‖ *прил.* **дегазацио́нный**, -ая, -ое.

ДЕГЕНЕРА́Т, **-а**, *м.* Человек с признаками дегенерации. ‖ *ж.* **дегенера́тка**, **-и**. ‖ *прил.* **дегенера́тский**, -ая, -ое.

ДЕГЕНЕРАТИ́ВНЫЙ, -ая, -ое; -вен, -вна. **1.** *см.* дегенерация. **2.** Связанный с дегенерацией, выражающий её. *Д. вид.* ‖ *сущ.* **дегенерати́вность**, **-и**, *ж.*

ДЕГЕНЕРА́ЦИЯ, **-и**, *ж.* (книжн.). Вырождение, ухудшение от поколения к поколению биологических или психических признаков организма. ‖ *прил.* **дегенерацио́нный**, -ая, -ое *и* **дегенерати́вный**, -ая, -ое. *Д. процесс.*

ДЕГЕНЕРИ́РОВАТЬ, -рую, -руешь; *сов.* и *несов.* (книжн.). Подвергнуться (-гаться) дегенерации.

ДЕГРАДИ́РОВАТЬ [*дэ*], -рую, -руешь; *сов.* и *несов.* (книжн.). Постепенно ухудшаясь, прийти (приходить) к вырождению. ‖ *сущ.* **деграда́ция**, -и, *ж.*

ДЕГУСТА́ТОР, **-а**, *м.* Специалист по дегустации. *Д. чая. Д. вин. Д. духов.*

ДЕГУСТИ́РОВАТЬ, -рую, -руешь; -анный; *сов.* и *несов.*, *что* (спец.). Определить (-лять) на вкус, запах качество продукта. *Д. вино.* ‖ *сущ.* **дегуста́ция**, -и, *ж. Д. чая, табака.* ‖ *прил.* **дегустацио́нный**, **-ая**, **-ое**.

ДЕД, -а, *мн.* -ы *и* -ы́, *м.* **1.** (мн. -ы). Отец отца или матери. *Наши деды* (перен.: о предках). **2.** Вообще старик, преимущ. в обращении (разг.). *Приходил какой-то д.* **3.** (мн. -ы́). В армии: старослужащий по отношению к молодым солдатам, новобранцам (прост.). ✦ **Дед Мороз** — сказочный старик с седой бородой, олицетворяющий мороз и новогодний праздник (раньше — Рождество). *Дед Мороз принёс подарки. Нарядиться Дедом Морозом.* ‖ *ласк.* **де́душка,** -и, *м.,* **деду́ля,** -и, *м.,* **де́дка,** -и, *м.* (прост.), **дедо́к,** -дка, *м.* (ко 2 знач.; разг.) *и* **де́да,** -ы, *м.* (к 1 знач., обычно в обращении, в детской речи). ‖ *прил.* **де́довский,** -ая, -ое.

ДЕ́ДОВСКИЙ, -ая, -ое. **1.** *см.* дед. **2.** *перен.* Очень старый или устарелый. *Дедовские обычаи. По-дедовски* (нареч.) *работает. Старым дедовским способом* (давно испытанным).

ДЕДОВЩИ́НА, -ы, *ж., собир.* (прост. неодобр.). В армии: неравноправное и оскорбительное поведение старослужащих по отношению к молодым солдатам, новобранцам.

ДЕДУ́КЦИЯ, -и, *ж.* Способ рассуждения от общих положений к частным выводам; *противоп.* индукция. ‖ *прил.* **дедукти́вный,** -ая, -ое.

ДЕЕПРИЧА́СТИЕ, -я, *ср.* В грамматике: форма глагола, обладающая, наряду с категориями глагола (вид, залог), признаком наречия (неизменяемость), напр. *лёжа, играя, взяв.* ‖ *прил.* **деепричáстный,** -ая, -ое. *Д. оборот* (деепричастие с относящимися к нему словами).

ДЕЕСПОСО́БНЫЙ, -ая, -ое; -бен, -бна. **1.** Способный к деятельности (книжн.). *Д. организм.* **2.** Имеющий право на совершение действий юридического характера и несущий ответственность за свои поступки (спец.). *Д. гражданин.* ‖ *сущ.* **дееспосо́бность,** -и, *ж.*

ДЕЖА́, -и́, *мн.* дежи́, -е́й *и* , дёжи, -е́й, *ж.* **1.** То же, что квашня (в 1 знач.) (обл.). **2.** (мн. дежи́, -е́й). На хлебозаводах, в пекарнях: ёмкость для замеса и брожения теста. ‖ *уменьш.* **дёжка,** -и, *ж.* (к 1 знач.).

ДЕЖУ́РИТЬ, -рю, -ришь; *несов.* **1.** Выполнять в порядке очереди какие-н. обязанности. *Д. по классу.* **2.** Долго и неотлучно присутствовать при ком-чём-н. *Д. у постели больного.* **3.** Охранять, сторожить. *Д. у дверей. Д. у склада.* ‖ *сущ.* **дежу́рство,** -а, *ср.*

ДЕЖУ́РНЫЙ, -ая, -ое. **1.** Такой, к-рый несёт дежурство (по 1 знач. глаг. дежурить). *Д. врач. Д. милиционер. Д. магазин* (торгующий дольше, чем обычно, или в дни, когда другие магазины закрыты). **2.** **дежу́рный,** -ого, *м.* Тот, кто дежурит (в 1 и 3 знач.). *Выставить дежурных у входа. Д. по школе. Д. по станции* (дежурящий заместитель начальника станции). **3.** Постоянно употребляемый, используемый (неодобр.). *Дежурные цитаты. Д. оратор* (постоянно выступающий). ✦ **Дежурное блюдо** — в ресторанах: заранее приготовленное кушанье. ‖ *ж.* **дежу́рная,** -ой (ко 2 знач.).

ДЕЗ..., *приставка.* То же, что де...; употр. вместо «де» перед гласными, напр. *дезорганизация, дезинформация.*

ДЕЗАВУИ́РОВАТЬ [дэ], -рую, -руешь; -анный; *сов. и несов., кого (что).* В международном праве: объявить (-влять) о несогласии с действиями доверенного лица (дипломатического представителя) или о лишении его права действовать в дальнейшем от имени своего правительства. *Д. посла.*

ДЕЗАКТИВА́ЦИЯ, -и, *ж.* (спец.). Удаление радиоактивных загрязнений с заражённых объектов. ‖ *прил.* **дезактивацио́нный,** -ая, -ое.

ДЕЗЕРТИ́Р, -а, *м.* Тот, кто дезертировал. ‖ *прил.* **дезерти́рский,** -ая, -ое.

ДЕЗЕРТИ́РОВАТЬ, -рую, -руешь; *сов.* и *несов.* Совершить (-шать) дезертирство. *Д. с фронта, из своей части.*

ДЕЗЕРТИ́РСТВО, -а, *ср.* Самовольное оставление военной службы или уклонение от призыва в армию, а также (перен.) от исполнения долга, государственных или общественных обязанностей.

ДЕЗИНСЕ́КЦИЯ, -и, *ж.* (спец.). Уничтожение вредных насекомых специальными средствами. ‖ *прил.* **дезинсекцио́нный,** -ая, -ое.

ДЕЗИНФЕ́КЦИЯ, -и, *ж.* Обеззараживание, уничтожение болезнетворных микробов при помощи специальных средств. ‖ *прил.* **дезинфекцио́нный,** -ая, -ое.

ДЕЗИНФИЦИ́РОВАТЬ, -рую, -руешь; -анный; *сов.* и *несов., что.* Произвести (-водить) дезинфекцию чего-н. *Д. помещение, одежду.* ‖ *сов.* также **продезинфици́ровать,** -рую, -руешь.

ДЕЗИНФОРМА́ЦИЯ, -и, *ж.* Ложная информация. *Д. общественного мнения. Намеренная д.* ‖ *прил.* **дезинформацио́нный,** -ая, -ое.

ДЕЗИНФОРМИ́РОВАТЬ, -рую, -руешь; -анный; *сов.* и *несов., кого-что.* Ввести (вводить) в заблуждение ложной информацией.

ДЕЗОДОРА́НТ, -а, *м.* Средство для поглощения неприятных запахов. ‖ *прил.* **дезодора́нтный,** -ая, -ое.

ДЕЗОРГАНИЗА́ТОР, -а, *м.* Тот, кто вносит дезорганизацию. ‖ *прил.* **дезорганиза́торский,** -ая, -ое.

ДЕЗОРГАНИЗА́ЦИЯ, -и, *ж.* Нарушение порядка, дисциплины, организованности. ‖ *прил.* **дезорганизацио́нный,** -ая, -ое.

ДЕЗОРГАНИЗОВА́ТЬ, -зу́ю, -зу́ешь; -о́ванный; *сов.* и *несов., кого-что.* Внести (вносить) дезорганизацию. *Д. работу.*

ДЕЗОРИЕНТИ́РОВАТЬ, -рую, -руешь; -анный; *сов.* и *несов., кого (что).* Лишить (-шать) правильной ориентации, ввести (вводить) в заблуждение. ‖ *сущ.* **дезориента́ция,** -и, *ж.*

ДЕИ́ЗМ [дэ], -а, *м.* Религиозно-философское учение о Боге как о существе, сотворившем мир, но не управляющем его судьбами. ‖ *прил.* **деисти́ческий,** -ая, -ое.

ДЕИ́СТ [дэ], -а, *м.* Последователь деизма. ‖ *прил.* **деистский,** -ая, -ое.

ДЕ́ЙСТВЕННЫЙ, -ая, -ое; -вен, -венна. Способный воздействовать, активный. *Действенное средство.* ‖ *сущ.* **де́йственность,** -и, *ж.*

ДЕ́ЙСТВИЕ, -я, *ср.* **1.** Проявление какой-н. энергии, деятельности, а также сама сила, деятельность, функционирование чего-н. *Машина в действии. Продлить д. договора. Закон обратного действия не имеет. Привести в д.* **2.** Результат проявления деятельности чего-н., влияние, воздействие. *Предупреждение не возымело действия. Лекарство оказало своё д.* **3.** обычно *мн.* Поступки, поведение. *Самовольные действия. Противозаконные действия.* **4.** События, о к-рых идёт речь. *Д. происходит в 15 столетии.* **5.** Часть драматического произведения. *Комедия в трёх действиях.* **6.** Основной вид математического вычисления. *Четыре действия арифметики.* ✦ **Военные действия** — война, боевые операции. **Под действием** *чего, в знач. предлога с род. п.* — то же, что под влиянием чего. *Преступление под действием алкоголя.*

ДЕЙСТВИ́ТЕЛЬНОСТЬ, -и, *ж.* **1.** *см.* действительный. **2.** Объективный мир во всём многообразии его связей, бытие, окружающая обстановка, положение. *Литература отражает д. Современная д.* ✦ **В действительности** — так как есть, действительно, на самом деле.

ДЕЙСТВИ́ТЕЛЬНЫЙ, -ая, -ое; -лен, -льна. **1.** *полн. ф.* Существующий на самом деле, настоящий, подлинный. *Не выдумка, а д. факт.* **2.** То же, что действенный (устар.). *Применить действительное средство.* **3.** Сохраняющий силу (в 7 знач.). *Удостоверение действительно год.* **4.** **действи́тельно,** *нареч.* Истинно, в самом деле, так оно и есть. *Ты действительно очень устал.* **5.** **действи́тельно,** *вводн. сл.* Выражает уверенность. *На этот раз, действительно, он прав.* **6.** **действи́тельно,** *частица.* Выражает утверждение, да, верно; в вопросе выражает сомнение. *Он так сказал? — Действительно. Я говорю правду. — Действительно?* **7.** **действительное число** — в математике: любое целое, дробное или иррациональное число. ✦ **Действительная военная служба** — установленная законом воинская обязанность, служба в рядах вооружённых сил в течение определённых сроков. **Действительный залог** — в грамматике: глагольная категория, представляющая действие как активно направленное от субъекта на объект (напр.: *рабочие строят дом*). *Причастие действительного залога.* **Действительный член** *чего* — звание члена нек-рых научных учреждений, обществ, академий. ‖ *сущ.* **действи́тельность,** -и, *ж.* (к 1, 2 и 3 знач.).

ДЕ́ЙСТВО, -а, *ср.* В старину: драматическое представление. ✦ **Церковные действа** — обряды русской православной церкви.

ДЕ́ЙСТВОВАТЬ, -твую, -твуешь; *несов.* **1.** Совершать действия, быть в действии. *Д. решительно. Действующая армия* (ведущая военные действия). *Механизм хорошо действует. Действуй!* (делай то, что нужно, что решили; разг.). **2.** *на кого-что.* Оказывать воздействие, влиять. *Лекарство на него действует хорошо. Уговоры на него не действуют.* **3.** (1 и 2 л. не употр.). В нек-рых сочетаниях: иметься, существовать. *Для конкурсантов действуют строгие ограничения. Старые законы не действуют. Действующие правила. Действующий режим, график.* ‖ *сов.* **подействовать,** -твую, -твуешь (ко 2 знач.).

ДЕЙТЕ́РИЙ [дэ, тэ], -я, *м.* Тяжёлый водород, стабильный изотоп водорода. ‖ *прил.* **дейте́риевый,** -ая, -ое.

ДЕ́КА [дэ], -и, *ж.* Плоская сторона корпуса струнного музыкального инструмента, служащая для усиления звука. *Нижняя, верхняя д.*

ДЕКА... *Первая часть сложных слов со знач.* десять (единиц, названных во второй части сложения), напр. *декаграмм, декалитр, декатонна.*

ДЕКАБРИ́СТ, -а, *м.* Участник русского дворянского революционно-освободительного движения, завершившегося восстанием 14 декабря 1825 года. ‖ *прил.* **декабри́стский,** -ая, -ое.

ДЕКАБРИ́СТКА, -и, *ж.* Жена декабриста.

ДЕКА́БРЬ, -я́, *м.* Двенадцатый месяц календарного года. ‖ *прил.* **дека́брьский,** -ая, -ое.

ДЕКА́ДА, -ы, *ж.* **1.** Промежуток времени в десять дней, третья часть месяца. **2.** Такой промежуток времени, посвящённый чему-н. *Д. грузинского искусства в Москве.* ‖ *прил.* **дека́дный**, -ая, -ое.

ДЕКАДЕ́НТ, -а, *м.* Последователь декадентства. ‖ *ж.* **декаде́нтка**, -и. ‖ *прил.* **декаде́нтский**, -ая, -ое.

ДЕКАДЕ́НТСТВО, -а, *ср.* В конце 19 — нач. 20 в.: общее название нереалистических направлений в литературе и искусстве, характеризующихся настроениями упадка, утончённым эстетизмом и индивидуализмом. ‖ *прил.* **декаде́нтский**, -ая, -ое.

ДЕКА́Н, -а, *м.* Руководитель факультета в высшем учебном заведении. ‖ *прил.* **дека́нский**, -ая, -ое.

ДЕКАНА́Т, -а, *м.* Управление факультета, возглавляемое деканом. ‖ *прил.* **декана́тский**, -ая, -ое.

ДЕКАТИРОВА́ТЬ, -ру́ю, -ру́ешь; -о́ванный и **ДЕКАТИ́РОВАТЬ**, -рую, -руешь; -ованный; *сов. и несов., что* (спец.). Обработать (-батывать) ткань паром, горячей водой для предохранения от усадки. ‖ *сущ.* **декатиро́вка**, -и, *ж.* ‖ *прил.* **декатиро́вочный**, -ая, -ое.

ДЕКВАЛИФИЦИ́РОВАТЬСЯ [дэ], -руюсь, -руешься; *сов.* Утратить квалификацию. ‖ *сущ.* **деквалифика́ция**, -и, *ж.*

ДЕКЛАМА́ТОР, -а, *м.* Артист, выступающий с декламацией, тот, кто декламирует. ‖ *прил.* **деклама́торский**, -ая, -ое.

ДЕКЛАМИ́РОВАТЬ, -рую, -руешь; -анный; *несов., что.* Выразительно читать, произносить (художественный текст). *Д. стихотворение.* ‖ *сов.* **продеклами́ровать**, -рую, -руешь; -анный. ‖ *сущ.* **деклама́ция**, -и, *ж.* ‖ *прил.* **декламацио́нный**, -ая, -ое.

ДЕКЛАРАТИ́ВНЫЙ, -ая, -ое; -вен, -вна (книжн.). **1.** *полн. ф.* Имеющий форму декларации (во 2 знач.), торжественный. *Д. тон.* **2.** Чисто словесный, внешний. *Обещания носят д. характер.* ‖ *сущ.* **декларати́вность**, -и, *ж.*

ДЕКЛАРА́ЦИЯ, -и, *ж.* **1.** *см.* декларировать. **2.** Официальное или торжественное программное заявление (книжн.). *Выступить с декларацией на конференции. Правительственная д. Всеобщая д. прав человека. Д. о принципах международного права.* **3.** Название нек-рых официальных документов с сообщением каких-н. требуемых сведений (спец.). *Таможенная д.* ‖ *прил.* **декларацио́нный**, -ая, -ое (ко 2 знач.).

ДЕКЛАРИ́РОВАТЬ, -рую, -руешь; -анный; *сов. и несов., что* (книжн.). Выступить (-пать) с декларацией (во 2 знач.) чего-н., а также вообще официально, во всеуслышание заявить, сообщить что-н. ‖ *сущ.* **деклара́ция**, -и, *ж.*

ДЕКЛАССИ́РОВАННЫЙ, -ая, -ое; -ан. Утративший связь со своим классом и не примкнувший к другому классу, не принимающий никакого участия в общественном производстве; морально опустившийся. *Деклассированная личность.* ‖ *сущ.* **деклассиро́ванность**, -и, *ж.*

ДЕКЛАССИ́РОВАТЬСЯ, -руюсь, -руешься; *сов. и несов.* Утратив связь со своим классом, опуститься (-скаться), поставить (ставить) себя вне общества. *Деклассировавшиеся люмпены.*

ДЕКОЛЬТЕ́ [дэ, тэ]. **1.** *нескл., ср.* Большой вырез в верхней части женского платья. *Глубокое д.* **2.** *неизм.* О женском платье: с таким вырезом. *Платье д.*

ДЕКОЛЬТИРО́ВАННЫЙ [дэ], -ая, -ое; -ан. С декольте, одетый в платье с декольте. *Декольтированное платье. Декольтированные дамы.*

ДЕКОРАТИ́ВНЫЙ, -ая, -ое; -вен, -вна. **1.** *полн. ф.* Служащий для украшения. *Декоративные растения. Декоративные птицы.* **2.** Живописный, красочно-нарядный. *Д. пейзаж.* ‖ *сущ.* **декорати́вность**, -и, *ж.* (ко 2 знач.).

ДЕКОРА́ТОР, -а, *м.* **1.** Художник, пишущий декорации, оформляющий сцену, съёмочную площадку. *Художник-д.* **2.** Специалист по декорированию помещений. ‖ *прил.* **декора́торский**, -ая, -ое.

ДЕКОРА́ЦИЯ, -и, *ж.* Устанавливаемое на сцене, съёмочной площадке живописное, объёмное или архитектурное изображение места и обстановки сценического действия. ‖ *прил.* **декорацио́нный**, -ая, -ое.

ДЕКОРИ́РОВАТЬ, -рую, -руешь; -анный; *сов. и несов., что* (книжн.). Придать (-авать) чему-н. красивый вид внешним убранством. *Д. зал цветами.* ‖ *сов.* также **задекори́ровать**, -рую, -руешь; -анный.

ДЕКО́РУМ [дэ], -а, *м.* (книжн.). Внешнее, показное приличие; то, что соответствует такому приличию. *Соблюсти д.*

ДЕКРЕ́Т, -а, *м.* **1.** Постановление верховной власти. *Д. о мире. Д. о земле.* **2.** В нек-рых сочетаниях: то же, что декретный отпуск (разг.). *Уйти в д. Выйти из декрета. Быть в декрете.* ‖ *прил.* **декре́тный**, -ая, -ое. ✦ **Декретный отпуск** — отпуск по беременности и родам.

ДЕКРЕТИ́РОВАТЬ, -рую, -руешь; -анный; *сов. и несов., что* (книжн.). Установить (-навливать) декретом, постановлением свыше, а также вообще категорическим приказанием.

ДЕ́ЛАННЫЙ, -ая, -ое; -ан, -анна. Искусственный, неестественный. *Д. смех. Деланное безразличие.* ‖ *сущ.* **де́ланность**, -и, *ж.*

ДЕ́ЛАТЬ, -аю, -аешь; *несов.* **1.** *что.* Проявлять какую-н. деятельность, заниматься чем-н., поступать каким-н. образом. *Д. всё для победы. Д. по-своему. Ничего не д. Что делать?* (как быть, как поступать?). **2.** *что.* Производить, совершать, исполнять что-н., работая. *Д. станки. Колесо делает 100 оборотов в минуту. Д. уроки. Д. гимнастику. Приказано — делайте!* (исполняйте распоряжение; разг.). **3.** *что.* В сочетании с мест. «себе» или без него: заказывая, поручать изготовить что-н. для себя. *Д. себе костюм в ателье.* **4.** *что.* В сочетании с существительным выражает действие по знач. данного существительного. *Д. попытку* (пытаться). *Д. ошибки* (ошибаться). *Д. наблюдения* (наблюдать). *Д. выбор* (выбирать). *Д. упор на что-н.* (обращать особое внимание на что-н.). **5.** *что.* Оказывать что-н. кому-н., осуществлять что-н. для кого-н. *Д. добро людям. Д. любезность.* **6.** *кого-что из кого-чего.* Превращать в кого-что-н., производя какие-н. действия. *Д. из кого-н. посмешище.* **7.** *кого (что) кем.* Приводить в какое-н. состояние, положение. *Д. несчастным. Д. помощником.* ✦ **Делать жизнь** *с кого* (разг.) — брать себе за образец кого-н. ‖ *сов.* **сде́лать**, -аю, -аешь; -анный. *Будет сделано!* (выражение готовности выполнить распоряжение; разг.).

ДЕ́ЛАТЬСЯ, -аюсь, -аешься; *несов.* **1.** То же, что становиться (см. стать² в 1 знач.). *Д. весёлым. Делается жарко.* **2.** (1 и 2 л. не употр.). Происходить, бывать. *Хотелось бы знать, что там делается. Что (только) делается!* (возглас удивления, возмущения; разг.). **3.** (1 и 2 л. не употр.). Образовываться, появляться (разг.). *На коже делаются пятна.* ✦ **Что ему делается!** (разг.) — ничего с ним не случится, ничего с ним не будет. ‖ *сов.* **сде́латься**, -аюсь, -аешься.

ДЕЛЕГА́Т, -а, *м.* Выборный или назначенный представитель, уполномоченный какой-н. организацией. *Д. конференции.* ‖ *ж.* **делега́тка**, -и (разг.). ‖ *прил.* **делега́тский**, -ая, -ое.

ДЕЛЕГА́ЦИЯ, -и, *ж.* Группа делегатов, представляющих какое-н. государство, коллектив. *Российская д. Иностранная д.*

ДЕЛЕГИ́РОВАТЬ, -рую, -руешь; -анный; *сов. и несов.* (офиц.). **1.** *кого (что).* Послать (посылать) делегатом. *Д. на съезд.* **2.** *что.* Официально поручить, направить(-влять). *Д. полномочия.*

ДЕЛЕ́НИЕ, -я, *ср.* **1.** *см.* делить, -ся. **2.** Обратное умножению математическое действие: нахождение одного из сомножителей по произведению и другому сомножителю. *Задача на д.* **3.** Способ размножения у простейших организмов и клеток. *Д. клетки.* **4.** Расстояние между двумя отметками на измерительной шкале. *Ртуть в термометре поднялась на два деления.*

ДЕЛЕ́Ц, -льца́, *м.* Человек, к-рый успешно (иногда не стесняясь в средствах) ведёт дела. *Биржевые дельцы. Тёмные дельцы.*

ДЕЛЁЖ, -а, *м.* и **ДЕЛЁЖКА**, -и, *ж.* (разг.). Раздел, распределение по частям. *Д. добычи.*

ДЕЛИКАТЕ́С [тэ], -а, *м.* Изысканное кушанье. ‖ *прил.* **деликате́сный**, -ая, -ое. *Д. соус.*

ДЕЛИКА́ТНИЧАТЬ, -аю, -аешь; *несов.* (разг.). Проявлять излишнюю деликатность. ‖ *сов.* **поделика́тничать**, -аю, -аешь.

ДЕЛИКА́ТНЫЙ, -ая, -ое; -тен, -тна. **1.** Вежливый, мягкий в обращении. *Д. характер. Деликатно* (нареч.) *намекнуть. Деликатного сложения* (перен.: нежного, хрупкого; шутл.). **2.** Затруднительный, требующий чуткого, тактичного отношения. *Д. вопрос.* ‖ *сущ.* **делика́тность**, -и, *ж.*

ДЕЛИ́МОЕ, -ого, *ср.* Число или величина, подвергаемая делению.

ДЕЛИ́МОСТЬ, -и, *ж.* Свойство целого числа делиться на другое целое число без остатка. *Признаки делимости.*

ДЕЛИ́ТЕЛЬ, -я, *м.* Число или величина, на к-рую делится делимое. *Наибольший общий д.*

ДЕЛИ́ТЬ, делю́, де́лишь; -лённый (-ён, -ена́); *несов.* **1.** *кого-что.* Разъединять на части, распределять. *Д. имущество. Д. на порции. Река делит пашни. Д. учеников на группы. Д. нечего кому-н.* (нет оснований для ссор, раздоров; разг.). **2.** *что на что.* Производить деление (во 2 знач.). **3.** *что с кем.* Предоставлять кому-н. часть чего-н. своего для совместного пользования, делиться (в 4 знач.) с кем-н. *Д. хлеб с товарищем.* **4.** *перен., что с кем.* Переживать, испытывать вместе с кем-н. *Д. с кем-н. горе и радость.* ‖ *сов.* **подели́ть**, -елю́, -е́лишь; -елённый (-ён, -ена) (к 1 знач.) *и* **раздели́ть**, -елю́, -е́лишь; -елённый (-ён, -ена́) (к 1, 2 и 4 знач.). ‖ *сущ.* **деле́ние**, -я, *ср.* (к 1 знач.), **разделе́ние**, -я, *ср.* (к 1 знач.) *и* **разде́л**, -а, *м.* (к 1 знач.). ‖ *прил.* **раздели́тельный**, -ая, -ое (к 1 знач. в нек-рых сочетаниях). *Разделительная черта. Р. знак.*

ДЕЛИ́ТЬСЯ, делю́сь, де́лишься; *несов.* **1.** (1 и 2 л. не употр.). Обладать способностью деления на другое число без остатка. *Десять делится на пять.* **2.** (1 и 2 л. ед. ч. не употр.). Распределяться, распадаться на части. *Ученики делятся на группы.* **3.** *с кем.* Производить раздел имущества с кем-н. **4.** *чем с кем.* Уделяя из своего, совместно пользоваться. *Д. с кем-н. куском хлеба.* **5.**

перен., чем с кем. Рассказывать что-н. кому-н. дружески; взаимно обмениваться чем-н. *Д. впечатлениями. Д. опытом.* ‖ *сов.* **поделиться**, -елю́сь, -е́лишься (ко 2, 3, 4 и 5 знач.) *и* **разделиться**, -елю́сь, -е́лишься (к 1, 2 и 3 знач.). ‖ *сущ.* деле́ние, -я, *ср.* (к 1 и 2 знач.), разделе́ние, -я, *ср.* (ко 2 знач.) *и* разде́л, -а, *м.* (к 3 знач.).

ДЕ´ЛО, -а, *мн.* дела́, дел, дела́м, *ср.* **1.** Работа, занятие, деятельность. *Занят важным делом. Привычное д. Текущие дела. Быть без дела. По делам службы.* **2.** *кого-чего.* Круг ве́дения; то, что непосредственно относится к кому-н., входит в чьи-н. задачи. *Воспитание — д. семьи. Д. совести* (перен.: как подсказывает совесть). **3.** Надобность, нужда. *У меня до вас (к вам) есть д. Прийти по делу. Ходить по делам.* **4.** Нечто важное, нужное (разг.). *Говори д.* (по существу). *Вот это д.!* (разумно, дельно). **5.** Сфера знаний, деятельности, работы. *Горное д. Военное д. Столярное д. Хорошо знать своё д.* **6.** То же, что предприятие (в 1 знач.). *У фирмы солидное д. Открыть в городе своё д.* **7.** Событие, обстоятельство, факт, положение вещей. *Д. было осенью. Это д. прошлое. Как дела?* (каково положение?). *Вот какие дела! Д. плохо. Ну и дела́!* или *Дела́!* (выражение оценки, удивления по поводу какого-н. события). **8.** То же, что поступок. *Сделать доброе д.* **9.** Судебное разбирательство, процесс. *Уголовное д. Возбудить д. против кого-н. Слушается д.* **10.** Собрание документов, относящихся к какому-н. факту или лицу. *Личное д. Папка для дел. Завести д. на кого-н.* **11.** То же, что сражение (в 1 знач.) (устар.). *Храбр в деле. Участвовал в делах и походах.* ✦ **Дело состоит (заключается) в том, что...** — вводит предложение, подчёркивая в нём основное, сущность сообщаемого. *Дело состоит в том, что медлить нельзя.* **Дело в том, что...** — вводит объяснение предшествующего. *Он не болен, а дело в том, что он устал.* **Дело (стало)** *за кем-чем* — задержка происходит из-за кого-чего-н. *Дело стало за смежниками.* **Дела нет** *кому до кого-чего* (разг.) — безразличен ко всему, ко всем. *Ему дела нет до окружающих.* **Дело десятое** (разг.) — о том, что не существенно, не важно. **В деле** — 1) в работе, в практическом применении. *Проверить новичка в деле;* 2) *чего, предлог с род. п.,* в чём-н., в сфере, в области чего-н. (книжн.). *Успехи в деле просвещения.* **В дело** — в обработку, в практическое применение. *Пустить отходы в дело.* **В чём дело?** (разг.) — 1) что случилось? *Узнай, в чём там дело?;* 2) что вы хотите? что вам нужно? *Я вас не знаю, в чём дело?* **Дело твоё (его, ваше и т. д.)** (разг.) — поступай, как знаешь, решай сам. **Не твоё (его, ваше и т. д.) дело** (разг.) — тебя (его и т. д.) это не касается. **Какое дело** *кому до кого-чего?* (разг.) — совершенно не интересует, не касается кого-н. **Не дело** (разг.) — не годится, нельзя. *Не дело так поступать.* **За дело** — 1) не напрасно, поделом, не зря. *Ему попало за дело;* 2) призыв к действию, деятельности. *Решение принято, теперь за дело!* **К делу! или ближе к делу!** — возглас, призывающий возвратиться к основной теме, к сути дела. **Между делом** (разг.) — в промежутках между главными занятиями. **На деле** — в действительности. *На деле всё оказалось проще. На деле убедиться в чём-н.* **В са́мом деле** — действительно, точно. *Он в самом деле большая умница.* **На са́мом деле** — в действительности, так, как оно есть. *Прикидывается простаком, а на самом деле хитёр.* **Первым делом** — то же, что первым долгом (см. долг[1]). **Не в том дело** — не в этом суть, не это главное, не в этом причина. **При деле** — занят, определён к каким-н. занятиям, работе. **Не у дел** — без работы, без обязанностей. *Остаться не у дел.* **Не по делу** (говорить, выступать) (прост.) — не по существу, не так, как нужно. **По делу** (разг.) — дельно, по существу. **И все дела!** (разг.) — вот и всё, только и всего. **Сдать дела** — оставляя должность, ввести другого в курс передаваемых ему дел. **Принять дела** — заменяя кого-н. по работе, принять на себя все его дела, обязанности. ‖ *уменьш.* **де́льце**, -а, *род. мн.* -лец, *ср.* (к 3 и 6 знач.). ‖ *унич.* **дели́шки**, -шек, -шкам (к 1 и 7 знач.).

ДЕЛОВИ´ТЫЙ, -ая, -ое; -и́т. Толковый и серьёзный, предприимчивый. *Д. работник. Д. тон.* ‖ *сущ.* **делови́тость**, -и, *ж.*

ДЕЛОВО´Й, -а́я, -о́е. **1.** Относящийся к общественной, служебной деятельности, к работе. *Деловое письмо. Д. разговор.* **2.** Знающий дело, толковый, дельный. *Д. руководитель. Деловое отношение к работе.* **3.** Пригодный для обработки (спец.). *Д. лес. Деловая древесина.*

ДЕЛОПРОИЗВОДИ´ТЕЛЬ, -я, *м.* Служащий, ведущий канцелярские дела, делопроизводство. ‖ *ж.* **делопроизводи́тельница**, -ы. ‖ *прил.* **делопроизводи́тельский**, -ая, -ое.

ДЕЛОПРОИЗВО´ДСТВО, -а, *ср.* Ведение канцелярских дел. ‖ *прил.* **делопроизво́дственный**, -ая, -ое.

ДЕ´ЛЬНЫЙ, -ая, -ое; -лен, -льна. **1.** *полн. ф.* Способный к серьёзной работе. *Д. работник.* **2.** Серьёзный, заслуживающий внимания. *Д. проект. Дельная мысль.* ‖ *сущ.* **де́льность**, -и, *ж.* (ко 2 знач.).

ДЕ´ЛЬТА [дэ], -ы, *ж.* Устье большой реки с его разветвлениями на отдельные рукава и прилегающая к нему часть суши. *Д. Волги.* ‖ *прил.* **де́льтовый**, -ая, -ое.

ДЕЛЬТАПЛА´Н [дэ], -а, *м.* Лёгкий безмоторный летательный аппарат с обтяжным каркасом, с подвесной системой и ручкой, за к-рую держится спортсмен.

ДЕЛЬТАПЛАНЕРИ´ЗМ [дэ], -а, *м.* Вид спорта — полёты на дельтапланах. ‖ *прил.* **дельтапла́нерный**, -ая, -ое. *Д. спорт. Д. клуб.*

ДЕЛЬТАПЛАНЕРИ´СТ [дэ], -а, *м.* Спортсмен, занимающийся дельтапланеризмом. ‖ *ж.* **дельтапланери́стка**, -и. ‖ *прил.* **дельтапланери́стский**, -ая, -ое.

ДЕЛЬФИ´Н, -а, *м.* Морское млекопитающее подотряда зубатых китов. ‖ *прил.* **дельфи́ний**, -ья, -ье *и* **дельфи́новый**, -ая, -ое. *Дельфиний язык. Семейство дельфиновых* (сущ.).

ДЕЛЬФИНА´РИЙ, -я, *м.* Комплекс сооружений с бассейном для содержания, изучения и дрессировки дельфинов.

ДЕЛЬФИНЁНОК, -нка, *мн.* -ня́та, -ня́т, *м.* Детёныш дельфина.

ДЕЛЯ´ГА, -и, *м.* (прост. неодобр.). Человек, озабоченный в делах только ближайшей выгодой.

ДЕЛЯ´НА, -ы, *ж.* (спец.). Участок лесосеки.

ДЕЛЯ´НКА, -и, *ж.* Участок земли (поля, леса), выделенный для обработки, вырубки. *Опытная д.* ‖ *прил.* **деля́ночный**, -ая, -ое.

ДЕЛЯ´ЧЕСТВО, -а, *ср.* Узкий практицизм, при к-ром упускается из виду общественная сторона дела. ‖ *прил.* **деля́ческий**, -ая, -ое.

ДЕМАГО´Г, -а, *м.* Человек, к-рый применяет демагогические приёмы.

ДЕМАГОГИ´ЧНЫЙ, -ая, ое; -чен, -чна. Являющийся демагогией, проникнутый демагогией. *Д. приём.* ‖ *сущ.* **демагоги́чность**, -и, *ж.*

ДЕМАГО´ГИЯ, -и, *ж.* **1.** Основанное на намеренном извращении фактов воздействие на чувства, инстинкты малосознательной части масс. *Пропагандистская д.* **2.** Рассуждения или требования, основанные на грубо одностороннем истолковании чего-н. *Его выступление на собрании — сплошная д.* ‖ *прил.* **демагоги́ческий**, -ая, -ое.

ДЕМАРКА´ЦИЯ, -и, *ж.* (спец.). Обозначение границ специальными знаками. ‖ *прил.* **демаркацио́нный**, -ая, -ое. *Демаркационная линия* (напр. между воюющими сторонами на время перемирия).

ДЕМА´РШ [дэ], -а, *м.* (спец.). Дипломатическое выступление (протест, просьба или предупреждение), адресованное правительству какого-н. государства. *Предпринять д. Д. посла.*

ДЕМАСКИ´РОВАТЬ [дэ], -рую, -руешь; -анный; *сов. и несов., кого-что.* Снять (снимать) или нарушить (-шать) маскировку. *Д. объект.* ‖ *возвр.* **демаски́роваться**, -руюсь, -руешься; *сов. и несов.* ‖ *сущ.* **демаски́рование**, -я, *ср. и* **демаскиро́вка**, -и, *ж.*

ДЕ´МБЕЛЬ, -я, *м.* (прост.). **1.** Демобилизация по истечении срока срочной службы. **2.** Военнообязанный, демобилизованный по истечении срочной службы. ‖ *прил.* **де́мбельный**, -ая, -ое (к 1 знач.) *и* **де́мбельский**, -ая, -ое (ко 2 знач.).

ДЕМИЛИТАРИЗИ´РОВАТЬ [дэ], -рую, -руешь; -зо́ванный; *сов. и несов., кого-что.* В международном праве: ликвидировать военные сооружения, запретить (-ещать) развитие военной промышленности, укрепление какой-н. территории, содержание на ней войск. *Демилитаризованная зона.* ‖ *сов.* также **демилитаризова́ть**, -зу́ю, -зу́ешь; -о́ванный. ‖ *сущ.* **демилитариза́ция**, -и, *ж. Полная, частичная д.*

ДЕМИСЕЗО´ННЫЙ, -ая, -ое. О верхней одежде, тканях: предназначенный для носки весной и осенью. *Демисезонное пальто.*

ДЕМОБИЛИЗА´ЦИЯ, -и, *ж.* **1.** Перевод армии и связанных с ней отраслей народного хозяйства с военного положения на мирное. *Д. армии. Д. промышленности.* **2.** Увольнение с военной службы в запас. ‖ *прил.* **демобилизацио́нный**, -ая, -ое.

ДЕМОБИЛИЗОВА´ТЬ, -зу́ю, -зу́ешь; -о́ванный; *сов. и несов., кого-что.* Произвести (-водить) демобилизацию кого-чего-н.

ДЕМОБИЛИЗОВА´ТЬСЯ, -зу́юсь, -зу́ешься; *сов. и несов.* Уволиться (увольняться) с военной службы по демобилизации.

ДЕМО´ГРАФ, -а, *м.* Специалист по демографии (в 1 знач.).

ДЕМОГРА´ФИЯ, -и, *ж.* **1.** Наука о составе населения и его изменениях. **2.** Показатели численности, состава, размещения и изменения населения. *Д. городов.* ‖ *прил.* **демографи́ческий**, -ая, -ое.

ДЕМОКРА´Т, -а, *м.* **1.** Сторонник демократии. **2.** Член демократической партии. *Сенатор-д.* **3.** Человек демократичного (во 2 знач.) образа жизни, взглядов (устар.). ‖ *ж.* **демокра́тка**, -и.

ДЕМОКРАТИЗИ´РОВАТЬ, -рую, -руешь; -анный; *сов. и несов., что.* Организовать что-н. на демократических (или более демократических) началах. ‖ *сущ.* **демократиза́ция**, -и, *ж.*

ДЕМОКРАТИЗИ́РОВАТЬСЯ, -руюсь, -руешься; *сов. и несов.* Стать (становиться) более демократическим, демократичнее.

ДЕМОКРАТИ́ЗМ, -а, *м.* **1.** Наличие, существование демократии. *Д. в общественной жизни.* **2.** Простота и доступность в обращении с окружающими, демократичность в жизни, в поведении. *Д. в образе жизни великого артиста.*

ДЕМОКРАТИ́ЧЕСКИЙ, -ая, -ое. **1.** *см.* демократия. **2.** То же, что демократичный (в 1 знач.).

ДЕМОКРАТИ́ЧНЫЙ, -ая, -ое; -чен, -чна. **1.** Свойственный широким слоям народа, простой. *Д. образ жизни.* **2.** Простой и доступный в обращении, в своих отношениях с людьми. *Д. начальник.* ‖ *сущ.* **демократи́чность,** -и, *ж.*

ДЕМОКРА́ТИЯ, -и, *ж.* **1.** Политический строй, основанный на признании принципов народовластия, свободы и равноправия граждан. *Принципы, идеалы демократии. Борьба за демократию.* **2.** Принцип организации коллективной деятельности, при к-ром обеспечивается активное и равноправное участие в ней всех членов коллектива. *Внутрипартийная д.* ‖ *прил.* **демократи́ческий,** -ая, -ое. *Д. строй. Демократическая республика. Демократическая партия* (название нек-рых партий в ряде стран). *Демократические преобразования.*

ДЕ́МОН, -а, *м.* В религии: сатана, злой дух. ‖ *прил.* **де́монский,** -ая, -ое.

ДЕМОНИ́ЧЕСКИЙ, -ая, -ое. Олицетворяющий собою зло, злое начало. *Д. смех.*

ДЕМОНСТРА́НТ, -а, *м.* Участник демонстрации (во 2 знач.). ‖ *ж.* **демонстра́нтка,** -и.

ДЕМОНСТРАТИ́ВНЫЙ, -ая, -ое; -вен, -вна. **1.** Совершаемый с целью демонстрации (в 5 знач.). *Д. отказ от чего-н. Демонстративно* (нареч.) *покинуть собрание.* **2.** Являющийся демонстрацией (в 4 знач.). *Д. манёвр.*

ДЕМОНСТРА́ТОР, -а, *м.* Тот, кто демонстрирует (во 2 знач.) что-н. *Д. приборов на выставке.* ‖ *прил.* **демонстра́торский,** -ая, -ое.

ДЕМОНСТРА́ЦИЯ, -и, *ж.* **1.** *см.* демонстрировать. **2.** Массовое шествие для выражения общественно-политических настроений. *Праздничная д. Д. протеста. Д. у здания посольства.* **3.** Проявление, свидетельство чего-н. *Яркая д. патриотизма.* **4.** Военный манёвр на второстепенном направлении, отвлекающий внимание противника от того пункта, где намечается главная операция. **5.** Действие, подчёркнуто выражающее протест против чего-н., несогласие с чем-н., неприязнь. *Устроить демонстрацию кому-н. Очередная д. домашним.* ‖ *прил.* **демонстрацио́нный,** -ая, -ое (ко 2, 4 и 5 знач.).

ДЕМОНСТРИ́РОВАТЬ, -рую, -руешь; -анный; *сов. и несов.* **1.** Принять (-нимать) участие в демонстрации (во 2 знач.). *Д. по улицам города.* **2.** *кого-что.* Показать (-зывать) наглядным способом; вообще обнаруживать, наглядно свидетельствовать о чём-н. *Д. работу машины. Д. новый кинофильм. Его поступок демонстрирует преданность идее.* **3.** Устроить (-аивать) демонстрацию (в 5 знач.). ‖ *сов.* также **продемонстри́ровать,** -рую, -руешь; -анный (ко 2 знач.). ‖ *сущ.* **демонстра́ция,** -и, *ж.* (ко 2 знач.). ‖ *прил.* **демонстрацио́нный,** -ая, -ое (ко 2 знач.). *Демонстрационные таблицы. Д. зал.*

ДЕМОНТИ́РОВАТЬ, -рую, -руешь; -анный; *сов. и несов., что.* Разобрать (разбирать), снять (снимать) что-н., чтобы прекратить действие, работу. *Д. электростанцию. Д. станок.* ‖ *сущ.* **демонта́ж,** -а, *м. Д. автоматической линии.* ‖ *прил.* **демонта́жный,** -ая, -ое.

ДЕМОРАЛИЗОВА́ТЬ, -зу́ю, -зу́ешь; -о́ванный; *сов. и несов., кого (что).* Вызвать (-зывать) деморализацию в ком-н.

ДЕ́МПИНГ [дэ], -а, *м.* (спец.). Одно из средств конкурентной борьбы — продажа товаров на внешних рынках по ценам, более низким, чем на внутреннем или мировом рынке. ‖ *прил.* **де́мпинговый,** -ая, -ое. *Демпинговые цены.*

ДЕНАТУРА́Т, -а, *м.* Употребляемый для технических целей этиловый спирт-сырец со специальными добавками. ‖ *прил.* **денатура́тный,** -ая, -ое.

ДЕНАЦИОНАЛИЗИ́РОВАТЬ [дэ], -рую, -руешь; -анный; *сов. и несов., что.* Возвратить (-ащать) национализированное в частную собственность. ‖ *сущ.* **денационализа́ция,** -и, *ж.*

ДЕ́НДИ [дэ], *нескл., м.* (устар.). Щёголь, франт.

ДЕНДРА́РИЙ [дэ], -я, *м.* Ботанический сад (или часть его), в к-ром с научно-опытными целями выращиваются различные деревья и кустарники.

ДЕНДРО... [дэ]. *Первая часть сложных слов со знач.:* 1) относящийся к древесным растениям, напр. *дендропарк, дендросад, дендрохронология;* 2) относящийся к дендрологии, напр. *дендроклиматология.*

ДЕНДРО́ЛОГ [дэ], -а, *м.* Специалист по дендрологии.

ДЕНДРОЛО́ГИЯ [дэ], -и, *ж.* Раздел ботаники, изучающий древесные растения. ‖ *прил.* **дендрологи́ческий,** -ая, -ое.

ДЕ́НЕЖКА, -и, *ж.* Старинная медная монета в полкопейки; сейчас вообще монетка (разг.). *Не ставит ни в грош ни в денежку* (погов.: нисколько не ценит).

ДЕ́НЕЖНЫЙ, -ая, -ое. **1.** *см.* деньги. **2.** Имеющий много денег, богатый (разг.). *Он человек д.*

ДЕНЗНА́КИ, -ов, *ед.* **дензна́к,** -а, *м.* Сокращение: денежные знаки (кредитные билеты).

ДЕННИ́К, -а́, *м.* Стойло для коня, а также (обл.) вообще для крупного домашнего скота.

ДЕННИ́ЦА, -ы, *ж.* (стар. высок.). Утренняя заря. *Занялась д.*

ДЕ́ННО: денно и нощно (высок.) — днём и ночью, всё время.

ДЕННО́Й *см.* день.

ДЕНОНСИ́РОВАТЬ [дэ], -рую, -руешь; -анный; *сов. и несов., что.* В международном праве: объявить (-влять) недействительным, прекратившим своё действие. *Д. договор.* ‖ *сущ.* **денонси́рование,** -я, *ср.* и **денонса́ция,** -и, *ж.*

ДЕНТИ́Н [дэ], -а, м. (спец.). Костная ткань зуба.

ДЕНЩИ́К, -а́, *м.* До революции: солдат, состоящий при офицере для личных услуг. ‖ *прил.* **денщи́цкий,** -ая, -ое.

ДЕНЬ, дня, *м.* **1.** Часть суток от восхода до захода Солнца, между утром и вечером. *Ясный д. В середине дня. И д. и ночь* (всё время, постоянно). **2.** То же, что сутки. *Отпуск на 4 дня. Остались считанные дни* (несколько суток). *Растёт не по дням, а по часам* (очень быстро). **3.** Промежуток времени в пределах суток, занятый или характеризуемый чем-н. *Рабочий д. Световой д.* (часть суток, в продолжение к-рой светит Солнце). **4.** *чего.* Календарное число месяца, посвящённое какому-н. событию, связанное с чем-н. *Д. Победы* (9 Мая — Праздник Победы в Великой Отечественной войне). *Д. рождения. Назначить д. и час выступления. Сегодня мой д.* (мой праздник). **5.** *мн.* Время, период. *Дни юности. В дни войны.* **6. дня́ми.** В ближайшие дни (прост.). *Днями должен приехать.* ✦ **Полярный день** — часть года за Полярным кругом, когда солнце не заходит за горизонт. **День в день** — точно в назначенный день. **День за́ день** — о течении времени: однообразно, без всяких изменений, событий. **День ото дня** — постепенно, меняясь с каждым днём. **Дни сочтены** *чьи* — осталось недолго жить кому-н. **Изо дня** (и разг. **и́зо дня) в день** — ежедневно, беспрестанно. **На дню** (разг.) — в течение дня. *Пять раз на дню.* **На (этих) днях** — в ближайший из будущих или только что прошедших дней. **День на́ день не приходится** — каждый день складывается по-разному. **Со дня на́ день** — 1) с одного дня на другой. *Откладывать отъезд со дня на день;* 2) в один из ближайших дней. *Ждём его со дня на день.* **Третьего дня** — то же, что позавчера. ‖ *уменьш.-ласк.* **денёк,** -нька́, *м.* (к 1, 2 и 3 знач.) *и* **денёчек,** -чка, *м.* (к 1, 2 и 3 знач.). ‖ *прил.* **дневно́й,** -а́я, -о́е (к 1 знач.) *и* **денно́й,** -а́я, -о́е (к 1 знач.; устар.). *Дневной свет. Денные заботы.*

ДЕНЬГА́, -и́, *ж.* **1.** *собир.* То же, что деньги (прост.). *Зашибать деньгу.* **2.** Старая русская монета в полкопейки.

ДЕ́НЬГИ, де́нег, деньга́м *и* (устар.) де́ньгам. **1.** Металлические и бумажные знаки (в докапиталистических формациях — особые товары), являющиеся мерой стоимости при купле-продаже, средством платежей и предметом накопления. **2.** Капитал, средства. *Большие д. Сумасшедшие д.* (очень большие; разг. неодобр.). *Бешеные д.* (легко доставшиеся большие деньги, а также вообще чрезмерно большие деньги; разг.). *Не при деньгах кто-н.* (не имеет средств, денег; разг.). *Полтинник — не д.* (небольшие деньги). *Время — д.* (посл.). ✦ **Делать деньги из воздуха** — получать доходы, не вкладывая деньги ни во что, не имея никакого начального капитала. ‖ *уменьш.* **де́нежки,** -жек. *Д. счёт любят* (посл.). *Плакали мои д.* (пропали, не вернёшь; разг. шутл.). ‖ *унич.* **деньжо́нки,** -нок (ко 2 знач.) *и* **деньжи́шки,** -шек (ко 2 знач.). *Завелись деньжонки.* ‖ *прил.* **де́нежный,** -ая, -ое. *Денежная единица* [законодательно установленная единица всеобщего эквивалента (действительных денег), служащая для соизмерения и выражения цен всех товаров и представляемая денежным знаком (денежными знаками) (спец.)].

ДЕНЬЖА́ТА, -а́т (прост.). То же, что деньги (во 2 знач.). *Занять деньжат.*

ДЕНЬСКО́Й: день-деньской (устар. и прост.) — целый день, весь день. *День-деньской в заботах.*

ДЕПАРТА́МЕНТ, -а, *м.* **1.** В царской России и нек-рых других странах: отдел министерства, высшего государственного учреждения. *Государственный д.* (в США: внешнеполитическое ведомство). **2.** Во Франции и нек-рых других странах: основная административно-территориальная единица. ‖ *прил.* **департа́ментский,** -ая, -ое.

ДЕПЕ́ША, -и, *ж.* **1.** То же, что телеграмма (устар.). **2.** Спешное официальное уведомление (спец.).

ДЕПО́, *нескл., ср.* **1.** Предприятие, помещение для стоянки и ремонта железнодорожного подвижного состава. *Локомотивное д.* **2.** Здание для пожарных машин. *Пожарное д.* ‖ *прил.* **депо́вский**, -ая, -ое (прост.).

ДЕПОЗИ́Т, -а, *м.* (спец.). Деньги или ценные бумаги, вносимые в кредитное учреждение для хранения. ‖ *прил.* **депози́тный**, -ая, -ое.

ДЕПОНЕ́НТ, -а, *м.* (спец.). Лицо, внёсшее депозит. ‖ *прил.* **депоне́нтский**, -ая, -ое (разг.).

ДЕПОНИ́РОВАТЬ, -рую, -руешь; -анный; *сов.* и *несов., что* (спец.). **1.** Внести (вносить) в качестве депозита. **2.** Передать (-авать) на хранение (ратификационные грамоты, текст договора, а также вообще какой-н. текст).

ДЕПОРТИ́РОВАТЬ, -рую, -руешь; -анный; *сов.* и *несов., кого (что)* (спец.). Изгнать (-гонять), удалить (-лять) из страны. *Д. дипломата.* ‖ *сущ.* **депорта́ция**, -и, *ж.*

ДЕПРЕССИ́ВНЫЙ, -ая, -ое; -вен, -вна (спец.). Связанный с депрессией, выражающий депрессию. *Депрессивное состояние.* ‖ *сущ.* **депресси́вность**, -и, *ж.*

ДЕПРЕ́ССИЯ, -и, *ж.* **1.** Угнетённое, подавленное психическое состояние (спец.). *Невротическая д. Впасть в депрессию.* **2.** Прекращение упадка, застоя в экономике (в ряде случаев сменяющих собой кризис перепроизводства). ‖ *прил.* **депрессио́нный**, -ая, -ое.

ДЕПУТА́Т, -а, *м.* **1.** Выборный представитель, член выборного государственного учреждения. *Народный д. России.* **2.** Уполномоченное лицо, направленное куда-н. для выполнения какого-н. поручения. ‖ *ж.* **депута́тка**, -и (разг.). ‖ *прил.* **депута́тский**, -ая, -ое. *Д. мандат. Д. корпус. Депутатская фракция.*

ДЕПУТА́ЦИЯ, -и, *ж.* Группа депутатов (во 2 знач.), выборных или назначенных лиц для выполнения какого-н. поручения, задания. *Направить депутацию. Принять депутацию.*

ДЕ́РБИ [дэ], *нескл., ср.* Род конных ипподромных состязаний.

ДЕ́РВИШ, -а, *м.* Мусульманский нищенствующий монах-аскет, факир.

ДЕРГА́Ч, -а́, *м.* То же, что коростель.

ДЕРЕВЕНЕ́ТЬ, -е́ю, -е́ешь; *несов.* **1.** (1 и 2 л. не употр.). Становиться деревянистым, твёрдым, как дерево. *Стебель деревенеет.* **2.** Утрачивать чувствительность, неметь (во 2 знач.). *Ноги деревенеют от холода.* ‖ *сов.* **задеревене́ть**, -е́ю, -е́ешь и **одеревене́ть**, -е́ю, -е́ешь.

ДЕРЕВЕ́НЩИК, -а, *м.* (разг.). Писатель, изображающий жизнь современной деревни.

ДЕРЕВЕ́НЩИНА, -ы, *м.* и *ж.* (устар. прост.). О грубом, простоватом человеке, жителе деревни.

ДЕРЕ́ВНЯ, -и, *мн.* -и, -ве́нь, -вня́м, *ж.* **1.** Крестьянское селение. *На околице деревни.* **2.** *ед.* То же, что село (во 2 знач.). **3.** *ед.* Сельское население. *Материальные запросы деревни.* ✦ **На деревню дедушке** (разг.) — по заведомо неполному, неточному адресу [по рассказу А. П. Чехова «Ванька Жуков»]. **Олимпийская деревня** — специальный городок для спортсменов — участников Олимпийских игр. ‖ *уменьш.* **дереве́нька**, -и, *ж.* (к 1 знач.) *и* **дереву́шка**, -и, *ж.* (к 1 знач.). ‖ *уменьш.-уничиж.* **деревню́шка**, -и, *ж.* (к 1 знач.) *и* **деревни́шка**, -и, *ж.* (к 1 знач.). ‖ *прил.* **дереве́нский**, -ая, -ое.

ДЕ́РЕВО, -а, *мн.* дере́вья, -ьев (устар. высок. дерева́, дере́в, дерева́м), *ср.* **1.** Многолетнее растение с твёрдым стволом и отходящими от него ветвями, образующими крону. *Хвойные, лиственные деревья.* **2.** *ед.* То же, что древесина (во 2 знач.). *Мебель светлого дерева. Резьба по дереву. Постучи по дереву!* (шутл. примета: нужно постучать по чему-н. деревянному, чтобы не сглазить). ✦ **Родословное дерево** — то же, что генеалогическое древо. ‖ *уменьш.* **де́ревце**, -а, *мн.* -а́, -о́в и -е́ц, *ср.* (к 1 знач.) *и* **деревцо́**, -а́, *мн.* -а́, -о́в и -е́ц, *ср.* (к 1 знач.). ‖ *прил.* **древе́сный**, -ая, -ое.

ДЕРЕВО... *Первая часть сложных слов со знач.* относящийся к дереву (во 2 знач.), напр. *деревообработка, деревопереработка, дереворежущий.*

ДЕРЕВООБДЕ́ЛОЧНИК, -а, *м.* Работник, занимающийся обработкой дерева (во 2 знач.). ‖ *ж.* **деревообде́лочница**, -ы.

ДЕРЕВООБДЕ́ЛОЧНЫЙ, -ая, -ое. Относящийся к производству изделий из дерева (во 2 знач.). *Д. станок.*

ДЕРЕВООБРАБА́ТЫВАЮЩИЙ, -ая, -ее. Относящийся к обработке дерева (во 2 знач.). *Деревообрабатывающая промышленность.*

ДЕРЕВЯНИ́СТЫЙ, -ая, -ое; -и́ст. **1.** *полн. ф.* Состоящий из древесины, сходный с древесиной. *Деревянистое строение вещества.* **2.** *перен.* Жёсткий и невкусный. *Деревянистая редиска. Деревянистая репа.* ‖ *сущ.* **деревяни́стость**, -и, *ж.* (ко 2 знач.).

ДЕРЕВЯ́ННЫЙ, -ая, -ое. **1.** Сделанный, построенный из дерева. *Деревянная шкатулка. Д. дом.* **2.** Относящийся к постройкам из дерева. *Деревянная архитектура. Русское деревянное зодчество.* **3.** *перен.* Лишённый естественной подвижности, маловыразительный, бесчувственный. *Д. голос. Деревянное выражение лица.* ✦ **Деревянное масло** — обиходное название низших сортов оливкового масла.

ДЕРЕВЯ́ШКА, -и, *ж.* (разг.). **1.** Кусочек дерева, деревянный брусок. **2.** Поделка из дерева, а также вообще небольшая вещь, изделие из дерева. *Мастерит какие-то деревяшки. Д. вместо ноги* (род деревянной подпорки вместо ноги).

ДЕРЖА́ВА, -ы, *ж.* **1.** Большая и мощная страна (в 1 знач.) (высок.). *Ядерная д. Великие державы* (наиболее крупные государства, к-рые обладают большим экономическим и военным потенциалом и играют главную роль в мировой политике и международных отношениях). **2.** Золотой шар с короной или крестом наверху — эмблема власти, одна из регалий монарха. ✦ **За державу обидно!** (разг., обычно шутл.) — выражение обиды за свою страну, за её авторитет. ‖ *прил.* **держа́вный**, -ая, -ое.

ДЕРЖА́ВНОСТЬ, -и, *ж.* **1.** *см.* державный. **2.** Утверждение роли своей страны как великой и единой державы.

ДЕРЖА́ВНЫЙ, -ая, -ое. **1.** *см.* держава. **2.** Обладающий верховной властью, могущественный (высок.). *Д. правитель.* ‖ *сущ.* **держа́вность**, -и, *ж.*

ДЕ́РЖАНЫЙ, -ая, -ое; -ан (разг.). Находившийся в употреблении, старый. *Держаные вещи.*

ДЕРЖА́ТЕЛЬ, -я, *м.* **1.** Лицо, владеющее ценными бумагами, ценностями (офиц.). *Д. акций. Д гранта.* **2.** Приспособление для держания, закрепления чего-н. *Д. для бумаг.* ‖ *ж.* **держа́тельница**, -ы (к 1 знач.).

ДЕРЖА́ТЬ, держу́, де́ржишь; де́ржанный; *несов.* **1.** *кого-что.* Взять в руки (в руку), не выпускать; ухватив, не давать выпасть, вырваться. *Д. в руках книгу. Д. ребёнка за́ руку. Д. сигарету в зубах. Д. червяка в клюве.* **2.** *кого-что.* Хватать, препятствовать движению. *Держите вора! Д. лошадь под уздцы.* **3.** (1 и 2 л. не употр.), *что.* Служить опорой чему-н., поддерживать, сохранять в определённом положении. *Свод держат четыре колонны. Плотина держит воду. Д. фронт, оборону* (перен.: активно действовать, удерживая фронт, оборону). **4.** *что.* Придав чему-н. какое-н. положение, удерживать в таком положении. *Д. руку вытянутой. Держи карман шире!* (напрасно ждёшь, не получишь; разг. ирон.). **5.** *кого-что.* Заставлять находиться или оставлять в каком-н. месте, состоянии, сохранять. *Д. деньги в банке. Д. хлеб в закромах. Печь хорошо держит тепло* (сохраняет, удерживает). *Д. под арестом. Д. под обстрелом кого-н.* (обстреливать). *Д. в мыслях, в сознании, в голове что-н.* (помнить, думать). **6.** *кого (что).* Иметь у себя, в своём хозяйстве (каких-н. животных). *Д. кур, скотину. Д. собаку.* **7.** *что.* Иметь для промысла, торговли. *Д. трактир. Д. лавку.* **8.** *кого (что).* Иметь у себя в качестве кого-н. *Д. дворника. Д. жильцов.* **9.** Двигаться по какому-н. направлению. *Д. вправо. Д. на север. Так д.!* (команда; также перен.: одобрение — продолжай(те) как начал(и). **10.** *что.* В сочетании с существительным выражает действие по знач. этого существительного. *Д. речь* (говорить). *Д. путь* (двигаться, направляться куда-н.; разг.). *Д. пари* (спорить на пари). *Д. экзамен* (экзаменоваться). *Д. курс* (двигаться по какому-н. направлению). *Д. слово* (быть верным данному слову). *Д. чью-н. сторону* (быть чьим-н. сторонником). ✦ **Держать себя как** — вести себя, поступать каким-н. образом. *Умеет себя держать* (умеет хорошо себя вести). **Держите меня!** (разг. шутл.) — выражение крайнего удивления.

ДЕРЖА́ТЬСЯ, держу́сь, де́ржишься; *несов.* **1.** *за кого-что.* Сохранять какое-н. положение, ухватившись за кого-что-н. *Д. руками за перила. Ребёнок держится за мать.* **2.** *перен., за кого-что.* Стараться сохранить, удержать для себя. *Д. за хорошего работника. Д. за должность.* **3.** (1 и 2 л. не употр.). Быть укреплённым на чем-н., удерживаться при помощи чего-н. *Люстра держится на крюке. Пуговица держится на одной нитке.* **4.** *за что.* Приложив руку к какому-н. месту, сохранять её в этом положении. *Д. за щёку. Д. за карман* (также перен.: быть скупым; разг.). **5.** Находиться, стоять в каком-н. положении. *Д. прямо. Еле д. на ногах от усталости. Д. на воде* (не тонуть). *Д. вместе* (стоять или идти вместе, не разъединяясь). **6.** Вести себя каким-н. образом. *Д. уверенно.* **7.** *чего или за кем-чем.* Направляться соответственно чему-н., двигаться в каком-н. направлении. *Идти, держась правой стороны. Д. фарватера. Д. за проводника.* **8.** *чего.* Следовать чему-н., поступать сообразно чему-н. *Д. строгих правил. Д. своего мнения. Д. старого образа мыслей.* **9.** (1 и 2 л. не употр.). Сохраняться, не исчезать. *Привычки могут д. долго. Держатся холода.* **10.** Не сдаваться, сопротивляться. *Д. до прибытия подкреплений.* ✦ **Только держись!** (разг.) — восклицание, указывающее на то, что предстоит вытерпеть что-н. неприятное, трудное.

ДЕРЖИМО́РДА, -ы, м. Тупой исполнитель грубой власти [по имени полицейского — действующего лица комедии Н. В. Гоголя «Ревизор»]. ‖ *прил.* **держимо́рдовский**, -ая, -ое.

ДЕРЗА́НИЕ, *-я, ср.* (высок.). Смелое стремление к чему-н. благородному, высокому, новому. *Юношеские дерзания.*

ДЕРЗА́ТЬ, -а́ю, -а́ешь; *несов.* **1.** Смело стремиться к чему-н. благородному, высокому, новому (высок.). *Дело молодёжи — д.!* **2.** Осмеливаться на что-н. (устар. книжн.). *Не дерзаю спорить.* ‖ *сов.* **дерзну́ть**, -ну́, -нёшь (ко 2 знач.).

ДЕРЗИ́ТЬ, 1 л. ед. не употр., -и́шь; *несов.* (разг.). Говорить дерзости. *Д. старшим.* ‖ *сов.* **надерзи́ть**, -и́шь.

ДЕ́РЗКИЙ, -ая, -ое; -зок, -зка́, -зко; де́рзче. **1.** Исполненный дерзания, смелый (высок.). *Д. манёвр. Д. ум.* **2.** Непочтительно, оскорбительно грубый. *Д. мальчишка. Дерзкое поведение.* ‖ *сущ.* **де́рзость**, -и, *ж.*

ДЕРЗНОВЕ́НИЕ, -я, *ср.* (устар.). То же, что дерзание.

ДЕРЗНОВЕ́ННЫЙ, -ая, -ое; -ве́н, -ве́нна (высок.). Вызывающе смелый, отважный. *Дерзновенные помыслы. Д. манёвр.* ‖ *сущ.* **дерзнове́нность**, -и, *ж.*

ДЕ́РЗОСТЬ, -и, *ж.* **1.** *см.* дерзкий. **2.** Дерзкий (во 2 знач.) поступок, дерзкие слова. *Говорить дерзости.*

ДЕРИВА́ЦИЯ, -и, *ж.* (спец.). **1.** Боковое отклонение снарядов и пуль при полёте. **2.** Отвод воды от русла реки по каналу. **3.** То же, что словопроизводство. ‖ *прил.* **деривацио́нный**, -ая, -ое.

ДЕРМАТИ́Н, -а, *м.* Ткань со специальным покрытием, выработанная под кожу. ‖ *прил.* **дермати́новый**, -ая, -ое.

ДЕРМАТО́ЛОГ, -а, *м.* Врач — специалист по дерматологии.

ДЕРМАТОЛО́ГИЯ, -и, *ж.* Раздел медицины, изучающий болезни кожи. ‖ *прил.* **дерматологи́ческий**, -ая, -ое.

ДЕРНИ́НА, -ы, *ж.* (спец. и обл.). То же, что дёрн.

ДЕРНИ́СТЫЙ, -ая, -ое; -и́ст. Обильный корнями травянистых растений. *Дернистая земля.* ‖ *сущ.* **дерни́стость**, -и, *ж.*

ДЕРЬМО́, -а́, *ср.* (прост. груб.). **1.** То же, что кал. **2.** *перен.* О ком-чём-н. негодном, гадком (бран.). ✦ **С собственным дерьмом не расстанется** *кто* (прост. пренебр.) — о том, кто очень скуп, жаден.

ДЕРЬМО́ВЫЙ, -ая, -ое (прост.). Никуда не годный, гадкий. *Дерьмовая покупка.*

ДЕРЮ́ГА, -и, *ж.* **1.** Грубая ткань из толстой льняной пряжи. **2.** *перен.* Плохая, грубая ткань, одежда (прост.). ‖ *уменьш.* **дерю́жка**, -и, *ж* ‖ *прил.* **дерю́жный**, -ая, -ое (к 1 знач.).

ДЕСА́НТ, -а, *м.* **1.** Высадка войск на вражескую территорию, а также вообще высадка куда-н. быстродействующих военизированных групп. *Произвести д. Д. пожарных в тайге.* **2.** Войска, высаженные на вражескую территорию, а также высаженная куда-н. быстродействующая военизированная группа. *Морской д. Воздушный д. Танковый д.* (с переброской стрелков на танках). *Высадить (выбросить) д.* ‖ *прил.* **деса́нтный**, -ая, -ое. *Десантные (воздушно-десантные) войска* (предназначенные для десантов)

ДЕСА́НТНИК, -а, *м.* **1.** Военнослужащий воздушно-десантных войск. **2.** Участник десанта. *Пожарный-д.*

ДЕСЕ́РТ, -а, *м.* Фрукты или сладкое блюдо, подаваемое в конце обеда, третье (в 4 знач.). *На д. — пирожное.* ‖ *прил.* **десе́ртный**, -ая, -ое. *Десертные блюда. Десертные вина. Десертная ложка* (размером больше чайной и меньше столовой).

ДЕ́СКАТЬ, *частица* (прост.). Употр. при передаче чужой речи (часто с оттенком недоверия). *Мы, д., сами виноваты.*

ДЕСНА́, -ы́, *мн.* дёсны, дёсен, дёснам, *ж.* Слизистая оболочка, покрывающая края челюстей. ‖ *прил.* **дёсенный**, -ая, -ое.

ДЕСНИ́ЦА, -ы, *ж.* (стар. высок.). Правая рука, а также вообще рука. *Карающая д.* (перен.: о возмездии).

ДЕ́СПОТ, -а, *м.* **1.** В рабовладельческих монархиях Древнего Востока: верховный правитель, пользующийся неограниченной властью. **2.** Самовластный человек, попирающий чужие желания, не считающийся ни с кем, самодур. *Д. в семье.*

ДЕСПОТИ́ЗМ, -а, *м.* **1.** Самовластное правление. *Монархический д.* **2.** Поведение деспота (во 2 знач.). *Д. самодура.* ‖ *прил.* **деспоти́ческий**, -ая, -ое.

ДЕСПОТИ́ЧЕСКИЙ, -ая, -ое. **1.** *см.* деспотизм *и* деспотия. **2.** *перен.* Самовластный, не считающийся с другими. *Деспотическая натура. Вести себя деспотически* (нареч.).

ДЕСПОТИ́ЧНЫЙ, -ая, -ое; -чен, -чна. То же, что деспотический (во 2 знач.). ‖ *сущ.* **деспоти́чность**, -и, *ж.*

ДЕСПОТИ́Я, -и, *ж.* Государство, управляемое деспотом (в 1 знач.). ‖ *прил.* **деспоти́ческий**, -ая, -ое.

ДЕСТЬ, -и, *мн.* -и, -е́й, *ж.* Старая единица счёта писчей бумаги в листах. *Русская д.* (24 листа). *Метрическая д.* (50 листов).

ДЕСЯТЕРИ́К, -а́, *м.* Старая русская мера (веса, объёма, счёта), содержащая десять каких-н. единиц, а также предмет такого веса, объёма. *Куль-д. Гиря-д.* ‖ *прил.* **десятерико́вый**, -ая, -ое.

ДЕСЯТЕРИ́ЧНЫЙ, -ая, -ое (устар.). То же, что десятикратный. *Десятеричное «и»* (прежнее название буквы «i», в старину обозначавшей число и цифру 10).

ДЕ́СЯТЕРО, -ы́х, -ы́м, *числит. собир.* **1.** С существительными мужского рода, обозначающими лиц, с личными местоимениями мн. ч. и без зависимого слова: количество десять. *Д. сыновей. Нас д. Всё делим на десятерых.* **2.** (обычно им. и вин.п.). С существительными, имеющими только мн. ч.: десять предметов. *Д. суток. Д. саней. Д. ножниц.* **3.** (обычно им. и вин. п.). С некрыми существительными, обозначающими предметы, существующие или носимые в паре: десять пар. *Мороз такой, что хоть д. рукавиц надевай.* ✦ **За десятерых** — так, как могут только десятеро. *Ест за троих, работает за десятерых.*

ДЕСЯТИ... *Первая часть сложных слов со знач.:* 1) содержащий десять каких-н. единиц, состоящий из десяти единиц, напр. *десятирублёвый, десятитонный, десятидневный, десятилетний, десятиствольный, де́сятиугольник;* 2) относящийся к десяти, к десятому, напр. *десятичасовой* (поезд), *десятиклассник.*

ДЕСЯТИБА́ЛЛЬНЫЙ, -ая, -ое. **1.** Силой в десять баллов. *Д. шторм.* **2.** О системе оценок: располагающий десятью баллами (во 2 знач.). *Десятибалльная система оценок.*

ДЕСЯТИБО́РЕЦ, -рца, *м.* Спортсмен, участник десятиборья.

ДЕСЯТИБО́РЬЕ, -я, *ср.* Спортивное состязание по десяти видам лёгкой атлетики.

ДЕСЯТИДНЕ́ВКА, -и, *ж.* Промежуток времени в десять дней, декада.

ДЕСЯТИКЛА́ССНИК, -а, *м.* Ученик десятого класса. ‖ *прил.* **десятикла́ссница**, -ы.

ДЕСЯТИКОПЕ́ЕЧНЫЙ, -ая, -ое. **1.** Достоинством в десять копеек. *Десятикопеечная монета.* **2.** Стоимостью в десять копеек.

ДЕСЯТИКРА́ТНЫЙ, -ая, -ое. Повторяющийся десять раз, увеличенный в десять раз. *В десятикратном размере. Д. чемпион* (десять раз завоёвывавший это звание).

ДЕСЯТИЛЕ́ТИЕ, -я, *ср.* **1.** Срок в десять лет. **2.** *чего.* Годовщина события, бывшего десять лет тому назад. *Д. института* (десять лет со дня основания). ‖ *прил.* **десятиле́тний**, -яя, -ее.

ДЕСЯТИЛЕ́ТКА, -и, *ж.* (разг.). Полная средняя школа с десятью годами обучения. *Кончить десятилетку.*

ДЕСЯТИЛЕ́ТНИЙ, -яя, -ее. **1.** *см.* десятилетие. **2.** Существующий или просуществовавший, проживший десять лет. *Д. спор. Д. музыкант.*

ДЕСЯТИ́НА, -ы, *ж.* Старая русская мера земельной площади, равная 2400 кв. саженям или 1,09 гектара. ‖ *прил.* **десяти́нный**, -ая, -ое.

ДЕСЯТИРУБЛЁВКА, -и, *ж.* (разг.). Денежный знак достоинством в десять рублей.

ДЕСЯТИТЫ́СЯЧНЫЙ, -ая, -ое. **1.** *Числит. порядк.* к десять тысяч. **2.** Ценою в десять тысяч. *Десятитысячное ожерелье.* **3.** Состоящий из десяти тысяч единиц. *Десятитысячная демонстрация.*

ДЕСЯТИЧАСОВО́Й, -а́я, -о́е. **1.** Продолжительностью в десять часов. *Десятичасовое ожидание.* **2.** Назначенный на десять часов. *Д. поезд.*

ДЕСЯТИ́ЧНЫЙ, -ая, -ое. Основанный на счёте десятками. *Десятичная система счисления. Десятичная* (метрическая) *система мер. Десятичные весы* (весы, на к-рых взвешиваемый предмет уравновешивается гирей, в десять раз более лёгкой). *Десятичные дроби* (система цифрового изображения дробных количеств при помощи разложения на десятые, сотые, тысячные и т. д. части целого).

ДЕСЯ́ТКА, -и, *ж.* **1.** Цифра 10, а также (о сходных или однородных предметах) количество десять (разг.). *Стартовый номер лыжника — 10. Первая д. участников.* **2.** Название чего-н., содержащего десять одинаковых единиц. *В колоде четыре десятки* (четыре карты в десять очков). *Д. бубён* (игральная карта). **3.** Название чего-н. (обычно транспортного средства), обозначенного цифрой 10 (разг.). *Давно не было десятки* (трамвая, троллейбуса, автобуса под номером 10). **4.** Десять рублей (разг.). ✦ **В первой десятке** *кто-что* (разг.) — в числе десяти лучших. *Эта фирма в первой десятке.* **Попасть в десятку** — 1) попасть в центр мишени (обозначенной цифрой 10); 2) точно угадать, а также сделать что-н. удачно, правильно (разг.). ‖ *уменьш.* **деся́точка**, -и, *ж.*

ДЕСЯ́ТНИК, -а, *м.* (устар.). Старший над группой рабочих. *Строительный д.*

ДЕСЯ́ТОК, -тка, *м.* **1.** Счётная единица, равная десяти, а также десять одинаковых предметов. *Считать по десяткам. Д. папирос. К нему обращаются десятки людей* (очень многие). **2.** Десять лет возраста. *Седьмой д. пошёл кому-н.* (исполнилось шестьдесят лет). **3.** *мн.* Предпоследняя цифра многозначного числа. ✦ **Не робкого (не трусливого) десятка** *кто* (разг.) — о смелом человеке.

ДЕСЯ́ТСКИЙ, -ого, *м.* В дореволюционной России: выборное должностное лицо из крестьян (обычно от каждых десяти дворов), помощник сотского.

ДЕСЯ́ТЫЙ, -ая, -ое. **1.** *см.* десять. **2.** **деся́тая**, -ой. Получаемый делением на десять. *Десятая часть. Одна десятая* (сущ.).

ДЕ́СЯТЬ, -и́, -ью́, *числит. колич.* Число и количество 10. ‖ *порядк.* **деся́тый**, -ая, -ое. *Это дело десятое* (перен.: неважное, второстепенное; разг.). ✦ **С пятого на десятое** (разг. шутл.) — о рассказе, пересказе: сбивчиво, перескакивая с одного на другое.

ДЕ́СЯТЬЮ, *нареч.* В умножении: десять раз.

ДЕТАЛИЗИ́РОВАТЬ, -рую, -руешь; -анный; *сов.* и *несов.*, *что.* Разработать (-батывать) в деталях, в подробностях. *Д. план.* ‖ *сущ.* **детализа́ция**, -и, *ж.*

ДЕТА́ЛЬ, -и, *ж.* **1.** Мелкая подробность, частность. *Изложить со всеми деталями.* **2.** Часть механизма, машины, прибора, а также вообще какого-н. изделия. *Тракторные детали. Детали одежды.* ‖ *прил.* **дета́льный**, -ая, -ое (ко 2 знач.; спец.).

ДЕТА́ЛЬНЫЙ, -ая, -ое; -лен, -льна. **1.** *см.* деталь. **2.** Подробный, со всеми деталями (в 1 знач.). *Детальное изложение.* ‖ *сущ.* **дета́льность**, -и, *ж.*

ДЕТВА́, -ы́, *ж., собир.* (спец.). Личинки пчёл, а также молодые пчёлы.

ДЕТВОРА́, -ы́, *ж., собир.* (разг.). Маленькие дети. *Во дворе играет д.*

ДЕТДО́М, -а, *мн.* -а́, -о́в, *м.* Сокращение: детский дом. ‖ *прил.* **детдо́мовский**, -ая, -ое (разг.). *Д. ребёнок.*

ДЕТДО́МОВЕЦ, -вца, *м.* (разг.). Воспитанник детского дома. ‖ *ж.* **детдо́мовка**, -и.

ДЕТЕКТИ́В [дэтэ], -а, *м.* **1.** Специалист по расследованию уголовных преступлений. *Частный д.* **2.** Литературное произведение или фильм, изображающие раскрытие запутанных преступлений. ‖ *прил.* **детекти́вный**, -ая, -ое (ко 2 знач.). *Д. роман. Детективная литература.*

ДЕТЕ́КТОР [дэтэ́], -а, *м.* **1.** В радиотехнике: устройство для преобразования электрических колебаний. **2.** Физический прибор для обнаружения радиоактивного или теплового излучения, а также различных частиц[1] (во 2 знач.). ✦ **Детектор лжи** — специальное устройство для проверки психического состояния допрашиваемого, испытуемого. ‖ *прил.* **дете́кторный**, -ая, -ое.

ДЕТЕРМИНИ́ЗМ [дэтэ], -а, *м.* Учение о закономерности и причинной обусловленности всех явлений природы и общества. ‖ *прил.* **детерминисти́ческий**, -ая, -ое.

ДЕТЁНЫШ, -а, *м.* Молодое животное, находящееся при матери.

ДЕ́ТИ, дете́й, де́тям, детьми́, о де́тях. **1.** Мальчики и (или) девочки в раннем возрасте, до отрочества (употр. в знач. мн. к «ребёнок» и «дитя»). *Театр для детей.* **2.** Сыновья, дочери. *Мои д.* ‖ *ласк.* **де́тки**, -ток, **дети́шки**, -шек *и* **де́тушки**, -шек (устар. и прост.). ‖ *прил.* **де́тский**, -ая, -ое. *Д. театр* (для детей). *Д. дом* (воспитательное учреждение для детей, оставшихся без попечения родителей).

ДЕТИ́НА, -ы, *м.* (разг.). Рослый и сильный молодой мужчина. ‖ *ласк.* **дети́нушка**, -и, *м.*

ДЕ́ТИЩЕ, -а, *ср.* **1.** То же, что ребёнок (сын или дочка) (устар.). *Мое родное д.* **2.** *перен., чего.* О том, что создано собственными трудами, заботами (высок.). *Научная школа — д. учёного.*

ДЕ́ТКА, -и, *ж.* (разг.). Ребёнок, дитя (обычно в обращении). ‖ *ласк.* **де́точка**, -и, *ж.*

ДЕТОНА́ТОР, -а, *м.* (спец.). **1.** Заряд взрывчатого вещества, своим взрывом вызывающий детонацию. **2.** Особый капсюль, применяемый при взрывах. *Капсюль-д.* **3.** *перен.* То же, что возбудитель. *Д. общественного беспокойства.* ‖ *прил.* **детона́торный**, -ая, -ое.

ДЕТОНА́ЦИЯ, -и, *ж.* (спец.). **1.** Мгновенный взрыв вещества, вызванный взрывом другого вещества или сотрясением, ударом. **2.** Быстрое и неполное сгорание топлива в двигателе внутреннего сгорания. *Д. топлива.* ‖ *прил.* **детонацио́нный**, -ая, -ое.

ДЕТОРОЖДЕ́НИЕ, -я, *ср.* (книжн.). Рождение детей.

ДЕТОУБИ́ЙСТВО, -а, *ср.* Убийство ребёнка.

ДЕТОУБИ́ЙЦА, -ы, *м. и ж.* Убийца ребёнка.

ДЕТСА́ДОВСКИЙ, -ая, -ое (разг.). Относящийся к детскому саду. *Детсадовские дети.*

ДЕ́ТСКАЯ, -ой, *ж.* **1.** Комната для детей. **2.** Комплект мебели для такой комнаты. *Д. из полированного дуба.*

ДЕ́ТСКИЙ, -ая, -ое. **1.** *см.* дети *и* детство. **2.** *перен.* Не свойственный взрослому, незрелый. *Детские рассуждения.* ‖ *сущ.* **де́тскость**, -и, *ж.*

ДЕ́ТСТВО, -а, *ср.* Ранний, до отрочества, возраст; период жизни в таком возрасте. *Счастливое д. Друг детства. Провести д. в деревне. Впасть в д.* (от старости потерять рассудок). *Д. человечества* (перен.). ‖ *прил.* **де́тский**, -ая, -ое. *Д. возраст. Детские годы.*

ДЕТЬ, де́ну, де́нешь; де́тый; день; *сов., кого-что*, со словами «куда», «куда-то», «некуда» (разг.). **1.** *см.* девать. **2.** То же, что девать (во 2 знач.). *Куда же я дел эту книгу?*

ДЕ́ТЬСЯ, де́нусь, де́нешься; де́нься; *сов.*, со словами «куда», «куда-то», «некуда» (разг.). **1.** *см.* деваться. **2.** То же, что деваться (во 2 знач.). *Ушёл и пропал: куда он делся?* ✦ **Некуда деться** *от кого-чего* (разг.) — то же, что некуда деваться от кого-чего-н. **Деться некуда** (разг.) — то же, что деваться некуда. **Никуда не денешься** или **куда денешься** *от чего* — ничего не поделаешь, никуда не уйдешь, не спрячешься от чего-н.

ДЕ-ФА́КТО [дэ], *нареч.* (книжн.). Фактически, на деле, но не юридически (в отличие от де-юре).

ДЕФЕ́КТ, -а, *м.* Изъян, недостаток, недочет. *Товар с дефектом. Крупный д. проекта.* ‖ *прил.* **дефе́ктный**, -ая, -ое. *Дефектная ведомость* (перечень дефектов механизма, изделия; спец.).

ДЕФЕКТИ́ВНЫЙ, -ая, -ое; -вен, -вна. Имеющий физические или психические недостатки, пороки. *Д. ребёнок.* ‖ *сущ.* **дефекти́вность**, -и, *ж.*

ДЕФЕ́КТНЫЙ, -ая, -ое; -тен, -тна. **1.** *см.* дефект. **2.** Имеющий изъяны, с дефектами. *Дефектное изделие.* ‖ *сущ.* **дефе́ктность**, -и, *ж.*

ДЕФЕКТО́ЛОГ, -а, *м.* Специалист по дефектологии.

ДЕФЕКТОЛО́ГИЯ, -и, *ж.* Раздел педагогики, занимающийся особенностями развития, воспитания и обучения детей с физическими и умственными недостатками. ‖ *прил.* **дефектологи́ческий**, -ая, -ое.

ДЕФИЛЕ́ [дэ], *нескл., ср.* (спец.). Ущелье, узкий проход между возвышенностями или водными преградами.

ДЕФИЛИ́РОВАТЬ [дэ], -рую, -руешь; *несов.* (книжн.). Торжественно проходить, шествовать (церемониальным маршем, на параде).

ДЕФИНИ́ЦИЯ, -и, *ж.* (книжн.). Определение, истолкование понятия. *Словарные дефиниции.*

ДЕФИ́С, -а, *м.* Короткая черточка (-), употр. как знак переноса, как соединительная черта между частями слова (напр. *тёмно-красный, иван-чай, что-то*) или между словами (напр. *полубог-полугерой*).

ДЕФИЦИ́Т, -а, *м.* **1.** Убыток, превышение расхода над приходом (спец.). *Д. платёжного баланса.* **2.** Недостаток, нехватка чего-н. *Д. в материалах. Эти товары сейчас в дефиците.* **3.** Что-н. не имеющееся в достаточном количестве (разг.). *В поисках дефицита.* ‖ *прил.* **дефици́тный**, -ая, -ое (к 1 знач.).

ДЕФИЦИ́ТНЫЙ, -ая, -ое; -тен, -тна. **1.** *см.* дефицит. **2.** Недостающий, являющийся дефицитом (во 2 и 3 знач.). *Д. товар.* ‖ *сущ.* **дефици́тность**, -и, *ж.*

ДЕФОРМИ́РОВАТЬ, -рую, -руешь; -анный; *сов. и несов., что* (книжн.). Изменить (-нять) форму чего-н. ‖ *возвр.* **деформи́роваться**, -руюсь, -руешься. ‖ *сущ.* **деформа́ция**, -и, *ж.*

ДЕХКА́НИН, -а, *м.* В Средней Азии и некрых странах Востока: крестьянин. ‖ *ж.* **дехка́нка**, -и. ‖ *прил.* **дехка́нский**, -ая, -ое.

ДЕЦЕНТРАЛИЗОВА́ТЬ [дэ], -зую, -зуешь; -ованный; *сов.* и *несов., что* (книжн.). Сделать (делать) менее централизованным, рассредоточить (-чивать). *Д. управление.* ‖ *сущ.* **децентрализа́ция**, -и, *ж.*

ДЕЦИ... *Первая часть сложных слов со знач.* единицы, равной одной десятой доле той единицы, к-рая названа во второй части сложения, напр. *децилитр* (одна десятая часть литра), *дециметр, децибел.*

ДЕЦИБЕ́Л, -а, *род. мн.* децибе́лов *и* при счёте преимущ. децибе́л, *м.* (спец.). Единица величины (уровня звукового давления, усиления, ослабления).

ДЕЦИМЕ́ТР, -а, *м.* Единица измерения, равная одной десятой части метра. ‖ *прил.* **дециметро́вый**, -ая, -ое. *Дециметровые радиоволны.*

ДЕШЕВЕ́ТЬ (-е́ю, -е́ешь, 1 и 2 л. не употр.), -е́ет; *несов.* Понижаться в цене, становиться дешёвым, дешевле. *Овощи и фрукты дешевеют.* ‖ *сов.* **подешеве́ть** (-е́ю, -е́ешь, 1 и 2 л. не употр.), -е́ет.

ДЕШЕВИ́ЗНА, -ы, *ж.* Положение, когда цены на товары очень низки.

ДЕШЁВКА, -и, *ж.* (разг.). **1.** Низкая, дешёвая цена. *Купить по дешёвке.* **2.** *перен.* Нечто безвкусное, лишённое ценности, содержательности (пренебр.). *Развлекательная д.*

ДЕШЁВЫЙ, -ая, -ое; дёшев, дешева́, дёшево; деше́вле. **1.** Недорогой, имеющий низкую цену, а также (о цене) низкий. *Дешёвые ткани. Дёшево* (нареч.) *купить. Дёшево* (нареч.) *отделался* (перен.: без тяжёлых последствий). *Дёшево, да гнило, дорого, да мило* (посл.) **2.** *перен.* Лишённый ценности, содержательности, а также пустой, ничтожный (разг.). *Дешёвая популярность. Дешёвые шуточки.* ‖ *уменьш.* **дешёвенький**, -ая, -ое.

ДЕШИФРИ́РОВАТЬ [дэ], -рую, -руешь; -ованный; *сов.* и *несов., что* (спец.). Определить (-лять), опознать (-авать) объект по его изображению. *Д. местность. Д. корабль.* ‖ *сущ.* **дешифри́рование**, -я, *ср.*

ДЕШИФРОВА́ТЬ [дэ], -ру́ю, -ру́ешь; -о́ванный; *сов.* и *несов., что.* То же, что расшифровать (-вывать). ‖ *сущ.* **дешифро́вка**, -и, *ж.* ‖ *прил.* **дешифро́вочный**, -ая, -ое *и* **дешифрова́льный**, -ая, -ое.

ДЕ-Ю́РЕ [дэ, рэ], *нареч.* (книжн.). Юридически, формально, а не только фактически (в отличие от де-факто).

ДЕЯ́НИЕ, -я, *ср.* (высок. и спец.). Действие, поступок, свершение. *Великие деяния. Преступное д. Противоправное д.*

ДЕ́ЯТЕЛЬ, -я, *м.* Человек к-рый проявил себя в какой-н. общественной деятельности. *Государственный д. Деятели культуры. Общественный д.* ‖ *ж.* **де́ятельница**, -ы (разг.).

ДЕ́ЯТЕЛЬНОСТЬ, -и, *ж.* **1.** Занятия, труд. *Научная д. Педагогическая д.* **2.** Работа каких-н. органов, а также сил природы. *Д. сердца. Д. вулкана.*

ДЕ́ЯТЕЛЬНЫЙ, -ая, -ое; -лен, -льна. Живой и энергичный, активно действующий. *Деятельная натура. Деятельно* (нареч.) *участвовать в обсуждении.*

ДЕ́ЯТЬСЯ *см.* содеяться.

ДЁГОТЬ, -гтя (-гтю), *м.* Тёмный смолистый жидкий продукт с резким запахом, получаемый путём сухой перегонки дерева, торфа или каменного угля. *Ложка дёгтю в бочке с мёдом* (погов. о чём-н. малом, способном отравить, испортить большое, хорошее). *Дёгтем ворота вымазать кому-н.* (в старое время: в знак потери целомудрия живущей в доме девушки). ‖ *уменьш.-ласк.* **деготóк**, -тка́ (-тку́), *м.* ‖ *прил.* **дегтя́рный**, -ая, -ое *и* **дегтевóй**, -а́я, -óе.

ДЁГТЕМА́З, -а, *м.* (презр.). Хулитель, клеветник.

ДЁРГ, *в знач. сказ.* (разг.). Дёрнул. *Он д. его за рукав.*

ДЁРГАТЬ, -аю, -аешь; *несов.* **1.** *кого-что.* Тянуть, тащить резким, отрывистым движением. *Д. верёвку. Д. за рукав.* **2.** *что.* Выдёргивать, удалять (разг.). *Д. зубы.* **3.** *безл., кого-что.* О судорожных движениях или повторяющихся болевых ощущениях. *Его всего дёргает. В ухе дёргает.* **4.** *чем.* Резко двигать какой-н. частью тела. *Д. бровью. Д. плечом.* **5.** *перен., кого (что).* Беспокоить, мешать кому-н. мелкими требованиями, придирками (разг.). *Д. подчинённых.* ‖ *однокр.* **дёрнуть**, -ну, -нешь; -утый (к 1 и 4 знач.) *и* **дергану́ть**, -ну́, -нёшь (к 1 знач.; прост.). ✦ **Дёрнуло меня (тебя, его и т. д.) или чёрт дёрнул, нелёгкая дёрнула** (прост.) — сделал напрасно, не надо было этого делать. ‖ *сущ.* **дёрганье**, -я, *ср. и* **дерготня́**, -и́, *ж.* (к 5 знач.; прост.).

ДЁРГАТЬСЯ, -аюсь, -аешься; *несов.* **1.** Производить непроизвольные резкие и отрывистые движения. *Санки дёргаются на поворотах. Д. всем телом.* **2.** *перен.* То же, что трепыхаться (во 2 знач.) (разг.). ‖ *однокр.* **дёрнуться**, -нусь, -нешься (разг.).

ДЁРН, -а (-у), *м.* Густо заросший травой, скреплённый корнями многолетних растений верхний слой почвы, а также вырезанные пласты из этого слоя. *Нарезать дёрна.* ‖ *прил.* **дернóвый**, -ая, -ое.

ДЁРНУТЬ, -СЯ *см.* дёргать, -ся.

ДЁРУ, *в знач. сказ.* (прост.). То же, что драла. *Вскочил да и д. Дать д.* (убежать).

ДЖАЗ, -а, *м.* **1.** Оригинальная импровизационная музыка с неровным ритмом и темпом, сочетающая в себе черты европейской и африканской традиций. *Классический д.* **2.** Оркестр, играющий такую музыку. *Играть в джазе, джаз.* ‖ *прил.* **джа́зовый**, -ая, -ое. *Джазовая певица.*

ДЖАЗ-... *Первая часть сложных слов со знач.* относящийся к джазу, напр. *джаз-музыка, джаз-ансамбль, джаз-оркестр.*

ДЖАЗИ́СТ, -а, *м.* Музыкант, играющий в джазе. ‖ *ж.* **джази́стка**, -и.

ДЖЕЙРА́Н, -а, *м.* Небольшая антилопа. ‖ *прил.* **джейра́новый**, -ая, -ое.

ДЖЕМ, -а (-у), *м.* Варенье из фруктов или ягод в виде густого желе. ‖ *прил.* **джéмовый**, -ая, -ое.

ДЖЕ́МПЕР, -а, *мн.* -ы, -ов *и* -а́, -óв, *м.* Вязаная фуфайка без воротника, надевающаяся через голову. ‖ *прил.* **джéмперный**, -ая, -ое.

ДЖЕНТЛЬМЕ́Н, -а, *м.* **1.** Вполне корректный человек, строго соблюдающий правила и нормы поведения. **2.** *перен.* Человек подчёркнутой вежливости, корректности. *Будьте джентльменом!* ✦ **Джентльмены удачи** (разг. шутл.) — о жуликах, мошенниках. ‖ *прил.* **джентльмéнский**, -ая, -ое. *Джентльменское соглашение* (устная договорённость сторон). *Полный д. набор* (всё, что полагается иметь с точки зрения престижа; разг. шутл.).

ДЖЕРСИ́ и **ДЖЕ́РСИ. 1.** *нескл., ср.* Плотный трикотажный материал, а также одежда из такого материала. *Шёлковое, шерстяное, хлопчатобумажное д.* **2.** *неизм.* Об одежде: из такого материала. *Костюм д.* ‖ *прил.* **джерсóвый**, -ая, -ое (к 1 знач.).

ДЖИГИ́Т, -а, *м.* Искусный наездник [*первонач.* у кавказских горцев, казаков]. ‖ *прил.* **джиги́тский**, -ая, -ое.

ДЖИГИТОВА́ТЬ, -ту́ю, -ту́ешь; *несов.* Заниматься джигитовкой.

ДЖИГИТÓВКА, -и, *ж.* Разнообразные сложные упражнения на скачущей лошади [*первонач.* у кавказских горцев, казаков].

ДЖИН, -а (-у), *м.* Английская можжевеловая водка.

ДЖИНН, -а, *м.* В мусульманской мифологии: огненный дух, обычно злой, способный принимать любой вид и выполнять любые приказания. ✦ **Выпустить джинна из бутылки** (книжн.) — дать свободу силам зла [по сюжету арабских сказок о злом духе — джинне, заключённом в сосуд и нечаянно из него выпущенном].

ДЖИНСÓВЫЙ, -ая, -ое. **1.** *см.* джинсы. **2.** О материале: такой, из к-рого шьют джинсы. *Джинсовые туфли* (с верхом из такого материала).

ДЖИ́НСЫ, -ов. Плотно облегающие брюки из жёсткой (обычно синей) хлопчатобумажной ткани с цветной строчкой. *Мужские, женские д.* ‖ *прил.* **джинсóвый**, -ая, -ое.

ДЖИП, -а, *м.* Автомобиль двойного назначения (для перевозки грузов и пассажиров) с высокой проходимостью [*первонач.* армейский].

ДЖИ́У-ДЖИ́ТСУ, *нескл., ср.* Японская борьба — самозащита и нападение без оружия.

ДЖÓНКА, -и, *ж.* В Китае и других странах Юго-Восточной Азии: грузовое судно с четырёхугольным парусом.

ДЖÓУЛЬ, -я, *м.* Единица энергии, работы и количества теплоты.

ДЖУ́НГЛИ, -ей. Густые, труднопроходимые лесные заросли в болотистых местностях тропических стран. *Закон джунглей* (перен.: об открытом произволе и насилии). ✦ **Каменные джунгли** — о кварталах больших городов. ‖ *прил.* **джу́нглевый**, -ая, -ое.

ДЖУТ, -а, *м.* Травянистое растение, разводимое преимущ. в Индии, волокна к-рого употр. для изготовления грубых тканей, верёвок, канатов. ‖ *прил.* **джу́товый**, -ая, -ое.

ДЗОТ, -а, *м.* Укреплённая оборонительная огневая точка [сокращение по начальным буквам: деревоземляная огневая точка].

ДЗЮДÓ, *нескл., ср.* Спортивная борьба вольного стиля, основанная на бросках, подсечках, захватах.

ДЗЮДОИ́СТ, -а, *м.* Спортсмен, занимающийся дзюдо. ‖ *ж.* **дзюдои́стка**, -и. ‖ *прил.* **дзюдои́стский**, -ая, -ое.

ДИАБЕ́Т, -а, *м.* Название ряда заболеваний, вызванных нарушением обмена веществ. *Сахарный д.* (сопровождающийся выделением сахара в моче). ‖ *прил.* **диабети́ческий**, -ая, -ое.

ДИАБЕ́ТИК, -а, *м.* Больной, страдающий диабетом. ‖ *ж.* **диабети́чка**, -и (разг.).

ДИА́ГНОЗ, -а, *м.* Медицинское заключение о состоянии здоровья, определение болезни, травмы на основании специального исследования. *Поставить д. Клинический д. Предварительный, окончательный д.* ‖ *прил.* **диагности́ческий**, -ая, -ое.

ДИАГНÓСТ, -а, *м.* Специалист по диагностике (во 2 и 3 знач.); врач, устанавливающий диагноз.

ДИАГНÓСТИКА, -и, *ж.* **1.** *см.* диагностировать. **2.** Учение о способах диагноза. **3.** Установление диагноза. *Лабораторная д. Ранняя д. заболевания.* ‖ *прил.* **диагности́ческий**, -ая, -ое. *Д. анализ. Диагностическая служба.*

ДИАГНОСТИ́РОВАТЬ, -рую, -руешь; -ованный; *сов.* и *несов., что* (спец.). **1.** Поставить (ставить) диагноз. *Д. болезнь.* **2.** Установить (-навливать) техническое состояние машин, механизмов. ‖ *сущ.* **диагности́рование**, -я, *ср. и* **диагнóстика**, -и, *ж.* *Техническая диагностика. Мастер по диагностике.*

ДИАГОНА́ЛЬ, -и, *ж.* **1.** В математике: отрезок прямой линии, соединяющий две вершины многоугольника, не лежащие на одной стороне, или две вершины многогранника, не лежащие на одной грани. **2.** Ткань с косыми рубчиками. ✦ **По диагонали** — наискось, не под прямым углом. *Разлиновать лист по диагонали.* ‖ *прил.* **диагона́льный**, -ая, -ое (к 1 знач.) *и* **диагона́левый**, -ая, -ое (ко 2 знач.).

ДИАГРА́ММА, -ы, *ж.* Графическое изображение соотношения каких-н. величин. ‖ *прил.* **диагра́ммный**, -ая, -ое.

ДИАДЕ́МА [*дэ*], -ы, *ж.* Женское головное драгоценное украшение [*первонач.* головной убор царей, а ранее — жрецов].

ДИАКРИТИ́ЧЕСКИЙ, -ая, -ое: **диакритический знак** (спец.) — надстрочный или подстрочный знак у буквы (в нек-рых алфавитах — рядом с буквой), уточняющий звучание, напр. две точки над *ё*.

ДИАЛЕ́КТ, -а, *м.* Местная или социальная разновидность языка. *Территориальные диалекты. Социальный д. Говорить на диалекте.* ‖ *прил.* **диале́ктный**, -ая, -ое.

ДИАЛЕКТИ́ЗМ, -а, *м.* Слово или оборот речи из какого-н. диалекта, употреблённые в литературном языке.

ДИАЛЕ́КТИК, -а, *м.* Последователь диалектической философии, диалектики (в 1 знач.).

ДИАЛЕ́КТИКА, -и, *ж.* **1.** Философское учение о всеобщих связях, о наиболее общих законах развития природы, общества и мышления; научный метод изучения природы и общества в их развитии путём вскрытия внутренних противоречий и борьбы противоположностей. *Материалистическая д.* **2.** Самый процесс такого движения и развития. *Д. истории.* **3.** Искусство вести спор (устар.). ‖ *прил.* **диалекти́ческий**, -ая, -ое (к 1 и 2 знач.). *Д. материализм. Д. метод.*

ДИАЛЕКТИ́ЧЕСКИЙ, -ая, -ое. **1.** *см.* диалектика. **2.** То же, что диалектичный.

ДИАЛЕКТИ́ЧНЫЙ, -ая, -ое; -чен, -чна. Проникнутый диалектикой (во 2 знач.), движущийся и развивающийся. ‖ *сущ.* **диалекти́чность**, -и, *ж.*

ДИАЛЕКТО́ЛОГ, -а, *м.* Специалист по диалектологии.

ДИАЛЕКТОЛО́ГИЯ, -и, *ж.* Раздел языкознания, изучающий диалекты. ‖ *прил.* **диалектологи́ческий**, -ая, -ое. *Д. атлас.*

ДИАЛО́Г, -а, *м.* **1.** Разговор между двумя лицами, обмен репликами. *Сценический д.* **2.** *перен.* Переговоры, контакты между двумя странами, сторонами. *Политический д. Конструктивный д.* ‖ *прил.* **диалоги́ческий**, -ая, -ое (к 1 знач.) *и* **диало́говый**, -ая, -ое (к 1 знач.; спец.).

ДИА́МЕТР, -а, *м.* В математике: отрезок прямой линии, соединяющий две точки окружности и проходящий через её центр, а также длина этого отрезка. ‖ *прил.* **диаметра́льный**, -ая, -ое.

ДИАМЕТРА́ЛЬНЫЙ, -ая, -ое; -лен, -льна. **1.** *см.* диаметр. **2.** В нек-рых сочетаниях: полный, совершенный (книжн.). *Диаметральная противоположность* (полная противоположность). *Характеры диаметрально* (нареч.) *противоположны* (ни в чём не сходны, полностью различны). ‖ *сущ.* **диаметра́льность**, -и, *ж.*

ДИАПАЗО́Н, -а, *м.* **1.** Интервал между самым низким и самым высоким звуками певческого голоса, мелодии или музыкального инструмента (спец.). **2.** Область, в пределах к-рой осуществляются какие-н. измерения (спец.). *Д. колебаний. Д. измерений. Д. радиочастот.* **3.** *перен.* Объём, размер знаний, интересов (книжн.). *Учёный широкого диапазона.* ‖ *прил.* **диапазо́нный**, -ая, -ое (к 1 и 2 знач.).

ДИАПОЗИТИ́В, -а, *м.* Позитивное фотографическое изображение на прозрачном материале, предназначенное для демонстрации на экране с помощью проектора. ‖ *прил.* **диапозити́вный**, -ая, -ое.

ДИА́СПОРА, -ы, *ж.* (книжн.). Люди одной национальности, живущие вне страны своего происхождения, вне своей исторической родины. *Украинская д. в Канаде.*

ДИАТЕ́З [тэ́], -а, *м.* Состояние организма, предрасполагающее к определённым заболеваниям или к аллергии. ‖ *прил.* **диате́зный**, -ая, -ое.

ДИАФИ́ЛЬМ, -а, *м.* Фильм (во 2 знач.), составленный из диапозитивов. *Детские диафильмы.* ‖ *прил.* **диафи́льмовый**, -ая, -ое.

ДИАФРА́ГМА, -ы, *ж.* (спец.). **1.** Сухожильно-мышечная перегородка, отделяющая грудную полость от брюшной, грудобрюшная преграда. **2.** Оптическое устройство для ограничения или изменения светового пучка. ‖ *прил.* **диафра́гмовый**, -ая, -ое.

ДИАХРОНИ́Я, -и, *ж.* (спец.). Состояние каких-н. явлений, системы в их истории, в процессе развития. *Языковая д.* ‖ *прил.* **диахрони́ческий**, -ая, -ое *и* **диахро́нный**, -ая, -ое. *Диахронический метод. Диахронный анализ.*

ДИВА́Н, -а, *м.* Предмет мебели с длинным, на несколько человек сиденьем, со спинкой, ручками или валиками. *Мягкий, жёсткий д. Кожаный, клеёнчатый, бархатный д.* (по виду обивки). *Угловой д.* с двумя сиденьями, расположенными под углом друг к другу). *Садовый д.* (жёсткий — деревянный или металлический). ‖ *уменьш.* **дива́нчик**, -а, *м.* ‖ *прил.* **дива́нный**, -ая, -ое. *Диванные подушки. Диванная обивка.*

ДИВА́Н-КРОВА́ТЬ, дива́на-крова́ти, дива́нов-крова́тей, *м.* Раскладной диван с откидной спинкой.

ДИВЕРСА́НТ, -а, *м.* Человек, к-рый совершает диверсию (во 2 знач.), занимается подрывной деятельностью. ‖ *ж.* **диверса́нтка**, -и. ‖ *прил.* **диверса́нтский**, -ая, -ое.

ДИВЕ́РСИЯ, -и, *ж.* **1.** Военные действия в тылу противника, имеющие целью вывести из строя его военные и промышленные объекты, нанести урон в живой силе и технике (спец.). **2.** Разрушение, выведение из строя объектов военного, государственного, народнохозяйственного значения агентами иностранного государства, преступными элементами. ‖ *прил.* **диверсио́нный**, -ая, -ое.

ДИВЕРТИСМЕ́НТ, -а, *м.* (спец.). Различные номера, дополняющие главное представление. *Увеселительный д. Танцевальный д.* ‖ *прил.* **дивертисме́нтный**, -ая, -ое.

ДИВИ́: **диви бы**, *союз* и *частица* (устар. и прост.) — то же, что добро бы (см. добро³). *Диви бы умный был, а то ведь дурак дураком. Бездельник! Диви бы хоть дома помогал!*

ДИВИДЕ́НД, -а, *м.* (спец.). Прибыль, получаемая акционерами пропорционально вложенному капиталу. *Приносить дивиденды* (о капитале; также перен.: быть выгодным для кого-н.). ‖ *прил.* **дивиде́ндный**, -ая, -ое.

ДИВИЗИО́Н, -а, *м.* **1.** Воинское подразделение в артиллерийских, ракетных частях. **2.** Подразделение военных кораблей одного класса. *Д. миноносцев.* ‖ *прил.* **дивизио́нный**, -ая, -ое.

ДИВИ́ЗИЯ, -и, *ж.* **1.** Основное тактическое соединение в различных видах вооружённых сил. *Стрелковая, мотострелковая, танковая, авиационная д.* **2.** Соединение военных кораблей одного или нескольких классов. ‖ *прил.* **дивизио́нный**, -ая, -ое.

ДИВИ́ТЬ, -влю́, -ви́шь; *несов., кого (что)* (устар.). То же, что удивлять.

ДИВИ́ТЬСЯ, -влю́сь, -ви́шься; *несов.* (прост.). То же, что удивляться. *Народ дивится на слона.* ‖ *сов.* **подиви́ться**, -влю́сь, -ви́шься.

ДИ́ВНЫЙ, -ая, -ое; -вен, -вна. **1.** То же, что удивительный (в 1 знач.) (устар.). *Дивные дела творятся.* **2.** Прекрасный, восхитительный (разг.). *Д. голос.*

ДИ́ВО, -а, *ср.* (разг.). То, что вызывает удивление, чудо. *Д. дивное. Что за д.?* (удивительно). *Д., что он остался жив.* ✦ **Диву даваться** — сильно удивляться. **На диво** — очень хорошо, отлично.

ДИВЧИ́НА, -ы, *ж.* (прост.). Девушка, девочка.

ДИДАКТИ́ЗМ, -а, *м.* (книжн.). Наставительность, поучительность.

ДИДА́КТИК, -а, *м.* Специалист по дидактике.

ДИДА́КТИКА, -и, *ж.* Раздел педагогики, излагающий общую теорию образования и обучения. ‖ *прил.* **дидакти́ческий**, -ая, -ое.

ДИДАКТИ́ЧЕСКИЙ, -ая, -ое. **1.** *см.* дидактика. **2.** Наставительный, поучительный (книжн.). *Д. тон. Дидактическая повесть.*

ДИДАКТИ́ЧНЫЙ, -ая, -ое; -чен, -чна. То же, что дидактический (во 2 знач.). ‖ *сущ.* **дидакти́чность**, -и, *ж.*

ДИЕ́З [иэ́], -а, *м.* (спец.). Нотный знак, требующий повышения звука на полутон. ‖ *прил.* **дие́зный**, -ая, -ое.

ДИЕТ... [иэ]. *Первая часть сложных слов со знач.* относящийся к диете, к диетическому питанию, напр. *диетстоловая, диетпитание, диетсестра.*

ДИЕ́ТА [иэ́], -ы, *ж.* Специально установленный режим питания. *Соблюдать диету. Строгая д. Больной на диете.* ‖ *прил.* **диети́ческий**, -ая, -ое.

ДИЕТЕ́ТИКА [иэтэ́], -и, *ж.* То же, что диетология. ‖ *прил.* **диетети́ческий**, -ая, -ое.

ДИЕТО́ЛОГ [иэ], -а, *м.* Врач — специалист по диетологии.

ДИЕТОЛО́ГИЯ [иэ], -и, *ж.* Раздел медицины — наука о рациональном питании. ‖ *прил.* **диетологи́ческий**, -ая, -ое.

ДИЕТОТЕРАПИ́Я [иэ], -и, *ж.* (спец.). Лечение диетой. ‖ *прил.* **диетотерапевти́ческий**, -ая, -ое.

ДИЗА́ЙН, -а, *м.* Конструирование вещей, машин, интерьеров, основанное на принципах сочетания удобства, экономичности и красоты.

ДИЗА́ЙНЕР, -а, *м.* Художник-конструктор, специалист по дизайну. ‖ *прил.* **диза́йнерский**, -ая, -ое.

ДИ́ЗЕЛЬ, -я, *мн.* -и, -ей *и* (разг.) -я́, -е́й, *м.* Поршневой двигатель внутреннего сгорания, работающий на жидком топливе. ‖ *прил.* **ди́зельный**, -ая, -ое. *Дизельное топливо.*

ДИ́ЗЕЛЬ-... *Первая часть сложных слов со знач.* относящийся к дизелю, дизельный, напр. *дизель-поезд, дизель-электроход, дизель-мотор.*

ДИ́ЗЕЛЬ-ЭЛЕКТРОХО́Д, дизель-электрохода, *м.* Электроход, снабжённый дизелем в качестве первичного двигателя. ‖ *прил.* **ди́зель-электрохо́дный**, -ая, -ое.

ДИЗЕНТЕРИ́Я, -и, *ж.* Острая инфекционная кишечная болезнь с интоксикацией и поносом. ‖ *прил.* **дизентери́йный**, -ая, -ое.

ДИКА́РЬ, -я́, *м.* **1.** Человек, находящийся на ступени первобытной культуры. **2.** *перен.* Застенчивый, избегающий людей человек (разг.). **3.** *перен.* Тот, кто едет на курорт без путёвки, самостоятельно (разг.). *Отдыхать на юге дикарём.* ‖ *ж.* **дика́рка**, -и (к 1 и 2 знач.). ‖ *прил.* **дика́рский**, -ая, -ое (к 1 и 2 знач.).

ДИ́КИЙ, -ая, -ое; дик, дика́, ди́ко. **1.** Находящийся в первобытном состоянии (о людях), некультивируемый (о растениях), неприрученный, неодомашненный (о животных). *Дикие племена. Дикая яблоня. Дикие леса. Дикая утка.* **2.** *перен.* Грубый, необузданный. *Д. нрав.* **3.** *перен.* Нелепый, странный (разг.). *Дикая выходка. Дикая мысль.* **4.** *перен.* Чуждающийся людей, застенчивый. *Д. ребёнок.* **5.** *полн. ф.* Необычайный, очень сильный (разг.). *Дико* (нареч.) *удивился. Д. восторг.* **6.** *полн. ф.* Не связанный ни с какими организациями, действующий самостоятельно (разг.). *Дикая артель. Отдыхать диким способом* (не по путёвке). ✦ **Дикое мясо** (разг.) — нарост соединительной ткани по краям заживающей раны. ‖ *сущ.* **ди́кость**, -и, *ж.* (к 1, 2, 3 и 4 знач.).

ДИКОБРА́З, -а, *м.* Млекопитающее отряда грызунов, спина и бока к-рого покрыты длинными иглами. *Семейство дикобразов.* ‖ *прил.* **дикобра́зовый**, -ая, -ое.

ДИКО́ВИНА, -ы и **ДИКО́ВИНКА**, -и, *ж.* (разг.). Странная, удивительная вещь, явление. *Что за д.? В диковину или в диковинку что-н. кому-н.* (удивительно, непривычно).

ДИКО´ВИННЫЙ, -ая, -ое (разг.). Необыкновенный, странный. *Диковинное растение. Д. случай.*

ДИКОРАСТУ´ЩИЙ, -ая, -ее. Растущий в диком состоянии, некультивируемый. *Д. кустарник.*

ДИКОРО´СЫ, -ов, *ед.* дикоро́с, -а, *м.* (спец.). Дикорастущие полезные растения. *Лесные д. Сбор дикоросов.* ‖ *прил.* **дикоро́сный,** -ая, -ое.

ДИКТА´НТ, -а, *м.* Письменная проверочная работа — записывание текста, диктуемого учителем. *Контрольный д.* ‖ *прил.* **дикта́нтный,** -ая, -ое.

ДИКТА´Т, -а, *м.* (книжн.). Требование, условие, предъявляемое сильной стороной и навязываемое слабой стороне для безусловного исполнения. *Политика диктата.* ‖ *прил.* **дикта́тный,** -ая, -ое.

ДИКТА´ТОР, -а, *м.* **1.** Правитель (в 1 знач.), пользующийся неограниченной властью. **2.** *перен.* Тот, кто ведёт себя по отношению к другим властно и нетерпимо. ‖ *прил.* **дикта́торский,** -ая, -ое. *Диктаторское правление. Д. тон.*

ДИКТАТУ´РА, -ы, *ж.* **1.** Государственная власть, обеспечивающая полное политическое господство определённого класса, партии, группы. *Фашистская д. Д. пролетариата* (в России: провозглашённая большевистской партией власть рабочего класса). **2.** Ничем не ограниченная власть, опирающаяся на прямое насилие. *Военная д.*

ДИКТОВА´ТЬ, -ту́ю, -ту́ешь; -о́ванный; *несов., что.* **1.** Медленно и раздельно произносить что-н. с тем, чтобы слушающий записывал. *Д. стихотворение.* **2.** Предлагать для беспрекословного выполнения. *Д. свои условия.* **3.** Внушать, подсказывать. *Так ему диктовала совесть.* ‖ *сов.* **продиктова́ть,** -ту́ю, -ту́ешь; -о́ванный. ‖ *сущ.* **дикто́вка,** -и, *ж.* (к 1 знач.). *Писать под диктовку.*

ДИКТО´ВКА, -и, *м.* **1.** *см.* диктовать. **2.** То же, что диктант (разг.).

ДИ´КТОР, -а, *м.* Работник радио или телевидения, читающий текст перед микрофоном, телекамерой. ‖ *ж.* **ди́кторша,** -и (разг.). ‖ *прил.* **ди́кторский,** -ая, -ое.

ДИКТОФО´Н, -а, *м.* Портативный прибор для магнитной записи и последующего воспроизведения устной речи (как диктуемой). *Запись на д.* ‖ *прил.* **диктофо́нный,** -ая, -ое.

ДИ´КЦИЯ, -и, *ж.* Произношение, степень отчётливости в произношении слов и слогов в речи, пении, декламации. *Хорошая, плохая д.* ‖ *прил.* **дикцио́нный,** -ая, -ое.

ДИЛЕ´ММА, -ы, *ж.* **1.** Сочетание суждений, умозаключений с двумя противоположными положениями, исключающими возможность третьего (спец.). **2.** Положение, при к-ром выбор одного из двух противоположных решений одинаково затруднителен (книжн.). *Стоять перед сложной дилеммой.*

ДИ´ЛЕР, -а, *м.* (спец.). **1.** Частное лицо или фирма, занимающиеся куплей-продажей товаров и действующие от своего имени и за свой счёт. **2.** Банк, член фондовой биржи, занимающейся куплей-продажей ценных бумаг, валюты, драгоценных металлов и действующие от своего имени и за свой счёт. ‖ *прил.* **ди́лерский,** -ая, -ое.

ДИЛЕТА´НТ, -а, *м.* Тот, кто занимается наукой или искусством без специальной профессиональной подготовки (обычно не обладая углублёнными знаниями). ‖ *ж.* **дилета́нтка,** -и. ‖ *прил.* **дилета́нтский,** -ая, -ое.

ДИЛЕТАНТИ´ЗМ, -а, *м.* и **ДИЛЕТА´НТСТВО,** -а, *ср.* Дилетантское отношение, дилетантский подход к тому, что требует специальных профессиональных знаний.

ДИЛИЖА´НС, -а, *м.* Многоместная карета для перевозки пассажиров, почты и багажа. ‖ *прил.* **дилижа́нсный,** -ая, -ое *и* **дилижа́нсовый,** -ая, -ое.

ДИЛО´ГИЯ, -и, *ж.* Два произведения одного автора (писателя, музыканта), объединённые общим замыслом и преемственностью сюжета. *Поэтическая д. Д. Берлиоза «Троянцы».* ‖ *прил.* **дилоги́ческий,** -ая, -ое.

ДИ´НА, -ы, *ж.* (спец.). Единица силы, равная силе, сообщающей массе в один грамм ускорение в один сантиметр в секунду.

ДИНАМИ´ЗМ, -а, *м.* (книжн.). Наличие, присутствие динамики (в 3 знач.) в чём-н.

ДИНА´МИК, -а, *м.* Электродинамический громкоговоритель.

ДИНА´МИКА, -и, *ж.* **1.** Раздел механики, изучающий движение тел под действием приложенных к ним сил. **2.** Ход развития, изменения какого-н. явления (книжн.). *Д. общественного развития.* **3.** Движение, действие, развитие. *В пьесе много динамики.* ‖ *прил.* **динами́ческий,** -ая, -ое (ко 2 знач.).

ДИНАМИ´Т, -а, *м.* Сильное взрывчатое вещество. ‖ *прил.* **динами́тный,** -ая, -ое.

ДИНАМИ´ЧЕСКИЙ, -ая, -ое. **1.** *см.* динамика. **2.** Богатый движением, действием (книжн.). *Динамическое искусство.*

ДИНАМИ´ЧНЫЙ, -ая, -ое; -чен, -чна (книжн.). То же, что динамический (во 2 знач.). *Д. танец.* ‖ *сущ.* **динами́чность,** -и, *ж.*

ДИНА´МО, *нескл., ср.* и **ДИНА´МО-МАШИ´НА,** -ы, *ж.* Прежнее название генератора постоянного тока.

ДИНАМО´МЕТР, -а, *м.* Прибор для измерения силы.

ДИНА´Р, -а, *м.* Денежная единица в Югославии, Ираке, Тунисе и нек-рых других странах.

ДИНА´СТИЯ, -и, *ж.* **1.** Ряд последовательно правящих монархов из одного и того же рода. **2.** *перен.* О тружениках, передающих от поколения к поколению мастерство, трудовые традиции. *Купеческая д. Военная д. Д. актёров.* ‖ *прил.* **династи́ческий,** -ая, -ое (к 1 знач.).

ДИ´НГО, *нескл., м.* Дикая австралийская собака.

ДИНОЗА´ВР, -а, *м.* **1.** Вымершее крупное пресмыкающееся. **2.** *перен.* Человек ветхозаветных взглядов с устаревшими понятиями о долге, чести, морали (разг. шутл.). ‖ *прил.* **динозa´вровый,** -ая, -ое.

ДИНЬ-ДИ´НЬ. **1.** *межд. звукоподр.* О звоне бубенчика, колокольчика. **2.** *в знач. сказ.* Звенит, звонит (разг.). *Колокольчик динь-динь вдалеке.*

ДИО´Д, -а, *м.* (спец.). Двухэлектродный прибор с односторонней проводимостью. ‖ *прил.* **дио́дный,** -ая, -ое.

ДИОКСИ´Д, -а, *м.* (спец.). Химическое соединение, в к-ром один атом какого-л. элемента соединён с двумя атомами кислорода. *Д. азота.* ‖ *прил.* **диокси́дный,** -ая, -ое.

ДИОПТРИ´Я, -и, *ж.* Единица преломляющей силы оптических линз. ‖ *прил.* **диоптри́ческий,** -ая, -ое.

ДИОРА´МА, -ы, *ж.* (спец.). **1.** Картина, написанная с обеих сторон на просвечивающем материале. **2.** Лентообразная, изогнутая полукругом картина с расположенными на переднем плане объёмными предметами. *Д. сражения.* ‖ *прил.* **диора́мный,** -ая, -ое.

ДИП... *Первая часть сложных слов со знач.* дипломатический, напр. *дипкурьер, дипслужба, диппочта.*

ДИПЛО´М, -а, *м.* **1.** Свидетельство об окончании учебного заведения или о присвоении какого-н. звания. *Университетский д. Д. профессора.* **2.** Свидетельство, выдаваемое как награда за успешное выступление на конкурсе, фестивале, а также за высокое качество экспонатов на выставке. *Д. международного конкурса.* **3.** Исследовательская работа, выполняемая выпускником высших и нек-рых средних учебных заведений. *Защитить д.* ‖ *прил.* **дипло́мный,** -ая, -ое. *Д. проект, дипломная работа* (то же, что диплом в 3 знач.).

ДИПЛОМА´НТ, -а, *м.* Человек, награждённый дипломом (во 2 знач.). *Д. международного конкурса скрипачей.* ‖ *ж.* **диплома́нтка,** -и. ‖ *прил.* **диплома́нтский,** -ая, -ое.

ДИПЛОМА´Т, -а, *м.* **1.** Должностное лицо, специалист, занимающийся дипломатической деятельностью, работой в области внешних сношений. **2.** *перен.* О человеке, действующем дипломатично, тонко. **3.** Плоский чемоданчик для ношения бумаг, тетрадей, книг (разг.). ‖ *ж.* **диплома́тка,** -и (ко 2 знач.). ‖ *прил.* **диплома́тский,** -ая, -ое (к 1 знач.).

ДИПЛОМАТИ´ЧЕСКИЙ, -ая, -ое. **1.** *см.* дипломатия. **2.** *перен.* Искусный и тонкий в отношениях с другими; тонко рассчитанный, уклончивый. *Д. подход к делу.*

ДИПЛОМАТИ´ЧНЫЙ, -ая, -ое; -чен, -чна. То же, что дипломатический (во 2 знач.). *Д. ответ.* ‖ *сущ.* **дипломати́чность,** -и, *ж.*

ДИПЛОМА´ТИЯ, -и, *ж.* **1.** Деятельность правительства и его специальных органов по осуществлению внешней политики государства и по защите интересов государства и его граждан за границей. **2.** *перен.* Ухищрения, уклончивость в действиях, направленных к достижению какой-н. цели (разг.). *Насквозь видна его д.* ✦ **Народная дипломатия** — разнообразные формы широкого общественного движения людей разных стран в целях общения, познания друг друга (марши мира, международные круизы, туризм). ‖ *прил.* **дипломати́ческий,** -ая, -ое (к 1 знач.). *Д. корпус* (иностранные дипломаты, аккредитованные в какой-н. стране). *Дипломатические отношения.*

ДИПЛОМИ´РОВАТЬ, -рую, -руешь; -анный; *сов.* и *несов., кого (что)* (книжн.). Выдать (-авать) диплом (в 1 и 2 знач.) кому-н. *Дипломированный специалист* (с высшим образованием).

ДИПЛО´МНИК, -а, *м.* Студент, учащийся, выполняющий дипломную работу, дипломный проект [не смешивать со словом «дипломант»]. ‖ *ж.* **дипло́мница,** -ы.

ДИРЕКТИ´ВА, -ы, *ж.* Руководящее указание; распоряжение, приказ. *Директивы министерства.* ‖ *прил.* **директи́вный,** -ая, -ое.

ДИРЕКТИ´ВНЫЙ, -ая, -ое. **1.** *см.* директива. **2.** *перен.* Категорический, не терпящий возражений. *Д. тон.* ‖ *сущ.* **директи́вность,** -и, *ж.*

ДИРЕ´КТОР, -а, *мн.* -а́, -о́в, *м.* Руководитель предприятия, учреждения или учебного заведения. ‖ *ж.* **дире́кторша,** -и (разг.) *и* **директриса,** -ы (в учебных заведениях, устар.; теперь разг.). ‖ *прил.* **дире́кторский,** -ая, -ое.

ДИРЕКТОРА'Т, -а, *м.* Коллегия директоров крупного учреждения, возглавляемая главным директором.

ДИРЕКТО'РИЯ, -и, *ж.* Название нек-рых временных правительств. *Исполнительная Д.* (во Франции в 1795—1799 гг.). *Украинская д.* (в 1918—1920 гг.).

ДИРЕ'КЦИЯ, -и, *ж.* Руководящий орган какого-н. предприятия, учреждения, учебного заведения, во главе к-рого стоит директор или директорат. *Обсудить что-н. на дирекции* (на заседании дирекции). *Д. выставок.* ‖ *прил.* **дирекцио́нный**, -ая, -ое.

ДИРИЖАБЛЕСТРОЕ'НИЕ, -я, *ср.* Производство дирижаблей. ‖ *прил.* **дирижаблестрои́тельный**, -ая, -ое.

ДИРИЖА'БЛЬ, -я, *м.* Снабжённый двигателями управляемый аэростат с сигарообразным корпусом. ‖ *прил.* **дирижа́бельный**, -ая, -ое.

ДИРИЖЁР, -а, *м.* Музыкант, управляющий оркестром или хором. ‖ *прил.* **дирижёрский**, -ая, -ое. *Дирижёрская палочка.*

ДИРИЖИ'РОВАТЬ, -рую, -руешь; *несов., чем.* Управлять оркестром или хором при исполнении музыкального произведения.

ДИС..., *приставка.* Образует глаголы и существительные со знач. отсутствия или противоположности, напр. *дисквалифицировать, дисфункция, дискомфорт.*

ДИСГАРМОНИ'ЧНЫЙ, -ая, -ое; -чен, -чна. Вносящий дисгармонию (во 2 знач.), несогласованность. *Дисгармоничное сочетание цветов.* ‖ *сущ.* **дисгармони́чность**, -и, *ж.*

ДИСГАРМО'НИЯ, -и, *ж.* **1.** Неблагозвучное сочетание звуков, нарушение гармонии. **2.** *перен.* Отсутствие согласия, соответствия, разлад (книжн.). *Внести дисгармонию. Д. во взглядах, суждениях.* ‖ *прил.* **дисгармони́ческий**, -ая, -ое.

ДИСК, -а, *м.* **1.** Предмет в виде плоского круга. *Д. для метания* (спортивный снаряд). *Д. автомата* (магазин, вмещающий патроны). *Магнитный д. в ЭВМ. Д. Луны* (ее видимая сторона). **2.** То же, что пластинка (во 2 знач.). *Модные диски.* ‖ *прил.* **ди́сковый**, -ая, -ое. *Дисковая пила. Дисковая борона.*

ДИ'СКАНТ, -а и **ДИСКА'НТ**, -а, *м.* **1.** Высокий детский голос. **2.** Певец с таким голосом. ‖ *прил.* **дисканто́вый**, -ая, -ое (к 1 знач.) *и* **диска́нтный**, -ая, -ое (к 1 знач.).

ДИСКВАЛИФИЦИ'РОВАТЬ, -рую, -руешь; -анный; *сов.* и *несов., кого (что).* Лишить (-шать) квалификации, права выполнять какую-н. работу, обязанность. *Д. спортсмена.* ‖ *возвр.* **дисквалифици́роваться**, -руюсь, -руешься. ‖ *сущ.* **дисквалифика́ция**, -и, *ж.* ‖ *прил.* **дисквалификацио́нный**, -ая, -ое.

ДИСКЕ'ТА, -ы, *ж.* (спец.). Гибкий магнитный диск, носитель информации для обработки на ЭВМ. *Мягкая, жёсткая д.* ‖ *прил.* **диске́тный**, -ая, -ое.

ДИСКЕ'ТКА, -и, *ж.* То же, что дискета.

ДИСК-ЖОКЕ'Й, -я, *м.* Ведущий программу в дискотеке. ‖ *прил.* **диск-жоке́йский**, -ая, -ое.

ДИСКО... *Первая часть сложных слов со знач.* относящийся к дискам (во 2 знач.), к дискотеке, напр. *дискохранилище, дискоклуб, дискокомментатор, дискодиктор.*

ДИСКОБО'Л, -а, *м.* Спортсмен — метатель диска. ‖ *ж.* **дискобо́лка**, -и.

ДИСКОМФО'РТ, -а, *м.* Условия жизни, пребывания, не обеспечивающие удобства и спокойствия, а также ощущение неудобства, тревоги, беспокойства. *Испытывать д. Ощущение дискомфорта.* ‖ *прил.* **дискомфо́ртный**, -ая, -ое.

ДИСКОТЕ'КА, -и, *ж.* **1.** Собрание дисков (во 2 знач.). **2.** Специально оборудованный танцевальный зал, в к-ром проигрываются диски (во 2 знач.), прослушиваются грамзаписи. **3.** Танцы в таком зале. *Пойти на вечернюю дискотеку.* ‖ *прил.* **дискоте́чный**, -ая, -ое.

ДИСКРЕДИТИ'РОВАТЬ, -рую, -руешь; -анный; *сов.* и *несов., кого-что.* Подорвать (подрывать) доверие к кому-чему-н., умалить (-лять) чей-н. авторитет. ‖ *сущ.* **дискредита́ция**, -и, *ж.*

ДИСКРЕ'ТНЫЙ, -ая, -ое; -тен, -тна (книжн.). Раздельный, состоящий из отдельных частей. ‖ *сущ.* **дискре́тность**, -и, *ж.*

ДИСКРИМИНИ'РОВАТЬ, -рую, -руешь; -анный; *сов.* и *несов., кого (что)* (книжн.). Ограничить (-ивать) в правах, лишить (-шать) равноправия. ‖ *сущ.* **дискримина́ция**, -и, *ж. Расовая д.* ‖ *прил.* **дискриминацио́нный**, -ая, -ое.

ДИСКУССИО'ННЫЙ, -ая, -ое; -нен, -нна. **1.** *см.* дискуссия. **2.** Сомнительный, спорный (книжн.). *Дискуссионное решение.* ‖ *сущ.* **дискуссио́нность**, -и, *ж.*

ДИСКУ'ССИЯ, -и, *ж.* Спор, обсуждение какого-н. вопроса на собрании, в печати, в беседе. *Научная д. Вступить в дискуссию.* ‖ *прил.* **дискуссио́нный**, -ая, -ое.

ДИСКУТИ'РОВАТЬ, -рую, -руешь и **ДИСКУССИ'РОВАТЬ**, -рую, -руешь; *несов., что и о чём.* Обсуждать что-н., участвуя в дискуссии.

ДИСЛОКА'ЦИЯ, -и, *ж.* (спец.). **1.** Размещение военных объектов, сухопутных войск, распределение военной авиации или кораблей по местам базирования. **2.** Смещение, сдвижение. *Д. костей* (при переломах суставов). *Д. горных пород.* ‖ *прил.* **дислокацио́нный**, -ая, -ое.

ДИСЛОЦИ'РОВАТЬ, -рую, -руешь; -анный; *сов.* и *несов., кого-что* (спец.). Разместить (-ещать), расположить (-лагать). *Д. войска.*

ДИСПАНСЕ'Р [сэ], -а, *м.* Медицинское учреждение, занимающееся лечением определённого контингента больных, систематически наблюдающее за их здоровьем. *Противотуберкулёзный, онкологический д.* ‖ *прил.* **диспансе́рный**, -ая, -ое.

ДИСПАНСЕРИЗА'ЦИЯ [сэ], -и, *ж.* Система медицинских мероприятий, осуществляемая лечебными учреждениями в целях профилактики и своевременного лечения заболеваний. *Провести, пройти диспансеризацию. Д. населения.*

ДИСПЕ'ТЧЕР, -а, *м.* Работник, координирующий и контролирующий из центрального пункта движение транспорта, ход работы, производственного процесса. ‖ *прил.* **диспе́тчерский**, -ая, -ое. *Диспетчерская служба. Д. пункт. Центральная диспетчерская* (сущ.).

ДИСПЛЕ'Й, -я, *м.* (спец.). Устройство, отображающее на экране (в виде текстов, чертежей, схем) информацию, полученную от ЭВМ, экранный пульт. ‖ *прил.* **диспле́йный**, -ая, -ое.

ДИСПОЗИ'ЦИЯ, -и, *ж.* **1.** План расположения военных кораблей (спец.). **2.** План расположения войск для боя (устар.). ‖ *прил.* **диспозицио́нный**, -ая, -ое.

ДИСПРОПО'РЦИЯ, -и, *ж.* Несоразмерность в соотношении чего-н., отсутствие пропорциональности. *Д. в фигуре. Д. в деталях конструкции.* ‖ *прил.* **диспропорциона́льный**, -ая, -ое.

ДИ'СПУТ, -а, *м.* Публичный спор на научную или общественно важную тему. *Д. при защите диссертации. Литературный д.*

ДИСПУТИ'РОВАТЬ, -рую, -руешь; *несов.* (книжн.). Участвовать в диспуте.

ДИССЕРТА'НТ, -а, *м.* Человек, к-рый защищает диссертацию. ‖ *ж.* **диссерта́нтка**, -и. ‖ *прил.* **диссерта́нтский**, -ая, -ое.

ДИССЕРТА'ЦИЯ, -и, *ж.* Научная работа, защищаемая автором в учёном совете для получения учёной степени. *Кандидатская, докторская д.* ‖ *прил.* **диссертацио́нный**, -ая, -ое.

ДИССИДЕ'НТ, -а, *м.* (книжн.). **1.** Лицо, отколовшееся от господствующего вероисповедания, вероотступник. **2.** Человек, не согласный с господствующей идеологией, инакомыслящий. ‖ *ж.* **диссиде́нтка**, -и. ‖ *прил.* **диссиде́нтский**, -ая, -ое.

ДИССИМИЛЯ'ЦИЯ, -и, *ж.* (спец.). Расподобление, изменение, разрушающее сходство, подобие. *Д. звуков.* ‖ *прил.* **диссимиляти́вный**, -ая, -ое.

ДИССОНА'НС, -а, *м.* **1.** Негармоничное сочетание музыкальных звуков, неслитное звучание тонов; *противоп.* консонанс (спец.). *Д. в хоре.* **2.** *перен.* То, что вносит разлад, вступает в противоречие с чем-н.; несогласованность, несоответствие. *Внести д. в общую беседу.* ‖ *прил.* **диссона́нсный**, -ая, -ое (к 1 знач.).

ДИСТАНЦИО'ННЫЙ, -ая, -ое. **1.** *см.* дистанция. **2.** Совершаемый на расстоянии. *Дистанционное управление.*

ДИСТА'НЦИЯ, -и, *ж.* **1.** Расстояние, промежуток между чем-н. *Соблюдать дистанцию* (также перен.). **2.** Участок на путях сообщения, а также участок, где происходят спортивные соревнования. *Начальник дистанции* (на путях сообщения). *Выйти на дистанцию.* ‖ *прил.* **дистанцио́нный**, -ая, -ое (спец.).

ДИСТИЛЛИ'РОВАТЬ, -рую, -руешь; -о́ванный; *сов.* и *несов., что* (спец.). Очистить (-ищать) перегонкой. *Д. воду.* ‖ *сущ.* **дистилля́ция**, -и, *ж.* ‖ *прил.* **дистилляцио́нный**, -ая, -ое.

ДИСТРО'ФИК, -а, *м.* Больной дистрофией. ‖ *ж.* **дистрофи́чка**, -и (разг.).

ДИСТРОФИ'Я, -и, *ж.* Нарушение обмена, питания тканей, органов или организма в целом. ‖ *прил.* **дистрофи́ческий**, -ая, -ое.

ДИСЦИПЛИ'НА[1], -ы, *ж.* Обязательное для всех членов какого-н. коллектива подчинение установленному порядку, правилам. *Воинская д. Трудовая д. Финансовая д. Школьная д. Соблюдать, нарушать дисциплину.* ‖ *прил.* **дисциплина́рный**, -ая, -ое. *Д. устав* (свод правил воинской дисциплины).

ДИСЦИПЛИ'НА[2], -ы, *ж.* (книжн.). Самостоятельная отрасль, раздел какой-н. науки. *Исторические дисциплины.*

ДИСЦИПЛИНА'РНЫЙ, -ая, -ое. **1.** *см.* дисциплина[1]. **2.** Исправительный, связанный с делами о нарушении дисциплины[1]. *Дисциплинарное взыскание.*

ДИСЦИПЛИНИ'РОВАННЫЙ, -ая, -ое; -ан, -анна. Подчиняющийся дисциплине[1], соблюдающий порядок. *Д. работник. Д. ученик.* ‖ *сущ.* **дисциплини́рованность**, -и, *ж.*

ДИСЦИПЛИНИ'РОВАТЬ, -рую, -руешь; -анный; *сов.* и *несов., кого-что.* **1.** Приучить (-чать) к дисциплине[1]. **2.** *перен.* Приучить (-чать) к строгому порядку в чём-н. (книжн.). *Дисциплинированный ум.*

ДИТЯ', дитя́ти (*косв. п. ед.* устар.); *мн.* де́ти, дете́й, *ср.* **1.** *ед.* Маленький ребёнок (устар.). *Д. малое. Ещё совсем д.* **2.** *перен., чего.* О человеке, обнаруживающем в себе яркие черты какой-н. среды, какого-н. времени (высок.). *Д. своего века. Д. улицы. Д. природы* (человек, не тронутый городской культурой). **3.** *перен.* Тот или то, кто (что) является порождением чего-н., несёт в себе черты, следы своего источника (высок.). *Поэт — д. добра и света. Порок — д. нищеты. Плод творчества — д. целой жизни.* ‖ *ласк.* **ди́тятко,** -а, *ср.* (к 1 знач.; устар., о взрослом — ирон.). *Подумаешь, какое д., сам не может сделать!*

ДИФИРА́МБ, -а, *м.* **1.** В Древней Греции: торжественная песнь в честь бога Диониса. **2.** Преувеличенная, восторженная похвала (книжн.). *Петь дифирамбы кому-чему-н.* (восхвалять сверх меры). ‖ *прил.* **дифирамби́ческий,** -ая, -ое.

ДИФРА́КЦИЯ, -и, *ж.* В физике: отклонение, рассеяние. *Д. волн. Д. лучей. Д. частиц.* ‖ *прил.* **дифракцио́нный,** -ая, -ое.

ДИФТЕРИ́Т, -а, *м.* и **ДИФТЕРИ́Я,** -и, *ж.* Острая инфекционная болезнь, преимущ. детская, с поражением зева и интоксикацией. ‖ *прил.* **дифтери́тный,** -ая, -ое, **дифтерити́ческий,** -ая, -ое *и* **дифтери́йный,** -ая, -ое. *Дифтеритный больной. Дифтеритическое воспаление. Дифтерийные палочки.*

ДИФТО́НГ, -а, *м.* В языкознании: сочетание в одном слоге двух гласных звуков, не разделённых согласными. ‖ *прил.* **дифтонги́ческий,** -ая, -ое.

ДИФФЕРЕНЦИА́Л, -а, *м.* **1.** В математике: линейная функция, приближенно равная нек-рой функции в окрестности какой-н. точки. *Д. функции.* **2.** Механизм, дающий возможность расположенным на одной оси колёсам, вращающимся деталям двигаться с разной скоростью для совместной работы (спец.). ‖ *прил.* **дифференциа́льный,** -ая, -ое (к 1 знач.). *Дифференциальное исчисление. Дифференциальное уравнение.*

ДИФФЕРЕНЦИА́ЛЬНЫЙ, -ая, -ое (спец.). **1.** *см.* дифференциал. **2.** Меняющийся в зависимости от каких-н. условий. *Д. тариф.*

ДИФФЕРЕНЦИ́РОВАТЬ, -рую, -руешь; -анный; *сов.* и *несов., что.* **1.** Расчленить (-нять), различить (-чать) отдельное, частное при рассмотрении, изучении чего-н. (книжн.). *Дифференцированный подход к чему-н.* **2.** Найти (находить) дифференциал (в 1 знач.) и производную (см. производный во 2 знач.). ‖ *сущ.* **дифференциа́ция,** -и, *ж.* (к 1 знач.) *и* **дифференци́рование,** -я, *ср.*

ДИФФУ́ЗИЯ, -и, *ж.* (спец.). Взаимное проникновение частиц одного вещества в другое при их соприкосновении. *Д. газов.* ‖ *прил.* **диффузио́нный,** -ая, -ое.

ДИФФУ́ЗНЫЙ, -ая, -ое (спец.). Смешанный, получившийся в результате диффузии. *Д. свет* (рассеянный).

ДИХОТОМИ́Я, -и, *ж.* (книжн.). Сопоставленность или противопоставленность двух частей целого. ‖ *прил.* **дихотоми́ческий,** -ая, -ое. *Дихотомическое разбиение по классам и подклассам.*

ДИЧА́ТЬ, -а́ю, -а́ешь; *несов.* Становиться диким (в 1 и 4 знач.), более диким. *Деревья дичают. Д. в одиночестве.* ‖ *сов.* **одича́ть,** -а́ю, -а́ешь. ‖ *сущ.* **одича́ние,** -я, *ср.*

ДИЧИ́ТЬСЯ, -чу́сь, -чи́шься; *несов., кого (чего)* (разг.). Стесняться, чуждаться людей. *Д. посторонних.*

ДИЧО́К, -чка́, *м.* **1.** Плодовое деревце-сеянец, а также вообще молодое дерево, выросшее из семени и используемое для посадки. *Яблоня-д.* **2.** *перен.* О нелюдимом, стеснительном ребёнке, подростке (разг.). ‖ *прил.* **дичко́вый,** -ая, -ое (к 1 знач.).

ДИЧЬ, -и, *ж.* **1.** *собир.* Мелкие дикие птицы и звери как предмет охоты. *Лесная д.* **2.** Мясо этих птиц и животных, употр. в пищу. *Паштет из дичи.* **3.** Нелепые разговоры, чепуха, вздор (разг.). *Не хочу слушать эту д.* **4.** Дикое, глухое место (разг.). *Зашли в болотную д.*

ДИЭЛЕ́КТРИК, -а, *м.* (спец.). Вещество, плохо проводящее электрический ток, непроводник. ‖ *прил.* **диэлектри́ческий,** -ая, -ое.

ДЛАНЬ, -и, *ж.* (стар. и высок.). Рука, ладонь. *Тяжёлая д.*

ДЛИНА́, -ы́, *мн.* (спец.) дли́ны, длин, дли́нам, *ж.* Величина, протяжённость чего-н. в том направлении, в к-ром две крайние точки линии, плоскости, тела лежат, в отличие от ширины, на наибольшем расстоянии друг от друга. *Измерить стол в длину и в ширину. Меры длины. Д. улицы. Д. дуги. Д. реки. Д. радиоволны.*

ДЛИННО... *Первая часть сложных слов со знач.* с длинным (в 1 знач.), напр. *длиннорукий, длинноногий, длинноголовый, длинношёрст(н)ый, длинноствольный.*

ДЛИННОВО́ЛНОВЫЙ, -ая, -ое и **ДЛИННОВОЛНОВО́Й,** -а́я, -о́е. Работающий на длинных радиоволнах. *Длинноволновая радиостанция.*

ДЛИННОКРЫ́ЛЫЕ, -ых (спец.). Отряд птиц, объединяющий подотряды стрижей и колибри.

ДЛИННОПО́ЛЫЙ, -ая, -ое; -о́л. С длинными полами (об одежде). *Д. сюртук.*

ДЛИННОТА́, -ы́, *мн.* -о́ты, -о́т, -о́там, *ж.* **1.** *см.* длинный. **2.** *мн.* Излишне растянутые места какого-н. произведения, текста. *В рассказе много длиннот.*

ДЛИ́ННЫЙ, -ая, -ое; -нен, -нна́, -нно *и* -нно́. **1.** Имеющий большую длину, протяжение. *Д. рукав. Д. переулок. Д. парень* (очень высокий; разг.). *Длинные волны* (радиоволны длиной от 1 до 10 км). **2.** *кр. ф.* Больший по длине, чем нужно. *Рукава длинны. Юбка длинна.* **3.** То же, что длительный. *Д. перерыв. Длинное путешествие.* ✦ **Длинный рубль** (прост. неодобр.) — большой и лёгкий заработок. *Погнался за длинным рублём.* ‖ *сущ.* **длиннота́,** -ы́, *ж.* (к 1 и 3 знач.; разг.).

ДЛИ́ТЕЛЬНОСТЬ, -и, *ж.* **1.** *см.* длительный. **2.** Продолжительность, протяжённость во времени. *Д. рабочего дня.*

ДЛИ́ТЕЛЬНЫЙ, -ая, -ое; -лен, -льна. Долго продолжающийся. *Д. отпуск.* ‖ *сущ.* **дли́тельность,** -и, *ж.*

ДЛИТЬ, длю, длишь; *несов., что* (устар.). Продолжать, затягивать на долгий срок. *Д. ссору, размолвку.*

ДЛИ́ТЬСЯ (длюсь, дли́шься, 1 и 2 л. не употр.), длится; *несов.* Происходить на протяжении какого-н. времени, продолжаться. *Болезнь длится третий месяц.* ‖ *сов.* **продли́ться** (-лю́сь, -ли́шься, 1 и 2 л. не употр.), -ли́тся.

ДЛЯ *кого-чего, предлог с род. п.* **1.** Указывает назначение или цель чего-н. *Всё д. победы. Купить д. детей. Вредно д. здоровья. Ведро д. воды. Не́ д. чего* (незачем, бесцельно). **2.** Указывает на субъект состояния. *Время д. меня дорого. Д. матери все дети равны.* **3.** Сравнительно с тем, что должно было бы быть, что ожидалось бы. *Опытен д. своих лет. Костюм, слишком роскошный д. прогулки.* ✦ **Для того чтобы,** *союз* — выражает целевые отношения, с тем чтобы, затем чтобы, с той целью чтобы. *Пришёл, для того чтобы объясниться.*

ДНЕВА́ЛИТЬ, -лю, -лишь; *несов.* (разг.). Исполнять обязанности дневального.

ДНЕВА́ЛЬНЫЙ, -ого, *м.* Рядовой, назначаемый на сутки в помощь дежурному по подразделению для поддержания порядка, охраны, а также вообще дежурный (в 1 знач.). ‖ *ж.* **днева́льная,** -ой.

ДНЕВА́ТЬ, дню́ю, дню́ешь; *несов.* Делать дневку. ✦ **Дневать и ночевать** (разг.) — проводить всё своё время где-н.

ДНЕВНИ́К, -а́, *м.* **1.** Записи о каждодневных делах, текущих событиях, ведущиеся изо дня в день. *Вести д. Д. экспедиции.* **2.** Ученическая тетрадь для записи заданных уроков и для отметок об успеваемости и поведении. ‖ *прил.* **дневнико́вый,** -ая, -ое (к 1 знач.).

ДНЕВНО́Й, -а́я, -о́е. **1.** *см.* день. **2.** Производимый в течение одного дня, получаемый за один день. *Д. переход. Д. заработок.* **3.** Об учебном заведении: осуществляющий очное обучение с отрывом учащихся от производства, с занятиями днём. *Дневное отделение института. Дневное обучение* (в таком учебном заведении).

ДНЁВКА, -и, *ж.* Однодневная остановка на отдых во время похода, длительного марша. *Остановиться на днёвку.*

ДНЁМ, *нареч.* В дневные часы. *Д. с огнём не найдёшь кого-что-н.* (невозможно, очень трудно найти; разг.).

ДНИ́ЩЕ, -а, *ср.* Дно (бочки, плоскодонного судна). *Д. лодки.* ‖ *прил.* **дни́щевый,** -ая, -ое (спец.).

ДНО, дна, *ср.* **1.** Грунт под водой водоёма, реки, моря. *Д. реки. Д. океана. Идти ко дну* (также перен.: гибнуть). **2.** Нижняя часть углубления, выемки. *Д. колодца. Д. оврага. Д. котлована.* **3.** (мн. до́нья, -ьев). Низ, основание сосуда, какого-н. вместилища, а также лодки. *На самом дне чемодана. С двойным дном* (также перен.: о человеке двуличном, способном вести двойную игру). **4.** Верхняя часть твёрдого головного убора. *Д. цилиндра, котелка.* **5.** *перен.* Среда деклассированных, опустившихся людей. *Д. общества. Пьеса М. Горького «На дне».* ✦ **До дна** — до конца, полностью. *Хлебнуть горя до дна.* **Глазное дно** (спец.) — часть внутренней поверхности задней стенки глазного яблока. **Вверх дном** *что* (разг.) — в полном беспорядке. *В доме кавардак, всё вверх дном.* ‖ *уменьш.* **до́нышко,** -а, *ср.* (к 3 и 4 знач.) *и* **до́нце,** -а, *род. мн.* -ев *и* -нец, *ср.* (к 3 знач.). ‖ *прил.* **до́нный,** -ая, -ое (к 1 и 3 знач.). *Д. грунт. Д. лов* (лов рыбы с глубины).

ДНООЧИСТИ́ТЕЛЬНЫЙ, -ая, -ое. Относящийся к очистке дна (в 1 знач.). *Дноочистительные работы.*

ДНОУГЛУБИ́ТЕЛЬНЫЙ, -ая, -ое. Относящийся к углублению дна (в 1 знач.). *Дноуглубительные работы.*

ДО *кого-чего, предлог с род. п.* **1.** Употр. для указания на расстояние или время, отделяющее одно место, событие, лицо от другого. *От Москвы до Санкт-Петербурга. От Пушкина до Льва Толстого.* **2.** Употр. для указания на предел чего-н. *Дойти до реки. Отложить до вечера. Промокнуть до костей* (перен.). **3.** Употр. для указания степени, к-рой достигает действие, состояние. *Кричать до хрипоты. Начистить до блеска.* **4.** Раньше кого-чего-н., перед кем-чем-н. *До войны. Успели всё сделать до тебя.* **5.** Около, приблизительно. *Зал вмещает до 1000 человек.* **6.** Указывает на предмет, лицо, на к-рое направлено действие, в к-ром есть надобность, к-рого что-н. касается. *Дотронуться до руки. У меня до тебя дело. Что (касается) до меня, то я согласен.*

ДО..., *приставка.* **1.** Образует глаголы со знач. завершения действия, доведения его до предела, до конца, напр. *добежать, доварить, дописать, долететь, докопаться.* **2.** Образует глаголы со знач. прибавления к прежнему, напр. *докупить, дооборудовать, дополучить, доукомплектовать, доплатить.* **3.** С постфиксом «ся» образует глаголы со знач. доведения действия до отрицательного результата, напр. *доиграться, добегаться.* **4.** Образует прилагательные со знач. совершившийся, бывший прежде чего-н., напр. *дохристианский, довоенный, дошкольный, добрачный.* **5.** Образует существительные со знач. предшествования, напр. *доистория.* **6.** Образует наречия со знач. доведённости до чего-н., напр. *доныне, досюда, донельзя, донизу, доверху, добела, догола, дотемна.*

ДОБА́ВИТЬ, -влю, -вишь; -вленный; *сов., что и чего.* **1.** Дать, вложить ещё, дополнительно. *Д. три рубля. Д. денег. Д. соли в суп.* **2.** Сказать или написать в дополнение. *Всё ясно, д. нечего.* ‖ *несов.* **добавля́ть**, -я́ю, -я́ешь. ‖ *сущ.* **добавле́ние**, -я, *ср.*

ДОБА́ВИТЬСЯ, -влюсь, -вишься; *сов.* То же, что прибавиться (в 1 знач.). *Добавилось* (безл.) *хлопот.* ‖ *несов.* **добавля́ться**, -я́юсь, -я́ешься. ‖ *сущ.* **добавле́ние**, -я, *ср.*

ДОБА́ВКА, -и, *ж.* Прибавка, добавление (во 2 знач.). *Попросить добавки к обеду. Кормовые добавки. Добавки в бетон* (тонкомолотые материалы, содействующие твердению). ‖ *прил.* **доба́вочный**, -ая, -ое.

ДОБАВЛЕ́НИЕ, -я, *ср.* **1.** *см.* добавить, -ся. **2.** То, что добавлено. *Д. к проекту.* ✦ **В добавление к** *чему, предлог с дат. п.* — то же, что вдобавок к.

ДОБА́ВОЧНЫЙ, -ая, -ое. **1.** *см.* добавка. **2.** Дополнительный, новый, по сравнению с тем, что уже есть. *Добавочные трудности.*

ДОБЕЖА́ТЬ, -егу́, -ежи́шь, -егу́т; -еги́; *сов., до кого-чего.* Бегом достигнуть какого-н. места. *Д. до дома.* ‖ *несов.* **добега́ть**, -а́ю, -а́ешь.

ДОБЕЛА́ и **ДО́БЕЛА**, *нареч.* **1.** Чисто, до белизны. *Отмыть д.* **2.** До белого каления. *Раскалить железо д.*

ДОБЕРМА́Н, -а и **ДОБЕРМА́Н-ПИ́НЧЕР**, -а, *м.* Короткошёрстная служебная собака из породы пинчеров, обычно тёмной масти.

ДОБИРА́ТЬ, -СЯ *см.* добрать, -ся.

ДОБИ́ТЬ, -бью́, -бьёшь; -бе́й; -и́тый; *сов.* **1.** *кого (что).* Убить того, кто ранен, подстрелен. *Охотник добил зверя. Это известие добило старика* (перен.: доконало). **2.** *что.* Разбить до конца или до полной негодности. *Добили последние тарелки.* ‖ *несов.* **добива́ть**, -а́ю, -а́ешь.

ДОБИ́ТЬСЯ, -бью́сь, -бьёшься; -бе́йся; *сов., чего.* Достичь чего-н. после усилий. *Д. успеха. Д. признания. Д. своего* (настоять на своём, достигнуть того, чего хотел). ‖ *несов.* **добива́ться**, -а́юсь, -а́ешься.

ДО́БЛЕСТНЫЙ, -ая, -ое; -тен, -тна (высок.). Обладающий доблестью, достойный славы. *Д. воин. Д. труд.*

ДО́БЛЕСТЬ, -и, *ж.* (высок.). **1.** Мужество, отвага, храбрость. *Воинская д.* **2.** Высокая самоотверженность в работе, в деятельности. *Трудовая д.*

ДОБРА́СЫВАТЬ *см.* добросить.

ДОБРА́ТЬ, -беру́, -берёшь; -а́л, -ала́, -а́ло; -бери́; до́бранный; *сов., кого-что и кого-чего.* Взять, собрать дополнительно. *Д. хворосту. Д. работников.* ‖ *несов.* **добира́ть**, -а́ю, -а́ешь.

ДОБРА́ТЬСЯ, -беру́сь, -берёшься; -а́лся, -ала́сь, -ало́сь *и* -а́лось; -бери́сь; *сов., до кого-чего* (разг.). **1.** После затраты времени или сил достичь кого-чего-н. *Д. до дома. Д. до сути дела* (перен.). **2.** *перен.* Получив возможность, воспользоваться чем-н., приняться (во 2 знач.) за кого-н., расправиться с кем-н. *Я ещё до тебя доберусь!* (угроза.) ‖ *несов.* **добира́ться**, -а́юсь, -а́ешься.

ДО́БРЕ, *частица* (прост.). Ладно, хорошо, добро[2]. *Д., пойдём!*

ДОБРЕСТИ́, -еду́, -едёшь; -ёл, -ела́; -еди́; -е́дший; -едя́; *сов.* Дойти, бредя. *Еле добрёл до дому.* ‖ *несов.* **добреда́ть**, -а́ю, -а́ешь.

ДОБРЕ́ТЬ, -е́ю, -е́ешь; *несов.* **1.** Становиться добрым, добрее, добродушным, добродушнее. **2.** Толстеть, становиться упитанным, упитаннее (разг.). ‖ *сов.* **подобре́ть**, -е́ю, -е́ешь (к 1 знач.) *и* **раздобре́ть**, -е́ю, -е́ешь (ко 2 знач.).

ДОБРО́[1], -а́, *ср.* **1.** Нечто положительное, хорошее, полезное, противоположное злу; добрый поступок. *Желать добра кому-н. Не к добру* (предвещает дурное; разг.). *Сделать много добра людям. Поминать добром* (вспоминать с благодарностью, с хорошим чувством). *Не делай добра, не увидишь зла* (посл.). *Д. должно быть с кулаками* (афоризм). **2.** Имущество, вещи (разг.). *Чужое д. Накопить добра.* **3.** О ком-чём-н. плохом, негодном (разг. пренебр.). *Такого добра и даром не надо.* ✦ **Добро пожаловать** — приветствие гостю, участникам чего-н., прибывающим куда-н. *Добро пожаловать в наш город на фестиваль!* **Дать (получить) добро на** *что* (разг. и спец.) — дать (получить) разрешение, согласие. *Дать добро на вылет.* **От добра добра не ищут** — посл.: нужно довольствоваться тем хорошим, что уже есть, и не искать лучшего.

ДОБРО́[2], *частица* (прост.). Ладно, хорошо. *Д.! Сделаем по-твоему! Потерпи ещё немножко. — Д.*

ДОБРО́[3] **: добро бы (б)** (разг.) — 1) *союз,* пускай бы ещё; допустим, что... но (с оттенком неодобрения). *Добро бы сам делал, а то всё на других переложил;* 2) *частица,* выражает неодобрение, ироническую оценку при допущении чего-н. как возможного в другой ситуации, при других обстоятельствах. *И что он из себя строит? Добро бы важная птица!*

ДОБРОВО́ЛЕЦ, -льца, *м.* **1.** Человек, добровольно вступивший в действующую армию. *Пойти добровольцем на фронт.* **2.** Тот, кто добровольно взял на себя какую-н. работу. *Идти на поиски вызвались добровольцы.* ‖ *прил.* **доброво́льческий**, -ая, -ое (к 1 знач.). *Добровольческая армия* (на юге России в 1918—1920 гг.: белая армия, сформированная преимущественно из офицеров-добровольцев).

ДОБРОВО́ЛЬНЫЙ, -ая, -ое; -лен, -льна. Совершаемый или действующий по собственному желанию, не по принуждению. *Д. помощник. Д. взнос. На добровольных началах. Добровольное общество защиты животных.* ‖ *сущ.* **доброво́льность**, -и, *ж.*

ДОБРОДЕ́ТЕЛЬ, -и, *ж.* (книжн.). Положительное нравственное качество, высокая нравственность. *Полон добродетелей кто-н.*

ДОБРОДЕ́ТЕЛЬНЫЙ, -ая, -ое; -лен, -льна (книжн.). Высоконравственный, проявляющий добродетель, полный добродетели. *Д. поступок.* ‖ *сущ.* **доброде́тельность**, -и, *ж.*

ДОБРОДУ́ШНЫЙ, -ая, -ое; -шен, -шна. Добрый и мягкий по характеру, незлобивый. *Д. характер. Д. ответ. Добродушно* (нареч.) *настроен кто-н.* ‖ *сущ.* **доброду́шие**, -я, *ср.*

ДОБРОЖЕЛА́ТЕЛЬ, -я, *м.* (книжн.). Тот, кто доброжелательно относится к кому-н. *Ваш д.* ‖ *ж.* **доброжела́тельница**, -ы.

ДОБРОЖЕЛА́ТЕЛЬНЫЙ, -ая, -ое; -лен, -льна. Желающий добра, готовый содействовать благополучию других, благожелательный. *Доброжелательные люди. Доброжелательное отношение.* ‖ *сущ.* **доброжела́тельность**, -и, *ж.*

ДОБРОЖЕЛА́ТЕЛЬСТВО, -а, *ср.* Доброжелательное отношение к кому-чему-н.

ДОБРОКА́ЧЕСТВЕННЫЙ, -ая, -ое; -вен, -венна. **1.** Хорошего качества. *Д. товар.* **2.** В медицине: не злокачественный. *Доброкачественная опухоль.* ‖ *сущ.* **доброка́чественность**, -и, *ж.*

ДОБРО́М, *нареч.* (разг.). **1.** По доброй воле, без принуждения. *Лучше д. отдай.* **2.** По-хорошему, без ссоры. *Д. прошу.*

ДОБРОНРА́ВНЫЙ, -ая, -ое; -вен, -вна (устар.). Отличающийся хорошим поведением, хорошим нравом. *Д. юноша.* ‖ *сущ.* **добронра́вие**, -я, *ср.*

ДОБРОПОРЯ́ДОЧНЫЙ, -ая, -ое; -чен, -чна. Приличный, достойный одобрения, порядочный[1]. *Добропорядочные люди.* ‖ *сущ.* **добропоря́дочность**, -и, *ж.*

ДОБРОСЕРДЕ́ЧНЫЙ, -ая, -ое; -чен, -чна. Обладающий добрым сердцем, ласковый, участливый. *Добросердечные родственники. Добросердечно* (нареч.) *отнестись к кому-н.* ‖ *сущ.* **добросерде́чие**, -я, *ср.* и **добросерде́чность**, -и, *ж.*

ДОБРО́СИТЬ, -о́шу, -о́сишь; -о́шенный; *сов., что.* Бросив, попасть в какое-н. место. *Д. до линии. Д. мяч до ворот.* ‖ *несов.* **добра́сывать**, -аю, -аешь.

ДОБРОСО́ВЕСТНЫЙ, -ая, -ое; -тен, -тна. Честно выполняющий свои обязательства, обязанности. *Д. работник. Добросовестно* (нареч.) *трудиться.* ‖ *сущ.* **добросо́вестность**, -и, *ж.*

ДОБРОСОСЕ́ДСТВО, -а, *ср.* Дружественные отношения соседей. *Жить в добрососедстве.* ‖ *прил.* **добрососе́дский**, -ая, -ое.

ДОБРОТА́, -ы́, *ж.* **1.** *см.* добрый. **2.** Отзывчивость, душевное расположение к людям, стремление делать добро другим. *Полон доброты кто-н.*

ДОБРО́ТНЫЙ, -ая, -ое; -тен, -тна. Доброкачественный, прочный. *Добротное изделие. Добротно* (нареч.) *сработано.* ‖ *сущ.* **добро́тность**, -и, *ж.*

ДОБРОХО́Т, -а, *м.* (устар.). **1.** То же, что доброжелатель. **2.** То же, что доброволец (во 2 знач.).

ДОБРОХО́ТНЫЙ, -ая, -ое; -тен, -тна (устар.). Добровольный, совершаемый по собственному желанию. *Доброхотное пожертвование.*

ДО́БРЫЙ, -ая, -ое; добр, добра́, до́бро, добры́ *и* до́бры. **1.** Делающий добро другим, отзывчивый, а также выражающий эти качества. *Добрая душа. Добрые глаза. Он добр ко мне.* **2.** Несущий благо, добро, благополучие. *Добрые вести. Доброе отношение.* **3.** Хороший, нравственный. *Добрые дела.* **4.** Дружески близкий, милый. *Наши добрые друзья. Мой д. знакомый.* **5.** Хороший, отличный. *В добром здоровье кто-н.* (вполне здоров). *Д. конь. Д. товар. Д. мо́лодец. Добрая традиция. Доброе старое время* (о прошлом; ирон.). *Оставить по себе добрую память.* **6.** Безукоризненный, честный. *Доброе имя.* **7.** Действительно такой большой, не меньший, чем то, что указывается существительным или числительным (разг.). *Осталось добрых десять километров. Съел добрых полбуханки.* ✦ **Будьте добры, будь добр** — 1) форма вежливого обращения с просьбой. *Будьте добры, позвоните позже;* 2) выражение подчёркнутого и настойчивого требования. *Будь добр, оставь меня в покое.* **Доброго здоровья** — приветствие при прощании с пожеланием благополучия. **В добрый час!** — пожелание удачи. **В добрый путь** — пожелание отъезжающему, а также (перен.) пожелание успеха в каком-н. начинании. **Добрый малый** (разг.) — о неплохом человеке. **Добрый день (вечер), доброе утро** — приветствие при встрече. **Люди доброй воли** (высок.) — честные, прямые люди, искренне стремящиеся к миру, к благу народа. **По доброй воле** — без принуждения, по своему желанию. **Чего доброго,** *вводн. сл.* (разг.) — возможно, пожалуй (при ожидании неприятного). *Ещё, чего доброго, явится с визитом.* ‖ *сущ.* **доброта́, -ы́,** *ж.* (к 1 знач.).

ДОБРЯ́К, -а́, *м.* (разг.). Добрый человек. ‖ *ж.* **добря́чка, -и.** ‖ *прил.* **добря́ческий,** -ая, -ое.

ДОБУДИ́ТЬСЯ, -ужу́сь, -у́дишься; *сов., кого (что).* Разбудить не сразу, с трудом. *Этого соню не добудишься.* ‖ *несов.* **добу́живаться,** -аюсь, -аешься.

ДОБЫВА́ТЬ *см.* добыть.

ДОБЫ́ТЧИК, -а, *м.* **1.** Человек, к-рый занят добычей, добывает что-н. промыслом. *Добытчики ушли в тайгу.* **2.** Человек, к-рый добывает, зарабатывает на жизнь (прост.). *Плохой д.* ‖ *ж.* **добы́тчица,** -ы. ‖ *прил.* **добы́тчицкий,** -ая, -ое.

ДОБЫ́ТЬ, -бу́ду, -бу́дешь; добы́л *и* до́был, добыла́, добы́ло *и* до́было; добы́вший; добы́тый *и* до́бытый (добы́т *и* до́быт, добыта́, добы́то *и* до́быто); *сов., что.* **1.** Достать, приобрести; получить что-н. промыслом. *Д. нужный инструмент. Д. денег. Д. пушнину* (об охотнике). **2.** Извлечь из недр земли. *Д. руду. Д. нефть.* ‖ *несов.* **добыва́ть,** -а́ю, -а́ешь. ‖ *сущ.* **добы́ча,** -и (у горняков: до́быча), *ж. Идти на добычу* (на охоту, на промысел). *Д. нефти.* ‖ *прил.* **добы́чный,** -ая, -ое (спец.) *и* (у горняков) **добычно́й,** -а́я, -о́е. *Д. участок. Д. комбайн. Добычной комплекс* (горные машины и механизмы, работающие в забое).

ДОБЫ́ЧА, -и, *ж.* **1.** *см.* добыть. **2.** То, что добыто, приобретено. *Военная д. Дом стал добычей огня* (перен.).

ДОБЫ́ЧЛИВЫЙ, -ая, -ое; -ив (прост.). Удачный (о добыче); удачливый в добыче (об охотнике). *Д. лов. Д. зверолов.* ‖ *сущ.* **добы́чливость,** -и, *ж.*

ДОВЕЗТИ́, -зу́, -зёшь; -ёз, -езла́; -ёзший; -зённый (-ён, -ена́); -езя́; *сов., кого-что до чего.* Везя, доставить до места. *Д. до дома.* ‖ *несов.* **довози́ть,** -ожу́, -о́зишь.

ДОВЕ́РЕННОСТЬ, -и, *ж.* **1.** Документ, к-рым доверяется кому-н. действовать от имени доверителя. *Д. на получение денег. Действовать по доверенности.* **2.** То же, что доверие (устар.). *Лишиться чьей-н. доверенности.*

ДОВЕ́РЕННЫЙ, -ая, -ое. **1.** Действующий по чьей-н. доверенности, полномочию. *Доверенное лицо. Прислать своего доверенного* (сущ.). **2.** Такой, к-рому доверяют, относятся доверительно. *Д. советчик. Д. слуга.*

ДОВЕ́РИЕ, -я, *ср.* Уверенность в чьей-н. добросовестности, искренности, в правильности чего-н. *Питать д. к кому-н. Цифры, не внушающие доверия. Оказать д. кому-н. Войти в д. Выйти из доверия. Терять чьё-н. д. Пользоваться чьим-н. доверием. Заслужить д. Отнестись с доверием к чему-н.*

ДОВЕРИ́ТЕЛЬ, -я, *м.* (спец.). Лицо, выдавшее кому-н. доверенность (в 1 знач.). ‖ *ж.* **довери́тельница,** -ы. ‖ *прил.* **довери́тельский,** -ая, -ое.

ДОВЕРИ́ТЕЛЬНЫЙ, -ая, -ое; -лен, -льна. **1.** Выказывающий полное доверие кому-чему-н. *Д. тон.* **2.** *полн. ф.* Являющийся доверенностью (устар.). *Д. документ.* **3.** *полн. ф.* Секретный, не подлежащий разглашению (устар.). *Доверительное письмо.* ‖ *сущ.* **довери́тельность,** -и, *ж.* (к 1 знач.).

ДОВЕ́РИТЬ, -рю, -ришь; -ренный; *сов., кого-что кому* или *с неопр.* Проявляя доверие, поручить. *Д. кому-н. свои вещи. Д. получить зарплату* (дать доверенность). *Д. тайну другу* (открыть тайну). ‖ *несов.* **доверя́ть,** -яю, -яешь.

ДОВЕ́РИТЬСЯ, -рюсь, -ришься; *сов., кому-чему.* Проявить доверие к кому-чему-н., положиться на кого-что-н. *Доверься ему, он не обманет.* ‖ *несов.* **доверя́ться,** -яюсь, -яешься.

ДОВЕРНУ́ТЬ, -ну́, -нёшь; -вёрнутый; *сов., что* (разг.). Завёртывая (во 2 знач.), завинтить до конца, повернуть до предела. *Д. гайку.* ‖ *несов.* **довёртывать,** -аю, -аешь.

ДО́ВЕРХУ, *нареч.* До самого верха, до краёв. *Наполнить д.*

ДОВЕ́РЧИВЫЙ, -ая, -ое; -ив. Легко доверяющий, питающий ко всем доверие, основанный на доверии. *Д. ребёнок. Доверчивое отношение.* ‖ *сущ.* **дове́рчивость,** -и, *ж.*

ДОВЕРШИ́ТЬ, -шу́, -ши́шь; -шённый (-ён, -ена́); *сов., что* (высок.). Довести до конца. *Д. начатое.* ‖ *несов.* **доверша́ть,** -а́ю, -а́ешь. ‖ *сущ.* **доверше́ние,** -я, *ср.* ✦ **В довершение** *чего* или **к довершению** *чего* — в дополнение, в конечном результате.

ДОВЕРЯ́ТЬ, -я́ю, -я́ешь; *несов.* **1.** *см.* доверить. **2.** *кому.* Испытывать чувство доверия. *Он мне полностью (во всём) доверяет.*

ДОВЕ́СОК, -ска, *м.* Кусок, дополняющий взвешиваемое до нужного веса. *Сыр с довеском.* ‖ *прил.* **даве́сочный,** -ая, -ое.

ДОВЕСТИ́, -еду́, -едёшь; -ёл, -ела́; -еди́; -е́дший; -едённый (-ён, -ена́); -едя́; *сов.* **1.** *кого (что) до чего.* Ведя, доставить до какого-н. места. *Д. старика до дому.* **2.** *что до чего.* Продолжить до какого-н. места, предела. *Д. дорогу до моря. Д. дело до конца.* **3.** *кого-что до чего.* Привести в какое-н. состояние, вызвать, породить в ком-чём-н. какие-н. последствия. *Д. до слёз, до изнеможения.* **4.** *кого (что).* Раздражить, рассердить (прост.). *Ты решил меня сегодня д.!* ✦ **Довести до сведения** *кого* (офиц.) — уведомить, известить о чём-н. ‖ *несов.* **доводи́ть,** -ожу́, -о́дишь.

ДОВЕСТИ́СЬ, -едётся; -ело́сь; *безл.; сов., кому с неопр.* (разг.). То же, что привестись. *Довелось встретиться.* ‖ *несов.* **дово́диться,** -о́дится.

ДОВЛЕ́ТЬ (-е́ю, -е́ешь, 1 и 2 л. не употр.), -е́ет; *несов., кому-чему.* **1.** Быть достаточным для кого-чего-н., удовлетворять (стар.). *Довлеет дневи* (стар. форма дат. п. сущ. *день*) *злоба его* (евангельское выражение в знач.: каждому дню достаточно своих забот). **2.** *над кем-чем.* Преобладать, господствовать, тяготеть. *Довлеет страх над кем-н.* ✦ **Довлеть себе** (устар. и книжн.) — не зависеть ни от чего, иметь самостоятельное, самодовлеющее значение. *Творческая мысль сама себе довлеет.*

ДО́ВОД, -а, *м.* Мысль, суждение, приводимые в доказательство чего-н., аргумент. *Веский д. Привести новые доводы. Ваши доводы неубедительны.*

ДОВОДИ́ТЬ, -ожу́, -о́дишь; *несов.* **1.** *см.* довести. **2.** *что.* Отрабатывать, дорабатывать до состояния окончательной готовности (спец.). ‖ *сущ.* **дово́дка,** -и, *ж.* ‖ *прил.* **дово́дочный,** -ая, -ое. *Д. станок.*

ДОВОДИ́ТЬСЯ, -ожу́сь, -о́дишься; *несов.* **1.** *см.* довестись. **2.** *кому кем.* Быть в том или ином родстве с кем-н. (разг.). *Д. дядей.*

ДОВОЕВА́ТЬСЯ, -вою́юсь, -вою́ешься; *сов.* (разг. неодобр.). Воюя, потерпеть неудачу.

ДОВОЕ́ННЫЙ, -ая, -ое. Существовавший до войны. *Довоенная жизнь.*

ДОВОЗИ́ТЬ *см.* довезти.

ДОВОЛОЧИ́ТЬ, -очу́, -о́чишь *и* -очи́шь; -о́к, -окла́; -о́кший; -о́ченный *и* -очённый (-ён, -ена́); *сов., кого-что* (разг.). Дотащить, довести волоком. ‖ *несов.* **довола́кивать,** -аю, -аешь.

ДОВОЛО́ЧЬ, -оку́, -очёшь; -о́к, -окла́; -оки́; -о́кший; -очённый (-ён, -ена́); -о́кши; *сов., кого-что* (прост.). То же, что доволочить. ‖ *несов.* **довола́кивать,** -аю, -аешь.

ДОВО́ЛЬНЫЙ, -ая, -ое; -лен, -льна. **1.** Испытывающий или (полн. ф.) выражающий удовлетворение, довольство. *Доволен работой, жизнью. Д. вид. Довольно* (нареч.) *улыбнуться.* **2.** **дово́льно,** *в знач. сказ., кого-чего* и *с неопр.* То же, что достаточно (в 3 и 4 знач.; см. достаточный). *Довольно увидеть, чтобы понять. С тебя и этого довольно. Довольно споров! Довольно спорить!* **3.** **дово́льно,** *нареч.* До некоторой степени; порядочно. *Довольно поздно. Довольно сильный. Прошло уже довольно времени.* **4.** **дово́льно,** *частица.* Будет (во 2 знач.), достаточно. *Перестань кричать! Довольно!*

ДОВО́ЛЬСТВИЕ, -я, *ср.* В армии и флоте: пищевое, вещевое и денежное снабжение (сейчас только о денежном снабжении). *Зачислить на д. Состоять на довольствии. Снять с довольствия.*

ДОВО́ЛЬСТВО, -а, *ср.* **1.** Материальный достаток, зажиточность. *Жить в довольстве.* **2.** Удовлетворение, удовлетворённое состояние. *Лицо выражает д.*

ДОВО́ЛЬСТВОВАТЬ, -твую, -твуешь; *несов., кого-что* (спец.). Снабжать довольствием. *Д. войска.*

ДОВО́ЛЬСТВОВАТЬСЯ, -твуюсь, -твуешься; *несов.* **1.** Быть на довольствии (спец.). **2.** *чем.* То же, что удовлетворяться. *Д. немногим.* ‖ *сов.* **удово́льствоваться,** -твуюсь, -твуешься (ко 2 знач.).

ДОВЫ́БОРЫ, -ов. Дополнительные выборы на освободившиеся места.

ДОГ, -а, *м.* Самая крупная короткошёрстная служебная собака.

ДОГАДА́ТЬСЯ, -а́юсь, -а́ешься; *сов.* Сообразить, понять, в чём дело, напасть на правильную мысль. *Д. о причине размолвки. Догадайся, кто пришёл.* ‖ *несов.* **дога́дываться,** -аюсь, -аешься. *Д. о случившемся.*

ДОГА́ДКА, -и, *ж.* **1.** Предположение о вероятности, возможности чего-н. *Мелькнула д. Теряться в догадках* (недоумевая, не находить объяснения чему-н.). **2.** Сообразительность, способность улавливать существо дела (разг.). *Догадки не хватает у кого-н.*

ДОГА́ДЛИВЫЙ, -ая, -ое; -ив. Сообразительный, легко догадывающийся. *Д. ребёнок.* ‖ *сущ.* **дога́дливость,** -и, *ж.*

ДОГЛЯДЕ́ТЬ, -яжу́, -яди́шь; *сов., что.* **1.** То же, что досмотреть (в 1 знач.) (разг.). **2.** То же, что присмотреть (в 1 знач.) (прост.). *Д.*

за детьми. ‖ *сущ.* **догляд**, -а (-у), *м.* (ко 2 знач.). *Д. нужен за кем-н.*

ДО́ГМА, -ы, *ж.* Положение, принимаемое на веру за непреложную истину, неизменную при всех обстоятельствах. *Схоластические догмы.*

ДО́ГМАТ, -а, *м.* Основное положение в религиозном учении, считающееся (церковью) непреложной истиной и не подлежащее критике. *Догматы христианства.*

ДОГМАТИ́ЗМ, -а, *м.* Некритическое мышление, опирающееся на догмы. ‖ *прил.* **догмати́ческий**, -ая, -ое.

ДОГМА́ТИК, -а, *м.* Человек, склонный к догматизму.

ДОГМАТИ́ЧЕСКИЙ, -ая, -ое. **1.** *см.* догматизм. **2.** Основанный на положениях, к-рые принимаются как догмы. *Догматическое мышление.* **3.** Не допускающий возражений, категорический. *Д. тон.*

ДОГМАТИ́ЧНЫЙ, -ая, -ое; -чен, -чна. То же, что догматический (во 2 и 3 знач.). *Догматичное рассуждение.* ‖ *сущ.* **догмати́чность**, -и, *ж.*

ДОГНА́ТЬ, -гоню́, -го́нишь; -а́л, -ала́, -а́ло; до́гнанный; *сов.* **1.** *кого-что.* Настигнуть, поравняться с движущимся впереди. *Д. беглеца. Д. передовиков* (перен.). **2.** *кого-что до кого-чего.* Гоня, заставить дойти до чего-н. *Д. стадо до леса.* **3.** *до чего.* Довести до какого-н. предела (прост.). *Д. выработку до двух норм в смену.* ‖ *несов.* **догоня́ть**, -я́ю, -я́ешь.

ДОГОВО́Р, -а, *мн.* -ы, -ов и (разг.) **ДО́ГОВОР**, -а, *мн.* -а́, -о́в, *м.* Соглашение, обычно письменное, о взаимных обязательствах. *Заключить, нарушить д. Мирный д. Д. о дружбе и сотрудничестве. Д. о нераспространении ядерного оружия. Издательский д.* (с автором, редактором). ‖ *прил.* **догово́рный**, -ая, -ое. *На договорных началах.*

ДОГОВОРЕНО́, *в знач. сказ., о чём.* Есть договорённость о чём-н. *Д. о поездке.*

ДОГОВОРЁННОСТЬ, -и, *ж.* **1.** Соглашение, согласованность на основе предварительных переговоров. *Действовать на основе договорённости. Достигнуть договорённости в каком-н. вопросе.* **2.** Взаимное обязательство, договор (офиц.). *Принятые договорённости.*

ДОГОВОРИ́ТЬ, -рю́, -ри́шь; -рённый (-ён, -ена́); *сов., что.* Докончить речь, кончить говорить. *Дать д. Д. до конца.* ‖ *несов.* **догова́ривать**, -аю, -аешь.

ДОГОВОРИ́ТЬСЯ, -рю́сь, -ри́шься; *сов.* **1.** *с кем о чём.* Прийти к соглашению после переговоров, обсуждения. *Д. о поездке. Д., как действовать.* **2.** *до чего.* Говоря, дойти до какой-н. крайности. *Д. до нелепостей.* ‖ *несов.* **догова́риваться**, -аюсь, -аешься.

ДОГОВО́РНИК, -а, *м.* (разг.). Работник, выполняющий работу по договору.

ДОГОЛА́, *нареч.* До полной наготы. *Раздеться д.*

ДОГОНЯ́ЛКИ, -лок (разг.). То же, что салки. ‖ *уменьш.* **догоня́лочки**, -чек. *Играть в д.*

ДОГОНЯ́ТЬ *см.* догнать.

ДОГОРЕ́ТЬ, -рю́, -ри́шь; *сов.* Сгореть до конца; погаснуть. *Свеча догорела. Заря догорела.* ‖ *несов.* **догора́ть**, -а́ю, -а́ешь.

ДОГРУЗИ́ТЬ, -ужу́, -у́зишь *и* -узи́шь; -у́женный *и* -ужённый (-ён, -ена́); *сов.* **1.** *что.* Окончить погрузку чего-н. *Д. вагоны.* **2.** *чего и что.* Грузя, прибавить к ранее погруженному. *Д. картофеля в машину.* ‖ *несов.* **догружа́ть**, -а́ю, -а́ешь. ‖ *сущ.* **догру́зка**, -и, *ж.*

ДОДА́ТЬ, -а́м, -а́шь, -а́ст, -ади́м, -ади́те, -аду́т; -ал *и* -а́л, -ала́, -ало *и* -а́ло; -а́й; -а́нный (-ан, -ана́ *и разг.* -ана, -ано); *сов., что и чего.* Дать (в 1 знач.) недостающее или остающуюся часть чего-н. *Д. десять рублей.* ‖ *несов.* **додава́ть**, -даю́, -даёшь; -дава́й; -дава́я. ‖ *сущ.* **дода́ча**, -и, *ж.* (разг.).

ДОДЕ́ЛАТЬ, -аю, -аешь; -анный; *сов., что.* **1.** Сделать до конца (см. делать в 1 и 2 знач.), закончить работу над чем-н. *Д. работу, уроки.* **2.** Произвести дополнительную обработку чего-н. *Д. макет.* ‖ *несов.* **доде́лывать**, -аю, -аешь. ‖ *сущ.* **доде́лка**, -и, *ж.* (ко 2 знач.) *и* **доде́лывание**, -я, *ср.*

ДОДУ́МАТЬСЯ, -аюсь, -аешься; *сов., до чего* (часто ирон.). Размышляя, прийти к какому-н. выводу, заключению. *Д. до интересного решения. Как ты до этого додумался?* ‖ *несов.* **доду́мываться**, -аюсь, -аешься.

ДОЕЗЖА́ЧИЙ, -его, *м.* Старший псарь на охоте.

ДОЕ́СТЬ, -е́м, -е́шь, -е́ст, -еди́м, -еди́те, -едя́т; -е́л, -е́ла; -е́шь; -е́вший; -е́денный; -е́в; *сов., что.* Съесть до конца; кончить есть. ‖ *сов.* **доеда́ть**, -а́ю, -а́ешь. *Д. завтрак.*

ДОЕ́ХАТЬ, -е́ду, -е́дешь; *в знач. пов.* доезжа́й; *сов.* **1.** *до чего.* Передвигаясь ездой, в езде, достигнуть чего-н. *Д. до места назначения.* **2.** *кого (что).* То же, что допечь (во 2 знач.) (прост.). *Он тебя доедет!* ‖ *несов.* **доезжа́ть**, -а́ю, -а́ешь.

ДОЖ, -а, *м.* Глава республики в средневековой Венеции и Генуе. ‖ *прил.* **до́жеский**, -ая, -ое.

ДОЖДА́ТЬСЯ, -ду́сь, -дёшься; -а́лся, -ала́сь, -ало́сь *и* -а́лось; -ди́сь; *сов.* **1.** *кого-чего.* Пробыв какое-то время в ожидании, получить, обрести, воспринять что-н. *Д. известия. Д. родных. Д. поезда.* **2.** *чего.* Своим поведением довести себя до чего-н. неприятного (разг.). *Этот обманщик дождётся неприятностей. Ты у меня дождёшься!* (угроза). *Дождались!* (восклицание по поводу плачевного результата каких-н. поступков, деятельности). ✦ **Ждёт не дождётся** *кто* (разг.) — ждёт с нетерпением.

ДОЖДЕВА́НИЕ, -я, *ср.* Искусственное орошение путём разбрызгивания воды. ‖ *прил.* **дождева́льный**, -ая, -ое. *Дождевальная машина. Дождевальная установка.*

ДОЖДЕВИ́К[1], -а́, *м.* Шарообразный гриб с мякотью внутри, превращающейся при высыхании в тёмную пыль.

ДОЖДЕВИ́К[2], -а́, *м.* (разг.). Лёгкий непромокаемый плащ.

ДОЖДЕМЕ́Р, -а, *м.* (спец.). Прибор для измерения количества атмосферных осадков. ‖ *прил.* **дождеме́рный**, -ая, -ое.

ДО́ЖДИК, -а, *м.* (разг.). То же, что дождь (в 1 знач.). ‖ *уменьш.* **до́ждичек**, -чка, *м.*

ДОЖДИ́НКА, -и, *ж.* (разг.). Капля дождя.

ДОЖДИ́ТЬ, -и́т; *безл.; несов.* (разг.). О дожде (обычно затяжном): идти. *С утра дождит.*

ДОЖДЛИ́ВЫЙ, -ая, -ое; -и́в. С частыми дождями. *Д. день. Дождливое лето.* ‖ *сущ.* **дождли́вость**, -и, *ж.*

ДОЖДЬ, -я́, *м.* **1.** Атмосферные осадки в виде водяных капель, струй. *Идёт д. Осенние дожди. Проливной д. Д. льёт как из ведра.* **2.** *перен.* О чём-н. падающем во множестве. *Искры сыплются дождём. Д. конфетти.* ✦ **Звёздный (метеорный) дождь** — появление в ночном небе множества падающих звёзд (метеоров). **Сухой дождь** — обильное выпадение мельчайших частиц пыли во время пыльных бурь. ‖ *увел.* **дожди́на**, -ы, *м.* (к 1 знач.). ‖ *прил.* **дождево́й**, -а́я, -о́е (к 1 знач.).

ДОЖИДА́ТЬСЯ, -а́юсь, -а́ешься; *несов., кого-чего.* Ждать, ожидать. *Д. поезда. Д. решения. Так он и пришёл! Дожидайся!* (не придёт, нечего и ждать; разг.).

ДОЖИ́ТИЕ, -я, *ср.* (офиц.). Время, к-рое остается жить до смерти, а также время, к-рое остается для прожития где-н. *Страхование на д.*

ДОЖИ́ТЬ, -иву́, -ивёшь; до́жил *и* дожи́л, -ила́, до́жило *и* дожи́ло; -иви́; -и́вший; до́житый *и* дожи́тый (до́жит, -ита́, -ито); *сов.* **1.** *до чего.* Прожить до какого-н. срока, события. *Д. на даче до заморозков. Д. до глубокой старости.* **2.** *что.* Пробыть остаток какого-н. срока где-н. *Д. неделю в санатории.* ‖ *несов.* **дожива́ть**, -а́ю, -а́ешь.

ДОЖИ́ТЬСЯ, -иву́сь, -ивёшься; *сов.* (разг.). Доиграться, докатиться (в 3 знач.). ‖ *несов.* **дожива́ться**, -а́юсь, -а́ешься.

ДО́ЗА, -ы, *ж.* Точно отмеренное количество, мера чего-н. *Принимать лекарство небольшими дозами. Д. излучения* (количество энергии ионизирующего излучения; характеристика радиационной опасности). *Д. иронии* (перен.). ✦ **Лошадиная доза** (разг. шутл.) — об очень большом количестве чего-н. получаемого, принимаемого. ‖ *прил.* **до́зовый**, -ая, -ое (спец.).

ДОЗА́РИВАТЬ, -аю, -аешь; *несов., что* (спец.). Доводить (снятые плоды) до состояния зрелости. *Д. помидоры.*

ДОЗА́ТОР, -а, *м.* (спец.). Устройство для автоматического отмеривания жидких или сыпучих материалов, для разделения на дозы. ‖ *прил.* **доза́торный**, -ая, -ое.

ДОЗВА́ТЬСЯ, -зову́сь, -зовёшься; -а́лся, -ала́сь, -ало́сь *и* -а́лось; *сов., кого.* Добиться, чтобы кто-н. откликнулся, пришёл на зов. *Тебя не дозовёшься.* ‖ *несов.* **дозыва́ться**, -а́юсь, -а́ешься.

ДОЗВОЛЕ́НИЕ, -я, *ср.* (устар.). Позволение, разрешение. *С вашего дозволения.* ✦ **С дозволения сказать** — то же, что с позволения сказать.

ДОЗВО́ЛИТЬ, -лю, -лишь; -ленный; *сов., что* (устар.). Позволить, разрешить. *Д. отъезд. Дозволь уйти. В пределах дозволенного* (сущ.; книжн.). ‖ *несов.* **дозволя́ть**, -я́ю, -я́ешь.

ДОЗВОНИ́ТЬСЯ, -ню́сь, -ни́шься; *сов.* Дождаться, чтобы кто-н. ответил на звонок. *Д. по телефону. В квартиру не д.* ‖ *несов.* **дозва́ниваться**, -аюсь, -аешься.

ДОЗИ́РОВАТЬ, -рую, -руешь; -анный; *сов. и несов., что* (спец.). Разделить (-лять) на дозы, отмерить (-рять) дозами; пропустить (-скать) через дозатор. *Д. лекарство. Д. физическую нагрузку.* ‖ *сущ.* **дози́рование**, -я, *ср. и* **дозиро́вка**, -и, *ж.*

ДОЗНА́НИЕ, -я, *ср.* (офиц.). Предварительное административное расследование. *Произвести д. Органы дознания.*

ДОЗНА́ТЬСЯ, -а́юсь, -а́ешься; *сов.* (разг.). Выведать, выяснить. *Не мог д., куда он ушёл.* ‖ *несов.* **дознава́ться**, -наю́сь, -наёшься.

ДОЗО́Р, -а, *м.* **1.** Обход для осмотра. *Выйти в д. Д. егерей. Обходить дозором.* **2.** Небольшая разведывательная, наблюдательная группа от воинского подразделения; вообще высылаемая куда-н. группа наблюдателей. *Выставить д. Морской д.* ‖ *прил.* **дозо́рный**, -ая, -ое. *Дозорная служба. Д. корабль. Выслать дозорных* (сущ.).

ДОЗРЕ́ЛЫЙ, -ая, -ое. Дозревший, зрелый. *Д. плод.* ‖ *сущ.* **дозре́лость**, -и, *ж.*

ДОЗРЕ́ТЬ (-е́ю, -е́ешь, 1 и 2 л. не употр.), -е́ет, *сов.* Стать вполне зрелым, спелым.

‖ *несов.* **дозрева́ть** (-а́ю, -а́ешь, 1 и 2 л. не употр.), -а́ет.

ДОИГРА́ТЬ, -а́ю, -а́ешь; -и́гранный; *сов., что.* Кончить играть, игру. *Д. партию в шахматы.* ‖ *несов.* **дои́грывать,** -аю, -аешь. ‖ *сущ.* **дои́грывание,** *-я, ср.*

ДОИГРА́ТЬСЯ, -а́юсь, -а́ешься; *сов.* (разг.). Легкомысленным, неосторожным поведением довести себя до неприятностей, докатиться (во 2 знач.). ‖ *несов.* **дои́грываться,** -аюсь, -аешься.

ДОИ́ЛЬЩИЦА, -ы, *ж.* Женщина, к-рая занимается дойкой, доит. ‖ *м.* **дои́льщик,** -а.

ДОИСКА́ТЬСЯ, -ищу́сь, -и́щешься; *сов.* (разг.). **1.** *кого-чего.* Разыскивая, найти. *Не могу д. ключей.* **2.** *чего.* Разузнать, выяснить. *Д. правды.* ‖ *несов.* **дои́скиваться,** -аюсь, -аешься.

ДОИСТОРИ́ЧЕСКИЙ, -ая, -ое. Относящийся к древнейшему периоду, о к-ром нет исторических свидетельств. *Доисторические времена.*

ДОИ́ТЬ, дою́, до́ишь *и* дои́шь; до́енный; *несов.* **1.** *кого (что).* Выжимать молоко из вымени. *Д. корову, кобылицу, верблюдицу.* **2.** (1 и 2 л. не употр.). То же, что доиться (разг.). *Корова старая, не доит.* ✦ **Доить змею** — брать яд у змеи для производства лекарственных препаратов. ‖ *сов.* **подои́ть,** -ою́, -о́ишь *и* -ои́шь; -о́енный (к 1 знач.). ‖ *сущ.* **дое́ние,** *-я, ср.* (к 1 знач.) *и* **до́йка,** -и, *ж.* (к 1 знач.). *Машинное доение. Утренняя дойка.* ‖ *прил.* **дои́льный,** -ая, -ое (к 1 знач.). *Доильная установка.*

ДОИ́ТЬСЯ (дою́сь, до́ишься *и* дои́шься, 1 и 2 л. не употр.), до́ится *и* дои́тся; *несов.* О дойных животных: давать молоко.

ДО́ЙНЫЙ, -ая, -ое. **1.** О животных: дающий молоко как пищу человека. *Дойная верблюдица. Дойная корова* (также перен.: о ком-чём-н. как о безотказном источнике дохода; разг. неодобр.). **2.** О стаде: состоящий из скота, дающего молоко. *Дойное стадо.* ‖ *сущ.* **до́йность,** -и, *ж.* (к 1 знач.; спец.).

ДОЙТИ́, дойду́, дойдёшь; дошёл, дошла́; доше́дший; дойдя́; *сов.* **1.** *до кого-чего.* Идя, двигаясь, направляясь, достигнуть чего-н. *Д. до станции. Письмо дошло быстро. Звук не дошёл. Дошёл слух. До нас дошли древнейшие памятники письменности* (перен.: сохранились). **2.** *до чего.* Достигнуть какого-н. предела, уровня. *Температура дошла до 40°. Вода дошла до краёв.* **3.** *до кого-чего.* Проникнуть в сознание, вызвать отклик. *Смысл слов не дошёл до кого-н. Дошло?* (понял?; разг.). **4.** *до чего.* Достигнуть понимания чего-н., уразуметь (разг.). *Своим умом дошёл до чего-н.* **5.** *перен., до чего.* Достигнуть крайней степени проявления чего-н., а также своим поведением, образом жизни довести себя до какого-н. нежелательного, трудного состояния, положения. *Д. до истощения, изнеможения. Д. до бешенства. Как дошёл ты до жизни такой?* (обычно шутл.). **6.** Довариться, допечься; дозреть (разг.). *Пироги дошли. Помидоры дойдут на солнце.* **7.** Достигнуть крайней степени истощения, изнеможения (прост.). *От всех этих передряг он дошёл.* ‖ *несов.* **доходи́ть,** -ожу́, -о́дишь. ✦ **Не доходя** *чего, предлог с род. п.* — близко, вблизи от чего-н. *Наш дом — не доходя аптеки. Не доходя двух шагов* (совсем близко, приблизясь). **Не доходя до** *кого-чего, предлог с род. п.* — то же, что не доходя. *Жди меня не доходя до остановки. Остановился не доходя до незнакомца.*

ДОК, -а, *м.* Сооружение для ремонта и постройки судов. *Сухой д* (отделённый от водоёма затвором). *Плавучий д.* (на понтонах). ‖ *прил.* **до́ковый,** -ая, -ое.

ДО́КА, -и, *м., в чём* (прост.). Знаток, мастер своего дела; ловкач. *Такого доку поискать. Большой д. в законах* (по части законов).

ДОКАЗА́ТЕЛЬНЫЙ, -ая, -ое; -лен, -льна. Убедительный, содержащий ясное доказательство. *Д. пример.* ‖ *сущ.* **доказа́тельность,** -и, *ж.*

ДОКАЗА́ТЕЛЬСТВО, -а, *ср.* **1.** Факт или довод, подтверждающий, доказывающий что-н. *Вещественное д.* (предмет, представляемый суду как свидетельство совершённого преступления). **2.** Система умозаключений, путём к-рых выводится новое положение. *Теорема имеет несколько доказательств.* ‖ *прил.* **доказа́тельственный,** -ая, -ое (к 1 знач.; спец.).

ДОКАЗА́ТЬ, -ажу́, -а́жешь; -а́занный; *сов., что.* **1.** Подтвердить какое-н. положение фактами или доводами. *Д. свою точку зрения. Д. свою преданность другу.* **2.** Вывести какое-н. положение на основании системы умозаключений. *Д. теорему.* ‖ *несов.* **дока́зывать,** -аю, -аешь.

ДОКАЗУ́ЕМЫЙ, -ая, -ое; -ем (книжн.). Такой, к-рый может быть доказан. *Д. тезис.* ‖ *сущ.* **доказу́емость,** -и, *ж.*

ДОКА́НЧИВАТЬ *см.* докончить.

ДОКА́НЫВАТЬ *см.* доконать.

ДОКА́ПЫВАТЬСЯ *см.* докопаться.

ДОКАТИ́ТЬ, -ачу́, -а́тишь; *сов., кого-что.* Катя́, переместить до какого-н. места. *Д. бревно до сарая.* ‖ *несов.* **дока́тывать,** -аю, -аешь.

ДОКАТИ́ТЬСЯ, -ачу́сь, -а́тишься; *сов.* **1.** Катясь, переместиться до какого-н. места. *Мяч докатился до ворот.* **2.** (1 и 2 л. не употр.). О глухих или громких звуках: донестись, дойти (разг.). *Докатились раскаты грома.* **3.** *перен.* Дойти до какого-н. плохого, унизительного состояния (разг.). *Д. до преступления. До чего ты докатился?* (как ты мог это сделать?). ‖ *несов.* **дока́тываться,** -аюсь, -аешься.

ДО́КЕР, -а, *м.* Портовый рабочий. ‖ *прил.* **до́керский,** -ая, -ое.

ДОКИ́НУТЬ, -ну, -нешь; *сов., что.* То же, что добросить.

ДОКЛА́Д, -а, *м.* **1.** Публичное сообщение — развёрнутое изложение какой-н. темы. *Прочитать д. Выступить с докладом. Научный д. Прения по докладу.* **2.** Устное или письменное сообщение начальнику о служебном деле. *Д. директору. Д. командиру. Явиться с докладом.* **3.** Устное сообщение начальнику о приходе посетителя. *Без доклада не входить.* ‖ *прил.* **докладно́й,** -а́я, -о́е (ко 2 знач.). *Докладная записка. Подать докладную* (сущ.).

ДОКЛА́ДЧИК, -а, *м.* Человек, к-рый делает доклад (в 1 и во 2 знач.). ‖ *ж.* **докла́дчица,** -ы.

ДОКЛА́ДЫВАТЬ[1-2] *см.* доложить[1-2].

ДОКЛА́ССОВЫЙ, -ая, -ое. О социальном строе: первобытнообщинный, существовавший до разделения общества на классы. *Доклассовое общество.*

ДОКО́ЛЕ и **ДОКО́ЛЬ,** *мест. нареч.* и *союзн. сл.* (устар.). Как долго, до каких пор. *Доколе же терпеть?* ✦ **Доколе не,** *союз* — до тех пор пока не (см. пора), пока не. *Не отступим, доколе не победим.*

ДОКОНА́ТЬ, -а́ю, -а́ешь; *сов., кого (что)* (разг.). Окончательно погубить, уничтожить. *Эта весть едва не доконала больного.* ‖ *несов.* **дока́нывать,** -аю, -аешь.

ДОКО́НЧИТЬ, -чу, -чишь; -ченный; *сов., что.* Довести до конца, кончить (в 1 знач.). *Д. работу.* ‖ *несов.* **дока́нчивать,** -аю, -аешь.

ДОКОПА́ТЬСЯ, -а́юсь, -а́ешься; *сов., до чего.* **1.** Копая, достигнуть чего-н., найти что-н. *Д. до клада.* **2.** *перен.* Дознаться, доискаться (разг.). *Д. до сути, до истины.* ‖ *несов.* **дока́пываться,** -аюсь, -аешься.

ДОКРАСНА́ и **ДО́КРАСНА,** *нареч.* До красноты. *Растереться д. Накалиться д.*

ДОКРИЧА́ТЬСЯ, -чу́сь, -чи́шься; *сов.* **1.** *кого и до кого.* Дозваться, крича. *Еле д. (до) соседей.* **2.** *до чего.* Криком довести себя до какого-н. плохого состояния. *Д. до хрипоты.* ‖ *несов.* **докри́киваться,** -аюсь, -аешься.

ДО́КТОР, -а, *мн.* -а́, -о́в, *м.* **1.** То же, что врач. **2. доктор наук** — высшая учёная степень, а также лицо, к-рому присуждена эта степень. *Д. технических наук. Д. филологических наук.* **3.** В разных зарубежных странах: одна из учёных степеней, а также лицо, имеющее эту степень. ‖ *ж.* **до́кторша,** -и (к 1 знач.; разг.). ‖ *прил.* **до́кторский,** -ая, -ое. *Докторская степень.*

ДОКТОРА́НТ, -а, *м.* Специалист при высшем учебном заведении или научном учреждении, разрабатывающий важную научную проблему и готовящийся к защите докторской диссертации. ‖ *прил.* **доктора́нтский,** -ая, -ое.

ДОКТОРАНТУ́РА, -ы, *ж.* Подготовка, к-рую проходят докторанты; система такой подготовки.

ДОКТРИ́НА, -ы, *ж.* (книжн.). Учение, научная концепция (обычно о философской, политической, идеологической теории). ✦ **Военная доктрина** (спец.) — система официальных государственных положений о военном строительстве и военной подготовке страны.

ДОКТРИНЁР, -а, *м.* (книжн.). Человек, упрямо следующий какой-н. догме, схоласт. ‖ *прил.* **доктринёрский,** -ая, -ое.

ДОКТРИНЁРСТВО, -а, *ср.* (книжн.). Доктринёрское отношение к действительности, догматизм.

ДОКУ́ДА, *мест. нареч.* и *союзн. сл.* (прост.). **1.** До какого места. *Д. поедем? Узнай, д. идёт автобус.* **2.** До какого времени. *Д. же его дожидаться?* ✦ **Докуда не,** *союз* — до тех пор пока не (см. пора), пока не. *Докуда не ответишь, не уйду.*

ДОКУ́КА, -и, *ж.* (устар.). Надоедливая просьба, а также надоедливое, скучное дело.

ДОКУМЕ́НТ, -а, *м.* **1.** Деловая бумага, подтверждающая какой-н. факт или право на что-н. *Расходные документы. Проездной д. Д. об образовании.* **2.** Удостоверение, официальная бумага, свидетельствующие о личности предъявителя. *Проверка документов. Предъявить свой д.* **3.** Письменное свидетельство о каких-н. исторических событиях, фактах. *Древнерусские грамоты — исторические документы.*

ДОКУМЕНТА́ЛЬНЫЙ, -ая, -ое; -лен, -льна. **1.** Основанный на документах, на фактах. *Документальные данные. Д. фильм.* **2.** *перен.* Свойственный документу. *Документальная точность.* ‖ *сущ.* **документа́льность,** -и, *ж.* (ко 2 знач.).

ДОКУМЕНТА́ЦИЯ, -и, *ж.* **1.** *см.* документировать. **2.** *собир.* Документы (в 1 знач.). *Техническая д.* ‖ *прил.* **документацио́нный,** -ая, -ое.

ДОКУМЕНТИ́РОВАТЬ, -рую, -руешь; -анный; *сов.* и *несов., что* (книжн.). Обосновать(-вывать) документами (в 1 знач.). ‖ *сущ.* **документа́ция,** -и, *ж.*

ДОКУЧА́ТЬ, -а́ю, -а́ешь; *несов., кому* (устар.). Надоедать, наводить скуку (постоянными просьбами, замечаниями). *Д. своими жалобами окружающим.*

ДОКУ́ЧЛИВЫЙ, -ая, -ое; -ив. Надоедливый, навязчивый. *Д. собеседник.* ‖ *сущ.* **доку́чливость**, -и, *ж.*

ДОКУ́ЧНЫЙ, -ая, -ое; -чен, -чна. Наводящий скуку, докучливый. *Д. шум.* ‖ *сущ.* **доку́чность**, -и, *ж.*

ДОЛ, -а, *м.* (устар.). То же, что долина. *Туманный д. Горы и долы. По гора́м, по дола́м* (в сказках: повсюду). *За гора́ми, за дола́ми* (в сказках: очень далеко). ‖ *прил.* **до́льний**, -яя, -ее *и* **до́льный**, -ая, -ое.

ДОЛБАНУ́ТЬ, -ну́, -нёшь; *сов., кого-что* (прост.). Сильно ударить, стукнуть.

ДОЛБИ́ТЬ, -блю́, -би́шь; -блённый (-ён, -ена́); *несов., что.* **1.** Ударами делать в чём-н. углубление. *Д. дерево. Д. лёд.* **2.** Изготовлять, делая ударами углубление. *Д. колоду. Д. ложки.* **3.** *во что.* Ударять, колотить (прост.). *Д. в дверь.* **4.** Говорить, напоминать, повторять много раз (разг. неодобр.). *Целый день д. одно и то же.* **5.** То же, что зубрить[2] (прост.). *Д. таблицу умножения.* ‖ *сов.* **продолби́ть**, -блю́, -би́шь; -блённый (-ён, -ена́) (к 1 знач.) *и* **выдолбить**, -блю, -бишь; -бленный (к 1, 2 и 5 знач.). *Всю голову продолбил кто-н. кому-н.* (перен.: надоел, говоря, повторяя одно и то же; разг.). ‖ *сущ.* **долбле́ние**, -я, *ср.* (к 1 и 2 знач.) *и* **долбёжка**, -и, *ж.* (к 4 и 5 знач.). ‖ *прил.* **долбёжный**, -ая, -ое (к 1 знач.). *Долбёжное долото.*

ДОЛБЛЁНКА, -и, *ж.* (обл.). Долблёное вместилище (сосуд, колода) или лодка, улей.

ДОЛБЛЁНЫЙ, -ая, -ое. Изготовленный долблением. *Долблёная ступа.*

ДОЛГ[1], -а, *предл.* о до́лге, в до́лге, *мн.* нет, *м.* То же, что обязанность. *Выполнить свой д. Гражданский д. По долгу службы. Человек долга* (честно выполняющий свои обязательства). *Отдать последний д. кому-н.* (перен.: почтить память умершего, прощаясь с ним при погребении). ✦ **Первым долгом** (разг.) — в первую очередь, сначала, прежде всего.

ДОЛГ[2], -а (-у), *предл.* о до́лге, в долгу́, *мн.* -и́, -о́в, *м.* Взятое взаймы (преимущ. деньги). *Взять в д.* (взаймы, с последующей отдачей). *Наделать долгов. Войти, влезть в долги* (сделать много долгов). *Жить в д.* (на занятые в долг деньги). *По́ уши в долгах* (очень много должен). *Не выходит (не вылезает) из долгов* (постоянно кому-н. должен). *Д. платежом красен* (посл.). ✦ **В долгу** *перед кем* или *у кого* — обязан кому-н. чем-н. **В долгу как в шелку** *кто* — шутл. погов. о том, кто кругом должен. **В неоплатном долгу** *кто у кого* — о том, кто кому-н. чем-н. обязан, бесконечно благодарен. **Не остаться в долгу** *у кого* — отплатить тем же самым. ‖ *уменьш.* **должо́к**, -жка́, *м.* ‖ *прил.* **долгово́й**, -а́я, -о́е. *Долговое обязательство.*

ДО́ЛГИЙ, -ая, -ое; до́лог, долга́, до́лго; до́льше *и* до́лее. **1.** Продолжительный, длительный. *Долгое молчание. Д. срок. Долгая жизнь. Д. гласный звук* (произносимый длительно). *Долго* (нареч.) *ждать. До конца ещё долго* (в знач. сказ.). *Долгая разлука. Не долго думая* (без колебаний). **2.** То же, что длинный (в 1 знач.) (устар.). *Волос долог, да ум короток* (посл. о том, кто ограничен, недалёк). ✦ **Долгая песня** (разг.) — о длинном скучном деле, разговоре. *Как ты очутился в больнице? — Это долгая песня.* **В долгий ящик откладывать** (неодобр.) — откладывать выполнение чего-н. на неопределённый срок. **Долго ли**, *с неопр.* — о возможности близкой неприятности. *Долго ли заблудиться.* **Долго ли до беды (до греха)** (разг.) — легко может случиться беда. **Долго ли, коро́тко ли** (разг.) — по прошествии какого-то времени. *Долго ли, коротко ли, вернулся солдат домой.* ‖ *сущ.* **долгота́**, -ы́, *ж.*

ДОЛГО... *Первая часть сложных слов со знач.:* 1) долгий (в 1 знач.), напр. *долголетний, долгодневный;* 2) с длинным (в 1 знач.), напр. *долгошеий, долгогривый, долговолосый, долгоносый, долгохвостый.*

ДОЛГОВЕ́ЧНЫЙ, -ая, -ое; -чен, -чна. **1.** Способный долго жить, существовать, длительный. *Долговечное дерево. Долговечная дружба. Долговечная жизнь.* **2.** Прочный, рассчитанный на длительное время. *Долговечная постройка. Д. механизм.* ‖ *сущ.* **долгове́чность**, -и, *ж.*

ДОЛГОВРЕ́МЕННЫЙ, -ая, -ое; -менен, -менна. **1.** Очень продолжительный. *Долговременное отсутствие.* **2.** *полн. ф.* Об укреплениях, сооружениях: прочный, постоянного типа. *Долговременное огневое сооружение* (в укреплённых районах: для ведения огня). ‖ *сущ.* **долговре́менность**, -и, *ж.* (к 1 знач.).

ДОЛГОВЯ́ЗЫЙ, -ая, -ое; -я́з (разг.). Высокий, худощавый и нескладный. *Д. парень.* ‖ *сущ.* **долговя́зость**, -и, *ж.*

ДОЛГОЖДА́ННЫЙ, -ая, -ое. Ожидавшийся долго и с большим нетерпением. *Д. ребёнок. Долгожданная весть.*

ДОЛГОЖИ́ТЕЛЬ, -я, *м.* Человек, отличающийся долголетием. *Этому долгожителю 120 лет. Деревья-долгожители* (перен.). *Орёл-д.* (перен.). ‖ *ж.* **долгожи́тельница**, -ы. ‖ *прил.* **долгожи́тельский**, -ая, -ое.

ДОЛГОИГРА́ЮЩИЙ, -ая, -ее. О грампластинках: с записью большого объёма.

ДОЛГОЛЕ́ТИЕ, -я, *ср.* Долгая жизнь. *Проблема долголетия.*

ДОЛГОЛЕ́ТНИЙ, -яя, -ее. Продолжающийся много лет. *Долголетнее знакомство.*

ДОЛГОНО́СИК, -а, *м.* Небольшой жук с вытянутой головой, вредитель сельскохозяйственных растений. *Амбарный д.*

ДОЛГОПО́ЛЫЙ, -ая, -ое. С длинными полами. *Д. сюртук.*

ДОЛГОСРО́ЧНЫЙ, -ая, -ое; -чен, -чна. Осуществляемый в длительный срок или предоставляемый, получаемый на длительный срок. *Д. кредит. Д. отпуск.* ‖ *сущ.* **долгосро́чность**, -и, *ж.*

ДОЛГОСТРО́Й, -я, *м.* (разг. неодобр.). Затянувшееся строительство. ‖ *прил.* **долгостро́евский**, -ая, -ое.

ДОЛГОТА́, -ы́, *мн.* -о́ты, -о́т, -о́там, *ж.* **1.** *см.* долгий. **2.** Географическая координата, определяющая положение точек на поверхности Земли относительно начального меридиана. *Восточные, западные долготы.*

ДОЛГОТЕРПЕ́НИЕ, -я, *ср.* (книжн.). Большое, длительное терпение. *Кончилось чьё-н. д.*

ДОЛГУНЕ́Ц, -нца́, *м.* Лён с длинным волокном. *Лён-д.* ‖ *прил.* **долгунцо́вый**, -ая, -ое.

ДОЛДО́Н, -а, *м.* (прост.). **1.** То же, что оболтус. **2.** Человек, упрямо повторяющий одно и то же, а также вообще надоедливый болтун.

ДОЛДО́НИТЬ, -ню, -нишь; *несов., что* (прост.). Упрямо твердить одно и то же.

ДОЛЕВО́Й[1], -а́я, -о́е. То же, что продольный. *Разрезать в долевом направлении.*

ДОЛЕВО́Й[2], -а́я, -о́е. Распределяемый по частям, долям, являющийся долей чего-н. *Долевое участие. На долевых началах.*

ДОЛЕТЕ́ТЬ, -лечу́, -лети́шь; *сов., до кого-чего.* Летя, достигнуть какого-н. места, предела. *Орёл долетел до облаков. С улицы долетели крики.* ‖ *несов.* **долета́ть**, -а́ю, -а́ешь.

ДОЛЖА́ТЬ, -а́ю, -а́ешь; *несов.* (устар.). Брать в долг, входить в долги. *Д. у знакомых.* ‖ *сов.* **задолжа́ть**, -а́ю, -а́ешь.

ДО́ЛЖЕН, -жна́, -жно́, *в знач. сказ.* **1.** *с неопр.* Обязан сделать что-н. *Д. подчиниться приказу.* **2.** *с неопр.* О том, что совершится непременно, неизбежно или предположительно. *Он д. скоро прийти. Должно произойти что-то важное.* **3.** *кому.* Взял взаймы, обязан вернуть долг[2]. *Д. мне сто рублей.* ✦ **Должно быть**, *вводн. сл.* — вероятно, по всей вероятности.

ДОЛЖЕНСТВОВА́ТЬ (-тву́ю, -тву́ешь, 1 и 2 л. не употр.), -тву́ет; -тву́ющий; *несов.* (книжн.). Быть должным, следовать (в 5 знач.). *Вам долженствует согласиться. Принять долженствующие меры.* ‖ *сущ.* **долженствова́ние**, -я, *ср.*

ДОЛЖНИ́К, -а́, *м.* Тот, кто взял в долг у кого-н., должен или обязан кому-н. чем-н. *Считайте меня своим должником* (я вам очень обязан). ‖ *ж.* **должни́ца**, -ы.

ДО́ЛЖНО, *в знач. сказ., с неопр.* (устар.). Следует, необходимо. *Вам д. подумать о своём поведении.*

ДО́ЛЖНОСТЬ, -и, *мн.* -и, -е́й, *ж.* Служебная обязанность, служебное место. *Д. директора. Штатная д. Делать что-н. по должности* (исполняя обязанность). ‖ *прил.* **должностно́й**, -а́я, -о́е. *Должностное лицо* (лицо, занимающее административную или распорядительскую должность).

ДО́ЛЖНЫЙ, -ая, -ое (книжн.). **1.** Такой, как нужно, подобающий. *На должном уровне. Должное внимание.* **2.** **до́лжное**, -ого, *ср.* То, что нужно, следует. *Воздать (отдать) должное кому-чему-н.* (оценить в полной мере).

ДОЛИ́НА, -ы, *ж.* Удлинённая впадина (вдоль речного русла, среди гор). *Речная, горная, равнинная д. Подводная д.* (на дне моря). ‖ *прил.* **доли́нный**, -ая, -ое. *Долинные участки.*

ДОЛИ́ТЬ, -лью́, -льёшь; до́лил *и* доли́л, -ила́, до́лило *и* доли́ло; -ле́й; до́литый *и* доли́тый (до́лит *и* доли́т, долита́, до́лито *и* доли́то); *сов., что и чего.* Добавить, наливая. *Д. молока в стакан.* ‖ *несов.* **долива́ть**, -а́ю, -а́ешь.

ДО́ЛЛАР, -а, *м.* Денежная единица в США, Канаде, Австралии и нек-рых других странах. *Курс доллара.* ‖ *прил.* **до́лларовый**, -ая, -ое.

ДОЛОЖИ́ТЬ[1], -ожу́, -о́жишь; -о́женный; *сов.* **1.** *что о чём.* Сделать сообщение, доклад (в 1 и 2 знач.) о чём-н. *Д. результаты наблюдений. Д. командиру.* **2.** *о ком.* Сообщить о приходе посетителя. ‖ *несов.* **докла́дывать**, -аю, -аешь.

ДОЛОЖИ́ТЬ[2], -ожу́, -о́жишь; -о́женный; *сов., что и чего.* Положить, добавляя. *Д. каши в тарелку.* ‖ *несов.* **докла́дывать**, -аю, -аешь.

ДОЛОЖИ́ТЬСЯ, -ожу́сь, -о́жишься; *сов., кому* (разг.). Сообщить, доложить о своём приходе.

ДОЛО́Й, *нареч.* (разг.). Прочь, вон. *Уйди с глаз д.! Д. бюрократизм!*

ДОЛОТО́, -а́, *мн.* -о́та, -о́т, -о́там, *ср.* **1.** Инструмент для обработки древесины долблением. **2.** Инструмент для разрушения горной породы при бурении. ‖ *прил.* **доло́тный**, -ая, -ое.

ДО´ЛУ, *нареч.* (стар.). Книзу, вниз. *Опустить очи д.*

ДО´ЛЬКА, -и, *ж.* **1.** *см.* доля. **2.** Часть плода нек-рых растений. *Д. апельсина, лимона.*

ДО´ЛЬНИЙ *см.* дол.

ДО´ЛЬНИК, -а, *м.* (спец.). В стихосложении: промежуточная форма между силлабо-тоническим и тоническим стихом[1].

ДО´ЛЬНЫЙ[1-2] *см.* дол *и* доля.

ДО´ЛЬЧАТЫЙ, -ая, -ое. Состоящий из долей, долек. *Д. плод.*

ДО´ЛЬЩИК, -а, *м.* (устар.). Пайщик, участник в доле. ‖ *ж.* **до́льщица**, -ы. ‖ *прил.* **до́льщицкий**, -ая, -ое.

ДО´ЛЯ, -и, *мн.* -и, -е́й, *ж.* **1.** Часть чего-н. *Разделить на равные доли. Львиная д.* (бо́льшая и лучшая часть чего-н.). *Войти в долю* (в пай). **2.** Участь, судьба. *Счастливая д. Доли нет кому-н.* (нет в жизни счастья; устар.). ✦ **На чью долю** (выпасть, прийтись, достаться) — стать чьей-н. участью, прийтись (в 3 знач.) кому-н., на чью-н. участь. *На его долю выпало много испытаний.* ‖ *уменьш.* **до́лька**, -и, *ж.* (к 1 знач.). ‖ *ласк.* **до́люшка**, -и, *ж.* (ко 2 знач.). ‖ *прил.* **до́льный**, -ая, -ое (к 1 знач.; спец.).

ДОМ, -а (-у), *мн.* -а́, -о́в, *м.* **1.** Жилое (или для учреждения) здание. *Д.-новостройка. Каменный д. Дойти до дома. Вышел из дома. Флаг на доме. Сбежался весь д.* (все живущие в доме). **2.** Своё жильё, а также семья, люди, живущие вместе, их хозяйство. *Дойти до дому. Выйти из дому. Родной д. Принять в д. кого-н. Мы знакомы домами* (наши семьи бывают друг у друга). *Хлопотать по дому. У матери на руках весь д.* **3.** (*мн.* нет). Место, где живут люди, объединённые общими интересами, условиями существования. *Общеевропейский д. Родина — наш общий д.* **4.** *чего или какой.* Учреждение, заведение, обслуживающее какие-н. общественные нужды. *Д. отдыха. Д. творчества. Д. учёных. Д. ветеранов сцены. Торговый д.* (название нек-рых торговых фирм). *Д. моделей. Д. мебели. Д. обуви. Д. торговли* (названия больших магазинов). **5.** Династия, род. *Царствующий д. Д. Романовых.* ✦ **На дому́** — дома. *Работать на дому.* **На́ дом** — домой. *Брать работу на дом. Заказ доставлен на дом.* **Белый дом** — 1) резиденция американского президента в Вашингтоне; 2) в России: главное правительственное здание. **Отказать от дома** *кому* — перестать принимать, приглашать к себе. **Общеевропейский дом** (высок.) — все европейские государства как равноправные и дружественные сообщества. **Доходный дом** — многоквартирный дом, построенный для сдачи внаём. **Дом вверх дном** (разг шутл.) — о полном беспорядке, неразберихе в доме. **Мой дом — моя крепость** — посл. о надёжной неприкосновенности дома, семьи. ‖ *уменьш.* **до́мик**, -а, *м.* (к 1 знач.) *и* **домо́к**, -мка́, *м.* (ко 2 знач.). *Жить своим домком.* ‖ *унич.* **доми́шко**, -а, *м.* (к 1 знач.). ‖ *увел.* **доми́ще**, -а, *м.* (к 1 знач.) *и* **доми́на**, -ы, *м.* (к 1 знач.). ‖ *прил.* **домо́вый**, -ая, -ое (к 1 знач.). *Домовая книга* (для регистрации жильцов).

ДО´МА, *нареч.* В своём жилище, у себя в доме, у себя. *Сидеть д. Д. нет кого-н.* (ушёл, отсутствует). *Дома и стены помогают* (посл.). *Ерёма, Ерёма, сидел бы ты д.* (шутл. посл.; совет незадачливому путешественнику). ✦ **Как дома** (быть, чувствовать себя) — без стеснения, свободно. **Не все дома** *у кого* (разг.) — о том, кто не совсем нормален.

ДОМА´ШНИЙ, -яя, -ее. **1.** Относящийся к дому (во 2 знач.), к семье, частному быту. *Домашние дела. Домашняя хозяйка* (женщина, к-рая нигде не служит, а занимается только домашним хозяйством, семьёй). *Домашняя работница* (работающая в доме по найму). *Домашнее воспитание. Д. ребёнок* (воспитывающийся дома, в семье). **2.** Прирученный, не дикий. *Домашние животные.* **3.** **дома́шние**, -их. Члены семьи (разг.). *Мои домашние.*

ДОМА´ШНОСТЬ, -и, *ж.* (прост.). Домашние дела. *Не привыкла к домашности. Занята по домашности.*

ДОМБРА´, -ы́, *ж.* Казахский и киргизский двухструнный щипковый музыкальный инструмент грушевидной формы.

ДО´МЕННЫЙ, -ая, -ое. **1.** *см.* домна. **2.** **доменная печь** — шахтная печь для выплавки чугуна из железной руды.

ДО´МЕНЩИК, -а, *м.* Специалист по доменной плавке; доменный мастер, рабочий. ‖ *прил.* **до́менщицкий**, -ая, -ое.

ДОМИНА´НТА, -ы, *ж.* (книжн.). **1.** Явление, доминирующее, главенствующее в какой-н. сфере. **2.** Доминирующая идея. ‖ *прил.* **домина́нтный**, -ая, -ое.

ДОМИНИКА´НСКИЙ, -ая, -ое. **1.** *см.* доминиканцы. **2.** Относящийся к доминиканцам, к их языку (испанскому), национальному характеру, образу жизни, культуре, а также к Доминиканской Республике, её территории, внутреннему устройству, истории; такой, как у доминиканцев, как в Доминиканской Республике. *Доминиканские провинции. Доминиканское песо* (денежная единица).

ДОМИНИКА´НЦЫ, -ев, *ед.* -а́нец, -нца, *м.* Латиноамериканский народ, составляющий основное население Доминиканской Республики. ‖ *ж.* **доминика́нка**, -и. ‖ *прил.* **доминика́нский**, -ая, -ое.

ДОМИНИО´Н, -а, *м.* Во времена бывшей Британской империи: самоуправляющееся государство, входящее в состав этой империи и зависящее от неё в своей внутренней и внешней политике. *Колонии и доминионы.*

ДОМИНИ´РОВАТЬ, -рую, -руешь; *несов.* (книжн.). **1.** Преобладать, быть основным. *Доминирующая идея.* **2.** *над чем.* Господствовать, возвышаться над окружающей местностью. *Гора доминирует над городом.*

ДОМИНО´[1], *нескл., ср.* Маскарадный костюм в виде плаща с рукавами и капюшоном, а также человек в таком костюме. *Одет в д. Д. в маске.*

ДОМИНО´[2], *нескл., ср.* Игра в пластинки, на к-рые нанесены очки, а также (собир.) 28 пластинок для этой игры. ‖ *прил.* **домино́шный**, -ая, -ое (разг.).

ДОМИНО´ШНИК, -а, *м.* (прост.). Игрок в домино. *Заядлый д.* ‖ *ж.* **домино́шница**, -ы.

ДОМКО´М, -а, *м.* Сокращение: домовый комитет — общественная организация жильцов. ‖ *прил.* **домко́мовский**, -ая, -ое (разг.).

ДОМКРА´Т, -а, *м.* Механизм для подъёма тяжестей на небольшую высоту. *Реечный, винтовой, гидравлический д.* ‖ *прил.* **домкра́тный**, -ая, -ое.

ДО´МНА, -ы, *род. мн.* -мен, *ж.* То же, что доменная печь. ‖ *прил.* **до́менный**, -ая, -ое. *Д. мастер. Д. процесс* (процесс выплавки).

ДОМОВИ´ТЫЙ, -ая, -ое; -и́т. Хозяйственный (в 3 знач.), заботящийся о благополучии своего дома, жилища. ‖ *сущ.* **домови́тость**, -и, *ж.*

ДОМОВЛАДЕ´ЛЕЦ, -льца, *м.* Собственник дома. ‖ *ж.* **домовладе́лица**, -ы. ‖ *прил.* **домовладе́льческий**, -ая, -ое.

ДОМОВЛАДЕ´НИЕ, -я, *ср.* (офиц.). Дом с прилегающим участком, а также дом как чья-н. собственность.

ДОМОВНИ´ЧАТЬ, -аю, -аешь *и* **ДОМО´ВНИЧАТЬ**, -аю, -аешь; *несов.* (разг.). Находиться дома для присмотра за хозяйством во время отсутствия других.

ДОМОВО´ДСТВО, -а, *ср.* Умение и навыки вести домашнее хозяйство. *Уроки домоводства. Кружок домоводства.* ‖ *прил.* **домово́дческий**, -ая, -ое.

ДОМОВО´Й, -о́го, *м.* В славянской мифологии: сказочное существо, обитающее в доме, злой или добрый дух дома.

ДОМО´ВЫЙ *см.* дом.

ДОМОГА´ТЕЛЬСТВО, -а, *ср.* Настойчивое стремление получить что-н., добиться своего. *Назойливые домогательства.*

ДОМОГА´ТЬСЯ, -а́юсь, -а́ешься; *несов.*, *чего.* С излишней настойчивостью стараться получить что-н., добиваться чего-н. *Д. согласия.*

ДОМОДЕ´ЛЬНЫЙ, -ая, -ое (разг.). То же, что самодельный.

ДОМО´Й, *нареч.* К себе, в свой дом; в родные места. *Идти д. На каникулы поеду д.*

ДОМОРО´ЩЕННЫЙ, -ая, -ое. **1.** Выращенный дома. *Д. табак.* **2.** *перен.* Заурядный, примитивный (ирон.). *Д. поэт.* ‖ *сущ.* **доморо́щенность**, -и, *ж.*

ДОМОСЕ´Д, -а, *м.* Человек, к-рый любит сидеть дома, тяжёл на подъём. ‖ *ж.* **домосе́дка**, -и. ‖ *прил.* **домосе́дский**, -ая, -ое.

ДОМОСТРОЕ´НИЕ, -я, *ср.* **1.** То же, что домостроительство (спец.). **2.** Дом, отдельное строение (офиц.). *Снос старых домостроений.* ‖ *прил.* **домострои́тельский**, -ая, -ое (к 1 знач.).

ДОМОСТРОИ´ТЕЛЬСТВО, -а, *ср.* Строительство домов, жилых зданий. *Крупнопанельное д.* ‖ *прил.* **домострои́тельный**, -ая, -ое. *Д. комбинат.*

ДОМОСТРО´Й, -я, *м.* **1.** Патриархально-суровый и косный семейный быт [по назв. старинного русского свода житейских правил]. **2.** Хороший хозяин, устроитель порядка в своём доме (стар.). ‖ *ж.* **домостро́йка**, -и (ко 2 знач.). ‖ *прил.* **домостро́евский**, -ая, -ое (к 1 знач.). *Домостроевские нравы.*

ДОМОТКА´НЫЙ, -ая, -ое. Вытканный домашним, кустарным способом. *Домотканое полотно.*

ДОМОУПРА´В, -а *и* **ДОМУПРА´В**, -а, *м.* (устар. разг.). То же, что управдом. ‖ *ж.* **домоупра́вша**, -и (разг.) *и* **домупра́вша**, -и (разг.). ‖ *прил.* **домоупра́вский**, -ая, -ое *и* **домупра́вский**, -ая, -ое.

ДОМОУПРАВЛЕ´НИЕ, -я, *ср.* Контора по управлению жилым домом или группой жилых домов. ‖ *прил.* **домоуправле́нческий**, -ая, -ое.

ДОМОФО´Н, -а, *м.* Устройство для переговоров между входом в дом и квартирами.

ДОМОХОЗЯ´ИН, -а, *мн.* -я́ева, -я́ев, *м.* **1.** То же, что домовладелец. **2.** Крестьянин — глава семьи и своего отдельного хозяйства (устар.). ‖ *ж.* **домохозя́йка**, -и (к 1 знач.).

ДОМОХОЗЯ´ЙКА, -и, *ж.* **1.** *см.* домохозяин. **2.** Домашняя хозяйка.

ДОМОЧА´ДЦЫ, -ев, *ед.* -дец, -дца, *м.* Люди, к-рые живут в чьей-н. семье на правах её членов (устар.); вообще живущие с кем-н. члены его семьи (разг.).

ДО́МРА, -ы, *ж.* Струнный щипковый музыкальный инструмент с овальным корпусом. ‖ *прил.* **до́мровый**, -ая, -ое.

ДОМРАБО́ТНИЦА, -ы, *ж.* Сокращение: домашняя работница, наёмная домашняя прислуга. *Приходящая д.*

ДОМРИ́СТ, -а, *м.* Музыкант, играющий на домре. ‖ *ж.* **домри́стка**, -и.

ДОМЧА́ТЬ, -чу́, -чи́шь; *сов.* **1.** *кого-что.* Мчась, довезти до какого-н. места. **2.** То же, что домчаться (разг.).

ДОМЧА́ТЬСЯ, -чу́сь, -чи́шься; *сов.* Мчась, достигнуть какого-н. места.

ДО́МЫСЕЛ, -сла, *м.* Ничем не подтверждённая догадка, предположение. *Пустые домыслы.*

ДОНАГА́, *нареч.* То же, что догола. *Раздеться д.*

ДОНА́ШИВАТЬ *см.* доносить¹.

ДОНГ, -а, *м.* Денежная единица во Вьетнаме.

ДОНЕ́ЛЬЗЯ, *нареч.* (книжн.). Как нельзя более, до крайней степени. *Д. устал.*

ДОНЕСЕ́НИЕ, -я, *ср.* Служебное сообщение каких-н. сведений властям, начальнику, командиру. *Д. разведки.*

ДОНЕСТИ́¹, -су́, -сёшь; -ёс, -есла́; -есённый (-ён, -ена́); -еся́; *сов.* **1.** *кого-что.* Неся, доставить куда-н., до чего-н. *Д. вещи до дома.* **2.** *что.* Сделать слышным (звуки, запах). *Ветер донёс запах дыма.* **3.** *что до кого.* Сделать понятным, ясным. *Д. смысл сказанного до слушателей.* ‖ *несов.* **доноси́ть**, -ошу́, -о́сишь.

ДОНЕСТИ́², -су́, -сёшь; -ёс, -есла́; -еся́; *сов.* **1.** *о чём.* Сделать донесение. *Разведка донесла о приближении противника.* **2.** *на кого (что).* Сделать донос. ‖ *несов.* **доноси́ть**, -ошу́, -о́сишь.

ДОНЕСТИ́СЬ, -су́сь, -сёшься; -ёсся, -есла́сь; -еся́сь; *сов.* **1.** (1 и 2 л. не употр.). Достигнуть чьего-н. слуха, обоняния. *Из-за реки донеслась песня. С поля донесся запах сена.* **2.** (1 и 2 л. не употр.). Дойти до чьего-н. сведения, стать известным. *Донёсся слух.* **3.** Очень быстро доехать, добежать (разг.). ‖ *несов.* **доноси́ться**, -о́сится (к 1 и 2 знач.).

ДОНЕ́Ц, -нца́, *м.* **1.** Донской казак. **2.** Лошадь донской породы.

ДОНЖУА́Н, -а, *м.* Искатель любовных приключений, ловелас [по имени литературного героя]. ‖ *прил.* **донжуа́нский**, -ая, -ое. *Д. список* (перечень женщин, к-рых кто-н. любил, с к-рыми встречался; шутл.).

ДО́НИЗУ, *нареч.* До самого низа. *Сверху д.*

ДОНИМА́ТЬ *см.* донять.

ДО́НКА, -и, *ж.* Удочка для донного лова. ‖ *прил.* **до́ночный**, -ая, -ое.

ДОНКИХО́Т, -а, *м.* Странный для окружающих человек, рыцарски-самоотверженно борющийся за отвлечённые идеалы добра [по имени героя романа Сервантеса]. *Людям нужны донкихоты.* ‖ *прил.* **донкихо́тский**, -ая, -ое.

ДОНКИХО́ТСТВОВАТЬ, -твую, -твуешь; *несов.* Вести себя подобно Донкихоту. ‖ *сущ.* **донкихо́тство**, -а, *ср.*

ДО́ННИК, -а, *м.* Медоносное душистое растение сем. бобовых с белыми или жёлтыми цветками. ‖ *прил.* **до́нниковый**, -ая, -ое.

ДО́ННЫЙ *см.* дно.

ДО́НОР, -а, *м.* Человек, дающий свою кровь для переливания, для медицинских целей, а также дающий какой-н. орган, ткань кому-н. другому. ‖ *прил.* **до́норский**, -ая, -ое. *Донорская кровь. Д. пункт.*

ДОНО́С, -а, *м.* Тайное обвинительное сообщение представителю власти, начальнику о чьей-н. деятельности, поступках. *Д. о тайной организации. Д. на подпольщиков.* ‖ *прил.* **доно́сный**, -ая, -ое.

ДОНОСИ́ТЕЛЬСТВО, -а, *ср.* (неодобр.). Занятие доносчика. ‖ *прил.* **доноси́тельский**, -ая, -ое.

ДОНОСИ́ТЬ¹, -ошу́, -о́сишь; -о́шенный; *сов.* **1.** *что.* Окончить носку чего-н. куда-н. *Д. ящики на склад.* **2.** *что.* Окончательно износить (платье, обувь). *Д. пиджак до дыр.* **3.** *кого.* Родить в положенный срок. *Доношенный ребёнок.* ‖ *несов.* **дона́шивать**, -аю, -аешь.

ДОНОСИ́ТЬ²⁻³ *см.* донести¹⁻².

ДОНОСИ́ТЬСЯ *см.* донестись.

ДОНО́СЧИК, -а, *м.* Человек, занимающийся доносами, тот, кто доносит. ‖ *ж.* **доно́счица**, -ы. ‖ *прил.* **доно́счицкий**, -ая, -ое.

ДОНЫ́НЕ, *нареч.* (высок.). До настоящего времени.

ДОНЯ́ТЬ, дойму́, доймёшь; до́нял, доняла́, до́няло; до́нятый (-ят, -ята́, -ято); *сов., кого (что)* (разг.). Измучить, довести до крайности (чем-н. неприятным, тяжёлым). ‖ *несов.* **донима́ть**, -а́ю, -а́ешь.

ДООКТЯ́БРЬСКИЙ, -ая, -ое. Относящийся ко времени до Октябрьского переворота 1917 г. *Д. период.*

ДОПЕТРО́ВСКИЙ, -ая, -ое. Относящийся ко времени до царствования Петра I. *Допетровская эпоха.*

ДОПЕЧА́ТАТЬ, -аю, -аешь; -анный; *сов., что.* **1.** Кончить печатать. *Д. рукопись до конца.* **2.** Напечатать дополнительно. *Д. тысячу экземпляров.* ‖ *несов.* **допеча́тывать**, -аю, -аешь. ‖ *сущ.* **допеча́тка**, -и, *ж.*

ДОПЕ́ЧЬ, -еку́, -ечёшь, -еку́т; -ёк, -екла́; -еки́; -пёкший; -ечённый (-ён, -ена́); -пёкши; *сов.* **1.** *что.* Испечь до полной готовности. *Д. пирог.* **2.** *перен., кого (что).* То же, что донять (разг.). *Д. бесконечными придирками.* ‖ *несов.* **допека́ть**, -а́ю, -а́ешь.

ДО́ПИНГ, -а, *м.* Средство, на короткое время искусственно взбадривающее организм. *Употреблять д.* ‖ *прил.* **до́пинговый**, -ая, -ое. *Д. контроль.*

ДОПИСА́ТЬ, -ишу́, -и́шешь; -и́санный; *сов., что.* Кончить писать. *Д. письмо.* ‖ *несов.* **дopи́сывать**, -аю, -аешь.

ДОПИ́ТЬ, -пью́, -пьёшь; до́пил *и* допи́л, -ила́, до́пило *и* допи́ло; допе́й; допи́тый *и* до́питый (допи́т *и* до́пит, -ита́ *и* -и́та, -и́то *и* до́пито); *сов., что.* Выпить до конца; кончить пить. *Д. стакан чаю. Д. кофе.* ‖ *несов.* **допива́ть**, -а́ю, -а́ешь.

ДОПИ́ТЬСЯ, -пью́сь, -пьёшься; -и́лся, -ила́сь, -ило́сь *и* -и́лось; -пе́йся; *сов., до чего* (разг.). Неумеренным пьянством довести себя до тяжёлого состояния. *Д. до белой горячки, до чёртиков.* ‖ *несов.* **допива́ться**, -а́юсь, -а́ешься.

ДОПЛА́ТА, -ы, *ж.* **1.** *см.* доплатить. **2.** Дополнительная плата. *Д. за багаж.*

ДОПЛАТИ́ТЬ, -ачу́, -а́тишь; -а́ченный; *сов., что.* Заплатить дополнительно, внести остающуюся часть платы. *Д. сто рублей.* ‖ *несов.* **допла́чивать**, -аю, -аешь. ‖ *сущ.* **допла́та**, -ы, *ж.* ‖ *прил.* **доплатно́й**, -а́я, -о́е. *Доплатное письмо* (с доплатой при доставке).

ДОПЛЕСТИ́СЬ, -етýсь, -етёшься; -лёлся, -ела́сь; -лётшийся; -етя́сь; *сов., до чего* (разг.). Плетясь, дойти, добраться до какого-н. места. *Д. до дома.* ‖ *несов.* **доплета́ться**, -а́юсь, -а́ешься.

ДОПЛЫ́ТЬ, -ыву́, -ывёшь; -ы́л, -ыла́, -ы́ло; -ыви́; *сов., до чего.* Плывя, достичь какого-н. места. *Д. до берега.* ‖ *несов.* **доплыва́ть**, -а́ю, -а́ешь.

ДОПО́ДЛИННЫЙ, -ая, -ое (разг.). Точный, верный. *Доподлинные сведения. Доподлинно* (нареч.) *известно.*

ДОПОЗДНА́, *нареч.* (разг.). До позднего времени. *Засиделись д.*

ДОПОЛНА́, *нареч.* (разг.). До краёв, полностью. *Налить д.*

ДОПОЛНЕ́НИЕ, -я, *ср.* **1.** *см.* дополнить. **2.** То, чем что-н. дополнено, прибавление. *Д. к резолюции. В д.* (сверх, помимо чего-н. другого). *Дополнения к одежде* (галстуки, пояса, шарфы, сумки, украшения). **3.** В грамматике: второстепенный член предложения со значением объекта, обычно выражаемый косвенным падежом имени. *Прямое д.* (в форме вин. п. без предлога). *Косвенное д.* (в формах других косв. п.). ✦ **В дополнение к** *чему, предлог с дат. п.* — сверх, помимо чего-н., вдобавок к чему-н. *Сообщить в дополнение к сказанному.*

ДОПОЛНИ́ТЕЛЬНЫЙ, -ая, -ое. **1.** Являющийся дополнением к чему-н. *Д. параграф. Д. отпуск. Взять на себя дополнительное обязательство. Сообщить дополнительно* (нареч.). **2.** В грамматике: выполняющий роль дополнения (в 3 знач.). *Дополнительное придаточное предложение.*

ДОПО́ЛНИТЬ, -ню, -нишь; -ненный; *сов.* **1.** *что.* Сделать более полным, прибавив к чему-н., восполнить недостающее в чём-н. *Д. сказанное замечанием.* **2.** *кого (что).* Добавить новые данные, сведения к тому, что сказано другим. *Д. докладчика.* ‖ *несов.* **дополня́ть**, -я́ю, -я́ешь. *Д. друг друга* (вместе представлять совокупность каких-н. черт, свойств). ‖ *сущ.* **дополне́ние**, -я, *ср.*

ДОПОТО́ПНЫЙ, -ая, -ое; -пен, -пна (разг.). Устарелый, старомодный, отсталый [букв.: существовавший до описанного в Библии Всемирного потопа]. *Допотопные взгляды. Допотопная карета.* ‖ *сущ.* **допото́пность**, -и, *ж.*

ДОПРА́ШИВАТЬ, -аю, -аешь; *несов., кого (что).* **1.** *см.* допросить. **2.** Расспрашивать, допытываться (разг.).

ДОПРИЗЫ́ВНИК, -а, *м.* Человек допризывного возраста, проходящий начальную военную подготовку без отрыва от учёбы или производства.

ДОПРИЗЫ́ВНЫЙ, -ая, -ое. Предшествующий призыву на военную службу. *Допризывная подготовка.*

ДОПРО́С, -а, *м.* Опрос на следствии или суде (подозреваемого, обвиняемого, свидетеля, потерпевшего) для выяснения обстоятельств дела, преступления. *Приступить к кому-н. с допросом* (перен.: с настойчивыми расспросами; разг.). ‖ *прил.* **допро́сный**, -ая, -ое (спец.).

ДОПРОСИ́ТЬ, -ошу́, -о́сишь; -о́шенный; *сов., кого (что).* Произвести допрос. *Д. обвиняемого.* ‖ *несов.* **допра́шивать**, -аю, -аешь.

ДОПРОСИ́ТЬСЯ, -ошу́сь, -о́сишься; *сов., чего* или *с неопр.* (разг.). Добиться чего-н. усиленными просьбами. *У него прошлогоднего снега не допросишься* (очень жаден). ‖ *несов.* **допра́шиваться**, -аюсь, -аешься.

ДОПРЫ́ГАТЬСЯ, -аюсь, -аешься; *сов.* (прост.). То же, что доиграться.

ДО́ПУСК, -а, *м.* **1.** Право входа или доступа куда-н. (офиц.). *Иметь д. в лабораторию.* **2.** Предельно допустимое отклонение от нормы, требуемого размера, формы при изготовлении чего-н., производстве каких-н. работ (спец.). ‖ *прил.* **до́пусковый**, -ая, -ое (к 1 знач.) *и* **допускно́й**, -а́я, -о́е (ко 2 знач.).

ДОПУСТИ́МЫЙ, -ая, -ое; -и́м. Возможный, позволительный, разрешённый. *Допустимое отклонение.* ‖ *сущ.* **допусти́мость,** -и, *ж.*

ДОПУСТИ́ТЬ, -ущу́, -у́стишь; -у́щенный; *сов.* **1.** *кого (что) до кого-чего, к кому-чему или с неопр.* Разрешить кому-н. участвовать в чём-н. или иметь доступ куда-н.; вообще дать разрешение на что-н. *Д. к работе* (работать). *Д. к конкурсу* (до участия в конкурсе). **2.** *что.* Сделать, осуществить что-н. (обычно случайно, невольно). *Д. опоздание. Д. ошибку, оплошность. Д. резкость, бестактность.* **3.** *что.* Счесть возможным, предположить. *Я согласен д., что он прав.* **4. допу́стим,** *вводн. сл.* Возможно, предположим, что так. *Он, допустим, согласится.* **5. допу́стим,** *частица.* Выражает не совсем уверенное подтверждение и готовность возражать. *Но ведь раньше ты был согласен? — Допустим. Ты постарел. — Допустим, но и ты не помолодел.* ‖ *несов.* **допуска́ть,** -а́ю, -а́ешь (к 1, 2 и 3 знач.). ‖ *сущ.* **допуще́ние,** -я, *ср.* (к 1, 2 и 3 знач.).

ДОПУЩЕ́НИЕ, -я, *ср.* **1.** *см.* допустить. **2.** Предположение, гипотеза (книжн.). *Ошибочное д.*

ДОПЫТА́ТЬСЯ, -а́юсь, -а́ешься; *сов.* (разг.). Разузнать, выведать. ‖ *несов.* **допы́тываться,** -аюсь, -аешься.

ДОПЬЯНА́ и **ДО́ПЬЯНА,** *нареч.* (разг.). До полного опьянения. *Напоить д.*

ДОР... *Первая часть сложных слов со знач.* дорожный, относящийся к дороге (в 1 знач.), к железной дороге, напр. *доротдел, дорресторан.*

ДОРАБО́ТАТЬ, -аю, -аешь; -анный; *сов.* **1.** *что.* Доделывая, обрабатывая, придать чему-н. окончательный вид. *Д. проект.* **2.** Продолжить работу до какого-н. времени, срока. *Д. до утра. Д. до пенсии.* ‖ *несов.* **дораба́тывать,** -аю, -аешь. ‖ *сущ.* **дорабо́тка,** -и, *ж.* (к 1 знач.).

ДОРАБО́ТАТЬСЯ, -аюсь, -аешься; *сов., до чего* (разг.). Работой довести себя до какого-н. состояния (обычно неприятного). *Д. до бессонницы.* ‖ *несов.* **дораба́тываться,** -аюсь, -аешься.

ДОРАСТИ́, -ту́, -тёшь; -ро́с, -росла́; -ро́сший; -ро́сши; *сов.* Растя (в 1 и 7 знач.), достигнуть какого-н. предела. *Тополь дорос до крыши Д. до звания мастера.* ‖ *несов.* **дораста́ть,** -а́ю, -а́ешь.

ДОРВА́ТЬСЯ, -ву́сь, -вёшься; -а́лся, -ала́сь, -ало́сь *и* -а́лось; *сов., до чего* (прост.). **1.** С жадностью наброситься на что-н. *Д. до еды.* **2.** Доиграться, допрыгаться. *Озорники дорвутся до беды.* ‖ *несов.* **дорыва́ться,** -а́юсь, -а́ешься.

ДОРЕВОЛЮЦИО́ННЫЙ, -ая, -ое. **1.** Бывший до революции. **2.** То же, что доктябрьский.

ДОРЕФО́РМЕННЫЙ, -ая, -ое. Бывший до введения какой-н. реформы.

ДОРИСОВА́ТЬ, -су́ю, -су́ешь; -о́ванный; *сов., кого-что.* Закончить рисовать (в 1 и 2 знач.). *Д. портрет. Д. чей-н. образ.* ‖ *несов.* **дорисо́вывать,** -аю, -аешь.

ДОРО́ГА, -и, *ж.* **1.** Полоса земли, предназначенная для передвижения, путь сообщения. *Асфальтированная, шоссейная, грунтовая, просёлочная д. Большая д.* (грунтовая дорога между крупными или отдалёнными друг от друга населёнными пунктами; устар.). *Обочина дороги. При дороге* (около дороги). **2.** Место, по к-рому надо пройти или проехать, путь следования. *По дороге к дому. Не знать дороги. Спросить о дороге. Сбиться с дороги* (также перен.. то же, что сбиться с пути). *Дать дорогу кому-н.* (дать пройти, проехать; также перен.: дать возможность расти, развиваться кому-н.). *Открыть дорогу кому-н. куда-н.* (перен.: дать возможность действовать, продвигаться в какой-н. области). *Стоять на чьей-н. дороге или стать поперёк дороги кому-н.* (также перен.: мешать, препятствовать кому-н. в чём-н.). *Перебежать (перейти) дорогу кому-н.* (также перен.: помешать кому-н., опередить в каком-н. деле; разг.). **3.** Путешествие; пребывание в пути. *Устал с дороги. Взять еды на дорогу. В дороге было много интересного. Всю дорогу проспал* (во время всего пути). **4.** *перен.* Образ действий, направление деятельности. *Труд — д. к успеху. Быть на хорошей (верной, плохой) дороге. Идти своей дорогой* (по избранному пути). ✦ **Дороги** *чьи (кого)* **разошлись** — о тех, кто пошёл по разным жизненным путям. **Дорога жизни** (высок.) — путь через Ладожское озеро, по к-рому во время блокады Ленинграда в 1941—1943 гг. осуществлялась связь с городом. **По дороге** — 1) во время пути. *По дороге увидел много интересного;* 2) *с кем,* по одному направлению, по тому же самому пути, по пути (в 1 знач.). *Пойдём вместе, нам по дороге;* 3) *с кем-чем,* о совпадении целей, задач какой-н. деятельности, по пути (во 2 знач.). *С халтурщиком мне не по дороге.* **Туда и дорога** *кому* (разг. неодобр.) — пусть уходит, не жалко. ‖ *уменьш.* **доро́жка,** -и, *ж. и* **доро́женька,** -и, *ж.* (к 1 знач.). ‖ *прил.* **доро́жный,** -ая, -ое (к 1 и 3 знач.). *Дорожное строительство. Д. костюм.*

ДОРОГОВИ́ЗНА, -ы, *ж.* Положение, когда цены на товары очень высоки.

ДОРО́ГОЙ, *нареч.* (разг.). Во время пути. *Поговорим д.*

ДОРОГО́Й, -а́я, -о́е; до́рог, дорога́, до́рого; доро́же. **1.** Имеющий высокую цену, а также (о цене) высокий. *Дорогие меха* (ценные). *Дорого* (нареч.) *сто́ит что-н. Д. ценой получить что-н., заплатить за что-н.* (перен.: ценой больших жертв, усилий). **2.** Сто́ящий больших усилий, жертв. *Дорогая победа.* **3.** *кр. ф.* Такой, к-рым дорожат. *Подарок дорог как память.* **4.** *полн. ф.* Любезный, милый, любимый. *Д. друг. Рад тебя видеть, д.* (сущ.; дружеское обращение). ✦ **Дорогого стоит** *что* — о чём-н. важном, значительном. *Это признание дорогого стоит.* **Себе дороже** (разг.) — плохо для самого себя, хуже себе же самому.

ДОРОГУ́ША, -и, *м. и ж.* (разг.). Ласково-фамильярное обращение.

ДОРО́ДНЫЙ, -ая, -ое; -ден, -дна. Рослый, крупный, полный. *Дородная фигура.* ‖ *сущ.* **доро́дность,** -и, *ж. и* **доро́дство,** -а, *ср.*

ДОРОЖА́ТЬ (-а́ю, -а́ешь, 1 и 2 л. не употр.), -а́ет; *несов.* Повышаться в цене, становиться дорогим, дороже. ‖ *сов.* **вздорожа́ть** (-а́ю, -а́ешь, 1 и 2 л. не употр.), -а́ет *и* **подорожа́ть** (-а́ю, -а́ешь, 1 и 2 л. не употр.), -а́ет.

ДОРОЖИ́ТЬ, -жу́, -жи́шь; *несов., кем-чем.* Беречь, не желать терять, высоко ценить. *Д. каждой копейкой. Д. хорошим работником. Д. чьим-н. мнением.*

ДОРОЖИ́ТЬСЯ, -жу́сь, -жи́шься; *несов.* (разг.). Запрашивать при продаже слишком высокую цену. ‖ *сов.* **подорожи́ться,** -жу́сь, -жи́шься.

ДОРО́ЖКА, -и, *род. мн.* -жек, *ж.* **1.** *см.* дорога. **2.** Дорога для ходьбы в садах, парках. *Боковая д. Посыпать дорожки песком.* **3.** То же, что тропинка. *Лесная д.* **4.** В спортивных сооружениях, на аэродромах: специально устроенная дистанция (для бега, плавания, взлёта). *Беговая д. Ледяная д. Водная д. Голубая д.* (о водной дорожке). *Взлётная д.* **5.** Узкий длинный ковёр, а также узкая длинная скатерть. *Постелить дорожку. Кружевная д.* **6.** Рыболовная снасть в виде длинного шнура с крючком на конце. **7.** Узкое углубление, бороздка, полоска (спец.). *Магнитофон с четырьмя дорожками* (с четырьмя линиями записи). ‖ *прил.* **доро́жковый,** -ая, -ое (к 5 знач.) *и* **доро́жечный,** -ая, -ое (к 7 знач.).

ДОРО́ЖНИК, -а, *м.* Специалист по строительству, ремонту и эксплуатации дорог, городских улиц; рабочий, занимающийся строительством, ремонтом дорог. ‖ *ж.* **доро́жница,** -ы.

ДОРО́ЖНЫЙ *см.* дорога.

ДОРТУА́Р, -а, *м.* (устар.). Общая спальня для учащихся в закрытых учебных заведениях. ‖ *прил.* **дортуа́рный,** -ая, -ое.

ДОРЫВА́ТЬСЯ *см.* дорваться.

ДОСА́ДА, -ы, *ж.* Чувство раздражения, неудовольствия вследствие неудачи, обиды. *Д. берёт кого-н. С досады чуть не плачет.*

ДОСАДИ́ТЬ, -ажу́, -ади́шь; *сов., кому.* Причинить досаду, раздражить чем-н. *Д. придирками.* ‖ *несов.* **досажда́ть,** -а́ю, -аешь.

ДОСА́ДЛИВЫЙ, -ая, -ое; -ив. Выражающий досаду, неудовольствие. *Д. жест. Досадливо* (нареч.) *поморщиться.* ‖ *сущ.* **доса́дливость,** -и, *ж.*

ДОСА́ДНЫЙ, -ая, -ое; -ден, -дна. Вызывающий досаду, неприятный. *Досадная ошибка. Досадно* (в знач. сказ.), *что опоздали.* ‖ *сущ.* **доса́дность,** -и, *ж.*

ДОСА́ДОВАТЬ, -дую, -дуешь; *несов., на кого-что.* Испытывать досаду, недовольство. *Д. на задержку. Д. на свою судьбу.* ‖ *сов.* **подоса́довать,** -дую, -дуешь.

ДОСЕ́ЛЕ, *мест. нареч.* (устар.). До сих пор (см. пора). *Д. не забыт.*

ДО́СИНЯ, *нареч.* До синевы, до синеватого оттенка. *Накупался д.*

ДОСКА́, -и́, *вин.* до́ску *и* доску́, *мн.* до́ски, досо́к *и* до́сок, доска́м *и* до́скам, *ж.* **1.** Плоский с двух сторон срез дерева, получаемый путём продольной распилки бревна. *Толстая, тонкая д. Дубовые доски. Тесовые доски. Как д. кто-н.* (о тощем, худом человеке). **2.** Пластина, плита разного назначения. *Мраморная д. Грифельная д.* (то же, что аспидная доска). *Шахматная д.* (для игры в шахматы). **3.** В аудитории, классе: укреплённая на стене или на ножках большая пластина, на к-рой пишут мелом. *Классная д. Вызвать ученика к доске.* **4.** Щит (в 4 знач.) для объявлений, каких-н. показателей. *Д. объявлений. Д. производственных показателей. Д. почёта* (с портретами лучших работников). *Красная д.* (то же, что доска почёта). *Чёрная д.* (со списками провинившихся, с карикатурами). ✦ **От доски до доски** (прочесть, изучить) — от начала до конца. **Ставить на одну доску** *кого с кем* — приравнивать кого-н. к кому-н. **Свой в до́ску** (прост.) — о простом и доступном человеке. ‖ *уменьш.* **доще́чка,** -и, *ж.* (к 1 знач.), **досо́чка,** -и, *ж.* (к 1 знач.), **до́сточка,** -и, *ж.* (к 1 знач.; прост.) *и* **досто́чка,** -и, *ж.* (к 1 знач.; прост.). ‖ *прил.* **досо́чный,** -ая, -ое (к 1 знач.).

ДОСКАЗА́ТЬ, -ажу́, -а́жешь; -а́занный; *сов., что.* Закончить рассказывать, говорить что-н. *Д. сказку. Д. мысль. Не даёт д.* (перебивает). ‖ *несов.* **доска́зывать,** -аю, -аешь.

ДОСКАКА́ТЬ, -ачу́, -а́чешь; *сов., до чего.* Скача, достигнуть какого-н. места. ‖ *несов.* **доска́кивать,** -аю, -аешь.

ДОСКОНА́ЛЬНЫЙ, -ая, -ое; -лен, -льна. Очень подробный, основательный. *Д. раз-*

бор. Досконально (нареч.) *изучить.* ‖ *сущ.* **доскона́льность, -и,** *ж.*

ДОСЛА́ТЬ, дошлю́, дошлёшь; до́сланный; *сов., что.* **1.** Послать дополнительно. *Д. необходимые документы.* **2.** Продвинуть до нужного места (спец.). *Д. патрон в патронник.* ‖ *несов.* **досыла́ть,** -а́ю, -а́ешь. ‖ *сущ.* **досыла́ние, -я,** *ср.,* **досы́лка, -и,** *ж. и* **досы́л, -а,** *м.* (ко 2 знач.; спец.).

ДОСЛЕ́ДОВАТЬ, -дую, -дуешь; *сов. и несов., что* (спец.). Произвести (-водить) дополнительное расследование. *Д. дело о коррупции.* ‖ *сущ.* **дослéдование, -я,** *ср. Вернуть дело на д.*

ДОСЛО́ВНЫЙ, -ая, -ое. Слово в слово соответствующий чему-н., совершенно точный. *Д. перевод. Дословно* (нареч.) *передать ответ.* ‖ *сущ.* **досло́вность, -и,** *ж.*

ДОСЛУЖИ́ТЬСЯ, -ужу́сь, -у́жишься; *сов., до чего.* Службой достигнуть чего-н. *Д. до награды.* ‖ *несов.* **дослу́живаться,** -аюсь, -аешься.

ДОСЛУ́ШАТЬ, -аю, -аешь; -анный; *сов., кого-что.* Выслушать до конца. ‖ *несов.* **дослу́шивать,** -аю, -аешь.

ДОСМО́ТР, -а, *м.* (спец.). Проверочный осмотр. *Таможенный д.* ‖ *прил.* **досмо́тровый,** -ая, -ое.

ДОСМОТРЕ́ТЬ, -отрю́, -о́тришь; -о́тренный; *сов., что.* **1.** Просмотреть до конца, до какого-н. предела. *Д. пьесу.* **2.** Произвести досмотр (спец.). *Д. багаж на границе.* ‖ *несов.* **досма́тривать,** -аю, -аешь.

ДОСМО́ТРЩИК, -а, *м.* Служащий, производящий досмотр. ‖ *ж.* **досмо́трщица,** -ы.

ДОСОВЕ́ТСКИЙ, -ая, -ое. Существовавший, бывший до установления советской власти.

ДОСПА́ТЬ, -плю́, -пи́шь; -а́л, -ала́, -а́ло; *сов.* **1.** *до чего.* Проспать до какого-н. времени. *Не доспал до рассвета.* **2.** *что.* Проспать до конца чего-н. (разг.). *Д. ночь.* ‖ *несов.* **досыпа́ть,** -а́ю, -а́ешь.

ДОСПЕ́ХИ, -ов, *ед.* доспе́х, -а, *м.* **1.** В старину: воинское снаряжение. *Рыцарские д.* **2.** *перен.* Вообще о тяжеловесном снаряжении (разг. шутл.). *Туристские д. Охотничьи д.*

ДОСРО́ЧНЫЙ, -ая, -ое. Осуществляемый ранее установленного срока. *Досрочное выполнение плана. Досрочно* (нареч.) *сдать экзамены.*

ДОСТАВА́ЛА, -ы, *м.* и *ж.* (прост. неодобр.). Человек, к-рый умеет ловко достать (во 2 знач.), приобрести что-н.

ДОСТА́ВИТЬ, -влю, -вишь; -вленный; *сов.* **1.** *кого-что.* Привести, принести или привезти к месту назначения. *Д. посылку в срок.* **2.** *что.* Обеспечить, предоставить, причинить (то, что названо существительным). *Д. удовольствие, неприятность. Д. много хлопот. Д. случай убедиться.* ‖ *несов.* **доставля́ть,** -я́ю, -я́ешь. ‖ *сущ.* **доста́вка,** -и, *ж.* (к 1 знач.) *и* **доставле́ние, -я,** *ср.* ‖ *прил.* **доста́вочный,** -ая, -ое (к 1 знач.; спец.).

ДОСТА́ВЩИК, -а, *м.* Работник, занимающийся доставкой чего-н. *Д. телеграмм.* ‖ *ж.* **доста́вщица,** -ы.

ДОСТА́ТОК, -тка, *м.* **1.** Зажиточность, отсутствие нужды. *Жить в достатке. В доме д.* **2.** *мн.* Материальное благосостояние, доходы (разг.). *Небольшие достатки.* ✦ **В достатке** (разг.) — в достаточном количестве, хватает. *У семьи всего в достатке.*

ДОСТА́ТОЧНЫЙ, -ая, -ое; -чен, -чна. **1.** Удовлетворяющий потребностям, необходимым условиям. *Вполне д. срок. Достаточно* (нареч.) *умён.* **2.** То же, что зажиточный (разг.). *Достаточная семья.* **3. доста́точно,** *в знач. сказ., кого-чего или с неопр.* О том, что проявляется в необходимой мере, имеется в нужном количестве. *Сил ещё достаточно. Достаточно слова, чтобы он послушался. Достаточно увидеть, чтобы понять.* **4. доста́точно,** *в знач. сказ., кого-чего* или *с неопр.* Пора прекратить делать что-н.; будет, хватит. *Достаточно болтовни (болтать)!* **5. доста́точно,** *частица.* То же, что будет (во 2 знач.). *Замолчи! Достаточно!* ‖ *сущ.* **доста́точность,** -и, *ж.* (к 1 и 2 знач.).

ДОСТА́ТЬ, -а́ну, -а́нешь; доста́нь; *сов.* **1.** *что.* Взять что-н., находящееся на расстоянии, или извлечь откуда-н. *Д. книгу с полки. Д. платок из кармана. Д. ведро из колодца.* **2.** *кого-что.* Получить, раздобыть. *Д. билет в театр.* **3.** *до кого-чего.* Дотянуться, дотронуться до кого-чего-н., находящегося на расстоянии. *Д. до потолка. Рукой не достанешь кого-н.* (перен.: о том, кто достиг высокого положения, а также о том, кто далеко; разг.). **4. доста́нет,** *безл., кого-чего.* Оказаться достаточным для чего-н., вполне хватит (разг.). *Сил у нас достанет.* **5.** *кого-что.* Догнать (в 1 знач.), настичь (прост.). **6.** То же, что донять (прост.). *Соседи меня достали.* ‖ *несов.* **достава́ть,** -таю́, -таёшь.

ДОСТА́ТЬСЯ, -а́нусь, -а́нешься; *сов., кому.* **1.** Поступить в чью-н. собственность при разделе, раздаче. *Д. в наследство.* **2.** (1 и 2 л. не употр.). Выпасть на долю (о неприятности, испытаниях) (разг.). *Досталась тяжёлая судьба кому-н.* **3.** *безл.* Влететь (в 3 знач.), попасть. *Ему достанется за шалости от отца* (будет наказан). ‖ *несов.* **достава́ться,** -аю́сь, -аёшься.

ДОСТИ́ГНУТЬ *см.* достичь.

ДОСТИЖЕ́НИЕ, -я, *ср.* **1.** *см.* достичь. **2.** Положительный результат каких-н. усилий, успех. *Достижения отечественной науки.*

ДОСТИЖИ́МЫЙ, -ая, -ое; -и́м. Такой, к-рого можно достигнуть, осуществимый. *Д. результат.* ‖ *сущ.* **достижи́мость,** -и, *ж.*

ДОСТИ́ЧЬ и **ДОСТИ́ГНУТЬ,** -и́гну, -и́гнешь; -и́г *и* -и́гнул, -и́гла; -и́гни; -и́гший *и* -и́гнувший; -и́гнутый; *сов., чего.* **1.** Дойти, доехать до какого-н. места. *Д. леса.* **2.** Приблизиться к какому-н. временно́му пределу, моменту. *Д. совершеннолетия. Д. глубокой старости.* **3.** Дойти по своим размерам, весу до какого-н. предела. *Хлеба достигли человеческого роста.* **4.** Приобрести своими усилиями, добиться. *Д. успеха. Не успокаиваться на достигнутом* (сущ.). ‖ *несов.* **достига́ть,** -а́ю, -а́ешь. ‖ *сущ.* **достиже́ние,** -я, *ср.* (ко 2 и 4 знач.).

ДОСТО... (устар.). *Первая часть сложных слов со знач.* высоко... (в 5 знач.), весьма, напр. *достодолжный, достопамятный, достославный, достоуважаемый, достопочтенный.*

ДОСТОВЕ́РНЫЙ, -ая, -ое; -рен, -рна. Верный (в 1 знач.), не вызывающий сомнений. *Достоверные сведения.* ‖ *сущ.* **достове́рность,** -и, *ж.*

ДОСТО́ИНСТВО, -а, *ср.* **1.** Положительное качество. *В спектакле много достоинств.* **2.** Совокупность высоких моральных качеств, а также уважение этих качеств в самом себе. *Ронять своё д. Говорить с достоинством. Чувство собственного достоинства.* **3.** Стоимость, ценность денежного знака (спец.). *Банковый билет достоинством в 5 тысяч рублей.* **4.** То же, что титул[1] (в 1 знач.) (устар.). *Графское д.* ✦ **Оценить по достоинству** *кого-что* — составить о ком-чём-н. правильное мнение.

ДОСТО́ЙНЫЙ, -ая, -ое; -о́ин, -о́йна. **1.** Заслуживающий чего-н. *Д. похвалы. Д. порицания.* **2.** *полн. ф.* Справедливый, заслуженный. *Достойная награда.* **3.** *полн. ф.* Уважаемый, почтенный. *Достойная личность.* ‖ *сущ.* **досто́йность,** -и, *ж.*

ДОСТОПА́МЯТНЫЙ, -ая, -ое; -тен, -тна (книжн.). Замечательный, достойный памяти; хорошо запомнившийся. *Д. случай.* ‖ *сущ.* **достопа́мятность,** -и, *ж.*

ДОСТОПОЧТЕ́ННЫЙ, -ая, -ое (устар.). Весьма почтенный.

ДОСТОПРИМЕЧА́ТЕЛЬНОСТЬ, -и, *ж.* **1.** *см.* достопримечательный. **2.** Место или принадлежащий какому-н. месту предмет, заслуживающие особого внимания. *Исторические достопримечательности города. Осмотр достопримечательностей.*

ДОСТОПРИМЕЧА́ТЕЛЬНЫЙ, -ая, -ое; -лен, -льна (устар.). Заслуживающий особого внимания. *Достопримечательное событие.* ‖ *сущ.* **достопримеча́тельность,** -и, *ж.*

ДОСТОЯ́НИЕ, -я, *ср.* (книжн.). **1.** Имущество, собственность. *Общественное д.* **2.** *перен.* Духовные ценности, как наследие. *Шедевры искусства — всенародное д.*

ДОСТУ́КАТЬСЯ, -аюсь, -аешься; *сов.* (прост.). Доиграться, допрыгаться.

ДО́СТУП, -а (-у), *м.* **1.** Проход, возможность проникновения куда-н. *Д. свежего воздуха в помещение.* **2.** Впуск, посещение с какой-н. целью. *Д. посетителей в больницу. Разрешить д. в архив. Дать, открыть или закрыть д. кому-н. куда-н.* (разрешить или запретить посещение). ✦ **Доступу нет** *к кому* (прост.) — то же, что подступу нет.

ДОСТУ́ПНЫЙ, -ая, -ое; -пен, -пна. **1.** Такой, к к-рому или по к-рому можно пройти. *Места, доступные для туристов.* **2.** Такой, к-рый подходит для многих, для всех (по возможности пользоваться, по умеренности цены). *Книга доступна всем. Доступные цены.* **3.** Лёгкий для понимания. *Доступное изложение.* **4.** Внимательный и расположенный к людям, такой, с к-рым легко и просто общаться. *Д. начальник.* ‖ *сущ.* **досту́пность,** -и, *ж.*

ДОСТУЧА́ТЬСЯ, -чу́сь, -чи́шься; *сов.* Стуча, добиться отклика. *Д. к соседям. Не д. в дверь. Д. до чьего-н. сердца* (перен.. найти отклик, понимание).

ДОСУ́Г, -а, *м.* **1.** Свободное от работы время. *В часы досуга. На досуге* (когда свободен). *Провести свой д. с пользой.* **2.** *в знач. сказ., кому, с неопр.* Есть, имеется свободное время (устар.). *Гуляют и веселятся, когда им д. Д. ли мне разбирать ваши споры!* (т. е. недосуг, нет времени).

ДОСУ́ЖИЙ, -ая, -ее (разг.). **1.** Свободный от дела, праздный. *Досужее время. Досужие сплетницы.* **2.** Появляющийся на досуге, от безделья. *Досужие мысли, разговоры.*

ДО́СУХА, *нареч.* До полной сухости, насухо. *Растереться д.*

ДОСЫ́Л, ДОСЫЛА́ТЬ, ДОСЫ́ЛКА *см.* дослать.

ДОСЫ́ПАТЬ, -плю, -плешь *и* (разг.) -пешь, -пет, -пем, -пете, -пят; -сыпь; -анный; *сов., что и чего.* Добавить, подсыпая. *Д. муки в мешок.* ‖ *несов.* **досыпа́ть,** -а́ю, -а́ешь. ‖ *сущ.* **досы́пка,** -и, *ж.*

ДОСЫПА́ТЬ[1] *см.* доспать.

ДОСЫПА́ТЬ[2] *см.* досы́пать.

ДО́СЫТА и **ДОСЫ́ТА,** *нареч.* До полного насыщения, вдоволь. *Накормить д. Наесться д.*

ДОСЬЕ́, *нескл., ср.* (спец.). Собрание документов, относящихся к какому-н. делу, лицу, а также папка с такими документами. *Завести д. на кого-н.*

ДОСЮ́ДА, *мест. нареч.* (разг.). До этого места. *Д. мы не доходили. Прочитай отсюда д.*

ДОСЯГА́ЕМЫЙ, -ая, -ое; -а́ем (книжн.). Достижимый, доступный. ‖ *сущ.* **досяга́емость**, -и, *ж. В пределах (или вне пределов) досягаемости* (в пределах или вне пределов возможного, доступного).

ДОТ, -а, *м.* Сокращение: долговременная огневая точка — пулемётное или артиллерийское оборонительное сооружение.

ДОТА́ЦИЯ, -и, *ж.* Государственное пособие предприятиям, организациям, некрым категориям лиц для покрытия каких-н. расходов. ‖ *прил.* **дотацио́нный**, -ая, -ое.

ДОТАЩИ́ТЬ, -ащу́, -а́щишь; -а́щенный; *сов., кого-что до чего.* Таща, волоча, доставить до какого-н. места. ‖ *несов.* **дота́скивать**, -аю, -аешь.

ДОТАЩИ́ТЬСЯ, -ащу́сь, -а́щишься; *сов.* (разг.). Тащась, добраться до какого-н. места. *Еле д. до дому.* ‖ *несов.* **дота́скиваться**, -аюсь, -аешься.

ДОТЕМНА́, *нареч.* До наступления темноты. *Гулять от зари д.*

ДОТЛА́, *нареч.* Без остатка, до основания (преимущ. о том, что сгорело). *Сжечь, сгореть д.*

ДОТО́ЛЕ, *мест. нареч.* и *союзн. сл.* (устар.). До тех пор, до тех пор пока (см. пора).

ДОТО́ШНЫЙ, -ая, -ое; -шен, -шна (разг.). Любознательный, во всё вникающий. *Д. ученик.* ‖ *сущ.* **дото́шность**, -и, *ж.*

ДОТРО́НУТЬСЯ, -нусь, -нешься; *сов., до кого-чего.* То же, что прикоснуться к кому-чему-н. *Д. рукой.* ‖ *несов.* **дотра́гиваться**, -аюсь, -аешься.

ДОТУ́ДА, *мест. нареч.* и *союзн. сл.* (прост.). До того места. *Добеги д. Дошёл д., докуда ты велел.*

ДОТЯНУ́ТЬ, -яну́, -я́нешь; -я́нутый; *сов.* **1.** *что.* Протянуть (в 1, 2, 3 и 5 знач.) до какого-н. предела. *Д. руку до полки. Д. кабель до посёлка. Дотянули песню до конца.* **2.** *кого-что до чего.* Таща, волоча, доставить куда-н., до чего-н. *Д. бревно до берега.* **3.** *что.* С трудом довести, доставить до чего-н. (самолёт, автомашину); с трудом добраться до какого-н. места (разг.). *Самолёт дотянул до аэродрома.* **4.** *что до чего.* Промедлить с каким-н. делом до какого-н. времени (разг.). *Д. работу (с работой) до вечера.* **5.** Пробыть, прожить в каком-н. состоянии до известного срока (разг.). *Больной не дотянул до весны.* **6.** *до чего.* Прожить, рассчитав свои расходы так, чтобы хватило до какого-н. срока (разг.). *Д. до зарплаты.* ‖ *несов.* **дотя́гивать**, -аю, -аешь.

ДОТЯНУ́ТЬСЯ, -яну́сь, -я́нешься; *сов., до чего.* **1.** Вытягиваясь, протягиваясь, достать что-н. *Д. до потолка.* **2.** Медленно или томительно дойти до какого-н. предела, достигнуть чего-н. (разг.). *Баржа дотянулась до пристани. Зима дотянулась до конца.* ‖ *несов.* **дотя́гиваться**, -аюсь, -аешься.

ДОУЧИ́ТЬ, -учу́, -у́чишь; -у́ченный; *сов., кого-что.* Кончить учить (в 1 и 4 знач.). *Д. ученика. Д. урок.* ‖ *несов.* **доу́чивать**, -аю, -аешь.

ДОУЧИ́ТЬСЯ, -учу́сь, -у́чишься; *сов.* **1.** Завершить образование, обучение. *Доучился и поступил на работу.* **2.** *до чего.* Проучиться до какого-н. срока, предела. *Д. до девятого класса.* **3.** *до чего.* Напряжёнными занятиями, учением довести себя до чего-н. неприятного (разг.). *Д. до переутомления.* ‖ *несов.* **доу́чиваться**, -аюсь, -аешься.

ДОФЕОДА́ЛЬНЫЙ, -ая, -ое. Относящийся к эпохе, предшествующей феодализму.

ДОХА́, -и́, *мн.* до́хи, дох, до́хам, *ж.* Шуба на меху и с верхом из меха. *Медвежья д.*

ДОХА́ЖИВАТЬ *см.* доходить[1].

ДО́ХЛЫЙ, -ая, -ое; дохл, -ла́, -ло. **1.** О животных: мёртвый, издохший. *Дохлая мышь.* **2.** *перен.* Слабосильный, хилый (прост. пренебр.). *Уж очень он д.!* ✦ **Дохлое дело (дохлый номер)** (прост.) — безнадёжное дело. ‖ *сущ.* **до́хлость**, -и, *ж.* (ко 2 знач.).

ДОХЛЯ́К, -а́, *м.* (прост. пренебр.). Слабосильный, вялый человек. ‖ *ж.* **дохля́чка**, -и.

ДОХЛЯ́ТИНА, -ы (прост.). **1.** *ж.* То же, что падаль. **2.** *перен., м.* и *ж.* То же, что дохляк (пренебр.).

ДО́ХНУТЬ, -ну, -нешь; дох и до́хнул, до́хла; *несов.* Умирать (в 1 знач.; о животных; о человеке прост. пренебр.). ‖ *сов.* **издо́хнуть**, -ну, -нешь; -о́х, -о́хла, **подо́хнуть**, -ну, -нешь; -о́х, -о́хла *и* **сдо́хнуть**, -ну, -нешь; -ох, -о́хла.

ДОХНУ́ТЬ, -ну́, -нёшь; *сов.* Вздохнуть, сделать вдох или выдох. *Не сметь д.* (притаиться или замереть от страха). *Д. некогда* (очень занят; разг.). *Осень дохнула холодом* (перен.).

ДОХО́Д, -а, *м.* Деньги или материальные ценности, получаемые от предприятия или от какого-н. рода деятельности. *Миллионные доходы. Годовой д.* ✦ **Национальный доход** — вновь созданный за год совокупный общественный продукт, материальные ценности, получаемые за вычетом затрат на их производство. ‖ *уменьш.* **дохо́дец**, -дца, *м.* ‖ *прил.* **дохо́дный**, -ая, -ое. *Доходная часть бюджета.*

ДОХОДИ́ТЬ[1], -ожу́, -о́дишь; *сов.* (разг.). О беременной: доносить плод до срока родов. *Не доходила двух недель.* ‖ *несов.* **доха́живать**, -аю, -аешь.

ДОХОДИ́ТЬ[2] *см.* дойти.

ДОХО́ДНЫЙ, -ая, -ое; -ден, -дна. **1.** *см.* доход. **2.** Приносящий доход, прибыльный. *Доходное хозяйство.* ‖ *сущ.* **дохо́дность**, -и, *ж.*

ДОХО́ДЧИВЫЙ, -ая, -ое; -ив. Доступный пониманию, легко доходящий до сознания. *Доходчивое изложение.* ‖ *сущ.* **дохо́дчивость**, -и, *ж.*

ДОХОДЯ́ГА, -и, *м.* и *ж.* (прост.). Обессилевший, изможденный человек.

ДОЦЕ́НТ, -а, *м.* Учёное звание преподавателя высшего учебного заведения, предшествующее профессору, а также лицо, имеющее это звание. ‖ *прил.* **доце́нтский**, -ая, -ое.

ДОЦЕНТУ́РА, -ы, *ж.* **1.** Должность доцента (книжн.). *Получить доцентуру.* **2.** *собир.* Доценты.

ДОЧЕРНА́, *нареч.* До черноты. *Загореть д.*

ДОЧЕ́РНИЙ, -яя, -ее. **1.** *см.* дочь. **2.** Отделившийся от материнского, ему подчинённый (спец.). *Дочернее предприятие. Дочерняя промышленная компания.*

ДО́ЧИСТА, *нареч.* **1.** До чистоты. *Отмыть д.* **2.** *перен.* Ничего не оставляя, совсем, целиком (разг.). *Съесть всё д.*

ДОЧИТА́ТЬ, -а́ю, -а́ешь; -и́танный; *сов., что.* Кончить читать. *Д. книгу. Д. лекцию.* ‖ *несов.* **дочи́тывать**, -аю, -аешь.

ДО́ЧКА, -и, *ж.* **1.** *см.* дочь. **2.** Ласковое обращение пожилого человека к девочке, молодой женщине (прост.). ‖ *уменьш.-ласк.* **до́ченька**, -и, *ж.*

ДО́ЧКИ-МА́ТЕРИ, *только вин. п.* до́чки-ма́тери (разг.). Игра девочки с куклой (или куклами), воспроизводящая житейские заботы матери о дочке (дочках).

ДОЧЬ, до́чери, до́черью, *мн.* до́чери, дочере́й, дочеря́м, дочерьми́, о дочеря́х, *ж.* **1.** Лицо женского пола по отношению к своим родителям. *Мать с дочерью. Взрослая д.* **2.** *перен., чего.* Женщина как носитель характерных черт своего народа, своей среды (высок.). *Лучшие дочери народа. Д. гор. Д. свободы.* ‖ *уменьш.-ласк.* **до́чка**, -и, *ж.* (к 1 знач.), **до́ченька**, -и, *ж.* (к 1 знач.), **до́чечка**, -и, *ж.* (к 1 знач.) *и* **дочу́рка**, -и, *ж.* (к 1 знач.; о ребёнке). ‖ *прил.* **доче́рний**, -яя, -ее (к 1 знач.). *Дочерние чувства* (свойственные дочери).

ДОШКО́ЛЬНИК, -а, *мн.* дошко́льники *и* (разг.) дошколя́та, *м.* **1.** Ребёнок дошкольного возраста. **2.** Педагог, занимающийся с детьми дошкольного возраста (разг.). ‖ *ж.* **дошко́льница**, -ы. ‖ *уменьш.* **дошколёнок**, -нка, *мн.* -ля́та, -ля́т, *м.* (к 1 знач.).

ДОШКО́ЛЬНЫЙ, -ая, -ое. Относящийся к возрасту, предшествующему поступлению в школу (от 3 до 6—7 лет). *Дошкольное воспитание. Дошкольные учреждения.*

ДО́ШЛЫЙ, -ая, -ое (разг.). Способный дойти до всего, смышлёный, ловкий. *Д. парень.*

ДОЩА́НИК, -а, *м.* Большая плоскодонная лодка.

ДОЩА́ТЫЙ, -ая, -ое и **ДОЩАНО́Й**, -а́я, -о́е. Сделанный из досок. *Д. настил. Дощатая перегородка.*

ДОЩЕ́ЧКА, -и, *ж.* **1.** *см.* доска. **2.** *собир.* Небольшие деревянные пластинки — заготовки для изделий. *Кедровая д.* (в карандашной промышленности).

ДО́ЯР, -а, *м.* Работник, к-рый доит коров и ухаживает за ними. ‖ *прил.* **до́ярский**, -ая, -ое.

ДОЯ́РКА, -и, *ж.* Работница, к-рая доит коров и ухаживает за ними. *Знатная д.*

ДРА́ГА, -и, *ж.* **1.** Плавучая землечерпальная машина, снабжённая оборудованием для промывки вычерпанного грунта. **2.** Прибор для добывания с больших водных глубин растений и животных. ‖ *прил.* **дра́жный**, -ая, -ое.

ДРАГИ́РОВАТЬ, -рую, -руешь; -анный; *сов. и несов., что* (спец.). **1.** Углубить (углублять) (дно) с помощью драги (в 1 знач.). **2.** Добыть (-ывать) с помощью драги (в 1 знач.) полезные ископаемые из россыпей. **3.** Добыть (-ывать) с морского дна животных и растения при помощи драги (во 2 знач.).

ДРАГМЕТА́ЛЛЫ, -ов, *ед.* драгмета́лл, -а, *м.* Сокращение: драгоценные металлы.

ДРАГОЦЕ́ННОСТЬ, -и, *ж.* **1.** *см.* драгоценный. **2.** Ювелирное изделие большой ценности. *Шкатулка с драгоценностями.* **3.** Очень важный, очень ценный для кого-н. предмет. *Это письмо — семейная д.*

ДРАГОЦЕ́ННЫЙ, -ая, -ое; -нен, -нна. **1.** Очень ценный, самого высокого качества. *Д. камень* (высокоценный и красивый минерал, используемый для украшений). *Д. ларец* (очень высокой цены). **2.** Очень важный, нужный. *Терять драгоценное время. Драгоценные сведения.* **3.** *полн. ф.* Милый, дорогой. *Мой д. друг!* ‖ *сущ.* **драгоце́нность**, -и, *ж.* (к 1 и 2 знач.).

ДРАГУ́Н, -а, *род. мн.* драгу́н (при собир. знач.) *и* драгу́нов (при обознач. отдельных лиц), *м.* В царской и нек-рых иностранных армиях: военный нек-рых частей кавалерии [*первонач.* предназначенных действовать как в конном, так и в пешем строю]. *Эскадрон драгун. Двух драгунов.* || *прил.* **драгу́нский**, -ая, -ое.

ДРАЖА́ЙШИЙ, -ая, -ее: **дражайшая половина** (устар. шутл.) — жена, супруга. *Явился со своей дражайшей половиной.*

ДРАЖЕ́, *нескл., ср.* **1.** Сорт мелких твёрдых конфет округлой формы. *Шоколадное д.* **2.** Витаминные или лекарственные таблетки такой формы. *Поливитамины в драже.*

ДРАЗНИ́ТЬ, -ню́, -нишь; *несов.* **1.** *кого (что).* Злить, умышленно раздражая чем-н. *Д. обидными словами, до слёз. Д. собаку палкой.* **2.** *кого (что) кем (чем).* Насмешливо называть каким-н. прозвищем, обидной кличкой. *Рыжего мальчика дразнили морковкой.* **3.** *что.* Возбуждать, вызывать желания. *Запахи дразнят аппетит.* **4.** То же, что передразнивать. *Д. заику.*

ДРАЗНИ́ТЬСЯ, -ню́сь, -нишься; *несов.* (разг.). То же, что передразнивать кого-н.

ДРА́ИТЬ, -а́ю, -а́ишь; -а́енный; *несов., что.* Натирая или оттирая, чистить, мыть. *Д. палубу.* || *сов.* **надра́ить**, -а́ю, -а́ишь; -а́енный.

ДРА́КА, -и, *ж.* Взаимные побои, вызванные ссорой, скандалом. *Затеять драку. Вступить, ввязаться в драку* (также перен.: в открытую борьбу; разг.). *После драки кулаками не машут* (посл.). *Что за шум, а драки нет?* (по какому поводу шум; разг. шутл.). || *уменьш.* **дра́чка**, -и, *ж.* (обычно перен.).

ДРАКО́Н, -а, *м.* **1.** Сказочное чудовище в виде крылатого огнедышащего змея. **2.** Род южных летающих ящериц с кожными складками вдоль тела. || *прил.* **драко́новый**, -ая, -ое.

ДРАКО́НОВСКИЙ, -ая, -ое (книжн.). Жестокий, беспощадный [по имени древнегреческого законодателя Дракона]. *Драконовские меры. Драконовские законы.*

ДРА́ЛА, *в знач. сказ.* (прост.). Убежал, удрал. *Схватил шапку да и д. Дать д.* (убежать).

ДРА́МА, -ы, *ж.* **1.** Род литературных произведений, написанных в диалогической форме и предназначенных для исполнения актёрами на сцене. **2.** Литературное произведение такого рода с серьёзным сюжетом, но без трагического исхода. *Драмы Чехова.* **3.** Тяжёлое событие, переживание, причиняющее нравственные страдания. *Пережить драму. Семейная д.* || *прил.* **драмати́ческий**, -ая, -ое.

ДРАМАТИЗИ́РОВАТЬ, -рую, -руешь; -анный; *сов. и несов., что.* **1.** Переделать (-лывать) какое-н. произведение, придавая ему форму драмы (в 1 знач.). **2.** Сделать (делать) драматичным, наполнить (-нять) драматизмом (во 2 знач.). *Д. события.* || *сущ.* **драматиза́ция**, -и, *ж.*

ДРАМАТИ́ЗМ, -а, *м.* **1.** Напряжённость действия, свойственная драме (во 2 знач.). *Пьеса, полная драматизма.* **2.** *перен.* Крайняя напряжённость, тяжесть положения, обстоятельств. *Д. положения.*

ДРАМАТИ́ЧЕСКИЙ, -ая, -ое. **1.** *см.* драма. **2.** Напыщенный, деланный. *Драматические жесты.* **3.** Полный драматизма (во 2 знач.), тяжёлый. *Д. исход.* **4.** О голосе певца: сильный, немного резкий по тембру. *Д. тенор.* ✦ **Драматический кружок** — кружок театральной самодеятельности.

ДРАМАТИ́ЧНЫЙ, -ая, -ое; -чен, -чна. То же, что драматический (в 3 знач.). *Д. случай.* || *сущ.* **драмати́чность**, -и, *ж.*

ДРАМАТУ́РГ, -а, *м.* Писатель — автор драматических произведений.

ДРАМАТУРГИ́Я, -и, *ж.* **1.** Драматическое искусство; теория построения драматических произведений. *Курс драматургии.* **2.** *собир.* Совокупность таких произведений. *Русская классическая д. Современная д.* **3.** Сюжетно-образная основа спектакля, фильма. *Напряжённая д. пьесы.* || *прил.* **драматурги́ческий**, -ая, -ое.

ДРАМКРУЖО́К, -жка́, *м.* Сокращение: драматический кружок. *Клубный д. Записаться в д.* || *прил.* **драмкружко́вский**, -ая, -ое (разг.).

ДРАНДУЛЕ́Т, -а, *м.* (разг. шутл.). Старая, разбитая повозка, машина.

ДРА́НКА, -и, *ж.*, также *собир.* Тонкая деревянная планка для покрытия крыш и для обрешётки стен под штукатурку. || *прил.* **дра́ночный**, -ая, -ое *и* **дра́нковый**, -ая, -ое.

ДРА́НЫЙ, -ая, -ое (разг.). Изношенный, изорванный. *Д. шарф.*

ДРАНЬЁ, -я́, *ср.* **1.** *см.* драть. **2.** Драные, разорванные вещи, рваньё (во 2 знач.) (прост.). *Одет в какое-то д.*

ДРАП[1], -а, *м.* Тяжёлая плотная шерстяная ткань из пушистой пряжи. *Двусторонний д. Облегчённый д.* || *прил.* **дра́повый**, -ая, -ое. *Драповое пальто.*

ДРАП[2] *см.* драпать.

ДРА́ПАТЬ, -аю, -аешь; *несов.* (прост.). Убегать, улепётывать. || *однокр.* **драпану́ть**, -ну́, -нёшь. || *сущ.* **драп**, -а (-у), *м. Дать драпу* (то же, что дать дёру).

ДРАПИРОВА́ТЬ, -ру́ю, -ру́ешь; -о́ванный; *несов., кого-что.* Украшать тканями; окутывать, собирая одежду, ткани в красивые складки. *Д. нишу бархатом.* || *сов.* **задрапирова́ть**, -ру́ю, -ру́ешь. || *возвр.* **драпирова́ться**, -ру́юсь, -ру́ешься; *сов.* **задрапирова́ться**, -ру́юсь, -ру́ешься. || *сущ.* **драпиро́вка**, -и, *ж.*

ДРАПИРО́ВКА, -и, *ж.* **1.** *см.* драпировать. **2.** Занавеска, ткань, опускающаяся широкими складками. || *прил.* **драпиро́вочный**, -ая, -ое. *Драпировочные ткани.*

ДРАПИРО́ВЩИК, -а, *м.* Мастер, занимающийся драпировкой. || *ж.* **драпиро́вщица**, -ы.

ДРАПРИ́, *нескл., ср.* То же, что портьера.

ДРА́ТВА, -ы, *ж.* Кручёная просмолённая или навощённая нитка для шитья обуви, кожевенных изделий. || *прил.* **дра́твенный**, -ая, -ое.

ДРАТЬ, деру́, дерёшь; драл, драла́, дра́ло; *несов.* **1.** *что.* Рвать на части; изнашивать до дыр (разг.). *Д. бумагу. Д. обувь.* **2.** *что.* Отрывая, отделять, снимать. *Д. лыко. Д. шкуру* (сдирать с туши; также перен., *с кого:* беспощадно обирать; прост.). **3.** *перен.* Брать с кого-н. слишком дорого за что-н., обирать (прост.). *Д. втридорога. Д. с живого и мёртвого* (обирать, притеснять поборами). **4.** *кого (что).* Убивать, растерзывая (прост.). *Волк дерёт овец.* **5.** *кого-что.* Наказывать поркой или дёргая за уши, за волосы (разг.). *Д. розгами. Д. за вихры.* **6.** *что.* Царапать, раздражать (разг.). *Бритва дерёт. Горчица дерёт рот. Сухая ложка рот дерёт* (посл.). *Скрежет дерёт уши* (перен.). **7.** Бежать быстро (прост.). *Д. во все лопатки.* ✦ **Драть горло** (прост. неодобр.) — громко кричать. **Драть зерно** (обл.) — очищать зерно от шелухи; дробить его. **Драть зубы** (прост.) — дёргать, рвать зубы. **Драть нос** (прост. неодобр.) — важничать. || *сов.* **вы́драть**, -деру, -дерешь; -анный (к 5 знач.), **задра́ть**, -деру́, -дерёшь; -а́л, -ала́, -а́ло; за́дранный (к 4 знач.) *и* **содра́ть**, сдеру́, сдерёшь; -а́л, -ала́, -а́ло; со́дранный (ко 2 и 3 знач.). || *сущ.* **дранье́**, -я́, *ср.* (к 1, 2 и 5 знач.; прост.).

ДРА́ТЬСЯ, деру́сь, дерёшься; дра́лся, драла́сь, драло́сь *и* дра́лось; *несов.* **1.** *с кем.* Сражаться (на поединке, в бою). *Д. на дуэли. Д. с врагом.* **2.** Бить друг друга; наносить побои кому-н. *Мальчишки дерутся.* **3.** *перен., за что.* Бороться за что-н., добиваться чего-н. (разг.). *Д. за справедливость.* || *сов.* **подра́ться**, -деру́сь, -дерёшься; -а́лся, -ала́сь *и* -а́лось (ко 2 знач.).

ДРА́ХМА, -ы, *ж.* Серебряная монета в Древней Греции, а также денежная единица в современной Греции.

ДРАЧЛИ́ВЫЙ, -ая, -ое; -и́в (прост.). Любящий драться (во 2 знач.). *Д. мальчишка.* || *сущ.* **драчли́вость**, -и, *ж.*

ДРАЧУ́Н, -а́, *м.* (разг.). Тот, кто любит драться (во 2 знач.). || *ж.* **драчу́нья**, -и, *род. мн.* -ний.

ДРЕБЕДЕ́НЬ, -и, *ж.* также *собир.* (разг.). Чепуха, пустяки, не заслуживающие внимания. *Читает всякую д.*

ДРЕ́БЕЗГ, -а (-у), *м.* Громкое дребезжание, звяканье. *Разбиться с дребезгом.* ✦ **В мелкие дребезги** (разг.) — вдребезги (в 1 знач.), на мелкие кусочки (о чём-н. разбившемся).

ДРЕБЕЗЖА́ТЬ (-жу́, -жи́шь, 1 и 2 л. не употр.), -жи́т; *несов.* Издавать дрожащий звон, звякать. *Дребезжащий звук. Стёкла дребезжат.* || *сущ.* **дребезжа́ние**, -я, *ср.*

ДРЕВЕСИ́НА, -ы, *ж.* **1.** Покрытая корой твёрдая часть дерева или кустарника, а также (спец.) плотная часть растения, проводящая воду и питательные вещества от корней ко всем другим органам. *Ежегодное нарастание древесины. Ядро древесины* (её внутренняя часть). *Волокна древесины.* **2.** Брёвна и другие лесоматериалы. *Заготовка древесины.* || *прил.* **древеси́нный**, -ая, -ое.

ДРЕВЕ́СНИЦА, -ы, *ж.* **1.** Крупная ночная бабочка и гусеница её, питающаяся древесиной, вредитель лиственных деревьев. **2.** Лягушка, живущая на деревьях.

ДРЕВЕ́СНЫЙ, -ая, -ое. **1.** *см.* дерево *и* древо. **2.** Получаемый из древесины. *Древесные материалы. Д. спирт.* ✦ **Древесные растения, породы** — растения с деревянистым стеблем: деревья и кустарники.

ДРЕ́ВКО, -а, *мн.* дре́вки, -ов, *ср.* Длинная круглая палка, на к-рую насаживается остриё копья, навешивается флаг. || *прил.* **дре́вковый**, -ая, -ое.

ДРЕВНЕ... *Первая часть сложных слов со знач.* древний, напр. *древнегреческий, древнерусский.*

ДРЕ́ВНИЙ, -яя, -ее; -вен, -вня. **1.** Существовавший или возникший в отдалённом прошлом, очень давний. *Древние предания. Древние языки. Древняя история* (до 5 в. н. э.). *Обычаи древних* (сущ.; древних народов). **2.** Очень старый. *Д. старик. Д. дуб.* || *сущ.* **дре́вность**, -и, *ж.*

ДРЕ́ВНОСТЬ, -и, *ж.* **1.** *см.* древний. **2.** Далёкое прошлое. *В глубокой древности.* **3.** обычно *мн.* Памятник далёкого прошлого. *Новгородские древности.*

ДРЕ́ВО, -а, *мн.* древеса́, древе́с, древеса́м, *ср.* (устар.). То же, что дерево (в 1 знач.). ✦ **Древо жизни** (высок.) — сама жизнь, само существование. **Древо познания** (высок.) — само познание. *Вкусить от древа познания* [по библейскому сказанию об Адаме и Еве, вкусивших запретный плод и тем познавших тайну продолжения жизни]. **Растекаться мыслию по древу** (книжн. ирон.) — беспорядочно переходить от одного к другому в мыслях, словах. ‖ *прил.* **древе́сный**, -ая, -ое.

ДРЕВО... *Первая часть сложных слов со знач.:* 1) относящийся к деревьям, к лесу, напр. *древовал* (машина для валки деревьев), *древоведение, древонасаждения, древостой;* 2) относящийся к древу (во 2 знач.), к древесине, напр. *древообделочный, древотарочный, древоокрашенный.*

ДРЕВОВИ́ДНЫЙ, -ая, -ое; -ден, -дна. По форме подобный дереву. *Д. папоротник.* ‖ *сущ.* **древови́дность**, -и, *ж.*

ДРЕВОНАСАЖДЕ́НИЕ, -я, *ср.* Посадка деревьев, а также (мн.) сами посаженные деревья. *Полоса древонасаждений.*

ДРЕДНО́УТ, -а, *м.* Большой броненосец, предшественник современного линейного корабля. ‖ *прил.* **дредно́утный**, -ая, -ое.

ДРЕЗИ́НА, -ы, *ж.* Небольшая транспортная машина, передвигающаяся по рельсам с помощью двигателя (первонач. с помощью ручного привода). ‖ *прил.* **дрези́нный**, -ая, -ое.

ДРЕЙФ, -а, *м.* (спец.). **1.** Отклонение движущегося судна от курса под влиянием ветра или течения. **2.** Движение чего-н. (судна, льдов), несомого течением. *Д. айсбергов.* **3.** Медленное перемещение чего-н. под влиянием внешних воздействий. *Д. песков. Д. частиц. Д. материков.* **4.** В выражениях: **лечь в дрейф (лежать в дрейфе), сняться с дрейфа** — сохранение почти полной неподвижности судна в результате маневрирования парусами или остановки двигателя. ‖ *прил.* **дре́йфовый**, -ая, -ое.

ДРЕ́ЙФИТЬ, -флю, -фишь; *несов.* (прост.). Тру́сить, отступать перед трудностями. *Не дрейфь!* ‖ *сов.* **сдре́йфить**, -флю, -фишь.

ДРЕЙФОВА́ТЬ, -фу́ю, -фу́ешь; *несов.* Быть в дрейфе, лежать в дрейфе. *Д. во льдах. Дрейфующие пески.*

ДРЕКО́ЛЬЕ, -я, *род. мн.* -ьев *и* -лий, *ср., собир.* (устар.). Дубины, палки, колья, в старину употр. как оружие. *В д. встретить кого-н.* (вооружившись дрекольем).

ДРЕЛЬ, -и, *ж.* Ручной инструмент для сверления отверстий. *Электрическая д.* ‖ *прил.* **дре́льный**, -ая, -ое.

ДРЕМА́ТЬ, дремлю́, дре́млешь; *несов.* Быть в дремоте. *Д. в кресле. Враг не дремлет* (перен.).

ДРЕМА́ТЬСЯ, дре́млется; *безл.; несов., кому* (разг.). О состоянии дремоты. *К вечеру дремлется.*

ДРЕМО́ТА, -ы, *ж.* Полусон, состояние, при к-ром хочется спать и невольно закрываются глаза. *Превозмочь дремоту.* ‖ *прил.* **дремо́тный**, -ая, -ое. *Дремотное состояние.*

ДРЕМУ́ЧИЙ, -ая, -ее; -у́ч. **1.** О лесе: густой и тёмный, труднопроходимый. **2.** *перен.* О носителе каких-н. отрицательных качеств: совершенный, полный. *Д. невежда.* ‖ *сущ.* **дрему́честь**, -и, *ж.*

ДРЕНА́Ж, -а *и* -а́, *м.* **1.** Осушение почвы посредством системы траншей или труб, а также сама система таких траншей, труб. **2.** Выведение из раны, полости гноя, жидкости с помощью трубок, марлевых полосок; приспособление для такого выведения. ‖ *прил.* **дрена́жный**, -ая, -ое. *Дренажная сеть. Дренажная трубка.*

ДРЕСВА́, -ы́, *ж.* Крупный песок, а также мелкий щебень.

ДРЕССИРОВА́ТЬ, -ру́ю, -ру́ешь; -о́ванный; *несов., кого (что).* Приучать (животных) к выполнению каких-н. действий, вырабатывать нужные человеку навыки. *Д. собаку. Дрессированные звери.* ‖ *сов.* **вы́дрессировать**, -рую, -руешь; -анный. ‖ *сущ.* **дрессиро́вка**, -и, *ж. и* **дрессу́ра**, -ы, *ж.* (спец.).

ДРЕССИРО́ВЩИК, -а, *м.* Тот, кто занимается дрессировкой, дрессурой. ‖ *ж.* **дрессиро́вщица**, -ы. ‖ *прил.* **дрессиро́вщицкий**, -ая, -ое.

ДРЁМА, -ы и (устар.) **ДРЕМА́**, -ы́, *ж.* То же, что дремота. *Сквозь дрёму услышать что-н.*

ДРОБИ́ЛКА, -и, *ж.* Машина для дробления кусковых материалов, а также для измельчения или смешивания кормов.

ДРОБИ́НА, -ы, *ж.* Один шарик ружейной дроби. ‖ *уменьш.* **дроби́нка**, -и, *ж.*

ДРОБИ́ТЬ, -блю́, -би́шь; -блённый (-ён, -ена́); *несов.* **1.** *что.* Разбивать на мелкие части. *Д. камень. Д. кости.* **2.** *кого-что.* Разделять, расчленять. *Д. силы.* ‖ *сов.* **раздроби́ть**, -блю́, -би́шь; -о́бленный *и* -облённый (-ён, -ена́). ‖ *прил.* **дроби́льный**, -ая, -ое (к 1 знач.). *Дробильная машина.*

ДРОБИ́ТЬСЯ (-блю́сь, -би́шься, 1 и 2 л. не употр.), -би́тся; *несов.* **1.** Разламываться, разбиваться на мелкие части. *Волны дробятся о скалы.* **2.** Разделяться, расчленяться. *Дробятся силы.* ‖ *сов.* **раздроби́ться** (-блю́сь, -би́шься, 1 и 2 л. не употр.), -би́тся.

ДРОБЛЁНЫЙ, -ая, -ое. Разбитый, измельчённый. *Д. кирпич. Дроблёная крупа.*

ДРО́БНЫЙ[1], -ая, -ое; -бен, -бна. **1.** Расчленённый, разделённый на мелкие части, пункты. *Д. перечень.* **2.** Частый и мелкий. *Д. шаг. Д. стук дождя.* ‖ *сущ.* **дро́бность**, -и, *ж.*

ДРО́БНЫЙ[2] *см.* дробь[2].

ДРОБОВИ́К, -а́, *м.* Охотничье гладкоствольное ружьё, стреляющее дробью[1].

ДРОБЬ[1], -и, *ж., собир.* Мелкие свинцовые шарики для стрельбы из охотничьего ружья. ‖ *прил.* **дробово́й**, -а́я, -о́е.

ДРОБЬ[2], -и, *мн.* дро́би, -е́й, *ж.* Число, представленное как состоящее из частей единицы. *Правильная д.* (меньше единицы). *Неправильная д.* (больше единицы). ‖ *прил.* **дро́бный**, -ая, -ое. *Дробная часть. Дробное число.*

ДРОБЬ[3], -и, *мн.* нет, *ж.* Частые прерывистые звуки. *Барабанная д. Надоедливая д. дождя.*

ДРОБЯ́НКИ, -нок (спец.). Общее название бактерий и сине-зелёных водорослей. *Царство дробянок (одна из четырёх высших сфер органического мира).*

ДРОВА́, дров, дрова́м. Поленья для топки. *Колоть, пилить д. Берёзовые, еловые, осиновые д. Плахи пойдут на д.* (в топку). ✦ **Дров наломать** (прост.) — наделать много глупостей, ошибок. ‖ *уменьш.* **дрови́шки**, -шек. ‖ *ласк.* **дрове́ц** (род. мн.; разг.). ‖ *прил.* **дровяно́й**, -а́я, -о́е. *Д. склад. Дровяное отопление.*

ДРО́ВНИ, дро́вней. Крестьянские открытые сани для перевозки дров, грузов. ‖ *уменьш.* **дро́венки**, -нок.

ДРОВОСЕ́К, -а, *м.* **1.** Лесоруб; тот, кто занимается рубкой леса (устар.). **2.** Жук с длинными усиками — вредитель леса, грызущий кору и древесину.

ДРОВЯНИ́К, -а́, *м.* **1.** Сарай для дров (разг.). **2.** Торговец дровами (устар.).

ДРОГА́, -и́, *вин.* дро́гу, *мн.* дро́ги, дрог, дро́гам, *ж.* Продольный брус в повозке, соединяющий переднюю ось с задней.

ДРО́ГИ, дрог. Удлинённая повозка без кузова с длинной дрогой (или дрогами). *Крестьянские д. Похоронные д.*

ДРО́ГНУТЬ[1], -ну, -нешь; дрог *и* дро́гнул, дро́гла *и* дро́гнула; *несов.* То же, что мёрзнуть (во 2 знач.). *Д. на морозе, на ветру.*

ДРО́ГНУТЬ[2], -ну, -нешь; -нул, -нула; *сов.* **1.** *см.* дрожать. **2.** Не выдержав натиска, начать отступать. *Вражеская цепь дрогнула.*

ДРОЖА́ТЬ, -жу́, -жи́шь; *несов.* **1.** Сотрясаться от частых и коротких колебательных движений, трястись, испытывать дрожь. *Стёкла дрожат. Д. от холода, от страха. Колени, руки дрожат. Д. мелкой дрожью* (также перен.: бояться, трепетать). **2.** (1 и 2 л. не употр.). Быть прерывистым, изменяющимся. *Голос дрожит. Дрожащий свет.* **3.** *перен., за кого-что* и *над кем-чем.* Оберегать, заботиться, опасаясь за кого-что-н., за сохранность чего-н. (разг.). *Д. за своего ребёнка. Д. над копейкой.* **4.** *перен., перед кем-чем.* Бояться, трепетать. *Д. перед самодуром.* ‖ *однокр.* **дро́гнуть**, -ну, -нешь (к 1 и 2 знач.). *Рука не дрогнет у кого-н.* (также перен.: легко решится на что-н. плохое). ‖ *сущ.* **дрожа́ние**, -я, *ср.* (к 1 и 2 знач.). ‖ *прил.* **дрожа́тельный**, -ая, -ое (к 1 знач.; спец.). *Дрожательные движения. Д. паралич* (болезнь).

ДРО́ЖЖИ, -ей. Вещество из микроскопических грибков, вызывающее брожение. *Тесто на дрожжах. Кормовые д.* (добавляемые в корм животным). *Как на дрожжах растёт, поднимается кто-что-н.* (очень быстро; разг.). ‖ *прил.* **дрожжево́й**, -а́я, -о́е. *Дрожжевое тесто.*

ДРО́ЖКИ, -жек, -жкам. Лёгкий открытый рессорный экипаж. *Беговые д.* ‖ *прил.* **дро́жечный**, -ая, -ое.

ДРОЖЬ, -и, *ж.* Частое судорожное сокращение мышц, дрожание (от холода, от нервного состояния). *Нервная д. Бросает в д. кого-н.*

ДРОЗД, -а́, *м.* Лесная птица отряда воробьиных. *Певчий д.* ✦ **Дать (или задать) дрозда** (прост.) — сделать выговор, отругать. ‖ *прил.* **дроздо́вый**, -ая, -ое. *Семейство дроздовых* (сущ.).

ДРОК, -а, *м.* Кустарниковое степное растение сем. бобовых с жёлтыми цветками. ‖ *прил.* **дро́ковый**, -ая, -ое.

ДРО́ТИК, -а, *м.* Метательное копьё на коротком древке.

ДРОФА́, -ы́, *мн.* дро́фы, дроф, дро́фам, *ж.* Родственная журавлю крупная степная птица с длинной шеей и сильными ногами. *Семейство дроф.* ‖ *прил.* **дрофи́ный**, -ая, -ое.

ДРОЧЁНА, -ы, *ж.* Большая лепёшка из яиц, замешанных на молоке с крупой, мукой или тёртым картофелем.

ДРУГ[1], -а, *мн.* друзья́, -зе́й, *м.* **1.** Человек, к-рый связан с кем-н. дружбой. *Не имей сто рублей, а имей сто друзей* (посл.). *Старый д. лучше новых двух* (посл.). *Скажи мне, кто твой д., и я скажу, кто ты* (посл.). *Д. дома* (друг семьи). *Зелёный д.* (о деревьях, растениях). **2.** *кого-чего.* Сторонник, защитник кого-чего-н. (высок.). *Д. детей. Д. свободы.* **3.** Употр. как обращение к близкому человеку, а также (прост.) как доброжелательное обращение вообще. *Д. мой! Помоги, д.* ✦ **Будь другом** (разг.) — говорится в знач.: сделай так, как я прошу, советую. *Будь другом, никому не рассказывай об этом.* ‖ *ласк.* **дружо́к**, -жка́, *м.* (к 1 и 3 знач.) *и* **дружо́чек**, -чка, *м.* (к 1 и 3 знач.). ‖ *прил.* **дру́жеский**, -ая, -ое (к 1 знач.).

ДРУГ[2]: **друг друга, друг другу, друг другом** — взаимно, один другого или один других. *Выручать друг друга. Заботиться друг о друге. Друг с другом. Жить друг без друга не могут.*

ДРУГО́Й, -а́я, -о́е. **1.** *прил.* Не этот, не данный. *В д. раз поговорим. На другом берегу* (на противоположном). *И тот и д.* (оба, каждый из двух). **2.** *прил.* Не такой, иной. *Стал совсем другим. Думает одно, а говорит другое* (сущ.). *Это другое дело* (это меняет положение, заставляет думать иначе). **3.** *прил.* Второй, следующий. *На д. день.* **4.** *мест. неопр.* Некоторый, какой-нибудь иной (разг.). *Д. бы благодарил, а ты недоволен.* **5. друго́й**, -о́го, *м.* Кто-то иной, не сам. *Заботиться о других.* ✦ **Другими словами** — говоря иначе, иными словами. **По-другому** — иным способом, иначе. *Так не получается — попробую по-другому. Припугнули, так заговорил по-другому.* **По-другому сказать**, *вводн. сл.* — то же, что иначе сказать, иначе говоря. ‖ *ж.* **друга́я**, -о́й (к 5 знач.).

ДРУ́ЖБА, -ы, *ж.* Близкие отношения, основанные на взаимном доверии, привязанности, общности интересов. *Давнишняя д. Д. одноклассников. Не в службу, а в дружбу* (не по обязанности, а из дружеского расположения; разг.). ‖ *прил.* **дру́жеский**, -ая, -ое.

ДРУЖЕЛЮ́БНЫЙ, -ая, -ое; -бен, -бна. То же, что дружеский (во 2 знач.). *Дружелюбное отношение. Д. тон.* ‖ *сущ.* **дружелю́бие**, -я, *ср.* и **дружелю́бность**, -и, *ж.*

ДРУ́ЖЕСКИЙ, -ая, -ое. **1.** *см.* друг[1] и дружба. **2.** Проникнутый симпатией, расположением к кому-н. *Д. тон. Дружески* (нареч.) *улыбнуться кому-н. Встретить по-дружески* (нареч.).

ДРУ́ЖЕСТВЕННЫЙ, -ая, -ое; -вен, -венна. **1.** Дружеский, дружелюбный. *Д. тон.* **2.** Взаимно благожелательный (преимущ. о государствах и отношениях между ними). *Дружественные страны.* ‖ *сущ.* **дру́жественность**, -и, *ж.*

ДРУЖИ́НА, -ы, *ж.* **1.** В Древней Руси: приближенные князя, а также княжеское войско. **2.** В царской армии: ополченская войсковая часть, соответствующая полку. **3.** Группа (обычно военизированная), отряд. *Пожарная д.* (добровольная пожарная команда; устар.). *Добровольная народная д.* (по охране общественного порядка). ‖ *прил.* **дружи́нный**, -ая, -ое.

ДРУЖИ́ННИК, -а, *м.* Член дружины (в 3 знач.). ‖ *ж.* **дружи́нница**, -ы.

ДРУЖИ́ТЬ, дружу́, дру́жишь и дружи́шь; дру́жащий и дружа́щий; *несов.* **1.** *с кем.* Находиться с кем-н. в дружбе. **2.** *перен., с чем.* Любить что-н., иметь пристрастие к чему-н. (разг.). *Д. с книгой. Д. со спортом.*

ДРУЖИ́ТЬСЯ, дружу́сь, дру́жишься и дружи́шься; *несов., с кем.* **1.** Вступать в дружеские отношения. **2.** То же, что дружить (в 1 знач.) (прост.). *Наши семьи дружатся.* ‖ *сов.* **подружи́ться**, -жу́сь, -жишься и -жи́шься (к 1 знач.).

ДРУЖИ́ЩЕ, -а, *м.* (разг.). Фамильярное обращение в знач. друг[1] (в 3 знач.).

ДРУ́ЖКА[1], -и, *м.* (стар. и обл.). Распорядитель в свадебном обряде, приглашаемый женихом.

ДРУ́ЖКА[2]: **друг дружку, друг дружке, друг дружкой** (прост.) и **дружка дружку, дружка дружке, дружка дружкой** (прост.) — то же, что друг друга (см. друг[2]). *Друг без дружки (дружка без дружки) жить не могут. Советоваться друг с дружкой (дружка с дружкой).*

ДРУ́ЖНЫЙ, -ая, -ое; -жен, -жна́, -жно, -жны и -жны́. **1.** Связанный дружбой, взаимным согласием, единодушный. *Дружная семья. Д. коллектив.* **2.** Происходящий единовременно, совместно. *Д. хохот. Дружно* (нареч.) *взяться за дело. Дружная весна* (тёплая, без возврата холодов).

ДРУЖО́К, -жка́, *м.* **1.** *см.* друг[1]. **2.** То же, что приятель (прост.; мн. чаще неодобр.). *Гуляет с дружками. Дружки подучили.*

ДРУИ́ДЫ, -ов, *ед.* друи́д, -а, *м.* У древних кельтов: каста жрецов — прорицателей, колдунов и целителей, обожествляющих природу, деревья, хранящих народные поверья и предания.

ДРЫ́ГАТЬ, -аю, -аешь; *несов., чем* (разг.). Дергать (в 4 знач.) ногой, ногами. ‖ *однокр.* **дры́гнуть**, -ну, -нешь. ‖ *прил.* **дры́гательный**, -ая, -ое (спец.). ‖ *сущ.* **дры́ганье**, -я, *ср.*

ДРЫ́ЗГАТЬ, -аю, -аешь; *несов., чем* (прост.). Брызгать или заливать, загрязняя. ‖ *сов.* **надры́згать**, -аю, -аешь. *Н. в ванной.* ‖ *сущ.* **дры́зганье**, -я, *ср.*

ДРЫ́ХНУТЬ, -ну, -нешь; дрых и дры́хнул, дры́хла; *несов.* (прост. неодобр.). То же, что спать (в 1 знач.). *Весь день дрыхнет кто-н.*

ДРЮ́ЧКИ: **штучки-дрючки**, штучек-дрючек (прост. неодобр.) — фокусы[2] (во 2 знач.), проделки.

ДРЯ́БЛЫЙ, -ая, -ое; дрябл, -а́ и -а, -о. Лишённый упругости, крепости, вялый. *Дряблые мышцы.* ‖ *сущ.* **дря́блость**, -и, *ж.*

ДРЯ́БНУТЬ, -ну, -нешь; дря́бнул, дря́бла; *несов.* (разг.). Становиться дряблым. *Кожа дрябнет.* ‖ *сов.* **одря́бнуть**, -ну, -нешь.

ДРЯ́ЗГИ, дрязг (разг). Мелкие ссоры, кляузы. *Заводить д.*

ДРЯННО́Й, -а́я, -о́е; дря́нен, дрянна́, дря́нно, дря́нны и дрянны́ (разг.). Плохой, никуда не годный. *Д. товар. Д. характер.*

ДРЯНЦО́, -а́, *ср.* (прост.). То же, что дрянь.

ДРЯНЬ, -и, *ж.* (разг.). **1.** *собир.* Хлам, негодные вещи. *Скопилась всякая д.* **2.** О ком-чём-н. скверном, плохом, ничтожном. *Человек он д. Купил какую-то д. Дело д.* (дело плохо).

ДРЯХЛЕ́ТЬ, -е́ю, -е́ешь; *несов.* Становиться дряхлым, дряхлее. ‖ *сов.* **одряхле́ть**, -е́ю, -е́ешь.

ДРЯ́ХЛЫЙ, -ая, -ое; дряхл, -а́, -о. Слабый, немощный от старости. *Д. старик.* ‖ *сущ.* **дря́хлость**, -и, *ж.*

ДУАЛИ́ЗМ, -а, *м.* **1.** Философское направление, признающее, в противоп. монизму, в основе мира два независимых и равноправных начала: материю и дух. **2.** Двойственное строение, двойственность. *Д. языкового знака* (асимметрическое соотношение формы и значения; спец.). ‖ *прил.* **дуалисти́ческий**, -ая, -ое.

ДУБ, -а, *мн.* -ы́, -о́в, *м.* **1.** Крупное лиственное дерево сем. буковых с крепкой древесиной и плодами-желудями. *Вековые дубы. На ду́бе илина дубу́.* **2.** *перен.* О тупом, нечутком человеке (разг.). ✦ **Дуба дать** (прост.) — то же, что умереть. ‖ *уменьш.* **дубо́к**, -бка́, *м.* (к 1 знач.) и **дубо́чек**, -чка, *м.* (к 1 знач.). ‖ *прил.* **дубо́вый**, -ая, -ое (к 1 знач.). *Дубовая роща. Дубовые двери* (из дуба).

ДУБА́СИТЬ, -а́шу, -а́сишь; *несов.* (прост.). **1.** *кого-что.* Колотить, избивать с ожесточением. **2.** *по чему* и *во что.* С силой ударять, стучать. *Д. в дверь.* ‖ *сов.* **отдуба́сить**, -а́шу, -а́сишь (к 1 знач.).

ДУБИ́ЛЬЩИК, -а, *м.* Работник, занимающийся дублением кож.

ДУБИ́НА, -ы. **1.** *ж.* Толстая тяжёлая палка. **2.** *м.* и *ж., перен.* Тупой, глупый человек (прост. бран.). ‖ *ласк.* **дуби́нушка**, -и, *ж.* (к 1 знач.).

ДУБИ́НКА, -и, *ж.* Толстая палка. *Резиновая д.* (короткая палка из жёсткой резины). *Политика большой дубинки* (перен.: политика грубой силы).

ДУБИ́НУШКА, -и, *ж.* **1.** *см.* дубина. **2.** (Д прописное). Русская народная бурлацкая песня, существующая в нескольких вариантах.

ДУБИ́ТЕЛЬ, -я, *м.* Дубящее вещество. *Д. растительного происхождения. Синтетические дубители.* ‖ *прил.* **дуби́тельный**, -ая, -ое.

ДУБИ́ТЬ, -блю́, -би́шь; -блённый (-ён, -ена́); *несов., что.* Обрабатывать (кожу, мех) в специальных растворах. *Дубящие вещества.* ‖ *сов.* **вы́дубить**, -блю, -бишь; -бленный. ‖ *сущ.* **дубле́ние**, -я, *ср.* ‖ *прил.* **дуби́льный**, -ая, -ое. *Дубильное корьё. Дубильные вещества.*

ДУБЛЕ́Т, -а, *м.* (спец.). **1.** Дублированный экземпляр, предмет. *Д. рукописи. Д. книги в библиотеке.* **2.** Два одновременных выстрела по одной цели из двуствольного ружья. ‖ *прил.* **дубле́тный**, -ая, -ое.

ДУБЛЁНКА, -и, *ж.* (разг.). Дублёный полушубок, дублёная шуба. ‖ *прил.* **дублёночный**, -ая, -ое.

ДУБЛЁНЫЙ, -ая, -ое. Выделанный дублением. *Дублёные кожи. Д. полушубок* (из дублёной овчины). *Дублёное лицо* (перен.: обветренное и загрубелое).

ДУБЛЁР, -а, *м.* Человек, дублирующий кого-что-н. *Артист-д. Д. космонавта.* ‖ *ж.* **дублёрша**, -и (разг.). ‖ *прил.* **дублёрский**, -ая, -ое (разг.).

ДУБЛИКА́Т, -а, *м.* (офиц.). Второй экземпляр документа, имеющий одинаковую силу с подлинником. *Д. накладной.* ‖ *прил.* **дублика́тный**, -ая, -ое.

ДУБЛИ́РОВАТЬ, -рую, -руешь; -анный; *несов., кого-что.* **1.** Выполнять что-н. сходное, одинаковое, параллельно с другим. *Д. работу. Д. актёра* (исполнять роль по очереди с ним). *Д. космонавта* (одновременно с ним готовиться к полёту). **2.** Озвучивать (фильм) на другом языке, сохраняя близость к переводу и уравнивая длину фраз и темп речи. ‖ *сов., что,* **сдубли́ровать**, -рую, -руешь и **продубли́ровать**, -рую, -руешь (к 1 знач.). ‖ *сущ.* **дубли́рование**, -я, *ср.* и **дубля́ж**, -а и -а́, *м.* (ко 2 знач.; спец.).

ДУБЛО́Н, -а, *м.* Старинная испанская (а также итальянская, швейцарская и латиноамериканская) золотая монета, чеканившаяся до конца 19 в.

ДУБЛЬ, -я, *м.* (спец.). **1.** Повторная съёмка эпизода в фильме. *Отснять три дубля.* **2.** В спорте: двойная победа. *Сделать д.* ‖ *прил.* **ду́блевый**, -ая, -ое.

ДУБНЯ́К, -а́, *м., собир.* Дубовый лес.

ДУБОВА́ТЫЙ, -ая, -ое; -а́т (разг.). Грубоватый, малоподвижный, а также тупой, глуповатый. *Несколько дубоват кто-н.* ‖ *сущ.* **дубова́тость**, -и, *ж.*

ДУБО́ВЫЙ, -ая, -ое. **1.** *см.* дуб. **2.** *перен.* Жёсткий, несъедобный (разг.). *Дубовые яблоки.* **3.** *перен.* Грубый, неуклюжий, тупой (разг.). *Д. стиль. Дубовая голова.*

ДУБРА́ВА, -ы, *ж.* **1.** Дубовый лес, роща. **2.** Лиственная роща (высок.). *В тени дубрав.* ‖ *ласк.* **дубра́вушка**, -и, *ж.* ‖ *прил.* **дубра́вный**, -ая, -ое.

ДУБЬЁ, -я́, *ср., собир.* (устар.). Палки, дубинки, употр. в старину как оружие. *Идти с дубьём на кого-н. Принять в д.* (встретить дубинами, дубинками).

ДУГА́, -и́, *мн.* ду́ги, дуг, ду́гам, *ж.* **1.** Часть кривой линии, заключенная между двумя её точками, то, что имеет вид такой линии. *Д. радуги. Ветка согнулась дугой. Брови дугой.* **2.** Круто изогнутая деревянная часть упряжки, скрепляющая оглобли с хомутом. *Колокольчик под дугой. Гнуть дуги. Согнуть в дугу или в три дуги кого-н.* (перен.: принуждением заставить повиноваться). ✦ **Курская дуга** — большой дугообразный участок фронта в районе г. Курска, где в 1943 г. произошло величайшее танковое сражение Великой Отечественной войны, закончившееся победой советских войск. **Электрическая дуга** (спец.) — электрический разряд в газе в виде яркого плазменного шнура. ‖ *прил.* **дугово́й**, -а́я, -о́е *и* **ду́жный**, -ая, -ое (ко 2 знач.; устар.).

ДУГООБРА´ЗНЫЙ, -ая, -ое; -зен, -зна. Имеющий форму дуги (в 1 знач.). ‖ *сущ.* **дугообра́зность**, *-и, ж.*

ДУДА´, -ы́, *ж.* **1.** Духовой музыкальный инструмент, волынка. **2.** То же, что дудка. (в 1 знач.) (прост.). *И швец, и жнец, и в дуду игрец* (погов. о том, кто всё умеет). ‖ *прил.* **ду́дочный**, -ая, -ое.

ДУДЕ´ТЬ, 1 л. ед. не употр., -ди́шь; *несов.* (разг.). Играть на дудке, а также вообще издавать гудящие звуки. *Д. в рожок. Д. в одну дуду* (перен.: повторять одно и то же или действовать заодно).

ДУ´ДКА, -и, *ж.* **1.** Род музыкального инструмента — полая трубка с отверстиями. *Плясать под чью-н. дудку* (перен.: во всём подчиняться кому-н.). **2.** Боцманский свисток. ‖ *уменьш.* **ду́дочка**, -и, *ж.* (к 1 знач.). ‖ *прил.* **ду́дочный**, -ая, -ое.

ДУ´ДКИ, *частица* (разг.). Выражает отказ, несогласие. *Нет, не получишь, д.!*

ДУ´ДЧАТЫЙ, -ая, -ое (спец.). Длинный, узкий и полый внутри. *Д. ствол.*

ДУ´ЖКА, -и, *ж.* Небольшой предмет (или часть предмета, изображения) в форме дуги. *Д. замка. Д. ведра* (ручка). *Д. гири.* ‖ *прил.* **ду́жечный**, -ая, -ое.

ДУКА´Т, -а, *м.* Старинная монета в нек-рых западноевропейских странах. *Серебряный д. Золотой д.*

ДУ´ЛО, -а, *ср.* Выходное отверстие канала ствола огнестрельного оружия, а также самый ствол. *Под дулом пистолета* (также перен.: подчиняясь грубому насилию). ‖ *прил.* **ду́льный**, -ая, -ое.

ДУ´ЛЬЦЕ, -а, *род. мн.* ду́лец, *ср.* (спец.). Отверстие духового инструмента, в к-рое дуют. *Д. флейты.* ‖ *прил.* **ду́льцевый**, -ая, -ое.

ДУ´ЛЯ, -и, *ж.* **1.** Название нек-рых сортов небольших груш (обл.). **2.** Кукиш, фига² (прост.). *Дулю с маком получишь!* (ничего не получишь).

ДУ´МА¹, -ы, *ж.* **1.** Мысль, размышление. *Думы о родине. Думу думать.* **2.** Род украинской народной исторической песни. *Казацкие думы.* ‖ *уменьш.* **ду́мка**, -и, *ж. и* **ду́мушка**, -и, *ж.* (к 1 знач.).

ДУ´МА², -ы, *ж.* Название нек-рых государственных учреждений. *Боярская д.* (совет бояр). *Государственная д.* (1) нижняя палата Федерального Собрания Российской Федерации; 2) в России в 1906—1916 гг.: законосовещательное выборное представительное учреждение). *Городская д.* (выборный орган городского управления). *Созыв, роспуск думы.* ‖ *прил.* **ду́мный**, -ая, -ое (стар.) *и* **ду́мский**, -ая, -ое. *Думный боярин. Думный дьяк* (в 15—17 вв.: низший чин Боярской думы). *Думская фракция.*

ДУ´МАТЬ, -аю, -аешь; *несов.* **1.** *о ком-чём.* Направлять мысли на кого-что-н., размышлять. *Д. о будущем. Д. над задачей. Не долго думая* (без колебаний). *Много о себе д.* (быть слишком высокого мнения о себе). **2.** Полагать, держаться какого-н. мнения. *Думаю, что он не прав* **3.** *на кого (что).* Считать виновным в чём-н., подозревать (прост.). *Опять поломка: думают на новичка.* **4.** *с неопр.* Иметь намерение (разг.). *Думаю остаться дома. И не думаю с ним спорить* (не хочу, не собираюсь). *Чайник и не думает кипеть* (еще не скоро закипит; шутл.). **5.** *о ком-чём.* Проявлять заботу о ком-чём-н., беспокоиться. *Надо больше д. о детях.* ✦ **Что бы вы думали?** (разг.) — выражение удивления и оценки. *Что бы вы думали? Такой малыш, а уже читает! Что бы вы думали? Сам виноват и сам же обижается!* **Я думаю** — выражение уверенного подтверждения, разумеется, конечно. *Как же он сейчас счастлив! — Я думаю.* **И не думай(те)!** (разг.) — то же, что не смей(те). *Пойду гулять без пальто. — И не думай!* **Долго думал?** (разг. неодобр.) — выражение насмешливого несогласия, осуждения. **Каким местом думал?** (прост. пренебр.) — вопрос к тому, кто поступил необдуманно, сказал или сделал глупость. ‖ *сов.* **поду́мать**, -аю, -аешь (к 1, 3, 4 и 5 знач.). ✦ **Кто бы мог подумать (думать)!** — выражение удивления по поводу чего-н. неожиданного. *Так поступил лучший друг! — Кто бы мог подумать!* **И не подумаю!** (разг.) — выражение категорического отказа. *Иди домой. — И не подумаю!* ‖ *сущ.* **ду́манье**, -я, *ср.* (к 1 знач; разг.).

ДУ´МАТЬСЯ, -ается; *безл.; несов., кому.* **1.** Мыслиться, представляться (в 3 знач.), казаться. *Мне думается, так лучше будет.* **2.** О расположенности думать, размышлять. *В дороге хорошо думается.* ‖ *сов.* **поду́маться**, -ается (к 1 знач.).

ДУ´МКА¹, -и, *ж.* (разг.). Маленькая постельная подушечка.

ДУ´МКА² *см.* дума.

ДУ´МНЫЙ, ДУ´МСКИЙ *см.* дума.

ДУНГА´НЕ, -а́н, *ед.* -а́нин, -а, *м.* Народ, живущий немногочисленными группами в Казахстане, Киргизии и Узбекистане. ‖ *ж.* **дунга́нка**, -и. ‖ *прил.* **дунга́нский**, -ая, -ое.

ДУНГА´НСКИЙ, -ая, -ое. **1.** *см.* дунгане. **2.** Относящийся к дунганам, к их языку, национальному характеру, образу жизни, культуре, а также к местам их проживания, их внутреннему устройству, истории; такой, как у дунган. *Д. язык* (китайско-тибетской семьи языков). *По-дунгански* (нареч.).

ДУНОВЕ´НИЕ, -я, *ср.* Лёгкое движение воздуха. *Д. ветра.*

ДУ´НУТЬ *см.* дуть.

ДУ´ПЕЛЬ, -я, *мн.* -я́, -е́й, *м.* Болотная птица, родственная бекасу, кулику. ‖ *прил.* **дупели́ный**, -ая, -ое.

ДУПЛЕ´Т, -а, *м.* (спец.). **1.** В бильярдной игре: удар, когда шар попадает в лузу, отскочив от борта под ударом другого шара. **2.** То же, что дублет (во 2 знач.). ‖ *прил.* **дупле́тный**, -ая, -ое.

ДУПЛИ´СТЫЙ, -ая, -ое; -и́ст. С большим дуплом или с несколькими дуплами. *Д. дуб.* ‖ *сущ.* **дупли́стость**, -и, *ж.*

ДУПЛО´, -а́, *мн.* ду́пла, ду́пел, ду́плам, *ср.* **1.** Полое пространство в стволе дерева. **2.** Отверстие, дырочка в больном зубе.

ДУ´РА, -ы, *ж.* (разг.). **1.** Глупая женщина (обычно бран.). *Пуля д., штык молодец* (стар. солдатская посл.). *Что я, дура?* (уверение в обратном). **2.** В старину: придворная или домашняя шутиха. ✦ **Велика Федора (фигура), да дура** (прост. пренебр.) — о ком-н. рослом, но глупом. ‖ *уменьш.* **ду́рочка**, -и, *ж. Ты дурочку не строй* (не притворяйся простаком; прост.).

ДУРА´К, -а́, *м.* (разг.). **1.** Глупый человек, глупец. *Д. дураком* (очень глуп). *Век живи, век учись — дураком умрёшь* (посл. о бесконечных возможностях учиться, узнавать новое). *Ну и д. же ты!* (бран.). **2.** В старину: придворный или домашний шут. **3.** О карточной игре: **в дурака, в дураки.** *Игра (играть) в дураки (в дурака). Перекинуться в дураки (в дурака). Оставить, остаться в дураках* (обыграть, проиграть в этой игре; также перен.: оставить, остаться в глупом положении). ✦ **Не дурак** (сделать, делать что-н.) (разг.) — любит, имеет пристрастие к чему-н. *Погулять не дурак.* **Не будь дурак** — о том, кто не сплоховал, нашёлся в нужную минуту. *А он не будь дурак и дал сдачи обидчику.* **Дурака (ваньку) валять** (разг.) — 1) дурачиться, шутить. *Хватит дурака (ваньку) валять!* (призыв вести себя разумно); 2) делать глупости. **Дурака свалять** (разг.) — сделать глупость, допустить ошибку. **Без дураков** (прост.) — без глупостей, всерьёз, не дурачась. *Давай (говори) без дураков!* ‖ *уменьш.* **дурачо́к**, -чка́, *м.* ‖ *прил.* **дура́цкий**, -ая, -ое (к 1 и 2 знач.). *Д. колпак* (шутовской).

ДУРАКОВА´ТЫЙ, -ая, -ое; -а́т (разг.). Глуповатый, со странностями.

ДУРАЛЕ´Й, -я, *м.* Дурачок, дурашка, глупыш. *Не сердись, д.!*

ДУРА´НДА, -ы, *ж.* То же, что жмыхи.

ДУРА´ЦКИЙ, -ая, -ое. **1.** *см.* дурак. **2.** То же, что глупый (во 2 знач.), а также вызывающий отрицательную оценку и смешной (разг.). *Д. разговор. Явился в какой-то дурацкой шляпе.*

ДУРА´ЧЕСТВО, -а, *ср.* (разг.). Глупая, озорная или нелепая выходка.

ДУРАЧИ´НА, -ы, *м.* (разг.). Дурак, дуралей (с оттенком укоризны).

ДУРА´ЧИТЬ, -чу, -чишь; *несов., кого (что)* (разг.). Обманывать в расчёте на чью-н. наивность, доверчивость. ‖ *сов.* **одура́чить**, -чу, -чишь; -ченный.

ДУРА´ЧИТЬСЯ, -чусь, -чишься; *несов.* (разг.). Развлекаться, забавляться шутками, вести себя несерьёзно, озорно.

ДУРАЧО´К, -чка́, *м.* (разг.). **1.** *см.* дурак. **2.** Ласково о том, кто ошибся, сделал что-н. не так (обычно о ребёнке, в обращении). *Ну чего ты испугался, д.?* **3.** Слабоумный человек (обычно о мальчике, юноше). ‖ *ж.* **ду́рочка**, -и.

ДУРАЧЬЁ, -я́, *ср., собир.* (прост.). Дураки.

ДУРА´ШКА, -и, *м. и ж.* (разг.). То же, что дурачок (во 2 знач.).

ДУРА´ШЛИВЫЙ, -ая, -ое; -ив (разг.). **1.** Глуповатый, с причудами. **2.** Смешливый, шаловливый. ‖ *сущ.* **дура́шливость**, -и, *ж.*

ДУРЕ´Й: дурей его (тебя и т. д.) (прост.) — глупей. *Что я, дурей его, что ли?*

ДУ´РЕНЬ, -рня, *м.* (прост.). Глупец, дурак.

ДУРЕ´ТЬ, -е́ю, -е́ешь; *несов.* (прост.). **1.** Тупеть, глупеть. **2.** Приходить в состояние одури. *Д. от жары.* ‖ *сов.* **одуре́ть**, -е́ю, -е́ешь.

ДУРЁХА, -и, *ж.* (прост. пренебр. и шутл.). Дура, глупая женщина. ‖ *уменьш.-ласк.* **дурёшка**, -и, *ж.*

ДУ´РИЙ, -ья, -ье: **дурья голова (башка)** (прост.) — дурак (обычно бранно).

ДУРИ´ТЬ, -рю́, -ри́шь; *несов.* **1.** Дурачиться, совершать нелепости (разг.). **2.** То же, что упрямиться (разг.). *Лошадь дурит.* **3.** В выражении: **дурить голову** *кому* — сбивать с толку, запутывать (прост.). ‖ *сов.* **задури́ть**, -рю́, -ри́шь (к 3 знач.). *Задурил мне голову своими разговорами.*

ДУРМА́Н, -а, *м.* **1.** Ядовитое травянистое растение сем. паслёновых с крупными листьями и большими белыми пахучими цветками. **2.** *перен.* То, что опьяняет, оказывает опьяняющее, отупляющее действие. *Шовинистический д.* ‖ *прил.* **дурма́нный**, -ая, -ое.

ДУРМА́НИТЬ, -ню, -нишь; *несов., кого-что.* Туманить сознание, опьянять. *Дурманящий аромат.* ‖ *сов.* **одурма́нить**, -ню, -нишь; -ненный. ‖ *возвр.* **дурма́ниться**, -нюсь, -нишься; *сов.* **одурма́ниться**, -нюсь, -нишься.

ДУРНЕ́ТЬ, -е́ю, -е́ешь; *несов.* Становиться немиловидным, менее миловидным, менее красивым. ‖ *сов.* **подурне́ть**, -е́ю, -е́ешь.

ДУ́РНО *кому, в знач. сказ.* О полуобморочном состоянии. *Женщине сделалось д.*

ДУРНО́Й, -а́я, -о́е; ду́рен *и* дурён, дурна́, ду́рно, ду́рны *и* дурны́. **1.** То же, что плохой (в 1 знач.). *Д. вкус. Д. характер. Она дурна собой* (некрасива). *Д. признак* (неблагоприятный). **2.** Предосудительный, безнравственный. *Дурные привычки. Д. поступок.* **3.** *полн. ф.* Глупый, придурковатый (прост.). *Д. парень.*

ДУРНОТА́, -ы́, *ж.* Тошнота, лёгкое обморочное состояние.

ДУРНУ́ШКА, -и, *ж.* (разг.). Некрасивая, лишённая миловидности женщина, девочка.

ДУ́РОСТЬ, -и, *ж.* (прост.). Глупость, причуда. *По дурости сделать что-н.*

ДУРШЛА́Г, -а, *м.* Предмет кухонной утвари с мелкими отверстиями для отцеживания жидкости. *Откинуть вермишель на д. Слить творожную сыворотку через д.* ‖ *прил.* **дуршла́чный**, -ая, -ое.

ДУРЬ, -и, *ж.* (разг.). Глупость, сумасбродство. *Д. нашла (напала) на кого-н. Напустить на себя д.* (прикинуться несмышлёным, непонимающим). *Выбросить (выкинуть) д. из головы* (образумиться). *Выбить д. из головы* (образумить). *Дурью мучиться (маяться)* (вести себя глупо, дурить; прост.).

ДУ́ТЫЙ, -ая, -ое. **1.** Изготовленный дутьём, полый. *Дутые серьги.* **2.** *перен.* Преувеличенный, не соответствующий действительности. *Дутые цифры. Д. авторитет, дутая величина* (о том, чей авторитет создан искусственно).

ДУТЬ, ду́ю, ду́ешь; ду́тый; *несов.* **1.** (1 и 2 л. не употр.). О струе воздуха: идти, распространяться. *Дуют осенние ветры. Дует* (безл.) *в окно, от окна* (поддувает холодом). **2.** Выпускать ртом сильную струю воздуха. *Д. на свечку.* **3.** *что.* Изготовлять действием сильной струи воздуха (спец.). *Д. колбы.* **4.** *что.* Пить в большом количестве (прост.). *Д. чай.* **5.** Употр. для обозначения быстрых, энергичных действий (прост.). *Так и дует на балалайке. Дует впереди всех* (бежит). ‖ *сов.* **вы́дуть**, -ую, -уешь (к 3 и 4 знач.). ‖ *однокр.* **ду́нуть**, -ну, -нешь (к 1, 2 и 5 знач.). ‖ *сущ.* **дутьё**, -я́, *ср.* (к 3 знач.) *и* **вы́дувка**, -и, *ж.* (к 3 знач.). ‖ *прил.* **выдувно́й**, -а́я, -о́е (к 3 знач.).

ДУТЬЁ, -я́, *ср.* **1.** *см.* дуть. **2.** Подача куда-н. воздуха или других газов воздуходувкой или компрессором (спец.). ‖ *прил.* **дутьево́й**, -а́я, -о́е.

ДУ́ТЬСЯ, ду́юсь, ду́ешься; *несов.* **1.** *на кого (что).* Выражать своим внешним видом неудовольствие, обиду (разг.). **2.** *во что.* Играть с азартом (прост.). *Д. в карты.*

ДУХ[1], -а (-у), *м.* **1.** Сознание, мышление, психические способности; начало, определяющее поведение, действия. *Материя и д. В здоровом теле здоровый д. Д. противоречия* (стремление спорить). *Д. возмущения.* **2.** Внутренняя, моральная сила. *Высокий боевой д. Поднять чей-н. д.* (вселить бодрость, уверенность). *Не падать духом* (не отчаиваться). *Пасть духом* (утратить душевную энергию, отчаяться). *Присутствие духа* (полное самообладание). **3.** В религии и мифологии: бесплотное сверхъестественное существо. *Святой д. Злой, добрый д.* **4.** *чего.* Содержание, истинный смысл чего-н. *По духу закона.* ✦ **Быть в духе (или не в духе)** — в хорошем (или в плохом) настроении. **В духе** *чего, в знач. предлога с род. п.* — в соответствии с чем-н., соответственно чему-н. *Действовать в духе принятых решений.* **Святым духом** (разг. шутл.) — неизвестно каким образом. ‖ *прил.* **духо́вный**, -ая, -ое (к 1 знач.). *Д. мир человека. Духовные интересы.*

ДУХ[2], -а (-у), *м.* **1.** То же, что дыхание (разг.). *Д. перевести* (глубоко вздохнуть, отдышаться; также перен.: передохнуть, сделать передышку; разг.). *Д. захватывает* (становится трудно дышать). *Одним или единым духом* (сразу, без передышки). **2.** То же, что воздух (во 2 и 3 знач.) (разг.). *Лесной д. Д. театра. Д. дружбы.* **3.** То же, что запах (прост.). *Тяжёлый д.* ✦ **Во весь дух (или что есть духу)** (разг.) — изо всех сил. **Дух вон** *из кого* (разг.) — испустил дух, умер. **Духу не хватает** — 1) *у кого,* нет сил дышать (прост.); 2) *у кого на что* или *с неопр.,* не хватает смелости, решимости сделать что-н. (разг.). **Дух испустить** (устар.) — перестать дышать, умереть. **Хватит духу** *у кого на что* или *с неопр.* (разг.) — хватит сил, решимости на что-н. **Чтобы духу** *чьего* **здесь не было** (разг.) — пусть уходит, убирается вон отсюда.

ДУХ[3], -у, *м.* (устар.): **на духу́** — на исповеди; **как на духу́** (разг.) — откровенно, ничего не скрывая.

ДУХА́Н, -а, *м.* На Кавказе, на Ближнем Востоке: небольшой трактир или лавочка.

ДУХА́НЩИК, -а, *м.* Хозяин духана.

ДУХИ́, -о́в. Парфюмерное средство — ароматическая жидкость на спиртовом растворе.

ДУХОБО́Р, -а, *м.* **1.** *мн.* Одна из сект духовных христиан, противопоставляющая себя православной церкви. **2.** Член такой секты. ‖ *ж.* **духобо́рка**, -и (ко 2 знач.). ‖ *прил.* **духобо́рческий**, -ая, -ое *и* **духобо́рский**, -ая, -ое.

ДУХОВЕ́НСТВО, -а, *ср., собир.* В монотеистических религиях: лица, отправляющие религиозные, церковные обряды, служители церкви. *Д. православное, католическое, мусульманское. Чёрное д.* (монашествующее). *Белое д.* (не монашествующее).

ДУХОВИ́ТЫЙ, -ая, -ое; -и́т (прост.). То же, что душистый. *Духовитое сено.*

ДУХО́ВКА, -и, *ж.* Сильно нагревающаяся железная коробка (в духовой плите или с электрическим устройством), служащая для приготовления пищи, духовой шкаф. *Испечь в духовке.* ‖ *прил.* **духо́вочный**, -ая, -ое.

ДУХОВНИ́К, -а́, *м., чей* или *кого.* Священник, к-рый принимает исповедь у кого-н.

ДУХО́ВНОСТЬ, -и, *ж.* Свойство души, состоящее в преобладании духовных, нравственных и интеллектуальных интересов над материальными.

ДУХО́ВНЫЙ, -ая, -ое. **1.** *см.* дух[1]. **2.** Относящийся к религии, к церкви. *Духовная музыка. Д. стих. Духовная академия. Духовное училище. Из духовного звания* (из духовенства). *Духовное лицо* (служитель культа). **3.** **духо́вная**, -ой, *ж.* То же, что завещание (устар.). *Наследство отказано по духовной.* ✦ **Духовное завещание** (устар.) — завещание, духовная.

ДУХОВО́Й, -а́я, -о́е. **1.** О музыкальных инструментах: действующий посредством вдувания воздуха. *Д. оркестр* (состоящий из таких инструментов). **2.** Относящийся к действию нагретого воздуха. *Духовая печь.* **3.** Действующий под напором воздуха. *Духовое ружьё.*

ДУ́ХОМ, *нареч.* (разг.). Очень быстро, сразу. *Д. домчали.*

ДУХОТА́, -ы́, *ж.* **1.** Душный, несвежий, спёртый воздух. *В вагоне д.* **2.** Знойный, жаркий воздух, стесняющий дыхание. *Д. летней ночи.* ‖ *увел.* **духоти́ща**, -и, *ж.*

ДУШ, -а, *м.* Приспособление для обливания мелкими струйками воды, а также само такое обливание. *Гибкий д.* (на шланге). *Принять д. Лечебный д.* ‖ *прил.* **душево́й**, -а́я, -о́е. *Д. павильон.*

ДУША́, -и́, *вин.* ду́шу, *мн.* ду́ши, душ, ду́шам, *ж.* **1.** Внутренний, психический мир человека, его сознание. *Предан душой и телом кому-н. Радостно на душе. Мне это не по душе* (не нравится; разг.). *Вложить душу в дело, в работу* (отдаться целиком). *В чём д. держится* (о хилом, больном человеке; разг.). *Д. не лежит к кому-чему-н.* (нет расположения, интереса к кому-чему-н.). *Д. не принимает чего-н.* (не хочется; разг.). *Д. меру знает* (о нежелании съесть или выпить лишнее; разг.). *Д. радуется* (очень радостно, приятно; разг.). *Д. в пятки ушла* (испугался; разг.). *От (всей) души или всей душой* (искренне). *Жить д. в душу* (дружно, в согласии). *Стоять над душой у кого-н.* (неотступно находиться около кого-н., торопя и мешая заниматься делом; разг.). *Залезать (влезать) в душу кому-н.* (бестактно вмешиваться в чью-н. жизнь, добиваясь откровенности). *Сколько душе угодно* (сколько угодно, вдоволь; разг.). *Ни душой ни телом не виноват* (нисколько не виноват; разг.). *Отвести душу* (высказать всё, что накопилось на душе; разг.). *На́ душу брать что-н.* (на свою совесть; разг.). *За́ душу берёт что-н.* (очень волнует, трогает). *За́ душу тянуть кого-н.* (мучить, изводить; разг.). *Душу вытянуть из кого-н.* (измучить чем-н. нудным, томительным; разг.). *Д. нараспашку у кого-н.* (о том, кто всегда открыт, откровенен, чистосердечен; разг.). *Д. не на месте или д. болит* (беспокойно; разг.). *Отдать богу душу* (умереть; устар.). *Д. с телом расстаётся* (смерть пришла; разг.). *О душе пора подумать* (довольно думать о житейской суете: дело идёт к старости, скоро умирать; разг.). **2.** То или иное свойство характера, а также человек с теми или иными свойствами. *Добрая д. Низкая д.* **3.** В религиозных представлениях: сверхъестественное, нематериальное бессмертное начало в человеке, продолжающее жить после его смерти. *Бессмертная д. Думать о спасении души. Души умерших.* **4.** *перен., чего.* Вдохновитель чего-н., главное лицо. *Д. всего дела. Д. общества.* **5.** О человеке (обычно в устойчивых сочетаниях). *В доме ни души. Живой души нет* (никого нет; разг.). *На ду́шу приходится, досталось* (на одного человека). **6.** В царской России: крепостной крестьянин, а также вообще человек, относящийся к податному сословию. *Ревизская д. Мёртвые души* (умершие крепостные, также перен.: о людях, фиктивно числящихся где-н.). ✦ **Душу тянуть (вытягивать, мотать)** *из кого* (прост.) — мучить чем-н. надоедливым, томительным. **Души не чаять** *в ком* (разг.) — очень любить. *Души не чаять в детях.* **Душа моя!** (разг.)

— в обращении: милый (-ая). **Душа-человек** (разг.) — очень хороший, отзывчивый человек. **Без души** — без воодушевления, без подъёма. **С душой** — отдаваясь целиком, с вдохновением. **В душе** — 1) мысленно, про себя. *В душе согласен;* 2) по природным склонностям. *Поэт в душе.* **Для души** (разг.) — для себя, для удовлетворения своих склонностей, интересов. **По душе** (разг.) — нравится. *Работа ему по душе.* **За душой нет ничего** *у кого* — ничего нет у кого-н. **По душа́м** (говорить, беседовать) — откровенно. **С дорогой душой** (разг.) — очень охотно. **За милую душу** (разг.) — легко, без усилий. **Как бог на́ душу положит** (разг.) — как придётся, кое-как. **С души воротит** *от чего* (прост.) — о чувстве отвращения. ‖ *уменьш.-ласк.* **ду́шенька**, -и, *ж.* (к 1 и 2 знач.) ‖ *пренебр.* **душо́нка**, -и, *ж.* (к 1 и 2 знач.). ‖ *прил.* **душе́вный**, -ая, -ое (к 1 знач.) *и* **душево́й**, -а́я, -о́е (к 5 знач., спец.; к 6 знач., устар.). *Душевные болезни* (психические). *С душевным прискорбием. Совокупный душевой доход* (на душу населения). *Душевой надел.*

ДУШЕВА́Я, -о́й, *ж.* Помещение, где находится душ, души.

ДУШЕВНОБОЛЬНО́Й, -о́го, *м.* Больной, страдающий психическим расстройством. ‖ *ж.* **душевнобольна́я**, -о́й.

ДУШЕ́ВНЫЙ, -ая, -ое; -вен, -вна. **1.** *см.* душа. **2.** Полный искреннего дружелюбия. *Душевная беседа. Д. человек. Душевно* (нареч.) *расположен к кому-н.* ‖ *сущ.* **душе́вность**, -и, *ж.*

ДУШЕВО́Й[1] *см.* душ.

ДУШЕВО́Й[2] *см.* душа.

ДУШЕГРЕ́ЙКА, -и, *ж.* (устар.). Женская тёплая кофта, обычно без рукавов, со сборками по талии.

ДУШЕГУ́Б, -а, *м.* (разг.). Убийца, злодей. ‖ *ж.* **душегу́бка**, -и. ‖ *прил.* **душегу́бский**, -ая, -ое.

ДУШЕГУ́БКА, -и, *ж.* **1.** *см.* душегуб. **2.** Узкая неустойчивая лодка (разг.). **3.** Автомашина, в к-рой каратели истребляют людей путём удушения их газом (разг.).

ДУШЕГУ́БСТВО, -а, *ср.* (прост.). Убийство, злодейство.

ДУ́ШЕНЬКА, -и (разг.). **1.** *см.* душа. **2.** *м.* *и ж.* Милый, приятный человек (преимущ. о женщине или ребёнке, обычно в обращении).

ДУШЕПРИКА́ЗЧИК, -а, *м.* (устар.). Лицо, к-рому завещатель поручает исполнение завещания. ‖ *ж.* **душеприка́зчица**, -ы.

ДУШЕРАЗДИРА́ЮЩИЙ, -ая, -ее; -ющ. Ужасный, полный отчаяния, страдания. *Д. крик.*

ДУШЕСПАСИ́ТЕЛЬНЫЙ, -ая, -ое; -лен, -льна (устар. и ирон.). Назидательно-успокоительный. *Д. разговор.* ‖ *сущ.* **душеспаси́тельность**, -и, *ж.*

ДУ́ШЕЧКА, -и, *м.* и *ж.* (разг.). То же, что душенька (во 2 знач.).

ДУШЕЩИПА́ТЕЛЬНЫЙ, -ая, -ое; -лен, -льна (ирон.). Излишне чувствительный, сентиментальный. *Д. романс.* ‖ *сущ.* **душещипа́тельность**, -и, *ж.*

ДУШИ́СТЫЙ, -ая, -ое; -и́ст. Имеющий приятный сильный запах. *Душистые цветы.* ‖ *сущ.* **души́стость**, -и, *ж.*

ДУШИ́ТЕЛЬ, -я, *м.*, *чего* (книжн.). Тот, кто душит[1] (в 3 знач.) что-н. *Д. просвещения, свободы* (реакционер, мракобес). ‖ *прил.* **души́тельский**, -ая, -ое.

ДУШИ́ТЬ[1], душу́, ду́шишь; ду́шенный; *несов.* **1.** *кого.* Убивать, с силой сжимая горло. *Д. за горло.* **2.** *кого.* Лишать возможности дышать. *Душит кашель. Душит злоба* (перен.). *Д. в объятиях кого-н.* (перен.: долго и горячо обнимать). **3.** *перен., кого-что.* Угнетать, притеснять (книжн.). *Д. свободу.* ‖ *сов.* **задуши́ть**, -ушу́, -у́шишь; -у́шенный. ‖ *возвр.* **души́ться**, душу́сь, ду́шишься (к 1 знач.); *сов.* **задуши́ться**, -ушу́сь, -у́шишься.

ДУШИ́ТЬ[2], душу́, ду́шишь; ду́шенный; *несов., кого-что.* Опрыскивать, пропитывать чем-н. душистым, духами. *Д. одеколоном.* ‖ *сов.* **надуши́ть**, -ушу́, -у́шишь; -у́шенный. ‖ *возвр.* **души́ться**, душу́сь, ду́шишься; *сов.* **надуши́ться**, -ушу́сь, -у́шишься.

ДУШИ́ТЬСЯ, душу́сь, ду́шишься; *несов.* **1.** *см.* душить[1-2]. **2.** Находясь в духоте и тесноте, испытывать недостаток воздуха (прост.). *Д. в переполненном вагоне.*

ДУ́ШКА, -и, *м.* и *ж.* (разг.). То же, что душенька (во 2 знач.). *Он такой д.!*

ДУШНИ́К, -а́, *м.* (обл.). То же, что отдушник.

ДУ́ШНЫЙ, -ая, -ое; -шен, -шна́, -шно, -шны́ *и* -шны. **1.** Насыщенный испарениями, тяжёлый для дыхания. *Душное помещение. Д. вечер. В вагоне душно* (в знач. сказ.). *В комнате спать душно* (в знач. сказ.). **2.** *ду́шно, в знач. сказ., кому.* Об ощущении удушья. *Больному душно.*

ДУШО́К, -шка́, *м.* (разг.). **1.** Запах от чего-н. загнивающего, несвежего. *Рыба с душком. Д. пошёл от чего-н.* **2.** *перен.* Еле заметное проявление чего-н. (настроений, взглядов) (неодобр.). *Д. угодничества.*

ДУЭ́ЛЬ, -и, *ж.* **1.** То же, что поединок (в 1 знач.). *Вызвать на д. Убит на дуэли.* **2.** *перен.* Борьба, состязание двух сторон. *Шахматная д. Словесная д. Артиллерийская д.* (перестрелка). ‖ *прил.* **дуэ́льный**, -ая, -ое (к 1 знач.). *Дуэльные пистолеты.*

ДУЭЛЯ́НТ, -а, *м.* Участник дуэли, дуэлей (в 1 знач.).

ДУЭ́Т, -а, *м.* **1.** Музыкальное произведение для двух исполнителей (музыкантов, певцов, танцовщиков) с самостоятельными партиями для каждого. *Дуэты из опер.* **2.** Исполнители такого произведения. *Петь дуэтом. Эстрадный д. Танцевальный д. Д. фигуристов* (в танцах на льду). ‖ *прил.* **дуэ́тный**, -ая, -ое.

ДЫ́БА, -ы, *ж.* В старину: орудие пытки, на к-ром растягивали истязуемого. *Поднять, вздёрнуть на дыбу.*

ДЫ́БИТЬСЯ (ды́блюсь, ды́бишься, 1 и 2 л. не употр.), ды́бится; *несов.* (разг.). Подниматься дыбом, а также становиться на дыбы.

ДЫ́БОМ, *нареч.* (разг.). Торчком, поднявшись вверх. *Земля встала д.* (вздыбилась). *Поднять шерсть д.* (ощетиниться). *Волосы встают д. у кого-н.* (также перен.: о состоянии сильного испуга, ужаса).

ДЫБЫ́: на дыбы — 1) встав на задние ноги (обычно о лошадях). *Подняться на дыбы;* 2) *перен.*, о противодействии, несогласии, упрямстве (разг.). *Его уговаривают, а он на дыбы.*

ДЫ́ЛДА, -ы, *м.* и *ж.* (прост.). Высокий нескладный человек.

ДЫМ, -а (-у), *предл.* о ды́ме, в дыму́, *мн.* дымы́, -о́в *и* (высок.) ды́мы, -ов, *м.* Поднимающиеся вверх серые клубы — летучие продукты горения. *Густой д. Нет дыма без огня* (посл. о том, что всякий слух на чём-то основан, не случаен). *Д. отечества* (перен.: о чём-н. родном и поэтому, независимо ни от чего, дорогом, близком; книжн.). ✦ **В дым** (прост.) — совсем, совершенно. *Разругаться в дым.* ‖ *уменьш.* **дымо́к**, -мка́, *м.* ‖ *прил.* **дымово́й**, -а́я, -о́е. *Дымовая труба.*

ДЫМИ́НА: **в дымину** (прост.) — то же, что в дым. *Пьян в дымину. Разругались в дымину.*

ДЫМИ́ТЬ, -млю́, -ми́шь; *несов.* **1.** (1 и 2 л. не употр.). Плохо гореть, топиться, выделяя большое количество дыма. *Сырые поленья дымят. Камин дымит.* **2.** *чем.* Пускать дым. *Д. сигаретой.* ‖ *сов.* **надыми́ть**, -млю́, -ми́шь.

ДЫМИ́ТЬСЯ (дымлю́сь, дыми́шься, 1 и 2 л. не употр.), дыми́тся; *несов.* **1.** Выпускать дым; тлеть, выпуская дым. *Головешка дымится.* **2.** *перен.* О сплошной, лёгкой, воздушной массе: быть (в 1 знач.), стоять, распространяться дымкой, в виде дымки. *В лощине дымится туман.*

ДЫ́МКА, -и, *ж.* **1.** Лёгкая, как дым, застилающая пелена чего-н. *Д. тумана.* **2.** Тонкая лёгкая ткань, газ (устар.).

ДЫ́МКОВСКИЙ, -ая, -ое: **дымковские игрушки** — русские народные игрушки — фигурки из обожжённой и ярко раскрашенной глины [по названию слободы Дымково, где возник этот художественный промысел]. *Выставка дымковской игрушки* (собир.).

ДЫ́МНЫЙ, -ая, -ое. **1.** Дымящийся, а также наполненный дымом. *Дымная головешка. Дымное помещение.* **2.** Такой, к-рый даёт дым, с дымом. *Д. порох.*

ДЫМО... *Первая часть сложных слов в знач.* относящийся к дыму, напр. *дымогенератор, дымомаскировка, дымомёт, дымонепроницаемый, дымоотсос, дымоотвод, дымоуловитель.*

ДЫМОГА́РНЫЙ, -ая, -ое: **дымогарная труба** (спец.) — труба в паровом котле, по к-рой проходят из топки газы, нагревающие воду.

ДЫМО́К, -мка́, *м.* **1.** *см.* дым. **2.** Небольшой клуб или слабая струйка дыма. *Дымки от орудийных выстрелов. Д. папиросы.*

ДЫМОХО́Д, -а, *м.* Канал для выхода дыма из печи, топки в трубу. ‖ *прил.* **дымохо́дный**, -ая, -ое.

ДЫ́МЧАТО-... *Первая часть сложных слов со знач.* дымчатый, со светло-серым оттенком, напр. *дымчато-серый, дымчато-синий.*

ДЫ́МЧАТЫЙ, -ая, -ое; -ат. Светло-серый, цвета дыма. *Дымчатая ткань* (с пепельным оттенком). ‖ *сущ.* **ды́мчатость**, -и, *ж.*

ДЫ́ННЫЙ, -ая, -ое. **1.** *см.* дыня. **2.** **дынное дерево** — тропическое дерево с желтовато-зелёными плодами, напоминающими дыню, папайя.

ДЫ́НЯ, -и, *ж.* Бахчевое растение сем. тыквенных с крупным сладким плодом, а также самый плод его. ‖ *уменьш.* **ды́нька**, -и, *ж.* ‖ *прил.* **ды́нный**, -ая, -ое.

ДЫРА́, -ы́, *мн.* ды́ры, дыр, ды́рам, *ж.* **1.** Прорванное или проломанное отверстие. *Дыры на локтях. Д. в крыше. Заткнуть дыру* (также перен.: наскоро исправить что-н.; разг.). **2.** *перен.* Глухое место, захолустье (разг.). *Жить в дыре. В этой дыре нет ни радио, ни электричества.* ✦ **Чёрная дыра** (спец.) — не дающий излучений космический объект, обладающий мощным полем тяготения.

ДЫ́РКА, -и, *ж.* Небольшая дыра (в 1 знач.).

ДЫРОКО́Л, -а, *м.* Машинка для пробивания круглых отверстий по краю бумажного листа.

ДЫ́РЧАТЫЙ, -ая, -ое (спец.). Имеющий много дырок, отверстий. *Д. бетонный блок.*

ДЫРЯ́ВЫЙ, -ая, -ое; -я́в (разг.). Прорванный, с дырами. *Д. карман. Дырявая голова* (перен.: о том, кто всё забывает; шутл.).

ДЫХ: под дых (прост.) — под ложечку, под вздох. *Ударить под дых.*

ДЫ́ХАЛО, -а, *ср.* Отверстие для дыхания у кита и сродных с ним морских животных.

ДЫ́ХАЛЬЦА, -лец, *ед.* ды́хальце, -а, *ср.* (спец.). Наружные отверстия для дыхания у нек-рых членистоногих.

ДЫХА́НИЕ, -я, *ср.* **1.** Процесс поглощения кислорода и выделения углекислого газа живыми организмами. *Органы дыхания. Клеточное д.* (спец.). **2.** Втягивание и выпускание воздуха лёгкими. *Ровное д. Сдерживать д. Д. весны* (перен.). ✦ **Второе дыхание** — прилив новых сил, сменяющий усталость. **На одном дыхании** — с силой, с воодушевлением и сразу. *Стихи написаны на одном дыхании.* ‖ *прил.* **дыха́тельный**, -ая, -ое. *Дыхательные пути* (органы дыхания). *Дыхательное горло* (трахея).

ДЫША́ТЬ, дышу́, ды́шишь; *несов.* **1.** О живых организмах: поглощать кислород и выделять углекислый газ. *Растение дышит листьями.* **2.** При помощи органов дыхания втягивать в организм воздух (кислород) и удалять углекислый газ. *Д. лёгкими. Д. жабрами. Легко д. Д. нечем* (очень душно). *На ладан дышит кто-н.* (умирает, еле жив; разг.). *Чем он дышит?* (перен.: чем живёт, интересуется; разг.). **3.** (1 и 2 л. не употр.), *перен.* Пропускать воздух. *Резиновая обувь не дышит.* **4.** *перен., чем.* Будучи проникнутым, наполненным чем-н., обнаруживать, испускать что-н., веять чем-н. (книжн.). *Лицо дышит отвагой. Печь дышит жаром. Утро дышит прохладой.* ‖ *однокр.* **дыхну́ть**, -ну́, -нёшь (ко 2 знач.; разг.). *Д. некогда* (очень занят). *Д. не даёт кто-н. кому-н.* (замучил работой, поручениями). ‖ *прил.* **дыха́тельный**, -ая, -ое (к 1 и 2 знач.). *Дыхательная гимнастика. Дыхательные движения.*

ДЫША́ТЬСЯ, ды́шится; *безл.; несов., кому.* О процессе дыхания. *В лесу легко дышится.*

ДЫ́ШЛО, -а, *ср.* В парной запряжке: толстая оглобля, прикрепляемая к середине передней оси повозки. *Закон что дышло: куда повернёшь, туда и вышло* (посл.). ‖ *прил.* **дышлово́й**, -а́я, -о́е *и* **ды́шловый**, -ая, -ое.

ДЬЯ́ВОЛ, -а, *м.* В религиозной мифологии: злой дух, противостоящий Богу, сатана, употр. как бранное слово, а также в нек-рых выражениях. *Умён (хитёр) как д. кто-н.* (очень умён, хитёр; разг.). *Что за д.?* (выражение раздражения, недоумения; прост.). *Какого дьявола или за каким дьяволом?* (зачем, для чего?; прост. неодобр.). *Какого дьявола я там не видал?* (чего я там не видал, зачем я туда пойду?; прост. неодобр.). *Иди ты к дьяволу* (убирайся, проваливай; прост.). ‖ *прил.* **дья́вольский**, -ая, -ое.

ДЬЯВОЛЁНОК, -нка, *мн.* -ля́та, -ля́т, *м.* (разг.). **1.** Маленький дьявол, чертёнок (в 1 знач.). **2.** *перен.* Чертёнок (во 2 знач.), сорванец. *Не мальчишка, а д.*

ДЬЯ́ВОЛЬСКИЙ, -ая, -ое. **1.** *см.* дьявол. **2.** То же, что исключительный (в 3 знач.) (разг.). *Дьявольские морозы. Дьявольски* (нареч.) *умён кто-н.*

ДЬЯ́ВОЛЬЩИНА, -ы, *ж.* (разг.). О невероятном стечении обстоятельств. *Что за д. творится!*

ДЬЯК, -а́ *и* -а, *м.* На Руси в 14–17 вв.. должностное лицо в государственных учреждениях. *Думный д. Приказный д.*

ДЬЯ́КОН, -а, *мн.* -ы, -ов *и* -а́, -о́в, *м.* В православной церкви: низший духовный сан, помощник священника при совершении церковной службы. ‖ *ж.* **дьяконе́сса** [нэ́], -ы (в англиканской церкви). ‖ *прил.* **дья́конский**, -ая, -ое.

ДЬЯ́КОНИЦА, -ы, *ж.* (разг.). Жена дьякона.

ДЬЯЧИ́ХА, -и, *ж.* Жена дьячка.

ДЬЯЧО́К, -чка́, *м.* В православной церкви: низший служитель, псаломщик. ‖ *прил.* **дьячко́вский**, -ая, -ое.

ДЮ́ЖИЙ, -ая, -ее; дюж, дюжа́, дю́же (прост.). Крупного телосложения, сильный. *Д. парень.*

ДЮ́ЖИНА, -ы, *ж.* Двенадцать штук (в счёте однородных предметов). *Д. платков. Д. ложек. Чёртова д.* (о числе 13; шутл.).

ДЮ́ЖИННЫЙ, -ая, -ое. Средних способностей, заурядный. *Д. ум.*

ДЮЙМ, -а, *м.* Единица длины, одна двенадцатая фута, равная 2,54 см. ‖ *прил.* **дюймо́вый**, -ая, -ое.

ДЮ́НЫ, дюн, *ед.* дю́на, -ы, *ж.* Прибрежные песчаные холмы, наносы, передвигаемые ветром. ‖ *прил.* **дю́нный**, -ая, -ое.

ДЮРА́ЛЬ, -я, *м.* То же, что дюралюминий. ‖ *прил.* **дюра́левый**, -ая, -ое.

ДЮРАЛЮМИ́НИЙ, -я, *м.* Лёгкий прочный сплав алюминия с медью, магнием и нек-рыми другими элементами. ‖ *прил.* **дюралюми́ниевый**, -ая, -ое.

ДЮШЕ́С, -а, *м.* Сорт крупных южных груш. ‖ *прил.* **дюше́сный**, -ая, -ое.

ДЯ́ГИЛЬ, -я, *м.* Высокое травянистое медоносное растение сем. зонтичных с зеленовато-белыми цветками. ‖ *прил.* **дя́гильный**, -ая, -ое.

ДЯ́ДЬКА, -и, *м.* **1.** *см.* дядя. **2.** В старину: слуга-воспитатель при мальчике в дворянской семье.

ДЯ́ДЯ, -и, *мн.* -и, -ей *и* (прост.) -дья́, -дьёв, *м.* **1.** Брат отца или матери, а также муж тётки. *Родной д. Двоюродный д.* **2.** (*мн.* -и, -ей). В сочетании с именем собственным — уважительно о простом немолодом мужчине, а также обращение к взрослому мужчине (прост.). *Сантехник д. Вася. Ну-ка, д., подвиньтесь!* **3.** (*мн.* -и, -ей). То же, что мужчина (в 1 знач.) (в детской речи и прост. шутл.). *Приходил какой-то д.* ✦ **На дядю, для дяди** (делать, работать) (прост. неодобр.) — для кого-то постороннего или неизвестно для кого. **На дядю надеяться** (прост. ирон.) — рассчитывать, что дело сделается кем-то другим или само собой. **Добрый дядя** (разг. ирон.) — о человеке, щедром за чужой счёт. **Дядя Стёпа** (разг. шутл.) — о человеке очень высокого роста [по имени персонажа детского стихотворения С. Михалкова]. ‖ *ласк.* **дя́денька**, -и, *м.*, **дя́дечка**, -и, *м. и* **дя́дюшка**, -и, *м.* (к 1 и 2 знач.). ‖ *уменьш.* **дядёк**, дядька, *м.* (к 1 и 2 знач.; прост.). ‖ *уничи.* **дя́дька**, -и, *м.*

ДЯ́ТЕЛ, -тла, *м.* Лесная лазящая птица с сильным клювом. *Семейство дятлов. Долбит как дятел* (много раз повторяет одно и то же; неодобр.). ‖ *прил.* **дя́тловый**, -ая, -ое.

Е

ЕВА́НГЕЛИЕ, -я, *ср.* (Е прописное). Раннехристианское сочинение, повествующее о жизни Иисуса Христа. *Каноническое Е.* (входящее в состав Библии). *Апокрифическое Е. Евангелия от Матфея, от Марка, от Луки, от Иоанна* (по имени четырёх евангелистов). ‖ *прил.* **ева́нгельский**, -ая, -ое.

ЕВАНГЕЛИ́СТ, -а, *м.* **1.** *мн.* Протестантская секта («евангельские христиане»), близкая к баптистам. **2.** Составитель евангелия. *Апостолы-евангелисты* (Иоанн Богослов, Лука, Марк, Матфей). **3.** Член секты евангелистов. ‖ *ж.* **евангели́стка**, -и (к 3 знач.). ‖ *прил.* **евангели́стский**, -ая, -ое (к 3 знач.).

ЕВАНГЕЛИ́ЧЕСКИЙ, -ая, -ое. **1. евангелические церкви** — общее название ряда протестантских (гл. обр. лютеранских) церквей. **2.** Относящийся к религиозным протестантским сектам, исходящим в своём вероучении только из текстов евангелия.

Е́ВНУХ, -а, *м.* Скопец — слуга в гареме. *Не е. кто-н.* (о том, кто свободно общается с женщинами, не чужд любовных связей). ‖ *прил.* **е́внушеский**, -ая, -ое.

ЕВРЕ́И, -ев, *ед.* -е́й, -я, *м.* Народ, исторически восходящий к древним семитским племенам (древним евреям), сейчас живущий в Израиле и во многих других странах. ‖ *ж.* **евре́йка**, -и. ‖ *прил.* **евре́йский**, -ая, -ое.

ЕВРЕ́ЙСКИЙ, -ая, -ое. **1.** *см.* евреи. **2.** Относящийся к евреям, их языкам (древнееврейскому, ивриту и идишу), национальному характеру, образу жизни, культуре, а также к местам их проживания и расселения, к Израилю, их внутреннему устройству, истории; такой, как у евреев. *Е. народ. Еврейские языки. По-еврейски* (нареч.).

ЕВРОВИ́ДЕНИЕ, -я, *ср.* Международная телевизионная организация ряда западноевропейских и нек-рых других стран, а также передачи, идущие по её каналам.

ЕВРОПЕИЗИ́РОВАТЬ, -рую, -руешь; -анный; *сов. и несов., кого-что.* Придать (-авать) кому-чему-н. вид, формы, свойственные западноевропейской жизни, обиходу. ‖ *сущ.* **европеиза́ция**, -и, *ж.*

ЕВРОПЕ́ЙСКИЙ, -ая, -ое. **1.** *см.* европейцы. **2.** Относящийся к европейцам, к их языкам, образу жизни, культуре, а также к Европе, её странам, их территории, истории, флоре и фауне; такой, как у европейцев, как в Европе. *Е. континент. Европейские страны.*

ЕВРОПЕ́ЙЦЫ, -ев, *ед.* -е́ец, -е́йца, *м.* Жители Европы. ‖ *ж.* **европе́йка**, -и (устар.). ‖ *прил.* **европе́йский**, -ая, -ое.

ЕВРОПЕО́ИДНЫЙ, -ая, -ое. **1. европеоидная раса** (спец.) — раса людей со светлой кожей, мягкими волнистыми волосами, узким носом и нек-рыми другими признаками. **2.** Относящийся к такой расе, имеющий признаки такой расы. *Е. тип человека.*

ЕВСТА́ХИЕВ, -а: **евстахиева труба** (спец.) — канал, соединяющий носоглотку с полостью среднего уха, слуховая труба.

ЕВХАРИ́СТИЯ, -и, *ж.* То же, что причащение. ‖ *прил.* **евхаристи́ческий**, -ая, -ое. *Евхаристическая молитва.*

Е́ГЕРЬ, -я, *мн.* е́гери, е́герей *и* егеря́, -е́й, *м.* **1.** Охотник-профессионал (устар.). **2.** Охотовед — специалист по организации охоты, охране и воспроизводству фауны. **3.** В нек-рых армиях: солдат особых стрелковых полков. ‖ *прил.* **е́герский**, -ая, -ое.

ЕГИ́ПЕТСКИЙ, -ая, -ое. Относящийся к египтянам, к их языку, национальному характеру, образу жизни, культуре, а также к Египту, его территории, внутреннему устройству, истории; такой, как у египтян, как в Египте. *Египетские арабы* (египтяне). *Е. диалект арабского языка. Е. язык* (мёртвый язык древнего Египта). *Е. папирус. Египетские пирамиды. Е. фунт* (денежная единица). *По-египетски* (нареч.). ✦ **Тьма египетская (устар.)** — непроглядная тьма [по библейскому сказанию о полной тьме, посланной на Египет богом Яхвой в наказание за притеснение иудеев]. **Казнь египетская (устар.)** — тяжёлое, невыносимое положение [по библейскому сказанию о десяти карах, посланных Египту богом Яхвой в наказание за притеснение иудеев]. **Египетская работа, египетский труд** (устар.) — очень тяжёлый, доводящий до изнеможения труд [по библейскому сказанию о рабском труде иудеев в Египте].

ЕГИПТЯ́НЕ, -я́н, *ед.* -я́нин, -а, *м.* Арабский народ, составляющий основное население Египта. ‖ *ж.* **египтя́нка**, -и.

ЕГО́. **1.** *см.* он. **2.** *род. п. мест.* он *в знач. притяж.* Принадлежащий ему, относящийся к нему. *Е. работа.* ✦ **По его** (разг.) — 1) по его воле, желанию; 2) так, как делает он. **С его** (разг.) — столько, так много, сколько он. *Поработай-ка с его.*

ЕГОЗА́, -ы́, *м.* и *ж.* (разг.). Суетливый, слишком подвижный человек, непоседа (обычно о детях).

ЕГОЗИ́ТЬ, -ожу́, -ози́шь; *несов.* (разг.). **1.** Вести себя суетливо, беспокойно, егозливо. **2.** *перен., перед кем (чем).* Угодничать, заискивать.

ЕГОЗЛИ́ВЫЙ, -ая, -ое; -и́в (разг.). Суетливый, слишком подвижный, непоседливый. ‖ *сущ.* **егозли́вость**, -и, *ж.*

ЕДА́, -ы́, *ж.* **1.** *см.* есть[1]. **2.** То же, что пища (в 1 знач.). *Вкусная, питательная е.*

ЕДВА́. **1.** *нареч.* Насилу, с трудом. *Е. дошёл.* **2.** *нареч.* Чуть, только немного. *Е. жив. Е. дышит. Е. освещённая комната.* **3.** *нареч.* Только что. *Ему е. исполнилось десять лет.* **4.** *союз.* Лишь только, как только. *Е. вошёл, начал говорить.* ✦ **Едва (было) не**, *частица* — выражает неосуществлённость того, что было близко и нежелательно. *Едва (было) не опоздали на поезд.* **Едва ли**, *частица* — то же, что вряд ли. *Едва ли он придёт скоро.* **Едва ли не**, *частица* — очень вероятно, чуть ли не. *Эта книга едва ли не самая интересная.* **Едва лишь**, *союз* — то же, что едва (в 4 знач.). **Едва только**, *союз* — то же, что едва (в 4 знач.).

ЕДВА́-ЕДВА́, *нареч.* То же, что едва (в 1, 2 и 3 знач.).

ЕДИНЕ́НИЕ, -я, *ср.* (высок.). Тесная связь, приводящая к единству, сплочённости. *Е. церквей.*

ЕДИНИ́ЦА, -ы, *ж.* **1.** В математике: действительное число, от умножения на к-рое любое число не меняется. **2.** Первый разряд многозначных чисел (от 1 до 9) (спец.). **3.** Цифра, обозначающая число «1». *Выписать тушью единицу.* **4.** Самая низкая школьная учебная отметка. *Получить единицу.* **5.** Величина, к-рой измеряются другие однородные величины. *Е. силы тока.* **6.** Отдельная самостоятельная часть в составе целого, отдельный предмет (или человек) в группе подобных. *Боевые единицы флота. Хозяйственная е. Штатные единицы.* **7.** *мн.* Отдельные предметы или люди, существа, немногие по числу. *Таких людей единицы* (очень мало). ✦ **Единица хранения** (спец.) — экспонат музея, экземпляр книги в библиотеке. *В музее тысячи единиц хранения.* ‖ *уменьш.* **едини́чка**, -и, *ж.*

ЕДИНИ́ЧНЫЙ, -ая, -ое; -чен, -чна. Отдельный, редкий, нехарактерный. *Е. пример. Е. случай. Единичные экземпляры.* ‖ *сущ.* **едини́чность**, -и, *ж.*

ЕДИНО... *Первая часть сложных слов со знач.:* 1) имеющий только что-то одно, связанный только с чем-то одним, напр. *единобожие, единобрачие, единоверие, единожёнство, единонаследие;* 2) совершаемый только одним, единственным, напр. *единовластие, единодержавие* (устар.), *единоначалие;* 3) совершаемый один на один, напр. *единоборство;* 4) с одним, единственным, напр. *единорог;* 5) общий, единый с кем-чем-н., напр. *единогласие, единогласный, единодушие, единомыслие, единомышленник, единоплеменник, единородный, единоутробный;* 6) не связанный со всеми другими, противопоставленный всем другим, напр. *единоличник;* 7) совершаемый один раз, за один раз, напр. *единовременный;* 8) сходный, одинаковый, напр. *единообразие, единообразный.*

ЕДИНОБО́ЖИЕ, -я, *ср.* (книжн.). Вера только в одно божество, монотеизм; *противоп.* многобожие.

ЕДИНОБО́РСТВО, -а, *ср.* Бой один на один. *Выйти на е. Восточные единоборства* (разные виды рукопашного боя и самозащиты). *Спортивные единоборства* (борьба, бокс, фехтование). *Вступить в е. с кем-н.* (также перен.).

ЕДИНОБРА́ЧИЕ, -я, *ср.* Форма официального брака, при к-рой мужчина имеет одну жену, а женщина — одного мужа, моногамия. ‖ *прил.* **единобра́чный**, -ая, -ое.

ЕДИНОВЕ́РЕЦ, -рца, *м.* (книжн.). Человек одной с кем-н. религии, веры. ‖ *ж.* **единове́рка**, -и. ‖ *прил.* **единове́рческий**, -ая, -ое.

ЕДИНОВЕ́РНЫЙ, -ая, -ое; -рен, -рна (книжн.). Одной с кем-н. религии, веры.

ЕДИНОВЛА́СТИЕ, -я, *ср.* Управление, при к-ром вся власть сосредоточена в руках одного лица.

ЕДИНОВЛА́СТНЫЙ, -ая, -ое; -тен, -тна. Обладающий единовластием. *Единовластное правление.*

ЕДИНОВРЕ́МЕННЫЙ, -ая, -ое; -менен, -менна. Производимый сразу, только один раз. *Единовременное пособие.* ‖ *сущ.* **единовре́менность**, -и, *ж.*

ЕДИНОГЛА́СИЕ, -я, *ср.* Полное согласие, единодушие в чём-н. *Прийти к единогласию.*

ЕДИНОГЛА́СНЫЙ, -ая, -ое; -сен, -сна. Единодушный, принятый всеми. *Единогласное мнение. Единогласное избрание. Принято единогласно* (нареч.; всеми голосующими).

ЕДИНОДЕРЖА́ВИЕ, -я, *ср.* (высок.). Государственное единовластие. ‖ *прил.* **единодержа́вный**, -ая, -ое. *Е. властелин.*

ЕДИНОДУ́ШИЕ, -я, *ср.* Полное согласие в мнениях, действиях. *Преданность слепа, е. зряче* (афоризм).

ЕДИНОДУ́ШНЫЙ, -ая, -ое; -шен, -шна. Проявляющий полное единодушие, полный единодушия. *Единодушное пожелание. Единодушно* (нареч.) *согласиться.*

ЕДИ́НОЖДЫ, *нареч.* (устар.). Один раз. *Е. в жизни.*

ЕДИНОКРО́ВНЫЙ, -ая, -ое; -вен, -вна. **1.** Рождённый от того же отца, но другой матерью. *Единокровные братья.* **2.** То же, что единоплеменный. *Единокровные народы.* ‖ *сущ.* **единокро́вие**, -я, ср.

ЕДИНОЛИ́ЧНИК, -а, *м.* Крестьянин, ведущий отдельное, самостоятельное хозяйство на земле. ‖ *ж.* **единоли́чница**, -ы.

ЕДИНОЛИ́ЧНЫЙ, -ая, -ое. Осуществляемый кем-н. одним, индивидуально. *Единоличная власть. Единоличное решение. Единоличное крестьянское хозяйство* (хозяйство единоличника). ‖ *сущ.* **единоли́чность**, -и, *ж.*

ЕДИНОМЫ́СЛИЕ, -я, *ср.* (книжн.). Одинаковый с кем-н. образ мыслей.

ЕДИНОМЫ́ШЛЕННИК, -а, *м.* **1.** Тот, кто находится в полном единомыслии с кем-н. **2.** Сообщник в каком-н. деле. *Выдать своих единомышленников.* ‖ *ж.* **единомы́шленница**, -ы.

ЕДИНОНАЧА́ЛИЕ, -я, *ср.* Единоличное управление, единовластие. *Принцип единоначалия.*

ЕДИНООБРА́ЗНЫЙ, -ая, -ое; -зен, -зна. **1.** Одинаковый, сходный с другим (книжн.). *Единообразная система отчётности.* **2.** То же, что однообразный (устар.). *Е. пейзаж.* ‖ *сущ.* **единообра́зие**, -я, *ср.*

ЕДИНОПЛЕМЕ́ННИК, -а, *м.* (высок.). Человек одного племени с кем-н., одного народа, соплеменник. ‖ *ж.* **единопле́ме́нница**, -ы. ‖ *прил.* **единопле́ме́ннический**, -ая, -ое.

ЕДИНОПЛЕМЕ́ННЫЙ, -ая, -ое (высок.). Принадлежащий к одному племени с кем-н., одному народу.

ЕДИНОРО́Г, -а, *м.* **1.** Морское млекопитающее сем. дельфиновых с длинным бивнем в виде рога. **2.** Геральдическое изображение лошади с рогом на лбу. **3.** Старинное артиллерийское гладкоствольное орудие.

ЕДИНОРО́ДНЫЙ, -ая, -ое (устар.). Единственный у родителей (о сыне, дочери).

ЕДИНОУТРО́БНЫЙ, -ая, -ое. Рождённый той же матерью, но от другого отца. *Е. брат.*

ЕДИ́НСТВЕННЫЙ, -ая, -ое; -вен, -венна. **1.** Только один. *Е. сын. Единственная улика. Единственно* (нареч.) *доступный способ.* **2.** *мн.* Только эти, только данные. *Мои единственные дети. Единственные свидетели преступления.* **3.** Исключительный, выдающийся. *Е. в своём роде.* **4.** **еди́нственно**, *частица.* То же, что только (во 2 знач.). *Своим спасением обязаны единственно ему.* ✦ **Единственное число** — грамматическая категория, обозначающая, что предмет представлен в количестве, равном одному. *Имя существительное в форме единственного числа. Глагол в прошедшем времени в форме единственного числа.* ‖ *сущ.* **еди́нственность**, -и, *ж.* (к 3 знач.).

ЕДИ́НСТВО, -а, *ср.* **1.** Общность, полное сходство. *Е. взглядов.* **2.** Цельность, сплочённость. *Е. нации.* **3.** Неразрывность, взаимная связь. *Е. теории и практики.*

ЕДИ́НЫЙ, -ая, -ое; -и́н. **1.** Один, общий, объединённый. *Е. порыв. Единое целое. Е. фронт. Все едины в том, что нельзя молчать* (т. е. у всех одно общее мнение). **2.** обычно *с отрицанием.* Один, только один. *Ни единого пятнышка нет. Не хлебом единым жив человек* (посл.). ✦ **Все до единого** — все без исключения. **Всё едино** (прост.) — всё равно, безразлично, одинаково. *Едем, остаёмся — ему всё едино.*

Е́ДКИЙ, -ая, -ое; е́док, едка́ и е́дка, е́дко; е́дче. **1.** Разъедающий химически. *Е. раствор.* **2.** Резкий, вызывающий раздражение, боль. *Е. дым. Е. запах.* **3.** Язвительный, колкий. *Едкое замечание.* ‖ *сущ.* **е́дкость**, -и, *ж.*

ЕДО́К, -а́, *м.* **1.** Человек, к-рый состоит где-н. на пищевом снабжении (офиц.) или вообще питается где-н. *Распределить по едокам. В семье пять едоков.* **2.** Тот, кто ест, принимает пищу (разг.). *Столик на четверых едоков. Скорый е., спорый работник* (стар. посл.). *Славен обед едоками, дорог* *ездоками* (стар. посл.). *Не красен обед пирогами, красен едоками* (стар. посл.). || *прил.* едо́цкий, -ая, -ое (к 1 знач.; спец.).

ЕДУ́Н: едун напал *на кого* (разг. шутл.) — о хорошем аппетите, желании есть.

ЕЁ. 1. *см.* он. **2.** *род. п. мест.* она *в знач. притяж.* Принадлежащий ей, относящийся к ней. *Её книга.* ✦ **По её** (разг.) — 1) по её воле, желанию; 2) так, как делает она. **С её** (разг.) — столько, так много, сколько она. *Поживи-ка с её.*

ЕЖЕ... *Первая часть сложных слов:* то же, что каждо..., напр. *ежевечерний, еженощный, ежесекундный, ежечасный.*

ЕЖЕВИ́КА, -и, *ж.* Родственное малине растение сем. розоцветных — колючий кустарник со съедобными чёрными ягодами, а также самые его плоды, ягоды. || *прил.* **ежеви́чный, -ая, -ое.**

ЕЖЕВИ́ЧНИК, -а, *м., собир.* Заросль ежевики.

ЕЖЕГО́ДНИК, -а, *м.* Периодическое издание, выходящее один раз в год. *Статистический е.*

ЕЖЕГО́ДНЫЙ, -ая, -ое. Бывающий каждый год, раз в году. *Ежегодные встречи ветеранов.*

ЕЖЕДНЕ́ВНЫЙ, -ая, -ое; -вен, -вна. 1. Бывающий каждый день. *Ежедневные посещения. Заниматься ежедневно* (нареч.). **2.** Обычный, повседневный. *Ежедневные заботы.* || *сущ.* **ежедне́вность, -и,** *ж.*

Е́ЖЕЛИ, *союз* (устар. и прост.). То же, что если. ✦ **Ежели бы,** *союз* (устар. и прост.) — то же, что если бы.

ЕЖЕМЕ́СЯЧНИК, -а, *м.* Периодическое издание, выходящее один раз в месяц.

ЕЖЕМЕ́СЯЧНЫЙ, -ая, -ое. Бывающий каждый месяц, раз в месяц. *Е. журнал. Ежемесячно* (нареч.) *платить взносы.*

ЕЖЕМИНУ́ТНЫЙ, -ая, -ое; -тен, -тна. Бывающий каждую минуту; очень частый, непрерывный. *Ежеминутные звонки. Ежеминутные напоминания. Ежеминутно* (нареч.) *переспрашивать.* || *сущ.* **ежемину́тность, -и,** *ж.*

ЕЖЕНЕДЕ́ЛЬНИК, -а, *м.* Периодическое издание, выходящее один раз в неделю. *Иллюстрированный е.*

ЕЖЕНЕДЕ́ЛЬНЫЙ, -ая, -ое. Бывающий каждую неделю, раз в неделю. *Еженедельные проверки. Занятия кружка проходят еженедельно* (нареч.).

ЕЖЕСЕКУ́НДНЫЙ, -ая, -ое; -ден, -дна. Бывающий каждую секунду; чрезвычайно частый. *Ежесекундные замечания.*

ЕЖИ́ХА, -и, *ж.* Самка ежа.

ЕЖО́ВЫЙ *см.* ёж.

ЕЖО́НОК, -нка, *мн.* **ежа́та, -а́т,** *м.* Детёныш ежа.

Е́ЗДИТЬ, е́зжу, е́здишь; е́зди; *несов.* **1.** То же, что ехать (в 1, 2 и 3 знач., но обозначает действие, совершающееся не в одно время, не за один приём или не в одном направлении). *Е. на поезде. Ездят поезда. Е. по выставкам.* **2.** Посещать кого-что-н., приезжая. *Е. в гости.* **3.** Уметь пользоваться каким-н. средством передвижения. *Хорошо е. на велосипеде.* **4.** *перен.* Не иметь устойчивости, скользить, передвигаясь по чему-н. (разг.). *Линейка ездит по бумаге.* **5.** *перен., на ком.* То же, что выезжать (в 4 знач.; см. выехать) (разг.). *Е. на подчинённых.* || *многокр.* **езжа́ть,** наст. не употр. (к 1 и 2 знач.; разг.) *и* **е́зживать,** наст. не употр. (к 1, 2 и 3 знач.; разг.). || *сущ.* **езда́, -ы́,** *ж.* (к 1, 2 и 3 знач.). || *прил.* **ездово́й, -а́я, -о́е** (к 1 знач.). *Ездовые сани.*

Е́ЗДКА, -и, *ж.* (прост.). Одна из нескольких поездок для привоза или отвоза груза. *Перевезти зерно в две ездки.*

ЕЗДОВО́Й, -а́я, -о́е. 1. *см.* ездить. **2.** О животных: употребляемый в езде, ходящий в упряжке. *Ездовая лошадь. Ездовые собаки. Ездовые олени.* **3. ездово́й, -о́го,** *м.* Солдат, правящий лошадьми в запряжке (в 3 знач.).

ЕЗДО́К, -а́, *м.* **1.** Тот, кто едет верхом, на велосипеде, в повозке. *Запоздалый е.* **2.** Тот, кто умеет ездить (в 3 знач.). *Отличный е. на велосипеде.* ✦ **Не ездок** *кто куда* (разг.) — больше не поедет, не хочет ездить. *Он к тебе больше не ездок.*

ЕЗЖА́Й *см.* ехать.

ЕЗЖА́ТЬ *см.* ездить.

Е́ЗЖЕНЫЙ, -ая, -ое; -ан. 1. Такой, по к-рому ездили. *Езженая дорога.* **2. е́зжено,** *в знач. сказ.* Приходилось ездить (разг.). *По этим дорогам езжено-переезжено* (езжено много раз).

ЕЙ-БО́ГУ, *межд.* (устар. и разг.). Уверение в знач. действительно, истинная правда.

ЕЙ-Е́Й, *межд.* (прост.). То же, что ей-богу. ✦ **Ей-же-ей** (прост.) — то же, что ей-ей. *Ей-же-ей не вру.*

ЕКТЕНИЯ́, -и́ и **ЕКТЕНЬЯ́, -и́,** *ж.* Ряд молитвенных прошений, произносимых дьяконом или священником при богослужении от имени верующих. *Великая е.* (в пасхальную ночь).

Е́ЛЕ, *нареч.* То же, что едва (в 1, 2 и 3 знач.). *Е. дошёл. Е. жив.*

Е́ЛЕВЫЙ *см.* ель.

Е́ЛЕ-Е́ЛЕ, *нареч.* То же, что едва (в 1, 2 и 3 знач.). *Еле-еле душа в теле* (о том, кто совсем слаб, чуть дышит; разг. шутл.).

ЕЛЕ́Й, -я, *м.* Оливковое масло, употр. в церковных обрядах. *Помазание елеем.* || *прил.* **еле́йный, -ая, -ое.**

ЕЛЕ́ЙНЫЙ, -ая, -ое; -е́ен, -е́йна. 1. *см.* елей. **2.** *перен.* Умильный, слащавый в обращении. *Елейное выражение лица.* || *сущ.* **еле́йность, -и,** *ж.*

ЕЛЕОСВЯЩЕ́НИЕ, -я, *ср.* Христианское таинство соборования. *Исполнять е.*

ЕЛИ́КО: елико возможно (устар. и шутл.) — насколько возможно, по мере сил. *Стараемся, елико возможно.*

ЕЛО́ВЫЙ *см.* ель.

ЕЛО́ЗИТЬ, -о́жу, -о́зишь; *несов.* (прост.). Ползать, двигаться из стороны в сторону, ездить (в 4 знач.). *Е. по полу.*

ЕЛЬ, -и, *ж.* Вечнозелёное хвойное дерево сем. сосновых с конусообразной кроной. *Столетние ели.* || *прил.* **е́левый, -ая, -ое** (спец.) *и* **ело́вый, -ая, -ое.** *Елевые деревья. Еловая шишка.*

Е́ЛЬНИК, -а, *м.* **1.** *собир.* Еловый лес. **2.** Срубленные еловые ветви. *Устлать шалаш ельником.* || *прил.* **е́льничный, -ая, -ое** (к 1 знач.).

ЕНДОВА́, -ы́, *ж.* В старину: большая открытая округлая посуда для вина, пива или браги, металлическая или деревянная, с широким рыльцем (в старом русском флоте — сосуд такой формы, из к-рого раздавалась водка). *Медная е.*

ЕНО́Т, -а, *м.* Хищное млекопитающее с тёмно-жёлтым ценным мехом, а также самый мех его. || *прил.* **ено́товый, -ая, -ое.** *Семейство енотовых* (сущ.).

ЕПАНЧА́, -и́, *ж.* Длинный и широкий старинный плащ (позднее — тёплая женская накидка). || *прил.* **епанчо́вый, -ая, -ое.**

ЕПА́РХИЯ, -и, *ж.* Церковно-административная территориальная единица, управляемая архиереем. ✦ **Это уже по другой епархии** (разг.) — в чьём-н. другом ведении, в другом подчинении. || *прил.* **епархиа́льный, -ая, -ое.**

ЕПИ́СКОП, -а, *м.* Высшее духовное лицо в православной, англиканской, католической церквах, глава церковного округа. || *прил.* **епи́скопский, -ая, -ое.**

ЕПИТИМЬЯ́, -и́, *род. мн.* **-ми́й,** *ж.* Церковное наказание, налагаемое духовником (посты, длительные молитвы). *Наложить епитимью.*

ЕРАЛА́Ш, -а, *м.* **1.** Беспорядок, путаница (разг.). *Устроить е.* **2.** Старинная карточная игра. *Играть в е.* || *прил.* **ерала́шный, -ая, -ое** (ко 2 знач.).

ЕРЕПЕ́НИТЬСЯ, -нюсь, -нишься; *несов.* (прост.). Раздражаясь, упрямо, с горячностью противиться чему-н. || *сов.* **взъерепе́ниться, -нюсь, -нишься.**

Е́РЕСЬ, -и, *ж.* **1.** В христианстве: вероучение, отклонившееся от господствующих религиозных догматов. *Впасть в е.* **2.** *перен.* Нечто противоречащее общепринятому мнению, пониманию. **3.** Нечто ложное, вздор, чепуха (разг.). *Что за е.!* || *прил.* **ерети́ческий, -ая, -ое** (к 1 и 2 знач.). *Еретические речи.*

ЕРЕТИ́К, -а́, *м.* Последователь ереси (в 1 знач.). || *ж.* **ерети́чка, -и.** || *прил.* **ерети́ческий, -ая, -ое.**

Е́РИК, -а, *м.* (обл.). Речной проток, образовавшийся при разливе.

ЕРМО́ЛКА, -и, *ж.* Маленькая мягкая круглая шапочка.

ЕРО́ШИТЬ, -шу, -шишь; -шенный; *несов., что* (разг.). Теребя, приводить в беспорядок (волосы), топорщить (шерсть). || *сов.* **взъеро́шить, -шу, -шишь; -шенный.**

ЕРО́ШИТЬСЯ (-шусь, -шишься, 1 и 2 л. не употр.), **-шится;** *несов.* (разг.). О волосах, шерсти: торчать, подниматься в разные стороны. || *сов.* **взъеро́шиться** (-шусь, -шишься, 1 и 2 л. не употр.), **-шится.**

ЕРУНДА́, -ы́, *ж.* (разг.). **1.** Вздор, пустяки, нелепость. *Молоть всякую ерунду.* **2.** О чем-н. несущественном, незначительном. *Сильно порезался? — Е.!*

ЕРУНДИ́ТЬ, 1 л. не употр., **-и́шь;** *несов.* (прост.). Делать или говорить ерунду (в 1 знач.). || *сов.* **наерунди́ть, -и́шь.**

ЕРУНДО́ВСКИЙ, -ая, -ое (разг.). То же, что ерундовый. *Ерундовская затея.*

ЕРУНДО́ВЫЙ, -ая, -ое (разг.). **1.** Вздорный, пустой. *Е. вопрос.* **2.** Совсем незначительный, пустячный. *Ерундовая царапина.*

ЕРШИ́СТЫЙ, -ая, -ое; -и́ст (прост.). **1.** О волосах: торчащий кверху. **2.** Задорный, неуступчивый. *Е. малый.* || *сущ.* **ерши́стость, -и,** *ж.* (ко 2 знач.).

ЕРШИ́ТЬСЯ, -шу́сь, -ши́шься; *несов.* (прост.). Входить в задор, горячиться.

ЕРШО́ВЫЙ *см.* ёрш.

ЕСАУ́Л, -а, *м.* Казачий офицерский чин, равный капитану в пехоте, а также лицо, имеющее этот чин. || *прил.* **есау́льский, -ая, -ое.**

Е́СЛИ. 1. *союз.* Выражает условие совершения, существования чего-н. *Е. просишь, я пойду. Е. сможешь, приезжай.* **2.** *частица.* То же, что разве (во 2 знач.). *Некогда мне заходить. Е. на минуточку (на минуточку е.). Лопата не берёт, ломом е.* ✦ **Если бы** — 1) *союз,* выражает условия совершения чего-н. в неопределённом временно́м плане. *Если бы что-нибудь случилось, нас бы известили;* 2) *союз,* выражает допущение. *Если бы вместе, я бы пошёл;* 3) *частица,* выражает желательность. *Если бы ты* *был рядом!* **Если бы да кабы́** (прост. шутл.) — выражение насмешки по поводу чего-н. неопределённого, маловероятного. **Если... то (так)** [*всегда безударный*], *союз* — 1) то же, что если (в 1 знач.). *Если смогу, то (так) приеду. Если не я, то (так) он сделает;* 2) **если... то,** выражает противопоставление, сопоставление. *Если он пессимист, то я оптимист.* **Если так (если так, то),** *союз* — выражает обусловленность чем-н. известным, подразумевающимся. *Если так, ты прав.* **Если... то (так) значит,** *союз* — выражает условие и следствие. *Если я прошу, то (так) значит это важно.* **Если (и) не... то,** *союз* — хотя (и) не... но. *Вещь если и не дешёвая, то хорошая.* **Если только,** *частица* — 1) разве (во 2 знач.), если (во 2 знач.). *Не буду пить. Если только пригубить;* 2) то же, что разве только (в 3 знач.). *Куда же они пропали? Если только в городе задержались.* **Если хотите (хочешь)** и (книжн.) **если угодно,** *вводн. сл.* — пожалуй, возможно; допустим. *Он, если хотите (если угодно), поэт.* **Что если? (а что если, а если)** — а вдруг? *Что если опоздаем?* **Что если бы?** — обращение с нерешительной просьбой или выражением нерешительного желания. *Что если бы передохнуть?*

ЕССЕНТУКИ́, -о́в. Минеральная лечебная вода.

ЕСТЕ́СТВЕННИК, -а, *м.* Специалист по естественным наукам. ‖ *ж.* **есте́ственница**, -ы.

ЕСТЕ́СТВЕННЫЙ, -ая, -ое; -вен, -венна. **1.** *полн. ф.* Относящийся к природе (земной поверхности, климату, животному и растительному миру). *Естественные богатства страны. Естественная граница* (о реках, горах и т. п.). *Естественные науки* (науки о природе в отличие от гуманитарных и технических наук). **2.** Совершающийся по законам природы, обязанный им, а не постороннему вмешательству. *Естественная смерть. Е. цвет кожи. Е. отбор* (процесс выживания и воспроизведения организмов, наиболее приспособленных к условиям среды, сопровождающийся гибелью неприспособленных организмов; спец.). **3.** Нормальный, обусловленный самим ходом развития. *Е. путь развития. Е. вывод* (подготовленный ходом рассуждения). **4.** Непринуждённый, натуральный. *Е. жест. Естественная поза.* **5. есте́ственно,** *вводн. сл.* Конечно, разумеется. *Он, естественно, согласился.* **6. есте́ственно,** *частица.* Выражает уверенное подтверждение, невозможность сомневаться в чём-н. *Ты знал об этом? — Естественно.* ‖ *сущ.* **есте́ственность**, -и, *ж.* (к 3 и 4 знач.).

ЕСТЕСТВО́, -а́, *ср.* (устар.). **1.** Самая суть, сущность чего-н. **2.** То же, что природа (в 1 знач.).

ЕСТЕСТВОВЕ́Д, -а, *м.* (устар.). То же, что естественник.

ЕСТЕСТВОВЕ́ДЕНИЕ, -я, *ср.* (устар.). То же, что естествознание. ‖ *прил.* **естествове́дческий**, -ая, -ое.

ЕСТЕСТВОЗНА́НИЕ, -я, *ср.* Естественные науки, совокупность наук о природе.

ЕСТЕСТВОИСПЫТА́ТЕЛЬ, -я, *м.* Тот, кто занимается исследованием явлений природы. ‖ *ж.* **естествоиспыта́тельница**, -ы. ‖ *прил.* **естествоиспыта́тельский**, -ая, -ое.

ЕСТЬ¹, ем, ешь, ест, еди́м, еди́те, едя́т; ел, е́ла; ешь; е́вший; ев; *несов.* **1.** *кого-что.* Принимать пищу, употреблять в пищу. *Е. хочется. Е. с удовольствием. Не е. мяса. Тоска ест сердце* (перен.; разг.). *Жучок ест древесину* (портит, прогрызая, проедая). *Моль ест мех. Е. не просит что-н.* (не требует забот, внимания; разг.). *С чем это едят?* (перен.: что это такое?; разг. шутл.). **2.** (1 и 2 л. не употр.), *что.* Разрушать химически. *Ржавчина ест железо.* **3.** (1 и 2 л. не употр.), *что.* О едком: причинять болезненное, неприятное ощущение. *Дым ест глаза.* **4.** *перен., кого (что).* Попрекать, бранить, грызть (во 2 знач.) (прост.). *С утра до вечера ест домашних.* ✦ **Есть глазами** *кого* (разг.) — смотреть на кого-н. пристально, не отрываясь. ‖ *сов.* **пое́сть**, -е́м, -е́шь (к 1 знач.) и **съесть**, съем, съешь; съе́денный (к 1, 2 и 4 знач.). *Съел?* (злорадный вопрос потерпевшему неудачу: получил?; прост.). ‖ *сущ.* **еда́**, -ы́, *ж.* (к 1 знач.). *Во время еды.*

ЕСТЬ². **1.** 3 л. ед. ч. наст. вр. от «быть» (в 1 и 2 знач.), а также употр. в знач. форм других лиц наст. вр. от «быть» (в 1 и 2 знач.) вследствие утраты старых форм спряжения. Связка, соединяющая подлежащее со сказуемым. *Что е. истина? Закон е. закон.* **2.** Существует, имеется. *Е. надежда. Е. такие люди. Е. что рассказать. Что е. силы* (изо всех сил; разг.). *Есть-то есть, да не про вашу честь* (посл.). ✦ **Есть такое дело!** (прост.) — 1) употр. в знач. ладно, хорошо, будет исполнено; 2) употр. в знач. да, действительно, ты прав. *С дружками погулял? — Есть такое дело!* **И есть** — 1) при лексическом повторе (обычно в реплике): действительно, в самом деле, так (оно) и есть (прост.). *Ты что не выспался? — Не выспался и есть. Ты чудак! — И есть чудак.* 2) *связка,* то же, что есть² (в 1 знач.) (разг.). *Ложь и есть ложь. Друг он и есть друг.* **Так и есть** (разг.) — в самом деле, действительно так. *Поезд опаздывает? — Так и есть!.* **Что (кто, какой, где, куда, откуда, когда) ни на есть** (прост.) — выражает обязательность и неограниченную возможность выбора. *Чем ни на есть угостит* (обязательно угостит хоть чем-н.). *Когда ни на есть придёт.*

ЕСТЬ³, *частица.* В армии, флоте, в военизированных организациях: ответ подчинённого, обозначающий, что команда понята и принята к исполнению. *Выполняйте приказ! — Е.!*

ЕФРЕ́ЙТОР, -а, *м.* Второе в порядке старшинства (после рядового) звание солдата, а также солдат, имеющий это звание. ‖ *прил.* **ефре́йторский**, -ая, -ое.

Е́ХАТЬ, е́ду, е́дешь; *в знач. пов. употр.* поезжа́й *и* (прост.) езжа́й; е́дучи; *несов.* **1.** Двигаться куда-н. при помощи каких-н. средств передвижения. *Е. на поезде, на теплоходе (поездом, теплоходом). Е. на велосипеде, на лошадях (лошадьми). Е. в санях (на санях). Е. верхом. Тише едешь — дальше будешь* (посл.). **2.** (1 и 2 л. не употр.). О средствах передвижения: двигаться. *Едет автомобиль.* **3.** Отправляться куда-н., передвигаться при помощи каких-н. средств передвижения. *Е. в Москву. Е. на выставку. Дальше е. некуда* (перен.: хуже чем есть, не может быть; прост.). **4.** *перен.* Сдвигаться, скользить в сторону, в стороны (разг.). *Шапка едет набок. Ноги на льду едут в стороны.* **5.** *перен., на ком-чём.* То же, что выезжать (см. выехать в 4 знач.) (разг.).

ЕХИ́ДНА, -ы. **1.** *ж.* Небольшое австралийское яйцекладущее млекопитающее отряда клоачных с вытянутой вперёд мордой, покрытое иглами и шерстью. **2.** *ж.* Ядовитая австралийская змея сем. аспидов. **3.** *м. и ж., перен.* Злой язвительный и коварный человек (разг.).

ЕХИ́ДНИЧАТЬ, -аю, -аешь; *несов.* (разг.). Вести себя ехидно, язвить. ‖ *сов.* **съехи́дничать**, -аю, -аешь. ‖ *сущ.* **ехи́дничанье**, -я, *ср*

ЕХИ́ДНЫЙ, -ая, -ое; -ден, -дна. Язвительный, коварный. *Е. характер. Ехидно* (нареч.) *улыбаться.* ‖ *сущ.* **ехи́дность**, -и, *ж.*

ЕХИ́ДСТВО, -а, *ср.* Злоба, язвительность, коварство.

ЕХИ́ДЦА, -ы, *ж.* (разг.). Лёгкое ехидство. *Ответить с ехидцей.*

ЕЩЁ. **1.** *нареч.* Опять, в добавление. *Приходи е. Поешь е.* **2.** *нареч.* Уже́, в прошлом. *Уехал е. неделю назад.* **3.** *нареч.* До сих пор, пока. *Е. не приходил. Нет е.* **4.** *нареч.* Указывает на наличие достаточного времени, условий для чего-н. *Е. успею на поезд. Е. молод.* **5.** *нареч. при сравн. ст.* В большей степени. *Е. добрее.* **6.** *частица.* Употр. в сочетании с местоименными словами «как», «какой» для обозначения высокой степени признака, его исключительности (разг.). *Как е. (е. как) образуется. Хитрец он, е. какой хитрец! У него талант. — И какой е. талант!* **7.** *частица.* В сочетании с нек-рыми местоименными наречиями выражает грубоватое недовольство (разг.). *Поговори с ним. — Зачем е.? (это е. зачем?). Одевайся, поедешь. — Куда е.? (это е. куда?). Останешься дома. — Е. чего!* **8.** *частица.* В сочетании с местоименными наречиями «где», «куда», «когда» и нек-рыми другими выражает неопределённость в отдалённом будущем (разг.). *Когда-то е. повстречаемся* (т. е. неизвестно когда и нескоро). *Е. где (где-то) в жизни я найду такого друга. Куда (куда-то) е. закинет его судьба.* **9.** *частица.* Употр. для напоминания, отнесения к известному (разг.). *Ты его знаешь: е. рыжий, высокий такой. Забыл, как называется этот фильм: там е. Высоцкий играет.* ✦ **А ещё,** *союз* (разг.) — выражает несоответствие. *Грубишь, а ещё отличник.* **Ещё бы** (разг.) — 1) конечно, безусловно. *Пойдёшь с нами? — Ещё бы!;* 2) выражение осуждения (было бы нехорошо, если бы). *Ещё бы он посмел отказаться!* **Ещё и (а ещё и, да ещё и, и ещё),** *союз* (разг.) — выражает присоединение, добавление в знач. и к тому же (см. тот в 7 знач.). *Не пойду: устал, да ещё и дождик. Обманывает, ещё и честное слово даёт.* **Ещё ничего** (разг.) — можно терпеть, принять (по сравнению с чем-н. худшим). *Холод — это ещё ничего.*

Ё

ЁЖ, ежа́, *м.* **1.** Небольшое млекопитающее отряда насекомоядных с иглами на теле. **2.** Оборонительное заграждение в виде скрещивающихся переплетённых колючей проволокой кольев, брусьев, рельсов. *Поставить ежи.* ✦ **Ежу понятно** (прост.) — ясно и просто, понятно каждому. ‖ *прил.* **ежо́вый**, -ая, -ое (к 1 знач.). *В ежовых рукавицах держать кого-н.* (обходиться с кем-н. строго, сурово; разг.).

ЁЖИК, -а, *м.* **1.** То же, что еж (в 1 знач.). **2.** Мужская прическа в виде коротко остриженных стоячих волос. *Стричься ёжиком.*

ЁЖИТЬСЯ, ёжусь, ёжишься; *несов.* Сутулясь, сжиматься всем телом (от холода, стеснения). ‖ *сов.* **съёжиться**, съёжусь, съёжишься.

ЁКАТЬ (-аю, -аешь, 1 и 2 л. не употр.), -ает; *несов.* (разг.). Издавать короткий и отрывистый негромкий звук. *В животе ёкает* (безл.). ✦ **Сердце ёкает** — замирает, сжимается от страха, волнения. ‖ *однокр.* **ёкнуть** (-ну, -нешь, 1 и 2 л. не употр.), -нет.

ЁЛКА, -и, *ж.* **1.** То же, что ель. **2.** Украшенная ель в праздник Нового года (или Рождества). **3.** Новогодний или Рождественский праздник с танцами и играми вокруг украшенной ели. *Были на ёлке в клубе. Билет на ёлку. Вернулись с ёлки.* ‖ *уменьш.* **ёлочка**, -и, *род. мн.* -чек, *ж.* (к 1 и 2 знач.). ‖ *прил.* **ёлочный**, -ая, -ое (ко 2 знач.). *Ёлочные игрушки, украшения.*

ЁЛОЧКА, -и, *ж.* **1.** *см.* ёлка. **2.** обычно *в форме тв. п. ед. ч.* Об узоре, расположении чего-н.: в виде расходящихся под углом повторяющихся чёрточек (птичек). *Вышивка ёлочкой или в ёлочку. Паркет уложен ёлочкой. Подниматься на лыжах ёлочкой* (разводя передние концы лыж в стороны). **3.** Изделие, по форме напоминающее две расходящиеся под углом черты, линии. *Водопроводная ё. Доильная ё.*

ЁМКИЙ, -ая, -ое; ёмок, ёмка; ёмче. **1.** То же, что вместительный. *Ё. сосуд.* **2.** *перен.* О речи, мысли: краткий и содержательный. *Ёмкое определение.* ‖ *сущ.* **ёмкость**, -и, *ж.* *Ё. бутылки. Меры ёмкости* (меры жидких и сыпучих тел). *Ё. мысли.*

ЁМКОСТЬ, -и, *ж.* **1.** *см.* ёмкий. **2.** Вместилище для жидких и сыпучих тел (спец.). *Ёмкости для нефтепродуктов, для зерна.* ‖ *прил.* **ёмкостный**, -ая, -ое.

ЁРЗАТЬ, -аю, -аешь; *несов.* (разг.). Беспокойно двигаться на месте. *Ё. на стуле.* ‖ *сущ.* **ёрзанье**, -я, *ср.*

ЁРНИК, -а, *м.* (устар. и прост.). Озорник и безобразник, пустой шутник и повеса. ‖ *прил.* **ёрнический**, -ая, -ое.

ЁРНИЧАТЬ, -аю, -аешь; *несов.* (устар. и прост.). Озорничать, повесничать, беспутничать, развратничать. ‖ *сущ.* **ёрничанье**, -я, *ср.* и **ёрничество**, -а, *ср.*

ЁРШ, ерша́, *м.* **1.** Небольшая костистая речная рыба сем. окунёвых с колючими плавниками. **2.** Щётка для чистки бутылок, бутылей, ламповых стёкол. **3.** Смесь водки с пивом или вином (разг.). ‖ *прил.* **ершо́вый**, -ая, -ое (к 1 знач.).

Ж

Ж, *союз и частица.* То же, что **«же»** (после слов, оканчивающихся на гласный). *Куда ж ты?*

ЖА́БА[1], -ы, *ж.* Сходное с лягушкой бесхвостое земноводное с бородавчатой кожей. ‖ *прил.* **жа́бий**, -ья, -ье.

ЖА́БА[2], -ы, *ж.*: **грудная жаба** — обиходное название стенокардии.

ЖАБО́, *нескл., ср.* Пышная отделка у воротника из кружев или лёгкой ткани.

ЖА́БРЫ, жабр, жа́брам, *ед.* жа́бра, -ы, *ж.* Органы дыхания рыб и нек-рых других водных животных. *Взять за ж. кого-н.* (перен.: силой принудить к чему-н.; прост.). ‖ *прил.* **жа́бровый**, -ая, -ое *и* **жа́берный**, -ая, -ое. *Жабровые ракообразные. Жаберное дыхание.*

ЖАВЕ́ЛЬ, -я́, *м.* Едкий хлористый раствор зеленовато-желтого цвета, употр. при белении тканей. ‖ *прил.* **жаве́левый**, -ая, -ое. *Жавелевая вода* (то же, что жавель).

ЖА́ВОРОНОК, -нка, *м.* **1.** Певчая птичка отряда воробьиных. **2.** *перен.* Человек, чувствующий себя утром, в первую половину дня бодрее, чем вечером. **3.** Сдобная булочка в виде птички (устар.). ‖ *прил.* **жа́воронoчный**, -ая, -ое (к 1 знач.) *и* **жа́воронковый**, -ая, -ое (к 1 знач.). *Семейство жаворонковых* (сущ.)

ЖА́ДИНА, -ы, *м.* и *ж.* (разг. презр.). Жадный человек.

ЖА́ДНИЧАТЬ, -аю, -аешь; *несов.* (разг.). Проявлять жадность, скупиться. ‖ *сов.* **пожа́дничать**, -аю, -аешь.

ЖА́ДНОСТЬ, -и, *ж.* **1.** *см.* жадный. **2.** Скупость, корыстолюбие. **3.** Чрезмерное стремление удовлетворить свое желание. *Есть с жадностью. Ж. к развлечениям.*

ЖА́ДНЫЙ, -ая, -ое; -ден, -дна́, -дно, -дны́ *и* -дны. **1.** Стремящийся к наживе, скупой. *Ж. человек.* **2.** Настойчивый в стремлении удовлетворить свое желание, выражающий это стремление; слишком падкий на что-н. *Ж. к деньгам (на деньги). Ж. на еду (к еде, до еды). Ж. на работу* (перен.: любящий много работать). **3.** *перен.* Исполненный желанием понять, познать что-н. *Жадное любопытство. Жадно* (нареч.) *слушать.* ‖ *сущ.* **жа́дность**, -и, *ж.*

ЖАДЮ́ГА, -и, *м.* и *ж.* (прост. презр.). То же, что жадина.

ЖА́ЖДА, -ы, *ж.* **1.** Потребность, желание пить. *Сильная ж. Утолить жажду.* **2.** *перен., чего* и *с неопр.* Сильное, страстное желание чего-н. (высок.). *Ж. счастья. Ж. знаний. Ж. учиться.*

ЖА́ЖДАТЬ, -ду, -дешь; *несов.* **1.** Хотеть пить, испытывать жажду (устар.). *Ж. от зноя.* **2.** *перен., чего* или *с неопр.* Сильно желать (высок.). *Ж. славы.*

ЖАКА́Н, -а, *м.* Пуля для стрельбы из гладкоствольного охотничьего ружья. ‖ *прил.* **жака́нный**, -ая, -ое.

ЖАКЕ́Т, -а, *м.* и (разг.) **ЖАКЕ́ТКА**, -и, *ж.* Короткая верхняя одежда. *Ж. в талию. Вязаный мужской ж.* ‖ *прил.* **жаке́тный**, -ая, -ое.

ЖАЛЕ́ЙКА, -и, *ж.* Народный духовой язычковый музыкальный инструмент — деревянная трубка с раструбом из коровьего рога или бересты. *Играть на жалейке.* ‖ *прил.* **жале́йковый**, -ая, -ое.

ЖАЛЕ́ТЬ, -е́ю, -е́ешь; *несов.* **1.** *кого (что).* Чувствовать жалость, сострадание к кому-н. *Ж. больного.* **2.** *о ком-чём, чего* или *с союзом «что».* Печалиться, сокрушаться. *Ж. о прошедшей молодости. Ж. потраченного времени. Ж., что знакомство не состоялось.* **3.** *кого-что* и *чего.* Беречь, щадить, неохотно расходовать. *Ж. деньги (денег). Трудиться, не жалея сил.* ‖ *сов.* **пожале́ть**, -е́ю, -е́ешь.

ЖА́ЛИТЬ, -лю, -лишь; *несов., кого-что.* О насекомых, змее: ранить жалом, кусать. *Пчёлы жалят.* ‖ *сов.* **ужа́лить**, -лю, -лишь; -ленный. *Ужалила змея.*

ЖА́ЛКИЙ, -ая, -ое; -лок, -лка́, -лко; жа́льче. **1.** Возбуждающий жалость, несчастный; беспомощный. *Ж. вид. Жалкая фигура. Жалко* (нареч.) *улыбнуться. Он мне жалок.* **2.** Жалобный, трогательный. *Говорить жалкие слова.* **3.** Плохой, невзрачный. *Одежда в жалком состоянии.* **4.** Ничтожный, негодный, презренный. *Ж. трус. Жалкие потуги на остроумие. Играть жалкую роль.* ‖ *сущ.* **жа́лкость**, -и, *ж.*

ЖА́ЛКО, *в знач. сказ. и вводн. сл., кого-что, чего* или *с неопр.* То же, что жаль. *Ж. старика. Ж. времени (время). Ж. уезжать. Ж., что он не придет. Купил бы, да, ж., денег нет.*

ЖА́ЛО, -а, *ср.* Колющая часть органа защиты и нападения у пчёл, ос, скорпионов, а также обиходное название раздвоенного длинного языка у ядовитых змей. *Пчелиное ж. Змеиное ж. Ж. сатиры* (перен.). ‖ *прил.* **жа́льный**, -ая, -ое.

ЖА́ЛОБА, -ы, *ж.* **1.** Выражение неудовольствия по поводу чего-н. неприятного, страдания, боли. *Горькая ж. Жалобы на одиночество.* **2.** Официальное заявление с просьбой об устранении какого-н. непорядка, несправедливости. *Подать жалобу на кого-н. Кассационная ж. Книга жалоб.* ‖ *прил.* **жа́лобный**, -ая, -ое (ко 2 знач.). *Жалобная книга.*

ЖА́ЛОБНЫЙ, -ая, -ое; -бен, -бна. **1.** *см.* жалоба. **2.** Выражающий жалобу (в 1 знач.), скорбь, тоску. *Ж. писк. Жалобно* (нареч.) *просить.* ‖ *сущ.* **жа́лобность**, -и, *ж.*

ЖА́ЛОБЩИК, -а, *м.* Тот, кто подает жалобу (во 2 знач.), а также вообще тот, кто жалуется. ‖ *ж.* **жа́лобщица**, -ы.

ЖА́ЛОВАННЫЙ, -ая, -ое (стар.). Полученный в виде награды от властей, от господина, подаренный. *Жалованная вотчина. Жалованная шуба. Жалованная грамота* (акт о предоставленных кому-н. льготах, преимуществах).

ЖА́ЛОВАНЬЕ, -я, *ср.* Денежное вознаграждение за службу, работу. *Повышение жалованья.*

ЖА́ЛОВАТЬ, -лую, -луешь; *несов.* **1.** *кого (что) чем* или *кому что.* То же, что награждать (в 1 знач.) (устар.). *Ж. имением, землями.* **2.** *кого-что,* обычно *с отриц.* Оказывать внимание, уважать (разг.) *Начальник его не очень-то жалует. Прошу любить и ж.* (говорится тем, кто представляет кого-н. другим, другому). **3.** *к кому.* Посещать кого-н. (устар.). *Давно к нам не жалует.* ‖ *сов.* **пожа́ловать**, -лую, -луешь (к 1 и 3 знач.).

ЖА́ЛОВАТЬСЯ, -луюсь, -луешься; *несов.* **1.** *на кого-что* или *с союзом «что».* Высказывать жалобы (в 1 знач.). *Ж. на нездоровье. Жалуется, что нездоров.* **2.** *на кого-что.* Подавать жалобу (во 2 знач.). *Ж. в суд.* **3.** *на кого (что).* Наушничать, ябедничать. *Ж. учителю на одноклассника.* ‖ *сов.* **пожа́ловаться**, -луюсь, -луешься.

ЖА́ЛОСТЛИВЫЙ, -ая, -ое; -ив (разг.). Склонный к жалости, сострадательный. *Ж. человек. Ж. взгляд.* ‖ *сущ.* **жа́лостливость**, -и, *ж.*

ЖА́ЛОСТНЫЙ, -ая, -ое; -тен, -тна (разг.). **1.** Жалостливый, соболезнующий. *Ж. взгляд.* **2.** То же, что жалобный (во 2 знач.). *Ж. голос.* ‖ *сущ.* **жа́лостность**, -и, *ж.*

ЖА́ЛОСТЬ, -и, *ж.* **1.** Сострадание, соболезнование. *Сделать что-н. из жалости. Ж. к больному.* **2.** Печаль, сожаление. *С жалостью смотреть на что-н. Какая ж.!* (как жаль!).

ЖАЛЬ, **1.** *в знач. сказ., кого-что, чего* или *с неопр.* О чувстве жалости, сострадания к кому-чему-н. *Ж. брата. Ж. смотреть на него.* **2.** *в знач. сказ., кого-чего* или *с неопр.* О сожалении, досаде при утрате чего-н., возможности лишиться чего-н. *Ж. потраченного времени (тратить время).* **3.** *в знач. сказ., с союзами «что», «если».* Приходится пожалеть. *Ж., что он не придёт (если он не придёт).* **4.** *вводн. сл.* К сожалению. *Зайти бы, да ж., времени нет!*

ЖАЛЮЗИ́, *нескл., ср.* и *мн.* Шторы или ставни из жёстких поперечных параллельных пластинок. *Поднять, опустить ж.* ‖ *прил.* **жалюзийный**, -ая, -ое.

ЖАНДА́РМ, -а, *м.* Человек, служащий в жандармерии. *Корпус жандармов. Ж. в юбке* (об очень строгой, привыкшей всеми командовать женщине; разг. шутл.). ‖ *прил.* **жанда́рмский**, -ая, -ое. *Ж. чин.*

ЖАНДАРМЕ́РИЯ, -и, *ж.* **1.** В нек-рых странах: особые полицейские войска для политической охраны и сыска. **2.** *собир.* Жандармы.

ЖАНР, -а, *м.* **1.** Вид художественных произведений, характеризующийся теми или иными сюжетными и стилистическими признаками. *Лирический, эпический ж. Вокальные, хоровые жанры. Ж. пейзажа, портрета.* **2.** Живопись на бытовые сюжеты (спец.). *Пейзаж и ж.* **3.** *перен.* Манера, стиль. *В новом жанре.* ‖ *прил.* **жа́нровый,** -ая, -ое (к 1 и 2 знач.).

ЖАНРИ́СТ, -а, *м.* Художник, специалист по жанру (во 2 знач.).

ЖАР, -а (-у), о жа́ре, в жару́, *м.* **1.** Горячий, сильно нагретый воздух, зной. *Обдало жаром.* **2.** Место, где очень жарко. *Сидеть на самом жару* (на солнцепёке). *На жару* (на самом горячем месте, на огне). **3.** Горячие угли без пламени. *Загрести ж. в печи. Чужими руками ж. загребать* (не трудясь самому, пользоваться тем, что делают другие). *Как ж. гореть* (ярко сверкать). **4.** Высокая температура тела. *У ребёнка ж. Больной в жару.* **5.** Разгорячённое, лихорадочное состояние, а также румянец от него. *Бросает в ж. и в холод.* **6.** Рвение, страстность, горячность. *Ж. души. Работать с жаром.* ✦ **Задать (дать) жару** *кому* (разг.) — 1) замучить множеством дел, поручений, загонять (в 3 знач.); 2) дать нагоняй, сделать строгий выговор. ‖ *уменьш.* **жаро́к,** -рка́, *м.* (к 4 знач.). ‖ *прил.* **жаров**о́**й,** -а́я, -о́е (к 1 и 3 знач.). *Ж. удар* (то же самое, что тепловой удар; устар.). *Ж. самовар* (нагреваемый горячими углями).

ЖАРА́, -ы́, *ж.* Жаркая погода; жар (в 1 знач.). *Всё лето стоит ж. В бане ж.* ‖ *увел.* **жари́ща,** -и, *ж.*

ЖАРГО́Н, -а, *м.* Речь какой-н. социальной или иной объединённой общими интересами группы, содержащая много слов и выражений, отличных от общего языка, в том числе искусственных, иногда условных. *Ж. торговцев. Воровской ж.* ‖ *прил.* **жарго́нный,** -ая, -ое.

ЖАРГОНИ́ЗМ, -а, *м.* Жаргонное слово или выражение.

ЖАРДИНЬЕ́РКА, -и, *ж.* Подставка, ящик или корзинка для комнатных цветов. *Ж. с кактусами.* ‖ *прил.* **жардинье́рочный,** -ая, -ое.

ЖА́РЕНЫЙ, -ая, -ое. Приготовленный жареньем. *Жареное мясо. Есть жареное* (сущ). *Жареные каштаны. Пахнет жареным* (сущ.; также перен.: о чём-н. выгодном, заманчивом, пикантном; разг. неодобр.).

ЖА́РИТЬ, -рю, -ришь; -ренный; *несов.* **1.** *кого-что.* Приготовлять (пищу), держать на сильном жару без воды, в масле, жире. *Ж. котлеты.* **2.** *что.* Подвергать действию сильного жара, прокаливать (зёрна, семена). *Ж. семечки. Ж. кофе.* **3.** (1 и 2 л. не употр.). О солнце: обжигать лучами, палить (разг.). *Ну и жарит* (безл.) *сегодня!* **4.** Употр. вместо любого глагола для обозначения быстрого, энергичного действия (прост.). *Ж. на гармошке. Жарь во всю по улице* (беги). ‖ *сов.* **зажа́рить,** -рю, -ришь (к 1 знач.) *и* **изжа́рить,** -рю, -ришь (к 1 знач.). ‖ *сущ.* **жа́ренье,** -я, *ср.* (к 1 и 2 знач.) *и* **жа́рка,** -и, *ж.* (к 1 и 2 знач.). ‖ *прил.* **жа́рочный,** -ая, -ое (к 1 и 2 знач.). *Ж. шкаф* (духовка).

ЖА́РИТЬСЯ, -рюсь, -ришься; *несов.* **1.** (1 и 2 л. не употр.). Подвергаться жаренью. *Мясо жарится.* **2.** Находиться на жаре, в жарком месте (разг.). *Ж. на солнцепёке, на пляже. Ж. у плиты.* ‖ *сов.* **зажа́риться,** -рюсь, -ришься *и* **изжа́риться,** -ится (к 1 знач.).

ЖА́РКИЙ, -ая, -ое; -рок, -рка́, -рко; жа́рче. **1.** Дающий сильный жар, знойный, горячий. *Жаркие лучи. Ж. день. Сегодня жарко* (в знач. сказ.). *Ни жарко ни холодно кому-н.* (в знач. сказ.; всё равно, безразлично; разг.). *Небу жарко* (в знач. сказ.; о чьих-н. энергичных, активных действиях). **2.** *перен.* Пылкий, страстный; напряжённый. *Ж. поцелуй. Жарко* (нареч.) *спорить. Ж. бой.* **3.** *полн. ф.* Южный, тропический. *Жаркие страны.*

ЖАРКО́Е, -о́го, *ср.* Жареное мясное кушанье. *Гарнир к жаркому.*

ЖАРО... *Первая часть сложных слов со знач.:* 1) относящийся к сильному нагреву, к жару (в 1 знач.), напр. *жаровыносливый, жаропрочный, жаротрубный, жаростойкий, жароупорный, жароустойчивый;* 2) относящийся к жару (в 4 знач.), к высокой температуре тела, напр. *жаропонижающий.*

ЖАРО́ВНЯ, -и, *род. мн.* -вен, *ж.* Сосуд для горячего древесного угля, жара (в 3 знач.), а также железная печка, нагреваемая углём. *Жарить на жаровне.* ‖ *прил.* **жаро́венный,** -ая, -ое.

ЖАРО́К¹, -рка́, *м.* (обл.). Травянистое растение сем. лютиковых с яркими жёлтыми цветками.

ЖАРО́К² *см.* жар.

ЖАРОПОНИЖА́ЮЩИЙ, -ая, -ее. Понижающий жар (в 4 знач.). *Жаропонижающие средства. Принять жаропонижающее* (сущ.).

ЖАРОПРО́ЧНЫЙ, -ая, -ое; -чен, -чна (спец.). Выдерживающий большие механические нагрузки при высоких температурах. *Ж. сплав.* ‖ *сущ.* **жаропро́чность,** -и, *ж.*

ЖАР-ПТИ́ЦА, -ы, *ж.* В русских сказках: птица необыкновенной красоты с ярко светящимися перьями. *Найти (достать) перо жар-птицы* (перен.: о счастье, удаче).

ЖАРЫ́НЬ, -и, *ж.* (прост.). Очень жаркая погода. *В самую ж.* (в самый зной).

ЖАСМИ́Н, -а, *м.* Садовый кустарник сем. маслиновых с белыми душистыми цветками. ‖ *прил.* **жасми́нный,** -ая, -ое *и* **жасми́новый,** -ая, -ое. *Жасминовое масло.*

ЖА́ТВА, -ы, *ж.* **1.** *см.* жать². **2.** Уборка зерновых. *Готовиться к жатве.* **3.** Время такой уборки. *Наступает ж.* **4.** Собранный во время такой уборки урожай. *Обильная ж.*

ЖА́ТКА, -и, *ж.* Жатвенная машина.

ЖАТЬ¹, жму, жмёшь; жа́тый; *несов.* **1.** *кого-что.* Давить, стискивать; прижимать. *Ж. руку. Ж. противника к реке* (перен.: теснить). **2.** (1 и 2 л. не употр.), *что.* О платье, обуви: быть тесным. *Сапог жмёт ногу. В плечах жмёт* (безл.). **3.** *что.* Давить для выделения жидкости, для получения сока, масла. *Ж. виноград. Ж. сок из лимона.* **4.** (1 и 2 л. не употр.), *кого-что.* То же, что поджимать (в 3 знач.) (разг.). *Сроки жмут.* **5.** Употр. для обозначения быстрого, энергичного действия (прост.). *Стараемся закончить работу к сроку: жмём! Ж. на всю катушку* (стараться изо всех сил).

ЖАТЬ², жну, жнёшь; жа́тый; *несов., что.* Срезать под корень (стебли зерновых). *Ж. хлеб машинами. Ж. серпом.* ‖ *сов.* **сжать,** сожну́, сожнёшь; сжа́тый. ‖ *сущ.* **жа́тва,** -ы, *ж.* ‖ *прил.* **жа́твенный,** -ая, -ое.

ЖА́ТЬСЯ, жмусь, жмёшься; *несов.* **1.** Съёживаться, стараясь занять меньше места. *Ж. в углу. Ж. от холода.* **2.** Придвигаться близко к кому-чему-н. *Ребёнок жмётся к матери. Ж. к стене.* **3.** *перен.* Быть в нерешительности, мяться² (разг.). *Жмётся, не зная, что ответить.* **4.** Скупиться, экономить (в 1 знач.) (разг.). *Ж. из-за каждой копейки.*

ЖА́ХНУТЬ, -ну, -нешь; *сов., кого (что* (прост.). Сильно ударить. *Ж. по спине.*

ЖБАН, -а, *м.* Род кувшина с крышкой ‖ *прил.* **жба́нный,** -ая, -ое.

ЖВА́ЛА и ЖВА́ЛЫ, жвал, *ед.* жва́ло, -а *ср.* (спец.). Верхние передние челюсти у насекомых и ракообразных животных ‖ *прил.* **жва́льный,** -ая, -ое.

ЖВА́ЧКА, -и, *ж.* **1.** У жвачных парнокопытных животных: пережевывание возвращающейся из желудка пищи, а такж сама эта пища. *Жевать жвачку.* **2.** Жевательная резинка (разг.). **3.** *перен.* Нудно повторение одного и того же (разг. пренебр.). *Пережевывание надоевшей жвачки*

ЖВА́ЧНЫЙ, -ая, -ое. О нек-рых парнокопытных животных (полорогих, оленях жирафах и др.): пережёвывающий жвачку *Жвачные животные. Подотряд жвачны* (сущ.).

ЖГУТ, -а́, *м.* **1.** Туго, подобно верёвке, закрученная полоса какого-н. мягкого материала. *Соломенный ж. Закрутить ткан жгутом (в жгут).* **2.** Медицинская повязка, перетягивающая конечность. *Наложить ж. Резиновый ж.* ‖ *уменьш.* **жгу́тик** -а, *м.* (к 1 знач.). ‖ *прил.* **жгу́товый,** -ая, -о *и* **жгуто́вый,** -ая, -ое.

ЖГУ́ТИК, -а, *м.* **1.** *см.* жгут. **2.** У низши организмов: орган передвижения в вид нитевидного выроста (спец.). ‖ *прил* **жгу́тиковый,** -ая, -ое. *Класс жгутиковы* (сущ.).

ЖГУ́ЧИЙ, -ая, -ее; жгуч. **1.** Такой, к-ры жжёт, вызывает ощущение жжения. *Жгучие лучи солнца. Ж. мороз. Жгучая бол* (также вообще о сильной боли). **2.** *перен* Сильно переживаемый, острый. *Ж. стыд Жгучее любопытство. Ж. вопрос* (очен злободневный). ✦ **Жгучий брюнет** — человек с совершенно чёрными волосами ‖ *сущ.* **жгу́честь,** -и, *ж.*

ЖДАТЬ, жду, ждёшь; ждал, ждала́, жда́ло жда́нный; *несов.* **1.** *кого-что* или *кого-чего* Быть где-н., в каком-н. состоянии, рассчитывая на появление кого-чего-н. *Ж. друзей Ж. поезда. Ж. писем. Давно жданный гость Не заставил себя долго ж.* (скоро пришел) *Жду не дождусь* (жду с нетерпением; разг.) **2.** *с чем.* Не спешить с выполнением чего-н., медлить. *Ж. с решением. Время* (ил *дело) не ждёт* (нельзя медлить, мешкать) **3.** *чего.* Надеяться на что-н., стремиться получить что-н. *Ж. награды. Не ж. пощады.* **4** *чего* и *с союзом «что».* Предполагать, что что-н. произойдёт, случится, а также вообще предполагать, считать. *Ж. бури. Ждали что он будет хорошим специалистом.* **5.** (1 и 2 л. не употр.), *кого (что).* О том, что должно произойти, случиться. *Предател ждёт кара. Победителей конкурса ждут награды. Что ждёт меня?* (что будет с мной?). **6. жди(те)!** Выражение уверенности в том, что что-н. не произойдёт, н нужно и ждать (разг.). *Поможет он жди(те)!* (т. е. конечно не поможет) ✦ **Того и жди** (разг.) — то же, что того гляди.

ЖЕ. **1.** *союз.* Употр. при противопоставлении двух предложений в знач. союза «а» (1 знач.). *Я уезжаю, товарищ же остаётся* **2.** *союз.* Употр. для присоединения вставного предложения. *Когда мы приехали (приехали же мы летом), стояла солнечна погода.* **3.** *частица.* Подчеркивает сказанное с нек-рым оттенком раздражения, недовольства по поводу того, что приходитс говорить об известном, очевидном, повторять сказанное, напоминать или требоват снова. *Ты же знаешь, что этого нельзя* *лать.Я же не спорю, не нужно сердиться. Дождь же, надень плащ.* **4.** *частица.* Выражает полное совпадение, идентификацию. *Всё те же лица. Остался там же, где был. Погода такая же, как вчера.*

ЖЕВА´ТЬ, жую́, жуёшь; жёванный; *несов., кого-что.* Растирать зубами и движениями языка, разминать во рту. *Ж. пищу. Ж. жвачку* (также перен.: повторять одно и то же; разг. пренебр.). *Ж. губами* (в нерешительности или раздумывая, сжимать и разжимать губы; разг.). ‖ *прил.* **жева́тельный**, -ая, -ое. *Жевательные движения. Жевательная резинка* (для жевания).

ЖЕВА´ЧКА, -и, *ж.* В детской речи: жевательная резинка, жвачка (во 2 знач.).

ЖЕЗЛ, -а́ *и* -а, *м.* **1.** Трость, короткая палка, обычно украшенная, служащая символом власти, почётного положения. *Фельдмаршальский ж.* **2.** (-а́). Стержень, вручаемый машинисту на железных дорогах как разрешение продолжать путь (спец.). **3.** (-а́). Короткая палка, к-рой регулировщик движения даёт указания транспорту, пешеходам (спец.). ‖ *прил.* **жезлово́й**, -а́я, -о́е (ко 2 знач.). *Жезловая система регулирования движения.*

ЖЕЛА´ЕМЫЙ, -ая, -ое. Такой, к-рый желателен, нужен (см. нужный в 4 знач.). *Выдавать желаемое* (сущ.) *за действительное.* ‖ *сущ.* **жела́емость**, -и, *ж.*

ЖЕЛА´НИЕ, -я, *ср.* **1.** Влечение, стремление к осуществлению чего-н., обладанию чем-н. *Ж. учиться. Заветное ж. Гореть желанием. Исполнение желаний. Ж. успеха. При всём желании* (хотя и очень хочется). **2.** Просьба, пожелание. *Исполни моё последнее ж.*

ЖЕЛА´ННЫЙ, -ая, -ое; -а́нен, -а́нна. **1.** Такой, к-рого желают, ожидаемый. *Ж. гость. Желанная весть. Ж. успех.* **2.** *полн. ф.* Милый, любимый (чаще в обращении) (устар.). *Ж. друг!* ‖ *сущ.* **жела́нность**, -и, *ж.* (к 1 знач.).

ЖЕЛА´ТЕЛЬНЫЙ, -ая, -ое; -лен, -льна. **1.** Нужный, соответствующий желаниям, интересам. *Желательное решение.* **2.** **жела́тельно**, *в знач. сказ., с неопр. и с союзом «чтобы».* Целесообразно, необходимо (книжн.). *Желательно получить ответ. Желательно, чтобы всё уладилось. Мне желательно знать, что произошло.* ‖ *сущ.* **жела́тельность**, -и, *ж.* (к 1 знач.).

ЖЕЛАТИ´Н, -а, *м.* и **ЖЕЛАТИ´НА**, -ы, *ж.* Прозрачное вещество, образующее студенистую массу (обычно в тонких пластинках или гранулах), употр. в кулинарии, фотографии и других областях. ‖ *прил.* **желати́новый**, -ая, -ое *и* **желати́нный**, -ая, -ое.

ЖЕЛА´ТЬ, -а́ю, -а́ешь; *несов.* **1.** *чего, кого-что* (с конкретными сущ., разг.), *с неопр.* или *с союзом «чтобы».* Испытывать желание, хотеть. *Ж. признания. Желаю знать. Желаю, чтобы он вернулся. Желаете кофе или чаю? Ж. невыполнимого. Много желающих* (сущ.) *попасть на выставку. Оставляет ж. лучшего* или *многого* (о чём-н., что в настоящем своём виде недостаточно хорошо). **2.** *кому кого-чего* или *с неопр.* Высказывать какие-н. пожелания. *Ж. счастья. Желаю вам хорошо отдохнуть.* ‖ *сов.* **пожела́ть**, -а́ю, -а́ешь.

ЖЕЛВА´К, -а́, *м.* Твёрдая шишка (во 2 знач.); вздутие, выпуклость на теле. ‖ *прил.* **желва́чный**, -ая, -ое.

ЖЕЛЕ´, *нескл., ср.* **1.** Сладкое студенистое кушанье из фруктовых соков, сливок, сметаны, приготовляемое с желатином. **2.** Студенистое кушанье из сгустившегося мясного или рыбного навара. *Язык в ж.* ‖ *прил.* **желе́йный**, -ая, -ое (спец.). *Ж. мармелад. Желейные сорта конфет.*

ЖЕЛЕЗА´, -ы́, *мн.* же́лезы, желёз, железа́м, *ж.* Орган, вырабатывающий и выделяющий гормоны или другие вещества, обеспечивающие жизнедеятельность организма. *Железы внутренней секреции. Грудная ж. Слюнная ж.* ‖ *уменьш.* **желёзка**, -и, *ж.* ‖ *прил.* **желе́зистый**, -ая, -ое (спец.). *Ж. эпителий.*

ЖЕЛЕ´ЗИСТЫЙ[1], -ая, -ое (спец.). Содержащий железо (в 1 знач.). *Ж. источник.*

ЖЕЛЕ´ЗИСТЫЙ[2] *см.* железа.

ЖЕЛЕ´ЗКА, -и, *ж.* (разг.). Кусок железа, железный предмет. ✦ **На всю железку** (прост.) — изо всех сил или очень сильно, громко, быстро. *Жми на всю железку!*

ЖЕЛЕЗНОДОРО´ЖНИК, -а, *м.* Работник железнодорожного транспорта. ‖ *ж.* **железнодоро́жница**, -ы.

ЖЕЛЕЗНОДОРО´ЖНЫЙ, -ая, -ое. Относящийся к железной дороге. *Ж. транспорт. Ж. путь. Железнодорожные службы.*

ЖЕЛЕ´ЗНЫЙ, -ая, -ое. **1.** *см.* железо. **2.** *перен.* Сильный, крепкий. *Железное здоровье. Железные мускулы.* **3.** *перен.* Твёрдый, непреклонный, неотразимый. *Железная воля. Железная дисциплина. Железная логика. Железные доводы.* **4.** **желе́зно**, *нареч.* Твёрдо, с полной уверенностью (прост.). *Обещать железно.* **5.** **желе́зно**, *частица.* Непременно, обязательно (прост.). *Сказал, значит сделаю. Железно!* ✦ **Железная дорога** — 1) рельсовый путь для движения поездов. *Магистральная железная дорога. Городская железная дорога;* 2) транспортное предприятие для перевозок пассажиров и грузов по таким путям. *Служить на железной дороге.*

ЖЕЛЕЗНЯ´К, -а́, *м.* Железная руда (только в сочетании с прил.). *Магнитный ж. Красный ж. Бурый ж.*

ЖЕЛЕ´ЗО, -а, *ср.* **1.** Химический элемент, серебристо-белый металл, главная составная часть чугуна и стали. **2.** Изделия из такого металла. *Кровельное ж.* **3.** Лекарство, содержащее препараты такого химического элемента. *Принимать ж.* ‖ *прил.* **желе́зный**, -ая, -ое (к 1 и 2 знач.). *Железная руда. Ж. гвоздь. Ж. век* (период древней культуры, характеризующийся производством орудий труда и оружия из железа).

ЖЕЛЕЗОБЕТО´Н, -а, *м.* **1.** Монолитное соединение бетона и стальной арматуры, применяемое в строительстве. **2.** *собир.* Конструкции, изделия из такого материала. *Сборный ж.* ‖ *прил.* **железобето́нный**, -ая, -ое (к 1 знач.).

ЖЕЛЕЗОБЕТО´ННЫЙ, -ая, -ое. **1.** *см.* железобетон. **2.** *перен.* Негибкий, жёсткий и прямолинейный (разг.). *Железобетонная логика.*

ЖЕЛЕЗЯ´КА, -и, *ж.* (прост.). То же, что железка. *Валяется какая-то ж.*

ЖЕЛНА´, -ы́, *ж.* Крупная птица сем. дроздовых, чёрный дятел.

ЖЕЛО´БЧАТЫЙ, -ая, -ое. Имеющий форму желоба. *Желобчатая черепица.*

ЖЕЛО´НКА, -и, *ж.* (спец.). Цилиндрический инструмент для подъёма из скважин жидкости, песка и буровой грязи. ‖ *прил.* **жело́ночный**, -ая, -ое.

ЖЕЛТЕ´ТЬ, -е́ю, -е́ешь; *несов.* **1.** Становиться жёлтым, желтее. *Листья желтеют.* **2.** (1 и 2 л. не употр.). О чём-н. жёлтом: виднеться. *Вдали желтеет рожь.* ‖ *сов.* **пожелте́ть**, -е́ю, -е́ешь (к 1 знач.).

ЖЕЛТЕ´ТЬСЯ (-е́юсь, -е́ешься, 1 и 2 л. не употр.), -е́ется; *несов.* То же, что желтеть (во 2 знач.).

ЖЕЛТИЗНА´, -ы́, *ж.* Жёлтый цвет, оттенок. *Отливать желтизной.*

ЖЕЛТИ´НКА, -и, *ж.* (разг.). Желтоватый оттенок, жёлтое пятнышко. *Цвет белый с желтинкой.*

ЖЕЛТИ´ТЬ, -лчу́, -лти́шь; *несов., что.* Делать жёлтым, красить или пачкать в жёлтый цвет. ‖ *сов.* **вы́желтить**, -лчу, -лтишь; -лченный *и* **зажелти́ть**, -лчу́, -лти́шь; -лчённый (-ён, -ена́).

ЖЕЛТО´К, -тка́, *м.* Окружённое белком густое жёлтое вещество птичьего яйца. ‖ *прил.* **желтко́вый**, -ая, -ое *и* **желто́чный**, -ая, -ое.

ЖЕЛТОКО´ЖИЙ, -ая, -ее; -о́ж. С жёлтой кожей.

ЖЕЛТОЛИ´ЦЫЙ, -ая, -ее; -и́ц. С жёлтым лицом.

ЖЕЛТОРО´ТЫЙ, -ая, -ое; -о́т. **1.** О птенцах: с желтизной около клюва. *Ж. воробей.* **2.** *перен.* Ещё совсем не опытный, наивный. *Ж. юнец.* ‖ *сущ.* **желторо́тость**, -и, *ж.* (ко 2 знач.).

ЖЕЛТО´ЧНЫЙ, -ая, -ое. **1.** *см.* желток. **2.** Густо-жёлтый, цвета яичного желтка.

ЖЕЛТУ´ХА, -и, *ж.* **1.** Пожелтение кожи и слизистых оболочек при болезнях печени и желчных путей. **2.** То же, что вирусный гепатит. ‖ *прил.* **желту́шный**, -ая, -ое.

ЖЕЛТЯ´К, -а́, *м.* (прост.). Перезрелый жёлтый огурец.

ЖЕЛУ´ДОК, -дка, *м.* Орган пищеварения — расширенный отдел пищеварительного канала, следующий за пищеводом. *Действие желудка. Несварение, расстройство желудка.* ‖ *уменьш.* **желу́дочек**, -чка, *м.* ‖ *прил.* **желу́дочный**, -ая, -ое. *Ж. сок* (пищеварительный сок, выделяемый слизистой оболочкой желудка).

ЖЕЛУ´ДОЧЕК, -чка, *м.* **1.** *см.* желудок. **2.** Отдел сердца, регулирующий движение крови по кровеносной системе. *Правый, левый ж.* **3.** Полость в головном (а также спинном) мозге, заполненная спинномозговой жидкостью. ‖ *прил.* **желу́дочковый**, -ая, -ое (спец.).

ЖЕМА´НИТЬСЯ, -нюсь, -нишься *и* **ЖЕМА´ННИЧАТЬ**, -аю, -аешь; *несов.* (разг.). Вести себя жеманно.

ЖЕМА´ННИК, -а, *м.* (разг.). Человек, к-рый жеманничает. ‖ *ж.* **жема́нница**, -ы. ‖ *прил.* **жема́ннический**, -ая, -ое.

ЖЕМА´ННЫЙ, -ая, -ое; -нен, -нна. Лишённый простоты и естественности, манерный. *Жеманная речь. Жеманное поведение.* ‖ *сущ.* **жема́нность**, -и, *ж.*

ЖЕМА´НСТВО, -а, *ср.* Жеманное поведение.

ЖЕ´МЧУГ, -а, *мн.* -а́, -о́в, *м.* Твёрдое, состоящее преимущ. из перламутра образование в двустворчатых раковинах нек-рых моллюсков в виде зёрен, обычно перламутрового (реже чёрного) цвета, употр. как драгоценное украшение. *Морской, речной ж. Искусственный ж. Ж.* или *жемчуга́ на шее* (нитка жемчужин). *Ж. зубов* (перен.: о белизне и яркости зубов). ‖ *прил.* **жемчу́жный**, -ая, -ое. *Жемчужная раковина.*

ЖЕМЧУ´ЖИНА, -ы, *ж.* **1.** Одно зерно жемчуга. **2.** *перен., чего.* Сокровище, лучшее украшение (высок.). *Ж. русской поэзии. Архитектурная ж.*

ЖЕМЧУ´ЖНИЦА, -ы, *ж.* Двустворчатый моллюск, в раковине к-рого образуется жемчуг.

ЖЕМЧУ́ЖНО-... *Первая часть сложных слов со знач.* жемчужный (во 2 знач.), с блестяще-белым оттенком, напр. *жемчужно-белый.*

ЖЕМЧУ́ЖНЫЙ, -ая, -ое. **1.** *см.* жемчуг. **2.** Чисто-белый с блеском, напоминающим жемчуг. *Жемчужные зубы. Жемчужная пена.* ‖ *сущ.* **жемчу́жность,** -и, *ж.*

ЖЕНА́, -ы́, *мн.* жёны, жён, жёнами, *ж.* **1.** Женщина по отношению к мужчине, с к-рым она состоит в официальном браке (к своему мужу). *Брать в жёны* (жениться; устар.). **2.** То же, что женщина (в 1 знач.) (устар. высок.). *Славные жёны отчизны.* ‖ *уменьш.-ласк.* **жёнка,** -и, *ж.* (к 1 знач.) *и* **жёнушка,** -и, *ж.* (к 1 знач.). ‖ *прил.* **же́нин,** -а, -о (к 1 знач.).

ЖЕНА́ТИК, -а, *м.* (прост. шутл.). Женатый человек (обычно о молодожене).

ЖЕНА́ТЫЙ, -ая, -ое; -а́т. О мужчине, а также (мн.) о муже и жене: состоящий в браке. *Женатые люди. Женат на студентке.*

ЖЕНИ́ТЬ, женю́, же́нишь; *сов.* и *несов., кого на ком.* Содействовать женитьбе, помочь (-огать) или заставить (-влять) жениться. *Ж. сына. Без меня меня женили* (о том, кем распорядились без его ведома; разг. шутл.).

ЖЕНИ́ТЬСЯ, женю́сь, же́нишься; *сов.* и *несов.* **1.** *на ком.* О мужчине: вступить (-пать) в брак[1]. *Сын женится.* **2.** (ед. ч. не употр.). Вступить (-пать) в брак[1] (разг.). *Сосед с соседкой женятся.* ‖ *сов.* также **пожени́ться,** -же́нимся, -же́нитесь (ко 2 знач.). ‖ *сущ.* **жени́тьба,** -ы, *ж.*

ЖЕНИ́Х, -а́, *м.* Мужчина, вступающий в брак или намеревающийся жениться. *Смотреть женихом* (перен.: иметь счастливый вид; разг.). *Сын уже ж.* (достиг брачного возраста). ‖ *уменьш.-уничиж.* **женишо́к,** -шка́, *м.* ‖ *прил.* **жениховско́й,** -ая, -ое (разг.). *Ж. вид* (счастливый, довольный).

ЖЕНИХА́ТЬСЯ, -а́юсь, -а́ешься; *несов.* (прост. и обл.). Быть женихом, вести себя как жених.

ЖЕНОЛЮ́Б, -а, *м.* (устар.). Человек, к-рый любит ухаживать за женщинами.

ЖЕНОЛЮБИ́ВЫЙ, -ая, -ое; -и́в (устар.). Любящий женщин, любящий ухаживать за ними. ‖ *сущ.* **женолю́бие,** -я, *ср.*

ЖЕНОНЕНАВИ́СТНИК, -а, *м.* (книжн.). Человек, к-рый ненавидит женщин, избегает их. ‖ *прил.* **женоненави́стнический,** -ая, -ое.

ЖЕНОНЕНАВИ́СТНИЧЕСТВО, -а, *ср.* Образ мыслей, поведение женоненавистника. ‖ *прил.* **женоненави́стнический,** -ая, -ое.

ЖЕНОПОДО́БНЫЙ, -ая, -ое; -бен, -бна. О мужчине, его внешности: подобный женщине, такой, как у женщины. *Женоподобная фигура. Женоподобное лицо.* ‖ *сущ.* **женоподо́бность,** -и, *ж.*

ЖЕНОУБИ́ЙСТВО, -а, *ср.* (книжн.). Убийство своей жены.

ЖЕНОУБИ́ЙЦА, -ы, *м.* (книжн.). Убийца своей жены.

ЖЕ́НСКИЙ, -ая, -ое. **1.** *см.* женщина. **2.** Такой, как у женщины, характерный для женщины. *Ж. характер. Женская ласка.* ➤ **Женский род** — грамматическая категория: 1) у имён (в 6 знач.): класс слов, характеризующийся своими особенностями склонения, согласования и (в части слов, называющих одушевлённые предметы) способностью обозначать отнесённость к женскому полу, напр. *(добрая) жена, (сырая) земля, (тёмная) ночь;* 2) у глаголов: формы ед. числа прош. времени и сослагательного накл., обозначающие отнесённость действия к имени (в 6 знач.) такого класса или к лицу женского пола, напр. *зима наступила, дочь пришла (пришла бы).* ‖ *сущ.* **же́нскость,** -и, *ж.* (спец.).

ЖЕ́НСТВЕННЫЙ, -ая, -ое; -вен, -венна. С качествами, свойствами женщины, мягкий, нежный, изящный. *Женственная натура. Женственная внешность.* ‖ *сущ.* **женственность,** -и, *ж.*

ЖЕ́НЩИНА, -ы, *ж.* **1.** Лицо, противоположное мужчине по полу, та, к-рая рожает детей и кормит их грудью. *Ж. равноправна с мужчиной. Ж.-мать. Ищите женщину!* (говорится как намёк на то, что какое-н. неясное, запутанное дело не обошлось без женского участия; шутл.). **2.** Лицо женского пола, вступившее в брачные отношения. *Она стала женщиной.* ‖ *прил.* **же́нский,** -ая, -ое. *Ж. пол. Женские болезни. Международный ж. день* (8 Марта).

ЖЕНЬШЕ́НЬ, -я, *м.* Дальневосточное многолетнее травянистое растение, корень к-рого применяется в медицине как лечебное и тонизирующее средство. *Ж. — корень жизни.* ‖ *прил.* **женьше́невый,** -ая, -ое. *Женьшеневые плантации.*

ЖЕРДИ́НА, -ы, *ж.* (разг.). То же, что жердь.

ЖЕРДЬ, -и, *мн.* -и, -е́й, *ж.* Шест из длинного тонкого ствола дерева. *Худой, длинный как ж. кто-н.* (очень худой, очень высокий). ‖ *уменьш.* **жёрдочка,** -и, *ж.* ‖ *прил.* **жердево́й,** -а́я, -о́е *и* **жердяно́й,** -а́я, -о́е.

ЖЕРЕБЕ́Ц, -бца́, *м.* Самец лошади, достигший половой зрелости. *Заводской ж. Вон ты ж. какой стал!* (перен.: о рослом, сильном мужчине; прост.). ‖ *уменьш.* **жере́бчик,** -а, *м.* ‖ *прил.* **жеребцо́вый,** -ая, -ое.

ЖЕРЕБЁНОК, -нка, *мн.* -бя́та, -бя́т, *м.* Детёныш лошади, а также нек-рых других копытных (ослицы, лосихи, верблюдицы). ‖ *прил.* **жеребя́чий,** -ья, -ье. *Жеребячья радость* (перен.: непосредственно и живо выражаемая; разг.).

ЖЕРЕБИ́ТЬСЯ (-блю́сь, -би́шься, 1 и 2 л. не употр.), -би́тся; *несов.* О кобыле и самках нек-рых других копытных (ослице, лосихе, верблюдице): рождать детёныша. ‖ *сов.* **ожереби́ться** (-блю́сь, -би́шься, 1 и 2 л. не употр.), -би́тся.

ЖЕРЕБО́К, -бка́, *м.* (спец.) Шкурка жеребёнка-недоноска, а также жеребёнка-сосунка. ‖ *прил.* **жеребко́вый,** -ая, -ое.

ЖЕРЕБЬЁВКА, -и, *ж.* Решение какого-н. вопроса по жребию. *Назначить жеребьёвку.* ‖ *прил.* **жеребьёвочный,** -ая, -ое.

ЖЕ́РЕХ, -а, *м.* Пресноводная хищная рыба сем. карповых с красноватыми нижними плавниками. ‖ *прил.* **же́реховый,** -ая, -ое.

ЖЕРЁБАЯ, -рёба. О кобыле и самках нек-рых других копытных (ослице, лосихе, верблюдице): беременная. ‖ *сущ.* **жерёбость,** -и, *ж.*

ЖЕРЛИ́ЦА, -ы и **ЖЕ́РЛИЦА,** -ы, *ж.* Рыболовная снасть для ловли щук и других хищных рыб. *Ловить на жерлицу.* ‖ *прил.* **жерли́чный,** -ая, -ое.

ЖЕРЛО́, -а́, *мн.* же́рла, жерл, же́рлам, *ср.* **1.** В артиллерийском орудии: дульное отверстие ствола. *Ж. пушки.* **2.** Входное отверстие в печи. **3.** Отверстие глубокого канала, идущего от очага вулкана к кратеру (спец.).

ЖЕ́РТВА, -ы, *ж.* **1.** В древних религиях: приносимый в дар божеству предмет или живое существо (убиваемое), а также приношение этого дара (жертвоприношение). *Ж. богам.* **2.** Добровольный отказ от кого-чего-н. в чью-н. пользу, самопожертвование (высок.). *Принести себя в жертву семье.* **3.** *кого-чего.* О ком-н. страдающем от насилия, несчастья, неудачи. *Жертвы кораблекрушения. Тигр набросился на свою жертву. Пожар с человеческими жертвами. Пасть жертвой в борьбе.* **4.** То же, что пожертвование (стар.). ‖ *прил.* **же́ртвенный,** -ая, -ое (к 1 знач.). *Жертвенная кровь.*

ЖЕ́РТВЕННИК, -а, *м.* Место, на к-ром приносятся жертвы (в 1 знач.). *Возложить на ж.*

ЖЕ́РТВЕННЫЙ, -ая, -ое; -нен, -нна. **1.** *см.* жертва. **2.** Готовый на самопожертвование (высок.). *Жертвенное отношение к искусству.* ‖ *сущ.* **же́ртвенность,** -и *ж.*

ЖЕ́РТВОВАТЕЛЬ, -я, *м.* (устар.). Тот, кто жертвует что-н. (в 1 знач.). ‖ *ж.* **же́ртвовательница,** -ы.

ЖЕ́РТВОВАТЬ, -твую, -твуешь; *несов.* **1.** *что.* Приносить в дар, безвозмездно делать вклад куда-н. *Ж. деньги, ценности на что-н.* **2.** *кем-чем.* Подвергать опасности; поступаться кем-чем-н. ради кого-чего-н. *Ж. собой. Ж. жизнью, здоровьем. Ж. пешку* (в шахматной игре). ‖ *сов.* **поже́ртвовать,** -твую, -твуешь. ‖ *сущ.* **же́ртвование,** -я, *ср.* (к 1 знач.) *и* **поже́ртвование,** -я, *ср.* (к 1 знач.).

ЖЕРТВОПРИНОШЕ́НИЕ, -я, *ср.* Обряд принесения жертвы божеству. *Совершать ж.*

ЖЕСТ, -а, *м.* **1.** Движение рукой или другое телодвижение, что-н. выражающее или сопровождающее речь. *Решительный, выразительный, энергичный ж. Язык жестов* (линейный язык, передающий сообщение посредством жестов). *Театр жестов* (пантомима). **2.** *перен.* Поступок, рассчитанный на внешний эффект. *Его согласие — только благородный ж.* ‖ *прил.* **же́стовый,** -ая, -ое (к 1 знач.; спец.). *Жестовая речь.*

ЖЕСТИКУЛИ́РОВАТЬ, -рую, -руешь; *несов.* Делать жесты, движения руками. *Оживленно ж.*

ЖЕСТИКУЛЯ́ЦИЯ, -и, *ж.* Манера жестикулировать; жесты. *Энергичная ж.* ‖ *прил.* **жестикуляцио́нный,** -ая, -ое *и* **жестикулято́рный,** -ая, -ое (спец.).

ЖЕСТКОКРЫ́ЛЫЕ, -ых (спец.). То же, что жуки. *Отряд жесткокрылых.*

ЖЕСТО́КИЙ, -ая, -ое; -о́к; жесто́че; жесточа́йший. **1.** Крайне суровый, безжалостный, беспощадный. *Ж. враг. Жестокие нравы. Ж. человек.* **2.** *перен.* Очень сильный, превосходящий обычное. *Ж. мороз. Жестокая засуха. Жестокая борьба. Жестокая необходимость* (тягостная и непреодолимая). ‖ *сущ.* **жесто́кость,** -и, *ж.*

ЖЕСТОКОСЕ́РДНЫЙ, -ая, -ое; -ден, -дна (высок.) и (устар.) **ЖЕСТОКОСЕ́РДЫЙ,** -ая, -ое; -е́рд. Жестокий, бессердечный, лишённый чувства жалости. ‖ *сущ.* **жестокосе́рдие,** -я, ср.

ЖЕСТО́КОСТЬ, -и, *ж.* **1.** *см.* жестокий. **2.** Жестокий поступок, обращение. *Допустить ж. Жестокости не прощаются.*

ЖЕСТЬ, -и, *ж.* Очень тонкая листовая сталь. ‖ *прил.* **жестяно́й,** -а́я, -о́е. *Жестяное ведро.*

ЖЕСТЯ́НКА, -и, *род. мн.* -нок, *ж.* **1.** Жестяная коробка, банка, вообще предмет обихода из жести. *Ж. из-под консервов. Черпать воду жестянкой. Старая, ржавая ж.* **2.** Кусочек жести (разг.). ‖ *прил.* **жестя́ночный,** -ая, -ое (к 1 знач.).

ЖЕСТЯ́НЩИК, -а и **ЖЕСТЯ́НИК,** -а, *м.* Мастер, изготовляющий изделия из жести.

ЖЕТО́Н, -а, *м.* Металлический кружок, значок, выдаваемый в память о каком-н.

событии, служащий условным (иногда также платёжным) знаком, призом. *Ж. метро.* ‖ *прил.* **жето́нный, -ая, -ое.**

ЖЕЧЬ, жгу, жжёшь, жгут; жёг, жгла; жги; жёгший; жжённый (-ён, -ена́); жёгши; *несов.* **1.** *кого-что.* Уничтожать огнём. *Ж. письма. Ж. деревни* (поджигать). **2.** *что.* Заставлять гореть (для отопления, освещения). *Ж. дрова. Ж. электричество. Ж. уголь* (обращать дерево в уголь под действием жара). **3.** (1 и 2 л. не употр.), *кого-что.* Действием чего-н. горячего, едкого или очень холодного производить ожог, ощущение ожога. *Солнце так и жжёт. Горчичник жжёт. Мороз жжёт щеки.* ‖ *сов.* **сжечь,** сожгу́, сожжёшь; сжёг, сожгла́; сжёгший; сожжённый (-ён, -ена́); сжёгши (к 1 и 3 знач.). ‖ *сущ.* **сожже́ние, -я,** *ср.* (к 1 знач.) и **жже́ние, -я,** *ср.* (к 1 и 3 знач.). *Сожжение на костре* (старинная казнь).

ЖЕ́ЧЬСЯ, жгусь, жжёшься, жгу́тся; жёгся, жглась; жёгшийся; *несов.* **1.** (1 и 2 л. не употр.). Вызывать ожог или ощущение жжения. *Утюг жжётся. Крапива жжётся.* **2.** Получать ожоги (разг.). *Ж. у плиты. Ж. об утюг.* ‖ *сов.* **обже́чься,** обожгу́сь, обожжёшься; обжёгся, обожгла́сь (ко 2 знач.). *Обжёгшись на молоке, дует (и) на́ воду* (посл. о запоздалых предосторожностях).

ЖЁВАНЫЙ, -ая, -ое. 1. Измельчённый зубами. *Ж. хлеб.* **2.** *перен.* Сильно измятый (разг.). *Жёваные брюки.*

ЖЁЛОБ, -а, *мн.* **-а́, -о́в,** *м.* **1.** Длинное полукруглое или прямоугольное углубление для стока, ссыпки чего-н. *Выдолбить ж. Деревянный, железный, каменный ж.* **2.** Углубление, впадина (спец.). *Глубоководные океанические желоба.* ‖ *уменьш.* **желобо́к, -бка́,** *м.* ‖ *прил.* **желобово́й, -а́я, -о́е** *и* **жёлобный, -ая, -ое.**

ЖЁЛТО-... *Первая часть сложных слов со знач.:* 1) жёлтый (в 1 знач.), с жёлтым оттенком, напр. *жёлто-бурый, жёлто-золотистый, жёлто-коричневый, жёлто-розовый;* 2) жёлтый (в 1 знач.), в сочетании с другим отдельным цветом, напр. *жёлто-серый, жёлто-синий, жёлто-красный.*

ЖЁЛТЫЙ, -ая, -ое; жёлт, желта́, жёлто *и* желто́. **1.** Цве́та яичного желтка. *Жёлтые листья* (осенние). *Жёлтая лихорадка* (острое вирусное заболевание тропических стран). **2.** О людях: с жёлтой кожей (как признак расы). *Жёлтая раса* (монголоидная; устар.).

ЖЁЛУДЬ, -я, *мн.* **-и, -е́й,** *м.* Плод дуба. ‖ *прил.* **желудёвый, -ая, -ое.** *Ж. кофе* (суррогат кофе).

ЖЁЛЧНЫЙ, -ая, -ое; -чен, -чна и **ЖЕ́ЛЧНЫЙ, -ая, -ое;** -чен, -чна. **1.** *см.* желчь. **2.** *перен.* Раздражительный, злой. *Ж. тон. Ж. характер. Разговаривать желчно* (нареч.). ‖ *сущ.* **жёлчность, -и,** *ж.* *и* **же́лчность, -и,** *ж.*

ЖЁЛЧЬ, -и и **ЖЕЛЧЬ, -и,** *ж.* **1.** Желто-зелёная горькая жидкость — секрет[3], вырабатываемый железистыми клетками печени. *Разлитие желчи. Ж. душит кого-н., поднялась в ком-н.* (перен.: о сильном раздражении, злости). **2.** *перен.* Раздражённое состояние, раздражение. *Говорить с желчью.* ‖ *прил.* **жёлчный, -ая, -ое** (к 1 знач.) *и* **же́лчный, -ая, -ое** (к 1 знач.). *Ж. пузырь.*

ЖЁРДОЧКА, -и, *ж.* **1.** *см.* жердь. **2.** Перекладина в птичьей клетке, а также насест. *Сидеть на жёрдочке.*

ЖЁРНОВ, -а, *мн.* жернова́, -о́в и (устар.) жёрновы, -ов, *м.* Мельничный каменный круг для перетирания, размола зёрен в муку. *Молоть на жерновах.* ‖ *прил.* **жерново́й, -а́я, -о́е.** *Ж. постав.*

ЖЁСТКИЙ, -ая, -ое; жёсток, жестка́, жёстко, жёстки *и* (разг.) жестки́; жёстче. **1.** Твёрдый, плотный на ощупь; не упругий. *Жёсткие стулья. Жёсткое мясо. Жёсткие волосы.* **2.** *полн. ф.* О транспортных средствах: с твёрдыми сидениями, полками. *Ж. вагон.* **3.** Суровый, грубоватый, резкий. *Ж. характер. Жёсткие черты лица.* **4.** Не допускающий отклонений, безоговорочный. *Ж. срок. Жёсткие условия.* **5.** О воде: насыщенный солями кальция и магния, не мягкий (в 7 знач.). ‖ *сущ.* **жёсткость, -и,** *ж.*

ЖЖЕ́НИЕ, -я, *ср.* **1.** *см.* жечь. **2.** Раздражающее ощущение жара в теле, на коже.

ЖЖЁНКА, -и, *ж.* Напиток, приготовляемый из рома или коньяка, пережигаемого с сахаром. ‖ *прил.* **жжёночный, -ая, -ое.**

ЖЖЁНЫЙ, -ая, -ое. Подвергшийся жжению, обожжённый. *Жжёная пробка. Ж. кофе. Ж. сахар.*

ЖИВА́ТЬ *см.* жить.

ЖИВЕ́Ц, -вца́, *м.* Маленькая живая рыбка, насаживаемая на крючок для ловли крупной рыбы. *Ловить на живца.* ‖ *прил.* **живцо́вый, -ая, -ое.**

ЖИВИ́НКА, -и, *ж.* (разг.). Живое, творческое начало в чём-н. *Ж. в деле.*

ЖИВИ́ТЕЛЬНЫЙ, -ая, -ое; -лен, -льна. Укрепляющий силы, оживляющий. *Ж. воздух. Живительные родники. Живительная влага.* ‖ *сущ.* **живи́тельность, -и,** *ж.*

ЖИВИ́ТЬ, -влю́, -ви́шь; *несов., кого-что* (книжн.). Оживлять, бодрить. *Лесной воздух живит.*

ЖИВИ́ЦА, -ы, *ж.* Смолистое вещество, выделяющееся при надрезе, повреждении из стволов хвойных деревьев. *Лиственничная ж.* ‖ *прил.* **живи́чный, -ая, -ое.** *Ж. скипидар.*

ЖИВМЯ́: живмя жить (устар. прост.) — жить, пребывать где-н. постоянно, никуда не отлучаясь.

ЖИ́ВНОСТЬ, -и, *ж., собир.* (разг.). Всякие мелкие живые существа, а также мелкий домашний скот и птица. *Домашняя ж.*

ЖИВОГЛО́Т, -а, *м.* (прост. презр.). Беспощадный и жестокий, своекорыстный человек. ‖ *ж.* **живогло́тка, -и.** ‖ *прил.* **живогло́тский, -ая, -ое.**

ЖИВОДЁР, -а, *м.* (прост. презр.). Жестокий человек [*первонач.* тот, кто сдирает кожу с убитых животных]. ‖ *ж.* **живодёрка, -и.** ‖ *прил.* **живодёрский, -ая, -ое.**

ЖИВОДЁРНЯ, -и, *род. мн.* -рен, *ж.* (устар.). Место, где убивают животных и снимают с них шкуры. *Отдать на живодёрню.*

ЖИВО́Й, -а́я, -о́е; жив, жива́, жи́во. **1.** Такой, к-рый живёт, обладает жизнью. *Живое существо. Старик ещё жив. Живые цветы* (не искусственные). *Живая природа. Живая изгородь* (из растений). *Жива память о прошлом* (перен.). *Не до жиру, быть бы живу* (посл.). **2.** *полн. ф.* Подлинный, самый настоящий. *Изобразить живых людей. Ж. пример героизма.* **3.** Деятельный, полный жизненной энергии. *Ж. темперамент. Ж. ребёнок. Ж. ум. Живое участие в чём-н. Живо* (нареч.) *отозваться на чью-н. просьбу.* **4.** Лёгкий и занимательный, выразительный. *Живое изложение. Живо* (нареч.) *описать что-н.* **5.** *полн.ф.* Отвечающий реальным потребностям, жизненный. *Живое дело. Живое начинание.* **6.** Остро переживаемый. *Живая обида. Живое воспоминание.* **7.** *кратк. ф., кем-чем.* Такой, к-рый существует благодаря кому-чему-н., черпает силу в ком-чём-н. *Жив надеждой. Жива только детьми. Чем только он жив?* (откуда берёт силы жить?). ✦ **Жив-здоров** (разг.) — вполне здоров и благополучен. **Живая очередь** — без предварительной записи. **Живая рана** — ещё не зажившая. **Живая сила** (спец.) — люди, животные (в отличие от механизмов, техники). **Живое о живом думает** — говорится в знач.: хотя умер кто-то близкий, но жизнь продолжается. **Живая душа** (разг.) — человек, тот, кто живёт. **Живой инвентарь** (спец.) — рабочий скот. **Живой вес** (спец.) — вес живого животного. **Живого места нет или не осталось** (разг.) — 1) *у кого,* о том, у кого много болезней или (также *на ком*) кто весь избит, изранен; 2) *у чего, на чём, в чём,* о том, что много раз переделывалось, исправлялось, менялось. *В рукописи живого места нет.* **По живому резать** (разг.) — действовать жёстко, жестоко, не считаясь с последствиями для других. **За живое задеть (затронуть)** и (разг.) **забрать (зацепить)** *кого* — 1) обидеть, уязвить; 2) взволновать, коснувшись чего-н. важного. **В живых** — среди живых, живущих. *Остаться в живых. В живых нет кого-н.* (умер). **На живую нитку** (разг.) — наскоро, непрочно, небрежно. *Сшить на живую нитку.* **Ни жив ни мёртв** *кто* (разг.) — о том, кто очень испуган или подавлен, оцепенел от страха, потрясения. *Притаилась за дверью ни жива ни мертва.* **Живая вода** — в сказках: оживляющая. **Живое предание** — устное, незаписанное. **Живой портрет** *чей* — о том, кто очень похож на кого-н. **Живой язык** — существующий, употребляющийся, в противоп. мёртвому, исчезнувшему. **Живой рукой** (прост.) — быстро, живо. *Живой рукой сделать что-н.* ‖ *сущ.* **жи́вость, -и,** *ж.* (к 3, 4 и 6 знач.). *Ж. ума. Ж. рассказа.*

ЖИВОПИСА́ТЬ, -сую́, -су́ешь; *сов.* и *несов., что* (устар.). Описать (-сывать) живо, картинно. *Ж. события.* ‖ *сущ.* **живописа́ние, -я,** *ср.*

ЖИВОПИ́СЕЦ, -сца, *м.* Художник, занимающийся живописью.

ЖИВОПИ́СНЫЙ, -ая, -ое; -сен, -сна. **1.** *см.* живопись. **2.** Красивый, достойный кисти художника. *Ж. вид. Живописная природа.* **3.** Яркий, образный, выразительный. *Ж. рассказ. Живописное сравнение.* ‖ *сущ.* **живопи́сность, -и,** *ж.*

ЖИ́ВОПИСЬ, -и, *ж.* **1.** Изобразительное искусство — создание художественных образов с помощью красок. *Уроки живописи. Школа живописи.* **2.** *собир.* Произведения этого искусства. *Стенная ж. Станковая ж.* ‖ *прил.* **живопи́сный, -ая, -ое.** *Живописная мастерская. Живописное искусство.*

ЖИВОРОДЯ́ЩИЙ, -ая, -ее (спец.). **1.** О животных: рождающий детёнышей, свободных от яйцевых оболочек. **2.** О растениях: такой, семена к-рого способны прорастать на материнской особи.

ЖИВОРЫ́БНЫЙ, -ая, -ое. Предназначенный для содержания или перевозки живой рыбы. *Ж. садок. Живорыбное судно.*

ЖИ́ВОСТЬ *см.* живой.

ЖИВО́Т[1], **-а́,** *м.* **1.** Часть тела, прилегающая к тазу, в к-рой расположены органы пищеварения. *Боль в животе. Ж. растёт у кого-н.* (толстеет кто-н.; разг.). *Острый ж.* (условное название остро протекающих заболеваний каких-н. органов брюшной полости; спец.). **2.** Желудок, кишечник (разг.). *Ж. болит. Животом мучиться* (страдать от болей в желудке, кишечнике; прост.). ‖ *уменьш.* **живо́тик, -а,** *м.* ✦ **Животики надорвёшь** (разг. шутл.) — о чём-н. очень смешном. *В цирке были — животики надорвали.*

ЖИВО́Т², -а́, *м.* (стар.). То же, что жизнь (во 2 знач.). *Не щадя (не жалея) живота своего. Не на ж., а на́ смерть* (не жалея жизни).

ЖИВОТВОРИ́ТЬ, -рю́, -ри́шь; *несов., кого-что* (устар.). Оживлять, бодрить. *Солнце животворит природу.* ‖ *сов.* **оживотвори́ть**, -рю́, -ри́шь; -рённый (-ён, -ена́).

ЖИВОТВО́РНЫЙ, -ая, -ое; -рен, -рна (высок.). Оживляющий, укрепляющий силы, энергию. *Животворное действие сна. Животворная сила любви.* ‖ *сущ.* **животво́рность**, -и, *ж.*

ЖИВОТИ́НА, -ы, *ж.* (прост.). То же, что животное (во 2 знач.) (обычно о домашнем животном). *Бессловесная ж.*

ЖИВОТНОВО́Д, -а, *м.* Специалист по животноводству.

ЖИВОТНОВО́ДСТВО, -а, *ср.* Отрасль сельского хозяйства — разведение сельскохозяйственных животных, ценных пушных зверей, рыб, пчёл и др. *Продуктивное ж.* ‖ *прил.* **животново́дческий**, -ая, -ое. *Ж. комплекс. Животноводческая ферма.*

ЖИВО́ТНОЕ, -ого, *ср.* **1.** Живой организм, существо, обладающее способностью двигаться и питающееся, в отличие от растений, готовыми органическими соединениями. *Типы и виды животных. Позвоночные, беспозвоночные животные. В мире животных. Царство животных* (одна из четырёх высших сфер органического мира; спец.). **2.** Такое живое существо, в противоп. человеку. *Домашние, сельскохозяйственные, промысловые, дикие животные. Хищные животные.* **3.** *перен.* О грубом, неразвитом и неумном человеке (разг. презр.).

ЖИВО́ТНЫЙ, -ая, -ое. **1.** Относящийся к живым существам, к животным. *Ж. мир. Ж. эпос* (о животных). *Ж. орнамент* (с изображением животных). *Ж. волос* (волос животных, идущий в производство). **2.** *перен.* Чисто физиологический, грубо чувственный, лишённый духовных интересов. *Ж. страх. Животная жизнь. Животные инстинкты.*

ЖИВОТРЕПЕ́ЩУЩИЙ, -ая, -ее; -ущ. Злободневный, важный в настоящий момент. *Ж. вопрос.*

ЖИВУ́ЧИЙ, -ая, -ее; -у́ч. **1.** Жизнеспособный, выносливый. *Живучее растение. Ж. организм.* **2.** Прочно сохраняющийся, устойчивый. *Ж. обычай.* ‖ *сущ.* **живу́честь**, -и, *ж.*

ЖИ́ВЧИК, -а, *м.* **1.** Живой, подвижной человек (разг.). **2.** Мужская половая клетка, сперматозоид (спец.). **3.** Заметное для глаза биение артерии (разг.). *Ж. на виске.*

ЖИВЬЁМ, *нареч.* (разг.). В живом состоянии. *Брать зверя ж.*

ЖИ́ДКИЙ, -ая, -ое; -док, -дка́, -дко; жи́же. **1.** *полн. ф.* Имеющий свойство течь. *Жидкие тела* (в отличие от твёрдых и газообразных). **2.** С большим количеством воды, водянистый; не крепкий, не насыщенный. *Ж. клей. Ж. суп. Ж. чай.* **3.** Редкий, не часто расположенный. *Ж. лес. Жидкие волосы.* **4.** *перен.* Недостаточный, неполноценный по величине, силе, жизненности, выразительности. *Жидкие мускулы. Ж. голос. Жидкое деревцо. Жидкие аргументы.* ‖ *сущ.* **жи́дкость**, -и, *ж.*

ЖИДКО... *Первая часть сложных слов со знач.:* 1) находящийся в жидком (в 1 знач.) состоянии, напр. *жидководородный, жидкогазовый, жидкокристаллический, жидкометаллический, жидкомолочный;* 2) жидкий (во 2 знач.), напр. *жидкотёртый;* 3) с жидким (в 3 знач.), редкий, не частый, напр. *жидковолосый;* 4) жидкий (в 4 знач.), слабый, напр. *жидкокостный, жидконогий, жидкотелый;* 5) относящийся к жидкости, жидкостный, напр. *жидкоподвижность, жидкоподвижный.*

ЖИ́ДКОСТЬ, -и, *ж.* **1.** *см.* жидкий. **2.** Вещество, обладающее свойством течь и принимать форму сосуда, в к-рый оно выливается. ‖ *прил.* **жи́дкостный**, -ая, -ое (спец.). *Ж. двигатель* (на жидком топливе).

ЖИДЫ́, -о́в, *ед.* жид, -а́, *м.* (устар. и прост.). То же, что евреи. ✦ **Вечный жид** (книжн.) — вечный скиталец [по средневековой легенде об Агасфере, обречённом на вечные скитания в наказание за то, что он поглумился над Иисусом Христом, когда тот нёс свой крест на Голгофу]. ‖ *ж.* **жидо́вка**, -и. ‖ *прил.* **жидо́вский**, -ая, -ое.

ЖИ́ЖА, -и, *ж.* **1.** Вязкая густоватая жидкость. *Глинистая ж. на дороге.* **2.** Жидкая, без гущи, часть супа, похлёбки, компота (разг.). ‖ *уменьш.* **жи́жица**, -ы, *ж.*

ЖИЗНЕ... *Первая часть сложных слов со знач.:* 1) относящийся к жизни (в 1 знач.), напр. *жизнеподобный;* 2) относящийся к жизни (во 2 знач.), к существованию, напр. *жизнедеятельность, жизнелюбие, жизнеопасный, жизнестойкий;* 3) относящийся к жизни (в 3 знач.), к жизненному пути, напр. *жизнеописание;* 4) относящийся к жизни (в 4 знач.), напр. *жизнеутверждающий;* 5) относящийся к жизни (в 5 знач.), к действительности, напр. *жизнепонимание, жизнетворчество, жизнеустройство.*

ЖИЗНЕДЕ́ЯТЕЛЬНЫЙ, -ая, -ое; -лен, -льна. **1.** Способный к жизненным отправлениям (спец.). *Ж. орган.* **2.** Живой, деятельный, энергичный (книжн.). *Ж. ум.* ‖ *сущ.* **жизнеде́ятельность**, -и, *ж.*

ЖИ́ЗНЕННЫЙ, -ая, -ое; -знен, -зненна. **1.** *см.* жизнь. **2.** Близкий к жизни, к действительности, реальный (во 2 знач.). *Ж. образ.* **3.** Важный для жизни, общественно необходимый. *Жизненно* (нареч.) *важный вопрос.* ‖ *сущ.* **жи́зненность**, -и, *ж.*

ЖИЗНЕОБЕСПЕ́ЧЕНИЕ, -я, *ср.* (спец.). Обеспечение сохранения и нормального протекания жизни. *Система жизнеобеспечения в космическом корабле. Ж. в условиях Севера.*

ЖИЗНЕОПИСА́НИЕ, -я, *ср.* Описание чьей-н. жизни, биография. *Краткое ж.*

ЖИЗНЕОЩУЩЕ́НИЕ, -я, *ср.* (книжн.). Восприятие окружающей действительности. *Радостное ж.*

ЖИЗНЕПОНИМА́НИЕ, -я, *ср.* (книжн.). Взгляды, в к-рых выражается отношение к жизни, к окружающему.

ЖИЗНЕРА́ДОСТНЫЙ, -ая, -ое; -тен, -тна. Не знающий уныния, радостный, бодрый. *Жизнерадостная молодёжь. Ж. характер.* ‖ *сущ.* **жизнера́достность**, -и, *ж.*

ЖИЗНЕСПОСО́БНЫЙ, -ая, -ое; -бен, -бна. Способный существовать и развиваться, приспособленный к жизни. *Ж. организм.* ‖ *сущ.* **жизнеспосо́бность**, -и, *ж.*

ЖИЗНЕУТВЕРЖДА́ЮЩИЙ, -ая, -ее; -ющ (высок.). Проникнутый бодростью, оптимистическим отношением к жизни. *Жизнеутверждающее искусство.*

ЖИЗНЬ, -и, *ж.* **1.** Совокупность явлений, происходящих в организмах, особая форма существования материи. *Возникновение жизни на Земле. Ж. Вселенной. Законы жизни.* **2.** Физиологическое существование человека, животного, всего живого. *Дать ж. кому-н.* (родить; высок.; также перен.). *Ж. растения. Даровать ж. кому-н.* (помиловать осуждённого; высок.). *Рисковать жизнью. Спасти кому-н. ж. Вопрос жизни и смерти* (наиважнейший). *Между жизнью и смертью* (в очень опасном для жизни положении). *Отдать ж. за кого-что-н.* (пожертвовать собой). *Положить (класть) ж. за кого-что-н.* (умереть, умирать за кого-что-н.). **3.** Время такого существования от его возникновения до конца, а также в какой-н. его период. *Короткая, долгая ж. В начале, в конце жизни. Под конец жизни* (в её конце). *Прервалась чья-н. ж. Ж. прожить — не поле перейти* (посл.). *Моя ж. в деревне.* **4.** Деятельность общества и человека в тех или иных её проявлениях. *Общественная ж. Семейная ж. Духовная ж. Кипучая ж.* **5.** Реальная действительность. *Провести решение в ж. Войти в ж.* (осуществиться). **6.** Оживление, проявление деятельности, энергии. *Улицы полны жизни. Больше жизни!* (призыв действовать энергичнее, живее; разг.). ✦ **Не на жизнь, а на́ смерть** (бороться, биться) (разг.) — до последней возможности, не жалея жизни. **Как жизнь?** (разг.) — как поживаете? **Ни в жизнь** (прост.) — никогда, ни за что. **Не от хорошей жизни** (разг.) — поневоле, вынужденно, под давлением обстоятельств. **Дать жизни** *кому* (прост.) — устроить что-н. неприятное. **Весёлую жизнь устроить** *кому* (разг. шутл.) — причинить неприятности. ‖ *прил.* **жи́зненный**, -ая, -ое (к 1, 2, 3 и 4 знач.).

ЖИ́ЛА¹, -ы, *ж.* **1.** Обиходное название кровеносных сосудов, сухожилий. *Жилы на лбу надулись. Рвать жилы* (много и напряжённо работать; прост.). **2.** Геологическое тело (в 4 знач.), образовавшееся в результате заполнения трещины горной породой, а также сама горная порода в такой трещине. *Золотоносная ж. Напасть на золотую жилу* (также перен.: о большой и неожиданной удаче). ✦ **Тянуть жилы** *из кого* (разг.) — мучить, изводить кого-н. непосильными занятиями, чем-н. нудным, томительным. ‖ *уменьш.* **жи́лка**, -и, *ж.* ‖ *прил.* **жи́льный**, -ая, -ое (спец.). *Жильная струна* (из жилы). *Жильные горные породы. Жильное золото.*

ЖИ́ЛА², -ы, *м. и ж.* (прост. презр.). Скупой, прижимистый человек, скряга.

ЖИЛЕ́Т, -а, *м.* **1.** Короткая мужская одежда без воротника и рукавов, поверх к-рой надевается пиджак, сюртук, фрак, а также женская одежда такого фасона. **2.** Специальный широкий пояс, надеваемый для удержания тела на воде. *Спасательный ж. Пробковый ж.* ‖ *прил.* **жиле́тный**, -ая, -ое.

ЖИЛЕ́ТКА, -и, *ж.* (разг.). То же, что жилет (в 1 знач.). *Плакать (и плакаться) в жилетку кому-н.* (перен: жаловаться на неудачи, несчастья, стараясь вызвать сочувствие; шутл.). ‖ *прил.* **жиле́точный**, -ая, -ое.

ЖИЛЕ́Ц, -льца́, *м.* Тот, кто занимает жилое помещение по найму. *Жильцы дома. Собрание жильцов. Пустить жильца* (сдать своё помещение внаём). ✦ **Не жилец** (разг.) — о человеке, к-рый долго не проживёт. ‖ *ж.* **жили́ца**, -ы *и* **жили́чка**, -и (разг.). ‖ *прил.* **жильцо́вский**, -ая, -ое.

ЖИ́ЛИСТЫЙ, -ая, -ое; -ист. **1.** Обильный жилами, сухожилиями. *Жилистое мясо.* **2.** Сухощавый и с выступающими жилами. *Ж. старик. Жилистые руки.* ‖ *сущ.* **жи́листость**, -и, *ж.*

ЖИЛИ́ЩЕ, -а, *ср.* Помещение, в к-ром живут, можно жить. *Благоустройство жилищ. Право на ж.* ‖ *прил.* **жили́щный**, -ая, -ое. *Жилищные условия.*

ЖИ́ЛКА, -и, *ж.* **1.** *см.* жила¹. **2.** Тонкая ветвеобразная прослойка в горной породе, дереве. *Мрамор с жилками.* **3.** Сосудик, утолщение в виде нити на листьях, на крыльях насекомых. **4.** Способность, склонность к какой-н. деятельности (разг.). *Артистическая ж.* ‖ *уменьш.* **жилочка**, -и, *ж.* ‖ *прил.* **жилочный**, -ая, -ое (ко 2 и 3 знач.).

ЖИЛО́Й, -а́я, -о́е. **1.** Предназначенный для жилья. *Жилое здание. Жилая площадь* (в квартире, доме: помещение, непосредственно используемое для жилья). **2.** Обитаемый, занятый под жильё. *Жилое помещение. Жилая комната.*

ЖИЛПЛО́ЩАДЬ, -и, *ж.* Сокращение: жилая площадь.

ЖИЛЬЁ, -я́, *ср.* **1.** Обитаемое место, где живут люди. *Вдали от человеческого жилья.* **2.** То же, что жилище (разг.). *Тесное ж. Отделать чердак под ж. Строить ж.* (жилые дома).

ЖИМ, -а, *м.* В тяжёлой атлетике: поднятие штанги на грудь, а затем над головой до полного выпрямления рук.

ЖИ́МОЛОСТЬ, -и, *ж.* Кустарниковое, иногда вьющееся, растение с душистыми цветками. ‖ *прил.* **жимолостный**, -ая, -ое. *Семейство жимолостных* (сущ.).

ЖИР, -а (-у), *предл.* о жи́ре, в жиру́, *мн.* -ы́, -о́в, *м.* Органическое соединение, нерастворяющееся в воде маслянистое вещество, один из основных компонентов клеток и тканей живых организмов. *Животные, растительные жиры. Рыбий ж.* (жидкий жир из печени тресковых рыб). *Гусиный ж. От жиру* (или *с жиру*) *лопаться* (быть очень тучным, жирным; прост. неодобр.). *Жиром оброс кто-н.* (также перен.: обленился от спокойной, сытой жизни; прост. неодобр.). *С жиру бесится кто-н.* (перен.: привередничает от сытой, обеспеченной жизни; разг.). ‖ *уменьш.* **жиро́к**, -рка́, *м.* ‖ *прил.* **жирово́й**, -а́я, -о́е. *Жировая ткань.*

ЖИРА́Ф, -а, *м.* и **ЖИРА́ФА**, -ы, *ж.* Африканское парнокопытное жвачное животное с очень длинной шеей и длинными ногами. *Семейство жирафов.* ‖ *прил.* **жира́фовый**, -ая, -ое.

ЖИРЕ́ТЬ, -е́ю, -е́ешь; *несов.* Становиться жирным, жирнее, толстеть. ‖ *сов.* **ожире́ть**, -е́ю, -е́ешь *и* **разжире́ть**, -е́ю, -е́ешь. ‖ *сущ.* **ожире́ние**, -я, *ср.*

ЖИ́РНЫЙ, -ая, -ое; -рен, -рна́, -рно, -рны *и* -рны́; жирнее. **1.** Обильный жирами, с большим количеством жира. *Ж. суп. Жирное мясо.* **2.** Толстый, тучный, ожиревший. *Ж. кот.* **3.** Грязный от жира. *Жирные руки.* **4.** *полн. ф.* Со следами жира. *Жирное пятно.* **5.** Насыщенный полезными веществами. *Ж. чернозём. Ж. уголь.* **6.** С толстыми линиями букв, знаков. *Ж. шрифт.* ✦ **Жирно будет** (прост. неодобр.) — этого слишком много, чересчур. ‖ *сущ.* **жи́рность**, -и, *ж.* (к 1 и 5 знач.; спец.).

ЖИРОВА́ТЬ, -ру́ю, -ру́ешь; *несов.* (спец.). **1.** *что.* Насыщать жировыми веществами. *Ж. шкуру, кожу.* **2.** О диких животных: нагуливать жир, кормиться или отдыхать в сытом состоянии. *Кабаны жируют в болотах.* **3.** О растениях, побегах: разрастаться в ущерб развитию плодов.

ЖИРОВИ́К, -а́, *м.* Жировая подкожная опухоль. *Удалить, вырезать ж.*

ЖИРО́ВКА, -и, *ж.* (разг.). Документ, по к-рому производится оплата, расчёт за пользование чем-н. ‖ *прил.* **жиро́вочный**, -ая, -ое.

ЖИРОТО́ПНЫЙ, -ая, -ое (спец.). Относящийся к вытапливанию жира. *Ж. котёл.*

ЖИТЕ́ЙСКИЙ, -ая, -ое. Обыденный, свойственный повседневной жизни. *Житейская мудрость. Дело житейское!* (это обычно, нечему удивляться; разг.). *Житейское море* (жизнь с её заботами; устар.).

ЖИ́ТЕЛЬ, -я, *м.* Человек, к-рый живёт, проживает где-н., обитатель. *Городской, сельский ж.* ‖ *ж.* **жительница**, -ы. ‖ *прил.* **жительский**, -ая, -ое.

ЖИ́ТЕЛЬСТВО, -а, *ср.* (офиц.). Проживание в каком-н. месте. *Иметь ж. где-н. Место постоянного жительства.*

ЖИ́ТЕЛЬСТВОВАТЬ, -твую, -твуешь; *несов.* (устар.). Жить, проживать в каком-н. месте.

ЖИТИЕ́, -я́, *мн.* -я́, -и́й, *ср.* **1.** То же, что жизнь (во 2 и 3 знач.) (стар.). *Мирное ж.* **2.** В старину: повествовательный жанр — описание жизни (лиц, канонизированных церковью). *Жития святых.* ‖ *прил.* **житийный**, -ая, -ое (ко 2 знач.). *Житийная литература.*

ЖИ́ТНИЦА, -ы, *ж.* **1.** Амбар, помещение для хлеба, зерна (устар.). **2.** *перен.* О хлебородной, богатой урожаями области, снабжающей другие местности (высок.). *Зерновая ж. страны.*

ЖИТНЯ́К, -а́, *м.* Кустовой злак, родственный пырею.

ЖИ́ТО, -а, *ср.* Всякий хлеб в зерне или на корню. ‖ *прил.* **житный**, -ая, -ое.

ЖИТУ́ХА, -и, *ж.* (прост.). Хорошая, привольная жизнь.

ЖИТЬ, живу́, живёшь; жил, жила́, жи́ло; с отрицанием: не́ жил *и* не жи́л, не жила́, не́ жило *и* не жи́ло, не́ жили *и* не жи́ли; *несов.* **1.** Существовать, находиться в процессе жизни, бытия. *Жил сорок лет. Цветок не может ж. без солнца. Ж.-поживать* (жить, не горюя ни о чём; разг.). **2.** *перен.* О мыслях, чувствах: иметься, быть. *В народе живёт уверенность в победе.* **3.** Проводить жизнь в каком-н. месте, среди кого-н., обитать. *Ж. в Москве. Ж. с семьёй.* **4.** *чем* и *на что.* Поддерживать своё существование чем-н. *Ж. своим трудом. Ж. на литературный заработок.* **5.** *перен., кем-чем.* Быть целиком занятым, поглощённым, увлечённым кем-чем-н. *Ж. детьми. Ж. надеждой. Ж. наукой.* **6.** *кем* и *с нареч.* Вести какой-н. образ жизни. *Ж. отшельником. Ж. весело. Умеет ж. кто-н.* (умеет хорошо устраиваться в любых условиях; разг.). **7.** *с кем.* Быть в каких-н. отношениях с кем-н. *Ж. дружно с соседями.* **8.** *в ком* и *кем.* Работать, проживая в доме нанимателя (устар.). *Ж. в дворниках. Ж. гувернёром.* **9.** *с кем.* Находиться в любовной связи с кем-н. (разг.). *Ж. с чужой женой.* **10.** **живёт.** То же, что бывает (в 1 знач.) (стар., в пословицах). *Живёт такой год, что на день семь погод* (посл.). *Похвала живёт человеку пагуба* (посл.). ‖ *многокр.* **жива́ть**, *наст.* не употр. (к 3, 4 и 8 знач.; разг.).

ЖИТЬЁ, -я́, *ср.* (разг.). **1.** То же, что жизнь (в 3 знач.). *Привольное ж. Не ж. тебе здесь!* (не сможешь, не будешь жить). **2.** *кому.* Хорошая, приятная жизнь. *Ж. нам будет в деревне!* **3.** Нахождение, пребывание где-н., проживание. *Место, удобное для житья.* ✦ **Житьё-бытьё** (разг.) — жизнь, существование. **Житья нет** *кому от кого-чего* — не даёт спокойно жить, мучает кто-что-н. *Житья нет от шуму, от скандальных соседей.* ‖ *унич.* **житьишко**, -а, *ср.* (к 1 знач.).

ЖИ́ТЬСЯ, живётся; *безл.; несов., кому* (разг.). **1.** *с нареч.* О наличии тех или иных условий жизни. *Как вам живётся? Живи как живётся, а не как хочется* (стар. посл.). **2.** *кому, с отриц.* Не хочется или не нравится где-н. жить. *Ему не живётся на одном месте.*

ЖЛОБ, -а *и* -а́, *м.* (прост. презр.). Скряга, скупец. ‖ *прил.* **жло́бский**, -ая, -ое.

ЖМОТ, -а, *м.* (прост.). Скряга, скупой человек. ‖ *ж.* **жмо́тка**, -и. ‖ *прил.* **жмо́тский**, -ая, -ое.

ЖМУ́РИТЬ, -рю, -ришь; *несов., что.* Сильно сжимая веки, щурить (глаза). ‖ *сов.* **зажму́рить**, -рю, -ришь; -ренный.

ЖМУ́РИТЬСЯ, -рюсь, -ришься; *несов.* **1.** Жмурить глаза. *Ж. на солнце.* **2.** (1 и 2 л. не употр.). О глазах: закрываться сильно сжатыми веками. ‖ *сов.* **зажму́риться**, -рюсь, -ришься.

ЖМУ́РКИ, -рок. Детская игра, в к-рой один из участников с завязанными глазами ловит других. *Играть в ж.* (также перен.: обманывать друг друга, прикидываясь искренними).

ЖМЫХ, -а́ *и* -а, *мн.* жмыхи́, -о́в *и* жмы́хи, -ов, *м.* Остатки семян масличных растений после выжимания из них масла. *Льняные, кукурузные жмыхи. Ж. арахиса, рапса.* ‖ *прил.* **жмыхо́вый**, -ая, -ое *и* **жмы́ховый**, -ая, -ое.

ЖНЕ́ЙКА, -и, *ж.* То же, что жатка.

ЖНЕЦ, -а́, *м.* Тот, кто жнёт (см. жать²). ‖ *ж.* **жни́ца**, -ы. ‖ *прил.* **жнецо́вский**, -ая, -ое.

ЖНЕЯ́, -и́, *ж.* (устар. и обл.). То же, что жница.

ЖНИВЬЁ, -я́, *мн.* жни́вья, -ев, *ср.* **1.** Поле, где сжаты злаки. **2.** Срезанные стебли злаков, оставшиеся на корню после жатвы.

ЖНИ́ЦА *см.* жнец.

ЖОКЕ́Й, -я, *м.* Профессиональный наездник на скачках; специалист по подготовке и испытаниям верховых лошадей. ‖ *прил.* **жоке́йский**, -ая, -ое.

ЖОМ, -а, *м.* (спец.). **1.** Пресс для выжимания, отжимания. **2.** То же, что выжимки. *Свекловичный ж. Облепиховый ж.* ‖ *прил.* **жо́мный**, -ая, -ое.

ЖОНГЛЁР, -а, *м.* Цирковой артист, занимающийся жонглированием. ‖ *ж.* **жонглёрша**, -и (разг.). ‖ *прил.* **жонглёрский**, -ая, -ое.

ЖОНГЛИ́РОВАТЬ, -рую, -руешь; *несов., чем.* **1.** Подбрасывать и ловить на лету одновременно несколько предметов. *Ж. тарелками.* **2.** *перен.* Ловко, но произвольно обращаться (с фактами, словами). *Ж. цитатами, цифрами.* ‖ *сущ.* **жонгли́рование**, -я, *ср.* и (спец.) **жонгля́ж**, -а, *м.*

ЖО́ПА, -ы, *ж.* (прост. груб.). То же, что ягодицы. ‖ *уменьш.* **жо́пка**, -и, *ж.* и **жо́почка**, -и, *ж.*

ЖОР, -а, *м.* Сильный клёв рыбы.

ЖОХ, -а, *м.* (прост.) Ловкий в делах, прижимистый человек, пройдоха. *Ты, видно, парень-ж.*

ЖРАТВА́, -ы́, *ж.* (прост.). Пища, еда.

ЖРАТЬ, жру, жрёшь; жрал, жрала́, жра́ло; *несов., что.* Жадно есть¹ (о животных; о человеке — также то же, что есть¹; прост.). ✦ **Не жрамши** *кто* (прост.) — не ел, голоден. *С утра не жрамши.* ‖ *сов.* **сожра́ть**, -ру́, -рёшь; -а́л, -ала́, -а́ло.

ЖРЕ́БИЙ, -я, *м.* **1.** Решение спора, вопроса о праве или очерёдности путём вынимания наугад условного предмета из числа других подобных [*первонач.* сам такой предмет]. *Тянуть ж. Вытянуть ж. Бросать, метать ж. Достаться по жребию. Ж. брошен* (перен.: конец колебаниям, решено). **2.** *перен.* Судьба, участь (устар.). *Жалкий ж. Выпал трудный ж. кому-н.*

ЖРЕЦ, -а́, *м.* **1.** В древних религиях: служитель божества, совершающий жертвоприношения и другие обряды. **2.** *перен., чего.* Тот, кто посвятил себя служению чему-н. (искусству, науке; устар. высок., теперь ирон.). *Жрецы искусства.* ‖ *ж.* **жри́ца**, -ы. ‖ *прил.* **жре́ческий**, -ая, -ое (к 1 знач.).

ЖУ́ЖЕЛИЦА, -ы, *ж.* Хищный жук. *Хлебная ж.* (вредитель озимых). ‖ *прил.* **жу́желичный**, -ая, -ое.

ЖУЖЖА́ТЬ, -жжу́, -жжи́шь; *несов.* Производить однообразно дребезжащий звук, свистящий шум. *Жужжит в паутине муха. Пули жужжат над головой.*

ЖУИ́Р, -а, *м.* Человек, к-рый жуирует. ‖ *прил.* **жуи́рский**, -ая, -ое.

ЖУИ́РОВАТЬ, -рую, -руешь; *несов.* Развлекаясь, ища удовольствий, вести праздную жизнь.

ЖУК, -а́, *м.* **1.** Насекомое с жёсткими надкрыльями. *Отряд жуков* (жесткокрылые). *Майский ж.* (хрущ, вредитель древесных пород). *Колорадский ж.* (опасный вредитель картофеля). **2.** *перен.* Ловкий человек, плут (прост. неодобр.). ‖ *уменьш.* **жучо́к**, -чка́, *м.*

ЖУ́ЛИК, -а, *м.* Вор, мелкий мошенник. ‖ *собир.* **жульё**, -я́, *ср.* (разг.).

ЖУЛИКОВА́ТЫЙ, -ая, -ое; -а́т (разг.). **1.** Склонный к жульничеству, мошенничеству. *Ж. человек.* **2.** Свойственный жулику, подозрительный. *Ж. вид.* ‖ *сущ.* **жуликова́тость**, -и, *ж.*

ЖУ́ЛИТЬ, -лю, -лишь; *несов.* (прост.). То же, что жульничать. ‖ *сов.* **сжу́лить**, -лю, -лишь.

ЖУ́ЛЬНИЧАТЬ, -аю, -аешь; *несов.* (разг.). Применять недобросовестные, мошеннические приёмы, плутовать. *Ж. в игре.* ‖ *сов.* **сжу́льничать**, -аю, -аешь.

ЖУ́ЛЬНИЧЕСТВО, -а, *ср.* Плутовство, недобросовестный, мошеннический поступок. ‖ *прил.* **жу́льнический**, -ая, -ое.

ЖУПА́Н, -а, *м.* Старинный польский или украинский суконный полукафтан. ‖ *прил.* **жупа́нный**, -ая, -ое.

ЖУ́ПЕЛ, -а, *м.* Нечто, внушающее страх, отвращение; то, чем пугают. *Быть жупелом для кого-н.*

ЖУРАВЛЁНОК, -нка, *мн.* -ля́та, -ля́т, *м.* Птенец журавля.

ЖУРА́ВЛЬ, -я́, *м.* **1.** Большая болотная птица с длинными ногами и длинной шеей. *Серый, белый ж. Семейство журавлей. Ж. в небе* (также перен.: о чём-н. желаемом, но маловероятном). **2.** Приспособление для подъёма воды из колодца — длинный шест, служащий рычагом. *Колодезный ж.* ‖ *уменьш.* **жура́влик**, -а, *м.* (к 1 знач.) *и* **жура́вушка**, -и, *м.* (к 1 знач.). *Бумажный журавлик* (в Японии: самодельная птичка как символ памяти о погибших во время атомных бомбардировок). ‖ *прил.* **журавли́ный**, -ая, -ое (к 1 знач.). *Журавлиная походка, поступь* (также перен: размеренная и важная). *Ж. шаг* (также перен.: при маршировке: с выбрасыванием вперёд несогнутой ноги). *Журавлиные ноги, шея* (перен.: длинные).

ЖУРИ́ТЬ, -рю́, -ри́шь; *несов., кого (что)* (разг.). Делать лёгкий выговор, слегка бранить. *Ж. шалуна.*

ЖУРНА́Л, -а, *м.* **1.** Периодическое издание в виде книжки, содержащей статьи, произведения разных авторов, а также отдельная книжка такого издания. *Ежемесячный ж. Литературный ж. Модный ж.* (журнал мод). *Печататься в журналах.* **2.** Книга или тетрадь для периодической записи наблюдений, событий, решений, операций. *Вахтенный ж. Путевой ж. Ж. заседаний.* **3.** В кино, на радио и телевидении: периодическая информация — подборка сообщений о текущих событиях или на определённую тему. *Кинематографический ж.* (киножурнал). *Телевизионный ж.* (тележурнал). *Устный ж.* ‖ *прил.* **журна́льный**, -ая, -ое. *Журнальная хроника.*

ЖУРНАЛИ́СТ, -а, *м.* Литературный работник, занимающийся журналистикой. ‖ *ж.* **журнали́стка**, -и. ‖ *прил.* **журнали́стский**, -ая, -ое.

ЖУРНАЛИ́СТИКА, -и, *ж.* **1.** Литературно-публицистическая деятельность в журналах, газетах. *Заниматься журналистикой.* **2.** *собир.* Периодические издания. *Спортивная ж.*

ЖУРЧА́ТЬ, -чу́, -чи́шь; *несов.* **1.** О воде: течением производить лёгкий монотонный шум. *Ручей журчит.* **2.** *перен.* Тихо звучать. *Журчащая речь.*

ЖУ́ТКИЙ, -ая, -ое; жу́ток, -тка́, -тко; жу́тче. **1.** Тягостный, вызывающий чувство ужаса. *Жуткое зрелище. Жуткие мысли.* **2.** Очень плохой, ужасный (разг.). *Жуткая погода. Жуткое самочувствие.* **3.** Крайний в своём проявлении, чрезвычайный (разг.). *Ж. холод. Жутко* (нареч.) *много народу. Жутко* (нареч.) *устал. Ж. забияка.* **4.** **жутко**, *в знач. сказ., с неопр.* Очень страшно (в 3 знач.). *В лесу ночью жутко. Жутко и подумать о том, что будет.* **5.** **жутко**, *в знач. сказ.* Очень много (разг.). *Народу — жутко!* ✦ **Жуткое дело** — то же, что жуть (в 3 знач.). ‖ *сущ.* **жу́ткость**, -и, *ж.*

ЖУТЬ, -и, *ж.* (разг.). **1.** Чувство тоскливого беспокойства, страха. *Ж. берёт. Ж. охватывает.* **2.** О чём-н. страшном, приводящем в ужас. *Вспомнить о вчерашнем — прямо (или одна) ж.! Какая ж.! Идти лесом — ж.!* **3.** **жуть**, *в знач. сказ.* То же, что ужас (в 5 знач.). *Грибов там — ж.! (ж. как много). Скука — ж.! Смеялись мы — ж.! Ж. сколько дел!* ✦ **Жуть как (какой)** (разг.). — то же, что ужас как (какой). *Жуть как устал. Жуть какой умный.*

ЖУ́ХЛЫЙ, -ая, -ое. Утративший свежесть, яркость, гладкость. *Жухлая трава. Жухлая кожа. Ж. лёд.* ‖ *сущ.* **жу́хлость**, -и, *ж.*

ЖУ́ХНУТЬ (-ну, -нешь, 1 и 2 л. не употр.), -нет; жух *и* жу́хнул, жу́хла; *несов.* Становиться сухим и жёстким; тускнеть. *Листья и трава жухнут. Краска жухнет. Овчина жухнет.* ‖ *сов.* **зажу́хнуть** (-ну, -нешь, 1 и 2 л. не употр.), -нет; -жух *и* -жу́хнул, -жу́хла *и* **пожу́хнуть** (-ну, -нешь, 1 и 2 л. не употр.), -нет; -жу́х *и* -жу́хнул, -жу́хла.

ЖУ́ЧИТЬ, -чу, -чишь; *несов., кого (что)* (прост.). Донимать выговорами, строгостью.

ЖУ́ЧКА, -и, *ж.* (разг.). Дворовая собака [по распространённой кличке].

ЖУЧО́К, -чка́, *м.* **1.** *см.* жук. **2.** Подслушивающее или другое тайное устройство (разг.). *Ж. в телефоне.*

ЖЭК, -а, *м.* Сокращение: жилищно-эксплуатационная контора. ‖ *прил.* **жэ́ковский**, -ая, -ое (разг.).

ЖЮРИ́, *нескл., ср.* Группа экспертов, определяющая призовые места, присуждающая премии, награды на выставках, конкурсах, состязаниях. *Ж. музыкального конкурса. Судейское ж.* (на спортивных соревнованиях).

З

ЗА *кого-что и кем-чем, предлог с вин. и тв. п.* **I. 1.** По ту сторону, вне, позади кого-чего-н. *Ступить за порог. Стоять за порогом. Уехать за́ город. Жить за́ городом. Идите за мной. Стать за дерево. Заткнуть что-н. за пояс. С кинжалом за поясом. Поставить за шкаф. Стоит за шкафом. Камень за пазухой.* **2.** Около, возле, вокруг чего-н. *Сесть за стол. Сидеть за столом.* **3.** Обозначает направленность действия на лицо или предмет. *Борьба за мир. Беспокоиться за детей. Наблюдать за детьми. Следить за чистотой. Бороться за чистоту. Усадить за книги. Сидеть за книгами.Приняться за еду. Приняться за работу. Сидеть за работой.* **4.** *кого, кем.* Обозначает отношение замужества. *Выйти (замуж) за кого-н. Быть (замужем) за кем-н.* **5.** По причине, вследствие чего-н., из-за наличия или отсутствия чего-н. *Ценить за храбрость. Наказать за проступок. За отсутствием времени. Дело стало за деньгами. За ненадобностью.* **II.** *с вин. п.* **1.** Указывает на лицо или предмет, к-рый охватывается, к к-рому прикасаются при направлении на него действия. *Взять за́ руку. Держаться за перила.* **2.** *что.* Свыше какого-н. предела. *Ему за сорок. Беседа зашла за́ полночь. Мороз уже за тридцать градусов.* **3.** *что.* Указывает на расстояние, в пределах к-рого что-н. находится. *За десять километров отсюда.* **4.** *что.* До какого-н. временного или пространственного предела. *За пять дней до срока. За три километра от дома.* **5.** *что.* В течение какого-н. срока, охватывая какой-н. срок. *Многое сделано за неделю. За последнее время. Заработок за год.* **6.** Вместо кого-н., в качестве кого-чего-н. *Работать за секретаря. Принять кого-н. за знакомого. Я за тебя всё сделаю. Принять за образец.* **7.** В возмещение чего-н., в обмен на что-н. *Уплатить за работу. Работать за плату. Купить за десять рублей.* **8.** Ради, во имя, в пользу кого-чего-н. *Сражаться за родину. Голосовать за предложение.* **III.** *с тв. п.* **1.** Непосредственно после, одно вслед за другим. *За дождями наступила жара. Читать книгу за книгой. Год за годом. Идёт месяц за месяцем.* **2.** *чем.* Во время чего-н. *Молчать за едой. Поговорим за чаем.* **3.** С целью получить, достать, достичь. *Идти за водой. Послать за доктором. В погоне за удачей.* **4.** *кем.* Указывает на лицо как на субъект состояния. *Книга числится за мной. За ним водятся грешки. За тобой долг. Очередь за тобой.* **5.** *чем.* Указывает на порядок при счёте, на сопровождающий признак. *Ответ за подписью председателя. Приказ за номером 45.* **6.** *чем.* Указывает на причину чего-н. (разг.). *За шумом не слышно звонка.* **IV. 1.** *в знач. сказ.* Согласен (разг.). *Кто за? — Я за; а кто против?* **2.** *нескл., ср.* Довод в пользу чего-н. (разг.). *Взвесить все за и против. В этом деле есть свои за и свои против.*

ЗА..., *приставка.* **I.** Образует глаголы со знач.: 1) начала действия, напр. *зааплодировать, заболеть, запеть, завопить, заплакать, закреститься;* 2) распространения действия за какие-н. пределы, напр. *заехать, загнать, заслать;* 3) с постфиксом «ся» и без него — доведения действия до излишества, до крайней степени, напр. *закормить, задаривать, завраться, забегаться, заработаться;* 4) заполнения, покрытия, напр. *захламить, замазать, замостить, замшеть;* 5) захвата, охвата действием, напр. *захватить, зацепить, защемить;* 6) собственно предела действия, напр. *зарегистрировать, завизировать, законсервировать.* **II.** Образует: 1) существительные и прилагательные со знач. нахождения по ту сторону или позади чего-н., напр. *Заволжье, Закавказье, загород, заграница, заволжский, закавказский, заатлантический, заатмосферный, заплечный;* 2) существительные со знач. одного из повторяемых актов, напр. *заплыв, забег;* 3) прилагательные со знач. внешнего признака как результата действия, напр. *зарёванный, заплаканный, заспанный.* **III.** Образует наречия со знач.: 1) временны́м, напр. *затемно, заранее, задолго;* 2) качественного признака, напр. *задёшево, запросто, заново.*

ЗААКТИ́РОВАТЬ *см.* актировать.

ЗААЛЕ́ТЬ (-е́ю, -е́ешь, 1 и 2 л. не употр.), -е́ет; *сов.* Начать алеть (во 2 знач.). *Заалела заря. Заалело* (в знач. сказ.) *на востоке.*

ЗААРКА́НИТЬ *см.* арканить.

ЗААРТА́ЧИТЬСЯ, -чусь, -чишься; *сов.* (разг.). Начать артачиться.

ЗААСФАЛЬТИ́РОВАТЬ *см.* асфальтировать.

ЗАБА́ВА, -ы, *ж.* Развлечение, игра. *Детские забавы. Пустая з.*

ЗАБАВЛЯ́ТЬ, -я́ю, -я́ешь; *несов., кого (что).* Развлекать чем-н. занимательным, интересным. *З. детей. З. кого-н. весёлыми историями.*

ЗАБАВЛЯ́ТЬСЯ, -я́юсь, -я́ешься; *несов.* Проводить время в забавах. *З. игрушками.*

ЗАБА́ВНИК, -а, *м.* (разг.). Весельчак, шутник, умеющий забавлять. || *ж.* **заба́вница,** -ы.

ЗАБА́ВНЫЙ, -ая, -ое; -вен, -вна. Доставляющий забаву, служащий забавой; интересный. *Забавная картинка. Забавная история. З. ребёнок.* || *сущ.* **заба́вность,** -и, *ж.*

ЗАБАЛЛОТИ́РОВАТЬ, -рую, -руешь; -анный; *сов., кого (что).* Не избрать при баллотировке. *З. кандидата.* || *несов.* **забаллоти́ровывать,** -аю, -аешь.

ЗАБА́ЛТЫВАТЬ *см.* заболтать.

ЗАБА́ЛТЫВАТЬСЯ *см.* заболтаться[2].

ЗАБАЛЬЗАМИ́РОВАТЬ *см.* бальзамировать.

ЗАБАРАХЛИ́ТЬ, -лю́, -ли́шь; -лённый (-ён, -ена́); *сов.* (прост.). **1.** (1 и 2 л. не употр.). Начать барахлить. *Мотор забарахлил.* **2.** *что.* То же, что захламить. *З. всю квартиру ненужными вещами.*

ЗАБАРРИКАДИ́РОВАТЬ, -рую, -руешь; -анный; *сов., что.* **1.** *см.* баррикадировать. **2.** *перен.* Загородить, заставить чем-н. тяжёлым, громоздким. *З. дверь шкафом.*

ЗАБАРРИКАДИ́РОВАТЬСЯ, -руюсь, -руешься; *сов.* **1.** *см.* баррикадировать. **2.** *перен.* Загородиться, заставиться чем-н. тяжёлым, громоздким.

ЗАБАСТОВА́ТЬ, -ту́ю, -ту́ешь; *сов.* Начать бастовать.

ЗАБАСТО́ВКА, -и, *ж.* Организованное массовое прекращение работы с целью добиться выполнения каких-н. требований, стачка. *Всеобщая з. Объявить забастовку.* || *прил.* **забасто́вочный,** -ая, -ое. *З. комитет.*

ЗАБАСТО́ВЩИК, -а, *м.* Участник забастовки. || *ж.* **забасто́вщица,** -ы. || *прил.* **забасто́вщицкий,** -ая, -ое (разг.).

ЗАБВЕ́НИЕ, -я, *ср.* **1.** Утрата памяти о чём-н. (книжн.). *Предать забвению* (перестать помнить, забыть). **2.** *чего.* Пренебрежение тем, чем нельзя пренебрегать. *З. своих обязанностей. З. приличий.* **3.** То же, что забытьё (устар.). *В минуту забвенья.*

ЗАБЕ́Г, -а, *м.* В спорте: отдельное состязание в беге. *З. на 500 метров. Победитель в забеге на 100 метров.*

ЗАБЕГА́ЛОВКА, -и, *ж.* (прост.). Маленькая второразрядная закусочная с продажей вина.

ЗАБЕ́ГАТЬ, -аю, -аешь; *сов.* Начать бегать. *В волнении з. по комнате. Забегал челнок. Глаза беспокойно забегали.*

ЗАБЕ́ГАТЬСЯ, -аюсь, -аешься; *сов.* (разг.). Устать от беготни, хлопот.

ЗАБЕЖА́ТЬ, -егу́, -ежи́шь; -еги́; *сов.* **1.** Бегом войти, попасть куда-н. *Собака забежала во двор.* **2.** Зайти куда-н. на короткое время (разг.). *З. к знакомым. З. на часок.* **3.** Убежать далеко. *Дети забежали далеко от дома.* **4.** Зайти бегом, в обход, со стороны (разг.). *З. сбоку. З. вперёд* (также перен.: начать делать, говорить что-н. раньше времени). || *несов.* **забега́ть,** -а́ю, -а́ешь.

ЗАБЕЛЕ́ТЬ (-е́ю, -е́ешь, 1 и 2 л. не употр.), -е́ет; *сов.* Начать белеть (во 2 знач.). *Забелели снега.*

ЗАБЕЛИ́ТЬ, -елю́, -е́лишь *и* -ели́шь; -лённый (-ён, -ена́); *сов., что* (разг.). **1.** Покрыть белой краской сплошь. *З. стёкла окон.* **2.** Добавить сметаны или молока в суп, щи, свекольник. *З. борщ.* || *несов.* **забе́ливать,** -аю, -аешь. || *сущ.* **забе́лка,** -и, *ж.*

ЗАБЕРЕ́МЕНЕТЬ *см.* беременеть.

ЗАБЕСПОКО́ИТЬСЯ, -о́юсь, -о́ишься; *сов.* Начать беспокоиться.

ЗАБЕТОНИ́РОВАТЬ *см.* бетонировать.

ЗАБИНТОВА́ТЬ, -СЯ *см.* бинтовать.

ЗАБИРА́ТЬ, -СЯ *см.* забрать, -ся.

ЗАБИ́ТЫЙ, -ая, -ое; -и́т. Измученный и запуганный. *Этот парень какой-то з. З. вид.* || *сущ.* **заби́тость,** -и, *ж.*

ЗАБИ́ТЬ, -бью́, -бьёшь; -бе́й; -и́тый; *сов.* **1.** Начать бить (в 1, 2, 3, 8, 10 и 11 знач.). *З. в набат. Забил луч света. Забила дрожь. Забил источник. Громко забил пулемёт.* **2.** *что.* Вбить глубоко, до конца. *З. гвоздь, клин.* **3.** *что.* То же, что загнать (в 1 знач.). *З. шар в лузу. З. гол* (загнать мяч, шайбу в ворота). **4.** *что.* Наполнить до предела чем-н.; засорить. *Шкаф забит вещами. Трубу забило* (безл.) *песком.* **5.** *что.* Заделать, закрыть наглухо. *З. окно досками.* **6.** *кого (что).* Убить на бойне или во время промысловой охоты (спец.). *З. двадцать голов скота. З. зверя.* **7.** (1 и 2 л. не употр.), *что.* Заглушить, не дать расти (разг.). *Сорняк забил посадки.* **8.** *кого (что).* Превзойти кого-н. в чём-н. (прост.). *Этот бегун всех забил.* **9.** *кого (что).* Измучить, довести до отупения побоями (прост.). *З. до́ смерти.* ✦ **Забить голову** *кому чем* (разг.) — обременить память, сознание чем-н. ненужным. **Забить себе в голову** *что* (разг.) — то же, что забрать себе в голову. || *несов.* **забива́ть,** -а́ю, -а́ешь (ко 2, 3, 4, 5, 6, 7, 8 и 9 знач.). || *сущ.* **забива́ние,** -я, *ср.* (ко 2, 3, 4, 5, 7 и 9 знач.), **заби́вка,** -и, *ж.* (ко 2 и 5 знач.) *и* **забо́й,** -я, *м.* (к 6 знач.; спец.). *Забой скота. Забой котика.* || *прил.* **забо́йный,** -ая, -ое (к 6 знач.; спец.). *З. пункт.*

ЗАБИ́ТЬСЯ, -бью́сь, -бьёшься; -бе́йся; *сов.* **1.** Начать биться (во 2 и 3 знач.). *Сердце забилось. З. в истерике.* **2.** Забравшись, спрятаться куда-н. (разг.). *З. в угол.* **3.** (1 и 2 л. не употр.). Наполнившись, засориться. *Сток забился илом.* || *несов.* **забива́ться,** -а́юсь, -а́ешься (ко 2 и 3 знач.).

ЗАБИЯ́КА, -и, *м. и ж.* (разг.). Человек, к-рый любит затевать драки, ссоры. *Этот мальчишка — известный з.*

ЗАБЛАГОВРЕ́МЕННЫЙ, -ая, -ое; -нен. Осуществляемый заранее. *Заблаговременное извещение. Готовиться заблаговременно* (нареч.). || *сущ.* **заблаговре́менность,** -и, *ж.*

ЗАБЛАГОРАССУ́ДИТЬСЯ, -ится; *безл.; сов.* Прийти на ум, вздуматься; сложиться (о решении). *Делает всё, что ему заблагорассудится. Поступайте так, как вам заблагорассудится.*

ЗАБЛЕСТЕ́ТЬ, -ещу́, -ести́шь *и* -е́щешь; *сов.* Начать блестеть (в 1 и 2 знач.). *Заблещут лучи солнца. На глазах заблестели слезы.*

ЗАБЛУДИ́ТЬ *см.* блудить[2].

ЗАБЛУДИ́ТЬСЯ, -ужу́сь, -у́дишься; *сов.* Сбиться с пути, потерять дорогу. *З. в лесу.*

ЗАБЛУ́ДШИЙ, -ая, -ее (книжн.). Сбившийся с правильного жизненного пути. *Заблудшие души. Заблудшая овца* (о сбившемся с правильного пути человеке; ирон.).

ЗАБЛУЖДА́ТЬСЯ, -а́юсь, -а́ешься; *несов.* Иметь ошибочное, неправильное мнение. *Глубоко з. насчёт кого-н.*

ЗАБЛУЖДЕ́НИЕ, -я, *ср.* **1.** Состояние того, кто заблуждается, ошибается. *Ввести в з. Впасть в з.* **2.** Ложное мнение. *Распространённое з.*

ЗАБОДА́ТЬ *см.* бодать.

ЗАБО́Й[1], -я, *м.* (спец.). **1.** Постепенно продвигающаяся в ходе работ поверхность горной выработки. *Работать в забое.* **2.** Торец скважины, разрушаемый буровым инструментом в процессе проходки. || *прил.* **забо́йный,** -ая, -ое.

ЗАБО́Й[2] *см.* забить.

ЗАБО́ЙЩИК, -а, *м.* Горнорабочий, работающий в забое[1]. || *прил.* **забо́йщицкий,** -ая, -ое.

ЗАБОЛЕВА́ЕМОСТЬ, -и, *ж.* Количество заболеваний. *Снижение заболеваемости.*

ЗАБОЛЕВА́НИЕ, -я, *ср.* **1.** То же, что болезнь. *Тяжёлое з. Вирусное з.* **2.** Возникновение болезни. *Момент заболевания.*

ЗАБОЛЕ́ТЬ[1], -е́ю, -е́ешь; *сов.* **1.** Начать болеть[1] (в 1 знач.). *З. гриппом.* **2.** *кем-чем.* Заинтересовавшись, увлечься кем-чем-н. (разг.). *З. садом, цветами.* || *несов.* **заболева́ть,** -а́ю, -а́ешь.

ЗАБОЛЕ́ТЬ[2] (-лю́, -ли́шь, 1 и 2 л. не употр.), -ли́т; *сов.* Начать болеть[2]. *Заболела голова.* || *несов.* **заболева́ть** (-а́ю, -а́ешь, 1 и 2 л. не употр.), -а́ет.

ЗА́БОЛОНЬ, -и, *ж.* (спец.). Наружный, молодой и менее плотный слой древесины, лежащий непосредственно под корой. || *прил.* **заболо́нный,** -ая, -ое *и* **за́болонный,** -ая, -ое.

ЗАБОЛО́ТИТЬ, -о́чу, -о́тишь; -о́ченный; *сов., что.* Превратить в болото, сделать топким. *З. по́йму.* || *несов.* **забола́чивать,** -аю, -аешь. || *сущ.* **забола́чивание,** -я, *ср.*

ЗАБОЛО́ТИТЬСЯ (-о́чусь, -о́тишься, 1 и 2 л. не употр.), -о́тится; *сов.* Превратиться в болото, стать топким. *Луг заболотился.* || *несов.* **забола́чиваться** (-аюсь, -аешься, 1 и 2 л. не употр.), -ается. || *сущ.* **забола́чивание,** -я, *ср.*

ЗАБОЛО́ЧЕННЫЙ, -ая, -ое; -ен. Превратившийся в болото, ставший топким. *Заболоченные земли.* || *сущ.* **заболо́ченность,** -и, *ж.*

ЗАБОЛТА́ТЬ, -а́ю, -а́ешь; -о́лтанный; *сов.* (разг.). **1.** Начать болтать[1]. *З. мутовкой. З. ногами. Самолёт заболтало* (безл.). **2.** *что.* Примешать, разбалтывая. *З. яйцо в суп.* || *несов.* **заба́лтывать,** -аю, -аешь (ко 2 знач.).

ЗАБОЛТА́ТЬСЯ[1], -а́юсь, -а́ешься; *сов.* (разг.). Начать болтаться (в 1 знач.).

ЗАБОЛТА́ТЬСЯ[2], -а́юсь, -а́ешься; *сов.* (разг.). Увлечься болтовней. *З. с соседкой.* || *несов.* **заба́лтываться,** -аюсь, -аешься.

ЗАБО́Р[1], -а, *м.* Ограда, преимущ. деревянная. *З. вокруг сада. Перелезть через з.* ✦ **Нашему забору двоюродный плетень** (разг. шутл.) — о том, что не имеет никакого отношения к кому-чему-н. || *прил.* **забо́рный,** -ая, -ое.

ЗАБО́Р[2] *см.* забрать.

ЗАБО́РИСТЫЙ, -ая, -ое; -ист (прост.). **1.** Сильнодействующий, острый, сердитый (в 4 знач.). *З. табак. Забористое пиво.* **2.** Острый и вульгарно-грубоватый. *Забористое словцо.* ‖ *сущ.* **забористость**, -и *ж.*

ЗАБО́РНЫЙ[1-2] *см.* забор[1] *и* забрать.

ЗАБОРОНИ́ТЬ и **ЗАБОРОНОВА́ТЬ** *см.* боронить *и* бороновать.

ЗАБО́РТНЫЙ, -ая, -ое. Находящийся за бортом судна. *Забортная вода.*

ЗАБО́ТА, -ы, *ж.* **1.** Беспокойство, беспокойное, обременительное дело. *Жить без забот. Много забот у кого-н. Заботы по хозяйству.* **2.** Мысль или деятельность, направленная к благополучию кого-чего-н. *З. о человеке.* **3.** Внимание, попечение, уход. *Окружить кого-н. заботой.* **4. забо́тами** *кого, в знач. предлога с род. п.* Благодаря чьим-н. усилиям, стараниям. *Заповедник создан заботами учёных.* ✦ **Не было заботы** (разг.) — выражение недовольства по поводу чего-н. **Не моя забота** (разг.) — не моё дело, меня не касается. **Мне бы ваши заботы** (разг. шутл.) — говорится в знач.: мои заботы, огорчения гораздо серьёзнее ваших. **Что за забота!** (разг.) — неважно, несущественно. *Он сердится, а мне что за забота!*

ЗАБО́ТИТЬ, -о́чу, -о́тишь; *несов., кого (что).* Причинять заботу (в 1 знач.) кому-н., беспокоить. *Что тебя заботит?* ‖ *сов.* **озабо́тить**, -о́чу, -о́тишь; -о́ченный.

ЗАБО́ТИТЬСЯ, -о́чусь, -о́тишься; *несов.* **1.** *о ком-чём.* Проявлять заботу (во 2 и 3 знач.). *З. о здоровье. З. о детях.* **2.** *чем.* Затруднять себя, беспокоиться, тревожиться (устар.). *З. чужими делами. Не заботьтесь, я сам сделаю.* ‖ *сов.* **позабо́титься**, -о́чусь, -о́тишься (к 1 знач.).

ЗАБО́ТЛИВЫЙ, -ая, -ое; -ив. Проявляющий заботу, внимательный; старательный. *З. хозяин. Заботливое отношение к делу.* ‖ *сущ.* **забо́тливость**, -и, *ж.*

ЗАБРАКОВА́ТЬ *см.* браковать.

ЗАБРА́ЛО, -а, *ср.* **1.** В старинном вооружении: часть шлема, опускаемая на лицо. *Выступить с открытым забралом* (перен.: прямо, открыто; высок.). **2.** Защитная стенка в каком-н. сооружении, устройстве (спец.). ‖ *прил.* **забра́льный**, -ая, -ое.

ЗАБРА́СЫВАТЬ *см.* забросать *и* забросить.

ЗАБРА́ТЬ, -беру́, берёшь; -а́л, -ала́, -а́ло; за́бранный; *сов.* **1.** *кого-что.* Взять, захватить. *З. свои вещи. Забрал детей и уехал.* **2.** *кого(что).* Задержать или арестовать (разг.). *Хулигана забрали в милицию. З. за взятку.* **3.** (1 и 2 л. не употр.), *перен., кого.* О чувствах: подчинить себе, охватить (разг.). *Забрала охота* (что-н. делать). *Забрало* (безл.) *за живое.* **4.** *что.* Заделать, загородить. *З. окно досками.* **5.** *что.* Подобрав, сузить, укоротить, подшить (часть одежды). *З. в шов.* ✦ **Забрать силу** (прост.) — стать сильным, влиятельным. **Забрать себе в голову** *что* (разг.) — упорствовать в каком-н. убеждении. ‖ *несов.* **забира́ть**, -а́ю, -а́ешь. ‖ *сущ.* **забо́р**, -а, *м.* (к 1 знач.; спец.). *З. воды З. пробы.* ‖ *прил.* **забо́рный**, -ая, -ое (к 1 знач.; спец.). *Заборное устройство.*

ЗАБРА́ТЬСЯ, -беру́сь, -берёшься; -а́лся, -ала́сь, -ало́сь *и* -а́лось; *сов.* **1.** Залезть куда-н. (вверх, вглубь); проникнуть. *З. на дерево. З. под одеяло. З. в чужой дом.* **2.** Уйти, уехать куда-н. далеко (разг.). *Забрался на самый север.* ‖ *несов.* **забира́ться**, -а́юсь, -а́ешься.

ЗАБРЕ́ЗЖИТЬ (-жу, -жишь, 1 и 2 л. не употр.), -жит; *сов.* Начать брезжить. *Забрезжил рассвет.*

ЗАБРЕСТИ́, -еду́, -едёшь; -ёл, -ела́; -е́дший; -едя́; *сов.* (разг.). Бредя, зайти куда-н. *З. на незнакомую улицу.* ‖ *несов.* **забреда́ть**, -а́ю, -а́ешь.

ЗАБРИ́ТЬ, -ре́ю, -ре́ешь; -и́тый; *сов., кого (что)* (устар. прост.). В дореволюционной России: взять в солдаты. ✦ **Забрить лоб** *кому* — то же, что забрить. ‖ *несов.* **забрива́ть**, -а́ю, -а́ешь.

ЗАБРОНИ́РОВАТЬ *см.* брони́ровать.

ЗАБРОНИРОВА́ТЬ *см.* бронирова́ть.

ЗАБРОСА́ТЬ, -а́ю, -а́ешь; -о́санный; *сов., кого-что чем.* Бросая, заполнить, покрыть, осыпать. *З. яму землёй. З. певицу цветами. З. докладчика вопросами* (перен.). *З. грязью* (также перен.: оскорбить, очернить). ‖ *несов.* **забра́сывать**, -аю, -аешь.

ЗАБРО́СИТЬ, -о́шу, -о́сишь; -о́шенный; *сов., кого-что.* **1.** Бросить, метнуть куда-н. или далеко. *З. мяч в кусты. З. удочку* (то же, что закинуть удочку). **2.** Доставать, направить куда-н. *З. десант в тыл врага. З. разведчика. З. чемодан в гостиницу* (занести по дороге; разг.). *Судьба забросила его в чужие края.* **3.** Перестать заниматься кем-чем-н., оставить кого-что-н. (разг.). *З. учёбу. З. хозяйство. З. детей.* ‖ *несов.* **забра́сывать**, -аю, -аешь. ‖ *сущ.* **забра́сывание**, -я, *ср. и* **забро́с**, -а, *м.* (ко 2 и 3 знач.). *Заброс десанта. Хозяйство в забросе.*

ЗАБРО́ШЕННЫЙ, -ая, -ое; -ен. Оставленный без внимания, ухода, употребления. *З. сад. Заброшенные дети.* ‖ *сущ.* **забро́шенность**, -и, *ж.*

ЗАБРЫ́ЗГАТЬ, -аю, -аешь; -анный; *сов., кого-что.* **1.** Покрыть брызгами. *З. стену краской.* **2.** 1 и 2 л. не употр., -зжет. Начать брызгать. *Забрызгал дождь.* ‖ *несов.* **забры́згивать**, -аю, -аешь (к 1 знач.).

ЗАБУБЁННЫЙ, -ая, -ое (прост.). Отчаянный, бесшабашный, разгульный. *Забубённая головушка.*

ЗАБУЛДЫ́ГА, -и, *м. и ж.* (прост.). Спившийся, беспутный человек. ‖ *уменьш.* **забулды́жка**, -и, *м. и ж.*

ЗАБУТИ́ТЬ *см.* бутить.

ЗАБУ́ХНУТЬ (-ну, -нешь, 1 и 2 л. не употр.), -нет; -у́х, -у́хла; *сов.* Пропитавшись влагой, водой, расшириться, раздаться. *Рамы забухли. Бочка забухла.* ‖ *несов.* **забуха́ть** (-а́ю, -а́ешь, 1 и 2 л. не употр.), -а́ет.

ЗАБЫ́ВЧИВЫЙ, -ая, -ое; -ив. Легко забывающий, рассеянный. *З. ученик.* ‖ *сущ.* **забы́вчивость**, -и, *ж. З. покупателя* (эвфемистическое обозначение кражи товаров в магазинах самообслуживания).

ЗАБЫ́ТЬ, -бу́ду, -бу́дешь; -бу́дь; -ы́тый; *сов.* **1.** *кого-что, о ком-чём, про кого-что.* Перестать помнить, утратить воспоминание о ком-чём-н. *З. старого друга. Забудь и думать об этом* (не смей думать; разг.). **2.** *что, о ком-чём, про кого-что и с неопр.* Упустить из сознания, перестать держать в мыслях, запамятовать. *З. о поручении. З. позвонить. З. номер телефона, адрес.* **3.** *кого-что.* Оставить где-н., не захватить с собой по рассеянности. *З. ключи дома. Что ты там забыл?* (зачем тебе там быть; нечего тебе там делать; разг. неодобр.). ✦ **Не забыть** *что (чего) кому* — припомнить, помнить. *Не забыть обиды.* **Не забыть себя** (разг.) — не упустить своей выгоды.м ‖ *несов.* **забыва́ть**, -а́ю, -а́ешь.

ЗАБЫТЬЁ, -я́, *ср.* Дремота, полусон; беспамятство. *Впасть в з. Лежать в забытьи.*

ЗАБЫ́ТЬСЯ, -бу́дусь, -бу́дешься; -бу́дься; *сов.* **1.** Впасть в забытьё, задремать. *Больной забылся.* **2.** Впасть в задумчивость, отвлечься от чего-н. *З. в мечтах.* **3.** Выйти из границ пристойности, приличия (разг.). ‖ *несов.* **забыва́ться**, -а́юсь, -а́ешься.

ЗАВ, -а, *м.* (разг.). Сокращение: заведующий. *Был у зава.*

ЗАВ... *Первая часть сложных слов со знач.* заведущий, напр. *завклубом, завсектором, завотделом, завскладом.*

ЗАВА́ЖНИЧАТЬ, -аю, -аешь; *сов.* (разг.). Начать важничать.

ЗАВА́Л, -а, *м.* **1.** *см.* завалить, **-ся.** **2.** Нагромождение, скопление чего-н., препятствующее проходу, проезду. *Расчистить завалы. Снежный з. Лесной з.* **3.** Беспорядочное скопление чего-н. (разг.). *С делами з.* (скопилось много дел). ‖ *прил.* **зава́льный** -ая, -ое (ко 2 знач.).

ЗАВА́ЛИНКА, -и, *ж.* Земляная невысокая насыпь вдоль наружных стен избы. *Сидеть на завалинке.*

ЗАВАЛИ́ТЬ, -алю́, -а́лишь; -а́ленный; *сов.* **1.** *кого-что.* Наложив, набросав чего-н., наполнить, загромоздить. *З. яму песком. З. дорогу камнями. Магазины завалены товарами* (перен.: переполнены). **2.** *кого-что.* Засыпать сверху, покрыть. *Дорогу завалило* (безл.) *обвалом. Завален работой кто-н.* (перен.: очень много работы у кого-н.). **3.** *что.* Обрушить, накренить. *З. стену. З. забор.* **4.** *что.* Полностью провалить; разладить (прост.). *З. экзамен. З. дело.* ‖ *несов.* **зава́ливать**, -аю, -аешь. ‖ *сущ.* **зава́ливание**, -я, *ср.*, **зава́лка**, -и, *ж.* (к 1 знач.; спец.) *и* **зава́л**, -а, *м.* (ко 2 и 3 знач.). ‖ *прил.* **зава́льный**, -ая, -ое (к 1, 2 и 3 знач.; спец.) *и* **зава́лочный**, -ая, -ое (к 1 знач.; спец.). *Завальная яма* (на току). *Завалочная машина.*

ЗАВАЛИ́ТЬСЯ, -алю́сь, -а́лишься; *сов.* **1.** Упасть за что-н. *Свёрток завалился за шкаф.* **2.** Лечь, улечься (прост.). *Наелся, напился и спать завалился* (шутл.). **3.** (1 и 2 л. не употр.). Упасть, накрениться. *Стена завалилась.* **4.** Потерпеть неудачу, провалиться (прост.). *З. на экзамене.* **5.** *чем.* Иметь в избытке (прост.). *З. товарами. Фруктов там — завались* (очень много). ‖ *несов.* **зава́ливаться**, -аюсь, -аешься. ‖ *сущ.* **зава́ливание**, -я, *ср. и* **зава́л**, -а, *м.* (к 3 знач.). *З. крепи.*

ЗА́ВАЛЬ, -и, *ж., собир.* (разг.). Плохой, залежавшийся товар. *Торгует всякой завалью.*

ЗАВАЛЮ́ШКА, -и, *ж.* (прост.). Ветхий домик, развалюха. *Кто же купит нашу завалюшку!*

ЗАВАЛЯ́ТЬСЯ (-я́юсь, -я́ешься, 1 и 2 л. не употр.), -я́ется; *сов.* (разг.). Пролежать долго без употребления, применения.

ЗАВАЛЯ́ЩИЙ, -ая, -ее (прост.). Плохой, совсем непригодный, никому не нужный. *З. товар.*

ЗАВАРИ́ТЬ, -арю́, -а́ришь; -а́ренный; *сов., что.* **1.** Положить в кипяток, залить кипятком; а также стать готовым при заваривании кипятком. *З. чай. З. крахмал.* **2.** Сваркой заполнить пустоты в металле (спец.). **3.** *перен.* Начать делать что-н. (хлопотливое, неприятное) (прост. неодобр.). *З. дело.* ✦ **Заварить кашу** (разг. неодобр.) — затеять хлопотливое дело. *Заварили кашу, а я расхлебывай.* ‖ *несов.* **зава́ривать**, -аю, -аешь. ‖ *сущ.* **зава́рнвание**, -я, *ср.* (к 1 и 2 знач.) *и* **зава́рка**, -и, *ж.* (к 1 и 2 знач.). ‖ *прил.* **заварно́й**, -а́я, -о́е (к 1 и 2 знач.) *и* **зава́рочный**, -ая, -ое (к 1 и 2 знач.).

ЗАВАРИ́ТЬСЯ (-варю́сь, -ва́ришься, 1 и 2 л. не употр.), -ва́рится; *сов.* **1.** Настояться в кипятке. *Чай заварился. Крахмал заварился.* **2.** *перен.* О чём-н. хлопотливом, неприятном: начаться (разг.). *Заварилось дело.* ‖ *несов.* **зава́риваться** (-аюсь, -аешься, 1 и 2 л. не употр.), -ается.

ЗАВА́РКА, -и, *ж.* **1.** *см.* заварить. **2.** Чай для заваривания, а также сам заваренный чай (разг.).

ЗАВАРНО́Й, -а́я, -о́е. **1.** *см.* заварить. **2.** Приготовляемый при помощи заварки, варки. *Заварное тесто. З. крем.*

ЗАВАРУ́ХА, -и и **ЗАВАРУ́ШКА**, -и, *ж.* (прост.). Сложное, запутанное дело, заворошка.

ЗАВГА́Р, -а, *м.* (разг.). Сокращение: заведующий гаражом. ‖ *прил.* **завга́ровский**, -ая, -ое (разг.).

ЗАВЕДЕ́НИЕ, -я, *ср.* (устар.). Предприятие, учреждение. *Торговое, промышленное з.* ✦ **Учебное заведение** — учреждение, занимающееся обучением и воспитанием, дающее образование. *Высшее, среднее, специальное учебное заведение.* **Такое заведение** (здесь, у нас) (прост.) — такой порядок, так заведено.

ЗАВЕ́ДОВАТЬ, -дую, -дуешь; *несов., чем.* Руководить, управлять. *З. хозяйством. З. складом.* ‖ *сущ.* **заве́дование**, -я, *ср.*

ЗАВЕ́ДОМЫЙ, -ая, -ое. О чём-н. отрицательном: хорошо известный, несомненный. *З. обманщик. Заведомая ложь. Заведомо* (нареч.) *неверные сведения.*

ЗАВЕ́ДУЮЩИЙ, -его, *м.* Должностное лицо, к-рое заведует чем-н. *З. клубом.* ‖ *ж.* **заве́дующая**, -ей.

ЗАВЕЗТИ́, -зу́, -зёшь; -ёз, -езла́; -ёзший; -зённый (-ён, -ена́); -езя́; *сов.* **1.** *кого-что.* Везя, доставить куда-н. мимоходом, по пути. *З. посылку по дороге.* **2.** *кого-что.* Везя, направить куда-н. далеко или не туда, куда следует. *З. в глушь.* **3.** *что.* Доставить по назначению. *З. товары в магазин.* ‖ *несов.* **завози́ть**, -ожу́, -о́зишь. ‖ *сущ.* **заво́з**, -а, *м.* (к 3 знач.). ‖ *прил.* **заво́зный**, -ая, -ое (спец.). *Завозные овощи.*

ЗАВЕРБОВА́ТЬ *см.* вербовать.

ЗАВЕ́РИТЬ, -рю, -ришь; -ренный; *сов.* **1.** *кого (что) в чём.* Уверить, убеждая в чём-н., обещая что-н. *З. в своей преданности, дружбе.* **2.** *что.* Удостоверить, скрепив подписью, печатью. *З. подпись. З. копию.* ‖ *несов.* **заверя́ть**, -я́ю, -я́ешь. ‖ *сущ.* **завере́ние**, -я, *ср.* (к 1 знач.) *и* **заве́рка**, -и, *ж.* (ко 2 знач.).

ЗАВЕРНУ́ТЬ, -ну́, -нёшь; -вёрнутый; *сов.* **1.** *кого-что.* Покрыть со всех сторон, помещая внутрь, упаковывая. *З. книгу в бумагу. З. ребёнка в одеяло.* **2.** *что.* Вертя, закрыть, завинтить (разг.). *З. кран.* **3.** *что.* Загнуть, отогнуть немного, подвернуть. *З. рукава.* **4.** Двигаясь, направиться куда-н. в сторону. *З. за́ угол.* **5.** Зайти мимоходом (разг.). *З. к приятелю.* **6.** (1 и 2 л. не употр.). Начаться, наступить (прост.). *Завернули морозы (холода).* ‖ *несов.* **завёртывать**, -аю, -аешь (к 1, 2, 3, 4 и 5 знач.) *и* **завора́чивать**, -аю, -аешь (разг.). ‖ *сущ.* **завёртывание**, -я, *ср.*, **завора́чивание**, -я, *ср.*, **завёртка**, -и, *ж.* (ко 2 знач.; разг.) *и* **заворо́т**, -а, *м.* (к 4 знач.). ‖ *прил.* **завёрточный**, -ая, -ое (к 1 и 2 знач.; спец.). *Завёрточные машины.*

ЗАВЕРНУ́ТЬСЯ, -ну́сь, -нёшься; *сов.* **1.** *во что.* Обернуть что-н. вокруг себя. *З. в одеяло.* **2.** (1 и 2 л. не употр.). Вертясь, закрыться, завинтиться (разг.). *Кран завернулся.* **3.** (1 и 2 л. не употр.). Загнуться, подвернуться. *Рукав завернулся.* ‖ *несов.* **завёртываться**, -аюсь, -аешься *и* **завора́чиваться**, -аюсь, -аешься (разг.).

ЗАВЕРТЕ́ТЬ, -ерчу́, -е́ртишь; -е́рченный; *сов.* **1.** *чем.* Начать вертеть (в 1, 2 и 3 знач.). **2.** *перен., кого (что).* Увлечь собой, закружить, захватить всецело (разг.). *Жизнь его завертела.*

ЗАВЕРТЕ́ТЬСЯ, -ерчу́сь, -е́ртишься; *сов.* **1.** Начать вертеться. *Колесо завертелось* (также перен.: что-н. началось, пошло своим чередом). **2.** То же, что захлопотаться (разг.). *З. с детьми, с делами, с хозяйством.*

ЗАВЕРШЕ́НИЕ, -я, *ср.* **1.** *см.* завершить, -ся. **2.** Завершающая часть какого-н. сооружения. *З. купола* (крест).

ЗАВЕРШИ́ТЬ, -шу́, -ши́шь; -шённый (-ён, -ена́); *сов., что.* Закончить, окончить. *Успешно з. сев. З. праздник концертом.* ‖ *несов.* **заверша́ть**, -а́ю, -а́ешь. *Завершающий этап.* ‖ *сущ.* **заверше́ние**, -я, *ср.* ✦ **В завершение** *чего, предлог с род. п.* — после и под конец чего-н. *Ссора в завершение разговора. В завершение лекции — показ диафильмов.*

ЗАВЕРШИ́ТЬСЯ (-шу́сь, -ши́шься, 1 и 2 л. не употр.), -ши́тся; *сов.* Закончиться, окончиться. *Строительство завершилось. Объяснение завершилось миром.* ‖ *несов.* **заверша́ться** (-а́юсь, -а́ешься, 1 и 2 л. не употр.), -а́ется. ‖ *сущ.* **заверше́ние**, -я, *ср.*

ЗАВЕ́СА, -ы, *ж.* **1.** Большая занавеска (устар.). *Бархатная з. Приподнять завесу над чем-н.* (перен.: сделать явным, более ясным что-н. малоизвестное, скрытое). **2.** *перен.* То, что скрывает, закрывает собой что-н. *З. тумана. Дымовая з.* (искусственное облако дыма или тумана для маскировки; также перен.: о том, что предназначено для маскировки, прикрытия тайных замыслов, чего-н. неблаговидного).

ЗАВЕ́СИТЬ, -е́шу, -е́сишь; -е́шенный; *сов., что.* То же, что занавесить. *З. окно.* ‖ *несов.* **заве́шивать**, -аю, -аешь.

ЗАВЕСТИ́, -еду́, -едёшь; -ёл, -ела́; -е́дший; -едённый (-ён, -ена́); -едя́; *сов.* **1.** *кого-что.* Ведя, поместить куда-н., ввести. *З. лошадей в конюшню. З. машину в гараж.* **2.** *кого (что).* Ведя, доставить куда-н. мимоходом, по пути. *З. детей к соседке.* **3.** *кого (что).* Ведя, направить куда-н. далеко, не туда, куда следует. *З. в болото.* **4.** *что.* Оттащив в сторону (конец чего-н.), поставить. *З. невод.* **5.** *что.* Устроить, организовать. *З. новые порядки. У нас так заведено* (так принято, такой порядок). **6.** *кого-что.* Приобрести, обзавестись кем-чем-н. *З. собаку. З. новое оборудование.* **7.** *что.* Начать что-н. (что обозначается существительным). *З. разговор. З. знакомство.* **8.** *что.* Привести в движение, пустить в ход (механизм). *З. часы. З. мотор. Как заведённая машина работает кто-н.* (без перерывов, без остановки). **9.** (1 и 2 л. не употр.). Привести к чему-н. плохому, нежелательному. *Куда заведёт тебя лень? Такие рассуждения могут далеко завести.* ‖ *несов.* **заводи́ть**, -ожу́, -о́дишь. ‖ *сущ.* **заво́д**, -а, *м.* (к 8 знач.).

ЗАВЕСТИ́СЬ, -еду́сь, -едёшься; -ёлся, -ела́сь; -е́дшийся; -едя́сь; *сов.* **1.** (1 и 2 л. не употр.). Начать водиться, появиться. *Завелись знакомства. Завелись деньги.* **2.** (1 и 2 л. не употр.). Начать действовать, будучи заведённым (см. завести в 8 знач.). *Часы завелись.* **3.** *перен.* Начать волноваться, горячиться, спорить (прост.). *З. из-за пустяков.* ‖ *несов.* **заводи́ться**, -ожу́сь, -о́дишься.

ЗАВЕ́Т, -а, *м.* (высок.). Наставление, совет последователям, потомкам. *Жить по заветам отцов. Великие заветы.* ✦ **Ветхий Завет** — дохристианская часть Библии. **Новый Завет** — христианская часть Библии.

ЗАВЕ́ТНЫЙ, -ая, -ое; -тен, -тна. **1.** Сокровенный, задушевный. *Заветные мечты. Заветная дума.* **2.** *полн. ф.* Свято хранимый, оберегаемый, дорогой по воспоминаниям. *Заветное кольцо.* **3.** *полн. ф.* Скрываемый от других, тайный. *З. талисман. З. клад.* ‖ *сущ.* **заве́тность**, -и, *ж.* (к 1 знач.).

ЗАВЕ́ТРЕННЫЙ[1], -ая, -ое. То же, что подветренный. *Заветренная сторона.*

ЗАВЕ́ТРЕННЫЙ[2], -ая, -ое. Подсохший на воздухе. *З. сыр.*

ЗАВЕ́ТРЕТЬ (-ею, -еешь, 1 и 2 л. не употр.), -еет и **ЗАВЕ́ТРЕТЬСЯ** (-еюсь, -еешься, 1 и 2 л. не употр.), -еется; *сов.* (разг.). Подсохнуть на воздухе. *Сыр заветрелся.* ‖ *несов.* **заве́тревать** (-аю, -аешь, 1 и 2 л. не употр.), -ает *и* **заве́треваться** (-аюсь, -аешься, 1 и 2 л. не употр.), -ается.

ЗАВЕЧЕРЕ́ТЬ *см.* вечереть.

ЗАВЕ́ШАТЬ, -аю, -аешь; -анный; *сов., что чем.* Повесить на всём пространстве чего-н. *З. стены картинами.* ‖ *несов.* **заве́шивать**, -аю, -аешь.

ЗАВЕЩА́НИЕ, -я, *ср.* Устное или письменное распоряжение (преимущ. о наследстве) на случай смерти, а также вообще предсмертная воля. *З. последователям, друзьям.*

ЗАВЕЩА́ТЕЛЬ, -я, *м.* (офиц.). Человек, составляющий завещание. ‖ *ж.* **завеща́тельница**, -ы.

ЗАВЕЩА́ТЬ, -а́ю, -а́ешь; -е́щанный; *сов.* и *несов.* **1.** *кого-что кому.* Передать (-давать) по завещанию. *З. имущество сыну.* **2.** *кому с неопр.* Поручить (-чать), выразив предсмертную волю. *Учёный завещал продолжать дело своим ученикам.* ‖ *прил.* **завеща́тельный**, -ая, -ое (к 1 знач.; спец.). *Завещательное распоряжение.*

ЗАВЁРТКА, -и, *ж.* **1.** *см.* завернуть. **2.** То, во что завёрнуто, обёрнуто что-н. (прост.). *З. от шоколадки.*

ЗАВЗЯ́ТЫЙ, -ая, -ое (разг.). С увлечением и постоянством предающийся какому-н. занятию. *З. театрал.*

ЗАВИВА́ТЬ, -СЯ *см.* завить, -ся.

ЗАВИ́ВКА, -и, *ж.* **1.** *см.* завить, -ся. **2.** Завитые волосы, причёска с завитыми волосами.

ЗАВИ́ДЕТЬ, -и́жу, -и́дишь; *сов., кого-что* (прост.). Увидеть издали. *З. дымок.*

ЗАВИ́ДКИ: **завидки берут** *кого* (прост.) — становится завидно. *Завидки берут, глядя на твою работу.*

ЗАВИ́ДНЫЙ, -ая, -ое; -ден, -дна. **1.** Очень хороший, такой, к-рому можно позавидовать. *Завидное здоровье. З. аппетит. Завидно* (нареч.) *молод.* **2.** **зави́дно**, *в знач. сказ., кому и с неопр.* О чувстве зависти. *Ему всё удаётся, а тебе завидно. Смотреть завидно, какой у него аппетит.*

ЗАВИ́ДОВАТЬ, -дую, -дуешь; *несов., кому-чему.* Испытывать чувство зависти. *Я вам не завидую* (т. е. сочувствую и не хотел бы оказаться в вашем положении). ‖ *сов.* **позави́довать**, -дую, -дуешь.

ЗАВИДУ́ЩИЙ, -ая, -ее (прост.). Жадный и завистливый. *Глаза завидущие.*

ЗАВИЗИ́РОВАТЬ *см.* визировать.

ЗАВИНТИ́ТЬ, -нчу́, -нти́шь *и* (разг.) -и́нтишь; -и́нченный; *сов., что.* Винтя, укрепить, довести до нужного положения. *З. гайку. З. винт.* ‖ *несов.* **зави́нчивать**, -аю, -аешь.

ЗАВИРА́ЛЬНЫЙ, -ая, -ое (разг.). Ложный, вздорный. *Завиральные мысли, идеи.*

ЗАВИРА́ТЬСЯ *см.* завраться.

ЗАВИ́СЕТЬ, -и́шу, -и́сишь; *несов., от кого-чего.* Находиться в зависимости. *З. от начальника. Успех дела зависит от случайности.*

ЗАВИ́СИМОСТЬ, -и, *ж.* **1.** Связанность явлений, предопределяющая их существование или сосуществование; обусловленность. *З. людей от окружающей среды. З. рыночных цен от спроса.* **2.** Подчинённость другим (другому) при отсутствии самостоятельности, свободы. *Быть в постоянной зависимости от кого-н. Крепостная з.* (состояние крестьян при крепостном праве). ✦ **В зависимости от** *чего, предлог с род. п.* — сообразно с чем-н., соответственно чему-н. *Действовать в зависимости от обстоятельств.* **В зависимости от того что (кто, как, какой, где, когда, куда),** *союз* — по причине чего-н., в связи с тем что (кто, как, какой, где, когда, куда). *Решение будет принято позже, в зависимости от того что скажет врач.*

ЗАВИ́СИМЫЙ, -ая, -ое; -им. **1.** Находящийся в зависимости (в 1 знач.) от чего-н. *Решение, зависимое от обстоятельств.* **2.** Находящийся в подчинённом положении, зависимости (во 2 знач.). *Зависимые страны. Зависимое положение.*

ЗАВИ́СНУТЬ, -ну, -нешь; зави́с, -ла; *сов.* О летательном аппарате: остановиться в воздухе над какой-н. точкой. *Вертолёт завис над льдиной.* ‖ *несов.* **зависа́ть**, -а́ю, -а́ешь.

ЗАВИ́СТЛИВЫЙ, -ая, -ое; -ив. Постоянно завидующий, полный зависти. *З. человек. З. взгляд.* ‖ *сущ.* **зави́стливость**, -и, *ж.*

ЗАВИ́СТНИК, -а, *м.* Завистливый человек. ‖ *ж.* **зави́стница**, -ы. ‖ *прил.* **зави́стнический**, -ая, -ое.

ЗА́ВИСТЬ, -и, *ж.* Чувство досады, вызванное благополучием, успехом другого. *С завистью смотреть на что-н. Из зависти сделать что-н. Черная з.* (глубокая и злобная). ✦ **На зависть** (разг.) — так хорошо (такой хороший), что можно позавидовать. *Здоровье у него на зависть.*

ЗАВИТО́Й, -а́я, -о́е. Подвергшийся завивке, завитый.

ЗАВИТО́К, -тка́, *м.* Что-н. образующее волнистую линию, спираль. *З. волос. Завитки в орнаменте.*

ЗАВИТУ́ШКА, -и, *ж.* (разг.). То же, что завиток. *Почерк с завитушками. Завитушки волос.*

ЗАВИ́ТЬ, -вью́, -вьёшь; -и́л, -ила́, -и́ло; -ве́й; -и́тый (-и́т и -ит, -ита́, -и́то и -ито); *сов., что.* **1.** Сделать витым, вьющимся. *З. проволоку. З. горе веревочкой* (перестать горевать; разг. шутл.). **2.** Сделать завивку. *З. волосы.* ‖ *несов.* **завива́ть**, -а́ю, -а́ешь. ‖ *сущ.* **завива́ние**, -я, *ср.* и **зави́вка**, -и, *ж.* ‖ *прил.* **зави́вочный**, -ая, -ое.

ЗАВИ́ТЬСЯ, -вью́сь, -вьёшься; -и́лся, -ила́сь, -ило́сь и -и́лось; -ве́йся; *сов.* **1.** (1 и 2 л. не употр.). Стать витым, вьющимся. *Стружки завились в завитки. Кудри завились.* **2.** Завить себе волосы. *З. в парикмахерской.* ‖ *несов.* **завива́ться**, -а́юсь, -а́ешься. ‖ *сущ.* **завива́ние**, -я, *ср.* и **зави́вка**, -и, *ж.*

ЗАВИХРЕ́НИЕ, -я, *ср.* **1.** *см.* завихриться. **2.** *перен.* Странность, путаница в мыслях, в рассуждениях (разг. шутл.). *Завихрения в голове у кого-н. З. мозгов.*

ЗАВИ́ХРИТЬСЯ (-рюсь, -ри́шься, 1 и 2 л. не употр.), -рится и **ЗАВИХРИ́ТЬСЯ** (-рю́сь, -ри́шься, 1 и 2 л. не употр.), -ри́тся; *сов.* Закружиться, подняться вихрем. *Сухие листья завихрились на дороге.* ‖ *сущ.* **завихре́ние**, -я, *ср.* (спец.). *З. воды, воздуха.*

ЗАВКО́М, -а, *м.* Сокращение: заводской комитет (профсоюзной организации) — прежнее название заводской местной организации, профкома. ‖ *прил.* **завко́мовский**, -ая, -ое (разг.).

ЗАВЛАДЕ́ТЬ, -е́ю, -е́ешь; *сов., кем-чем.* **1.** Взять в своё полное владение, захватить. *З. чужим имуществом.* **2.** *перен.* Привлечь к себе, подчинить своему влиянию. *З. чьим-н. вниманием. З. аудиторией.* ‖ *несов.* **завладева́ть**, -а́ю, -а́ешь.

ЗАВЛЕКА́ТЕЛЬНЫЙ, -ая, -ое; -лен, -льна (разг.). Интересный, способный увлечь. *З. рассказ.* ‖ *сущ.* **завлека́тельность**, -и, *ж.*

ЗАВЛЕ́ЧЬ, -еку́, -ечёшь; -ёк, -екла́; -еки́; -ёкший; -ечённый (-ён, -ена́); -ёкши; *сов., кого (что).* Увлекая, заманить. *З. в засаду. З. кого-н. в свои сети* (перен.). ‖ *несов.* **завлека́ть**, -а́ю, -а́ешь.

ЗАВМА́Г, -а, *м.* Сокращение: заведующий магазином. ‖ *прил.* **завма́говский**, -ая, -ое (разг.).

ЗАВО́Д[1], -а, *м.* **1.** Промышленное предприятие с механизированными процессами производства. *Металлургический з. Работать на заводе. Уйти с завода.* **2.** Предприятие для разведения породистых и племенных животных. *Конный (конский) з. Рыбоводный з.* ‖ *прил.* **заводско́й**, -а́я, -о́е и **заво́дский**, -ая, -ое.

ЗАВО́Д[2], -а, *м.* **1.** *см.* завести. **2.** Приспособление для приведения в действие механизма. *Часовой з. Игрушка с заводом.* **3.** Часть тиража книги, отпечатанная с одного и того же набора (спец.). ✦ **(И) в заводе нет** (разг.) — нет и никогда не бывало.

ЗАВОДИ́ЛА, -ы, *м.* и *ж.* (разг.). **1.** Живой, энергичный человек, увлекающий за собой других. *Главный з. в классе.* **2.** То же, что зачинщик.

ЗАВОДИ́ТЬ, -СЯ *см.* завести, -сь.

ЗАВО́ДКА *см.* завести.

ЗАВОДНО́Й, -а́я, -о́е. **1.** Приводимый в действие заводом[2] (во 2 знач.). *Заводная игрушка.* **2.** Непоседливый, озорной, а также вспыльчивый (прост.). *Заводная девчонка.*

ЗАВОДОУПРАВЛЕ́НИЕ, -я, *ср.* Руководящий орган на заводе[1] (в 1 знач.), администрация завода.

ЗАВОДЧА́НЕ, -а́н, *ед.* заводча́нин, -а, *м.* (разг.). Работники завода[1] (в 1 знач.).

ЗАВО́ДЧИК[1], -а, *м.* Владелец завода[1]. ‖ *ж.* **заво́дчица**, -ы. ‖ *прил.* **заво́дчицкий**, -ая, -ое.

ЗАВО́ДЧИК[2], -а, *м.* (устар. разг.) То же, что зачинщик. *З. всему делу.* ‖ *ж.* **заво́дчица**, -ы.

ЗА́ВОДЬ, -и, *ж.* Небольшой залив в реке (или озере) с замедленным течением.

ЗАВОЕВА́НИЕ, -я, *ср.* **1.** *см.* завоевать. **2.** То, что завоёвано, достижение, приобретение. *Великие завоевания.*

ЗАВОЕВА́ТЕЛЬ, -я, *м.* Тот, кто завоевал, завоевывает что-н. (страну, земли). *Завоеватели космоса* (перен.; высок.). ‖ *ж.* **завоева́тельница**, -ы.

ЗАВОЕВА́ТЬ, -ою́ю, -ою́ешь; -ёванный; *сов.* **1.** *кого-что.* Захватить войной, овладеть. *З. страну.* **2.** *перен., что.* Приложив усилия, добиться, достичь чего-н. *З. доверие. З. общие симпатии. З. себе положение.* ‖ *несов.* **завоёвывать**, -аю, -аешь. ‖ *сущ.* **завоева́ние**, -я, *ср.* ‖ *прил.* **завоева́тельный**, -ая, -ое (к 1 знач.).

ЗАВО́З, ЗАВОЗИ́ТЬ[1] *см.* завезти.

ЗАВОЗИ́ТЬ[2], -ожу́, -о́зишь; -о́женный; *сов., что* (прост.). Сильно испачкать, загрязнить. *З. платье.*

ЗАВОЛНОВА́ТЬСЯ, -ну́юсь, -ну́ешься; *сов.* Начать волноваться.

ЗАВОЛО́ЧЬ, -оку́, -очёшь, -оку́т; -о́к, -окла́; -очённый (-ён, -ена́); -о́кши; *сов.* **1.** (1 и 2 л. не употр.), *что.* Закрыть чем-н. стелющимся, растекающимся. *Туман заволок долину. Тучи заволокли небо. Глаза заволокло* (безл.) *слезами.* **2.** *кого-что.* Волоча, затащить куда-н. (прост.). *З. брёвна в сарай.* ‖ *несов.* **заволА́кивать**, -аю, -аешь.

ЗАВОЛО́ЧЬСЯ (-оку́сь, -очёшься, 1 и 2 л. не употр.), -очётся, -оку́тся; -о́кся, -окла́сь; -о́кшийся; -о́кшись; *сов.* Закрыться чем-н. стелющимся, растекающимся. *Небо заволоклось тучами. Глаза заволоклись слезами.* ‖ *несов.* **завола́киваться** (-аюсь, -аешься, 1 и 2 л. не употр.), -ается.

ЗАВОПИ́ТЬ, -плю́, -пи́шь; *сов.* (разг.). Начать вопить.

ЗАВОРА́ЧИВАТЬ, -аю, -аешь; *несов.* **1.** *см.* завернуть. **2.** *чем.* Руководить, управлять (прост.). *Большими делами заворачивает.*

ЗАВОРА́ЧИВАТЬСЯ *см.* завернуться.

ЗАВОРОЖИ́ТЬ, -жу́, -жи́шь; -жённый (-ён, -ена́); *сов., кого (что).* **1.** *кого-что.* Околдовать ворожбой. *Заворожённое место. Смотрит как заворожённый.* **2.** *кого (что).* Очаровать, околдовать. *Всех заворожила.* ‖ *несов.* **завора́живать**, -аю, -аешь.

ЗА́ВОРОТ, -а, *м.* (спец.). Болезненное состояние — нарушение правильного положения, загиб. *З. век. З. кишок* (острая болезнь — непроходимость кишечника). ‖ *прил.* **за́воротный**, -ая, -ое.

ЗАВОРО́Т, -а, *м.* **1.** *см.* завернуть, заворотить. **2.** Резкое отклонение в сторону, поворот (разг.). *У заворота дороги.* ‖ *прил.* **заворо́тный**, -ая, -ое.

ЗАВОРОТИ́ТЬ, -очу́, -о́тишь; *сов.* (прост.). То же, что **завернуть** (в 3 и 4 знач.). *З. рукава. Завороти вправо!* ‖ *сущ.* **заворо́т**, -а, *м.*

ЗАВОРО́ШКА, -и, *ж.* (прост.). Путаница, замешательство, неожиданное осложнение в каком-н. деле.

ЗАВРА́ТЬСЯ, -ру́сь, -рёшься; -а́лся, -ала́сь, -ало́сь и -а́лось; *сов.* (разг.). Запутаться во лжи. ‖ *несов.* **завира́ться**, -а́юсь, -а́ешься.

ЗАВСЕГДА́, *нареч.* (прост.). Всегда, постоянно.

ЗАВСЕГДА́ТАЙ, -я, *м.* (разг.). Частый, постоянный посетитель. *З. клуба. Театральный з.*

ЗА́ВТРА. **1.** *нареч.* На следующий день после сегодняшнего. *Приеду з.* **2.** *перен., нареч.* В недалёком будущем. *Вчера был учеником, з. будет мастером.* **3.** *нескл., ср.* День, следующий за сегодняшним. *Отложить дела на з.* или *до з. До з.!* (приветствие при расставании до следующего дня). **4.** *перен., нескл., ср.* Недалекое будущее. *Наше з.* ‖ *прил.* **за́втрашний**, -яя, -ее. *Завтрашняя поездка.*

ЗА́ВТРАК, -а, *м.* **1.** Утренняя еда. *Ранний з. З. всей семьей.* **2.** Пища, приготовленная для утренней еды. *Сытый з. Горячие завтраки в школе. Взять с собой з.* ✦ **Кормить завтраками** (разг. неодобр.) — давать обещания, откладывая их выполнение со дня на день.

ЗА́ВТРАКАТЬ, -аю, -аешь; *несов.* Есть завтрак. ‖ *сов.* **поза́втракать**, -аю, -аешь.

ЗА́ВТРАШНИЙ, -яя, -ее. **1.** *см.* завтра. **2.** *перен.* Такой, к-рый будет в ближайшем будущем. *Завтрашние специалисты* (готовящиеся ими стать). ✦ **Завтрашний день** — ближайшее будущее. *Завтрашний день авиации. Жить завтрашним днём* (опережая время). *Заботиться о завтрашнем дне.*

ЗАВУАЛИ́РОВАТЬ *см.* вуалировать.

ЗА́ВУЧ, -а, *м.* Сокращение: заведующий учебной частью, заместитель директора школы (училища) по учебно-воспитательной работе.

ЗАВХО́З, -а, *м.* Сокращение: заведующий хозяйством. ‖ *прил.* **завхо́зовский,** -ая, -ое (разг.).

ЗАВШИ́ВЕТЬ *см.* вшиветь.

ЗАВЫВА́ТЬ, -а́ю, -а́ешь; *несов.* Заунывно выть. *Завывают шакалы. Ветер завывает.* ‖ *сущ.* **завыва́нье,** -я, *ср.*

ЗАВЫ́СИТЬ, -ы́шу, -ы́сишь; -ы́шенный; *сов., что.* Повысить сверх нормального, необходимого (о норме, цене, оценке); сделать выше, чем нужно. *З. показатели. З. отметку на экзамене.* ‖ *несов.* **завыша́ть,** -а́ю, -а́ешь. ‖ *сущ.* **завыше́ние,** -я, *ср.*

ЗАВЫ́ТЬ, -во́ю, -во́ешь; *сов.* Начать выть, поднять вой. *Завыли волки. Завыл ветер. В трубе завыло* (безл.).

ЗАВЯЗА́ТЬ, -яжу́, -я́жешь; -я́занный; *сов.* **1.** *что.* Закрепить, связывая узлом, концами, бантом. *З. узел. З. галстук.* **2.** *что.* Обмотав, скрепить концы (шнура, верёвки, бинта). *З. пакет. З. больной палец.* **3.** *что.* Дать возникнуть, начать (какие-н. длительные взаимные действия). *З. бой. З. перестрелку. З. знакомство.* **4.** Порвать связи с преступным миром, а также вообще прекратить заниматься чем-н. предосудительным, вредным (прост.). *Не пью: с этим делом завязал.* ‖ *несов.* **завя́зывать,** -аю, -аешь. ‖ *сущ.* **завя́зывание,** -я, *ср.* (к 1, 2 и 3 знач.) *и* **завя́зка,** -и, *ж.* (к 1 и 2 знач.).

ЗАВЯЗА́ТЬСЯ (-яжу́сь, -я́жешься, 1 и 2 л. не употр.), -я́жется; *сов.* **1.** Закрепиться, связавшись узлом, концами, бантом. *Галстук плохо завязался.* **2.** Возникнуть, начаться (о каких-н. длительных взаимных действиях). *Завязался разговор. Завязалось знакомство. Завязался бой.* **3.** Начать развиваться после опыления (спец.). *Плод завязался.* ‖ *несов.* **завя́зываться** (-аюсь, -аешься, 1 и 2 л. не употр.), -ается.

ЗАВЯЗИ́ТЬ, 1 л. ед. не употр., -и́шь; *сов., что* (разг.). Погрузив или воткнув во что-н. вязкое, дать увязнуть. *З. ноги в глине. З. машину в болоте.*

ЗАВЯ́ЗКА, -и, *ж.* **1.** *см.* завязать. **2.** То, чем завязывают (тесьма, лента, верёвка). *Фартук с завязками.* **3.** Начало, исходный пункт каких-н. действий, событий; начало драматического или иного литературного произведения со сложной фабулой. *З. боя. З. драмы. З. романа.* ✦ **По завязку, под самую завязку** (прост.) — по горло, до предела. *Наелся по (под) завязку.* ‖ *прил.* **завя́зочный,** -ая, -ое (ко 2 знач.).

ЗАВЯ́ЗНУТЬ *см.* вязнуть.

ЗА́ВЯЗЬ, -и, *ж.* (спец.). Нижняя расширенная часть пестика в цветке, по опылении образующая плод.

ЗАВЯ́НУТЬ *см.* вянуть.

ЗАГАДА́ТЬ, -а́ю, -а́ешь; -а́данный; *сов.* **1.** *что.* Предложить для разгадки. *З. загадку* (также перен.: заставить размышлять, догадываться). **2.** *что.* Задумать что-н., держа в уме или гадая. *З. число. З. на картах.* **3.** Замыслить, предположить (разг.). *Далеко з.* (о неблизком будущем). ‖ *несов.* **зага́дывать,** -аю, -аешь.

ЗАГА́ДИТЬ, -а́жу, -а́дишь; -а́женный; *сов., что* (разг. неодобр.). Запачкать, загрязнить. ‖ *несов.* **зага́живать,** -аю, -аешь.

ЗАГА́ДКА, -и, *ж.* **1.** Изображение или выражение, нуждающееся в разгадке, истолковании. *Загадать, отгадать загадку. Говорить загадками* (намёками, чего-то недоговаривая). **2.** *перен.* Нечто необъяснимое, непонятное. *Где он пропадает — это з. Загадки природы* (её необъяснённые явления). *Этот человек для меня з.*

ЗАГА́ДОЧНЫЙ, -ая, -ое; -чен, -чна. Непонятный, труднообъяснимый; многозначительный и таинственный. *Загадочное явление. Загадочное выражение лица. Загадочно* (нареч.) *вести себя.* ‖ *сущ.* **зага́дочность,** -и, *ж.*

ЗАГАЗО́ВАННЫЙ, -ая, -ое; -ан (спец.). О воздухе: загрязнённый газами. ‖ *сущ.* **загазо́ванность,** -и, *ж.*

ЗАГА́Р, -а, *м.* Смуглый цвет кожи от долгого пребывания на солнце.

ЗАГАСИ́ТЬ *см.* гасить.

ЗАГА́СНУТЬ *см.* гаснуть.

ЗАГАТИ́ТЬ *см.* гатить.

ЗАГА́ШНИК, -а, *м.* (прост.). Место (обычно в одежде на себе), где что-то хранится, спрятано. *Держать, прятать в загашнике.*

ЗАГВА́ЗДАТЬ, -аю, -аешь; -анный; *сов., что* (прост.). То же, что завозить[2].

ЗАГВА́ЗДАТЬСЯ *см.* гваздаться.

ЗАГВО́ЗДКА, -и, *ж.* (разг.). Препятствие, помеха. *Так вот в чём з.!*

ЗАГИ́Б, -а, *м.* **1.** *см.* загнуться. **2.** Загнувшееся место, изгиб. *Загибы на листах в книге.* **3.** *перен.* Вредная крайность в какой-н. деятельности (разг.).

ЗАГИБА́ТЬ, -СЯ *см.* загнуть, -ся.

ЗАГИПНОТИЗИ́РОВАТЬ *см.* гипнотизировать.

ЗАГЛА́ВИЕ, -я, *ср.* Название какого-н. произведения (литературного, музыкального) или отдельной его части. ‖ *прил.* **загла́вный,** -ая, -ое. *З. лист* (с заглавием). *Заглавная роль* (роль действующего лица, именем к-рого названа пьеса, фильм). ✦ **Заглавная буква** — прописная.

ЗАГЛА́ДИТЬ, -а́жу, -а́дишь; -а́женный; *сов., что.* **1.** Сделать гладким, ровным (что-н. неровное, помятое). *З. складки утюгом.* **2.** Смягчить, умалить. *З. свою вину. З. неприятное впечатление.* ‖ *несов.* **загла́живать,** -аю, -аешь.

ЗАГЛА́ЗНЫЙ, -ая, -ое (разг.). Совершаемый в отсутствие кого-н., за глаза. *Заглазное обвинение. Заглазно* (нареч.) *решить.*

ЗАГЛОТА́ТЬ (-а́ю, -а́ешь, 1 и 2 л. не употр.), -а́ет; -о́танный; *сов., кого-что.* О рыбах: проглотить. *Щука заглотала живца.* ‖ *несов.* **загла́тывать** (-аю, -аешь, 1 и 2 л. не употр.), -ает. ‖ *однокр.* **заглотну́ть** (-ну́, -нёшь, 1 и 2 л. не употр.), -нёт.

ЗАГЛО́ХНУТЬ *см.* глохнуть.

ЗАГЛУБИ́ТЬ, -блю́, -би́шь; -блённый (-ён, -ена́); *сов., что* (спец.). Сделать глубоким, глубже, отодвинуть в глубину. *З. окна в здании.* ‖ *несов.* **заглубля́ть,** -я́ю, -я́ешь.

ЗАГЛУША́ТЬ, -а́ю, -а́ешь; *несов., что.* То же, что глушить (во 2 знач.). *З. звуки.*

ЗАГЛУШИ́ТЬ *см.* глушить.

ЗАГЛЯДЕ́НЬЕ, -я, *ср.* (разг.). О ком-чём-н. очень хорошем, таком, что можно заглядеться, картинка (в 4 знач.). *Костюм — з.! (на з.!).*

ЗАГЛЯДЕ́ТЬСЯ, -яжу́сь, -яди́шься; *сов., на кого-что* (разг.). То же, что засмотреться. ‖ *несов.* **загля́дываться,** -аюсь, -аешься.

ЗАГЛЯНУ́ТЬ, -яну́, -я́нешь; *сов.* **1.** Быстро или украдкой посмотреть куда-н., взглянуть, чтобы узнать, выяснить что-н. *З. в окно. З. в справочник.* **2.** Зайти куда-н. ненадолго (разг.). *З. к приятелю.* ✦ **Заглянуть (зайти) на огонёк** *к кому* — зайти к кому-н. в гости ненадолго [*первонач.* зайти, увидев свет в окне]. ‖ *несов.* **загля́дывать,** -аю, -аешь. *Заглядывайте!* (наведывайтесь, заходите время от времени).

ЗАГНА́ИВАТЬ, -СЯ *см.* загноить, -ся.

ЗАГНА́ТЬ, -гоню́, -го́нишь; -а́л, -ала́, -а́ло; за́гнанный; *сов.* **1.** *кого-что.* Гоня, заставить войти куда-н., переместить куда-н. *З. овец в хлев. З. мяч в ворота.* **2.** *что.* То же, что забить (во 2 знач.) (прост.). *З. гвоздь в доску.* **3.** *кого (что).* Гоняя, утомить, измучить. *З. лошадь. З. всех подчинённых* (перен.). **4.** *что.* То же, что продать (в 1 знач.) (прост.). *Решил з. пальто.* ‖ *несов.* **загоня́ть,** -я́ю, -я́ешь (к 1, 2 и 4 знач). ‖ *сущ.* **заго́н,** -а, *м.* (к 1 знач.; спец.). *Охота загоном.*

ЗАГНИ́ТЬ, -ию́, -иёшь; -и́л, -ила́, -и́ло; *сов.* Начать гнить. *Капуста загнила.* ‖ *несов.* **загнива́ть,** -а́ю, -а́ешь. ‖ *сущ.* **загнива́ние,** -я, *ср. Моральное з.* (перен.: разложение, упадок).

ЗАГНОИ́ТЬ, -ою́, -ои́шь; -оённый (-ён, -ена́); *сов., что* (разг.). Дать загноиться или загнить чему-н. *З. рану. З. овощи.* ‖ *несов.* **загна́ивать,** -аю, -аешь.

ЗАГНОИ́ТЬСЯ (-ою́сь, -ои́шься, 1 и 2 л. не употр.), -ои́тся; *сов.* Начать гноиться. *Рана загноилась.* ‖ *несов.* **загна́иваться** (-аюсь, -аешься, 1 и 2 л. не употр.), -ается.

ЗАГНУ́ТЬ, -ну́, -нёшь; за́гнутый; *сов.* **1.** *что.* Согнув, завернуть, подвернуть конец, край чего-н. *З. страницу. З. палец.* **2.** Двигаясь, повернуть в сторону (разг.). *З. за́ угол.* **3.** *что.* Сказать (что-н. резкое, необычное, неуместное) (прост.). *З. словечко. Ну это уж ты загнул!* (обманул, преувеличил). ‖ *несов.* **загиба́ть,** -а́ю, -а́ешь. ‖ *сущ.* **загиба́ние,** -я, *ср.* (к 1 и 2 знач.) *и* **заги́б,** -а, *м.* (к 1 знач.).

ЗАГНУ́ТЬСЯ, -ну́сь, -нёшься; *сов.* **1.** (1 и 2 л. не употр.). Согнуться, подвернуться краем, концом. *Угол страницы загнулся.* **2.** То же, что умереть (прост.). *От такой диеты недолго и з.* ‖ *несов.* **загиба́ться,** -а́юсь, -а́ешься. ‖ *сущ.* **загиба́ние,** -я, *ср.* (к 1 знач.) *и* **заги́б,** -а, *м.* (к 1 знач.).

ЗАГОВА́РИВАТЬ[1], -аю, -аешь; *несов.* **1.** *см.* заговорить[1]. **2.** *с кем.* Пытаться начать разговор. *З. с прохожими.*

ЗАГОВА́РИВАТЬ[2] *см.* заговорить[2].

ЗАГОВА́РИВАТЬСЯ, -аюсь, -аешься; *несов.* **1.** *см.* заговориться. **2.** Говорить бессмыслицу вследствие расстройства, болезненного состояния. *З. от старости. Говори, да не заговаривайся* (угроза: не говори, не болтай лишнего; прост.).

ЗА́ГОВЕНЬЕ, -я, *ср.* У верующих: последний день перед постом, когда разрешается есть скоромное.

ЗАГОВЕ́ТЬСЯ, -е́юсь, -е́ешься; *сов.* У верующих: поесть скоромное в последний день перед постом, в заговенье. ‖ *несов.* **заговля́ться,** -я́юсь, -я́ешься.

ЗА́ГОВОР[1], -а, *м.* Тайное соглашение о совместных действиях против кого-н. в политических и других целях. *Антиправительственный з.* ✦ **Заговор молчания** (книжн.) — сознательное замалчивание чего-н., негласное соглашение не говорить о чём-н.

ЗА́ГОВОР[2], -а, *м.* Магические слова, обладающие колдовской или целебной силой. *З. от болезни.* ‖ *прил.* **загово́рный,** -ая, -ое.

ЗАГОВОРИ́ТЬ[1], -рю́, -ри́шь; *сов.* **1.** Начать говорить. *Все заговорили сразу.* **2.** (1 и 2 л. не употр.), *перен.* Пробудиться, начать проявляться. *Заговорила совесть в ком-н.* **3.** *кого (что).* Утомить длительным разговором (разг.). *З. собеседника.* ‖ *несов.* **загова́ривать,** -аю, -аешь (к 3 знач.).

ЗАГОВОРИ́ТЬ[2], -рю́, -ри́шь; -рённый (-ён, -ена́); *сов., кого-что.* Воздействовать на кого-что-н. заговором², колдовскими приёмами. *З. от злого глаза, от болезни, от пули. З. зубную боль.* ‖ *несов.* **заговáривать,** -аю, -аешь. ✦ **Зубы заговаривать** *кому* (разг. неодобр.) — отвлекая разговорами, отводить внимание от чего-н. *Говори правду, нечего мне зубы заговаривать.*

ЗАГОВОРИ́ТЬСЯ, -рю́сь, -ри́шься; *сов.* Увлечься разговором. *З. с соседкой.* ‖ *несов.* **заговáриваться,** -аюсь, -аешься.

ЗАГОВО́РЩИК, -а, *м.* Участник заговора¹. ‖ *ж.* **загово́рщица,** -ы. ‖ *прил.* **загово́рщицкий,** -ая, -ое *и* **загово́рщический,** -ая, -ое. *С заговорщицким видом* (с выражением таинственности).

ЗАГОГУ́ЛИНА, -ы, *ж.* (прост.). Замысловатая закорючка. *Росчерк с загогулиной.*

ЗА́ГОДЯ, *нареч.* (прост.). Заранее, заблаговременно. *Приехать на вокзал з.*

ЗАГОЛИ́ТЬ, -лю́, -ли́шь; -лённый (-ён, -ена́); *сов., что* (прост.). Обнажить (часть тела). ‖ *несов.* **заголя́ть,** -я́ю, -я́ешь. ‖ *возвр.* **заголи́ться,** -лю́сь, -ли́шься; *несов.* **заголя́ться** -я́юсь, -я́ешься.

ЗАГОЛО́ВОК, -вка, *м.* Название небольшого произведения, статьи. *Заметка под броским заголовком.* ‖ *прил.* **заголо́вочный,** -ая, -ое. *З. шрифт.*

ЗАГОЛУБЕ́ТЬ (-бе́ю, -бе́ешь, 1 и 2 л. не употр.), -бе́ет; *сов.* Начать голубеть (во 2 знач.). *Заголубели небеса.*

ЗАГО́Н, -а, *м.* **1.** *см.* загнать. **2.** Загороженное место для скота. *Овечий з.* **3.** То же, что задел (прост.). ✦ **В загоне** *кто-что* (разг.) — в пренебрежении, в заброшенном состоянии. ‖ *прил.* **заго́нный,** -ая, -ое (ко 2 знач.).

ЗАГО́НЩИК, -а, *м.* **1.** Тот, кто загоняет куда-н. скот, стадо. *З. отары.* **2.** Тот, кто загоняет, выгоняет зверя на охотников при облаве. ‖ *ж.* **заго́нщица,** -ы (к 1 знач.). ‖ *прил.* **заго́нщицкий,** -ая, -ое.

ЗАГОНЯ́ТЬ¹, -я́ю, -я́ешь; *сов., кого (что)* (разг.). То же, что загнать (в 3 знач.). *З. лошадь З. всех подчинённых* (перен.).

ЗАГОНЯ́ТЬ² *см.* загнать.

ЗАГОРА́ТЬ, -а́ю, -а́ешь; *несов.* **1.** *см.* загореть. **2.** *перен.* Пребывать в вынужденном бездействии (прост. шутл.). *Горючее кончилось, шофёр загорает.*

ЗАГО́РБОК, -бка, *м.* (прост.). Верхняя часть спины между плечами.

ЗАГОРДИ́ТЬСЯ, -ржу́сь, -рди́шься; *сов.* (разг.). Стать слишком гордым (в 4 знач.). *Загордился — старых друзей не узнаёт.*

ЗАГОРЕ́ЛЫЙ, -ая, -ое; -е́л. Смуглый от загара. *Загорелое лицо.*

ЗАГОРЕ́ТЬ, -рю́, -ри́шь; *сов.* Приобрести загар. *З. на солнце.* ‖ *несов.* **загора́ть,** -а́ю, -а́ешь.

ЗАГОРЕ́ТЬСЯ, -рю́сь, -ри́шься; *сов.* **1.** Начать гореть (в 1, 2, 5 и 6 знач.). *Вдали загорелся огонёк. На чердаке загорелось* (безл.; начался пожар). *Загорелся свет. Загорелась звезда. З. страстью к чему-н.* **2.** *безл., кому с неопр.* Неудержимо захотеться (разг.). *Загорелось посмотреть самому.* ‖ *несов.* **загора́ться,** -а́юсь, -а́ешься (к 1 знач.).

ЗА́ГОРОД, -а, *м.* (разг.). Загородная местность. *Весь з. стал зелёной зоной.*

ЗАГОРОДИ́ТЬ, -ожу́, -о́дишь *и* -оди́шь; -о́женный; *сов.* **1.** *что.* Поставить ограду, загородку, огородить. *З. сад, огород. З. штакетником.* **2.** *кого-что.* Заслонить, закрыть. *З. вход. З. дорогу. З. дверь стулом. З. собой свет. З. дорогу кому-н.* (встать на дороге, также перен.: не давать расти, продвигаться). ‖ *несов.* **загора́живать,** -аю, -аешь. ‖ *возвр.* **загороди́ться,** -ожу́сь, -о́дишься *и* -оди́шься; *несов.* **загора́живаться,** -аюсь, -аешься.

ЗАГОРО́ДКА, -и, *ж.* (разг.). Ограда, забор.

ЗА́ГОРОДНЫЙ, -ая, -ое. Находящийся или совершаемый за городом. *З. дом. Загородная прогулка.*

ЗАГОСТИ́ТЬСЯ, -ощу́сь, -ости́шься; *сов.* (разг.). Слишком долго пробыть в гостях.

ЗАГОТ... *Первая часть сложных слов со знач.*, относящийся к заготовкам (во 2 знач.), заготовительный напр. *заготконтора, заготпункт.*

ЗАГОТОВИ́ТЕЛЬ, -я, *м.* Лицо, организация, производящие государственные или кооперативные заготовки чего-н. ‖ *прил.* **заготови́тельский,** -ая, -ое.

ЗАГОТО́ВИТЬ, -влю, -вишь; -вленный; *сов., что.* **1.** Заранее, заблаговременно приготовить. *З. документы.* **2.** Запасти впрок, создать запас чего-н. *З. корма. З. топливо.* ‖ *несов.* **заготовля́ть,** -я́ю, -я́ешь *и* **загота́вливать,** -аю, -аешь. ‖ *сущ.* **загото́вка,** -и, *ж. и* **заготовле́ние,** -я, *ср.* ‖ *прил.* **заготови́тельный,** -ая, -ое (ко 2 знач.). *Заготовительные организации.*

ЗАГОТО́ВКА, -и, *ж.* **1.** *см.* заготовить. **2.** *мн.* Закупка сельскохозяйственных продуктов государственными или кооперативными организациями. *Государственные заготовки зерна. Заготовки овощей, фруктов.* **3.** Не вполне готовое изделие или его часть, обрабатываемые окончательно в процессе производства, полупродукт. *Металлическая з. Заготовки для сапог.* ‖ *прил.* **загото́вочный,** -ая, -ое (к 3 знач.).

ЗАГОТО́ВЩИК, -а, *м.* **1.** Мастер, делающий заготовки (в 3 знач.). **2.** Работник, готовящий, заготовляющий что-н. *З. дров.* ‖ *ж.* **загото́вщица,** -ы.

ЗАГРАБА́СТАТЬ, -аю, -аешь; -анный; *сов., кого-что* (прост. неодобр.). Получить, захватив силой, присвоить. *З. большие деньги.* ‖ *несов.* **заграба́стывать,** -аю, -аешь.

ЗАГРАДИ́ТЕЛЬ, -я, *м.* (спец.). Судно для постановки минных или сетевых заграждений. *Минный з.*

ЗАГРАДИ́ТЬ, -ажу́, -ади́шь; -аждённый (-ён, -ена́); *сов., что.* Преградить, загородить. *З. путь кому-чему-н.* ‖ *несов.* **заграждáть,** -а́ю, -а́ешь. ‖ *сущ.* **загражде́ние,** -я, *ср.* ‖ *прил.* **загради́тельный,** -ая, -ое. *З. щит. З. огонь.*

ЗАГРАЖДЕ́НИЕ, -я, *ср.* **1.** *см.* заградить. **2.** Искусственное препятствие для движения кого-чего-н. *Проволочное з. Минные заграждения.*

ЗАГРАН... *Первая часть сложных слов со знач.* заграничный, напр. *загранкомандировка, загранпоездка, загранпаспорт.*

ЗАГРАНИ́ЦА, -ы, *ж.* (разг.). Иностранные государства, зарубежные страны. *Торговля с заграницей.*

ЗАГРАНИ́ЧНЫЙ, -ая, -ое. Относящийся к зарубежным странам, зарубежный. *Заграничная командировка. З. паспорт* (для поездки за границу).

ЗАГРА́НКА, -и, *ж.* (прост.). Заграничная командировка; у моряков: заграничное плавание. *Вернуться из загранки.*

ЗАГРЕБА́ТЬ¹, -а́ю, -а́ешь; *несов.* **1.** Грести², погружать в воду вёсла. *Глубоко з.* **2.** Делать плавательные движения руками. *З. саженками.* ‖ *прил.* **загребно́й,** -а́я, -о́е (к 1 знач.). *Загребное весло* (ближайшее к корме). *Загребная сторона* (у лодки: левая по ходу лодки).

ЗАГРЕБА́ТЬ² *см.* загрести.

ЗАГРЕБНО́Й, -а́я, -о́е. **1.** *см.* загребать¹. **2.** **загребно́й,** -о́го, *м.* Гребец, сидящий ближе других к корме. ‖ *ж.* **загребна́я,** -о́й.

ЗАГРЕБУ́ЩИЙ, -ая, -ее (прост.). Жадный, стремящийся много захватить. *Руки загребущие.*

ЗАГРЕМЕ́ТЬ, -млю́, -ми́шь; *сов.* **1.** Начать греметь. *Загремел гром. З. посудой.* **2.** Шумно упасть (прост.). *З. с лестницы.* **3.** Сразу лишиться высокого положения, должности (прост.). *Наш начальник загремел.*

ЗАГРЕСТИ́, -ребу́, -ребёшь; -рёб, -ребла́; -рёбший; -ребённый (-ён, -ена́); -рёбши *и* -ребя́; *сов., что* (разг.). Сгребая, собрать в одно место, а также забрать, захватить. *З. сухие листья. З. кучу денег* (получить очень много). ‖ *несов.* **загреба́ть,** -а́ю, -а́ешь.

ЗАГРИ́ВОК, -вка, *м.* **1.** Задняя часть шеи. **2.** Часть шеи ниже затылка (прост.). ‖ *прил.* **загри́вочный,** -ая, -ое (к 1 знач.).

ЗАГРИМИРОВА́ТЬ, -СЯ *см.* гримировать.

ЗАГРО́БИТЬ *см.* гробить.

ЗАГРО́БНЫЙ, -ая, -ое. **1.** В религиозных представлениях: наступающий после смерти. *Загробная жизнь.* **2.** О голосе, звуках: глухой и низкий.

ЗАГРОМОЗДИ́ТЬ, -зжу́, -зди́шь; -ождённый (-ён, -ена́); *сов., что.* Заставить, заполнить чем-н. громоздким. *З. квартиру вещами. З. вход. З. рассказ подробностями* (перен.). ‖ *несов.* **загромождáть,** -а́ю, -а́ешь. ‖ *сущ.* **загромożде́ние,** -я, *ср.*

ЗАГРУБЕ́ЛЫЙ, -ая, -ое; -е́л. Жёсткий, шершавый, загрубевший. *Загрубелая кожа. Загрубелые руки. Загрубелое сердце* (перен.: очерствевшее). ‖ *сущ.* **загрубе́лость,** -и, *ж.*

ЗАГРУБЕ́ТЬ *см.* грубеть.

ЗАГРУ́ЖЕННОСТЬ, -и и **ЗАГРУЖЁННОСТЬ,** -и, *ж.* **1.** О транспорте: насыщенность грузами, перевозками грузов. *З. железных дорог.* **2.** Наличие большого количества работы у кого-н., занятость на работе. *Большая з. работников.*

ЗАГРУЗИ́ТЬ, -ужу́, -у́зишь *и* -узи́шь; -у́женный *и* -ужённый (-ён, -ена́); *сов.* **1.** *см.* грузить. **2.** *перен., кого-что.* Заполнить работой, дать работу в нужном количестве, занять² (в 4 знач.). *З. рабочий день. З. преподавателей.* ‖ *несов.* **загружа́ть,** -а́ю, -а́ешь. ‖ *сущ.* **загру́зка,** -и, *ж.*

ЗАГРУ́ЗКА *см.* грузить, загрузить.

ЗАГРУ́ЗОЧНЫЙ *см.* грузить.

ЗАГРУНТОВА́ТЬ *см.* грунтовать.

ЗАГРУСТИ́ТЬ, -ущу́, -усти́шь; *сов.* Начать грустить. *З. без друзей.*

ЗАГРЫ́ЗТЬ, -зу́, -зёшь; -ы́з, -ы́зла; -ы́зший; -ы́зенный; -ы́зши; *сов., кого (что).* **1.** Грызя, умертвить. *Хорёк загрыз кур.* **2.** *перен.* То же, что заесть (в 5 знач.) (прост.). ‖ *несов.* **загрыза́ть,** -а́ю, -а́ешь (к 1 знач.).

ЗАГРЯЗНЁННЫЙ, -ая, -ое; -ён. Подвергшийся загрязнению, засорённый. *З. воздух.* ‖ *сущ.* **загрязнённость,** -и, *ж.*

ЗАГРЯЗНИ́ТЕЛЬ, -я, *м.* То, что загрязняет собой воздух, воду, почву.

ЗАГРЯЗНИ́ТЬ, -СЯ *см.* грязнить, -ся.

ЗАГРЯЗНЯ́ТЬ, -я́ю, -я́ешь; -нённый (-ён, -ена́); *несов., что.* **1.** То же, что грязнить (в 1 знач.). **2.** Выпускать (в атмосферу, воду, почву) вредные вещества, загрязнители. ‖ *сущ.* **загрязне́ние,** -я, *ср. З. окружающей среды.*

ЗАГРЯЗНЯ́ТЬСЯ, -я́юсь, -я́ешься; *несов.* **1.** То же, что грязниться. **2.** (1 и 2 л. не употр.). Об атмосфере, воде, почве: насыщаться загрязнителями.

ЗАГС, -а, *м.* Государственный орган, регистрирующий акты гражданского состояния (сокращение: запись актов гражданского состояния). *Зарегистрироваться в загсе* (пожениться). ‖ *прил.* **за́гсовский,** -ая, -ое (разг.).

ЗАГУБИ́ТЬ, -ублю́, -у́бишь; -у́бленный; *сов.* (разг.). **1.** *кого-что.* Погубить, довести до смерти. *З. человека. З. чью-н. жизнь* (испортить жизнь кому-н., сделать несчастным). *Загубленные жизни* (об убитых, погибших). **2.** *что.* Зря истратить, израсходовать. *З. много денег.*

ЗАГУДРОНИ́РОВАТЬ *см.* гудронировать.

ЗАГУЛЯ́ТЬ, -я́ю, -я́ешь; *сов.* (разг.). Предаться веселью, кутежу. ‖ *несов.* **загу́ливать,** -аю, -аешь. ‖ *сущ.* **загу́л,** -а, *м. Удариться в з.* (загулять надолго; прост.).

ЗАГУЛЯ́ТЬСЯ, -я́юсь, -я́ешься; *сов.* (разг.). **1.** Увлекшись гуляньем, прогулкой, задержаться. *Дети загулялись.* **2.** Провести слишком много времени в веселье, кутеже. *З. на свадьбе.* ‖ *несов.* **загу́ливаться,** -аюсь, -аешься.

ЗАГУСТЕ́ТЬ *см.* густеть.

ЗАГУСТИ́ТЬ, -ущу́, -усти́шь; -ущённый (-ён, -ена́); *сов., что.* Сделать более или слишком густым. *З. краску.*

ЗАД, -а (-у), на (в) заду́, *мн.* -ы́, -о́в, *м.* **1.** Задняя часть чего-н. *З. автомобиля. З. дома. Надеть платье задом наперёд.* **2.** Задняя часть туловища (у животных); то же, что ягодицы. *Лошадь бьёт задом. Толстый з. Под з. коленкой дать кому-н.* (также перен.: грубо прогнать; прост.). **3.** *мн.* То же, что задворки (прост.). *Идти задами.* **4.** *мн.* То, что давно выучено или всем известно (разг.). *Повторять зады.*

ЗАДА́БРИВАТЬ *см.* задобрить.

ЗАДАВА́КА, -и, *м.* и *ж.* и **ЗАДАВА́ЛА,** -ы, *м.* и *ж.* (прост.). То же, что зазнайка.

ЗАДАВА́ТЬ, -СЯ¹ *см.* задать, -ся.

ЗАДАВА́ТЬСЯ², -даю́сь, -даёшься; *несов.* (прост.). Зазнаваться, важничать.

ЗАДАВИ́ТЬ *см.* давить.

ЗАДА́НИЕ, -я, *ср.* То, что назначено для выполнения, поручение. *Дать, выполнить з. Производственное з. Боевое з. Домашнее з.* (то же, что урок во 2 знач.).

ЗАДАРИ́ТЬ, -арю́, -а́ришь; -а́ренный; *сов., кого (что).* Сделать много подарков, а также подкупить подарками. *З. детей.* ‖ *несов.* **зада́ривать,** -аю, -аешь.

ЗАДАРМА́, *нареч.* (прост.). То же, что даром. *Взять з. З. потерял время.*

ЗАДА́РОМ, *нареч.* (разг.). То же, что даром. *З. отдавать. Купил з.* (очень дёшево). *Пострадал з.* (зря, напрасно).

ЗАДА́ТКИ, -ов. Зачатки каких-н. способностей, качеств. *Хорошие з. Плохие з.*

ЗАДА́ТОК, -тка, *м.* Сумма, уплачиваемая вперёд в обеспечение всего платежа. *Внести (дать) з. при заказе.* ‖ *прил.* **зада́точный,** -ая, -ое.

ЗАДА́ТЬ, -а́м, -а́шь, -а́ст, -ади́м, -ади́те, -аду́т; за́дал, -ала́, -ало; -а́й; -а́вший; за́данный (-ан, -ана́); *сов.* **1.** *что кому.* Поручить сделать что-н., дать задание. *З. урок.* **2.** *что.* Указать, назначить. *З. нужный темп, ритм. З. тон* (указать хору, в каком тоне петь; также перен.: предопределить ход действий, поведения). *Заданная величина. Заранее з. условия игры. Заданное решение* (заранее предопределённое). **3.** *что.* Устроить, организовать (что-н. большое, торжественное) (разг.). *З. бал. З. пир.* **4.** *что* и *чего.* Причинить, сделать (что-н. неприятное) (разг.). *З. страху. З. трёпку. Я тебе задам!* (угроза). **5.** *что* или *чего.* Дать корм. *З. овса лошадям.* ✦ **Задать вопрос** — спросить. ‖ *несов.* **задава́ть,** -даю́, -даёшь; -дава́й; -дава́я.

ЗАДА́ТЬСЯ, -а́мся, -а́шься, -а́стся, -ади́мся, -ади́тесь, -аду́тся; -а́лся, -ала́сь, -ало́сь и -а́лось; -а́йся; -а́вшийся; *сов.* **1.** *чем.* Поставить перед собой какую-н. задачу, цель (разг.). *З. целью изучить языки.* **2.** (1 и 2 л. не употр.). Выдаться, удаться (прост.). *Дело ему не задалось.* ✦ **Задаться вопросом** (книжн.) — поставить перед собой вопрос. **Задаться мыслью** (книжн.) — начать думать, размышлять о чём-н. ‖ *несов.* **задава́ться,** -даю́сь, -даёшься; -дава́йся; -дава́ясь.

ЗАДА́ЧА, -и, *ж.* **1.** То, что требует исполнения, разрешения. *Поставить задачу. Выполнить задачу. Боевая з.* (поставленная командиром для достижения определённой цели в бою). **2.** Упражнение, к-рое выполняется посредством умозаключения, вычисления. *Арифметическая, алгебраическая з. Шахматная з.* **3.** Сложный вопрос, проблема, требующие исследования и разрешения. *Научная з.* **4.** О чём-н. трудновыполнимом, сложном (разг.). *Нужно успеть в разные места. З.!*

ЗАДА́ЧНИК, -а, *м.* Сборник задач (во 2 знач.). *З. по математике.*

ЗАДВИ́ЖКА, -и, *ж.* **1.** Приспособление с подвижной планкой для запора чего-н. *Дверная з. Задвинуть, отодвинуть задвижку. Закрыть дверь на задвижку.* **2.** Запорное устройство в различных механизмах. ‖ *прил.* **задви́жечный,** -ая, -ое.

ЗАДВИ́НУТЬ, -ну, -нешь; -утый; *сов., что.* **1.** Закрыть (штору, движущуюся в пазах дверцу). **2.** Двинув, поместить во что-н., за что-н., подо что-н. *З. чемодан под кровать. З. задвижку* (запереть). **3.** Закрыть чем-н. передвигаемым. *З. окно шкафом.* ‖ *несов.* **задвига́ть,** -а́ю, -а́ешь. ‖ *прил.* **задвижно́й,** -а́я, -о́е (к 1 знач.).

ЗАДВИ́НУТЬСЯ (-нусь, -нешься, 1 и 2 л. не употр.), -нется; *сов.* **1.** О шторе, движущейся в пазах дверце: закрыться. **2.** Двинувшись, поместиться во что-н., за что-н., подо что-н. *Чемодан задвинулся под кровать. Задвижка задвинулась* (заперлась). ‖ *несов.* **задвига́ться** (-а́юсь, -а́ешься, 1 и 2 л. не употр.), -а́ется. ‖ *прил.* **задвижно́й,** -а́я, -о́е (к 1 знач.).

ЗАДВО́РКИ, -рок. Часть крестьянского двора за домом с прилегающими к нему хозяйственными постройками, а также место за двором (дворами), позади самой крестьянской усадьбы. *Хлев на задворках. Гумна на задворках.* ✦ **На задворках** (разг.) — на самом последнем, невидном и невыгодном месте. ‖ *прил.* **задво́рочный,** -ая, -ое.

ЗАДЕВА́ТЬ¹ *см.* девать.

ЗАДЕВА́ТЬ² *см.* задеть.

ЗАДЕВА́ТЬСЯ *см.* деваться.

ЗАДЕ́ЙСТВОВАТЬ, -твую, -твуешь; -анный; *сов., что* (спец.). Ввести в действие, в эксплуатацию. *Задействована новая скважина.*

ЗАДЕКОРИ́РОВАТЬ *см.* декорировать.

ЗАДЕ́Л, -а, *м.* То, что выработано, сделано про запас, для будущей работы. *Создать з. на следующий год.* ‖ *прил.* **заде́льный,** -ая, -ое.

ЗАДЕ́ЛАТЬ, -аю, -аешь; -анный; *сов., что.* **1.** Поместив, забив, заровняв, закрыть наглухо. *З. двери. З. щели.* **2.** О семенах, удобрении: поместить в почву на определённую глубину. ‖ *несов.* **заде́лывать,** -аю, -аешь. ‖ *сущ.* **заде́лка,** -и, *ж.*

ЗАДЕ́ЛАТЬСЯ, -аюсь, -аешься; *сов., кем* (прост.). Сделаться, стать. *Заделался больщиком.* ‖ *несов.* **заде́лываться,** -аюсь, -аешься.

ЗАДЕРЕВЕНЕ́ЛЫЙ, -ая, -ое; -е́л. То же, что одеревенелый. ‖ *сущ.* **задеревене́лость,** -и, *ж.*

ЗАДЕРЕВЕНЕ́ТЬ *см.* деревенеть.

ЗАДЕРЖА́ТЬ, -ержу́, -е́ржишь; -е́ржанный; *сов.* **1.** *кого-что.* Воспрепятствовать движению кого-чего-н., остановить. *З. поезд. З. воду плотиной.* **2.** *что.* Приостановить, отсрочить что-н. *З. посадку. Дожди задержали сев.* **3.** *кого (что).* Принудить задержаться (во 2 знач.) где-н. *Меня задержали дела. З. посетителя на час.* **4.** *что.* Не сделать, не отдать чего-н. вовремя. *З. уплату долга на месяц. З. доставку газет.* **5.** *что.* Замедлить, прекратить на время действие чего-н. *З. шаги. З. дыхание.* **6.** *кого (что).* Временно лишить свободы до выяснения причастности к нарушению порядка, преступлению (спец.). *З. преступника.* ‖ *несов.* **заде́рживать,** -аю, -аешь. ‖ *сущ.* **задержа́ние,** -я, *ср.* (к 1, 2 и 6 знач.) и **заде́ржка,** -и, *ж.* (к 1, 2, 3, 4 и 5 знач.).

ЗАДЕРЖА́ТЬСЯ, -ержу́сь, -е́ржишься; *сов.* **1.** Остановиться, замедлить или прекратить своё движение. *З. у входа.* **2.** Остаться где-н. на какое-н. время, пробыть где-н. дольше чем нужно или можно. *З. на неделю в командировке. З. в гостях. З. в дороге.* **3.** (1 и 2 л. не употр.). Приостановиться, замедлиться. *Дыхание задержалось.* **4.** Замешкаться, не сделать чего-н. вовремя. *З. с работой.* ‖ *несов.* **заде́рживаться,** -аюсь, -аешься. ‖ *сущ.* **заде́ржка,** -и, *ж.*

ЗАДЕ́ТЬ, -е́ну, -е́нешь; -де́тый; *сов., кого-что.* **1.** *за что.* Коснуться кого-чего-н., зацепиться за кого-что-н. при движении. *З. рукой. З. за верёвку. Задета кость* (при ранении, травме). **2.** *перен.* Взволновать, возбудить какое-н. чувство. *З. чьё-н. любопытство.* **3.** *перен.* Обидеть, уязвить. *З. собеседника обидным замечанием.* **4.** (1 и 2 л. не употр.). О болезни: коснуться соседнего участка, захватить его. *Задета верхушка лёгкого.* ✦ **Задеть за живое** (разг.) — то же, что задеть (во 2 и 3 знач.). **Задеть самолюбие** *кого* — 1) вызвать у кого-н. обострённое чувство самоуважения, гордости. *Чужие успехи задели самолюбие честолюбца;* 2) обидеть, уязвить, оскорбить. *Бестактный намёк задел самолюбие подростка.* ‖ *несов.* **задева́ть,** -а́ю, -а́ешь.

ЗА́ДЕШЕВО и **ЗАДЁШЕВО,** *нареч.* (прост.). За дешёвую цену. *Купить, продать з.*

ЗАДЁРГАТЬ, -аю, -аешь; -анный; *сов.* **1.** *что* и *чем.* Начать дёргать (в 1, 3 и 4 знач.). *З. вожжами. Его всего задёргало* (безл.). *З. плечом.* **2.** *кого (что).* Измучить беспрерывными требованиями, придирчивым обращением (разг.). *З. подчинённого.*

ЗАДЁРГАТЬСЯ, -аюсь, -аешься; *сов.* **1.** Начать дёргаться. *Губы задёргались от обиды.* **2.** Измучиться от постоянных волнений, беспокойства, от множества разных дел (разг.).

ЗАДЁРНУТЬ, -ну, -нешь; -утый; *сов., что.* **1.** Дёрнуть, чтобы закрыть. *З. штору.* **2.** *чем.* Закрыть, подвинув, дёрнув что-н. *З. окно занавеской.* ‖ *несов.* **задёргивать,** -аю, -аешь.

ЗАДЁРНУТЬСЯ (-нусь, -нешься, 1 и 2 л. не употр.), -нется; *сов.* Передвинувшись, закрыть, заслонить собой что-н. *Занавеска задёрнулась.* ‖ *несов.* **задёргиваться** (-аюсь, -аешься, 1 и 2 л. не употр.), -ается.

ЗАДИ́РА, -ы, *м.* и *ж.* (разг.). Человек, к-рый затевает ссоры, драки, забияка.

ЗАДИРА́ТЬ[1], -аю, -аешь; *несов.* (разг.). Вести себя задирой, забиякой, задираться[2]. *З. новичка.*

ЗАДИРА́ТЬ[2], **-СЯ**[1] *см.* задрать, -ся.

ЗАДИРА́ТЬСЯ[2], -а́юсь, -а́ешься; *несов.* (прост.). Приставать к кому-н., затевая ссору, драку.

ЗАДИ́РИСТЫЙ, -ая, -ое; -ист (разг.). **1.** Склонный к спорам, ссорам. *З. характер.* **2.** Задорный, бойкий. *Задиристые звуки гармошки.* ‖ *сущ.* **задиристость**, -и, *ж.*

ЗАДНЕ... *Первая часть сложных слов со знач.:* 1) задний (в 1 знач.), с задним, напр. *заднепроходный;* 2) сзади, напр. *задневогнутый, заднемоторный, задночерепной;* 3) задний (во 2 знач.), напр. *задненёбный, заднеязычный.*

ЗА́ДНИЙ, -яя, -ее. **1.** Находящийся сзади, направленный назад. *Заднее колесо. З. карман. З. ход* (ход назад). **2.** В фонетике: относящийся к той части языка или нёба, к-рая расположена близко к гортани, в удалении от ротового отверстия. *Задние гласные* (о, у). ✦ **Без задних ног** (разг. шутл.) — о сильной усталости от ходьбы, беготни. **Задним умом крепок** (разг.) — о том, кто спохватывается слишком поздно. **Задняя мысль** — скрытая, тайная мысль. **Задним числом** — 1) пометить, датировать более ранним числом, чем следует. *Приказ подписан задним числом;* 2) слишком поздно (узнать, понять, сообщить) (разг.). *Спохватиться задним числом.*

ЗА́ДНИК, -а, *м.* **1.** Часть обуви над каблуком, охватывающая пятку. **2.** Декорация на заднем плане сцены (спец.).

ЗА́ДНИЦА, -ы, *ж.* (прост.). Ягодицы, зад (во 2 знач.).

ЗАДО́БРИТЬ, -рю, -ришь; -ренный; *сов., кого (что).* Расположить в свою пользу (подарками, услугами, лаской). ‖ *несов.* **задабривать**, -аю, -аешь.

ЗАДО́К, -дка́, *м.* Задняя часть какого-н. предмета (обычно о повозке, мебели). *З. телеги. З. дивана.*

ЗАДО́ЛГО, *нареч.* За много времени перед чем-н. *З. до осени.*

ЗАДОЛЖА́ТЬ *см.* должать.

ЗАДОЛЖА́ТЬСЯ, -а́юсь, -а́ешься; *сов.* (прост.). Наделать долгов.

ЗАДО́ЛЖЕННОСТЬ, -и, *ж.* Наличие долгов, невыполненных обязательств. *Большая з. Погасить, ликвидировать з. З. по работе.*

ЗАДО́ЛЖНИК, -а, *м.* (разг.). Тот, кто имеет задолженность. *Студент-з.* (вовремя не сдавший экзамены, зачёты). ‖ *ж.* **задо́лжница**, -ы.

ЗА́ДОМ, *нареч.* Задней стороной, задней частью. *Двигаться, пятиться з. Дом стоит з. к лесу.*

ЗАДО́Р, -а, *м.* **1.** Страстность, горячность в поведении, работе. *Юношеский з.* **2.** Запальчивое, вызывающее поведение, вызывающий тон. *Петушиный з.* (также перен.: задиристое поведение).

ЗАДО́РИНА, -ы, *ж.* Шероховатость на гладкой поверхности. ‖ *уменьш.* **задо́ринка**, -и, *ж.* ✦ **Без сучка без задоринки, ни сучка ни задоринки** (разг.) — 1) без всяких помех и неприятностей; 2) так хорошо, что не к чему придраться.

ЗАДО́РНЫЙ, -ая, -ое; -рен, -рна. **1.** Полный задора (в 1 знач.), пылкий. *З. взгляд.* **2.** Запальчивый, задиристый. *З. мальчишка.* ‖ *сущ.* **задо́рность**, -и, *ж.*

ЗАДОХНУ́ТЬСЯ, -ну́сь, -нёшься; -ну́лся, -ну́лась; *сов.* **1.** Умереть от невозможности дышать. *З. в дыму.* **2.** Прервать дыхание (от волнения, бега). *З. от гнева.* ‖ *несов.* **задыха́ться**, -а́юсь, -а́ешься. *З. от тоски* (перен.).

ЗАДРАЗНИ́ТЬ, -азню́, -а́знишь; -нённый (-ён, -ена́); *сов., кого (что)* (разг.). Измучить, дразня. ‖ *несов.* **задра́знивать**, -аю, -аешь.

ЗАДРА́ИТЬ, -а́ю, -а́ишь; -а́енный; *сов., что* (спец.). Наглухо закрыть. *З. люк, иллюминатор.* ‖ *несов.* **задра́ивать**, -аю, -аешь.

ЗАДРАПИРОВА́ТЬ, -СЯ *см.* драпировать, -ся.

ЗАДРА́ТЬ, -деру́, -дерёшь; -а́л, -ала́, -а́ло; за́дранный; *сов.* **1.** *см.* драть. **2.** *что.* Подрезав, оцарапав, загнуть кверху. *З. заусеницу.* **3.** *что.* Поднять кверху (разг.). *З. голову. З. рубашонку. З. нос* (также перен.: заважничать, загордиться; неодобр.). ‖ *несов.* **задира́ть**, -а́ю, -а́ешь.

ЗАДРА́ТЬСЯ (-деру́сь, -дерёшься, 1 и 2 л. не употр.), -дерётся; -а́лся, -ала́сь, -ало́сь *и* -а́лось; *сов.* **1.** Порвавшись, надорвавшись, загнуться кверху. *Кожица задралась.* **2.** Загнуться, поднявшись кверху (разг.). *Платье задралось.* ‖ *несов.* **задира́ться** (-а́юсь, -а́ешься, 1 и 2 л. не употр.), -а́ется.

ЗАДРЕМА́ТЬ, -емлю́, -е́млешь; *сов.* Впасть в дремоту. ‖ *несов.* **задрёмывать**, -аю, -аешь.

ЗАДРИ́ПАННЫЙ, -ая, -ое; -ан (прост. пренебр.). Затасканный, грязный. *З. костюм. З. вид.* ‖ *сущ.* **задри́панность**, -и, *ж.*

ЗАДРОЖА́ТЬ, -жу́, -жи́шь; *сов.* Начать дрожать (в 1, 2 и 4 знач.). *З. от холода. Задрожали стёкла. Голос задрожал.*

ЗАДУБЕ́ТЬ (-е́ю, -е́ешь, 1 и 2 л. не употр.), -еет; *сов.* (прост.). Загрубеть, стать жёстким, негибким. *Плащ задубел.*

ЗАДУВА́ТЬ, -а́ю, -а́ешь; *несов.* **1.** *см.* задуть. **2.** О ветре: дуть, проникая куда-н. *Задувает* (безл.) *под крышу.*

ЗАДУ́МАТЬ, -аю, -аешь; -анный; *сов.* **1.** *что* и *с неопр.* Мысленно решить сделать что-н. *З. поездку в горы.* **2.** *что.* Мысленно выбрать, определить что-н. *З. число.* ‖ *несов.* **заду́мывать**, -аю, -аешь.

ЗАДУ́МАТЬСЯ, -аюсь, -аешься; *сов.* **1.** Предаться размышлениям, погрузиться в свои мысли. *З. над задачей. З. о будущем.* **2.** *с отриц.* и *с неопр.* Обнаружить нерешительность, колебание в чём-н. (разг.). *Не задумался сказать правду в глаза.* ‖ *несов.* **заду́мываться**, -аюсь, -аешься.

ЗАДУ́МКА, -и, *ж.* (прост.). **1.** Желание, намерение. *Есть у него з. на родину съездить.* **2.** Замысел, план. *Интересная з.*

ЗАДУ́МЧИВЫЙ, -ая, -ое; -ив. Мечтательный, погружённый в думы, размышления. *З. юноша. З. вид.* ‖ *сущ.* **заду́мчивость**, -и, *ж. Впасть в з.*

ЗАДУРИ́ТЬ, -рю́, -ри́шь; *сов., кого-что* (прост.). **1.** *см.* дурить. **2.** Сбить с толку, запутать. *З. кого-н. своими придирками.* ‖ *несов.* **задуря́ть**, -я́ю, -я́ешь *и* **заду́ривать**, -аю, -аешь. ‖ *сущ.* **заду́ривание**, -я, *ср.*

ЗАДУ́ТЬ, -у́ю, -у́ешь; -у́тый; *сов.* **1.** *что.* Дунув, погасить. *З. свечу.* **2.** *что.* Разжечь, привести в действие (спец.). *З. домну.* **3.** Начать дуть. *Задул ветер.* **4.** *что.* Дуя, занести куда-н. *Ветром задуло* (безл.) *снег под крышу.* ‖ *несов.* **задува́ть**, -а́ю, -а́ешь (к 1, 2 и 4 знач.). ‖ *сущ.* **заду́вка**, -и, *ж.* (ко 2 знач.; спец.). *З. доменной печи.*

ЗАДУШЕ́ВНЫЙ, -ая, -ое; -вен, -вна. Глубоко искренний, сердечный; сокровенный. *З. разговор. Задушевная тайна.* ‖ *сущ.* **задуше́вность**, -и, *ж.*

ЗАДУШИ́ТЬ, -СЯ *см.* душить[1].

ЗАДЫМИ́ТЬ, -млю́, -ми́шь; -млённый (-ён, -ена́); *сов.* **1.** Начать дымить. *Печь задымила.* **2.** *что.* Закоптить или загрязнить дымом. *З. потолок.*

ЗАДЫМИ́ТЬСЯ (-млю́сь, -ми́шься, 1 и 2 л. не употр.), -ми́тся; *сов.* **1.** Начать дымиться. *Костры задымились.* **2.** То же, что закоптиться. *Потолок задымился.* ‖ *несов.* **задымля́ться** (-я́юсь, -я́ешься, 1 и 2 л. не употр.), -я́ется (ко 2 знач.).

ЗАДЫХА́ТЬСЯ *см.* задохнуться.

ЗАДЫША́ТЬ, -ышу́, -ы́шишь; *сов.* Начать дышать. *Больной тяжело задышал.*

ЗАЕДА́ТЬ *см.* заесть, -ся.

ЗАЕ́ЗД, -а, *м.* **1.** *см.* заехать. **2.** Отдельное состязание на скачках, бегах, гонках. *Победитель в первом заезде.* **3.** Приезд в определённый срок группы отдыхающих в санаторий, дом отдыха. *Дни заезда.* ‖ *прил.* **зае́здный**, -ая, -ое.

ЗАЕ́ЗДИТЬ, -зжу, -здишь; -зженный; *сов., кого (что).* **1.** Измучить ездой, загнать. *З. лошадей.* **2.** *перен.* Измучить чем-н. непосильным, трудным (прост.). *З. всех домашних.* ‖ *несов.* **зае́зживать**, -аю, -аешь.

ЗАЕЗЖА́ТЬ *см.* заехать.

ЗАЕ́ЗЖЕННЫЙ, -ая, -ое; -ен. **1.** Избитый, затасканный (разг.). *З. анекдот.* **2.** Измученный, очень усталый. *З. вид.* ‖ *сущ.* **зае́зженность**, -и, *ж.*

ЗАЕ́ЗЖИЙ, -ая, -ее (разг.). Ненадолго приехавший откуда-н. *Заезжие музыканты.* ✦ **Заезжий двор** (устар.) — то же, что постоялый двор.

ЗАЕ́СТЬ, -е́м, -е́шь, -е́ст, -еди́м, -еди́те, -едя́т; -е́л, -е́ла; -е́шь; -е́вший; -е́денный; -е́в; *сов.* **1.** *кого (что).* О хищнике: убить (разг.). *Волк заел овцу.* **2.** *что чем.* Съесть что-н. после чего-н. съеденного или выпитого. *З. горькое лекарство.* **3.** (1 и 2 л. не употр.), *что.* Защемить, помешав движению (разг.). *Заело* (безл.) *канат.* **4.** *безл.* Задеть, затронуть чьё-н. самолюбие (прост.). *Замечание его заело.* **5.** *перен.* Измучить придирками, попрёками (прост.). ✦ **Тоска заела** *кого* (разг.) — о том, кто постоянно в тоске, тоскует. ‖ *несов.* **заеда́ть**, -а́ю, -а́ешь (к 1, 2, 3 и 4 знач.).

ЗАЕ́СТЬСЯ, -е́мся, -е́шься, -е́стся, -еди́мся, -еди́тесь, -едя́тся; -е́лся, -е́лась; -е́шься; -е́вшийся; -е́вшись; *сов.* (разг.). Привыкнув к хорошей пище, стать слишком разборчивым, привередливым в еде. ‖ *несов.* **заеда́ться**, -а́юсь, -а́ешься.

ЗАЕ́ХАТЬ, -е́ду, -е́дешь; *в знач. пов.* заезжа́й; *сов.* **1.** Приехать куда-н. ненадолго, по пути. *З. к знакомым.* **2.** *за кем-чем.* Приехать куда-н., чтобы взять с собой кого-что-н. *З. за детьми.* **3.** Подъехать не прямо, объезжая. *З. слева. З. со стороны сада.* **4.** Поехав, попасть куда-н. далеко или куда не следует. *З. в трясину.* **5.** *кому во что.* Ударить кого-н. (прост.). *З. в физиономию.* ‖ *несов.* **заезжа́ть**, -а́ю, -а́ешь. ‖ *сущ.* **зае́зд**, -а, *м.* (к 1, 2 и 3 знач.).

ЗАЁМ, за́йма, *м.* **1.** *см.* занять[1]. **2.** Финансовая операция — получение в долг денег, ценностей на определённых условиях. *Внешний з. Государственный выигрышный з.* ‖ *прил.* **за́ймовый**, -ая, -ое *и* (спец.) **заёмный**, -ая, -ое. *Займовые операции.*

ЗАЁМНЫЙ *см.* занять[1], заём.

ЗАЁМЩИК, -а, *м.* (спец.). Тот, кто получает заём (во 2 знач.).

ЗАЖА́РИТЬ, -СЯ *см.* жарить, -ся.

ЗАЖА́ТЬ, -жму́, -жмёшь; -а́тый; *сов.* **1.** *кого-что.* Сжать туго, охватив со всех сторон. *З. в толпе. З. болт в тиски. З. карандаш в руке.* **2.** *что.* Плотно закрыть, сжав. *З. нос. З. уши. З. рот кому-н.* (также перен.: не дать свободно высказаться; разг.). **3.** *перен., кого-что.* Стеснить, помешать свободному проявлению чего-н. (разг.). *З. критику. З. инициативу.* **4.** *перен., что.* Утаить, спрятать, присвоить (прост.). *З. долг. З. новоселье* (не отпраздновать; шутл.). ‖ *несов.* **зажима́ть,** -а́ю, -а́ешь. ‖ *сущ.* **зажима́ние,** -я, *ср.* (к 1 и 2 знач.) *и* **зажи́м,** -а, *м.* (к 1 и 3 знач.). ‖ *прил.* **зажи́мный,** -ая, -ое (к 1 знач.) *и* **зажимно́й,** -а́я, -о́е (к 1 знач.).

ЗАЖДА́ТЬСЯ, -ду́сь, -дёшься; -а́лся, -ала́сь, -ало́сь *и* -а́лось; *сов., кого-чего* (разг.). Устать от долгого ожидания. *Дома его заждались. З. письма́.*

ЗАЖЕЛТЕ́ТЬ (-е́ю, -е́ешь, 1 и 2 л. не употр.), -е́ет; *сов.* Начать желтеть. *Зажелтели листья. Вдали зажелтели пески.*

ЗАЖЕЛТИ́ТЬ *см.* желтить.

ЗАЖЕ́ЧЬ, -жгу́, -жжёшь, -жгу́т; -жёг, -жгла́; -жги́; -жёгший; -жжённый (-ён, -ена́); -жёгши; *сов.* **1.** *что.* Заставить гореть (в 1 и 2 знач.). *З. огонь, спичку. З. свет, лампу.* **2.** *перен., кого-что.* Возбудить, воодушевить (высок.). *З. слушателей речью. З. интерес в ком-н.* ‖ *несов.* **зажига́ть,** -а́ю, -а́ешь. ‖ *сущ.* **зажига́ние,** -я, *ср.* (к 1 знач.). ‖ *прил.* **зажига́тельный,** -ая, -ое. *З. фитиль. З. состав. Зажигательная бомба.*

ЗАЖЕ́ЧЬСЯ, -жгу́сь, -жжёшься, -жгу́тся; -жёгся, -жгла́сь; -жги́сь; -жёгшийся; -жёгшись; *сов.* **1.** (1 и 2 л. не употр.). То же, что загореться (в 1 знач.). *Зажёгся огонь. Зажглись фонари. Зажглась звезда.* **2.** *перен.* О сильном чувстве: появиться, а также начать испытывать сильное чувство (высок.). *В нём зажглась ревность. З. ненавистью к врагу.* ‖ *несов.* **зажига́ться,** -а́юсь, -а́ешься.

ЗАЖИВИ́ТЬ, -влю́, -ви́шь; -влённый (-ён, -ена́); *сов., что.* Залечить (рану, больное место), дать зажить. ‖ *несов.* **заживля́ть,** -я́ю, -я́ешь.

ЗА́ЖИВО, *нареч.* В живом состоянии, при жизни. *З. погребённый.*

ЗАЖИГА́ЛКА, -и, *ж.* **1.** Прибор для получения огня. *Газовая з.* **2.** Зажигательная бомба (разг.). *Тушить зажигалки.*

ЗАЖИГА́НИЕ, -я, *ср.* **1.** *см.* зажечь. **2.** Воспламенение горючего в двигателях внутреннего сгорания, работающих на лёгком жидком и газовом топливах (спец.). *Свеча зажигания. Батарейное з. Включить з.*

ЗАЖИГА́ТЕЛЬНЫЙ, -ая, -ое; -лен, -льна. **1.** *см.* зажечь. **2.** *перен.* Волнующий, производящий сильное впечатление. *Зажигательная речь.* ‖ *сущ.* **зажига́тельность,** -и, *ж.*

ЗАЖИГА́ТЬ, -СЯ *см.* зажечь, -ся.

ЗАЖИ́ЛИТЬ, -лю, -лишь; -ленный; *сов., что* (прост.). То же, что присвоить (в 1 знач.). *З. деньги.* ‖ *несов.* **зажи́ливать,** -аю, -аешь.

ЗАЖИ́М, -а, *м.* **1.** *см.* зажать. **2.** Приспособление для зажимания чего-н.

ЗАЖИМА́НИЕ, ЗАЖИМА́ТЬ *см.* зажать.

ЗАЖИ́МЩИК, -а, *м.* (разг.). Человек, к-рый зажимает (см. зажать в 3 знач.) что-н., препятствует свободному проявлению чего-н. *З. критики.* ‖ *ж.* **зажи́мщица,** -ы.

ЗАЖИ́ТОЧНЫЙ, -ая, -ое; -чен, -чна. Обладающий достатком, состоятельный. *З. крестьянин. Зажиточная жизнь. Семья живёт зажиточно* (нареч.). ‖ *сущ.* **зажи́точность,** -и, *ж.*

ЗАЖИ́ТЬ[1], -иву́, -ивёшь; за́жил *и* зажи́л, зажила́, за́жило *и* зажи́ло; *сов.* Начать жить (в 3 и 6 знач.). *Уехали из города и зажили в деревне. З. по-хорошему.*

ЗАЖИ́ТЬ[2] (-иву́, -ивёшь, 1 и 2 л. не употр.), -ивёт; за́жил *и* зажи́л, зажила́, за́жило *и* зажи́ло; *сов.* О ране, больном месте: затянуться кожей, закрыться. *До свадьбы заживёт* (говорится в утешение тому, кто ушибся, кому больно; разг. шутл.). ‖ *несов.* **зажива́ть** (-а́ю, -а́ешь, 1 и 2 л. не употр.), -а́ет.

ЗАЖИ́ТЬСЯ, -иву́сь, -ивёшься; -и́лся, -ила́сь, -ило́сь *и* -и́лось; -и́вшийся; *сов.* (разг.). Прожить дольше обычного, предполагавшегося. *З. на даче. Старик зажился.* ‖ *несов.* **зажива́ться,** -а́юсь, -а́ешься.

ЗАЖМУ́РИТЬ, -СЯ *см.* жмурить, -ся.

ЗАЖО́Р, -а, *м.* (обл.). **1.** Затор льда во время ледохода. **2.** Вода под снегом при таянии. *Зажоры на дороге.*

ЗАЖУРЧА́ТЬ, -чу́, -чи́шь; *сов.* Начать журчать. *Зажурчали ручьи. Зажурчала тихая речь.*

ЗАЖУ́ХНУТЬ *см.* жухнуть.

ЗАЗВА́ТЬ, -зову́, -зовёшь; -а́л, -ала́, -а́ло; за́званный; *сов., кого (что)* (разг.). Настоятельно зовя, приглашая, побудить прийти. *З. в гости.* ‖ *несов.* **зазыва́ть,** -а́ю, -а́ешь. ‖ *сущ.* **зазы́в,** -а, *м.* (устар.). ‖ *прил.* **зазы́вный,** -ая, -ое *и* **зазывно́й,** -а́я, -о́е.

ЗАЗВЕНЕ́ТЬ, -ню́, -ни́шь; *сов.* Начать звенеть.

ЗАЗВОНИ́ТЬ, -ню́, -ни́шь; *сов.* Начать звонить.

ЗАЗВУЧА́ТЬ (-чу́, -чи́шь, 1 и 2 л. не употр.), -чи́т; *сов.* Начать звучать.

ЗАЗДРА́ВНЫЙ, -ая, -ое. Исполняемый, провозглашаемый или выпиваемый за чьё-н. здоровье. *Заздравная песня. З. тост. З. кубок.*

ЗАЗЕВА́ТЬСЯ, -а́юсь, -а́ешься; *сов.* (разг.). Заглядевшись, не увидеть, не заметить кого-что-н. другого. *З. у витрины.* ‖ *несов.* **зазёвываться,** -аюсь, -аешься.

ЗАЗЕЛЕНЕ́ТЬ (-е́ю, -е́ешь, 1 и 2 л. не употр.), -е́ет; *сов.* Начать зеленеть (во 2 и 3 знач.). *Луга зазеленели. Вдали зазеленела роща.*

ЗАЗЕЛЕНИ́ТЬ, -ню́, -ни́шь; -нённый (-ён, -ена́); *сов., что.* Запачкать в зелени, в чём-н. зелёном. *З. платье травой (о траву).* ‖ *несов.* **зазеленя́ть,** -я́ю, -я́ешь.

ЗАЗЕМЛЕ́НИЕ, -я, *ср.* **1.** *см.* заземлить, -ся. **2.** Заземляющее устройство.

ЗАЗЕМЛИ́ТЬ, -лю́, -ли́шь; -лённый (-ён, -ена́); *сов., что* (спец.). Соединить (электрический аппарат, прибор) с землёй для защиты от опасного действия тока. *З. антенну.* ‖ *несов.* **заземля́ть,** -я́ю, -я́ешь. ‖ *сущ.* **заземле́ние,** -я, *ср.*

ЗАЗЕМЛИ́ТЬСЯ (-лю́сь, -ли́шься, 1 и 2 л. не употр.), -ли́тся; *сов.* (спец.). Об электрическом аппарате, приборе: соединиться с землёй. ‖ *несов.* **заземля́ться** (-я́юсь, -я́ешься, 1 и 2 л. не употр.), -я́ется. ‖ *сущ.* **заземле́ние,** -я, *ср.*

ЗАЗИМОВА́ТЬ, -му́ю, -му́ешь; *сов.* Остаться зимовать. *З. на севере.*

ЗАЗНА́ЙКА, -и, *м. и ж.* (разг.) Человек, к-рый зазнаётся.

ЗАЗНА́ТЬСЯ, -а́юсь, -а́ешься; *сов.* (разг.). Возгордиться, возомнить о себе, высказывая пренебрежение к другим. ‖ *несов.* **зазнава́ться,** -наю́сь, -наёшься; -ва́йся; -ва́ясь. ‖ *сущ.* **зазна́йство,** -а, *ср.*

ЗАЗНО́БА, -ы, *ж.* (устар. и обл.). Любимая девушка, женщина, возлюбленная. ‖ *ласк.* **зазно́бушка,** -и, *ж.*

ЗАЗО́Р, -а, *м.* (спец.). Скважина, углубление, узкий промежуток между частями чего-н. ‖ *прил.* **зазо́рный,** -ая, -ое.

ЗАЗО́РНЫЙ[1], -ая, -ое (прост.). Постыдный, достойный осуждения. *З. поступок.*

ЗАЗО́РНЫЙ[2] *см.* зазор.

ЗАЗРЕ́НИЕ, -я, *ср.:* **без зазрения совести, без всякого зазрения** (разг.) — без стыда, не стесняясь. *Обманывает без зазрения совести.*

ЗА́ЗРИТЬ: совесть зазрит (зазрила) (прост.) — угрызения совести не позволят (не позволили) сделать что-н. плохое.

ЗАЗУ́БРЕННЫЙ, -ая, -ое; -ен. С зазубринами. *З. нож. Зазубренная бритва.* ‖ *сущ.* **зазу́бренность,** -и, *ж.*

ЗАЗУ́БРИНА, -ы, *ж.* Щербина, выемка на чём-н. остром, на краю чего-н. *Нож с зазубринами. З. на топоре.*

ЗАЗУБРИ́ТЬ *см.* зубрить[1-2].

ЗАЗЫВА́ЛА, -ы, *м. и ж.* (разг.). На ярмарках, гуляньях: человек, зазывающий покупателей, посетителей.

ЗАЗЫВА́ТЬ *см.* зазвать.

ЗАЗЯ́БНУТЬ *см.* зябнуть.

ЗАИГРА́ТЬ, -а́ю, -а́ешь; -и́гранный; *сов.* **1.** Начать играть (в 1, 3 и 5 знач.). *Заиграла музыка. Заиграла улыбка.* **2.** *что.* Истрепать частым употреблением в игре. *Заигранная колода.* **3.** *что.* Слишком часто исполняя, опошлить, сделать банальным. *З. пьесу. Заигранная мелодия.* ‖ *несов.* **заи́грывать,** -аю, -аешь (ко 2 и 3 знач.).

ЗАИГРА́ТЬСЯ, -а́юсь, -а́ешься; *сов.* Увлёкшись игрой, забыть о времени. *Дети заигрались.* ‖ *несов.* **заи́грываться,** -аюсь, -аешься.

ЗАИ́ГРЫВАТЬ, -аю, -аешь; *несов.* **1.** *см.* заиграть. **2.** *с кем.* Любезничать с кем-н., ухаживая (разг.). **3.** *с кем.* Заискивать перед кем-н. (разг.).

ЗАИ́КА, -и, *м. и ж.* Человек, страдающий заиканием.

ЗАИКА́НИЕ, -я, *ср.* **1.** *см.* заикаться. **2.** Патология речи — запинки, остановки, повторение одних и тех же звуков из-за судорожных сокращений мышц гортани. *Страдать заиканием.*

ЗАИКА́ТЬСЯ, -а́юсь, -а́ешься; *несов.* **1.** Страдать заиканием; говорить с затруднением, непроизвольно повторяя одни и те же звуки. *З. с детства. З. от волнения.* **2.** *перен., о ком-чём.* Упоминать вскользь, осторожно, намёками (разг.). *Он и не заикался о поездке* (ничего не говорил). ‖ *сов.* **заикну́ться,** -ну́сь, -нёшься (ко 2 знач.). ‖ *сущ.* **заика́ние,** -я, *ср.* (к 1 знач.).

ЗАИМЕ́ТЬ *см.* иметь.

ЗАИ́МКА, -и, *ж.* В старину: земельный участок, занятый кем-н. по праву первого владения, обычно в один двор, вдали от других пахотных земель; теперь в Сибири — название нек-рых небольших отдалённых поселений (земледельческих, охотничьих, рыболовецких).

ЗАИМОДА́ВЕЦ, -вца, *м.* (устар.). То же, что займодавец. ‖ *прил.* **заимода́вческий,** -ая, -ое.

ЗАИМООБРА́ЗНЫЙ, -ая, -ое. Взятый или данный в долг. *Получить деньги заимообразно* (нареч.).

ЗАИ́МСТВОВАНИЕ, -я, *ср.* **1.** *см.* заимствовать. **2.** Заимствованное явление, слово, выражение. *Иноязычные заимствования* (заимствованные слова).

ЗАИ́МСТВОВАТЬ, -твую, -твуешь; -анный; *сов. и несов., что.* Взять (брать), перенять (-нимать), усвоить (усваивать) откуда-н. *З. тему. Заимствованные слова.*

|| *сов.* также **позаимствовать,** -твую, -твуешь; -анный (разг.). || *сущ.* **заимствование,** -я, *ср.*

ЗАИ́НДЕВЕТЬ *см.* индеветь.

ЗАИНТЕРЕСО́ВАННЫЙ, -ая, -ое; -ан. Обнаруживающий, заключающий в себе или имеющий для кого-н. интерес (в 1 знач.). *Заинтересованные стороны. З. разговор.* || *сущ.* **заинтересо́ванность,** -и, *ж. З. в деле. Материальная з.* (выгода, практический интерес).

ЗАИНТЕРЕСОВА́ТЬ, -су́ю, -су́ешь; -о́ванный; *сов., кого (что).* **1.** Возбудить в ком-н. интерес (в 1 знач.) к чему-н. *З. слушателей рассказом.* **2.** Привлечь выгодой, практическим интересом. *З. материально.* || *несов.* **заинтересо́вывать,** -аю, -аешь.

ЗАИНТЕРЕСОВА́ТЬСЯ, -су́юсь, -су́ешься; *сов., кем-чем.* Проявить, почувствовать интерес (в 1 знач.) к кому-чему-н. *З. книгой.* || *несов.* **заинтересо́вываться,** -аюсь, -аешься.

ЗАИНТРИГОВА́ТЬ, -гу́ю, -гу́ешь; -о́ванный; *сов., кого (что).* Возбудить интерес, любопытство чем-н. загадочным, неясным. || *несов.* **заинтриго́вывать,** -аю, -аешь.

ЗА́ИНЬКА *см.* заяц.

ЗАИ́СКИВАТЬ, -аю, -аешь; *несов., перед кем.* Лестью, угодничеством добиваться чьего-н. расположения. *З. перед начальством. Заискивающая улыбка* (льстивая).

ЗА́ЙКА *см.* заяц.

ЗА́ЙМОВЫЙ *см.* заём.

ЗАЙМОДА́ВЕЦ, -вца, *м.* (спец.). Тот, кто даёт взаймы, кредитор. || *прил.* **займода́вческий,** -ая, -ое.

ЗАЙМОДЕРЖА́ТЕЛЬ, -я, *м.* (спец.). Владелец облигаций займа.

ЗАЙТИ́, -йду́, -йдёшь; зашёл, зашла́; заше́дший; -йдя; *сов.* **1.** Идя, по пути побывать где-н., посетить кого-н., а также (разг.) вообще прийти к кому-н., посетить кого-н. *З. в магазин. З. к приятелю. Зайди вечерком, нужно поговорить. Зайдите через недельку.* **2.** *за кем-чем.* Прийти куда-н. за кем-чем-н., чтобы взять с собой. *З. за книгой. З. за приятелем.* **3.** Подойти не прямо, обходя, со стороны. *З. от леса. З. справа.* **4.** Идя, попасть куда-н. далеко, за какой-н. предел. *З. в тыл. З. в лес. З. по горло в воду. З. за угол. Солнце зашло за тучи* или *солнце зашло* (скрылось за горизонтом). *Беседа зашла за полночь* (перен.). *Спор зашёл слишком далеко* (перен.: перешёл границы допустимого). **5.** (1 и 2 *л.* не употр.). О речи: возникнуть, начаться. *Зашёл разговор о чём-н.* || *несов.* **заходи́ть,** -ожу́, -о́дишь. || *многокр.* **заха́живать,** -аю, -аешь (к 1 и 2 знач.). || *сущ.* **захо́д,** -а, *м.* (к 1, 3 и 4 знач.) *и* **захожде́ние,** -я, *ср.* (к 3 и 4 знач.).

ЗАЙТИ́СЬ, -йду́сь, -йдёшься; зашёлся, зашла́сь; заше́дшийся; -йдя́сь; *сов.* (разг.). **1.** (1 и 2 *л.* не употр.). Занеметь, затечь (в 3 знач.). *Руки зашлись от холода. Сердце зашлось от страха.* **2.** Долго смеясь, плача или кашляя, как бы онеметь, затихнуть, обессилев. *Ребёнок зашёлся в плаче, крике.* || *несов.* **заходи́ться,** -ожу́сь, -о́дишься.

ЗАЙЧА́ТИНА, -ы, *ж.* Мясо зайца как пища.

ЗА́ЙЧИК, -а, *м.* **1.** *см.* заяц. **2.** Движущееся светлое пятнышко от отражённого солнечного луча. *Солнечный з. Зайчики на стене.*

ЗАЙЧИ́ХА, -и, *ж.* Самка зайца.

ЗАЙЧО́НОК, -нка, *мн.* -ча́та, -ча́т, *м.* Детёныш зайца.

ЗАКАБАЛИ́ТЬ, -лю́, -ли́шь; -лённый (-ён, -ена́); *сов., кого (что).* **1.** Взять в кабалу (в 1 знач.). **2.** *перен.* Поставить в тяжёлую зависимость, полностью подчинить себе. || *несов.* **закабаля́ть,** -я́ю, -я́ешь. || *возвр.* **закабали́ться,** -лю́сь, -ли́шься (ко 2 знач.); *несов.* **закабаля́ться,** -я́юсь, -я́ешься (ко 2 знач.). || *сущ.* **закабале́ние,** -я, *ср.*

ЗАКАВЫ́КА, -и и **ЗАКАВЫ́ЧКА,** -и, *ж.* (разг.). **1.** Неожиданное препятствие, затруднение, зацепка (в 3 знач.). *В этом вся з.* **2.** Хитрость, лукавый намёк, недомолвка. *Говорить без закавык.*

ЗАКАДЫ́ЧНЫЙ, -ая, -ое (разг.). О друге, дружбе: давнишний и близкий. *З. друг, приятель. Закадычная дружба.*

ЗАКА́З, -а, *м.* **1.** *см.* заказать[1]. **2.** Заказанный предмет, предметы. *З. готов. Явиться за заказом.*

ЗАКАЗА́ТЬ[1], -ажу́, -а́жешь; -а́занный; *сов., что.* Поручить кому-н. изготовить, сделать что-н. *З. костюм. З. обед.* || *несов.* **зака́зывать,** -аю, -аешь. || *сущ.* **зака́з,** -а, *м. Получить, принять з. на что-н. По заказу* (также перен.: по чьей-н. просьбе, требованию). *Обувь на з. Стол заказов.* || *прил.* **заказно́й,** -а́я, -о́е. *Заказные блюда* (в ресторане). *Заказное убийство* (заранее подготовленное и осуществлённое профессиональным убийцей).

ЗАКАЗА́ТЬ[2], -ажу́, -а́жешь; -а́занный; *сов., что и с неопр.* (устар.). Сделать недоступным, запретить. *Все пути заказаны кому-н. Правду говорить никому не закажешь.* || *несов.* **зака́зывать,** -аю, -аешь.

ЗАКА́ЗНИК, -а, *м.* Род заповедника, где находятся под особой охраной растения и животные. *Ландшафтный з. Бобровый з.*

ЗАКАЗНО́Й[1], -а́я, -о́е. **1.** *см.* заказать[1]. **2.** Принимаемый почтой под особую ответственность. *Заказное письмо. Заказная бандероль.*

ЗАКАЗНО́Й[2], -а́я, -о́е (спец.). То же, что заповедный (в 1 знач.). *З. лес.*

ЗАКА́ЗЧИК, -а, *м.* Тот, кто делает заказ (в 1 знач.), заказывает что-н. || *ж.* **зака́зчица,** -ы. || *прил.* **зака́зчицкий,** -ая, -ое.

ЗАКА́ИВАТЬСЯ *см.* закаяться.

ЗАКА́Л, -а, *м.* **1.** *см.* закалить. **2.** *перен.* То же, что закалка (во 2 знач.). *Человек старого закала* (со старыми взглядами, привычками).

ЗАКАЛИ́ТЬ, -лю́, -ли́шь; -лённый (-ён, -ена́); *сов.* **1.** *что.* Придать (сплаву) бо́льшую твёрдость путём нагрева и быстрого охлаждения. *З. сталь.* **2.** *перен.* Сделать физически или нравственно крепким, стойким, выносливым. *З. организм. З. свой дух, волю.* || *несов.* **зака́ливать,** -аю, -аешь *и* **закаля́ть,** -я́ю, -я́ешь. || *сущ.* **зака́ливание,** -я, *ср.,* **зака́лка,** -и, *ж. и* **зака́л,** -а, *м.* (к 1 знач.). || *прил.* **зака́лочный,** -ая, -ое (к 1 знач.; спец.).

ЗАКАЛИ́ТЬСЯ, -лю́сь, -ли́шься; *сов.* **1.** (1 и 2 *л.* не употр.). О сплаве: получить бо́льшую твёрдость путём закалки. *Сталь закалилась.* **2.** *перен.* Стать физически или нравственно стойким. *Здоровье закалилось. Характер закалился.* || *несов.* **зака́ливаться,** -аюсь, -аешься *и* **закаля́ться,** -я́юсь, -я́ешься. || *сущ.* **зака́ливание,** -я, *ср. и* **зака́лка,** -и, *ж.*

ЗАКА́ЛКА, -и, *ж.* **1.** *см.* закалить, -ся. **2.** Физическая или нравственная стойкость, выносливость. *Зимнее купание для закалки. Нравственная з.*

ЗАКА́ЛЫВАТЬ, -аю, -аешь; *несов.* **1.** *см.* заколоть. **2.** *кого (что).* То же, что колоть[2] (в 3 знач.).

ЗАКАМУФЛИ́РОВАТЬ *см.* камуфлировать.

ЗАКА́НЧИВАТЬ, -СЯ *см.* закончить, -ся.

ЗАКА́ПАТЬ, -аю, -аешь; -анный; *сов.* **1.** Начать капать. *Закапали слёзы.* **2.** *кого-что.* Забрызгать каплями. *З. пол краской.* **3.** *что.* Ввести куда-н., капая (разг.). *З. лекарство в нос.* || *несов.* **зака́пывать,** -аю, -аешь (ко 2 и 3 знач.).

ЗАКА́ПЫВАТЬ[1-2] *см.* закапать *и* закопать.

ЗАКА́ПЫВАТЬСЯ *см.* закопаться.

ЗАКА́РМЛИВАТЬ *см.* закормить.

ЗАКА́Т, -а, *м.* **1.** Заход за линию горизонта (солнца, небесного светила); время такого захода. *Время заката. На закате вернуться. На закате дней, деятельности* (перен.: на исходе, в конце). **2.** Освещение неба над горизонтом при заходе солнца. *Огненный з. Любоваться закатом.* || *прил.* **зака́тный,** -ая, -ое.

ЗАКАТА́ТЬ, -а́ю, -а́ешь; -а́танный; *сов.* **1.** Начать катать (в 1, 3 и 4 знач.). **2.** *кого-что во что.* Катая, обмотать, облепить. *З. в полотенце. З. в тесто.* **3.** *что.* Заровнять катком. **4.** *что.* То же, что засучить (разг.). *З. рукава.* **5.** *кого (что).* Отправить куда-н. далеко (прост. неодобр.). *З. в глубинку.* **6.** *что.* С помощью специального приспособления герметически закрыть, закупорить. *З. банки, крышки.* || *несов.* **зака́тывать,** -аю, -аешь (ко 2, 3, 4, 5 и 6 знач.). || *сущ.* **зака́тывание,** -я, *ср. и* **зака́тка,** -и, *ж.* (ко 2, 3 и 6 знач.). || *прил.* **зака́точный,** -ая, -ое (ко 2, 3 и 6 знач.; спец.). *Закаточная машина.*

ЗАКАТИ́ТЬ, -ачу́, -а́тишь; -а́ченный; *сов.* **1.** *что.* Катя, направить, поместить или задевать куда-н. *З. мотоцикл в гараж. З. мяч в кусты.* **2.** *что.* Сделать, устроить что-н. (с силой, энергично) (прост.). *З. пощёчину* (ударить по щеке). *З. истерику. З. пир* (о богатом угощении). ✦ **Закатить глаза** — завести зрачки под верхние веки (при страдании, обмороке). || *несов.* **зака́тывать,** -аю, -аешь.

ЗАКАТИ́ТЬСЯ, -ачу́сь, -а́тишься; *сов.* **1.** (1 и 2 *л.* не употр.). Катясь, попасть куда-н. *Мяч закатился в угол.* **2.** (1 и 2 *л.* не употр.). О небесном светиле: опуститься за горизонт. *Солнце закатилось. Звезда чья-н. закатилась* (перен.: кончились успехи, слава; высок.). **3.** Отправиться куда-н. (чтобы повеселиться, приятно провести время) (разг.). *Закатимся за город!* **4.** Разразиться смехом, кашлем, слезами (разг.). *З. в истерике.* || *несов.* **зака́тываться,** -аюсь, -аешься.

ЗАКАЧА́ТЬ, -а́ю, -а́ешь; -а́чанный; *сов.* **1.** Начать качать. **2.** *кого (что).* Качая, утомить, вызвать головокружение, тошноту. *Закачало* (безл.) *в самолёте.* || *несов.* **зака́чивать,** -аю, -аешь (ко 2 знач.).

ЗАКАЧА́ТЬСЯ, -а́юсь, -а́ешься; *сов.* **1.** Начать качаться. **2.** **закача́ешься!**, *в знач. частицы.* Выражение высокой оценки чего-н. (прост.). *Обед нам устроили — закачаешься!*

ЗАКА́ШЛЯТЬ, -яю, -яешь; *сов.* Начать кашлять.

ЗАКА́ШЛЯТЬСЯ, -яюсь, -яешься; *сов.* Начать кашлять (о приступе сильного кашля). *З. от дыма.* || *несов.* **зака́шливаться,** -аюсь, -аешься.

ЗАКА́ЯТЬСЯ, -а́юсь, -а́ешься; *сов., с неопр.* (разг.). Дать себе обещание не делать чего-н. *Закаялся опаздывать.* || *несов.* **зака́иваться,** -аюсь, -аешься.

ЗАКВА́СИТЬ *см.* квасить.

ЗАКВА́СКА, -и, *ж.* **1.** *см.* квасить. **2.** Состав, вызывающий брожение, закисание. *З. для теста, для кваса, для кефира.* **3.** *перен.* То же, что закалка (во 2 знач.) (разг.). *Хорошая, старая з. у кого-н.*

ЗАКВА́СОЧНЫЙ *см.* квасить.

ЗАКВА́ШИВАТЬ, -аю, -аешь; *несов., что.* То же, что квасить. ‖ *сущ.* **заква́шивание**, -я, *ср.*

ЗАКИДА́ТЬ, -а́ю, -а́ешь; -и́данный; *сов., кого-что чем.* То же, что забросать. ‖ *несов.* **заки́дывать**, -аю, -аешь.

ЗАКИ́НУТЬ, -ну, -нешь; -утый; *сов.* **1.** *кого-что.* То же, что забросить (в 1 и 2 знач.). *З. невод. З. удочку* (также перен.: попытаться разузнать что-н.; разг.). *Судьба закинула его далеко.* **2.** *что.* Подняв, придать чему-н. другое положение. *З. голову. З. ногу на́ ногу. З. ружьё за́ спину.* ✦ **Закинуть словечко** или **слово** (разг.) — упомянуть о ком-чём-н. с намерением узнать что-н. или попросить о чём-н.; намекнуть на что-н. ‖ *несов.* **заки́дывать**, -аю, -аешь. ‖ *сущ.* **заки́дывание**, -я, *ср.* и **заки́дка**, -и, *ж.* (по 1 знач. глаг. забросить). ‖ *прил.* **закидно́й**, -а́я, -о́е (к 1 знач.). *З. невод.*

ЗАКИ́НУТЬСЯ (-нусь, -нешься, 1 и 2 л. не употр.), -нется; *сов.* **1.** Откинуться назад. *Голова закинулась.* **2.** О лошади: на бегу броситься в сторону (спец.). ‖ *несов.* **заки́дываться** (-аюсь, -аешься, 1 и 2 л. не употр.), -ается.

ЗАКИПЕ́ТЬ (-плю́, -пи́шь, 1 и 2 л. не употр.), -пи́т; *сов.* Начать кипеть. *Вода закипела. Работа закипела.* ‖ *несов.* **закипа́ть** (-а́ю, -а́ешь, 1 и 2 л. не употр.), -а́ет.

ЗАКИ́СНУТЬ, -ну, -нешь; -и́с, -и́сла; -и́сший; -и́снув; *сов.* **1.** (1 и 2 л. не употр.) Стать кислым после заквашивания. *Тесто закисло.* **2.** *перен.* Стать вялым, бездеятельным под влиянием какой-н. среды, обстановки (разг.). *З. в глуши. З. в одиночестве.* ‖ *несов.* **закиса́ть**, -а́ю, -а́ешь. ‖ *сущ.* **закиса́ние**, -я, *ср.*

ЗА́КИСЬ, -и, *ж.* В химии: соединение элементов низшей степени окисления с кислородом. *З. азота.* ‖ *прил.* **за́кисный**, -ая, -ое.

ЗАКЛА́Д, -а, *м.* (устар. разг.). **1.** То же, что залог[1] (в 1 и 2 знач.). *Отнести вещь в з. Часы в закладе. Взять денег под з.* **2.** Спор о чём-н. на какую-н. вещь. *Выиграть з.* ✦ **Биться об заклад** (разг.) — уверенно отстаивать свою точку зрения [*первонач.* спорить на деньги, какую-н. вещь]. *Готов биться об заклад, что он не подведёт.*

ЗАКЛА́ДКА, -и, *род. мн.* -док, *ж.* **1.** *см.* заложить. **2.** Ленточка, полоска, вкладываемая в книгу, чтобы заметить нужную страницу. *Шёлковая, бумажная з. Заложить закладкой.* ‖ *прил.* **закла́дочный**, -ая, -ое.

ЗАКЛАДНА́Я, -о́й, *ж.* (устар.). Документ о закладе, залоге имущества. *Получить по закладной.*

ЗАКЛАДНО́Й *см.* заложить.

ЗАКЛА́ДЧИК, -а, *м.* (устар.) **1.** Тот, кто отдаёт вещь в заклад. **2.** Тот, кто принимает вещи в заклад. ‖ *ж.* **закла́дчица**, -ы. ‖ *прил.* **закла́дчицкий**, -ая, -ое.

ЗАКЛА́ДЫВАТЬ *см.* заложить.

ЗАКЛА́НИЕ: на заклание (устар. высок. и ирон.) — на гибель, на мучение. *Идти, отдать на заклание* или *как на заклание* [от стар. глагола закла́ть — заколоть].

ЗАКЛЕВА́ТЬ, -люю́, -люёшь; -лёванный; *сов., кого (что).* **1.** Клюя, убить или замучить. *Ястреб заклевал цыплёнка.* **2.** *перен.* Извести придирками, нападками (разг.). ‖ *несов.* **заклёвывать**, -аю, -аешь (к 1 знач.).

ЗАКЛЕ́ИТЬ, -е́ю, -е́ишь; -е́енный; *сов., что.* Заделать, закрыть, скрепить чем-н. клейким. *З. письмо. З. рамы бумагой. З. ранку пластырем.* ‖ *несов.* **закле́ивать**, -аю, -аешь. ‖ *сущ.* **закле́ивание**, -я, *ср.* и **закле́йка**, -и, *ж.*

ЗАКЛЕЙМИ́ТЬ *см.* клеймить.

ЗАКЛЕПА́ТЬ, -а́ю, -а́ешь; -клёпанный; *сов., что.* Скрепляя что-н., расплющить конец вбиваемого гвоздя, стержня. *З. стержень. З. болт.* ‖ *несов.* **заклёпывать**, -аю, -аешь. ‖ *сущ.* **заклёпывание**, -я, *ср.* и **заклёпка**, -и, *ж.* ‖ *прил.* **заклёпочный**, -ая, -ое.

ЗАКЛЁПКА, -и, *ж.* **1.** *см.* заклепать. **2.** Металлический стержень, к-рый заклёпан или к-рым заклёпывается что-н. ‖ *прил.* **заклёпочный**, -ая, -ое.

ЗАКЛИНА́НИЕ, -я, *ср.* **1.** *см.* заклинать. **2.** В народных представлениях: магические слова, звуки, к-рыми заклинают (во 2 знач.). *Произносить заклинания.*

ЗАКЛИНА́ТЕЛЬ, -я, *м.* Человек, к-рый заклинает (во 2 знач.). *З. змей.* ‖ *ж.* **заклина́тельница**, -ы.

ЗАКЛИНА́ТЬ, -а́ю, -а́ешь; *несов., кого (что).* **1.** Настойчиво умолять о чём-н. во имя чего-н. (высок.). *З. памятью отца.* **2.** *кого-что.* В старых народных представлениях: подчинять себе, произнося магические слова, издавая магические звуки. *З. духов. З. злые силы. З. змей* (применять особые приёмы, создающие видимость того, что змея подчиняется магическим словам). ‖ *сов.* **закля́сть**, -яну́, -янёшь (ко 2 знач.). ‖ *сущ.* **заклина́ние**, -я, *ср.* (ко 2 знач.). ‖ *прил.* **заклина́тельный**, -ая, -ое (ко 2 знач.).

ЗАКЛИ́НИТЬ, -ню, -нишь; -ненный и **ЗАКЛИНИ́ТЬ**, -ню́, -ни́шь; -нённый (-ён, -ена́); *сов., что.* **1.** Вбить клин во что-н. *З. бревно.* **2.** Лишить возможности вращаться, двигаться. *Заклинило* (безл.) *руль.* ‖ *несов.* **закли́нивать**, -аю, -аешь. ‖ *сущ.* **закли́нивание**, -я, *ср.*

ЗАКЛИ́НИТЬСЯ (-нюсь, -нишься, 1 и 2 л. не употр.), -нится и **ЗАКЛИНИ́ТЬСЯ** (-ню́сь, -ни́шься, 1 и 2 л. не употр.), -ни́тся; *сов.* Перестать действовать, двигаться вследствие повреждения. *Затвор заклинился.* ‖ *несов.* **закли́ниваться** (-аюсь, -аешься, 1 и 2 л. не употр.), -ается. ‖ *сущ.* **закли́нивание**, -я, *ср.*

ЗАКЛУБИ́ТЬ (-блю́, -би́шь, 1 и 2 л. не употр.), -би́т; *сов., что.* Поднять клубами. *Ветер заклубил пыль.*

ЗАКЛУБИ́ТЬСЯ (-блю́сь, -би́шься, 1 и 2 л. не употр.), -би́тся; *сов.* Начать клубиться, подняться клубами. *Пыль заклубилась. Дым заклубился.*

ЗАКЛЮЧА́ТЬСЯ (-а́юсь, -а́ешься, 1 и 2 л. не употр.), -а́ется; *несов.* **1.** *в чём.* Состоять в чём-н., иметь своей сутью что-н. *Сложность заключается в отсутствии необходимых сведений.* **2.** *в чём.* Содержаться, находиться в чём-н. *В его словах заключается глубокий смысл.* **3.** *чем.* Заканчиваться, завершаться. *Письмо заключалось пожеланием счастья.* ‖ *сов.* **заключи́ться** (-чу́сь, -чи́шься, 1 и 2 л. не употр.), -чи́тся (к 3 знач.).

ЗАКЛЮЧЕ́НИЕ, -я, *ср.* **1.** *см.* заключить[1,2]. **2.** Состояние того, кто лишён свободы, заключён под стражу. *Быть, находиться в заключении. Выйти из заключения. Место заключения.* **3.** Утверждение, являющееся выводом из чего-н. *Прийти к важному заключению. З. экспертизы.* **4.** Последняя часть, конец чего-н. *Интересное з. романа.* ✦ **В заключение** — 1) под конец, кончая. *Рассказал много интересного и в заключение показал фотографии;* 2) *чего, предлог с род. п.,* то же, что в завершение.

ЗАКЛЮЧЁННЫЙ, -ого, *м.* Человек, к-рый находится в заключении, под арестом. ‖ *ж.* **заключённая**, -ой.

ЗАКЛЮЧИ́ТЕЛЬНЫЙ, -ая, -ое. **1.** *см.* заключить[2]. **2.** То же, что последний (во 2 знач.). *Заключительная сцена. З. эпизод. Заключительные главы романа. З. аккорд.*

ЗАКЛЮЧИ́ТЬ[1], -чу́, -чи́шь; -чённый (-ён, -ена́); *сов.* **1.** *кого-что.* Поместить куда-н. *З. в скобки. З. в объятия* (обнять). *З. под стражу* (задержать, арестовать). *Смысл, заключённый в его словах* (содержащийся). **2.** *кого (что).* Подвергнув аресту, заключить в место лишения свободы. *З. в следственный изолятор, в тюрьму. З. в острог, в крепость* (устар.). ‖ *несов.* **заключа́ть**, -а́ю, -а́ешь. *З. в себе* (содержать в себе). *Пакет заключал в себе письмо.* ‖ *сущ.* **заключе́ние**, -я, *ср.*

ЗАКЛЮЧИ́ТЬ[2], -чу́, -чи́шь; -чённый (-ён, -ена́); *сов.* **1.** Сделать вывод. *Отсюда я заключил, что он прав.* **2.** *что чем.* Закончить, завершить. *З. речь приветствиями.* **3.** *что.* Принять, подписать. *З. соглашение. З. договор. З. мир.* ‖ *несов.* **заключа́ть**, -а́ю, -а́ешь. ‖ *сущ.* **заключе́ние**, -я, *ср.* (ко 2 и 3 знач.). ‖ *прил.* **заключи́тельный**, -ая, -ое (ко 2 знач.). *Заключительное слово докладчика.*

ЗАКЛЯ́СТЬСЯ, -яну́сь, -янёшься; -я́лся, -яла́сь; -я́вшийся; -я́вшись; *сов.* (прост.). То же, что закаяться. *Заклялся курить.*

ЗАКЛЯ́ТИЕ, -я, *ср.* (устар.). **1.** То же, что заклинание (во 2 знач.). *Произносить заклятия.* **2.** Клятва; зарок. *Дал себе з. не пить.*

ЗАКЛЯ́ТЫЙ, -ая, -ое. О враге: непримиримый, ненавистный.

ЗАКОВА́ТЬ, -кую́, -куёшь; -о́ванный; *сов., кого (что).* **1.** Надеть на кого-н. кандалы, цепи. *З. в оковы. Река закована льдом* (перен.). **2.** Ковкой повредить ногу (лошади) (спец.). ‖ *несов.* **зако́вывать**, -аю, -аешь. ‖ *сущ.* **зако́вывание**, -я, *ср.* (к 1 знач.) и **зако́вка**, -и, *ж.* (ко 2 знач.).

ЗАКОВЫ́РИСТЫЙ, -ая, -ое; -ист (разг.). Мудрёный, хитроумный. *З. вопрос. Заковыристая задача.* ‖ *сущ.* **заковыристость**, -и, *ж.*

ЗАКОДИ́РОВАТЬ *см.* кодировать.

ЗАКОЛДОВА́ТЬ, -ду́ю, -ду́ешь; -о́ванный; *сов., кого-что.* То же, что околдовать. *Колдунья заколдовала богатыря. Заколдованная царевна* (в сказке). *Заколдованное место* (такое, где водится нечистая сила). ✦ **Заколдованный круг** — безвыходное положение; неразрешимый вопрос. ‖ *несов.* **заколдо́вывать**, -аю, -аешь.

ЗАКО́ЛКА, -и, *ж.* **1.** *см.* заколоть. **2.** Закрепка, зажим для волос.

ЗАКОЛОТИ́ТЬ, -очу́, -о́тишь; -о́ченный; *сов.* **1.** *кого-что.* То же, что забить (во 2, 5 и 9 знач.). *З. кол. З. дверь. З. до́ смерти.* **2.** Начать колотить (в 1, 2 и 4 знач.). *З. кулаком по столу. Заколотило* (безл.) *от холода.* ‖ *несов.* **закола́чивать**, -аю, -аешь (к 1 знач.).

ЗАКОЛО́ТЬ, -олю́, -о́лешь; -о́лотый; *сов.* **1.** *см.* колоть[2]. **2.** *что.* Закрепить, вкалывая что-н. острое, тонкое. *З. волосы шпильками.* **3.** *безл.* Начать колоть[2] (в 4 знач.). *Закололо в боку.* ‖ *несов.* **зака́лывать**, -аю, -аешь (ко 2 знач.). ‖ *сущ.* **зако́лка**, -и, *ж.* (ко 2 знач.).

ЗАКОЛО́ТЬСЯ *см.* колоть[2].

ЗАКОЛЬЦЕВА́ТЬ *см.* кольцевать.

ЗАКОМПОСТИ́РОВАТЬ *см.* компостировать.

ЗАКО́Н, -а, *м.* **1.** Не зависящая ни от чьей воли, объективно наличествующая непреложность, заданность, сложившаяся в процессе существования данного явления, его связей и отношений с окружающим миром. *Законы природы. Законы движения* *планет. З. общественного развития. Законы рынка.* **2.** Постановление государственной власти, нормативный акт, принятый государственной властью; установленные государственной властью общеобязательные правила. *Конституция — основной з. государства. Соблюдать законы.* **3.** Общеобязательное и непреложное правило. *Законы нравственности. Неписаные законы* (сложившиеся нравственные устои, нормы). **4.** Общее название основных принципов и идей религиозного вероучения, свод правил какой-н. религии. *З. Божий (род. п.* Закона Божия; православное вероучение; также такой предмет). ✦ **Слово (желание)** *чьё* **закон** *для кого* — о беспрекословном подчинении чьей-н. воле, желанию. *Слово учителя — для тебя закон.* **Вне закона** *кто* (офиц.) — о том, кто лишён защиты законов, охраны со стороны государства. *Объявлен вне закона.* **Закон не писан** *кому* (разг. неодобр.) — о том, кто действует как ему заблагорассудится. *Дуракам закон не писан.*

ЗАКО́ННИК, -а, *м.* (разг.). **1.** Знаток законов (во 2 знач.). **2.** Человек, к-рый строго соблюдает законы (во 2 знач.) или следит за их соблюдением. ‖ *ж.* **зако́нница,** -ы.

ЗАКО́ННОСТЬ, -и, *ж.* **1.** *см.* законный. **2.** Соблюдение законов, положение, при к-ром жизнь общества охраняется законами. *Соблюдение законности.*

ЗАКО́ННЫЙ, -ая, -ое; -о́нен, -о́нна. **1.** Соответствующий закону (во 2, 3 и 4 знач.), основывающийся на законе. *З. документ. На законном основании.* **2.** Вполне понятный и допустимый, обоснованный. *З. упрёк. Законное недоумение.* **3.** О браке, брачных отношениях: официально оформленный (до революции — церковный), а также (устар.) о детях: рождённый в таком браке. *Состоять в законном браке. З. муж.* ‖ *сущ.* **зако́нность,** -и *ж.* (к 1 и 2 знач.).

ЗАКОНОВЕ́Д, -а, *м.* Специалист по юриспруденции.

ЗАКОНОДА́ТЕЛЬ, -я, *м.* **1.** Человек, к-рый устанавливает законы (во 2 знач.). **2.** *перен., чего.* Человек, к-рый своим примером устанавливает какие-н. правила, нововведения. *З. мод.* ‖ *ж.* **законода́тельница,** -ы. ‖ *прил.* **законода́тельский,** -ая, -ое (к 1 знач.).

ЗАКОНОДА́ТЕЛЬСТВО, -а, *ср.* **1.** Совокупность законов (во 2 знач.). *Государственное з.* **2.** Составление и издание законов. ‖ *прил.* **законода́тельный,** -ая, -ое (ко 2 знач.). *З. акт.*

ЗАКОНОМЕ́РНЫЙ, -ая, -ое; -рен, -рна. **1.** Соответствующий, отвечающий законам (в 1 знач.). *Закономерное явление.* **2.** То же, что законный (во 2 знач.). *Ваш вопрос вполне закономерен.* ‖ *сущ.* **закономе́рность,** -и, *ж.*

ЗАКОНОПА́ТИТЬ *см.* конопатить.

ЗАКОНОПОЛОЖЕ́НИЕ, -я, *ср.* Закон или совокупность законов (во 2 знач.) в какой-н. области права.

ЗАКОНОПОСЛУ́ШНЫЙ, -ая, -ое; -шен, -шна (офиц.). Подчиняющийся действующим законам, принимающий их. ‖ *сущ.* **законопослу́шность,** -и, *ж.*

ЗАКОНОПРОЕ́КТ, -а, *м.* Проект закона (во 2 знач.).

ЗАКОНОУЧИ́ТЕЛЬ, -я, *м.* Священник — преподаватель Закона Божия.

ЗАКОНСЕРВИ́РОВАТЬ *см.* консервировать.

ЗАКОНСПЕКТИ́РОВАТЬ *см.* конспектировать.

ЗАКОНСПИРИ́РОВАТЬ *см.* конспирировать.

ЗАКОНТРАКТОВА́ТЬ *см.* контрактовать.

ЗАКО́НЧЕННЫЙ, -ая, -ое; -ен, -енна. **1.** Обладающий необходимой полнотой, цельностью. *Законченная мысль. Законченная фраза.* **2.** *полн. ф.* Достигший совершенства в каком-н. деле, искусстве, вполне сформировавшийся (книжн.). *З. мастер. З. художник.* **3.** *полн. ф.* О человеке как носителе отрицательных качеств: полный, совершенный. *З. негодяй.* ‖ *сущ.* **зако́нченность,** -и, *ж.* (к 1 знач.).

ЗАКО́НЧИТЬ, -чу, -чишь; -ченный; *сов., что.* Кончить (в 1 и 2 знач.), окончить. *З. спор. З. работу.* ‖ *несов.* **зака́нчивать,** -аю, -аешь.

ЗАКО́НЧИТЬСЯ (-чусь, -чишься, 1 и 2 л. не употр.), -чится; *сов.* Кончиться, окончиться. *Ссора закончилась примирением. Совещание закончилось к вечеру.* ‖ *несов.* **зака́нчиваться** (-аюсь, -аешься, 1 и 2 л. не употр.), -ается.

ЗАКОПА́ТЬ, -а́ю, -а́ешь; -о́панный; *сов.* **1.** *кого-что.* Выкопав углубление в чём-н. сыпучем и поместив туда, засыпать. *З. в землю, в снег. З. клад.* **2.** *что.* Засыпать, сровняв с землей. З. яму. ‖ *несов.* **зака́пывать,** -аю, -аешь.

ЗАКОПА́ТЬСЯ, -а́юсь, -а́ешься; *сов.* **1.** *см.* копаться. **2.** Закопать часть своего тела во что-н., засыпать себя чем-н. *Дети закопались в песок.* ‖ *несов.* **зака́пываться,** -аюсь, -аешься.

ЗАКОПЁРЩИК, -а, *м.* (прост.). Тот, кто верховодит, зачинщик. ‖ *ж.* **закопёрщица,** -ы. ‖ *прил.* **закопёрщицкий,** -ая, -ое.

ЗАКОПОШИ́ТЬСЯ, -шу́сь, -ши́шься; *сов.* Начать копошиться. *Муравьи закопошились.*

ЗАКОПТЕ́ЛЫЙ, -ая, -ое; -е́л (разг.). Покрытый копотью. *З. потолок.*

ЗАКОПТЕ́ТЬ (-е́ю, -е́ешь, 1 и 2 л. не употр.), -е́ет; *сов.* Покрыться копотью. *Потолок закоптел. Стекло закоптело.* ‖ *несов.* **закоптева́ть** (-а́ю, -а́ешь, 1 и 2 л. не употр.), -а́ет.

ЗАКОПТИ́ТЬ *см.* коптить.

ЗАКОПТИ́ТЬСЯ, -пчу́сь, -пти́шься; *сов.* Закоптеть, покрыться копотью. *Стёкла закоптились.*

ЗАКОРЕНЕ́ЛЫЙ, -ая, -ое; -е́л. Неисправимый, застарелый. *З. предрассудок. З. преступник.* ‖ *сущ.* **закорене́лость,** -и, *ж.*

ЗАКОРЕНЕ́ТЬ, -е́ю, -е́ешь; *сов., в чём.* Закоснев, укрепиться в каких-н. плохих привычках, недостатках. *З. в предрассудках, в пороках.*

ЗАКО́РКИ, -рок: **на закорки или на закорках** (разг.) — на плечи и на верхнюю часть спины или на плечах и на верхней части спины. *Сесть на закорки. Нести на закорках.*

ЗАКОРМИ́ТЬ, -ормлю́, -о́рмишь; -о́рмленный; *сов., кого (что).* Накормить сверх меры или причинить вред излишним кормлением. ‖ *несов.* **зака́рмливать,** -аю, -аешь.

ЗАКОРЮ́ЧКА, -и, *ж.* **1.** Предмет или росчерк в форме крючка (разг.). *Хвостик с закорючкой. Подпись с закорючкой.* **2.** Хитрая помеха, уловка (разг.). *Вот в чём з.* **3.** То же, что подпись (прост. шутл.). *Поставить свою закорючку.*

ЗАКОСНЕ́ЛЫЙ, -ая, -ое; -е́л. Закосневший в чём-н., закоренелый. *Человек, з. в пороках.* ‖ *сущ.* **закосне́лость,** -и, *ж.*

ЗАКОСНЕ́ТЬ *см.* коснеть.

ЗАКОСТЕНЕ́ЛЫЙ, -ая, -ое; -е́л. То же, что окостенелый (в 1 знач.). *Закостенелая земля. Закостенелые от холода пальцы.* ‖ *сущ.* **закостене́лость,** -и, *ж.*

ЗАКОСТЕНЕ́ТЬ *см.* костенеть.

ЗАКОУ́ЛОК, -лка, *м.* **1.** Небольшой, глухой переулок. *Домик в закоулке.* **2.** Потаённый или недоступный уголок, место в помещении (разг.). *Обыскать все закоулки.*

ЗАКОЧЕНЕ́ЛЫЙ, -ая, -ое; -е́л. То же, что окоченелый. *Закоченелые пальцы.* ‖ *сущ.* **закочене́лость,** -и, *ж.*

ЗАКОЧЕНЕ́ТЬ *см.* коченеть.

ЗАКРА́ДЫВАТЬСЯ *см.* закрасться.

ЗАКРА́СИТЬ, -а́шу, -а́сишь; -а́шенный; *сов., что.* Замазать, закрыть краской. *З. пятна.* ‖ *несов.* **закра́шивать,** -аю, -аешь. ‖ *сущ.* **закра́шивание,** -я, *ср.,* **закра́ска,** -и, *ж. и* **закра́с,** -а, *м.* (спец.).

ЗАКРАСНЕ́ТЬ, -е́ю, -е́ешь; *сов.* Начать краснеть (в 1 и 4 знач.) *Закраснело небо на востоке. Закраснели маки.*

ЗАКРАСНЕ́ТЬСЯ, -е́юсь, -е́ешься; *сов.* (разг.). **1.** Начать краснеться. *Закраснелись флаги.* **2.** Смутившись, покраснеть. *Закраснелся как девушка.*

ЗАКРА́СТЬСЯ, -аду́сь, -адёшься; -а́лся, -а́лась; -а́вшийся; -а́вшись; *сов.* **1.** Проникнуть куда-н. крадучись, украдкой. *З. в дом.* **2.** (1 и 2 л. не употр.). *перен.* Незаметно появиться, возникнуть. *Закралось подозрение, недоброе чувство.* ‖ *несов.* **закра́дываться,** -аюсь, -аешься.

ЗАКРЕПИ́ТЕЛЬ, -я, *м.* То же, что фиксаж.

ЗАКРЕПИ́ТЬ, -плю́, -пи́шь; -плённый (-ён, -ена́); *сов.* **1.** *что.* Укрепить (привязав, прибив, присоединив). *З. конец каната. З. доску гвоздём.* **2.** *что.* Сделать прочным, устойчивым. *З. свои знания.* **3.** *что.* Обработать фиксажем (спец.). *З. фотоснимок.* **4.** *кого-что за кем-чем.* Обеспечить чьи-н. права на что-н., установить какие-н. обязанности. *З. за собой жилплощадь. За группой закреплён постоянный консультант.* ‖ *несов.* **закрепля́ть,** -я́ю, -я́ешь. ‖ *сущ.* **закрепле́ние,** -я, *ср.* ‖ *прил.* **закрепи́тельный,** -ая, -ое (к 3 и 4 знач.).

ЗАКРЕПИ́ТЬСЯ, -плю́сь, -пи́шься; *сов.* **1.** (1 и 2 л. не употр.). Стать закреплённым, приделанным. *Деталь закрепилась.* **2.** То же, что укрепиться (во 2 знач.). *Отряд закрепился на высотке.* ‖ *несов.* **закрепля́ться,** -я́юсь, -я́ешься. ‖ *сущ.* **закрепле́ние,** -я, *ср.*

ЗАКРЕ́ПКА, -и, *ж.* Приспособление для закрепления, скрепления чего-н. ‖ *прил.* **закре́почный,** -ая, -ое.

ЗАКРЕПОСТИ́ТЬ, -ощу́, -ости́шь; -ощённый (-ён, -ена́); *сов., кого (что).* **1.** Сделать крепостным. *З. крестьян.* **2.** *перен.* Целиком подчинить себе, своему влиянию. ‖ *несов.* **закрепоща́ть,** -а́ю, -а́ешь. ‖ *сущ.* **закрепоще́ние,** -я, *ср.*

ЗАКРИСТАЛЛИЗОВА́ТЬ, -СЯ *см.* кристаллизовать, -ся.

ЗАКРИЧА́ТЬ, -чу́, -чи́шь; *сов.* Начать кричать. *З. от боли.*

ЗАКРОИ́ТЬ, -ою́, -ои́шь; -о́енный; *сов., что* (спец.). Скроить, выкроить. ‖ *несов.* **закра́ивать,** -аю, -аешь. ‖ *сущ.* **закро́й,** -я, *м.* ‖ *прил.* **закро́йный,** -ая, -ое *и* **закро́ечный,** -ая, -ое.

ЗАКРО́ЙЩИК, -а, *м.* Мастер по закрою. ‖ *ж.* **закро́йщица,** -ы. ‖ *прил.* **закро́йщицкий,** -ая, -ое (разг.).

ЗА́КРОМ, -а, *мн.* -а́, -о́в, *м.* **1.** Отгороженное место в амбаре для ссыпки зерна, муки. *Зерно в закромах.* **2.** *перен., мн.* Места хранения урожая (высок.). *Хлеб поступает в закрома государства. Овощные закрома* (овощехранилища). *Таёжные, лесные закрома* (о местах произрастания лесных плодов, грибов, ягод). ‖ *прил.* **за́кромный,** -ая, -ое (к 1 знач.).

ЗАКРУГЛЕ́НИЕ, -я, *ср.* **1.** *см.* закруглить, -ся. **2.** Закруглённая часть чего-н. *На закруглении пути.*

ЗАКРУГЛЁННЫЙ, -ая, -ое; -ён. **1.** Имеющий округлую форму, с округлостью. **2.** *перен.* О речи: стройный, гладкий. *Закруглённые фразы.* ‖ *сущ.* **закруглённость,** -и, *ж.*

ЗАКРУГЛИ́ТЬ, -лю́, -ли́шь; -лённый (-ён, -ена́); *сов., что.* **1.** Сделать округлым, круглым. **2.** *перен.* Придать стройность и законченность. *З. фразу.* ‖ *несов.* **закругля́ть,** -я́ю, -я́ешь. ‖ *сущ.* **закругле́ние,** -я, *ср.*

ЗАКРУГЛИ́ТЬСЯ, -лю́сь, -ли́шься; *сов.* **1.** (1 и 2 л. не употр.). Стать круглым, закруглённым. *Камень закруглился.* **2.** *перен.* Сократить изложение, чтобы скорее его закончить (разг.). *Докладчик закруглился.* ‖ *несов.* **закругля́ться,** -я́юсь, -я́ешься. ‖ *сущ.* закругле́ние, -я, *ср.* (к 1 знач.).

ЗАКРУЖИ́ТЬ, -ужу́, -у́жишь *и* -ужи́шь; -ужённый (-ён, -ена́) *и* -у́женный; *сов.* **1.** Начать кружить. **2.** *кого (что).* Вертя, кружа, довести до усталости или дурноты (разг.). *З. на карусели. Дела закружили кого-н.* (перен.).

ЗАКРУЖИ́ТЬСЯ, -ужу́сь, -у́жишься *и* -ужи́шься; *сов.* **1.** Начать кружиться. *З. в вальсе. Голова закружилась* (безл.). **2.** *перен.* Занимаясь чем-н. хлопотливым, устать (разг.). *З. с хозяйством.*

ЗАКРУТИ́ТЬ, -СЯ *см.* крутить, -ся.

ЗАКРУ́ЧИВАТЬ, -аю, -аешь; *несов.* То же, что крутить (в 1, 2 и 3 знач.). *З. усы. З. жгут. З. руки кому-н.*

ЗАКРУЧИ́НИТЬСЯ *см.* кручиниться.

ЗАКРЫ́ТЫЙ, -ая, -ое. **1.** Ограждённый, а также имеющий стенки и покрытие. *Закрытое пространство. Закрытая беседка. З. экипаж.* **2.** Недоступный для посторонних, предназначенный не для всех. *Закрытое заседание. З. конкурс* (с ограниченным числом участников). **3.** Подземный, не наружный. *Закрытая эксплуатация нефтяных скважин.* **4.** Об одежде: без выреза. *Закрытое платье. Закрытые туфли.* **5.** Внутренний, не наружный; не обнаруживающийся явно. *З. перелом. Болезнь протекает в закрытой форме.* ✦ **Закрытое учебное заведение** — учебное заведение, в к-ром учащиеся живут на полном пансионе. **В закрытом помещении** — в помещении, не на воздухе. **Вопрос закрыт** — решён, а также снят, не будет больше рассматриваться. **При закрытых дверях** — без допуска посторонней публики.

ЗАКРЫ́ТЬ, -ро́ю, -ро́ешь; -ы́тый; *сов.* **1.** *что.* Опустить крышку; сдвинуть створки чего-н. *З. люк. З. дверь, окно. Закрыто* (в знач. сказ.; о том, что заперто, на замке). **2.** *что.* Сделать недоступным, закрытым (во 2 знач.) для кого-чего-н. *З. проход, проезд.* **3.** *кого-что.* Покрыть, накрыть, прикрыть. *З. голову платком. З. лицо руками.* **4.** *что.* Сомкнуть, сложить (что-н. раскрытое). *З. глаза. З. книгу. З. зонт.* **5.** *что.* Прекратить действие чего-н. *З. воду, газ. З. счёт в банке.* **6.** *что.* Исключить возможность делать что-н. (в соответствии со знач. следующего далее существительного). *З. все возможности перед кем-н.* **7.** *что.* Положить конец каким-н. действиям, деятельности, какому-н. предприятию. *З. заседание. З. театр. З. список* (прекратить запись). *Закрыто* (в знач. сказ.) *на учёт.* ‖ *несов.* **закрыва́ть,** -а́ю, -а́ешь. ‖ *возвр.* **закры́ться,** -ро́юсь, -ро́ешься (к 3 знач.); *несов.* **закрыва́ться,** -а́юсь, -а́ешься. ‖ *сущ.* **закры́тие,** -я, *ср.* (ко 2, 5 и 7 знач.).

ЗАКРЫ́ТЬСЯ, -ро́юсь, -ро́ешься; *сов.* **1.** *см.* закрыть. **2.** (1 и 2 л. не употр.). Стать закрытым (по 1, 2, 4, 5, 6 и 7 знач. глаг. «закрыть»). *Дверь закрылась. Проход закрылся. Глаза закрылись. Счёт закрылся. Закрылись все пути перед кем-н. Выставка закрылась. Магазин закрылся на учёт.* **3.** Затвориться или запереться в каком-н. помещении. *З. у себя в кабинете.* **4.** (1 и 2 л. не употр.). О ране, шве (во 2 знач.): зажить, срастись краями. **5.** (1 и 2 л. не употр.), *перен.* Перестать быть видимым. *Дали закрылись.* **6.** *перен.* Стать замкнутым, неоткровенным. ‖ *несов.* **закрыва́ться,** -а́юсь, -а́ешься. ‖ *сущ.* **закры́тие,** -я, *ср.* (к 4 знач.).

ЗАКУЛИ́СНЫЙ, -ая, -ое. **1.** Происходящий, находящийся за театральными кулисами. *Закулисное помещение.* **2.** *перен.* Тайный, скрываемый. *Закулисные переговоры.*

ЗАКУПИ́ТЬ, -уплю́, -у́пишь; -у́пленный; *сов.* **1.** *кого-что.* Купить в большом количестве или оптом. *З. продукцию.* **2.** *что и чего.* Купив, запастись. *З. материалы (материалов).* ‖ *несов.* **закупа́ть,** -а́ю, -а́ешь. ‖ *сущ.* **заку́пка,** -и, *ж.* ‖ *прил.* **заку́почный,** -ая, -ое (к 1 знач.). *Закупочные цены.*

ЗАКУ́ПОРИТЬ, -рю, -ришь; -ренный; *сов., что.* Заткнуть плотно (отверстие в сосуде). *З. бутылку.* ‖ *несов.* **заку́поривать,** -аю, -аешь. ‖ *сущ.* **заку́поривание,** -я, *ср. и* **заку́порка,** -и, *ж.* ‖ *прил.* **заку́порочный,** -ая, -ое.

ЗАКУ́ПОРИТЬСЯ, -рюсь, -ришься; *сов.* Закрыться плотно, наглухо. *Бутылка закупорилась. З. в четырёх стенах* (перен.: в закрытом помещении, никуда не выходя; разг.). ‖ *несов.* **заку́пориваться,** -аюсь, -аешься. ‖ *сущ.* **заку́поривание,** -я, *ср. и* **заку́порка,** -и, *ж. Закупорка вен.*

ЗАКУ́ПЩИК, -а, *м.* Человек, к-рый производит оптовые закупки.

ЗАКУРИ́ТЬ, -урю́, -у́ришь; -у́ренный; *сов.* **1.** *что.* Начать курить. *З. сигарету.* **2.** Стать курильщиком. *Закурил ещё в школе.* **3.** *кого-что.* Прокурить, пропитать табачным дымом (разг.). *Закуренное помещение. Вы меня совсем закурили.* ‖ *несов.* **заку́ривать,** -аю, -аешь.

ЗАКУРИ́ТЬСЯ (-урю́сь, -у́ришься, 1 и 2 л. не употр.), -у́рится; *сов.* **1.** О папиросе, сигарете, трубке: зажечься. **2.** Начать куриться (во 2 знач.). *Сопка закурилась.* ‖ *несов.* **заку́риваться** (-аюсь, -аешься, 1 и 2 л. не употр.), -ается.

ЗАКУ́РКА, -и, *ж.*: **на закурку** (прост.) — чтобы покурить один раз. *Дать табачку на закурку. На одну закурку.*

ЗАКУСА́ТЬ, -а́ю, -а́ешь; -у́санный; *сов., кого (что)* (разг.). Искусать, замучить укусами. *Комары закусали.*

ЗАКУСИ́ТЬ[1], -ушу́, -у́сишь; -у́шенный; *сов., что.* Крепко захватить зубами. *З. губы. З. удила* (также перен.: сорваться, потерять управление над собой). *З. язык* (то же, что прикусить язык; разг.). ‖ *несов.* **заку́сывать,** -аю, -аешь.

ЗАКУСИ́ТЬ[2], -ушу́, -у́сишь; *сов.* **1.** Поесть немного (обычно холодное и не в урочное время). *З. перед дорогой.* **2.** *что чем.* Заесть выпитое (вино, водку). *Выпил и закусил грибком.* ‖ *несов.* **заку́сывать,** -аю, -аешь. ‖ *сущ.* **заку́сывание,** -я, *ср. и* **заку́ска,** -и, *ж.*

ЗАКУ́СКА, -и, *ж.* **1.** *см.* закусить[2]. **2.** Еда, кушанье, подаваемое перед горячими блюдами. **3.** То, чем закусывают, заедают выпитое. *На закуску икра.* ✦ **На закуску** (разг. шутл.) — под конец, в заключение. ‖ *прил.* **заку́сочный,** -ая, -ое.

ЗАКУ́СОЧНАЯ, -ой, *ж.* Небольшое торговое предприятие с продажей закусок, несложных горячих блюд, напитков.

ЗА́КУСЬ, -и, *ж.* (прост.). То же, что закуска (во 2 знач.).

ЗАКУ́Т, -а, *м.* и **ЗАКУ́ТА,** -ы, *ж.* (обл.). Хлев для мелкого скота, а также чулан, кладовая в избе.

ЗАКУ́ТАТЬ, -СЯ *см.* кутать.

ЗАКУ́ТКА, -и, *ж.* и **ЗАКУ́ТОК,** -тка, *м.* (обл.). То же, что закут, закута.

ЗАКУТО́К, -тка́, *м.* (разг.). Укромный уголок в каком-н. помещении.

ЗАКУ́ТЫВАТЬ, -аю, -аешь; *несов., кого-что.* То же, что кутать (в 1 знач.).

ЗАЛ, -а, *м.* и (устар.) **ЗА́ЛА,** -ы, *ж.* **1.** Помещение для публики, публичных собраний, для занятий чем-н., для размещения экспонатов (в музее). *Зрительный з. Актовый з. Спортивный з. В залах музея. З. ожидания* (для пассажиров). **2.** Парадная комната для приёма гостей. ‖ *уменьш.* **за́льчик,** -а, *м.*, **за́лец,** -льца, *м.* (ко 2 знач.) *и* **за́льца,** -ы, *ж.* (ко 2 знач.; устар.). ‖ *прил.* **за́льный,** -ая, -ое.

ЗАЛА́ДИТЬ, -а́жу, -а́дишь; *сов., что и с неопр.* (разг.). Начать говорить, повторяя одно и то же. *Заладил своё.*

ЗАЛА́ДИТЬСЯ (-а́жусь, -а́дишься, 1 и 2 л. не употр.), -а́дится; *сов.* (разг.). Начать ладиться. *Дело не заладилось* (не удалось, не получилось). ‖ *несов.* **зала́живаться** (-аюсь, -аешься, 1 и 2 л. не употр.), -ается.

ЗАЛА́МЫВАТЬ *см.* заломить.

ЗАЛАСКА́ТЬ, -а́ю, -а́ешь; -а́сканный; *сов., кого (что)* (разг.). Утомить ласками. *З. ребёнка.*

ЗАЛАТА́ТЬ *см.* латать.

ЗАЛА́ЯТЬ, -а́ю, -а́ешь; *сов.* Начать лаять.

ЗАЛЕГА́ТЬ *см.* залечь.

ЗАЛЕДЕНЕ́ЛЫЙ, -ая, -ое; -е́л. Заледеневший, покрывшийся льдом.

ЗАЛЕДЕНЕ́ТЬ *см.* леденеть.

ЗАЛЕДЕНИ́ТЬ *см.* леденить.

ЗАЛЕЖА́ЛЫЙ, -ая, -ое; -а́л (разг.). То же, что лежалый. *З. товар.*

ЗАЛЕЖА́ТЬСЯ, -жу́сь, -жи́шься; *сов.* **1.** Пролежать слишком долго. *З. в постели. Такой товар в магазине не залежится* (о хорошем товаре). **2.** (1 и 2 л. не употр.). Долго пролежать без употребления, испортиться от долгого лежания. *Зерно залежалось.* ‖ *несов.* **залёживаться,** -аюсь, -аешься.

ЗА́ЛЕЖЬ, -и, *ж.* **1.** Скопление полезного ископаемого (спец.). *Залежи угля.* **2.** Надолго оставленная без обработки пахотная земля (спец.). **3.** То, что долго лежит без движения. *Снежная з.* **4.** *собир.* Залежавшийся товар (разг.). *Распродали всю з.* ‖ *прил.* **за́лежный,** -ая, -ое (к 1 и 2 знач.; спец.). *Залежные земли.*

ЗАЛЕ́ЗТЬ, -зу, -зешь; -е́з, -е́зла; *сов.* **1.** *на что.* Подняться, взобраться. *З. на дерево.* **2.** *во что.* Войти, проникнуть куда-н. (разг.). *З. в вагон. З. в воду. З. в чужой сад. З. в карман* (также перен.: ограбить кого-н., бесцеремонно воспользоваться чужими средствами). ‖ *несов.* **залеза́ть,** -а́ю, -а́ешь.

ЗАЛЕПИ́ТЬ, -леплю́, -ле́пишь; -ле́пленный; *сов.* **1.** *см.* лепить. **2.** *что.* Замазать, заделать чем-н. липким, мягким. *З. отверстие воском.* **3.** *что.* Наклеивая, покрыть чем-н. (разг.). *З. стену объявлениями.* **4.**

что кому. Нанести удар (прост.). *З. нахалу пощёчину.* || *несов.* **залеплять**, -яю, -яешь.

ЗАЛЕТЕ́ТЬ, -лечу́, -лети́шь; *сов.* **1.** Летя, оказаться где-н., попасть куда-н. *З. за линию гор. З. в окно.* **2.** Во время перелёта по пути остановиться где-н. *З. на попутный аэродром.* || *несов.* **залета́ть**, -а́ю, -а́ешь. || *сущ.* **залёт**, -а, *м.*

ЗАЛЕЧИ́ТЬ, -ечу́, -е́чишь; -е́ченный; *сов.* **1.** *что.* Леча, дать зажить чему-н. *З. рану.* **2.** *кого (что).* Неумелым лечением причинить вред кому-н. (разг.). *З. до́ смерти.* || *несов.* **зале́чивать**, -аю, -аешь.

ЗАЛЕЧИ́ТЬСЯ, -ечу́сь, -е́чишься; *сов.* (разг.). **1.** (1 и 2 л. не употр.). Зажить после лечения. *Рана залечилась.* **2.** Неумелым или чрезмерным лечением принести себе вред. || *несов.* **зале́чиваться**, -аюсь, -аешься.

ЗАЛЕ́ЧЬ, -ля́гу, -ля́жешь, -ля́гут; -ёг, -егла́; -ля́г; -лёгший; -лёгши; *сов.* **1.** Лечь надолго. *З. в берлогу.* **2.** Расположиться где-н. скрытно. *З. в засаду. З. в окопах.* **3.** (1 и 2 л. не употр.). Расположиться, поместиться. *Руда залегла на глубине двух метров. Золото залегло гнёздами. На лбу залегла глубокая складка* (образовалась). || *несов.* **залега́ть**, -а́ю, -а́ешь. || *сущ.* **залега́ние**, -я, *ср.* (к 1 и 3 знач.; спец.). *Пласт глубокого залегания.*

ЗАЛЁТНЫЙ, -ая, -ое. Случайно залетевший куда-н. *Залётная птица.*

ЗАЛИ́В, -а, *м.* Часть водного пространства, вдавшаяся в сушу. *Рижский з.* || *прил.* **зали́вный**, -ая, -ое (спец.).

ЗАЛИВА́ТЬ, -а́ю, -а́ешь; *несов.* **1.** *см.* залить. **2.** Обманывать, рассказывать небылицы (прост.). *Не заливай, всё равно не поверю.*

ЗАЛИ́ВИСТЫЙ, -ая, -ое; -ист. О звуках, голосе: звонкий и переливчатый. *З. смех. З. лай.* || *сущ.* **зали́вистость**, -и, *ж.*

ЗАЛИВНО́Й, -а́я, -о́е. **1.** Заливаемый в половодье. *З. луг.* **2.** О кушанье: залитый студенистым наваром. *Заливная рыба. Приготовить заливное* (сущ.).

ЗАЛИЗА́ТЬ, -ижу́, -и́жешь; -и́занный; *сов., что.* **1.** Лизанием очистить. *З. царапину.* **2.** Плотно и гладко причесать (волосы) (разг.). || *несов.* **зали́зывать**, -аю, -аешь. || *возвр.* **зализа́ться**, -ижу́сь, -и́жешься (ко 2 знач.); *несов.* **зали́зываться**, -аюсь, -аешься (ко 2 знач.).

ЗАЛИ́ТЬ, -лью́, -льёшь; за́лил *и* зали́л, залила́, за́лило *и* зали́ло; зале́й; зали́вший; за́литый, зали́тый *и* (устар.) залито́й (за́лит *и* зали́т, залита́, за́лито *и* зали́то); *сов., что.* **1.** Покрыть сплошь водой или иной жидкостью. *Река залила луга. З. светом комнату* (перен.: сильно осветить). *Толпа залила площадь* (перен.: заполнила). **2.** Испачкать жидким. *З. скатерть.* **3.** Потушить водой. *З. огонь.* **4.** Наполнить, покрыть жидким, густеющим, твердеющим. *З. асфальтом, бетоном. З. рыбу* (сделать заливное). *З. резиновые сапоги* (починить). **5.** Налить, наполнив что-н. *З. горючее в бак.* || *несов.* **залива́ть**, -а́ю, -а́ешь. || *сущ.* **зали́вка**, -и, *ж.* (к 4 и 5 знач.).

ЗАЛИ́ТЬСЯ[1], -лью́сь, -льёшься; -и́лся, -ила́сь, -ило́сь *и* -и́лось; -ле́йся; -и́вшийся; *сов.* **1.** Покрыться сплошь водой, жидкостью. *Котлован залился водой. Молока там — хоть залейся* (очень много; прост.). **2.** Испачкаться чем-н. жидким. *Одежда залилась краской.* **3.** (1 и 2 л. не употр.). О жидком: попасть куда-н. *Вода залилась за воротник.* **4.** *перен.* Покрыться бледностью, румянцем. *З. краской стыда. Лицо залилось бледностью.* || *несов.* **залива́ться**, -а́юсь, -а́ешься.

ЗАЛИ́ТЬСЯ[2], -лью́сь, -льёшься; -и́лся, -ила́сь, -ило́сь *и* -и́лось; -ле́йся; -и́вшийся; *сов.* Начать петь, а также издавать какие-н. заливистые звуки. *З. соловьём* (перен.: заговорить красноречиво, увлечённо; ирон.). *З. смехом, лаем.* ✦ **Залиться слезами** (разг.) — горько заплакать. || *несов.* **залива́ться**, -а́юсь, -а́ешься. *Плачет-заливается кто-н.* (горько плачет, разг.).

ЗАЛИХВА́ТСКИЙ, -ая, -ое (разг.). Удалой, бесшабашный. *З. вид.*

ЗАЛИХОРА́ДИТЬ (-а́жу, -а́дишь, 1 и 2 л. не употр.), -ра́дит; *сов.* Начать лихорадить. *Больного залихорадило* (безл.).

ЗАЛО́Г[1], -а, *м.* **1.** Отдача (имущества) в обеспечение обязательств, под ссуду. *З. имущества. Отдать кольцо в з.* **2.** Отданная в такое обеспечение вещь. *Ценный з.* **3.** *перен.* Доказательство, обеспечение чего-н. *З. дружбы. З. успеха.* || *прил.* **зало́говый**, -ая, -ое (к 1 знач.). *Залоговое обязательство.*

ЗАЛО́Г[2], -а, *м.* В грамматике: глагольная категория, представляющая соотношение субъекта и объекта действия как активное (при обозначении направленности действия от субъекта к объекту) или как пассивное (при обозначении направленности действия от объекта к субъекту). *Действительный з.* (активный, напр.: *рабочие строят дом*). *Страдательный з.* (пассивный, напр.: *дом строится рабочими*). || *прил.* **зало́говый**, -ая, -ое.

ЗАЛОЖИ́ТЬ, -ожу́, -о́жишь; -о́женный; *сов.* **1.** *что.* Положить за что-н. *З. подушку за голову. З. руки за́ спину.* **2.** *что.* Положить внутрь, вглубь чего-н. *З. арматуру в бетонную конструкцию. Куда ты заложил книгу?* (куда убрал, спрятал?). *З. куда-н. книгу.* **3.** *что.* Кладя, занять, заполнить пространство чем-н. *З. стол книгами. З. вход камнями.* **4.** *что.* Положив основу, начать постройку, устройство чего-н. *З. фундамент. З. питомник, парк, сад. В ребёнке заложено доброе начало* (перен.). **5.** *что.* Положить, поместить для хранения (спец.). *З. картофель на зиму. З. силос.* **6.** *кого-что.* Запрячь, впрячь (в экипаж); приготовить запряжку (в 3 знач.). *З. тройку. З. коляску.* **7.** *что.* Вложить закладку (во 2 знач.). *З. нужное место в книге.* **8.** *что.* Отдать в залог[1] (в 1 знач.), в качестве залога[1] (во 2 знач.). *З. часы.* **9.** *безл., что.* Об ощущении болезненной тяжести в груди, носу, ушах (разг.). *Нос, горло заложило.* ✦ **Заложить за воротник** (прост.) — то же, что заложить за галстук. || *несов.* **закла́дывать**, -аю, -аешь. || *сущ.* **закла́дка**, -и, *ж.* (к 4, 5 и 6 знач.). || *прил.* **закладно́й**, -а́я, -о́е (ко 2 и 8 знач.; спец.). *Закладные детали. Закладная квитанция.*

ЗАЛО́ЖНИК, -а, *м.* Человек, насильственно задержанный в обеспечение выполнения каких-н. требований (предъявляемых к тем, кто заинтересован в освобождении). *Взять заложников или кого-н. в заложники.* || *ж.* **зало́жница**, -ы. || *прил.* **зало́жнический**, -ая, -ое.

ЗАЛО́М, -а, *м.* Сорт крупной и жирной сельди.

ЗАЛОМИ́ТЬ, -омлю́, -о́мишь; -о́мленный; *сов., что.* **1.** Согнув, надломить. *З. ветку.* **2.** Согнув, откинуть вверх или назад. *З. руки.* **3.** Запросить слишком дорого (разг.). *З. несусветную цену.* ✦ **Заломить шапку** — ухарски надеть набекрень. || *несов.* **зала́мывать**, -аю, -аешь.

ЗАЛОСНИ́ТЬСЯ (-ню́сь, -ни́шься, 1 и 2 л. не употр.), -ни́тся; *сов.* Заноситься, загрязниться до лоска. *Рукава залоснились.*

ЗАЛП, -а, *м.* Одновременный выстрел из нескольких огнестрельных орудий, из ручного оружия. *Дать з. по врагу.* || *прил.* **за́лповый**, -ая, -ое. *З. сброс вод* (перен.; спец.).

ЗА́ЛПОМ, *нареч.* **1.** Произведя залп. *Выстрелить з.* **2.** *перен.* Сразу, без передышки (разг.). *Выпить з. Высказать всё з.*

ЗАЛУБЕНЕ́ТЬ *см.* лубенеть.

ЗАЛУПИ́ТЬСЯ (-луплю́сь, -лу́пишься, 1 и 2 л. не употр.), -лу́пится; *сов.* (прост.). Отлупляясь, отдираясь, загнуться, завернуться. *Старая краска залупилась.*

ЗАЛУЧИ́ТЬ, -чу́, -чи́шь; -чённый (-ён, -ена́); *сов., кого (что)* (разг.). Заманить, зазвать. *З. к себе гостя.* || *несов.* **залуча́ть**, -а́ю, -а́ешь.

ЗАЛЫ́СИНА, -ы, *ж.* Идущее вверх от виска место, не покрытое волосами.

ЗАЛЮБОВА́ТЬСЯ, -бу́юсь, -бу́ешься; *сов., кем-чем и на кого-что.* Любуясь, засмотреться. *З. на закат.*

ЗАЛЯ́ПАТЬ, -аю, -аешь; -анный; *сов., что* (прост. неодобр.). Запачкать чем-н. жидким, липким. *З. рубашку краской.* || *несов.* **заля́пывать**, -аю, -аешь.

ЗАМ, -а, *м.* (разг.). Сокращение: заместитель (во 2 знач.). *Директора нет, поговорите с замом.* || *прил.* **за́мовский**, -ая, -ое.

ЗАМ... Сокращение в знач. заместитель (во 2 знач.), напр. *замдиректора, замдекана, замминистра, зампред* (заместитель председателя).

ЗАМА́ЗАТЬ, -а́жу, -а́жешь; -анный; *сов., что.* **1.** *см.* мазать[1]. **2.** Покрыть чем-н. красящим, мажущим. *З. надпись.* **3.** Заделать замазкой или чем-н. мягким, липким. *З. окна на зиму. З. щели.* **4.** *перен.* Умышленно скрыть, замаскировать (разг.). *З. недостатки.* || *несов.* **зама́зывать**, -аю, -аешь. || *сущ.* **зама́зывание**, -я, *ср.* и **зама́зка**, -и, *ж.* (ко 2 и 3 знач.).

ЗАМА́ЗКА, -и, *ж.* **1.** *см.* замазать. **2.** Мягкий, постепенно засыхающий состав для заделывания щелей, трещин. *Оконная з.* || *прил.* **зама́зочный**, -ая, -ое.

ЗАМА́Й: не замай *кого* (прост.) — не трогай, не задевай, оставь в покое кого-н. *Его не замай, а то драться полезет.*

ЗАМА́ЛИВАТЬ *см.* замолить.

ЗАМА́ЛЧИВАТЬ *см.* замолчать[2].

ЗАМАНИ́ТЬ, -аню́, -а́нишь; -а́ненный *и* -анённый (-ён, -ена́); *сов., кого (что).* Привлекая чем-н., завлечь. *З. врага в ловушку. З. в сети.* || *несов.* **зама́нивать**, -аю, -аешь.

ЗАМА́НЧИВЫЙ, -ая, -ое; -ив. Обещающий успех, выгоды, удовольствие. *Заманчивое предложение.* || *сущ.* **зама́нчивость**, -и, *ж.*

ЗАМАРА́ТЬ, -СЯ *см.* марать, -ся.

ЗАМАРА́ШКА, -и, *м. и ж.* (разг.). Тот, кто запачкался, испачкал лицо, руки (преимущ. о ребёнке).

ЗАМАРИНОВА́ТЬ *см.* мариновать.

ЗАМАСКИРОВА́ТЬ, -СЯ *см.* маскировать.

ЗАМА́СЛИТЬ, -лю, -лишь; -ленный; *сов., кого-что.* Испачкать маслом, чем-н. жирным. *З. одежду. Замасленные руки.* || *несов.* **зама́сливать**, -аю, -аешь.

ЗАМА́СЛИТЬСЯ, -люсь, -лишься; *сов.* **1.** Испачкаться маслом, чем-н. жирным. *Одежда замаслилась.* **2.** (1 и 2 л. не употр.), *перен.* Начать маслиться, заблестеть (разг.). *Глаза замаслились.* || *несов.* **зама́сливаться**, -аюсь, -аешься.

ЗАМАТЕРЕ́ЛЫЙ, -ая, -ое; -е́л. Застарелый, закосневший. *З. преступник.* || *сущ.* **заматере́лость**, -и, *ж.*

ЗАМАТРИЦИ́РОВАТЬ *см.* матрицировать.

ЗАМА́ТЫВАТЬ, -аю, -аешь; *несов., что.* То же, что мотать[1] (в 1 знач.).

ЗАМА́ТЫВАТЬСЯ *см.* замотаться.

ЗАМАХА́ТЬ, -машу́, -ма́шешь *и* (разг.) -а́ю, -а́ешь; *сов.* Начать махать. *З. рукой.*

ЗАМАХНУ́ТЬСЯ, -ну́сь, -нёшься; *сов.* **1.** *чем на кого.* Размахнувшись, занести руку (для нанесения удара). *З. палкой на собаку.* **2.** *перен., на что.* Решить сделать какое-н. большое или трудное дело, а также задумать получить что-н. (разг.). *З. на новую тему. З. на соседский сад.* ‖ *несов.* **замахиваться**, -аюсь, -аешься. ‖ *сущ.* **зама́хивание**, -я, *ср. и* **зама́х**, -а, *м.* (к 1 знач.). *От замаха человек сохнет* (посл.).

ЗАМА́ШКА, -и, *ж.* (разг. неодобр.). Манера действовать, повадка. *Барские замашки. Купеческие замашки.*

ЗАМА́ЯТЬСЯ, -а́юсь, -а́ешься; *сов.* (прост.). Устать, истомиться. *З. за день.*

ЗАМЕ́ДЛИТЬ, -лю, -лишь; -ленный; *сов.* **1.** *что.* Сделать более медленным, медленнее. *З. шаг.* **2.** *с чем и с неопр.* Задержаться, опоздать. *Ответ не замедлит прийти. З. с ответом.* ‖ *несов.* **замедля́ть**, -я́ю, -я́ешь (к 1 знач.).

ЗАМЕ́ДЛИТЬСЯ (-люсь, -лишься, 1 и 2 л. не употр.), -лится; *сов.* Стать медленным, медленнее. *Движение замедлилось.* ‖ *несов.* **замедля́ться** (-я́юсь, -я́ешься, 1 и 2 л. не употр.), -я́ется.

ЗАМЕЛИ́ТЬ, -лю́, -ли́шь; -лённый (-ён, -ена́); *сов., что* (разг.). Замазать мелом. *З. стёкла.* ‖ *несов.* замеля́ть, -я́ю, -я́ешь.

ЗАМЕ́НА, -ы, *ж.* **1.** *см.* заменить. **2.** Тот, кто (или то, что) заменяет кого-что-н. *Найти себе замену. Полноценная з.*

ЗАМЕНИ́МЫЙ, -ая, -ое; -и́м. Такой, что можно заменить другим. ‖ *сущ.* **замени́мость**, -и, *ж.*

ЗАМЕНИ́ТЕЛЬ, -я, *м.* Материал, продукт, к-рый по своим свойствам может заменять другой. *З. кожи.*

ЗАМЕНИ́ТЬ, -еню́, -е́нишь; -нённый (-ён, -ена́); *сов., кого-что.* **1.** *кем-чем.* Взять, назначить, использовать взамен другого. *З. заболевшего работника. З. металл пластмассой.* **2.** Занять место кого-чего-н., став равноценным. *Книга заменила ему все удовольствия.* **3.** Прийти на смену кому-чему-н. *Молодые заменят ветеранов.* ‖ *несов.* **заменя́ть**, -я́ю, -я́ешь. ‖ *сущ.* **заме́на**, -ы, *ж.*

ЗАМЕРЕ́ТЬ, -мру́, -мрёшь; за́мер, замерла́, за́мерло; за́мерший *и* заме́рший; замерёв, за́мерши *и* заме́рши; *сов.* **1.** Стать неподвижным, перестать двигаться, затаить дыхание. *З. от страха. Сердце замерло. Слова замерли на устах* (речь прервалась). **2.** (1 и 2 л. не употр.), *перен.* Затихая, прекратиться. *Звуки замерли вдали. К ночи движение на улицах замерло.* ‖ *несов.* **замира́ть**, -а́ю, -а́ешь. ‖ *сущ.* **замира́ние**, -я, *ср.* *С замиранием сердца* (сильно волнуясь от ожидания чего-н.).

ЗАМЕРЗА́ТЬ, -а́ю, -а́ешь; *несов.* То же, что мёрзнуть. *Вода замерзает. Руки замерзают. В степи замерзал ямщик.* ‖ *сущ.* **замерза́ние**, -я, *ср.* *На точке замерзания что-н.* (также перен.: без всякого продвижения вперёд, оставаясь на одном месте).

ЗАМЕ́РИТЬ, -рю, -ришь; -ренный; *сов., что* (спец.). Измерить, обмерить. *З. уровень воды.* ‖ *несов.* **заме́ривать**, -аю, -аешь *и* **замеря́ть**, -я́ю, -я́ешь. ‖ *сущ.* **заме́р**, -а, *м.*

ЗА́МЕРТВО, *нареч.* Без признаков жизни (упасть, повалиться).

ЗАМЕСИ́ТЬ, -ешу́, -е́сишь; -е́шенный; *сов., что.* Приготовить, смешивая какое-н. сыпучее вещество с жидкостью и разминая для получения вязкой массы. *З. тесто. З. глину.* ‖ *несов.* **заме́шивать**, -аю, -аешь. ‖ *сущ.* **заме́шивание**, -я, *ср. и* **заме́с**, -а, *м.* (спец.).

ЗАМЕСТИ́, -ету́, -етёшь; -ёл, -ела́; -ётший; -етённый (-ён, -ена́); -етя́; *сов.* **1.** *что.* Подметая, отмести в сторону. *З. сор в угол.* **2.** (1 и 2 л. не употр.), *кого-что.* Покрывая чем-н. сыпучим, закрыть. *Вьюгой замело* (безл.) *дорогу. З. следы преступления* (перен.: скрыть). ‖ *несов.* **замета́ть**, -а́ю, -а́ешь.

ЗАМЕСТИ́ТЕЛЬ, -я, *м.* **1.** Человек, к-рый заменяет кого-н. в какой-н. должности. *Найти себе заместителя.* **2.** Помощник вышестоящего должностного лица. *З. директора.* ‖ *ж.* **замести́тельница**, -ы. ‖ *прил.* **замести́тельский**, -ая, -ое.

ЗАМЕСТИ́ТЬ, -ещу́, -ести́шь; -ещённый (-ён, -ена́); *сов.* **1.** *кого-что.* То же, что заменить (в 1 знач.) (книжн.). **2.** *что.* Занять должность, вакансию. *З. должность секретаря.* ‖ *несов.* **замеща́ть**, -а́ю, -а́ешь. ‖ *сущ.* **замеще́ние**, -я, *ср.* *Конкурс на з. должности.*

ЗАМЕТА́ТЬ[1], -а́ю, -а́ешь; -мётанный; *сов., что.* Крупными стежками зашить. *З. складку.* ‖ *несов.* **замётывать**, -аю, -аешь. ‖ *сущ.* **замётывание**, -я, *ср. и* **замётка**, -и, *ж.*

ЗАМЕТА́ТЬ[2] *см.* замести.

ЗАМЕТА́ТЬСЯ, -ечу́сь, -е́чешься; *сов.* Начать метаться. *З. в бреду. З. в отчаянии.*

ЗАМЕ́ТИТЬ, -е́чу, -е́тишь; -е́ченный; *сов.* **1.** *кого-что и с союзом «что».* Увидеть, обнаружить. *З. парус на горизонте. З., что слушатели устали. З. за учеником склонность ко лжи.* **2.** *кого-что.* Отметив в уме, запомнить, обратить внимание на кого-что-н. *З. дорогу. З. нужное место.* **3.** Сказать что-н., вставить в разговор. *Остроумно з.* ‖ *несов.* **замеча́ть**, -а́ю, -а́ешь.

ЗАМЕ́ТКА, -и, *ж.* **1.** Знак, сделанный на чём-н. *З. на стволе.* **2.** Краткая запись. *З. в блокноте. Заметки на полях книги.* **3.** Краткое сообщение в печати. *Газетная з.* ✦ **На заметку взять** *кого-что* (разг.) — обратив на кого-что-н. внимание, запомнить, записать. **На заметке быть** *у кого* (разг.) — быть замеченным в чём-н., обратить на себя внимание. ‖ *прил.* **заме́точный**, -ая, -ое (к 3 знач.).

ЗАМЕ́ТНЫЙ, -ая, -ое; -тен, -тна. **1.** Такой, что можно заметить, увидеть, видный (в 1 знач.). *На снегу заметны следы.* **2.** Очевидный, явный. *Заметные достижения. Он заметно* (нареч.) *похудел.* **3.** **заме́тен**, -тна, *в знач. сказ.* Такой, к-рый ощущается, чувствуется, видный (во 2 знач.). *На лице заметно волнение.* **4.** *полн. ф.* Выдающийся среди других, известный. *Заметная личность. Он человек з.* **5.** **заме́тно**, *в знач. сказ.* Можно видеть, заметить, видно (в 6 знач.). *Заметно, что он устал.* ‖ *сущ.* **заме́тность**, -и, *ж.* (к 4 знач.).

ЗАМЕЧА́НИЕ, -я, *ср.* **1.** Краткое суждение по поводу чего-н. *Верное з. Замечания рецензента.* **2.** Указание на ошибку; выговор. *Строгое з. З. за опоздание.* ✦ **На замечании быть** *у кого* (разг.) — о провинившемся: быть на заметке у кого-н.

ЗАМЕЧА́ТЕЛЬНЫЙ, -ая, -ое; -лен, -льна. Исключительный по своим достоинствам, выдающийся. *З. писатель. Замечательное достижение.* ‖ *сущ.* **замеча́тельность**, -и, *ж.*

ЗАМЕЧА́ТЬСЯ (-а́юсь, -а́ешься, 1 и 2 л. не употр.), -а́ется; *несов.* Проявляться, обнаруживаться. *Замечаются признаки утомления.* ‖ *сов.* **заме́титься** (-е́чусь, -е́тишься, 1 и 2 л. не употр.), -е́тится.

ЗАМЕЧТА́ТЬСЯ, -а́юсь, -а́ешься; *сов.* Погрузиться в мечты. *З. о будущем.*

ЗАМЕША́ТЕЛЬСТВО, -а, *ср.* Внезапное нарушение порядка, смятение, растерянность. *Прийти в з. Внести з. в неприятельские ряды.*

ЗАМЕША́ТЬ, -а́ю, -а́ешь; -е́шанный; *сов., кого (что) во что.* Вовлечь (в предосудительное дело, в преступление). ‖ *несов.* **заме́шивать**, -аю, -аешь. *В это дело прошу меня не з.*

ЗАМЕША́ТЬСЯ, -а́юсь, -а́ешься; *сов.* (разг.). **1.** Оказаться причастным к чему-н. (обычно предосудительному, неприятному). *З. в неприятную историю.* **2.** Скрыться среди народа. *З. в толпе.* ‖ *несов.* **заме́шиваться**, -аюсь, -аешься.

ЗАМЕ́ШИВАТЬ[1-2] *см.* замешать *и* замесить.

ЗАМЕ́ШКАТЬ *см.* мешкать.

ЗАМЕ́ШКАТЬСЯ, -аюсь, -аешься; *сов.* (разг.). Задержаться, пробыть дольше, чем нужно где-н.; замедлить. *З. у приятеля. З. с ответом.*

ЗАМЕЩА́ТЬ, -а́ю, -а́ешь; *несов.* **1.** *см.* заместить. **2.** *кого (что).* Временно исполнять чьи-н. обязанности. *З. директора.*

ЗАМЁРЗНУТЬ *см.* мёрзнуть.

ЗАМЁТАНО, *частица* (прост.). Ладно, решено, договорились. *Ну так как же, едем? — З.*

ЗАМИНА́ТЬ, -СЯ *см.* замять, -ся.

ЗАМИНИ́РОВАТЬ *см.* минировать.

ЗАМИ́НКА, -и, *ж.* (разг.). **1.** Задержка, помеха. *Возникла з. в деле.* **2.** Приостановка в речи, нарушение её плавного течения. *Говорить с заминками.*

ЗАМИРА́ТЬ *см.* замереть.

ЗАМИРИ́ТЬ, -рю́, -ри́шь; -рённый (-ён, -ена́); *сов., кого-что* (устар.). Успокоить (враждующие стороны), добившись мира[2]. ‖ *несов.* **замиря́ть**, -я́ю, -я́ешь.

ЗАМИРИ́ТЬСЯ, -рю́сь, -ри́шься; *сов., с кем* (устар.). Заключить мир[2]. ‖ *несов.* **замиря́ться**, -я́юсь, -я́ешься.

ЗА́МКНУТЫЙ, -ая, -ое; -ут. **1.** Обособленный; отъединённый от общества, занятый своими узкими интересами. *Замкнутая среда.* **2.** Необщительный, скрытный. *З. человек. З. характер.* ‖ *сущ.* **за́мкнутость**, -и, *ж.*

ЗАМКНУ́ТЬ, -ну́, -нёшь; за́мкнутый; *сов., что.* **1.** Закрыть (замок) или запереть на замок (прост.). *З. дверь.* **2.** Соединить крайние части, концы чего-н.; сомкнуть. *З. цепь. З. свод. З. круг.* ‖ *несов.* **замыка́ть**, -а́ю, -а́ешь. ‖ *прил.* **замыка́тельный**, -ая, -ое (ко 2 знач.; спец.). *Замыкательные мускулы* (у моллюска).

ЗАМКНУ́ТЬСЯ, -ну́сь, -нёшься; *сов.* **1.** Закрыться (о замке) или запереться на замок (прост.). *З. на замок. Дверь замкнулась.* **2.** (1 и 2 л. не употр.). Соединиться концами. *Цепь замкнулась. Круг замкнулся* (перен.: всё объяснилось, встало на свои места; книжн.). **3.** *перен., во что и в чём.* Обособиться, перестав общаться с другими, стать замкнутым. *З. в семейном кругу. З. в себе.* ‖ *несов.* **замыка́ться**, -а́юсь, -а́ешься. ‖ *сущ.* **замыка́ние**, -я, *ср.* (к 1 и 2 знач.). *Короткое з.* (образование электрического контакта, не предусмотренное нормальными условиями работы; спец.).

ЗАМОГИ́ЛЬНЫЙ, -ая, -ое (разг.). О голосе: глухой и мрачный.

ЗА́МОК, -мка, *м.* **1.** Дворец и крепость феодала. *Средневековый з.* **2.** Название нек-рых дворцов. *Петровский з.* **3.** То же, что тюрьма (устар.). ‖ *прил.* **за́мковый**, -ая, -ое.

ЗАМО́К, -мка́, *м.* **1.** Приспособление для запирания чего-н. ключом. *Дверной з. Спрятать под з.* (запереть). *Хранить под замком* (заперев). *За семью замками* (перен.: тщательно спрятан). *На замке* (заперто). *Граница на замке* (перен.: надёжно защищена). **2.** Устройство для соединения подвижных частей машин, механизмов (спец.). *З. огнестрельного оружия* (приспособление для воспламенения заряда при выстреле). **3.** Такое скрепление брёвен, брусьев, при к-ром конец одного помещается в углубление, вырубленное в другом, или когда они рубятся в лапу (см. лапа в 3 знач.) (спец.). **4.** Верхняя смыкающая часть свода или арки (спец.). ‖ *прил.* **замко́вый**, -ая, -ое (ко 2, 3 и 4 знач.; спец.) *и* **замо́чный**, -ая, -ое (к 1 знач.).

ЗАМО́КНУТЬ (-ну, -нешь, 1 и 2 л. не употр.), -нет; -мо́к, -мо́кла; *сов.* От лежания в воде пропитаться влагой или размякнуть. *Бельё замокло. Кожи замокли.* ‖ *несов.* **замока́ть** (-а́ю, -а́ешь, 1 и 2 л. не употр.), -а́ет.

ЗАМО́ЛВИТЬ, -влю, -вишь; *сов.*: **замолвить слово** или **словечко** *у кого* или *перед кем за кого (что)* (разг.) — сказать что-н. в пользу кого-н., попросить содействия для кого-н.

ЗАМОЛИ́ТЬ, -олю́, -о́лишь; -лённый (-ён, -ена́) *и* -ленный; *сов., что.* Молясь, испросить себе у Бога прощение, отпущение грехов. *З. свой проступок.* ✦ **Замолить грех, грехи** — усиленными молитвами или добрыми делами снять грех, грехи с души. *Замолить свой грех.* ‖ *несов.* **зама́ливать**, -аю, -аешь. ‖ *сущ.* **зама́ливание**, -я, *ср.*

ЗАМО́ЛКНУТЬ, -ну, -нешь; -о́лк *и* -о́лкнул; -о́лкший *и* -о́лкнувший; -о́лкнув *и* -о́лкши; *сов.* Перестать говорить, затихнуть. *Рассказчик замолк. Звуки замолкли вдали.* ‖ *несов.* **замолка́ть**, -а́ю, -а́ешь.

ЗАМОЛЧА́ТЬ[1], -чу́, -чи́шь; *сов.* Перестать говорить, петь, кричать, издавать какие-н. звуки. *Долго кричал и звал, потом замолчал. Неприятельская батарея замолчала. Писал письма, а теперь что-то замолчал* (перен.: перестал писать).

ЗАМОЛЧА́ТЬ[2], -чу́, -чи́шь; *сов., что* (разг.). Преднамеренным молчанием скрыть, не дать узнать о чём-н. *З. неприятный инцидент.* ‖ *несов.* **зама́лчивать**, -аю, -аешь. ‖ *сущ.* **зама́лчивание**, -я, *ср. З. недостатков.*

ЗАМО́Р *см.* заморить.

ЗАМОРДОВА́ТЬ *см.* мордовать.

ЗАМОРИ́ТЬ *см.* морить.

ЗАМОРИ́ТЬСЯ, -рю́сь, -ри́шься; *сов.* (прост.). Утомиться, уморить ся.

ЗАМОРО́ЗИТЬ, -о́жу, -о́зишь; -о́женный; *сов.* **1.** *кого-что.* Подвергнуть действию холода, мороза, дать замёрзнуть, застыть. *З. рыбу. З. фрукты.* **2.** *что.* Сильно остудить (разг.). *З. вино.* **3.** Подвергнуть местному обезболиванию (разг.). **4.** *перен., что.* Оставить на прежнем уровне или неиспользованным. *З. цены. З. средства, фонды.* ‖ *несов.* **замора́живать**, -аю, -аешь. ‖ *сущ.* **замора́живание**, -я, *ср. и* **заморо́зка**, -и, *ж.* (к 1 и 3 знач.; разг.).

ЗА́МОРОЗКИ, -ов, *ед.* **за́морозок**, -зка, *м.* Лёгкий утренний мороз осенью или весной. *Ранние з. З. на почве.*

ЗАМОРО́ЧИТЬ *см.* морочить.

ЗАМО́РСКИЙ, -ая, -ое (устар.). **1.** Находящийся за́ морем, за границей, приехавший или привезённый оттуда. *З. город. З. гость. З. товар.* **2.** О торговле: внешний, ведущийся с заграницей. *Заморская торговля.*

ЗАМО́РЫШ, -а, *м.* (разг.). Хилое, недоразвитое существо.

ЗАМОСТИ́ТЬ *см.* мостить.

ЗАМО́ТАННЫЙ, -ая, -ое; -ан (разг.). Усталый от забот, дел, утомлённый. ‖ *сущ.* **замо́танность**, -и, *ж.*

ЗАМОТА́ТЬ, -а́ю, -а́ешь; -о́танный; *сов.* **1.** *что.* Мотая, закрутить вокруг чего-н. **2.** *кого (что).* Утомить работой, хлопотами (разг.). **3.** *что.* Присвоить, не возвратить взятого, зажать (прост.). ‖ *несов.* **зама́тывать**, -аю, -аешь. ‖ *сущ.* **зама́тывание**, -я, *ср.* (к 1 и 2 знач.).

ЗАМОТА́ТЬСЯ, -а́юсь, -а́ешься; *сов.* **1.** (1 и 2 л. не употр.). Накрутиться на что-н. **2.** Устать от хлопот, работы (разг.). *З. с делами.* ‖ *несов.* **зама́тываться**, -аюсь, -аешься. ‖ *сущ.* **зама́тывание**, -я, *ср.*

ЗАМОЧИ́ТЬ, ЗАМО́ЧКА *см.* мочить.

ЗАМПОЛИ́Т, -а, *м.* Сокращение — в советской армии: заместитель командира по политической части.

ЗА́МУЖ, *нареч.*: 1) **выйти замуж** *за кого* — стать чьей-н. женой; 2) **отдать** или **выдать замуж** *кого за кого* — согласиться на вступление в брак с кем-н. своей дочери, сестры, родственницы, способствовать тому, чтобы женщина вышла замуж.

ЗА́МУЖЕМ, *нареч.* О пребывании женщины в браке. *Быть з. З. ей живется хорошо.* ✦ **Не первый год замужем** (прост. шутл.) — не впервой что-н. кому-н., не новичок кто-н. в каком-н. деле.

ЗАМУ́ЖЕСТВО, -а, *ср.* Пребывание женщины в браке. *Счастливое з.*

ЗАМУ́ЖНЯЯ, *м. и ср.* не употр. Состоящая в замужестве. *З. женщина. Она замужняя* (сущ.).

ЗАМУ́РЗАННЫЙ, -ая, -ое; -ан (прост.). Грязный, неопрятный. *Замурзанная одежда. З. вид.*

ЗАМУРОВА́ТЬ, -ру́ю, -ру́ешь; -о́ванный; *сов., кого-что.* Заделать наглухо в каменную кладку. *З. ценности в стене.* ‖ *несов.* **замуро́вывать**, -аю, -аешь.

ЗАМУ́СЛИТЬ, -СЯ, ЗАМУСО́ЛИТЬ, -СЯ *см.* муслить.

ЗАМУ́СОРИТЬ, -рю, -ришь; -ренный; *сов., что.* Загрязнить, заполнить мусором. *З. комнату.* ‖ *несов.* **заму́соривать**, -аю, -аешь.

ЗАМУ́СОРИТЬСЯ (-рюсь, -ришься, 1 и 2 л. не употр.), -рится; *сов.* Загрязниться, заполниться мусором. ‖ *несов.* **заму́сориваться** (-аюсь, -аешься, 1 и 2 л. не употр.), -ается.

ЗАМУТИ́ТЬ, -СЯ *см.* мутить, -ся.

ЗАМУХРЫ́ШКА, -и, *м. и ж.* (прост.). Невзрачный, неряшливый человек.

ЗАМУ́ЧИТЬ, -чу, -чишь *и* -чаю, -чаешь; -ченный; *сов., кого (что).* **1.** *см.* мучить. **2.** Мучениями извести, довести до смерти. *З. в неволе.* ‖ *несов.* **заму́чивать**, -аю, -аешь.

ЗАМУ́ЧИТЬСЯ *см.* мучиться.

ЗА́МША, -и, *ж.* Выделанная мягкая и тонкая ворсовая кожа с бархатистой поверхностью. ‖ *прил.* **за́мшевый**, -ая, -ое.

ЗАМШЕ́ЛЫЙ, -ая, -ое; -е́л. Покрывшийся мхом. *З. валун. З. дед* (перен.: дряхлый; разг.). ‖ *сущ.* **замше́лость**, -и, *ж.*

ЗАМШЕ́ТЬ (-е́ю, -е́ешь, 1 и 2 л. не употр.), -е́ет; *сов.* Покрыться мхом. *Пни замшели.*

ЗАМЫ́ЗГАТЬ, -аю, -аешь; -анный; *сов., что* (прост.). Истрепать, испачкать. *З. костюм.* ‖ *несов.* **замы́згивать**, -аю, -аешь.

ЗАМЫКА́НИЕ *см.* замкнуться.

ЗАМЫКА́ТЬ, -а́ю, -а́ешь; *несов.* **1.** *см.* замкнуть. **2.** *что.* Находиться в конце чего-н., заключая собой. *З. шествие. Идти в цепочке замыкающим* (сущ.; последним в цепочке).

ЗАМЫКА́ТЬСЯ *см.* замкнуться.

ЗА́МЫСЕЛ, -сла, *м.* **1.** Задуманный план действий, деятельности, намерение. *Стратегический з. Опасный з. Осуществить свой з.* **2.** Заложенный в произведении смысл, идея. *Авторский з. З. пьесы.*

ЗАМЫ́СЛИТЬ, -лю, -лишь; -ышленный; *сов., что и с неопр.* Предположить, задумать, намереваясь сделать что-н. *З. побег.* ‖ *несов.* **замышля́ть**, -я́ю, -я́ешь.

ЗАМЫСЛОВА́ТЫЙ, -ая, -ое; -а́т. Хитроумный, мудрёный, не сразу понятный, вычурный. *Замысловатая игра.* ‖ *сущ.* **замыслова́тость**, -и, *ж.*

ЗАМЫТА́РИТЬ, -СЯ *см.* мытарить, -ся.

ЗАМЫ́ТЬ, -мо́ю, -мо́ешь; -ытый; *сов., что* (разг.). Отмыть (запачканное место). *З. пятно.* ‖ *несов.* **замыва́ть**, -а́ю, -а́ешь. ‖ *сущ.* **замыва́ние**, -я, *ср. и* **замы́вка**, -и, *ж.*

ЗАМЫШЛЯ́ТЬСЯ (-я́юсь, -я́ешься, 1 и 2 л. не употр.), -я́ется; *несов.* О чём-н. мыслимом и далёком (обычно тайном): предполагаться. *Замышляется побег. Замышляется дворцовый переворот. Замышляется расправа. Замышляется поход.* ‖ *сов.* **замы́слиться** (-люсь, -лишься, 1 и 2 л. не употр.), -лится. ‖ *сущ.* **замышле́ние**, -я, *ср.*

ЗАМЯ́ТЬ[1], -мну́, -мнёшь; -я́тый; *сов., что* (разг.). Прекратить, умышленно не дать ходу. *З. дело. З. разговор* (уклониться от его продолжения). *Замнём для ясности!* (лучше помолчим, не будем говорить о чём-н.; разг. шутл.). ‖ *несов.* **замина́ть**, -а́ю, -а́ешь.

ЗАМЯ́ТЬ[2] *см.* мять.

ЗАМЯ́ТЬСЯ[1], -мну́сь, -мнёшься; *сов.* (разг.). Почувствовав нерешительность, смутившись, прервать речь. *Замялся и замолчал.* ‖ *несов.* **замина́ться**, -а́юсь, -а́ешься.

ЗАМЯ́ТЬСЯ[2] *см.* мяться[1].

ЗА́НАВЕС, -а, *м.* **1.** Несколько соединённых полотнищ, закрывающих сцену от зрительного зала. *Поднять, опустить з. Дать з.* (опустить). *Под з.* (к концу действия; также перен.: под конец, в самом конце). **2.** Занавеска, портьера (устар.). ✦ **Железный занавес** — о политике, обусловленной идеологической борьбой и направленной на изоляцию страны или группы стран от внешних связей и влияний. ‖ *прил.* **за́навесный**, -ая, -ое.

ЗАНАВЕ́СИТЬ, -е́шу, -е́сишь; -е́шенный; *сов., что.* Закрыть занавеской, шторой, гардиной. *З. окно.* ‖ *несов.* **занаве́шивать**, -аю, -аешь.

ЗАНАВЕ́СКА, -и, *ж.* Полотнище, отрезок ткани для закрывания, отгораживания чего-н. *Повесить занавеску. Оконная з. Задёрнуть, опустить занавеску.* ‖ *прил.* **занаве́сочный**, -ая, -ое. *Занавесочная ткань.*

ЗАНА́ЧКА, -и, *ж.* (прост.). Место, где что-то спрятано, убрано от других про запас; то, что так спрятано, убрано. *Есть денежки в заначке.*

ЗАНА́ШИВАТЬ, -СЯ *см.* заносить[1], -ся[1].

ЗАНЕМЕ́ТЬ *см.* неметь.

ЗАНЕМО́ЧЬ, -огу́, -о́жешь, -о́гут; -о́г, -огла́; -о́гший; -о́гши; *сов.* (прост.). Стать больным, захворать.

ЗАНЕСТИ́, -су́, -сёшь; -ёс, -есла́; -ёсший; -сённый (-ён, -ена́); -еся́; *сов.* **1.** *кого-что.* Неся, доставить куда-н. мимоходом, по пути. *З. книгу приятелю.* **2.** *кого-что.* Доставить, направить куда-н. очень далеко или не туда, куда следует. *Судьба занесла его на север. Занесло* (безл.) *его в незнакомый город.* **3.** *что.* Поднять или, подняв, отвести в сторону. *З. конец бревна. З. ногу в стремя. З. руку для удара.* **4.** *кого-что.* Записать, вписать во что-н. *З. в список. З. особое мнение в протокол.* **5.** (1 и 2 л. не употр.), *кого-что.* Засыпать, замести. *Снегом занесло* (безл.) *дорогу.* **6.** В нек-рых сочетаниях: произвести, вызвать (то, что названо следующим далее существительным). *З. инфекцию* (инфицировать). *З. грязь в дом. З. в страну чуждую ей моду.* **7.** *безл., кого (что).* О состоянии потери самообладания, самоконтроля (разг.). *Докладчика занесло, говорит непонятно о чём.* ‖ *несов.* **заноси́ть**, -ошу́, -о́сишь. ‖ *сущ.* **зано́с**, -а, *м.* (к 5 знач.) *и* **занесе́ние**, -я, *ср.* (к 3, 4 и 6 знач.). ‖ *прил.* **зано́сный**, -ая, -ое (ко 2 и 5 знач.).

ЗАНЕСТИ́СЬ[1], -су́сь, -сёшься; -ёсся, -еслáсь; -ёсшийся; -еся́сь; *сов.* **1.** То же, что возгордиться (разг.). *Занёсся и знать никого не хочет.* **2.** Замечтавшись, увлечься. *З. в мечтах.* ‖ *несов.* **заноси́ться**, -ошу́сь, -о́сишься.

ЗАНЕСТИ́СЬ[2] (-су́сь, -сёшься, 1 и 2 л. не употр.), -сётся; *сов.* Начать нестись[2]. *Куры рано занеслись.*

ЗАНИ́ЗИТЬ, -и́жу, -и́зишь; -и́женный; *сов., что.* Сделать ниже нормального, необходимого (о норме, цене, одежде); сделать ниже, чем нужно. *З. требования. З. нормы выработки. З. линию пояса.* ‖ *несов.* **занижа́ть**, -а́ю, -а́ешь. ‖ *сущ.* **заниже́ние**, -я, *ср.*

ЗАНИМА́ТЕЛЬНЫЙ, -ая, -ое; -лен, -льна. Способный занять внимание, воображение, интересный. *З. рассказ. Занимательные задачи.* ‖ *сущ.* **занима́тельность**, -и, *ж.*

ЗАНИМА́ТЬ[1-2] *см.* занять[1-2].

ЗАНИМА́ТЬСЯ[1], -а́юсь, -а́ешься; *несов.* **1.** *см.* заняться[1]. **2.** Работать (об умственном занятии), учиться. *З. в университете. З. по ночам.* **3.** *чем.* Иметь что-н. предметом своих занятий, деятельности. *З. математикой.*

ЗАНИМА́ТЬСЯ[2] *см.* заняться[2].

ЗА́НОВО, *нареч.* Вновь, по-новому. *Написать з.*

ЗАНО́ЗА, -ы. **1.** *ж. Тонкий, острый кусочек дерева, металла, вонзившийся под кожу. Засадить занозу. Занозой сидит кто-что-н. в ком-н.* (не дает покоя мысль о ком-чём-н.; разг.). **2.** *м. и ж.* Задиристый, придирчивый человек (разг.).

ЗАНО́ЗИСТЫЙ, -ая, -ое; -ист (разг.). Надоедающий своими едкими язвительными замечаниями, приставанием. *З. старикашка.* ‖ *сущ.* **зано́зистость**, -и, *ж.*

ЗАНОЗИ́ТЬ, -ожу́, -ози́шь; *сов., что.* Всадить занозу во что-н. *З. палец.*

ЗАНО́С, -а, *м.* **1.** *см.* занести. **2.** обычно *мн.* Наметённый вьюгой, ветром сугроб, преграждающий путь. *Снежные заносы. Песчаные заносы* (в пустыне). ‖ *прил.* **зано́сный**, -ая, -ое.

ЗАНОСИ́ТЬ[1], -ошу́, -о́сишь; -о́шенный; *сов., что.* Истрепать, загрязнить ноской. *З. рубашку. Заношенное бельё.* ‖ *несов.* **зана́шивать**, -аю, -аешь.

ЗАНОСИ́ТЬ[2] *см.* занести.

ЗАНОСИ́ТЬСЯ[1] (-ошу́сь, -о́сишься, 1 и 2 л. не употр.), -о́сится; *сов.* Истрепаться, загрязниться в носке. *Одежда заносилась.* ‖ *несов.* **зана́шиваться** (-аюсь, -аешься, 1 и 2 л. не употр.), -ается.

ЗАНОСИ́ТЬСЯ[2] *см.* занестись[1].

ЗАНО́СЧИВЫЙ, -ая, -ое; -ив. Высокомерный, чванный. *Говорить заносчиво* (нареч.). ‖ *сущ.* **зано́счивость**, -и, *ж.*

ЗАНОЧЕВА́ТЬ, -чу́ю, -чу́ешь; *сов.* (разг.). Остаться ночевать где-н. *З. в гостях.*

ЗАНУ́ДА, -ы, *м. и ж.* (прост. презр.). Занудливый человек.

ЗАНУ́ДЛИВЫЙ, -ая, -ое; -ив (прост.). То же, что занудный. ‖ *сущ.* **зану́дливость**, -и, *ж.*

ЗАНУ́ДНЫЙ, -ая -ое; -ден, -дна (разг.). Надоедливый, нудный. ‖ *сущ.* **зану́дность**, -и, *ж. и* **зану́дство**, -а, *ср.*

ЗАНУМЕРОВА́ТЬ *см.* нумеровать.

ЗАНЫ́ТЬ, -но́ю, -но́ешь; *сов.* Начать ныть. *Сердце заныло. Ветер заныл в проводах.*

ЗАНЮ́ХАННЫЙ, -ая, -ое; -ан (прост.). Утративший свежесть, чистоту

ЗАНЯ́ТИЕ, -я, *ср.* **1.** *см.* занять[2]. **2.** То, чем кто-н. занят, дело, труд, работа, а также вообще заполнение чем-н. своего времени. *Интересное, любимое з. Пустое, бесполезное з. Род занятий* (род деятельности, характер работы, специальность). **3.** чаще *мн.* Учебные часы (уроки, лекции), а также вообще время учения. *В школах начались занятия. Семинарские занятия. Ушёл на занятия. Пришёл с занятий.*

ЗАНЯ́ТНЫЙ, -ая, -ое; -тен, -тна (разг.). Занимательный, любопытный (во 2 знач.), забавный. *З. рассказ. З. малыш.* ‖ *сущ.* **заня́тность**, -и, *ж.*

ЗАНЯТО́Й, -а́я, -о́е. Имеющий много работы, много дел. *З. человек.*

ЗА́НЯТОСТЬ, -и, *ж.* (книжн.). Наличие работы, обеспеченность работой. *Проблема занятости.*

ЗАНЯ́ТЬ[1], займу́, займёшь; за́нял, заняла́, за́няло; заня́вший; за́нятый (-ят, -ята́, -ято); *сов., что.* Взять взаймы. *З. рубль.* ‖ *несов.* **занима́ть**, -а́ю, -а́ешь. ✦ **Не занимать** *кому кого-чего* (разг.) — имеется много кого-чего-н. у кого-н. *Ума ему не занимать. Помощников тебе не занимать.* **Не занимать стать** *кому кого-чего* (прост.) — то же, что не занимать. *Смелости ему не занимать стать.* ‖ *сущ.* **заём**, за́йма, *м. З. денег.* ‖ *прил.* **заёмный**, -ая, -ое (спец.). *Заёмное письмо* (подтверждающее получение займа).

ЗАНЯ́ТЬ[2], займу́, займёшь; за́нял, заняла́, за́няло; заня́вший; за́нятый (-ят, -ята́, -ято); *сов.* **1.** *что.* Заполнить собой какое-н. пространство или промежуток времени. *Книги заняли всю полку. Работа заняла весь день.* **2.** *что.* Поместиться, расположиться где-н.; вступить куда-н., овладев чем-н. *З. квартиру. З. место в вагоне. З. крепость.* **3.** *перен., кого (что).* То же, что заинтересовать (в 1 знач.). *Его заняла мысль о поездке. Занят только собой* (думает только о себе). **4.** *кого (что).* Дать делать что-н. кому-н., предоставить занятие кому-н., заполнить чьё-н. время чем-н. *З. детей игрой. Рабочие, занятые в промышленности. З. гостя разговором.* **5.** *что.* Вступить в должность. *З. вакансию. З. место секретаря. З. пост министра. З. кафедру в университете* (место заведующего кафедрой). **6.** **за́нят**, -а́, -о. Не свободен, не имеет времени. *Я занят, зайдите позже. Директор занят: он на совещании.* ✦ **Дух заняло** (прост.) — то же, что дух захватило (см. захватить). ‖ *несов.* **занима́ть**, -а́ю, -а́ешь (к 1, 2, 3, 4 и 5 знач.). ‖ *сущ.* **заня́тие**, -я, *ср.* (ко 2 и 5 знач.).

ЗАНЯ́ТЬСЯ[1], займу́сь, займёшься; -ялся́ *и* -я́лся, -яла́сь; -я́вшийся; *сов.* **1.** *чем.* Начать что-н. делать, приступить к какому-н. занятию. *З. чтением. Дети занялись игрой.* **2.** *с кем.* Помочь кому-н. в учении, занятии. *З. с отстающим учеником. З. с детьми.* **3.** *кем-чем.* Сосредоточить свой интерес на ком-чём-н. *З. языками. З. собой* (начать заботиться о себе, о своей внешности, здоровье). ‖ *несов.* **занима́ться**, -а́юсь, -а́ешься (ко 2 и 3 знач.).

ЗАНЯ́ТЬСЯ[2] (займу́сь, займёшься, 1 и 2 л. не употр.), займётся; -ялся́ *и* -я́лся, -яла́сь, -я́вшийся; *сов.* (разг.). Начать гореть, разгораться; начать брезжить. *От брошенной спички занялся сарай. Костёр занялся. Заря занялась.* ✦ **Дух занялся** (разг.) — то же, что дух захватило (см. захватить). *Бежал так, что дух занялся.* ‖ *несов.* **занима́ться** (-а́юсь, -а́ешься, 1 и 2 л. не употр.), -а́ется.

ЗАО́БЛАЧНЫЙ, -ая, -ое. Очень далёкий, находящийся за облаками. *Заоблачная высь. Заоблачные мечты* (перен.: далёкие от жизни, нереальные).

ЗАОДНО́, *нареч.* **1.** Единодушно, в согласии. *Действовать, быть з. или з. с кем-н.* **2.** Одновременно с чем-н. другим, кстати (разг.). *Еду по делам, з. навещу друзей.*

ЗАОКЕА́НСКИЙ, -ая, -ое. Находящийся за океаном, приехавший или привезённый оттуда. *Заокеанские страны. Заокеанские гости.*

ЗАОРГАНИЗОВА́ТЬ, -зу́ю, -зу́ешь; -о́ванный; *сов., кого-что* (разг. неодобр.). Организуя, придать делу формальный характер, не дать проявиться инициативе. ‖ *сущ.* **заорганизо́ванность**, -и, *ж.*

ЗАОСТРИ́ТЬ, -рю́, -ри́шь; -рённый (-ён, -ена́); *сов., что.* **1.** Сделать острым (в 1 знач.). *З. стрелу.* **2.** *перен.* Резче обозначить главное, существенное в чём-н., подчеркнуть. *З. свою мысль. З. вопрос.* ✦ **Заострить внимание** *на чём* — сосредоточить внимание на чём-н. ‖ *несов.* **заостря́ть**, -я́ю, -я́ешь.

ЗАОСТРИ́ТЬСЯ (-рю́сь, -ри́шься, 1 и 2 л. не употр.), -ри́тся; *сов.* **1.** Стать острым (в 1 и 2 знач.). *Нож заострился. Нос заострился.* **2.** *перен.* Резче, яснее обозначиться. *Вопрос заострился.* ‖ *несов.* **заостря́ться** (-я́юсь, -я́ешься, 1 и 2 л. не употр.), -я́ется.

ЗАО́ЧНИК, -а, *м.* Учащийся заочного учебного заведения, заочного отделения. ‖ *ж.* **зао́чница**, -ы.

ЗАО́ЧНЫЙ, -ая, -ое. Осуществляемый вне непосредственного контакта с кем-н. *Заочное рассмотрение дела* (в суде.). *Заочное обучение* (без постоянного слушания лекций, путём самостоятельного изучения предметов). *Заочное отделение института* (с заочным обучением). *Учиться на заочном* (сущ.; разг.).

ЗА́ПАД, -а, *м.* **1.** Одна из четырёх стран света и направление, противоположное востоку; часть горизонта, где заходит солнце. **2.** Местность, лежащая в этом направлении, а также (З прописное), при противопоставлении странам бывшего СССР и Востока, страны Западной Европы и Америки. *Искусство Запада.* ‖ *прил.* **за́падный**, -ая, -ое.

ЗАПАДА́ТЬ *см.* запасть.

ЗА́ПАДНИК, -а, *м.* Сторонник западничества.

ЗА́ПАДНИЧЕСТВО, -а, *ср.* В России в середине 19 в.: общественное течение, представители к-рого, принадлежа к разным политическим направлениям, признавали, в отличие от славянофилов, западноевропейский капиталистический путь развития приемлемым для России. ‖ *прил.* **за́паднический**, -ая, -ое.

ЗАПАДНЯ́, -и́, *род. мн.* -е́й, *ж.* **1.** Ловушка для зверей и птиц. *Поставить западню. Зверь попал в западню.* **2.** *перен.* Намеренно созданные обстоятельства, ставящие кого-н. в тяжёлое, невыгодное положение. *Отряд попал в западню.*

ЗАПА́ЗДЫВАТЬ *см.* запоздать.

ЗАПА́ИВАТЬ, ЗАПА́ЙКА *см.* запаять.

ЗАПАКОВА́ТЬ, ЗАПАКО́ВОЧНЫЙ *см.* паковать.

ЗАПАКО́ВЫВАТЬ, -аю, -аешь; *несов., что.* То же, что паковать. *З. вещи.*

ЗАПА́КОСТИТЬ *см.* пакостить.

ЗАПА́Л[1], -а, *м.* **1.** *см.* запалить[1]. **2.** Приспособление, средство для воспламенения заряда, детонации взрывчатого вещества. **3.** *перен.* Порыв, пыл (разг.). *Пока з. не прошёл. Под з.* (сгоряча). ‖ *прил.* **запа́льный**, -ая, -ое (ко 2 знач.).

ЗАПА́Л[2], -а, *м.* Обиходное название болезни лёгких у лошадей и других животных.

ЗАПАЛИ́ТЬ[1], -лю́, -ли́шь; -лённый (-ён, -ена́); *сов., что* (прост.). Зажечь, поджечь. *З. хворост.* ‖ *несов.* **запа́ливать**, -аю, -аешь. ‖ *сущ.* **запа́л**, -а, *м.*

ЗАПАЛИ́ТЬ[2], -лю́, -ли́шь; -лённый (-ён, -ена́); *сов., кого (что)* (прост.). **1.** Опоить (разгорячённую лошадь). **2.** Загнать, измучить ездой (лошадь).

ЗАПА́ЛЬНИК, -а, *м.* (спец.). Прибор для воспламенения горючей смеси в двигателях внутреннего сгорания.

ЗАПА́ЛЬНЫЙ *см.* запал[1].

ЗАПА́ЛЬЧИВЫЙ, -ая, -ое; -ив. **1.** Легко приходящий в раздражение, гнев. *З. человек.* **2.** Полный раздражения, гнева. *З. ответ.* ‖ *сущ.* **запа́льчивость**, -и, *ж.*

ЗАПА́МЯТОВАТЬ, -тую, -туешь; *сов., что.* То же, что забыть (во 2 знач.).

ЗАПАНИБРА́ТА, *нареч.* (разг.). Как с равным, слишком бесцеремонно, фамильярно. *Быть с кем-н. з.*

ЗАПАНИКОВА́ТЬ, -ку́ю, -ку́ешь; *сов.* (прост.). Начать паниковать, впасть в панику.

ЗА́ПАНЬ, -и, *ж.* (спец.). Ограждение на воде для хранения и сортировки леса; плавучая преграда поперёк реки при молевом сплаве леса. ‖ *прил.* **за́панный**, -ая, -ое.

ЗАПА́РИТЬ, -рю, -ришь; -ренный; *сов.* **1.** *кого (что).* Жаром или паря в бане, довести до изнеможения, измучить (разг.). **2.** *кого (что).* Загнать (лошадь) до пота (разг.). **3.** *что.* Обработать паром или обдать кипятком, положить в кипяток для чего-н. *З. корма́. З. кадку.* **4.** *безл.* Начать парить (в 4 знач.). *Запарило перед грозой.* ‖ *несов.* **запа́ривать**, -аю, -аешь (к 1, 2 и 3 знач.). ‖ *сущ.* **запа́ривание**, -я, *ср.* (к 3 знач.) *и* **запа́рка**, -и, *ж.* (к 3 знач.). ‖ *прил.* **запа́рочный**, -ая, -ое (к 3 знач.), **запарно́й**, -а́я, -о́е (к 3 знач.) *и* **запа́рный**, -ая, -ое (к 3 знач.).

ЗАПА́РИТЬСЯ, -рюсь, -ришься; *сов.* **1.** Парясь в бане, дойти до изнеможения (разг.). **2.** О лошади: покрыться потом от гонки (разг.). **3.** *перен.* Сильно устать от ходьбы, работы (прост.). **4.** (1 и 2 л. не употр.). Подвергнуться обработке паром, кипятком. *Свёкла запарилась.* ‖ *несов.* **запа́риваться**, -аюсь, -аешься. ‖ *сущ.* **запа́ривание**, -я, *ср.* (к 4 знач.) *и* **запа́рка**, -и, *ж.* (к 3 знач.).

ЗАПА́РКА, -и, *ж.* **1.** *см.* запарить, -ся. **2.** Спешка, напряжённость в работе, делах из-за перегруженности, нехватки времени (прост.). *З. с отчётом.*

ЗАПАРШИ́ВЕТЬ, -ею, -еешь; *сов.* (разг.). **1.** *см.* паршиветь. **2.** О человеке, животном: становиться грязным, запущенным, неухоженным.

ЗАПА́РЫВАТЬ[1-2] *см.* запороть[1-2].

ЗАПА́С, -а, *м.* **1.** То, что запасено, приготовлено, собрано для чего-н. *З. топлива. Продовольственные запасы. Неприкосновенный з.* (в войсках: запас продовольствия, боеприпасов и других материальных средств, расходуемый в особых случаях по распоряжению командира). *З. впечатлений* (перен.). *Про з.* (на случай, если понадобится). *У нас ещё два часа в запасе* (в нашем распоряжении). **2.** В шитье, одежде: загнутый за шов излишек ткани для возможного припуска. *Рукава с запасом.* **3.** Разряд военнообязанных, прошедших военную службу или освобождённых от неё (но годных к службе в военное время) и призываемых в армию при мобилизации. *З. вооружённых сил. Уволить в з.* ✦ **Золотой запас** (спец.) — государственный фонд золота в слитках. ‖ *прил.* **запасно́й**, -а́я, -о́е (к 1 и 3 знач.) *и* **запа́сный**, -ая, -ое (к 1 и 3 знач.). *Запасны́е части машин. Запа́сный выход. Запасно́й игрок. Призыв запасны́х* (сущ.).

ЗАПА́СЛИВЫЙ, -ая, -ое; -ив. Предусмотрительно делающий запас, запасы. *З. хозяин.* ‖ *сущ.* **запа́сливость**, -и, *ж.*

ЗАПА́СНИК, -а, *м.* Хранилище музейных экспонатов, не включённых в экспозицию. *В запаснике много картин.*

ЗАПАСНИ́К, -а́, *м.* (разг.). Военнообязанный, состоящий в запасе (в 3 знач.), а также солдат запасной воинской части.

ЗАПАСТИ́, -су́, -сёшь; -а́с, -асла́; -а́сший; -сённый (-ён, -ена́); -а́сши; *сов., что и чего.* Заготовить впрок. *З. уголь (угля).* ‖ *несов.* **запаса́ть**, -а́ю, -а́ешь.

ЗАПАСТИ́СЬ, -су́сь, -сёшься; -а́сся, -асла́сь; -а́сшийся; -а́сшись; *сов., чем.* Запасти для себя чего-н. *З. тёплой одеждой. З. терпением* (перен.: приготовиться долго терпеть что-н.). ‖ *несов.* **запаса́ться**, -а́юсь, -а́ешься.

ЗАПА́СТЬ (-аду́, -адёшь, 1 и 2 л. не употр.), -адёт; -а́л; -а́вший; *сов.* **1.** Завалиться куда-н., за что-н. (разг.). *Книга запала за кровать.* **2.** Вдаться внутрь, стать впалым. *Клавиши запали. Глаза запали.* **3.** *перен.* Глубоко запечатлеться. *Слова запали в душу.* ‖ *несов.* **запада́ть** (-а́ю, -а́ешь, 1 и 2 л. не употр.), -а́ет.

ЗАПАТЕНТОВА́ТЬ *см.* патентовать.

ЗА́ПАХ, -а (-у), *м.* Свойство чего-н., воспринимаемое обонянием. *З. сена. З. цветов. Приятный з.*

ЗАПА́Х, -а, *м.* В одежде: положение верхней полы, находящей на нижнюю. *Большой, глубокий з.* ‖ *прил.* **запа́шный**, -ая, -ое.

ЗАПАХА́ТЬ, -ашу́, -а́шешь; -а́ханный; *сов., что.* **1.** Взрыхлить пахотой, вспахать (спец.) *З. поле.* **2.** Завалить землёй при вспашке. *З. удобрения.* ‖ *несов.* **запа́хивать**, -аю, -аешь. ‖ *сущ.* **запа́хивание**, -я, *ср. и* **запа́шка**, -и, *ж.*

ЗАПА́ХНУТЬ, -ну, -нешь; -а́х, -а́хла; *сов.* Начать пахнуть. *Запахло* (безл.) *дымом. Запахло* (безл.) *ссорой.*

ЗАПАХНУ́ТЬ, -ну́, -нёшь; -а́хнутый; *сов., что.* Закинуть одну полу одежды на другую. *З. шубу.* ‖ *несов.* **запа́хивать**, -аю, -аешь. ‖ *возвр.* **запахну́ться**, -ну́сь, -нёшься; *несов.* **запа́хиваться**, -аюсь, -аешься.

ЗАПА́ЧКАТЬ, -СЯ *см.* пачкать, -ся.

ЗАПАШИ́СТЫЙ, -ая, -ое; -и́ст (прост.). С хорошим запахом. *З. хлеб.*

ЗАПА́ШКА, -и, *ж.* **1.** *см.* запахать. **2.** Количество запаханной земли.

ЗАПА́ШНИК, -а, *м.* (спец.). Орудие для вспашки на небольшую глубину и для заделывания посеянных семян.

ЗАПАШО́К, -шка́, *м.* (разг.). Слабый неприятный запах. *Мясо с запашком.*

ЗАПАЯ́ТЬ, -я́ю, -я́ешь; -я́нный; *сов., что.* Паяя, заделать, починить. *З. дыру. З. кастрюлю.* ‖ *несов.* **запа́ивать**, -аю, -аешь. ‖ *сущ.* **запа́ивание**, -я, *ср. и* **запа́йка**, -и, *ж.* ‖ *прил.* **запа́йный**, -ая, -ое *и* **запа́ечный**, -ая, -ое.

ЗАПЕ́В, -а, *м.* Вступительная часть песни, зачин. ‖ *прил.* **запе́вный**, -ая, -ое.

ЗАПЕВА́ЛА, -ы, *м. и ж.* **1.** Певец, начинающий пение, подхватываемое хором. *З. в хоре. Ротный з. Голосистый з.* **2.** *перен.* Начинатель, инициатор в каком-н. деле (разг.). *Запевалы весёлых затей.*

ЗАПЕВА́ТЬ, -а́ю, -а́ешь; *несов.* **1.** *см.* запеть. **2.** Начинать песню, подхватываемую другими, быть запевалой (в 1 знач.). *З. песню. Запевай!*

ЗАПЕ́ВКА, -и, *ж.* Запев в народных песнях.

ЗАПЕКА́НКА, -и, *ж.* **1.** Запечённое кушанье. *Картофельная з.* **2.** Наливка из ягод с пряностями, приготовляемая на жару. *Вишнёвая з.* ‖ *прил.* **запека́ночный**, -ая, -ое.

ЗАПЕКА́ТЬ, -СЯ *см.* запечь, -ся.

ЗАПЕЛЕНА́ТЬ *см.* пеленать.

ЗАПЕЛЕНГОВА́ТЬ *см.* пеленговать.

ЗАПЕ́НИТЬСЯ (-нюсь, -нишься, 1 и 2 л. не употр.), -нится; *сов.* Начать пениться. *Пиво запенилось.* ‖ *несов.* **запе́ниваться** (-аюсь, -аешься, 1 и 2 л. не употр.), -ается.

ЗАПЕРЕ́ТЬ, -пру́, -прёшь; за́пер, заперла́, за́перло; за́перший; за́пертый (-ерт, -ерта́, -ерто); запере́в *и* за́перши; *сов.* **1.** *что.* Закрыть на замок, засов, замкнуть (в 1 знач.). *З. дверь на ключ, на замок или ключом. З. дом. З. замок.* **2.** *кого-что.* Поместить куда-н., закрыв на замок. *З. кошку в чулане. З. деньги в шкаф. З. флот противника* (перен.: лишить выхода, возможности двигаться). ‖ *несов.* **запира́ть**, -а́ю, -а́ешь. ‖ *сущ.* **запира́ние**, -я, *ср. и* **запо́р**, -а, *м.* (к 1 знач.). ‖ *прил.* **запо́рный**, -ая, -ое (к 1 знач.) *З. клапан.*

ЗАПЕРЕ́ТЬСЯ, -пру́сь, -прёшься; *сов.* **1.** (заперся́ *и* за́перся, заперла́сь; за́першийся; заперши́сь). Находясь в каком-н. помещении, запереть его изнутри, закрыться в нём. *З. в комнате. Заперся ото всех.* **2.** (1 и 2 л. не употр.) (заперся́ *и* за́перся, заперла́сь, заперло́сь; за́першийся; заперши́сь). Закрыться на замок, на ключ. *Дверь заперлась.* **3.** (за́перся, запёрлась; запёршийся). Отказаться признать свою вину в чём-н. (разг.). ‖ *несов.* **запира́ться**, -а́юсь, -а́ешься.

ЗАПЕСТРЕ́ТЬ (-е́ю, -е́ешь, 1 и 2 л. не употр.), -е́ет; *сов.* Начать пестреть[1]. *На полях запестрели цветы.*

ЗАПЕ́ТЬ, -пою́, -поёшь; -пе́тый; *сов.* **1.** Начать петь. **2.** *перен.* Заговорить или сказать что-н. под угрозой, при наказании, при каких-н. неблагоприятных обстоятельствах (прост.). *Опять загулял? А что тебе жена запоёт? Ты у меня запоёшь!* (угроза). **3.** *что.* Частым пением опошлить, сделать банальным. *Запетые куплеты.* ‖ *несов.* **запева́ть**, -а́ю, -а́ешь (к 1 и 3 знач.).

ЗАПЕЧА́ТАТЬ, -аю, -аешь; -анный; *сов., что.* **1.** Наложить печать на что-н. закрытое. *З. пакет сургучом. З. помещение* (опечатать). **2.** Положив в конверт, заклеить. *З. письмо.* ‖ *несов.* **запеча́тывать**, -аю, -аешь.

ЗАПЕЧАТЛЕ́ТЬ, -е́ю, -е́ешь; -ённый (-ён, -ена́); *сов., кого-что* (книжн.). **1.** Воплотить в чём-н., изобразить. *З. в образах. З. событие на картине.* **2.** *в чём.* Сохранить надолго в памяти, в сознании. *З. что-н. в памяти потомков.* ✦ **Запечатлеть поцелуй**

(устар.) — поцеловать. ‖ *несов.* **запечатлева́ть**, -а́ю, -а́ешь.

ЗАПЕЧАТЛЕ́ТЬСЯ, -е́юсь, -е́ешься; *сов.* (книжн.). Глубоко войти в сознание, в душу, отпечататься. *З. в памяти, в душе, в сердце.* ‖ *несов.* **запечатлева́ться**, -а́юсь, -а́ешься.

ЗАПЕ́ЧНЫЙ, -ая, -ое. Находящийся или обитающий за печью. *З. сверчок.*

ЗАПЕ́ЧЬ, -еку́, -ечёшь, -еку́т; -ёк, -екла́; -еки́; -ёкший; -ечённый (-ён, -ена́); -ёкши; *сов.*, *что.* **1.** Испечь, завернув в тесто. *З. окорок.* **2.** Поставить в печь, в духовку для образования румяной корочки. *З. макароны.* ‖ *несов.* **запека́ть**, -а́ю, -а́ешь.

ЗАПЕ́ЧЬСЯ (-еку́сь, -ечёшься, 1 и 2 л. не употр.), -ечётся, -еку́тся; -ёкся, -екла́сь; -ёкшийся; -ёкшись; *сов.* **1.** Испечься в слое теста, а также загустеть, затвердеть от жара. *Окорок запёкся. Пенка запеклась.* **2.** О вытекающей крови: загустеть. **3.** Пересохнув, покрыться тонкой тёмной плёнкой. *Запёкшийся рот. Запёкшаяся рана.* ‖ *несов.* **запека́ться** (-а́юсь, -а́ешься, 1 и 2 л. не употр.), -а́ется.

ЗАПИНА́ТЬСЯ *см.* запнуться.

ЗАПИ́НКА, -и, *ж.* (разг.). То же, что заминка (во 2 знач.). *Ответить урок без запинки* (гладко, бойко).

ЗАПИРА́ТЕЛЬСТВО, -а, *ср.* Упорный отказ признать свою вину.

ЗАПИРА́ТЬ, -СЯ *см.* запереть, -ся.

ЗАПИСА́ТЬ, -ишу́, -и́шешь; -и́санный; *сов.* **1.** *что.* Отметить, зафиксировать письменно для памяти. *З. что-н. в блокнот. З. лекцию.* **2.** *кого-что.* Нанести (голос, музыку, а также изображение) на плёнку при помощи специального аппарата. *З. концерт. З. песню на магнитофон. З. голоса птиц. З. телевизионную программу.* **3.** *кого (что).* Внести в список, включить в состав чего-н. *З. на приём. З. в отряд.* ✦ **Так и запишем** (разг.) — 1) хорошо, решено, пусть будет (шутл.). *Договорились? Так и запишем;* 2) ну ладно же, я это припомню, запомню (неодобр.). *Не хочешь помочь? Ладно, так и запишем.* ‖ *несов.* **запи́сывать**, -аю, -аешь. ‖ *возвр.* **записа́ться**, -ишу́сь, -и́шешься (ко 2 и 3 знач.). *З. к врачу. З. на пластинку;* *несов.* **запи́сываться**, -аюсь, -аешься (ко 2 и 3 знач.). ‖ *сущ.* **запи́сывание**, -я, *ср.* (к 1 и 2 знач.) *и* **за́пись**, -и, *ж.* *Магнитная запись* (запись на магнитную ленту, диск). ‖ *прил.* **записно́й**, -а́я, -о́е (к 1 знач.). *Записная книжка* (род тетради маленького формата для различных записей).

ЗАПИСА́ТЬСЯ, -ишу́сь, -и́шешься; *сов.* **1.** *см.* записать. **2.** Увлёкшись писанием чего-н., забыть о времени (разг.). *З. до утра.* ‖ *несов.* **запи́сываться**, -аюсь, -аешься.

ЗАПИ́СКА, -и, *ж.* **1.** Листок бумаги с записью, коротенькое письмо. *З. лектору.* **2.** Краткое изложение какого-н. дела. *Служебная з. Докладная з.* **3.** *мн.* Тетрадь, листы с записями. *Читать лекции по записям.* **4.** *мн.* Произведение в форме мемуаров, воспоминаний. *«Записки юного врача» М. Булгакова.* **5.** *мн.* Название нек-рых научных журналов. *Учёные записки университета.*

ЗАПИСНО́Й[1], -а́я, -о́е (разг.). Рьяный, ретивый; отъявленный. *З. оратор. З. театрал. З. лодырь.*

ЗАПИСНО́Й[2] *см.* записать.

ЗА́ПИСЬ, -и, *ж.* **1.** *см.* записать. **2.** То, что записано. *Неразборчивая з. Тетрадь с записями. Музыкальные записи.* **3.** Документ о какой-н. сделке, акт (спец.). *Дарственная з.*

ЗАПИ́ТЬ, -пью́, -пьёшь; -пе́й; запи́тый (-и́т, -ита́ *и* разг. -и́та, -и́то); *сов.* **1.** (за́пил, запила́, за́пило). Начать пить (в 3 знач.). **2.** (запи́л, запила́, запи́ло), *что.* Выпить что-н. после чего-н. съеденного, выпитого или облегчая проглатывание чего-н. *З. таблетку водой.* ‖ *несов.* **запива́ть**, -а́ю, -а́ешь.

ЗАПИХА́ТЬ, -а́ю, -а́ешь; -и́ханный; *сов.*, *кого-что* (разг.). Пихая, положить, втиснуть, поместить куда-н. *З. бумаги в стол. З. в чулан.* ‖ *несов.* **запи́хивать**, -аю, -аешь. ‖ *сущ.* **запи́хивание**, -я, *ср.*

ЗАПИХНУ́ТЬ, -ну́, -нёшь; -и́хнутый; *сов.*, *кого-что* (разг.). То же, что запихать.

ЗАПЛА́КАННЫЙ, -ая, -ое; -ан. Со следами слёз. *Заплаканное лицо. Заплаканные глаза.*

ЗАПЛА́КАТЬ, -а́чу, -а́чешь; *сов.* Начать плакать. *З. от обиды.*

ЗАПЛАНИ́РОВАТЬ *см.* планировать[1].

ЗАПЛА́ТА, -ы, *ж.* Кусок ткани, кожи, нашиваемый на разорванное место для починки. *Положить заплату. Рубашка в заплатах.* ‖ *прил.* **запла́точный**, -ая, -ое.

ЗАПЛАТА́ТЬ *см.* платать.

ЗАПЛАТИ́ТЬ *см.* платить.

ЗАПЛА́ТКА, -и, *ж.* То же, что заплата.

ЗАПЛЕВА́ТЬ, -люю́, -люёшь; -лёванный; *сов.*, *кого-что.* Запачкать плевками. *З. пол.* ‖ *несов.* **заплёвывать**, -аю, -аешь.

ЗАПЛЕСКА́ТЬ, -ещу́, -е́щешь *и* (разг.) -а́ю, -а́ешь; -ёсканный; *сов.*, *кого-что* (разг.). Плеская, забрызгать, залить. *З. водой.* ‖ *несов.* **заплёскивать**, -аю, -аешь.

ЗАПЛЕ́СНЕВЕЛЫЙ, -ая, -ое. Покрывшийся плесенью. *З. сыр.* ‖ *сущ.* **запле́сневелость**, -и, *ж.*

ЗАПЛЕ́СНЕВЕТЬ *см.* плесневеть.

ЗАПЛЕСНУ́ТЬ, -ну́, -нёшь; -ёснутый; *сов.*, *кого-что* (разг.). Залить волной, всплеском. *Лодку заплеснуло* (безл.). ‖ *несов.* **заплёскивать**, -аю, -аешь.

ЗАПЛЕСТИ́, -лету́, -летёшь; -ёл, -ела́; -лётший; -летённый (-ён, -ена́); -летя́; *сов.*, *что.* **1.** Сплести (волосы) в косу. **2.** Покрыть чем-н. вьющимся, оплести. *З. террасу плющом. Хмель заплёл изгородь.* ‖ *несов.* **заплета́ть**, -а́ю, -а́ешь.

ЗАПЛЕТА́ТЬСЯ (-а́юсь, -а́ешься, 1 и 2 л. не употр.), -а́ется; *несов.* **1.** О вьющемся: обвиваться вокруг чего-н. *Хмель заплетается вокруг ограды.* **2.** С трудом двигаясь, цепляться, задевать за что-н. (о походке, речи) (разг.). *Ноги заплетаются* (еле идут, цепляются одна за другую). *Язык заплетается* (перен.: о невнятной, нечёткой речи). *Заплетающаяся речь* (перен.: неразборчивая, неясная).

ЗАПЛЕ́ЧНЫЙ, -ая, -ое. Находящийся, носимый за плечами, на спине. *З. мешок.* ✦ **Заплечный мастер** или **заплечных дел мастер** (стар.) — палач.

ЗАПЛЕ́ЧЬЕ, -я, *род. мн.* -чий, *ср.* (разг.). Часть спины у плеч.

ЗАПЛОМБИРОВА́ТЬ *см.* пломбировать.

ЗАПЛУТА́ТЬСЯ, -а́юсь, -а́ешься; *сов.* (прост.). Заблудиться, сбившись с дороги. *З. в лесу.*

ЗАПЛЫ́В, -а, *м.* В спорте: отдельное состязание в плавании. *З. брассом на сто метров.*

ЗАПЛЫ́ТЬ[1], -ыву́, -ывёшь; -ы́л, -ыла́, -ы́ло; *сов.* Плывя, попасть куда-н., за что-н. *З. на середину реки. З. за буёк.* ‖ *несов.* **заплыва́ть**, -а́ю, -а́ешь.

ЗАПЛЫ́ТЬ[2], -ыву́, -ывёшь; -ы́л, -ыла́, -ы́ло; *сов.* Покрыться слоем чего-н. густого, плывущего. *Свеча заплыла. Пруд заплыл тиной. Глаза заплыли* (об отёках, припухлостях у глаз). *З. жиром* (сильно растолстеть; прост.). ‖ *несов.* **заплыва́ть**, -а́ю, -а́ешь.

ЗАПНУ́ТЬСЯ, -ну́сь, -нёшься; *сов.* **1.** Задеть за что-н. ногой, споткнуться. *З. о порог.* **2.** Неожиданно прервать речь, сделать запинку. *З. на первом же слове.* ‖ *несов.* **запина́ться**, -а́юсь, -а́ешься.

ЗАПОВЕ́ДАТЬ, -аю, -аешь; -анный; *сов.*, *что.* **1.** Завещать сделать или исполнить что-н. как заповедь (высок.). *З. сыновьям беречь родную землю.* **2.** Сделать заповедным (в 1 знач.), заповедником (спец.). *З. озеро. З. лесное урочище.* ‖ *несов.* **запове́довать**, -дую, -дуешь.

ЗАПОВЕ́ДНИК, -а, *м.* Заповедное место, где оберегаются и сохраняются редкие и ценные растения, животные, уникальные участки природы, культурные ценности. *Государственный лесной з. Бобровый з. Пушкинский з. Музей-з.*

ЗАПОВЕ́ДНЫЙ, -ая, -ое. **1.** Неприкосновенный, запретный. *З. лес. Заповедное озеро.* **2.** Хранимый в тайне, заветный. *Заповедные мысли.* **3.** Относящийся к работе заповедников, к их организации. *Организация заповедного дела.*

ЗА́ПОВЕДЬ, -и, *ж.* **1.** Религиозно-нравственное предписание. *Десять библейских заповедей.* **2.** *перен.* Правило, положение, служащее руководящим указанием для кого-чего-н. (высок.). *Первая з.* (самое непреложное правило).

ЗАПОДО́ЗРИТЬ, -рю, -ришь; -ренный; *сов.* **1.** *кого (что) в чём.* Начать подозревать в чём-н. предосудительном. *З. в краже.* **2.** *что.* Начать предполагать существование чего-н. нежелательного. *З. обман. З. неладное.* **3.** *что.* Усомниться в истинности чего-н. (устар.). *З. чью-н. искренность.* ‖ *несов.* **запода́зривать**, -аю, -аешь.

ЗАПОЗДА́ЛЫЙ, -ая, -ое (разг.). Запоздавший, слишком поздний. *З. путник. Запоздалая помощь.*

ЗАПОЗДА́ТЬ, -а́ю, -а́ешь; *сов.* Немного опоздать. *З. к обеду.* ‖ *несов.* **запа́здывать**, -аю, -аешь. *Весна в этом году запаздывает* (будет поздней).

ЗАПО́Й, -я, *м.* **1.** Периодическое продолжительное пьянство вследствие болезненного влечения к алкоголю. *Страдать запоем.* **2.** **запо́ем**, *нареч.* — 1) питьё спиртного: длительно и непрерывно. *Пить запоем;* 2) *перен.*, вообще длительно, не отрываясь (разг.). *Читать запоем.* ‖ *прил.* **запо́йный**, -ая, -ое.

ЗАПОЛА́СКИВАТЬ *см.* заполоснуть.

ЗАПО́ЛЗАТЬ, -аю, -аешь; *сов.* Начать ползать. *Муравьи заползали.*

ЗАПОЛЗТИ́, -зу́, -зёшь; -о́лз, -олзла́; -о́лзший; -о́лзши; *сов.* Проникнуть, забраться куда-н. ползком, ползя. *З. под диван. З. в щель.* ‖ *несов.* **заполза́ть**, -а́ю, -а́ешь.

ЗАПОЛНИ́ТЕЛЬ, -я, *м.* (спец.). Вещество, прибавляемое в вяжущую массу, но не растворяющееся в ней. *Заполнители для бетонов.*

ЗАПО́ЛНИТЬ, -ню, -нишь; -ненный; *сов.*, *что.* **1.** Наполнить, занять целиком. *Зрители заполнили зал. З. время работой. З. выбоину щебнем.* **2.** Вписать нужные сведения во что-н. *З. анкету.* ‖ *несов.* **заполня́ть**, -я́ю, -я́ешь. ‖ *сущ.* **заполне́ние**, -я, *ср.*

ЗАПО́ЛНИТЬСЯ (-нюсь, -нишься, 1 и 2 л. не употр.), -нится; *сов.* Наполниться, стать занятым целиком. *Зал заполнился зрителями. Площадь заполнилась народом.* ‖ *несов.* **заполня́ться** (-я́юсь, -я́ешься, 1 и 2 л. не употр.), -я́ется. ‖ *сущ.* **заполне́ние**, -я, *ср.*

ЗАПОЛОНИ́ТЬ (-ню́, -ни́шь, 1 и 2 л. ед. не употр.), -и́т; -нённый (-ён, -ена́); *сов.*, *что* (разг.). Заполнить собой, своими вещами.

Толпа заполонила площадь. Заполонил весь дом кто-н. ‖ *несов.* **заполоня́ть** (-я́ю, -я́ешь, 1 и 2 л. ед. не употр.), -я́ет.

ЗАПОЛОСНУ́ТЬ, -ну́, -нёшь; -о́снутый; *сов., что* (прост.). Полоща, замыть. *З. пелёнку.* ‖ *несов.* **заполаскивать**, -аю, -аешь.

ЗАПОЛО́ШНЫЙ, -ая, -ое (прост.). Суматошный, неспокойный, взбалмошный. *З. парень.*

ЗАПОЛУЧИ́ТЬ, -учу́, -у́чишь; -у́ченный; *сов., кого-что* (прост.). Получить для себя, приобрести.

ЗАПОЛЯ́РНЫЙ, -ая, -ое. Находящийся за Полярным кругом. *З. город.*

ЗАПО́МНИТЬ, -ню, -нишь; *сов.* **1.** *кого-что.* Сохранить в памяти. *З. стихи. З. своего попутчика.* **2.** *что кому.* То же, что припомнить (в 1 знач.). *З. обиду. Берегись, он тебе это запомнит.* ✦ **Старожилы не запомнят** (разг.) — о чём-н. редком, необычном, чего никогда не бывало. *Таких морозов старожилы не запомнят.* ‖ *несов.* **запомина́ть**, -а́ю, -а́ешь. *Запоминающее устройство* (устройство, осуществляющее запись, хранение и выдачу информации; спец.). ‖ *сущ.* **запомина́ние**, -я, *ср.*

ЗАПО́МНИТЬСЯ, -нюсь, -нишься; *сов.* Сохраниться в памяти. *Это лицо мне хорошо запомнилось.* ‖ *несов.* **запомина́ться**, -а́юсь, -а́ешься.

ЗА́ПОНКА, -и, *ж.* Застёжка, вдеваемая в петли манжет на рубашке. ‖ *прил.* **за́поночный**, -ая, -ое.

ЗАПО́Р[1], -а, *м.* **1.** *см.* запереть. **2.** Устройство, к-рым запирают, замыкают. *Дверь без запора. Ворота на запоре.*

ЗАПО́Р[2], -а, *м.* Затруднённое, медленное действие кишечника, задержка стула[2]. *Страдать запорами.* ‖ *прил.* **запо́рный**, -ая, -ое.

ЗАПОРО́ЖЕЦ, -жца, *м.* Казак из Запорожской Сечи — украинского казачьего войска 16–18 вв.

ЗАПОРО́ТЬ[1], -орю́, -о́решь; -о́ротый; *сов., кого (что)* (разг.). То же, что засечь[2]. ‖ *несов.* **запа́рывать**, -аю, -аешь.

ЗАПОРО́ТЬ[2], -орю́, -о́решь; -о́ротый; *сов., что* (прост.). Испортить неумелой или небрежной работой. *З. деталь.* ‖ *несов.* **запа́рывать**, -аю, -аешь.

ЗАПОРОШИ́ТЬ (-шу́, -ши́шь, 1 и 2 л. не употр.), -ши́т; -шённый (-ён, -ена́); *сов.* **1.** *см.* порошить. **2.** Начать порошить. *Запорошил снежок.*

ЗАПОТЕ́ЛЫЙ, -ая, -ое (разг.). Запотевший, покрытый осевшими испарениями. *Запотелое окно.* ‖ *сущ.* **запоте́лость**, -и, *ж.*

ЗАПОТЕ́ТЬ *см.* потеть.

ЗАПО́ТЧЕВАТЬ, -чую, -чуешь; *сов., кого (что)* (устар. разг.). Утомить, слишком усердно потчуя.

ЗАПОЧИВА́ТЬ, -а́ю, -а́ешь; *сов.* (устар. с оттенком почтительности). То же, что заснуть (в 1 знач.).

ЗАПРАВИ́ЛА, -ы, *м.* и *ж.* (прост.). Тот, кто верховодит, заправляет в каком-н. деле, заводила.

ЗАПРА́ВИТЬ, -влю, -вишь; -вленный; *сов., что.* **1.** Вставить, всунуть во что-н. *З. брюки в сапоги.* **2.** Наполнив чем-н., приготовить для работы, употребления, использования (механизм, прибор). *З. машину бензином.* **3.** Положить во что-н. приправу. *З. салат сметаной.* ‖ *несов.* **заправля́ть**, -я́ю, -я́ешь. ‖ *сущ.* **запра́вка**, -и, *ж.* ‖ *прил.* **запра́вочный**, -ая, -ое (ко 2 знач.). *Заправочная станция.*

ЗАПРА́ВИТЬСЯ, -влюсь, -вишься; *сов.* **1.** Заправить свою машину горючим (разг.). **2.** *перен.* Хорошо поесть (прост. шутл.). ‖ *несов.* **заправля́ться**, -я́юсь, -я́ешься. ‖ *сущ.* **запра́вка**, -и, *ж.*

ЗАПРА́ВКА, -и, *ж.* **1.** *см.* заправить, -ся. **2.** Приправа к пище (разг.). *З. для салата.*

ЗАПРАВЛЯ́ТЬ, -я́ю, -я́ешь; *несов.* **1.** *см.* заправить. **2.** *чем.* Управлять, руководить, верховодить где-н. (прост.). *В доме всем заправляет бабушка.*

ЗАПРА́ВСКИЙ, -ая, -ое (разг.). Настоящий, именно такой, каким следует быть. *З. игрок.*

ЗАПРА́ВЩИК, -а, *м.* **1.** Рабочий, к-рый заправляет машину, прибор. **2.** Заправочный механизм, устройство. *Самолёт-з.* (заправляющий летательный аппарат топливом в полёте).

ЗАПРА́ШИВАТЬ *см.* запросить.

ЗАПРЕВА́ТЬ (-а́ю, -а́ешь, 1 и 2 л. не употр.), -а́ет; *несов.* Начинать преть. *Солома запревает.* ‖ *сов.* **запре́ть** (-е́ю, -е́ешь, 1 и 2 л. не употр.), -е́ет.

ЗАПРЕ́Т, -а, *м.* То же, что запрещение. *Наложить з. на что-н. Под запретом что-н.* (о чём-н. запрещённом). *З. снят. Без запрета* (беспрепятственно). *З. на ядерные испытания.*

ЗАПРЕТИ́ТЬ, -ещу́, -ети́шь; -ещённый (-ён, -ена́); *сов.* **1.** *что* или *с неопр.* Не позволить что-н. делать. *З. курить. Въезд запрещён.* **2.** *что.* Признав общественно вредным, ненужным, не допустить к применению, пользованию. *З. пропаганду войны. З. азартные игры.* ‖ *несов.* **запреща́ть**, -а́ю, -а́ешь. ‖ *сущ.* **запреще́ние**, -я, *ср.* ‖ *прил.* **запрети́тельный**, -ая, -ое (книжн.). *Запретительные меры. З. тариф, запретительная пошлина* (настолько высокие, что равносильны запрету ввозить товары).

ЗАПРЕ́ТНЫЙ, -ая, -ое; -тен, -тна. Такой, к-рым запрещено пользоваться, куда запрещён доступ. *Запретная зона. З. плод* (перен.: о чём-н. заманчивом, но запрещённом; книжн.) [по библейскому сказанию об Адаме и Еве, нарушивших запрет Бога и вкусивших плод от древа познания]. ‖ *сущ.* **запре́тность**, -и, *ж.*

ЗАПРЕЩА́ТЬСЯ (-а́юсь, -а́ешься, 1 и 2 л. не употр.), -а́ется; *несов.* Быть запрещённым. *Ходить по газонам запрещается.* ‖ *сущ.* **запреще́ние**, -я, *ср.*

ЗАПРИМЕ́ТИТЬ, -е́чу, -е́тишь; -е́ченный; *сов., кого-что* (прост.). То же, что заметить (в 1 и 2 знач.).

ЗАПРИХО́ДОВАТЬ *см.* приходовать.

ЗАПРОГРАММИ́РОВАТЬ *см.* программировать.

ЗАПРОДА́ТЬ, -а́м, -а́шь, -а́ст, -ади́м, -ади́те, -аду́т; -о́дал и (разг.) -ода́л, -одала́, -о́дало; -а́й; -а́вший; -о́данный (-ан, -ана́ и -ана, -ано); *сов., что* (спец.). Заключить предварительное условие об оптовой продаже чего-н. ‖ *несов.* **запродава́ть**, -даю́, -даёшь; -дава́й. ‖ *сущ.* **запрода́жа**, -и, *ж.* ‖ *прил.* **запрода́жный**, -ая, -ое.

ЗАПРОЕКТИ́РОВАТЬ *см.* проектировать[1].

ЗАПРОКИ́НУТЬ, -ну, -нешь; -утый; *сов., что.* Откинуть назад. *З. голову.* ‖ *несов.* **запроки́дывать**, -аю, -аешь.

ЗАПРОКИ́НУТЬСЯ, -нусь, -нешься; *сов.* Откинуться назад. *Голова запрокинулась.* ‖ *несов.* **запроки́дываться**, -аюсь, -аешься.

ЗАПРОПАСТИ́ТЬСЯ, -ащу́сь, -асти́шься; *сов.* (разг.). Исчезнуть, пропасть неизвестно куда. *Книга куда-то запропастилась.*

ЗАПРОПА́СТЬ, -аду́, -адёшь; -а́л, -а́ла; -а́вший; *сов.* (прост.). То же, что запропаститься. *Куда ты запропал?*

ЗАПРО́С, -а, *м.* **1.** *см.* запросить. **2.** Документ, запрашивающий о чём-н. (см. запросить в 1 знач.). *Послать з.* **3.** *мн.* Потребности, интересы. *Культурные запросы молодёжи.*

ЗАПРОСИ́ТЬ, -ошу́, -о́сишь; -о́шенный; *сов.* **1.** *кого-что о чём.* Направить требование об официальном разъяснении какого-н. дела, затребовать что-н. у кого-н. *З. мнение специалистов.* **2.** *что.* Назначить слишком высокую цену за что-н. (разг.). *З. сто рублей.* ‖ *несов.* **запра́шивать**, -аю, -аешь. ‖ *сущ.* **запра́шивание**, -я, *ср.* (к 1 знач.) *и* **запро́с**, -а, *м.* *Запрос прокурора. Цены без запроса.*

ЗА́ПРОСТО, *нареч.* **1.** Без соблюдения формальностей, без стеснений. *Прийти в гости з.* **2.** Легко и просто, без труда (прост.). *З. осилит двоих.*

ЗАПРОТЕСТОВА́ТЬ, -ту́ю, -ту́ешь; *сов.* Начать протестовать (в 1 знач.).

ЗАПРОТОКОЛИ́РОВАТЬ *см.* протоколировать.

ЗАПРО́ШЛЫЙ, -ая, -ое (прост. и обл.). То же, что позапрошлый. *Запрошлым летом.*

ЗАПРУ́ДА, -ы, *ж.* **1.** Простейшая плотина, обычно в виде насыпи. **2.** Запруженный водоём. ‖ *прил.* **запру́дный**, -ая, -ое.

ЗАПРУДИ́ТЬ[1] (-жу́, -ди́шь, 1 и 2 л. ед. не употр.), -ди́т; -у́женный *и* -ужённый (-ён, -ена́); *сов., что* (разг.). То же, что заполнить (в 1 знач.). *Толпа запрудила улицы. Площадь запружена народом.* ‖ *несов.* **запру́живать** (-аю, -аешь, 1 и 2 л. ед. не употр.), -ает.

ЗАПРУДИ́ТЬ[2] *см.* прудить.

ЗАПРУ́ЖИВАТЬ[1], -аю, -аешь; *несов., что.* То же, что прудить.

ЗАПРУ́ЖИВАТЬ[2] *см.* запрудить[1].

ЗАПРЯ́ЖКА, -и, *ж.* **1.** *см.* запрячь. **2.** Способ, к-рым запряжены упряжные животные. *Дышловая з. Троечная з. З. цугом.* **3.** Повозка с запряжёнными животными. *Собачья з. Артиллерийская з.* (орудие с запряжёнными в него лошадьми). **4.** То же, что упряжь. ‖ *прил.* **запря́жечный**, -ая, -ое (к 4 знач.).

ЗАПРЯ́ТАТЬ, -я́чу, -я́чешь; -анный; *сов., кого-что* (разг.). Спрятать так, что трудно найти. ‖ *несов.* **запря́тывать**, -аю, -аешь. ‖ *возвр.* **запря́таться**, -я́чусь, -я́чешься; *несов.* **запря́тываться**, -аюсь, -аешься.

ЗАПРЯ́ЧЬ, -ягу́, -яжёшь, -ягу́т; -я́г, -ягла́; -яги́; -я́гший; -яжённый (-ён, -ена́); -я́гши; *сов.* **1.** *кого (что).* Упряжью соединить (животное) с повозкой. *З. лошадь в телегу.* **2.** *что.* Присоединить (повозку) к упряжке (в 1 знач.). *З. сани.* ‖ *несов.* **запряга́ть**, -а́ю, -а́ешь. ✦ **Долго запрягает, да быстро едет** *кто* — о том, кто медлителен в начале дела, но активен и удачлив потом. ‖ *сущ.* **запря́жка**, -и, *ж.* ‖ *прил.* **запряжно́й**, -а́я, -о́е.

ЗАПУ́ГАННЫЙ, -ая, -ое; -ан. Робкий, пугливый от постоянных окриков, наказаний. *З. ребёнок. З. вид.* ‖ *сущ.* **запу́ганность**, -и, *ж.*

ЗАПУГА́ТЬ, -а́ю, -а́ешь; -у́ганный; *сов., кого (что).* **1.** Постоянными окриками, угрозами сделать робким, пугливым. *З. ребёнка.* **2.** Заставить бояться кого-чего-н. *З. грабителями. З. неприятными последствиями.* ‖ *несов.* **запу́гивать**, -аю, -аешь.

ЗАПУ́ДРИТЬ, -рю, -ришь; -ренный; *сов., что.* Покрыть пудрой. *З. лицо. З. веснушки.* ‖ *несов.* **запу́дривать**, -аю, -аешь.

ЗАПУСТЕ́НИЕ, -я, *ср.* Состояние запущенности, упадка. *Дом в запустении. Полное з. Хозяйство пришло в з. Мерзость запустения* (полное опустошение, разорение; устар. и ирон.).

ЗАПУСТЕ́ТЬ (-е́ю, -е́ешь, 1 и 2 л. не употр.), -е́ет; *сов.* Стать необитаемым, заброшенным. *Хутор запустел.* ‖ *несов.* **запустева́ть** (-а́ю, -а́ешь, 1 и 2 л. не употр.), -а́ет.

ЗАПУСТИ́ТЬ[1], -ущу́, -у́стишь; -у́щенный; *сов.* **1.** *что и чем в кого-что.* С размаху бросить (разг.). *З. камень или камнем в окно.* **2.** *что.* Привести в действие, в движение. *З. мотор. З. бумажного змея* (заставить взлететь). *З. ракету.* **3.** *что.* Засунуть, погрузить, вонзить во что-н. (разг.). *З. руку в чей-н. карман* (также перен.: взять чужое). *З. когти во что-н.* **4.** *кого (что).* Пустить, впустить куда-н. (разг.). *З. карасей в пруд.* ✦ **Запустить в производство** — начать производить (многое). *Запустить изделие в производство.* **Запустить глаза** *куда* (прост. неодобр.) — посмотреть, заглянуть куда-н. ‖ *несов.* **запуска́ть**, -а́ю, -а́ешь. ‖ *сущ.* **за́пуск**, -а, *м.* (ко 2 и 4 знач.). ‖ *прил.* **запускно́й**, -а́я, -о́е (ко 2 знач.; спец.).

ЗАПУСТИ́ТЬ[2], -ущу́, -у́стишь; -у́щенный; *сов., что.* **1.** Довести до запустения, упадка, расстройства. *З. сад. З. хозяйство. З. учёбу.* **2.** Упустив время, дать развиться чему-н. (плохому). *З. болезнь.* ‖ *несов.* **запуска́ть**, -а́ю, -а́ешь.

ЗАПУ́ТАННЫЙ, -ая, -ое; -ан. Трудный для понимания, разрешения. *Запутанное дело. З. вопрос.* ‖ *сущ.* **запу́танность**, -и, *ж.*

ЗАПУ́ТАТЬ *см.* путать.

ЗАПУ́ТАТЬСЯ, -аюсь, -аешься; *сов.* **1.** *см.* путаться. **2.** Оказаться в сложном и затруднительном положении (разг.). *З. в долгах.* **3.** Сбиться с **пути** (разг.). **4.** (1 и 2 л. не употр.). Стать трудным для разрешения. *Вопрос окончательно запутался.* ‖ *несов.* **запу́тываться**, -аюсь, -аешься.

ЗАПУ́ТЫВАТЬ, -аю, -аешь; *несов., что.* То же, что путать (в 1, 2, 3 и 4 знач.). *З. нитки. З. изложение. З. вопросами. З. кого-н. в неприятную историю.*

ЗАПУШИ́ТЬ (-шу́, -ши́шь, 1 и 2 л. не употр.), -ши́т; -шённый (-ён, -ена́); *сов., что.* О снеге, инее: покрыть тонким пушистым слоем. *Иней запушил ветки. Ресницы запушило* (безл.) *снегом.*

ЗАПУ́ЩЕННЫЙ, -ая, -ое; -ен. **1.** Находящийся в упадке, в запустении. *З. сад.* **2.** Застарелый, не излеченный вовремя. *З. бронхит.* ‖ *сущ.* **запу́щенность**, -и, *ж.*

ЗАПЧА́СТИ, -е́й. Сокращение: запасные части (машин, механизмов).

ЗАПЫЛА́ТЬ, -а́ю, -а́ешь; *сов.* Начать пылать. *Запылал костёр. Лицо запылало от стыда. З. гневом.*

ЗАПЫЛИ́ТЬ, -СЯ *см.* пылить, -ся.

ЗАПЫХА́ТЬСЯ, -а́юсь, -а́ешься и **ЗАПЫ́ХАТЬСЯ**, -аюсь, -аешься; *сов.* Начать дышать с трудом от быстрой ходьбы, усталости. *З. от бега.* ‖ *несов.* **запы́хиваться**, -аюсь, -аешься.

ЗАПЫХТЕ́ТЬ, -хчу́, -хти́шь; *сов.* Начать пыхтеть (в 1 и 3 знач.). *Запыхтел паровоз.*

ЗАПЬЯНЕ́ТЬ *см.* пьянеть.

ЗАПЬЯНЦО́ВСКИЙ, -ая, -ое (прост.). О пьянице: завзятый, отпетый.

ЗАПЯ́СТЬЕ, -я, *род. мн.* -тий, *ср.* **1.** Часть кисти руки (у животных — передней пятипалой конечности) между предплечьем и пястью. **2.** То же, что браслет (устар.).

ЗАПЯТА́Я, -о́й, *ж.* **1.** Знак препинания (,), обычно обозначающий интонационное членение, а также выделяющий нек-рые синтаксические группы. **2.** *перен.* Препятствие, затруднение (разг. шутл.). *В этом-то вся и з.* ✦ **До последней запятой** (знать, изучить) (разг.) — очень хорошо, во всех деталях, подробностях. *Разобраться в деле до последней запятой.*

ЗАПЯ́ТКИ, -ток. В старину: место для слуги на задке кареты, экипажа. *Лакей на запятках.*

ЗАПЯТНА́ТЬ *см.* пятнать.

ЗАРАБО́ТАТЬ, -аю, -аешь; -анный; *сов.* **1.** *что.* Приобрести работой, трудом. *З. миллион. З. право на отпуск. Всех денег не заработаешь* (разг. шутл.). **2.** *что.* Получить в результате чего-н. (прост. ирон.). *З. выговор.* **3.** Начать работать (в 1, 2, 4, 5 и 6 знач.). *Машина заработала.* ‖ *несов.* **зараба́тывать**, -аю, -аешь (к 1 и 2 знач.).

ЗАРАБО́ТАТЬСЯ, -аюсь, -аешься; *сов.* (разг.). **1.** Устать от долгой трудной работы. *Он нынче совсем заработался.* **2.** Увлёкшись работой, забыть о времени. *З. до полуночи.* ‖ *несов.* **зараба́тываться**, -аюсь, -аешься.

ЗА́РАБОТНЫЙ, -ая, -ое: **заработная плата** — плата за работу по найму.

ЗА́РАБОТОК, -тка, *м.* **1.** Плата за работу. *Годовой з. Большой з.* **2.** *мн.* Работа по найму, обычно временная, вне места постоянного жительства (устар.). *Уходить на заработки.*

ЗАРА́ВНИВАТЬ *см.* заровнять.

ЗАРАЖЁННЫЙ, -ая, -ое; -ён. Насыщенный болезнетворными микробами, вредными веществами. *З. воздух. З. участок местности.* ‖ *сущ.* **заражённость**, -и, *ж.*

ЗАРА́З, *нареч.* (прост.). Сразу, за один приём. *Съест всё з.*

ЗАРА́ЗА, -ы. **1.** *ж.* Болезнетворное начало, распространяемое микробами. *Источники заразы. Распространение заразы.* **2.** *м. и ж.* Негодяй, подлец (прост. бран.).

ЗАРАЗИ́ТЕЛЬНЫЙ, -ая, -ое; -лен, -льна. **1.** То же, что заразный. *Болезнь заразительна.* **2.** *перен.* Вызывающий подражание себе, легко передающийся другим. *З. смех. Дурные примеры заразительны.* ‖ *сущ.* **зарази́тельность**, -и, *ж.*

ЗАРАЗИ́ТЬ, -ажу́, -ази́шь; -ажённый (-ён, -ена́); *сов., чем.* **1.** *кого-что.* Передать заразу кому-чему-н. *З. кого-н. гриппом. З. воду, почву.* **2.** *перен., кого (что).* Увлечь чем-н., заставить других подражать себе в чём-н. *З. весельем. З. своим примером.* ‖ *несов.* **заража́ть**, -а́ю, -а́ешь. ‖ *сущ.* **зараже́ние**, -я, *ср.* (к 1 знач.).

ЗАРАЗИ́ТЬСЯ, -ажу́сь, -ази́шься; *сов., чем.* **1.** Восприняв заразу, заболеть. *З. гриппом от кого-н.* **2.** *перен.* Воспринять, усвоить от других что-н. *З. чьей-н. энергией.* ‖ *несов.* **заража́ться**, -а́юсь, -а́ешься. ‖ *сущ.* **зараже́ние**, -я, *ср.* (к 1 знач.). *З. крови* (сепсис).

ЗАРА́ЗНЫЙ, -ая, -ое; -зен, -зна. Несущий в себе заразу; такой, от к-рого можно заразиться. *Заразная болезнь. З. больной.* ‖ *сущ.* **зара́зность**, -и, *ж.*

ЗАРА́НЕЕ, *нареч.* За нек-рое время до чего-н. *С з. обдуманным намерением. З. подготовиться.*

ЗАРАПОРТОВА́ТЬСЯ, -ту́юсь, -ту́ешься; *сов.* (разг. ирон.). Запутавшись, наговорить лишнего, вздорного.

ЗАРАСТИ́, -ту́, -тёшь; -ро́с, -росла́; -ро́сший; -ро́сши; *сов.* **1.** (1 и 2 л. не употр.), *чем.* Покрыться какой-н. растительностью (в 1 знач.). *З. мхом, травой, кустарником. Тропа заросла. Грязью зарос кто-н.* (перен.: о большом неряхе; разг.). **2.** Покрыться волосами, шерстью. *З. бородой.* **3.** (1 и 2 л. не употр.). О ране, язве: зажить (разг.). ‖ *несов.* **зараста́ть**, -а́ю, -а́ешь.

ЗАРВА́ТЬСЯ, -ву́сь, -вёшься; -а́лся, -ала́сь, -ало́сь и -а́лось; *сов.* (разг. неодобр.). Не рассчитав своих сил, возможностей, прав, слишком далеко зайти в чём-н. *З. в своих требованиях.* ‖ *несов.* **зарыва́ться**, -а́юсь, -а́ешься.

ЗАРДЕ́ТЬСЯ, -е́юсь, -е́ешься; *сов.* Стать румяным, покраснеть. *Лицо зарделось румянцем. Зарделся закат.*

ЗАРЕВЕ́ТЬ, -ву́, -вёшь; *сов.* Начать реветь. *Бык заревел. Дети заревели от страха.*

ЗА́РЕВО, -а, *ср.* Отсвет пожара или заката на небе. *Багровое з.*

ЗАРЕВО́Й *см.* заря.

ЗАРЕГИСТРИ́РОВАТЬ *см.* регистрировать.

ЗАРЕГИСТРИ́РОВАТЬСЯ, -руюсь, -руешься; *сов.* **1.** *см.* регистрировать. **2.** Официально оформить вступление в брак (разг.). *З. в загсе.*

ЗАРЕГУЛИ́РОВАТЬ *см.* регулировать.

ЗАРЕ́З, -а, *м., в знач. сказ.* (разг.). Беда, безвыходное положение. *Без помощников ему з.* ✦ **До зарезу** — до крайности, очень. *До зарезу нужно.*

ЗАРЕ́ЗАТЬ *см.* резать.

ЗАРЕ́ЗАТЬСЯ, -е́жусь, -е́жешься; *сов.* (разг.). Лишить себя жизни, перерезав горло.

ЗАРЕЗЕРВИ́РОВАТЬ *см.* резервировать.

ЗАРЕКОМЕНДОВА́ТЬ, -ду́ю, -ду́ешь; *сов.*: **зарекомендовать себя** *кем* — проявить себя с какой-н. (обычно хорошей) стороны. *Зарекомендовать себя хорошим работником.*

ЗАРЕ́ЧНЫЙ, -ая, -ое. Находящийся за рекой. *Заречная сторона.*

ЗАРЕ́ЧЬЕ, -я, *род. мн.* -чий, *ср.* Местность за рекой.

ЗАРЕ́ЧЬСЯ, -еку́сь, -ечёшься, -еку́тся; -ёкся, -екла́сь, -ёкшийся; -ёкшись; *сов.* (разг.). Дать зарок не делать чего-н., закаяться. *З. пить вино.* ‖ *несов.* **зарека́ться**, -а́юсь, -а́ешься.

ЗАРЁВАННЫЙ, -ая, -ое; -ан (разг.). То же, что заплаканный.

ЗАРЖА́ВЕТЬ, ЗАРЖАВЕ́ТЬ *см.* ржаветь.

ЗАРЖА́ВЛЕННЫЙ, -ая, -ое; -ен. Покрывшийся ржавчиной. *З. нож.*

ЗАРЖА́ТЬ, -ржу́, -ржёшь; *сов.* Начать ржать.

ЗАРИСОВА́ТЬ, -су́ю, -су́ешь; -о́ванный; *сов., кого-что.* Сделать рисунок чего-н., запечатлеть рисунком. *З. с натуры.* ‖ *несов.* **зарисо́вывать**, -аю, -аешь. ‖ *сущ.* **зарисо́вка**, -и, *ж.*

ЗАРИСОВА́ТЬСЯ, -су́юсь, -су́ешься; *сов.* (разг.). Увлёкшись рисованием, забыть о времени.

ЗАРИСО́ВКА, -и, *ж.* **1.** *см.* зарисовать. **2.** чаще *мн.* Рисунок с натуры. *Делать зарисовки.*

ЗА́РИТЬСЯ, -рюсь, -ришься; *несов., на кого-что* (прост. неодобр.). Смотреть на кого-что-н. с завистью, желать получить для себя. *З. на чужое добро.* ‖ *сов.* **поза́риться**, -рюсь, -ришься.

ЗАРИФМОВА́ТЬ *см.* рифмовать.

ЗАРНИ́ЦА, -ы, *ж.* Отдалённая вспышка на небосклоне — отблеск далёких молний. *На горизонте играют зарницы.*

ЗАРОБЕ́ТЬ, -е́ю, -е́ешь; *сов.* (прост.). Начать робеть, оробеть. *З. перед гостем.*

ЗАРОВНЯ́ТЬ, -я́ю, -я́ешь; -о́вненный; *сов., что.* Сделать одинаковым по уровню с окружающей поверхностью. *З. яму.* ‖ *несов.* **зара́внивать**, -аю, -аешь.

ЗАРОДИ́ТЬ, -ожу́, -оди́шь; -ождённый (-ён, -ена́); *сов., что в ком.* Возбудить (какие-н. чувства, мысли) в ком-н. *З. в душе надежду.* ‖ *несов.* **зарожда́ть**, -а́ю, -а́ешь. ‖ *сущ.* **зарожде́ние**, -я, *ср.*

ЗАРОДИ́ТЬСЯ (-ожу́сь, -оди́шься, 1 и 2 л. не употр.), -оди́тся; *сов.* 1. Возникнув, начать жить, существовать. 2. *перен.* О чувствах, мыслях: возникнуть, появиться. *Зародилась идея.* ‖ *несов.* **зарожда́ться** (-а́юсь, -а́ешься, 1 и 2 л. не употр.), -а́ется. ‖ *сущ.* **зарожде́ние**, -я, *ср.*

ЗАРО́ДЫШ, -а, *м.* 1. У человека и животных, а также у высших семенных растений: организм на ранней ступени развития, живущий за счёт материнского организма либо питательных веществ в яйцеклетке. 2. *перен.* Первое появление, зачаточное состояние чего-н. *Подавить дурную привычку в зародыше.* ‖ *прил.* **заро́дышевый**, -ая, -ое (к 1 знач.). *Зародышевые оболочки.*

ЗАРОЗОВЕ́ТЬ (-е́ю, -е́ешь, 1 и 2 л. не употр.), -е́ет; *сов.* Начать розоветь (во 2 знач.). *Щёки зарозовели. Зарозовела заря.*

ЗАРО́К, -а, *м.* Клятвенное обещание не делать чего-н. *Дать з. Взять з. с кого-н.* ‖ *прил.* **заро́чный**, -ая, -ое (устар.).

ЗАРОНИ́ТЬ, -оню́, -о́нишь; -о́ненный *и* -онённый (-ён, -ена́); *сов., что* 1. По неосторожности дать попасть, проникнуть куда-н. (обычно об искре, огне). *З. искру в сено. Солнце заронило луч в ущелье* (перен.). 2. *перен.* Вызвать в ком-н. какое-н. чувство. *З. в душу сомнения. З. надежду в ком-н.*

ЗА́РОСЛЬ, -и, *ж. собир.* и **ЗА́РОСЛИ**, -ей. Частый кустарник, к-рым заросло какое-н. место. *З. орешника.* ‖ *прил.* **за́рослевый**, -ая, -ое.

ЗАРПЛА́ТА, -ы, *ж.* (разг.). Сокращение: заработная плата. *Получить зарплату. Тринадцатая з.* (премия по итогам работы за год). *Сегодня з.* (т. е. выдача заработной платы).

ЗАРУБЕ́ЖНЫЙ, -ая, -ое. Находящийся за рубежом, заграничный. *Зарубежные страны. Зарубежные гости.*

ЗАРУБЕ́ЖЬЕ, -я, *ср.* 1. Зарубежные страны. *Ближнее з.* (бывшие союзные республики СССР). *Дальнее з.* (все другие зарубежные страны). 2. *собир.* Эмигранты, их жизнь и культура (обычно о русских эмигрантах — деятелях искусства и науки). *Русское з. Литература зарубежья.*

ЗАРУБИ́ТЬ, -ублю́, -у́бишь; -у́бленный; *сов.* 1. *кого (что).* Убить саблей, шашкой, топором. 2. *что.* Сделать рубящим орудием выемку в чём-н., на чём-н. *З. бревно.* ✦ **Заруби себе на носу или на лбу** (разг.) — крепко запомни на будущее. ‖ *несов.* **заруба́ть**, -а́ю, -а́ешь. ‖ *сущ.* **зару́бка**, -и, *ж.* (ко 2 знач.). ‖ *прил.* **зару́бочный**, -ая, -ое (ко 2 знач.).

ЗАРУ́БКА, -и, *ж.* 1. *см.* зарубить. 2. Отметка рубящим орудием на чём-н. *З. на дереве. З. в памяти* (перен.: о том, что запомнилось крепко и надолго). ‖ *прил.* **зару́бковый**, -ая, -ое.

ЗАРУБЦЕВА́ТЬСЯ *см.* рубцеваться.

ЗАРУБЦО́ВЫВАТЬСЯ (-аюсь, -аешься, 1 и 2 л. не употр.), -ается; *несов.* То же, что рубцеваться. *Рана зарубцовывается.*

ЗАРУМЯ́НИТЬ, -СЯ *см.* румянить, -ся.

ЗАРУЧИ́ТЬСЯ, -чу́сь, -чи́шься; *сов., чем.* Заблаговременно обеспечить себе чью-н. помощь, поддержку. *З. согласием.* ‖ *несов.* **заруча́ться**, -а́юсь, -а́ешься.

ЗАРУ́ЧКА, -и, *ж.* (прост.). Возможность получить помощь, содействие в каком-н. деле со стороны кого-н. *Иметь заручку где-н. Есть з. у кого-н.*

ЗАРЫ́БИТЬ, -блю, -бишь; -бленный; *сов., что* (спец.). Населить (водоём) рыбой. ‖ *несов.* **зарыбля́ть**, -я́ю, -я́ешь. ‖ *сущ.* **зары́бление**, -я, *ср. З. прудов.*

ЗАРЫВА́ТЬСЯ[1] *см.* зарваться.

ЗАРЫВА́ТЬСЯ[2] *см.* зарыться.

ЗАРЫДА́ТЬ, -а́ю, -а́ешь; *сов.* Начать рыдать.

ЗАРЫСИ́ТЬ, 1 л. не употр., -си́шь; *сов.* (разг.). Поехать, побежать рысью. *Лошадка зарысила по дороге.*

ЗАРЫ́ТЬ, -ро́ю, -ро́ешь; -ы́тый; *сов., кого-что.* То же, что закопать. ‖ *несов.* **зарыва́ть**, -а́ю, -а́ешь.

ЗАРЫ́ТЬСЯ, -ро́юсь, -ро́ешься; *сов.* То же, что закопаться (во 2 знач.). *З. в землю, в снег. З. в книги, в работу* (перен.: целиком отдаться чтению, работе). ‖ *несов.* **зарыва́ться**, -а́юсь, -а́ешься.

ЗАРЯ́, -и́, *вин.* зарю́ *и* (устар.) зо́рю, *мн.* зо́ри, зорь, зо́рям *и* (устар.) заря́м, *ж.* 1. Яркое освещение горизонта перед восходом или после захода солнца. *З. занимается* (утренняя). *Вечерняя з. От зари до зари* (целую ночь или целый день; разг.). *Ни свет ни з.* (очень рано утром; разг.). *Встать с зарёй* (очень рано). 2. *перен.* Зарождение чего-н. нового, радостного. *На заре жизни. З. свободы.* 3. Утренний или вечерний военный сигнал, исполняемый оркестром или горнистом, трубачом, барабанщиком. *Играть зарю (зорю). Бить зорю.* ‖ *уменьш.* **зо́ренька**, -и, *ж.* (к 1 знач.) *и* **зо́рька**, -и, *ж.* (к 1 знач.). ‖ *прил.* **зарево́й**, -а́я, -о́е (к 1 знач.). *З. закат.*

ЗАРЯБИ́ТЬ (-блю́, -би́шь, 1 и 2 л. не употр.), -би́т; *сов.* Начать рябить. *Ветер зарябил воду. Зарябило* (безл.) *в глазах.*

ЗАРЯ́Д, -а, *м.* 1. Количество взрывчатого вещества, необходимое для взрыва, выстрела и содержащееся в соответствующем устройстве в специальном вместилище. *З. взрывчатки. Пороховой з. З. энергии* (также перен.: о скопившейся в ком-н. энергии). 2. Количество электричества, содержащееся в данном теле. *Электрический з.* (величина, определяющая интенсивность электромагнитного взаимодействия заряженных частиц). ✦ **Снежный заряд** — внезапный и сильный снегопад. ‖ *прил.* **заря́дный**, -ая, -ое *и* **заря́довый**, -ая, -ое (ко 2 знач.; спец.). *Зарядное устройство* (в электротехнике). *Зарядный ящик* (повозка для снарядов; устар.).

ЗАРЯДИ́ТЬ[1], -яжу́, -яди́шь *и* -я́дишь; -яжённый (-ён, -ена́) *и* -я́женный; *сов., что.* 1. Вложить заряд (в 1 знач.), патрон во что-н. *З. ружьё. З. орудие.* 2. Сообщить чему-н. заряд (во 2 знач.). *З. электрическую батарею. Заряженные частицы* (элементарные частицы, несущие отрицательный или положительный заряд; спец.). 3. Снабдить чем-н., сделать готовым к действию. *З. огнетушитель. З. фотоаппарат.* ‖ *несов.* **заряжа́ть**, -а́ю, -а́ешь. ‖ *сущ.* **заряжа́ние**, -я, *ср. и* **заря́дка**, -и, *ж.*

ЗАРЯДИ́ТЬ[2], -яжу́, -яди́шь; *сов., что* (разг.). Повторяясь, производить одно и то же действие. *Зарядил одно и то же* (говорит, повторяя одно и то же). *Дождь зарядил* (начал идти не переставая).

ЗАРЯДИ́ТЬСЯ, -яжу́сь, -яди́шься *и* -я́дишься; *сов.* 1. (1 и 2 л. не употр.). Стать заряжённым. 2. *перен.* Приобрести некрый запас энергии, подбодрить себя чем-н. (разг.). *З. на дорогу.* ‖ *несов.* **заряжа́ться**, -а́юсь, -а́ешься. ‖ *сущ.* **заря́дка**, -и, *ж.*

ЗАРЯ́ДКА, -и, *ж.* 1. *см.* зарядить[1], -ся. 2. Совокупность оздоровительных гимнастических упражнений. *Утренняя з. Делать зарядку. На зарядку становись!* (команда).

ЗАРЯ́НКА, -и, *ж.* Небольшая кустарниковая певчая птица сем. дроздовых с землисто-бурым оперением на спине и рыжим на груди и горле. ‖ *прил.* **заря́нковый**, -ая, -ое.

ЗАСА́ДА, -ы, *ж.* 1. Скрытое расположение кого-н. с целью неожиданного нападения. *Засесть в засаду. Выйти из засады. Танк в засаде.* 2. Военный отряд, так расположенный. *Сильная з.* ‖ *прил.* **заса́дный**, -ая, -ое.

ЗАСАДИ́ТЬ, -ажу́, -а́дишь; -а́женный; *сов.* 1. *что.* Сажая растения, занять ими какой-н. участок земли. *З. клумбу цветами.* 2. *кого (что).* Заставить безвыходно сидеть где-н., заключить куда-н. (разг.). *З. зверя в клетку.* 3. *кого (что) за что.* Заставить длительно заниматься чем-н. (разг.). *З. за чтение. З. за работу.* 4. *кого (что).* Надолго посадить в тюрьму (прост., обычно неодобр.). *Засадили на 10 лет.* 5. Глубоко воткнуть (разг.). *З. топор в бревно.* ‖ *несов.* **заса́живать**, -аю, -аешь.

ЗАСА́ЖИВАТЬСЯ *см.* засесть.

ЗАСА́ЛИВАТЬ[1], -аю, -аешь; *несов., что.* То же, что солить (во 2 знач.). *З. огурцы.*

ЗАСА́ЛИВАТЬ[2] *см.* засалить.

ЗАСА́ЛИТЬ, -лю, -лишь; -ленный; *сов., кого-что.* Запачкать чем-н. жирным, сальным. *З. рукава.* ‖ *несов.* **заса́ливать**, -аю, -аешь.

ЗАСА́ЛИТЬСЯ, -люсь, -лишься; *сов.* Запачкаться чем-н. жирным, сальным. *Фартук засалился.* ‖ *несов.* **заса́ливаться**, -аюсь, -аешься.

ЗАСА́СЫВАТЬ *см.* засосать.

ЗАСА́ХАРИТЬ, -рю, -ришь; -ренный; *сов., что.* Покрыть затвердевающим слоем сахарного сиропа. *З. фрукты.* ‖ *несов.* **заса́харивать**, -аю, -аешь.

ЗАСА́ХАРИТЬСЯ (-рюсь, -ришься, 1 и 2 л. не употр.), -рится; *сов.* Густея, превратиться в сахаристые комки; покрыться затвердевшим слоем сахарного спирта. *Варенье засахарилось. Фрукты засахарились.* ‖ *несов.* **заса́хариваться** (-аюсь, -аешься, 1 и 2 л. не употр.), -ается.

ЗАСВЕРКА́ТЬ, -а́ю, -а́ешь; *сов.* Начать сверкать. *Засверкали молнии. Глаза засверкали от радости.*

ЗАСВЕТИ́ТЬ[1], -вечу́, -ве́тишь; *сов.* 1. *что.* Зажечь для освещения (разг.). *З. фонарик.* 2. Сильно ударить (прост.). *З. кулаком.*

ЗАСВЕТИ́ТЬ[2], -вечу́, -ве́тишь; -ве́ченный; *сов., что.* Испортить (светочувствительную плёнку), не предохранив от действия света. ‖ *несов.* **засве́чивать**, -аю, -аешь.

ЗАСВЕТИ́ТЬСЯ (-вечу́сь, -ве́тишься, 1 и 2 л. не употр.), -ве́тится; *сов.* Начать светиться. *В доме засветилось окно. Глаза засветились радостью.*

ЗА́СВЕТЛО, *нареч.* Пока ещё светло, не стемнело. *Выехать з.*

ЗАСВИДЕ́ТЕЛЬСТВОВАТЬ *см.* свидетельствовать.

ЗАСЕВА́ТЬ *см.* засеять.

ЗАСЕДА́НИЕ, -я, *ср.* Собрание членов какой-н. организации для обсуждения чего-н. *З. профкома. З. редколлегии. Быть на заседании. Уйти с заседания.*

ЗАСЕДА́ТЕЛЬ, -я, *м.* (устар.). Выборное должностное лицо, участвующее в работе какого-н. учреждения. ✦ **Народный заседатель** — лицо, избранное для участия в рассмотрении судебных дел первой инстанции. ‖ *прил.* **заседа́тельский**, -ая, -ое.

ЗАСЕДА́ТЬ, -аю, -аешь; *несов.* Обсуждать какие-н. вопросы на заседании, участвовать в заседании. *Профком заседает.* ‖ *прил.* **заседа́тельский**, -ая, -ое. *Заседательская суетня* (об обилии заседаний; неодобр.).

ЗАСЕ́КА, -и и **ЗА́СЕКА**, -и, *ж.* Преграда из срубленных и наваленных крест-накрест деревьев. ‖ *прил.* **засе́чный**, -ая, -ое.

ЗАСЕКРЕ́ТИТЬ, -е́чу, -е́тишь; -е́ченный; *сов.* **1.** *что.* Сделать секретным, недоступным для посторонних. *З. документы.* **2.** *кого (что).* Допустить к секретным работам. *З. работника.* ‖ *несов.* **засекре́чивать**, -аю, -аешь.

ЗАСЕЛИ́ТЬ, -лю́, -ли́шь *и* (разг.) -е́лишь; -лённый (-ён, -ена́); *сов., что.* Поселившись или поселив кого-н. где-н., занять, населить целиком. *З. новый дом.* ‖ *несов.* **заселя́ть**, -я́ю, -я́ешь. ‖ *сущ.* **заселе́ние**, -я, *ср.*

ЗАСЕ́СТЬ, -ся́ду, -ся́дешь; -е́л, -е́ла; -е́вший; -е́в; *сов.* **1.** Надолго расположиться где-н. *З. дома.* **2.** *за что и с неопр.* Сесть надолго, взявшись за какое-н. занятие. *З. за книги. З. писать.* **3.** Скрытно расположиться где-н. *З. в засаду.* **4.** (1 и 2 л. не употр.), *в чём.* Попав глубоко, застрять. *Пуля засела в лёгком. Засела мысль в голове* (перен.). ‖ *несов.* **заса́живаться**, -аюсь, -аешься (ко 2 знач.).

ЗАСЕ́ЧКА, -и, *ж.* **1.** *см.* засечь[1]. **2.** То же, что зарубка (во 2 знач.). *З. на дереве.* **3.** Рана на ноге у лошади, образовавшаяся от удара одной ноги о другую (спец.).

ЗАСЕ́ЧЬ[1], -еку́, -ечёшь, -еку́т; -ёк *и* -ёк, -екла́; -еки́; -ёкший *и* -ёкший; -чённый (-ён, -ена́) *и* -ченный; -ёкши *и* -ёкши; *сов., что.* **1.** Сделать зарубку на чём-н. *З. дерево.* **2.** Отметить момент чего-н., а также определить точку, местоположение чего-н. *З. время отлёта. З. батарею противника.* **3.** (1 и 2 л. не употр.). О лошади: на ходу ранить одной ногой другую (спец.). *Лошадь засекла ногу.* ‖ *несов.* **засека́ть**, -а́ю, -а́ешь. ‖ *возвр.* **засе́чься**, -чётся (к 3 знач.); *несов.* **засека́ться**, -а́ется (к 3 знач.). ‖ *сущ.* **засе́чка**, -и, *ж.*

ЗАСЕ́ЧЬ[2], -еку́, -ечёшь, -еку́т; -ёк *и* -ёк, -екла́ *и* -ёкла; -ёкший *и* -ёкший; -чённый (-ён, -ена́) *и* -ченный; -ёкши и -ёкши; *сов., кого (что).* Лишить жизни (сечением). *З. насмерть.* ‖ *несов.* **засека́ть**, -а́ю, -а́ешь.

ЗАСЕ́ЯТЬ, -е́ю, -е́ешь; -янный; *сов., что.* Занять под посев (какой-н. участок). *З. поле овсом.* ‖ *несов.* **засева́ть**, -а́ю, -а́ешь *и* **засе́ивать**, -аю, -аешь. ‖ *сущ.* **засева́ние**, -я, *ср.*, **засе́ивание**, -я, *ср. и* **засе́в**, -а, *м.*

ЗАСИДЕ́ТЬ (-ижу́, -иди́шь, 1 и 2 л. не употр.), -иди́т; -и́женный; *сов., что.* О птицах, насекомых: запачкать своими испражнениями, выделениями. *Мухи засидели стёкла.* ‖ *несов.* **заси́живать** (-аю, -аешь, 1 и 2 л. не употр.), -ает.

ЗАСИДЕ́ТЬСЯ, -ижу́сь, -иди́шься; *сов.* Просидеть, пробыть где-н. слишком долго. *З. в гостях. З. за работой, за книгой.* ‖ *несов.* **заси́живаться**, -аюсь, -аешься.

ЗАСИЛОСОВА́ТЬ *см.* силосовать.

ЗАСИ́ЛЬЕ, -я, *ср., кого-чего.* Вредное подавляющее влияние кого-чего-н. на ход жизни, дел. *З. обывательщины.*

ЗАСИ́М, *нареч.* (устар. и ирон.). Затем (в 1 знач.), далее, дальше. *З. следуют подписи...*

ЗАСИНЕ́ТЬ (-е́ю, -е́ешь, 1 и 2 л. не употр.), -е́ет; *сов.* Начать синеть (во 2 знач.). *Во ржи засинели васильки.*

ЗАСИНИ́ТЬ, -ню́, -ни́шь; -нённый (-ён, -ена́); *сов., что.* **1.** Слишком сильно подсинить. *З. бельё.* **2.** Покрыть сплошь синей краской (спец.). ‖ *несов.* **заси́нивать**, -аю, -аешь.

ЗАСИЯ́ТЬ, -я́ю, -я́ешь; *сов.* Начать сиять. *Засияли звёзды. Лицо засияло от радости.*

ЗАСКИРДОВА́ТЬ *см.* скирдовать.

ЗАСКО́К, -а, *м.* (разг.). Крайность, странность в поведении, в мыслях. *Человек с заскоком. Заскоки в рассуждениях.*

ЗАСКОРУ́ЗЛЫЙ, -ая, -ое; -у́зл (разг.). **1.** Шершавый, загрубевший. *Заскорузлая кожа.* **2.** *перен.* Отсталый, неразвитой, закоснелый. *З. ум.* ‖ *сущ.* **заскору́злость**, -и, *ж.*

ЗАСКОРУ́ЗНУТЬ, -ну, -нешь; -у́з, -у́зла; *сов.* (разг.). Стать заскорузлым. *Пальцы заскорузли. З. в невежестве.*

ЗАСКОЧИ́ТЬ, -очу́, -о́чишь; *сов.* **1.** Скача, забраться, проникнуть куда-н. (разг.). *Заяц заскочил в огород.* **2.** Зайти куда-н. по пути, ненадолго (прост.). *З. к приятелю. З. в магазин.* ‖ *несов.* **заска́кивать**, -аю, -аешь.

ЗАСКРЕЖЕТА́ТЬ, -жещу́, -же́щешь; *сов.* Начать скрежетать. *Железо заскрежетало. З. зубами.*

ЗАСКУЧА́ТЬ, -а́ю, -а́ешь; *сов.* Начать скучать. *З. по дому, по родным.*

ЗАСЛА́ТЬ, зашлю́, зашлёшь; за́сланный; *сов., кого-что.* **1.** Отослать далеко или не туда, куда следует. *З. в глубину. З. письмо не по адресу.* **2.** Послать с какой-н. скрытой, тайной целью, а также (устар.) вообще послать с какой-н. целью. *З. шпиона, диверсанта. З. сватов.* ‖ *несов.* **засыла́ть**, -а́ю, -а́ешь. ‖ *сущ.* **засы́лка**, -и, *ж.*

ЗАСЛЕДИ́ТЬ, -ежу́, -еди́шь; -е́женный; *сов., что* (разг.). Запачкать следами ног. *З. пол.* ‖ *несов.* **засле́живать**, -аю, -аешь.

ЗАСЛО́Н, -а, *м.* **1.** Защищающее устройство, преграда. *З. от ветра, от дождя. Устроить з.* **2.** То же, что прикрытие (в 3 знач.). *Выставить з.* **3.** *перен., кому-чему.* Противодействие, препятствие. *З. браконьерам. З. расточительству.* ‖ *прил.* **засло́нный**, -ая, -ое (к 1 и 2 знач.).

ЗАСЛОНИ́ТЬ, -оню́, -они́шь *и* -о́нишь; -нённый (-ён, -ена́); *сов., кого-что.* **1.** Закрыв, сделать невидимым, недоступным. *З. свет.* **2.** Закрыть с целью защиты. *З. собой командира. З. лицо рукой.* **3.** *перен.* Оттеснить, заменить собой. *Новое чувство заслонило прежние переживания.* ‖ *несов.* **заслоня́ть**, -я́ю, -я́ешь. ‖ *возвр.* **заслони́ться**, -оню́сь, -они́шься *и* -о́нишься (ко 2 знач.); *несов.* **заслоня́ться**, -я́юсь, -я́ешься (ко 2 знач.).

ЗАСЛО́НКА, -и, *ж.* Железный лист с ручкой, закрывающий входное отверстие печи, а также вообще приспособление для закрывания отверстий. *З. русской печи.* ‖ *прил.* **засло́ночный**, -ая, -ое.

ЗАСЛУ́ГА, -и, *ж.* Общепризнанная полезность чьих-н. поступков, деятельности, а также сами такие поступки, деятельность. *З. перед родиной. У этого человека много заслуг.* ◆ **По заслугам** — 1) соответственно заслугам. *Наградить по заслугам;* 2) так, как заслуживает чей-н. проступок. *Наказать по заслугам. Получить по заслугам.*

ЗАСЛУ́ЖЕННЫЙ, -ая, -ое; -ен. **1.** *полн. ф.* Имеющий большие заслуги. *З. учёный. З. артист республики, з. деятель науки, искусств, з. учитель, з. мастер спорта* (почётные звания). **2.** Получаемый по заслугам. *З. упрёк. Уйти на з. отдых* (на пенсию). ‖ *сущ.* **заслу́женность**, -и, *ж.* (ко 2 знач.).

ЗАСЛУЖИ́ТЬ, -ужу́, -у́жишь; -у́женный; *сов., что.* **1.** Своей деятельностью, действиями стать достойным или добиться чего-н. *З. награду З. доверие. Не заслуживает прощения кто-что-н.* (не может быть прощён). **2.** Выслужить, приобрести за работу. *З. звание.* ‖ *несов.* **заслу́живать**, -аю, -аешь.

ЗАСЛУ́ШАТЬ, -аю, -аешь; -анный; *сов., кого-что.* (офиц.). Выслушать (то, что оглашается публично). *З. отчёт, сообщение. З. докладчика.* ‖ *несов.* **заслу́шивать**, -аю, -аешь.

ЗАСЛУ́ШАТЬСЯ, -аюсь, -аешься; *сов., чем.* Увлечься, слушая кого-что-н. *З. рассказами.* ‖ *несов.* **заслу́шиваться**, -аюсь, -аешься.

ЗАСЛЫ́ШАТЬ, -шу, -шишь; -анный; *сов.* (прост.). **1.** *что.* Уловить слухом, а также обонянием. *З. песню. З. запах.* **2.** *о ком-чём и с союзом «что».* Получить какие-н. сведения, услышать.

ЗАСЛЮНИ́ТЬ *см.* слюнить.

ЗАСЛЮНЯ́ВИТЬ *см.* слюнявить.

ЗАСМА́ТРИВАТЬ, -аю, -аешь; *несов., во что* (разг.). Смотреть куда-н. с целью разглядеть, узнать что-н. *З. в окна. З. в глаза кому-н.* (льстиво, заискивающе).

ЗАСМА́ТРИВАТЬСЯ, *см.* засмотреться.

ЗАСМЕЯ́ТЬ, -ею́, -еёшь; -е́янный; *сов., кого (что)* (разг.). Высмеять, осыпать насмешками. ‖ *несов.* **засме́ивать**, -аю, -аешь.

ЗАСМЕЯ́ТЬСЯ, -ею́сь, -еёшься; *сов.* Начать смеяться (в 1 знач.). *Весело з.*

ЗАСМОЛИ́ТЬ, -лю́, -ли́шь; -лённый (-ён, -ена́); *сов., что.* **1.** Залив смолой, сделать непроницаемым. *З. дно лодки.* **2.** Запачкать смолой. *З. руки.* ‖ *несов.* **засма́ливать**, -аю, -аешь (к 1 знач.).

ЗАСМОРКА́ТЬ, -а́ю, -а́ешь; -о́рканный; *сов., что* (прост.). Запачкать, сморкаясь. *З. платок.* ‖ *несов.* **засма́ркивать**, -аю, -аешь.

ЗАСМОТРЕ́ТЬСЯ, -отрю́сь, -о́тришься; *сов., на кого-что.* Увлечься, рассматривая кого-что-н., любуясь кем-чем-н. ‖ *несов.* **засма́триваться**, -аюсь, -аешься.

ЗАСНЕ́ЖЕННЫЙ, -ая, -ое; -ен, -ена и **ЗАСНЕЖЁННЫЙ**, -ая, -ое; -ён, -ена́. Занесённый снегом. *Заснеженные поля.* ‖ *сущ.* **засне́женность**, -и, *ж. и* **заснежённость**, -и, *ж.*

ЗАСНУ́ТЬ, -ну́, -нёшь; *сов.* **1.** Погрузиться в сон. *Крепко з. З. вечным сном* (перен.: умереть; высок.). **2.** (1 и 2 л. не употр.). О рыбе: перестать дышать, издохнуть. ‖ *несов.* **засыпа́ть**, -а́ю, -а́ешь.

ЗАСНЯ́ТЫЙ, -ая, -ое; -я́т, -ята́, -я́то. О негативе, светочувствительной плёнке: использованный, бывший в употреблении. *Заснятая фотоплёнка.*

ЗАСНЯ́ТЬ, -ниму́, -ни́мешь; -я́тый (-я́т, -ята́, -я́то); *сов., кого-что.* Снять фото- или киноаппаратом. *З. фильм.*

ЗАСО́В, -а, *м.* Большая дверная задвижка. *Задвинуть з. Запереть на з. Ворота на засове.* ‖ *прил.* **засо́вный**, -ая, -ое.

ЗАСО́ВЕСТИТЬСЯ, -ещусь, -естишься; *сов.* (прост.). То же, что застыдиться.

ЗАСО́ВЫВАТЬ *см.* засунуть.

ЗАСО́Л, -а, *м.* **1.** *см.* солить. **2.** Способ, качество соления продуктов. *Пряный з.*

ЗАСОЛЕ́НИЕ, -я, *ср.* (спец.). Повышение содержания минеральных солей в почве, препятствующее земледелию. *Борьба с засолением почв.*

ЗАСОЛИ́ТЬ, ЗАСО́ЛКА, ЗАСО́ЛОЧНЫЙ, ЗАСО́ЛЬНЫЙ *см.* солить.

ЗАСОРИ́ТЬ, -рю́, -ри́шь; -рённый (-ён, -ена́); *сов., что.* **1.** То же, что замусорить. *З. пол.* **2.** Загрязнить, повредить чем-н., попавшим внутрь. *З. глаза. З. желудок.* **3.** *перен.* Заполнить чем-н. ненужным, отягощающим, вредным. *З. речь вульгарными словами.* ‖ *несов.* **засоря́ть**, -я́ю, -я́ешь. ‖ *сущ.* **засоре́ние**, *-я, ср. и* **засо́р**, *-а, м.* (к 1 знач.; спец.).

ЗАСОРИ́ТЬСЯ (-рю́сь, -ри́шься, 1 и 2 л. не употр.), -ри́тся; *сов.* Стать засорённым. *Сток засорился.* ‖ *несов.* **засоря́ться** (-я́юсь, -я́ешься, 1 и 2 л. не употр.), -я́ется. ‖ *сущ.* **засоре́ние**, *-я, ср. и* **засо́р**, *-а, м.* (спец.).

ЗАСОСА́ТЬ, -осу́, -осёшь; -о́санный; *сов.* **1.** *что.* Начать сосать. *Младенец засосал грудь. З. леденец. Засосало* (безл.) *под ложечкой.* **2.** *кого (что).* Причинить кому-н. вред сосанием (разг.). *Щенята засосали матку.* **3.** (1 и 2 л. не употр.), *кого-что.* Втянуть, вобрать в себя. *Засосало* (безл.) *кого-н. в болоте. Среда засосала кого-н.* (перен.: об отупляющем влиянии какой-н. среды). ‖ *несов.* **заса́сывать**, -аю, -аешь (ко 2 и 3 знач.). ‖ *сущ.* **заса́сывание**, *-я, ср.* (ко 2 и 3 знач.) *и* **засо́с**, *-а, м.* (к 3 знач.; спец.).

ЗАСО́ХНУТЬ *см.* сохнуть.

ЗА́СПАННЫЙ, -ая, -ое; -ан, -анна. Со следами сна. *Заспанные глаза. З. вид.*

ЗАСПА́ТЬ, -плю́, -пи́шь; -а́л, -ала́, -а́ло; за́спанный; *сов.* (прост.). **1.** *что.* Забыть о чём-н. после спанья. **2.** *кого (что).* Уснув, задушить (младенца) своей грудью, телом. *Мать заспала ребёнка.*

ЗАСПА́ТЬСЯ, -плю́сь, -пи́шься; -а́лся, -ала́сь, -ало́сь *и* -а́лось; *сов.* (разг.). Проспать много, больше обычного.

ЗАСПЕШИ́ТЬ, -шу́, -ши́шь; *сов.* Начать спешить. *З. к поезду. Часы заспешили.*

ЗАСПИРТОВА́ТЬ, -ту́ю, -ту́ешь; -о́ванный; *сов., кого-что.* Положить в спирт для предохранения от разложения. *З. препараты.* ‖ *несов.* **заспирто́вывать**, -аю, -аешь.

ЗАСПО́РИТЬ, -рю, -ришь; *сов.* Начать спорить (в 1 знач.). *Собеседники заспорили.*

ЗАСПО́РИТЬСЯ (-рюсь, -ришься, 1 и 2 л. не употр.), -рится и **ЗАСПОРИ́ТЬСЯ** (-рю́сь, -ри́шься, 1 и 2 л. не употр.), -ри́тся; *сов.* (разг.) Начать спориться. *Дело заспорилось.*

ЗАСРАМИ́ТЬ, -млю́, -ми́шь; *сов., кого (что)* (прост.). Застыдить, опозорить.

ЗАСТА́ВА, -ы, *ж.* **1.** В дореволюционной России: место въезда в город, пункт контроля привозимых грузов и приезжающих. *Городская з.* **2.** Воинское подразделение, несущее охранение. *Сторожевая з.* **3.** То же, что пограничная застава (см. пограничный). *На заставе. Начальник заставы.* ‖ *прил.* **заста́вный**, -ая, -ое.

ЗАСТА́ВИТЬ[1], -влю, -вишь; -вленный; *сов., что чем.* **1.** Ставя что-н., занять всю площадь. *З. комнату мебелью.* **2.** Загородить чем-н. *З. дверь шкафом.* ‖ *несов.* **заставля́ть**, -я́ю, -я́ешь.

ЗАСТА́ВИТЬ[2], -влю, -вишь; *сов., кого (что) с неопр.* Поставить в необходимость делать что-н., принудить. *З. отвечать. Не з. себя ждать* (явиться в нужный момент, как раз вовремя). ‖ *несов.* **заставля́ть**, -я́ю, -я́ешь.

ЗАСТА́ВКА, -и, *ж.* **1.** Рисунок в ширину страницы, выделяющий начало книги, главы. **2.** Повторяющееся изображение (и музыкальное сопровождение) в начале телепередач, а также заполнение паузы в радио- и телепередачах. *Изобразительная з. Музыкальная з.* ‖ *прил.* **заста́вочный**, -ая, -ое.

ЗАСТА́ИВАТЬСЯ *см.* застояться.

ЗАСТАРЕ́ЛЫЙ, -ая, -ое; -е́л. Укоренившийся, такой, что трудно исправить, излечить. *З. предрассудок. Застарелая болезнь. З. скептик.* ‖ *сущ.* **застаре́лость**, *-и, ж.*

ЗАСТА́ТЬ, -а́ну, -а́нешь; *сов., кого-что.* Найти, увидеть в каком-н. месте, положении, состоянии; застичь. *З. кого-н. дома. З. отца в живых. З. кого-н. за работой. З. кого-н. на месте преступления.* ‖ *несов.* **застава́ть**, -таю́, -таёшь.

ЗАСТЕГНУ́ТЬ, -ну́, -нёшь; -тёгнутый; *сов., что.* Соединить, скрепить (борта, края) при помощи застёжки, застёжек. *З. пальто. З. на пуговицы, на крючки. З. молнию.* ‖ *несов.* **застёгивать**, -аю, -аешь.

ЗАСТЕГНУ́ТЬСЯ, -ну́сь, -нёшься; *сов.* Застегнуть на себе одежду. *З. на все пуговицы* (также перен.: внутренне собраться, подтянуться). ‖ *несов.* **застёгиваться**, -аюсь, -аешься.

ЗАСТЕКЛИ́ТЬ, -лю́, -ли́шь; -лённый (-ён, -ена́); *сов., что.* Вставить стёкла куда-н. *З. окна. З. веранду.* ‖ *несов.* **застекля́ть**, -я́ю, -я́ешь.

ЗАСТЕЛИ́ТЬ *см.* застлать.

ЗАСТЕНОГРАФИ́РОВАТЬ *см.* стенографировать.

ЗАСТЕ́НОК, -нка, *м.* Место пыток, тюремных истязаний. *Фашистские застенки.* ‖ *прил.* **застéночный**, -ая, -ое.

ЗАСТЕ́НЧИВЫЙ, -ая, -ое; -ив. Стыдливоробкий, смущающийся. *З. ребёнок.* ‖ *сущ.* **засте́нчивость**, *-и, ж.*

ЗАСТЕСНЯ́ТЬСЯ, -я́юсь, -я́ешься; *сов.* (разг.). Проявить застенчивость, начать стесняться.

ЗАСТЁЖКА, -и, *ж.* Приспособление для скрепления, соединения бортов одежды, краёв чего-н. (пуговицы и петли, крючки, кнопки, молнии). ‖ *прил.* **застёжечный**, -ая, -ое *и* **застёжковый**, -ая, -ое.

ЗАСТИ́ГНУТЬ *см.* застичь.

ЗАСТИЛА́ТЬ, -СЯ *см.* застлать, -ся.

ЗАСТИРА́ТЬ, -а́ю, -а́ешь; -и́ранный; *сов., что.* **1.** Очистить стиркой (часть чего-н.), отмыть. *З. рукав. З. пятно.* **2.** Испортить плохой стиркой. *Застиранное бельё.* ‖ *несов.* **заст́ирывать**, -аю, -аешь.

ЗА́СТИТЬ, за́щу, за́стишь; за́сти; *сов. и несов., что* (прост.). Заслонить (-ять), загородить (-аживать). *Отойди от окна, не засти. Дымом глаза застило* (безл.). *Зависть глаза застит* (перен.).

ЗАСТИ́ЧЬ и **ЗАСТИ́ГНУТЬ**, -и́гну, -и́гнешь; -и́г и -и́гнул, -и́гла; *сов., кого (что).* Внезапно захватить, застать. *З. врасплох. З. на месте преступления. Застигла гроза.* ‖ *несов.* **застига́ть**, -а́ю, -а́ешь.

ЗАСТЛА́ТЬ, -телю́, -те́лешь; за́стланный и **ЗАСТЕЛИ́ТЬ**, -телю́, -те́лешь; засте́ленный; *сов., что.* **1.** Расстилая, накладывая что-н., закрыть сплошь. *З. пол ковром.* **2.** (застла́ть) (1 и 2 л. не употр.). Закрыть, покрыть туманной пеленой (о чём-н. движущемся, стелющемся). *Тучи застлали небо. Слёзы застлали глаза* (заволокли). ‖ *несов.* **застила́ть**, -а́ю, -а́ешь.

ЗАСТЛА́ТЬСЯ (-телю́сь, -те́лишься, 1 и 2 л. не употр.), -те́лется; *сов.* Закрыться, покрыться чем-н. туманным, стелющимся, какой-н. пеленой. *Небо застлалось тучами. Глаза застлались слезами.* ‖ *несов.* **застила́ться** (-а́юсь, -а́ешься, 1 и 2 л. не употр.), -а́ется.

ЗАСТО́Й, -я, *м.* **1.** *см.* застояться. **2.** Остановка, задержка, неблагоприятная для развития, движения чего-н. *З. в делах.* **3.** Время замедленного развития экономики, пассивного, вялого состояния общественной жизни, мысли. ‖ *прил.* **засто́йный**, -ая, -ое. *З. период.*

ЗАСТОЛБИ́ТЬ, -блю́, -би́шь; -блённый (-ён, -ена́); *сов., что.* **1.** Поставить столб для обозначения чего-н. (границы какого-н. участка, начала каких-н. работ). *З. участок.* **2.** *перен.* Обозначить как намеченное к разработке, исполнению (разг.). *З. тему* (сделать заявку на исследование).

ЗАСТО́ЛЬЕ, -я, *род. мн.* -лий, *ср.* (разг.) и (устар.) **ЗАСТО́ЛИЦА**, -ы, *ж.* Праздничный стол, угощенье, а также (собир.) сидящие за праздничным столом. *Обильное з. Весёлое з.*

ЗАСТО́ЛЬНЫЙ, -ая, -ое. Происходящий за столом во время застолья, обеда, банкета. *З. тост. Застольные песни.*

ЗАСТОНА́ТЬ, -ону́ *и* (устар.) -на́ю, -о́нешь; *сов.* Начать стонать. *З. от боли.*

ЗАСТО́ПОРИТЬ, -СЯ *см.* стопорить, -ся.

ЗАСТОЯ́ЛЫЙ, -ая, -ое; -я́л. Долго стоявший, не бывший в движении. *З. конь. З. пруд.* ‖ *сущ.* **застоя́лость**, *-и, ж.*

ЗАСТОЯ́ТЬСЯ, -ою́сь, -ои́шься; *сов.* **1.** Простоять без движения слишком долго. *Конь застоялся.* **2.** (1 и 2 л. не употр.). Утратить нормальное состояние, испортиться от долгого пребывания в неподвижности. *Вода застоялась.* **3.** Задержаться, простояв долго на одном месте (разг.). *З. перед витриной.* ‖ *несов.* **заста́иваться**, -аюсь, -аешься. ‖ *сущ.* **засто́й**, *-я, ср.* (ко 2 знач.). *З. крови.* ‖ *прил.* **засто́йный**, -ая, -ое (ко 2 знач.). *Застойные явления в лёгких.*

ЗАСТРА́ГИВАТЬ *см.* застрогать.

ЗАСТРА́ИВАТЬ, -СЯ *см.* застроить, -ся.

ЗАСТРАХОВА́ТЬ, -СЯ *см.* страховать, -ся.

ЗАСТРАЩА́ТЬ, -а́ю, -а́ешь; *сов., кого (что)* (прост.). То же, что запугать. ‖ *несов.* **застра́щивать**, -аю, -аешь.

ЗАСТРЕВА́ТЬ *см.* застрять.

ЗАСТРЕЛИ́ТЬ, -елю́, -е́лишь; -е́ленный; *сов., кого (что).* Убить из огнестрельного оружия. *З. волка.* ‖ *несов.* **застре́ливать**, -аю, -аешь. ‖ *возвр.* **застрели́ться**, -елю́сь, -е́лишься; *несов.* **застре́ливаться**, -аюсь, -аешься.

ЗАСТРЕ́ЛЬЩИК, -а, *м.* Тот, кому принадлежит почин в каком-н. деле. *Застрельщики турпохода.* ‖ *ж.* **застре́льщица**, -ы.

ЗАСТРЕ́ХА, -и, *ж.* В крестьянских избах: нижний, свисающий край крыши, а также брус, поддерживающий нижний край крыши. *Ласточкино гнездо под застрехой.*

ЗАСТРОГА́ТЬ, -а́ю, -а́ешь; -о́ганный и **ЗАСТРУГА́ТЬ**, -а́ю, -а́ешь; -у́ганный; *сов., что.* Строгая, заострить. *З. палку.* ‖ *несов.* **застра́гивать**, -аю, -аешь *и* **застру́гивать**, -аю, -аешь.

ЗАСТРО́ИТЬ, -о́ю, -о́ишь; -о́енный; *сов., что.* Занять постройками какой-н. участок. *З. пустырь.* ‖ *несов.* **застра́ивать**, -аю, -аешь. ‖ *сущ.* **застро́йка**, *-и, ж.*

ЗАСТРО́ИТЬСЯ, -о́юсь, -о́ишься; *сов.* Стать застроенным, а также осуществить застройку. *Пустырь застроился. Город застроился.* ‖ *несов.* **застра́иваться**, -аюсь, -аешься.

ЗАСТРО́ЙЩИК, -а, *м.* Тот, кто строит или построил для себя дом, строение на отведённом участке. *Коллектив застройщиков. Завод-з.* ‖ *ж.* **застро́йщица**, -ы.

ЗАСТРОЧИ́ТЬ, -очу́, -очи́шь *и* -о́чишь; -о́ченный; *сов.* **1.** *что.* Убавив, зашить (на швейной машине). **2.** Начать строчить. *З. на машинке. Застрочил пулемёт.* ‖ *несов.* **застра́чивать**, -аю, -аешь (к 1 знач.).

ЗАСТРУ́ГА, -и и **ЗА́СТРУГА**, -и, *ж.* Наметённый ветром длинный и узкий снежный вал. *Снежные заструги.*

ЗАСТРУГА́ТЬ и **ЗАСТРУ́ГИВАТЬ** *см.* застрогать.

ЗАСТРЯ´ТЬ, -я́ну, -я́нешь; *сов.* **1.** Плотно войти, попасть во что-н. так, что трудно вынуть, высвободить. *З. в грязи. Пуля застряла в мышце.* **2.** *перен.* Задержаться, оставшись надолго где-н. (разг.). *З. в гостях.* ‖ *несов.* застрева́ть, -а́ю, -а́ешь. *Слова в горле застревают* (перен.: трудно говорить от волнения, смущения).

ЗАСТУДЕНЕ´ТЬ *см.* студенеть.

ЗАСТУДИ´ТЬ, -ужу́, -у́дишь; -у́женный; *сов., кого-что* (разг.). Озябнув, простудить; сильно остудить. *З. горло. З. ноги.* ‖ *несов.* **засту́живать**, -аю, -аешь. ‖ *возвр.* **застуди́ться**, -ужу́сь, -у́дишься; *несов.* **засту́живаться**, -аюсь, -аешься.

ЗАСТУ´КАТЬ, -аю, -аешь; *сов., кого (что)* (прост.). Застичь, застать на месте преступления. ‖ *несов.* **засту́кивать**, -аю, -аешь.

ЗА´СТУП, -а, *м.* Большая металлическая лопата для земляных работ. ‖ *прил.* **за́ступный**, -ая, -ое.

ЗАСТУПИ´ТЬ, -уплю́, -у́пишь; *сов.* **1.** *кого-что.* Заменить, заместить (устар. и прост.). *З. место отца сироте.* **2.** *на что.* Сменив кого-н., приступить к работе (разг.). *З. на пост. З. на вахту. З. на ночное дежурство. Постовой только что заступил.* ‖ *несов.* **заступа́ть**, -а́ю, -а́ешь.

ЗАСТУПИ´ТЬСЯ, -уплю́сь, -у́пишься; *сов., за кого-что.* Защитить кого-н. *З. за обиженного.* ‖ *несов.* **заступа́ться**, -а́юсь, -а́ешься. ‖ *сущ.* **засту́па**, -ы, *ж.* (устар. прост.).

ЗАСТУ´ПНИК, -а, *м.* Тот, кто заступается, выступает в защиту кого-н. ‖ *ж.* **засту́пница**, -ы. ‖ *прил.* **засту́пнический**, -ая, -ое.

ЗАСТУ´ПНИЧЕСТВО, -а, *ср.* Защита, покровительство. *Просить, искать заступничества у кого-н.* ‖ *прил.* **засту́пнический**, -ая, -ое.

ЗАСТЫДИ´ТЬ, -ыжу́, -ыди́шь; -ыжённый (-ён, -ена́); *сов., кого (что)* (разг.). Укоряя или уличая в чём-н., заставить испытать стыд. *З. лодыря.*

ЗАСТЫДИ´ТЬСЯ, -ыжу́сь, -ыди́шься; *сов.* (разг.). Почувствовать смущение, стыд.

ЗАСТЫ´ТЬ *и* **ЗАСТЫ´НУТЬ**, -ы́ну, -ы́нешь; -ы́л, -ы́ла; -ы́нь; -ы́вший; *сов.* **1.** (1 и 2 л. не употр.). Сгуститься, отвердеть от охлаждения, холода. *Клей застыл. Цемент застыл.* **2.** (1 и 2 л. не употр.). О воде: превратиться в лёд (разг.). *Вода в ведре застыла.* **3.** Сильно озябнуть (разг.). *Руки на морозе застыли.* **4.** (1 и 2 л. не употр.). О трупе: стать холодным, окоченеть. **5.** *перен.* То же, что замереть (в 1 знач.). *З. в восхищении.* ‖ *несов.* **застыва́ть**, -а́ю, -а́ешь. ‖ *сущ.* **застыва́ние**, -я, *ср.* (к 1, 2 и 4 знач.).

ЗАСУДИ´ТЬ, -ужу́, -у́дишь; -у́женный; *сов., кого (что)* (прост.). Обвинить по суду. ‖ *несов.* **засу́живать**, -аю, -аешь.

ЗАСУЕТИ´ТЬСЯ, -ечу́сь, -ети́шься; *сов.* Начать суетиться.

ЗАСУ´НУТЬ, -ну, -нешь; -утый; *сов., что.* Сунув, спрятать, положить куда-н. *З. бумаги в стол. З. руки в карманы.* ‖ *несов.* **засо́вывать**, -аю, -аешь.

ЗАСУПО´НИТЬ, -ню, -нишь; -ненный; *сов., кого-что.* Стянуть супонь у хомута при запряжке лошади. ‖ *несов.* **засупо́нивать**, -аю, -аешь.

ЗАСУ´СЛИТЬ *см.* суслить.

ЗАСУСО´ЛИТЬ *см.* сусолить.

ЗА´СУХА, -и, *ж.* Длительное отсутствие дождей, приводящее к высыханию почвы и гибели растительности. *Стоит з.*

ЗАСУХОУСТО´ЙЧИВЫЙ, -ая, -ое; -ив. О растениях: выдерживающий засуху. *Засухоустойчивые сорта.* ‖ *сущ.* **засухоусто́йчивость**, -и, *ж.*

ЗАСУЧИ´ТЬ, -учу́, -у́чишь *и* -учи́шь; -у́ченный; *сов., что.* Завернуть кверху (рукав, штанину). *З. рукава* (также перен.: энергично приняться за дело). ‖ *несов.* **засу́чивать**, -аю, -аешь.

ЗАСУШИ´ТЬ, -ушу́, -у́шишь; -у́шенный; *сов., кого-что.* Сделать сухим, высушить. *З. цветок. Горе её засушило* (перен.). ‖ *несов.* **засу́шивать**, -аю, -аешь.

ЗАСУ´ШЛИВЫЙ, -ая, -ое; -ив. Сопровождающийся засухой, страдающий от засухи. *Засушливое лето. З. район.* ‖ *сущ.* **засу́шливость**, -и, *ж.*

ЗАСЧИТА´ТЬ, -а́ю, -а́ешь; -и́танный; *сов., что.* Зачесть (в 1 знач.); счесть чем-н. *З. в счёт долга. З. рекорд, поражение.* ‖ *несов.* **засчи́тывать**, -аю, -аешь.

ЗАСЫЛА´ТЬ, ЗАСЫ´ЛКА *см.* заслать.

ЗАСЫ´ПАТЬ, -плю, -плешь *и* (разг.) -пешь, -пет, -пем, -пете, -пят; -ы́пь; -анный; *сов.* **1.** *что.* Заполнить доверху чем-н. сыпучим. *З. яму.* **2.** *кого-что.* Покрыть слоем чего-н. сыпучего. *З. стол мукой. З. вопросами* (перен.: задать много вопросов). **3.** *что и чего.* Насыпать куда-н. в нек-ром количестве. *З. крупу в суп. З. хлеб в закрома.* **4.** *кого (что).* Провалить на экзамене (разг.). ‖ *несов.* **засыпа́ть**, -а́ю, -а́ешь. ‖ *сущ.* **засыпа́ние**, -я, *ср.* (к 1, 2 и 3 знач.) *и* **засы́пка**, -и, *ж.* (к 1, 2, 3 и прост. к 4 знач.). *Засыпка котлована. Засыпка зерна. Вопрос на засыпку* (специально такой, чтобы отвечающий ошибся или не смог ответить).

ЗАСЫПА´ТЬ[1-2] *см.* засы́пать *и* заснуть.

ЗАСЫ´ПАТЬСЯ, -плюсь, -плешься *и* (разг.) -пешься, -пется, -пемся, -петесь, -пятся; -ы́пься; *сов.* **1.** (1 и 2 л. не употр.). О сыпучем: попасть куда-н. внутрь, за что-н. *Песок засыпался в туфли.* **2.** Покрыться, наполниться чем-н. сыпучим. *З. до краёв.* **3.** То же, что провалиться (в 3 знач.) (разг.). *З. на экзамене.* **4.** Попасться, оказаться уличённым в чём-н. (прост.). *З. на краже материалов. На пустяке засыпался.* ‖ *несов.* **засыпа́ться**, -а́юсь, -а́ешься.

ЗАСЫХА´ТЬ, -а́ю, -а́ешь; *несов.* То же, что сохнуть (во 2 знач.). *Цветы засыхают.*

ЗАТАВРИ´ТЬ *см.* таврить.

ЗАТАИ´ТЬ, -аю́, -аи́шь; -аённый (-ён, -ена́); *сов., что.* Скрыв от других (какое-н. чувство), сохранить в душе. *З. злобу. З. обиду. Затаённая мечта* (заветная). ✦ **Затаить дыхание** — задержать дыхание (напряжённо вслушиваясь, притаившись, испугавшись). ‖ *несов.* **зата́ивать**, -аю, -аешь.

ЗАТА´ЛКИВАТЬ *см.* затолкать, затолкнуть.

ЗАТА´ПЛИВАТЬ, -СЯ *см.* затопить[1], -ся.

ЗАТА´ПТЫВАТЬ *см.* затоптать.

ЗАТА´СКАННЫЙ, -ая, -ое; -ан. То же, что избитый. *Затасканная острота. Затасканное выражение.* ‖ *сущ.* **зата́сканность**, -и, *ж.*

ЗАТАСКА´ТЬ, -а́ю, -а́ешь; -а́сканный; *сов.* (разг.). **1.** *что.* Истрепать в но́ске. *З. одежду. Затасканный пиджак.* **2.** *перен., что.* Часто повторяя, сделать банальным, избитым. *З. рассказ, тему.* **3.** *кого (что).* Измучить, таская из одного места в другое. *З. по гостям.* ‖ *несов.* **зата́скивать**, -аю, -аешь (к 1 и 2 знач.).

ЗАТАСКА´ТЬСЯ, -а́юсь, -а́ешься; *сов.* **1.** (1 и 2 л. не употр.). Истрепаться в но́ске (разг.). *Пиджак затаскался.* **2.** Таскаясь, устать, истаскаться (во 2 знач.) (прост. неодобр.). *З. по вечеринкам.* ‖ *несов.* **зата́скиваться**, -аюсь, -аешься.

ЗАТА´ЧИВАТЬ *см.* заточить[2].

ЗАТАЩИ´ТЬ, -ащу́, -а́щишь; -а́щенный; *сов.* **1.** *что.* Таща, занести, внести куда-н. *З. доски в сарай. З. за угол.* **2.** *перен., кого (что).* Привести, завлечь куда-н. (разг.). *З. в гости, в кино.* ‖ *несов.* **зата́скивать**, -аю, -аешь.

ЗАТВЕРДЕВА´ТЬ (-а́ю, -а́ешь, 1 и 2 л. не употр.), -а́ет; *несов.* Становиться твёрдым (в 1 и 2 знач.), твердеть. *Раствор затвердевает. Хлеб затвердевает* (черствеет). ‖ *сущ.* **затвердева́ние**, -я, *ср.*

ЗАТВЕРДЕ´ЛОСТЬ, -и, *ж.* **1.** *см.* затверделый. **2.** То же, что затвердение (во 2 знач.).

ЗАТВЕРДЕ´ЛЫЙ, -ая, -ое. Ставший твёрдым, затвердевший. *З. цемент.* ‖ *сущ.* **затверде́лость**, -и, *ж.*

ЗАТВЕРДЕ´НИЕ, -я, *ср.* **1.** *см.* твердеть. **2.** Затвердевшее, болезненно уплотнённое место мышечной ткани, железы.

ЗАТВЕРДЕ´ТЬ *см.* твердеть.

ЗАТВЕРДИ´ТЬ *см.* твердить.

ЗАТВО´Р, -а, *м.* **1.** То же, что запор[1] (во 2 знач.) (устар.). *Дверной з.* **2.** Запирающее устройство, механизм у различных машин, сооружений, оружия. *Ружейный з. З. автомата, пулемёта. З. плотины, шлюза.* **3.** Место жизни затворника (в 1 знач.) (устар.). ‖ *прил.* **затво́рный**, -ая, -ое (ко 2 знач.).

ЗАТВОРИ´ТЬ[1], -орю́, -о́ришь; -о́ренный; *сов., что.* Закрыть (дверь, окно), сдвинуть створки чего-н. *З. окно, калитку. З. ставни.* ‖ *несов.* **затворя́ть**, -я́ю, -я́ешь.

ЗАТВОРИ´ТЬ[2] *см.* творить[2].

ЗАТВОРИ´ТЬСЯ, -орю́сь, -о́ришься; *сов.* **1.** Находясь в каком-н. помещении, затворить его изнутри, закрыться в нём, а также (перен.) вообще уединиться. *З. в кабинете. З. в своей усадьбе. З. в четырёх стенах* (перестать общаться с кем-л.). **2.** (1 и 2 л. не употр.). Стать закрытым, закрыться. *Дверь затворилась.* **3.** Стать монахом, уйти в монастырь, в обитель (устар.). *З. в скиту. З. от мира.* ‖ *несов.* **затворя́ться**, -я́юсь, -я́ешься.

ЗАТВО´РНИК, -а, *м.* **1.** В старину: монах, давший обет не выходить из своей кельи, жить в затворе. **2.** *перен.* То же, что отшельник (во 2 знач.). *Старик живёт затворником.* ‖ *ж.* **затво́рница**, -ы. ‖ *прил.* **затво́рнический**, -ая, -ое.

ЗАТВО´РНИЧЕСТВО, -а, *ср.* Образ жизни затворника. *Обет затворничества. Писатель нарушил своё з.* ‖ *прил.* **затво́рнический**, -ая, -ое.

ЗАТЕВА´ТЬ, -СЯ *см.* затеять, -ся.

ЗАТЕ´ЙЛИВЫЙ, -ая, -ое; -ив. Причудливый, замысловатый. *Затейливое украшение.* ‖ *сущ.* **зате́йливость**, -и, *ж.*

ЗАТЕ´ЙНИК, -а, *м.* **1.** Весёлый человек, склонный к забавным выдумкам, затеям (разг.). **2.** Руководитель массовых игр, развлечений. ‖ *ж.* **зате́йница**, -ы.

ЗАТЕ´М, *нареч.* **1.** После этого, потом. *Отдохнём, з. поговорим.* **2.** С этой целью, для этого. *Поговорим, ведь я з. и пришёл.* ✦ **Затем чтобы**, *союз* — для того чтобы, с той целью чтобы. *Пришёл, затем чтобы поговорить.* **Затем что**, *союз* (устар.) — то же, что потому что. *Весел, затем что здоров и спокоен.*

ЗАТЕМНИ´ТЬ, -ню́, -ни́шь; -нённый (-ён, -ена́); *сов., что.* Сделать тёмным или закрыть чем-н. тёмным, не пропускающим света. *З. фон картины. З. город, окна* (замаскировать освещение). *З. сознание* (перен.: затуманить). ‖ *несов.* **затемня́ть**,

-я́ю, -я́ешь. *З. суть дела* (перен.). ‖ *сущ.* **затемне́ние, -я,** *ср.*

ЗА́ТЕМНО, *нареч.* (разг.). Когда темно (пока ещё не рассвело или когда уже стемнело). *Выехать ещё з. Кончить работу уже з.*

ЗАТЕНИ́ТЬ, -ню́, -ни́шь; -нённый (-ён, -ена́); *сов., что.* Покрыть тенью, скрыть в тени; заслонить (источник света). *Деревья затенили окно. З. лампу.* ‖ *несов.* **затеня́ть,** -я́ю, -я́ешь.

ЗАТЕ́ПЛИТЬ, -лю, -лишь; -ленный; *сов., что* (устар.). Зажечь (лампаду, свечу). ‖ *несов.* **зате́пливать,** -аю, -аешь.

ЗАТЕ́ПЛИТЬСЯ (-люсь, -лишься, 1 и 2 л. не употр.), -лится; *сов.* Начать теплиться. *Затеплился огонёк. Затеплилась надежда* (перен.).

ЗАТЕРЕ́ТЬ, -тру́, -трёшь; -тёр, -тёрла; -тёрший; -тёртый; -терёв *и* -тёрши; *сов.* **1.** *что.* Трением или замазыванием уничтожить, сделать незаметным. *З. пятно на стене.* **2.** *что.* Приготовить, растирая, разминая (прост.). *З. болтушку.* **3.** *кого-что.* Сдавить, стеснить. *Теплоход затёрло* (безл.) *льдами. З. в толпе.* **4.** *перен., кого (что).* Умышленно помешать кому-н. выдвинуться, продвинуться по службе (прост.). ‖ *несов.* **затира́ть,** -а́ю, -а́ешь. ‖ *прил.* **зати́рочный, -ая,** -ое (к 1 и 2 знач.). *Затирочная машина.*

ЗАТЕРЕ́ТЬСЯ, -тру́сь, -трёшься; -тёрся, -тёрлась; -тёршийся; -тёршись; *сов.* (разг.). Пробраться (в группу людей); проникнуть. *З. в толпу. З. в чужую компанию.* ‖ *несов.* **затира́ться,** -а́юсь, -а́ешься.

ЗАТЕ́РПНУТЬ *см.* терпнуть.

ЗАТЕ́РЯННЫЙ, -ая, -ое; -ян. Забытый, одинокий, заброшенный. *Затерянная в лесу сторожка.* ‖ *сущ.* **зате́рянность, -и,** *ж.*

ЗАТЕРЯ́ТЬ, -я́ю, -я́ешь; -те́рянный; *сов., что* (разг.). Потерять (в 1 знач.) что-н. *З. ключи.* ‖ *несов.* **зате́ривать,** -аю, -аешь.

ЗАТЕРЯ́ТЬСЯ, -я́юсь, -я́ешься; *сов.* **1.** (1 и 2 л. не употр.). Потеряться (в 1 знач.), исчезнуть (разг.). *Ключи затерялись.* **2.** Стать незаметным, невидимым где-н., среди кого-чего-н. *З. в толпе. Лодка затерялась в волнах.* ‖ *несов.* **зате́риваться,** -аюсь, -аешься.

ЗАТЕСА́ТЬ, -ешу́, -е́шешь; -тёсанный; *сов., что.* Обтёсывая, сделать у́же, острее с конца. *З. кол.* ‖ *несов.* **затёсывать,** -аю, -аешь.

ЗАТЕСА́ТЬСЯ, -ешу́сь, -е́шешься; *сов.* (прост.). Проникнуть, затереться (в какую-н. группу людей). *З. в компанию.* ‖ *несов.* **затёсываться,** -аюсь, -аешься.

ЗАТЕ́ЧЬ (-еку́, -ечём, -ечёшь, -ечёте, 1 и 2 л. не употр.), -ечёт, -еку́т; -ёк, -екла́; -ёкший; -ёкши; *сов.* **1.** О текучем: попасть, влиться куда-н. *Вода затекла в щели.* **2.** Распухнуть, как бы налившись чем-н. *Глаз затёк.* **3.** О частях тела: онеметь. *Ноги затекли.* ‖ *несов.* **затека́ть** (-а́ю, -а́ешь, 1 и 2 л. не употр.), -а́ет.

ЗАТЕ́Я, -и, *ж.* **1.** Задуманное дело, замысел. *Нелепая, неудачная з.* **2.** Занятие для развлечения, забава. *Ребячьи затеи.* **3.** *мн.* Затейливые украшения (устар.). *Интерьер с разными затеями.* ✦ **Без затей** (разг.) — просто, без вычурности. *Рассказать попросту, без затей.*

ЗАТЕ́ЯТЬ, -е́ю, -е́ешь; -янный; *сов., что* и с *неопр.* (разг.). Предпринять, начать что-н. делать. *З. игру. Затеяли организовать кружок.* ‖ *несов.* **затева́ть,** -а́ю, -а́ешь.

ЗАТЕ́ЯТЬСЯ (-е́юсь, -е́ешься, 1 и 2 л. не употр.), -е́ется; *сов.* (разг.). Начаться, возникнуть. *Затеялся разговор.* ‖ *несов.* **затева́ться** (-а́юсь, -а́ешься, 1 и 2 л. не употр.), -а́ется.

ЗАТИРА́ТЬ, -СЯ *см.* затереть, -ся.

ЗАТИ́СНУТЬ, -ну, -нешь; -утый; *сов., что* (разг.). Засовывая, втиснуть. *З. бумаги в ящик.* ‖ *несов.* **зати́скивать,** -аю, -аешь.

ЗАТИ́ХНУТЬ, -ну, -нешь; -и́х, -и́хла; -и́хший; -и́хши *и* -и́хнув; *сов.* **1.** Стать тише, перестать, прекратиться. *Звуки затихли. Дождь затих.* **2.** *перен.* Успокоиться, перестать двигаться, шуметь. *Больной затих.* ‖ *несов.* **затиха́ть,** -а́ю, -а́ешь.

ЗАТИ́ШЕК, -шка, *м.* (прост.). Защищённое от ветра место. *Укрыться в затишке.*

ЗАТИ́ШЬЕ, -я, *ср.* Ослабление, временное прекращение шума, движения, деятельности. *Наступило з. З. перед грозой. З. в торговле.*

ЗАТКА́ТЬ, -ку́, -кёшь; -а́л, -ала́ *и* -а́ла, -а́ло; за́тканный; *сов., что.* Покрыть сплошь тканым узором. *З. ковёр цветами.*

ЗАТКНУ́ТЬ, -ну́, -нёшь; за́ткнутый; *сов., что.* **1.** *чем.* Плотно закрыть (отверстие). *З. бутылку пробкой* (закупорить). *З. уши ватой.* **2.** *за что.* То же, что засунуть. *З. топор за пояс.* ✦ **Заткнуть за́ пояс или за по́яс** *кого* (разг.) — безусловно превзойти кого-н. в чём-н. *Этот мастер любого за пояс заткнёт.* ‖ *несов.* **затыка́ть,** -а́ю, -а́ешь.

ЗАТКНУ́ТЬСЯ, -ну́сь, -нёшься; *сов.* **1.** Стать заткнутым, закупориться. **2.** Перестать говорить, кричать (прост. пренебр.). *Скажи ему, чтоб заткнулся. Заткнись же, наконец!* ‖ *несов.* **затыка́ться,** -а́юсь, -а́ешься.

ЗАТМЕ́НИЕ, -я, *ср.* **1.** Временное затемнение небесного светила (когда оно закрыто другим или попало в тень другого небесного тела). *З. Солнца. Лунное з. Полное солнечное з.* **2.** Временное помрачение сознания. *З. нашло на кого-н.*

ЗАТМИ́ТЬ, 1 л. ед. не употр., -ми́шь; *сов., кого-что.* Превзойти в каком-н. отношении. *З. всех своими познаниями.* ‖ *несов.* **затмева́ть,** -а́ю, -а́ешь.

ЗАТО́, *союз.* Но в то же время, однако (с оттенком значения возмещения). *Дорого, з. хорошая вещь.* ✦ **Но (а) зато,** *союз* — то же, что зато. *Устали, но зато (а зато) поработали хорошо.*

ЗАТОВА́РИТЬ, -рю, -ришь; -ренный; *сов., что* (спец.). Скопить (много товара), не пуская в торговый оборот. *З. галантерею на складе.* ‖ *несов.* **затова́ривать,** -аю, -аешь. ‖ *сущ.* **затова́ривание, -я,** *ср.*

ЗАТОВА́РИТЬСЯ (-рюсь, -ришься, 1 и 2 л. не употр.), -рится; *сов.* Оказаться затоваренным. *Изделия затоварились на складе.* ‖ *несов.* **затова́риваться** (-аюсь, -аешься, 1 и 2 л. не употр.), -ается.

ЗАТОЛКА́ТЬ, -а́ю, -а́ешь; -о́лканный; *сов.* (разг.). **1.** *кого (что).* Толкая, причинить ушибы, боль. *З. в толпе.* **2.** *кого-что.* Затолкнуть в несколько приёмов. *З. вещи в рюкзак.* ‖ *несов.* **зата́лкивать,** -аю, -аешь.

ЗАТОЛКНУ́ТЬ, -ну́, -нёшь; -о́лкнутый; *сов., кого-что* (разг.). Втолкнуть глубоко внутрь. ‖ *несов.* **зата́лкивать,** -аю, -аешь.

ЗАТО́Н, -а, *м.* **1.** Вдавшийся в берег речной залив, заводь. **2.** Место стоянки и ремонта речных судов, обычно оборудованное в речном заливе. ‖ *прил.* **зато́нный,** -ая, -ое.

ЗАТОНУ́ТЬ, -ону́, -о́нешь; *сов.* Утонуть (о судах, предметах). *Затонувшие корабли.*

ЗАТОПИ́ТЬ[1], -оплю́, -о́пишь; -о́пленный; *сов., что.* Зажечь топливо в чём-н., начать топить. *З. печку, камин.* ‖ *несов.* **зата́пливать,** -аю, -аешь.

ЗАТОПИ́ТЬ[2], -оплю́, -о́пишь; -о́пленный; *сов., что.* **1.** Залить (водой) поверхность чего-н. *Затопило* (безл.) *луга в поймах.* **2.** Погрузить в воду, в глубину (о больших предметах). *З. корабль.* ‖ *несов.* **затопля́ть,** -я́ю, -я́ешь.

ЗАТОПИ́ТЬСЯ (затоплю́сь, зато́пишься, 1 и 2 л. не употр.), зато́пится; *сов.* Начать топиться[1] (в 1 знач.). *Печь затопилась.* ‖ *несов.* **зата́пливаться** (-аюсь, -аешься, 1 и 2 л. не употр.), -ается.

ЗАТОПТА́ТЬ, -опчу́, -о́пчешь; -о́птанный; *сов.* **1.** *что.* Топча, заровнять или вдавить во что-н. *З. следы. З. окурок в землю. З. тлеющий костёр. З. кого-н. в грязь* (перен.: очернить, оклеветать; разг.). **2.** *кого (что).* Топча, задавить, убить. **3.** *что.* Испачкать, наследив (разг.). *З. пол.* ‖ *несов.* **зата́птывать,** -аю, -аешь.

ЗАТОПТА́ТЬСЯ, -опчу́сь, -о́пчешься; *сов.* (разг.). Начать топтаться. *З. на месте.*

ЗАТО́Р, -а, *м.* Задержка в движении от скопления движущихся людей, предметов, пробка (в 3 знач.). *На перекрёстке образовался з. З. льда.* ‖ *прил.* **зато́рный,** -ая, -ое.

ЗАТОРМОЖЁННЫЙ, -ая, -ое; -ён и (спец.) **ЗАТОРМО́ЖЕННЫЙ,** -ая, -ое; -ен. Замедленный, вялый. *Заторможенные движения. Заторможенные реакции.* ‖ *сущ.* **заторможённость,** -и, *ж.* и **затормо́женность, -и,** *ж.* (спец.). *Двигательная, речевая затормо́женность.*

ЗАТОРМОЗИ́ТЬ, -СЯ *см.* тормозить, -ся.

ЗАТОРМОШИ́ТЬ, -шу́, -ши́шь; -шённый (-ён, -ена́); *сов., кого (что)* (разг.). **1.** Утомить, дёргая, тормоша, теребя. **2.** *перен.* Замучить надоедливыми просьбами, обращениями, требованиями.

ЗАТОРОПИ́ТЬСЯ, -оплю́сь, -о́пишься; *сов.* (разг.). Начать торопиться. *Заторопился уходить.*

ЗАТОРЦЕВА́ТЬ *см.* торцевать.

ЗАТОСКОВА́ТЬ, -ку́ю, -ку́ешь; *сов.* Начать тосковать. *З. по дому.*

ЗАТОЧЕ́НИЕ, -я, *ср.* **1.** *см.* заточить[1]. **2.** Пребывание в тюрьме, ссылке, а также место такого пребывания (устар.). *Жить в заточении.*

ЗАТОЧИ́ТЬ[1], -чу́, -чи́шь; -чённый (-ён, -ена́); *сов., кого (что)* (устар.). Подвергнуть заточению, лишить свободы. *З. в тюрьму. З. в монастырь.* ‖ *несов.* **заточа́ть,** -а́ю, -а́ешь. ‖ *сущ.* **заточе́ние, -я,** *ср.*

ЗАТОЧИ́ТЬ[2], -очу́, -о́чишь; -о́ченный; *сов., что.* Заострить, сделать острым. *З. карандаш. З. инструмент.* ‖ *несов.* **зата́чивать,** -аю, -аешь. ‖ *сущ.* **зата́чивание, -я,** *ср.* и **зато́чка, -и,** *ж.* (спец.). ‖ *прил.* **зато́чный,** -ая, -ое (спец.). *З. станок.*

ЗАТОШНИ́ТЬ, -и́т; *безл.; сов., кого (что).* Начать тошнить. *Затошнило от лекарств.*

ЗАТРАВЕНЕ́ТЬ *см.* травенеть.

ЗАТРАВИ́ТЬ *см.* травить[1].

ЗАТРА́ВКА, -и, *ж.* **1.** То же, что запал[1] (во 2 знач.) (устар.). **2.** *перен.* То, что кладёт начало чему-н., возбуждает интерес к дальнейшему (прост.). *Для затравки сделать что-н.* ‖ *прил.* **затра́вочный,** -ая, -ое (к 1 знач.).

ЗАТРА́ГИВАТЬ *см.* затронуть.

ЗАТРАПЕ́ЗНЫЙ, -ая, -ое; -зен, -зна (разг.). Будничный, повседневный; заношенный. *З. вид. З. халат.* ‖ *сущ.* **затрапе́зность, -и,** *ж.*

ЗАТРА́ТА, -ы, *ж.* **1.** *см.* затратить. **2.** обычно *мн.* То, что истрачено, израсходовано. *Непроизводительные затраты.*

ЗАТРА́ТИТЬ, -а́чу, -а́тишь; -а́ченный; *сов., что на кого-что.* Потратить, израсходовать. *З. большие суммы. З. усилия на что-н.* ‖ *несов.* затра́чивать, -аю, -аешь. ‖ *сущ.* **затра́чивание, -я,** *ср. и* **затра́та, -ы,** *ж.* ‖ *прил.* **затра́тный,** -ая, -ое (спец.).

ЗАТРЕ́БОВАТЬ, -бую, -буешь; -анный; *сов., кого-что* (офиц.). Потребовать предъявления, присылки, присутствия кого-чего-н. *З. документ.*

ЗАТРЕПА́ТЬ, -еплю́, -е́плешь *и* (разг.) -ёпешь, -ёпет, -ёпем, -ёпете, -ёпят; -трёпанный; *сов., что* (разг.). То же, что затаскать (в 1 и 2 знач.). *З. платье. З. чьё-н. имя.* ‖ *несов.* **затрёпывать,** -аю, -аешь.

ЗАТРЕПЕТА́ТЬ, -ещу́, -е́щешь; *сов.* Начать трепетать. *Затрепетали листья. З. от страха.*

ЗАТРЕЩА́ТЬ, -щу́, -щи́шь; *сов.* Начать трещать.

ЗАТРЕ́ЩИНА, -ы, *ж.* (прост.). Пощёчина, оплеуха. *Дать, получить затрещину.*

ЗАТРО́НУТЬ, -ну, -нешь; -утый; *сов.* **1.** *кого-что.* Проникая куда-н., коснуться. *Осколок затронул лёгкие. З. больное место* (также перен.: коснуться чего-н. наболевшего, волнующего). **2.** *перен., кого-что.* То же, что задеть (во 2 знач.). *З. чьё-н. самолюбие.* **3.** *перен., что.* Излагая, обратить мимоходом внимание на что-н. *З. важный вопрос.* ✦ **Затронуть за живое** — задеть (во 2 и 3 знач.), задеть за живое. ‖ *несов.* **затра́гивать,** -аю, -аешь.

ЗАТРУДНЕ́НИЕ, -я, *ср.* **1.** *см.* затруднить. **2.** Препятствие, помеха. *З. в дыхании. Устранить з.* **3.** Трудное положение. *Материальные затруднения. Вывести из затруднения.*

ЗАТРУДНИ́ТЕЛЬНЫЙ, -ая, -ое; -лен, -льна. Трудный, сложный. *Попасть, поставить кого-н. в затруднительное положение.* ‖ *сущ.* **затрудни́тельность, -и,** *ж.*

ЗАТРУДНИ́ТЬ, -ню́, -ни́шь; -нённый (-ён, -ена́); *сов.* **1.** *кого (что).* Обременить поручением, просьбой. *Не затрудню ли Вас передать письмо?* **2.** *что.* Сделать затруднительным. *З. доступ куда-н.* ‖ *несов.* **затрудня́ть,** -я́ю, -я́ешь. ‖ *сущ.* **затрудне́ние,** -я, *ср.*

ЗАТРУДНИ́ТЬСЯ, -ню́сь, -ни́шься; *сов., чем и с неопр.* Испытать трудность, неудобство в чём-н., обремениться хлопотами. *З. ответить (с ответом).* ‖ *несов.* **затрудня́ться,** -я́юсь, -я́ешься. ‖ *сущ.* **затрудне́ние,** -я, *ср.*

ЗАТРЯСТИ́СЬ, -су́сь, -сёшься; -я́сся, -ясла́сь; -я́сшийся; -я́сшись; *сов.* Начать трястись (в 1, 2 и 3 знач.). *Вагон затрясся. З. от страха. З. на грузовике.*

ЗАТУМА́НИТЬ, -СЯ *см.* **туманить, -ся.**

ЗАТУПИ́ТЬ, -СЯ *см.* **тупить, -ся.**

ЗАТУ́РКАТЬ, -аю, -аешь; -анный; *сов., кого (что)* (прост.). То же, что затюкать.

ЗАТУ́ХНУТЬ (-ну, -нешь, 1 и 2 л. не употр.), -нет; -у́х, -у́хла; -у́хший; -у́хши *и* -у́хнув; *сов.* **1.** Постепенно перестать гореть, потухнуть. *Костёр затух.* **2.** Ослабевая, утихнуть, прекратиться. *Затухли колебания почвы.* ‖ *несов.* **затуха́ть** (-а́ю, -а́ешь, 1 и 2 л. не употр.), -а́ет. *Заря затухает.*

ЗАТУШЕВА́ТЬ, ЗАТУШЁВКА *см.* тушевать.

ЗАТУШЁВЫВАТЬ, -аю, -аешь; *несов., что* То же, что тушевать. ‖ *сущ.* **затушёвывание, -я,** *ср.*

ЗАТУШИ́ТЬ *см.* тушить[1].

ЗА́ТХЛЫЙ, -ая, -ое; затхл. **1.** С тяжёлым запахом, испортившийся от гниения, сырости. *З. воздух З. запах.* **2.** *перен.* Косный, лишённый живых, жизненных интересов. *Затхлая среда.* ‖ *сущ.* **за́тхлость, -и,** *ж.*

ЗАТЫКА́ТЬ, -СЯ *см.* заткнуть, -ся.

ЗАТЫ́ЛОК, -лка, *м.* Задняя часть черепа, головы. *Чесать в затылке* (также о жесте, выражающем нерешительность, затруднение; разг.). *Сдвинуть шапку на з. Идти друг другу в з.* (один за другим, гуськом). ✦ **В затылок дышит** *кто кому* (разг.) — вот-вот догонит, настигнет, опередит. ‖ *прил.* **заты́лочный,** -ая, -ое. *Затылочная кость.*

ЗАТЫ́ЧКА, -и, *ж.* (прост.). То, чем затыкают, закупоривают что-н. *Деревянная з. Ко всякой бочке з.* (погов. о человеке, к-рым постоянно пользуются для замены кого-н., выполнения разных поручений; неодобр.).

ЗАТЮ́КАТЬ, -аю, -аешь; -анный; *сов., кого (что)* (разг.). Постоянными придирками, нападками сделать робким, запуганным. *Совсем затюкали беднягу. Затюканный парнишка.*

ЗАТЯЖНО́Й, -а́я, -о́е. Очень продолжительный, затянувшийся. *Затяжные дожди. Затяжная болезнь. З. прыжок* (прыжок с долго не раскрываемым парашютом).

ЗАТЯНУ́ТЬ, -яну́, -я́нешь; -я́нутый; *сов.* **1.** *кого-что.* Завязать, закрепить, туго стянув концы. *З. узел. З. ремень. З. пояс потуже* (также перен.: приготовиться к трудностям, недоеданию). **2.** *что.* Слишком туго натянуть. *З. поводья.* **3.** (1 и 2 л. не употр.), *кого-что.* То же, что засосать (в 3 знач.). *Затянуло* (безл.) *в трясину.* **4.** *что чем.* Обволакивая чем-н., покрыть целиком. *Небо затянуло* (безл.) *тучами. Рану затянуло* (безл.; о появлении тонкой кожицы при заживлении). **5.** *кого (что) во что.* Надеть на кого-н. что-н. плотно облегающее. *З. корсет.* **6.** *что и с чем.* Задержать, замедлить окончание чего-н. (разг.). *З. работу. З. с отчётом.* **7.** *кого (что).* Вовлечь, втянуть (в 3 знач.) (разг.). *З. в спор кого-н.* **8.** *что.* Начать петь (песню) медленно, плавно (разг.). *З. хором.* ‖ *несов.* **затя́гивать,** -аю, -аешь. ‖ *сущ.* **затя́гивание,** -я, *ср. и* **затя́жка,** -и, *ж.* (ко 2 и 6 знач.).

ЗАТЯНУ́ТЬСЯ, -яну́сь, -я́нешься; *сов.* **1.** Затянуть на себе что-н.; туго завязаться. *З. поясом. Узел затянулся.* **2.** (1 и 2 л. не употр.). Обволакиваясь чем-н., покрыться целиком. *Пруд затянулся тиной. Рана затянулась* (зажила, покрывшись кожицей). **3.** (1 и 2 л. не употр.). Замедлиться в развитии, продлиться на какой-н. срок. *Переговоры затянулись. Затянувшаяся пауза.* **4.** Куря, втянуть в себя табачный дым. ‖ *несов.* **затя́гиваться,** -аюсь, -аешься. ‖ *сущ.* **затя́гивание,** -я, *ср. и* **затя́жка,** -и, *ж.* (к 3 и 4 знач.). *Табаку осталось на одну затяжку.*

ЗАУ́ЛОК, -лка, *м.* (прост.). То же, что закоулок (в 1 знач.).

ЗАУ́МНЫЙ, -ая, -ое; -мен, -мна. Бессмысленный, непонятный. *Заумная речь.* ‖ *сущ.* **зау́мность,** -и, *ж.*

ЗА́УМЬ, -и, *ж.* Нечто заумное, бессмыслица.

ЗАУНЫ́ВНЫЙ, -ая, -ое; -вен, -вна. Тоскливый, наводящий уныние. *Заунывная песня. Заунывно* (нареч.) *воет ветер.* ‖ *сущ.* **зауны́вность,** -и, *ж.*

ЗАУПОКО́ЙНЫЙ, -ая, -ое. В церковных обрядах: совершаемый за упокоение души умершего. *Заупокойная служба.*

ЗАУПРЯ́МИТЬСЯ, -млюсь, -мишься; *сов.* Начать упрямиться.

ЗАУРЯ́Д-... (устар.). *Первая часть сложных слов со знач.* занимающий должность без соответствующего чина или подготовки, образования, напр. *зауряд-прапорщик, зауряд-врач.*

ЗАУРЯ́ДНЫЙ, -ая, -ое; -ден, -дна. Ничем не выделяющийся, посредственный. *З. актёр.* ‖ *сущ.* **зауря́дность,** -и, *ж.*

ЗАУСЕ́НЕЦ, -нца, *м.* и **ЗАУСЕ́НИЦА, -ы,** *ж.* **1.** Задравшаяся кожица у основания ногтя. **2.** Острый выступ на поверхности металла (спец.).

ЗАУ́ТРЕНЯ, -и, *ж.* Ранняя (на рассвете, до обедни) церковная служба у православных. *Пойти к заутрене. Прийти с заутрени. Пасхальная з.* (до рассвета).

ЗАУТЮ́ЖИТЬ, -жу, -жишь; -женный; *сов., что.* Утюжа, загладить. *З. складку.* ‖ *несов.* **заутю́живать,** -аю, -аешь.

ЗАУЧИ́ТЬ, -учу́, -у́чишь; -у́ченный; *сов.* **1.** *что.* Твёрдо выучить, запомнить. *З. правило. З. наизусть. Заученный жест* (много раз повторяемый, ставший автоматичным). **2.** *кого (что).* Причинить вред кому-н. чрезмерной или бестолковой учёбой (разг.). ‖ *несов.* **зау́чивать,** -аю, -аешь.

ЗАУЧИ́ТЬСЯ, -учу́сь, -у́чишься; *сов.* (разг.). Устав от занятий, перестать воспринимать, запоминать. *Иди погуляй, а то ты сегодня совсем заучился.* ‖ *несов.* **зау́чиваться,** -аюсь, -аешься.

ЗАУША́ТЕЛЬСТВО, -а, *ср.* Оскорбительная, грубая критика с целью унизить, опорочить кого-н. ‖ *прил.* **зауша́тельский,** -ая, -ое.

ЗАУ́ШНИК, -а, *м.* Деталь очковой оправы, идущая от края линзы за ухо. *Мягкие заушники* (с гибкой дужкой). *Жесткие заушники.*

ЗАФАРШИРОВА́ТЬ *см.* фаршировать.

ЗАФИКСИ́РОВАТЬ *см.* фиксировать.

ЗАФРАХТОВА́ТЬ *см.* фрахтовать.

ЗАХА́ЖИВАТЬ *см.* зайти.

ЗАХА́РКАТЬ, -аю, -аешь; -анный; *сов.* **1.** Начать харкать. **2.** *что.* Харкая, испачкать (прост.). *З. пол.*

ЗАХА́ЯТЬ, -а́ю, -а́ешь; -а́янный; *сов., кого-что.* (прост.). Ругая, осрамить, опорочить. ‖ *несов.* **заха́ивать,** -аю, -аешь.

ЗАХВАЛИ́ТЬ, -алю́, -а́лишь; -а́ленный; *сов., кого-что* (разг.). Избаловать, испортить чрезмерными похвалами; излишне похвалить. *З. начинающего автора. З. проект.* ‖ *несов.* **захва́ливать,** -аю, -аешь.

ЗАХВАТА́ТЬ, -а́ю, -а́ешь; -а́танный; *сов., что* (разг.). Часто трогая, хватая, загрязнить. *З. альбом. З. грязными руками.* ‖ *несов.* **захва́тывать,** -аю, -аешь.

ЗАХВАТИ́ТЬ, -ачу́, -а́тишь; -а́ченный; *сов.* **1.** *кого-что.* Хватая, взять, забрать, схватить. *З. горсть конфет. Колесом захватило* (безл.) *край одежды.* **2.** *кого-что.* Силой овладеть кем-чем-н. *З. чужую территорию. З. пленных. З. инициативу* (перен.). **3.** *кого-что.* Взять с собой. *Не забудь з. зонтик. З. в гости детей.* **4.** *перен., кого-что.* Сильно заинтересовать, поглотить всё внимание, все силы, увлечь. *Работа захватила его целиком.* **5.** *кого (что).* То же, что застать (прост.). *З. кого-н. дома. В пути захватила гроза.* **6.** *что.* Вовремя принять меры против распространения чего-н. (разг.). *Вовремя з. болезнь. З. пожар в самом начале.* **7.** (1 и 2 л. не употр.). Распространиться на что-н. *Эпидемия захватила целые районы.* ✦ **Дух захватило** (разг.) — стало трудно дышать (от резких движений, волнения, страха, а также от холода, ветра). ‖ *несов.* **захва́тывать,** -аю, -аешь. ‖ *сущ.* **захва́т,** -а, *м.* (ко 2 знач.).

ЗАХВА́ТНИЧЕСКИЙ, -ая, -ое. Стремящийся к насильственному захвату чего-н., агрессивный. *Захватническая политика. Захватнические войны.*

ЗАХВА'ТЧИК, -а, *м.* Тот, кто захватил чужую территорию, ведёт захватническую политику, агрессор. *Изгнать захватчиков со своей земли.*

ЗАХВА'ТЫВАЮЩИЙ, -ая, -ее. Крайне увлекательный, интересный. *Захватывающее зрелище.*

ЗАХВОРА'ТЬ, -а́ю, -а́ешь; *сов.* (разг.). Стать больным, заболеть[1] (в 1 знач.). *Простудился и захворал.* ‖ *несов.* **захва́рывать,** -аю, -аешь.

ЗАХИЛЕ'ТЬ *см.* хилеть.

ЗАХИРЕ'ТЬ *см.* хиреть.

ЗАХЛАМИ'ТЬ, -млю́, -ми́шь; -млённый (-ён, -ена́); *сов., что* (разг.). Сделать захламлённым. *З. балкон.* ‖ *несов.* **захламля́ть,** -я́ю, -я́ешь.

ЗАХЛАМЛЁННЫЙ, -ая, -ое; -ён (разг.). Заставленный, заваленный хламом, ненужными вещами. *З. коридор.* ‖ *сущ.* **захламлённость,** -и, *ж.*

ЗАХЛЕБНУ'ТЬ, -ну́, -нёшь; *сов., чего.* Хлебнув, проглотить. *З. воды.* ‖ *несов.* **захлёбывать,** -аю, -аешь.

ЗАХЛЕБНУ'ТЬСЯ, -ну́сь, -нёшься; *сов.* **1.** Забрав в рот жидкости, задохнуться или поперхнуться. *З. водой. Атака захлебнулась* (перен.: потерпела неудачу). **2.** Почувствовать затруднение, перебои в дыхании (во время быстрой и взволнованной речи, смеха, плача). *З. от слёз, от смеха. З. от счастья, от восторга.* ‖ *несов.* **захлёбываться,** -аюсь, -аешься.

ЗАХЛЕСТА'ТЬ, -ещу́, -е́щешь; -ёстанный; *сов.* (разг.). **1.** Начать хлестать. *Дождь захлестал.* **2.** *кого-что.* Хлестая, забить, засечь. *З. кнутом. Ветки захлестали лицо.* ‖ *несов.* **захлёстывать,** -аю, -аешь, (ко 2 знач.). ‖ *сущ.* **захлёстывание,** -я, *ср.*

ЗАХЛЕСТНУ'ТЬ, -ну́, -нёшь; -ёстнутый; *сов.* **1.** *кого-что чем.* Накидывая что-н., обвить и затянуть (разг.). *З. верёвку. З. кого-н. петлёй.* **2.** (1 и 2 л. не употр.), *кого-что.* Обдать, окатить, охватить, хлеща. *Волна захлестнула лодку. Ненависть захлестнула кого-н.* (перен.). **3.** (1 и 2 л. не употр.). О воде: попасть куда-н. при всплеске. *Волна захлестнула через борт.* ‖ *несов.* **захлёстывать,** -аю, -аешь. ‖ *сущ.* **захлёстывание,** -я, *ср.* (к 1 и 2 знач.).

ЗАХЛО'ПАТЬ, -аю, -аешь; *сов.* **1.** Начать хлопать (к 1, 2, 3 и 4 знач.). *З. глазами. З. в ладоши. Захлопали выстрелы.* **2.** *кого (что).* Хлопками, шумом заставить замолчать (разг.). *З. оратора.* ‖ *несов.* **захло́пывать,** -аю, -аешь (ко 2 знач.).

ЗАХЛО'ПНУТЬ, -ну, -нешь; -утый; *сов., что.* Хлопнув, закрыть. *З. дверь. З. крышку.* ‖ *несов.* **захло́пывать,** -аю, -аешь.

ЗАХЛО'ПНУТЬСЯ, -нусь, -нешься; *сов.* Хлопнув, закрыться. *Дверь захлопнулась. Крышка захлопнулась.* ‖ *несов.* **захло́пываться,** -аюсь, -аешься.

ЗАХЛОПОТА'ТЬСЯ, -очу́сь, -о́чешься; *сов.* (разг.). Погрузиться в хлопоты, устать от хлопот. *З. с делами.*

ЗАХМЕЛЕ'ТЬ *см.* хмелеть.

ЗАХО'Д, -а, *м.* **1.** *см.* зайти. **2.** То же, что попытка (разг.). *Со второго захода.*

ЗАХОДИ'ТЬ[1], -ожу́, -о́дишь; *сов.* Начать ходить (в 1 и 6 знач.). *З. в раздумье по комнате. Мостки заходили под ногами.*

ЗАХОДИ'ТЬ[2] *см.* зайти.

ЗАХОДИ'ТЬСЯ *см.* зайтись.

ЗАХО'ЖИЙ, -ая, -ее (прост.). Пришлый, зашедший откуда-н. *Захожие люди.*

ЗАХОЛУ'СТНЫЙ, -ая, -ое; -тен, -тна. Являющийся захолустьем, далёкий от культурных центров. *З. городок.* ‖ *сущ.* **захолу́стность,** -и, *ж.*

ЗАХОЛУ'СТЬЕ, -я, *род. мн.* -тий, *ср.* Место, далёкое от культурных центров, глухая провинция. *Жить в з.*

ЗАХОРОНИ'ТЬ, -оню́, -о́нишь; -о́ненный; *сов., кого-что.* **1.** *см.* хоронить. **2.** Поместить в могильник (во 2 знач.). *З. радиоактивные отходы.* ‖ *несов.* **захороня́ть,** -я́ю, -я́ешь. ‖ *сущ.* **захороне́ние,** -я, *ср.*

ЗАХОТЕ'ТЬ, -очу́, -о́чешь, -о́чет, -оти́м, -оти́те, -отя́т; *сов., кого-чего, с неопр.* и с союзом *чтобы.* Начать хотеть. *З. чаю. З. поговорить. Захотел, чтобы ты пришёл.*

ЗАХОТЕ'ТЬСЯ, -о́чется; *безл.; сов.* Начать хотеться. *Захотелось пить.*

ЗАХРЕБЕ'ТНИК, -а, *м.* (разг.). Тунеядец, бездельник, живущий на чужой счет, чужим трудом. ‖ *ж.* **захребе́тница,** -ы. ‖ *прил.* **захребе́тнический,** -ая, -ое.

ЗАХУДА'ЛЫЙ, -ая, -ое; -а́л. **1.** Обедневший, пришедший в упадок. *З. дворянский род.* **2.** Плохой, незначительный (разг.). *З. городок.* ‖ *сущ.* **захуда́лость,** -и, *ж.*

ЗАЦА'ПАТЬ, -аю, -аешь; -анный; *сов., кого-что* (прост.). Поймать, схватить, захватить. ‖ *несов.* **заца́пывать,** -аю, -аешь.

ЗАЦВЕСТИ' (-ету́, -етёшь, 1 и 2 л. не употр.), -ветёт; -ёл, -ела́; -ве́тший; -ветя́ *и* -ве́тши; *сов.* Начать цвести (в 1 и 4 знач.). *Зацвела сирень. Пруд зацвёл.* ‖ *несов.* **зацвета́ть** (-а́ю, -а́ешь, 1 и 2 л. не употр.), -а́ет.

ЗАЦЕЛОВА'ТЬ, -лу́ю, -лу́ешь; -о́ванный; *сов., кого (что)* (разг.). Покрыть поцелуями. *З. ребёнка.* ‖ *несов.* **зацело́вывать,** -аю, -аешь.

ЗАЦЕМЕНТИ'РОВАТЬ *см.* цементировать.

ЗАЦЕПИ'ТЬ, -цеплю́, -це́пишь; -це́пленный; *сов.* **1.** *кого-что.* Задеть, поддеть, чтобы притянуть к себе или соединить с чем-н. *З. бревно багром.* **2.** *кого-что.* Случайно задеть при движении (разг.). *З. ногой за ковёр.* **3.** *перен., кого (что).* Задеть (в 3 знач.), уязвить (разг.). ✦ **Зацепить за живое** (разг.) — то же, что задеть (в 3 знач.). *Своим недоверием ты зацепил его за живое.* ‖ *несов.* **зацепля́ть,** -я́ю, -я́ешь.

ЗАЦЕПИ'ТЬСЯ, -цеплю́сь, -це́пишься; *сов.* **1.** Задеть за что-н. какой-н. частью тела или одеждой. *Платье зацепилось за гвоздь.* **2.** Ухватиться, уцепиться (разг.). *З. за поручни.* ‖ *несов.* **зацепля́ться,** -я́юсь, -я́ешься.

ЗАЦЕ'ПКА, -и, *ж.* **1.** Предмет, за к-рый что-н. зацепляют или за к-рый можно зацепиться (разг.). **2.** *перен.* Предлог, повод (разг.). *З. для ссоры.* **3.** *перен.* Препятствие, помеха (прост.). **4.** *перен.* Протекция, заручка (прост.). *Иметь зацепку у начальства.*

ЗАЦИ'КЛИТЬСЯ, -люсь, -лишься; *сов.* **1.** (1 и 2 л. не употр.). Плотно застрять, загнаться, зацепившись за что-н. *Зациклилось колесо.* **2.** *перен., на чём.* Не замечая ничего другого, всецело сосредоточиться на чём-н. одном (разг. ирон.). *З. на коллекционировании этикеток.* ‖ *несов.* **заци́кливаться,** -аюсь, -аешься.

ЗАЧАРОВА'ТЬ, -ру́ю, -ру́ешь; -о́ванный; *сов., кого (что).* **1.** *кого-что.* Чаруя (в 1 знач.), заколдовать. *Зачарованный лес.* **2.** Чаруя (во 2 знач.), покорить, привести в восторг. *Артист зачаровал всех своей игрой. Зачарован музыкой.* ‖ *несов.* **зачаро́вывать,** -аю, -аешь.

ЗАЧАСТИ'ТЬ, -ащу́, -асти́шь; *сов.* (разг.). Начать часто делать что-н., ходить куда-н., а также быстро, энергично говорить, действовать. *З. в гости. З. скороговоркой. Дождь зачастил* (стал сильнее). *Зачастил пулемёт.*

ЗАЧАСТУ'Ю, *нареч.* (разг.). Часто, нередко (обычно о чём-н. отрицательном). *З. встречаются ошибки.*

ЗАЧА'ТОК, -тка, *м.* **1.** То же, что зародыш (во 2 знач.). **2.** Остаток недоразвитого органа в организме, рудимент (спец.). **3.** обычно *мн.* Начало, первые ростки чего-н. *Зачатки нового.* ‖ *прил.* **зача́точный,** -ая, -ое. *В зачаточном состоянии.*

ЗАЧА'ТЬ, -чну́, -чнёшь; -а́л, -ала́, -а́ло; -а́тый (-а́т, -ата́, -а́то); *сов., кого (что)* (устар.). Дать начало жизни кому-н., зародить. *З. младенца.* ‖ *несов.* **зачина́ть,** -а́ю, -а́ешь. ‖ *сущ.* **зача́тие,** -я, *ср.*

ЗАЧА'ХНУТЬ *см.* чахнуть.

ЗАЧЕ'М, *мест. нареч.* и *союзн. сл.* С какой целью, для чего. *З. пришёл? Узнай, з. он приходил.*

ЗАЧЕ'М-ЛИБО, *мест. нареч.* То же, что зачем-нибудь.

ЗАЧЕ'М-НИБУДЬ, *мест. нареч.* С какой-то неопределённой целью. *Зачем-нибудь пригодиться.*

ЗАЧЕ'М-ТО, *мест. нареч.* С какой-то целью. *Тебя зачем-то вызывают.*

ЗАЧЕРВИ'ВЕТЬ *см.* червиветь.

ЗАЧЕРКНУ'ТЬ, -ну́, -нёшь; -чёркнутый; *сов., кого-что.* Провести черту, черты по тексту, рисунку, чтобы сделать их недействительными. *З. написанное. З. кого-н. в списке. З. чьи-н. прошлые заслуги* (перен.). ‖ *несов.* **зачёркивать,** -аю, -аешь.

ЗАЧЕРНЕ'ТЬ (-е́ю, -е́ешь, 1 и 2 л. не употр.), -е́ет; *сов.* Начать чернеть (во 2 знач.). *Вдали зачернел лес.*

ЗАЧЕРНИ'ТЬ *см.* чернить.

ЗАЧЕРПНУ'ТЬ, -ну́, -нёшь; -че́рпнутый; *сов., что* и *чего.* Черпая, взять какое-н. количество (жидкости). *З. воды.* ‖ *несов.* **заче́рпывать,** -аю, -аешь.

ЗАЧЕРСТВЕ'ТЬ *см.* черстветь.

ЗАЧЕРТИ'ТЬ, -ерчу́, -е́ртишь; -е́рченный; *сов., что.* Покрыть чертами, чем-н. начерченным. *З. лист. З. всю страницу.* ‖ *несов.* **заче́рчивать,** -аю, -аешь.

ЗАЧЕСА'ТЬ, -ешу́, -е́шешь; -чёсанный; *сов., что.* Причёсывая, пригладить (волосы) в одном направлении. *С зачёсанными назад волосами.* ‖ *несов.* **зачёсывать,** -аю, -аешь.

ЗАЧЕ'СТЬ, -чту́, -чтёшь; -чёл, -чла́; -чтённый (-ён, -ена́); -чтя́; *сов., что.* **1.** Принять что-н. в счёт чего-н. *З. взнос в уплату долга. З. полгода за год.* **2.** Одобрить, поставив зачёт (во 2 знач.). *З. курсовую работу* [нельзя употреблять «зачесть» в знач. прочесть, зачитать]. ‖ *несов.* **зачи́тывать,** -аю, -аешь. ‖ *сущ.* **зачёт,** -а, *м.* (к 1 знач.). *Принять сто рублей в з. долга.* ‖ *прил.* **зачётный,** -ая, -ое. *Зачётная книжка* (для отметок о сданных экзаменах, зачетах).

ЗАЧЕ'СТЬСЯ (-чту́сь, -чтёшься, 1 и 2 л. не употр.), -чтётся; -чёлся, -чла́сь; *сов.* Стать зачтённым (см. зачесть в 1 знач.). *Эта сумма зачтётся в погашение долга. Затраченное время ему зачтётся* (будет принято в расчёт). ‖ *несов.* **зачи́тываться** (-аюсь, -аешься, 1 и 2 л. не употр.), -ается. *Время обучения зачитывается в трудовой стаж.*

ЗАЧЕХЛИ'ТЬ *см.* чехлить.

ЗАЧЕХЛЯ'ТЬ, -я́ю, -я́ешь; *несов., что.* То же, что чехлить.

ЗАЧЁС, -а, *м.* Зачёсанная прядь волос. *Зачёсы на висках.*

ЗАЧЁТ, -а, *м.* **1.** *см.* зачесть. **2.** Вид проверочного испытания (в учебных заведениях, в спорте), а также отметка, удостоверяющая, что такие испытания выдержаны. *Зачёты и экзамены. З. по иностранному языку. Принять, сдать, получить з.* || *прил.* **зачётный**, -ая, -ое. *Зачётная сессия.*

ЗАЧЁТКА, -и, *ж.* (разг.). То же, что зачётная книжка. *Поставить оценку в зачётку.*

ЗАЧИ́Н, -а, *м.* **1.** То же, что почин (во 2 знач.) (прост.). **2.** В народной словесности: традиционное начало. *Былинный з. З. сказки.* || *прил.* **зачи́нный**, -ая, -ое.

ЗАЧИНА́ТЕЛЬ, -я, *м.* (высок.). Тот, кто зачинает что-н., кладёт начало чему-н. *З. нового направления в науке.*

ЗАЧИНА́ТЬ, -а́ю, -а́ешь; *несов.* **1.** *см.* зачать. **2.** *что.* Начинать, давать начало чему-н. (высок.).

ЗАЧИНА́ТЬСЯ (-аюсь, -аешься, 1 и 2 л. не употр.), -а́ется; *несов.* (устар.). Начинаться, возникать. *Зачиналась пурга. Зачиналась ссора. Зачинается рассказ от сивка, от бурка, от вещего каурка* (народно-поэтический зачин).

ЗАЧИНИ́ТЬ[1], -иню́, -и́нишь; -и́ненный; *сов., что* (разг.). Починить, сделать вновь пригодным. *З. брюки.* || *несов.* **зачи́нивать**, -аю, -аешь.

ЗАЧИНИ́ТЬ[2], -иню́, -и́нишь; -и́ненный; *сов., что.* Заточить[2] карандаш. *З. карандаш с двух сторон.* || *несов.* **зачи́нивать**, -аю, -аешь.

ЗАЧИ́НЩИК, -а, *м.* Тот, кто подстрекает начать, начинает что-н. (неблаговидное). *З. драки.* || *ж.* **зачи́нщица**, -ы. || *прил.* **зачи́нщицкий**, -ая, -ое.

ЗАЧИ́СЛИТЬ, -лю, -лишь; -ленный; *сов.* (офиц.). **1.** *кого (что).* Включить в число кого-чего-н., назначить кем-н. *З. на службу. З. в секретари.* **2.** *что.* Записать на чей-н. счёт. *З. на текущий счёт сто рублей.* || *несов.* **зачисля́ть**, -я́ю, -я́ешь. || *сущ.* **зачисле́ние**, -я, *ср.*

ЗАЧИ́СЛИТЬСЯ, -люсь, -лишься; *сов.* (офиц.). Включиться в число кого-чего-н., поступить куда-н. *З. в сотрудники. З. в штат.* || *несов.* **зачисля́ться**, -я́юсь, -я́ешься. || *сущ.* **зачисле́ние**, -я, *ср.*

ЗАЧИ́СТИТЬ, -и́щу, -и́стишь; -и́щенный; *сов., что.* Загладить, заровнять (конец, край, поверхность чего-н.). *З. напильником. З. срез.* || *несов.* **зачища́ть**, -а́ю, -а́ешь. || *сущ.* **зачи́стка**, -и, *ж.*

ЗАЧИТА́ТЬ, -а́ю, -а́ешь; -и́танный; *сов., что.* **1.** Прочесть вслух для всеобщего сведения. *З. резолюцию.* **2.** Взяв (книгу, журнал) для прочтения, не возвратить (разг.). **3.** Истрепать (книгу, журнал) в результате длительного, многократного чтения (разг.). *З. журнал до дыр.* || *несов.* **зачи́тывать**, -аю, -аешь.

ЗАЧИТА́ТЬСЯ, -а́юсь, -а́ешься; *сов.* Увлёкшись чтением, забыть о времени. *З. романом. З. до утра.* || *несов.* **зачи́тываться**, -аюсь, -аешься.

ЗАЧИ́ТЫВАТЬ[1], **-СЯ**[1] *см.* зачесть, -ся.

ЗАЧИ́ТЫВАТЬ[2], **-СЯ**[2] *см.* зачитать, -ся.

ЗАЧУМЛЁННЫЙ, -ая, -ое; -ён, -ена́. Заражённый чумой. *Бежать как от зачумлённого* (сущ.; в страхе, в ужасе).

ЗАЧУ́ЯТЬ, -у́ю, -у́ешь; -янный; *сов., кого-что* (разг.). Начать чуять, почуять. *Собака зачуяла дичь. З. недоброе.*

ЗАШАГА́ТЬ, -а́ю, -а́ешь; *сов.* Начать шагать. *З. по комнате.*

ЗАША́РКАТЬ, -аю, -аешь; -анный; *сов.* **1.** *что.* Испачкать, исцарапать хождением (разг.). *Зашарканный пол.* **2.** Начать шаркать. || *несов.* **заша́ркивать**, -аю, -аешь (к 1 знач.).

ЗАШВЫРНУ́ТЬ, -ну́, -нёшь; -ы́рнутый; *сов., что* (разг.). Забросить, швырнув. *З. мячик.* || *несов.* **зашвы́ривать**, -аю, -аешь.

ЗАШВЫРЯ́ТЬ, -я́ю, -я́ешь; *сов.* (разг.). **1.** *кого-что.* Забросать чем-н., швыряя. *З. камнями.* **2.** Начать швырять. || *несов.* **зашвы́ривать**, -аю, -аешь (к 1 знач.).

ЗАШЕВЕЛИ́ТЬ, -елю́, -ели́шь *и* -е́лишь; *сов., чем.* Начать шевелить. *З. пальцами.*

ЗАШЕВЕЛИ́ТЬСЯ, -елю́сь, -ели́шься *и* -е́лишься; *сов.* Начать шевелиться, прийти в движение. *Листья зашевелились. Толпа зашевелилась.*

ЗАШЕ́ЕК, -е́йка, *м.* и **ЗАШЕ́ИНА**, -ы, *ж.* (прост.). Задняя часть шеи, загривок.

ЗАШЕЛУДИ́ВЕТЬ *см.* шелудиветь.

ЗАШЕРША́ВЕТЬ *см.* шершаветь.

ЗАШИБА́ТЬ, -а́ю, -а́ешь; *несов.* **1.** *см.* зашибить. **2.** Пьянствовать, пить (в 3 знач.) (прост.). *Крепко зашибает кто-н.*

ЗАШИБИ́ТЬ, -бу́, -бёшь; -ши́б, -ши́бла; -ши́бленный; *сов.* (прост.). **1.** *кого-что.* То же, что ушибить (в 1 знач.). *З. руку.* **2.** *что.* Добыть, заработать в большом количестве. *З. деньгу́.* || *несов.* **зашиба́ть**, -а́ю, -а́ешь. || *возвр.* **зашиби́ться**, -бу́сь, -бёшься (к 1 знач.); *несов.* **зашиба́ться**, -а́юсь, -а́ешься (к 1 знач.).

ЗАШИ́ТЬ, -шью́, -шьёшь; -ше́й; -и́тый; *сов., что.* **1.** Соединить швом концы чего-н.; починить (разорванное). *З. мешок. З. дыру.* **2.** Упаковать, сшив концы упаковки. *З. посылку.* || *несов.* **зашива́ть**, -а́ю, -а́ешь. || *сущ.* **зашива́ние**, -я, *ср. и* **заши́вка**, -и, *ж.* (разг.).

ЗАШИ́ТЬСЯ, -шью́сь, -шьёшься; -ше́йся; *сов.* (прост.). Делая многое, не справиться, не успеть сделать всё, что нужно. *З. с делами.* || *несов.* **зашива́ться**, -а́юсь, -а́ешься.

ЗАШИФРОВА́ТЬ *см.* шифровать.

ЗАШНУРОВА́ТЬ *см.* шнуровать.

ЗАШПАКЛЕВА́ТЬ *см.* шпаклевать.

ЗАШПИ́ЛИТЬ, -лю, -лишь; -ленный; *сов., что.* Соединить шпилькой, булавкой концы чего-н., пучок волос. *З. платок. З. волосы.* || *несов.* **зашпи́ливать**, -аю, -аешь.

ЗАШТА́ТНЫЙ, -ая, -ое (устар.). Внештатный, не состоящий в штате. *З. чиновник.* ✦ **Заштатный город** (устар.) — город, входящий в уезд и не являющийся его административным центром.

ЗАШТЕМПЕЛЕВА́ТЬ *см.* штемпелевать.

ЗАШТО́ПАТЬ *см.* штопать

ЗАШТО́ПЫВАТЬ, -аю, -аешь; *несов.* То же, что штопать.

ЗАШТО́РИТЬ, -рю, -ришь; -ренный; *сов., что* (разг.). Плотно закрыть шторой. *З. окна.* || *несов.* **заштори́вать**, -аю, -аешь.

ЗАШТРИХОВА́ТЬ *см.* штриховать.

ЗАШТУКАТУ́РИТЬ, -рю, -ришь; -ренный; *сов., что.* Заделать штукатуркой. *З. трещину.* || *несов.* **заштукату́ривать**, -аю, -аешь.

ЗАШТУКОВА́ТЬ *см.* штуковать.

ЗАЩЕКОТА́ТЬ, -очу́, -о́чешь; *сов., кого (что).* Измучить щекоткой.

ЗАЩЕМИ́ТЬ, -млю́, -ми́шь; -млённый (-ён, -ена́); *сов.* **1.** *кого-что.* Сдавить с двух сторон. *З. клещами. З. палец дверью.* **2.** (1 и 2 л. не употр.). Начать щемить (во 2 и 3 знач.) (разг.). *Защемило* (безл.) *в груди.* || *несов.* **защемля́ть**, -я́ю, -я́ешь (к 1 знач.).

ЗАЩЁЛКА, -и, *ж.* **1.** Запор в виде задвижки, щеколды (разг.). **2.** В механизме: запирающая часть.

ЗАЩЁЛКАТЬ, -аю, -аешь; *сов.* Начать щёлкать.

ЗАЩЁЛКНУТЬ, -ну, -нешь; -утый; *сов., что.* Запереть, щёлкнув запором. || *несов.* **защёлкивать**, -аю, -аешь.

ЗАЩЁЛКНУТЬСЯ, -нусь, -нешься; *сов.* Запереться, щёлкнув запором. *Замок защёлкнулся.* || *несов.* **защёлкиваться**, -аюсь, -аешься.

ЗАЩЁЧНЫЙ, -ая, -ое (спец.). Находящийся за щекой. *Защёчные мешки* (у нек-рых животных: боковые выросты в полости рта, служащие для накопления пищи).

ЗАЩИПА́ТЬ, -иплю́, -и́плешь *и* (разг.) -и́пешь, -и́пет, -и́пем, -и́пете, -и́пят; -и́панный; *сов., кого (что).* **1.** Измучить щипками. **2.** (1 и 2 л. не употр.). Начать щипать (во 2 знач.). *Защипало язык.*

ЗАЩИПНУ́ТЬ, -ну́, -нёшь; -и́пнутый; *сов., что* или *чего.* Взять, ухватив щипцами или защемив. *З. волосок.* || *несов.* **защи́пывать**, -аю, -аешь.

ЗАЩИ́ТА, -ы, *ж.* **1.** *см.* защитить. **2.** То, что защищает, служит обороной. *Искать защиты. Будь мне защитой. Взять под свою защиту.* **3.** *собир.* Защищающая сторона в судебном процессе. *Выступление защиты.* **4.** *собир.* Часть спортивной команды, имеющая задачу не допустить мяч, шайбу в свои ворота. *Играть в защите.*

ЗАЩИТИ́ТЬ, -щищу́, -щити́шь; -щищённый (-ён, -ена́); *сов.* **1.** *кого-что.* Охраняя, оградить от посягательств, от враждебных действий, от опасности. *З. обиженного. З. город от врага.* **2.** *кого-что.* Предохранить, обезопасить от чего-н. *З. от холода.* **3.** *что.* Отстоять (мнение, взгляды) перед чьей-н. критикой, возражениями. *З. свою точку зрения.* **4.** В целях получения соответствующей квалификации публично (на заседании учёного совета или перед специальной комиссией) обосновать положения своей диссертации, проекта, диплома. *З. диссертацию на соискание учёной степени кандидата наук.* || *несов.* **защища́ть**, -а́ю, -а́ешь. || *возвр.* **защити́ться**, -щищу́сь, -щити́шься; *несов.* **защища́ться**, -а́юсь, -а́ешься. || *сущ.* **защи́та**, -ы, *ж.* *З. Отечества. З. диссертации. Международный день защиты детей.* || *прил.* **защи́тный**, -ая, -ое (к 1 и 2 знач.) *и* **защити́тельный**, -ая, -ое (к 1, 2 и 3 знач.). *Защитные очки. Защитный скафандр. Защитительная речь.*

ЗАЩИТИ́ТЬСЯ, -щищу́сь, -щити́шься; *сов.* **1.** *см.* защитить. **2.** Защитить диссертацию, диплом (разг.). *Хорошо, успешно з.*

ЗАЩИ́ТНИК, -а, *м.* **1.** Тот, кто защищает, охраняет, оберегает кого-что-н. *З. слабых, обездоленных. Защитники страны. З. морали, веры.* **2.** То же, что адвокат. **3.** Игрок защиты (в 4 знач.). || *ж.* **защи́тница**, -ы (к 1 знач.). || *прил.* **защи́тнический**, -ая, -ое (к 1 и 2 знач.).

ЗАЩИ́ТНЫЙ, -ая, -ое. **1.** *см.* защитить. **2.** О цвете: серовато-зелёный. *Защитная гимнастёрка.*

ЗАЩИЩА́ТЬ, -а́ю, -а́ешь; *несов.* **1.** *см.* защитить. **2.** *кого (что).* Выступать на суде в качестве адвоката, защитника (во 2 знач.).

ЗАЯВИ́ТЕЛЬ, -я, *м.* (офиц.). Тот, кто подаёт заявление (во 2 знач.). || *ж.* **заяви́тельница**, -ы. || *прил.* **заяви́тельский**, -ая, -ое.

ЗАЯВИ́ТЬ, -явлю́, -я́вишь; -я́вленный; *сов.* **1.** *что, о чём и с союзом «что».* Сделать заявление о чём-н. *З. свои права на что-н. З. о своём согласии. З., что согласен.* **2.** **заявить себя кем.** Обнаружить свои качества, свойства (книжн.). *Художник заявил себя талантливым пейзажистом (как талантливый пейзажист, в качестве талантливого пейзажиста).* **3.** *что.* Представить, засвидетельствовать (устар.). *З. вид на жительство.* || *несов.* **заявля́ть**, -я́ю, -я́ешь.

ЗАЯВИ́ТЬСЯ, -явлю́сь, -я́вишься; *сов.* (разг.). Появиться где-н., прийти куда-н. (обычно неожиданно). *Заявился поздно вечером.* ‖ *несов.* **заявля́ться**, -я́юсь, -я́ешься.

ЗАЯ́ВКА, -и, *ж.* Заявление о своих правах или о предоставлении прав на что-н., а также о своих потребностях в чём-н. *З. на изобретение. З. на земельный участок. З. на материалы.* ‖ *прил.* **зая́вочный**, -ая, -ое.

ЗАЯВЛЕ́НИЕ, -я, *ср.* **1.** Официальное сообщение в устной или письменной форме. *Сделать з. для печати.* **2.** Письменная просьба о чём-н. *Написать з. об отпуске. Резолюция на заявлении.*

ЗАЯ́ДЛЫЙ, -ая, -ое (разг.). Завзятый, целиком отдающийся какому-н. занятию, увлечению. *З. болельщик.*

ЗА́ЯЦ, за́йца, *м.* **1.** Зверёк отряда грызунов, с длинными ушами и сильными задними ногами, а также мех его. *Труслив как з. З.-беляк. За двумя зайцами погонишься — ни одного не поймаешь* (посл.). **2.** Безбилетный пассажир, а также зритель, проникший куда-н. без билета (разг.). *Ехать зайцем.* ✦ **Морской заяц** — млекопитающее сем. тюленей. ‖ *уменьш.-ласк.* **за́йка**, -и, *м.* (к 1 знач.), **за́инька**, -и, *м.* (к 1 знач.), **за́йчик**, -а, *м.* (к 1 знач.) *и* **зайчи́шка**, -и, *м.* (к 1 знач.). ‖ *прил.* **за́ячий**, -ья, -ье (к 1 знач.). *Заячья натура* (перен.: трусливая). *Заячья губа* (природное ненормальное раздвоение верхней губы у человека).

ЗВА́НИЕ, -я, *ср.* **1.** Официально присваиваемое наименование, определяющееся степенью заслуг, квалификацией в области какой-н. деятельности, служебным положением. *Воинские звания. Учёное з. профессора. З. заслуженного артиста. З. города-героя.* **2.** Сословие, профессия, чин (устар.). *Духовное з. Люди всякого звания.* ✦ **Только (одно) звание** (разг. неодобр.) — о том, что не отвечает своему названию. *Только (одно) звание, что помощник, а на деле — бездельник.* **Одно звание осталось** *от кого-чего* (разг.) — ничего не осталось.

ЗВА́НЫЙ, -ая, -ое. **1.** Получивший приглашение прийти. *З. гость.* **2.** С приглашением гостей. *З. обед. З. вечер.*

ЗВА́ТЕЛЬНЫЙ: **звательный падеж (звательная форма)** — в грамматике: форма существительного, выражающая обращение (напр. в старом русском языке: сы́ну, вра́чу, бо́же, челове́че, о́тче, ста́рче, го́споди).

ЗВАТЬ, зову́, зовёшь; звал, звала́, зва́ло; зва́нный (зван, звана́, зва́но); *несов., кого (что).* **1.** Голосом, сигналом просить приблизиться. *З. на помощь.* **2.** Приглашать куда-н. *З. в театр. З. в гости.* **3.** *кого (что) кем* или *им.*, или (при вопросе) *как.* Именовать, называть. *Отец зовёт сына Ванюшей (Ванюша). Ребёнок зовёт няню мамой.* **4. зову́т, зва́ли** *и* (прост.) **звать** *кого кем* или *им.*, или (при вопросе) *как.* Указывает на личное имя кого-н. *Как тебя зовут (звать)? Мальчика зовут Вася (Васей). Этого человека звали Иван Иванович (Иваном Ивановичем). Зовут зовуткой, а величают уткой* (ответ на вопрос об имени того, кто не хочет его назвать; разг. шутл.). ✦ **Поминай как звали** (разг.) — бесследно исчез, пропал. ‖ *сов.* **позва́ть**, -зову́, -зовёшь; по́званный (к 1 и 2 знач.). ‖ *сущ.* **зов**, -а, *м.* (к 1 и 2 знач.). *Откликнуться на з. Явиться без зова.*

ЗВА́ТЬСЯ, зову́сь, зовёшься; -а́лся, -ала́сь, -ало́сь *и* -а́лось; *несов., кем-чем* или (при вопросе) *как.* **1.** Именоваться, называться. *Урал зовётся кузницей страны.* **2.** *им., кем и как.* Носить имя (устар.). *Её сестра звалась Мария (Марией).*

ЗВЕЗДА́, -ы́, *мн.* звёзды, звёзд, -ам, *ж.* **1.** Небесное тело (раскалённый газовый шар), ночью видимое как светящаяся точка. *Зажглись звёзды. Небо в звёздах. Полярная з. З. первой величины* (ярчайшая, а также перен.: о выдающемся деятеле искусства, науки). *Верить в свою звезду* (перен.: в своё назначение, в свою счастливую судьбу). *Восходящая з.* (также перен.: о человеке — новая знаменитость). *Звёзд с неба не хватает кто-н.* (перен.: о заурядном, ничем не примечательном человеке). **2.** О деятеле искусства, науки, о спортсмене: знаменитость. *З. экрана.* **3.** Фигура, а также предмет с треугольными выступами по окружности. *Пятиконечная, шестиконечная з. Кремлёвские звёзды.* **4.** В армиях нек-рых стран: офицерский знак различия в виде пятиконечной звезды на погонах. *Генеральские звёзды.* ✦ **Морская звезда** — иглокожее животное. ‖ *уменьш.* **звёздочка**, -и, *ж.* (к 1, 3 и 4 знач.). *Лейтенантские звёздочки.* ‖ *прил.* **звёздный**, -ая, -ое (к 1 и 3 знач.). *Звёздная карта. З. дождь* (появление в ночном небе множества падающих звёзд — метеоров; спец.). *Звёздная ночь* (с хорошо видными звёздами).

ЗВЕЗДАНУ́ТЬ, -ну́, -нёшь; *сов.* (прост.). Сильно и резко ударить. *З. по голове.*

ЗВЕЗДОПА́Д, -а, *м.* То же, что звёздный дождь. ‖ *прил.* **звездопа́дный**, -ая, -ое.

ЗВЕЗДОЧЁТ, -а, *м.* (устар.). То же, что астролог.

ЗВЕНЕ́ТЬ, -ню́, -ни́шь; *несов.* Издавать, производить чем-н. звуки высокого, металлического тембра. *Звенит колокольчик. З. монетами. Звенят голоса* (о звонких голосах). *В ушах звенит* (безл.; об ощущении шума в ушах). ‖ *сов.* **прозвене́ть**, -ню́, -ни́шь.

ЗВЕНО́, -а́, *мн.* зве́нья, -ьев, *ср.* **1.** Одно из колец, составляющих цепь. **2.** Составная часть какого-н. целого. *Основное з. производства. З. механизма.* **3.** Небольшая организационная ячейка или воинское подразделение. *Полеводческое з. З. самолётов* (первичное подразделение в военной авиации). **4.** В деревянном срубе: венец (в 7 знач.). ‖ *прил.* **звеньево́й**, -а́я, -о́е (к 3 знач.).

ЗВЕНЬЕВО́Й, -а́я, -о́е. **1.** *см.* звено. **2. звеньево́й**, -о́го, *м.* Руководитель звена как небольшой организационной ячейки. ‖ *ж.* **звеньева́я**, -о́й.

ЗВЕРЕ́ТЬ, -е́ю, -е́ешь; *несов.* (разг.). Приходить в ярость, становиться зверем (во 2 знач.). *З. в драке.* ‖ *сов.* **озвере́ть**, -е́ю, -е́ешь. ‖ *сущ.* **озвере́ние**, -я, *ср.*

ЗВЕРЁНЫШ, -а и **ЗВЕРЁНОК**, -нка, *мн.* -ря́та, -ря́т, *м.* (разг.). Детёныш зверя. *Не мальчишка, а зверёныш* (очень дик или очень жесток).

ЗВЕРИ́НЕЦ, -нца, *м.* (устар.). Место, где в клетках содержат зверей для показа.

ЗВЕРИ́НЫЙ, -ая, -ое. **1.** *см.* зверь. **2.** *перен.* О чём-н. тяжёлом или жестоком, свирепом: очень сильный. *Звериная тоска. Звериная ненависть.*

ЗВЕРО... *Первая часть сложных слов со знач.:* 1) относящийся к зверю, к зверям, такой, как у зверя, зверей, напр. *зверолов, зверообразный, звероподобный;* 2) относящийся к звероводству, напр. *зверосовхоз, зверопитомник, звероферма.*

ЗВЕРОБО́Й[1], -я, *м.* Охотник на морских зверей. ‖ *прил.* **зверобо́йный**, -ая, -ое. *З. промысел.*

ЗВЕРОБО́Й[2], -я, *м.* Род луговых и лесных трав или полукустарников, обычно с жёлтыми цветками. ‖ *прил.* **зверобо́йный**, -ая, -ое. *Семейство зверобойных* (сущ.).

ЗВЕРОВО́Д, -а, *м.* Специалист по звероводству.

ЗВЕРОВО́ДСТВО, -а, *ср.* Разведение пушных зверей как отрасль животноводства. ‖ *прил.* **зверово́дческий**, -ая, -ое. *З. совхоз.*

ЗВЕРОЛО́В, -а, *м.* Промысловый охотник на зверей.

ЗВЕРОЛО́ВСТВО, -а, *ср.* Охота на зверей как промысел. ‖ *прил.* **зверол́овный**, -ая, -ое. *З. промысел.*

ЗВЕРОПОДО́БНЫЙ, -ая, -ое; -бен, -бна. Похожий на зверя, напоминающий зверя. *З. вид.* ‖ *сущ.* **звероподо́бность**, -и, *ж.*

ЗВЕРОФЕ́РМА, -ы, *ж.* Предприятие по разведению ценных пушных зверей.

ЗВЕ́РСКИЙ, -ая, -ое. **1.** Свойственный зверю (во 2 знач.), свирепый, жестокий. *Зверское убийство.* **2.** Очень сильный, чрезвычайный (разг.). *З. аппетит. Зверски* (нареч.) *устал.* ‖ *сущ.* **зве́рство**, -а, *ср.* (к 1 знач.).

ЗВЕ́РСТВО, -а, *ср.* **1.** *см.* зверский. **2.** Бесчеловечный поступок, жестокость. *Зверства карателей.*

ЗВЕ́РСТВОВАТЬ, -твую, -твуешь; *несов.* Совершать зверства. *Захватчики зверствуют.*

ЗВЕРЬ, -я, *мн.* -и, -е́й, *м.* **1.** Дикое животное. *Хищный з. Лесные звери. З. в клетке. Пушной з.* **2.** *перен.* Жестокий, свирепый человек. **3.** *на что.* О человеке, делающем что-н. рьяно, с азартом (разг.). *З. на работу.* ‖ *уменьш.* **зверёк**, -рька, *м.* (к 1 знач.), **зверю́шка**, -и, *ж.* (к 1 знач.) *и* **зверу́шка**, -и, *ж.* (к 1 знач.). ‖ *собир.* **зверьё**, -я́, *ср.* ‖ *прил.* **звери́ный**, -ая, -ое (к 1 и 2 знач.). *З. след. З. орнамент* (с изображением животных).

ЗВЕРЮ́ГА, -и, *м.* и *ж.* (прост.). То же, что зверь (в 1 и 2 знач.).

ЗВЁЗДНЫЙ, -ая, -ое. **1.** *см.* звезда. **2.** Имеющий или напоминающий форму звезды (в 3 знач.). *З. поход* (из разных направлений к одному пункту). ✦ **Звёздный час** (высок.) — момент высшего подъёма, напряжения и испытания сил. **Звёздная болезнь** (разг.) — о самомнении, высокой самооценке знаменитостей, обычно в спорте. **Звёздные войны** — военная доктрина, предусматривающая уничтожение из космоса ракетного оружия противника, а также уничтожение его космических объектов.

ЗВОН, -а, *м.* **1.** Звук, производимый ударами, колебаниями чего-н. металлического, стеклянного. *З. колокола, колокольчика. З. бокалов. З. стоит где-н.* (кругом раздаются звенящие звуки). *Слышал з., да не знает, где он* (посл. о том, кто, будучи совершенно неосведомлённым, говорит невпопад, некстати; неодобр.). **2.** *перен.* Шумные и хвастливые толки (разг.). ‖ *прил.* **зво́нный**, -ая, -ое (к 1 знач.; устар.).

ЗВОНА́РЬ, -я́, *м.* Церковный служитель, к-рый звонит в колокола. ‖ *прил.* **звона́рский**, -ая, -ое.

ЗВОНИ́ТЬ, -ню́, -ни́шь; *несов.* **1.** Производить, издавать звон. *Телефон звонит. З. в звонок. З. у дверей.* **2.** Ударяя в колокол (колокола), благовестить (в 1 знач.) или трезвонить. *Звонарь звонит на колокольне. З. к вечерне, к заутрене. З. во все колокола* (также перен.: оповещать всех, предавать гласности). **3.** *кому.* Вызывать телефонным звонком для разговора по телефону; также вообще о телефонном разговоре. *З. по те-*

лефону. Звони мне завтра. Звонили из дома: интересные новости. **4.** *перен., о ком-чём.* Разглашать что-н., поднимать шум (разг.). *Нечего об этом повсюду з.* || *сов.* **позвони́ть**, -ню́, -ни́шь (к 1 и 2 знач.).

ЗВОНИ´ТЬСЯ, -ню́сь, -ни́шься; *несов.* (разг.). Звонить в дверной звонок. *З. в дверь.* || *сов.* **позвони́ться**, -ню́сь, -ни́шься.

ЗВО´НКИЙ, -ая, -ое; -нок, -нка́, -нко; зво́нче. **1.** Звучный, громкий. *З. голос. З. колокольчик. Звонкая монета* (металлические деньги, обычно высокого достоинства). **2.** То же, что гулкий (во 2 знач.). *Звонкие своды.* ✦ **Звонкий согласный звук** (спец.) — произносимый с участием голоса. || *сущ.* **зво́нкость**, -и, *ж.*

ЗВОНКОГОЛО´СЫЙ, -ая, -ое; -о́с. Со звонким, громким голосом. *Звонкоголосая детвора.* || *сущ.* **звонкоголо́сость**, -и, *ж.*

ЗВО´ННИЦА, -ы, *ж.* Сооружение с проёмами для церковных колоколов, колокольня. *Новгородские звонницы. З. Ивана Великого.*

ЗВОНО´К, -нка́, *м.* **1.** Устройство, прибор для звуковых сигналов. *Дверной з. Электрический з. З. под дугой* (колокольчик или бубенец). **2.** Звук, звуковой сигнал, производимый колокольчиком или специальным прибором. *Раздался з. Занятия начинаются по звонку. От звонка до звонка работать, быть где-н.* (также перен.: от начала до конца, полностью весь срок; разг.). **3.** Телефонный разговор с кем-н. (обычно деловой и краткий). *З. из Москвы. Что сделано после звонка директора?* || *прил.* **звонко́вый**, -ая, -ое (к 1 знач.).

ЗВУК, -а, *м.* **1.** То, что слышится, воспринимается слухом: физическое явление, вызываемое колебательными движениями частиц воздуха или другой среды. *Скорость звука. З. голоса. З. выстрела. Музыкальный з. Ни звука* (о полном молчании). *Без звука согласился* (без всяких возражений; разг.). **2. звуки речи** — минимальные членораздельные элементы речи с присущими им физическими признаками (спец.). *Гласные звуки. Согласные звуки.* || *прил.* **звуково́й**, -а́я, -о́е.

ЗВУКО... *Первая часть сложных слов со знач.:* 1) относящийся к звуку, звукам (в 1 знач.), напр. *звуковоспринимающий, звуковоспроизведение, звуколокатор, звукопеленгатор, звукоподражание, звукосигнальный, звукоулавливатель;* 2) относящийся к звукам речи, напр. *звукобуквенный, звукопроизношение;* 3) относящийся к звукозаписи, напр. *звукозаписывающий, звукомонтаж, звукорежиссёр, звукорежиссура, звукосниматель;* 4) относящийся к музыкальным звукам, напр. *звукоряд;* 5) относящийся к распространению и поглощению шума, напр. *звукоизолирующий, звукоизоляция, звуконепроницаемый, звукопоглотитель, звукопроницаемый.*

ЗВУКОЗА´ПИСЬ, -и, *ж.* Запись специальными приборами звучащей речи, музыки, пения на плёнку, пластинку. *Дом звукозаписи.*

ЗВУКОИЗОЛЯ´ЦИЯ, -и, *ж.* **1.** Звукопоглощающая преграда или специальное устройство, обеспечивающее звуконепроницаемость помещений. *Хорошая, плохая з.* **2.** Система мер, обеспечивающих снижение шума. || *прил.* **звукоизоляцио́нный**, -ая, -ое.

ЗВУКОМАСКИРО´ВКА, -и, *ж.* Маскировка звуками или маскировка звуков (глушение). || *прил.* **звукомаскиро́вочный**, -ая, -ое.

ЗВУКОНЕПРОНИЦА´ЕМЫЙ, -ая, -ое; -ем. Не пропускающий звуков, шумов, изолированный от них. *Звуконепроницаемые перегородки.* || *сущ.* **звуконепроница́емость**, -и, *ж.*

ЗВУКООПЕРА´ТОР, -а, *м.* Специалист по звукозаписи. || *прил.* **звукоопера́торский**, -ая, -ое.

ЗВУКООФОРМИ´ТЕЛЬ, -я, *м.* Специалист по шумовому оформлению спектакля, представления. || *прил.* **звукооформи́тельский**, -ая, -ое.

ЗВУ´КОПИСЬ, -и, *ж.* В художественной речи: звуковые повторы, насыщенность одинаковыми или похожими звуками в целях образного звукоподражания.

ЗВУКОПОДРАЖА´НИЕ, -я, *ср.* Приблизительное воспроизведение природного звучания напоминающими его звуками речи (напр. «ку-ку» — подражание кукушке, «ква-ква» — подражание лягушке), а также слово, возникающее путём такого подражания (напр. кукушка, квакать, квакушка). || *прил.* **звукоподража́тельный**, -ая, -ое.

ЗВУКОПРОВОДИ´МОСТЬ, -и, *ж.* (спец.). Способность тела, среды проводить звук.

ЗВУКОПРОВОДЯ´ЩИЙ, -ая, -ее (спец.). Пропускающий звуки. *Звукопроводящая среда.*

ЗВУКОПРОНИЦА´ЕМЫЙ, -ая, -ое; -ем. Легко пропускающий звуки, шумы, не изолирующий от них. *Звукопроницаемые стены.* || *сущ.* **звукопроница́емость**, -и, *ж.*

ЗВУКОРЯ´Д, -а, *м.* (спец.). Последовательность (ряд) музыкальных звуков, расположенных в восходящем или нисходящем порядке. || *прил.* **звукоря́дный**, -ая, -ое.

ЗВУКОСНИМА´ТЕЛЬ, -я, *м.* Устройство, преобразующее механические колебания в электрические при воспроизведении звука, записанного на грампластинках.

ЗВУКОСОЧЕТА´НИЕ, -я, *ср.* (спец.). Сочетание звуков речи.

ЗВУЧА´НИЕ, -я, *ср.* **1.** *см.* звучать. **2.** Производимое впечатление, отзвук, смысл. *Общественное з. книги.*

ЗВУЧА´ТЬ (-чу́, -чи́шь, 1 и 2 л. не употр.), -чи́т; *несов.* **1.** Издавать, производить звуки. *Струны звучат глухо.* **2.** О звуках: быть, существовать, слышаться. *Звучат детские голоса. Звучат раскаты грома.* **3.** Выражать что-н. звуками. *Голос звучит тревогой.* **4.** Выражаться, проявляться. *В словах звучит радость. В вопросе звучит сомнение.* **5. звучи́т.** О том, что важно, престижно, красиво (разг., часто ирон.). *Журналистика — это звучит! Работать конторщиком? Не звучит.* || *сущ.* **звуча́ние**, -я, *ср.* (к 1, 2 и 3 знач.).

ЗВУ´ЧНЫЙ, -ая, -ое; -чен, -чна́, -чно, -чны́ и -чны. Издающий громкие чистые звуки. *З. колокол. З. голос.* || *сущ.* **зву́чность**, -и, *ж.*

ЗВЯ´КАТЬ, -аю, -аешь; *несов., чем.* Издавать резкий и отрывистый звенящий звук. *З. ключами.* || *однокр.* **звя́кнуть**, -ну, -нешь.

ЗВЯ´КНУТЬ, -ну, -нешь; *сов.* **1.** *см.* звякать. **2.** *кому.* Позвонить по телефону (прост.). *Звякни мне вечерком.*

ЗГИ: ни зги (не видно) — полный мрак, ничего не видно кругом.

ЗДА´НИЕ, -я, *ср.* Архитектурное сооружение, постройка, дом. *Общественные здания.* || *уменьш.* **зда́ньице**, -а, *ср.*

ЗДЕСЬ, *мест. нареч.* **1.** В этом месте. *Живу з. давно.* **2.** В этом случае, при этом обстоятельстве. *З. нет ничего предосудительного. З. ты неправ.* **3.** В какой-то момент. *З. рассказчик замолчал. З. я перехожу к главной теме.*

ЗДЕ´ШНИЙ, -яя, -ее. **1.** Находящийся, живущий, имеющийся здесь, в этом месте. *Здешние жители. Вы з.?* (сущ.). *Здешние порядки.* **2.** О жизни: земной, не потусторонний. *Здешние помыслы.*

ЗДОРО´ВАТЬСЯ, -аюсь, -аешься; *несов.* Приветствовать друг друга при встрече. *З. за руку.* || *сов.* **поздоро́ваться**, -аюсь, -аешься.

ЗДОРОВЕ´ННЫЙ, -ая, -ое (прост.). **1.** Высокого роста и крепкого сложения. *З. парень.* **2.** Очень большой, а также крепкий, сильный. *Здоровенная палка. Мороз з.*

ЗДОРОВЕ´ТЬ, -е́ю, -е́ешь; *несов.* Становиться здоровым[1] (в 1 знач.), здоровее. || *сов.* **поздорове́ть**, -е́ю, -е́ешь.

ЗДОРОВИ´ЛА, -ы, *м. и ж.* (прост.). Рослый, здоровый человек. *Вон ты какой (какая) з.!*

ЗДО´РОВО, *нареч.* (прост.). **1.** Очень сильно. *З. устал.* **2.** Очень хорошо, отлично. *З. сказал. З. погуляли. З. сделано.*

ЗДОРО´ВО (прост.). Приветствие, то же, что здравствуй.

ЗДОРО´ВЫЙ[1], -ая, -ое; -о́в. **1.** Обладающий здоровьем, не больной. *З. ребёнок. В здоровом теле з. дух. Долго болел, а теперь здоров.* **2.** *полн. ф.* Выражающий, обнаруживающий здоровье. *З. вид. З. румянец.* **3.** Полезный для здоровья. *Здоровая пища.* **4.** *перен., полн. ф.* Полезный, правильный. *Здоровая идея. Здоровая критика. З. быт.* ✦ **Здорово живёшь и (здорово живёте)** (прост.) — 1) приветствие при встрече: здравствуй. *Здорово живёшь, кума, где была?* 2) без всякой причины, повода. *Обругал здорово живёшь.* **За здорово живёшь** (прост.) — 1) то же, что здорово живёшь (во 2 знач.). *Обидел ни за что, за здорово живёшь;* 2) даром, бесплатно. *Работаешь не за здорово живёшь.* **Будь здоров** — 1) также **будьте здоровы** — приветствие при прощании; 2) о чём-н. заслуживающем высокой оценки или удивления (прост.). *Дом себе отгрохал — будь здоров! Ручищи у него — будь здоров;* 3) также **будьте (будемте) здоровы** — то же, что твоё (ваше) здоровье или за твоё (ваше) здоровье.

ЗДОРО´ВЫЙ[2], -ая, -ое; -о́в, -ова́ (прост.). **1.** Сильный, крепкого сложения. *З. парень.* **2.** *полн. ф.* О предметах, явлениях: большой, сильный, громкий, крепкий. *З. мороз. З. голос. Здоровая палка.* **3. здоро́в**, *в знач. сказ., с неопр.* и *на что.* Ловок делать что-н., искусен. *Здоров плясать! Здоров на выдумки.*

ЗДОРО´ВЬЕ, -я, *ср.* **1.** Правильная, нормальная деятельность организма, его полное физическое и психическое благополучие. *Состояние здоровья. Беречь з. Расстроить з.* **2.** То или иное состояние организма. *Крепкое, слабое з. Как з.? Твоё (ваше) з.* или *за твоё (ваше) з.* (обращение к тому, за кого поднимают тост). *На з.* (выражение доброго пожелания в ответ на благодарность за еду, за угощение или при угощении). || *уменьш.-пренебр.* **здоро́вьишко**, -а, *ср.; уменьш.-ласк.* **здоро́вьечко**, -а, *ср.* (прост.). *Здоровьишко стало никуда. Как здоровьечко?*

ЗДОРОВЯ´К, -а́, *м.* (разг.). Человек с отличным здоровьем. || *ж.* **здоровя́чка**, -и.

ЗДРАВ... *Первая часть сложных слов со знач.* относящийся к здоровью, к охране здоровья, напр. *здравпункт, здравотдел.*

ЗДРА´ВИЕ, -я, *ср.* То же, что здоровье (теперь употр. в нек-рых выражениях). *Во з.* (на здоровье). *За з.* (о молитве: за живущих, здравствующих). *Начать за з., а кон-*

чить за упокой (начать говорить о ком-чём-н. хорошо, а кончить плохо; разг. шутл.). ✦ **Здравия желаю (желаем)** — воинское приветствие.

ЗДРА́ВИЦА, -ы, *ж.* (высок.). Заздравный тост. *Провозгласить здравицу за кого-н., в честь кого-н.*

ЗДРА́ВНИЦА, -ы, *ж.* Общее название санаториев, домов отдыха. *Южные, сибирские здравницы.*

ЗДРАВОМЫ́СЛИЕ, -я, *ср.* (книжн.). Способность здраво, толково мыслить, рассуждать.

ЗДРАВОМЫ́СЛЯЩИЙ, -ая, -ее (книжн.). Обладающий здравомыслием. *З. критик.*

ЗДРАВООХРАНЕ́НИЕ, -я, *ср.* Охрана здоровья населения, предупреждение и лечение болезней и поддержание общественной гигиены и санитарии. *Всемирная организация здравоохранения* (при ООН). *Министерство здравоохранения.* ‖ *прил.* **здравоохрани́тельный**, -ая, -ое.

ЗДРА́ВСТВОВАТЬ [*áст*], -твую, -твуешь; *несов.* (книжн.). Быть здоровым, благополучно существовать. *Старик живёт и здравствует.* ✦ **Да здравствует!** — восклицание при пожелании успеха, процветания. *Да здравствует свобода!*

ЗДРА́ВСТВУЙ (ТЕ) [*áст*]. **1.** Приветствие при встрече. *З. — Ну з., если не шутите* (иронический ответ, выражающий выжидание). **2.** Выражает удивление, недовольство (разг.). *Вот и здравствуйте: что получилось-то?* ✦ **Здравствуйте вам** (разг.) — то же, что здравствуйте (во 2 знач.). *Здравствуйте вам: я же и виноват.*

ЗДРА́ВЫЙ, -ая, -ое; здрав. **1.** Толковый, рассудительный, трезвый (в 3 знач.). *З. ум. Здравая мысль. З. смысл (рассудок). Здраво* (нареч.) *судить о чём-н.* **2.** В нек-рых выражениях: то же, что здоровый[1] (в 1 знач.). *Здрав и невредим* (устар. и ирон.). *В здравом уме и твёрдой памяти кто-н.* (хорошо соображает, всё помнит). ‖ *сущ.* **здра́вость**, -и, *ж.* (к 1 знач.).

ЗЕ́БРА, -ы, *ж.* **1.** Дикая африканская полосатая (чёрная со светло-жёлтым) лошадь. **2.** Раскрашенное полосами место пешеходного перехода на проезжей части пути. ‖ *прил.* **зе́бровый**, -ая, -ое (к 1 знач.).

ЗЕВ, -а, *м.* **1.** Отверстие, соединяющее полость рта с глоткой. *Слизистая оболочка зева.* **2.** То же, что пасть[2] (устар.). *З. льва.*

ЗЕВА́КА, -и, *м.* и *ж.* (разг.). Тот, кто зевает (во 2 знач.), слоняясь по улицам без дела. *Праздный з.*

ЗЕВА́ТЬ, -а́ю, -а́ешь; *несов.* **1.** Глубоко, с открытым ртом непроизвольно вдыхать и сразу резко выдыхать воздух (при желании спать, при усталости). *Во весь рот зевает кто-н.* (широко открывая рот). **2.** Глядеть, наблюдать из праздного любопытства (разг.). *З. по сторонам.* **3.** *что.* Упускать благоприятный момент, случай, лишаться чего-н. по оплошности (разг.). ‖ *сов.* **прозева́ть**, -а́ю, -а́ешь (к 3 знач.). ‖ *однокр.* **зевну́ть**, -ну́, -нёшь (к 1 и 3 знач.). ‖ *сущ.* **зева́ние**, -я, *ср.* ‖ *прил.* **зева́тельный**, -ая, -ое (к 1 знач.; спец.). *Зевательные движения.*

ЗЕВО́К, -вка́, *м.* (разг.). **1.** Непроизвольный вдох и выдох при зевании. *Громкий з.* **2.** Упущение по оплошности. *З. игрока.*

ЗЕВО́ТА, -ы, *ж.* Непроизвольные глубокие вдохи и выдохи при зевании, частые зевки. *З. напала на кого-н. Подавить зевоту.* ‖ *прил.* **зево́тный**, -ая, -ое.

ЗЕК, -а, *м.* (прост.). То же, что заключённый.

ЗЕЛЕНЕ́ТЬ, -е́ю, -е́ешь; *несов.* **1.** Становиться зелёным, зеленее. *Бронза зеленеет от времени. З. от злости.* **2.** (1 и 2 л. не употр.). Покрываться свежей травой, листвой. *Луга зеленеют.* **3.** (1 и 2 л. не употр.). О чём-н. зелёном: виднеться. *Вдали зеленеет роща.* ‖ *сов.* **позелене́ть**, -е́ю, -е́ешь (к 1 знач.).

ЗЕЛЕНИ́ТЬ, -ню́, -ни́шь; *несов., что.* Делать зелёным, красить в зелёный цвет. ‖ *сов.* **позелени́ть**, -ню́, -ни́шь; -нённый (-ён, -ена́).

ЗЕЛЕНЩИ́К, -а́, *м.* Торговец зеленью (в 3 знач.). ‖ *ж.* **зеленщи́ца**, -ы. ‖ *прил.* **зеленщи́цкий**, -ая, -ое.

ЗЕ́ЛЕНЬ, -и, *ж.* **1.** Зелёный цвет, зелёная краска, нечто зелёное. *Жёлтый в з.* (с зеленоватым оттенком). *Добавить зелени в белила. Бронза покрылась зеленью.* **2.** Растительность, растения. *В зелени сада. Сочная з. луга.* **3.** *собир.* Овощи и травы, употр. в пищу. *Столовая з. Продажа свежей зелени.* ‖ *прил.* **зеленно́й**, -ая, -о́е (к 3 знач.). *Зеленная лавка.*

ЗЕЛЕНЯ́, -е́й (обл.). Всходы хлебов (преимущ. озимых).

ЗЕЛЁНКА, -и, *ж.* (разг.). Лекарство — обеззараживающая жидкость зелёного цвета на спирту для лечения царапин, порезов, заболеваний кожи. *Смазать зелёнкой.*

ЗЕЛЁНО-... *Первая часть сложных слов со знач.:* 1) зелёный (в 1 знач.), с зелёным оттенком, напр. *зелёно-бурый, зелёно-голубой, зелёно-желтый, зелёно-коричневый;* 2) зелёный (в 1 знач.), в сочетании с другим отдельным цветом, напр. *зелёно-белый, зелёно-красный.*

ЗЕЛЁНЫЕ, -ых, *ед.* зелёный, -ого, *м.* (разг.). Доллар США. *Расплатиться зелёными.* ‖ *уменьш.* **зелёненькие**, -их, *ед.* зелёненький, -ого, *м.*

ЗЕЛЁНЫЙ, -ая, -ое; зе́лен, зелена́, зе́лено, зе́лены *и* зелены́. **1.** Цве́та травы, листвы. *З. свет* (в светофоре: разрешающий движение). *З. огонёк* (фонарик, горящий за стеклом незанятого такси). *З. чай* (сорт чая). **2.** О цвете лица: бледный, землистого оттенка (разг.). **3.** *полн. ф.* Относящийся к растительности; состоящий, сделанный из зелени (во 2 и 3 знач.). *Зелёные насаждения. З. корм.* **4.** О плодах: недозрелый. *Зелёные помидоры.* **5.** *перен.* Неопытный по молодости (разг.). *З. юнец. Зелёная молодежь.* ✦ **Движение «зёленых»** — демократическое движение, один из основных принципов к-рого — борьба за гармонию человека с природой, за сохранение окружающей среды. **Зелёная улица** (разг.) — такое состояние трассы, когда все светофоры или семафоры открыты; также перен.: о беспрепятственном прохождении чего-н. *Новому — зелёную улицу!* **Зелёный друг** — о деревьях, растениях. *Охрана зелёного друга.* **Молодо-зелено** (разг.) — о незрелой молодёжи. **Тоска зелёная** (разг.) — ужасная тоска. **До зелёного змия** (напиться) (разг.) — до галлюцинаций.

ЗЕЛО́, *нареч.* (стар.). То же, что очень. *З. опасен.*

ЗЕ́ЛЬЕ, -я, *род. мн.* -лий, *ср.* **1.** Лечебный, ядовитый или (по старинным народным представлениям) привораживающий настой (преимущ. из трав), смесь (устар.). *Зельем опоить кого-н. Приворотное з.* **2.** То же, что порох (в 1 знач.) (устар.). **3.** О табаке, водке (устар.). **4.** О зловредном, язвительном человеке, а также (устар.) о хитром и бойком человеке (прост.).

ЗЕМЕ́ЛЬНЫЙ, -ая, -ое. **1.** *см.* земля. **2.** Относящийся к землевладению (в 1 знач.) и к земледелию. *Земельное право. Земельная реформа.*

ЗЕМЛЕ... *Первая часть сложных слов со знач.:* 1) относящийся к Земле (в 1 знач.), напр. *землеведение* (наука о географической оболочке Земли), *землеописание* (устар.); 2) относящийся к земле (в 3, 4, 5 и 6 знач.), напр. *землекоп, землепользование, землеустроитель, землеразрыхлитель, землечерпалка, землеоткрыватель, землевладелец.*

ЗЕМЛЕБИ́ТНЫЙ, -ая, -ое. Сделанный из плотно сбитой земли с прибавлением вяжущих веществ. *З. домик.*

ЗЕМЛЕВА́ТЬ, -лю́ю, -лю́ешь; *несов., что* (спец.). Покрывать малопродуктивные или нарушенные участки земли плодородным слоем, черноземом. ‖ *сущ.* **землева́ние**, -я, *ср. З. почв.*

ЗЕМЛЕВЛАДЕ́ЛЕЦ, -льца, *м.* Частный собственник — владелец земли. *Крупный з.* ‖ *ж.* **землевладе́лица**, -ы. ‖ *прил.* **землевладе́льческий**, -ая, -ое.

ЗЕМЛЕВЛАДЕ́НИЕ, -я, *ср.* **1.** Владение землёй на правах частной собственности (книжн.). **2.** Земельный участок, находящийся в чьём-н. владении (офиц.).

ЗЕМЛЕДЕ́ЛЕЦ, -льца, *м.* Человек, к-рый занимается земледелием (в 1 знач.). ‖ *прил.* **земледе́льческий**, -ая, -ое.

ЗЕМЛЕДЕ́ЛИЕ, -я, *ср.* **1.** Обработка земли с целью выращивания сельскохозяйственных растений. *Высокая культура земледелия.* **2.** Раздел агрономии, изучающий способы пользования землей и повышения плодородия почвы. ‖ *прил.* **земледе́льческий**, -ая, -ое.

ЗЕМЛЕКО́П, -а, *м.* Рабочий на земляных работах. ‖ *прил.* **землеко́пский**, -ая, -ое.

ЗЕМЛЕКО́ПНЫЙ, -ая, -ое. Относящийся к земляным работам. *З. инструмент.*

ЗЕМЛЕМЕ́Р, -а, *м.* (устар.). Специалист по межеванию и землеустройству. ‖ *прил.* **землеме́рский**, -ая, -ое.

ЗЕМЛЕМЕ́РНЫЙ, -ая, -ое. Относящийся к межеванию. *Землемерные работы.*

ЗЕМЛЕПА́ШЕСТВО, -а, *ср.* Земледелие, занятие землепашца. *Заниматься землепашеством.*

ЗЕМЛЕПА́ШЕЦ, -шца, *м.* Крестьянин-земледелец.

ЗЕМЛЕПО́ЛЬЗОВАНИЕ, -я, *ср.* (офиц.). Пользование землей, её сельскохозяйственная эксплуатация. *Реформа землепользования.*

ЗЕМЛЕПРОХО́ДЕЦ, -дца, *м.* Старинное название путешественника-исследователя, открывающего новые земли. *Русские землепроходцы.*

ЗЕМЛЕРО́Б, -а, *м.* (устар.). То же, что земледелец. ‖ *прил.* **землеро́бский**, -ая, -ое.

ЗЕМЛЕРО́ЙКА, -и, *ж.* Маленькое насекомоядное млекопитающее, родственное кроту. ‖ *прил.* **землеро́йковый**, -ая, -ое.

ЗЕМЛЕРО́ЙНЫЙ, -ая, -ое. Служащий для земляных работ. *Землеройные машины. Землеройная техника.*

ЗЕМЛЕСО́С, -а, *м.* Насос в землесосном снаряде, осуществляющий выемку и транспортировку грунта. ‖ *прил.* **землесо́сный**, -ая, -ое.

ЗЕМЛЕСО́СНЫЙ, -ая, -ое. **1.** *см.* землесос. **2. землесосный снаряд** — машина для земляных работ, с помощью насоса производящая выемку и транспортировку по трубопроводам разжиженного водой грунта, земснаряд.

ЗЕМЛЕТРЯСЕ́НИЕ, -я, *ср.* Подземные толчки и колебание отдельных участков земной поверхности.

ЗЕМЛЕУСТРОИ́ТЕЛЬ, -я, *м.* Специалист по землеустройству.

ЗЕМЛЕУСТРО́ЙСТВО, -а, *ср.* Совокупность мероприятий, упорядочивающих землепользование. ‖ *прил.* **землеустрои́тельный**, -ая, -ое.

ЗЕМЛЕЧЕРПА́ЛКА, -и, *ж.* Плавучая землеройная машина для дноуглубительных работ, поднимающая грунт черпаками (ковшами), соединёнными в замкнутую цепь.

ЗЕМЛЕЧЕРПА́НИЕ, -я, *ср.* (спец.). Углубление дна при помощи землесосных снарядов. ‖ *прил.* **землечерпа́тельный**, -ая, -ое *и* **землечерпа́льный**, -ая, -ое. *З. снаряд* (землечерпалка).

ЗЕМЛИ́СТО-... *Первая часть сложных слов со знач.* землистый (во 2 знач.), с серовато-бледным оттенком, напр. *землисто-серый.*

ЗЕМЛИ́СТЫЙ, -ая, -ое; -и́ст. **1.** *полн. ф.* Содержащий много частиц земли (в 4 знач.) (спец.). *З. песок.* **2.** О цвете лица: серовато-бледный. ‖ *сущ.* **земли́стость**, -и, *ж.* (ко 2 знач.).

ЗЕМЛЯ́, -и́, *вин.* зе́млю, *мн.* зе́мли, земе́ль, зе́млям, *ж.* **1.** (в терминологическом значении З прописное). Третья от Солнца планета Солнечной системы, вращающаяся вокруг Солнца и вокруг своей оси. *З. — планета людей.* **2.** Суша в противоположность водному или воздушному пространству. *На корабле увидели землю. Большая з.* (материк или берег материка в речи мореплавателей, жителей острова). **3.** Почва, верхний слой коры нашей планеты, поверхность. *Обработка земли. Сесть на землю. Из-под земли добыть (достать) что-н.* (также перен.: с большим трудом). *Как сквозь землю провалиться* (исчезнуть неизвестно куда; разг.). **4.** Рыхлое тёмно-бурое вещество, входящее в состав коры нашей планеты. *З. с песком и глиной.* **5.** Страна, государство, а также вообще какая-н. большая территория Земли (высок.). *Родная з. Русская з. Чужие земли.* **6.** Территория с угодьями, находящаяся в чьём-н. владении, пользовании. *Собственность на землю. Аренда земли.* **7.** В Австрии и Германии: административно-территориальная (федеративная) единица. ‖ *уменьш.-ласк.* **земе́лька**, -и, *ж.* (к 3, 4 и 6 знач.) *и* **земли́ца**, -ы, *ж.* (к 3, 4 и 6 знач.). ‖ *прил.* **земе́льный**, -ая, -ое (к 6 и 7 знач.), **земляно́й**, -а́я, -о́е (к 3 и 4 знач.) *и* **земно́й**, -а́я, -о́е (к 1 и 2 знач.). *Земельный участок. Земельный кодекс. Земельное законодательство. Земельное правительство. Земельный канцлер. Земной шар. Земная ось. Земная кора. Земляные работы* (работы, связанные с выемкой и укладкой грунта). *Земляной червь.* ✦ **Земной поклон** — 1) глубокий поклон до земли; 2) *кому,* глубокая благодарность.

ЗЕМЛЯ́К, -а́, *м.* Уроженец одной с кем-н. местности. *Мы с ним земляки.* ‖ *ж.* **земля́чка**, -и.

ЗЕМЛЯ́НЕ, -я́н, *ед.* земля́нин, -а, *м.* Жители планеты Земля.

ЗЕМЛЯНИ́КА, -и, *ж.* Многолетнее травянистое растение сем. розоцветных, дающее сладкие ягоды красного цвета, а также его ягоды. *Лесная з. Садовая з.* ‖ *прил.* **земляни́чный**, -ая, -ое.

ЗЕМЛЯНИ́ЧНЫЙ, -ая, -ое. **1.** *см.* земляника. **2.** Розовато-красный, цвета земляники.

ЗЕМЛЯ́НКА, -и, *ж.* Крытое углубление в земле, вырытое для жилья. ‖ *прил.* **земля́ночный**, -ая, -ое.

ЗЕМЛЯ́ЧЕСТВО, -а, *ср.* **1.** Принадлежность по рождению к одной местности (о нескольких лицах). **2.** Объединение уроженцев одной местности, страны, живущих в другой местности, стране. ‖ *прил.* **земля́ческий**, -ая, -ое.

ЗЕ́МНО, *нареч.:* земно кланяться (устар.) — кланяться до земли.

ЗЕМНОВО́ДНЫЙ, -ая, -ое. **1.** Приспособленный к жизни в воде и на суше. *Земноводные растения. Земноводные животные.* **2.** **земново́дные**, -ых. Класс позвоночных животных, способных жить в воде и на суше, амфибии.

ЗЕМНО́Й, -а́я, -о́е. **1.** *см.* земля. **2.** Обращённый к жизни с её реальными делами и помыслами, далёкий от высоких идеалов. *Земные интересы. Земные желания.*

ЗЕ́МСКИЙ, -ая, -ое. **1.** *см.* земство. **2.** То же, что общегосударственный (устар.). *Земское ополчение. Земские соборы* (в России в 16—17 вв.: высшие сословно-представительные учреждения). ✦ **Земский начальник** — в России до революции: чиновник с судебно-административной и полицейской властью, управляющий крестьянским населением определённой местности.

ЗЕМСНАРЯ́Д, -а, *м.* Сокращение: землесосный или землечерпательный снаряд.

ЗЕ́МСТВО, -а, *ср.* В России до революции: орган местного сельского самоуправления с преобладанием в нём дворянства. *Губернское, уездное з.* ‖ *прил.* **зе́мский**, -ая, -ое. *Земское собрание. Земская управа.*

ЗЕ́МЩИНА, -ы, *ж.* Часть государства, выделенная Иваном IV в управление боярам (в отличие от опричнины).

ЗЕНИ́Т, -а, *м.* **1.** В астрономии: точка небесной сферы, находящаяся вертикально над головой наблюдателя. **2.** *перен.* Высшая степень, вершина чего-н. (высок.). *В зените славы.* ‖ *прил.* **зени́тный**, -ая, -ое (к 1 знач.).

ЗЕНИ́ТКА, -и, *ж.* (разг.). Зенитное орудие.

ЗЕНИ́ТНЫЙ, -ая, -ое. **1.** *см.* зенит. **2.** Служащий для стрельбы по воздушным целям. *Зенитное орудие. З. пулемёт.*

ЗЕНИ́ТЧИК, -а, *м.* Военнослужащий зенитного подразделения. ‖ *ж.* **зени́тчица**, -ы.

ЗЕНИ́ЦА, -ы, *ж.* (стар.). Глаз; зрачок. ✦ **Как зеницу ока беречь** *кого-что* (устар. и высок.) — оберегать тщательно, заботливо.

ЗЕ́РКАЛО, -а, *мн.* -ала́, -а́л, -ала́м, *ср.* **1.** Предмет со стеклянной или металлической отполированной поверхностью, предназначенный для отображения того, что находится перед ним. *Напольное, стенное, настольное, ручное з. Стены в зеркалах. Туалетный столик с зеркалом. Смотреться в з. Разбить з.* (плохая примета). *Завесить зеркала* (по обычаю, когда в доме покойник). *Как в зеркале отражается что-н.* (точно). *Глаза — з. души* (афоризм.). *Кривое з.* (также перен.: об искажённом изображении чего-н.). *На з. неча* (т. е. нечего) *пенять, коли рожа крива* (посл.). **2.** *перен.* Спокойная гладкая поверхность вод. *Тихое з. пруда.* **3.** Поверхность, площадь (реки, водоёма, грунтовых вод) (спец.). ‖ *уменьш.* **зе́ркальце**, -а, *род. мн.* -лец, *ср.* (к 1 знач.). ‖ *прил.* **зерка́льный**, -ая, -ое (к 1 и 3 знач.). *Зеркальная фабрика. З. шкаф* (с зеркалом). *Зеркальное стекло* (отполированное и пропускающее свет только с одной стороны; *Дверь с зеркальными стёклами).* ✦ **Зеркальный карп** — разновидность разводимого в прудах карпа с крупными чешуйками.

ЗЕРКА́ЛЬНЫЙ, -ая, -ое; -лен, -льна. **1.** *см.* зеркало. **2.** Гладкий и блестящий, напоминающий зеркало. *Зеркальная гладь.* **3.** *полн. ф.* Об изображении: сходный с получаемым в зеркале, такой, при к-ром происходит пространственное преобразование изображаемого (спец.). *Зеркальное отображение.* ‖ *сущ.* **зерка́льность**, -и, *ж.* (ко 2 знач.).

ЗЕРНИ́СТЫЙ, -ая, -ое. Состоящий из зёрен (в 3 знач.), а также с большим количеством зёрен (в 1 знач.). *Зернистая икра* (сорт чёрной икры). *З. колос.* ‖ *сущ.* **зерни́стость**, -и, *ж.*

ЗЕРНО́, -а́, *мн.* зёрна, зёрен, зёрнам, *ср.* **1.** Плод, семя злаков (а также нек-рых других растений). *Ржаное з. Кофе в зёрнах.* **2.** *собир.* Семена хлебных злаков. *Хлеб в зерне.* **3.** Небольшой, обычно округлый предмет, мелкая частица чего-н. *Жемчужное з. З. икры.* **4.** *перен.* Ядро, зародыш чего-н. (книжн.). *З. истины.* ‖ *уменьш.* **зёрнышко**, -а, *ср.* (к 1 и 3 знач.). ‖ *прил.* **зерново́й**, -а́я, -о́е (к 1 и 2 знач.). *Зерновые культуры* (злаковые растения — пшеница, рожь, ячмень, овёс, кукуруза, рис, зёрна к-рых используются для питания людей и для корма животных).

ЗЕРНО... *Первая часть сложных слов со знач.* относящийся к зерну (в 1 и 2 знач.), напр. *зерновоз, зернопогрузчик, зернодробилка, зернопоставки, зернопровод, зерноувлажнитель.*

ЗЕРНОБОБО́ВЫЙ, -ая, -ое. О бобовом растении: возделываемый для получения зерна. *Зернобобовые культуры.*

ЗЕРНОВО́Й, -а́я, -о́е. **1.** *см.* зерно. **2.** **зерновы́е**, -ы́х. То же, что зерновые культуры. *Уборка зерновых.*

ЗЕРНООЧИСТИ́ТЕЛЬНЫЙ, -ая, -ое. Служащий для очистки и сортировки зерна. *Зерноочистительная машина.*

ЗЕРНОСУШИ́ЛКА, -и, *ж.* **1.** Специально оборудованное помещение для сушки зерна. **2.** Машина для сушки зерна, семян трав.

ЗЕРНОУБО́РОЧНЫЙ, -ая, -ое. Служащий для уборки зерна. *З. комбайн.*

ЗЕРНОХРАНИ́ЛИЩЕ, -а, *ср.* Помещение для хранения зерна

ЗЕФИ́Р[1], -а, *м.* У древних греков: западный ветер; в поэзии: тёплый лёгкий ветер. ‖ *прил.* **зефи́рный**, -ая, -ое.

ЗЕФИ́Р[2], -а, *м.* Род пастилы. ‖ *прил.* **зефи́рный**, -ая, -ое.

ЗЕФИ́Р[3], -а, *м.* Тонкая хлопчатобумажная ткань. ‖ *прил.* **зефи́ровый**, -ая, -ое.

ЗИГЗА́Г, -а, *м.* Ломаная линия. *Зигзаги молнии. Чертить зигзаги.*

ЗИГЗАГООБРА́ЗНЫЙ, -ая, -ое; -зен, -зна. Имеющий вид зигзага, зигзагов. *Зигзагообразное движение.* ‖ *сущ.* **зигзагообра́зность**, -и, *ж.*

ЗИ́ЖДИТЬСЯ (зи́ждусь, зи́ждешься, 1 и 2 л. не употр.), зи́ждется, зи́ждутся; зи́ждущийся; *несов., на чём* (высок.). Основываться на чём-н., опираться на что-н. *Сила бойцов зиждется на вере в победу.*

ЗИМА́, -ы́, *вин.* зи́му, *мн.* зи́мы, зим, зи́мам, *ж.* Самое холодное время года, следующее за осенью и предшествующее весне. *Суровая, холодная з. Мягкая з. На́ зиму* (на время зимы). *За́ зиму* (в течение зимы). *Всю зиму шёл снег.* ✦ **Сколько лет, сколько зим** (разг.) — радостное приветствие при встрече с тем, кого давно не видел. ‖ *уменьш.* **зи́мушка**, -и, *ж.* *Зимушка-зима* (ласк.). ‖ *прил.* **зи́мний,** -яя, -ее. *Зимние виды спорта. По-зимнему* (нареч.) *одет.*

ЗИ´МНИК, -а, *м.* Дорога, проложенная прямо по снегу для езды зимой. ‖ *прил.* **зи́мниковый,** -ая, -ое.

ЗИМОВА´ТЬ, -му́ю, -му́ешь; *несов.* Проводить где-н. зиму, жить где-н. зимой. *З. на Новой Земле. Показать, где раки зимуют* (о выражении угрозы; разг.). ‖ *сов.* **перезимова́ть,** -му́ю, -му́ешь *и* **прозимова́ть,** -му́ю, -му́ешь. ‖ *сущ.* **зимо́вка,** -и, *ж. и* **перезимо́вка,** -и, *ж.* ‖ *прил.* **зимова́льный,** -ая, -ое (спец.). *Зимовальные ямы* (где зимует рыба).

ЗИМО´ВКА, -и, *ж.* **1.** *см.* зимовать. **2.** Место, жильё, где зимуют люди. *Расположиться на зимовке.* ‖ *прил.* **зимо́вочный,** -ая, -ое. *З. состав полярников.*

ЗИМО´ВНИК, -а, *м.* Зимнее помещение для животных, проводящих лето на пастбищах. *З. для овец. З. для пчёл.*

ЗИМО´ВЩИК, -а, *м.* Человек, к-рый находится где-н. на зимовке вдали от населённых мест. ‖ *ж.* **зимо́вщица,** -ы.

ЗИМО´ВЬЕ, -я, *род. мн.* -вий, *ср.* **1.** То же, что зимовка (во 2 знач.). **2.** Место, где зимуют животные, рыбы.

ЗИМО´Й, *нареч.* В зимнее время. *З. и летом одним цветом* (погов. о чём-н. однообразно повторяющемся).

ЗИМОРО´ДОК, -дка, *м.* Небольшая, родственная удоду птица с крупной головой на короткой шее и длинным клювом (зимой купающаяся в снегу). *Голубой з.* (с блестящим сине-жёлтым оперением спины, один из видов). ‖ *прил.* **зиморо́дковый,** -ая, -ое. *Семейство зимородковых* (сущ.).

ЗИМОСТО´ЙКИЙ, -ая, -ое; -о́ек, -о́йка. То же, что зимоустойчивый. *Зимостойкие культуры.* ‖ *сущ.* **зимосто́йкость,** -и, *ж.*

ЗИМОУСТО´ЙЧИВЫЙ, -ая, -ое; -ив. О растениях: способный переносить зимние холода. *З. сорт яблонь. Зимоустойчивые деревья.* ‖ *сущ.* **зимоусто́йчивость,** -и, *ж.*

ЗИПУ´Н, -а́, *м.* В старое время: крестьянская одежда — кафтан из грубого толстого сукна, обычно без ворота.

ЗИЯ´НИЕ[1], -я, *ср.* В языкознании: стечение двух или более гласных в слове или на стыке двух слов, напр. *аэроплан, пора идти.*

ЗИЯ´НИЕ[2] *см.* зиять.

ЗИЯ´ТЬ (-я́ю, -я́ешь, 1 и 2 л. не употр.), -я́ет; *несов.* (книжн.). Быть раскрытым, обнаруживая глубину, пустоту, провал. *Зияет бездна. Зияющие отверстия.* ‖ *сущ.* **зия́ние,** -я, *ср.*

ЗЛАК, -а, *м.* Растение со стеблем в виде полой коленчатой соломины и с мелкими цветками в колосьях или метёлках (в старину — вообще травянистое растение). *Семейство злаков. Хлебные злаки. Луговые злаки.* ‖ *прил.* **зла́ковый,** -ая, -ое. *Злаковые растения.*

ЗЛА´ТО, -а, *ср.* (устар.). То же, что золото (в 1 и 2 знач.).

ЗЛАТО... *Первая часть сложных слов,* то же, что золото..., напр. *златокованый, златотканый, златоглавый, златоверхий, златокудрый.*

ЗЛАТОВЕ´РХИЙ, -ая, -ое. В народной поэзии: с золочёным верхом, крышами. *З. терем.*

ЗЛАТО´Й, -а́я, -о́е (устар.). То же, что золотой (в 1, 3 и 4 знач.). ✦ **Златые горы сулить** *кому* (часто ирон.) — обещать большие блага, богатства.

ЗЛАТОКО´ВАНЫЙ, -ая, -ое. В народной поэзии: сделанный из кованого золота. *З. меч.*

ЗЛАТОКУ´ДРЫЙ, -ая, -ое; -у́др (устар.). С золотистыми кудрями. *Златокудрое дитя.*

ЗЛАТОУ´СТ, -а, *м.* (устар. и ирон.). Красноречивый оратор.

ЗЛА´ЧНЫЙ, -ая, -ое: **злачное место** (устар. и разг. шутл.) — место, где предаются кутежам, разврату.

ЗЛЕ´ЙШИЙ: злейший враг — худший из врагов (тех, что есть, или тех, что могут быть). *С этого дня ты мой злейший враг.*

ЗЛЕТЬ, зле́ю, зле́ешь; *несов.* (разг.). Становиться злым (во 2 и в нек-рых сочетаниях в 3 знач.), злее.

ЗЛИТЬ, злю, зли́шь; *несов., кого (что).* Вызывать злость в ком-н., сердить. ‖ *сов.* **разозли́ть,** -лю́, -ли́шь; -лённый (-ён, -ена́), **обозли́ть,** -лю́, -ли́шь; -лённый (-ён, -ена́) (разг.) *и* **озли́ть,** -лю́, -ли́шь; -лённый (-ён, -ена́) (прост.).

ЗЛИ´ТЬСЯ, злюсь, зли́шься; *несов.* Испытывать злость. ‖ *сов.* **разозли́ться,** -лю́сь, -ли́шься, **обозли́ться,** -лю́сь, -ли́шься (разг.) *и* **озли́ться,** -лю́сь, -ли́шься (прост.).

ЗЛО, зла, *мн.* только *род. п.* зол, *ср.* **1.** *ед.* Нечто дурное, вредное, противоположное добру; злой поступок. *Причинить з. кому-н. Отплатить злом за добро. Не помнит зла кто-н.* (о том, кто незлопамятен). **2.** Беда, несчастье, неприятность. *От его помощи только з. Из двух зол выбрать меньшее* (склониться к тому, что хотя и плохо, но немного лучше другого). **3.** *ед.* Досада, злость. *Сделать что-н. со зла З. берёт. Иметь (держать) з. на кого-н. Зла не хватает на кого-н.* (очень зол на кого-н.; разг.).

ЗЛО´БА, -ы, *ж.* Чувство злости, недоброжелательства к кому-н. *Питать злобу против кого-н. Пышет злобой кто-н. на кого-н.* ✦ **Злоба дня** — то, что особенно интересно, важно сегодня. *Выступление на злобу дня.*

ЗЛО´БИТЬСЯ, -блюсь, -бишься; *несов.* (прост.). То же, что злобствовать.

ЗЛО´БНЫЙ, -ая, -ое; -бен, -бна. Исполненный злобы. *З. характер. З. тон, взгляд.* ‖ *сущ.* **зло́бность,** -и, *ж.*

ЗЛОБОДНЕ´ВНЫЙ, -ая, -ое; -вен, -вна. Составляющий злобу дня, представляющий существенный интерес в данный момент. *З. вопрос.* ‖ *сущ.* **злободне́вность,** -и, *ж.*

ЗЛО´БСТВОВАТЬ, -твую, -твуешь; *несов.* Предаваться злобе, испытывать злобу.

ЗЛОВЕ´ЩИЙ, -ая, -ее; -е́щ. Предвещающий несчастье, зло. *Зловещая тишина. З. признак. Зловещее предзнаменование.*

ЗЛОВО´НИЕ, -я, *ср.* Отвратительный запах, смрад, вонь. *Испускать з.*

ЗЛОВО´ННЫЙ, -ая, -ое; -о́нен, -о́нна. Издающий зловоние. *Зловонная лужа.* ‖ *сущ.* **злово́нность,** -и, *ж.*

ЗЛОВРЕ´ДНЫЙ, -ая, -ое; -ден, -дна. Очень вредный. *З. старикашка. Зловредная мысль.* ‖ *сущ.* **зловре́дность,** -и, *ж.*

ЗЛОДЕ´Й, -я, *м.* **1.** Человек, к-рый совершает злодеяния или способен на них, преступник. **2.** Употр. как бранное слово (разг.). *Что же ты наделал, з. ты этакий!* ‖ *ж.* **злоде́йка,** -и. ‖ *прил.* **злоде́йский,** -ая, -ое (к 1 знач.).

ЗЛОДЕ´ЙСТВО, -а, *ср.* (высок.). То же, что злодеяние. *Совершить з.* ‖ *прил.* **злоде́йский,** -ая, -ое.

ЗЛОДЕ´ЙСТВОВАТЬ, -твую, -твуешь; *несов.* (высок.). Совершать злодеяния.

ЗЛОДЕЯ´НИЕ, -я, *ср.* (высок.). Тяжкое преступление. *Чудовищное з.*

ЗЛОЙ, зла́я, зло́е; зол, зла, зло; зле́е; зле́йший. **1.** Заключающий в себе зло (в 1 и 2 знач.). *З. умысел. З. рок* (несчастная судьба). **2.** Полный злобы, злости. *З. мальчик. Злейший враг. З. взгляд. Зло* (нареч.) *подшутить.* **3.** *перен.* Причиняющий сильную неприятность, боль, жжение; сильный, крайний по степени своего проявления (разг.). *Злая тоска. З. мороз. Злая горчица* (очень острая). **4.** *кратк. ф., на кого-что.* Сердит, исполнен злобы. *Зол на всех.* **5.** *на что и до чего.* Делающий что-н. увлечённо, с азартом (прост.). *Зол на работу или до работы.*

ЗЛОКА´ЧЕСТВЕННЫЙ, -ая, -ое; -вен, -венна. Очень опасный, грозящий смертью. *Злокачественная опухоль. Злокачественная лихорадка.* ‖ *сущ.* **злока́чественность,** -и, *ж.*

ЗЛОКЛЮЧЕ´НИЕ, -я, *ср.* (книжн.). Несчастное приключение, бедствие. *Рассказал о всех злоключениях.*

ЗЛОКО´ЗНЕННЫЙ, -ая, -ое; -знен, -зненна (устар.). Коварный, со злым умыслом. *З. поступок.* ‖ *сущ.* **злоко́зненность,** -и, *ж.*

ЗЛОНАМЕ´РЕННЫЙ, -ая, -ое; -рен, -ренна (книжн.). Проникнутый злыми, вредными намерениями. *З. поступок.* ‖ *сущ.* **злонаме́ренность,** -и, *ж.*

ЗЛОНРА´ВНЫЙ, -ая, -ое; -вен, -вна (устар.). С дурным нравом, характером. ‖ *сущ.* **злонра́вие,** -я, ср.

ЗЛОПА´МЯТНЫЙ, -ая, -ое; -тен, -тна. Не забывающий, не прощающий причинённого зла, обид. *З. человек.* ‖ *сущ.* **злопа́мятство,** -а, *ср. и* **злопа́мятность,** -и, *ж.*

ЗЛОПОЛУ´ЧНЫЙ, -ая, -ое; -чен, -чна. Несчастный, незадачливый, полный бедствий и неудач. *З. день.* ‖ *сущ.* **злополу́чность,** -и, *ж.*

ЗЛОПЫХА´ТЕЛЬ, -я, *м.* Человек, к-рый со злопыхательством относится к кому-чему-н. ‖ *ж.* **злопыха́тельница,** -ы. ‖ *прил.* **злопыха́тельный,** -ая, -ое.

ЗЛОПЫХА´ТЕЛЬСТВО, -а, *ср.* Исполненное злобы раздражённо-придирчивое отношение к кому-чему-н. *Бессильное з.* ‖ *прил.* **злопыха́тельский,** -ая, -ое. *Злопыхательские речи.*

ЗЛОПЫХА´ТЕЛЬСТВОВАТЬ, -твую, -твуешь и (устар. книжн.) **ЗЛОПЫХА´ТЬ,** -а́ю, -а́ешь; *несов.* Вести себя злопыхателем, относиться к кому-чему-н. со злобным раздражением, предвзятостью. *З. по поводу чьих-н. неудач.*

ЗЛОРА´ДНЫЙ, -ая, -ое; -ден, -дна. Полный злорадства. *Злорадное чувство. Злорадно* (нареч.) *засмеяться.* ‖ *сущ.* **злора́дность,** -и, *ж.*

ЗЛОРА´ДСТВО, -а, *ср.* Злобная радость при несчастье, неудаче другого.

ЗЛОРА´ДСТВОВАТЬ, -твую, -твуешь; *несов.* Испытывать злорадство. *З. по поводу чужой беды.*

ЗЛОРЕЧИ´ВЫЙ, -ая, -ое; -и́в (устар.). Зло, язвительно говорящий, отзывающийся о ком-чём-н. ‖ *сущ.* **злоре́чие,** -я, *ср. и* **злоречи́вость,** -и, *ж.*

ЗЛОСЛО´ВИЕ, -я, *ср.* Злые, недоброжелательные слова, высказывания о ком-чём-н., злостные сплетни, пересуды.

ЗЛОСЛО´ВИТЬ, -влю, -вишь; *несов.* Заниматься злословием.

ЗЛО´СТНЫЙ, -ая, -ое; -тен, -тна. **1.** Исполненный зла, злых умыслов. *Злостная клевета. Злостное хулиганство.* **2.** Сознательно недобросовестный. *З. неплательщик.* **3.** Закоренелый в чём-н. дурном. *З. преступник.* ‖ *сущ.* **зло́стность,** -и, *ж.*

ЗЛОСТЬ, *-и, ж.* **1.** Злое, раздражённо-враждебное чувство, настроение. *Полон злости кто-н. Говорить со злостью.* **2.** Стремление действовать активно, бороться, боевое настроение. *Хорошая спортивная з.*

ЗЛОСЧА´СТНЫЙ, -ая, -ое; -тен, -тна. Несчастный, злополучный. *Злосчастная любовь.* ‖ *сущ.* **злосча́стность**, *-и, ж. и* **злосча́стие**, *-я, ср.* (устар.).

ЗЛО´ТЫЙ, -ого, *м.* Денежная единица в Польше.

ЗЛОУМЫ´ШЛЕННИК, -а, *м.* Человек, к-рый совершает или совершил преступление злоумышленно. ‖ *ж.* **злоумышленница**, -ы.

ЗЛОУМЫ´ШЛЕННЫЙ, -ая, -ое (устар.). Совершённый по злому умыслу.

ЗЛОУПОТРЕБИ´ТЬ, -блю́, -би́шь; *сов., чем.* **1.** Употребить во зло, незаконно или недобросовестно. *З. властью. З. доверием.* **2.** Использовать что-н. во вред себе. *З. сладким. З. спиртным.* ‖ *несов.* **злоупотребля́ть**, -я́ю, -я́ешь. ‖ *сущ.* **злоупотребле́ние**, *-я, ср.*

ЗЛОУПОТРЕБЛЕ´НИЕ, *-я, ср.* **1.** *см.* злоупотребить. **2.** обычно *мн.* Проступок, состоящий в незаконном, преступном использовании своих прав, возможностей. *Раскрыть злоупотребления.*

ЗЛОЯЗЫ´ЧНЫЙ, -ая, -ое; -чен, -чна (устар.). То же, что злоречивый. ‖ *сущ.* **злоязычие**, *-я, ср.*

ЗЛЫ´ДЕНЬ, -дня, *м.* и **ЗЛЫ´ДНЯ**, *-и, м.* и *ж.* (прост.). Человек, к-рый постоянно зол, злится.

ЗЛЮ´КА, -и и **ЗЛЮ´ЧКА**, *-и, м.* и *ж.* (разг.). Тот, кто постоянно злится из-за плохого характера.

ЗЛЮ´ЩИЙ, -ая, -ее (разг.). Очень злой. *З. пёс.*

ЗМЕЕВИ´ДНЫЙ, -ая, -ое; -ден, -дна. Похожий по форме на змею. *З. браслет.*

ЗМЕЕВИ´К, -а́, *м.* **1.** Трубка, обычно изогнутая спиралью, употр. при перегонке жидкостей, в различных тепловых установках. **2.** Плотная горная порода зелёного цвета с пятнами. *Благородный з.* (поделочный камень). ‖ *прил.* **змеевико́вый**, -ая, -ое.

ЗМЕЕЛО´В, -а, *м.* Человек, к-рый ловит змей.

ЗМЕЁНЫШ, -а, *м.* Недавно вылупившаяся змея. *Ах ты з. этакий!* (перен.; бран.).

ЗМЕИ´ТЬСЯ (-ею́сь, -еи́шься, 1 и 2 л. не употр.), -еи́тся; *несов.* Простираться изогнутой линией, извиваться. *Змеится ручей.*

ЗМЕЙ, -я, *м.* **1.** То же, что змея (устар. и обл.). *Как лютый з. кто-н.* (очень зол). **2.** Сказочное чудовище с туловищем змеи. *З. Горыныч* (в сказках: имя этого чудовища). **3.** Поднимающийся и удерживаемый на длинной нитке лист бумаги или кусок ткани с наклеенными на нём тонкими деревянными планками. *Бумажный з. Склеить змея. Запустить змея.* **4.** **воздушный змей** — 1) то же, что змей (в 3 знач.); вообще легкое летательное устройство с несущей плоскостью — обтяжным каркасом; 2) поднимаемое высоко в воздух привязное метеорологическое устройство.

ЗМЕЮ´КА, *-и, ж.* (прост.). То же, что змея. ‖ *прил.* **змею́чий**, -ья, -ье.

ЗМЕЮ´ШНИК, -а, *м.* (прост.). **1.** Место скопления змей. **2.** *перен.* О собравшихся вместе злых, враждующих друг с другом людях. *Тяжело работать в этом змеюшнике.*

ЗМЕЯ, -и́, *мн.* зме́и, змей, зме́ям, *ж.* Пресмыкающееся с длинным извивающимся телом, часто с ядовитыми железами в пасти. *Ядовитая, неядовитая з. Гремучая з.* (с гремящими роговыми кольцами на конце хвоста). *Морская з.* (в океанических водах тропиков). *Извиваться змеёй* (кольцеобразно). *Змею отогреть на своей груди* (перен.: о том, кто был обласкан, а позднее оказался врагом, предателем). *Не человек — з.!* (о злом и язвительном человеке). ‖ *уменьш.* **зме́йка**, *-и, ж.* ‖ *прил.* **змеи́ный**, -ая, -ое. *З. яд. Змеиная кожа. З. питомник. Змеиная улыбка* (перен.: коварная).

ЗМИЙ, -я, *м.* (стар.). То же, что змей (в 1 и 2 знач.). ✦ **Змий-искуситель** (книжн., часто ирон.) — тот, кто вводит в искушение, искуситель [по библейскому сказанию о грехопадении Адама и Евы, к-рых искусил змий].

ЗНАВА´ТЬ *см.* знать[1].

ЗНАЙ, *частица* (прост.). Относится к глаголу-сказуемому, выражая значение продолжающегося и независимого действия, безразличного к чему-н. другому. ✦ **Знай себе** — то же, что знай. *Его зовут, а он знай себе шагает вперёд.*

ЗНАК, -а, *м.* **1.** Пометка, изображение, предмет, к-рыми отмечается, обозначается что-н. *Условный з. Дорожные знаки* (на автомобильных дорогах, на улицах: информирующие об особенностях дороги, о правилах движения). *Товарный з.* (на товаре, изделии, отличающий изделия данного предприятия). *Денежные знаки* (то же, что деньги в 1 знач.). *З. почтовой оплаты* (марка). **2.** Внешнее обнаружение, признак чего-н. *Знаки внимания. Молчание — з. согласия. Дурной з.* (плохое предзнаменование). **3.** Жест, движение к-рым сигнализируют, сообщают что-н. *Подавать знаки рукой.* **4.** **знак языковой** — значимая единица языка (в 1 и 4 знач.) (спец.). ✦ **Знаки отличия** — ордена, медали, нагрудные знаки, к-рыми награждаются военнослужащие. **Знаки различия** — знаки на форменной одежде, обозначающие звание, принадлежность к роду войск, к специальным службам. **В знак** *чего, предлог с род. п.* — в целях демонстрации чего-н., в доказательство чего-н. *Подарить в знак дружбы. Уход в знак протеста.* **Под знаком** *чего, в знач. предлога с род. п.* — характеризуясь чем-н., обнаруживая собою что-н. *Переговоры прошли под знаком единства и сплочённости.* ‖ *прил.* **зна́ковый**, -ая, -ое (к 1 и 4 знач.; спец.). *Знаковая система* (система языковых знаков).

ЗНАКО´МЕЦ, -мца, *м.* (устар.). Знакомый человек. *Мой старый з.* ‖ *ж.* **знако́мка**, -и.

ЗНАКО´МИТЬ, -млю, -мишь; *несов., кого (что).* **1.** *с кем.* Делать знакомым. *З. с новыми сотрудниками.* **2.** *с чем.* Давать кому-н. сведения о чём-н. *З. с историей края.* ‖ *сов.* **познако́мить**, -млю, -мишь; -мленный *и* **ознако́мить**, -млю, -мишь; -мленный (ко 2 знач.). ‖ *сущ.* **знако́мство**, *-а, ср. и* **ознакомле́ние**, *-я, ср.* (ко 2 знач.). *Состоялось знакомство. Ознакомление с делами.*

ЗНАКО´МИТЬСЯ, -млюсь, -мишься; *несов.* **1.** *с кем.* Вступать в знакомство с кем-н. *З. с новыми товарищами.* **2.** *с чем.* Получать, собирать сведения о чём-н. *З. с обстановкой.* ‖ *сов.* **познако́миться**, -млюсь, -мишься *и* **ознако́миться**, -млюсь, -мишься (ко 2 знач.). ‖ *сущ.* **знако́мство**, *-а, ср. и* **ознакомле́ние**, *-я, ср.* (ко 2 знач.). *С первого знакомства* (с первой встречи). ‖ *прил.* **ознакоми́тельный**, -ая, -ое (ко 2 знач.). *Ознакомительная поездка.*

ЗНАКО´МСТВО, -а, *ср.* **1.** *см.* знакомить, -ся. **2.** *с кем.* Отношения между людьми, знающими друг друга. *Завязать з. Прекратить, порвать з. Оказать услугу по знакомству.* **3.** Круг знакомых. *Большие знакомства.* **4.** *с чем.* Наличие знаний, сведений о чём-н. *Хорошее з. с литературой.*

ЗНАКО´МЫЙ, -ая, -ое; -о́м. **1.** *кому.* Такой, о к-ром знали раньше, известный. *Знакомая мелодия.* **2.** *с чем.* Знающий, испытавший что-н. *Охотник знаком с каждой тропинкой.* **3.** Состоящий в знакомстве (во 2 знач.) с кем-н.; лично известный. *З. человек.* **4.** **знако́мый**, -ого, *м.* Человек, с к-рым кто-н. состоит в знакомстве (во 2 знач.). *Мой старый з. Встретил знакомого.* ‖ *ж.* **знако́мая**, -ой (к 4 знач.).

ЗНАМЕНА´ТЕЛЬ, -я, *м.* В математике: делитель в дроби. *Привести к одному знаменателю* (также перен.: уравнять, сделать сходным в каком-н. отношении).

ЗНАМЕНА´ТЕЛЬНЫЙ, -ая, -ое; -лен, -льна. **1.** Важный, значительный. *Знаменательная дата. Знаменательные события.* **2.** **знаменательные слова** — в языкознании: слова, называющие предметы, действия, состояния, признаки и в предложении являющиеся его членами. *Знаменательные части речи* (не служебные). ‖ *сущ.* **знамена́тельность**, *-и, ж.*

ЗНА´МЕНИЕ, *-я, ср.* (высок.). **1.** Знак, символ. *Крестное з.* (жест, знак креста). *Небесное з.* (небесное явление, воспринимаемое как чудо, предзнаменование). **2.** То же, что предзнаменование. *Явление кометы — з. беды.* ✦ **Знамение времени (эпохи)** — общественное явление, характерное для данного времени.

ЗНАМЕНИ´ТОСТЬ, *-и, ж.* **1.** *см.* знаменитый. **2.** Знаменитый человек. *Стать знаменитостью.*

ЗНАМЕНИ´ТЫЙ, -ая, -ое; -и́т. Пользующийся всеобщей известностью. *З. поэт.* ‖ *сущ.* **знамени́тость**, *-и, ж.*

ЗНАМЕНОВА´ТЬ (-ну́ю, -ну́ешь, 1 и 2 л. не употр.), -ну́ет; *несов., что* (книжн.). Означать, свидетельствовать о чём-н. *Событие, знаменующее успех.*

ЗНАМЕНО´СЕЦ, -сца, *м.* Тот, кто несёт или носит знамя. *З. полка. Знаменосцы воинской славы* (перен.; высок.).

ЗНАМЁНЩИК, -а, *м.* Военнослужащий, к-рый носит знамя воинской части. ‖ *прил.* **знамёнщицкий**, -ая, -ое.

ЗНА´МЯ, -мени, *мн.* -мёна, -мён, -мёнам, *ср.* Определённого цвета (или цветов) широкое полотнище на древке, принадлежащее воинской части, какой-н. организации, государству. *Полковое з. Водрузить з. Победы. Высоко держать з. чего-н.* (перен.: хранить какие-н. идеалы, заветы; высок.). *Под знаменем чего-н.* (перен.: руководствуясь чем-н.; высок.). ‖ *прил.* **знамённый**, -ая, -ое (спец.). *З. взвод.*

ЗНА´НИЕ, *-я, ср.* **1.** *см.* знать[1]. **2.** Результаты познания, научные сведения. *Различные области знания.* **3.** Совокупность сведений в какой-н. области. *Специалист с хорошими знаниями. Со знанием дела.*

ЗНА´ТНЫЙ, -ая, -ое; -тен, -тна́, -тно, -тны́ *и* -тны. **1.** *полн. ф.* Прославившийся своей деятельностью, такой, к-рого знают все. *Знатные труженики. З. тракторист.* **2.** Принадлежащий к аристократии, к знати[2]. *З. род.* **3.** Отличный, высокий по качеству; сильный (прост.). *Знатная уха. Морозец з.* ‖ *сущ.* **зна́тность**, *-и, ж.* (к 1 и 2 знач.).

ЗНАТО´К, -а́, *м.* Человек, обладающий большими знаниями в чём-н., тонким пониманием чего-н. *З. своего дела. З. литературы (в литературе). С учёным видом знатока* (о рассуждающем самоуверенно по поводу того, в чём мало сведущ; ирон.).

ЗНАТЬ[1], зна́ю, зна́ешь; *несов.* **1.** *о ком-чём.* Иметь сведения о ком-чём-н. *З. о родных. Дать з. о себе.* **2.** *кого-что.* Обладать какими-н. познаниями, иметь о ком-чём-н. понятие, представление. *З. урок. З. своё дело. Знаю, что он прав. З. кого-н. за честного человека* (знать, что кто-н. честен). *Я знаю, что я ничего не знаю* (афоризм). **3.** *кого (что).* Быть знакомым с кем-н. *З. кого-н. с детства.* **4.** *обычно с отриц., что.* Испытывать, переживать. *Не з. покоя. Не з. колебаний, сомнений, усталости. Не знает поражений кто-н.* (всегда побеждает). **5.** *что.* Соблюдать, считаться с чем-н. *З. меру. З. своё место* (вести себя соответственно своему положению). **6. зна́ешь, зна́ете,** *вводн. сл.* — 1) в ответной реплике: выражает сомнение, удивление, недоверие. *Говорит, что болен. — Ну уж, знаете! Я ему больше не верю;* 2) служит для привлечения внимания. *Я, знаете, вчера был в театре.* ✦ **Будешь (будет, буду и т. п.) знать** (разг.) — назидательное напоминание тому, кто наказан и должен об этом помнить. *Мальчишке досталось от отца, теперь будет знать!* **Знать не знаю, ведать не ведаю** *о ком-чём* (разг.) — то же, что ведать не ведаю. **Интересно знать** (разг., обычно неодобр.) — выражение неосведомлённости и желания узнать, понять. *Где это ты пропадаешь, интересно знать?* **Не знать женщин (мужчин)** — быть девственником (девственницей). **Даёт себя знать** — заставляет себя чувствовать, ощущать. *Старая рана даёт себя знать.* **Знал бы я (ты, он), знали бы мы (вы, они)...** (разг.) — эмоциональное подчёркивание сообщаемого. *Знал бы ты, кого я там встретил!* **Знаю я тебя (вас, их и др.)** (разг.) — выражение неодобрения и недоверия. *Ты обманываешь, знаю я тебя!* **Знай наших!** (разг.) — похвальба (иногда с оттенком вызова или угрозы): вот мы каковы! *Нарядились не хуже других. Знай наших! Сумели за себя постоять. Знай наших!* **Кто (его) знает** (разг.) — выражение сомнения, неуверенности. *Не волнуйтесь, всё будет хорошо. — Кто (его) знает!* **Кто его (её, меня, тебя, вас) знает** (разг.) — с последующим местоименным словом: неизвестно (кто, какой, где и др.). *Кто его (тебя) знает, что он (ты) за человек. Кто их знает, откуда они. Кто меня знает, когда я вернусь.* **Как знаешь (знаете)** (разг.) — как считаешь (считаете) нужным, решай (решайте) сам (сами), дело твоё (ваше). **Не знает границ (пределов)** — 1) *кто в чём,* о том, чьё поведение излишне активно. *Льстец не знает границ в похвалах;* 2) *что,* о чём-н. очень сильном, интесивно проявляющемся. *Любовь матери не знает границ.* **Не знаю (не знает, не знают) как** (прост.) — в сочетании с личной формой глагола: очень сильно. *Я его не знаю как уважаю. Так любила, уж и не знаю как.* **Так и знай** (разг.) — выражение уверения. *Он говорит неправду, так и знай.* ‖ *многокр.* **знава́ть,** наст. нет (к 3 знач.). ‖ *сущ.* **зна́ние,** -я, *ср.* (к 1, 2 и 5 знач.).

ЗНАТЬ[2], -и, *ж.* Аристократия, высший слой привилегированного класса. *Высшая дворянская з.*

ЗНАТЬ[3], *вводн. сл.* (прост.). То же, что наверное.

ЗНА´ТЬСЯ, зна́юсь, зна́ешься; *несов., с кем (чем)* (прост.). Поддерживать знакомство, водиться. *Ни с кем не желает з.*

ЗНА´ХАРЬ, -я, *м.* Лекарь-самоучка, действующий собственными примитивными способами, часто с колдовскими приёмами. ‖ *ж.* **зна́харка, -и** *и* **знаха́рка,** -и. ‖ *прил.* **зна́харский,** -ая, -ое.

ЗНАЧЕ´НИЕ, -я, *ср.* **1.** Смысл, то, что данное явление, понятие, предмет значит, обозначает. *З. взгляда, жеста. Определить з. слова. Лексическое з. слова* (означаемое им понятие). **2.** Важность, значительность, роль. *Придавать чему-н. большое з. Не имеет значения что-н.* (не существенно, не важно).

ЗНА´ЧИМОСТЬ, -и, *ж.* (книжн.). То же, что значение (во 2 знач.). *Социальная з. воспитания.*

ЗНА´ЧИМЫЙ, -ая, -ое; -им. Выражающий что-н., имеющий какое-н. значение. *Значимые части слова.*

ЗНА´ЧИТ. 1. *вводн. сл.* Следовательно, стало быть, выходит. *Вещи собраны, ты, з., уезжаешь?* **2. зна́чит (зна́чило, зна́чило бы, бу́дет зна́чить).** Употр. в знач. связки «это», «это есть». *Простить з. забыть.* **3.** *союз.* И поэтому, следовательно. *Тучи собираются, з. будет дождь. Ты сердишься, з. ты неправ.* ✦ **А значит (и значит),** *союз* — то же, что значит (в 3 знач.).

ЗНАЧИ´ТЕЛЬНЫЙ, -ая, -ое; -лен, -льна. **1.** Большой по размерам, силе. *З. урон. Значительная сумма. З. успех. Значительно* (нареч.) *больше.* **2.** Имеющий большое значение, важный. *Значительные события. Он человек з.* **3.** Очень выразительный, выражающий многое. *З. взгляд. Значительно* (нареч.) *посмотреть.* ‖ *сущ.* **значи́тельность,** -и, *ж.*

ЗНА´ЧИТЬ, -чу, -чишь; *несов., что.* Иметь какой-н. смысл, важность, ценность. *Его обещание мало значит. Ты для него много значишь. Ничего не значит что-н.* (не имеет никакого значения). *Ребёнок стал поправляться — вот что значит воздух!* (вот как важен).

ЗНА´ЧИТЬСЯ, -чусь, -чишься; *несов., кем-чем, как кто-что или в качестве кого-чего* (офиц.). Находиться, состоять, числиться. *З. в отпуске. З. в списке. Он значится в качестве инструктора (как инструктор).*

ЗНАЧКИ´СТ, -а, *м.* Человек, имеющий значок как свидетельство о квалификации, выполнении каких-н. нормативов. ‖ *ж.* **значки́стка,** -и. ‖ *прил.* **значки́стский,** -ая, -ое.

ЗНАЧО´К, -чка́, *м.* **1.** Пластинка, кружок, плоская фигурка с какими-н. изображениями, носимые на груди как памятный или отличительный знак или как знак принадлежности к какой-н. организации. *Приколоть з. Нагрудный з. Университетский з.* **2.** Условная пометка, изображение на чём-н. *Значки на полях книги.*

ЗНА´ЮЩИЙ, -ая, -ее. Такой, к-рый много знает, хорошо осведомлён в чём-н. *Он человек з.*

ЗНОБИ´ТЬ, -и́т; *безл.; несов., кого (что).* Об ощущении озноба, лихорадочного состояния. *Больного знобит.*

ЗНОЙ, -я, *м.* Сильная жара от нагретого солнцем воздуха. *Полуденный з.*

ЗНО´ЙНЫЙ, -ая, -ое; зно́ен, зно́йна. **1.** Жаркий, пышущий зноем. *З. день.* **2.** *перен.* Страстный, пылкий. *З. взгляд. Знойная страсть.* ‖ *сущ.* **зно́йность,** -и, *ж.*

ЗОБ, -а, о зо́бе, в зобу́, *мн.* -ы́, -о́в, *м.* **1.** У птиц, насекомых, моллюсков: расширенная часть пищевода, где накапливается и предварительно обрабатывается пища. **2.** Болезненно увеличенная щитовидная железа, а также (прост.) ожирение шеи под подбородком. ‖ *прил.* **зо́бный,** -ая, -ое.

ЗОБА´СТЫЙ, -ая, -ое; -а́ст (разг.). С большим зобом.

ЗОБА´ТЫЙ, -ая, -ое; -а́т. С зобом или с большим зобом. *З. голубь.*

ЗОВ, -а (-у), *м.* **1.** *см.* звать. **2.** Призыв, клич. *З. о помощи.* ✦ **Зов (голос) крови** (высок.) — чувство, влечение, обусловленное давними родовыми связями, происхождением.

ЗОДИА´К, -а, *м.* (спец.). Пояс неба, по к-рому Солнце совершает своё видимое годовое движение. *Знаки зодиака* (обозначение 12 созвездий, через к-рые проходит зодиак: Овен, Телец, Близнецы, Рак, Лев, Дева, Весы, Скорпион, Стрелец, Козерог, Водолей, Рыбы). ‖ *прил.* **зодиака́льный,** -ая, -ое.

ЗО´ДЧЕСТВО, -а, *ср.* То же, что архитектура (в 1 знач.). *Древнерусское деревянное з.* ‖ *прил.* **зо́дческий,** -ая, -ое.

ЗО´ДЧИЙ, -его, *м.* То же, что архитектор. *Шедевры старых зодчих.*

ЗОЛА´, -ы́, *ж.* Остаток от сжигания чего-н. в виде серо-чёрной пыли. ‖ *прил.* **зо́льный,** -ая, -ое (спец.).

ЗОЛИ´ТЬ, -лю́, -ли́шь; -лённый (-ён, -ена́); *несов., что* (спец.). Обрабатывать (шкуры, кожи) зольником. ‖ *сущ.* **золе́ние,** -я, *ср.* и **зо́лка,** -и, *ж.*

ЗОЛО´ВКА, -и, *ж.* Сестра мужа.

ЗОЛОТИ´СТО-... *Первая часть сложных слов со знач.* с золотистым оттенком, напр. *золотисто-белокурый, золотисто-белый, золотисто-блестящий, золотисто-русый, золотисто-красный, золотисто-оранжевый, золотисто-пурпурный, золотисто-рыжий, золотисто-соломенный.*

ЗОЛОТИ´СТЫЙ, -ая, -ое; -и́ст. Цвета золота, с золотым отливом. *З. колос. Золотистые волосы.* ‖ *сущ.* **золоти́стость,** -и, *ж.*

ЗОЛОТИ´ТЬ, -очу́, -оти́шь; -очённый (-ён, -ена́); *несов., что.* **1.** Покрывать позолотой. *З. купола.* **2.** Окрашивать в золотистый цвет. *Солнце золотит лес.* ‖ *сов.* **вы́золотить,** -очу, -отишь; -оченный (к 1 знач.) и **позолоти́ть,** -очу́, -оти́шь; -о́ченный. *П. украшения. Солнце позолотило облака.* ‖ *сущ.* **золоче́ние,** -я, *ср.* (к 1 знач.). ‖ *прил.* **золоти́льный,** -ая, -ое (к 1 знач.; спец.).

ЗОЛОТИ´ТЬСЯ (-очу́сь, -оти́шься, 1 и 2 л. не употр.), -оти́тся; *несов.* **1.** Становиться золотистым. *Рожь золотится.* **2.** О золотом, золотистом: виднеться. *Вдали золотятся пески.*

ЗО´ЛОТКО, -тка, *ср.* (разг.). Ласковое обращение. *Спасибо тебе, з.! З. ты моё!*

ЗОЛОТНИ´К[1], -а́, *м.* Старая русская мера веса, равная 1/96 фунта или 4,26 г. *Мал з., да дорог* (о ком-чём-н. незначительном с виду, но ценном; разг.). ‖ *прил.* **золотнико́вый,** -ая, -ое.

ЗОЛОТНИ´К[2], -а́, *м.* (спец.). Устройство для автоматического управления потоком пара, жидкости или газа в паровых машинах и турбинах, гидравлических и пневматических механизмах. ‖ *прил.* **золотнико́вый,** -ая, -ое.

ЗО´ЛОТО, -а, *ср.* **1.** Драгоценный металл жёлтого цвета, употр. как мерило ценностей и в драгоценных изделиях. *Чистое з. Ювелирные изделия из золота. Не всё то з., что блестит* (посл.). *Червонное з. Чёрное з.* (о нефти). *Мягкое з.* (о ценных мехах пушных зверей). *Белое з.* (о хлопке). *З. волос* (перен.: о золотистом цвете волос). *З. заката* (перен.: о золотистом цвете неба на закате). **2.** Монеты или изделия из этого металла. *Весь в золоте кто-н.* (в золотых украшениях). *Гимнастам на чемпионате досталось з.* (золотые медали; разг.). **3.** Позолоченные нити. *Шить золотом.* **4.** *перен.* О ком-чём-н. имеющем большие достоинства, дорогом для кого-н. (употр. также как ласк. обращение). *Работник он — з.! З. ты моё!* ‖ *уменьш.-ласк.* **зо́лотце**, -а, *ср.* (к 1 знач.) *и уменьш.-унич.* **золоти́шко**, -а, *ср.* (к 1 знач.). ‖ *прил.* **золото́й**, -а́я, -о́е (к 1 и 2 знач.). *З. песок.* (золотоносный). *З. запас государства* (фонд золота в слитках). *Золотых дел мастер* (ювелир; устар.). *З. призёр* (получивший золотую медаль). *Золотые горы сулить кому-н.* (то же, что златые горы сулить).

ЗОЛОТО... *Первая часть сложных слов со знач.:* 1) относящийся к золоту (в 1 и 3 знач.), напр. *золотодобывающий, золотовалютный, золотошвейка;* 2) с золотом, напр. *золотоглавый, золотоверхий;* 3) золотистого цвета, напр. *золотоволосый.*

ЗОЛОТОИСКА́ТЕЛЬ, -я, *м.* Человек, к-рый занимается поисками и разработкой золотых месторождений, россыпей. ‖ *прил.* **золотоиска́тельский**, -ая, -ое.

ЗОЛОТО́Й, -а́я, -о́е. **1.** *см.* золото. **2.** **золото́й**, -о́го, *м.* В России до 1917 г.: золотая монета достоинством в три, пять, десять рублей (империал, а также полуимпериал); вообще монета из золота, червонец. **3.** Цве́та золота, блестяще-жёлтый. *Золотые кудри. Золотая осень* (осенняя пора, когда особенно ярки желтеющие листья). **4.** *перен.* Счастливый, благоприятный. *Золотая пора. З. век* (время расцвета искусств и наук). **5.** *перен.* Прекрасный, замечательный. *З. работник. Золотые руки* (умелые; разг.). **6.** *перен.* Дорогой, любимый. *З. мой!* ✦ **Золотая молодёжь** — молодёжь из богатых слоёв общества, проводящая жизнь в праздности и развлечениях. **Золотая свадьба** — пятидесятилетие супружеской жизни. **Золотая середина** — образ действий, при к-ром избегают крайностей, риска, смелых решений. *Придерживаться золотой середины.* **Золотое дно** — о неиссякаемом источнике доходов, прибыли. **Золотой дождь** — об обильных доходах, прибылях, богатстве. **Золотые горы** (часто ирон.) — то же, что златые горы.

ЗОЛОТОНО́СНЫЙ, -ая, -ое; -сен, -сна. О месторождении, местности: содержащий в себе золото, богатый золотом. *З. песок. З. район.* ‖ *сущ.* **золотоно́сность**, -и, *ж.*

ЗОЛОТОПРОМЫ́ШЛЕННИК, -а, *м.* **1.** Работник золотопромышленности. **2.** Владелец золотых промыслов, приисков.

ЗОЛОТОПРОМЫ́ШЛЕННОСТЬ, -и, *ж.* Золотодобывающая промышленность. ‖ *прил.* **золотопромы́шленный**, -ая, -ое.

ЗОЛОТОТЫ́СЯЧНИК, -а, *м.* Травянистое растение с розовыми цветками. *З. зонтичный* (лекарственное растение).

ЗОЛОТОШВЕ́ЙНЫЙ, -ая, -ое. Относящийся к шитью золотом (в 3 знач.). *Золотошвейная мастерская.*

ЗОЛОТУ́ХА, -и, *ж.* Старое название одной из форм диатеза. ‖ *прил.* **золоту́шный**, -ая, -ое.

ЗОЛОТУ́ШНЫЙ, -ая, -ое. **1.** *см.* золотуха. **2.** Больной золотухой, а также вообще истощённый, покрытый сыпью (устар.). *З. ребёнок.*

ЗО́ЛОТЦЕ, -а, *ср.* **1.** *см.* золото. **2.** То же, что золотко (разг.).

ЗОЛОЧЁНЫЙ, -ая, -ое. Подвергшийся золочению, покрытый слоем золота. *Золочёные купола.*

ЗО́ЛУШКА, -и, *ж.* Тот, кого не любят, постоянно незаслуженно обижают [по имени безответной и нелюбимой падчерицы — героини одноименной сказки Ш. Перро].

ЗО́ЛЬНИК, -а, *м.* (спец.). **1.** Нижняя часть топки, где собирается зола. **2.** Известковый раствор для золения шкур. **3.** Чан, в к-ром золят шкуры.

ЗО́ЛЬНЫЙ *см.* зола.

ЗО́НА, -ы, *ж.* **1.** Пояс, полоса, пространство между какими-н. границами, двумя линиями или вдоль какой-н. линии, а также вообще характеризующаяся какими-н. общими признаками территория, область. *Пограничная з. Пригородная з. Запретная з. З. отдыха. З. огня. З. влияния.* **2.** Закрытая территория концлагеря, места заключения (разг.). *Вышки вокруг зоны.* ‖ *прил.* **зо́нный**, -ая, -ое (к 1 знач.) *и* **зона́льный**, -ая, -ое (к 1 знач.). *Зонный тариф. Зональная растительность.*

ЗОНД, -а, *м.* **1.** Название различных инструментов и устройств для исследования почвы, скважин при бурении, внутренностей организма. **2.** Воздушный шар со специальным прибором для метеорологических наблюдений. *Шар-з.* ‖ *прил.* **зо́ндовый**, -ая, -ое.

ЗОНДИ́РОВАТЬ, -рую, -руешь; *несов., кого-что.* **1.** Исследовать зондом. *З. рану. З. грунт, дно.* **2.** *перен.* Предварительно осторожно выяснять что-н. у кого-н (книжн.). ✦ **Зондировать почву** (книжн.) — то же, что зондировать (во 2 знач.). ‖ *сущ.* **зонди́рование**, -я, *ср. и* **зонда́ж**, -а, *м. Зондирование атмосферы. Зондаж почвы. Зондаж печени.*

ЗОНТ, -а́, *м.* **1.** То же, что зонтик (в 1 знач.). **2.** Навес над входной дверью, на лодках, над палубой, а также вообще навес над чем-н. в форме большого зонтика (в 1 знач.).

ЗО́НТИК, -а, *м.* **1.** Упругий матерчатый купол на длинной ручке, натягивающийся на спицах и раскрывающийся над головой для защиты от дождя или солнца. *Шёлковый, кружевной з. Раскрыть, закрыть з. Складной з. Стоять, идти под зонтиком.* **2.** То же, что зонт (во 2 знач.). **3.** Соцветие, у к-рого все цветки расположены почти в одной плоскости (спец.). ✦ **Как рыбке зонтик нужен (нужно)** *кто, что* (разг. шутл.) — совершенно не нужен, не нужно. ‖ *прил.* **зо́нтичный**, -ая, -ое. *Зонтичная ткань. Зонтичные растения* (морковь, петрушка, укроп, анис и др.). *Семейство зонтичных* (сущ.).

ЗОО... *Первая часть сложных слов со знач.:* 1) относящийся к зоологии, напр. *зоокабинет, зоофакультет;* 2) относящийся к животным, напр. *зооферма, зоомагазин, зообаза, зооэкспорт, зоопланктон.*

ЗООГЕОГРА́ФИЯ, -и, *ж.* Наука о географическом распространении животных. ‖ *прил.* **зоогеографи́ческий**, -ая, -ое.

ЗОО́ЛОГ, -а, *м.* Специалист по зоологии.

ЗООЛОГИ́ЧЕСКИЙ, -ая, -ое. **1.** *см.* зоология. **2.** Относящийся к животным. *З. магазин. З. музей. З. парк* или *сад* (место содержания, демонстрации, изучения и воспроизводства диких животных). **3.** *перен.* Жёстокий и грубый, звериный (во 2 знач.). *Зоологические нравы. Зоологическая ненависть.*

ЗООЛО́ГИЯ, -и, *ж.* Наука о животных. ‖ *прил.* **зоологи́ческий**, -ая, -ое.

ЗООПА́РК, -а, *м.* Сокращение: зоологический парк. ‖ *прил.* **зоопа́рковский**, -ая, -ое (разг.).

ЗООСА́Д, -а, *м.* Сокращение: зоологический сад. ‖ *прил.* **зооса́довский**, -ая, -ое (разг.).

ЗООТЕ́ХНИК, -а, *м.* Специалист по зоотехнии.

ЗООТЕ́ХНИКА, -и, *ж.* То же, что зоотехния. ‖ *прил.* **зоотехни́ческий**, -ая, -ое.

ЗООТЕ́ХНИЯ, -и, *ж.* Наука о разведении, содержании и использовании сельскохозяйственных животных. ‖ *прил.* **зоотехни́ческий**, -ая, -ое.

ЗО́РЕНЬКА, ЗО́РЬКА *см.* заря.

ЗО́РКИЙ, -ая, -ое; зо́рок, зорка́ *и* зо́рка, зо́рко; зо́рче. **1.** Хорошо видящий дальние и мелкие предметы, с острым зрением. *З. глаз.* **2.** *перен.* Пристальный, проницательный. *З. ум.* ‖ *сущ.* **зо́ркость**, -и, *ж.*

ЗРА́ЗЫ, зраз, *ед.* зра́за, -ы, *ж.* Мясные котлеты с начинкой. *З. с рисом.*

ЗРАЧО́К, -чка́, *м.* Отверстие в радужной оболочке глаза, через к-рое в глаз проникают световые лучи. ‖ *прил.* **зрачко́вый**, -ая, -ое. *Зрачковые реакции.*

ЗРЕ́ЛИЩЕ, -а, *ср.* **1.** То, что представляется взору, привлекает взор (явление, происшествие, пейзаж). *Необыкновенное з. З. для богов* (потрясающее; шутл.). **2.** Театральное или театрализованное, цирковое представление, спортивные выступления. *Массовые зрелища.* ✦ **Хлеба и зрелищ!** — голос толпы, желающей удовлетворения её сегодняшних примитивных потребностей [*первонач.* по сатире Ювенала о требованиях римской черни]. ‖ *прил.* **зре́лищный**, -ая, -ое (ко 2 знач.). *Зрелищные организации.*

ЗРЕ́ЛИЩНЫЙ, -ая, -ое; -щен, -щна. **1.** *см.* зрелище. **2.** О зрелище (во 2 знач.): впечатляющий. *Зрелищные выступления фигуристов.* ‖ *сущ.* **зре́лищность**, -и, *ж.*

ЗРЕ́ЛОСТЬ, -и, *ж.* **1.** *см.* зрелый. **2.** Возраст между молодостью и старостью; период жизни в таком возрасте.

ЗРЕ́ЛЫЙ, -ая, -ое; зрел, зрела́ *и* зре́ла, зре́ло. **1.** Спелый, созревший. *Зрелые яблоки. З. лес.* **2.** Достигший полного развития, вполне сложившийся. *Человек вполне з. З. учёный.* **3.** Свойственный человеку, достигшему полного развития. *З. возраст* (сменяющий юность). **4.** Обдуманный, свидетельствующий об опытности. *Зрелое решение. Зрелое произведение.* ‖ *сущ.* **зре́лость**, -и, *ж.*

ЗРЕ́НИЕ, -я, *ср.* Одно из внешних чувств человека и животного, органом к-рого является глаз; способность видеть. *Хорошее з. Слабое з. Лишиться зрения.* ✦ **Точка зрения** *на кого-что* — чьё-н. мнение о ком-чём-н., взгляд. **Угол зрения** (книжн.) — взгляд, точка зрения на что-н. ‖ *прил.* **зри́тельный**, -ая, -ое. *З. нерв. Зрительная память. Зрительная область мозга* (спец.). *Зрительная труба* (то же, что подзорная труба).

ЗРЕТЬ[1], зре́ю, зре́ешь; *несов.* **1.** Становиться зрелым (в 1 и 2 знач.). *Яблоки зреют. В юноше зреет учёный.* **2.** (1 и 2 л. не употр.). Наступать, приближаться. *Зреет решение. Зреет обида.* ‖ *сов.* **созре́ть**, -е́ю, -е́ешь (к 1 знач.).

ЗРЕТЬ[2], зрю, зришь; *несов., кого-что* и *на кого-что* (устар.). Видеть, смотреть. *Он зрит печальную картину.* ‖ *сов.* **узре́ть**, узрю́, узри́шь *и* у́зришь.

ЗРИ́МЫЙ, -ая, -ое; зрим (книжн.). **1.** Видимый, доступный зрению. *З. мир. Зримое пространство.* **2.** *перен.* Вполне ощутимый, хорошо заметный. *Зримые результаты. Зримые черты нового.* ‖ *сущ.* **зри́мость**, -и, *ж.*

ЗРИ́ТЕЛЬ, -я, *м.* **1.** Тот, кто наблюдает происходящее со стороны (устар.). *З. происшествия.* **2.** Тот, кто смотрит представление, фильм, спортивное состязание. *Театральные зрители.* ‖ *ж.* **зри́тельница**, -ы. ‖ *прил.* **зри́тельский**, -ая, -ое (ко 2 знач.).

ЗРИ́ТЕЛЬНЫЙ, -ая, -ое. **1.** *см.* зрение. **2.** Предназначенный для зрителей (во 2 знач.). *З. зал.*

ЗРЯ, *нареч.* (разг.). Бесцельно, напрасно, без надобности. *З. тратить время.*

ЗРЯЧЕСЛЫ́ШАЩИЙ, -ая, -ее (спец.). Обладающий зрением и слухом.

ЗРЯ́ЧИЙ, -ая, -ее. Обладающий зрением.

ЗРЯ́ШНЫЙ, -ая, -ое (разг.). **1.** Ненужный, напрасный. *Зряшная затея. Зряшная работа.* **2.** Ни к чему не годный, пустой (во 2 знач.). *З. человек.*

ЗУБ, -а, *мн.* зу́бы, зубо́в *и* зу́бья, зу́бьев, *м.* **1.** Костное образование, орган во рту для схватывания, откусывания и разжёвывания пищи. *Коренные зубы. Молочные зубы* (у детей: выпадающие после шести лет). *З. на з. не попадает* (о дрожи от сильного холода, волнения, страха). *На з. попробовать, взять* (перен.: узнать, испробовать непосредственно; разг.). *Сквозь зубы говорить* (еле раскрывая рот, с неохотой; разг.). *Не по зубам что-н. кому-н.* (о чём-н. твёрдом: трудно откусить; также перен.: не под силу, не по способностям; разг.). **2.** *(мн.* зу́бья, зу́бьев). То же, что зубец (в 1 знач.). *Зубья пилы.* ✦ **Зубы на полку положить** (разг.) — дойти до крайней бедности, до голода. **Зубы (глаза и зубы) разгорелись** *на что* (разг. неодобр.) — очень захотелось иметь что-н. **Зубы точить** *на кого* (разг.) — злобствовать, стремиться причинить вред. **Ни в зуб (толкнуть) и ни в зуб ногой** (прост.) — совсем ничего не знает. **Иметь зуб** *против кого* или *на кого* (разг.) — испытывать против кого-н. скрытую злобу, затаённое недовольство. **В зубах навязло** (разг.) — очень надоело. **До зубов вооружиться, вооружён** *кто* (неодобр.) — полностью или сверх меры вооружиться, вооружён кто-н. ‖ *уменьш.* **зу́бик,** -а *м. и* **зубо́к,** -бка́, *мн.* зубки, зу́бок, *м.* (к 1 знач.). ✦ **На зубок подарить** *что кому* (разг.) — сделать подарок новорождённому. **На зубок попасть** *кому* (разг.) — стать предметом насмешек, сплетен, критики. ‖ *прил.* **зубно́й,** -а́я, -о́е (к 1 знач.) *и* **зубово́й,** -а́я, -о́е (ко 2 знач.; спец.). *Зубной врач. Зубовая борона.*

ЗУБА́СТЫЙ, -ая, -ое; -а́ст (разг.). **1.** С зубами, а также с большими, сильными зубами. *Зубастые птицы* (ископаемые птицы с зубовидными выростами в челюсти). *З. пёс.* **2.** *перен.* Язвительно-насмешливый, дерзкий и острый на язык. *Дерзит, огрызается: зубаст!* ‖ *сущ.* **зуба́стость,** -и, *ж.*

ЗУБА́ТКА, -и, *ж.* Морская рыба, родственная окуню. *Семейство зубаток.*

ЗУБА́ТЫЙ, -ая, -ое. То же, что зубастый (в 1 знач.). *Зубатые киты. Зубатая пасть.*

ЗУБЕ́Ц, -бца́, *м.* **1.** Выступ, обычно острый, на инструменте, орудии, части машины; вообще острый выступ на чём-н. *Зубцы пилы, грабель. Кружево с зубцами.* **2.** обычно *мн.* Наверху крепостной стены: один из расположенных в ряд столбиков с острыми выступами по краям. *Зубцы Кремлёвской стены.* ‖ *уменьш.* **зу́бчик,** -а, *м.* (к 1 знач.).

ЗУБИ́ЛО, -а, *ср.* Клиновидный инструмент, по к-рому ударяют, рубя металл, обрабатывая камень. *Кузнечное з. Слесарное з.* ‖ *прил.* **зуби́льный,** -ая, -ое.

ЗУБО́ВНЫЙ, -ая, -ое: 1) **скрежет зубовный** (устар. и книжн.) — бешеная злоба; 2) **со скрежетом зубовным** (устар. и книжн.) — со злобой, яростью, а также с крайним нежеланием.

ЗУБОВРАЧЕВА́НИЕ, -я, *ср.* Лечение зубных болезней. ‖ *прил.* **зубовраче́бный,** -ая, -ое. *З. кабинет.*

ЗУБО́К, -бка́, *м.* **1.** *см.* зуб. **2.** *(мн.* зубки́, зубко́в). Режущий зубец машины, инструмента (спец.).

ЗУБОРЕ́ЗНЫЙ, -ая, -ое (спец.). Служащий для изготовления зубцов, зубчатых частей. *З. станок.*

ЗУБОСКА́Л, -а, *м.* (прост.). Человек, к-рый любит зубоскалить, насмешник. ‖ *ж.* **зубоска́лка,** -и. ‖ *прил.* **зубоска́льский,** -ая, -ое.

ЗУБОСКА́ЛИТЬ, -лю, -лишь и **ЗУБОСКА́ЛЬНИЧАТЬ,** -аю, -аешь; *несов.* (прост. неодобр.). Насмехаться над кем-н., а также вообще смеяться, шутить. ‖ *сущ.* **зубоска́льство,** -а, *ср.*

ЗУБОТЫ́ЧИНА, -ы, *ж.* (прост.). Удар кулаком по зубам.

ЗУБОЧИ́СТКА, -и, *ж.* Заострённая палочка для удаления остатков пищи, застрявших между зубами.

ЗУБР, -а, *м.* **1.** Крупный дикий лесной бык, сходный с бизоном. **2.** О косном, консервативно настроенном человеке. **3.** Об опытном и ценном специалисте (разг. шутл.). *Редакционный з.* ‖ *прил.* **зу́бровый,** -ая, -ое (к 1 знач.). *З. заповедник.*

ЗУБРИ́ЛА, -ы и **ЗУБРИ́ЛКА,** -и, *м.* и *ж.* (разг. неодобр.). Тот, кто занимается зубрёжкой, бессмысленным заучиванием.

ЗУБРИ́ТЬ[1], зубрю́, зубри́шь; *несов., что.* Делать зазубрины на чём-н. остром. *З. нож, топор.* ‖ *сов.* **зазубри́ть,** -зубрю́, -зубри́шь; -убренный.

ЗУБРИ́ТЬ[2], зубрю́, зубри́шь *и* (разг.) зу́бришь; *несов., что* (разг.). Заучивать бессмысленно, без отчётливого понимания. *З. правила.* ‖ *сов.* **вы́зубрить,** -рю, -ришь; -ренный *и* **зазубри́ть,** -зубрю́, -зубри́шь *и* (разг.) -зу́бришь; -убренный. ‖ *сущ.* **зубрёжка,** -и, *ж.*

ЗУБРОБИЗО́Н, -а, *м.* Гибрид зубра с бизоном. ‖ *прил.* **зубробизо́ний,** -ья, -ье *и* **зубробизо́новый,** -ая, -ое.

ЗУБРО́ВКА, -и, *ж.* **1.** Луговой и лесной злак. **2.** Водка, настоянная на таком злаке.

ЗУБЧА́ТКА, -и, *ж.* (спец.). Зубчатое колесо.

ЗУБЧА́ТЫЙ, -ая, -ое. С зубцами. *Зубчатое колесо* (основное звено зубчатой передачи — диск с зубьями на ободе). *Зубчатая передача* (механизм для передачи вращательного движения при помощи зубчатых колёс). *Зубчатая башня.*

ЗУ́БЧИК *см.* зубец.

ЗУД, -а, *м.* **1.** Ощущение болезненно-щекочущего раздражения кожи. *З. от укусов мошкары.* **2.** *перен.* Непреодолимое стремление, желание (ирон.). *Писательский з.*

ЗУДА́, -ы́, *м.* и *ж.* (прост.). Надоедливый человек, тот, кто зудит, докучает.

ЗУДЕ́ТЬ[1] (зужу́, зуди́шь, 1 и 2 л. не употр.), зуди́т; *несов.* (разг.). **1.** Испытывать зуд, чесаться. *Тело зудит.* **2.** *перен.* О непреодолимом желании делать что-н. *Руки так и зудят.*

ЗУДЕ́ТЬ[2] и **ЗУДИ́ТЬ,** зужу́, зуди́шь; *несов.* (разг.). **1.** Издавать монотонный звенящий звук. *В воздухе зудят комары.* **2.** *перен.* Надоедать, докучливо говоря, повторяя что-н.

ЗУ́ММЕР, -а, *м.* Электрический прибор для подачи звуковых сигналов. ‖ *прил.* **зу́ммерный,** -ая, -ое.

ЗУРНА́, -ы́, *ж.* Восточный духовой язычковый музыкальный инструмент.

ЗЫ́БИТЬСЯ (зы́блюсь, зы́блешься, 1 и 2 л. не употр.), зы́блется; *несов.* Появляться (о зыби), колебаться. *Тихо зыблется рожь.*

ЗЫ́БКА, -и, *род. мн.* -бок, *ж.* (обл.). Подвесная колыбель, люлька[1] (в 1 знач.). *Качать в зыбке.*

ЗЫ́БКИЙ, -ая, -ое; -бок, -бка́ *и* -бка, -бко. **1.** Находящийся в состоянии лёгкого колебания, зыби; легко приходящий в колебание. *Зыбкая поверхность озера. Зыбкое болото. Зыбкая лодка* (неустойчивая). **2.** *перен.* Непостоянный, ненадёжный. *З. аргумент. З. положение.* ‖ *сущ.* **зы́бкость,** -и, *ж.*

ЗЫБУ́Н, -а́, *м.* (спец. и обл.). Зыбучая почва, трясинное, зыбучее место. *З. на болоте. Песок-з.* (подвижный или топкий).

ЗЫБУ́ЧИЙ, -ая, -ее; -у́ч. **1.** То же, что зыбкий (в 1 знач.) (устар.). **2.** О почве: трясинный, топкий; засасывающий. *Зыбучее болото. З. песок.* ‖ *сущ.* **зыбу́честь,** -и, *ж.*

ЗЫБЬ, -и, *ж.* Лёгкая рябь на водной поверхности, а также слабое волнообразное колебание верхушек растений на большом пространстве. *З. на озере. Мёртвая з. По верхушкам берёз прокатилась лёгкая з. Ржаное поле подёрнулось зыбью.*

ЗЫК, -а, *м.* (прост.). Отрывистый резкий звук, окрик.

ЗЫ́КНУТЬ, -ну, -нешь; *сов.* (разг.). **1.** *на кого (что).* Громко и грубо, отрывисто крикнуть, закричать. **2.** Издать резкий, гулкий звук. ‖ *несов.* **зыкать,** -аю, -аешь.

ЗЫРЯ́НЕ, -я́н, *ед.* -я́нин, -а, *м.* Прежнее название народа коми. ‖ *ж.* **зыря́нка,** -и. ‖ *прил.* **зыря́нский,** -ая, -ое.

ЗЫРЯ́НСКИЙ, -ая, -ое (устар.) и **КО́МИ-ЗЫРЯ́НСКИЙ,** -ая, -ое. **1.** *см.* зыряне *и* коми-зыряне. **2.** То же, что коми (во 2 знач.). *З. угольный бассейн* (в Якутии). *Зырянское оледенение* (обширное материковое оледенение позднего четвертичного периода). *Коми-зырянский язык* (финно-угорской семьи языков).

ЗЫ́ЧНЫЙ, -ая, -ое; -чен, -чна. Громкий, звучный и резкий. *З. голос.* ‖ *сущ.* **зычность,** -и, *ж.*

ЗЮ́ЗЯ, -и, *м.* и *ж.* (прост.): **зюзя зюзей** или **как зюзя** — совершенно мокр или совершенно пьян. *Зюзя зюзей пришёл домой. Как зюзя напился.*

ЗЯ́БКИЙ, -ая, -ое; -бок, -бка́ *и* -бка, -бко (разг.). Чувствительный к холоду. *Зябко* (нареч.) *кутаться в платок* (озябнув). *Рукам зябко* (в знач. сказ.). ‖ *сущ.* **зябкость,** -и, *ж.*

ЗЯ́БЛИК, -а, *м.* Небольшая лесная певчая птица сем. вьюрковых с красноватыми перьями по бокам. ‖ *прил.* **зя́бличий,** -ья, -ье.

ЗЯ́БНУТЬ, -ну, -нешь; зяб *и* зя́бнул, зя́бла; зя́бший *и* зя́бнувший; *несов.* Испытывать чувство холода, страдать от холода. *З. на ветру.* ‖ *сов.* **озя́бнуть,** -ну, -нешь; озя́б, озя́бла; озя́бший *и* озя́бнувший *и* **зазя́бнуть,** -ну, -нешь; -зя́б, -зябла; -зя́бший *и* -зя́бнувший (прост.).

ЗЯБЬ, -и, *ж.* Поле, вспаханное с осени для посева яровых. *Взмёт зяби. Поднять з.* ‖ *прил.* **зя́блевый,** -ая, -ое. *Зяблевая вспашка.*

ЗЯТЬ, -я, *мн.* зятья́, -ьёв, *м.* Муж дочери или сестры.

И

И¹, *союз.* **1.** Одиночный или повторяющийся, соединяет однородные члены предложения, а также части сложносочинённого предложения. *Теория и практика. Русский солдат и храбр, и вынослив. Появились надежды, и он вновь стал весел.* **2.** Открывает собою предложения эпического, повествовательного характера для указания на связь с предшествующим, на смену событий. *И настало утро. И грянул бой.* **3.** Внутренне связывает сообщение с предшествующей ситуацией, предопределяющей положительную или отрицательную оценку. *И вы ещё будете спорить?!* (т. е. предшествующая ситуация предопределяет отрицательную оценку возможности вступления в спор). *И вы согласились?!* (т. е. из-за того, что предшествовало, не нужно было соглашаться). *И как умел он рассказывать!* (т. е. в нём было ещё что-то хорошее). ✦ **И вот,** *союз* — то же, что и в результате. *Она ушла, и вот я один.* **И... да (а, но),** *союз* — выражает уступительные отношения. *И жаль друга, да (а, но) нечего делать.* **И... так,** *союз* (разг.) — выражает уступительные отношения при неодобрении того, о чём сообщается в придаточном предложении. *И обманет, так не признается. И не пускали гулять, так нет — убежал.*

И², *частица.* Выражает полноту и категоричность отрицания, выделяя в нём главное. *И копейки не даст. Ты и не проси.*

И³, *межд.* [*произн. протяжно*]. В начале предложения в реплике выражает увещевание или несогласие. *И, полно!*

ИБЕРИ́ЙСКО-КАВКА́ЗСКИЙ, -ая, -ое: **иберийско-кавказские (кавказские) языки** — совокупность языков, объединяющих три группы: адыгскую, картвельскую и нахско-дагестанскую.

И́БИС, -а, *м.* Птица южных стран отряда голенастых с оголёнными местами на голове и горле. *Священный и.* (вид ибиса, в Древнем Египте считавшийся священным). ‖ *прил.* **и́бисовый**, -ая, -ое.

И́БО, *союз* (книжн.). Потому что, так как. *Согласен, ибо факты бесспорны.*

И́ВА, -ы, *ж.* Кустарник или дерево с гибкими ветвями и узкими листьями. *Плакучая и.* ‖ *прил.* **и́вовый**, -ая, -ое. *Ивовая корзина* (из веток ивы). *Семейство ивовых* (сущ.).

ИВА́Н-ДА-МА́РЬЯ, ива́н-да-ма́рьи, *ж.* Травянистое растение с жёлтыми цветками и фиолетовыми листками.

ИВА́НОВСКИЙ, -ая, -ое: **во всю ивановскую** (кричать, вопить, реветь) (разг.) — очень громко, изо всех сил.

ИВА́Н-ЧА́Й, ива́н-ча́я, *м.* Крупное травянистое растение сем. кипрейных с пурпурно-розовыми цветками.

ИВАСИ́. **1.** *нескл., ж.* Рыба сем. сельдевых. **2.** *неизм.* О сельди: относящийся к такому семейству. *Сельдь и.* ‖ *прил.* **ивасёвый**, -ая, -ое (к 1 знач.).

ИВНЯ́К, -а́, *м., собир.* Заросль ивы. ‖ *прил.* **ивняко́вый**, -ая, -ое.

И́ВОЛГА, -и, *род. мн.* и́волог *и* и́волг, *ж.* Певчая птичка из отряда воробьиных. ‖ *прил.* **и́волговый**, -ая, -ое. *Семейство иволговых* (сущ.).

ИВРИ́Т, -а, *м.* Современная модификация древнееврейского языка, официальный язык Государства Израиль. ‖ *прил.* **иври́тский**, -ая, -ое. *И. язык* (иврит).

ИГЛА́, -ы́, *мн.* и́глы, игл, и́глам, *ж.* **1.** Швейная принадлежность — заострённый металлический стержень с ушком для вдевания нити. *Машинная, швейная, штопальная, вышивальная, сапожная и. Хирургическая и. Хранить иглы в игольнике.* **2.** Вообще предмет такой формы, заострённый с одного конца, колющий. *Вязальная и.* (спица). *Граммофонная и. Гравировальная и. И. игольчатого подшипника. Сосновые иглы* (листья сосны). *Иглы у ежа, у дикобраза, у иглокожих* (острые выросты). **3.** Острый шпиль здания. *Адмиралтейская и.* ‖ *прил.* **иго́льный**, -ая, -ое (к 1 знач.). *Игольное ушко.*

ИГЛИ́СТЫЙ, -ая, -ое; -и́ст. Покрытый иглами (во 2 знач.), с острыми тонкими выростами. *И. кактус.* ‖ *сущ.* **игли́стость**, -и, *ж.*

И́ГЛОВЫЕ, -ых (спец.).Сем. непромысловых рыб с тонким иглообразным телом. *Семейство игловых.*

ИГЛОДЕРЖА́ТЕЛЬ, -я, *м.* Приспособление для закрепления иглы. *Патефонный и.*

ИГЛОКО́ЖИЕ, -их, *ед.* -ее, -его, *ср.* Морские беспозвоночные животные с иглообразными выростами на известковом наружном скелете.

ИГЛООБРА́ЗНЫЙ, -ая, -ое; -зен, -зна. Похожий на иглу. ‖ *сущ.* **иглообра́зность**, -и, *ж.*

ИГЛОТЕРАПИ́Я, -и, *ж.* Лечение уколами специальных игл в определённые точки тела. ‖ *прил.* **иглотерапевти́ческий**, -ая, -ое.

ИГЛОУКА́ЛЫВАНИЕ, -я, *ср.* Лечение или обезболивание уколами специальных игл в определённые точки тела.

ИГНОРИ́РОВАТЬ, -рую, -руешь; -анный; *сов.* и *несов., кого-что.* Умышленно не заметить (-ечать), не принять (-нимать) во внимание. *И. факты.*

И́ГО, -а, *ср.* (высок.). Угнетающая, порабощающая сила. *И. рабства. Под игом колониализма.*

ИГО́ЛКА, -и, *род. мн.* -лок, *ж.* То же, что игла (в 1 и в нек-рых сочетаниях во 2 знач.). *Куда и., туда и нитка* (посл.). *Как на иголках* (о крайне неспокойном, нервном состоянии; разг.). *И. в стоге сена* (о том, что невозможно найти). *Не и. кто-что-н.* (не пропадёт, найдётся; разг.). *Иголки у ежа. Ёлочные иголки.* ‖ *уменьш.* **иго́лочка**, -и, *род. мн.* -чек, *ж.* ✦ **С иголочки одет** *кто* — в только что сшитое, во всё новое и нарядное. **С иголочки** — о чём-н. совсем новом и нарядном, красивом (чаще об одежде). ‖ *прил.* **иго́лочный**, -ая, -ое.

ИГО́ЛЬНИК, -а, *м.* Подушечка или футлярчик для хранения швейных игл.

ИГО́ЛЬНЫЙ *см.* игла.

ИГО́ЛЬЧАТЫЙ, -ая, -ое. Снабжённый иглами (во 2 знач.), состоящий из игл. *И. подшипник. И. мех. Игольчатые кристаллы.*

ИГРА́, -ы́, *мн.* и́гры, игр, и́грам, *ж.* **1.** *см.* играть. **2.** Занятие, служащее для развлечения, отдыха, спортивного соревнования. *Шахматная и. Спортивные игры. Азартные игры. Опасная и.* (перен.: о рискованном предприятии). **3.** Комплект предметов для такого занятия. *Продажа детских настольных игр. Карточные игры.* **4.** *мн.* Спортивные соревнования. *Олимпийские игры.* **5.** Создание типичных для профессии ситуаций и нахождение в них практических решений. *Деловая и.* (моделирование производственной ситуации в целях выработки наиболее эффективных решений). *Управленческие игры. Военная и.* (решение тактических задач на местности и по топографическим картам). ✦ **Игра природы** — что-н. необычное, небывалое, феномен (во 2 знач.). **Игра слов** — шутка, основанная на одинаковом звучании разных слов, каламбур. **Игра судьбы** — непредвиденная случайность в жизни. **Игра воображения** — фантазия, плод фантазии, выдумки. **Игра не сто́ит свеч** — о деле, занятии, к-рое не оправдывает затраченных усилий [*первонач.* о малозначительной ночной карточной игре]. **Теория игр** (спец.) — математическая дисциплина, изучающая схемы наилучшего выбора решений участниками тех или иных ситуаций. ‖ *прил.* **игрово́й**, -а́я, -о́е, **иго́рный**, -ая, -ое *и* **игра́льный**, -ая, -ое (к 3 знач.). *Игровой напев. Игровой инвентарь. Игровые автоматы. Игровой фильм* (в противоположность документальному, хроникальному, научному). *Игорный дом* (заведение, в к-ром играют в азартные игры). *Игральные карты.*

И́ГРАНЫЙ, -ая, -ое. Об игральных картах: уже употреблявшийся в игре. *Играная колода.*

ИГРА́ТЬ, -а́ю, -а́ешь; и́гранный; *несов.* **1.** Резвясь, развлекаться; забавляться чем-н. *Дети играют в саду. Рыба играет в реке* (перен.). *И. с кем-н. как кошка с мышью* (забавляясь, мучить). *И. кистями платка* (перебирать их). **2.** *во что* и *на чём.* Проводить время в игре (во 2 знач.). *И. в куклы. И. в солдатики. И. в прятки, в жмурки. И. в шахматы. И. в футбол. И. на бильярде.* **3.** *что* и *на чём.* Исполнять музыкальное произведение. *И. вальс. И. на скрипке. И. первую скрипку* (также перен.: занимать руководящее положение в каком-н. деле; разг.). *И. на чьих-н. нервах* (перен.: намеренно нервировать, раздражать кого-н.). **4.** *кого-что.* Исполнять сценическую роль, пьесу на сцене. *И. роль* (также перен.: изображать кого-н. или действовать в качестве кого-н.). *И. роль Гамлета. И. Хлестакова. И. комедию* (также перен.: притворяться, действовать неискренне; неодобр.). **5.** *перен., кем-чем* и *с кем-чем.* Обращаться с кем-чем-н. легкомысленно, как с игрушкой, забавой. *И. своей жизнью* (понапрасну рисковать). *И. (шутить) с огнём* (обращаться легкомысленно с чем-н. опасным). *И. людьми* (обращаться с ними по своей воле). *И. чьими-н. чувствами.* **6.** (1 и 2 л. не употр.). О чувствах, состоянии: проявляться, обнаруживать себя каким-н. образом. *В глазах играет радость. На лице играет злорадство.* **7.** (1 и 2 л. не употр.). О музыке: быть, звучать (во 2 знач.). *Играет музыка. На плацу играет марш* (т. е. звучит марш). **8.** (1 и 2 л. не употр.), *перен.* Существовать, проявляясь с силой, ярко, в движении. *Играют волны. Солнце играет на поверхности воды. Играют звёзды. В бокале играет вино. На стене играют солнечные зайчики. Молодая кровь играет* (о силе чувств). ✦ **Играть на бирже** — заниматься биржевыми спекуляциями. **Играть в великодушие** — притворяться великодушным. **Играть глазами** — бросать игривые взгляды. **Играть** *на чьём* **самолюбии** — действовать так, чтобы затронуть чьё-н. самолюбие. **Играть свадьбу** (устар. и прост.) — справлять свадьбу. **Играть песни** (стар. и обл.) — петь песни. **Играть тревогу** — подавать сигнал тревоги. ‖ *сов.* **сыгра́ть**, -а́ю, -а́ешь; сы́гранный (ко 2, 3 и 4 знач.). ‖ *многокр.* **и́грывать**, *наст.* не употр. (ко 2, 3 и 4 знач.). ‖ *сущ.* **игра́**, -ы́, *ж.* *Во время игры. И. на рояле. Выйти из игры* (также перен.: перестать участвовать в чём-н.). *Раскрыть чью-н. игру* (обнаружить чьи-н. тайные намерения). *Двойная и.* (двуличное, двурушническое поведение). *Правила игры* (также перен.: неписаные правила поведения, ведения дел).

ИГРА́ЮЧИ, *нареч.* (разг.). Без всяких усилий, легко, как будто шутя. *И. решить задачу.*

И́ГРЕК, -а, *м.* В математике: обозначение (латинской буквой «у») неизвестной или переменной величины.

ИГРЕ́НЕВЫЙ, -ая, -ое. О масти лошадей: рыжий, со светлой гривой и хвостом.

ИГРЕ́Ц, -а́, *м.* (устар.). Тот, кто играет, умеет играть на музыкальном инструменте. *И. на жалейке. И швец, и жнец, и в дуду и.* (погов. о том, кто всё умеет, всё делает).

ИГРИ́ВЫЙ, -ая, -ое; -и́в. Легкомысленно-весёлый, шаловливый. *Игривое настроение.* ‖ *сущ.* **игри́вость,** -и, *ж.*

ИГРИ́СТЫЙ, -ая, -ое; -и́ст. Шипучий, пенящийся. *И. напиток.* ‖ *сущ.* **игри́стость,** -и, *ж. И. шампанского.*

И́ГРИЩЕ, -а, *ср.* (устар.). Праздничное собрание молодёжи с песнями и плясками. *Пойти на и.*

ИГРО́К, -а́, *м.* **1.** Участник игры (во 2 знач.). *И. в футбол. И. в шахматы. И. в карты.* **2.** Тот, кто играет на музыкальном инструменте (разг.). *Хороший и. на балалайке.* **3.** Тот, кто играет в азартные игры, а также любитель играть в азартные игры. *Завзятый и.* ‖ *прил.* **игре́цкий,** -ая, -ое (ко 2 и 3 знач.; устар.).

ИГРОТЕ́КА, -и, *ж.* **1.** Собрание игр (в 3 знач.) для выдачи их во временное пользование. *Школьная и.* **2.** Специальная комната с таким собранием. *Клубная и.* ‖ *прил.* **игроте́чный,** -ая, -ое.

ИГРУ́Н, -а́, *м.* (разг.). Тот, кто любит играть и резвиться. *Котёнок-и.* ‖ *ж.* **игру́нья,** -и, *род. мн.* -ний. *Девочка-и.*

ИГРУ́ШЕЧНЫЙ, -ая, -ое. **1.** *см.* игрушка. **2.** *перен.* Очень маленький. *Игрушечные ручки.* **3.** *перен.* Ненастоящий, наигранный. *Игрушечные страсти.*

ИГРУ́ШКА, -и, *ж.* **1.** Вещь, служащая для игры (см. играть в 1 знач.). *Детские игрушки* (также перен.: о чём-н. лёгком для выполнения; разг.). *Как и.* (о ком-чём-н. красивом, изящном). *Магазин игрушек. Игрушку сделать из чего-н.* (перен.: сделать что-н. очень красивым, хорошим). **2.** *перен.* Тот, кто слепо действует по чужой воле, послушное орудие чужой воли, внешних сил. *Быть игрушкой в чьих-н. руках. И. судьбы.* ✦ **Ёлочные игрушки** — украшения для новогодней ёлки. ‖ *уменьш.* **игру́шечка,** -и, *ж.* (к 1 знач.). ‖ *прил.* **игру́шечный,** -ая, -ое (к 1 знач.). *Игрушечное ружьё.*

И́ГРЫВАТЬ *см.* играть.

ИГУ́МЕН, -а, *м.* Настоятель православного монастыря. ‖ *прил.* **игу́менский,** -ая, -ое.

ИГУ́МЕНЬЯ, -и, *ж.* Настоятельница православного монастыря.

ИДА́ЛЬГО, *нескл., м.* В средневековой Испании: рыцарь.

ИДЕА́Л, -а, *м.* **1.** То, что составляет высшую цель деятельности, стремлений. *Высокие гуманистические идеалы.* **2.** *чего* и *чей.* Совершенное воплощение чего-н. *И. доброты. Этот человек — мой и.* **3.** Наилучший вид, элитный образец чего-н. (спец.). *Формы-идеалы* (в растениеводстве). ‖ *прил.* **идеа́льный,** -ая, -ое (к 3 знач.; спец.). *И. газ. И. кристалл.*

ИДЕАЛИЗИ́РОВАТЬ, -рую, -руешь; -анный; *сов.* и *несов., кого-что.* Представить (-влять) лучше чем есть в действительности. *И. старину.* ‖ *сущ.* **идеализа́ция,** -и, *ж.*

ИДЕАЛИ́ЗМ, -а, *м.* **1.** Философское направление, утверждающее, в противоположность материализму, первичность духа, сознания и вторичность материи, идеальность мира и зависимость его существования от сознания людей. **2.** Идеализация действительности. **3.** Приверженность к высоким нравственным идеалам. ‖ *прил.* **идеалисти́ческий,** -ая, -ое. *Идеалистические течения. Идеалистические теории.*

ИДЕАЛИ́СТ, -а, *м.* **1.** Последователь идеалистической философии. **2.** Человек, к-рый идеализирует действительность, мечтатель (устар.). **3.** Человек, к-рый в своём поведении, жизни руководствуется идеалистическими (см. идеализм в 3 знач.) принципами. ‖ *ж.* **идеали́стка,** -и (ко 2 и 3 знач.).

ИДЕАЛИСТИ́ЧНЫЙ, -ая, -ое; -чен, -чна. Проникнутый идеализмом (во 2 знач.). ‖ *сущ.* **идеалисти́чность,** -и, *ж.*

ИДЕА́ЛЬНЫЙ, -ая, -ое; -лен, -льна. **1.** *см.* идеал. **2.** Соответствующий идеалу (в 1 и 2 знач.), возвышенный. *Идеальная любовь.* **3.** Очень хороший, отличный. *И. работник. Идеальное исполнение пьесы.* ‖ *сущ.* **идеа́льность,** -и, *ж.*

ИДЕ́ЙНЫЙ, -ая, -ое; -е́ен, -е́йна. **1.** *см.* идея. **2.** *полн. ф.* Идеологический, связанный с определёнными идеями, идеологией. *Идейная борьба.* **3.** Преданный какой-н. идее, убеждённый в ней. *И. писатель. Идейное искусство.* ‖ *сущ.* **иде́йность,** -и, *ж.* (к 3 знач.).

ИДЕНТИФИЦИ́РОВАТЬ [дэ], -рую, -руешь; -анный; *сов.* и *несов., кого-что* (книжн.). Установить (-навливать) совпадение, идентичность. ‖ *сущ.* **идентифика́ция,** -и, *ж.* ‖ *прил.* **идентификацио́нный,** -ая, -ое.

ИДЕНТИ́ЧНЫЙ [дэ], -ая, -ое; -чен, -чна (книжн.). Тождественный, полностью совпадающий. ‖ *сущ.* **иденти́чность,** -и, *ж.*

ИДЕОГРА́ММА, -ы, *ж.* Письменный знак — условное изображение или рисунок, выражающий целое понятие.

ИДЕОГРА́ФИЯ, -и, *ж.* Письмо при помощи идеограмм. ‖ *прил.* **идеографи́ческий,** -ая, -ое. *Идеографическое письмо.*

ИДЕО́ЛОГ, -а, *м.* Выразитель и защитник идеологии какого-н. общественного класса, общественно-политического строя, направления.

ИДЕОЛО́ГИЯ, -и, *ж.* Система взглядов, идей, характеризующих какую-н. социальную группу, класс, политическую партию, общество. ‖ *прил.* **идеологи́ческий,** -ая, -ое. *Идеологическая борьба.*

ИДЕ́Я, -и, *ж.* **1.** Сложное понятие, представление, отражающее обобщение опыта и выражающее отношение к действительности. *Передовые идеи. Политические идеи.* **2.** Основная, главная мысль, замысел, определяющий содержание чего-н. *И. романа.* **3.** *чего.* Мысленный образ чего-н., понятие о чём-н. (книжн.). *И. добра.* **4.** Мысль, намерение, план. *В голову пришла счастливая и. Кто подал эту идею?* **5. иде́я!** Говорится в знач.: это хорошая мысль, хорошо придумано, мысль (в 5 знач.) (разг.). *Поехать за город? Это и.!* ✦ **По идее** — 1) по замыслу, как задумано. *По идее строение должно заканчиваться шпилем;* 2) как будто бы, предположительно (разг.). *Он дома? — По идее должен быть дома.* ‖ *уменьш.-уничи.* **иде́йка,** -и, *ж.* (к 1 знач.). ‖ *прил.* **иде́йный,** -ая, -ое (ко 2 знач.). *Идейная концепция. И. замысел сочинения.*

ИДИ́ЛЛИЯ, -и, *ж.* **1.** Поэтическое произведение, изображающее добродетельную безмятежную жизнь на лоне природы. **2.** *перен.* Мирное, счастливое существование (часто ирон.). ‖ *прил.* **идилли́ческий,** -ая, -ое.

ИДИО́МА, -ы, *ж.* В языкознании: оборот речи, значение к-рого не определяется отдельными значениями входящих в него слов, напр. *бить баклуши, точить лясы.* ‖ *прил.* **идиомати́ческий,** -ая, -ое. *Идиоматическое выражение.*

ИДИОМА́ТИКА, -и, *ж.* В языкознании: учение об идиомах, а также совокупность идиом какого-н. языка. *Русская и.* ‖ *прил.* **идиомати́ческий,** -ая, -ое.

ИДИОСИНКРАЗИ́Я, -и, *ж.* (спец.). Повышенная болезненная чувствительность организма к определённым веществам или воздействиям.

ИДИО́Т, -а, *м.* **1.** Человек, к-рый страдает врождённым слабоумием. **2.** Глупый человек, тупица, дурак (разг. бран.). ‖ *уменьш.* **идио́тик,** -а, *м.* (к 1 знач.; обычно о ребёнке). ‖ *ж.* **идио́тка,** -и.

ИДИОТИ́ЗМ, -а, *м.* **1.** Обиходное название врождённого слабоумия. **2.** Глупость, бессмыслица (разг.). ‖ *прил.* **идиоти́ческий,** -ая, -ое.

ИДИО́ТСКИЙ, -ая, -ое. **1.** Свойственный страдающему идиотизмом (в 1 знач.), идиоту. *Идиотское выражение лица.* **2.** Глупый, бессмысленный, дурацкий (разг.). *Идиотские распоряжения.*

ИДИО́ТСТВО, -а, *ср.* (разг.). Идиотский (во 2 знач.) поступок, глупость.

И́ДИШ, -а, *м.* Бытовой и литературный язык германских по происхождению евреев.

И́ДОЛ, -а, *м.* **1.** У первобытных народов: фигура человека или животного, к-рой поклоняются как божеству. *Языческие идолы.* **2.** То же, что статуя (устар.). **3.** *перен.* Кумир, предмет восхищения, преклонения (устар.). **4.** Дурак, болван (разг. бран.). ‖ *прил.* **и́дольский,** -ая, -ое (к 1 и 4 знач.).

ИДОЛОПОКЛО́ННИК, -а, *м.* Тот, кто поклоняется идолам. ‖ *ж.* **идолопокло́нница,** -ы.

ИДОЛОПОКЛО́ННИЧЕСТВО, -а и **ИДОЛОПОКЛО́НСТВО,** -а, *ср.* Поклонение идолам (обычное для многобожия) как религиозный культ. ‖ *прил.* **идолопокло́ннический,** -ая, -ое.

ИДТИ́, иду́, идёшь; шёл, шла; ше́дший; идя и (устар.) идучи; *несов.* **1.** Двигаться, переступая ногами. *И. пешком. И. домой. Лошадь идёт шагом.* **2.** Двигаться, перемещаться. *Поезд идёт. Лёд идёт по реке. Идёт лавина. И. под парусами. Медленно идут облака.* **3.** Отправляться, направляться куда-н. *И. гулять. И. на войну. И. на врага. И в бой. Поезд идёт через час.* **4.** Следовать, двигаться в каком-н. направлении для достижения чего-н. *И. к намеченной цели. Всегда и. вперёд.* **5.** *на что.* Поступать каким-н. образом или быть готовым к каким-н. действиям. *И. наперекор. И. против воли родителей. И. на предлагаемые условия.* **6.** *в кого* (мн.) *-что* или *с неопр.* Вступать куда-н., приступать к каким-н. действиям. *И. в ученики. Решил и. учиться на инженера. Молодёжь идёт в науку.* **7.** *за кем.* Следовать кому-н. в чём-н. *И. за своим учителем.* **8.** (1 и 2 л. не употр.). Перемещаться, быть в движении, будучи направленным куда-н., с какой-н. целью, доставляться откуда-н., куда-н. *Письма идут быстро. Документы идут на подпись к директору. В комиссию идут предложения. Древесина идёт на фабрики.* **9.** (1 и 2 л. не употр.) Приближаться, появляться, наступать. *Идёт гроза. Идёт весна. Сон не идёт. В го* *лову ничего не идёт* (невозможно или не хочется ни о чём думать, ни на чём сосредоточиться; разг.). **10.** (1 и 2 л. не употр.). О механизме: быть в действии, действовать. *Часы идут хорошо.* **11.** (1 и 2 л. не употр.). О дожде, снеге: падать, выпадать. *Идёт дождь. Идёт снег.* **12.** (1 и 2 л. не употр.). Быть, происходить, протекать. *Жизнь идёт. Время идёт быстро. Работа идёт хорошо. Идут вступительные экзамены. Переговоры идут к концу. Дело идёт к развязке. По городу идёт молва, идут разговоры, слухи. Ребёнку идёт пятый год* (т. е. исполнилось четыре). *О чём идёт речь?* (каков предмет разговора?). **13.** (1 и 2 л. не употр.). Пролегать, быть расположенным где-н., каким-н. образом. *Дорога идёт полем. Улица идёт через весь город. Горная гряда идёт с севера на юг.* **14.** (1 и 2 л. не употр.). Выделяться, исходить откуда-н., распространяться. *Из трубы идёт дым. Из раны идёт кровь. Пар идёт изо рта.* **15.** Делать ход в игре. *И. королём* (в шахматах, в картах). *И. с туза.* **16.** (1 и 2 л. не употр.), *на что.* Требоваться, быть нужным для употребления, расходоваться, употребляться. *Тряпьё идёт на бумагу. На костюм идёт три метра ткани. Ягоды идут на варенье.* **17.** (1 и 2 л. не употр.). Находить сбыт, спрос, распродаваться (разг.). *Товар хорошо идёт. Платья устарелых фасонов идут по сниженным ценам.* **18.** (1 и 2 л. не употр.). Причитаться, следовать кому-н. за что-н.; выплачиваться (прост.). *Зарплату получает, а пенсия идёт само собой. За сверхурочную работу идёт надбавка.* **19.** (1 и 2 л. не употр.), *к чему.* Соответствовать, быть подходящим, годным. *Эти разговоры к делу не идут.* **20.** (1 и 2 л. не употр.), *кому-чему и к чему.* Быть к лицу, подходить. *Шляпа тебе не идёт (не идёт к лицу). Ей не идёт кокетничать.* **21.** (1 и 2 л. не употр.), *во что, на что.* О чём-н. вбиваемом, надеваемом: входить, вдвигаться. *Гвоздь легко идёт в доску. Новый сапог с трудом идёт на́ ногу.* **22.** (1 и 2 л. не употр.), *во что.* Расти, сосредоточивать свой рост в чём-н. *Картофель идёт в ботву. И. в рост* (быстро, усиленно расти). **23.** (1 и 2 л. не употр.). О пьесе, спектакле, фильме: быть демонстрируемым, исполняться, ставиться. *В театре идёт новая опера. Этот фильм больше нигде не идёт.* **24.** О животных: устремляться на приманку. *Рыба идёт на червя.* **25.** С предлогами «в» и «на» и следующими далее существительными употр. в знач.: с предлогом «в» — подвергаться действию, названному существительным; с предлогом «на» — осуществлять соответствующее действие. *И. в чистку* (быть предназначенным для чистки). *И. в (на) переработку* (перерабатываться). *И. в лом* (о металле: перерабатываться). *И. в (на) продажу* (продаваться). *И. на убыль* (убывать). *И. на спад* (спадать во 2 знач.). *И. на риск* (рисковать). *И. на снижение* (снижаться). **26. идёт,** *частица.* Ладно, согласен (прост.). *Закусим? — Идёт!* ✦ **Идти пятнами** — о лице, теле: неровно краснеть от волнения. **Иди ты!** (прост.) — убирайся, проваливай, иди ты куда подальше. **Ни шло ни ехало** (прост.) — ни с того ни с сего, неожиданно и некстати.

ИЕГОВИ́СТ, -а, *м.* **1.** *мн.* Протестантская секта «Свидетели Иеговы», признающая Иисуса Христа порождением Иеговы и исполнителем его воли. **2.** Член такой секты. ‖ *ж.* **иегови́стка,** -и (во 2 знач.). ‖ *прил.* **иегови́стский,** -ая, -ое.

ИЕЗУИ́Т, -а, *м.* **1.** Католический монах, член «Общества Иисуса» — одной из реакционных воинствующих организаций католической церкви. **2.** *перен.* О хитром, двуличном, коварном человеке. ‖ *ж.* **иезуи́тка,** -и (ко 2 знач.; разг.). ‖ *прил.* **иезуи́тский,** -ая, -ое.

ИЕЗУИ́ТСТВО, -а, *ср.* Лицемерие, коварное двуличие. *Не ожидал от него такого иезуитства!*

ИЕ́НА [е́н], -ы, *ж.* Денежная единица в Японии. ‖ прил. **ие́новый,** -ая, -ое. *Иеновая зона.*

ИЕРА́РХ, -а, *м.* Лицо, относящееся к высшей церковной иерархии.

ИЕРА́РХИЯ, -и, *ж.* (книжн.). Порядок подчинения низших (чинов, должностей) высшим; вообще расположение от низшего к высшему или от высшего к низшему. *Служебная и.* ‖ *прил.* **иерархи́ческий,** -ая, -ое. *Иерархическая лестница* (ступени подчинения).

ИЕРЕ́Й, -я, *м.* В православной церкви: священник. ‖ *прил.* **иере́йский,** -ая, -ое.

ИЕРИХО́НСКИЙ, -ая: **иерихонская труба** (устар. шутл.) — об очень громком голосе.

ИЕРО́ГЛИФ, -а, *м.* Фигурный знак в идеографическом письме (в древнеегипетском, китайском и нек-рых других). ‖ *прил.* **иероглифи́ческий,** -ая, -ое. *Иероглифическое письмо.*

ИЕРОМОНА́Х, -а, *м.* Монах-священник. ‖ *прил.* **иеромона́шеский,** -ая, -ое.

ИЖДИВЕ́НЕЦ, -нца, *м.* Человек, к-рый состоит на чьём-н. иждивении. ‖ *ж.* **иждиве́нка,** -и. ‖ *прил.* **иждиве́нческий,** -ая, -ое.

ИЖДИВЕ́НИЕ, -я, *ср.* Обеспечение неработающего (как правило, неработоспособного: больного, престарелого, несовершеннолетнего) средствами, необходимыми для существования. *Состоять на чьём-н. иждивении.*

ИЖДИВЕ́НСТВО, -а, *ср.* (офиц.). Состояние на чьём-н. иждивении. *Справка об иждивенстве.* ‖ *прил.* **иждиве́нческий,** -ая, -ое.

ИЖДИВЕ́НЧЕСТВО, -а, *ср.* (неодобр.). Стремление во всём рассчитывать не на свои силы, а на помощь других, вообще жить за чужой счёт. ‖ *прил.* **иждиве́нческий,** -ая, -ое. *Иждивенческие настроения.*

И́ЖЕ: иже с ним (с ними) (книжн. неодобр.) — те, к-рые с ним (с ними), единомышленники, присные. *Фашиствующие молодчики и иже с ними.*

И́ЖИЦА, -ы, *ж.* Название последней буквы церковнославянской и старой русской азбуки (V), обозначавшей звук «и». ✦ **Прописать ижицу** *кому* (устар., теперь шутл.) — сделать выговор, а также высечь.

ИЖО́РСКИЙ, -ая, -ое. **1.** *см.* ижорцы. **2.** Относящийся к ижорцам, к их языку, национальному характеру, образу жизни, культуре, а также к местам их проживания, их внутреннему устройству, истории; такой, как у ижорцев. *И. язык* (финно-угорской семьи языков). *Ижорская возвышенность* (в Ленинградской области). *Ижорская земля* (Ижора) — историческая территория (в 12—18 вв. по берегам Невы и при озере Ладога). *По-ижорски* (нареч.).

ИЖО́РЦЫ, -цев, *ед.* -о́рец, -рца, *м.* и **ИЖО́РА,** -ы, *собир., ж.* Народ, живущий немногочисленными группами в Ленинградской области. ‖ *ж.* **ижо́рка,** -и. ‖ *прил.* **ижо́рский,** -ая, -ое.

ИЗ *кого-чего, предлог с род. п.* **1.** Обозначает направление действия откуда-н., источник, место, откуда исходит что-н. *Выйти из дому. Привезти из деревни. Выписка из конспекта. Стрельба из орудий.* **2.** Обозначает выделение части целого, вычленение из целого. *Одно из двух. Лучший из всех. Происходить из рабочих.* **3.** *чего.* Употр. при обозначении того, посредством чего что-н. делается. *Помогать из последних средств.* **4.** Обозначает признак чего-н. по составу, материалу. *Дом из камня.* **5.** Обозначает изменение, превращение кого-чего-н. в кого-что-н. *Из посёлка возник город. Из юноши выйдет музыкант.* **6.** *чего.* Указывает причину, основание чего-н. *Сделать что-н. из зависти.* **7.** С количественным именным сочетанием обозначает: численностью, в количестве. *Комиссия из пяти человек. Обед из трёх блюд.*

ИЗ..., *приставка.* **I.** Образует глаголы со знач.: 1) движения откуда-н., из пределов чего-н., напр. *изгнать;* 2) исчерпанности, полноты проявления действия, напр. *изобидеть, изрезать, изранить, измучиться, избегаться;* 3) уничтожения действием, напр. *исписать* (бумагу), *исстрелять* (патроны), *искурить;* 4) отдельные глаголы со знач. совершения действия, напр. *избрать, иссечь, изловчиться.* **II.** Образует (вместе с суффиксом -j-) существительные со знач. места, напр. *изголовье, изножье.* **III.** Образует наречия со знач. оттенка цветового признака, напр. *изжелта-, иссиня-, иссера-, исчерна-,* а также отдельные наречия, напр. *извне, исстари, издали.* **IV.** Образует отдельные прилагательные, напр. *изначальный.*

ИЗБА́, -ы́, *вин.* избу́, *мн.* и́збы, изб, и́збам, *ж.* Деревянный крестьянский дом. *Не красна изба углами, а красна пирогами* (посл.). *И.-читальня* (культурно-просветительный пункт в деревне до начала 70-х гг.). ‖ *уменьш.* **избу́шка,** -и, *ж. И. на курьих ножках* (в сказках: домик бабы-яги). ‖ *уничиж.* **избёнка,** -и, *ж.* ‖ *прил.* **избяно́й,** -а́я, -о́е.

ИЗБАВИ́ТЕЛЬ, -я, *м.* Тот, кто избавляет, избавил кого-что-н. от кого-чего-н. ‖ *ж.* **избави́тельница,** -ы. ‖ *прил.* **избави́тельский,** -ая, -ое.

ИЗБА́ВИТЬ, -влю, -вишь; -вленный; *сов., кого (что) от кого-чего.* Спасти, дать избегнуть чего-н. *И. от смерти. И. от хлопот. Нет уж, избавьте* (выражение отказа, несогласия). ‖ *несов.* **избавля́ть,** -я́ю, -я́ешь. ‖ *сущ.* **избавле́ние,** -я, *ср.*

ИЗБА́ВИТЬСЯ, -влюсь, -вишься; *сов., от кого-чего.* Спастись, избегнуть; суметь освободиться от кого-чего-н. *И. от смерти. И. от хлопот. И. от назойливого посетителя.* ‖ *несов.* **избавля́ться,** -я́юсь, -я́ешься. ‖ *сущ.* **избавле́ние,** -я, *ср.*

ИЗБАЛО́ВАННЫЙ, -ая, -ое; -ан. Испорченный баловством, изнеженный. *И. ребёнок.* ‖ *сущ.* **избало́ванность,** -и, *ж.*

ИЗБАЛОВА́ТЬ *см.* баловать.

ИЗБАЛОВА́ТЬСЯ, -лу́юсь, -лу́ешься; *сов.* (разг.). Стать избалованным. ‖ *несов.* **избало́вываться,** -аюсь, -аешься.

ИЗБА́Ч, -а́, *м.* Работник избы-читальни. ‖ *прил.* **изба́ческий,** -ая, -ое.

ИЗБЕ́ГАТЬ, -аю, -аешь; *сов., что* (разг.). Бегая, побывать во многих местах. *И. весь город.*

ИЗБЕГА́ТЬ, -а́ю, -а́ешь; *несов.* **1.** *см.* избежать и избегнуть. **2.** *кого-чего* и *с неопр.* Сторониться, уклоняться от чего-н. *И. знакомых. И. встречаться с кем-н.*

ИЗБЕ́ГАТЬСЯ, -аюсь, -аешься; *сов.* (разг.). Устать от беготни.

ИЗБЕЖА́НИЕ: во избежание *чего, предлог с род. п.* (книжн.) — уклоняясь от чего-н., в целях неосуществления чего-н. (неприятного). *Во избежание недоразумений. Промолчать во избежание ссоры.*

ИЗБЕЖА́ТЬ, -егу́, -ежи́шь, -егу́т; -еги́ и **ИЗБЕ́ГНУТЬ**, -ну, -нешь; -е́г *и* -е́гнул, -е́гла; -е́гнувший *и* -е́гший; -е́гнув; *сов., чего.* Избавиться, спастись от чего-н. *И. неприятностей.* ‖ *несов.* **избега́ть**, -а́ю, -а́ешь.

ИЗБИЕ́НИЕ, -я, *ср.* **1.** *см.* избить. **2.** Массовое убийство. ✦ **Избиение младенцев** (шутл.) — о чрезвычайных строгостях по отношению к кому-н.

ИЗБИРА́ТЕЛЬ, -я, *м.* Тот, кто участвует в выборах или имеет на это право. *Встреча депутата с избирателями.* ‖ *ж.* **избира́тельница**, -ы. ‖ *прил.* **избира́тельский**, -ая, -ое.

ИЗБИРА́ТЕЛЬНЫЙ, -ая, -ое; -лен, -льна. **1.** *см.* избирать. **2.** Основанный на свойстве производить отбор (книжн.). *Избирательное действие лекарства. Действовать избирательно* (нареч.). ‖ *сущ.* **избира́тельность**, -и, *ж.*

ИЗБИРА́ТЬ, -а́ю, -а́ешь; *несов., кого-что.* **1.** *см.* избрать. **2.** Участвовать в выборах. *Право и. И. депутатов.* ‖ *сущ.* **избира́ние**, -я, *ср.* ‖ *прил.* **избира́тельный**, -ая, -ое. *Избирательная система. Избирательная кампания. И. округ. И. участок, бюллетень.*

ИЗБИ́ТЫЙ, -ая, -ое; -и́т. Слишком обычный, опошленный частым повторением. *Избитые истины. Избитое выражение.* ‖ *сущ.* **изби́тость**, -и, *ж.*

ИЗБИ́ТЬ, изобью́, изобьёшь; избе́й; изби́тый; *сов.* **1.** *кого (что).* Ударами причинить боль, нанести увечья кому-н. *И. до полусмерти.* **2.** *что.* Ударами (толчками, ходьбой) привести в негодное состояние (разг.). *И. дорогу колёсами. Все сапоги избил.* ‖ *несов.* **избива́ть**, -а́ю, -а́ешь (к 1 знач.). ‖ *сущ.* **избие́ние**, -я, *ср.* (к 1 знач.).

ИЗБОЛЕ́ТЬСЯ (-лю́сь -ли́шься, 1 и 2 л. не употр.), -ли́тся; *сов.* (прост.). Измучиться, изнемочь. *Душа изболелась. Всё сердце изболелось, на тебя глядя.* ‖ *несов.* **изба́ливаться** (-аюсь, -аешься, 1 и 2 л. не употр.), -ается.

ИЗБО́РНИК, -а, *м.* (стар.). Древнерусский рукописный сборник статей, отрывков из разных книг, рукописная антология. *Изборник 1073 г.*

ИЗБОРОЗДИ́ТЬ, -зжу́, -зди́шь; -ождённый (-ён, -ена́); *сов., что.* **1.** Покрыть многими бороздами, бороздками. *Плуги избороздили землю. Корабли избороздили моря* (перен.). **2.** *перен.* О линиях, полосках, подобных бороздам, бороздкам: пересечь во многих, разных направлениях. *Морщины избороздили лицо.* **3.** *перен.* Изъездить, исходить в разных направлениях. *И. всю страну.*

ИЗБОЧЕ́НИТЬСЯ, -нюсь, -нишься; *сов.* (разг.). Подбочениться с вызывающим или гордым видом. ‖ *несов.* **избоче́ниваться**, -аюсь, -аешься.

ИЗБРА́ННИК, -а, *м.* (высок.). Тот, кто избран кем-н. *Поэт — и. божий. И. судьбы* (счастливец). *Найти своего избранника* (о будущем муже). *Народные избранники* (о депутатах). ‖ *ж.* **избра́нница**, -ы. ‖ *прил.* **избра́ннический**, -ая, -ое.

И́ЗБРАННЫЙ, -ая, -ое; -ан. **1.** *полн. ф.* О произведениях литературы, искусства: отобранный из их полного состава. *Томик избранных стихотворений Пушкина.* **2.** Лучший, выделяющийся чем-н. среди других, привилегированный. *И. круг людей. Для избранных* (сущ.). ‖ *сущ.* **и́збранность**, -и, *ж.* (ко 2 знач.).

ИЗБРА́ТЬ, -беру́, -берёшь; -а́л, -ала́, -а́ло; и́збранный; *сов., кого-что.* То же, что выбрать (во 2 и 3 знач.). *И. профессию. И. депутата.* ‖ *несов.* **избира́ть**, -а́ю, -а́ешь. ‖ *сущ.* **избра́ние**, -я, *ср.*

ИЗБЫ́ТОК, -тка, *м.* **1.** То же, что излишек. *Избытки запасов. И. тепла.* **2.** Обилие, полнота (в 1 знач.). *От избытка чувств.* ✦ **В избытке** *кого-чего* (разг.) — много. *Хлеба в избытке.* **С избытком** *кого-чего* (разг.) — то же, что в избытке. ‖ *прил.* **избы́точный**, -ая, -ое (к 1 знач.).

ИЗБЫ́ТОЧНЫЙ, -ая, -ое; -чен, -чна. **1.** *см.* избыток. **2.** Излишний, выходящий за пределы необходимого. *Избыточная информация.* ‖ *сущ.* **избы́точность**, -и, *ж.*

ИЗБЫ́ТЬ, -бу́ду, -бу́дешь; -ы́л, -ыла́, -ы́ло; -бу́дь; *сов., что* (устар.). Избавиться от чего-н. *И. беду. Не и. горя.* ‖ *несов.* **избыва́ть**, -а́ю, -а́ешь.

ИЗБЯНО́Й *см.* изба.

ИЗВАЛЯ́ТЬ, -я́ю, -я́ешь; -а́лянный; *сов., кого-что* (разг.). Валяя в чём-н., выпачкать. *И. в грязи.* ‖ *несов.* **изва́ливать**, -аю, -аешь. ‖ *возвр.* **изваля́ться**, -я́юсь, -я́ешься; *несов.* **изва́ливаться**, -аюсь, -аешься.

ИЗВАЯ́НИЕ, -я, *ср.* Скульптурное изображение, статуя. *Каменное и. Стоит как и.* (неподвижно).

ИЗВАЯ́ТЬ *см.* ваять.

ИЗВЕ́ДАТЬ, -аю, -аешь; -анный; *сов., что* (высок.). Узнать на опыте. *И. горе, беду. Многое изведал на своём веку.* ‖ *несов.* **изве́дывать**, -аю, -аешь.

И́ЗВЕРГ, -а, *м.* Жестокий человек, мучитель. ✦ **Изверг рода человеческого** (разг., обычно бран.) — то же, что изверг.

ИЗВЕРГА́ТЬСЯ, -а́юсь, -а́ешься; *несов.* **1.** *см.* извергнуться. **2.** (1 и 2 л. не употр.). О вулкане: выбрасывать лаву, пепел, горячие газы, пары́ воды и обломки горных пород. ‖ *сущ.* **изверже́ние**, -я, *ср.*

ИЗВЕ́РГНУТЬ, -ну, -нешь; -е́рг *и* -е́ргнул, -е́ргла; -е́ргший *и* -е́ргнувший; -е́ргнутый; -е́ргши *и* -е́ргнув; *сов., кого-что* (книжн.). Выбросить из себя, удалить. *Вулкан изверг лаву. И. предателя из своей среды* (перен.; высок.). ‖ *несов.* **изверга́ть**, -а́ю, -а́ешь. ‖ *сущ.* **изверже́ние**, -я, *ср.*

ИЗВЕ́РГНУТЬСЯ, -нусь, -нешься; -е́ргся *и* -е́ргнулся, -е́рглась; -е́ргшийся *и* -е́ргнувшийся; -е́ргшись; *сов.* (книжн.). Выброситься, выйти изнутри чего-н. *Лава извергла сь из вулкана.* ‖ *несов.* **изверга́ться**, -а́юсь, -а́ешься. ‖ *сущ.* **изверже́ние**, -я, *ср.*

ИЗВЕРЖЕ́НИЕ, -я, *ср.* **1.** *см.* извергнуть, -ся. **2.** Стихийный выброс лавы, пепла, огня из кратера вулкана. *Началось и. И. проснувшегося вулкана.*

ИЗВЕ́РЖЕННЫЙ, -ая, -ое (спец.). Образовавшийся в результате действия вулканических сил. *Изверженные горные породы.*

ИЗВЕ́РИТЬСЯ, -рюсь, -ришься; *сов., в ком-чём.* Потерять веру, доверие. *И. в друзьях, в дружбе.* ‖ *несов.* **изве́риваться**, -аюсь, -аешься.

ИЗВЕРНУ́ТЬСЯ, -ну́сь, -нёшься; *сов.* (разг.). **1.** Ловко повернуться, стремясь сделать что-н. или освободиться от чего-н. *Извернувшись, положить противника на обе лопатки.* **2.** *перен.* То же, что изловчиться (во 2 знач.). *Этот хитрец всегда сумеет и.* ‖ *несов.* **извёртываться**, -аюсь, -аешься *и* **извора́чиваться**, -аюсь, -аешься.

ИЗВЕСТИ́, -еду́, -едёшь; -ёл, -ела́; -е́дший; -едённый (-ён, -ена́); -едя́; *сов.* **1.** *что.* То же, что истратить (разг.). *И. все продукты. И. много денег.* **2.** *кого-что.* То же, что истребить (прост.). *И. тараканов.* **3.** *кого (что).* То же, что измучить (разг.). *Горе извело кого-н. И. насмешками.* ‖ *несов.* **изводи́ть**, -ожу́, -о́дишь. ‖ *сущ.* **изво́д**, -а, *м.* (к 1 и 3 знач.). *Пустой и. денег. С этим бездельником один и.* (одно мучение).

ИЗВЕ́СТИЕ, -я, *ср.* **1.** Сообщение о чём-н. *Неприятное и. Последние известия по радио.* **2.** *мн.* Название нек-рых повременных изданий. *Известия Академии наук. Газета «Известия».*

ИЗВЕСТИ́СЬ, -еду́сь, -едёшься; -ёлся, -ела́сь; -е́дшийся; -едя́сь; *сов.* (разг.). То же, что измучиться. *И. от горя.* ‖ *несов.* **изводи́ться**, -ожу́сь, -о́дишься.

ИЗВЕСТИ́ТЬ, -ещу́, -ести́шь; -ещённый (-ён, -ена́); *сов., кого (что) о чём.* Сообщить кому-н., довести что-н. до чьего-н. сведения. *И. о приезде.* ‖ *несов.* **извеща́ть**, -а́ю, -а́ешь. ‖ *сущ.* **извеще́ние**, -я, *ср.*

ИЗВЕСТКОВА́ТЬ, -ку́ю, -ку́ешь; -о́ванный; *сов. и несов., что* (спец.). Насытить (-ыщать) известью. *И. подзолистые почвы* (внести, вносить известковые удобрения). ‖ *сущ.* **известкова́ние**, -я, *ср.*

ИЗВЕ́СТНЫЙ, -ая, -ое; -тен, -тна. **1.** Такой, о к-ром знают, имеют сведения. *Известное всем событие. Стало известно* (в знач. сказ.) *о чём-н. Известное дело* (конечно, разумеется; разг.). **2.** Такой, о деятельности к-рого все хорошо знают, пользующийся популярностью. *И. писатель.* **3.** *полн. ф.* Общепризнанный (в сочетании с существительными оценочного, характеризующего значения) (разг.). *И. обжора. И. плутишка.* **4.** *полн. ф.* Установленный, определённый, такой, к-рый признаётся необходимым. *Соблюдать и. режим. При известных условиях.* **5.** Некоторый, подразумеваемый (но в данном случае прямо не называемый). *Девицы известного поведения.* ✦ **Как известно**, *вводн. сл.* — о том, что знают все. ‖ *сущ.* **изве́стность**, -и, *ж.* (к 1 и 2 знач.). *Привести в и.* (узнать, определить). *Поставить в и.* (уведомить). *Пользоваться известностью* (быть известным во 2 знач.).

ИЗВЕСТНЯ́К, -а́, *м.* Осадочная горная порода, состоящая преимущ. из известкового шпата. ‖ *прил.* **известняко́вый**, -ая, -ое.

И́ЗВЕСТЬ, -и, *ж.* Оксид кальция, белое вещество, продукт обжига известняка. *Гашёная и.* ‖ *прил.* **известко́вый**, -ая, -ое. *И. раствор.*

ИЗВЕТША́ЛЫЙ, -ая, -ое; -а́л (устар.). Пришедший в полную ветхость. *Изветшалая одежда.* ‖ *сущ.* **изветша́лость**, -и, *ж.*

ИЗВЕТША́ТЬ (-а́ю, -а́ешь, 1 и 2 л. не употр.), -а́ет; *сов.* Стать совсем ветхим. *Страницы книги изветшали.*

ИЗВЕ́ЧНЫЙ, -ая, -ое; -чен, -чна (книжн.). С давних времён существующий. *Извечные проблемы. И. спор.* ‖ *сущ.* **изве́чность**, -и, *ж.*

ИЗВЕЩЕ́НИЕ, -я, *ср.* **1.** *см.* известить. **2.** Сообщение, уведомление. *И. о собрании.*

ИЗВЁСТКА, -и, *ж.* **1.** Раствор извести (для побелки, штукатурки). **2.** То же, что известь (разг.). ‖ *прил.* **извёсточный**, -ая, -ое.

ИЗВИ́В, -а, *м.* То же, что извилина (в 1 знач.). *Извивы реки.*

ИЗВИ́ВИСТЫЙ, -ая, -ое; -ист. То же, что извилистый. *Извивистая тропинка.* ‖ *сущ.* **изви́вистость**, -и, *ж.*

ИЗВИ́ЛИНА, -ы, *ж.* **1.** Волнистое искривление, изгиб. *Извилины дороги. Все извилины души, сердца* (перен.). **2.** То же, что извилина мозга (разг.). *Пошевелить извилинами* (то же, что пошевелить мозгами; шутл.). *У него всего две извилины* (очень глуп; шутл.). ✦ **Извилины головного мозга** (спец.) — разделённые углублениями выпуклости (изгибы), составляющие кору головного мозга.

ИЗВИ´ЛИСТЫЙ, -ая, -ое; -ист. С извилинами, извивами. *Извилистая дорога.* ‖ *сущ.* **изви́листость**, -и, *ж.*

ИЗВИНЕ´НИЕ, -я, *ср.* **1.** *см.* извинить *и* извиниться. **2.** Основание для оправдания. *Такому поступку нет извинения.* ✦ **Принести свои извинения** (книжн.) — попросить прощения, извиниться. **Тысяча извинений** (разг.) — просьба извинить, простить.

ИЗВИНИ´ТЕЛЬНЫЙ, -ая, -ое; -лен, -льна. **1.** *см.* извинить. **2.** Заслуживающий извинения, оправдания. *Такая ошибка извинительна.* **3.** *полн. ф.* Просящий извинения, выражающий извинение. *И. тон.* ‖ *сущ.* **извини́тельность**, -и, *ж.* (ко 2 знач.).

ИЗВИНИ´ТЬ, -ню́, -ни́шь; -нённый (-ён, -ена́); *сов.* **1.** *кого (что)* и *кого за что*. То же, что простить (в 1 знач.). *И. шалуна. И. за ошибку.* **2.** *кого-что.* Оправдать чем-н. *И. поступок молодостью.* **3. извини́(те).** Выражение сожаления по поводу причиняемого беспокойства, неудобства, а также форма вежливости при обращении, вопросе. *Извини(те), я тебя (вас) нечаянно толкнул. Извини(те), дай(те) пройти. Извините, вы не скажете, который час?* **4. извини́(те).** Выражение протеста, несогласия (разг.). *Гулять под дождём? Нет уж, извините.* ✦ **Извини подвинься** (прост.) — нет уж, этого не будет, и не жди. ‖ *несов.* **извиня́ть**, -я́ю, -я́ешь. ‖ *сущ.* **извине́ние**, -я, *ср.* (к 1 и 2 знач.). ‖ *прил.* **извини́тельный**, -ая, -ое (к 1 и 2 знач.). *Извинительная записка. Извинительное письмо.*

ИЗВИНИ´ТЬСЯ, -ню́сь, -ни́шься; *сов.* **1.** Попросить прощения. *И. за опоздание.* **2.** *чем.* Привести что-н. в своё оправдание (устар.). *И. болезнью, неосведомлённостью.* ‖ *несов.* **извиня́ться**, -я́юсь, -я́ешься. ‖ *сущ.* **извине́ние**, -я, *ср.* *Принести извинения кому-н.* (извиниться).

ИЗВИНЯ´ТЬСЯ, -я́юсь, -я́ешься; *несов.* **1.** *см.* извиниться. **2. извиня́юсь.** То же, что извини(те) (см. извинить в 3 знач.) (разг.). *Вы заняли моё место. — Извиняюсь. Вы, извиняюсь, давно здесь живёте?* **3. извиня́юсь.** То же, что извини(те) (см. извинить в 4 знач.) (разг.). *Мне унижаться перед этим нахалом? — Извиняюсь!*

ИЗВИ´ТЬ, изовью́, изовьёшь; -и́л, -ила́, -и́ло; -ве́й; -и́тый (-и́т, -ита́ *и* -и́та, -и́то); *сов., что.* Изогнуть волнистой линией, спиралью. *Змея извила хвост кольцом.* ‖ *несов.* **извива́ть**, -а́ю, -а́ешь. ‖ *возвр.* **изви́ться**, изовью́сь, изовьёшься; -и́лся, -ила́сь; *несов.* **извива́ться**, -а́юсь, -а́ешься.

ИЗВЛЕЧЕ´НИЕ, -я, *ср.* **1.** *см.* извлечь. **2.** Выдержка, выписка из какого-н. текста (книжн.). *И. из рукописи. Переписка публикуется в извлечениях.*

ИЗВЛЕ´ЧЬ, -еку́, -ечёшь, -еку́т; -ёк, -екла́; -ёкший; -ечённый (-ён, -ена́); -ёкши; *сов.* **1.** *кого-что.* Вынуть, достать, добыть; вывести. *И. осколок. И. сок из растения. И. пользу для себя* (перен.: получить). **2.** *перен., что.* Заставить появиться (книжн.). *И. звук из струны. И. слезу из чьих-н. глаз.* ✦ **Извлечь корень** — в математике: произвести действие, обратное возведению в степень. ‖ *несов.* **извлека́ть**, -а́ю, -а́ешь. ‖ *сущ.* **извлече́ние**, -я, *ср.*

ИЗВНЕ´, *нареч.* (книжн.). Снаружи, со стороны. *Звук проник и. Ждать помощи и.*

ИЗВО´Д[1], -а, *м.* В филологии: разновидность текста рукописного памятника, устанавливаемая на основании особенностей языка. *Старославянская рукопись русского извода.*

ИЗВО´Д[2] *см.* извести.

ИЗВОДИ´ТЬ, -СЯ *см.* извести, -сь.

ИЗВО´З, -а, *м.* **1.** До революции: крестьянский отхожий промысел — перевозка грузов на лошадях. *Держать и. Уйти в и.* **2.** Платные перевозки пассажиров владельцами автомобилей (разг.). *Заниматься извозом.* ‖ *прил.* **изво́зный**, -ая, -ое. *И. промысел.*

ИЗВОЗИ´ТЬ, -ожу́, -о́зишь; -о́женный; *сов., кого-что* (прост.). Сильно испачкать, истрепать. *И. подол в грязи.* ‖ *возвр.* **извози́ться**, -ожу́сь, -о́зишься.

ИЗВО´ЗЧИК, -а, *м.* **1.** Кучер наёмного экипажа, повозки. *Ломовой и. Легковой и.* **2.** Наёмный экипаж с кучером. *Ехать на извозчике. Взять (нанять) извозчика.* **3.** Крестьянин, промышляющий извозом (устар.). ‖ *прил.* **изво́зчицкий**, -ая, -ое *и* **изво́зчичий**, -ья, -ье.

ИЗВОЛЕ´НИЕ, -я, *ср.* (стар.). Воля, желание. *По чьему-н. изволению сделать что-н.*

ИЗВО´ЛИТЬ, -лю, -лишь; *несов.* **1.** *чего* или *с неопр.* Хотеть, желать (в сочетании с неопр. может просто подчёркивать ироническую оценку) (устар. и ирон.). *Изволите чаю? Не изволъте беспокоиться. Куда изволите ехать? Барыня изволит гневаться. Где изволил пропадать?* **2. изво́ль(те)**, *с неопр.* Обозначает строгое побуждение к действию. *Изволь(те) делать то, что тебе (вам) говорят. Извольте выйти.* **3. изво́ль(те).** Выражение согласия, хорошо, пусть будет так (разг.). *Вы настаиваете? — Извольте, я поеду.* ✦ **Извольте радоваться**, *вводн. сл.* (разг.) — выражает разочарование и недовольство по поводу чего-н. неожиданного. *Обещал сделать, и вдруг, извольте радоваться, — отказ!* **Чего изволите?** (ирон.) — подобострастный вопрос, выражение готовности к безусловному подчинению, к исполнению воли начальства.

ИЗВОРА´ЧИВАТЬСЯ *см.* извернуться.

ИЗВОРО´Т, -а, *м.* Поворот, извилина, изгиб. *Извороты реки. Извороты в споре* (перен.: уловки, увёртки).

ИЗВОРО´ТЛИВЫЙ, -ая, -ое; -ив. Находчивый, ловкий. *И. спорщик. И. ум.* ‖ *сущ.* **изворо́тливость**, -и, *ж.*

ИЗВРАТИ´ТЬ, -ащу́, -ати́шь; -ащённый (-ён, -ена́); *сов., кого-что.* Ложно истолковать, исказить (в 1 знач.). *И. истину. И. факты.* ‖ *несов.* **извраща́ть**, -а́ю, -а́ешь. ‖ *сущ.* **извраще́ние**, -я, *ср.*

ИЗВРАЩЕ´НИЕ, -я, *ср.* **1.** *см.* извратить. **2.** Противоестественное поведение, ненормальность. *Половое и.*

ИЗВРАЩЁННЫЙ, -ая, -ое; -ён. Противоестественный, уродливый. *И. вкус.* ‖ *сущ.* **извращённость**, -и, *ж.*

ИЗГА´ДИТЬ, -а́жу, -а́дишь; -а́женный; *сов., что* (прост.). Испачкать, загрязнить; испортить. *И. всю работу.* ‖ *несов.* **изга́живать**, -аю, -аешь.

ИЗГАЛЯ´ТЬСЯ, -я́юсь, -я́ешься; *несов., над кем-чем* (прост.). Злобно издеваться, глумиться.

ИЗГИ´Б, -а, *м.* Дугообразное искривление. *И. реки. Изгибы души* (перен.).

ИЗГИБА´ТЬ, -СЯ *см.* изогнуть, -ся.

ИЗГЛА´ДИТЬ, -а́жу, -а́дишь; -а́женный; *сов., что* (книжн.). Стереть, уничтожить. *Время изгладит следы. И. что-н. из памяти.* ‖ *несов.* **изгла́живать**, -аю, -аешь.

ИЗГЛА´ДИТЬСЯ (-а́жусь, -а́дишься, 1 и 2 л. не употр.), -а́дится; *сов.* (книжн.). О впечатлениях, воспоминаниях: постепенно забыться, стереться. *Её образ изгладился из памяти.* ‖ *несов.* **изгла́живаться** (-аюсь, -аешься, 1 и 2 л. не употр.), -ается.

ИЗГНА´НИЕ, -я, *ср.* **1.** *см.* изгнать. **2.** Вынужденное пребывание где-н. в качестве изгнанника (книжн.) *Жить в изгнании. Годы изгнания.*

ИЗГНА´ННИК, -а, *м.* (книжн.). Человек, к-рый изгнан откуда-н. *Жалкий и.* ‖ *ж.* **изгна́нница**, -ы. ‖ *прил.* **изгна́ннический**, -ая, -ое.

ИЗГНА´ТЬ, -гоню́, -го́нишь; -а́л, -ала́, -а́ло; и́згнанный; *сов., кого-что.* Удалить насильственно откуда-н. *И. из страны. И. кого-н. из своей среды. И. вульгаризмы из употребления* (перен.). ‖ *несов.* **изгоня́ть**, -я́ю, -я́ешь. ‖ *сущ.* **изгна́ние**, -я, *ср.*

ИЗГО´Й, -я, *м.* **1.** В Древней Руси: человек, вышедший из своего прежнего социального состояния, напр., вышедший из общины крестьянин, вольноотпущенник, разорившийся купец. **2.** *перен.* Человек, отвергнутый обществом. *Влачить жизнь изгоя.* ‖ *прил.* **изго́йский**, -ая, -ое (к 1 знач.).

ИЗГОЛО´ВЬЕ, -я, *ср.* Место на постели, куда ложатся головой. *Положить в и. Склониться у изголовья больного.*

ИЗГОЛОДА´ТЬСЯ, -а́юсь, -а́ешься; *сов.* Натерпеться голода. *И. в пути. И. по хорошей книге* (перен.).

ИЗГОНЯ´ТЬ *см.* изгнать.

И´ЗГОРОДЬ, -и, *ж.* Ограда из жердей, прутьев, штакетника. *Живая и.* (из одинаковой высоты кустов или невысоких деревьев).

ИЗГОТО´ВИТЬ, -влю, -вишь; -вленный; *сов., что.* Сделать, выработать; подготовить (в 1 знач.). *И. макет. И. лекарство, препарат.* ‖ *несов.* **изготовля́ть**, -я́ю, -я́ешь *и* **изгота́вливать**, -аю, -аешь. ‖ *сущ.* **изготовле́ние**, -я, *ср. и* **изгото́вка**, -и, *ж.* (разг.).

ИЗГОТО´ВИТЬСЯ, -влюсь, -вишься; *сов.* (разг.). Привести себя в готовность. *И. к бою.* ‖ *несов.* **изготовля́ться**, -я́юсь, -я́ешься *и* **изгота́вливаться**, -аюсь, -аешься. ‖ *сущ.* **изгото́вка**, -и, *ж.* (спец.). *Взять ружьё на изготовку* (придать ружью положение, нужное при стрельбе).

ИЗГРЫ´ЗТЬ, -зу́, -зёшь; -ы́з, -ы́зла; -ы́зенный; *сов., что.* Грызя, испортить, а также сгрызть полностью. *Мыши изгрызли мешок. И. все сухари.* ‖ *несов.* **изгрыза́ть**, -а́ю, -а́ешь.

ИЗДАВА´ТЬ[1-2] *см.* издать[1-2].

И´ЗДАВНА, *нареч.* С давних пор. *Так ведётся и.*

ИЗДАЛЕКА´ и **ИЗДАЛЁКА**, *нареч.* С далёкого расстояния, из отдалённого места. *Город виден и. Начать разговор и.* (перен.: не приступая сразу к сути дела).

И´ЗДАЛИ, *нареч.* То же, что издалека.

ИЗДА´НИЕ, -я, *ср.* **1.** *см.* издать[1]. **2.** Изданное произведение печати. *Список изданий. Периодическое и. Подарочное и.* **3.** Единовременный выпуск в свет (печатного произведения) в определённом количестве экземпляров. *Словарь выдержал двадцать изданий.*

ИЗДА´ТЕЛЬ, -я, *м.* Специалист по изданию произведений печати, тот, кто их издаёт или руководит издательством. ‖ *ж.* **изда́тельница**, -ы. ‖ *прил.* **изда́тельский**, -ая, -ое.

ИЗДА´ТЕЛЬСТВО, -а, *ср.* Учреждение, издающее произведения печати. ‖ *прил.* **изда́тельский**, -ая, -ое. *И. работник.*

ИЗДА´ТЬ[1], -а́м, -а́шь, -а́ст, -ади́м, -ади́те, -аду́т; -а́л, -ала́, -а́ло; -а́й; и́зданный (-ан, -ана́ *и* -ана, -ано); *сов., что.* **1.** Напечатав, выпустить в свет. *И. сборник стихов.* **2.** Опубликовать, обнародовать. *И. постановление, приказ.* ‖ *несов.* **издава́ть,** -даю́, -даёшь. ‖ *сущ.* **изда́ние,** -я, *ср.*

ИЗДА́ТЬ[2], -а́м, -а́шь, -а́ст, -ади́м, -ади́те, -аду́т; -а́л, -ала́, -а́ло; -а́й; и́зданный (-ан, -ана́ *и* -ана, -ано); *сов., что.* Произвести (звук, запах). *Не издал ни звука кто-н.* ‖ *несов.* **издава́ть,** -даю́, -даёшь. *Цветок издаёт слабый аромат.*

ИЗДЕВА́ТЕЛЬ, -я, *м.* (разг.). Тот, кому доставляет удовольствие издеваться над кем-н. ‖ *ж.* **издева́тельница,** -ы. ‖ *прил.* **издева́тельский,** -ая, -ое.

ИЗДЕВА́ТЕЛЬСТВО, -а, *ср.* **1.** *см.* издеваться. **2.** Злая насмешка, оскорбление, а также оскорбительный поступок, поведение по отношению к кому-чему-н. ‖ *прил.* **издева́тельский,** -ая, -ое. *И. тон.*

ИЗДЕВА́ТЬСЯ, -а́юсь, -а́ешься; *несов., над кем-чем.* Зло и оскорбительно высмеивать кого-что-н. ‖ *сущ.* **издева́тельство,** -а, *ср.*

ИЗДЕ́ЛИЕ, -я, *ср.* **1.** Выделка, производство. *Товар кустарного изделия.* **2.** Вещь, товар. *Ремонт металлических изделий.*

ИЗДЕРЖА́ТЬ, -ержу́, -е́ржишь; -е́ржанный; *сов., что.* Истратить, израсходовать. *И. все деньги.* ‖ *несов.* **изде́рживать,** -аю, -аешь.

ИЗДЕРЖА́ТЬСЯ, -ержу́сь, -е́ржишься; *сов.* (разг.). Истратиться, израсходовать свои деньги. *И. в дороге.* ‖ *несов.* **изде́рживаться,** -аюсь, -аешься.

ИЗДЕ́РЖКИ, -жек. Израсходованная на что-н. сумма, затраты. *Большие и. на ремонт. И. производства* (затраты на изготовление продукта; спец.). *Судебные и.* (затраты на судопроизводство).

ИЗДЁВКА, -и, *ж.* (разг.). То же, что издевательство (во 2 знач.). *Говорить с издёвкой.*

ИЗДЁРГАННЫЙ, -ая, -ое; -ан. Болезненно раздражительный от усталости, нервозный. *И. человек.* ‖ *сущ.* **издёрганность,** -и, *ж.*

ИЗДЁРГАТЬ, -аю, -аешь; -анный; *сов., кого (что)* (разг.). Привести в болезненно раздражённое, нервное состояние; измучить. *И. придирками.* ‖ *несов.* **издёргивать,** -аю, -аешь.

ИЗДЁРГАТЬСЯ, -аюсь, -аешься; *сов.* (разг.). Прийти в болезненно раздражённое, нервное состояние; измучиться. *Нервы издёргались.* ‖ *несов.* **издёргиваться,** -аюсь, -аешься.

ИЗДО́ЛЬЩИК, -а, *м.* Земледелец, платящий за аренду земли долей урожая. ‖ *ж.* **издо́льщица,** -ы.

ИЗДО́ЛЬЩИНА, -ы, *ж.* Аренда земли издольщиком.

ИЗДО́ХНУТЬ *см.* до́хнуть.

ИЗДРЕ́ВЛЕ, *нареч.* (книжн.). С древних времён, издавна. *И. укоренившиеся обряды.*

ИЗДЫХА́НИЕ, -я, *ср.:* 1) **до последнего издыхания** (книжн.) — до конца, до смерти; 2) **при последнем издыхании** (книжн.) — при смерти.

ИЗДЫХА́ТЬ, -а́ю, -а́ешь; *несов.* То же, что умирать (о животных; о человеке грубо прост.). *И. как собака.*

ИЗЖА́РИТЬ, -СЯ *см.* жарить, -ся.

И́ЗЖЕЛТА-... *Первая часть сложных слов со знач.* с жёлтым оттенком, напр. *изжелта-красный, изжелта-зелёный.*

ИЗЖИ́ТЬ, -иву́, -ивёшь; -и́л, -ила́, -и́ло; -и́тый (-и́т, -ита́, -и́то); *сов., что.* **1.** Избавиться от чего-н., искоренить в себе что-н. *И. недостатки. И. в себе равнодушие.* **2.** Привыкнув, перестать ощущать, перетерпеть (устар.). *И. горе.* ‖ *несов.* **изжива́ть,** -а́ю, -а́ешь. ‖ *сущ.* **изжива́ние,** -я, *ср. и* **изжи́тие,** -я, *ср.* (к 1 знач.).

ИЗЖО́ГА, -и, *ж.* Ощущение жжения в пищеводе.

ИЗ-ЗА *кого-чего, предлог с род. п.* **1.** Обозначает направление, движение откуда-н., из места, закрытого чем-н., с противоположной стороны чего-н. *Смотреть из-за угла. Приехать из-за моря. Встать из-за стола* (о сидящем за столом: подняться). **2.** По причине чего-н., по вине кого-чего-н. *Из-за дождя опоздал. Из-за тебя все неприятности.* ✦ **Из-за того что,** *союз* — по той причине что. *Не приехал, из-за того что не шли поезда.* **Из-за того чтобы,** *союз* — ради того чтобы, с той целью чтобы. *Не стоило идти, из-за того чтобы услышать отказ.*

И́ЗЗЕЛЕНА-... *Первая часть сложных слов со знач.* с зелёным оттенком, напр. *иззелена-синий, иззелена-бурый.*

ИЗЗЯ́БНУТЬ, -ну, -нешь; -зя́б, -зя́бла; иззя́бший *и* иззя́бнувший; иззя́бши; *сов.* (разг.). Сильно озябнуть. *И. в дороге.*

ИЗЛАГА́ТЬ *см.* изложить.

ИЗЛА́ЗИТЬ, -а́жу, -а́зишь; *сов., что* (разг.). Лазя, побывать повсюду. *И. все углы.*

ИЗЛА́МЫВАТЬ, -СЯ *см.* изломать, -ся.

ИЗЛА́ЯТЬ, -а́ю, -а́ешь; *сов., кого (что)* (прост.). Сильно изругать, облаять.

ИЗЛЕНИ́ТЬСЯ, -еню́сь, -е́нишься; *сов.* (разг.). Долго предаваясь лени, окончательно облениться. ‖ *несов.* **изле́ниваться,** -аюсь, -аешься.

ИЗЛЕЧЕ́НИЕ, -я, *ср.* **1.** То же, что лечение (офиц.). *Находиться на излечении в госпитале.* **2.** То же, что выздоровление. *Полное и.*

ИЗЛЕ́ЧИВАТЬСЯ, -аюсь, -аешься; *несов.* **1.** *см.* излечиться. **2.** (1 и 2 л. не употр.). Поддаваться лечению, излечению. *Не все болезни излечиваются.*

ИЗЛЕЧИ́МЫЙ, -ая, -ое; -и́м. Поддающийся излечению. *Излечимая болезнь.* ‖ *сущ.* **излечи́мость,** -и, *ж.*

ИЗЛЕЧИ́ТЬ, -ечу́, -е́чишь; *сов., кого-что* (книжн.). Сделать здоровым, вылечить. *И. от недуга. И. кого-н. от вредной привычки* (перен.). ‖ *несов.* **изле́чивать,** -аю, -аешь.

ИЗЛЕЧИ́ТЬСЯ, -ечу́сь, -е́чишься; *сов., от чего* (книжн.). Стать здоровым, вылечиться. *И. от туберкулёза. И. от пороков* (перен.: избавиться). ‖ *несов.* **изле́чиваться,** -аюсь, -аешься.

ИЗЛЁТ, -а, *м.* Конечный момент полёта летящего тела перед падением. *Пули на излёте.*

ИЗЛИ́ТЬ, изолью́, изольёшь; -и́л, -ила́, -и́ло; изле́й; изли́тый (-и́т, -ита́, -и́то); *сов., что* (книжн.). **1.** То же, что источить (см. источать) (устар.). *И. потоки слёз. И. аромат.* **2.** *перен.* О сильных, глубоких чувствах: выразить, высказать. *И. тоску. И. гнев на кого-н. И. душу кому-н.* (высказать откровенно самое заветное). ‖ *несов.* **излива́ть,** -а́ю, -а́ешь. ‖ *сущ.* **излия́ние,** -я, *ср.*

ИЗЛИ́ТЬСЯ, изолью́сь, изольёшься; -и́лся, -ила́сь, -ило́сь *и* -и́лось; изле́йся; *сов.* **1.** (1 и 2 л. не употр.). То же, что вылиться (в 1 знач.) (книжн.). *Излившаяся лава.* **2.** *перен.* Выразить, высказать свои чувства. ‖ *несов.* **излива́ться,** -а́юсь, -а́ешься. *И. в благодарностях.* ‖ *сущ.* **излия́ние,** -я, *ср.*

ИЗЛИ́ШЕК, -шка, *м.* **1.** То, что остаётся лишним, сверх нужного, остаток. *Остаются излишки.* **2.** Излишнее количество чего-н. *И. влаги в почве.*

ИЗЛИ́ШЕСТВО, -а, *ср.* Употребление чего-н. сверх меры, потребности. *И. в еде.*

ИЗЛИ́ШЕСТВОВАТЬ, -твую, -твуешь; *несов.* (книжн.). Предаваться излишествам.

ИЗЛИ́ШНИЙ, -яя, -ее; -шен, -шня. Лишний, не вызываемый необходимостью. *Излишняя осторожность. Излишне* (нареч.) *доверчив.*

ИЗЛИЯ́НИЕ, -я, *ср.* **1.** *см.* излить, -ся. **2.** *мн.* Откровенное и многословное признание, выражение чувств (обычно ирон.). *Дружеские, любовные излияния. Пуститься в излияния своих чувств.*

ИЗЛОВИ́ТЬ, -овлю́, -о́вишь; -о́вленный; *сов., кого (что)* (разг.). Ловя, поймать. *И. вора.* ‖ *несов.* **изла́вливать,** -аю, -аешь.

ИЗЛОВЧИ́ТЬСЯ, -чу́сь, -чи́шься; *сов.* **1.** Ловко приноровиться, приспособиться, чтобы сделать что-н. *Изловчился и повалил противника.* **2.** Умело, ловко устроить что-н. *Изловчился найти выход из положения.* ‖ *несов.* **изловча́ться,** -а́юсь, -а́ешься.

ИЗЛОЖЕ́НИЕ, -я, *ср.* **1.** *см.* изложить. **2.** То, что изложено, высказано или написано. *Чёткое, последовательное и.* **3.** Письменное упражнение (обычно школьное) — перелагающее содержание прочитанного или услышанного. *Письменное и. Писать и. Оценка за и.*

ИЗЛОЖИ́ТЬ, -ожу́, -о́жишь; -о́женный; *сов., что.* **1.** Описать, передать устно или письменно. *И. просьбу.* **2.** Кратко пересказать содержание чего-н. *И. рассказ, повесть.* ‖ *несов.* **излага́ть,** -а́ю, -а́ешь. ‖ *сущ.* **изложе́ние,** -я, *ср.*

ИЗЛО́ЖНИЦА, -ы, *ж.* (спец.). Форма, заполняемая расплавленным металлом для получения слитка (в 1 знач.).

ИЗЛО́М, -а, *м.* **1.** Место разлома, перелома. *Смола на изломе ветки.* **2.** Место поворота, изгиба. *И. реки. Странный и. бровей.*

ИЗЛОМА́ТЬ, -а́ю, -а́ешь; -о́манный; *сов.* **1.** *что.* Сломать совсем или во многих местах. *И. игрушку.* **2.** *перен., кого-что.* Испортить неудачно сложившимися условиями жизни, неправильным воспитанием (разг.). *И. характер. Изломанная жизнь.* ‖ *несов.* **изла́мывать,** -аю, -аешь.

ИЗЛОМА́ТЬСЯ, -а́юсь, -а́ешься; *сов.* **1.** Сломаться совсем или во многих местах. *Все стулья изломались.* **2.** Постоянно ломаясь, манерничая, потерять естественность в поведении (разг.). *Эта девица совсем изломалась.* ‖ *несов.* **изла́мываться,** -аюсь, -аешься.

ИЗЛУЧА́ТЬ, -а́ю, -а́ешь; *несов., что.* Испускать лучи, выделять лучистую энергию. *И. свет. И. тепло. Глаза излучают нежность* (перен.). ‖ *сущ.* **излуче́ние,** -я, *ср. Солнечное и. Тепловое и. Радиоактивное и. Лазерное и.*

ИЗЛУЧА́ТЬСЯ (-а́юсь, -а́ешься, 1 и 2 л. не употр.), -а́ется; *несов.* О лучах, свете, тепле: исходить, распространяться откуда-н. ‖ *сов.* **излучи́ться** (-чу́сь, -чи́шься, 1 и 2 л. не употр.), -чи́тся. ‖ *сущ.* **излуче́ние,** -я, *ср.*

ИЗЛУ́ЧИНА, -ы, *ж.* Крутой поворот, изгиб реки.

ИЗЛЮ́БЛЕННЫЙ, -ая, -ое; -ен. Самый любимый (во 2 знач.). *Излюбленное занятие.* ‖ *сущ.* **излю́бленность,** -и, *ж.*

ИЗМА́ЗАТЬ, -СЯ *см.* мазать[1], -ся.

ИЗМАРА́ТЬ, -СЯ *см.* марать, -ся.

ИЗМА́ТЫВАТЬ, -СЯ *см.* измотать, -ся.

ИЗМА́ЯТЬ, -а́ю, -а́ешь; *сов., кого (что)* (прост.). Измучить, истомить.

ИЗМА́ЯТЬСЯ, -а́юсь, -а́ешься; *сов.* (прост.). Измучиться, истомиться.

ИЗМЕЛЬЧА́ТЬ *см.* мельчать.

ИЗМЕЛЬЧИ́ТЬ *см.* мельчить.

ИЗМЕЛЬЧИ́ТЬСЯ (-чу́сь, -чи́шься, 1 и 2 л. не употр.), -чи́тся; *сов.* Стать совсем мелким, искрошиться. *И. в порошок.* ‖ *несов.* **измельча́ться** (-а́юсь, -а́ешься, 1 и 2 л. не употр.), -а́ется.

ИЗМЕ́НА, -ы, *ж.* **1.** Предательство интересов родины, переход на сторону врага. *И. родине. Государственная и. Обвинение в измене.* **2.** Нарушение верности кому-чему-н. *И. другу. И. долгу. Супружеская и.*

ИЗМЕНЕ́НИЕ, -я, *ср.* **1.** *см.* изменить[1], -ся. **2.** Поправка, перемена, изменяющая что-н. прежнее. *Внести изменения в закон. Коренные изменения в жизни общества.*

ИЗМЕНИ́ТЬ[1], -еню́, -е́нишь; -енённый (-ён, -ена́); *сов., кого-что.* Сделать иным. *И. покрой платья. И. свою жизнь.* ‖ *несов.* **изменя́ть**, -я́ю, -я́ешь. ‖ *сущ.* **измене́ние**, -я, *ср.*

ИЗМЕНИ́ТЬ[2], -еню́, -е́нишь; *сов.* **1.** *кому-чему.* Совершить предательство, измену (в 1 знач.). *И. родине.* **2.** *кому-чему.* Нарушить верность. *И. другу. И. себе* (поступить вопреки своим взглядам, привычкам). *И. жене, мужу* (нарушить супружескую верность). **3.** (1 и 2 л. не употр.), *перен., кому.* Перестать служить; ослабеть (о силах, способностях, чувственных восприятиях). *Память ему изменила. Изменил слух. Силы изменили кому-н.* ‖ *несов.* **изменя́ть**, -я́ю, -я́ешь.

ИЗМЕНИ́ТЬСЯ, -еню́сь, -е́нишься; *сов.* Стать иным. *И. к лучшему. И. в лице* (о резкой перемене в выражении лица). ‖ *несов.* **изменя́ться**, -я́юсь, -я́ешься. ‖ *сущ.* **измене́ние**, -я, *ср.*

ИЗМЕ́ННИК, -а, *м.* Тот, кто совершил измену, предательство. ‖ *ж.* **изме́нница**, -ы. ‖ *прил.* **изме́ннический**, -ая, -ое.

ИЗМЕ́НЧИВЫЙ, -ая, -ое; -ив. Легко изменяющийся, непостоянный. *Изменчивая погода. Изменчивое поведение.* ‖ *сущ.* **изме́нчивость**, -и, *ж.*

ИЗМЕНЯ́ЕМЫЙ, -ая, -ое; -ем. Способный изменяться, подвергаться изменениям. *Изменяемые слова* (в грамматике: имеющие парадигмы). ‖ *сущ.* **изменя́емость**, -и, *ж.*

ИЗМЕРЕ́НИЕ, -я, *ср.* **1.** *см.* измерить. **2.** Протяжённость измеряемой величины в каком-н. направлении (спец.). *Три измерения тела, два измерения фигуры, одно и. линии. Одно и. времени.*

ИЗМЕРИ́ТЕЛЬ, -я, *м.* Прибор, инструмент для измерения чего-н.

ИЗМЕ́РИТЬ, -рю, -ришь; -ренный; *сов., кого-что.* Определить какой-н. мерой величину чего-н. *И. длину. И. температуру. И. взглядом* (перен.: высокомерно оглядеть кого-н.). ‖ *несов.* **измеря́ть**, -я́ю, -я́ешь. ‖ *сущ.* **измере́ние**, -я, *ср.* ‖ *прил.* **измери́тельный**, -ая, -ое. *Измерительные приборы. Измерительная техника.*

ИЗМЕРЯ́ТЬСЯ (-я́юсь, -я́ешься, 1 и 2 л. не употр.), -я́ется; *несов.* Определяться какой-н. мерой. *Запасы измеряются сотнями тонн.*

ИЗМОЖДЕ́НИЕ, -я, *ср.* Состояние крайнего истощения, изнурения.

ИЗМОЖДЁННЫЙ, -ая, -ое; -ён. Крайне изнурённый, истомлённый. *И. старик. И. вид.* ‖ *сущ.* **измождённость**, -и, *ж.*

ИЗМО́КНУТЬ, -ну, -нешь; -о́к, -о́кла; *сов.* (разг.). Стать совершенно мокрым. *И. под дождём.*

ИЗМО́Р: 1) **взять измором** *кого-что* — взять, захватить, доведя до полного истощения сил. *Взять осаждённый город измором;* 2) **взять на измор** *кого-что* (разг.) — добиться чего-н. от кого-н., медленно и надоедливо воздействуя.

ИЗМОРИ́ТЬ, -рю́, -ри́шь; -рённый (-ён, -ена́); *сов., кого-что* (разг.). Изнурить, лишить силы. ‖ *возвр.* **измори́ться**, -рю́сь, -ри́шься.

И́ЗМОРОЗЬ, -и, *ж.* Род инея — рыхлый снежный покров, образующийся из оседающих частиц влаги при морозе, тумане. *Серебристая и.* ‖ *прил.* **и́зморозевый**, -ая, -ое.

И́ЗМОРОСЬ, -и, *ж.* Очень мелкий, моросящий дождь. *Осенняя и.*

ИЗМОТА́ТЬ, -а́ю, -а́ешь; -о́танный; *сов., кого-что* (разг.). Крайне утомить, изнурить. *И. врага в боях.* ‖ *несов.* **изма́тывать**, -аю, -аешь.

ИЗМОТА́ТЬСЯ, -а́юсь, -а́ешься; *сов.* (разг.). Крайне утомиться, выбиться из сил. *Измотался за день.* ‖ *несов.* **изма́тываться**, -аюсь, -аешься.

ИЗМОЧА́ЛИТЬ, -лю, -лишь; -ленный; *сов.* (разг.). **1.** *что.* Истрепать, превратить в спутанные волокна. *И. кнут.* **2.** *перен., кого-что.* Измучить, лишить сил. *Поездка его измочалила. И. нервы кому-н.* ‖ *несов.* **измоча́ливать**, -аю, -аешь.

ИЗМОЧА́ЛИТЬСЯ, -люсь, -лишься; *сов.* (разг.). **1.** (1 и 2 л. не употр.). Истрепаться, превратившись в спутанные волокна. *Верёвка измочалилась.* **2.** *перен.* Измучиться, выбиться из сил. *Совсем измочалился за последнее время.* ‖ *несов.* **измоча́ливаться**, -аюсь, -аешься.

ИЗМУ́ЧИТЬ, -СЯ *см.* мучить, -ся.

И́ЗМЫ, -ов. Общее ироническое название ультрасовременных модных направлений в искусстве. *Поклонники всяческих измов.*

ИЗМЫВА́ТЕЛЬСТВО, -а, *ср.* (разг.). Издевательство, глумление. ‖ *прил.* **измыва́тельский**, -ая, -ое. *Измывательское отношение.*

ИЗМЫВА́ТЬСЯ, -а́юсь, -а́ешься; *несов., над кем-чем* (разг.). Издеваться, глумиться.

ИЗМЫ́ЗГАТЬ, -аю, -аешь; -анный; *сов., что* (прост.). Сильно загрязнить, испачкать. ‖ *несов.* **измы́згивать**, -аю, -аешь. ‖ *возвр.* **измы́згаться**, -аюсь, -аешься; *несов.* **измы́згиваться**, -аюсь, -аешься.

ИЗМЫ́СЛИТЬ, -лю, -лишь; -ы́шленный; *сов., что.* Выдумать, придумать. *И. небылицы.* ‖ *несов.* **измышля́ть**, -я́ю, -я́ешь. ‖ *сущ.* **измышле́ние**, -я, *ср.*

ИЗМЫТА́РИТЬ, -рю, -ришь; -ренный; *сов., кого (что)* (прост.). Измучить, утомить чем-н. неприятным, мытарствами. ‖ *несов.* **измыта́ривать**, -аю, -аешь.

ИЗМЫТА́РИТЬСЯ, -рюсь, -ришься; *сов.* (прост.). Измучиться, устать от неприятностей, мытарств. ‖ *несов.* **измыта́риваться**, -аюсь, -аешься.

ИЗМЫШЛЕ́НИЕ, -я, *ср.* **1.** *см.* измыслить. **2.** Вымысел, выдумка. *Обидные измышления.*

ИЗМЯ́ТЬ, -СЯ *см.* мять, -ся[1].

ИЗНА́НКА, -и, *ж.* **1.** Внутренняя сторона ткани, одежды. *Вывернуть изнанкой вверх.* **2.** *перен.* Скрытая сторона чего-н. (разг.). *И. событий.* ‖ *прил.* **изна́ночный**, -ая, -ое (к 1 знач.).

ИЗНАСИ́ЛОВАТЬ *см.* насиловать.

ИЗНАЧА́ЛЬНЫЙ, -ая, -ое; -лен, -льна (книжн.). Существующий с самого начала, первоначальный. *И. смысл чего-н.* ‖ *сущ.* **изнача́льность**, -и, *ж.*

ИЗНА́ШИВАЕМОСТЬ, -и, *ж.* (спец.). Подверженность износу. *И. механизмов.*

ИЗНА́ШИВАТЬ, -СЯ *см.* износить, -ся.

ИЗНЕ́ЖЕННЫЙ, -ая, -ое; -ен. Привыкший к неге, довольству, чувствительный к лишениям. *И. ребёнок.* ‖ *сущ.* **изне́женность**, -и, *ж.*

ИЗНЕ́ЖИТЬ, -жу, -жишь; -женный; *сов., кого (что).* Избаловать, сделать крайне чувствительным к лишениям. *И. себя.* ‖ *несов.* **изне́живать**, -аю, -аешь.

ИЗНЕ́ЖИТЬСЯ, -жусь, -жишься; *сов.* Стать изнеженным. ‖ *несов.* **изне́живаться**, -аюсь, -аешься.

ИЗНЕМОЖЕ́НИЕ, -я, *ср.* Состояние полной усталости, бессилия. *Набегаться до изнеможения.*

ИЗНЕМОЖЁННЫЙ, -ая, -ое; -ён. Совершенно обессиленный; выражающий изнеможение. *И. путник. И. вид.* ‖ *сущ.* **изнеможённость**, -и, *ж.*

ИЗНЕМО́ЧЬ, -огу́, -о́жешь, -о́гут; -о́г, -огла́; -о́гший; -о́гши; *сов.* Потерять силы, ослабеть. *И. от постоянных лишений.* ‖ *несов.* **изнемога́ть**, -а́ю, -а́ешь.

ИЗНЕ́РВНИЧАТЬСЯ, -аюсь, -аешься; *сов.* (разг.). Стать очень нервным; пережить беспокойство, волнение, переволноваться.

ИЗНИЧТО́ЖИТЬ, -жу, -жишь; -женный; *сов., кого-что* (прост.). Истребить, уничтожить полностью. ‖ *несов.* **изничтожа́ть**, -а́ю, -а́ешь.

ИЗНОСИ́ТЬ, -ошу́, -о́сишь; -о́шенный; *сов., что.* Продолжительной ноской сделать негодным. *И. платье. И. до дыр.* ‖ *несов.* **изна́шивать**, -аю, -аешь. ‖ *сущ.* **изна́шивание**, -я, *ср.* и **изно́с**, -а, *м.*

ИЗНОСИ́ТЬСЯ (-ошу́сь, -о́сишься, 1 и 2 л. не употр.), -о́сится; *сов.* Стать негодным от продолжительной носки, длительного употребления. *Сапоги износились. Мотор, механизм износился.* ‖ *несов.* **изна́шиваться** (-аюсь, -аешься, 1 и 2 л. не употр.), -ается. ‖ *сущ.* **изна́шивание**, -я, *ср.* и **изно́с**, -а, *м. Износ механизмов. Нет износу чему-н.* или *не знает износа* (долго не изнашивается; разг.). *Работать на износ* (перен.: без отдыха, в постоянном напряжении). *Изнашивание организма* (перен.). ‖ *прил.* **изно́сный**, -ая, -ое (спец.). *Износные испытания аппаратуры.*

ИЗНО́ШЕННЫЙ, -ая, -ое; -ен. Негодный от длительного употребления. *Изношенная одежда. Изношенное оборудование. И. организм* (перен.: ослабленный от переутомления, болезни). ‖ *сущ.* **изно́шенность**, -и, *ж.*

ИЗНУРЁННЫЙ, -ая, -ое; -ён. Крайне утомлённый; выражающий крайнее утомление, истощение. *Изнурённое лицо.* ‖ *сущ.* **изнурённость**, -и, *ж.*

ИЗНУРИ́ТЕЛЬНЫЙ, -ая, -ое; -лен, -льна. Истощающий силы. *И. переход. Изнурительная болезнь.* ‖ *сущ.* **изнури́тельность**, -и, *ж.*

ИЗНУРИ́ТЬ, -рю́, -ри́шь; -рённый (-ён, -ена́); *сов., кого (что).* Довести до крайнего утомления, истощения. *Болезнь его изнурила.* ‖ *несов.* **изнуря́ть**, -я́ю, -я́ешь. ‖ *сущ.* **изнуре́ние**, -я, *ср.*

ИЗНУРИ́ТЬСЯ, -рю́сь, -ри́шься; *сов.* Дойти до крайнего утомления, истощения. ‖ *несов.* **изнуря́ться**, -я́юсь, -я́ешься. ‖ *сущ.* **изнуре́ние**, -я, *ср. Довести до изнурения.*

ИЗНУТРИ́. **1.** *нареч.* С внутренней стороны, из внутренней части чего-н. *Дверь заперта и. Крики доносятся и.* **2.** *чего, предлог с род. п.* Из чего-н., из внутренней части чего-н. *Пробоина и. трюма.*

ИЗНЫВА́ТЬ, -а́ю, -а́ешь; *несов.* То же, что томиться. *И. от жажды. И. от скуки, безделья.* ‖ *сов.* **изны́ть**, -но́ю, -но́ешь (устар.).

ИЗО, *предлог с род. п.* То же, что «из», употр. перед нек-рыми сочетаниями согласных, напр. *изо всех, изо рта, изо льна, изо льда, изо дня в день.*

ИЗО...[1], *приставка.* То же, что из...; употр. вместо «из» перед «й» (j) и перед нек-рыми сочетаниями согласных, напр. *изойти, изодрать, изолгаться, изобью, изогну, изорву,* а также *изошёл, изошедший, изошедши.*

ИЗО...[2] *Первая часть сложных слов со знач.:* 1) изобразительный, напр. *изоискусство;* 2) относящийся к художественному изображению, к рисунку, живописи, напр. *изолетопись, изостудия, изошутка.*

ИЗО...[3] *Первая часть сложных слов со знач.* равенства, подобия, напр. *изолинии, изоповерхности.*

ИЗОБА́РА, -ы, *ж.* (спец.). Линия на графике, соединяющая места одинакового атмосферного давления. ‖ *прил.* **изоба́рный,** -ая, -ое.

ИЗОБИ́ДЕТЬ, -и́жу, -и́дишь; -и́женный; *сов., кого (что)* (прост.). Сильно обидеть. *Вконец и.*

ИЗОБИ́ЛИЕ, -я, *ср.* Полное обилие. *И. плодов. Путь к изобилию.*

ИЗОБИ́ЛОВАТЬ (-лую, -луешь, 1 и 2 л. не употр.), -лует; *несов., кем-чем* (книжн.). Иметь в изобилии. *Озеро изобилует рыбой.*

ИЗОБИ́ЛЬНЫЙ, -ая, -ое; -лен, -льна (книжн.). Имеющийся в изобилии. *Изобильная растительность.*

ИЗОБЛИЧА́ТЬ, -а́ю, -а́ешь; *несов.* (книжн.). **1.** *см.* изобличить. **2.** *кого-что в ком-чём.* Обнаруживать, показывать, выявлять. *Произношение изобличало в нём иностранца.*

ИЗОБЛИЧИ́ТЕЛЬ, -я, *м.* (книжн.). Тот, кто изобличил, изобличает кого-что-н., уличил, уличает кого-н. в чём-н. *И. лжи. И. пороков.* ‖ *ж.* **изобличи́тельница,** -ы. ‖ *прил.* **изобличи́тельский,** -ая, -ое.

ИЗОБЛИЧИ́ТЬ, -чу́, -чи́шь; -чённый (-ён, -ена́); *сов., кого (что)* (книжн.). Обнаружить в ком-н. что-н. предосудительное, уличить в чём-н. *И. взяточника. И. во лжи.* ‖ *несов.* **изоблича́ть,** -а́ю, -а́ешь. ‖ *сущ.* изобличе́ние, -я, *ср.* ‖ *прил.* **изобличи́тельный,** -ая, -ое.

ИЗОБРАЖЕ́НИЕ, -я, *ср.* **1.** *см.* изобразить. **2.** Предмет, рисунок, изображающий кого-что-н.; зрительное воспроизведение чего-н. *Каменное и. Увидеть своё и. в зеркале.*

ИЗОБРАЗИ́ТЕЛЬНЫЙ, -ая, -ое; -лен, -льна (книжн.). Наглядный, хорошо изображающий. *И. приём.* ✦ **Изобразительные искусства** — общее название искусств, воплощающих художественные образы на плоскости и в пространстве (живопись, графика, скульптура, а также архитектура). ‖ *сущ.* **изобразительность,** -и, *ж.*

ИЗОБРАЗИ́ТЬ, -ажу́, -ази́шь; -аже́нный (-ён, -ена́); *сов.* **1.** *кого-что.* Воспроизвести в художественном образе, а также вообще показать, представить. *И. пейзаж на полотне. И. на сцене скупца. Изобразил на бумаге что-то непонятное. И. (из себя) чудака.* **2.** *что.* Выразить, обнаружить. *И. на своём лице сочувствие. Лицо изобразило ужас.* ‖ *несов.* **изобража́ть,** -а́ю, -а́ешь. ‖ *сущ.* **изображе́ние,** -я, *ср.* (к 1 знач.).

ИЗОБРАЗИ́ТЬСЯ (-ажу́сь, -ази́шься, 1 и 2 л. не употр.), -ази́тся; *сов.* Выразиться, обнаружиться. *На лице изобразилось удивление.* ‖ *несов.* **изобража́ться** (-а́юсь, -а́ешься, 1 и 2 л. не употр.), -а́ется.

ИЗОБРЕСТИ́, -рету́, -ретёшь; -ёл, -ела́; -ре́тший; -ретённый (-ён, -ена́); -ретя́; *сов., что.* **1.** Творчески мысля, работая, создать что-н. новое, неизвестное прежде. *И. новую машину. И. приспособление к механизму.* **2.** Придумать, выдумать, солгать (разг.). ‖ *несов.* **изобрета́ть,** -а́ю, -а́ешь. ‖ *сущ.* **изобрете́ние,** -я, *ср.*

ИЗОБРЕТА́ТЕЛЬ, -я, *м.* Тот, кто изобрёл, изобретает что-н. *И. радио. Рабочий-и.* ‖ *ж.* **изобрета́тельница,** -ы. ‖ *прил.* **изобрета́тельский,** -ая, -ое.

ИЗОБРЕТА́ТЕЛЬНЫЙ, -ая, -ое; -лен, -льна. Способный изобретать, находчивый. *И. ум.* ‖ *сущ.* **изобрета́тельность,** -и, *ж.*

ИЗОБРЕТА́ТЕЛЬСТВО, -а, *ср.* Деятельность изобретателя, изобретателей. *И. русских умельцев. И. талантливого самоучки.*

ИЗОБРЕТЕ́НИЕ, -я, *ср.* **1.** *см.* изобрести. **2.** То, что изобретено, создано изобретателем. *Полезное и. Патент на и.*

ИЗОВРА́ТЬСЯ, -ру́сь, -рёшься; -а́лся, -ала́сь, -ало́сь *и* -а́лось; *сов.* (прост.). То же, что изолгаться.

ИЗОГНУ́ТЬ, -ну́, -нёшь; изо́гнутый; *сов., кого-что.* Согнуть дугой. *И. спину.* ‖ *несов.* **изгиба́ть,** -а́ю, -а́ешь.

ИЗОГНУ́ТЬСЯ, -ну́сь, -нёшься; *сов.* Согнуться дугой. ‖ *несов.* **изгиба́ться,** -а́юсь, -а́ешься.

ИЗОДРА́ТЬ, издеру́, издерёшь; -а́л, -ала́, -а́ло; изо́дранный; *сов., что* (разг.). То же, что изорвать.

ИЗОДРА́ТЬСЯ (издеру́сь, издерёшься, 1 и 2 л. не употр.), издерётся; -а́лся, -ала́сь, -ало́сь *и* -а́лось; *сов.* (разг.). То же, что изорваться.

ИЗОЙТИ́, -йду́, -йдёшь; -ошёл, -ошла́; -оше́дший; -йдя́ *и* (устар.) -оше́дши; *сов., чем.* Изнемочь от потери чего-н., обессилеть (преимущ. в выражениях: *и. слезами, и. кровью).* ‖ *несов.* **исходи́ть,** -ожу́, -о́дишь.

ИЗОЛГА́ТЬСЯ, -лгу́сь, -лжёшься, -лгу́тся; -а́лся, -ала́сь, -а́лось *и* -ало́сь; *сов.* Постоянно обманывая, стать лгуном.

ИЗОЛИ́РОВАННЫЙ, -ая, -ое; -ан. **1.** Отдельный, не соединённый с другими. *Изолированная комната. И. участок.* **2.** Единичный, нечастый. *Изолированные факты, явления.* ‖ *сущ.* **изоли́рованность,** -и, *ж.*

ИЗОЛИ́РОВАТЬ, -рую, -руешь; -анный; *сов.* и *несов.* **1.** *что.* Лишить (-шать) соприкосновения с чем-н., отделить (-лять) от чего-н. другого. *И. электрический провод* (от других проводников). *И. помещение, вход. И. больничную палату.* **2.** *кого (что).* Отдалить (-лять) от других, лишая общения с кем-н., ограждая от чего-н. *И. подростка от уличной компании. И. от политики, от жизни.* **3.** *кого (что).* Лишить (-ать) свободы (офиц.). *И. подследственного.* ‖ *сущ.* **изоля́ция,** -и, *ж.* ‖ *прил.* **изоляцио́нный,** -ая, -ое (к 1 и 2 знач.). *И. блок. И. период* (время изоляции).

ИЗОЛИ́РОВАТЬСЯ, -руюсь, -руешься; *сов.* и *несов.* Отделиться (-ляться) от окружающей среды, от других. ‖ *сущ.* **изоля́ция,** -и, *ж.*

ИЗОЛЯ́ТОР, -а, *м.* **1.** То же, что диэлектрик, а также вещество, плохо проводящее тепло (спец.). **2.** Электротехническое устройство для изоляции частей электрооборудования. *Подвесной и. Аппаратный и.* **3.** Особое помещение для больных или других лиц, нуждающихся в изоляции. *Больной помещён в и.*

ИЗОЛЯЦИОНИ́ЗМ, -а, *м.* Политика государственной замкнутости, отказа от участия в разрешении международных конфликтов. ‖ *прил.* **изоляциони́стский,** -ая, -ое. *Изоляционистская политика.*

ИЗОЛЯ́ЦИЯ, -и, *ж.* **1.** *см.* изолировать, -ся. **2.** Приспособление, материал, к-рым изолируют электрические провода и другие проводники энергии (спец.). *Электрическая и. Резиновая и. на проводе.* ‖ *прил.* **изоляцио́нный,** -ая, -ое. *Изоляционная лента.*

ИЗОМОРФИ́ЗМ, -а, *м.* (спец.). **1.** Сходство свойств элементов или их совокупностей, определяющее их способность замещать друг друга в каких-н. соединениях; соответствие объектов, тождественных по своей структуре. **2.** Сходство в чертах строения, организации чего-н. *И. между строением слова и лексического класса.*

ИЗОРВА́ТЬ, -ву́, -вёшь; -а́л, -ала́, -а́ло; изо́рванный; *сов., что.* Порвать совсем, во многих местах. *И. письмо. И. одежду. И. в клочья, в клочки.*

ИЗОРВА́ТЬСЯ (-ву́сь, -вёшься, 1 и 2 л. не употр.), -вётся; -а́лся, -ала́сь, -ало́сь *и* -а́лось; *сов.* Стать рваным, износиться до дыр. *Одежда изорвалась.*

ИЗОТЕ́РМА [тэ], -ы, *ж.* (спец.). Линия на графике, соединяющая места с одинаковой температурой. ‖ *прил.* **изоте́рмный,** -ая, -ое.

ИЗОТЕРМИ́Я [тэ], -и, *ж.* (спец.). Постоянство температуры. ‖ *прил.* **изотерми́ческий,** -ая, -ое. *И. вагон для перевозки фруктов.*

ИЗОТО́П, -а, *м.* Атом химического элемента, отличающийся от другого атома того же элемента своей массой. *Изотопы урана.* ‖ *прил.* **изото́пный,** -ая, -ое.

ИЗОЩРЁННЫЙ, -ая, -ое; -ён. То же, что утончённый. *И. ум. И. слух. И. вкус. Изощрённо* (нареч.) *издеваться* (до мучительства). ‖ *сущ.* **изощрённость,** -и, *ж.*

ИЗОЩРИ́ТЬ, -рю́, -ри́шь; -рённый (-ён, -ена́); *сов., что.* Сделать более восприимчивым, острым, тонким. *И. слух. И. свой ум.* ‖ *несов.* **изощря́ть,** -я́ю, -я́ешь. ‖ *сущ.* **изощре́ние,** -я, *ср.*

ИЗОЩРИ́ТЬСЯ, -рю́сь, -ри́шься; *сов.* **1.** (1 и 2 л. не употр.). Стать более восприимчивым, острым, тонким. *Вкус изощрился.* **2.** Достигнуть успеха, дойти до совершенства, тонкости в исполнении чего-н. *И. в мастерстве.* ‖ *несов.* **изощря́ться,** -я́юсь, -я́ешься.

ИЗ-ПОД *кого-чего, предлог с род. п.* **1.** Обозначает направленность действия, движения из какого-н. места, находящегося под чем-н. *Вылезти из-под стола.* **2.** *чего.* Обозначает направленность действия, появление из какого-н. места, находящегося около чего-н. *Приехал из-под Тулы.* **3.** Указывает на освобождение от какого-н. положения, состояния. *Вывести из-под удара, из-под пуль. Освободить из-под стражи. Выйти из-под чьего-н. влияния.* **4.** *чего.* Указывает на бывшее назначение предмета как вместилища чего-н. *Банка из-под варенья.*

ИЗРАЗЕ́Ц, -зца́, *м.* Плитка из обожжённой глины для облицовки стен, печей, обычно покрытая с лицевой стороны глазурью, кафель. ‖ *прил.* **изразцо́вый,** -ая, -ое. *Изразцовая печь* (облицованная изразцами).

ИЗРАИЛЬТЯ́НЕ, -я́н, *ед.* -я́нин, -а, *м.* Население Израиля. ‖ *ж.* **израильтя́нка,** -и. ‖ *прил.* **израильтя́нский,** -ая, -ое.

ИЗРАИЛЬТЯ́НСКИЙ, -ая, -ое и **ИЗРА́ИЛЬСКИЙ,** -ая, -ое. **1.** *см.* израильтяне. **2.** Относящийся к израильтянам, к их языку (ивриту), национальному характеру, образу жизни, культуре, а также к Израилю, его территории, внутреннему устройству, истории; такой, как у израильтян, как в Израиле. *Израильские государственные языки* (иврит, арабский). *Израильская лира. И. фунт* (денежная единица).

ИЗРА'НИТЬ, -ню, -нишь; -ненный; *сов., кого-что.* Нанести кому-н. много ран. *Израненный боец.*

ИЗРАСХО'ДОВАТЬ, -СЯ *см.* расходовать, -ся.

И'ЗРЕДКА, *нареч.* Иногда, не часто. *Встречаться и.*

ИЗРЕЖЁННЫЙ, -ая, -ое; -ён. С недостаточной густотой, слишком редкий. *И. лес. Изрежённые всходы.* ‖ *сущ.* **изрежённость**, -и, *ж.*

ИЗРЕ'ЗАТЬ, -е́жу, -е́жешь; -анный; *сов.* **1.** *кого-что.* Разрезать на много частей; сделать на чём-н. много порезов. *И. материю. И. стол ножом.* **2.** (1 и 2 л. не употр.), *перен., что.* Расчленить пересечёнными, изломанными линиями. *Местность, изрезанная каналами. Бухты изрезали берег.* ‖ *несов.* **изреза́ть**, -а́ю, -а́ешь *и* **изре́зывать**, -аю, -аешь.

ИЗРЕЧЕ'НИЕ, -я, *ср.* Кратко изложенная мысль, афоризм. *Изречения великих людей.*

ИЗРЕ'ЧЬ, -еку́, -ечёшь, -еку́т; -ёк, -екла́; -ёкший; -ечённый (-ён, -ена́); -ёкши; *сов., что* (устар. и ирон.). Произнести, сказать. *И. истину. И. что-н. с важным видом. Мысль изречённая есть ложь* (афоризм). ‖ *несов.* **изрека́ть**, -а́ю, -а́ешь.

ИЗРЕШЕТИ'ТЬ, -шечу́, -шети́шь; -шечённый (-ён, -ена́) *и* -ше́ченный; *сов., кого-что.* Покрыть сплошь дырками, сделать похожим на решето. *Моль изрешетила одежду. Осколки изрешетили стены. Изрешечён пулями кто-н.* (перен.). ‖ *несов.* **изреше́чивать**, -аю, -аешь.

ИЗРУБИ'ТЬ, -ублю́, -у́бишь; -у́бленный; *сов.* **1.** *кого-что.* Рубя, разделить на мелкие части. *И. мясо.* **2.** *кого (что).* Рубя, убить, уничтожить. *И. саблей кого-н.* ‖ *несов.* **изруба́ть**, -а́ю, -а́ешь.

ИЗРУГА'ТЬ, -а́ю, -а́ешь; -у́ганный; *сов., кого-что.* Разругать, разбранить.

ИЗРЫГА'ТЬ, -а́ю, -а́ешь; *несов., что.* **1.** Извергать, выбрасывать из себя. *Вулкан изрыгает огонь, лаву.* **2.** *перен.* Произносить (бранные, оскорбительные слова). *И. проклятия. И. хулу.*

ИЗРЫ'ТЬ, -ро́ю, -ро́ешь; -ры́тый; *сов., что.* Ископать, перерыть (во 2 знач.). *И. всё поле. Земля изрыта снарядами* (перен.). *Лицо изрыто оспой* (перен.: покрыто оспинами).

ИЗРЯ'ДНЫЙ, -ая, -ое; -ден, -дна. **1.** То же, что отличный (во 2 знач.) (устар.). *Обед и.* **2.** Значительный по количеству, большой (разг.). *Изрядная сумма денег. Холод и.!*

ИЗУВЕ'Р, -а, *м.* Человек, доходящий до крайней, дикой жестокости [*первонач.* из религиозной нетерпимости]. ‖ *ж.* **изуве́рка**, -и. ‖ *прил.* **изуве́рский**, -ая, -ое.

ИЗУВЕ'РСТВО, -а, *ср.* **1.** *см.* изуверствовать. **2.** Изуверский поступок, жестокость.

ИЗУВЕ'РСТВОВАТЬ, -твую, -твуешь; *несов.* Действовать, как изувер. ‖ *сущ.* **изуве́рство**, -а, *ср.*

ИЗУВЕ'ЧИТЬ, -чу, -чишь; -ченный; *сов., кого-что.* Нанести увечья. *Изувеченное тело.* ‖ *несов.* **изуве́чивать**, -аю, -аешь.

ИЗУВЕ'ЧИТЬСЯ, -чусь, -чишься; *сов.* Получить увечья, изувечить себя. ‖ *несов.* **изуве́чиваться**, -аюсь, -аешься.

ИЗУКРА'СИТЬ, -а́шу, -а́сишь; -а́шенный; *сов., кого-что* (разг.). Украсить со всех сторон. *И. флажками, гирляндами.* ‖ *несов.* **изукра́шивать**, -аю, -аешь. ‖ *возвр.* **изукра́ситься**, -а́шусь, -а́сишься; *несов.* **изукра́шиваться**, -аюсь, -аешься.

ИЗУМИ'ТЕЛЬНЫЙ, -ая, -ое; -лен, -льна. Необыкновенный, восхитительный, приводящий в изумление. *И. талант. Изумительно* (нареч.) *поёт.* ‖ *сущ.* **изуми́тельность**, -и, *ж.*

ИЗУМИ'ТЬ, -млю́, -ми́шь; -млённый (-ён, -ена́); *сов., кого (что).* Привести в изумление. *И. всех своим поступком.* ‖ *несов.* **изумля́ть**, -я́ю, -я́ешь.

ИЗУМИ'ТЬСЯ, -млю́сь, -ми́шься; *сов.* Прийти в изумление. ‖ *несов.* **изумля́ться**, -я́юсь, -я́ешься.

ИЗУМЛЕ'НИЕ, -я, *ср.* Крайнее удивление. *Прийти в и. Смотреть с изумлением на что-н. Повергнуть в и. кого-н.*

ИЗУМРУ'Д, -а, *м.* Прозрачный драгоценный камень густого зелёного цвета. ‖ *прил.* **изумру́дный**, -ая, -ое. *И. перстень* (с изумрудом).

ИЗУМРУ'ДНЫЙ, -ая, -ое; -ден, -дна. **1.** *см.* изумруд. **2.** Прозрачно зелёный, цвета изумруда. *Изумрудная вода.*

ИЗУРО'ДОВАТЬ, -СЯ *см.* уродовать, -ся.

ИЗУ'СТНЫЙ, -ая, -ое (устар.). Передающийся из уст в уста, не записанный. *Изустное предание.*

ИЗУЧИ'ТЬ, -учу́, -у́чишь; -у́ченный; *сов., кого-что.* **1.** Постичь учением, усвоить в процессе обучения. *И. ремесло. И. иностранный язык.* **2.** Научно исследовать, познать. *И. древнюю рукопись.* **3.** Внимательно наблюдая, ознакомиться, понять. *И. обстановку. И. чей-н. характер.* ‖ *несов.* **изуча́ть**, -а́ю, -а́ешь. ‖ *сущ.* **изуче́ние**, -я, *ср.*

ИЗЪ..., *приставка.* То же, что из...; пишется вместо «из» перед *е, я* (потенциально также перед *ё, ю*), напр. *изъездить, изъявить.*

ИЗЪЕ'ЗДИТЬ, -е́зжу, -е́здишь; -е́зженный; *сов., что.* **1.** Ездя, побывать во многих местах. *И. всю страну.* **2.** Испортить, повредить ездой. *Поле изъезжено машинами.*

ИЗЪЕ'СТЬ (-е́м, -еди́м, -е́шь, -еди́те, 1 и 2 л. не употр.), -е́ст, -едя́т; -е́л, -е́ла; -е́вший; -е́денный; -е́вши; *сов., что.* **1.** Испортить, грызя или подтачивая. *Моль изъела мех.* **2.** О едких веществах: испортить, разъесть. *Кислота изъела ткань.* ‖ *несов.* **изъеда́ть** (-а́ю, -а́ешь, 1 и 2 л. не употр.), -а́ет.

ИЗЪЯВИ'ТЕЛЬНЫЙ, -ое: **изъявительное наклонение** — в грамматике: совокупность личных форм глагола, указывающих на совершение действия в настоящем, прошедшем или будущем времени.

ИЗЪЯВИ'ТЬ, -явлю́, -я́вишь; -я́вленный; *сов., что* (офиц.). Высказать, выразить. *И. своё желание. И. согласие.* ‖ *несов.* **изъявля́ть**, -я́ю, -я́ешь.

ИЗЪЯЗВИ'ТЬ, -влю́, -ви́шь; -влённый (-ён, -ена́); *сов., кого-что.* Покрыть язвами. ‖ *несов.* **изъязвля́ть**, -я́ю, -я́ешь.

ИЗЪЯ'Н, -а, *м.* **1.** Повреждение, недостаток. *Товар с изъяном. В изделии много изъянов.* **2.** Убыток, ущерб (устар.). *Входить, ввести в и.* ‖ *уменьш.* **изъя́нец**, -нца, *м.* (к 1 знач.).

ИЗЪЯСНИ'ТЬ, -ню́, -ни́шь; -нённый (-ён, -ена́); *сов., что* (устар. и книжн.). Объяснить, понятно изложить. *И. свою просьбу.* ‖ *несов.* **изъясня́ть**, -я́ю, -я́ешь. ‖ *сущ.* **изъясне́ние**, -я, *ср.* ‖ *прил.* **изъясни́тельный**, -ая, -ое. ✦ **Изъяснительное предложение** — в грамматике: придаточное предложение с общим пояснительным значением, относящееся в главном к словам со значением речи, информации, мысли, познания, памяти, суждения, мнения, восприятия, эмоциональных состояний и их реакций, волеизъявления, веры, убеждения, сомнения, бытия (при регулярном грамматическом и смысловом распределении союзов по отдельным словам и группам слов).

ИЗЪЯСНИ'ТЬСЯ, -ню́сь, -ни́шься; *сов.* (устар. и книжн.). Изложить свою мысль ясно, понятно. *Изъяснитесь понятнее.* ‖ *несов.* **изъясня́ться**, -я́юсь, -я́ешься.

ИЗЪЯ'ТИЕ, -я, *ср.* (книжн.). **1.** *см.* изъять. **2.** Исключение из чего-н., отступление от чего-н. *Допустить и. из общего правила. Всё без изъятия.*

ИЗЪЯ'ТЬ, изыму́, изы́мешь; изъя́тый; *сов., кого-что.* Исключить, устранить (офиц.), а также вообще удалить, вынуть (книжн.). *И. банкноты из обращения. И. из продажи. И. осколок из раны.* ‖ *несов.* **изыма́ть**, -а́ю, -а́ешь. ‖ *сущ.* **изъя́тие**, -я, *ср.*

ИЗЫ'СК, -а, *м.* (книжн.). В искусстве: чисто внешнее, претенциозное новшество.

ИЗЫСКА'НИЕ, -я, *ср.* **1.** *см.* изыскать. **2.** Предварительное исследование, разыскание для создания каких-н. проектов, разработок. *Геологические изыскания.*

ИЗЫ'СКАННЫЙ, -ая, -ое; -ан, -анна. Утончённый, изящный. *И. наряд. Изысканные манеры.* ‖ *сущ.* **изы́сканность**, -и, *ж.*

ИЗЫСКА'ТЕЛЬ, -я, *м.* Специалист, занимающийся изысканиями (во 2 знач.) в какой-н. области. *Инженер-и.* ‖ *прил.* **изыска́тельский**, -ая, -ое. *Изыскательская партия.*

ИЗЫСКА'ТЬ, -ыщу́, -ы́щешь; -ы́сканный; *сов., что* (книжн.). Приложив старание, найти, отыскать. *И. средства, возможности.* ‖ *несов.* **изы́скивать**, -аю, -аешь. ‖ *сущ.* **изыска́ние**, -я, *ср.*

ИЗЮ'БР, -а и **ИЗЮ'БРЬ**, -я, *м.* Крупный восточносибирский олень. ‖ *прил.* **изю́бровый**, -ая, -ое *и* **изю́бревый**, -ая, -ое.

ИЗЮ'М, -а (-у), *м.* Сушёные ягоды винограда. *Кекс с изюмом.* ✦ **Не фунт изюму** (разг. шутл.) — не пустяк, не шутка. *На такую высоту подняться — не фунт изюму!* ‖ *прил.* **изю́мный**, -ая, -ое.

ИЗЮ'МИНА, -ы, *ж.* Одна ягода изюма. ‖ *уменьш.* **изю́минка**, -и, *ж.*

ИЗЮ'МИНКА, -и, *ж.* **1.** *см.* изюмина. **2.** *перен.* Своеобразная прелесть, острота́. *В этом самая и. рассказа. С изюминкой* (или *без изюминки*) (о человеке: со своеобразной живостью и остротой в характере или без этих черт).

ИЗЯ'ЩЕСТВО, -а, *ср.* Тонкая и строгая художественная соразмерность и красота.

ИЗЯ'ЩНЫЙ, -ая, -ое; -щен, -щна. Отличающийся изяществом. *И. почерк. Изящное платье. Изящная девушка. Изящное решение задачи* (перен.: короткое и нетривиальное). ✦ **Изящная словесность** или **литература** (устар.) — то же, что художественная литература. ‖ *сущ.* **изя́щность**, -и, *ж.*

ИКА'ТЬ, -а́ю, -а́ешь; *несов.* Издавать отрывистые непроизвольные звуки, вызванные судорожным сокращением диафрагмы. ‖ *однокр.* **икну́ть**, -ну́, -нёшь. ‖ *сущ.* **ика́ние**, -я, *ср.*

ИКА'ТЬСЯ, -а́ется; *безл.; несов., кому* (разг.). О состоянии икоты. *Ему, наверное, сейчас икается* (о том, кого вспоминают или заочно бранят; шутл.). ‖ *однокр.* **икну́ться**, -нётся.

ИКО'НА, -ы, *ж.* У православных и католиков: предмет поклонения — живописное изображение Бога, святого или святых, образ[2]. ‖ *прил.* **ико́нный**, -ая, -ое.

ИКОНОГРА'ФИЯ, -и, *ж.* (спец.). **1.** Описание и изучение изображений каких-н. лиц в произведениях живописи, скульптуры, а также описание сюжетов. *И. Пушкина.* **2.** *собир.* Совокупность таких изображений. **3.** Правила, к-рых должен придерживаться художник при изображении определённых, обычно религиозных или мифологических сюжетов и лиц. ‖ *прил.* **иконографи́ческий**, -ая, -ое.

ИКОНОПИ́СЕЦ, -сца, *м.* Художник, пишущий иконы.

ИКОНОПИ́СНЫЙ, -ая, -ое; -сен, -сна. **1.** *см.* иконопись. **2.** О внешнем облике: отличающийся суровой и строгой красотой. *Иконописное лицо.* ‖ *сущ.* **иконопи́сность**, -и, *ж.*

И́КОНОПИСЬ, -и, *ж.* Вид религиозной живописи — писание икон. *Древнерусская и.* ‖ *прил.* **иконопи́сный**, -ая, -ое.

ИКОНОСТА́С, -а, *м.* Покрытая иконами стена, отделяющая алтарь в православном храме. ‖ *прил.* **иконоста́сный**, -ая, -ое.

ИКО́ТА, -ы, *ж.* Отрывистые непроизвольные звуки, издаваемые при икании. *И. напала на кого-н.*

ИКРА́¹, -ы́, *ж.* **1.** Масса из яичек самок рыб, моллюсков, иглокожих, нек-рых других водных животных и земноводных. *Метать икру.* **2.** Масса неоплодотворенных яичек рыбы, обработанная как пищевой продукт. *Красная и. Чёрная и. Зернистая и.* **3.** Кушанье из мелко изрубленных овощей, грибов. *Баклажанная и. Грибная и.* ‖ *уменьш.* **ико́рка**, -и, *ж.* (ко 2 и 3 знач.). ‖ *прил.* **икряно́й**, -а́я, -о́е (к 1 знач.) *и* **ико́рный**, -ая, -ое (ко 2 знач.). *Икорный завод. Икряная селёдка* (с икрой).

ИКРА́² *см.* икры.

ИКРИ́НКА, -и, *ж.* Одно зёрнышко икры¹ (в 1 и 2 знач.).

ИКРИ́СТЫЙ, -ая, -ое; -и́ст. О рыбе: содержащий много икры¹. *Икристая щука.*

ИКРОМЕТА́НИЕ, -я, *ср.* и **ИКРОМЁТ**, -а, *м.* Метание икры¹ (в 1 знач.). *Рыба идёт на и.*

И́КРЫ, икр, и́крам, *ед.* икра́, -ы́, *ж.* Округлые мышцы на голени человека. *Сильные, толстые и.*

ИКРЯНО́Й, -а́я, -о́е. **1.** *см.* икра¹. **2.** Содержащий икру¹ (в 1 знач.). *Икряная рыба.*

ИКС, -а, *м.* **1.** В математике: обозначение (латинской буквой «x») неизвестной или переменной величины. **2.** Условное обозначение неизвестного или неназываемого лица. *Мистер и.*

ИЛ, -а, *м.* Вязкий осадок из минеральных или органических веществ на дне водоёма. ‖ *прил.* **и́ловый**, -ая, -ое. *Иловая площадка* (очистное сооружение).

И́ЛИ. **1.** *союз одиночный* или *повторяющийся.* Соединяет два или несколько предложений, а также однородные члены предложения, находящиеся в отношениях взаимоисключения. *Он или я. Или он уйдёт, или я. Завтра или послезавтра. В понедельник, вторник или в среду. Или в понедельник, или в среду.* **2.** *союз одиночный* или *повторяющийся.* Употр. при присоединении последнего члена перечисления, при дополнении предшествующего. *Поищи на столе, на полках или в шкафу.* **3.** *союз одиночный* или *повторяющийся.* Употр. при противопоставлении: иначе, в противном случае. *Уйди, или мы поссоримся.* **4.** *союз.* Употр. для соединения разных названий одного и того же понятия, для пояснения, в знач. иными словами, то есть. *Аэроплан, или самолёт.* **5.** *частица.* Употр. в начале предложения в знач. разве (в 1 знач.), неужели (в 1 знач.) с оттенком противопоставления чему-н. другому, возможному (разг.). *Или ты не знаешь об этом? Или ты решил остаться?* ✦ **Или — или** — (разг.) выражение необходимого выбора чего-н. одного, одно из двух. *Остаёшься или едешь? Решай: или-или.*

И́ЛИСТЫЙ, -ая, -ое; -ист. Покрытый илом, содержащий много ила. *Илистое дно.* ‖ *сущ.* **и́листость**, -и, *ж.*

ИЛЛЮЗИОНИ́СТ, -а, *м.* Эстрадно-цирковой артист, показывающий сложные фокусы, часто с применением специальной аппаратуры. ‖ *ж.* **иллюзиони́стка**, -и. ‖ *прил.* **иллюзиони́стский**, -ая, -ое.

ИЛЛЮ́ЗИЯ, -и, *ж.* **1.** Обман чувств, нечто кажущееся; болезненное состояние — ошибочное восприятие предметов, явлений (спец.). *Оптическая и. Слуховые иллюзии. Аффективные иллюзии* (под влиянием аффекта). **2.** *перен.* Нечто несбыточное, мечта. *Предаваться иллюзиям. Строить себе иллюзии.* **3.** Программный номер иллюзиониста (спец.). ‖ *прил.* **иллюзо́рный**, -ая, -ое (к 1 знач.) *и* **иллюзио́нный**, -ая, -ое (к 3 знач.). *Иллюзорный обман чувств. Иллюзионная программа.*

ИЛЛЮЗО́РНЫЙ, -ая, -ое; -рен, -рна. **1.** *см.* иллюзия. **2.** Порождённый иллюзией, несбыточный (книжн.). *Иллюзорные надежды.* ‖ *сущ.* **иллюзо́рность**, -и, *ж.*

ИЛЛЮМИНА́ТОР, -а, *м.* Герметически закрывающееся окно (на корабле, глубоководном или летательном аппарате). *Судовой и.* ‖ *прил.* **иллюмина́торный**, -ая, -ое.

ИЛЛЮМИНА́ЦИЯ, -и, *ж.* Декоративное освещение зданий, улиц, парков по случаю какого-н. торжества. *Праздничная и.* ‖ *прил.* **иллюминацио́нный**, -ая, -ое.

ИЛЛЮМИНИ́РОВАТЬ, -рую, -руешь; -анный и **ИЛЛЮМИНОВА́ТЬ**, -ну́ю, -ну́ешь; -о́ванный; *сов. и несов., что.* Украсить (-шать) иллюминацией. *Улицы иллюминированы.*

ИЛЛЮСТРА́ТОР, -а, *м.* Художник, иллюстрирующий книги. ‖ *прил.* **иллюстра́торский**, -ая, -ое.

ИЛЛЮСТРА́ЦИЯ, -и, *ж.* **1.** *см.* иллюстрировать. **2.** Рисунок, иллюстрирующий текст. *Книга с иллюстрациями.* **3.** Поясняющий пример. *Убедительные иллюстрации лектора.* ‖ *прил.* **иллюстрацио́нный**, -ая, -ое *и* **иллюстрати́вный**, -ая, -ое.

ИЛЛЮСТРИ́РОВАТЬ, -рую, -руешь; -анный; *сов.* и *несов., что.* **1.** Снабдить (-бжать) (текст) поясняющими рисунками. *И. рассказ. И. книгу.* **2.** *перен.* Пояснить (-нять) чем-н. наглядным, конкретным. *И. свою мысль примером.* ‖ *сов.* также **проиллюстри́ровать**, -рую, -руешь; -анный. ‖ *сущ.* **иллюстри́рование**, -я, *ср.* и **иллюстра́ция**, -и, *ж.*

ИЛОВА́ТЫЙ, -ая, -ое; -а́т. Несколько илистый. *Иловатое дно.* ‖ *сущ.* **илова́тость**, -и, *ж.*

ИЛЬ, *союз* и *частица* (устар. и разг.). То же, что или (в 1, 2, 3 и 5 знач.).

ИЛЬМ, -а, *м.* Лиственное дерево с прочной древесиной, род вяза. ‖ *прил.* **и́льмовый**, -ая, -ое. *Семейство ильмовых* (сущ.).

ИМАЖИНИ́ЗМ, -а, *м.* Направление в русской литературе начала 20 в., первонач. опиравшееся на поэтику раннего футуризма и утверждавшее, что цель творчества состоит в создании самоценных словесных образов. ‖ *прил.* **имажини́стский**, -ая, -ое.

ИМАЖИНИ́СТ, -а, *м.* Последователь имажинизма. ‖ *ж.* **имажини́стка**, -и. ‖ *прил.* **имажини́стский**, -ая, -ое.

ИМА́М, -а, *м.* Глава мусульманской общины. ‖ *прил.* **има́мский**, -ая, -ое.

ИМБИ́РЬ, -я́, *м.* Пряность из корневища тропического травянистого растения, а также само это растение, богатое эфирными маслами. ‖ *прил.* **имби́рный**, -ая, -ое. *Имбирное пиво. Семейство имбирных* (сущ.).

ИМЕ́НИЕ, -я, *ср.* **1.** Поместье, земельное владение. *Помещичье и. Государственное и.* (в царской России). **2.** Имущество, собственность (устар.). *Движимое и.* ‖ *уменьш.* **име́ньице**, -а, *ср.* (к 1 знач.).

ИМЕНИ́ННИК, -а, *м.* Человек в день своих именин. *Сидит именинником кто-н.* (перен.: с радостным, довольным видом; разг. шутл.) [неправильно употр. вместо «новорождённый»]. ‖ *ж.* **имени́нница**, -ы.

ИМЕНИ́НЫ, -и́н. У православных и католиков: чей-н. личный праздник в день, когда церковь отмечает память одноимённого святого или ангела. *Справлять и.* (праздновать этот день). *Пригласить на и.* [неправильно употр. вместо «день рождения»]. ✦ **Именины сердца** (шутл.) — радость, приятное событие. *Приезд гостя — именины сердца.* ‖ *прил.* **имени́нный**, -ая, -ое. *И. пирог. Именинное настроение* (перен.: радостное, приподнятое).

ИМЕНИ́ТЕЛЬНЫЙ: **именительный падеж** — падеж, отвечающий на вопрос кто-что?

ИМЕНИ́ТЫЙ, -ая, -ое; -и́т. Почтенный и знаменитый. *И. гость. И. писатель.* ‖ *сущ.* **имени́тость**, -и, *ж.*

И́МЕННО. **1.** *частица.* Выражает идентификацию: это и ничего другое (этот и никто другой). *И. его жду. И. эту книгу ищу.* **2.** *частица.* Выражает уверенное подтверждение, истинность. *Он верный друг. — И. (и так).* **3.** *союз.* Открывает полное перечисление. *Явились все, и.: Петров, Иванов и Сидоров.* ✦ **А именно,** *союз* — то же, что именно (в 3 знач.). **Вот именно** — то же, что именно (в 1 и 2 знач.). *Вот именно тебя-то мне и надо. Он виноват. — Вот именно.*

ИМЕННО́Й, -а́я, -о́е. **1.** *см.* имя. **2.** Помеченный именем владельца, выданный на чьё-н. имя. *Именное оружие* (наградное). *И. экземпляр книги. И. пропуск.* **3.** Носящий чьё-н. имя, имени кого-н. *Именная пограничная застава.* ✦ **Именной список** — список, содержащий перечень лиц по фамилиям и именам.

ИМЕНОВА́ТЬ, -ну́ю, -ну́ешь; -о́ванный; *несов., кого-что кем-чем* или *им.*, или (при вопросе) *как* (книжн.). Называть, давать кому-чему-н. имя, наименование. *Его именовали Петром (Петр). Как его именуют?* ✦ **Именованное число** — число с наименованием составляющих его единиц меры, напр. 5 м, 2 кг; *противоп.* отвлечённое число. ‖ *сов.* **наименова́ть**, -ну́ю, -ну́ешь; -о́ванный.

ИМЕНОВА́ТЬСЯ, -ну́юсь, -ну́ешься; *несов., кем-чем* или *им.*, или (при вопросе) *как* (книжн.). Называться, иметь название, имя. *И. Петром. Хутор именуется Холмиками (Холмики).* ‖ *сов.* **наименова́ться**, -ну́юсь, -ну́ешься.

ИМЕ́ТЬ, -е́ю, -е́ешь; *несов.* **1.** *кого-что.* Обладать, располагать, владеть кем-чем-н. *И. деньги. И. право. И. детей. И. кого-н. помощником. Комната имеет одно окно.* **2.** *что.* В сочетании с существительным обозначает действие в соответствии со знач. данного существительного. *И. применение* (применяться). *И. значение* (значить). *И. дело с кем-чем-н.* (состоять в каких-н. отношениях, связях). *И. место* (быть налицо, наличествовать; книжн.). *И. задачу, цель* или *задачей, целью* (стремиться к чему-н., к какой-н. цели). *И. мужество, смелость* (оказаться достаточно мужественным, смелым для какого-н. поступка). **3.** В сочетании с неопр. обозначает буд. вр. (в соответствии со знач. глагола в неопр.) (книжн.). *Имеет произойти нечто важное. Имеет быть* (произойдёт, будет иметь место; неправ. употреблять в сочетании «имеет место быть»). заседание. ✦ **Иметь что против** *кого-чего* — относиться отрицательно, неприязненно. *Что ты имеешь против этой кандидатуры?* **Ничего не имею против** — согласен, не возражаю. ‖ *сов.* **займе́ть,** -е́ю, -е́ешь (к 1 знач.; прост.). *Решил з. мотоцикл.*

ИМЕ́ТЬСЯ (-е́юсь, -е́ешься, 1 и 2 л. не употр.), -е́ется; *несов.* (книжн.). **1.** Находиться, быть в наличии, иметь место. *Препятствий не имеется. Имеются новые сведения. Имеются недостатки.* **2.** Находиться в качестве чьей-н. собственности, принадлежности. *У хозяина имеются запасы. Денег на покупку не имеется.*

И́МИДЖ, -а, *м.* (книжн.). Представление о чьём-н. внутреннем облике, образе. *Сложившийся и. руководителя.*

ИМИТА́ТОР, -а, *м.* Человек, к-рый умеет имитировать кого-что-н. ‖ *прил.* **имита́торский,** -ая, -ое. *И. талант.*

ИМИТА́ЦИЯ, -и, *ж.* **1.** *см.* имитировать. **2.** Подделка подо что-н. *И. жемчуга. И. красного дерева. И. под старину.* **3.** Точное или с видоизменением повторение музыкального мотива другим голосом (или голосами) (спец.). ‖ *прил.* **имитацио́нный,** -ая, -ое.

ИМИТИ́РОВАТЬ, -рую, -руешь; -анный; *несов., кого-что.* Воспроизводить с возможной точностью, подражать кому-чему-н. *И. голоса животных.* ‖ *сов.* **сымити́ровать,** -рую, -руешь; -анный. ‖ *сущ.* **имита́ция,** -и, *ж.*

ИММАНЕ́НТНЫЙ, -ая, -ое; -тен, -тна (книжн.) Присущий природе самого предмета, внутренний. *Имманентное развитие.* ‖ *сущ.* **иммане́нтность,** -и, *ж.*

ИММИГРА́НТ, -а, *м.* Человек, к-рый иммигрировал куда-н. ‖ *ж.* **иммигра́нтка,** -и. ‖ *прил.* **иммигра́нтский,** -ая, -ое.

ИММИГРИ́РОВАТЬ, -рую, -руешь; *сов.* и *несов.* Вселиться (-ляться) в чужую страну на постоянное жительство или на длительное время. ‖ *сущ.* **иммигра́ция,** -и, *ж.* ‖ *прил.* **иммиграцио́нный,** -ая, -ое.

ИММОРТЕ́ЛЬ [тэ], -и, *ж.* То же, что бессмертник. ‖ *прил.* **иммորте́льный,** -ая, -ое.

ИММУНИЗИ́РОВАТЬ, -рую, -руешь; -анный; *сов.* и *несов., кого-что* (спец.). Сделать (делать) невосприимчивым к инфекционному заболеванию. *И. организм.* ‖ *сущ.* **иммуниза́ция,** -и, *ж.* ‖ *прил.* **иммунизацио́нный,** -ая, -ое.

ИММУНИТЕ́Т, -а, *м.* (спец.). **1.** Невосприимчивость к какому-н. инфекционному заболеванию. *И. к кори. Выработать и. к чему-н.* или *против чего-н.* (также перен.: об устойчивой реакции против чего-н.). **2.** Предоставленное кому-н. исключительное право не подчиняться нек-рым общим законам. *Дипломатический и.* (неприкосновенность личности, служебных помещений, жилища и собственности дипломатов). *Депутатский и.* ‖ *прил.* **иммý́нный,** -ая, -ое (к 1 знач.) *и* **иммуните́тный,** -ая, -ое. *Иммунная реакция организма.*

ИММУНО... *Первая часть сложных слов со знач.:* 1) относящийся к иммунитету (в 1 знач.), напр. *иммуноаллергический, иммунодефицит, иммунопатология, иммунореактивность, иммуносывороточный, иммунотерапия;* 2) относящийся к иммунологии, напр. *иммунобиология, иммуноморфология, иммуноэмбриология.*

ИММУНО́ЛОГ, -а, *м.* Врач — специалист по иммунологии.

ИММУНОЛО́ГИЯ, -и, *ж.* (спец.) Раздел медицины — наука о невосприимчивости организма к инфекционным заболеваниям, о его защитных реакциях. ‖ *прил.* **иммунологи́ческий,** -ая, -ое.

ИМПЕРАТИ́В, -а, *м.* **1.** Повеление, безусловное требование (книжн.). *Нравственный и.* **2.** В грамматике: то же, что повелительное наклонение. ‖ *прил.* **императи́вный,** -ая, -ое. *И. тон* (требовательный и категорический). *Императивное предложение* (в грамматике: побудительное).

ИМПЕРА́ТОР, -а, *м.* Титул нек-рых монархов, а также лицо, носящее этот титул [*первонач.* в Древнем Риме почётный титул полководцев]. ‖ *ж.* **императри́ца,** -ы. ‖ *прил.* **импера́торский,** -ая, -ое.

ИМПЕРИА́Л[1], -а, *м.* В царской России с 1755 г.: золотая монета достоинством в 10 руб., а после 1897 г. — в 15 руб.

ИМПЕРИА́Л[2], -а, *м.* (устар.). Верхняя часть конки или омнибуса с местами для пассажиров. *Ехать на империале.*

ИМПЕРИАЛИ́ЗМ, -а, *м.* Высшая стадия капитализма, характеризующаяся господством крупных монополий во всех сферах жизни, борьбой между капиталистическими странами за источники сырья и рынки сбыта, за чужие территории. ‖ *прил.* **империалисти́ческий,** -ая, -ое.

ИМПЕРИАЛИ́СТ, -а, *м.* Крупный капиталист или буржуазный политический деятель эпохи империализма. ‖ *прил.* **империалисти́ческий,** -ая, -ое.

ИМПЕ́РИЯ, -и, *ж.* **1.** Монархическое государство во главе с императором; вообще государство, состоящее из территорий, лишённых экономической и политической самостоятельности и управляемых из единого центра. *Римская и. Британская и.* (название Англии с колониями; устар.). *Падение империи.* **2.** *перен.* Крупная монополия, осуществляющая контроль над целой отраслью промышленности, над какой-н. деятельностью. *Газетная и. Опиумная и.* ‖ *прил.* **импе́рский,** -ая, -ое (к 1 знач.).

ИМПЕ́РСКИЙ, -ая, -ое. **1.** *см.* империя. **2.** *перен.* То же, что великодержавный. *Имперские замашки, амбиции.*

ИМПИ́ЧМЕНТ, -а, *м.* (спец.). Процедура лишения полномочий высших должностных лиц, допустивших грубое нарушение закона. *Парламентское право импичмента.*

ИМПЛАНТИ́РОВАТЬ, -рую, -руешь; -анный; *сов.* и *несов., что* (спец.). Провести (-водить) хирургическую операцию вживления в ткани чуждых организму материалов (пластмасс, биологически неактивных металлов и др.) или пересадки органа, ткани, а также операция внедрения зародыша в матку. *И. искусственный клапан сердца, кардиостимулятор. И. зуб, хрусталик, кость, хрящ.* ‖ *сущ.* **импланта́ция,** -и, *ж.* ‖ *прил.* **имплантацио́нный,** -ая, -ое.

ИМПОЗА́НТНЫЙ, -ая, -ое; -тен, -тна (книжн.). Способный импонировать; представительный (в 3 знач.). *Импозантная внешность.* ‖ *сущ.* **импоза́нтность,** -и, *ж.*

ИМПОНИ́РОВАТЬ, -рую, -руешь; *несов., кому (чему)* (книжн.). Производить положительное впечатление, внушать уважение; нравиться. *И. своим слушателям.*

И́МПОРТ, -а, *м.* **1.** Ввоз товаров, капиталов, технологии из-за границы; *противоп.* экспорт. *И. машин. И. зерна.* **2.** *собир.* Ввозимые из-за границы товары, изделия (разг.). ‖ *прил.* **и́мпортный,** -ая, -ое.

ИМПОРТЁР, -а, *м.* (спец.). Лицо или организация, импортирующие что-н. *Страны — импортёры сырья.*

ИМПОРТИ́РОВАТЬ, -рую, -руешь; -анный; *сов.* и *несов., кого-что.* Ввезти (ввозить) из-за границы.

ИМПОТЕ́НТ, -а, *м.* Человек, к-рый страдает импотенцией. ‖ *прил.* **импоте́нтский,** -ая, -ое.

ИМПОТЕ́НТНЫЙ, -ая, -ое; -тен, -тна. Страдающий импотенцией.

ИМПОТЕ́НЦИЯ, -и, *ж.* Половое бессилие.

ИМПРЕСА́РИО, *нескл., м.* Предприниматель-антрепренёр или агент — устроитель концертов, зрелищ.

ИМПРЕССИОНИ́ЗМ, -а, *м.* Направление в искусстве конца 19 — начала 20 в., стремящееся к непосредственному воспроизведению переживаний, настроений и впечатлений художника. ‖ *прил.* **импрессиони́стский,** -ая, -ое *и* **импрессионисти́ческий,** -ая, -ое.

ИМПРЕССИОНИ́СТ, -а, *м.* Последователь импрессионизма. ‖ *ж.* **импрессиони́стка,** -и. ‖ *прил.* **импрессиони́стский,** -ая, -ое.

ИМПРОВИЗА́ТОР, -а, *м.* Человек, способный импровизировать. ‖ *ж.* **импровиза́торша,** -и (разг.). ‖ *прил.* **импровиза́торский,** -ая, -ое. *И. талант.*

ИМПРОВИЗА́ЦИЯ, -и, *ж.* **1.** *см.* импровизировать. **2.** Импровизированное произведение. *Блестящая и.* ‖ *прил.* **импровизацио́нный,** -ая, -ое.

ИМПРОВИЗИ́РОВАТЬ, -рую, -руешь; -анный; *сов.* и *несов., что.* Исполнить (-нять) художественное произведение, создавая его в момент исполнения. *И. стихи. И. на рояле.* ‖ *сов.* также **сымпровизи́ровать,** -рую, -руешь; -анный. ‖ *сущ.* **импровиза́ция,** -и, *ж.* ‖ *прил.* **импровизацио́нный,** -ая, -ое.

И́МПУЛЬС, -а, *м.* **1.** Побудительный момент, толчок, вызывающий какое-н. действие (спец.). *Электрический и. Нервный и.* (распространяющийся по нервному волокну). **2.** Внутреннее побуждение к чему-н., интеллектуальный или эмоциональный толчок, стимул (книжн.). *Волевой и. И. к творчеству.* ‖ *прил.* **и́мпульсный,** -ая, -ое (к 1 знач.) *и* **импульсио́нный,** -ая, -ое. *Импульсное излучение.*

ИМПУЛЬСИ́ВНЫЙ, -ая, -ое; -вен, -вна (книжн.). **1.** Непроизвольный, вызываемый импульсом (во 2 знач.). *Импульсивные движения.* **2.** Порывистый, действующий под влиянием случайных импульсов (во 2 знач.). *Импульсивная натура.* ‖ *сущ.* **импульси́вность,** -и, *ж.*

И́МУТ [3 л. мн. ч. от старого глагола имати]: **мёртвые сраму не имут** (высок.) — погибшие в борьбе не знают позора.

ИМУ́ЩЕСТВО, -а, *ср.* То, что находится в чьей-н. собственности, принадлежит кому-чему-н. *Личное и. Движимое и. Недвижимое и.* ‖ *прил.* **иму́щественный,** -ая, -ое. *Имущественное право. Имущественное налогообложение.*

ИМУ́ЩИЙ, -ая, -ее (книжн.). Богатый, состоятельный. *Имущие классы. Имущие сословия.* ✦ **Власть имущие** (книжн.) — о тех, кто стоит у власти.

И́МЯ, и́мени, *мн.* имена́, имён, имена́м, *ср.* **1.** Личное название человека, даваемое при рождении, часто вообще личное название живого существа. *Собственное и. Его и. — Иван. И. и отчество. Звать по имени кого-н. Имена античных богов. Как Ваше и.? Дать и. коню, кошке, щенку. Обезьянка по имени Яшка.* **2.** Фамилия, семейное название. *На* *стеле — имена погибших героев.* **3.** Личная известность; репутация. *Учёный с мировым именем. Приобрести и. Порочить чьё-н. честное и. Доброе и.* **4.** Известный, знаменитый человек. *Крупные имена.* **5.** Название предмета, явления. *Растение алоэ известно под именем «столетник». Называть вещи своими именами* (перен.: говорить прямо, не скрывая истины). **6.** В грамматике: разряд склоняемых слов. *И. существительное. И. прилагательное. И. числительное.* **7. и́мени** *кого-чего, в знач. предлога с род. п.* В память, в честь кого-чего-н. *Театр имени Вахтангова. Музей имени Пушкина. Канал имени Москвы.* **8. и́менем** *кого-чего, в знач. предлога с род. п.* На основании власти, полномочий, предоставленных кому-н. (офиц.). *Действовать именем республики. Требовать именем закона.* ✦ **Во имя** *кого-чего, предлог с род. п.* (высок.) — ради кого-чего-н., в интересах кого-чего-н. *Сражаться во имя славы Родины. Действовать во имя дружбы.* **На имя** *кого-чего, в знач. предлога с род. п.* — предназначая, адресуя кому-н. *Заявление на имя директора. Ордер на имя главы семьи.* **От имени** *кого-чего, в знач. предлога с род. п.* — по поручению, ссылаясь, опираясь на кого-что-н. *Говорить от имени общественности.* ‖ *прил.* **именно́й**, -а́я, -о́е (к 6 знач.). *Именное склонение.*

И́МЯ-О́ТЧЕСТВО, и́мени-о́тчества, *ср.* (разг.). Личное имя вместе с отчеством. *Как ваше имя-отчество? Звать по имени-отчеству.*

ИМЯРЕ́К, -а, *м.* (устар.). Слово, заменяющее чьё-н. конкретное имя, фамилию, в знач. такой-то, тот-то.

ИН (устар. и прост.). **1.** *союз.* То же, что ан (в 1 знач.). **2.** *частица.* Употр. в начале речи для выражения согласия, принятия. *Ин будь по-твоему.*

ИНАКО... *Первая часть сложных слов со знач.* иначе, по-иному, напр. *инакочувствующий, инакодействующий, инаковерующий.*

ИНАКОМЫ́СЛИЕ, -я, *ср.* (книжн.). Мировосприятие инакомыслящих.

ИНАКОМЫ́СЛЯЩИЙ, -ая, -ее. Несогласный с господствующей идеологией, взглядами, а также (устар.) вообще имеющий несходный с чьим-н. образ мыслей. *Принадлежать к числу инакомыслящих* (сущ.). *Преследование инакомыслящих* (сущ.).

ИНА́ЧЕ и **И́НАЧЕ**. **1.** *мест. нареч.* Иным способом, по-другому. *И. поступить нельзя. Ведёт себя и., чем другие.* **2.** *союз.* Выражает противительные отношения, в противном случае, а то (разг.). *Беги, и. опоздаешь.* ✦ **А иначе**, союз — иначе (во 2 знач.), а не то. *Поспешим, а иначе опоздаем.* **Иначе говоря (иначе сказать)**, *вводн. сл.* — то же, что иными словами. **Не иначе как** — 1) именно и только так. *Поезд не иначе как опаздывает. Читает не иначе как лежа;* 2) выражение уверенности, несомненности. **Так или иначе** — во всяком случае, как бы ни сложились обстоятельства. *Так или иначе, я приду.*

ИНВАЛИ́Д, -а, *м.* Человек, к-рый полностью или частично лишён трудоспособности вследствие какой-н. аномалии, ранения, увечья, болезни. *И. войны. И. с детства.* ‖ *ж.* **инвали́дка**, -и (прост.). ‖ *прил.* **инвали́дский**, -ая, -ое.

ИНВАЛИ́ДНОСТЬ, -и, *ж.* Состояние, положение инвалида, нетрудоспособность. *Пособие по инвалидности.*

ИНВАЛИ́ДНЫЙ, -ая, -ое. Относящийся к инвалидности, к состоянию инвалида. *Инвалидная коляска. И. дом* (приют для инвалидов).

ИНВАЛЮ́ТА, -ы, *ж.* Сокращение: иностранная валюта. ‖ *прил.* **инвалю́тный**, -ая, -ое.

ИНВАРИА́НТ, -а, *м.* **1.** Величина, остающаяся неизменяемой при тех или иных преобразованиях (спец.). **2.** В языкознании: единица, заключающая в себе все основные признаки своих конкретных реализаций. *Семантический и.* ‖ *прил.* **инвариа́нтный**, -ая, -ое.

ИНВЕНТАРИЗОВА́ТЬ, -зу́ю, -зу́ешь; -о́ванный; *сов.* и *несов., что.* Составить (-влять) опись инвентаря. *И. имущество.* ‖ *сущ.* **инвентариза́ция**, -и, *ж. В учреждении проходит и.* ‖ *прил.* **инвентаризацио́нный**, -ая, -ое.

ИНВЕНТА́РЬ, -я́, *м.* **1.** Вещи, предметы, входящие в состав имущества предприятия, учреждения, а также предназначенные для какой-н. определённой цели, работ. *Заводской и. Садовый и.* **2.** Подробная опись таких предметов. *Составить и. Занести в и.* ✦ **Живой инвентарь** — рабочий скот. **Мёртвый инвентарь** — предметы хозяйственного оборудования. ‖ *прил.* **инвента́рный**, -ая, -ое. *Инвентарная книга.*

ИНВЕ́РСИЯ, -и, *ж.* (спец.). **1.** Изменение нормального положения компонентов, расположение их в обратном порядке. *И. геомагнитного поля Земли. И. температуры* (повышение температуры в одном из слоёв атмосферы вместо нормального понижения). **2.** В синтаксисе: изменение нормального (стилистически нормального) порядка слов в предложении, сопровождаемое перемещением его интонационного центра. ‖ *прил.* **инверсио́нный**, -ая, -ое.

ИНВЕСТИ́РОВАТЬ, -рую, -руешь; -анный; *сов.* и *несов., что* (спец.). Вложить (вкладывать) (капитал) в какое-н. предприятие, дело. ‖ *сущ.* **инвести́ция**, -и, *ж.* ‖ *прил.* **инвестицио́нный**, -ая, -ое. *И. банк.*

ИНВЕСТИ́ЦИЯ, -и, *ж.* **1.** *см.* инвестировать. **2.** *обычно мн.* Долгосрочные вложения капитала в отдельные отрасли экономики внутри страны и за рубежом (спец.). ‖ *прил.* **инвестицио́нный**, -ая, -ое. *И. фонд.*

ИНВЕ́СТОР, -а, *м.* Вкладчик (физическое или юридическое лицо), осуществляемый инвестиции. ‖ *прил.* **инве́сторский**, -ая, -ое.

ИНГАЛЯ́ТОР, -а, *м.* Аппарат для ингаляции. ‖ *прил.* **ингаля́торный**, -ая, -ое.

ИНГАЛЯ́ЦИЯ, -и, *ж.* Лечение вдыханием распылённых лекарственных веществ, паров, насыщенных такими веществами. ‖ *прил.* **ингаляцио́нный**, -ая, -ое.

ИНГРЕДИЕ́НТ, -а, *м.* (книжн.). Составная часть чего-н. (вещества, смеси). ‖ *прил.* **ингредие́нтный**, -ая, -ое.

ИНГУШИ́, -е́й, *ед.* ингу́ш, -а́, *м.* Народ, составляющий основное коренное население Ингушетии. ‖ *ж.* **ингу́шка**, -и. ‖ *прил.* **ингу́шский**, -ая, -ое.

ИНГУ́ШСКИЙ, -ая, -ое. **1.** *см.* ингуши. **2.** Относящийся к ингушам, к их языку, национальному характеру, образу жизни, культуре, а также к Ингушетии, её территории, внутреннему устройству, истории; такой, как у ингушей, как в Ингушетии. *И. язык* (один из иберийско-кавказских языков). *По-ингушски* (нареч.).

ИНД... *Первая часть сложных слов со знач.* индивидуальный, напр. *индзаказ, индпошив.*

И́НДЕВЕТЬ, -ею, -еешь; *несов.* Покрываться инеем, тонким слоем льда, снега. *На морозе индевеют усы и борода.* ‖ *сов.* **заи́ндеветь**, -ею, -еешь. *Ветки заиндевели.*

ИНДЕ́ЙКА, -и, *ж.* Крупная домашняя птица сем. куриных. ✦ **Судьба-индейка** (разг. шутл.) — о незадачливой доле, трудной судьбе.

ИНДЕ́ЙСКИЙ, -ая, -ое. **1.** *см.* индейцы. **2.** Относящийся к индейцам, к их языкам, национальному характеру, образу жизни, культуре, а также к местам их проживания, внутреннему устройству, истории; такой, как у индейцев. *Индейские языки* (языки коренного населения Америки за исключением эскимосско-алеутской семьи языков). *Индейские племена. Индейские резервации в Америке.*

ИНДЕ́ЙЦЫ, -ев, *ед.* -е́ец, -е́йца, *м.* Общее название коренных племён и народностей древнего происхождения (за исключением эскимосов и алеутов), населявших до появления европейцев Южную и Северную Америку и сохранившихся там лишь в некрых районах. ‖ *ж.* **индиа́нка**, -и. ‖ *прил.* **инде́йский**, -ая, -ое.

И́НДЕКС [дэ], -а, *м.* (спец.). **1.** Список, указатель. *И. выходящих книг.* **2.** Цифровой (или буквенный) показатель чего-н. *И. цен. И. промышленного производства.* **3.** Условное обозначение в системе какой-н. классификации. *Почтовый и.* ‖ *прил.* **и́ндексный**, -ая, -ое.

ИНДЕКСА́ЦИЯ [дэ], -и, *ж.* **1.** *см.* индексировать. **2.** В период инфляции: уравнивание величин средств, платежей в соответствии с новыми, возрастающими величинами. *И. вкладов, пенсий.* ‖ *прил.* **индексацио́нный**, -ая, -ое.

ИНДЕКСИ́РОВАТЬ [дэ], -рую, -руешь; -анный; *сов.* и *несов.* (офиц.). Произвести (-одить) перерасчёт каких-н. выплат пропорционально изменениям индекса цен. ‖ *сущ.* **индекса́ция**, -и, *ж.*

ИНДЕТЕРМИНИ́ЗМ [дэтэ], -а, *м.* Противоположная детерминизму концепция, отвергающая всеобщую закономерность и причинную зависимость и обусловленность в природе и обществе. ‖ *прил.* **индетерминисти́ческий**, -ая, -ое.

ИНДИА́НКА *см.* индейцы *и* индийцы.

ИНДИВИ́Д, -а, *м.* (книжн.). То же, что индивидуум.

ИНДИВИДУАЛИЗИ́РОВАТЬ, -рую, -руешь; -анный; *сов.* и *несов., кого-что.* Сделать (делать) индивидуальным (в 1 знач.); установить (-навливать) что-н. применительно к отдельному случаю, лицу. *И. занятия с учащимися.* ‖ *сущ.* **индивидуализа́ция**, -и, *ж.*

ИНДИВИДУАЛИ́ЗМ, -а, *м.* **1.** Нравственный принцип, ставящий интересы отдельной личности выше интересов общества. **2.** Стремление к выражению своей личности, своей индивидуальности. ‖ *прил.* **индивидуалисти́ческий**, -ая, -ое.

ИНДИВИДУАЛИ́СТ, -а, *м.* Человек, к-рый проявляет индивидуализм (во 2 знач.) в образе мыслей и поступках. ‖ *ж.* **индивидуали́стка**, -и. ‖ *прил.* **индивидуали́стский**, -ая, -ое.

ИНДИВИДУА́ЛЬНОСТЬ, -и, *ж.* **1.** *см.* индивидуальный. **2.** Особенности характера и психического склада, отличающие одного индивидуума от другого. *Сохранить свою и.* **3.** Отдельная личность, индивидуум (книжн.). *Яркая и.*

ИНДИВИДУА́ЛЬНЫЙ, -ая, -ое; -лен, -льна. **1.** Личный, свойственный данному индивидууму, отличающийся характерными признаками от других. *Индивидуальные особенности.* **2.** Единоличный, производимый одним лицом, не коллективом. *И. труд. Индивидуальное хозяйство.* **3.** Относящийся в отдельности к каждому. *Индивидуальное обслуживание. И. подход. В индивидуальном порядке. Подходить индивидуально* (нареч.). **4.** Отдельный, единичный. *И. случай. Индивидуальное явление.* ‖ *сущ.* **индивидуа́льность -и,** *ж.* (к 1 и 4 знач.).

ИНДИВИ́ДУУМ, -а, *м.* (книжн.). Человек как отдельная личность, а также (спец.) вообще отдельный живой организм, особь.

ИНДИ́ГО. 1. *нескл., ср.* Тёмно-синее красящее вещество, получаемое из сока нек-рых тропических (индигоносных) растений или синтетически. **2.** *неизм.* Тёмно-синий. *Цвет и.* ‖ *прил.* **инди́говый,** -ая, -ое (к 1 знач.). *И. цвет.*

ИНДИ́ЙСКИЙ, -ая, -ое. **1.** *см.* индийцы. **2.** Относящийся к индийцам, к их языкам, национальному характеру, образу жизни, культуре, а также к Индии, её территории, внутреннему устройству, истории; такой, как у индийцев, как в Индии. *Индийские языки* (хинди, бенгали, цыганский и другие индоевропейской семьи языков). *Индийское письмо* (общее название слоговых письменностей Юго-Восточной Азии, связанных генетической общностью). *Индийские штаты. И. чай* (сорт). *И. слон* (вид). *Индийская рупия* (денежная единица). *По-индийски* (нареч.).

ИНДИ́ЙЦЫ, -ев, *ед.* -и́ец, -и́йца, *м.* Общее название коренного населения Индии. ‖ *ж.* **индиа́нка,** -и. ‖ *прил.* **инди́йский,** -ая, -ое.

ИНДИКА́ТОР, -а, *м.* (спец.). **1.** Прибор (устройство, элемент), отражающий какой-н. процесс, состояние наблюдаемого объекта. *Визуальный и. Акустический и.* **2.** Вещество, являющееся химическим реактивом. *Химический и.* ‖ *прил.* **индика́торный,** -ая, -ое.

ИНДИФФЕРЕНТИ́ЗМ, -а, *м.* (книжн.). Индифферентное отношение к чему-н.

ИНДИФФЕРЕ́НТНЫЙ, -ая, -ое; -тен, -тна (книжн.). Безразличный, безучастный, равнодушный. *И. тон. Индифферентно* (нареч.) *относиться к чему-н.* ‖ *сущ.* **индифферéнтность,** -и, *ж.*

ИНДОЕВРОПЕ́ЙСКИЙ, -ая, -ое. **1.** *см.* индоевропейцы. **2.** Относящийся к индоевропейцам, к их происхождению, языкам, национальному характеру, образу жизни, культуре, а также к территориям и местам их проживания, их внутреннему устройству, истории; такой, как у индоевропейцев. *И. праязык. Индоевропейская семья языков* (общая для многих народов Европы, Западной Азии и Индостана, включающая группы: балтийскую, германскую, греческую, индийскую, иранскую, кельтскую, романскую, славянскую и др.).

ИНДОЕВРОПЕ́ЙЦЫ, -ев, *ед.* -е́ец, -е́йца, *м.* Общее название племён — предков современных народов, говорящих на языках индоевропейской семьи. ‖ *прил.* **индоевропе́йский,** -ая, -ое.

ИНДО́ЛОГ, -а, *м.* Специалист по индологии.

ИНДОЛО́ГИЯ, -и, *ж.* Совокупность наук о культуре Индии. ‖ *прил.* **индологи́ческий,** -ая, -ое.

ИНДОНЕЗИ́ЙСКИЙ, -ая, -ое. **1.** *см.* индонезийцы. **2.** Относящийся к индонезийцам, к их языкам, национальному характеру, образу жизни, культуре, а также к Индонезии, её внутреннему устройству, истории; такой, как у индонезийцев, как в Индонезии. *И. язык* (официальный язык Индонезии, один из австронезийских языков). *Индонезийские языки* (одна из ветвей австронезийской семьи языков: малайский, индонезийский и др.). *Индонезийские провинции. Индонезийская рупия* (денежная единица).

ИНДОНЕЗИ́ЙЦЫ, -ев, *ед.* -и́ец, -и́йца, *м.* Общее название народностей и племён, составляющих основное население Индонезии. ‖ *ж.* **индонези́йка,** -и. ‖ *прил.* **индонези́йский,** -ая, -ое.

ИНДУИ́ЗМ, -а, *м.* Распространившаяся в Индии с конца 1 тыс. н. э. одна из крупных религий мира, основанная на вере в перевоплощение душ как воздаяние за добродетели или пороки. *Течения индуизма* (два основных направления, связанные с культом верховных богов Вишну и Шивы). ‖ *прил.* **индуи́стский,** -ая, -ое. *И. храм. Индуистская мифология.*

ИНДУ́КТОР, -а, *м.* (спец.). Электромагнитное устройство, предназначенное для индукционного нагрева, а также небольшая электромагнитная машина, применяемая в телефонной аппаратуре. ‖ *прил.* **инду́кторный,** -ая, -ое.

ИНДУ́КЦИЯ, -и, *ж.* **1.** Способ рассуждения от частных фактов, положений к общим выводам; *противоп.* дедукция (книжн.). **2.** Возбуждение электрического тока в каком-н. проводнике при движении его в магнитном поле или изменении вокруг него магнитного поля (спец.). ‖ *прил.* **индукти́вный,** -ая, -ое и **индукцио́нный,** -ая, -ое (ко 2 знач.). *Индуктивный метод. Индукционный ускоритель.*

ИНДУЛЬГЕ́НЦИЯ, -и, *ж.* У католиков: отпущение грехов, а также грамота о таком отпущении, выдаваемая за особую плату церковью от имени папы римского. *Выдать, дать индульгенцию кому-н.* (также перен.: дать разрешение на какие-н. действия, поступки; книжн.). *Получить индульгенцию* (также перен.: получить разрешение на какие-н. действия, поступки; книжн.).

ИНДУ́С, -а, *м.* Индиец — последователь индуизма. ‖ *ж.* **инду́ска,** -и. ‖ *прил.* **инду́сский,** -ая, -ое.

ИНДУСТРИАЛИЗИ́РОВАТЬ, -рую, -руешь; -анный; *сов. и несов., что.* Перевести (-водить) на машинную, индустриальную технику; внедрить (-рять) такую технику. ‖ *сущ.* **индустриализа́ция,** -и, *ж.*

ИНДУСТРИА́ЛЬНЫЙ, -ая, -ое. **1.** *см.* индустрия. **2.** То же, что промышленный. *И. рабочий. Индустриальные страны.*

ИНДУСТРИ́Я, -и и (устар.) **ИНДУ́СТРИЯ,** -и, *ж.* То же, что промышленность. *Тяжёлая и. Лёгкая и.* ‖ *прил.* **индустриа́льный,** -ая, -ое.

ИНДЮ́К, -а́, *м.* Самец индейки, индейский петух. *Надулся, как и. кто-н.* (о том, кто имеет гордый и глупый вид). ‖ *прил.* **индюша́чий,** -ья, -ье.

ИНДЮ́ШКА, -и, *ж.* (разг.). То же, что индейка. ‖ *прил.* **индю́шечий,** -ья, -ье.

ИНДЮШО́НОК, -нка, *мн.* -ша́та, -ша́т, *м.* Птенец индюшки.

И́НЕЙ, -я, *м.* Тонкий слой ледяных кристаллов, образующийся благодаря испарениям на охлаждающейся поверхности. *Деревья покрылись инеем.* ‖ *прил.* **и́неевый,** -ая, -ое и **и́нейный,** -ая, -ое. *Инеевый узор. Инейная белизна.*

ИНЕ́РТНЫЙ [*нэ*], -ая, -ое; -тен, -тна. **1.** *полн. ф.* Обладающий инерцией (в 1 знач.) (спец.). **2.** Бездеятельный, безынициативный. *И. человек. Относиться к чему-н. инертно* (нареч.). ✦ **Инертные газы** (спец.) — благородные газы (аргон, гелий, неон, радон и нек-рые другие), в обычных условиях не вступающие в химические реакции. ‖ *сущ.* **ине́ртность,** -и, *ж.* (ко 2 знач.).

ИНЕ́РЦИЯ [*нэ*], -и, *ж.* **1.** Свойство тел сохранять состояние покоя или равномерного прямолинейного движения, пока какая-н. внешняя сила не изменит этого состояния. *Закон инерции. Двигаться по инерции* (также перен.). *Делать что-н. по инерции* (перен.: по привычке, без сознательных усилий). **2.** *перен.* Бездеятельность, отсутствие инициативы, инертность (устар.). ‖ *прил.* **инерцио́нный,** -ая, -ое (к 1 знач.) и **инерциа́льный,** -ая, -ое (к 1 знач.).

ИНЖЕНЕ́Р, -а, *мн.* -ы, -ов, *м.* Специалист с высшим техническим образованием. *И. путей сообщения. Военный и. Горный и.* ‖ *ж.* **инжене́рша,** -и (прост.). ‖ *прил.* **инжене́рский,** -ая, -ое.

ИНЖЕНЕ́РИЯ, -и, *ж.* **1.** Инженерное дело, творческая техническая деятельность. **2.** В нек-рых сочетаниях: конструирование новых, не существующих в природе органических единиц (спец.). *Клеточная и.* (конструирование клеток нового типа). *Генная и.* (конструирование новых сочетаний генов).

ИНЖЕНЕ́РНЫЙ, -ая, -ое. Технический; связанный с технической деятельностью. *Инженерная геология. Инженерные войска* (сапёрные, дорожные, понтонно-мостовые, переправочно-десантные и другие технические воинские части и подразделения). *Инженерная находка* (новое удачное техническое решение).

ИНЖИ́Р, -а, *м.* Южное дерево сем. тутовых с сочными сладкими плодами, смоковница, а также самый плод его (винная ягода). ‖ *прил.* **инжи́рный,** -ая, -ое.

И́НИСТЫЙ, -ая, -ое; -ист. Покрытый густым инеем. *Инистые ветви.*

ИНИЦИА́ЛЫ, -ов, *ед.* -а́л, -а, *м.* Первые буквы имени и отчества или имени и фамилии. ‖ *прил.* **инициа́льный,** -ая, -ое.

ИНИЦИАТИ́ВА, -ы, *ж.* **1.** Почин, внутреннее побуждение к новым формам деятельности, предприимчивость. *Творческая и. Проявить инициативу. По собственной инициативе.* **2.** Руководящая роль в каких-н. действиях. *Взять инициативу в свои руки.* **3.** обычно *мн.* Предложение, выдвинутое для обсуждения (офиц.). *Мирные инициативы. Выступить с важными инициативами.*

ИНИЦИАТИ́ВНЫЙ, -ая, -ое; -вен, -вна. **1.** *полн. ф.* Проявляющий инициативу в каком-н. деле. *Инициативная группа.* **2.** То же, что предприимчивый. *И. человек.* ‖ *сущ.* **инициати́вность,** -и, *ж.* (ко 2 знач.).

ИНИЦИА́ТОР, -а, *м.* Тот, кто действует, проявляя инициативу в чём-н., зачинатель. *И. реформ.* ‖ *прил.* **инициа́торский,** -ая, -ое.

ИНКАССА́ТОР, -а, *м.* Должностное лицо, принимающее деньги от организаций для сдачи их в банк. ‖ *прил.* **инкасса́торский,** -ая, -ое.

ИНКВИЗИ́ТОР, -а, *м.* **1.** Судья инквизиции (в 1 знач.). **2.** *перен.* Человек, обращающийся с кем-н. с холодной жестокостью, мучитель. ‖ *ж.* **инквизи́торша,** -и (ко 2 знач.; разг.). ‖ *прил.* **инквизи́торский,** -ая, -ое. *И. взгляд* (угрожающе жестокий).

ИНКВИЗИ́ЦИЯ, -и, *ж.* **1.** В 13—19 вв.: следственный и карательный орган католической церкви, с крайней жестокостью преследовавший её противников. *Судья инквизиции. Средневековая испанская и.* **2.** *перен.* Издевательство, мучение, пытка (книжн.). ‖ *прил.* **инквизицио́нный,** -ая, -ое (к 1 знач.).

И́НКИ, -ов, *ед.* инк, -а, *м.* Древнее высококультурное индейское племя, жившее в Южной Америке в бассейне реки Амазонки. *Культура инков.* ‖ *прил.* **и́нкский**, -ая, -ое.

ИНКО́ГНИТО. 1. *нареч.* Под вымышленным именем, не открывая своего подлинного. *Путешествовать и.* **2.** *нескл., ср.* Пребывание под вымышленным именем. *Раскрыть своё и.* **3.** *нескл., м.* и *ж.* Лицо, скрывающее своё имя. *Опять явился (явилась) вчерашний (вчерашняя) и.*

ИНКРИМИНИ́РОВАТЬ, -рую, -руешь; -анный; *сов.* и *несов., что кому* (книжн.). Вменить (-нять) в вину, предъявить (-влять) кому-н. обвинение в чём-н. *И. соучастие в преступлении.*

ИНКРУСТА́ТОР, -а, *м.* Художник, занимающийся инкрустацией. ‖ *прил.* **инкруста́торский**, -ая, -ое.

ИНКРУСТА́ЦИЯ, -и, *ж.* **1.** *см.* инкрустировать. **2.** Украшение, выполненное способом инкрустирования. *И. из дерева. Шкатулка с перламутровой инкрустацией.*

ИНКРУСТИ́РОВАТЬ, -рую, -руешь; -анный; *сов.* и *несов., что.* Украсить (-ашать), врезывая узоры, рисунки в изделия из иного материала (обычно на одном уровне с поверхностью изделия). *И. мебель.* ‖ *сущ.* **инкрусти́рование**, -я, *ср. и* **инкруста́ция**, -и, *ж. И. металлом по дереву.* ‖ *прил.* **инкрустацио́нный**, -ая, -ое.

И́НКСКИЙ, -ая, -ое. **1.** *см.* инки. **2.** Относящийся к инкам, к их языку, национальному характеру, образу жизни, культуре, а также к территории их проживании, внутреннему устройству, истории; такой, как у инков. *Инкская цивилизация* (одна из древнейших в бассейне реки Амазонки).

ИНКУБА́ТОР, -а, *м.* Специальное устройство для искусственного выведения птенцов домашних птиц, молоди рыб, гусениц шелкопряда. ‖ *прил.* **инкуба́торный**, -ая, -ое *и* **инкуба́торский**, -ая, -ое (разг.). *И. цыплёнок.*

ИНКУБАТО́РИЙ, -я, *м.* (спец.). Помещение, в к-ром размещены инкубаторы.

ИНКУБА́ЦИЯ, -и, *ж.* (спец.). **1.** Скрытый период болезни от заражения до появления первых ее признаков. **2.** Искусственное выведение молодых особей в инкубаторе. ‖ *прил.* **инкубацио́нный**, -ая, -ое. *И. период.*

ИНО... *Первая часть сложных слов со знач.:* 1) иной, другой, напр. *инобытие, иномыслие;* 2) с чем-н. иным, другим, напр. *иноформенный, иноязычный;* 3) относящийся к чему-н. иному, другому, напр. *иногородний, инонациональный, инопланетянин;* 4) поиному, напр. *иносказательный, иноходец.*

ИНОВЕ́РЕЦ, -рца, *м.* (устар.). Человек другой веры, иной религии. ‖ *ж.* **инове́рка**, -и. ‖ *прил.* **инове́рческий**, -ая, -ое.

ИНОГДА́, *нареч.* Время от времени, в некрых случаях; иной раз. *И. весел, и. грустит.*

ИНОГОРО́ДНИЙ, -яя, -ее. **1.** Живущий в другом городе, прибывший или получаемый из другого города. *И. житель. Иногородняя почта.* **2.** О крестьянах казачьих областей до 1917 г.: не принадлежащий к казачьему сословию. *Казаки и иногородние* (сущ.).

ИНОЗЕ́МЕЦ, -мца, *м.* (устар.). Иностранец, чужестранец. ‖ *ж.* **инозе́мка**, -и.

ИНОЗЕ́МНЫЙ, -ая, -ое. То же, что иностранный (в 1 знач.). *И. обычай. Иноземные захватчики.*

ИНО́Й, -а́я, -о́е. **1.** *прил.* Другой, отличающийся от этого. *Иная форма. Никто и. этого не сделает.* **2.** *мест. неопр.* Некоторый, какой-н., какой-то. *Иному* (сущ.) *это может не понравиться.* ✦ **Иной раз** (разг.) — то же, что **иногда. Иными словами** — употр. для пояснения, то есть, другими словами. *Ты промолчал, иными словами, согласился.* **Не что иное, как..., не кто иной, как...** — именно это, этот. *Это не что иное, как ложь. Не кто иной, как ты.*

И́НОК, -а, *м.* Православный монах. ‖ *ж.* **и́нокиня**, -и, *род. мн.* -инь. ‖ *прил.* **и́ноческий**, -ая, -ое. *И. сан.*

ИНОМА́РКА, -и, *ж.* (разг.). Легковой автомобиль зарубежного производства.

ИНОПЛАНЕ́ТНЫЙ, -ая, -ое. Относящийся к иным планетам, не к Земле. *Инопланетные цивилизации* (внеземные). *И. корабль.*

ИНОПЛАНЕТЯ́НИН, -а, *мн.* -я́не, -я́н, *м.* Житель иной планеты, не Земли. *Пришествие инопланетян.*

ИНОПЛЕМЕ́ННИК, -а, *м.* (устар.). Человек иного племени, народа, иноземец. ‖ *ж.* **иноплеме́нница**, -ы. ‖ *прил.* **иноплеме́ннический**, -ая, -ое.

ИНОПЛЕМЕ́ННЫЙ, -ая, -ое (устар.). Принадлежащий к иному племени, народу.

ИНОРО́ДЕЦ, -дца, *м.* В царской России: уроженец окраины страны, по преимуществу восточной, принадлежащий к одному из национальных меньшинств. ‖ *ж.* **иноро́дка**, -и. ‖ *прил.* **иноро́дческий**, -ая, -ое.

ИНОРО́ДНЫЙ, -ая, -ое; -ден, -дна. Обладающий совсем иными свойствами, посторонний, чуждый. *Инородное тело* (предмет, попавший в организм извне; также перен.: о том, кто попал в чуждую ему среду, обстановку).

ИНОСКАЗА́НИЕ, -я, *ср.* Выражение, содержащее иной, скрытый смысл, аллегория. *Говорить иносказаниями.*

ИНОСКАЗА́ТЕЛЬНЫЙ, -ая, -ое; -лен, -льна. Заключающий в себе иносказание. *Выражаться иносказательно* (нареч.). ‖ *сущ.* **иносказа́тельность**, -и, *ж.*

ИНОСТРА́НЕЦ, -нца, *м.* Гражданин какой-н. страны по отношению к другой стране. ‖ *ж.* **иностра́нка**, -и.

ИНОСТРА́ННЫЙ, -ая, -ое. **1.** Относящийся к другой стране. *И. язык. И. туризм. Иностранные товары.* **2.** Относящийся к внешней политике. *Министерство иностранных дел.*

ИНОХО́ДЕЦ, -дца, *м.* Лошадь, к-рая бегает иноходью.

И́НОХОДЬ, -и, *ж.* Способ бега лошади (или другого животного), при к-ром одновременно выносятся вперёд или обе правые ноги, или обе левые.

И́НОЧЕСТВО, -а, *ср.* В православии: монашество (в 1 знач.).

ИНОЯЗЫ́ЧНЫЙ, -ая, -ое. Относящийся к иному языку. *Иноязычное население. Иноязычное слово* (заимствованное).

ИНСИНУА́ЦИЯ, -и, *ж.* (книжн.). Клеветническое, порочащее кого-н. измышление. ‖ *прил.* **инсинуацио́нный**, -ая, -ое.

ИНСОЛЯ́ЦИЯ, -и, *ж.* (спец.). Освещение солнечными лучами. *Степень инсоляции помещений.* ‖ *прил.* **инсоляцио́нный**, -ая, -ое.

ИНСПЕКТИ́РОВАТЬ, -рую, -руешь; -анный; *несов., кого-что.* Проверять правильность чьих-н. действий в порядке надзора и инструктирования. *И. учреждение.* ‖ *сов.* **проинспекти́ровать**, -рую, -руешь; -анный. ‖ *сущ.* **инспекти́рование**, -я, *ср. и* **инспе́кция**, -и, *ж.* ‖ *прил.* **инспекцио́нный**, -ая, -ое.

ИНСПЕ́КТОР, -а, *мн.* -ы, -ов *и* -а́, -о́в, *м.* Должностное лицо, занятое инспектированием чего-н. *Финансовый и.* ‖ *ж.* **инспе́кторша**, -и (прост.). ‖ *прил.* **инспе́кторский**, -ая, -ое.

ИНСПЕ́КЦИЯ, -и, *ж.* **1.** *см.* инспектировать. **2.** Организация, осуществляющая инспектирование чего-н. *Государственная автомобильная и. Торговая и. Санитарная и.* ‖ *прил.* **инспекцио́нный**, -ая, -ое.

ИНСПИРА́ТОР, -а, *м.* (книжн.). Тот, кто инспирирует что-н. ‖ *прил.* **инспира́торский**, -ая, -ое.

ИНСПИРИ́РОВАТЬ, -рую, -руешь; -анный; *сов.* и *несов.* (книжн.). **1.** *кого-что.* Внушить (-шать) кому-н. какой-н. образ действий, мыслей. *И. общественное мнение.* **2.** *что.* Вызвать (-зывать) что-н. внушением, подстрекательством. *И. беспорядки.* ‖ *сущ.* **инспира́ция**, -и, *ж. и* **инспири́рование**, -я, *ср.*

ИНСТА́НЦИЯ, -и, *ж.* Одна из ступеней в системе подчинённых друг другу органов (в 3 знач.), учреждений (напр. в суде). *Высшая, низшая и. Дело пошло по инстанциям.* ‖ *прил.* **инстанцио́нный**, -ая, -ое.

ИНСТИ́НКТ, -а, *м.* **1.** Врождённая способность совершать целесообразные действия по непосредственному, безотчётному побуждению. *И. самосохранения.* **2.** Подсознательное, безотчётное чувство, внутреннее чутьё. *Понять что-н. инстинктом любящего человека. Материнский и.*

ИНСТИНКТИ́ВНЫЙ, -ая, -ое; -вен, -вна. Обусловленный инстинктом, непроизвольный. *Инстинктивное движение.* ‖ *сущ.* **инстинкти́вность**, -и, *ж.*

ИНСТИТУ́Т, -а, *м.* **1.** Высшее учебное заведение. *Педагогический и. Медицинский и. Технологический и.* **2.** Научно-исследовательское учреждение. *Институты Академии наук.* **3.** Женское, обычно закрытое, среднее учебное заведение. *И. благородных девиц.* **4.** Совокупность норм права в какой-н. области общественных отношений, та или иная форма общественного устройства (книжн.). *И. частной собственности. И. семьи, брака. И. власти. И. президентства* (президентское правление). ‖ *прил.* **институ́тский**, -ая, -ое (к 1, 2 и 3 знач.).

ИНСТИТУ́ТКА, -и, *ж.* (устар.). Воспитанница, ученица института (в 3 знач.).

ИНСТРУКТИ́ВНЫЙ, -ая, -ое; -вен, -вна. Содержащий в себе инструкции, руководящие указания. *И. доклад.* ‖ *сущ.* **инструкти́вность**, -и, *ж.*

ИНСТРУКТИ́РОВАТЬ, -рую, -руешь; -анный; *сов.* и *несов., кого (что).* Дать (давать) кому-н. инструкции, руководящие указания. *И. дежурных.* ‖ *сов.* также **проинструкти́ровать**, -рую, -руешь; -анный. ‖ *сущ.* **инструкта́ж**, -а, *м. и* **инструкти́рование**, -я, *ср.*

ИНСТРУ́КТОР, -а, *мн.* -ы, -ов *и* -а́, -о́в, *м.* Должностное лицо, инструктирующее кого-н. *И. по туризму.* ‖ *ж.* **инстру́кторша**, -и (разг.). ‖ *прил.* **инстру́кторский**, -ая, -ое.

ИНСТРУ́КЦИЯ, -и, *ж.* **1.** Свод правил, устанавливающих порядок и способ осуществления, выполнения чего-н. *И. министерства.* **2.** Вообще указания. *Давать, получать инструкции.* ‖ *прил.* **инструкцио́нный**, -ая, -ое.

ИНСТРУМЕ́НТ, -а, *м.* **1.** Орудие для производства каких-н. работ. *Ручной и. Станочный и. Контрольно-измерительный и. Хирургический и.* **2.** *собир.* То же, что инструментарий. **3.** То же, что музыкальный инструмент. *Струнные инструменты. Ударный и.* **4.** *перен.* Средство, способ, применяемый для достижения чего-н. (книжн.). *И. познания.* ✦ **Музыкальный инструмент** — специальное устройство для исполнения музыки, извлечения музыкальных звуков. *Народные музыкальные инструменты. Духовые, струнные, ударные музыкальные инструменты.* ‖ *прил.* **инструмента́льный**, -ая, -ое (к 1, 2 и 3 знач.). *Инструментальная мастерская. Инструментальная музыка* (исполняемая на инструментах в отличие от вокальной).

ИНСТРУМЕНТАЛИ́СТ, -а, *м.* (спец.). Музыкант-исполнитель (но не применительно к пианисту) в противопоставлении певцу. ‖ *ж.* **инструментали́стка**, -и. ‖ *прил.* **инструментали́стский**, -ая, -ое.

ИНСТРУМЕНТА́ЛЬЩИК, -а, *м.* Рабочий, специалист по изготовлению инструментов (в 1 знач.). *Слесарь-и.* ‖ *ж.* **инструмента́льщица**, -ы.

ИНСТРУМЕНТА́РИЙ, -я, *м.* (спец.). Совокупность инструментов (в 1 знач.), употр. в какой-н. специальной области. *Хирургический и.*

ИНСТРУМЕНТОВА́ТЬ, -ту́ю, -ту́ешь; -о́ванный; *сов.* и *несов., что* (спец.). Произвести (-водить) инструментовку (в 1 знач.) музыкального произведения. *И. симфонию.*

ИНСТРУМЕНТО́ВКА, -и, *ж.* (спец.). **1.** Изложение музыкального произведения для исполнения оркестром, камерным ансамблем, а также хором. **2.** Раздел теории музыки, посвящённый принципам такого изложения и изучающий свойства инструментов. **3.** Фоническая организация стиха.

ИНСУЛИ́Н, -а, *м.* (спец.). Белковый гормон, вырабатываемый поджелудочной железой, а также препарат этого гормона, используемый как лечебное средство. ‖ *прил.* **инсули́новый**, -ая, -ое.

ИНСУ́ЛЬТ, -а, *м.* Острое нарушение мозгового кровообращения, сопровождающееся расстройством сознания, параличами. ‖ *прил.* **инсу́льтный**, -ая, -ое.

ИНСЦЕНИ́РОВАТЬ, -рую, -руешь; -анный; *сов.* и *несов., что.* **1.** Приспособить (-соблять) для постановки на сцене театра или в кино, на телевидении. *И. повесть.* **2.** *перен.* Притворно изобразить (-ажать) что-н. (книжн.). *И. обморок.* ‖ *сущ.* **инсцениро́вка**, -и, *ж.* ‖ *прил.* **инсцениро́вочный**, -ая, -ое.

ИНСЦЕНИРО́ВКА, -и, *ж.* **1.** *см.* инсценировать. **2.** Инсценированное произведение, представление. *Удачная и. романа.*

ИНСЦЕНИРО́ВЩИК, -а, *м.* Тот, кто осуществляет инсценировку (в 1 знач.).

ИНТЕГРА́Л [*тэ*], -а, *м.* В математике: величина, получающаяся в результате действия, обратного дифференцированию. ‖ *прил.* **интегра́льный**, -ая, -ое. *Интегральное исчисление.*

ИНТЕГРИ́РОВАТЬ [*тэ*], -рую, -руешь; -анный; *сов.* и *несов., что.* **1.** Объединить (-нять) в одно целое (спец.). **2.** В математике: найти (находить) интеграл данной функции. ‖ *сущ.* **интегри́рование**, -я, *ср.* и **интегра́ция**, -и, *ж.* (к 1 знач.). *Экономическая интеграция* (форма интернационализации хозяйственной жизни). *Интеграция языков* (объединение диалектов в единый язык).

ИНТЕЛЛЕ́КТ, -а, *м.* Ум (в 1 знач.), мыслительная способность, умственное начало у человека. *Высокий и.* ‖ *прил.* **интеллектуа́льный**, -ая, -ое. *Интеллектуальные способности. Интеллектуальная собственность* (охраняемый законом продукт чьего-н. умственного труда).

ИНТЕЛЛЕКТУА́Л, -а, *м.* Интеллектуальный человек. ‖ *ж.* **интеллектуа́лка**, -и (разг.).

ИНТЕЛЛЕКТУА́ЛЬНЫЙ, -ая, -ое; -лен, -льна. **1.** *см.* интеллект. **2.** Умственный, духовный; с высоко развитым интеллектом. *Интеллектуальные запросы.* ‖ *сущ.* **интеллектуа́льность**, -и, *ж.*

ИНТЕЛЛИГЕ́НТ, -а, *м.* Лицо, принадлежащее к интеллигенции; интеллигентный человек. ‖ *ж.* **интеллиге́нтка**, -и (разг.). ‖ *прил.* **интеллиге́нтский**, -ая, -ое.

ИНТЕЛЛИГЕ́НТНЫЙ, -ая, -ое; -тен, -тна. **1.** Принадлежащий к интеллигенции, а также вообще обладающий большой внутренней культурой. *И. человек. Интеллигентное поведение.* **2.** Свойственный интеллигенту. *И. вид.* ‖ *сущ.* **интеллиге́нтность**, -и, *ж.*

ИНТЕЛЛИГЕ́НЦИЯ, -и, *ж., собир.* Люди умственного труда, обладающие образованием и специальными знаниями в различных областях науки, техники и культуры; общественный слой людей, занимающихся таким трудом. *Российская и. Сельская и.*

ИНТЕНДА́НТ, -а, *м.* Военнослужащий, ведающий делами хозяйственного снабжения и войскового хозяйства. ‖ *прил.* **интенда́нтский**, -ая, -ое. *Интендантская служба.*

ИНТЕНДА́НТСТВО, -а, *ср.* Военная организация, ведающая хозяйственным снабжением и войсковым хозяйством. ‖ *прил.* **интенда́нтский**, -ая, -ое.

ИНТЕНСИ́ВНЫЙ [*тэ*], -ая, -ое; -вен, -вна. **1.** Напряжённый, усиленный. *И. труд.* **2.** *полн. ф.* Дающий высокую производительность. *Интенсивная система сельского хозяйства.* ‖ *сущ.* **интенси́вность**, -и, *ж.* (к 1 знач.).

ИНТЕНСИФИЦИ́РОВАТЬ [*тэ*], -рую, -руешь; -анный; *сов.* и *несов., что* (книжн.). Сделать (делать) интенсивным (во 2 знач.), более интенсивным. *И. труд.* ‖ *сущ.* **интенсифика́ция**, -и, *ж.*

ИНТЕР[1] **...** [*тэ*], *приставка.* Образует существительные и прилагательные с тем же знач., что меж, между, напр. *интергранула, интерлингвистика, интерплантация, интерпозиция, интерсекс, интерфаза; интервокальный, интерконсонантный, интернациональный, интерпериодический.*

ИНТЕР[2] **...** [*тэ*]. *Первая часть сложных слов со знач.* интернациональный, напр. *интерклуб, интерспутник.*

ИНТЕРВА́Л [*тэ*], -а, *м.* **1.** Промежуток, расстояние между чем-н.; перерыв. *И. между строчками* (в наборе машинописи). *С интервалом в 5 минут.* **2.** В акустике, музыке: соотношение двух звуков по высоте (спец.). ‖ *прил.* **интерва́льный**, -ая, -ое.

ИНТЕРВЕ́НТ [*тэ*], -а, *м.* Участник интервенции. ‖ *прил.* **интерве́нтский**, -ая, -ое.

ИНТЕРВЕ́НЦИЯ [*тэ*], -и, *ж.* Агрессивное вмешательство одного или нескольких государств, преимущ. вооружённое, во внутренние дела какой-н. страны. *Военная и.* ‖ *прил.* **интервенцио́нный**, -ая, -ое и **интервенциони́стский**, -ая, -ое. *Интервенционные войска. Интервенционистские планы.*

ИНТЕРВИ́ДЕНИЕ [*тэ*], -я, *ср.* (И прописное). Международная телевизионная организация для обмена передачами между странами-участницами, совместной подготовки программ, а также передачи, идущие по её каналам.

ИНТЕРВЬЮ́ [*тэ*], *нескл., ср.* Предназначенная для печати (или передачи по радио, телевидению) беседа с каким-н. лицом. *Взять и. у кого-н. Дать и. Получить и.*

ИНТЕРВЬЮЕ́Р [*тэ*], -а, *м.* (книжн.) Тот, кто берёт интервью.

ИНТЕРВЬЮИ́РОВАТЬ [*тэ*], -рую, -руешь; -анный; *сов.* и *несов., кого (что)* (книжн.). Взять (брать) интервью у кого-н. *И. писателя.* ‖ *сов.* также **проинтервьюи́ровать**, -рую, -руешь; -анный.

ИНТЕРЕ́С, -а, *м.* **1.** Особое внимание к чему-н., желание вникнуть в суть, узнать, понять. *Проявлять и. к делу. Утратить и. к собеседнику. Обострённый и. ко всему новому.* **2.** Занимательность, значительность. *И. рассказа в его сюжете. Дело имеет общественный и.* **3.** *мн.* Нужды, потребности. *Групповые интересы. Защищать свои интересы. Духовные интересы. Это не в наших интересах.* **4.** Выгода, корысть (разг.). *У него здесь свой и. Играть на и.* (на деньги; устар.). ✦ **В интересах** *кого-чего, в знач. предлога с род. п.* — для пользы кого-чего-н., удовлетворяя потребность кого-чего-н. в чём-н. *Действовать в интересах дела.*

ИНТЕРЕ́СНЫЙ, -ая, -ое; -сен, -сна. **1.** Возбуждающий интерес (в 1 знач.), занимательный, любопытный. *И. спектакль. Интересно* (нареч.) *рассказывать.* **2.** Красивый, привлекательный. *Интересная внешность.* ‖ *сущ.* **интере́сность**, -и, *ж.*

ИНТЕРЕСОВА́ТЬ, -су́ю, -су́ешь; *несов., кого (что).* Возбуждать в ком-н. интерес (в 1 знач.). *Его интересует техника.*

ИНТЕРЕСОВА́ТЬСЯ, -су́юсь, -су́ешься; *несов.* **1.** *кем-чем.* Проявлять интерес (в 1 знач.) к кому-чему-н. *И. театром.* **2.** Заинтересованно осведомляться (разг.). *Интересуется, как идут дела.* ‖ *сов.* **поинтересова́ться**, -су́юсь, -су́ешься (ко 2 знач.).

ИНТЕРМЕ́ДИЯ [*тэ*], -и, *ж.* Комическая пьеска, исполняемая между актами драматического представления.

ИНТЕРМЕ́ЦЦО [*тэ*], *нескл., ср.* (спец.). Небольшая музыкальная пьеса свободной формы, исполняемая оркестром между отдельными номерами оперы, а также самостоятельная музыкальная пьеса.

ИНТЕ́РН [*тэ́*], -а, *м.* Врач, проходящий интернатуру.

ИНТЕРНА́Т [*тэ*], -а, *м.* **1.** Школа, в к-рой учащиеся живут и находятся на частичном государственном обеспечении. *Учиться в интернате.* **2.** Общежитие для учащихся при учебном заведении. *И. сельской школы.* **3.** Стационарное учреждение — дом для инвалидов или престарелых. ‖ *прил.* **интерна́тский**, -ая, -ое.

ИНТЕРНАТУ́РА [*тэ*], -ы, *ж.* Форма последипломной специализации молодого врача — его практическая (обычно годичная) работа в клиниках, больницах, дающая ему звание специалиста. *Проходить интернатуру.*

ИНТЕРНАЦИОНА́Л [*тэ*], -а, *м.* **1.** Крупное международное объединение. *Первый И.* (первая массовая международная организация пролетариата, основанная К. Марксом и Ф. Энгельсом и существовавшая с 1864 по 1876 г.). *Коммунистический И.* (Коминтерн, Третий И. — международная организация, объединявшая коммунистические партии всего мира с 1919 по 1943 г.). *Социалистический И.* (Социнтерн — возникшая в 1951 г. международная организация, объединяющая социалистические, социал-демократические, а также нек-рые другие партии многих стран). **2.** (И прописное). Гимн коммунистических и рабочих партий.

ИНТЕРНАЦИОНАЛИЗИ́РОВАТЬ [тэ], -рую, -руешь; -анный; *сов.* и *несов., что* (спец.). Сделать (делать) интернациональным, международным. *И. пути сообщения.* ‖ *сущ.* **интернационализа́ция**, -и, *ж. И. производства.*

ИНТЕРНАЦИОНАЛИ́ЗМ [тэ], -а, *м.* Идеология и политика равенства и солидарности всех народов независимо от национальной принадлежности. ‖ *прил.* **интернационалисти́ческий**, -ая, -ое.

ИНТЕРНАЦИОНАЛИ́СТ [тэ], -а, *м.* Сторонник интернационализма. ‖ *ж.* **интернационали́стка**, -и. ‖ *прил.* **интернационали́стский**, -ая, -ое.

ИНТЕРНАЦИОНА́ЛЬНЫЙ [тэ], -ая, -ое; -лен, -льна. То же, что международный (во 2 знач.). *Интернациональные связи.* ‖ *сущ.* **интернациона́льность**, -и, *ж.*

ИНТЕРНИ́РОВАТЬ [тэ], -рую, -руешь; -анный; *сов.* и *несов.* (спец.). **1.** *кого-что.* В международном праве: лишить (-шать) свободы передвижения и выхода из пределов страны (иностранцев, граждан или суда воюющей страны впредь до окончания войны), а также принудительно задержать (-живать) войска, вступившие на территорию нейтрального государства. **2.** *кого (что).* Подвергнуть (-гать) временному аресту, изоляции. ‖ *сущ.* **интерни́рование**, -я, *ср.*

ИНТЕРПО́Л, -а, *м.* (И прописное). Сокращение: интернациональная полиция — международная организация уголовной полиции. ‖ *прил.* **интерпо́ловский**, -ая, -ое (разг.).

ИНТЕРПРЕТА́ТОР [тэ], -а, *м.* (книжн.). Человек, интерпретирующий что-н. ‖ *прил.* **интерпрета́торский**, -ая, -ое.

ИНТЕРПРЕТИ́РОВАТЬ [тэ], -рую, -руешь; -анный; *сов.* и *несов., что* (книжн.). Истолковать (-вывать), раскрыть (-ывать) смысл, содержание чего-н. ‖ *сущ.* **интерпрета́ция**, -и, *ж.*

ИНТЕРСЕ́КС [тэ], -а, *м.* (спец.). Организм, в к-ром отсутствуют чётко выраженные признаки мужского или женского пола.

ИНТЕРЬЕ́Р [тэ], -а, *м.* (спец.). Внутреннее пространство здания, помещения, а также его устройство, убранство. *Оформление интерьера.* ‖ *прил.* **интерье́рный**, -ая, -ое.

ИНТИ́МНИЧАТЬ, -аю, -аешь; *несов.* (разг.). Обращаться с кем-н. чересчур доверительно, вести интимные разговоры.

ИНТИ́МНЫЙ, -ая, -ое; -мен, -мна. Сокровенный, задушевный; глубоко личный. *И. друг. И. разговор. Интимные подробности чего-н. Интимные отношения* (близкие отношения, связь между мужчиной и женщиной). ‖ *сущ.* **инти́мность**, -и, *ж.*

ИНТОКСИКА́ЦИЯ, -и, *ж.* (спец.). Отравление организма токсинами. ‖ *прил.* **интоксикацио́нный**, -ая, -ое.

ИНТОНА́ЦИЯ, -и, *ж.* **1.** Звуковые средства языка, оформляющие высказывание: тон, тембр, интенсивность и длительность звучания. *Вопросительная и. Повествовательная и.* **2.** Манера произношения, отражающая какие-н. чувства говорящего, тон. *Угрожающая и. Насмешливая, недовольная и.* **3.** Точность звучания музыкального инструмента при игре или голоса при пении. *Чистая, верная и. Фальшивая и.* (также перен.). ‖ *прил.* **интонацио́нный**, -ая, -ое.

ИНТОНИ́РОВАТЬ, -рую, -руешь; *сов.* и *несов.* (книжн.). Произнести (-носить), исполнить (-нять) с какой-н. интонацией (в 1 и 3 знач.).

ИНТРИ́ГА, -и, *ж.* **1.** Скрытные действия, обычно неблаговидные, для достижения чего-н., происки. *Вести против кого-н. интригу. Плести интриги. Политические интриги.* **2.** Способ построения сложной фабулы в романе, драме (книжн.). *Сложная, запутанная и.* **3.** Любовная связь (устар.). ‖ *уменьш.* **интри́жка**, -и, *ж.* (к 1 и 3 знач.).

ИНТРИГА́Н, -а, *м.* (неодобр.). Человек, к-рый занимается интригами (в 1 знач.). ‖ *ж.* **интрига́нка**, -и. ‖ *прил.* **интрига́нский**, -ая, -ое.

ИНТРИГОВА́ТЬ, -гу́ю, -гу́ешь; *несов.* **1.** *против кого (чего).* Вести интригу, интриги (в 1 знач.). **2.** *кого (что).* Возбуждать интерес, любопытство чем-н. загадочным, неясным. *Интригующие подробности.*

ИНТРОДУ́КЦИЯ, -и, *ж.* (спец.). Короткое вступление в нек-рых музыкальных произведениях. ‖ *прил.* **интродукцио́нный**, -ая, -ое.

ИНТУИ́ЦИЯ, -и, *ж.* **1.** Чутьё, тонкое понимание, проникновение в самую суть чего-н. *Богатая и. Человек большой интуиции.* **2.** Непосредственное, без обоснования доказательствами постижение истины (спец.). ‖ *прил.* **интуити́вный**, -ая, -ое.

ИНТУРИ́СТ, -а, *м.* Сокращение: иностранный турист. *Гостиница для интуристов.* ‖ *прил.* **интури́стский**, -ая, -ое.

ИНФАНТИЛИ́ЗМ, -а, *м.* **1.** Отсталость развития, характеризующаяся сохранением у взрослого физических или психических черт детского возраста (спец.). **2.** Поведение взрослого, сходное с поведением ребёнка (книжн.). *И. в поведении.*

ИНФАНТИ́ЛЬНЫЙ, -ая, -ое; -лен, -льна. **1.** Детски недоразвитый, страдающий инфантилизмом (в 1 знач.) (спец.). *И. ум.* **2.** Сходный с манерами, поведением, мировосприятием ребёнка (книжн.). *И. тон.* ‖ *сущ.* **инфанти́льность**, -и, *ж.*

ИНФА́РКТ, -а, *м.* Прекращение тока крови при спазме артерий, их закупорке, а также возникающий при этом очаг омертвения. *И. миокарда* (сердечной мышцы). *И. почки. Обширный и.* ‖ *прил.* **инфа́рктный**, -ая, -ое.

ИНФЕКЦИО́ННЫЙ, -ая, -ое. **1.** *см.* инфекция. **2.** Предназначенный для заразных больных. *Инфекционная больница.*

ИНФЕ́КЦИЯ, -и, *ж.* Заражение организма болезнетворными микробами. *Возбудитель инфекции.* ‖ *прил.* **инфекцио́нный**, -ая, -ое.

ИНФИНИТИ́В, -а, *м.* В грамматике: то же, что неопределённое наклонение глагола. ‖ *прил.* **инфинити́вный**, -ая, -ое. *Инфинитивное предложение* (со структурной основой — инфинитивом).

ИНФИЦИ́РОВАТЬ, -рую, -руешь; -анный; *сов.* и *несов., кого-что* (спец.). Внести (вносить) инфекцию, возбудителей инфекционных болезней. *Организм инфицирован. Инфицирован вирусом.* ‖ *сущ.* **инфици́рование**, -я, *ср.*

ИНФЛЯ́ЦИЯ, -и, *ж.* (книжн.). Чрезмерное (по отношению к государственному золотому запасу) увеличение количества обращающихся в стране бумажных денег, вызывающее их обесценивание. ‖ *прил.* **инфляцио́нный**, -ая, -ое.

ИНФОРМАТИ́ВНЫЙ, -ая, -ое; -вен, -вна. Насыщенный информацией, хорошо информирующий. ‖ *сущ.* **информати́вность**, -и, *ж.*

ИНФОРМА́ТИКА, -и, *ж.* Наука об общих свойствах и структуре научной информации, закономерностях её создания, преобразования, накопления, передачи и использования.

ИНФОРМА́ТОР, -а, *м.* Тот, кто информирует. ‖ *прил.* **информа́торский**, -ая, -ое.

ИНФОРМА́ЦИЯ, -и, *ж.* **1.** Сведения об окружающем мире и протекающих в нём процессах, воспринимаемые человеком или специальным устройством (спец.). *Передача информации. Теория информации* (раздел кибернетики, изучающий способы измерения и передачи информации). **2.** Сообщения, осведомляющие о положении дел, о состоянии чего-н. *Научно-техническая и. Газетная и. Средства массовой информации* (печать, радио, телевидение, кино). ✦ **Генетическая информация** (спец.) — совокупность наследственных признаков, передаваемых от клетки к клетке, от организма к организму. ‖ *прил.* **информацио́нный**, -ая, -ое. *Информационное бюро. И. бюллетень.*

ИНФОРМБЮРО́, *нескл., ср.* Сокращение: информационное бюро. *Сводки и.*

ИНФОРМИ́РОВАННЫЙ, -ая, -ое. Хорошо осведомлённый о чём-н. *И. специалист.* ‖ *сущ.* **информи́рованность**, -и, *ж.*

ИНФОРМИ́РОВАТЬ, -рую, -руешь; -анный; *сов.* и *несов., кого (что).* Дать (давать) информацию. *И. о положении дел.* ‖ *сов.* также **проинформи́ровать**, -рую, -руешь; -анный.

ИНФРАКРА́СНЫЙ, -ая, -ое: **инфракрасное излучение** (спец.) — невидимое глазом электромагнитное излучение.

ИНФРАСТРУКТУ́РА, -ы, *ж.* (спец.). Отрасли экономики, научно-технических знаний, социальной жизни, к-рые непосредственно обеспечивают производственные процессы и условия жизнедеятельности общества. *И. общества. И. города.* ‖ *прил.* **инфраструкту́рный**, -ая, -ое.

ИНФУЗО́РИЯ, -и, *ж.* (спец.). Микроскопическое одноклеточное животное с более сложным строением клетки, чем у других простейших. ‖ *прил.* **инфузо́рный**, -ая, -ое.

ИНЦИДЕ́НТ, -а, *м.* Неприятный случай, недоразумение, столкновение. *Пограничный и.*

ИНЪЕ́КЦИЯ, -и, *ж.* (спец.). **1.** Введение лекарственного раствора непосредственно под кожу, в мышцу, в вену. **2.** Введение раствора в специально подготовленный канал. *И. раствора в шурф.* ‖ *прил.* **инъекцио́нный**, -ая, -ое.

ИНЯ́З [ин-яз], -а, *м.* (разг.). Сокращение: институт иностранных языков, а также факультет со специализацией по иностранному языку. *Учиться в инязе. Студент иняза.* ‖ *прил.* **иня́зовский**, -ая, -ое.

ИО́Н [ио́ и ё], -а, *м.* (спец.). Электрически заряженная частица (атом, группа атомов). ‖ *прил.* **ио́нный**, -ая, -ое.

ИОНИЗА́ЦИЯ, -и, *ж.* (спец.). Образование ионов в какой-н. среде. *И. газов.* ‖ *прил.* **ионизацио́нный**, -ая, -ое.

ИОНИЗИ́РОВАТЬ (-рую, -руешь, 1 и 2 л. не употр.), -рует; -анный и **ИОНИЗОВА́ТЬ** (-зую, -зу́ешь, 1 и 2 л. не употр.), -зу́ет; -о́ванный; *сов.* и *несов., что* (спец.). Вызвать (вызывать) ионизацию. *Ионизирующее излучение.*

ИОНОСФЕ́РА, -ы, *ж.* (спец.). Верхний слой земной атмосферы, содержащий большое число ионов и свободных электронов. ‖ *прил.* **ионосфе́рный**, -ая, -ое.

ИОРДА́Н, -и, *ж.* Место на реке, где производится освящение воды, отмечаются нек-рые церковные праздники [по названию реки Иордана, в к-рой по евангельскому сказанию крестился Иисус Христос]. *Зимняя и.* (прорубь и место на льду, приспособленное для освящения воды, для крещения верующих). ‖ *прил.* **иорда́нный**, -ая -ое.

ИОРДА́НСКИЙ, -ая, -ое. **1.** *см.* иорданцы. **2.** Относящийся к иорданцам, к их языку (арабскому), национальному характеру, образу жизни, культуре, а также к Иордании, её территории, внутреннему устройству, истории; такой, как у иорданцев, как в Иордании. *Иорданское Хашимитское Королевство* (Иордания). *И. динар* (денежная единица).

ИОРДА́НЦЫ, -ев, *ед.* -а́нец, -нца, *м.* Арабский народ, составляющий основное население Иордании. ‖ *ж.* **иорда́нка**, -и. ‖ *прил.* **иорда́нский**, -ая, -ое.

ИПОСТА́СЬ, -и, *ж.* **1.** Один из ликов триединого божества Троицы (книжн.). **2.** В нек-рых сочетаниях: проявление чьей-н. сущности, а также (обычно ирон.) чья-н. роль, качество. *Странная, неожиданная и. кого-н. В своей обычной ипостаси кто-н. Фашизм в любой его ипостаси.* ✦ **В ипостаси** *кого, в знач. предлога с род. п.* — в качестве, в роли. *Журналист в ипостаси адвоката.*

ИПОТЕ́КА, -и, *ж.* (спец.). Залог недвижимого имущества; ссуда, выдаваемая под такой залог, а также соответствующий документ. ‖ *прил.* **ипоте́чный**, -ая, -ое. *И. банк. И. кредит.*

ИПОХО́НДРИК, -а, *м.* Человек, страдающий ипохондрией.

ИПОХО́НДРИЯ, -и, *ж.* Болезненно-угнетенное состояние, болезненная мнительность. ‖ *прил.* **ипохондри́ческий**, -ая, -ое.

ИППОДРО́М, -а, *м.* Специально оборудованный участок для конных скачек и бегов, а также относящийся к нему комплекс специальных сооружений. ‖ *прил.* **ипподро́мный**, -ая, -ое *и* **ипподро́мовский**, -ая, -ое (разг.). *Ипподромная дорожка. Ипподромовский рысак.*

ИПРИ́Т, -а, *м.* Отравляющее вещество кожно-нарывного действия. ‖ *прил.* **ипри́товый**, -ая, -ое.

ИР... *приставка.* Образует прилагательные и существительные со знач. отсутствия (признака, явления), напр. *иррациональный, ирреальный, иррегулярный, иррационализм.*

ИРА́КСКИЙ, -ая, -ое. **1.** *см.* иракцы. **2.** Относящийся к иракцам, к их языкам (арабскому, курдскому), национальному характеру, образу жизни, культуре, а также к Ираку, его территории, внутреннему устройству, истории; такой, как у иракцев, как в Ираке. *Иракские арабы* (иракцы). *И. диалект арабского языка. И. динар* (денежная единица). *По-иракски* (нареч.).

ИРА́КЦЫ, -ев, *ед.* -кец, -кца, *м.* Арабский народ, составляющий основное население Ирака. ‖ *прил.* **ира́кский**, -ая, -ое.

ИРАНИ́СТИКА, -и, *ж.* Совокупность наук, изучающих историю, языки, литературу и культуру ираноязычных народов.

ИРА́НСКИЙ, -ая, -ое. **1.** *см.* иранцы. **2.** Относящийся к иранцам, к их языкам (азербайджанскому, фарси, курдскому и др.), национальному характеру, образу жизни, культуре, а также к Ирану, его территории, внутреннему устройству, истории; такой, как у иранцев, как в Иране. *Иранские языки* (индоиранской ветви индоевропейской семьи языков). *Иранское нагорье* (основная часть территории Ирана). *И. риал* (денежная единица). *По-ирански* (нареч.).

ИРА́НЦЫ, -ев, *ед.* -нец, -нца, *м.* Общее название народов, населяющих Иран. ‖ *ж.* **ира́нка**, -и. ‖ *прил.* **ира́нский**, -ая, -ое.

И́РБИС, -а, *м.* Крупное млекопитающее сем. кошачьих, снежный барс.

И́РИС, -а, *м.* **1.** Многолетнее травянистое растение с крупными яркими цветками. **2.** *ед.* Кручёные нитки для вышивания, вязания. ‖ *прил.* **и́рисовый**, -ая, -ое (к 1 знач.). *Семейство ирисовых* (сущ.).

ИРИ́С, -а, *м.* Сорт конфет в виде вязких кубиков обычно шоколадного цвета.

ИРИ́СКА, -и, *ж.* (разг.). Одна конфета ири́са.

ИРЛА́НДСКИЙ [*нс*], -ая, -ое. **1.** *см.* ирландцы. **2.** Относящийся к ирландцам, к их языку, национальному характеру, образу жизни, культуре, а также к Ирландии, её территории, внутреннему устройству, истории; такой, как у ирландцев, как в Ирландии. *И. язык* (кельтской группы индоевропейской семьи языков). *Ирландские графства. Ирландские саги. И. фунт* (денежная единица). *По-ирландски* (нареч.).

ИРЛА́НДЦЫ [*нц*], -ев, *ед.* -дец, -дца, *м.* Народ, составляющий основное население Ирландии. ‖ *ж.* **ирла́ндка** [*нк*], -и. ‖ *прил.* **ирла́ндский** [*нс*], -ая, -ое.

И́РОД, -а, *м.* (прост. презр.). Изверг, мучитель [по имени жестокого древнеиудейского царя].

ИРОНИЗИ́РОВАТЬ, -рую, -руешь; *несов.* Говорить о ком-чём-н. с иронией, насмешливо. *И. над собеседником.*

ИРОНИ́ЧНЫЙ, -ая, -ое; -чен, -чна. С иронией, исполненный иронии. *И. тон.* ‖ *сущ.* **ирони́чность**, -и, *ж.*

ИРО́НИЯ, -и, *ж.* Тонкая, скрытая насмешка. *И. судьбы.* (перен.: странная случайность). ✦ **По злой иронии** — как будто в насмешку. ‖ *прил.* **ирони́ческий**, -ая, -ое.

ИРРАДИА́ЦИЯ, -и, *ж.* (спец.). Распространение, расширение (о волнах, очагах возбуждения, болевых ощущениях). ‖ *прил.* **иррадиацио́нный**, -ая, -ое.

ИРРАЦИОНА́ЛЬНЫЙ, -ая, -ое; -лен, -льна. **1.** Противостоящий рациональному познанию или противоречащий ему (книжн.). **2. иррациональное число** — в математике: число, записываемое в виде бесконечной десятичной непериодической дроби; *противоп.* рациональное число. ‖ *сущ.* **иррациона́льность**, -и, *ж.* (к 1 знач.).

ИРРЕГУЛЯ́РНЫЙ, -ая, -ое (устар. и книжн.). Не регулярный, не подчинённый общим правилам, порядкам. *Иррегулярные войска* (не входящие в состав регулярной армии). ‖ *сущ.* **иррегуля́рность**, -и, *ж.*

ИРРИГА́ТОР, -а, *м.* Специалист по ирригации.

ИРРИГА́ЦИЯ, -и, *ж.* Искусственное орошение земель. ‖ *прил.* **ирригацио́нный**, -ая, -ое.

ИС..., *приставка.* То же, что из...; пишется вместо «из» перед глухими согласными, напр. *испить.*

ИСК, -а, *м.* Заявление в суд или арбитраж о разрешении какого-н. гражданского спора. *Предъявить и. Отозвать и. Денежный и. Встречный и.* ‖ *прил.* **исково́й**, -а́я, -о́е. *Исковое заявление.*

ИСКАЖЕ́НИЕ, -я, *ср.* **1.** *см.* исказить, -ся. **2.** Неправильность, ошибка. *Грубые искажения в тексте.*

ИСКАЗИ́ТЬ, -ажу́, -ази́шь; -ажённый (-ён, -ена́); *сов., что.* **1.** Представить в ложном, неправильном виде; резко ухудшить. *И. смысл чьих-н. слов. Искажённое представление о чём-н.* **2.** (1 и 2 л. не употр.). Резко изменить (лицо, внешность — от какого-н. тяжёлого переживания, сильного чувства). *Боль исказила лицо.* ‖ *несов.* **искажа́ть**, -а́ю, -а́ешь. ‖ *сущ.* **искаже́ние**, -я, *ср.*

ИСКАЗИ́ТЬСЯ (-ажу́сь, -ази́шься, 1 и 2 л. не употр.), -и́тся; *сов.* **1.** Предстать в ложном, неправильном виде; резко ухудшиться. *Фраза при переводе исказилась. Изображение исказилось.* **2.** О выражении лица, голосе: резко и неприятно или страшно измениться. *Лицо исказилось от боли, страха. Голос исказился от гнева.* ‖ *несов.* **искажа́ться** (-а́юсь, -а́ешься, 1 и 2 л. не употр.), -а́ется. ‖ *сущ.* **искаже́ние**, -я, *ср.*

ИСКАЛЕ́ЧИТЬ, -СЯ *см.* калечить.

ИСКА́ЛЫВАТЬ, -СЯ *см.* исколоть, -ся.

ИСКА́НИЕ, -я, *ср.* **1.** *см.* искать. **2.** *мн.* Стремление к новому, поиски новых путей (в науке, искусстве). *Творческие искания. Искания художника.*

ИСКА́ПЫВАТЬ *см.* ископать.

ИСКА́ТЕЛЬ, -я, *м.* **1.** Тот, кто занят поисками, добыванием чего-н. *И. жемчуга. И. женьшеня. И. приключений* (о человеке с авантюристическими склонностями). **2.** Тот, кто стремится к новому, увлечён исканиями (во 2 знач.). *И. новых путей.* **3.** Приспособление в различных приборах, осуществляющее нахождение наблюдаемого предмета, какого-н. объекта (спец.). *И. в телефонии, телеграфии* (устройство, осуществляющее автоматическое соединение). *И. повреждений.* ‖ *ж.* **иска́тельница**, -ы (к 1 и 2 знач.). ‖ *прил.* **иска́тельский**, -ая, -ое (ко 2 знач.).

ИСКА́ТЕЛЬНЫЙ, -ая, -ое; -лен, -льна. Заискивающий, ищущий чьей-н. благосклонности. *И. тон, взгляд.* ‖ *сущ.* **иска́тельность**, -и, *ж.*

ИСКА́ТЬ, ищу́, и́щешь; *несов.* **1.** *кого-что.* Стараться найти, обнаружить. *И. нужную книгу. И. иголку в стоге сена* (перен.: о невозможности найти кого-что-н. в массе людей, предметов). *И. глазами кого-н.* (стараться увидеть). **2.** *кого-что* и *чего.* Стараться получить. *И. защиту (защиты). И. работу. И. помощника.* **3.** Стремиться к чему-н. новому (в науке, творчестве). *Ищущий художник.* **4.** *что с кого* и (устар.) *на ком.* Предъявлять иск кому-н. (спец.). *И. долг с соседа.* ✦ **Ищи-свищи** (разг. ирон.) — не найдёшь, пропал, исчез. ‖ *сущ.* **иска́ние**, -я, *ср.* (ко 2 и 3 знач.).

ИСКЛЕВА́ТЬ, -люю́, -люёшь; -лёванный; *сов.* **1.** *кого-что.* Ударами клюва изранить или повредить, пробить во многих местах. *Петухи исклевали друг друга.* **2.** *что.* То же, что склевать. *И. всё зерно.* ‖ *несов.* **исклёвывать**, -аю, -аешь.

ИСКЛЮЧА́Я *кого-что, предлог с вин п.* Не включая, не считая; кроме, за исключением кого-чего-н. *Все, и. одного. Работали всю неделю, и. праздники.* ✦ **Не исключая** *кого-чего* и *кого-что, предлог с род. п. и вин. п.* — то же, что включая. *Работали всю неделю не исключая праздников.*

ИСКЛЮЧЕ́НИЕ, -я, *ср.* **1.** *см.* исключить. **2.** То, что не подходит под общее правило, отступление от него. *Нет правила без исключения.* ✦ **За исключением** *кого-чего, предлог с род. п.* — кроме, помимо, исключая кого-что-н. *Пойдут все, за исключением больных.*

ИСКЛЮЧИ́ТЕЛЬНЫЙ, -ая, -ое; -лен, -льна. **1.** *полн. ф.* Являющийся исключением, не распространяющийся одинаково на всех (книжн.). *Исключительное право.* **2.** Небывалый, необыкновенный. *И. случай.* **3.** *полн. ф.* Выделяющийся среди других по своим положительным или отрицательным качествам (разг.). *Изделия исключительного качества* (очень хорошие). *И. невежда* (полнейший). **4. исключи́тельно,** *частица.* Лишь, только, единственно.

Занят исключительно собой. **5. исключи́тельно,** *нареч.* Особенно, необыкновенно. *Исключительно одарённый человек.* **6. исключи́тельно,** *нареч.* Кроме последнего упоминаемого предмета (книжн.). *От буквы А до К исключительно.* ‖ *сущ.* **исключи́тельность,** -и, *ж.* (ко 2 знач.).

ИСКЛЮЧИ́ТЬ, -чу́, -чи́шь; -чённый (-ён, -ена́); *сов.* **1.** *кого (что).* Удалить из состава чего-н. *И. из списков. И. из института.* **2.** *что.* Не допустить, устранить. *И. возможность ошибки.* **3. исключён,** -а́, -о́. Невозможен, немыслим. *Такой выход исключён. Мысль о его недобросовестности исключена. Он опоздает? — Исключено!* (т. е. этого не может быть). ‖ *несов.* **исключа́ть,** -а́ю, -а́ешь (к 1 и 2 знач.). ‖ *сущ.* **исключе́ние,** -я, *ср.* (к 1 и 2 знач.).

ИСКОВЕ́РКАТЬ *см.* коверкать.

ИСКОЛЕСИ́ТЬ, -ешу́, -еси́шь; -ешённый (-ён, -ена́); *сов., что* (разг.). Изъездить, а также исходить[1]. *И. всю округу.*

ИСКОЛОТИ́ТЬ, -очу́, -о́тишь; -о́ченный; *сов.* (разг.). **1.** *кого (что).* Сильно избить. *И. до полусмерти.* **2.** *что.* Вколотив большое количество чего-н., испортить этим какую-н. поверхность. *И. стену гвоздями.* ‖ *несов.* **исколачивать,** -аю, -аешь.

ИСКОЛО́ТЬ, -олю́, -о́лешь; -о́лотый; *сов., кого-что.* Уколами поранить, испещрить во многих местах. *И. пальцы иглой.* ‖ *несов.* **иска́лывать,** -аю, -аешь.

ИСКОЛО́ТЬСЯ, -олю́сь, -о́лешься; *сов.* Исколоть себе тело во многих местах. *И. колючками. И. о шиповник.* ‖ *несов.* **иска́лываться,** -аюсь, -аешься.

ИСКО́МКАТЬ *см.* комкать.

ИСКО́МЫЙ, -ая, -ое (книжн.). Подлежащий отысканию, установлению. *Искомая величина. Найти искомое* (сущ.).

ИСКОНИ́, *нареч.* (высок.). Издавна, с незапамятных времён. *Так ведётся и.*

ИСКО́ННЫЙ, -ая, -ое; -о́нен, -о́нна (книжн.). Существующий искони, коренной. *Исконные жители. Исконные права.* ‖ *сущ.* **иско́нность,** -и, *ж.*

ИСКОПА́ЕМЫЙ, -ая, -ое. **1.** Добываемый из недр земли. *Ископаемое топливо. Полезные ископаемые* (сущ.). **2.** Существовавший в древнейшие геологические эпохи и находимый в отложениях земной коры. *Ископаемые животные. Ископаемые растения. Остатки ископаемых* (сущ.).

ИСКОПА́ТЬ, -а́ю, -а́ешь; -о́панный; *сов., что.* Вскопать во многих местах, повсюду. *И. весь сад.* ‖ *несов.* **иска́пывать,** -аю, -аешь.

ИСКОРЕНИ́ТЬ, -ню́, -ни́шь; -нённый (-ён, -ена́); *сов., что.* Окончательно уничтожить, истребить. *И. зло. И. недостатки.* ‖ *несов.* **искореня́ть,** -я́ю, -я́ешь. ‖ *сущ.* **искорене́ние,** -я, *ср.*

ИСКОРЕНИ́ТЬСЯ (-ню́сь, -ни́шься, 1 и 2 л. не употр.), -ни́тся; *сов.* Окончательно уничтожиться. *Искоренились старые предрассудки.* ‖ *несов.* **искореня́ться** (-я́юсь, -я́ешься, 1 и 2 л. не употр.), -я́ется. ‖ *сущ.* искоренение, -я, *ср.*

ИСКОРЁЖИТЬ, -СЯ *см.* корёжить, -ся.

И́СКОСА, *нареч.* Не прямо, скосив глаза. *И. поглядывать* (также перен.: недоброжелательно, с подозрительностью).

И́СКРА, -ы, *ж.* **1.** Мельчайшая частичка горящего или раскалённого вещества. *Искры от костра. Электрическая и.* (то же, что искровой разряд). *Заронить искру* (перен.: пробудить какое-н. чувство, дать начало чему-н.). **2.** Светящаяся, сверкающая частица, отблеск. *Искры снега.* **3.** Мелкая светлая крапинка. *Синее сукно с искрой.* **4.** *перен., чего.* Признак, зачаток, проявление какого-н. чувства, способности. *И. таланта. И. надежды. И. божья* (талант, одарённость). ✦ **Искры из глаз посыпались** (разг.) — о ряби в глазах от сильного удара. ‖ *уменьш.* **и́скорка,** -и, *ж.* ‖ *прил.* **искрово́й,** -а́я, -о́е (к 1 знач.; спец.). *И. разряд* (электрический разряд в газе). *Искровая пайка.*

И́СКРЕННИЙ, -яя, -ее; -енен, -енна, -енне *и* -енно, -енни *и* -енны. Выражающий подлинные чувства; правдивый, откровенный. *Искреннее признание. Говорю искренне* (нареч.). *Искренне* (нареч.) *ваш* (вежливая формула окончания письма, предшествующая подписи). ‖ *сущ.* **и́скренность,** -и, *ж.*

ИСКРИВИ́ТЬ, -влю́, -ви́шь; -влённый (-ён, -ена́); *сов., что.* Сделать кривым, изогнуть. *И. гвоздь.* ‖ *несов.* **искривля́ть,** -я́ю, -я́ешь. ‖ *сущ.* **искривле́ние,** -я, *ср.*

ИСКРИВИ́ТЬСЯ, -влю́сь, -ви́шься; *сов.* Стать кривым, изогнуться. *Гвоздь искривился.* ‖ *несов.* **искривля́ться,** -я́юсь, -я́ешься. ‖ *сущ.* **искривле́ние,** -я, *ср. И. позвоночника.*

ИСКРИВЛЕ́НИЕ, -я, *ср.* **1.** *см.* искривить, -ся. **2.** Искривлённое место, искривлённая часть чего-н. *Искривления на стволе дерева.* **3.** *перен.* Уклонение, отступление от правильного направления в деятельности, в поведении.

ИСКРИВЛЁННЫЙ, -ая, -ое; -ён. Кривой, изогнутый. *Искривлённая линия.* ‖ *сущ.* **искривлённость,** -и, *ж.*

И́СКРИСТЫЙ, -ая, -ое; -ист и **ИСКРИ́СТЫЙ,** -ая, -ое; -и́ст. Искрящийся, сверкающий искрами, игристый. *Искристое стекло. Искристое вино.* ‖ *сущ.* **и́скристость,** -и, *ж.* и **искри́стость,** -и, *ж.*

ИСКРИ́ТЬ (-рю́, -ри́шь, 1 и 2 л. не употр.), -ри́т; *несов.* Давать искры при недостаточно плотном электрическом контакте. ‖ *сущ.* **искре́ние,** -я, *ср.*

И́СКРИТЬСЯ, -рюсь, -ришься и **ИСКРИ́ТЬСЯ,** -рю́сь, -ри́шься; *несов.* Сверкать блестками, искрами. *Вино искрится. Искрящийся талант* (перен.). *Спектакль искрится весельем* (перен.).

ИСКРОВЕНИ́ТЬ, -ню́, -ни́шь; -нённый (-ён, -ена); *сов., кого-что* (прост.). Изранить, избить до крови. *И. лицо.* ‖ *несов.* **искровеня́ть,** -я́ю, -я́ешь.

ИСКРОМЁТНЫЙ, -ая, -ое; -тен, -тна (книжн.). **1.** Мечущий искры (устар.). *Искромётное пламя. И. удар* (перен.: мгновенный и мощный). **2.** *перен.* Жгучий, сверкающий; искрящийся. *И. взгляд. Искромётные струи.* ‖ *сущ.* **искромётность,** -и, *ж.*

ИСКРОМСА́ТЬ *см.* кромсать.

ИСКРОШИ́ТЬ, -СЯ *см.* крошить, -ся.

ИСКУПА́ТЬ[1] *см.* искупить.

ИСКУПА́ТЬ[2], -СЯ *см.* купать.

ИСКУПИ́ТЕЛЬНЫЙ, -ая, -ое (высок.). Приносящий искупление, избавление от бедствий, несчастий. *Искупительная жертва.*

ИСКУПИ́ТЬ, -уплю́, -у́пишь; -у́пленный; *сов., что.* **1.** Заслужить прощение. *И. свою вину чем-н.* **2.** Возместить чем-н. (книжн.). *И. усидчивостью недостаток способностей.* ‖ *несов.* **искупа́ть,** -а́ю, -а́ешь. ‖ *сущ.* **искупле́ние,** -я, *ср.* (к 1 знач.).

ИСКУ́С, -а и **И́СКУС,** -а, *м.* (устар.). Строгое, суровое испытание кого-н. *Тяжёлый и. Выдержать и.*

ИСКУСА́ТЬ, -а́ю, -а́ешь; -у́санный; *сов., кого-что.* Укусить во многих местах. *Комары искусали ребёнка.* ‖ *несов.* **иску́сывать,** -аю, -аешь.

ИСКУСИ́ТЕЛЬ, -я, *м.* (книжн.). Тот, кто искушает, искусил кого-н., соблазнитель. ‖ *ж.* **искуси́тельница,** -ы. ‖ *прил.* **искуси́тельский,** -ая, -ое.

ИСКУСИ́ТЬ *см.* искушать.

ИСКУСИ́ТЬСЯ, -ушу́сь, -уси́шься; *сов., в чём* (устар.). Стать искусным в чём-н. *И. в ведении спора.*

ИСКУ́СНИК, -а, *м.* (разг.). Человек, искусный в каком-н. деле. ‖ *ж.* **иску́сница,** -ы.

ИСКУ́СНЫЙ, -ая, -ое; -сен, -сна. **1.** Умелый, хорошо знающий своё дело. *И. портной.* **2.** Умело, хорошо сделанный. *Искусная работа.* ‖ *сущ.* **иску́сность,** -и, *ж.*

ИСКУ́ССТВЕННИК, -а, *м.* Младенец, вскармливаемый искусственно (не грудью). ‖ *ж.* **иску́сственница,** -ы.

ИСКУ́ССТВЕННЫЙ, -ая, -ое; -вен, -венна. **1.** *полн. ф.* Не природный, сделанный наподобие подлинного. *И. жемчуг. Искусственное орошение. И. спутник Земли. Искусственное дыхание* (система приёмов, восстанавливающих дыхание у больного, пострадавшего). *И. интеллект* (раздел информатики, разрабатывающий методы моделирования отдельных функций творческой деятельности человека). *И. отбор* (отбор человеком форм растений и животных с нужными признаками и свойствами; один из методов селекции). **2.** Притворный, неискренний. *И. смех.* ‖ *сущ.* **иску́сственность,** -и, *ж.* (ко 2 знач.).

ИСКУ́ССТВО, -а, *ср.* **1.** Творческое отражение, воспроизведение действительности в художественных образах. *И. музыки. И. кино. Изобразительные искусства. Декоративно-прикладное и.* **2.** Умение, мастерство, знание дела. *Владеть искусством шитья.* **3.** Самое дело, требующее такого умения, мастерства. *Военное и.* ✦ **Из любви к искусству** (разг. шутл.) — из любви к самому процессу дела, не с корыстной целью.

ИСКУССТВОВЕ́Д, -а, *м.* Специалист по искусствоведению.

ИСКУССТВОВЕ́ДЕНИЕ, -я, *ср.* Теория искусств. ‖ *прил.* **искусствове́дческий,** -ая, -ое. *Искусствоведческие науки* (науки об отдельных видах искусств).

ИСКУША́ТЬ, -а́ю, -а́ешь; *несов., кого-что.* Соблазнять, прельщать. *И. заманчивыми обещаниями.* ✦ **Искушать судьбу** — делать что-н. сопряжённое с излишним риском. ‖ *сов.* **искуси́ть,** -ушу́, -уси́шь; -ушённый (-ён, -ена́) (устар.). ‖ *сущ.* **искуше́ние,** -я, *ср.*

ИСКУШЕ́НИЕ, -я, *ср.* **1.** *см.* искушать. **2.** Соблазн, желание чего-н. запретного. *Вводить кого-н. в и.*

ИСКУШЁННЫЙ, -ая, -ое; -ён; *в чём.* Хорошо знающий что-н., опытный в чём-н. *Искушён в политике.* ‖ *сущ.* **искушённость,** -и, *ж.*

ИСЛА́М, -а, *м.* Распространившаяся во многих странах Востока одна из трёх мировых религий, возникшая в Аравии в 7 в. н. э. на основе почитания Аллаха как единого Бога. *Вероучение ислама. Шиитское направление ислама* (признающее право быть имамом только за потомком Мухаммеда). *Суннитское направление ислама* (признающее право быть имамом не только за потомком Мухаммеда). ‖ *прил.* **исла́мский,** -ая, -ое.

ИСЛАМОВЕ́ДЕНИЕ, -я, *ср.* Совокупность наук, изучающих ислам.

ИСЛА́НДСКИЙ [*нс*], -ая, -ое. **1.** *см.* исландцы. **2.** Относящийся к исландцам, к их языку, национальному характеру, образу жизни, культуре, а также к Исландии, её территории, внутреннему устройству, истории; такой, как у исландцев, как в Исландии. *И. язык* (германской группы индоевропейской семьи языков). *Исландские саги. И. шпат* (разновидность кальцита). *Исландская крона* (денежная единица). *По-исландски* (нареч.).

ИСЛА'НДЦЫ [*нц*], -ев, *ед.* -дец, -дца, *м.* Народ, составляющий основное население Исландии. ‖ *ж.* **исла́ндка** [*нк*], -и. ‖ *прил.* **исла́ндский** [*нс*], -ая, -ое.

ИСПА'КОСТИТЬ *см.* пакостить.

ИСПАНИ'СТИКА, -и, *ж.* Совокупность наук, изучающих язык, литературу и культуру испанцев.

ИСПА'НКА[1], -и, *ж.* Название тяжёлой разновидности гриппа во время пандемии 1918—1919 гг.

ИСПА'НКА[2] *см.* испанцы.

ИСПА'НСКИЙ, -ая, -ое. **1.** *см.* испанцы. **2.** Относящийся к испанцам, к их языку, национальному характеру, образу жизни, культуре, а также к Испании, её территории, внутреннему устройству, истории; такой, как у испанцев, как в Испании. *И. язык* (романской группы индоевропейской семьи языков). *Испанская коррида. Испанская песета* (денежная единица). *По-испански* (нареч.).

ИСПА'НЦЫ, -ев, *ед.* -нец, -нца, *м.* Народ, составляющий основное население Испании. ‖ *ж.* **испа́нка**, -и. ‖ *прил.* **испа́нский**, -ая, -ое.

ИСПАРЕ'НИЕ, -я, *ср.* **1.** *см.* испарить, -ся. **2.** *мн.* Испаряющееся вещество. *Вредные испарения. Болотные испарения.*

ИСПА'РИНА, -ы, *ж.* Обильный пот (обычно у больного после жара). *Покрыться испариной. На лбу выступила и.*

ИСПАРИ'ТЬ, -рю́, -ри́шь; -рённый (-ён, -ена́); *сов.*, *что.* Обратить в пар. *И. жидкость.* ‖ *несов.* **испаря́ть**, -я́ю, -я́ешь. ‖ *сущ.* **испаре́ние**, -я, *ср.*

ИСПАРИ'ТЬСЯ (-рю́сь, -ри́шься, 1 и 2 л. не употр.), -ри́тся; *сов.* **1.** Обратиться в пар. *Вода испарилась.* **2.** *перен.* Исчезнуть, пропасть; уйти (разг. шутл.). *Деньги куда-то испарились. Посетитель незаметно испарился.* ‖ *несов.* **испаря́ться** (-я́юсь, -я́ешься, 1 и 2 л. не употр.), -я́ется. ‖ *сущ.* **испаре́ние**, -я, *ср.* (к 1 знач.).

ИСПА'ЧКАТЬ, -СЯ *см.* пачкать, -ся.

ИСПЕПЕЛИ'ТЬ, -лю́, -ли́шь; -лённый (-ён, -ена́); *сов.*, *кого-что* (высок.). Обратить в пепел, сжечь дотла. *Испепелённые города.* ‖ *несов.* **испепеля́ть**, -я́ю, -я́ешь. *Испепеляющий взгляд* (перен.). ‖ *сущ.* **испепеле́ние**, -я, *ср.*

ИСПЕПЕЛИ'ТЬСЯ (-лю́сь, -ли́шься, 1 и 2 л. не употр.), -ли́тся; *сов.* (высок.). Обратиться в пепел, сгореть дотла. ‖ *несов.* **испепеля́ться** (-я́юсь, -я́ешься, 1 и 2 л. не употр.), -я́ется. ‖ *сущ.* **испепеле́ние**, -я, *ср.*

ИСПЕСТРИ'ТЬ, -рю́, -ри́шь; -рённый (-ён, -ена́); *сов.*, *что.* Сделать очень пёстрым, разноцветным. *И. стены картинками.* ‖ *несов.* **испестря́ть**, -я́ю, -я́ешь.

ИСПЕ'ЧЬ, -СЯ *см.* печь[1], -ся[1].

ИСПЕЩРИ'ТЬ, -рю́, -ри́шь; -рённый (-ён, -ена́); *сов.*, *что.* Усеять, покрыть чем-н. (мелкими пятнами, надписями). *И. рукопись поправками. Дорожка испещрена следами.* ‖ *несов.* **испещря́ть**, -я́ю, -я́ешь.

ИСПИСА'ТЬ, -ишу́, -и́шешь; -и́санный; *сов.*, *что.* **1.** Заполнить написанным. *И. всю тетрадь.* **2.** Израсходовать писанием. *И. много бумаги. И. весь карандаш.* ‖ *несов.* **испи́сывать**, -аю, -аешь.

ИСПИСА'ТЬСЯ, -ишу́сь, -и́шешься; *сов.* **1.** (1 и 2 л. не употр.). Израсходоваться или прийти в негодность от писания. *Исписалась вся бумага. Карандаш исписался.* **2.** *перен.* Утратить свежесть литературного таланта, перестать писать интересно, оригинально, выдохнуться (во 2 знач.) (разг.). *Писатель исписался.* ‖ *несов.* **испи́сываться**, -аюсь, -аешься.

ИСПИТО'Й, -а́я, -о́е (разг.). Изнурённый, худосочный. *Испитое лицо. И. вид.*

ИСПИ'ТЬ, изопью́, изопьёшь; -и́л, -ила́, -и́ло; испе́й; -и́тый (-и́т, -ита́, -и́то); *сов.* **1.** *чего.* Выпить, отпить немного (прост.). *И. квасу.* **2.** *перен.*, *что.* Испытать что-н. тяжёлое (высок.). *И. горе до дна.* ✦ **Испить горькую чашу (чашу страданий)** (высок.) — пережить много страданий. **Испить свою чашу** (высок.) — то же, что испить горькую чашу. **Испить смертную чашу** (высок.) — умереть.

ИСПОВЕДА'ЛЬНЫЙ, -ая, -ое; -лен, -льна (книжн.). О речи, тоне: интимный и откровенный. *Исповедальные интонации поэмы.* ‖ *сущ.* **исповеда́льность**, -и, *ж.*

ИСПОВЕДА'ЛЬНЯ, -и, *род. мн.* -лен, *ж.* Помещение для исповеди в католическом храме.

ИСПОВЕ'ДАНИЕ, -я, *ср.* (книжн.). Религия, вероисповедание. *Христианские исповедания.* ‖ *прил.* **испове́дный**, -ая, -ое.

ИСПОВЕ'ДАТЬ, -аю, -аешь; -анный; *сов.*, *кого-что.* То же, что исповедовать (во 2 и 3 знач.).

ИСПОВЕ'ДАТЬСЯ, -аюсь, -аешься; *сов.* То же, что исповедоваться.

ИСПОВЕ'ДНИК, -а, *м.* **1.** Священник, принимающий исповедь. **2.** Тот, кто пришёл на исповедь. ‖ *ж.* **испове́дница**, -ы (ко 2 знач.). ‖ *прил.* **испове́днический**, -ая, -ое.

ИСПОВЕ'ДОВАТЬ, -дую, -дуешь. **1.** *несов.*, *что.* Следовать какой-н. религии, а также какому-н. учению, убеждению (книжн.). *И. ислам. И. строгие нравственные правила.* **2.** *сов.* и *несов.*, *кого.* У христиан: принять (-нимать) исповедь (в 1 знач.). **3.** *перен.*, *сов.* и *несов.*, *что кому.* Откровенно сообщить (-щать) (устар.). *И. другу свои задушевные мысли.*

ИСПОВЕ'ДОВАТЬСЯ, -дуюсь, -дуешься; *сов.* и *несов.* **1.** *кому* или *у кого.* Признаться (-аваться) в своих грехах на исповеди (в 1 знач.). *И. своему духовному отцу. И. у священника.* **2.** *перен.*, *кому* или *перед кем.* Признаться (-аваться) в чём-н. (устар.). *И. другу (перед другом) в своих сомнениях.*

И'СПОВЕДЬ, -и, *ж.* **1.** У христиан: признание в своих грехах перед священником, отпускающим грехи от имени церкви и Бога, церковное покаяние. *Быть на исповеди.* **2.** *перен.* Откровенное признание в чём-н., рассказ о своих сокровенных мыслях, взглядах (книжн.). *Авторская и.* ‖ *прил.* **испове́дный**, -ая, -ое.

И'СПОДВОЛЬ, *нареч.* (разг.). Постепенно, понемногу. *И. готовиться к чему-н.*

ИСПО'ДЛИЧАТЬСЯ, -аюсь, -аешься; *сов.* (разг.). Подличая, превратиться в окончательного подлеца.

ИСПОДЛО'БЬЯ, *нареч.* Из-под насупленных бровей. *Глядеть и.* (также перен.: недоверчиво, недружелюбно).

ИСПОДНИ'ЗУ, *нареч.* (разг.). Снизу, из-под чего-н. *Светлая и. шляпка гриба.*

ИСПО'ДНИЙ, -яя, -ее (прост.). **1.** Нижний, находящийся под чем-н. другим. *Исподняя рубашка.* **2.** **испо́днее**, -его, *ср.* Нательное бельё. *Выбежал в исподнем.* **3.** **испо́дние**, -их, *мн.* То же, что подштанники.

ИСПОДТИШКА', *нареч.* (разг.). Скрытно, втихомолку. *Действовать и.*

ИСПОДТИ'ШНИЧАТЬ, -аю, -аешь; *несов.* (прост.). Вести себя неискренне, делать что-н. исподтишка. *Ябедничает и исподтишничает.*

ИСПОКО'Н: испокон веку, испокон веков (разг.) — издавна, с давних времен. *Испокон веку (веков) известно.*

ИСПОЛА'ТЬ, *частица* (стар.). Хвала, слава (в восклицательном обращении). *И. тебе, добрый молодец!*

ИСПО'ЛЗАТЬ, -аю, -аешь; -анный; *сов.*, *что* (разг.). Ползая, побывать везде. *И. всю лужайку.*

ИСПОЛИ'Н, -а, *м.* Великан, богатырь (во 2 знач.). *И. науки* (перен.; высок.). *Дуб-и.*

ИСПОЛИ'НСКИЙ, -ая, -ое. **1.** Необычайно большой. *Исполинская сила. И. рост.* **2.** Необычайный по своему значению, размаху, гигантский (высок.). *Исполинские замыслы.*

ИСПОЛКО'М, -а, *м.* Сокращение: исполнительный комитет. *И. профсоюза.* ‖ *прил.* **исполко́мовский**, -ая, -ое (разг.).

ИСПОЛНИ'МЫЙ, -ая, -ое; -и́м. Возможный для исполнения, осуществимый. *Исполнимая просьба.* ‖ *сущ.* **исполни́мость**, -и, *ж.*

ИСПОЛНИ'ТЕЛЬ, -я, *м.* **1.** Тот, кто исполняет[1] (в 1 знач.) что-н. *И. чужой воли. Судебный и.* (должностное лицо, осуществляющее принудительное исполнение судебных решений, определений). **2.** Артист, исполняющий художественное произведение перед публикой, в кино, на телевидении. *И. музыкальных произведений. И. роли Фамусова.* ‖ *ж.* **исполни́тельница**, -ы. *И. романсов.* ‖ *прил.* **исполни́тельский**, -ая, -ое. *Исполнительское мастерство.*

ИСПОЛНИ'ТЕЛЬНЫЙ, -ая, -ое; -лен, -льна. **1.** *см.* исполнить[1]. **2.** Старательный, хорошо исполняющий поручения. *И. работник.* ‖ *сущ.* **исполни́тельность**, -и, *ж.*

ИСПОЛНИ'ТЕЛЬСТВО, -а, *ср.* Деятельность музыкантов, певцов-исполнителей. *Хоровое и.*

ИСПО'ЛНИТЬ[1], -ню, -нишь; -ненный; *сов.*, *что.* **1.** То же, что выполнить. *И. приказ. И. своё обещание. И. свой долг. И. желание. Хорошо исполненный чертёж.* **2.** Воспроизвести перед слушателями, зрителями (какое-н. произведение искусства). *И. романс. И. танец.* ‖ *несов.* **исполня́ть**, -я́ю, -я́ешь. ‖ *сущ.* **исполне́ние**, -я, *ср.* *Привести в и. Проверка исполнения. Изделие в экспортном исполнении* (для экспорта). ‖ *прил.* **исполни́тельный**, -ая, -ое. *Исполнительная власть. И. комитет. И. механизм* (в автоматическом регулировании и управлении; спец.). *И. лист* (документ на право взыскания по суду).

ИСПО'ЛНИТЬ[2], -ню, -нишь; -ненный; *сов.*, *кого-что чем* или *чего* (устар. и книжн.). Наполнить каким-н. чувством. *И. радостью. И. сердце надеждой. Исполненный энергии.* ‖ *несов.* **исполня́ть**, -я́ю, -я́ешь.

ИСПО'ЛНИТЬСЯ[1] (-нюсь, -нишься, 1 и 2 л. не употр.), -нится; *сов.* **1.** Осуществиться, претвориться в дело, воплотиться в жизнь. *Желание исполнилось.* **2.** *кому-чему.* О возрасте, сроке: достигнуть определённого предела. *Ребёнку исполнился год. Исполнилось сорок лет.* ‖ *несов.* **исполня́ться** (-я́юсь, -я́ешься, 1 и 2 л. не употр.), -я́ется.

ИСПО'ЛНИТЬСЯ[2], -нюсь, -нишься; *сов.*, *чего* или *чем* (устар. и книжн.). Проникнуться, наполниться каким-н. чувством. *И.*

решимости. ‖ *несов.* **исполня́ться**, -я́юсь, -я́ешься.

ИСПОЛОСОВА́ТЬ *см.* полосовать.

И́СПОЛУ, *нареч.* **1.** Отдавая половину урожая собственнику обрабатываемой земли. *Работать и.* **2.** На половинных началах, пополам с другим (устар.). *Взять подряд и.* ‖ *прил.* испо́льный, -ая, -ое (к 1 знач.). *Испольное хозяйство.*

ИСПО́ЛЬЗОВАТЬ, -зую, -зуешь; -анный; *сов.* и *несов.*, *кого-что.* Воспользоваться (пользоваться) кем-чем-н., употребить (-реблять) с пользой. *И. специалиста. И. материал. И. случай. И. опыт мастеров.* ‖ *сущ.* **испо́льзование**, -я, *ср.*

ИСПО́ЛЬЩИК, -а, *м.* Человек, к-рый работает исполу. ‖ *прил.* **испо́льщицкий**, -ая, -ое.

ИСПО́ЛЬЩИНА, -ы, *ж.* Аренда земли исполу. ‖ *прил.* **испо́льный**, -ая, -ое.

ИСПО́РТИТЬ, -СЯ *см.* портить, -ся.

ИСПОХА́БИТЬ, -блю, -бишь; -бленный; *сов.*, *кого-что* (прост.). Окончательно испортить. *И. работу.*

ИСПО́ШЛИТЬ, -лю, -лишь; -ленный; *сов.*, *что* (разг.). Лишить интереса и глубины, огрубить, сделать пошлым. *И. чью-н. мысль, замысел.*

ИСПРАВИ́МЫЙ, -ая, -ое; -и́м. Поддающийся исправлению. *Беда исправима.* ‖ *сущ.* **исправи́мость**, -и, *ж.*

ИСПРАВИ́ТЕЛЬНО-ТРУДОВО́Й, -а́я, -о́е. Относящийся к исправлению трудом, в процессе труда. *Исправительно-трудовая колония.*

ИСПРА́ВИТЬ, -влю, -вишь; -вленный; *сов.* **1.** *что.* Устранить в чём-н. неисправность, повреждение, недостатки. *И. прибор. И. ошибку.* **2.** *кого-что.* Сделать лучше, освободив от каких-н. недостатков, пороков. *И. характер. И. трудного подростка.* ‖ *несов.* **исправля́ть**, -я́ю, -я́ешь. ‖ *сущ.* **исправле́ние**, -я, *ср.* ‖ *прил.* **исправи́тельный**, -ая, -ое (ко 2 знач.). *Исправительные меры.*

ИСПРА́ВИТЬСЯ, -влюсь, -вишься; *сов.* Освободиться от каких-н. недостатков, неисправностей; измениться к лучшему. *Стараться и. Характер исправился.* ‖ *несов.* **исправля́ться**, -я́юсь, -я́ешься. ‖ *сущ.* **исправле́ние**, -я, *ср.*

ИСПРАВЛЕ́НИЕ, -я, *ср.* **1.** *см.* исправить, -ся. **2.** Улучшение, изменение, исправляющее что-н., поправка. *Внести исправления в корректуру.*

ИСПРАВЛЯ́ТЬ, -я́ю, -я́ешь; *несов.* **1.** *см.* исправить. **2.** *что.* Исполнять какую-н. должность, обязанность (устар.). *И. обязанности письмоводителя.*

ИСПРА́ВНИК, -а, *м.* В царской России: начальник уездной полиции. ‖ *прил.* **испра́внический**, -ая, -ое и **испра́вничий**, -ья, -ье.

ИСПРА́ВНЫЙ, -ая, -ое; -вен, -вна. **1.** Не имеющий повреждений, вполне годный. *И. механизм.* **2.** Исполнительный, старательный. *И. работник.* ‖ *сущ.* **испра́вность**, -и, *ж.* (к 1 знач.). *В полной исправности.*

ИСПРАЖНЕ́НИЕ, -я, *ср.* **1** *см.* испражняться. **2.** *мн.* То же, что кал.

ИСПРАЖНЯ́ТЬСЯ, -я́юсь, -я́ешься; *несов.* Освобождать свой кишечник. ‖ *сов.* **испражни́ться**, -ню́сь, -ни́шься. ‖ *сущ.* **испражне́ние**, -я, *ср.*

ИСПРО́БОВАТЬ *см.* пробовать.

ИСПРОСИ́ТЬ, -ошу́, -о́сишь; -о́шенный; *сов.*, *что* (книжн.). Добиться чего-н. просьбой, ходатайством. *И. разрешение.* ‖ *несов.* **испра́шивать**, -аю, -аешь.

ИСПУ́Г, -а (-у), *м.* Внезапное чувство страха, состояние испугавшегося. *В испуге, с испугу сделать что-н. Отделаться лёгким испугом* (также перен.: избежать наказания; разг. шутл.). ◆ **На испуг взять** *кого* (прост.) — заставить действовать под угрозой или испугав кого-н.

ИСПУ́ГАННЫЙ, -ая, -ое; -ан. **1.** Охваченный испугом, испугавшийся. *Испуганное стадо.* **2.** Выражающий испуг. *И. взгляд. И. вид. Смотреть испуганно* (нареч.).

ИСПУГА́ТЬ, -СЯ *см.* пугать, -ся.

ИСПУСТИ́ТЬ, -ущу́, -у́стишь; -у́щенный; *сов.*, *что* (книжн.). Издать[2] ; произвести, выделить. *И. крик, стон, вопль. И. струю. И. аромат. И. дух* (умереть; устар.). ‖ *несов.* **испуска́ть**, -а́ю, -а́ешь.

ИСПЫТА́НИЕ, -я, *ср.* **1.** *см.* испытать. **2.** Проверочный опрос или экзамен. *Приёмные испытания.* **3.** Тягостное переживание, несчастье. *Тяжёлое и. Суровые испытания войны.*

ИСПЫ́ТАННЫЙ, -ая, -ое; -ан. Проверенный на деле, оправдавший себя. *И. друг. И. приём.* ‖ *сущ.* **испы́танность**, -и, *ж.*

ИСПЫТА́ТЕЛЬ, -я, *м.* Специалист, производящий проверку, испытание какого-н. устройства, механизма. *Лётчик-и. Парашютист-и.* ‖ *ж.* **испыта́тельница**, -ы. ‖ *прил.* **испыта́тельский**, -ая, -ое.

ИСПЫТА́ТЬ, -а́ю, -а́ешь; -ы́танный; *сов.* **1.** *кого-что.* Проверить в работе. *И. самолёт. И. нового работника.* **2.** *что.* Изведать на опыте, пережить. *И. нужду, горе. И. радость, удовлетворение.* ‖ *несов.* **испы́тывать**, -аю, -аешь. ‖ *сущ.* **испыта́ние**, -я, *ср.* (к 1 знач.). ‖ *прил.* **испыта́тельный**, -ая, -ое (к 1 знач.). *И. полёт. И. срок.*

ИСПЫТУ́ЮЩИЙ, -ая, -ее. О взгляде: проницательный, очень внимательный. *Испытующе* (нареч.) *смотреть.*

И́ССЕРА-... *Первая часть сложных слов со знач.* с серым оттенком, напр. *иссера-голубой, иссера-бежевый.*

ИССЕ́ЧЬ[1], -еку́, -ечёшь, -еку́т; -ёк и (устар.) -ек, -екла́, -екло́ и (устар.) -е́кла, -е́кло; -е́кший и -ёкший; -ечённый (-ён, -ена́) и -е́ченный; -е́кши и -ёкши; *сов.*, *кого-что.* Избить (кнутом, розгами).

ИССЕ́ЧЬ[2], -еку́, -ечёшь, -еку́т; -ёк и (устар.) -ек, -екла́, -екло́ и (устар.) -е́кла, -е́кло; -е́кший и -ёкший; -ечённый (-ён, -ена́) и -е́ченный; -е́кши и -ёкши; *сов.*, *кого-что.* **1.** То же, что высечь[1] (в 1 знач.) (высок.). *И. статую из мрамора.* **2.** Изрубить, рассечь чем-н. во многих местах. *И. саблей.* ‖ *несов.* **иссека́ть**, -а́ю, -а́ешь. ‖ *сущ.* **иссече́ние**, -я, *ср.*

И́ССИНЯ-... *Первая часть сложных слов со знач.* с синим оттенком, напр. *иссиня-чёрный.*

ИССЛЕДИ́ТЬ, -ежу́, -еди́шь; -е́женный; *сов.*, *что* (разг.). Загрязнить, покрыть следами. *И. паркет.* ‖ *несов.* **иссле́живать**, -аю, -аешь.

ИССЛЕ́ДОВАНИЕ, -я, *ср.* **1.** *см.* исследовать. **2.** Научный труд. *И. по русской истории.*

ИССЛЕ́ДОВАТЕЛЬ, -я, *м.* Человек, занимающийся научными исследованиями. *Пытливый и.* ‖ *ж.* **иссле́довательница**, -ы. ‖ *прил.* **иссле́довательский**, -ая, -ое. *И. ум.*

ИССЛЕ́ДОВАТЕЛЬСКИЙ, -ая, -ое. **1.** *см.* исследователь. **2.** Относящийся к научным исследованиям. *И. институт. И. метод.*

ИССЛЕ́ДОВАТЬ, -дую, -дуешь; -анный; *сов.* и *несов.*, *кого-что.* **1.** Подвергнуть (-гать) научному изучению. *И. законы природы.* **2.** Осмотреть (осматривать) для выяснения, изучения чего-н. *И. больного.* ‖ *сущ.* **исследование**, -я, *ср.*

ИССО́ХНУТЬ, -ну, -нешь; -о́х, -о́хла; *сов.* **1.** Лишиться влаги, пересохнуть, стать безводным. *Реки иссохли.* **2.** Исхудать, стать истощённым (разг.). *И. от горя.* ‖ *несов.* **иссыха́ть**, -а́ю, -а́ешь (к 1 знач.).

И́ССТАРИ, *нареч.* То же, что издавна. *Так и. ведётся.*

ИССТЕГА́ТЬ, -а́ю, -а́ешь; -тёганный; *сов.* (разг.). **1.** *кого (что).* Избить, стегая. *И. кнутом.* **2.** *что.* Стегая, привести в негодность. *И. кнут.* ‖ *несов.* **исстёгивать**, -аю, -аешь.

ИССТРАДА́ТЬСЯ, -а́юсь, -а́ешься; *сов.* Страдая, дойти до изнурения, до крайности. *И. в одиночестве.*

ИССТРЕЛЯ́ТЬ, -я́ю, -я́ешь; -е́лянный; *сов.*, *что* (разг.). **1.** Израсходовать стрельбой. *И. все патроны.* **2.** Покрыть следами от выстрелов. *И. всю мишень.* ‖ *несов.* **исстре́ливать**, -аю, -аешь.

ИССТУПЛЕ́НИЕ, -я, *ср.* Крайняя степень возбуждения, страсти. *Прийти в и. Дойти до исступления.*

ИССТУПЛЁННЫЙ, -ая, -ое; -ён. В состоянии исступления, крайне возбуждённый. *И. взгляд. Исступлённо* (нареч.) *кричать.* ‖ *сущ.* **исступлённость**, -и, *ж.*

ИССУШИ́ТЬ, -ушу́, -у́шишь; -у́шенный; *сов.*, *кого-что.* **1.** Лишить влаги, сделать совсем сухим, безводным. *Жара иссушила болота.* **2.** Измучить, изнурить. *Горе её иссушило.* ‖ *несов.* **иссуша́ть**, -а́ю, -а́ешь.

ИССЫХА́ТЬ *см.* иссохнуть.

ИССЯ́КНУТЬ (-ну, -нешь, 1 и 2 л. не употр.), -нет; -я́к, -я́кла; *сов.* **1.** О влаге, источнике влаги: высохнуть, истощиться. *Вода в источнике иссякла. Ручей иссяк.* **2.** *перен.* Прийти к концу, исчезнуть. *Терпение иссякло. Силы иссякли. Запасы иссякли.* ‖ *несов.* **иссяка́ть** (-а́ю, -а́ешь, 1 и 2 л. не употр.), -а́ет. ‖ *сущ.* **иссяка́ние**, -я, *ср.*

ИСТА́ПЛИВАТЬ[1-2] *см.* истопить[1-2].

ИСТА́ПЛИВАТЬСЯ *см.* истопиться[2].

ИСТА́ПТЫВАТЬ *см.* истоптать.

ИСТА́СКАННЫЙ, -ая, -ое; -ан (разг.). Изнурённый от невоздержанной жизни. *И. вид. Истасканное лицо.* ‖ *сущ.* **иста́сканность**, -и, *ж.*

ИСТАСКА́ТЬ, -а́ю, -а́ешь; -а́сканный; *сов.*, *что* (разг.). Износить, истрепать в носке. *И. сапоги.* ‖ *несов.* **иста́скивать**, -аю, -аешь.

ИСТАСКА́ТЬСЯ, -а́юсь, -а́ешься; *сов.* (разг.). **1.** (1 и 2 л. не употр.). Износиться, истрепаться в носке. *Пиджак истаскался.* **2.** *перен.* Стать изнурённым от невоздержанной жизни. ‖ *несов.* **иста́скиваться**, -аюсь, -аешься.

ИСТА́ЧИВАТЬ *см.* источить.

ИСТА́ЯТЬ, -а́ю, -а́ешь; *сов.* Постепенно тая, исчезнуть. *Снег на проталинах истаял. Деньги истаяли* (перен.: постепенно истратились; разг.). *И. от тоски.* (перен.: исхудать). ‖ *несов.* **иста́ивать**, -аю, -аешь.

ИСТЕ́БЛИШМЕНТ [*ms*], -а, *м.* (книжн.). Правящие круги общества, а также сама система их власти. *Политический и. Промышленный и.*

ИСТЕКА́ТЬ *см.* истечь.

ИСТЕ́КШИЙ, -ая, -ее (офиц.). О периоде времени: прошедший, окончившийся. *И. год.*

ИСТЕРЕ́ТЬ, изотру́, изотрёшь; истер, -ла; истёрший; истёртый; истере́в и истёрши; *сов.*, *что.* **1.** Растереть до конца или всё. *И. сыр на тёрке.* **2.** Истратить или испортить трением. *И. резинку. И. обивку кресел*

Истёртая одежда (сильно потёртая). ‖ *несов.* истира́ть, -а́ю, -а́ешь.

ИСТЕРЕ́ТЬСЯ (изотру́сь, изотрёшься, 1 и 2 л. **не** употр.), изотрётся; истёрся, -лась; истёршийся; истёршись; *сов.* **1.** Растереться до конца, полностью. *Весь сыр истёрся.* **2.** Израсходоваться или прийти в негодность от трения. *Резинка истёрлась. Подошва истёрлась.* ‖ *несов.* **истира́ться** (-а́юсь, -а́ешься, 1 и 2 л. не употр.), -а́ется. ‖ *сущ.* **истира́ние, -я,** *ср.* (спец.). *И. дорожных покрытий.*

ИСТЕ́РЗАННЫЙ, -ая, -ое; -ан. **1.** Измученный, истрадавшийся. *Истерзанная душа.* **2.** Растрёпанный, в полном беспорядке. *И. вид.* ‖ *сущ.* **исте́рзанность, -и,** *ж.* (к 1 знач.).

ИСТЕРЗА́ТЬ, -а́ю, -а́ешь; -е́рзанный; *сов., кого (что).* **1.** Терзая, разорвать на части. *Зверь истерзал свою жертву.* **2.** *перен.* Измучить нравственно. *И. упрёками. Горе истерзало его.* ‖ *несов.* **исте́рзывать,** -аю, -аешь.

ИСТЕРЗА́ТЬСЯ, -а́юсь, -а́ешься; *сов.* Измучиться нравственно. *И. в ожидании.* ‖ *несов.* **исте́рзываться,** -аюсь, -аешься.

ИСТЕ́РИК, -а, *м.* Человек, страдающий истерией, склонный к истерикам. ‖ *ж.* **истери́чка, -и.**

ИСТЕ́РИКА, -и, *ж.* Приступ истерии, а также вообще громкие рыдания с криками, воплями. *Биться в истерике. Впасть в истерику. Закатить, устроить истерику.*

ИСТЕРИ́ЧЕСКИЙ, -ая, -ое. **1.** *см.* истерия. **2.** Страдающий истерией, склонный к истерикам. *Истерическая женщина.* **3.** Обнаруживающий крайне возбуждённое состояние, свойственный истерикам. *И. смех.*

ИСТЕРИ́ЧНЫЙ, -ая, -ое; -чен, -чна. То же, что истерический (во 2 и 3 знач.). *И. характер. Истерично* (нареч.) *смеяться.* ‖ *сущ.* **истери́чность, -и,** *ж.*

ИСТЕРИ́Я, -и, *ж.* **1.** Психическое заболевание, выражающееся в судорожных припадках, в слезах, смехе, криках. *Приступ истерии.* **2.** *перен.* Безудержная и лживая пропаганда, стремящаяся запугать, нагнетая страх. *Шовинистическая и. Пропагандистская и. Военная и.* ‖ *прил.* **истери́ческий,** -ая, -ое. *И. припадок.*

ИСТЕ́Ц, -тца́, *м.* Человек или организация, предъявляющие иск; *противоп.* ответчик. ‖ *ж.* **исти́ца, -ы.** ‖ *прил.* **истцо́вый,** -ая, -ое (спец.).

ИСТЕ́ЧЬ (-теку́, -течёшь, 1 и 2 л. не употр.), -течёт, -еку́т; -ёк, -екла́; -ёкший; -ёкши; *сов.* **1.** То же, что вытечь (стар.). *Из скалы истёк поток.* **2.** О времени, сроке: окончиться, прийти к концу. *Срок договора истёк.* ✦ **Истечь кровью** — 1) умереть от потери крови; 2) понести большие потери в боях (высок.). ‖ *несов.* **истека́ть** (-а́ю, -а́ешь, 1 и 2 л. не употр.), -а́ет. ‖ *сущ.* **истече́ние, -я,** *ср.* ✦ **За истечением (срока, времени)** (офиц.) — потому что истёк срок, время. *За истечением срока заказ аннулирован.* **По истечении** *чего, в знач. предлога с род. п.* (книжн.) — после того, как миновало како-е-н. время, по прошествии времени. *Заказ аннулирован по истечении месяца.*

ИСТЁРХАННЫЙ, -ая, -ое; -ан (прост.). Истрёпанный и грязный. *Истёрханные брюки.*

И́СТИНА, -ы, *ж.* **1.** В философии: адекватное отображение в сознании воспринимающего того, что существует объективно. *Объективная и. Стремление к истине.* **2.** То же, что правда (в 1 знач.). *Его слова близки к истине.* **3.** Утверждение, суждение, проверенное практикой, опытом. *Старые истины. Избитые истины* (опошленные частым повторением). ✦ **На путь истины направить (наставить)** *кого* — на правильный путь, к правильным действиям. **Святая истина** (книжн.) — непререкаемое положение, утверждение.

И́СТИННЫЙ, -ая, -ое; -инен, -инна. **1.** Соответствующий истине, содержащий истину (во 2 знач.). *Суждение истинно. Истинная правда* (несомненная; разг.). **2.** Точный, устанавливаемый научно. *И. горизонт* (спец.). *Истинное солнечное время* (спец.). **3.** Действительный, настоящий, несомненный. *Истинное происшествие. Истинное раскаяние. И. друг. Истинно* (нареч.) *великий человек.* ‖ *сущ.* **и́стинность, -и,** *ж. И. суждения.*

ИСТИРА́ТЬ, -СЯ *см.* истереть, -ся.

ИСТЛЕ́ТЬ, -е́ю, -е́ешь; *сов.* **1.** Тлея, сгнить до конца. *Останки истлели.* **2.** Тлея, сгореть до конца. *Угли истлели.* ‖ *несов.* **истлева́ть,** -а́ю, -а́ешь.

И́СТОВЫЙ, -ая, -ое; -ов (устар.). Очень усердный, ревностный. *И. поклон. Истово* (нареч.) *молиться.* ‖ *сущ.* **и́стовость, -и,** *ж.*

ИСТО́К, -а, *м.* **1.** Место, где начинается водный источник (река, ручей). *От истока до устья.* **2.** обычно *мн., перен., чего.* Начало, первоисточник чего-н. *Истоки древней культуры.*

ИСТОЛКОВА́ТЕЛЬ, -я, *м.* (книжн.). Тот, кто истолковывает, истолковал что-н. ‖ *ж.* **истолкова́тельница, -ы.**

ИСТОЛКОВА́ТЬ, -ку́ю, -ку́ешь; -о́ванный; *сов., что.* Разъяснить, дав толкование. *И. смысл выражения.* ‖ *несов.* **истолко́вывать,** -аю, -аешь. ‖ *сущ.* **истолкова́ние, -я,** *ср.*

ИСТОЛО́ЧЬ *см.* толочь.

ИСТО́МА, -ы, *ж.* Чувство приятной расслабленности. *В сладкой истоме.* ‖ *прил.* **исто́мный,** -ая, -ое.

ИСТОМИ́ТЬ, -СЯ *см.* томить, -ся.

ИСТО́МНЫЙ, -ая, -ое. **1.** *см.* истома. **2.** То же, что томительный. *Истомная скука.*

ИСТОНЧИ́ТЬ, -чу́, -чи́шь; -чённый (-ён, -ена́); *сов., что.* Сделать совсем тонким. *И. нить.* ‖ *несов.* **истонча́ть,** -а́ю, -а́ешь.

ИСТОПИ́ТЬ[1], -оплю́, -о́пишь; -о́пленный; *сов., что.* **1.** То же, что вытопить[1]. *И. печь.* **2.** Израсходовать на топку (разг.). *И. целый кубометр дров.* ‖ *несов.* **иста́пливать,** -аю, -аешь.

ИСТОПИ́ТЬ[2], -оплю́, -о́пишь; -о́пленный; *сов., что.* (разг.). Нагревая, расплавить до конца. *И. весь воск.* ‖ *несов.* **иста́пливать,** -аю, -аешь.

ИСТОПИ́ТЬСЯ[1] (-топлю́сь, -то́пишься, 1 и 2 л. не употр.), -то́пится; *сов.* Нагреться топкой, кончить топиться[1] (в 1 знач.). *Печь истопилась.*

ИСТОПИ́ТЬСЯ[2] (-топлю́сь, -то́пишься, 1 и 2 л. не употр.), -то́пится; *сов.* (разг.). Нагреваясь, расплавиться до конца. *Воск истопился.* ‖ *несов.* **иста́пливаться** (-аюсь, -аешься, 1 и 2 л. не употр.), -ается.

ИСТОПНИ́К, -а́, *м.* Работник, занимающийся топкой печей, отопительных котлов. ‖ *ж.* **истопни́ца, -ы.** ‖ *прил.* **истопни́цкий,** -ая, -ое.

ИСТОПТА́ТЬ, -опчу́, -о́пчешь; -о́птанный; *сов., что.* **1.** Измять, топча. *И. траву.* **2.** Испачкать следами ног. *И. пол.* **3.** Износить до негодности (обувь) (разг.). *И. сапоги.* ‖ *несов.* **иста́птывать,** -аю, -аешь.

ИСТО́РГНУТЬ, -ну, -нешь; -о́рг *и* -о́ргнул, -о́ргла; *сов.* **1.** *кого (что).* То же, что выбросить (в 1 знач.) (высок.). *И. лаву. И. предателя из своей среды* (перен.: изгнать). **2.** *что.* Вынуть, извлечь (устар.). *И. кинжал из ножен. И. крик, слёзы у кого-н.* (перен.). ‖ *несов.* **исторга́ть,** -а́ю, -а́ешь. ‖ *сущ.* **исторже́ние, -я,** *ср.* (к 1 знач.).

ИСТОРИ́ЗМ, -а, *м.* Рассмотрение явлений, событий в их историческом развитии, с исторической точки зрения.

ИСТО́РИК, -а, *м.* Специалист по истории (во 2 знач.).

ИСТОРИО́ГРАФ, -а, *м.* Специалист по историографии (в 1 знач.).

ИСТОРИОГРА́ФИЯ, -и, *ж.* **1.** Наука о развитии исторических знаний и о методах исторических исследований. **2.** Совокупность исторических исследований, относящихся к какому-н. периоду, проблеме. *И. России.* ‖ *прил.* **историографи́ческий,** -ая, -ое.

ИСТОРИ́ЧЕСКИЙ, -ая, -ое. **1.** *см.* история. **2.** Относящийся к периоду, от к-рого сохранились вещественные памятники быта, письма, культуры. *Историческая эпоха.* **3.** Существовавший в действительности, не вымышленный. *И. факт. Исторические лица.* **4.** Знаменательный, исключительно важный, вошедший в историю. *Исторические решения.*

ИСТОРИ́ЧНЫЙ, -ая, -ое; -чен, -чна. Отвечающий духу историзма. ‖ *сущ.* **истори́чность, -и,** *ж.*

ИСТО́РИЯ, -и, *ж.* **1.** Действительность в ее развитии, движении. *Законы истории.* **2.** Совокупность наук, изучающих прошлое человеческого общества. *Всемирная (всеобщая) и. И. средних веков.* **3.** *чего* или *какая.* Наука о развитии какой-н. области природы, знания. *Естественная и.* (устар.). *И. театра.* **4.** *чего.* Ход развития, движения чего-н. *И. нашей дружбы. И. болезни* (карта, в к-рой регистрируются изменения в состоянии больного). **5.** Прошлое, сохраняющееся в памяти человечества. *События, вошедшие в историю. И. умалчивает об этом* (об этом не говорится, не рассказывается; шутл.). **6.** Рассказ, повествование (разг.). *Рассказывать разные смешные истории.* **7.** Происшествие, событие, преимущ. неприятное (разг.). *Попасть в историю. Целая и. произошла с кем-н.* ✦ **Вот какая история!** (разг.) — вот оно что, вот в чём дело, вот как обстоит дело. **Вот так история!** (разг.) — выражение удивления по поводу какого-н. события, происшествия. **Вечная история!** (разг., неодобр.) — о чём-н. постоянно повторяющемся, одном и том же. *Опять нужно его ждать! Вечная история!* ‖ *уменьш.* **исто́рийка, -и,** *ж.* (к 6 и 7 знач.; шутл.). ‖ *прил.* **истори́ческий,** -ая, -ое (к 1, 2 и 3 знач.).

ИСТОСКОВА́ТЬСЯ, -ку́юсь, -ку́ешься; *сов., по кому-чему.* Тоскуя, истомиться. *И. по родине.*

ИСТОЧА́ТЬ, -а́ю, -а́ешь; *несов., что.* **1.** Выливать, изливать, а также давать вылиться, вытечь (устар. высок.). *И. влагу. Глаза источают слёзы.* **2.** Издавать, распространять, выделять из себя (книжн.). *Цветок источает аромат. Луна источает свет. И. из себя гнев, злобу.* ‖ *сов.* **источи́ть,** -чу́, -чи́шь.

ИСТОЧИ́ТЬ[1], -очу́, -о́чишь; -о́ченный; *сов., что.* **1.** Повредить, истереть продолжительной точкой (см. точить в 1 знач.). *И. нож. И. брусок.* **2.** То же, что изъесть (в 1 знач.). *Жучок источил дерево.* ‖ *несов.* **иста́чивать,** -аю, -аешь.

ИСТОЧИ́ТЬ[2] *см.* источать.

ИСТО́ЧНИК, -а, *м.* **1.** Водная струя, выходящая на поверхность из-под земли. *Целебный и. Горячий и. И. минеральной воды.* **2.** То, что даёт начало чему-н., откуда исходит что-н. *И. света. И. всех зол. Сведения из верного источника.* **3.** Письменный памятник, документ, на основе к-рого строится научное исследование. *Источники для истории края. Использовать все доступные источники.*

ИСТОЧНИКОВЕ́ДЕНИЕ, -я, *ср.* Раздел исторической науки, занимающийся методами изучения и использования исторических источников. ‖ *прил.* **источниковедческий**, -ая, -ое.

ИСТО́ШНЫЙ, -ая, -ое; -шен, -шна (разг.). Громкий и отчаянный. *И. крик.* ‖ *сущ.* **исто́шность**, -и, *ж.*

ИСТОЩЕ́НИЕ, -я, *ср.* **1.** Крайняя слабость, изнурённость вследствие нарушения нормального питания или нормальных функций организма. *Дойти до полного истощения. И. нервной системы.* **2.** Уменьшение, исчезновение в результате расходования (книжн.). *И. средств.*

ИСТОЩЁННЫЙ, -ая, -ое; -ён. Дошедший до полного истощения (в 1 знач.), свидетельствующий об истощении. *И. старик. И. вид.* ‖ *сущ.* **истощённость**, -и, *ж.*

ИСТОЩИ́ТЬ, -щу́, -щи́шь; -щённый (-ён, -ена́); *сов.* **1.** *кого-что.* Крайне ослабить, обессилить. *Болезнь истощила организм. И. почву* (сделать неплодородной). **2.** *что.* Истратить, израсходовать полностью, до конца. *И. все ресурсы. И. терпение.* ‖ *несов.* **истоща́ть**, -а́ю, -а́ешь.

ИСТОЩИ́ТЬСЯ, -щу́сь, -щи́шься; *сов.* **1.** Дойти до истощения. *Силы истощились. Почва истощилась* (стала неплодородной). **2.** (1 и 2 л. не употр.), *перен.* Израсходоваться, исчезнуть. *Запасы истощились. Терпение истощилось.* ‖ *несов.* **истоща́ться**, -а́юсь, -а́ешься.

ИСТРА́ТИТЬ, -СЯ *см.* тратить, -ся.

ИСТРЕБИ́ТЕЛЬ, -я, *м.* **1.** *кого-чего.* Тот, кто истребляет кого-что-н. *И. грызунов.* **2.** Боевой самолёт для истребления авиации и беспилотных средств противника. *И.-бомбардировщик. И.-перехватчик.* **3.** Лётчик истребительной авиации.

ИСТРЕБИ́ТЕЛЬНЫЙ, -ая, -ое; -лен, -льна. **1.** Производящий уничтожение, приносящий разрушение. *Истребительная война. И. огонь.* **2.** Предназначенный для истребления кого-чего-н. *И. отряд. Истребительная авиация* (военная авиация, предназначенная для уничтожения самолётов и беспилотных средств противника). ‖ *сущ.* **истреби́тельность**, -и, *ж.* (к 1 знач.).

ИСТРЕБИ́ТЬ, -блю́, -би́шь; -блённый (-ён, -ена́); *сов., кого-что.* Уничтожить, погубить. *И. крыс. Град истребил посевы.* ‖ *несов.* **истребля́ть**, -я́ю, -я́ешь. ‖ *сущ.* **истребле́ние**, -я, *ср.*

ИСТРЕПА́ТЬ, -СЯ *см.* трепать, -ся.

ИСТРЕ́СКАТЬСЯ (-аюсь, -аешься, 1 и 2 л. не употр.), -ается; *сов.* Покрыться трещинами во многих местах. *Штукатурка истрескалась.* ‖ *несов.* **истре́скиваться** (-аюсь, -аешься, 1 и 2 л. не употр.), -ается.

ИСТРУХЛЯ́ВЕТЬ *см.* трухляветь.

ИСТУКА́Н, -а, *м.* Языческий божок, статуя, идол. *Стоять истуканом* (неподвижно, ничего не понимая; разг.). *Молчит как и.*

ИСТУПИ́ТЬ, -СЯ *см.* тупить, -ся.

И́СТЫЙ, -ая, -ое. Такой, какой должен быть, настоящий (в 4 знач.). *И. охотник. И. джентльмен.*

ИСТЫ́КАТЬ, -аю, -аешь; -анный; *сов., кого-что* (разг.). Тыкая, покрыть (уколами, дырками). *И. стену гвоздями.* ‖ *несов.* **исты́кивать**, -аю, -аешь.

ИСТЯЗА́ТЕЛЬ, -я, *м.* (книжн.). Тот, кто истязает кого-н., мучитель. ‖ *ж.* **истяза́тельница**, -ы. ‖ *прил.* **истяза́тельский**, -ая, -ое.

ИСТЯЗА́ТЬ, -а́ю, -а́ешь; *несов., кого (что).* Жестоко мучить (физически или нравственно). ‖ *сущ.* **истяза́ние**, -я, *ср. Подвергнуться истязаниям.*

ИСУ́С, -а, *м.:* **потянуть к исусу** *кого (что)* (прост.) — потребовать к ответу.

ИСУ́СИК, -а, *м.* (разг. неодобр.). О притворно скромном, кротком и тихом человеке. *Ходить исусиком. Изображать из себя исусика.*

ИСХЛЕСТА́ТЬ, -ещу́, -е́щешь; -ёстанный; *сов.* (разг.). **1.** *кого (что).* Избить, хлеща. *И. кнутом.* **2.** *что.* Хлеща, привести в негодность. *И. верёвку, плеть.* ‖ *несов.* **исхлёстывать**, -аю, -аешь.

ИСХЛОПОТА́ТЬ, -очу́, -о́чешь; -о́танный; *сов., что* (разг.). То же, что выхлопотать. *И. дотацию.* ‖ *несов.* **исхлопа́тывать**, -аю, -аешь.

ИСХО́Д, -а, *м.* **1.** Выход откуда-н. (устар.). *Из бездны нет исхода.* **2.** Завершение, конец. *Счастливый и. дела. В исходе (на исходе) дня* (вечером). *Летальный и.* (смерть; спец.). *Ладейный и.* (в шахматах). **3.** Начало, исходный момент, исток. *Логический и. будущего построения.* ✦ **Дать исход** *чему* — дать возможность проявиться. *Дать исход возмущению, горю, слезам.* **На исходе** — о том, что кончается, чего почти не осталось. *Горючее на исходе. Силы на исходе.*

ИСХОДА́ТАЙСТВОВАТЬ, -твую, -твуешь; -анный; *сов., что* (офиц.). Получить что-н. путём ходатайства. *И. пособие.*

ИСХОДИ́ТЬ[1], -ожу́, -о́дишь; -о́женный; *сов., что.* Ходя, побывать во многих местах. *И. все окрестные леса.*

ИСХОДИ́ТЬ[2], -ожу́, -о́дишь; *несов.* **1.** (1 и 2 л. не употр.), *из чего* или *от кого-чего.* Происходить, иметь источником. *Сведения исходят из верных источников. Слух исходит от соседей.* **2.** *из чего.* Основываться на чём-н. *И. из верного предположения.* ✦ **Исходя** *из чего, в знач. предлога с род. п.* — основываясь на чём-н., опираясь на что-н. *Утверждать что-н. исходя из фактов. Планировать исходя из реальных возможностей.* **Исходя от** *чего, в знач. предлога с род. п.* — то же, что исходя из чего.

ИСХОДИ́ТЬ[3] *см.* изойти.

ИСХО́ДНЫЙ, -ая, -ое. Начальный, отправной. *Исходное положение. И. рубеж. И. пункт* (точка отправления, начальный момент рассуждения).

ИСХОДЯ́ЩИЙ, -ая, -ее (офиц.). О корреспонденции: отправляемый из учреждения; *противоп.* входящий. *Исходящая почта. И. номер* (регистрирующий исходящее отправление).

ИСХУДА́ЛЫЙ, -ая, -ое; -а́л. Сильно похудевший. *Исхудалое тело, лицо.* ‖ *сущ.* **исхуда́лость**, -и, *ж.*

ИСХУДА́НИЕ, -я, *ср.* (книжн.). Болезненная худоба.

ИСХУДА́ТЬ, -а́ю, -а́ешь; *сов.* Сильно похудеть.

ИСЦАРА́ПАТЬ, -аю, -аешь; -анный; *сов., кого-что.* Покрыть царапинами. *И. руки.* ‖ *несов.* **исцара́пывать**, -аю, -аешь. ‖ *возвр.* **исцара́паться**, -аюсь, -аешься; *несов.* **исцара́пываться**, -аюсь, -аешься.

ИСЦЕЛИ́ТЕЛЬ, -я, *м.* (книжн.). Тот, кто исцелил, исцеляет кого-что-н. *И. недугов. И. душевных ран* (перен.). ‖ *ж.* **исцели́тельница**, -ы. ‖ *прил.* **исцели́тельский**, -ая, -ое.

ИСЦЕЛИ́ТЬ, -лю́, -ли́шь; -лённый (-ён, -ена́); *сов., кого (что)* (книжн.). То же, что вылечить. *И. больного. Время исцелит душевные раны* (перен.). ‖ *несов.* **исцеля́ть**, -я́ю, -я́ешь. ‖ *сущ.* **исцеле́ние**, -я, *ср.*

ИСЦЕЛИ́ТЬСЯ, -лю́сь, -ли́шься; *сов.* (книжн.). То же, что вылечиться. *И. от недуга. И. от любви* (перен.). ‖ *несов.* **исцеля́ться**, -я́юсь, -я́ешься. ‖ *сущ.* **исцеле́ние**, -я, *ср.*

ИСЧА́ДИЕ, -я, *ср.:* **исчадие ада** — о ком-н., кто внушает отвращение, ужас своим видом, действиями [букв. порождение ада].

ИСЧА́ХНУТЬ, -ну, -нешь; -а́х, -а́хла; *сов.* Сделаться чахлым, хилым. *И. от горя.*

ИСЧЕ́ЗНУТЬ, -ну, -нешь; -е́з, -е́зла; *сов.* **1.** (1 и 2 л. не употр.). Прекратить существовать окончательно, не оставив следа. *Исчезли последние сомнения. Исчез страх. Исчезли мечты, иллюзии. Исчезнувшие сокровища.* **2.** Сразу или незаметно перестать быть видимым. *Корабль исчез в тумане. Самолёт исчез в облаках.* **3.** Удалиться, уйти быстро, сразу или незаметно. *Незнакомец исчез так же странно, как и появился. Исчезни с глаз моих* или *исчезни* (требование уйти; шутл. разг.). ‖ *несов.* **исчеза́ть**, -а́ю, -а́ешь. ‖ *сущ.* **исчезнове́ние**, -я, *ср.*

ИСЧЕРКА́ТЬ, -а́ю, -а́ешь; -че́рканный и **ИСЧЁРКАТЬ**, -аю, -аешь; -анный; *сов., что.* **1.** Загрязнить, зачёркивая и перечёркивая написанное. *И. рукопись.* **2.** Исписать беспорядочными штрихами. *И. всю бумагу.* ‖ *несов.* **исчёркивать**, -аю, -аешь.

И́СЧЕРНА-... *Первая часть сложных слов со знач.* с чёрным оттенком, напр. *исчерна-лиловый, исчерна-синий.*

ИСЧЕ́РПАТЬ, -аю, -аешь; -анный; *сов., что.* **1.** Израсходовать полностью, до конца. *И. все средства. И. чьё-н. терпение* (перен.: совершенно вывести из терпения). **2.** Уладив, решив, положить конец чему-н. (книжн.). *Инцидент исчерпан.* ‖ *несов.* **исче́рпывать**, -аю, -аешь (к 1 знач.).

ИСЧЕ́РПЫВАТЬСЯ (-аюсь, -аешься, 1 и 2 л. не употр.), -ается; *несов., чем* (книжн.). Иметь в чём-н. свой конец, предел. *Этим дело не исчерпывается.* ‖ *сов.* **исче́рпаться** (-аюсь, -аешься, 1 и 2 л. не употр.), -ается.

ИСЧЕ́РПЫВАЮЩИЙ, -ая, -ее. Всесторонний, полный, законченный. *И. ответ. Исчерпывающе* (нареч.) *изучить вопрос.*

ИСЧЕРТИ́ТЬ, -ерчу́, -е́ртишь; -е́рченный; *сов., что.* **1.** Чертя, заполнить, исписать, покрыть чертами, штрихами, исчеркать. *И. лист бумаги.* **2.** Чертя, израсходовать (разг.). *И. весь мел.* ‖ *несов.* **исче́рчивать**, -аю, -аешь.

ИСЧИ́РКАТЬ, -аю, -аешь; -анный; *сов., что* (разг.). Истратить, чиркая. *И. коробок спичек.* ‖ *несов.* **исчи́ркивать**, -аю, -аешь.

ИСЧИ́СЛИТЬ, -лю, -лишь; -ленный; *сов., что* (книжн.). Высчитать, вычислить. *И. стоимость ремонта.* ‖ *несов.* **исчисля́ть**, -я́ю, -я́ешь. ‖ *сущ.* **исчисле́ние**, -я, *ср. Дифференциальное и.* (спец.). *Интегральное и.* (спец.).

ИСЧИСЛЯ́ТЬСЯ (-я́юсь, -я́ешься, 1 и 2 л. не употр.), -я́ется; *несов.* (книжн.). Выражаться в каком-н. числе, количестве. *Доходы исчисляются миллионами рублей.*

ИСША́РКАТЬ, -аю, -аешь; -анный; *сов., что* (разг.). Загрязнить или испортить шарканьем. *И. пол. И. тапочки.* ‖ *несов.* **исша́ркивать**, -аю, -аешь.

ИТА́К, *в начале предложения в знач. союза.* Следовательно, таким образом. *И., вопрос решён.*

ИТАЛО... и **ИТА́ЛО-...** *Первая часть сложных слов со знач.* итальянский, напр. *италоязычный, итало-греческий.*

ИТАЛЬЯ́НСКИЙ, -ая, -ое. **1.** *см.* итальянцы. **2.** Относящийся к итальянцам, к их языку, национальному характеру, образу жизни, культуре, а также к Италии, её территории, внутреннему устройству, истории; такой, как у итальянцев, как в Италии. *И. язык* (романской группы индоевропейской семьи языков). *Итальянская опера. Итальянские карбонарии. Итальянские спагетти. Итальянская саранча* (один из наиболее опасных видов). *Итальянская лира* (денежная единица). *По-итальянски* (нареч.).

ИТАЛЬЯ́НЦЫ, -ев, *ед.* -нец, -нца, *м.* Народ, составляющий основное население Италии. ‖ *ж.* **итальянка**, -и. ‖ *прил.* **итальянский**, -ая, -ое.

ИТЕЛЬМЕ́НСКИЙ [*тэ*], -ая, -ое. **1.** *см.* ительмены. **2.** Относящийся к ительменам, к их языку, национальному характеру, образу жизни, культуре, а также к их территории, её внутреннему устройству, истории; такой, как у ительменов. *И. язык* (чукотско-камчатской семьи языков).

ИТЕЛЬМЕ́НЫ [*тэ*], -ов, *ед.* -ме́н, -а, *м.* Небольшой северный народ, живущий на Камчатке. ‖ *ж.* **ительме́нка**, -и. ‖ *прил.* **ительме́нский**, -ая, -ое.

ИТО́Г, -а, *м.* **1.** Вывод, результат. *Итоги переговоров.* **2.** Общая сумма. *Подвести и. В итоге — 100 рублей.* ✦ **В итоге** — в результате, в конце концов. *В итоге мы поссорились.* **В конечном итоге** — то же, что в итоге. ‖ *прил.* **ито́говый**, -ая, -ое. *Итоговая сумма.*

ИТОГО́, *нареч.* В общей сумме, в итоге (после подсчёта, перечисления каких-н. величин).

ИТО́ЖИТЬ, -жу, -жишь; -женный; *несов., что.* Подводить итог, итоги чему-н. ‖ *сов.* **подыто́жить**, -жу, -жишь; -женный.

ИТЭЭ́РОВСКИЙ, -ая, -ое (разг.). Относящийся к инженерно-техническим работникам (ИТР).

ИУ́ДА, -ы, *м.* (прост. презр.). Предатель, изменник [по имени апостола Иуды Искариота, предавшего, согласно евангельскому сказанию, Иисуса Христа первосвященникам]. *Презренный и.*

ИУДАИ́ЗМ, -а, *м.* Возникшая в 1 тысячелетии до н. э. в Палестине и распространившаяся среди евреев религия, в основе к-рой лежит культ бога Яхве (Иеговы). *Религиозно-мифологические представления иудаизма.* ‖ *прил.* **иудаи́стский**, -ая, -ое *и* **иудаисти́ческий**, -ая, -ое. *Иудаистическая мифология.*

ИУДЕ́И, -е́ев, *ед.* иуде́й, -я, *м.* (устар.). То же, что евреи. ‖ *ж.* **иуде́йка**, -и. ‖ *прил.* **иуде́йский**, -ая, -ое.

ИУДЕ́ЙСКИЙ, -ая, -ое. **1.** *см.* иудеи. **2.** То же, что еврейский. 2. Относящийся к древним иудеям, к их языку, образу жизни, культуре, а также к Иудейскому царству, его территории, внутреннему устройству, истории; такой, как у древних иудеев, как в Иудейском царстве. *Иудейское вероисповедание* (иудаизм). *И. канон* (ветхозаветная часть Библии).

ИУ́ДУШКА, -и, *м.* Лицемер и ханжа [по прозвищу героя романа Салтыкова-Щедрина «Господа Головлёвы»].

ИХ. 1 *см.* он. **2.** *род. п. мест.* они *в знач. притяж.* Принадлежащий им, относящийся к ним. *Их семья.* ✦ **По их** (разг.) — 1) по их воле, желанию; 2) так, как делают они. **С их** (разг.) — столько, так много, сколько они (сделали, прожили, узнали и т. п.).

И́ХНИЙ, -яя, -ее, *мест. притяж.* (прост.). То же, что их (во 2 знач.). ✦ **По-ихнему** (прост.) — 1) *нареч.*, по их воле, желанию. *Упрямые, все будь по-ихнему;* 2) *нареч.*, так, как делают они. *Не буду поступать по-ихнему;* 3) *вводн. сл.*, по их мнению. *Я, по-ихнему, бездельник.*

ИХТИО... *Первая часть сложных слов со знач.* относящийся к рыбам, напр. *ихтиофауна, ихтиотоксикоз* (пищевое отравление рыбными продуктами).

ИХТИОЗА́ВР, -а, *м.* Вымершее крупное морское пресмыкающееся с рыбообразным телом. ‖ *прил.* **ихтиоза́вровый**, -ая, -ое.

ИХТИО́Л, -а, *м.* Используемый в медицине маслообразный продукт перегонки смолистых горных пород, содержащих остатки ископаемых рыб. ‖ *прил.* **ихтио́ловый**, -ая, -ое. *Ихтиоловая мазь.*

ИХТИО́ЛОГ, -а, *м.* Специалист по ихтиологии.

ИХТИОЛО́ГИЯ, -и, *ж.* Раздел зоологии, изучающий рыб. ‖ *прил.* **ихтиологи́ческий**, -ая, -ое.

ИША́К, -а́, *м.* **1.** Осёл и (обл.) лошак или мул. **2.** *перен.* Человек, безропотно выполняющий самую тяжёлую работу (прост.). *Сделали из парня ишака.* ✦ **Что я ишак?** (прост. неодобр.) — выражение протеста против трудной работы. ‖ *прил.* **иша́чий**, -ья, -ье.

ИША́ЧИТЬ, -чу, -чишь; *несов.* (прост. неодобр.). Выполнять тяжёлую работу. *Не стану я на других и.*

ИШЕМИ́Я, -и, *ж.* (спец.). Местное обескровливание ткани в результате сужения просвета питающей её артерии. ‖ *прил.* **ишеми́ческий**, -ая, -ое. *Ишемическая болезнь сердца* (одна из форм ишемии).

И́ШИАС, -а, *м.* Воспаление седалищного нерва. ‖ *прил.* **ишиати́ческий**, -ая, -ое (спец.).

ИШЬ, *частица* (разг.). То же, что вишь (в 1 и 2 знач.). *И. что выдумал! И. как нарядилась. Не проси его, и. какой гордый стал!* ✦ **Ишь ты!** (разг.) — выражение удивления, вишь ты. **Ишь ты подишь ты!** (разг. шутл.) — то же, что ишь ты.

ИЩЕ́ЙКА, -и, *ж.* Служебная собака с тонким чутьём, используемая для поисков кого-чего-н. *Полицейская и.* (также перен.: о сыщиках, полицейских шпионах; презр.).

ИЮ́ЛЬ, -я, *м.* Седьмой месяц календарного года. ‖ *прил.* **ию́льский**, -ая, -ое.

ИЮ́НЬ, -я, *м.* Шестой месяц календарного года. ‖ *прил.* **ию́ньский**, -ая, -ое.

Й

ЙЕ́МЕНСКИЙ [*е́м*], -ая, -ое. **1.** *см.* йеменцы. **2.** Относящийся к йеменцам, к их языку (арабскому), национальному характеру, образу жизни, культуре, а также к Йемену, его территории, внутреннему устройству, истории; такой, как у йеменцев, как в Йемене. *Й. диалект арабского языка. Йеменские арабы* (йеменцы). *Й. риал, й. динар* (денежные единицы). *По-йеменски* (нареч.).

ЙЕ́МЕНЦЫ [*е́м*], -ев, *ед.* -нец, -нца, *м.* Основное население Йемена. ‖ *ж.* **йе́менка**, -и. ‖ *прил.* **йе́менский**, -ая, -ое.

ЙОГ [*ёг*], -а, *м.* Последователь йоги. *Гимнастика по системе йогов.* ‖ *прил.* **йо́говский**, -ая, -ое (разг.).

ЙО́ГА [*ёга*], -и, *ж.* **1.** В Индии: религиозно-философское учение, разработавшее особую систему приёмов и методов самопознания, позволяющего человеку управлять психическими и физиологическими функциями своего организма. **2.** Система физических упражнений, выработанная последователями этого учения. *Заниматься йогой.*

ЙО́ГУРТ [*ёг*], -а, *м.* Заквашенное молоко с различными добавками. *Фруктовый, сливочный, шоколадный й.*

ЙОД [*ёд*], -а, *м.* **1.** Химический элемент чёрно-серого цвета. *Кристаллы йода.* **2.** Раствор этого вещества в спирте, употр. в медицине. ‖ *прил.* **йо́дный**, -ая, -ое *и* **йо́дистый**, -ая, -ое. *Йодный раствор. Йодистый препарат.*

ЙОДОФО́РМ [*ёд*], -а, *м.* Обеззараживающее средство — жёлтые кристаллы с резким запахом.

ЙОРКШИ́РЫ [*ёрк*], -ов, *ед.* йоркши́р, -а, *м.* Высокопродуктивная порода свиней. ‖ *прил.* **йоркши́рский**, -ая, -ое.

ЙОТ [*ёт*], -а, *м.* В языкознании: согласный звук, изображаемый в латинском алфавите буквой j, в русском — буквой «й» в конце слога (напр., бой, бойкот), а также открывающий собой слог, к-рый начинается буквами «е», «ё», «ю», «я» (напр., ель, боец, ёлка, маёвка, юг, союз, яма, сиять).

ЙО́ТА [*ёта*]: **ни на йоту** — ни в малой степени, ни насколько. *Не поумнел ни на йоту.*

К

К, *предлог с дат п.* Обозначает направление в сторону кого-чего-н., включение во что-н., добавление (в пространственном, временно́м отношениях) как в прямом, так и в переносном значении. *Подъехать к станции. Зима подходит к концу. Готовность к работе. Любовь к порядку. Позвать к телефону. К оружию!* (призыв взяться за оружие). *Это к счастью. К славянским языкам относятся русский, украинский, польский, чешский, болгарский и др. Варенье к чаю.*

К..., *приставка.* Образует наречия со знач. направления, напр. *кверху, книзу.*

-КА, *частица* (разг.). **1.** *при пов. накл., при частице «ну».* Употр. для смягчения просьбы, приказания. *Спой-ка. Ну-ка, покажи.* **2.** *при форме 1 л. буд. вр. глагола.* Выражает решение, намерение. *Напишу-ка я письмо. Сходим-ка в кино.*

КАБА́К, -а́, *м.* В старину: питейное заведение (сейчас вообще о ресторанах, увеселительных заведениях, с вином, едой). *Что за к. здесь устроили?* (перен.: о беспорядке, неразберихе, шуме; разг. неодобр.). ‖ *уменьш.* **кабачо́к**, -чка́, *м.* ‖ *прил.* **каба́цкий**, -ая, -ое. *Голь кабацкая* (стар.). *Кабацкие нравы* (также перен.: грубые; разг.).

КАБАЛА́, -ы́, *ж.* **1.** В Древней и средневековой Руси: договор или долговое обязательство, ставящее должника в личную или имущественную зависимость от заимодавца, а также сама такая зависимость. **2.** *перен.* Полная, почти рабская зависимость. *В кабале у кого-н. быть.* ‖ *прил.* **каба́льный**, -ая, -ое. *Кабальная запись. К. холоп.*

КАБАЛИ́СТИКА, -и и **КАББАЛИ́СТИКА**, -и, *ж.* **1.** Средневековое мистическое течение в иудаизме, применявшее магические ритуалы и гадания. **2.** *перен.* Нечто непонятное, запутанное, полное загадочной силы (книжн. ирон.). ‖ *прил.* **кабалисти́ческий**, -ая, -ое *и* **каббалисти́ческий**, -ая, -ое.

КАБА́ЛЬНЫЙ, -ая, -ое; -лен, -льна. **1.** *см.* кабала. **2.** *перен.* Тяжкий, закабаляющий. *Кабальные условия.* ‖ *сущ.* **каба́льность**, -и, *ж.*

КАБА́Н, -а́, *м.* **1.** Дикая свинья, а также самец дикой свиньи. **2.** Самец домашней свиньи. *Откормить, зарезать кабана.* ‖ *уменьш.* **каба́нчик**, -а, *м.* ‖ *прил.* **каба́ний**, -ья, -ье.

КАБАНИ́ХА, -и, *ж.* Самка дикой свиньи.

КАБА́НЧИК, -а, *м.* **1.** *см.* кабан. **2.** Молодой домашний кабан. *Зарезать кабанчика.*

КАБАРГА́, -и́, *род. мн.* -ро́г, *ж.* Сибирское и азиатское безрогое горное парнокопытное животное, сходное с косулей. *Семейство кабарог.* ‖ *уменьш.* **кабаро́жка**, -и, *ж.* ‖ *прил.* **кабарго́вый**, -ая, -ое, **кабаржи́ный**, -ая, -ое *и* **кабаро́жий**, -ья, -ье.

КАБАРДИ́НСКИЙ, -ая, -ое. **1.** *см.* кабардинцы. **2.** Относящийся к кабардинцам, к их языку, национальному характеру, образу жизни, культуре, а также к Кабарде, её территории, внутреннему устройству, истории; такой как у кабардинцев, как в Кабарде. *К. язык* (кабардино-черкесский; абхазско-адыгейской группы кавказских языков). *Кабардинская лошадь* (порода). *К. танец* (кабардинка).

КАБАРДИ́НЦЫ, -ев, *ед.* -нец, -нца, *м.* Народ, составляющий основное коренное население Кабарды. ‖ *ж.* **кабарди́нка**, -и. ‖ *прил.* **кабарди́нский**, -ая, -ое.

КАБАРЕ́ [рэ́], *нескл., ср.* Небольшой ресторан с эстрадой, а также небольшой эстрадный театр в ресторане, кафе.

КАБА́ТЧИК, -а, *м.* (устар.). Содержатель кабака. ‖ *ж.* **каба́тчица**, -ы. ‖ *прил.* **каба́тчицкий**, -ая, -ое.

КАБАЧО́К¹, -чка́, *м.* Огородное растение сем. тыквенных с овальным продолговатым плодом, а также самый плод. ‖ *прил.* **кабачко́вый**, -ая, -ое.

КАБАЧО́К² -чка́, *м.* **1.** *см.* кабак. **2.** Небольшой ресторанчик, кабаре.

КА́БЕЛЬ, -я, *м.* Один или несколько герметически изолированных проводов, употр. для передачи на расстояние электрической энергии или электрических сигналов. *К. связи. Телефонный к.* ‖ *прил.* **ка́бельный**, -ая, -ое. *Кабельное телевидение.*

КА́БЕЛЬ-... *Первая часть сложных слов со знач.* относящийся к кабелю, являющийся кабелем, напр. *кабель-трос, кабель-мачта, кабель-канат.*

КА́БЕЛЬТОВ, -а, *мн.* -ы, -ых, *м.* (спец.). Морская мера длины, равная 185,2 м. ‖ *прил.* **ка́бельтовый**, -ая, -ое.

КАБИ́НА, -ы, *ж.* Небольшое помещение специального назначения. *К. лётчика. К. для тайного голосования.* ‖ *уменьш.* **каби́нка**, -и, *ж. Кабинки на пляже.* ‖ *прил.* **каби́нный**, -ая, -ое.

КАБИНЕ́Т, -а, *м.* **1.** Комната для занятий, работы. *К. учёного. К. директора.* **2.** Комплект мебели для такой комнаты. *К. карельской берёзы.* **3.** Помещение, оборудованное для каких-н. специальных занятий. *Физический к. Зубоврачебный к. Отдельный к.* (отдельная комната в ресторане). **4.** В нек-рых странах: состав министров, входящих в правительство. *Сформировать к. Отставка кабинета.* ‖ *прил.* **кабине́тный**, -ая, -ое (к 1, 2 и 3 знач.) *и* **кабине́тский**, -ая, -ое (к 4 знач.). *Кабинетный учёный* (перен.: не связанный с практикой, с коллективным научным трудом).

КАБИНЕ́ТЧИК, -а, *м.* (прост. неодобр.). Руководитель, оторвавшийся от живого дела, от решения практических задач.

КАБЛОГРА́ММА, -ы, *ж.* (спец.). Телеграмма, передаваемая по подводному кабелю.

КАБЛУ́К, -а́, *м.* Твёрдая часть обувной подошвы, набиваемая под пяткой. *Высокий, низкий к. Широкий к. Обувь на каблуке, без каблука.* ✦ **Под каблуком** *кто у кого* (разг. неодобр.) — в полном подчинении. *Муж под каблуком у жены.* ‖ *уменьш.* **каблучо́к**, -чка́, *м. Стучат каблучки* (о звуках быстрых и лёгких шагов). ‖ *прил.* **каблу́чный**, -ая, -ое.

КАБОТА́Ж, -а, *м.* (спец.). Судоходство между портами одного государства. *Малый к.* (в пределах одного или двух смежных морей). *Большой к.* (между портами разных морей). ‖ *прил.* **кабота́жный**, -ая, -ое.

КАБРИОЛЕ́Т, -а, *м.* **1.** Лёгкий двухколёсный экипаж без козел. **2.** Автомобильный кузов с мягким откидным верхом (спец.). ‖ *прил.* **кабриоле́тный**, -ая, -ое.

КАБЫ [*без удар.*], *союз* и *частица* (прост.). То же, что если бы. *К. знала, не пошла бы. К. дождик пошёл!*

КАВАЛЕ́Р¹, -а, *м.* Человек, награждённый орденом, орденоносец. *К. ордена Отечественной войны. Георгиевский к.* (награждённый Георгиевским крестом).

КАВАЛЕ́Р², -а, *м.* Мужчина, танцующий в паре с дамой, а также (устар.) занимающий её в обществе, на прогулке, ухаживающий за ней. *Кавалеры приглашают дам.* ‖ *прил.* **кавале́рский**, -ая, -ое.

КАВАЛЕРГА́РД, -а, *м.* В царской армии: военнослужащий одного из полков гвардейской тяжёлой кавалерии. ‖ *прил.* **кавалерга́рдский**, -ая, -ое.

КАВАЛЕРИ́СТ, -а, *м.* Военнослужащий кавалерии. ‖ *прил.* **кавалери́йский**, -ая, -ое.

КАВАЛЕ́РИЯ, -и, *ж.* Конное войско, конница. *Лёгкая к.* (без тяжёлого вооружения; также перен.: в 20—30-е гг. — мобильный молодёжный отряд для проверки, контроля чего-н.). *Тяжёлая к.* (на крупных лошадях, с тяжеловесным вооружением). ‖ *прил.* **кавалери́йский**, -ая, -ое.

КАВАЛЬКА́ДА, -ы, *ж.* Группа всадников, всадниц. *На прогулку выехали весёлой кавалькадой. Цирковая к.* ‖ *прил.* **кавалька́дный**, -ая, -ое.

КАВАРДА́К, -а́, *м.* (разг.). Неразбериха, беспорядок. *В комнате к. Устроить к.*

КАВАТИ́НА, -ы, *ж.* Небольшая оперная ария, обычно лирического характера, а также напевная инструментальная пьеса.

КА́ВЕРЗА, -ы, *ж.* (разг.). Интрига, злая проделка. *Подстроить каверзу кому-н.*

КА́ВЕРЗИТЬ, 1 л. не употр., -зишь и **КА́ВЕРЗНИЧАТЬ**, -аю, -аешь; *несов.* (разг.). Устраивать каверзы кому-н. ‖ *сов.* **нака́верзить**, -зишь *и* **нака́верзничать**, -аю, -аешь.

КА́ВЕРЗНИК, -а, *м.* (разг.). Человек, к-рый каверзничает. ‖ *ж.* **ка́верзница**, -ы ‖ *прил.* **ка́верзнический**, -ая, -ое.

КА́ВЕРЗНЫЙ, -ая, -ое; -зен, -зна (разг.). **1.** *полн. ф.* Строящий каверзы, склонный к ним. *К. человек.* **2.** Чреватый осложнениями, трудно разрешимый, запутанный. *Каверзная болезнь. К. вопрос.* ‖ *сущ.* **ка́верзность**, -и, *ж.*

КАВЕ́РНА, -ы, *ж.* (спец.). То же, что полость¹ (во 2 знач.). *К. в лёгком* (образовавшаяся в результате разрушения ткани). *Подземные каверны* (пустоты в горных породах). ‖ *прил.* **каверно́зный**, -ая, -ое.

КАВКАЗОВЕ́ДЕНИЕ, -я, *ср.* Совокупность наук, изучающих историю, языки, фольклор и культуру народов, говорящих на кавказских (иберийско-кавказских) языках. ‖ *прил.* **кавказове́дческий**, -ая, -ое.

КАВКА́ЗСКИЙ, -ая, -ое. **1.** *см.* кавказцы. **2.** Относящийся к кавказцам, народам Кавказа, к их языкам, образу жизни, культуре, а также к Кавказу, его странам и государствам, их внутреннему устройству, истории; такой, как у кавказцев, как на Кавказе. *Кавказские горцы. Кавказские языки* (абхазско-адыгейские, картвельские и некрые другие). *Кавказские горы. По-кавказски* (нареч.).

КАВКА́ЗЦЫ, -ев, *ед.* кавка́зец, -зца, *м.* Уроженец Кавказа, принадлежащий к одному из его основных народов. ‖ *ж.* **кавка́зка**, -и. ‖ *прил.* **кавка́зский**, -ая, -ое.

КАВЫ́ЧКИ, -чек, *ед.* -чка, -и, *ж.* Знаки („ " или « ») для выделения прямой речи, цитат, заглавий, а также слов, употреблённых в условном или ироническом смысле. *Взять цитату в к. Учёный в кавычках* (не заслуживающий данного звания, так называемый; ирон.). ‖ *прил.* **кавы́чечный**, -ая, -ое.

КАГО́Р, -а (-у), *м.* Красное десертное вино. ‖ *прил.* **каго́рный**, -ая, -ое.

КАДЕ́Т¹, -а, *род. мн.* каде́т (при собир. знач.) *и* каде́тов (при обознач. отдельных лиц), *м.* В дореволюционной России: воспитанник кадетского корпуса (см. корпус в 6 знач.). ‖ *прил.* **каде́тский**, -ая, -ое.

КАДЕ́Т², -а, *род. мн.* -ов, *м.* Член партии конституционных демократов, существовавшей в России в 1905—1917 гг., и партии, основанной под тем же названием в 1991 г. ‖ *ж.* **каде́тка**, -и (разг.). ‖ *прил.* **каде́тский**, -ая, -ое.

КАДИ́ЛО, -а, *ср.* Металлический сосуд на цепочке для курения ладаном при богослужении. *Раздуть к.* (также перен.: развернуть какую-н. деятельность, развернуться; прост.). ‖ *прил.* **кади́льный**, -ая, -ое.

КАДИ́ТЬ, кажу́, кади́шь; *несов.* **1.** В церковном обряде: курить ладаном, миром, размахивая кадилом. **2.** *перен., кому.* Льстить, заискивать (разг.). ‖ *сущ.* **кажде́ние**, -я, *ср.* (к 1 знач.).

КА́ДКА, -и, *ж.* Цилиндрической формы вместилище со стенками из деревянных клёпок, обтянутое обручами. *Дубовая к.* ‖ *прил.* **ка́дочный**, -ая, -ое. *Кадочное садоводство* (выращивание растений в кадках).

КА́ДМИЙ, -я, *м.* **1.** Химический элемент, серебристо-белый мягкий металл. **2.** Жёлтая краска, получаемая на основе этого элемента или синтетически. ‖ *прил.* **ка́дмиевый**, -ая, -ое.

КАДР¹, -а, *м.* **1.** Отдельное ограниченное определёнными размерами изображение на фото- или киноплёнке, на теле- или киноэкране, отдельный фотографический снимок. *Удачный, неудачный к. Оказаться в кадре, за кадром.* **2.** Отдельный эпизод, сцена в кинофильме. *Мультипликационные кадры. Захватывающие кадры вестерна.* ✦ **За кадром** — о том, что осталось вне поля внимания или оказалось неизвестным, скрытым. ‖ *прил.* **ка́дровый**, -ая, -ое (к 1 знач.). *Кадровое окно кинокамеры.*

КАДР², -а, *м.* (разг. шутл.). Об отдельном человеке как работнике. *Ценный к.*

КАДРИ́ЛЬ, -и, *ж.* Танец из шести фигур, исполняемый чётным количеством пар, а также музыка к этому танцу. ‖ *прил.* **кадри́льный**, -ая, -ое.

КАДРОВИ́К, -а́, *м.* (разг.). **1.** Кадровый работник. *Офицер-к.* **2.** Работник отдела кадров.

КА́ДРЫ, -ов. **1.** Постоянный состав войсковых частей регулярной армии. **2.** Состав работников той или иной отрасли деятельности, производства. *Инженерные, технические, научные кадры. Отдел кадров* (отдел предприятия, учреждения, ведающий личным составом). ‖ *прил.* **кадровый**, -ая, -ое. *К. состав войск. К. офицер. К. рабочий.*

КАДУ́ШКА, -и, *ж.* Небольшая кадка. ‖ *прил.* **кадушечный**, -ая, -ое.

КАДЫ́К, -а́, *м.* Небольшой выступ впереди на шее у мужчин, утолщение щитовидного хряща гортани, адамово яблоко. ‖ *прил.* **кады́чный**, -ая, -ое.

КАДЫКА́СТЫЙ, -ая, -ое; -а́ст (разг.). С большим кадыком. *Кадыкастая шея.*

КАДЬ, -и, *ж.* (устар.). **1.** Большая кадка. **2.** Старая русская мера сыпучих тел (обычно в четыре пуда).

КАЁМКА, -и, *ж.* То же, что кайма. ‖ *уменьш.* каёмочка, -и, *ж. Чашка с золотой каёмочкой.* ‖ *прил.* **каёмочный**, -ая, -ое.

КАЁМЧАТЫЙ, -ая, -ое. С каймой. *Каёмчатая шаль.*

КАЖДО... *Первая часть сложных слов со знач.* последовательно повторяющийся через те промежутки времени, к-рые названы во второй части сложения, напр. *каждогодний, каждонедельный, каждовечерний.*

КАЖДОДНЕ́ВНЫЙ, -ая, -ое. То же, что ежедневный.

КА́ЖДЫЙ, -ая, -ое (мн. ч. употр.: 1) при сочетаниях количественных числительных с существительными; 2) при существительных, не имеющих ед. ч.), *мест. определит.* Всякий, любой из себе подобных. *Каждые пять дней. Каждые сутки. К. третий — отличник. На к. день* (для повседневного употребления). *Слушать каждого* (сущ.). *Всех и каждого, всем и каждому* (сущ.; всех, всем без исключения).

КАЖИ́СЬ, *вводн. сл.* (прост. и обл.). Кажется, как будто. *К., светает.*

КА́ЖУЩИЙСЯ, -аяся, -ееся. Такой, к-рый только представляется в воображении, нереальный (в 1 знач.). *К. успех. Кажущееся благополучие.*

КАЗА́К, -а́, *мн.* -и, -ов *и* -и́, -о́в, *м.* **1.** В старину на Украине и в России: член военноземледельческой общины вольных поселенцев на окраинах государства. *Запорожский к. Донской к.* **2.** На Дону, на Кубани, Тереке, Амуре и в других войсковых областях: крестьянин, потомок таких поселенцев, а также (до 1920 г. и в годы Великой Отечественной войны) боец кавалерийской воинской части, состоящей из этих крестьян; сейчас — потомок таких крестьян, бойцов. *Кубанские, уральские, сибирские казаки. Станичные казаки.* ✦ **Вольный казак** — 1) то же, что казак (в 1 знач.); 2) свободный, ни от кого не зависящий человек. ‖ *уменьш.* **казачо́к**, -чка́, *м.* ‖ *прил.* **каза́чий**, -ья, -ье *и* **каза́цкий**, -ая, -ое. *Казачье войско. Казацкая сабля.*

КАЗАКИ́Н, -а, *м.* Полукафтан на крючках со стоячим воротником и со сборками сзади. ‖ *прил.* **казаки́нный**, -ая, -ое.

КАЗАКИ́-РАЗБО́ЙНИКИ, казако́в-разбо́йников. Детская игра, в к-рой одна группа преследует и ловит другую. *Играть в казаки-разбойники.*

КАЗА́Н, -а́, *м.* (обл.). Котёл для приготовления пищи. ‖ *уменьш.* **казано́к**, -нка́, *м.* ‖ *прил.* **каза́нный**, -ая, -ое.

КАЗА́РКА, -и, *ж.* Северная птица сем. утиных.

КАЗА́РМА, -ы, *ж.* **1.** Специальное здание для размещения воинских частей. **2.** В дореволюционной России: общежитие для рабочих. ‖ *прил.* **каза́рменный**, -ая, -ое. *Казарменное положение* (в военное время, в период мобилизации, тревоги: обязательное постоянное пребывание вне дома — в воинской части, на заводе, в учреждении).

КАЗА́ТЬ, кажу́, ка́жешь; *несов., кого-что* (прост.). То же, что показывать (в 1 знач.). *К. обновы.* ✦ **Не казать глаз (носу)** (разг.) — не показываться, не появляться.

КАЗА́ТЬСЯ, кажу́сь, ка́жешься; каза́лся, каза́лась; кажи́сь; ка́жущийся; *несов.* **1.** *кем-чем.* Иметь тот или иной вид, производить то или иное впечатление. *К. умным. К. старше своих лет.* **2.** *безл.* То же, что представляться (в 3 знач.). *Мне казалось, что он прав.* **3. ка́жется**, *вводн. сл.* — 1) как будто, по-видимому. *Он, кажется, согласен;* 2) употр. для усиления, подчёркивания с оттенком раздражения. *Оставьте меня в покое: я вас не трогаю, кажется. Перестань! Ведь, кажется, русским языком сказано!* **4. ка́жется**, *частица.* Выражает неуверенное подтверждение. *Он придёт? — Кажется.* ✦ **На глаза не кажется** *кто* (прост.) — не появляется, не бывает где-н. ‖ *сов.* **показа́ться**, -ажу́сь, -а́жешься (к 1 и 2 знач.).

КАЗА́ХИ, -ов, *ед.* -а́х, -а, *м.* Народ, составляющий основное коренное население Казахстана. ‖ *ж.* **каза́шка**, -и. ‖ *прил.* **каза́хский**, -ая, -ое.

КАЗА́ХСКИЙ, -ая, -ое. **1.** *см.* казахи. **2.** Относящийся к казахам, к их языку, национальному характеру, образу жизни, культуре, а также к Казахстану, его территории, внутреннему устройству, истории; такой, как у казахов, как в Казахстане. *К. язык* (тюркской семьи языков). *Казахское ханство* (15—18 вв.). *К. ковёр* (войлочный). *По-казахски* (нареч.).

КАЗА́ЧЕСТВО, -а, *ср., собир.* Казаки.

КАЗА́ЧКА, -и, *ж.* Жена или дочь казака.

КАЗАЧО́К¹, -чка́, *м.* **1.** *см.* казак. **2.** В старинном дворянском быту: мальчик-слуга.

КАЗАЧО́К², -чка́, *м.* Народный танец ускоряющегося ритма, а также музыка в ритме этого танца [*первонач.* у казаков]. *Плясать казачка.*

КАЗЕИ́Н, -а, *м.* Белковое вещество, образующееся при створаживании молока. ‖ *прил.* **казеи́новый**, -ая, -ое. *К. клей.*

КАЗЕМА́Т, -а, *м.* **1.** Защищённое от огневых средств противника помещение в оборонительных сооружениях, ранее — закрытое помещение на военных судах для орудий, пулемётов и личного состава (спец.). **2.** В старых тюрьмах [первонач. в крепостях, за́мках]: одиночная камера для заключённых. *Томиться в каземате.* ‖ *прил.* **казема́тный**, -ая, -ое.

КАЗЁННОКО́ШТНЫЙ, -ая, -ое (устар.). Об учащихся: содержащийся и обучаемый на казённый кошт; *противоп.* своекоштный. *К. студент.*

КАЗЁННЫЙ, -ая, -ое; -нен, -нна. **1.** *см.* казна. **2.** *перен.* Бюрократический, формальный (неодобр.). *Казённое отношение. Казённо* (нареч.) *подойти к делу.* ✦ **Казённая часть** (спец.) — задняя часть огнестрельного оружия, орудия. ‖ *сущ.* **казённость**, -и, *ж.*

КАЗЁНЩИНА, -ы, *ж.* (разг. неодобр.). Формализм, рутина, казённый дух в чём-н.

КАЗИНО́, *нескл., ср.* То же, что **игорный** дом (см. игра).

КАЗНА́, -ы́, *ж.* (устар.). **1.** Деньги, имущество, принадлежащие государству или общине (в 3 знач.), организации. *Государственная к. Войсковая к. Монастырская к.* **2.** Государство как владелец этих средств. *Продать лес в казну.* **3.** Денежные средства, ценности. *Наградить золотой казной.* ‖ *прил.* **казённый**, -ая, -ое (к 1 и 2 знач.). *На к. счёт. Казённое имущество. Казённая палата* (в царской России: губернское учреждение, ведающее государственной казной).

КАЗНАЧЕ́Й, -я, *м.* **1.** Кассир, хранитель денег и ценностей учреждения, общественной организации. *Бухгалтер-к. К. профкома.* **2.** Управляющий казначейством. ‖ *прил.* **казначе́йский**, -ая, -ое.

КАЗНАЧЕ́ЙСТВО, -а, *ср.* Государственный финансовый орган, ведающий хранением и использованием денежных средств, исполнением бюджета. *Федеральное к. Губернское к.* (в царской России). ‖ *прил.* **казначе́йский**, -ая, -ое. *К. билет* (бумажный денежный знак, банковский билет).

КАЗНИ́ТЬ, -ню́, -ни́шь; -нённый (-ён, -ена́); *сов.* и *несов., кого (что).* **1.** Подвергнуть (-гать) смертной казни. *К. преступника.* **2.** *перен., чем.* Подвергнуть (-гать) нравственным страданиям, наказать (-зывать) (книжн.). *К. презрением.*

КАЗНИ́ТЬСЯ, -ню́сь, -ни́шься; *несов.* (разг.). Терзаться, мучиться, сознавая свою вину, ошибку.

КАЗНОКРА́Д, -а, *м.* (устар.). Человек, к-рый занимается казнокрадством. ‖ *прил.* **казнокра́дский**, -ая, -ое.

КАЗНОКРА́ДСТВО, -а, *ср.* (устар.). Обкрадывание казны, государства.

КАЗНЬ, -и, *ж.* Лишение жизни как высшая карающая мера. *Смертная к. Осудить на к. Приговорить к казни.*

КАЗУИ́СТ, -а, *м.* (книжн.). Человек, опытный в казуистике (во 2 знач.), действующий казуистически. ‖ *ж.* **казуи́стка**, -и. ‖ *прил.* **казуи́стский**, -ая, -ое.

КАЗУИ́СТИКА, -и, *ж.* (книжн.). **1.** Подведение частных случаев под общую догму как приём средневековой схоластики и богословия. **2.** *перен.* Изворотливость в защите ложных, сомнительных положений (неодобр.). ‖ *прил.* **казуисти́ческий**, -ая, -ое.

КА́ЗУС, -а, *м.* Сложный, запутанный случай. ‖ *прил.* **ка́зусный**, -ая, -ое.

КА́ИН, -а, *м.* (стар.). Изверг, преступник [по имени Каина — братоубийцы, согласно библейскому сказанию, проклятого Богом]. ‖ *прил.* **ка́инский**, -ая, -ое *и* **ка́инов**, -а, -о. *Каинова печать на ком-н.* (о всеми отвергнутом предателе; книжн.).

КАЙЛО́, -а́, *ср.* и **КАЙЛА́**, -ы́, *ж., мн.* ка́йлы, кайл *и* ка́йла, кайл. То же, что кирка. ‖ *прил.* **кайло́вый**, -ая, -ое.

КАЙМА́, -ы́, *мн.* каймы́, каём, каймáм, *ж.* Отличающаяся по цвету или рисунку полоса по краю ткани, изделия. *Платок с голубой каймой.* ‖ *прил.* **каймо́вый**, -ая, -ое.

КАЙНОЗО́ЙСКИЙ, -ая, -ое: **кайнозойская эра** (спец.) — эра геологической истории Земли, соотносимая с существованием самой молодой группы отложений горных пород.

КАЙФ, -а и **КЕЙФ**, -а, *м.* (разг. шутл.). Приятный отдых [*первонач.* отдых после обеда с курением].

КАЙФОВА́ТЬ, -фу́ю, -фу́ешь и **КЕЙФОВА́ТЬ**, -фу́ю, -фу́ешь; *несов.* (разг. шутл.). Предаваться кайфу.

КАК. 1. *мест. нареч.* и *союзн. сл.* То же, что каким образом (см. образ[1]). *К. вы поживаете? К. это случилось? Забыл, к. это делается. Вот к. надо делать. Видел, к. ты бежал.* **2.** *мест. нареч.* и *союзн. сл.* В какой степени, насколько. *К. недавно это было? К. далеко нужно ехать?* **3.** *мест. нареч.* и *союзн. сл.* До какой степени, до чего. *Удивительно, к. красиво. К. хорошо здесь. К. я рад!* **4.** *частица.* Употр. для выражения удивления и оценки. *К.! Ты опять здесь!* **5.** *частица.* При глаг. сов. вида означает внезапность действия в прошлом (разг.). *Он к. закричит!* **6.** *союз.* Выражает сравнение, подобно кому-чему-н. *Белый к. снег. Такой же, к. прежде.* **7.** *союз.* Употр. при отождествлении: в качестве кого-чего-н., будучи кем-чем-н. *Советую к. друг.* **8.** *союз.* Употр. в составе вводных сочетаний и предложений. *К. говорят. К. например.* **9.** *союз.* Выражает временны́е отношения. *К. вспомнишь, страшно становится* (всякий раз, когда). *Прошёл год, к. мы виделись* (с того времени, когда). **10.** *союз.* После отрицательных или вопросительных слов и выражений означает ограничение, кроме, только. *Больше некому, к. тебе. Кто, к. не мы?* ✦ **Как будто, как будто бы,** *союз* и *частица* — то же, что будто, будто бы (в 1, 2, 3 и 4 знач.). *Затих, как будто (бы) спит. Уверяет, как будто (бы) его задержали. Этого человека я как будто (бы) встречал. Как будто я его не знаю!* (т. е. хорошо знаю). **Как бы** — (разг.) — 1) *частица,* выражает приблизительное подобие, сходство. *Отвечает как бы нехотя;* 2) *союз,* выражает сравнение. *Зашуршало в траве, как бы прополз кто-то.* **Как бы то ни было** — при всех условиях, несмотря ни на что. *Как бы то ни было приходится подчиниться.* **Как бы не,** *союз* — употр. при выражении опасения, боязни чего-н. *Боюсь, как бы не стал он браниться.* **Как бы не так!** (прост.) — выражение несогласия, отрицания, ни в каком случае, ничего подобного. *Буду я слушаться, как бы не так!* **Как (тут) быть? (разг.)** — как поступить, что предпринять? *Положение безвыходное, как (тут) быть?* **Как быть!** — выражение необходимости принять, признать неизбежным. *Неужели всё кончено? — Как быть!* **Как вдруг,** *союз* — выражает осуществление сразу и неожиданно вслед за чем-н. *Был тихий вечер, как вдруг налетела буря.* **Как есть** (прост.) — совсем, совершенно, именно так (обычно при лексическом повторе или ответной реплике). *Глупыш. — Как есть глупыш.* **Как и.** *союз* — вводит сравнение, подобно кому-чему-н. *Грибники, как и рыболовы, не любят шума.* **Как и что** (разг.) — как обстоит дело. *Расскажи, как и что.* **Как ни,** *союз* — хотя и, несмотря на то, что. *Как ни прошу, не соглашается.* **Как** (или **что**) **ни говори(те)** (разг.) — всё-таки, несмотря ни на что. *Как ни говори, он прав.* **Как один человек** — дружно, все вместе. **Как же** (разг.) — 1) конечно, разумеется. *Как же, я обязательно пойду туда;* 2) выражение несогласия, отказа, насмешливого отрицания. *Пойду я туда, как же!* (т. е., конечно, не пойду). **Как можно** или **как нельзя** — служит для усиления сравнительной степени. *Пиши как можно чаще. Как нельзя лучше.* **Как раз** — 1) именно, точно (о том, что совпадает с чем-н.). *Он нужен и как раз звонит. Не хотел его видеть, а он как раз и идёт;* 2) впору, хорош (разг.). *Костюм мне как раз;* **Ка́к сказать** — употр. при затруднении точно выразить мысль в знач. как бы это лучше объяснить. *Зачем ты мне это говоришь? — Как сказать, зачем? Чтобы ты был в курсе дела.* **Как сказа́ть** (разг.) — употр. при выражении несогласия в знач. вряд ли. *Ты дашь ему денег? — Ну, это ещё как сказать.* **Как... так,** *союз* — выражает одновременность. *Как зима, так я болен. Как приходит домой, так начинается ссора.* **Как скоро,** *союз* (устар.) — выражает временны́е отношения, когда, как только. *Как скоро было получено известие, мы отправились в путь.* **Как только,** *союз* — непосредственно вслед за чем-н., непосредственно после чего-н. *Как только приеду, напишу.* **Как так?** (разг.) — употр. при переспросе как выражение непонимания, недоумения и несогласия. *Он не придёт. — Как так не придёт?* **Как...так и,** *союз* — выражает перечисление. *Собрались как взрослые, так и дети.*

КАКАДУ́, *нескл., м.* Попугай с хохлом на голове.

КАКА́О. 1. *нескл., ср.* Тропическое дерево (шоколадное дерево), из семян к-рого вырабатывается масло, шоколад и порошок для приготовления питательного напитка. **2.** *нескл., ср.* Порошок из этих семян, употр. для приготовления напитка, а также самый напиток. *К. высшего сорта. Стакан к.* **3.** *неизм.* Относящийся к шоколадному дереву, а также к продуктам, получаемым из его семян. *К.-бобы. К.-порошок. К.-масло. К.-продукт. К.-паста.* ‖ *прил.* **кака́овый**, -ая, -ое (к 1 знач.). *Какаовые плантации.*

КА́КАТЬ, -аю, -аешь; *несов.* (разг.). То же, что испражняться. ‖ *сов.* **пока́кать**, -аю, -аешь.

КА́К-ЛИБО, *мест. нареч.* То же, что как-нибудь (в 1 знач.).

КА́К-НИБУДЬ и КАК-НИБУ́ДЬ, *мест. нареч.* **1.** Каким-нибудь неопределённым способом, так или иначе. *Надо как-нибудь помочь ему.* **2.** (как-нибу́дь). Кое-как, небрежно (разг.). *Он всё делает как-нибудь.* **3.** Когда-нибудь в недалёком будущем (разг.). *Загляните ко мне как-нибудь на той неделе.*

КАК-НИКА́К, *нареч.* (разг.). Всё-таки, в конце концов, несмотря ни на что. *Как-никак, а работа удалась.*

КАКО́В, -а́, -о́, *мест. вопросит.* и *союзн. сл.*, только *в им. п.* Обозначает вопрос о качестве, указывает на характерное качество, свойство. *К. он собой? А весна-то какова! К. хитрец!* (оказался большим хитрецом). *Спросил, к. больной* (т. е. как себя чувствует).

КАКОВО́, **1.** *мест. нареч.* и *союзн. сл.* (разг.). Обозначает вопрос о качественном состоянии. *К. ему живётся? К. мне это слышать!* (трудно, тяжело это слышать). **2.** Выражение удивления и иронической оценки). *Всех сумел обскакать. К.!*

КАКОВО́Й, -а́я, -о́е, *мест. вопросит.* и *союзн. сл.* (устар. и офиц.). Который, какой.

КАКО́Й, -а́я, -о́е; *мест.* **1.** *вопросит.* и *союзн. сл.* Обозначает вопрос о качестве, свойстве, признаке. *Какая сегодня погода? Забыл, к. сегодня день.* **2.** *определит.* Обозначает оценку качества, восхищение, удивление, негодование, возмущение и другие чувства. *Какое счастье! Какая беда! К. негодяй!* **3.** *определит.* При риторическом вопросе или в ответной реплике обозначает отрицание, никакой, совсем не. *К. он знаток!* (т. е. совсем не знаток). *У тебя деньги есть? — Какие у меня деньги!* **4.** *неопр.* То же, что какой-нибудь (в 1 знач.) (прост.). *Нет ли каких поручений?* **5. како́е!**, *частица.* Выражает уверенное отрицание, совсем нет, как раз наоборот (разг.). *Он богат? — Какое!* (т. е. нисколько не богат). ✦ **Какое там!** (разг.) — то же, что какой (в 5 знач.). *Ты отдохнул? — Какое там!* **Какой есть или какой ни на есть** (прост.) — какой угодно, любой, такой, к-рый имеется, если другого нет. **Какой такой** (разг.) — какой (в 1 знач.) с оттенком раздражения или пренебрежения (о ком-чём-н. совершенно неизвестном). *Пришёл Иванов. — Какой такой Иванов?* **Ни в какую** (прост.) — ни за что, ни в каком случае. *Ни в какую не соглашается.*

КАКО́Й-ЛИБО, *мест. неопр.* То же, что какой-нибудь (в 1 знач.).

КАКО́Й-НИБУДЬ, *мест. неопр.* **1.** Тот или иной. *Найти какое-нибудь решение.* **2.** О небольшом количестве: не больше чего-н.; всего лишь, всего-навсего (разг.). *Остался какой-нибудь километр пути. Каких-нибудь полчаса подождать.*

КАКО́Й-НИКАКО́Й, кака́я-никака́я, како́е-никако́е, *мест. неопр.* (прост.). Хоть какой-нибудь, пусть незначительный, не очень хороший. *Какой-никакой, а всё-таки выход из положения.*

КАКО́Й-ТО, *мест. неопр.* **1.** Неизвестно какой. *Какой-то приезжий тебя ждёт.* **2.** До нек-рой степени сходный, несколько напоминающий кого-что-н. *Он какой-то чудак.* **3.** То же, что какой-нибудь (разг.). *Какое-то решение должно быть принято. Опоздал на каких-то пять минут.* **4.** Не заслуживающий внимания, уважения (разг. неодобр.). *Какой-то молокосос берётся всех учить.*

КАКОФО́НИЯ, -и, *ж.* (книжн.). Лишённое всякого благозвучия, сумбурное сочетание звуков (в музыке, стихах). ‖ *прил.* **какофони́ческий**, -ая, -ое.

КА́К-ТО. 1. *мест. нареч.* Каким-то образом, неизвестно как. *Он как-то сумел уладить дело.* **2.** *мест. нареч.* В нек-рой степени, несколько. *Говорит как-то непонятно. Здесь как-то неуютно.* **3.** *мест. нареч.* Однажды, когда-то (разг.). *Зашёл как-то вечерком.* **4.** *союз.* То же, что а именно. *Все предприятия, как-то: строительные, текстильные, полиграфические — работают нормально.* ✦ **Как-то раз** (разг.) — то же, что как-то (в 3 знач.). *Как-то раз случилось мне быть на охоте.*

КА́КТУС, -а, *м.* Южное растение с толстыми сочными стеблями, покрытыми колючками, волосками. ‖ *прил.* **ка́ктусовый**, -ая, -ое. *Семейство кактусовых* (сущ.).

КАЛ, -а, *м.* Содержимое кишечника, выделяемое при испражнении. ‖ *прил.* **ка́ловый**, -ая, -ое (спец.).

КАЛАМБУ́Р, -а, *м.* Шутка, основанная на комическом использовании сходно звучащих, но разных по значению слов, игра слов. ‖ *прил.* **каламбу́рный**, -ая, -ое.

КАЛАМБУРИ́СТ, -а, *м.* Человек, к-рый любит и умеет каламбурить.

КАЛАМБУ́РИТЬ, -рю, -ришь; *несов.* Говорить каламбуры. ‖ *сов.* **скаламбу́рить**, -рю, -ришь.

КАЛАМЯ́НКА, -и, *ж.* То же, что коломенок. ‖ *прил.* **каламя́нковый**, -ая, -ое.

КАЛА́Н, -а, *м.* Морское ластоногое млекопитающее сем. куньих, морская выдра. ‖ *прил.* **кала́ний**, -ья, -ье.

КАЛАНЧА́, -и́, *род. мн.* -е́й, *ж.* Наблюдательная вышка над зданием пожарной части. *Ну и к.!* (перен.: об очень высоком человеке; разг. шутл.).

КАЛА́Ч, -а́, *м.* Пшеничный хлеб, по форме напоминающий замо́к с дужкой. *Калачом не заманишь кого-н. куда-н.* (не заманишь никаким способом; разг.). ✦ **Тёртый калач** (разг.) — об опытном, видавшем виды человеке. ‖ *уменьш.* **кала́чик**, -а, *м.* ✦ **Лечь (свернуться) калачиком** (разг.) — лечь, согнувшись, в комок, комочком. ‖ *прил.* **кала́чный**, -ая, -ое. *Калачное тесто. Калачный* [шн] *ряд* (хлебные торговые прилавки; устар.). *С суконным рылом в калачный ряд* (погов. о том, кто пытается занять неподобающее ему место).

КАЛЕЙДОСКО́П, -а, *м.* **1.** Оптический прибор — трубка с зеркальными пластинками и цветными стёклышками, при поворачивании складывающимися в разнообразные узоры. *Детский к.* (игрушка). **2.** *перен., чего.* Быстрая смена разнообразных явлений (книжн.). *К. событий.* ‖ *прил.* **калейдоскопи́ческий**, -ая, -ое. *К. узор. Калейдоскопическая смена впечатлений.*

КАЛЕЙДОСКОПИ́ЧНЫЙ, -ая, -ое; -чен, -чна. Калейдоскопический, меняющийся, как в калейдоскопе. ‖ *сущ.* **калейдоскопи́чность**, -и, *ж.*

КАЛЕ́КА, -и, *м.* и *ж.* Человек, имеющий увечье, увечья. ✦ **Полторы калеки** (разг. шутл.) — о нескольких, немногих старых, немощных людях. *Помощников-то у него полторы калеки.*

КАЛЕНДА́РЬ, -я́, *м.* **1.** Способ счисления дней в году. *Солнечный к.* (в к-ром согласуются движение Солнца и смены лунных фаз). *Юлианский к.* (старого стиля). *Григорианский к.* (нового стиля). **2.** Таблица или книжка с перечнем всех дней в году (с различными справочными сведениями). *Отрывной к. Настольный к.* **3.** Распределение по времени (дням, месяцам) отдельных видов деятельности. *К. занятий. К. футбольных игр.* ‖ *прил.* **календа́рный**, -ая, -ое. *К. год* (от 1 января по 31 декабря). *К. план.*

КАЛЕ́НДУЛА, -ы, *ж.* **1.** Травянистое растение сем. сложноцветных с жёлтыми цветками, ноготки. **2.** Лекарственный препарат из этого растения. *Мазь к. Раствор календулы.*

КАЛЕ́НИЕ, -я, *ср.* **1.** *см.* калить. **2.** Степень нагрева, накаливания тела, устанавливаемая по окраске излучения (спец.). *Красное к. Жёлтое к. Белое к.* ✦ **До белого каления дойти (довести)** *кого* (разг.) — дойти (довести кого-н.) до крайнего раздражения, гнева.

КАЛЕ́ЧИТЬ, -чу, -чишь; *несов.* **1.** *кого (что).* Делать калекой. **2.** *перен., кого-что.* Портить, уродовать. *К. чей-н. характер. К. машину.* ‖ *сов.* **искале́чить**, -чу, -чишь; -ченный *и* **покале́чить**, -чу, -чишь; -ченный (разг.). ‖ *возвр.* **кале́читься**, -чусь, -чишься (к 1 знач.); *сов.* **искале́читься**, -чусь, -чишься *и* **покале́читься**, -чусь, -чишься (разг.).

КАЛЁНЫЙ, -ая, -ое. **1.** Очень сильно нагретый, раскалённый; обработанный калением. *Калёная стрела. Калёным железом жечь, выжигать* (перен.: уничтожать что-н. беспощадно, до конца). **2.** Прожаренный без воды и масла. *Калёные орехи.*

КАЛИ́БР, -а, *м.* **1.** Определенный размер какого-н. изделия, предмета. **2.** Диаметр канала ствола огнестрельного оружия. **3.** Измерительный инструмент для проверки размера, формы и взаимного расположения частей изделия (спец.). **4.** *перен.* О форме, размере, качестве кого-чего-н. (разг.). *Люди самого разного калибра.* ‖ *прил.* **кали́бровый**, -ая, -ое (к 1, 2 и 3 знач.).

КАЛИБРОВА́ТЬ, -ру́ю, -ру́ешь; -о́ванный; *несов., что* (спец.). **1.** Проверять, уточнять или устанавливать калибр (в 1 знач.), форму, расположение частей изделия. **2.** Проверять деления какого-н. измерительного прибора. ‖ *сущ.* **калибро́вка**, -и, *ж.* *К. гирь. К. плодов. К. семян.*

КА́ЛИЙ, -я, *м.* Химический элемент, мягкий металл серебристо-белого цвета. ‖ *прил.* **ка́лиевый**, -ая, -ое *и* **кали́йный**, -ая, -ое. *Калиевые соли. Калийные удобрения.*

КАЛИ́КА, -и, *м.:* **калики перехожие** — в русском народном эпосе: бродячие, обычно слепые, певцы.

КАЛИ́НА, -ы, *ж.* Кустарник сем. жимолостных с белыми цветками и красными горькими ягодами, а также его ягоды. ‖ *уменьш.* **кали́нка**, -и, *ж.* ‖ *прил.* **кали́новый**, -ая, -ое.

КАЛИ́НКА, -и, *ж.* **1.** *см.* калина. **2.** (К прописное). Русская народная песня, а также музыка в ритме этой песни.

КАЛИ́ННИК, -а, *м., собир.* Заросль калины.

КАЛИ́ТКА, -и, *ж.* Дверца в заборе, в воротах. *Садовая к.* ‖ *прил.* **кали́точный**, -ая, -ое.

КАЛИ́ТЬ, -лю́, -ли́шь; *несов., что.* **1.** Сильно нагревать на огне, на жару. *К. железо.* **2.** То же, что жарить (во 2 знач.). *К. орехи, семечки.* ‖ *сущ.* **кале́ние**, -я, *ср.* ‖ *прил.* **кали́льный**, -ая, -ое (к 1 знач.; спец.).

КАЛИ́Ф, -а, *м.:* **калиф на час** (книжн.) — человек, пользующийся властью очень недолго.

КАЛЛИГРА́Ф, -а, *м.* Человек, искусный в каллиграфии.

КАЛЛИГРА́ФИЯ, -и, *ж.* Искусство четкого и красивого письма. ‖ *прил.* **каллиграфи́ческий**, -ая, -ое. *К. почерк.*

КАЛМЫ́КИ, -ов и **КАЛМЫКИ́**, -о́в, *ед.* -ы́к, -а *и* -а́, *м.* Народ, составляющий коренное население Калмыкии. ‖ *ж.* **калмы́чка**, -и. ‖ *прил.* **калмы́цкий**, -ая, -ое.

КАЛМЫ́ЦКИЙ, -ая, -ое. **1.** *см.* калмыки. **2.** Относящийся к калмыкам, к их языку, национальному характеру, образу жизни, культуре, а также к Калмыкии, её территории, внутреннему устройству, истории; такой, как у калмыков, как в Калмыкии. *К. язык* (монгольской группы языков). *Калмыцкое ханство* (17–18 вв.). *Калмыцкие степи. По-калмыцки* (нареч.).

КАЛОРИ́ЙНОСТЬ, -и, *ж.* **1.** Энергетическая ценность пищевых продуктов или рационов питания. *К. пищи.* **2.** Количество теплоты, выделяющейся при полном сгорании топлива.

КАЛОРИ́ЙНЫЙ, -ая, -ое; -и́ен, -и́йна. Обладающий большой калорийностью (в 1 знач.). *Калорийная пища.*

КАЛОРИ́МЕТР, -а, *м.* Прибор для измерения количества теплоты.

КАЛОРИ́ФЕР, -а, *м.* Прибор для нагревания воздуха — система гладких или пластинчатых труб, по к-рым идёт горячая вода, пар или нагретый воздух. ‖ *прил.* **калори́ферный**, -ая, -ое.

КАЛО́РИЯ, -и, *ж.* Единица теплоты.

КАЛО́ШИ, -о́ш, *ед.* -о́ша, -и, *ж.* То же, что галоши. ✦ **Посадить в калошу** *кого* (разг.) — поставить в неловкое, смешное положение. **Сесть в калошу** (разг.) — потерпев неудачу, оказаться в смешном, неловком положении. ‖ *прил.* **кало́шный**, -ая, -ое.

КАЛУ́ГА, -и, *ж.* Крупная рыба сем. осетровых. ‖ *прил.* **калу́жий**, -ья, -ье.

КАЛЫ́М, -а, *м.* **1.** У нек-рых восточных народов: выкуп за невесту. **2.** *перен.* Доход, получаемый от занятия, помимо законного заработка (прост.). ‖ *прил.* **калы́мный**, -ая, -ое.

КАЛЫ́МИТЬ, -млю, -мишь; *несов.* (прост. неодобр.). Заниматься чем-н. с целью получения калыма (во 2 знач.).

КАЛЫ́МЩИК, -а, *м.* (прост. неодобр.). Тот, кто работает ради получения калыма (во 2 знач.).

КА́ЛЬКА, -и, *род. мн.* ка́лек, *ж.* **1.** Прозрачная бумага или ткань для снятия копий с чертежей и рисунков. **2.** Копия чертежа, рисунка на такой бумаге. *Новый район ещё в кальке* (только планируется, в чертежах). **3.** В языкознании: слово или выражение, образованное путём буквального перевода иноязычного слова или выражения.

КАЛЬКИ́РОВАТЬ, -рую, -руешь; -анный; *сов.* и *несов., что* (спец.). **1.** Снять (снимать) на кальку (в 1 знач.). *К. чертёж.* **2.** Переводя иноязычное слово, создать (-давать) кальку (в 3 знач.). *К. французское выражение.* ‖ *сов.* также **скальки́ровать**, -рую, -руешь; -анный.

КАЛЬКУЛИ́РОВАТЬ, -рую, -руешь; -анный; *несов., что* (спец.). Вычислять (стоимость товара, величину издержек). ‖ *сов.* **скалькули́ровать**, -рую, -руешь; -анный. ‖ *сущ.* **калькуля́ция**, -и, *ж.*

КАЛЬКУЛЯ́ТОР, -а, *м.* **1.** Специалист, производящий калькуляцию. **2.** Прибор для автоматических вычислений. ‖ *прил.* **калькуля́торский**, -ая, -ое (к 1 знач.) *и* **калькуля́торный**, -ая, -ое (ко 2 знач.).

КАЛЬМА́Р, -а, *м.* Съедобный морской моллюск класса головоногих. *Мясо кальмара.* ‖ *прил.* **кальма́ровый**, -ая, -ое.

КАЛЬСО́НЫ, -о́н. Мужское белье — нижние штаны. ‖ *прил.* **кальсо́нный**, -ая, -ое.

КА́ЛЬЦИЙ, -я, *м.* Химический элемент, мягкий серебристо-белый металл. ‖ *прил.* **ка́льциевый**, -ая, -ое. *Кальциевые соли.*

КАЛЬЯ́Н, -а, *м.* Восточный курительный прибор, в к-ром табачный дым охлаждается и очищается, проходя через воду. *Курить к.* ‖ *прил.* **калья́нный**, -ая, -ое.

КАЛЯ́КАТЬ, -аю, -аешь; *несов.* (прост.). Разговаривать, беседовать. *К. о том о сём.* ‖ *сущ.* **каля́канье**, -я, *ср.*

КАЛЯ́НЫЙ, -ая, -ое (разг.). Об одежде, ткани: ставший жёстким, несгибаемым от холода, влаги. *К. плащ.*

КАМАРИ́ЛЬЯ, -и, *ж.* (книжн.). Клика, заправляющая государственными делами в своих личных интересах.

КАМА́РИНСКАЯ, -ой, *ж.* Русская народная плясовая песня, а также пляска в ритме этой песни.

КА́МБАЛА, -ы, *ж.* Морская промысловая рыба с плоским телом и асимметричным строением черепа. ‖ *прил.* **ка́мбаловый**, -ая, -ое. *Семейство камбаловых* (сущ.).

КАМБОДЖИ́ЙСКИЙ, -ая, -ое. **1.** *см.* камбоджийцы. **2.** Относящийся к камбоджийцам, к их языкам, национальному характеру, образу жизни, культуре, а также к Камбодже, её территории, внутреннему устройству, истории; такой, как у камбоджийцев, как в Камбодже. *Камбоджийские провинции. К. риель* (денежная единица).

КАМБОДЖИ́ЙЦЫ, -ев, *ед.* -и́ец, -и́йца, *м.* Население Камбоджи. ‖ *ж.* **камбоджи́йка**, -и. ‖ *прил.* **камбоджи́йский**, -ая, -ое.

КА́МБУЗ, -а, *м.* (спец.). Кухня на судне. ‖ *прил.* **ка́мбузный**, -ая, -ое.

КАМВО́ЛЬНЫЙ, -ая, -ое. Относящийся к сортам чесаной (при гребенном прядении) шерсти и изделиям из неё. *Камвольное прядение. Камвольные ткани. К. комбинат.*

КАМЕ́ДЬ, -и, *ж.* (спец.). Застывший клейкий сок нек-рых растений, используемый в промышленности и медицине. ‖ *прил.* каме́дный, -ая, -ое.

КАМЕЛЁК, -лька́, *м.* Небольшой камин или очаг для обогревания. ‖ *прил.* **камелько́вый**, -ая, -ое.

КАМЕ́ЛИЯ, -и, *ж.* Декоративное растение сем. чайных с вечнозелёными листьями и крупными красивыми цветками, а также цветок этого растения.

КАМЕНЕ́ТЬ, -е́ю, -е́ешь; *несов.* **1.** Становиться твёрдым как камень. *Глина каменеет.* **2.** *перен.* Становиться каменным (во 2 и 3 знач.). *К. от ужаса. Сердце каменеет.* ‖ *сов.* **окамене́ть**, -е́ю, -е́ешь.

КАМЕНИ́СТЫЙ, -ая, -ое; -и́ст. **1.** Обильный камнем (в 1 знач.). *Каменистая почва.* **2.** Подобный камню (в 1 знач.), представляющий собой камень (в 3 знач.). *Каменистая часть кости. Образование каменистой структуры.* ‖ *сущ.* **камени́стость**, -и, *ж.*

КА́МЕНКА, -и, *ж.* В деревенской бане: печь из камня, без трубы, а также низкая печь с наложенными сверху камнями, на к-рые льют воду, чтобы получить пар. *Плеснуть воды на каменку.*

КАМЕННОУГО́ЛЬНЫЙ, -ая, -ое и **КАМЕННОУ́ГОЛЬНЫЙ**, -ая, -ое. Относящийся к каменному углю. *К. бассейн.*

КА́МЕННЫЙ, -ая, -ое; -енен, -енна. **1.** *см.* камень. **2.** *перен.* Безжизненный, застывший. *Каменное выражение лица.* **3.** *перен.* Безжалостный, жестокий. *Каменное сердце.* **4.** *полн. ф.* Употр. в названиях нек-рых растений, минералов (спец.). *Каменная соль. К. уголь. Каменная берёза.* ‖ *сущ.* **ка́менность**, -и, *ж.* (ко 2 и 3 знач.).

КАМЕНОЛО́МНЫЙ, -ая, -ое. Относящийся к добыче камня и его обработке. *Каменоломные работы.*

КАМЕНОЛО́МНЯ, -и, *род. мн.* -мен, *ж.* Место, где производится добыча и обработка камня. ‖ *прил.* **каменоло́мный**, -ая, -ое.

КАМЕНОТЁС, -а, *м.* Рабочий, занимающийся обтёской камня.

КА́МЕНЩИК, -а, *м.* Рабочий, специалист по кирпичной, каменной кладке. ✦ **Вольный (свободный) каменщик** (устар.) — член масонской ложи. ‖ *прил.* **ка́менщицкий**, -ая, -ое *и* **ка́менщичий**, -ья, -ье.

КА́МЕНЬ, -мня, *мн.* -мни, -мне́й *и* (устар. и прост.) -ме́нья, -ме́ньев, *м.* **1.** Твёрдая горная порода кусками или сплошной массой, а также кусок, обломок такой породы. *Бросаться камнями. На сердце к.* (перен.: о тяжёлом душевном состоянии). *К. с души свалился* (перен.: наступило душевное облегчение). *Бросать камнем в кого-н.* (также перен.: безоговорочно осуждать, обвинять кого-н.; неодобр.). *К. за пазухой держать* (перен.: таить злобу против кого-н.; разг.). *Камня на камне не оставить от чего-н.* (перен.: разрушить до основания). **2.** В сочетаниях: **драгоценный камень, полудрагоценный камень** — красиво окрашенный или бесцветный прозрачный минерал, используемый для ювелирных украшений; **поделочный камень** — красиво окрашенный минерал или горная порода, используемые для изготовления украшений, предметов искусства. **3.** чаще *мн.* Плотное образование из солей и органических соединений во внутренних органах, протоках. *Камни в печени. Камни в почках.* ✦ **Кто первый бро́сит камень?** (книжн.) — кто, считая, что сам он безгрешен, первым решится осудить виноватого [по евангельскому сказанию об Иисусе Христе, сказавшему людям о грешнице: «Кто из вас без греха, первый брось в неё камень»]. **Камень преткновения** (книжн.) — помеха, затруднение. ‖ *уменьш.* **ка́мешек**, -шка, *м.* (к 1 и 2 знач.) *и* **ка́мушек**, -шка, *м.* (к 1 и 2 знач.). *К. бросить в чей-н. огород* (недоброжелательно намекнуть на кого-что-н.; разг.). *Ляг камушком, встань горошком* (совет быстро заснуть и бодро, сразу встать; разг.). ‖ *прил.* **ка́менный**, -ая, -ое (к 1 и 3 знач.). *К. мешок* (перен.: тюрьма). *К. век* (период первобытной культуры, характеризующийся производством орудий труда и оружия из камня и кости).

КА́МЕРА, -ы, *ж.* **1.** Отдельная комната, помещение особого назначения. *Дезинфекционная к. К. хранения ручного багажа. Тюремная к.* **2.** Закрытое пространство внутри какого-н. аппарата, сооружения, машины, а также закрытая полость внутри какого-н. органа. *К. шлюза. К. сгорания в двигателе. К. в печи. К. сердца. К. глаза.* **3.** Фотографический, киносъёмочный или телевизионный съёмочный аппарат. *Скрытой камерой снимать* (незаметно для того, кого снимают). **4.** Накачиваемая воздухом резиновая оболочка (под покрышкой шины, мяча). ‖ *прил.* **ка́мерный**, -ая, -ое (ко 2 и 4 знач.; спец.).

КАМЕРА́ЛЬНЫЙ, -ая, -ое (спец.). Относящийся к лабораторной обработке материалов, полученных в экспедициях. *Камеральные работы геологов.*

КАМЕРГЕ́Р, -а, *м.* В нек-рых монархических государствах: придворный чин старшего ранга, а также лицо, имеющее этот чин. ‖ *прил.* **камерге́рский**, -ая, -ое.

КАМЕРДИ́НЕР, -а, *м.* Слуга при господине в богатом дворянском доме. ‖ *прил.* **камерди́нерский**, -ая, -ое.

КАМЕРИ́СТКА, -и, *ж.* Служанка при госпоже в богатом дворянском доме.

КА́МЕРНЫЙ, -ая, -ое. **1.** *см.* камера. **2.** О музыкальном произведении: исполняемый в небольшом концертном зале несколькими голосами или на нескольких инструментах. *Камерная музыка. К. оркестр.* **3.** Предназначенный для небольшого, узкого круга слушателей, зрителей. *Камерное искусство. К. голос.* ‖ *сущ.* **ка́мерность**, -и, *ж.* (к 3 знач.).

КАМЕРТО́Н, -а, *м.* Металлический инструмент, издающий при ударе звук, к-рый является эталоном высоты при настраивании инструментов, в хоровом пении. ‖ *прил.* **камерто́нный**, -ая, -ое.

КА́МЕР-Ю́НКЕР, -а, *м.* В нек-рых монархических государствах: младший придворный чин, а также лицо, имеющее этот чин. ‖ *прил.* **ка́мер-ю́нкерский**, -ая, -ое.

КАМЕ́Я, -и, *ж.* Украшение с выпуклой резьбой из слоистого разноцветного камня или раковины. *Брошь-к. Перстень с камеей.*

КАМЗО́Л, -а, *м.* Старинная мужская верхняя одежда, обычно без рукавов. ‖ *прил.* **камзо́льный**, -ая, -ое.

КАМИКА́ДЗЕ [дзэ], *нескл., м.* Лётчик, в боевой операции идущий на гибель вместе со своим самолётом, а также боевик, идущий на гибель для совершения террористического акта.

КАМИЛА́ВКА, -и, *ж.* **1.** Высокий цилиндрический с расширением кверху головной убор — почётная награда православных священников. **2.** Монашеский головной убор.

КАМИ́Н, -а, *м.* **1.** Сложенная у стены комнатная печь с широкой открытой топкой. *Затопить к.* **2.** Электрический обогревательный прибор, по форме напоминающий такую печь. **3.** Углубление в скале (спец.). ‖ *прил.* **ками́нный**, -ая, -ое.

КАМКА́, -и́, *ж.* Старинная шёлковая узорчатая ткань. ‖ *прил.* **камко́вый**, -ая, -ое.

КАМЛО́Т, -а, *м.* Плотная тёмная шерстяная или хлопчатобумажная ткань. ‖ *прил.* **камло́товый**, -ая, -ое.

КАМНЕ... *Первая часть сложных слов со знач.:* 1) относящийся к камню (в 1 знач.), напр. *камнеобработка, камнедробилка, камнеуборочный, камнеобделочный, камнешлифовальный, камнелитой* (относящийся к каменному литью); 2) содержащий камень (в 1 знач.), напр. *камнебетон;* 3) похожий на камень (в 1 знач.), напр. *камневидный, камнеподобный;* 4) относящийся к камню, камням (в 3 знач.), напр. *камнеобразование, камневыделительный.*

КАМНЕПА́Д, -а, *м.* Обвал камней в горах. ‖ *прил.* **камнепа́дный**, -ая, -ое.

КАМО́РКА, -и, *ж.* (разг.). Маленькая комната, чулан. ‖ *прил.* **камо́рочный**, -ая, -ое.

КАМПА́НИЯ, -и, *ж.* **1.** Совокупность военных операций, объединённых общим стратегическим замыслом и осуществляемых на определённом этапе войны на одном театре военных действий. *Зимняя к.* **2.** Период плавания или военных операций флота (устар.). **3.** Совокупность мероприятий для осуществления очередной важной общественно-политической или хозяйственной задачи. *Избирательная к. Посевная к.*

КАМПУЧИ́ЙЦЫ, -ев, *ед.* -и́ец, -и́йца, *м.* Прежнее название камбоджийцев (по старому названию Камбоджи — Кампучия). ‖ *ж.* **кампучи́йка**, -и. ‖ *прил.* **кампучи́йский**, -ая, -ое.

КАМСА́, -ы́, *ж.* То же, что **хамса**.

КАМУФЛЕ́Т, -а, *м.* **1.** Подземный взрыв мины для разрушения подземных сооружений противника, а также разрыв артиллерийского снаряда (бомбы, мины) под землёй без выкидывания земли и осколков (спец.). **2.** Неожиданная неприятность, неудача (устар. шутл.). *Вот какой к. вышел!* ‖ *прил.* **камуфле́тный**, -ая, -ое (к 1 знач.).

КАМУФЛИ́РОВАТЬ, -рую, -руешь; -анный; *несов., что.* Маскировать средствами камуфляжа. ‖ *сов.* **закамуфли́ровать**, -рую, -руешь; -анный.

КАМУФЛЯ́Ж, -а, *м.* **1.** Маскировка предметов путём окраски полосами, пятнами, искажающими их очертания (спец.). **2.** Одежда из такой маскировочной ткани. *Бойцы в камуфляже.* **3.** *перен.* Обманные действия, маскировка какой-н. деятельности, поступков. *Для камуфляжа сделать что-н.* ‖ *прил.* **камуфля́жный**, -ая, -ое (к 1 и 2 знач.).

КАМФАРА́, -ы́ и **КА́МФОРА**, -ы, *ж.* Кристаллическое, сильно пахнущее вещество, употр. в технике и медицине. ‖ *прил.* **камфа́рный**, -ая, -ое *и* **ка́мфорный**, -ая, -ое. *Камфарное масло. Камфорное дерево* (южное вечнозелёное дерево сем. лавровых).

КАМЧАДА́ЛЫ, -ов, *ед.* -а́л, -а, *м.* Название смешанного по своему происхождению коренного населения Камчатки, говорящего по-русски. ‖ *ж.* **камчада́лка**, -и. ‖ *прил.* **камчада́льский**, -ая, -ое.

КАМЧАДА́ЛЬСКИЙ, -ая, -ое. **1.** *см.* камчадалы. **2.** Относящийся к камчадалам (коренному населению Камчатки), к их языкам, национальному характеру, образу жизни, культуре, а также к территории их проживания, внутреннему устройству, истории; такой, как у камчадалов.

КАМЧА́ТЫЙ, -ая, -ое и **КАМЧА́ТНЫЙ**, -ая, -ое. О ткани: с узором, похожим на камку. *Камчатная скатерть.*

КАМЫ́Ш, -а́, *м.* **1.** Высокое водное или болотное растение сем. осоковых. *Озёрный к.* **2.** *мн.* Заросль этого растения. *Скрыться в камышах.* ‖ *прил.* **камышо́вый**, -ая, -ое. *Камышовая кровля* (из камыша).

КАМЫ́ШЕВКА, -и и **КАМЫШО́ВКА**, -и, *ж.* Певчая птица сем. славковых, живущая в камышовых, тростниковых зарослях.

КАМЫШИ́Т, -а, *м.* Лёгкий строительный материал в виде щитов из спрессованных стеблей камыша или тростника. ‖ *прил.* **камыши́товый**, -ая, -ое.

КАНА́ВА, -ы, *ж.* Неглубокий и неширокий ров. *Сточная к.* ‖ *уменьш.* **кана́вка**, -и, *ж.* ‖ *прил.* **кана́вный**, -ая, -ое.

КАНАВОКОПА́ТЕЛЬ, -я, *м.* Машина для прокладки неглубоких каналов, траншей, кюветов.

КАНА́ДСКИЙ, -ая, -ое. **1.** *см.* канадцы. **2.** Относящийся к канадцам, к их языкам, национальному характеру, образу жизни, культуре, а также к Канаде, её территории, внутреннему устройству, истории; такой, как у канадцев, как в Канаде. *Канадские варианты английского и французского языков. Канадские национальные меньшинства. К. хоккей. К. доллар* (денежная единица).

КАНА́ДЦЫ, -ев, *ед.* -дец, -дца, *м.* Население Канады. ‖ *ж.* **кана́дка**, -и. ‖ *прил.* **кана́дский**, -ая, -ое.

КАНА́Л, -а, *м.* **1.** Искусственное русло, наполненное водой. *Судоходный, оросительный, обводнительный, осушительный к.* **2.** Узкое длинное полое пространство внутри чего-н. (спец.). *К. ствола артиллерийского орудия. Маслопроводящий к.* **3.** Линия связи, коммуникации; устройство для передачи информации. *К. электросвязи. Каналы радиостанции для ведения прямых передач.* **4.** обычно *мн., перен.* Путь, средство для достижения чего-н. (книжн.). *По дипломатическим каналам.* ‖ *сущ.* **кана́лец**, -льца, *м.* (ко 2 знач.). ‖ *прил.* **кана́льный**, -ая, -ое (к 1, 2 и 3 знач.).

КАНАЛИЗА́ЦИЯ, -и, *ж.* Комплекс сооружений для приёма, отвода и очистки сточных вод. *Городская к. Ливневая к.* (для удаления дождевых вод). ‖ *прил.* **канализацио́нный**, -ая, -ое.

КАНА́ЛЬСТВО, -а, *ср.* (устар. разг.). **1.** Поведение канальи, плутовство, жульничество. **2. кана́льство!** Выражение раздражённого удивления и оценки. *Опять мы все с дураках! Канальство!*

КАНА́ЛЬЯ, -и, *род. мн.* -лий, *м.* и *ж.* (разг. бран.). Плут, мошенник. ‖ *прил.* **кана́льский**, -ая, -ое.

КАНАРЕ́ЕЧНЫЙ, -ая, -ое. **1.** *см.* канарейка. **2.** Светло-жёлтый, цвета перьев канарейки.

КАНАРЕ́ЙКА, -и, *ж.* Маленькая южная птичка сем. вьюрковых с ярким, обычно жёлтым оперением. *Домашние (комнатные) канарейки.* ‖ *прил.* **канаре́ечный**, -ая, -ое.

КАНА́Т, -а, *м.* Гибкое длинное кручёное (или витое, плетёное) изделие, трос [первонач. толстая верёвка]. *Пеньковый, джутовый, капроновый, проволочный к. Перетягивание каната* (спортивное состязание). ‖ *прил.* **кана́тный**, -ая, -ое. *Канатная дорога* (подвесная).

КАНАТОХО́ДЕЦ, -дца, *м.* Цирковой артист, выполняющий номера на высоко натянутом канате.

КАНА́УС, -а, *м.* Плотная шёлковая ткань. ‖ *прил.* **кана́усовый**, -ая, -ое.

КАНВА́, -ы́, *ж.* **1.** Редкая сетчатая, накрахмаленная или проклеенная ткань для вышивания по клеткам. *Вышивка крестом по канве.* **2.** *перен.* Основа чего-н. *К. событий. Хронологическая к.* (перечень последовательно сменявших друг друга фактов, событий). ‖ *прил.* **канво́вый**, -ая, -ое (к 1 знач.).

КАНДАЛЫ́, -о́в. В царской России и других странах: железные кольца с цепями, надеваемые на руки и ноги узнику. *Заковать в к. Каторжник в кандалах.* ‖ *прил.* **канда́льный**, -ая, -ое.

КАНДЕЛЯ́БР, -а, *м.* Подсвечник для нескольких свечей, а также подставка-светильник с несколькими лампами в форме свечей. *Бронзовый к.* ‖ *прил.* **канделя́бровый**, -ая, -ое.

КАНДИДА́Т, -а, *м.* **1.** Лицо, к-рое предполагается к избранию, назначению или к приёму куда-н. *К. в депутаты. К. на должность.* **2.** *чего.* Младшая учёная степень, а также лицо, имеющее эту степень. *К. медицинских наук.* ‖ *ж.* **кандида́тка**, -и (к 1 знач.; разг.). ‖ *прил.* **кандида́тский**, -ая, -ое.

КАНДИДАТУ́РА, -ы, *ж.* **1.** То же, что кандидат (в 1 знач.) (разг.). *Неприемлемая к.* **2.** *чья или кого.* Предполагаемая, открывающаяся для кого-н. возможность стать кандидатом (в 1 знач.). *Выставить, снять чью-н. кандидатуру* (назвать или отвести кого-н. как возможного кандидата).

КАНДИ́ЛЬ, -я, *м.* Сорт сочных яблок удлинённой формы.

КАНИ́КУЛЫ, -ул. Перерыв в занятиях (в учебных заведениях; в нек-рых странах — также в работе парламента) на праздничное или летнее время. *Учащиеся распущены на к. Парламентские к.* ‖ *прил.* **каникуля́рный**, -ая, -ое. *Каникулярное время.*

КАНИ́СТРА, -ы, *ж.* Плотно закрывающийся бак для горючего, смазочных масел. ‖ *прил.* **кани́стровый**, -ая, -ое.

КАНИТЕ́ЛИТЬ, -лю, -лишь; *несов.* (прост.). Действовать по отношению к кому-чему-н. бестолково и медлительно, задерживать дело. *К. с решением, с ответом.*

КАНИТЕ́ЛИТЬСЯ, -люсь, -лишься; *несов.* (разг.). Бестолково и медлительно делать что-н., заниматься канительным делом, копаться (в 3 знач.). *К. с ремонтом.*

КАНИТЕ́ЛЬ, -и, *ж.* **1.** Очень тонкая металлическая нить для вышивания. *Тянуть к.* (изготовлять ее). *Золотая к.* **2.** *перен.* Нудное, с проволочками тянущееся дело (разг.). *К. тянуть, разводить. Довольно канители!* ‖ *прил.* **канитéльный**, -ая, -ое (к 1 знач.). *Канительное производство.*

КАНИТЕ́ЛЬНЫЙ, -ая, -ое; -лен, -льна. **1.** *см.* канитель. **2.** Нудный, сопровождающийся канителью (во 2 знач.) (разг.). *Канительное дело.* **3.** Медлительный, любящий канителиться (разг.). *К. человек.* ‖ *сущ.* **канитéльность**, -и, *ж.*

КАНИТЕ́ЛЬЩИК, -а, *м.* (разг.). Человек, к-рый канителится или канителит. *Ты у нас известный к.* ‖ *ж.* **канитéльщица**, -ы. ‖ *прил.* **канитéльщицкий**, -ая, -ое.

КАНИФА́С, -а, *м.* Лёгкая плотная хлопчатобумажная ткань с рельефным тканым рисунком, в старину — полосатая. ‖ *прил.* **канифа́совый**, -ая, -ое *и* **канифа́сный**, -ая, -ое.

КАНИФО́ЛИТЬ, -лю, -лишь; *несов., что.* Натирать канифолью. *К. смычок.* ‖ *сов.* **наканифо́лить**, -лю, -лишь; -ленный.

КАНИФО́ЛЬ, -и, *ж.* Желтовато-красное хрупкое смолистое вещество, употр. в резиновом, лаковом, бумажном и нек-рых других производствах, а также для натирания смычков. ‖ *прил.* **канифо́льный**, -ая, -ое.

КАНКА́Н, -а, *м.* Эстрадный танец быстрого темпа с высоким выкидыванием ног. ‖ *прил.* **канка́нный**, -ая, -ое.

КАННИБА́Л, -а, *м.* **1.** Животное, поедающее особей своего вида (спец.). **2.** Людоед-дикарь. **3.** *перен.* Варварски жестокий человек. ‖ *прил.* **каннибáльский**, -ая, -ое. *Каннибальские нравы* (жестокие).

КАНОИ́СТ, -а, *м.* Спортсмен, занимающийся греблей на каноэ.

КАНО́Н, -а, *м.* **1.** Правило, непреложное положение какого-н. направления, учения (книжн.). *Эстетические каноны классицизма.* **2.** Церковное установление, правило (книжн.). *Религиозные каноны.* **3.** Церковное хоровое песнопение в честь святого или праздника (спец.). *Пасхальный к.* ‖ *прил.* **канони́ческий**, -ая, -ое.

КАНОНА́ДА, -ы, *ж.* Продолжительная сильная частая стрельба из многих орудий. *Грохот канонады.* ‖ *прил.* **канона́дный**, -ая, -ое.

КАНОНЕ́РКА, -и, *ж.* Канонерская лодка. *Дипломатия канонерок* (о политике открытого насилия).

КАНОНЕ́РСКИЙ, -ая, -ое: **канонерская лодка** — небольшой военный корабль с несколькими орудиями для действия вблизи берегов.

КАНОНИЗОВА́ТЬ, -зу́ю, -зу́ешь; -о́ванный и **КАНОНИЗИ́РОВАТЬ**, -рую, -руешь; -анный; *сов.* и *несов.* **1.** *что.* Признать (-авать) каноном (в 1 знач.), таким, к-рый должен быть каноном (книжн.). *К. положения какого-н. учения.* **2.** *кого (что).* В религии: причислить (-лять) к лику святых, признать (-авать) церковно узаконенным. *К. великого праведника. К. в святые.* ‖ *сущ.* **канониза́ция**, -и, *ж.*

КАНОНИ́Р, -а, *м.* В царской и нек-рых других армиях: рядовой артиллерии. ‖ *прил.* **канони́рский**, -ая, -ое.

КАНОНИ́ЧЕСКИЙ, -ая, -ое. **1.** *см.* канон. **2.** В текстологии: принятый за истинный, твёрдо установленный. *Канонические тексты.*

КАНОНИ́ЧНЫЙ, -ая, -ое; -чен, -чна (книжн.). То же, что канонический (во 2 знач.). ‖ *сущ.* **канони́чность**, -и, *ж.*

КАНО́Э, *нескл., ср.* Гребная спортивная одновёсельная лодка без уключин с заострённым носом и высоко поднятой кормой. *К.-одиночка. К.-двойка.*

КАНТ, -а, *м.* **1.** Вшитый цветной шнурок, узкая полоска ткани по краю или шву одежды. **2.** Полоска, к-рой оклеен по краям в виде рамки эстамп, рисунок, таблица. ‖ *уменьш.* **ка́нтик**, -а, *м.* ‖ *прил.* **ка́нтовый**, -ая, -ое.

КАНТА́ТА, -ы, *ж.* **1.** Крупное, близкое оратории, вокально-инструментальное произведение, обычно для солистов, хора и оркестра. **2.** Состоящее из нескольких частей стихотворение к торжественному случаю или на мифологическую тему (спец.). ‖ *прил.* **канта́тный**, -ая, -ое (к 1 знач.).

КАНТОВА́ТЬ[1], -ту́ю, -ту́ешь; -о́ванный; *несов., что.* Окаймлять кантом (во 2 знач.). *К. портрет.* ‖ *сов.* **окантова́ть**, -ту́ю, -ту́ешь; -о́ванный. ‖ *сущ.* **канто́вка**, -и, *ж. и* **оканто́вка**, -и, *ж.* ‖ *прил.* **канто́вочный**, -ая, -ое *и* **оканто́вочный**, -ая, -ое.

КАНТОВА́ТЬ², -ту́ю, -ту́ешь; -о́ванный; *несов., что* (спец.). Переворачивать, повёртывать на бок, на другую сторону (груз или изделие) при переноске, перевозке. ‖ *сущ.* **канто́вка**, -и, *ж.*

КАНТО́Н, -а, *м.* В Швейцарии, Бельгии и нек-рых других странах: административно-территориальная единица, а также (во Франции) избирательный округ. ‖ *прил.* **кантона́льный**, -ая, -ое.

КА́НТОР, -а, *м.* В синагоге: певец, поющий псалмы (в католической церкви: певчий; в протестантской церкви: учитель и дирижёр хора, органист). ‖ *прил.* **ка́нторский**, -ая, -ое.

КАНУ́Н, -а, *м., чего.* **1.** День перед праздником, накануне праздника. *К. Нового года.* **2.** *перен.* Время, предшествующее какому-н. событию. *К. важных событий. К. встречи.* ✦ **В канун** *чего, в знач. предлога с род. п.* — непосредственно перед чем-н. *Дебаты в канун выборов.* ‖ *прил.* **кану́нный**, -ая, -ое (устар.).

КА́НУТЬ, -ну, -нешь; *сов.* **1.** (1 и 2 л. не употр.). Капнуть, упасть каплей (устар.). *Канула слеза.* **2.** Бесследно пропасть, исчезнуть. *К. в вечность* или *в прошлое* (исчезнуть навсегда; книжн.). *К. в Лету* (бесследно исчезнуть из памяти людей; высок.; в греческой мифологии Лета — река забвения). ✦ **Как в воду канул** *кто* — бесследно исчез.

КАНЦЕЛЯРИ́СТ, -а, *м.* (устар.). Служащий канцелярии. ‖ *ж.* **канцеляри́стка**, -и. ‖ *прил.* **канцеляри́стский**, -ая, -ое.

КАНЦЕЛЯ́РИЯ, -и, *ж.* Отдел учреждения, ведающий служебной перепиской, оформлением текущей документации. ✦ **Небесная канцелярия** (разг. шутл.) — о силах, будто бы управляющих погодой. *Когда же дождь кончится? — Спроси в небесной канцелярии!* ‖ *прил.* **канцеля́рский**, -ая, -ое. *К. слог.* (перен.: невыразительный и тяжёлый).

КАНЦЕЛЯ́РЩИНА, -ы, *ж.* (разг. неодобр.). Неоправданный, излишний формализм в ведении дел.

КА́НЦЕР, -а, *м.* (спец.). То же, что рак². ‖ *прил.* **ка́нцерный**, -ая, -ое.

КАНЦЕРОГЕ́Н, -а, *м.* (спец.). Химическое вещество, способствующее возникновению злокачественных опухолей. ‖ *прил.* **канцероге́нный**, -ая, -ое. *Канцерогенные вещества.*

КА́НЦЛЕР, -а, *м.* **1.** В нек-рых странах: премьер-министр. *Федеральный к.* **2.** В царской России и в нек-рых других странах: высший гражданский чин, а также лицо, имеющее этот чин. *Лорд-к.* (в Англии: председатель палаты лордов). ‖ *прил.* **ка́нцлерский**, -ая, -ое.

КАНЬО́Н [*ньё*], -а, *м.* Глубокая узкая долина с очень крутыми склонами, размытая текущей по её дну рекой. ‖ *прил.* **каньо́нный**, -ая, -ое.

КАНЮ́К, -а́, *м.* Хищная птица сем. ястребиных, крик к-рой напоминает плач, мяуканье, сарыч.

КАНЮ́ЧИТЬ, -чу, -чишь; *несов.* (прост. неодобр.). Надоедливо просить о чём-н., жалуясь на что-н.

КАОЛИ́Н, -а, *м.* Белая глина высокого качества. ‖ *прил.* **каоли́новый**, -ая, -ое.

КАП, -а, *м.* Шишковатый нарост на стволе, ветвях или корне дерева. *Ореховый, берёзовый к.* ‖ *прил.* **ка́повый**, -ая, -ое.

КАП... *Первая часть сложных слов со знач.:* 1) капиталистический, напр. *капстраны* (разг.); 2) капитальный, напр. *капремонт, капстроительство.*

КА́ПАТЬ, -аю, -аешь *и* (устар.) -плю, -плешь; *несов.* **1.** (1 и 2 л. не употр.). Падать каплями. *Капают слёзы. Дождь каплет. Над нами не каплет* (перен.: незачем, нет оснований торопиться; разг.). **2.** *что.* Наливать или проливать каплями. *К. лекарство в рюмку. Не капай на пол.* **3.** (-аю, -аешь), *на кого.* Доносить, клепать, оговаривать (прост.). *К. на соседа.* ‖ *сов.* **нака́пать**, -аю, -аешь; -анный (ко 2 и 3 знач.). ‖ *однокр.* **ка́пнуть**, -ну, -нешь.

КАПЕ́ЛЛА¹ [*пэ*], -ы, *ж.* Большая музыкальная группа исполнителей — хор в сочетании с оркестром. *Государственная академическая к.* ✦ **А капелла** (спец.) — о пении: без музыкального сопровождения.

КАПЕ́ЛЛА² [*пэ*], -ы, *ж.* В католической и англиканской архитектуре: домашняя церковь или часовня.

КАПЕЛЛА́Н, -а, *м.* **1.** У католиков: помощник приходского священника. **2.** У протестантов: священник при домашней церкви [*первонач.* священнослужитель в капелле]. **3.** В нек-рых западных странах: военный священник. ‖ *прил.* **капелла́нский**, -ая, -ое.

КАПЕ́ЛЬ, -и, *ж.* Падание с крыш, с деревьев тающего снега каплями, а также сами эти капли. *Зазвенела весенняя к.* ‖ *прил.* **капе́льный**, -ая, -ое.

КАПЕЛЬДИ́НЕР, -а, *м.* Работник театра или концертного зала, проверяющий входные билеты, следящий за порядком. ‖ *ж.* **капельди́нерша**, -и (разг.). ‖ *прил.* **капельди́нерский**, -ая, -ое.

КА́ПЕЛЬКА, -и, *ж.* (разг.). **1.** *см.* капля. **2.** *ед., перен., чего.* Самое малое количество чего-н. *Хоть бы к. табаку* (совсем нет). **3.** Малютка, крошка¹ (часто в обращении). *Ты моя к.* **4.** **ка́пельку**, *нареч.* Совсем мало, чуточку. *Капельку устал.* ✦ **Ни капельки нет** *чего* — то же, что ни капли нет. **Ни капельки** — то же, что ни капли. *Ни капельки не страшно.* ‖ *уменьш.* **капелю́шечка**, -и, *ж.*

КАПЕЛЬМЕ́ЙСТЕР, -а, *м.* Дирижёр военного оркестра (ранее — вообще дирижёр). ‖ *прил.* **капельме́йстерский**, -ая, -ое.

КА́ПЕЛЬНИЦА, -ы, *ж.* **1.** Прибор, устройство, подающее жидкость каплями. *К. с кровезаменителем* (крепящаяся у постели больного и подающая раствор в вену). *Подача воды к корням растений через капельницы.* **2.** Желобок в горлышке пузырька для наливания капель (во 2 знач.), а также сам пузырек с таким желобком. **3.** То же, что пипетка.

КА́ПЕЛЬНЫЙ, -ая, -ое. **1.** *см.* капля. **2.** Совсем маленький, крошечный (разг.). *К. кусочек.*

КА́ПЕРС, -а, *м.* **1.** Южное полукустарниковое стелющееся растение. **2.** *мн.* Почки этого растения, в маринованном виде употр. как приправа к кушанью. ‖ *прил.* **ка́персовый**, -ая, -ое. *Семейство каперсовых* (сущ.).

КАПИЛЛЯ́Р, -а, *м.* (спец.). **1.** Трубочка с очень узким каналом. **2.** Самый мелкий кровеносный сосуд. ‖ *прил.* **капилля́рный**, -ая, -ое. *К. сосуд. Капиллярное давление.*

КАПИЛЛЯ́РНОСТЬ, -и, *ж.* (спец.). Свойство жидкостей, всасываясь, подниматься или опускаться по капиллярам.

КАПИТА́Л, -а (-у), *м.* **1.** (-а). Стоимость, к-рая в результате использования наёмной рабочей силы приносит прибавочную стоимость (самовозрастает). *Промышленный к. Финансовый к. Переменный к. Страны капитала* (капиталистические). **2.** обычно *мн.* Деньги, большая сумма денег (разг.). *Купил бы, да капиталов не хватает. Нажить, потерять капиталы к.* (перен.: об авторитете, влиянии в политических делах, обычно применительно к политическим дельцам).

КАПИТАЛИЗИ́РОВАТЬ, -рую, -руешь; -анный; *сов.* и *несов., что* (спец.). Превратить (-ащать) прибавочную стоимость в капитал (в 1 знач.). ‖ *сущ.* **капитализа́ция**, -и, *ж.*

КАПИТАЛИ́ЗМ, -а, *м.* Сменившая собой феодализм общественно-экономическая формация, при к-рой основные средства производства являются частной собственностью класса капиталистов. *Эпоха капитализма.* ‖ *прил.* **капиталисти́ческий**, -ая, -ое. *К. строй. Капиталистические страны.*

КАПИТАЛИ́СТ, -а, *м.* **1.** В капиталистическом обществе: собственник капитала, средств производства, пользующийся трудом наёмных работников. *Крупный к. К.-миллиардер.* **2.** Богатый, разбогатевший человек (разг. шутл.). ‖ *ж.* **капитали́стка**, -и (ко 2 знач.). ‖ *прил.* **капиталисти́ческий**, -ая, -ое (к 1 знач.).

КАПИТАЛОВЛОЖЕ́НИЕ, -я, *ср.* (спец.). Затраты на создание новых, реконструкцию и расширение действующих основных фондов.

КАПИТА́ЛЬНЫЙ, -ая, -ое; -лен, -льна. Основной, коренной, очень важный. *К. вопрос. К. труд.* ✦ **Капитальная стена** — стена, служащая опорой кровли, не перегородка. **Капитальный ремонт** — полный ремонт, с разборкой, с заменой всех изношенных частей. **Капитальное строительство** — возведение новых предприятий и сооружений, жилых зданий. **Капитальные вложения** (спец.) — то же, что капиталовложения. ‖ *сущ.* **капита́льность**, -и, *ж.*

КАПИТА́Н, -а, *м.* **1.** Офицерское звание или чин, а также лицо, имеющее это звание или носящее этот чин. *К. медицинской службы. К. первого ранга. К.-лейтенант* (звание младшего офицера в военно-морском флоте, а также лицо, имеющее это звание). **2.** Командир судна. *К. дальнего плавания. К.-наставник. К.-директор плавучего рыбозавода.* **3.** Глава спортивной команды. ✦ **Капитан порта** — начальник порта. ‖ *прил.* **капита́нский**, -ая, -ое. *Капитанское звание. К. мостик* (на корабле).

КАПИТЕ́ЛЬ [*тэ*], -и, *ж.* (спец.). Венчающая часть колонны, столба или пилястры. ‖ *прил.* **капите́льный**, -ая, -ое.

КАПИТУЛИ́РОВАТЬ, -рую, -руешь; *сов.* и *несов.* Сдаться (сдаваться), согласившись на капитуляцию, отказавшись от борьбы. *К. перед трудностями* (перен.: не устояв, отступить от намеченной цели).

КАПИТУЛЯ́НТ, -а, *м.* Тот, кто капитулирует. ‖ *прил.* **капитуля́нтский**, -ая, -ое.

КАПИТУЛЯ́ЦИЯ, -и, *ж.* **1.** Прекращение военных действий и сдача победителю на продиктованных им условиях. *Принудить к капитуляции. Безоговорочная к.* **2.** *перен.* Отказ от продолжения борьбы, от принципиальной защиты своих взглядов.

КА́ПИЩЕ, -а, *ср.* Языческое культовое сооружение.

КАПКА́Н, -а, *м.* Ловушка для поимки зверя. *Железный к. Поставить к. Попасть в к.* (также перен.: в ловушку, в западню во 2 знач.). ‖ *прил.* **капка́нный**, -ая, -ое.

КАПЛУ́Н, -а́, *м.* Кастрированный петух, откармливаемый на мясо. ‖ *прил.* **каплу́нный**, -ая,

КАПЛЮ́ШКА, -и, *м.* и *ж.* (разг.). То же, что капелька (в 3 знач.).

КА́ПЛЯ, *-и, род. мн.* -пель, *ж.* **1.** Маленькая округлая частица жидкости. *К. за каплей* (также перен.: постепенно, понемногу). *Как две капли воды похожи* (о полном сходстве). *Как в капле воды отражается что-н. в ком-чём-н.* (ясно видно, с очевидностью выступает). *До последней капли крови биться, сражаться* (перен.: до последней возможности, до конца; высок.). *Выпить всё до капли* (без остатка). *К. в море* (перен.: ничтожное количество чего-н. в сравнении с чем-н. большим). *Капли в рот не берёт* (совсем не пьёт спиртного; разг.). **2.** *мн.* Жидкое лекарство, дозируемое в каплях (в 1 знач.). *Сердечные капли. Капли в нос.* **3.** *ед., перен., чего.* Самое малое количество чего-н. (разг.). *Хоть бы к. благоразумия.* ✦ **Ни капли нет** *чего* (разг.) — совсем нет. *Нет ни капли терпения у кого-н.* **Ни капли** (разг.) — нисколько, вовсе (с отрицанием). *Устала? — Ни капли. Ни капли не думает о других.* ‖ *уменьш.* **ка́пелька**, -и, *ж.* *Капельки росы. Выпить всё до капельки* (без остатка). ‖ *прил.* **ка́пельный**, -ая, -ое (к 1 и 2 знач.; спец.). *К. полив. Капельное орошение* (при к-ром вода через отверстия в шлангах непосредственно подаётся к корням растений).

КА́ПОР, -а, *м.* Детский, а также женский головной убор с лентами, завязывающимися под подбородком. *Вязаный к.* ‖ *прил.* **ка́порный**, -ая, -ое.

КАПО́Т[1], -а, *м.* (спец.). Откидная крышка в различных механизмах. *К. автомобиля.* ‖ *прил.* **капо́тный**, -ая, -ое.

КАПО́Т[2], -а, *м.* (устар.). Женская домашняя одежда свободного покроя, род халата.

КАПРА́Л, -а, *м.* В русской армии до начала 19 в. и в армиях нек-рых других стран: младшее командирское звание, а также лицо, имеющее это звание. ‖ *прил.* **капра́льский**, -ая, -ое.

КАПРИ́З, -а, *м.* Прихоть, причуда. *Детские капризы. К. моды* (перен.).

КАПРИ́ЗНИК, -а, *м.* (разг.). Капризный человек, ребёнок. ‖ *ж.* **капри́зница**, -ы.

КАПРИ́ЗНИЧАТЬ, -аю, -аешь; *несов.* **1.** Вести себя капризно, быть капризным. *Ребёнок болен, капризничает. К. в еде, с едой* (т. е. есть с разбором, выбирая только то, что нравится). **2.** *перен.* Действовать неровно, с перебоями. *Мотор капризничает. Погода капризничает: то мороз, то оттепель.* ‖ *сов.* **покапри́зничать**, -аю, -аешь.

КАПРИ́ЗНЫЙ, -ая, -ое; -зен, -зна. С капризами, с причудами. *К. ребёнок. К. характер. Капризная погода* (перен.: неустойчивая). *К. стиль рисунка* (перен.: затейливый). ‖ *сущ.* **капри́зность**, -и, *ж.*

КАПРИЗУ́ЛЯ, -и, *м.* и *ж.* (разг.). Капризный ребёнок.

КАПРИ́С, -а, *м.* (спец.). То же, что каприччио, капиччо.

КАПРИ́ЧЧИО и **КАПРИ́ЧЧО**, *нескл., ср.* (спец.). Виртуозное музыкальное произведение, изобилующее сменой настроений, неожиданных эффектами.

КАПРО́Н, -а (-у), *м.* Род искусственного волокна, а также ткань, нити, изделие из такого волокна. *Чулки из капрона. Ходить в капроне.* ‖ *прил.* **капро́новый**, -ая, -ое.

КА́ПСУЛА, -ы, *ж.* **1.** Герметически закрытое вместилище. *К. космического летательного аппарата. В фундамент здания заложена к. с запиской.* **2.** Желатиновая, крахмальная или иная лёгкая оболочка для нек-рых лекарств, облатка. *Лекарство в капсулах.* **3.** Название соединительной оболочки у различных органов или их частей (спец.). ‖ *прил.* **ка́псульный**, -ая, -ое.

КА́ПСЮЛЬ, -я, *м.* В патронах, снарядах: колпачок с воспламеняющимся от удара взрывчатым веществом. ‖ *прил.* **ка́псюльный**, -ая, -ое.

КАПТЕНА́РМУС, -а, *м.* Должностное лицо в воинской части (в Советской Армии — до 1959 г.), ведающее хранением и выдачей снаряжения, имущества, продовольствия.

КАПТЁР, -а, *м.* (разг.). То же, что каптенармус. ‖ *прил.* **каптёрский**, -ая, -ое.

КАПТЁРКА, -и, *ж.* (разг.). Склад имущества в воинской части, а также в цехе, гараже, на стройке. *Цеховая к.*

КАПУ́СТА, -ы, *ж.* Огородное растение сем. крестоцветных, растущее обычно кочаном. *Кочан капусты. Цветная к.* (с белой головкой, образованной плотно прилегающими друг к другу зачатками соцветий). *К. кольраби.* ✦ **Морская капуста** — род морских водорослей, используемых как пищевой продукт и лечебное средство. ‖ *прил.* **капустный**, -ая, -ое.

КАПУ́СТНИК, -а, *м.* Самодеятельное комическое представление — сценки на местные злободневные темы. *Студенческий к.* [от названия весёлых актёрских встреч вокруг капустного пирога].

КАПУ́СТНИЦА, -ы, *ж.* Белая бабочка, гусеница к-рой поедает капусту.

КАПУ́Т, *нескл., м.* и *в знач. сказ., кому* (разг.). Конец (в 5 знач.), каюк. *К. пришёл кому-н. Теперь нам всем к.*

КАПУЦИ́Н, -а, *м.* **1.** Монах нищенствующего католического ордена. **2.** Род американских широконосых и длиннохвостых обезьян с волосами, растущими на голове наподобие капюшона [по названию монахов-капуцинов, носящих плащ с капюшоном]. ‖ *ж.* **капуци́нка**, -и (к 1 знач.). ‖ *прил.* **капуци́нский**, -ая, -ое (к 1 знач.).

КАПЮШО́Н, -а, *м.* **1.** Откидной головной убор, пришитый или пристёгиваемый к вороту верхней одежды. *Плащ с капюшоном.* **2.** У кобры: верхняя часть туловища, при опасности раздуваемая ею в виде диска (спец.). ‖ *прил.* **капюшо́нный**, -ая, -ое (к 1 знач.).

КА́РА, -ы, *ж.* (высок.). Наказание, возмездие. *Предателя ждёт к.*

КАРАБИ́Н, -а, *м.* **1.** Облегчённая короткоствольная винтовка. **2.** Механическая зацепка, зажим. *К. поводка. К. на конце лесы.* ‖ *прил.* **караби́нный**, -ая, -ое.

КАРАБИНЕ́Р, -а, *м.* **1.** В царской армии до середины 19 в. и в армиях нек-рых других стран: солдат-стрелок из полков, вооружённых карабинами. **2.** В Италии и нек-рых других странах: жандарм.

КАРАБИНЕ́РНЫЙ, -ая, -ое. Относящийся к воинским частям, состоящим из карабинеров. *К. полк. Карабинерная рота.*

КАРА́БКАТЬСЯ, -аюсь, -аешься; *несов.* Подниматься, цепляясь ногами и руками. *К. на́ гору.* ‖ *сов.* **вскара́бкаться**, -аюсь, -аешься.

КАРАВА́Й, -я, *м.* Большой круглый хлеб. *На чужой к. рот не разевай* (посл.). ‖ *прил.* **карава́йный**, -ая, -ое.

КАРАВА́Н, -а, *м.* **1.** Группа вьючных животных, перевозящих грузы, людей (в пустыне, в степи). *К. верблюдов.* **2.** Группа следующих друг за другом транспортных судов. **3.** Штабель торфа, кирпича (спец.). *Самовозгорание торфа в караванах.* ‖ *прил.* **карава́нный**, -ая, -ое.

КАРАГА́Ч, -а *и* -а́, *м.* Южное дерево сем. ильмовых. ‖ *прил.* **карага́човый**, -ая, -ое.

КАРАИ́МСКИЙ, -ая, -ое. **1.** *см.* караимы. **2.** Относящийся к караимам, к их языку, национальному характеру, образу жизни, культуре, а также к территории их проживания, её внутреннему устройству, истории; такой, как у караимов. *К. язык* (тюркской семьи языков). *По-караимски* (нареч.).

КАРАИ́МЫ, -ов, *ед.* -и́м, -а, *м.* Народ, живущий немногочисленными группами в основном в Крыму, а также в Литве. ‖ *ж.* **караи́мка**, -и. ‖ *прил.* **караи́мский**, -ая, -ое.

КАРАКАЛПА́КИ, -ов, *ед.* -а́к, -а, *м.* Народ, составляющий основное коренное население Каракалпакии. ‖ *ж.* **каракалпа́чка**, -и. ‖ *прил.* **каракалпа́кский**, -ая, -ое.

КАРАКАЛПА́КСКИЙ, -ая, -ое. **1.** *см.* каракалпаки. **2.** Относящийся к каракалпакам, к их языку, национальному характеру, образу жизни, культуре, а также к Каракалпакии, её территории, внутреннему устройству, истории; такой, как у каракалпаков, как в Каракалпакии. *К. язык* (тюркской семьи языков). *По каракалпакски* (нареч.).

КАРАКА́ТИЦА, -ы. **1.** *ж.* Головоногий морской моллюск, выделяющий коричневое красящее вещество — сепию. **2.** *перен., м.* и *ж.* О коротконогом, неуклюжем человеке (разг.).

КАРА́КОВЫЙ, -ая, -ое. О масти лошадей: тёмно-гнедой с подпалинами.

КАРАКУЛЕВО́Д, -а, *м.* Специалист по каракулеводству.

КАРАКУЛЕВО́ДСТВО, -а, *ср.* Разведение каракульских овец как отрасль животноводства. ‖ *прил.* **каракулево́дческий**, -ая, -ое. *Каракулеводческое хозяйство.*

КАРА́КУЛИ, -ей, *ед.* -я, -и, *ж.* (разг.). Неразборчивые, неумело или небрежно написанные буквы. *Писать каракулями.*

КАРА́КУЛЬ, -я, *м.* Ценные шкурки новорождённых каракульских ягнят. ‖ *прил.* **кара́кулевый**, -ая, -ое. *К. воротник.*

КАРАКУ́ЛЬСКИЙ, -ая, -ое: **каракульская овца** — порода овец, обычно с чёрной в крутых завитках шерстью, разводимая гл. обр. в Средней Азии, в Крыму, на Украине.

КАРАКУЛЬЧА́, -и́, *ж.* Мех из шкурок недоношенных ягнят каракульских овец. *Пальто из каракульчи.* ‖ *прил.* **каракульчо́вый**, -ая, -ое.

КАРАМБО́ЛЬ, -я, *м.* В бильярде: рикошетный удар в шар шаром, к-рый отскочил от другого шара. *Сделать к.* ‖ *прил.* **карамбо́льный**, -ая, -ое.

КАРАМЕ́ЛЬ, -и, *ж.* **1.** *собир.* Жёсткие конфеты, приготовляемые из сахарного и паточного сиропа, обычно с начинкой. *Фруктовая, леденцовая к.* **2.** Жжёный сахар для подкрашивания кондитерских изделий (спец.). **3.** Поджаренный солод для подкрашивания пива (спец.). ‖ *прил.* **караме́льный**, -ая, -ое.

КАРАМЕ́ЛЬКА, -и, *ж.* (разг.). Конфета карамели.

КАРАНДА́Ш, -а́, *м.* **1.** Письменная принадлежность — деревянная палочка со стержнем из смеси глинистой массы с графитом. *Цветные карандаши* (с добавлением красителя). *Чертёжный к. Автоматический к.* (с выдвигающимся стержнем). *На к. взять* (взять на заметку что-н.; разг.). *Чертёж в карандаше* (сделанный карандашом). **2.** Предмет такой формы для рисования, раскрашивания, для косметических целей. *Пастельные карандаши. Гримировальный к. К. для век, для бровей.* ‖ *прил.* **каранда́шный**, -ая, -ое.

КАРАНТИ́Н, -а, *м.* **1.** Временная изоляция заразных больных, а также лиц, соприкасавшихся с такими больными. **2.** Пункт санитарного осмотра прибывших из местности, поражённой эпидемией. **3. карантин растений** — специальная служба, контролирующая провоз через границу растений, плодов, семян. ‖ *прил.* **каранти́нный**, -ая, -ое. *К. пункт. К. врач. К. пограничный досмотр.*

КАРАПУ́З, -а, *м.* (разг. шутл.). Толстый, пухлый малыш. ‖ *уменьш.-ласк.* **карапу́зик**, -а, *м.*

КАРА́СЬ, -я́, *м.* Пресноводная рыба сем. карповых с красноватыми плавниками. ‖ *прил.* **кара́сий**, -ья, -ье *и* **карасёвый**, -ая, -ое.

КАРА́Т, -а, *род. мн.* кара́тов *и* при счёте преимущ. кара́т, *м.* Мера массы алмазов и других драгоценных камней, равная 0,2 г [*первонач.* название одного семени рожкового дерева, применявшегося для взвешивания драгоценных камней]. ‖ *прил.* **кара́тный**, -ая, -ое.

КАРА́ТЕЛЬ, -я, *м.* Участник карательного отряда. *Зверства карателей.* ‖ *прил.* **кара́тельский**, -ая, -ое.

КАРА́ТЕЛЬНЫЙ, -ая, -ое. **1.** *см.* карать. **2.** Имеющий целью жестоко наказать, произвести расправу. *Карательные меры. К. отряд* (военно-полицейский отряд для расправы над кем-н., уничтожения кого-н.).

КАРА́ТЬ, -а́ю, -а́ешь; *несов., кого-что* (устар. и высок.). Подвергать каре, наказывать. *К. преступников.* ‖ *сов.* **покара́ть**, -а́ю, -а́ешь; -а́ранный. ‖ *прил.* **кара́тельный**, -ая, -ое (устар.). *К. приговор.*

КАРАТЭ́, *нескл., ср.* Спортивная борьба, использующая эффективные приёмы японской системы самозащиты без оружия и основанная на ударах руками и ногами по наиболее уязвимым точкам тела соперника.

КАРАТЭИ́СТ, -а и **КАРАТИ́СТ**, -а, *м.* Спортсмен, занимающийся каратэ. ‖ *ж.* **каратэи́стка**, -и *и* **карати́стка**, -и. ‖ *прил.* **каратэи́стский**, -ая, -ое *и* **карати́стский**, -ая, -ое.

КАРАУ́Л, -а, *м.* **1.** Воинское подразделение, несущее охрану кого-чего-н. *Гарнизонный к. Выставить к. Сменить к. Почётный к.* (назначаемый для отдания воинских почестей; также о почётной охране у гроба). **2.** Охрана, обязанности по такой охране. *Нести к. Стоять в карауле. Взять кого-н. под к.* **3.** *межд.* Крик о помощи при опасности (разг.). *Хоть к. кричи* (о безвыходном, очень трудном положении). ✦ **Взять на караул** — отдать честь ружейным приёмом. ‖ *прил.* **карау́льный**, -ая, -ое (к 1 и 2 знач.). *Караульное помещение. Смена караульных* (сущ.).

КАРАУ́ЛИТЬ, -лю, -лишь; *несов., кого-что.* **1.** Охранять, сторожить. *К. сад.* **2.** Поджидать, подстерегать (разг.). *Кошка караулит мышь.* **3.** (1 и 2 л. не употр.), *перен.* . О чём-н. неожиданном и плохом: предстоять, ожидать. *Караулит беда кого-н.*

КАРАУ́ЛЬЩИК, -а, *м.* (разг.). Человек, к-рый караулит, сторож. ‖ *ж.* **карау́льщица**, -ы.

КАРАЧА́ЕВСКИЙ, -ая, -ое. **1.** *см.* карачаевцы. **2.** Относящийся к карачаевцам, к их языку (кабардино-балкарскому), национальному характеру, образу жизни, культуре, а также к территории их проживания, её внутреннему устройству, истории; такой, как у карачаевцев.

КАРАЧА́ЕВЦЫ, -ев, *ед.* -вец, -вца, *м.* Народ, относящийся к коренному населению Карачаево-Черкесии. ‖ *ж.* **карача́евка**, -и. ‖ *прил.* **карача́евский**, -ая, -ое.

КАРА́ЧКИ: на карачках, на карачки (прост.) — на четвереньках, на четвереньки. *Ползать на карачках. Встать на карачки.*

КАРАЧУ́Н: карачун пришёл *кому* (прост.) — смерть, погибель пришла.

КАРБА́С, -а и **КА́РБАС**, -а, *м.* На Севере: небольшое парусное судно для рыбного промысла, перевозки грузов. *Деревянный к.* ‖ *прил.* **карба́сный**, -ая, -ое *и* **ка́рбасный**, -ая, -ое.

КАРБИ́Д, -а, *м.* Химическое соединение углерода с металлами и нек-рыми неметаллами. ‖ *прил.* **карби́дный**, -ая, -ое.

КАРБО́ЛКА, -и, *ж.* (разг.). Дезинфицирующая жидкость — раствор карболовой кислоты. *Промыть полы карболкой.* ‖ *прил.* **карбо́лочный**, -ая, -ое.

КАРБО́ЛОВЫЙ, -ая, -ое: **карболовая кислота** — органическое соединение, бесцветные кристаллы, в растворе образующие дезинфицирующую жидкость.

КАРБОНА́Д, -а, *м.* Запечённое свиное филе особого приготовления. ‖ *прил.* **карбона́дный**, -ая, -ое.

КАРБОНА́РИЙ, -я, *м.* В Италии в нач. 19 в.: член тайной революционной организации.

КАРБУ́НКУЛ, -а, *м.* **1.** Гнойное воспаление кожи и подкожной клетчатки, исходящее из волосяных мешочков и сальных желёз. **2.** Драгоценный камень густого красного цвета. ‖ *прил.* **карбункулёзный**, -ая, -ое (к 1 знач.).

КАРБЮРА́ТОР, -а, *м.* (спец.). Прибор, в к-ром происходит карбюрация. ‖ *прил.* **карбюра́торный**, -ая, -ое.

КАРБЮРА́ЦИЯ, -и, *ж.* (спец.). Образование в двигателях внутреннего сгорания горючей смеси из жидкого топлива и воздуха. ‖ *прил.* **карбюрацио́нный**, -ая, -ое.

КАРГА́, -и́, *мн.* ка́рги, карг, карга́м, *ж.* (разг. пренебр.). Злая и безобразная старуха. *Старая к.*

КАРДАМО́Н, -а, *м.* Тропическое растение сем. имбирных, а также семена его, употр. как пряность. ‖ *прил.* **кардамо́нный**, -ая, -ое.

КАРДА́Н, -а, *м.* То же, что карданный механизм или карданный вал.

КАРДА́ННЫЙ, -ая; -ое (спец.). **1. карданный механизм** — механизм, служащий для передачи вращения между валами, расположенными под углом друг к другу. **2. карданный вал** — вал в таком механизме.

КАРДИНА́Л¹, -а, *м.* **1.** У католиков: высший (после папы) духовный сан, а также лицо, имеющее этот сан. **2.** *неизм.* То же, что пунцовый (по цвету кардинальской мантии). ✦ **Серый кардинал** — лицо, обладающее большой властью, но не занимающее соответствующего высокого положения и остающееся в тени [по называнию монаха — отца Жозефа, доверенного лица, вдохновителя и участника интриг кардинала Ришелье (сер. 17 в.)]. ‖ *прил.* **кардина́льский**, -ая, -ое (к 1 знач.).

КАРДИНА́Л², -а, *м.* Небольшая певчая птица сем. овсянковых с ярко-красным оперением у самцов, обитающая в Америке.

КАРДИНА́ЛЬНЫЙ, -ая, -ое; -лен, -льна (книжн.). Самый важный, существенный, основной. *К. вопрос.* ‖ *сущ.* **кардина́льность**, -и, *ж.*

КАРДИО... *Первая часть сложных слов со знач.:* 1) относящийся к сердцу, напр. *кардиосклероз, кардиоспазм, кардиография, кардиостимулятор, кардиохирургия;* 2) относящийся к кардиологии, напр. *кардиоцентр, кардионеврологический.*

КАРДИОГРА́ММА, -ы, *ж.* Графическое изображение работы сердца. *Снять кардиограмму.* ‖ *прил.* **кардиогра́ммный**, -ая, -ое.

КАРДИО́ЛОГ, -а, *м.* Врач — специалист по кардиологии.

КАРДИОЛО́ГИЯ, -и, *ж.* Раздел медицины, занимающийся болезнями сердечно-сосудистой системы и их лечением. ‖ *прил.* **кардиологи́ческий**, -ая, -ое. *К. центр.*

КАРЕ́ [рэ]. **1.** *нескл., ср.* Существовавшее до конца 19 в. боевое построение пехоты четырёхугольником для отражения атаки со всех сторон. *Построиться в к.* **2.** *нескл., ср.* Квадратный вырез ворота на платье. **3.** *неизм.* В форме четырёхугольника. *Построение к. Ворот к.*

КАРЕГЛА́ЗЫЙ, -ая, -ое; -а́з. С карими глазами.

КАРЕ́ЛЫ, -ов, *ед.* -е́л, -а, *м.* Народ, составляющий основное коренное население Карелии. ‖ *ж.* **каре́лка**, -и. ‖ *прил.* **каре́льский**, -ая, -ое.

КАРЕ́ЛЬСКИЙ, -ая, -ое. **1.** *см.* карелы. **2.** Относящийся к карелам, их языку, национальному характеру, образу жизни, культуре, а также к Карелии, её территории, внутреннему устройству, истории; такой, как у карелов, как в Карелии. *К. язык* (финно-угорской семьи языков). *По-карельски* (нареч.). **3. карельская берёза** — берёза с древесиной, имеющей в разрезе красивый волнистый рисунок.

КАРЕ́ТА, -ы, *ж.* Большой закрытый четырёхколёсный конный экипаж на рессорах. *Ехать в карете. К. истории* (перен.: ход исторических событий). *В карете прошлого далеко не уедешь* (перен.: предупреждение против боязни нового, передового). ✦ **Карета скорой помощи** — специальная автомашина, высылаемая для оказания неотложной медицинской помощи. ‖ *уменьш.* **каре́тка**, -и, *ж.* ‖ *прил.* **каре́тный**, -ая, -ое.

КАРЕ́ТКА, -и, *ж.* **1.** *см.* карета. **2.** Подвижная, скользящая часть нек-рых машин, механизмов (спец.). *К. пишущей машинки.* ‖ *прил.* **каре́точный**, -ая, -ое.

КАРЕ́ТНИК, -а, *м.* (устар.). **1.** Сарай для карет и других экипажей. **2.** Экипажный мастер. ‖ *прил.* **каре́тнический**, -ая, -ое (ко 2 знач.).

КАРИАТИ́ДА, -ы, *ж.* (спец.). Колонна, опора в здании в виде женской фигуры.

КА́РИЕС, -а, *м.* (спец.). Разрушение ткани кости зуба. ‖ *прил.* **карио́зный**, -ая, -ое.

КА́РИЙ, -яя, -ее. О цвете глаз и масти лошадей: тёмно-коричневый.

КАРИКАТУ́РА, -ы, *ж.* **1.** Рисунок, комически или сатирически изображающий кого-что-н. *Злая к. К. на бюрократов.* **2.** *перен.* Смешное, жалкое подобие чего-н. *Эта картина — к. на искусство.* ‖ *прил.* **карикату́рный**, -ая, -ое.

КАРИКАТУРИ́СТ, -а, *м.* Художник, рисующий карикатуры. ‖ *ж.* **карикатури́стка**, -и. ‖ *прил.* **карикатури́стский**, -ая, -ое.

КАРИКАТУ́РНЫЙ, -ая, -ое; -рен, -рна. **1.** *см.* карикатура. **2.** *перен.* Смешной, подходящий для карикатуры. *Карикатурная фигура.* ‖ *сущ.* **карикату́рность**, -и, *ж.*

КАРКА́С, -а, *м.* Остов какого-н. сооружения, изделия. *К. здания. К. абажура.* ‖ *прил.* **карка́сный**, -ая, -ое.

КА́РКАТЬ, -аю, -аешь; *несов.* **1.** О вороне: кричать, издавать звуки, похожие на «кар». **2.** *перен.* Говорить, предвещая что-н. неприятное (разг. неодобр.). *Довольно тебе* *к.!* ‖ *однокр.* **ка́ркнуть**, -ну, -нешь (к 1 знач.). ‖ *сущ.* **ка́рканье**, -я, *ср.*

КА́РЛИК, -а, *м.* **1.** Животное или растение неестественно маленького размера. *Орёл-к. Сосна-к.* **2.** Человек неестественно маленького роста. *Злой к.* (в сказках). **3.** Слабо светящаяся небольшая звезда (спец.). *Белый к.* (очень плотная звезда малых размеров). ‖ *ж.* **ка́рлица**, -ы (ко 2 знач.).

КА́РЛИКОВОСТЬ, -и, *ж.* **1.** *см.* карликовый. **2.** Вызываемая поражением желёз внутренней секреции болезнь, выражающаяся в ненормально маленьком росте (спец.).

КА́РЛИКОВЫЙ, -ая, -ое. Крайне малого роста или размера. *Карликовые племена* (малорослые племена Средней Африки). *К. лес. К. дуб. Карликовая антилопа. К. кит. Карликовое предприятие* (маломощное). ‖ *сущ.* **ка́рликовость**, -и, *ж.*

КАРМА́Н, -а, *м.* **1.** Вшитая или нашивная деталь в одежде — небольшое обычно четырёхугольное вместилище для платка, для мелких нужных под рукой вещиц. *Вшивной, накладной к. Боковой, нагрудный к. К. с отворотом, с клапаном. Положить, убрать, запихнуть в к. что-н. Торчит из кармана что-н. Платок, кошелёк, билет, очечник в кармане. Залезть в чей-н. к.* (также перен.: украсть или ввести в расход, заставить потратиться). *Спрятать в к. что-н.* (также перен.: скрыть, не показывать виду. *Спрятать самолюбие в к.*). *Широкий к. у кого-н.* (также перен.: о том, у кого много денег). *Пустой к. у кого-н.* (также перен.: нет денег; разг.). *Набить к.* (также перен.: разбогатеть; разг. неодобр.). **2.** Вделанное во что-н. особое отделение. *К. рюкзака, сумки.* **3.** Углубление, выемка (спец.). *К. в горной породе. К. раны.* ✦ **Бить по карману** (разг.) — вводить в расход, причинять убыток. *Цены бьют по карману.* **Не по карману** *что кому* (разг.) — слишком дорого для кого-н. *Вещь дорогая, нам не по карману.* **В чужой карман смотреть** (разг. неодобр.) — считать чужие деньги, чужое богатство. **Тугой карман** *у кого* (разг.) — о том, кто богат, обычно о скупом. **В карман за словом не лезет** *кто* (разг.) — о том, кто боек на язык, находчив в споре. **Держи карман шире!** (разг. ирон.) — возглас: напрасно ждёшь, ничего не получишь. ‖ *уменьш.* **карма́нчик**, -а, *м.* и **карма́шек**, -шка, *м.* ‖ *прил.* **карма́нный**, -ая, -ое. *Карманные часы* (для ношения в кармане). *Карманные расходы* (мелкие повседневные расходы). *К. вор* (ворующий из карманов). *Книжка карманного формата* (помещающаяся в кармане).

КАРМА́ННИК, -а и **КАРМА́ННЩИК**, -а, *м.* (прост.). Карманный вор.

КАРМА́ННЫЙ, -ая, -ое. **1.** *см.* карман. **2.** *перен.* Готовый приспособиться, подчиниться, целиком выполнять чью-н. волю. *Карманное министерство. К. президент.*

КАРМАНЬО́ЛА, -ы, *ж.* Французская народная революционная песня 18 в., а также танец в ритме этой песни.

КАРМА́ШЕК, -шка, *м.* **1.** *см.* карман. **2.** Небольшой карман, свободно прикреплённый к одежде или висящий на ленте, шнурке. *Детский к. для платка.*

КАРМИ́Н, -а, *м.* Яркая красная краска, получаемая из тела самок кошенили. ‖ *прил.* **карми́нный**, -ая, -ое.

КАРМИ́ННЫЙ, -ая, -ое и **КАРМИ́НОВЫЙ**, -ая, -ое. **1.** *см.* кармин. **2.** Ярко-красный, цвета кармина.

КАРНАВА́Л, -а, *м.* Народное празднество с шествиями, уличным маскарадом [*первонач.* весенние праздники в Италии]. ‖ *прил.* **карнава́льный**, -ая, -ое. *Карнавальное шествие.*

КАРНИ́З, -а, *м.* **1.** Продольный выступ над окном, дверью вдоль верхней части стены. *Лепные карнизы.* **2.** Перекладина, на к-рую вешают шторы (над окном, дверью). **3.** Нависшая часть кручи, лавины (спец.). ‖ *прил.* **карни́зный**, -ая, -ое.

КАРОТЕ́ЛЬ, -и, *ж.* Сорт моркови с округлым сладким корнем.

КАРОТИ́Н, -а, *м.* (спец.). Оранжевожёлтый растительный пигмент, обеспечивающий образование в организме витамина А.

КАРП, -а, *м.* Пресноводная рыба, одомашненная разновидность сазана, разводимая в прудах. *Зеркальный к.* ‖ *прил.* **ка́рповый**, -ая, -ое. *Семейство карповых* (сущ).

КАРСТ, -а, *м.* (спец.). Состояние земной поверхности в областях, почва к-рых образована из растворимых природными водами осадочных крупнозернистых пород. ‖ *прил.* **ка́рстовый**, -ая, -ое. *Карстовые явления* (образование подземных пещер, воронок, котловин, провалов, рек и озёр). *Карстовая пещера.*

КАРТ, -а, *м.* Гоночный микролитражный автомобиль без кузова.

КА́РТА, -ы, *ж.* **1.** Чертёж поверхности Земли, небесного тела или звёздного неба. *Масштаб карты. Политическая к. Европы. Этнографическая к. мира. К. Луны. Астрономическая к.* **2.** Один из плотных листков колоды[2], различающихся по мастям (во 2 знач.), а также по фигурам или очкам. *Игральные карты. Колода карт. Сдавать карты. Ваша к. бита* (также перен.: то же, что ваша ставка бита). *Раскрыть свои карты* (также перен.: обнаружить свой замысел). *Ставить на карту что-н.* (также перен.: рисковать чем-н. в надежде на успех, выгоду). *Ему и карты в руки* (перен.: то же, что ему и книги в руки; разг.). *Смешать, спутать чьи-н. карты* (также перен.: расстроить чьи-н. планы). **3.** *мн.* Игра при помощи колоды таких листков. *Играть в карты. Карты — азартная игра.* **4.** Бланк для заполнения какими-н. сведениями. *Санаторно-курортная к.* **5.** Плотный листок бумаги, картона с каким-н. текстом, изображением. *К. меню. К. лото.* ‖ *уменьш.* **карти́шки**, -шек (к 3 знач.). ‖ *прил.* **картёжный**, -ая, -ое (к 3 знач.) и **ка́рточный**, -ая, -ое (ко 2 и 3 знач.). *Картёжный дом* (игорный дом, в к-ром играют в карты; устар.). *Карточный домик* (из игральных карт; также перен.: о чём-н. очень непрочном, ненадёжном).

КАРТА́ВИТЬ, -влю, -вишь; *несов.* Говорить картаво.

КАРТА́ВЫЙ, -ая, -ое; -а́в. С нечистым произношением нек-рых звуков (напр. «р», «л»). *К. ребёнок. Картавая речь.* ‖ *сущ.* **карта́вость**, -и, *ж.*

КАРТ-БЛА́НШ, -а, *м.* (род. п. разг., другие падежи не употр.) (книжн.). Предоставляемые кому-н. неограниченные полномочия, полная свобода действий. *Дать карт-бланш кому-н. Получить карт-бланш.*

КАРТВЕ́ЛЫ, -ве́л, *ед.* -е́л, -а, *м.* Самоназвание грузин. ‖ *ж.* **картве́лка**, и. ‖ *прил.* **картве́льский**, -ая, -ое.

КАРТВЕ́ЛЬСКИЙ, -ая, -ое **1.** *см.* картвелы. **2. картвельские языки** — южная группа кавказских языков, включающая грузинский, мегрельский, сванский и нек-рые другие языки.

КАРТЕ́ЛЬ, -я, *м.* **1.** Одна из форм монополий — объединение крупных предприятий какой-н. отрасли промышленности, сохраняющих коммерческую и производственную самостоятельность, организованное в целях регулирования производства, обеспечения господства на рынке, контроля над ценами и извлечения монопольной прибыли. *Нефтяной к.* **2.** [*тэ*]. Письмо с вызовом на дуэль (устар.). ‖ *прил.* **карте́льный**, -ая, -ое (к 1 знач.).

КАРТЕ́ЧЬ, -и, *ж.* **1.** Начинённый круглыми пулями артиллерийский снаряд для массового поражения живых целей на близком расстоянии (в 19 в. сменившийся шрапнелью). **2.** Крупная дробь для охотничьего ружья. ‖ *прил.* **карте́чный**, -ая, -ое.

КАРТЁЖНИК, -а, *м.* (разг.). Заядлый игрок в карты. ‖ *ж.* **картёжница**, -ы. ‖ *прил.* **картёжнический**, -ая, -ое.

КАРТИ́НА, -ы, *ж.* **1.** Произведение живописи. *Картины русских художников. Развесить картины.* **2.** То же, что фильм (во 2 знач.) (разг.). **3.** Изображение чего-н. в художественном произведении. *К. быта.* **4.** То, что можно видеть, обозревать или представлять себе в конкретных образах. *К. природы. Картины детства.* **5.** Вид, состояние, положение чего-н. (книжн.). *К. запустения. К. ясная — нужно действовать.* **6.** Подразделение акта в драме. *Пьеса в трёх действиях, семи картинах.* **7. карти́на**, *в знач. сказ.* То же, что картинка (в 3 знач.). ✦ **Живые картины** (устар.) — мимические сцены без слов. ‖ *прил.* **карти́нный**, -ая, -ое (к 1 знач.). *Картинная галерея.*

КА́РТИНГ, -а, *м.* Спортивные гонки на картах.

КАРТИНГИ́СТ, -а, *м.* Спортсмен — участник картинга.

КАРТИ́НКА, -и, *ж.* **1.** Иллюстрация, рисунок в книге или отдельный рисунок. *Книжка с картинками. Лубочная к. Сводна́я* (или *переводна́я*) *к.* (нанесённая на бумагу особым составом и при смачивании переносимая на другую поверхность). *Как к. кто-н.* (очень хорош, красив, наряден; разг.). **2.** Вообще об изображении. *Снимок дал картинку хорошего качества. Чёткая к.* **3. карти́нка**, *в знач. сказ.* О ком-чём-н. очень привлекательном, красивом, нарядном, загляденье (разг.). *Домик — к.!* ‖ *прил.* **карти́ночный**, -ая, -ое (к 1 знач.).

КАРТИ́ННЫЙ, -ая, -ое; -нен, -нна. **1.** *см.* картина. **2.** Производящий впечатление своей внешней красотой, красивостью. *Картинная поза.* ‖ *сущ.* **карти́нность**, -и, *ж.*

КАРТО́ГРАФ, -а, *м.* Специалист по картографии.

КАРТОГРАФИ́РОВАТЬ, -рую, -руешь; -анный; *сов.* и *несов.*, *что.* Нанести (-носить) на карту (в 1 знач.).

КАРТОГРА́ФИЯ, -и, *ж.* Наука о составлении карт (в 1 знач.), а также их составление. ‖ *прил.* **картографи́ческий**, -ая, -ое.

КАРТО́Н, -а, *м.* **1.** Толстая, очень твёрдая бумага. *Однослойный, многослойный к.* **2.** Подсобный рисунок, набросок на такой бумаге (спец.). ‖ *прил.* **карто́нный**, -ая, -ое (к 1 знач.).

КАРТОНА́Ж, -а, *м.*, *собир.* Изделия из картона. ‖ *прил.* **картона́жный**, -ая, -ое. *Картонажная мастерская.*

КАРТО́НКА, -и, *ж.* **1.** Коробка из картона. *К. для шляпы.* **2.** Кусок картона.

КАРТОТЕ́КА, -и, *ж.* Систематизированное собрание карточек с какими-н. сведениями, материалами. *Библиотечная к.* ‖ *прил.* **картоте́чный**, -ая, -ое. *К. шкаф.*

КАРТОФЕЛЕ... *Первая часть сложных слов со знач.* относящийся к картофелю, напр. *картофелекопатель, картофелесажалка, картофелесортировка* (машина), *картофелехранилище, картофелепосадочный, картофелесортировальный.*

КАРТОФЕЛЕВО́Д, -а, *м.* Специалист по картофелеводству.

КАРТОФЕЛЕВО́ДСТВО, -а, *ср.* Разведение картофеля как отрасль растениеводства. ‖ *прил.* **картофелево́дческий,** -ая, -ое. *К. район.*

КАРТОФЕЛЕУБО́РОЧНЫЙ, -ая, -ое. Относящийся к уборке картофеля. *К. комбайн.*

КАРТО́ФЕЛИНА, -ы, *ж.* (разг.). Один клубень картофеля.

КАРТО́ФЕЛЬ, -я (-ю), *м.* Клубнеплод сем. паслёновых с клубнями, богатыми крахмалом, а также (собир.) сами клубни. ‖ *прил.* **карто́фельный,** -ая, -ое. *Картофельная мука* (крахмал из картофеля).

КАРТО́ХА, -и, *ж.* (прост.). То же, что картошка.

КА́РТОЧКА, -и, *ж.* **1.** Небольшой прямоугольный кусок бумаги, картона. *Каталожная к. Выписка на карточках.* **2.** Листок с напечатанным на нём текстом в свидетельство чего-н., с талонами на получение чего-н. *Продовольственная к. Визитная к.* **3.** Фотографический портрет (разг.). *К. для паспорта.* **4.** То же, что карта (в 4 знач.) (разг.). *Заполнить карточку в регистратуре.* ‖ *прил.* **ка́рточный,** -ая, -ое (к 1 и 2 знач.). *Карточная система* (выдача продовольствия по карточкам).

КАРТО́ШКА, -и, *ж.* (разг.). Картофель, картофелина. *Нос картошкой* (широкий и толстый). *Любовь не к.* (не пустяк, не безделица; прост. шутл.). *На картошке кто-н.* (на уборке картофеля, обычно о горожанах).

КАРТУ́З, -а́, *м.* **1.** Мужской головной убор с жёстким козырьком, неформенная фуражка. **2.** Бумажный мешок для чего-н. сыпучего (устар.). **3.** Мешочек из особой ткани для пороховых зарядов (устар.). ‖ *прил.* **карту́зный,** -ая, -ое.

КАРУСЕ́ЛЬ, -и, *ж.* **1.** Вращающееся устройство для катанья по кругу, с сиденьями, сделанными в виде кресел, лошадей, лодок. *Кататься на карусели.* **2.** *перен.* Канитель, неразбериха (разг.). *Бумажная, бюрократическая к.* ‖ *прил.* **карусе́льный,** -ая, -ое (к 1 знач.). ✦ **Карусельный станок** (спец.) — металлорежущий станок с вертикальным валом.

КА́РЦЕР, -а, *м.* Помещение для временного одиночного заключения в наказание за что-н. (напр. в тюрьмах, в России до революции — в учебных заведениях). *Посадить в к.* ‖ *прил.* **ка́рцерный,** -ая, -ое.

КАРЬЕ́Р[1], -а, *м.* Самый быстрый конский бег, ускоренный галоп. *Пустить лошадь в к.* или *карьером. С места в к.* (перен.: сразу, без всяких приготовлений; разг.). ‖ *прил.* **карье́рный,** -ая, -ое.

КАРЬЕ́Р[2], -а, *м.* **1.** Место открытой разработки неглубоко залегающих полезных ископаемых, камней, песка, глины. **2.** Горное предприятие, добывающее полезные ископаемые в открытых выработках. ‖ *прил.* **карье́рный,** -ая, -ое.

КАРЬЕ́РА, -ы, *ж.* **1.** Род занятий, деятельности. *Артистическая к.* **2.** Путь к успехам, видному положению в обществе, на служебном поприще. а также само достижение такого положения. *Блестящая к. Сделать карьеру. К. не удалась.* ‖ *прил.* **карье́рный,** -ая, -ое.

КАРЬЕРИ́ЗМ, -а, *м.* (неодобр.). Погоня за карьерой (во 2 знач.), стремление к личному благополучию, продвижению по службе в личных интересах. ‖ *прил.* **карьери́стский,** -ая, -ое.

КАРЬЕРИ́СТ, -а, *м.* (неодобр.). Человек, проникнутый карьеризмом. ‖ *ж.* **карьери́стка,** -и. ‖ *прил.* **карьери́стский,** -ая, -ое.

КАСА́ТЕЛЬНО *кого-чего, предлог с род. п.* (устар.). Насчёт, относительно кого-чего-н. *Осведомиться к. принятого решения.*

КАСА́ТЕЛЬНЫЙ, -ая, -ое. **1.** *см.* касаться. **2. каса́тельная,** -ой, *ж.* В математике: прямая, имеющая общую точку с кривой и не пересекающая её вблизи этой точки, а также плоскость, обладающая аналогичным свойством по отношению к поверхности. *Касательная к кругу.*

КАСА́ТЕЛЬСТВО, -а, *ср.* (книжн. и офиц.). Причастность к чему-н., отношение к кому-чему-н. *Иметь к. к делу.*

КАСА́ТИК, -а, *м.* (обл. и прост.). Ласковое обращение к кому-н. ‖ *ж.* **каса́тка,** -и.

КАСА́ТКА[1], -и, *ж.* Вид ласточки, а также (обл.) ласточка вообще.

КАСА́ТКА[2] *см.* касатик.

КАСА́ТЬСЯ, -а́юсь, -а́ешься; *несов., кого-чего* и (устар.) *до кого-чего.* **1.** Дотрагиваться до кого-чего-н. *К. рукой.* **2.** *перен.* Затрагивать какой-н. вопрос в изложении. *К. важной темы.* **3.** (1 и 2 л. не употр.). Иметь отношение к кому-чему-н. *Это тебя не касается.* ✦ **Что касается** *кого-чего,* **то...** — употр. для подчёркивания предмета речи, если говорить о ком-чём-н., то... *Что касается меня, то я не согласен.* **Что касается до** *кого-чего,* **то...** (устар.) — то же, что что касается кого-чего, то... ‖ *сов.* **косну́ться,** -ну́сь, -нёшься. ‖ *сущ.* **каса́ние,** -я, *ср.* (к 1 знач.). *Точка касания* (в математике: точка, в к-рой касательная соприкасается с кривой). ‖ *прил.* **каса́тельный,** -ая, -ое (к 1 знач.; спец.).

КА́СКА, -и, *род. мн.* -сок, *ж.* Защитный головной убор (металлический, пластмассовый, пробковый) в виде шлема. *Пожарная к.* ✦ **Голубые каски** — военнослужащие миротворческих сил [от элемента униформы вооружённых сил ООН]. ‖ *прил.* **ка́сочный,** -ая -ое.

КАСКА́Д, -а, *м.* **1.** Естественный или искусственный поток, низвергающийся уступами. *Пруды расположены каскадом.* **2.** *перен.* Стремительная смена каких-н. действий, явлений. *К. звуков.* **3.** Группа связанных между собой гидроэлектростанций, расположенных последовательно друг за другом (спец.). *Плотинный к.* (на равнинных реках). *Деривационный к.* (на горных реках). **4.** Имитация падения с лошади как цирковой приём, а также вообще сложный зрелищный трюк (спец.). **5.** В оперетте: быстрый танец, сопровождаемый пением. ‖ *прил.* **каска́дный,** -ая, -ое (к 1, 3, 4 и 5 знач.).

КАСКАДЁР, -а, *м.* Артист — специалист по каскадам (в 4 знач.). ‖ *прил.* **каскадёрский,** -ая, -ое. *К. трюк.*

КАСКЕ́ТКА, -и, *ж.* Род лёгкой фуражки.

КА́ССА, -ы, *ж.* **1.** Ящик, шкаф для хранения денег и ценных бумаг. *Несгораемая к.* **2.** Помещение, учреждение, в к-рых производятся денежные операции. *Сберегательная к.* (прежнее название сберегательного банка). *Железнодорожная к.* (по продаже железнодорожных билетов). *Театральная к.* (по продаже театральных билетов). **3.** Денежная наличность организации, учреждения. *Проверить кассу. К. взаимопомощи* (общественная кредитная организация). *Фильм делает кассу* (обеспечивает полный сбор; разг.). **4.** Аппарат, на к-ром отпечатываются талоны с указанием полученной суммы, а также кабинка, место, где находится этот аппарат и кассир (во 2 знач.). *Выбить чек в кассе. Уплатить в кассу.* **5.** Ящик с типографскими литерами для ручного набора (спец.). *Наборная к.* ‖ *прил.* **ка́ссовый,** -ая, -ое.

КАССА́ЦИЯ, -и, *ж.* (спец.). Пересмотр или отмена не вступившего в законную силу судебного решения вышестоящей судебной инстанции по жалобе сторон или протесту прокурора. *К. приговора. Подать на кассацию.* ✦ **Кассация выборов** — отмена выборов в случае нарушения избирательного закона. ‖ *прил.* **кассацио́нный,** -ая, -ое. *Кассационная жалоба. Кассационная инстанция.*

КАССЕ́ТА, -ы, *ж.* **1.** Стандартное по форме устройство, в к-рое вмещаются какие-н. детали, предметы, материалы. *Бомбовая к.* **2.** Плоская закрытая коробка, в к-рую вмещается магнитная лента. *Магнитофонная к. Записи в кассетах.* **3.** Светонепроницаемый футляр для предохранения светочувствительной плёнки, пластинок. ‖ *прил.* **кассе́тный,** -ая, -ое. *К. магнитофон.*

КАССИ́Р, -а, *м.* **1.** Работник кассы (во 2 знач.), занимающийся выдачей и приёмом денег, ценных бумаг и продажей билетов. **2.** Работник, обслуживающий кассу (в 4 знач.). ‖ *ж.* **касси́рша,** -и (ко 2 знач.; разг.). ‖ *прил.* **касси́рский,** -ая, -ое.

КАССИ́РОВАТЬ, -рую, -руешь; -анный; *сов.* и *несов., что* (спец.). Произвести (-водить) кассацию. *К. приговор.*

КА́СТА, -ы, *ж.* **1.** В странах Востока: обособленная общественная группа, связанная происхождением, правовым положением своих членов, иногда также и религиозной общностью. *К. брахманов.* **2.** Узкая общественная группа, к-рая отстаивает свои привилегии и интересы и доступ в к-рую для посторонних затруднён или невозможен (неодобр.). *Замкнутая к.* ‖ *прил.* **ка́стовый,** -ая, -ое.

КАСТАНЬЕ́ТЫ, -е́т, *ед.* -а, -ы, *ж.* Ударный музыкальный инструмент — надеваемые на пальцы и скреплённые попарно деревянные пластинки, к-рыми производят резкие щелкающие звуки. *Народные к.* (в Испании, Италии, латиноамериканских странах). *Оркестровые к.* ‖ *прил.* **кастанье́тный,** -ая, -ое.

КАСТЕЛЯ́НША, -и, *ж.* Работница бельевой (в лечебном учреждении, доме отдыха, гостинице), ведающая хранением и выдачей белья.

КАСТЕ́Т, -а, *м.* Холодное оружие в виде стальной пластинки или спаянных колец, надеваемых на пальцы и зажимаемых в кулак. *Ударить кастетом.* ‖ *прил.* **касте́тный,** -ая, -ое.

КА́СТОВОСТЬ, -и, *ж.* Кастовая замкнутость, обособленность. *Сектовая к. Сословная к.*

КАСТО́Р, -а, *м.* Плотное сукно с густым ворсом. ‖ *прил.* **касто́ровый,** -ая, -ое.

КАСТО́РКА, -и, *ж.* (разг.) Касторовое масло.

КАСТО́РОВЫЙ[1], -ая, -ое: **касторовое масло** — масло из семян клещевины, употр. в медицине, парфюмерии и как смазочное средство.

КАСТО́РОВЫЙ[2] *см.* кастор.

КАСТРА́Т, -а, *м.* Кастрированный человек, скопец.

КАСТРИ́РОВАТЬ, -рую, -руешь; -анный; *сов.* и *несов., кого (что).* Произвести (-водить) кому-н. операцию удаления половых желез, оскопить (-плять). *Кастрированный кабан* (боров). ‖ *сущ.* **кастра́ция,** -и, *ж.*

КАСТРЮ́ЛЬКА, -и, *ж.* То же, что кастрюля. ‖ *уменьш.* **кастрю́лечка,** -и, *ж.* ‖ *прил.* **кастрю́лечный,** -ая, -ое.

КАСТРЮ́ЛЯ, -и, *ж.* Металлическая посуда для варки пищи. *Алюминиевая, эмалированная к.* ‖ *прил.* **кастрю́льный,** -ая, -ое.

КАТ, -а, *м.* (устар. обл.). То же, что палач. ‖ *увел.-пренебр.* **катю́га,** -и, *м.*

КАТАВА́СИЯ, -и, *ж.* (разг. шутл.). Беспорядок, суматоха. *Из-за тебя получилась вся эта к.*

КАТАКЛИ́ЗМ, -а, *м.* (книжн.). Резкий перелом (в природе, обществе), разрушительный переворот, катастрофа.

КАТАКО́МБЫ, -о́мб, *ед.* -а, -ы, *ж.* Подземные галереи, коридоры [*первонач.* те, в к-рых спасались христиане от преследований в Древнем Риме]. ‖ *прил.* **катако́мбный,** -ая, -ое. *Катакомбная церковь.*

КАТАЛА́ЖКА, -и, *ж.* (устар. шутл. и прост.). Помещение для арестантов. *Упрятать в каталажку.*

КАТАЛИЗА́ТОР, -а, *м.* (спец.). Вещество, изменяющее скорость химической реакции. ‖ *прил.* **катализа́торный,** -ая, -ое.

КАТАЛО́Г, -а, *м.* **1.** Составленный в определённом порядке перечень каких-н. однородных предметов (книг, экспонатов, товаров). *Библиотечный к. Издательский план-к.* **2.** Вообще перечень, список, исчисляющий какие-н. предметы, явления. *К. ледников. К. тайфунов. Звёздный к. Строительные детали унифицированного каталога.* ‖ *прил.* **катало́жный,** -ая, -ое (к 1 знач.).

КАТАЛОГИЗИ́РОВАТЬ, -рую, -руешь; -анный; *сов.* и *несов., что.* Составить (-влять) каталог чего-н. ‖ *сущ.* **каталогиза́ция,** -и, *ж.*

КАТАЛО́НСКИЙ, -ая, -ое. **1.** *см.* каталонцы. **2.** Относящийся к каталонцам, к их языку, национальному характеру, образу жизни, культуре, а также к Каталонии, её территории, внутреннему устройству, истории; такой, как у каталонцев, как в Каталонии. *К. язык* (романской группы индоевропейской семьи языков). *Каталонская школа живописи* (ветвь испанской художественной культуры 14—15 вв.). *По-каталонски* (нареч.).

КАТАЛО́НЦЫ, -ев, *ед.* -о́нец, -нца, *м.* Народ, составляющий основное население Каталонии — исторической области на северо-востоке Испании. ‖ *ж.* **катало́нка,** -и. ‖ *прил.* **катало́нский,** -ая, -ое.

КА́ТАЛЬ, -я, *м.* (устар.). Рабочий, занимающийся подвозкой грузов на тачке.

КАТАМАРА́Н, -а, *м.* Судно с двумя соединенными вверху корпусами. ‖ *прил.* **катамара́нный,** -ая, -ое.

КА́ТАНЬЕ, -я, *ср.*: **не мытьём, так катаньем** (разг. неодобр.) — не тем, так другим способом, не та́к, так иначе (добиться чего-н.) *Доймёт не мытьём, так катаньем кто-н. кого-н.*

КАТАПУ́ЛЬТА, -ы, *ж.* **1.** В древности: приспособление для метания камней, бочек с горящей смолой, применявшееся при осаде крепостей. **2.** Устройство для ускорения старта летательного аппарата с палубы корабля или другой небольшой взлётной площадки (спец.). **3.** Тренировочное устройство для отработки катапультирования лётчиков, космонавтов (спец.). ‖ *прил.* **катапу́льтный,** -ая, -ое.

КАТАПУЛЬТИ́РОВАТЬ, -рую, -руешь; -анный; *сов.* и *несов., кого-что* (спец.). Выбросить (-расывать) из летательного аппарата с помощью специальных устройств. *Катапультируемое кресло.* ‖ *возвр.* **катапульти́роваться,** -руюсь, -руешься. *Лётчик катапультировался.* ‖ *сущ.* **катапульти́рование,** -я, *ср.*

КАТАПУЛЬТИ́РОВАТЬСЯ, -руюсь, -руешься; *сов.* и *несов.* **1.** *см.* катапультировать. **2.** О летательных аппаратах: взлететь (-тать) при помощи катапульты (во 2 знач.). *К. с авианосца.*

КАТА́Р, -а, *м.* Воспаление слизистой оболочки какого-н. органа. *К. верхних дыхательных путей. К. желудка* (прежнее название гастрита). ‖ *прил.* **катара́льный,** -ая, -ое.

КАТАРА́КТА, -ы, *ж.* Помутнение хрусталика. ‖ *прил.* **катара́ктный,** -ая, -ое.

КАТАСТРО́ФА, -ы, *ж.* **1.** Событие с трагическими последствиями. *Железнодорожная к. Семейная к.* **2.** Неожиданное и грандиозное событие в истории планеты, влияющее на её дальнейшее существование (спец.). *Теория катастроф.* ‖ *прил.* **катастро́фный,** -ая, -ое (ко 2 знач.; спец.).

КАТАСТРОФИ́ЧЕСКИЙ, -ая, -ое. Являющийся катастрофой (в 1 знач.), трагический по своим последствиям.

КАТАСТРОФИ́ЧНЫЙ, -ая, -ое; -чен, -чна. То же, что катастрофический. ‖ *сущ.* **катастрофи́чность,** -и, *ж.*

КАТА́ТЬ, -а́ю, -а́ешь; ка́танный; *несов.* **1.** *кого-что.* То же, что катить (в 1 знач.), но обозначает действие, совершающееся не в одно время, не за один приём или не в одном направлении. *К. шары* (на бильярде). **2.** *кого (что).* Возить для прогулки, забавы. *К. в коляске. К. на санках.* **3.** *что.* Разминая и двигая по поверхности, делать что-н. круглое. *К. шарики из теста.* **4.** *что.* Разглаживать вращательными движениями при помощи катка (в 3 знач.), валька и скалки. *К. бельё.* **5.** *что.* Обрабатывать путём прокатки (спец.). *К. металл.* **6.** *что.* То же, что валять (в 3 знач.). *К. войлок. К. валенки.* **7.** Ездить (много или без затруднений) (разг.). *Каждый год катают на юг.* **8.** Употр. для обозначения быстрого, энергичного действия (прост.). *Пошёл к. карандашом!* (начал быстро писать). ‖ *сов.* **ската́ть,** -а́ю, -а́ешь; -атанный (к 3, 6 и 7 знач.) *и* **вы́катать,** -аю, -аешь; -анный (к 4 знач.). ‖ *однокр.* **катну́ть,** -ну́, -нёшь (к 1 и 7 знач.). ‖ *сущ.* **ката́ние,** -я, *ср.* (к 1, 2, 3, 4, 5, 6 и 7 знач.). ‖ *прил.* **ката́льный,** -ая, -ое (к 4, 5 и 6 знач.).

КАТА́ТЬСЯ, -а́юсь, -а́ешься; *несов.* **1.** То же, что катиться (в 1 знач., но обозначает действие, совершающееся не в одно время, не за один приём или не в одном направлении). *Мяч катается по площадке.* **2.** Совершать прогулку или упражняться, передвигаясь на чём-н. *К. на велосипеде. К. на коньках. К. с горы на санках.* **3.** Переваливаться с боку на бок (разг.). *К. по земле. К. от боли.* ‖ *сущ.* **ката́ние,** -я, *ср.* (к 1 и 2 знач.). ‖ *прил.* **ката́льный,** -ая, -ое (ко 2 знач. в нек-рых сочетаниях). *Катальная гора* (для катания на санках).

КАТАФА́ЛК, -а, *м.* **1.** Высокая подставка для гроба. **2.** Погребальная колесница. ‖ *прил.* **катафа́лковый,** -ая, -ое.

КАТЕГОРИ́ЧЕСКИЙ, -ая, -ое. **1.** Ясный, безусловный, не допускающий иных толкований. *К. ответ. Категорическое суждение.* **2.** Решительный, не допускающий возражений. *К. приказ. Категорически* (нареч.) *отказаться.*

КАТЕГОРИ́ЧНЫЙ, -ая, -ое; -чен, -чна. То же, что категорический (во 2 знач.). *К. тон.* ‖ *сущ.* **категори́чность,** -и, *ж.*

КАТЕГО́РИЯ, -и, *ж.* **1.** В философии: общее понятие, отражающее наиболее существенные связи и отношения реальной действительности и познания. *К. качества. К. количества. К. формы. К. содержания.* **2.** Крупный, обычно строго не очерченный класс в его сравнении с другими такими же классами. *К. населения, избирателей, покупателей. К. заведений, учреждений. К. явлений, фактов.* ‖ *прил.* **категориа́льный,** -ая, -ое (к 1 знач.).

КА́ТЕР, -а, *мн.* -а́, -о́в, *м.* **1.** Небольшое гребное или моторное судно. *Пассажирский к.* **2.** Малый военный корабль специального или вспомогательного назначения. *Торпедный к. Сторожевой к.* ‖ *прил.* **ка́терный,** -ая, -ое.

КА́ТЕТ, -а, *м.* В математике: сторона прямоугольного треугольника, примыкающая к его прямому углу.

КАТЕ́ТЕР [тэ], -тра, *м.* Медицинский инструмент — трубка, вводимая в каналы и полости тела с диагностической или лечебной целью.

КАТЕХИ́ЗИС, -а, *м.* Краткое изложение христианского вероучения в форме вопросов и ответов. ‖ *прил.* **катехизи́ческий,** -ая, -ое.

КАТИ́ТЬ, качу́, ка́тишь; *несов.* **1.** *кого-что.* Двигать, вращая или заставляя скользить по какой-н. поверхности, а также двигать предмет, имеющий колёса. *К. колесо. К. коляску. К. санки. Река катит свои воды* (о передвижении силой течения). **2.** Быстро ехать (разг.). *К. в автомобиле.*

КАТИ́ТЬСЯ, качу́сь, ка́тишься; *несов.* **1.** Двигаться, вращаясь или скользя по какой-н. поверхности, а также передвигаться на колёсах. *Мяч катится по площадке. Катятся волны, валы. Автомобиль катится по дороге.* **2.** (1 и 2 л. не употр.), *перен.* О раскатистых звуках: раздаваться. *Катятся громовые раскаты.* **3.** *перен.* Течь, струиться. *Слёзы катятся из глаз.* **4.** **кати́сь, кати́тесь.** То же, что убирайся, убирайтесь (см. убраться в 3 знач.) (прост.). *Катись отсюда!*

КАТО́Д, -а, *м.* (спец.). Отрицательный электрод; *противоп.* анод. ‖ *прил.* **като́дный,** -ая, -ое.

КАТО́К, -тка́, *м.* **1.** Ледяная площадка для катания на коньках. **2.** Машина со стальными валками для уплотнения и выравнивания грунта, дорожных покрытий. *Дорожный к.* **3.** Приспособление для глажения тканей, белья посредством катания (спец.). **4.** Сельскохозяйственное орудие для разбивки комьев, выравнивания и укатывания поверхности поля. *Полевой к. Прицепной, навесной к.*

КАТО́ЛИК, -а, *м.* Последователь католицизма. ‖ *ж.* **католи́чка,** -и.

КАТОЛИЦИ́ЗМ, -а, *м.* и **КАТОЛИ́ЧЕСТВО,** -а, *ср.* Одно из основных направлений христианства с церковной организацией, возглавляемой римским папой. ‖ *прил.* **католи́ческий,** -ая, -ое. *К. храм.*

КА́ТОРГА, -и, *ж.* **1.** Самые тяжёлые [*первонач.* на галерах] принудительные работы для заключённых в тюрьмах или других местах с особо суровым режимом. *Отбывать каторгу. Сослать на каторгу.* **2.** *перен.* Невыносимо тяжёлый труд, мучительная жизнь (разг.). *Домашняя к.* ‖ *прил.* **ка́торжный,** -ая, -ое (к 1 знач.). *Каторж-*

ные работы. Работает как каторжный (сущ.).

КАТОРЖА́НИН, -а, *мн.* -а́не, -а́н, *м.* Человек, отбывающий каторгу (в 1 знач.) или бывший на каторге (чаще об осуждённых за политическую деятельность). || *ж.* **каторжа́нка**, -и. || *прил.* **каторжа́нский**, -ая, -ое.

КА́ТОРЖНИК, -а, *м.* Человек, к-рый отбывает каторгу (в 1 знач.) (чаще об уголовных преступниках). || *ж.* **ка́торжница**, -ы. || *прил.* **ка́торжницкий**, -ая, -ое.

КА́ТОРЖНЫЙ, -ая, -ое; -жен, -жна. **1.** *см.* каторга. **2.** *перен.* Невыносимо тяжёлый, мучительный (разг.). *Каторжная жизнь.* || *сущ.* ка́торжность, -и, *ж.*

КАТУ́ШКА, -и, *ж.* Цилиндр, стержень, на к-рый наматывается что-н. *К. ниток. К. проволоки, провода.* ✦ **На всю (или на полную) катушку** (прост.) — используя все имеющиеся возможности, в полную силу. *Жми на всю катушку!* || *прил.* **кату́шечный**, -ая, -ое.

КА́ТЫШ, -а, *м.* (прост.). Маленький круглый комок, скатанный из чего-н. мягкого. *К. из хлебной мякоти.* || *уменьш.* **ка́тышек**, -шка, *м.*

КАТЮ́ША, -и, *ж.* В годы Великой Отечественной войны: народное название реактивного бесствольного орудия особой системы.

КАУЗА́ЛЬНОСТЬ, -и, *ж.* (спец.). **1.** *см.* каузальный. **2.** В философии: то же, что причинность.

КАУЗА́ЛЬНЫЙ, -ая, -ое; -лен, -льна (спец.). Относящийся к причинно-следственным отношениям, к выражению этих отношений. *Каузальная связь явлений.* || *сущ.* **кауза́льность**, -и, *ж.*

КАУ́РКА, -и, *род. мн.* -рок, *м.* и *ж.* (разг.). Каурая лошадка [по распространенной кличке]. *Вещий (вещая) каурка* (в сказках).

КАУ́РЫЙ, -ая, -ое. О масти лошадей: светло-каштановый, рыжеватый.

КА́УСТИК, -а, *м.* (спец.). Технический едкий натр. || *прил.* **каустический**, -ая, -ое. *Каустическая сода* (то же, что каустик).

КАУЧУ́К, -а, *м.* Упругое вещество из млечного сока нек-рых южных растений (каучуконосов), употр. как сырьё для выработки резины. *Натуральный к. Синтетический к.* || *прил.* **каучу́ковый**, -ая, -ое. *Каучуковое дерево* (название различных каучуконосных деревьев).

КАУЧУКОНО́С, -а, *м.* Растение, из к-рого добывается каучук. || *прил.* **каучуконо́сный**, -ая, -ое.

КАФЕ́ [фэ], *нескл.*, *ср.* Небольшой ресторан с подачей кофе. *Летнее к.* (со столиками на открытом воздухе).

КАФЕ́-БАР [фэ], -а, *м.* Кафе с продажей вина у стойки.

КА́ФЕДРА, -ы, *ж.* **1.** Возвышение для оратора, лектора. *Говорить с кафедры. Подняться на кафедру.* **2.** В высшей школе: объединение специалистов, ведущих одновременно педагогическую и научно-исследовательскую работу в какой-н. отрасли науки. *К. химии. Заведовать кафедрой. Заседание кафедры.* || *прил.* **кафедра́льный**, -ая, -ое (ко 2 знач.; спец.). ✦ **Кафедральный собор** — главный собор города, в к-ром совершает богослужение епископ.

КАФЕ́-КЛУБ [фэ], -а, *м.* Кафе, в к-ром собираются люди, объединённые общими интересами.

КАФЕ́-КОНДИ́ТЕРСКАЯ [фэ], -ой, *ж.* Кафе с продажей сладостей.

КА́ФЕЛЬ, -я (-ю), *м.*, обычно *собир.* То же, что изразец. *Выложить стену кафелем.* || *прил.* **ка́фельный**, -ая, -ое. *Кафельная печь. Кафельные плитки.*

КАФЕ́-МОРО́ЖЕНОЕ [фэ], -ого, *м.* Кафе с продажей мороженого.

КАФЕТЕ́РИЙ [тэ], -я, *м.* Род кафе, обычно с самообслуживанием.

КАФЕШАНТА́Н [фэ], -а, *м.* Кафе с эстрадой, с исполнением различных увеселительных номеров, музыки, танцев. || *прил.* **кафешанта́нный**, -ая, -ое. *Кафешантанная певица.*

КАФТА́Н, -а, *м.* Старинная мужская долгополая верхняя одежда. ✦ **Тришкин кафтан** (разг. неодобр.) — о частичных и внешних исправлениях, только вредящих делу, не приносящих пользы [по одноименной басне И. А. Крылова]. || *уменьш.-уничг.* **кафта́нишко**, -а, *мн.* -шки, -шек, -шкам, *м.* || *прил.* **кафта́нный**, -ая, -ое.

КАХЕТИ́НСКИЙ, -ая, -ое. **1.** *см.* кахетинцы. **2.** Относящийся к кахетинцам, к их языку, национальному характеру, образу жизни, культуре, а также к территории их проживания, её внутреннему устройству, истории; такой, как у кахетинцев. *К. диалект грузинского языка. К. хребет* (в Грузии). *По-кахетински* (нареч.).

КАХЕТИ́НЦЫ, -ев, *ед.* -нец, -нца, *м.* Этническая группа грузин, составляющая коренное население Кахетии — исторической области Восточной Грузии. || *ж.* **кахети́нка**, -и. || *прил.* **кахети́нский**, -ая, -ое.

КАЦАВЕ́ЙКА, -и, *ж.* (прост.). Верхняя распашная короткая кофта.

КАЧА́ЛКА, -и, *ж.* Кресло на качающейся подставке. *Кресло-к.*

КАЧА́ТЬ, -а́ю, -а́ешь; *несов.* **1.** *кого-что.* Приводить в колебательное движение. *К. колыбель. К. ребёнка на качелях. Его качает* (безл.) *от усталости* (пошатывается из стороны в сторону). **2.** *кого (что).* Подбрасывать на руках вверх в знак восхищения, радости (разг.). *Спортсмены качают своего капитана.* **3.** *чем.* Производить колебательное движение. *К. головой* (из стороны в сторону: в знак отрицания, сомнения, неодобрения). **4.** *что.* Вытягивать, нагнетать насосом. *К. воду. К. мёд* (вытягивать из сот). ✦ **Качать права** (прост. неодобр.) — настойчиво доказывать свое право на что-н., законность своих требований. || *однокр.* **качну́ть**, -ну́, -нёшь (к 1 и 3 знач.).

КАЧА́ТЬСЯ, -а́юсь, -а́ешься; *несов.* **1.** Двигаться из стороны в сторону или колебаться, то поднимаясь, то опускаясь. *Лодка качается на волнах. К. на качелях.* **2.** Шататься при ходьбе. *Идти, качаясь.* || *однокр.* **качну́ться**, -ну́сь, -нёшься. || *сущ.* **кача́ние**, -я, *ср.*

КАЧЕ́ЛИ, -ей. Устройство для качания — сиденье, подвешенное к столбам или перекладине. *Качаться на качелях. Детские к.* || *прил.* **каче́льный**, -ая, -ое.

КА́ЧЕСТВЕННЫЙ, -ая, -ое; -вен, -венна. **1.** *см.* качество. **2.** Очень хороший, высокий по качеству. *Качественные стали. Ремонт произведён качественно* (нареч.). || *сущ.* **ка́чественность**, -и, *ж.*

КА́ЧЕСТВО, -а, *ср.* **1.** Совокупность существенных признаков, свойств, особенностей, отличающих предмет или явление от других и придающих ему определённость (спец.). *Категории качества и количества. Переход в новое к.* **2.** То или иное свойство, признак, определяющий достоинство чего-н. *К. работы. К. изделий. Высокие душевные качества.* ✦ **В качестве** *кого-чего*, предлог с *род. п.* — как кто-что-н., в виде чего-н., в роли кого-чего-н. *Явился в качестве посредника.* || *прил.* **ка́чественный**, -ая, -ое (к 1 знач.). *Качественные различия. Качественные изменения.* ✦ **Качественные прилагательные** — в грамматике: прилагательные, обозначающие качество, свойство и образующие краткие формы и степени сравнения.

КА́ЧКА, -и, *ж.* Колебание, качание при движении (экипажа, судна, вагона, летательного аппарата). *Морская к. Килевая, бортовая к.*

КА́ЧКИЙ, -ая, -ое (прост.). Качающийся, неустойчивый. *Качкая лодка.*

КАЧНУ́ТЬ, -СЯ *см.* качать, -ся.

КА́ША, -и, *ж.* **1.** Кушанье из сваренной или запаренной крупы. *Крутая, густая, жидкая к. Гречневая, пшённая, рисовая, манная к. Заварить кашу кипятком. Маслом каши не испортишь* (посл.). *Мало каши ел* (перен.: молод, неопытен или недостаточно силён; разг. ирон.). **2.** *перен.* То же, что месиво (в 1 знач.) (разг.). *К. из песка и снега.* **3.** Нечто беспорядочное, путаница (разг.). *К. в голове у кого-н. К. в изложении.* ✦ **Каши не сваришь** *с кем* (разг. неодобр.) — не сговоришься, не сделаешь дела с кем-н. **Каши просят** (ботинки, сапоги) (разг. шутл.) — износились до дыр. **Каша во рту** *у кого* (разг.) — о том, кто говорит неясно, нечётко. **Заварить кашу** (разг. неодобр.) — затеять хлопотливое дело. **Расхлебать кашу** (разг. неодобр.) — распутать хлопотливое дело. *Заварили кашу, а я расхлебывай.* || *уменьш.* **ка́шка**, -и, *ж.* (к 1 знач.).

КАШАЛО́Т, -а, *м.* Морское млекопитающее подотряда зубатых китов. || *прил.* **кашало́товый**, -ая, -ое.

КАШЕВА́Р, -а, *м.* Повар в походной группе, отряде, а также (устар.) в рабочей артели. || *ж.* **кашева́рка**, -и (разг.).

КАШЕВА́РИТЬ, -рю, -ришь; *несов.* (разг.). Быть кашеваром. *К. у костра.*

КА́ШЕЛЬ, -шля, *м.* Сильные, толчками, хриплые выдыхательные движения. *Простудный к. Сухой, влажный к. Лающий к.* (громкий, сухой и отрывистый).

КАШЕМИ́Р, -а (-у), *м.* Тонкая шерстяная или полушерстяная ткань. || *прил.* **кашеми́ровый**, -ая, -ое. *Кашемировая шаль.*

КАШИ́ЦА, -ы, *ж.* (разг.). Жидкая каша (в 1 и 2 знач.). *Овсяная к. Снежная к. под ногами.*

КА́ШКА[1], -и, *ж.* (разг.). Клевер, а также его шаровидное соцветие (головка). *Белая, розовая, красная к.*

КА́ШКА[2] *см.* каша.

КА́ШЛЯТЬ, -яю, -яешь; *несов.* Издавать кашель, а также страдать кашлем. *Больной кашляет. Мотор кашляет* (перен.: неисправен, издаёт отрывистые хрипящие звуки; разг. шутл.). || *однокр.* **ка́шлянуть**, -ну, -нешь. *Многозначительно к.* (покашливанием дать знать о чём-н., предупредить, намекнуть).

КАШНЕ́ [нэ], *нескл.*, *ср.* Узкий шейный шарф, надеваемый под пальто. *Мужское к.*

КАШПО́, *нескл.*, *ср.* Декоративная ваза для цветочного горшка.

КАШТА́Н, -а, *м.* Дерево сем. буковых с коричневыми плодами (орехами), а также самый плод. *Жареные каштаны. Таскать каштаны из огня для кого-н.* (перен.: делать трудное, неприятное дело, результатами к-рого будет пользоваться другой). || *прил.* **кашта́новый**, -ая, -ое.

КАШТА́НОВЫЙ, -ая, -ое. **1.** *см.* каштан. **2.** Коричневый, цвета спелого каштана. *Каштановые волосы.*

КАЮ́К, *нескл., м. и в знач. сказ., кому* (прост.). Конец (в 5 знач.), капут, крышка (во 2 знач.). *К. пришёл кому-н.*

КАЮ́Р, -а, *м.* (обл.). Погонщик собак или оленей, запряжённых в нарты. ‖ *прил.* **каю́рский,** -ая, -ое.

КАЮ́ТА, -ы, *ж.* Отдельное помещение на судне (пассажирское, для членов экипажа — жилое). *К. первого класса. Капитанская к.* ‖ *прил.* **кают́ный,** -ая, -ое.

КАЮ́Т-КОМПА́НИЯ, -и, *ж.* Общее для командного состава помещение на судне — место отдыха, собраний и столовая.

КА́ЯТЬСЯ, ка́юсь, ка́ешься; *несов.* **1.** На церковной исповеди признаваться в своём грехе (грехах) (обычно о тяжёлом грехе, требующем искупления). *К. в грехах. Кающийся грешник* (перен.: о том, кто, глубоко раскаиваясь в чём-н., открыто порицает себя; книжн.). **2.** *в чём.* Сожалея, признавать свою ошибку, вину (разг.). *Каюсь, виноват перед тобой.* ‖ *сов.* **пока́яться,** -а́юсь, -а́ешься.

КВАДРА́Т, -а, *м.* **1.** Равносторонний прямоугольник, а также предмет или участок такой формы. *Квадраты на шахматной доске. Взлётный к. для вертолётов.* **2.** В математике: произведение числа на самого себя. *Четыре — это к. двух.* **3.** В математике: показатель степени, равный двум. *Возвести три в к.* **4.** Название офицерского знака различия в форме равностороннего прямоугольника на петлицах в Красной Армии (с 1919 по 1943 г.). ✦ **В квадрате** (разг.) — вдвойне. *Глупость в квадрате.* ‖ *прил.* **квадра́тный,** -ая, -ое (ко 2 знач.). *Квадратное уравнение.*

КВАДРА́ТНО-ГНЕЗДОВО́Й, -а́я, -о́е: **квадратно-гнездовой способ посева, посадки** (пропашных культур) — способ, при к-ром группы семян помещаются по углам земельных квадратов.

КВАДРА́ТНЫЙ, -ая, -ое; -тен, -тна. **1.** *см.* квадрат. **2.** *полн. ф.* Имеющий форму квадрата; похожий на квадрат. *К. стол. Квадратные скобки* ([ ]). **3.** По форме напоминающий квадрат. *К. подбородок. Квадратные плечи. Квадратная фигура* (широкая и приземистая). ✦ **Квадратные глаза делать** (разг.) — то же, что делать **большие** (круглые) глаза. ‖ *сущ.* **квадра́тность,** -и, *ж.* (к 3 знач.).

КВАДРАТУ́РА, -ы, *ж.* В математике: вычисление площади или поверхности фигуры. ✦ **Квадратура круга** — неразрешимая задача построения при помощи циркуля и линейки квадрата, равного по площади данному кругу; вообще неразрешимая задача.

КВАДРИ́ГА, -и, *ж.* В античном мире: двухколёсная колесница, запряжённая в ряд четвёркой коней. *Скульптурная к. на фронтоне театра.*

КВАДРИЛЛИО́Н [*илио́; илье́*], -а, *м.* Название числа, изображаемого единицей с пятнадцатью или (в нек-рых странах) с двадцатью четырьмя нулями. ‖ *прил.* **квадриллио́нный,** -ая, -ое.

КВАЗИ... (книжн.). *Первая часть сложных слов* — то же, что лже... (в 1, 2 и 4 знач.), напр. *квазиактивный, квазиистинный, квазиклассический, квазимагнитный, квазинаучный, квазиполюс; квазизвезда, квазиимпульс, квазичастицы.*

КВА́КАТЬ, -аю, -аешь; *несов.* О лягушке: издавать характерные отрывистые звуки, похожие на «ква-ква». ‖ *сов.* **прова́кать,** -аю, -аешь. ‖ *однокр.* **ква́кнуть,** -ну, -нешь. ‖ *сущ.* **ква́канье,** -я, *ср.*

КВА́КЕР, -а, *м.* **1.** *мн.* В Англии, США и нек-рых других странах: протестантская секта, отвергающая церковные обряды. **2.** Член такой секты. ‖ *прил.* **ква́керский,** -ая, -ое.

КВАКУ́ША, -и и **КВАКУ́ШКА,** -и, *ж.* (разг.). То же, что лягушка. *Лягушка-квакушка.*

КВА́КША, -и, *ж.* Древесная лягушка.

КВАЛИТАТИ́ВНЫЙ, -ая, -ое (спец.). То же, что качественный (см. качество в 1 знач.). ‖ *сущ.* **квалитати́вность,** -и, *ж.*

КВАЛИФИКА́ЦИЯ, -и, *ж.* **1.** *см.* квалифицировать. **2.** Степень годности к какому-н. виду труда, уровень подготовленности. *Повышение квалификации. Высшая к.* **3.** Профессия, специальность. *Приобрести квалификацию токаря.* ‖ *прил.* **квалификацио́нный,** -ая, -ое. *Квалификационная комиссия.*

КВАЛИФИЦИ́РОВАННЫЙ, -ая, -ое; -ан, -анна. **1.** Имеющий высокую квалификацию, опытный. *К. работник.* **2.** *полн. ф.* Требующий специальных знаний. *К. труд.* ‖ *сущ.* **квалифици́рованность,** -и, *ж.* (к 1 знач.).

КВАЛИФИЦИ́РОВАТЬ, -рую, -руешь; -анный; *сов. и несов.* **1.** *кого (что).* Установить (-навливать) степень чьей-н. подготовки, годности к какому-н. виду труда, деятельности. *К. специалиста, спортсмена.* **2.** *кого-что.* Оценить (-ивать), определить (-лять) каким-н. образом (книжн.). *Как к. такое поведение?* ‖ *сущ.* **квалифика́ция,** -и, *ж.*

КВАНТ, -а, *м.* В физике: наименьшее количество энергии, отдаваемое или поглощаемое физической величиной в её нестационарном состоянии. *К. энергии. К. света.* ‖ *прил.* **ква́нтовый,** -ая, -ое. *Квантовая теория. Квантовая электроника. К. генератор.*

КВАНТИТАТИ́ВНЫЙ, -ая, -ое (спец.). То же, что количественный. ‖ *сущ.* **квантитати́вность,** -и, *ж.*

КВА́РТА, -ы, *ж.* **1.** В музыке: четвёртая ступень гаммы, а также интервал (во 2 знач.), охватывающий четыре ступени звукоряда. **2.** Мера вместимости, объёма жидких и сыпучих веществ в разных странах, обычно немного больше литра. ‖ *прил.* **ква́ртовый,** -ая, -ое (ко 2 знач.).

КВАРТА́Л, -а, *м.* **1.** Часть города, ограниченная пересекающимися улицами. *Жить на углу квартала.* **2.** Четвёртая часть отчётного года. *Отчёт за к.* **3.** В лесном хозяйстве: участок леса, ограниченный просеками, дорогами. **4.** В царской России: низшая городская административно-полицейская единица, входящая в полицейский участок. ‖ *прил.* **кварта́льный,** -ая, -ое. *К. отчёт. К. надзиратель* (начальник квартала в 4 знач.; устар.). *Служить квартальным* (сущ.).

КВАРТЕ́Т, -а, *м.* **1.** Музыкальное произведение для четырёх исполнителей с партиями для каждого. *Играть к.* **2.** Ансамбль из четырёх исполнителей. *К. гитаристов.* ‖ *прил.* **кварте́тный,** -ая, -ое.

КВАРТИ́РА, -ы, *ж.* **1.** Жилое помещение в доме, имеющее отдельный вход, обычно с кухней, передней. *Благоустроенная к. К. из трёх комнат. Однокомнатная к.* **2.** Помещение, снимаемое у кого-н. для жилья. *Найти временную квартиру. Жить на квартире. Съехать с квартиры.* **3.** *мн.* Место временного расположения войск, а также вообще временного расположения членов какого-н. отряда, рабочей группы. *На зимних квартирах.* ✦ **Главная квартира** (устар.) — в действующей армии: штаб главнокомандующего или командующего, а также орган управления войсками. ‖ *уменьш.* **кварти́рка,** -и, *ж.* (к 1 и 2 знач.). ‖ *прил.* **кварти́рный,** -ая, -ое. *Квартирная плата. Квартирное расположение войск* (не в казарменных помещениях; устар.).

КВАРТИРА́НТ, -а, *м.* Человек, к-рый снимает квартиру (во 2 знач.) у кого-н. *Пустить квартиранта.* ‖ *ж.* **квартира́нтка,** -и. ‖ *прил.* **квартира́нтский,** -ая, -ое.

КВАРТИРМЕ́ЙСТЕР, -а, *м.* В царской армии и в армиях нек-рых стран: офицер, ведающий снабжением и расквартированием части. ‖ *прил.* **квартирме́йстерский,** -ая, -ое.

КВАРТИРОВА́ТЬ, -ру́ю, -ру́ешь; *несов.* **1.** Проживать у кого-н. на квартире (во 2 знач.) (разг.). **2.** Располагаться на квартирах (в 3 знач.) (устар.).

КВАРТИРОНАНИМА́ТЕЛЬ, -я, *м.* (офиц.). То же, что квартиросъёмщик. ‖ *ж.* **квартиронанима́тельница,** -ы.

КВАРТИРОСЪЁМЩИК, -а, *м.* Съёмщик квартиры (в 1 знач.). ‖ *ж.* **квартиросъёмщица,** -ы.

КВАРТИРОХОЗЯ́ИН, -а, *м.* (устар.). Владелец, хозяин квартиры, сдающий комнаты жильцам. ‖ *ж.* **квартирохозя́йка,** -и.

КВАРТИРЬЕ́Р, -а, *м.* Военнослужащий, а также член военизированной организации, стройотряда, высылаемый вперёд для подготовки мест расположения. ‖ *прил.* **квартирье́рский,** -ая, -ое.

КВАРТПЛА́ТА, -ы, *ж.* Сокращение: квартирная плата. *Внести квартплату.*

КВАРЦ, -а, *м.* **1.** Широко распространённый минерал, двуокись кремния. **2.** Облучение кварцевой лампой (разг.). *Назначить больному к.* ‖ *прил.* **ква́рцевый,** -ая, -ое. *Кварцевая лампа* (электрическая лампа из кварцевого стекла, дающая ультрафиолетовое излучение).

КВАРЦЕВА́ТЬ, -цу́ю, -цу́ешь; -цо́ванный; *несов.* Облучать кварцевой лампой. *К. инструменты* (в целях стерилизации). ‖ *сущ.* **кварцева́ние,** -я, *ср.*

КВА́РЦЕВЫЙ, -ая, -ое. **1.** *см.* кварц. **2.** **кварцевое стекло** — стекло, получаемое плавлением горного хрусталя, кварца и нек-рых других веществ.

КВАС, -а (-у), *мн.* -ы́, -о́в, *м.* Кисловатый напиток, настаиваемый с дрожжами на солоде, а также на ржаном хлебе, сухарях. *Сухарный, хлебный к. Ягодный, фруктовый к.* (на ягодах, фруктах). *С хлеба на к. перебиваться* (жить бедно, в нужде; разг.). *Часом с квасом, часом так* (посл. о небогатой еде). ‖ *уменьш.* **квасо́к,** -ска́ (-ску́), *м.* ‖ *прил.* **квасно́й,** -а́я, -о́е. *Квасная бочка.* ✦ **Квасной патриотизм** — преклонение перед отсталыми формами жизни и быта своей страны, ложно понимаемое как любовь к отечеству.

КВА́СИТЬ, -а́шу, -а́сишь; -а́шенный; *несов., что.* Подвергая брожению, вызывать закисание, делать кислым[1] (во 2 знач.). *К. капусту. К. молоко.* ‖ *сов.* **сква́сить,** -а́шу, -а́сишь, -а́шенный *и* **заква́сить,** -а́шу, -а́сишь; -а́шенный. ‖ *сущ.* **ква́шение,** -я, *ср.*, **сква́шивание,** -я, *ср. и* **заква́ска,** -и, *ж.* ‖ *прил.* **кваси́льный,** -ая, -ое *и* **заква́сочный,** -ая, -ое.

КВАСО́К, -ска́ (-ску́), *м.* **1.** *см.* квас. **2.** Кисловатый привкус (разг.). *Яблоко с кваском.*

КВАСЦЫ́, -о́в. Двойная сернокислая соль алюминия, хрома или железа и какого-н. щелочного металла или аммония в форме кристаллов, употр. в технике и как дезинфицирующее средство. ‖ *прил.* **квасцо́вый**, -ая, -ое. *К. раствор.*

КВАШЕНИ́НА, -ы, *ж.* (спец.). Корм для скота — заквашенная ботва, остатки овощей. ‖ *прил.* **квашени́нный**, -ая, -ое.

КВА́ШЕНЫЙ, -ая, -ое. Подвергнутый квашению, кислый[1] (во 2 знач.). *Квашеная капуста. Квашеное молоко.*

КВАШНЯ́, -и́, *род. мн.* -е́й. **1.** *ж.* Деревянная кадка, кадушка для теста. **2.** *перен., м.* и *ж.* О вялом и толстом, неповоротливом человеке (разг. пренебр.).

КВЕ́РХУ, *нареч.* То же, что вверх (в 1 и 2 знач.). *Поднять глаза к. Перевернуться колёсами к.* ✦ **Кверху от** *кого-чего, предлог с род. п.* (разг.) — то же, что вверх от кого-чего-н. *Дорожка кверху от реки.*

КВЁЛЫЙ, -ая, -ое; квёл (прост.). Слабый, хилый, вялый. ‖ *сущ.* **квёлость**, -и, *ж.*

КВИ́НТА, -ы, *ж.* **1.** В музыке: пятая ступень гаммы, а также интервал (во 2 знач.), охватывающий пять ступеней звукоряда. **2.** Самая высокая по тону струна нек-рых струнных инструментов. ✦ **Нос на квинту повесить** (разг. шутл.) — приуныть.

КВИНТЕ́Т, -а, *м.* (спец.). **1.** Музыкальное произведение для пяти исполнителей с самостоятельными партиями для каждого. *Играть к.* **2.** Ансамбль из пяти исполнителей. *К. скрипачей.* ‖ *прил.* **квинте́тный**, -ая, -ое.

КВИНТЭССЕ́НЦИЯ, -и, *ж.* (книжн.). Основа, самая сущность чего-н. *К. рассказа. К. события.*

КВИТ, *мн.* кви́ты, *в знач. сказ.* (разг.). В расчёте, вполне рассчитался (-лись). *Мы с ним квиты.*

КВИТА́НЦИЯ, -и, *ж.* Официальная расписка в принятии денег или вещей, ценностей. *Багажная к. Выписать, выдать квитанцию.* ‖ *прил.* **квитанцио́нный**, -ая, -ое. *Квитанционная книжка.*

КВИТО́К, -тка́, *м.* (прост.). Талон, квитанция.

КВО́РУМ, -а, *м.* (офиц.). Число участников собрания, заседания, достаточное для признания его правомочности. *Полный к. Нет кворума.*

КВО́ТА, -ы, *ж.* (спец.). Доля, норма чего-н. допускаемого в системе налогов, производства, сбыта, въезда в страну. *Иммиграционная к. Импортная к. на что-н.* ‖ *прил.* **кво́тный**, -ая, -ое.

КВОХТА́ТЬ, -хчу́, -о́хчешь; *несов.* (обл.). То же, что клохтать. ‖ *сущ.* **квохта́нье**, -я, *ср.*

КЕ́ГЛИ, -ей, *ед.* -я, -и, *ж.* Точёные столбики, к-рые ставятся в ряд и с известного расстояния сбиваются катящимся шаром, а также (мн.) сама такая игра с этими столбиками. ‖ *прил.* **ке́гельный**, -ая, -ое.

КЕДР, -а, *м.* Вечнозелёное хвойное дерево сем. сосновых. *Ливанский к. Сибирский к.* (сибирская сосна). ‖ *прил.* **кедро́вый**, -ая, -ое. *Кедровая сосна* (вид хвойного дерева, дающего в шишках съедобные семена — орехи). *Кедровые орехи* (семена такого дерева). *Кедровое масло* (из таких орехов).

КЕДРА́Ч, -а́, *м.* (обл.). То же, что кедровник (во 2 знач.).

КЕДРО́ВКА, -и, *ж.* Лесная птица сем. вороновых.

КЕДРО́ВНИК, -а, *м.* **1.** Кустарник или небольшое дерево сем. сосновых. **2.** *собир.* Лес из кедровых деревьев.

КЕ́ДЫ, ке́дов *и* кед, *ед.* кед, -а, *м. и* ке́да, -ы, *ж.* Спортивные матерчатые ботинки на ребристой резиновой подошве. ‖ *прил.* **ке́довый**, -ая, -ое.

КЕКС, -а, *м.* Сдобное сладкое мучное изделие в виде хлеба, хлебца. *К. с изюмом.* ‖ *прил.* **ке́ксовый**, -ая, -ое.

КЕЛЕ́ЙНЫЙ, -ая, -ое; -е́ен, -е́йна. **1.** *см.* келья. **2.** *перен.* Тайный, секретный, совершаемый узким кругом лиц. *Келейное обсуждение. Решить дело келейно* (нареч.). ‖ *сущ.* **келе́йность**, -и, *ж.*

КЕ́ЛЬНЕР, -а, *м.* В нек-рых странах: официант, слуга в отеле. ‖ *ж.* **ке́льнерша**, -и (разг.). ‖ *прил.* **ке́льнерский**, -ая, -ое.

КЕ́ЛЬТСКИЙ, -ая, -ое. **1.** *см.* кельты. **2.** Относящийся к кельтам, к их языкам, образу жизни, культуре, а также к местам их проживания, их внутреннему устройству, истории; такой, как у кельтов. *Кельтские языки* (индоевропейской семьи языков). *Кельтская (альпийская) раса* (входящая в состав индоевропейской расы).

КЕ́ЛЬТЫ, -ов, *ед.* кельт, -а, *м.* Группа древних племён, обитавших в Западной Европе. ‖ *прил.* **ке́льтский**, -ая, -ое.

КЕ́ЛЬЯ, -и, *род. мн.* -лий, *ж.* **1.** Отдельная комната монаха, монахини в монастыре. *Монашеская к.* **2.** *перен.* Уединённое и скромное жилище, комната (устар.). ‖ *уменьш.* **ке́лейка**, -и, *ж.* ‖ *прил.* **келе́йный**, -ая, -ое (к 1 знач.).

КЕ́МПИНГ, -а, *м.* Специально оборудованный летний лагерь для автотуристов. ‖ *прил.* **ке́мпинговый**, -ая, -ое.

КЕНА́РКА, -и, *ж.* (разг.). Самка канарейки.

КЕ́НАРЬ, -я и **КЕ́НАР**, -а, *м.* Самец канарейки.

КЕНА́Ф, -а, *м.* Однолетнее травянистое растение сем. мальвовых, лубяное волокно к-рого употр. для изготовления текстильного сырья. ‖ *прил.* **кена́фный**, -ая, -ое.

КЕНГУРЁНОК, -нка, *мн.* -ря́та, -ря́т, *м.* Детёныш кенгуру.

КЕНГУРУ́, *нескл., м.* Австралийское сумчатое млекопитающее с удлинёнными задними ногами. ‖ *прил.* **кенгуро́вый**, -ая, -ое *и* **кенгури́ный**, -ая, -ое. *Кенгуровый мех. Кенгуриные прыжки.*

КЕНТА́ВР, -а, *м.* В древнегреческой мифологии: получеловек-полуконь — существо с туловищем коня, головой и грудью человека.

КЕ́ПИ, *нескл., ср.* **1.** Во Франции и в России в 19 в.: высокая сужающаяся кверху форменная фуражка с маленьким донышком и прямым козырьком. *Студенческое к.* **2.** То же, что кепка.

КЕ́ПКА, -и, *ж.* Мужской мягкий головной убор с козырьком. ✦ **Метр с кепкой** *кто* (разг. шутл.) — о мужчине маленького роста. ‖ *прил.* **ке́почный**, -ая, -ое.

КЕРА́МИКА, -и, *ж.* **1.** *собир.* Изделия из обожжённой глины, глиняных смесей. *Художественная к.* **2.** Гончарное искусство. *Заниматься керамикой.* ‖ *прил.* **керами́ческий**, -ая, -ое.

КЕРОГА́З, -а, *м.* Керосиновый нагревательный прибор, род бесшумного примуса. *Готовить на керогазе.* ‖ *прил.* **керога́зовый**, -ая, -ое.

КЕРОСИ́Н, -а (-у), *м.* Горючая жидкость, продукт перегонки нефти. ✦ **Дело пахнет керосином** (прост. шутл.) — дела плохи. ‖ *прил.* **кероси́новый**, -ая, -ое *и* **кероси́нный**, -ая, -ое. *Керосиновая лампа. Керосинный запах.*

КЕРОСИ́НКА, -и, *ж.* Керосиновый нагревательный прибор с фитилями. *Двухфитильная, трёхфитильная к.*

КЕ́САРЬ, -я, *м.* (стар.). Монарх, владыка. ✦ **Кесарю — кесарево!** (книжн.) — пусть тот, кому принадлежит право властвовать, распоряжаться, пользуется этим правом [по евангельскому сказанию об ответе Иисуса Христа фарисеям, пришедшим к нему с вопросом, следует ли платить подать кесарю: «Отдавайте кесарево кесарю, а Божие Богу»]. ‖ *прил.* **ке́сарев**, -а, -о. ✦ **Кесарево сечение** (спец.) — операция извлечения плода через разрез брюшной стенки и матки.

КЕССО́Н, -а, *м.* (спец.). Водонепроницаемая камера, применяемая для производства подводных строительных работ. ‖ *прил.* **кессо́нный**, -ая, -ое. *Кессонные работы. Кессонная болезнь* (болезнь, возникающая при быстром переходе из среды с повышенным давлением в среду с более низким давлением).

КЕ́ТА, -ы и **КЕТА́**, -ы́, *ж.* Дальневосточная рыба сем. лососевых. ‖ *прил.* **ке́товый**, -ая, -ое *и* **кето́вый**, -ая, -ое. *Кетовая икра.*

КЕТГУ́Т, -а и **КЕ́ТГУТ**, -а, *м.* (спец.). Нить из кишок мелкого рогатого скота, употр. для наложения внутренних швов при операциях. ‖ *прил.* **кетгу́тный**, -ая, -ое *и* **ке́тгутный**, -ая, -ое.

КЕТМЕ́НЬ, -я́, *м.* В Средней Азии: род мотыги для окучивания посевов, для рытья арыков. ‖ *прил.* **кетме́нный**, -ая, -ое.

КЕФА́ЛЬ, -и, *ж.* Морская промысловая рыба с удлинённым и сжатым с боков телом. ‖ *прил.* **кефа́лий**, -ья, -ье *и* **кефа́левый**, -ая, -ое. *Кефалья икра. Семейство кефалевых* (сущ.).

КЕФИ́Р, -а (-у), *м.* Густой питательный напиток из перебродившего коровьего молока, заквашенного на специальных грибках. ‖ *прил.* **кефи́рный**, -ая, -ое. *Кефирные грибки.*

КЗА́ДИ, *нареч.* (прост.). В задней части чего-н., сзади. *Избушка покосилась к.* ✦ **Кзади от** *кого-чего, предлог с род. п.* — позади чего-н., сзади от чего-н. *Амбар кзади от сарая.*

КИБЕРНЕ́ТИК [*нэ*], -а, *м.* Специалист по кибернетике.

КИБЕРНЕ́ТИКА [*нэ*], -и, *ж.* Наука об общих закономерностях процессов управления и передачи информации в машинах, живых организмах и обществе. ‖ *прил.* **кибернети́ческий**, -ая, -ое.

КИБИ́ТКА, -и, *ж.* **1.** Крытый экипаж, повозка. *Дорожная к.* **2.** У кочевых народов: переносное жилище. *Войлочная к.* ‖ *прил.* **киби́точный**, -ая, -ое.

КИВА́ТЬ, -а́ю, -а́ешь; *несов.* **1.** *чем.* Покачивать головой, слегка наклоняя её вперед. *К. кому-н.* (в знак приветствия). **2.** *на кого-что.* Указывать на кого-что-н. движением головы. **3.** *перен., на кого-что.* Оправдываясь, ссылаться на кого-что-н. (разг. неодобр.). *Иван кивает на Петра* (погов. о тех, кто перекладывает вину, ответственность друг на друга). ‖ *однокр.* **кивну́ть**, -ну́, -нёшь (к 1 и 2 знач.). ‖ *сущ.* **кива́ние**, -я, *ср.*

КИ́ВЕР, -а, *мн.* -а́, -о́в, *м.* В нек-рых старых армиях: высокий головной убор из жесткой кожи с козырьком. ‖ *прил.* **ки́верный**, -ая, -ое.

КИВО́К, -вка́, *м.* Однократное движение головы при кивании.

КИДА́ТЬ, -а́ю, -а́ешь; *несов.* То же, что бросать (см. бросить в 1, 2, 3, 4 и 5 знач.). *К. мяч. К. взгляды на кого-что-н. К. друзей* ‖ *сов.* **ки́нуть**, -ну, -нешь. *Кинуло* (безл.) *(в дрожь кого-н.* ✦ **Как (куда) ни кинь** (разг.) — как ни прикидывай, как ни думай, как ни старайся (о безвыходном, трудном положении).

КИДА́ТЬСЯ, -а́юсь, -а́ешься; *несов.* То же, что бросаться. *К. на помощь. К. в объятия кому-н. К. снежками. К. деньгами. К. из стороны в сторону.* ‖ *сов.* **ки́нуться**, -нусь, -нешься.

КИЗИ́Л, -а (-у) и **КИЗИ́ЛЬ**, -я́ (-ю́), *м.* Кустарник или деревце с сочными кисло-сладкими красными ягодами, а также его ягоды. ‖ *прил.* **кизи́ловый**, -ая, -ое, **кизи́левый**, -ая, -ое *и* **кизи́льный**, -ая, -ое. *Семейство кизиловых* (сущ.). *Кизильная наливка.*

КИЗЯ́К, -а́ (-у́), *м.* Прессованный, с примесью соломы навоз, употр. в степных и южных районах как топливо и для сельских построек. ‖ *прил.* **кизяко́вый**, -ая, -ое *и* **кизя́чный**, -ая, -ое. *Кизяковый домик. Кизячный костёр.*

КИЙ, кия́ *и* кия́, *мн.* кии́, киёв, *м.* Длинная, сужающаяся к концу палка для игры на бильярде. ‖ *уменьш.* **киёк**, **кийка́**, *м.*

КИКБО́КСИНГ, -а, *м.* Вид спорта — бокс, в к-ром разрешены удары ногами.

КИКИ́МОРА, -ы. **1.** *ж.* В восточнославянской мифологии: маленькая невидимка, живущая за печкой, в лесу, в болоте. *К. болотная, лесная.* **2.** *перен., м.* и *ж.* О человеке, имеющем смешной, нелепый вид (разг. шутл.).

КИЛА́, -ы́, *ж.* (прост.). То же, что грыжа.

КИЛЕВО́Й *см.* киль.

КИ́ЛЛЕР, -а, *м.* Профессиональный наёмный убийца. ‖ *прил.* **ки́ллерский**, -ая, -ое.

КИЛО́, *нескл., ср.* (разг.). То же, что килограмм.

КИЛО... *Первая часть сложных слов со знач.* единицы, равной одной тысяче тех единиц, к-рые названы во второй части сложения, напр. *килотонна, киловольт, килокалория.*

КИЛОВА́ТТ, -а, *род. мн.* -ва́ттов *и* при счёте преимущ. -ва́тт, *м.* Единица мощности, равная 1000 ватт.

КИЛОГРА́ММ, -а, *род. мн.* -гра́мм *и* -гра́ммов, *м.* Основная единица массы в Международной системе единиц, равная 1000 г. ‖ *прил.* **килогра́ммовый**, -ая, -ое *и* **килограммо́вый**, -ая, -ое.

КИЛОМЕ́ТР, -а, *м.* Мера длины, равная 1000 метров. *Пять километров.* ‖ *прил.* **километро́вый**, -ая, -ое.

КИЛОМЕТРА́Ж, -а, *м.* Протяженность чего-н. в километрах. ‖ *прил.* **километра́жный**, -ая, -ое.

КИЛЬ, -я, *м.* Продольный брус, проходящий по всей длине судна в середине его днища. *Семь футов под килем!* (во флоте: пожелание благополучного плавания). ‖ *прил.* **килево́й**, -а́я, -о́е. *Килевая качка.*

КИЛЬВА́ТЕР [тэ], -а, *м.* (спец.). Волновая струя, остающаяся позади идущего судна. *Идти, следовать в к.* или *в кильватере* (о судах: следуя друг за другом). ‖ *прил.* **кильва́терный**, -ая, -ое. *Кильватерная колонна* (колонна судов, идущих одно за другим).

КИ́ЛЬКА, -и, *ж.* Небольшая промысловая рыба сем. сельдевых. ‖ *прил.* **ки́лечный**, -ая, -ое.

КИМБЕРЛИ́Т, -а, *м.* Магматическая горная порода, нередко содержащая алмазы. ‖ *прил.* **кимберли́товый**, -ая, -ое. *Кимберлитовая трубка.*

КИМВА́Л, -а, *м.* Древний ударный музыкальный инструмент в виде двух медных тарелок или чаш. *Бить, ударять в к. К. бряцающий* (перен.: пустые, напыщенные речи; устар. ирон.). ‖ *прил.* **кимва́льный**, -ая, -ое. *К. звон* (также перен.: то же, что кимвал бряцающий; устар. ирон.).

КИМОНО́. **1.** *нескл., ср.* Японская национальная одежда свободного покроя с цельнокроеными рукавами и широким поясом. *Шёлковое к.* **2.** *неизм.* Об одежде: такого покроя. *Платье к. Рукав к.*

КИНГСТО́Н, -а, *м.* (спец.). Клапан, закрывающий отверстие в подводной части судна. ‖ *прил.* **кингсто́нный**, -ая, -ое.

КИНЕМА́ТИКА, -и, *ж.* Раздел механики, изучающий движение тел без учёта их массы и действующих на них сил. ‖ *прил.* **кинемати́ческий**, -ая, -ое.

КИНЕМАТО́ГРАФ, -а, *м.* **1.** То же, что кинематография. *Чёрно-белый, цветной, широкоформатный, стереоскопический к.* **2.** То же, что кинотеатр. *Открылся новый к.* ‖ *прил.* **кинематографи́ческий**, -ая, -ое (к 1 знач.).

КИНЕМАТОГРАФИ́СТ, -а, *м.* Специалист по кинематографии, работник кино. ‖ *ж.* **кинематографи́стка**, -и. ‖ *прил.* **кинематографи́стский**, -ая, -ое.

КИНЕМАТОГРА́ФИЯ, -и, *ж.* Искусство воспроизведения на экране заснятых на светочувствительную плёнку движущихся изображений, создающих впечатление живой действительности, а также отрасли деятельности, связанные с производством кинофильмов. ‖ *прил.* **кинематографи́ческий**, -ая, -ое.

КИНЕСКО́П, -а, *м.* (спец.). Приёмная электронно-лучевая трубка телевизора, воспроизводящая изображение. ‖ *прил.* **кинеско́пный**, -ая, -ое.

КИНЕ́ТИКА [нэ́], -и, *ж.* Раздел механики, объединяющий в себе статику и динамику. ‖ *прил.* **кинети́ческий**, -ая, -ое.

КИНЖА́Л, -а, *м.* Обоюдоострое колющее оружие с коротким клинком. ‖ *прил.* **кинжа́льный**, -ая, -ое.

КИНЖА́ЛЬНЫЙ, -ая, -ое. **1.** *см.* кинжал. **2.** *перен.* Действующий, производимый на очень близком расстоянии (спец.). *Орудие кинжального действия. К. огонь. Кинжальные проходы форвардов.*

КИНО́, *нескл., ср.* **1.** То же, что кинематография. *Звуковое к. Документальное к.* **2.** То же, что фильм (во 2 знач.) (прост.). *Показывают к.* **3.** То же, что кинотеатр (разг.). *Построено новое к. Сходить в к.* **4.** *перен.* Смешное событие, комическая ситуация, сценка, цирк (в 3 знач.) (прост.). *С этим делом у нас целое к. получилось.* ✦ **Интересное кино!** (прост.) — возглас, выражающий удивление, оценку. ‖ *прил.* **кино́шный**, -ая, -ое (ко 2 и 3 знач.; прост.).

КИНО... *Первая часть сложных слов со знач.* относящийся к кинематографии, к кино, напр. *киногородок, киножурнал, кинозал, кинозвезда, кинозритель, киноискусство, кинокамера, кинокомедия, кинооператор, кинопанорама, киноплёнка, кинопромышленность, кинорежиссёр, киносеть, киносценарий, киносъёмка, киносюжет, кинофестиваль, кинохроника, киноэкран.*

КИНОАКТЁР, -а, *м.* Актёр кино. ‖ *ж.* **киноактри́са**, -ы. ‖ *прил.* **киноактёрский**, -ая, -ое.

КИНОАППАРА́Т, -а, *м.* Аппарат для киносъёмок или для показа кинофильмов.

КИНОАРТИ́СТ, -а, *м.* То же, что киноактёр. ‖ *ж.* **киноарти́стка**, -и.

КИ́НОВАРЬ, -и, *ж.* Минерал красного цвета (сернистая ртуть), сырьё для получения ртути, а также краска из этого минерала. ‖ *прил.* **кинова́рный**, -ая, -ое.

КИНОВЕ́Д, -а, *м.* Специалист по киноведению.

КИНОВЕ́ДЕНИЕ, -я, *ср.* Наука о кинематографическом искусстве. ‖ *прил.* **кинове́дческий**, -ая, -ое. *К. факультет.*

КИНОКА́МЕРА, -ы, *ж.* Камера для киносъёмок.

КИНОКАРТИ́НА, -ы, *ж.* Художественный фильм.

КИНОЛЕ́НТА, -ы, *ж.* Кинематографическая лента. *Чёрно-белая, цветная к.*

КИНО́ЛОГ, -а, *м.* Специалист по кинологии.

КИНОЛО́ГИЯ, -и, *ж.* Наука о собаках. ‖ *прил.* **кинологи́ческий**, -ая, -ое.

КИНОЛЮБИ́ТЕЛЬ, -я, *м.* Человек, занимающийся киносъёмками как любитель, непрофессионал. ‖ *прил.* **кинолюби́тельский**, -ая, -ое. *К. фильм.*

КИНОМЕХА́НИК, -а, *м.* Специалист по демонстрации кинофильмов.

КИНОПЕРЕДВИ́ЖКА, -и, *ж.* Передвижная установка для показа кинофильмов.

КИНОПРОКА́Т, -а, *м.* Демонстрирование кинофильмов на экранах кинотеатров, клубов. ‖ *прил.* **кинопрока́тный**, -ая, -ое.

КИНОРЫ́НОК, -нка, *м.* Купля и продажа фильмов различными странами. *К. стран — участниц кинофестиваля.*

КИНОТЕА́ТР, -а, *м.* Зрелищное предприятие, помещение, в к-ром демонстрируются кинофильмы.

КИНОФИ́ЛЬМ, -а, *м.* То же, что фильм (во 2 знач.). *Чёрно-белый, цветной к.*

КИНОФИЦИ́РОВАТЬ, -рую, -руешь; -анный; *сов.* и *несов., что.* Обеспечить (-ивать) где-н. постоянный показ кинофильмов. *К. деревню.* ‖ *сущ.* **кинофика́ция**, -и, *ж.*

КИНО́ШКА, -и, *ж.* (прост. шутл.). То же, что кинотеатр. *Пойдём в киношку!*

КИНО́ШНИК, -а, *м.* (прост.). **1.** Работник кинематографии. **2.** Любитель ходить в кино. ‖ *ж.* **кино́шница**, -ы.

КИНО́ШНЫЙ *см.* кино.

КИ́НУТЬ, -СЯ *см.* кидать, -ся.

КИО́СК, -а, *м.* Павильон, палатка для мелкой торговли. *Газетный к. Цветочный к.*

КИОСКЁР, -а, *м.* Продавец в киоске. ‖ *ж.* **киоскёрша**, -и (разг.).

КИО́Т, -а, *м.* Остеклённая рама или шкафчик для икон. ‖ *прил.* **кио́тный**, -ая, -ое.

КИ́ПА, -ы, *ж.* **1.** Пачка или связка предметов, лежащих один на другом. *К. бумаг.* **2.** Крупная упаковочная мера (спец.). *Хлопок в кипах.*

КИПАРИ́С, -а, *м.* Южное вечнозелёное хвойное дерево, преимущ. с пирамидальной кроной. ‖ *прил.* **кипари́совый**, -ая, -ое *и* **кипари́сный**, -ая, -ое. *Семейство кипарисовых* (сущ.).

КИ́ПЕННЫЙ, -ая, -ое (устар. и прост.). Белый как кипень. *Кипенно* (нареч.) *белеют облака.*

КИ́ПЕНЬ, -и, *ж.* (устар.). Белая пена, появляющаяся при кипении. *К. цветущей черемухи* (перен.).

КИПЕ́ТЬ, -плю́, -пи́шь; *несов.* **1.** (1 и 2 л. не употр.). О жидкости: бурлить, клокотать, испаряясь от сильного нагрева. *Вода кипит. Самовар кипит* (кипит вода в нём). *Водопад кипит* (перен.: бурлит, клокочет). *Кровь кипит в ком-н.* (перен.: о сильном волнении). **2.** (1 и 2 л. не употр.), *перен.* Осуществляться с большой силой. *Работа кипит. Жизнь кипит. Страсти кипят. Злоба кипит в сердце.* **3.** *перен., чем.* Проявлять (какое-н. чувство, волнение) с силой, бурно. *К. негодованием, злобой, воз-*

мущением. ‖ *сов.* **вскипе́ть,** -плю́, -пи́шь (к 1 и 3 знач.). ‖ *сущ.* **кипе́ние,** -я, *ср.*

КИ́ПКА, -и, *род. мн.* -пок, *ж.* То же, что кипа (в 1 знач.). ‖ *уменьш.* **ки́почка,** -и, *род. мн.* -чек, *ж.*

КИПРЕ́Й, -я, *м.* Высокое многолетнее травянистое растение с крупными соцветиями. ‖ *прил.* **кипре́йный,** -ая, -ое. *Семейство кипрейных* (сущ.).

КИПРИО́ТСКИЙ, -ая, -ое. **1.** *см.* киприоты. **2.** Относящийся к киприотам, к их языкам (греческому и турецкому), образу жизни, культуре, а также к Кипру, его территории, внутреннему устройству, истории; такой, как у киприотов, как на Кипре.

КИПРИО́ТЫ, -ов, *ед.* -о́т, -а, *м.* Общее название жителей Республики Кипр (острова Кипр). *Греки-киприоты. Турки-киприоты.* ‖ *ж.* **киприо́тка,** -и. ‖ *прил.* **киприо́тский,** -ая, -ое.

КИПУ́ЧИЙ, -ая, -ее; -у́ч. **1.** Бурлящий, пенящийся. *К. поток.* **2.** *перен.* Напряжённый, бурный. *Кипучая деятельность.* ‖ *сущ.* **кипу́честь,** -и, *ж.* (ко 2 знач.).

КИПЯТИ́ЛЬНИК, -а, *м.* Прибор для кипячения воды. *Электрический к.*

КИПЯТИ́ТЬ, -ячу́, -яти́шь; -ячённый (-ён, -ена́); *несов., что.* **1.** Нагревая, доводить до кипения. *К. молоко, воду.* **2.** Держать в кипящей воде, жидкости, варя или обрабатывая кипением. *К. овощи. К. бельё.* ‖ *сов.* **вскипяти́ть,** -ячу́, -яти́шь; -ячённый (-ён, -ена́). ‖ *сущ.* **кипяче́ние,** -я, *ср.* ‖ *прил.* **кипяти́льный,** -ая, -ое. *К. бак.*

КИПЯТИ́ТЬСЯ, -ячу́сь, -яти́шься; *несов.* **1.** (1 и 2 л. не употр.). Нагреваться до кипения. **2.** (1 и 2 л. не употр.). Находиться или вариться в кипящей воде, жидкости. *Овощи кипятятся. Бельё кипятится.* **3.** *перен.* Горячиться, приходить в возбуждение (разг.). *К. из-за пустяков.* ‖ *сов.* **вскипяти́ться,** -ячу́сь, -яти́шься *и* **раскипяти́ться,** -ячу́сь, -яти́шься (к 3 знач.).

КИПЯТО́К, -тка́ (-тку́), *м.* **1.** Кипящая или только что вскипевшая вода. *Обдать яйца кипятком. Налить кипятку.* **2.** *перен.* О вспыльчивом, горячем человеке (разг. шутл.). *Парень (девчонка) — к.!*

КИПЯЧЁНЫЙ, -ая, -ое. Подвергшийся кипячению, прокипевший. *Кипячёная вода. Кипячёное молоко.*

КИРА́СА, -ы, *ж.* Латы, металлический панцирь на спину и грудь, а также (до начала 20 в.) предмет парадного гвардейского снаряжения такой формы.

КИРАСИ́Р, -а, *род. мн.* кираси́р (при собир. знач.) *и* кираси́ров (при обознач. отдельных лиц), *м.* В старой русской и нек-рых западноевропейских армиях: военнослужащий частей тяжёлой кавалерии, носивший кирасу. *Полк кирасир. Двое кирасиров.* ‖ *прил.* **кираси́рский,** -ая, -ое.

КИРГИ́ЗСКИЙ, -ая, -ое. **1.** *см.* киргизы. **2.** Относящийся к киргизам, к их языку, национальному характеру, образу жизни, культуре, а также к Киргизии (Кыргызстану), её территории, внутреннему устройству, истории; такой, как у киргизов, как в Киргизии (Кыргызстане). *К. язык* (тюркской семьи языков). *По-киргизски* (нареч.).

КИРГИ́ЗЫ, -ов, *ед.* кирги́з, -а, *м.* Народ, составляющий основное коренное население Киргизии (Кыргызстана). ‖ *ж.* **кирги́зка,** -и. ‖ *прил.* **кирги́зский,** -ая, -ое.

КИ́РЗА, -ы и **КИРЗА́,** -ы́, *ж.* Заменитель кожи — плотная многослойная ткань, пропитанная особым составом, предохраняющим от влаги. ‖ *прил.* **ки́рзовый,** -ая, -ое *и* **кирзо́вый,** -ая, -ое. *Кирзовые сапоги.*

КИРЗАЧИ́, -е́й, *ед.* кирза́ч, -а́, *м.* (прост.). Кирзовые сапоги.

КИРИ́ЛЛИЦА, -ы, *ж.* Одна из двух древних славянских азбук, лёгшая в основу русского и нек-рых других славянских алфавитов. *К. и глаголица.* ‖ *прил.* **кирилли́ческий,** -ая, -ое *и* **кири́лловский,** -ая, -ое. *Кириллическое письмо.*

КИ́РКА, -и и **КИ́РХА,** -и, *ж.* Лютеранский храм.

КИРКА́, -и́, *мн.* кирки́, -ро́к, -рка́м *и* ки́рки, -рок, -ркам, *ж.* Род молотка, употр. при земляных и горных работах — заострённый с одного или двух концов или оканчивающийся острой лопастью металлический стержень на рукоятке. ‖ *прил.* **кирко́вый,** -ая, -ое.

КИРПИ́Ч, -а́, *м.* **1.** Искусственный камень — брусок из обожжённой глины (также из смесей нек-рых осадочных пород, извести, песка), употр. для построек. *Огнеупорный к. Красный к. Кладка в два кирпича. Кирпича просит* (об отвратительном, грубом лице; прост.). **2.** Изделие в форме такого бруска. *Торф в кирпичах.* **3.** Дорожный знак в виде лежащего бруска, запрещающий въезд (разг.). *К. висит над воротами.* ‖ *уменьш.* **кирпи́чик,** -а, *м.* (к 1 и 2 знач.). *Еще один к. в исследовании* (перен.: составной элемент, небольшая, но существенная часть; разг.). *По кирпичику строить, создавать что-н.* (перен.: постепенно, шаг за шагом). ‖ *прил.* **кирпи́чный,** -ая, -ое (к 1 и 2 знач.). *К. завод. К. дом. К. чай* (прессованный).

КИРПИ́ЧИНА, -ы, *ж.* (разг.). Одна штука кирпича.

КИРПИ́ЧНО-... *Первая часть сложных слов со знач.:* 1) относящийся к производству кирпича, сделанный из кирпича, напр. *кирпично-блочный, кирпично-бетонный;* 2) с красновато-коричневым оттенком, напр. *кирпично-бурый, кирпично-красный.*

КИРПИ́ЧНЫЙ, -ая, -ое. **1.** *см.* кирпич. **2.** Красновато-коричневый, цвета обожжённой глины, красного кирпича. *К. загар.* ‖ *сущ.* **кирпи́чность,** -и, *ж.*

КИ́СА, -ы, *ж.* (разг. ласк.). То же, что кошка, киска. ‖ *уменьш.-ласк.* **ки́сонька,** -и, *ж.*

КИСЕ́ЛЬ, -я́ (-ю́), *м.* Студенистое жидкое кушанье. *Молочный, клюквенный, овсяный к.* ✦ **Седьмая вода на киселе** (разг. шутл.) — об отдалённом родственнике. **За семь вёрст киселя хлебать** (разг. неодобр.) — без особой нужды отправляться в дальнюю дорогу. ‖ *уменьш.* **киселёк,** -лька́ (-льку́), *м.* ‖ *прил.* **кисе́льный,** -ая, -ое. *Молочные реки, кисельные берега* (о сказочном изобилии; обычно ирон.).

КИСЕ́Т, -а, *м.* Маленький мешочек для табака (во 2 знач.), затягиваемый шнурком. *К. с махоркой.* ‖ *прил.* **кисе́тный,** -ая, -ое.

КИСЕЯ́, -и́, *ж.* Прозрачная тонкая ткань. ‖ *уменьш.* **кисе́йка,** -и, *ж.* ‖ *прил.* **кисе́йный,** -ая, -ое. ✦ **Кисейная барышня** (разг.) — жеманная девушка с мещанским кругозором.

КИ́СКА, -и, *ж.* (разг. ласк.). **1.** То же, что кошка. *Прикинулась ласковой киской* (перен.: о женщине). **2.** Ласковое обращение к девочке, женщине. ‖ *уменьш.* **ки́сочка,** -и, *ж.*

КИС-КИ́С, *межд.* Возглас, к-рым подзывают кошку.

КИСЛИ́НКА, -и, *ж.* (разг.). Слабый привкус кислоты. *К. в квасе. Яблоко с кислинкой.*

КИСЛИ́ТЬ (-лю́, -ли́шь, 1 и 2 л. не употр.), -ли́т, *несов.* (разг.). Иметь кисловатый вкус, привкус. *Вино кислит.*

КИСЛОМОЛО́ЧНЫЙ, -ая, -ое. О продуктах: приготовленный из молока (сливок, сыворотки) путём сквашивания. *К. сыр.*

КИСЛОРО́Д, -а (-у), *м.* Химический элемент, бесцветный газ, входящий в состав воздуха, необходимый для дыхания и горения. ‖ *прил.* **кислоро́дный,** -ая, -ое. *Кислородное голодание, кислородная недостаточность* (пониженное содержание кислорода в организме; спец.).

КИ́СЛО-СЛА́ДКИЙ, -ая, -ое; -док, -дка. **1.** Сладкий с кисловатым привкусом. *Кисло-сладкое яблоко. Кисло-сладкие сливы.* **2.** *перен., полн. ф.* О тоне, выражении: плохо скрывающий недовольство, отрицательное отношение (разг.). *Кисло-сладкая улыбка.*

КИСЛОТА́[1], -ы́, *мн.* -о́ты, -о́т, *ж.* Химическое соединение, содержащее водород, дающее при реакции с основаниями (в 8 знач.) соли и окрашивающее лакмусовую бумагу в красный цвет. *Азотная, уксусная к.* ‖ *прил.* **кисло́тный,** -ая, -ое. *К. краситель. К. дождь* (с выпадающими вместе с водой кислотами).

КИСЛОТА́[2] *см.* кислый[1].

КИСЛО́ТНОСТЬ, -и, *ж.* Степень содержания кислоты[1] в чём-н. *Повышенная к.*

КИ́СЛЫЙ[1], -ая, -ое; -сел, -сла́, -сло, -слы *и* -слы́. **1.** Обладающий своеобразным острым вкусом (напр. вкусом лимона, клюквы). *К. крыжовник, барбарис. Кислое зелёное яблоко.* **2.** *полн. ф.* Закисший вследствие брожения. *Кислое молоко. Кислая капуста* (квашеная). *Кислое тесто* (на закваске). **3.** *перен.* Уныло-тоскливый, выражающий неудовольствие, без всякого подъёма, воодушевления (разг.). *Кислое настроение. Кислое выражение лица. Кисло* (нареч.) *улыбнуться.* ‖ *сущ.* **кислота́,** -ы́, *ж.* (к 1 знач.) *и* **ки́слость,** -и, *ж.* (к 3 знач.).

КИ́СЛЫЙ[2], -ая, -ое (спец.). Относящийся к кислоте[1]. *К. раствор. Кислые породы.*

КИСЛЯ́Й, -я, *м.* (разг. пренебр.). То же, что кислятина (во 2 знач.).

КИСЛЯ́ТИНА, -ы (разг.). **1.** *ж.* Нечто очень кислое на вкус. **2.** *м. и ж., перен.* Нудный, скучный и вялый человек (пренебр.).

КИ́СНУТЬ, -ну, -нешь; ки́снул *и* кис, ки́сла; *несов.* **1.** (1 и 2 л. не употр.). Делаться кислым вследствие брожения. *Молоко киснет в тепле.* **2.** Быть вялым, унылым, чувствовать недомогание (разг.). *Вечно киснет кто-н.* ‖ *сов.* **проки́снуть,** -нет; -ки́с, -ла; -ки́сший (к 1 знач.).

КИ́СОНЬКА *см.* киса.

КИ́СОЧКА *см.* киска.

КИСТА́, -ы́, *ж.* Патологическое полое образование в организме, обычно наполненное жидкостью. ‖ *прил.* **кисто́зный,** -ая -ое (спец.).

КИСТЕ́НЬ, -я́, *м.* Старинное оружие в виде короткой палки с подвешенным на раме или цепочке металлическим шаром, тяжестью. *Разбойник с кистенём.*

КИСТЬ[1], -и, *мн.* -и, -е́й, *ж.* **1.** Укреплённый в рукоятке пучок ровных щетинок, волосков для нанесения на поверхность краски, клея, лака. *Кисти для акварели, для масла. Малярная к. Картина кисти Репина* (написанная Репиным). *Владеть кистью* (уметь писать картины). **2.** Украшение в виде стянутого вверху и расходящегося книзу пучка ниток, шнурков. *Скатерть, кушак с кистями.* **3.** Разветвлённое соцветие (при созревании его — плоды) на удлинённом стебле. *Виноградная к.* ‖ *уменьш.* **ки́сточка,**

-и, *ж.* *Усы кисточками* (тонкие сужающиеся к концам). ✦ **Наше вам с кисточкой** (прост. шутл.) — выражение приветствия. ‖ *прил.* **кистево́й**, -а́я, -о́е (спец.). *Кистевая декоративная живопись.*

КИСТЬ², -и, *мн.* -и, -е́й, *ж.* Часть руки (у животных — передней конечности) от запястья до конца пальцев. *Узкая в кисти рука.* ‖ *прил.* **кистево́й**, -а́я, -о́е (спец.). *Кистевое ранение* (в кисть).

КИТ, -а́, *м.* **1.** Крупное морское млекопитающее с рыбообразным телом. *Зубатые киты. Беззубые киты.* **2.** чаще *мн., перен.* Человек, на к-ром держится всё дело. *Киты науки.* ✦ **Три кита** (устар. и книжн.) — тройственная основа, сильная опора чего-н. [по старинному представлению о том, что Земля покоится на трёх китах]. *Держаться на трёх китах.* ‖ *прил.* **кито́вый**, -ая, -ое (к 1 знач.).

КИТАЕВЕ́ДЕНИЕ, -я, *ср.* То же, что китаистика. ‖ *прил.* **китаеве́дческий**, -ая, -ое.

КИТАИ́СТ, -а, *м.* Специалист по китаистике.

КИТАИ́СТИКА, -и, *ж.* Совокупность наук о китайской культуре, истории, литературе, языке.

КИТА́ЙСКИЙ, -ая, -ое. **1.** *см.* китайцы. **2.** Относящийся к китайцам, к их языку, национальному характеру, образу жизни, культуре, а также к Китаю, его территории, внутреннему устройству, истории; такой, как у китайцев, как в Китае. *К. язык* (китайско-тибетской семьи языков). *Китайские провинции. Китайское письмо* (иероглифическое). *Китайские фонарики* (разноцветные бумажные фонарики). *К. шёлк. Китайская вышивка. К. чай* (сорт). *К. фарфор* (костяной фарфор). *К. болванчик* (сидячая фарфоровая фигурка с качающимся туловищем). *Китайская стена* (древняя многокилометровая стена, отделявшая Китай от Монголии; также перен.: о полной изоляции от внешнего мира). *К. юань* (денежная единица). *По-китайски* (нареч.). ✦ **Китайская грамота** (разг.) — о чём-н. совершенно непонятном. **Китайские церемонии** (ирон.) — об излишних проявлениях вежливости, почтительности.

КИТА́ЙЦЫ, -ев, *ед.* -а́ец, -а́йца, *м.* Народ, составляющий основное население Китая. ‖ *ж.* **китая́нка**, -и. ‖ *прил.* **кита́йский**, -ая, -ое.

КИ́ТЕЛЬ, -я, *мн.* -я́, -е́й *и* -и, -ей, *м.* Форменная куртка. *Морской к.* ‖ *прил.* **ки́тельный**, -ая, -ое.

КИТОБО́ЕЦ, -о́йца, *м.* Судно для китобойного промысла.

КИТОБО́Й, -я, *м.* Моряк, занимающийся промыслом китов.

КИТОБО́ЙНЫЙ, -ая, -ое и **КИТОЛО́ВНЫЙ**, -ая, -ое. Относящийся к добыче китов. *Китоловный промысел. Китобойная флотилия.*

КИТО́ВЫЙ *см.* кит.

КИФА́РА, -ы, *ж.* Древнегреческий струнный щипковый музыкальный инструмент, родственный лире (в 1 знач.). ‖ *прил.* **кифа́рный**, -ая, -ое.

КИЧИ́ТЬСЯ, -чу́сь, -чи́шься; *несов.* Хвастаться, горделиво превозноситься. *К. своими успехами.*

КИ́ЧКА, -и, *ж.* Старинный праздничный головной убор замужней женщины.

КИЧЛИ́ВЫЙ, -ая, -ое; -и́в. Заносчивый, высокомерный. *Кичливые речи. Говорить кичливо* (нареч.). ‖ *сущ.* **кичли́вость**, -и, *ж.*

КИШЕ́ТЬ (кишу́, киши́шь, 1 и 2 л. не употр.), киши́т; *несов.* **1.** О множестве: шевелиться, копошиться. *Муравьи кишат в муравейнике.* **2.** *кем-чем.* Быть наполненным множеством шевелящихся, копошащихся, передвигающихся существ. *Базарная площадь кишит народом. Озеро кишит рыбой.*

КИШЕ́ЧНИК, -а, *м.* Отдел пищеварительной системы, состоящий из кишок и следующий за желудком. *Расстройство кишечника* (то же, что расстройство в 6 знач.).

КИШКА́, -и́, *мн.* -шки́, -шо́к, -шка́м, *ж.* **1.** Эластичная трубка — часть пищеварительного аппарата человека и животного. *Тонкая к. Толстая к. Прямая к.* **2.** Эластичная труба для подачи воды (разг.). *Резиновая, брезентовая к. Пожарная к.* ✦ **Кишка тонка или слаба** *у кого,* **кишка не выдержит** *у кого* (прост.) — не хватает (не хватит) сил, способностей на что-нибудь. ‖ *прил.* **кише́чный**, -ая, -ое (к 1 знач.).

КИШЛА́К, -а́, *м.* В Средней Азии: селение оседлых жителей. ‖ *прил.* **кишла́чный**, -ая, -ое.

КИШМИ́Ш, -а́ *и* -а, *м.* Сорт мелкого винограда без косточек, а также изюм из такого винограда. ‖ *прил.* **кишми́шный**, -ая, -ое.

КИШМЯ́: **кишмя кишеть** (разг.) — о сплошной массе: кишеть. *Народ так кишмя и кишит.*

КЛАВЕСИ́Н, -а, *м.* Старинный щипково-клавишный музыкальный инструмент. *Играть на клавесине.* ‖ *прил.* **клавеси́нный**, -ая, -ое.

КЛАВИАТУ́РА, -ы, *ж.* Система клавиш. *К. рояля. К. пишущей машинки.* ‖ *прил.* **клавиату́рный**, -ая, -ое.

КЛАВИКО́РДЫ, -ов. Старинный ударный клавишный музыкальный инструмент. *Играть на клавикордах.* ‖ *прил.* **клавико́рдный**, -ая, -ое.

КЛА́ВИША, -и, *род. мн.* -виш, *ж.* и **КЛА́ВИШ**, -а, *род. мн.* -шей, *м.* Пластинка, удар по к-рой приводит в движение рычаги механизма (рояля, пишущей машинки, компьютера, телеграфа и др.). ‖ *прил.* **кла́вишный**, -ая, -ое. *Клавишные инструменты. К. пульт.*

КЛАД, -а, *м.* **1.** Зарытые, спрятанные где-н. ценности. *Найти к.* **2.** *перен.* Нечто очень ценное, содержащее в себе много достоинств (разг.). *Эта книга для меня — к. Не работник, а к.* ✦ **Рудный клад** (спец.) — залежи руды.

КЛА́ДБИЩЕ, -а, *ср.* **1.** Место погребения умерших. *Сельское, городское к.* **2.** Место массового залегания останков животных (спец.). *К. мамонтов.* ‖ *прил.* **кладби́щенский**, -ая, -ое (к 1 знач.).

КЛА́ДЕЗЬ, -я, *м.* **1.** То же, что колодец (в 1 знач.) (стар.). **2.** *перен.* В нек-рых сочетаниях: средоточие, сокровищница (во 2 знач.). *Собрание икон — подлинный к. для искусствоведа.* ✦ **Кладезь премудрости** (шутл.) — о человеке с большими знаниями [кладезь — церк.-слав. колодец].

КЛА́ДКА, -и, *ж.* **1.** *см.* класть. **2.** Место, где положены яйца самками птиц, насекомых, пресмыкающихся. **3.** Часть сооружения — то, что сложено из кирпича, камней.

КЛАДОВА́Я, -о́й, *ж.* **1.** Помещение для хранения товаров, припасов, материалов, экспонатов. *К. в доме. Особая к. Эрмитажа.* **2.** *перен.*, чаще *мн.* Место, где сосредоточены какие-н. природные ценности. *Лесные кладовые* (о местах произрастания грибов, орехов, ягод). *Кладовые морских глубин. Подземные кладовые* (о средоточиях полезных ископаемых).

КЛАДО́ВКА, -и, *ж.* (разг.). Небольшая кладовая, чулан.

КЛАДОВЩИ́К, -а́, *м.* Работник склада, кладовой (в 1 знач.). ‖ *ж.* **кладовщи́ца**, -ы. ‖ *прил.* **кладовщи́цкий**, -ая, -ое.

КЛАДЬ, -и, *ж.* Груз, поклажа, багаж (в 1 знач.). *Тяжёлая к. Ручная к.*

КЛА́КА, -и, *ж.* Люди, нанятые для аплодирования артистам, ораторам или освистывания их, чтобы создать впечатление успеха или провала выступления.

КЛАКЁР, -а, *м.* Человек, нанятый для участия в клаке. ‖ *прил.* **клакёрский**, -ая, -ое.

КЛА́КСОН, -а и **КЛАКСО́Н**, -а, *м.* Прежнее название устройства для звуковой сигнализации в автомобиле, мотоцикле, а также самый сигнал. *Нажать на к.* ‖ *прил.* **клаксо́нный**, -ая, -ое.

КЛАН, -а, *м.* **1.** Род, родовая община [*первонач.* у кельтских народов] (спец.). **2.** *перен.* Замкнутая группировка людей, считающих себя избранными, лучшими в каком-н. отношении (книжн.). ‖ *прил.* **кла́новый**, -ая, -ое.

КЛА́НЯТЬСЯ, -яюсь, -яешься; *несов.* **1.** *кому.* Делать поклон. *Артист выходит к зрителям.* **2.** *с кем.* Приветствовать при встрече наклоном головы, снятием шляпы. *К. со встречными знакомыми. Я с ним не кланяюсь* (в ссоре и потому не здороваюсь). *Честь имею к.* (приветствие при прощании; устар.). **3.** *кому.* Посылать или передавать привет. *Кланяйся от меня друзьям.* **4.** *кому чем.* Приносить в дар (стар.). *К. кому-н. хлебом-солью.* **5.** *перен., кому* и *перед кем.* Обращаться с просьбой, униженно просить о чём-н. (разг.). *К. перед начальством.* ✦ **Низко кланяюсь** — вежливое завершение письма (перед подписью). ‖ *сов.* **поклони́ться**, -оню́сь, -о́нишься (к 1, 3, 4 и 5 знач.).

КЛА́ПАН, -а, *м.* **1.** Деталь или устройство, род регулирующего затвора в механизме, инструментах. *Регулировочный, предохранительный, всасывающий к. К. трубопровода. К. музыкального инструмента.* **2.** Нашивка из куска материи, прикрывающая отверстие кармана на одежде, сшитом изделии. **3.** Часть полого органа, образованная складкой (складками) его внутренней оболочки и заслоняющая какой-н. проход, отверстие (спец.). *Сердечный к. К. вены. К. аорты. Лимфатический к.* ‖ *прил.* **кла́панный**, -ая, -ое.

КЛАРНЕ́Т, -а, *м.* Деревянный духовой музыкальный инструмент в виде трубки с клапанами и небольшим раструбом. ‖ *прил.* **кларне́тный**, -ая, -ое.

КЛАРНЕТИ́СТ, -а, *м.* Музыкант, играющий на кларнете.

КЛАСС¹, -а, *м.* Большая группа людей с определённым положением в исторически сложившейся системе общественного производства и с определённой ролью в общественной организации труда, объединённая одинаковым, обычно законодательно закреплённым, отношением к средствам производства, к распределению общественного богатства и общностью интересов. *Общественные классы.* ‖ *прил.* **кла́ссовый**, -ая, -ое. *Классовые противоречия. Классовое общество* (разделённое на классы).

КЛАСС², -а, *м.* **1.** Относительно целостное множество каких-н. единиц, существующее в составе сложного единства, расчленяемого на такие множества. *Классы слов. К. негативных явлений. К. млекопитающих. К. птиц. К земноводных. К. насекомых.* **2.** Разряд чего-н., выделяемый по качеству. *К. каюты. Ресторан первого, второго класса. Классы морских судов.* **3.** Группа учеников, учащихся одного и того же года обучения или (в нек-рых специальных учебных заведениях) проходящая один и тот же предмет. *Начальные, старшие классы. Ученик первого класса. К. фортепьяно, рояля* (в консерватории: факультет или одно из подразделений факультета). *Окончить консерваторию по классу вокала.* **4.** Школьная комната для занятий. *Просторные классы. Уборка класса.* **5.** Степень, уровень чего-н., ранг (в 1 знач.). *Специалист высшего класса. Международный к. Игра высокого класса. Показать к. в игре* (хорошую игру; разг.). **6.** В математике: то же, что множество (во 2 знач.). ‖ *прил.* **классный**, -ая, -ое (к 1, 2, 3, 4 и 5 знач.). *Классное расписание. Классная комната.*

КЛА́ССИК, -а, *м.* **1.** Художник (в 1 знач.) или деятель науки, произведения, труды к-рого имеют непреходящую ценность. *Классики русской литературы.* **2.** Сторонник классицизма. **3.** Специалист по классической филологии, а также человек с классическим (в 4 знач.) образованием.

КЛА́ССИКА, -и, *ж., собир.* Произведения классиков (в 1 знач.). *Издание классики. Русская оперная к.*

КЛА́ССИКИ *см.* классы.

КЛАССИФИКА́ЦИЯ, -и, *ж.* **1.** *см.* классифицировать. **2.** Система, по к-рой что-н. классифицировано. *К. наук. Библиотечная к.* ‖ *прил.* **классификацио́нный**, -ая, -ое.

КЛАССИФИЦИ́РОВАТЬ, -рую, -руешь; -анный; *сов. и несов., кого-что.* Распределить (-лять) по группам, разрядам, классам[2] (в 1 знач.). ‖ *сов. также* **расклассифици́ровать**, -рую, -руешь; -анный. ‖ *сущ.* **классифика́ция**, -и, *ж.*

КЛАССИЦИ́ЗМ, -а, *м.* Направление в искусстве 17 — начала 19 в., основанное на подражании античным образцам. *Каноны классицизма.* ‖ *прил.* **класси́ческий**, -ая, -ое. *Классическая живопись. Русский к. балет.*

КЛАССИ́ЧЕСКИЙ, -ая, -ое. **1.** *см.* классицизм. **2.** Являющийся классиком (в 1 знач.); созданный классиком, классиками. *Русские классические писатели. Классическая литература.* **3.** Античный, относящийся к древней греко-римской культуре. *Классические языки.* **4.** Относящийся к изучению античных языков и литератур. *Классическая филология. Классическое образование.* **5.** Следующий методам классицизма. *Классическая живопись.* **6.** Типичный, характерный (разг.). *К. пример эгоизма. К. образец.*

КЛА́ССНЫЙ, -ая, -ое; -сен, -сна. **1.** *см.* класс. **2.** Принадлежащий к высшему классу[2] (в 4 знач.), высокого качества (разг.). *К. игрок.* ‖ *сущ.* **кла́ссность**, -и, *ж.*

КЛА́ССОВЫЙ, -ая, -ое. **1.** *см.* класс[1]. **2.** Свойственный, соответствующий идеологии какого-н. общественного класса[1]. *Классовые интересы. Классовое самосознание.* ‖ *сущ.* **кла́ссовость**, -и, *ж.*

КЛА́ССЫ, -ов. Детская игра — прыжки по расчерченным на земле клеткам. *Играть в к.* ‖ *уменьш.* **кла́ссики**, -ов.

КЛАСТЬ, кладу́, кладёшь; клал, кла́ла; клади́; кла́вший; кладя́; *несов.* **1.** *кого-что.* Помещать в лежачем положении, а также вообще помещать куда-н., располагать где-н. *К. ребёнка в коляску. К. платок в карман. К. личинки, яйца* (о насекомых, самках птиц, пресмыкающихся: откладывать; см. отложить в 3 знач.). *К. деньги на книжку* (вносить вклад). *К. больного в госпиталь* (для лечения). **2.** *что.* Помещать, накладывать на поверхность чего-н. *К. краски на холст. К. повязку на руку. К. резолюцию* (надписывать; устар.). **3.** *что.* Помещать, прибавлять внутрь чего-н., куда-н. *К. приправу в кушанье.* **4.** *что на что.* Употреблять, назначать для какой-н. цели (разг.). *К. все силы на что-н. К. на поездку неделю.* **5.** *что.* Строить из камня, кирпича. *К. фундамент. К. печь.* **6.** *что.* Совершать что-н. (что обозначено существительным). *К. начало чему-н.* (начинать). *К. конец чему-н.* (прекращать). *К. основание* (основывать). ✦ **Класть на музыку** *что* — перелагать на музыку. **Класть жизнь (голову)** *за кого-что* — отдавать жизнь за кого-что-н., жертвовать собой. **Класть поклоны** — кланяться во время молитвы. **Класть шар в лузу** — в бильярде: ударом кия посылать шар в лузу. ‖ *сов.* **положи́ть**, -ожу́, -о́жишь; -о́женный (к 1, 2, 3, 4 и 6 знач.) *и* **сложи́ть**, -ожу́, -о́жишь; -о́женный (к 5 знач.). ‖ *сущ.* **кла́дка**, -и, *ж.* (к 5 знач.; к 1 знач. — об откладывании личинок, яиц).

КЛА́ЦАТЬ, -аю, -аешь; *несов.* (разг.). О зубах: постукивать, лязгать. *К. зубами (зубы клацают) от холода, от страха.* ‖ *однокр.* **кла́цнуть**, -ну, -нешь.

КЛЕВА́ТЬ, клюю́, клюёшь; клюй; *несов.* **1.** *кого-что.* О птицах: есть, хватая клювом, или ударять, щипать клювом. *К. зёрна. Ястреб клюёт свою жертву.* **2.** *перен., кого (что).* Бранить, нападать на кого-н. (разг.). **3.** О рыбах: хватая насадку, попадаться на удочку. *Рыба хорошо клюёт.* ✦ **Клевать носом** (разг.) — сидя и погружаясь в дремоту, то засыпать, то просыпаться. *Клевать носом над учебником.* ‖ *однокр.* **клю́нуть**, -ну, -нешь (к 1 и 3 знач.). *К. на приманку* (также перен.: то же, что попасться на удочку; разг.). ‖ *сущ.* **клево́к**, -вка́, *м.* (к 1 и 3 знач.) *и* **клёв**, -а, *м.* (к 3 знач.).

КЛЕВА́ТЬСЯ, клюю́сь, клюёшься; *несов.* **1.** О птицах: иметь повадку клевать кого-н. *Гуси клюются.* **2.** Клевать друг друга. *Во дворе клюются петухи.*

КЛЕ́ВЕР, -а (-у), *мн.* -а́, -о́в, *м.* Кормовая трава сем. бобовых с соцветиями в виде шаровидной головки. ‖ *прил.* **кле́верный**, -ая, -ое. *Клеверное поле.*

КЛЕВЕТА́, -ы́, *ж.* Порочащая кого-что-н. ложь. *Возводить клевету на кого-н.*

КЛЕВЕТА́ТЬ, -ещу́, -е́щешь; *несов., на кого-что.* Распространять клевету о ком-чём-н. ‖ *сов.* **наклевета́ть**, -ещу́, -е́щешь.

КЛЕВЕТНИ́К, -а́, *м.* Тот, кто клевещет на кого-что-н. ‖ *ж.* **клеветни́ца**, -ы. ‖ *прил.* **клеветни́ческий**, -ая, -ое.

КЛЕВЕТНИ́ЧЕСКИЙ, -ая, -ое. **1.** *см.* клеветник. **2.** Содержащий клевету. *Клеветническое обвинение.*

КЛЕВРЕ́Т, -а, *м.* (книжн.). Приспешник, приверженец.

КЛЕЕВО́Й *см.* клей.

КЛЕЁНКА, -и, *ж.* Ткань, покрытая или пропитанная водонепроницаемым составом. ‖ *прил.* **клеёночный**, -ая, -ое.

КЛЕЁНЧАТЫЙ, -ая, -ое. Сделанный из клеёнки или обитый клеёнкой. *К. плащ. К. диван.*

КЛЕЁНЫЙ, -ая, -ое. **1.** Пропитанный или смазанный клеем. *Клеёная бумага.* **2.** Соединённый при помощи клея. *Клеёная фанера.*

КЛЕ́ИТЬ, клею, кле́ишь; кле́енный; *несов., что.* **1.** Изготовлять, скрепляя клеем. *К. коробки, пакеты.* **2.** Прикреплять клеем, наклеивать (в 1 знач.). *К. афиши.* ‖ *сов.* **скле́ить**, -е́ю, -е́ишь; -е́енный (к 1 знач.). ‖ *сущ.* **кле́йка**, -и, *ж.* ‖ *прил.* **клеи́льный**, -ая, -ое (к 1 знач.; спец.). *К. пресс.*

КЛЕ́ИТЬСЯ (кле́юсь, кле́ишься, 1 и 2 л. не употр.), кле́ится; *несов.* **1.** Поддаваться склеиванию. *Бумага хорошо клеится.* **2.** Успешно развиваться, удаваться (разг.). *Дело не клеится.*

КЛЕЙ, -я (-ю), о кле́е, на кле́е *и* на клею́, в кле́е *и* в клею́, *м.* Липкий затвердевающий состав для плотного соединения, скрепления частей чего-н. *Канцелярский к. Столярный к. Весь в клею* (испачкан клеем). *Обувь на клею.* ‖ *прил.* **клеево́й**, -а́я, -о́е. *Клеевая краска* (приготовленная на клею).

КЛЕ́ЙКИЙ, -ая, -ое; кле́ек, кле́йка. Липкий, покрытый клеем, чем-н. липким. *К. состав. Клейкая бумага.* ‖ *сущ.* **кле́йкость**, -и, *ж.*

КЛЕЙКОВИ́НА, -ы, *ж.* Белковое вещество, содержащееся в зерне пшеницы. ‖ *прил.* **клейкови́нный**, -ая, -ое.

КЛЕЙМЁНЫЙ, -ая, -ое. Имеющий на себе клеймо (в 1 знач.). *К. скот.*

КЛЕЙМИ́ТЬ, -млю́, -ми́шь; -мённый (-ён, -ена́); *несов., кого-что.* **1.** Ставить на кого-что-н. клеймо. *К. скот.* **2.** *перен.* Сурово осуждать, объявляя позорным (высок.). *К. пороки. К. презрением труса. К. позором.* ‖ *сов.* **заклейми́ть**, -млю́, -ми́шь; -мённый (-ён, -ена́). ‖ *сущ.* **клейме́ние**, -я, *ср.* (к 1 знач.).

КЛЕЙМО́, -а́, *мн.* кле́йма, клейм, кле́ймам, *ср.* **1.** Печать, знак, к-рый ставят, выжигают, вытравляют на ком-чём-н. *Фабричное к. К. на лошади. Личное к.* (клеймо высококвалифицированного мастера, выпускающего продукцию без контролёра). **2.** Орудие, к-рым ставят такой знак. **3.** *перен.* Неизгладимый след (чего-н. плохого, позорящего). *К. позора. К. на чьём-н. имени.*

КЛЕ́ЙСТЕР, -а (-у), *м.* Клей из крахмала, муки. *Заварить к.* ‖ *прил.* **кле́йстерный**, -ая, -ое.

КЛЕКОТА́ТЬ (-очу́, -о́чешь, 1 и 2 л. не употр.), -о́чет; *несов.* Об орле и нек-рых других птицах: издавать прерывистые горловые звуки. ‖ *сущ.* **клёкот**, -а, *м.*

КЛЕПА́ЛЬЩИК, -а, *м.* Рабочий, занимающийся клёпкой.

КЛЕПА́ТЬ[1], -а́ю, -а́ешь; клёпанный; *несов., что* (спец.). Соединять части чего-н. с помощью заклёпок. ‖ *сущ.* **клепа́ние**, -я, *ср. и* **клёпка**, -и, *ж.* ‖ *прил.* **клепа́льный**, -ая, -ое *и* **клёпочный**, -ая, -ое. *Клепальный молоток. Клёпочный станок.*

КЛЕПА́ТЬ[2], клеплю́, кле́плешь; *несов., на кого (что)* (прост.). То же, что клеветать. ‖ *сов.* **наклепа́ть**, -клеплю́, -кле́плешь.

КЛЕПТОМА́Н, -а, *м.* (спец.). Человек, страдающий клептоманией. ‖ *ж.* **клептома́нка**, -и.

КЛЕПТОМА́НИЯ, -и, *ж.* (спец.). Непреодолимое болезненное стремление к воровству.

КЛЕРИКА́Л, -а, *м.* Приверженец клерикализма; член клерикальной партии.

КЛЕРИКАЛИ́ЗМ, -а, *м.* Идеологическое и политическое течение, стремящееся к укреплению и усилению влияния церкви в политической и общественной жизни. *Католический к.* ‖ *прил.* **клерика́льный**, -ая, -ое.

КЛЕРК, -а, *м.* В нек-рых странах: конторский служащий.

КЛЕ́ТКА[1], -и, *ж.* **1.** Помещение со стенками из поставленных с промежутками прутьев. *К. для птиц, для зверей.* **2.** Отдельный квадрат разграфлённого пространства. *Клетки шахматной доски. Ткань в крупную клетку* ✦ **Грудная клетка** — часть туловища, ограниченная грудными позвонками, рёбрами и грудиной; костная основа этой части туловища. **Лестничная клетка** — пространство, в к-ром расположены лестничные марши. ‖ *уменьш.* **кле́точка**, -и, *ж. Тетрадь в клеточку.* ‖ *прил.* **кле́точный**, -ая, -ое (к 1 знач.). *Клеточные несушки. Клеточное звероводство.*

КЛЕ́ТКА[2], -и, *ж.* Элементарная живая система, основа строения и жизнедеятельности всех животных и растений. *Нервная к. Мышечная к.* ‖ *уменьш.* **кле́точка**, -и, *ж.* ‖ *прил.* **кле́точный**, -ая, -ое. *Клеточная оболочка. Клеточное строение ткани.*

КЛЕ́ТОЧКА[1-2] *см.* клетка[1-2].

КЛЕТУ́ШКА, -и, *ж.* **1.** *см.* клеть. **2.** *перен.* Маленькое тесное помещение (разг.). *К. под лестницей.* ‖ *прил.* **клету́шечный**, -ая, -ое.

КЛЕТЧА́ТКА, -и, *ж.* **1.** Главная составная часть оболочки растительной клетки, целлюлоза. **2.** Волокнистая соединительная ткань в организме человека и животного. *Подкожная к.* ‖ *прил.* **клетча́точный**, -ая, -ое.

КЛЕ́ТЧАТЫЙ, -ая, -ое. С рисунком в клетку[1] (во 2 знач.), разделённый на клетки. *К. платок. Клетчатая поверхность.*

КЛЕТЬ, -и, в кле́ти *и* в клети́, *мн.* -и, -е́й, *ж.* **1.** Кладовая при избе или в отдельной постройке (обл.). **2.** Подъёмное устройство в шахте. *Шахтная к.* **3.** Основная часть прокатного стана (спец.). ‖ *уменьш.* **клету́шка**, -и, *ж.* (к 1 знач.). ‖ *прил.* **клетьево́й**, -а́я, -о́е (ко 2 знач.).

КЛЕШНЯ́, -и́, *род. мн.* -е́й, *ж.* Нижняя захватывающая часть конечности у ракообразных животных. ‖ *прил.* **клешнёвый**, -ая, -ое.

КЛЕЩ, -а́, *м.* Мелкое членистоногое животное отряда паукообразных. ‖ *прил.* **клещево́й**, -а́я, -о́е.

КЛЕЩЕВИ́НА, -ы, *ж.* Масличное растение сем. молочайных. ‖ *прил.* **клещеви́нный**, -ая, -ое.

КЛЕ́ЩИ, -е́й и **КЛЕЩИ́**, -е́й. **1.** Металлические щипцы, инструмент для захвата, зажима. *Кузнечные к. Механические к. Слова клещами не вытянешь из кого-н.* (перен.: не добьёшься; разг. неодобр.). **2.** *перен.* Военная операция — охват противника с двух сторон. *Зажать в к. Взять в к.*

КЛЁН, -а, *м.* Дерево с широкими, у большинства видов резными листьями. ‖ *прил.* **клено́вый**, -ая, -ое *и* **клёновый**, -ая, -ое. *Клено́вый лист. Семейство клёновых* (сущ.).

КЛЁПАНЫЙ, -ая, -ое. Изготовленный клепанием. *Клёпаные конструкции.*

КЛЁПКА, -и, *ж.* **1.** *см.* клепать[1] . **2.** *также собир.* Дощечка для боковых стенок бочки, кадки, для паркета. *Дубовая к. Паркетная к.* ‖ *прил.* **клёпочный**, -ая, -ое.

КЛЁСТ, -а́, *м.* Небольшая лесная птица сем. вьюрковых с перекрещивающимися концами клюва. ‖ *прил.* **клесто́вый**, -ая, -ое.

КЛЁЦКИ, -цек, *ед.* -цка, -и, *ж.* Кусочки теста (из манной крупы, пшеничной муки), сваренные в бульоне, молоке. *Суп с клёцками.*

КЛЁШ. **1.** -а, *м.* Расширение, широкий раструб внизу (на юбке, брюках, пальто). *Широкий к.* **2.** *неизм.* О покрое одежды: с таким раструбом. *Брюки к. Юбка к.*

КЛИЕ́НТ, -а, *м.* **1.** Лицо, пользующееся услугами адвоката, нотариуса, банка. **2.** Тот, кого обслуживают (в 1 знач.); посетитель, заказчик. *К. ателье, парикмахерской, мастерской.* ‖ *ж.* **клие́нтка**, -и. ‖ *прил.* **клие́нтский**, -ая, -ое.

КЛИЕНТУ́РА, -ы, *ж., собир.* Клиенты. *Постоянная к.* ‖ *прил.* **клиенту́рный**, -ая, -ое.

КЛИ́ЗМА, -ы, *ж.* **1.** Медицинская процедура — введение жидкости в кишечник через задний проход в лечебных или диагностических целях. *Поставить клизму.* **2.** Прибор для такого вливания. *Резиновая к.* ‖ *прил.* **кли́зменный**, -ая, -ое.

КЛИК, -а, *м.* (высок.). Возглас, зов. *Победные клики.*

КЛИ́КА, -и, *ж.* (презр.). Группа сообщников, объединившихся для достижения своих целей. *Преступная к. Придворная к.*

КЛИ́КАТЬ, кли́чу, кли́чешь; *несов.* **1.** *кого (что).* Громко звать (в 1 знач.), призывать (прост.). *К. соседей. К. гусей.* **2.** *кого (что) кем или им.,* или (при вопросе) *как.* Называть, именовать, звать (в 3 знач.) (устар. и прост.). *Собаку кличут Жучкой (Жучка). Как её кличут?* **3.** (1 и 2 л. не употр.). О некрых птицах: громко кричать (спец.). *Лебеди кличут.* ‖ *однокр.* **кли́кнуть**, -ну, -нешь (к 1 и 3 знач.). ✦ **Кликнуть клич** (высок.) — обратиться с призывом (ко многим).

КЛИКУ́ША, -и, *ж.* Женщина, страдающая кликушеством.

КЛИКУ́ШЕСТВО, -а, *ср.* Проявление женской истерии — судорожные припадки, причитания, взвизгивания. ‖ *прил.* **кликý-шеский**, -ая, -ое.

КЛИКУ́ШЕСТВОВАТЬ, -твую, -твуешь; *несов.* **1.** Страдать кликушеством. **2.** *перен.* Крикливо и демагогически осуждать что-н., выражать своё недовольство по поводу чего-н. (презр.).

КЛИ́МАКС, -а и **КЛИМАКТЕ́РИЙ**, -я, *м.* (спец.). Период угасания функций половой системы с приближением старости. ‖ *прил.* **климактери́ческий**, -ая, -ое. *К. период.*

КЛИ́МАТ, -а, *м.* **1.** Многолетний режим погоды какой-н. местности, одна из её основных географических характеристик. *Тёплый к.* **2.** *перен.* То же, что обстановка (во 2 знач.). *Международный политический к. К. в семье.* ‖ *прил.* **климати́ческий**, -ая, -ое (к 1 знач.).

КЛИН, -а, *мн.* -нья, -ньев *и* -ы́, -о́в, *м.* **1.** (*мн.* -нья, -ньев). Сужающийся к своему заострённому концу кусок дерева, металла; простейшее орудие такой формы. *Вбить, загнать к.* **2.** (*мн.* -нья, -ньев). Вообще фигура, изображение такой формы. *Борода клином* (сужающаяся книзу). **3.** (*мн.* -нья, -ньев), *перен.* Военная операция — удар на узком участке, раскалывающий фронт противника. **4.** (*мн.* -нья, -ньев). Кусок ткани, материала в виде треугольника. *Вшить к.* **5.** Участок поля, луга. *Озимый к.* ✦ **Клин клином вышибать (выгонять)** (разг.) — избавляться от чего-н. (плохого, тяжёлого), действуя так, будто этого нет, или прибегая именно к тому, чем это было вызвано. *Простужен, но иду на мороз: клин клином вышибаю.* **Вбить клин** *между кем* — разъединить, поссорить кого-н. **Свет не клином сошёлся** *на ком-чём* (разг.) — этот предмет (человек, место) не единственный, есть возможность выбора. **Как (куда) ни кинь, всё клин** — посл. о безвыходности создавшегося положения. ‖ *уменьш.* **кли́нышек**, -шка, *м.* (к 1, 2, 4 и 5 знач.). ‖ *прил.* **клиново́й**, -а́я, -о́е (к 1 знач.; спец.). *Клиновое соединение.*

КЛИ́НИКА, -и, *ж.* Стационарное лечебное учреждение, при к-ром ведётся научная и учебная работа. ‖ *прил.* **клини́ческий**, -ая, -ое.

КЛИНИЦИ́СТ, -а, *м.* Врач, работающий в клинике.

КЛИНИ́ЧЕСКИЙ, -ая, -ое. **1.** *см.* клиника. **2.** Относящийся к лечебному воздействию, требующий или поддающийся лечению (спец.). *К. случай.*

КЛИ́НКЕР, -а, *мн.* -ы, -ов *и* -а́, -о́в, *м.* (спец.). Прочный огнеупорный и водонепроницаемый искусственный камень, а также обожжённое до спекания цементное сырьё. ‖ *прил.* **кли́нкерный**, -ая, -ое.

КЛИНОВИ́ДНЫЙ, -ая, -ое; -ден, -дна. Имеющий форму клина (во 2 знач.). *Клиновидная бородка. Клиновидные письмена* (клинопись). ‖ *сущ.* **клинови́дность**, -и, *ж.*

КЛИНО́К, -нка́, *м.* Режущая и колющая часть холодного оружия. *Скрестить клинки* (начать поединок; также перен.: вступить в открытый спор; книжн.). ‖ *прил.* **клинко́вый**, -ая, -ое.

КЛИ́НОПИСЬ, -и, *ж.* (спец.). Письмена из соединяющихся в виде клиньев чёрточек, употреблявшиеся ассиро-вавилонянами, древними персами и нек-рыми другими древними народами. ‖ *прил.* **клинопи́сный**, -ая, -ое.

КЛИП, -а, *м.* То же, что видеоклип.

КЛИ́ПЕР, -а, *мн.* -ы, -ов *и* -а́, -о́в, *м.* Быстроходное морское парусное (или парусно-паровое) судно. ‖ *прил.* **кли́перный**, -ая, -ое.

КЛИ́ПСЫ, -ов, *ед.* клипс, -а, *м. и* кли́пса, -ы, *ж.* Род серёг, прикрепляемых к мочке уха зажимом. ‖ *прил.* **кли́псовый**, -ая, -ое.

КЛИР, -а, *м.* В христианской церкви: служители, причт одного храма.

КЛИ́РОС, -а, *м.* В церкви: место для певчих на возвышении по обеим сторонам перед алтарём. ‖ *прил.* **кли́росный**, -ая, -ое.

КЛИЧ, -а, *м.* (высок.). Возглас, призыв. *Кликнуть к.* (обратиться с призывом ко многим). *Победный к.*

КЛИ́ЧКА, -и, *ж.* **1.** Имя домашнего животного. *Собака по кличке Шарик.* **2.** Конспиративное или шутливое, насмешливое прозвище. *Дать кличку кому-н. Обидная к.*

КЛИШЕ́, *нескл., ср.* **1.** Рельефное изображение на металле, дереве, пластмассе или линолеуме для полиграфического воспроизведения иллюстраций, чертежей (спец.). *Изготовить к. Штриховое к.* **2.** *перен.* Шаблонная фраза, ходячее выражение, речевой штамп.

КЛИШИ́РОВАТЬ, -рую, -руешь; -анный; *сов.* и *несов., что* (спец.). Изготовить (-влять) клише (в 1 знач.). *К. снимок.* ‖ *сущ.* **клиши́рование**, -я, *ср. и* **клиширо́вка**, -и, *ж.*

КЛОА́КА, -и, *ж.* **1.** Подземный канал для стока нечистот. **2.** *перен.* О чём-н. крайне отвратительном (о грязном месте, о морально низкой среде) (книжн. презр.). **3.** Задний отдел пищеварительного канала у ряда позвоночных животных, соединённый с мочевыми и половыми протоками (спец.). ‖ *прил.* **клоака́льный**, -ая, -ое (к 3 знач.; спец.) *и* **клоа́чный**, -ая, -ое (к 1 и 3 знач.). *Отряд клоачных* (сущ.; отряд наиболее примитивных яйцекладущих млекопитающих, к к-рым относятся ехидны и утконосы).

КЛОБ, -а, *м.* (устар.). То же, что клуб[2] (в 1 знач.).

КЛОБУ́К, -а́, *м.* Высокий монашеский головной убор с покрывалом, а также вообще монашеский головной убор, камилавка (во 2 знач.).

КЛОК, -а́, *мн.* кло́чья, -ьев *и* клоки́, -о́в, *м.* **1.** Пучок, торчащая прядь. *К. сена. К. волос. С паршивой овцы (собаки) хоть шерсти к.* (посл.). **2.** Обрывок, лоскут, оторвавшийся кусок чего-н. *Изорвать рубаху в клочья. Клочья тумана* (перен.).

КЛОКОТА́ТЬ, -очу́, -о́чешь; *несов.* **1.** (1 и 2 л. не употр.). Бурлить, издавать рокочущие звуки. *Клокочет водопад.* **2.** *перен.* То же, что кипеть (во 2 знач.). *Клокочет гнев в ком-н.* ‖ *сущ.* **кло́кот**, -а, *м.* (к 1 знач.) *и* **клокота́ние**, -я, *ср.*

КЛОНИ́ТЬ, клоню́, кло́нишь; *несов.* **1.** *кого-что.* Пригибать книзу, склонять. *Лодку клонит* (безл.) *на бок. К. голову, шею, спину* (также перен., перед кем: послушно склоняться, покорствовать). **2.** (1 и 2 л. не употр.), обычно *безл., кого (что) к чему.* Влечь, тянуть (в 8 знач.). *Дремота клонит. Ребёнка клонит* (безл.) *ко сну.* **3.** *что к чему и куда.* Обиняком, намеками или постепенно направлять речь, дело к чему-н. (разг.). *Куда он клонит?* (что хочет сказать, на что намекает?). *К. дело к ссоре.*

КЛОНИ́ТЬСЯ, клоню́сь, кло́нишься; *несов.* **1.** Пригибаться книзу, опускаться. *Ветки клонятся к земле.* **2.** (1 и 2 л. не употр.), *к чему.* Иметь какое-н. направление, идти, близиться к чему-н. *День клонится к вечеру. Дело клонится к развязке.*

КЛОП, -а́, *м.* **1.** Насекомое с колющим хоботком, питающееся кровью людей, животных или соком растений. **2.** Малыш, кнопка (в 4 знач.) (разг. шутл.). *Совсем ещё к., а уже рассуждает.* ‖ *уменьш.* **кло́пик**, -а, *м.* ‖ *прил.* **клопи́ный**, -ая, -ое (к 1 знач.) *и* **клопо́вый**, -ая, -ое (к 1 знач.).

КЛОПО́ВНИК, -а, *м.* **1.** Место в жилом помещении, где расплодились клопы, а также само такое помещение (разг.). *Не квартира, а к.* **2.** Род трав сем. крестоцветных, некрые виды употр. как средство от клопов.

КЛО́УН, -а, *м.* Цирковой артист, использующий приёмы гротеска и буффонады. *К.-ковёрный. К.-комик. Строить из себя клоуна* (перен.: вести себя шутовски, паясничать; разг. неодобр.). ‖ *ж.* **клоуне́сса** [нэ], -ы. ‖ *прил.* **кло́унский**, -ая, -ое.

КЛОУНА́ДА, -ы, *ж.* **1.** Жанр циркового искусства, основанный на буффонаде и гротеске. **2.** Часть циркового представления — клоунская сценка. *Весёлая к.* ‖ *прил.* **клоуна́дный**, -ая, -ое.

КЛОХТА́ТЬ (клохчу́, кло́чешь, 1 и 2 л. не употр.), кло́хчет; *несов.* О курах и самках нек-рых других птиц: кудахтать, издавать короткие, повторяющиеся звуки. ‖ *сущ.* **клохта́нье**, -я, *ср.*

КЛОЧКОВА́ТЫЙ, -ая, -ое; -а́т. **1.** *полн. ф.* Состоящий из клочков, с клочками. *Клочковатая шерсть.* **2.** *перен.* О стиле, речи: неровный, негладкий. *Клочковатое изложение.* ‖ *сущ.* **клочкова́тость**, -и, *ж.* (ко 2 знач.).

КЛОЧО́К, -чка́, *м.* То же, что клок. *К. пакли. Изорвать в клочки.*

КЛУБ[1], -а, *мн.* -ы́, -о́в *и* -ы, -ов, *м.* Шарообразная летучая дымчатая масса. *Клубы дыма. Клубы пыли.*

КЛУБ[2], -а, *мн.* -ы, -ов, *м.* **1.** Общественная организация, объединяющая людей на основе общности, сходства, близости интересов занятий. *Спортивный к. Шахматный к. К. книголюбов. К. деловых встреч. К. юмористов. Дамский, мужской к. Артистический к.* **2.** Культурно-просветительное учреждение, в к-ром собираются люди для отдыха, развлечений; здание, помещение такого учреждения. *Заводской к. Танцы, дискотека в клубе. Кружок самодеятельности при клубе. Построен новый к.* **3.** Учреждение или общественная организация (обычно международная), занимающаяся финансовой или коммерческой деятельностью. *Европейский к. стран-кредиторов. Инвестиционный к. К. взаимного страхования* (судовладельческий). *Парижский к.* (межправительственный институт стран-кредиторов, ведающих внешними займами). ✦ **Ночной клуб** — ночной ресторан с развлекательной программой. ‖ *прил.* **клу́бный**, -ая, -ое. *К. устав. Клубные встречи. Клубная сцена. Клубная программа.*

КЛУ́БЕНЬ, -бня, *м.* Мясистое утолщение корня или стебля растения. *Подземный к. Надземный к. Картофельные клубни.* ‖ *прил.* **клубнево́й**, -а́я, -о́е. *Клубневые растения.*

КЛУБИ́ТЬ (-блю́, -би́шь, 1 и 2 л. не употр.), -би́т; *несов., что.* Вздымать (летучее), поднимать клубами. *Ветер клубит пыль.*

КЛУБИ́ТЬСЯ (-блю́сь, -би́шься, 1 и 2 л. не употр.), -би́тся; *несов.* Вздыматься (о летучем), подниматься, располагаться клубами. *Пыль клубится под копытами. Дым клубится. Клубятся облака.*

КЛУБНЕПЛО́Д, -а, *м.* Растение, образующее на подземных стеблях богатые углеводами клубни, идущие в пищу, на корм или в техническую обработку. ‖ *прил.* **клубнепло́дный**, -ая, -ое.

КЛУБНИ́КА, -и, *ж.* **1.** Многолетнее травянистое растение сем. розоцветных со сладкими ароматными розово-красными ягодами, а также его ягоды. *Лесная к.* **2.** Обиходное название крупной садовой земляники. ‖ *уменьш.* **клубни́чка**, -и, *ж.* ‖ *прил.* **клубни́чный**, -ая, -ое.

КЛУБНИ́ЧКА, -и, *ж.* **1.** *см.* клубника. **2.** О чём-н. скабрёзном, эротическом (устар. и разг.). *Любители клубнички. Попользоваться насчёт клубнички* (заняться любовными похождениями).

КЛУБНИ́ЧНЫЙ, -ая, -ое. **1.** *см.* клубника. **2.** Густо-розовый, розово-красный, цвета клубники.

КЛУБО́К, -бка́, *м.* **1.** Смотанные шариком нитки, а также вообще комок чего-н. мягкого, спутанного. *К. пряжи, шерсти. К. кудели. Размотать к. Распутать к.* (также перен.: разобраться в сложном, запутанном деле). **2.** *перен.* Запутанное сцепление, сочетание чего-н. *К. мыслей. К. противоречий.* **3.** *перен.* Ощущение спазма в горле при волнении, плаче. *К. подступил к горлу.* ✦ **Лечь (свернуться) клубком (в клубок, клубочком, в клубочек)** (разг.) — прижав подогнутые конечности к телу, свернувшись в комок, калачиком. ‖ *уменьш.* **клубо́чек**, -чка, *м.* (к 1 и 3 знач.). ‖ *прил.* **клубко́вый**, -ая, -ое *и* **клубо́чный**, -ая, -ое.

КЛУ́МБА, -ы, *ж.* Приподнятый над газоном, дорожками садовый цветник в виде замкнутой фигуры. *Круглая к. Разбить клумбу* (устроить). ‖ *прил.* **клу́мбовый**, -ая, -ое.

КЛУ́ША, -и, *ж.* **1.** Курица-наседка (обл.). **2.** *перен.* Медлительная, нерасторопная женщина (разг. неодобр.).

КЛЫК, -а́, *м.* **1.** Зуб, расположенный непосредственно за резцом (во 2 знач.). **2.** У нек-рых животных: выступающее из пасти длинное и острое костное образование — орган нападения и защиты. *Клыки моржа, кабана.*

КЛЫКА́СТЫЙ, -ая, -ое; -а́ст (разг.). С клыками (во 2 знач.), с большими клыками. ‖ *сущ.* **клыка́стость**, -и, *ж.*

КЛЮВ, -а, *м.* У птиц: роговое образование из двух удлинившихся смыкающихся челюстей. *Орлиный к. Клевать, долбить клювом.* ‖ *уменьш.* **клю́вик**, -а, *м.*

КЛЮКА́, -и́, *ж.* Палка с кривым верхним концом для опоры при ходьбе.

КЛЮ́КВА, -ы, *ж.* Стелющийся болотный кустарничек сем. брусничных с красными кислыми ягодами, а также его ягоды. *К. подснежная.* ✦ **Вот так клюква!** (прост.) — восклицание удивления при неприятной неожиданности. **Развесистая клюква** (ирон.) — о чём-н. совершенно неправдоподобном и обнаруживающем полное незнакомство с предметом. ‖ *прил.* **клю́квенный**, -ая, -ое.

КЛЮ́КВЕННИК, -а, *м.* Место на болоте, где растёт клюква.

КЛЮ́КВЕННЫЙ, -ая, -ое. **1.** *см.* клюква. **2.** Тёмно-красный, цвета клюквы.

КЛЮ́НУТЬ *см.* клевать.

КЛЮЧ[1], -а́, *м.* **1.** Металлический стержень с особой комбинацией вырезов для отпирания и запирания замка. *Запереть на к. Подобрать ключи* (найти подходящие ключи; перен., к кому: найти нужный подход к кому-н.; разг.). **2.** Приспособление для отвинчивания или завинчивания, откупоривания, приведения в действие механизма. *К. для часов. Гаечный к. Телеграфный к.* (для передачи по азбуке Морзе). **3.** *перен.* То, что служит для разгадки, понимания чего-н., овладения чем-н. *К. к разгадке тайны. К. к шифру. К. местности* (господствующая позиция; спец.). **4.** Знак в начале нотной строки, определяющий высоту нот (спец.). *Музыкальный к. Скрипичный к. Басовый к. Поэма написана в оптимистическом ключе* (перен.: звучит оптимистически). **5.** Верхний камень, замыкающий свод сооружения (спец.). **6.** В царской России: отличительный знак камергера в виде золотого ключа, носимого на фалде мундирного фрака или на талии фрака либо мундира. *Камергерский к.* ✦ **Под ключ** (строить, сдать здание, строение) — в полной готовности. *Сдать дом под ключ.* ‖ *уменьш.* **клю́чик**, -а, *м.* (к 1 и 2 знач.). ‖ *прил.* **ключево́й**, -а́я, -о́е.

КЛЮЧ[2], -а́, *м.* Вытекающий из земли источник, родник. *В овраге бьют ключи. Бить ключом* (вытекать стремительной струёй). *Жизнь бьёт ключом* (перен.: кипит во 2 знач.). ‖ *прил.* **ключево́й**, -а́я, -о́е. *Ключевая вода.*

КЛЮЧА́РЬ, -я́, *м.* Духовное лицо, заведующее ризницею и церковной утварью. *К. храма.* ‖ *прил.* **ключа́рский**, -ая, -ое.

КЛЮЧЕВО́Й, -а́я, -о́е. **1.** *см.* ключ[1,2]. **2.** *перен.* Открывающий возможности овладения, управления чем-н. *Ключевые позиции.*

КЛЮЧИ́ЦА, -ы, *ж.* У позвоночных животных и человека: парная кость плечевого пояса. ‖ *прил.* **ключи́чный**, -ая, -ое.

КЛЮ́ЧНИК, -а, *м.* В старину: слуга, ведающий продовольственными запасами имения, дома, хранитель ключей. ‖ *ж.* **клю́чница**, -ы.

КЛЮ́ШКА, -и, *ж.* **1.** То же, что клюка. **2.** Спортивный снаряд в виде палки с загнутым концом для игры в хоккей, гольф. ‖ *прил.* **клю́шечный**, -ая, -ое (ко 2 знач.).

КЛЯ́КСА, -ы, *ж.* Пятно от капнувших с пера чернил, чернильная капля на бумаге. *Посадить кляксу.*

КЛЯ́НЧИТЬ, -чу, -чишь; *несов., что* (разг.). Надоедливо выпрашивать. *К. деньги у кого-н.* ‖ *сов.* **вы́клянчить**, -чу, -чишь; -ченный.

КЛЯП, -а, *м.* Кусок дерева или тряпка, насильно засовываемая в рот для предупреждения крика, укусов. *Вбить, воткнуть к. кому-н.*

КЛЯ́ССЕР, -а, *м.* Альбом для марок. ‖ *прил.* **кля́ссерный**, -ая, -ое.

КЛЯСТЬ, кляну́, клянёшь; клял, -а́, -о; кля́вший; кля́тый; кляня́; *несов., кого-что* (разг.). То же, что проклинать (во 2 знач.)

КЛЯ́СТЬСЯ, кляну́сь, клянёшься; кля́лся, -ла́сь; кля́вшийся; кляня́сь; *несов., в чём, с неопр. или с союзом «что».* Клятвенно уверять, давать клятву. *К. в дружбе. К. исполнить обещание.* ‖ *сов.* **покля́сться,** -яну́сь, -янёшься.

КЛЯ́ТВА, -ы, *ж.* Торжественное обещание, уверение. *К. верности* или *в верности. Дать, нарушить клятву. К. Гиппократа* (у начинающих врачей: торжественная клятва в верности медицинскому долгу). ‖ *прил.* **кля́твенный,** -ая, -ое. *К. обет.*

КЛЯТВОПРЕСТУПЛЕ́НИЕ, -я, *ср.* (книжн.). Нарушение клятвы.

КЛЯ́УЗА, -ы, *ж.* **1.** Мелочная ссора, мелкая интрига, сплетни, дрязги (разг.). *Заниматься кляузами. Сочинить кляузу* (мелочный донос). **2.** Судебное дело такого характера (устар.).

КЛЯ́УЗНИК, -а, *м.* (разг. презр.). Человек, к-рый занимается кляузами (в 1 знач.), кляузничает. ‖ *ж.* **кля́узница,** -ы. ‖ *прил.* **кля́узнический,** -ая, -ое.

КЛЯ́УЗНИЧАТЬ, -аю, -аешь; *несов.* (разг. презр.). Заниматься кляузами, передавать кляузы, сплетни. ‖ *сов.* **накля́узничать,** -аю, -аешь.

КЛЯ́УЗНЫЙ, -ая, -ое; -зен, -зна (разг.). **1.** Мелочный (в 1 знач.) и придирчивый; склонный к кляузам (в 1 знач.). *К. характер.* **2.** Чреватый мелкими неприятностями; сутяжный (во 2 знач.). *Кляузное дело.* ‖ *сущ.* **кля́узность,** -и, *ж.*

КЛЯ́ЧА, -и, *ж.* (разг. пренебр.). Плохая (обычно старая) лошадь. *Заморённая к. Как загнанная к. кто-н.* (устал от постоянных трудов, забот). ‖ *унич.* **клячо́нка,** -и, *ж.*

КНАРУ́ЖИ, *нареч.* (устар. и прост.). К наружной стороне чего-н. ✦ **Кнаружи от** *чего, предлог с род. п.* — по направлению изнутри наружу.

КНЕХТ, -а, *м.* (спец.). Тумба на палубе судна или на пристани для закрепления троса, каната.

КНИ́ГА, -и, *ж.* **1.** Произведение печати (в старину также рукописное) в виде переплетённых листов с каким-н. текстом. *Интересная к. Писатель выпустил в свет новую книгу. К. стихов. Сидеть за книгой* (читать), *над книгами* (много читать). *Сесть за книги* (начать заниматься). *К. жизни* (перен.: вся жизнь, жизненный путь; высок.). **2.** Сшитые в один переплёт листы бумаги, заполняемые документальными официальными учётными данными. *Бухгалтерские книги. Амбарная к. К. отзывов. К. почётных посетителей* (для оставляемых ими записей). *К. по́чёта* (на предприятии, в учреждении, на военных кораблях: для занесения имён тех, кто отличился в труде, в службе). **3.** Крупное подразделение литературного произведения, состоящее из многих глав. *Роман в трёх книгах.* ✦ **И книги в руки** *кому* (разг.) — о знатоке, авторитете в каком-н. деле. **Книга за семью печатями** — о чём-н. совершенно недоступном пониманию, разумению [по библейскому «Откровению Иоанна Богослова», повествующему о никому не доступных, запечатанных семью печатями божественных свитках, один за другим открывающих весь ход жизни на Земле, конец света и второе пришествие Иисуса Христа]. **Книга рекордов** — книга, фиксирующая уникальные достижения в разных областях деятельности, в соревнованиях. *Книга рекордов Гиннеса* (в Англии). ‖ *прил.* **кни́жный,** -ая, -ое (к 1 и 2 знач.). *К. магазин. К. рынок* (сфера книжного обращения, книгооборота). *Книжное дело* (издательское). *К. голод* (недостаток книг в продаже). *Книжная лавка* (название нек-рых книжных магазинов). *Книжная палата* (главное библиографическое учреждение). *К. знак* (экслибрис). *Книжная полка.*

КНИГО... *Первая часть сложных слов со знач.:* 1) относящийся к книгам (в 1 знач.), напр. *книговыдача, книгоиздатель, книгоиздательство, книгопрода́вец* (устар.), *книготорговля;* 2) относящийся к книгам (во 2 знач.), напр. *книговеде́ние* (в бухгалтерии).

КНИГОВЕ́ДЕНИЕ, -я, *ср.* Комплексная наука о книгах, произведениях печати как явлении культуры, предмете производства и распространения. ‖ *прил.* **книгове́дческий,** -ая, -ое.

КНИГОЛЮ́Б, -а, *м.* Любитель книг, чтения. ‖ *прил.* **книголю́бский,** -ая, -ое (разг.).

КНИГОНО́ША, -и, *м.* и *ж.* Продавец книг вразнос или библиотечный работник, доставляющий книги на дом.

КНИГООБМЕ́Н, -а, *м.* (офиц.). Обмен книжной продукцией, книгами (между библиотеками, учреждениями, отдельными лицами). *Международный к. Получать литературу в порядке книгообмена.* ‖ *прил.* **книгообме́нный,** -ая, -ое.

КНИГОПЕЧА́ТАНИЕ, -я, *ср.* Печатание и издание книг. ‖ *прил.* **книгопеча́тный,** -ая, -ое. *Книгопечатное дело.*

КНИГОПРОДА́ВЕЦ, -вца, *м.* (устар.). Торговец книгами. ‖ *прил.* **книгопрода́вческий,** -ая, -ое. *Книгопродавческое дело* (продажа книг, торговля книгами).

КНИГОХРАНИ́ЛИЩЕ, -а, *ср.* **1.** Помещение для хранения книг в библиотеке, книжном магазине. **2.** Крупная общественная библиотека. ‖ *прил.* **книгохрани́лищный,** -ая, -ое.

КНИГОЧЕ́Й, -я, *м.* Человек, любящий читать, увлекающийся чтением. ‖ *ж.* **книгоче́я,** -и (устар.).

КНИ́ЖКА, -и, *ж.* **1.** То же, что книга (в 1 знач., но не о рукописном произведении). **2.** Название нек-рых документов в виде небольшой тетрадки с текстом и местом для записей. *Членская к. Сберегательная к. Чековая к.* **3.** Отдельный номер толстого журнала. *Мартовская к. «Нового мира».* **4.** То же, что сберегательная книжка (разг.). *Положить деньги на книжку. Снять деньги с книжки.* ‖ *уменьш.* **кни́жечка,** -и, *ж.* (к 1 знач.) и **кни́жица,** -ы, *ж.* (к 1 знач.). ‖ *унич.* **книжо́нка,** -и, *ж.* (к 1 знач.).

КНИ́ЖНИК, -а, *м.* **1.** Любитель и знаток книг. *Страстный к.* **2.** Работник книжной торговли (разг.). ‖ *ж.* **кни́жница,** -ы (к 1 знач.).

КНИ́ЖНЫЙ, -ая, -ое. **1.** *см.* книга. **2.** Основанный только на изучении книг, оторванный от практики. *Книжные знания.* **3.** Характерный для письменного изложения, несвойственный живой устной речи. *К. стиль. Выражаться книжно* (нареч.). ‖ *сущ.* **кни́жность,** -и, *ж.*

КНИ́ЗУ, *нареч.* То же, что вниз (в 1 и 3 знач.). *Нора расширяется к. Плыть к.* (вниз по течению). ✦ **Книзу от** *кого-чего, предлог с род. п.* (разг.) — то же, что вниз от кого-чего-н. *Тропинка книзу от холма.*

КНИ́КСЕН [сэ], -а, *м.* Почтительное приседание перед старшим. *Сделать к.*

КНО́ПКА, -и, *ж.* **1.** Тонкий короткий гвоздик с широкой плоской шляпкой для закрепления бумаги, ткани. *Канцелярские кнопки.* **2.** Подвижная пуговка (во 2 знач.) для замыкания и размыкания в цепи тока. *К. управления. К. электрического звонка. Нажать на все кнопки* (также перен.: использовать все возможности для достижения чего-н.; разг.). **3.** Застёжка из двух металлических или пластмассовых частей, входящих одна в другую. *Перчатки на кнопках.* **4.** Маленький человек или ребёнок (разг. шутл.). ‖ *уменьш.* **кно́почка,** -и, *ж.* ‖ *прил.* **кно́почный,** -ая, -ое (к 1, 2 и 3 знач.).

КНУТ, -а́, *м.* Большая плеть (в 1 знач.). *Верёвочный к. Пастуший к.* ✦ **Политика кнута и пряника** (книжн.) — линия поведения, политика, основанная на смене поощрений и наказаний.

КНУТОВИ́ЩЕ, -а, *ср.* Рукоятка кнута.

КНЯГИ́НЯ, -и, *ж.* Жена князя.

КНЯ́ЖЕСКИЙ *см.* князь.

КНЯ́ЖЕСТВО, -а, *ср.* **1.** Феодальное государство во главе с князем. *Великое к. Владимирское.* **2.** Название нек-рых современных государств. *К. Лихтенштейн.*

КНЯ́ЖИТЬ, -жу, -жишь; *несов.* (стар.). Править княжеством (в 1 знач.). ‖ *сущ.* **княже́ние,** -я, *ср.*

КНЯЖНА́, -ы́, *род. мн.* -жо́н, *ж.* Незамужняя дочь князя.

КНЯЗЬ, -я, *мн.* -зья́, -зе́й, *м.* **1.** В феодальной Руси: предводитель войска и правитель области. *Киевские князья. Удельный к.* **2.** Наследственный титул потомков таких лиц или лиц, получавших его при царизме в награду, а также лицо, имеющее этот титул. *Из князей кто-н.* ✦ **Князь тьмы** (книжн.) — сатана, дьявол. **Из грязи в князи** (презр.) — погов. о том, кто возвысился не по заслугам. ‖ *унич.* **князёк,** -зька́, *м. Ведёт себя эдаким князьком* (перен.: превышая свою власть, ни с кем не считаясь; разг. неодобр.). ‖ *прил.* **кня́жеский,** -ая, -ое, **кня́жий,** -ья, -ье (устар.) и **княжо́й,** -а́я, -о́е (стар.). *Княжеская дружина. Княжий гнев. Княжой двор.*

КО, *предлог.* Употр. вместо «к» перед словами, начинающимися с нек-рых групп согласных, напр. *ко мне, ко рту, ко всем, не ко двору.*

КОАЛИ́ЦИЯ, -и, *ж.* (книжн). Объединение, союз (государств, партий) для достижения общей цели. ‖ *прил.* **коалицио́нный,** -ая, -ое. *Коалиционное правительство.*

КО́БАЛЬТ, -а, *м.* Химический элемент, твёрдый серебристо-белый металл с красноватым отливом. ‖ *прил.* **ко́бальтовый,** -ая, -ое. *К. сплав.*

КОБЕ́ДНИШНИЙ, -яя, -ее (прост.). Об одежде: парадный, для праздников. *Кобеднишняя кофта.*

КОБЕ́ЛЬ, -я́, *м.* Самец собаки. *Чёрного кобеля не отмоешь добела* (посл.). ‖ *прил.* **кобели́ный,** -ая, -ое.

КОБЕ́НИТЬСЯ, -нюсь, -нишься; *несов.* (прост.). Упрямо не соглашаться на просьбы, уговоры, ломаться.

КО́БЗА, -ы и **КОБЗА́,** -ы́, *ж.* Старинный украинский струнный щипковый музыкальный инструмент.

КОБЗА́РЬ, -я́, *м.* Украинский народный певец, играющий на кобзе. ‖ *прил.* **кобза́рский,** -ая, -ое.

КО́БРА, -ы, *ж.* Ядовитая змея жарких стран сем. аспидов, с пятнами ниже головы.

КОБУРА́, -ы́, *ж.* **1.** Жёсткий чехол для револьвера, пистолета. **2.** Кожаная сумка у кавалерийского седла.

КО́БЧИК, -а, *м.* Небольшая хищная птица рода соколов с длинными крыльями.

КОБЫ́ЛА, -ы, *ж.* **1.** Самка лошади. *Жерёбая к. Пожалел волк кобылу: оставил хвост да гриву* (посл.). **2.** *перен.* О рослой, нескладной женщине (прост. пренебр.). *Экая ты к.!* **3.** В старину: скамья, к к-рой привязывали подвергаемого телесному наказанию. ✦ **Пришей (не пришей) кобыле хвост** (прост.) — о ком-чём-н. совершенно ненужном, не имеющем отношения к делу. *Этот парень в нашей компании пришей кобыле хвост.* ‖ *уменьш.* **кобы́лка**, -и, *ж.* (к 1 и 2 знач.). ‖ *прил.* **кобы́лий**, -ья, -ье (к 1 и 2 знач.).

КОБЫЛИ́ЦА, -ы, *ж.* То же, что кобыла (в 1 знач.).

КОБЫ́ЛКА[1], -и, *ж.*, также *собир.* Саранчовое насекомое.

КОБЫ́ЛКА[2], -и, *ж.* **1.** *см.* кобыла. **2.** *перен.* Безответный и трудолюбивый работник, трудяга (прост.). *Всю жизнь был серой кобылкой.*

КО́ВАНЫЙ, -ая, -ое; -ан. **1.** *полн. ф.* Изготовленный ковкой. *Кованые изделия.* **2.** *полн. ф.* С подковами, подкованный. *Кованая лошадь.* **3.** *полн. ф.* Обитый железом. *К. сундук.* **4.** *перен.* Чёткий, выразительный (высок.). *К. стих.* ‖ *сущ.* **ко́ваность**, -и, *ж.* (к 4 знач.).

КОВА́РНЫЙ, -ая, -ое; -рен, -рна. Отличающийся коварством, склонный к нему. *К. поступок. К. враг.* ‖ *сущ.* **кова́рность**, -и, *ж.*

КОВА́РСТВО, -а, *ср.* Злонамеренность, прикрытая показным доброжелательством.

КОВА́ТЬ, кую́, куёшь; куй; ко́ванный; *несов.* **1.** *что.* Ударами молота придавать заготовке (в 3 знач.) какую-н. форму; изготовлять при помощи ковки. *Куй железо, пока горячо* (посл.). **2.** *перен., что.* Деятельно участвовать в создании чего-н. (высок.). *К. победу.* **3.** *кого (что).* Набивать подковы. *К. коня.* ‖ *сов.* **скова́ть**, скую́, скуёшь; ско́ванный (к 1 знач.) *и* **подкова́ть**, -кую́, -куёшь; -о́ванный (к 3 знач.). ‖ *сущ.* **ко́вка**, -и, *ж.* (к 1 и 3 знач.). ‖ *прил.* **ко́вочный**, -ая, -ое (к 1 знач.; спец.). *К. инструмент. Ковочная машина.*

КОВБО́Й, -я, *м.* На североамериканском западе: пастух, объезжающий стада верхом. ‖ *прил.* **ковбо́йский**, -ая, -ое. *К. фильм* (приключенческий фильм из жизни ковбоев).

КОВБО́ЙКА, -и, *ж.* Плотная клетчатая рубашка простого покроя с отложным воротом.

КОВЕ́РКАТЬ, -аю, -аешь; -анный; *несов.* **1.** *кого-что.* Портить, уродовать. *К. работу. К. чей-н. характер, ум, душу.* **2.** *что.* Неправильно, искажённо излагать, произносить. *К. мысль. К. язык.* ‖ *сов.* **исковеркать**, -аю, -аешь; -анный. ‖ *сущ.* **кове́рканье**, -я, *ср.*

КОВЕ́РКАТЬСЯ, -аюсь, -аешься; *несов.* (разг.). **1.** (1 и 2 л. не употр.). Портиться, уродоваться, искажаться. *Под пером плохого переводчика коверкается текст.* **2.** Кривляться, ломаться.

КОВЕРКО́Т, -а (-у), *м.* Плотная ткань в наклонный рубчик. ‖ *прил.* **коверко́товый**, -ая, -ое. *К. костюм.*

КОВЁР, -вра́, *м.* Изделие (обычно многоцветное, узорчатое) из шерстяной, шёлковой пряжи, часто с ворсом, употр. для покрытия пола, украшения стен. *К. ручной работы. Расстелить, свернуть к. У ковра выступать* (в цирке: быть ковёрным). *Зелёный к. луга* (перен.). *К. зимы* (перен.: снег). *Вызвать, поставить на к. кого-н.* (перен.: строго призвать к ответу, потребовать объяснений; разг.). ‖ *уменьш.* **ко́врик**, -а, *м. Домотканый к.* (половичок). ‖ *прил.* **ковро́вый**, -ая, -ое. *Ковровая фабрика. Ковровая дорожка. Ковровые растения* (низкорослые стелющиеся травянистые растения).

КОВЁРНЫЙ, -ого, *м.* Клоун-комик, выступающий в перерыве между номерами (обычно пока убирают или расстилают ковёр на цирковой арене, готовят реквизит). *Клоун-к.*

КО́ВКИЙ, -ая, -ое; -вок, -вка́ *и* -вка, -вко. Хорошо поддающийся ковке. *К. металл.* ‖ *сущ.* **ко́вкость**, -и, *ж.*

КОВРИ́ГА, -и, *ж.* То же, что каравай. ‖ *прил.* **коври́жный**, -ая, -ое.

КОВРИ́ЖКА, -и, *ж.* Род пряника (обычно на меду). *Ни за какие коврижки* (ни за что, ни в каком случае; разг.). ‖ *прил.* **коври́жечный**, -ая, -ое.

КОВРО́ВЩИК, -а, *м.* Специалист по изготовлению, тканью ковров. ‖ *ж.* **ковро́вщица**, -ы.

КОВЧЕ́Г, -а, *м.* **1.** Ветхое или странное на вид судно, корабль, а также старая повозка, рыдван (обл. и прост. ирон.). **2.** В старинном и церковном обиходе: ларец или сосуд для хранения ценных предметов (в церкви — также предметов, относящихся к обряду причастия). ✦ **Ноев ковчег** — 1) по библейскому сказанию: судно, в к-ром праведный человек Ной во время всемирного потопа взял парами людей и животных, семена растений для продолжения жизни на Земле; 2) разнородная группа людей, животных, оказавшихся в тесном соседстве (книжн.). ‖ *уменьш.* **ковче́жец**, -жца, *м.* (ко 2 знач.). ‖ *прил.* **ковче́жный**, -ая, -ое (ко 2 знач.).

КОВШ, -а́, *м.* **1.** Округлый сосуд с ручкой для зачерпывания жидкости, сыпучего [в старину — сосуд для питья вина]. **2.** Большой металлический сосуд или захватывающее устройство в разных механизмах, производствах (спец.). *Литейный к. Ковши экскаватора.* ‖ *прил.* **ковшо́вый**, -ая, -ое. *К. элеватор* (машина для подъёма сыпучих грузов в ковшах).

КО́ВШИК, -а, *м.* То же, что ковш (в 1 знач.).

КО́ВЫ, ков (стар.). Коварные умыслы, козни. *Строить к. кому-н.*

КОВЫ́ЛЬ, -я́, *м.* Степной дикорастущий злак с узкими листьями. *Вдали золотится к.* ‖ *прил.* **ковы́льный**, -ая, -ое.

КОВЫЛЯ́ТЬ, -я́ю, -я́ешь; *несов.* (разг.). Идти, хромая или с трудом, медленно.

КОВЫРЯ́ТЬ, -я́ю, -я́ешь; *несов., что.* Проникать внутрь чего-н., разворачивая, извлекая кусочки, частицы. *К. землю мотыгой. К. в зубах.* ‖ *однокр.* **ковырну́ть**, -ну́, -нёшь.

КОВЫРЯ́ТЬСЯ, -я́юсь, -я́ешься; *несов.* (разг.). **1.** *в чём.* Рыться, копаться в чём-н., извлекая что-н. *К. в земле.* **2.** *перен.* То же, что копаться (во 2 и 3 знач.) (неодобр.).

КОГДА́. **1.** *мест. нареч.* и *союзн. сл.* В какое время. *К. он придёт? Я не знаю, к. он придёт. В день, к. пришла весть о Победе.* **2.** *мест. нареч.* При противопоставлении употр. в знач. иногда (прост.). *К. езжу, к. пешком хожу.* **3.** *мест. нареч.* То же, что когда-нибудь (прост.). *Ты жил к. на Севере?* ✦ **Когда́ ещё** (разг.) — очень давно или не очень скоро. *Когда ещё это было-то! Когда ещё он вернётся!* **Когда так (когда так, то)**, *союз* (разг.) — то же, что если так, то. *Когда так, (то) согласен с тобой.* **Когда... то (так) значит**, *союз* (разг.) — то же, что если... то (так) значит. *Когда велят, то (так) значит нужно слушаться.* **Когда бы**, *союз* (разг.) — то же, что если бы (в 1 знач.). *Когда бы знал, не пошёл бы.* **Когда как** (разг.) — в разное время по-разному, бывает и так, и так. *Вы с ним не ссоритесь? — Когда как.*

КОГДА́-ЛИБО, *мест. нареч.* То же, что когда-нибудь (обычно о настоящем и прошедшем).

КОГДА́-НИБУДЬ, *мест. нареч.* В какое-н. неопределённое время — настоящее, прошедшее или будущее.

КОГДА́-ТО, *мест. нареч.* В какое-то время в прошлом. *Когда-то читал эту книгу* [не смешивать с наречием «когда» со свободно присоединяемой и отчленяемой частицей «-то», напр. в случае: *Когда-то* (когда) *ещё он придёт!*, т. е. очень нескоро].

КОГО́РТА, -ы, *ж.* **1.** В Древнем Риме: отряд войска, десятая часть легиона. **2.** *перен.* Крепко сплочённая группа соратников (высок.). *Непобедимая к. борцов. Славная к. российских полководцев.*

КО́ГОТЬ, -гтя, *мн.* -гти, -гте́й, *м.* Острое роговое образование на конце пальца зверя или птицы. *Выпустить когти. Показать когти* (также перен.: предупредить угрожающе; неодобр.). *В когтях врага* (перен.). ✦ **Когти рвать** (прост.) — убегать, спасаться бегством. ‖ *уменьш.* **кого́ток**, -тка́, *м. К. увяз — всей птичке пропасть* (посл.). ‖ *прил.* **коготко́вый**, -ая, -ое. ‖ *прил.* **когтево́й**, -а́я, -о́е.

КОГТИ́СТЫЙ, -ая, -ое; -и́ст. С острыми когтями. *Когтистая лапа. К. зверь.* ‖ *сущ.* **когти́стость**, -и, *ж.*

КОГТИ́ТЬ, -гчу́, -гти́шь; *несов., кого-что* (устар.). Захватывать и разрывать когтями. *Орёл когтит свою жертву.*

КОД, -а, *м.* Система условных обозначений, сигналов, передающих информацию. *Телеграфный к. Цифровой к.* ✦ **Генетический код** (спец.) — последовательность расположения материальных носителей наследственности (генов), передающаяся от поколения к поколению. ‖ *прил.* **ко́довый**, -ая, -ое.

КО́ДЕКС [дэ], -а, *м.* **1.** Свод законов. *Уголовный к. К. законов о труде. К. о недрах. Водный к.* (акт, регулирующий охрану и использование вод). **2.** *перен.* Совокупность правил, убеждений (книжн.). *К. чести.* **3.** Старинная рукопись в переплете (спец.). *Пергаментный к.*

КОДИ́РОВАТЬ, -рую, -руешь; -анный; *сов.* и *несов., что* (спец.). **1.** Зашифровать (-вывать) при помощи кода. *К. секретное донесение.* **2.** Перевести (-водить) информацию из одной кодовой системы в другую. **3.** Осуществить (-влять) медицинское воздействие или лечебный гипноз с целью предупреждения заболевания или избавления от вредных привычек. *К. от ожирения, от алкоголизма, от наркомании, от табакокурения.* ‖ *сов.* также **закоди́ровать**, -рую, -руешь; -анный. ‖ *сущ.* **коди́рование**, -я, *ср.* и **кодиро́вка**, -и, *ж.* (к 1 знач.).

КОДИФИЦИ́РОВАТЬ, -рую, -руешь; -анный; *сов.* и *несов., что* (спец.). Классифицируя, свести (сводить) в кодекс (в 1 знач.). *К. законы.* ‖ *сущ.* **кодифика́ция**, -и, *ж.* ‖ *прил.* **кодификацио́нный**, -ая, -ое.

КО́Е... и (разг.) **КОЙ-...**, *приставка.* Образует местоименные слова со знач.: 1) неопределённости, напр. *кое-кто, кое-какой, кое-где, кое-откуда;* 2) низкой оценки качества, напр. *кое-как.*

КО́Е-ГДЕ́ и (разг.) **КОЙ-ГДЕ́**, *мест. нареч.* В нек-рых, немногих местах. *Кое-где встречаются бобры.*

КО́Е-КА́К и **КОЙ-КА́К**, *мест. нареч.* (разг.). **1.** С большим трудом, еле-еле. *Кое-*

как добрались домой. **2.** Плохо, небрежно, как-нибудь (во 2 знач.). *Уроки приготовлены кое-как.*

КО́Е-КАКО́Й, -а́я, -о́е и **КОЙ-КАКО́Й**, -а́я, -о́е, *мест. неопр.* (разг.) (между «кое-» и «какой» может стоять предлог). То же, что некоторый (во 2 знач.). *Кое-какие покупки. Побывал кое в каких местах.*

КО́Е-КОГДА́ и (разг.) **КОЙ-КОГДА́**, *мест. нареч.* Иногда, изредка. *Кое-когда навещает.*

КО́Е-КТО́, кое-кого́ и (разг.) **КОЙ-КТО́**, кой-кого́, *мест. неопр.* (между «кое-» и «кто» может стоять предлог). Некоторые или немногие люди. *Кое-кто остался. Поговорил кое с кем. Надо кое к кому сходить.*

КО́Е-КУДА́ и (разг.) **КОЙ-КУДА́**, *мест. нареч.* В некоторое, в какое-то место. *Съездили кой-куда.*

КО́ЕЧНИК, -а, *м.* (разг.). Временный жилец, снимающий у кого-н. койку (во 2 знач.). ‖ *ж.* **ко́ечница**, -ы.

КО́ЕЧНЫЙ *см.* койка.

КО́Е-ЧТО́, кое-чего́ и (разг.) **КОЙ-ЧТО́**, кой-чего́, *мест. неопр.* (между «кое-» и «что» может стоять предлог). Некоторые или немногие вещи, явления. *Кое-что купил. Поговорить кое о чём.*

КОЖ... *Первая часть сложных слов со знач.:* 1) относящийся к коже (во 2 знач.), напр. *кожзаменитель, кожсуррогат;* 2) кожевенный, напр. *кожсырьё, кожтовары.*

КО́ЖА, -и, *ж.* **1.** Наружный покров тела человека, животного. *Цвет кожи. Гладкая, морщинистая, загрубелая к.* **2.** Выделанная шкура животного. *Телячья к. Чемодан из свиной кожи.* **3.** Оболочка нек-рых плодов, кожура (разг.). *Яблоко с толстой кожей. Счистить кожу.* ✦ **Из кожи (вон) лезть** (разг.) — очень стараться. **Кожа да кости** (разг.) — об исхудалом человеке. **Ни кожи ни рожи** (прост. пренебр.) — о худом некрасивом человеке. ‖ *прил.* **ко́жный**, -ая, -ое (к 1 знач.). *К. покров. Кожные болезни.*

КОЖА́Н, -а́, *м.* (устар. и разг.). Кожаное пальто, куртка.

КО́ЖАНКА, -и, *ж.* (разг.). Кожаная куртка или короткое кожаное пальто.

КО́ЖАНЫЙ, -ая, -ое. Сделанный из кожи (во 2 знач.). *К. пиджак. Кожаная сумка.*

КОЖЕ́ВЕННЫЙ, -ая, -ое. Относящийся к выделке кож, к изделиям из кожи и торговле ими. *Кожевенное производство. Кожевенные товары.*

КОЖЕ́ВНИК, -а и (устар.) **КОЖЕ́ВЕННИК**, -а, *м.* Работник кожевенного производства. ‖ *ж.* **коже́вница**, -ы.

КО́ЖИСТЫЙ, -ая, -ое. Имеющий кожу или с поверхностью, похожей на кожу. *Кожистые листья. Кожистая перепонка. Кожистая черепаха* (крупная морская черепаха с телом, покрытым кожей).

КО́ЖИЦА, -ы, *ж.* **1.** Тонкая кожа (в 1 и 2 знач.). **2.** Наружный тонкий покров листьев, стеблей и нек-рых других органов растений.

КО́ЖНИК, -а, *м.* (разг.). То же, что дерматолог. ‖ *ж.* **ко́жница**, -ы.

КОЖУРА́, -ы́, *ж.* Наружный покров, оболочка плодов, семян. *К. подсолнухов.*

КОЖУ́Х, -а́, *мн.* -и́, -о́в, *м.* **1.** Верхняя одежда из кожи; овчинный тулуп (обл.). **2.** Чехол, футляр, внешняя обшивка механизмов, их частей (спец.). ‖ *прил.* **кожухо́вый**, -ая, -ое.

КОЗА́, -ы́, *вин.* -у́, *мн.* ко́зы, коз, ко́зам, *ж.* **1.** *мн.* Одомашненный вид козлов (в 1 знач.). *Домашние козы. Держать, разводить коз.* **2.** Самка козла. *Дикая к. Доить козу.* ✦ **Козу делать** *кому* (разг.) — шутя пугать (обычно ребёнка), раздвинутыми пальцами подражая движениям бодающей козы. **Драть как сидорову ко́зу** (прост.) — бить, сечь беспощадно. **На козе (ни на какой козе) не объедешь** *кого*, **не подъедешь к** *кому* (разг. шутл.) — о том, кого невозможно убедить, уломать. **Коза-дереза** — в сказках: то же, что коза (во 2 знач.). ‖ *уменьш.* **ко́зочка**, -и, *ж.* ‖ *прил.* **ко́зий**, -ья, -ье. *Козье молоко. К. сыр.* ✦ **Козья ножка** — 1) инструмент для удаления зубов; 2) самодельная папироса в виде туго скрученной воронки с загнутым кверху концом. *Свернуть козью ножку.*

КОЗЕРО́Г, -а, *м.* Дикий горный козёл с большими рогами.

КОЗЁЛ, -зла́, *м.* **1.** Жвачное парнокопытное животное сем. полорогих с длинной шерстью. *Дикий к. Горный к. Винторогий к.* **2.** Самец домашней козы. *От него как от козла молока* (нет никакой пользы, проку; разг. неодобр.). *Пустить козла в огород* (посл.: допустить кого-н. туда, где он может навредить или поживиться; разг.). *К. в капусте* (о том, кто допущен туда, где ему хорошо, но где он принесёт только вред; разг. шутл.). **3.** Род игры в карты, в домино (разг.). *Забивать козла* (играть в такую игру). **4.** Гимнастический снаряд — короткий брус на ножках, род коня (в 3 знач.). *Прыгать через козла.* ✦ **Козёл отпущения** (разг.) — о человеке, на к-рого постоянно сваливают ответственность за всё плохое [по древнееврейскому обряду, когда в день отпущения грехов первосвященник, кладя руки на голову козла, тем самым возлагал на него грехи всего народа]. ‖ *уменьш.* **ко́злик**, -а, *м.* (к 1 и 2 знач.). ‖ *прил.* **козли́ный**, -ая, -ое (к 1 и 2 знач.), **козло́вый** -ая, -ое (к 1 и 2 знач.) *и* **ко́зий**, -ья, -ье (к 1 и 2 знач.). *Козловые башмаки* (из козьей кожи). *Козлиная бородка* (также перен.: узкая и длинная). *К. мех. Козья шерсть.*

КОЗЛЁНОК, -нка, *мн.* -ля́та, -ля́т, *м.* Детёныш козы. ‖ *уменьш.-ласк., мн.* **козля́тки**, -ток, -ткам.

КО́ЗЛИЩЕ, -а, *ср.*: **отделить овец от козлищ** (устар. книжн.) — отделить хорошее от плохого.

КО́ЗЛЫ, -зел, -злам. **1.** Сиденье для кучера в передке экипажа. **2.** Подставка в виде бруса на ножках, сбитых крестовиной. *Пилить дрова на козлах.* ✦ **В козлы** (поставить), **в козлах** (стоять) — о ружьях, винтовках: крест-накрест, штыками вверх.

КОЗЛЯ́ТИНА, -ы, *ж.* Козье мясо как пища.

КО́ЗНИ, -ей. Злые, коварные умыслы. *Строить к. Вражьи к.*

КОЗОВО́Д, -а, *м.* Специалист по козоводству.

КОЗОВО́ДСТВО, -а, *ср.* Разведение коз как отрасль животноводства. *Шёрстное, пуховое, молочное к.* ‖ *прил.* **козово́дческий**, -ая, -ое.

КОЗОДО́Й, -я, *м.* Ночная птица с широкой плоской головой. *Отряд козодоев.*

КОЗУ́ЛЯ, -и, *ж.* То же, что косуля[1].

КОЗЫРЁК, -рька́, *м.* **1.** Твёрдая часть картуза, фуражки, выступающая надо лбом. *Сделать (взять) под к.* (отдать честь по-военному, приложив руку с вытянутыми пальцами к козырьку). **2.** Небольшой навес; вообще небольшой выступ над чем-н. *К. над воротами. Лестница под козырьком. К. в окопе.* ‖ *прил.* **козырько́вый**, -ая, -ое.

КО́ЗЫРЬ, -я, *мн.* -и, -е́й, *м.* **1.** Карта масти, являющейся старшей в игре. **2.** *перен.* Преимущество, к-рое используется в нужный момент в споре, борьбе. *Последний к. Выбить у кого-н. к. из рук.* ✦ **Ходить козырем** (разг.) — ходить молодцевато, гордо. ‖ *прил.* **козырно́й**, -а́я, -о́е. *К. туз.*

КОЗЫРЯ́ТЬ[1], -я́ю, -я́ешь; *несов.* (разг.). **1.** Ходить с козырной карты. **2.** *перен., чем.* Выставлять что-н. на вид, хвастаться. *К. своими знаниями.* ‖ *однокр.* **козырну́ть**, -ну́, -нёшь.

КОЗЫРЯ́ТЬ[2], -я́ю, -я́ешь; *несов.* (разг.). Брать под козырёк, отдавая честь по-военному. ‖ *сов.* **откозыря́ть**, -я́ю, -я́ешь. ‖ *однокр.* **козырну́ть**, -ну́, -нёшь.

КОЗЯ́ВКА, -и, *ж.* (разг.). То же, что букашка. *Всякая к. будет меня учить!* (перен.: о ребёнке или о маленьком, незначительном человеке; пренебр.).

КОЙ, ко́я, ко́е, *мест. вопросит.* и *союзн. сл.* (устар.). Какой, который. *К. тебе годик? События, коим был я свидетель. Ни в коем случае* (никогда, ни за что). *Ни в коей мере* (нисколько; книжн.). *На к.! или на к. чёрт!* (зачем, к чему; прост. неодобр.).

КО́ЙКА, -и, *род. мн.* ко́ек, *ж.* **1.** Подвесная постель на судне. **2.** Кровать в больнице, общежитии, казарме, а также (прост.) вообще кровать, место для спанья. *Снять койку* (поселиться в одной комнате с хозяином помещения, с другими жильцами). *Сдавать койку.* ‖ *прил.* **ко́ечный**, -ая, -ое.

КО́ЙКО-ДЕ́НЬ, ко́йко-дня́, *м.* (спец.). Единица учёта: одни сутки, проведённые одним человеком в больнице, общежитии, гостинице.

КОЙО́Т, -а, *м.* Североамериканский луговой волк. ‖ *прил.* **койо́товый**, -ая, -ое.

КОК[1], -а, *м.* Зачёсанный кверху вихор. *Причёска с коком.*

КОК[2], -а, *м.* Повар на судне.

КОКАИ́Н, -а (-у), *м.* Наркотик, получаемый из листьев кокаинового куста, употр. также как обезболивающее средство. ‖ *прил.* **кокаи́новый**, -ая, -ое. *Семейство кокаиновых* (сущ.).

КОКАИНИ́СТ, -а, *м.* Наркоман, пристрастный к кокаину. ‖ *ж.* **кокаини́стка**, -и. ‖ *прил.* **кокаини́стский**, -ая, -ое.

КОКАИ́НОВЫЙ, -ая, -ое. **1.** *см.* кокаин. **2.** **кокаиновый куст** — тропический кустарник сем. кокаиновых, культивируемый для получения кокаина.

КО́КА-КО́ЛА, -ы, *ж.* Тонизирующий прохладительный напиток.

КОКА́РДА, -ы, *ж.* Форменный знак на головном уборе (в советских вооружённых силах с 1940 г. — для высшего командного состава, позднее — для офицеров и военнослужащих сверхсрочной службы). *Фуражка с кокардой.* ‖ *прил.* **кока́рдный**, -ая, -ое *и* **кока́рдовый**, -ая, -ое.

КО́КАТЬ, -аю, -аешь; *несов.* (прост.). **1.** *что.* Ударяя обо что-н., разбивать. *К. яйца.* **2.** *перен., кого (что).* Убивать, приканчивать. ‖ *сов.* **ко́кнуть**, -ну, -нешь *и* **уко́кать**, -аю, -аешь (ко 2 знач.).

КОКЕ́ТКА[1], -и, *ж.* Женщина (редко также о мужчине), стремящаяся заинтересовать собой, понравиться своим поведением, нарядом.

КОКЕ́ТКА[2], -и, *ж.* Отрезная часть одежды, закрывающая верх груди и спины. *Платье на кокетке.*

КОКЕ́ТЛИВЫЙ, -ая, -ое; -ив. Исполненный кокетства, выражающий кокетство. *Кокетливая девушка. К. наряд.* ‖ *сущ.* **коке́тливость**, -и, *ж.*

КОКЕ́ТНИЧАТЬ, -аю, -аешь; *несов.* **1.** Быть кокеткой[1], вести себя кокетливо. *К. с* *мужчинами*. **2.** *перен., чем*. Рисоваться, выставлять напоказ что-н. как своё особенное достоинство. *К. своей наивностью.* ‖ *сущ.* **кокéтничанье**, -я, *ср. и* **кокéтство**, -а, *ср.*

КО́ККИ, -ов, *ед.* кокк, -а, *м.* (спец.). Шаровидные, обычно неподвижные бактерии. ‖ *прил.* **ко́кковый**, -ая, -ое.

КОКЛЮ́Ш, -а, *м.* Острая инфекционная, преимущ. детская болезнь, выражающаяся в приступах судорожного кашля. ‖ *прил.* **коклю́шный**, -ая, -ое.

КОКЛЮ́ШКА, -и, *род. мн.*, -шек, *ж.* Точёная палочка с утолщением и шариком на конце для плетения кружев. *Плести узор на коклюшках.* ‖ *прил.* **коклю́шечный**, -ая, -ое.

КО́КНУТЬ *см.* кокать.

КО́КОН, -а, *м.* Защитная оболочка, в к-рой гусеница превращается в куколку. *К. шелкопряда.* ‖ *прил.* **ко́конный**, -ая, -ое.

КОКО́С, -а, *м.* Орех кокосовой пальмы. ‖ *прил.* **коко́совый**, -ая, -ое. *Кокосовое молоко* (сок недозрелых кокосов). *Кокосовое масло* (из кокосов). *Кокосовые продукты* (разнообразные пищевые и технические продукты, вырабатываемые из кокосов).

КОКО́СОВЫЙ, -ая, -ое. **1.** *см.* кокос. **2. кокосовая пальма** — пальма с кольчатым стволом и перистыми листьями, дающая крупные съедобные плоды — кокосы (кокосовые орехи).

КОКО́ТКА, -и, *ж.* Женщина лёгкого поведения, живущая на содержании своего любовника.

КОКО́ШНИК, -а, *м.* **1.** В старое время, преимущ. в северных областях: нарядный женский головной убор с разукрашенной и высоко поднятой надо лбом передней частью, с лентами сзади. **2.** В русской архитектуре 16—17 вв.: полукруглое или заострённое завершение фасада, свода (спец.).

КОКС, -а, *м.* Твёрдая масса, получаемая путём прокаливания каменного угля, торфа, нефти и других продуктов без доступа воздуха, употр. как топливо, а также в металлургическом и химическом производстве. ‖ *прил.* **ко́ксовый**, -ая, -ое. *К. газ* (получаемый при коксовании каменного угля). *Коксовая печь* (для выработки кокса).

КОКСОВА́ТЬ, -су́ю, -су́ешь; -о́ванный; *несов., что* (спец.). Превращать в кокс. *К. уголь.* ‖ *сущ.* **коксова́ние**, -я, *ср.* ‖ *прил.* **коксова́льный**, -ая, -ое.

КОКСУ́ЮЩИЙСЯ, -аяся, -ееся. Дающий ценный кокс. *К. уголь.*

КОКТЕ́ЙЛЬ [тэ], -я, *м.* Напиток — смесь вина, сока с пряностями, сахаром; вообще смесь напитков с каким-н. добавками. *Молочный к.* (смесь фруктового сока с молоком). ✦ **Кислородный коктейль** — лечебная смесь, насыщенная кислородом.

КОЛ, -а́, *мн.* ко́лья, -ьев *и* колы́, -о́в, *м.* **1.** (*мн.* ко́лья, -ьев). Толстая заострённая палка. *Вбить, забить к. Осиновый к. Колом в горле стоит* (о невкусной и жесткой пище; застревает в горле; прост.). *Посадить на к.* (старинная казнь). **2.** (*мн.* колы́, -о́в). Низшая школьная отметка — единица (разг.). *К. по математике.* ✦ **Хоть кол на голове теши кому** (прост. неодобр.) — невозможно втолковать что-н. кому-н. из-за его бестолковости или упрямства. **Ни кола ни двора у кого** (разг.) — о том, кто очень беден, совсем ничего не имеет [здесь кол — старое крестьянское название участка пахотной земли в ширину двухсаженного деревянного кола]. ‖ *уменьш.* **ко́лышек**, -шка, *м.* (к 1 знач.). *С первого колышка начать, забить первый к.* (начать строить на пустом месте; также перен.; вообще приступить к делу с самого его начала).

КО́ЛБА, -ы, *ж.* Лабораторный стеклянный сосуд с широким основанием и длинным горлышком. ‖ *уменьш.* **ко́лбочка**, -и, *ж.* ‖ *прил.* **ко́лбовый**, -ая, -ое.

КОЛБАСА́, -ы́, *мн.* -а́сы, -а́с, -а́сам, *ж.* **1.** Пищевой продукт — особо приготовленный мясной фарш в округлой и удлинённой прозрачной оболочке из кишки или из искусственной плёнки. *Варёная, копчёная к. Ливерная к.* **2.** *перен.* То, что имеет такую форму (разг.). *К. аэростата.* ‖ *уменьш.* **колба́ска**, -и, *ж.* *Бакенбарды колбасками* (плотные и округлые). ✦ **Катись колбаской!** (прост. шутл.) — убирайся отсюда, катись (в 4 знач.). ‖ *прил.* **колба́сный**, -ая, -ое (к 1 знач.). *Колбасные изделия.*

КОЛБА́СИТЬ, -сю́ *и* -шу́ (в употреблении избегается), -си́шь; *несов.* (прост.). То же, что куролесить. *К. спьяну.*

КОЛБА́СНИК, -а, *м.* Мастер, изготовляющий колбасы, а также (в старое время) торгующий ими. ‖ *ж.* **колба́сница**, -ы.

КОЛГОТА́, -ы́, *ж.* (прост. и обл.). Беспокойство, суета, затрудняющие обстоятельства.

КОЛГО́ТКИ, -ток. Трикотажное изделие, плотно облегающее всю нижнюю часть тела и ноги, трусы и чулки вместе. *Детские, женские к.* ‖ *прил.* **колго́точный**, -ая, -ое.

КОЛДО́БИНА, -ы, *ж.* (прост.). Рытвина, ухаб; яма на дне водоёма.

КОЛДОВА́ТЬ, -ду́ю, -ду́ешь; *несов.* **1.** Заниматься колдовством. **2.** *перен., над чем.* Углубившись в какое-н. дело, заниматься им со значительным видом и сосредоточенно (разг.). *Весь день колдует над старым приёмником. Хозяйка колдует над кофе.*

КОЛДОВСТВО́, -а́, *ср.* **1.** Магические, таинственные приёмы, имеющие целью воздействовать на силы природы, на людей, исцелять их или наводить болезни, беды. *Заниматься колдовством.* **2.** То же, что очарование. *К. весеннего леса.* ‖ *прил.* **колдовско́й**, -а́я, -о́е.

КОЛДУ́Н, -а́, *м.* Человек, занимающийся колдовством. ‖ *ж.* **колду́нья**, -и, *род. мн.* -ний.

КОЛЕБА́ТЬ, -ле́блю, -ле́блешь; -ле́блемый; -ле́бля; *несов., что.* Заставлять колебаться (в 1 и 2 знач.). *Ветер колеблет травы. Лодку колеблет* (безл.) *волной. К. старые устои.* ‖ *сов.* **поколеба́ть**, -ле́блю, -ле́блешь; -ле́бленный.

КОЛЕБА́ТЬСЯ, -ле́блюсь, -ле́блешься; -ле́блясь; *несов.* **1.** (1 и 2 л. не употр.). Раскачиваться от движения взад и вперёд или сверху вниз. *Ветки колеблются от ветра.* **2.** (1 и 2 л. не употр.). Терять устойчивость, прочность или прежнее значение. *Цены колеблются. Авторитет колеблется.* **3.** Находиться в состоянии нерешительности, сомнения. *К. в оценке кого-чего-н.* ‖ *сов.* **поколеба́ться**, -ле́блюсь, -ле́блешься. ‖ *сущ.* **колеба́ние**, -я, *ср.* *Действовать без колебаний* (решительно). ‖ *прил.* **колеба́тельный**, -ая, -ое (к 1 знач.; спец.). *Колебательное движение.*

КОЛЕ́НКА, -и, *ж.* (разг.). То же, что колено (в 1 и 2 знач.). *Стоять на коленках. Сидеть у кого-н. на коленках. Держать котёнка на коленках.*

КОЛЕНКО́Р, -а (-у), *м.* Сильно накрахмаленная или пропитанная специальным составом хлопчатобумажная ткань. ✦ **Это другой коленкор** (прост.) — это совсем другое дело. ‖ *прил.* **коленко́ровый**, -ая, -ое. *К. переплёт* (обтянутый коленкором).

КОЛЕ́НО, -а, *мн.* коле́ни, -ей, коле́на, -е́н *и* коле́нья, -ьев, *ср.* **1.** (*мн.* коле́ни, -ей и в некрых сочетаниях устар. коле́на, -е́н). Сустав, соединяющий бедренную и берцовую кости; место сгиба на ноге, где выступает этот сустав. *Стоять на коленях. Вода по колена. Платье до колен. Пьяному море по к.* (посл.: всё нипочем, ничто не пугает). *Преклонить колена* (устар. и высок.). *Поставить на колени кого-н.* (также перен.: заставить сдаться, покориться; высок.). **2.** (*мн.* коле́ни, -ей и в нек-рых сочетаниях устар. коле́на, -е́н). В сидячем положении: часть ноги от этого сгиба до таза. *Посадить ребёнка к себе на колени. Сидеть у кого-н. на коленях. Снять ребёнка с коленей.* **3.** (*мн.* коле́нья, -ьев и коле́на, -е́н). Отдельное сочленение, звено, отрезок в составе чего-н., являющегося соединением таких отрезков. *Коленья бамбука. Колена (коленья) трубы.* **4.** (*мн.* коле́на, -е́н). Изгиб чего-н., идущего ломаной линией, от одного поворота до другого. *Колена реки.* **5.** (мн. коле́на, -е́н). В пении, музыкальном произведении: пассаж, отдельное, выделяющееся чем-н. место, часть. *Колена соловьиного пения.* **6.** (мн. коле́на, -е́н). В танце: отдельный приём, фигура, отличающаяся своей эффектностью (разг.). *Выделывать колена. Ловкое к.* **7.** (*мн.* коле́на, -е́н), *перен.* Неожиданный, необычно странный поступок (прост. неодобр.). *Выкинуть, отмочить, отколоть к.* **8.** (*мн.* коле́на, -е́н). Разветвление рода, поколение в родословной (устар.). *Родня в седьмом колене.* ‖ *уменьш.* **коле́нце**, -а, *род. мн.* -цев и -нец, *ср.* (к 3, 4, 5, 6 и 7 знач.; прост). ‖ *прил.* **коле́нный**, -ая, -ое (к 1 знач.). *К. сустав.*

КОЛЕНОПРЕКЛОНЕ́НИЕ, -я, *ср.* (устар. высок.). Стояние на коленях как знак преклонения или мольбы.

КОЛЕНОПРЕКЛОНЁННЫЙ, -ая, -ое (устар. высок.). Стоящий на коленях в знак преклонения или мольбы.

КОЛЕ́НЧАТЫЙ, -ая, -ое. Состоящий из коленьев (в 3 знач.). *К. вал* (вращающееся звено кривошипного механизма).

КО́ЛЕР, -а, *м.* (спец.). Цвет, окраска; оттенок и густота краски. ‖ *прил.* **ко́лерный**, -ая, -ое.

КОЛЕСИ́ТЬ, -ешу́, -еси́шь; *несов.* (разг.). Много ездить, разъезжать по разным направлениям. *К. по всей стране.*

КОЛЕСНИ́ЦА, -ы, *ж.* В старину: большой колёсный экипаж. *Боевая к.* (у древних греков и римлян). *Погребальная к.* ‖ *прил.* **колесни́чный**, -ая, -ое.

КОЛЕСО́, -а́, *мн.* колёса, колёс, *ср.* **1.** В различных механизмах: диск или обод, вращающийся на оси или укреплённый на валу и служащий для приведения механизма в движение; вообще устройство такой формы. *Рулевое к. Гребное к. Мельничное к. Зубчатое к. Маховое к.* (в поршневых двигателях, компрессорах, насосах и других машинах: тяжёлое, с массивным ободом колесо, устанавливаемое на валу машины для равномерного хода). *Как немазаное (или несмазанное, недомазанное) к. скрипеть* (о скрипучих, неприятных звуках, а также перен.: о медленном, затянувшемся деле). *Вставлять палки в колёса кому-н.* (перен.: сознательно мешать какому-н. делу; разг.). *Пятое к. в телеге* (о ком-чём-н. лишнем, ненужном; разг.). *Жизнь на колёсах* (в постоянных разъездах). *Грудь колесом* (очень выпуклая мужская грудь с сильной мускулатурой; разг.). *Ноги колесом* (кривые; разг.). **2.** *мн.* То же, что автомобиль (прост.). *Свои колёса у кого-н. Ты на колёсах?* (т. е. с машиной, на машине?). ✦ **Колесо жизни** — жизненный круговорот. **Колесо фортуны** (книжн.) — изменчивое, непостоянное счастье [по изображению древнегреческой богини судьбы Фортуны, стоящей с повязкой на глазах на колесе или шаре]. **Колесо обозрения** — аттракцион: большое колесо, к-рое, вращаясь, поднимает высоко вверх укреплённые на нём кабинки с людьми, обозревающими окрестность. **Кружиться (вертеться) как белка в колесе** (разг.) — суетиться, быть в постоянных хлопотах. **Турусы на колёсах** (прост.) — пустая болтовня, нелепость, вздор. **С колёс** (разг.) — сразу после транспортировки, доставки. *Дома собираются с колёс. Продать товар с колёс.* ‖ *уменьш.* **колёсико**, -а, *ср.* (к 1 знач.). ‖ *прил.* **колёсный**, -ая, -ое (к 1 знач.). *К. мастер. Колёсное судно* (с гребными колёсами). *К. экипаж* (на колёсах). *Колёсная пара* (ось с двумя наглухо насаженными на неё колёсами).

КОЛЕСОВА́ТЬ, -су́ю, -су́ешь; -о́ванный; *сов. и несов., кого (что).* В старину: казнить на особо вращающемся колесе. ‖ *сущ.* **колесова́ние**, -я, *ср.*

КОЛЕЯ́, -и́, *ж.* **1.** Канавка, углубление от колёс на дороге. *По наезженной колее* (также перен.; то же, что по проторённой дороге). **2.** Железнодорожный путь из двух параллельных рельсов. *Широкая, узкая к.* **3.** *перен.* Привычный ход дел, жизни. *Войти в свою колею. Выбить из колеи кого-н. Выбиться из колеи.*

КО́ЛИ и **КОЛЬ**, *союз* (устар. и прост.). То же, что если. *Смейся, к. тебе весело.* ✦ **Коль скоро**, *союз* (устар.) — если, поскольку. *Коль скоро он просит, я согласен.* **Коли... то (так)**, *союз* — то же, что если... то (так) (в 1 знач.). **Коли так (коли так, то)**, *союз* — то же, что если бы (в 1 и 2 знач.).

КОЛИ́БРИ, *нескл., м.* и *ж.* Очень маленькая птичка отряда длиннокрылых с пестрыми перьями, живущая в Центральной и Южной Америке.

КО́ЛИКИ, -ик, *ед.* -а, -и, *ж.* Колотьё, резь в боку, в животе. *Смеяться до колик. Почечная, кишечная колика.*

КОЛИ́Т, -а, *м.* Воспаление толстой кишки. ‖ *прил.* **коли́тный**, -ая, -ое.

КОЛИ́ЧЕСТВО, -а, *м.* **1.** Степень выраженности измеряемых свойств предметов, явлений, их мерные характеристики (спец.). *Категории количества и качества. К. времени. К. звука.* **2.** *кого-чего.* Величина, число (в 3 знач.). *Большое к. людей.* ‖ *прил.* **коли́чественный**, -ая, -ое. *Переход количественных изменений в качественные. Количественные числительные* (обозначающие количество как число, напр. два, пять, десять).

КО́ЛКИЙ[1], -ая, -ое; ко́лок, колка́ *и* ко́лка, ко́лко. Легко колющийся, удобный для колки. *Колкие дрова.* ‖ *сущ.* **ко́лкость**, -и, *ж.*

КО́ЛКИЙ[2], -ая, -ое; ко́лок, колка́ *и* ко́лка, ко́лко. **1.** Причиняющий уколы. *Колкая хвоя.* **2.** *перен.* Насмешливый, язвительный. *Колкое замечание.* ‖ *сущ.* **ко́лкость**, -и, *ж.* (ко 2 знач.).

КО́ЛКОСТЬ, -и, *ж.* **1.** *см.* колкий[1,2]. **2.** Колкая насмешка, язвительное замечание. *Говорить колкости.*

КОЛЛАБОРАЦИОНИ́СТ, -а, *м.* (книжн.). Предатель, сотрудничающий с врагами своей родины, своего народа. *Коллаборационисты времён второй мировой войны.* ‖ *прил.* **коллаборациони́стский**, -ая, -ое.

КОЛЛА́Ж, -а, *м.* В изобразительном искусстве: наклеивание на какую-н. основу материалов другой фактуры, другого цвета; произведение, выполненное таким образом.

КОЛЛЕ́ГА, -и, *м.* и *ж.* Товарищ по учению или работе (о работниках умственного труда, о квалифицированных специалистах) [неправильно употр. коллега по чему-н., напр. *коллега по работе*].

КОЛЛЕГИА́ЛЬНЫЙ, -ая, -ое; -лен, -льна (книжн.). Не единоличный, осуществляемый группой лиц. *Коллегиальное решение. Коллегиальное руководство.* ‖ *сущ.* **коллегиа́льность**, -и, *ж.*

КОЛЛЕ́ГИЯ, -и, *ж.* **1.** В нек-рых профессиях, связанных с умственным трудом и частной клиентурой: объединение, корпорация. *К. адвокатов.* **2.** Группа должностных лиц, образующих административный, совещательный или распорядительный орган. *К. министерства.* **3.** В России в 18 — начале 19 в.: название центральных правительственных учреждений. *Военная к.* **4.** Название нек-рых учебных заведений (устар.). ‖ *прил.* **колле́жский**, -ая, -ое (к 3 знач.).

КОЛЛЕ́ДЖ, -а и **КО́ЛЛЕДЖ**, -а, *м.* Высшее или среднее учебное заведение.

КОЛЛЕ́Ж, -а, *м.* Во Франции, Бельгии, Швейцарии и нек-рых других странах: среднее учебное заведение.

КОЛЛЕ́ЖСКИЙ, -ая, -ое. **1.** *см.* коллегия. **2.** Первая часть названий нек-рых гражданских чинов в царской России. *К. регистратор. К. советник. К. секретарь.*

КОЛЛЕКТИ́В, -а, *м.* Группа лиц, объединённых общей работой, учёбой, общими интересами. *Трудовой к. Научный, студенческий к. К. завода.*

КОЛЛЕКТИВИЗА́ЦИЯ, -и, *ж.* Объединение мелких единоличных крестьянских хозяйств в крупные коллективные хозяйства. *К. сельского хозяйства.*

КОЛЛЕКТИВИЗИ́РОВАТЬ, -рую, -руешь; -анный; *сов. и несов., что.* Произвести (-водить) коллективизацию.

КОЛЛЕКТИВИ́ЗМ, -а, *м.* Принцип общности, коллективное начало в общественной жизни, в труде, в какой-н. деятельности. *Дух коллективизма.* ‖ *прил.* **коллективи́стский**, -ая, -ое.

КОЛЛЕКТИВИ́СТ, -а, *м.* Человек, проникнутый духом коллективизма. ‖ *ж.* **коллективи́стка**, -и (разг.). ‖ *прил.* **коллективи́стский**, -ая, -ое. *Коллективистские принципы.*

КОЛЛЕКТИ́ВНЫЙ, -ая, -ое; -вен, -вна. **1.** Свойственный коллективу, основанный на общности труда, интересов. *К. дух. Коллективные начала.* **2.** *полн. ф.* Общий, совместный, производимый коллективом. *Коллективное хозяйство. К. договор* (соглашение, заключаемое между профсоюзной организацией и администрацией предприятия, учреждения). **3.** *полн. ф.* Существующий, предназначенный для коллектива. *Коллективное снабжение.* ‖ *сущ.* **коллекти́вность**, -и, *ж.* (к 1 знач.).

КОЛЛЕ́КТОР, -а, *м.* **1.** Труба или канал для отвода жидкостей и газов (спец.). **2.** Подземная галерея для укладки кабелей (спец.). *Кабельный к.* **3.** Часть генератора постоянного тока, в к-ром переменный ток превращается в постоянный (спец.). **4.** Учреждение, распределяющее что-н. по подведомственным ему организациям. *Библиотечный к.* **5.** Работник, собирающий и хранящий образцы минералов, ископаемых, почв и др. *К. геологической партии.* ‖ *прил.* **колле́кторный**, -ая, -ое (к 1, 2, 3 и 4 знач.) *и* **колле́кторский**, -ая, -ое (к 5 знач.).

КОЛЛЕКЦИОНЕ́Р, -а, *м.* Человек, к-рый занимается коллекционированием. ‖ *ж.* **коллекционе́рка**, -и (разг.). ‖ *прил.* **коллекционе́рский**, -ая, -ое.

КОЛЛЕКЦИОНИ́РОВАТЬ, -рую, -руешь; *несов., что.* Собирать коллекцию каких-н. предметов. *К. монеты, марки, значки.* ‖ *сущ.* **коллекционе́рство**, -а, *ср.* *и* **коллекциони́рование**, -я, *ср.*

КОЛЛЕ́КЦИЯ, -и, *ж.* **1.** Систематизированное собрание каких-н. предметов. *К. древних монет. К. минералов. К. картин.* **2.** Совокупность предметов, растений, животных, представляющая внутреннюю целостность. *Ботаническая к. заповедника. К. моделей одежды.* ‖ *прил.* **коллекцио́нный**, -ая, -ое. *Коллекционные почтовые марки.*

КО́ЛЛИ, *нескл., м.* и *ж.* Шотландская овчарка.

КОЛЛИ́ЗИЯ, -и, *ж.* (книжн.). Столкновение каких-н. противоположных сил, интересов, стремлений. ‖ *прил.* **коллизио́нный**, -ая, -ое.

КОЛЛО́ДИЙ, -я, *м.* (спец.). Густой клейкий раствор на смеси спирта и эфира, употр. в медицине, фотографии.

КОЛЛО́ИД, -а, *м.* (спец.). То же, что коллоидная система. ‖ *прил.* **колло́идный**, -ая, -ое.

КОЛЛО́ИДНЫЙ, -ая, -ое (спец.). **1.** *см.* коллоид. **2. коллоидная система** — гетерогенная система, состоящая из множества мелких частиц какого-н. вещества, находящихся во взвешенном состоянии в однородной среде. **3. коллоидная химия** — раздел физической химии, занимающийся изучением коллоидных систем и поверхностных явлений (то есть явлений, обусловленных особыми свойствами тонких слоёв вещества на границе соприкосновения тел).

КОЛЛО́КВИУМ, -а, *м.* **1.** Беседа преподавателя со студентами с целью выяснения их знаний. *К. по химии.* **2.** Научное собрание с обсуждением докладов на определённую тему. *К. геологов.*

КОЛОБО́К, -бка́, *м.* Небольшой круглый хлебец. *Пшеничный к.*

КОЛОБРО́ДИТЬ, -о́жу, -о́дишь; *несов.* (прост.). **1.** Бесцельно ходить, блуждать. *К. по лесу.* **2.** Вести себя суетливо, шумно или беспутно, непорядочно. *К. в семье.* ‖ *сов.* **наколобро́дить**, -о́жу, -о́дишь (ко 2 знач.).

КОЛОВОРО́Т, -а, *м.* **1.** Ручной столярный инструмент для сверления отверстий. **2.** Круговорот, непрерывное вращение (книжн.). *К. событий.* ‖ *прил.* **коловоро́тный**, -ая, -ое (к 1 знач.).

КОЛОВРА́ТНЫЙ, -ая, -ое; -тен, -тна. **1.** *полн. ф.* Вращающийся, с вращающимся устройством (спец.). *К. насос.* **2.** *перен.* Изменчивый, непостоянный (устар.). *Коловратная судьба.* ‖ *сущ.* **коловра́тность**, -и, *ж.* (ко 2 знач.).

КОЛОВРАЩЕ́НИЕ, -я, *ср.* (устар.). То же, что круговорот. *К. мыслей, событий.*

КОЛО́ДА[1], -ы, *ж.* **1.** Короткое толстое бревно. *Дубовая к.* **2.** Род деревянного корыта — бревно с выдолбленной серединой. *Водопойная к.* **3.** *перен.* О толстом, неповоротливом человеке (прост. неодобр.). ✦ **Через пень колоду (валить)** (разг.) — делать что-н. кое-как, медленно и плохо. ‖ *прил.* **коло́дный**, -ая, -ое (к 1 и 2 знач.). *К. улей* (выдолбленный в колоде).

КОЛО́ДА[2], -ы, *ж.* Комплект игральных карт. *К. в 52 карты.*

КОЛО́ДЕЦ, -дца, *м.* **1.** Укреплённая срубом узкая и глубокая яма для получения воды из водоносного слоя. *Брать воду из колодца. К. с журавлём. На дне колодца. Не плюй в к. — пригодится воды напиться* (посл.). **2.** Глубокая вертикальная скважина для разных технических надобностей (спец.). *Шахтный к. Смотровой к.* ✦ **Артезианский колодец** — буровая скважина для получения воды под естественным напором, без насоса. ‖ *прил.* **коло́дезный**, -ая, -ое (к 1 знач.) *и* **коло́дцевый**, -ая, -ое (ко 2 знач.).

КОЛО́ДКА, -и, *ж.* **1.** Кусок дерева, служащий основой в нек-рых инструментах, приборах. *К. рубанка. К. щётки.* **2.** Кусок дерева в форме нижней части ноги до щиколотки, употр. при шитье обуви. *На одну колодку* (перен.: уравнивая всё или всех; разг. неодобр.). *По чужой колодке мерить* (перен.: на чужой лад; разг.). **3.** *мн.* Деревянное приспособление, надевавшееся в старину на ноги арестантам для предупреждения побега. **4.** Планка для ношения на груди орденов, медалей или орденских ленточек. *Орденская к.* ‖ *прил.* **коло́дочный**, -ая, -ое (к 1, 2 и 3 знач.).

КОЛО́ДНИК, -а, *м.* В старину: арестант в колодках (в 3 знач.). ‖ *ж.* **коло́дница**, -ы.

КОЛО́К[1], -лка́, *м.* Деревянная заострённая палочка, укреплённая в чём-н. *Скрипичные колки* (стерженьки для натяжения струн).

КОЛО́К[2], -лка́, *м.* Небольшой лес среди поля, пашни. *Осиновый, берёзовый к.*

КО́ЛОКОЛ, -а, *мн.* -а́, -о́в, *м.* **1.** Отлитый из медного сплава полый конус с языком[1] (в 3 знач.), издающий громкий звон. *Бить, звонить в к. Удары колокола. Церковный к. Звонница с колоколами. Во все колокола ударять, звонить* (также перен.: оповестить всех, предавать гласности). **2.** Конусообразный предмет для разных технических надобностей. **3.** *мн.* Ударный музыкальный инструмент — набор колоколов (в 1 знач.) разной величины. ‖ *прил.* **колоко́льный**, -ая, -ое (к 1 и 3 знач.). *К. звон. Колокольная музыка.*

КОЛОКО́ЛЬНЯ, -и, *род. мн.* -лен, *ж.* Башня с колоколами на здании церкви или у церкви. *Со своей колокольни смотреть на что-н.* (перен.: со своей узкой, ограниченной точки зрения; разг.). ‖ *уменьш.* **колоко́ленка**, -и, *ж.* ‖ *прил.* **колоко́льный**, -ая, -ое.

КОЛОКО́ЛЬЧИК, -а, *м.* **1.** Звонок в форме маленького колокола. *Ручной к. Звонить в к. К. под дугой.* **2.** *мн.* Ударный музыкальный инструмент — набор металлических пластинок, звук из к-рых извлекается ударами деревянных молоточков или при помощи механического устройства. **3.** Травянистое растение с лиловыми или тёмно-голубыми цветками, по форме похожими на маленькие колокола. *Лесные, садовые колокольчики.* ‖ *прил.* **колоко́льчиковый**, -ая, -ое. *Семейство колокольчиковых* (сущ.).

КОЛОМЁНОК, -нка, *м.* и (устар.) **КОЛОМЯ́НКА**, -и, *ж.* Прочная и мягкая льняная ткань. ‖ *прил.* **коломёнковый**, -ая, -ое *и* **коломя́нковый**, -ая, -ое (устар.).

КОЛОНИАЛИ́ЗМ, -а, *м.* Политика захвата колоний (в 1 знач.), установления в них колониальных режимов. ‖ *прил.* **колониали́стский**, -ая, -ое.

КОЛОНИЗА́ТОР, -а, *м.* **1.** Тот, кто осуществляет политику колониализма. **2.** Человек, к-рый осуществляет освоение незаселённых, пустующих земель (устар.). ‖ *прил.* **колониза́торский**, -ая, -ое.

КОЛОНИЗОВА́ТЬ, -зу́ю, -зу́ешь; -о́ванный и **КОЛОНИЗИ́РОВАТЬ**, -рую, -руешь; -ованный; *сов. и несов., что.* **1.** Захватив чужую страну, превратить (-ащать) её в колонию (в 1 знач.). **2.** Заселить (-лять) переселенцами, колонистами (пустующие земли) (устар.). ‖ *сущ.* **колониза́ция**, -и, *ж.* ‖ *прил.* **колонизацио́нный**, -ая, -ое.

КОЛОНИ́СТ, -а, *м.* Житель колонии (во 2 и 4 знач.). ‖ *ж.* **колони́стка**, -и. ‖ *прил.* **колони́стский**, -ая, -ое.

КОЛО́НИЯ, -и, *ж.* **1.** Страна, лишённая самостоятельности, находящаяся под властью иностранного государства (метрополии). **2.** Поселение, состоящее из выходцев из другой страны, области. *Иноземные колонии в царской России.* **3.** Сообщество, совокупность людей какой-н. страны, земляков, живущих в чужом городе, в чужой стране. **4.** Общежитие лиц, поселённых или поселившихся для совместной жизни с той или иной целью. *Детская трудовая к. К.-поселение* (исправительно-трудовое учреждение с облегчённым режимом). **5.** Группа организмов, а также временное совместное поселение птиц (спец.). *К. микроорганизмов. К. кораллов. К. чаек.* ‖ *прил.* **колониа́льный**, -ая, -ое (к 1 и спец. к 5 знач.). *К. режим. Распад колониальной системы. Колониальные товары* (из колоний: чай, кофе, пряности и др.; устар.). *Колониальные организмы* (водные).

КОЛО́НКА, -и, *ж.* **1.** *см.* колонна. **2.** Название разных технических устройств в форме цилиндра или вообще удлинённых. *Газовая к.* (для нагрева воды). *Звуковая к.* (устройство, заключающее в себе несколько громкоговорителей). **3.** Установка для отпуска жидкого горючего автотранспорту. *Бензиновая к.* **4.** Водопроводное устройство с краном, установленное на улице. **5.** То же, что столбец. *Газетная к. К. цифр.* ‖ *прил.* **коло́нковый**, -ая, -ое (ко 2 и 3 знач.; спец.). *Колонковое бурение.*

КОЛО́ННА, -ы, *ж.* **1.** Сооружение в виде высокого столба, служащее опорой в здании или воздвигаемое в качестве монумента. *Зал с колоннами. Триумфальная к.* **2.** О людях, предметах, расположенных или движущихся друг за другом вытянутой линией. *К. демонстрантов. Танковая к. Тракторная к.* ✦ **Пятая колонна** — вражеская агентура внутри страны. ‖ *уменьш.* **коло́нка**, -и, *ж.* (к 1 знач.). ‖ *прил.* **коло́нный**, -ая, -ое (к 1 и спец. ко 2 знач.). *К. зал* (с колоннами).

КОЛОННА́ДА, -ы, *ж.* Ряд колонн (в 1 знач.), составляющих архитектурное целое. ‖ *прил.* **колонна́дный**, -ая, -ое.

КОЛОНО́К, -нка́, *м.* Хищный пушной зверёк сем. куньих, а также его мех. ‖ *прил.* **колонко́вый**, -ая, -ое. *Колонковая кисть* (художественная кисть из хвостовых волос колонка).

КОЛОРАТУ́РА, -ы, *ж.* (спец.). Быстрые, технически трудные пассажи[2] в пении. ‖ *прил.* **колорату́рный**, -ая, -ое. *Колоратурное сопрано.*

КОЛОРИ́СТ, -а, *м.* **1.** Живописец, воплощающий свой художественный замысел главным образом средствами колорита. **2.** Специалист по расцветке тканей (спец.). ‖ *ж.* **колори́стка**, -и (ко 2 знач.).

КОЛОРИ́Т, -а, *м.* **1.** Соотношение красок в картине по тону, насыщенности цвета. *Тёплый, холодный, яркий к.* **2.** *перен.* Отпечаток чего-н., совокупность особенностей (времени, местности, характера). *К. эпохи в историческом романе. Местный к.* ‖ *прил.* **колористи́ческий**, -ая, -ое (к 1 знач.) *и* **колори́тный**, -ая, -ое (к 1 знач.).

КОЛОРИ́ТНЫЙ, -ая, -ое; -тен, -тна. **1.** *см.* колорит. **2.** С ярким колоритом (в 1 знач.). *К. пейзаж. Колоритные мазки.* **3.** *перен.* Выразительный с ярко выраженными особенностями. *К. язык писателя. Колоритная личность.* ‖ *сущ.* **колори́тность**, -и, *ж.*

КО́ЛОС, -а, *мн.* коло́сья, -ев, *м.* **1.** Соцветие, в к-ром сидячие цветки или колоски расположены вдоль конца стебля. *Простой к.* (с сидячими цветками). *Сложный к.* (с колосками). **2.** Такое соцветие (сложный колос) хлебного злака. *К. ржи, ячменя, пшеницы. Полновесный к.* (зернистый, со многими зёрнами). ‖ *уменьш.* **колосо́к**, -ска́, *м. Собирать колоски* (т. е. колосья, оставшиеся на поле после жатвы). ‖ *прил.* **колосово́й**, -а́я, -о́е.

КОЛОСИ́СТЫЙ, -ая, -ое; -и́ст. С большим числом колосьев. *К. стебель.* ‖ *сущ.* **колоси́стость**, -и, *ж.*

КОЛОСИ́ТЬСЯ (-ошу́сь, -оси́шься, 1 и 2 л. не употр.), -си́тся; *несов.* Вырастая, давать колос. *Рожь колосится.* ‖ *сов.* **вы́колоситься** (-ошусь, -осишься, 1 и 2 л. не употр.), -ится. ‖ *сущ.* **колоше́ние**, -я, *ср. К. хлебов.*

КОЛОСНИКИ́, -о́в, *ед.* колосни́к, -а́, *м.* (спец.). **1.** Чугунная решетка в печах для прохода воздуха под топливо и выхода золы из топки. **2.** *мн.* Верхняя часть сцены с механизмами для укрепления декораций. ‖ *прил.* **колоснико́вый**, -ая, -ое.

КОЛОСОВЫ́Е, -ы́х. Злаковые зерновые растения. *Уборка колосовых.*

КОЛОСО́К, -ска́, *м.* **1.** *см.* колос. **2.** У нек-рых растений: небольшой простой колос (спец.). *Колоски главного колоса* (на его удлинённой главной оси). *Одноцветный к.* ‖ *прил.* **колоско́вый**, -ая, -ое (ко 2 знач.). *Колосковые чешуйки.*

КОЛО́СС, -а, *м.* (книжн.). Статуя, сооружение громадных размеров. ✦ **Колосс на глиняных ногах** — о ком-чём-н. с виду огромном, но внутренне слабом [по библейскому сказанию о вавилонском царе Навуходоносоре, к-рый в пророческом сновидении о конце своего царства увидел истукана, стоящего на глиняных ногах и рухнувшего под ударами камней].

КОЛОССА́ЛЬНЫЙ, -ая, -ое; -лен, -льна. Очень большой, огромный. *К. завод. К. успех. Колоссально!* (возглас, выражающий восхищение, грандиозно!; прост.). ‖ *сущ.* **колосса́льность**, -и, *ж.*

КОЛОТИ́ТЬ, -очу́, -о́тишь; -о́ченный; *несов.* **1.** *по чему и во что.* Сильно бить, ударять. *К. в дверь. К. молотком по гвоздю.* **2.** *кого (что).* Бить, наносить побои (разг.). **3.** *что.* Бить, разбивать (что-н. хрупкое) (прост.). *К. посуду.* **4.** (1 и 2 л. не употр.), *кого (что).* Трясти, бросать в дрожь (разг.). *Его колотит лихорадка.* ‖ *сов.* **поколоти́ть**, -очу́, -о́тишь; -о́ченный (ко 2 и 3 знач.).

КОЛОТИ́ТЬСЯ, -очу́сь, -о́тишься; *несов.* (разг.). **1.** Сильно стучаться. *К. в ворота.* **2.** То же, что биться (в 1 знач.). *К. головой о стену.* **3.** Сильно биться, дрожать. *Сердце колотится. К. в лихорадке.* **4.** (1 и 2 л. не употр.). О чём-н. хрупком: биться, разбиваться. *Стекло колотится при перевозке.* ‖ *сов.* **поколоти́ться**, -о́тится (к 4 знач.).

КОЛОТУ́ШКА, -и, *ж.* **1.** Деревянный молоток. **2.** В старое время у ночных сторожей: устройство из дощечек для постукивания во время обхода участка. *Бить, стучать в колотушку.* **3.** Несильный удар кулаком (прост.). *Тычки и колотушки. Надавать колотушек.* ‖ *прил.* **колоту́шечный**, -ая, -ое (к 1 и 2 знач.).

КО́ЛОТЫЙ[1], -ая, -ое. Расколотый на куски, в кусках. *К. сахар.*

КО́ЛОТЫЙ[2], -ая, -ое. Причинённый колющим оружием. *Колотая рана.*

КОЛО́ТЬ[1], колю́, ко́лешь; ко́лотый; *несов., что.* Раздроблять, рассекать, делить на куски. *К. дрова. К. сахар. К. орехи.* ‖ *сов.* **расколо́ть**, -олю́, -о́лешь; -о́лотый. ‖ *сущ.* **ко́лка**, -и, *ж.*, **раско́лка**, -и, *ж. и* **раска́лывание**, -я, *ср.*

КОЛО́ТЬ[2], колю́, ко́лешь; ко́лотый; *несов.* **1.** *кого-что.* Касаться чем-н. острым, причиняя боль. *К. булавкой.* **2.** *кого (что).* Делать инъекции (разг.). *К. антибиотики.* **3.** *кого (что).* Ранить или убивать чем-н. острым. *Колющее оружие. К. штыком. К. свиней.* **4.** *безл.* Об острой повторяющейся боли. *Колет в боку.* **5.** *перен., кого (что).* Язвительно задевать, упрекать (разг.). *К. насмешками.* ✦ **Колоть глаза** *кому чем* (разг.) — попрекать, стыдить кого-н. чем-н. **Правда глаза колет** — посл. о том, кто не желает слушать неприятную правду. ‖ *сов.* **заколо́ть**, -олю́, -о́лешь; -о́лотый (к 3 знач.) *и* **уколо́ть**, -олю́, -о́лешь; -о́лотый (к 1, 2 и 5 знач.). ‖ *однокр.* **кольну́ть**, -ну́, -нёшь (к 1, 2, 4 и 5 знач.). ‖ *возвр.* **коло́ться**, колю́сь, ко́лешься (ко 2 и 3 знач.); *сов.* **уколо́ться**, -олю́сь, -о́лешься (к 1 и 2 знач.) *и* **заколо́ться**, -олю́сь, -о́лешься (к 3 знач.); *несов.* **зака́лываться**, -аюсь, -аешься (к 3 знач.) *и* **ука́лываться**, -аюсь, -аешься (к 1 и 2 знач.); *однокр.* **кольну́ться**, -ну́сь, -нёшься (к 1 и 2 знач.). ‖ *сущ.* **уко́л**, -а, *м.* (к 1, 2 и в некрых сочетаниях к 3 знач.).

КОЛОТЬЁ, -я́, **КОЛО́ТЬЕ**, -я и **КО́ЛОТЬЕ**, -я, *ср.* (прост.). Колющая боль. *К. в груди.*

КОЛО́ТЬСЯ[1] (колю́сь, ко́лешься, 1 и 2 л. не употр.), ко́лется; *несов.* Поддаваться колке. *Сахар хорошо колется.*

КОЛО́ТЬСЯ[2], колю́сь, ко́лешься; *несов.* **1.** *см.* колоть[2]. **2.** (1 и 2 л. не употр.). Быть способным колоть[2], причинять уколы. *Шипы колются.* ✦ **И хочется и колется** (разг. шутл.) — о желании, сопряжённом с риском.

КОЛОШЕ́НИЕ *см.* колоситься.

КОЛОШМА́ТИТЬ, -а́чу, -а́тишь; -а́ченный; *несов., кого (что)* (прост.). Бить, колотить. ‖ *сов.* **отколошма́тить**, -а́чу, -а́тишь; -а́ченный.

КОЛПА́К, -а́, *м.* **1.** Мягкий конусообразный головной убор. *Ночной к. Шутовской к.* **2.** Конусообразная покрышка к разным предметам. *Колпаки промышленной печи.* **3.** *перен.* Недалёкий человек, простак (прост. шутл.). ✦ **Попасть под колпак, быть под колпаком** (прост.) — попасть под тайное наблюдение, слежку; быть под таким наблюдением. **Держать под колпаком** *кого* — 1) держать под тайным наблюдением (прост.); 2) также **под стеклянным колпаком** — содержать, воспитывать, ограждая от всяких внешних воздействий (разг. неодобр.). ‖ *уменьш.* **колпачо́к**, -чка́, *м.* (к 1 и 2 знач.). ‖ *прил.* **колпа́чный**, -ая, -ое (к 1 знач.) *и* **колпако́вый**, -ая, -ое (к 2 знач.; спец.). *Колпаковая печь* (техническая печь с нагревательным и предохраняющим колпаком).

КОЛТУ́Н, -а́, *м.* Осложнение болезни кожи на голове, при к-рой волосы слипаются в плотный ком. ‖ *прил.* **колту́нный**, -ая, -ое.

КОЛУМБА́РИЙ, -я, *м.* Место, где после кремации устанавливаются урны с прахом.

КОЛУМБИ́ЙСКИЙ, -ая, -ое. **1.** *см.* колумбийцы. **2.** Относящийся к колумбийцам, к их языку, национальному характеру, образу жизни, культуре, а также к Колумбии, её территории, внутреннему устройству, истории; такой, как у колумбийцев, как в Колумбии. *К. диалект испанского языка. К. кофе* (сорт). *Колумбийское песо* (денежная единица).

КОЛУМБИ́ЙЦЫ, -ев, *ед.* -и́ец, -и́йца, *м.* Латиноамериканский народ, составляющий основное население Колумбии. ‖ *ж.* **колумби́йка**, -и. ‖ *прил.* **колумби́йский**, -ая, -ое.

КОЛУ́Н, -а́, *м.* Тяжёлый топор для колки дров. ‖ *прил.* **колу́нный**, -ая, -ое.

КОЛУПА́ТЬ, -а́ю, -а́ешь; *несов., что* (прост.). Ковырять, отдирать. *К. кожуру.* ‖ *однокр.* **колупну́ть**, -ну́, -нёшь.

КОЛХО́З, -а, *м.* **1.** Сокращение: коллективное хозяйство — производственное объединение крестьян для коллективного веде́ния сельского хозяйства на основе обобществлённых средств производства. *Вступить в к. К.-миллионер.* **2.** *перен.* О дружной группе людей (разг. шутл.). *Всем колхозом* (дружно, все вместе). ‖ *прил.* **колхо́зный**, -ая, -ое (к 1 знач.).

КОЛХО́ЗНИК, -а, *м.* Крестьянин — член колхоза. ‖ *ж.* **колхо́зница**, -ы.

КОЛЧА́Н, -а, *м.* Футляр для стрел. ‖ *прил.* **колча́нный**, -ая, -ое.

КОЛЧЕДА́Н, -а, *м.* Руда, состоящая преимущ. из сернистых минералов. *Серный к.* ‖ *прил.* **колчеда́нный**, -ая, -ое.

КОЛЧЕНО́ГИЙ, -ая, -ое; -о́г (прост.). То же, что хромоногий. *К. пёс. К. стул* (перен.). ‖ *сущ.* **колчено́гость**, -и, *ж.*

КОЛЫБЕ́ЛЬ, -и, *ж.* **1.** Детская кроватка — подвесная (люлька) или качающаяся на округлых опорах. *С колыбели* (перен.: от рождения, с младенчества). **2.** *перен.* Место возникновения чего-н. (высок.). *К. свободы.* ‖ *уменьш.* **колыбе́лька**, -и, *ж.* (к 1 знач.). *Каков в колыбельку, таков и в могилку* (посл. о том, кто неисправим). ‖ *прил.* **колыбе́льный**, -ая, -ое (к 1 знач.). *К. полог.*

КОЛЫБЕ́ЛЬНЫЙ, -ая, -ое. **1.** *см.* колыбель. **2.** Относящийся к младенческим годам. *К. возраст. Колыбельная песня* (песня, к-рой убаюкивают ребёнка). **3.** **колыбе́льная**, -ой, *ж.* Колыбельная песня, небольшое музыкальное вокальное лирическое произведение. *Петь колыбельную. Колыбельная Чайковского.*

КОЛЫМА́ГА, -и, *ж.* **1.** Старинный тяжёлый крытый экипаж. **2.** Тяжёлая, громоздкая, неуклюжая повозка (разг. ирон.). ‖ *прил.* **колыма́жный**, -ая, -ое (к 1 знач.).

КОЛЫХА́ТЬ, -ы́шу, -ы́шешь *и* (разг.) -а́ю, -а́ешь; *несов., что.* Слегка, мерно качать, колебать. *Ветер колышет знамёна.* ‖ *однокр.* **колыхну́ть**, -ну́, -нёшь. ‖ *сущ.* **колыха́ние**, -я, *ср.*

КОЛЫХА́ТЬСЯ (колы́шусь, колы́шешься *и* (разг.) колыха́юсь, колыха́ешься, 1 и 2 л. не употр.), колы́шется *и* разг. колыха́ется; *несов.* Слегка, мерно качаться, колебаться. *Рожь колышется от ветра.* ‖ *однокр.* **колыхну́ться** (-ну́сь, -нёшься, 1 и 2 л. не употр.), -нётся. ‖ *сущ.* **колыха́ние**, -я, *ср.*

КО́ЛЫШЕК *см.* кол[1].

КОЛЬ *см.* коли.

КОЛЬЕ́, *нескл., ср.* Шейное украшение с подвесками спереди. *К. с бриллиантами.*

КОЛЬНУ́ТЬ *см.* колоть[2].

КОЛЬРА́БИ. **1.** *нескл., ж.* Сорт капусты с утолщённым съедобным стеблем. **2.** *неизм.* О капусте: такого сорта. *Капуста к.*

КОЛЬТ, -а, *м.* Револьвер (а также пулемёт или другое стрелковое оружие) особой системы.

КОЛЬЦЕВА́ТЬ, -цу́ю, -цу́ешь; -цо́ванный; *несов.* **1.** *кого-что.* Метить (животное), надевая кольцо, пластинку (на шею, лапку, на хвост рыбы). *К. перелётных птиц. К. лосей.* **2.** *что.* Обмазывать вкруговую ствол дерева для предохранения от вредителей (спец.). *К. яблони.* **3.** *что.* Снимать кору кольцом вокруг ствола с целью воздействовать на рост дерева (спец.). ‖ *сов.* **закольцева́ть**, -цу́ю, -цу́ешь; -цо́ванный *и* **окольцева́ть**, -цу́ю, -цу́ешь; -цо́ванный. ‖ *сущ.* **кольцева́ние**, -я, *ср.*

КОЛЬЦО́, -а́, *мн.* ко́льца, коле́ц, ко́льцам, *ср.* **1.** Предмет в форме окружности, ободка из твёрдого материала. *Связка ключей на кольце. Гимнастические кольца* (спортивный снаряд). **2.** Украшение такой формы, надеваемое на палец. *К. с бирюзой. Руки в кольцах. К. в носу* (у нек-рых первобытных народов: мужское украшение, продеваемое в нижнюю часть носа). **3.** То, что имеет форму окружности, обода. *Годичное к.* (слой, ежегодно нарастающий в стволе дерева). *Пускать дым кольцами. Трамвайное к.* (поворотный круг на трамвайных путях). **4.** *перен.* Положение, когда кто-н. окружён кем-чем-н., замкнут круговой линией чего-н. *К. блокады. Вырваться из кольца окружения. Оказаться в кольце любопытных.* ‖ *уменьш.* **коле́чко**, -а, *ср.* (к 1, 2 и 3 знач.). ‖ *прил.* **кольцево́й**, -а́я, -о́е (к 1 и 3 знач.). *К. трамвайный маршрут* (круговой). *Кольцевая трасса. Кольцевая дорога.*

КО́ЛЬЧАТЫЙ, -ая, -ое (спец.). Состоящий из колец, расположенный кольцами, имеющий вид колец. *Кольчатая сеть. Кольчатые черви.* ‖ *сущ.* **ко́льчатость**, -и, *ж.*

КОЛЬЧУ́ГА, -и, *ж.* Старинный воинский доспех в виде рубашки из металлических колец. ‖ *прил.* **кольчу́жный**, -ая, -ое.

КОЛЮ́ЧИЙ, -ая, -ее; -ю́ч. **1.** Имеющий колючки. *К. кустарник. Колючая проволока.* **2.** Способный колоть[2], причинять уколы. *Колючая щетина.* **3.** *перен.* Язвительный, насмешливо-злой (разг.). *Колючее замечание. К. взгляд. К. язык.* ‖ *сущ.* **колю́честь**, -и, *ж.* (ко 2 и 3 знач.).

КОЛЮ́ЧКА, -и, *ж.* Шип, остриё, то, что колется. *К. шиповника. Колючки у ежа.*

КОЛЯДА́, -ы́, *ж.* Старинный рождественский и святочный крестьянский обряд — хождение по домам с поздравлениями и песнями, с получением угощения; песня, исполняемая во время такого обряда. ‖ *прил.* **коля́дный**, -ая, -ое.

КОЛЯ́ДКА, -и, *ж.* Песня, исполняемая во время обряда коляды.

КОЛЯДОВА́ТЬ, -ду́ю, -ду́ешь; *несов.* На Рождество, на святки, на Новый год: ходить по дворам с пением колядок, собирая угощение, деньги. *К. по дворам, под окнами.* ‖ *сущ.* **колядова́ние**, -я, *ср.*

КОЛЯ́СКА, -и, *ж.* **1.** Рессорный четырёхколёсный экипаж с откидным верхом. *Ехать в коляске.* **2.** Маленькая ручная повозка для катания детей. *Детская к.* **3.** Небольшая тележка специального назначения. *Мотоцикл с коляской. К. инвалида.* ‖ *уменьш.* **коля́сочка**, -и, *ж.* ‖ *прил.* **коля́сочный**, -ая, -ое.

КОЛЯ́СОЧНИК, -а, *м.* Инвалид, передвигающийся на специальной коляске. ‖ *ж.* **коля́сочница**, -ы.

КОМ, -а, *мн.* ко́мья, -ьев, *м.* Уплотнённый округлый кусок чего-н., мягкого, рыхлого. *К. глины, земли, снега. Как снежный к. растёт что-н.* (быстро увеличивается). *К. в горле стоит, к горлу подступил* (перен.: о спазмах при волнении; разг.). ‖ *прил.* **комовой**, -ая, -ое (спец.). *Комовая глина.*

КОМ¹... *Первая часть сложных слов со знач.* коммунистический, напр. *компартия, комфракция, комячейка.*

КОМ²... *Первая часть сложных слов со знач.:* 1) командный, напр. *комсостав;* 2) командир, напр. *комвзвода, комроты, комполка, комбриг* (командир бригады).

КО́МА, -ы, *ж.* (спец.). Крайне тяжёлое, грозящее смертью состояние, характеризующееся нарушением всех функций организма. ‖ *прил.* **комато́зный**, -ая, -ое.

КОМА́НДА, -ы, *ж.* **1.** Краткий устный приказ установленной формы. *Раздалась к. «Огонь!». Как по команде* (разом, дружно). **2.** Автоматически передаваемый сигнал, вызывающий действие какой-н. системы, механизма. *Система команд. К. по радио.* **3.** Начальствование над какой-н. воинской частью. *Отряд под командой офицера.* **4.** Отряд, воинское подразделение. *Сапёрная к. Пожарная к.* **5.** Личный состав, экипаж судна. *К. корабля.* **6.** Спортивный коллектив (обычно во главе с капитаном). *Футбольная к.* **7.** Группа связанных чем-н. людей, чьё-н. окружение (разг.). *К. президента.* ✦ **Доложить по команде** — у военных: доложить непосредственному начальнику. ‖ *прил.* **кома́ндный**, -ая, -ое (к 1, 2, 4, 5 и 6 знач.).

КОМАНДА́РМ, -а, *м.* Сокращение: командующий армией. ‖ *прил.* **команда́рмовский**, -ая, -ое (разг.).

КОМАНДИ́Р, -а, *м.* **1.** Начальник воинской части, подразделения, военного корабля, а также военизированной организации, стройотряда. *К. полка. К. крейсера. К. воздушного корабля. Командиры производства* (перен.: об инженерах, техниках). **2.** *перен.* Человек, к-рый любит распоряжаться, командовать (разг.). ‖ *ж.* **команди́рша**, -и (ко 2 знач.; разг.). ‖ *прил.* **команди́рский**, -ая, -ое.

КОМАНДИРОВА́ТЬ, -ру́ю, -ру́ешь; -ованный; *сов.* и *несов., кого (что).* Отправить (-влять) куда-н. со служебным поручением. *К. на конференцию. Гостиничные номера для командированных* (сущ.). ‖ *сущ.* **командиро́вка**, -и, *ж.* и **командирова́ние**, -я, *ср.*

КОМАНДИРО́ВКА, -и, *ж.* **1.** *см.* командировать. **2.** Служебное поручение, связанное с выездом куда-н. *Получить командировку.* **3.** Поездка для выполнения такого поручения. *Уехать в командировку. В командировке кто-н.* **4.** Удостоверение о таком поручении (разг.). *Предъявить свою командировку.* ‖ *прил.* **командиро́вочный**, -ая, -ое. *Командировочное удостоверение. Получить командировочные* (сущ.; деньги на расходы по командировке).

КОМАНДИ́РСКИЙ, -ая, -ое. **1.** *см.* командир. **2.** *перен.* То же, что начальственный. *К. тон. К. вид.*

КОМА́НДНЫЙ, -ая, -ое. **1.** *см.* команда. **2.** Командирский, относящийся к командованию. *Командная должность. К. пункт.* **3.** *перен.* Первенствующий, господствующий. *Командное положение. Командные высоты* (господствующая возвышенная местность, дающая войскам преимущества перед противником; также перен.: важнейшие участки в какой-н. деятельности).

КОМА́НДОВАНИЕ, -я, *ср.* **1.** *см.* командовать. **2.** *собир.* Лица руководящего офицерского состава, стоящие во главе воинских формирований, учреждений. *Верховное к. К. полка. Распоряжения командования.*

КОМА́НДОВАТЬ, -дую, -дуешь; *несов.* **1.** Произносить, обращать к кому-н. слова команды. **2.** *кем-чем.* Быть командиром. *К. полком. К. парадом* (войсками на параде). **3.** *перен., кем* или *над кем.* Приказывать, распоряжаться (разг.). *К. над домашними.* **4.** (1 и 2 л. не употр.), *перен., над чем.* Быть выше всех других пунктов окружающей местности, господствовать (в 3 знач.). *Высота, командующая над местностью.* ‖ *сов.* **скома́ндовать**, -дую, -дуешь (к 1 и 3 знач.). ‖ *сущ.* **кома́ндование**, -я, *ср.* (ко 2 и 3 знач.). *Принять на себя к. полком.*

КОМАНДО́Р, -а, *м.* **1.** В средние века в рыцарском ордене: высшее звание рыцаря, а также лицо, имеющее это звание. **2.** В нек-рых странах: воинское звание офицера флота, а также лицо, имеющее это звание. **3.** Руководитель, распорядитель нек-рых видов спортивных соревнований. *К. пробега.* ‖ *прил.* **командо́рский**, -ая, -ое.

КОМА́НДУЮЩИЙ, -его, *м.* В вооружённых силах: начальник военного округа, групп войск, флота, армий и нек-рых других соединений, а также начальник фронта.

КОМА́Р, -а́, *м.* Мелкое двукрылое насекомое с остро жалящим хоботком. *К. носу не подточит* (нельзя придраться, т. к. сделано очень хорошо; разг.). ‖ *уменьш.* **кома́рик**, -а, *м.* ‖ *собир.* **комарьё**, -я́, *ср.* ‖ *прил.* **комари́ный**, -ая, -ое. *К. писк* (тонкий звук при полёте). *Комариные укусы* (также перен.: мелкие, но чувствительные обиды).

КОМБА́ЙН, -а, *м.* **1.** Сложная машина, агрегат, выполняющий работу нескольких более простых машин. *Деревообделочный к. Горный к.* (в шахтах, на карьерах). *Кухонный к.* (набор механизмов для кухни). **2.** Такая сельскохозяйственная машина, предназначенная для уборки зерна, картофеля, свёклы, хлопка и других культур. *Зерноуборочный к. Льноуборочный к.* ‖ *прил.* **комба́йновый**, -ая, -ое. *К. агрегат. К. сбор хлопка.*

КОМБА́ЙНЕР, -а и **КОМБАЙНЁР**, -а, *м.* Водитель комбайна (во 2 знач.). ‖ *ж.* **комба́йнерка**, -и (разг.) и **комбайнёрка**, -и (разг.). ‖ *прил.* **комба́йнерский**, -ая, -ое и **комбайнёрский**, -ая, -ое.

КОМБА́Т, -а, *м.* Сокращение: командир батальона. ‖ *прил.* **комба́товский**, -ая, -ое (разг.).

КОМБИ... *Первая часть сложных слов со знач.* комбинированный, составленный из разных компонентов, напр. *комбижир, комбикорм, комбисилос.*

КОМБИКО́РМ, -а, *м.* Сокращение: комбинированный корм — составленная в определённых пропорциях сухая кормовая смесь. ‖ *прил.* **комбико́рмовый**, -ая, -ое. *Комбикормовая промышленность.*

КОМБИНА́Т, -а, *м.* **1.** Объединение промышленных предприятий разных производственных отраслей, а также объединение мелких производств. *Полиграфический к. К. бытового обслуживания. Швейный к.* **2.** Объединение учебных заведений разных ступеней (обычно при каком-н. предприятии). *Учебный к.* ‖ *прил.* **комбина́тский**, -ая, -ое (разг.).

КОМБИНА́ТОР, -а, *м.* Человек, к-рый склонен к комбинациям (во 2 знач.), умеет ловко добиваться чего-н. разными способами. *Великий к.* (шутл.). ‖ *ж.* **комбина́торша**, -и (разг.). ‖ *прил.* **комбина́торский**, -ая, -ое.

КОМБИНАТО́РИКА, -и, *ж.* Раздел дискретной математики, изучающий всевозможные сочетания и расположения предметов. ‖ *прил.* **комбинато́рный**, -ая, -ое. *К. анализ.*

КОМБИНА́ЦИЯ, -и, *ж.* **1.** Сочетание, взаимное расположение чего-н. *К. цифр.* **2.** Сложный замысел, система приёмов для достижения чего-н. *Хитрая к. Шахматная к.* **3.** Женское бельё — рубашка, обычно шёлковая, с кружевами. ‖ *прил.* **комбинацио́нный**, -ая, -ое (к 1 и 2 знач.).

КОМБИНЕЗО́Н, -а, *м.* Костюм, представляющий собой соединение верхней части одежды и брюк. *Рабочий к. Детский к.* ‖ *прил.* **комбинезо́нный**, -ая, -ое.

КОМБИНИ́РОВАТЬ, -рую, -руешь; -анный; *несов.* **1.** *что.* Сочетать, соединять в какую-н. комбинацию (в 1 знач.). *К. цветы для букетов.* **2.** Строить какую-н. комбинацию (во 2 знач.) (разг.). ‖ *сов.* **скомбини́ровать**, -рую, -руешь; -анный. ‖ *сущ.* **комбини́рование**, -я, *ср.*

КОМЕДИА́НТ, -а, *м.* **1.** То же, что комик (в 1 знач.) (устар.). **2.** *перен.* Притворщик, лицемер. ‖ *ж.* **комедиа́нтка**, -и. ‖ *прил.* **комедиа́нтский**, -ая, -ое.

КОМЕДИА́НТСТВО, -а, *ср.* Поведение комедианта (во 2 знач.).

КОМЕДИ́ЙНЫЙ, -ая, -ое; -и́ен, -и́йна. **1.** *см.* комедия. **2.** *перен.* Комический (во 2 знач.), комичный (книжн.). *Комедийная ситуация.* ‖ *сущ.* **комеди́йность**, -и, *ж.*

КОМЕ́ДИЯ, -и, *ж.* **1.** Драматическое произведение с весёлым, смешным сюжетом. *Музыкальная к.* **2.** *перен.* Притворство, лицемерие в каких-н. действиях. *Ломать комедию* (разг. неодобр.). **3.** То же, что умора (разг.). ‖ *прил.* **коми́ческий**, -ая, -ое (к 1 знач.) и **комеди́йный**, -ая, -ое (к 1 знач.). *Комическая опера. Комический (комедийный) актёр.*

КО́МЕЛЬ, -мля, *м.* Прилегающая к корню часть дерева (также во́лоса, ро́га, пера). ‖ *прил.* **ко́млевый**, -ая, -ое. *Комлевая часть ствола.*

КОМЕНДА́НТ, -а, *м.* **1.** Начальник войск крепости или укреплённого района. **2.** Военный начальник, ведающий надзором за правильным несением гарнизонной и караульной службы, за дисциплиной военнослужащих в общественных местах, за сохранением порядка в гарнизоне. *К. города. К. гарнизона.* **3.** Военный начальник на путях передвижения войск, на участках маршрутов, форсирования, переправ. *К. маршрута. К. района. К. пункта посадки.* **4.** Заведующий общественным зданием. *К. общежития.* ‖ *ж.* **коменда́нтша**, -и (к 4 знач.; разг.). ‖ *прил.* **коменда́нтский**, -ая, -ое. ✦ **Комендантский час** — при военном или чрезвычайном положении: запрещение появляться на улицах в определённое время суток (обычно вечером и ночью).

КОМЕНДАТУ́РА, -ы, *ж.* Учреждение или подразделение, возглавляемое комендантом (в 1 и 2 знач.), а также помещение, занимаемое таким учреждением. *Военная к. Пограничная к.* (подразделение пограничных войск, состоящее из нескольких застав).

КОМЕНДО́Р, -а, *м.* Матрос-артиллерист. ‖ *прил.* **комендо́рский**, -ая, -ое.

КОМЕ́ТА, -ы, *ж.* **1.** Небесное тело, вдали от Солнца имеющее вид туманного светящегося пятна, а с приближением к Солнцу обнаруживающее яркую голову и хвост. **2.** Речное быстроходное пассажирское судно на подводных крыльях. ‖ *прил.* **коме́тный**, -ая, -ое (к 1 знач.).

КО́МИ. **1.** *нескл., мн., ед.* ко́ми, *нескл., м.* и *ж.* Народ, составляющий коренное население республики Коми. **2.** *неизм.* Относящийся к этому народу, к его языку, национальному характеру, образу жизни, культуре, а также к Республике Коми, её территории, внутреннему устройству, истории; такой, как у коми, как в республике Коми. *К. язык* (коми-зырянский — финно-угорской семьи языков).

КОМИ́ЗМ, -а, *м.* Комическая сторона, комическое, смешное в чём-н.; юмор. *К. положения. Рассказ не лишён комизма.*

КО́МИ-ЗЫРЯ́НЕ, -я́н, *ед.* -я́нин, -а, *м.* Прежнее название народа коми. ‖ *ж.* **ко́ми-зыря́нка**, -и. ‖ *прил.* **ко́ми-зыря́нский**, -ая, -ое.

КО́МИ-ЗЫРЯ́НСКИЙ, -ая, -ое. **1.** *см.* зыряне *и* коми-зыряне. **2.** То же, что коми (во 2 знач.) (устар.). *Коми-зырянский язык* (финно-угорской семьи языков).

КО́МИК, -а, *м.* **1.** Артист, исполняющий комические роли. **2.** *перен.* Человек весёлого нрава, заражающий других чувством юмора.

КО́МИКС, -а, *м.* Небольшая, наполненная иллюстрациями книжка лёгкого, обычно приключенческого содержания, а также серия рисунков с соответствующими подписями. *Серия комиксов.*

КО́МИ-ПЕРМЯКИ́, -о́в, *ед.* -я́к, -а́, *м.* Народ, составляющий коренное население Коми-Пермяцкого округа. ‖ *ж.* **ко́ми-пермя́чка**, -и. ‖ *прил.* **ко́ми-пермя́цкий**, -ая, -ое.

КОМИ́-ПЕРМЯ́ЦКИЙ, -ая, -ое. **1.** *см.* коми-пермяки. **2.** Относящийся к коми-пермякам, к их языку, национальному характеру, образу жизни, культуре, а также к местам их проживания, их внутреннему устройству, истории; такой, как у коми-пермяков. *Коми-пермяцкий язык* (финно-угорской семьи языков).

КОМИССА́Р, -а, *м.* **1.** Руководящее лицо с общественно-политическими или административными обязанностями. *Народный к.* (глава народного комиссариата). **2. военный комиссар** — 1) в Советских Вооружённых Силах в 1918—1925 и 1937—1942 гг.: политический руководитель воинской части, отвечающий наравне с командиром за её боеспособность и политическое состояние; 2) лицо, возглавляющее военный комиссариат. **3.** В военизированных организациях, стройотрядах: лицо, отвечающее за воспитательную работу. **4.** В нек-рых странах: начальник полицейского участка. ‖ *прил.* **комисса́рский**, -ая, -ое.

КОМИССАРИА́Т, -а, *м.* Учреждение, во главе к-рого стоит комиссар. *Военный к.* (местный орган военного управления, ведающий учётом и призывом военнообязанных). *Народный к.* (в СССР в 1917—1946 гг.: центральный орган государственного управления отдельной сферой деятельности или отдельной отраслью народного хозяйства, наркомат). ‖ *прил.* **комиссариа́тский**, -ая, -ое.

КОМИССИОНЕ́Р, -а, *м.* Посредник в торговой сделке. ‖ *прил.* **комиссионе́рский**, -ая, -ое.

КОМИССИО́НКА, -и, *ж.* (разг.). Комиссионный магазин.

КОМИ́ССИЯ[1], -и, *ж.* **1.** Группа лиц или орган из группы лиц со специальными полномочиями при каком-н. учреждении, организации. *Избирательная к. Ревизионная к.* **2.** Учреждение специального назначения. *К. по изучению производительных сил и природных ресурсов.* ‖ *прил.* **комиссио́нный**, -ая, -ое. *Комиссионная экспертиза.*

КОМИ́ССИЯ[2], -и, *ж.* (устар.). Хлопотное, затруднительное положение.

КОМИ́ССИЯ[3], -и, *ж.* Поручение, выполняемое за определённое вознаграждение (обычно связанное с куплей и продажей). *Брать товар на комиссию.* ‖ *прил.* **комиссио́нный**, -ая, -ое. *К. магазин. Комиссионное вознаграждение. Выплатить комиссионные* (сущ.; за комиссию).

КОМИССОВА́ТЬ, -су́ю, -су́ешь; -о́ванный; *сов. и несов., кого (что)* (разг.). В результате осмотра специальной комиссией дать (давать) заключение о трудоспособности, пригодности к несению военной службы. *Комиссован по болезни.* ‖ *сущ.* **комиссова́ние**, -я, *ср.*

КОМИТЕ́Т, -а, *м.* Коллегиальный орган, руководящий какой-н. работой, а также учреждение специального назначения. *Исполнительный к. Профсоюзный к. К. по экологии. К. по международным премиям.* ‖ *прил.* **комите́тский**, -ая, -ое.

КОМИ́ЧЕСКИЙ, -ая, -ое. **1.** *см.* комедия. **2.** Смешной, забавный. *К. жест.*

КОМИ́ЧНЫЙ, -ая, -ое; -чен, -чна. То же, что комический (во 2 знач.). *Комичное зрелище. Комично* (нареч.) *гримасничает.* ‖ *сущ.* **коми́чность**, -и, *ж.*

КО́МКАТЬ, -аю, -аешь; -анный; *несов., что.* **1.** Мять, превращать в комок. *К. бумагу. К. одежду.* **2.** Наспех и небрежно делая что-н., портить (разг.). *К. изложение.* ‖ *сов.* **иско́мкать**, -аю, -аешь; -анный (к 1 знач.) *и* **ско́мкать**, -аю, -аешь; -анный.

КОМКОВА́ТЫЙ, -ая, -ое; -а́т. Со многими комками, неровный. *Комковатая земля.* ‖ *сущ.* **комкова́тость**, -и, *ж.*

КОММЕНТА́РИЙ, -я, *м.*, обычно *мн.* **1.** Разъяснительные примечания к какому-н. тексту. *Сочинения Лермонтова с комментариями. К. В. Набокова к «Евгению Онегину» Пушкина.* **2.** Рассуждения, пояснительные и критические замечания о чём-н. *Комментарии печати. Комментарии излишни* (всё понятно, объяснения не нужны).

КОММЕНТА́ТОР, -а, *м.* **1.** Автор комментария. *К. текста.* **2.** Человек, к-рый комментирует что-н. *Спортивный к.* ‖ *ж.* **коммента́торша**, -и (ко 2 знач.; разг.). ‖ *прил.* **коммента́торский**, -ая, -ое.

КОММЕНТИ́РОВАТЬ, -рую, -руешь; -анный; *сов. и несов., что.* Дать (давать) комментарии, пояснения к чему-н. *К. текст. К. события. К. матч.* ‖ *сов.* также **прокомменти́ровать**, -рую, -руешь; -анный.

КОММЕРСА́НТ, -а, *м.* Человек, занимающийся коммерцией. ‖ *ж.* **коммерса́нтка**, -и. ‖ *прил.* **коммерса́нтский**, -ая, -ое.

КОММЕ́РЦИЯ, -и, *ж.* Торговля, торговые операции. *Заниматься коммерцией.* ‖ *прил.* **комме́рческий**, -ая, -ое. *Коммерческие операции. Коммерческая сделка.*

КОММЕ́РЧЕСКИЙ, -ая, -ое. **1.** *см.* коммерция. **2.** Во флоте: торговый. *Коммерческое судно.* **3.** Относящийся к торговле по повышенным ценам. *Коммерческие цены.* ✦ **Коммерческий директор** — заместитель директора, ведающий снабжением, сбытом и всей другой хозяйственно-финансовой деятельностью предприятия.

КОММИВОЯЖЁР, -а, *м.* Разъездной агент крупной торговой фирмы, предлагающий товары по образцам, каталогам, прейскурантам. ‖ *прил.* **коммивояжёрский**, -ая, -ое.

КОММУ́НА, -ы, *ж.* **1.** Коллектив людей, объединившихся для совместной жизни на началах общности имущества и труда. *Трудовая к.* **2.** В нек-рых странах: административно-территориальная единица. ✦ **Парижская коммуна** — революционное правительство рабочих, существовавшее в Париже с 18 марта по 28 мая 1871 г. ‖ *прил.* **коммуна́льный**, -ая, -ое. *Коммунальные выборы.*

КОММУНА́ЛКА, -и, *ж.* (прост.). Коммунальная квартира. *Разъехаться из коммуналок по отдельным квартирам.*

КОММУНА́ЛЬНЫЙ, -ая, -ое. **1.** *см.* коммуна. **2.** Относящийся к городскому хозяйству. *Коммунальные услуги* (сфера действия служб, обеспечивающих бытовые удобства жителей). ✦ **Коммунальная квартира** — квартира, в к-рой живёт несколько семей.

КОММУНА́Р, -а, *м.* **1.** Член коммуны (в 1 знач.). **2.** Революционер в период Парижской коммуны. ‖ *ж.* **коммуна́рка**, -и. ‖ *прил.* **коммуна́рский**, -ая, -ое.

КОММУНИ́ЗМ, -а, *м.* Общественно-экономическая формация, основанная на общественной собственности на средства производства, при которой ставится целью построение бесклассового общества, полное социальное равенство всех членов общества и осуществление принципа «От каждого — по способностям, каждому — по потребностям». ✦ **Первобытный коммунизм** — общественный доклассовый строй первобытной родовой общины. **Военный коммунизм** — во время гражданской войны (1918—1920 гг.): внутренняя политика советской власти, направленная на вытеснение капиталистических элементов военно-приказным путём — национализацией всей крупной, средней и мелкой промышленности, продовольственной диктатурой, выражающейся в продразверстке, всеобщей трудовой повинностью, заменой частной торговли государственным распределением товаров по карточной системе. ‖ *прил.* **коммунисти́ческий**, -ая, -ое. *Коммунистическое общество. Коммунистическое мировоззрение. Коммунистические партии.*

КОММУНИКА́БЕЛЬНЫЙ, -ая, -ое; -лен, -льна. Такой, с к-рым легко общаться, иметь дело, устанавливать контакты. *К. характер.* ‖ *сущ.* **коммуника́бельность**, -и, *ж.*

КОММУНИКА́ЦИЯ, -и, *ж.* **1.** Путь сообщения, линия связи (спец.). *Воздушные, водные коммуникации. Подземные коммуникации.* **2.** Сообщение, общение (книжн.). *Речь как средство коммуникации. Средства массовой коммуникации* (печать, радио, кино, телевидение). ‖ *прил.* **коммуникацио́нный**, -ая, -ое (к 1 знач.) *и* **коммуникати́вный**, -ая, -ое (ко 2 знач.). *Коммуникационные линии. Коммуникативные функции.*

КОММУНИ́СТ, -а, *м.* Член коммунистической партии. ‖ *ж.* **коммуни́стка**, -и.

КОММУТА́ТОР, -а, *м.* **1.** Название различных устройств для изменения направления, переключения электрического тока. **2.** Род местной телефонной станции с ручным соединением. *Позвонить через к.* ‖ *прил.* **коммута́торный**, -ая, -ое.

КОММЮНИКЕ́, *нескл., ср.* (офиц.). Официальное сообщение (преимущ. по вопросам международного значения). *К. для печати.*

КО́МНАТА, -ы, *ж.* **1.** Отдельное помещение для жилья в квартире, в гостинице, в общежитии, а также отдельное служебное помещение. *Изолированная к. К. бухгалтерии.* **2.** Мемориальное помещение в каком-н. здании. *К. героев войны.* **3.** *чего* и *какая.* Отдельное помещение специального назначения в общественном месте, на предприятии. *К. отдыха. К. матери и ребёнка.* ‖ *уменьш.* **ко́мнатка,** -и, *ж.* (к 1 знач.). ‖ *уничт.* **комнатёнка,** -и, *ж.* (к 1 знач.) *и* **комнату́шка,** -и, *ж.* (к 1 знач.). ‖ *прил.* **ко́мнатный,** -ая, -ое (к 1 знач.).

КО́МНАТНЫЙ, -ая, -ое. **1.** *см.* комната. **2.** Домашний, связанный с пребыванием, нахождением в жилом помещении. *Комнатная собачка. Комнатные цветы. Комнатная температура* (обычная для жилого помещения).

КОМО́Д, -а, *м.* Предмет мебели, состоящий из нескольких расположенных друг над другом выдвижных ящиков (для белья, различных мелких вещей). ‖ *прил.* **комо́дный,** -ая, -ое.

КОМО́К, -мка́, *м.* То же, что ком. *К. глины. К. в горле стоит, к горлу подступил, подкатился* (перен.: перехватило дыхание от волнения; разг.). *Собраться в к.* (перен.: напрячься, сжаться, обычно перед резким движением, прыжком). ‖ *уменьш.* **комо́чек,** -чка, *м. Лечь (свернуться) комочком* (клубочком, калачиком; разг.). ‖ *прил.* **комко́вый,** -ая, -ое.

КОМО́ЛЫЙ, -ая, -ое; -о́л. Безрогий, не имеющий рогов. *Комолая корова.* ‖ *сущ.* **комо́лость,** -и, *ж.*

КОМПА́КТ-ДИСК, компа́кт-ди́ска, *м.* Оптический (лазерный) диск небольшого диаметра с нанесённой на него записью сигналов. *Альбом музыкального ансамбля на компакт-диске. Компакт-диск с пакетом программ для ЭВМ.*

КОМПА́КТНЫЙ, -ая, -ое; -тен, -тна. **1.** Плотный, расположенный тесно, без промежутков. *Компактная масса.* **2.** *перен.* Краткий, сжатый. *Компактное изложение.* ‖ *сущ.* **компа́ктность,** -и, *ж.*

КОМПАНЕ́ЙСКИЙ, -ая, -ое. **1.** *см.* компания. **2.** Общительный, подходящий для компании (в 1 знач.) (разг.). *К. парень. Поступать не по-компанейски* (нареч.). **3.** Одинаковый для всех участников (разг.). *На компанейских началах.*

КОМПА́НИЯ, -и, *ж.* **1.** Общество, группа лиц, проводящих вместе время. *Весёлая, дружная к. Гулять компанией. Составьте компанию* (будьте с нами вместе; разг.). *Расстроить компанию* (нарушить что-н. предпринятое всеми вместе). **2.** Торговое или промышленное предприятие, торгово-промышленное объединение предпринимателей. *Нефтяная к. К. по производству компьютеров.* ✦ **Не компания** *кто кому* (разг.) — не подходит для знакомства, приятельских отношений. **Поддержать компанию** (разг.) — не отказаться от участия в чём-н. **В компании** *с кем* (разг.) — вместе с кем-н. **За компанию** *с кем* (разг.) — заодно, вместе с другими. **И компания** (пишется и К°) — участники компании (во 2 знач.), компаньоны главного предпринимателя. *Торговый дом Петров и К°.* ‖ *уменьш.* **компа́шка,** -и, *ж.* (шутл.). ‖ *прил.* **компане́йский,** -ая, -ое (ко 2 знач.; устар.).

КОМПАНЬО́Н [ньё], -а, *м.* **1.** Человек, к-рый вместе с кем-н. занимается чем-н., входит в компанию (в 1 знач.). *Весёлые компаньоны.* **2.** Член компании (во 2 знач.). ‖ *ж.* **компаньо́нка,** -и. ‖ *прил.* **компаньо́нский,** -ая, -ое (разг.).

КОМПАНЬО́НКА, -и, *ж.* **1.** *см.* компаньон. **2.** До революции в дворянских домах: женщина, живущая при хозяйке для её развлечения, сопровождения на прогулках, в поездках. *Нанять компаньонку. К.-приживалка.*

КОМПАРАТИ́В, -а, *м.* (спец.). Грамматическая категория прилагательного и наречия, обозначающая бо́льшую степень проявления признака по сравнению с тем же признаком, названным в положительной степени (напр. умнее, холоднее, стыднее).

КОМПА́РТИЯ, -и, *ж.* Сокращение: коммунистическая партия.

КО́МПАС, -а (у моряков компа́с, -а), *м.* Прибор для определения стран света (сторон горизонта). *Магнитный к.* (с намагниченной стрелкой, всегда указывающей на север). ‖ *прил.* **ко́мпасный,** -ая, -ое (у моряков **компа́сный,** -ая, -ое).

КОМПАТРИО́Т, -а, *м.* (книжн.). То же, что соотечественник. ‖ *ж.* **компатрио́тка,** -и.

КОМПЕНСА́ЦИЯ, -и, *ж.* **1.** *см.* компенсировать. **2.** Вознаграждение за что-н., возмещение (книжн.). *Денежная к. Получать компенсацию.*

КОМПЕНСИ́РОВАТЬ, -рую, -руешь; -анный; *сов. и несов., кого-что* (книжн.). **1.** То же, что возместить (-ещать). *К. потери, убытки. К. упущенное время.* **2.** *сов.* Уравновесить что-н. нарушенное, возместить утраченные функции. *Компенсированный порок сердца* (спец.). ‖ *сущ.* **компенса́ция,** -и, *ж.* ‖ *прил.* **компенсацио́нный,** -ая, -ое (к 1 знач.; спец.) *и* **компенса́торный,** -ая, -ое (ко 2 знач.). *Компенсационные выплаты. Компенсаторный процесс.*

КОМПЕТЕ́НТНЫЙ, -ая, -ое; -тен, -тна. **1.** Знающий, осведомлённый, авторитетный в какой-н. области. *К. специалист. Компетентное суждение.* **2.** Обладающий компетенцией (во 2 знач.) (спец.). *Передать дело в компетентную инстанцию.* ‖ *сущ.* **компете́нтность,** -и, *ж.*

КОМПЕТЕ́НЦИЯ, -и, *ж.* (книжн.). **1.** Круг вопросов, в к-рых кто-н. хорошо осведомлён. **2.** Круг чьих-н. полномочий, прав. *К. суда. Дело не входит в чью-н. компетенцию.*

КОМПИЛИ́РОВАТЬ, -рую, -руешь; -анный; *несов., что* (книжн.). Делать компиляцию. *К. текст.* ‖ *сов.* **скомпили́ровать,** -рую, -руешь; -анный. ‖ *прил.* **компиляцио́нный,** -ая, -ое.

КОМПИЛЯТИ́ВНЫЙ, -ая, -ое; -вен, -вна (книжн.). Основанный на компиляции. *Сочинение компилятивного характера.* ‖ *сущ.* **компиляти́вность,** -и, *ж.*

КОМПИЛЯ́ТОР, -а, *м.* (книжн.). Человек, к-рый занимается компиляцией. ‖ *ж.* **компиля́торша,** -и (разг.). ‖ *прил.* **компиля́торский,** -ая, -ое.

КОМПИЛЯ́ЦИЯ, -и, *ж.* (книжн.). Соединение результатов чужих исследований, идей без самостоятельной обработки источников, а также сама работа, составленная таким методом. *К. чужих мыслей. Бездарная к.*

КО́МПЛЕКС, -а, *м.* **1.** Совокупность, сочетание чего-н. *К. машин. К. представлений.* **2.** Совокупность связанных друг с другом отраслей народного хозяйства или предприятий различных отраслей хозяйства. *Агро-промышленный к. Территориально-производственный к. Военно-промышленный к. Топливно-энергетический к.* **3.** Группа зданий, сооружений единого назначения. *Архитектурный, животноводческий, спортивный, туристский к.* ✦ **Комплекс неполноценности** — болезненное осознание своих недостатков, неполноценности в каком-н. отношении. **С комплексом** *кто* (разг.) — о том, кто болезненно недоволен чем-н. в себе самом. **Без комплексов** *кто* (разг.) о том, кто нормален, уверен в себе. ‖ *прил.* **ко́мплексный,** -ая, -ое (к 1 знач.). *Комплексная автоматизация производства.* ✦ **Компле́ксное (ко́мплексное) число** (спец.) — сумма действительного и мнимого чисел.

КОМПЛЕ́КТ, -а, *м.* Полный на́бор, состав кого-чего-н. *К. мебели, белья. Бригада в полном комплекте* (в полном составе). *Сверх комплекта.* ‖ *прил.* **компле́ктный,** -ая, -ое.

КОМПЛЕКТОВА́ТЬ, -ту́ю, -ту́ешь; -о́ванный; *несов., что.* Пополнять до комплекта; составлять. *К. библиотеку. К. отряд. Комплектующие детали* (входящие в комплект). ‖ *сов.* **скомплектова́ть,** -ту́ю, -ту́ешь; -о́ванный *и* **укомплектова́ть,** -ту́ю, -ту́ешь; -о́ванный. ‖ *сущ.* **комплектова́ние,** -я, *ср. и* **комплекто́вка,** -и, *ж.* ‖ *прил.* **комплекто́вочный,** -ая, -ое.

КОМПЛЕ́КЦИЯ, -и, *ж.* (книжн.). То же, что телосложение. *Тучная к.*

КОМПЛИМЕ́НТ, -а, *м.* Любезные, приятные слова, лестный отзыв. *Говорить комплименты. Рассыпаться в комплиментах.* ‖ *прил.* **комплимента́рный,** -ая, -ое (книжн.).

КОМПОЗИ́ТОР, -а, *м.* Музыкант, создатель музыкальных произведений. ‖ *ж.* **компози́торша,** -и (разг.). ‖ *прил.* **компози́торский,** -ая, -ое.

КОМПОЗИ́ЦИЯ, -и, *ж.* **1.** Строение (во 2 знач.), соотношение и взаимное расположение частей. *К. романа, картины, симфонии, книги.* **2.** Произведение (скульптурное, живописное, музыкальное, литературное), сложное или неоднородное по своему составу. *Скульптурная к. Хореографическая к. Литературно-музыкальная к. Архитектурная к.* **3.** Теория сочинения музыкальных произведений. *Класс композиции.* **4.** Материал, полученный в результате комбинирования разнородных компонентов (напр. железа и бетона, пластика и стекла, металла и неметалла) (спец.). ‖ *прил.* **композицио́нный,** -ая, -ое (к 1, 3 и 4 знач.). *Композиционные особенности романа. Композиционные материалы.*

КОМПОНЕ́НТ, -а, *м.* (книжн.). Составная часть чего-н. ‖ *прил.* **компоне́нтный,** -ая, -ое. *К. анализ* (в языкознании: анализ слова по тем смысловым элементам, к-рые все вместе образуют его лексическое значение; спец.).

КОМПОНОВА́ТЬ, -ну́ю, -ну́ешь; -о́ванный; *несов., что* (книжн.). Составлять целое из частей. *К. картину. К. материал исследования.* ‖ *сов.* **скомпонова́ть,** -ну́ю, -ну́ешь; -о́ванный. ‖ *сущ.* **компоно́вка,** -и, *ж.* ‖ *прил.* **компоно́вочный,** -ая, -ое.

КОМПО́СТ, -а, *м.* (спец.). Удобрение — смесь земли с перегноем, торфом, навозом. ‖ *прил.* **компо́стный,** -ая, -ое.

КОМПО́СТЕР, -а, *м.* Аппарат, прокалывающий дырчатые знаки на пассажирском билете, документе. ‖ *прил.* **компо́стерный,** -ая, -ое.

КОМПОСТИ́РОВАТЬ, -рую, -руешь; -анный; *несов., что.* Пробивать при помощи компостера. *К. билет.* ‖ *сов.* **прокомпости́ровать,** -рую, -руешь; -анный *и* **закомпости́ровать,** -рую, -руешь; -анный.

КОМПО́Т, -а (-у), *м.* Сладкое кушанье из сваренных на воде фруктов, ягод. *К. из сухофруктов. К. ассорти.* ‖ *прил.* **компо́тный,** -ая, -ое.

КОМПРЕ́СС, -а, *м.* Лечебная повязка из марли, полотна. *Согревающий к. Сухой к. Влажный к.* ‖ *прил.* **компре́ссный,** -ая, -ое. *Компрессная клеёнка* (для влажного компресса).

КОМПРЕ́ССОР, -а, *м.* Машина для сжатия воздуха, газов, паров до избыточного давления. *Воздушный, кислородный к. Поршневой, ротационный к.* ‖ *прил.* **компре́ссорный**, -ая, -ое.

КОМПРОМА́Т, -а, *м.* (разг.). Сокращение: компрометирующие материалы — документы, информация, порочащие чью-н. деятельность, репутацию. *Собрать к. на кого-н.*

КОМПРОМЕТИ́РОВАТЬ, -рую, -руешь; -анный; *несов., кого-что.* Выставлять в неблаговидном свете, порочить. *Компрометирующие данные, сведения.* ‖ *сов.* **скомпромети́ровать**, -рую, -руешь; -анный. ‖ *сущ.* **компрометация**, -и, *ж.* и **компромети́рование**, -я, *ср.*

КОМПРОМИ́СС, -а, *м.* Соглашение на основе взаимных уступок. *Пойти на к.* ‖ *прил.* **компроми́ссный**, -ая, -ое. *Компромиссное решение.*

КОМПЬЮ́ТЕР [тэ], -а, *м.* Электронная вычислительная машина (ЭВМ). *Персональный к. Ввести программу в к.* ‖ *прил.* **компью́терный**, -ая, -ое. *Компьютерные технологии. Компьютерные игры.*

КОМСОМО́Л, -а, *м.* **1.** Сокращённо: коммунистический союз молодежи (в СССР: Всесоюзный Ленинский Коммунистический Союз Молодежи (ВЛКСМ) — общественная организация молодежи (1918—1991 гг.). **2.** *собир.* То же, что комсомольцы (разг.). *Заводской к.* ‖ *прил.* **комсомо́льский**, -ая, -ое. *Комсомольская организация. Комсомольская стройка.*

КОМСОМО́ЛЕЦ, -льца, *м.* Член комсомола (ВЛКСМ). ‖ *ж.* **комсомо́лка**, -и. ‖ *прил.* **комсомо́льский**, -ая, -ое. *К. билет. К. возраст* (с 14 до 28 лет).

КОМСОМО́ЛИЯ, -и, *ж., собир.* (разг.). Комсомольцы. *Заводская к.*

КОМСО́РГ, -а, *м.* Сокращение: комсомольский организатор — выборный руководитель первичной комсомольской организации. ‖ *прил.* **комсо́рговский**, -ая, -ое (разг.).

КОМФО́РТ, -а, *м.* Условия жизни, пребывания, обстановка, обеспечивающие удобство, спокойствие и уют. *Устроиться с комфортом. Психологический к.* ‖ *прил.* **комфо́ртный**, -ая, -ое.

КОМФОРТА́БЕЛЬНЫЙ, -ая, -ое; -лен, -льна. Отвечающий всем требованиям комфорта. *Комфортабельная гостиница.* ‖ *сущ.* **комфорта́бельность**, -и, *ж.*

КОН, -а, о ко́не, на кону́, *мн.* коны́, -о́в, *м.* **1.** Место, куда в игре (в бабки, в городки) надо попасть при броске, а также место, куда в азартных играх кладётся ставка (в 3 знач.). *Бить в к. Поставить деньги на́ к.* **2.** В нек-рых играх: отдельная партия.

КОНВЕ́ЙЕР, -а, *м.* Машина для непрерывного перемещения обрабатываемого изделия от одного рабочего к другому, а также для транспортировки сыпучих, кусковых или штучных грузов. *Ленточный, пластинчатый, ковшовый к. Вибрационный, роликовый к. Работать на конвейере. Поставить что-н. на к.* (перен.: наладить непрерывность производства чего-н.). ‖ *прил.* **конве́йерный**, -ая, -ое. *Конвейерная лента.*

КОНВЕ́НТ, -а, *м.* В нек-рых странах: название выборных органов с особыми законодательными полномочиями. *Национальный к.* (во Франции в 1792—1795 гг.).

КОНВЕ́НЦИЯ, -и, *ж.* (спец.). Международный договор по какому-н. определённому вопросу. *Таможенная к. Железнодорожная к.* ‖ *прил.* **конвенцио́нный**, -ая, -ое.

КОНВЕ́РСИЯ, -и, *ж.* **1.** *см.* конвертировать. **2. конверсия военного производства** — перевод предприятий военно-промышленного комплекса на выпуск товаров народного потребления.

КОНВЕ́РТ, -а, *м.* **1.** Заклеивающаяся бумажная упаковка для писем, бумаг. *Почтовый к. Заклеить, запечатать к.* **2.** Род одеяла для грудных детей — тонкий матрасик с заворачивающимися краями. ‖ *прил.* **конве́ртный**, -ая, -ое.

КОНВЕРТИ́РОВАТЬ, -рую, -руешь; -анный; *сов.* и *несов., что.* Произвести (-водить) перерасчёт, а также вообще изменить (-нять), превращая в новый вид, в новое качество. *К. заём.* ‖ *сущ.* **конве́рсия**, -и, *ж.* ‖ *прил.* **конверсио́нный**, -ая, -ое.

КОНВОИ́Р, -а, *м.* Тот, кто входит в состав конвоя, конвоирует кого-что-н. *Колонна пленных с конвоирами.* ‖ *прил.* **конвои́рский**, -ая, -ое.

КОНВОИ́РОВАТЬ, -рую, -руешь; -анный; *несов., кого-что.* Сопровождать конвоем, в составе конвоя. *К. пленных.*

КОНВО́Й, -я, *м.* Вооружённый отряд, сопровождающий кого-что-н. для охраны или предупреждения побега. *Вести под конвоем. Морской к.* (корабли, охраняющие транспортные и торговые суда). ‖ *прил.* **конво́йный**, -ая, -ое. *Конвойная служба. В сопровождении конвойных* (сущ.).

КОНВУ́ЛЬСИЯ, -и, *ж.* То же что, судорога. *Биться в конвульсиях.* ‖ *прил.* **конвульси́вный**, -ая, -ое. *Конвульсивное движение.*

КОНГЕНИА́ЛЬНЫЙ, -ая, -ое; -лен, -льна (книжн.). Совпадающий по талантливости, очень близкий по духу. *Перевод, к. оригиналу.* ‖ *сущ.* **конгениа́льность**, -и, *ж.*

КОНГЛОМЕРА́Т, -а, *м.* **1.** Механическое соединение чего-н. разнородного, беспорядочная смесь (книжн.). *К. мнений.* **2.** Обломочная горная порода — галечник с примесью песка, гравия и валунов (спец.). ‖ *прил.* **конгломера́тный**, -ая, -ое.

КОНГРЕ́СС, -а, *м.* **1.** Большой съезд, собрание (обычно по вопросам международного значения). *Международный к. геологов. Всемирный к. сторонников мира.* **2.** В США и нек-рых других странах: парламент. *Прения в конгрессе.* **3.** Название нек-рых политических партий, организаций. *Партия Индийский национальный к.*

КОНГРЕССМЕ́Н, -а, *м.* Член палаты представителей конгресса США.

КОНДАЧО́К: с кондачка́ (разг.) — не подготовившись, несерьёзно, легкомысленно. *Решать дело с кондачка.*

КОНДЕНСА́Т [дэ], -а, *м.* (спец.). Продукт, получившийся в результате конденсации (в 1 знач.). *Газовый к.* ‖ *прил.* **конденса́тный**, -ая, -ое.

КОНДЕНСА́ТОР [дэ], -а, *м.* (спец.). Прибор для конденсации чего-н. *К. пара.* ‖ *прил.* **конденса́торный**, -ая, -ое.

КОНДЕНСА́ЦИЯ [дэ], -и, *ж.* (спец.). **1.** Переход вещества из газообразного состояния в жидкое или кристаллическое. *К. пара.* **2.** Накопление в каком-н. количестве. *К. энергии.* ‖ *прил.* **конденсацио́нный**, -ая, -ое.

КОНДЕНСИ́РОВАТЬ [дэ], -рую, -руешь; -анный; *сов.* и *несов., что* (спец.). Произвести (-водить) конденсацию чего-н. *К. пар. К. энергию.* ‖ *сов.* также **сконденси́ровать**, -рую, -руешь; -анный.

КОНДИ́ТЕР, -а, *м.* Работник, изготовляющий кондитерские изделия, а также (устар.) торговец такими изделиями. *Профессия кондитера. Лавка кондитера.* ‖ *ж.* **конди́терша**, -и (продающая такие изделия; устар. разг.).

КОНДИ́ТЕРСКАЯ, -ой, *ж.* Магазин, торгующий кондитерскими изделиями. *Булочная-к.*

КОНДИ́ТЕРСКИЙ, -ая, -ое. Относящийся к производству сладких пищевых продуктов (сладостей) и торговле ими. *Сахаристые кондитерские изделия* (конфеты, шоколад, пастила). *Мучные кондитерские изделия* (печенье, вафли, торты).

КОНДИЦИОНЕ́Р, -а, *м.* Аппарат для кондиционирования воздуха. ‖ *прил.* **кондиционе́рный**, -ая, -ое.

КОНДИЦИОНИ́РОВАТЬ, -рую, -руешь; -анный; *сов.* и *несов., что* (спец.). Привести (-водить) в соответствие с определёнными нормами, требованиями. *Кондиционированный воздух* (воздух в помещении, приведённый в соответствие с нормами температуры, влажности, давления). *К. зерно.* ‖ *сущ.* **кондициони́рование**, -я, *ср.*

КОНДИ́ЦИЯ, -и, *ж.* (спец.). Условие, норма, к-рой должна соответствовать продукция, товар. *До кондиции дойти, довести* (также перен.: до полного соответствия каким-н. требованиям; разг.). ‖ *прил.* **кондицио́нный**, -ая, -ое. *Кондиционное зерно.*

КОНДО́ВЫЙ, -ая, -ое. **1.** С плотной мелкослойной древесиной, очень прочный (спец.). *К. лес.* **2.** Исконный, сохранивший старые обычаи, устои (устар.). *Кондовое купечество.*

КО́НДОР, -а, *м.* Родственная грифу крупная хищная птица с голой головой и шеей.

КОНДРА́ТИЙ и **КОНДРА́ШКА: кондратий (кондрашка) хватил** *кого* (устар. и прост.) — об апоплексическом ударе.

КОНДУИ́Т, -а, *м.* (устар.). В России до революции: журнал с записями о поведении, проступках учащихся (преимущ. в духовных учебных заведениях и кадетских корпусах). *Записать в к.* ‖ *прил.* **кондуи́тный**, -ая, -ое. *К. список* (в военном ведомстве до 1862 г.: сведения о поведении и способностях офицеров).

КОНДУ́КТОР, -а, *мн.* -а́, -о́в и -ы, -ов, *м.* Работник, сопровождающий поезда, а также обслуживающий пассажиров на городском транспорте. *К. автобуса.* ‖ *ж.* **конду́кторша**, -и (в пассажирском транспорте; разг.). ‖ *прил.* **конду́кторский**, -ая, -ое.

КОНЕВО́Д, -а, *м.* Специалист по коневодству; человек, занимающийся разведением лошадей.

КОНЕВО́ДСТВО, -а, *ср.* Разведение лошадей как отрасль животноводства. ‖ *прил.* **конево́дческий**, -ая, -ое. *К. совхоз.*

КОНЕ́Ц, -нца́, *м.* **1.** Предел, последняя грань чего-н. в пространстве или во времени, а также примыкающая к этому пределу часть, период. *К. дороги. К. улицы. К. зимы. К. книги. К. ножа, верёвки. Положить к. чему-н.* (прекратить). *Ни конца ни краю нет чему-н.* (то же, что конца-краю нет). *Без конца* (очень долго, много, не прекращаясь). *До конца* (совсем, окончательно, полностью). **2.** Путь, расстояние между двумя пунктами (разг.). *Делать большие концы. Идти в оба конца пешком.* **3.** Причальная верёвка, трос (спец.). *Отдать концы* (отвязать; также перен.: умереть; прост.). **4.** *ед., перен.* Смерть (в 1 знач.), кончина. *К. пришёл кому-н. Присутствовать при конце больного.* **5.** *ед., кому.* Полная неудача, крах (разг.). *Без его помощи мне к.* **6. коне́ц**, *в знач. сказ.* То же, что кончено (см. кончить в 5 знач.) (разг.). *Больше я с ним не дружу, к.* ✦ **В конце концов** — 1) в конце, после всего, наконец (в 1 знач.). *Долго уговаривали, в конце концов согласился;* 2) *вводн. сл.*, то же, что наконец (во 2 и 3 знач.). **Во все концы** (разг.) — во все места, повсюду. *Разослать людей во все концы.* **И дело с концом** (разг.) — на этом всё кончено, решено. **Из конца в конец** — по всем направлениям. *Изъездить страну из конца в конец.* **Конца-краю нет** *чему* (разг.) — о чём-н. очень большом, длительном, чему не видно предела. *Полям конца-краю нет.* **Концы хоронить** (разг.) — скрывать следы предосудительного дела, преступления. **(И) концы в воду** (разг.) — скрыты следы предосудительного дела, преступления. **Концы с концами сводить** — справляться с трудом с нуждами, расходами. *Семья еле сводит концы с концами.* **Концов не найти** (разг.) — ни до чего не дознаться, не добраться до сути. **Концов не соберёшь** (разг.) — будет трудно разобраться, установить порядок, истину. **На тот конец** (прост.) — на тот случай, если что-н. произойдёт, понадобится. **На худой конец** (разг.) — в худшем случае. **Один конец** (разг.) — всё равно, что бы ни случилось (о том, что кончится плохо). **Под конец** — ближе к концу, в конце. **Со всех концов** — отовсюду. ‖ *прил.* **коне́чный**, -ая, -ое (к 1 знач. в нек-рых сочетаниях) *и* **концево́й**, -а́я, -о́е (к 1, в нек-рых сочетаниях к 3 знач.). *Конечная станция. Конечный абзац. Концевой (конечный) выключатель* (спец.). *Концевые вагоны.*

КОНЕ́ЧНО [*шн*]. **1.** *вводн. сл.* Само собой разумеется, без сомнения. *Он, к., прав.* **2.** *частица.* Употр. при утверждении, подтверждении, да, разумеется. *Вы любите музыку? — К.!* **3.** Выражает сомнение, уверенность в обратном (разг. ирон.). *Бросаю курить, последняя сигарета. — К.!* (т. е. очень сомневаюсь, не верю).

КОНЕ́ЧНОСТЬ, -и, *ж.* **1.** *см.* конечный. **2.** Рука, нога, а также, у животных, отдельный орган движения. *Верхние, нижние конечности* (у человека). *Передние, задние конечности* (у животных).

КОНЕ́ЧНЫЙ, -ая, -ое; -чен, -чна. **1.** *см.* конец. **2.** Имеющий конец (во времени), небесконечный (высок.). *Жизнь человека конечна.* **3.** *полн. ф.* Основной, являющийся пределом чего-н., самый главный. *Конечная цель.* **4.** *полн. ф.* Заключающий собой какой-н. процесс, являющийся результатом работы, обработки. *К. результат. К. продукт.* ✦ **В конечном счёте** — в конце концов, в итоге. ‖ *сущ.* **коне́чность**, -и, *ж.* (ко 2 знач.).

КОНЁВЫЙ *см.* конь.

КОНЁК[1], -нька́, *м.* **1.** *см.* конь. **2.** Брус, идущий по гребню кровли и скрепляющий её скаты, а также резное украшение на конце этого бруса [*первонач.* в виде конской головы]. *Крыша с коньком.* **3.** То же, что морской конёк. **4.** *ед.* Излюбленный предмет мыслей, разговоров (разг.). *Сесть на своего конька* (начать говорить на излюбленную тему). *Любимый к.* ✦ **Морской конёк** — морская рыбка с головой, похожей на поднятую голову коня. ‖ *прил.* **конько́вый**, -ая, -ое (ко 2 знач.).

КОНЁК[2] *см.* коньки.

КОНИ́НА, -ы, *ж.* Мясо лошади как пища.

КОНИ́ЧЕСКИЙ, -ая, -ое. Имеющий форму конуса. *Коническая поверхность.*

КО́НКА, -и, *ж.* (устар.). Городская железная дорога с конной тягой, а также вагон такой дороги. *Ехать на конке.* ‖ *прил.* **ко́ночный**, -ая, -ое.

КОНКЛА́В, -а, *м.* Совет кардиналов, избирающий римского папу.

КОНКРЕТИЗИ́РОВАТЬ, -рую, -руешь; -анный; *сов. и несов., что.* Представить (-влять) в конкретном виде. *К. общее положение.* ‖ *сущ.* **конкретиза́ция**, -и, *ж.*

КОНКРЕ́ТИКА, -и, *ж.* (разг.). Конкретные факты, дела, поступки.

КОНКРЕ́ТНЫЙ, -ая, -ое; -тен, -тна. Реально существующий, вполне точный и вещественно определённый, в отличие от абстрактного, отвлечённого. *Конкретное понятие. К. пример. К. предмет. Говорить конкретно* (нареч.). ✦ **Конкретные имена существительные** — в грамматике: существительные, называющие единичные материальные, вещественные реалии, отдельные предметы, лица (напр., карандаш, дом, яблоко, инженер, чудак). ‖ *сущ.* **конкре́тность**, -и, *ж.*

КОНКУ́Р, -а, *м.* В конном спорте: преодоление нескольких препятствий на определённом маршруте. *Состязаться в конкуре.* ‖ *прил.* **конку́рный**, -ая, -ое.

КОНКУРЕ́НТ, -а, *м.* Человек, к-рый конкурирует с кем-н. ‖ *ж.* **конкуре́нтка**, -и. ‖ *прил.* **конкуре́нтский**, -ая, -ое.

КОНКУРЕНТОСПОСО́БНЫЙ, -ая, -ое; -бен, -бна (книжн.). Способный выдержать конкуренцию, противостоять конкурентам. ‖ *сущ.* **конкурентоспосо́бность**, -и, *ж.*

КОНКУРЕ́НЦИЯ, -и, *ж.* Соперничество; борьба за достижение бо́льших выгод, преимуществ. *Торговая к. Вне конкуренции* (перен.: выше всякого сравнения; разг.). ‖ *прил.* **конкуре́нтный**, -ая, -ое.

КОНКУРИ́РОВАТЬ, -рую, -руешь; *несов., с кем-чем в чём.* Вступать в конкуренцию с кем-н. *Конкурирующие фирмы.*

КО́НКУРС, -а, *м.* Соревнование, имеющее целью выделить лучших участников, лучшие работы. *К. скрипачей. К. для поступающих в университет. К. проектов.* ‖ *прил.* **ко́нкурсный**, -ая, -ое. *К. экзамен.*

КОНКУРСА́НТ, -а, *м.* Участник конкурса (обычно музыкального). ‖ *ж.* **конкурса́нтка**, -и.

КО́ННИК, -а, *м.* **1.** Конный воин, кавалерист. *Атака конников.* **2.** Спортсмен, занимающийся конным спортом, а также вообще тот, кто едет верхом на лошади.

КО́ННИЦА, -ы, *ж.* То же, что кавалерия.

КОННО... *Первая часть сложных слов со знач.*. 1) относящийся к лошадям, напр. *конноартиллерийский, конномеханизированный, конноспортивный;* 2) осуществляемый с участием лошадей, напр. *конноакробатический, коннобалетный, конносвязной;* 3) относящийся к коневодству, напр. *коннозаводский, коннозаводство.*

КОННОГВАРДЕ́ЕЦ, -е́йца, *м.* В царской армии: военнослужащий лейб-гвардейского конного полка. ‖ *прил.* **коннограрде́йский**, -ая, -ое.

КОННОЗАВО́ДСТВО, -а, *ср.* Разведение породистых лошадей и создание их новых пород на конных заводах[1] (во 2 знач.). ‖ *прил.* **коннозаво́дский**, -ая, -ое.

КО́ННЫЙ, -ая, -ое. **1.** *см.* конь. **2.** Действующий с помощью лошадей. *Конная тяга.* **3.** Действующий на лошадях, верхом, кавалерийский. *К. строй. Конная армия. Конная гвардия. Конные* (сущ.) *и пешие.*

КОНОВА́Л, -а, *м.* (устар.). Знахарь, лечащий лошадей. *Не врач, а к.* (о плохом, невежественном враче; разг. пренебр.).

КОНОВО́Д[1], -а, *м.* Человек, к-рый присматривает за лошадьми спешившихся всадников. ‖ *прил.* **коново́дский**, -ая, -ое.

КОНОВО́Д[2], -а, *м.* (прост.). Зачинщик, заводила (во 2 знач.). ‖ *ж.* **коново́дка**, -и. ‖ *прил.* **коново́дский**, -ая, -ое.

КОНОВО́ДИТЬ, -о́жу, -о́дишь; *несов.* (прост.). Быть коноводом[2]. *К. среди ребят.*

КО́НОВЯЗЬ, -и (обл.) **КОНОВЯ́ЗЬ**, -и, *ж.* Место для привязывания лошадей — столб с кольцами или колья с протянутой по ним верёвкой. ‖ *прил.* **ко́новязный**, -ая, -ое *и* **коновя́зный**, -ая, -ое (обл.).

КОНОКРА́Д, -а, *м.* Вор, занимающийся конокрадством. ‖ *прил.* **конокра́дский**, -ая, -ое.

КОНОКРА́ДСТВО, -а, *ср.* Кража лошадей.

КОНОПА́ТИТЬ, -а́чу, -а́тишь; -а́ченный; *несов., что.* Затыкать дыры, щели (паклей, пенькой, изолирующим материалом). *К. избу. К. лодку.* ‖ *сов.* **законопа́тить**, -а́чу, -а́тишь; -а́ченный. ‖ *сущ.* **конопа́чение**, -я, *ср. и* **конопа́тка**, -и, *ж. Конопатка межпазовых швов.*

КОНОПА́ТЫЙ, -ая, -ое; -а́т (прост.). Рябой от следов оспы, а также веснушчатый. *Конопатое лицо.* ‖ *сущ.* **конопа́тость**, -и, *ж.*

КОНОПЛЯ́, -и́, *ж.* Травянистое растение, стебли к-рого идут на изготовление пеньки, а семена — на масло. ‖ *прил.* **конопля́ный**, -ая, -ое *и* **коноплёвый**, -ая, -ое. *Конопляное масло. Семейство коноплёвых* (сущ.).

КОНОПЛЯ́НИК, -а, *м.* Участок, засеянный коноплёй.

КОНОПЛЯ́НКА, -и, *ж.* Певчая птичка сем. вьюрковых с длинным хвостом, реполов.

КОНОПУ́ШКА, -и, *ж.* (прост.). Пятнышки, щербинки, неровности на коже. *Конопушки по всему телу. Щёки в конопушках.*

КОНСЕРВАТИ́ВНЫЙ, -ая, -ое; -вен, -вна. **1.** Отстаивающий неизменность чего-н. (политического строя, быта), противящийся каким-н. нововведениям. *Консервативные взгляды. К. политик. Консервативная партия* (в Великобритании). **2.** *полн. ф.* О лечении: осуществляемый без хирургического вмешательства. ‖ *сущ.* **консервати́вность**, -и *ж.* (к 1 знач.).

КОНСЕРВАТИ́ЗМ, -а, *м.* (книжн.). Консервативные убеждения. *К. во взглядах.*

КОНСЕРВА́ТОР, -а, *м.* **1.** Человек консервативных убеждений. **2.** Член консервативной партии. ‖ *ж.* **консерва́торша**, -и (к 1 знач.; разг.). ‖ *прил.* **консерва́торский**, -ая, -ое.

КОНСЕРВАТО́РИЯ, -и, *ж.* Высшее музыкальное учебное заведение. ‖ *прил.* **консервато́рский**, -ая, -ое.

КОНСЕРВИ́РОВАТЬ, -рую, -руешь; -анный; *несов., что.* **1.** Заготовляя, подвергать специальной обработке для предохранения от порчи. *К. пищевые продукты.* **2.** Принимать специальные технические меры для защиты от коррозии, порчи (спец.). *К. станки, машины. К. древесину.* **3.** Временно приостанавливать развитие, деятельность чего-н. *К. стройку.* ‖ *сов.* **законсерви́ровать**, -рую, -руешь; -анный. ‖ *сущ.* **консерва́ция**, -и, *ж.* (ко 2 и 3 знач.) *и* **консерви́рование**, -я, *ср.* (к 1 знач.). *К. крови* (специальная обработка крови для сохранения её в искусственных условиях и последующего использования).

КОНСЕ́РВЫ, -ов. Консервированные пищевые продукты. *Мясные, рыбные, овощные к.* ‖ *прил.* **консе́рвный**, -ая, -ое. *К. завод. Консервная банка.*

КОНСИ́ЛИУМ, -а, *м.* Совещание врачей для установления диагноза заболевания и определения способов лечения. *Созвать к.*

КОНСИСТЕ́НЦИЯ, -и, *ж.* (книжн.). Степень густоты, вязкости чего-н. *Жидкая к. К. смеси* (в отношении слабости, крепости).

КОНСИСТО́РИЯ, -и, *ж.* Церковно-административный и церковно-судебный орган при епархиальном архиерее. ‖ *прил.* **консисто́рский**, -ая, -ое.

КО́НСКИЙ *см.* конь.

КОНСОЛИДИ́РОВАТЬ, -рую, -руешь; -анный; *сов.* и *несов.*, *что.* **1.** Сплотить (сплачивать) для усиления деятельности (книжн.). *К. силы борцов за права человека.* **2.** Сделать (делать) (долговое обязательство) из краткосрочного долгосрочным или бессрочным (спец.). *К. займы.* ‖ *сущ.* **консолида́ция**, -и, *ж.* ‖ *прил.* **консолидацио́нный**, -ая, -ое.

КОНСО́ЛЬ, -и, *ж.* (спец.). Выступ или одним концом заделанная в стену балка, служащие опорой чего-н. ‖ *прил.* **консо́льный**, -ая, -ое.

КОНСОНА́НС, -а, *м.* (спец.). Благозвучное сочетание звуков; *противоп.* диссонанс. ‖ *прил.* **консона́нсный**, -ая, -ое.

КОНСПЕ́КТ, -а, *м.* Краткое изложение или краткая запись содержания чего-н. *К. лекции.* ‖ *прил.* **конспе́ктный**, -ая, -ое.

КОНСПЕКТИ́ВНЫЙ, -ая, -ое; -вен, -вна. Краткий, немногословный, имеющий характер конспекта. *Конспективно* (нареч.) *изложить что-н.* ‖ *сущ.* **конспекти́вность**, -и, *ж.*

КОНСПЕКТИ́РОВАТЬ, -рую, -руешь; -анный; *несов.*, *что.* Составлять конспект чего-н. *К. учебник, лекции.* ‖ *сов.* **законспекти́ровать**, -рую, -руешь; -анный *и* **проконспекти́ровать**, -рую, -руешь; -анный. ‖ *сущ.* **конспекти́рование**, -я, *ср.*

КОНСПИРАТИ́ВНЫЙ, -ая, -ое; -вен, -вна. Связанный с конспирацией, тайный, подпольный. *Конспиративное собрание. Конспиративная квартира.* ‖ *сущ.* **конспирати́вность**, -и, *ж.*

КОНСПИРА́ТОР, -а, *м.* Тот, кто прибегает к конспирации. ‖ *ж.* **конспира́торша**, -и (разг.). ‖ *прил.* **конспира́торский**, -ая, -ое.

КОНСПИРА́ЦИЯ, -и, *ж.* Методы, применяемые нелегальной организацией для сохранения в тайне своей деятельности и членов; соблюдение тайны. *Строгая к. Соблюдать конспирацию.* ‖ *прил.* **конспирацио́нный**, -ая, -ое.

КОНСПИРИ́РОВАТЬ, -рую, -руешь; -анный; *несов.*, *кого-что.* Применять методы конспирации, устраивать конспирацию. ‖ *сов.* **законспири́ровать**, -рую, -руешь; -анный.

КОНСТА́НТА, -ы, *ж.* (спец.). Постоянная величина. ‖ *прил.* **конста́нтный**, -ая, -ое.

КОНСТАТИ́РОВАТЬ, -рую, -руешь; -анный; *сов.* и *несов.*, *что* (книжн.). Установить (-навливать) наличие, несомненность чего-н. *К. факт. К. смерть* (офиц.). ‖ *сущ.* **констата́ция**, -и, *ж.* *и* **констати́рование**, -я, *ср.*

КОНСТИТУ́ЦИЯ, -и, *ж.* **1.** Основной закон государства, определяющий основы общественного и государственного строя, систему государственных органов, права и обязанности граждан. *К. России.* **2.** Строение, структура (спец.). *К. организма.* ‖ *прил.* **конституцио́нный**, -ая, -ое.

КОНСТРУИ́РОВАТЬ, -рую, -руешь; -анный; *несов.*, *что.* Создавать конструкцию чего-н., строить, а также вообще создавать что-н. *К. модель. К. машину. К. программу.* ‖ *сов.* **сконструи́ровать**, -рую, -руешь; -анный.

КОНСТРУКТИВИ́ЗМ, -а, *м.* Направление в искусстве 20 в., стремящееся к максимальной выразительности и экономичности форм, к обнажению их технической основы. ‖ *прил.* **конструктиви́стский**, -ая, -ое.

КОНСТРУКТИВИ́СТ, -а, *м.* Последователь конструктивизма. ‖ *ж.* **конструктиви́стка**, -и. ‖ *прил.* **конструктиви́стский**, -ая, -ое.

КОНСТРУКТИ́ВНЫЙ, -ая, -ое; -вен, -вна. **1.** *полн. ф.* Относящийся к конструкции (в 1 знач.), нужный для конструирования (спец.). *Конструктивные формы материала.* **2.** Такой, к-рый можно положить в основу чего-н., плодотворный (книжн.). *Конструктивная критика. Конструктивные предложения.* ‖ *сущ.* **конструкти́вность**, -и, *ж.* (ко 2 знач.).

КОНСТРУ́КТОР, -а, *мн.* -ы, -ов, *м.* **1.** Специалист, к-рый создаёт конструкцию какого-н. сооружения, механизма. *К. самолётов. Инженер-к.* **2.** Детская игра — набор деталей для конструирования. ‖ *ж.* **констру́кторша**, -и (к 1 знач.; разг.). ‖ *прил.* **констру́кторский**, -ая, -ое (к 1 знач.). *Конструкторское бюро.*

КОНСТРУ́КЦИЯ, -и, *ж.* **1.** Состав и взаимное расположение частей какого-н. построения, сооружения, механизма, а также само такое построение, сооружение, машина с таким устройством. *К. моста. Железобетонная к.* **2.** В грамматике: синтаксически связанное сочетание слов, словесное построение. *Синтаксическая к.* ‖ *прил.* **конструкцио́нный**, -ая, -ое (к 1 знач.). *Конструкционные материалы.*

КО́НСУЛ, -а, *м.* **1.** Должностное лицо дипломатического ведомства, представляющее и защищающее интересы своего государства и его граждан в каком-н. городе или административном районе иностранного государства. *Генеральный к.* **2.** В Древнем Риме и во Франции в 1799—1804 гг.: одно из высших правительственных лиц. ‖ *прил.* **ко́нсульский**, -ая, -ое.

КО́НСУЛЬСТВО, -а, *ср.* **1.** Дипломатическое представительство, возглавляемое консулом (в 1 знач.). **2.** Должность или время управления консула (во 2 знач.). ‖ *прил.* **ко́нсульский**, -ая, -ое.

КОНСУЛЬТА́НТ, -а, *м.* Специалист, дающий консультации (во 2 знач.). ‖ *ж.* **консульта́нтка**, -и (разг.). ‖ *прил.* **консульта́нтский**, -ая, -ое.

КОНСУЛЬТА́ЦИЯ, -и, *ж.* **1.** Совещание специалистов по какому-н. делу, вопросу. *Созвать консультацию юристов.* **2.** Совет, даваемый специалистом. *Получить консультацию.* **3.** Учреждение, дающее такие советы. *Юридическая к. Женская к.* (лечебно-профилактическое учреждение, род поликлиники). **4.** Дополнительные занятия преподавателя с учащимися. *К. перед экзаменом. Расписание консультаций.* ‖ *прил.* **консультацио́нный**, -ая, -ое (к 1 и 4 знач.) *и* **консультати́вный**, -ая, -ое (к 1, 2 и 4 знач.). *Консультативная комиссия.*

КОНСУЛЬТИ́РОВАТЬ, -рую, -руешь; -анный; *несов.* **1.** *с кем.* То же, что консультироваться (устар.). *К. с юристом.* **2.** *кого-что.* Давать консультацию (во 2 и 4 знач.). ‖ *сов.* **проконсульти́ровать**, -рую, -руешь; -анный (ко 2 знач.).

КОНСУЛЬТИ́РОВАТЬСЯ, -руюсь, -руешься; *несов.*, *с кем.* Советоваться со специалистом по какому-н. вопросу. ‖ *сов.* **проконсульти́роваться**, -руюсь, -руешься.

КОНСЬЕ́РЖ, -а, *м.* Во Франции: швейцар при доме. ‖ *ж.* **консье́ржка**, -и.

КОНТА́КТ, -а, *м.* **1.** Соприкосновение, соединение (спец.). *Электрический к. Тектонический к.* (в земной коре). **2.** Деловая связь, согласованность в действиях. *Торгово-экономические контакты. Войти в к. с кем-н. Действовать в контакте с кем-н.* **3.** Непосредственное общение, соприкосновение с кем-н. *К. с больным.* **4.** Деталь, обеспечивающая соприкосновение проводов электрической цепи (спец.). ‖ *прил.* **конта́ктный**, -ая, -ое (к 1 и 4 знач.).

КОНТА́КТНЫЙ, -ая, -ое; -тен, -тна. **1.** *см.* контакт. **2.** Такой, с к-рым легко иметь дело, установить контакт (во 2 знач.) (разг.). *К. ребёнок.* ‖ *сущ.* **конта́ктность**, -и, *ж.*

КОНТАМИНА́ЦИЯ, -и, *ж.* **1.** Смешение, соединение (книжн.). **2.** В языкознании: возникновение нового выражения, слова, формы путём объединения элементов двух выражений или форм, чем-н. сходных (напр., неправильное выражение «играть значение» из соединения двух выражений: «играть роль» и «иметь значение»). *Языковая к.* ‖ *прил.* **контаминацио́нный**, -ая, -ое.

КОНТЕ́ЙНЕР [*тэ*], -а, *м.* Стандартное вместилище для транспортировки в нём грузов без упаковки. *Железнодорожный к.* ‖ *прил.* **конте́йнерный**, -ая, -ое. *Контейнерные перевозки.*

КОНТЕ́КСТ, -а, *м.* (книжн.). Относительно законченная в смысловом отношении часть текста, высказывания. *Значение слова узнаётся в контексте.* ‖ *прил.* **конте́кстный**, -ая, -ое *и* **конте́кстовый**, -ая, -ое.

КОНТИНГЕ́НТ, -а, *м.* **1.** Устанавливаемое для какой-н. цели предельное количество чего-н. (спец.). *Экспортный к. угля.* **2.** Совокупность людей, образующих однородную в каком-н. отношении группу, категорию (книжн.). *К. учащихся.*

КОНТИНЕ́НТ, -а, *м.* То же, что материк. ‖ *прил.* **континента́льный**, -ая, -ое. *К. климат* (характерный для внутренних частей материков).

КОНТО́РА, -ы, *ж.* Общее название административно-канцелярских отделов учреждений и предприятий, а также самостоятельных учреждений, преимущ. хозяйственного, финансового характера. *Техническая к. на железной дороге. Брокерская к. Почтовая к.* (устар.). ◆ **Дела идут, контора пишет** (разг. шутл.) — погов. о видимости деятельности, активности. ‖ *прил.* **конто́рский**, -ая, -ое. *Конторские книги. К. служащий* (устар.).

КОНТО́РКА, -и, *ж.* **1.** Род письменного стола с наклонной доской на высоких ножках, за к-рым обычно работают стоя. *Стоять за конторкой.* **2.** Небольшое помещение для мастера, руководителя цеха, работ. *К. прораба.*

КОНТО́РЩИК, -а, *м.* (устар.). Конторский служащий. ‖ *ж.* **конто́рщица**, -ы. ‖ *прил.* **конто́рщицкий**, -ая, -ое.

КОНТР..., *приставка.* Образует имена и глаголы со знач. направленности против чего-н., противодействия чему-н., напр. *контратаковать, контрдовод, контригра, контрмера, контрпредложение, контрпретензия, контрудар, контршанс.*

КО́НТРА *см.* контрик.

КОНТРАБА́НДА, -ы, *ж.* **1.** Нарушающий таможенное законодательство тайный провоз товаров и других предметов через границу. *К. наркотиков.* **2.** *собир.* Товары, предметы, провезённые таким способом. *Изъять контрабанду. Обнаружить контрабанду.* ‖ *прил.* **контраба́ндный**, -ая, -ое.

КОНТРАБАНДИ́СТ, -а, *м.* Человек, к-рый занимается контрабандой. ‖ *ж.* **контрабанди́стка**, -и. ‖ *прил.* **контрабанди́стский**, -ая, -ое.

КОНТРАБА́С, -а, *м.* Самый большой по размеру струнный смычковый музыкальный инструмент наиболее низкого регистра. ‖ *прил.* **контраба́сный**, -ая, -ое *и* **контраба́совый**, -ая, -ое.

КОНТРАГЕ́НТ, -а, *м.* (спец.). Лицо или учреждение, берущее на себя известные обязательства по договору. ‖ *прил.* **контраге́нтский**, -ая, -ое.

КОНТР-АДМИРА́Л, -а, *м.* Первое адмиральское звание или чин во флоте, равное званию генерал-майора в сухопутных войсках, а также лицо, имеющее это звание. ‖ *прил.* **контр-адмира́льский**, -ая, -ое.

КОНТРА́КТ, -а, *м.* Договор, соглашение. *Заключить к. Работать по контракту.* ‖ *прил.* **контра́ктный**, -ая, -ое *и* **контра́ктовый**, -ая, -ое.

КОНТРАКТОВА́ТЬ, -ту́ю, -ту́ешь; -о́ванный; *несов., кого-что* (спец.). Заключать контракт на получение, использование кого-чего-н. ‖ *сов.* **законтрактова́ть**, -ту́ю, -ту́ешь; -о́ванный. ‖ *сущ.* **контракта́ция**, -и, *ж.*

КОНТРА́ЛЬТО, *нескл.* **1.** *ср.* Самый низкий женский голос. **2.** *ж.* Певица с таким голосом. ‖ *прил.* **контра́льтовый**, -ая, -ое (к 1 знач.).

КОНТРАМА́РКА, -и, *ж.* Талон, дающий право на бесплатное посещение театра, кино. ‖ *прил.* **контрама́рочный**, -ая, -ое.

КОНТРАПУ́НКТ, -а, *м.* В музыке: одновременное движение нескольких самостоятельных мелодий, голосов, образующих гармоническое целое (многоголосие), а также учение о таком движении. ‖ *прил.* **контрапункти́ческий**, -ая, -ое *и* **контрапу́нктный**, -ая, -ое.

КОНТРА́СТ, -а, *м.* Резкая противоположность. *Полный к. К. света и тени.* ‖ *прил.* **контра́стный**, -ая, -ое.

КОНТРАСТИ́РОВАТЬ, -рую, -руешь; *несов., с кем-чем* (книжн.). Составлять контраст. *Контрастирующие явления.*

КОНТРА́СТНЫЙ, -ая, -ое; -тен, -тна. **1.** *см.* контраст. **2.** Составляющий контраст, совершенно противоположный. *Контрастные цвета.* ‖ *сущ.* **контра́стность**, -и, *ж.*

КОНТРАТА́КА, -и, *ж.* Атака обороняющихся войск против наступающего противника. *Перейти в контратаку* (также перен:. начать решительно противодействовать своему активному противнику).

КОНТРАТАКОВА́ТЬ, -ку́ю, -ку́ешь; -о́ванный; *сов.* и *несов., кого (что).* Произвести (-водить) контратаку.

КОНТРАЦЕПТИ́ВЫ, -ов (спец.). Противозачаточные средства. ‖ *прил.* **контрацепти́вный**, -ая, -ое. *Контрацептивные средства.*

КОНТРИБУ́ЦИЯ, -и, *ж.* (спец.). Платежи, налагаемые государством-победителем на побеждённое государство. ‖ *прил.* **контрибуцио́нный**, -ая, -ое.

КО́НТРИК, -а, *м.* (устар. прост.) и (прост. презр.) **КО́НТРА**, -ы, *м.* и *ж.*, также *собир.* То же, что контрреволюционер.

КОНТРМАНЁВР, -а, *м.* Встречный, ответный манёвр (в 1 и 3 знач.).

КОНТРНАСТУПЛЕ́НИЕ, -я, *ср.* Подготовленное в ходе оборонительных действий встречное, ответное наступление на противника. *Перейти в к.* (также перен. то же, что перейти в контратаку).

КОНТРОЛЁР, -а, *м.* Должностное лицо, работник, к-рый контролирует кого-что-н. *Линейный к. Кассир-к.* ‖ *ж.* **контролёрша**, -и (разг.). ‖ *прил.* **контролёрский**, -ая, -ое.

КОНТРОЛИ́РОВАТЬ, -рую, -руешь; -анный; *несов., кого-что.* Осуществлять контроль или надзор. *К. учащихся. К. чью-н. работу. К. какую-н. территорию.* ‖ *сов.* **проконтроли́ровать**, -рую, -руешь; -анный (осуществить контроль).

КОНТРО́ЛЬ, -я, *м.* **1.** *чего, за кем-чем, над кем-чем.* Проверка, а также постоянное наблюдение в целях проверки или надзора. *К. за работой. К. над вооружениями.* **2.** *собир.* Лица, занимающиеся этим делом, контролёры. *Поставить к. у входа.* ‖ *прил.* **контро́льный**, -ая, -ое. *Контрольные цифры* (числовое выражение каких-н. заданий, планов). *Школьная контрольная работа. Контрольная* (сущ.) *по математике. К. пункт.*

КОНТРРАЗВЕ́ДКА, -и, *ж.* Специальные государственные органы для противодействия разведкам (в 4 знач.) других государств; деятельность таких органов. *Служить в контрразведке.*

КОНТРРАЗВЕ́ДЧИК, -а, *м.* Работник контрразведки. ‖ *ж.* **контрразве́дчица**, -ы.

КОНТРРЕВОЛЮЦИОНЕ́Р, -а, *м.* Участник, сторонник контрреволюции. ‖ *ж.* **контрреволюционе́рка**, -и.

КОНТРРЕВОЛЮ́ЦИЯ, -и, *ж.* Борьба противников революции против деятельности революционных властей. ‖ *прил.* **контрреволюцио́нный**, -ая, -ое.

КОНТРУДА́Р, -а, *м.* Удар, наносимый войсками фронта, армии с целью разгрома прорвавшегося в оборону противника и перехода в наступление. *Нанести к. с фланга.*

КО́НТРЫ, контр, *ед.* (устар.) **ко́нтра**, -ы, *ж.* (прост.). Ссора, размолвка. *Быть в контрах с кем-н. Постоянные к. между кем-н.*

КОНТУ́ЗИТЬ, -у́жу, -у́зишь, -у́женный; *сов., кого-что.* Нанести контузию. *Контузило* (безл.) *взрывной волной кого-н. Контужен в голову.*

КОНТУ́ЗИЯ, -и, *ж.* Ушиб или травма организма без повреждения наружных покровов тела. *Тяжёлая к.*

КО́НТУР, -а, *м.* Внешнее очертание чего-н. *Контуры рисунка. К. здания. Контуры фигуры.* ‖ *прил.* **ко́нтурный**, -ая, -ое. *Контурная карта* (географическая карта, на к-рой нанесены только очертания суши и водных пространств). *Контурная линия* (прерывистая, из точек, чёрточек).

КОНУРА́, -ы́, *ж.* **1.** Будочка для собаки. **2.** *перен.* Тесное, убогое жилище (разг.). ‖ *уменьш.* **кону́рка**, -и, *ж.*

КО́НУС, -а, *м.* **1.** Геометрическое тело, образованное вращением прямоугольного треугольника вокруг одного из его катетов. **2.** Предмет такой формы. *К. террикона.* ‖ *прил.* **ко́нусный**, -ая, -ое.

КОНУСООБРА́ЗНЫЙ, -ая, -ое; -зен, -зна. Имеющий вид конуса. ‖ *сущ.* **конусообра́зность**, -и, *ж.*

КОНФЕДЕРА́ЦИЯ, -и, *ж.* **1.** Союз независимых государств, имеющих объединенные органы для координации военных, внешнеполитических и нек-рых других задач; соответствующая форма государственного устройства. **2.** Объединение, союз каких-н. общественных организаций. *К. профсоюзов.* ‖ *прил.* **конфедерати́вный**, -ая, -ое

КОНФЕРА́НС, -а, *м.* Эстрадный жанр — выступление на сцене, связанное с объявлением и комментированием номеров программы, а также текст такого выступления.

КОНФЕРАНСЬЕ́, *нескл., м.* Артист, ведущий конферанс.

КОНФЕРЕ́НЦ-ЗА́Л, -а, *м.* Зал для торжественных заседаний, конференций.

КОНФЕРЕ́НЦИЯ, -и, *ж.* Большое собрание, совещание представителей каких-н. государств, организаций, групп. *Международная, научная к. Читательская к. Участвовать в конференции.*

КОНФЕ́ССИЯ, -и, *ж.* (книжн.). То же, что вероисповедание. ‖ *прил.* **конфессиона́льный**, -ая, -ое.

КОНФЕ́ТА, -ы, *ж.* Сахаристое кондитерское изделие в виде плиточки, шарика, батончика. *Шоколадная к. К. в обёртке.* ‖ *уменьш.* **конфе́тка**, -и, *ж.* ‖ *прил.* **конфе́тный**, -ая, -ое. *Конфетная внешность* (перен.: слащаво-красивая).

КОНФЕ́ТКА, -и, *ж.* **1.** *см.* конфета. **2.** *перен.* О чём-н. очень хорошем, привлекательном (разг.). *Домик — к. Конфетку сделать из чего-н.* ‖ *уменьш.* **конфе́точка**, -и, *ж.*

КОНФЕ́ТНИЦА, -ы, *ж.* Вазочка для конфет.

КОНФЕТТИ́, *нескл., ср.* Разноцветные бумажные кружочки, к-рыми осыпают друг друга на балах, маскарадах.

КОНФИГУРА́ЦИЯ, -и, *ж.* (спец.). Внешнее очертание, а также взаимное расположение предметов или их частей. *К. изделия.* ‖ *прил.* **конфигурацио́нный**, -ая, -ое.

КОНФИДЕНЦИА́ЛЬНЫЙ [дэ], -ая, -ое; -лен, -льна (книжн.). Секретный, доверительный. *К. разговор. Сообщить конфиденциально* (нареч.). ‖ *сущ.* **конфиденциа́льность**, -и, *ж.*

КОНФИРМА́ЦИЯ, -и, *ж.* **1.** У католиков: совершаемое епископом таинство миропомазания ребёнка 7—12 лет, приобщающее его к церкви. **2.** У протестантов: обряд приобщения к церкви юношей и девушек 14-16 лет, а также время их подготовки к такому обряду. ‖ *прил.* **конфирмацио́нный**, -ая, -ое.

КОНФИСКОВА́ТЬ, -ку́ю, -ку́ешь; -о́ванный; *сов.* и *несов., что.* Осуществляя санкции (во 2 знач.), изъять (изымать) что-н. безвозмездно в собственность государства. *К. имущество.* ‖ *сущ.* **конфиска́ция**, -и, *ж.* *К. земель* (национализация).

КОНФЛИ́КТ, -а, *м.* Столкновение, серьёзное разногласие, спор. *Вступить в к. Семейный к. Вооружённый к. на границе.* ‖ *прил.* **конфли́ктный**, -ая, -ое. *Конфликтная ситуация. Конфликтная комиссия* (по разбору конфликтов).

КОНФЛИКТОВА́ТЬ, -ту́ю, -ту́ешь; *несов., с кем* (разг.). Вступать в конфликт, в конфликты. *К. с сослуживцами. Конфликтующие стороны.*

КОНФО́РКА, -и, *род. мн.* -рок, *ж.* **1.** Надставка на трубе самовара для подогревания чайника. *Поставить чайник на конфорку.* **2.** Диск, закрывающий отверстие на кухонной плите, а также само отверстие. ‖ *прил.* **конфо́рочный**, -ая, -ое.

КОНФОРМИ́ЗМ, -а, *м.* (книжн.). Приспособленчество, бездумное следование общим мнениям, модным тенденциям. ‖ *прил.* **конформи́стский**, -ая, -ое.

КОНФРОНТА́ЦИЯ, -и, *ж.* (книжн.). Противостояние, противоборство. *Политическая к.* ‖ *прил.* **конфронтацио́нный**, -ая, -ое.

КОНФУ'З, -а, *м.* (разг.). Состояние смущения, неловкости; неловкое и смешное положение. *Испытывать к. К. получился с кем-н.* ‖ *прил.* **конфу́зный**, -ая, -ое. *К. случай.*

КОНФУ'ЗИТЬ, -у́жу, -у́зишь; *несов., кого (что)* (разг.). Приводить в конфуз. ‖ *сов.* **сконфу́зить**, -у́жу, -у́зишь; -у́женный.

КОНФУ'ЗИТЬСЯ, -у́жусь, -у́зишься; *несов.* (разг.). Испытывать конфуз, стесняться. *К. при посторонних.* ‖ *сов.* **сконфу́зиться**, -у́жусь, -у́зишься.

КОНФУ'ЗЛИВЫЙ, -ая, -ое; -ив (разг.). Легко приходящий в конфуз, стеснительный. ‖ *сущ.* **конфу́зливость**, -и, *ж.*

КОНФУ'ЗНЫЙ, -ая, -ое; -зен, -зна (разг.). **1.** *см.* конфуз. **2.** Способный привести в конфуз, смущающий, компрометирующий. *Конфузное поведение.* ‖ *сущ.* **конфу́зность**, -и, *ж.*

КОНЦЕНТРА'Т, -а, *м.* **1.** Готовый пищевой продукт в обезвоженном спрессованном виде. **2.** Концентрированный корм. *Кормовые концентраты.* **3.** Продукт обогащения полезных ископаемых (спец.). *Апатитовый к.* ‖ *прил.* **концентра́тный**, -ая, -ое.

КОНЦЕНТРАЦИО'ННЫЙ, -ая, -ое. **1.** *см.* концентрировать. **2. концентрационный лагерь** — в фашистской Германии и в оккупированных ею странах во время второй мировой войны, а также в нек-рых странах с реакционными режимами, вообще в периоды репрессий и беззакония: место заключения и физического уничтожения политических противников, инакомыслящих [*первонач.* лагерь для военнопленных].

КОНЦЕНТРА'ЦИЯ, -и, *ж.* **1.** *см.* концентрировать, -ся. **2.** Количество вещества, содержащееся в единице массы (спец.). *К. раствора.*

КОНЦЕНТРИ'РОВАННЫЙ, -ая, -ое; -ан. Обладающий высокой концентрацией (во 2 знач.). *К. раствор. К. корм* (с высоким содержанием питательных веществ: зерно, отруби, жмых, комбикорм). ‖ *сущ.* **концентри́рованность**, -и, *ж.*

КОНЦЕНТРИ'РОВАТЬ, -рую, -руешь; -анный; *несов.* **1.** *кого-что.* Собирать, сосредоточивать, скапливать в каком-н. месте. *К. войска. К. своё внимание на чём-н.* (перен.: сосредоточиваться). **2.** *что.* Сгущать, насыщать (спец.). *К. раствор.* **3.** *что.* То же, что обогащать (во 2 знач.) (спец.). *К. руду.* ‖ *сов.* **сконцентри́ровать**, -рую, -руешь; -анный (к 1 знач.). ‖ *сущ.* **концентра́ция**, -и, *ж.* ‖ *прил.* **концентрацио́нный**, -ая, -ое (ко 2 и 3 знач.).

КОНЦЕНТРИ'РОВАТЬСЯ (-и́руюсь, -и́руешься, 1 и 2 л. ед. не употр.), -и́руется; *несов.* Собираться, скапливаться в каком-н. месте. ‖ *сов.* **сконцентри́роваться** (-и́руюсь, -и́руешься, 1 и 2 л. ед. не употр.), -и́руется. ‖ *сущ.* **концентра́ция**, -и, *ж.*

КОНЦЕНТРИ'ЧЕСКИЙ, -ая, -ое (спец.). Имеющий общий центр; *противоп.* эксцентрический[1]. *Концентрические окружности.*

КОНЦЕНТРИ'ЧНЫЙ, -ая, -ое; -чен, -чна (спец.). То же, что концентрический. ‖ *сущ.* **концентри́чность**, -и, *ж.*

КОНЦЕПТУА'ЛЬНЫЙ, -ая, -ое; -лен, -льна (книжн.). **1.** *см.* концепция. **2.** Имеющий серьёзную самостоятельную концепцию. *Книга глубоко концептуальна.* ‖ *сущ.* **концептуа́льность**, -и, *ж.*

КОНЦЕ'ПЦИЯ, -и, *ж.* (книжн.). Система взглядов на что-н.; основная мысль. *Научная к.* ‖ *прил.* **концептуа́льный**, -ая, -ое.

КОНЦЕ'РН, -а, *м.* Одна из форм объединения разных предприятий с высоким уровнем концентрации и централизации капиталов и производства.

КОНЦЕ'РТ, -а, *м.* **1.** Публичное исполнение музыкальных произведений (возможно в сочетании с хореографическими, декламационными и другими номерами). *Сольный, хореографический, эстрадный к. Дать к. Выступить с концертом. Идти на к., прийти с концерта.* **2.** Музыкальное произведение одного или (реже) нескольких солирующих инструментов и оркестра. *К. для скрипки с оркестром.* ‖ *прил.* **конце́ртный**, -ая, -ое. *К. рояль. Концертная программа. К. зал.*

КОНЦЕРТА'НТ, -а, *м.* Артист, дающий концерт (в 1 знач.). ‖ *ж.* **концерта́нтка**, -и.

КОНЦЕРТИ'НА, -ы, *ж.* Род небольшой гармоники обычно шестиугольной формы. *Играть на концертине.*

КОНЦЕРТИ'НО, *нескл., ср.* (спец.). Виртуозное музыкальное произведение типа концерта (во 2 знач.), но меньшее по объёму и менее сложное.

КОНЦЕРТИ'РОВАТЬ, -рую, -руешь; *несов.* Давать концерты, выступать с концертами.

КОНЦЕРТМЕ'ЙСТЕР, -а, *м.* **1.** Первый скрипач — солист оркестра, а также музыкант, возглавляющий одну из струнных групп исполнителей в оркестре. **2.** Пианист-аккомпаниатор, разучивающий партии с исполнителями. ‖ *прил.* **концертме́йстерский**, -ая, -ое.

КОНЦЕССИОНЕ'Р, -а, *м.* Владелец или совладелец концессии. ‖ *прил.* **концессионе́рский**, -ая, -ое.

КОНЦЕ'ССИЯ, -и, *ж.* **1.** Договор, заключаемый государством с частным предпринимателем, иностранной фирмой на эксплуатацию промышленных предприятий, природных богатств и других хозяйственных объектов. *К. на постройку железной дороги. Отдать рудники на концессию.* **2.** Предприятие, работающее по такому договору. *Иностранные концессии.* ‖ *прил.* **концессио́нный**, -ая, -ое.

КОНЦЛА'ГЕРЬ, -я, *мн.* -я́, -е́й, *м.* Сокращение: концентрационный лагерь. ‖ *прил.* **концла́герный**, -ая, -ое.

КОНЦО'ВКА, -и, *ж.* **1.** Заключительная часть литературного или музыкального произведения, а также вообще заключительная часть чего-н. *К. романа. Традиционная к.* (в фольклоре). **2.** Графическое украшение в конце книги, главы.

КОНЧА'ТЬ, -а́ю, -а́ешь; *несов.* **1.** *см.* кончить. **2. конча́я кем-чем**, *предлог с тв. п.* — 1) *чем*, до какого-н. момента времени. *Пробуду здесь неделю кончая воскресеньем;* 2) считая, включая кого-что-н. *Пришли все (начиная с детей и) кончая стариками.*

КО'НЧЕНЫЙ, -ая, -ое (разг.). Вполне решённый, законченный, окончательный. *Дело конченое.* ✦ **Конченый человек** — ни на что больше не способный, от к-рого уже ничего нельзя ждать в будущем.

КО'НЧИК, -а, *м.* Конечная, крайняя часть какого-н. предмета. *Кончики пальцев. К. ножа, верёвки. Очки на кончике носа.*

КОНЧИ'НА, -ы, *ж.* (высок.). То же, что смерть (в 1 знач.). *В час кончины.*

КО'НЧИТЬ, -чу, -чишь; -ченный; *сов.* **1.** *что.* Завершить, закончить, довести до конца. *К. проект. К. жизнь* (умереть). *Кончил дело — гуляй смело* (посл.). *К. дела и* (разг.) *с делами.* **2.** *что, что чем, на чём, чем и с неопр.* Положить предел чему-н., прекратить. *К. разговор. К. разговор ссорой. Кончила болеть голова. Кончило* (безл.) *моросить. К. речь приветствием. Кончили на том, что встретятся завтра* (договорились о встрече на завтра). *К. работать в 10 часов.* **3.** *что.* Завершить обучение где-н. *К. техникум, университет. К. школу с золотой медалью.* **4.** *кого (что).* То же, что прикончить (во 2 знач.) (прост.). **5. ко́нчено**, *в знач. сказ.* Покончено с чем-н., продолжения не будет. *Между друзьями всё кончено. Больше не курю — кончено.* ✦ **Кончит плохо или скверно** *кто* — о том, кого ожидает плохой конец в жизни, в делах. ‖ *несов.* **конча́ть**, -а́ю, -а́ешь. *Кончай!* (призыв прекратить делать что-н.; разг.).

КО'НЧИТЬСЯ, -чусь, -чишься; *сов.* **1.** (1 и 2 л. не употр.). Прийти к концу, прекратиться. *Урок кончился. Запасы кончились* (израсходовались). **2.** (1 и 2 л. не употр.), *чем.* Завершиться чем-н. *Дело кончилось миром.* **3.** То же, что умереть (в 1 знач.) (устар. и прост.). ‖ *несов.* **конча́ться**, -а́юсь, -а́ешься. *Всё хорошо, что хорошо кончается* (посл.).

КОНЪЮНКТИ'ВА, -ы, *ж.* (спец.). Наружная оболочка глаза. ‖ *прил.* **конъюнкти́вальный**, -ая, -ое.

КОНЪЮНКТИВИ'Т, -а, *м.* Воспаление конъюнктивы. ‖ *прил.* **конъюнктиви́тный**, -ая, -ое.

КОНЪЮНКТУ'РА, -ы, *ж.* (книжн.). Создавшееся положение, обстановка в какой-н. области общественной жизни. *Политическая, экономическая, международная к.* ‖ *прил.* **конъюнкту́рный**, -ая, -ое. *Конъюнктурные соображения.*

КОНЪЮНКТУ'РЩИК, -а, *м.* (разг. пренебр.). Беспринципный человек, действующий в зависимости от сложившейся в данный момент обстановки, от стечения обстоятельств. ‖ *ж.* **конъюнкту́рщица**, -ы.

КОНЬ, -я́, *мн.* ко́ни, коне́й, *м.* **1.** То же, что лошадь (преимущ. о самце). *Боевой к. По ко́ням!* (кавалерийская команда; также перен.: призыв, распоряжение всем присутствующим ехать, отправляться; разг.). *На коне* (также перен.: чувствует себя победителем, уверен в себе). *К.-огонь* (о горячем и быстром коне). *С чужого коня среди грязи долой* (посл.). *К. о четырёх ногах, да спотыкается* (посл. о том, что ошибаться может каждый). *Погоняй коня не кнутом, а овсом* (посл.). *Не в коня корм* (о том, что не идёт на пользу кому-н.; прост.). *К. не валялся у кого-н.* (ничего ещё не начато, не готово; разг.; *Пора начинать, а у них ещё и к. не валялся.*). **2.** В шахматах: фигура, изображающая конскую голову на высоко изогнутой шее. *Ход конём* (также перен.: о смелом, решительном действии). **3.** Гимнастический снаряд для маховых упражнений и опорных прыжков — обитый мягким материалом длинный брус на ножках. *Упражнения на коне.* ✦ **Коней на переправе не меняют** — в решающий для дела момент не меняют ни планы, ни людей. ‖ *уменьш.* **конёк**, -нька́, *м.* (к 1 знач.), **ко́ник**, -а, *м.* (к 1 знач.) *и уменьш.-унич.* **коня́шка**, -и, *м.* (к 1 знач.). ‖ *прил.* **ко́нный**, -ая, -ое (к 1 знач.), **ко́нский**, -ая, -ое (к 1 знач.) *и* **конёвый**, -ая, -ое (к 1 знач.). *Конный завод. Конный спорт* (разные виды спортивной верховой езды). *Конский волос. Конёвая юфть.*

КОНЬКИ', -о́в, *ед.* -нёк, -нька́, *м.* **1.** Узкие стальные полозья, прикрепляемые к обуви для катания на льду. *Беговые к. Фигурные к.* **2.** Вид спорта — бег на таких полозьях (разг.). *Заниматься коньками.* ✦ **Роликовые коньки** — спортивный снаряд на колёсиках, прикрепляемый к ноге для катания по гладкой нескользкой поверхности. ‖ *прил.* **конько́вый**, -ая, -ое (к 1 знач.). *К. ход лыжника* (подобный ходу конькобежца).

КОНЬКОБЕ́ЖЕЦ, -жца, *м.* Спортсмен, занимающийся конькобежным спортом, а также вообще тот, кто катается на коньках. ‖ *ж.* **конькобе́жка**, -и.

КОНЬКОБЕ́ЖНЫЙ, -ая, -ое. Относящийся к катанию на коньках. *К. спорт* (скоростной бег и фигурное катание). *Конькобежная секция.*

КОНЬКО́ВЫЙ *см.* конёк[1] *и* коньки.

КОНЬЯ́К, -а́ (-у́), *м.* Крепкий алкогольный напиток из выдержанного виноградного спирта. ‖ *прил.* **конья́чный**, -ая, -ое. *К. спирт.*

КО́НЮХ, -а, *м.* Работник, занимающийся уходом за лошадьми. ‖ *прил.* **коню́ший**, -ья, -ье (устар.).

КОНЮ́ШИЙ, -ья, -ье. **1.** *см.* конюх. **2.** **коню́ший**, -его, *м.* В Русском государстве до 18 в.: должностное лицо, ведающее дворцовой конюшней, конным хозяйством.

КОНЮ́ШНЯ, -и, *род. мн.* -шен, *ж.* Помещение для лошадей. *Что за к. у тебя в комнате?* (перен.: о грязи и беспорядке; разг. неодобр.). ‖ *прил.* **коню́шенный**, -ая, -ое.

КОНЯ́ГА, -и (прост.) и **КОНЯ́КА**, -и, *м.* и *ж.* (обл.). То же, что конь (обычно о непородистой рабочей лошади).

КООПЕРАТИ́В, -а, *м.* **1.** Организация, созданная скооперировавшимися пайщиками. *Сельскохозяйственный к. Жилищный, садовый, гаражный к. К. по бытовому обслуживанию населения.* **2.** Такая жилищная организация, а также (разг.) квартира, приобретаемая в ней пайщиком. *Вступить в к. Построить к.* **3.** Магазин потребительской кооперации. *Купить в кооперативе.* ‖ *прил.* **кооперати́вный**, -ая, -ое.

КООПЕРА́ТОР, -а, *м.* Работник кооперации (в 3 знач.). ‖ *прил.* **коопера́торский**, -ая, -ое.

КООПЕРА́ЦИЯ, -и, *ж.* **1.** *см.* кооперировать. **2.** Особая форма организации труда, при к-рой много людей совместно участвуют в одном и том же или в различных, связанных между собой процессах труда; вообще форма связи между промышленными организациями, целыми сферами производственной деятельности. *К. труда.* **3.** Коллективное производственное, торговое объединение, создаваемое на средства его членов. *Промысловая, потребительская, жилищная к. Сельскохозяйственная к. Международный день кооперации.* ‖ *прил.* **кооперати́вный**, -ая, -ое. *Международный к. альянс.*

КООПЕРИ́РОВАТЬ, -рую, -руешь; -анный; *сов. и несов., кого-что.* **1.** Объединить (-нять) на началах кооперации. *К. труд.* **2.** Привлечь (-екать) к участию в кооперации (во 2 знач.). *К. население.* ‖ *сов.* также **скоопери́ровать**, -рую, -руешь; -анный. ‖ *возвр.* **кооперироваться**, -руюсь, -руешься; *сов.* также **скоопери́роваться**, -руюсь, -руешься. ‖ *сущ.* **коопери́рование**, -я, *ср. и* **коопера́ция**, -и, *ж.* ‖ *прил.* **коопераци́онный**, -ая, -ое.

КООПТА́ЦИЯ, -и, *ж.* (книжн.). Пополнение новыми членами состава какого-н. выборного органа без проведения дополнительных выборов.

КООПТИ́РОВАТЬ, -рую, -руешь; -анный; *сов. и несов., кого (что)* (книжн.). Ввести (вводить) куда-н. путём кооптации.

КООРДИНА́ТА, -ы, *ж.* **1.** Одно из чисел, определяющих положение точки на плоскости, поверхности или в пространстве (спец.). *Географические координаты* (широта и долгота). **2.** *мн.* Сведения о местонахождении, местопребывании кого-чего-н. (разг.). *Сообщить кому-н. свои координаты.* ‖ *прил.* **координа́тный**, -ая, -ое (к 1 знач.).

КООРДИНА́ТОР, -а, *м.* (книжн.). Лицо, осуществляющее координацию чего-н.

КООРДИНИ́РОВАТЬ, -рую, -руешь; -анный; *сов. и несов., что и что с чем* (книжн.). Согласовать (-вывать), установить (-навливать) целесообразное соотношение между какими-н. действиями, явлениями. *К. усилия. К. работу смежных предприятий.* ‖ *сов.* также **скоордини́ровать**, -рую, -руешь; -анный. ‖ *сущ.* **координа́ция**, -и, *ж. К. движений* (согласованность движений частей тела). *К. военных действий.* ‖ *прил.* **координацио́нный**, -ая, -ое.

КОПА́ТЬ, -а́ю, -а́ешь; ко́панный; *несов., что.* **1.** Разрыхлять, отваливать, отделяя и приподнимая (землеройной машиной, лопатой, мотыгой). *К. землю.* **2.** Отваливая землю, делать углубление. *К. канаву, яму.* **3.** Отваливая землю, доставать, извлекать. *К. картофель.* **4.** *перен., под кого (что).* Исподтишка вредить, готовить неприятности кому-н. (прост.). ‖ *сов.* **вы́копать**, -аю, -аешь; -анный (ко 2 и 3 знач.). ‖ *однокр.* **копну́ть**, -ну́, -нёшь (к 1 и 4 знач.). ‖ *сущ.* **копа́ние**, -я, *ср.* (к 1, 2 и 3 знач.), **ко́пка**, -и, *ж.* (к 1, 2 и 3 знач.) *и* **вы́копка**, -и, *ж.* (ко 2 и 3 знач.). ‖ *прил.* **копа́тельный**, -ая, -ое (к 1, 2 и 3 знач.; спец.).

КОПА́ТЬСЯ, -а́юсь, -а́ешься; *несов.* **1.** *в чём.* Рыть, раскапывая, раскидывая что-н. *К. на огороде. К. в песке. К. в сундуке* (перен.: ворошить, перебирая сложенное в нём). **2.** *перен., в чём.* Излишне тщательно, кропотливо разбираться в чём-н. (разг.). *К. в своих переживаниях. К. в чужой душе.* **3.** *с чем.* То же, что канителиться (разг.). *К. с укладкой чемоданов.* ‖ *сов.* **закопа́ться**, -а́юсь, -а́ешься (к 3 знач.). ‖ *сущ.* **копа́ние**, -я, *ср.*

КОПЕ́ЕЧНЫЙ [шн], -ая, -ое; -чен, -чна. **1.** *см.* копейка. **2.** *перен.* О цене, расходах: очень маленький (разг.). *Копеечные траты.* **3.** *перен.* Крайне скупой, расчётливый, мелочный (разг.). *Копеечная душонка.* ‖ *сущ.* **копе́ечность**, -и, *ж.*

КОПЕ́ЙКА, -и, *ж.* Мелкая монета, сотая доля рубля. *К. рубль бережёт* (посл.). *Знать счёт копейке* (быть экономным). *К. в копейку* (при подсчёте денег: совершенно точно; разг.). *Без копейки сидеть* (совершенно без денег). *Потратиться до копейки. Ни копейки нет* (совсем нет денег). *Копейки стоит что-н.* (совсем дёшево). *Жизнь для него — к.* (перен.: ничего не стоит). ‖ *уменьш.* **копе́ечка**, -и, *ж.* ✦ **В копеечку обойтись (влететь, встать)** (разг.) — обойтись дорого. *Дача влетела в копеечку.* **В белый свет как в копеечку** (разг. шутл.) — о действиях наугад, без всякой цели, обычно неудачных. ‖ *прил.* **копе́ечный** [шн], -ая, -ое. *Копеечная монета, марка.*

КОПЁР, -пра́, *м.* (спец.). **1.** Сооружение над шахтным стволом для установки подъёмника. **2.** Строительная машина для забивания свай. ‖ *прил.* **копро́вый**, -ая, -ое.

КО́ПИ, -ей, *ед.* копь, -и, *ж.* (устар.). То же, что рудник. *Угольные к.*

КОПИ́СТ, -а, *м.* **1.** Человек, к-рый снимает копии с документов, рукописей (устар.). *Служить копистом.* **2.** Художник, снимающий копии с картин, художественных произведений.

КОПИ́ЛКА, -и, *ж.* **1.** Вместилище с узкой щелью для опускания монет с целью накопления. **2.** *перен., ед.* Собрание чего-н. занимательного, ценного. *К. курьёзов* (собрание занимательных фактов). *В копилку знаний.*

КОПИ́РКА, -и, *ж.* (разг.). Копировальная бумага. *Писать, печатать под копирку* (одновременно снимая копию). *Под копирку* (также перен.: по трафарету, по шаблону; разг.).

КОПИ́РОВАТЬ, -рую, -руешь; -анный; *несов.* **1.** *что.* Снимать копию с чего-н. *К. чертёж, картину.* **2.** *кого-что.* Внешне подражать кому-н.; передразнивать кого-н. *К. чьи-н. манеры.* ‖ *сов.* **скопи́ровать**, -рую, -руешь; -анный. ‖ *сущ.* **копи́рование**, -я, *ср. и* **копиро́вка**, -и, *ж.* (к 1 знач.; разг.). ‖ *прил.* **копирова́льный**, -ая, -ое (к 1 знач.) *и* **копиро́вочный**, -ая, -ое (к 1 знач.). *Копировальная бумага* (тонкая бумага с нанесённым на неё слоем краски, легко отстающей при нажиме). *Копировочные работы.*

КОПИРО́ВЩИК, -а, *м.* Специалист по копированию. *Чертёжник-к.* ‖ *ж.* **копиро́вщица**, -ы.

КОПИ́ТЬ, коплю́, ко́пишь; ко́пленный; *несов., что.* Собирать впрок, запасать, приобретать, сберегая. *К. деньги. К. силы* (перен.). ‖ *сов.* **накопи́ть**, -оплю́, -о́пишь; -о́пленный *и* **скопи́ть**, -оплю́, -о́пишь; -о́пленный. ‖ *сущ.* **накопле́ние**, -я, *ср.*

КОПИ́ТЬСЯ (коплю́сь, ко́пишься, 1 и 2 л. не употр.), ко́пится; *несов.* Умножаться, постепенно прибывая, увеличиваясь. *Копятся деньги, запасы, сбережения. Копятся обиды, раздражение* (перен.). ‖ *сов.* **накопи́ться** (-коплю́сь, -ко́пишься, 1 и 2 л. не употр.) -ко́пится *и* **скопи́ться** (скоплю́сь, ско́пишься, 1 и 2 л. не употр.), ско́пится. ‖ *сущ.* **накопле́ние**, -я, *ср. и* **скопле́ние**, -я, *ср. Накопление капитала* (превращение прибавочной стоимости в капитал; спец.).

КО́ПИЯ, -и, *ж.* **1.** Точный список, точное воспроизведение, повторение чего-н. *К. с рукописи. К. картины или с картины. Снять копию с документа.* **2.** *перен., ед.* О ком-чём-н. очень похожем, во всём совпадающем (разг.). *Сын — к. отца.*

КОПНА́, -ы́, *мн.* ко́пны, -пён *и* -пен, -пна́м *и* -пнам, *ж.* Небольшой округлый стог сена, снопов. *Рожь в копнах. К. волос* (перен.: о густых пышных волосах; разг.). ‖ *прил.* **копнённый**, -ая, -ое.

КОПНИ́ТЕЛЬ, -я, *м.* Сельскохозяйственная машина для сбора сена или соломы и укладки её в копны.

КОПНИ́ТЬ, -ню́, -ни́шь; -нённый (-ён, -ена́); *несов., что.* Складывать в копны. ‖ *сов.* **скопни́ть**, -ню́, -ни́шь; -нённый (-ён, -ена́).

КОПОТЛИ́ВЫЙ, -ая, -ое; -и́в (прост.). **1.** Медлительный в работе. *К. человек.* **2.** Требующий много хлопот для выполнения. *Копотливое дело.* ‖ *сущ.* **копотли́вость**, -и, *ж.*

КОПОТНЯ́, -и́, *ж.* (прост.). Медлительное и вялое исполнение чего-н., канитель.

КОПОТУ́Н, -а́, *м.* (прост.). То же, что канительщик. ‖ *ж.* **копоту́нья**, -и, *род. мн.* -ний.

КО́ПОТЬ, -и, *ж.* Сажа, оседающая слоем на поверхности чего-н. *К. на стенах.*

КОПОШИ́ТЬСЯ, -шу́сь, -ши́шься; *несов.* (разг.). **1.** Медленно шевелиться, делая что-н. или (о множестве) медленно двигаться в разных направлениях. *Что ты там копошишься в углу? Муравьи копошатся в муравейнике.* **2.** (1 и 2 л. не употр.), *перен.* О мыслях, сомнениях: не оставлять, беспокоя, тревожа. *В душе копошатся подозрения.*

КОПРО́ВЫЙ *см.* копёр.

КОПТЕ́ТЬ, -пчу́, -пти́шь; *несов.* (прост.). 1. Жить в безвестности, прозябать. *К. в глуши.* 2. То же, что корпеть. *К. над бумагами.*

КОПТИ́ЛКА, -и, *ж.* (разг.). Баночка с горючей жидкостью и фитильком для освещения. *Керосиновая к.*

КОПТИ́ЛЬНЯ, -и, *род. мн.* -лен, *ж.* Помещение или небольшое предприятие для копчения мяса, рыбы.

КОПТИ́ТЬ, -пчу́, -пти́шь; -пчённый (-ён, -ена́); *несов.* 1. *кого-что.* Окуривать, пропитывать дымом, приготовляя в пищу. *К. окорок.* 2. *что.* Покрывать копотью. *К. стекло.* 3. (1 и 2 л. не употр.). Испускать копоть. *Керосинка коптит.* ✦ **Небо коптить** (разг. неодобр.) — жить праздно, не занимаясь никаким полезным делом. ‖ *сов.* **закопти́ть**, -пчу́, -пти́шь; -пчённый (-ён, -ена́) (к 1 и 2 знач.) *и* **накопти́ть**, -ти́т (к 3 знач.). ‖ *сущ.* **копче́ние**, -я, *ср.* (к 1 и 2 знач.). *Горячее к.* (при высокой температуре). *Холодное к.* ‖ *прил.* **копти́льный**, -ая, -ое (к 1 знач.). *К. цех.*

КОПУ́Н, -а́, *м.* (разг.). То же, что копуша. ‖ *ж.* **копу́нья**, -и, *род. мн.* -ний.

КОПУ́ША, -и, *м.* и *ж.* (разг.). Человек, делающий всё медленно и вяло, канительщик.

КОПЧЕ́НИЕ, -я, *ср.* 1. *см.* коптить. 2. обычно *мн.* Копчёные продукты. *Разные копчения и соления.*

КОПЧЁНОСТИ, -ей, *ед.* -ость, -и, *ж.* Копчёные мясные продукты.

КОПЧЁНЫЙ, -ая, -ое. Приготовленный в пищу копчением. *Копчёная рыба, грудинка.*

КО́ПЧИК, -а, *м.* Нижняя конечная часть позвоночника у человека (у животных — хвостовая часть скелета). ‖ *прил.* **ко́пчиковый**, -ая, -ое.

КОПЧУ́ШКА, -и, *ж.* (разг.). Мелкая копчёная рыба. ‖ *прил.* **копчу́шечный**, -ая, -ое.

КОПЫ́Л, -а́, *мн.* -ы́лья, -ьев *и* -ылы́, -о́в, *м.* Короткий стоячий брусок в полозьях саней, служащий опорой для кузова.

КОПЫ́ТО, -а, *ср.* У нек-рых млекопитающих: роговое образование на концах пальцев. *К. быка, коня, слона, носорога. Конь бьёт копытом. Куда конь с копытом, туда и рак с клешнёй* (посл. о том, кто пытается сравняться в каком-н. деле с тем, кто умнее его, важнее, сильнее). *Чёрт с копытом* (о чёрте). ✦ **Копыта откинуть** (прост.) — умереть. ‖ *уменьш.* **копытце**, -а, *род. мн.* -цев *и* -тец, *ср.* ‖ *прил.* **копытный**, -ая, -ое. *К. топот.*

КОПЬЁ[1], -я́, *мн.* ко́пья, -пий, -пьям, *ср.* Колющее или метательное оружие на древке. *Метание копья* (вид лёгкой атлетики). ✦ **Копья ломать** *из-за чего* (ирон.) — ожесточённо спорить, препираться. *Копья ломать из-за пустяков.* ‖ *уменьш.* **копьецо́**, -а́, *мн.* -а́, *ср.* ‖ *прил.* **копе́йный**, -ая, -ое.

КОПЬЁ[2], -я́: **ни копья** (прост.) — ни копейки. *Денег нет ни копья. Это тебе ни копья не стоит* (также перен.: легко, ничего не стоит сделать).

КОРА́, -ы́, *ж.* 1. У древесных растений: наружная многослойная ткань ствола, стебля и корня. *Сосновая к. К. берёзы.* 2. Отвердевший верхний слой чего-н. *Ледяная к. Земная к.* (верхняя оболочка Земли). ✦ **Кора больших полушарий головного мозга** (спец.) — у высших позвоночных животных и человека: слой серого вещества, покрывающий полушария большого мозга. ‖ *прил.* **корьево́й**, -а́я, -о́е.

КОРАБЕ́Л, -а, *м.* (разг.). То же, что кораблестроитель.

КОРАБЕ́ЛЬЩИК, -а, *м.* 1. Владелец корабля; моряк (устар.). 2. То же, что кораблестроитель (разг.).

КОРАБЛЕВОЖДЕ́НИЕ, -я, *ср.* То же, что судовождение. *Искусство кораблевождения.*

КОРАБЛЕКРУШЕ́НИЕ, -я, *ср.* Крушение, гибель корабля в море. *Потерпеть к.*

КОРАБЛЕСТРОЕ́НИЕ, -я, *ср.* То же, что судостроение. ‖ *прил.* **кораблестрои́тельный**, -ая, -ое.

КОРАБЛЕСТРОИ́ТЕЛЬ, -я, *м.* Специалист по кораблестроению.

КОРА́БЛЬ, -я́, *м.* 1. Морское судно [первонач. парусное; сейчас преимущ. о военных судах, а также о многомачтовых парусных судах с прямыми парусами]. *Военный к. Десантный к. Сторожевой к. Эскортный к. Патрульный к. Плыть на корабле. Сойти с корабля. Большому кораблю большое плавание* (посл.). *Степной к.* (перен.: о комбайне). *К. пустыни* (перен.: о верблюде). 2. Пилотируемый летательный аппарат. *Космический к. Воздушный к.* (о большом самолёте). ✦ **С корабля на бал** (шутл.) — о резком, неожиданном переходе из одной обстановки, ситуации в другую. **Сжечь свои корабли** — сделать невозможным возврат к прежнему. ‖ *уменьш.* **кора́блик**, -а, *м.* (к 1 знач.). *Бумажный к.* (самодельная игрушечная лодочка из бумаги). ‖ *прил.* **корабе́льный**, -ая, -ое (к 1 знач.). *К. лес* (высокий и прямой, годный для кораблестроения, мачтовый).

КОРА́ЛЛ, -а, *м.* 1. Морской полип, живущий обычно большими колониями на возвышениях морского дна. 2. Ярко-красный, розовый или белый камень — известковое отложение этих животных. *Бусы из кораллов.* ‖ *прил.* **кора́лловый**, -ая, -ое. *Коралловые рифы.*

КОРА́ЛЛОВО-... *Первая часть сложных слов со знач.* коралловый (во 2 знач.), с коралловым оттенком, напр. *коралловo-коричневый, кораллово-красный.*

КОРА́ЛЛОВЫЙ, -ая, -ое. 1. *см.* коралл. 2. Светло-красный, цвета красного коралла. *Коралловые губы.*

КОРА́Н, -а, *м.* (К прописное). Книга, содержащая изложение догм и положений ислама, мусульманских мифов и норм права.

КОРВЕ́Т, -а, *м.* 1. В старом парусном флоте: трёхмачтовое военное судно. 2. Военный сторожевой корабль. ‖ *прил.* **корве́тный**, -ая, -ое.

КО́РДА, -ы, *ж.* Верёвка, на к-рой гоняют лошадей по кругу. *Гонять на корде.*

КОРДЕБАЛЕ́Т [дэ], -а, *м.* Артисты балета, исполняющие групповые танцы, выступающие в массовых сценах. ‖ *прил.* **кордебале́тный**, -ая, -ое.

КОРДО́Н, -а, *м.* 1. Пограничный или заградительный отряд; пост охраны. 2. Место, где находится такой отряд или пост. *Уйти за к.* (перейти границу; разг.). *Лесной к.* ‖ *прил.* **кордо́нный**, -ая, -ое.

КОРЕВО́Й *см.* корь.

КОРЕ́ЙКА, -и, *ж.* Копчёность из спинной части свинины.

КОРЕ́ЙСКИЙ, -ая, -ое. 1. *см.* **корейцы**. 2. Относящийся к корейцам, к их языку, национальному характеру, образу жизни, культуре, а также к Корее, её территории, внутреннему устройству, истории; такой, как у корейцев, как в Корее. *К. язык* (один из изолированных языков). *К. полуостров* (основная часть Кореи). *К. пролив. Корейская вона* (денежная единица). *По-корейски* (нареч.).

КОРЕ́ЙЦЫ, -ев, *ед.* -е́ец, -е́йца, *м.* Народ, составляющий основное население Корейской Народно-Демократической Республики и Южной Кореи. ‖ *ж.* **коре́янка**, -и. ‖ *прил.* **коре́йский**, -ая, -ое.

КОРЕНА́СТЫЙ, -ая, -ое; -а́ст. 1. Крепкого сложения, невысокий и широкоплечий. *Коренастая фигура.* 2. С крепкими корнями. *К. дуб.* ‖ *сущ.* **корена́стость**, -и, *ж.*

КОРЕНИ́ТЬСЯ (-ню́сь, -ни́шься, 1 и 2 л. не употр.), -ни́тся; *несов.* 1. *в чём.* Иметь что-н. своим корнем, источником. *Суеверия коренятся в невежестве.* 2. *в ком-чём.* Иметься, прочно удерживаться в ком-чём-н. *В этом человеке коренятся пороки.*

КОРЕННИ́К, -а́, *м.* Лошадь в корню́, в отличие от пристяжных. *Идти коренником.*

КОРЕННО́Й[1], -а́я, -о́е. 1. Изначальный, исконный. *К. горожанин. Коренное месторождение* (залежи в горных породах, не подвергшихся изменениям). 2. Касающийся самых основ, корней чего-н., самый главный, решающий. *К. перелом. К. вопрос. Изменить коренным образом* (совсем, полностью). ✦ **Коренные зубы** — задние пять зубов по обе стороны верхней и нижней челюсти.

КОРЕННО́Й[2], -а́я, -о́е. 1. О лошади: запряжённый в корень, идущий в корню́. *К. жеребец. Коренная пара.* 2. **коренно́й**, -о́го, *м.* То же, что коренник. ‖ *ж.* **коренна́я**, -о́й (ко 2 знач.).

КО́РЕНЬ, -рня, *мн.* -рни, -рне́й, *м.* 1. Подземная часть растения, служащая для укрепления его в почве и всасывания из неё воды и питательных веществ. *Главный, боковой, придаточный к. Воздушные корни* (у лиан и нек-рых других растений — высоко над землёй: придаточные корни на надземных побегах). *В саду десять корней яблонь* (т. е. десять яблонь). *Споткнуться о к.* (о корень, выступающий из земли). *Гнить на корню* (также перен.: разлагаясь, гибнуть). *Корни пустить* (также перен.: прочно обосноваться где-н.; разг.). *Под к. подрубить* (не оставив пня; также перен.: полностью подорвать, уничтожить). *С корнем вырвать* (также перен.: уничтожить совсем). *От доброго кореня добрая и отрасль* (стар. посл.). 2. Внутренняя, находящаяся в теле часть волоса, зуба, ногтя. *Покраснеть до корней волос* (очень сильно). 3. *перен.* Начало, источник, истоки чего-н. *К. зла. Крепкие корни у кого-чего-н.* (давнее происхождение). 4. В языкознании: основная, значимая часть слова, вычленяемая в нём после отделения окончания, приставок и суффиксов. ✦ **Корень из числа** (спец.) — число, к-рое при возведении его в определённую степень даёт данное число. **Корень уравнения** (спец.) — число, к-рое при подстановке его в уравнение вместо неизвестного обращает уравнение в тождество. **В корне** — совсем, окончательно. *Пресечь зло в корне. В корне неправильно.* **В корень** (запрячь) или **в корню́** (идти) — о лошади в упряжке, идущей в оглоблях (в отличие от лошади в пристяжке), а в артиллерийской упряжке — о паре дышловых лошадей. **В корень смотреть** — вникать в самую суть дела. **На корню́** — 1) о растениях: в неснятом, несжатом или несрубленном виде. *Хлеб на корню. Продать лес на корню;* 2) в самом начале, в зачатке. *Идея была загублена на корню.* **Корень жизни** — женьшень. ‖ *уменьш.* **корешо́к**, -шка́, *м.* (к 1 и 2 знач.). ✦ **Кому вершки, а кому корешки** (разг. шутл.) — о невыгодном или обманном дележе [по сказке об обмане при дележе огородного урожая]; *прил.* **корешко́вый**, -ая, -ое. *Корешковые наросты.* ‖ *прил.*

корнево́й, -а́я, -о́е (к 1, 2 и 4 знач.). *Корневая система.*

КОРЕ́НЬЯ, -ьев. Корни нек-рых корнеплодов, употр. в пищу. *Суп с кореньями.* ‖ *прил.* **коре́невый,** -ая, -ое. *К. нож* (для чистки кореньев).

КО́РЕШ, -а, *м.* (прост.). Близкий друг, приятель. ‖ *уменьш.* **корешо́к,** -шка, *м. Мы с ним корешки.*

КОРЕШО́К[1], -шка́, *м.* **1.** *см.* корень. **2.** *мн.* То же, что коренья. **3.** Место, где сшиты листы книги, тетради. *Переплёт с тиснением на корешке.* **4.** Часть листа, остающаяся в квитанционной книжке после отрыва квитанции. ‖ *прил.* **корешко́вый,** -ая, -ое.

КОРЕШО́К[2] *см.* кореш.

КОРЁЖИТЬ, -жу, -жишь; *несов., кого-что* (прост.). **1.** Кривить, гнуть; ломать. *Фанеру корёжит* (безл.) *от сырости. Буря корёжит деревья.* **2.** (1 и 2 л. не употр.), *перен.* То же, что коробить (во 2 знач.). *Грубость корёжит кого-н.* ‖ *сов.* **покорёжить,** -жу, -жишь; -женный (к 1 знач.), **искорёжить,** -жу, -жишь; -женный (к 1 знач.) *и* **скорёжить,** -жу, -жишь; -женный (к 1 знач). *Его всего скорёжило* (безл.; о судорогах, ломоте).

КОРЁЖИТЬСЯ, -жусь, -жишься; *несов.* (прост.). **1.** (1 и 2 л. не употр.). Кривиться, коробиться. *Переплёт корёжится.* **2.** То же, что корчиться. *К. от боли.* ‖ *сов.* **покорёжиться,** -жится (к 1 знач.), **искорёжиться,** -жится (к 1 знач.) *и* **скорёжиться,** -жусь, -жишься.

КОРЖ, -а́, *м.* **1.** Плоское изделие из теста, род лепёшки. **2.** То же, что коржик. ‖ *прил.* ко́ржевый, -ая, -ое.

КО́РЖИК, -а, *м.* Сладкая лепёшка, род пряника. ‖ *прил.* **ко́ржиковый,** -ая, -ое.

КОРЗИ́НА, -ы, *ж.* **1.** Плетёное изделие, служащее вместилищем для хранения вещей, для упаковки, переноски. *Ивовая к.* **2.** В баскетболе: укреплённый на щите обруч с сеткой, в к-рую забрасывается мяч. ‖ *прил.* **корзи́нный,** -ая, -ое (к 1 знач.).

КОРЗИ́НКА, -и, *ж.* **1.** То же, что корзина (в 1 знач.). *Собирать грибы в корзинку.* **2.** Расширенное соцветие в форме блюдца или шара (спец.). *К. подсолнечника.* ‖ *уменьш.* **корзи́ночка,** -и, *ж.* ‖ *прил.* **корзи́ночный,** -ая, -ое.

КОРЗИ́НОЧКА, -и, *ж.* **1.** *см.* корзинка. **2.** Предмет, по форме напоминающий маленькую круглую корзинку. *Пирожное-к. Уложить косу корзиночкой.*

КОРИДО́Р, -а, *м.* **1.** Проход (обычно узкий, длинный), соединяющий отдельные части квартиры, здания. **2.** *перен.* Узкое, длинное пространство, соединяющее собой что-н., проход. *Горный к. Воздушный к.* (полоса пролёта для самолётов). ✦ **В коридорах власти** (книжн.) — в кругах, близких к властям, к правительству. ‖ *прил.* **коридо́рный,** -ая, -ое (к 1 знач.). *Коридорная система* (расположение комнат, жилых помещений вдоль большого коридора).

КОРИДО́РНЫЙ, -ая, -ое. **1.** *см.* коридор. **2.** **коридо́рный,** -ого, *м.* Слуга в гостинице, обслуживающий ряд номеров (устар.) ‖ *ж.* **коридо́рная,** -ой.

КОРИ́НКА, -и, *ж.* Сушёный мелкий чёрный виноград без семян. ‖ *прил.* **кори́нковый,** -ая, -ое.

КОРИ́ТЬ, -рю́, -ри́шь; -рённый (-ён, -ена́); *несов., кого (что)* (разг.). Упрекать, попрекать. *К. за ошибки.*

КОРИФЕ́Й, -я, *м.* (высок.). Выдающийся деятель на каком-н. поприще. *Корифеи науки.*

КОРИ́ЦА, -ы, *ж.* Высушенная кора ветвей нек-рых тропических деревьев сем. лавровых, употр. как пряность. ‖ *прил.* **кори́чный,** -ая, -ое.

КОРИ́ЧНЕВО-... *Первая часть сложных слов со знач.:* 1) коричневый (в 1 знач.), с коричневым оттенком, напр. *коричнево-бурый, коричнево-золотистый, коричнево-красный, коричнево-чёрный;* 2) коричневый, в сочетании с другим, отдельным цветом, напр. *коричнево-розовый, коричнево-серый.*

КОРИЧНЕВОРУБА́ШЕЧНИК, -а, *м.* То же, что фашист.

КОРИ́ЧНЕВЫЙ, -ая, -ое. **1.** Буро-жёлтый (цвета жареного кофе, спелого желудя). *К. цвет. Коричневая шляпка боровика. Коричневая чума* (о фашизме; презр.). **2.** **кори́чневые,** -ых. Коричневорубашечники, фашисты. ✦ **Коричневые яблоки** — обиходное название коричных яблок.

КОРИ́ЧНЫЙ[1] **: коричные яблоки** — сорт сладких летних яблок.

КОРИ́ЧНЫЙ[2] *см.* корица.

КО́РКА, -и, *ж.* **1.** Кожура нек-рых плодов, фруктов. *Апельсинная к.* **2.** Наружный твёрдый слой хлеба. *Чёрствая к.* **3.** Затвердевший слой чего-н. *Рана покрылась коркой.* **4.** Верхняя, отсыхающая часть коры (в 1 знач.). **5.** Одна из двух поверхностей переплёта (в 1 знач.). *Прочитать книгу от корки до корки* (от начала до конца, ничего не пропуская). ✦ **На все корки** (бранить) (прост.) — очень сильно. ‖ *уменьш.* **ко́рочка,** -и, *ж.* ‖ *прил.* **ко́рковый,** -ая, -ое (к 1, 2, 3 и 4 знач.).

КО́РКОВЫЙ, -ая, -ое. **1.** *см.* корка. **2.** Относящийся к коре головного мозга (спец.).

КОРМ, -а (-у), о ко́рме, на ко́рме *и* на корму́, *мн.* -а́, -о́в, *м.* **1.** *см.* кормить. **2.** Пища животных. *Грубые корма. Сочные корма. Задать корму. На подножном корму. Заготовка, силосование кормов.* ‖ *прил.* **кормово́й,** -а́я, -о́е. *Кормовые травы. Кормовая свёкла. Кормовая база животноводства.*

КОРМА́, -ы́, *ж.* Задняя часть судна, лодки и нек-рых других транспортных средств. *К. корабля, транспортного самолёта.* ‖ *прил.* **кормово́й,** -а́я, -о́е. *Кормовое весло.*

КОРМЁЖКА, -и, *ж.* **1.** *см.* кормить. **2.** Пища, еда (прост.). *Сытная к.*

КОРМИ́ЛЕЦ, -льца, *м.* **1.** Человек, к-рый содержит на иждивении кого-н. (офиц.), а также вообще человек, к-рый кормит, даёт пропитание кому-н. *Назначить пенсию после смерти кормильца. Поилец и к.* (разг.). **2.** Ласковое обращение к мужчине (устар. прост.). ‖ *ж.* **корми́лица,** -ы (к 1 знач.).

КОРМИ́ЛИЦА, -ы, *ж.* **1.** *см.* кормилец. **2.** Женщина, нанимаемая в дом для вскармливания ребёнка грудью вместо матери. *Жить в доме кормилицей. К. в кокошнике. К. барчука. Год кормила, а век кормилицей слывёт* (посл.). *У больших господ в кормилицах жила: козлёнка выкормила* (стар. шутл. погов.). **3.** Женщина, кормящая грудью чужого ребёнка. *Приискать кормилицу для младенца. К. с сыном и выкормышем на руках.* **4.** Самка, вскармливающая чужого детёныша, детёнышей. *Собака — к. котят. Волчица — к. Ромула и Рема* [по преданию о вскормленных волчицей братьях — основателях Рима]. ✦ **Кусать грудь кормилицы** — афоризм о неблагодарности по отношению к тому, кому обязан всем.

КОРМИ́ЛО, -а, *ср.*: **у кормила правления, власти** (стоять, быть) (высок.) — во главе государства, управления [кормило — руль судна; стар.].

КОРМИ́ТЬ, кормлю́, ко́рмишь; ко́рмленный; *несов., кого (что).* **1.** Давать корм (животным). *К. скот. К. лошадей.* **2.** Вводить кому-н. пищу в рот; давать есть. *К. больного с ложки. К. ребёнка грудью, из бутылочки. Кормящая мать* (мать, к-рая кормит ребёнка грудью). *К. сытно. К. кашей.* **3.** Содержать, доставлять пропитание. *К. всю семью. Родители тебя кормят и поят.* ✦ **Кормить обещаниями** (разг. неодобр.) — давать постоянные и безответственные обещания, не выполняя их. ‖ *сов.* **накорми́ть,** -ормлю́, -о́рмишь; -о́рмленный (к 1 и 2 знач.), **покорми́ть,** -ормлю́, -о́рмишь; -о́рмленный (к 1 и 2 знач.) *и* **прокорми́ть,** -ормлю́, -о́рмишь; -о́рмленный (к 3 знач.). ‖ *сущ.* **кормле́ние,** -я, *ср.* (к 1 и 2 знач.), **корм,** -а, *м.* (к 1 знач.), **кормёжка,** -и, *ж.* (к 1 знач.; разг.), **прокормле́ние,** -я, *ср.* (к 3 знач.) *и* **прoко́рм,** -а, *м.* (к 3 знач.; разг.).

КОРМИ́ТЬСЯ, кормлю́сь, ко́рмишься; *несов.* **1.** Есть, питаться (чаще о животных). *Кабаны кормятся в лесу. Утки кормятся на пруду.* **2.** *чем.* Добывать средства к жизни, к пропитанию (разг.). *К. своим трудом.* ‖ *сов.* **покорми́ться,** -ормлю́сь, -о́рмишься (к 1 знач.) *и* **прокорми́ться,** -ормлю́сь, -о́рмишься (ко 2 знач.). ‖ *сущ.* **прокормле́ние,** -я, *ср.* (ко 2 знач.) *и* **проко́рм,** -а, *м.* (ко 2 знач.; разг.).

КОРМО... *Первая часть сложных слов со знач.* относящийся к корму, кормам, напр. *кормозаготовки, кормопровод, кормопроизводство, кормораздатчик, кормосмеситель, кормоцех, кормозаготовительный.*

КОРМОВО́Й[1-2] *см.* корм *и* корма.

КОРМОКУ́ХНЯ, -и, *ж.* Кухня, в к-рой приготовляется корм для животных. *К. на звероферме.*

КОРМУ́ШКА, -и, *ж.* **1.** Ящик, вместилище, в к-ром даётся корм животным. *Автоматизированная к.* (автокормушка). **2.** *перен.* Место, где можно, пользуясь бесконтрольностью, поживиться, приобрести что-н. для себя (разг. неодобр.). ‖ *прил.* **корму́шечный,** -ая, -ое (к 1 знач.).

КО́РМЧИЙ, -его, *м.* **1.** Рулевой, кормщик (устар.). **2.** *перен.* Мудрый руководитель (высок.).

КО́РМЩИК, -а, *м.* **1.** Рулевой на судне (устар.). *К. на челне.* **2.** Старший в рыболовецкой артели, управляющий судном (стар.). **3.** В нек-рых сектах: руководитель общины («корабля»). ‖ *ж.* **ко́рмщица,** -ы (к 3 знач.).

КОРНА́ТЬ, -а́ю, -а́ешь; *несов., кого-что* (прост. неодобр.). Слишком коротко и неровно обреза́ть, стричь. *К. волосы.* ‖ *сов.* **окорна́ть,** -а́ю, -а́ешь *и* **обкорна́ть,** -а́ю, -а́ешь. *Обкорнать рукава, по́лы* (слишком укоротить).

КОРНЕВИ́ЩЕ, -а, *ср.* Подземный побег многолетних травянистых растений, похожий на корень. ‖ *прил.* **корневи́щный,** -ая, -ое *и* **корневи́щевый,** -ая, -ое.

КОРНЕВО́Й *см.* корень.

КОРНЕПЛО́Д, -а, *м.* Растение с толстым, мясистым корнем, идущим в пищу или на корм скоту (брюква, репа, свёкла и др.), а также самый такой корень. ‖ *прил.* **корнепло́дный,** -ая, -ое. *Корнеплодные овощи* (напр., морковь, свёкла, петрушка, редис).

КОРНЕ́Т[1], -а, *м.* В России до революции и в нек-рых других странах: один из младших офицерских чинов в кавалерии, а также лицо, имеющее этот чин. ‖ *прил.* **корне́тский,** -ая, -ое.

КОРНЕ́Т[2], -а, *м.* Медный духовой мундштучный музыкальный инструмент в виде рожка.

КОРНЕ́Т-А-ПИСТО́Н, корне́т-а-писто́на, *м.* Медный духовой мундштучный музыкальный инструмент типа трубы (во 2 знач.).

КОРНИШО́НЫ, -ов, *ед.* корнишо́н, -а, *м.* Мелкие недозрелые огурцы, предназначенные для маринования. ‖ *прил.* **корнишо́нный,** -ая, -ое.

КОРНОУ́ХИЙ, -ая, -ое; -у́х (разг.). С отрезанным, изуродованным ухом. *Корноухая собака.* ‖ *сущ.* **корноу́хость,** -и, *ж.*

КО́РОБ, -а, *мн.* -а́, -о́в, *м.* Лубяное или берестяное изделие для укладки, носки чего-н. ✦ **С три короба насказать (нагородить)** (разг. ирон.) — наговорить много сомнительного, такого, чему нельзя верить. ‖ *уменьш.* **коробо́к,** -бка́, *м.*

КОРОБЕ́ЙНИК, -а, *м.* В дореволюционной России: торговец, вразнос продающий галантерейные товары, мелкие вещи, необходимые в крестьянском быту.

КОРО́БИТЬ, -блю, -бишь; обычно *безл.; несов.* **1.** *что.* Кривить, делать погнутым. *Переплёт коробит* (безл.) *от сырости.* **2.** *перен., кого (что).* Вызывать неприятное чувство, внушать отвращение (разг.). *Коробит* (безл.) *от его грубости. Бестактность коробит.* ‖ *сов.* **покоро́бить,** -блю, -бишь; -бленный *и* **скоро́бить,** -блю, -бишь; -бленный (к 1 знач.).

КОРО́БИТЬСЯ (-блюсь, -бишься, 1 и 2 л. не употр.), -бится; *несов.* Кривиться, делаться согнутым. *Фанера коробится.* ‖ *сов.* **покоро́биться** (-блюсь, -бишься, 1 и 2 л. не употр.), **-бится** *и* **скоро́биться** (-блюсь, -бишься, 1 и 2 л. не употр.), **-бится.** ‖ *сущ.* **коро́бление, -я,** *ср.* (спец.). *К. древесины.*

КОРО́БКА, -и, *ж.* **1.** Вместилище для чего-н. в виде ящика, ящичка или другой формы. *Деревянная, картонная, пластмассовая к. Круглая к. Швейная к.* (со швейными принадлежностями). *К. из-под сигарет, из-под печенья. К. конфет, спичек* (с конфетами, со спичками). **2.** Остов здания, а также вообще стандартное прямоугольное здание. *Коробки заводских корпусов.* ✦ **Черепная коробка** (спец.) — костное вместилище головного мозга. **Коробка скоростей** (спец.) — механизм для изменения частоты вращения ведомого вала. ‖ *уменьш.* **коро́бочка,** -и, *ж.* (к 1 знач.). ‖ *прил.* **коро́бочный,** -ая, -ое (к 1 знач.). *Коробочная упаковка* (в коробках).

КОРОБО́К, -бка́, *м.* **1.** *см.* короб. **2.** Маленькая коробка, ящичек. *Берестяной к. Спичечный к.* ‖ *прил.* **коробко́вый,** -ая, -ое.

КОРО́БОЧКА, -и, *ж.* **1.** *см.* коробка. **2.** Наполненный семенами сухой вскрывающийся плод нек-рых растений. *Семенная к. К. хлопчатника, льна, мака.*

КОРО́БЧАТЫЙ, -ая, -ое (спец.). Имеющий вид коробка, коробки. *К. свод.*

КОРО́ВА, -ы, *ж.* **1.** Самка крупных жвачных парнокопытных животных сем. полорогих (быков), а также нек-рых других парнокопытных (напр., лося, оленя). **2.** Домашнее молочное животное, самка домашнего быка. *Породистая к. Стадо коров. У коровы молоко на языке* (посл.: хороший удой зависит от хорошего корма). *Чья бы к. мычала, а чья бы молчала* (посл. о том, кому лучше бы помолчать о других, т. к. сам небезгрешен). *Как к. языком слизнула кого-что-н.* (о том, кто (что) куда-то делся (делось), неизвестно где находится; прост. шутл.). *Как к. на льду кто-н.* (о том, кто скользит, у кого разъезжаются ноги; разг. шутл.). *Как корове седло идёт что-н. кому-н.* (обычно об одежде: совершенно не идёт, не к лицу или не годится; прост. неодобр.). *Как на корове седло сидит что-н. на ком-н.* (о нескладно сидящей одежде; прост. неодобр.). *К. на заборе* (о неуклюжем всаднике: разг. пренебр.). *Этакая к.* (перен.: о толстой, неуклюжей женщине; прост. пренебр.). ✦ **Морская (сте́ллерова) корова** — вымершее водное млекопитающее отряда сирен. ‖ *уменьш.* **коро́вка,** -и, *ж.* (ко 2 знач.). ‖ *ласк.* **коро́вушка,** -и, *ж.* (ко 2 знач.). ‖ *прил.* **коро́вий,** -ья, -ье. *К. хлев. Коровье молоко.*

КОРО́ВНИК[1], -а, *м.* (устар.). Работник, занимающийся уходом за коровами. ‖ *ж.* **коро́вница,** -ы.

КОРО́ВНИК[2], -а, *м.* Помещение для коров.

КОРОЕ́Д, -а, *м.* Мелкий жук, грызущий кору и древесину, вредитель лесов.

КОРОЛЕ́ВА, -ы, *ж.* **1.** *см.* король. **2.** Жена короля (в 1 знач.). **3.** В шахматах: то же, что ферзь (разг.). **4.** Игральная карта с изображением женщины в короне. *Червонная к.* **5.** *перен., чего.* В нек-рых сочетаниях: лучшая среди других подобных. *К. красоты* (победительница конкурса красоты). *К. шахмат* (чемпионка мира). *К. лыжни. К. спорта* (о лёгкой атлетике). ‖ *прил.* **короле́вский,** -ая, -ое.

КОРОЛЕ́ВИЧ, -а, *м.* Сын короля (обычно в сказках).

КОРОЛЕ́ВНА, -ы, *род. мн.* -вен, *ж.* Дочь короля (обычно в сказках).

КОРОЛЕ́ВСТВО, -а, *ср.* Государство, во главе к-рого стоит король.

КОРОЛЁК, -лька́, *м.* **1.** Сорт сладкого апельсина с красноватой мякотью. **2.** Небольшая лесная птица отряда воробьиных с яркой окраской темени. **3.** Слиток благородного металла в виде маленького шарика, а также небольшой шарик, капля застывшего металла (спец.). ‖ *прил.* **королько́вый,** -ая, -ое.

КОРО́ЛЬ, -я́, *м.* **1.** Один из титулов монарха, а также лицо, имеющее этот титул. *К. Иордании.* **2.** Игральная карта с изображением мужчины в короне. *Бубновый к.* **3.** Главная фигура в шахматной игре. *Шах королю.* **4.** *перен., чего.* Предприниматель-монополист в какой-н. отрасли промышленности, торговли. *Нефтяной к. Газетный к. Короли рынка.* **5.** *перен., чего.* В нек-рых сочетаниях: лучший среди других подобных. *К. эстрады. К. джаза.* ✦ **Голый король (а король-то голый!)** — о том, чьи достоинства, авторитет оказались мнимыми, вымышленными [по сказке Г. Х. Андерсена «Новое платье короля»]. **Король умер, да здравствует король!** (книжн. ирон.) — о такой смене деятелей, когда ушедший сразу оказывается забытым. ‖ *ж.* **короле́ва,** -ы (к 1 знач.). ‖ *прил.* **короле́вский,** -ая, -ое.

КОРОМЫ́СЛО, -а, *мн.* -сла, -сел, -слам, *ср.* **1.** Предмет для ношения двух вёдер на плече — толстая изогнутая деревянная планка с крючками или выемками на концах. *Поднять к. на плечо. Нести вёдра на коромысле. Снять вёдра с коромысла.* **2.** Деталь рычажного механизма (напр., у весов) (спец.). ✦ **Дым коромыслом** (разг.) — шум, полнейший беспорядок. ‖ *прил.* **коромы́словый,** -ая, -ое.

КОРО́НА, -ы, *ж.* **1.** Золотой или серебряный венец, украшенный резьбой и драгоценными камнями, — одна из монархических регалий. *Царская к. Возложить корону на кого-н.* (короновать). *Борьба за корону* (перен.: за власть монарха; устар.). *Завоевать шахматную корону* (перен.: звание чемпиона мира по шахматам). *Уложить косу короной* (высоко вокруг головы). **2.** Ореол вокруг небесного светила (спец.). *Солнечная к.* (внешняя часть солнечной атмосферы). ‖ *прил.* **коро́нный,** -ая, -ое (к 1 знач.).

КОРОНА́РНЫЙ, -ая, -ое (спец.). Относящийся к сосудам, питающим сердечную мышцу. *Коронарное кровообращение.*

КОРОНА́ЦИЯ, -и, *ж.* Церемония возложения короны на монарха, вступающего на престол, возведение на царство. ‖ *прил.* **коронацио́нный,** -ая, -ое.

КОРО́НКА, -и, *ж.* **1.** Наружная часть зуба. **2.** Металлический колпачок, надеваемый на зуб с целью предохранения его от порчи или для укрепления протеза. *Золотая к.* **3.** Режущая часть бура (спец.). *Буровая к. Алмазная к.* ‖ *прил.* **коро́нковый,** -ая, -ое.

КОРО́ННЫЙ, -ая, -ое. **1.** *см.* корона. **2.** В монархических государствах: правительственный (устар.). *К. суд.* **3.** О роли, выступлении: такой, к-рый лучше всего удаётся исполнителю. *К. номер. Коронная роль. К. выход акробата. Коронная дистанция бегуна.*

КОРОНОВА́ТЬ, -ну́ю, -ну́ешь; -о́ванный; *сов. и несов., кого (что).* Совершить (-шать) над кем-н. церемонию коронации. *К. на царство.* ‖ *сущ.* **коронова́ние,** -я, *ср.*

КОРО́СТА, -ы, *ж.* Гнойные струпья на коже. ‖ *прил.* **коро́стный,** -ая, -ое.

КОРОСТЕ́ЛЬ, -я́, *м.* Быстро бегающая птица с сильно сжатым с боков телом, живущая в траве, дергач. ‖ *прил.* **коростели́ный,** -ая, -ое.

КОРОТА́ТЬ, -а́ю, -а́ешь; *несов., что* (разг.). Проводить время, заполнять его чем-н. *К. вечер за беседой. К. жизнь в глуши.* ‖ *сов.* **скорота́ть,** -а́ю, -а́ешь.

КОРО́ТКИЙ, -ая, -ое; ко́роток *и* (устар.) коро́ток, коротка́, ко́ротко, коротко́ *и* (устар.) коро́тко; коро́че. **1.** Небольшой в длину. *Короткое расстояние. Короткое платье. Короткие волны* (радиоволны длиной от 10 до 100 м). *Ко́ротко* (нареч.) *обстрижен. В коротких словах рассказать* (кратко, сжато). **2.** только *кр. ф.* ко́роток, коротка́, ко́ротко *и* коротко́. Меньший по длине, чем нужно. *Брюки коротки кому-н. Пальто стало коротко. Штора для этого окна коротка.* **3.** Непродолжительный, небольшой по времени. *К. срок. Говорить ко́ротко* (нареч.). *Счастье коротко. Разговор к. с кем-н.* (перен.: без долгих объяснений, выяснений; разг.). *К. удар* (быстрый и сильный). *Короткая расправа* (суровая и решительная). **4.** *перен.* Близкий, дружественный. *Короткие отношения. Ко́ротко* (нареч.) *узнать кого-н.* ✦ **Короче (ко́ротко) говоря,** *вводн. сл.* — подводя итог, заключая сказанное. **Короткая память** *у кого* (неодобр.) — быстро забывает (обычно о том, кто не хочет помнить, вспомнить что-н.). **Волос долог, да ум коро́ток** *у кого* — стар. посл. о женщине. **На короткой ноге** *кто с кем* — в приятельских отношениях, хорошо знаком. **Руки коротки** *у кого* (разг.) — нет права, возможности сделать что-н. ‖ *сущ.* **коро́ткость,** -и, *ж.*

КОРОТКО... *Первая часть сложных слов со знач.:* 1) с коротким (в 1 знач.), напр. *коротконогий, короткохвостый, короткошёрстный (короткошёрстый), коротокошеий, короткометражный, короткостебельный;* 2) короткий (в 3 знач.), напр. *короткодействующий, короткодневный, короткоживущий, короткопериодный, короткоцикловой;* 3) относящийся к короткому замыканию (см. замкнуться), напр. *короткозамыкатель.*

КОРОТКОВОЛНОВИ́К, -а́, *м.* Радиолюбитель, занимающийся передачей и приёмом радиосигналов на коротких волнах.

КОРОТКОВО́ЛНОВЫЙ, -ая, -ое и **КОРОТКОВОЛНО́ВЫЙ**, -ая, -ое. Работающий на коротких радиоволнах. *Коротковолновая радиостанция.*

КОРОТКОМЕТРА́ЖКА, -и, *ж.* (разг.). Короткометражный фильм.

КОРОТКОМЕТРА́ЖНЫЙ, -ая, -ое. О фильме: короче обычного по метражу, не полнометражный. *Хроникальный к. фильм.*

КОРОТЫ́Ш, -а́, *м.* и **КОРОТЫ́ШКА**, -и, *м.* и *ж.* (разг.). Человек небольшого роста.

КО́РОЧКА, -и, *ж.* **1.** *см.* корка. **2.** *мн.* Диплом, удостоверение в твёрдом переплете (прост.).

КОРПЕ́ТЬ, -плю́, -пи́шь; *несов., над чем* (разг.). Усердно и долго заниматься чем-н. *К. над бумагами.*

КО́РПИЯ, -и, *ж., собир.* (устар.). Нащипанные из тряпок нитки для перевязки, обработки ран. *Щипать корпию.*

КОРПОРАТИ́ВНЫЙ, -ая, -ое; -вен, -вна. Узкогрупповой, замкнутый пределами корпорации. *Корпоративные интересы.* ‖ *сущ.* **корпорати́вность**, -и, *ж.*

КОРПОРА́ЦИЯ, -и, *ж.* **1.** Объединённая группа, круг лиц одной профессии, одного сословия. *Учёная к.* **2.** Одна из форм монополистического объединения.

КОРПУ́НКТ, -а, *м.* Сокращение: корреспондентский пункт.

КО́РПУС, -а, *мн.* -а́, -о́в *и* -ы, -ов, *м.* **1.** (*мн.* -ы, -ов). Туловище человека или животного. *Крупный, тяжёлый к.* **2.** (*мн.* -а́, -о́в). Остов, оболочка чего-н. *К. корабля. К. часов.* **3.** (*мн.* -а́, -о́в). Отдельное здание в ряду нескольких или обособленная большая часть здания. *Заводские корпуса. Боковой к.* **4.** (*мн.* -а́, -о́в). Крупное войсковое соединение из нескольких дивизий. *Моторизованный, танковый, авиационный, воздушно-десантный к.* **5.** (*мн.* -ы, -ов). Совокупность лиц, объединённых общностью какого-н. официального положения. *Дипломатический к. Депутатский к. Корреспондентский к.* (в какой-н. стране: корреспонденты из разных стран). **6.** (*мн.* -а́, -о́в). В дореволюционной России: среднее военно-учебное заведение. *Кадетский к. Морской к.* **7.** Типографский шрифт с высотой литер около 3,76 мм. ‖ *прил.* **корпусно́й**, -а́я, -о́е (к 4 и 6 знач.) *и* **ко́рпусный**, -ая, -ое (к 1, 2, 3 и 7 знач.).

КОРРЕКТИ́В, -а, *м.* (книжн.). Частичное исправление, поправка. *Внести коррективы в рукопись.*

КОРРЕКТИ́РОВАТЬ, -рую, -руешь; -анный; *несов., что.* **1.** Вносить коррективы во что-н., поправлять. *К. стрельбу.* **2.** Читать корректуру чего-н. ‖ *сов.* **прокорректи́ровать**, -рую, -руешь; -анный, **скорректи́ровать**, -рую, -руешь; -анный (к 1 знач.) *и* **откорректи́ровать**, -рую, -руешь; -анный (к 1 знач.). ‖ *сущ.* **корректи́рование**, -я, *ср.* (к 1 знач.), **корректиро́вка**, -и, *ж.* (к 1 знач.) *и* **корре́кция**, -и, *ж.* (к 1 знач.). *Корректирование (корректировка) артиллерийского огня. Коррекция зрения* (спец.). ‖ *прил.* **корректиро́вочный**, -ая, -ое (к 1 знач.).

КОРРЕКТИРО́ВЩИК, -а, *м.* (спец.). **1.** Специалист, ведущий корректировку. *Лётчик-к.* **2.** Летательный аппарат или специальное устройство, ведущее корректировку. ‖ *ж.* **корректиро́вщица**, -ы (к 1 знач.).

КОРРЕ́КТНЫЙ, -ая, -ое; -тен, -тна. **1.** Вежливый и тактичный, учтивый. *К. собеседник. Корректное отношение к кому-н. Корректно* (нареч.) *вести себя.* **2.** Правильный, точный (книжн.). *К. ответ. Корректное решение.* ‖ *сущ.* **корре́ктность**, -и, *ж.*

КОРРЕ́КТОР, -а, *мн.* -ы, -ов *и* -а́, -о́в, *м.* Работник издательства, редакции, типографии, читающий корректуру. ‖ *прил.* **корре́кторский**, -ая, -ое.

КОРРЕ́КТОРСКИЙ, -ая, -ое. **1.** *см.* корректор. **2.** **корре́кторская**, -ой, *ж.* Отдел в типографии, издательстве, где работают корректоры.

КОРРЕКТУ́РА, -ы, *ж.* Исправление ошибок на оттиске типографского набора, а также самый оттиск. *Держать корректуру* (читать корректуру с целью исправления её). ‖ *прил.* **корректу́рный**, -ая, -ое. *Корректурная правка.*

КОРРЕЛЯ́ЦИЯ, -и, *ж.* (книжн.). Взаимная связь, соотношение. ‖ *прил.* **корреляцио́нный**, -ая, -ое.

КОРРЕСПОНДЕ́НТ, -а, *м.* **1.** Автор корреспонденции (в 3 знач.). *Специальный к.* (сотрудник, специально командированный за информацией о чём-н., спецкор). *Собственный к.* (именно данного средства массовой информации, собкор). *Сельский к.* (селькор). **2.** Лицо, состоящее в переписке с кем-н. *Мой давний к.* ‖ *ж.* **корреспонде́нтка**, -и (разг.). ‖ *прил.* **корреспонде́нтский**, -ая, -ое (к 1 знач.). *К. пункт* (отделение средства массовой информации в каком-н. городе, стране, корпункт).

КОРРЕСПОНДЕ́НЦИЯ, -и, *ж.* **1.** Обмен письмами, переписка. *Вести корреспонденцию.* **2.** Письма, почтово-телеграфные отправления. *Доставка корреспонденции.* **3.** Сообщение о текущих событиях, пересланное откуда-н. в средства массовой информации. *К. из Санкт-Петербурга. К. с фестиваля.*

КОРРЕСПОНДИ́РОВАТЬ, -рую, -руешь; *несов.* (книжн.). **1.** Направлять куда-н. корреспонденцию (в 3 знач.) (устар.). **2.** *с чем.* Соответствовать чему-н., соотноситься. *Эти понятия корреспондируют.*

КОРРИ́ДА, -ы, *ж.* Массовое зрелище в Испании и в нек-рых других странах — бой тореадора с быком.

КОРРО́ЗИЯ, -и, *ж.* (спец.). Разрушение, разъедание твёрдых тел, вызванное химическими и электрохимическими процессами. *К. металлов, дерева, камня.* ‖ *прил.* **коррози́йный**, -ая, -ое *и* **коррозио́нный**, -ая, -ое.

КОРРУМПИ́РОВАННЫЙ, -ая, -ое; -ан (книжн.). Проникнутый коррупцией. *Коррумпированные чиновники.* ‖ *сущ.* **коррумпи́рованность**, -и, *ж.*

КОРРУ́ПЦИЯ, -и, *ж.* (книжн.). Моральное разложение должностных лиц и политиков, выражающееся в незаконном обогащении, взяточничестве, хищении и срастании с мафиозными структурами. *К. государственных чиновников. К. во властных структурах.*

КОРСА́Ж, -а, *м.* **1.** Часть женского платья, охватывающая верхнюю часть тела. **2.** Жёсткий пояс у юбки, а также специальная жёсткая лента для такого пояса. ‖ *прил.* **корса́жный**, -ая, -ое.

КОРСА́Р, -а, *м.* (устар.) Морской разбойник, пират. ‖ *прил.* **корса́рский**, -ая, -ое.

КОРСЕ́Т, -а, *м.* **1.** Широкий упругий пояс, охватывающий торс и под платьем стягивающий талию. **2.** Жёсткий и широкий ортопедический пояс, примен. при заболеваниях позвоночника. *Гипсовый к.* ‖ *прил.* **корсе́тный**, -ая, -ое.

КОРТ, -а, *м.* Площадка для игры в теннис. ‖ *прил.* **ко́ртовый**, -ая, -ое.

КОРТЕ́Ж [*тэ*], -а, *м.* (книжн.). Торжественное шествие, процессия, выезд. ‖ *прил.* **корте́жный**, -ая, -ое.

КО́РТИК, -а, *м.* Офицерское короткое колющее оружие.

КО́РТОЧКИ, -чек: 1) **на корточках** (сидеть), на **корточки** (сесть, опуститься) — низко присев с сильно согнутыми коленями; 2) **с корточек** (подняться) — встать, выпрямиться из такого положения.

КОРУ́НД, -а, *м.* Твёрдый минерал — кристаллический глинозём с примесью железа, хрома, титана. ‖ *прил.* **кору́ндовый**, -ая, -ое.

КОРЧА́ГА, -и, *ж.* В старом деревенском быту: большой глиняный сосуд. ‖ *уменьш.* **корча́жка**, -и, *ж.* ‖ *прил.* **корча́жный**, -ая, -ое.

КОРЧЕВА́ТЬ, -чу́ю, -чу́ешь; -чёванный; *несов., что.* Выкапывать (деревья, пни) с корнем. *К. кустарник.* ‖ *сущ.* **корчева́ние**, -я, *ср. и* **корчёвка**, -и, *ж.* ‖ *прил.* **корчева́льный**, -ая, -ое (спец.).

КО́РЧИ, -ей, *ед.* -а, -и, *ж.* (разг.). Судорожные стягивания мышц. *Валяться в корчах.*

КО́РЧИТЬ, -чу, -чишь; *несов., кого (что).* **1.** (1 и 2 л. не употр.). Сводить корчами, судорогой (разг.). *Корчит* (безл.) *от боли кого-н.* **2.** Прикидываться кем-н., представлять из себя кого-н. (прост. неодобр.). *К. из себя знатока.* ✦ **Корчить гримасы (рожи)** (разг.) — гримасничать. ‖ *сов.* **скорчить**, -чит; -ченный (к 1 знач.).

КО́РЧИТЬСЯ, -чусь, -чишься; *несов.* (разг.). Изгибаться в корчах, судорогах. *К. от боли.*

КОРЧМА́, -ы́, *род. мн.* -че́м, *ж.* В старое время в Белоруссии, на Украине: трактир, постоялый двор. ‖ *прил.* **корче́мный**, -ая, -ое.

КОРЧМА́РЬ, -я́, *м.* (устар.). Владелец, содержатель корчмы. ‖ *ж.* **корчма́рка**, -и. ‖ *прил.* **корчма́рский**, -ая, -ое.

КО́РШУН, -а, *м.* Крупная хищная птица сем. ястребиных. *Коршуном налететь на кого-н.* (стремительно и злобно). ‖ *прил.* **ко́ршуний**, -ья, -ье.

КОРЫ́СТНЫЙ, -ая, -ое; -тен, -тна. **1.** Основанный на корысти. *Корыстные намерения. С корыстной целью.* **2.** То же, что корыстолюбивый. *К. заимодавец.* ‖ *сущ.* **коры́стность**, -и, *ж.*

КОРЫСТОЛЮ́БЕЦ, -бца, *м.* (книжн.). Корыстолюбивый человек.

КОРЫСТОЛЮБИ́ВЫЙ, -ая, -ое; -и́в (книжн.). Исполненный корыстолюбия.

КОРЫСТОЛЮ́БИЕ, -я, *ср.* (книжн.). Стремление к личной выгоде, наживе, жадность.

КОРЫ́СТЬ, -и, *ж.* **1.** Выгода, материальная польза. *Какая ему в этом к.?* **2.** То же, что корыстолюбие.

КОРЫ́ТО, -а, *ср.* Большой продолговатый открытый сосуд для стирки и для других домашних надобностей. *Деревянное, оцинкованное к.* ✦ **У разбитого корыта остаться** (разг. ирон.) — будучи всем недовольным и требуя лучшего, остаться ни с чем; вообще потерять всё, лишиться всего. ‖ *уменьш.* **коры́тце**, -а, *род. мн.* -цев, *и* -тец, *ср.* ‖ *прил.* **коры́тный**, -ая, -ое.

КОРЬ, -и, *ж.* Острая вирусная, преимущ. детская болезнь, сопровождающаяся поражением дыхательных путей, сыпью. ‖ *прил.* **корево́й**, -а́я, -о́е.

КОРЬЕВО́Й *см.* кора *и* корьё.

КОРЬЁ, -я́, *ср., собир.* Кора, снятая с дерева. ‖ *прил.* **корьево́й**, -а́я, -о́е.

КО́РЮШКА, -и, *ж.* Небольшая морская промысловая рыба. ‖ *прил.* **ко́рюшковый**, -ая, -ое. *Семейство корюшковых* (сущ.).

КОРЯ́ВЫЙ, -ая, -ое; -я́в. **1.** С неровностями, искривлённый, шероховатый (разг.). *К. дуб. Корявые руки* (заскорузлые; также перен.: неумелые; неодобр.). **2.** *перен.* Неискусный, некрасивый (разг.). *К. почерк. Корявая работа. Корявая речь.* **3.** О лице: со следами оспы (устар. прост.). ‖ *сущ.* **коря́вость**, -и, *ж.*

КОРЯ́ГА, -и, *ж.* Суковатый (часто погрузившийся в воду) кусок сваленного, подгнившего дерева.

КОРЯ́КИ, -ов, *ед.* -я́к, -а, *м.* Народ, составляющий основное коренное население Камчатки. ‖ *ж.* **коря́чка**, -и. ‖ *прил.* **коря́кский**, -ая, -ое.

КОРЯ́КСКИЙ, -ая, -ое. **1.** *см.* коряки. **2.** Относящийся к корякам, к их языку, национальному характеру, образу жизни, культуре, а также к территории их проживания, её внутреннему устройству, истории; такой, как у коряков. *К. язык* (чукотско-камчатской семьи языков). *Корякская сопка* (действующий вулкан на Камчатке). *По-корякски* (нареч.).

КОСА́[1], -ы́, *вин.* ко́су *и* косу́, *мн.* ко́сы, кос, ко́сам, *ж.* Сплетённые в виде жгута несколько длинных прядей волос, а также вообще несколько нитей, прядей, сплетённых таким образом. *Заплести, расплести косу. Тугая к.* ‖ *уменьш.* **коси́чка**, -и, *ж.*

КОСА́[2], -ы́, *вин.* косу́ *и* ко́су, *мн.* ко́сы, кос, ко́сам, *ж.* Сельскохозяйственное орудие — изогнутый нож на длинной рукоятке для срезания травы, злаков. *Махать косой. Точить косу. Нашла к. на камень.* (посл. об упрямом нежелании уступить друг другу).

КОСА́[3], -ы́, *вин.* косу́ *и* ко́су, *мн.* ко́сы, кос, ко́сам, *ж.* Идущая от берега низкая и узкая полоса земли. *Песчаная к.*

КОСА́РЬ[1], -я́, *м.* Тот, кто косит траву, злаки. ‖ *прил.* **коса́рский**, -ая, -ое.

КОСА́РЬ[2], -я́, *м.* Большой нож с толстым и широким лезвием.

КОСА́ТКА, -и, *ж.* Китообразное хищное морское млекопитающее вида дельфинов. *Чёрные косатки.*

КО́СВЕННЫЙ, -ая, -ое; -вен, -венна. **1.** То же, что косой (в 1 знач.) (устар.). *К. луч.* **2.** Не непосредственный, побочный, с промежуточными ступенями. *Косвенные доказательства* (устанавливающие что-н. не непосредственно, а через промежуточные обстоятельства; спец.). *Дело косвенно* (нареч.) *касается кого-н. К. налог* (налог на предметы потребления). *Косвенные выборы.* **3.** *полн. ф.* В грамматике: 1) **косвенная речь, косвенный вопрос** — относящийся к передаче чужой речи, вопроса; 2) **косвенные падежи** — все падежи, кроме именительного. ‖ *сущ.* **ко́свенность**, -и, *ж.* (ко 2 знач.).

КОСЕ́Ц, -сца́, *м.* То же, что косарь[1].

КОСИ́ЛКА, -и, *ж.* Машина для косьбы.

КО́СИНУС, -а, *м.* (спец.). Тригонометрическая функция угла, в прямоугольном треугольнике равная отношению к гипотенузе катета, прилежащего к данному острому углу.

КОСИ́ТЬ[1], кошу́, коси́шь; *несов.* **1.** *что и чем.* Придавать чему-н. косое положение, делать кривым, направлять вкось. *К. строку. К. глаза на кого-н.* (коситься). **2.** (1 и 2 л. не употр.). Иметь косой вид. *Платье спереди косит.* **3.** Быть косым (в 3 знач.), косоглазым. *Один глаз косит. К. на оба глаза.* ‖ *сов.* **скоси́ть**, скошу́, скоси́шь; ско́шенный (к 1 и 2 знач.) *и* **покоси́ть**, -кошу́, -коси́шь (к 1 знач.). *Скосить рот. Избушку покосило* (безл.).

КОСИ́ТЬ[2], кошу́, ко́сишь; ко́шенный; *несов.* **1.** *что.* Срезать косой[2] или косилкой. *К. клевер. К. газон. К. сено* (траву на сено). *К. луг* (траву на нём). **2.** *перен., кого (что).* Губить, убивать (многих). *Эпидемии косили людей.* ‖ *сов.* **скоси́ть**, скошу́, ско́сишь; ско́шенный. ‖ *сущ.* **коше́ние**, -я, *ср.* (к 1 знач.), **косьба́**, -ы́, *ж.* (к 1 знач.), **поко́с**, -а, *м.* (к 1 знач.) *и* **уко́с**, -а, *м.* (к 1 знач.).

КОСИ́ТЬСЯ, кошу́сь, коси́шься; *несов.* **1.** (1 и 2 л. не употр.). Принимать косое положение. *Избушка косится набок.* **2.** *на кого-что.* Смотреть искоса, сбоку (разг.). **3.** *перен., на кого-что.* Относиться с подозрением, неодобрительно (разг.). *К. на незнакомца.* ‖ *сов.* **покоси́ться**, -ошу́сь, -оси́шься (к 1 и 2 знач.).

КОСИ́ЦА, -ы, *ж.* (разг.). **1.** Отдельная небольшая прядь волос. **2.** Тонкая, жидкая коса[1].

КОСИ́ЧКА *см.* коса[1].

КОСМА́ТИТЬ, -а́чу, -а́тишь; *несов., кого-что* (разг.). Делать лохматым, взъерошенным. *К. волосы.* ‖ *сов.* **раскосма́тить**, -а́чу, -а́тишь; -а́ченный.

КОСМА́ТЫЙ, -ая, -ое; -а́т. С длинной густой торчащей шерстью, космами. *К. медведь. Косматая шапка. Косматая голова.* ‖ *сущ.* **косма́тость**, -и, *ж.*

КОСМЕ́ТИКА, -и, *ж.* **1.** Искусственное придание красоты лицу, телу, поддержание их здорового состояния, свежести. *Врачебная (лечебная) к. Навести косметику на что-н.* (перен.: придать чему-н. внешне аккуратный вид). **2.** *собир.* Средства для придания свежести, красоты лицу, телу. *Продажа косметики.* ‖ *прил.* **космети́ческий**, -ая, -ое. *К. кабинет. Косметические средства.*

КОСМЕТИ́ЧЕСКИЙ, -ая, -ое. **1.** *см.* косметика. **2.** *перен.* О ремонте: не капитальный, улучшающий только внешний вид, внешнюю сторону.

КОСМЕТИ́ЧКА, -и, *ж.* (разг.). **1.** Специалистка по косметическому уходу за лицом, телом. **2.** Небольшая сумочка для предметов косметики.

КОСМЕТО́ЛОГ, -а, *м.* Врач — специалист по косметологии.

КОСМЕТОЛО́ГИЯ, -и, *ж.* Раздел медицины, занимающийся лечебной косметикой. ‖ *прил.* **косметологи́ческий**, -ая, -ое.

КОСМИ́ЧЕСКИЙ, -ая, -ое. **1.** *см.* космос. **2.** *перен.* Грандиозный, громадный. *Космические масштабы.*

КОСМО... *Первая часть сложных слов со знач.:* 1) относящийся к космосу, к космологии, напр. *космофизика, космохимия, космохронология;* 2) относящийся к космонавтике как к науке, напр. *космобиология, космомедицина, космопсихология;* 3) относящийся к космическим полётам, к пребыванию человека в космосе, напр. *космооткрыватель, космоплавание, космоплаватель, космоплан, космопроходец, космоцентр.*

КОСМОВИ́ДЕНИЕ, -я, *ср.* Телевизионные передачи из космоса.

КОСМОГО́НИЯ, -и, *ж.* (спец.). Учение о происхождении космических тел и их систем. *К. Солнечной системы.* ‖ *прил.* **космогони́ческий**, -ая, -ое.

КОСМОДРО́М, -а, *м.* Комплекс сооружений и технических средств для запуска космических кораблей, искусственных спутников Земли и других космических аппаратов. ‖ *прил.* **космодро́мный**, -ая, -ое.

КОСМОЛО́ГИЯ, -и, *ж.* Учение о Вселенной. ‖ *прил.* **космологи́ческий**, -ая, -ое.

КОСМОНА́ВТ, -а, *м.* Специалист, совершающий полёт в космическом пространстве. *Лётчик-к. К.-исследователь.* ‖ *ж.* **космона́втка**, -и (разг.). ‖ *прил.* **космона́втский**, -ая, -ое.

КОСМОНА́ВТИКА, -и, *ж.* Теория и практика полётов в космос. ‖ *прил.* **космонавти́ческий**, -ая, -ое.

КОСМОПОЛИ́Т, -а, *м.* **1.** Последователь космополитизма. **2.** Растение или животное, встречающиеся на большей части обитаемых областей земли (спец.). ‖ *ж.* **космополи́тка**, -и (к 1 знач.). ‖ *прил.* **космополити́ческий**, -ая, -ое (к 1 знач.) и **космополи́тный**, -ая, -ое (ко 2 знач.). *Космополитные виды.*

КОСМОПОЛИТИ́ЗМ, -а, *м.* Идеология так наз. «мирового гражданства», ставящая интересы человечества выше интересов отдельной нации. ‖ *прил.* **космополити́ческий**, -ая, -ое.

КО́СМОС, -а, *м.* Вселенная, мир[1] (в 1 знач.). *Ближний к.* (исследуемый человеком). *Дальний к.* (мир звёзд и галактик). *Освоение космоса. Пути в к. Космонавт выходит в открытый к.* (за борт космического корабля). ‖ *прил.* **косми́ческий**, -ая, -ое. *К. век* (период развития общественной жизни и науки, характеризующийся началом освоения космоса, полётами человека в космос). *Космические лучи. К. полёт. К. корабль. Космическая связь* (осуществляемая через запущенные в космос искусственные спутники Земли, а также непосредственная связь Земли с космическим летательным аппаратом). *Первая, вторая и третья космические скорости* (при к-рых тело, соответственно, превращается в искусственный спутник Земли, преодолевает её притяжение и покидает Солнечную систему).

КО́СМЫ, косм (прост.). Взлохмаченные пряди волос. *Торчат к. у кого-н.*

КОСНЕ́ТЬ, -е́ю, -е́ешь; *несов., в чём* (устар.). Пребывать, находиться в каком-н. тяжёлом, предосудительном состоянии. *К. в невежестве. К. в пороках. К. в разврате.* ✦ **Коснеющий язык или язык коснеет** — о речи, становящейся нечленораздельной. ‖ *сов.* **закосне́ть**, -е́ю, -е́ешь.

КОСНОЯЗЫ́ЧИЕ, -я, *ср.* Невнятное, неправильное произношение, расстройство речи.

КОСНОЯЗЫ́ЧНЫЙ, -ая, -ое; -чен, -чна. О речи: невнятный, неправильный. ‖ *сущ.* **косноязы́чность**, -и, *ж.*

КОСНУ́ТЬСЯ *см.* касаться.

КО́СНЫЙ, -ая, -ое; -сен, -сна. Тяготеющий к чему-н. привычному, невосприимчивый к новому, консервативный (в 1 знач.). *К. ум. К. образ жизни.* ‖ *сущ.* **ко́сность**, -и, *ж.*

КОСО... *Первая часть сложных слов со знач.:* 1) с косым (в 1 знач.), напр. *кособокий, косозубый, косоногий, косоплечий;* 2) косой (в 1 знач.), напр. *косоволокнистый, кособрезанный, косоприцельный, косорежущий, кососкользящий, косослой* (спиральное расположение волокон древесины; спец.), *косослойный, кососрезанный.*

КОСОБО́КИЙ, -ая, -ое; -о́к. С косым, кривым боком; покосившийся набок. *Кособокая фигура. Кособокая изгородь.* ‖ *сущ.* **кособо́кость**, -и, *ж.*

КОСОБО́ЧИТЬСЯ, -чусь, -чишься; *несов.* (разг.). Находиться в перекошенном состоянии, клониться набок. *Избушка кособочится.* ‖ *сов.* **скособо́читься,** -чусь, -чишься.

КОСОВИ́ЦА, -ы, *ж.* Время сенокоса, кошения трав, хлебов; само такое кошение.

КОСОВОРО́ТКА, -и, *ж.* Мужская рубашка со стоячим воротом, застегивающимся сбоку.

КОСОГЛА́ЗИЕ, -я, *ср.* Расстройство координации движения глаз — неодинаковое направление зрачков. *Расходящееся к.* (с отклонением глаза в сторону от носа). *Сходящееся к.* (в сторону носа).

КОСОГЛА́ЗЫЙ, -ая, -ое; -а́з. Страдающий косоглазием.

КОСОГО́Р, -а, *м.* Склон горы, холма.

КОСО́Й, -а́я, -о́е; кос, коса́, ко́со, ко́сы *и* (разг.) косы́. **1.** Расположенный наклонно к горизонту, к поверхности, не отвесный. *К. дождь. К. почерк.* **2.** То же, что кривой (в 1 знач.). *Косая рама.* **3.** То же, что косоглазый. *К. мальчик. К. заяц.* **4.** *полн. ф.* Расположенный сбоку, не посередине; боковой. *К. пробор. Косая застёжка. К. ворот* (с застёжкой сбоку). **5.** *перен.* Недружелюбно-подозрительный. *Косые взгляды. Косо* (нареч.) *смотреть на кого-что-н.* **6.** косо́й, -о́го, *м.* Шутливое название зайца. ✦ **Косая сажень в плечах** (разг.) — о широкоплечем высоком человеке. **Косой парус** (спец.) — треугольный.

КОСОЛА́ПЫЙ, -ая, -ое; -а́п. **1.** Ступающий пятками врозь, носками внутрь. *К. медведь. Косолапая походка* (носками внутрь). **2.** *перен.* То же, что косорукий (во 2 знач.). **3.** косола́пый, -ого, *м.* Шутливое название медведя. ‖ *сущ.* **косола́пость,** -и, *ж.* (к 1 и 2 знач.).

КОСОРУ́КИЙ, -ая, -ое; -у́к; **1.** С косой, перекошенной рукой. *Косорукая фигура.* **2.** *перен.* Неуклюжий, с неловкими движениями рук (прост.). ‖ *сущ.* **косору́кость,** -и, *ж.*

КОСТА-РИКА́НСКИЙ, -ая, -ое. **1.** *см.* костариканцы. **2.** Относящийся к костариканцам, к их языку (испанскому), национальному характеру, образу жизни, культуре, а также к Республике Коста-Рика, её территории, внутреннему устройству, истории; такой, как у костариканцев, как в Коста-Рике.

КОСТАРИКА́НЦЫ, -ев, *ед.* -а́нец, -нца, *м.* Латиноамериканский народ, составляющий основное население Коста-Рики. ‖ *ж.* **костарика́нка,** -и. ‖ *прил.* **коста-рика́нский,** -ая, -ое.

КОСТЕНЕ́ТЬ, -е́ю, -е́ешь; *несов.* Коченеть; затвердевать. *Руки костенеют на морозе. Язык костенеет у кого-н.* (утрачивается дар речи; книжн.). ‖ *сов.* **закостене́ть,** -е́ю, -е́ешь *и* **окостене́ть,** -е́ю, -е́ешь.

КОСТЕРИ́ТЬ, -рю́, -ри́шь; *несов., кого-что* (прост.). То же, что костить.

КОСТЁЛ, -а, *м.* Польское название католического храма. ‖ *прил.* **костёльный,** -ая, -ое.

КОСТЁР, -тра́, *м.* Горящие дрова, сучья, хворост, сложенные в кучу. *Зажечь или разложить к. Греться у костра. Казнь на костре* (в старину: мучеlarческая казнь сожжением). *Взойти на к.* (о казнимом: принять такую казнь; также перен.: отдать себя на муку; высок.). ‖ *уменьш.* **костеро́к,** -рка́, *м. и* **костёрчик,** -а, *м.* ‖ *прил.* **костёрный,** -ая, -ое *и* **костро́вый,** -ая, -ое.

КОСТИ́СТЫЙ, -ая, -ое; -и́ст. **1.** С крепкими, широкими, заметно выступающими костями. *Костистая фигура.* **2.** С множеством мелких костей. *Костистая рыба.* ‖ *сущ.* **кости́стость,** -и, *ж.*

КОСТИ́ТЬ, кощу́, кости́шь; *несов., кого-что* (прост.). Ругать, поносить.

КОСТЛЯ́ВЫЙ, -ая, -ое; -я́в. **1.** Худой[1], с выступающими костями. *Костлявая фигура. Костлявые руки.* **2.** То же, что костистый (во 2 знач.). *Костлявая рыба.* ‖ *сущ.* **костля́вость,** -и, *ж.*

КО́СТНЫЙ, -ая, -ое. **1.** *см.* кость. **2.** **костные рыбы** — класс рыб с костной тканью в скелете и в чешуе (спец.).

КОСТОЕ́ДА, -ы, *ж.* (устар.). Болезнь — разрушение костной ткани.

КОСТОПРА́В, -а, *м.* (устар.). Человек, умеющий вправлять суставы при вывихах.

КОСТОРЕ́З, -а, *м.* Художник, занимающийся резьбой по кости.

КОСТОРЕ́ЗНЫЙ, -ая, -ое. Относящийся к искусству резьбы по кости. *Косторезная мастерская.*

КО́СТОЧКА, -и, *ж.* **1.** *см.* кость. **2.** Покрытое деревянистой оболочкой ядро плода. *К. сливы, вишни, абрикоса.* **3.** Кругляшка на счётах[2] . *Перекидывать косточки.* **4.** Гибкая пластинка, вшиваемая в корсет, платье. *Бандаж на косточках.* **5.** *какая.* В нек-рых сочетаниях одобрительно: о чьём-н. давнем происхождении, крепких потомственных корнях, истоках. *Военная, рабочая, крестьянская к.* ‖ *прил.* **ко́сточковый,** -ая, -ое (ко 2 знач.; спец.). *Косточковые культуры. Выращивание косточковых* (сущ.).

КОСТРА́, -ы́, *ж.* (спец.). Остатки стеблей льна, конопли после трепания и чесания. ‖ *прил.* **костро́вый,** -ая, -ое.

КОСТРЕ́Ц, -а́, *м.* **1.** Нижняя часть крестца. **2.** Сорт мяса — верхняя часть задней ляжки.

КОСТРИ́ЩЕ, -а, *ср.* Место, где горел костёр, а также место, специально предназначенное для разведения костра.

КОСТРОВО́Й, -о́го, *м.* (разг.). Тот, кто разводит и поддерживает костёр.

КОСТЫ́ЛЬ, -я́, *м.* **1.** Устройство для опоры при ходьбе — раздваивающаяся кверху палка с поперечными упорами для руки и подмышки. *Деревянные костыли. Ходить на костылях. Инвалид с костылём.* **2.** Палка, посох с загнутым верхним концом — ручкой для опоры. *Дубовый к. К.-самоправ* (в сказках: палка, к-рая, неожиданно выскочив откуда-н., нападает и бьёт сама по приказанию хозяина). **3.** Род гвоздя — толстый заострённый стержень с загнутым концом или опора, подпорка такой формы (спец.). ‖ *прил.* **косты́льный,** -ая, -ое.

КОСТЬ, -и, *предл.* о ко́сти, в ко́сти *и* в кости́, *мн.* -и, -е́й, *ж.* **1.** Твёрдое образование в теле человека и животного, составная часть скелета. *Плечевая, локтевая, тазовая, берцовая к. Кости черепа. Широк в кости кто-н.* (с широкой фигурой; разг.). *Слоновая к.* (бивни слона). *До костей промокнуть* (вымокнуть совершенно, всему). *Костей не соберёшь* (совсем пропадёшь, погибнешь; прост.). *Его кости покоятся в земле* (останки). *Белая к.* (перен.: о дворянах; часто ирон.). **2.** *мн.* Игральные пластинки, кубики, костяшки (в 3 знач.). ✦ **Костьми лечь** (устар. и прост.) — погибнуть ради достижения какой-н. цели. **Как кость в горле** *кто-что кому* (разг.) — о ком-чём-н. крайне надоевшем, раздражающем ‖ *уменьш.* **ко́сточка,** -и, *ж.* (к 1 знач.). ✦ **Перемывать косточки** *кому* (разг.) — сплетничать о ком-н. **По косточкам разобрать** *кого-что* (разг.) — подробно, до мелочей разобрать, обсудить. ‖ *прил.* **ко́стный,** -ая, -ое (к 1 знач.). *К. мозг. Костная мука* (кормовая добавка из перемолотых костей животных).

КОСТЮ́М, -а, *м.* **1.** Одежда, платье. *Рабочий к. Вечерний к.* (выходной). *Театральные костюмы.* **2.** Мужское (пиджак и брюки) или женское (жакет и юбка или брюки) верхнее платье. ‖ *уменьш.* **костю́мчик,** -а, *м.* ‖ *прил.* **костю́мный,** -ая, -ое.

КОСТЮМЕ́Р, -а, *м.* Специалист по театральным костюмам; работник костюмерной. *Художник-к.* ‖ *ж.* **костюме́рша,** -и (разг.).

КОСТЮМЕ́РНЫЙ, -ая, -ое. **1.** Относящийся к изготовлению и хранению театральных костюмов. *К. цех. Костюмерная мастерская.* **2.** **костюме́рная,** -ой, *ж.* Отдел в театре, где хранятся костюмы, или мастерская, где они изготовляются.

КОСТЮМИРО́ВАННЫЙ, -ая, -ое; -ан. **1.** Одетый в театральный или маскарадный костюм. *Костюмированные исполнители. Костюмированные маски.* **2.** *полн. ф.* О бале, вечере: с участниками, одетыми в маскарадные костюмы. *К. вечер, бал.*

КОСТЮМИРОВА́ТЬ, -ру́ю, -ру́ешь; -о́ванный; *сов.* и *несов., кого (что).* Одеть (одевать) в театральный или маскарадный костюм. ‖ *возвр.* **костюмирова́ться,** -ру́юсь, -ру́ешься. ‖ *сущ.* **костюмиро́вка,** -и, *ж.*

КОСТЯ́К, -а́, *м.* **1.** То же, что скелет (в 1 знач.). *Крупный к.* **2.** *перен.* Основная, кадровая часть чего-н. *К. организации. К. коллектива.*

КОСТЯНИ́КА, -и, *ж.* Лесное травянистое растение сем. розоцветных со съедобными ярко-красными кислыми ягодами, а также его ягоды. ‖ *прил.* **костяни́чный,** -ая, -ое.

КОСТЯНО́Й, -а́я, -о́е. Сделанный из кости, добываемый из неё. *К. ларец. К. клей. Костяная мука* (костная).

КОСТЯ́ШКА, -и, *ж.* (разг.). **1.** Выступающая, выдающаяся под кожей косточка. *Все костяшки торчат у кого-н.* (очень худ). **2.** То же, что косточка (в 3 знач.). *Костяшки на счётах.* **3.** Пластинка домино. *Стучать костяшками.*

КОСУ́ЛЯ[1], -и, *ж.* Парнокопытное животное, вид оленя. ‖ *прил.* **косу́лий,** -ья, -ье.

КОСУ́ЛЯ[2], -и, *ж.* В старину: род сохи, отваливающей землю в одну сторону.

КОСЫ́НКА, -и, *ж.* Треугольный головной или шейный платок. *Шёлковая к.* ‖ *уменьш.* **косы́ночка,** -и, *ж.* ‖ *прил.* **косы́ночный,** -ая, -ое.

КОСЬБА́ *см.* косить[2].

КОСЯ́К[1], -а, *м.* Брус дверной или оконной рамы. ‖ *прил.* **кося́чный,** -ая, -ое.

КОСЯ́К[2], -а́, *м.* **1.** Гурт кобылиц с одним жеребцом. **2.** Стая рыб, птиц. *К. сельди. Лететь косяком.* ✦ **Косяком идёт (идут)** *кто-что* (разг. шутл.) — о появлении кого-чего-н. в большом количестве. *Посетители идут косяком.* ‖ *прил.* **кося́чный,** -ая, -ое.

КОТ, -а́, *м.* **1.** Самец кошки. *К. ловит мышей. Сибирский к. Как к. на сметану облизывается кто-н.* (очень хочет чего-н., разохотился; разг.). *Коту под хвост* (то же, что кошке, псу под хвост; прост.). **2.** *перен.* О похотливом, сластолюбивом мужчине (прост. пренебр.). ✦ **Кот наплакал** *кого-чего* (разг. шутл.) — очень мало кого-чего-н. *Людей собралось — кот наплакал.* **Кот в мешке** (разг.) — о ком-чём-н. никому не известном, таящем возможные неприятные неожиданности. ‖ *уменьш.* **ко́тик,** -а, *м.* (к 1 знач.). ‖ *прил.* **коти́ный,** -ая, -ое (к 1 знач.).

КОТА́НГЕНС, -а, *м.* (спец.). Тригонометрическая функция, равная отношению косинуса к синусу.

КОТЕЛО́К, -лка́, *м.* **1.** *см.* котёл. **2.** Небольшой металлический сосуд для еды, для варки пищи над огнём. *Солдатский к. Туристский к.* **3.** Жёсткая мужская шляпа с маленькими полями и округлым верхом. **4.** *перен.* То же, что голова (в 3 знач.) (разг.). *К. варит хорошо у кого-н. К. не работает.* ‖ *прил.* **котелко́вый**, -ая, -ое (ко 2 знач.).

КОТЕ́ЛЬНЫЙ, -ая, -ое. **1.** *см.* котёл. **2.** **коте́льная**, -ой, *ж.* Помещение, где находятся паровые котлы, котельные установки.

КОТЕ́ЛЬЩИК, -а, *м.* Специалист по паровым котлам и их эксплуатации.

КОТЁЛ, -тла́, *м.* **1.** Большой металлический круглый сосуд для нагревания воды, варки пищи. *Чугунный к.* **2.** Закрытая ёмкость, устройство для превращения жидкости в пар. *Паровой к.* **3.** *перен.* Полное окружение воинской группировки. *Попасть в к.* ✦ **Общий котёл** — питание, довольствие из общей кухни. *В артели — общий котёл.* **Вариться в котле** *каком* (неодобр.) — постоянно находиться в какой-н. активно действующей среде, окружении. ‖ *уменьш.* **котело́к**, -лка́, *м.* (к 1 знач.). ‖ *прил.* **коте́льный**, -ая, -ое (к 1 и 2 знач.) *и* **котлово́й**, -а́я, -о́е (к 1 и 2 знач.). *Котельная установка. Котловое довольствие* (из общего котла; офиц.).

КОТЁНОК, -нка, *мн.* -тя́та, -тя́т, *м.* Детёныш кошки. *Как к. кто-н.* (весел, игрив; обычно о ребёнке). ‖ *прил.* **котя́чий**, -ья, -ье.

КО́ТИК[1], -а, *м.* Морское ластоногое млекопитающее сем. ушастых тюленей с ценным мехом, а также мех его. *Лежбище котиков.* ‖ *прил.* **ко́тиковый**, -ая, -ое. *Котиковая шапка.*

КО́ТИК[2] *см.* кот.

КОТИЛЬО́Н [*льё*], -а, *м.* Старинный французский танец-игра, в к-ром танцующие повторяют вслед за первой парой фигуры из разных танцев (вальса, мазурки, польки, кадрили).

КОТИ́РОВАТЬ, -рую, -руешь; -анный; *сов.* и *несов., что* (спец.). Установить (-навливать) стоимость валюты или ценных бумаг. ‖ *сущ.* **котиро́вка**, -и, *ж.* ‖ *прил.* **котиро́вочный**, -ая, -ое.

КОТИ́РОВАТЬСЯ (-руюсь, -руешься, 1 и 2 л. не употр.), -руется; *несов.* **1.** О валюте или ценных бумагах: цениться каким-н. образом (спец.). **2.** О ценных бумагах: иметь хождение на бирже (спец.). **3.** *перен.* Иметь общественный вес, авторитет. *Мнение учёного высоко котируется.*

КОТИ́ТЬСЯ (кочу́сь, коти́шься, 1 и 2 л. не употр.), коти́тся; *несов.* О кошке и нек-рых других самках (куницы, хорька, зайца): рождать детёнышей. ‖ *сов.* **окоти́ться**, (окочу́сь, окоти́шься, 1 и 2 л. не употр.), окотится.

КОТЛЕ́ТА, -ы, *ж.* Зажаренный кусок мяса (обычно с ребрышком — отбивная котлета) или лепёшка из мясного, рыбного, овощного фарша. *Мясные, рыбные, капустные котлеты. Рубленая к.* (из рубленого мяса). *Картофельные, рисовые, манные котлеты* (из соответствующей массы). *Котлету сделать из кого-н.* (перен.: сильно разбранить или избить; прост.). ‖ *уменьш.* **котле́тка**, -и, *ж.* ‖ *прил.* **котле́тный**, -ая, -ое.

КОТЛОВА́Н, -а, *м.* Глубокая выемка в земле для закладки фундамента. ‖ *прил.* **котлова́нный**, -ая, -ое.

КОТЛОВИ́НА, -ы, *ж.* Понижение, глубокая впадина на земной поверхности или на дне океана, моря. *Океаническая, вулканическая, ледниковая к.* ‖ *прил.* **котлови́нный**, -ая, -ое.

КОТО́МКА, -и, *ж.* (устар.). Сумка, носимая за плечами. *Холщовая к.*

КОТО́РЫЙ, -ая, -ое, *мест.* **1.** *вопросит.* и *союзн. сл.* Какой по порядку или какой именно из нескольких. *К. час? Забыл, в котором году это было.* **2.** *союзн. сл.* Связывает с главным предложением придаточное, определяющее какое-н. существительное главного предложения. *Город, в котором прошло детство.* **3.** *неопр.* Уже не первый, многий (с сущ., называющими отрезок времени) (разг.). *К. раз спрашиваю!* (т. е. уже много раз спрашивал). **4.** *неопр.* То же, что некоторый (прост.). *Которые ребята дома сидели, которые катались на коньках.*

КОТО́РЫЙ-ЛИБО, *мест. неопр.* То же, что который-нибудь.

КОТО́РЫЙ-НИБУДЬ, *мест. неопр.* Какой-нибудь из следующих по порядку, из нескольких.

КОТТЕ́ДЖ [*тэ*], -а, *м.* Небольшой жилой благоустроенный дом в пригороде, в посёлке.

КОТЯ́ГА, -и и **КОТЯ́РА**, -ы, *м.* (прост.). То же, что кот (в 1 знач.) (обычно о большом, толстом коте).

КО́ФЕ, *нескл., м.* **1.** Зёрна (семена) кофейного дерева. *К. в зёрнах. Молотый к.* **2.** Напиток из таких молотых зёрен, а также суррогат такого напитка. *Пить к. Натуральный к. К. с цикорием. Желудёвый, ячменный к. Цвет к. с молоком* (светло-коричневый, беж). ‖ *уменьш.* **кофеёк**, -ейку́, *м.* (ко 2 знач.). ‖ *прил.* **кофе́йный**, -ая, -ое. *Кофейная гуща.*

КОФЕВА́РКА, -и, *ж.* Прибор для варки кофе. *Электрическая к.* ‖ *прил.* **кофева́рочный**, -ая, -ое.

КОФЕИ́Н, -а, *м.* Возбуждающее средство, получаемое из кофейных зёрен, чайных листьев и нек-рых других растений. ‖ *прил.* **кофеи́новый**, -ая, -ое.

КОФЕ́ЙНИК, -а, *м.* Сосуд для варки кофе.

КОФЕ́ЙНЫЙ, -ая, -ое. **1.** *см.* кофе. **2.** Предназначенный для питья кофе. *Кофейная чашка. К. сервиз.* **3.** Тёмно-коричневый, цвета жжёных зёрен кофе. ✦ **Кофейное дерево** — вечнозелёное тропическое дерево сем. мареновых, из семян к-рого вырабатывается кофе и кофеин.

КОФЕ́ЙНЯ, -и, *род. мн.* -е́ен, *ж.* Маленький ресторан с продажей кофе.

КОФЕМО́ЛКА, -и, *ж.* Прибор для размола кофейных зёрен. *Электрическая к. Ручная к.* (кофейная мельница).

КО́ФТА, -ы, *ж.* **1.** Короткая женская одежда, обычно носимая с юбкой или брюками. *Шёлковая, ситцевая к. Шерстяная, вязаная к. К. с воротничком, с рюшками. К. с длинными, короткими рукавами. К. без рукавов. Ночная к.* (надеваемая поверх ночной рубашки). **2.** Короткая просторная верхняя одежда (устар). *Коленкоровая мужицкая к. Женская к. на вате.* ‖ *уменьш.* **ко́фточка**, -и, *род. мн.* -чек, *ж.* ‖ *уничи.* **ко́фтёнка**, -и, *род. мн.* -нок, *ж.* ‖ *прил.* **ко́фточный**, -ая, -ое. *К. материал.*

КОЧА́Н, -а́ *и* (разг.) -чна́, *м.* Верхушка стебля капусты — округлое утолщение из плотно прилегающих друг к другу крупных широких листьев. *Не голова, а к. у кого-н.* (о глупом человеке, а также о человеке с большой взлохмаченной головой; прост. пренебр.). ‖ *уменьш.* **кочешо́к**, -шка́, *м.* ‖ *прил.* **коча́нный**, -ая, -ое. *Кочанная капуста.*

КОЧЕВА́ТЬ, -чу́ю, -чу́ешь; *несов.* **1.** Вести кочевнический образ жизни, а также, не имея постоянного места жительства, вести неосёдлый, бродячий образ жизни. *Кочующие племена. Скотоводы кочуют по степи.* **2.** О животных: перемещаться с одного места на другое на относительно недалёкие расстояния и ненадолго в поисках пищи, мест размножения, зимовки, мест отдыха. *Рыба кочует на большой глубине. Кочующие птицы, насекомые.* **3.** *перен.* Переходить или переезжать с одного места на другое (разг.). *К. с книгами из комнаты в комнату. К. по гостиницам из города в город.* ‖ *сущ.* **кочева́ние**, -я, *ср.* (к 1 и 3 знач.), **кочёвка**, -и, *ж.* (к 1 и 2 знач.) *и* **коче́вье**, -я, *род. мн.* -вий, *ср.* (к 1 и 2 знач.).

КОЧЕ́ВНИК, -а, *м.* Человек, к-рый ведёт кочевой образ жизни. *Скотоводы-кочевники.* ‖ *ж.* **коче́вница**, -ы. ‖ *прил.* **коче́внический**, -ая, -ое.

КОЧЕВО́Й, -а́я, -о́е. Не проживающий постоянно на одном месте, переходящий с места на место со своим жильём и имуществом (о народе, племени); связанный с таким образом жизни; *противоп.* оседлый. *Кочевое племя. Кочевая жизнь.*

КОЧЕВРЯ́ЖИТЬСЯ, -жусь, -жишься, *несов.* (прост.). **1.** Кривляться, ломаться, важничая или дурачась. **2.** Упрямиться, заставляя себя просить, упрашивать, кобениться.

КОЧЕ́ВЬЕ, -я, *род. мн.* -вий, *ср.* **1.** *см.* кочевать. **2.** Стоянка кочевников. **3.** Местность, по к-рой кочуют. *Степные кочевья.*

КОЧЕГА́Р, -а, *м.* Истопник при паровом котле. ‖ *прил.* **кочега́рский**, -ая, -ое.

КОЧЕГА́РКА, -и, *ж.* Помещение, где находятся топки паровых котлов. ‖ *прил.* **кочега́рный**, -ая, -ое.

КОЧЕНЕ́ТЬ, -е́ю, -е́ешь; *несов.* Отвердевать, застывать, теряя подвижность и чувствительность. *К. от холода.* ‖ *сов.* **закочене́ть**, -е́ю, -е́ешь *и* **окочене́ть**, -е́ю, -е́ешь.

КОЧЕРГА́, -и́, *мн.* -рги́, -рёг, -рга́м, *ж.* Приспособление для перемешивания топлива в печи — толстый железный прут с прямо загнутым концом. *Мешать угли кочергой.* ✦ **Ни богу свечка ни чёрту кочерга** (прост. шутл.) — о ком-чём-н. невыразительном и малозначительном, ни то ни сё. ‖ *уменьш.* **кочерёжка**, -и, *мн.* -жки, -жек, -жкам, *ж.* ‖ *прил.* **кочерго́вый**, -ая, -ое.

КОЧЕРЫ́ЖКА, -и, *ж.* Твёрдый утолщённый стебель капусты. ‖ *прил.* **кочеры́жечный**, -ая, -ое.

КО́ЧЕТ, -а, *м.* (обл.). То же, что петух (в 1 знач.).

КОЧЕШО́К *см.* кочан.

КО́ЧКА, -и, *ж.* Бугорок на сырой или заболоченной земле.

КОЧКОВА́ТЫЙ, -ая, -ое; -а́т. С кочками. *К луг.* ‖ *сущ.* **кочкова́тость**, -и, *ж.*

КОШ, -а, *м.* (стар.). Стан[2] (в 1 знач.) запорожских казаков. ‖ *прил.* **кошево́й**, -а́я, -о́е. *К. атаман. Избрание кошевого* (сущ.).

КОША́РА, -ы, *ж.* (обл.). Большой загон для овец.

КОША́ТИНА, -ы, *ж.* (разг.). Мясо кошки.

КОША́ТНИК, -а, *м.* **1.** Человек, промышляющий ловлей кошек (устар.). **2.** Любитель кошек (разг.). ‖ *ж.* **коша́тница**, -ы (ко 2 знач.).

КОША́ЧИЙ, -ья, -ье. **1.** *см.* кошка. **2.** **коша́чьи**, -их. Семейство хищных млекопитающих с гибким вытянутым телом, покрытым густой мягкой шерстью: львы, тигры, леопарды, рыси, кошки, гепарды, ягуары и др. *Семейство кошачьих.*

КОШЕВО́Й *см.* кош.

КОШЕЛЁК, -лька́, *м.* **1.** Небольшая с запором карманная сумочка для денег. *Кожаный к. Пустой к. у кого-н.* (нет денег). *Тугой к. у кого-н.* (также перен.: о наличии у кого-н. больших денег, капитала). *Жизнь или к.!* (об ультимативном требовании чего-н.; шутл.). **2.** То же, что кошель (в 3 знач.) (спец.). ‖ *прил.* **кошелько́вый**, -ая, -ое. *К. невод.*

КОШЕ́ЛЬ, -я́, *м.* **1.** То же, что кошелёк (в 1 знач.) (устар.). **2.** Большая сумка (прост.). **3.** Сетчатый снаряд для ловли рыбы (спец.).

КОШЕНИ́ЛЬ, -и, *ж.* Насекомое, из тела к-рого добывается ярко-красное красящее вещество, а также само это вещество. ‖ *прил.* **кошени́левый**, -ая, -ое *и* **кошени́льный**, -ая, -ое.

КО́ШЕНЫЙ, -ая, -ое. Скошенный или оставшийся после косьбы. *Кошеные травы. К. луг.*

КОШЁЛКА, -и, *ж.* (разг.). Небольшая корзинка. *Грибы в кошёлке.*

КО́ШКА, -и, *ж.* **1.** Хищное млекопитающее сем. кошачьих. *Дикая к. Лесная, степная к.* (разные виды дикой кошки). *Камышовые кошки* (вид диких кошек, обитающих в зарослях камышей, кустарников). *Домашняя к.* **2.** Домашний вид такого животного, а также мех его. *Сибирская, ангорская, персидская, сиамская к.* (породы домашних кошек). *Мурлыканье кошки* (тихое, довольное урчание). *К. умывается лапкой* (также народная примета: нужно ждать гостей). *Чёрная к. пробежала между кем-н.* (перен.: о возникшем взаимном недружелюбии, ссоре; разг.; по старинной народной примете о том, что чёрная кошка, перебежавшая дорогу, сулит неприятности). *Живуч как к. кто-н.* (о том, кто может приспособиться к лишениям, выжить в любых условиях; разг.). *Ночью все кошки серы* (посл. о том, кто непонятен, не до конца ясен [или: говорится, когда трудно разобраться кто каков, кто есть кто]). *Как дохлая к. кто-н.* (болезненно вял; прост.). *Драная к.* (о худом, болезненном человеке; прост.). *Знает (чует) к., чьё мясо съела* (посл. о виноватом, по поведению к-рого видно, что он знает свою вину). *Как к. с собакой живут* (о тех, кто постоянно ссорится, враждует; разг.). *Как к. с мышью играет кто-н. с кем-н.* (о том, кто, скрывая своё истинное лицо, то мягок, то жесток с тем, кто от него зависит, кто будет его жертвой; разг.). *Кошке (коту, псу) под хвост* (перен.: о чём-н., что истрачено зря, бесполезно или пропало, о напрасных усилиях; прост.). **3.** Самка домашнего кота. *В доме живут кот и к. Сукотная к.* **4.** *мн.* Род железных шипов (или иных приспособлений), надеваемых на обувь для лазанья на столбы, по отвесным склонам. **5.** Небольшой якорь (спец.). **6.** *мн.* В старину: ременная плеть с несколькими хвостами. ✦ **Кошка, которая гуляет (ходит) сама по себе** — о человеке особенном и независимом, действующим в одиночку, по собственному усмотрению, не так как все [по сказке Р. Киплинга «Кошка, гуляющая сама по себе»]. **Большие кошки** (спец.) — род кошачьих, к к-рому относятся самые крупные из них: львы, леопарды, тигры и ягуары. **Кошки скребут на сердце (на душе)** *у кого* (разг.) — о состоянии тревоги, беспокойства. ‖ *уменьш.* **ко́шечка**, -и, *ж.* (ко 2 и 3 знач.) *и* **кошу́рка**, -и, *ж.* (ко 2 и 3 знач.; устар. и обл.). *Знай, кошурка, свою печурку* (посл.). ‖ *прил.* **коша́чий**, -ья, -ье (к 1, 2 и 3 знач.) *и* **ко́шечий**, -ья, -ье (к 1, 2 и 3 знач.; устар.). *Кошачья шерсть. Кошачьи (и кошечьи) повадки. К. хвост.*

КО́ШКИ-МЫ́ШКИ, ко́шек-мы́шек. Детская игра, в к-рой один участник ловит остальных. *Играть в кошки-мышки* (также перен.: намеренно скрываться, уклоняться от кого-чего-н.; разг. неодобр.).

КОШМА́, -ы́, *мн.* ко́шмы *и* кошмы́, кошм, ко́шмам *и* кошма́м, *ж.* Большой кусок войлока, войлочная подстилка. ‖ *прил.* **кошмо́вый**, -ая, -ое *и* **кошо́мный**, -ая, -ое.

КОШМА́Р, -а, *м.* **1.** Тяжёлое, гнетущее сновидение. *По ночам мучают кошмары кого-н.* **2.** Нечто тягостное, ужасное. *Кошмары концлагерей.* **3.** **кошмар**, *в знач. сказ.* О чём-н. проявляющемся сильно или о большом количестве кого-чего-н., ужас (в 5 знач.) (прост., обычно неодобр.). *Ливень — к. Народу — к.!*

КОШМА́РНЫЙ, -ая, -ое; -рен, -рна. **1.** Сопровождающийся кошмаром (в 1 знач.); представляющий собою кошмар (во 2 знач.). *К. сон. Кошмарное зрелище.* **2.** Скверный, отвратительный (разг.). *Кошмарная погода.* ‖ *сущ.* **кошма́рность**, -и, *ж.*

КОШТ, -а, *м.* (устар.). Расходы на содержание. *На казённом коште. На свой к.*

КОЩЕ́Й, -я, *м.* **1.** В русских сказках: худой и злой старик, обладатель сокровищ и тайны долголетия. *К. Бессмертный.* **2.** *перен.* О тощем и высоком человеке, чаще старике, а также о скряге (разг. неодобр.).

КОЩУ́НСТВЕННЫЙ, -ая, -ое; -вен, -венна. Являющийся кощунством, глумлением над кем-чем-н. ‖ *сущ.* **кощу́нственность**, -и, *ж.*

КОЩУ́НСТВО, -а, *ср.* Глумление, надругательство над кем-чем-н. почитаемым, над святыней [*первонач.* религиозной].

КОЩУ́НСТВОВАТЬ, -твую, -твуешь; *несов.* Совершать кощунство.

КОЭФФИЦИЕ́НТ [э́н], -а, *м.* **1.** Числовой или буквенный множитель в алгебраическом выражении. **2.** Относительная величина, определяющая свойство какого-н. процесса или устройства. *К. трения. К. полезного действия* (отношение количества полезной работы механизма, системы к количеству поглощаемой им энергии; спец.). *Поправочный к.* (устанавливаемый при поправках каких-н. величин; спец.). ‖ *прил.* **коэффицие́нтный**, -ая, -ое.

КРАБ, -а, *м.* **1.** Десятиногое ракообразное животное. **2.** *мн.* Консервы из мяса этого животного. **3.** Эмблема на форменной фуражке моряков (разг.). ‖ *прил.* **кра́бовый**, -ая, -ое (к 1 и 2 знач.). *К. промысел.*

КРАБОЛО́В, -а, *м.* **1.** Ловец крабов. **2.** Бот[1] для ловли крабов, а также плавучий завод, занимающийся обработкой и консервированием крабов. ‖ *прил.* **краболо́вный**, -ая, -ое (ко 2 знач.).

КРА́ВЧИЙ, -его, *м.* В Русском государстве до 18 в.: должностное лицо, ведающее столом, стольниками.

КРА́ГИ, краг, *ед.* (разг.) кра́га, -и, *ж.* **1.** Плотные, кожаные накладки, охватывающие икры ног и голени. **2.** Раструбы у перчаток.

КРА́ДЕНЫЙ, -ая, -ое. Добытый кражей. *Краденые вещи. Скупщик краденого* (сущ.).

КРА́ДУЧИСЬ, *нареч.* (разг.). Украдкой, тихо, скрытно. *Войти к.*

КРАЕВЕ́Д, -а, *м.* Человек, занимающийся изучением своего края, краеведением.

КРАЕВЕ́ДЕНИЕ, -я, *ср.* Изучение отдельных местностей страны с точки зрения их географических, культурно-исторических, экономических, этнографических особенностей. ‖ *прил.* **краеве́дческий**, -ая, -ое. *К. музей. К. кружок.*

КРАЕУГО́ЛЬНЫЙ, -ая, -ое (книжн.): 1) **краеугольный вопрос** — самый основной, важнейший вопрос; 2) **краеугольный камень** *чего* — основа, основная идея чего-н. [*первонач.* крепкий квадратный камень, связывающий стены здания и поддерживающий его].

КРА́ЖА *см.* красть.

КРАЙ, -я (-ю), о кра́е, в краю́ *и* в кра́е, на краю́ *и* на крае, *мн.* края́, краёв, *м.* **1.** Предельная линия, предельная часть чего-н. *К. одежды. На краю обрыва. На краю села. Налить стакан до краёв. Передний к.* (передовые позиции; также перен.). *Краем уха слушать что-н.* (вполуха; разг.). *Краем глаза видеть что-н.* (недостаточно хорошо, вполглаза; разг.). *Через к.* (сверх меры). *Хватить через к.* (сделать или сказать что-н. лишнее; разг.). *К. света* (очень далекое место; разг.). *На краю могилы быть* (при смерти). *На краю гибели* (об очень опасном положении). **2.** Страна, область. *Тёплые края. В наших краях* (у нас, в нашей местности). *Из края в к.* (повсюду). **3.** (в кра́е, на кра́е). В России: крупная административно-территориальная единица, обычно имеющая в своём составе автономную область. *Приморский к.* ✦ **Край приходит (подходит)** *кому* (прост.) — конец, гибель. **Без конца и без краю** (разг.) — о чём-н. очень пространном или длительном. *Леса без конца и без краю.* **Непочатый край** (работы, дел) (разг.) — очень много. ‖ *уменьш.* **кра́ешек**, -шка, *м.* (к 1 знач.). ‖ *прил.* **краево́й**, -а́я, -о́е (к 1 и 3 знач.).

КРАЙ... *Первая часть сложных слов со знач.* относящийся к краю (в 3 знач.), краевой, напр. *крайисполком, крайком, крайцентр.*

КРА́ЙНИЙ, -яя, -ее. **1.** Находящийся на краю чего-н.; наиболее далёкий. *К. дом на улице. На Крайнем Севере* (к северу от Полярного круга). **2.** Предельный, последний. *К. срок. В крайнем случае* (при острой необходимости). **3.** Очень сильный в проявлении чего-н., исключительный. *Крайняя необходимость. Крайние меры. К. реакционер. Крайне* (нареч.) *важно.* ✦ **Крайняя цена** — такая, к-рая единственно возможна (самая низкая или самая высокая). **По крайней мере** — хотя бы только; не меньше чем. *Долго трудился, но по крайней мере видны результаты. Жди по крайней мере три часа.*

КРА́ЙНОСТЬ, -и, *ж.* **1.** Крайняя степень чего-н., чрезмерное проявление чего-н. *От одной крайности к другой бросаться, переходить* (о явной непоследовательности в решениях, поступках; неодобр.). *В характере сочетаются две крайности. Крайности сходятся* (о людях разных характеров). **2.** Тяжёлое, трудное положение, нужда. *Дойти до последней крайности. В крайности кто-н.* ✦ **До крайности** (разг.) — очень, чрезвычайно. *Устал до крайности.* **До крайности довести** *кого* (разг.) — вывести из себя. **По крайности** (прост.) — по крайней мере.

КРАКОВЯ́К, -а, *м.* Польский народный быстрый танец, а также музыка в ритме этого танца.

КРА́ЛЯ, -и, *ж.* (прост.). **1.** То же, что красотка. **2.** Женщина, за к-рой кто-н. ухаживает; любовница. *Идёт в обнимку со своей кралей.* ‖ *уменьш.* **кра́лечка**, -и, *ж.*

КРАМО́ЛА, -ы, *ж.* (устар.). Заговор, мятеж, а также (перен.) о чём-н. противозаконном, запрещённом. ‖ *прил.* **крамо́льный**, -ая, -ое.

КРАМО́ЛЬНИК, -а, *м.* (устар.). Заговорщик, бунтовщик, а также вообще человек, к-рый выступает против власти, законов. ‖ *прил.* **крамо́льнический**, -ая, -ое.

КРАМО́ЛЬНИЧАТЬ, -аю, -аешь; *несов.* (устар.). Заниматься крамолой, бунтовать.

КРАН¹, -а, *м.* **1.** Запорное устройство в виде трубки для выпуска жидкостей или газа из резервуара или трубопровода. *Водопроводный, газовый к. Повернуть, открыть, закрыть к.* **2.** Прибор для управления тормозами. ‖ *прил.* **кра́нный**, -ая, -ое.

КРАН², -а, *м.* Машина для подъёма и перемещения грузов на небольшие расстояния. *Подъёмный к. Плавучий к. Башенный к.* ‖ *прил.* **кра́новый**, -ая, -ое. *К. электродвигатель.*

КРАНОВЩИ́К, -а́, *м.* Машинист крана². ‖ *ж.* **крановщи́ца**, -ы. ‖ *прил.* **крановщи́цкий**, -ая, -ое (разг.).

КРАНТЫ́, *в знач. сказ., кому* (прост.). Конец (в 5 знач.), каюк, капут.

КРАП, -а, *м.* **1.** Мелкие пятна, брызги на чём-н. *Серый мрамор с синим крапом.* **2.** Расцветка в виде брызг на чём-н., напр. на рубашке игральной карты, на обрезе книги. *Шулерский к.* (условная пометка на рубашке игральной карты). ‖ *прил.* **кра́повый**, -ая, -ое.

КРА́ПАТЬ (кра́плю, кра́плешь *и* кра́паю, кра́паешь, 1 и 2 л. не употр.), кра́плет *и* кра́пает; *несов.* То же, что накрапывать. *Дождик крапает.*

КРАПИ́ВА, -ы, *ж.* Травянистое растение с обжигающими волосками на стебле и листьях. *Ожечься крапивой (о крапиву).* ‖ *прил.* **крапи́вный**, -ая, -ое. *Семейство крапивных* (сущ.). ◆ Крапивная лихорадка (устар.) — то же, что крапивница (во 2 знач.). Крапивное семя (устар. пренебр.) — о подьячем, чиновнике.

КРАПИ́ВНИЦА, -ы, *ж.* **1.** Род бабочек с чёрной каймой и голубыми пятнами на зубчатых крыльях. **2.** Аллергическое заболевание, при к-ром появляются сыпь, зуд.

КРА́ПИНА, -ы и **КРА́ПИНКА**, -и, *ж.* В окраске чего-н.: одно из многих мелких пятнышек на основном фоне. *Галстук с крапинками. Ситец в крапинку.*

КРАПЛЕ́НИЕ, -я, *ср.* (спец.). Нанесение крапа на что-н.

КРАПЛЁНЫЙ, -ая, -ое. Об игральных картах: с шулерским крапом.

КРА́ПЧАТЫЙ, -ая, -ое; -ат. С крапинками, в крапинку, с пятнистой окраской. *К. сеттер.* ‖ *сущ.* **кра́пчатость**, -и, *ж.*

КРАСА́, -ы́, *ж.* **1.** То же, что красота (в 1 и 2 знач.) (устар.). *Во всей красе* (во всём великолепии, красоте, а также ирон.: со всеми недостатками, во всей своей неприглядности). *Для красы* (чтобы было красиво; прост.). **2.** *чего.* Украшение, слава чего-н. (высок.). *К. и гордость науки.*

КРАСА́ВЕЦ, -вца, *м.* **1.** Человек с красивой внешностью. *К.-мужчина.* **2.** О ком-чём-н. очень красивом. *К.-орёл. К.-город.* ‖ *уменьш.* **краса́вчик**, -а, *м.* (к 1 знач.; разг.). ‖ *ж.* **краса́вица**, -ы.

КРАСА́ВКА, -и, *ж.* То же, что белладонна.

КРАСИ́ВОСТЬ, -и, *ж.* Чисто внешняя красота, украшения с притязаниями на красоту.

КРАСИ́ВЫЙ, -ая, -ое; -и́в; краси́вее *и* (устар. и высок.) кра́ше. **1.** Доставляющий наслаждение взору, приятный внешним видом, гармоничностью, стройностью, прекрасный. *Красивое лицо. К. вид. К. голос. Красиво* (нареч.) *писать. К. танец. Краше становятся города. Краше в гроб кладут* (погов. о человеке с больным, измождённым лицом). **2.** Полный внутреннего содержания, высоконравственный. *К. поступок.* **3.** (сравн. ст. не употр.). Привлекающий внимание, эффектный, но бессодержательный. *Красивые слова. К. жест.*

КРАСИ́ЛЬНЯ, -и, *род. мн.* -лен, *ж.* Мастерская или цех, где производится крашение.

КРАСИ́ЛЬЩИК, -а, *м.* Рабочий, занимающийся крашением, красильным делом. ‖ *ж.* **краси́льщица**, -ы.

КРАСИ́ТЕЛЬ, -я, *м.* Красящее вещество. *Органические, синтетические красители.*

КРА́СИТЬ, кра́шу, кра́сишь; кра́шенный; *несов., кого-что.* **1.** Покрывать или пропитывать краской, красящим составом. *К. крышу. К. ткань, кожу, мех. К. губы, ресницы.* **2.** Придавать красоту кому-чему-н., украшать. *Не место красит человека, а человек — место* (посл.). *Горе не красит* (посл.). ‖ *сов.* **вы́красить**, -ашу, -асишь; -ашенный (к 1 знач.), **окра́сить**, -а́шу, -а́сишь; -а́шенный (к 1 знач.) *и* **покра́сить**, -а́шу, -а́сишь; -а́шенный (к 1 знач.). ‖ *сущ.* **кра́шение**, -я, *ср.* (к 1 знач.), **кра́ска**, -и, *ж.* (к 1 знач.), **окра́ска**, -и, *ж.* (к 1 знач.) *и* **покра́ска**, -и, *ж.* (к 1 знач.). *Крашение ткани. Отдать платье в краску. Окраска (покраска) стен.* ‖ *прил.* **краси́льный**, -ая, -ое (к 1 знач.; спец.), **окра́сочный**, -ая, -ое (к 1 знач.) *и* **покра́сочный**, -ая, -ое (к 1 знач.). *Красильный цех.*

КРА́СИТЬСЯ, кра́шусь, кра́сишься; *несов.* **1.** (1 и 2 л. не употр.). О чём-н. окрашенном: пачкать собой. *Стены ещё красятся.* **2.** (1 и 2 л. не употр.). Покрываться, пропитываться краской. *Ткань хорошо красится.* **3.** Красить себе волосы, лицо, губы (разг.). ‖ *сов.* **вы́краситься**, -ашусь, -асишься (ко 2 знач. и о волосах к 3 знач.), **накра́ситься**, -а́шусь, -а́сишься (к 3 знач. о лице, губах), **покра́ситься**, -а́шусь, -а́сишься (ко 2 знач. и о волосах к 3 знач.) *и* **окра́ситься**, -ится (ко 2 знач.).

КРА́СКА, -и, *ж.* **1.** *см.* красить. **2.** Состав, придающий тот или иной цвет предметам, к-рые им покрываются или пропитываются. *Масляные, акварельные краски. Эмалевые, клеевые краски. К. для волос. К. для ткани.* **3.** *мн.* Тон, колорит, цвет (на картине, в природе, а также вообще в изображении чего-н.). *Весёлые краски пейзажа. Описать что-н. яркими красками. Изобразить положение в мрачных красках. Сгустить краски* (изображая, рассказывая, представить что-н. в слишком мрачном свете). **4.** *ед.* То же, что румянец. *К. стыда. Вогнать в краску кого-н.* (заставить покраснеть от стыда, смущения). ‖ *прил.* **кра́сочный**, -ая, -ое (ко 2 знач.). *К. цех. Красочная печать.*

КРАСНЕ́ТЬ, -е́ю, -е́ешь; *несов.* **1.** Становиться красным (в 1 знач.), краснее. *Небо краснеет на заре.* **2.** Покрываться румянцем. *К. от стыда.* **3.** *перен.* То же, что стыдиться. *К. за кого-н.* **4.** (1 и 2 л. не употр.). О чём-н. красном: виднеться. *Краснеют маки.* ‖ *сов.* **покрасне́ть**, -е́ю, -е́ешь (к 1 и 2 знач.).

КРАСНЕ́ТЬСЯ (-е́юсь, -е́ешься, 1 и 2 л. не употр.), -е́ется; *несов.* То же, что краснеть (в 4 знач.).

КРАСНО́, *нареч.* (разг., обычно ирон.). В сочетании со словами «говорить», «сказать», «писать»: красноречиво, гладко. *К. сказано.*

КРАСНО... и **КРА́СНО-...** *Первая часть сложных слов со знач.:* 1) красный (в 1 знач.), с красным, напр. *краснозвёздный, красноносый, краснощёкий;* 2) красный (во 2 знач.), напр. *красноармеец, красногвардеец, краснофлотец;* 3) красный (в 4 знач.), напр. *краснодеревщик, краснолесье, краснорыбный;* 4) красно, гладко (о речи), напр. *краснобай, красноречивый;* 5) красноватого или бурого оттенка, напр. *красноглинистый, краснозём, краснокочанный, краснокирпичный, краснокожий, красно-пегий.*

КРАСНОАРМЕ́ЕЦ, -е́йца, *м.* Боец Красной Армии. ‖ *ж.* **красноарме́йка**, -и. ‖ *прил.* **красноарме́йский**, -ая, -ое.

КРАСНОБА́Й, -я, *м.* (разг.). Человек, склонный к краснобайству. ‖ *ж.* **красноба́йка**, -и. ‖ *прил.* **красноба́йский**, -ая, -ое.

КРАСНОБА́ЙСТВО, -а, *ср.* Пустое красноречие, многословие.

КРАСНОГВАРДЕ́ЕЦ, -е́йца, *м.* Боец Красной гвардии. ‖ *прил.* **красногварде́йский**, -ая, -ое.

КРАСНОДЕРЕ́ВЕЦ, -вца и **КРАСНОДЕРЕ́ВЩИК**, -а, *м.* Столяр, специалист по дорогим, сложным изделиям [*первонач.* по изготовлению мебели из красного дерева].

КРАСНОКО́ЖИЙ, -ая, -ее; -о́ж. **1.** С красной кожей, из красной кожи. *Краснокожая физиономия. Краснокожая книжка* (в красном переплёте). **2.** *полн. ф.* С тёмно-жёлтой, красноватой окраской кожи (об американских индейцах). *Краснокожие индейцы. Вождь краснокожих* (сущ.).

КРА́СНО-КОРИ́ЧНЕВЫЕ, -ых. Фашиствующие сторонники коммунистического режима.

КРАСНОЛЕ́СЬЕ, -я, *ср., собир.* Хвойный лес.

КРАСНОЛИ́ЦЫЙ, -ая, -ое; -и́ц. С красным лицом.

КРАСНОПЁРЫЙ, -ая, -ое; -ёр. С красным оперением (о птицах), с красными плавниками (о рыбах).

КРАСНОРЕЧИ́ВЫЙ, -ая, -ое; -и́в. **1.** Одарённый красноречием. *К. оратор.* **2.** *перен.* Выразительный, ярко свидетельствующий о чём-н. *К. взгляд. К. факт.* ‖ *сущ.* **красноречи́вость**, -и, *ж.*

КРАСНОРЕ́ЧИЕ, -я, *ср.* **1.** Дар хорошо и красиво говорить. *Искусство красноречия.* **2.** То же, что риторика (в 1 знач.).

КРАСНОТА́, -ы́, *ж.* **1.** *см.* красный. **2.** Красное пятно, покраснение от прилива крови, воспаление. *К. на коже.*

КРАСНОТА́Л, -а, *м.* Кустарник или дерево сем. ивовых, красная верба. ‖ *прил.* **краснота́ловый**, -ая, -ое.

КРАСНОФЛО́ТЕЦ, -тца, *м.* В Военно-Морском Флоте СССР с 1918 по 1946 г.: матросское звание, а также лицо, имеющее это звание. *Старший к.* ‖ *прил.* **краснофло́тский**, -ая, -ое.

КРАСНОЩЁКИЙ, -ая, -ое; -ёк. С румяными щеками. *К. мальчуган.* ‖ *сущ.* **краснощёкость**, -и, *ж.*

КРАСНУ́ХА, -и, *ж.* Острая вирусная преимущ. детская болезнь, сопровождающаяся пятнистой сыпью.

КРА́СНЫЙ, -ая, -ое; -сен, -сна́, -сно *и* -сно́. **1.** (-сно). Цве́та крови, спелых ягод земляники, яркого цветка мака. *Красное знамя. К. галстук* (пионерский). *Красное вино.* **2.** *полн. ф.* Относящийся к революционной деятельности, к советскому строю, к Красной Армии. *Красные войска.* **3.** Употр. в народной речи и поэзии для обозначения чего-н. хорошего, яркого, светлого. *К. денёк. К. угол* (в старых крестьянских избах: передний, противоположный печному, обращённый на юго-восток угол, в к-ром ставился стол и вешалась икона). *Красная* *(кра́сна) де́вица. Долг платежом красен* (посл.). **4.** *полн. ф.* Употр. для обозначения наиболее ценных пород, сортов чего-н. (спец.). *Красная рыба* (осетровые). *К. зверь. К. дичь. К. лес* (из хвойных пород.) **5. кра́сный, -ого,** *м.* Сторонник или представитель большевиков, их революционной диктатуры, военнослужащий Красной Армии. ✦ **Красная Армия** — название советской армии в период 1918—1946 гг. **Красный Флот** — название Советского Военно-Морского Флота в период 1918—1937 гг. **Красная (охранная) книга** — международный реестр, в к-рый заносятся сведения о подлежащих охране редких, исчезающих видах животных и растений. **Красная строка** — 1) первая строка абзаца с отступом; 2) заголовочная строка, имеющая с обеих сторон равные отступы (спец.). **Красная цена** (разг.) — наивысшая, к-рую можно дать за что-н. **Красное словцо** (разг.) — остроумное, хлёсткое замечание. *Для красного словца не пожалеет родного отца* (посл.). **Красной нитью (или линией) проходить** — отчётливо подчёркиваться, постоянно выделяться (о какой-н. мысли, идее). **Красное дерево** — древесина нек-рых деревьев, преимущ. тропических, употр. для ценных столярных изделий. **Красный товар** (устар.) — ткани, мануфактура. **Красный уголок** — помещение при большом жилом доме, в учреждении, отведённое для культурно-просветительной работы. **Красным-красно́** (разг.) — очень красно (см. красный в 1 знач.). *На поляне красным-красно от земляники.* ‖ *сущ.* **краснота́, -ы́,** *ж.* (к 1 знач.).

КРАСОВА́ТЬСЯ, -су́юсь, -су́ешься; *несов.* **1.** Привлекать к себе внимание (о ком-чём-н. красивом или, ирон., чем-н. выделяющемся). *К. верхом на коне.* **2.** Выставлять себя напоказ, любуясь собой, своей наружностью, поведением. *К. перед зеркалом.* **3.** Быть, находиться где-н., привлекая к себе внимание, взор. *На вершине горы красуется снежная шапка.* ‖ *сов.* **покрасова́ться,** -су́юсь, -су́ешься (ко 2 знач.).

КРАСОТА́, -ы́, *мн.* -о́ты, -о́т, -о́там, *ж.* **1.** *ед.* Всё красивое, прекрасное, всё то, что доставляет эстетическое и нравственное наслаждение. *К. русской природы. К. поэтической речи. Отличаться красотой. Для красоты* (чтобы было красиво; разг.). **2.** *мн.* Красивые, прекрасные места (в природе, в художественных произведениях). *Красоты юга. Красоты стиля.* **3. красота!,** *в знач. сказ.* О чём-н. очень хорошем, впечатляющем, блеск (в 3 знач.) (разг.). *Погуляли, искупались. К.!* ‖ *увел.* **красоти́ща, -и,** *ж.* (к 1 и 3 знач.; прост.).

КРАСО́ТКА, -и, *ж.* (прост.). Миловидная молодая женщина.

КРА́СОЧНЫЙ, -ая, -ое; -чен, -чна. **1.** *см.* краска. **2.** Отличающийся яркими красками (в 3 знач.), яркий. *Красочная расцветка. Красочная речь.* ‖ *сущ.* **кра́сочность, -и,** *ж.*

КРАСТЬ, краду́, крадёшь; крал, кра́ла; кра́вший; кра́денный; крадя́; *несов., кого-что.* Присваивать чужое, воровать. ‖ *сов.* **укра́сть,** -аду́, -адёшь; -а́денный. *Украденное счастье.* ‖ *сущ.* **кра́жа,** -и, *ж. и* **покра́жа,** -и, *ж.*

КРА́СТЬСЯ, краду́сь, крадёшься; кра́лся, кра́лась; краду́щийся; крадя́сь; *несов.* Проходить куда-н. тайком, незаметно. *К. вдоль забора.*

КРАТ (книжн.): 1) **во́ сто крат** — в сто раз (больше или меньше). *Во сто крат важнее;* 2) **во много крат** — во много раз (больше или меньше).

КРА́ТЕР, -а, *м.* **1.** Чашеобразное или воронкообразное углубление в вершине вулкана. **2.** Кольцевая гора на поверхности Луны и нек-рых других планет. *Лунный к.* ‖ *прил.* **кра́терный,** -ая, -ое.

КРА́ТКИЙ, -ая, -ое; -ток, -тка́, -тко; кра́тче; кратча́йший. **1.** То же, что короткий (в 1 и 3 знач.). *К. путь. К. разговор.* **2.** Сжатый, коротко изложенный. *К. курс лекций. Кратко* (нареч.) *ответить. Я буду краток* (немногословен). **3.** *полн. ф.* О звуках речи: не длительный. *К. гласный. «И» краткое* (й). ‖ *сущ.* **кра́ткость,** -и, *ж. К. — сестра таланта* (афоризм).

КРАТКОВРЕ́МЕННЫЙ, -ая, -ое; -нен, -нна. Недолго длящийся, непродолжительный. *Кратковременная командировка.* ‖ *сущ.* **кратковре́менность,** -и, *ж.*

КРАТКОСРО́ЧНЫЙ, -ая, -ое; -чен, -чна. Осуществляемый в короткий срок или предоставляемый, получаемый на короткий срок. *Краткосрочная ссуда. К. отпуск.* ‖ *сущ.* **краткосро́чность,** -и, *ж.*

КРА́ТНЫЙ, -ая, -ое; -тен, -тна. В математике: делящийся без остатка на какое-н. число. *Девять — число, кратное трём. Девять — кратное* (сущ.) *трёх.* ‖ *сущ.* **кра́тность,** -и, *ж.*

КРАХ, -а, *м.* **1.** Разорение, банкротство. *К. банка.* **2.** *перен.* Полная неудача, провал. *Потерпеть к.*

КРАХМА́Л, -а (-у), *м.* **1.** Углевод, накапливающийся в клетках в виде зёрен. **2.** Мучнистый белый порошок растительного происхождения. *Картофельный, рисовый, саговый к.* ‖ *прил.* **крахма́льный,** -ая, -ое. *К. клей. Крахмальная вода* (с растворённым в воде крахмалом).

КРАХМА́ЛИСТЫЙ, -ая, -ое; -ист. Содержащий много крахмала. ‖ *сущ.* **крахма́листость,** -и, *ж.*

КРАХМА́ЛИТЬ, -лю, -лишь; -ленный; *несов., что.* Мочить в крахмальной воде для придания жёсткости. *К. бельё.* ‖ *сов.* **накрахма́лить,** -лю, -лишь; -ленный.

КРАХМА́ЛЬНЫЙ, -ая, -ое. **1.** *см.* крахмал. **2.** Накрахмаленный, жёсткий от крахмаления. *Крахмальное бельё.*

КРА́ЧКА, -и, *ж.* Обитающая по берегам морей, рек и озёр птица сем. чайковых с прямым острым клювом и с длинными острыми крыльями. *Чёрная, полярная, камчатская к. Белоснежные крачки. Колония крачек.*

КРАШЕНИ́НА, -ы, *ж.* Крашеное домотканое полотно. ‖ *прил.* **крашени́нный,** -ая, -ое.

КРА́ШЕНЫЙ, -ая, -ое. **1.** Подвергшийся окраске, покрытый краской. *К. пол.* **2.** С выкрашенными волосами, накрашенным лицом (разг.). *Крашеная блондинка.*

КРАЮ́ШКА, -и и **КРАЮ́ХА,** -и, *ж.* (разг.). Большая горбушка хлеба. *Отрезать от каравая краюшку.*

КРЕАТУ́РА, -ы, *ж., кого или чья* (книжн.). Чей-н. ставленник, тот, кто выдвинулся благодаря чьей-н. протекции.

КРЕВЕ́ТКИ, -ток, *ед.* креве́тка, -и, *ж.* Мелкие ракообразные, преимущ. морские животные. ‖ *прил.* **креве́точный,** -ая, -ое.

КРЕ́ДИТ, -а, *м.* (спец.). В приходно-расходных книгах: счёт расходов и долгов данного учреждения. ‖ *прил.* **кре́дитовый,** -ая, -ое.

КРЕДИ́Т, -а, *м.* **1.** Ссуда, предоставление ценностей (денег, товаров) в долг; коммерческое доверие. *Отпустить товар в к. Открыть, предоставить к. кому-н. Купить в к.* **2.** *перен.* Доверие, авторитет (в 1 знач.) (книжн.). *Политический к.* **3.** обычно *мн.* Отпускаемая на что-н. денежная сумма. *Кредиты на застройку.* ‖ *прил.* **креди́тный,** -ая, -ое (к 1 знач.). *К. билет* (бумажный денежный знак, банковский билет).

КРЕДИТОВА́ТЬ, -ту́ю, -ту́ешь; -о́ванный; *сов. и несов., кого-что.* Предоставить (-влять) кредиты (в 3 знач.) кому-н. *К. строительство.*

КРЕДИТО́Р, -а, *м.* Лицо, учреждение, организация, предоставляющие кому-н. кредит. ‖ *ж.* **кредито́рша,** -и (разг.). ‖ *прил.* **кредито́рский,** -ая, -ое.

КРЕДИТОСПОСО́БНЫЙ, -ая, -ое; -бен, -бна (книжн.). Способный возвратить взятое в кредит. ‖ *сущ.* **кредитоспосо́бность,** -и, *ж.*

КРЕ́ДО, *нескл., ср.* (книжн.). Чьи-н. убеждения, мировоззрение. *Научное к. Политическое к.*

КРЕ́ЙСЕР, -а, *мн.* -а́, -о́в *и* -ы, -ов, *м.* Большой быстроходный боевой корабль. *Броненосный, противолодочный, ракетный к.* ‖ *прил.* **кре́йсерский,** -ая, -ое.

КРЕЙСИ́РОВАТЬ, -рую, -руешь; *несов.* **1.** Плавая, совершать рейсы. *Теплоходы крейсируют регулярно.* **2.** Осуществлять военное наблюдение в каких-н. водах, плавать для охраны, разведки или отдельных боевых действий. ‖ *сущ.* **кре́йсерство,** -а, *ср.* (ко 2 знач.). ‖ *прил.* **кре́йсерский,** -ая, -ое (ко 2 знач.). *Крейсерская служба.*

КРЕ́КЕР, -а, *м.* Сорт сухого печенья. ‖ *прил.* **кре́керный,** -ая, -ое.

КРЕ́КИНГ, -а, *м.* Переработка нефти и нефтепродуктов в особых установках для получения бензина и других топлив, а также сырья для химической промышленности. ‖ *прил.* **кре́кинговый,** -ая, -ое.

КРЕМ, -а (-у), *м.* **1.** Сладкое густое кушанье из взбитых сливок, масла с шоколадом, фруктовым соком. *Вафельные трубочки с кремом. К.-брюле* (добавляемый в мороженое крем со жжёным сахаром). **2.** Мазь для обуви. *Чёрный, коричневый, бесцветный к.* **3.** Косметическая мазь. *К. для рук, для лица. Ночной к. К. для бритья. К. после бритья.* ‖ *прил.* **кре́мовый,** -ая, -ое (к 1 знач.).

КРЕМАТО́РИЙ, -я, *м.* Специально оборудованное здание для кремации. ‖ *прил.* **кремато́рский,** -ая, -ое.

КРЕМА́ЦИЯ, -и, *ж.* Сжигание (трупов) в особых печах. ‖ *прил.* **кремацио́нный,** -ая, -ое. *Кремационная печь.*

КРЕМЕ́НЬ, -мня́, *м.* **1.** Очень твёрдый камень, первонач. употр. для высекания огня. **2.** *перен.* О человеке с твёрдым характером (разг.). ‖ *уменьш.* **кремешо́к,** -шка́, *м.* ‖ *прил.* **кремнёвый,** -ая, -ое (к 1 знач.). *Кремнёвые орудия* (в древности). *Кремнёвое ружье* (в 16 — середине 19 в.: с кремнёвым замком).

КРЕМИ́РОВАТЬ, -рую, -руешь; -анный; *сов. и несов., кого-что.* Подвергнуть (-гать) кремации.

КРЕМЛЬ, -я́, *м.* Крепость в старых русских городах. *Московский К.* ‖ *прил.* **кремлёвский,** -ая, -ое. *Кремлёвская стена. Кремлёвские звезды* (пятиконечные рубиновые звезды на башнях Московского Кремля).

КРЕМНЕЗЁМ, -а, *м.* Минерал, двуокись кремния. ‖ *прил.* **кремнезёмный,** -ая, -ое.

КРЕ́МНИЙ, -я, *м.* Химический элемент, тёмно-серые кристаллы с металлическим блеском, одна из главных составных частей горных пород. ‖ *прил.* **кре́мниевый,** -ая, -ое.

КРЕМНИ́СТЫЙ[1], -ая, -ое; -и́ст (устар.). То же, что каменистый. *К. путь.* ‖ *сущ.* **кремни́стость**, -и, *ж.*

КРЕ́МНИСТЫЙ, -ая, -ое и **КРЕМНИ́СТЫЙ**[2], -ая, -ое (спец.). Состоящий из кремнезёма. *К. сланец.*

КРЕ́МОВО-... *Первая часть сложных слов со знач.* кремовый (во 2 знач.), с кремовым оттенком, напр. *кремово-белый, кремово-жёлтый, кремово-розовый.*

КРЕ́МОВЫЙ, -ая, -ое. **1.** *см.* крем. **2.** Бледно-жёлтый, белый с желтоватым оттенком. *К. цвет.*

КРЕМ-СО́ДА, -ы, *ж.* Сладкий прохладительный напиток.

КРЕН, -а, *м.* **1.** Наклон набок (судна, летательного аппарата, транспортного средства). *Дать к. Положить самолёт в к.* **2.** *перен.* Одностороннее изменение в направлении.

КРЕ́НДЕЛЬ, -я, *мн.* -и, -ей *и* -я́, -е́й, *м.* Витое хлебное изделие, напоминающее по форме восьмёрку. ✦ **Кренделя писать (выписывать, выделывать)** (прост.) — идти шатаясь, пьяной походкой, писать вензеля. ‖ *уменьш.* **кренделёк**, -лька́, *м.* ‖ *прил.* **кре́ндельный**, -ая, -ое.

КРЕНИ́ТЬ, -ню́, -ни́шь; -нённый (-ён, -ена́); *несов., что.* Приводить в положение крена (в 1 знач.), наклонять. *Ветер кренит судно.* ‖ *сов.* **накрени́ть**, -ню́, -ни́шь; -нённый (-ён, -ена́).

КРЕНИ́ТЬСЯ (-ню́сь, -ни́шься, 1 и 2 л. не употр.), -ни́тся; *несов.* Давать крен (в 1 знач.). ‖ *сов.* **накрени́ться** (-ню́сь, -ни́шься, 1 и 2 л. не употр.), -ни́тся.

КРЕОЗО́Т, -а, *м.* Маслянистая жидкость с запахом древесного дёгтя, получаемая сухой перегонкой древесины лиственных пород. ‖ *прил.* **креозо́товый**, -ая, -ое *и* **креозо́тный**, -ая, -ое.

КРЕО́Л, -а, *м.* **1.** Потомок первых колонистов — переселенцев из Европы (Испании, Португалии) в Южную Америку. **2.** На Алеутских островах и Аляске в 18—19 вв.: человек, родившийся от смешанного брака русского с алеутом, эскимосом или индейцем. ‖ *ж.* **крео́лка**, -и. ‖ *прил.* **крео́льский**, -ая, -ое.

КРЕП, -а, *м.* **1.** Шёлковая или шерстяная ткань с шероховатой поверхностью. **2.** Чёрная прозрачная ткань, а также траурная повязка из такой ткани. *К. на рукаве, на шляпе.* ‖ *прил.* **кре́повый**, -ая, -ое.

КРЕПДЕШИ́Н [дэ], -а (-у), *м.* Тонкая ткань из натурального шёлка. ‖ *прил.* **крепдеши́новый**, -ая, -ое.

КРЕПЁЖ, -ежа́, *м., собир.* (спец.). **1.** Лес, служащий для креплений в горных выработках. **2.** Детали для скрепления чего-н. (болты, заклёпки). ‖ *прил.* **крепёжный**, -ая, -ое. *К. лес.*

КРЕПИ́ЛЬЩИК, -а, *м.* Рабочий — специалист по установке креплений (во 2 знач.).

КРЕПИ́ТЬ, -плю́, -пи́шь; -плённый (-ён, -ена́); *несов., что.* **1.** Скрепляя, делать прочным, крепким. *К. леса на постройке.* **2.** Укреплять, делать прочным, сильным (высок.). *К. оборону.* **3.** Присоединять, закреплять. *К. канаты. К. паруса* (сворачивать). **4.** (1 и 2 л. не употр.). Вызывать запор[2]. *Черничный кисель крепит желудок.* ‖ *сущ.* **крепле́ние**, -я, *ср.* (к 1 и 3 знач.). ‖ *прил.* **крепёжный**, -ая, -ое (к 1 знач.; спец.) *и* **крепи́тельный**, -ая, -ое (к 1 знач.; спец. и к 4 знач.; устар.). *Крепёжные работы. Крепёжные детали. Крепительные средства.*

КРЕПИ́ТЬСЯ, -плю́сь, -пи́шься; *несов.* Проявлять стойкость, выдержку.

КРЕ́ПКИЙ, -ая, -ое; -пок, -пка́, -пко, -пки́ *и* -пки; кре́пче; крепча́йший. **1.** Прочный, такой, что трудно разбить, сломать, порвать. *К. забор. К. замо́к. Крепкая ткань. К. караул* (перен.: надёжный). **2.** Сильный физически, здоровый. *К. организм.* **3.** Твёрдый, стойкий (во 2 знач.). *Крепкая дисциплина.* **4.** Очень сильный, значительный по степени проявления. *К. мороз. К. сон* (глубокий). *Крепко* (нареч.) *полюбить кого-н. Крепко* (нареч.) *поругались.* **5.** Мало разбавленный, насыщенный. *К. раствор. Крепкие напитки* (с большим содержанием алкоголя). *К. чай. К. табак.* ✦ **Крепкое словцо** (разг.) — резкое, хлёсткое выражение. **Крепко-на́крепко** (разг.) — 1) очень крепко. *Крепко-накрепко связать;* 2) очень строго. *Крепко-накрепко приказать.* ‖ *сущ.* **кре́пость**, -и, *ж.* (к 1, 2, 3 и 5 знач.).

КРЕПКОГОЛО́ВЫЙ, -ая, -ое; -о́в (разг. неодобр.). С трудом, медленно соображающий, тупой. ‖ *сущ.* **крепкоголо́вость**, -и, *ж.*

КРЕПКОЛО́БЫЙ, -ая, -ое; -о́б (разг. неодобр.). То же, что крепкоголовый. ‖ *сущ.* **крепколо́бость**, -и, *ж.*

КРЕПЛЕ́НИЕ, -я, *ср.* **1.** *см.* крепить. **2.** Совокупность устройств для предохранения горных выработок от обрушения, вспучивания. *Рудничное к.* **3.** Приспособление для закрепления, скрепления чего-н. *Лыжные крепления.*

КРЕПЛЁНЫЙ, -ая, -ое. О вине: с прибавлением спирта.

КРЕ́ПНУТЬ, -ну, -нешь; креп *и* кре́пнул, кре́пла; *несов.* Делаться крепким (во 2 и 3 знач.), крепче, сильным, сильнее. *Здоровье крепнет. Крепнет уверенность.* ‖ *сов.* **окре́пнуть**, -ну, -нешь; окре́п, -пла.

КРЕПОСТНИ́К, -а́, *м.* Владелец крепостных крестьян, поборник крепостничества. ‖ *ж.* **крепостни́ца**, -ы.

КРЕПОСТНИ́ЧЕСТВО, -а, *ср.* **1.** То же, что крепостное право. **2.** Реакционная идеология поборников крепостного права. *Закоснелое к.* ‖ *прил.* **крепостни́ческий**, -ая, -ое.

КРЕПОСТНО́Й[1], -а́я, -о́е. **1.** Относящийся к общественному строю, при к-ром помещик имел право на принудительный труд, имущество и личность прикреплённых к земле и принадлежащих ему крестьян. *Крепостное право* (общественный строй, основанный на таком праве помещика). *К. труд. К. крестьянин* (находящийся в крепостной зависимости). **2.** **крепостно́й**, -о́го, *м.* Крепостной крестьянин. ‖ *ж.* **крепостна́я**, -о́й (ко 2 знач.).

КРЕПОСТНО́Й[2] *см.* крепость[1].

КРЕ́ПОСТЬ[1], -и, *мн.* -и, -е́й, *ж.* Укреплённое место с долговременными оборонительными сооружениями; в старое время на окраинах России: вообще укреплённый населённый пункт. *К.-герой* (Брестская крепость, прославившаяся героической обороной в начале Великой Отечественной войны). ✦ **Летающая крепость** — в годы второй мировой войны: американский четырёхмоторный тяжёлый бомбардировщик. ‖ *уменьш.* **крепостца́**, -ы́, *ж.* ‖ *прил.* **крепостно́й**, -а́я, -о́е. *К. вал, ров. К. гарнизон.*

КРЕ́ПОСТЬ[2], -и, *ж.* (устар.). **1.** То же, что купчая крепость. **2.** Крепостная зависимость.

КРЕ́ПОСТЬ[3] *см.* крепкий.

КРЕПЧА́ТЬ (-а́ю, -а́ешь, 1 и 2 л. не употр.), -а́ет, *несов.* (прост.). Становиться крепким (в 4 знач.), крепче, усиливаться. *Мороз крепчает.* ‖ *сов.* **покрепча́ть** (-а́ю, -а́ешь, 1 и 2 л. не употр.), -а́ет.

КРЕПЫ́Ш, -а́, *м.* (разг.). Человек крепкого телосложения (обычно о ребёнке).

КРЕПЫ́ШКА, -и, *м.* и *ж.* (разг.). То же, что крепыш.

КРЕПЬ, -и, *ж.* (спец.). То же, что крепление (во 2 знач.). *Горная (рудничная, шахтная) к.*

КРЕ́СЛО, -а, *мн.* -сла, -сел, -слам, *ср.* Просторный стул с подлокотниками. *Мягкое к. Театральное, садовое к. К.-качалка. К.-кровать* (раскладывающееся для спанья). *Медицинское к.* (устройство в форме сиденья для медицинских процедур, лечения). *Председательское к.* (также перен.: о должности председателя). *Лишиться своего кресла* (перен.: потерять административную должность). ‖ *прил.* **кре́сельный**, -ая, -ое.

КРЕСТ, -а́, *м.* **1.** Фигура из двух пересекающихся под прямым углом линий. *Нарисовать к. Сложить руки крестом* (скрестив на груди). **2.** Символ христианского культа — предмет в виде узкой длинной планки с перекладиной под прямым углом (или с двумя перекладинами — верхней, прямой, и нижней, скошенной). *К. четырёхконечный* (с одной перекладиной). *К. шестиконечный* (с двумя перекладинами). *К. восьмиконечный* (с тремя перекладинами). *К. на куполе церкви. Могильный к. Нательный к. Наперсный к.* (знак награды священника: большой крест, носимый на груди поверх облачения [от стар. перси — грудь]). *Фигура Христа на кресте* (распятие). **3.** У христиан: молитвенный жест рукой ото лба к груди, правому и левому плечу, изображающий такую фигуру. *Осенить крестом.* **4.** Орден, а также геральдический знак в виде двух пересекающихся планок. *Георгиевский к.* (орден). *Орден Андреевский к.* (с косым пересечением). *Или грудь в крестах, или голова в кустах* (посл.). **5.** *перен., ед.* Страдания, испытания (устар.). *Нести свой к. К. всей жизни кто-н. для кого-н.* (источник страданий, мучений). **6.** *ед.* Вышивка перекрещивающимися стежками. *Простой, двойной к. Расшить крестом.* **7.** В древности: вертикально стоящее крестообразное сооружение, на к-ром распинали казнимого. *Пригвоздить к кресту. Распять на кресте. Как с креста снят кто-н.* (о том, кто болен, бледен, выглядит, как мертвец; разг.). ✦ **Общества Красного Креста и Красного Полумесяца** — организации для оказания помощи военнопленным, больным, раненым, пострадавшим, для осуществления благотворительной деятельности. *Союз обществ Красного Креста и Красного Полумесяца. Международный Красный Крест.* **Крест-на́крест** — пересекая одно другим. *Перечеркнуть крест-накрест. Обвязаться шалью крест-накрест* (скрестив концы). **Ставить крест на ком-чём** — считать конченым, более не существующим; переставать надеяться на кого-что-н. *Ставить крест на задуманном. Рано ставить крест на подростке.* **Идти на крест** (высок.) — быть готовым принять страдания, муки; идти на Голгофу. **Истинный крест (вот тебе или вам крест)** (устар. и прост.) — клятвенное уверение, истинный бог. *Не виноват я — истинный крест (вот тебе крест)!* **Креста нет на ком** (устар.) — об отъявленном негодяе. ‖ *уменьш.* **кре́стик**, -а, *м.* (к 1, 2, 4 и 6 знач.). ‖ *прил.* **кре́стный**, -ая, -ое (ко 2, 3 и 7 знач.) *и* **кресто́вый**, -ая, -ое (ко 2 и 4 знач.). *Крестное знамение* (то же, что крест в 3 знач.). *Крестное целование* (клятва с целованием креста). *Крестный ход* (церковное шествие с крестами, иконами, хоругвями). *Крестные муки* (распятого на кресте). *Крестовое братство* (побратимство с обменом нательными крестами; устар.). ✦ **С нами крестная сила!** (устар. и прост.) — восклицание, выражающее испуг, ужас.

КРЕСТЕ́Ц, -тца́, *м.* Несколько сросшихся позвонков — место соединения костей таза с позвоночником. ‖ *прил.* **крестцо́вый**, -ая, -ое. *Крестцовая кость.*

КРЕ́СТИК, -а, *м.* **1.** *см.* крест. **2.** Пометка в виде пересекающихся под прямым углом чёрточек. *Отметить что-н. крестиком.*

КРЕ́СТИКИ-НО́ЛИКИ, кре́стиков-но́ликов — игра на разграфлённом в клетку квадрате, в к-рой каждый из двух участников поочерёдно заполняет ряды таких клеток (по вертикали, горизонтали или диагонали) своими значками — крестиками или ноликами.

КРЕСТИ́НЫ, -и́н. У христиан: обряд крещения, а также праздник после этого обряда. *Угощение на крестинах.*

КРЕСТИ́ТЬ, крещу́, кре́стишь; крещённый (-ён, -ена́); *сов.* и *несов.* **1.** *кого (что).* У христиан: совершить (-шать) над кем-н. обряд (таинство) приобщения к церкви и наречения личного имени. *К. младенца в купели.* **2.** *кого (что).* Быть восприемником (крёстным отцом), восприемницей (крёстной матерью). *Мы с соседом кумовья: я у него сына крестил. Мне с ним не детей к.* (также перен.: не буду иметь с ним никакого дела, никаких отношений; разг.) **3.** только *несов., кого-что.* Осенять крестным знамением, делать молитвенный жест — знак креста (в 3 знач.). ‖ *сов.* также **окрести́ть**, -ещу́, -е́стишь; -ещённый (-ён, -ена́) (к 1 и 2 знач.) *и* **перекрести́ть**, -ещу́, -е́стишь; -ещённый (-ён, -ена́) (к 3 знач.). *Окрестили Иваном* (т. е. при крещении дали имя Иван). *Перекрестить лоб.* ‖ *сущ.* **крещéние**, -я, *ср.* (к 1 и 2 знач.). ‖ *прил.* **крести́льный**, -ая, -ое (к 1 знач.). *К. крест. Крестильная рубашка.*

КРЕСТИ́ТЬСЯ, крещу́сь, кре́стишься; *сов.* и *несов.* **1.** Принять (-нимать) христианскую веру через обряд (таинство) приобщения к церкви и наречения личного имени. *К. в зрелом возрасте. Русь крестилась в конце X века.* **2.** только *несов.* Осенять себя крестным знамением, делать молитвенный жест креста (в 3 знач.). *К. перед иконой. К. на церковь* (видя церковь, проходя мимо неё). ‖ *сов.* также **окрести́ться**, -ещу́сь, -е́стишься (к 1 знач.) *и* **перекрести́ться**, -ещу́сь, -е́стишься (ко 2 знач.). *Пока гром не грянет, мужик не перекрестится* (посл. о том, кто спохватывается только тогда, когда случится беда или какое-н. неотложное дело). ‖ *сущ.* **крещéние**, -я, *ср.* (к 1 знач.).

КРЕ́СТНИК, -а, *м.* Крёстный сын.

КРЕ́СТНИЦА, -ы, *ж.* Крёстная дочь.

КРЕ́СТНЫЙ *см.* крест.

КРЕСТОВИ́К, -а́, *м.* Паук с крестообразным узором на верхней стороне брюшка.

КРЕСТОВИ́НА, -ы, *ж.* **1.** Два бруса, соединённых в виде креста, а также крестообразная деталь машины, механизма. **2.** Приспособление для перевода подвижного состава с одного рельсового пути на другой (спец.).

КРЕСТО́ВЫЙ, -ая, -ое. **1.** *см.* крест. **2.** Относящийся к кресту, его изображению, форме. *К. свод* (стрельчатый свод, сведённый к центру из четырёх углов). ✦ **Крестовые походы** — 1) в 11—13 вв.: осуществлявшиеся под лозунгами католицизма походы западноевропейских рыцарей на Ближний Восток; 2) *ед., против кого-чего,* активные организованные действия каких-н. сил против своих идеологических противников.

КРЕСТОНО́СЕЦ, -сца, *м.* **1.** Участник крестового похода (в 1 знач.). **2.** То же, что куклуксклановец (презр.). *Крестоносцы-линчеватели.*

КРЕСТООБРА́ЗНЫЙ, -ая, -ое; -зен, -зна. По форме напоминающий крест. *К. свод здания. Крестообразная форма листа.* ‖ *сущ.* **крестообра́зность**, -и, *ж.*

КРЕСТОЦВЕ́ТНЫЕ, -ых, *ед.* -ое, -ого, *ср.* Семейство двудольных растений: трав, реже — полукустарников и кустарников (овощные, масличные, медоносные, красильные, декоративные растения).

КРЕСТЬЯ́НИН, -а, *мн.* -я́не, -я́н, *м.* Сельский житель, занимающийся возделыванием сельскохозяйственных культур и разведением сельскохозяйственных животных как своей основной работой. ‖ *ж.* **крестья́нка**, -и. ‖ *прил.* **крестья́нский**, -ая, -ое. *К. труд. Крестьянское хозяйство.*

КРЕСТЬЯ́НСТВО, -а, *ср.* **1.** *собир.* Крестьяне. *Русское к.* **2.** Крестьянский труд. *Заниматься крестьянством.* ‖ *прил.* **крестья́нский**, -ая, -ое. *Крестьянское происхождение.*

КРЕСТЬЯ́НСТВОВАТЬ, -твую, -твуешь; *несов.* Заниматься крестьянским трудом.

КРЕТИ́Н, -а, *м.* **1.** Человек, страдающий кретинизмом. **2.** То же, что идиот (во 2 знач.)(разг. бран.). ‖ *ж.* **крети́нка**, -и. ‖ *прил.* **крети́нский**, -ая, -ое (ко 2 знач.; разг.).

КРЕТИНИ́ЗМ, -а, *м.* **1.** Вид эндокринного заболевания — отставание, задержка физического и психического развития, слабоумие. **2.** *перен.* Глупость, тупость. ‖ *прил.* **кретини́ческий**, -ая, -ое.

КРЕ́ЧЕТ, -а, *м.* Хищная птица сем. соколиных. ‖ *прил.* **кре́чатий**, -ья, -ье.

КРЕЩЕ́НДО и **КРЕШЕ́НДО** (спец.). **1.** *нескл., ср.* Нарастающая сила музыкального звучания. **2.** *нареч.* Всё громче, с нарастанием силы звучания. *Музыка звучит к. Волнение нарастает к.* (перен.).

КРЕЩЕ́НИЕ, -я, *ср.* **1.** *см.* крестить, -ся. **2.** Христианский обряд (таинство) принятия кого-н. в число верующих, приобщения к церкви и наречения личного имени. *Принять к.* **3.** (К прописное). Зимний церковный праздник крещения Христа. ✦ **Боевое крещение** — 1) о первом участии в бою; 2) о трудном начале какой-н. деятельности (высок.). ‖ *прил.* **креще́нский**, -ая, -ое (к 3 знач.). *Крещенские морозы* (сильные морозы во второй половине января).

КРЕЩЁНЫЙ, -ая, -ое. Принявший обряд крещения (в 1 знач.).

КРЁСТНЫЙ, -ая, -ое. **1.** У христиан: участвующий в обряде крещения кого-н. в роли восприемника *(к. отец)* или восприемницы *(крёстная мать)*, а также окрещённый при участии таких лиц *(к. сын, крёстная дочь).* **2. крёстный**, -ого, *м.* Крёстный отец (прост.). **3. крёстная**, -ой, *ж.* Крёстная мать (прост.).

КРИ́ВДА, -ы, *ж.* (устар.). Ложь, неправда.

КРИВЕ́ТЬ, -е́ю, -е́ешь; *несов.* Становиться кривым (во 2 знач.). *К. на один глаз.* ‖ *сов.* **окриве́ть**, -е́ю, -е́ешь.

КРИВИЗНА́, -ы́, *ж.* **1.** *см.* кривой. **2.** Кривое, изогнутое место. *К. стола.*

КРИВИ́ТЬ, -влю́, -ви́шь; -влённый (-ён, -ена́); *несов., что.* Делать кривым, изогнутым. *К. линию, ряд. К. рот* (также перен.: о гримасе недовольства, брезгливости, презрения; разг.). ✦ **Кривить душой** (разг.) — говорить, поступать против совести, убеждения. ‖ *сов.* **покриви́ть**, -влю́, -ви́шь; -влённый (-ён, -ена́) *и* **скриви́ть**, -влю́, -ви́шь; -влённый (-ён, -ена́).

КРИВИ́ТЬСЯ, -влю́сь, -ви́шься; *несов.* **1.** Становиться кривым, изогнутым, сгибаться. *Забор кривится.* **2.** Кривить рот, губы в знак недовольства, пренебрежения, брезгливости (разг.). ‖ *сов.* **покриви́ться**, -влю́сь, -ви́шься (к 1 знач.) *и* **скриви́ться**, -влю́сь, -ви́шься.

КРИВЛЯ́КА, -и *м.* и *ж.* (разг.). Человек, к-рый кривляется, ломака.

КРИВЛЯ́ТЬСЯ, -я́юсь, -я́ешься; *несов.* (разг.). Делать ужимки, гримасы, держать себя неестественно, ломаться[2]. ‖ *сущ.* **кривлянье**, -я, *ср.*

КРИВО... *Первая часть сложных слов со знач.:* 1) с кривым (в 1 знач.), напр. *кривозубый, кривоногий, кривошеий;* 2) кривой (в 1 знач.), напр. *криволесье* (низкорослый, с кривыми стволами лес), *криволинейный;* 3) неправдивый, напр. *криводушие, криводушный, кривотолки, кривосудие* (неправосудие; устар.).

КРИВОБО́КИЙ, -ая, -ое; -о́к. То же, что кособокий. ‖ *сущ.* **кривобо́кость**, -и, *ж.*

КРИВОДУ́ШНЫЙ, -ая, -ое; -шен, -шна (устар.). Неискренний, лживый. *К. человек.* ‖ *сущ.* **криводу́шие**, -я, *ср.*

КРИВО́Й, -а́я, -о́е; крив, крива́, криво́. **1.** Не прямой, изогнутый. *Кривая линия. Кривое зеркало* (дающее искажённое изображение; также перен.). *Кривая улыбка* (также перен.: выражающая презрение, недоброжелательство). *Кривая душа* (перен.: о неискреннем, лживом человеке; разг.). **2.** Слепой на один глаз, окривевший (разг.). **3. крива́я**, -о́й, *ж.* Непрямая линия, а также (в математике) любая линия на плоскости или в пространстве. *Провести кривую.* **4. крива́я**, -о́й, *ж.* Линия, изображающая рост или падение чего-н. в развитии какого-н. процесса. *Кривая снижения цен.* ✦ **Кривая вывезет** (разг., обычно ирон.) — как-нибудь сойдёт, поможет случай. **На кривой не объедешь** *кого* (прост.) — не обманешь, не проведёшь. ‖ *сущ.* **кривизна́**, -ы́, *ж.* (к 1 и 2 знач.).

КРИВОТО́ЛКИ, -ов (разг.). Неправильные, неосновательные рассуждения, сплетни. *Дать повод кривотолкам (для кривотолков).*

КРИВОШИ́П, -а, *м.* (спец.). Деталь механизма, служащая для преобразования одного вида движения в другой. ‖ *прил.* **кривоши́пный**, -ая, -ое. *К. механизм.*

КРИЗ, -а, *м.* (спец.). Внезапно наступивший острый приступ болезни. *Гипертонический к.*

КРИ́ЗИС, -а, *м.* **1.** Резкий, крутой перелом в чём-н. *К. болезни. Духовный к. Правительственный к.* (вызванная острыми политическими разногласиями частичная или полная отставка правительства). **2.** Обусловленное противоречиями в развитии общества расстройство экономической жизни. *Экономический к. Финансовый к. К. перепроизводства. В тисках кризиса.* **3.** Затруднительное, тяжёлое положение (разг.). *С деньгами у него к.* ‖ *прил.* **кри́зисный**, -ая, -ое. *Кризисная ситуация.*

КРИК, -а (-у), *м.* Громкий, сильный и резкий звук голоса. *Раздался к. К. отчаяния* (перен.: сильное выражение горести, отчаяния). *К. души* (перен.: невольное и сильное выражение сокровенных чувств, мыслей). *Последний к. моды* (перен.: модная новинка; разг.).

КРИКЛИ́ВЫЙ, -ая, -ое; -и́в. **1.** Много, часто кричащий. *К. ребёнок.* **2.** Пронзительный, неприятно-резкий. *К. голос.* **3.** *перен.* Кричащий, вычурный (разг.). *К. наряд.* ‖ *сущ.* **кричли́вость**, -и, *ж.*

КРИ́КНУТЬ *см.* кричать.

КРИКУ́Н, -а́, *м.* (разг.). **1.** Человек, к-рый много кричит (чаще о ребёнке). **2.** Человек, к-рый говорит много и попусту. ‖ *ж.* **крику́нья**, -и, *род. мн.* -ний.

КРИЛЬ, -я, *м.* Промысловое название некоторых видов морского рачка. ‖ *прил.* **кри́левый**, -ая, -ое.

КРИМИНА́Л, -а, *м.* **1.** Криминальный случай, уголовное преступление. **2.** *перен.* То, что заслуживает осуждения, порицания (разг.). *Забыл позвонить, это не к.*

КРИМИНАЛИЗИ́РОВАТЬ, -рую, -руешь; -анный; *сов.* и *несов.* (книжн.). Вовлечь (вовлекать) в сферу влияния преступного мира. ‖ *возвр.* **криминализи́роваться**, -руюсь, -руешься. ‖ *сущ.* **криминализа́ция**, -и, *ж.* *К. властных структур.*

КРИМИНАЛИ́СТ, -а, *м.* Специалист по криминалистике. ‖ *ж.* **криминали́стка**, -и.

КРИМИНАЛИ́СТИКА, -и, *ж.* Наука о методах расследования преступлений, собирания и исследования судебных доказательств. ‖ *прил.* **криминалисти́ческий**, -ая, -ое.

КРИМИНА́ЛЬНЫЙ, -ая, -ое; -лен, -льна (книжн.). **1.** Уголовный, относящийся к преступлениям. **2.** То же, что преступный. *Криминальные группировки. Криминальные структуры. К. случай.* ‖ *сущ.* **кримина́льность**, -и, *ж.* (ко 2 знач.).

КРИМИНОГЕ́ННЫЙ, -ая, -ое (спец.). Способный привести к преступлениям. *Криминогенная обстановка. Криминогенная ситуация.* ‖ *сущ.* **криминоге́нность**, -и, *ж.*

КРИМИНО́ЛОГ, -а, *м.* Специалист по криминологии.

КРИМИНОЛО́ГИЯ, -и, *ж.* Наука о преступности и методах её предупреждения. ‖ *прил.* **криминологи́ческий**, -ая, -ое.

КРИМПЛЕ́Н, -а (-у), *м.* Ткань из искусственного волокна. ‖ *прил.* **кримпле́новый**, -ая, -ое.

КРИ́НКА, -и и **КРЫ́НКА**, -и, *ж.* Расширяющийся книзу удлинённый глиняный горшок для молока. ‖ *прил.* **кри́ночный**, -ая, -ое *и* **кры́ночный**, -ая, -ое.

КРИНОЛИ́Н, -а, *м.* Юбка, расширяющаяся колоколом на поддерживающих её изнутри тонких обручах (по моде до середины 19 в.). ‖ *прил.* **криноли́нный**, -ая, -ое *и* **кринoли́новый**, -ая, -ое.

КРИПТОГРА́ФИЯ, -и, *ж.* То же, что тайнопись. ‖ *прил.* **криптографи́ческий**, -ая, -ое.

КРИПТО́Н, -а, *м.* Химический элемент, инертный газ без цвета и запаха, применяемый в электрических лампах и рекламных трубках и дающий чистый белый цвет. ‖ *прил.* **крипто́новый**, -ая, -ое. *Криптоновая лампа.*

КРИСТА́ЛЛ, -а, *м.* Твёрдое тело, имеющее упорядоченное, симметрическое строение. *Кристаллы льда. К. слюды. Симметрия кристаллов.* ✦ **Жидкие кристаллы** (спец.) — жидкости, обладающие упорядоченной симметрической атомной структурой. ‖ *уменьш.* **криста́ллик**, -а, *м.* ‖ *прил.* **кристалли́ческий**, -ая, -ое *и* **криста́льный**, -ая, -ое (устар.).

КРИСТАЛЛИЗОВА́ТЬ, -зу́ю, -зу́ешь; -о́ванный; *сов.* и *несов.*, *что.* Превратить (-ащать) в кристаллы. ‖ *сов.* также **закристаллизова́ть**, -зу́ю, -зу́ешь; -о́ванный. ‖ *сущ.* **кристаллиза́ция**, -и, *ж.*

КРИСТАЛЛИЗОВА́ТЬСЯ (-зу́юсь, -зу́ешься, 1 и 2 л. не употр.), -зу́ется; *сов.* и *несов.* **1.** Превратиться (-ащаться) в кристаллы. **2.** *перен.* Сложиться (слагаться); приняв какой-н. вид, определённые формы (книжн.). *Кристаллизовалась новая идея.* ‖ *сов.* также **вы́кристаллизоваться** (-зуюсь, -зуешься, 1 и 2 л. не употр.), -зуется *и* **закристаллизова́ться** (-зуюсь, -зуешься, 1 и 2 л. не употр.), -зу́ется (к 1 знач.). ‖ *сущ.* **кристаллиза́ция**, -и, *ж.*

КРИСТАЛЛО... *Первая часть сложных слов со знач.* относящийся к кристаллам, напр. *кристаллообразование, кристаллофизика, кристаллохимия.*

КРИСТАЛЛОГРА́ФИЯ, -и, *ж.* Наука о кристаллах и кристаллическом состоянии вещества. ‖ *прил.* **кристаллографи́ческий**, -ая, -ое.

КРИСТА́ЛЬНЫЙ, -ая, -ое; -лен, -льна. **1.** *см.* кристалл. **2.** *перен.* Прозрачный, чистый. *Кристальная вода.* **3.** *перен.* Безупречный, чистый в нравственном отношении. *Кристальная душа.* ‖ *сущ.* **криста́льность**, -и, *ж.*

КРИТЕ́РИЙ [тэ], -я, *м.* (книжн.). Мерило оценки, суждения. *К. истины. Верный к.*

КРИ́ТИК, -а, *м.* **1.** Человек, занимающийся критикой (в 1 знач.); тот, кто критикует кого-что-н. *Строгий к.* **2.** Специалист, занимающийся критикой (в 3 знач.). *Литературный к. Музыкальный к. Театральный к.* ‖ *ж.* **критике́сса**, -ы (ко 2 знач.; разг. ирон.).

КРИ́ТИКА, -и, *ж.* **1.** Обсуждение, разбор чего-н. с целью оценить, выявить недостатки. *К. и самокритика. Ниже всякой критики или не выдерживает никакой критики* (нечто очень плохое). **2.** Отрицательное суждение о чём-н., указание на недостатки (разг.). *Навести критику на что-н.* **3.** Разбор и оценка литературных, музыкальных, театральных и других художественных произведений. *Музыкальная к. Театральная к. Отдел критики в толстом журнале.* ‖ *прил.* **крити́ческий**, -ая, -ое. *Критическое выступление. Критическая рецензия. К. отдел в журнале.*

КРИТИКА́Н, -а, *м.* (разг. неодобр.). Человек, склонный всё критиковать, во всём видеть только недостатки. ‖ *ж.* **критика́нка**, -и *и* **критика́нша**, -и (разг.). ‖ *прил.* **критика́нский**, -ая, -ое.

КРИТИКА́НСТВОВАТЬ, -твую, -твуешь; *несов.* (разг. неодобр.). Критиковать придирчиво, быть критиканом. ‖ *сущ.* **критика́нство**, -а, *ср.*

КРИТИКОВА́ТЬ, -ку́ю, -ку́ешь; -о́ванный; *несов.*, *кого-что.* Подвергать критике.

КРИТИЦИ́ЗМ, -а, *м.* (книжн.). Критическое отношение к чему-н. *Проявить к. Здоровый к.*

КРИТИ́ЧЕСКИЙ[1], -ая, -ое. **1.** Находящийся в состоянии кризиса. *К. возраст* (переломный). *Критическая температура* (температура перехода тела из одного состояния в другое; спец.). **2.** Опасный, связанный с возможностью нарушения нормального состояния чего-н. *Критическое положение. К. уровень воды* (при наводнении).

КРИТИ́ЧЕСКИЙ[2], -ая, -ое. **1.** *см.* критика. **2.** Способный относиться с критикой (в 1 знач.) к чему-н., видеть недостатки. *К. ум. Критически* (нареч.) *мыслить. Критически* (нареч.) *настроен.*

КРИТИ́ЧНЫЙ, -ая, -ое; -чен, -чна. То же, что критический[2] (во 2 знач.). ‖ *сущ.* **крити́чность**, -и, *ж.*

КРИЧА́ТЬ, -чу́, -чи́шь; *несов.* **1.** Издавать крик. *К. от боли.* **2.** Говорить слишком громко. *Не кричи, говори спокойно.* **3.** *на кого (что).* Бранить кого-н., резко говорить с кем-н. *К. на озорника.* **4.** *о ком-чём.* Много и подробно обсуждать что-н. злободневное (разг.). *Газеты кричат о сенсации.* ‖ *сов.* **покрича́ть**, -чу́, -чи́шь (к 1 знач.). ‖ *однокр.* **кри́кнуть**, -ну, -нешь (к 1 и 3 знач.).

КРИЧА́ЩИЙ, -ая, -ее. Обращающий на себя внимание чем-н. необычным, странным, вызывающим. *К. наряд. К. заголовок. Кричаще* (нареч.) *одеваться.*

КРОВ, -а, *м.* **1.** Укрытие, завеса, навес над чем-н. (устар.). *Под кровом ветвей.* **2.** *перен.* Жилище, приют (в 1 знач.) (высок.). *Остаться без крова. Дать к. кому-н.*

КРОВА́ВЫЙ, -ая, -ое; -а́в. **1.** *см.* кровь. **2.** Ярко-красный, цвета крови. *Кровавая заря. Кровавые волчьи ягоды.* **3.** *полн. ф.* Покрытый кровью, с кровью. *Кровавые пятна. К. бифштекс.* **4.** Кровопролитный, сопровождающийся множеством жертв, гибелью людей (высок.). *К. бой. Кровавые преступления.* **5.** *полн. ф.* Запятнавший себя зверствами, кровью многих жертв. *К. палач.* ‖ *сущ.* **крова́вость**, -и, *ж.* (к 4 знач.).

КРОВА́ТЬ, -и, *ж.* Предмет мебели для спанья — длинная рама с ножками и двумя боковыми спинками, на к-рую кладут матрас и постельные принадлежности. *Деревянная к. Двуспальная к. Раскладная к.* ‖ *уменьш.* **крова́тка**, -и, *ж.* *Детская к.* ‖ *прил.* **крова́тный**, -ая, -ое.

КРОВЕ... *Первая часть сложных слов со знач.:* 1) относящийся к крови (в 1 знач.), напр. *кровезаменитель, кроветворение, кроветворный;* 2) содержащийся в крови, напр. *кровепаразиты.*

КРО́ВЕЛЬЩИК, -а, *м.* Рабочий, занимающийся настилом и ремонтом крыш. ‖ *прил.* **кро́вельщицкий**, -ая, -ое.

КРОВЕНО́СНЫЙ, -ая, -ое. Служащий для кровообращения. *Кровеносная система. К. сосуд.*

КРОВИ́НКА, -и, *ж.* **1.** Капелька крови (разг.). *Ни кровинки в лице* (очень бледен). **2.** Ласковое обращение (обычно к ребёнку) (устар. и обл.). *К. ты моя родная!*

КРО́ВЛЯ, -и, *род. мн.* -вель, *ж.* Крыша, настил на обрешётке. *Железная, черепичная, камышовая к.* ‖ *уменьш.* **кро́велька**, -и, *ж.* ‖ *прил.* **кро́вельный**, -ая, -ое. *Кровельное железо. Кровельные работы.*

КРО́ВНЫЙ, -ая, -ое. **1.** Основанный на общем происхождении от одних родителей. *Кровное родство. К. брат.* **2.** *перен.* Очень близкий, непосредственно касающийся кого-н. *Кровная связь писателя с народом. Кровно* (нареч.) *заинтересован в чём-н.* **3.** О животных: то же, что породистый. *К. рысак.* ✦ **Кровный враг** — непримиримый, злейший. **Кровная обида** — тяжкая. **Кровные деньги** (разг.) — деньги, заработанные своим трудом. **Свои кровные** (прост.) — то же, что кровные деньги. ‖ *сущ.* **кро́вность**, -и, *ж.* (ко 2 знач.).

КРОВО... *Первая часть сложных слов со знач.* относящийся к крови (в 1 знач.), напр. *кровоостанавливающий, кровопотеря, кровоток, кровососущий, кровохарканье.*

КРОВОЖА́ДНЫЙ, -ая, -ое; -ден, -дна. Жаждущий крови, убийств, жестокий. *К. враг.* ‖ *сущ.* **кровожа́дность**, -и, *ж.*

20*

КРОВОИЗЛИЯ́НИЕ, -я, *ср.* Истечение крови из кровеносного сосуда в ткани или полости организма. *К. в мозг.*

КРОВООБРАЩЕ́НИЕ, -я, *ср.* Движение крови в организме по кровеносной системе. *Нарушение кровообращения.*

КРОВОПИ́ЙЦА, -ы, *род. мн.* -и́йц, *м. и ж.* Жестокий, безжалостный человек, угнетатель.

КРОВОПОДТЁК, -а, *м.* Кровянистое пятно от подкожного кровоизлияния после ушиба, удара. ‖ *прил.* **кровоподтёчный**, -ая, -ое.

КРОВОПРОЛИ́ТИЕ, -я, *ср.* Массовое убийство, истребление людей. *Избежать кровопролития.*

КРОВОПРОЛИ́ТНЫЙ, -ая, -ое; -тен, -тна. Сопровождающийся кровопролитием. *К. бой.* ‖ *сущ.* **кровопроли́тность**, -и, *ж.*

КРОВОПУСКА́НИЕ, -я, *ср.* Извлечение нек-рого количества крови из организма с лечебной целью. ‖ *прил.* **кровопуска́тельный**, -ая, -ое.

КРОВОСМЕШЕ́НИЕ, -я, *ср.* Половая связь между ближайшими родственниками. ‖ *прил.* **кровосмеси́тельный**, -ая, -ое.

КРОВОСО́С, -а, *м.* **1.** Кровососущее животное. *Пиявки-кровососы. Насекомое-к.* **2.** *перен.* То же, что кровопийца (разг.).

КРОВОСО́СНЫЙ, -ая, -ое. Отсасывающий, оттягивающий кровь. *Кровососные банки* (то же, что банки[1] во 2 знач.).

КРОВОТЕЧЕ́НИЕ, -я, *ср.* Истечение крови из кровеносных сосудов. *Наружное к. Внутреннее к. Остановить к.*

КРОВОТОЧИ́ВЫЙ, -ая, -ое; -и́в. Такой, из к-рого сочится кровь, кровоточащий. *Кровоточивая рана.* ‖ *сущ.* **кровоточи́вость**, -и, *ж.*

КРОВОТОЧИ́ТЬ (-чу́, -чи́шь, 1 и 2 л. не употр.), -чи́т; *несов.* Выделять кровь. *Рана кровоточит.*

КРОВОХА́РКАНЬЕ, -я, *ср.* Выделение крови из дыхательных путей во время кашля.

КРОВЬ, -и, о кро́ви, в крови́, *ж.* **1.** У человека и позвоночных животных: обращающаяся в кровеносной системе красная жидкость (жидкая ткань), обеспечивающая питание и обмен веществ всех клеток. *Искусственная к.* (кровезаменитель). *Сердце кровью обливается* (перен.: о чувстве сострадания, горести; разг.). *К. стынет в жилах* (перен.: охватывает ужас; высок.). *К. играет у кого-н.* (об избытке жизненных сил). *Портить к. кому-н.* (портить настроение, раздражать; разг.). *В к. или до крови избить, разбить* (так, что потекла кровь). *Проливать свою к. за кого-что-н.* (жертвовать собой, защищая кого-что-н.; высок.). *Пить чью-н. к.* (перен.: мучить, угнетать). *Крови жаждать* (перен.: стремиться к мести, к жестокой каре; иногда шутл.). *К. из но́су* (любой ценой, во что бы то ни стало; прост.) **2.** *перен.* Об узах родства, родственных, давних родовых связях. *Своя (родная) к.* (о ближней родне). *Брат, сестра по крови. Голос (зов) крови* (высок.). *Узы крови* (узы родства; высок.). *Мы с тобой одной крови.* **3.** *перен.* Кровавое убийство, кровопролитие. *Война — это к., человеческие трагедии. К. за к.* (убийство за убийство). *К. друга на совести предателя. Кровью пахнет* (готовится убийство, кровопролитие). *Обошлось без крови* (т. е. никто не убит). **4.** (мн. кро́ви, крове́й). О породе животных. *Хороших, чистых кровей* (хорошей породы). ✦ **Малой кровью** — о бое, сражении: с малыми потерями, а также вообще без больших усилий. *Победить малой кровью.* **Кровь с молоком** *кто* (разг.) — о румяном, здоровом человеке. **В крови** *что у кого* — присуще от рождения, заложено в характере. *Добросовестность у него в крови.* **Голубая кровь** (устар. и ирон.) — о дворянском происхождении. **Плоть и кровь чья** (высок.) — родное дитя, детище. ‖ *прил.* **кровяно́й**, -а́я, -о́е (к 1 знач.) *и* **крова́вый**, -ая, -ое (к 1 знач.). *Кровяное давление* (давление крови в сосудах).

КРОВЯНИ́СТЫЙ, -ая, -ое; -и́ст. С кровью, содержащий в себе нек-рое количество крови. *Кровянистое мясо.* ‖ *сущ.* **кровяни́стость**, -и, *ж.*

КРОИ́ТЬ, крою́, крои́шь; кро́енный; *несов., что.* Разрезать (ткань, кожу) на куски определённой формы для шитья, изготовления чего-н. *К. рубашку. К. обувь.* ‖ *сов.* **вы́кроить**, -ою, -оишь; -оенный *и* **скрои́ть**, -ою́, -ои́шь; -о́енный. ‖ *сущ.* **кро́йка**, -и, *ж. и* **крой**, -я, *м. Курсы кройки и шитья.* ‖ *прил.* **кро́йльный**, -ая, -ое (спец.).

КРОЙ, -я, *м.* **1.** *см.* кроить. **2.** То, что скроено, раскроено (спец.). *Готовый к. Кожевенный, меховой к.*

КРОКЕ́Т, -а, *м.* Игра, в к-рой деревянные шары прогоняются деревянными молотками через проволочные воротца. ‖ *прил.* **кроке́тный**, -ая, -ое. *Крокетная площадка. К. шар. К. молоток.*

КРОКОДИ́Л, -а, *м.* Крупное водное пресмыкающееся тёплых стран. ‖ *прил.* **крокоди́ловый**, -ая, -ое, **крокоди́лий**, -ья, -ье *и* **крокоди́лов**, -а, -о. *Крокодиловая кожа. Крокодиловая ферма. Крокодилья пасть.* ✦ **Крокодиловы слёзы** (проливать, лить) — о лицемерном раскаянии, сетовании.

КРО́КУС, -а, *м.* То же, что шафран (в 1 знач.). ‖ *прил.* **кро́кусовый**, -ая, -ое.

КРО́ЛИК, -а, *м.* Грызун сем. зайцев, а также мех его. ✦ **Братцы-кролики** (разг.) — шутливое или панибратское обращение к собеседникам, к окружающим. ‖ *прил.* **кро́личий**, -ья, -ье *и* **кро́ликовый**, -ая, -ое. *Кроликовая шапка. Кроличий мех.*

КРОЛИКОВО́Д, -а, *м.* Человек, занимающийся кролиководством.

КРОЛИКОВО́ДСТВО, -а, *ср.* Промысловое разведение кроликов. ‖ *прил.* **кролиководческий**, -ая, -ое. *Кролиководческое хозяйство.*

КРОЛЬ, -я, *м.* Стиль спортивного плавания, при к-ром полусогнутые руки поочерёдно выбрасываются над водой. *Плыть кролем.*

КРОЛЬЧА́ТНИК, -а, *м.* Помещение для кроликов.

КРОЛЬЧИ́ХА, -и, *ж.* Самка кролика.

КРОМАНЬО́НЕЦ, -нца, *м.* Ископаемый человек эпохи позднего палеолита. ‖ *прил.* **кроманьо́нский**, -ая, -ое.

КРО́МЕ *кого-чего, предлог с род. п.* **1.** За исключением, не считая кого-чего-н. *К. соседа, ни с кем не знаком.* **2.** В добавление к кому-чему-н. *К. яблонь, много ягодных кустов.* ✦ **Кроме шуток** (разг.) — 1) *вводн. сл.*, действительно так, совершенно серьёзно. *Я, кроме шуток, обижен;* 2) выражает удивление, сомнение с оттенком недоверия, неужели серьёзно? *Он выиграл автомобиль. — Кроме шуток?* **Кроме как** (в составе обособленного оборота) (прост.) — **то же, что** кроме (в 1 знач.). *Кроме как с тобой, ни с кем не поеду. Кроме как у сына, ни у кого не гостила.* **Кроме того,** *вводн. сл.* — к тому же. *Действует разумно, кроме того, гуманно.* **И кроме того,** *в знач. союза* — присоединяет добавление к сказанному, и к тому же, и вдобавок. *Устал и кроме того болен.* **Но (а) кроме того (и),** *в знач. союза* — присоединяет противопоставляющее добавление. *Лентяй, но (а) кроме того ещё и обманщик.*

КРОМЕ́ШНЫЙ, -ая, -ое: 1) **ад кромешный** (разг.) — невыносимая обстановка; 2) **тьма кромешная** (разг.) — беспросветная темнота.

КРО́МКА, -и, *ж.* **1.** Продольный край, узкая полоса по краю ткани. **2.** Вообще край чего-н. *К. льда. К. песка* (у берега). ‖ *прил.* **кро́мочный**, -ая, -ое (к 1 знач.).

КРОМСА́ТЬ, -а́ю, -а́ешь; кро́мсанный; *несов., что* (разг.). Грубо, неаккуратно резать на части. *К. хлеб.* ‖ *сов.* **искромса́ть**, -а́ю, -а́ешь; -о́мсанный.

КРО́НА[1], -ы, *ж.* Вся разветвлённая часть дерева с его листвой. *Под кронами дубов.*

КРО́НА[2], -ы, *ж.* Денежная единица в Чехии и Словакии, Дании, Норвегии, Швеции (до 1924 г. также в Австрии, Венгрии, с 1928 г. до 1940 г. и с 1992 г. также в Эстонии), равная (в каждой из этих стран) 100 более мелким единицам.

КРО́НШНЕП [нэ], -а, *м.* Крупная болотная птица с длинным, изогнутым книзу клювом, род кулика. *К.-малютка. Тонкоклювый, большой к.* (виды). ‖ *прил.* **кроншнепи́ный**, -ая, -ое.

КРОНШТЕ́ЙН [тэ], -а, *м.* Выступ или укреплённая деталь на стене, на каком-н. сооружении, служащие опорой, подпоркой для чего-н. *Оконный карниз на кронштейнах.*

КРОПА́ТЬ, -а́ю, -а́ешь; *несов., что* (разг.). Неумело, с трудом писать, сочинять, а также (устар.) вообще медленно и с трудом делать что-н. *К. стихи.* ‖ *сов.* **накропа́ть**, -а́ю, -а́ешь *и* **скропа́ть**, -а́ю, -а́ешь. ‖ *сущ.* **кропа́ние**, -я, *ср. и* **кропа́тельство**, -а, *ср.*

КРОПИ́ТЬ, -плю́, -пи́шь; -плённый (-ён, -ена́); *несов.* **1.** *кого-что.* Слегка обрызгивать. *К. водой.* **2.** (1 и 2 л. не употр.). О дожде: падать мелкими каплями. ‖ *сов.* **окропи́ть**, -плю́, -пи́шь; -плённый (-ён, -ена́) (к 1 знач.).

КРОПОТЛИ́ВЫЙ, -ая, -ое; -и́в. **1.** Усердный, старательный до мелочей и медлительный. *К. работник.* **2.** Требующий такого усердия. *К. труд. Кропотливые разыскания.* ‖ *сущ.* **кропотли́вость**, -и, *ж.*

КРОПОТУ́Н, -а́, *м.* (разг.). Кропотливый человек. ‖ *ж.* **кропоту́нья**, -и, *род. мн.* -ний.

КРОСС, -а, *м.* Спортивный бег, а также нек-рые виды гонок по пересечённой местности. *К. на пять километров. Лыжный, велосипедный, мотоциклетный к.* ‖ *прил.* **кро́ссовый**, -ая, -ое.

КРОССВО́РД, -а, *м.* Игра-задача, в к-рой фигура из рядов пустых клеток заполняется перекрещивающимися словами со значениями, заданными по условиям игры. ‖ *прил.* **кроссво́рдный**, -ая, -ое.

КРОССО́ВКИ, -вок, *ед.* кроссо́вка, -и, *ж.* Род спортивной обуви для бега. ‖ *прил.* **кроссо́вочный**, -ая, -ое.

КРОТ, -а́, *м.* Млекопитающее отряда насекомоядных, живущее в норах под землей, а также мех его. ‖ *прил.* **крото́вый**, -ая, -ое.

КРО́ТКИЙ, -ая, -ое; -ток, -тка́, -тко. Незлобивый, покорный, смирный. *К. характер. Кроткая душа.* ‖ *сущ.* **кро́тость**, -и, *ж.*

КРО́ХА, -и, *м. и ж.* (разг.). Маленький ребёнок, крошка[1].

КРОХА́, -и́, *мн.* кро́хи, крох, -а́м, *и* -ам, *ж.* **1.** (-а́м). То же, что крошка (во 2 знач.) (устар.). *В доме нет ни крохи хлеба. Крохи с чужого стола* (перен.: остатки от полученного, добытого другими). **2.** *мн., перен.* Ничтожные доли, случайные частицы, обрывки чего-н. *Питаться крохами чужих мыслей.*

КРОХОБО́Р, -а, *м.* Человек, склонный к крохоборству. ‖ *ж.* **крохобо́рка**, -и. ‖ *прил.* **крохобо́рский**, -ая, -ое.

КРОХОБО́РСТВО, -а, *ср.* **1.** Мелочная скупость. **2.** Внимание к мелочам в ущерб общим, широким вопросам. ‖ *прил.* **крохобо́рческий**, -ая, -ое.

КРОХОБО́РСТВОВАТЬ, -твую, -твуешь; *несов.* Заниматься крохоборством, быть крохобором.

КРО́ХОТНЫЙ, -ая, -ое; -тен, -тна (разг.). То же, что крошечный. ‖ *сущ.* **кро́хотность**, -и, *ж.*

КРО́ШЕВО, -а, *ср.* (прост.). То, что накрошено, искрошено, а также пища с кусочками (из кусочков) чего-н. накрошенного. *К. дроблёного льда. К. из хлеба с квасом.*

КРО́ШЕЧНЫЙ, -ая, -ое; -чен, -чна (разг.). Очень маленький. *К. кусочек. К. мальчик.* ‖ *сущ.* **кро́шечность**, -и, *ж.*

КРОШИ́ТЬ, -ошу́, -о́шишь *и* -оши́шь; -о́шенный; *несов.* **1.** *кого-что.* Раздроблять на мелкие части, крошки. *К. хлеб. К. врага* (перен.: истреблять). **2.** *чем.* Сорить, сыпать крошками чего-н. *К. табаком.* ‖ *сов.* **искроши́ть**, -ошу́, -о́шишь *и* -оши́шь; -о́шенный (к 1 знач.), **раскроши́ть**, -ошу́, -о́шишь *и* -оши́шь; -о́шенный (к 1 знач.) *и* **накроши́ть**, -ошу́, -о́шишь *и* -оши́шь; -о́шенный (ко 2 знач.). ‖ *сущ.* **кроше́ние**, -я, *ср. и* **кро́шка**, -и, *ж.* (к 1 знач.; спец.). ‖ *прил.* **кроши́льный**, -ая, -ое (к 1 знач.; спец.).

КРОШИ́ТЬСЯ (-ошу́сь, -о́шишься *и* -оши́шься, 1 и 2 л. не употр.), -о́шится *и* -оши́тся; *несов.* Разламываться на мелкие частицы, крошки. *Лёд крошится.* ‖ *сов.* **искроши́ться** (-ошу́сь, -о́шишься *и* -оши́шься, 1 и 2 л. не употр.), -о́шится *и* -оши́тся *и* **раскроши́ться** (-ошу́сь, -о́шишься *и* -оши́шься, 1 и 2 л. не употр.), -о́шится *и* -оши́тся.

КРО́ШКА[1], -и, *м.* и *ж.* (разг.). Маленький ребёнок, малютка. *Милая к.* ‖ *уменьш.* и *уменьш.-ласк.* **кро́шечка**, -и, *м.* и *ж.*

КРО́ШКА[2], -и, *ж.* **1.** *см.* крошить. **2.** Мелкая частица чего-н. *К. хлеба. Ни крошки нет* (перен.: нет совсем, нисколько). **3.** *собир.* Сыпучее вещество из мелких, раскрошенных частиц чего-н. (спец.). *Мраморная к. Керамическая к.*

КРУГ, -а (-у), в кругу́ *и* в кру́ге, на кругу́ *и* на кру́ге, *мн.* -и́, -о́в, *м.* **1.** (в, на кру́ге). Часть плоскости, ограниченная окружностью. **2.** (в, на кругу́). Круглая площадка. *Молодёжь танцует на кругу.* **3.** (в кру́ге, на кру́ге, на кругу́). Предмет в форме окружности. *Спасательный к.* (кольцеобразное спасательное средство для упавшего за борт). *Резиновый к.* (род надувной кольцеобразной подушки). *Гончарный к.* (вращающийся гончарный станочек). *Поворотный к.* (вращающееся устройство, напр., на железной дороге, на театральной сцене; спец.). **4.** (в кру́ге и в кругу́), *чего.* Замкнутая область, сфера, очерчивающая в своих границах развитие, совершение чего-н. *К. чьих-н. обязанностей. К. вопросов.* **5.** (в кругу́), *кого* или *какой.* Совокупность, группа людей, объединённых общими интересами, связями. *Широкий к. знакомых. В своём кругу.* **6.** (в кругу́), *кого* или *какой.* Лица, объединённые общей социальной средой и общей деятельностью. *Широкие круги общественности. Писательские, литературные круги. В кругу учёных, специалистов.* ✦ **Голова кругом идёт** *у кого* (разг.) — теряется способность ясно соображать от обилия дел, хлопот, впечатлений. **Круги под глазами** *у кого* — синева под глазами от усталости, болезни. **В круг** (встать) — цепочкой, окружающей какое-н. пространство, что-н. **На круг** (разг.) — в среднем исчислении. *По 50 центнеров на круг.* **Порочный круг** (книжн.) — 1) доказательство какого-н. положения с помощью другого положения, к-рое само должно быть доказано при посредстве первого; 2) безвыходное положение. **С кругу спиться** (прост.) — пьянствуя, совсем опуститься. **По кругу (ходить)** (разг.) — о повторяющемся движении кого-чего-н. от одного лица к другому, из одного места в другое. *Жалоба ходит по кругу.* **На кру́ги своя** (вернуться, возвратиться) (устар. и книжн.) — к прежнему положению, состоянию. ‖ *уменьш.* **кружо́к**, -жка́, *м.* (к 1 и 3 знач.). ‖ *прил.* **кругово́й**, -а́я, -о́е (к 1, 2 и 3 знач.). *Круговая оборона* (созданная для отражения атак противника с любых направлений). ✦ **Круговая порука** — ответственность всех за каждого и каждого за всех [теперь обычно служит для обозначения взаимного укрывательства в неблаговидных делах].

КРУГЛЕ́ТЬ, -е́ю, -е́ешь; *несов.* Становиться круглым (в 1 знач.), круглее. *Круглеет наливающийся плод.* ‖ *сов.* **округле́ть**, -е́ю, -е́ешь *и* **покругле́ть**, -е́ю, -е́ешь.

КРУГЛОГОДОВО́Й, -а́я, -о́е и **КРУГЛОГОДИ́ЧНЫЙ**, -ая, -ое. Длящийся, существующий круглый год. *Круглогодовая работа экспедиций. Круглогодичная полярная станция.*

КРУГЛОЛИ́ЦЫЙ, -ая, -ое; -и́ц. С круглым лицом.

КРУГЛОСУ́ТОЧНЫЙ, -ая, -ое. Длящийся круглые сутки. *Круглосуточное наблюдение.*

КРУ́ГЛЫЙ, -ая, -ое; кругл, -а́, -о, -ы́ *и* -ы. **1.** Имеющий форму круга или шара. *Круглое колесо. К. мяч. Круглое лицо* (не удлинённое, а также толстое, полное). *Делать круглые глаза* (то же, что делать большие или квадратные глаза; разг.). **2.** *полн. ф.* Полный, совершенный. *К. невежда. К. сирота* (без отца и матери). *К. отличник* (имеющий только отличные оценки). **3.** *полн. ф.* Считаемый, вычисленный без дробных, мелких единиц счёта. *Круглым счётом сто рублей. Круглые цифры. Круглая сумма* (большая, значительная). *Круглая дата.* **4.** *полн. ф.* О мере времени: весь, целый. *К. год. Круглые сутки.* ‖ *уменьш.* **кру́гленький**, -ая, -ое (к 1 и 3 знач.). ‖ *сущ.* **круглота́**, -ы́, *ж.* (к 1 знач.; прост.).

КРУГЛЯ́ШКА, -и, *ж.* (разг.). Всякий небольшой круглый предмет.

КРУГОВЕ́РТЬ, -и, *ж.* (разг.). То же, что круговорот (во 2 знач.).

КРУГОВОРО́Т, -а, *м.* **1.** Беспрерывное движение, неизменно повторяющее круг развития. *К. времени года.* **2.** Вообще беспрерывное движение чего-н. *К. событий. В круговороте жизни.*

КРУГОЗО́Р, -а, *м.* **1.** Пространство, окидываемое взором, горизонт (во 2 знач.). *Необозримый к. океана.* **2.** *перен.* Объём интересов, знаний. *Широкий к. у кого-н. Человек с ограниченным кругозором.*

КРУГО́М. **1.** *нареч.* Сделав круговое движение. *Повернуться к. К. марш!* (команда повернуться спиной и идти вперёд). **2.** *нареч.* Вокруг, в окрестности; рядом (о многих). *Оглядеться к. К. всё тихо. К. друзья.* **3.** *нареч.* Совершенно, целиком (разг.). *К. виноват.* **4.** *кого-чего, предлог с род. п.* Вокруг кого-чего-н., огибая кого-что-н. *Ограда к. сада. Столпиться к. рассказчика.* ✦ **Кругом да около** (разг.) — то же, что вокруг да около.

КРУГООБОРО́Т, -а, *м.* Процесс, заканчивающийся возвратом к исходному положению, завершившийся цикл (в 1 знач.). ✦ **Кругооборот капитала** (спец.) — движение промышленного капитала в сфере производства и обращения.

КРУГООБРА́ЗНЫЙ, -ая, -ое; -зен, -зна. **1.** Сходный по форме с кругом. *Двигаться кругообразно* (нареч.). **2.** Являющийся круговоротом, цикличный. *Кругообразное развитие.* ‖ *сущ.* **кругообра́зность**, -и, *ж.*

КРУГОСВЕ́ТКА, -и, *ж.* (разг.). **1.** У моряков: кругосветное плавание. *Вернуться из кругосветки.* **2.** *перен.* Путешествие по замкнутому маршруту. *Московская к.* (вокруг Москвы).

КРУГОСВЕ́ТНЫЙ, -ая, -ое. О совершаемом вокруг земного шара путешествии. *Кругосветное плавание.*

КРУЖА́ЛО, -а, *ср.* **1.** Опорная дуга (обычно из досок), по к-рой выкладывается каменный свод (спец.). **2.** В старину: питейное заведение, кабак.

КРУЖЕВА́, кру́жев, -а́м, *ед.* (в одном знач. с *мн.*) кру́жево, -а, *ср.* Узорное сетчатое плетение из нитей. *Плести кружево на коклюшках. Кружево молодых листьев* (перен.). ‖ *уменьш.* **кружевца́**, -ве́ц, -вца́м *и* **кру́жевца**, -вцев *и* -вец, -вцам, *ед.* кру́жевце, -а, *ср.* ‖ *прил.* **кружевно́й**, -а́я, -о́е. *Кружевная отделка белья, платья.*

КРУЖЕВНИ́ЦА, -ы, *ж.* Мастерица, плетущая кружева.

КРУЖИ́ТЬ, кружу́, кру́жишь *и* кружи́шь; кру́женный *и* кружённый (-ён, -ена́); *несов.* **1.** *кого-что.* Заставлять двигаться кругообразно. *К. свою даму в вальсе. Ветер кружит снежинки.* **2.** То же, что кружиться. *Орёл кружит под облаками.* **3.** Блуждать, ходить, сбившись с дороги (разг.). *К. по лесу.* **4.** (1 и 2 л. не употр.), *перен.* О вихре, метели, вьюге: дуть, завивая кругами (снег, песок, пыль, листья и под.). *Кружит позёмка.* ‖ *сущ.* **круже́ние**, -я, *ср.*

КРУЖИ́ТЬСЯ, кружу́сь, кру́жишься *и* кружи́шься; *несов.* **1.** Совершать круговые движения. *К. в танце.* **2.** (1 и 2 л. не употр.). В сочетаниях «голова кружится», «в голове кружится», «в глазах кружится»: о состоянии головокружения. *От усталости всё в глазах кружится.* ‖ *сущ.* **круже́ние**, -я, *ср.*

КРУ́ЖКА, -и, *ж.* **1.** Сосуд в форме стакана с ручкой. *Фаянсовая, глиняная, алюминиевая к.* **2.** Железная коробка с отверстием в крышке для сбора денег. *Церковная к.* ‖ *уменьш.* **кру́жечка**, -и, *ж.* ‖ *прил.* **кру́жечный**, -ая, -ое.

КРУЖКО́ВЕЦ, -вца, *м.* Участник, член кружка.

КРУЖКОВЩИ́НА, -ы, *ж.* (неодобр.). Деятельность, ограниченная только узкими интересами какой-н. группы, кружка.

КРУ́ЖНЫЙ, -ая, -ое и **КРУЖНО́Й**, -а́я, -о́е: **кружный (кружной) путь** — обходный, окольный, не прямой.

КРУЖО́К, -жка́, *м.* **1.** *см.* круг. **2.** Группа лиц с общими интересами, объединившихся для постоянных совместных занятий чем-н., а также само такое объединение, организация. *К. пения, танцев. Драматический, литературный, шахматный к. Заниматься в кружке. Ходить в к.* и (разг.) *на к.* **3.** Небольшая группа лиц, объединившихся для какой-н. интеллектуальной или политической деятельности. ‖ *прил.* **кружко́вый**, -а́я, -о́е *и* **кружко́вый**, -ая, -ое.

КРУЗА́ДО, *нескл., м.* Денежная единица в Бразилии, равная 100 более мелким единицам — сентаво.

КРУЗЕ́ЙРО [зэ], *нескл., м.* В Бразилии с 1942 по 1986 г.: денежная единица, равная 100 более мелким единицам — сентаво.

КРУИ́З, -а, *м.* Путешествие по воде (туристическое, увеселительное). *Морской к.* ‖ *прил.* **круи́зный,** -ая, -ое. *К. рейс.*

КРУП[1], -а, *м.* Острое, с отёком, поражение гортани. *Истинный к.* (при дифтерии). *Ложный к.* ‖ *прил.* **крупо́зный,** -ая, -ое.

КРУП[2], -а, *м.* Задняя часть туловища нек-рых животных (обычно лошади). *Крутой, широкий, гладкий к. Лошадь села на к.* (при неожиданной остановке как бы присела на задние ноги).

КРУПА́, -ы́, *мн.* кру́пы, круп, кру́пам, *ж.* **1.** Цельное или дроблёное зерно нек-рых растений, употр. в пищу. *Гречневая, ячневая, перловая, манная к.* **2.** *перен.* Снег в виде мелких круглых зёрен. *Ледяная к.* ‖ *уменьш.* **крупка,** -и, *ж.* ‖ *прил.* **крупяно́й,** -а́я, -о́е (к 1 знач.). *Крупяные культуры. Крупяное производство.*

КРУПЕНИ́К, -а́, *м.* Кушанье из гречневой каши, запечённой с творогом.

КРУПИ́НКА, -и, *ж.* **1.** Мелкая частичка, зёрнышко; одна частица крупы. *Перебрать крупу по крупинкам. Ни крупинки нет* (перен.: совсем нет). **2.** То же, что крупица.

КРУПИ́ТЧАТЫЙ, -ая, -ое (разг.). **1.** Состоящий из мелких частиц, крупинок. *Крупитчатая мука* (крупчатка). *К. мёд* (загустевший в крупинки). **2.** Выпеченный из крупчатки. *К. калач.*

КРУПИ́ЦА, -ы, *ж.* Небольшое количество чего-н. *Ни крупицы дарования. К. истины. По крупицам собрать что-н.* (тщательно, постепенно и очень понемногу).

КРУПНЕ́ТЬ, -е́ю, -е́ешь; *несов.* Становиться крупным (во 2, 3 и 5 знач.), крупнее. *Скот крупнеет. Хозяйства крупнеют. Талант крупнеет.* ‖ *сов.* **покрупне́ть,** -е́ю, -е́ешь.

КРУПНО... *Первая часть сложных слов со знач.:* 1) с крупным (во 2 знач.), напр. *крупноволокнистый, крупноголовый, крупнозавитковый, крупнозернистый, крупнокапельный, крупноколосый, крупнокорневой;* 2) крупный (в 1 и 2 знач.), напр. *крупноблочный, крупногабаритный, крупнозлаковый, крупнокусковой, крупномасштабный, крупнопанельный, крупноразмерный;* 3) крупный (в 3 знач.), напр. *крупнокрестьянский, крупнопомещичий, крупнопромышленный, крупнофермерский;* 4) грубый, не тонкий (об обработке), напр. *крупноточёный, крупношлифовальный.*

КРУПНОКАЛИ́БЕРНЫЙ, -ая, -ое. Большого, больше обычного калибра. *Крупнокалиберная артиллерия.*

КРУПНОМАСШТА́БНЫЙ, -ая, -ое; -бен, -бна. **1.** *полн. ф.* Имеющий крупный масштаб (в 1 знач.). *Крупномасштабная карта.* **2.** Крупный по своему размаху, значительный. *Крупномасштабные планы. К. эксперимент.* ‖ *сущ.* **крупномасшта́бность,** -и, *ж.* (ко 2 знач.).

КРУПНОПЛО́ДНЫЙ, -ая, -ое. С крупными ягодами. *Крупноплодная земляника.*

КРУ́ПНЫЙ, -ая, -ое; -пен, -пна́, -пно, -пны́ *и* -пны. **1.** Состоящий из частей, элементов, частичек большого размера. *К. песок. Крупные капли дождя.* **2.** Большой по размеру, величине. *К. плод. К. мужчина. К. рогатый скот. Крупные деньги* (не в мелких купюрах). **3.** *полн. ф.* Большой и экономически мощный. *Крупное механизированное хозяйство. К. капитал.* **4.** *полн. ф.* Значительный по общественному или экономическому положению. *К. чиновник. К. делец.* **5.** Сильный по своему влиянию, значению. *К. общественный деятель. К. писатель, учёный. К. талант.* **6.** Важный, значительный, очень серьёзный. *К. разговор. Крупная неприятность. Крупно* (нареч.) *повезло* (разг.). ‖ *сущ.* **крупность,** -и, *ж.* (к 1, 2, 5 и 6 знач.).

КРУПО́ЗНЫЙ, -ая, -ое. **1.** *см.* круп[1]. **2.** О воспалении лёгких: с поражением доли лёгкого.

КРУПОРУ́ШКА, -и, *ж.* **1.** Машина для изготовления крупы из зёрен. **2.** Предприятие, где изготовляют крупу.

КРУПЧА́ТКА, -и, *ж.* Белая пшеничная мука лучшего помола.

КРУПЧА́ТЫЙ, -ая, -ое. Зернистый, подобный крупе. *К. мёд.*

КРУПЬЕ́, *нескл., м.* В игорных домах: распорядитель игры, банкомёт.

КРУТИЗНА́, -ы́, *ж.* **1.** *см.* крутой. **2.** То же, что круча. *Спуститься с крутизны.*

КРУТИ́ТЬ, кручу́, кру́тишь; кру́ченный; *несов.* **1.** *кого-что.* Вертеть, вращать кругообразно. *К. кран. К. руль. К. усы* (поглаживать, завивая). *К. фильм, кино* (демонстрировать; прост.). *Весь день крутит метель* (перен.). **2.** *что.* Вертя, изготовлять, свивать что-н., скручивать. *К. цигарку. К. жгут.* **3.** *кого-что.* Стягивать, связывать. *К. руки назад.* **4.** Быть неискренним, уклоняться от прямого ответа, обманывать, петлять (разг.). *Говори правду, не крути.* **5.** *с кем.* Иметь любовные отношения (часто со словами «любовь», «роман») (прост.). **6.** *кем.* То же, что вертеть (в 3 знач.) (разг.). *Крутит подружками, как захочет.* **7.** *что.* О денежных средствах: пускать в оборот (разг.). *К. банковские вклады.* ‖ *сов.* **закрути́ть,** -учу́, -у́тишь; -у́ченный (ко 2, 5 и 6 знач.), **скрути́ть,** -учу́, -у́тишь; -у́ченный (ко 2 и 3 знач.) и **прокрути́ть,** -чу́, -кру́тишь (к 7 знач.). ‖ *однокр.* **крутну́ть,** -ну́, -нёшь (к 1 знач.; разг.) *и* **крутану́ть,** -ну́, -нёшь (к 1 знач.; прост.). ‖ *сущ.* **круче́ние,** -я, *ср.* (к 1 и 2 знач.), **кру́тка,** -и, *ж.* (ко 2 знач.; спец.) *и* **закру́тка,** -и, *ж.* (ко 2 знач.). ‖ *прил.* **крути́льный,** -ая, -ое (ко 2 знач.; спец.) *и* **закру́точный,** -ая, -ое (ко 2 знач.; спец.). *Крутильная машина.*

КРУТИ́ТЬСЯ, кручу́сь, кру́тишься; *несов.* **1.** То же, что вертеться (в 1, 2, 3, 4 и 5 знач.). *Колесо крутится. К. перед зеркалом. Малыш крутится около матери.* **2.** (1 и 2 л. не употр.). То же, что скручиваться. *Крутится жгут.* **3.** *перен.* Проводить время в хлопотах, беспокойных занятиях (разг.). *Целый день к. с делами.* **4.** О денежных средствах: находиться в обороте. ✦ **Крутиться под ногами** (разг.) — то же, что вертеться под ногами. **Как ни крутись** (разг.) — то же, что как ни вертись. ‖ *сов.* **закрути́ться,** -учу́сь, -у́тишься (ко 2 и 3 знач.). ‖ *сущ.* **круче́ние,** -я, *ср.* (к 1, 2 и 3 знач.).

КРУТО́Й, -а́я, -о́е; крут, -а́, -о, -ы́ *и* -ы; кру́че. **1.** Отвесный, обрывистый. *К. берег. К. обрыв, спуск.* **2.** С резким, внезапным изменением направления. *К. поворот.* **3.** Суровый, строгий. *К. характер. Крутые меры.* **4.** Решительный и быстрый, а также вообще оставляющий сильное впечатление (прост.). *К. парень, мужик. Крутая музыка. Круто* (нареч.) *разделаться с конкурентами.* **5.** *полн. ф.* Доведённый варкой, замешиванием до определённой степени плотности, густоты. *Крутое яйцо. Крутая каша. Крутое тесто.* ✦ **Крутой кипяток** — бурлящий кипяток. ‖ *сущ.* **кру́тость,** -и, *ж.* (к 1, 2 и 3 знач.; разг.) *и* **крутизна́,** -ы́, *ж.* (к 1 и 2 знач.).

КРУТОЯ́Р, -а, *м.* Крутой обрывистый берег.

КРУ́ЧА, -и, *ж.* Крутой спуск, обрыв. *Упасть с кручи. Взобраться на кручу.*

КРУЧЁНЫЙ, -ая, -ое. Изготовленный кручением. *Кручёные нитки.*

КРУЧИ́НА, -ы, *ж.* В народной словесности: горе, тоска, печаль. *К. извела кого-н.* ‖ *уменьш.-ласк.* **кручи́нушка,** -и, *ж.* ‖ *прил.* **кручи́нный,** -ая, -ое. *Кручинная головушка.*

КРУЧИ́НИТЬСЯ, -нюсь, -нишься; *несов.* В народной словесности: горевать, печалиться. ‖ *сов.* **закручи́ниться,** -нюсь, -нишься.

КРУШЕ́НИЕ, -я, *ср.* **1.** Авария (поезда, судна), катастрофа. *К. поезда. Потерпеть к.* (также перен.). **2.** *перен.* Гибель, полная утрата чего-н. *К. надежд.*

КРУШИ́НА, -ы, *ж.* Кустарник с чёрными несъедобными плодами, а также слабительное средство из коры этого кустарника. ‖ *прил.* **круши́новый,** -ая, -ое *и* **круши́нный,** -ая, -ое. *Семейство крушиновых* (сущ.). *Крушинный куст.*

КРУШИ́ТЬ, -шу́, -ши́шь; -ённый (-ён, -ена́); *несов., кого-что* (высок.). С силой ломать, уничтожать. *К. всё кругом. К. врага.*

КРУШИ́ТЬСЯ, -шу́сь, -ши́шься; *несов.* (устар. и прост.). Сокрушаться, печалиться.

КРЫЖО́ВНИК, -а (-у), *м.* Колючий садовый кустарник с кисло-сладкими ягодами, а также его ягоды. ‖ *прил.* **крыжо́вниковый,** -ая, -ое *и* **крыжо́венный,** -ая, -ое. *Семейство крыжовниковых* (сущ.). *Крыжовенное варенье.*

КРЫЛА́Н, -а, *м.* Рукокрылое млекопитающее, родственное летучей мыши.

КРЫЛА́ТКА[1], -и, *ж.* Морское млекопитающее сем. настоящих тюленей, полосатый тюлень.

КРЫЛА́ТКА[2], -и, *ж.* (устар.). Широкое мужское пальто в виде накидки, плаща с пелериной.

КРЫЛА́ТЫЙ, -ая, -ое; -а́т. **1.** *полн. ф.* С крыльями, крылом (в 1 и 2 знач.). *Крылатые муравьи. Крылатая ракета* (управляемая ракета с крылом). **2.** *перен.* О помыслах: вольный, свободный. *Крылатая мечта. Крылатая мысль.* ✦ **Крылатые слова** — образные, меткие выражения, изречения, вошедшие в общее употребление. ‖ *сущ.* **крыла́тость,** -и, *ж.* (ко 2 знач.).

КРЫЛО́, -а́, *мн.* кры́лья, -ьев *и* (высок.) крыла́, крыл, -а́м, *ср.* **1.** Орган летания у птиц, насекомых, а также нек-рых млекопитающих. *К. летучей мыши. Птенцы поднялись (встали) на к.* (начали летать). *Подрезать крылья кому-н.* (также перен.: лишить возможности энергично, самостоятельно действовать). *Опустить крылья* (также перен.: утратить энергию, волю к действию). *Крылья выросли за спиной у кого-н.* (перен.: воодушевлён, обрёл уверенность). **2.** Аэродинамическая поверхность летательного аппарата, создающая его подъёмную силу, а также несущая плоскость какого-н. движущегося аппарата. *Конструкция крыла. Подъёмная сила крыла. Судно на подводных крыльях.* **3.** Вращающаяся лопасть колеса ветряного двигателя. **4.** Ограждающее покрытие над колесом экипажа, автомобиля или другого транспортного средства. **5.** Боковая пристройка, флигель. *Левое к. дома.* **6.** Крайняя (правая или левая) часть боевого построения. **7.** Крайняя (правая или левая) группировка какой-н. организации. ✦ **Крылья носа** — тонкие боковые части носа над ноздрями. || *уменьш.* **кры́лышко,** -а, *мн.* -шки, -шек, -шкам, *ср.* (к 1 знач.). ✦ **Под крылышком** *кого* или *чьим* (ирон.) — под покровительством, на полном попечении. || *прил.* **крыльево́й,** -а́я, -о́е (к 1, 2, 3 и 4 знач.).

КРЫЛЬЦО´, -а́, *мн.* кры́льца, -ле́ц, -льца́м, *ср.* Наружный настил перед входной дверью дома, обычно под навесом, со ступенькой или лесенкой. *Взойти на к. Спуститься с крыльца. К. с перилами.* || *уменьш.* **крыле́чко,** -а, *ср.* || *прил.* **крыле́чный,** -ая, -ое *и* **крыльцо́вый,** -ая, -ое.

КРЫМЧАКИ´, -о́в, *ед.* -ча́к, -а́, *м.* Название исконно проживающих в Крыму татар (крымских татар) и евреев. || *ж.* **крымча́чка,** -и. || *прил.* **крымча́кский,** -ая, -ое.

КРЫМЧА´КСКИЙ, -ая, -ое. **1.** *см.* крымчаки. **2.** Относящийся к крымчакам, к их языку, национальному характеру, образу жизни, культуре, а также к территории их проживания, её внутреннему устройству, истории; такой, как у крымчаков. *Крымчакские диалекты* (диалекты крымскотатарского языка).

КРЫ´НКА *см.* кринка.

КРЫ´СА, -ы, *ж.* Вредный грызун сем. мышей. *Крысы бегут с тонущего корабля* (также перен.: о тех, кто бросает общее дело в трудный, опасный момент; неодобр.). ✦ **Канцелярская крыса** (устар. пренебр.) — мелкий служащий, чиновник. || *прил.* **крыси́ный,** -ая, -ое. *К. яд* (для истребления крыс).

КРЫСЁНОК, -нка, *мн.* -ся́та, -ся́т, *м.* Детёныш крысы.

КРЫСОЛО´ВКА, -и, *ж.* **1.** Капкан для крыс. **2.** Собака, истребляющая крыс.

КРЫ´ТЫЙ, -ая, -ое. **1.** С навесом, крышей. *К. ток. Крытое крыльцо. Крытая повозка.* **2.** О меховой одежде: с матерчатым верхом, не нагольный. *К. полушубок.*

КРЫТЬ, кро́ю, кро́ешь; кры́тый; *несов.* **1.** *что.* Накладывать кровлю. *К. дом шифером. К. крышу.* **2.** *что.* В карточной игре: кладя старшую карту на карту партнёра, выводить её из игры. *К. тузом.* **3.** *кого-что.* Грубо бранить; резко критиковать (прост.). *К. матом. Крепко крыли бракоделов на собрании.* **4.** То же, что дуть (в 5 знач.) (прост.). *Крой скорей домой.* ✦ **Крыть нечем** *кому* (прост.) — нечего ответить, возразить. || *сов.* **покры́ть,** -ро́ю, -ро́ешь; покры́тый (к 1, 2 и 3 знач.).

КРЫ´ТЬСЯ (кро́юсь, кро́ешься, 1 и 2 л. не употр.), кро́ется; *несов., в чём.* Заключаться, содержаться. *В расчётах кроется ошибка. Так вот где кроется разгадка!*

КРЫ´ША, -и, *ж.* Верхняя, покрывающая часть строения. *Шиферная, железная, черепичная к. Есть к. над головой у кого-н.* (перен.: есть где жить; разг.). *Под одной крышей с кем-н.* (перен.: в одном доме с кем-н.). *Убрать урожай под крышу* (поместить в хранилища). *К. мира* (перен.: о Памире). ✦ **Выше крыши** (разг. шутл.) — о том, что превышает чьи-н. возможности, слишком обременительно. **Крыша поехала** *у кого* (разг. ирон.) — тронулся (в 3 знач.), не совсем нормален, а также вообще крайне устал, растерян. **Под крышей** *чего, в знач. предлога с род. п.* — пользуясь поддержкой, а также прикрываясь чем-н.

КРЫ´ШКА, -и, *ж.* **1.** Верхняя, закрывающая часть какого-н. сосуда, вместилища. *К. чайника. К. сундука.* **2.** *в знач. сказ., кому.* Конец (в 5 знач.), капут, каюк (прост.). *Поймают, всем им будет к.* || *прил.* **кры́шечный,** -ая, -ое (к 1 знач.).

КРЮК, -а́ *и* -у, *мн.* крюки́, -о́в *и* крю́чья, -ьев, *м.* **1.** (-а́). Металлический (или из другого прочного материала) стержень с резко загнутым концом. *Стальной, железный, деревянный к. Вбить к. в стену. Повесить картину на к. Зацепить крюком. Дверь заперта на к. К. на конце багра.* **2.** (-а́, мн. крюки́, -о́в). Деталь в машинах для подвешивания, цепляния. *Грузовой к. Упряжной к.* (деталь транспортной машины). **3.** (-у, мн. крюки́, -о́в). Лишнее расстояние в пути (разг.). *Сделать к. Дать крюку* (идя окольной дорогой, пройти лишнее расстояние).

КРЮ´КИ: руки-крюки (разг. шутл.) — нескладные, неумелые руки.

КРЮ´ЧИТЬ (-чу, -чишь, 1 и 2 л. не употр.), -чит; *несов.*, обычно *безл., кого-что* (прост.). То же, что корчить (в 1 знач.). *Крючит от боли кого-н.* || *сов.* **скрю́чить** (-чу, -чишь, 1 и 2 л. не употр.), -чит; -ченный.

КРЮ´ЧИТЬСЯ, -чусь, -чишься; *несов.* (прост.). То же, что корчиться. *К. от боли.* || *сов.* **скрю́читься,** -чусь, -чишься.

КРЮЧКОВА´ТЫЙ, -ая, -ое; -а́т. Загнутый крючком, с загибом. *К. нос.* || *сущ.* **крючкова́тость,** -и, *ж.*

КРЮЧКОТВО´Р, -а, *м.* Человек, занимающийся крючкотворством. || *ж.* **крючкотво́рка,** -и. || *прил.* **крючкотво́рский,** -ая, -ое.

КРЮЧКОТВО´РСТВО, -а, *ср.* Канцелярская волокита, бюрократические придирки. || *прил.* **крючкотво́рский,** -ая, -ое.

КРЮ´ЧНИК, -а, *м.* (устар.). Грузчик, переносящий тяжести на железном крюке на спине. || *прил.* **крю́чницкий,** -ая, -ое.

КРЮЧО´К, -чка́, *м.* **1.** Металлический или из другого твёрдого материала стерженёк с загнутым концом. *Дверной к.* (для запора). *Рыболовный к. Вязальный к. Застёжка на крючках. Попасться на к.* (о рыбе, звере; также перен.: поддаться на обман, мошенничество; разг.). *Спусковой к.* (рычаг в спусковом механизме огнестрельного оружия). **2.** То, что имеет резко изогнутую и крутообразную форму. *Выводить крючки и закорючки* (при письме; разг.). *Нос крючком* (с загнутым книзу кончиком). *Согнуться крючком.* || *прил.* **крючко́вый,** -ая, -ое (к 1 знач.) *и* **крючо́чный,** -ая, -ое (к 1 знач.).

КРЮШО´Н, -а (-у), *м.* Смесь из белого вина и рома или коньяка с фруктами, а также вообще прохладительный фруктовый напиток. || *прил.* **крюшо́нный,** -ая, -ое.

КРЯ´ДУ, *нареч.* (прост.). Без перерыва, один за другим. *Десять дней к. шёл дождь.*

КРЯЖ, -а́ *и* -а, *мн.* -и́, -е́й *и* -и, -ей, *м.* **1.** Холмистая возвышенность, гряда холмов. *Лесистый к.* **2.** Короткий обрубок толстого бревна. *Дубовый к.* **3.** (-а́, *мн.* -и́, -е́й). Крепкий, коренастый, а также (перен.) упорный и прижимистый человек (прост.).

КРЯ´ЖИСТЫЙ, -ая, -ое; -ист. Толстый, как кряж, крепкий, плотный. *К. дуб. К. старик.* || *сущ.* **кря́жистость,** -и, *ж.*

КРЯ´КАТЬ, -аю, -аешь; *несов.* **1.** Об утке: издавать характерные звуки, похожие на «кря-кря». *К. по-утиному.* **2.** Издавать отрывистый горловой звук (обычно как выражение удовлетворения) (разг.). *К. от удовольствия.* || *однокр.* **кря́кнуть,** -ну, -нешь. || *сущ.* **кря́канье,** -я, *ср.*

КРЯ´КВА, -ы, *ж.* Дикая утка. || *прил.* **кря́ковый,** -ая, -ое. *Кряковая утка* (то же, что кряква).

КРЯХТЕ´ТЬ, -хчу́, -хти́шь; *несов.* (разг.). **1.** Издавать глухие неясные звуки (от боли, физического напряжения). **2.** *перен.* Находясь в нерешительности и недовольстве, мяться², жаться (в 3 знач.). || *сущ.* **кряхте́нье,** -я, *ср.*

КСЕНО´Н, -а, *м.* Химический элемент, инертный газ без цвета и запаха, применяемый в мощных осветительных приборах. || *прил.* **ксено́новый,** -ая, -ое. *Ксеноновая трубка.*

КСЕНОФО´БИЯ, -и, *ж.* (спец.). **1.** Болезненный, навязчивый страх перед незнакомыми лицами. **2.** Ненависть, нетерпимость к чему-н. чужому, незнакомому, иностранному.

КСЕРОГРА´ФИЯ, -и, *ж.* (спец.). Один из способов электрофотографирования — получение копий различных изображений (текстов, документов). || *прил.* **ксерографи́ческий,** -ая, -ое.

КСЕ´РОКС, -а, *м.* **1.** То же, что ксерография (спец.). **2.** Устройство для ксерографического электрофотографирования. **3.** Изображение, полученное с помощью такого устройства, ксерографическая копия (ксерокопия) (разг.). || *прил.* **ксе́роксный,** -ая, -ое.

КСЕРОФО´РМ, -а, *м.* Жёлтый порошок, вяжущее и антисептическое средство для наружного применения. || *прил.* **ксерофо́рмный,** -ая, -ое.

КСЁНДЗ, ксендза́, *м.* Польский католический священник.

КСИЛОГРА´ФИЯ, -и, *ж.* **1.** Вид гравюры (в 1 знач.) — получение изображения с плоской деревянной печатной формы. *Работать в технике ксилографии. Мастера ксилографии.* **2.** Вид гравюры (во 2 знач.) — изображение, полученное с плоской деревянной печатной формы. *Цветные ксилографии. К. на бумаге. Книжная к.* || *прил.* **ксилографи́ческий,** -ая, -ое. *Ксилографическая доска.*

КСИЛОФО´Н, -а, *м.* Ударный музыкальный инструмент в виде ряда деревянных брусочков, по к-рым ударяют деревянными молоточками. || *прил.* **ксилофо́нный,** -ая, -ое.

КСТА´ТИ, *нареч.* **1.** Вовремя, в подходящий момент. *Посылка пришлась к.* **2.** Пользуясь случаем, вместе с тем. *К. зайди и в магазин.* **3.** *вводн. сл.* В дополнение к сказанному, в связи со сказанным. *А я, к., этого человека давно знаю.* ✦ **Кстати говоря (кстати сказать),** *вводн. сл.* — то же, что кстати (в 3 знач.). **Как нельзя кстати** — очень своевременно. *Разговор возник как нельзя кстати.*

КТО, кого́, кому́, кого́, кем, о ком, *мест.* **1.** *вопросит.* и *союзн. сл.* Указывает на лицо (лица), о к-ром (к-рых) идёт речь. *К. там шевелится? К. там?* (оклик-вопрос тому, кто не виден, прячется или стучит, звонит у дверей). *Всякий, к. может. К. в лес, к. по дрова* (посл. о разнобое, несогласованных действиях). *К. где* (в разных местах). *К. о чём* (все говорят о разном). *Разбежались к. куда* (в разные стороны, места). *Мало ли к.* (многие). *Мало к. знает* (почти никто). *Кто-кто, а я приду* (не знаю о других, а я приду обязательно). *Кому как нравится* (у каждого свой вкус). *К. знает!* и *К. его знает!* (о неизвестном или неясном). *К. кого?* (к-рый из двух будет победителем?). *Узнать, к. есть к.* (каков кто-н. в действительности, какова его сущность; применительно к нескольким; книжн.). **2.** *неопр.* То же, что кто-нибудь (разг.). *Если к. придёт, скажи мне.*

КТО´-ЛИБО, кого́-либо, *мест. неопр.* То же, что кто-нибудь.

КТО´-НИБУДЬ, кого́-нибудь, *мест. неопр.* Какой-нибудь человек или безразлично кто. *Кто-нибудь знает об этом? Позови кого-нибудь.*

КТО́-ТО, кого́-то, *мест. неопр.* Некое существо, некое лицо, некто. *Кто-то прячется в кустах.*

КУБ, -а, *мн.* -ы́, -о́в *и* -ы, -ов, *м.* **1.** (мн. -ы, -ов). Правильный многогранник, имеющий шесть граней. **2.** (мн. -ы, -ов). В математике: произведение данного числа на квадрат самого себя. *Восемь — это к. двух.* **3.** *ед.* В математике: показатель степени, равный трём. *Два в кубе.* **4.** (мн. -ы́, -о́в). Кубический метр как мера объёма (разг.). *К. дров.* **5.** Сосуд для перегонки и кипячения жидкостей. *Кипятильный к.* ‖ *прил.* **кубо́вый**, -а́я, -о́е (к 5 знач.).

КУБА́НЕЦ, -нца, *м.* Казак на Кубани, житель Кубани. ‖ *ж.* **куба́нка**, -и. ‖ *прил.* **куба́нский**, -ая, -ое. *Кубанские станицы. Кубанская шапка* (кубанка).

КУБА́НКА, -и, *ж.* **1.** *см.* кубанец. **2.** Расширяющаяся кверху барашковая шапка с плоским матерчатым или кожаным верхом.

КУ́БАРЕМ, *нареч.* (разг.). Вертясь, стремительно (о падении). *Скатиться с горы к.*

КУБА́РЬ, -я́, *м.* **1.** Детская игрушка — волчок (устар.). **2.** То же, что кубик (в 3 знач.) (прост.).

КУБАТУ́РА, -ы, *ж.* **1.** В математике: вычисление объёма тела. **2.** Объём чего-н., выраженный в кубических единицах. *К. комнаты.* ‖ *прил.* **кубату́рный**, -ая, -ое (ко 2 знач.).

КУБИ́ЗМ, -а, *м.* В изобразительном искусстве начала 20 в.: формалистическое направление, последователи к-рого представляли предметный мир в простых геометрических формах (куба, конуса, граней). ‖ *прил.* **кубисти́ческий**, -ая, -ое *и* **куби́стский**, -ая, -ое.

КУ́БИК, -а, *м.* **1.** Небольшой предмет в форме куба. *Детские кубики* (игра). *Бульон в кубиках* (концентрат). **2.** Кубический сантиметр как мера объёма (разг.). *Два кубика донорской крови.* **3.** Обиходное название квадрата (в 4 знач.). *Два кубика в петлице.*

КУБИ́НСКИЙ, -ая, -ое. **1.** *см.* кубинцы. **2.** Относящийся к кубинцам, к их языку, национальному характеру, образу жизни, культуре, а также к Республике Куба, её территории, внутреннему устройству, истории; такой, как у кубинцев, как на Кубе. *К. вариант испанского языка. К сахарный тростник. Кубинское песо* (денежная единица).

КУБИ́НЦЫ, -ев, *ед.* -нец, -нца, *м.* Население Кубы. ‖ *ж.* **куби́нка**, -и. ‖ *прил.* **куби́нский**, -ая, -ое.

КУБИ́СТ, -а, *м.* Художник — последователь кубизма. ‖ *ж.* **куби́стка**, -и.

КУБИ́ЧЕСКИЙ, -ая, -ое. Относящийся к единицам измерения объёма. *К. метр.*

КУБОВО́Й, -а́я, -о́е. **1.** *см.* куб. **2.** **кубова́я**, -о́й, *ж.* Помещение, где находится кипятильник, кипятильный куб.

КУ́БОВЫЙ, -ая, -ое. Синий густого и яркого оттенка. *К. цвет. Кубовая краска.*

КУ́БОК, -бка, *м.* **1.** Сосуд в виде чаши, бокала (обычно массивный, из ценного материала). *Поднять заздравный к.* **2.** Спортивный (обычно переходящий) приз в форме такого сосуда. ‖ *прил.* **ку́бковый**, -ая, -ое (во 2 знач.). *К. матч* (состязание за спортивный кубок).

КУБОМЕ́ТР, -а, *м.* Кубический метр. *К. дров.*

КУ́БРИК, -а, *м.* Жилое помещение для судовой команды на корабле.

КУБЫ́ШКА, -и, *ж.* **1.** Широкий глиняный сосуд. *Держать деньги в кубышке* (перен.: прятать свои сбережения дома; разг.). **2.** О толстой, маленького роста женщине, девушке (прост.).

КУВА́ЛДА, -ы, *ж.* **1.** Большой молот (в 1 знач.). **2.** *перен.* О неуклюжей, толстой женщине (прост. презр.).

КУВЕ́ЙТСКИЙ, -ая, -ое. **1.** *см.* кувейтцы. **2.** Относящийся к кувейтцам, к их языку (арабскому), национальному характеру, образу жизни, культуре, а также к Кувейту, его территории, внутреннему устройству, истории; такой, как у кувейтцев, как в Кувейте. *Кувейтская нефть. К. динар* (денежная единица).

КУВЕ́ЙТЦЫ, -ев, *ед.* -е́йтец, -тца, *м.* Арабский народ, составляющий основное население Кувейта. ‖ *ж.* **куве́йтка**, -и. ‖ *прил.* **куве́йтский**, -ая, -ое.

КУВЕ́РТ, -а, *м.* (устар.). Столовый прибор (обычно на парадном обеде, в ресторане). *Стол на двадцать кувертов.*

КУВШИ́Н, -а, *м.* Высокий округлый сосуд с горлышком и ручкой. *Глиняный к.* ‖ *уменьш.* **кувши́нчик**, -а, *м.* ‖ *прил.* **кувши́нный**, -ая, -ое. ✦ **Кувшинное рыло** (устар. и прост.) — о лице с резко вытянутыми вперёд, как бы сходящимися вместе носом и губами.

КУВШИ́НКА, -и, *ж.* Водное растение с крупными плавающими листьями и белыми, бело-розовыми или жёлтыми цветками, водяная лилия. ‖ *прил.* **кувши́нковый**, -ая, -ое. *Семейство кувшинковых* (сущ.).

КУВЫРКА́ТЬСЯ, -а́юсь, -а́ешься; *несов.* **1.** Переваливаться через голову. *Дети кувыркаются в траве.* **2.** То же, что опрокидываться. ‖ *сов.* **кувыркну́ться**, -ну́сь, -нёшься. ‖ *сущ.* **кувырка́нье**, -я, *ср.*

КУВЫРКО́М, *нареч.* (разг.). Перевалившись через голову. *Полететь к. Жизнь пошла к.* (перен.: всё сломалось, нарушилось).

КУВЫРНУ́ТЬ, -ну́, -нёшь; *сов.* (прост.). То же, что опрокинуть. ‖ *несов.* **кувырка́ть**, -а́ю, -а́ешь.

КУГУА́Р, -а, *м.* То же, что пума.

КУДА́. **1.** *мест. нареч.* и *союзн. сл.* В какое место, в какую сторону. *К. ты идёшь? Иду, к. нужно. Дом, к. он переехал.* **2.** *мест. нареч.* и *союзн. сл.* Для чего (разг.). *К. тебе столько денег? Не понимаю, к. ему все эти вещи?* **3.** *частица.* Выражает сомнение, отрицание в сочетании с пренебрежительной оценкой (разг.). *К. тебе равняться с ним! Разве он справится! — К.! (к. ему!).* **4.** *частица.* В сочетании со сравн. ст. имеет значение намного, гораздо (разг.). *К. лучше. Он к. умнее. В деревне к. лучше, чем в городе.* ✦ **Куда как** (прост. ирон.) — очень. *Куда как мил!* **Куда (уж) дальше** (разг.) — выражает крайнюю степень чего-н. отрицательного и осуждение. *Мать не уважает. Куда (уж) дальше.* **Куда ни кинь** (разг.) — 1) то же, что как ни кинь (см. кидать); 2) куда ни посмотришь, на что ни обратишь внимание, повсюду, везде. *Куда ни кинь, везде народ.* **Куда ни шло** (прост.) — так и быть, ладно. *Согласен, куда ни шло!* **Куда (уж) там** (разг.) — выражение отрицания, недоверия. *Может быть, он согласится? — Куда уж там!*

КУДА́-ЛИБО, *мест. нареч.* То же, что куда-нибудь.

КУДА́-НИБУДЬ, *мест. нареч.* Безразлично куда; в неопределённое место.

КУДА́-ТО, *мест. нареч.* В какое-то место. *Секретарь куда-то вышел.*

КУДА́ХТАТЬ, -хчу, -хчешь; *несов.* **1.** О курице: издавать характерные звуки, похожие на «кудах-тах-тах». **2.** *перен.* Говорить бестолково и взволнованно (обычно о женщине) (разг. неодобр.). ‖ *сущ.* **куда́хтанье**, -я, *ср.*

КУДЕ́ЛЬ, -и, *ж.* Волокнистая часть льна, пеньки. ‖ *прил.* **куде́льный**, -ая, -ое.

КУДЕ́СНИК, -а, *м.* **1.** Волхв, чародей. *Предсказания кудесника.* **2.** *перен.* То же, что волшебник (во 2 знач.) (высок.). *К. резца, кисти.* ‖ *ж.* **куде́сница**, -ы (ко 2 знач.). ‖ *прил.* **куде́снический**, -ая, -ое.

КУДЛА́ТЫЙ, -ая, -ое; -а́т (прост.). То же, что лохматый. ‖ *сущ.* **кудла́тость**, -и, *ж.*

КУДРЕВА́ТЫЙ, -ая, -ое; -а́т. **1.** Со слегка вьющимися волосами. **2.** *перен.* То же, что кудрявый (в 3 знач.). *Кудревато* (нареч.) *выражаться.* ‖ *сущ.* **кудрева́тость**, -и, *ж.*

КУ́ДРИ, -е́й. Вьющиеся или завитые волосы. ‖ *уменьш.* **кудря́шки**, -шек, *ед.* -шка, -и, *ж.* и **кудерьки́**, -о́в.

КУДРЯ́ВИТЬСЯ (-влюсь, -вишься, 1 и 2 л. не употр.), -вится; *несов.* **1.** Виться кудрями. *Волосы кудрявятся.* **2.** *перен.* О мелких листьях, зелени: расти пышно, виться. *В роще кудрявятся берёзки.*

КУДРЯ́ВЫЙ, -ая, -ое; -я́в. **1.** Вьющийся кудрями, имеющий кудри. *Кудрявые волосы. К. мальчик.* **2.** *перен.* О дереве: пышный, с обильной мелкой листвой. *Кудрявая берёза.* **3.** *перен.* Манерный, вычурный. *К. стиль. К. росчерк.* ‖ *сущ.* **кудря́вость**, -и, *ж.*

КУДЫ́КАТЬ, -аю, -аешь; *несов.* (прост. шутл.). Спрашивать (идущего) «куда?». *Не кудыкай, пути не будет* (примета: у спрошенного, куда он идёт, не будет удачи в пути).

КУДЫ́КИН: **на (за) кудыкины горы** (прост. шутл.) — неизвестно куда.

КУЗЕ́Н [зэ́], -а, *м.* (устар.). То же, что двоюродный брат.

КУЗИ́НА, -ы, *ж.* (устар.). То же, что двоюродная сестра.

КУЗНЕ́Ц, -а́, *м.* **1.** Мастер, занимающийся ручной ковкой. *В кузнице стучат кузнецы. Человек — к. своего счастья* (перен.). **2.** Рабочий кузнечного производства. ‖ *прил.* **кузне́цкий**, -ая, -ое. *К. молот.*

КУЗНЕ́ЧИК, -а, *м.* Прыгающее насекомое отряда прямокрылых, издающее стрекочущие звуки. *Зелёный к.* ‖ *прил.* **кузне́чиковый**, -ая, -ое.

КУЗНЕ́ЧНЫЙ, -ая, -ое. Относящийся к обработке металла ручной и машинной ковкой. *К. цех. Кузнечные работы.*

КУ́ЗНИЦА, -ы, *ж.* **1.** Мастерская с горном для ручной ковки металла, для подковывания лошадей, а также (разг.) кузнечный цех. **2.** *перен.*, *чего.* Место, где создаётся, формируется, подготавливается что-н. важное, ценное (высок.). *Университет — к. кадров.* ‖ *прил.* **ку́зничный**, -ая, -ое.

КУ́ЗОВ, -а, *мн.* -а́, -о́в *и* -ы, -ов, *м.* **1.** Короб из лыка или бересты. *К. с грибами.* **2.** Корпус перевозочного средства, повозки, экипажа. *К. автомобиля, фургона, вагона.* ‖ *уменьш.* **кузово́к**, -вка́, *м.* (к 1 знач.). ‖ *прил.* **кузовно́й**, -а́я, -о́е (ко 2 знач.). *К. цех.*

КУ́ЗЬКИН: **кузькину мать показать** *кому* (прост.) — выражение грубой угрозы.

КУКАРЕ́КАТЬ, -аю, -аешь; *несов.* О петухе: кричать, издавая характерные звуки, похожие на «ку-ка-ре-ку». *К. по-петушиному.* ‖ *сов.* **прокукаре́кать**, -аю, -аешь. ‖ *однокр.*

кукаре́кнуть, -ну, -нешь. ‖ *сущ.* **кукаре́канье**, -я, *ср.*

КУКАРЕКУ́, *звукоподр.* О крике петуха.

КУ́КИШ, -а, *м.* (разг.). Кулак с большим пальцем, просунутым между указательным и средним в знак презрения, издёвки. *Показать кому-н. к. К. в кармане* (о трусливом, робком выражении несогласия или угрозы). *К. с маслом получить* (ничего не получить).

КУ́КЛА, -ы, *род. мн.* ку́кол, *ж.* **1.** Детская игрушка в виде фигурки человека. *Играть в куклы* (с такими фигурками). **2.** В театральном представлении: фигура человека или животного, сделанная из разных материалов и управляемая актёром (кукловодом). *Куклы на нитях* (марионетки), *тростевые* (на тростях), *перчаточные* (надеваемые на руку), *механические. Верховые куклы* (перчаточные или тростевые, играющие над ширмой). *Теневые куклы* (плоскостные тростевые куклы, проектируемые на экран как тени или силуэты). *Театр кукол. Быть куклой в чьих-н. руках* (перен.). **3.** Фигура, воспроизводящая человека в полный рост. *Куклы в витринах магазинов.* **4.** Пачка листов бумаги, подделанная под пачку бумажных денег (прост.). ✦ **Чёртова кукла!** (прост. бран.) — о том, кто мешает, раздражает, сердит. ‖ *уменьш.* **ку́колка**, -и, *ж.* (к 1 и 2 знач.). *Одета как к.* (очень нарядно; разг.). ‖ *прил.* **ку́кольный**, -ая, -ое (1, 2 и 3 знач.). *Кукольное платье. К. театр.*

КУКЛОВО́Д, -а, *м.* Артист кукольного театра, из-за ширмы управляющий куклами при помощи тростей, нитей, специальных перчаток. ‖ *прил.* **кукловóдческий**, -ая, -ое.

КУ-КЛУКС-КЛА́Н, -а, *м.* Террористическая расистская организация в США. ‖ *прил.* **ку-клукс-кла́новский**, -ая, -ое.

КУКЛУКСКЛА́НОВЕЦ, -вца, *м.* Член ку-клукс-клана, линчеватель. ‖ *ж.* **куклукскла́новка**, -и.

КУКОВА́ТЬ, -ку́ю, -ку́ешь; *несов.* **1.** О кукушке: издавать характерные звуки, напоминающие «ку-ку». **2.** Испытывать лишения, бедствовать (прост.). ‖ *сов.* **прокукова́ть**, -ку́ю, -ку́ешь (к 1 знач.). ‖ *сущ.* **кукова́нье**, -я, *ср.*

КУКО́ЖИТЬСЯ, -жусь, -жишься; *несов.* (разг.). Жаться, ёжиться (от холода, недомогания). ‖ *сов.* **скуко́житься**, -жусь, -жишься.

КУ́КОЛКА, -и, *ж.* **1.** *см.* кукла. **2.** Насекомое в стадии развития от личинки к полной зрелости. *К. бабочки.*

КУ́КОЛЬ, -я, *м.* Травянистое растение сем. гвоздичных — сорняк с тёмно-розовыми цветками и ядовитыми семенами.

КУ́КОЛЬНИК, -а, *м.* **1.** Человек, ведущий кукольное представление, артист кукольного театра. *Русские народные кукольники в театре Петрушки. Подготовка актёров-кукольников.* **2.** Мастер, изготовляющий кукол. ‖ *ж.* **ку́кольница**, -ы.

КУ́КОЛЬНЫЙ, -ая, -ое. **1.** *см.* кукла. **2.** То же, что игрушечный (в 1 знач.). *Кукольная мебель. Кукольная посуда.* **3.** *перен.* О лице, внешности: красивый, но невыразительный, неодухотворённый. ✦ **Кукольная комедия** (книжн. пренебр.) — лицемерные действия.

КУ́КСИТЬСЯ, -кшусь, -ксишься; *несов.* (разг.). Хмуриться, быть в плохом настроении или в состоянии недомогания. ‖ *сов.* **наку́кситься**, -кшусь, -ксишься *и* **ску́кситься**, -кшусь, -ксишься.

КУ-КУ́, *звукоподр.* О крике кукушки.

КУКУРУ́ЗА, -ы, *ж.* Злак с толстым стеблем и крупными съедобными жёлтыми зёрнами, собранными в початок, а также зёрна этого растения. ‖ *прил.* **кукуру́зный**, -ая, -ое. *Кукурузная мука. Кукурузные хлопья.*

КУКУ́ШКА, -и, *ж.* **1.** Лесная перелётная птица, обычно не вьющая своего гнезда и кладущая яйцо в чужое гнездо. *К. хвалит петуха* (о неумеренных и неоправданных похвалах друг другу; ирон.). *Ночная к. дневную всегда перекукует* (посл. о том, что влияние жены на мужчину сильнее материнского влияния). *Кукушку на ястреба сменять* (плохое на ещё худшее; разг.). **2.** Небольшой маневровый паровоз, а также поезд местного назначения на железнодорожных ветках (прост.). ‖ *прил.* **куку́шечий**, -ья, -ье (к 1 знач.).

КУКУШО́НОК, -нка, *мн.* -ша́та, -ша́т, *м.* Птенец кукушки.

КУЛА́К[1], -а́, *м.* **1.** Кисть руки со сжатыми пальцами. *Тяжёлый к.* (сильный). *Погрозить кулаком. Дело дошло до кулаков* (до драки; разг.). *Биться на кулаках* (кулаками, врукопашную). **2.** *перен.* Сосредоточенная ударная группировка войск. *Собрать дивизию в к. Бронированный к.* **3.** Толкающее звено в нек-рых механизмах (спец.). ‖ *прил.* **кула́чный**, -ая, -ое (к 1 знач.). *К. бой. Кулачное право* (перен.: произвол, грубая сила). ‖ *уменьш.* **кулачо́к**, -чка́, *м.* (к 1 и 3 знач.). ‖ *прил.* **кулачко́вый**, -ая, -ое (к 3 знач.).

КУЛА́К[2], -а́, *м.* **1.** Богатый крестьянин-собственник, пользующийся постоянно наёмным трудом. **2.** Скупой и корыстолюбивый человек. ‖ *ж.* **кула́чка**, -и (разг.). ‖ *собир.* **кула́чество**, -а, *ср. и* **кулачьё**, -я́, *ср.* (разг. презр.). ‖ *прил.* **кула́цкий**, -ая, -ое. *Кулацкое хозяйство.*

КУЛА́Н, -а, *м.* Дикое животное сем. лошадиных, родственное ослу. ‖ *прил.* **кула́ний**, -ья, -ье.

КУЛА́ЧКИ: на кулачки, на кулачках (разг.) — о кулачном бое. *Биться на кулачках. Пойти на кулачки* (о начале драки).

КУЛЕБЯ́КА, -и, *ж.* Большой продолговатый пирог с начинкой из мяса или рыбы, капусты, каши. *Жирная к.* ‖ *прил.* **кулебя́чный**, -ая, -ое.

КУЛЕ́Ш, -а́, *м.* (прост.). Густая крупяная похлёбка. *Пшённый к.*

КУЛЁК, -лька́, *м.* **1.** *см.* куль. **2.** Небольшой бумажный мешочек (разг.).

КУЛЁМАТЬ, -аю, -аешь; *несов.* (прост.). Делать плохо, кое-как. ‖ *сов.* **скулёмать**, -аю, -аешь.

КУ́ЛИ, *нескл.*, *м.* В нек-рых восточных странах: чернорабочий (обычно носильщик, грузчик).

КУЛИ́К, -а́, *м.* Небольшая болотная птица с длинными ногами. *Всяк к. своё болото хвалит* (посл.). ‖ *прил.* **кулико́вый**, -ая, -ое. *Подотряд куликовых* (сущ.).

КУЛИНА́Р, -а, *м.* **1.** Специалист по кулинарии. **2.** Человек, искусный в приготовлении кушаний. ‖ *ж.* **кулина́рка**, -и (ко 2 знач.; разг.). ‖ *прил.* **кулина́рский**, -ая, -ое.

КУЛИНА́РИЯ, -и *и* **КУЛИНАРИ́Я**, -и, *ж.* **1.** Искусство приготовления пищи. **2.** Магазин готовых блюд и пищевых полуфабрикатов. ‖ *прил.* **кулина́рный**, -ая, -ое (к 1 знач.).

КУЛИ́СА, -ы, *ж.* (спец.). Плоская часть театральной декорации в боковой части сцены. *Мягкая к.* (в виде занавеса). *За кулисами* (за сценой в театре; также перен.: скрытно, тайно). *За кулисы* (за сцену). *За кулисами событий* (перен.). ‖ *прил.* **кули́сный**, -ая, -ое.

КУЛИ́Ч, -а́, *м.* Сладкий, очень сдобный высокий белый хлеб, приготовленный к Пасхе (во 2 знач.). ‖ *уменьш.* **кули́чик**, -а, *м.* ‖ *прил.* **кули́чный**, -ая, -ое. *Куличное тесто.*

КУЛИ́ЧКИ: у чёрта на куличках или к чёрту на кулички (разг.) — очень далеко.

КУЛО́Н[1], -а, *м.* Шейное украшение с камнями. ‖ *прил.* **куло́нный**, -ая, -ое.

КУЛО́Н[2], -а, *род. мн.* -ов *и* при счёте преимущ. кулон, *м.* Единица количества электричества.

КУЛУА́РЫ, -ов. **1.** Помещения вне зала заседания (в парламенте, на конференции). **2.** *перен.* О неофициальных разговорах в осведомлённых политических, общественных кругах (книжн.). *Известно из кулуаров. В кулуарах.* ‖ *прил.* **кулуа́рный**, -ая, -ое.

КУЛЬ, -я́, *м.* **1.** Большой рогожный мешок. **2.** Старая русская торговая мера сыпучих тел (от 5 до 9 пудов). *К. муки.* ‖ *уменьш.* **кулёк**, -лька́, *м.* (к 1 знач.). ✦ **Из кулька в рогожку попасть** (разг.) — попасть из неприятного положения в ещё худшее. **Из кулька в рогожку перебиваться** (разг.) — жить плохо, в нужде, в бедности. ‖ *прил.* **кульќовый**, -ая, -ое (к 1 знач.) *и* **кулево́й**, -а́я, -о́е.

КУ́ЛЬМАН, -а, *м.* Чертёжный прибор. *Стоять за кульманом.*

КУЛЬМИНА́ЦИЯ, -и, *ж.* **1.** Прохождение светила через небесный меридиан (спец.). **2.** Точка наивысшего напряжения, подъёма, развития чего-н. (книжн.) *К. событий.* ‖ *прил.* **кульминацио́нный**, -ая, -ое. *К. момент.*

КУЛЬТ, -а, *м.* **1.** В религии: служение божеству и связанные с этим действия, обряды. *Христианский к. Служители культа.* **2.** *перен.* Преклонение перед кем-чем-н., почитание кого-чего-н. (книжн.). *К. личности.* ‖ *прил.* **ку́льтовый**, -ая, -ое (к 1 знач.).

КУЛЬТ... *Первая часть сложных слов со знач.* относящийся к культурно-просветительной работе, напр. *культработник, культпоход.*

КУЛЬТИВА́ТОР, -а, *м.* (спец.). Орудие для рыхления почвы и уничтожения сорняков. *Пропашной к.* ‖ *прил.* **культива́торный**, -ая, -ое.

КУЛЬТИВИ́РОВАТЬ, -рую, -руешь; -ованный; *несов., что.* **1.** Разводить, выращивать. *К. лимоны. Культивированный жемчуг.* **2.** *перен.* Насаждать, вводить в употребление. *К. новые методы.* **3.** Обрабатывать (землю) культиваторами (спец.). ‖ *сущ.* **культиви́рование**, -я, *ср. и* **культива́ция**, -и, *ж.* (к 1 и 3 знач.). ‖ *прил.* **культивацио́нный**, -ая, -ое (к 3 знач.).

КУЛЬТПОХО́Д, -а, *м.* Коллективное посещение культурно-просветительного учреждения (театра, музея, кино), исторических мест.

КУЛЬТТОВА́РЫ, -ов. Сокращение: культурные товары — канцелярские и ученические принадлежности как предмет торговли. *Магазин культтоваров.* ‖ *прил.* **культтова́рный**, -ая, -ое (разг.).

КУЛЬТУ́РА, -ы, *ж.* **1.** Совокупность производственных, общественных и духовных достижений людей. *История культуры. К. древних греков.* **2.** То же, что культурность (см. культурный во 2 знач.). *Человек высокой культуры.* **3.** Разведение, выращивание какого-н. растения или животного (спец.). *К. льна. К. шелкопряда.* **4.** Разводимое растение, а также (спец.) клетки микроорганизмов, выращенные в питательной среде в лабораторных или промышленных условиях. *Технические культуры. К. органической ткани.* **5.** Высокий уровень чего-н., высокое развитие, умение. *К. производства. К. голоса* (у певцов). *Физическая к.* (физкультура). *К. речи.* ‖ *прил.* **культу́рный**, -ая, -ое (к 1, 3 и 4 знач.).

КУЛЬТУРИ́ЗМ, -а, *м.* Система гимнастических упражнений с тяжестями, направленная на развитие мускулатуры.

КУЛЬТУРИ́СТ, -а, *м.* Человек, занимающийся культуризмом.

КУЛЬТУ́РНЫЙ, -ая, -ое; -рен, -рна. **1.** *см.* культура. **2.** Находящийся на высоком уровне культуры, соответствующий ему. *К. человек. Культурное общество. Культурно* (нареч.) *себя вести.* **3.** *полн. ф.* Относящийся к просветительной, интеллектуальной деятельности. *Культурные связи. Культурная работа* (культурно-просветительная). **4.** *полн. ф.* Обработанный, возделанный, выращенный человеком, не дикий. *Культурные растения. К. слой земли* (со следами деятельности человека; спец.). ‖ *сущ.* **культу́рность**, -и, *ж.* (ко 2 знач.).

КУЛЬТУРО́ЛОГ, -а, *м.* Специалист по культурологии.

КУЛЬТУРОЛО́ГИЯ, -и, *ж.* Наука о духовной культуре народа. ‖ *прил.* **культурологи́ческий**, -ая, -ое.

КУЛЬТЯ́, -и́, *род. мн.* -е́й, *ж.* Часть конечности, оставшаяся после ампутации, увечья.

КУЛЬТЯ́ПКА, -и, *ж.* (разг.). То же, что культя.

КУМ, -а, *мн.* кумовья́, -ьёв, *м.* Крёстный отец по отношению к родителям крестника и к крёстной матери. ✦ **Кум королю** — о том, кто совершенно свободен и доволен, ни от кого не зависит. *Сдал работу — теперь я кум королю!* ‖ *уменьш.* **кумане́к**, -нька, *м.* (прост.).

КУМА́, -ы́, *ж.* Крёстная мать по отношению к родителям крестника и к крёстному отцу. ‖ *ласк.* **ку́мушка**, -и, *ж.*

КУМА́Ч, -а́, *м.* Хлопчатобумажная ярко-красная ткань. ‖ *прил.* **кума́чный**, -ая, -ое *и* **кумачо́вый**, -ая, -ое.

КУМАЧО́ВЫЙ, -ая, -ое. **1.** *см.* кумач. **2.** Ярко-красный, цвета кумача. *Кумачовое знамя.* ‖ *сущ.* **кумачо́вость**, -и, *ж.*

КУМЕ́КАТЬ, -аю, -аешь; *несов., в чём* (прост.). Соображать, понимать.

КУМИ́Р, -а, *м.* **1.** То же, что истукан. **2.** *перен.* Предмет восхищения, преклонения. ✦ **Не сотвори себе кумира** (книжн.) — призыв иметь свободную совесть, самостоятельный и смелый ум [по Ветхому Завету: божественная заповедь пророку Моисею].

КУМИ́РНЯ, -и, *род. мн.* -рен, *ж.* Языческая молельня с кумирами.

КУМИ́ТЬСЯ, -млю́сь, -ми́шься; *несов., с кем* (разг.). Вступать в отношения кумовства (в 1 знач.). ‖ *сов.* **покуми́ться**, -млю́сь, -ми́шься.

КУМОВСТВО́, -а́, *ср.* **1.** Связь, отношения, существующие между кумовьями. **2.** *перен.* Служебное покровительство своим друзьям, родственникам в ущерб делу (неодобр.). ‖ *прил.* **кумовско́й**, -а́я, -о́е.

КУ́МПОЛ, -а, *м.* (прост.). В нек-рых сочетаниях: макушка головы. *Дать по кумполу* (ударить). *Получить по кумполу.*

КУ́МУШКА, -и, *ж.* **1.** *см.* кума. **2.** *перен.* О женщине, занимающейся пересудами, сплетнями (разг.). *Досужие кумушки.*

КУМЫ́КИ, -ов, *ед.* -ы́к, -а, *м.* Народ, относящийся к коренному населению Дагестана. ‖ *ж.* **кумы́чка**, -и. ‖ *прил.* **кумы́кский**, -ая, -ое.

КУМЫ́КСКИЙ, -ая, -ое. **1.** *см.* кумыки. **2.** Относящийся к кумыкам, к их языку, национальному характеру, образу жизни, культуре, а также к территории их проживания, её внутреннему устройству, истории; такой, как у кумыков. *К. язык* (тюркской семьи языков). *По-кумыкски* (нареч.).

КУМЫ́С, -а (-у), *м.* Кислый[1] (во 2 знач.) напиток из кобыльего молока. *Лечение кумысом.* ‖ *прил.* **кумы́сный**, -ая, -ое.

КУМЫСО... *Первая часть сложных слов со знач.:* относящийся к кумысу, к лечению кумысом, напр. *кумысоделание, кумысолечебница, кумысолечебный, кумысолечение.*

КУНА́К, -а́, *м.* У кавказских горцев: друг, приятель. ‖ *прил.* **куна́цкий**, -ая, -ое.

КУНЖУ́Т, -а, *м.* Однолетнее масличное растение тёплых стран. ‖ *прил.* **кунжу́тный**, -ая, -ое. *Семейство кунжутных* (сущ.).

КУНИ́ЦА, -ы, *ж.* Небольшой хищный зверёк с ценным светло-коричневым пушистым мехом, а также мех его. ‖ *прил.* **ку́ний**, -ья, -ье. *Семейство куньих* (сущ.).

КУНСТКА́МЕРА, -ы, *ж.* (устар.). Музей, собрание редкостей, диковинных предметов.

КУНТУ́Ш, -а́, *мн.* -и́, -е́й, *м.* Старинный польский и украинский кафтан с широкими откидными рукавами. ‖ *прил.* **кунту́шный**, -ая, -ое.

КУПА́ЛЬНИК, -а, *м.* Женский купальный костюм.

КУПА́ЛЬНЯ, -и, *род. мн.* -лен, *ж.* Строение для купанья (на воде или у берега). ‖ *уменьш.* **купа́ленка**, -и, *ж.*

КУПА́ЛЬЩИК, -а, *м.* Тот, кто купается (в реке, море, водоёме). ‖ *ж.* **купа́льщица**, -ы.

КУПА́ТЬ, -а́ю, -а́ешь; ку́панный; *несов., кого (что).* Погружать в воду (для мытья, освежения, лечения). *К. детей.* ‖ *сов.* **вы́купать**, -аю, -аешь; -анный *и* **искупа́ть**, -а́ю, -а́ешь; -у́панный. ‖ *возвр.* **купа́ться**, -а́юсь, -а́ешься. *К. в лучах славы* (перен.: упиваться, наслаждаться своей славой, популярностью; ирон.); *сов.* **вы́купаться**, -аюсь, -аешься *и* **искупа́ться**, -а́юсь, -а́ешься. ‖ *сущ.* **купа́нье**, -я, *ср.* ‖ *прил.* **купа́льный**, -ая, -ое. *К. костюм.*

КУПЕ́ [пэ], *нескл., ср.* Закрывающееся дверью отделение в пассажирском вагоне, а также вообще отделение в таком вагоне. *Четырёхместное к.*

КУПЕ́ЙНЫЙ, -ая, -ое. О вагоне: имеющий закрытые купе. *К. вагон.* ‖ *сущ.* **купе́йность**, -и, *ж.*

КУПЕ́ЛЬ, -и, *ж.* В церковном обряде крещения: сосуд в форме большой чаши, в к-рый окунается младенец. *Окунуться в к. страданий* (перен.: о начале страданий, испытаний; устар. высок.). ‖ *прил.* **купе́льный**, -ая, -ое.

КУПЕ́Ц, -пца́, *м.* **1.** Богатый торговец, владелец торгового предприятия. *К. первой гильдии.* **2.** Покупатель (устар. и спец.). *Найти купца на дом. На пушной аукцион съехались купцы из разных стран.* ‖ *уменьш.* **ку́пчик**, -а, *м.* (к 1 знач.). ‖ *увел.* **купчи́на**, -ы, *м.* (к 1 знач.). ‖ *ж.* **купчи́ха**, -и (к 1 знач.). ‖ *собир.* **купе́чество**, -а, *ср.* (к 1 знач.). ‖ *прил.* **купе́ческий**, -ая, -ое (к 1 знач.) *и* **купе́цкий**, -ая, -ое (к 1 знач.; устар. прост.). *Купеческие корпорации. Купеческая роскошь* (перен.: безвкусная, аляповатая). *Купеческие замашки* (перен.: хвастливое, показное расточительство). *Купецкий сын.*

КУПИНА́, -ы́, *ж.*: неопалимая купина (книжн.) — горящий и несгорающий куст [по библейской легенде о терновом кусте, освящённом присутствием Бога].

КУПИ́РОВАННЫЙ, -ая, -ое. То же, что купейный. *К. вагон.*

КУПИ́РОВАТЬ, -рую, -руешь; *сов. и несов.* (спец.). **1.** Локализовать и пресечь (пресекать). *К. очаг воспаления. К. боль.* **2.** Отрезать (отрезать), укоротить (укорачивать). *Купированные уши, хвост у собаки.* ‖ *сущ.* **купи́рование**, -я, *ж.*

КУПИ́ТЬ, куплю́, ку́пишь; ку́пленный; *сов.* **1.** *кого-что.* Приобрести в собственность. *Дорого, дёшево к. К. за большие деньги. К. по случаю* (случайно). **2.** *кого (что).* Привлечь на свою сторону (подкупом, обещаниями) (разг.). *Лестью к. кого-н. Его не купишь* (честен, принципиален). **3.** *кого-что.* В нек-рых азартных карточных играх: получить в прикупе. *К. туза.* ✦ **За что купил, за то и продаю** (разг. шутл.) — говорю то, что слышал, за достоверность не ручаюсь. ‖ *несов.* **покупа́ть**, -а́ю, -а́ешь. ‖ *сущ.* **поку́пка**, -и, *ж.* (к 1 знач.). ‖ *прил.* **покупа́тельный**, -ая, -ое (к 1 знач.; спец.) *и* **поку́почный**, -ая, -ое (к 1 знач.; спец.). *Покупательные фонды населения. Покупательная способность денег. Покупочные цены.*

КУПЛЕ́Т, -а, *м.* **1.** Строфа песни, лирического стихотворения. **2.** *мн.* Смешные сатирические песенки, исполняемые на эстраде, в водевиле, оперетте. ‖ *прил.* **купле́тный**, -ая, -ое.

КУПЛЕТИ́СТ, -а, *м.* Эстрадный артист, исполняющий куплеты (во 2 знач.). ‖ *ж.* **куплети́стка**, -и.

КУ́ПЛЯ, -и, *ж.* Покупка, закупка чего-н. *К. и продажа. К.-продажа* (торговые операции по покупке и продаже).

КУ́ПОЛ, -а, *мн.* -а́, -о́в, *м.* Выпуклая крыша, свод в виде полушария. *К. собора. К. мечети. К. парашюта* (раскрывающаяся в воздухе круглая, прямоугольная или конусообразная часть его, обеспечивающая торможение). *Под куполом цирка. Небесный к.* (небосвод). ‖ *прил.* **ку́польный**, -ая, -ое.

КУПО́Н, -а, *м.* **1.** Отрезной талон ценной бумаги (акции, облигации). *Получить проценты по купону займа. Стричь купоны* (жить на ренту). **2.** Отрез ткани (часто с отделкой) на платье, блузку, юбку, обычно в раскроенном виде. **3.** Суррогат денежного знака. ‖ *прил.* **купо́нный**, -ая, -ое.

КУПОРО́С, -а (-у), *м.* Название нек-рых солей серной кислоты. *Медный к. Железный к.* ‖ *прил.* **купоро́сный**, -ая, -ое.

КУПОРО́СИТЬ, -о́шу, -о́сишь; *несов., что.* Покрывать раствором купороса. *К. потолок.*

КУ́ПЧИЙ, -ая, -ее: **купчая крепость** или **ку́пчая**, -ей, *ж.* (устар.) — акт о покупке имущества, о праве на владение им.

КУПЧИ́ХА *см.* купец.

КУПЮ́РА[1], -ы, *ж.* (книжн.). Сокращение, пропуск в литературном, научном, музыкальном произведении. *Текст печатается с купюрами.* ‖ *прил.* **купю́рный**, -ая, -ое.

КУПЮ́РА[2], -ы, *ж.* (спец.). Ценная бумага — облигация или денежный знак. *Крупная к. займа. Бумажные деньги в мелких купюрах.*

КУР [букв. петух; устар. и обл.]: **как кур во щи попасть** (разг.) — будучи ни при чём, попасть в неожиданную неприятность.

КУ́РА, -ы, *ж.* (устар. и обл.). Домашняя курица. ‖ *прил.* **ку́рий**, -ья, -ье. ✦ **Избушка на курьих ножках** — в сказках: домик бабы-яги. **Курья голова** (бран.) — дурак, глупец.

КУРАГА́, -и́, *ж.* Сушёные разрезанные пополам абрикосы без косточек.

КУРА́Ж, -а́ (-у́), *м.* (устар. и прост.). Непринуждённо-развязное поведение, наигранная смелость. *Для куражу* (чтобы покуражиться). *В кураже* (куражась).

КУРА́ЖИТЬСЯ, -жусь, -жишься; *несов., над кем* (прост.). Вести себя заносчиво и издевательски. ‖ *сов.* **покура́житься**, -жусь, -жишься.

КУРА́НТЫ, -ов. Башенные или большие комнатные часы с музыкальным механизмом. *Кремлёвские к. Бой курантов.*

КУРА́ТОР, -а, *м.* (книжн.). Человек, к-рый курирует кого-что-н. ‖ *прил.* **кура́торский**, -ая, -ое.

КУРГА́Н, -а, *м.* Древний могильный холм, а также вообще небольшая возвышенность. ‖ *прил.* **курга́нный**, -ая, -ое.

КУРГУ́ЗЫЙ, -ая, -ое; -у́з (разг.). **1.** Короткий и тесный (об одежде). *К. пиджак.* **2.** То же, что куцый (в 1 знач.). *К. щенок.* ‖ *сущ.* **кургу́зость**, -и, *ж.*

КУ́РДСКИЙ, -ая, -ое. **1.** *см.* курды. **2.** Относящийся к курдам, к их языку, национальному характеру, образу жизни, культуре, а также к местам их проживания, их внутреннему устройству, истории; такой, как у курдов. *К. язык* (иранской группы индоевропейской семьи языков). *По-курдски* (нареч.).

КУ́РДЫ, -ов, *ед.* **курд**, -а, *м.* Народ, составляющий коренное население исторической области Курдистана и живущий компактными группами в Иране, Турции, Ираке, других странах Ближнего Востока, отчасти на азиатской территории бывшего СССР. ‖ *ж.* **курдя́нка**, -и. ‖ *прил.* **ку́рдский**, -ая, -ое.

КУРДЮ́К, -а́, *м.* У нек-рых пород овец: большое, похожее на мешок жировое отложение у корня хвоста. ‖ *прил.* **курдю́чный**, -ая, -ое. *Курдючные овцы. Курдючное сало.*

КУ́РЕВО, -а, *ср.* (прост.). Табак, а также вообще то, что можно курить. *Сидеть без курева.*

КУРЕ́НИЕ, -я, *ср.* **1.** *см.* курить,- ся. **2.** Вещество, дающее при горении ароматический дым (устар.). *Благовонное к.*

КУРЕ́НЬ, -я́, *м.* **1.** То же, что шалаш (обл.). **2.** На Дону и Кубани: изба, дом. **3.** В старину: отдельная часть запорожского казачьего войска, а также её стан. ‖ *прил.* **куренно́й**, -а́я, -о́е (к 3 знач.). *К. атаман. Выбрать куренного* (сущ.).

КУРЁНОК, -нка, *мн.* -ря́та, -ря́т, *м.* (прост.). То же, что цыплёнок.

КУРЗА́Л, -а, *м.* (устар.). Помещение на курорте для концертов, собраний.

КУРИ́ЛКА[1], -и, *ж.* (разг.). Курительная комната.

КУРИ́ЛКА[2]: **жив курилка!** (разг. шутл.) — всё ещё существует, цел (о том, кто не пропал, несмотря на неудачи, гонения, или о том, кто долго был в безвестности и вдруг объявился).

КУРИ́ЛЬНЯ, -и, *род. мн.* -лен, *ж.* **1.** Заведение для курения наркотиков. **2.** Курительная комната (устар.).

КУРИ́ЛЬЩИК, -а, *м.* **1.** Тот, кто курит (в 1 знач.) что-н. *Курильщики опиума.* **2.** Человек, к-рый привык курить табак, а также вообще тот, кто курит (во 2 знач.). *Закоренелый к.* ‖ *ж.* **кури́льщица**, -ы.

КУРИ́НЫЙ, -ая, -ое. **1.** *см.* курица. **2.** **кури́ные**, -ых. Отряд птиц, к к-рым относятся домашние куры, индейки, фазаны, цесарки и нек-рые другие.

КУРИ́РОВАТЬ, -рую, -руешь; *несов., кого-что* (книжн.). Осуществлять наблюдение и помощь. *К. работу. К. студенческую группу.*

КУРИ́ТЬ, курю́, ку́ришь; ку́ренный; *несов.* **1.** *что.* Втягивать в себя дым тлеющих растительных продуктов. *К. табак. К. опиум, марихуану.* **2.** *что.* Втягивать в себя дым измельчённого тлеющего табака как возбуждающее средство; иметь соответствующую привычку. *К. сигару, трубку, сигарету, папиросу. Бросить к. У нас не курят* (формула запрета). *К. запрещается. Для курящих* (сущ.; о помещении: для тех, кто курит). *Не курит и не пьёт кто-н.* **3.** *что и чем.* Жечь курение (во 2 знач.). *К. ароматной смолкой.* **4.** *что.* Добывать перегонкой. *К. смолу. К. вино* (устар.). ‖ *однокр.* **курну́ть**, -ну́, -нёшь (к 1 знач.). ‖ *сущ.* **куре́ние**, -я, *ср.* ‖ *прил.* **кури́тельный**, -ая, -ое (к 1 и 2 знач.). *К. табак. Курительная комната* (помещение для курения).

КУРИ́ТЬСЯ (курю́сь, ку́ришься, 1 и 2 л. не употр.), ку́рится *и* кури́тся; *несов.* **1.** (ку́рится). Тлеть, гореть при курении. *Сырой табак не курится.* **2.** (кури́тся). Выделять дымок, туманную дымку. *Вулкан курится.* **3.** (кури́тся). О сплошной, лёгкой, воздушной массе: слабо дымить (во 2 знач.), подниматься лёгкой дымкой. *Над кострищем курится дымок. Над болотом курятся испарения. Над прудом курится пар.* ‖ *сущ.* **куре́ние**, -я, *ср.* (к 3 знач.).

КУ́РИЦА, -ы, *мн.* **ку́ры, кур, ку́рам** *и* (обл. и прост.) ку́рицы, -иц, -ам, *ж.* **1.** *мн.* Одомашненный вид птиц отряда куриных, с кожным выростом на голове (гребнем) и под клювом (серёжками). *Мясные, яйценоские (яичные), декоративные, бойцовские породы кур. Держать, разводить кур. Корм для кур. Курятник для кур. Куры на насесте.* **2.** Самка фазана, цесарки, перепёлки и нек-рых других куриных. **3.** Самка домашних кур. *К. с цыплятами. К.-несушка. Как к. с яйцом носится кто-н.* (уделяет слишком много внимания кому-чему-н. незначительному; разг. неодобр.). *К. не птица, баба не человек* (посл.). *Голодной курице просо снится* (посл.). **4.** Мясо домашних кур, курятина; кушанье из такого мяса. *Жареная, тушёная, варёная к. Салат с курицей.* ✦ **Денег куры не клюют** *у кого* (разг.) — очень много. **Как мокрая курица (мокрые курицы)** *кто* (разг.) — о жалком на вид человеке. *Как мокрая курица ведёт себя кто-н.* (вяло, безвольно). **Курам на́ смех** (разг.) — о чём-н. совершенно нелепом. **Пишет как курица лапой** *кто* (разг. шутл.) — о неразборчивом письме, каракулях. **С курами ложиться, с петухами вставать** (разг.) — рано ложиться и рано вставать. **Слепая курица** (разг. шутл.) — о том, кто не разглядел что-н., плохо видит. **Спор о курице и яйце** — бесполезный и неразрешимый спор. ‖ *уменьш.* **ку́рочка**, -и, *ж.* (ко 2 и 3 знач.). ✦ **Курочка-ряба**, курочки-рябы — в сказках: рябая курочка. *Жили-были дед да баба, и была у них курочка-ряба.* ‖ *прил.* **кури́ный**, -ая, -ое (к 1 и 3 знач.), **куря́чий**, -ья, -ье (к 1 и 3 знач.; прост. обл.) и **ку́рицын**, -а, -о (к 3 знач.). *Куриная ферма. Куриные яйца. Куриное мясо* (курятина). *Куриный бульон. Куриные котлеты. Куриные мозги у кого-н.* (перен.: очень неумён кто-н.; разг. пренебр.). *Куриная (курья) твоя голова* (бранно: обращение к тому, кто действует или поступает глупо). ✦ **Куриная слепота** — 1) то же, что куросле́п; 2) резкое ослабление зрения в темноте, при слабом освещении.

КУ́РИЯ, -и, *ж.* В нек-рых избирательных системах: разряд избирателей, образуемый разделением на группы по сословному, имущественному или иному признаку. *Дворянская к.* ✦ **Римская (папская) курия** — система правительственных учреждений, возглавляемая Папой Римским и управляющая католической церковью и государством Ватикан. ‖ *прил.* **куриа́льный**, -ая, -ое.

КУРЛЫ́КАТЬ, -ы́чу, -ы́чешь *и* (разг.) -аю, -аешь; *несов.* О журавле: издавать характерные звуки, напоминающие «курлы-курлы».

КУРНО́Й, -а́я, -о́е. Об избе, бане в старину: отапливаемый печью без трубы, по-чёрному (см. чёрный в 4 знач.), с волоковым окном. *Курная банька, избушка.*

КУРНО́СЫЙ, -ая, -ое; -о́с. Короткий и вздёрнутый (о носе) или (о человеке) с коротким и вздёрнутым носом. ‖ *сущ.* **курно́сость**, -и, *ж.*

КУРО́К, -рка́, *м.* Часть ударного механизма в ручном огнестрельном оружии. *Нажать на к. Спустить к.* ‖ *прил.* **курко́вый**, -ая, -ое.

КУРОЛЕ́СИТЬ, -е́шу, -е́сишь; *несов.* (прост.). Озорничать, безобразничать. *К. во хмелю. В поле куролесит метель* (перен.). ‖ *сов.* **накуроле́сить**, -е́шу, -е́сишь.

КУРОПА́ТКА, -и, *ж.* Птица сем. тетеревиных и фазановых. *Серая, белая к.* ‖ *прил.* **куропа́тковый**, -ая, -ое.

КУРО́РТ, -а, *м.* Местность с природными лечебными, укрепляющими здоровье средствами и учреждениями для лечения, отдыха. *Курорты юга. Город-к. Поехать на к. Приехать с курорта.* ‖ *прил.* **куро́ртный**, -ая, -ое. *Курортная зона. К. сезон.*

КУРО́РТНИК, -а, *м.* Человек, лечащийся, отдыхающий на курорте. ‖ *ж.* **куро́ртница**, -ы.

КУРОРТОЛО́ГИЯ, -и, *ж.* Раздел медицины, изучающий лечебные факторы природы и методы их использования для лечения и профилактики заболеваний. ‖ *прил.* **курортологи́ческий**, -ая, -ое.

КУРОСЛЕ́П, -а, *м.* Народное название нек-рых травянистых растений с жёлтыми цветками.

КУ́РОЧКА, -и, *ж.* **1.** *см.* курица. **2.** Обиходное название самок нек-рых птиц отряда куриных. *К. фазана.*

КУРС[1], -а, *м.* **1.** Направление движения, путь (корабля, летательного аппарата, транспортного средства). *Идти по заданному курсу. Держать* или *взять к. на север.* **2.** *перен.* Направление какой-н. политической, общественной деятельности. *Внешнеполитический к. К. на разоружение.* **3.** Цена, по к-рой продаются ценные бумаги. *Валютный к. Биржевой к. Устойчивый, неустойчивый к. валюты. К. рубля падает, растёт.* ✦ **В курсе** *чего* (быть) и **в курс** *чего* (войти, ввести) — об осведомлённости в чём-н. *Быть в курсе дела. Он уже в курсе событий. Ввести кого-н. в курс дела; разг.).* **Не в курсе** *кто* (разг.) — не осведомлён, не знает в чём дело. ‖ *прил.* **курсово́й**, -а́я, -о́е (к 1 и 3 знач.). *Курсовое движение. Курсовая таблица.*

КУРС[2], -а, *м.* **1.** Законченный цикл, весь объём специального обучения, каких-н. процедур. *Кончить к. в университете. К. грязелечения.* **2.** Отдельная годичная ступень образования в высшей школе и в специальных учебных заведениях, а также группа учащихся этой ступени. *Староста курса. Студент третьего курса.* **3.** Изложение научной дисциплины в высшей школе, в специальном учебном заведении. *Прочитать, прослушать к. лекций. К. русской истории.* ‖ *прил.* **курсово́й**, -а́я, -о́е (к 1 и 2 знач.). *Курсовая работа* (исследовательская работа студента).

КУРСА́НТ, -а, *м.* **1.** Военнослужащий, обучающийся в среднем или высшем учебном заведении, а также проходящий подготовку в воинской учебной части. **2.** Учащийся курсов. ‖ *ж.* **курса́нтка**, -и (ко 2 знач.). ‖ *прил.* **курса́нтский**, -ая, -ое (к 1 знач.).

КУРСИ́В, -а, *м.* Наклонный (вправо) типографский шрифт, подобный рукописному почерку. *Выделить цитату курсивом.* ‖ *прил.* **курси́вный**, -ая, -ое.

КУРСИ́РОВАТЬ, -рую, -руешь; *несов.* Совершать регулярные рейсы, поездки по определённому направлению. *Между станцией и селом курсирует автобус.*

КУРСИ́СТКА, -и, *ж.* В дореволюционной России: слушательница высших женских курсов.

КУРСО́ВКА, -и, *ж.* Документ на право лечения и питания на курорте. ‖ *прил.* **курсо́вочный**, -ая, -ое.

КУ́РСЫ, -ов. Название нек-рых учебных заведений. *К. стенографии. К. кройки и шитья. К. по повышению квалификации.*

КУРТИЗА́НКА, -и, *ж.* (устар.). Женщина лёгкого поведения, имеющая покровителей в высшем обществе.

КУРТИ́НА, -ы, *ж.* **1.** Цветочная грядка, клумба (устар.). **2.** В старину: часть крепостного вала между бастионами. ‖ *прил.* **курти́нный**, -ая, -ое.

КУ́РТКА, -и, *ж.* Короткая верхняя одежда на застёжке. *Спортивная к. Кожаная к.* ‖ *уменьш.* **ку́рточка**, -и, *ж.* ‖ *прил.* **ку́рточный**, -ая, -ое.

КУРЧА́ВИТЬСЯ (-влюсь, -вишься, 1 и 2 л. не употр.), -вится; *несов.* Быть, становиться курчавым. *Волосы курчавятся у висков.*

КУРЧА́ВЫЙ, -ая, -ое; -а́в. То же, что кудрявый (в 1 и 2 знач.). *Курчавая голова. К. мальчик. Курчавая берёза* (перен.). ‖ *сущ.* **курча́вость**, -и, *ж.*

КУРЧО́НОК, -нка, *мн.* -ча́та, -ча́т, *м.* (прост. и обл.). То же, что цыплёнок.

КУ́РЫ[1], *см.* кура *и* курица.

КУ́РЫ[2]: **строить куры** *кому* (устар. шутл.) — ухаживать, заигрывать, оказывать внимание. *Строить куры девицам. Строить куры богатому жениху.*

КУРЬЕ́Р, -а, *м.* **1.** Посыльный учреждения для разноски деловых бумаг. **2.** Должностное лицо для разъездов со спешными поручениями. *Дипломатический к.* ‖ *ж.* **курье́рша**, -и (к 1 знач.; разг.). ‖ *прил.* **курье́рский**, -ая, -ое. ✦ **Курьерский поезд** — прежнее название поезда-экспресса.

КУРЬЁЗ, -а, *м.* Странный, диковинный или смешной случай. *Для или ради курьёза* (для смеха, забавы).

КУРЬЁЗНЫЙ, -ая, -ое; -зен, -зна. Представляющий собой курьёз, забавный. *К. случай.* ‖ *сущ.* **курьёзность**, -и, *ж.*

КУРЯ́ТИНА, -ы, *ж.* (разг.). Куриное мясо как пища.

КУРЯ́ТНИК, -а, *м.* Помещение для кур. *Лиса в курятнике* (перен.: о мошеннике, к-рый чувствует себя где-н. вольготно и безнаказанно; разг.).

КУС, -а, *мн.* -ы́, -о́в, *м.* (прост.). Большой кусок (чего-н. съедобного). *Жирный к.* (также перен.: о чём-н. выгодном, заманчивом; неодобр.). *Урвать к.* (то же, что урвать кусок; неодобр.).

КУСА́ТЬ, -а́ю, -а́ешь; ку́санный; *несов., кого-что.* **1.** Хватать, сжимать зубами или жалить, раня. *Собака кусает за ногу. Кусает змея, пчела.* **2.** Захватывать, отделять зубами. *К. сахар* (откусывать по кусочкам). **3.** (1 и 2 л. не употр.). То же, что кусаться (в 3 знач.). *Кусает крапива. Грубая шерсть кусает кожу.* ‖ *сов.* **покуса́ть**, -а́ю, -а́ешь (к 1 знач.; разг.). *Собака покусала прохожего.* ‖ *однокр.* **кусну́ть**, -ну́, -нёшь (к 1 и 2 знач.; разг.). ‖ *сущ.* **поку́с**, -а, *м.* (к 1 знач.; спец.).

КУСА́ТЬСЯ, -а́юсь, -а́ешься; *несов.* **1.** Иметь повадку кусать (в 1 знач.). *Собаки кусаются.* **2.** Наносить укусы, кусать (в 1 знач.) кого-н. *Дерётся и кусается кто-н. Кусаются мухи, комары.* **3.** (1 и 2 л. не употр.). Вызывать ощущение жжения, раздражать кожу (разг.). *Крапива кусается. Грубошёрстный свитер кусается.* **4.** (1 и 2 л. не употр.). Быть недоступным, слишком дорогим по цене (разг. шутл.). *Редкие меха кусаются. Цена кусается.* ‖ *сов.* **покуса́ться** (-а́юсь, -а́ешься, 1 и 2 л. ед. не употр.), -а́емся, -а́етесь (ко 2 знач.: нанести укусы друг другу; разг.).

КУСА́ЧИЙ, -ая, -ее (разг.). Такой, к-рый кусается (в 1 и 3 знач.). *Кусачая собака. К. шарф.*

КУСА́ЧКИ, -чек, -чкам. Острые щипцы для откусывания проволоки, гвоздей, острогубцы.

КУСО́К, -ска́, *м.* **1.** Отдельная часть чего-н. (отломанная, отрезанная). *К. хлеба* (также перен.: о пропитании, пище вообще). *К. земли. К. мяса. На кусках сидеть* (питаться всухомятку и беспорядочно; разг.). *К. в горло не идёт* или *в горле застревает* (о невозможности есть из-за волнения, обиды; разг.). *Урвать к.* (перен.: добыть для себя что-н. выгодное; разг. неодобр.). **2.** *перен.* Часть чего-н., отрезок (во 2 знач.). *К. диссертации. Целый к. жизни.* **3.** В нек-рых сочетаниях: одна штука (в 1 знач.). *К. мыла. К. сахара.* **4.** Свёрнутая в рулон ткань. *Сукно в кусках.* ‖ *уменьш.* **кусо́чек**, -чка, *м.* (к 1, 2 и 3 знач.). ‖ *прил.* **кусково́й**, -а́я, -о́е (к 1 и 3 знач.). *К. сахар* (в кусках). *Кусковые материалы* (спец.).

КУСО́ЧНИЧАТЬ, -аю, -аешь; *несов.* (устар. разг.). Нищенствовать, собирая подаяние под окнами.

КУСТ, -а́, *м.* **1.** Растение с древовидными ветвями, не имеющее главного ствола. *К. сирени, шиповника, жасмина. В кусты спрятаться* или *уйти, в кустах отсидеться* (также перен.: испугавшись, уклониться от каких-н. действий; неодобр.). **2.** Травянистое растение с несколькими расходящимися от земли стеблями. *К. крапивы, клевера.* **3.** Групповое объединение (предприятий, артелей). *К. мастерских. Школы районного куста.* ‖ *уменьш.* **ку́стик**, -а, *м.* (к 1 и 2 знач.) *и* **кусто́к**, -тка́, *м.* (к 1 знач.). ‖ *прил.* **кустово́й**, -а́я, -о́е. *Кустовые ягодные растения. Кустовые сорта зернобобовых. К. вычислительный центр. Кустовое собрание.*

КУСТА́РНИК, -а, *м.* **1.** То же, что куст (в 1 знач.) (спец.). *Кустарники и полукустарники.* **2.** *собир.* Заросль кустов. *Пробираться сквозь к. Ореховый к.* ‖ *уменьш.* **куста́рничек**, -чка, *м.* ‖ *прил.* **куста́рниковый**, -ая, -ое. *Кустарниковые растения. Кустарниковые заросли.*

КУСТА́РНИЧАТЬ, -аю, -аешь; *несов.* (разг.). **1.** Быть кустарём, заниматься кустарным промыслом. **2.** Заниматься кустарщиной. ‖ *сущ.* **куста́рничество**, -а, *ср.*

КУСТА́РНИЧЕК, -чка, *м.* **1.** *см.* кустарник. **2.** Низкорослое многолетнее растение с твёрдыми разветвлёнными побегами (спец.). *Клюква, вереск, багульник — кустарнички.* ‖ *прил.* **куста́рничковый**, -ая, -ое.

КУСТА́РНЫЙ, -ая, -ое. **1.** Относящийся к производству домашним, ручным, не фабричным способом; производимый таким способом. *Кустарная мастерская. Кустарные изделия.* **2.** *перен.* Несовершенный, примитивный. *Кустарные приёмы. К. способ работы. Кустарно* (нареч.) *сработано.* ‖ *сущ.* **куста́рность**, -и, *ж.* (ко 2 знач.).

КУСТА́РЩИНА, -ы, *ж.* (разг. пренебр.). То, что делается кустарно (во 2 знач.), неумело, неорганизованно.

КУСТА́РЬ, -я́, *м.* Ремесленник, занимающийся кустарным трудом. *Товарищество, артель кустарей.*

КУСТИ́СТЫЙ, -ая, -ое; -и́ст. Растущий густо, в виде куста, пучка. *Кустистая пшеница. Кустистые брови.* ‖ *сущ.* **кусти́стость**, -и, *ж.*

КУСТИ́ТЬСЯ (кущу́сь, кусти́шься, 1 и 2 л. не употр.), кусти́тся; *несов.* Давать много боковых побегов, растущих обычно пучком у основания стебля. ‖ *сущ.* **куще́ние**, -я, *ср.* (спец.). *К. злаков.*

КУ́ТАТЬ, -аю, -аешь; *несов., кого-что.* **1.** *во что.* Плотно завёртывать, одевать во что-н. (тёплое). *К. ребёнка в шаль. К. плечи.* **2.** Одевать слишком тепло. *К. детей.* ‖ *сов.* **заку́тать**, -аю, -аешь; -анный (к 1 знач.). ‖ *возвр.* **ку́таться**, -аюсь, -аешься (к 1 знач.); *сов.* **заку́таться**, -аюсь, -аешься.

КУТЕРЬМА́, -ы́, *ж.* (разг.). Суматоха, беспорядок. *Поднялась к.*

КУТЁЖ, -ежа́, *м.* Разгульная попойка, обильное угощение. ‖ *прил.* **кутёжный**, -ая, -ое.

КУТЁНОК, -нка, *мн.* -тя́та, -тя́т, *м.* (прост.). Щенок собаки.

КУТИ́ЛА, -ы, *м.* и *ж.* (разг.). Человек, к-рый проводит время в кутежах.

КУТИ́ТЬ, кучу́, ку́тишь; *несов.* **1.** Проводить время в кутежах, в кутеже. *К. на свадьбе.* **2.** *перен.* То же, что угощаться (разг. шутл.). ‖ *однокр.* **кутну́ть**, -ну́, -нёшь (разг.). *Кутнём на прощание!*

КУТО́К, -тка́, *м.* (прост. и обл.). Отгороженное в каком-н. помещении место, уголок, закуток.

КУТЬЯ́, -и́, *ж.* Крутая сладкая каша (из риса, пшеницы) с изюмом, к-рую по обычаю едят на поминках.

КУТЮРЬЕ́, *нескл., м.* Художник-модельер, создающий коллекции модной одежды. *Платье от известного к. Демонстрация новой коллекции к.*

КУХА́РКА, -и, *ж.* Прислуга на кухне, готовящая пищу. *Наняться в кухарки.*

КУХА́РНИЧАТЬ, -аю, -аешь; *несов.* (разг.). Быть кухаркой, а также (шутл.) вообще заниматься приготовлением пищи.

КУХЛЯ́НКА, -и, *ж.* На Севере: верхняя меховая одежда.

КУХМИ́СТЕРСКАЯ, -ой, *ж.* (устар.). Небольшой ресторан, столовая.

КУ́ХНЯ, -и, *род. мн.* -хонь, *ж.* **1.** Отдельное помещение (в доме, квартире) с печью, плитой для приготовления пищи. *Готовить в (на) кухне. Летняя к.* (отдельный домик). *У хозяйки много времени занимает к.* (приготовление пищи). **2.** Комплект мебели для такого помещения. **3.** *какая.* Подбор кушаний. *Русская к. Кавказская к.* **4.** *перен.* Скрытая сторона какой-н. деятельности, чьих-н. действий (разг.). *Посвятить кого-н. в свою кухню.* ✦ **Домовая кухня** — пищеблок при доме, жилом комплексе, где отпускают на дом обеды, полуфабрикаты. **Фабрика-кухня** — предприятие пищевой промышленности, выпускающее готовые блюда и полуфабрикаты. ‖ *уменьш.* **ку́хонька**, -и, *род. мн.* -нек, *ж.* (к 1 знач.). ‖ *прил.* **ку́хонный**, -ая, -ое (к 1 и 2 знач.). *Кухонная посуда. К. гарнитур.*

КУ'ЦЫЙ, -ая, -ее; куц (разг.). **1.** О животном: с коротким, обрубленным или обрезанным хвостом. *К. щенок.* **2.** *перен.* Слишком короткий (неодобр.). *К. пиджак.* **3.** *перен.* Бессодержательный и неполноценный. *Куцые мысли. Куцая фраза.*

КУ'ЧА, -и, *ж.* **1.** Скопление чего-н. сыпучего. *К. песку. Сгрести сухие листья в кучу.* **2.** *чего.* Нагромождение чего-н., множество кого-чего-н. *К. книг. К. дел. К. денег* (очень много). *Толпа валит кучей.* ✦ **Куча мала́!** — возглас в детской игре, по к-рому начинается общая свалка. ‖ *уменьш.* **ку́чка**, -и, *ж.* (к 1 знач.).

КУЧЕВО'Й, -а́я, -о́е: **кучевые облака** — облака в виде густых белых клубов.

КУ'ЧЕР, -а, *мн.* -а́, -о́в, *м.* Слуга, работник, к-рый правит лошадьми в экипаже. ‖ *прил.* **кучерско́й**, -а́я, -о́е.

КУЧЕРЯ'ВЫЙ, -ая, -ое; -я́в (прост.). Кудрявый (в 1 и 2 знач.), курчавый. *К. парень.*

КУ'ЧНЫЙ, -ая, -ое; ку́чен, кучна́ *и* ку́чна, ку́чно. Густой, сосредоточенный. *К. полёт дроби.* ‖ *сущ.* **ку́чность**, -и, *ж. К. боя* (у огнестрельного оружия).

КУШ, -а, *м.* (разг.). Большая сумма денег. *Сорвать к.*

КУША'К, -а́, *м.* Пояс, обычно широкий, матерчатый. *Ямщицкий к.* ‖ *прил.* **куша́чный**, -ая, -ое.

КУ'ШАНЬЕ, -я, *род. мн.* -ний, *ср.* То, что приготовлено для еды. *Вкусное к.*

КУ'ШАТЬ, -аю, -аешь; *несов., что.* Есть, принимать пищу [употр. при вежливом приглашении других к еде]. *Кушайте, пожалуйста.* ‖ *сов.* **поку́шать**, -аю, -аешь *и* **ску́шать**, -аю, -аешь; -анный.

КУШЕ'ТКА, -и, *ж.* Мягкая мебель без спинки для лежания, сидения. ‖ *прил.* **куше́точный**, -ая, -ое.

КУ'ЩА, -и, *род. мн.* кущ, *ж.* (устар.). Тенистая роща, лесная заросль. *Райские кущи* (о каком-н. месте как воплощении обилия и благополучия; книжн. ирон.).

КУЩЕ'НИЕ *см.* куститься.

КХМЕ'РСКИЙ, -ая, -ое. **1.** *см.* кхмеры. **2.** Относящийся к кхмерам, к их языку, национальному характеру, образу жизни, культуре, а также к Камбодже, её территории, внутреннему устройству, истории; такой, как у кхмеров, как в Камбодже (1976—1989 гг. — Кампучии). *К. язык* (австроазиатской семьи языков). *Кхмерская империя* (9—13 вв.).

КХМЕ'РЫ, -ов, *ед.* кхмер, -а, *м.* Народ, составляющий основное население Камбоджи. ‖ *ж.* **кхме́рка**, -и. ‖ *прил.* **кхме́рский**, -ая, -ое.

КШ и **КЫШ**, *межд.* Окрик, к-рым отгоняют птиц.

КЬЯТ, -а, *м.* Денежная единица в Мьянме (Бирме).

КЮВЕ'Т, -а, *м.* (спец.). Канава для стока воды, идущая вдоль дорожного полотна. ‖ *прил.* **кюве́тный**, -ая, -ое.

КЮРЕ' [*рэ*], *нескл., м.* Во Франции и нек-рых других странах: католический приходский священник.

Л

ЛАБА'З, -а, *м.* **1.** Помещение для торговли зерном, мукой, а также для хранения зерна, муки (устар.). *Мучной л.* **2.** Навес, настил. *Охотничий л. на дереве.* ‖ *прил.* **лаба́зный**, -ая, -ое.

ЛАБА'ЗНИК, -а, *м.* (устар.). Торговец, владелец лабаза (в 1 знач.). ‖ *ж.* **лаба́зница**, -ы. ‖ *прил.* **лаба́зницкий**, -ая, -ое *и* **лаба́зничий**, -ья, -ье.

ЛАБИ'ЛЬНЫЙ, -ая, -ое; -лен, -льна (книжн.). Подвижный, неустойчивый. *Лабильное давление. Лабильная температура.* ‖ *сущ.* **лаби́льность**, -и, *ж.*

ЛАБИРИ'НТ, -а, *м.* **1.** Запутанная сеть дорожек, ходов, сообщающихся друг с другом помещений [*первонач.* в Древней Греции и Египте большое здание со сложно расположенными переходами]. **2.** *перен.* Сложное, запутанное расположение, сочетание чего-н. *Л. улиц. Л. мыслей.* **3.** Внутреннее ухо (спец.). ‖ *прил.* **лабири́нтный**, -ая, -ое (к 1 и 3 знач.) *и* **лабири́нтовый**, -ая, -ое (к 1 и 3 знач.; спец.).

ЛАБОРА'НТ, -а, *м.* Научно-технический сотрудник лаборатории, научного учреждения. ‖ *ж.* **лабора́нтка**, -и. ‖ *прил.* **лабора́нтский**, -ая, -ое.

ЛАБОРАТО'РИЯ, -и, *ж.* **1.** Учреждение, отдел, где проводятся научные и технические опыты, экспериментальные исследования, анализы. *Проблемная л. Учебная л.* **2.** *перен.* Внутренняя сторона творческой деятельности. *Творческая л. писателя.* ‖ *прил.* **лаборато́рный**, -ая, -ое (к 1 знач.) *и* **лаборато́рский**, -ая, -ое (к 1 знач.; разг.).

ЛА'ВА[1], -ы, *ж.* Расплавленная минеральная масса, изливающаяся из вулкана при извержении. ‖ *прил.* **ла́вовый**, -ая, -ое.

ЛА'ВА[2], -ы, *ж.* Казачья атака — охват противника в конном рассыпном строю.

ЛА'ВА[3], -ы, *ж.* Подземная горная выработка с забоем большой протяжённости. ‖ *прил.* **ла́вный**, -ая, -ое.

ЛАВА'НДА, -ы, *ж.* Пахучее эфироносное травянистое или кустарниковое растение с голубыми или синими цветками. ‖ *прил.* **лава́ндовый**, -ая, -ое *и* **лава́ндный**, -ая, -ое. *Лавандовое масло. Лавандный запах.*

ЛАВА'Ш, -а, *м.* На юге, в Средней Азии: белый хлеб в виде большой плоской лепёшки. ‖ *прил.* **лава́шный**, -ая, -ое.

ЛАВИ'НА, -ы, *ж.* **1.** Массы снега, снежных глыб, низвергающихся с гор. *Сходит л.* **2.** *перен.* То, что движется стремительной массой. *Л. войск.* ‖ *прил.* **лави́нный**, -ая, -ое.

ЛАВИ'РОВАТЬ, -рую, -руешь; *несов.* **1.** О парусном судне, лодке: двигаться против ветра по ломаной линии, а также (о судне, самолёте) вообще двигаться с частыми переменами курса. **2.** *перен.* Двигаться, действовать не прямо, искусно обходя препятствия. *Л. между прохожими. Л. в политике.* ‖ *сов.* **слави́ровать**, -рую, -руешь. ‖ *сущ.* **лави́рование**, -я, *ср. и* **лавиро́вка**, -и, *ж.* (к 1 знач., разг.).

ЛА'ВКА[1], -и, *ж.* Длинная, чаще без стоек, скамья, обычно укреплённая вдоль стены. *Л. в избе. Спать на лавке. Семеро по лавкам у кого-н.* (о том, у кого большая семья, много детей; разг.). ‖ *уменьш.* **ла́вочка**, -и, *ж.* ‖ *прил.* **ла́вочный**, -ая, -ое.

ЛА'ВКА[2], -и, *ж.* Небольшой магазин. *Сельская л. Сходить в лавку. Передвижная л. Книжная л. писателей.* ‖ *уменьш.* **ла́вочка**, -и, *ж.* ‖ *унич.* **лавчо́нка**, -и, *ж.* ‖ *прил.* **ла́вочный**, -ая, -ое.

ЛА'ВОЧКА, -и, *ж.* **1.** *см.* лавка[1-2]. **2.** Небольшая скамейка. *Л. у ворот.* **3.** О незаконных, жульнических махинациях, а также о людях, участвующих в таких махинациях (разг.). *Раскрыть, прикрыть чью-н. лавочку.*

ЛА'ВОЧНИК [*шн*], -а, *м.* (устар.). Торговец, владелец лавки[2]. ‖ *ж.* **ла́вочница**, -ы. ‖ *прил.* **ла́вочницкий**, -ая, -ое *и* **ла́вочничий**, -ья, -ье.

ЛАВР, -а, *м.* **1.** Южное вечнозелёное дерево или кустарник, душистые листья к-рого употр. как специя. *Благородный л.* **2.** *мн.* Ветви этого дерева, венок из них как символ победы, славы, награды (высок.) *Увенчать лаврами победителя. Стяжать лавры* (также перен.) *Пожинать лавры* (перен.: пользоваться плодами успехов; часто ирон.). *Почить на лаврах* (перен.: успокоиться на достигнутом; неодобр.) *Чьи-н. лавры не дают покоя кому-н.* (перен.: кто-н. завидует чьим-н. успехам; ирон.). ‖ *прил.* **ла́вровый**, -ая, -ое (к 1 знач.) *и* **лавро́вый** -ая, -ое. *Ла́вровая роща. Семейство ла́вровых* (сущ.). *Лавро́вый лист. Лавро́вый венок.*

ЛА'ВРА, -ы, *ж.* Название нек-рых крупных православных мужских монастырей. ‖ *прил.* **ла́врский**, -ая, -ое.

ЛАВРОВИ'ШНЯ, -и, *род. мн.* -шен, *ж.* Южное небольшое вечнозелёное дерево или кустарник сем. розоцветных, из листьев к-рого получают лекарственные вещества. ‖ *прил.* **лаврови́шневый**, -ая, -ое. *Лавровишневые капли.*

ЛАВСА'Н, -а, *м.* Род синтетического волокна, а также ткань из этого волокна. ‖ *прил.* **лавса́новый**, -ая, -ое.

ЛАГ, -а, *м.* (спец.). Прибор для определения скорости хода судна и пройденного им расстояния. ‖ *прил.* **ла́говый**, -ая, -ое.

ЛА'ГЕРНИК, -а, *м.* (прост.). Человек, содержащийся в лагере (в 3 знач.). ‖ *ж.* **ла́герница**, -ы. ‖ *прил.* **ла́герницкий**, -ая, -ое.

ЛА'ГЕРЬ, -я, *мн.* -и, -ей *и* -я́, -е́й, *м.* **1.** Стоянка (во 2 знач.), обычно под открытым небом, в палатках, во временных постройках. *Стоять лагерем. Разбить л. Туристский л. Л. беженцев.* **2.** Учреждение, место, в к-ром собраны люди для проведения тех или иных мероприятий. *Спортивный л.* (место тренировочных сборов спортсменов). *Пионерский л.* (воспитательно-оздоровительное учреждение, работающее в каникулярное время). **3.** (-я́, -е́й). Место содержания заключённых, концлагерь. **4.** (-и, -ей), *перен.* Общественно-политическая группировка, направление. *Л. демократов.* ‖ *прил.* **ла́герный**, -ая, -ое (к 1, 2, и 3 знач.). *Л. сбор* (сбор в учебном центре военных частей для обучения личного состава в полевых условиях). *Лагерная зона.*

ЛАГУ'НА, -ы, *ж.* **1.** Морской залив, отделённый от моря песчаной косой. **2.** Внутренний водоём коралловых островов, а также участок моря между коралловым рифом и берегом. ‖ *прил.* **лагу́нный**, -ая, -ое.

ЛАД[1], -а (-у), о ла́де, в ладу́, *мн.* -ы́, -о́в, *м.* (разг.). **1.** чаще *ед.* Согласие, мир, порядок. *Нет ладу в семье. В ладу* или *в ладах с кем-н.* (в полном согласии, в дружеских отношениях). *Жить в ладу с кем-н. Он с ним не в ладах. Ум с сердцем не в ладу у кого-н.* (о том, кто разумом понимает одно, а сердцем чувствует другое). *Ученик не в ладах с математикой* (перен.: не успевает по математике). **2.** Образец, способ. *На другой л. сделать* (по-другому). *На все лады* (по-всякому, по-разному). ✦ **На лад** (идти, пойти) (разг.) — успешно. *Дело пошло на лад.* **Ни складу ни ладу нет** *в чём* (разг.) — нет ни ясности, ни порядка (обычно о рассказе, речи).

ЛАД[2], -а, *мн.* **-ы́**, **-о́в**, *м.* (спец.). **1.** Строй музыкального произведения, сочетания звуков и созвучий. **2.** *мн.* Поперечное деление на грифе струнного инструмента. **3.** *мн.* Клавиши гармоники, струнного, духового инструмента. *Перебирать лады.* ✦ **В лад** (разг.) — стройно, в соответствии с чем-н. *Петь в лад.* **В лад с** *кем-чем, в знач. предлога с тв. п.* (разг.) — как кто-н., совместно, не расходясь с кем-чем-н. *Действовать в лад с напарником.* ‖ *прил.* **ладовый**, -ая, -ое.

ЛА́ДА, -ы, *м.* и *ж.* В народной поэзии: возлюбленный, возлюбленная. ‖ *ласк.* **ла́душка**, -и, *м.* и *ж.*

ЛА́ДАН, -а (-у), *м.* Ароматическая смола, употр. для курения при богослужении. *На л. дышит кто-что-н.* (при смерти кто-н.; устар.; также о чём-н. ветхом, изношенном до крайности; разг. шутл.). *Как чёрт ладана боится кто-н., как чёрт от ладана бежит кто-н.* (очень боится, всячески старается избежать; разг.). ‖ *прил.* **ла́данный**, -ая, -ое.

ЛА́ДАНКА, -и, *ж.* Маленький мешочек с каким-н. предметом, заговором (первоначально с ладаном), носимый на груди как талисман. *Л. на шёлковом шнурке. Л. с горстью родной земли.*

ЛАДЕ́ЙНЫЙ *см.* ладья.

ЛА́ДИТЬ[1], ла́жу, ла́дишь; *несов., с кем* (разг.). Быть в ладу, жить в согласии. *Л. со всеми.*

ЛА́ДИТЬ[2], ла́жу, ла́дишь; *несов.* **1.** *что.* Делать, мастерить (прост.). *Л. сани.* **2.** Предполагать, намереваться (прост.). *Ладил в город ехать.* **3.** *что.* Говорить, повторяя одно и то же (разг.). *Л. своё.*

ЛА́ДИТЬСЯ, -а́жусь, -а́дишься; *несов.* **1.** (1 и 2 л. не употр.). Удаваться, идти на лад (разг.). *Дело не ладится.* **2.** Стараться, пытаться (прост. и обл.). *Л. пойти в ученики. Л. помочь.* **3.** Сговариваться о каком-н. деле, покупке (прост. и обл.). *Л. о цене.* ‖ *сов.* **нала́диться**, -а́жусь, -а́дишься (к 1 и 2 знач.) *и* **сла́диться**, -а́жусь, -а́дишься (к 1 и 3 знач.).

ЛА́ДНЫЙ, -ая, -ое; -ден, -дна́, -дно (разг.). **1.** Во всех отношениях хороший. *Парень л. Ладная фигура. Ладно* (нареч.) *скроен, крепко сшит* (о том, кто хорошо сложён, крепок). *В семье у него всё ладно* (в знач. сказ.). **2.** **ла́дно**, *частица.* Выражает согласие, хорошо, да. *Ладно, будь по-твоему. Пойдём вместе? — Ладно!* **3.** *в знач. сказ., кого-чего* и *с неопр.* То же, что достаточно (прост). *Л. тебе плакать. Л. унывать. Л. спать, берись за дело.* ✦ **Ладно бы** — 1) *союз,* выражает вынужденное допущение при сопоставлении с отрицательно оцениваемой ситуацией, пусть бы, добро бы (в 1 знач.). *Ладно бы ворчал! Нет, ещё и ругается. Ладно бы мороз, ещё и ветер;* 2) *частица.* То же, что добро бы (во 2 знач.). *За что ему платить? Ладно бы хорошо работал.* **Ладно... но**, *союз* — то же, что ладно бы. *Ладно дети шумят, но взрослые-то?* **Ладно же!** — выражение угрозы. *Опять не слушаешься. Ладно же!* ‖ *уменьш.* **ла́дненький**, -ая, -ое (к 1 знач.). ‖ *сущ.* **ла́дность**, -и, *ж.* (к 1 знач.).

ЛАДО́НЬ, -и, *ж.* Внутренняя сторона кисти руки. *Загрубелые ладони. Как на ладони* (о том, что хорошо видно; совершенно ясно). *В ладони хлопать, бить, ударять* (то же, что в ладоши хлопать, бить, ударять). ‖ *уменьш.* **ладо́шка**, -и, *ж.* *Бить, хлопать в ладошки* (ударять одной ладошкой о другую). ‖ *прил.* **ладо́нный**, -ая, -ое. *Ладонная поверхность рук, пальцев.*

ЛАДО́ШИ: **в ладоши хлопать (бить, ударять)** — 1) ударять одной ладонью о другую в знак одобрения; 2) ударять одной ладонью о другую, отбивая такт.

ЛА́ДУШКИ, -шек: **в ладушки играть** (разг.) — играть с ребёнком, хлопая ладонями (или его ладошками) и припевая. *Ладушки, ладушки, где были? — У бабушки* (начало песенки-припева к этой игре).

ЛАДЫ́, *частица* (прост.). **1.** То же, что ладно (см. ладный во 2 знач.). **2.** То же, что хорош (см. хороший в 13 знач.).

ЛАДЬЯ́, -и́, *род. мн.* -де́й, *ж.* **1.** Лодка, парусное судно (устар. и обл.). **2.** В шахматах: фигура в форме башни, тура́. ‖ *прил.* **ладе́йный**, -ая, -ое. *Ладейная мачта. Ладейное окончание партии.*

ЛАЗ, -а, *м.* **1.** То же, что лазейка (в 1 знач.) (разг.). **2.** Устройство для доступа куда-н., ход (спец.). ‖ *прил.* **лазно́й**, -а́я, -о́е.

ЛАЗАРЕ́Т, -а, *м.* Небольшая больница при воинской части. *Походный л. Дома у меня — целый л.* (перен.: все больны; разг. шутл.). ‖ *прил.* **лазаре́тный**, -ая, -ое.

ЛА́ЗАРЬ, -я, *м.*: 1) **наобум лазаря** (прост. неодобр.) — то же, что наобум. *Наобум лазаря поступать;* 2) **лазаря петь** (прост. неодобр.) — плакаться, жаловаться, стараясь разжалобить кого-н. *Хватит лазаря петь.*

ЛАЗЕ́ЙКА, -и, *ж.* **1.** Узкое отверстие, через к-рое можно пролезть, лаз (в 1 знач.). *Л. в заборе.* **2.** *перен.* Уловка, хитрый, ловкий приём для выхода из неприятного, затруднительного положения (разг.). *Л. для обманщиков.*

ЛА́ЗЕР [зэ], -а, *м.* (спец.). **1.** Оптический квантовый генератор, устройство для получения мощных узконаправленных пучков света. *Импульсный л. Л. непрерывного действия.* **2.** Пучок света, луч, получаемый при помощи такого генератора. *Лечение лазером. Сварка лазером.* ‖ *прил.* **ла́зерный**, -ая, -ое. *Л. луч. Лазерная хирургия.*

ЛАЗЕРО... [зэ]. *Первая часть сложных слов со знач.* относящийся к лазеру (во 2 знач.), напр. *лазеротерапия.*

ЛА́ЗЕРЩИК, -а, *м.* (разг.). Специалист по лазерной технологии, по работе с лазерной техникой.

ЛА́ЗИТЬ, ла́жу, ла́зишь и (разг.) **ЛА́ЗАТЬ**, -аю, -аешь; *несов.* То же, что лезть (в 1, 2 и 3 знач., но обозначает действие, совершающееся не в одно время, не за один приём или не в одном направлении). *Л. на деревья. Л. в чужой сад. Л. по карманам. Лазящие растения* (вьющиеся, ползучие; спец.). ‖ *сов.* **сла́зить**, сла́жу, сла́зишь *и* (разг.) **сла́зать**, -аю, -аешь. ‖ *сущ.* **ла́занье**, -я, *ср.* ‖ *прил.* **ла́зательный**, -ая, -ое (спец.).

ЛАЗО́РЕВЫЙ, -ая, -ое; -ев. В народной словесности: голубой, лазурный. *Л. цветок.*

ЛАЗУРИ́Т, -а, *м.* Минерал синего цвета, ценный поделочный камень. ‖ *прил.* **лазури́товый**, -ая, -ое.

ЛАЗУ́РНО-... *Первая часть сложных слов со знач.* лазурный, с лазурным оттенком, напр. *лазурно-голубой, лазурно-небесный, лазурно-бирюзовый.*

ЛАЗУ́РНЫЙ, -ая, -ое; -рен, -рна. Цвета лазури, светло-синий. *Лазурное небо. Л. берег* (у тёплого южного моря). *Лазурные мечты* (перен.: идиллические, несбыточные). ‖ *сущ.* **лазу́рность**, -и, *ж.*

ЛАЗУ́РЬ, -и, *ж.* **1.** Светло-синий цвет, синева (устар. и высок.). *Небесная л.* **2.** Природная светло-синяя краска.

ЛАЗУ́ТЧИК, -а, *м.* (устар.). Разведчик (преимущ. в тылу противника). *Подослать лазутчика.* ‖ *ж.* **лазу́тчица**, -ы. ‖ *прил.* **лазу́тчицкий**, -ая, -ое.

ЛАЙ *см.* лаять.

ЛА́ЙКА[1], -и, *ж.* Общее название породы ездовых, охотничьих и сторожевых собак. *Сибирская л.* ‖ *прил.* **ла́ечный**, -ая, -ое.

ЛА́ЙКА[2], -и, *ж.* Сорт мягкой кожи из шкур овец и коз. ‖ *прил.* **ла́йковый**, -ая, -ое. *Лайковые перчатки.*

ЛА́ЙНЕР, -а, *м.* Большое быстроходное судно, а также большой пассажирский самолёт. *Океанский л. Воздушный л. Комфортабельный пассажирский л.* ‖ *прил.* **ла́йнерный**, -ая, -ое *и* **ла́йнерский**, -ая, -ое.

ЛАЙЧО́НОК, -нка, *мн.* -ча́та, -ча́т, *м.* Щенок лайки.

ЛАК, -а (-у), *м.* **1.** Раствор смол или синтетических веществ, покрывающий твёрдой блестящей плёнкой какую-н. поверхность. *Покрыть лаком. Л. для ногтей, для пола. Навести л.* (также перен.: окончательно отделать). **2.** *мн.* Художественные изделия из дерева, папье-маше или металла с покрытием из такого раствора. *Русские художественные лаки.* ‖ *прил.* **ла́ковый**, -ая, -ое. *Лаковые туфли* (из кожи, покрытой лаком).

ЛАКА́ТЬ, -а́ю, -а́ешь; *несов., что.* О животных: есть (жидкость), вбирая вытянутым языком. *Л. молоко.* ‖ *сов.* **вы́лакать**, -аю, -аешь; -анный.

ЛАКЕ́Й, -я, *м.* **1.** Слуга в господском доме или в гостинице, ресторане. *Выездной л. Придворный л. Ливрейный л.* (одетый в ливрею как знак торжественности обстановки, богатства хозяина). **2.** *перен.* Раболепный приспешник, подхалим (презр.). ‖ *прил.* **лаке́йский**, -ая, -ое. *Лакейская ливрея. Лакейские манеры.*

ЛАКЕ́ЙСТВОВАТЬ, -твую, -твуешь; *несов.* (презр.). Вести себя лакеем (во 2 знач.), раболепствовать, угодничать. ‖ *сущ.* **лаке́йство**, -а, *ср.*

ЛАКИРОВА́ТЬ, -ру́ю, -ру́ешь; -о́ванный; *несов., что.* **1.** Покрывать лаком. *Л. пол. Лакированные туфли* (лаковые). **2.** *перен.* Идеализировать, приукрашивать. *Л. действительность.* ‖ *сов.* **отлакирова́ть**, -ру́ю, -ру́ешь; -о́ванный (к 1 знач.). ‖ *сущ.* **лакирова́ние**, -я, *ср.* (к 1 знач.) *и* **лакиро́вка**, -и, *ж.* ‖ *прил.* **лакиро́вочный**, -ая, -ое (к 1 знач.) *и* **лакирова́льный**, -ая, -ое (к 1 знач.).

ЛАКИРО́ВКА, -и, *ж.* **1.** *см.* лакировать. **2.** Слой лака на чём-н. *Тусклая л.* **3.** *мн.* Лакированные женские туфли (прост.).

ЛА́КМУС, -а, *м.* Красящее растительное вещество, раствор к-рого в щелочной среде окрашивается в синий цвет, а в кислой среде — в красный. ‖ *прил.* **ла́кмусовый**, -ая, -ое. *Лакмусовая бумага* (пропитанная раствором лакмуса и меняющая свой цвет под действием кислот и щелочей; также перен.: о способе безошибочной проверки кого-чего-н.).

ЛА́КОВЫЙ *см.* лак.

ЛА́КОМИТЬ, -млю, -мишь; *несов., кого (что)* (устар.). Кормить чем-н. вкусным, лакомым. ‖ *сов.* **пола́комить**, -млю, -мишь.

ЛА́КОМИТЬСЯ, -млюсь, -мишься; *несов., чем.* Есть что-н. вкусное, лакомое. *Л. вареньем.* ‖ *сов.* **пола́комиться**, -млюсь, -мишься.

ЛА́КОМКА, -и, *м.* и *ж.* (разг.). Человек, к-рый любит лакомиться.

ЛА́КОМСТВО, -а, *ср.* Сласти, а также вообще лакомое блюдо. *Любимое л.*

ЛА́КОМЫЙ, -ая, -ое; -ом. **1.** Очень вкусный. *Лакомое блюдо. Л. кусок* (также перен.: о чём-н. очень заманчивом, соблазнительном; разг., обычно неодобр.). **2.** *до чего или на что.* Падкий на что-н., пристрастный к чему-н. (разг.). *Лаком до сладкого. Л. на подношения.*

ЛАКОНИ́ЗМ, -а, *м.* Краткость и чёткость изложения. *Л. выражения.* ‖ *прил.* **лаконический**, -ая, -ое.

ЛАКОНИ́ЧНЫЙ, -ая, -ое; -чен, -чна. Отличающийся лаконизмом, немногословный. *Л. стиль. Лаконичное письмо.* ‖ *сущ.* **лакони́чность**, -и, *ж.*

ЛАКРИ́ЦА, -ы, *ж.* и **ЛАКРИ́ЧНИК**, -а, *м.* То же, что солодка. ‖ *прил.* **лакри́чный**, -ая, -ое.

ЛАКТА́ЦИЯ, -и, *ж.* (спец.). Образование и выделение молока у женщин, у самок млекопитающих. ‖ *прил.* **лактацио́нный**, -ая, -ое. *Л. период.*

ЛАКУ́НА, -ы, *ж.* (книжн.). Пропуск, пробел, недостающее место в тексте; вообще пропуск, пробел в чём-н.

ЛА́МА[1], -ы, *ж.* Южноамериканское вьючное животное сем. верблюдовых с ценной шерстью.

ЛА́МА[2], -ы, *м.* Ламаистский монах.

ЛАМАИ́ЗМ, -а, *м.* Возникшая в 14—15 вв. н. э. и распространённая в Тибете, Монголии и нек-рых других странах разновидность буддизма, характеризующаяся множеством бытовых обрядов, магических приёмов и заклинаний. ‖ *прил.* **ламаи́стский**, -ая, -ое. *Ламаистская церковь.*

ЛАМАИ́СТ, -а, *м.* Последователь ламаизма. ‖ *прил.* **ламаи́стский**, -ая, -ое.

ЛА́МПА, -ы, *ж.* Осветительный или нагревательный прибор различного устройства. *Электрическая л. Лампы дневного света. Паяльная л.* ✦ **Электронно-волновая лампа** (спец.) — электрический вакуумный прибор, генерирующий сверхвысокочастотные колебания. ‖ *уменьш.* **ла́мпочка**, -и, *ж.* ‖ *прил.* **ла́мповый**, -ая, -ое и **ла́мпочный**, -ая, -ое. *Ламповый радиоприёмник* (на электронных лампах).

ЛАМПА́ДА, -ы и **ЛАМПА́ДКА**, -и, *ж.* Небольшой сосуд с фитилём, наполняемый деревянным маслом и зажигаемый перед иконой, перед божницей. ‖ *прил.* **лампа́дный**, -ая, -ое. *Лампадное масло.*

ЛАМПА́С, -а, *м.* Цветная нашивка — полоса по наружному боковому шву форменных брюк. *Генеральские лампасы.* ‖ *прил.* **лампа́сный**, -ая, -ое.

ЛАМПИО́Н, -а, *м.* Бумажный или стеклянный фонарь для иллюминации, освещения. ‖ *прил.* **лампио́нный**, -ая, -ое.

ЛА́МПОВЫЙ, -ая, -ое. **1.** *см.* лампа. **2.** **ла́мповая**, -ой, *ж.* Служебное помещение, где хранятся лампы (у шахтёров, железнодорожников).

ЛА́МПОЧКА, -и, *ж.* **1.** *см.* лампа. **2.** Колбообразная осветительная электрическая лампа с тугоплавким накаливающимся проводником. *Л. в 60 ватт. Ввернуть, вывернуть лампочку.* ✦ **До лампочки** *что кому* (прост.) — нет дела до чего-н., безразлично. *Ему все уговоры до лампочки.*

ЛАНГЕ́Т, -а, *м.* Род котлеты из продолговатого кусочка мяса. ‖ *прил.* **ланге́тный**, -ая, -ое.

ЛАНДТА́Г, -а, *м.* Собрание представителей — орган самоуправления областей и земель в нек-рых западноевропейских странах.

ЛАНДША́ФТ, -а, *м.* **1.** Рельеф земной поверхности, общий вид и характер местности. *Географический л. Горный л. Ступенчатый л.* **2.** То же, что пейзаж (в 1 и 2 знач.) *Северный л. Акварельный л.* ‖ *прил.* **ландша́фтный**, -ая, -ое. *Л. заказник. Ландшафтная живопись.*

ЛА́НДЫШ, -а, *м.* Травянистое растение сем. лилейных с душистыми мелкими белыми цветками в форме колокольчиков. ‖ *прил.* **ла́ндышевый**, -ая, -ое. *Ландышевые капли* (лекарство).

ЛАНИ́ТА, -ы, *ж.* (стар.). То же, что щека (в 1 знач.). ‖ *прил.* **лани́тный**, -ая, -ое.

ЛАНОЛИ́Н, -а (-у), *м.* Животный воск, употр. в медицине и косметике. ‖ *прил.* **ланоли́новый**, -ая, -ое. *Ланолиновая мазь.*

ЛАНЦЕ́Т, -а, *м.* Остроконечный обоюдоострый хирургический ножичек. ‖ *прил.* **ланце́тный**, -ая, -ое.

ЛАНЬ, -и, *ж.* Животное сем. оленей, отличающееся быстротой бега и стройностью. ‖ *прил.* **ла́ний**, -ья, -ье и **ла́невый**, -ая, -ое. *Ланья шерсть. Ланевый питомник.*

ЛАО́ССКИЙ, -ая, -ое. **1.** *см.* лаосцы. **2.** Относящийся к лаосцам, к их языку, национальному характеру, образу жизни, культуре, а также к Лаосу, его территории, внутреннему устройству, истории; такой, как у лаосцев, как в Лаосе. *Л. язык* (тайской семьи языков). *Лаосские провинции. По-лаосски* (нареч.)

ЛАО́СЦЫ, -ев, *ед.* -о́сец, -сца, *м.* Группа народов, составляющих основное население Лаоса, а также частично — Таиланда. ‖ *ж.* **лао́ска**, -и. ‖ *прил.* **лао́сский**, -ая, -ое.

ЛА́ПА, -ы, *ж.* **1.** Стопа ноги или вся нога у животных, имеющих подвижные конечные члены — пальцы, а также (прост.) о руке (реже о ноге) человека. *Медвежья л. Л. птицы, черепахи. Попасть в лапы к кому-н.* (перен.: стать в зависимое положение от кого-н.; разг. неодобр.). *Наложить свою лапу на что-н.* (перен.: распространить своё влияние, власть на кого-что-н.; разг. неодобр.). *Забрать кого-н. в лапы* (перен.: подчинить себе; разг. неодобр.). *Положить, дать на лапу* или *в лапу кому-н.* (дать взятку; разг.). **2.** Ветвь хвойного дерева. *Лапы ели.* **3.** Шип в конце бревна (спец.). *Рубить в лапу.* **4.** Изогнутый и расплющенный конец нек-рых инструментов, приспособлений. *Л. якоря.* ‖ *уменьш.* **ла́пка**, -и, *ж.* (к 1, 2 и 4 знач.) и **ла́почка**, -и, *ж.* (к 1 знач.). *На задних лапках ходить* (также перен.: перед кем-н. прислуживаться, быть подхалимом; разг. неодобр.). *Лапки кверху* (о животном: упав на спину; также перен.: о том, кто побеждён, сдаётся; разг. шутл.). ‖ *прил.* **ла́пный**, -ая, -ое (к 1, 3 и 4 знач.).

ЛА́ПАТЬ, -аю, -аешь; *несов., кого-что* (прост. неодобр.). Хватать руками. *Не твоё, не лапай.*

ЛАПИДА́РНЫЙ, -ая, -ое; -рен, -рна (книжн.). Краткий, отчётливый и ясный. *Л. стиль.* ‖ *сущ.* **лапида́рность**, -и, *ж.*

ЛА́ПКА, -и, *ж.* **1.** *см.* лапа. **2.** *мн.* Разновидность кавычек („ ") (спец.).

ЛА́ПНИК, -а (-у), *м., собир.* Срубленные хвойные ветки. *Еловый л.*

ЛА́ПОТНИК, -а, *м.* (устар.). Человек к-рый ходит в лаптях, крестьянин. *Не будь лапотника, не было бы бархатника* (т. е. дворянина; стар. посл.). ‖ *ж.* **ла́потница**, -ы.

ЛА́ПОТЬ, -птя, *мн.* -и, -е́й, *м.* В старое время: крестьянская обувь, сплетённая из лыка, охватывающая только стопу. *Липовые лапти. Лаптем щи хлебает кто-н.* (совершенно необразован, некультурен; разг. шутл.). ‖ *уменьш.* **лапото́к**, -тка́, *м.* и **лапото́чек**, -чка, *м.* ‖ *прил.* **ла́потный**, -ая, -ое и **лаптево́й**, -а́я, -о́е. *Лапотная деревня* (перен.: нищая и некультурная; устар.).

ЛА́ПОЧКА, -и (разг.). **1.** *см.* лапа. **2.** *м.* и *ж.* Милый симпатичный человек (чаще о молодой женщине, ребёнке). *Она такая (он такой) л.!*

ЛАПТА́, -ы́, *ж.* **1.** Русская игра, в к-рой игроки, разделившиеся на две партии, перебрасывают небольшой мяч битой. *Играть в лапту.* **2.** Бита, к-рой ударяют по мячу в этой игре. ‖ *прил.* **лапто́вый**, -ая, -ое.

ЛА́ПУШКА, -и, *м.* и *ж.* (разг.). Ласковое обращение (чаще к женщине).

ЛА́ПЧАТЫЙ, -ая, -ое; -ат. **1.** Похожий по форме на лапу (1 знач.). *Л. лист.* **2.** *полн. ф.* Имеющий лапы с перепонками. *Лапчатая птица.* **3.** Имеющий лапы (в 4 знач.). ✦ **Гусь лапчатый** (прост.) — о ловком человеке, пройдохе.

ЛАПША́, -и́, *ж.* **1.** Изделие из пшеничной муки в виде узких тонких полосок теста. **2.** Суп, засыпанный таким изделием. *Куриная л.* ✦ **Лапшу на уши вешать** *кому* (прост.) — бессовестно дурачить, лгать. ‖ *уменьш.* **лапши́ца**, -ы, *ж.* ‖ *прил.* **лапшо́вый**, -ая, -ое.

ЛАРЕ́Ц, -рца́, *м.* Искусно сделанный, украшенный ящичек для хранения драгоценностей; шкатулка, сундучок. ‖ *уменьш.* **ла́рчик**, -а, *м.* ✦ **А ларчик просто открывался!** (разг.) — о том, что казалось сложным, а на деле было совершенно простым [по одноимённой басне Крылова о будто бы запертом ларчике, секрет к-рого пытались разгадать, а ларчик был просто не заперт]. ‖ *прил.* **ларцо́вый**, -ая, -ое.

ЛАРЁК, -рька́, *м.* Торговая палатка. ‖ *прил.* **ларёчный**, -ая, -ое.

ЛАРЁЧНИК [*шн*], -а, *м.* (разг.). Продавец в ларьке. ‖ *ж.* **ларёчница**, -ы.

ЛАРИНГИ́Т, -а, *м.* Воспаление слизистой оболочки гортани. ‖ *прил.* **ларинги́тный**, -ая, -ое.

ЛАРИНГО́ЛОГ, -а, *м.* Врач — специалист по ларингологии.

ЛАРИНГОЛО́ГИЯ, -и, *ж.* Раздел медицины, изучающий заболевания гортани, их лечение и профилактику. ‖ *прил.* **ларингологи́ческий**, -ая, -ое.

ЛАРЬ, -я́, *м.* **1.** Большой деревянный ящик с крышкой для хранения зерна, муки. *Мучной л.* **2.** Торговая палатка, а также большой открытый прилавок (устар.). *Книжный л. Торговать с ларя.* ‖ *прил.* **ларево́й**, -а́я, -о́е.

ЛА́СА, -ы и **ЛА́СИНА**, -ы, *ж.* (разг.). Лоснящееся пятно. *Ласы на брюках.*

ЛА́СКА[1], -и, *род. мн.* ласк, *ж.* Проявление нежности, любви, доброе, приветливое, нежное отношение. *Материнская л. Расточать ласки.*

ЛА́СКА[2], -и, *род. мн.* ла́сок, *ж.* Небольшое хищное животное сем. куньих, а также мех его. ‖ *прил.* **ла́сочий**, -ья, -ье.

ЛАСКА́ТЕЛЬНЫЙ, -ая, -ое; -лен, -льна. **1.** *см.* ласкать. **2.** Льстивый, угодливый (устар.). *Л. тон.* **3.** *полн. ф.* В грамматике: выражающий ласковое отношение, вносящий своим словообразовательным значением оттенок ласки (напр. лисонька, весёленький).

ЛАСКА́ТЬ, -а́ю, -а́ешь; *несов., кого-что.* **1.** Проявлять ласку по отношению к кому-н. *Л. ребёнка. Краски ласкают взор* или *глаз* (перен.: очень приятны для взора). **2.** *чем.* Успокаивать, утешать, обнадёживая чем-н. (устар.). *Л. себя надеждой.* ‖ *сов.* **приласка́ть**, -а́ю, -а́ешь (к 1 знач.). ‖ *прил.*

ласка́тельный, -ая, -ое (устар.) *Ласкательная улыбка.*

ЛАСКА´ТЬСЯ, -а́юсь, -а́ешься; *несов.* Проявлять ласку по отношению к кому-н., стремясь вызвать к себе ответную ласку. *Л. к матери.* ‖ *сов.* **приласка́ться**, -а́юсь, -а́ешься.

ЛА´СКОВЫЙ, -ая, -ое; -ов. Полный ласки, выражающий ласку. *Л. ребёнок. Л. взгляд. Л. ветер* (перен.). ✦ **Пару ласковых сказать** (прост.) — обругать, сказать что-н. грубое, резкое. ‖ *сущ.* **ла́сковость**, -и, *ж.*

ЛАССО´, *нескл., ср.* Аркан со скользящей петлёй у конных пастухов и охотников (у нек-рых народов).

ЛАСТ, -а, *м.* **1.** Укороченная конечность водных животных и нек-рых водоплавающих птиц с пальцами, соединёнными кожной перепонкой. *Ласты тюленя, моржа, пингвина.* **2.** обычно *мн.* Приспособление для плавания в виде такой конечности. *Резиновые ласты.* ‖ *прил.* **ла́стовый**, -ая, -ое.

ЛА´СТИК, -а, *м.* **1.** Лёгкая шелковистая хлопчатобумажная ткань. **2.** Кусочек специально обработанной резины для стирания написанного, нарисованного, резинка (в 1 знач.). ‖ *прил.* **ла́стиковый**, -ая, -ое.

ЛА´СТИТЬСЯ, ла́щусь, ла́стишься; *несов.* (разг.). То же, что ласкаться. *Л. к матери.*

ЛАСТОНО´ГИЕ, -их, *ед.* ластоно́гое, -ого, *ср.* Отряд морских млекопитающих (моржи, тюлени) с конечностями-ластами.

ЛА´СТОЧКА, -и, *ж.* **1.** Маленькая, быстро летающая птица отряда воробьиных с длинными острыми крыльями. *Деревенская л.* (касатка). *Земляная л.* (стриж). *Первая л.* (также перен.: первый признак проявления чего-н. хорошего). **2.** В гимнастике, фигурном катании: упражнение, при к-ром одна нога высоко отведена назад, туловище вытянуто вперёд, а руки разведены в стороны (разг.). **3.** Ласковое обращение к девочке, женщине. *Л. ты моя!* ‖ *прил.* **ла́сточкин**, -а, -о (к 1 знач.). *Ласточкино гнездо.*

ЛА´ТАНЫЙ, -ая, -ое; -ан (прост.). Со многими заплатами. *Латаная рубашка.*

ЛАТАТЫ´: **лататы задать** (прост.) — убежать.

ЛАТА´ТЬ, -а́ю, -а́ешь; ла́танный; *несов., что* (прост.). Чинить, ставить заплаты на что-н. ‖ *сов.* **залата́ть**, -а́ю, -а́ешь; зала́танный.

ЛАТИНИЗИ´РОВАТЬ, -рую, -руешь; -анный; *сов.* и *несов.* (книжн.). **1.** *кого-что.* Привить (-вивать) латинскую культуру кому-чему-н. **2.** *что.* Заменить (-нять) существующее письмо или шрифт латинским. *Л. алфавит.* ‖ *сущ.* **латиниза́ция**, -и, *ж.*

ЛАТИНИ´ЗМ, -а, *м.* Слово или оборот речи, заимствованные из латинского языка или созданные по образцу латинского слова или выражения.

ЛАТИНИ´СТ, -а, *м.* Специалист по латинскому языку. ‖ *ж.* **латини́стка**, -и.

ЛАТИ´НИЦА, -ы, *ж.* Латинский алфавит.

ЛАТИНО... *Первая часть сложных слов со знач.* латинский, напр. *латиноамериканский.*

ЛАТИНОАМЕРИКА´НСКИЙ, -ая, -ое. **1.** *см.* латиноамериканцы. **2.** Относящийся к латиноамериканцам, к их языкам, образу жизни, культуре, а также к Латинской Америке, её странам, их территории, внутреннему устройству, истории; такой, как у латиноамериканцев, как в Латинской Америке. *Латиноамериканские народы. Л. вариант испанского языка. Латиноамериканские танцы.*

ЛАТИНОАМЕРИКА´НЦЫ, -ев, *ед.* -а́нец, -нца, *м.* Население Латинской Америки. ‖ *ж.* **латиноамерика́нка**, -и. ‖ *прил.* **латиноамерика́нский**, -ая, -ое.

ЛАТИ´НСКИЙ, -ая, -ое. **1.** *см.* латины. **2.** Относящийся к Древнему Риму, к его истории и культуре. *Л. алфавит. Л. шрифт* (литературы, воспроизводящей латинский алфавит). *Латинское письмо* (буквенное). **3.** Относящийся к латинам (латинянам), их языку, образу жизни, культуре, а также к территории их проживания, истории; такой, как у латин. *Л. язык* (язык древнего племени латинов, один из мёртвых индоевропейских языков). *По-латински* (нареч.). *Латинская империя* (1204—1261 гг.). **4.** То же, что католический (стар.). *Латинская вера.* ✦ **Латинская Америка** — страны Центральной и Южной Америки.

ЛАТИ´НЫ, -ов, *ед.* лати́н, -а, *м.* Древние племена, в I тыс. до н. э. населявшие доисторическую область Лациум, располагавшуюся на территории современной Италии. ‖ *ж.* **лати́нка**, -и. ‖ *прил.* **лати́нский**, -ая, -ое.

ЛАТИ´НЯНЕ, -ян, *ед.* лати́нянин, -а, *м.* То же, что латины. ‖ *ж.* **лати́нянка**, -и. ‖ *прил.* **лати́нянский**, -ая, -ое.

ЛАТИФУНДИ´СТ, -а, *м.* Владелец латифундии.

ЛАТИФУ´НДИЯ, -и, *ж.* В нек-рых странах: крупное поместье, земельное владение. *Древнеримские латифундии. Южноамериканские, южноафриканские латифундии.*

ЛА´ТКА, -и, *ж.* (прост.) То же, что заплата. *Латки на рукавах.*

ЛА´ТНИК, -а, *м.* Воин в латах. *Средневековые латники.*

ЛАТУ´К, -а, *м.* Травянистое растение, отдельные виды к-рого разводятся как овощи, применяются в медицине. *Салатный л. Ядовитый л.* ‖ *прил.* **лату́ковый**, -ая, -ое.

ЛАТУ´НЬ, -и, *ж.* Сплав меди с цинком и другими элементами. *Листовая л.* ‖ *прил.* **лату́нный**, -ая, -ое.

ЛА´ТЫ, лат. В старину: металлические доспехи, броня (в 1 знач.). ‖ *прил.* **ла́тный**, -ая, -ое.

ЛАТЫ´НЬ, -и, *ж.* Латинский язык. *Вульгарная л.* (разговорный латинский язык, на основе к-рого образовались романские языки).

ЛАТЫШИ´, -е́й, *ед.* -ы́ш, -а́, *м.* Народ, составляющий основное коренное население Латвии. ‖ *ж.* **латы́шка**, -и. ‖ *прил.* **латы́шский**, -ая, -ое.

ЛАТЫ´ШСКИЙ, -ая, -ое. **1.** *см.* латыши. **2.** Относящийся к латышам, к их языку, национальному характеру, образу жизни, культуре, а также к Латвии, её территории, внутреннему устройству, истории; такой, как у латышей, как в Латвии. *Л. язык* (балтийской группы индоевропейской семьи языков). *Латышские стрелки* (в 1915—1920 гг.: бойцы латышской стрелковой дивизии). *По-латышски* (нареч.).

ЛАУРЕА´Т, -а, *м.* Человек, удостоенный особой премии за выдающиеся заслуги в области науки, искусства, за достижения в труде. *Л. Нобелевской премии. Л. конкурса пианистов.* ‖ *ж.* **лауреа́тка**, -и (разг.). ‖ *прил.* **лауреа́тский**, -ая, -ое.

ЛАФА´, *в знач. сказ., кому* (прост.). Свободно и хорошо. *Без начальства нам л.!*

ЛАФЕ´Т, -а, *м.* Станок артиллерийского орудия. ‖ *прил.* **лафе́тный**, -ая, -ое.

ЛАФИ´Т, -а (-у), *м.* Сорт красного виноградного вина. ‖ *прил.* **лафи́тный**, -ая, -ое.

ЛАФИ´ТНИК, -а, *м.* (разг.). Стопка или большая рюмка удлинённой формы.

ЛА´ЦКАН, -а, *м.* Отворот над застёжкой на груди верхней одежды. ‖ *прил.* **ла́цканный**, -ая, -ое.

ЛАЧУ´ГА, -и, *ж.* Бедная хижина, небольшой и плохой дом. ‖ *уменьш.* **лачу́жка**, -и, *ж.* ‖ *прил.* **лачу́жный**, -ая, -ое.

ЛА´ЯТЬ, ла́ю, ла́ешь; *несов.* **1.** О собаке, лисице и нек-рых других животных: издавать характерные громкие, резкие и отрывистые звуки. **2.** *перен., кого-что.* Бранить, ругать (прост.). **3.** *перен.* Говорить громко и хрипло, отрывисто. *Лающий голос.* ‖ *сов.* **прола́ять**, -а́ю, -а́ешь (к 1 и 3 знач.). ‖ *сущ.* **лай**, -я, *м.* и **ла́янье**, -я, *ср. Поднять лай. Злобный л.*

ЛА´ЯТЬСЯ, ла́юсь, ла́ешься; *несов.* (прост.). Браниться, ругаться. *Довольно вам л.!* ‖ *сов.* **пола́яться**, -а́юсь, -а́ешься.

ЛГАТЬ, лгу, лжёшь; лгал, лгала́, лга́ло; *несов.* **1.** Говорить неправду. *Лжёт и не краснеет* (бессовестно лжёт; разг.). **2.** *на кого (что).* Клеветать, наговаривать (устар.). ‖ *сов.* **солга́ть**, -лгу́, -лжёшь (к 1 знач.) *и* **налга́ть**, -лгу́, -лжёшь. ‖ *сущ.* **лганьё**, -я́, *ср.*

ЛГУН, -а́, *м.* То же, что лжец. ‖ *унич.* **лгуни́шка**, -и, *м.* ‖ *ж.* **лгу́нья**, -и, *род. мн.* -ний.

ЛЕБЕДА´, -ы́, *ж.* Травянистое или кустарниковое растение, засоряющее посевы. ‖ *прил.* **лебедо́вый**, -ая, -ое. *Семейство лебедовых* (сущ.)

ЛЕБЕДЁНОК, -нка, *мн.* -дя́та, -дя́т, *м.* Птенец лебедя.

ЛЕ´БЕДЬ, -я, *мн.* -и, -е́й, *м.* и (устар. и в народной словесности) -и, *мн.* -и, -ей, *ж.* Большая водоплавающая птица сем. утиных с длинной, красиво изогнутой шеей. *Белый л.* ✦ **Лебедь, рак и щука** (разг. ирон.) — о тех, кто действует несогласованно, вразнобой [по басне Крылова «Лебедь, щука и рак»]. **Царевна-Лебедь**, царевны-Лебеди — в народных сказках: царевна, превращающаяся в лебедя. **Лебедь-кликун** — белый лебедь, издающий звучные клики. **Лебедь-шипун** — самый крупный белый лебедь, издающий шипящие звуки. ‖ *прил.* **лебеди́ный**, -ая, -ое *и* **лебя́жий**, -ья, -ье. *Лебединая стая. Лебяжий пух. Лебединая поступь* (перен.: плавная). *Лебединая песня* (перен.: последнее проявление таланта).

ЛЕБЕЗИ´ТЬ, -ежу́, -ези́шь; *несов., перед кем* (разг.). Заискивать, угодничать.

ЛЕБЁДКА[1], -и, *ж.* Самка лебедя. ‖ *ласк.* **лебёдушка**, -и, *ж.* (в народной словесности также ласковое обращение к девушке, женщине).

ЛЕБЁДКА[2], -и, *ж.* Машина для подъёма и перемещения грузов — вращающийся барабан с наматываемым на него канатом или цепью. ‖ *прил.* **лебёдочный**, -ая, -ое.

ЛЕВ[1], льва, *м.* Крупное хищное животное сем. кошачьих с короткой желтоватой шерстью и с длинной гривой у самцов. *Сражается как л. кто-н.* (храбро). ✦ **Морской лев** — ластоногое животное сем. ушастых тюленей. **Светский лев** (устар.) — человек высшего света, пользующийся в нём большим успехом. ‖ *прил.* **льви́ный**, -ая, -ое. *Львиная доля* (перен.: бо́льшая и лучшая часть чего-н.) *Л. зев* (название цветка).

ЛЕВ[2], ле́ва, *м.* Денежная единица в Болгарии.

ЛЕВА´ДА, -ы, *ж.* **1.** На Украине и на юге России: береговые лиственные леса, заливаемые в половодье. **2.** Участок земли близ дома, селения с рощей, садом (обл.). ‖ *прил.* **лева́дный**, -ая, -ое.

ЛЕВА́К, -а́, *м.* (разг. неодобр.). **1.** Политический деятель крайне левых взглядов. **2.** Работник, незаконно использующий рабочее время, орудия или продукты общественного труда для личной наживы. *Купить у левака.* ‖ *прил.* **лева́цкий**, -ая, -ое *и* **лева́ческий**, -ая, -ое.

ЛЕВА́ЦКИЙ, -ая, -ое. **1.** *см.* левак. **2.** Мнимо радикальный, экстремистский (разг. пренебр.). *Л. загиб.*

ЛЕВА́ЧЕСТВО, -а, *ср.* Левацкая политика. ‖ *прил.* **лева́ческий**, -ая, -ое.

ЛЕВА́ЧИТЬ, -чу, -чишь; *несов.* (прост. неодобр.). Быть леваком (во 2 знач.). ‖ *сов.* **слева́чить**, -чу, -чишь.

ЛЕВЕ́ТЬ, -е́ю, -е́ешь; *несов.* Становиться левым, более левым по политическим взглядам. ‖ *сов.* **полеве́ть**, -е́ю, -е́ешь.

ЛЕВИАФА́Н, -а, *м.* (книжн.). О ком-чём-н., поражающем своими размерами, силой [по имени библейского морского чудовища].

ЛЕВИЗНА́, -ы́, *ж.* Левое или мнимо левое направление в общественно-политических взглядах.

ЛЕВКО́Й, -я, *м.* Садовое травянистое растение сем. крестоцветных с пахучими цветками. ‖ *прил.* **левко́йный**, -ая, -ое *и* **левко́евый**, -ая, -ое.

ЛЕ́ВО: 1) **где право, где лево** (разг. шутл.) — где правая, где левая сторона; 2) **лево руля!** — команда на корабле, лодке: поворот руля налево; 3) **лево на борт!** — команда на корабле, лодке: поворот руля налево до отказа.

ЛЕВО... *Первая часть сложных слов со знач.:* 1) левый (в 1 и 2 знач.), напр. *левосторонний, левобережье, левобережный, левофланговый, леворадикальный, левоцентристский;* 2) направленный влево, на левую сторону, напр. *левозавитой, левонаправленный, левооборотный, леворежущий.*

ЛЕВОБЕРЕ́ЖЬЕ, -я, *ср.* Земельное пространство, расположенное на левом берегу, прилегающее к левому берегу. ‖ *прил.* **левобере́жный**, -ая, -ое.

ЛЕВОФЛАНГО́ВЫЙ, -ая, -ое. Находящийся, расположенный на левом фланге. *Л. боец. Левофланговый* (сущ.) *в шеренге.*

ЛЕВРЕ́ТКА, -и, *ж.* Небольшая комнатная собака породы борзых. ‖ *прил.* **левре́точный**, -ая, -ое.

ЛЕВША́, -и́, *род. мн.* -ше́й, *м. и ж.* Человек, к-рый владеет левой рукой лучше, чем правой. *Тульский л.* (умелый мастер, изощрившийся в тонкой работе; по прозвищу героя одноимённого рассказа Лескова).

ЛЕ́ВЫЙ, -ая, -ое. **1.** Расположенный в той стороне тела, где находится сердце, а также вообще определяемый по отношению к этой стороне. *Левая рука. Л. бок. Левая сторона дороги. Л. берег реки.* **2.** Политически радикальный или более радикальный, чем другие, в противоп. правому (во 2 знач.). *Левые фракции парламента. Левые экстремисты. Левые радикалы. Выступления левых* (сущ.). **3.** О работе, заработке: побочный и незаконный (разг.). *Л. рейс. Левые деньги.* ✦ **Чего моя левая нога хочет** (разг. неодобр.) — о самодуре. **С левой или не с той ноги встать** (разг. шутл.) — с утра быть в плохом настроении. **Левой ногой (пяткой) делать** *что* (разг. неодобр.) — плохо, кое-как.

ЛЕГА́ВЫЕ, -ых, *ед.* лега́вая, -ой. Порода собак, тренируемых для охоты на пернатую дичь. *Охота с легавыми.* ‖ *прил.* **лега́вый**, -ая, -ое. *Л. щенок.*

ЛЕГА́ВЫЙ, -ого, *м.* **1.** *см.* легавые. **2.** Сыщик, доносчик (прост. презр.).

ЛЕГАЛИЗОВА́ТЬ, -зу́ю, -зу́ешь; -о́ванный и **ЛЕГАЛИЗИ́РОВАТЬ**, -рую, -руешь; -ованный; *сов. и несов., кого-что* (книжн.). Перевести (-водить) на легальное положение. ‖ *сущ.* **легализа́ция**, -и, *ж.*

ЛЕГАЛИЗОВА́ТЬСЯ, -зу́юсь, -зу́ешься и **ЛЕГАЛИЗИ́РОВАТЬСЯ**, -руюсь, -руешься; *сов.* и *несов.* (книжн.). Перейти (переходить) на легальное положение. ‖ *сущ.* **легализа́ция**, -и, *ж.*

ЛЕГА́ЛЬНЫЙ, -ая, -ое; -лен, -льна. Признанный, допускаемый законом. *Легальная партия. Легальное положение.* ‖ *сущ.* **лега́льность**, -и, *ж.*

ЛЕГА́Т, -а, *м.* **1.** В Древнем Риме: посол, а также наместник императора в провинции. **2.** В католической церкви: дипломатический представитель римского папы. *Папский л.* ‖ *прил.* **лега́тский**, -ая, -ое (разг.).

ЛЕГЕ́НДА, -ы, *ж.* **1.** Поэтическое предание о каком-н. историческом событии. *Средневековые легенды.* **2.** *перен.* О героических событиях прошлого (книжн.). *Человек из легенды* (человек со славным прошлым). *Живая л.* (о человеке с героическим славным прошлым). **3.** Вымышленные сведения о себе у того, кто выполняет секретное задание (спец.). *Л. резидента.* **4.** Поясняющий текст, а также свод условных знаков при карте, плане, схеме (спец.). ‖ *прил.* **легенда́рный**, -ая, -ое (к 1 знач.). *Л. жанр.*

ЛЕГЕНДА́РНЫЙ, -ая, -ое; -рен, -рна. **1.** *см.* легенда. **2.** *перен.* Овеянный славой, вызывающий восхищение (высок.). *Легендарная храбрость.* **3.** *перен.* Вымышленный, неправдоподобный. *Л. слух.* ‖ *сущ.* **легенда́рность**, -и, *ж.*

ЛЕГИО́Н, -а, *м.* **1.** В Древнем Риме: крупная войсковая единица. **2.** Название особых воинских частей в нек-рых странах. *Иностранный л.* **3.** *перен.* Неисчислимое множество (высок.). *Легионы звёзд.* ✦ **Имя им — легион** (высок.) — о бесчисленном множестве кого-чего-н. ‖ *прил.* **легио́нный**, -ая, -ое (к 1 и 2 знач.).

ЛЕГИОНЕ́Р, -а, *м.* Воин, солдат легиона (в 1 и 2 знач.). ‖ *прил.* **легионе́рский**, -ая, -ое.

ЛЕГИ́РОВАТЬ, -рую, -руешь; -анный; *сов. и несов., что* (спец.). Добавить (-влять) в состав металла другие металлы, сплавы для придания определённых свойств. *Легирующие элементы. Легированная сталь.* ‖ *сущ.* **леги́рование**, -я, *ср.*

ЛЕГИТИ́МНЫЙ, -ая, -ое (спец.). Признаваемый законом, соответствующий закону. ‖ *сущ.* **легити́мность**, -и, *ж. Л. власти.*

ЛЕГКОАТЛЕ́Т [хк], -а, *м.* Спортсмен, занимающийся лёгкой атлетикой. ‖ *ж.* **легкоатле́тка**, -и.

ЛЕГКОАТЛЕТИ́ЧЕСКИЙ [хк], -ая, -ое. Относящийся к лёгкой атлетике. *Легкоатлетические соревнования.*

ЛЕГКОВЕ́РНЫЙ [хк], -ая, -ое; -рен, -рна. Слишком доверчивый, легко верящий всему. ‖ *сущ.* **легкове́рие**, -я, *ср. и* **легкове́рность**, -и, *ж.*

ЛЕГКОВЕ́С [хк], -а, *м.* Спортсмен (борец, боксёр, тяжелоатлет) лёгкой весовой категории.

ЛЕГКОВЕ́СНЫЙ [хк], -ая, -ое; -сен, -сна. **1.** *полн. ф.* Нетяжёлый, небольшой или меньше полагающегося по весу. *Легковесная монета* (неполновесная). **2.** *перен.* Легкомысленный, поверхностный. *Легковесное суждение. Легковесная натура.* ‖ *сущ.* **легкове́сность**, -и, *ж.*

ЛЕГКОВО́Й [хк], -а́я, -о́е. Предназначенный для перевозки людей, ручного багажа. *Л. автомобиль. Л. извозчик* (устар.).

ЛЕГКОВУ́ШКА [хк], -и, *ж.* (прост.). Легковой автомобиль.

ЛЕГКОМЫ́СЛЕННЫЙ [хк], -ая, -ое; -лен, -ленна. Полный легкомыслия. *Легкомысленная девица. Легкомысленное обещание.* ‖ *сущ.* **легкомы́сленность**, -и, *ж.*

ЛЕГКОМЫ́СЛИЕ [хк], -я, *ср.* Несерьёзность, необдуманность в поступках, бездумное поведение. *Проявить л. Л. во взглядах.*

ЛЕГКОПЛА́ВКИЙ [хк], -ая, -ое; -вок, -вка (спец.). Плавящийся при температуре, не превышающей температуру плавления олова. *Легкоплавкие сплавы.* ‖ *сущ.* **легкопла́вкость**, -и, *ж.*

ЛЕГО́НЬКО, *нареч.* (прост.). Слабо, несильно, осторожно. *Л. толкнуть.*

ЛЕГЧА́ТЬ [хч] (-а́ю, -а́ешь, 1 и 2 л. не употр.), -а́ет; *несов.* (прост.). **1.** Слабеть, уменьшаться в силе. *Мороз легчает.* **2.** *безл., кому.* О самочувствии: становиться лучше. *Больному не легчает.* ‖ *сов.* **полегча́ть** (-а́ю, -а́ешь, 1 и 2 л. не употр.), -а́ет. *Поплачь, тебе полегчает.*

ЛЕДА́ЩИЙ, -ая, -ее; -а́щ (прост.). Слабосильный, тщедушный, хилый. *Л. парень.*

ЛЕДЕНЕ́ТЬ, -е́ю, -е́ешь; *несов.* **1.** (1 и 2 л. не употр.). Превращаться в лёд. *Вода леденеет.* **2.** Коченеть, стынуть от холода. *Руки леденеют. Леденеет ум* (перен.: цепенеет в бездействии). ‖ *сов.* **заледене́ть**, -е́ю, -е́ешь *и* **оледене́ть**, -е́ю, -е́ешь (ко 2 знач.).

ЛЕДЕНЕ́Ц, -нца́, *м.* Сорт фруктовой карамели — прозрачная и твёрдая конфета без начинки. *Сосать л.* ‖ *уменьш.-ласк.* **ледене́чик**, -а, *м.* ‖ *прил.* **леденцо́вый**, -ая, -ое. *Л. петушок* (леденец в форме петушка, на палочке).

ЛЕДЕНИ́СТЫЙ, -ая, -ое; -и́ст. Обратившийся в лёд, похожий на лёд. *Ледениста масса.* ‖ *сущ.* **ледени́стость**, -и, *ж.*

ЛЕДЕНИ́ТЬ (-ню́, -ни́шь, 1 и 2 л. не употр.), -ни́т; *несов., кого-что.* Холодить, остужать. *Ветер леденит лицо. Ужас леденит сердце* (перен.). *Леденящие душу подробности* (перен.: ужасающие). ‖ *сов.* **заледени́ть** (-ню́, -ни́шь, 1 и 2 л. не употр.), -ни́т *и* **оледени́ть** (-ню́, -ни́шь, 1 и 2 л. не употр.), -ни́т.

ЛЕ́ДИ, *нескл., ж.* В Англии: жена лорда, а также замужняя женщина аристократического круга.

ЛЕ́ДНИК, -а, *м.* Погреб, набитый льдом, а также шкаф, специальное помещение со льдом для скоропортящихся продуктов. *Спуститься в л.* ‖ *прил.* **ле́дниковый**, -ая, -ое.

ЛЕДНИ́К, -а́, *м.* **1.** Плотная масса движущегося льда атмосферного происхождения (в горах или полярных областях). **2.** То же, что ле́дник. *Вагон-л.* ‖ *прил.* **леднико́вый**, -ая, -ое (к 1 знач.). *Л. покров. Л. период в истории Земли.*

ЛЕДНИКО́ВЬЕ, -я, *ср.* (спец.). Ледниковый период в истории Земли.

ЛЕДО.. *Первая часть сложных слов со знач.:* 1) относящийся ко льду, напр. *ледообразование, ледосброс, ледоспуск, ледозащита, ледогенератор, ледовоз, ледохранилище;* 2) содержащий лёд, напр. *ледогрунтовый.*

ЛЕДО́ВЫЙ *см.* лёд.

ЛЕДОКО́Л, -а, *м.* Судно, оборудованное для прохода сквозь льды, для плавания во льдах. *Атомный л. Океанский л. Речной л.* ‖ *прил.* **ледоко́льный**, -ая, -ое. *Л. флот.*

ЛЕДОРЕ́З, -а, *м.* **1.** Сваи, забитые перед мостовыми устоями, а также заострённый выступ самого устоя, о к-рый разбивается лёд во время ледохода. **2.** То же, что ледокол (устар.). ‖ *прил.* **ледоре́зный**, **-ая, -ое.**

ЛЕДОРУ́Б, -а, *м.* Инструмент, род кирки, топора, применяемый альпинистами для рубки льда при восхождении на горные вершины. ‖ *прил.* **ледору́бный**, **-ая, -ое.**

ЛЕДОСТА́В, -а, *м.* Замерзание реки, водоёма, образование ледяного покрова. ‖ *прил.* **ледоста́вный**, -ая, -ое.

ЛЕДОХО́Д, -а, *м.* Движение льда по течению во время таяния или в начале замерзания рек. *Весенний л.* ‖ *прил.* **ледохо́дный**, -ая, -ое.

ЛЕДЫ́ШКА, -и, *ж.* (разг.). Кусочек льда. *Руки холодные, как ледышки.*

ЛЕДЯНО́Й, -а́я, -о́е. **1.** *см.* лёд. **2.** Покрытый льдом. *Ледяные вершины.* **3.** Очень холодный. *Ледяная вода. Л. ветер.* **4.** *перен.* Застывший от холода, окоченевший. *Ледяные пальцы.* **5.** *перен.* Враждебно-холодный. *Л. тон. Л. взгляд.* **6.** *перен.* Безучастный, невозмутимый. *Ледяное спокойствие. Ледяное равнодушие.* ✦ **Ледяная рыба** — морская рыба отряда окунеобразных. *Мороженая ледяная* (сущ.).

ЛЕЖА́К, -а́, *м.* **1.** Род жёсткой переносной кровати для лежания на открытом воздухе, на пляже. **2.** Находящееся в лежачем положении бревно, брус, труба, балка, часть какого-н. устройства (обл. и спец.).

ЛЕЖА́ЛЫЙ, -ая, -ое. О товаре, продуктах: долго лежавший, залежавшийся. *Л. товар. Лежалая мука.*

ЛЕЖА́НКА, -и, *ж.* Длинный выступ (у печки, у стены) для лежания. ‖ *прил.* **лежа́ночный**, -ая, -ое *и* **лежа́нковый**, -ая, -ое.

ЛЕЖА́ТЬ, -жу́, -жи́шь; лёжа; *несов.* **1.** Находиться всем телом на чём-н. в горизонтальном положении. *Л. на земле. Л. на боку, на спине, на животе.* **2.** О больном: находиться в постели. *Л. с высокой температурой. Л. после операции.* **3.** (1 и 2 л. не употр.). О предметах: находиться на поверхности, в неподвижном положении (широкой своей частью, горизонтально). *Книга лежит на столе.* **4.** (1 и 2 л. не употр.). Находиться, быть, храниться. *Ключ лежит в кармане. Вещь лежит без употребления. Плохо лежит что-н.* (перен.: о том, что плохо хранится, что легко украсть; разг.). **5.** Находиться в стационаре (во 2 знач.). *Л. в больнице.* **6.** (1 и 2 л. не употр.). Существовать, занимая собой какое-н. пространство на поверхности чего-н. *Снег лежит до весны. Иней лежит на траве. На реке лежит лёд. Кругом лежит мгла.* **7.** (1 и 2 л. не употр.). В нек-рых сочетаниях: быть, находиться где-н. *На сердце лежит печаль. На лице лежат следы страдания. На всём лежит печать запустения.* **8.** (1 и 2 л. не употр.). Быть расположенным где-н., иметь направление куда-н. *Город лежит в долине. Озеро лежит среди холмов. Дорога лежит через лес. Путь лежит на север.* **9.** (1 и 2 л. не употр.). Находиться в качестве чьей-н. обязанности, на чьей-н. ответственности, . *На матери лежат все заботы. На каждом лежит долг гражданина. Вина лежит на ком-н.* ✦ **Душа (сердце) не лежит** *к кому-чему* (разг.) — нет расположения, интереса к кому-чему-н. ✦ **Рядом не лежало** *что с чем* (разг. пренебр.) — не может равняться что с чем, несравнимо хуже. ‖ *сущ.* **лежа́ние**, -я, *ср.* (к 1, 2, 4, 5 и 6 знач.). ‖ *многокр.* **лёживать**, *наст. вр.* не употр. (к 1, 2, 3, 4 и 5 знач.).

ЛЕЖА́ТЬСЯ, -жи́тся; *безл.; несов., кому,* обычно *с отриц.* (разг.). О расположенности лежать. *Ребёнку не лежится в постели.*

ЛЕЖА́ЧИЙ, -ая, -ее. **1.** Такой, к-рый лежит (в 1, 2 и 3 знач.), связанный с лежанием. *Л. больной. Под л. камень вода не течёт* (посл.: у того, кто бездеятелен, пассивен, дело само не сделается, не сдвинется с места). *Лежачего* (сущ.) *не бьют* (посл.). *Лежачее положение.* **2.** Предназначенный для лежания. *Лежачие места в вагоне.* ✦ **Не бей лежачего** (прост.) — о работе, занятии: очень, простой, нетрудный.

ЛЕ́ЖБИЩЕ, -а, *ср.* (спец.). **1.** Место на суше, где залегают морские звери. *Л. котиков, тюленей, морских черепах.* **2.** След лежавшего на земле зверя. ‖ *прил.* **ле́жбищный**, -ая, -ое.

ЛЕЖЕБО́КА, -и, *м.* и *ж.* (разг.). Лентяй, бездельник, любящий лежать, валяться (во 2 знач.).

ЛЕ́ЖЕНЬ, -жня, *м.* **1.** Поперечный, лежачий брус в различных сооружениях (спец.). **2.** То же, что лежебока (обл.). ‖ *прил.* **лежнево́й**, -а́я, -о́е (к 1 знач.).

ЛЕЖМЯ́, *нареч.* (прост.). В лежачем горизонтальном положении. *Положить л. Л. лежать* (не вставая, не имея сил встать).

ЛЕЖНЁВКА, -и, *ж.* (спец.). Дорога из настланных брёвен. ‖ *прил.* **лежнёвочный**, -ая, -ое.

ЛЕ́ЗВИЕ, -я, *ср.* **1.** Острый край режущего, рубящего орудия. *Л. ножа, топора, бритвы, лемеха.* **2.** Тонкая стальная пластинка с острыми краями для безопасной бритвы. ‖ *прил.* **ле́звийный**, -ая, -ое.

ЛЕЗГИ́НКА[1], -и, *ж.* Быстрый кавказский народный танец, а также музыка к нему.

ЛЕЗГИ́НКА[2] *см.* лезгины.

ЛЕЗГИ́НСКИЙ, -ая, -ое. **1.** *см.* лезгины. **2.** Относящийся к лезгинам, к их языку, национальному характеру, образу жизни, культуре, а также к территории их проживания, внутреннему устройству, истории; такой, как у лезгин. *Л. язык* (нахско-дагестанской группы кавказских языков). *Л. танец* (лезгинка). *По-лезгински* (нареч.).

ЛЕЗГИ́НЫ, -и́н, *ед.* -и́н, -а, *м.* Народ, относящийся к коренному населению юго-востока Дагестана и севера Азербайджана. ‖ *ж.* **лезги́нка**, -и. ‖ *прил.* **лезги́нский**, -ая, -ое.

ЛЕЗТЬ, -зу, -зешь; лез, ле́зла; лезь *и* (разг.) полеза́й; *несов.* **1.** *на что, во что.* Карабкаясь, взбираться, подниматься, проникать куда-н. *Л. на гору. Л. на дерево. Л. в окно. Хоть в петлю лезь* (о безвыходном положении; разг.). **2.** *во что.* Проникать во что-н., с силой или тайком входить куда-н. (разг.). *Л. без спросу в комнату. Воры лезут в сад. В голову лезут тяжёлые мысли* (перен.). **3.** *во что.* Проникать рукой во что-н. (разг.). *Л. в карман за сигаретами. Л. в письменный стол.* **4.** (лезь). То же, что вмешиваться (разг.). *Л. не в своё дело.* **5.** (1 и 2 л. не употр.), чаще *с отриц.* Быть впору, по размерам (о надеваемом); входить, проходить куда-н. (о вдеваемом, вдвигаемом) (разг.). *Сапог с трудом лезет на ногу. Нитка не лезет в иголку. Чемодан не лезет в багажник.* **6.** (1 и 2 л. не употр.). Сползать, надвигаясь. *Шапка лезет на глаза.* **7.** (лезь), *к кому с чем* или *с неопр.* Приставать, назойливо стремиться что-н. делать (прост.). *Л. с советами. Л. обниматься. Л. с пустяками.* **8.** (1 и 2 л. не употр.). О волосах, шерсти: выпадать. **9.** (1 и 2 л. не употр.). Рваться, расползаясь. *Материя лезет от ветхости. Рубаха лезет по швам.* ✦ **Лезть на глаза** *кому* (разг. неодобр.) — стараться, чтобы увидели, обратили внимание. *Лезть на глаза начальнику.* **Лезть вперёд** (разг.) — вести себя излишне активно, активничать. *Не лезь вперёд, что тебе, больше всех надо?*

ЛЕЙ, ле́я, *м.* Денежная единица в Румынии.

ЛЕЙБ-... *Первая часть сложных слов со знач.* состоящий при монархе, придворный, напр. *лейб-медик, лейб-гвардия, лейб-гусар, лейб-драгун, лейб-эскадрон.*

ЛЕЙБОРИ́СТ, -а, *м.* Член «Рабочей партии Великобритании», а также в нек-рых других странах «рабочих партий», проводящих политику реформ. ‖ *ж.* **лейбори́стка**, -и. ‖ *прил.* **лейбори́стский**, -ая, -ое.

ЛЕ́ЙКА[1], -и, *ж.* **1.** Сосуд в виде ведра с трубкой, через к-рую льют жидкость для поливки. *Садовая л.* **2.** Черпак для выливания воды (спец.). ‖ *прил.* **ле́ечный**, -ая, -ое.

ЛЕ́ЙКА[2], -и, *ж.* Род плёночного фотоаппарата.

ЛЕЙКО́З, -а, *м.* Опухолевое заболевание кроветворной ткани. ‖ *прил.* **лейко́зный**, -ая, -ое.

ЛЕЙКОПЛА́СТЫРЬ, -я, *м.* Накладываемая на кожу матерчатая полоска с нанесённой на неё скрепляющей клейкой массой. *Бактерицидный л.* (с бактерицидным составом). ‖ *прил.* **лейкопла́стырный**, -ая, -ое.

ЛЕЙКОЦИ́ТЫ, -ов, *ед.* -и́т, -а, *м.* (спец.). Составная часть крови — бесцветные клетки, поглощающие бактерии и вырабатывающие антитела. ‖ *прил.* **лейкоци́тный**, -ая, -ое *и* **лейкоцита́рный**, -ая, -ое.

ЛЕЙТЕНА́НТ, -а, *м.* Офицерское звание или чин, а также лицо, носящее это звание или имеющее этот чин. *Младший л.* (первое офицерское звание). *Старший л.* (третье офицерское звание). ‖ *прил.* **лейтена́нтский**, -ая, -ое.

ЛЕЙТМОТИ́В, -а, *м.* **1.** Основной мотив, повторяющийся в музыкальном произведении. **2.** *перен.* Повторяющаяся в каком-н. произведении основная мысль, идея. **3.** *перен.* Основная идея, то, что проходит через что-н. красной нитью. *Л. выступления доклада.* ‖ *прил.* **лейтмоти́вный**, -ая, -ое (к 1 знач.).

ЛЕК, -а, *м.* Денежная единица в Албании.

ЛЕКА́ЛО, -а, *ср.* **1.** Чертёжный инструмент для вычерчивания кривых линий. **2.** Шаблон, модель, применяемые при изготовлении изделий сложного профиля. ‖ *прил.* **лека́льный**, -ая, -ое.

ЛЕКА́ЛЬЩИК, -а, *м.* Рабочий, специалист по изготовлению лекал (во 2 знач.). ‖ *ж.* **лека́льщица**, -ы. ‖ *прил.* **лека́льщицкий**, -ая, -ое.

ЛЕКА́РКА, -и, *ж.* (прост.). То же, что знахарка.

ЛЕКА́РСТВО, -а, *ср.* Природное или синтетическое лечебное средство. *Прописать л. Принять л. Л. от кашля. Л. от всех бед* (перен.: о том, что помогает, выручает в любом случае; ирон.). ‖ *прил.* **лека́рственный**, -ая, -ое. *Лекарственные растения. Л. препарат. Лекарственные формы* (формы, придаваемые лекарственным препаратам: жидкие, мягкие, твёрдые, аэрозольные, спец.).

ЛЕ́КАРЬ, -я, *мн.* -и, -ей *и* (устар.) -я́, -е́й, *м.* То же, что врач (устар.), а также вообще тот, кто лечит (разг. шутл.). *Уездный л. Доморощенный л.* ‖ *прил.* **ле́карский**, -ая, -ое. *Л. помощник* (фельдшер; устар.).

ЛЕКСЕ́МА, -ы, *ж.* В языкознании: отдельное слово во всей системе его значений и форм. ‖ *прил.* лексе́мный, -ая, -ое. *Л. анализ.*

ЛЕ́КСИКА, -и, *ж.* Словарный состав языка, какого-н. его стиля, сферы, а также чьих-н. произведений, отдельного произведения. *Русская л. Просторечная л. Л. Пушкина.* ‖ *прил.* **лекси́ческий**, -ая, -ое.

ЛЕКСИКО́ГРАФ, -а, *м.* Специалист по лексикографии.

ЛЕКСИКОГРА́ФИЯ, -и, *ж.* Теория и практика составления словарей. ‖ *прил.* **лексикографи́ческий**, -ая, -ое.

ЛЕКСИКО́ЛОГ, -а, *м.* Специалист по лексикологии.

ЛЕКСИКОЛО́ГИЯ, -и, *ж.* Раздел языкознания — наука о словарном составе языка. ‖ *прил.* **лексиколо́гический**, -ая, -ое.

ЛЕКСИКО́Н, -а, *м.* **1.** То же, что словарь (в 1 знач.) (устар.). *Французский л.* **2.** Запас слов, лексика (книжн.). *Бедный л. у кого-н.*

ЛЕ́КТОР, -а, *мн.* -ы, -ов, *м.* Человек, читающий лекции, а также вообще тот, кто читает лекцию. ‖ *ж.* **ле́кторша**, -и (прост.). ‖ *прил.* **ле́кторский**, -ая, -ое.

ЛЕКТО́РИЙ, -я, *м.* **1.** Учреждение, ведающее организацией публичных лекций; сами такие лекции. **2.** Помещение для публичных лекций.

ЛЕ́КЦИЯ, -и, *ж.* Устное изложение учебного предмета или какой-н. темы, а также запись этого изложения. *Читать лекции. Цикл лекций. Конспект лекций. Тетрадь с лекциями по физике. Целую лекцию прочитал по поводу моего поведения* (перен.: длинную нотацию). ‖ *прил.* **лекцио́нный**, -ая, -ое.

ЛЕЛЕ́ЯТЬ, -е́ю, -е́ешь; -е́янный; *несов., кого-что.* Нежить, холить, заботливо ухаживать за кем-чем-н. *Л. ребёнка. Музыка лелеет слух* (перен.: услаждает). *Л. мечту, надежду* (перен.: горячо желать чего-н., вынашивать мечту о чём-н.). ‖ *сов.* **взлеле́ять**, -е́ю, -е́ешь; -е́янный.

ЛЕ́МЕХ, -а, *мн.* -а́, -о́в и **ЛЕМЕ́Х**, -а́, *мн.* -и́, -о́в, *м.* Часть плуга, подрезающая пласт земли снизу и передающая его на отвал. ‖ *прил.* **леме́шный**, -ая, -ое.

ЛЕ́ММА, -ы, *ж.* В математике: вспомогательная теорема, необходимая для доказательства другой теоремы.

ЛЕМУ́Р, -а, *м.* Небольшой зверёк тропических лесов — полуобезьяна с длинным хвостом и удлинёнными задними конечностями. ‖ *прил.* **лему́ровый**, -ая, -ое. *Семейство лемуровых* (сущ.).

ЛЕН, -а, *м.* **1.** В средние века: земельное владение, предоставляемое вассалу, а также само право на такое владение и повинности вассала. **2.** В Швеции: административно-территориальная единица. ‖ *прил.* **ле́нный**, -ая, -ое.

ЛЕНИ́ВЕЦ, -вца, *м.* **1.** То же, что лентяй. **2.** Медленно передвигающееся южноамериканское млекопитающее, живущее на деревьях. *Семейство ленивцев.* ‖ *ж.* **ленп́вица**, -ы (к 1 знач.).

ЛЕНИ́ВЫЙ, -ая, -ое; -и́в. **1.** Любящий безделье, не желающий трудиться. *Л. ученик. Только л.* (сущ.) *не сделает чего-н.* (т. е. легко, просто сделать каждому, любому; разг.). **2.** Исполненный лени, выражающий лень, вялый, медлительный. *Ленивая походка. Л. вид.* **3.** В названиях кушаний: приготовленный облегчённым, сравнительно простым способом. *Ленивые щи* (щи из свежей капусты, в старое время варившиеся из целого или крупно нарезанного кочана). *Ленивые вареники* (варёные кусочки теста, смешанного с творогом). *Ленивые голубцы* (фарш и капуста, тушённые вместе). ‖ *сущ.* **лени́вость**, -и, *ж.* (к 1 и 2 знач.; устар.).

ЛЕ́НИНЕЦ, -нца, *м.* Последователь ленинизма. ‖ *ж.* **ле́нинка**, -и (разг.).

ЛЕНИНИА́НА, -ы, *ж.* Серия произведений искусства, исследований, посвящённых В. И. Ленину. *Литературная л. Поэтическая л. Л. в кинематографии.*

ЛЕНИНИ́ЗМ, -а, *м.* Учение В. И. Ленина, развивающее основные положения марксистской теории.

ЛЕ́НИНСКИЙ, -ая, -ое. Свойственный В. И. Ленину, созданный В. И. Лениным, относящийся к ленинизму. *Л. стиль. Ленинская партия.*

ЛЕНИ́ТЬСЯ, леню́сь, ле́нишься; *несов., с неопр.* Испытывать лень, лениво относиться к чему-н. *Л. работать, заниматься.* ‖ *сов.* **полени́ться**, -ню́сь, -е́нишься. *Не поленился сделать что-н.* (сделал, хотя это и было трудно).

ЛЕ́НОСТЬ, -и, *ж.* Лень, склонность к лени. *Не поехал по лености.*

ЛЕ́НТА, -ы, *ж.* **1.** Узкая полоса ткани, по продольным краям закреплённая тонкой кромкой. *Шёлковая, репсовая, бархатная л. Пояс, бант из ленты. Чепчик с лентами. Л. на шляпе. Вплести ленту в косу. Орденская л.* **2.** Длинная узкая полоса из какого-н. материала. *Бумажная л. Изоляционная л. Кинематографическая л.* (киноплёнка). *Магнитная л.* (магнитофонная плёнка). *Пулемётная л.* (с гнёздами для патронов). *Л. шоссе* (перен.). **3.** То же, что фильм (во 2 знач.). *Документальная л.* ‖ *уменьш.* **ле́нточка**, -и, *ж.* (к 1 знач.). ‖ *прил.* **ле́нточный**, -ая, -ое (к 1 знач.).

ЛЕ́НТОЧНЫЙ, -ая, -ое. **1.** *см.* лента. **2.** По форме напоминающий ленту. *Ленточные черви. Ленточная пила. Л. транспортёр* (конвейер). *Л. бор* (протянувшийся узкой полосой; спец.).

ЛЕНТЯ́Й, -я, *м.* Ленивый человек. *Неисправимый л.* ‖ *ж.* **лентя́йка**, -и. ‖ *прил.* **лентя́йский**, -ая, -ое.

ЛЕНТЯ́ЙНИЧАТЬ, -аю, -аешь; *несов.* (разг.). Вести себя лентяем, бездельничать.

ЛЕНЦА́, -ы́, *ж.* (разг.). Некоторая степень лени. *Человек с ленцой.*

ЛЕ́НЧИК, -а, *м.* (спец.). Деревянная основа седла.

ЛЕНЬ, -и, *ж.* **1.** Отсутствие желания действовать, трудиться, склонность к безделью. *Побороть в себе л. Л.-матушка раньше нас родилась* (посл.). **2.** *в знач. сказ., кому, с неопр.* Не хочется, неохота (разг.). *Л. идти. Все, кому не л.* (всякий, кто хочет; неодобр.).

ЛЕОПА́РД, -а, *м.* То же, что барс. ✦ **Морской леопард** — крупное морское хищное антарктическое ластоногое сем. тюленевых, окраской напоминающее леопарда. ‖ *прил.* **леопа́рдовый**, -ая, -ое.

ЛЕПЕСТО́К, -тка́, *м.* **1.** Одна из тонких, обычно ярко окрашенных, похожих на листики пластинок, составляющих венчик цветка. *Лепестки розы, тюльпана, лилии, фиалки.* **2.** *перен.* Предмет такой или сходной формы. ‖ *уменьш.* **лепесто́чек**, -чка, *м.* ‖ *прил.* **лепестко́вый**, -ая, -ое.

ЛЕ́ПЕТ, -а, *м.* Несвязная, неясная речь (ребёнка). *Детский л.* (также перен.: о чём-н. неразумительном, неубедительном). *Нежный л. Л. ручья* (перен.).

ЛЕПЕТА́ТЬ, -печу́, -пе́чешь; *несов., что.* Несвязно, неразборчиво говорить (обычно о речи ребёнка). *Ребёнок лепечет.* ‖ *сов.* **пролепета́ть**, -печу́, -пе́чешь. ‖ *сущ.* **лепета́ние**, -я, *ср.*

ЛЕПЕТУ́Н, -а́, *м.* (разг.). Тот, кто лепечет (обычно о ребёнке). ‖ *ж.* **лепету́нья**, -и, *род. мн.* -ний.

ЛЕПЁХА, -и, *ж.* (прост.). Большая лепёшка (в 1 и 2 знач.).

ЛЕПЁШКА, -и, *ж.* **1.** Плоское круглое изделие из печёного теста. *Ржаная л. Сдобная л.* **2.** Тестообразный предмет такой формы. *Из-под колёс летят лепёшки грязи. Лепёшку сделать из кого-н.* (избить, изувечить; прост.). *Разбиться* или *расшибиться в лепёшку* (перен.: о крайнем усердии, готовности услужить кому-н.; разг.). **3.** Лекарственное или кондитерское изделие в форме плоского кружочка. *Мятные лепёшки.* ‖ *прил.* **лепёшечный**, -ая, -ое (к 1 знач.).

ЛЕПИ́ТЬ, леплю́, ле́пишь; ле́пленный; *несов.* **1.** *кого-что.* Делать изображение, сооружать из пластического, мягкого материала. *Л. из глины. Л. соты.* **2.** *что.* То же, что приклеивать (разг.). *Л. марки на конверты.* **3.** (1 и 2 л. не употр.). С силой бить, залепляя, забрасывая (разг.). *Снег лепит в окна.* ‖ *сов.* **вы́лепить**, -плю, -пишь; -пленный (к 1 знач.), **налепи́ть**, -леплю́, -ле́пишь; -ле́пленный (ко 2 знач.), **слепи́ть**, слеплю́, сле́пишь; сле́пленный (к 1 знач.) *и* **залепи́ть**, -ле́пит; -ле́пленный (к 3 знач.). ‖ *сущ.* **ле́пка**, -и, *ж.* (к 1 знач.). ‖ *прил.* **лепно́й**, -а́я, -о́е (к 1 знач.). *Лепные работы.*

ЛЕПИ́ТЬСЯ (леплю́сь, ле́пишься, 1 и 2 л. не употр.), ле́пится; *несов.* Располагаться, прилепившись к чему-н. наклонному. *Под крышей лепятся ласточкины гнёзда. На склоне горы лепятся хижины.*

ЛЕ́ПКА, -и, *ж.* **1.** *см.* лепить. **2.** Вид пластики — создание скульптурных произведений из пластичных материалов. *Художественная л. Класс лепки.* **3.** *собир.* Произведения такого искусства. *Коллекционировать лепку.* **4.** *перен.* О чертах лица, очертаниях головы: форма. *Лицо грубой лепки.*

ЛЕПНИ́НА, -ы, *ж., собир.* (спец.). Лепные украшения. *Потолок украшен лепниной.*

ЛЕПНО́Й, -а́я, -о́е. **1.** *см.* лепить. **2.** Изготовленный лепкой. *Лепные украшения.* **3.** С рельефными украшениями. *Л. потолок.*

ЛЕ́ПТА, -ы, *ж.* **1.** Денежная единица в Греции. **2.** *перен.* Посильный, малый вклад. ✦ **Внести свою лепту** *во что* — принять посильное участие [по евангельскому сказанию о скромном приношении вдовицы, отдавшей своё последнее и признанном Иисусом Христом самым дорогим из всех подаяний]. *Внести свою лепту в общее дело.* ‖ *прил.* **ле́птовый**, -ая, -ое (к 1 знач.).

ЛЕ́ПЩИК, -а, *м.* Специалист по лепным работам. ‖ *ж.* **ле́пщица**, -ы.

ЛЕС, -а (-у), в лесу́ *и* в ле́се, *мн.* -а́, -о́в, *м.* **1.** (в лесу́). Множество деревьев, растущих на большом пространстве с сомкнутыми кронами. *Дремучий л. Красный л.* (хвойный; спец.). *Чёрный л.* (лиственный; спец.). *Выйти из лесу и из леса. Идти по́ лесу и по ле́су. Скучать по ле́су. Ехать лесом. Как в лесу* (ничего не понимая, ни в чём не разбираясь; разг.). *Эта наука для него — тёмный л.* (перен.: совершенно непонятна; разг.). *За деревьями лесу не видеть* (посл.: о мелочах, заслоняющих собою главное). **2.** (в ле́се). Срубленные деревья как строительный и промышленный материал. *Сплавлять л.* **3.** *чего.* О множестве чего-н. поднятого, устремлённого вверх. *Л. штыков. Л. рук.* ‖ *уменьш.* **лесо́к**, -ска́, *м.* (к 1 знач.). ‖ *прил.* **лесно́й**, -а́я, -о́е (к 1 и 2 знач.). *Лесное хозяйство* (изучение, учёт и воспроизводство лесов).

ЛЕ́СА, -ы, *мн.* ле́сы *и* лёсы, лес *и* лёс, ле́сам *и* лёсам, *ж.* Нить, прикрепляемая к удилищу.

ЛЕСА́, -о́в. Временное сооружение из стоек, досок или металлических трубок у стен здания для строительных или ремонтных работ. *Здание в лесах.*

ЛЕСБИЯ́НКА, -и, *ж.* Женщина, испытывающая сексуальное влечение к лицам своего же пола. ‖ *прил.* **лесбия́нский**, -ая, -ое.

ЛЕСБИЯ́НСТВО, -а, *ср.* Женский гомосексуализм.

ЛЕ́СЕНКА, -и, *ж.* **1.** *см.* лестница. **2.** обычно *в форме тв. п.* О чём-н., расположенном уступами, с частями, выступающими одна над другой. *Строки расположены лесенкой. Подниматься на лыжах лесенкой* (боком, ставя лыжи параллельно друг другу).

ЛЕСИ́НА, -ы, *ж.* (прост.). Срубленное дерево.

ЛЕСИ́СТЫЙ, -ая, -ое; -и́ст. Обильный лесами, заросший лесом. *Лесистые горы. Л. край.* ‖ *сущ.* **леси́стость**, -и, *ж.*

ЛЕ́СКА, -и, *ж.* **1.** Специально обработанная капроновая нить, используемая в технике, в кожевенном и других производствах. **2.** Ле́са из такой нити. ‖ *прил.* **ле́сковый**, -ая, -ое.

ЛЕСНИ́К, -а́, *м.* **1.** Лесной сторож. **2.** Работник лесного хозяйства.

ЛЕСНИ́ЧЕСТВО, -а, *ср.* Участок леса как хозяйственная единица, а также учреждение, ведающее этим участком.

ЛЕСНИ́ЧИЙ, -его, *м.* Служащий лесничества или заведующий им.

ЛЕСНО́Й *см.* лес.

ЛЕСО... *Первая часть сложных слов со знач.:* 1) относящийся к лесу (в 1 и 2 знач.), лесному хозяйству, лесной, напр. *лесопитомник, лесопосадки, лесоразведение, лесосеменной, лесотехнический, лесоучасток, лесоустройство, лесоочистка, лесове́дение, лесоповал, лесозаготовитель, лесоматериалы, лесоторговля, лесообрабатывающий;* 2) содержащий лес (в 1 знач.), существующий вместе с лесом (в 1 знач.), напр. *лесолуг, лесопарк, лесосаванна, лесосад, лесостепь, лесотундра, лесокустарниковый, лесогорный.*

ЛЕСОВО́Д, -а, *м.* Специалист по лесоводству.

ЛЕСОВО́ДСТВО, -а, *ср.* Выращивание леса, а также наука о лесе, его выращивании, рубках и восстановлении. ‖ *прил.* **лесово́дческий**, -ая, -ое.

ЛЕСОВО́З, -а, *м.* Судно или грузовой автомобиль для перевозки леса. ‖ *прил.* **лесово́зный**, -ая, -ое.

ЛЕСОЗАВО́Д, -а, *м.* Промышленное предприятие по обработке лесных материалов. ‖ *прил.* **лесозаво́дский**, -ая, -ое.

ЛЕСОЗАГОТО́ВКИ, -вок. Государственная заготовка древесины (во 2 знач.). ‖ *прил.* **лесозаготови́тельный**, -ая, -ое.

ЛЕСОЗАЩИ́ТНЫЙ, -ая, -ое. **1.** Относящийся к защите леса. *Лесозащитная станция.* **2.** Относящийся к посадке лесонасаждений для защиты сельскохозяйственных культур. *Лесозащитная зона. Лесозащитная полоса.*

ЛЕСОНАСАЖДЕ́НИЕ, -я, *ср.* **1.** Искусственное разведение леса. **2.** Участок искусственно разведённого леса. *Полезащитные лесонасаждения.*

ЛЕСОПА́РК, -а, *м.* Лесной массив в городе, в рабочем посёлке. ‖ *прил.* **лесопа́рковый**, -ая, -ое. *Лесопарковая зона. Л. пояс.*

ЛЕСОПИ́ЛКА, -и, *ж.* (разг.). Лесопильный завод.

ЛЕСОПИ́ЛЬНЫЙ, -ая, -ое. Занимающийся пилкой лесных материалов. *Л. завод.*

ЛЕСОПИ́ЛЬНЯ, -и, *род. мн.* -лен, *ж.* Небольшой лесопильный завод.

ЛЕСОПОВА́Л, -а, *м.* Валка леса. ‖ *прил.* **лесопова́льный**, -ая, -ое.

ЛЕСОПОЛОСА́, -ы́, *мн.* -по́лосы, -о́с, -оса́м, *ж.* Полоса лесных насаждений. *Защитная л.*

ЛЕСОПОСА́ДОЧНЫЙ, -ая, -ое. Относящийся к посадке леса. *Лесопосадочные машины.*

ЛЕСОПРОМЫ́ШЛЕННИК, -а, *м.* Предприниматель, занимающийся заготовкой и продажей леса (во 2 знач.).

ЛЕСОПРОМЫ́ШЛЕННОСТЬ, -и, *ж.* Сокращение: лесная промышленность. ‖ *прил.* **лесопромы́шленный**, -ая, -ое.

ЛЕСОРАЗРАБО́ТКИ, -ток. Валка и заготовка леса, а также место, где производятся такие работы. ‖ *прил.* **лесоразрабо́точный**, -ая, -ое.

ЛЕСОРУ́Б, -а, *м.* Рабочий, занимающийся рубкой, валкой леса. ‖ *прил.* **лесору́бский**, -ая, -ое.

ЛЕСОРУ́БНЫЙ, -ая, -ое. Относящийся к рубке, валке леса. *Л. инструмент.*

ЛЕСОСЕ́КА, -и, *ж.* Участок спелого леса, предназначенный для вырубки, повала, а также место, где производятся такие работы. ‖ *прил.* **лесосе́чный**, -ая, -ое.

ЛЕСОСПЛА́В, -а, *м.* Сплав леса (во 2 знач.). *Плотовой л.* ‖ *прил.* **лесоспла́вный**, -ая, -ое.

ЛЕСОСТЕ́ПЬ, -и, *ж.* Область, зона, в к-рой чередуются степь и лес. ‖ *прил.* **лесосте́пно́й**, -а́я, -о́е.

ЛЕСОТУ́НДРА, -ы, *ж.* Область, зона, в к-рой сочетаются редкий лес, тундра, болота и луга. ‖ *прил.* **лесоту́ндровый**, -ая, -ое.

ЛЕСПРОМХО́З, -а, *м.* Сокращение: лесопромышленное хозяйство — предприятие, занимающееся заготовкой, вывозом и сплавом леса. ‖ *прил.* **леспромхо́зовский**, -ая, -ое (разг.).

ЛЕ́СТНИЦА, -ы, *ж.* Сооружение в виде ряда ступеней для подъёма и спуска. *Мраморная л. Пожарная л. Выдвижная л. Винтовая л.* (поднимающаяся спиралью). *Верёвочная л.* (из толстых верёвок, закрепляемая вверху). ✦ **Служебная лестница** — ряд должностей от низших к более высоким. *Подниматься по служебной лестнице.* ‖ *уменьш.* **ле́сенка**, -и, *ж.* ‖ *прил.* **ле́стничный**, -ая, -ое.

ЛЕ́СТНЫЙ, -ая, -ое; -тен, -тна. **1.** Содержащий похвалу, одобрение. *Л. отзыв.* **2.** Дающий удовлетворение самолюбию. *Лестное предложение.* ‖ *сущ.* **ле́стность**, -и, *ж.*

ЛЕСТЬ, -и, *ж.* Лицемерие, угодливое восхваление. *Тонкая л.*

ЛЕСХО́З, -а, *м.* Сокращение: лесное хозяйство — предприятие, занимающееся учётом, воспроизводством, охраной и защитой лесов. ‖ *прил.* **лесхо́зный**, -ая, -ое *и* **лесхо́зовский**, -ая, -ое (разг.).

ЛЕТА́, лет. **1.** *см.* год. **2.** Возраст, года. *Человек пожилых лет. В летах* (о пожилом человеке). *На склоне* или *на старости лет. Одних лет* (ровесники). *По молодости лет* (по молодости). *Войти в л.* (стать взрослым). *С летами поумнеет* (когда будет взрослеть, стареть).

ЛЕТА́ЛЬНЫЙ, -ая, -ое; -лен, -льна (спец.). То же, что смертельный (в 1 знач.). *Л. исход.* ‖ *сущ.* **лета́льность**, -и, *ж.*

ЛЕТАРГИ́Я, -и, *ж.* (спец.). Похожее на длительный сон болезненное состояние с почти неощутимым дыханием и пульсом. *Впасть в летаргию.* ‖ *прил.* **летарги́ческий**, -ая, -ое. *Л. сон.*

ЛЕТА́ТЬ, -а́ю, -а́ешь; *несов.* То же, что лететь (в 1, 2 и 3 знач., но обозначает действие, совершающееся не в одно время, не за один приём или не в одном направлении). ‖ *сущ.* **лета́ние**, -я, *ср.* ‖ *прил.* **лета́тельный**, -ая, -ое. *Л. аппарат* (устройство для полётов в атмосфере или космическом пространстве: космический корабль, самолёт, вертолёт, аэростат, планер, дельтаплан).

ЛЕТЕ́ТЬ, лечу́, лети́шь; *несов.* **1.** Нестись, передвигаться по воздуху. *Птица летит. Самолёт летит. Пыль летит. Летят восклицания, возгласы* (перен.). **2.** То же, что мчаться. *Л. стрелой. Тройка летит. Л. в автомобиле.* **3.** То же, что падать (в 1 знач.) (разг.). *Л. со стула. Книги летят с полки.* **4.** (1 и 2 л. не употр.), *перен.* О времени: быстро проходить. *Часы, минуты летят. Лето летит.* **5.** (1 и 2 л. не употр.), *перен.* Быстро изменяться в цене, в уровне (разг.). *Цены летят вверх. Акции летят вниз.* **6.** (1 и 2 л. не употр.). Ломаться, нарушаться (разг.). *Авария: летит крестовина. Из-за командировки летят все мои планы.* ‖ *сов.* **полете́ть**, -лечу́, -лети́шь (к 3 и 6 знач.). ‖ *сущ.* **лета́ние**, -я, *ср.* (к 1 знач.) *и* **лёт**, -а (-у), о лёте, на лету́, *м.* (к 1 знач.; спец.). *Утиный л. До столицы два часа лёту.* ✦ **На лету́** — 1) во время полёта, летания. *Искры гаснут на лету;* 2) об усвоении, понимании: быстро, сразу. *Ребёнок всё схватывает на лету;* 3) наскоро, мимоходом (разг.). *Сообщить что-н. на лету.* **С лёту** (разг.) — быстро, сразу. *Решать с лёту. С лёту схватывать смысл.* ‖ *прил.* **лётный**, -ая, -ое (к 1 знач.). *Лётное отверстие* (в гнезде). *Лётное время.*

ЛЕ́ТНИК, -а, *м.* Однолетнее садовое растение.

ЛЕ́ТО, -а, *мн.* редко, *ср.* Самое тёплое время года, следующее за весной и предшествующее осени. *Жаркое л. Уехать на л. Провести л. в деревне.* ✦ **Сколько лет, сколько зим!** (разг.) — радостное приветствие при встрече с тем, кого давно не видел. ‖ *прил.* **ле́тний**, -яя, -ее. *Л. день год кормит* (посл.) *По-летнему* (нареч.) *одет.*

ЛЕТО́К, -тка́, *м.* (спец.). Отверстие в улье для влёта и вылета пчёл. ‖ *прил.* **летко́вый**, -ая, -ое.

ЛЕ́ТОМ, *нареч.* В летнее время.

ЛЕТОПИСА́НИЕ, -я, *ср.* Составление летописей. *Древнерусское л.* ‖ *прил.* **летопи́сный**, -ая, -ое.

ЛЕТОПИ́СЕЦ, -сца, *м.* Составитель летописи.

ЛЕ́ТОПИСЬ, -и, *ж.* **1.** Вид русской повествовательной литературы 11—17 вв.: погодная запись исторических событий. *Древнерусские летописи.* **2.** *перен.* То же, что история (в 3 знач.) (высок.). *Л. боевой славы. Семейная л.* ‖ *прил.* **летопи́сный**, -ая, -ое (к 1 знач.). *Л. свод.*

ЛЕТОСЧИСЛЕ́НИЕ, -я, *ср.* (книжн.). Система определения времени по годам от какого-н. условленного момента.

ЛЕТУ́Н, -а́, *м.* (разг.). **1.** Тот, кто летит, хорошо летает. *Эти птицы — неутомимые летуны.* **2.** Человек, к-рый часто меняет место работы в погоне за большим заработком (неодобр.). ‖ *ж.* **лету́нья**, -и, *род. мн.* -ний (к 1 знач.).

ЛЕТУ́ЧИЙ, -ая, -ее; -у́ч. **1.** Способный летать, носиться в воздухе. *Летучие семена.*

Л. песок. **2.** *полн. ф.* В названиях нек-рых рукокрылых: способный к полёту. *Летучая мышь. Летучая белка.* **3.** Способный быстро перемещаться, передвигаться. *Л. отряд.* **4.** *полн. ф.* Легко испаряющийся, быстро проходящий. *Летучие эфирные масла. Летучая сыпь.* **5.** *перен.* Мимолётный, короткий, быстрый. *Л. разговор. Летучая встреча.* ‖ *сущ.* **летучесть**, -и, *ж.* (к 1 и 4 знач.).

ЛЕТУ́ЧКА, -и, *ж.* (разг.). **1.** Краткое собрание для решения неотложных дел. *Редакционная л.* **2.** Подвижной, летучий отряд, передвижная бригада, мастерская. *Ремонтная л.*

ЛЕТЯ́ГА, -и, *ж.* Родственное белке млекопитающее, грызун с кожистой перепонкой по бокам тела между конечностями. *Семейство летяг.*

ЛЕЧЕ́БНИЦА, -ы, *ж.* Лечебное учреждение специального назначения. *Ветеринарная л.*

ЛЕЧИ́ТЬ, лечу́, ле́чишь; ле́ченный; *несов., кого-что.* **1.** Применять медицинские средства для восстановления здоровья, принимать меры к прекращению болезни. *Л. от кашля. Л. лекарством. Л. травами. Л. туберкулёз.* **2.** (1 и 2 л. не употр.), *перен.* Обладать целительными свойствами. *Холод лечит.* ‖ *возвр.* **лечи́ться**, лечу́сь, ле́чишься (к 1 знач.). ‖ *сущ.* **лече́ние**, -я, *ср.* ‖ *прил.* **лече́бный**, -ая, -ое. *Лечебные средства. Лечебные учреждения. Лечебные свойства ванн.*

ЛЕЧЬ, ля́гу, ля́жешь, ля́гут; лёг, легла́; ляг, ля́гте; *сов.* **1.** Принять лежачее положение. *Л. на диван. Л. на бок, на спину, на живот.* **2.** Расположиться спать. *Рано, поздно л. Дети уже легли.* **3.** Поместиться в стационар (во 2 знач.). *Л. в больницу. Л. на обследование, на операцию.* **4.** (1 и 2 л. не употр.). Распространиться по поверхности чего-н., оказаться на чём-н. *Снег лёг пеленой.* **5.** (1 и 2 л. не употр.), *перен.* Появиться, заполнить собой что-н. (о тяжёлых чувствах, состоянии). *На сердце легла печаль. Чувство вины легло на душу. На лицо легла тень страдания.* **6.** (1 и 2 л. не употр.), *перен, на кого-что.* Прийтись, оказаться у кого-н. (о чём-н. обязательном, трудном или обременительном). *Ответственность ляжет на руководителя. Все заботы легли на отца.* **7.** (1 и 2 л. не употр.), *перен., на кого-что.* Коснуться, задеть кого-что-н., упасть (в 7 знач.). *Подозрение легло на новичка. Обвинение легло на свидетеля. На репутацию фирмы легла тень.* **8.** О судах, самолётах: принять какое-н. положение, направление. *Л. в дрейф. Л. на заданный курс.* **9.** (1 и 2 л. не употр.), *перен.* Расположиться, разместиться ровно, гладко. *Платье легло по фигуре. Волосы легли длинными прядями.* ✦ **Лечь костьми** — погибнуть ради достижения какой-н. цели. ‖ *несов.* **ложи́ться**, -жу́сь, -жи́шься.

ЛЕ́ШИЙ, -его, *м.* В славянской мифологии: человекообразное сказочное существо, живущее в лесу, дух леса, враждебный людям. *Иди ты к лешему!* (убирайся; прост.). *Какого лешего?* (выражение досады; прост. бран.). *Л. его знает!* (кто его знает; прост.).

ЛЕЩ, -а́, *м.* Пресноводная рыба сем. карповых с плоским телом. ✦ **Дать (отвесить) леща** *кому* (прост.) — ударить, сильно шлёпнуть. ‖ *уменьш.* **ле́щик**, -а, *м.* ‖ *прил.* **лещо́вый**, -ая, -ое.

ЛЕЩИ́НА, -ы, *ж.* (спец.). Лесной кустарник сем. берёзовых, дающий орехи со съедобным ядром, орешник. ‖ *прил.* **лещи́новый**, -ая, -ое *и* **лещи́нный**, -ая, -ое.

ЛЁГКИЕ [хк], -их, *ед.* -ое, -ого, *ср.* Органы дыхания у человека и позвоночных животных. *Воспаление лёгких* (пневмония). ‖ *прил.* **лёгочный**, -ая, -ое. *Л. больной* (с заболеванием лёгких). *Лёгочная хирургия.*

ЛЁГКИЙ [хк], -ая, -ое; лёгок, легка́, легко́; ле́гче; легча́йший. **1.** Незначительный по весу, не отягощающий. *Лёгкая ноша. Лёгкая ткань. Л. завтрак.* **2.** Исполняемый, достигаемый, преодолеваемый без большого труда, усилий. *Лёгкая задача, работа. Лёгкая победа. Лёгкая дорога.* **3.** Небольшой (по силе, крепости); малозаметный. *Л. ветерок. Лёгкое вино. Лёгкое прикосновение* (мягкое, осторожное). *Лёгкая усмешка.* **4.** Лишённый грузности. *Лёгкие шаги. Лёгкая фигура* (стройная). *Лёгкая походка* (быстрая, бесшумная и плавная). **5.** Не напряжённый, не затруднительный. *Лёгкое дыхание. Л. сон. Легко* (нареч.) *дышится. Легко* (в знач. сказ.) *на сердце у кого-н.* (спокоен, ничем не огорчён). **6.** Не суровый, не строгий. *Лёгкое наказание. Легко* (нареч.) *отделаться.* **7.** О болезненных, физиологических состояниях: не опасный, не серьёзный. *Лёгкие роды. Болезнь протекает в лёгкой форме.* **8.** *полн. ф.* Уживчивый, покладистый. *Л. человек. Л. характер.* **9.** Поверхностный, несерьёзный, легкомысленный, неглубокий. *Лёгкие нравы. Лёгкое отношение к жизни.* **10.** *полн. ф.* Без тяжёлого вооружения, подвижный. *Лёгкая кавалерия. Лёгкие танки.* ✦ **Лёгкая промышленность** — промышленность, производящая предметы потребления. **Лёгок на подъём** *кто* (разг.) — легко, без труда решается идти, ехать, делать что-н. **Лёгок на помине** *кто* (разг.) — о том, кто пришёл сразу после того, как о нём вспоминали, только что говорили. **Лёгкая рука** *у кого* — о том, кто приносит счастье, удачу. **Лёгкое чтение** — не требующее углублённого восприятия, интеллектуального напряжения. **Женщина лёгкого поведения** — легко вступающая в непродолжительные случайные связи с мужчинами или занимающаяся проституцией. **Легко сказать** (разг.) — просто сказать, а сделать трудно. **С лёгким сердцем** — без тревоги, без раздумья. **С лёгкой руки** *чьей* (разг.) — о чьём-н. удачном почине, примере. **С лёгким паром!** — приветствие тому, кто пришёл из бани, только что помылся, попарился. **Легче на поворотах** (разг.) — будь осторожнее в словах, действиях. ‖ *уменьш.* **лёгонький**, -ая, -ое (к 1, 2 и 3 знач.). ‖ *сущ.* **лёгкость**, -и, *ж.* (к 1, 2, 3, 4, 5, 6, 7 и 9 знач.).

ЛЁГОЧНИК, -а, *м.* (разг.). **1.** Врач — специалист по лёгочным болезням. **2.** Лёгочный больной. ‖ *ж.* **лёгочница**, -ы (ко 2 знач.).

ЛЁГОЧНЫЙ *см.* лёгкие.

ЛЁД, льда (льду), о льде, на льду, *м.* Замёрзшая и затвердевшая вода. *Холодный как л. Скользить по льду́ и по́ льду. Вечные льды* (в полярных морях). *Искусственный л. В голосе, во взгляде — л.* (перен.: холодная враждебность). ✦ **Лёд трогается (тронулся)** — о том, что приходит (пришло) в движение после застоя, бездействия. **Лёд сломан (разбит)** — кончилось непонимание, положено начало общению, связям. **Сухой лёд** — твёрдая двуокись углерода. ‖ *уменьш.* **ледо́к**, -дка́ (-дку́), *м.* ‖ *прил.* **ледяно́й**, -а́я, -о́е *и* **ледо́вый**, -ая, -ое. *Ледяной покров. Ледяные сосульки. Ледовое плавание* (во льдах). *Ледовая обстановка* (состояние льдов в реке, море, озере). *Ледовый плен* (вынужденное пребывание в окружении льдов). *Ледовая дружина* (о хоккеистах; разг.). *Ледовый бал* (о выступлении фигуристов, танцах на льду).

ЛЁЖКА, -и, *ж.* **1.** Долгое лежание, хранение (о том, что вылёживается). *Отобрать яблоки для лёжки. Табак идёт в лёжку.* **2.** Место, где лежит, скрывается зверь (спец.). *Выследить зверя на лёжке.* ✦ **В лёжку лежать** (разг.) — о больном: лежать, не вставая, не мочь встать.

ЛЁЖКИЙ, -ая, -ое; -жек, -жка (спец.). О плодах: выдерживающий долгое хранение. *Лёжкие сорта картофеля.*

ЛЁН, льна (льну), *м.* **1.** Травянистое растение, из стеблей к-рого получают прядильное волокно, а из семян — масло. *Л.-долгунец. Л. любит поклон* (посл. о трудностях его выращивания и ручной уборке). *Волосики как л.* (светлые и очень мягкие). **2.** Ткань, изделие из такого волокна. *Л. на постельное бельё. Летом в моде л.* ‖ *прил.* **льняно́й**, -а́я, -о́е *и* **льно́вый**, -ая, -ое (спец.). *Льняная ткань. Льняное масло. Семейство льновых* (сущ.).

ЛЁСС, -а, *м.* (спец.). Рыхлая горная порода светло-жёлтого цвета, на к-рой формируются плодородные почвы. ‖ *прил.* **лёссовый**, -ая, -ое.

ЛЁТ *см.* лететь.

ЛЁТКА, -и, *ж.* (спец.). Отверстие в плавильной печи, через к-рое выпускается расплавленный металл, шлак. *Пробить лётку.*

ЛЁТНЫЙ, -ая, -ое. **1.** *см.* лететь. **2.** Относящийся к авиации, к авиационным полётам. *Лётная дорожка. Лётная школа.* **3.** Удобный для летания, для авиационных полётов. *Лётная погода.*

ЛЁТЧИК, -а, *м.* Специалист, управляющий самолётом, вертолётом. *Л.-испытатель.* ‖ *ж.* **лётчица**, -ы. ‖ *прил.* **лётчицкий**, -ая, -ое.

ЛЖЕ... *Первая часть сложных слов со знач.*: 1) ложный (в 1 знач.), неверный, напр. *лженаука, лжетеория;* 2) ложный (во 2 знач.), мнимый или намеренно выдаваемый за истинное, напр. *лжеучёный, лжепророк, лжеатака, лжетревога;* 3) лгущий, скрывающий истину, напр. *лжесвидетель, лжесвидетельство;* 4) в составе сложных названий: относящийся к видам, частично сходным с другими, основными видами, напр. *лжеакация, лжежасмин, лжекувшинка, лжелиственница, лжескорпион.*

ЛЖЕСВИДЕ́ТЕЛЬ, -я, *м.* Свидетель, дающий ложные показания. ‖ *ж.* **лжесвиде́тельница**, -ы. ‖ *прил.* **лжесвиде́тельский**, -ая, -ое.

ЛЖЕСВИДЕ́ТЕЛЬСТВО, -а, *ср.* Показание лжесвидетеля.

ЛЖЕСВИДЕ́ТЕЛЬСТВОВАТЬ, -твую, -твуешь; *несов.* Давать ложные показания.

ЛЖЕУЧЕ́НИЕ, -я, *ср.* Мнимонаучная теория.

ЛЖЕЦ, -а́, *м.* Лживый человек, тот, кто лжёт.

ЛЖИ́ВЫЙ, -ая, -ое; лжив. **1.** Склонный ко лжи, обману. *Л. мальчик. Л. характер.* **2.** Содержащий ложь, обман; выражающий ложь, неискренний. *Лживое заявление. Лживая улыбка.* ‖ *сущ.* **лжи́вость**, -и, *ж.*

ЛИ. 1. *союз.* Присоединяет к главному предложению придаточное изъяснительное, косвенный вопрос. *Спроси, учится ли он. Не знаю, придут ли.* **2.** *союз.* Выражает условие совершения, существования чего-н., в том случае если (устар. и книжн.). *Беда ли у друзей, он поможет.* **3.** *частица.* Употребляется в вопросительных предложениях. *Пойдёшь ли с нами? Пришёл ли ответ?* ✦ **Не... ли** — 1) *союз.* Присоединяет к главному предложению придаточное изъяснительное или косвенный вопрос. *Думаю, не пора ли отдохнуть. Спроси, не хочет ли он* *чаю;* 2) оформляет неуверенный вопрос. *Гремит, не гроза ли? Не письмо ли он принес?;* 3) оформляет уверенный вопрос, выражающий положительную или отрицательную оценку. *Спас человека, не герой ли? Бросил детей, ну не негодяй ли?* **Ли... ли,** *союз повторяющийся* — употр. в знач. разделительном или условно-уступительном. *Рано ли, поздно ли, но случится. Дождь ли, снег ли, всё равно придёт.* **Ли... или,** *союз* — то же, что ли... ли. *Идёт ли дождь, или светит солнце, ему всё равно.*

ЛИА́НА, -ы, *ж.* **1.** Древесное, кустарниковое или травянистое вьющееся или лазящее цепкое растение. *Травянистые лианы. Декоративные лианы.* **2.** Цепкая, вьющаяся часть такого растения. *Лианы винограда. Огуречная л.* ‖ *прил.* **лиа́новый,** -ая, -ое. *Л. лес.*

ЛИБЕРА́Л, -а, *м.* **1.** Сторонник, последователь либерализма (в 1 знач.). **2.** Член либеральной партии. **3.** Человек, к-рый либеральничает. ‖ *ж.* **либера́лка,** -и (к 1 и 3 знач.).

ЛИБЕРАЛИ́ЗМ, -а, *м.* **1.** Идеологическое и политическое течение, объединяющее сторонников демократических свобод и свободного предпринимательства. **2.** Излишняя терпимость, снисходительность, вредное попустительство. *Л. в оценке знаний.* ‖ *прил.* **либерали́стский,** -ая, -ое.

ЛИБЕРАЛИЗОВА́ТЬ, -зу́ю, -зу́ешь; -ованный; *сов.* и *несов., что* (спец.). Снять (снимать) ограничение, предоставить (-влять) свободу действий. ‖ *сущ.* **либерализа́ция,** -и, *ж. Л. цен* (снятие государственных ограничений на цены). ‖ *прил.* **либерализацио́нный,** -ая, -ое.

ЛИБЕРА́ЛЬНИЧАТЬ, -аю, -аешь; *несов., с кем* (разг.). Проявлять либерализм (во 2 знач.) по отношению к кому-н. *Нечего л. с лентяями.* ‖ *сов.* **слибера́льничать,** -аю, -аешь.

ЛИБЕРА́ЛЬНЫЙ, -ая, -ое; -лен, -льна. **1.** *полн. ф.* Относящийся к либерализму (в 1 знач.). *Либеральная партия. Л. деятель.* **2.** Проявляющий либерализм (во 2 знач.). *Л. подход к чему-н.* ‖ *сущ.* **либера́льность,** -и, *ж.* (ко 2 знач.).

ЛИ́БО, *союз.* То же, что или (в 1, 2 и 3 знач.). *Л. пан, л. пропал* (о том, кто рискует: или всё получит, или всё потеряет).

ЛИБРЕТТИ́СТ, -а, *м.* Автор либретто. ‖ *ж.* **либретти́стка,** -и. ‖ *прил.* **либретти́стский,** -ая, -ое.

ЛИБРЕ́ТТО, *нескл., ср.* **1.** Словесный текст театрализованного музыкально-вокального произведения. *Л. оперы.* **2.** Краткое изложение содержания пьесы, оперы, балета. **3.** План сценария (спец.).

ЛИВА́НСКИЙ, -ая, -ое. **1.** *см.* ливанцы. **2.** Относящийся к ливанцам, к их языку, национальному характеру, образу жизни, культуре, а также к Ливану, его территории, внутреннему устройству, истории; такой, как у ливанцев, как в Ливане. *Ливанские арабы* (ливанцы). *Л. фунт* (денежная единица). *По-ливански* (нареч.).

ЛИВА́НЦЫ, -ев, *ед.* -нец, -нца, *м.* Общее название народов, населяющих Ливан. ‖ *ж.* **лива́нка,** -и. ‖ *прил.* **лива́нский,** -ая, -ое.

ЛИ́ВЕНЬ, -вня, *м.* Сильный дождь. *Хлынул л. Л. свинца* или *л. пулемётного огня* (перен.: о сплошном и непрекращающемся огне). ‖ *прил.* **ли́вневый,** -ая, -ое. *Ливневые дожди. Ливневые воды* (дождевые). *Ливневая канализация* (комплекс сооружений для удаления дождевых вод; спец.).

ЛИ́ВЕР, -а (-у), *м.* Продукт из печени, лёгкого, сердца, селезёнки убойных животных. *Пирог с ливером.* ‖ *прил.* **ли́верный,** -ая, -ое. *Ливерная колбаса.*

ЛИВИ́ЙСКИЙ, -ая, -ое. **1.** *см.* ливийцы. **2.** Относящийся к ливийцам, к их языку, национальному характеру, образу жизни, культуре, а также к Ливии, её территории, внутреннему устройству, истории; такой, как у ливийцев, как в Ливии. *Ливийские арабы* (ливийцы). *Л. диалект арабского языка. Л. язык* (язык племён, населявших Северную Африку (Ливию) в античную эпоху). *Ливийская пустыня* (северо-восточная часть Сахары). *По-ливийски* (нареч.).

ЛИВИ́ЙЦЫ, -цев, *ед.* -и́ец, -йца, *м.* Арабский народ, составляющий основное население Ливии. ‖ *ж.* **ливи́йка,** -и. ‖ *прил.* **ливи́йский,** -ая, -ое.

ЛИВМЯ́: **ливмя лить (литься)** (разг.) — очень сильно литься. *Дождь ливмя льёт.*

ЛИВНЕСТО́К, -а, *м.* (спец.). Сток для ливневых вод. ‖ *прил.* **ливнесто́чный,** -ая, -ое.

ЛИ́ВР, -а, *м.* Во Франции до 1795 г.: денежная единица, равная 20 су, 1/4 луидора.

ЛИВРЕ́Я, -и, *ж.* Одежда с галунами и шитьём для швейцаров, лакеев, кучеров. ‖ *прил.* **ливре́йный,** -ая, -ое. *Л. лакей* (в ливрее).

ЛИ́ВСКИЙ, -ая, -ое. **1.** *см.* ливы. **2.** Относящийся к ливам, к их языку, национальному характеру, образу жизни, культуре, а также к территории их проживания, внутреннему устройству; такой, как у ливов. *Л. язык* (финно-угорской семьи языков). *По-ливски* (нареч.).

ЛИ́ВЫ, -ов, *ед.* лив, -а, *м.* Малочисленный народ, составляющий коренное население Вентспилсского и Талсинского районов Латвии. ‖ *ж.* **ли́вка,** -и. ‖ *прил.* **ли́вский,** -ая, -ое.

ЛИ́ГА, -и, *ж.* (книжн.). **1.** Союз, объединение лиц, организаций, государств. *Международная морская л. Л. арабских государств. Л. Наций* (международная организация в 1919—1946 гг.). **2.** В спорте: группа команд, примерно равных по мастерству и соревнующихся друг с другом. *Команды высшей лиги.*

ЛИГАТУ́РА, -ы, *ж.* (спец.). **1.** Примесь других металлов к золоту, серебру для придания им большей твёрдости. **2.** Вспомогательный сплав с легирующими элементами, добавляемый к металлу в плавильной печи. **3.** Нить для перевязывания кровеносных сосудов при операции. **4.** Знак, составленный из элементов двух (или более) письменных знаков. ‖ *прил.* **лигату́рный,** -ая, -ое.

ЛИ́ДЕР, -а, *м.* **1.** Глава, руководитель политической партии, общественно-политической организации или вообще какой-н. группы людей; человек, пользующийся авторитетом и влиянием в каком-н. коллективе. *Политический л.* **2.** Спортсмен или спортивная команда, идущие первыми в состязании. *Л. турнира. Гонка за лидером* (в велоспорте: вслед за идущим впереди мотоциклом). **3.** Корабль, возглавляющий колонну, группу судов. ‖ *прил.* **ли́дерский,** -ая, -ое (к 1 и 2 знач.; разг.).

ЛИДИ́РОВАТЬ, -рую, -руешь; *несов.* Быть лидером (во 2 знач.). *Л. в шахматном турнире.*

ЛИЗА́ТЬ, лижу́, ли́жешь; *несов., кого-что.* Проводить языком по чему-н. *Л. тарелку. Огонь лижет стены* (перен.). *Пятки л. кому-н.* (перен.: подхалимничать перед кем-н.; разг. презр.). ‖ *однокр.* **лизну́ть,** -ну́, -нёшь. ‖ *сущ.* **лиза́ние,** -я, *ср.*

ЛИЗОБЛЮ́Д, -а, *м.* (устар. презр.). Человек, к-рый прислуживается к кому-н., подхалим. ‖ *ж.* **лизоблю́дка,** -и.

ЛИЗОБЛЮ́ДНИЧАТЬ, -аю, -аешь; *несов.* (устар. презр.). Быть лизоблюдом.

ЛИЗУНЕ́Ц, -нца́, *м.* Соль в комках, используемая для подкормки животных. *Соль-л.* ‖ *прил.* **лизунцо́вый,** -ая, -ое.

ЛИК[1], -а, *м.* **1.** Лицо (устар. и высок.), а также изображение лица на иконах. *Иконописные лики.* **2.** *перен.* Внешние очертания, видимая поверхность чего-н. (книжн.). *Л. луны.*

ЛИК[2], -а, *м.* (устар.). Единое множество, сонм. *Причислять к лику святых кого-н.* (считать святым).

ЛИКБЕ́З, -а, *м.* **1.** Сокращение: ликвидация безграмотности, обучение неграмотных взрослых и подростков, а также (разг.) школа, осуществляющая такое обучение. *Работники ликбеза в первые годы революции. Учился грамоте в ликбезе. Ходил в л.* **2.** *перен.* Сообщение самых необходимых, начальных сведений о чём-н., обучение элементарным навыкам. *Агрономический л.* ‖ *прил.* **ликбе́зовский,** -ая, -ое (к 1 знач.).

ЛИКВИДА́ТОР, -а, *м.* Тот, кто ликвидирует, ликвидировал что-н. ‖ *прил.* **ликвида́торский,** -ая, -ое. *Ликвидаторские настроения у кого-н.* (у тех, кто настроен прекратить какое-н. дело, ликвидировать что-н.).

ЛИКВИДА́ЦИЯ, -и, *ж.* **1.** Прекращение деятельности чего-н. (напр. предприятия, учреждения). *Л. треста. Л. дел.* **2.** Уничтожение кого-чего-н. *Л. неграмотности. Л. оружия массового уничтожения.* ‖ *прил.* **ликвидацио́нный,** -ая, -ое.

ЛИКВИДИ́РОВАТЬ, -рую, -руешь; -анный; *сов.* и *несов., кого-что.* Произвести (-водить) ликвидацию кого-чего-н.

ЛИКВИДИ́РОВАТЬСЯ (-руюсь, -руешься, 1 и 2 л. не употр.), -руется; *сов.* и *несов.* Прекратить (-ащать) свою деятельность. *Контора ликвидировалась.*

ЛИКЁР, -а (-у), *м.* Сладкий пряный спиртной напиток из фруктовых и ягодных соков, настоев трав. ‖ *прил.* **ликёрный,** -ая, -ое.

ЛИКОВА́ТЬ, -ку́ю, -ку́ешь; *несов.* Торжествовать, восторженно радоваться. *Народ ликует. Сердце ликует.* ‖ *сущ.* **ликова́ние,** -я, *ср.*

ЛИЛЕ́ЙНЫЙ, -ая, -ое. **1.** *см.* лилия. **2.** *перен.* Нежный и белый, как лилия (устар. высок.). *Лилейное чело. Лилейная грудь.* ‖ *сущ.* **лиле́йность,** -и, *ж.*

ЛИЛИПУ́Т, -а, *м.* **1.** Человек неестественно маленького роста, карлик. **2.** *перен.* О предмете очень маленького размера. *Книжка-л.* ‖ *ж.* **лилипу́тка,** -и (к 1 знач.). ‖ *прил.* **лилипу́тский,** -ая, -ое (к 1 знач.).

ЛИ́ЛИЯ, -и, *ж.* Луковичное растение с прямым стеблем и крупными красивыми цветками в виде колокола. *Белая л. Водяная л.* (кувшинка). ‖ *прил.* **лиле́йный,** -ая, -ое [от стар. лиле́я] (спец.). *Лилейные растения. Семейство лилейных* (сущ.).

ЛИЛОВЕ́ТЬ, -е́ю, -е́ешь; *несов.* **1.** Становиться лиловым, лиловее. *Губы лиловеют от мороза.* **2.** (1 и 2 л. не употр.). О чём-н. лиловом: виднеться. ‖ *сов.* **полилове́ть,** -е́ю, -е́ешь (к 1 знач.).

ЛИЛО́ВО-... *Первая часть сложных слов со знач.:* 1) лиловый, с лиловым оттенком, напр. *лилово-голубой, лилово-красный, лилово-розовый, лилово-синий;* 2) лиловый, в сочетании с другим отдельным цветом, напр. *лилово-белый, лилово-серый.*

ЛИЛО́ВЫЙ, -ая, -ое; -о́в. Цвета фиалки или тёмных соцветий сирени, фиолетовый. *Л. цвет. Лиловое платье.* ‖ *сущ.* **лило́вость**, -и, *ж.*

ЛИМА́Н, -а, *м.* Залив, образованный морем в низовьях реки, а также солёное озеро вблизи моря, обычно богатое целебными грязями. ‖ *прил.* **лима́нный**, -ая, -ое. ✦ **Лиманное орошение** (спец.) — весеннее увлажнение почвы путём задержания талых, паводковых вод.

ЛИМИ́Т, -а, *м.* Предельная норма. *Л. на цены. Л. на электроэнергию.* ‖ *прил.* **лими́тный**, -ая, -ое.

ЛИМИТА́, -ы́, *собир., ж.* Лимитчики.

ЛИМИТИ́РОВАТЬ, -рую, -руешь; -анный; *сов. и несов., что.* Установить (-навливать) лимит чего-н., ограничить (-чивать). *Л. импорт.*

ЛИМИ́ТЧИК, -а, *м.* (разг.). Человек, приехавший работать по лимиту на въезд. ‖ *ж.* **лими́тчица**, -ы.

ЛИМО́Н, -а, *м.* Цитрусовое дерево, а также сочный кислый плод его с твёрдой ароматной кожурой. *Чай с лимоном. Как выжатый л. кто-н.* (крайне устал, измучен; разг.). ‖ *прил.* **лимо́нный**, -ая, -ое.✦ **Лимонная кислота** — органическая кислота, содержащаяся в цитрусовых и нек-рых других растениях.

ЛИМОНА́Д, -а (-у), *м.* Сладкий прохладительный напиток, обычно с лимонным соком. ‖ *прил.* **лимона́дный**, -ая, -ое.

ЛИМО́НКА, -и, *ж.* (разг.). Ручная граната, по форме напоминающая лимон.

ЛИМО́ННИК, -а, *м.* Древесная лиана, стебли, корни и плоды к-рой имеют запах лимона. ‖ *прил.* **лимо́нниковый**, -ая, -ое.

ЛИМОННОКИ́СЛЫЙ, -ая, -ое (спец.). Содержащий лимонную кислоту или полученный из лимонной кислоты.

ЛИМО́ННЫЙ, -ая, -ое. **1.** *см.* лимон. **2.** Светло-жёлтый, цвета лимона.

ЛИМУЗИ́Н, -а, *м.* Большой легковой автомобиль с закрытым кузовом, снабжённым остеклённой перегородкой. ‖ *прил.* **лимузи́нный**, -ая, -ое.

ЛИ́МФА, -ы, *ж.* Бесцветная жидкость в теле человека и позвоночных животных, образующаяся из плазмы крови и заполняющая межклеточные пространства. ‖ *прил.* **лимфати́ческий**, -ая, -ое *и* **лимфо́идный**, -ая, -ое. *Лимфатическая система. Лимфатические узлы. Лимфоидная ткань.*

ЛИМФАТИ́ЧЕСКИЙ, -ая, -ое. **1.** *см.* лимфа. **2.** *перен.* Безжизненный, вялый (устар.). *Лимфатическая натура.*

ЛИНГВИ́СТ, -а, *м.* Специалист по лингвистике, языковед. ‖ *ж.* **лингви́стка**, -и.

ЛИНГВИ́СТИКА, -и, *ж.* Наука о языке² (в 1 и 2 знач.), языкознание. ‖ *прил.* **лингвисти́ческий**, -ая, -ое.

ЛИНЕ́ЙКА¹, -и, *ж.* **1.** Прямая черта на бумаге, на какой-н. поверхности, помогающая писать прямыми ровными строками. *Тетрадь в косую линейку* (разлинованная также наискось, сверху вниз). *Писать по линейкам.* **2.** Планка для вычерчивания прямых линий, для измерений. *Масштабная л.* **3.** Одна из дорожек внутри военного (или военизированного) лагеря, разделяющих его на прямоугольные участки (спец.). *Передняя л.* **4.** Строй в шеренгу. *Построиться в линейку.* **5.** Сбор, на к-ром участники выстроены шеренгами. *Торжественная л. Прочитать приказ на линейке.* ✦ **Линейка готовности** — построение сельскохозяйственных машин в линию для их окончательной проверки перед выходом на полевые работы. ‖ *уменьш.* **лине́ечка**, -и, *ж.* (к 1 и 2 знач.). ‖ *прил.* **лине́ечный** (к 1, 2 и 3 знач.).

ЛИНЕ́ЙКА², -и, *ж.* (устар.). Многоместный открытый экипаж с боковыми продольными сиденьями. *Ехать на линейке.* ‖ *прил.* **лине́ечный**, -ая, -ое.

ЛИНЕ́ЙНЫЙ, -ая, -ое. **1.** *см.* линия. **2.** Расположенный в линию, по линии. *Линейные меры* (меры длины). *Линейная скорость* (скорость движения точки в единицу времени, определяемая по длине пути). *Линейная тактика* (фронтальная, без построения войск в глубину, без глубокого маневрирования). **3.** Напоминающий по форме линию, узкий и длинный. *Л. лист растения* (прямой и узкий, с заострённым концом). **4.** Регулярный (во 2 знач.), составляющий основу каких-н. соединений. *Линейные войска. Л. стройотряд.* **5.** О военном корабле: большой, хорошо вооружённый, для крупных боевых операций. *Л. крейсер. Л. корабль.* **6. лине́йный**, -ого, *м.* Военнослужащий, высылаемый для указания линии и построения войск.

ЛИНЕ́ЙЧАТЫЙ, -ая, -ое; -ат (спец.). Покрытый линиями или бороздками в одном направлении. *Л. лист.* ‖ *сущ.* **лине́йчатость**, -и, *ж.*

ЛИНЁК¹, -нька́, *м.* **1.** *см.* линь². **2.** Короткая верёвочная плеть (в старое время на кораблях). ‖ *прил.* **линько́вый**, -ая, -ое *и* **линёчный**, -ая, -ое.

ЛИНЁК² *см.* линь¹.

ЛИ́НЗА, -ы, *ж.* **1.** Тело, ограниченное двумя сферическими (или одной сферической и одной плоской) поверхностями (спец.). **2.** Оптическое стекло такой формы. *Очковые линзы. Контактные линзы* (накладывающиеся непосредственно на поверхность глазного яблока). *Л. микроскопа.* ‖ *прил.* **ли́нзовый**, -ая, -ое. *Линзовая оптика.*

ЛИ́НИЯ, -и, *ж.* **1.** Черта на плоскости, на какой-н. поверхности или в пространстве. *Прямая л.* (кратчайшее растояние между двумя точками). *Ломаная л. Тонкая л. Жирная л. Провести линию. Линии руки* (ладонные). **2.** Черта, определяющая направление, предел, уровень чего-н. *Л. прицела. Л. полёта снаряда. Л. горизонта. Береговая л.* **3.** Расположение чего-н. в один ряд. *Л. укреплений. Построить дома в одну линию. Передовая л.* (передовые позиции). **4.** Путь сообщения (железнодорожного, воздушного, водного); направление каких-н. передач. *Л. железной дороги. Трамвайная л. Воздушная л. Морские линии. Телеграфная л. Высоковольтные линии.* **5.** Последовательный ряд предков или потомков. *Родственники по прямой, боковой линии. Родня по женской линии.* **6.** *перен.* Направление, образ действий, взглядов. *Основная л. развития. Л. поведения. Вести (гнуть) свою линию* (упорно добиваться своего; разг.). *По линии наименьшего сопротивления* (по наиболее лёгкому пути, уклоняясь от трудностей). **7.** *перен.* Область какой-н. деятельности. *Работать по профсоюзной линии.* **8.** Старая русская мера длины, равная 1/10 дюйма. ✦ **По линии** *чего, в знач. предлога с род. п.* (офиц.) — в области чего-н., в чём-н. *Работать по линии профобразования.* ‖ *уменьш.* **ли́нийка**, -и, *ж.* (к 1 знач.). ‖ *прил.* **лине́йный**, -ая, -ое (к 1, 2, 3, 4 и 8 знач.). *Линейная функция* (в математике: функция, изменение к-рой пропорционально изменению аргументов). *Линейное судоходство. Линейная милиция. Л. язык* (язык жестов). *Л. казак* (на пограничной линии; устар.).

ЛИНКО́Р, -а, *м.* Сокращение: линейный корабль (см. линейный в 5 знач.).

ЛИНОВА́ТЬ, -ну́ю, -ну́ешь; -о́ванный; *несов., что.* Проводить на чём-н. параллельные линейки. *Линованная бумага.* ‖ *сов.* **налинова́ть**, -ну́ю, -ну́ешь; -о́ванный. ‖ *сущ.* **линова́ние**, -я, *ср. и* **лино́вка**, -и, *ж.* (разг.). ‖ *прил.* **линова́льный**, -ая, -ое *и* **лино́вочный**, -ая, -ое.

ЛИНОГРАВЮ́РА, -ы, *ж.* **1.** Вид гравюры (в 1 знач.) — получение изображения с плоской печатной формы из линолеума или других пластических материалов. *Техника линогравюры. Мастера линогравюры.* **2.** Вид гравюры — изображение, полученное с плоской печатной формы на линолеуме или других пластических материалах. ‖ *прил.* **линогравю́рный**, -ая, -ое.

ЛИНО́ЛЕУМ, -а, *м.* Плотный полимерный рулонный материал, предназначенный для покрытия полов. *Безосновный л. Л. на упрочняющей основе. Гравюра на линолеуме* (линогравюра). ‖ *прил.* **лино́леумовый**, -ая, -ое *и* **линолеумный**, -ая, -ое.

ЛИНОТИ́П, -а, *м.* (спец.). Полиграфическая машина, отливающая набор целыми строками. ‖ *прил.* **линоти́пный**, -ая, -ое.

ЛИНЧЕВА́ТЕЛЬ, -я, *м.* Тот, кто линчует, призывает к суду Линча. ‖ *прил.* **линчева́тельский**, -ая, -ое.

ЛИНЧЕВА́ТЬ, -чу́ю, -чу́ешь; -чёванный; *сов. и несов., кого (что).* Подвергнуть (-гать) кого-н. самосуду [*первонач.* о так наз. суде Линча по отношению к неграм]. ‖ *сущ.* **линчева́ние**, -я, *ср.*

ЛИНЬ¹, -я́, *м.* Пресноводная рыба сем. карповых с широким и толстым слизистым телом. ‖ *уменьш.* **линёк**, -нька́, *м.*

ЛИНЬ², -я́, *м.* (спец.). Пеньковый трос для корабельных снастей, для такелажных работ. ‖ *уменьш.* **линёк**, -нька́, *м.* ‖ *прил.* **линево́й**, -а́я, -о́е.

ЛИНЮ́ЧИЙ, -ая, -ее; -ю́ч (разг.). Легко линяющий, выцветающий. *Л. ситец.* ‖ *сущ.* **линю́честь**, -и, *ж.*

ЛИНЯ́ЛЫЙ, -ая, -ое (разг.). Полинявший, выцветший. *Л. фартук.*

ЛИНЯ́ТЬ (-я́ю, -я́ешь, 1 и 2 л. не употр.), -я́ет; *несов.* **1.** О ткани: терять окраску под действием влаги. **2.** О животных: менять шерсть, оперение, сбрасывать старый наружный покров. ‖ *сов.* **полиня́ть** (-я́ю, -я́ешь, 1 и 2 л. не употр.), -я́ет (к 1 знач.), **слиня́ть** (-я́ю, -я́ешь, 1 и 2 л. не употр.), -я́ет (к 1 знач.), **вы́линять** (-яю, -яешь, 1 и 2 л. не употр.), -яет *и* **облиня́ть** (-я́ю, -я́ешь, 1 и 2 л. не употр.), -я́ет. ‖ *сущ.* **линя́ние**, -я, *ср. и* **ли́нька**, -и, *ж.* (ко 2 знач.).

ЛИ́ПА¹, -ы, *ж.* Лиственное дерево с сердцевидными зубчатыми листьями и душистыми медоносными цветками. ‖ *уменьш.* **ли́пка**, -и, *ж.* *Как липку ободрать* (ограбить, обобрать до нитки; разг.). ‖ *прил.* **ли́повый**, -ая, -ое. *Л. цвет. Л. мёд. Л. чай* (настой из засушенных цветков липы). *Липовое лыко. Семейство липовых* (сущ.).

ЛИ́ПА², -ы, *ж.* (разг.). Фальшивка, подделка. ‖ *прил.* **ли́повый**, -ая, -ое. *Липовая справка.*

ЛИ́ПКИЙ, -ая, -ое; -пок, -пка́, -пко. Легко прилипающий, покрытый чем-н. липнущим, клейкий. *Липкая грязь. Липкие руки.* ‖ *сущ.* **ли́пкость**, -и, *ж.*

ЛИ́ПНУТЬ, -ну, -нешь; лип *и* ли́пнул, ли́пла; *несов., к кому-чему.* **1.** (1 и 2 л. не употр.). То же, что прилипать (в 1 знач.). *Тесто липнет к рукам.* **2.** *перен.* Неотвязно приставать, льнуть (разг. неодобр.). **3.** (1 и

2 л. не употр.). То же, что слипаться (прост.).

ЛИПНЯ́К, -а́, *м., собир.* Липовый лес, роща.

ЛИ́ПОВЫЙ[1-2] *см.* липа[1-2].

ЛИПУ́ЧИЙ, -ая, -ее; -у́ч (разг.). Легко прилипающий, клейкий. *Л. снег.*

ЛИПУ́ЧКА, -и, *ж.* (разг.). Клейкий, липкий пластырь, бумага, клейкая лента.

ЛИ́РА[1], -ы, *ж.* **1.** Древнегреческий струнный щипковый музыкальный инструмент в форме овальной незамкнутой сверху рамы с плавно отогнутыми округлыми концами. **2.** *перен.* Такой инструмент как символ поэтического творчества (высок.). *Л. Пушкина.* **3.** Старинный струнный музыкальный инструмент украинских, русских и белорусских певцов. ‖ *прил.* **ли́рный,** -ая, -ое (к 1 знач.).

ЛИ́РА[2], -ы, *ж.* Денежная единица в Италии, Ватикане, Турции.

ЛИРИ́ЗМ, -а, *м.* **1.** Лирический характер, лирическое содержание чего-н. *Л. музыки Чайковского.* **2.** Чувствительность в переживаниях, в настроениях; мягкость и тонкость эмоционального начала. *Л. русского пейзажа.*

ЛИ́РИК, -а, *м.* Автор лирических произведений.

ЛИ́РИКА, -и, *ж.* **1.** Род литературных произведений, преимущ. поэтических, выражающих чувства и переживания. *Русская классическая л.* **2.** Совокупность произведений этого рода поэзии. *Л. Пушкина.* **3.** *перен.* То же, что лиризм (во 2 знач.). ‖ *прил.* **лири́ческий,** -ая, -ое. *Лирическая поэзия. Лирическое отступление* (в эпическом или лиро-эпическом произведении: проникнутое лиризмом отступление, окрашенное интимной обращённостью автора к читателю). *Лирическое настроение.*

ЛИРИ́ЧЕСКИЙ, -ая, -ое. **1.** *см.* лирика. **2.** О певческом голосе: мягкий, нежный по тембру. *Лирическое сопрано. Л. тенор.*

ЛИРИ́ЧНЫЙ, -ая, -ое; -чен, -чна. Проникнутый лиризмом (во 2 знач.). ‖ *сущ.* **лири́чность,** -и, *ж. Л. русской народной песни.*

ЛИ́РНИК, -а, *м.* В старину: бродячий певец, играющий на лире (в 3 знач.).

ЛИС, -а, *м.* Лисица-самец. ‖ *прил.* **лиси́ный,** -ая, -ое. *Л. взгляд* (перен.: хитрый).

ЛИСА́, -ы́, *мн.* ли́сы, лис, ли́сам, *ж.* **1.** То же, что лисица. *Серебристо-чёрная л. Хитрый как л.* **2.** *перен.* Хитрый, льстивый человек (разг.). *Опять эта л. ко мне подъезжает с уговорами.* **3.** Замаскированный в лесу радиопередатчик, периодически подающий кратковременные сигналы (спец.). *Охота на лис* (спортивная радиопеленгация). ✦ **Лиса Патрикеевна** — 1) лисица как персонаж русских народных сказок; 2) то же, что лиса (во 2 знач.). ‖ *уменьш.-ласк.* **ли́сонька,** -и, *ж.* (к 1 знач.). ‖ *прил.* **ли́сий,** -ья, -ье (к 1 знач.) *и* **лиси́ный,** -ая, -ое (к 1 и 2 знач.).

ЛИСЁНОК, -нка, *мн.* -ся́та, -ся́т, *м.* Детёныш лисицы.

ЛИСИ́ТЬ, 1 л. не употр., -и́шь; *несов.* (разг.). Хитро льстить, угодничать, подделываться к кому-н. *Л. перед начальством.*

ЛИСИ́ЦА, -ы, *ж.* Хищное млекопитающее сем. псовых с длинным пушистым хвостом, а также мех его. *Красная л.* ‖ *уменьш.* **лиси́чка,** -и, *ж.*

ЛИСИ́ЧКА, -и, *ж.* **1.** *см.* лисица. **2.** Съедобный пластинчатый гриб жёлтого цвета.

ЛИСТ[1], -а́, *мн.* ли́стья, -ьев *и* (высок. и устар.) листы́, -о́в, *м.* Орган воздушного питания, газообмена и фотосинтеза растений в виде тонкой, обычно зелёной пластинки. *Овальный, округлый, игловидный, стреловидный, чешуйчатый л. Простой л.* (с одной пластинкой). *Сложный л.* (с несколькими пластинками). *Сидячий л.* (без черешка). *Осенние листья* (пожелтевшие). *Капустный л.* (на кочане). *Как осиновый л. дрожит кто-н.* (мелко и часто, обычно в сильном испуге, страхе). ‖ *уменьш.* **листо́к,** -тка́, *м. и* **ли́стик,** -а, *м.* ‖ *прил.* **листово́й,** -а́я, -о́е и (спец.) **ли́ственный,** -ая, -ое. *Листовая поверхность дерева* (спец.). *Листовой табак* (в листах, не нарезанный). *Листовые овощи* (капуста, салат). *Лиственная пластинка.*

ЛИСТ[2], -а́, *мн.* -ы́, -о́в, *м.* **1.** Тонкий плоский кусок, пласт какого-н. материала. *Л. бумаги. Л. железа. Л. из тетради.* **2.** Единица измерения печатного текста (спец.). *Печатный л.* (оттиск на одной стороне бумажного листа форматом 60 x 90 см). *Авторский л.* (текст в 40 000 печатных знаков). **3.** Документ, удостоверяющий какое-н. право или содержащий какие-н. предписания, сведения (спец.). *Похвальный л.* (похвальная грамота за отличные успехи и поведение; устар.). *Опросный л. Исполнительный л.* (документ на право взыскания по суду). ✦ **С листа** (играть, петь, переводить) — по нотам, прямо по тексту, не разучив, не изучив предварительно. ‖ *уменьш.* **листо́к,** -тка́, *м.* (к 1 знач.) *и* **ли́стик,** -а, *м.* (к 1 знач.). ‖ *прил.* **листово́й,** -а́я, -о́е (к 1 знач.). *Листовое железо.*

ЛИСТА́Ж, -а́, *м.* Объём в листах[2] (во 2 знач.). *Л. книги.* ‖ *прил.* **листа́жный,** -ая, -ое.

ЛИСТА́ТЬ, -а́ю, -а́ешь; *несов., что.* Перебирать листы (книги, тетради, рукописи), кладя один вслед за другим. *Л. альбом. Л. газетную подшивку.*

ЛИСТВА́, -ы́, *ж., собир.* Листья дерева, куста. *Молодая л. Густая л.* ‖ *прил.* **лиственно́й,** -а́я, -о́е.

ЛИ́СТВЕННИЦА, -ы, *ж.* Хвойное дерево сем. сосновых с мягкой опадающей на зиму хвоей и ценной древесиной. ‖ *прил.* **ли́ственничный,** -ая, -ое. *Лиственничная смола.*

ЛИ́СТВЕННЫЙ, -ая, -ое. **1.** *см.* лист[1]. **2.** О деревьях: с листьями, не с хвоей. *Лиственное дерево.* **3.** О лесе: состоящий из таких деревьев.

ЛИСТО́ВКА, -и, *ж.* Печатный или рукописный листок злободневного агитационного, политического или информационного содержания. *Разбрасывать, расклеивать листовки.*

ЛИСТОВО́Й[1-2] *см.* лист[1-2].

ЛИСТО́К[1], -тка́, *м.* **1.** *см.* лист[2] . **2.** Бланк для официальных записей. *Контрольный л. Л. нетрудоспособности* (документ о временной нетрудоспособности). *Больничный л.* (то же, что листок нетрудоспособности; разг.). *Обходной л.* (лист с отметками об отсутствии материальных задолженностей у того, кто увольняется, уходит из учреждения).

ЛИСТО́К[2] *см.* лист[1].

ЛИСТОПА́Д, -а, *м.* Опадание листьев у деревьев, кустарников. *Осенний л. В л.* (во время листопада). ‖ *прил.* **листопа́дный,** -ая, -ое. *Листопадные растения* (теряющие листья с наступлением сезона листопада).

ЛИТАВРИ́СТ, -а и **ЛИТА́ВРЩИК,** -а, *м.* Музыкант, играющий на литаврах.

ЛИТА́ВРЫ, -а́вр, *ед.* -а, -ы, *ж.* Ударный мембранный музыкальный инструмент — полушария, обтянутые кожей. *Бить в л.* (также перен.: торжествовать по поводу победы, успехов; обычно ирон.). ‖ *прил.* **лита́врный,** -ая, -ое.

ЛИТВИ́НЫ, -ов, *ед.* -и́н, -а, *м.* (устар.). То же, что литовцы. ‖ *ж.* **литви́нка,** -и.

ЛИТЕ́ЙНЫЙ *см.* лить[2].

ЛИТЕ́ЙЩИК, -а, *м.* Рабочий — специалист по литейному делу. ‖ *прил.* **лите́йщицкий,** -ая, -ое.

ЛИ́ТЕР, -а, *м.* (спец.). Документ на право бесплатного или льготного проезда. *Воинский л.* ‖ *прил.* **ли́терный,** -ая, -ое.

ЛИ́ТЕРА, -ы, *ж.* **1.** То же, что буква (в 1 знач.) (устар.). **2.** Металлический брусочек с выпуклым изображением печатного знака, употр. в типографском наборе (спец.). ‖ *прил.* **ли́терный,** -ая, -ое.

ЛИТЕРА́ТОР, -а, *м.* Писатель; человек, к-рый занимается литературой (во 2 знач.). *Профессиональный л.* ‖ *ж.* **литера́торша,** -и (разг.). ‖ *прил.* **литера́торский,** -ая, -ое.

ЛИТЕРАТУ́РА, -ы, *ж.* **1.** Произведения письменности, имеющие общественное, познавательное значение. *Научная л. Мемуарная л. Художественная л. Древнерусская л.* **2.** Письменная форма искусства, совокупность художественных произведений (поэзия, проза, драма). *Теория литературы.* **3.** Совокупность произведений какой-н. отрасли знания, по какому-н. специальному вопросу. *Политическая л. Техническая л.* ‖ *прил.* **литерату́рный,** -ая, -ое (к 1 и 2 знач.). *Литературные памятники. Л. труд. Литературное произведение. Литературные круги.*

ЛИТЕРАТУ́РНЫЙ, -ая, -ое; -рен, -рна. **1.** *см.* литература. **2.** Соответствующий нормам литературного языка. *Л. стиль. Литературное выражение. Говорить вполне литературно* (нареч.). ✦ **Литературный язык** — обработанная форма общенародного языка, обладающая письменно закреплёнными нормами. *Пушкин — основоположник современного русского литературного языка.* ‖ *сущ.* **литерату́рность,** -и, *ж.*

ЛИТЕРАТУРОВЕ́Д, -а, *м.* Специалист по литературоведению.

ЛИТЕРАТУРОВЕ́ДЕНИЕ, -я, *ср.* Наука о художественной литературе. ‖ *прил.* **литературове́дческий,** -ая, -ое.

ЛИТЕРАТУ́РЩИНА, -ы, *ж.* (разг. неодобр.). В литературе (во 2 знач.): плохой вкус, выражающийся в вычурности стиля, в отсутствии простоты и художественной правды.

ЛИ́ТЕРНЫЙ, -ая, -ое. **1.** *см.* литер *и* литера. **2.** Обозначенный не цифрой, а литерой (в 1 знач.) в знак особого, специального назначения. *Л. вагон. Л. поезд. Литерная ложа* (в театре).

ЛИТО́ВКА[1], -и, *ж.* Распространённый вид косы[2] . *Коса-л.*

ЛИТО́ВКА[2] *см.* литовцы.

ЛИТО́ВСКИЙ, -ая, -ое. **1.** *см.* литовцы. **2.** Относящийся к литовцам, к их языку, национальному характеру, образу жизни, культуре, а также к Литве, её территории, внутреннему устройству, истории; такой, как у литовцев, как в Литве. *Л. язык* (балтийской группы индоевропейской семьи языков). *Великое княжество Литовское* (13—16 вв.). *По-литовски* (нареч.).

ЛИТО́ВЦЫ, -ев, *ед.* -вец, -вца, *м.* Народ, составляющий основное коренное население Литвы. ‖ *ж.* **лито́вка,** -и. ‖ *прил.* **лито́вский,** -ая, -ое.

ЛИТО́ГРАФ, -а, *м.* Мастер литографского дела.

ЛИТОГРА́ФИЯ, -и, *ж.* **1.** Печатание с поверхности камня, на к-рой сделан рисунок. **2.** Предприятие, где печатают таким способом. **3.** Рисунок, напечатанный таким способом. ‖ *прил.* **литогра́фский**, -ая, -ое *и* **литографи́ческий**, -ая, -ое. *Литографский камень. Литографический портрет.*

ЛИТО́Й, -а́я, -о́е. Приготовленный литьём. *Литые изделия.*

ЛИТР, -а, *м.* Единица объёма и ёмкости, равная 1000 куб. см, а также количество жидкости такого объёма. ‖ *прил.* **литро́вый**, -ая, -ое.

ЛИТРА́Ж, -а́, *м.* Вместимость чего-н. в литрах. *Бак небольшого литража.* ‖ *прил.* **литра́жный**, -ая, -ое.

ЛИТРО́ВКА, -и, *ж.* (прост.). Бутылка, банка, ёмкостью в один литр (обычно о бутылке водки). ‖ *прил.* **литро́вочный**, -ая, -ое.

ЛИТУРГИ́Я, -и, *ж.* **1.** Утреннее или дневное христианское богослужение, включающее в себя молитвы, песнопения, чтение священных книг, проповеди и другие обрядовые действия. *Служить, слушать литургию. Совершение литургии.* **2.** Цикл духовных песнопений. *Литургии П. И. Чайковского, С. В. Рахманинова.* ‖ прил. **литурги́ческий**, -ая, -ое. *Ранние литургические молитвы* (заимствованные из синагогального наследия). *Литургическая музыка.* ✦ **Литургическая драма** — средневековое религиозное представление, входившее в пасхальную или рождественскую церковную службу.

ЛИТЬ[1], **лью**, **льёшь**; **лил**, **лила́**, **ли́ло**; **лей**; **ли́тый** (**лит**, **лита́**, **ли́то**); *несов.* **1.** *что.* Заставлять течь, литься, а также (перен.) распространять, излучать. *Л. воду из лейки. Л. слёзы* (горюя, плакать). *Лампа льёт свет.* **2.** (1 и 2 л. не употр.). Литься струёй, течь непрестанно или с силой (разг.). *Вода льёт из крана. Дождь льёт как из ведра. Весь день льёт* (безл.; о дожде).

ЛИТЬ[2], лью, льёшь; лил, лила́, ли́ло; лей; ли́тый (лит, лита́, ли́то); *несов., что.* Изготовлять что-н. из расплавленного, размягчённого материала. *Л. пушки. Л. свечи.* ‖ *сов.* **слить**, солью́, сольёшь; **сли́тый** (слит, слита́, сли́то). ‖ *сущ.* **литьё**, -я́, *ср.* ‖ *прил.* **лите́йный**, -ая, -ое *и* **литьево́й**, -ая, -о́е (спец.). *Литейное производство. Литейный цех. Литьевое прессование.*

ЛИТЬЁ, -я́, *ср.* **1.** *см.* лить[2]. **2.** *собир.* Литые изделия. *Металлическое, каменное, пластмассовое л. Чугунное л.*

ЛИ́ТЬСЯ (льюсь, льёшься, 1 и 2 л. не употр.), льётся; ли́лся, лила́сь, лило́сь *и* ли́лось, ли́лись; ле́йся; *несов.* **1.** Течь струёй. *Вода льётся. Льются слёзы* (о горьком плаче). *Льётся плавная речь* (перен.). **2.** *перен.* О звуках, запахе, свете: распространяться, разливаться, струиться. *Льются песни. Льётся аромат.*

ЛИФ, -а, *м.* Верхняя часть женского платья. ‖ *прил.* **ли́фный**, -ая, -ое *и* **ли́фовый**, -ая, -ое.

ЛИФТ, -а, *м.* Вертикально движущийся подъёмник с кабиной для перемещения людей, грузов. *Пассажирский л. Грузовой л. Скоростной л. Подняться на лифте.* ‖ *прил.* **лифтово́й**, -а́я, -о́е *и* **ли́фтовый**, -ая, -ое. *Лифтовое хозяйство.*

ЛИФТЁР, -а, *м.* Работник, обслуживающий лифт. ‖ *ж.* **лифтёрша**, -и. ‖ *прил.* **лифтёрский**, -ая, -ое.

ЛИ́ФЧИК, -а, *м.* Часть детского или женского нижнего белья без рукавов, охватывающая грудь. ‖ *прил.* **ли́фчиковый**, -ая, -ое.

ЛИХА́Ч, -а́, *м.* **1.** Извозчик с щегольским экипажем на хорошей лошади (устар.). *Нанять лихача.* **2.** Шофёр, водитель, из удальства пренебрегающий правилами безопасности езды. ‖ *прил.* **лиха́ческий**, -ая, -ое.

ЛИХА́ЧЕСТВО, -а, *ср.* Поведение лихача (во 2 знач.), а также вообще излишнее удальство в поведении. *Шофёр наказан за л.*

ЛИХВА́, -ы, *ж.*: **с лихвой** (разг.) — с избытком. *Затраты окупятся с лихвой.*

ЛИ́ХО, -а, *ср.* (устар. и прост.) То же, что зло (в 1 и 2 знач.). *Навидаться всякого лиха.* ✦ **Поминать лихом** (разг.) — вспоминать плохо о ком-чём-н. **Хватить, хлебнуть лиха** (разг.) — узнать горе, беду. **Почём фунт лиха (узнать, понять)** (разг.) — узнать сполна горе, трудности.

ЛИХОДЕ́Й, -я, *м.* (стар.). Злодей, мучитель. ‖ *ж.* **лиходе́йка**, -и. ‖ *прил.* **лиходе́йский**, -ая, -ое.

ЛИХОИ́МЕЦ, -мца, *м.* (устар.). Жадный вымогатель, взяточник.

ЛИХО́Й[1], -а́я, -о́е; лих, **лиха́**, ли́хо, **лихи́** *и* ли́хи; ли́ше (устар. и прост.). Приносящий беду, злой, тяжкий. *Л. недуг. Лихая година. Л. враг.* ✦ **Лиха беда начало** или **начать** (разг.) — трудно только начать. ‖ *сущ.* **ли́хость**, -и, *ж.*

ЛИХО́Й[2], -а́я, -о́е; лих, **лиха́**, ли́хо, **лихи́** *и* ли́хи; ли́ше. Молодецкий, удалой. *Л. наездник. Лихая атака. Лихо!* (ироническое одобрение). ‖ *сущ.* **ли́хость**, -и, *ж.*

ЛИХОЛЕ́ТЬЕ, -я, *ср.* (высок.). Время смут, бедствий.

ЛИХОРА́ДИТЬ, -а́жу, -а́дишь; *несов.* **1.** Чувствовать озноб, лихорадку (устар.). *Больной лихорадит.* **2.** *безл., кого (что).* О лихорадочном состоянии, жаре, ознобе. *Больного лихорадит.* **3.** *перен., безл., кого-что.* О суетливом и беспорядочном, неспокойном состоянии кого-чего-н. (разг.). *Стройку лихорадит.*

ЛИХОРА́ДКА, -и, *ж.* **1.** Болезненное состояние, сопровождающееся жаром и ознобом. *Трястись как в лихорадке.* **2.** Возникающая при простуде воспалённая припухлость на губах. *Выскочила л. Л. обметала губы.* **3.** *перен.* Возбужденное состояние, суетливо-беспокойная деятельность, излишняя поспешность. *Биржевая л. Золотая л.* (ажиотаж, возбуждение, связанное с добычей золота или с денежными, валютными операциями). ‖ *прил.* **лихора́дочный**, -ая, -ое (к 1 знач.). *Лихорадочное состояние. Л. бред.*

ЛИХОРА́ДОЧНЫЙ, -ая, -ое; -чен, -чна. **1.** *см.* лихорадка. **2.** *перен.* Болезненно возбуждённый, нервный, излишне поспешный, суетливо-беспорядочный. *Лихорадочные движения. Лихорадочная деятельность.* ‖ *сущ.* **лихора́дочность**, -и, *ж.*

ЛИ́ХТЕР, -а, *мн.* -ы, -ов *и* -а́, -о́в, *м.* (спец.). Грузовое несамоходное судно типа баржи, употр. для погрузки и разгрузки больших судов, для местных перевозок. *Самоходный л. Несамоходный л.* ‖ *прил.* **ли́хтерный**, -ая, -ое.

ЛИЦЕВА́ТЬ, -цу́ю, -цу́ешь; -цо́ванный; *несов., что.* Перешивать, делая изнанку лицевой стороной. *Л. пальто.* ‖ *сов.* **перелицева́ть**, -цу́ю, -цу́ешь; -цо́ванный. ‖ *сущ.* **лицо́вка**, -и, *ж. и* **перелицо́вка**, -и, *ж.* ‖ *прил.* **лицо́вочный**, -ая, -ое *и* **перелицо́вочный**, -ая, -ое.

ЛИЦЕВО́Й, -а́я, -о́е. **1.** *см.* лицо. **2.** У животных: относящийся к передней части головы. *Лицевые части.* **3.** О старинных рукописях: иллюстрированный, с миниатюрами (спец.). *Лицевая рукопись.* **4.** Открываемый, выписываемый на имя физического или юридического лица (спец.). *Л. счёт.*

ЛИЦЕДЕ́Й, -я, *м.* **1.** То же, что актёр (стар.). **2.** *перен.* То же, что притворщик (устар. книжн.). ‖ *ж.* **лицеде́йка**, -и. ‖ *прил.* **лицеде́йский**, -ая, -ое.

ЛИЦЕДЕ́ЙСТВО, -а, *ср.* **1.** Театральное представление (стар.). **2.** *перен.* То же, что притворство (устар. книжн.).

ЛИЦЕДЕ́ЙСТВОВАТЬ, -ствую, -ствуешь; *несов.* **1.** Играть на сцене, быть актёром (стар.). *Л. в ярмарочном балагане.* **2.** *перен.* Притворяться, лгать (устар. книжн.). *Не верь ему, он лицедействует.* ‖ *сущ.* **лицеде́йствование**, -я, *ср.* (ко 2 знач.).

ЛИЦЕЗРЕ́ТЬ, -рю́, -ри́шь; *несов., кого (что)* (устар. и ирон.). Созерцать, видеть кого-н. непосредственно, своими глазами. ‖ *сов.* **улицезре́ть**, -рю́, -ри́шь. ‖ *сущ.* **лицезре́ние**, -я, *ср.*

ЛИЦЕИ́СТ, -а, *м.* **1.** Воспитанник дворянского лицея. *Поэтические опыты лицеистов. Пушкин-л.* (т. е. в годы обучения в Царскосельском лицее). **2.** Учащийся среднего учебного заведения — лицея. ‖ *ж.* **лицеи́стка**, -и (ко 2 знач.). ‖ *прил.* **лицеи́стский**, -ая, -ое.

ЛИЦЕ́Й, -я, *м.* **1.** В дореволюционной России: мужское привилегированное учебное заведение. **2.** Среднее учебное заведение в нек-рых странах. ‖ *прил.* **лице́йский**, -ая, -ое.

ЛИЦЕМЕ́Р, -а, *м.* Лицемерный человек. ‖ *ж.* **лицеме́рка**, -и (разг.). ‖ *прил.* **лицеме́рский**, -ая, -ое.

ЛИЦЕМЕ́РИЕ, -я, *ср.* Поведение, прикрывающее неискренность, злонамеренность притворным чистосердечием, добродетелью.

ЛИЦЕМЕ́РИТЬ, -рю, -ришь; *несов.* Вести себя лицемерно.

ЛИЦЕМЕ́РНЫЙ, -ая, -ое; -рен, -рна. Отличающийся лицемерием, исполненный лицемерия. *Л. человек. Л. поступок. Лицемерная улыбка.* ‖ *сущ.* **лицеме́рность**, -и, *ж.*

ЛИЦЕ́НЗИЯ, -и, *ж.* (спец.). Разрешение на ввоз или вывоз какого-н. товара, на использование изобретения, ведение какой-н. деятельности. *Л. на вакцину. Отстрел лосей по лицензиям. Патентная л.* (получаемая от владельца патента). ‖ *прил.* **лицензио́нный**, -ая, -ое. *Лицензионное соглашение. Лицензионная палата. Охота на лицензионные виды зверей и птиц.*

ЛИЦЕПРИЯ́ТИЕ, -я, *ср.* (устар.). Пристрастное отношение к кому-чему-н.

ЛИЦЕПРИЯ́ТНЫЙ, -ая, -ое; -тен, -тна (устар.). Основанный на лицеприятии. *Лицеприятное решение.* ‖ *сущ.* **лицеприя́тность**, -и, *ж.*

ЛИЦЕПРИЯ́ТСТВОВАТЬ, -твую, -твуешь; *несов., кому* (устар.). Лицеприятно относиться к кому-н.

ЛИЦО́, -а́, *мн.* ли́ца, лиц, ли́цам, *ср.* **1.** Передняя часть головы человека. *Черты лица. Румяное л. Знакомое л. Измениться в лице.* (о резкой перемене в выражении лица). *В л. говорить* (прямо, открыто). *Знать кого-н. в л.* (по внешнему виду). *Лицом к лицу встретиться* (вплотную). *Лица нет на ком-н.* (испуган, расстроен). *На одно л. кто-н. с кем-н.* (очень похожи). *На лице написано что-н. у кого-н.* (1) видно по выражению лица. *На лице написано разочарование;* 2) сразу понятен, ясен кто-н.). *С лица некрасив* (внешне; прост.). *Лицом в грязь не ударить* (удачно сделать что-н., показав себя с лучшей стороны). **2.** *перен.* Индивидуальный облик, отличительные черты. *Не иметь своего лица.* **3.** Человек, личность. *Отдельные лица. Подставное л. Действующее л.* (в театре: персонаж). *В лицах изобразить кого-что-н.* (рассказывать живо, как бы непосредственно воспроизводя живую сценку, эпизод). *Физическое л.* (правоспособный человек; спец.). *Доверенное л.* **4.** Наружная, передняя, верхняя сторона предмета. *Л. и изнанка. Товар лицом показать* (показать что-н. с лучшей стороны; разг.; первонач. развернуть перед покупателем кусок материи лицевой стороной). **5.** В грамматике: категория, показывающая отнесённость к говорящему (первое л.), к собеседнику (второе л.) или к тому, кто не является ни говорящим, ни собеседником (либо к неодушевлённому предмету) (третье л.). *Л. глагола* (система форм — парадигма — глагола, показывающих такую отнесённость). *Местоимения первого лица* (я, мы), *второго лица* (ты, вы), *третьего лица* (он, она, оно, они). ✦ **В лице** *кого-чего, в знач. предлога с род. п.* (офиц.) — в ком-чём-н. как в представителе кого-чего-н., носителе чего-н. *В лице Иванова мы получили опытного специалиста. Заказчик в лице завода.* **К лицу** — 1) идёт кому-н., вполне гармонирует с чем-н. *Это платье тебе к лицу;* 2) прилично, подходит кому-н. *Тебе не к лицу сидеть сложа руки.* **Лицом** *к кому-чему* — обратившись, направив свою деятельность непосредственно к кому-чему-н. **От лица** *кого-чего, в знач. предлога с род. п.* — от имени кого-чего-н., представляя кого-что-н. *Действовать от лица общественности.* **Перед (пред) лицом,** *в знач. предлога с род. п.* (книжн.) — 1) *кого-чего,* обозначает то (того), по отношению к чему (к кому) совершается какое-н. действие, к чему (к кому) обращается какое-н. состояние, перед (в 3 знач.). *Все равны перед лицом закона;* 2) *кого-чего,* по сравнению с кем-чем-н., рядом с кем-чем-н. (во 2 знач.). *Успех его невелик перед лицом общих достижений;* 3) *чего,* при наличии чего-н., в условиях чего-н. *Неустрашим перед лицом опасности. Сознаться пред лицом неопровержимых улик.* **С лица земли стереть (смести)** *кого-что* (высок.) — уничтожить, истребить. **Юридическое лицо** (спец.) — самостоятельная организация, обладающая имущественными и другими гражданскими правами и обязанностями. ‖ *уменьш.* **личико,** -а, *ср.* (к 1 знач.). ‖ *прил.* **лицевой,** -а́я, -о́е (к 1, 3 и 4 знач.) *и* **личной,** -а́я, -о́е (к 1 знач.). *Лицевой мускул. Лицевая сторона материи. Личное полотенце.*

ЛИЧИ́НА, -ы, *ж.* **1.** То же, что маска (в 1 знач.) (устар.). **2.** *перен.* Лицемерное поведение, притворство (книжн.). *Его добродушие — одна л.* ✦ **Под личиной** *кого-чего, в знач. предлога с род. п.* — притворяясь кем-н., действуя притворно. *Явиться под личиной утешителя. Под личиной дружбы.*

ЛИЧИ́НКА, -и, *ж.* У земноводных, рыб и многих беспозвоночных: животное в стадии развития от рождения или выхода из яйца до превращения во взрослую особь или в куколку. *Л. бабочки* (гусеница). *Л. лягушки* (головастик). *Личинки жуков, червей, угрей.* ‖ *прил.* **личи́ночный,** -ая, -ое *и* **личи́нковый,** -ая, -ое. *Личиночная шкурка* (сбрасываемая при линьке).

ЛИ́ЧНОСТЬ, -и, *ж.* **1.** Человек как носитель каких-н. свойств, лицо (в 3 знач.). *Неприкосновенность, свобода личности. Светлая л. Роль личности в истории. Установить чью-н. л.* (узнать, что за человек, его имя; офиц.). **2.** *мн.* Обидные замечания, намёки (устар.). *Прошу без личностей. Перейти на личности.* ‖ *прил.* **ли́чностный,** -ая, -ое (к 1 знач.; книжн.). *Личностные качества.*

ЛИ́ЧНЫЙ, -ая, -ое; -чен, -чна. **1.** Осуществляемый самим, непосредственно данным лицом, данной личностью. *Личное наблюдение. Личное присутствие. Лично* (нареч.) *ответствен. Я лично* (нареч.) *проверял* (т. е. я сам). **2.** Касающийся непосредственно какого-н. лица, лиц, принадлежащий какому-н. лицу. *Личное имущество. Личное счастье. Личная заинтересованность. Личное дело. Соревнования на личное первенство.* **3. лично,** *в знач. частицы.* Обычно в сочетании с «я» (реже — с «ты», «вы», «он», «она»): что касается собственно меня (тебя, вас, его, её) (разг.). *Я лично так не думаю. Ему лично это не нравится.* ✦ **Личные местоимения** — в грамматике: местоимения, указывающие на лицо или предмет (*я, ты, он, она, оно, мы, вы, они*). **Личные формы глагола** — в грамматике: формы настоящего и простого будущего времени глагола, обозначающие отнесённость действия к 1, 2 или 3 грамматическому лицу. **Личный состав** (офиц.) — состав работников учреждения, предприятия. **Личный состав вооружённых сил** — все военнослужащие и лица, работающие по вольному найму в вооружённых силах страны, в военных организациях.

ЛИША́Й[1], -я́, *м.* Кожная болезнь с характерной мелкой зудящей сыпью. ‖ *прил.* **лиша́йный,** -ая, -ое.

ЛИША́Й[2], -я́ и **ЛИША́ЙНИК,** -а, *м.* Низшее растение, состоящее из гриба и водоросли, растущее на почве, на камнях, на коре деревьев. ‖ *прил.* **лиша́йниковый,** -ая, -ое. *Л. покров.*

ЛИ́ШЕК, -шка (-шку), *м.* (разг.). Что-н. лишнее, излишек. *Два часа с лишком. Хватить лишку* (выпить слишком много, а также вообще сказать, сделать больше того, что следует).

ЛИШЕ́НИЕ, -я, *ср.* **1.** *см.* лишить, -ся. **2.** Утрата, потеря. *Большое л.* **3.** обычно *мн.* Недостаток, нищета. *Терпеть лишения. Жить в лишениях.*

ЛИШИ́ТЬ, -шу́, -ши́шь; -шённый (-ён, -ена́); *сов., кого-что кого-чего.* **1.** Отнять кого-что-н. у кого-н. *Л. наследства. Л. покоя. Л. свободы. Л. жизни* (убить). *Л. слова на собрании* (прервать выступление, не дать высказаться). **2. лишён** *чего,* часто *с отриц.* Не имеет. *Лишён или не лишён чувства юмора. Ваши опасения не лишены оснований.* ‖ *несов.* **лиша́ть,** -а́ю, -а́ешь (к 1 знач.). ‖ *сущ.* **лише́ние,** -я, *ср.* (к 1 знач.).

ЛИШИ́ТЬСЯ, -шу́сь, -ши́шься; *сов., кого-чего.* Потерять, утратить кого-что-н. *Л. имущества. Л. чувств* (упасть в обморок). ‖ *несов.* **лиша́ться,** -а́юсь, -а́ешься. ‖ *сущ.* **лише́ние,** -я, *ср.*

ЛИ́ШНИЙ, -яя, -ее; ли́шне, ли́шни. **1.** *полн. ф.* Избыточный, остающийся сверх известного количества. *Лишние деньги. Два рубля с лишним* (сущ.; с мелочью). *Сказать лишнее* (сущ.; то, чего не следовало). *Я здесь л.* (мешаю, присутствие мое нежелательно). **2.** Ненужный, бесполезный. *Л. расход. Лишние вещи.* **3.** *полн. ф.* Добавочный, дополнительный. *Л. раз напомнить не мешает* (т. е. ещё раз). ✦ **Лишний человек (лишние люди)** — в русской классической литературе середины 19 в.: образ молодого дворянина, не находящего применения своим силам, знаниям и критически направленному уму. **Позволить себе лишнее** — 1) допустить расход не по средствам; 2) своим поведением выйти за пределы разумного или дозволенного. **Лишнее (лишним, лишне) будет, было бы,** *с неопр.* — не нужно, не следует. *Лишнее было бы доказывать очевидное. Не лишним будет привести доказательство* (не помешает, хорошо будет):

ЛИШЬ. 1. *частица.* То же, что только (в 1 и 2 знач.). *Это л. начало. Л. о тебе думаю.* **2.** *союз.* Как только. *Л. вошёл, она ему навстречу.* ✦ **Лишь только,** *союз* — как только, сразу же после того как. *Лишь только он замолчал, все заговорили сразу.* **Лишь бы** — то же, что только бы. *Ему лишь бы уйти. Лишь бы не заболеть!*

ЛОБ[1], лба, о лбе́, во (на) лбу́, *м.* Верхняя лицевая часть черепа. *Высокий л.* (большой). *Низкий л.* (узкий). *Открытый л.* (большой и выпуклый). *Ударить по́ лбу и по лбу́. Пустить себе пулю в л.* (застрелиться). *Лбами сталкивать кого-н.* (также перен.: вызывать у кого-н. ссору, недовольство друг другом; разг. неодобр.). *На лбу написано что-н. у кого-н.* (сразу видно, кто он таков; разг.). *Что в л., что по́ лбу* (погов.: одно и то же, разницы нет; прост.). *Выше лба уши не растут* (невозможно сделать больше того, на что способен; разг.). ✦ **В лоб** — 1) с фронта, фронтальным ударом, в переднюю часть чего-н. *Атаковать противника в лоб;* 2) в упор, прямо, без обиняков (разг.). *Спросить, сказать в лоб.* ‖ *уменьш.* **ло́бик,** -а, *м.* ‖ *прил.* **ло́бный,** -ая, -ое. *Лобная кость.* ✦ **Лобное место** — в старину: возвышение, помост, с к-рого народу читались указы, приговоры, а также на к-ром совершались казни, наказания [от стар. «лоб» — возвышение, выпуклость].

ЛОБ[2], лба, *м.* (прост.). Великовозрастный бездельник, лоботряс.

ЛОБА́СТЫЙ, -ая, -ое; -а́ст (разг.). С большим лбом. *Л. волчонок.* ‖ *сущ.* **лоба́стость,** -и, *ж.*

ЛО́ББИ, *нескл., ср.* Группа представителей экономически сильных структур, оказывающих влияние на государственную политику. ‖ *прил.* **лобби́стский,** -ая, -ое.

ЛОББИ́СТ, -а, *м.* Человек, принадлежащий к лобби. ‖ *прил.* **лобби́стский,** -ая, -ое.

ЛОБЗА́ТЬ, -а́ю, -а́ешь; *несов., кого-что* (устар.) То же, что целовать. ‖ *сущ.* **лобза́ние,** -я, *ср.*

ЛО́БЗИК, -а, *м.* Тонкая обрамлённая пилка для узорного выпиливания. ‖ *прил.* **ло́бзиковый,** -ая, -ое.

ЛО́БНЫЙ[1], -ая, -ое: **лобное место** — возвышение, с к-рого в старину объявлялись царские указы, а также на к-ром совершались казни.

ЛО́БНЫЙ[2] *см.* лоб[1].

ЛОБОВО́Й, -а́я, -о́е. **1.** Направленный в лоб, фронтальный. *Лобовая атака. Л. ветер.* **2.** Находящийся в передней части чего-н. *Лобовое стекло автомобиля* (ветровое).

ЛОБОГРЕ́ЙКА, -и, *ж.* Жнейка простой конструкции.

ЛОБО́К, -бка́, *м.* (спец.). Возвышение в нижней части живота над сращением передних костей таза. ‖ *прил.* **лобко́вый,** -ая, -ое.

ЛОБОТРЯ́С, -а, *м.* (прост.). Бездельник, лентяй. ‖ *ж.* **лоботря́ска,** -и.

ЛОБОТРЯ́СНИЧАТЬ, -аю, -аешь; *несов.* (прост.). Быть лоботрясом, бездельничать.

ЛОБЫЗА́ТЬ, -а́ю, -а́ешь; *несов., кого-что* (устар. и ирон.). Лобзать, целовать. ‖ *сущ.* **лобыза́ние,** -я, *ср.*

ЛОВЕЛА́С, -а, *м.* (книжн.). Волокита, соблазнитель женщин.

ЛОВЕ́Ц, -вца́, *м.* Человек, к-рый занимается ловлей, охотой. *На ловца и зверь бежит* (посл.). *Л. жемчуга* (ныряльщик за жемчужными раковинами). *Ловцы человеческих душ* (перен.). ‖ *прил.* **лове́цкий**, -ая, -ое.

ЛОВИ́ТЬ, ловлю́, ло́вишь; ло́вленный; *несов.* **1.** *кого-что.* Стараться схватить (движущееся). *Л. мяч.* **2.** *кого-что.* Охотиться с сетями, ловушками; захватывать как добычу. *Л. птиц. Л. рыбу. Л. мышей.* **3.** *перен., кого-что.* Искать, стараться найти, встретить (разг.). *Л. такси. Л. жениха.* **4.** *перен., что.* Стараться воспринять, получить, использовать что-н. (трудно достижимое, быстро проходящее). *Л. случай. Л. момент. Л. взгляд. Л. чьи-н. слова* (стараться не пропустить ни одного слова). *Л. сигналы.* **5.** *перен., кого (что) на чём.* Внезапно останавливать внимание на чём-н. (на словах, мыслях). *Л. кого-н. на лжи. Л. себя на какой-н. мысли. Л. на́ слове* и *на сло́ве* (требовать исполнения обещанного, а также подмечать ошибку, несообразность в том, что сказано; разг.). ‖ *сов.* **пойма́ть**, -а́ю, -а́ешь. ‖ *сущ.* **лов**, -а, *м.* (ко 2 знач.) *и* **ло́вля**, -и, *ж.* (ко 2 знач.).

ЛОВКА́Ч, -а́, *м.* (разг.). Ловкий (во 2 знач.), пронырливый человек. ‖ *ж.* **ловка́чка**, -и. ‖ *прил.* **ловка́ческий**, -ая, -ое.

ЛО́ВКИЙ, -ая, -ое; -вок, -вка́, -вко, -вки *и* -вки́; ло́вче. **1.** Искусный, обладающий физической сноровкой. *Л. удар. Л. прыжок. Л. наездник.* **2.** Находящий выход из любого положения, хитрый, изворотливый. *Л. пройдоха. Ловкая проделка.* **3.** То же, что удобный (в 1 знач.) (разг.). *Ловкое седло.* **4.** *на что, к чему.* Способный, хорошо умеющий делать что-н. (разг.). *Ловок на работу.* ‖ *сущ.* **ло́вкость**, -и, *ж.* (к 1 и 2 знач.).

ЛО́ВЛЯ, -и, *род. мн.* -вель, *ж.* **1.** *см.* ловить. **2.** Место, где ловят рыбу (устар.).

ЛОВУ́ШКА, -и, *ж.* **1.** Приспособление для поимки, захвата, ловли кого-чего-н. *Л. для птиц. Л. для шайбы* (на вратарской перчатке). **2.** Опасное место, где можно погибнуть. *Минные ловушки.* **3.** *перен.* То же, что западня (во 2 знач.). *Подстроить ловушку кому-н. Избежать ловушки.* ✦ **Магнитная ловушка** (спец.) — конфигурация магнитных полей, способная длительное время удерживать заряженные частицы внутри определённого пространства. ‖ *прил.* **лову́шечный**, -ая, -ое (к 1 знач.).

ЛО́ВЧИЙ[1], -ая, -ее. **1.** Предназначенный, приученный к ловле, охоте. *Ловчая собака. Ловчие птицы* (соколы, беркуты, ястребы). *Л. орган* (у насекомоядных растений). **2.** Устроенный для ловли зверей (спец.). *Л. ров. Ловчая яма.*

ЛО́ВЧИЙ[2], -его, *м.* **1.** В русском государстве до 17 в.: должностное лицо, ведающее дворцовой охотой. **2.** В старом русском быту: старший слуга, ведающий охотой и рыбной ловлей.

ЛОВЧИ́ЛА, -ы, *м.* и *ж.* (прост. неодобр.). Человек, к-рый ловчит, ловкач.

ЛОВЧИ́ТЬ, -чу́, -чи́шь; *несов.* (прост.). Действовать ловко, преимущ. неблаговидными способами для достижения какой-н. личной выгоды. ‖ *сов.* **словчи́ть**, -чу́, -чи́шь.

ЛОГ, -а, в ло́ге *и* в логу́, *мн.* -а́, -о́в, *м.* Широкий и длинный овраг. ‖ *уменьш.* **ложо́к**, -жка́, *м.* ‖ *прил.* **логово́й**, -а́я, -о́е.

ЛОГАРИ́ФМ, -а, *м.* В математике: показатель степени, в к-рую надо возвести число, называемое основанием, чтобы получить данное число. *Таблица логарифмов.* ‖ *прил.* **логарифми́ческий**, -ая, -ое. *Логарифмическая линейка* (счётный инструмент).

ЛОГАРИФМИ́РОВАТЬ, -рую, -руешь; -анный; *сов.* и *несов.* (спец.). Найти (находить) логарифм данного числа.

ЛО́ГИКА, -и, *ж.* **1.** Наука о законах и формах мышления. *Формальная л. Диалектическая л.* **2.** Ход рассуждений, умозаключений. *У этого человека своя л. Женская л.* (непоследовательная, непонятная; шутл.). **3.** Разумность, внутренняя закономерность чего-н. *Л. вещей. Л. событий.* ‖ *прил.* **логи́ческий**, -ая, -ое. *Л. вывод. Логическая ошибка.*

ЛОГИ́ЧНЫЙ, -ая, -ое; -чен, -чна. Вполне закономерный, разумный, последовательный. *Л. поступок.* ‖ *сущ.* **логи́чность**, -и, *ж.*

ЛО́ГОВИЩЕ, -а и **ЛО́ГОВО**, -а, *ср.* Место, где обитает зверь (на земле, в неглубокой яме). *Волчье л. Логово врага* (перен.; презр.).

ЛОГОПЕ́Д, -а, *м.* Специалист по логопедии.

ЛОГОПЕ́ДИЯ, -и, *ж.* Раздел дефектологии, занимающийся недостатками речи и их исправлением. ‖ *прил.* **логопеди́ческий**, -ая, -ое.

ЛО́ДЖИЯ, -и, *ж.* **1.** Открытая галерея, примыкающая к зданию. **2.** Род балкона, углублённого в здание. *Квартира с лоджией.* ‖ *прил.* **ло́джиевый**, -ая, -ое.

ЛО́ДКА, -и, *ж.* **1.** Небольшое, обычно гребное судно. *Кататься на лодке. Двухвёсельная л. Парусная л. Моторная л. Надувная л.* **2.** Название нек-рых видов военных судов. *Канонерская л. Подводная л.* (боевой корабль, способный совершать плавание в подводном и надводном положении). ‖ *уменьш.* **ло́дочка**, -и, *ж.* (к 1 знач.). *Сложить ладонь (ладони) лодочкой* (перен.: согнув в горсть или соединив горсти). ‖ *уничт.* **лодчо́нка**, -и, *ж.* (к 1 знач.) ‖ *прил.* **ло́дочный**, -ая, -ое. *Лодочная станция.*

ЛО́ДОЧКА, -и, *ж.* **1.** *см.* лодка. **2.** *мн.* Открытые женские туфли.

ЛО́ДОЧНИК, -а, *м.* Перевозчик на лодке, а также вообще тот, кто плывёт, плавает на лодке. ‖ *ж.* **ло́дочница**, -ы.

ЛОДЫ́ЖКА, -и, *ж.* Выступающее с двух сторон сочленение костей голени с костями стопы, щиколотка. ‖ *прил.* **лоды́жечный**, -ая, -ое *и* **лоды́жный**, -ая, -ое.

ЛО́ДЫРНИЧАТЬ, -аю, -аешь; *несов.* (разг.). Быть лодырем, бездельничать.

ЛО́ДЫРЬ, -я, *м.* (разг.). Лентяй, бездельник. ✦ **Лодыря гонять** (прост.) — бездельничать.

ЛО́ЖА[1], -и, *ж.* **1.** Место в зрительном зале, отделённое для нескольких лиц, а также место (в зале заседаний, на стадионе), отделённое для представителей прессы, гостей. *Театральная л. Л. прессы.* **2.** Отделение, а также место тайных собраний масонской организации. *Масонская л. Член ложи.*

ЛО́ЖА[2] *см.* ложе[2].

ЛОЖБИ́НА, -ы, *ж.* Узкий неглубокий овраг. ‖ *уменьш.* **ложби́нка**, -и, *ж.* ‖ *прил.* **ложби́нный**, -ая, -ое.

ЛОЖБИ́НКА, -и, *ж.* **1.** *см.* ложбина. **2.** Небольшое удлинённое углубление.

ЛО́ЖЕ[1], -а, *ср.* **1.** Место для спанья, постель (устар.). *Брачное л.* **2.** Углубление, по к-рому течёт водный поток, проходит ледник, а также глубоководная часть водоёма, моря, океана (спец.). *Л. реки. Л. ледника. Озёрное л.*

ЛО́ЖЕ[2], -а, *ср.* и **ЛО́ЖА**, -и, *ж.* Удлинённая часть ручного огнестрельного оружия, на к-рой укреплён ствол. *Л. ружья. Л. автомата.* ‖ *прил.* **ложево́й**, -а́я, -о́е.

ЛО́ЖЕЧКА[1], -и, *ж.*: под **ложечкой** (боль или болит, сосёт, щемит) — в нижней части груди между ребрами; под **ложечку** (ударить, попасть) — в это место на груди.

ЛО́ЖЕЧКА[2] *см.* ложка.

ЛО́ЖЕЧНИК, -а, *м.* **1.** Мастер, делающий деревянные ложки. **2.** Музыкант, играющий на ложках (во 2 знач.).

ЛОЖИ́ТЬСЯ *см.* лечь.

ЛО́ЖКА, -и, *ж.* **1.** Предмет для зачерпывания жидкой, рассыпчатой пищи. *Столовая л.* (для супа). *Чайная л. Десертная л. Через час по чайной ложке* (очень медленно, с большими перерывами; разг.). *Дорога́ л. к обеду* (посл.). **2.** *мн.* Русский ударный музыкальный инструмент, состоящий из двух деревянных ложек с удлинёнными ручками (в старину — с подвязанными к ним бубенчиками). ‖ *уменьш.* **ло́жечка**, -и, *ж.* ‖ *прил.* **ло́жечный**, -ая, -ое.

ЛОЖКА́РНЫЙ, -ая, -ое. Относящийся к производству деревянных ложек. *Л. промысел.*

ЛОЖКА́РЬ, -я́, *м.* То же, что ложечник (в 1 знач.). ‖ *прил.* **ложка́рский**, -ая, -ое.

ЛОЖКОРЕ́З, -а, *м.* Ложкарь, ложечник.

ЛОЖНО... *Первая часть сложных слов со знач.:* 1) ложный (во 2 знач.), напр. *ложнодружелюбный, ложнодобродетельный;* 2) ложный (в 4 знач.), напр. *ложноакация, ложногусеница, ложноклассицизм, ложноскорпион.*

ЛО́ЖНЫЙ, -ая, -ое; -жен, -жна. **1.** Содержащий ложь, ошибочный, неправильный. *Л. слух. Ложные показания. Стоять на ложном пути* или *идти по ложному пути* (действовать неправильно, ошибочно). *Л. шаг* (неправильный, опрометчивый поступок). *Ложное положение* (неловкое, двусмысленное положение). *В ложном свете представлять, изображать что-н.* (намеренно искажая). **2.** Мнимый, намеренно выдаваемый за истинное. *Ложная тревога. Ложная атака.* **3.** Вызванный ошибочными представлениями о нравственности, предрассудками. *Ложная скромность. Л. стыд.* **4.** *полн. ф.* В составе сложных названий означает виды, явления, по нек-рым признакам сходные с другими, основными (спец.). *Ложная акация. Ложные со́лнца* (светлые пятна по обеим сторонам Солнца). *Л. круп.* ‖ *сущ.* **ло́жность**, -и, *ж.* (к 1, 2 и 3 знач.).

ЛОЖО́К *см.* лог.

ЛО́ЖЧАТЫЙ, -ая, -ое. В декоративно-прикладном искусстве о рельефном орнаменте: состоящий из выпуклых или вдавленных удлинённых овалов [от ложо́к — удлинение, вдавленность]. *Ложчатая ваза.*

ЛО́ЖЬ, лжи, *ж.* Намеренное искажение истины, неправда, обман. *Уличить во лжи. Мысль изречённая есть л.* (афоризм). *Л. во спасение* и *святая л.* (оправданная необходимостью, с благой целью; книжн.). *У лжи короткие ноги* (посл.).

ЛОЗА́, -ы́, *мн.* ло́зы, лоз, ло́зам, *ж.* **1.** Кустарник нек-рых пород ив (спец.). **2.** Длинный гибкий стебель нек-рых кустарников. *Виноградная л. Ивовая л. Плетёные изделия из лозы.* ‖ *прил.* **лозо́вый**, -ая, -ое.

ЛОЗИ́НА, -ы, *ж.* (разг.). **1.** То же, что лоза (в 1 знач.). **2.** Ивовый прут. ‖ *прил.* **лози́новый**, -ая, -ое *и* **лози́нный**, -ая, -ое.

ЛОЗНЯ́К, -а́, *м., собир.* Ивовый кустарник. ‖ *прил.* **лозняко́вые**, -ая, -ое. *Лозняковые заросли.*

ЛО́ЗУНГ, -а, *м.* **1.** Обращение в лаконичной форме, выражающее руководящую идею, требование. *Политические лозунги. Лозунги футуристов.* **2.** Плакат с таким обращением. *Вывесить лозунги.* ✦ **Под лозунгом** *чего, в знач. предлога с род. п.* (книжн.) — руководствуясь чем-н., имея в виду что-н. ‖ *прил.* **ло́зунговый**, -ая, -ое (к 1 знач.) *и* **лозунго́вый**, -ая, -ое (к 1 знач.).

ЛОКАЛИЗОВА́ТЬ, -зу́ю, -зу́ешь; -о́ванный; *сов. и несов., что* (книжн.). Ограничить (-чивать) распространение чего-н. какими-н. пределами. *Л. эпидемию. Л. пожар.* ‖ *сущ.* **локализа́ция**, -и, *ж.*

ЛОКАЛИЗОВА́ТЬСЯ (-зу́юсь, -зу́ешься, 1 и 2 л. не употр.), -зу́ется; *сов. и несов.* (книжн.). Сосредоточиться (-иваться) в каком-н. определённом месте, не выходя за его пределы. *Эпидемия локализовалась.* ‖ *сущ.* **локализа́ция**, -и, *ж.*

ЛОКА́ЛЬНЫЙ, -ая, -ое; -лен, -льна (книжн.). Местный, не выходящий за определённые пределы. *Локальная война.* ‖ *сущ.* **лока́льность**, -и, *ж.*

ЛОКА́ТОР, -а, *м.* Устройство для локации — оптической, звуковой или по радио. *Лазерный л.* ‖ *прил.* **лока́торный**, -ая, -ое.

ЛОКА́УТ, -а, *м.* Закрытие предприятия и массовые увольнения как средство противодействия требованиям со стороны рабочих. *Объявить л.*

ЛОКА́ЦИЯ, -и, *ж.* (спец.). Определение местонахождения чего-н. *Звуковая л. Оптическая л. Чувство локации у животных.* ‖ *прил.* **локацио́нный**, -ая, -ое.

ЛОКОМОБИ́ЛЬ, -я, *м.* Передвижная или стационарная паросиловая установка. ‖ *прил.* **локомоби́льный**, -ая, -ое.

ЛОКОМОТИ́В, -а, *м.* Машина (тепловоз, электровоз, паровоз, моторный вагон), движущаяся по рельсам и предназначенная для передвижения поездов. ‖ *прил.* **локомоти́вный**, -ая, -ое. *Локомотивная бригада.*

ЛО́КОН, -а, *м.* Вьющаяся или завитая прядь волос. *Локоны падают на плечи.*

ЛОКОТНИ́К, -а́, *м.* То же, что подлокотник.

ЛО́КОТЬ, -ктя, *мн.* ло́кти, -е́й, *м.* **1.** Место сгиба руки, где плечевая кость соединяется с костями предплечья (лучевой и локтевой). *Согнуть руку в локте. Класть локти на стол. Работать локтями* (проталкиваться, распихивая других; разг.). *Локти кусать* (перен.: досадовать по поводу собственной ошибки; разг.). *Близок л., да не укусишь* (посл.). **2.** Часть рукава одежды, облегающая это место. *Рваный л.* **3.** Старинная русская мера длины, равная приблизительно 0,5 м. ✦ **Чувство локтя** — умение поддерживать связь с соседом в строю, а также вообще чувство товарищества и взаимной поддержки. ‖ *уменьш.* **локото́к**, -тка́, *м.* (к 1 и 2 знач.). ‖ *прил.* **локтево́й**, -а́я, -о́е (к 1 знач.).

ЛОМ[1], -а, *мн.* -ы́, -о́в *и* -ы, -ов, *м.* Толстый металлический заострённый стержень, к-рым ломают, разбивают что-н. твёрдое. *Скалывать лёд ломом.* ‖ *уменьш.* **ло́мик**, -а, *м.*

ЛОМ[2], -а, *м., собир.* Ломаные или годные только для переработки предметы. *Шоколадный л. Металлический л.* ‖ *прил.* **ло́мовый**, -ая, -ое.

ЛОМА́КА, -и, *м. и ж.* (разг. неодобр.). Человек, к-рый ломается[2], кривляка.

ЛО́МАНЫЙ, -ая, -ое. **1.** *полн. ф.* Подвергшийся ломке. *Ломаные вещи.* **2.** *перен.* Исковерканный, неправильный. *Говорить на ломаном языке.* ✦ **Ломаная линия** — в математике: линия из соединяющихся под углом отрезков прямых линий.

ЛОМА́ТЬ, -а́ю, -а́ешь; ло́манный; *несов.* **1.** *что.* Сгибая или ударяя с силой, разделять надвое, на куски, на части, отделять части чего-н. *Л. сук. Л. лёд. Л. руки* (о жесте, выражающем отчаяние). **2.** *что.* Повреждать, приводить в негодность, разрушать. *Л. игрушки. Л. старый дом. Л. — не строить* (посл.). **3.** *перен., что.* Преодолевая сопротивление, уничтожать. *Л. сопротивление врага. Л. старые обычаи.* **4.** *перен., кого-что.* Резко изменять. *Л. свою жизнь. Л. себя* (свой характер, привычки). **5.** (1 и 2 л. не употр.), *кого (что).* Об ощущении ломоты (разг.). *Ломает лихорадка. Меня всего ломает* (безл.). ✦ **Ломать шапку** *перед кем* (устар.) — то же, что кланяться (в 1 знач.). **Ломать голову** *над чем* (разг.) — стараться понять или придумать что-н. трудное, сложное. **Ломать спину (горб, хребет)** (разг. неодобр.) — тяжело работать. *Ломать спину на (для) других.* **Ломать комедию** (разг. неодобр.) — притворяться, действовать неискренне. ‖ *сов.* **слома́ть**, -а́ю, -а́ешь; сло́манный (к 1, 2, 3 и 4 знач.) *и* **полома́ть**, -а́ю, -а́ешь; -ло́манный (ко 2 знач.; разг.). *С. себе шею* (также перен.: то же, что свернуть, свихнуть себе шею; разг. неодобр.). ‖ *сущ.* **лома́нье**, -я, *ср.* (к 1 и 2 знач.), **ло́мка**, -и, *ж.* (к 1, 2, 3 и 4 знач.), **поло́мка**, -и, *ж.* (ко 2 знач.) *и* **слом**, -а, *м.* (ко 2 знач.; спец.).

ЛОМА́ТЬСЯ[1] (-а́юсь, -а́ешься, 1 и 2 л. не употр.), -а́ется; *несов.* **1.** Разрушаться, приходить в негодность; распадаться на куски. *Непрочное сооружение ломается. Лёд ломается.* **2.** *перен.* О мужском голосе в переходном возрасте: менять свой тембр и диапазон. *Ломающийся басок.* ‖ *сов.* **слома́ться** (-а́юсь, -а́ешься, 1 и 2 л. не употр.), -а́ется *и* **полома́ться** (-а́юсь, -а́ешься, 1 и 2 л. не употр.), -а́ется. ‖ *сущ.* **поло́мка**, -и, *ж.* (к 1 знач.).

ЛОМА́ТЬСЯ[2], -а́юсь, -а́ешься; *несов.* (разг.). **1.** То же, что кривляться. **2.** Упрямо не соглашаться на что-н. *Его упрашивают, а он ломается.* ‖ *сущ.* **лома́нье**, -я, *ср.*

ЛОМБА́РД, -а, *м.* Учреждение для выдачи ссуд под залог движимого имущества. *Заложить кольцо в л.* ‖ *прил.* **ломба́рдный**, -ая, -ое.

ЛО́МБЕРНЫЙ: **ломберный стол** — обтянутый сукном четырёхугольный раскладной стол для игры в карты [от названия старинной карточной игры — ломбер].

ЛОМИ́ТЬ, ломлю́, ло́мишь; *несов.* **1.** (1 и 2 л. не употр.), *что.* Нажимая, ломать, отламывать. *Ветер ломит деревья. Спелые яблоки ломят сучья. Деток родить — не ветки л.* (посл.). *Сила солому ломит* (посл.). *Пар костей не ломит* (посл.). **2.** Идти, входить с силой куда-н., ломиться (во 2 знач.) (прост.). *Народ ломит в ворота.* **3.** Наступать, тесня противника (разг.). *Мы ломим, враг бежит. Л. стеною.* **4.** *безл., что.* Об ощущении ломоты. *Ломит поясницу. В висках ломит.*

ЛОМИ́ТЬСЯ, ломлю́сь, ло́мишься; *несов.* **1.** (1 и 2 л. не употр.). Прогибаться или ломаться под тяжестью, под напором чего-н. *Ветки ломятся от яблок. Столы ломятся от яств* (перен.). **2.** Идти куда-н. насильно, напролом (разг.). *Л. в открытую дверь* (перен.: доказывать то, что всем хорошо известно).

ЛО́МКА *см.* ломать.

ЛО́МКИЙ, -ая, -ое; -мок, -мка́ *и* -мка, -мко. Легко ломающийся, хрупкий. *Л. лёд. Ломкое печенье. Л. голос.* ‖ *сущ.* **ло́мкость**, -и, *ж.*

ЛОМОВИ́К, -а́, *м.* (разг.). Ломовой извозчик.

ЛОМОВО́Й, -а́я, -о́е. Перевозящий тяжести, грузы (о лошади, повозке). *Ломовая подвода. Ломовая лошадь* (тяжеловоз; также перен.: о том, кто работает тяжело, много; разг. неодобр.). *Л. извозчик. Перевезти вещи на ломовом* (сущ.).

ЛОМО́ТА, -ы, *ж.* Болезненное ощущение к костях. *Л. во всём теле.* ‖ *прил.* **ломо́тный**, -ая, -ое. *Ломотная боль.*

ЛОМО́ТЬ, -мтя́, *мн.* ломти́, -е́й, *м.* Отрезанный для еды плоский кусок чего-н. *Л. хлеба. Л. сала. Л. дыни.* ✦ **Отрезанный ломоть** (разг.) — о том, кто отошёл от семьи, от дома (обычно о дочери или сыне). ‖ *уменьш.* **ло́мтик**, -а, *м.* ‖ *прил.* **ломтево́й**, -а́я, -о́е.

ЛО́НО, -а, *ср.* (устар. высок.). О теле женщины: грудь или чрево, чресла. *Материнское л. Л. земли, вод, моря* (перен.: ширь или глубь земли, вод, моря). ✦ **В лоне** *чего, в знач. предлога с род. п.* (книжн.) — в сфере какой-н. деятельности. *В лоне науки. В лоне церкви.* **В лоно** *чего, в знач. предлога с род. п.* (книжн.) — в сферу какой-н. деятельности. *В лоно церкви.* **На лоне природы** — вне города, на вольном, свежем воздухе. **На лоно природы** — за город, на вольный, свежий воздух. ‖ *прил.* **ло́нный**, -ая, -ое (относящийся к тазовому поясу; спец.). *Лонное сращение.*

ЛОПАРИ́, -е́й, *ед.* -а́рь, -я́, *м.* Старое название народа саами. ‖ *ж.* **лопа́рка**, -и, *ж.* ‖ *прил.* **лопа́рский**, -ая, -ое.

ЛОПА́РСКИЙ, -ая, -ое. **1.** *см.* лопари. **2.** То же, что саамский. *По-лопарски* (нареч.).

ЛО́ПАСТЬ, -и, *мн.* -и, -е́й *и* -ей, *ж.* **1.** Широкий плоский конец чего-н. *Л. заступа. Л. весла. Л. плавника.* **2.** Вращающаяся широкая часть какого-н. устройства, машины. *Л. гребного колеса. Л. колеса турбины. Л. воздушного винта.* ‖ *прил.* **ло́пастный**, -ая, -ое.

ЛОПА́ТА, -ы, *ж.* Ручное орудие для копания, сгребания с рукояткой и широким плоским отточенным концом. *Железная л. Деревянная л. Борода лопатой* (широкая). *Гребёт деньги лопатой кто-н.* (перен.: о том, кто очень богат; разг.). ‖ *прил.* **лопа́тный**, -ая, -ое.

ЛОПА́ТИТЬ, -а́чу, -а́тишь; *несов., что* (разг.). Перемешивать, перебрасывать лопатой. *Л. зерно.*

ЛОПА́ТКА[1], -и, *ж.* Парная плоская широкая кость в верхней части спины. *Положить на обе лопатки* (в борьбе; также перен.: вообще победить, одолеть). ✦ **Во все лопатки** (бежать) (разг.) — очень быстро. ‖ *прил.* **лопа́точный**, -ая, -ое.

ЛОПА́ТКА[2], -и, *ж.* **1.** То же, что лопата. **2.** То же, что лопасть (во 2 знач.). *Турбинные лопатки.* ‖ *уменьш.* **лопа́точка**, -и, *ж.* (к 1 знач.). ‖ *прил.* **лопа́точный**, -ая, -ое. *Лопаточная машина.*

ЛО́ПАТЬ, -аю, -аешь; *несов., что* (прост.). Есть, принимать пищу. *Лопай, что дают* (также перен.: не привередничай). ‖ *сов.* **сло́пать**, -аю, -аешь; -анный *и* **поло́пать**, -аю, -аешь. *С потрохами слопает кто-н. кого-н.* (перен.: о том, кто безжалостен к другим).

ЛО́ПАТЬСЯ, -аюсь, -аешься; *несов.* **1.** О полых или натянутых предметах, о чём-н. набухшем: получать трещину или, треснув, лопаться, разрываться. *Стекло лопается. Шар лопается. С (от) жиру лопается кто-н.* (перен.: очень толст, тучен; прост. неодобр.). **2.** (1 и 2 л. не употр.), *перен.* Терпеть провал, крах, полную неудачу (устар. и разг.). *Афёра лопается.* ✦ **Терпение ло-**

пается (разг.) — не хватает терпения. || *сущ.* **ло́панье**, -я, *ср.* (к 1 знач.).

ЛО́ПНУТЬ, -ну, -нешь; *сов.* **1.** О полых или натянутых предметах, о чём-н. набухшем: получить трещину или, треснув, сломаться, разорваться. *Стакан лопнул. Струна лопнула.* **2.** (1 и 2 л. не употр.), *перен.* Потерпеть провал, крах, полную неудачу (разг.). *Банк лопнул. Карьера лопнула.* ✦ **Лопнуть со́ смеху** (прост.) — о сильном смехе, хохоте. **Лопнуть от зависти** (разг.) — о чувстве сильной зависти. **Терпенье лопнуло** (разг.) — не хватило терпения. **Лопни глаза!** (прост.) — клятвенное уверение. **Чтоб ты лопнул!** (прост.) — выражение раздражения, досады. **Хоть лопни** (прост.) — ничего не получается, несмотря на старания.

ЛОПОТА́ТЬ, -очу́, -о́чешь; *несов., что* (разг.). Говорить быстро, неясно. *Л. во сне.* || *сов.* **пролопота́ть**, -очу́, -о́чешь. || *сущ.* **лопота́нье**, -я, *ср.*

ЛОПОТУ́Н, -а́, *м.* (разг.). Тот, кто лопочет. || *ж.* **лопоту́нья**, -и, *род. мн.* -ний.

ЛОПОУ́ХИЙ, -ая, -ое: -у́х. **1.** С оттопыренными ушами; оттопыренный (об ушах). *Л. щенок.* **2.** Глупый, нескладный, нерасторопный (прост.). || *сущ.* **лопоу́хость**, -и, *ж.*

ЛОПУ́Х, -а́, *м.* **1.** Репейник, а также широкий лист его. **2.** *перен.* О глупом человеке, простаке (прост.). *Ну и л. же ты!* || *уменьш.* **лопушо́к**, -шка́, *м.* (к 1 знач.). || *прил.* **лопухо́вый**, -ая, -ое (к 1 знач.).

ЛОПУШИ́СТЫЙ, -ая, -ое; -и́ст (разг.). Похожий на лопух, широколистый. *Л. лист.*

ЛОРД, -а, *м.* В Англии: высший дворянский наследственный титул или титул высших должностных лиц, а также лицо, имеющее этот титул. *Палата лордов. Л.-канцлер. Л.-мэр.*

ЛОРНЕ́Т, -а, *м.* Род монокля, а также складные очки без дужек, на ручке. *Черепаховый л.* || *прил.* **лорне́тный**, -ая, -ое.

ЛОСЁВЫЙ *см.* лоеь.

ЛОСЁНОК, -нка, *мн.* -ся́та, -ся́т, *м.* Детёныш лося.

ЛОСИ́НА, -ы, *ж.* **1.** Выделанная лосиная кожа. **2.** *мн.* Белые штаны из лосиной кожи как часть военной формы в отдельных полках старой русской и нек-рых других армий. *Кирасиры в лосинах.* **3.** *мн.* Женские плотно облегающие штаны, доходящие до щиколоток. *Трикотажные лосины. Атласные, шёлковые лосины.*

ЛОСИ́НЫЙ *см.* лось.

ЛОСИ́ХА, -и, *ж.* Самка лося.

ЛОСК, -а (-у), *м.* **1.** Глянец, блеск гладкой поверхности. *Навести л. на поверхность.* **2.** *перен.* Безукоризненный вид, внешний блеск. *Столичный л. В доме наведён л.: чистота, порядок.* ✦ **В лоск** (прост.) — совершенно, окончательно. *Износить сапоги в лоск.*

ЛО́СКУТ, -а, *м., собир.* Остатки, отходы в текстильном, швейном и кожевенном производствах в виде лоскутьев. || *прил.* **ло́скутный**, -ая, -ое.

ЛОСКУ́Т, -а́, *мн.* -ы́, -о́в *и* -тья, -ьев, *м.* **1.** Оторванный или отрезанный кусок ткани, кожи. *Л. ситца. Одеяло из лоскутов.* **2.** *перен.* Небольшой участок какой-н. поверхности. *Л. земли. Лоскутья облаков* (их клочья, обрывки). || *уменьш.* **лоскуто́к**, -тка́, *м.* и **лоску́тик**, -а, *м.* || *прил.* **лоску́тный**, -ая, -ое. *Лоскутное одеяло* (стёганое, с верхом, сшитым из мелких лоскутков — квадратиков, уголков). *Лоскутная плантация* (из многих маленьких участков).

ЛОСНИ́ТЬСЯ, -ню́сь, -ни́шься и **ЛО́СНИТЬСЯ**, -нюсь, -нишься; *несов.* Блестеть, отсвечивать. *Щёки лоснятся от жира. Рукава лоснятся* (истерлись до блеска). *Лоснящаяся поверхность.*

ЛОСОСИ́НА, -ы, *ж.* Мясо лосося как пища. || *прил.* **лососи́нный**, -ая, -ое.

ЛОСО́СЬ, -я и **ЛО́СОСЬ**, -я, *м.* Крупная рыба с нежным мясом розового цвета. || *прил.* **лососёвый**, -ая, -ое *и* **лосо́сий**, -ья, -ье. *Семейство лососёвых* (сущ.). *Лососий балык.*

ЛОСЬ, -я, *мн.* ло́си, -е́й *и* -ей, *м.* Крупное парнокопытное животное сем. оленей с широкими уплощёнными рогами. || *прил.* **лоси́ный**, -ая, -ое *и* **лосёвый**, -ая, -ое. *Лосиная ферма. Лосёвая шкура.*

ЛОСЬО́Н [сьё], -а, *м.* Косметическое средство — питательная жидкость для ухода за кожей. || *прил.* **лосьо́нный**, -ая, -ое.

ЛОСЯ́ТИНА, -ы, *ж.* Мясо лося как пища.

ЛОТ[1], -а, *м.* Прибор для измерения глубины воды с судна. *Ручной, механический л. Звуковой л.* (эхолот). *Тяжёлый л.* (грузило). *Бросить л.* || *прил.* **ло́товый**, -ая, -ое.

ЛОТ[2], -а, *м.* **1.** Русская мера веса, равная 12,8 г. **2.** Партия товара, выставляемая при какой-н. сделке, на аукцион (спец.).

ЛОТЕРЕ́Я, -и, *ж.* **1.** Розыгрыш вещей, денежных сумм по билетам. *Беспроигрышная л. Денежно-вещевая л.* **2.** *перен.* О деле, в к-ром можно рассчитывать на успех только как на случайность. || *прил.* **лотере́йный**, -ая, -ое (к 1 знач.). *Л. билет.*

ЛОТО́, *нескл., ср.* Игра на особых картах с номерами, к-рые закрываются фишками, или с картинками. *Играть в л. Детское л.* || *прил.* **лото́шный**, -ая, -ое (разг.).

ЛОТО́К, -тка́, *м.* **1.** Открытый прилавок для торговли на улице, а также большой плоский ящик для торговли вразнос. *Торговать с лотка.* **2.** Открытый жёлоб для стока, спуска чего-н. (спец.). *Мельничный л.* **3.** Плоский сосуд для чего-н., ёмкость. || *прил.* **лото́чный** [шн], -ая, -ое (к 1 знач.) *и* **лотко́вый**, -ая, -ое. *Лоточная торговля. Лотковый спуск.*

ЛО́ТОС, -а, *м.* Южное земноводное растение с красивыми крупными цветками, а также цветок его. || *прил.* **ло́тосовый**, -ая, -ое. *Семейство лотосовых* (сущ.).

ЛОТО́ЧНИК [шн], -а, *м.* Продавец с лотка. || *ж.* **лото́чница**, -ы.

ЛОХ, -а, *м.* Эфироносный кустарник или деревце с узкими длинными листьями и съедобными плодами (ягодами). || *прил.* **ло́ховый**, -ая, -ое. *Семейство лоховых* (сущ.).

ЛОХА́НКА, -и и **ЛОХА́НЬ**, -и, *ж.* Круглая или продолговатая посуда для стирки белья, мытья посуды, сливания жидкости. *Деревянная л.* ✦ **Почечная лоханка** (спец.) — полость в почке, непосредственно соединённая с мочеточником. || *прил.* **лоха́ночный**, -ая, -ое.

ЛОХМА́ТИТЬ, -а́чу, -а́тишь; -а́ченный; *несов., кого-что* (разг.). Делать лохматым (во 2 знач.). *Л. волосы.* || *сов.* **взлохма́тить**, -а́чу, -а́тишь; -а́ченный *и* **разлохма́тить**, -а́чу, -а́тишь; -а́ченный.

ЛОХМА́ТИТЬСЯ, -а́чусь, -а́тишься; *несов.* (разг.). Становиться лохматым. || *сов.* **взлохма́титься**, -а́чусь, -а́тишься *и* **разлохма́титься**, -а́чусь, -а́тишься.

ЛОХМА́ТЫЙ, -ая, -ое; -а́т. **1.** С прядями густой длинной шерсти, меха. *Л. пёс. Лохматая шапка. Лохматая ель* (перен.: с густыми ветвями, мохнатая). **2.** Непричёсанный, с растрепавшимися волосами (разг.). || *сущ.* **лохма́тость**, -и, *ж.*

ЛОХМО́ТЬЯ, -ьев. **1.** Крайне ветхая, изорванная одежда. *Нищий в лохмотьях.* **2.** То же, что клочья (во 2 знач.). *Изорвать в л. что-н.*

ЛО́ХМЫ, лохм (прост.). Пряди свалявшихся волос, шерсти, космы. *Л. тумана, облаков* (перен.).

ЛО́ЦИЯ, -и, *ж.* **1.** Раздел судовождения — описание морей, водных путей и побережий. **2.** Руководство для плавания в определённом бассейне, водном пространстве.

ЛО́ЦМАН[1], -а, *м.* Специалист по проводке судов, хорошо знающий фарватер. || *прил.* **ло́цманский**, -ая, -ое.

ЛО́ЦМАН[2], -а, *м.* Небольшая морская рыба, плавающая обычно около судов и крупных рыб.

ЛОШАДИ́НЫЙ, -ая, -ое. **1.** *см.* лошадь. **2.** **лошади́ные**, -ых. Сем. непарнокопытных млекопитающих, к к-рому относятся лошадь домашняя и дикая (кулан, мустанг, лошадь Пржевальского, тарпан), осёл и др.

ЛОША́ДКА, -и, *ж.* **1.** *см.* лошадь. **2.** Детская игрушка на колёсиках или на качалке, изображающая лошадь. *Деревянная л.* **3.** *мн.* **игра в лошадки** — детская игра, в к-рой участники (верхом на палочке с верёвочкой) изображают скачущих лошадей и соревнуются в беге. *Играть в лошадки.*

ЛОША́ДНИК, -а, *м.* (разг.). **1.** Любитель лошадей. **2.** Торговец лошадьми. || *ж.* **лоша́дница**, -ы (к 1 знач.). || *прил.* **лоша́днический**, -ая, -ое (ко 2 знач.) *и* **лоша́дницкий**, -ая, -ое (ко 2 знач.).

ЛО́ШАДЬ, -и, *мн.* -и, -е́й, -я́м, -дьми́ *и* -дя́ми, -я́х, *ж.* Крупное непарнокопытное животное сем. лошадиных. *Домашняя л. Дикая л. Верховая л. Пара лошадей. Запрягать лошадей. Седлать л. Ехать на лошадях. Работать как л.* (много и тяжело). *Ну и л. эта баба* (о крупной и нескладной женщине; разг., неодобр.). || *уменьш.* **лоша́дка**, -и, *ж.* ✦ **Тёмная лошадка** (разг.) — о человеке, чьи качества, возможности неясны, неизвестны. **Рабочая лошадка** (разг.) — о трудолюбивом человеке, безотказном работнике. || *уничиж.* **лошадёнка**, -и, *ж.* || *прил.* **лошади́ный**, -ая, -ое. *Лошадиное здоровье* (перен.: очень крепкое). *Лошадиное лицо* (перен.: с тяжёлой и вытянутой нижней частью). ✦ **Лошадиная сила** — единица мощности (двигателя, машины, равная 736 ваттам). **Лошадиная фамилия** (разг. шутл.) — о том, что хорошо знакомо, но никак не удаётся вспомнить [по одноимённому рассказу А. П. Чехова].

ЛОША́К, -а́, *м.* Домашнее животное — помесь ослицы и жеребца. || *прил.* **лоша́чий**, -ья, -ье.

ЛОЩЁНЫЙ, -ая, -ое; -ён. **1.** *полн. ф.* С блеском, глянцевитый. *Лощёная бумага.* **2.** *перен.* Франтоватый, с внешним лоском (разг.) *Л. молодой человек.* || *сущ.* **лощёность**, -и, *ж.* (ко 2 знач.).

ЛОЩИ́НА, -ы, *ж.* Долина с пологими склонами. || *уменьш.* **лощи́нка**, -и, *ж.* || *прил.* **лощи́нный**, -ая, -ое.

ЛОЩИ́ТЬ, -щу́, -щи́шь; -щённый (-ён, -ена́); *несов., что* (разг.). **1.** Натирать до блеска. *Л. воском.* **2.** Полировать, наводить глянец. *Л. бумагу. Л. кожи.* || *сов.* **нало́щить**, -щу́, -щи́шь; -щённый (-ён, -ена́). || *сущ.* **лоще́ние**, -я, *ср.* || *прил.* **лощи́льный**, -ая, -ое. *Лощильная машина.*

ЛОЯ́ЛЬНЫЙ, -ая, -ое, -лен, -льна. Держащийся формально в пределах законности, в пределах благожелательно-нейтрального отношения к кому-чему-н. *Л. человек. Ло-*

яльное отношение. ‖ *сущ.* **лояльность,** -и, *ж. Соблюдать л.*

ЛУБ, -а, *мн.* лу́бья, -ьев, *м.* **1.** Волокнистая ткань растений, по к-рой перемещаются органические вещества (спец.). **2.** Пласт, кусок коры липы, вяза и нек-рых других лиственных деревьев вместе с волокнистой внутренней частью. **3.** Волокнистая ткань нек-рых растений (льна, конопли), идущая на выделку пряжи (спец.). ‖ *прил.* **лу́бовый,** -ая, -ое, **лубяно́й,** -а́я, -о́е *и* **лубо́чный,** -ая, -ое (ко 2 знач.). *Лубовое, лубяное волокно. Лубочное лукошко.*

ЛУБЕНЕ́ТЬ (-е́ю, -е́ешь, 1 и 2 л. не употр.), -е́ет; *несов.* (обл.) Становиться твёрдым, жёстким, костенеть. ‖ *сов.* **залубене́ть** (-е́ю, -е́ешь, 1 и 2 л. не употр.), -е́ет.

ЛУБО́К, -бка́, *м.* **1.** Кусок луба (во 2 знач.). **2.** Твёрдая лечебная повязка [*первонач.* из луба], шина (во 2 знач.). *Наложить л. Рука в лубках.* **3.** Липовая доска, на к-рой гравировалась картинка для печатания, а также простая и доходчивая, обычно с поясняющей надписью картинка такого изготовления. *Русский л.* **4.** То же, что лубочная литература. ‖ *прил.* **лубко́вый,** -ая, -ое (к 1, 2 и 3 знач.) *и* **лубо́чный,** -ая, -ое (к 1, 2 и 3 знач.).

ЛУБО́ЧНЫЙ, -ая, -ое. **1.** *см.* луб *и* лубок. **2.** Печатавшийся с лубков (в 3 знач.). *Лубочные картинки.* ✦ **Лубочная литература** — 1) дореволюционные дешёвые и примитивные по содержанию массовые издания; 2) примитивная литература, рассчитанная на невзыскательный вкус (неодобр.).

ЛУБЯНО́Й, -а́я, -о́е. **1.** *см.* луб. **2.** О растениях: имеющий волокнистую ткань, луб (в 3 знач.). *Лубяные культуры* (лён-долгунец, конопля, джут, кенаф).

ЛУГ, -а, о лу́ге, на лугу́, *мн.* -а́, -о́в, *м.* Участок, покрытый травянистой растительностью. *Зелёный л. Заливной л. Идти по́ лугу ипо лу́гу. Альпийские луга* (горные). ‖ *уменьш.* **лужо́к,** -жка́, *м.* ‖ *прил.* **лугово́й,** -а́я, -о́е. *Луговые растения. Л. волк* (койот).

ЛУГОВИ́НА, -ы, *ж.* (разг.). Небольшой луг. ‖ *прил.* **лугови́нный,** -ая, -ое.

ЛУГОВО́ДСТВО, -а, *ср.* Обработка и использование лугов, сенокосов, пастбищ как отрасль растениеводства. ‖ *прил.* **лугово́дческий,** -ая, -ое.

ЛУДИ́ТЬ, лужу́, луди́шь *и* лу́дишь; лужённый (-ён, -ена́); *несов., что.* Покрывать полудой. *Л. посуду.* ‖ *сов.* **вы́лудить,** -ужу, -удишь; -уженный *и* **полуди́ть,** -ужу́, -удишь и -у́дишь; -у́женный и -ужённый (-ён, -ена́). ‖ *сущ.* **луже́ние,** -я, *ср.* ‖ *прил.* **луди́льный,** -ая, -ое.

ЛУ́ЖА, -и, *ж.* **1.** Небольшое углубление на почве, наполненное дождевой или подпочвенной водой. *Лужи на дорогах.* **2.** Пролитая на поверхность жидкость. *Л. на полу.* ✦ **Сесть в лужу** (разг.) — оказаться в глупом положении, потерпеть неудачу. ‖ *уменьш.* **лу́жица,** -ы, *ж.*

ЛУЖА́ЙКА, -и, *ж.* Небольшой луг, полянка. *Лесная л.*

ЛУЖЁНЫЙ, -ая, -ое. Покрытый полудой. *Л. самовар. Лужёная глотка у кого-н.* (перен.: о том, кто способен много и долго кричать, говорить; прост. неодобр.).

ЛУ́ЖИЦКИЙ, -ая, -ое. **1.** *см.* лужичане. **2.** Относящийся к лужичанам, к их языку, национальному характеру, образу жизни, культуре, а также к территории их проживания, внутреннему устройству, истории; такой, как у лужичан. *Лужицкие сербы* (лужичане). *Л. язык* (западно-славянской группы индоевропейской семьи языков). *По-лужицки* (нареч.).

ЛУЖИЧА́НЕ, -а́н, *ед.* -а́нин, -а, *м.* Западнославянский народ, живущий на юго-востоке Германии. ‖ *ж.* **лужича́нка,** -и. ‖ *прил.* **лу́жицкий,** -ая, -ое.

ЛУЖО́К *см.* луг.

ЛУ́ЗА, -ы, *ж.* Один из шести сетчатых мешочков под отверстиями у бортов бильярдного стола. ‖ *прил.* **лу́зный,** -ая, -ое.

ЛУЗГА́, -и́, *ж., собир.* Шелуха, кожура семян нек-рых растений. *Л. подсолнечника. Л. гречихи.*

ЛУ́ЗГАТЬ, -аю, -аешь; *несов., что* (прост.). Грызть (подсолнухи, орешки). *Л. семечки.*

ЛУИДО́Р, -а, *м.* Старинная французская монета (164—1795 гг.), равная 24 ливрам.

ЛУК[1], -а (-у), *мн.* (в знач. сорта́) лу́ки, -ов, *м.* Огородное или дикорастущее растение сем. лилейных с острым вкусом луковицы и съедобными трубчатыми листьями. *Репчатый л. Зелёный л.* (листья). *Головка лука. Дикие луки.* ‖ *уменьш.* **лучо́к,** -чку́ (-чка́), *м.* ‖ *прил.* **лу́ковый,** -ая, -ое. *Луковые овощи* (лук, чеснок). *Л. соус.* ✦ **Горе луковое** (разг. шутл.) — о незадачливом человеке.

ЛУК[2], -а, *м.* Ручное оружие для метания стрел в виде пружинящей дуги, стянутой тетивой. *Тугой л. Стрельба из лука* (вид спорта). ‖ *прил.* **лу́чный,** -ая, -ое. *Лучное поле* (для стрельбы из лука).

ЛУКА́, -и́, *мн.* лу́ки, лук, лу́кам, *ж.* **1.** Изгиб, кривизна чего-н. *Л. реки.* **2.** Выступающий изгиб переднего или заднего края седла.

ЛУКА́ВЕЦ, -вца, *м.* (устар.). Лукавый человек. ‖ *ж.* **лука́вица,** -ы.

ЛУКА́ВИНКА, -и, *ж.* (разг.). Доля лукавства, хитрости. *Глаза с лукавинкой. Л. во взгляде.*

ЛУКА́ВИТЬ, -влю, -вишь; *несов.* Хитрить, притворяться, вести себя неискренне. ‖ *сов.* **слука́вить,** -влю, -вишь.

ЛУКА́ВСТВО, -а, *ср.* **1.** Хитрость, коварство. **2.** Весёлый задор, игривость. *Женское л.*

ЛУКА́ВЫЙ, -ая, -ое, -а́в. **1.** Коварный, хитрый. *Л. человек. Л. поступок.* **2.** Игривый, исполненный добродушной хитрости. *Л. взгляд. Лукавая улыбка.* ✦ **Лукавый попутал** (прост.) — выражение сожаления, раскаяния по поводу неудачного, предосудительного или непонятного действия, поступка. **От лукавого** (книжн.) — о ненужном мудрствовании, излишнем усложнении чего-н. *Все эти сомнения — от лукавого.* ‖ *сущ.* **лука́вость,** -и, *ж.*

ЛУ́КОВИЦА, -ы, *ж.* **1.** У нек-рых лилейных растений: шарообразно утолщённая (обычно подземная) часть побега из плотно прилегающих друг к другу слоёв. *Л. тюльпана, гиацинта. Л. чеснока.* **2.** Головка лука[1]. **3.** Расширение в нек-рых органах, частях организма (спец.). *Л. волоса.* **4.** Шаровидный церковный купол. ‖ *уменьш.* **лу́ковка,** -и, *ж.* (к 1, 2 и 4 знач.). ‖ *прил.* **лу́ковичный,** -ая, -ое.

ЛУ́КОВЫЙ *см.* лук[1].

ЛУКОМО́РЬЕ, -я, *ср.* (стар.). Морской залив.

ЛУКО́ШКО, -а, *мн.* -и, -шек, -шкам, *ср.* Небольшая корзинка из лубка или прутьев, коробок. *Л. для грибов, для ягод.*

ЛУКУ́ЛЛОВ: лукуллов пир (книжн.) — роскошный пир, пиршество [по имени древнеримского полководца Лукулла].

ЛУНА́, -ы́, *мн.* лу́ны, лун, лу́нам, *ж.* **1.** (в терминологическом значении Л прописное). Небесное тело, спутник Земли, светящийся отражённым солнечным светом. *Полёт на Луну. Серп луны. Полная л. С луны свалился кто-н.* (перен.: не знает того, что всем давно известно; разг. шутл.). **2.** Свет, идущий от такого небесного тела. *Читать при луне.* **3.** Спутник любой планеты (спец.). *Лу́ны Сатурна.* ✦ **Ничто не вечно под луной** (шутл.) — всё проходит, нет ничего постоянного. ‖ *прил.* **лу́нный,** -ая, -ое. *Л. свет. Л. грунт. Л. самоходный аппарат. Лунная дорожка на воде. Л. камень* (прозрачный минерал зеленовато-голубого цвета).

ЛУ́НА-ПА́РК, лу́на-па́рка, *м.* Городской парк с аттракционами, увеселительными павильонами.

ЛУНАТИ́ЗМ, -а, *м.* То же, что сомнамбулизм. ‖ *прил.* **лунати́ческий,** -ая, -ое.

ЛУНА́ТИК, -а, *м.* То же, что сомнамбула. ‖ *ж.* **лунати́чка,** -и.

ЛУ́НКА, -и, *ж.* Небольшое углубление в чём-н., ямка. *Л. зуба. Л. во льду* (маленькая прорубь). ‖ *уменьш.* **лу́ночка,** -и, *ж.* ‖ *прил.* **лу́ночный,** -ая, -ое.

ЛУ́ННЫЙ, -ая, -ое. **1.** *см.* луна. **2.** Наполненный светом луны. *Лунная ночь. Лунная дорожка* (полоска лунного света на воде).

ЛУНОХО́Д, -а, *м.* Автоматический самоходный аппарат с дистанционным управлением, передвигающийся по Луне. ‖ *прил.* **лунохо́дный,** -ая, -ое.

ЛУНЬ, -я́, *м.* Хищная птица сем. ястребиных с серовато-белым оперением у самца. *Как л. седой* или *белый* (совсем седой).

ЛУ́ПА, -ы, *ж.* Увеличительное стекло (выпуклая или двояковыпуклая линза) в оправе. *Рассматривать что-н. в лупу.*

ЛУПИ́ТЬ[1], луплю́, лу́пишь; лу́пленный; *несов.* **1.** Обдирать (кору, скорлупу, лузгу) с чего-н. или очищать (от коры, скорлупы, лузги). *Л. лыко с деревьев.* **2.** Драть (в 3 знач.), обирать (прост.). ‖ *сов.* **облупи́ть,** -уплю́, -у́пишь; -у́пленный (к 1 знач) *и* **слупи́ть,** -уплю́, -у́пишь; -у́пленный. *Облупить липу. Знать кого-н. как облупленного* (очень хорошо; прост.).

ЛУПИ́ТЬ[2], луплю́, лу́пишь; лу́пленный; *несов.* (прост.). **1.** *кого (что).* Сильно бить, хлестать, лупцевать. *Л. кнутом.* **2.** Употр. для обозначения быстрых, энергичных действий (с сохранением связей соответствующего глагола), дуть (в 5 знач.), жарить (в 4 знач.). *Дождь так и лупит. Л. во все лопатки.* (очень быстро бежать). ‖ *сов.* **отлупи́ть,** -уплю́, -у́пишь; -у́пленный (к 1 знач.).

ЛУПИ́ТЬСЯ (луплю́сь, лу́пишься, 1 и 2 л. не употр.), лу́пится; *несов.* (разг.). **1.** То же, что шелушиться. *Лупится кожа.* **2.** Отпадать, отваливаться кусочками. *Штукатурка лупится.* ‖ *сов.* **облупи́ться** (-уплю́сь, -у́пишься, 1 и 2 л. не употр.), -у́пится *и* **отлупи́ться,** (-уплю́сь, -у́пишься, 1 и 2 л. не употр.), -у́пится (ко 2 знач.).

ЛУПОГЛА́ЗЫЙ, -ая, -ое; -а́з (прост.). С выпуклыми глазами, пучеглазый. ‖ *сущ.* **лупогла́зость,** -и, *ж.*

ЛУПЦЕВА́ТЬ, -цу́ю, -цу́ешь; *несов., кого (что)* (прост.). То же, что лупить[2] (в 1 знач.). ‖ *сов.* **отлупцева́ть,** -цу́ю, -цу́ешь; -цо́ванный. ‖ *сущ.* **лупцо́вка,** -и, *ж.*

ЛУЧ, -а́, *м.* **1.** Узкая полоса света, исходящая от яркого светящегося предмета. *Солнечный л. Л. прожектора. Л. надежды* (перен.: проблеск надежды). *Л. света в тёмном царстве* (перен.: о чём-н. радостном, светлом в тёмной, отсталой среде). **2.** Остронаправленный поток частиц энергии (спец.). *Рентгеновские лучи. Ультрафиолетовые лучи. Тепловой луч.* **3.** Часть прямой линии, лежащая по одну сторону от какой-н. её точки (спец.). ‖ *прил.* **лучево́й,** -а́я, -о́е (ко 2 знач.). *Лучевая энергия. Лучевая болезнь* (вызываемая ионизирующими излучениями в дозах, превышающих допустимые).

ЛУЧЕВО́Й, -а́я, -о́е. **1.** *см.* луч. **2.** Имеющий форму расходящихся лучей. *Лучевые просеки.* ✦ **Лучевая кость** (спец.) — одна из двух костей предплечья.

ЛУЧЕЗА́РНЫЙ, -ая, -ое; -рен, -рна (высок.). Сверкающий, сияющий. *Лучезарное светило. Лучезарное будущее* (перен.: светлое). ‖ *сущ.* **лучеза́рность,** -и, *ж.*

ЛУЧИ́НА, -ы, *ж.,* также *собир.* Тонкая длинная щепка от сухого полена. *Засветить лучину* (в старину: для освещения избы). ‖ *уменьш.* **лучи́нка,** -и, *ж.* ‖ *уменьш.-ласк.* **лучи́нушка,** -и, *ж.* (о лучине, освещающей избу). ‖ *прил.* **лучи́нный,** -ая, -ое.

ЛУЧИ́СТЫЙ, -ая, -ое; -и́ст. **1.** Светящийся, исходящий лучами. *Л. свет месяца. Л. взгляд* (перен.: сияющий и глубокий). **2.** *полн. ф.* Возникающий вследствие излучения какой-н. энергии (спец.). *Л. поток.* ‖ *сущ.* **лучи́стость,** -и, *ж.* (к 1 знач.).

ЛУЧИ́ТЬ, -чу́, -чи́шь; -чённый (-ён, -ена́); *несов., кого (что).* Охотиться на кого-н. ночью при специальном ярком освещении. *Л. рыбу* (бить острогой с освещённой лодки). ‖ *сущ.* **луче́ние,** -я, *ср.*

ЛУЧИ́ТЬСЯ (-чу́сь, -чи́шься, 1 и 2 л. не употр.), -чи́тся; *несов.* (высок.). Испускать лучи. *Лучатся звёзды. Лучащийся взгляд* (перен.: лучистый).

ЛУЧКО́ВЫЙ, -ая, -ое. Об инструментах: по форме сходный с луком. *Лучковая пила.*

ЛУ́ЧНИК, -а, *м.* **1.** Стрелок из лука[2]. **2.** Спортсмен, занимающийся стрельбой из лука[2]. ‖ *ж.* **лу́чница,** -ы.

ЛУЧО́К[1], -чка́, *м.* (спец.). Дугообразное приспособление для ловли птиц сетью.

ЛУЧО́К[2] *см.* лук[1].

ЛУ́ЧШЕ. 1. *см.* хороший. **2.** *в знач. сказ., кому.* Об улучшении состояния больного. *Ребёнку сегодня л.* **3.** *вводн.сл.* и *частица.* Предпочтительнее, вернее. *Говори или, л., я? Л. не рисковать. Л. и не спорь.* ✦ **А лучше сказать,** *в знач. союза* — вводит уточнение, а вернее сказать. *Он умён, а лучше сказать осмотрителен.* **Лучше всего,** *вводн. сл.* — то же, что лучше (в 3 знач.). *Давай поговорим или, лучше всего, помолчим.* **Как нельзя лучше** — очень хорошо, отлично. *Дела идут как нельзя лучше.* **И того лучше (ещё того лучше)** (обычно ирон.) — совсем хорошо.

ЛУ́ЧШИЙ, -ая, -ее. **1.** *см.* хороший. **2.** Самого высокого качества, самого хорошего свойства. *Лучшие спортсмены года. Лучшее* (сущ.) *— враг хорошего* (афоризм). ✦ **В лучший мир** (уйти, переселиться) (устар.) — то же, что умереть. **В лучшем виде** (сделать) (прост.) — очень хорошо. **Всего лучшего!** — пожелание при прощании.

ЛУЩЁНЫЙ, -ая, -ое, -ён. Очищенный от шелухи, скорлупы, лузги. *Лущёные орехи.*

ЛУЩИ́ТЬ, -щу́, -щи́шь; -щённый (-ён, -ена́); *несов., что.* **1.** Очищать от скорлупы, шелухи, лузги. *Л. горох. Л. орехи.* **2.** Разрыхлять поверхность почвы (спец.). ‖ *сов.* **облущи́ть,** -щу́, -щи́шь; -щённый (-ён, -ена́) (к 1 знач.) *и* **взлущи́ть,** -щу́, -щи́шь; -щённый (-ён, -ена́) (ко 2 знач.). ‖ *сущ.* **луще́ние,** -я, *ср. и* **лущёвка,** -и, *ж.* (ко 2 знач.; спец.). ‖ *прил.* **лущи́льный,** -ая, -ое (спец.).

ЛЫЖЕРО́ЛЛЕРЫ, -ов, *ед.* лыжеро́ллер, -а, *м.* Спортивный снаряд в виде коротких лыж на роликах.

ЛЫ́ЖИ, лыж, *ед.* лы́жа, -и, *ж.* **1.** Плоские деревянные (или пластиковые) полозья для хождения, бега по снегу. *Ходить на лыжах. Охотничьи л. Горные л.* (1) предназначенные для скоростного спуска с гор; 2) вид спорта — скоростной спуск с гор на лыжах по специальным трассам). **2.** Вид спорта — хождение, бег на таких полозьях. *Зимой особенно полезны л., летом плавание.* ✦ **Водные лыжи** — вид спорта — скольжение на буксире по воде на специальных полозьях; сами такие полозья. **Навострить лыжи** (разг.) — приготовиться бежать, а также убежать. ‖ *прил.* **лы́жный,** -ая, -ое. *Л. спорт.*

ЛЫ́ЖНИК, -а, *м.* Спортсмен, занимающийся лыжным спортом, а также вообще тот, кто ходит, идёт на лыжах. ✦ **Водный лыжник** — спортсмен, занимающийся водными лыжами, воднолыжник. ‖ *ж.* **лы́жница,** -ы.

ЛЫЖНЯ́, -и́, *род. мн.* -е́й, *ж.* След, накатанный лыжами. *Проложить лыжню.*

ЛЫ́КО, -а, *мн.* лы́ки, лык, лы́кам, *ср.* Луб молодой липы, ивы и нек-рых других деревьев, разделяемый на слои и узкие полосы. *Драть л. Лапти из лыка.* ✦ **Лыка не вяжет** *кто* (прост.) — настолько пьян, что не может связно говорить. **Не лыком шит** *кто* (прост.) — понимает, умеет не хуже других. *Знает, где чем поживиться, не лыком шит!* ‖ *уменьш.* **лы́чко,** -а, *ср.* ‖ *прил.* **лы́ковый,** -ая, -ое.

ЛЫСЕ́ТЬ, -е́ю, -е́ешь; *несов.* Становиться лысым, лысее. ‖ *сов.* **облысе́ть,** -е́ю, -е́ешь *и* **полысе́ть,** -е́ю, -е́ешь. ‖ *сущ.* **облысе́ние,** -я, *ср. и* **полысе́ние,** -я, *ср.*

ЛЫ́СИНА, -ы, *ж.* **1.** Место на голове, где вылезли и не растут волосы, а также место, где вылезла, не растёт шерсть. *Л. во всю голову.* **2.** Прогалина в растительном покрове. *Лысины во всходах.* **3.** Белое пятно в шерсти на лбу у животного. *Телёнок с белой лысиной.* ‖ *уменьш.* **лы́синка,** -и, *ж.*

ЛЫ́СЫЙ, -ая, -ое; лыс, лыса́, лы́со. **1.** Имеющий лысину (в 1 знач.). *Лысая голова. Л. старик.* **2.** Лишённый растительности. *Лысая гора.*

ЛЫ́ЧКИ, -чек. Узкие поперечные нашивки на погонах. *Матросские, ефрейторские, сержантские л. Старшинские л.*

ЛЫ́ЧКО *см.* лыко.

ЛЬ, *союз* и *частица* (книжн.). То же, что ли (употр. после слов, оканчивающихся на гласный). ✦ **Не... ль** — то же, что не... ли. **Ль... ль,** *союз повторяющийся* — то же, что ли... ли. **Ль... или,** *союз* — то же, что ли... или.

ЛЬВЁНОК, -нка, *мн.* **-вя́та, -вя́т,** *м.* Детёныш льва[1].

ЛЬВИ́ЦА, -ы, *ж.* Самка льва[1]. ✦ **Светская львица** (устар.) — дама высшего света, пользующаяся в нём особым успехом.

ЛЬГО́ТА, -ы, *ж.* Преимущественное право, облегчение, предоставляемое кому-н. как исключение из общих правил. *Льготы ветеранам войны.* ‖ *прил.* **льго́тный,** -ая, -ое. *Л. тариф.*

ЛЬГО́ТНИК, -а, *м.* (разг.). Человек, пользующийся льготой, льготами. ‖ *ж.* **льго́тница,** -ы.

ЛЬДИ́НА, -ы, *ж.* Глыба льда.

ЛЬДИ́НКА, -и, *ж.* Маленький кусочек льда.

ЛЬДИ́СТЫЙ, -ая, -ое; -и́ст (книжн.). Обильный льдами, покрытый льдом. *Льдистые вершины.* ‖ *сущ.* **льди́стость,** -и, *ж.*

ЛЬДО... *Первая часть сложных слов со знач.:* 1) относящийся ко льду, напр. *льдообразование, льдотехника, льдоуборочный, льдохранилище, льдобур, льдобурильный, льдодробилка;* 2) содержащий лёд, напр. *льдогрунтовой.*

ЛЬЕ, *нескл., ср.* Старинная французская мера длины, равная приблизительно 4,5 км.

ЛЬНО... *Первая часть сложных слов со знач.:* 1) относящийся к разведению, обработке льна, напр. *льночесальный, льнообрабатывающий, льнотрепальный, льнопрядильный, льномолотилка, льнотеребилка, льнокомбайн, льнозавод;* 2) льняной, из льна, напр. *льноволокно, льносолома, льнопродукция.*

ЛЬНОВО́Д, -а, *м.* Специалист по льноводству.

ЛЬНОВО́ДСТВО, -а, *ср.* Возделывание льна как отрасль растениеводства. ‖ *прил.* **льново́дческий,** -ая, -ое.

ЛЬНО́ВЫЙ *см.* лён.

ЛЬНУТЬ, льну, льнёшь; *несов.* **1.** *к кому-чему.* Прижиматься, прикасаться к кому-чему-н. (обычно — ласкаясь). *Ребёнок льнёт к матери. Плющ льнёт к ограде* (перен.: плотно её обвивает). **2.** *перен., к кому.* Стремиться сблизиться с кем-н., быть ближе к кому-н. из чувства любви или ради выгоды (разг.). ‖ *сов.* **прильну́ть,** -ну́, -нёшь (к 1 знач.).

ЛЬНЯНО́Й *см.* лён.

ЛЬСТЕ́Ц, -а́, *м.* Льстивый человек. *Окружить себя льстецами.*

ЛЬСТИ́ВЫЙ, -ая, -ое; льстив. Выражающий лесть, склонный к лести. *Л. человек. Льстиво* (нареч.) *говорить.* ‖ *сущ.* **льсти́вость,** -и, *ж.*

ЛЬСТИТЬ, льщу, льстишь; *несов.* **1.** *кому.* Хвалить из лести, из корыстного желания расположить к себе. *Л. сильным.* **2.** *кому-чему.* Доставлять удовлетворение кому-н., какому-н. чувству. *Успехи льстят самолюбию.* ✦ **Льстить себя надеждой** (книжн.) — надеяться, утешать себя надеждой. ‖ *сов.* **польсти́ть,** -льщу́, -льсти́шь.

ЛЬСТИ́ТЬСЯ, льщусь, льсти́шься; *несов., на что* (разг.). Соблазняться чем-н. *Л. на деньги.* ‖ *сов.* **польсти́ться,** -льщу́сь, -льсти́шься.

ЛЬЯ́ЛО, -а, *ср.* (спец.). Водосток в нижней части трюма. ‖ *прил.* **лья́льный,** -ая, -ое.

ЛЮБ, люба́, лю́бо, *кому, в знач. сказ.* (прост.). Мил, приятен, нравится. *Жених ей л.*

ЛЮБВЕОБИ́ЛЬНЫЙ, -ая, -ое; -лен, -льна (книжн.). Способный любить сильно или многих. *Любвеобильное сердце.* ‖ *сущ.* **любвеоби́льность,** -и, *ж. и* **любвеоби́лие,** -я, *ср.*

ЛЮБЕ́ЗНИЧАТЬ, -аю, -аешь; *несов., с кем* (разг.). Говорить кому-н. любезности, любезно обращаться с кем-н.

ЛЮБЕ́ЗНОСТЬ, -и, *ж.* **1.** *см.* любезный. **2.** Приветливые и учтивые слова, обходительное и приятное обращение. *Наговорить любезностей. Оказать кому-н. л. Не откажите в любезности* (вежливое обращение с просьбой).

ЛЮБЕ́ЗНЫЙ, -ая, -ое; -зен, -зна. **1.** Обходительный, предупредительный, учтивый. *Л. приём. Л. ответ. Л. человек. Будьте любезны* (форма вежливой просьбы или ответа, пожалуйста). **2.** *полн. ф.* Милый, дорогой (устар.). *Л. друг.* **3.** *полн. ф.* Фамильярное обращение (разг.). *А ну-ка подойди сюда, л.* ‖ *сущ.* **любе́зность,** -и, *ж.* (к 1 знач.).

ЛЮБИ́МЕЦ, -мца, *м.* Человек, к-рого особенно любят. *Л. публики. Общий л.* ‖ *ж.* **люби́мица,** -ы.

ЛЮБИ́МЧИК, -а, *м.* (разг. неодобр.). Человек, к-рый пользуется чьей-н. любовью, покровительством в ущерб другим. *Л. учителя.*

ЛЮБИ́МЫЙ, -ая, -ое. **1.** Дорогой для сердца, такой, к к-рому обращена любовь. *Л. друг. Любимая женщина. Прощаться с любимым* (сущ.). **2.** Такой, кто (что) больше всего нравится. *Л. писатель. Любимые книги. Л. цвет. Любимое кушанье.*

ЛЮБИ́ТЕЛЬ, -я, *м.* **1.** *чего и с неопр.* Человек, к-рый имеет склонность, пристрастие к чему-н. *Л. музыки. Л. поговорить.* **2.** Человек, к-рый занимается каким-н. делом не как профессионал, по увлечению, из интереса. *Садовод-л. Автомобилист-л.* ‖ *ж.* **люби́тельница**, -ы. ‖ *прил.* **люби́тельский**, -ая, -ое (ко 2 знач.). *Л. спектакль. Любительская фотография.*

ЛЮБИ́ТЕЛЬСТВО, -а, *ср.* Занятие любителя, любителей (во 2 знач.).

ЛЮБИ́ТЬ, люблю́, лю́бишь; лю́бящий; люби́мый; *несов.* **1.** *кого-что.* Испытывать любовь к кому-чему-н. *Л. родину. Л. детей. Л. женщину. Учитель любим и уважаем.* **2.** *что и с неопр.* Иметь склонность, пристрастие к чему-н. *Л. музыку. Л. читать.* **3.** *кого-что и с союзом чтобы.* Быть довольным тем, что нравится, что (кто) приходится по вкусу. *Л. красивые вещи. Он любит лесть* (льстецов, чтобы ему льстили). **4.** (1 и 2 л. не употр.), *что и с союзом «чтобы».* Нуждаться в каких-н. предпочтительных условиях. *Цветы любят тепло (чтобы было тепло).*

ЛЮ́БО, *в знач. сказ.* (прост.). Приятно, хорошо. *Л. посмотреть. Л. послушать. Не л. — не слушай, а врать не мешай* (шутл. посл.). ✦ **Любо-дорого смотреть** — приятно посмотреть, увидеть.

ЛЮБОВА́ТЬСЯ, -бу́юсь, -бу́ешься; *несов., кем-чем и на кого-что.* Рассматривать, наблюдать с удовольствием, с восхищением. *Л. картиной. Л. на себя в зеркало.* ‖ *сов.* **полюбова́ться**, -бу́юсь, -бу́ешься. *Полюбуйтесь на этого чудака!* (посмотрите, каков чудак; ирон.). ‖ *сущ.* **любова́ние**, -я, *ср.*

ЛЮБО́ВНИК, -а, *м.* **1.** Мужчина, к-рый находится в связи (в 3 знач.) с женщиной, не состоя с ней в официальном браке. **2.** Влюблённый человек (устар.). **3.** *мн.* Влюблённая пара (стар.). **4.** Роль возлюбленного, влюблённого в театральной пьесе (спец.). *Первый л.* (соответствующее амплуа актёра). ‖ *ж.* **любо́вница**, -ы (ко 2 знач.; устар.). ‖ *прил.* **любо́вничий**, -ья, -ье (к 1 знач.; разг.).

ЛЮБО́ВНИЦА, -ы, *ж.* **1.** *см.* любовник. **2.** Женщина, к-рая находится в связи (в 3 знач.) с мужчиной, не состоя с ним в официальном браке.

ЛЮБО́ВНЫЙ, -ая, -ое; -вен, -вна. **1.** *см.* любовь. **2.** *полн. ф.* Выражающий любовь (в 1 знач.), проникнутый любовью. *Любовное письмо. Л. взгляд.* **3.** Внимательно-заботливый. *Любовное отношение к делу.* ‖ *сущ.* **любо́вность**, -и, *ж.* (к 3 знач.).

ЛЮБО́ВЬ, любви́, *тв.* любо́вью, *ж.* **1.** Глубокое эмоциональное влечение, сильное сердечное чувство. *Чары, ожидание, муки любви. Признание в любви. Объясниться в любви. Брак по любви, без любви. Выйти замуж по любви* (за любимого человека). *Л. до гроба* (вечная). *Л. прошла, ушла, угасла. Страдать, сгореть, умирать от любви. Страстная, взаимная, безответная, платоническая, романтическая л. Л. с первого взгляда* (возникшая сразу с первой встречи). *Склонить к любви. Любовью не шутят* (посл.). *Л. не картошка* (не пустяк, не безделица; прост. шутл.). *Дитя любви* (о желанном и любимом ребёнке). *Л. зла* (о том, что любимого не выбирают). **2.** Чувство глубокого расположения, самоотверженной и искренней привязанности. *Л. к родине, к родителям, к детям. Слепая л.* (всепрощающая). *Л. к ближнему. Относиться к своему делу с любовью* (любовно). **3.** Постоянная, сильная склонность, увлечённость чем-н. *Л. к правде, к истине. Л. к балету, к чтению, к театру, спорту. Л. к животным.* **4.** *им. п.* Предмет любви (тот или та, кого кто-н. любит, к кому испытывает влечение, расположение). *Он (она) — его (её) первая (или последняя) л. Он её очередная л.* **5.** Пристрастие, вкус[2] к чему-н. *Л. к спиртному, к сладкому, к нарядам, к комфорту.* **6.** Интимные отношения, интимная связь (прост.). *Заниматься любовью.* ✦ **Тайная любовь** — 1) скрываемые любовные чувства; 2) внебрачные любовные отношения. **Совет да любовь!** (разг.) — пожелание благополучия вступающим в брак. **Крутить любовь** (прост.) — об ухаживаниях. ‖ *прил.* **любо́вный**, -ая, -ое (к 1, 2 и 6 знач.). *Любовные похождения. Любовное признание. Любовное письмо* (с признаниями в любви). *Любовный напиток* (возбуждаемый любовь; устар.). ✦ **Любовные игры** — у животных: поведение в брачный период.

ЛЮБОЗНА́ТЕЛЬНЫЙ, -ая, -ое; -лен, -льна. Склонный к приобретению новых знаний, пытливый. *Л. ученик. Л. ум.* ‖ *сущ.* **любозна́тельность**, -и, *ж.*

ЛЮБО́Й, -а́я, -о́е, *мест. определит.* Какой угодно; всякий, каждый. *В любое время. Л. ценой добиться успеха. В любых условиях. Л.* (сущ.) *из нас.*

ЛЮБОПЫ́ТНЫЙ, -ая, -ое; -тен, -тна. **1.** Отличающийся любопытством, выражающий любопытство. *Л. человек. Л. взгляд. Толпа любопытных* (сущ.). **2.** Интересный, занятный. *Л. случай. Любопытная точка зрения. Любопытно* (в знач. сказ.) *услышать.* ‖ *сущ.* **любопытность**, -и, *ж.*

ЛЮБОПЫ́ТСТВО, -а, *ср.* **1.** Мелочный интерес ко всяким, даже несущественным подробностям. *Спрашивать из пустого любопытства. Праздное л.* **2.** Стремление узнать, увидеть что-н. новое, проявление интереса к чему-н. *Возбудить, удовлетворить чьё-н. л.*

ЛЮБОПЫ́ТСТВОВАТЬ, -твую, -твуешь; *несов.* **1.** Проявлять любопытство. **2.** То же, что интересоваться (во 2 знач.) (устар.). *Любопытствую узнать, с кем имею честь?* ‖ *сов.* **полюбопытствовать**, -твую, -твуешь (ко 2 знач.). *Позвольте п., как Вас зовут!*

ЛЮ́БУШКА, -и, *ж.* (обл.). Любимая женщина, девушка. *Не насмотрится на свою любушку. Ты моя л.!*

ЛЮД, -а (-у), *м., собир., какой* (устар. и разг.). Люди, группа людей. *На площади много всякого люду. Рабочий, трудовой л. Крестьянский л. Деловой л.*

ЛЮ́ДИ, людей, лю́дям, людьми́, о лю́дях. **1.** Мн. ч. от человек (в 1 знач.). *Люди планеты Земля. Раненый зверь идёт к людям. Первобытные люди.* **2.** *обычно с определением.* Лица, принадлежащие к какой-н. общественной среде, группе, имеющие какой-н. общий признак. *Л. труда. Л. науки, искусства. Л. доброй воли. Молодые л.* (молодые мужчины, а также вообще молодёжь). *Простые л.* (небогатые и непритязательные, а также вообще трудовой народ). **3.** Все другие, кроме тебя, меня и тех отдельных лиц, о к-рых идёт речь. *Думать о людях* (т. е. не только о себе). *Что л. скажут?* (упрёк; разг.). *Всё не так, как у людей* (осуждение; разг.). *Всё как у людей* (похвала, одобрение; разг.). *Ни себе, ни людям* (о том, кто не пользуется сам и не даёт пользоваться другим; разг. неодобр.). *Стесняться при людях* (в присутствии других). *Л. пахать, а мы руками махать* (посл.). **4.** В действующих боевых соединениях: живая сила, личный состав. *Потери в людях и технике.* **5.** То же, что кадры (во 2 знач.). *Предприятию нужны л. Бригада пополнилась людьми.* **6.** В дворянском, богатом доме: слуги (устар.). *Господа и их люди. Изба для людей* (людская). ✦ **Вывести в люди** *кого* (устар.) — помочь занять хорошее общественное положение. **Выйти, (выбиться, пробиться) в люди** (устар.) — достичь после усилий хорошего общественного положения. **Дворовые люди** — живущие в качестве слуг при господском доме крепостные крестьяне, лишённые земельных наделов. **Добрые люди** (разг.) — 1) люди, доброжелательно, сочувственно настроенные. *Добрые люди помогли. Свет не без добрых людей* (посл.); 2) обращение, призыв к окружающим. *Люди добрые, помогите!* **Жить в людях** (устар.) — работать, жить работником у нанимателя, хозяина. *Жил в людях учеником сапожника.* **На лю́дях и на́ людях** (прост.) — в присутствии других, так, что все видят, слышат. *Пристыдить кого-н. на людях.* **На люди показаться (появиться, выйти)** (прост.) — показаться другим, появиться среди других. *В таком наряде на люди показаться не стыдно.* **Посадские люди** (спец.) — в России до 1775 г.: торгово-ремесленное городское население, облагавшееся денежными и натуральными налогами. **Уйти в люди** (устар.) — уйти из родного дома на заработки. ‖ *уничт.* **люди́шки**, -шек (к 1 и 6 знач.). ‖ *прил.* **людско́й**, -а́я, -о́е. *Род л.* (люди, человечество; устар. и ирон.). *Людские пороки* (общечеловеческие). *Л. поток* (движущаяся толпа). *Людские судьбы. Суд л. Людские ресурсы. Людские потери в боях. Людская изба. Людская молва что морская волна* (посл.). *Людское счастье что волна в бредне* (посл.). *Жить по-людски* (нареч.; так, как принято у всех, как другие люди). *Поступил не по-людски* (нареч.) *кто-н.* (плохо).

ЛЮ́ДНЫЙ, -ая, -ое; -ден, -дна. Такой, где много людей, многолюдный. *Л. город. Людная улица. На улице людно* (в знач. сказ.). *Людное сборище.* ‖ *сущ.* **лю́дность**, -и, *ж.*

ЛЮДОЕ́Д, -а, *м.* **1.** Тот, кто употребляет в пищу человеческое мясо. *Дикари-людоеды. Тигр-л.* **2.** *перен.* Кровожадный человеконенавистник. ‖ *ж.* **людое́дка**, -и. ‖ *прил.* **людое́дский**, -ая, -ое.

ЛЮДОЕ́ДСТВО, -а, *ср.* **1.** Употребление в пищу человеческого мяса первобытными людьми, дикарями. **2.** *перен.* Кровожадность, человеконенавистничество.

ЛЮДСКА́Я, -о́й, *ж.* (устар.). Помещение для слуг при барском доме.

ЛЮДСКО́Й *см.* люди.

ЛЮК, -а, *м.* Закрывающееся отверстие, напр. на палубе корабля, в полу сцены, в борту судна, самолёта, в танке. ‖ *прил.* **лю́ковый**, -ая, -ое.

ЛЮКС[1], -а, *м.* (спец.). Единица освещённости.

ЛЮКС[2]. **1.** -а, *м.* Лучший по оборудованию, обслуживанию номер гостиницы, вагон, салон, каюта. *Жить (ехать, плыть) в люксе.* **2.** *неизм.* Высшего класса, разряда, сорта. *Каюта л. Шоколад л. Ателье л.* ‖ *прил.* **лю́ксовый**, -ая, -ое (к 1 знач.; разг.).

ЛЮ́ЛЬКА[1], -и, *ж.* **1.** Подвесная колыбель (устар. и обл.). *Качать младенца в люльке.*

2. Небольшой помост для подъёма рабочих, материалов (у строителей, маляров). ‖ *прил.* **люлечный**, -ая, -ое. *Л. транспортёр.*

ЛЮ́ЛЬКА², -и, *ж.* (обл.). Курительная трубка. ‖ *прил.* **лю́лечный**, -ая, -ое.

ЛЮМБА́ГО, *нескл., ср.* (спец.). Острая боль, прострел в пояснице.

ЛЮ́МПЕН, -а, *м.* (разг.). Деклассированный слой людей (преступники, бродяги, нищие), а также (разг.), человек, принадлежащий к такому слою. ‖ *прил.* **лю́мпенский**, -ая, -ое.

ЛЮ́МПЕН-ПРОЛЕТАРИА́Т, -а, *м.* Деклассированный слой людей из пролетариев.

ЛЮНЕ́Т, -а, *м.* **1.** Арочный проём в своде, сцене (спец.). **2.** Род полевого укрепления (устар.). ‖ *прил.* **люне́тный**, -ая, -ое.

ЛЮПИ́Н, -а, *м.* Травянистое растение сем. бобовых, выращиваемое как кормовая культура и как декоративное. ‖ *прил.* **люпи́новый**, -ая, -ое.

ЛЮ́СТРА, -ы, *ж.* Висячий светильник из нескольких подсвечников для ламп. *Хрустальная л.* ‖ *прил.* **лю́стровый**, -ая, -ое.

ЛЮСТРИ́Н, -а, *м.* Тонкая тёмная ткань с глянцем. ‖ *прил.* **люстри́новый**, -ая, -ое.

ЛЮТЕРА́НИН, -а, *мн.* -а́не, -а́н, *м.* Последователь лютеранства. ‖ *ж.* **лютера́нка**, -и.

ЛЮТЕРА́НСТВО, -а, *ср.* Крупнейшее направление протестантизма, возникшее в 16 в. на основе учения Лютера и распространённое в Германии, скандинавских и прибалтийских странах, в США. *Придерживаться лютеранства.* ‖ *прил.* **лютера́нский**, -ая, -ое. *Лютеранское вероисповедание.*

ЛЮ́ТИК, -а, *м.* Травянистое растение с едким и ядовитым соком и обычно жёлтыми цветками. ‖ *прил.* **лю́тиковый**, -ая, -ое. *Семейство лютиковых* (сущ.).

ЛЮ́ТНЯ, -и, *род. мн.* -тен, *ж.* Старинный струнный щипковый музыкальный инструмент. ‖ *прил.* **лю́тневый**, -ая, -ое.

ЛЮТОВА́ТЬ, -ту́ю, -ту́ешь; *несов.* (прост.). Зверствовать, проявлять лютость. *Лютует враг. Лютуют морозы* (перен.).

ЛЮ́ТЫЙ, -ая, -ое; лют, люта́, лю́то. **1.** Злой, свирепый, беспощадный. *Л. зверь. Л. враг.* **2.** *перен.* Очень сильный, тяжкий, причиняющий мучения. *Л. мороз. Лютая ненависть. Лютое горе.* ‖ *сущ.* **лю́тость**, -и, *ж.*

ЛЮФА́, -ы́, *ж.* **1.** Южное растение сем. тыквенных. **2.** Губка из высушенного волокнистого плода этого растения. ‖ *прил.* **люфо́вый**, -ая, -ое.

ЛЮЦЕ́РНА, -ы, *ж.* Кормовое травянистое растение сем. бобовых. ‖ *прил.* **люце́рновый**, -ая, -ое.

ЛЮЦЕ́РНИК, -а, *м.* Поле, засеянное люцерной.

ЛЯГА́ТЬ, -а́ю, -а́ешь; *несов.* **1.** *кого-что.* О копытных животных: бить, ударять ногой или обеими задними ногами. **2.** *кого (что).* Оскорблять придирками, грубыми насмешками (прост.). ‖ *однокр.* **лягну́ть**, -ну́, -нёшь.

ЛЯГА́ТЬСЯ, -а́юсь, -а́ешься; *несов.* **1.** О копытных животных: иметь повадку лягать. *Лошади лягаются.* **2.** Лягать кого-н. или друг друга. ‖ *однокр.* **лягну́ться**, -ну́сь, -нёшься (ко 2 знач.).

ЛЯГУША́ТНИК, -а, *м.* **1.** Вместилище для лабораторного содержания лягушек. **2.** *перен.* Неглубокий детский бассейн (разг.). *Плескаться в лягушатнике.*

ЛЯГУ́ШКА, -и, *ж.* Бесхвостое земноводное с длинными задними ногами, приспособленными для прыгания. *Зелёная л. Древесная л. Л.-квакушка* (разг.). ‖ *прил.* **лягуша́чий**, -ья, -ье, **лягу́шечий**, -ья, -ье *и* **лягуши́ный**, -ая, -ое (разг.).

ЛЯГУШО́НОК, -нка, *мн.* -ша́та, -ша́т, *м.* Лягушка, недавно вышедшая из личинки (головастика).

ЛЯД: **на кой ляд** (прост. бран.) — зачем, для чего, на кой чёрт.

ЛЯДУ́НКА, -и, *ж.* У кавалеристов: сумка для патронов, носимая на перевязи через плечо.

ЛЯ́ЖКА, -и, *ж.* Мышечный покров бедренной кости, бедро. *Толстые ляжки. Мускулистые ляжки.* ‖ *прил.* **ля́жечный**, -ая, -ое.

ЛЯЗГ, -а, *м.* Звук, производимый ударом металла о металл или о камень, кости о кость. *Л. цепей. Л. подков. Л. зубов.*

ЛЯ́ЗГАТЬ, -аю, -аешь; *несов.* Производить лязг. *Л. цепью. Лязгают листы железа. Л. зубами.* ‖ *однокр.* **ля́згнуть**, -ну, -нешь.

ЛЯ-ЛЯ́: **ля-ля разводить** (прост. неодобр.) — заниматься пустой болтовнёй. *Весь день ля-ля разводит по телефону.*

ЛЯ́МЗИТЬ *см.* слямзить.

ЛЯ́МКА, -и, *ж.* Широкий ремень, полоса ткани или верёвка, перекидываемая через плечо для тяги или переноски тяжестей. *Лямки парашюта. Тянуть на лямках.* ✦ **Лямку тянуть** (разг.) — заниматься тяжёлой и скучной работой. ‖ *уменьш.* **ля́мочка**, -и, *ж.* ‖ *прил.* **ля́мочный**, -ая, -ое.

ЛЯП, -а, *м.* (разг.). Грубая ошибка, промах. ✦ **Тяп да ляп, тяп-ляп** (прост.) — употр. для обозначения быстрой, но небрежной работы.

ЛЯ́ПАТЬ, -аю, -аешь; *несов., что* (прост.). **1.** Говорить что-н. некстати, бестактно. **2.** Делать наспех, плохо. *Л. кое-как.* ‖ *сов.* **наля́пать**, -аю, -аешь; -анный (ко 2 знач.) *и* **сля́пать**, -аю, -аешь; -анный (ко 2 знач.). ‖ *однокр.* **ля́пнуть**, -ну, -нешь; -утый (к 1 знач.). *Л. глупость.*

ЛЯ́ПИС, -а, *м.* Азотнокислое серебро, бесцветный кристаллический порошок, употр. в медицине, фотографии. ‖ *прил.* **ля́писный**, -ая, -ое.

ЛЯ́ПИС-ЛАЗУ́РЬ, -и, *ж.* То же, что лазурит.

ЛЯ́ПСУС, -а, *м.* (книжн.). Ошибка, обмолвка, упущение.

ЛЯРД, -а, *м.* Топлёное свиное сало. ‖ *прил.* **ля́рдовый**, -ая, -ое.

ЛЯ́СЫ: **лясы точить** (прост.) — заниматься пустыми разговорами, болтовнёй, балясничать.

М

МАВЗОЛЕ́Й, -я, *м.* Большое надгробное мемориальное сооружение. ‖ *прил.* **мавзоле́йный**, -ая, -ое.

МАВРИТА́НСКИЙ, -ая, -ое. **1.** *см.* мавры *и* мавританцы. **2.** Относящийся к маврам (в 1 знач.), к их языку, образу жизни, культуре, а также к территории их проживания, её внутреннему устройству, истории; такой, как у мавров. **3.** Относящийся к маврам (во 2 знач.) и к мавританцам, к их языку (арабскому), образу жизни, культуре, а также к Мавритании, её территории, внутреннему устройству, истории; такой, как у мавров (во 2 знач.), как у мавританцев, как в Мавритании. *Мавританский стиль в архитектуре* (характеризующийся колоннадами, арками, причудливыми орнаментами). *Мавританский газон* (из красиво цветущих пёстрых однолетних трав).

МАВРИТА́НЦЫ, -ев, *ед.* -нец, -нца, *м.* Население Мавритании. ‖ *ж.* **маврита́нка**, -и. ‖ *прил.* **маврита́нский**, -ая, -ое.

МА́ВРСКИЙ, -ая, -ое (устар.). **1.** *см.* мавры. **2.** То же, что мавританский (во 2 знач.).

МА́ВРЫ, -ов, *ед.* мавр, -а, *м.* **1.** Древнее название коренного населения африканского государства Мавретании, а также средневековое название мусульманского населения Пиренейского полуострова и западной части Северной Африки. **2.** Название части населения Мавритании. ✦ **Мавр сделал своё дело, мавр может уйти** (книжн.) — о том, чьей помощью, поддержкой пользовались и кто стал больше не нужен [слова из драмы Ф. Шиллера «Заговор Фиеско в Генуе»]. ‖ *ж.* **маврита́нка**, -и. ‖ *прил.* **ма́врский**, -ая, -ое (к 1 знач.; устар.) *и* **маврита́нский**, -ая, -ое.

МАГ¹, -а, *м.* Человек, к-рый владеет тайнами магии, чародей [*первонач.* жрец]. *М. и волшебник* (перен.: о человеке, к-рый всё может, всё умеет; шутл.).

МАГ², -а, *м.* (разг.). То же, что магнитофон.

МАГАЗИ́Н, -а, *м.* **1.** Учреждение, производящее розничную торговлю, а также помещение, в к-ром производится такая торговля. *Продуктовый, промтоварный, универсальный м.* **2.** Склад для хранения чего-н. (устар.). **3.** Коробка в аппарате, приборе для вкладывания однородных штучных изделий, частей чего-н. (напр. патронов в стрелковом оружии), а также набор однотипных элементов, заключённых в общий корпус (спец.). *Коробчатый, дисковый, барабанный м.* (в оружии). ‖ *прил.* **магази́нный**, -ая, -ое.

МАГАРА́ДЖА, -и, *род. мн.* -ей, *м.* В Индии: высший титул князей, а также лицо, носящее этот титул.

МАГАРЫ́Ч, -а́, *м.* (прост.). Угощение (обычно с вином) как вознаграждение за что-н., по случаю какого-н. приятного события. *Поставить м. С тебя полагается м.*

МАГИ́СТР, -а, *м.* **1.** В нек-рых странах: учёная степень, средняя между бакалавром и доктором наук, а также лицо, имеющее эту степень. *М. философии.* **2.** В дореволюционной России: первая (низшая) учёная степень, дающая право на занятие университетской кафедры, а также лицо, имеющее эту степень. **3.** В средневековой Европе: глава духовно-рыцарского католического ордена. ‖ *прил.* **магисте́рский**, -ая, -ое (к 1 и 2 знач.) *и* **маги́стерский**, -ая, -ое (к 3 знач.).

МАГИСТРА́ЛЬ, -и, *ж.* **1.** Основное направление, главная линия в системе какой-н. коммуникации, сети (транспортной, электрической, телеграфной). *Железнодорожная, водная м. Голубые магистрали* (перен.: о больших реках; высок.). **2.** Широкая и прямая городская улица. *Новые магистрали города.* ‖ *прил.* **магистра́льный**, -ая, -ое (к 1 знач.). *Магистральная сеть. Магистральное направление* (также перен.: главное).

МАГИСТРА́Т, -а, *м.* В нек-рых странах: городское управление. ‖ *прил.* **магистра́тский**, -ая, -ое.

МАГИСТРАТУ́РА, -ы, *ж.* В нек-рых странах: название судебного ведомства.

МАГИ́ЧЕСКИЙ, -ая, -ое. **1.** *см.* магия. **2.** *перен.* Необыкновенный и неожиданный по силе воздействия на кого-н. *Слова произвели магическое действие.*

МА́ГИЯ, -и, *ж.* Совокупность считающихся чудодейственными обрядов и заклинаний, призванных воздействовать на природу, людей, животных и богов. *Белая м.* (чародейство, объясняемое влиянием божественных сил). *Чёрная м.* (чародейство, волшебство, объясняемое участием и помощью сатанинских сил). *Любовная м.* (различные способы любовной ворожбы). *Лечебная м.* (заклинания, молитвы, снадобья, предназначенные излечивать от болезней). || *прил.* **маги́ческий**, -ая, -ое. *Магические приёмы, заклинания.*

МА́ГМА, -ы, *ж.* (спец.). Расплавленная масса в глубинах Земли. || *прил.* **магмати́ческий**, -ая, -ое *и* **ма́гмовый**, -ая, -ое. *Магматические горные породы. Магмовые столбы* (при извержении).

МАГНА́Т, -а, *м.* **1.** В старой Польше и Венгрии: обладатель больших поместий, богатств. **2.** Крупный капиталист, богач. *Финансовые, нефтяные магнаты.*

МАГНЕ́ЗИЯ, -и, *ж.* Окись магния, белый лёгкий порошок, применяемый в медицине и промышленности. || *прил.* **магнези́альный**, -ая, -ое.

МАГНЕТИЗЁР, -а, *м.* (устар.). То же, что гипнотизёр. || *прил.* **магнетизёрский**, -ая, -ое.

МАГНЕТИ́ЗМ, -а, *м.* **1.** Совокупность явлений, связанных с действием свойств магнита (спец.). *Земной м.* **2.** *перен.* Притягательная сила (устар.). *М. чьих-н. слов, взгляда.* || *прил.* **магнети́ческий**, -ая, -ое.

МАГНЕ́ТО, *нескл., ср.* (спец.). Устройство для образования электрических разрядов с целью воспламенения горючей смеси в цилиндрах двигателей внутреннего сгорания.

МА́ГНИЙ, -я, *м.* Химический элемент, мягкий лёгкий серебристо-белый металл, горящий ярким белым светом. || *прил.* **ма́гниевый**, -ая, -ое. *Магниевая вспышка.*

МАГНИ́Т, -а, *м.* Кусок железной руды, обладающий свойством притягивать железные или стальные предметы. *Искусственный м.* (намагниченное тело, предмет из металла, сплава). *Как м. притягивает кто-что-н. кого-н.* (неудержимо тянет, влечёт). || *прил.* **магни́тный**, -ая, -ое. *М. железняк* (минерал). *Магнитное поле.*

МАГНИТО́ЛА, -ы, *ж.* Аппарат, соединяющий в себе радиоприёмник и магнитофон.

МАГНИТОФО́Н, -а, *м.* Аппарат для магнитной записи и воспроизведения звука. || *прил.* **магнитофо́нный**, -ая, -ое.

МАГНО́ЛИЯ, -и, *ж.* Вечнозелёное дерево или кустарник южных стран с крупными душистыми цветками. || *прил.* **магно́лиевый**, -ая, -ое. *Семейство магнолиевых* (сущ.).

МАГОМЕТА́НИН, -а, *мн.* -а́не, -а́н, *м.* Прежнее название мусульманина. || *ж.* **магомета́нка**, -и. || *прил.* **магомета́нский**, -ая, -ое.

МАГОМЕТА́НСТВО, -а, *ср.* Старое название мусульманства (ислама). || *прил.* **магомета́нский**, -ая, -ое.

МАДА́М, *нескл., ж.* **1.** Во Франции и в нек-рых других странах: вежливое обращение к замужней женщине (обычно перед именем, фамилией), госпожа. **2.** В России до 1917 г. в богатых семьях: воспитательница-иностранка в богатой семье.

МАДАПОЛА́М, -а, *м.* Хлопчатобумажная бельевая ткань, отбелённый миткаль. || *прил.* **мадаполა́мовый**, -ая, -ое.

МАДЕМУАЗЕ́ЛЬ [*дмуазэ́*], -и, *ж.* **1.** Во Франции и в нек-рых других странах: вежливое обращение к девушке (обычно перед именем, фамилией), барышня. **2.** То же, что мадам (во 2 знач.).

МАДЕ́РА [*дэ́*], -ы, *ж.* Сорт креплёного виноградного вина.

МАДО́ННА, -ы, *ж.* В католицизме: Богородица.

МАДРИГА́Л, -а, *м.* Небольшое стихотворение, обычно любовного содержания, посвящённое даме и восхваляющее её. || *прил.* **мадрига́льный**, -ая, -ое.

МАДЬЯ́РСКИЙ, -ая, -ое. **1.** *см.* мадьяры. **2.** То же, что венгерский. *По-мадьярски* (нареч.).

МАДЬЯ́РЫ, -я́р, *ед.* -я́р, -а, *м.* Самоназвание венгров. || *ж.* **мадья́рка**, -и. || *прил.* **мадья́рский**, -ая, -ое.

МАЕТА́, -ы́, *ж.* (прост.). Изнуряющая работа, доводящее до усталости хлопотливое занятие.

МА́ЕТНЫЙ, -ая, -ое (прост.). Изнурительный, хлопотливый. *Маетное занятие.*

МАЁВКА, -и, *ж.* В дореволюционной России: нелегальное собрание революционно настроенных рабочих в день 1-го Мая. *Собраться на маёвку.*

МАЖА́РА, -ы, *ж.* На Украине и в южных областях России: большая телега с решётчатыми боковыми стенками.

МАЖО́Р, -а, *м.* **1.** Музыкальный лад светлой, радостной окраски, аккорд к-рого строится на большой терции (спец.). **2.** *перен.* Бодрое, весёлое настроение. *Быть в мажоре.* || *прил.* **мажо́рный**, -ая, -ое. *М. тон. Мажорное настроение.*

МАЖОРИТА́РНЫЙ, -ая, -ое: **мажоритарная система** (спец.) — система выборов, при к-рой в число избранных попадают лишь кандидаты партии, получившей большинство голосов в данном округе.

МА́ЗАНКА, -и, *ж.* Дом, хата из глины или обмазанного глиной дерева, самана, кирпича. *Украинские белёные мазанки.* || *прил.* **ма́занковый**, -ая, -ое.

МА́ЗАТЬ[1], ма́жу, ма́жешь; -анный; *несов.* **1.** *кого-что.* Покрывать слоем чего-н. жидкого или жирного. *М. бумагу клеем. М. краской. М. хлеб маслом. М. губы.* **2.** *кого-что.* Грязнить, пачкать (разг.). *М. скатерть.* **3.** *что.* Плохо рисовать (обычно красками) (разг.). || *сов.* **зама́зать**, -ма́жу, -ма́жешь; -анный (ко 2 знач.), **изма́зать**, -ма́жу, -ма́жешь; -анный (ко 2 знач.), **нама́зать**, -ма́жу, -ма́жешь; -анный (к 1 и 3 знач.) *и* **пома́зать**, -ма́жу, -ма́жешь; -анный (к 1 знач.). || *однокр.* **мазну́ть**, -ну́, -нёшь (к 1 и 2 знач.; разг.). || *сущ.* **ма́занье**, -я, *ср.* (разг.) *и* **ма́зка**, -и, *ж.* (к 1 знач.; прост.).

МА́ЗАТЬ[2], ма́жу, ма́жешь; *несов.* (прост.). Делать промахи (в стрельбе, в играх). *М. из ружья.* || *сов.* **прома́зать**, -а́жу, -а́жешь.

МА́ЗАТЬСЯ, ма́жусь, ма́жешься; *несов.* **1.** (1 и 2 л. не употр.). О предметах: пачкать при прикосновении (разг.). *Крашеная стена мажется.* **2.** Пачкать себя, пачкаться. **3.** Мазать чем-н. своё тело, лицо. *М. мазью, кремом.* || *сов.* **вы́мазаться**, -мажусь, -мажешься (ко 2 знач.), **изма́заться**, -ма́жусь, -ма́жешься (ко 2 знач.), **нама́заться**, -ма́жусь, -ма́жешься (к 3 знач.) *и* **пома́заться**, -ма́жусь, -ма́жешься (к 3 знач.).

МАЗИ́ЛА[1], -ы, *м. и ж.* (прост. неодобр.). Тот, кто мажет[1] (во 2 и 3 знач.).

МАЗИ́ЛА[2], -ы, *м. и ж.* (прост. неодобр.). Тот, кто мажет[2].

МА́ЗКИЙ, -ая, -ое; -зок, -зка́ *и* -зка, -зко (прост.). Такой, о к-рый можно измазаться, испачкаться.

МАЗНЯ́, -и́, *ж.* (разг.). Неумелое рисование, плохой рисунок, письмо, раскраска; плохая, небрежная работа, пачкотня.

МАЗО́К[1], -зка́, *м.* **1.** Наложение краски отрывистым, коротким движением кисти, а также слой краски, наложенный таким движением. *Класть последние мазки* (также перен.: об окончательной отделке чего-н.). **2.** Слой жидкости, положенный на стекло для микроскопического исследования.

МАЗО́К[2], -зка́, *м.* (прост.). То же, что промах (в стрельбе, в играх).

МАЗУ́РИК, -а, *м.* (прост.). Плут, мошенник, вор.

МАЗУ́РКА, -и, *ж.* Польский народный, сценический и бальный танец, а также музыка в ритме этого танца. || *прил.* **мазу́рочный**, -ая, -ое.

МАЗУ́Т, -а (-у), *м.* Густые маслянистые остатки, получаемые после перегонки нефти. || *прил.* **мазу́тный**, -ая, -ое.

МАЗЬ, -и, *ж.* **1.** Наружное лекарство — мягкая смесь жиров с лечебными веществами. *Цинковая м.* **2.** Густое вещество для смазки чего-н. *М. для обуви. Лыжная м.* ✦ **На мази́** (прост.) — в благоприятном положении. *Дело на мази.* || *прил.* **ма́зевый**, -ая, -ое (спец.).

МАИ́С, -а, *м.* То же, что кукуруза. || *прил.* **маи́совый**, -ая, -ое. *М. крахмал. Маисовая лепёшка.*

МАЙ, -я, *м.* **1.** Пятый месяц календарного года. *М. холодный — год плодородный* (посл.). **2.** [М прописное]. То же, что Первомай (прост.). *На М. вся семья собирается.* ✦ **Первое мая** — день международной солидарности трудящихся. **Девятое мая** — праздник Победы в Великой Отечественной войне 1941—1945 гг. || *прил.* **ма́йский**, -ая, -ое. *Майские праздники. Приезжай на майские* (сущ.; т. е. на майские праздники; прост.).

МАЙДА́Н, -а, *м.* На Украине и в южных областях России: базар, базарная площадь. || *прил.* **майда́нный**, -ая, -ое.

МА́ЙКА, -и, *ж.* **1.** Трикотажная, обычно нижняя, рубашка без рукавов и воротника [*первонач.* спортивная]. **2.** То же, что футболка. *Жёлтая м.* (в велогонке: майка лидера). || *уменьш.* **ма́ечка**, -и, *род. мн.* -чек, *ж.*

МА́ЙНА. У такелажников, строителей выражение: в знач. опускай вниз!. *М. помалу!* (команда).

МАЙО́ЛИКА [*йё*], -и, *ж.* **1.** *собир.* Керамические изделия, покрытые непрозрачной глазурью. *Художественная м.* **2.** Искусство изготовления таких изделий. || *прил.* **майо́ликовый**, -ая, -ое (к 1 знач.).

МАЙОНЕ́З [*йянэ́*], -а, *м.* Соус из растительного масла, уксуса, яичного желтка и различных приправ. || *прил.* **майоне́зный**, -ая, -ое.

МАЙО́Р [*йё*], -а, *м.* Офицерское звание или чин рангом выше капитана и ниже подполковника, а также лицо, носящее это звание или имеющее этот чин. || *прил.* **майо́рский**, -ая, -ое.

МАЙОРА́Т [*йя*], -а, *м.* (спец.). **1.** Система наследования, при к-рой недвижимое имущество (земельное владение) переходит безраздельно к старшему сыну или к старшему в роде. **2.** Недвижимое имущество, на к-рое распространяется такое право наследования. || *прил.* **майора́тный**, -ая, -ое.

МА́ЙЯ[1]. **1.** *нескл. мн., ед.* ма́йя, *м. и ж.* Индейский народ в Мексике, создатель одной из древнейших американских цивилизаций. **2.** *неизм.* Относящийся к этому народу, к его языку, национальному характеру, образу жизни, культуре, а также территории его проживания, её внутреннему устройству, истории; такой, как у майя[1]. *М. язык. Письмо м.* (иероглифическое словесно-слоговое).

МА́ЙЯ[2], -и, *ж.* Лёгкая хлопчатобумажная ткань.

МАК, -а (-у), *м.* **1.** (-а). Травянистое растение с длинным стеблем и крупными, чаще красными, цветками. *Красные маки. Опиумный м.* **2.** Семена этого растения, идущие в пищу. *Пирожки с маком.* ‖ *прил.* **ма́ковый**, -ая, -ое. *Семейство маковых* (сущ.). *Как маков цвет* (очень румян; устар.).

МАКА́КА, -и, *ж.* Небольшая узконосая обезьяна.

МАКА́Р, -а, *м.*: 1) **каким макаром?** (прост. шутл.) — как, каким образом. *Каким макаром ты сюда попал?*; 2) **таким макаром** (прост. шутл.) — так, таким образом. *Вот таким макаром.*

МАКАРО́НИНА, -ы, *ж.* Одна трубочка макарон.

МАКАРО́ННИК, -а, *м.* Запеканка из макарон.

МАКАРО́НЫ, -о́н. Изделие из пшеничной муки в виде длинных высушенных трубочек. ‖ *прил.* **макаро́нный**, -ая, -ое. *Макаронные изделия* (макароны, рожки).

МАКА́ТЬ, -а́ю, -а́ешь; *несов., что.* Опускать во что-н. жидкое. *М. хлеб в мёд. М. кисть в краску.* ‖ *однокр.* **макну́ть**, -ну́, -нёшь.

МАКЕДО́НСКИЙ, -ая, -ое. **1.** *см.* македонцы. **2.** Относящийся к древним македонцам, их культуре, территории, истории. **3.** Относящийся к македонцам (во 2 знач.), к их языку, национальному характеру, образу жизни, культуре, а также к Македонии, её территории, внутреннему устройству, истории; такой, как у македонцев, как в Македонии. *М. язык* (южнославянской группы индоевропейской семьи языков).

МАКЕДО́НЦЫ, -ев, *ед.* -нец, -нца, *м.* **1.** Народ, населявший Древнюю Македонию. **2.** Народ, составляющий основное население Македонии (исторической области в центральной части Балканского полуострова) и живущий в Республике Македонии, Болгарии, Греции и нек-рых других странах. ‖ *ж.* **македо́нка**, -и. ‖ *прил.* **македо́нский**, -ая, -ое.

МАКЕ́Т, -а, *м.* Модель, предварительный образец. *М. декорации. М. книги.* ‖ *прил.* **маке́тный**, -ая, -ое.

МАКЕ́ТЧИК, -а, *м.* Специалист по изготовлению макетов. ‖ *ж.* **маке́тчица**, -ы.

МАКИНТО́Ш, -а, *м.* Пальто или плащ из прорезиненной ткани. ‖ *прил.* **макинто́шный**, -ая, -ое.

МАКИЯ́Ж, -а, *м.* **1.** Искусство оформления лица с помощью косметических средств — красок, кремов, теней, а также само такое оформление. *Обучать макияжу. Искусный м.* **2.** Косметическое средство (краски, кремы, тени) для придания лицу красоты, свежести. *Наложить м.* ‖ *прил.* **макия́жный**, -ая, -ое.

МАКЛА́К, -а́, *м.* (устар.). Посредник при мелких торговых сделках, а также торговец подержанными вещами. ‖ *ж.* **макла́чка**, -и. ‖ *прил.* **макла́ческий**, -ая, -ое.

МА́КЛЕР, -а, *м.* Посредник при заключении торговых сделок; вообще посредник при заключении каких-н. сделок. *Биржевой м.* ‖ *прил.* **ма́клерский**, -ая, -ое.

МАКНУ́ТЬ *см.* макать.

МА́КОВКА, -и, *ж.* **1.** Плод мака, его семенная коробочка. **2.** Конфета из мака (разг.). *Маковки на меду.* **3.** Купол церкви (разг.). *Золочёные маковки.* **4.** То же, что макушка (разг.). *В долгах по маковку* (перен.).

МАКРАМЕ́ [мэ́]. **1.** *нескл., ср.* Художественное изделие из толстых плетёных нитей. *Плести м.* **2.** *нескл., ср.* Искусство такого плетения. *Заниматься м.* **3.** *неизм.* Об изделии: сплетённый из таких нитей. *Пояс м. Занавес м.*

МАКРЕ́ЛЬ, -и, *ж.* То же, что скумбрия. ‖ *прил.* **макре́левый**, -ая, -ое. *Семейство макрелевых* (сущ.).

МАКРО... *Первая часть сложных слов со знач.* относящийся к большим размерам, величинам, напр. *макроклимат, макромир, макромолекула, макрорельеф, макроструктура, макротело.*

МАКРОКО́СМ, -а и **МАКРОКО́СМОС**, -а, *м.* (спец.). Вселенная, весь мир; *противоп.* микрокосм.

МАКРОСКОПИ́ЧЕСКИЙ, -ая, -ое (спец.). Видимый невооружённым глазом.

МА́КСИ. **1.** *нескл., ср.* Юбка, платье, пальто максимальной длины. *Носить м. В моде — м.* **2.** *неизм.* О юбке, платье, пальто: максимально длинный. *М.-пальто. Юбка м.*

МАКСИМАЛИ́ЗМ, -а, *м.* (книжн.). Крайность в каких-н. требованиях, взглядах. *Чрезмерный м.* ‖ *прил.* **максималистский**, -ая, -ое.

МАКСИМАЛИ́СТ, -а, *м.* (книжн.). Человек, проявляющий в чём-н. максимализм. ‖ *ж.* **максимали́стка**, -и.

МАКСИМА́ЛЬНЫЙ, -ая, -ое; -лен, -льна. Наибольший в ряду других, предельный; *противоп.* минимальный. *М. заработок. Максимальная нагрузка вагона.* ‖ *сущ.* **максима́льность**, -и, *ж.*

МА́КСИМУМ. **1.** -а, *м.* Максимальное, наибольшее количество, наибольшая величина в ряду данных; *противоп.* минимум. *М. усилий.* **2.** *нареч.* Самое большее (при словах, обозначающих количество). *Стоит м. пять рублей.* **3.** *неизм.* То же, что максимальный. *Программа-м.*

МАКУЛАТУ́РА, -ы, *ж.* **1.** *собир.* Использованные бумажные, картонные изделия и бумажные отходы, идущие на переработку. *Сбор макулатуры.* **2.** *перен.* О бездарном литературном произведении (разг. пренебр.). *Читает всякую макулатуру.* ‖ *прил.* **макулату́рный**, -ая, -ое.

МАКУ́ХА, -и, *ж.* (обл.). Жмыхи семян масличных растений.

МАКУ́ШКА, -и, *ж.* (разг.). **1.** Верхняя оконечность, вершина чего-н. *М. дерева.* **2.** Верхняя часть головы. *Шапка на макушке.* ✦ **Макушка лета** — самая середина. *Июль — макушка лета.* **Ушки на макушке** *у кого* (шутл.) — насторожился, внимательно прислушивается. ‖ *прил.* **маку́шечный**, -ая, -ое.

МАЛА́ГА, -и, *ж.* Десертное виноградное вино, род ликёра.

МАЛА́ЙСКИЙ, -ая, -ое. **1.** *см.* малайцы. **2.** Относящийся к малайцам, к их языку, национальному характеру, образу жизни, культуре, а также к странам их проживания, их внутреннему устройству, истории; такой, как у малайцев. *М. язык* (австронезийской семьи языков) *М. архипелаг* (скопление островов между Азией и Австралией). *Малайские государства. Малайские племена. По-мала́йски* (нареч.).

МАЛА́ЙЦЫ, -ев, *ед.* -а́ец, -а́йца, *м.* Группа народов, живущих в Малайзии, Индонезии, Сингапуре. ‖ *ж.* **мала́йка**, -и. ‖ *прил.* **мала́йский**, -ая, -ое.

МАЛАХА́Й, -я, *м.* **1.** Род старинного крестьянского головного убора — большая шапка на меху с наушниками. **2.** Род старинной крестьянской одежды — широкий кафтан без пояса.

МАЛАХИ́Т, -а, *м.* Непрозрачный минерал ярко-зелёного цвета, ценный поделочный камень. ‖ *прил.* **малахи́товый**, -ая, -ое. *М. ларец. М. цвет* (зелёный).

МАЛЕВА́ТЬ, -лю́ю, -лю́ешь; -лёванный; *несов., кого-что* (разг.). Раскрашивать, рисовать красками (обычно неумело, небрежно). *Не так страшен чёрт, как его малюют* (посл.). ‖ *сов.* **намалева́ть**, -лю́ю, -лю́ешь; -лёванный.

МАЛЕ́ЙШИЙ, -ая, -ее. Самый малый, самый незначительный. *Не иметь ни малейшего представления о чём-н.* (совсем не знать, не представлять чего-н.).

МА́ЛЕНЬКИЙ, -ая, -ое; ме́ньше. **1.** Небольшой по размерам, по количеству. *М. домик. М. рост. М. отряд. Маленькая буква* (строчная). **2.** Незначительный, ничтожный. *Маленькая неприятность.* **3.** То же, что малолетний. *Маленькие дети. Не обижай маленьких* (сущ.). ✦ **По маленькой играть** — делать небольшую ставку в игре. **По маленькой (выпить)** (разг.) — немного. **Моё (твоё и т. д.) дело маленькое** (разг.) — это меня не касается, я не отвечаю за это.

МАЛЕ́НЬКО, *нареч.* (прост.). Немного, а также недолго. *Устал м. Подожди м.*

МАЛЕ́Ц, -льца́, *м.* (прост.). Парень, подросток, мальчик.

МАЛЁК, -лька́, *м.* Маленькая рыбка или моллюск, недавно вышедшие из личинки, из яйца. *М. щуки. М. осьминога.* ‖ *прил.* **мальковый**, -ая, -ое.

МАЛИ́НА[1], -ы, *ж.* **1.** Полукустарниковое растение сем. розоцветных со сладкими, обычно красными, ягодами, а также сами ягоды его. *Лесная, садовая м.* **2.** Напиток из сушёных ягод этого растения. *Лечиться от простуды малиной.* ✦ **Не жизнь (не житьё), а малина** (разг.) — об очень хорошей, привольной жизни. ‖ *уменьш.* **мали́нка**, -и, *ж.* ‖ *прил.* **мали́новый**, -ая, -ое (к 1 знач.) *и* **мали́нный**, -ая, -ое (к 1 знач.). *Малиновое варенье. Малинный жук.*

МАЛИ́НА[2], -ы, *ж.* (прост.). Воровская квартира, воровской притон.

МАЛИ́ННИК, -а, *м., собир.* Заросль малины.

МАЛИ́НОВКА, -и, *ж.* Небольшая певчая птица сем. дроздовых.

МАЛИ́НОВО-... *Первая часть сложных слов со знач.* малиновый (во 2 знач.), с малиновым оттенком, напр. *малиново-красный, малиново-розовый.*

МАЛИ́НОВЫЙ, -ая, -ое. **1.** *см.* малина[1]. **2.** Густо-красный с фиолетовым оттенком, цвета малины. *Малиновые щёки.* ✦ **Малиновый звон** — приятный, красивый, мягкий по тембру звон (о звоне колоколов, бубенчиков).

МА́ЛИЦА, -ы, *ж.* На севере: одежда из оленьих шкур с капюшоном. ‖ *прил.* **ма́личный**, -ая, -ое.

МА́ЛО, ме́ньше. **1.** *нареч. и в знач. сказ.* Немного, недостаточно. *М. сделал. Наказать м., нужно научить.* **2.** *числит. неопр.-колич.* Малое, недостаточное количество. *М. денег. М. кто знает* (немногие). *М. где бывал* (в немногих местах). *Меньше слов!* (не нужно лишних разговоров). ✦ **Мало ли что** (разг.) — неважно, несущественно, что... *Мало ли что устали, отдыхать некогда.* **Мало того,** *вводн. сл.* — помимо того, помимо всего. **Мало сказать,** *вводн. сл.* — этого ещё недостаточно, это ещё не всё, слишком слабо сказано. *Мало сказать, внимателен, он очень добр.* **Мало того что,**

союз — в добавление, не только, но и ещё. *Мало того что грубит, он ещё и лжёт.*

МАЛО... *Первая часть сложных слов со знач.:* 1) с малым, с малым количеством, напр. *малоалкогольный, маловодный, малоглинистый, маложирный, малокалорийный, малолесье, малооблачный, малоотходный, малоплодный, малоформатный, малошёрстный, малоэтажный;* 2) слабо, не очень, напр. *маловыраженный, малодейственный, малоисследованный, малообитаемый;* 3) плохо, неудовлетворительно, напр. *малограмотный, малодойный, малоискусный, малообеспеченный, малообоснованный, малообразованный, малопорядочный;* 4) недолго, короткое время, напр. *малодержаный, малоношеный.*

МАЛОВА́ЖНЫЙ, -ая, -ое; -жен, -жна. Неважный, незначительный. *Маловажные обстоятельства.* ‖ *сущ.* **малова́жность**, -и, *ж.*

МАЛОВЕ́Р, -а, *м.* Маловерный человек. ‖ *ж.* **малове́рка**, -и.

МАЛОВЕ́РНЫЙ, -ая, -ое; -рен, -рна. Недостаточно убеждённый в чём-н., мало верящий во что-н. ‖ *сущ.* **малове́рие**, -я, *ср.*

МАЛОВО́ДЬЕ, -я, *род. мн.* -дий, *ср.* **1.** Низкий уровень воды в реке, водоёме. *Период маловодья.* **2.** Недостаток воды, орошения. *Борьба с маловодьем.*

МАЛОГАБАРИ́ТНЫЙ, -ая, -ое; -тен, -тна. Небольших размеров, малого габарита. *Малогабаритная мебель.* ‖ *сущ.* **малогабари́тность**, -и, *ж.*

МАЛОГОВОРЯ́ЩИЙ, -ая, -ее. Не дающий ясного представления о чём-н., недостаточно выразительный, недостаточно убедительный. *М. факт.*

МАЛОГРА́МОТНЫЙ, -ая, -ое; -тен, -тна. **1.** Неумело, с трудом пишущий и читающий. *В стране не осталось малограмотных* (сущ.). **2.** Выполненный без достаточного знания, без соблюдения нужных правил, неграмотный (в 3 знач.). *М. чертёж.* **3.** Плохо владеющий своей специальностью, неграмотный (во 2 знач.). *М. техник.* ‖ *сущ.* **малогра́мотность**, -и, *ж.*

МАЛОДУ́ШЕСТВОВАТЬ, -твую, -твуешь; *несов.* Быть малодушным, вести себя малодушно. ‖ *сов.* **смалоду́шествовать**, -твую, -твуешь.

МАЛОДУ́ШИЕ, -я, *ср.* Отсутствие твёрдости духа, решительности, мужества. *Проявить м.*

МАЛОДУ́ШНИЧАТЬ, -аю, -аешь; *несов.* (разг.). То же, что малодушествовать. ‖ **смалоду́шничать**, -аю, -аешь.

МАЛОДУ́ШНЫЙ, -ая, -ое; -шен, -шна. Проявляющий малодушие, слобовольный. *М. человек. М. поступок.*

МАЛОЕ́ЗЖИЙ, -ая, -ее. О дороге: такой, по к-рому редко, мало ездят. *Малоезжая дорога.*

МАЛОЗЕМЕ́ЛЬЕ, -я, *ср.* Недостаточная обеспеченность землёй для обработки, пахоты.

МАЛОЗЕМЕ́ЛЬНЫЙ, -ая, -ое; -лен, -льна. Недостаточно обеспеченный землёй для обработки, пахоты. *М. крестьянин.* ‖ *сущ.* **малоземе́льность**, -и, *ж.*

МАЛОКАЛИ́БЕРНЫЙ, -ая, -ое. Об оружии: имеющий калибр ствола менее обычного. *Малокалиберная винтовка. Малокалиберная артиллерия.*

МАЛОКРО́ВИЕ, -я, *ср.* Уменьшение количества красных кровяных клеток и гемоглобина в крови, анемия. *Страдать малокровием.*

МАЛОКРО́ВНЫЙ, -ая, -ое; -вен, -вна. Страдающий малокровием. *М. ребёнок.*

МАЛОЛЕ́ТКА, -и, *м.* и *ж.* и **МАЛОЛЕ́ТОК**, -тка, *м.* (разг.). Ребёнок, маленький мальчик или девочка.

МАЛОЛЕ́ТНИЙ, -яя, -ее. Детский, детского возраста. *М. возраст. Малолетняя дочь.*

МАЛОЛЕ́ТСТВО, -а, *ср.* (прост.). Детский, отроческий возраст. *Простить кого-н. по малолетству. Работать с малолетства.*

МАЛОЛИТРА́ЖКА, -и, *ж.* (разг.). Малолитражный автомобиль.

МАЛОЛИТРА́ЖНЫЙ, -ая, -ое. **1.** Небольшой по литражу, по вместимости. *Малолитражные ёмкости.* **2.** С цилиндрами небольшого литража, расходующий мало горючего. *М. автомобиль.*

МАЛОЛЮ́ДНЫЙ, -ая, -ое; -ден, -дна. Не очень людный, с небольшим количеством людей. *М. район.* ‖ *сущ.* **малолю́дность**, -и, *ж.*

МАЛОЛЮ́ДЬЕ, -я и **МАЛОЛЮ́ДСТВО**, -а, *ср.* Недостаточное количество людей.

МА́ЛО-МА́ЛЬСКИ, *нареч.* (разг.). Хоть немного, хоть в какой-н. степени. *Маломальски пригодное помещение.*

МАЛОМА́ЛЬСКИЙ, -ая, -ое (разг.). Самый маленький, незначительный. *Проявить маломальское внимание.*

МАЛОМЕ́РНЫЙ, -ая, -ое. Небольшой или недостаточный по размеру. *Маломерная обувь.*

МАЛОМО́ЧНЫЙ, -ая, -ое; -чен, -чна. Бедный, без достаточных средств для ведения собственного хозяйства. *М. крестьянин.* ‖ *сущ.* **маломо́чность**, -и, *ж.*

МАЛОМО́ЩНЫЙ, -ая, -ое; -щен, -щна. **1.** То же, что маломочный. **2.** Малой мощности. *М. двигатель.* ‖ *сущ.* **маломо́щность**, -и, *ж.*

МА́ЛО-ПОМА́ЛУ, *нареч.* (разг.). Постепенно, понемногу. *Мало-помалу разговорились.*

МАЛОРО́СЛЫЙ, -ая, -ое; -о́сл. Небольшого роста. *М. человек. М. скот.* ‖ *сущ.* **малоро́слость**, -и, *ж.*

МАЛОРО́ССКИЙ, -ая, -ое (устар.). **1.** *см.* малороссы. **2.** То же, что украинский. *М. язык* (украинский). *По-малоросски* (нареч.).

МАЛОРО́ССЫ, -ов, *ед.* -о́сс, -а, *м.* (устар.). То же, что украинцы. ‖ *ж.* **малоро́сска**, -и. ‖ *прил.* **малоро́сский**, -ая, -ое. *М. язык* (украинский).

МАЛОСЕМЕ́ЙНЫЙ, -ая, -ое; -е́ен, -е́йна. Имеющий небольшую семью. *Квартиры для малосемейных* (сущ.). ‖ *сущ.* **малосеме́йность**, -и, *ж.*

МАЛОСИ́ЛЬНЫЙ, -ая, -ое; -лен, -льна. Обладающий небольшой мощностью или силой, слабый. *Малосильная лошадёнка. М. двигатель.* ‖ *сущ.* **малоси́льность**, -и, *ж.*

МАЛОСО́ЛЬНЫЙ, -ая, -ое; -лен, -льна. Немного просоленный. *М. огурец.* ‖ *сущ.* **малосо́льность**, -и, *ж.*

МА́ЛОСТЬ, -и, *ж.* **1.** *см.* малый[1]. **2.** Маловажное, незначительное дело, мелочь, пустяки (разг.). *Ссориться из-за каждой малости.* **3.** *нареч.* Немного, чуть-чуть (прост.). *. посплю.*

МАЛОЧИ́СЛЕННЫЙ, -ая, -ое; -лен, -ленна. **1.** Небольшой по численности. *М. отряд.* **2.** Встречающийся редко, в небольшом количестве. *Малочисленные поселения.* ‖ *сущ.* **малочи́сленность**, -и, *ж.*

МА́ЛЫЙ[1], -ая, -ое; мал, мала́; ме́ньше. **1.** То же, что маленький (в 1 знач.). *Платья на м. рост. С малыми потерями. Мал, да удал* (посл.). *С малых лет* (с детства). *Малая вода* (самый низкий уровень воды при отливе). **2.** *только кр. ф.* Недостаточный по размеру, узкий, тесный. *Сапоги малы. Квартира мала для семьи.* **3.** То же, что малолетний (устар. и прост.). *Дети малые. От ма́ла до велика* (все без различия возрастов; разг.). *Мал мала меньше* (о маленьких детях в многодетной семье: один меньше другого). *Старый да м.* (сущ.; о старом человеке и ребёнке, находящихся вместе, вдвоём; разг.). **4. ма́лое**, -ого, *ср.* Нечто немногое или незначительное. *Начать с малого. Довольствоваться малым. За малым дело стало* (из-за пустяка дело останавливается). ✦ **Без малого** (разг.) — почти. *Без малого сорок лет прошло.* **Самое малое** — не меньше чем, по меньшей мере, самое меньшее. *Опаздываем самое малое на полчаса.* **За малой нуждой** (прост.) — выйти:, чтобы помочиться. ‖ *сущ.* **ма́лость**, -и, *ж.* (к 1 знач.; устар.).

МА́ЛЫЙ[2], -ого, *м.* **1.** То же, что парень (в 1 знач.) (прост.). *Двадцатилетний м.* **2.** Со словами, выражающими оценку, употр. в знач. мужчина, человек (разг.). *Славный м. Он м. не промах. Ловкий м.*

МАЛЫ́Ш, -а́, *м.* (разг.). Ребёнок, маленький мальчик. ‖ *прил.* **малышо́вый**, -ая, -ое. *Малышовая группа в детском саду.*

МАЛЫ́ШКА, -и, *м.* и *ж.* Ласково о маленьком ребёнке. *Ещё совсем м.*

МАЛЫШНЯ́, -и́, *ж., собир.* (разг.). Малыши. *Любит возиться с малышнёй.*

МА́ЛЬВА, -ы, *ж.* Травянистое растение с крупными яркими цветками. ‖ *прил.* **мальвовый**, -ая, -ое. *Семейство мальвовых* (сущ.).

МА́ЛЬЧИК, -а, *м.* **1.** Ребёнок мужского пола. *Мальчики и девочки.* **2.** Слуга-подросток в частном доме, в каком-н. заведении, у хозяина-мастера (устар.). *М. в купеческой лавке, в парикмахерской, у сапожника. Служить мальчиком/ в мальчиках. М. на посылках, на побегушках.* ✦ **Мальчик для битья** — о том, кого заставляют расплачиваться за чужую вину [по роману М. Твена «Принц и нищий»: о мальчике при дворе, получающем вместо принца полагающиеся ему наказания]. **Мальчик с пальчик**, мальчика с пальчик (разг. шутл.) — очень маленький мальчик [по названию сказочного персонажа — очень маленького, но смышлёного и ловкого мальчика]. **Был ли мальчик?** — действительно ли это было?, а может быть, этого вообще не было? **Мальчики в глазах** *у кого* — в глазах рябит, мелькает. ‖ *уменьш.* **мальчуга́н**, -а, *м.*, **мальчо́нка**, -и, *м.*, **мальчи́шечка**, -и, *м.* и **мальчо́нок**, -нка, *мн.* мальча́та и мальчо́нки, *м.* (прост.); *прил.* **мальчо́ночий**, -ья, -ье. ‖ *пренебр.* **мальчи́шка**, -и, *м.* (также вообще о мальчиках). *В нашем классе мальчишек больше чем девчонок. Разве этот м. может воспитать сына!* (о молодом и неопытном мужчине). *Дочка выросла, нравится мальчишкам. Умный м.*; *прил.* **мальчи́шеский**, -ая, -ое и **мальчи́шечий**, -ья, -ье. ‖ *прил.* **ма́льчиковый**, -ая, -ое и **мальчико́вый**, -ая, -ое (спец.). *Мальчико́вый размер обуви.*

МАЛЬЧИ́ШЕСКИЙ, -ая, -ое и **МАЛЬЧИ́ШЕЧИЙ**, -ья, -ье. **1.** *см.* мальчик. **2.** Свойственный мальчику, мальчишке, шаловливо-задорный. *Мальчишеский задор. По-мальчишески* (нареч.) *весел. Мальчишеские поступки* (несерьёзные, неосмотрительные). *Мальчишечье поведение* (несерьёзное).

МАЛЬЧИ́ШЕСТВО, -а, *ср.* Несерьёзное, неосмотрительное, легкомысленное поведение мужчины. *Непростительное м.*

МАЛЬЧИ́ШНИК, -а, *м.* Прощальная вечеринка с товарищами в доме жениха перед свадьбой, а также вообще мужская вечеринка, пирушка.

МАЛЬЧИ́ШНИЧАТЬ, -аю, -аешь; *несов.* (разг.). Вести себя по-мальчишески, школьничать. ‖ *сов.* **смальчи́шничать**, -аю, -аешь.

МАЛЮ́СЕНЬКИЙ, -ая, -ое (разг.). Очень маленький. *М. кусочек.*

МАЛЮ́ТКА, -и, *м.* и *ж.* **1.** Маленький ребёнок, младенец. **2.** О ком-чём-н. очень маленьком (в 1 знач.). *Книжка-м. Фотоаппарат-м.* ‖ *ласк.* **малю́точка**, -и, *м.* и *ж.* (к 1 знач.).

МАЛЯ́ВКА, -и. **1.** *ж.* Очень маленькая рыбка. **2.** *м.* и *ж.* О человеке маленького роста (пренебр.) или о ребёнке (разг.). *М., а туда же, рассуждает.*

МАЛЯ́Р, -а́, *м.* Рабочий, занимающийся окраской зданий, помещений. ‖ *ж.* **маля́рша**, -и (разг.). ‖ *прил.* **маля́рский**, -ая, -ое.

МАЛЯ́РИК, -а, *м.* (разг.). Больной малярией.

МАЛЯРИ́Я, -и, *ж.* Инфекционная болезнь, передающаяся нек-рыми видами комаров, сопровождающаяся приступами лихорадки, малокровием. ‖ *прил.* **маляри́йный**, -ая, -ое. *М. комар* (переносчик малярии).

МАЛЯ́РНЫЙ, -ая, -ое. Относящийся к работе маляра. *Малярные работы. Малярная кисть.*

МА́МА, -ы, *ж.* То же, что мать (в 1 знач.). ‖ *ласк.* **ма́мочка**, -и, *ж.*, **маму́ля**, -и, *ж.*, **маму́ся**, -и, *ж.*, **маму́сенька**, -и, *ж.*, **маму́лечка**, -и, *ж. и* **маму́сечка**, -и, *ж.* ‖ *прил.* **ма́мин**, -а, -о. ◆ **По-маминому** (разг.) — 1) по маминой воле, желанию; 2) так, как поступает мама.

МАМАЛЫ́ГА, -и, *ж.* Густая каша из кукурузной муки или крупы.

МАМА́НЯ, -и, *род. мн.* -а́нь, *ж.* (прост.). То же, что мама. ‖ *уменьш.-ласк.* **мама́нюшка**, -и, *род. мн.* -шек, *ж.*

МАМА́ША, -и, *ж.* (прост.). **1.** Мама, мать. **2.** Обращение к пожилой женщине. ‖ *ласк.* **мама́шенька**, -и, *ж. и* **мама́шечка**, -и, *ж.*

МА́МЕНЬКА, -и, *ж.* (устар. разг.). Мама, мать. ‖ *прил.* **ма́менькин**, -а, -о. *М. сынок, маменькина дочка* (об избалованном, изнеженном ребёнке, юноше или девушке; разг. ирон.).

МА́МКА, -и, *ж.* **1.** То же, что мать (в 1 знач.) (прост.). **2.** Кормилица, нянька (устар.).

МА́МОНТ, -а, *м.* Ископаемое млекопитающее сем. слонов с длинной шерстью и большими загнутыми бивнями. ‖ *прил.* **ма́монтовый**, -ая, -ое. *Мамонтовая кость.*

МАМОНТЁНОК, -нка, *мн.* -тя́та, -тя́т, *м.* Детёныш мамонта.

МАНА́ТКИ, -ток (прост.). Мелкие вещи, пожитки. *Собирай свои м.*

МАНГА́Л, -а, *м.* (обл.). То же, что жаровня.

МА́НГО, *нескл., ср.* Тропическое плодовое дерево, а также душистый сладкий плод его. *Сок м.* ‖ *прил.* **ма́нговый**, -ая, -ое.

МАНГУ́СТ, -а, *м.* и **МАНГУ́СТА**, -ы, *ж.* Хищное млекопитающее с пушистым хвостом, похожее на крупную крысу.

МАНДАРИ́Н[1], -а, *м.* В феодальном Китае: крупный чиновник. ‖ *прил.* **мандари́нский**, -ая, -ое.

МАНДАРИ́Н[2], -а, *м.* Цитрусовое дерево, а также сочный ароматный сладкий плод его с мягкой оранжевой кожурой. ‖ *прил.* **мандари́нный**, -ая, -ое *и* **мандари́новый**, -ая, -ое. *Мандаринная корка. Мандариновое дерево.*

МАНДА́Т, -а, *м.* Документ, удостоверяющий те или иные полномочия предъявителя, право на что-н. *Депутатский м.* ‖ *прил.* **манда́тный**, -ая, -ое.

МАНДОЛИ́НА, -ы, *ж.* Струнный щипковый музыкальный инструмент с овальным корпусом. ‖ *прил.* **мандоли́нный**, -ая, -ое.

МАНДОЛИНИ́СТ, -а, *м.* Музыкант, играющий на мандолине. ‖ *ж.* **мандолини́стка**, -и.

МАНЕВРИ́РОВАТЬ, -рую, -руешь; *несов.* **1.** Производить манёвр (в 1, 3 и 4 знач.), манёвры. **2.** *перен.* Ловко и предусмотрительно действовать, обходя возможные неприятности. *М. в сложной обстановке.* **3.** *перен., чем.* Умело распоряжаться чем-н., использовать что-н. *М. резервами.* ‖ *сов.* **сманеври́ровать**, -рую, -руешь (к 1 и 2 знач., разг.). ‖ *сущ.* **маневри́рование**, -я, *ср. Оперативное м.*

МАНЕ́Ж, -а, *м.* **1.** Место или специальное большое здание для верховой езды и конных упражнений, а также специально оборудованная площадка для дрессировки животных. *М. для обучения служебных собак.* **2.** Арена цирка. **3.** Большое закрытое помещение для спортивных игр, для занятий гимнастикой, лёгкой атлетикой. *Спортивный м.* **4.** Небольшая переносная загородка для ещё не умеющих или только начинающих ходить детей. ‖ *прил.* **мане́жный**, -ая, -ое (к 1, 2 и 3 знач.). *Манежная езда.*

МАНЕ́ЖИТЬ, -жу, -жишь; *несов., кого (что)* (прост. неодобр.). Томить, заставлять долго ждать чего-н.

МАНЕКЕ́Н, -а, *м.* **1.** Фигура в форме человеческого корпуса, употр. при шитье или отделке одежды. *Портновский м.* **2.** Кукла (в 3 знач.) в рост человека для демонстрации одежды. *Манекены в витрине магазина.* **3.** Кукла (в 3 знач.) с подвижными конечностями, применяемая художниками для зарисовок. *Двигаться как м.* (механически, машинально). ‖ *прил.* **манеке́нный**, -ая, -ое (к 1 и 2 знач.).

МАНЕКЕ́НЩИК, -а, *м.* Работник, к-рый демонстрирует на себе новые модели одежды. ‖ *ж.* **манеке́нщица**, -ы. ‖ *прил.* **манеке́нщицкий**, -ая, -ое.

МАНЕ́Р, -а, *м.* (прост.): 1) **манером** *каким* — каким-н. способом, образом. *Живым манером* (быстро). *Таким манером* (так, таким образом); 2) **на манер** *какой* — на какой-н. образец. *На новый манер;* 3) **на манер** *кого-чего, в знач. предлога с род. п.* — по образцу, наподобие кого-чего-н. *Бантик на манер бабочки.*

МАНЕ́РА, -ы, *ж.* **1.** Способ что-н. делать, та или иная особенность поведения, образ действия. *М. вести себя. Новая м. пения. У него странная м. разговаривать.* **2.** *мн.* Внешние формы поведения. *Плохие манеры. Учить хорошим манерам.*

МАНЕ́РКА, -и, *ж.* (устар.). Походная фляжка. ‖ *прил.* **мане́рочный**, -ая, -ое.

МАНЕ́РНИЧАТЬ, -аю, -аешь; *несов.* (разг.). Вести себя манерно.

МАНЕ́РНЫЙ, -ая, -ое; -рен, -рна. Лишённый простоты и естественности, с жеманными манерами. *Манерные жесты. М. стиль.* ‖ *сущ.* **мане́рность**, -и, *ж.*

МАНЁВР, -а, *м.* **1.** Передвижение войск (или флота) на театре военных действий с целью нанести удар противнику. *Обходный м. М. на окружение противника.* **2.** *перен.* Ловкое действие, приём (разг.). *Удачный м.* **3.** *мн.* Военные учения оперативно-стратегического масштаба в обстановке, приближающейся к боевой. *Весенние манёвры.* **4.** *мн.* Передвижение локомотивов или вагонов на станционных путях для составления поездов. ‖ *прил.* **манёвро́вый**, -ая, -ое (к 4 знач.).

МАНЁВРЕННЫЙ, -ая, -ое. **1.** Ведущийся с применением манёвров (в 1 знач.), без долговременных укреплений. *Манёвренная война.* **2.** Способный быстро менять направление движения. *М. крейсер. Манёвренная тактика* (быстро изменяющаяся). ‖ *сущ.* **манёвренность**, -и, *ж.* (ко 2 знач.). *Высокая м. войск.*

МАНЖЕ́ТА, -ы, *ж.* **1.** Пристёгивающийся или пришитый отворот на конце рукава. *Кружевные манжеты.* **2.** Отглаженный отворот штанины, а также пришитая застёгивающаяся полоса ткани, стягивающая низ штанины. *Гольфы, спортивные бриджи на манжетах.* ‖ *уменьш.* **манже́тка**, -и, *род. мн.* -ток, *ж.* ‖ *прил.* **манже́тный**, -ая, -ое.

МАНИАКА́ЛЬНЫЙ *см.* мания.

МА́НИЕ, -я, *ср.* (стар. высок.). То же, что мановение. *По манию владыки. Исполнить что-н. по манию руки, бровей.*

МАНИКЮ́Р, -а, *м.* Уход за ногтями на пальцах рук. *Сделать м.* ‖ *прил.* **маникю́рный**, -ая, -ое. *Маникюрные ножницы.*

МАНИКЮ́РША, -и, *ж.* (разг.). Специалистка по маникюру.

МАНИ́ЛОВЩИНА, -ы, *ж.* Мечтательное и бездеятельное отношение к окружающему, беспочвенное благодушие [по имени Манилова, одного из героев поэмы Гоголя «Мёртвые души»].

МАНИПУЛИ́РОВАТЬ, -рую, -руешь; *несов., чем.* Производить манипуляции.

МАНИПУЛЯ́ТОР, -а, *м.* **1.** Цирковой артист, выполняющий фокусы, основанные на ловкости рук. **2.** Человек, к-рый занимается манипуляциями (во 2 знач.). **3.** Название нек-рых механических устройств для производства сложных движений, действий, аналогичных действиям руки (спец.). ‖ *прил.* **манипуля́торский**, -ая, -ое (к 1 и 2 знач.) *и* **манипуля́торный**, -ая, -ое (к 3 знач.). *Манипуляторские махинации, приёмы. Машины манипуляторного типа.*

МАНИПУЛЯ́ЦИЯ, -и, *ж.* **1.** Сложный приём, действие над чем-н. при работе руками, ручным способом (книжн.). **2.** *перен.* Проделка, махинация (неодобр.).

МАНИ́ТЬ, маню́, ма́нишь *и* (устар.) мани́шь; маня́щий; ма́ненный *и* манённый (-ён, -ена́); *несов., кого (что).* **1.** Звать, подзывать, делая знаки рукой, взглядом. *М. к себе щенка.* **2.** *перен.* Прельщать, привлекать, соблазнять. *Юг манит теплом.* ‖ *сов.* **помани́ть**, -маню́, -ма́нишь *и* (устар.) -мани́шь; -ма́ненный *и* -манённый (-ён, -ена́) (к 1 знач.) *и* **взмани́ть**, -ню́, -ни́шь; -ма́ненный *и* -манённый (-ён, -ена́) (ко 2 знач.).

МАНИФЕ́СТ, -а, *м.* **1.** Торжественное письменное обращение верховной власти к народу (устар.). **2.** Письменное обращение, воззвание, изложение каких-н. положений программного характера. *Литературный м. М. к народам мира.*

МАНИФЕСТА́НТ, -а, *м.* Участник манифестации. ‖ *ж.* **манифеста́нтка**, -и.

МАНИФЕСТА́ЦИЯ, -и, *ж.* Массовое уличное шествие в поддержку чего-н. или в знак протеста.

МАНИФЕСТИ́РОВАТЬ, -рую, -руешь; *несов.* Участвовать в манифестации. *М. по улицам города.*

МАНИ́ШКА, -и, *ж.* Часть одежды, пришиваемая или пристёгиваемая на грудь мужской сорочки или женского платья. *Кру-*

жевная м. Крахмальная м. || *прил.* **мани́шечный**, -ая, -ое.

МА́НИЯ, -и, *ж.* **1.** Психическое расстройство — состояние повышенной психической активности, возбуждения (спец.). **2.** Исключительная сосредоточенность сознания, чувств на какой-н. одной идее. *М. величия* (убеждённость в своём превосходстве над всеми другими людьми). *М. преследования* (болезненная подозрительность, страх за себя и недоверие к людям). **3.** Сильное, почти болезненное влечение, пристрастие к чему-н. *М. писать стихи.* || *прил.* **маниака́льный**, -ая, -ое.

МА́НКА, -и, *ж.* (разг.). Манная крупа.

МАНКИ́РОВАТЬ, -рую, -руешь; *сов.* и *несов., кем-чем* (устар.). Небрежно отнестись (-носиться) к кому-чему-н., пренебречь (-регать) чем-н. *М. службой.*

МА́ННА, -ы, *ж.* По библейской легенде: пища, падавшая с неба для иудеев, странствовавших по пустыне. *Как манны небесной ждать* (ждать с нетерпением; книжн.). *Манной небесной питаться* (перен.: существовать впроголодь; книжн. ирон.).

МА́ННЫЙ, -ая, -ое. **1. манная крупа** — мелкая крупа из пшеницы. **2.** Приготовленный из манной крупы. *Манная каша. Манные котлеты.*

МАНОВЕ́НИЕ, -я, *ср.* (устар. высок.). Движение рукой, головой, выражающее приказание. *По мановению руки сделать что-н.* (также перен.: по первому велению, сразу).

МАНО́К, -нка́, *м.* (спец.). Свисток, дудочка для подманивания зверей, птиц. *Свистеть в м.* || *прил.* **манко́вый**, -ая, -ое.

МАНО́МЕТР, -а, *м.* Прибор для измерения давления газа, жидкостей. || *прил.* **манометри́ческий**, -ая, -ое *и* **мано́метровый**, -ая, -ое. *Манометрические измерения. Манометровый завод.*

МАНСА́РДА, -ы, *ж.* Жилое помещение на чердаке под скатом высокой крыши. || *прил.* **манса́рдный**, -ая, -ое *и* **манса́рдовый**, -ая, -ое.

МА́НСИ. 1. *нескл., мн., ед.* **ма́нси**, *м.* и *ж.* Народ, относящийся к коренному населению Ханты-Мансийского округа. **2.** *неизм.* Относящийся к этому народу, к его языку, национальному характеру, образу жизни, культуре, а также к местам его проживания, их внутреннему устройству, истории; такой, как у манси. || *прил.* также **манси́йский**, -ая, -ое (к 1 знач.).

МАНСИ́ЙСКИЙ, -ая, -ое. **1.** *см.* манси *и* мансийцы. **2.** То же, что манси (во 2 знач.). *Язык манси* (финно-угорской семьи языков).

МАНСИ́ЙЦЫ, -ев, *ед.* -иец, -и́йца, *м.* То же, что манси (в 1 знач.). || *ж.* **манси́йка**, -и. || *прил.* **манси́йский**, -ая, -ое.

МАНТИ́ЛЬЯ, -и, *род. мн.* -лий, *ж.* **1.** У испанок: кружевная накидка на голову и плечи. **2.** Короткая, не доходящая до колен накидка без рукавов.

МА́НТИЯ, -и, *ж.* **1.** Широкая и длинная одежда в виде плаща. *Пунцовая м. кардинала. Королевская м. с горностаями.* **2.** Складка кожи у нек-рых беспозвоночных животных, охватывающая тело (спец.). **3.** Внутренняя сфера Земли, находящаяся под её корой и доходящая до её ядра (спец.). || *прил.* **ма́нтийный**, -ая, -ое (к 1 знач.) *и* **мантийный**, -ая, -ое (ко 2 и 3 знач.).

МАНТО́, *нескл., ср.* Широкое женское пальто, обычно меховое. *М. из норки.*

МАНТУ́. 1. *нескл., ж.* Внутрикожная проба для ранней диагностики туберкулёза. **2.** *неизм.* Относящийся к такой пробе. *Реакция м.*

МАНУА́ЛЬНЫЙ, -ая, -ое (спец.). Производимый руками, воздействием рук. *Мануальная терапия. Мануальная техника дирижёра.*

МАНУСКРИ́ПТ, -а, *м.* (книжн.). Рукопись, преимущ. древняя. *Старинные манускрипты.*

МАНУФАКТУ́РА, -ы, *ж.* **1.** Форма производства, характеризующаяся применением ручных орудий и разделением труда между наёмными рабочими. **2.** Фабрика, преимущ. текстильная (устар.). *Работать на мануфактуре.* **3.** *собир.* Ткани, текстильные изделия (устар.). *Накупить мануфактуры.* || *прил.* **мануфакту́рный**, -ая, -ое.

МАНЬЧЖУ́РСКИЙ, -ая, -ое. **1.** *см.* маньчжуры. **2.** Относящийся к маньчжурам, к их языку, национальному характеру, образу жизни, культуре, а также к Маньчжурии, её территории, внутреннему устройству, истории; такой, как у маньчжуров, как в Маньчжурии. *М. язык* (тунгусо-маньчжурской группы алтайской семьи языков). *Маньчжурское письмо* (буквенно-звуковое, восходящее к уйгурскому, через посредство монгольского письма). *Маньчжурская равнина* (на северо-востоке Китая). *М. орех* (род деревьев). *По-маньчжурски* (нареч.).

МАНЬЧЖУ́РЫ, -ов, *ед.* -у́р, -а, *м.* Народ, составляющий коренное население Маньчжурии (историческое название современного северо-восточного района Китая). || *ж.* **маньчжу́рка**, -и. || *прил.* **маньчжу́рский**, -ая, -ое.

МАНЬЯ́К, -а, *м.* Человек, одержимый манией. || *ж.* **манья́чка**, -и (разг.). || *прил.* **манья́ческий**, -ая, -ое (разг.).

МАРАБУ́, *нескл., м.* Большая птица сем. аистов с неоперённой головой и длинным клювом.

МАРА́ЗМ, -а, *м.* Состояние полного упадка психофизической деятельности. *Старческий м. Впасть в м. Дойти до маразма* (также перен.: до полного духовного вырождения). || *прил.* **маразмати́ческий**, -ая, -ое.

МАРАЗМА́ТИК, -а, *м.* Человек, к-рый впал в маразм. || *ж.* **маразмати́чка**, -и (разг.).

МАРАКОВА́ТЬ, -ку́ю, -ку́ешь; *несов., в чём* (прост. шутл.). Немного понимать, разбираться в чём-н. *М. в технике.*

МАРА́Л, -а, *м.* Крупный сибирский и среднеазиатский олень с большими рогами. || *прил.* **мара́лий**, -ья, -ье.

МАРА́ТЬ, -а́ю, -а́ешь; ма́ранный; *несов.* (разг.). **1.** *кого-что.* Пачкать, грязнить. *М. одежду в грязи. М. руки* (также перен.: делать что-н. предосудительное или недостойное). *М. честное имя* (перен.: позорить, порочить). **2.** *что.* Вычёркивать из написанного. *М. строки в рукописи.* **3.** *что.* Плохо рисовать, писать, сочинять. *М. стишки. М. акварелью.* || *сов.* **вы́марать**, -аю, -аешь; -анный (к 1 знач.), **замара́ть**, -а́ю, -а́ешь; -а́ранный (к 1 знач.), **измара́ть**, -а́ю, -а́ешь; -а́ранный (к 1 знач.) *и* **намара́ть**, -а́ю, -а́ешь; -а́ранный (к 3 знач.). || *сущ.* **мара́нье**, -я, *ср.*

МАРА́ТЬСЯ, -а́юсь, -а́ешься; *несов.* (разг.). **1.** Пачкаться, становиться грязным. *М. в грязи.* **2.** *перен.* Портить свою репутацию, поступать против совести. **3.** (1 и 2 л. не употр.). То же, что мазаться (в 1 знач.). *Стена марается.* || *сов.* **вы́мараться**, -аюсь, -аешься (к 1 знач.), **замара́ться**, -а́юсь, -а́ешься (к 1 и 2 знач.) *и* **измара́ться**, -а́юсь, -а́ешься (к 1 знач.).

МАРАФЕ́Т, -а, *м.* (прост.): **навести марафет** — навести порядок, внешний лоск. *В квартире к празднику навела м.*

МАРАФО́Н, -а, *м.* **1.** Спортивный бег на 42 км 195 м; вообще спортивное соревнование на самой большой дистанции или в течение длительного времени. *Лыжный, конькобежный м. М. по спортивной ходьбе.* **2.** *перен.* Длительный и напряжённый ход развития чего-н. *Шахматный м.* (длительный и напряжённый шахматный матч). *Рабочий м. в конце года. Предвыборный м. Телевизионный м.* (длительная телевизионная передача, объединённая функционально или тематически). || *прил.* **марафо́нский**, -ая, -ое. *М. бег.*

МАРАФО́НЕЦ, -нца, *м.* Спортсмен — участник марафона.

МА́РГАНЕЦ, -нца, *м.* Химический элемент, металл серебристо-белого цвета. || *прил.* **ма́рганцевый**, -ая, -ое *и* **марганцо́вый**, -ая, -ое. *Марганцевая руда.*

МАРГАНЦО́ВКА, -и, *ж.* (разг.). Кристаллы марганцовокислой соли, а также раствор этих кристаллов, употребляемый как дезинфицирующее средство.

МАРГАНЦОВОКИ́СЛЫЙ, -ая, -ое: **марганцовокислые соли** — чёрные с зеленоватым отливом кристаллические вещества, растворимые в воде.

МАРГАНЦО́ВЫЙ, -ая, -ое. **1.** *см.* марганец. **2.** Содержащий марганцовокислую соль. *М. раствор.*

МАРГАРИ́Н, -а (-у), *м.* Пищевой жир, имеющий вид сливочного масла — смесь растительных масел с животными жирами. *Жарить на маргарине.* || *прил.* **маргари́новый**, -ая, -ое.

МАРГАРИ́ТКА, -и, *ж.* Травянистое растение сем. сложноцветных с похожими на маленькую пушистую ромашку соцветиями на невысоком стебле. *Белые, розовые маргаритки.* || *прил.* **маргари́тковый**, -ая, -ое.

МА́РЕВО, -а, *ср.* **1.** Мираж, призрачное видение. **2.** Туманная дымка, непрозрачность воздуха. || *прил.* **ма́ревый**, -ая, -ое.

МАРЕ́НА, -ы, *ж.* Кустарниковое, полукустарниковое или травянистое растение, из корней к-рого добываются яркие красящие вещества. || *прил.* **маре́новый**, -ая, -ое *и* **маре́нный**, -ая, -ое. *Семейство мареновых* (сущ.). *Мареновый цвет* (ярко-красный).

МАРЕ́НГО, *неизм.* Чёрный с серым отливом. *Драп м.*

МА́РИ. 1. *нескл., мн., ед.* **ма́ри**, *м.* и *ж.* Народ, составляющий коренное население республики Марий Эл. **2.** *неизм.* Относящийся к этому народу, к его языку, национальному характеру, образу жизни, культуре, а также к республике Марий Эл, её территории, внутреннему устройству, истории; такой, как у мари, как в Марий Эл. || *прил.* также **мари́йский**, -ая, -ое (к 1 знач.).

МАРИ́ЙСКИЙ, -ая, -ое. **1.** *см.* мари и марийцы. **2.** То же, что мари (во 2 знач.). *М. язык* (финно-угорской семьи языков).

МАРИ́ЙЦЫ, -ев, *ед.* -иец, -и́йца, *м.* То же, что мари (в 1 знач.). || *ж.* **мари́йка**, -и. || *прил.* **мари́йский**, -ая, -ое.

МАРИНА́Д, -а (-у), *м.* **1.** Соус из уксуса, пряностей и масла. *Сельдь в маринаде.* **2.** обычно *мн.* Маринованный продукт. *Домашние маринады.* || *прил.* **марина́дный**, -ая, -ое.

МАРИНИ́СТ, -а, *м.* Художник, изображающий морские виды, жизнь моря. || *ж.* **марини́стка**, -и.

МАРИНОВА́ТЬ, -ну́ю, -ну́ешь; -о́ванный; *несов.* **1.** *что.* Заготовлять что-н. в маринаде (в 1 знач.). *М. грибы.* **2.** (прич. не употр.), *перен., кого-что.* Намеренно задерживать кого-н., откладывать надолго решение, исполнение чего-н. (разг. неодобр.). *М. дело.* ‖ *сов.* **замариновать**, -ну́ю, -ну́ешь; -о́ванный (к 1 знач.). ‖ *сущ.* **маринова́ние**, -я, *ср.* (к 1 знач.) *и* **марино́вка**, -и, *ж.* (к 1 знач.; разг.).

МАРИОНЕ́ТКА, -и, *ж.* **1.** Театральная кукла, приводимая в движение при помощи нитей. *Театр марионеток.* **2.** *перен.* Человек, действующий по чужой воле, полностью ей подчиняющийся. *М. в руках политикана.* ‖ *прил.* **марионе́точный**, -ая, -ое (к 1 знач.). *М. театр.*

МАРИОНЕ́ТОЧНЫЙ, -ая, -ое. **1.** *см.* марионетка. **2.** *перен.* Лишённый подлинной самостоятельности, действующий по воле других. *Марионеточное правительство.*

МАРИХУА́НА, -ы, *ж.* Наркотик, получаемый из индийской конопли.

МА́РКА, -и, *ж.* **1.** Маленький, обычно четырёхугольный бумажный знак оплаты почтовых и нек-рых других сборов, с рисунком и обозначением цены. *Почтовая м. Гербовая м.* **2.** Торговый знак, клеймо на изделии, товаре. *Фабричная м. Держать свою марку* (перен.: заботиться о сохранении своей репутации). **3.** Сорт, качество. *Новая м. стали. Товар высшей марки.* **4.** Значок, жетон, по к-рому производится последующая оплата чего-н. (устар.). **5.** Денежная единица в Германии и в Финляндии, равная в каждой из этих стран ста более мелким единицам. *Немецкая м.* (равная 100 пфеннигам). *Финляндская м.* (равная 100 пенни). ‖ *уменьш.* **ма́рочка**, -и, *ж.* (к 1 и 4 знач.). ‖ *прил.* **ма́рочный**, -ая, -ое (к 1, 2, 3 и 4 знач.). *Марочные вина.*

МА́РКЕТИНГ, -а, *м.* (спец.). Система организации хозяйственной деятельности, основанная на изучении рыночного спроса, возможностей сбыта продукции, реализации услуг. ‖ *прил.* **марке́тинговый**, -ая, -ое.

МАРКЁР[1], -а, *м.* Человек, прислуживающий игрокам на бильярде, ведущий счёт в игре. ‖ *прил.* **маркёрский**, -ая, -ое.

МАРКЁР[2], -а, *м.* (спец.). **1.** Управляющее устройство на АТС. **2.** Сельскохозяйственное орудие — приспособление к сеялке, сажалке для проведения борозд или линий, по к-рым производится посадка. **3.** Цветной фломастер для нанесения каких-н. прозрачных линий, отметок по тексту. ‖ *прил.* **маркёрный**, -ая, -ое.

МАРКИ́З, -а, *м.* В нек-рых странах Западной Европы: дворянский титул, средний между графом и герцогом, а также лицо, носящее этот титул.

МАРКИ́ЗА[1], -ы, *ж.* Жена или дочь маркиза. ✦ **Все хорошо, прекрасная маркиза** (разг. шутл.) — говорится, когда на самом деле всё плохо.

МАРКИ́ЗА[2], -ы́, *ж.* Лёгкий, обычно опускаемый и поднимаемый навес над окном, балконом, витриной для защиты от солнца. *Полотняные маркизы.*

МАРКИЗЕ́Т, -а (-у), *м.* Лёгкая, полупрозрачная ткань из тонкой кручёной пряжи. ‖ *прил.* **маркизе́товый**, -ая, -ое.

МА́РКИЙ, -ая, -ое; -рок, -рка́ *и* -рка, -рко. Легко пачкающийся. *Маркие обои. Маркое платье.* ‖ *сущ.* **ма́ркость**, -и, *ж.*

МАРКИРОВА́ТЬ, -ру́ю, -ру́ешь; -о́ванный *и* **МАРКИ́РОВАТЬ**, -рую, -руешь; -ованный; *сов. и несов., что* (спец.). **1.** Провести (-водить) борозды, полосы маркёром[2] (во 2 знач.). **2.** Поставить (ставить) марки (во 2 знач.) на изделиях. ‖ *сущ.* **маркирова́ние**, -я, *ср.*, **марки́рование**, -я, *ср. и* **марки́ровка**, -и, *ж.* ‖ *прил.* **маркиро́вочный**, -ая, -ое *и* **маркирова́льный**, -ая, -ое (ко 2 знач.).

МАРКИТА́НТ, -а, *м.* В 18—19 вв.: торговец съестными припасами, напитками и разными мелкими товарами при армии в походе. *Палатка маркитанта.* ‖ *ж.* **маркита́нтка**, -и. ‖ *прил.* **маркита́нтский**, -ая, -ое.

МАРКСИ́ЗМ, -а, *м.* Созданное К. Марксом и Ф. Энгельсом учение о законах общественного развития, о неизбежности социалистической революции, практическое применение этого учения. ‖ *прил.* **маркси́стский**, -ая, -ое.

МАРКСИ́СТ, -а, *м.* Последователь марксизма. ‖ *ж.* **маркси́стка**, -и.

МАРКШЕ́ЙДЕР [дэ], -а, *м.* Специалист по геодезическим съёмкам горных разработок и эксплуатации недр. ‖ *прил.* **маркше́йдерский**, -ая, -ое.

МА́РЛЯ, -и, *ж.* Тонкая хлопчатобумажная ткань из редко сплетённых нитей, применяемая гл. образом в медицине. ‖ *прил.* **ма́рлевый**, -ая, -ое. *Марлевая повязка. М. бинт.*

МАРМЕЛА́Д, -а (-у), *м.* Конфеты или густая сладкая масса, вырабатываемая из фруктово-ягодных соков, желейных веществ и сахара. *Яблочный м. Пластовой м.* ‖ *прил.* **мармела́дный**, -ая, -ое.

МАРМЕЛА́ДКА, -и, *ж.* (разг.). Одна конфета мармелада.

МАРОДЁР, -а, *м.* **1.** Грабитель, разоряющий население в местах военных действий, снимающий вещи с убитых и раненых на поле сражения, занимающийся грабежом в местах катастроф [*первонач.* в армии]. **2.** О торговце-спекулянте, продающем что-н. по непомерно высоким ценам (разг.). ‖ *ж.* **мародёрка**, -и (ко 2 знач.). ‖ *прил.* **мародёрский**, -ая, -ое.

МАРОДЁРСТВО, -а, *ср.* Занятие мародёра.

МАРОДЁРСТВОВАТЬ, -твую, -твуешь; *несов.* Заниматься мародёрством.

МАРОКЕ́Н, -а, *м.* Плотная шёлковая ткань. ‖ *прил.* **мароке́новый**, -ая, -ое.

МА́РОЧНЫЙ *см.* марка.

МАРСЕЛЬЕ́ЗА, -ы, *ж.* Песня, сложенная в 1792 г. во время Великой французской революции; государственный гимн Франции.

МАРСИА́НЕ, -а́н, *ед.* -а́нин, -а, *м.* В научной фантастике: жители планеты Марс. ‖ *ж.* **марсиа́нка**, -и.

МАРСИА́НСКИЙ, -ая, -ое. Относящийся к планете Марс. *Марсианские бури. М. метеорит. М. пейзаж* (перен.: мрачный и таинственный).

МАРТ, -а, *м.* Третий месяц календарного года. ✦ **Восьмое марта** — Международный женский день. ‖ *прил.* **ма́ртовский**, -ая, -ое.

МАРТЕ́Н [тэ], -а, *м.* То же, что мартеновская печь. ‖ *прил.* **марте́новский**, -ая, -ое.

МАРТЕ́НОВСКИЙ [тэ], -ая, -ое. **1.** *см.* мартен. **2.** Относящийся к выплавке стали в специальных пламенных печах. *Мартеновская печь* (пламенная печь для производства стали из чугуна и стального лома). *Мартеновская сталь.*

МАРТЫ́ШКА, -и, *ж.* Маленькая узконосая обезьяна с длинными задними ногами и длинным хвостом. *Не ребёнок, а м.* (перен.: о ребёнке, склонном всё перенимать, подражать кому-н.; разг.). ‖ *прил.* **марты́шкин**, -а, -о. ✦ **Мартышкин труд** (разг.) — совершенно бесполезная работа.

МАРУ́СЯ, -и, *ж.* (разг.). В годы сталинских репрессий: закрытый автомобиль для перевозки арестованных.

МАРЦИПА́Н, -а, *м.* Кондитерское изделие из миндального теста. ‖ *прил.* **марципа́нный**, -ая, -ое *и* **марципа́новый**, -ая, -ое.

МАРШ[1], -а, *м.* **1.** Способ строго размеренной ходьбы в строю. *Церемониальный м.* **2.** Походное движение войск, а также (перен.) вообще организованное движение больших групп людей. *На марше. Вступить в бой с марша. М.-парад. М.-бросок. М.-манёвр. М. мира* (одна из форм народной дипломатии — поход борцов за мир — в знак протеста против войны, военных приготовлений). **3.** Музыкальное произведение чёткого ритма, мужественного звучания, предназначенное для сопровождения коллективного шествия. *Военный м. Походный м. Похоронный м.* ‖ *прил.* **ма́ршевый**, -ая, -ое.

МАРШ[2], *частица.* Команда, приказ двигаться, идти. *Шагом м.!* (команда). *Кругом м.!* (команда повернуться спиной и идти вперёд). *М. отсюда!* (уходи, вон; разг.). *Сейчас же м. домой!*

МАРШ[3], -а, *м.* Часть лестницы между двумя площадками. *Лестничные марши.* ‖ *прил.* **ма́ршевый**, -ая, -ое.

МА́РШАЛ, -а, *м.* Воинское звание выше генеральского, присваиваемое за выдающиеся заслуги в руководстве войсками, а также лицо, имеющее это звание. *Главный м. авиации. М. бронетанковых войск.* ‖ *прил.* **ма́ршальский**, -ая, -ое.

МА́РШЕВЫЙ[1], -ая, -ое. **1.** *см.* марш[1]. **2.** О временном воинском формировании: отправляемый из запасных войск в действующую армию для пополнения (спец.). *Маршевое пополнение. Маршевое подразделение.* ✦ **Маршевый двигатель** (спец.) — основной двигатель летательного аппарата.

МА́РШЕВЫЙ[2] *см.* марш[3].

МАРШИРОВА́ТЬ, -ру́ю, -ру́ешь; *несов.* Идти маршем[1] (в 1 знач.), шагать по-военному. ‖ *сов.* **промаршировать**, -ру́ю, -ру́ешь. ‖ *сущ.* **марширо́вка**, -и, *ж.*

МАРШРУ́Т, -а, *м.* **1.** Путь следования. *М. перелёта. М. для путешествия. Туристские маршруты.* **2.** Товарный поезд, идущий без изменения состава и груза до места назначения (спец.). ‖ *прил.* **маршру́тный**, -ая, -ое. *Маршрутное такси* (микроавтобус, курсирующий по определённому маршруту).

МАРШРУ́ТКА, -и, *ж.* (разг.). Маршрутное такси.

МА́СКА, -и, *ж.* **1.** Специальная накладка, скрывающая лицо (иногда с изображением человеческого лица, звериной морды), с вырезами для глаз. *Ритуальные маски* (культовые). *Ряженые в масках. Носить маску* (также перен.: притворяться). *Сбросить маску* (также перен.: прекратить притворство). *Сорвать маску с кого-н.* (также перен.: разоблачить кого-н.). **2.** Человек в такой накладке. *Танцуют маски. М., я вас знаю* (узнал, кто вы). **3.** *перен.* Притворный вид, видимость (какого-н. чувства, отношения; книжн.). *М. равнодушия.* **4.** Гипсовый слепок с лица умершего. *Снять маску с кого-н.* **5.** Предохранительная повязка, покрышка или медицинская накладка на лицо. *М. вратаря. Кислородная м.* **6.** В косметике: слой наложенного на лицо, шею крема, лекарственного, питательного состава (спец.). *Горячая м. Яичная м. Вита-*

минная, фруктовая м. ‖ *прил.* **масочный**, -ая, -ое (к 5 и 6 знач.).

МАСКАРА́Д, -а, *м.* Бал, гулянье, участники к-рого надевают маски, характерные костюмы. *Новогодний м. Всё это — один м.* (перен.: обман, притворство). ‖ *прил.* **маскара́дный**, -ая, -ое. *М. костюм.*

МАСКИРОВА́ТЬ, -ру́ю, -ру́ешь; -о́ванный; *несов.* **1.** *кого (что).* Надевать на кого-н. маску или одевать в маскарадный костюм. *М. детей для новогоднего бала.* **2.** *кого-что.* Делать незаметным, невидимым для кого-н. *М. военные объекты. М. орудия. М. окна при затемнении. М. свои намерения* (перен.). ‖ *сов.* **замаскирова́ть**, -ру́ю, -ру́ешь; -о́ванный. ‖ *возвр.* **маскирова́ться**, -ру́юсь, -ру́ешься; *сов.* **замаскирова́ться**, -ру́юсь, -ру́ешься. ‖ *сущ.* **маскиро́вка**, -и, *ж.* (ко 2 знач.). ‖ *прил.* **маскиро́вочный**, -ая, -ое (ко 2 знач.). *М. халат.*

МАСКИРО́ВКА, -и, *ж.* **1.** *см.* маскировать. **2.** Приспособление, к-рым маскируют (во 2 знач.). *Снять маскировку. Световая м.* (светомаскировка). *Звуковая м.* (звукомаскировка).

МА́СЛЕНИЦА, -ы, *ж.* Старинный славянский праздник проводов зимы, во время к-рого пекутся блины и устраиваются увеселения. *Гулянья на масленице. Широкая м.* (последние дни масленицы). *Не жизнь, а м.* (о хорошей, привольной жизни; разг. шутл.). *Не всё коту м.* (посл.). ‖ *прил.* **масленичный**, -ая, -ое.

МА́СЛЕНЫЙ, -ая, -ое; -лен, -лена. **1.** *полн. ф.* Намазанный, пропитанный или запачканный маслом. *М. блин. Масленые пальцы.* **2.** *перен.* Льстивый, заискивающий (разг.). *Масленые речи.* **3.** *перен.* Чувственный, сластолюбивый (разг.). *М. взгляд. Масленые глазки.* ✦ **Масленая неделя** — то же, что масленица. *Наступила масленая* (сущ.). ‖ *сущ.* **ма́сленость**, -и, *ж.* (ко 2 и 3 знач.).

МАСЛЁНКА, -и, *ж.* **1.** Столовая посуда для сливочного масла. **2.** Устройство для подачи и нанесения смазочного масла. ‖ *прил.* **маслёночный**, -ая, -ое.

МАСЛЁНОК, -нка, *мн.* -ля́та, -ля́т, *м.* Съедобный трубчатый гриб со слизистой кожицей на жёлто-коричневой шляпке.

МАСЛИ́НА, -ы, *ж.* Вечнозелёное дерево и кустарник, а также съедобный плод его, внешне похожий на маленькую сливу. *М. культурная* (оливковое дерево). ‖ *прил.* **масли́чный**, -ая, -ое, **масли́новый**, -ая, -ое *и* **масли́нный**, -ая, -ое. *Масличная ветвь. Семейство маслиновых* (сущ.) или *маслинных* (сущ.).

МА́СЛИТЬ, -лю, -лишь; -ленный; *несов., что.* Мазать, поливать маслом (во 2 знач.), класть масло в пищу. *М. противень. М. блины. М. кашу.* ‖ *сов.* **нама́слить**, -лю, -лишь; -ленный *и* **пома́слить**, -лю, -лишь; -ленный.

МА́СЛИТЬСЯ (-люсь, -лишься, 1 и 2 л. не употр.), -лится; *несов.* **1.** Оставлять масляные следы, жирные пятна. *Замазка маслится.* **2.** О лице, глазах: лосниться, блестеть (разг.).

МА́СЛИЧНЫЙ, -ая, -ое. О растениях: дающий масло. *Масличные культуры* (подсолнечник, соя, арахис, маслина и др.). *Масличная пальма.* ‖ *сущ.* **ма́сличность**, -и, *ж.* *М. семян.*

МАСЛИ́ЧНЫЙ *см.* маслина.

МА́СЛО, -а, *мн.* (в знач. сорта) масла́, ма́сел, масла́м, *ср.* **1.** Жировое вещество, приготовляемое из веществ животного, растительного или минерального происхождения. *Растительное м. Животное м. Сливочное м. Как маслом по́ сердцу* (о чём-н. очень приятном, успокаивающем). *Подлить масла в огонь* (перен.: усилить раздоры, ссору, а также вообще обострить неприятную ситуацию). *М. масляное* (о ничего не объясняющем повторении; разг.). *Как по маслу* (без затруднений, легко). *Смазочные масла.* **2.** Такое вещество как пищевой продукт. *Хлеб с маслом. Жарить на масле. Сбивать м.* (бить). *Маслом кашу не испортишь* (посл.). **3.** Масляные краски, а также картина, написанная ими. *Писать маслом. Среди выставленных полотен преобладает м.* ‖ *прил.* **ма́сляный**, -ая, -ое. *Масляное пятно. Масляные краски* (разведённые на олифе). *Масляная живопись* (масляными красками). *М. фильтр. М. выключатель* (действующий с применением минерального масла).

МАСЛО... и **МА́СЛО-...** *Первая часть сложных слов со знач.:* 1) относящийся к маслу (в 1 знач.), напр. *маслобак, маслобензиновый, маслоёмкость, маслозаправщик, масломаливной, маслонасос, маслоотстойник, маслораспылитель;* 2) относящийся к маслу (во 2 знач.), напр. *масло-молочный, маслосбиватель, маслосепаратор, маслосыроваренный, маслофасовочный.*

МАСЛОБО́ЙКА, -и, *ж.* **1.** Аппарат для сбивания животного масла. **2.** Специально оборудованное помещение, где сбивают масло, маслобойня (разг.).

МАСЛОБО́ЙНЫЙ, -ая, -ое. Относящийся к производству животного масла. *М. завод.*

МАСЛОБО́ЙНЯ, -и, *род. мн.* -бен, *ж.* Предприятие для производства животного масла.

МАСЛОДЕ́Л, -а, *м.* Работник маслодельного производства.

МАСЛОДЕ́ЛИЕ, -я, *ср.* Производство животных масел. ‖ *прил.* **маслоде́льный**, -ая, -ое. *Маслодельное производство.*

МАСЛОЗАВО́Д, -а, *м.* Завод, изготовляющий пищевое масло.

МАСЛЯНИ́СТЫЙ, -ая, -ое; -и́ст. Пропитанный или покрытый маслом, жирный, лоснящийся. *Маслянистая жидкость. Маслянистая поверхность.* ‖ *сущ.* **масляни́стость**, -и, *ж.*

МА́СЛЯНЫЙ *см.* масло.

МАСО́Н, -а, *м.* Последователь масонства, член масонской ложи [*первонач.* фармазон и франкмасон]. ‖ *прил.* **масо́нский**, -ая, -ое.

МАСО́НСТВО, -а, *ср.* Религиозно-этическое течение с мистическими обрядами, обычно соединяющее задачи нравственного самоусовершенствования с целями мирного объединения человечества в религиозном братском союзе. ‖ *прил.* **масо́нский**, -ая, -ое. *Масонская ложа.*

МА́ССА, -ы, *ж.* **1.** Одна из основных физических характеристик материи, определяющая её инертные и гравитационные свойства (спец.). *Единица массы.* **2.** Тестообразное, бесформенное вещество, густая смесь. *Древесная м.* (полуфабрикат для выделки бумаги). *Расплавленная м. чугуна. Сырковая м.* **3.** Совокупность чего-н., а также что-н. большое, сосредоточенное в одном месте. *Воздушные массы. Тёмная м. здания.* **4.** *ед., кого-чего.* Множество, большое количество кого-чего-н. (разг.). *М. народу. Тратить массу сил.* **5.** *мн.* Широкие слои трудящегося населения. *Воля масс. Оторваться от масс* (утратить связь с народом). ✦ **В массе** — в большинстве своём, в целом. ‖ *прил.* **ма́ссовый**, -ая, -ое (к 1 знач.; спец.) *и* **ма́ссный**, -ая, -ое (ко 2 знач.; спец.). *Массовая сила* (пропорциональная массе частиц). *Массный слой.*

МАССА́Ж, -а, *м.* Растирание тела, лица с лечебными или гигиеническими целями. *Лечение массажем. М. сердца* (ритмичное сжимание остановившегося сердца в целях оживления человека). ‖ *прил.* **масса́жный**, -ая, -ое.

МАССАЖИ́СТ, -а, *м.* Специалист по массажу. ‖ *ж.* **массажи́стка**, -и. ‖ *прил.* **массажи́стский**, -ая, -ое.

МАССИ́В, -а, *м.* **1.** Горная возвышенность с плоской вершиной, однородная по геологическому строению. *Горные массивы.* **2.** Большое пространство, однородное по каким-н. признакам. *Лесные массивы. Степной, водный м. Жилой м.* (несколько жилых кварталов). ‖ *прил.* **масси́вный**, -ая, -ое (спец.).

МАССИ́ВНЫЙ, -ая, -ое; -вен, -вна. **1.** *см.* массив. **2.** Тяжёлый, большой. *Массивное сооружение. Массивная фигура.* ‖ *сущ.* **масси́вность**, -и, *ж.*

МАССИ́РОВАТЬ[1], -рую, -руешь; -анный; *несов.* (прош. также сов.), *кого-что.* Делать массаж. *М. больного. М. больному руку.* ‖ *сущ.* **масси́рование**, -я, *ср.*

МАССИ́РОВАТЬ[2], -рую, -руешь; -анный; *сов. и несов., кого-что* (спец.). Сосредоточить (-очивать) в одном месте (войска, артиллерийский огонь). *Массированный налёт авиации.* ‖ *сущ.* **масси́рование**, -я, *ср.*

МАССОВИ́К, -а́, *м.* Работник, организующий массовый культурный отдых, занятия, игры. *М. в доме отдыха.* ‖ *ж.* **массови́чка**, -и (разг.).

МАССО́ВКА, -и, *ж.* (разг.). **1.** В дореволюционной России: сходка революционно настроенных рабочих. *Собраться на массовку.* **2.** Массовая сцена (в кино, театре). *Актёр занят в массовке.*

МА́ССОВЫЙ, -ая, -ое; -ов. **1.** *см.* масса. **2.** Совершаемый большим количеством людей, свойственный массе людей. *М. героизм. Массовое движение «зелёных». Массовые сцены в кино.* **3.** Производимый в большом количестве, распространяющийся на множество, многих. *Массовое производство.* **4.** Предназначенный для широких масс. *Товары массового спроса.* **5.** *полн. ф.* Принадлежащий к широким кругам населения. *М. читатель.* ‖ *сущ.* **ма́ссовость**, -и, *ж.* (ко 2, 3 и 4 знач.).

МАСТА́К, -а́, *м., в чём, на что* и *с неопр.* (разг.). Искусный и опытный в чём-н. человек, мастер (в 4 знач.). *М. в своём деле. М. на выдумки. М. выдумывать.*

МА́СТЕР, -а, *мн.* -а́, -о́в, *м.* **1.** Квалифицированный работник в какой-н. производственной области. *Часовых дел м. Скрипичный м.* **2.** *чего.* Специалист, достигший высокого искусства в своём деле. *Мастера искусств. М. спорта* (спортивное звание). *М. пчеловодства. Мастера высоких урожаев. М. — золотые руки.* **3.** Руководитель отдельной специальной отрасли какого-н. производства, цеха. *Сменный м. М. сборочного цеха. Работать мастером.* **4.** *в чём, на что* и *с неопр.* Человек, к-рый умеет хорошо, ловко делать что-н., мастак. *М. на выдумки. М. рассказывать.* ✦ **Дело мастера боится** — посл. о том, что дело ладится в умелых руках. **Мастер на все руки** (разг.) — о том, кто всё умеет делать. ‖ *ж.* **мастери́ца**, -ы (к 1 и 4 знач.). ‖ *прил.* **ма́стерский**, -ая, -ое.

МАСТЕРИ́ТЬ, -рю́, -ри́шь; *несов., что* (разг.). Изготовлять самому, ручным способом. *М. игрушки.* ‖ *сов.* **смастери́ть**, -рю́, -ри́шь; -рённый (-ён, -ена́).

МАСТЕРОВО́Й, -а́я, -о́е (устар.). **1.** Относящийся к ремесленникам, мастерам, к рабочим людям. *М. человек. М. люд.* **2. мастерово́й**, -о́го, *м.* Фабрично-заводской рабочий, а также ремесленник.

МАСТЕРО́К, -рка́, *м.* Род лопаточки, которой наносят раствор штукатуры, каменщики.

МАСТЕРСКА́Я, -о́й, *ж.* **1.** Небольшое производственное или ремонтное предприятие, а также (мн.) промышленное ремонтное предприятие. *М. ремесленника. Столярная, сапожная м. Авторемонтные мастерские.* **2.** Помещение, в к-ром работает живописец или скульптор. *М. художника.* **3.** Часть цеха. *Инструментальная м.*

МАСТЕРСКО́Й, -а́я, -о́е. Весьма искусный, образцовый. *Мастерское исполнение. Мастерски́* (нареч.) *сработано.*

МАСТЕРСТВО́, -а́, *ср.* **1.** Умение, владение профессией, трудовыми навыками. *Обучаться мастерству.* **2.** Высокое искусство в какой-н. области. *Педагогическое м. Достигнуть мастерства в своём деле.*

МАСТИ́КА, -и, *ж.* **1.** Род густой массы различного состава, применяемой в технике, строительстве. *Кровельные мастики.* **2.** Состав для натирания полов. **3.** Ароматическая смола нек-рых деревьев. ‖ *прил.* **масти́ковый**, -ая, -ое *и* **масти́чный**, -ая, -ое. *Мастиковая смола. Мастичное производство.*

МАСТИ́Т, -а, *м.* Воспаление молочной железы. ‖ *прил.* масти́тный, -ая, -ое.

МАСТИ́ТЫЙ, -ая, -ое; -и́т (книжн.). О человеке преклонных лет: почтенный, заслуженный. *М. учёный. М. старец.* ‖ *сущ.* **масти́тость**, -и, *ж.*

МАСТОДО́НТ, -а, *м.* Крупное ископаемое млекопитающее отряда хоботных. *Не человек, а м.* (о ком-н. большом и неуклюжем). ‖ *прил.* **мастодо́нтовый**, -ая, -ое.

МАСТЬ, -и, *мн.* -и, -е́й, *ж.* **1.** Цвет шерсти животного. *Лошадь гнедой масти.* **2.** Часть колоды игральных карт, отличающаяся по цвету и форме очков. *Бубновая м.* ✦ **Всех мастей** (неодобр.) — о ком-чём-н., представляющем собой совокупность различных направлений, взглядов. *Жулики всех мастей.*

МАСШТА́Б, -а, *м.* **1.** Отношение длины линий на карте, чертеже к действительной длине. *М. — 25 километров в сантиметре.* **2.** Размах, охват, значение. *Широкий м. работ. В мировом масштабе.* ‖ *прил.* **масшта́бный**, -ая, -ое. *Масштабная линейка. Масштабная стройка.*

МАСШТА́БНЫЙ, -ая, -ое; -бен, -бна. **1.** *см.* масштаб. **2.** Отличающийся глубиной и большим охватом чего-н. *Масштабное произведение.* ‖ *сущ.* **масшта́бность**, -и, *ж.*

МАТ[1], -а, *м.* В шахматах: такое положение короля, при к-ром ему нет защиты; поражение в игре. *М. в три хода. Объявить м. сопернику. М. пришёл кому-н.* (перен.: конец; прост.). ‖ *прил.* **ма́товый**, -ая, -ое. *М. финал.*

МАТ[2], -а, *м.* **1.** Плетёный половик. **2.** В спорте: мягкая толстая подстилка, используемая при выполнении нек-рых упражнений.

МАТ[3], -а, *м.* (спец.). Незначительная шероховатость на гладкой поверхности предмета, лишающая его прозрачности, блеска. *Навести м. на стекло.* ‖ *прил.* **ма́товый**, -ая, -ое. *Матовое стекло.*

МАТ[4], -а, *м.*: **благим матом** (кричать, вопить) (прост.) — отчаянно и изо всех сил.

МАТ[5], -а, *м.* (прост. груб.). Неприличная брань. *Ругаться матом.* ‖ *прил.* **ма́терный**, -ая, -ое.

МАТАДО́Р, -а, *м.* В бое быков: тореадор, наносящий шпагой смертельный удар быку.

МАТЕМАТИЗА́ЦИЯ, -и, *ж.* Использование математических методов в какой-н. науке, сфере деятельности. *М. естественных наук.*

МАТЕМА́ТИК, -а, *м.* Специалист по математике.

МАТЕМА́ТИКА, -и, *ж.* Наука, изучающая величины, количественные отношения и пространственные формы. *Высшая м. Прикладная м.* ‖ *прил.* **математи́ческий**, -ая, -ое. *Математическая задача. М. ум* (перен.: точный, ясный).

МАТЕРИА́Л [рья], -а, *м.* **1.** Предметы, вещества, идущие на изготовление чего-н. *Строительный м.* **2.** Источник, сведения, служащие основой для чего-н. *М. для биографии писателя. М. для наблюдений.* **3.** обычно *мн.* Собрание документов по какому-н. вопросу. *Папка для служебных материалов. Материалы следствия.* **4.** Тканьёвое, трикотажное или синтетическое изделие, предназначенное для шитья. *Шерстяной м. Нетканые материалы. М. на платье.* ✦ **Материал на кого, против кого** — собранные факты о чьей-н. виновности или причастности к чему-н. ‖ *прил.* **материа́льный**, -ая, -ое (к 1 знач.).

МАТЕРИАЛИ́ЗМ, -а, *м.* **1.** Философское направление, утверждающее, в противоположность идеализму, первичность материи и вторичность сознания, материальность мира, независимость его существования от сознания людей и его познаваемость. **2.** Трезвое, реалистическое отношение к действительности. **3.** Узкий односторонний практицизм. ‖ *прил.* **материалисти́ческий**, -ая, -ое. *Материалистическая философия. Материалистическое понимание явлений природы.*

МАТЕРИАЛИЗОВА́ТЬ, -зу́ю, -зу́ешь; -о́ванный; *сов. и несов., что* (книжн.). Воплотить (-ощать) в материальные, вещественные формы. ‖ *возвр.* **материализова́ться**, -зу́юсь, -зу́ешься. ‖ *сущ.* **материализа́ция**, -и, *ж.*

МАТЕРИАЛИ́СТ, -а, *м.* **1.** Последователь материализма. **2.** Человек, относящийся к действительности реалистически, оценивающий её трезво. *Разумный м.* **3.** Человек, крайне практический по своим интересам, заботящийся об узколичных житейских выгодах, удобствах (устар.). ‖ *ж.* **материали́стка**, -и (ко 2 и 3 знач.). ‖ *прил.* **материали́стский**, -ая, -ое.

МАТЕРИАЛИСТИ́ЧЕСКИЙ, -ая, -ое. **1.** *см.* материализм. **2.** Узкопрактический, направленный только на личные интересы. *М. подход к искусству.*

МАТЕРИАЛИСТИ́ЧНЫЙ, -ая, -ое; -чен, -чна (устар.). То же, что материалистический. *Материалистичные взгляды.* ‖ *сущ.* **материалисти́чность**, -и, *ж.*

МАТЕРИАЛОВЕ́ДЕНИЕ [рья], -я, *ср.* Наука о прочности и деформируемости материалов (в 1 знач.). ‖ *прил.* **материалове́дческий**, -ая, -ое.

МАТЕРИА́ЛЬНЫЙ [рья], -ая, -ое; -лен, -льна. **1.** *см.* материал. **2.** Вещественный, реальный, в противоп. духовному. *М. мир.* **3.** *полн. ф.* Относящийся к уровню жизни, к доходу, к заработку. *Материальное положение. Материальное стимулирование.* ✦ **Материальная часть** (спец.) — техническое оборудование и средства. ‖ *сущ.* **материа́льность**, -и, *ж.* (ко 2 знач.).

МАТЕРИ́К, -а́, *м.* **1.** Обширное пространство суши, омываемое морями и океанами. *Материки современной геологической эпохи* (Евразия, Северная Америка, Южная Америка, Африка, Австралия, Антарктида). **2.** У моряков: суша, земля в отличие от водного пространства или островов. ‖ *прил.* **материко́вый**, -ая, -ое (к 1 знач.).

МАТЕРИ́НСКИЙ, -ая, -ое. **1.** *см.* мать. **2.** Свойственный матери, такой, как у матери. *Окружить кого-н. материнской любовью, заботой. По-матерински* (нареч.) *относится к кому-н.* **3.** Такой, к-рым порождается, от к-рого образуется что-н., исходный (спец.). *Материнская особь. Материнское растение. Материнская горная порода. Материнская фирма* (та, от к-рой отделилась фирма, ей подчинённая).

МАТЕРИ́НСТВО, -а, *ср.* **1.** Состояние женщины-матери (преимущ. о периоде беременности и младенческих лет ребёнка). *Охрана материнства и детства.* **2.** Свойственное матери сознание родственной связи её с детьми. *Чувство материнства.*

МАТЕРИ́ТЬСЯ, -рю́сь, -ри́шься; *несов.* (прост.). Ругаться матом[5], грубо и непристойно.

МАТЕ́РИЯ, -и, *ж.* **1.** Объективная реальность, существующая вне и независимо от человеческого сознания. *Формы существования материи. Живая м. Неживая м.* **2.** Основа (субстрат), из к-рой состоят физические тела. *Строение материи.* **3.** То же, что материал (в 4 знач.) (разг.). *Шёлковая м.* **4.** *перен.* Предмет речи, разговора (устар. и ирон.). *Говорить о высоких материях.*

МА́ТЕРНЫЙ *см.* мат[5].

МАТЕ́РЧАТЫЙ, -ая, -ое. Сделанный из материала (в 4 знач.), из ткани. *М. переплёт.*

МАТЕРЩИ́НА, -ы, *ж., собир.* (прост. груб.). Неприличная брань. ‖ *прил.* **матерщи́нный**, -ая, -ое.

МАТЕРЩИ́ННИК, -а, *м.* (прост. груб.). Человек, к-рый ругается матом. ‖ *ж.* **матерщи́нница**, -ы.

МА́ТЕРЬ, -и, *ж.* **1.** То же, что мать (в 1 знач.) (стар. и обл.). *М. родную не почитает.* **2.** *перен.* Мать (во 2 знач.), матушка (во 2 знач.) (стар.). ✦ **Матерь Божия** — то же, что Богородица.

МАТЁРЫЙ, -ая, -ое; -ёр и (прост.) **МАТЕРО́Й**, -а́я, -о́е. **1.** О звере: достигший полной зрелости, крепкий. *М. волк.* **2.** (матёрый), *перен.* Опытный, знающий (разг.). *М. охотник.* **3.** (матёрый), *перен.* Неисправимый, отъявленный. *М. враг.* ‖ *сущ.* **матёрость**, -и, *ж.*

МА́ТИЦА, -ы, *ж.* Потолочная балка. ‖ *прил.* **ма́тичный**, -ая, -ое.

МА́ТКА, -и, *ж.* **1.** Внутренний орган женщины и самок многих живородящих и яйцекладущих животных, в к-ром развивается зародыш. **2.** Самка-производительница у животных. *Оленья м. Пчелиная м.* **3.** То же, что мать (в 1 знач.) (обл.). **4.** Специальное военное судно, обслуживающее другие суда во время стоянки (спец.). *Судно-м.* ‖ *прил.* **ма́точный**, -ая, -ое (к 1 и 2 знач.).

МА́ТОВО-... *Первая часть сложных слов со знач.* матовый[1], с матовым оттенком, напр. *матово-белый, матово-голубой, матово-серебристый, матово-серый, матово-молочный.*

МА́ТОВЫЙ[1], -ая, -ое; -ов. **1.** *см.* мат[3]. **2.** Не имеющий блеска, глянца. *Матовая кожа лица.* ‖ *сущ.* **ма́товость**, -и, *ж.*

МА́ТОВЫЙ[2] *см.* мат[1].

МАТРА́С, -а и **МАТРА́Ц**, -а, *м.* Мягкая толстая стёганая подстилка на кровать или предмет для спанья с твёрдым каркасом. *Волосяной м. Пружинный м.* ‖ *уменьш.*

матра́сик, -а, *м.* ‖ *прил.* матра́сный, -ая, -ое *и* матра́цный, -ая, -ое.

МАТРЁШКА, -и, *ж.* Полуовальная полая разнимающаяся посередине деревянная расписная кукла, в к-рую вставляются другие такие же куклы меньшего размера. *Русская м.*

МАТРИАРХА́Т, -а, *м.* При первобытнообщинном строе: сменившаяся патриархатом эпоха главенствующего положения женщины в родовой группе, при установлении родства (по женской линии), в хозяйственной и общественной жизни. ‖ *прил.* **матриарха́льный**, -ая, -ое.

МАТРИМОНИА́ЛЬНЫЙ, -ая, -ое (устар. книжн.). Относящийся к женитьбе, к браку. *Матримониальные намерения.*

МА́ТРИЦА, -ы, *ж.* (спец.). **1.** Зеркальная копия печатной формы, служащая для отливки стереотипов. *Картонная, пластмассовая, свинцовая м.* **2.** Таблица каких-н. математических элементов, состоящая из строк и столбцов. **3.** В нек-рых инструментах: деталь для обработки металла давлением. ‖ *прил.* **ма́тричный**, -ая, -ое. *М. пресс. М. цех.*

МАТРИЦИ́РОВАТЬ, -рую, -руешь; -анный; *сов. и несов., что* (спец.). Сделать (делать) матрицы (в 1 знач.). *М. набор.* ‖ *сов.* также **заматрици́ровать**, -рую, -руешь; -анный. ‖ *сущ.* **матрици́рование**, -я, *ср.*

МАТРО́НА, -ы, *ж.* **1.** В Древнем Риме: почтенная женщина, мать семейства. **2.** *перен.* О полной, солидной женщине (разг. ирон.).

МАТРО́С, -а, *м.* Моряк, не принадлежащий к командному составу, рядовой флота, а также служащий судовой команды. ‖ *прил.* **матро́сский**, -ая, -ое.

МАТРО́СКА, -и, *ж.* **1.** Матросская блуза с большим прямым отложным воротником, а также детская блуза сходного покроя. **2.** Жена матроса (прост.).

МА́ТУШКА, -и, *ж.* **1.** То же, что мать (в 1 знач.) (устар. и разг.). *Барыня-м.* (употр. как выражение почтительности). **2.** *перен.* В нек-рых выражениях: то же, что мать (во 2 знач.). *Лень-м. раньше нас родилась* (посл.). *Земля-м.* (в народной словесности). *Русь-м.* (высок.). *Волга-м.* **3.** Обращение к женщине, обычно пожилой (прост.). **4.** Жена священника, а также обращение к ней. *Попадья-м.* **5.** То же, что монахиня (устар. разг.). *Игуменья-м.* ✦ **Матушки мои!** (разг.) — выражение удивления, радости или испуга и разных других чувств. **По матушке пустить (к такой-то матушке послать)** *кого* (прост.) — грубо выругаться.

МАТЧ, -а, *м.* В спортивных играх: состязание. *Футбольный м. Отборочный м. М. между спортивными клубами. М.-турнир* (вид состязания по шахматам.) ‖ *прил.* **ма́тчевый**, -ая, -ое. *Матчевые встречи.*

МАТЬ, ма́тери, ма́терью, *мн.* ма́тери, матере́й, матеря́м, матеря́ми, о матерях, *ж.* **1.** Женщина по отношению к своим детям. *Родная м. Многодетная м. М. семейства* (мать как глава семьи). *М.-одиночка* (женщина, родившая вне официального брака и воспитывающая своего ребёнка без мужа). *Неродная м.* (мачеха). **2.** *перен.* Источник (во 2 знач.), начало чего-н., а также о том, что дорого, близко каждому. *Киев — м. городов русских* (высок. устар.). *М.-сыра земля* (в народной словесности). *Повторенье — м. ученья* (посл.). *Гречневая каша — м. наша* (старая посл.). *Лень - м. всех пороков* (посл.). **3.** Самка по отношению к своим детёнышам. **4.** Обращение к пожилой женщине или к жене как к матери своих детей (прост.). **5.** Название монахини, а также (разг.) обращение к ней. *М.-игуменья.* ✦ **В чём мать родила** (разг.) — без одежды, голый. **Мать честна́я!** (разг.) — восклицание, выражающее удивление, радость, огорчение. **Мать моя!** (разг.) — 1) то же, что мать честная; 2) фамильярное обращение к женщине. *Ты что, мать моя, вырядилась, как попугай?* **По матери** (выругаться) (прост.) — матерно. **Мать твою за ногу** (прост.) — грубая брань. ‖ *прил.* **матери́нский**, -ая, -ое (к 1, 2 и 3 знач.) *и* **ма́терин**, -а, -о (к 1 знач.). *Материнские обязанности. Материна шаль.*

МАТЬ-И-МА́ЧЕХА, мать-и-ма́чехи, *ж.* Многолетнее травянистое растение сем. сложноцветных с листьями, сверху гладкими и холодными, а снизу — мягкими, опушёнными.

МАТЮГА́ТЬСЯ, -а́юсь, -а́ешься; *несов.* (прост.). То же, что материться. ‖ *однокр.* **матюгну́ться**, -ну́сь, -нёшься.

МА́УЗЕР, -а, *м.* Род автоматического пистолета (в конце 19 в. также винтовка и револьвер особой системы) [по имени немецких изобретателей братьев В. и П. Маузеров]. ‖ *прил.* **ма́узерный**, -ая, -ое.

МАФИО́ЗИ и **МАФИО́ЗО**, *нескл., м.* Член мафии (в 1 знач.).

МА́ФИЯ, -и, *ж.* **1.** Тайная разветвлённая террористическая организация крупных уголовных преступников. *Сицилийская, американская м. Крёстный отец мафии* (глава такой организации по отношению к её членам). **2.** *перен.* Организованная группа людей, тайно и преступно действующих в своих интересах. *Торговая м.* ‖ прил. **мафио́зный**, -ая, -ое (к 1 знач.). *Мафиозные структуры.*

МАХ, -а (-у), *м.* **1.** Один оборот, один взмах. *М. колеса. М. крыла.* **2.** Размах ног животного при беге. *Широкий м. Во весь м.* (во весь опор). **3.** В спорте: одно движение ногой, рукой или корпусом вперёд, назад или в сторону. *М. вперёд.* ✦ **Маху дать** (разг.) — ошибиться, допустить оплошность, промах. **Одним (единым) махом** или **с одного маху** (разг.) — сразу, в один приём. **С маху** (разг.) — 1) изо всей силы, наотмашь. *Ударить с маху* (и *со всего маху*); 2) вдруг, не раздумывая. *Решать с маху.* **Одним махом семерых побивахом** (шутл.) — легко и быстро разделаться со многими.

МАХАНУ́ТЬ, -ну́, -нёшь; *сов.* (прост.). То же, что махнуть. *М. через забор. Маханём на юг?*

МАХАО́Н, -а, *м.* Крупная бабочка жёлтого цвета с чёрными пятнами. ‖ *прил.* **махао́новый**, -ая, -ое.

МАХА́ТЬ, машу́, ма́шешь *и* (разг.) -а́ю, -а́ешь; *несов., чем.* Делать взмахи, движения по воздуху чем-н. *М. веткой. М. платком. М. рукой кому-н.* (подавать знак рукой). ‖ *однокр.* **махну́ть**, -ну́, -нёшь. ✦ **Махнуть рукой** *на кого-что* (разг.) — перестать заниматься, интересоваться кем-чем-н., убедившись в бесполезности своих усилий. ‖ *сущ.* **маха́ние**, -я, *ср.*

МАХИ́НА, -ы, *ж.* (разг.). Большой, громоздкий предмет.

МАХИНА́ТОР, -а, *м.* (разг.). Человек, который занимается махинациями. ‖ *ж.* **махина́торша**, -и. ‖ *прил.* **махина́торский**, -ая, -ое.

МАХИНА́ЦИЯ, -и, *ж.* Жульнические действия, нечестная проделка.

МАХНУ́ТЬ, -ну́, -нёшь; *сов.* **1.** *см.* махать. **2.** Броситься, прыгнуть, ринуться (прост.). *М. через забор.* **3.** Поехать, отправиться куда-н. (прост.). *М. на лето в деревню.* **4.** *кого-что на кого-что.* То же, что обменять (прост.). *М. портсигар на ножик.*

МАХНУ́ТЬСЯ, -ну́сь, -нёшься; *сов., чем* (прост.). То же, что обменяться (в 1 знач.). *Давай махнёмся шапками?*

МАХОВИ́К, -а́, *м.* То же, что маховое колесо.

МАХОВО́Й, -а́я, -о́е. Относящийся к взмаху, маханию, предназначенный для махания. *Маховые движения. Маховые упражнения* (в гимнастике). *Маховое перо* (большое перо в крыле птицы). ✦ **Маховое колесо** (спец.) — тяжёлое, с массивным ободом колесо для обеспечения равномерного вращения вала.

МАХО́НИСТЫЙ, -ая, -ое; -ист (разг.). Об одежде: слишком свободный, чересчур широкий.

МА́ХОНЬКИЙ, -ая, -ое (прост.). Совсем маленький.

МАХО́РКА, -и, *ж.* Курительный табак низшего сорта, а также растение сем. паслёновых, из листьев к-рого изготовляется этот табак. ‖ *прил.* **махо́рочный**, -ая, -ое.

МАХРА́, -ы́, *ж.* (прост.). То же, что махорка.

МАХРО́ВЫЙ, -ая, -ое. **1.** О цветке: с увеличенным количеством лепестков. *М. мак.* **2.** *перен.* Ярко выраженный со стороны какого-н. отрицательного качества. *Махровое мещанство. М. реакционер.* **3.** О тканях: мохнатый, с ворсом из петелек осно́вных нитей. *Махровое полотенце.* ‖ *сущ.* **махро́вость**, -и, *ж.*

МАХРЫ́, -о́в. **1.** Висящие бахромой лоскутья, нитки по краям старой, изношенной одежды (разг.). *М. на брюках.* **2.** То же, что бахрома (устар.). *Шаль с махрами.*

МАЦА́, -ы́, *ж.* У верующих евреев: пасхальные пресные тонкие коржи (в 1 знач.) из пшеничной муки.

МА́ЧЕХА, -и, *ж.* Жена отца по отношению к его детям от прежнего брака.

МА́ЧТА, -ы, *ж.* Вертикальная конструкция на палубе (на парусных судах — для установки парусов), а также сооружение в виде укреплённого столба (ствола) для разных технических целей. *Носовая, кормовая м. М.-антенна.* ‖ *прил.* **ма́чтовый**, -ая, -ое. *М. лес* (прямые и высокие сосны, годные для изготовления мачт).

МАШБЮРО́, *нескл., ср.* Сокращение: машинописное бюро.

МАШИ́НА, -ы, *ж.* **1.** Механическое устройство, совершающее полезную работу с преобразованием энергии, материалов или информации. *Электрическая м. Вычислительная м. Транспортные м. Паровая м. Вязальная, швейная м. М. времени* (в научной фантастике: устройство, способное переносить человека из одной эпохи в другую). **2.** *перен.* Об организации, действующей подобно механизму, налаженно и чётко. *Государственная м. Военная м.* **3.** То же, что автомобиль. *Служебная, личная м. Гараж для машины.* **4.** У спортсменов: мотоцикл, велосипед. ‖ *прил.* **маши́нный**, -ая, -ое (к 1 знач.). *М. перевод* (перевод, осуществляемый электронной вычислительной машиной). *Машинное время* (в вычислительной технике: время, затрачиваемое электронной вычислительной машиной на определённую работу).

МАШИНА́ЛЬНЫЙ, -ая, -ое; -лен, -льна. Бессознательный, непроизвольный. *М. жест. Отвечать машинально* (нареч.). ‖ *сущ.* **машина́льность**, -и, *ж.*

МАШИНЕ́РИЯ, -и, *ж.* О большом количестве машин, механизмов.

МАШИНИ́СТ, -а, *м.* **1.** Механик, управляющий транспортной или другой самодвижущейся машиной, механическим устройством. *М. горного комбайна. М. сцены* (в театре). **2.** Специалист по вождению поездов. *М. локомотива.* **3.** Специалист, печатающий на машинке.

МАШИНИ́СТКА, -и, *ж.* Специалистка, печатающая на пишущей машинке. *Секретарь-м.*

МАШИ́НКА, -и, *ж.* Механический прибор для производства какой-н. работы. *Пишущая м. М. для стрижки волос. Шить на машинке* (на швейной машине).

МАШИНО... и **МАШИ́НО-...** *Первая часть сложных слов со знач.:* 1) относящийся к машине, машинам (в 1 знач.), напр. *машиносчётный, машиноснабжение, машиночас;* 2) относящийся к машине, машинам (в 3 знач.), напр. *машиновладелец, машинопрокатный.*

МАШИНОВЕ́ДЕНИЕ, -я, *ср.* Наука о машинах и механизмах. ‖ *прил.* **машинове́дческий**, -ая, -ое.

МАШИ́НОПИСЬ, -и, *ж.* Печатание на пишущей машинке, а также самый напечатанный на ней текст. *Курсы машинописи. Сто страниц машинописи.* ‖ *прил.* **машинопи́сный**, -ая, -ое. *Машинописное бюро. М. текст.*

МАШИНОСТРОЕ́НИЕ, -я, *ср.* Промышленность, занятая производством машин, оборудования и продукции оборонного значения. ‖ *прил.* **машинострои́тельный**, -ая, -ое.

МАШИНОСТРОИ́ТЕЛЬ, -я, *м.* Специалист по машиностроению.

МАШИ́СТЫЙ, -ая, -ое; -и́ст (разг.). О походке, беге: с широким махом, размашистый. *Машистая рысь. М. шаг.*

МАШТА́К, -а́, *м.* (обл.). Малорослая лошадка.

МАЭ́СТРО, *нескл., м.* (книжн.). Почётное название крупных музыкантов, живописцев, а также звание выдающихся шахматистов; обращение к музыканту, композитору.

МАЯ́К, -а́, *м.* Башня с сигнальными огнями на берегу моря, на острове, в устье реки. *Береговой м. Плавучий м.* (на якорях). ‖ *уменьш.* **маячо́к**, -чка́, *м. Проблесковый м.* (мигающий световой фонарь на специальных автомашинах). ‖ *прил.* **мая́чный**, -ая, -ое. *М. смотритель. М. огонь.*

МА́ЯТНИК, -а, *м.* **1.** Стержень с небольшим отвесом-кружком, совершающий колебания около неподвижной точки или оси. *Стенные часы с маятником. Ходит как м.* (непрерывно взад и вперёд). **2.** Колесо, регулирующее ход часов. ‖ *прил.* **ма́ятниковый**, -ая, -ое.

МА́ЯТНИКОВЫЙ, -ая, -ое. **1.** *см.* маятник. **2.** *перен.* Подобный движению маятника (спец.). *Маятниковые миграции животных.*

МА́ЯТЬСЯ, ма́юсь, ма́ешься; *несов.* (прост.). Томиться, мучиться. ‖ *сов.* **ума́яться**, -а́юсь, -а́ешься. *У. за́ день.*

МАЯ́ЧИТЬ, -чу, -чишь; *несов.* (разг.). **1.** О чём-н. высоком или неясно видимом: виднеться в отдалении. *Вдали маячат телеграфные столбы.* **2.** (1 и 2 л. не употр.) *перен., кому.* О чём-н. неопределённом, неясном: предстоять, быть возможным. *Маячит интересная поездка.*

МАЯ́ЧНИК, -а, *м.* Смотритель маяка.

МГА, мги, *ж.* (обл.). То же, что мгла.

МГЛА, мглы, *ж.* Непрозрачный воздух (от тумана, пыли, дыма, сгущающихся сумерек). *Поля покрылись мглой. Ночная м. окутала город.*

МГЛИ́СТЫЙ, -ая, -ое; -и́ст. Туманный, затянутый мглой. *М. сумрак.* ‖ *сущ.* **мгли́стость**, -и, *ж.*

МГНОВЕ́НИЕ, -я, *ср.* Очень короткий промежуток времени, момент, миг. *В то же м. В одно м.* (мгновенно). ✦ **В мгновение ока** (книжн.) — в один миг, мгновенно, сразу.

МГНОВЕ́ННЫЙ, -ая, -ое; -е́нен, -е́нна. **1.** Возникающий сразу. *Мгновенное решение.* **2.** Быстро возникающий и исчезающий, кратковременный. *Мгновенная вспышка.* ‖ *сущ.* **мгнове́нность**, -и, *ж.*

МЕ́БЕЛЬ, -и, *ж.* Предметы для сидения, лежания, размещения вещей и других потребностей быта. *Мягкая, жёсткая м. Кухонная, дачная, садовая м. Детская м. Школьная м.* ✦ **Для мебели** (разг. шутл.) — о ком-н., чье присутствие совершенно бесполезно, не нужно для чего-н. *Позвали в гости для мебели.* ‖ *прил.* **ме́бельный**, -ая, -ое. *М. гарнитур. Мебельная ткань* (обивочная).

МЕ́БЕЛЬЩИК, -а, *м.* Мастер, изготовляющий мебель; работник мебельного производства.

МЕБЛИРОВА́ТЬ, -ру́ю, -ру́ешь; -о́ванный; *сов. и несов., что* (устар.). Обставить (-влять) мебелью. *М. квартиру.* ✦ **Меблированные комнаты** (устар.) — небольшая гостиница с номерами, сдающимися обычно постоянным жильцам. ‖ *сущ.* **меблиро́вка**, -и, *ж.*

МЕБЛИРО́ВКА, -и, *ж.* **1.** *см.* меблировать. **2.** *собир.* Мебель, обстановка. *Роскошная м.*

МЕГА... *Первая часть сложных слов со знач.:* 1) единица, равная 1000000 тех единиц, к-рые названы во второй части сложения, напр. *мегатонна, мегаграмм, мегагерц;* 2) большой, большого размера, напр. *мегаспора.*

МЕГАПО́ЛИС, -а, *м.* Город с многомиллионным населением. ‖ *прил.* **мегапо́лисный**, -ая, -ое.

МЕГАФО́Н, -а, *м.* Рупор, усилитель голоса. *Электроакустический м.* (прибор, усиливающий звук). ‖ *прил.* **мегафо́нный**, -ая, -ое.

МЕГЕ́РА, -ы, *ж.* (разг.). Очень злая женщина [по имени богини мщения в греческой мифологии].

МЕГРЕ́ЛЫ, -е́л *и* -е́лов, *ед.* -е́л, -а, *м.* и **МИНГРЕ́ЛЫ**, -е́л *и* -е́лов, *ед.* -е́л, -а, *м.* Этническая группа грузин, составляющих коренное население одной из территорий Западной Грузии — Мегрелии (Мингрелии) (в 16—19 вв. Мегрельского княжества). ‖ *ж.* **мегре́лка**, -и *и* **мингре́лка**, -и. ‖ *прил.* **мегре́льский**, -ая, -ое *и* **мингре́льский**, -ая, -ое.

МЕГРЕ́ЛЬСКИЙ, -ая, -ое и **МИНГРЕ́ЛЬСКИЙ**, -ая, -ое. **1.** *см.* мегрелы *и* мингрелы. **2.** Относящийся к мегрелам (мингрелам), к их языку, национальному характеру, образу жизни, культуре, а также к Мегрелии (Мингрелии), её территории, внутреннему устройству, истории; такой, как у мегрелов (мингрелов), как в Мегрелии (Мингрелии). *Мегрельский (мингрельский) язык* (картвельской группы кавказских языков). *Мегрельское княжество* (феодальное княжество в Западной Грузии 16—19 вв.). *По-мегрельски, по-мингрельски* (нареч.).

МЕД... *Первая часть сложных слов со знач.* медицинский, напр. *медпункт, медработник, railинструмент, медпомощь, медосмотр.*

МЕДАЛИ́СТ, -а, *м.* **1.** Человек, к-рый награждён медалью (на конкурсах, за успехи в учёбе, как победитель в состязаниях). *Золотой м.* (получивший золотую медаль). *Серебряный, бронзовый м.* **2.** Домашнее животное, на выставке отмеченное медалью за свои высокие качества. *Служебная собака-м.* ‖ *ж.* **медали́стка**, -и. ‖ *прил.* **медали́стский**, -ая, -ое.

МЕДА́ЛЬ, -и, *ж.* Знак в виде круглой металлической пластинки с различными изображениями, присуждаемый в награду за что-н. или отливаемый в память о каком-н. событии. *М. «За трудовую доблесть». Золотая м. Памятная, юбилейная, сувенирная м. Оборотная сторона медали* (также перен.: другая, обычно отрицательная сторона чего-н.). ‖ *прил.* **меда́льный**, -ая, -ое.

МЕДАЛЬЕ́Р, -а, *м.* Художник, изготовляющий формы для монет и медалей. ‖ *прил.* **медалье́рский**, -ая, -ое.

МЕДАЛЬЕ́РНЫЙ, -ая, -ое. Относящийся к работе медальера. *Медальерное искусство.*

МЕДАЛЬО́Н [*лье*], -а, *м.* **1.** Носимый на шее на цепочке маленький, обычно овальный футлярчик с каким-н. изображением, с чем-н. вложенным внутрь на память. *Серебряный, золотой м. М. с акварельным портретом. М. с монограммой. Локон волос в медальоне. Часики-м.* **2.** Украшающее фасад здания, стены или мебель художественное изображение в овальной или круглой раме; сама такая рама (спец.). *Лепной, резной, живописный м. Мозаика в медальоне.* ‖ *прил.* **медальо́нный**, -ая, -ое.

МЕДБРА́Т, -а, *м.* Сокращение: медицинский брат — лицо среднего медицинского персонала в лечебных учреждениях.

МЕДВЕ́ДИЦА, -ы, *ж.* Самка медведя.

МЕДВЕ́ДКА, -и, *ж.* Насекомое сем. сверчковых — вредитель полевых и овощных культур.

МЕДВЕ́ДЬ, -я, *м.* **1.** Крупное хищное млекопитающее с длинной шерстью и толстыми ногами, а также его мех. *Белый м. Бурый м. Двум медведям в одной берлоге не ужиться* (посл.). *Делить шкуру неубитого медведя* (погов. о тех, кто делит между собой доходы, выгоды, к-рых ещё нет и, возможно, вообще не будет; разг. ирон.). *М. на́ ухо наступил кому-н.* (о том, кто полностью лишён музыкального слуха; разг. шутл.). **2.** *перен.* О неуклюжем, неповоротливом человеке (разг.). ‖ *прил.* **медве́жий**, -ья, -ье. *Семейство медвежьих* (сущ.). ✦ **Медвежий угол** — захолустье. **Медвежья болезнь** (разг.) — расстройство кишечника при волнении, испуге. **Медвежьи объятия** (разг. шутл.) — тяжёлые и неловкие. **Медвежья услуга** — неловкая помощь, услуга, причиняющая только вред.

МЕДВЕЖА́ТИНА, -ы, *ж.* Медвежье мясо как пища.

МЕДВЕЖА́ТНИК, -а, *м.* Охотник на медведей.

МЕДВЕЖО́НОК, -нка, *мн.* -жа́та, -жа́т, *м.* Детёныш медведя.

МЕДВЯ́НЫЙ, -ая, -ое; -я́н (устар.). Имеющий вкус или запах мёда, а также (полн. ф.) приготовленный на меду. *М. дух. Медвяная брага.*

МЕДЕПЛАВИ́ЛЬНЫЙ, -ая, -ое. Относящийся к выплавке меди. *М. завод.*

МЕДИА́НА, -ы, *ж.* В математике: отрезок прямой линии, соединяющий вершину треугольника с серединой противоположной стороны.

МЕ́ДИК, -а, *м.* Специалист по медицине, по медицинской помощи, а также студент медицинского учебного заведения. ‖ *ж.* меди́чка, -и (разг.).

МЕДИКАМЕ́НТЫ, -ов, *ед.* -е́нт, -а, *м.* Лекарства, лечебные средства. ‖ *прил.* **медикаменто́зный**, -ая, -ое (спец.).

МЕ́ДИКО-... *Первая часть сложных слов со знач.* относящийся к медицине, напр. *медико-инструментальный, медико-профилактический, медико-санитарный, медико-фармацевтический.*

МЕДИТА́ЦИЯ, -и, *ж.* **1.** Состояние глубокой умственной сосредоточенности на чём-н. одном, отрешённость от всего остального; действие, приводящее в такое состояние (спец.). *Погрузиться в медитацию. Заниматься медитацией.* **2.** Вообще глубокие размышления, сосредоточенность на чём-н. (книжн.)

МЕДИТИ́РОВАТЬ, -рую, -руешь; *сов.* и *несов.* (книжн.). Погрузиться (погружаться) в медитацию.

МЕ́ДИУМ, -а, *м.* **1.** В парапсихологии: человек, обладающий сверхчувственным восприятием, экстрасенс. *Сеансы медиума.* **2.** В спиритизме: участник спиритического сеанса, общающийся с душами умерших.

МЕДИЦИ́НА, -ы, *ж.* Совокупность наук о здоровье и болезнях, о лечении и предупреждении болезней, а также практическая деятельность, направленная на сохранение и укрепление здоровья людей, предупреждение и лечение болезней. ‖ *прил.* **медици́нский**, -ая, -ое. *Медицинская помощь.*

МЕ́ДЛЕННЫЙ, -ая, -ое; -ен, -енна. **1.** Совершающийся с небольшой скоростью, осуществляющийся неторопливо. *М. ход баржи. Медленно* (нареч.) *тянется время.* **2.** Происходящий длительно, неспешный. *М. рост. Медленная речь.* ✦ **Медленно, но верно** (часто ирон.) — о том, что делается последовательно и настойчиво. **Медленно поспешаем** (разг. шутл.) — о неспешных, неторопливых действиях. **На медленном огне** — о приготовлении чего-н. на слабом жару, на тихом огне. *Калить орехи на медленном огне.* **На медленном огне сгорать (гореть)** (книжн.) — о постоянных нравственных муках, страданиях. ‖ *сущ.* **ме́дленность**, -и, *ж.*

МЕДЛИ́ТЕЛЬНЫЙ, -ая, -ое; -лен, -льна. Медленно действующий, медленно выполняемый. *М. ум. Медлительные движения.* ‖ *сущ.* **медли́тельность**, -и, *ж.*

МЕ́ДЛИТЬ, -лю, -лишь; *несов., с чем* и *с неопр.* Слишком долго что-н. делать, долго не приступать к делу. *М. с окончанием работы. М. с ответом. Нельзя м. ни минуты.*

МЕ́ДНО-... *Первая часть сложных слов со знач.* медный (во 2 знач.), с медным оттенком, напр. *медно-бронзовый, медно-бурый, медно-жёлтый, медно-красный.*

МЕ́ДНЫЙ, -ая, -ое. **1.** *см.* медь. **2.** Красновато-жёлтый с блестящим отливом, цвета меди. *Медные волосы.*

МЕДОВА́Р, -а, *м.* Специалист, занимающийся медоварением.

МЕДОВАРЕ́НИЕ, -а, *ср.* Промысловое изготовление мёда (во 2 знач.). ‖ *прил.* **медова́ренный**, -ая, -ое.

МЕДО́ВО-... *Первая часть сложных слов со знач.* медовый (во 2 знач.), с золотисто-жёлтым оттенком, напр. *медово-жёлтый, медово-золотистый, медово-золотой.*

МЕДОВУ́ХА, -и, *ж.* Медовый напиток.

МЕДО́ВЫЙ, -ая, -ое. **1.** *см.* мёд. **2.** Золотисто-жёлтый, янтарный, цвета мёда.

МЕДОНО́С, -а, *м.* Медоносное растение.

МЕДОНО́СНЫЙ, -ая, -ое; -сен, -сна. **1.** О пчёлах: вырабатывающий мёд. *Пчела медоносная.* **2.** О растениях: такой, с к-рого собирают нектар пчёлы. *Медоносные травы.* ‖ *сущ.* **медоно́сность**, -и, *ж.*

МЕДОСБО́Р, -а, *м.* Сбор нектара и цветочной пыльцы пчёлами, а также количество мёда, собранное пчелиной семьёй за какой-н. промежуток времени. ‖ *прил.* **медосбо́рный**, -ая, -ое.

МЕДОТОЧИ́ВЫЙ, -ая, -ое; -и́в (устар.). Льстивый, сладкоречивый. *Медоточивые речи.* ‖ *сущ.* **медоточи́вость**, -и, *ж.*

МЕДПУ́НКТ, -а, *м.* Сокращение: медицинский пункт — амбулаторный пункт при каком-н. учреждении, предприятии. *М. на заводе.* ‖ *прил.* **медпунктовский**, -ая, -ое (разг.).

МЕДСАНБА́Т, -а, *м.* Сокращение: медико-санитарный батальон. ‖ *прил.* **медсанба́товский**, -ая, -ое *и* **медсанба́тский**, -ая, -ое (разг.).

МЕДСАНБА́ТОВЕЦ, -вца, *м.* Военнослужащий медсанбата. ‖ *ж.* **медсанба́товка**, -и (разг.).

МЕДСЕСТРА́, -ы́, *мн.* -сёстры, -сестёр, -сёстрам, *ж.* Сокращение: медицинская сестра. ‖ *прил.* **медсе́стринский**, -ая, -ое.

МЕДУ́ЗА, -ы, *ж.* Беспозвоночное морское животное с прозрачным студенистым телом, по краям снабженным щупальцами.

МЕДУНИ́ЦА, -ы, *ж.* Многолетнее травянистое растение с мелкими душистыми цветками.

МЕДЬ, -и, *ж.* **1.** Химический элемент, металл красновато-жёлтого цвета, вязкий и ковкий. *Добыча меди. М. оркестра* (о медных музыкальных инструментах). *М. воло́с* (перен.: о ярком, рыжем цвете волос). **2.** Мелкие разменные монеты из этого металла или из сплава этого металла с никелем и алюминием. *Получить сдачу медью.* ‖ *прил.* **ме́дный**, -ая, -ое. *Медная руда. М. лоб* (перен.: о бестолковом, тупом человеке; разг.). *Учиться на медные гроши* или *на медные деньги* (получить недостаточное образование по бедности; устар.).

МЕДЯ́К, -а́, *м.* (разг.). Медная монета.

МЕДЯНИ́ЦА, -ы, *ж.* Змеевидная ящерица медно-серого цвета.

МЕДЯ́НКА, -и, *ж.* Змея сем. ужей бурого (самцы) или серого (самки) цвета.

МЕДЯ́ШКА, -и, *ж.* (прост.). Медный предмет, кусок меди.

МЕЖ *кого-чего* и *кем-чем*, *предлог с род.* и *тв. п.* (устар.). То же, что между. *Меж делом и досугом. Согласие меж друзей.*

МЕЖ..., *приставка.* Образует существительные и прилагательные со знач. между, напр. *межбровье, межгорье, межсезонье, межнациональный, межзональный, межпородный, межконтинентальный, межбригадный, межвузовский, межпарламентский.*

МЕЖА́, -и́, *мн.* ме́жи, меже́й, межа́м *и* ме́жи, меж, ме́жам, *ж.* Граница земельных участков. *Знак на меже.* ‖ *прил.* **межево́й**, -а́я, -о́е. *М. знак.*

МЕЖДОМЕ́ТИЕ, -я, *ср.* В грамматике: неизменяемое слово, непосредственно выражающее эмоциональную реакцию, чувство, ощущение, напр. *ай, ах, ба, ого, ох, ух, фи, эх.* ‖ *прил.* **междоме́тный**, -ая, -ое. *Междометные глаголы* (неизменяемые глагольные формы типа *бах, бух, прыг, хвать, хлоп*, выражающие мгновенное действие).

МЕЖДОУСО́БИЕ, -я, *ср.* и **МЕЖДУУСО́БИЦА**, -ы, *ж.* Несогласие, раздор между какими-н. общественными группами в государстве (обычно о старине, далёком прошлом). ‖ *прил.* **междоусо́бный**, -ая, -ое.

МЕ́ЖДУ, *предлог с тв. п. (с род. —* устар.). **1.** *кем-чем* и *кого-чего.* Обозначает положение предмета, лица посредине, среди кого-чего-н. или проявление действия в промежутке времени. *М. домом и рекой. М. двух огней* (перен.). *М. двумя войнами.* **2.** *кем.* Служит для указания на нахождение, совершение, утверждение чего-н. в среде, группе (людей). *Договориться м. собой. М. ними полное согласие. М. нами* (по секрету). ✦ **Между прочим** — 1) *нареч.*, не уделяя особого внимания, попутно; 2) *вводн. сл.*, кстати, к слову сказать. *Я, между прочим, ещё не обедал.* **Между тем (а между тем)**, *союз* — тем временем, в то же время. *Как будто слушает, (а) между тем занят своими мыслями.* **Между тем как**, союз — 1) то же, что в то время как; 2) то же, что тогда как.

МЕЖДУ..., *приставка.* Образует существительные и прилагательные с теми же значениями, что и у предлога «между», напр. *междуречье, междуцарствие, междупутье, междусоюзнический.*

МЕЖДУВЕ́ДОМСТВЕННЫЙ, -ая, -ое. **1.** Происходящий между разными ведомствами. *Междуведомственная переписка.* **2.** Объединяющий деятельность разных ведомств. *Междуведомственная комиссия.*

МЕЖДУГОРО́ДНЫЙ, -ая, -ое и **МЕЖДУГОРО́ДНИЙ**, -яя, -ее. Действующий, существующий между городами. *Междугородная (междугородняя) телефонная связь.*

МЕЖДУНАРО́ДНИК, -а, *м.* Специалист по вопросам международной политики, международного права. *Журналист-м.*

МЕЖДУНАРО́ДНЫЙ, -ая, -ое. **1.** Касающийся отношений между народами, государствами, связей между ними. *Международное право. Международная политика. М. аэропорт. М. банк. Международная безопасность. М. обзор.* **2.** Существующий между народами, распространяющийся на многие народы, интернациональный. *М. женский день* (8 Марта).

МЕЖДУПУ́ТЬЕ, -я, *род. мн.* -тий, *ср.* Расстояние, пространство между двумя железнодорожными путями.

МЕЖДУРЕ́ЧЬЕ, -я, *род. мн.* -чий, *ср.* Местность между двумя или несколькими реками, включающая водоразделы и прилегающие склоны долин. ‖ *прил.* **междуре́чный**, -ая, -ое.

МЕЖДУРЯ́ДЬЕ, -я, *род. мн.* -дий, *ср.* Пространство, расстояние между рядами посаженных растений. ‖ *прил.* **междуря́дный**, -ая, -ое.

МЕЖДУСОБО́ЙЧИК, -а, *м.* (разг. шутл.). Приятельская встреча, пирушка в узком кругу. *Устроить м.*

МЕЖДУУСО́БИЦА *см.* междоусобие.

МЕЖЕВА́ТЬ, -жу́ю, -жу́ешь; -жёванный; *несов., что.* Проводить межи, границы земельных участков. *М. поля.* ‖ *сущ.* **межева́ние**, -я, *ср.* и **межёвка**, -и, *ж.* ‖ *прил.* **межева́льный**, -ая, -ое *и* **межево́й**, -а́я, -о́е. *Межевальный инструмент. Межевые книги, записи.* ✦ **Межевой институт** — прежнее название Института инженеров землеустройства.

МЕЖЕВО́Й *см.* межа.

МЕЖЕ́НЬ, -и, *ж.* (спец.). Низкий уровень воды в реке, озере, а также период, когда сохраняется такой уровень. ‖ *прил.* **меже́нный**, -ая, -ое.

МЕЖЕУ́МОК, -мка, *м.* (прост.). Недалёкий, во всём посредственный человек.

МЕЖЕУ́МОЧНЫЙ, -ая, -ое (устар.). Лишённый чёткости, точности, половинчатый или промежуточный. *Межеумочное решение. Межеумочное положение.*

МЕЖПЛАНЕ́ТНЫЙ, -ая, -ое. Находящийся, происходящий между планетами, в космическом пространстве. *М. перелёт. Межпланетная станция.*

МЕЖРЁБЕРНЫЙ, -ая, -ое. Находящийся между рёбрами. *Межрёберные мышцы.*

МЕЖСЕЗО́НЬЕ, -я, *род. мн.* -ний, *ср.* Промежуток между двумя сезонами. ‖ *прил.* **межсезо́нный,** -ая, -ое.

МЕЗГА́, -и́, *ж.* (спец.). **1.** Мягкий внутренний слой коры дерева. **2.** Измельчённая масса зёрен, ягод, овощей, картофеля, предназначенная для переработки или оставшаяся после обработки. *Виноградная, картофельная, свекловичная м.* ‖ *прил.* **мезго́вый,** -ая, -ое.

МЕЗДРА́, -ы́, *ж.* (спец.). Слой подкожной клетчатки на невыделанной коже, шкуре. ‖ *прил.* **мездро́вый,** -ая, -ое *и* **мездряно́й,** -а́я, -о́е. *М. клей. Мездряное сало.*

МЕЗОЗО́ЙСКИЙ, -ая, -ое: **мезозойская эра** (спец.) — эра геологической истории Земли, следующая за палеозойской и предшествующая кайнозойской эре.

МЕЗОНИ́Н, -а, *м.* Надстройка над средней частью небольшого жилого дома. ‖ *прил.* **мезони́нный,** -ая, -ое.

МЕ́КАТЬ, -аю, -аешь; *несов.* (разг.). **1.** Об овцах, козах: издавать характерные звуки, напоминающие «ме-е». **2.** Говорить неясно, с остановками, растягивая слова (неодобр.). ‖ *сов.* **проме́кать,** -аю, -ешь ‖ *однокр.* **ме́кнуть,** -ну, -нешь. ‖ *сущ.* **ме́канье,** -я, *ср.*

МЕКСИКА́НСКИЙ, -ая, -ое. **1.** *см.* мексиканцы. **2.** Относящийся к мексиканцам, к их языку (испанскому), национальному характеру, образу жизни, культуре, а также к Мексике, её территории, внутреннему устройству, истории; такой, как у мексиканцев, как в Мексике. *М. народ. Мексиканские штаты. М. залив* (Атлантического океана у берегов Северной Америки). *Мексиканское сомбреро. Мексиканское песо* (денежная единица). *По-мексикански* (нареч.).

МЕКСИКА́НЦЫ, -ев, *ед.* -а́нец, -а́нца, *м.* Латиноамериканский народ, составляющий основное население Мексики. ‖ *ж.* **мексика́нка,** -и. ‖ *прил.* **мексика́нский,** -ая, -ое.

МЕЛ, -а (-у), о ме́ле, в мелу́, *м.* Мягкий белый известняк, употр. в промышленности, для окраски, писания. *Писать мелом на доске. Белый как м.* ‖ *прил.* **мелово́й,** -а́я, -о́е. *Меловые горы.*

МЕЛА́НЖ, -а, *м.* (спец.). Пряжа из смеси окрашенных в разные цвета волокон. ‖ *прил.* **мела́нжевый,** -ая, -ое. *Меланжевая ткань. М. комбинат.*

МЕЛАНХО́ЛИК, -а, *м.* **1.** Человек меланхолического темперамента (спец.). **2.** Человек, склонный к меланхолии, к грусти, к мрачным мыслям. ‖ *ж.* **меланхо́личка,** -и (разг.).

МЕЛАНХОЛИ́ЧЕСКИЙ, -ая, -ое. **1.** *см.* меланхолия. **2. меланхолический темперамент** (спец.) — темперамент, характеризующийся слабой возбудимостью, глубиной и длительностью эмоций.

МЕЛАНХОЛИ́ЧНЫЙ, -ая, -ое; -чен, -чна. Склонный к меланхолии, выражающий меланхолию. *М. характер. М. вид.* ‖ *сущ.* **меланхоли́чность,** -и, *ж.*

МЕЛАНХО́ЛИЯ, -и, *ж.* Болезненно-угнетённое состояние, тоска, хандра. *Впасть в меланхолию.* ‖ *прил.* **меланхоли́ческий,** -ая, -ое. *Меланхолическое настроение.*

МЕЛЕ́ТЬ (-е́ю, -е́ешь, 1 и 2 л. не употр.), -е́ет; *несов.* Делаться мелким, мельче. *Река мелеет.* ‖ *сов.* **обмеле́ть** (-е́ю, -е́ешь, 1 и 2 л. не употр.), -е́ет.

МЕЛИОРА́ТОР, -а, *м.* Специалист по мелиорации. ‖ *прил.* **мелиора́торский,** -ая, -ое.

МЕЛИОРА́ЦИЯ, -и, *ж.* Улучшение плодородия земель путём их осушения или орошения. *М. болот.* ‖ *прил.* **мелиорати́вный,** -ая, -ое *и* **мелиорацио́нный,** -ая, -ое. *Мелиоративные (мелиорационные) работы.*

МЕЛИ́ТЬ, -лю́, -ли́шь; -лённый (-ён, -ена́); *несов., что.* Натирать мелом. *М. кий.* ‖ *сов.* **намели́ть,** -лю́, -ли́шь; -лённый (-ён, -ена́).

МЕ́ЛКИЙ, -ая, -ое; -лок, -лка́, -лко, -лки *и* -лки́; ме́льче; мельча́йший. **1.** Состоящий из небольших по величине однородных частиц. *М. песок. М. дождь.* **2.** Небольшой, незначительный по величине, размеру. *М. скот. М. почерк. Мелко* (нареч.) *писать. Мелкие деньги* (не в крупных купюрах). **3.** *полн. ф.* Небольшой и экономически маломощный. *Мелкое хозяйство. М. производитель. М. собственник.* **4.** Малозначительный по общественному положению. *М. чиновник. М. служащий.* **5.** *полн. ф.* Не имеющий большого значения, несущественный; не требующий больших затрат, усилий. *Мелкие подробности. Мелкие недоделки. М. ремонт.* **6.** Ничтожный, низменный. *Мелкие интересы. Мелкая душонка.* **7.** Небольшой по глубине. *Мелкая река. Мелкое бурение. У берега мелко* (в знач. сказ.). ‖ *сущ.* **ме́лкость,** -и, *ж.* (ко 2, 5, 6 и 7 знач.).

МЕЛКО... *Первая часть сложных слов со знач.:* 1) с мелким (в 1 знач.), напр. *мелкобороздчатый, мелковолокнистый, мелкозернистый, мелкокапельный, мелкокристальный, мелколиственный, мелколесье;* 2) мелкий (в 3 знач.), напр. *мелкобуржуазный, мелкокрестьянский, мелкособственнический, мелкотоварный;* 3) мелкий (в 6 знач.), напр. *мелкотемье, мелкодумие, мелкодушный, мелкоэгоистический;* 4) мелкий (в 7 знач.), напр. *мелкобортный, мелкобухтовый, мелководье, мелкозалегающий;* 5) с малым, маленьким, напр. *мелкокалиберный, мелкоплодный, мелкоразмерный, мелкорослый, мелкоцветковый.*

МЕЛКОБУРЖУА́ЗНЫЙ, -ая, -ое; -зен, -зна. Относящийся к мелкой буржуазии, отражающий её идеологию, интересы. ‖ *сущ.* **мелкобуржуа́зность,** -и, *ж.*

МЕЛКОВО́ДНЫЙ, -ая, -ое; -ден, -дна. О водоёмах: неглубокий, мелкий. *Мелководная река.* ‖ *сущ.* **мелково́дность,** -и, *ж.*

МЕЛКОВО́ДЬЕ, -я, *род. мн.* -дий, *ср.* Низкий уровень воды в реке, водоёме. *Летнее м.*

МЕЛКОКАЛИ́БЕРНЫЙ, -ая, -ое. То же, что малокалиберный.

МЕЛКОПОМЕ́СТНЫЙ, -ая, -ое. О дворянах: владеющий небольшим поместьем; относящийся к их жизни. *Мелкопоместное дворянство. М. уклад.*

МЕЛКОСИДЯ́ЩИЙ, -ая, -ее. О судах: имеющий небольшую осадку.

МЕЛКОСО́БСТВЕННИЧЕСКИЙ, -ая, -ое. Принадлежащий, свойственный мелким собственникам. *Мелкособственнические интересы.*

МЕЛКОТА́, -ы́, *ж., собир.* (разг.). Мелочь, мелкие существа, предметы.

МЕЛКОТЕ́МЬЕ, -я, *ср.* Незначительная мелкая тематика, не затрагивающая существенных вопросов.

МЕЛКОТОВА́РНЫЙ, -ая, -ое. Принадлежащий, свойственный мелким производителям. *Мелкотоварное хозяйство.*

МЕЛКОТРА́ВЧАТЫЙ, -ая, -ое; -ат (разг. пренебр.). То же, что мелкий (в 6 знач.). *Мелкотравчатая личность.* ‖ *сущ.* **мелкотра́вчатость,** -и, *ж.*

МЕЛОВО́Й *см.* мел.

МЕЛОДЕКЛАМА́ТОР, -а, *м.* Артист, занимающийся мелодекламацией. ‖ *прил.* **мелодеклама́торский,** -ая, -ое.

МЕЛОДЕКЛАМА́ЦИЯ, -и, *ж.* Декламация стихов или прозы, сопровождаемая музыкой. ‖ *прил.* **мелодекламацио́нный,** -ая, -ое.

МЕЛО́ДИКА, -и, *ж.* **1.** Учение о мелодии. **2.** Основанное на определённой мелодии построение музыкального произведения, стиха. ‖ *прил.* **мелоди́ческий,** -ая, -ое (ко 2 знач.).

МЕЛОДИ́ЧНЫЙ, -ая, -ое; -чен, -чна. Благозвучный, приятный для слуха. *М. напев. Мелодичная речь.* ‖ *сущ.* **мелоди́чность,** -и, *ж.*

МЕЛО́ДИЯ, -и, *ж.* Благозвучная последовательность звуков, образующая музыкальное единство, напев. ‖ *прил.* **мелоди́ческий,** -ая, -ое.

МЕЛОДРА́МА, -ы, *ж.* **1.** Драма с острой интригой, с резким противопоставлением добра и зла, с преувеличенной эмоциональностью [*первонач.* драма с музыкой и пением]. **2.** *перен.* Событие, поведение, окрашенное преувеличенным драматизмом (неодобр.). ‖ *прил.* **мелодрамати́ческий,** -ая, -ое.

МЕЛОДРАМАТИ́ЧНЫЙ, -ая, -ое; -чен, -чна. Мелодраматический, являющийся мелодрамой или похожий на неё. ‖ *сущ.* **мелодрамати́чность,** -и, *ж.*

МЕЛО́К, -лка́, *м.* Кусочек мела для писания, черчения, рисования. *Цветные мелки* (окрашенные).

МЕЛОМА́Н, -а, *м.* (книжн.). Страстный любитель пения и музыки. ‖ *ж.* **мелома́нка,** -и. ‖ *прил.* **мелома́нский,** -ая, -ое.

МЕЛОЧЁВКА, -и, *ж., собир.* (прост.). То же, что мелочь (в 1 и 2 знач.).

МЕЛОЧИ́ТЬ, -чу́, -чи́шь и **МЕЛОЧИ́ТЬСЯ,** -чу́сь, -чи́шься; *несов.* (прост.). Заниматься мелкими делами, пустяками, вести себя мелочно.

МЕЛОЧНО́Й, -а́я, -о́е. **1.** *см.* мелочь. **2.** То же, что мелочный.

МЕ́ЛОЧНЫЙ, -ая, -ое; -чен, -чна. **1.** Придающий значение пустякам, мелочам. *М. характер. Мелочная натура.* **2.** Пустяковый, ничтожный, мелкий (в 6 знач.). *Мелочные придирки. М. факт. Мелочные ссоры. Мелочные интересы.* ‖ *сущ.* **ме́лочность,** -и, *ж.*

МЕ́ЛОЧЬ, -и, *мн.* -и, -е́й, *ж.* **1.** *собир.* Мелкие, менее крупные (по сравнению с другими однородными) предметы. *Из яблок осталась одна м.* **2.** также *собир.* Разный мелкий товар, мелкие недорогие предметы. *Хлебная м.* (мелкие хлебопекарные изделия). **3.** *собир.* Мелкие монеты. *Получать сдачу мелочью.* **4.** Ничтожное обстоятельство, пустяк. *Житейские мелочи. Размениваться на мелочи или по мелочам* (заниматься чем-н. несерьёзным, отвлекающим от основного дела). *Расстраиваться из-за мелочей.* ◆ **Тысяча мелочей** — название магазина промышленных хозяйственных товаров повседневного спроса. ‖ *уменьш.* и *уничт.* **мелочи́шка**, -и, *ж.* ‖ *прил.* **мелочно́й**, -а́я, -о́е (ко 2 знач.; устар.). *Мелочная лавочка. Мелочная торговля.*

МЕЛЬ, -и, о ме́ли, на мели́, *ж.* Мелководное место в реке, водоёме. *Сесть на м., сидеть на мели* (также перен.: о затруднительном положении, чаще о безденежье; разг.).

МЕЛЬЗАВО́Д, -а, *м.* Сокращение: (мукомольный) завод-мельница.

МЕЛЬКА́ТЬ, -а́ю, -а́ешь; *несов.* **1.** Являться, показываться на короткое время, на мгновение; появляться и исчезать, сменяясь другим. *Между деревьями мелькают фигуры людей. Мелькают догадки.* **2.** (1 и 2 л. не употр.). Прерывисто светиться, мерцать. *Мелькают звёзды.* ‖ *однокр.* **мелькну́ть**, -ну́, -нёшь (к 1 знач.). ‖ *сущ.* **мелька́ние**, -я, *ср.*

МЕ́ЛЬКОМ и **МЕЛЬКО́М**, *нареч.* В самое короткое время, бегло. *М. взглянуть. М. ознакомиться.*

МЕ́ЛЬНИК, -а, *м.* Владелец мельницы или работник на мельнице. ‖ *прил.* **ме́льницкий**, -ая, -ое *и* **ме́льничий**, -ья, -ье.

МЕ́ЛЬНИЦА, -ы, *ж.* **1.** Предприятие, здание с приспособлениями для размола зерна. *Водяная, паровая, ветряная м. Воевать с ветряными мельницами* (перен.: против воображаемого противника). *На чью-н. мельницу воду лить* (перен.: приводить доводы или действовать в чью-н. пользу). **2.** Ручная машинка для размола зерна. *Кофейная м.* **3.** Аппарат для тонкого помола каких-н. материалов (спец.). *Барабанная, вибрационная м.* ‖ *прил.* **ме́льничный**, -ая, -ое (к 1 и 3 знач.).

МЕЛЬТЕШИ́ТЬ, -шу́, -ши́шь; *несов.* (прост.). Надоедливо мелькать (перед глазами); виднеться (о мелькающем). *Мельтешат в глазах бесконечные цифры.* ‖ *сущ.* **мельтеше́ние**, -я, *ср. и* (прост.) **мельтешня́**, -и́, *ж.*

МЕЛЬХИО́Р, -а, *м.* Серебристо-белый сплав меди с никелем и нек-рыми другими элементами. ‖ *прил.* **мельхио́ровый**, -ая, -ое.

МЕЛЬЧА́ТЬ, -а́ю, -а́ешь; *несов.* Становиться мелким (в 3, 6 и 7 знач.), мельче. *Хозяйства крестьян мельчают. Интересы мельчают. Озеро мельчает.* ‖ *сов.* **измельча́ть**, -а́ю, -а́ешь. ‖ *сущ.* **измельче́ние**, -я, *ср.*

МЕЛЬЧИ́ТЬ, -чу́, -чи́шь; *несов., что.* **1.** Делать мелким (в 1 знач.), дробить. *М. в порошок что-н.* **2.** Лишать глубины, значительности. *М. образ героя.* ‖ *сов.* **измельчи́ть**, -чу́, -чи́шь; -чённый (-ён, -ена́) *и* **размельчи́ть**, -чу́, -чи́шь; -чённый (-ён, -ена́) (к 1 знач.).

МЕЛЮЗГА́, -и́, *ж., собир.* (разг. пренебр.). О живых существах: то же, что мелкота.

МЕМБРА́НА, -ы, *ж.* Упругая перепонка, тонкая плёнка или пластинка, способная совершать колебания. *М. телефона.* ‖ *прил.* **мембра́нный**, -ая, -ое. *Мембранные музыкальные инструменты.*

МЕМОРА́НДУМ, -а, *м.* (офиц.). Вручаемый представителю другой страны дипломатический документ с изложением взглядов правительства на какой-н. вопрос.

МЕМОРИА́Л, -а, *м.* **1.** Мемориальное архитектурное сооружение, мемориальный комплекс. *Аксаковский м.* **2.** Спортивное соревнование в память выдающихся спортсменов. *М. братьев Знаменских. М. Ивана Поддубного.*

МЕМОРИА́ЛЬНЫЙ, -ая, -ое. Служащий для увековечения памяти кого-чего-н. *М. комплекс. Мемориальная доска.*

МЕМУАРИ́СТ, -а, *м.* Автор мемуаров. ‖ *ж.* **мемуари́стка**, -и. ‖ *прил.* **мемуари́стский**, -ая, -ое.

МЕМУА́РЫ, -ов. Записки, литературные воспоминания о прошлых событиях, сделанные современником или участником этих событий. *Военные м.* ‖ *прил.* **мемуа́рный**, -ая, -ое. *М. жанр.*

MÉНА, -ы, *ж.* **1.** *см.* менять, -ся. **2.** Договор об обмене одного имущества на другое (спец.).

МЕ́НЕДЖЕР [нэ], -а, *м.* Специалист по управлению производством, работой предприятия. *Школа менеджеров.*

МЕ́НЕДЖМЕНТ [нэ], -а, *м.* (спец.). Искусство управления интеллектуальными, финансовыми, материальными ресурсами.

МЕ́НЕЕ, *нареч.* **1.** То же, что меньше (см. маленький, мало). *Чем настойчивее он оправдывается, тем м. я ему верю. Знает не м. других.* **2.** В сочетании с прилагательными и наречиями обозначает сравнение. *М. спокойный. М. интересно.* ✦ **Тем не менее**, *союз* — однако, несмотря на то. *Он настаивает, тем не менее я не могу с ним согласиться.* **И (а, но) тем не менее**, *союз* — то же, что тем не менее.

МЕНЗУ́РКА, -и, *ж.* Аптечный или лабораторный сосуд с делениями для отмеривания жидкостей. ‖ *прил.* **мензу́рочный**, -ая, -ое.

МЕНИНГИ́Т, -а, *м.* Острое заболевание — воспаление мозговых оболочек. ‖ *прил.* **менинги́тный**, -ая, -ое.

МЕНОВО́Й *см.* меняться.

МЕНСТРУА́ЦИЯ, -и, *ж.* Ежемесячные выделения крови из матки женщины (а также у самок приматов). ‖ *прил.* **менструа́льный**, -ая, -ое. *М. цикл.*

МЕНТ, -а, *м.* (прост.). То же, что милиционер.

МЕНТАЛИТЕ́Т, -а, *м.* (книжн.). Мировосприятие, умонастроение. *М. русского народа.*

МЕНТА́ЛЬНЫЙ, -ая, -ое; -лен, -льна (книжн.). Относящийся к уму, к умственной деятельности. *Ментальные способности.*

МЕ́НТИК, -а, *м.* Короткая гусарская накидка с меховой опушкой.

МЕНТО́Л, -а, *м.* Прозрачное пахучее холодящее вещество, получаемое из мятного масла, употр. в медицине, пищевой промышленности. ‖ *прил.* **менто́ловый**, -ая, -ое.

МЕ́НТОР, -а, *м.* (устар.). Наставник, воспитатель. ‖ *прил.* **ме́нторский**, -ая, -ое.

МЕ́НТОРСКИЙ, -ая, -ое. **1.** *см.* ментор. **2.** *перен.* Строгий и поучающий (книжн.). *М. тон. Менторски* (нареч.) *наставлять кого-н.*

МЕНУЭ́Т, -а, *м.* Старинный французский народный и бальный танец, а также музыка в ритме этого танца. ‖ *прил.* **менуэ́тный**, -ая, -ое.

МЕ́НЬШЕ. 1. *см.* маленький, мало *и* малый[1]. **2.** *нареч.* В сочетании с количественными именами обозначает уменьшение указанного количества. *Ждать м. часа. Стоит м. трёх тысяч рублей.*

МЕНЬШЕВИ́ЗМ, -а, *м.* Течение в русской социал-демократии, возникшее в противовес большевизму. ‖ *прил.* **меньшеви́стский**, -ая, -ое.

МЕНЬШЕВИ́К, -а́, *м.* Член меньшевистской партии, последователь меньшевизма. ‖ *ж.* **меньшеви́чка**, -и (разг.). ‖ *прил.* **меньшеви́стский**, -ая, -ое.

МЕ́НЬШИЙ, -ая, -ее. **1.** Уступающий другому (в остальном сходному) по величине, количеству, значительности. *Нужны ботинки меньшего размера. Из двух зол выбирать меньшее.* **2.** То же, что младший (в 1 знач.). *М. сын.* ✦ **По меньшей мере** — 1) не меньше чем. *Заниматься по меньшей мере три часа;* 2) *вводн. сл.*, то же, что по крайней мере. *Это, по меньшей мере, странно.* **Самое меньшее** — не меньше чем, не меньше как. *Опаздываем самое меньшее на час.* ‖ *ласк.* **ме́ньшенький**, -ая, -ое (ко 2 знач.; прост.). *Это мой м.* (о сыне).

МЕНЬШИНСТВО́, -а́, *ср., собир.* Меньшая часть (обычно о людях, о живых существах). *М. участников. Остаться в меньшинстве* (в числе тех, чье мнение не было принято, с кем не согласились. ✦ **Национальные меньши́нства** — люди какой-н. национальности, составляющие меньшую часть по отношению к основному населению страны. *Национальные меньшинства в США, в Китае, в Индии, в Австрии, на Украине.*

МЕНЬШО́Й, -а́я, -о́е (прост.). О сыне, дочери: то же, что младший (в 1 знач.). *Женил меньшого* (сущ.).

МЕНЮ́, *нескл., ср.* Подбор кушаний, а также листок с их перечнем. *Разнообразное м. Ресторанное м.*

МЕНЯ́ТЬ, -я́ю, -я́ешь; *несов., кого-что.* **1.** Отдавать своё и получать вместо него другое, обычно равноценное. *М. квартиру на дачу.* **2.** Замещать одно другим, брать одно вместо другого. *М. бельё. М. работу. М. крупные деньги* (разменивать). **3.** Делать иным, изменять. *М. вкусы. М. мнения.* ‖ *сов.* **поменя́ть**, -я́ю, -я́ешь (к 1 и 2 знач.). ‖ *сущ.* **ме́на**, -ы, *ж.* (к 1 и 2 знач.). ‖ *прил.* **меня́льный**, -ая, -ое (ко 2 знач.; о размене денег, обмене ценностей). *Меняльная контора.*

МЕНЯ́ТЬСЯ, -я́юсь, -я́ешься; *несов.* **1.** *кем-чем с кем.* Менять (в 1 знач.) друг у друга. *М. книгами.* **2.** (1 и 2 л. не употр.). Замещать друг друга, сменяться. *В команде меняются тренеры.* **3.** Подвергаться перемене, изменяться. *Привычки меняются. Ветер меняется.* **4.** Менять (в 1 знач.) друг у друга квартиры, комнаты (разг.). *Решил м. с соседом.* ‖ *сов.* **поменя́ться**, -я́юсь, -я́ешься (к 1 и 4 знач.). ‖ *сущ.* **ме́на**, -ы, *ж.* (к 1 знач.). ‖ *прил.* **меново́й**, -а́я, -о́е (к 1 знач.; спец.). *Меновая стоимость. Меновая торговля.*

МЕ́РА, -ы, *ж.* **1.** Единица измерения. *Квадратные меры. М. длины. М. веса.* **2.** Граница, предел проявления чего-н. *Знать меру. Чувство меры. Без меры* (очень). *Сверх меры* (слишком). *В меру* (как раз). *В какой мере* (насколько). **3.** Средство для осуществления чего-н., мероприятие. *Меры предосторожности. Решительные меры. Принять нужные меры.* **4.** Старая русская единица ёмкости сыпучих тел, а также сосуд для измерения их. *М. овса.* ✦ **В полной мере** — вполне. *В полной мере удовлетворён.* **По мере того как**, *союз* — в течение того времени, в к-рое что-н. происходит. *По мере того как поступают новые сведения, обстановка проясняется.* **По мере** *чего, предлог с род. п.* — в соответствии с чем-н., совпадая с чем-н. *По мере приближения к дому беспокойство усиливалось. Помогать по мере сил, по мере возможности.* **По крайней мере** — хотя бы только; не меньше чем. *Не мог прийти, по крайней мере мог бы позвонить. Ехать осталось по крайней мере километр.* ‖ *прил.* **ме́рный**, -ая, -ое (к 1 и 4 знач.).

МЕРЕ́ЖКА, -и, *ж.* Вышивка узкой сквозной полоской по продольным нитям ткани. ‖ *прил.* **мере́жечный**, -ая, -ое.

МЕРЕ́ТЬ (мру, мрёшь, 1 и 2 л. ед. не употр.), мрёт; мёр, мёрла; мёрший; *несов.* **1.** Умирать (во множестве) (разг.). *Мрут как мухи* (быстро, один за другим). **2.** (1 и 2 л. не употр.). О сердце, дыхании: то же, что замирать (прост.). *Сердце мрёт.*

МЕРЕХЛЮ́НДИЯ, -и, *ж.* (разг. шутл.). Плохое настроение, хандра. *М. напала на кого-н. В мерехлюндии кто-н.*

МЕРЕ́ЩИТЬСЯ, -щусь, -щишься; *несов.* (разг.). Казаться, представляться в воображении, грезиться. ‖ *сов.* **помере́щиться**, -щусь, -щишься. *Это тебе померещилось* (тебе показалось, ты ошибся).

МЕРЁЖА, -и, *ж.* (обл.). Рыболовная сеть, натянутая на обручи. ‖ *прил.* **мерёжный**, -ая, -ое.

МЕРЗА́ВЕЦ, -вца, *м.* (разг.). Подлый, мерзкий человек, негодяй. ‖ *уменьш.* **мерза́вчик**, -а, *м. Красавчик, да м.* (шутл.). ‖ *ж.* **мерза́вка**, -и.

МЕРЗА́ВЧИК, -а, *м.* (разг.). **1.** *см.* мерзавец. **2.** Маленькая (около половины стакана) бутылочка с водкой (прост.). *Выпить м. на посошок.*

МЕ́РЗКИЙ, -ая, -ое; -зок, -зка́, -зко; -зче. **1.** Отвратительный, гадкий. *М. поступок. Мерзкие слова. Мерзкая личность.* **2.** Очень неприятный, скверный (разг.). *Мерзкое настроение.* ‖ *сущ.* **ме́рзость**, -и, *ж.*

МЕРЗЛОТА́, -ы́, *ж.* Состояние почвы, содержащей в себе лёд. *Вечная м.* ‖ *прил.* **мерзло́тный**, -ая, -ое. *Мерзлотная станция.*

МЕРЗЛОТОВЕ́ДЕНИЕ, -я, *ср.* Наука о мёрзлых толщах в земной коре и о мёрзлых горных породах. ‖ *прил.* **мерзлотове́дческий**, -ая, -ое.

МЕРЗЛЯ́К, -а́, *м.* (разг. шутл.). Слишком чувствительный к холоду, всегда зябнущий человек. ‖ *ж.* **мерзля́чка**, -и. ‖ *прил.* **мерзля́ческий**, -ая, -ое.

МЕРЗОПА́КОСТНЫЙ, -ая, -ое; -тен, -тна (разг.). Гадкий, отвратительный. ‖ *сущ.* **мерзопа́костность**, -и, *ж.*

МЕ́РЗОСТНЫЙ, -ая, -ое; -тен, -тна (разг.). То же, что мерзкий. ‖ *сущ.* **ме́рзостность**, -и, *ж.*

МЕ́РЗОСТЬ, -и, *ж.* (разг.). **1.** *см.* мерзкий. **2.** Предмет, вызывающий омерзение. *Убери со стола эту м.* **3.** Гадкий поступок; отвратительные слова. *Говорить мерзости.* ✦ **Мерзость запустения** (устар. и ирон.) — полное опустошение, разорение.

МЕРИДИА́Н, -а, *м.* Воображаемая линия, проходящая через полюсы земного шара и пересекающая экватор. *Географический м. Начальный м.* (меридиан Гринвичской обсерватории в Великобритании, от к-рого условно ведется счёт географической долготы). ✦ **Небесный меридиан** (спец.) — большой круг небесной сферы, проходящий через зенит и полюсы мира. ‖ *прил.* **меридиа́нный**, -ая, -ое и **меридиона́льный**, -ая, -ое. *Меридианный круг* (астрономический инструмент). *Меридиональное время.*

МЕРИ́ЛО, -а, *ср.* (книжн.). Признак, свойство, на основе к-рого можно определить, оценить что-н. *М. художественности. М. доброты.*

МЕ́РИН, -а, *м.* Кастрированный жеребец. ✦ **Врёт как сивый мерин** (прост.) — беззастенчиво лжёт. Глуп как **сивый мерин** (прост.) — безнадёжно глуп.

МЕРИНО́С, -а, *м.* Длинношёрстная овца с тонкой белой шерстью. *Порода мериносов.* ‖ *прил.* **мерино́совый**, -ая, -ое. *Мериносовая шерсть.*

МЕ́РИТЬ, -рю, -ришь *и* (разг.) -ряю, -ряешь; -ренный; *несов.* **1.** *кого-что.* Определять величину, протяжённость кого-чего-н. какой-н. мерой. *М. расстояние. М. рулеткой. М. комнату шагами* (перен.: ходить по комнате взад и вперёд). **2.** *что.* То же, что примерять. ‖ *сов.* **сме́рить**, -рю, -ришь *и* (разг.) -ряю, -ряешь (к 1 знач.) *и* **поме́рить**, -рю, -ришь *и* (разг.) -ряю, -ряешь (ко 2 знач.). *С. взглядом кого-н.* (перен.: пристально, гордо или насмешливо оглядеть кого-н.). ‖ *прил.* **ме́рочный**, -ая, -ое, **мери́тельный**, -ая, -ое (к 1 знач.; спец.) *и* **мери́льный**, -ая, -ое (к 1 знач.; спец.). *Мерительный прибор. Мерильная машина.*

МЕ́РИТЬСЯ, -рюсь, -ришься *и* (разг.) -ряюсь, -ряешься; *несов., чем с кем.* Мерить (в 1 знач.) себя с кем-н. в каком-н. отношении; состязаться в чём-н. с кем-н. *М. ростом. М. силами.* ‖ *сов.* **поме́риться**, -рюсь, -ришься *и* (разг.) -ряюсь, -ряешься.

МЕ́РКА, -и, *ж.* **1.** Определённый размер. *Снять мерку с кого-чего-н.* (измерить в нужных направлениях для изготовления чего-н.). *Сшить по мерке.* **2.** Предмет, служащий мерой при измерении чего-н. *Подходить ко всем с одной меркой* или *мерить всех одной меркой* (перен.: одинаково, не учитывая особенностей каждого; неодобр.). **3.** То же, что мера (в 4 знач.). *М. картофеля.*

МЕРКАНТИЛИ́ЗМ, -а, *м.* **1.** В Западной Европе в 15—18 вв.: экономическая теория и политика, ставящие во главу угла внешнюю торговлю (обращение товаров) и накопление капиталов внутри страны. **2.** *перен.* Мелочная расчётливость, торгашество (книжн.). ‖ *прил.* **меркантилисти́ческий**, -ая, -ое (к 1 знач.) *и* **меркантили́стский**, -ая, -ое (ко 2 знач.).

МЕРКАНТИЛИ́СТ, -а, *м.* **1.** Сторонник меркантилизма (в 1 знач.). **2.** *перен.* Расчётливый и мелочный человек (устар.). ‖ *ж.* **меркантили́стка**, -и (ко 2 знач.). ‖ *прил.* **меркантили́стский**, -ая, -ое.

МЕРКАНТИ́ЛЬНЫЙ, -ая, -ое; -лен, -льна (книжн.). Излишне расчётливый, торгашеский. *М. дух.* ‖ *сущ.* **меркант́ильность**, -и, *ж.*

МЕ́РКНУТЬ (-ну, -нешь, 1 и 2 л. не употр.), -нет; мерк *и* ме́ркнул, ме́ркла; *несов.* Постепенно утрачивать яркость, блеск. *Звёзды меркнут. Взгляд меркнет. Меркнет слава* (перен.). ‖ *сов.* **поме́ркнуть** (-ну, -нешь, 1 и 2 л. не употр.), -нет; -ме́рк *и* -ме́ркнул, -ме́ркла.

МЕРЛУ́ШКА, -и, *ж.* Густой, с крупными завитками мех из шкуры ягнёнка. ‖ *прил.* **мерлу́шковый**, -ая, -ое.

МЕ́РНЫЙ, -ая, -ое; -рен, -рна. **1.** *см.* мера. **2.** Ритмичный, размеренно-неторопливый. *М. звук прибоя. Идти мерным шагом. Мерная речь* (также о стихотворной речи; устар.). **3.** *полн. ф.* Имеющий установленную меру, величину (устар.). *Мерные доски.* ‖ *сущ.* **ме́рность**, -и, *ж.* (ко 2 знач.).

МЕРОПРИЯ́ТИЕ, -я, *ср.* Совокупность действий, объединённых одной общественно значимой задачей. *Провести важное м. Культурно-просветительные мероприятия. М. для галочки* (осуществляемое формально, без заинтересованности; разг. неодобр.).

МЕ́РТВЕННО-БЛЕ́ДНЫЙ, -ая, -ое; -ден, -дна́, -дно, -дны́ *и* -дны. О цвете лица: бледный до синевы. *Мертвенно-бледный лоб. Мертвенно-бледные губы.*

МЕ́РТВЕННЫЙ, -ая, -ое; -вен, -венна (книжн.). **1.** Такой, как у мертвеца. *М. взгляд. Мертвенная бледность.* **2.** Холодный, безжизненный. *М. свет. Мертвенная тишина.* ‖ *сущ.* **ме́ртвенность**, -и, *ж.*

МЕРТВЕ́ТЬ, -е́ю, -е́ешь; *несов.* **1.** Утрачивать чувствительность, неметь. *Пальцы мертвеют от холода.* **2.** Приходить в оцепенение, терять живость. *М. от страха.* ‖ *сов.* **омертве́ть**, -е́ю, -е́ешь (к 1 знач.) *и* **помертве́ть**, -е́ю, -е́ешь (ко 2 знач.). ‖ *сущ.* **омертве́ние**, -я, *ср.* (к 1 знач.). *О. тканей.*

МЕРТВЕ́Ц, -а́, *м.* Умерший человек, покойник. ‖ *прил.* **мертве́цкий**, -ая, -ое.

МЕРТВЕ́ЦКАЯ, -ой, *ж.* (разг.). Морг при больнице, покойницкая.

МЕРТВЕ́ЦКИЙ, -ая, -ое. **1.** *см.* мертвец. **2.** В нек-рых сочетаниях: очень сильный, крепкий (разг.). *М. сон* (непробудный). *Мертвецки* (нареч.) *пьян.*

МЕРТВЕЧИ́НА, -ы, *ж.* **1.** Падаль, трупы животных. *Запах мертвечины.* **2.** *перен.* О том, что характеризуется умственным застоем, лишено жизненности, движения (разг. неодобр.).

МЕРТВИ́ТЬ, -влю́, -ви́шь; *несов., кого-что* (книжн.). Лишать жизненности, бодрости, энергии, действовать удручающе. *Мертвящая обстановка, среда.*

МЕРТВОРОЖДЁННЫЙ, -ая, -ое. Рождённый мёртвым. *М. младенец. Мертворождённая идея* (перен.: нежизненная, бесплодная).

МЕРЦА́ТЬ (-а́ю, -а́ешь, 1 и 2 л. не употр.), -а́ет; *несов.* **1.** Слабо светиться колеблющимся светом. *Мерцают огоньки.* **2.** *перен.* Производить частые колебательные движения, вибрировать (спец.). ‖ *сущ.* **мерца́ние**, -я, *ср. М. звёзд.* ‖ *прил.* **мерца́тельный**, -ая, -ое (ко 2 знач.). *Мерцательные движения. Мерцательная аритмия* (аритмия сердца).

МЕ́СИВО, -а, *ср.* (разг.). **1.** Полужидкая смесь, то, что перемешено в вязкую массу. *Под ногами м. из снега и глины. Ледовое м.* **2.** Корм для скота, птицы из смеси отрубей, мякины, травы, корнеплодов.

МЕСИ́ТЬ, мешу́, ме́сишь; ме́шенный; *несов., что.* Мять, перемешивая. *М. тесто. М. глину. М. грязь* (перен.: идти по грязной дороге, по глубокой, жидкой грязи; разг.). ‖ *сов.* **смеси́ть**, смешу́, сме́сишь; сме́шенный. ‖ *прил.* **меси́льный**, -ая, -ое (спец.) *и* **смеси́тельный**, -ая, -ое (спец.). *М. цех хлебозавода. Смесительная установка.*

МЕ́ССА, -ы, *ж.* **1.** В католической церкви: литургия. **2.** Хоровое музыкальное произведение, предназначенное для литургии.

МЕССИ́Я, -и, *м.* В иудаизме и христианстве: ниспосланный свыше божественный спаситель человечества. *Пришествие мессии.* ‖ *прил.* **мессиа́нский**, -ая, -ое.

МЕСТЕ́ЧКО[1], -а, *ср.* На Украине, в Белоруссии до революции: посёлок полугородского типа. ‖ *прил.* **местечко́вый**, -ая, -ое.

МЕСТЕ́ЧКО[2] *см.* место.

МЕСТИ́, мету́, метёшь; мёл, мела́; мётший; метённый (-ён, -ена́); метя́; *несов., что.* **1.** Очищая что-н. метлой, веником, щёткой, удалять (с пола, с земли). *М. сор.* **2.** Очищать от сора (пол, землю). *М. пол, двор.* **3.** (1 и 2 л. не употр.). Развевать, перенося с места на место. *Ветер метёт пыль, листья.* **4.** (1 и 2 л. не употр.). О метели, вьюге; задувать, кружить. *Метёт метель, пурга. По дороге метёт позёмка. В степи метёт* (безл.). ‖ *сов.* **подмести́**, -мету́, -метёшь; -мётший; -метённый (-ён, -ена́); -метя́ (к 1 и 2 знач.).

МЕСТКО́М, -а, *м.* Сокращение: местный комитет (профсоюзной организации) — прежнее название профкома. ‖ *прил.* **местко́мовский**, -ая, -ое (разг.).

МЕ́СТНИЧЕСТВО, -а, *ср.* **1.** В России в 14—17 вв.: порядок замещения должностей в зависимости от знатности рода и от того, какие должности занимали предки. **2.** Соблюдение своих узкоместных интересов в ущерб общему делу. *Проявлять м.* ‖ *прил.* **ме́стнический**, -ая, -ое. *Местнические интересы, претензии.*

МЕ́СТНОСТЬ, -и, *мн.* -и, -ей, *ж.* **1.** Какое-н. определённое место, пространство, участок на земной поверхности. *Гористая степная м. Открытая м.* **2.** Территория (обычно сельская), на к-рой расположено несколько населённых мест. *Густонаселённая, малонаселённая м. Пригородная м. Дачная м.* (район дачных посёлков).

МЕ́СТНЫЙ, -ая, -ое. **1.** Относящийся только к определённой местности, не общий. *М. обычай. Местные говоры. Бои местного значения.* **2.** Не общегосударственный, действующий или имеющий значение в пределах определённой территории, района, коллектива. *Местные Советы народных депутатов. Местная промышленность. М. бюджет.* **3.** Здешний, не приезжий; не привозной. *Местные жители. Местные продукты. Спросить о дороге у местных* (сущ.). **4.** Относящийся к определённому месту, части чего-н., не общий. *Местное воспаление. Местное повреждение сети.*

МЕ́СТО, -а, *мн.* **места́**, **мест**, **места́м**, *ср.* **1.** Пространство, к-рое занято кем-чем-н., на к-ром что-н. происходит, находится или где можно расположиться. *Двигать с места на м. М. в вагоне. Положить на м.* (туда, куда следует). *На месте кто-что-н.* (там, где надо). *Проводить до места* (до нужного пункта). *На месте убить* (наповал). *Ни с места!* (не двигайся!). *Рабочее м.* (место, где производится работа). *На месте решить* (никуда не обращаясь). *Места себе не находить* (перен.: быть в волнении). *Сердце или душа не на месте у кого-н.* (перен.: чувствует себя неспокойно, тревожится). **2.** Участок на земной поверхности, местность (в 1 знач.). *Живописные места.* **3.** Помещение, пространство, предназначенное для временного пребывания кого-н. одного. *М. в вагоне, каюте. Плацкартное м. Больничная палата на четыре места. Номер люкс на одно м.* (одноместный). *Свободных мест нет* (объявление в ресторане, гостинице). **4.** Роль, отведённая кому-чему-н. в какой-н. деятельности, а также положение, занимаемое кем-н. среди кого-н. *М. отца в семье. М. искусства в жизни человека. Занять первое м. в соревновании.* **5.** Должность, служба. *Вакантное м. Искать м. Остаться без места.* **6.** Какая-н. определённая часть, отдельный момент из книги, повествования, текста. *Самое интересное м. в пьесе. Существенные места в статье. На самом интересном месте* (также перен.: в самый интересный момент; разг.). **7.** *мн.* Периферийные организации или учреждения, в противоп. центральным, центру. *Сообщить на места. Делегаты с мест.* **8.** Отдельная вещь багажа, груза. *Сдать в багаж пять мест.* **9.** *нескл.*, чаще *с отриц.*, *кому-чему* и *с неопр.* Подобает, уместно (быть, находиться где-н., делать что-н. где-н.). *Здесь не м. разговорам. Здесь не м. говорить о пустяках. Бездельникам здесь не м. Специалисту м. на заводе.* **10.** **места́ми**, *в знач. нареч.* Не повсюду, кое-где. *Местами ещё лежит снег. Изложение местами сложно.* ✦ **Детское место** — то же, что плацента. **Места общего пользования** — бытовые помещения в коммунальной квартире, в общежитии, к-рыми пользуются все жильцы. **Места лишения свободы** (офиц.) — тюрьмы, а также все другие места заключения. **К месту** — кстати, уместно, в подходящий момент. *Разговоры сейчас не к месту.* **На месте** *кого* или *чьём* — будучи в положении кого-н. *Другой бы на твоём месте так не поступил.* **На место поставить** *кого* (разг.) — осадить, призвать к порядку того, кто зарвался. **Нет места** или **не должно быть места** *чему* — недопустимо. *Нет места равнодушию.* **На местах** — в провинции, на периферии. *Власть на местах.* **Общие места** (книжн.) — известные всем, избитые суждения. **Пустое место** (разг.) — о том, чья роль в каком-н. деле ничтожна, от кого нет никакой пользы. **С места** (берёт, развивает ход) — сразу переходя на быстрый ход, бег. *С места рвануться вперёд.* **Уступить место** *чему* (книжн.) — смениться чем-н. (обычно о чувствах). *Раздражение уступило место жалости.* **С мест** — из провинции, с периферии. *Делегаты с мест.* ‖ уменьш. **месте́чко**, -а, *ср.* (к 1, 2, 3, 4 и 5 знач.).

МЕСТО... *Первая часть сложных слов со знач.* относящийся к месту (в 1 знач.), напр. *местожительство, местонахождение, местообитание, местопребывание, месторасположение, местопроизрастание.*

МЕСТОЖИ́ТЕЛЬСТВО, -а, *ср.* (офиц.). Место постоянного проживания. *Переменить м.*

МЕСТОИМЕ́НИЕ, -я, *ср.* В грамматике: слово (существительное, прилагательное, числительное или наречие) в предложении, указывающее на предмет или признак и замещающее соответствующие знаменательные имена и наречия. *Личные, возвратные, указательные местоимения.* ‖ *прил.* **местоиме́нный**, -ая, -ое.

МЕСТОНАХОЖДЕ́НИЕ, -я, *ср.* (офиц.). Место, в к-ром находится кто-что-н. *Определить чьё-н. м.*

МЕСТОПОЛОЖЕ́НИЕ, -я, *ср.* (книжн.). Географическое положение, расположение чего-н. на местности. *М. населённого пункта.*

МЕСТОПРЕБЫВА́НИЕ, -я, *ср.* (офиц.). Местонахождение кого-н.

МЕСТОРОЖДЕ́НИЕ, -я, *ср.* Место нахождения полезных ископаемых (залежей), целебных источников. *Коренное м.* (не россыпное, залежи в горных породах). *М. золота, янтаря, нарзана, целебных грязей, нефти. Газовое м.*

МЕСТЬ, -и, *ж.* Действие в отплату за причинённое зло, возмездие за что-н. *Жажда мести. Сделать что-н. из мести. Кровная м.* (убийство в отмщение за убитого родственника).

МЕ́СЯЦ, -а, *мн.* -ы, -ев, *м.* **1.** Единица исчисления времени по солнечному календарю, равная одной двенадцатой части года (от 28 до 31 суток); срок в 30 суток. *Календарный м.* (январь, февраль, март и т. д.). *Отпуск на м. Меся́цами (по целым меся́цам) не пишет* (в течение нескольких месяцев). **2.** Тридцать дней, посвящённых какому-н. общественному мероприятию, пропаганде чего-н., месячник. **3.** Диск луны или его часть. *Полный м. Серп молодого месяца.* ‖ *уничиж.* **месячи́шко**, -а, *м.* (к 1 знач.). *Погостить с м.* ‖ *прил.* **ме́сячный**, -ая, -ое (к 1 знач.). *М. запас* (на месяц).

МЕСЯЦЕСЛО́В, -а, *м.* Церковно-богослужебная книга, содержащая имена святых, расположенные по дням месяца, а также сведения о церковных праздниках.

МЕ́СЯЧНИК, -а, *м.* Какая-н. работа, общественная кампания, проводимая в течение месяца. *М. по озеленению города.*

МЕ́СЯЧНЫЙ, -ая, -ое; -чен, -чна. **1.** *см.* месяц. **2.** О ночи: освещённый ярким месяцем, лунный. **3.** **ме́сячные**, -ых. То же, что менструация (разг.).

МЕТА́ЛЛ, -а, *м.* Химически простое вещество, обладающее особым блеском, ковкостью, хорошей теплопроводностью и электропроводностью. *Чёрные металлы* (железо и его сплавы). *Цветные металлы* (все металлы, кроме чёрных). *Благородные (драгоценные) металлы* (золото, серебро, платина и металлы платиновой группы). *Лёгкие металлы* (обладающие малой плотностью). *Тяжёлые металлы* (цветные металлы с плотностью, большей чем у железа). *Жёлтый м.* (о золоте). *Презренный м.* (о деньгах; шутл.). *М. в голосе* (перен.: о резком и холодно-враждебном голосе, интонации). ‖ *прил.* **металли́ческий**, -ая, -ое. *М. завод. Металлические деньги. М. блеск. М. звук* (лязгающий). *М. голос* (перен.: звонкий и резкий). *Металлические нотки в голосе* (перен.: холодные, враждебные).

МЕТАЛЛИ́СТ, -а, *м.* Работник металлопромышленности, специалист по металлам, по металловедению.

МЕТАЛЛО... *Первая часть сложных слов со знач.:* 1) относящийся к металлу, металлический, напр. *металлодобавки, металлоёмкость, металлозаготовительный, металлоизделие, металлоискатель, металлоплавильный, металлопокрытие;* 2) содержащий металл, соединённый с металлом, напр. *металлобумажный, металлодеревянный, металложелезобетон, металлопластмасса, металлостеклянный, металлоцемент;* 3) сходный с металлом, напр. *металловидный, металлоподобный;* 4) относящийся к металлургии, напр. *металлокомбинат, металлопромышленность, металлопродукция.*

МЕТАЛЛОВЕ́Д, -а, *м.* Специалист по металловедению.

МЕТАЛЛОВЕ́ДЕНИЕ, -я, *ср.* Наука о строении и физических свойствах металлов и сплавов. ‖ *прил.* **металлове́дческий**, -ая, -ое.

МЕТАЛЛО́ИД, -а, *м.* Прежнее название неметаллов. ‖ *прил.* **металло́идный**, -ая, -ое.

МЕТАЛЛОЛО́М, -а, *м.* Металлический лом[2], идущий на переработку. *Сбор металлолома.*

МЕТАЛЛОНО́СНЫЙ, -ая, -ое; -сен, -сна. Содержащий металлы. *М. пласт.* ‖ *сущ.* **металлоно́сность**, -и, *ж.*

МЕТАЛЛООБРАБА́ТЫВАЮЩИЙ, -ая, -ее. Относящийся к обработке металлов и сплавов. *Металлообрабатывающая промышленность.*

МЕТАЛЛОПРОКА́ТНЫЙ, -ая, -ое. Относящийся к прокатке металлов и сплавов. *М. завод.*

МЕТАЛЛОРЕ́ЖУЩИЙ, -ая, -ее. Служащий для обработки металлов и сплавов резанием. *М. станок.*

МЕТАЛЛУ́РГ, -а, *м.* Специалист по металлургии.

МЕТАЛЛУ́РГИЯ, -и и **МЕТАЛЛУРГИ́Я**, -и, *ж.* **1.** Наука о промышленных способах производства металлов и сплавов и их первичной обработке. **2.** Промышленное производство металлов и сплавов, их механическая и химическая обработка. *М. сплавов. Порошковая м. Чёрная м. Цветная м.* ‖ *прил.* **металлурги́ческий**, -ая, -ое. *Металлургическое производство.*

МЕТАМОРФО́З, -а, *м.* (спец.). Видоизменение, превращение, переход в другую форму развития с приобретением нового внешнего вида и функций. *М. гусеницы в бабочку. М. головастика в лягушку.*

МЕТАМОРФО́ЗА, -ы, *ж.* **1.** То же, что метаморфоз (спец.). *М. головастика в лягушку.* **2.** Полная, совершенная перемена, изменение (книжн.). *С ним произошла м.*

МЕТА́Н, -а, *м.* Горючий болотный или рудничный газ без цвета и запаха, соединение углерода с водородом. ‖ *прил.* **мета́новый**, -ая, -ое.

МЕТАСТА́З, -а, *м.* (спец.). Развитие вторичных очагов болезненного процесса в новых местах организма. *Метастазы рака.* ‖ *прил.* **метастати́ческий**, -ая, -ое.

МЕТА́ТЕЛЬ, -я, *м.* Спортсмен, занимающийся метанием. *М. копья. М. диска. М. молота.* ‖ *ж.* **мета́тельница**, -ы. ‖ *прил.* **мета́тельский**, -ая, -ое.

МЕТАТЕО́РИЯ, -и, *ж.* (спец.). Теория, представляющая основные свойства какой-н. другой теории, специально для этого формализованной. ‖ *прил.* **метатеорети́ческий**, -ая, -ое.

МЕТА́ТЬ[1], мечу́, ме́чешь; *несов., что.* **1.** Бросать с размахом, кидать, целясь куда-н. *М. копьё. М. гранату. Что есть в печи, всё на стол мечи* (старая погов.). *М. банк* (о банкомёте: держать банк[2]). *М. громы и молнии* (перен.: произносить гневные речи). *М. гневные взгляды* (перен.: взглядывать быстро и сердито). **2.** Кидая, складывать (сено, солому). *М. сено в копны. М. стог.* **3.** (1 и 2 л. не употр.). О рыбах и нек-рых других животных: производить потомство. *М. икру.* ✦ **Рвать и метать** (разг.) — находиться в сильном гневе, раздражении. ‖ *однокр.* **метну́ть**, -ну́, -нёшь (к 1 знач.). *М. гранату.* ‖ *сов.* **смета́ть**, смечу́, сме́чешь; смётанный (ко 2 знач.) *и* **вы́метать**, -ечет (к 3 знач.). *Сметать скирд. Зайчиха выметала зайчат.* ‖ *сущ.* **мета́ние**, -я, *ср.* ‖ *прил.* **мета́тельный**, -ая, -ое (к 1 знач.; спец.).

МЕТА́ТЬ[2], -а́ю, -а́ешь; *несов., что.* **1.** Прошивать крупными стежками, намечая линию шва. *М. шов.* **2.** Шить крупными стежками, готовя для примерки. *М. рукава.* ✦ **Метать петли** — обшивать края петель мелкими частыми стежками. ‖ *сов.* **вы́метать**, -аю, -аешь (к 1 знач.), **намета́ть**, -а́ю, -а́ешь; -мётанный (к 1 знач.), **промета́ть**, -а́ю, -а́ешь; -мётанный (к 1 знач.) *и* **смета́ть**, -а́ю, -а́ешь; смётанный (ко 2 знач.). ‖ *сущ.* **намётка**, -и, *ж. и* **смётка**, -и, *ж.* (ко 2 знач.). ‖ *прил.* **намёточный**, -ая, -ое (к 1 знач.) *и* **смёточный**, -ая, -ое (ко 2 знач.).

МЕТА́ТЬСЯ, мечу́сь, ме́чешься; *несов.* **1.** Лёжа, беспокойно двигаться из стороны в сторону. *М. в бреду.* **2.** Суетливо, в волнении ходить, двигаться в разных направлениях. *М. по комнате. Мечется как угорелый.* ‖ *однокр.* **метну́ться**, -ну́сь, -нёшься.

МЕТАФИ́ЗИК, -а, *м.* **1.** Последователь метафизической философии. **2.** Человек, к-рый мыслит метафизически.

МЕТАФИ́ЗИКА, -и, *ж.* **1.** Философское учение, утверждающее неизменность раз навсегда данных и недоступных опыту начал мира. **2.** Недиалектический способ мышления — рассмотрение явлений вне их взаимной связи и развития. **3.** Что-н. непонятное, заумное, чересчур отвлечённое (разг.). ‖ *прил.* **метафизи́ческий**, -ая, -ое (к 1 и 2 знач.).

МЕТА́ФОРА, -ы, *ж.* **1.** Вид тропа — скрытое образное сравнение, уподобление одного предмета, явления другому (напр. чаша бытия), а также вообще образное сравнение в разных видах искусств (спец.). *Символическая, романтическая м. М. в кино, в живописи. Развёрнутая м.* **2.** В лингвистике: переносное употребление слова, образование такого значения. ‖ *прил.* **метафори́ческий**, -ая, -ое. *М. образ птицы-тройки в «Мёртвых душах». Метафорическое мышление.*

МЕТАФОРИ́ЧЕСКИЙ, -ая, -ое. **1.** *см.* метафора. **2.** То же, что метафоричный.

МЕТАФОРИ́ЧНЫЙ, -ая, -ое; -чен, -чна. Насыщенный метафорами. *М. стиль.* ‖ *сущ.* **метафори́чность**, -и, *ж.*

МЕТАЯЗЫ́К, -а́, *м.* (спец.). Специальный язык, на к-ром осуществляется представление другого языка, формализованного для соответствующего описания.

МЕТЕ́ЛИСТЫЙ, -ая, -ое; -ист (разг.). Обильный метелями. *Метелистая зима.*

МЕТЕ́ЛИЦА, -ы, *ж.* (разг.). То же, что метель. *Замела м.*

МЕТЕ́ЛЬ, -и, *ж.* Сильный ветер со снегом, вьюга. *Метёт, завывает м. Поднялась м.* ‖ *прил.* **метéльный**, -ая, -ое.

МЕТЕ́ЛЬНЫЙ[1] *см.* метель.

МЕТЕ́ЛЬНЫЙ[2] *см.* метла.

МЕТЕ́ЛЬЧАТЫЙ, -ая, -ое (спец.). С соцветием метёлкой (во 2 знач.). *Метельчатые злаки.*

МЕТЕО... *Первая часть сложных слов со знач.:* 1) относящийся к метеорологии, напр. *метеоцентр, метеостанция;* 2) относящийся к исследованиям земной атмосферы, к метеорологическим явлениям, напр. *метеослужба, метеонаблюдения, метеоусловия, метеосводка.*

МЕТЕО́Р, -а, *м.* **1.** Вспышка небольшого небесного тела, влетающего в верхнюю атмосферу из космоса. *Мелькнул как м.* (внезапно появившись, исчез). **2.** Быстроходное пассажирское судно на подводных крыльях, ракета (в 3 знач.). ‖ *прил.* **метео́рный**, -ая, -ое (к 1 знач.). *Метеорное тело. М. поток. М. дождь* (звёздный).

МЕТЕОРИ́Т, -а, *м.* Металлическое или каменистое тело, падающее на Землю из межпланетного пространства. *М.-призрак* (состоящий из льда и газа). ‖ *прил.* **метеори́тный**, -ая, -ое *и* **метеори́ческий**, -ая, -ое.

МЕТЕОРО́ЛОГ, -а, *м.* Специалист по метеорологии.

МЕТЕОРОЛОГИ́ЧЕСКИЙ, -ая, -ое. **1.** *см.* метеорология. **2.** Относящийся к земной атмосфере, к атмосферным процессам. *Метеорологическая сводка. Метеорологические наблюдения.*

МЕТЕОРОЛО́ГИЯ, -и, *ж.* Наука о физическом состоянии земной атмосферы и о происходящих в ней процессах. *Синоптическая м.* (изучение атмосферных процессов в связи с прогнозированием погоды). ‖ *прил.* **метеорологи́ческий**, -ая, -ое.

МЕТЁЛКА, -и, *ж.* **1.** *см.* метла. **2.** Сложное соцветие с кистями, колосками или с корзинками на концах ветвей, в свою очередь ветвящихся. *Сжатая, раскидистая м. М. проса.* ‖ *уменьш.* **метёлочка**, -и, *ж.* ‖ *прил.* **метёлочный**, -ая, -ое.

МЕТИ́ЗЫ, -ов (спец.). Сокращение: металлические изделия. *Промышленные м.* (гвозди, болты, стальная проволока и др.). ‖ *прил.* **мети́зный**, -ая, -ое. *М. завод.*

МЕТИ́Л, -а, *м.* Входящий в состав многих органических соединений радикал[2] (во 2 знач.) — группа из одного атома углерода и трёх атомов водорода. ‖ *прил.* **мети́ловый**, -ая, -ое. *М. спирт.*

МЕТИ́С, -а, *м.* **1.** Потомок от брака между людьми разных рас. **2.** То же, что помесь (в 1 знач.). ‖ *ж.* **мети́ска**, -и. ‖ *прил.* **мети́сный**, -ая, -ое (ко 2 знач.). *М. скот.*

МЕ́ТИТЬ[1], ме́чу, ме́тишь; ме́ченный; *несов., кого-что.* Ставить на ком-чём-н. отличительный знак, метку. *М. бельё. М. овец.* ‖ *сов.* **поме́тить**, -ме́чу, -ме́тишь; -ме́ченный. ‖ *сущ.* **ме́тка**, -и, *ж.* ‖ *прил.* **ме́точный**, -ая, -ое. *Меточная краска.*

МЕ́ТИТЬ[2], ме́чу, ме́тишь; *несов.* **1.** *в кого-что.* Стараться попасть в кого-что-н. *М. в цель. Метил в ворону, а попал в корову* (посл. о смешном неудачнике). **2.** *в кого* (мн.) *(что)* или *куда.* Стремиться занять какое-н. положение, должность (разг.). *М. в начальники. Он метит на твоё место.* ‖ *сов.* **наме́тить**, -ме́чу, -ме́тишь (к 1 знач.).

МЕ́ТИТЬСЯ, ме́чусь, ме́тишься; *несов., в кого-что.* То же, что метить[2] (в 1 знач.). *М. в цель.* ‖ *сов.* **наме́титься**, -ме́чусь, -ме́тишься.

МЕ́ТКА, -и, *ж.* **1.** *см.* метить[1]. **2.** Отличительный знак на какой-н. вещи, предмете. *М. на белье. М. на сосне.* ‖ *прил.* **ме́точный**, -ая, -ое.

МЕ́ТКИЙ, -ая, -ое; -ток, -тка́, -тко; ме́тче. **1.** Точно попадающий в цель; верно направленный в цель. *М. стрелок. М. удар.* **2.** *перен.* Выразительно и точно подмечающий, называющий суть чего-н. *Меткое сравнение. Меткое наблюдение. Метко* (нареч.) *выражаться.* ‖ *сущ.* **ме́ткость**, -и, *ж.*

МЕТЛА́, -ы́, *мн.* мётлы, мётел, мётлам, *ж.* Предмет хозяйственного обихода для подметания — прикреплённый к палке пучок прутьев. *Дворницкая м. Взять метлу в руки* (также перен.: приняться за наведение порядка, за устранение недостатков; разг.). *Новая м. чисто метёт* (посл.). *Баба-яга на метле* (в сказках). ✦ **Новая метла** (разг. ирон.) — о новом и поначалу требовательном начальнике. ‖ *уменьш.* **метёлка**, -и, *ж.* ✦ **Под метёлку** (вымести, вычистить, съесть) (разг.) — не оставив ничего, без остатков. ‖ *прил.* **мете́льный**, -ая, -ое.

МЕТЛИ́ЦА, -ы, *ж.* Сорный злак с метельчатым соцветием.

МЕТНУ́ТЬ *см.* метать[1].

МЕТНУ́ТЬСЯ, -ну́сь, -нёшься; *сов.* **1.** *см.* метаться. **2.** Резким движением броситься куда-н. (разг.). *М. к выходу. М. вдогонку.*

МЕ́ТОД, -а, *м.* **1.** Способ теоретического исследования или практического осуществления чего-н. *Новые методы в медицине. Поточный м. производства.* **2.** Способ действовать, поступать каким-н. образом, приём (в 3 знач.). *М. воздействия, внушения.*

МЕТОД... *Первая часть сложных слов со знач.* относящийся к методике, методический, напр. *методобъединение, методкабинет, методразработка.*

МЕТО́ДА, -ы, *ж.* (устар.). Система практических способов осуществления чего-н. *Педагогическая м.*

МЕТО́ДИКА, -и, *ж.* **1.** Наука о методах преподавания. **2.** Совокупность методов обучения чему-н., практического выполнения чего-н. *М. опытов.* ‖ *прил.* **методи́ческий**, -ая, -ое.

МЕТОДИ́СТ, -а, *м.* Специалист по методике (в 1 знач.). ‖ *ж.* **методи́стка**, -и. ‖ *прил.* **методи́стский**, -ая, -ое.

МЕТОДИ́ЧЕСКИЙ, -ая, -ое. **1.** *см.* методика. **2.** Строго последовательный, систематичный, точно следующий плану. *Методически* (нареч.) *заниматься.*

МЕТОДИ́ЧНЫЙ, -ая, -ое; -чен, -чна. То же, что методический (во 2 знач.). *Методичная работа.* ‖ *сущ.* **методи́чность**, -и, *ж.*

МЕТОДОЛО́ГИЯ, -и, *ж.* **1.** Учение о научном методе познания; принципы и способы организации теоретической и практической деятельности. *М. естественных наук.* **2.** Совокупность методов, применяемых в какой-н. науке. *М. истории.* ‖ *прил.* **методологи́ческий**, -ая, -ое.

МЕТОНИ́МИЯ, -и, *ж.* **1.** Вид тропа — употребление одного слова, выражения вместо другого на основе близости, сопредельности, смежности понятий, образов, напр. *лес поёт* (т. е. птицы в лесу), *нужда скачет, нужда плачет, нужда песенки поёт* (т. е. люди в нужде) (спец.). **2.** В лингвистике: оборот речи — употребление слов и выражений в переносном смысле на основе аналогии, сходства, сравнения, *стол* вместо *еда.* ‖ *прил.* **метоними́ческий**, -ая, -ое. *М. стиль.*

МЕ́ТОЧНЫЙ *см.* метить[1] *и* метка.

МЕТР[1], -а, *м.* **1.** Основная единица длины в Международной системе единиц, равная 100 см. *Квадратный м.* (единица измерения площади). *Кубический м.* (единица измерения объёма). **2.** Измерительная линейка, планка такой длины с делениями на сантиметры. *Складной м.* ‖ *прил.* **метро́вый**, -ая, -ое (к 1 знач.).

МЕТР[2], -а, *м.* (спец.). Упорядоченное чередование ударных и безударных слогов в стихе. *Ямбический м.*

МЕТРА́Ж, -а́, *м.* Величина, количество чего-н. в метрах. *М. квартиры. М. ткани.* ‖ *прил.* **метра́жный**, -ая, -ое.

МЕТРАНПА́Ж, -а, *м.* (спец.). Старший наборщик, верстающий набор в страницы или руководящий такой вёрсткой.

МЕТРДОТЕ́ЛЬ [тэ], -я, *м.* Распорядитель в ресторане, руководящий работой официантов.

МЕ́ТРИКА[1], -и, *ж.* Учение о стихотворных размерах и метрах[2], а также сами стихотворные размеры и метры[2]. *Учебник метрики. Русская м.* ‖ *прил.* **метри́ческий**, -ая, -ое. *Метрическое стихосложение* (основанное на чередовании долгих и кратких слогов).

МЕ́ТРИКА[2], -и, *ж.* Свидетельство о рождении. ‖ *прил.* **метри́ческий**, -ая, -ое. *Метрическое свидетельство.*

МЕТРИ́ЧЕСКИЙ[1], -ая, -ое. Относящийся к десятичной системе мер, в к-рой за единицы измерения приняты метр и килограмм. *Метрическая система мер.*

МЕТРИ́ЧЕСКИЙ[2-3] *см.* метрика[1-2].

МЕТРО́, *нескл., ср.* **1.** То же, что метрополитен. *Ехать на м. Станция м.* **2.** Станция метрополитена (разг.). *Встретиться у м. Жить рядом с м.*

МЕТРО[1] ... *Первая часть сложных слов со знач.* относящийся к метрополитену, напр. *метрострой, метровокзал, метротрасса, метромост, метростанция, метростроитель.*

МЕТРО[2] ... *Первая часть сложных слов со знач.* относящийся к измерению, напр. *метроритм, метротектонический.*

МЕТРО́ВЫЙ *см.* метр[1].

МЕТРОЛО́ГИЯ, -и, *ж.* Наука об измерениях, их единстве и точности. ‖ *прил.* **метрологи́ческий**, -ая, -ое. *Метрологическая экспертиза.*

МЕТРОНО́М, -а, *м.* Маятниковый прибор, отмечающий ударами короткие промежутки времени, употр. при определении темпа в музыке и для отсчёта времени на слух. ‖ *прил.* **метроно́мный**, -ая, -ое.

МЕТРОПОЛИТЕ́Н [тэ], -а, *м.* Подземная, наземная или надземная (на эстакадах) городская электрическая железная дорога. *Столичный м.* ‖ *прил.* **метрополите́нный**, -ая, -ое *и* **метрополите́новский**, -ая, -ое (разг.).

МЕТРОПО́ЛИЯ, -и, *ж.* Государство по отношению к своим колониям, эксплуатируемым территориям, экономически зависимым странам.

МЕХ[1], -а (-у), о ме́хе, на меху́, *мн.* -а́, -о́в, *м.* **1.** Густой волосяной покров животного, шерсть. **2.** Выделанная шкура животного с сохранённым волосяным покровом. *М. пушного, морского зверя, домашних животных. Лисий м. Пальто на рыбьем меху* (холодное, не греющее; разг. шутл.). **3.** *мн.* Одежда из меха, на меху, отделанная мехом (разг.). *Ходить в мехах. Кутаться в меха.* ‖ *прил.* **мехово́й**, -а́я, -о́е (к 1 и 2 знач.). *М. магазин* (торгующий мехами, изделиями из меха).

МЕХ[2], -а, *мн.* -и́, -о́в *и* -а́, -о́в, *м.* **1.** Приспособление с растягивающимися складчатыми стенками для нагнетания воздуха. *Кузнечные меха.* **2.** Мешок из шкуры животного. *М. с кумысом. Вино в мехах.*

МЕХ... *Первая часть сложных слов со знач.:* 1) относящийся к механике, механический, напр. *мехмат* (механико-математический факультет); 2) механизированный, напр. *мехколонна, мехотряд, мехдойка.*

МЕХАНИЗА́ТОР, -а, *м.* **1.** Специалист по механизации. **2.** Специалист по обслуживанию механизированных орудий. *Сельские механизаторы.* ‖ *прил.* **механиза́торский**, -ая, -ое.

МЕХАНИЗИ́РОВАТЬ, -рую, -руешь; -анный; *сов. и несов., что.* Перевести (-водить) на механическую тягу, энергию; снабдить (-бжать) машинами, механизмами. *М. строительство. М. сельское хозяйство.* ‖ *сущ.* **механиза́ция**, -и, *ж. М. трудоёмких процессов. Комплексная м.* (всех основных и вспомогательных работ).

МЕХАНИ́ЗМ, -а, *м.* **1.** Внутреннее устройство (система звеньев) машины, прибора, аппарата, приводящее их в действие. *Звено механизма. М. часов. Заводной м.* **2.** *перен.* Система, устройство, определяющие порядок какого-н. вида деятельности. *Государственный м.* **3.** *перен.* Последовательность состояний, процессов, определяющих собою какое-н. действие, явление. *М. кровообращения.* ‖ *прил.* **механи́ческий**, -ая, -ое (к 1 знач.).

МЕХА́НИК, -а, *м.* **1.** Специалист по механике (в 1 знач.). **2.** Специалист, наблюдающий за работой машин. *Инженер-м.*

МЕХА́НИКА, -и, *ж.* **1.** Наука о движении в пространстве и о силах, вызывающих это движение. *Теоретическая м.* **2.** Отрасль техники, занимающаяся вопросами применения учения о движении и силах к решению практических задач. *Строительная м. Прикладная м.* **3.** *перен.* Сложное устройство, подоплёка чего-н. (разг.). *Хитрая м.* ✦ **Небесная механика** — раздел астрономии, изучающий движение тел Солнечной системы. ‖ *прил.* **механи́ческий**, -ая, -ое (к 1 знач.).

МЕХАНИЦИ́ЗМ, -а, *м.* Философское направление, сводящее всё многообразие мира к механическому движению однородных частиц материи, а сложные закономерности развития — к законам механики. ‖ *прил.* **механисти́ческий**, -ая, -ое.

МЕХАНИ́ЧЕСКИЙ, -ая, -ое. **1.** *см.* механика *и* механизм. **2.** Машинальный, сознательно не регулируемый. *Механически* (нареч.) *запоминать что-н.*

МЕХАНИ́ЧНЫЙ, -ая, -ое; -чен, -чна. То же, что механический (во 2 знач.). *Механичные движения.* ‖ *сущ.* **механи́чность**, -и, *ж.*

МЕХАНО... *Первая часть сложных слов со знач.* относящийся к механизмам, механике, напр. *механовооружённость, механосборочный, механогидравлический, механотерапия.*

МЕХОВО́Й *см.* мех[1].

МЕХОВЩИ́К, -а́, *м.* Специалист по обработке мехов[1], а также (устар.) торговец мехами[1]. ‖ *ж.* **меховщи́ца**, -ы.

МЕЦЕНА́Т, -а, *м.* Богатый покровитель наук и искусств; вообще тот, кто покровительствует какому-н. делу, начинанию. *Спортивные меценаты.* ‖ *ж.* **мецена́тка**, -и. ‖ *прил.* **мецена́тский**, -ая, -ое.

МЕ́ЦЦО-СОПРА́НО, *нескл.* **1.** *ср.* Женский голос, средний по высоте между сопрано и контральто. *Красивое меццо-сопрано.* **2.** *ж.* Певица с таким голосом.

МЕЧ, -а́, *м.* Холодное оружие с обоюдоострым длинным прямым клинком. *Поднять м. на кого-н.* (также перен.: начать войну; устар. и высок.). *Пройти огнём и мечом* (беспощадно уничтожить, разорить войной; высок.). *Вложить м. в ножны* (также перен.: кончить войну; высок.). *М. правосудия* (перен.; высок.).

МЕЧЕНО́СЕЦ, -сца, *м.* В средние века: воин, вооружённый мечом, а также слуга рыцаря, носящий за ним его меч.

МЕ́ЧЕНЫЙ, -ая, -ое. Подвергшийся метке, помеченный. *М. скот. Меченое бельё.* ✦ **Меченые атомы** (спец.) — изотопные индикаторы, используемые в качестве «метки» при исследовании в различных процессах.

МЕЧЕ́ТЬ, -и, *ж.* Мусульманский храм.

МЕЧ-РЫ́БА, -ы, *ж.* Крупная морская рыба с похожим на меч отростком на вытянутой верхней челюсти.

МЕЧТА́, -ы́, *в знач. род. мн.* употр. мечта́ний, *ж.* **1.** Нечто, созданное воображением, мысленно представляемое. *М. о счастье. М. сбылась.* **2.** *ед.* Предмет желаний, стремлений. *М. всей жизни.* **3.** мечта́, *в знач. сказ.* О чём-н. очень хорошем (разг. шутл.). *Не вещь, а м.*

МЕЧТА́НИЕ, -я, *ср.* То же, что мечта (в 1 знач.). *Предаваться мечтаниям.*

МЕЧТА́ТЕЛЬ, -я, *м.* Человек, к-рый предаётся мечтам, склонен к мечтательности. ‖ *ж.* **мечта́тельница**, -ы.

МЕЧТА́ТЕЛЬНЫЙ, -ая, -ое; -лен, -льна. Склонный мечтать, присущий мечтателю. *Мечтательная натура. М. вид.* ‖ *сущ.* **мечта́тельность**, -и, *ж.*

МЕЧТА́ТЬ, -а́ю, -а́ешь; *несов., о ком-чём и с неопр.* Предаваться мечтам о ком-чём-н. *М. о будущем. М. о путешествии. М. стать музыкантом. Только м. можно о ком-чём-н.* (о ком-чём-н. очень хорошем; разг.).

МЕША́ЛКА, -и, *ж.* (прост.). Палка или какой-н. предмет, к-рым перемешивают что-н.

МЕШАНИ́НА, -ы, *ж.* (разг. пренебр.). Смесь чего-н. разнородного, путаница. *М. в голове у кого-н.*

МЕША́ТЬ[1], -а́ю, -а́ешь; *несов., кому-чему или с неопр.* Создавать препятствия в чём-н., служить помехой. *М. работать.* ✦ **Не мешает** или **не мешало бы** *с неопр.* (разг.) — следует, надо или следовало бы, надо было бы. *Не мешало бы отдохнуть.* ‖ *сов.* **помеша́ть**, -а́ю, -а́ешь.

МЕША́ТЬ[2], -а́ю, -а́ешь; ме́шанный; *несов.* **1.** *что.* Переворачивать, взбалтывать круговым движением с помощью чего-н. *М.*

кашу. *М. чай ложкой.* **2.** *что с чем.* То же, что смешивать (в 1 знач.). *М. вино с водой.* ‖ *сов.* **помеша́ть,** -а́ю, -а́ешь; поме́шанный (к 1 знач.) *и* **смеша́ть,** -а́ю, -а́ешь; сме́шанный (ко 2 знач.). ‖ *сущ.* **смеше́ние,** -я, *ср.* (ко 2 знач.).

МЕША́ТЬСЯ[1], -а́юсь, -а́ешься; *несов.* (разг.). **1.** Служить помехой кому-н. *Не помогать, а только м. М. под ногами* (мешать кому-н. своим присутствием; разг.). **2.** То же, что вмешиваться (в 1 знач.). *М. не в своё дело.*

МЕША́ТЬСЯ[2], -а́юсь, -а́ешься; *несов.* **1.** (1 и 2 л. не употр.). Переставать различаться, путаться. *Мысли мешаются.* **2.** Смущаться, конфузиться (устар. и разг.). ‖ *сов.* **смеша́ться,** -а́юсь, -а́ешься.

МЕ́ШКАТЬ, -аю, -аешь; *несов., с чем и с неопр.* (разг.). Медлить, не торопиться что-н. делать. *М. с отъездом.* ‖ *сов.* **заме́шкать,** -аю, -аешь.

МЕШКОВА́ТЫЙ, -ая, -ое; -а́т. **1.** Об одежде: слишком широкий. *М. костюм.* **2.** Медлительный и неловкий, неуклюжий. *Мешковатая фигура.* ‖ *сущ.* **мешкова́тость,** -и, *ж.*

МЕШКОВИ́НА, -ы, *ж.* Грубая ткань для мешков.

МЕ́ШКОТНЫЙ, -ая, -ое; -тен, -тна (разг.). **1.** Медлительный, вялый. *М. человек.* **2.** Кропотливый, требующий много времени. *Мешкотное дело.* ‖ *сущ.* **ме́шкотность,** -и, *ж.*

МЕШО́К, -шка́, *м.* **1.** Сделанное из мягкого материала вместилище для чего-н. сыпучего, для различных мелких предметов. *Холщовый, рогожный, кожаный, бумажный м. Вещевой м. М. с мукой. Сидит мешком* (о слишком широкой и плохо сшитой одежде; разг.). **2.** Старая русская обиходная мера сыпучих тел. *М. муки, овса.* **3.** *перен.* Окружение вражескими войсками. *Попасть в м. Быть в мешке. Вырваться из мешка.* **4.** Вместилище в теле животного, в растении (спец.). *Защечный м. Зародышевый м.* **5.** О неповоротливом, неуклюжем человеке (разг.). ✦ **Спальный мешок** — род утеплённого чехла для спанья на открытом воздухе, в палатке, спальник. **Денежный (золотой) мешок** — о большом богатстве. **Мешки под глазами** (разг.) — отёки под глазами. ‖ *уменьш.* **мешо́чек,** -чка, *м.* (к 1 и 4 знач.). ✦ **В мешочек** — о варке яйца: гуще, чем всмятку, но не вкрутую. ‖ *прил.* **мешо́чный,** -ая, -ое (к 1 и 4 знач.).

МЕШО́ЧНИК, -а, *м.* Человек, занимающийся скупкой, перевозкой вручную и продажей каких-н. товаров [*первонач.* о том, кто в голодные годы скупал и перевозил хлеб в мешках]. ‖ *ж.* **мешо́чница,** -ы. ‖ *прил.* **мешо́чнический,** -ая, -ое.

МЕЩАНИ́Н, -а, *мн.* -а́не, -а́н, *м.* **1.** В царской России: лицо податного сословия, состоящего из мелких домовладельцев, торговцев, ремесленников. *Городской м. Служащий из мещан.* **2.** Человек с мелкими, сугубо личными интересами, с узким кругозором и неразвитыми вкусами, безразличный к интересам общества. ‖ *ж.* **меща́нка,** -и. ‖ *прил.* **меща́нский,** -ая, -ое.

МЕЩА́НСТВО, -а, *ср.* **1.** В царской России: сословие мещан, мещанское звание. **2.** Психология и поведение мещанина (во 2 знач.). ‖ *прил.* **меща́нский,** -ая, -ое. *Мещанское звание. Мещанские взгляды.*

МЁД, -а (-у), о мёде, в меду́, *мн.* (при обозначении сортов) **меды́,** -о́в, *м.* **1.** Сладкое густое вещество, вырабатываемое пчёлами из нектара. *Липовый, цветочный, гречишный м. Сбор мёда.* **2.** Старинный лёгкий хмельной напиток. ✦ **Не мёд** *кто-что* (разг.) — не сахар, не подарок. *Сынок ваш сами знаете, не мёд.* ‖ *прил.* **медо́вый,** -ая, -ое. *М. вкус. М. пряник* (на меду). ✦ **Медовый месяц** — первый месяц супружеской жизни. **Медовые речи** — то же, что сахарные речи.

МЁРЗЛЫЙ, -ая, -ое. **1.** Затвердевший от мороза. *Мёрзлая земля. Мёрзлые горные породы* (содержащие лёд). **2.** Испорченный морозом. *М. картофель.* ‖ *сущ.* **мёрзлость,** -и, *ж.*

МЁРЗНУТЬ, -ну, -нешь; мёрз, мёрзла; мёрзший; мёрзши; *несов.* **1.** Превращаться в лёд, а также застывать, коченеть от холода. *Вода мёрзнет в ведре.* **2.** Очень сильно зябнуть. *Руки мёрзнут.* **3.** (1 и 2 л. не употр.). Приходить в негодность от мороза, холода. *Картофель мёрзнет под снегом.* **4.** Погибать от холода. *Птицы мёрзнут на лету.* ‖ сов. **замёрзнуть,** -ну, -нешь; -ёрз, -ёрзла.

МЁРТВЫЙ, -ая, -ое; мёртв, мертва́, мёртво *и* мертво́. **1.** Умерший, лишённый жизни. *Мёртвое тело. Хоронить мёртвых* (сущ.). *Мёртвых* (сущ.) *назад не носят* (посл.). **2.** Лишённый жизненности, оживления. *М. взгляд. В переулках ночью мертво́* (в знач. сказ.). *М. свет* (тусклый). **3.** *полн. ф.* Бесплодный, бесполезный. *М. капитал* (ценность, не приносящая дохода). *Мёртвые знания* (лишние, ни к чему не применяемые). *Мёртвым грузом лежит что-н.* (никак не используется). ✦ **Мёртвый инвентарь** — предметы хозяйственного оборудования. **Мёртвый час** — то же, что тихий час. **Мёртвая зыбь** (спец.) — волны при полном штиле. **Мёртвая петля** (спец.) — фигура высшего пилотажа — полёт по замкнутой кривой в вертикальной плоскости. **Мёртвая тишина** — полная, ничем не нарушаемая. **Мёртвый сезон** — период временного затишья в делах, торговле. **Мёртвая точка** (спец.) — состояние мгновенного равновесия движущихся частей механизма. **Сдвинуть(ся) с мёртвой точки** — о каком-н. деле: привести или прийти в движение, дать или получить ход. **Мёртвая хватка** — 1) сильная хватка у собаки, зверя, при к-рой с трудом разжимаются челюсти; 2) о действиях того, кто не отступит, пока не добьётся своего. **Мёртвое пространство** (спец.) — не простреливаемое. **Мёртвый якорь** — постоянно лежащий на дне и служащий для установки плавучих маяков, буёв, причалов. **Стать на мёртвый якорь** — обосноваться где-н. навсегда. **Пить мёртвую** (разг.) — пить запоем. **Спать мёртвым сном** — очень крепко.

МЗДА, -ы́, *ж.* Награда, плата (устар.), а также (ирон.) взятка. *За соответствующую мзду сделать что-н.*

МЗДОИ́МЕЦ, -мца, *м.* (книжн.). Стяжатель, взяточник.

МИА́ЗМЫ, -а́зм (устар.). Гнилостные испарения, запахи. ‖ *прил.* **миазмати́ческий,** -ая, -ое.

МИГ, -а, *м.* Мгновение, очень короткий промежуток времени. *В один м.* (в одно мгновение, в один момент).

МИГА́ЛКА, -и, *ж.* (разг.). **1.** Яркий мигающий фонарь. **2.** Коптилка со слабым мигающим огоньком.

МИГА́ТЬ, -а́ю, -а́ешь; *несов.* **1.** То же, что моргать. *М. глазами. Многозначительно м. соседу.* **2.** (1 и 2 л. не употр.), *перен.* Мелькать, мерцая (разг.). *Вдали мигает огонёк.* ‖ *однокр.* **мигну́ть,** -ну́, -нёшь. ‖ *сущ.* **мига́ние,** -я, *ср.* ‖ *прил.* **мига́тельный,** -ая, -ое (к 1 знач.; спец.). *Мигательная перепонка глаза. М. рефлекс.*

МИ́ГОМ, *нареч.* (разг.). Очень быстро, скоро или сразу. *М. сбегаю. М. понял, в чём дело.*

МИГРА́ЦИЯ, -и, *ж.* (книжн.). Переселение, перемещение (о многих, многом). *М. населения. Сезонные миграции животных. М. рыб. М. клеток* (спец.). ‖ *прил.* **миграцио́нный,** -ая, -ое.

МИГРЕ́НЬ, -и, *ж.* Приступы боли в одной половине головы. *Страдать мигренью.* ‖ *прил.* **мигре́невый,** -ая, -ое *и* **мигрено́зный,** -ая, -ое (спец.).

МИГРИ́РОВАТЬ, -рую, -руешь; *сов. и несов.* (книжн.). Совершить (-шать) миграцию.

МИ́ДИ. 1. *нескл., ср.* Юбка, платье, пальто средней длины. *Носить м. Мода на м.* **2.** *неизм.* О юбке, платье, пальто: средней длины. *Платье м. Пальто м.*

МИ́ДИЯ, -и, *ж.* Съедобный двустворчатый морской моллюск.

МИЗАНСЦЕ́НА, -ы, *ж.* Размещение актёров и сценической обстановки в разные моменты исполнения пьесы. ‖ *прил.* **мизансцени́ческий,** -ая, -ое.

МИЗАНТРО́П, -а, *м.* (книжн.). Человек, склонный к мизантропии. ‖ *ж.* **мизантро́пка,** -и.

МИЗАНТРО́ПИЯ, -и, *ж.* (книжн.). Нелюбовь, ненависть к людям, отчуждение от них. ‖ *прил.* **мизантропи́ческий,** -ая, -ое.

МИЗЕ́РНЫЙ, -ая, -ое; -рен, -рна *и* **МИ́ЗЕРНЫЙ,** -ая, -ое; -рен, -рна. Весьма незначительный, ничтожный. *Мизерная плата. Мизерные интересы.* ‖ *сущ.* **мизе́рность,** -и, *ж. и* **ми́зерность,** -и, *ж.*

МИЗИ́НЕЦ, -нца, *м.* Пятый, самый маленький палец на руке, на ноге. *С м. кто-что-н.* (очень мал). *Не стоит чьего-н. мизинца кто-н.* (перен.: недостоин кого-н., совершенно незначителен по сравнению с кем-н.; разг.). ‖ *уменьш.* **мизи́нчик,** -а, *м.* ‖ *прил.* **мизи́нцевый,** -ая, -ое.

МИКРО... *Первая часть сложных слов со знач.:* 1) относящийся к малым размерам, величинам, напр. *микроорганизм, микроинфаркт, микрорайон, микрофильм, микрофильмирование, микрочастица, микрометеорит, микроавтомобиль, микродвигатель, микровзрыв, микропроцесс, микросистема, микропримеси, микролитражный; микроЭВМ;* 2) единицы, равной одной миллионной части той единицы, к-рая названа во второй части сложения, напр. *микровольт, микрорентген, микрометр.*

МИКРО́Б, -а, *м.* То же, что микроорганизм. *Болезнетворные микробы. М. равнодушия* (перен.; неодобр.). ‖ *прил.* **микро́бный,** -ая, -ое.

МИКРОБИО́ЛОГ, -а, *м.* Специалист по микробиологии.

МИКРОБИОЛО́ГИЯ, -и, *ж.* Раздел биологии, изучающий микроорганизмы. ‖ *прил.* **микробиологи́ческий,** -ая, -ое.

МИКРОКЛИ́МАТ, -а, *м.* **1.** Особенности климата на небольшом участке земной поверхности или искусственно созданные в закрытом помещении. **2.** *перен.* Обстановка, взаимоотношения в небольшом коллективе, в семье. *Нравственный м.* ‖ *прил.* **микроклимати́ческий,** -ая, -ое (к 1 знач.).

МИКРОКО́СМ, -а *и* **МИКРОКО́СМОС,** -а, *м.* (спец.). Мир малых величин; *противоп.* макрокосм.

МИКРО́МЕТР, -а, *м.* (спец.). Инструмент для точных измерений линейных размеров. ‖ *прил.* **микрометри́ческий,** -ая, -ое.

МИКРО́Н, -а, *м.* Единица длины — миллионная часть метра. ‖ *прил.* **микро́нный**, -ая, -ое.

МИКРООРГАНИ́ЗМ, -а, *м.* Мельчайший, преимущественно одноклеточный животный или растительный организм, различимый лишь в микроскоп. ‖ *прил.* **микроорганизменный**, -ая, -ое (спец.).

МИКРОПРОЦЕ́ССОР, -а, *м.* Программно управляемое устройство обработки информации, применяемое в микроЭВМ, системах автоматического управления. ‖ *прил.* **микропроце́ссорный**, -ая, -ое. *Микропроцессорная техника.*

МИКРОСКО́П, -а, *м.* Увеличительный прибор для рассматривания предметов, неразличимых простым глазом. *Оптический м. Электронный м.* (дающий увеличенное изображение с помощью пучков электронов). *Под микроскопом (в микроскоп) рассматривать что-н.* ‖ *прил.* **микроско́пный**, -ая, -ое.

МИКРОСКОПИ́ЧЕСКИЙ, -ая, -ое. **1.** Производимый с помощью микроскопа. *М. анализ.* **2.** Очень малый, видимый только в микроскоп. *Микроскопические детали.* **3.** *перен.* Очень маленький, ничтожный по величине (разг.). *Микроскопическая доза.*

МИКРОСКОПИ́ЧНЫЙ, -ая, -ое; -чен, -чна. То же, что микроскопический (во 2 и 3 знач.). ‖ *сущ.* **микроскопи́чность**, -и, *ж.*

МИКРОФО́Н, -а, *м.* Прибор, преобразующий звуковые колебания в электрические для усиления звучания. *Электродинамический м.* ‖ *прил.* **микрофо́нный**, -ая, -ое.

МИ́КСЕР, -а, *м.* То же, что смеситель. ‖ *прил.* **ми́ксерный**, -ая, -ое.

МИКСТУ́РА, -ы, *ж.* Жидкое лекарство из смеси нескольких веществ. *М. от кашля.* ‖ *прил.* **миксту́рный**, -ая, -ое.

МИЛА́ШКА, -и, *м.* и *ж.* (разг.). Милый, симпатичный человек.

МИЛЕ́ДИ, *нескл., ж.* У англичан: почтительное обращение к замужней женщине из привилегированных классов.

МИ́ЛЕНЬКИЙ, -ая, -ое (разг.). **1.** Привлекательный на вид, хорошенький. *Миленькое личико. Миленькое платьице.* **2.** То же, что милый (во 2 знач.). *Мой м. дружок. Ждет своего миленького* (сущ.). ✦ **Как миленький** (неодобр.) — о том, кто вынужден, кому пришлось сделать что-н., согласиться на что-н. *Меня этот сорванец будет слушаться как миленький.* **Миленькое дело!** — выражение удивления или недовольства.

МИЛИТАРИЗИ́РОВАТЬ, -рую, -руешь; -анный; *сов.* и *несов., что.* Подчинить (-нять) (экономику, промышленность) целям милитаризма. ‖ *сов.* также **милитаризова́ть**, -зу́ю, -зу́ешь; -о́ванный. ‖ *сущ.* **милитариза́ция**, -и, *ж. М. промышленности.*

МИЛИТАРИ́ЗМ, -а, *м.* Политика усиления военной мощи, наращивания вооружений и активизации военных приготовлений. ‖ *прил.* **милитаристи́ческий**, -ая, -ое *и* **милитари́стский**, -ая, -ое.

МИЛИТАРИ́СТ, -а, *м.* Сторонник милитаризма. ‖ *прил.* **милитари́стский**, -ая, -ое.

МИЛИЦИОНЕ́Р, -а, *м.* Рядовой или сержант милиции (в 1 знач.). ‖ *ж.* **милиционе́рша**, -и (разг.). ‖ *прил.* **милице́йский**, -ая, -ое *и* **милиционе́рский**, -ая, -ое (разг.). *Милицейские [illegible]иности.*

МИЛИ́ЦИЯ, -и, *ж.* **1.** В нек-рых странах: административно-исполнительный орган, занимающийся борьбой с преступностью и правонарушениями, охраной порядка, а также личной безопасности граждан и их имущества. **2.** *собир.* Работники этого учреждения (разг.). *Вызвать милицию. Приехала м.* **3.** В нек-рых странах: название народного ополчения. ‖ *прил.* **милице́йский**, -ая, -ое (к 1 и 2 знач.) *и* **милицио́нный**, -ая, -ое (к 3 знач.).

МИЛЛИ... *Первая часть сложных слов со знач.* единицы, равной одной тысячной доле той единицы, к-рая названа во второй части сложения, напр. *миллимикрон, милливольт, миллиампер.*

МИЛЛИА́РД [*илиа́* и *илья́*], -а, *м.* Число и количество, равное тысяче миллионов. *Миллиарды звёзд* (неисчислимое множество). ‖ *прил.* **миллиа́рдный**, -ая, -ое.

МИЛЛИАРДЕ́Р [*дэ*], -а, *м.* Обладатель богатства, оцениваемого в миллиарды (каких-н. денежных единиц). ‖ *ж.* **миллиарде́рша**, -и (разг.).

МИЛЛИГРА́ММ, -а, *род. мн.* -гра́мм *и* -гра́ммов, *м.* Одна тысячная доля грамма. ‖ *прил.* **миллигра́ммовый**, -ая, -ое.

МИЛЛИМЕ́ТР, -а, *м.* Одна тысячная доля метра. ‖ *прил.* **миллиметро́вый**, -ая, -ое.

МИЛЛИМЕТРО́ВКА, -и, *ж.* (разг.). Чертёжная бумага, размеченная на клетки в один квадратный миллиметр.

МИЛЛИО́Н [*илио́* и *ильё*], -а, *м.* Число и количество, равное тысяче тысяч. *Миллионы людей* (огромное множество). *Нажить миллионы* (огромные деньги; разг.). ‖ *прил.* **миллио́нный**, -ая, -ое.

МИЛЛИОНЕ́Р, -а, *м.* **1.** Обладатель доходов, богатства, исчисляемых миллионами денежных единиц. *Биржевик-м. Хозяйство-м.* **2.** Человек, к-рый выполнил работу, результаты к-рой измеряются миллионами единиц. *Лётчики-миллионеры* (налетавшие свыше миллиона километров). ‖ *ж.* **миллионе́рша**, -и (к 1 знач.; разг.).

МИ́ЛОВАТЬ, -лую, -луешь; *несов., кого (что).* Щадить, прощать кому-н. вину. *Никого не милует кто-н.* (перен.: ко всем строг). ‖ *сов.* **поми́ловать**, -лую, -луешь; -анный. ✦ **Помилуй Бог** (разг.) — выражение опасения; как бы не случилось чего-н. плохого. **Бог милует** *кого* (разг.) — пока всё благополучно, жаловаться не на что. ‖ *сущ.* **поми́лование**, -я, *ср. Просьба о помиловании* (офиц.).

МИЛОВА́ТЬ, -лу́ю, -лу́ешь; *несов., кого (что).* В народной словесности: ласкать. *Будет любить-м.*

МИЛОВА́ТЬСЯ, -лу́юсь, -лу́ешься; *несов.* (разг.). Ласкать друг друга. *Целуются и милуются* (также ирон.).

МИЛОВИ́ДНЫЙ, -ая, -ое; -ден, -дна. Приятный, милый на вид. *Миловидное лицо. Миловидная девушка.* ‖ *сущ.* **милови́дность**, -и, *ж.*

МИЛО́РД, -а, *м.* У англичан: почтительное обращение к мужчине из привилегированных классов.

МИЛОСЕ́РДИЕ, -я, *ср.* Готовность помочь кому-н. или простить кого-н. из сострадания, человеколюбия. *Проявить м. Взывать к чьему-н. милосердию. Общество «М.». Действовать без милосердия* (жестоко). ✦ **Сестра милосердия** — женщина, ухаживающая за больными, ранеными.

МИЛОСЕ́РДНЫЙ, -ая, -ое; -ден, -дна *и* **МИЛОСЕ́РДЫЙ**, -ая, -ое; -сёрд, -се́рда. Проявляющий милосердие, вызванный милосердием. *М. человек. М. поступок. Бог милосерд.*

МИ́ЛОСТИВЫЙ, -ая, -ое; -ив (устар.). Проявляющий, выражающий милость (в 3 знач.). *Милостиво* (нареч.) *поступить с кем-н. М. взгляд.*

МИ́ЛОСТЫНЯ, -и, *ж.* То, что подаётся нищему, подаяние. *Собирать, просить милостыню. Подать милостыню.*

МИ́ЛОСТЬ, -и, *ж.* **1.** Доброе, человеколюбивое отношение. *Оказать м. Сменить гнев на м.* (перестать сердиться; ирон.). *Сдаться на м. победителя* (о сдаче без всяких условий). *Из милости сделать что-н.* (по снисхождению). **2.** *мн.* Благодеяния, дар. *Осыпать милостями кого-н.* **3.** Благосклонность, полное доверие, расположение к кому-н. низшему со стороны высшего (устар.). *Быть в милости у кого-н.* ✦ **Ваша (твоя, его) милость** (устар.) — обращение низшего к высшему. **Милости просим** — вежливое приглашение. **По милости** *кого* или *чьей* (ирон.) — из-за кого-н., по вине кого-н. *По твоей милости опоздали.* **Сделай(те) милость** (устар. и ирон.) — выражение согласия или просьбы, пожалуйста. *Сделай милость, помолчи немножко.* **Скажи(те) на милость** (ирон. устар.), *вводн. сл.* — скажите пожалуйста, вот удивительно.

МИ́ЛОЧКА, -и, *ж.* (разг.). Ласковое обращение к женщине, девочке.

МИ́ЛЫЙ, -ая, -ое; мил, мила́, ми́ло, ми́лы *и* милы́. **1.** Славный, привлекательный, приятный. *М. ребёнок. Милая улыбка.* **2.** Дорогой, любимый. *М. друг. Насильно мил не будешь* (посл.). *Встретить своего милого* (сущ.). *Милые* (сущ.) *бранятся — только тешатся* (посл.). **3.** **ми́ло!** Выражение удивления или недовольства, миленькое дело (разг. ирон.). *Забрал себе все вещи, мило!* ✦ **Милое дело!** (разг.) — 1) о чём-н. хорошем, приятном; 2) то же, что миленькое дело.

МИ́ЛЯ, -и, *ж.* Путевая мера длины, различная в разных странах. *Морская м.* (1852 или 1853 м). *Сухопутная м.* (1609 м). *Старая русская м.* (7468 м).

МИЛЯ́ГА, -и, *м.* и *ж.* (прост.). Милый человек, располагающее к себе существо. *М.-парень.*

МИМ, -а, *м.* Артист — исполнитель пантомимы. *Театр мимов.*

МИМА́НС, -а, *м.* Сокращение: мимический ансамбль (группа мимов).

МИ́МИКА, -и, *ж.* Движения лица, выражающие внутреннее душевное состояние. *Выразительная м.* ‖ *прил.* **мими́ческий**, -ая, -ое.

МИМИКРИ́Я, -и, *ж.* (спец.). У нек-рых животных и растений: сходство окраски и формы с окружающей средой, способствующее им в борьбе за существование.

МИМИ́СТ, -а, *м.* Артист, искусно владеющий мимикой. ‖ *ж.* **мими́стка**, -и.

МИМИ́ЧЕСКИЙ, -ая, -ое. **1.** *см.* мимика. **2.** Относящийся к игре мимов, к пантомиме. *М. ансамбль* (ансамбль мимов).

МИ́МО. **1.** *нареч.* Минуя что-н. *Пройти м.* **2.** *кого-чего, предлог с род. п.* Не достигая кого-чего-н., не сближаясь с кем-чем-н. *Бить м. цели.* ✦ **Не проходите мимо!** — призыв не быть равнодушным ко злу, не относиться безучастно к несправедливости, к беспорядку.

МИМОЕ́ЗДОМ, *нареч.* (разг.). Проезжая мимо, проездом. *М. побывать где-н.*

МИМО́ЗА, -ы, *ж.* **1.** Южное растение (травы, кустарники, деревья), нек-рые виды к-рого известны тем, что свёртывают листья при прикосновении к ним. *Не человек, а м.* (перен.: о недотроге). **2.** Обиходное название южной акации с мелкими пушистыми жёлтыми цветками, собранными в кисти. ‖ *прил.* **мимо́зовый**, -ая, -ое. *Семейство мимозовых* (сущ.).

МИМОЛЁТНЫЙ, -ая, -ое; -тен, -тна. **1.** Быстрый, не длительный. *М. взгляд. Мимолётная встреча.* **2.** Непрочный, недолговечный. *Мимолётное счастье.* ‖ *сущ.* **мимолётность**, -и, *ж.*

МИМОХО́ДОМ, *нареч.* **1.** По пути, проходя мимо. *М. зайти куда-н.* **2.** *перен.* Между прочим, вскользь (разг.). *М. сказать, услышать.*

МИ́НА[1], -ы, *ж.* **1.** Средство заграждения — взрывной снаряд, помещаемый обычно под водой или под землёй. *Морская м. Инженерная м.* (противопехотная, противотанковая, противодесантная, противотранспортная). **2.** Снаряд миномёта и нек-рых других гладкоствольных орудий. **3.** То же, что торпеда. ‖ *прил.* **ми́нный**, -ая, -ое. *Минное поле* (заминированная территория, участок).

МИ́НА[2], -ы, *ж.* Выражение лица, его выразительное движение. *Недовольная м.* ✦ **Хорошая мина в плохой игре** — о внешнем спокойствии, предназначенном скрыть что-н. плохое. *Делать хорошую мину в плохой игре.*

МИНАРЕ́Т, -а, *м.* Башня при мечети, с к-рой муэдзин призывает на молитву. ‖ *прил.* **минаре́тный**, -ая, -ое.

МИНДА́ЛИНА[1], -ы, *ж.* Парный орган лимфатической системы, расположенный в слизистой оболочке на стенке ротовой полости и глотки. *Нёбные миндалины. Носоглоточные миндалины. Воспаление миндалин.*

МИНДА́ЛИНА[2], -ы, *ж.* Один орех миндаля.

МИНДА́ЛЬ, -я́ (-ю́), *м.* Южное дерево или кустарник сем. розоцветных, с плодами — светлыми удлинёнными орехами, а также сами орехи. ‖ *прил.* **минда́льный**, -ая, -ое. *Миндальное масло. Миндальное пирожное* (с миндалём).

МИНДА́ЛЬНИЧАТЬ, -аю, -аешь; *несов.* (разг.). **1.** Нежничать, быть приторно-сентиментальным. **2.** *с кем.* Проявлять без основания излишнюю мягкость к кому-н. *Нельзя м. с прогульщиками.*

МИНЕРА́Л, -а, *м.* Естественное неорганическое образование кристаллической структуры, приблизительно однородное по химическому составу и физическим свойствам, залегающее в глубинах или на поверхности Земли и обычно служащее предметом добычи как полезное ископаемое. *Образцы минералов.* ‖ *прил.* **минера́льный**, -ая, -ое. *Минеральное сырьё. Минеральные воды* (натуральные воды, содержащие минералы). *Минеральные удобрения* (соединения, содержащие элементы для питания растений).

МИНЕРА́ЛКА, -и, *ж.* (разг.). Столовая минеральная вода.

МИНЕРАЛО́Г, -а, *м.* Специалист по минералогии.

МИНЕРАЛО́ГИЯ, -и, *ж.* Наука о минералах. ‖ *прил.* **минералоги́ческий**, -ая, -ое.

МИНЕ́Я, -и, *ж.* Православная богослужебная книга, содержащая молитвы, песнопения, повествования о жизни святых и службы, расположенные по месяцам и дням года. ✦ **Минеи-Четьи (Четьи-Минеи)** — минея, содержащая повествование о жизни святых. ‖ *прил.* **мине́йный**, -ая, -ое.

МИНЁР, -а, *м.* Военнослужащий сапёрных частей — специалист по минированию и разминированию. ‖ *прил.* **минёрский**, -ая, -ое.

МИНЁРНЫЙ, -ая, -ое. Относящийся к минированию, к минёрам.

МИ́НИ. **1.** *нескл., ср.* Юбка, платье, пальто минимальной длины. *Носить м. Мода на м.* **2.** *неизм.* Максимально короткий (о юбке, платье, пальто) или очень маленький. *Юбка м. М.-транзистор. М.-автомобиль. М.-компьютер. М.-ЭВМ. М.-футбол* (футбол с малым числом участников на небольших площадках).

МИНИАТЮ́РА, -ы, *ж.* **1.** Небольшой рисунок в красках в старинной рукописи, книге. **2.** Небольшая картина тщательной и изящной отделки, с тонким наложением красок. *Миниатюры на бумаге, на фарфоре, на кости. Акварельные миниатюры.* **3.** Драматическое или музыкальное произведение малой формы (напр. интермедия, скетч, реприза). *Театр миниатюр. Оркестровые миниатюры.* **4.** Изящное изделие очень маленького размера. *Книжка-м.* ✦ **Почтовые миниатюры** — картинки, рисунки на почтовых марках. **В миниатюре** — в малом виде, уменьшенном размере. ‖ *прил.* **миниатю́рный**, -ая, -ое. *Миниатюрная живопись. Миниатюрная техника.*

МИНИАТЮРИ́СТ, -а, *м.* **1.** Художник, рисующий миниатюры. **2.** Автор миниатюр (в 3 знач.). ‖ *ж.* **миниатюри́стка**, -и.

МИНИАТЮ́РНЫЙ, -ая, -ое; -рен, -рна. **1.** *см.* миниатюра. **2.** *перен.* Маленький и изящный. *Миниатюрная фигурка.* ‖ *сущ.* **миниатю́рность**, -и, *ж.*

МИНИМА́ЛЬНЫЙ, -ая, -ое; -лен, -льна. Наименьший в ряду других; *противоп.* максимальный. *Минимальные издержки.* ‖ *сущ.* **минима́льность**, -и, *ж.*

МИ́НИМУМ. **1.** -а, *м.* Минимальное, наименьшее количество, наименьшая величина в ряду данных; *противоп.* максимум. *М. затрат. Прожиточный м.* (средства, необходимые для существования, для того, чтобы прожить, для поддержания трудоспособности). **2.** -а, *м.* Совокупность специальных знаний, необходимых для работы в какой-н. области, а также соответствующий экзамен. *Технический м. Кандидатский м. Сдать м. по агротехнике.* **3.** *нареч.* Самое меньшее (при словах, обозначающих количество). *Стоит м. пять рублей.* **4.** *неизм.* То же, что минимальный. *Программа-м.*

МИНИ́РОВАТЬ, -рую, -руешь; -анный; *сов.* и *несов., что.* Заложить (закладывать) мины для взрыва чего-н. *М. мост.* ‖ *сов.* также **замини́ровать**, -рую, -руешь; -анный. ‖ *сущ.* **мини́рование**, -я, *ср.*

МИНИСТЕ́РСТВО, -а, *ср.* **1.** Центральное правительственное учреждение, ведающее какой-н. отраслью управления. *М. финансов.* **2.** *собир.* При парламентаризме: министры данного правительства. *Смена министерства. Кризис министерства.* ‖ *прил.* **министе́рский**, -ая, -ое.

МИНИ́СТР, -а, *м.* Член правительства, возглавляющий министерство (в 1 знач.). *М. здравоохранения. М. путей сообщения.* ‖ *прил.* **министе́рский**, -ая, -ое.

МИННЕЗИ́НГЕР [нэ], -а, *м.* В средние века: немецкий рыцарский поэт-певец.

МИНОВА́ТЬ, -ну́ю, -ну́ешь. **1.** *сов.* и *несов., кого-что.* Пройти (проходить), проехать (проезжать) мимо кого-чего-н. *М. деревню.* **2.** *сов.*, преимущ. *с отриц., чего* и *с неопр.* Избавиться, освободиться от чего-н. (разг.). *Чему быть, того не м.* (посл.). *Тебе не м. неприятностей.* **3.** (1 и 2 л. не употр.), *сов.* Пройти, окончиться, а также (об опасности) больше не существовать, не быть. *Гроза миновала. Опасность миновала* (больше не грозит). **4.** **мину́я** *кого-что*, *в знач. предлога с вин. п.* Исключая кого-что-н., не прибегая к кому-чему-н., не касаясь кого-чего-н. *Действовать минуя руководителя.* ‖ *сущ.* **минова́ние**, -я, *ср.* (к 3 знач.; устар.). *За минованием надобности* (офиц.).

МИНО́ГА, -и, *ж.* Низшее водное позвоночное животное со змеевидным телом. ‖ *прил.* **мино́жий**, -ья, -ье.

МИНОИСКА́ТЕЛЬ, -я, *м.* Электромагнитный прибор для нахождения мин.

МИНОМЁТ, -а, *м.* Артиллерийское орудие навесного огня, стреляющее минами. *Гладкоствольный м. Нарезной м.* ‖ *прил.* **миномётный**, -ая, -ое.

МИНОМЁТЧИК, -а, *м.* Военнослужащий миномётных частей и подразделений.

МИНОНО́СЕЦ, -сца, *м.* Военный корабль с сильным торпедным вооружением — предшественник эсминца. *Эскадренный м.*

МИНО́Р, -а, *м.* **1.** Музыкальный лад грустной, скорбной окраски, аккорд к-рого строится на малой терции (спец.). **2.** *перен.* Грустное, подавленное настроение. *Быть в миноре.* ‖ *прил.* **мино́рный**, -ая, -ое. *М. тон. Минорное настроение.*

МИНУ́ВШИЙ, -ая, -ее. Прошедший, прошлый. *Минувшие годы. Минувшее* (сущ.) *встает в памяти.*

МИ́НУС, -а, *м.* **1.** Знак в виде тире (—), обозначающий вычитание или отрицательную величину в математике. *Под знаком м.* (перен.: о ком-чём-н., оцениваемом отрицательно; разг.). **2.** *нескл.* Без чего-н., вычтя. *Пять м. два.* **3.** *нескл.* При указании на температуру воздуха обозначает: ниже нуля. *Сегодня ночью было м. десять градусов.* **4.** *перен.* Недостаток, отрицательная сторона (разг.). *Проект имеет много минусов. М. в работе.* ‖ *прил.* **ми́нусовый**, -ая, -ое (к 3 и 4 знач.). *Минусовые температуры* (ниже нуля).

МИНУ́ТА, -ы, *ж.* **1.** Единица времени, равная 1/60 часа и состоящая из 60 секунд; промежуток времени такой протяжённости. *На часах пять минут седьмого* (т. е. шесть часов и пять минут). *М. в минуту* (точно, в точно назначенный срок). *Прошла одна м.* **2.** Короткий промежуток времени, мгновение (разг.). *Придёт с минуты на минуту* (очень скоро, сейчас). *Зайти куда-н. на минуту. В ту самую минуту, когда...* (или *как...*) (именно тогда). *Минуты покоя нет. В первую минуту* (сначала). *Помочь в трудную минуту* (когда трудно). *В одну минуту* и *в минуту* (тотчас, очень быстро). *Сию минуту* (сейчас, очень скоро или только что). *Минутами больной теряет сознание* (иногда, в отдельные короткие промежутки времени). **3.** Единица измерения углов и дуг, равная 1/60 градуса (спец.). ✦ **Минута молчания** (высок.) — несколько мгновений полной тишины в знак выражения горести об умерших. **Без пяти минут** *кто* (разг. шутл.) — очень скоро станет кем-н. *Без пяти минут инженер.* ‖ *уменьш.* **мину́тка**, -и, *ж.* (к 1 и 2 знач.) и **мину́точка**, -и, *ж.* (к 1 и 2 знач.). *Улучить минутку. Минутку!* и *Минуточку!* (призыв к вниманию, терпению; просьба немного подождать). ‖ *прил.* **мину́тный**, -ая, -ое. *Минутная стрелка* (на часах: показывающая минуты). *Минутное замешательство* (очень недолгое).

МИНУ́ТЬ, мину́, минёшь; мину́л, мину́ла и **МИ́НУТЬ** (ми́ну, ми́нешь, 1 и 2 л. не употр.), ми́нет; ми́нул, ми́нула; *сов.* **1.** (мину́ть). То же, что миновать (в 1 знач.). *М. поворот.* **2.** (1 и 2 л. не употр.). Пройти, исчезнуть, миновать (в 3 знач.). *Минули тяжёлые годы.* **3.** (ми́нуть) (1 и 2 л. не употр.), *кому*. О возрасте: исполниться. *Ему минуло двадцать лет.*

МИОКА́РД, -а, *м.* (спец.). Мышечная ткань сердца. *Инфаркт миокарда.*

МИО́МА, -ы, *ж.* (спец.). Доброкачественная опухоль из мышечной ткани. ‖ *прил.* **мио́мный**, -ая, -ое.

МИР[1], -а, *мн.* -ы́, -о́в, *м.* **1.** Совокупность всех форм материи в земном и космическом пространстве, Вселенная. *Происхождение мира.* **2.** Отдельная область Вселенной, планета. *Звёздные миры.* **3.** *ед.* Земной шар, Земля, а также люди, население земного шара. *Объехать весь м. Первые в мире. Чемпион мира. М. тесен* (о неожиданно обнаружившихся общих знакомых, связях; книжн.). **4.** Объединённое по каким-н. признакам человеческое общество, общественная среда, строй. *Античный м. Научный м.* **5.** Отдельная область жизни, явлений, предметов. *М. животных, растений. М. звуков. Внутренний м. человека. М. увлечений.* **6.** *ед.* (предл. в миру́). Светская жизнь, в противоп. монастырской жизни, церкви. **7.** (предл. на миру́). Сельская община с её членами (устар.). *С миру по нитке — голому рубашка* (посл.). ✦ **Всем миро́м** (разг.) — все вместе, сообща. **На миру́ и смерть красна** (посл.) — всё можно перенести не в одиночку, вместе с другими. **Не от мира сего** — о человеке, не думающем о практической стороне жизни, не приспособленном к жизни. **По́ миру** (пойти, пустить, ходить) — о нищенстве. **В иной мир** (уйти, переселиться) (устар.) — умереть. **Сильные мира сего** (устар. и ирон.) — люди, занимающие высокое положение в обществе. ‖ *уменьш.* **миро́к**, -рка́, *м.* (к 5 знач.; разг.). *Замкнутый м.* ‖ *прил.* **мирово́й**, -а́я, -о́е (к 1, 2 и 3 знач.) *и* **мирско́й**, -а́я, -о́е (к 6 и 7 знач.). *Мировое пространство. Мировое сообщество. Мирская жизнь. Мирская молва — что морская волна* (посл.).

МИР[2], -а, *м.* **1.** Согласие, отсутствие вражды, ссоры, войны. *Жить в мире. В семье м. Сохранить мир на Земле.* **2.** Соглашение воюющих сторон о прекращении войны. *Заключить м.* **3.** Спокойствие, тишина (высок.). *М. полей. М. вашему дому! М. праху его* (добрые слова об умершем). ✦ **С миром отпустить** *кого* — дать кому-н. уйти спокойно. ‖ *прил.* **ми́рный**, -ая, -ое. *Мирное время. М. договор. М. труд.*

МИРАБЕ́ЛЬ, -и, *ж.* Сорт мелкой кисловатой сливы. ‖ *прил.* **мирабе́левый**, -ая, -ое *и* **мирабе́льный**, -ая, -ое. *Мирабелевое варенье. Мирабельная косточка.*

МИРА́Ж, -а *и* -а́, *мн.* -и, -ей *и* -и́, -е́й, *м.* **1.** Оптическое явление — появление в атмосфере мнимых изображений отдалённых предметов. *М. в пустыне.* **2.** *перен.* Обманчивый призрак чего-н.; нечто кажущееся (книжн.). *М. счастья.* ‖ *прил.* **мира́жный**, -ая, -ое.

МИРВО́ЛИТЬ, -лю, -лишь; *несов., кому-чему* (устар.). Попустительствовать в чём-н., давать поблажку.

МИРИА́ДЫ, -а́д (книжн.). Неисчислимое множество. *М. звёзд.*

МИРИ́ТЬ, -рю́, -ри́шь; -рённый (-ён, -ена́); *несов.* **1.** *кого (что).* Восстанавливать согласие, мирные отношения между кем-н. *М. враждующих.* **2.** *кого (что) с кем-чем.* Заставлять терпимо относиться к кому-чему-н. *Доброта этого человека мирит с его недостатками.* ‖ *сов.* **помири́ть**, -рю́, -ри́шь; -рённый (-ён, -ена́) (к 1 знач.) *и* **примири́ть**, -рю́, -ри́шь; -рённый (-ён, -ена́). ‖ *сущ.* **примире́ние**, -я, *ср.*

МИРИ́ТЬСЯ, -рю́сь, -ри́шься; *несов.* **1.** *с кем.* Прекращать вражду, восстанавливать согласие, мирные отношения. **2.** *с чем.* Терпимо относиться к чему-н. *М. с неудобствами.* ‖ *сов.* **помири́ться**, -рю́сь, -ри́шься (к 1 знач.) *и* **примири́ться**, -рю́сь, -ри́шься. ‖ *сущ.* **примире́ние**, -я, *ср.*

МИ́РНЫЙ, -ая, -ое; -рен, -рна. **1.** *см.* мир[2]. **2.** Миролюбивый, исполненный согласия, дружбы. *М. народ. М. разговор. М. характер.* **3.** Спокойный, чуждый волнений. *Мирное настроение.*

МИ́РО, -а, *ср.* Деревянное масло с красным вином и благовониями, употр. в христианских обрядах. *Одним миром мазаны* (перен.: о людях с одинаковыми недостатками; шутл.).

МИРОВА́Я, -о́й, *ж.* (разг.). Полюбовное соглашение, разрешение спора, тяжбы без суда. *Пойти на мировую.*

МИРОВОЗЗРЕ́НИЕ, -я, *ср.* Система взглядов, воззрений на природу и общество. ‖ *прил.* **мировоззре́нческий**, -ая, -ое.

МИРОВО́Й[1], -а́я, -о́е. **1.** *см.* мир[1]. **2.** Распространяющийся на весь мир[1], имеющий значение для всего мира[1]. *Мировая война. Мировая слава.* **3.** Высший, первый во всём мире[1]. *М. рекорд. М. рекордсмен.* **4.** *перен.* Очень хороший, замечательный (прост.). *Он парень м. М. фильм.*

МИРОВО́Й[2], -а́я, -о́е (устар.). Относящийся к установлению мирных отношений между спорящими сторонами. *М. суд* (в России до революции и в нек-рых странах: суд для разбора мелких гражданских и уголовных дел). *М. судья. Пожаловаться мировому* (сущ.; мировому судье).

МИРОВОСПРИЯ́ТИЕ, -я, *ср.* (книжн.). То или иное восприятие мира[1], действительности. *Детское м.*

МИРОЕ́Д, -а, *м.* (устар. презр.). То же, что кулак[2]. ‖ *прил.* **мирое́дский**, -ая, -ое.

МИРОЗДА́НИЕ, -я, *ср.* (книжн.). То же, что мир[1] (в 1 знач.). *Тайны мироздания.*

МИРОЛЮБИ́ВЫЙ, -ая, -ое; -и́в. Проникнутый миролюбием. *М. характер. Миролюбивая политика.* ‖ *сущ.* **миролюби́вость**, -и, *ж.*

МИРОЛЮ́БИЕ, -я, *ср.* Стремление к сохранению мира[2], мирных отношений. *Проявить м.*

МИРООЩУЩЕ́НИЕ, -я, *ср.* (книжн.). Отношение человека к окружающей действительности, обнаруживающееся в его настроениях, чувствах, поступках.

МИРОПОМА́ЗАНИЕ, -я, *ср.* Христианское таинство — обряд помазания миром лица, глаз, ушей, груди, рук, ног в знак приобщения к божественной благодати.

МИРОПОНИМА́НИЕ, -я, *ср.* (книжн.). То или иное понимание мира[1], действительности, система взглядов, идей.

МИРОСОЗЕРЦА́НИЕ, -я, *ср.* (книжн.). Совокупность взглядов на мир[1], на действительность, миропонимание. ‖ *прил.* **миросозерца́тельный**, -ая, -ое.

МИРОТВО́РЕЦ, -рца, *м.* **1.** Военнослужащий, в составе своей части введённый в какую-н. страну для устранения междуусобицы, установления мира. **2.** Тот, кто способствует прекращению ссоры, чьему-н. примирению (устар. ирон.). ‖ *ж.* **миротво́рица**, -ы (ко 2 знач.). ‖ *прил.* **миротво́рческий**, -ая, -ое. *Миротворческая миссия. Миротворческие силы в горячих точках.*

МИ́РРА, -ы, *ж.* Ароматическая смола из коры нек-рых тропических деревьев. ‖ *прил.* **ми́рровый**, -ая, -ое.

МИРСКО́Й *см.* мир[1].

МИРТ, -а, *м.* и **МИ́РТА**, -ы, *ж.* Южный вечнозелёный кустарник или дерево с белыми душистыми цветками. ‖ *прил.* **ми́ртовый**, -ая, -ое. *Миртовая ветвь* (также перен.: символ мира). *Семейство миртовых* (сущ.).

МИРЯ́НИН, -а, *мн.* -я́не, -я́н, *м.* (устар.). Человек, живущий в миру[1] (в 6 знач.). ‖ *ж.* **миря́нка**, -и.

МИ́СКА, -и, *ж.* Посуда в форме маленького таза[1]. *Эмалированная м.* ‖ *прил.* **ми́сочный**, -ая, -ое.

МИСС, *нескл., ж.* **1.** В англоговорящих странах: вежливое обращение к девушке (обычно перед именем, фамилией). **2.** В сочетании со следующим далее существительным обозначает: лучшая среди девушек, молодых женщин (с точки зрения тех качеств, свойств, к-рые названы существительным, или с точки зрения того места, где проводится конкурс). *М.-Россия* (победительница на конкурсе красоты в России). *Конкурс «м.-водитель».*

МИССИОНЕ́Р, -а, *м.* Духовное лицо, посылаемое церковью для распространения своей религии среди иноверцев; вообще человек, распространяющий среди других учение какой-н. религии, секты. ‖ *ж.* **миссионе́рка**, -и. ‖ *прил.* **миссионе́рский**, -ая, -ое. *Миссионерская деятельность. Миссионерская школа.*

МИ́ССИС, *нескл., ж.* В англоговорящих странах: вежливое обращение к замужней женщине (обычно перед именем, фамилией).

МИ́ССИЯ, -и, *ж.* **1.** Ответственное задание, роль, поручение (книжн.). *Возложить важную миссию на кого-н. Великая м. поэта.* **2.** Постоянное дипломатическое представительство во главе с посланником или поверенным в делах. *Сотрудники миссии.* **3.** Дипломатическая делегация специального назначения. *Иностранная военная м. М. дружбы, м. доброй воли* (перен.: о делегации, явившейся с дружественными, доброжелательными намерениями). **4.** Миссионерская организация.

МИ́СТЕР, -а, *м.* В англоговорящих странах: вежливое обращение к мужчине (обычно перед именем, фамилией).

МИСТЕ́РИЯ, -и, *ж.* В Западной Европе: средневековая драма на библейские темы, сопровождавшаяся интермедиями.

МИ́СТИК, -а, *м.* Человек, к-рый склонен к мистике, к религиозно-мистическому миросозерцанию.

МИ́СТИКА, -и, *ж.* **1.** Вера в божественное, в таинственный, сверхъестественный мир и в возможность непосредственного общения с ним. *Средневековая м.* **2.** Нечто загадочное, необъяснимое (разг.). *Все события последних дней — какая-то м.* ‖ *прил.* **мисти́ческий**, -ая, -ое.

МИСТИФИКА́ТОР, -а, *м.* (книжн.). Человек, к-рый занимается мистификациями. ‖ *ж.* **мистифика́торша**, -и (разг.). ‖ *прил.* **мистифика́торский**, -ая, -ое.

МИСТИФИКА́ЦИЯ, -и, *ж.* (книжн.). Намеренное введение в обман, в заблуждение. *Жертва мистификации.*

МИСТИФИЦИ́РОВАТЬ, -рую, -руешь; -анный; *сов. и несов., кого (что)* (книжн.). Намеренно ввести (вводить) в обман, в заблуждение кого-н.

МИСТИЦИ́ЗМ, -а, *м.* Мистическое мировоззрение, склонность к мистике (в 1 знач.). *Религиозный м.* ‖ *прил.* **мисти́ческий**, -ая, -ое.

МИСТРА́ЛЬ, -я, *м.* На юге Франции: сильный северо-западный ветер.

МИ́ТИНГ, -а, *м.* Массовое собрание для обсуждения политических, злободневных вопросов. *Собраться на м. М. протеста. М. в защиту демократии.* ‖ *прил.* **митинго́вый**, -ая, -ое.

МИТИНГОВА́ТЬ, -гу́ю, -гу́ешь; *несов.* (разг.). Устраивать митинг, участвовать в митинге, обсуждать что-н. на митинге.

МИТКА́ЛЬ, -я́, *м.* Неотделанная тонкая хлопчатобумажная ткань полотняного переплетения. ‖ *прил.* **митка́левый**, -ая, -ое *и* **митка́льный**, -ая, -ое.

МИ́ТРА, -ы, *ж.* Позолоченный головной убор, надеваемый во время богослужения представителями высшего православного духовенства и нек-рыми заслуженными священниками.

МИТРОПОЛИ́Т, -а, *м.* Высшее почётное звание (духовный сан) архиерея, а также архиерей, имеющий это звание. ‖ *прил.* **митрополи́тский**, -ая, -ое *и* **митрополи́чий**, -ья, -ье.

МИТРОФА́НУШКА, -и, *м.* (разг.). Великовозрастный неуч [по имени героя комедии Фонвизина «Недоросль»].

МИФ, -а, *м.* **1.** Древнее народное сказание о легендарных героях, богах, о явлениях природы. *М. о Прометее.* **2.** *перен.* Недостоверный рассказ, выдумка. *М. о пришельцах.* **3.** То же, что вымысел (в 1 знач.). *Вечная любовь — миф.* ‖ *прил.* **мифи́ческий**, -ая, -ое.

МИФОЛО́ГИЯ, -и, *ж.* **1.** Совокупность мифов (в 1 знач.) какого-н. народа. *Древнегреческая м. Славянская м.* **2.** Наука, изучающая мифы (в 1 знач.). ‖ *прил.* **мифологи́ческий**, -ая, -ое.

МИ́ЧМАН, -а, *мн.* -ы, -ов *и* (разг.) -а́, -о́в, *м.* **1.** В военно-морском флоте: воинское звание лиц, добровольно проходящих службу сверх установленного срока, а также лицо (помощник офицера), имеющее это звание. **2.** В старом русском и нек-рых других флотах: первый офицерский чин, а также лицо, имеющее этот чин. ‖ *прил.* **ми́чманский**, -ая, -ое.

МИ́ЧМАНКА, -и, *ж.* Род форменной фуражки.

МИШЕ́НЬ, -и, *ж.* **1.** Предмет или изображение, служащие целью для учебной, тренировочной или спортивной стрельбы. *Стрельба по мишеням. Движущаяся м.* **2.** *перен., чего и для чего.* Тот, кто (или то, что) является предметом каких-н. действий, нападок. *М. для насмешек.* ‖ *прил.* **мише́нный**, -ая, -ое (к 1 знач.; спец.).

МИ́ШКА, -и, *м.* (разг. ласк.). То же, что медведь (в 1 знач.). *М. косолапый. Плюшевый м.* (игрушка). ‖ *уменьш.* **мишу́тка**, -и, *м.*

МИШУРА́, -ы́, *ж.* **1.** Металлические, посеребрённые или позолоченные нити, идущие на изготовление галунов, парчовых тканей. *Ёлочная м.* (украшение из блестящих пушистых нитей). **2.** *перен.* Внешняя броскость, блеск без внутреннего содержания. *Показная м.* ‖ *прил.* **мишу́рный**, -ая, -ое. ‖ *сущ.* **мишу́рность**, -и, *ж.* (ко 2 знач.).

МЛАДЕ́НЕЦ, -нца, *м.* Дитя, маленький ребёнок. *Грудной м. Он сущий м.* (совсем как ребёнок). *Связался чёрт с младенцем* (осуждение того, кто равняется со слабым, обижает его; разг.). ‖ *прил.* **младе́нческий**, -ая, -ое. *М. возраст. М. лепет* (также перен.: о наивном, незрелом рассуждении).

МЛАДЕ́НЧЕСКИЙ, -ая, -ое. **1.** *см.* младенец *и* младенчество. **2.** Связанный с годами младенчества; свойственный младенцу, такой, как у младенца. *Младенческие воспоминания. Младенческая улыбка.*

МЛАДЕ́НЧЕСТВО, -а, *ср.* Ранний детский возраст. *В младенчестве.* ‖ *прил.* **младе́нческий**, -ая, -ое.

МЛАДО... *Первая часть сложных слов со знач.* новый, напр. *младогегельянцы, младописьменный* (о языке: получивший письменность в недавнее время).

МЛАДО́Й, -а́я, -о́е; млад, млада́, мла́до (устар.). То же, что молодой (в 1 и 4 знач.). *Младая дева. Стар и млад* (все без исключения — и старые и молодые). *Младые мечты.* ‖ *сущ.* **мла́дость**, -и, *ж.*

МЛА́ДОСТЬ, -и, *ж.* (устар.). **1.** *см.* младой. **2.** То же, что молодость (в 1 знач.). *В радостях прошла его м.* **3.** *перен., собир.* То же, что молодость (во 2 знач.). *Ликует ветреная м.*

МЛА́ДШИЙ, -ая, -ее; мла́дше. **1.** Более молодой сравнительно с кем-чем-н.; самый молодой по возрасту. *Младшее поколение. М. брат. М. в семье. Старшие заботятся о младших* (сущ.). **2.** Низший в сравнении с более старшими по званию, должности, служебному положению. *М. лейтенант. М. научный сотрудник. Младшие чином.* **3.** Стоящий ниже по степени, значению. *Младшая карта* (в игре). **4.** О классе, учебной группе, ученике: относящийся к началу учебного курса, далёкий от выпуска. *Младшие классы.* ‖ *ласк.* **мла́дшенький**, -ая, -ое (к 1 знач.; о ребёнке в семье; разг.). *Он у нас м.*

МЛЕ́КО, -а, *ср.* (устар.). То же, что молоко (в 1 знач.). ‖ *прил.* **мле́чный**, -ая, -ое. *Млечные протоки* (протоки млечной железы; спец.).

МЛЕКОПИТА́ЮЩИЕ, -их, *ед.* **млекопита́ющее**, -его, *ср.* Класс высших позвоночных животных, выкармливающих детёнышей своим молоком.

МЛЕТЬ, мле́ю, мле́ешь; *несов.* Замирать, быть в томном состоянии от какого-н. переживания, волнения. *М. от восторга.* ‖ *сущ.* **мле́ние**, -я, *ср.*

МЛЕ́ЧНЫЙ, -ая, -ое **1.** *см.* млеко. **2.** По виду напоминающий молоко. *М. сок* (у нек-рых растений). ✦ **Млечный Путь** — звёздное скопление в виде неяркой полосы, пересекающей звёздное небо.

МНЕМО́НИКА, -и, *ж.* (спец.). Совокупность правил и приёмов, помогающих запоминать нужные сведения. ‖ *прил.* **мнемони́ческий**, -ая, -ое. *М. приём.*

МНЕ́НИЕ, -я, *ср.* Суждение, выражающее оценку чего-н., отношение к кому-чему-н., взгляд на что-н. *Высказать своё м. Благоприятное м. Обмен мнениями. Двух мнений быть не может о чём-н.* (о том, что совершенно ясно, бесспорно). *Общественное м.* (суждение общества о ком-чём-н.).

МНИ́МЫЙ, -ая, -ое; мним. **1.** Воображаемый, кажущийся. *Мнимая опасность.* **2.** *полн. ф.* Притворный, ложный. *М. больной.* **3. мнимое число** — в математике: корень квадратный из отрицательного числа. ‖ *сущ.* **мни́мость**, -и, *ж.* (к 1 и 2 знач.).

МНИ́ТЕЛЬНЫЙ, -ая, -ое; -лен, -льна. Видящий во всём для себя что-н. неблагоприятное, всего опасающийся. *М. человек. М. характер.* ‖ *сущ.* **мни́тельность**, -и, *ж.*

МНИТЬ, мню, мнишь; *несов.* (устар.). Думать, полагать. *М. о себе* (быть слишком высокого мнения о себе).

МНИ́ТЬСЯ, мни́тся, *безл.; несов.* (устар.). Думаться, казаться.

МНО́ГИЙ, -ая, -ое. **1.** *мн.* О ряде однородных единиц, предметов: значительные по количеству. *Прошли многие годы. Со многими людьми говорил. Многие* (сущ.) *так думают.* **2. мно́гое**, -ого, *ср.* Нечто большое по количеству, содержанию. *Многое надо сделать. О многом переговорить. Во многом прав. Многое сбылось.* ✦ **Многая лета** — в церковном песнопении: возглас-пожелание долгой жизни, благополучия.

МНО́ГО, бо́льше. **1.** *нареч. и в знач. сказ.* Вполне достаточно или в избытке. *М. знает. М. народу. Здесь м. интересного. Посетителей м.* **2.** (дат. п. по многу), *числит. неопр.-колич.* Большое, достаточное количество. *М. лет прошло. По многу раз повторять.* **3.** *нареч.* Не больше чем (со словами, обозначающими количество). *Пройдёт год, м. два.* **4.** *нареч.* Гораздо, значительно (в сочетании со сравнительной степенью). *М. лучше. М. веселее.* ✦ **Много-много** (разг.) — самое большее. *В этом тюке много-много 20 килограммов.* **Ни много ни мало** — именно столько, ни больше и ни меньше. *Израсходовал ни много ни мало сто рублей.*

МНОГО... *Первая часть сложных слов со знач.:* 1) много, с большим количеством, напр. *многовековой, многозарядный, многокамерный, многоканальный, многомиллионный, многокилометровый, многокрасочный, многоразовый, многотомный, многоснежный, многолесье, многочасовой;* 2) со многими, напр. *многоголосный, многоземельный, многоместный, многофазный, многоэтажный, многоквартирный, многопредметный, многопрофильный, многосерийный, многопрограммный, многослойный, многочастный;* 3) очень, напр. *многолюбящий, многоучёный, многошумный;* 4) долгое время, напр. *многоношеный.*

МНОГОБО́ЖИЕ, -я, *ср.* (книжн.). Вера во многих богов, политеизм; *противоп.* единобожие.

МНОГОБО́РЕЦ, -рца, *м.* Спортсмен, участвующий в многоборье. ‖ *ж.* **многобо́рка**, -и.

МНОГОБО́РЬЕ, -я, *ср.* Спортивное состязание по нескольким видам спорта или по нескольким видам упражнений в одном виде спорта. *Конькобежное, водолыжное, гимнастическое, легкоатлетическое, конное м. Скальное м.* (состязания по спортивному скалолазанию).

МНОГОБРА́ЧИЕ, -я, *ср.* Форма официального брака, при к-рой мужчина имеет несколько жён, а женщина — несколько мужей, полигамия. ‖ *прил.* **многобра́чный**, -ая, -ое.

МНОГОВЛА́СТИЕ, -я, *ср.* То же, что многоначалие.

МНОГОВО́ДНЫЙ, -ая, -ое; -ден, -дна. Обильный водой. *Многоводная река.* ‖ *сущ.* **многово́дность**, -и, *ж.*

МНОГОВО́ДЬЕ, -я, *род. мн.* -дий, *ср.* Избыток воды в реке, водоёме. *Весеннее м. Период многоводья.*

МНОГОГЛАГО́ЛАНИЕ, -я, *ср.* (устар. и ирон.). То же, что многословие.

МНОГОГОВОРЯ́ЩИЙ, -ая, -ее. Свидетельствующий о многом, открывающий значительное, важное. *М. факт. Многоговорящее признание.*

МНОГОГОЛО́СИЕ, -я, *ср.* (спец.). Музыкальный склад, основанный на одновременном сочетании в произведении нескольких самостоятельных мелодий, голосов или на сочетании мелодии с аккомпанементом. *Народное м.* ‖ *прил.* **многоголо́сный**, -ая, -ое. *Многоголосное сочинение.*

МНОГОГРА́ННИК, -а, *м.* Геометрическое тело, ограниченное со всех сторон плоскими многоугольниками.

МНОГОГРА́ННЫЙ, -ая, -ое; -нен, -нна. **1.** *полн. ф.* Имеющий несколько граней. *М.*

камень. **2.** *перен.* Всесторонний, разносторонний. *М. талант.* || *сущ.* **многогра́нность**, *-и, ж.* (ко 2 знач.).

МНОГОДЕ́ТНЫЙ, -ая, -ое; -тен, -тна. Имеющий много детей. *Многодетная семья.* || *сущ.* **многоде́тность**, *-и, ж. Пособие по многодетности.*

МНОГОДНЕ́ВНЫЙ, -ая, -ое. Продолжающийся много дней. *М. путь.*

МНОГОДО́МНЫЙ, -ая, -ое (спец.). О растениях: обладающий цветками обоих полов (мужскими — тычиночными и женскими — пестичными), расположенными на одной особи, а также обоеполыми цветками.

МНОГОЖЕ́НЕЦ, -нца, *м.* Мужчина, состоящий в официальном браке одновременно с несколькими женщинами.

МНОГОЖЁНСТВО, -а, *ср.* Пребывание в официальном браке одновременно с несколькими женщинами.

МНОГОЗНАЧИ́ТЕЛЬНЫЙ, -ая, -ое; -лен, -льна. **1.** Имеющий большое значение. *Многозначительное событие.* **2.** Исполненный выразительности, намекающий на что-н. важное. *Многозначительное молчание. Многозначительно* (нареч.) *посмотреть.* || *сущ.* **многозначи́тельность**, *-и, ж.*

МНОГОЗНА́ЧНЫЙ[1], -ая, -ое; -чен, -чна. О числе: состоящий из многих цифровых знаков. *Многозначное число.* || *сущ.* **многозна́чность**, *-и, ж.*

МНОГОЗНА́ЧНЫЙ[2], -ая, -ое; -чен, -чна. Имеющий много значений. *Многозначное слово.* || *сущ.* **многозна́чность**, *-и, ж.*

МНОГОКРА́ТНЫЙ, -ая, -ое; -тен, -тна. Происходящий, производимый, имеющий место много раз. *Многократные вопросы. Многократные поездки.* ✦ **Многократный глагол** — в грамматике: глагол, обозначающий неоднократную повторяемость действия, напр. *говаривать, хаживать.* || *сущ.* **многокра́тность**, *-и, ж.*

МНОГОЛЕ́ТИЕ, -я, *ср.* Провозглашение слов «многая ле́та» во время церковного богослужения как пожелание долгой жизни и благополучия.

МНОГОЛЕ́ТНИЙ, -яя, -ее. Живущий, существующий, продолжающийся много лет, долголетний. *Многолетние травы. М. труд.*

МНОГОЛЕ́ТНИК, -а, *м.* Древесное или травянистое растение, живущее более двух лет. *Цветы-многолетники.*

МНОГОЛИ́КИЙ, -ая, -ое; -и́к (книжн.). **1.** О собрании, множестве людей: очень большой и разнообразный. *Многоликая толпа.* **2.** *перен.* То же, что многообразный. *Искусство многолико.* || *сущ.* **многоли́кость**, *-и, ж.*

МНОГОЛЮ́ДНЫЙ, -ая, -ое; -ден, -дна. Очень людный, с большим количеством людей. *Многолюдное собрание. На улицах многолюдно* (в знач. сказ.). || *сущ.* **многолю́дность**, *-и, ж.*

МНОГОЛЮ́ДСТВО, -а и **МНОГОЛЮ́ДЬЕ**, *-я, ср.* Большое скопление людей. *М. больших городов.*

МНОГОНАЦИОНА́ЛЬНЫЙ, -ая, -ое; -лен, -льна. Состоящий из многих наций, народностей. *Многонациональное государство.* || *сущ.* **многонациона́льность**, *-и, ж.*

МНОГОНАЧА́ЛИЕ, -я, *ср.* (офиц.). Наличие нескольких, многих руководящих лиц, начальников без точного разграничения их обязанностей, отсутствие единого руководства.

МНОГОНО́ЖКА, -и, *ж.* Членистоногое животное с червеобразным телом и большим количеством ножек.

МНОГООБЕЩА́ЮЩИЙ, -ая, -ее. Предвещающий что-н. важное, значительное, интересное. *М. ученик. Многообещающее заглавие книги.*

МНОГООБРА́ЗНЫЙ, -ая, -ое; -зен, -зна. Существующий во многих видах и формах. *Многообразные явления.* || *сущ.* **многообра́зие**, *-я, ср.* и **многообра́зность**, *-и, ж.*

МНОГОПАРТИ́ЙНЫЙ, -ая, -ое. Об общественной системе: имеющий несколько или много политических партий (в 1 знач.). *Выборы на многопартийной основе.* || *сущ.* **многопарти́йность**, *-и, ж.*

МНОГОПЛА́НОВЫЙ, -ая, -ое; -ов. Сложный по своему характеру, внутреннему содержанию. *Многоплановая деятельность.* || *сущ.* **многопла́новость**, *-и, ж.*

МНОГОПО́ЛЬЕ, -я, *ср.* Севооборот, при котором многократно чередуются посевы различных культур. || *прил.* **многопо́льный**, -ая, -ое.

МНОГОРА́ЗОВЫЙ, -ая, -ое. Осуществляющийся, используемый несколько или много раз. *Космический корабль многоразового использования.* || *сущ.* **многора́зовость**, *-и, ж.*

МНОГОРЕЧИ́ВЫЙ, -ая, -ое; -и́в (книжн. ирон.). Склонный к многословию; многословный. *М. оратор. Многоречивое послание.*

МНОГОСЕМЕ́ЙНЫЙ, -ая, -ое; -е́ен, -е́йна. Имеющий, содержащий большую семью. *Помощь многосемейным* (сущ.). || *сущ.* **многосеме́йность**, *-и, ж.*

МНОГОСЛО́ВИЕ, -я, *ср.* Излишество слов, отсутствие чёткости и краткости в речи, в изложении чего-н. *Утомительное м.*

МНОГОСЛО́ВНЫЙ, -ая, -ое; -вен, -вна. Страдающий многословием. *М. рассказ. М. лектор.* || *сущ.* **многосло́вность**, *-и, ж.*

МНОГОСЛО́ЖНЫЙ[1], -ая, -ое. Состоящий из нескольких слогов. *Многосложное слово.* || *сущ.* **многосло́жность**, *-и, ж.*

МНОГОСЛО́ЖНЫЙ[2], -ая, -ое; -жен, -жна (устар. и ирон.). Очень сложный. *Многосложные обязанности.* || *сущ.* **многосло́жность**, *-и, ж.*

МНОГОСТАНО́ЧНИК, -а, *м.* Рабочий, обслуживающий сразу много станков. || *ж.* **многостано́чница**, -ы.

МНОГОСТЕПЕ́ННЫЙ, -ая, -ое; -е́нен, -е́нна. Проходящий через ряд стадий, ступеней, не прямой. *Многостепенные выборы* (косвенные). || *сущ.* **многостепе́нность**, *-и, ж.*

МНОГОСТОРО́ННИЙ, -яя, -ее; -о́нен, -о́нняя. **1.** *полн. ф.* Имеющий несколько граней, сторон. *Многосторонняя призма.* **2.** Относящийся к нескольким заинтересованным сторонам, участникам. *М. договор.* **3.** *перен.* То же, что многогранный (во 2 знач.). *Многосторонние интересы.* || *сущ.* **многосторо́нность**, *-и, ж.*

МНОГОСТРАДА́ЛЬНЫЙ, -ая, -ое; -лен, -льна (книжн.). Испытавший много страданий, исполненный страданий. *М. народ. Многострадальная жизнь.* || *сущ.* **многострада́льность**, *-и, ж.*

МНОГОСТУПЕ́НЧАТЫЙ, -ая, -ое; -ат. Состоящий из нескольких частей, ступеней. *Многоступенчатая ракета.* || *сущ.* **многоступе́нчатость**, *-и, ж.*

МНОГОТИРА́ЖКА, -и, *ж.* (разг.). Печатная газета предприятия, издающаяся значительным тиражом. *Заводская м.*

МНОГОТИРА́ЖНЫЙ, -ая, -ое. С большим тиражом. *Многотиражное издание.*

МНОГОТО́ЧИЕ, -я, *ср.* **1.** Знак препинания в виде трёх рядом поставленных точек (...), означающий недоговорённость, возможность продолжения текста. **2.** То же, что отточие.

МНОГОТРУ́ДНЫЙ, -ая, -ое; -ден, -дна (высок.). Очень трудный, тяжкий. *М. путь.* || *сущ.* **многотру́дность**, *-и, ж.*

МНОГОУВАЖА́ЕМЫЙ, -ая, -ое. Достойный большого уважения (обычно в обращении).

МНОГОУГО́ЛЬНИК, -а, *м.* В математике: геометрическая фигура, ограниченная замкнутой ломаной линией.

МНОГОУГО́ЛЬНЫЙ, -ая, -ое. Со многими углами.

МНОГОЦВЕ́ТНЫЙ, -ая, -ое; -тен, -тна. **1.** Содержащий много разных цветов, окрашенный во многие цвета. *Многоцветная ткань. М. ковёр.* **2.** *полн. ф.* Выполненный в нескольких красках, цветах, многокрасочный (спец.). *Многоцветная печать. Многоцветные иллюстрации.* || *сущ.* **многоцве́тность**, *-и, ж.*

МНОГОЧИ́СЛЕННЫЙ, -ая, -ое; -лен, -ленна. **1.** Состоящий из большого числа кого-чего-н. *М. отряд.* **2.** Имеющийся в большом количестве. *Многочисленные примеры.* || *сущ.* **многочи́сленность**, *-и, ж.*

МНОГОЧЛЕ́Н, -а, *м.* Алгебраическое выражение, представляющее сумму или разность нескольких одночленов. || *прил.* **многочле́нный**, -ая, -ое.

МНОГОЧЛЕ́ННЫЙ, -ая, -ое. **1.** *см.* многочлен. **2.** Состоящий из многих членов (во 2 знач.). || *сущ.* **многочле́нность**, *-и, ж.*

МНОГОЯЗЫ́ЧНЫЙ, -ая, -ое; -чен, -чна. **1.** Состоящий из людей, говорящих на многих разных языках. *Многоязычное население. Многоязычная толпа.* **2.** Составленный на нескольких или многих языках. *М. словарь.* || *сущ.* **многоязы́чность**, *-и, ж.* и **многоязы́чие**, *-я, ср.* (к 1 знач.).

МНО́ЖЕСТВЕННЫЙ, -ая, -ое; -вен, -венна (книжн.). Существующий во множестве, проявляющийся во множестве форм, видов. ✦ **Множественное число** — грамматическая категория, обозначающая, что предмет представлен в количестве, большем, чем один. *Имя существительное в форме множественного числа. Глагол в прошедшем времени в форме множественного числа.* || *сущ.* **мно́жественность**, *-и, ж.*

МНО́ЖЕСТВО, -а, *ср.* **1.** Очень большое количество, число кого-чего-н. *М. людей. М. случаев. Всяких запасов во множестве.* **2.** В математике: совокупность элементов, объединённых по какому-н. признаку. *Теория множеств.*

МНО́ЖИТЕЛЬ, -я, *м.* Один из сомножителей.

МНО́ЖИТЕЛЬНЫЙ, -ая, -ое (спец.). Предназначенный для размножения, копирования чего-н. *М. аппарат* (ротатор, гектограф, ксерокс). *Множительная техника.*

МНО́ЖИТЬ, -жу, -жишь; *несов.* **1.** *что на что.* Производить действие умножения над какими-н. числами. *М. пять на два.* **2.** *кого-что.* Увеличивать в числе (высок.). *М. успехи.* || *сов.* **помно́жить**, -жу, -жишь; -женный (к 1 знач.) и **умно́жить**, -жу, -жишь; -женный. || *сущ.* **умноже́ние**, *-я, ср.*

МНО́ЖИТЬСЯ (-жусь, -жишься, 1 и 2 л. ед. не употр.), -жится; *несов.* (высок.). Увеличиваться в числе. *Множатся ряды сторонников реформ.* || *сов.* **умно́житься**

(-жусь, -жишься, 1 и 2 л. ед. не употр.), -жится. ‖ *сущ.* умноже́ние, -я, *ср.*

МОБИЛИЗА́ЦИЯ, -и, *ж.* **1.** Перевод вооружённых сил из мирного состояния в полную боевую готовность; призыв военнообязанных запаса в армию во время войны; перевод на военное положение экономики и государственных институтов страны. *Общая м. Частичная м.* **2.** Приведение кого-чего-н. в состояние, обеспечивающее успешное выполнение какой-н. задачи. *М. всех ресурсов.* ‖ *прил.* **мобилизацио́нный**, -ая, -ое (к 1 знач.).

МОБИЛИЗО́ВАННЫЙ, -ого, *м.* Человек, призванный в армию по мобилизации. ‖ *ж.* **мобилизо́ванная**, -ой.

МОБИЛИЗОВА́ТЬ, -зу́ю, -зу́ешь; -о́ванный; *сов.* и *несов.* **1.** *кого-что.* Произвести (-водить) мобилизацию кого-чего-н. *М. вооружённые силы. Мобилизовать все средства для чего-н.* **2.** *кого (что) на что.* Проведя необходимую подготовку, поднять (-нимать), воодушевить (-влять). *М. на выполнение задания.* ‖ *сов.* также **отмобилизова́ть**, -зу́ю, -зу́ешь; -о́ванный (к 1 знач.).

МОБИ́ЛЬНЫЙ, -ая, -ое; -лен, -льна. **1.** Подвижный, способный к быстрому передвижению. *Мобильные войска.* **2.** *перен.* Способный быстро действовать, принимать решения. ‖ *сущ.* **моби́льность**, -и, *ж. М. подвижного состава.*

МОГИКА́НЕ, -а́н, *ед.* могика́нин, -а, *м.* Племя североамериканских индейцев, немногочисленные представители к-рого проживают в США. ✦ **Последний из могикан** (книжн.) — последний представитель чего-н. отмирающего, исчезающего [по названию романа Ф. Купера]. ‖ *ж.* **могика́нка**, -и. ‖ *прил.* **могика́нский**, -ая, -ое.

МОГИ́ЛА, -ы, *ж.* **1.** Яма для погребения тела умершего, а также насыпь на месте погребения. *Возложить венок на могилу. На краю могилы* (также перен.: при смерти). *Одной ногой в могиле стоит кто-н.* (о старике: близок к смерти; разг.). *Рыть могилу кому-н.* (также перен.: готовить гибель). *Свести в могилу кого-н.* (перен.: довести до смерти). *Сойти в могилу* (перен.: умереть; высок.). *Найти себе могилу где-н.* (перен.: умереть, погибнуть где-н.; высок.). *В могилу смотрит кто-н.* (перен.: скоро умрёт; разг.). **2.** *перен., в знач. сказ.* О том, кто умеет хранить тайну, а также о том, что будет сохранено в тайне (прост.). *Никому не скажешь? — М.! На этого человека можно положиться — м.!* ✦ **Могила Неизвестного солдата** — мемориальное сооружение на месте захоронения останков неизвестного воина в память погибших на войне. ‖ *уменьш.* **моги́лка**, -и, *ж.* (к 1 знач.). ‖ *прил.* **моги́льный**, -ая, -ое (к 1 знач.). *М. холм.*

МОГИ́ЛЬНИК, -а, *м.* **1.** Древнее кладбище, место захоронения. *Скифские могильники. Курганный м.* **2.** Место захоронения радиоактивных отходов (спец.).

МОГИ́ЛЬНЫЙ, -ая, -ое. **1.** *см.* могила. **2.** То же, что гробовой (во 2 знач.). *М. мрак. Могильная тишина.*

МОГИ́ЛЬЩИК, -а, *м.* Рабочий, занимающийся рытьём и засыпкой могил на кладбище.

МОГУ́ЧИЙ, -ая, -ее; -у́ч. Мощный, сильный. *М. богатырь. М. дуб. М. талант.* ‖ *сущ.* **могу́честь**, -и, *ж.*

МОГУ́ЩЕСТВЕННЫЙ, -ая, -ое; -вен, -венна. Обладающий могуществом. *Могущественное государство.* ‖ *сущ.* **могу́щественность**, -и, *ж.*

МОГУ́ЩЕСТВО, -а, *ср.* Большая сила, власть, влияние, мощь. *М. государства.*

МО́ДА, -ы, *ж.* **1.** Совокупность вкусов и взглядов, господствующих в определённой общественной среде в определённое, обычно недолгое время. *Войти в моду. Выйти из моды. Дань моде. Одет по последней моде. М. на короткую одежду. Ввести в моду новый фасон.* **2.** *мн.* Образцы предметов, отвечающие таким вкусам (обычно об одежде). *Журнал мод.* **3.** Манера поведения, обычай (прост.). *Взял моду ругаться.* ✦ **В моде** — моден (в 1 и 2 знач.). *В моде — макси. Кружево не в моде.*

МОДА́ЛЬНОСТЬ, -и, *ж.* **1.** В теории познания: статус явления с точки зрения его отношения к действительности, а также сама возможность познания такого отношения. **2.** В языкознании: категория, обозначающая отношение говорящего к содержанию высказывания (к действительности) и выражающаяся категориями наклонения глагола, интонацией, модальными словами (напр. должен, возможно, необходимо). *Субъективная м.* (выражающая отношение говорящего). *Объективная м.* (выражающая отношение сообщения к действительности).

МОДЕЛИ́ЗМ [дэ], -а, *м.* Изготовление моделей (во 2 знач.). *Спортивный м.* (изготовление моделей транспортных средств в спортивных целях).

МОДЕЛИ́РОВАТЬ [дэ], -рую, -руешь; -анный; *сов.* и *несов., что.* Изготовить (-влять) модель (в 1 и 4 знач.). *М. платье. М. искусственный язык.* ‖ *сов.* также **смодели́ровать**, -рую, -руешь; -анный. ‖ *сущ.* **моделúрование**, -я, *ср.*

МОДЕЛИ́СТ [дэ], -а, *м.* Человек, занимающийся изготовлением моделей (во 2 знач.). *Кружок юных моделистов.* ‖ *ж.* **модели́стка**, -и. ‖ *прил.* **модели́стский**, -ая, -ое.

МОДЕЛИ́СТКА [дэ], -и, *ж.* **1.** *см.* моделист. **2.** Работница швейной промышленности — портниха высшей квалификации.

МОДЕ́ЛЬ [дэ], -и, *ж.* **1.** Образец какого-н. изделия или образец для изготовления чего-н., а также предмет, с к-рого воспроизводится изображение. *Новая м. платья. М. для литья. Модели для скульптур.* **2.** Уменьшенное (или в натуральную величину) воспроизведение или макет чего-н. *М. корабля. Летающая м. самолёта.* **3.** Тип, марка конструкции. *Новая м. автомобиля.* **4.** Схема какого-н. физического объекта или явления (спец.). *М. атома. М. искусственного языка.* **5.** Манекенщик или манекенщица, а также (устар.) натурщик или натурщица. ✦ **Это не модель** (прост.) — так делать не годится. ‖ *прил.* **моде́льный**, -ая, -ое (к 1, 2, 3 и 5 знач.).

МОДЕЛЬЕ́Р [дэ], -а, *м.* Специалист по изготовлению моделей одежды. *М. женского платья.* ‖ *ж.* **моделье́рша**, -и (разг.).

МОДЕ́ЛЬНЫЙ [дэ], -ая, -ое. **1.** *см.* модель. **2.** Об одежде: высшего качества, соответствующий модным образцам. *Модельная обувь.*

МОДЕ́ЛЬЩИК [дэ], -а, *м.* Специалист, изготовляющий модели (в 1 и 2 знач.). ‖ *ж.* **моде́льщица**, -ы.

МОДЕ́РН [дэ]. **1.** -а, *м.* Направление в изобразительном и декоративно-прикладном искусстве конца 19 — начала 20 в., противопоставлявшее себя искусству прошлого и стремившееся к конструктивности, чистоте линий, к лаконизму и целостности форм. *Архитектура модерна.* **2.** -а, *м.* То, что современно и модно (разг.). *В погоне за модерном.* **3.** *неизм.* Современный, модный (разг.). *Мебель м. Танцы м.* ‖ *прил.* **моде́рн**, *неизм.* (к 1 знач.). *Стиль м.*

МОДЕРНИЗИ́РОВАТЬ [дэ], -рую, -руешь; -анный *и* **МОДЕРНИЗОВА́ТЬ** [дэ], -зу́ю, -зу́ешь; -о́ванный; *сов.* и *несов., что.* **1.** Вводя усовершенствования, сделать (делать) отвечающим современным требованиям. *М. оборудование.* **2.** Изображая старину, придать (-авать) черты, ей не свойственные, современные. *М. былину.* ‖ *сущ.* **модерниза́ция**, -и, *ж.*

МОДЕРНИ́ЗМ [дэ], -а, *м.* Общее название разных направлений в искусстве конца 19 — начала 20 в., провозгласивших разрыв с реализмом, отказ от старых форм и поиск новых эстетических принципов. ‖ *прил.* **модерни́стский**, -ая, -ое.

МОДЕРНИ́СТ [дэ], -а, *м.* Последователь модернизма. ‖ *ж.* **модерни́стка**, -и.

МОДЕ́РНЫЙ [дэ], -ая, -ое *и* **МОДЕ́РНОВЫЙ** [дэ], -ая, -ое (прост.). То же, что модерн (в 3 знач.). *Модерные танцы.*

МОДИ́СТКА, -и, *ж.* (устар.). Мастерица, изготовляющая дамские шляпы, а также портниха.

МОДИФИЦИ́РОВАТЬ, -рую, -руешь; -анный; *сов.* и *несов., что* (книжн.). То же, что видоизменить (-нять). ‖ *возвр.* **модифици́роваться**, -руюсь, -руешься. ‖ *сущ.* **модифика́ция**, -и, *ж.* ‖ *прил.* **модификацио́нный**, -ая, -ое.

МО́ДНИК, -а, *м.* (разг.). Человек, во всём следующий моде, франт. ‖ *ж.* **мо́дница**, -ы.

МО́ДНИЧАТЬ, -аю, -аешь; *несов.* (разг.). Одеваться по моде, франтить.

МО́ДНЫЙ, -ая, -ое; -ден, -дна́ *и* -дна, -дно. **1.** Соответствующий моде. *М. костюм. М. интерьер.* **2.** Пользующийся всеобщим успехом, вниманием. *Модная песенка.* **3.** *полн. ф.* Относящийся к шитью по последним образцам, по моде. *М. журнал.*

МОДУЛИ́РОВАТЬ (-рую, -руешь, 1 и 2 л. не употр.), -рует; *несов.* (спец.). **1.** Изменяться, преобразовываться (об электрических колебаниях). **2.** О музыкальных звуках: переходить из одной тональности в другую. ‖ *сущ.* **модули́рование**, -я, *ср.* и **модуля́ция**, -и, *ж. М. колебаний. М. света.*

МО́ДУЛЬ, -я, *м.* (спец.). **1.** В точных науках: название нек-рых коэффициентов, каких-н. величин. **2.** Сложный инженерный узел[1] (в 3 знач.), выполняющий самостоятельную функцию в техническом устройстве. *М. космического аппарата. М. термоядерной установки.* **3.** *перен.* Вообще отделяемая, относительно самостоятельная часть какой-н. системы, организации. *Магазин типа м.* ‖ *прил.* **мо́дульный**, -ая, -ое.

МО́ЕЧНАЯ, -ой, *ж.* Специальное помещение для мытья, мойки.

МО́ЕЧНЫЙ *см.* мыть.

МО́ЖЕТ, *вводн. сл.* (разг.). То же, что может быть (см. мочь[1]).

МО́ЖЕТСЯ: как живётся-можется? (разг.) — то же, что как живёте-можете (см. мочь[1]).

МОЖЖЕВЕ́ЛЬНИК, -а, *м.* Хвойное дерево или кустарник сем. кипарисовых. ‖ *прил.* **можжевёловый**, -ая, -ое.

МО́ЖНО, *в знач. сказ., с неопр.* **1.** Возможно, есть возможность. *М. сделать в два дня. Ещё м. успеть.* **2.** Разрешается, позволительно. *Здесь м. курить? М.?* (вопрос о позволении, напр. *М. войти? М. взять?*). *Разве м. так поступать?* (т. е. нельзя). ✦ **Как можно** (разг.) — 1) никак нельзя. *Как можно так поступать?* (выражение осуждения); 2) в ответной реплике: выражение уверенного отрицания. *Тебя обидели? — Как можно!* (т. е., конечно, нет). **Разве можно?** (разг.) — выражение резкого неодобрения, осуждения. *Обижаешь ребёнка, разве можно?* **Можно сказать,** *вводн. сл.* (разг.) — выражение уверенности, можно утверждать. *Шестьдесят лет — возраст, можно сказать, почтенный.*

МОЗА́ИКА, -и, *ж.* **1.** Узор из скреплённых друг с другом кусочков смальты, разноцветных камешков, эмали, дерева. *М. из стекла. Детская м.* (набор из кусочков твёрдого материала для выкладывания узоров). *М. из цитат* (перен.: о злоупотреблении цитированием; неодобр.). **2.** Искусство составления таких узоров. *Заниматься мозаикой.* ‖ *прил.* **мозаи́чный,** -ая, -ое. *Мозаичная плитка.*

МОЗАИ́ЧНЫЙ, -ая, -ое; -чен, -чна. **1.** *см.* мозаика. **2.** *перен.* Состоящий из отдельных небольших смыкающихся частей, элементов. *М. ландшафт.* ‖ *сущ.* **мозаи́чность,** -и, *ж.*

МОЗГ, -а (-у), в мозгу́, *мн.* -и́, -о́в, *м.* **1.** (-а). Центральный отдел нервной системы человека и животных — нервная ткань, заполняющая череп и канал позвоночника; орган высшей нервной деятельности. *Головной м. Спинной м. Работа мозга.* **2.** (-а), *ед., перен.* Основное ядро, руководящий центр чего-н. *Лаборатория — м. завода.* **3.** *ед.* Мягкая ткань, заполняющая полости костей. *Костный м.* **4.** *перен.* Ум, умственные способности (разг.). *Раскинь (или пошевели) мозгами!* (сообрази, подумай хорошенько). *Мозги набекрень у кого-н.* (о неумном, со странностями человеке). *Вправить мозги кому-н.* (заставить одуматься, образумиться) **5.** *мн.* Ткань, заполняющая череп нек-рых животных и употр. как пища. *Телячьи мозги.* ✦ **До мозга костей** (разг.) — до последней степени, всем своим существом. *Испорчен до мозга костей.* ‖ *прил.* **мозгово́й,** -а́я, -о́е (к 1, 3 и 4 знач.).

МО́ЗГЛЫЙ, -ая, -ое; мозгл (разг.). То же, что промозглый. *Мозглая погода.* ‖ *сущ.* **мо́зглость,** -и, *ж.*

МОЗГЛЯ́ВЫЙ, -ая, -ое; -я́в (прост.). Тщедушный, слабосильный.

МОЗГОВА́ТЬ, -гу́ю, -гу́ешь; *несов.* (прост.). Думать, обдумывать что-н. *М. над задачей.*

МОЗГОВО́Й *см.* мозг.

МОЗЖЕЧО́К, -чка́, *м.* Участок ствола головного мозга, расположенный в задней части черепной коробки. ‖ *прил.* **мозжечко́вый,** -ая, -ое.

МОЗОЛЕНО́ГИЕ, -их, *ед.* -о́гое, -ого, *ср.* Отряд копытных млекопитающих с мозолистыми утолщениями на ступнях: верблюды, ламы и нек-рые другие животные.

МОЗО́ЛИСТЫЙ, -ая, -ое; -ист. Покрытый мозолями. *Мозолистые руки.* ‖ *сущ.* **мозо́листость,** -и, *ж.*

МОЗО́ЛИТЬ, -лю, -лишь; *несов., что.* Натирать мозоли на чём-н. *М. руки* ✦ **Мозолить глаза** *кому* (разг.) — надоедать постоянным присутствием. ‖ *сов.* **намозо́лить,** -лю, -лишь; -ленный.

МОЗО́ЛЬ, -и, *ж.* Местное утолщение кожи от частого трения. *Руки в мозолях.* ✦ **На любимую мозоль наступить** *кому* (разг. шутл.) — обидеть, задев самый больной вопрос, уязвимую тему. ‖ *прил.* **мозо́льный,** -ая, -ое. *М. пластырь* (для выведения мозолей).

МОЙ, моего́, *м.; ж.* моя́, моей́; *ср.* моё, моего́, *мн.* мои́, мои́х, *мест. притяж.* Принадлежащий мне, имеющий отношение ко мне. *М. дом. Знает лучше моего* (т. е. лучше, чем я; разг.). *Мои уехали* (сущ.; мои родные, близкие). ✦ **По-мо́ему** — 1) *нареч.,* по моей воле, желанию. *Всё будет по-моему;* 2) *нареч.,* так, как делаю я. *У тебя задачка не получается, попробуй решать по-моему;* 3) *вводн. сл.,* по моему мнению. *По-моему, он прав.* **С моё** (разг.) — столько, так много, сколько я. *Поживи-ка с моё.*

МО́ЙВА, -ы, *ж.* Маленькая рыбка сем. корюшек.

МО́ЙКА, -и, *ж.* **1.** *см.* мыть. **2.** Приспособление, специальное оборудование для мытья чего-н.

МО́ЙЩИК, -а, *м.* Рабочий, занимающийся мойкой, мытьём чего-н. ‖ *ж.* **мо́йщица,** -ы.

МОКАСИ́НЫ, -и́н, *ед.* -и́н, -а, *м.* **1.** Мягкая кожаная обувь североамериканских индейцев. **2.** Название обуви из мягкой кожи с особым (без разреза посередине) раскроем верха и носка. ‖ *прил.* **мокаси́нный,** -ая, -ое.

МО́ККО. 1. *нескл., м.* Один из высших сортов кофе. *Пить м.* **2.** *неизм.* О кофе: такого сорта. *Кофе м.*

МО́КНУТЬ, -ну, -нешь; мок, мо́кла; *несов.* **1.** Под действием влаги становиться мокрым, сырым. *М. под дождём. Рана мокнет* (выделяет жидкость, сукровицу). **2.** (1 и 2 л. не употр.). Портиться от обилия влаги (разг.). *Посевы мокнут от дождей.* **3.** (1 и 2 л. не употр.). Быть замоченным, лежать в воде, в жидкости для приобретения каких-н. нужных свойств. *Лён мокнет.*

МОКРИ́ЦА, -ы, *ж.* Живущее в сырых местах мелкое ракообразное животное с большим количеством ножек.

МОКРО́ТА, -ы, *ж.* Слизистое выделение из дыхательных путей и лёгких. *Кашель с мокротой.* ‖ *прил.* **мокро́тный,** -ая, -ое.

МОКРОТА́, -ы́, *ж.* (разг.). Сырость, влажность. *На улице м.*

МО́КРЫЙ, -ая, -ое; мокр, мокра́, мо́кро, мокры́ *и* мо́кры. **1.** Сырой, влажный, совершенно пропитавшийся влагой. *Мокрая одежда. М. снег. Мокрая погода* (с дождём, изморосью). *Мокр от пота кто-н.* (вспотел). **2.** **мо́кро,** *в знач. сказ.* О сырой погоде, а также о замоченной чем-н. поверхности. *В лесу осенью мокро. На полу мокро.* **3.** *полн. ф.* Относящийся к пребыванию в водной среде (спец.). *Мокрое обогащение ископаемых. Мокрые процессы.* ✦ **Глаза на мокром месте** *у кого* (разг.) — о том, кто часто плачет. **Мокрого места не останется** *от кого* (разг.) — угроза уничтожить кого-н., расправиться с кем-н. **Мокрое дело** (прост.) — убийство.

МО́КРЯДЬ, -и, *ж.* (разг.). Сырость, дождливая погода.

МО́КША. 1. -и, *собир., ж., ед.* мо́кша, -и, *м.* *и ж.* Этническая группа — мордва, составляющая коренное население южной и западной части Мордовии. **2.** *неизм.* Относящийся к мокше, к их языку, национальному характеру, образу жизни, культуре, а также к территории их проживания, её внутреннему устройству; такой, как у мокши. ‖ *прил. также* **мокша́нский,** -ая, -ое (к 1 знач.).

МОКША́НЕ, -а́н, *ед.* -а́нин, -а, *м.* То же, что мокша (в 1 знач.). ‖ *ж.* **мокша́нка,** -и. ‖ *прил.* **мокша́нский,** -ая, -ое.

МОКША́НСКИЙ, -ая, -ое. **1.** *см.* мокша *и* мокшане. **2.** То же, что мокша (во 2 знач.). *М. язык* (мокша-мордовский; финно-угорской семьи языков).

МОЛ[1], -а, *предл.* на молу́, *м.* Примыкающее одним концом к берегу оградительное сооружение для защиты портовой акватории от морских волн.

МОЛ[2], *вводн. сл. и частица* (разг.). Употр. при передаче чужой речи, при ссылке на чужую речь. *Сказал, занят, приходи, мол, завтра. Уверяет: я м. не виноват.*

МОЛВА́, -ы́, *ж.* Вести; слухи, толки. *Людская м., что морская волна* (посл.). *Идёт м. о чём-н.*

МО́ЛВИТЬ, -влю, -вишь; *сов., что* (устар.). Сказать, произнести. *Молви хоть словечко!*

МОЛДАВА́НЕ, -а́н, *ед.* -а́нин, -а, *м.* Народ, составляющий основное коренное население Молдавии (Молдовы). ‖ *ж.* **молдава́нка,** -и. ‖ *прил.* **молдава́нский,** -ая, -ое *и* **молда́вский,** -ая, -ое.

МОЛДА́ВСКИЙ, -ая, -ое и **МОЛДАВА́НСКИЙ,** -ая, -ое. **1.** *см.* молдаване. **2.** Относящийся к молдаванам, к их языку, национальному характеру, образу жизни, культуре, а также к Молдавии (Молдове), её территории, внутреннему устройству, истории; такой, как у молдаван, как в Молдавии (Молдове). *Молдавский язык* (романской группы индоевропейской семьи языков). *Молдаванский господарь* (титул молдавского князя в 14—19 вв.). *Молдавское княжество* (14—19 вв.). *Молдавские вина. По-молдавски, по-молдавански* (нареч.).

МОЛЕ́БЕН, -бна, *м.* У христиан: краткое богослужение (о здравии, благополучии или хвалебное). *Отслужить м.* ‖ *прил.* **моле́бный,** -ая, -ое. *Молебное песнопение* (совместное пение всех присутствующих на молебне).

МОЛЕ́БСТВИЕ, -я, *ср.* (устар.). То же, что молебен. ‖ *прил.* **моле́бственный,** -ая, -ое.

МОЛЕ́КУЛА, -ы, *ж.* Мельчайшая частица вещества, обладающая всеми его химическими свойствами. *М. состоит из атомов.* ‖ *прил.* **молекуля́рный,** -ая, -ое. *Молекулярная масса.*

МОЛЕ́ЛЬНЫЙ *см.* молиться.

МОЛЕ́ЛЬНЯ, -и, *род. мн.* -лен, *ж.* Помещение для религиозных собраний, служб и молитв (преимущ. у сектантов, нехристиан), молитвенный (молельный) дом.

МОЛЕ́НИЕ, -я, *ср.* **1.** *см.* молить, -ся. **2.** Мольба, страстная просьба (книжн.).

МОЛЕСКИ́Н, -а, *м.* Плотная, обычно тёмная хлопчатобумажная ткань. ‖ *прил.* **молески́новый,** -ая, -ое.

МОЛЁНЫЙ, -ая, -ое (прост.). Такой, к-рого очень хотели, о к-ром молились. *М. сынок.*

МОЛИБДЕ́Н [дэ], -а, *м.* Химический элемент — твёрдый блестящий серебристо-белый металл. ‖ *прил.* **молибде́новый,** -ая, -ое.

МОЛИ́ТВА, -ы, *ж.* **1.** В религии: установленный канонический текст, произносимый при обращении к Богу, к святым. *Читать молитву. Молитвы «Верую», «Отче наш».* **2.** Моление, обращённое к Богу, к святым. *Благодарственная м. М.-покаяние.* ✦ **Стоять на молитве** — молиться, стоя перед иконами, перед образами. **Вашими молитвами** (разг. шутл.) — говорится в ответ на вопрос: «Как поживаете?» или «Как ваше здоровье?» в знач. спасибо, ничего как выражение благодарности за участливое отношение. ‖ *прил.* **моли́твенный,** -ая, -ое. *М. дом* (то же, что молельня).

МОЛИ́ТВЕННИК, -а, *м.* Сборник молитв.

МОЛИ́ТЬ, молю́, мо́лишь; *несов., кого (что)* (высок.). Просить, умолять. *М. о пощаде.* ✦ **Молить Бога** *о ком-чём и за кого-что* — молиться, обращаться с молитвой, а также вообще очень сильно желать. *Молить Бога о прощении, об отпущении грехов. Молить*

Бога за сына. Моли Бога, чтобы всё кончилось благополучно. ‖ *сущ.* **моле́ние**, -я, *ср.*

МОЛИ́ТЬСЯ, молю́сь, мо́лишься; *несов.* **1.** *кому-чему.* Читать, произносить молитву. *М. Богу.* **2.** Обращаться с мольбами, с просьбой к Богу, к небесам. *М. о спасении души, о ниспослании чуда.* **3.** *перен., на кого-что.* Беспредельно любить, боготворить кого-что-н. *М. на сына.* ✦ **Какому богу молиться** (разг.) — выражение радостного удивления, а также сильного желания. *Явился-таки, наконец: какому богу молиться! Какому богу молиться, чтобы беды не случилось.* **Молись Богу** (разг.) — 1) то же, что благодари Бога. *Молись Богу, что цел остался;* 2) угроза в знач.: конец твой пришёл. *Наконец-то я тебя поймал, ну, негодяй, молись Богу!* ‖ *сущ.* **моле́ние**, -я, *ср.* (ко 2 знач.; книжн.). ‖ *прил.* **моле́льный**, -ая, -ое (к 1 знач.) *и* **моле́бный**, -ая, -ое (к 1 знач.; устар.). *Молельный дом* (то же, что молельня). *Молебное пение.*

МО́ЛКНУТЬ, -ну, -нешь; молк *и* мо́лкнул, мо́лкла; *несов.* (книжн.). Умолкать, замолкать. *Молкнут птичьи голоса.*

МОЛЛЮ́СК, -а, *м.* Беспозвоночное, с мягким телом животное, обычно покрытое раковиной. ‖ *прил.* **моллю́сковый**, -ая, -ое.

МОЛНИЕНО́СНЫЙ, -ая -ое; -сен, -сна. Стремительный, мгновенный. *М. удар.* ‖ *сущ.* **молниено́сность**, -и, *ж.*

МОЛНИЕОТВО́Д, -а, *м.* Заземлённый вертикальный металлический стержень, служащий для предохранения сооружений от попадания молнии, громоотвод. ‖ *прил.* **молниеотво́дный**, -ая, -ое.

МОЛНИ́РОВАТЬ, -рую, -руешь; -анный; *сов. и несов., что и о чём* (разг.). Сообщить (-щать) телеграммой-молнией.

МО́ЛНИЯ, -и, *ж.* **1.** Мгновенный искровой разряд в воздухе скопившегося атмосферного электричества. *Сверкнула м. Линейная, зигзагообразная м. Шаровая м.* (шаровидное тело, образующееся вслед за ударом линейной молнии). *Сухая м.* (без дождя). **2.** Экстренный выпуск бюллетеня, газеты, книги, а также особо срочная телеграмма. *Стенгазета-м. Брошюра печатается молнией. Телеграмма-м.* **3.** Род металлической или пластмассовой быстро задёргивающейся застёжки. *Куртка на молнии.* ‖ *прил.* **мо́лниевый**, -ая, -ое (к 1 знач.) *и* **мо́лнийный**, -ая, -ое (к 1 знач.).

МОЛОДЕ́ТЬ, -е́ю, -е́ешь; *несов.* **1.** Становиться моложе. *М. от радости.* **2.** (1 и 2 л. не употр.). Распространяться на молодых, охватывать собою более молодых. *Близорукость молодеет. Население деревни молодеет* (становится моложе по составу). ‖ *сов.* **помолоде́ть**, -е́ю, -е́ешь.

МО́ЛОДЕЦ, -дца, *м.* В народной словесности: удалец, храбрец. *Добрый м.*

МОЛОДЕ́Ц, -дца́, *м.* **1.** Молодой человек, сильный, крепкого сложения. *Бравый м.* **2.** Выражение похвалы тому, кто делает что-н. хорошо, ловко, умело (разг.). *Она у нас м. М., что вовремя пришёл.* **3.** обычно *мн.* Человек, обычно сильный, смелый, бесшабашный (разг.). *Разбойные молодцы. Ловкачи-молодцы.* **4.** **молодцо́м**, *в знач. сказ.* По-молодецки, бодро, а также выражение одобрения тому, кто ведёт себя хорошо, так, как нужно (разг.). *Больной у нас сегодня молодцом.* ✦ **Молодец против овец, а на (против) молодца — сам овца** — посл. о том, кто смел со слабым и труслив перед сильным.

МОЛОДЕ́ЦКИЙ, -ая, -ое (разг.). Свойственный молодцу́ или мо́лодцу, удалой. *М. вид.*

МОЛОДЕ́ЧЕСТВО, -а, *ср.* Удаль, отвага.

МОЛОДЁЖЬ, -и, *ж., собир.* Молодое поколение, молодые люди. *День молодёжи* (праздник молодёжи). ‖ *прил.* **молодёжный**, -ая, -ое. *Молодёжные бригады. Молодёжное кафе.*

МОЛОДИ́ТЬ, -ожу́, -оди́шь; *несов., кого-что.* Делать более молодым на вид. *Причёска её молодит.*

МОЛОДИ́ТЬСЯ, -ожу́сь, -оди́шься; *несов.* Придавать себе вид человека более молодого, чем на самом деле. *Молодящаяся старуха.*

МОЛОДИ́ЦА, -ы, *ж.* (устар. и обл.). Молодая женщина.

МОЛО́ДКА, -и, *ж.* (обл.). То же, что молодица.

МОЛОДНЯ́К, -а́, *м., собир.* **1.** Молодые животные, приплод. **2.** Поросль молодого леса.

МОЛОДОГВАРДЕ́ЕЦ, -е́йца, *м.* Член героической подпольной организации «Молодая гвардия», действовавшей в годы Великой Отечественной войны в тылу врага в г. Краснодоне. ‖ *прил.* **молодогварде́йский**, -ая, -ое.

МОЛОДОЖЁНЫ, -ов, *ед.* -ён, -а, *м.* Только что поженившиеся супруги, а также (ед.) только что женившийся мужчина. *Квартиры для молодожёнов.*

МОЛОДО́Й, -а́я, -о́е; мо́лод, молода́, мо́лодо; моло́же. **1.** Не достигший зрелого возраста; ещё не старый. *Молодое поколение. Молодые учёные. М. человек* (о юноше, обычно в обращении). *Молод ещё стариков учить* (разг. неодобр.). *Из молодых* (сущ.) *да ранний* (о молодом выскочке, а также вообще о молодом человеке, рано обнаружившем какие-н. способности, возможности; разг.). **2.** Недавно начавший расти, существовать. *Молодое дерево. М. картофель. Молодое учреждение.* **3.** *полн. ф.* Недавнего приготовления (без достаточной крепости, остроты; о напитках, продуктах, приготовление к-рых связано с брожением). *М. сыр. М. квас.* **4.** *полн. ф.* Свойственный, присущий молодости. *М. задор. Молодая отвага.* **5.** **молодо́й**, -о́го, *м.* Человек, только что вступивший в брак. ✦ **Молодо-зелено** (разг.) — о незрелой молодёжи. ‖ *ж.* **молода́я**, -о́й (к 5 знач.). ‖ *уменьш.* **моло́денький**, -ая, -ое (к 1 и 2 знач.).

МО́ЛОДОСТЬ, -и, *ж.* **1.** Возраст между отрочеством и зрелостью; период жизни в таком возрасте. *В дни молодости. Не первой молодости кто-н.* (немолод). *Вторая м.* (прилив новых сил в пожилом возрасте). **2.** *перен., собир.* О молодом поколении, о молодёжи (высок.). *На этом форуме собралась вся м. мира.*

МОЛОДУ́ХА, -и, *ж.* (прост. и обл.). Молодая замужняя женщина.

МОЛОДЦЕВА́ТЫЙ, -ая, -ое; -а́т. Удалой, бравый. *М. вид.* ‖ *сущ.* **молодцева́тость**, -и, *ж.*

МОЛОДЧА́ГА, -и, *м.* и *ж.* (прост.). Молодчина, молоде́ц (во 2 знач.).

МО́ЛОДЧИК, -а, *м.* (разг. презр.). Человек, обычно молодой, опасный или подозрительный для окружающих. *Около дома ходят какие-то молодчики. Фашистские молодчики.*

МОЛОДЧИ́НА, -ы, *м.* и *ж.* (разг.). То же, что молоде́ц (во 2 знач.). *Не струсил, не растерялся, м.*

МО́ЛОДЬ, -и, *ж., собир.* **1.** Молодые рыбы, а также вообще молодые животные, ещё не достигшие нормальной величины. *М. нерпы.* **2.** То же, что поросль. *Хвойная м. М. кедра. Зелёная м.*

МОЛОЖА́ВЫЙ, -ая, -ое; -а́в. О взрослом или пожилом человеке: выглядящий моложе своих лет. *М. мужчина. М. вид.* ‖ *сущ.* **моложа́вость**, -и, *ж.*

МОЛО́ЖЕ *см.* молодой.

МОЛО́ЗИВО, -а, *ср.* Беловатая жидкость (секрет[3]), выделяемая грудными железами женщин и самок млекопитающих перед родами и в первые дни после них. ‖ *прил.* **моло́зивный**, -ая, -ое.

МОЛОКА́НИН, -а, *мн.* -а́не, -а́н, *м.* **1.** *мн.* Одна из русских сект «духовных христиан», отвергающая священников и церковь и совершающая моления в обычных домах. **2.** Член такой секты. ‖ *ж.* **молока́нка**, -и. ‖ *прил.* **молока́нский**, -ая, -ое.

МОЛО́КИ, -о́к, *ед.* (в одном знач. с мн.) моло́ка, -и, *ж.* Семенные железы и семенная жидкость рыб.

МОЛОКО́, -а́, *ср.* **1.** Белая жидкость (секрет[3]), выделяемая грудными железами женщин и самок млекопитающих после родов для вскармливания младенца, детеныша. *Грудное м.* (женское). *Козье, коровье, овечье м. М. на губах не обсохло у кого-н.* (о том, кто ещё молод и неопытен; разг. неодобр.). **2.** Такая жидкость, получаемая от домашних коров, продукт питания. *Сырое, кипячёное м. М. в пакетах. Кислое м.* (прокисшее, а также, разг., простокваша). *Сгущённое м. Топлёное м. Каша с молоком.* **3.** Беловатый сок нек-рых растений, млечный сок. ✦ **В молоко попасть** (разг.) — промахнуться при прицельной (спортивной, учебной) стрельбе. ‖ *уменьш.* **молочко́**, -а́, *ср.* ‖ *унич.* **молочи́шко**, -а, *ср.* (ко 2 знач.). *Детишкам на м.* (о деньгах: очень немного; шутл.). ‖ *прил.* **моло́чный**, -ая, -ое. *Молочная железа. Молочная промышленность. М. скот* (дающий молоко). *Молочная каша* (сваренная на молоке). *Молочные реки, кисельные берега* (о сказочном изобилии; обычно ирон.). ✦ **Молочная кухня** — пункт, обеспечивающий готовое питание для детей грудного возраста.

МОЛОКО... *Первая часть сложных слов со знач.:* 1) относящийся к молоку (во 2 знач.), напр. *молокозавод, молоковоз, молокопровод;* 2) относящийся к молоку (в 1 знач.), напр. *молокообразование, молокоотсос.*

МОЛОКОСО́С, -а, *м.* (разг. пренебр.). Человек, к-рый слишком молод для суждения о чём-н., для какого-н. дела.

МО́ЛОТ, -а, *м.* **1.** Большой тяжёлый молоток для ручной ковки, дробления камней. *Удары молота по наковальне. Между молотом и наковальней (быть, находиться)* (перен.: об опасности, грозящей с двух сторон; книжн.). **2.** Механизм ударного действия для обработки металла давлением. *Паровоздушный (паровой) м. Штамповочный м. Гидравлический м.* **3.** Спортивный снаряд для метания — ядро на тросе с ручкой. ‖ *прил.* **мо́лотовый**, -ая, -ое (ко 2 знач.; спец.) *и* **молотово́й**, -а́я, -о́е (ко 2 знач.; спец.).

МОЛОТИ́ЛКА, -и, *ж.* Сельскохозяйственная машина (или часть машины) для молотьбы.

МОЛОТИ́ЛЬЩИК, -а, *м.* Работник, занятый молотьбой. ‖ *ж.* **молоти́льщица**, -ы.

МОЛОТИ́ТЬ, -очу́, -о́тишь; -о́ченный; *несов.* **1.** *что.* Извлекать, выбивать зёрна, семена из колосьев, метёлок, початков, стручков. *М. рожь, горох.* **2.** *кого-что.* Бить, колотить, ударять (разг.). *М. кулаками. М.*

в дверь. ‖ *сущ.* **молотьба́**, -ы́, *ж.* (к 1 знач.). ‖ *прил.* **молоти́льный**, -ая, -ое (к 1 знач.).

МОЛОТОБО́ЕЦ, -бо́йца, *м.* Кузнец, работающий молотом (в 1 знач.).

МОЛОТО́К, -тка́, *м.* **1.** Инструмент для забивания, ударов — металлический или деревянный брусок, насаженный под прямым углом на рукоятку. *Столярный, сапожный м.* **2.** Ручная машина ударного действия с механическим приводом. *Отбойный м. Клепальный м. Бурильный м.* **3.** *перен.* О деятельном и настойчивом, упорном человеке (прост.). *Парень-м.* ✦ **С молотка** (продавать, пойти) — с аукциона (во время к-рого удар молотка аукциониста означает состоявшуюся продажу). ‖ *уменьш.* **молото́чек**, -чка, *м.* ‖ *прил.* **молотко́вый**, -ая, -ое (к 1 и 2 знач.).

МОЛОТО́ЧЕК, -чка, *м.* **1.** *см.* молоток. **2.** Название различных ударных приспособлений в механизмах. *М. в рояле.* **3.** Одна из слуховых косточек среднего уха (спец.). ‖ *прил.* **молото́чковый**, -ая, -ое.

МОЛО́ТЬ[1], мелю́, ме́лешь; мо́лотый; *несов., что.* Превращать в муку, порошок; измельчать. *М. зерно. М. камень* (дробить). *Молотый кофе.* ‖ *сов.* **смоло́ть**, смелю́, сме́лешь; смо́лотый *и* **помоло́ть**, -мелю́, -ме́лешь; -мо́лотый. ‖ *сущ.* **помо́л**, -а, *м. Зерно первого помола.* ‖ *прил.* **помо́льный**, -ая, -ое (спец.).

МОЛО́ТЬ[2], мелю́, ме́лешь; *несов., что* (разг.). Говорить что-н. вздорное. *М. чепуху, вздор, ерунду. Мели, Емеля, твоя неделя* (погов. о пустом болтуне).

МОЛОТЬБА́ *см.* молотить.

МОЛО́Х, -а, *м.* (книжн.). О слепой и беспощадно убивающей силе [*первонач.* у древних народов: бог солнца, огня и войны, к-рому приносились человеческие жертвоприношения]. *М. войны.*

МОЛОЧА́Й, -я, *м.* Травянистое растение с ядовитым млечным соком. ‖ *прил.* **молоча́йный**, -ая, -ое. *Семейство молочайных* (сущ.).

МОЛО́ЧЕНЫЙ, -ая, -ое. Подвергшийся молотьбе, обмолоченный. *Молоченая рожь.*

МОЛО́ЧНАЯ [*шн*], -ой, *ж.* Магазин, где продаётся молоко и молочные продукты.

МОЛО́ЧНИК [*шн*], -а, *м.* Кувшинчик для молока. *Фарфоровый м.*

МОЛО́ЧНИЦА[1] [*шн*], -ы, *ж.* Женщина, торгующая молоком вразнос по домам или с рук.

МОЛО́ЧНИЦА[2], -ы, *ж.* Грибковое заболевание слизистой оболочки полости рта у грудных детей.

МОЛО́ЧНО-... *Первая часть сложных слов со знач.* молочный (в 4 знач.), с молочным оттенком, напр. *молочно-кремовый, молочно-бежевый.*

МОЛО́ЧНОСТЬ, -и, *ж.* Способность давать то или иное количество молока. *М. коровы.*

МОЛО́ЧНЫЙ, -ая, -ое; -чен, -чна. **1.** *см.* молоко. **2.** Дающий молоко или много молока. *М. скот. Молочная корова.* **3.** *полн. ф.* О молодых животных: выкармливаемый молоком. *М. телёнок, поросёнок.* **4.** *полн. ф.* Голубовато-белый, цвета молока. *Молочные белки. Молочное стекло* (матовое). ✦ **Молочные зубы** — зубы у детей, выпадающие после шести лет. **Молочный брат, молочная сестра** — о неродных людях, вскормленных молоком одной женщины. **Молочная спелость** (спец.) — первая стадия созревания зерна.

МО́ЛЧА, *нареч.* Ничего не говоря. *М. отошёл.*

МОЛЧАЛИ́ВЫЙ, -ая -ое; -и́в. **1.** Не любящий много говорить, немногословный. *М. человек.* **2.** *полн. ф.* Выражаемый или понимаемый без слов. *Молчаливое одобрение.* ‖ *сущ.* **молчали́вость**, -и, *ж.* (к 1 знач.).

МОЛЧА́ЛЬНИК, -а, *м.* **1.** Человек, к-рый дал обет молчания из религиозных побуждений (устар.). **2.** Молчаливый человек, а также (неодобр.) человек, предпочитающий из осторожности не высказывать своего мнения, отмалчиваться (разг.). ‖ *ж.* **молча́льница**, -ы.

МОЛЧА́НКА, -и, *ж.* (разг.). Детская игра, в к-рой проигрывает заговоривший первым. *Играть в молчанку* (также перен.: молчать тогда, когда нужно говорить, высказать своё мнение; неодобр.).

МОЛЧА́ТЬ, -чу́, -чи́шь; *несов.* **1.** Не произносить ничего, не издавать никаких звуков. *Его спрашивают, а он молчит. Молчи!* (требование замолчать). *Раньше писали письма, но давно молчат* (не пишут). *Батарея молчит* (не стреляет). *Молчат поля* (перен.: погружены в безмолвие). **2.** *о чём.* Соблюдать что-н. в тайне, не рассказывать о чём-н., не высказываться. *М. о происшедшем.* ‖ *сущ.* **молча́ние**, -я, *ср.*

МОЛЧКО́М, *нареч.* (разг.). Не говоря ни слова, молча. *Действовать м.*

МОЛЧО́К, *нескл., в сказ., м.* (разг.). Полное молчание, а также требование молчать. *Всё знает, а сам — м. Никому ни звука: об этом м.!*

МОЛЧУ́Н, -а́, *м.* (разг.). Неразговорчивый, молчаливый человек. ‖ *ж.* **молчу́нья**, -и, *род. мн.* -ний.

МОЛЬ[1], -и, *ж.* Маленькая бабочка, гусеница к-рой является вредителем меха, шерсти, хлебных зёрен, растений. *Молью изъедено* (также перен.: о чём-н. явно устарелом, отжившем; неодобр.). ‖ *прил.* **мо́левый**, -ая, -ое.

МОЛЬ[2], -я, *м.* (спец.). Сплав леса россыпью, отдельными брёвнами, а также лес, сплавляемый таким способом. *Сплав леса молем.* ‖ *прил.* **молево́й**, -а́я, -о́е. *М. сплав.*

МОЛЬ[3], -я, *м.* Единица количества вещества. ‖ *прил.* **мо́льный**, -ая, -ое *и* **моля́рный**, -ая, -ое. *М. объём.*

МОЛЬБА́, -ы́, *ж.* (высок.). Горячая просьба. *Услышать чью-н. мольбу. Внять мольбе.*

МОЛЬБЕ́РТ, -а, *м.* Подставка, на к-рой художник укрепляет подрамник с холстом, доску, картон. ‖ *прил.* **мольбе́ртный**, -ая, -ое.

МОМЕ́НТ, -а, *м.* **1.** Миг, мгновение, короткое время, в к-рое происходит что-н. *Сделать в один м.* (быстро). *Упустить нужный м. Благоприятный м. В данный м.* (в настоящее время). *В тот самый м. как... или когда...* (именно тогда). *Сейчас самый м.* (самое подходящее время; разг.). **2.** Обстоятельство, отдельная сторона какого-н. явления. *Отрицательный м. Положительные моменты в работе.* ✦ **Текущий момент** (книжн.) — период, промежуток времени, характеризующий состояние чего-н. сейчас, в настоящем.

МОМЕНТАЛИ́СТ, -а, *м.* Рисовальщик, фотограф, к-рый изготовляет изображение сразу, моментально.

МОМЕНТА́ЛЬНЫЙ, -ая, -ое; -лен, -льна. Мгновенный, осуществляемый в один момент. *М. снимок. Моментально* (нареч.) *исчез.* ‖ *сущ.* **момента́льность**, -и, *ж.*

МОНА́РХ, -а, *м.* Глава монархии, общее название царей, королей, императоров, султанов, шахов. *Самодержавный м. Воля монарха.* ‖ *ж.* **мона́рхиня**, -и. ‖ *прил.* **мона́рший**, -ая, -ее. *Монаршая власть. Монаршие регалии.*

МОНАРХИ́ЗМ, -а, *м.* Политическое направление, признающее монархию единственной формой государственной власти. ‖ *прил.* **монархи́стский**, -ая, -ое.

МОНАРХИ́СТ, -а, *м.* Сторонник монархизма. ‖ *прил.* **монархи́стка**, -и. ‖ *прил.* **монархи́стский**, -ая, -ое.

МОНА́РХИЯ, -и, *ж.* Форма правления, при к-рой верховная власть принадлежит единоличному (обычно наследственному) правителю, а также государство во главе с таким правителем. *Самодержавная м. Конституционная м.* (государство, в к-ром власть монарха ограничена парламентом). ‖ *прил.* **монархи́ческий**, -ая, -ое.

МОНАСТЫ́РЬ, -я́, *м.* **1.** Религиозная община монахов или монахинь, представляющая собой отдельную церковно-хозяйственную организацию. *Мужской м. Женский м.* **2.** Территория, храм и все помещения такой общины. *М. на берегу озера. Ограда монастыря.* ✦ **В чужой монастырь со своим уставом не ходят** — посл. о том, что в чужом месте не следует наводить свои порядки. **Подвести под монастырь** *кого* (прост.) — подвести под неприятность, наказание. ‖ *прил.* **монасты́рский**, -ая, -ое.

МОНА́Х, -а, *м.* Член религиозной общины, давший обет вести аскетическую жизнь. *Постричься в монахи. Буддийские монахи. Жить монахом* (о мужчине: вести строгий, суровый образ жизни). ✦ **Ни монаха** (прост.) — нисколько, совсем ничего. *Ни монаха не видно, не слышно.* ‖ *ласк.* **мона́шек**, -шка, *м.* ‖ *ж.* **мона́хиня**, -и, **мона́шенка**, -и (разг.) *и* **мона́шка**, -и (прост.). ‖ *прил.* **мона́шеский**, -ая, -ое. *М. образ жизни* (перен.: суровый, аскетический).

МОНА́ШЕСТВО, -а, *ср.* **1.** Монашеская жизнь, монашеское состояние, постриг. *Принять м.* **2.** *собир.* Монахи.

МОНА́ШЕСТВУЮЩИЙ, -ая, -ее. Пребывающий в монашестве, ведущий жизнь монаха. *Монашествующие аскеты, праведники.*

МОНГОЛИ́СТИКА, -и, *ж.* То же, что монголоведение.

МОНГОЛОВЕ́ДЕНИЕ, -я, *ср.* Совокупность наук, изучающих историю, языки, литературу, фольклор монгольских народов. ‖ *прил.* **монголове́дческий**, -ая, -ое.

МОНГОЛО́ИДНЫЙ, -ая, -ое: **монголоидная раса** (спец.) — раса людей с желтоватой кожей, прямыми чёрными волосами, слабо выступающим носом и нек-рыми другими признаками.

МОНГО́ЛЫ, -ов, *ед.* -о́л, -а, *м.* **1.** Народ, составляющий основное население Монголии. **2.** Историческое название всех народов, говорящих на монгольских языках. ‖ *ж.* **монго́лка**, -и. ‖ *прил.* **монго́льский**, -ая, -ое.

МОНГО́ЛЬСКИЙ, -ая, -ое. **1.** *см.* монголы. **2.** Относящийся к монголам (в 1 знач.), к их языку, национальному характеру, образу жизни, культуре, а также к Монголии, её территории, внутреннему устройству, истории; такой, как у монголов, как в Монголии. *М. язык* (собственно монгольский, предположительно алтайской семьи языков). *М. аймак. По-монгольски* (нареч.). **3.** Относящийся к народам, говорящим на монгольских языках (монгольском, бурятском, калмыцком и нек-рых других), к их образу жизни, культуре, истории. *Монгольские языки* (предположительно алтайской семьи языков: собственно монгольский, бурятский, калмыцкий и нек-рые др.). *Монгольские народы.*

МОНЕ́ТА, -ы, *ж.* Металлический денежный знак. *Медные, латунные, золотые монеты. Звонкая м.* (металлические деньги, обычно высокого достоинства). *Разменная м. Чеканить* или (устар.) *бить монету.* ✦ **Гони монету!** (прост.) — давай деньги. **Платить той же монетой** — отплачивать тем же самым (обычно о плохом). **Принимать за чистую монету** — принимать что-н. за истину, всерьёз. ‖ *прил.* **моне́тный**, -ая, -ое. *М. двор.*

МОНЕ́ТНИЦА, -ы, *ж.* Коробочка с отделениями для монет, род кошелька.

МОНИ́ЗМ, -а, *м.* Философское направление, признающее, в противоп. дуализму, основой мира одно начало (материю или дух). ‖ *прил.* **монисти́ческий**, -ая, -ое.

МОНИ́СТО, -а, *ср.* Ожерелье из бус, монет, камней. *М. из серебряных полтинников, из стеклянных бусин.*

МОНИТО́Р, -а, *м.* (спец.). Контролирующее или видеоконтролирующее устройство. ‖ *прил.* **монито́рный**, -ая, -ое.

МОНО... *Первая часть сложных слов со знач.* состоящий из одного, единого, относящийся к одному; одиночный, напр. *монотеизм, монокристалл, моноволокно, монокультура, монорельс, мономолекулярный.*

МОНОГА́МИЯ, -и, *ж.* (спец.). **1.** То же, что единобрачие. **2.** Спаривание самца с одной и той же самкой. ‖ *прил.* **монога́мный**, -ая, -ое.

МОНОГРА́ММА, -ы, *ж.* Вязь из двух или более букв. ‖ *прил.* **моногра́ммный**, -ая, -ое.

МОНОГРА́ФИЯ, -и, *ж.* Научное исследование, книга, посвящённая одному вопросу, теме. ‖ *прил.* **монографи́ческий**, -ая, -ое.

МОНО́КЛЬ, -я, *м.* Оптический прибор для одного глаза, вставляемый в глазную впадину. *М. на шнурке.*

МОНОЛИ́Т, -а, *м.* **1.** Цельная каменная глыба, а также предмет, высеченный из неё. **2.** Твёрдые материалы, слитые в единый массив (спец.). ‖ *прил.* **моноли́тный**, -ая, -ое. *Монолитная колонна.*

МОНОЛИ́ТНЫЙ, -ая, -ое; -тен, -тна. **1.** *см.* монолит. **2.** *перен.* Представляющий собой единство, цельный, сплочённый (высок.). *Монолитная партия.* ‖ *сущ.* **моноли́тность**, -и, *ж.*

МОНОЛО́Г, -а, *м.* Речь одного лица, обращённая к слушателям или к самому себе. *Сценический м. Внутренний м.* ‖ *прил.* **монологи́ческий**, -ая, -ое. *Монологическая речь.*

МОНОПЛА́Н, -а, *м.* Самолёт с одним крылом. ‖ *прил.* **монопла́нный**, -ая, -ое.

МОНОПОЛИЗИ́РОВАТЬ, -рую, -руешь; -анный; *сов. и несов., что.* Сделать (делать) что-н. предметом монополии (в 1 и 3 знач.). *М. промышленность. М. внешнюю торговлю.* ‖ *сущ.* **монополиза́ция**, -и, *ж.*

МОНОПОЛИ́СТ, -а, *м.* **1.** Тот, кто пользуется монополией (в 1 и 3 знач.) в какой-н. области. **2.** Крупный капиталист, представитель монополистического капитала. ‖ *ж.* **монополи́стка**, -и (по 3 знач. слова «монополия»; разг.). ‖ *прил.* **монополи́стский**, -ая, -ое.

МОНОПО́ЛИЯ, -и, *ж.* **1.** Исключительное право на производство или на продажу чего-н., а также исключительное пользование чем-н. *Государственная м. М. внешней торговли. Получить монополию на что-н.* **2.** Крупное объединение, возникшее на основе концентрации производства и капитала с целью установления господства в какой-н. области хозяйства и получения максимальной прибыли. **3.** *перен.* Преимущественное право, особое положение кого-н. по сравнению с другими (разг.). *Рыбачить в заводи — его м.* ‖ *прил.* **монополисти́ческий**, -ая, -ое (ко 2 знач.) *и* **монопо́льный**, -ая, -ое (к 1 и 3 знач.). *Монополистический капитал. Монопольное право.*

МОНОРЕ́ЛЬС, -а, *м.* Подвесной однорельсовый железнодорожный путь. ‖ *прил.* **моноре́льсовый**, -ая, -ое. *Монорельсовая дорога.*

МОНОТЕИ́ЗМ [тэ], -а, *м.* (спец.). Вера в одно единственное божество, в единого бога, единобожие; *противоп.* политеизм. ‖ *прил.* **монотеисти́ческий**, -ая, -ое. *Монотеистические религии* (иудаизм, христианство, ислам).

МОНОТИ́П, -а, *м.* (спец.). Полиграфическая машина, отливающая строку отдельными печатными знаками. ‖ *прил.* **моноти́пный**, -ая, -ое. *М. набор.*

МОНОТО́ННЫЙ, -ая, -ое; -о́нен, -о́нна. Однообразный по тону, интонации. *Монотонное пение. М. голос. Монотонная жизнь* (перен.: лишённая разнообразия). ‖ *сущ.* **моното́нность**, -и, *ж.*

МОНПАНСЬЕ́ [*асьэ́*], *нескл., ср.* Сорт леденцов.

МОНСТР, -а, *м.* (книжн.). Чудовище, урод.

МОНТА́Ж, -а́, *м.* **1.** *см.* монтировать. **2.** Соединённые в целое различные части чего-н. *Фотографический м. Литературный м.* ‖ *прил.* **монта́жный**, -ая, -ое.

МОНТАЖЁР, -а, *м.* Специалист по монтажу (в кинематографии, фотографии). *М. кинофильма.*

МОНТАЖИ́СТ, -а, *м.* Специалист, монтирующий печатный набор, стереотипы, клише. ‖ *ж.* **монтажи́стка**, -и.

МОНТА́ЖНИК, -а, *м.* Специалист по монтажу конструкций. *М.-верхолаз.* ‖ *ж.* **монта́жница**, -ы.

МОНТЁР, -а, *м.* **1.** Сборщик, установщик машин, механизмов. *М.-механик. М.-турбинщик.* **2.** Специалист по электрическому оборудованию, проводке, электромонтёр. ‖ *прил.* **монтёрский**, -ая, -ое.

МОНТИ́РОВАТЬ, -рую, -руешь; -анный; *несов., что.* Собирать (отдельные части) в единое целое. ‖ *сов.* **смонти́ровать**, -рую, -руешь; -анный. ‖ *сущ.* **монти́рование**, -я, *ср.,* **монта́ж**, -а́, *м. и* **монтиро́вка**, -и, *ж.* *Монтаж кинофильма.* ‖ *прил.* **монта́жный**, -ая, -ое *и* **монтиро́вочный**, -ая, -ое. *Монтажные работы.*

МОНТИРО́ВЩИК, -а, *м.* Специалист по монтированию, сборке изделий. *М. электроприборов.* ‖ *ж.* **монтиро́вщица**, -ы.

МОНУМЕ́НТ, -а, *м.* (книжн.). Архитектурное или скульптурное сооружение в память о каком-н. историческом лице, событии. *Величественный м.* ‖ *прил.* **монуме́нтный**, -ая, -ое.

МОНУМЕНТАЛИ́СТ, -а, *м.* Художник, занимающийся монументальным искусством. ‖ *ж.* **монументали́стка**, -и.

МОНУМЕНТА́ЛЬНЫЙ, -ая, -ое; -лен, -льна. **1.** *полн. ф.* Об искусстве: относящийся к созданию монументов, памятников, к оформлению архитектурных сооружений. *Монументальное искусство. Монументальная скульптура. Монументальная живопись* (настенная роспись). **2.** Величественный, производящий впечатление величиной, мощностью. *Монументальное здание.* **3.** Основательный, глубокий по содержанию. *Монументальное исследование.* ‖ *сущ.* **монумента́льность**, -и, *ж.* (ко 2 и 3 знач.).

МОПЕ́Д, -а, *м.* Сокращение: мотоцикл педальный — лёгкий мотоцикл с педальным приводом. ‖ *прил.* **мопе́дный**, -ая, -ое.

МОПС, -а, *м.* Маленькая комнатная собака, сходная с бульдогом. ‖ *уменьш.* **мо́псик**, -а, *м.*

МОР, -а, *м.* (устар.). Повальная смерть, эпидемия. *М. зверей. М. рыбы.*

МОРАЛИЗИ́РОВАТЬ, -рую, -руешь; *несов.* (книжн.). Проповедовать строгую мораль, заниматься нравоучениями. *Морализирующий тон.* ‖ *сущ.* **морализи́рование**, -я, *ср.*

МОРАЛИ́СТ, -а, *м.* (книжн.). Человек, любящий морализировать. ‖ *ж.* **морали́стка**, -и.

МОРА́ЛЬ, -и, *ж.* **1.** Нравственные нормы поведения, отношений с людьми, а также сама нравственность. *Общечеловеческая м. Человек высокой морали.* **2.** Логический, поучительный вывод из чего-н. *Отсюда м.: так поступать не годится. М. басни.* **3.** Нравоучение, наставление (разг.). *Читать м. кому-н.* ‖ *прил.* **мора́льный**, -ая, -ое (к 1 знач.).

МОРА́ЛЬНЫЙ, -ая, -ое; -лен, -льна. **1.** *см.* мораль. **2.** Высоконравственный, соответствующий правилам морали (книжн.). *М. поступок.* **3.** *полн. ф.* Внутренний, душевный. *Моральное удовлетворение. Моральная поддержка. Высокий м. дух.* ✦ **Моральный износ** (спец.) — устаревание (техники, аппаратуры) вследствие появления новых, более совершенных образцов. **Моральное устаревание** (спец.) — то же, что моральный износ, а также устаревание (научных трудов, изысканий) вследствие появления новых, более прогрессивных исследований, методов. ‖ *сущ.* **мора́льность**, -и, *ж.* (ко 2 знач.).

МОРАТО́РИЙ, -я, *м.* (спец.). Устанавливаемая правительством отсрочка выполнения обязательств на определённый срок или на время действия каких-н. чрезвычайных обстоятельств. *Общий м.* (распространяемый на все виды обязательств). *М. на ядерные испытания* (приостановка, отсрочка их проведения). ‖ *прил.* **морато́рный**, -ая, -ое.

МОРГ, -а, *м.* Учреждение или специальное помещение для хранения трупов, их вскрытия и выдачи для захоронения. ‖ *прил.* **мо́рговский**, -ая, -ое (разг.).

МОРГА́ТЬ, -а́ю, -а́ешь; *несов.* **1.** Непроизвольно опускать и поднимать веки. *М. глазами. Смотреть не моргая. Огонёк моргает вдали* (перен.). **2.** Подавать знак, подмигивая. *Моргает мне, чтобы я замолчал.* ‖ *однокр.* **моргну́ть**, -ну́, -нёшь. *Глазом не моргнёт* (не остановится перед тем, чтобы сделать что-н.; разг.). *Не моргнув глазом* (долго не раздумывая; разг.). ‖ *сущ.* **морга́ние**, -я, *ср.*

МОРГУ́Н, -а́, *м.* (разг.). Человек, к-рый часто моргает. ‖ *ж.* **моргу́нья**, -и, *род. мн.* -ний.

МО́РДА, -ы, *ж.* **1.** Передняя часть головы животного. *Собачья м.* **2.** То же, что лицо (в 1 знач.) (прост.). ‖ *уменьш.* **мо́рдочка**, -и, *ж. и* **морда́шка**, -и, *ж.* (ко 2 знач.; шутл.).

МОРДА́СТЫЙ, -ая, -ое; -а́ст и **МОРДА́ТЫЙ**, -ая, -ое; -а́т (прост.). С большой толстой мордой. *Мордастый щенок. М. мужик.*

МОРДА́ХА, -и, *ж.* (разг. шутл.). Морда (в 1 знач.), лицо (в 1 знач.). *Приятная, симпатичная м.* ‖ *уменьш.-ласк.* **морда́шка**, -и, *ж. и* **морда́шечка**, -и, *ж.*

МОРДВА́, -ы́, *ж., собир., ед.* мордви́н, -а, *м.* Народ, составляющий основное коренное население Мордовии. ‖ *ж.* **мордо́вка**, -и. ‖ *прил.* **мордо́вский**, -ая, -ое.

МОРДВИ́НЫ, -и́н, *ед.* -и́н, -а, *м.* То же, что мордва. ‖ *ж.* **мордви́нка**, -и. ‖ *прил.* **мордви́нский**, -ая, -ое.

МОРДОБО́Й, -я, *м.* и **МОРДОБИ́ТИЕ**, -я, *ср.* (прост.). Драка, битьё по лицу.

МОРДОВА́ТЬ, -ду́ю, -ду́ешь; *несов., кого (что)* (прост.). **1.** То же, что избивать. **2.** *перен.* Зло преследовать, обижать. ‖ *сов.* **замордова́ть**, -ду́ю, -ду́ешь.

МОРДОВОРО́Т, -а, *м.* (прост.). О ком-чём-н. отвратительном, отталкивающем.

МОРДО́ВСКИЙ, -ая, -ое. **1.** *см.* мордва и мордовцы. **2.** Относящийся к мордве (мордовцам), её языкам, национальному характеру, образу жизни, культуре, а также к Мордовии, её территории, внутреннему устройству, истории; такой, как у мордвы (мордовцев), как в Мордовии. *Мордовские языки* (эрзянский и мокшанский языки финно-угорской семьи языков). *По-мордовски* (нареч.).

МОРДО́ВЦЫ, -цев, *ед.* -о́вец, -вца, *м.* То же, что мордва. ‖ *ж.* **мордо́вка**, -и. ‖ *прил.* **мордо́вский**, -ая, -ое.

МО́РЕ, -я, *мн.* -я́, -е́й, *ср.* **1.** Часть океана — большое водное пространство с горько-солёной водой. *Плыть морем. По́ морю и по мо́рю. На́ море и на мо́ре. За́ морем* (в заморских странах; устар.). *За́ море* (в заморские страны; устар.). *Уйти в море* (отправиться в мореплавание). **2.** *перен., кого-чего.* Большое количество кого-чего-н. (высок.). *М. огней. М. слов. М. людей.* ✦ **Открытое море** (спец.) — морское пространство за пределами территориальных вод какого-н. государства. **Закрытое море** (спец.) — морское пространство, представляющее собой территориальные воды какого-н. государства. ‖ *прил.* **морско́й**, -а́я, -о́е (к 1 знач.). *М. флот. Морская пехота* (род военно-морских сил, предназначенных для морских десантов и для обороны побережья). *Морская болезнь* (болезненное состояние, вызываемое качкой). *Морская свинка* (маленькое животное-грызун).

МОРЕ́НА, -ы, *ж.* (спец.). Скопление обломков горных пород, образуемое передвижением ледников. ‖ *прил.* **море́нный**, -ая, -ое. *М. ландшафт.*

МОРЕПЛА́ВАНИЕ, -я, *ср.* Плавание по морям, океанам, а также искусство кораблевождения. ‖ *прил.* **морепла́вательный**, -ая, -ое.

МОРЕПЛА́ВАТЕЛЬ, -я, *м.* (устар. и высок.). То же, что моряк. *Славные русские мореплаватели.* ‖ *ж.* **морепла́вательница**, -ы. ‖ *прил.* **морепла́вательский**, -ая, -ое.

МОРЕТРЯСЕ́НИЕ, -я, *ср.* (спец.). Сильное колебание морского дна на большой глубине.

МОРЕХО́Д, -а, *м.* В старину: мореплаватель, открыватель морских путей. *Русские землепроходцы и мореходы.*

МОРЕХО́ДКА, -и, *ж.* (разг.). Мореходное училище.

МОРЕХО́ДНОСТЬ, -и, *ж.* (спец.). Мореходные качества судна.

МОРЕХО́ДНЫЙ, -ая, -ое (спец.). Относящийся к мореплаванию. *Мореходное училище. Мореходные инструменты* (навигационные). *Мореходные качества судна. Мореходные испытания.*

МОРЕХО́ДСТВО, -а, *ср.* (устар.). То же, что мореплавание.

МОРЁНЫЙ, -ая, -ое. Тёмный, обработанный морением, морилкой. *М. дуб.*

МОРЖ, -а́, *м.* **1.** Крупное ластоногое морское северное млекопитающее с длинными клыками и усатой мордой. **2.** *перен.* Человек, занимающийся плаванием зимой в открытых водоёмах. *Секция моржей.* ‖ *ж.* **моржи́ха**, -и (ко 2 знач.; разг.). ‖ *прил.* **моржо́вый**, -ая, -ое (к 1 знач.). *М. ус. М. клык, бивень. Моржовая кость.*

МОРЖИ́ХА, -и, *ж.* **1.** *см.* морж. **2.** Самка моржа (в 1 знач.).

МОРЖО́НОК, -нка, *мн.* -жа́та, -жа́т, *м.* Детёныш моржа (в 1 знач.).

МОРЗЯ́НКА, -и, *ж.* (разг.). Телеграфный аппарат, передающий сообщения азбукой Морзе, а также сама эта азбука. *Передать по морзянке. Стук морзянки.*

МОРИ́ЛКА, -и, *ж.* **1.** Тёмная жидкость для пропитывания поверхности дерева с целью окраски. **2.** Жидкость, к-рой морят насекомых (разг.).

МОРИ́СТЫЙ, -ая, -ое (спец.). Удалённый от берегов в сторону открытого моря.

МОРИ́ТЬ, -рю́, -ри́шь; -рённый (-ён, -ена́); *несов.* **1.** *кого (что).* Уничтожать, травить. *М. тараканов.* **2.** *кого (что).* Мучить, изнурять. *М. голодом.* **3.** *кого (что).* Доводить до состояния слабости, изнеможения (разг.). *М. со смеху. М. смешными рассказами. Зной морит.* **4.** *что.* Держать (древесину) в воде, в специальном растворе для придания тёмного цвета, а также окрашивать морилкой. *М. дуб.* ✦ **Сон морит** *кого* (разг.) — очень хочется спать. ‖ *сов.* **замори́ть**, -рю́, -ри́шь; -рённый (-ён, -ена́) (ко 2 и 4 знач.), **помори́ть**, -рю́, -ри́шь (к 1 знач.) *и* **умори́ть**, -рю́, -ри́шь; -рённый (-ён, -ена́) (ко 2 и 3 знач.). ‖ *сущ.* **замо́р**, -а, *м.* (к 1 знач.; спец.). *З. рыбы.*

МОРКО́ВКА, -и, *ж.* (разг.). Один корешок моркови. ✦ **Держи хвост морковкой!** (прост. шутл.) — бодрись, не робей!

МОРКО́ВКИН: **до морковкина заговенья** (разг. шутл.) — неопределённо долго, неизвестно до какого времени.

МОРКО́ВНЫЙ, -ая, -ое. **1.** *см.* морковь. **2.** Светло-оранжевый, цвета моркови.

МОРКО́ВЬ, -и, *ж.* Огородное растение, корнеплод с оранжевым сладковатым утолщённым корнем. ‖ *прил.* **морко́вный**, -ая, -ое. *М. сок.*

МОРМЫ́ШКА, -и, *ж.* Искусственная приманка для рыбы, разновидность блесны. *Ловить на мормышку.*

МОРОВО́Й, -а́я, -о́е: **моровое поветрие** или **моровая язва** (стар.) — массовая эпидемия, вызывающая большую смертность.

МОРО́ЖЕНИЦА, -ы, *ж.* Прибор для приготовления мороженого.

МОРО́ЖЕНОЕ, -ого, *ср.* Замороженное сладкое кушанье из сливок, сахара, сока ягод, ароматических веществ. *Сливочное, фруктовое, шоколадное м.*

МОРО́ЖЕНЩИК, -а, *м.* Продавец мороженого. ‖ *ж.* **моро́женщица**, -ы.

МОРО́ЖЕНЫЙ, -ая, -ое. Подвергшийся замораживанию, а также испортившийся от мороза. *Мороженое мясо. М. картофель.*

МОРО́З, -а (-у), *м.* **1.** То же, что холод (в 1 знач.). *Продрогнуть на морозе. Пятнадцать градусов мороза. М. по коже (по спине) подирает* или *пошёл* (о чувстве сильного холода или внезапного ужаса; разг.). **2.** обычно *мн.* Очень холодная погода. *Ударили морозы. Стоят морозы. М. крепчает.* ✦ **Мороз Красный нос** — в сказках: старик, олицетворяющий зимний мороз, стужу. ‖ *уменьш.* **моро́зец**, -зца (-зцу), *м.*

МОРОЗИ́ЛКА, -и, *ж.* (разг.). Морозильная камера в холодильнике; отдельная небольшая морозильная камера.

МОРОЗИ́ЛЬНИК, -а, *м.* Морозильная камера. *Домашний м.*

МОРО́ЗИТЬ, -о́жу, -о́зишь; *несов.* **1.** *кого-что.* Подвергать действию холода, мороза; уничтожать холодом, морозом. *М. тараканов. М. рыбу.* **2.** *безл.* О морозной погоде. *На дворе морозит. К утру стало м.* ‖ *прил.* **морози́льный**, -ая, -ое (к 1 знач.; спец.). *М. траулер. М. цех. Морозильная камера.*

МОРО́ЗНЫЙ, -ая, -ое; -зен, -зна. Бывающий во время мороза, морозов, очень холодный. *М. ветер. Морозные дни. На улице морозно* (в знач. сказ.).

МОРОЗОСТО́ЙКИЙ, -ая, -ое; -о́ек, -о́йка. Хорошо переносящий мороз, холод. *Морозостойкие растения. М. бетон.* ‖ *сущ.* **морозосто́йкость**, -и, *ж.*

МОРОЗОУСТО́ЙЧИВЫЙ, -ая, -ое; -ив. То же, что морозостойкий. *Морозоустойчивые культуры, сорта.* ‖ *сущ.* **морозоусто́йчивость**, -и, *ж.*

МОРО́КА, -и, *ж.* (прост.). Нечто путаное, непонятное, в чём трудно разобраться. *С этим делом — одна м.*

МОРОСИ́ТЬ (-ошу́, -оси́шь, 1 и 2 л. не употр.), -оси́т; *несов.* О дожде: накрапывать мелкими каплями. *С утра моросит* (безл.).

МО́РОСЬ, -и, *ж.* То же, что изморось.

МОРО́ЧИТЬ, -чу, -чишь; *несов., кого-что* (разг.). Вводить в заблуждение, обманывать. *М. людей. М. голову кому-н.* (обманывать, одурачивать). ‖ *сов.* **обморо́чить**, -чу, -чишь; -ченный *и* **заморо́чить**, -чу, -чишь; -ченный.

МОРО́ШКА, -и, *ж.* Болотное травянистое растение сем. розоцветных со съедобными рыжевато-жёлтыми душистыми ягодами, а также ягоды его. *Мочёная м.* ‖ *прил.* **моро́шковый**, -ая, -ое.

МОРС, -а (-у), *м.* Прохладительный сладкий напиток из разбавленного водой сока ягод или плодов. *Клюквенный м.* ‖ *прил.* **мо́рсовый**, -ая, -ое.

МОРСКО́Й *см.* море.

МОРТИ́РА, -ы, *ж.* Короткоствольное артиллерийское орудие. ‖ *прил.* **морти́рный**, -ая, -ое.

МОРФЕ́МА, -ы, *ж.* В языкознании: минимальная значимая часть слова (корень, приставка, суффикс, постфикс). ‖ *прил.* **морфе́мный**, -ая, -ое.

МО́РФИЙ, -я (-ю) и **МОРФИ́Н**, -а, *м.* Наркотическое и болеутоляющее вещество, добываемое из млечного сока опиумного мака. *Впрыснуть м.* ‖ *прил.* **мо́рфийный**, -ая, -ое, **морфи́йный**, -ая, -ое *и* **морфи́нный**, -ая, -ое.

МОРФИНИ́ЗМ, -а, *м.* Болезненное пристрастие к морфину, морфию как наркотику.

МОРФИНИ́СТ, -а, *м.* Наркоман, страдающий морфинизмом. ‖ *ж.* **морфини́стка**, -и. ‖ *прил.* **морфини́стский**, -ая, -ое.

МОРФОЛО́ГИЯ, -и, *ж.* (спец.). **1.** В названиях нек-рых естественных наук: строение, форма. *М. человека. М. животных. М. растений. М. почвы.* **2.** Раздел грамматики — наука о частях речи, об их категориях и о формах слов. **3.** Принадлежащая языку система частей речи, их категорий и форм слов. *Описание морфологии русского языка.* ‖ *прил.* **морфологи́ческий**, -ая, -ое.

МОРФОНОЛО́ГИЯ, -и, *ж.* Раздел языкознания — наука о фонемном строении слов и морфем и об ударении. ‖ *прил.* **морфологический**, -ая, -ое.

МОРЩИ́НА, -ы, *ж.* Складка, бороздка на коже лица, тела, а также складка, неровность на поверхности чего-н. *Морщины на лбу. Глубокие морщины. Кожа в морщинах.* ‖ *уменьш.* **морщи́нка**, -и, *ж.* *Без единой морщинки* (о чём-н. совершенно гладком).

МОРЩИ́НИСТЫЙ, -ая, -ое; -ист. С глубокими или многими морщинами. *М. лоб.* ‖ *сущ.* **морщи́нистость**, -и, *ж.*

МОРЩИ́НИТЬСЯ (-нюсь, -нишься, 1 и 2 л. не употр.), -нится; *несов.* (разг.). То же, что морщиться (во 2 знач.).

МО́РЩИТЬ, -щу, -щишь; *несов., что.* Сдвигать в морщины; собирать складками (какие-н. части лица). *М. лоб. М. лицо от боли.* ‖ *сов.* **намо́рщить**, -щу, -щишь; -щенный *и* **смо́рщить**, -щу, -щишь; -щенный.

МОРЩИ́ТЬ (-щу́, -щи́шь, 1 и 2 л. не употр.), -щи́т; *несов.* Об одежде, ткани: лежать не гладко, с морщинками. *Платье морщит.*

МО́РЩИТЬСЯ, -щусь, -щишься; *несов.* **1.** Морщить лоб, лицо. *М. от неудовольствия, от боли.* **2.** (1 и 2 л. не употр.). Об одежде, ткани: покрываться морщинками, складками (разг.). ‖ *сов.* **намо́рщиться**, -щусь, -щишься (к 1 знач.) *и* **смо́рщиться**, -щусь, -щишься.

МОРЯ́К, -а́, *м.* **1.** Человек, к-рый служит во флоте. *Военные моряки.* **2.** Человек, опытный в морском деле. *Старый м.* ‖ *уменьш.* **морячо́к**, -чка́, *м.* (к 1 знач.). ‖ *ж.* **моря́чка**, -и (ко 2 знач.; разг.). ‖ *прил.* **моря́цкий**, -ая, -ое.

МОСКАЛИ́, -е́й, *ед.* -а́ль, -я́, *м.* (устар. пренебр.). На Украине и в Белоруссии: прозвище русских, а также (стар.) солдат.

МОСКАТЕ́ЛЬ, -и, *ж., собир.* (устар.). Краски, клей, непищевое масло и другие химические вещества как предмет торговли. ‖ *прил.* **москате́льный**, -ая, -ое. *Москательные товары.*

МОСКИ́Т, -а, *м.* Мелкое двукрылое насекомое южных стран, причиняющее болезненные укусы. ‖ *прил.* **моски́тный**, -ая, -ое. *Москитная сетка* (для защиты от укусов москитов).

МОСЛА́К, -а́, *м.* (прост.). То же, что мосол.

МОСО́Л, -сла́, *м.* (прост.). Кость (обычно большая, выступающая под кожей). *Мослы торчат у кого-н.* (очень худ).

МОСТ, мо́ста *и* моста́, о мо́сте, на мосту́, *мн.* -ы́, -о́в, *м.* **1.** Сооружение для перехода, переезда через реку, овраг, железнодорожный путь, какие-н. препятствия. *Железнодорожный, автодорожный, пешеходный м. Железобетонный, металлический, каменный, деревянный м. Понтонный м. Разводной м. По́ мосту, по мо́сту и по мосту́* (идти). *За́ мост и за мо́ст* (заехать). *На́ мост и на мо́ст* (подняться). *За́ мостом, за мосто́м и за мо́стом* (находиться). *Сжечь за собой мосты* (также перен.: исключить возможность отступления). **2.** *перен.* Линия дальней воздушной радио- или телевизионной связи, сообщения. *Воздушный м.* (о сообщении по воздуху между пунктами, не имеющими других, прямых средств связи). *Космический телевизионный м.* (прямая телесвязь через посредство космического аппарата или с космическим кораблём). **3.** В спорте: вытянутое изогнутое положение тела, обращённого грудью вверх и опирающегося на поверхность ступнями и ладонями. **4.** Часть шасси автомобиля (спец.). **5.** Зубной протез: планка с искусственными зубами, укреплённая на коронках. ‖ *уменьш.* **мо́стик**, -а, *м.* (к 1, 3 и 5 знач.) *и* **мосто́к**, -тка́, *м.* (к 1 знач.). ‖ *прил.* **мостово́й**, -а́я, -о́е (к 1, 4 и 5 знач.).

МО́СТИК, -а, *м.* **1.** *см.* мост. **2.** На судне, на больших машинах, агрегатах: высоко расположенная ограждённая площадка для управления, наблюдения. *Капитанский м. Судовой м. М. комбайна.* ‖ *прил.* **мо́стиковый**, -ая, -ое.

МОСТИ́ТЬ, мощу́, мости́шь; мощённый (-ён, -ена́); *несов., что.* **1.** Покрывать поверхность чего-н. (дороги, улицы) камнем, брусчаткой. *М. дорогу булыжником.* **2.** Делать настил из досок, брёвен (спец.). *М. пол.* ‖ *сов.* **вы́мостить**, -ощу, -остишь; -ощенный (к 1 знач.), **замости́ть**, -ощу́, -ости́шь; -ощённый (-ён, -ена́) (к 1 знач.) *и* **намости́ть**, -ощу́, -ости́шь; -ощённый (-ён, -ена́) (ко 2 знач.). ‖ *сущ.* **моще́ние**, -я, *ср.*

МОСТКИ́, -о́в. **1.** Деревянный настил в виде мостика для перехода через что-н. *М. через болото.* **2.** Помост, деревянная площадка в воде у берега реки, пруда. **3.** Площадка на лесах[2] у стены строящегося или ремонтируемого здания.

МОСТОВА́Я, -о́й, *ж.* Вымощенная или покрытая асфальтом проезжая часть улицы. *Асфальтовая, булыжная м.*

МОСТОВИ́К, -а́, *м.* Специалист по постройке мостов (в 1 знач.).

МОСТОПО́ЕЗД, -а, *м.* Специальный поезд для ремонта и строительства мостов и путепроводов.

МО́СЬКА, -и, *ж.* (разг.). Маленькая собачка, мопс.

МОТ, -а, *м.* Расточительный человек, тот, кто мотает[2] свои деньги, имущество. ‖ *ж.* **мото́вка**, -и (разг.). ‖ *прил.* **мотовско́й**, -а́я, -о́е.

МОТА́ЛКА, -и, *ж.* (разг.). Приспособление для наматывания чего-н.

МОТА́ТЬ[1], -а́ю, -а́ешь; мо́танный; *несов.* **1.** *что.* Круговым движением навивать, наслаивать на что-н. *М. нитки. М. шерсть на клубок.* **2.** *чем.* Поводить в стороны, качать (разг.). *М. головой.* **3.** Уходить, убегать, сматываться (прост.). *Мотай отсюда!* (проваливай!). **4.** В сочетаниях «мотать нервы», «мотать душу» кому-н.: нервировать, изматывать (разг.). **5.** *кого (что).* Не давать покоя, постоянно требуя, поручая что-н. (прост.). *М. курьера туда-сюда. М. сотрудников по пустякам.* ‖ *сов.* **намота́ть**, -а́ю, -а́ешь; -о́танный (к 1 знач.), **помота́ть**, -а́ю, -а́ешь; -о́танный (ко 2 знач.) *и* **умота́ть**, -а́ю, -а́ешь; -о́танный (к 3 знач.). ‖ *однокр.* **мотну́ть**, -ну́, -нёшь (ко 2 знач.). ‖ *сущ.* **мота́ние**, -я, *ср.*, **намо́тка**, -и, *ж.* (к 1 знач.) *и* **мо́тка**, -и, *ж.* (к 1 знач.; спец.). ‖ *прил.* **мота́льный**, -ая, -ое (к 1 знач.; спец.) *и* **намо́точный**, -ая, -ое (к 1 знач.; спец.). *Мотальный цех. Мотальная машина. Намоточный автомат.*

МОТА́ТЬ[2], -а́ю, -а́ешь; *несов., что* (разг.). Нерасчётливо тратить на развлечения, удовольствия, заниматься мотовством. *М. деньги.* ‖ *сов.* **промота́ть**, -а́ю, -а́ешь; -о́танный. ‖ *сущ.* **мота́ние**, -я, *ср.*

МОТА́ТЬСЯ, -а́юсь, -а́ешься; *несов.* **1.** (1 и 2 л. не употр.). Качаться, двигаться из стороны в сторону (разг.). *Конец верёвки мотается.* **2.** Проводить время в хлопотливых, утомительных занятиях, ходьбе (прост.). *Целый день м. по городу.* ‖ *сущ.* **мота́ние**, -я, *ср.*

МОТЕ́ЛЬ [тэ], -я, *м.* Гостиница для автотуристов, обычно с техническим обслуживанием автомобилей. *М. у автострады.* ‖ *прил.* **моте́льный**, -ая, -ое.

МОТИ́В[1], -а, *м.* **1.** Побудительная причина, повод к какому-н. действию. *По личным мотивам. Важный м.* **2.** Довод в пользу чего-н. *Привести мотивы в пользу своего решения. Убедительный м.*

МОТИ́В[2], -а, *м.* **1.** Единица музыкальной формы; мелодия, напев. *Весёлый м.* **2.** Проходящие через художественное произведение, творчество художника или через целое направление компоненты формы, элементы сюжета или темы, настроения (спец.). *Повторяющиеся мотивы русских сказок.* ‖ *уменьш.* **моти́вчик**, -а, *м.* (к 1 знач.). ‖ *прил.* **моти́вный**, -ая, -ое (к 1 знач.; спец.).

МОТИВИ́РОВАТЬ, -рую, -руешь; -анный; *сов.* и *несов., что чем.* Привести (-водить) мотивы, доводы в пользу чего-н. *М. свой отказ болезнью.* ‖ *сущ.* **мотиви́рование**, -я, *ср.*, **мотивиро́вка**, -и, *ж.* и **мотива́ция**, -и, *ж.*

МОТИВИРО́ВКА, -и, *ж.* **1.** *см.* мотивировать. **2.** Совокупность мотивов, доводов для обоснования чего-н. *Убедительная м.* ‖ *прил.* **мотивиро́вочный**, -ая, -ое.

МО́ТКА, МОТНУ́ТЬ *см.* мотать[1].

МОТНЯ́[1], -и́, *род. мн.* -е́й, *ж.* (прост. и обл.). **1.** Мешок в средней части невода, куда попадает рыба. **2.** Место в брюках, в шагу, где сходятся штанины.

МОТНЯ́[2], -и́, *ж.* (прост.). Суетня, хлопотливые занятия с утомительной ходьбой.

МОТО... *Первая часть сложных слов со знач.:* 1) моторный[2], напр. *мотобот, мотосани, мотонарты, мотодрезина, мотоколяска, мотоотсек;* 2) моторизированный, напр. *мотодивизия, мотомеханизированный, мотострелковый;* 3) мотоциклетный, напр. *мототуризм, мотогонки, моторалли, мотоспорт, мотолюбитель, мотогонщик.*

МОТОБО́Л, -а, *м.* Спортивная командная игра: род футбола на мотоциклах, а также соответствующий вид спорта. ‖ *прил.* **мотобо́льный**, -ая, -ое.

МОТОБОЛИ́СТ, -а, *м.* Спортсмен, занимающийся мотоболом.

МОТОВО́З, -а, *м.* Локомотив с двигателем внутреннего сгорания небольшой мощности. ‖ *прил.* **мотово́зный**, -ая, -ое.

МОТОВСКО́Й *см.* мот.

МОТОВСТВО́, -а́, *ср.* Поведение мота, расточительность.

МОТОГО́НКИ, -нок, *ед.* -а, -и, *ж.* Гонки на мотоциклах.

МОТОГО́НЩИК, -а, *м.* Спортсмен — участник мотогонок. ‖ *ж.* **мотого́нщица**, -ы.

МОТО́К, -тка́, *м.* Ровно смотанные, намотанные на что-н. нитки, пряжа, проволока. *Шерсть в мотках.* ‖ *прил.* **мото́чный**, -ая, -ое.

МОТОПЕ́Д, -а, *м.* То же, что мопед. ‖ *прил.* мотопе́дный, -ая, -ое.

МОТОПЕХО́ТА, -ы, *ж.* Моторизованная пехота. ‖ *прил.* **мотопехо́тный**, -ая, -ое.

МОТОПЕХОТИ́НЕЦ, -нца, *м.* Военнослужащий мотопехоты.

МОТО́Р, -а, *м.* Двигатель (преимущ. внутреннего сгорания или электрический). *Запустить, остановить м.* ‖ *прил.* **мото́рный**, -ая, -ое. *Моторное топливо. Моторная лодка* (с мотором).

МОТОРИЗИ́РОВАТЬ, -рую, -руешь; -анный и **МОТОРИЗОВА́ТЬ**, -зу́ю, -зу́ешь; -о́ванный; *сов.* и *несов., что.* Снабдить (-бжать) моторами, автотранспортом. *Моторизованная пехота.* ‖ *сущ.* **моториза́ция**, -и, *ж.*

МОТО́РИКА, -и, *ж.* Двигательная активность.

МОТОРИ́СТ, -а, *м.* Рабочий, обслуживающий моторы, двигатели. ‖ *ж.* **мотори́стка**, -и. ‖ *прил.* **мотори́стский**, -ая, -ое.

МОТО́РКА, -и, *ж.* (разг.). Моторная лодка.

МОТО́РНЫЙ[1], -ая, -ое (спец.). То же, что двигательный. *М. рефлекс.* ‖ *сущ.* **мото́рность**, -и, *ж.*

МОТО́РНЫЙ[2] *см.* мотор.

МОТОРО́ЛЛЕР, -а, *м.* Разновидность мотоцикла с колёсами малого диаметра, с двигателем, расположенным позади седла или под ним. ‖ *прил.* **мотоgóллерный**, -ая, -ое.

МОТОЦИ́КЛ, -а, *м.*, (устар.) **МОТОЦИКЛЕ́Т**, -а, *м.* и (устар.) **МОТОЦИКЛЕ́ТКА**, -и, *ж.* Открытая транспортная машина с двумя или тремя колёсами, с двигателем внутреннего сгорания, расположенным впереди седла. *Ехать на мотоцикле. Мотоцикл с коляской* (с боковым прицепом). ‖ *прил.* **мотоцикле́тный**, -ая, -ое. *М. спорт.*

МОТОЦИКЛИ́СТ, -а, *м.* Ездок на мотоцикле; спортсмен, занимающийся мотоциклетным спортом. ‖ *ж.* **мотоцикли́стка**, -и. ‖ *прил.* **мотоцикли́стский**, -ая, -ое.

МОТЫ́ГА, -и, *ж.* Ручное земледельческое орудие для рыхления, копки — металлический или каменный наконечник, насаженный под углом на длинную рукоятку. ‖ *прил.* **моты́жный**, -ая, -ое. *Мотыжное земледелие.*

МОТЫ́ЖИТЬ, -жу, -жишь; *несов., что.* Обрабатывать (землю) мотыгой.

МОТЫЛЁК, -лька́, *м.* Небольшая бабочка. *Порхает как м. кто-н.* ‖ *прил.* **мотылько́вый**, -ая, -ое.

МОТЫ́ЛЬ, -я́, *м.* Личинка комара, служащая наживкой при ловле рыбы на удочку или для кормления аквариумных рыб. *Ловить на мотыля.*

МОХ, мха, мо́ха *и* мо́ху, во (на) мху, *мн.* мхи, мхов, *м.* Стелющееся или прямо стоящее споровое растение, обычно растущее в сырых местах на земле, на деревьях, на камнях. *Мохом обрасти* (также перен.: чуждаясь людей, одичать, закоснеть; разг.). ‖ *прил.* **мохово́й**, -а́я, -о́е. *Моховое болото.*

МОХЕ́Р, -а, *м.* Шерсть ангорской породы коз или изделие из неё. *Кофта из мохера.* ‖ *прил.* **мохе́ровый**, -ая, -ое. *М. шарф.*

МОХНА́ТЫЙ, -ая, -ое; -а́т. **1.** Обросший шерстью, волосами, косматый. *М. зверь.* **2.** С густой растительностью, с густой хвоей. *Мохнатая ель.* **3.** *полн. ф.* О ткани: ворсистый, махровый (в 3 знач.). *Мохнатое полотенце.* ‖ *сущ.* **мохна́тость**, -и, *ж.* (к 1 и 3 знач.).

МОХНОНО́ГИЙ, -ая, -ое; -о́г. О животных: с ногами, обросшими шерстью, перьями. *Мохноногая лошадка. М. голубь.*

МОХОВИ́К, -а́, *м.* Съедобный трубчатый гриб с бархатистой шляпкой.

МОЦИО́Н, -а, *м.* (книжн.). Прогулка, ходьба для отдыха, лечения. *Совершать м. Для моциона.* ‖ *прил.* **моцио́нный**, -ая, -ое.

МОЧА́, -и́, *ж.* Выделяемая почками жидкость, содержащая воду и отработанные организмом вещества. *Анализ мочи.* ‖ *прил.* **мочево́й**, -а́я, -о́е. *М. пузырь* (орган, в к-ром накапливается моча).

МОЧА́ЛИСТЫЙ, -ая, -ое; -ист. Волокнистый, похожий на мочало.

МОЧА́ЛКА, -и, *ж.* Пучок мочал или каких-н. волокон, употр. для мытья, стирания грязи, протирки; вообще мягкое изделие, предназначенное для мытья. *Борода мочалкой* (взлохмаченная, бесформенная). ‖ *прил.* **моча́лочный**, -ая, -ое *и* **моча́лковый**, -ая, -ое.

МОЧА́ЛО, -а, *ср.* Вымоченная лубяная часть коры молодой липы, разделённая на узкие полоски — волокна, идущие на изготовление рогожи, кулей. ✦ **Мочало (или мочалку) жевать** (разг. неодобр.) — говорить об одном и том же, повторять хорошо известное. ‖ *прил.* **моча́льный**, -ая, -ое.

МОЧЕГО́ННЫЙ, -ая, -ое. Усиливающий выделение мочи. *Мочегонные средства.*

МОЧЕИСПУСКА́НИЕ, -я, *ср.* (спец.). Испускание мочи. ‖ *прил.* **мочеиспуска́тельный**, -ая, -ое.

МОЧЕОТДЕЛЕ́НИЕ, -я, *ср.* (спец.). Выделение мочи из организма. ‖ *прил.* **мочеотдели́тельный**, -ая, -ое.

МОЧЕПОЛОВО́Й, -а́я, -о́е (спец.). Относящийся к мочевой и половой системам организма.

МОЧЕТО́ЧНИК, -а, *м.* (спец.). Выводной проток почки, соединяющий почечную лоханку с мочевым пузырём. ‖ *прил.* **мочето́чниковый**, -ая, -ое.

МОЧЁНЫЙ, -ая, -ое. Подвергшийся мочению, приготовленный мочением. *Мочёные яблоки. Мочёная брусника.*

МОЧИ́ТЬ, мочу́, мо́чишь; мо́ченный; *несов.* **1.** *кого-что.* Поливая жидким или погружая в жидкое, делать мокрым, влажным. *М. руки в воде. Дождь мочит прохожих.* **2.** *что.* Держа в воде, пропитывая влагой, обрабатывать, приготовлять для чего-н.; замачивать. *М. лён. М. яблоки.* ‖ *сов.* **замочи́ть**, -очу́, -о́чишь; -о́ченный *и* **намочи́ть**, -очу́, -о́чишь; -о́ченный (к 1 знач.). ‖ *сущ.* **моче́ние**, -я, *ср.*, **мо́чка**, -и, *ж.* (ко 2 знач.) *и* **замо́чка**, -и, *ж.* (ко 2 знач.). ‖ *прил.* **мочи́льный**, -ая, -ое (ко 2 знач.; спец.). *М. чан.*

МОЧИ́ТЬСЯ, мочу́сь, мо́чишься; *несов.* Испускать мочу. ‖ *сов.* **помочи́ться**, -очу́сь, -о́чишься.

МО́ЧКА[1], -и, *ж.* Нижняя мясистая часть уха.

МО́ЧКА[2] *см.* мочить.

МОЧЬ[1], могу́, мо́жешь, мо́гут; мог, могла́; могу́щий; моги́ (в нек-рых сочетаниях; разг.); *несов., с неопр.* Быть в состоянии, иметь возможность (делать что-н.). *Можем помочь. Не могу понять. Может хорошо учиться. Этого не может быть, потому что этого не может быть никогда* (шутл.). ✦ **Может быть** или **быть может** — 1) *вводн. сл.*, как можно думать, возможно. *Вернётся, может быть, только к вечеру;* 2) выражение неуверенного подтверждения, вероятно, по-видимому. *Он придёт? — Может быть.* **Не могу знать** (устар. разг.) — вежливый официальный ответ в знач. не знаю, мне неизвестно (обычно у военных). **Не может быть!** — восклицание, выражающее удивление и недоверие, сомнение в чём-н. *Видели снежного человека. — Не может быть!* **Не моги!** (устар. и разг.) — не делай, не вздумай сделать что-н. *Слабого обидеть не моги* (афоризм). *При начальнике и пискнуть не моги. И думать не моги!* (строгий запрет). **Как живёте-можете?** (разг.) — как живёте, как поживаете? **Через не могу** (делать, сделать что-н.) (разг.) — преодолевая невозможность, отсутствие сил. ‖ *сов.* **смочь**, смогу́, смо́жешь, смо́гут; смог, смогла́; смоги́.

МОЧЬ[2], -и, *ж.* (прост.). В нек-рых выражениях: сила, способность, возможность что-н. делать. *Что есть мочи* или *во всю м.* (изо всех сил). *Мочи нет, как холодно* (очень холодно). *Изо всей мочи* (изо всех сил). *Нет мочи* (нет сил, возможности). ‖ *уменьш.* **мо́ченька**, -и, *ж.* *Моченьки моей нет* (нет сил, устал или болен).

МОШЕ́ННИК, -а, *м.* Человек, к-рый занимается мошенничеством, плут, жулик. *Мелкий м.* ‖ *ж.* **моше́нница**, -ы. ‖ *прил.* **моше́ннический**, -ая, -ое. *Мошеннические махинации.*

МОШЕ́ННИЧАТЬ, -аю, -аешь; *несов.* Совершать мошенничества. ‖ *сов.* **смоше́нничать**, -аю, -аешь.

МОШЕ́ННИЧЕСТВО, -а, *ср.* Обман, жульнические действия с корыстной целью. ‖ *прил.* **моше́ннический**, -ая, -ое.

МО́ШКА, -и, *ж.* Мелкое двукрылое насекомое.

МОШКА́, -и́, *ж., собир.* (обл.). То же, что мошкара.

МОШКАРА́, -ы́, *ж., собир.* Мошки. *Болотная м.*

МОШНА́, -ы́, *род. мн.* мошо́н, *ж.* (устар.). Мешочек для хранения денег. *Набить мошну* (также перен.: нахапать, получить много денег; прост. неодобр.). *Большая, тугая м. у кого-н.* (перен.: о том, кто богат; прост.). *Тряхнуть мошной* (перен.: не поскупившись, истратить много; прост.).

МОШО́НКА, -и, *ж.* Кожно-мышечное образование, мешочек, где находятся мужские половые железы. ‖ *прил.* **мошо́ночный**, -ая, -ое.

МОЩЁНЫЙ, -ая, -ое. Вымощенный камнем, брусчаткой. *М. двор. Мощёная улица.*

МО́ЩИ, -е́й. Высохшие останки людей, почитаемые церковью святыми и чудотворными. ✦ **Живые мощи** (разг.) — об очень исхудалом человеке.

МО́ЩНОСТЬ, -и, *ж.* **1.** *см.* мощный. **2.** Физическая величина, характеризующая работу (в 1 знач.), совершаемую в единицу времени. *Мощностью в 100 ватт.* **3.** *мн.* Производственные объекты (электростанции, заводы, машины). *Ввести в действие новые энергетические мощности.*

МО́ЩНЫЙ, -ая, -ое; -щен, -щна́, -щно; мощне́е. **1.** Очень сильный, значительный (по степени, величине), могучий. *М. удар. М. толчок. М. промышленный комплекс.* **2.** *полн. ф.* Обладающий большой мощностью (во 2 знач.). *М. двигатель. М. землесос.* **3.** Большой величины, массивный, толстый. *М. пласт угля.* ‖ *сущ.* **мо́щность**, -и, *ж.* (к 1 и 3 знач.).

МОЩЬ, -и, *ж.* (высок.). Могущество, сила. *Военная м. Всей мощью обрушиться на кого-н.* (также перен.: воздействовать всеми возможными средствами).

МРАЗЬ, -и, *ж.* (разг. презр.). О ком-н. дрянном, ничтожном.

МРАК, -а, *м.* **1.** Глубокая, непроглядная тьма. *Во мраке ночи* (высок.). *Город погружён во м.* **2.** *перен.* Глубокое уныние, печаль. *М. на душе.* ✦ **Мрак невежества** (книжн.) — полнейшее невежество, необразованность. **Покрыто мраком неизвестности** *что* (обычно шутл.) — о том, что скрыто, никому неизвестно.

МРАКОБЕ́С, -а, *м.* Реакционер, враг прогресса, культуры, науки.

МРАКОБЕ́СИЕ, -я, *ср.* Взгляды и поведение мракобеса. ‖ *прил.* **мракобе́сный**, -ая, -ое.

МРА́МОР, -а, *м.* Твёрдый и блестящий, обычно с красивым узором камень известковой породы, употр. преимущ. для скульптурных и архитектурных работ. ‖ *прил.* **мра́морный**, -ая, -ое.

МРА́МОРНЫЙ, -ая, -ое. **1.** *см.* мрамор. **2.** Рисунком, цветом похожий на мрамор. *М. узор. Мраморная бумага.* **3.** *перен.* О лице, коже: матово-белый. *М. лоб. Мраморные* *плечи.* ‖ сущ. **мра́морность,** -и, *ж.* (к 3 знач.).

МРАЧНЕ́ТЬ, -е́ю, -е́ешь; *несов.* Становиться мрачным, мрачнее. *Небо мрачнеет. Мрачнеет взор.* ‖ *сов.* **помрачне́ть,** -е́ю, -е́ешь. ‖ *сущ.* **помрачне́ние,** -я, *ср.*

МРА́ЧНЫЙ, -ая, -ое; -чен, -чна́, -чно, -чны́ *и* -чны. **1.** Тёмный, погружённый во мрак. *Мрачная ночь.* **2.** *перен.* Исполненный печали, наводящий грусть, безрадостный, угрюмый. *М. вид. Мрачная мысль. Мрачные предчувствия.* **3.** *перен.* Тяжёлый, беспросветный. *Мрачные времена.* ‖ *сущ.* **мра́чность,** -и, *ж.*

МСТИ́ТЕЛЬ, -я, *м.* Тот, кто мстит, отомстил. *Неуловимые мстители.* ‖ *ж.* **мсти́тельница,** -ы.

МСТИ́ТЕЛЬНЫЙ, -ая, -ое; -лен, -льна. Склонный к мести; злопамятный. *М. человек.* ‖ *сущ.* **мсти́тельность,** -и, *ж.*

МСТИТЬ, мщу, мстишь; *несов., кому.* Совершать акт мести по отношению к кому-н. *М. врагу.* ‖ *сов.* **отомсти́ть,** -мщу́, -мсти́шь; -мщённый (-ён, -ена́) *и* **отмсти́ть,** -мщу́, -мсти́шь; -мщённый (-ён, -ена́) (устар.). ‖ *сущ.* **мще́ние,** -я, *ср. и* **отмще́ние,** -я, *ср.* (устар. и высок.).

МУА́Р, -а, *м.* Плотная шёлковая ткань с волнообразными цветовыми переливами. ‖ *прил.* **муа́ровый,** -ая, -ое.

МУДРЕ́Ц, -а́, *м.* Мудрый человек. *На всякого мудреца довольно простоты* (посл. о том, что и умный может ошибиться, может быть обманут).

МУДРЁНЫЙ, -ая, -ое; -ён, -ена́ *и* -ёна, -ено́ *и* -ёно; -ёнее (разг.). **1.** Загадочный, непонятный. *М. человек. Мудрено или мудрёно* (нареч.) *написано. Мудрено* (нареч.) *сотворено* (о совершенно непонятном; шутл.). *Не мудрено* (в знач. сказ.), *что он рассердился* (легко понять, что...). **2.** Трудный, замысловатый. *Мудрёная задача.* **3.** **мудрено́,** *в знач. сказ.* Трудно, сложно. *Мудрено успеть.* ✦ **Утро вечера мудренее** — посл. о том, что утром легче принять правильное решение. ‖ *сущ.* **мудрёность,** -и, *ж.*

МУДРИ́ТЬ, -рю́, -ри́шь; *несов.* (разг.). Действовать с ненужными сложностями, умничать, мудрствовать. ‖ *сов.* **намудри́ть,** -рю́, -ри́шь *и* **смудри́ть,** -рю́, -ри́шь.

МУ́ДРОСТЬ, -и, *ж.* **1.** *см.* мудрый. **2.** Глубокий ум, опирающийся на жизненный опыт. *М. провидца. Народная м.* (также о сложившихся в народе изречениях, отражающих его жизненный опыт, знания). ✦ **Зуб мудрости** — третий коренной зуб, появляющийся после 20 лет.

МУ́ДРСТВОВАТЬ, -твую, -твуешь; *несов.* Делать что-н., умничая, мудря. *Не мудрствуя лукаво* (просто, без затей; книжн.). ‖ *сущ.* **му́дрствование,** -я, *ср.*

МУ́ДРЫЙ, -ая, -ое; мудр, мудра́, му́дро, мудры́ *и* му́дры; мудре́е. **1.** Обладающий большим умом. *М. старец.* **2.** Основанный на больших знаниях, опыте. *Мудрая политика. Мудрое решение. Мудро* (нареч.) *поступать.* ‖ *сущ.* **му́дрость,** -и, *ж.*

МУЖ, -а, *м.* **1.** (мн. **мужья́,** муже́й, мужья́м). Мужчина по отношению к женщине, с к-рой он состоит в официальном браке (к своей жене). *Дачный м.* (перен.: о том, на ком лежит много разных повседневных обязанностей по отношению к семье, живущей на даче; разг. шутл.). **2.** (мн. мужи́, -е́й, -а́м). Мужчина в зрелом возрасте (устар.), а также деятель на каком-н. общественном поприще (высок.). *Мужи науки. Государственный м. Слышу речь не мальчика, но мужа* (одобрение по поводу разумных, зрелых суждений; книжн.). ‖ *уменьш.* **мужене́к,** -нька́, *м.* (к 1 знач.). ‖ *прил.* **му́жнин,** -а, -о (к 1 знач.; разг.) *и* **му́жний,** -яя, -ее (к 1 знач.; устар.). *Мужняя жена* (о замужней женщине).

МУЖА́ТЬ, -а́ю, -а́ешь; *несов.* **1.** Становиться зрелым, зрелее, взрослым, взрослее (книжн.). *Юноша мужает.* **2.** *перен.* Становиться сильнее, крепче, выносливее, мужественнее (высок.). *Солдаты мужают в бою.* ‖ *сов.* **возмужа́ть,** -а́ю, -а́ешь. ‖ *сущ.* **возмужа́ние,** -я, *ср.*

МУЖА́ТЬСЯ, -а́юсь, -а́ешься, употр. преимущ. *в пов. накл.; несов.* (высок.). Проявлять стойкость, мужество. *Не поддавайся отчаянию, мужайся!*

МУЖЕПОДО́БНЫЙ, -ая, -ое; -бен, -бна. О женщине, её внешности: подобный мужчине, такой, как у мужчины. *Мужеподобная фигура. Мужеподобное лицо.* ‖ *сущ.* **мужепо́добность,** -и, *ж.*

МУ́ЖЕСТВЕННЫЙ, -ая, -ое; -вен, -венна. Обладающий мужеством, выражающий мужество. *М. характер. М. вид.* ‖ *сущ.* **му́жественность,** -и, *ж.*

МУ́ЖЕСТВО, -а, *ср.* Храбрость, присутствие духа в опасности. *Проявить м. и стойкость.*

МУЖИ́К, -а́, *м.* **1.** Крестьянин (в противопоставлении горожанину) (устар.). **2.** То же, что мужчина (прост.). *Дельный м. Он м. ничего.* **3.** То же, что муж (в 1 знач.) (прост.). **4.** Невоспитанный, грубый человек (устар.). ‖ *уменьш.* **мужичо́к,** -чка́, *м.* (к 1 знач.) *и* **мужичо́нка,** -и, *м.* (к 1 и 2 знач.; унич.). ✦ **Мужичок с ноготок,** мужичка с ноготок (разг. шутл.) — маленький мальчик, по виду, осанке похожий на взрослого [по поэме Некрасова «Крестьянские дети»]. ‖ *собир.* **мужичьё,** -я́, *ср.* (к 1 и 4 знач.; прост.). ‖ *прил.* **мужи́цкий,** -ая, -ое (к 1 и 4 знач.) *и* **мужи́чий,** -ья, -ье (к 1 знач.).

МУЖИКОВА́ТЫЙ, -ая, -ое; -а́т (разг.). Грубоватый, простоватый. *М. вид.* ‖ *сущ.* **мужикова́тость,** -и, *ж.*

МУ́ЖНИЙ, МУ́ЖНИН *см.* муж.

МУЖСКО́Й, -а́я, -о́е. **1.** *см.* мужчина. **2.** Такой, как у мужчины, характерный для мужчины. *Мужское рукопожатие* (сильное, крепкое). *Мужская походка. По-мужски* (нареч.) *поступить. М. характер. М. разговор* (дельный). ✦ **Мужской род** — грамматическая категория: 1) у имён (в 6 знач.): класс слов, характеризующийся своими особенностями склонения, согласования и (в части слов, называющих одушевлённые предметы) способностью обозначать отнесённость к мужскому полу, напр. *(новый) дом, (сильный) конь, (спортивный) комментатор;* 2) у глаголов: формы ед. числа прош. времени и сослагательного наклонения, обозначающие отнесённость действия к имени (в 6 знач.) такого класса или к лицу мужского пола, напр. *конь прискакал (прискакал бы), учитель научил (научил бы).*

МУЖЧИ́НА, -ы, *м.* **1.** Лицо, противоположное женщине по полу. *Будь мужчиной!* (веди себя так, как подобает мужчине). *Поговорим как м. с мужчиной* (как подобает мужчинам). **2.** Такое взрослое лицо, в отличие от мальчика, юноши. *Сын вырос, уже совсем м.* ‖ *уменьш.* **мужчи́нка,** -и, *м.* (прост. шутл.). ‖ *прил.* **мужско́й,** -а́я, -о́е *и* **мужчи́нский,** -ая, -ое (прост. шутл.). *Мужской пол.*

МУ́ЗА, -ы, *ж.* **1.** В греческой мифологии: богиня — покровительница искусств и наук. *Девять муз* (дочери Зевса, покровительствовавшие наукам, искусствам). **2.** *перен.* Источник поэтического вдохновения, а также само вдохновение, творчество (книжн.). *М. Пушкина.*

МУЗЕЕВЕ́Д, -а, *м.* Специалист по музееведению.

МУЗЕЕВЕ́ДЕНИЕ, -я, *ср.* Наука об истории музеев, их назначении и организации. ‖ *прил.* **музееве́дческий,** -ая, -ое.

МУЗЕ́Й, -я, *м.* Учреждение, занимающееся собиранием, изучением, хранением и экспонированием предметов — памятников естественной истории, материальной и духовной культуры, а также просветительской и популяризаторской деятельностью. *Исторический, литературный, краеведческий м. М. изобразительных искусств. Международный день музеев. М.-квартира, дом.-м.* (квартира, дом писателя, художника, исторического лица, сохранённые после его смерти как музей). ‖ *прил.* **музе́йный,** -ая, -ое. *Музейное дело. Музейная редкость* (о редкой ценной вещи).

МУЗЕ́ЙЩИК, -а, *м.* (разг.). Работник музея, специалист по музейному делу.

МУЗИЦИ́РОВАТЬ, -рую, -руешь; *несов.* Играть на музыкальном инструменте, заниматься музыкой. *Любит м. кто-н. М. по вечерам.* ‖ *сущ.* **музици́рование,** -я, *ср.*

МУ́ЗЫКА, -и, *ж.* **1.** Искусство, отражающее действительность в звуковых художественных образах, а также сами произведения этого искусства. *Классическая м. Переложить (слова, текст) на музыку* (написать музыкальное произведение к данному тексту). **2.** Исполнение таких произведений на инструментах, а также само звучание этих произведений. *М. и пение. Слышится, играет, доносится м. Колонна идёт под музыку. Международный день музыки.* **3.** *перен., чего.* Мелодия какого-н. звучания (книжн.). *М. речи. М. голоса.* ✦ **Долгая музыка** (разг. неодобр.) — о длительном, тянущемся деле. **Испортить всю музыку** (разг.) — испортить всё дело, навредить. **Не делает музыки** *что* (разг.) — не имеет решающего значения. **Кто платит, тот (и) заказывает музыку** (книжн.) — господин положения может требовать, диктовать свои условия. **Помирать, так с музыкой** (разг. шутл.) — была не была, нечего бояться, надо рисковать. **Блатная музыка** (прост.) — воровское арго. ‖ *прил.* **музыка́льный,** -ая, -ое (к 1 и 2 знач.). *Музыкальная форма* (строение музыкального произведения).

МУЗЫКА́ЛЬНЫЙ, -ая, -ое; -лен, -льна. **1.** *см.* музыка. **2.** Способный к музыке, тонко понимающий, воспринимающий музыку. *М. ребёнок. М. слух.* **3.** Приятный по звуку, мелодичный. *М. голос.* ‖ *сущ.* **музыка́льность,** -и, *ж.*

МУЗЫКА́НТ, -а, *м.* Артист, играющий на музыкальном инструменте, а также вообще человек, занимающийся такой игрой. *Полковые музыканты.* ‖ *ж.* **музыка́нтша,** -и (разг.). ‖ *прил.* **музыка́нтский,** -ая, -ое.

МУЗЫКОВЕ́Д, -а, *м.* Специалист по музыковедению.

МУЗЫКОВЕ́ДЕНИЕ, -я, *ср.* Раздел искусствоведения, изучающий историю и теорию музыки, музыкальную культуру народов. ‖ *прил.* **музыкове́дческий,** -ая, -ое.

МУ́КА, -и, *ж.* Сильное физическое или нравственное страдание. *Муки голода. Муки одиночества. Муки творчества. Муки сло́ва* (о тяжести писательского труда). *Хождение по мукам* (ряд тяжёлых жизненных испытаний). *Не жизнь, а м. М. мученическая* (о сильной муке, мучении; разг.).

МУКА́, -и́, *ж.* **1.** Размолотые в порошок зёрна. *М. ржаная, пшеничная, гречневая, ячневая, кукурузная, соевая, гороховая.* **2.** Размолотые зёрна пшеницы или ржи. *М. высшего сорта. М.-крупчатка. Ларь для муки.* **3.** Порошок из какого-н. измельчённого вещества. *Травяная мука* (кормовая добавка: измельчённая сухая трава). *Костная м. Рыбная м.* (кормовая добавка: измельчённая сушёная рыба и отходы её переработки). ‖ *уменьш.* **му́чка**, -и, *ж.* (также спец.) *и* **мучи́ца**, -ы, *ж. Рисовая мучка* (отходы обработки риса). ‖ *прил.* **мучно́й**, -а́я, -о́е. *М. мешок* (для муки).

МУКО... *Первая часть сложных слов со знач.* относящийся к муке, к мукомольному производству, напр. *муковоз, мукомольный, мукомольня, мукомол.*

МУКСУ́Н, -а́, *м.* Северная пресноводная рыба, родственная сигу.

МУЛ, -а, *м.* Домашнее животное, помесь осла и кобылы. ‖ *прил.* **му́лий**, -ья, -ье.

МУЛА́Т, -а, *м.* Потомок от брака белого человека и негра. ‖ *ж.* **мула́тка**, -и. ‖ *прил.* **мула́тский**, -ая, -ое.

МУЛИНЕ́ [нэ́]. **1.** *нескл., ср.* Сорт тонких кручёных ниток для вышивания. *Вышивать м.* **2.** *неизм.* О нитках: такого сорта. *Нитки м.*

МУЛИ́ЦА, -ы, *ж.* Самка мула.

МУЛЛА́, -ы́, *м.* У мусульман: служитель культа.

МУ́ЛЬТИК, -а, *м.* (разг.) и **МУЛЬТЯ́ШКА**, -и, *ж.* (прост.). То же, что мультфильм.

МУЛЬТИМИЛЛИОНЕ́Р, -а, *м.* Миллионер, обладающий многомиллионным состоянием.

МУЛЬТИПЛИКА́ТОР, -а, *м.* **1.** Устройство для усиления действия какого-н. механизма, а также вообще для усиления чего-н. (спец.). **2.** Специалист в области мультипликации. ‖ *прил.* **мультипликато́рский**, -ая, -ое (ко 2 знач.).

МУЛЬТИПЛИКА́ЦИЯ, -и, *ж.* Киносъёмка рисунков или кукол, изображающих отдельные моменты движения, а также фильм, полученный такой съёмкой. ‖ *прил.* **мультипликацио́нный**, -ая, -ое. *Мультипликационное кино. М. фильм.*

МУЛЬТФИ́ЛЬМ, -а, *м.* Сокращение: мультипликационный фильм. *Фабрика мультфильмов.*

МУЛЯ́Ж, -а́ *и* -а, *м.* Слепок или модель предмета в натуральную величину. *Восковой м. М. из папье-маше.* ‖ *прил.* **муля́жный**, -ая, -ое.

МУМИЁ, *нескл.* и (разг.) -я́, *ср.* Горная смола (горное масло) — биологически активное вещество сложного состава, вытекающее из расщелин скал. *М. — горный бальзам.*

МУМИФИЦИ́РОВАТЬ, -рую, -руешь; -анный; *сов.* и *несов., кого-что* (спец.). Превратить (-ащать) в мумию[1]. *М. тело.*

МУМИФИЦИ́РОВАТЬСЯ (-руюсь, -руешься, 1 и 2 л. не употр.), -руется; *сов.* и *несов.* (спец.). **1.** Превратиться (-ащаться) в мумию[1]. **2.** О частях организма: подвергнуться (-гаться) омертвению. ‖ *сущ.* **мумифика́ция**, -и, *ж.*

МУ́МИЯ[1], -и, *ж.* Забальзамированный труп человека или животного. *Египетские мумии. Сухой как м.* (об исхудавшем человеке).

МУ́МИЯ[2], -и, *ж.* Минеральное красящее вещество, красная краска.

МУНДИ́Р, -а, *м.* Военная или гражданская форменная одежда. *Офицерский м.* ♦ **Честь мундира** (ирон.) — о чём-н. официальном авторитете, репутации. *Защитить честь мундира.* **Картофель в мундире** — картофель, сваренный в кожуре. ‖ *прил.* **мунди́рный**, -ая, -ое.

МУНДШТУ́К [нш], -а́, *м.* **1.** Часть курительной трубки или папиросы, сигареты, к-рую берут в рот при курении, а также небольшая трубочка, в к-рую вставляют папиросу, сигарету. **2.** Часть духового музыкального инструмента, к-рая при игре берётся в рот или приставляется к губам. **3.** Железные удила с подъёмной распоркой у нёба. ‖ *прил.* **мундшту́чный**, -ая, -ое.

МУНИЦИПАЛИЗА́ЦИЯ, -и, *ж.* Осуществляемая государством передача частной собственности (земель, строений) в ведение органов местного самоуправления. *М. домов.*

МУНИЦИПАЛИЗИ́РОВАТЬ, -рую, -руешь; -анный; *сов.* и *несов., что.* Произвести (-водить) муниципализацию чего-н.

МУНИЦИПАЛИТЕ́Т, -а, *м.* **1.** В нек-рых странах: орган местного самоуправления. **2.** В нек-рых странах: административно-территориальная единица. ‖ *прил.* **муниципа́льный**, -ая, -ое.

МУРА́, -ы́, *ж.* (прост.). Чепуха, ерунда. *Читает какую-то муру.*

МУРАВА́[1], -ы́, *ж.* (устар. и в народной поэзии). Молодая трава. *Зелёная м.* ‖ *уменьш.* **мура́вка**, -и, *ж. и* **мура́вушка**, -и, *ж. Травка-муравка.*

МУРАВА́[2], -ы́, *ж.* (спец.). Полива, глазурь (в 1 знач.) зелёного цвета.

МУРАВЕ́Й, -вья́, *м.* Жалящее общественное насекомое, живущее большими колониями. *Крылатые муравьи* (в брачный период летающие). ‖ *прил.* **муравьи́ный**, -ая, -ое. *Муравьиные яйца.*

МУРАВЕ́ЙНИК, -а, *м.* Надземная часть жилища муравьев в виде кучи из хвои, листьев, комочков земли. *Лесные муравейники.*

МУРА́ВИТЬ, -влю, -вишь; -вленный; *несов., что* (спец.). Покрывать муравой[2] (глиняную посуду, изразцы). ‖ *сущ.* **мура́вление**, -я, *ср.*

МУРА́ВЛЕНЫЙ, -ая, -ое (спец.). Облицованный муравой[2]. *М. изразец.*

МУРАВЬЕ́Д, -а, *м.* Беззубое млекопитающее тропической Америки, питающееся гл. образом муравьями и термитами.

МУРАЛИ́СТ, -а, *м.* Художник, создающий мурали.

МУРА́ЛЬ, -и, *ж.* (спец.). Произведение настенного изобразительного искусства, монументальной живописи.

МУРА́Ш, -а́, *м.* и **МУРА́ШКА**, -и, *ж.* (прост.). Мелкий муравей, а также вообще букашка.

МУРА́ШКИ, -шек, *ед.* мура́шка, -и, *ж.* Пупырышки, появляющиеся на коже от холода, озноба. *М. по телу бегают (пошли). Весь покрылся мурашками.*

МУ́РКА, -и, *ж.* (разг.). Кошка [по распространённой кличке].

МУРЛА́СТЫЙ, -ая, -ое; -а́ст (прост.). С большой некрасивой физиономией, мордой.

МУРЛО́, -а́, *ср.* (прост.). Некрасивая физиономия, морда.

МУРЛЫ́КАТЬ, -ы́чу, -ы́чешь *и* (разг.) -ы́каю, -ы́каешь; *несов.* **1.** О кошке: тихо урчать. **2.** *перен., что.* Тихонько напевать. *М. про себя. М. песенку.* ‖ *сов.* **промурлы́кать**, -ы́чу, -ы́чешь *и* (разг.) -ы́каю, -ы́каешь (ко 2 знач.). ‖ *сущ.* **мурлы́канье**, -я, *ср.*

МУРОВА́ТЬ, -ру́ю, -ру́ешь; -о́ванный; *несов., что* (спец.). Обкладывать камнем, кирпичом, скрепляя глиной, цементом. *М. котёл.* ‖ *сов.* **обмурова́ть**, -ру́ю, -ру́ешь; -о́ванный. ‖ *сущ.* **обмуро́вка**, -и, *ж.* ‖ *прил.* **обмуро́вочный**, -ая, -ое.

МУРУ́ГИЙ, -ая, -ое. О масти животных: рыже-бурый и буро-чёрный. *М. кобель.*

МУРЫ́ЖИТЬ, -жу, -жишь; *несов., кого-что* (прост.). Тянуть канитель, устраивать волокиту.

МУСКА́Т, -а (-у), *м.* **1.** Ароматическое семя плодов мускатника. **2.** Сорт ароматного винограда, а также вино из этого винограда. *Розовый м.* ‖ *прил.* **муска́тный**, -ая, -ое. *М. орех.*

МУСКА́ТНИК, -а, *м.* То же, что мускатное дерево.

МУСКА́ТНЫЙ, -ая, -ое. **1.** *см.* мускат. **2.** **мускатное дерево** — вечнозелёное тропическое дерево, из плодов к-рого (преимущ. муската душистого) получают пряности.

МУ́СКУЛ, -а, *м.* То же, что мышца. *Развитые мускулы. Гора мускулов* (о физически очень сильном, но интеллектуально неразвитом человеке). *Демонстрировать мускулы* (также перен.: угрожать грубой силой). *Ни один м. не дрогнул у кого-н.* (ничем не обнаружил волнения). ‖ *прил.* **му́скульный**, -ая, -ое. *Мускульное напряжение.*

МУСКУЛАТУ́РА, -ы, *ж., собир.* Совокупность мускулов. *Богатырская м.* ‖ *прил.* **мускулату́рный**, -ая, -ое.

МУ́СКУЛИСТЫЙ, -ая, -ое; -ист и **МУСКУЛИ́СТЫЙ**, -ая, -ое; -и́ст. С развитыми мускулами. *Мускулистое тело.* ‖ *сущ.* **му́скулистость**, -и, *ж. и* **мускули́стость**, -и, *ж.*

МУ́СКУС, -а, *м.* Сильно пахнущее вещество, вырабатываемое железами ондатры, самца кабарги и нек-рых других животных, а также содержащееся в нек-рых растениях. ‖ *прил.* **му́скусный**, -ая, -ое *и* **му́скусовый**, -ая, -ое. *Мускусная крыса* (ондатра). *Мускусный бык* (овцебык).

МУСЛИ́Н, -а (-у), *м.* Лёгкая и тонкая ткань. ‖ *прил.* **мусли́новый**, -ая, -ое.

МУ́СЛИТЬ, -лю, -лишь и **МУСО́ЛИТЬ**, -лю, -лишь; *несов., кого-что* (разг.). Смачивать или пачкать слюной, а также вообще пачкать мокрыми, липкими руками. *М. карандаш. М. книгу.* ‖ *сов.* **заму́слить**, -лю, -лишь; -ленный *и* **замусо́лить**, -лю, -лишь; -ленный; **наму́слить**, -лю, -лишь; -ленный *и* **намусо́лить**, -лю, -лишь; -ленный. ‖ *возвр.* **му́слиться**, -люсь, -лишься *и* **мусо́литься**, -люсь, -лишься; *сов.* **заму́слиться**, -люсь, -лишься *и* **замусо́литься**, -люсь, -лишься.

МУ́СОР, -а (-у), *м.* Отбросы, сор. *Корзина для мусора.* ‖ *прил.* **му́сорный**, -ая, -ое. *М. ящик.*

МУ́СОРИТЬ, -рю, -ришь; *несов.* Сорить, оставлять мусор. *М. в комнате.* ‖ *сов.* **наму́сорить**, -рю, -ришь.

МУСОРОПРОВО́Д, -а, *м.* Вертикальный канал в стене дома с отверстиями на этажах для сбрасывания мусора. ‖ *прил.* **мусоропрово́дный**, -ая, -ое.

МУ́СОРЩИК, -а, *м.* Работник, занимающийся уборкой и вывозом мусора. ‖ *ж.* **му́сорщица**, -ы. ‖ *прил.* **му́сорщицкий**, -ая, -ое.

МУСС, -а, *м.* Сладкое кушанье из фруктовой, ягодной, молочной или шоколадной массы, сбитой с манной крупой или желатином. ‖ *прил.* **му́ссовый**, -ая, -ое.

МУССИ́РОВАТЬ, -рую, -руешь; *несов., что* (книжн.). Распространять, преувеличивая значение (каких-н. известий). *М. слухи.* ‖ *сущ.* **мусси́рование**, -я, *ср.*

МУССО́Н, -а, *м.* Устойчивый сезонный ветер, дующий зимой с суши на море, а летом с моря на сушу. *Тропические муссоны.* ‖ *прил.* **муссо́нный**, -ая, -ое. *Муссонные ливни.*

МУСТА́НГ, -а, *м.* Одичавшая домашняя лошадь североамериканских прерий.

МУСУЛЬМА́НИН, -а, *мн.* -а́не, -а́н, *м.* Последователь мусульманства. ‖ *ж.* **мусульма́нка**, -и. ‖ *прил.* **мусульма́нский**, -ая, -ое.

МУСУЛЬМА́НСТВО, -а, *ср.* Религия, по преданию основанная Магометом (Муха́ммедом) в 7 в., ислам. ‖ *прил.* **мусульма́нский**, -ая, -ое.

МУТАГЕ́Н, -а, *м.* (спец.). Общее название физических, химических, биологических факторов, способных стимулировать мутацию (в 1 знач.). ‖ *прил.* **мутаге́нный**, -ая, -ое.

МУТА́НТ, -а, *м.* (спец.). Вид организма, возникший в результате мутаций.

МУТА́ЦИЯ, -и, *ж.* (спец.). **1.** Изменение наследственных свойств организма. **2.** Перелом голоса у подростков. ‖ *прил.* **мутацио́нный**, -ая, -ое.

МУТИ́ТЬ, мучу́, мути́шь *и* му́тишь; *несов.* **1.** *что.* Делать мутным (жидкость). *М. воду* (также перен.: вносить смуту, мутить в 3 знач.; разг. неодобр.). **2.** (мути́шь), *перен.*, *что.* Делать неясным, смутным. *Боль мутит сознание.* **3.** (мути́шь), *кого (что).* Возбуждать, приводить в неспокойное состояние (разг.). *М. людей.* **4.** (мути́т), *безл., кого (что).* То же, что подташнивать (разг.). *Мутит от лекарств.* ‖ *сов.* **взмути́ть**, -учу́, -ути́шь *и* -у́тишь (к 1 знач.), **замути́ть**, -учу́, -ути́шь *и* -у́тишь (к 1 знач.) *и* **помути́ть**, -учу́, -ути́шь *и* -у́тишь (ко 2 знач.). *Воды не замутит кто-н.* (перен.: внешне очень тих, скромен; разг. ирон.).

МУТИ́ТЬСЯ (мучу́сь, мути́шься, 1 и 2 л. не употр.), мути́тся *и* му́тится; *несов.* **1.** О жидкости: становиться мутным. *Вода в ручье мутится.* **2.** (мути́тся), *перен.* Становиться смутным, неясным. *Ум, сознание мутится.* **3.** (мути́тся), *безл.* О головокружении, полуобморочном состоянии (разг.). *В голове мутится.* ‖ *сов.* **замути́ться** (-учу́сь, -ути́шься, 1 и 2 л. не употр.), -ути́тся *и* -у́тится (к 1 знач.) *и* **помути́ться** (-учу́сь, -ути́шься, 1 и 2 л. не употр.), -ути́тся (ко 2 и 3 знач.).

МУТНЕ́ТЬ (-е́ю, -е́ешь, 1 и 2 л. не употр.), -е́ет; *несов.* Становиться мутным, мутнее. *Вода мутнеет. Сознание мутнеет.* ‖ *сов.* **помутне́ть** (-е́ю, -е́ешь, 1 и 2 л. не употр.), -е́ет.

МУ́ТНО-... *Первая часть сложных слов со знач.* мутный (во 2 знач.), с мутным оттенком, напр. *мутно-белый, мутно-голубой, мутно-молочный, мутно-серый, мутно-сизый.*

МУ́ТНЫЙ, -ая, -ое; -тен, -тна́, -тно, -тны́ *и* -тны. **1.** О жидкости: непрозрачный, нечистый (от засорения, смешения с чем-н.). *М. раствор. В мутной воде рыбу ловить* (перен.: извлекать выгоду для себя, пользуясь неясностью обстановки, чьими-н. затруднениями; неодобр.). **2.** Потускневший, затуманенный. *Мутное зеркало. Мутные глаза. М. взгляд.* **3.** *перен.* О сознании: помрачённый, смутный. *Мутная голова.* ‖ *сущ.* **му́тность**, -и, *ж.*

МУТО́ВКА, -и, *ж.* **1.** Группа листьев, ветвей или частей цветка, расположенных на стебле на одной высоте (спец.). **2.** Палочка с разветвлениями на конце или со спиралью для взбалтывания или взбивания чего-н. *Деревянная м. Взбивать белки мутовкой.* ‖ *прил.* **муто́вочный**, -ая, -ое.

МУ́ТОРНЫЙ, -ая, -ое; -рен, -рна (прост.). Тоскливо-неприятный, тяжкий и тревожный. *Муторное настроение. Муторное дело. Муторно* (в знач. сказ.) *на душе.* ‖ *сущ.* **му́торность**, -и, *ж.*

МУТЬ, -и, *ж.* **1.** Мельчайшие частицы в жидкости, делающие её непрозрачной, мутной, а также осадок от находящихся в жидкости мелких частиц. *М. в бутылке.* **2.** *перен.* Помрачённость, отсутствие ясности сознания. *М. в голове. М. на душе* (о тяжёлом, тревожном душевном состоянии; разг.).

МУ́ФТА[1], -ы, *ж.* Предмет одежды для согревания кистей рук в виде короткого и широкого открытого с двух сторон тёплого мягкого рукава. *Меховая м. М. на вате. Засунуть руки в муфту.*

МУ́ФТА[2], -ы, *ж.* (спец.). Устройство для соединения цилиндрических частей машин, механизмов, стальных канатов, тросов. *Жёсткая м.* ‖ *прил.* **му́фтовый**, -ая, -ое.

МУ́ФТИЙ, -я, *м.* У мусульман: высшее духовное лицо, учёный-богослов, толкователь Корана.

МУ́ХА, -и, *ж.* Общее название широко распространённых двукрылых насекомых. *Семейство мух. Комнатные мухи. М. цеце. Как сонная м. кто-н.* (вял и сонлив; разг. неодобр.). *Из мухи слона делать* (перен.: сильно преувеличивать что-н.; неодобр.). *Какая тебя м. укусила?* (что с тобой происходит, почему ты сердит, недоволен?; разг.). *Мухи не обидит кто-н.* (о кротком, незлобивом человеке; разг.). *Мухи дохнут или мрут* (перен.: о невыносимой скуке; разг.). ◆ **Белые мухи** — порхающие снежинки ранней зимы. *Досиделись на даче до белых мух.* **Мух давить** (устар. прост.) — пьянствовать. **Под мухой** *кто* (прост.) — в нетрезвом состоянии. ‖ *уменьш.* **му́шка**, -и, *ж.* ‖ *прил.* **муши́ный**, -ая, -ое.

МУХЛЕВА́ТЬ, -лю́ю, -лю́ешь; *несов.* (прост.). То же, что жульничать. ‖ *сов.* **смухлева́ть**, -лю́ю, -лю́ешь. ‖ *сущ.* **мухлёвка**, -и, *ж.*

МУХОЛО́ВКА, -и, *ж.* **1.** Приспособление для истребления мух. **2.** Небольшая птица отряда воробьиных. *Серая м.* ‖ *прил.* **мухоло́вочный**, -ая, -ое (к 1 знач.) *и* **мухоло́вковый**, -ая, -ое (ко 2 знач.). *Семейство мухоловковых* (сущ.).

МУХОМО́Р, -а, *м.* Ядовитый пластинчатый гриб с белой или красной в белых крапинках шляпкой.

МУХО́РТЫЙ, -ая, -ое. О масти лошадей: гнедой с желтоватыми подпалинами.

МУЧЕ́НИЕ, -я, *ср.* **1.** Му́ка, страдание. *Обречь на мучения.* **2.** *в знач. сказ.* О том, что очень трудно, отяготительно (разг.). *М. мне с этим лодырем! Не ребёнок, а м.*

МУ́ЧЕНИК, -а, *м.* Человек, к-рый подвергается физическим или нравственным мучениям, испытывает много страданий. ‖ *ж.* **му́ченица**, -ы. ‖ *прил.* **му́ченический**, -ая, -ое.

МУ́ЧЕНИЧЕСТВО, -а, *ср.* (высок.). Состояние мученика, мучение.

МУЧИ́ТЕЛЬ, -я, *м.* Тот, кто мучит кого-н. ‖ *ж.* **мучи́тельница**, -ы. ‖ *прил.* **мучи́тельский**, -ая, -ое.

МУЧИ́ТЕЛЬНЫЙ, -ая, -ое; -лен, -льна. Причиняющий мучение, му́ку. *М. кашель. М. вопрос.* ‖ *сущ.* **мучи́тельность**, -и, *ж.*

МУ́ЧИТЬ, -чу, -чишь *и* -чаю, -чаешь; му́чащий *и* му́чающий; му́ченный; *несов., кого (что).* Причинять кому-н. му́ки, страдания. *М. подозрениями.* ‖ *сов.* **заму́чить**, -чу, *и* -чаю, -чаешь; -ченный *и* **изму́чить**, -чу, -чишь *и* -чаю, -чаешь; -ченный.

МУ́ЧИТЬСЯ, -чусь, -чишься и -чаюсь, -чаешься; *несов.* **1.** Испытывать муки, страдания от чего-н. *М. от боли. М. сомнениями.* **2.** *с кем-чем* и *над чем.* Делать что-н. длительно и испытывая большие затруднения (разг.). *М. над задачей и с задачей.* ‖ *сов.* **заму́читься**, -чусь, -чишься *и* -чаюсь, -чаешься *и* **изму́читься**, -чусь, -чишься *и* -чаюсь, -чаешься.

МУЧИ́ЦА, МУ́ЧКА *см.* мука́.

МУЧНИ́К, -а́, *м.* (устар.). Торговец мукой.

МУЧНИ́СТЫЙ, -ая, -ое; -и́ст. Содержащий муку́ или крахмал. *М. картофель.* ‖ *сущ.* **мучни́стость**, -и, *ж.*

МУЧНО́Й, -а́я, -о́е. **1.** *см.* мука́. **2.** Приготовленный из муки́, с большим количеством муки́. *Мучные блюда. Мучные кондитерские изделия. Любить мучное* (сущ.).

МУШИ́НЫЙ *см.* муха.

МУ́ШКА[1], -и, *ж.* **1.** *см.* муха. **2.** Род лечебного пластыря из особого порошка, а также сам такой порошок (устар.). *Поставить больному мушку.* **3.** Кусочек чёрного пластыря, к-рый в старину приклеивали на лицо в виде родинки. *М. на щеке.* **4.** Узелок, вытканный на ровной ткани. *Мушки на вуали.*

МУ́ШКА[2], -и, *ж.* Небольшой выступ на передней части ствола стрелкового оружия, служащий для прицеливания. *Взять на мушку кого-н.* (прицелиться в кого-н.; также перен.: взять на примету; разг.). *Держать на мушке кого-что-н.* (под прицелом; также перен.: держать под постоянной угрозой; разг.).

МУШКЕ́Т, -а, *м.* Старинное ружьё крупного калибра с фитильным замком. ‖ *прил.* **мушке́тный**, -ая, -ое.

МУШКЕТЁР, -а, *м.* **1.** Солдат, вооружённый мушкетом. **2.** *перен.* То же, что фехтовальщик. ‖ *прил.* **мушкетёрский**, -ая, -ое.

МУШТРА́, -ы́, *ж.* Суровая система воспитания, обучения [*первонач.* военного].

МУШТРОВА́ТЬ, -ру́ю, -ру́ешь; -о́ванный; *несов., кого (что).* Обучать, подвергая муштре. ‖ *сов.* **вы́муштровать**, -рую, -руешь; -анный. ‖ *сущ.* **муштрова́ние**, -я, *ср.* *и* **муштро́вка**, -и, *ж.*

МУЭДЗИ́Н, -а, *м.* Служитель мечети, возглашающий с минарета призыв к молитве.

МЧАТЬ, мчу, мчишь; *несов.* **1.** *кого-что.* Очень быстро везти, нести. *Конь мчит всадника.* **2.** То же, что мчаться (разг.). *М. на велосипеде.*

МЧА́ТЬСЯ, мчусь, мчи́шься; *несов.* Очень быстро ехать, бежать, нестись[1] (в 1 знач.). *Мчатся автомобили. М. со всех ног. Время мчится* (перен.).

МШИ́СТЫЙ, -ая, -ое; мшист. Обильный мхом. *М. пень. Мшистое болото.* ‖ *сущ.* **мши́стость**, -и, *ж.*

МЩЕ́НИЕ, -я, *ср.* **1.** *см.* мстить. **2.** Желание мстить. *Дышит мщением кто-н.* (думает только об отмщении; высок.).

МЫ, нас, нам, на́ми, о нас, *мест. личн. 1 л. мн. ч.* **1.** Служит говорящему для обозначения себя и собеседника или нескольких лиц, включая себя. *Мы с тобой. Мы с братом. Мы в редакции обсудили статью.* **2.** Употр. вместо «я» в обращении одного лица ко многим в авторской речи или (устар.) от лица монарха в дореволюционной России. *Авторское «мы».* **3.** Употр. вместо «ты» или «вы» при сочувственном или ироническом обращении (разг.). *Ну, больной, как мы себя чувствуем?*

МЫ́ЗА, -ы, *ж.* Усадьба, хутор (преимущ. в Прибалтике). ‖ *прил.* **мызный**, -ая, -ое.

МЫ́КАТЬ, -аю, -аешь *и* (устар.) мычу́, мы́чешь; *несов.*: **горе мыкать** (устар. и прост.) — подвергаться жизненным невзгодам.

МЫ́КАТЬСЯ, -аюсь, -аешься; *несов.* (прост.). Скитаться, подвергаясь невзгодам, а также вообще проводить время в утомительном хождении, хлопотах. *М. по свету. М. с делами, с поручениями.*

МЫ́ЛИТЬ, -лю, -лишь; *несов.* **1.** *кого-что.* Натирать мылом, мыть мыльной пеной. *М. руки, волосы.* **2.** *что.* Взбалтывая жидкость, растворять в ней мыло. *М. воду.* ✦ **Мылить голову** *кому* (прост.) — делать строгий выговор, бранить. ‖ *сов.* **намы́лить**, -лю, -лишь; -ленный. ‖ *возвр.* **мы́литься**, -люсь, -лишься (к 1 знач.); *сов.* **намы́литься**, -люсь, -лишься (к 1 знач.).

МЫ́ЛИТЬСЯ, -люсь, -лишься; *несов.* **1.** *см.* мылить. **2.** (1 и 2 л. не употр.). В соединении с водой давать пену. *Мыло хорошо мылится.*

МЫ́ЛКИЙ, -ая, -ое; -лок, -лка́, -лко; мы́льче. Дающий обильную пену. *Мылкое мыло.* ‖ *сущ.* **мы́лкость**, -и, *ж.*

МЫ́ЛО, -а, *мн.* (при обозначении сортов) мыла́, мыл, мыла́м, *ср.* **1.** Растворяющаяся в воде моющая масса (кусок или густая жидкость), получаемая соединением жиров и щелочей. *Кусок мыла. Туалетное, детское, хозяйственное м. Жидкое, техническое м.* **2.** То же, что пена (в 3 знач.). *Лошадь в мыле. Весь в мыле кто-н.* (перен.: в поту от беготни, усталости; разг.). ✦ **Судью на мыло** (прост. шутл.) — выкрик болельщиков, недовольных действиями спортивного судьи. ‖ *уменьш.* **мы́льце**, -а, *ср.* ‖ *прил.* **мы́льный**, -ая, -ое. ✦ **Мыльная опера** — телесериал с нарочито растянутым мелодраматическим сюжетом, рассчитанный на массового зрителя [назв. по рекламе мыла, сопровождавшей американские телешоу].

МЫЛОВАРЕ́НИЕ, -я, *ср.* Производство мыла. ‖ *прил.* **мылова́ренный**, -ая, -ое. *М. завод.*

МЫ́ЛЬНИЦА, -ы, *ж.* Коробочка или специальное блюдечко для мыла. *Дорожная м.*

МЫ́ЛЬНЫЙ *см.* мыло.

МЫ́МРА, -ы, *м.* и *ж.* (прост. неодобр.). Скучный, мрачный и неинтересный человек.

МЫС, -а, на мысу́ *и* на мы́се, *мн.* **мы́сы**, -ов, *м.* **1.** Часть суши, выдающаяся острым углом в море, озеро или реку. **2.** Выдающийся остриём участок, часть чего-н. *Лесок вдаётся в пашню мысом.* ‖ уменьш. **мы́сик**, -а, *м. и* **мысо́к**, -ска́, *м.* ‖ *прил.* **мы́совый**, -ая, -ое (спец.).

МЫ́СИК, -а, *м.* **1.** *см.* мыс. **2.** Заострённый выступ какого-н. предмета. *Воротничок с мысиками. Бородка мысиком.*

МЫ́СЛЕННЫЙ, -ая, -ое. **1.** *см.* мысль. **2.** Воображаемый, существующий в мыслях. *М. образ. Мысленное пожелание. Мысленно* (нареч.) *осуждать.*

МЫСЛЕ́ТЕ, *нескл., ср.* Старинное название буквы «м». ✦ **Мыслете выписывать** (или **писать, выделывать**) (устар. прост.) — то же, что вензеля писать.

МЫ́СЛИМЫЙ, -ая, -ое; -им. Возможный, могущий случиться. *М. случай.* ✦ **Мыслимое ли дело?** (разг.) — выражение удивления, несогласия: может ли это быть, возможно ли?

МЫСЛИ́ТЕЛЬ, -я, *м.* Человек, обладающий даром глубокого оригинального мышления. *Великие мыслители прошлого.*

МЫ́СЛИТЬ, -лю, -лишь; *несов.* **1.** Работой мысли, ума сопоставлять данные опыта и обобщать познанное. *М. образами. Человек, правильно мыслящий.* **2.** *кого-что.* Представлять в мыслях. *Не мыслит себя вне коллектива.* **3.** *о ком-чём и с неопр.* Думать, размышлять, предполагать (устар.). *М. о путешествии. Он и не мыслил возражать.* ‖ *сущ.* **мы́шление**, -я, *ср.* (к 1 знач.) *и* **мышле́ние**, *-я, ср.* ‖ *прил.* **мысли́тельный**, -ая, -ое (к 1 знач.). *М. процесс.*

МЫ́СЛИТЬСЯ, -люсь, -лишься (1 и 2 л. — редко); *несов.* (книжн.). Представляться в мыслях. *Будущее мыслится прекрасным кому-н. Сын мыслится отцу учёным* (т. е. отец думает, что сын будет учёным).

МЫСЛЬ, -и, *ж.* **1.** Мыслительный процесс, мышление. *Сила человеческой мысли.* **2.** То, что явилось в результате размышления, идея. *Интересная м.* **3.** То, что заполняет сознание, дума. *М. о сыне. Иметь в мыслях что-н.* **4.** *мн.* Убеждения, взгляды. *Быть одних мыслей с кем-н.* **5. мысль!** Хорошая идея, хорошо придумано (разг.). *Встретиться с друзьями — это м.!* ‖ *прил.* **мы́сленный**, -ая, -ое (к 1, 2 и 3 знач.; устар.).

МЫТА́РИТЬ, -рю, -ришь; *несов., кого (что)* (разг.). Подвергать мытарствам, мучить. ‖ *сов.* **замыта́рить**, -рю, -ришь; -ренный.

МЫТА́РИТЬСЯ, -рюсь, -ришься; *несов.* (прост.). Испытывать мытарства, муки. ‖ *сов.* **замыта́риться**, -рюсь, -ришься. *З. с делами.*

МЫТА́РСТВО, -а, *ср.* (разг.). Страдание, мука.

МЫ́ТАРЬ, -я, *м.* В библейских сказаниях: сборщик податей в Иудее.

МЫТЬ, мо́ю, мо́ешь; мы́тый; *несов.* **1.** *кого-что.* Очищать от грязи при помощи воды, воды с мылом, какой-н. жидкости. *М. руки. М. посуду. Рука руку моет* (посл. о сообщниках в каком-н. неблаговидном деле). **2.** *что.* Добывать (обычно о золоте), промывая песок, землю. *М. золотой песок, самородки.* **3.** *что.* Обливать, окатывать; размывать. *Река моет берега.* ‖ *сов.* **вы́мыть**, -мою, -моешь; -ытый (к 1 знач.) *и* **помы́ть**, -мо́ю, -мо́ешь; -ы́тый (к 1 знач.). ‖ *возвр.* **мы́ться**, мо́юсь, мо́ешься (к 1 знач.); *сов.* **вы́мыться**, -моюсь, -моешься *и* **помы́ться**, -мо́юсь, -мо́ешься. ‖ *сущ.* **мытьё**, -я́, *ср.* (к 1 и 2 знач.), **мо́йка**, -и, *ж.* (к 1 знач.) *и* **помы́вка**, -и, *ж.* (к 1 знач.; спец.). ‖ *прил.* **мо́ечный**, -ая, -ое (к 1 и 2 знач.). *Моечное отделение* (в бане). *Моечная машина.*

МЫЧА́ТЬ, -чу́, -чи́шь; *несов.* **1.** О корове, быке: издавать характерные звуки, напоминающие «му-у». *Не мычит и не телится кто-н.* (не говорит или не решает ничего определённого; разг. шутл.). *Чья бы корова мычала, а чья бы молчала* (посл. о том, кому бы лучше помолчать о других, потому что он сам не без греха, в чём-то замешан). **2.** *перен.* Говорить невнятно, издавать тягучие, нечленораздельные звуки (разг.). *М. что-то в ответ.* ‖ *сов.* **промыча́ть**, -чу́, -чи́шь. ‖ *однокр.* **мы́кнуть**, -ну, -нешь. ‖ *сущ.* **мыча́ние**, -я, *ср.*

МЫША́СТЫЙ, -ая, -ое; -а́ст. О масти животных: серый, цвета мыши.

МЫШЕЛО́ВКА, -и, *ж.* Ловушка для мышей. *Бесплатно бывает только сыр в мышеловке* (посл.). ‖ *прил.* **мышело́вочный**, -ая, -ое.

МЫ́ШИЙ, МЫШИ́НЫЙ *см.* мышь.

МЫ́ШКА[1]: 1) **под мышками** или **под мышкой** — под плечевым сгибом или прижав плечевой частью руки к боку. *Нести папку под мышкой;* 2) **под мышки** или **под мышку** — держа руками под плечевым сгибом. *Взять папку под мышку.*

МЫ́ШКА[2] *см.* мышь.

МЫШКОВА́ТЬ (-ку́ю, -ку́ешь, 1 и 2 л. не употр.), -ку́ет; *несов.* В речи охотников, о лисице: охотиться на мышей.

МЫШЛЕ́НИЕ, -я и **МЫ́ШЛЕНИЕ**, -я, *ср.* **1.** *см.* мыслить. **2.** Высшая ступень познания — процесс отражения объективной действительности в представлениях, суждениях, понятиях. *Формы и законы мышления.*

МЫШО́НОК, -нка, *мн.* -ша́та, -ша́т, *м.* Детёныш мыши.

МЫ́ШЦА, -ы, *ж.* Орган тела человека и животного, состоящий из ткани, способной сокращаться под влиянием нервных импульсов. ‖ *прил.* **мы́шечный**, -ая, -ое.

МЫШЬ, -и, *мн.* -и, -е́й, *ж.* Небольшой грызун с острой мордочкой, усиками и длинным хвостом. *Домашняя м. Полевая м. Белая м. Как м. на крупу надулся кто-н.* (недоволен, обижен; разг. шутл.). *Под каждой крышей свои мыши* (посл.). *Как церковная м. беден кто-н.* (совсем ничего не имеет; устар.). ✦ **Мышей не ловит** *кто* (разг. шутл.) — совсем обленился, ничего не хочет делать. ‖ *уменьш.* **мы́шка**, -и, *ж. Как м. сидит кто-н.* (очень тихо ведёт себя; разг.). ‖ *прил.* **мы́ший**, -ья, -ье (устар.) *и* **мыши́ный**, -ая, -ое. *Мышья (мышиная) норка. Мышиная возня* (также перен.: о мелких тайных интригах; неодобр.). *Мышиный цвет* (серый). *Семейство мышиных* (сущ). ✦ **Мышиный жеребчик** (устар. ирон.) — молодящийся старик, любящий ухаживать за женщинами. **Мышиный горошек** — травянистое растение сем. бобовых.

МЫШЬЯ́К, -а́ (-у), *м.* Химический элемент, твёрдое ядовитое вещество, входящее в состав нек-рых минералов, а также препараты из этого вещества, употр. в медицине и технике. ‖ *прил.* **мышьяко́вый**, -ая, -ое *и* **мышья́чный**, -ая, -ое (устар.).

МЭР, -а, *м.* Глава муниципалитета. *М. города.*

МЭ́РИЯ, -и, *ж.* Орган местной городской исполнительной власти.

МЭТР, -а, *м.* (книжн.). **1.** Учитель, наставник. *Строгий м.* **2.** Деятель искусства или науки — почитаемый авторитет среди своих учеников, своего окружения (часто при обращении или упоминании).

МЮ́ЗИКЛ, -а, *м.* Музыкальное представление, фильм, сочетающие в себе элементы эстрады, оперетты и балета.

МЯ́ГКИЙ [хк], -ая, -ое; -гок, -гка́, -гко, -гки *и* -гки́; мя́гче; мягча́йший. **1.** Легко поддающийся давлению, сжатию, малоупругий, эластичный. *М. хлеб. М. диван. Мягкая шерсть. Мягкие волосы. Мягкая обувь.* **2.** Приятный при ощущении, не раздражающий. *М. свет. М. голос.* **3.** Плавный, размеренный. *Мягкие движения. Мягко* (нареч.) *ступать. Мягкая посадка* (о летательном аппарате: при минимальной скорости). **4.** Кроткий, лишённый грубости, резкости. *М. характер. Сделать замечание в мягкой форме.* **5.** Не очень строгий, снисходительный, не суровый. *М. приговор.* **6.** Тёплый, приятный. *М. климат.* **7.** О воде: содержащий мало солей кальция и магния, легко смывающий мыло, не жёсткий (в 5 знач.). **8.** *полн. ф.* О транспортных средствах: с мягкими сидениями или предназначенный для использования мягких сидений. *М. вагон. Мягкая плацкарта.* **9.** *полн. ф.* О согласных звуках: произносимый с приближением средней части языка к твёрдому нёбу; *противоп.* твёрдый (в 5 знач.) (спец.). ♦ **Мягкий знак** — название буквы «ь». ‖ *уменьш.* **мя́конький**, -ая, -ое (к 1 знач.) *и* **мя́гонький**, -ая, -ое (к 1 знач.). ‖ *сущ.* **мя́гкость**, -и, *ж.*

МЯГКО... *Первая часть сложных слов со знач.:* 1) мягкий (в 1 знач.), напр. *мягкотканый, мягконёбный;* 2) с мягким (в 1 знач.), напр. *мягкокожий, мягкотелый, мягкопёрый, мягкохвостый;* 3) мягкий (в 3 знач.), напр. *мягкодействующий, мягкоочерченный, мягкорисующий, мягкоупругий;* 4) с мягким (в 4 знач.), напр. *мягкосердечие, мягкосердечный.*

МЯГКОСЕРДЕ́ЧИЕ [*хк*], -я, *ср.* Душевная мягкость, доброта, отзывчивость.

МЯГКОСЕРДЕ́ЧНЫЙ [*хк*], -ая, -ое; -чен, -чна. Обладающий мягкосердечием. *М. человек.* ‖ *сущ.* **мягкосерде́чность**, -и, *ж.*

МЯ́ГКОСТЬ [*хк*], -и, *ж.* **1.** *см.* мягкий. **2.** Доброта и тактичность в поведении, в поступках. *М. характера.*

МЯГКОТЕ́ЛЫЙ [*хк*], -ая, -ое; -е́л. **1.** С мягким, полным телом. *Мягкотелая старуха.* **2.** *перен.* Слабохарактерный, вялый. *М. человек.* ‖ *сущ.* **мягкоте́лость**, -и, *ж.* (ко 2 знач.).

МЯ́ГОНЬКИЙ *см.* мягкий.

МЯГЧИ́ТЬ [*хч*] (-чу́, -чи́шь, 1 и 2 л. не употр.), -чи́т; *несов., что.* Делать мягким, мягче. *Крем мягчит кожу.* ‖ *прил.* **мягчи́тельный**, -ая, -ое (спец.). *Мягчительные вещества* (вводимые в состав резины, лаков, красок, пластмасс для придания эластичности).

МЯКИ́НА, -ы, *ж.* Остатки колосьев, стеблей и другие отходы при молотьбе. *На мякине не проведёшь кого-н.* (о бывалом, знающем человеке, к-рого трудно обмануть). ‖ *прил.* **мяки́нный**, -ая, -ое.

МЯ́КИШ, -а, *м.* Мягкая (под коркой) часть печёного хлеба. *Хлебный м.*

МЯ́КНУТЬ, -ну, -нешь; мяк *и* мя́кнул, мя́кла; мя́кший *и* мя́кнувший; мя́кши *и* мя́кнув; *несов.* Делаться мягким или дряблым. *Солома мякнет в скирдах. Тело мякнет от слабости. Сердце, душа мякнет* (перен.: становится мягче, добрее; разг.). ‖ *сов.* **намя́кнуть**, -ну, -нешь; -мя́к, -мя́кла *и* **размя́кнуть**, -ну, -нешь; -мя́к, -мя́кла.

МЯ́КОНЬКИЙ *см.* мягкий.

МЯ́КОТЬ, -и, *ж.* **1.** Мягкие части тела животных и человека. *Купить мякоти* (мяса без костей). **2.** Подкожная мягкая часть плодов, клубней. *М. яблока, сливы, арбуза.* ‖ *прил.* **мя́котный**, -ая, -ое.

МЯ́ЛКА, -и, *ж.* Разминающая машина, устройство. *М. для льна. М. для глины.*

МЯ́МЛИТЬ, -лю, -лишь; *несов.* (разг.). Говорить медленно, невнятно и вяло. ‖ *сов.* **промя́млить**, -лю, -лишь.

МЯ́МЛЯ, -и, *род. мн.* -ей, *м.* и *ж.* (разг. пренебр.). Вялый, нерешительный человек, тот, кто мямлит.

МЯСИ́СТЫЙ, -ая, -ое; -и́ст. **1.** Толстый, обильный мясом. *Мясистая часть туши.* **2.** Тучный, жирный. *Мясистое лицо.* **3.** Содержащий много мякоти (во 2 знач.), с сочной подкожной частью. *М. плод. Мясистые листья.* ‖ *сущ.* **мяси́стость**, -и, *ж.*

МЯСНА́Я, -о́й, *ж.* (разг.). Магазин, торгующий мясом.

МЯСНИ́К, -а́, *м.* Торговец мясом, продавец в мясном магазине. ‖ *прил.* **мясни́цкий**, -ая, -ое (устар.). *М. товар.*

МЯ́СО, -а, *ср.* **1.** Обиходное название мышц. *Были бы кости, а м. будет* (посл. о живучести человека). **2.** Часть туши убитого животного, употр. в пищу. *Говяжье, свиное, кроличье м. М. криля, краба. Жареное, варёное м.* **3.** То же, что говядина (разг.). *Суповое м.* **4.** Мякоть плодов, ягод (разг.). ♦ **С мясом вырвать** (разг.) — о пришитом: с куском ткани. *Вырвать пуговицу с мясом.* **Пушечное мясо** — о солдатах, насильственно или бессмысленно посылаемых на смерть. ‖ *уменьш.* **мясцо́**, -а́, *ср.* (ко 2 и 3 знач.). ‖ *прил.* **мясно́й**, -а́я, -о́е (ко 2 и 3 знач.). *Есть мясное* (сущ). *М. скот* (выращиваемый для убоя).

МЯСО... и **МЯ́СО-...** *Первая часть сложных слов со знач.* относящийся к мясу (во 2 знач.), к производству и обработке мяса, напр. *мясопродукты, мясокомбинат, мясоконсервный, мясоперерабатывающий, мясо-молочный.*

МЯСОРУ́БКА, -и, *ж.* **1.** Машинка для размалывания мяса, для приготовления фарша. *Пропустить мясо через мясорубку.* **2.** *перен.* О бессмысленном кровопролитии, уничтожении людей. *Кровавая м.* ‖ *прил.* **мясору́бочный**, -ая, -ое (к 1 знач.).

МЯСТИ́СЬ, мяту́сь, мятёшься; *несов.* (устар. и книжн.). Быть в смятении. *Мятётся ум. Мятущаяся душа.*

МЯ́ТА, -ы, *ж.* Душистая многолетняя трава, употр. в медицине, в парфюмерной, пищевой промышленности. ‖ *прил.* **мя́тный**, -ая, -ое. *Мятное масло. Мятные капли. Мятные леденцы.*

МЯТЕ́Ж, -а́, *м.* Стихийное восстание, вооружённое выступление против власти. *Контрреволюционный м. Подавить м.*

МЯТЕ́ЖНИК, -а, *м.* Участник мятежа. ‖ *ж.* **мяте́жница**, -ы. ‖ *прил.* **мяте́жнический**, -ая, -ое.

МЯТЕ́ЖНЫЙ, -ая, -ое; -жен, -жна. **1.** *полн. ф.* Причастный к мятежу, поднимающий мятеж. *Мятежные войска.* **2.** Тревожный, неспокойный, бурный (высок.). *Мятежная душа.* ‖ *сущ.* **мяте́жность**, -и, *ж.* (ко 2 знач.).

МЯ́ТЛИК, -а, *м.* Дикорастущий кормовой злак. ‖ *прил.* **мя́тликовый**, -ая, -ое.

МЯ́ТЫЙ, -ая, -ое. **1.** Негладкий, со складками, морщинами. *Мятая одежда. М. бархат* (тиснёный). **2.** Раздавленный, измятый, а также превращённый в сплошную массу давлением. *Мятые сливы. Мятая глина.* **3.** О лице: то же, что помятый. *Мятая физиономия.*

МЯТЬ, мну, мнёшь; мну́щий; мя́тый; *несов.* **1.** *что.* Давя, превращать в мягкую массу, делать мягким. *М. глину. М. кожу, лён. М. сухарь во рту* (разжёвывать). **2.** *что.* Давлением лишать гладкости, ровности. *М. бумагу. М. платье.* **3.** *кого-что.* Тискать, сжимать (разг.). *М. бока кому-н.* (1) стискивать в толпе, в давке; 2) бить (прост.). ‖ *сов.* **измя́ть**, изомну́, изомнёшь; -мя́тый (ко 2 знач.), **размя́ть**, -зомну́, -зомнёшь; -мя́тый (к 1 знач.), **смять**, сомну́, сомнёшь; смя́тый (ко 2 и 3 знач.) *и* **замя́ть**, -мну́, -мнёшь; -мя́тый (ко 2 знач.). ‖ *прил.* **мя́льный**, -ая, -ое (к 1 знач.; спец.).

МЯ́ТЬСЯ[1] (мнусь, мнёшься, 1 и 2 л. не употр.), мнётся; мну́щийся; *несов.* Становиться мятым (в 1 и 2 знач.). *Платье мнётся. Спелые фрукты мнутся.* ‖ *сов.* **измя́ться** (изомну́сь, изомнёшься, 1 и 2 л. не употр.), изомнётся, **помя́ться** (-мну́сь, -мнёшься, 1 и 2 л. не употр.), -мнётся, **смя́ться** (сомну́сь, сомнёшься, 1 и 2 л. не употр.), сомнётся *и* **замя́ться** (-мну́сь, -мнёшься, 1 и 2 л. не употр.), -мнётся (по 1 знач. прил. мятый).

МЯ́ТЬСЯ[2], мнусь, мнёшься, мну́щийся; *несов.* (разг.). Быть в нерешительности, смущаться, колебаться.

МЯУ́КАТЬ, -аю, -аешь; *несов.* О кошке: издавать характерные звуки, напоминающие «мяу». ‖ *сов.* **промяу́кать**, -аю, -аешь. ‖ *однокр.* **мяу́кнуть**, -ну, -нешь. ‖ *сущ.* **мяу́канье**, -я, *ср.*

МЯЧ, -а́, *м.* Предмет для игры — сплошной или полый внутри шар из упругого материала, при ударе отскакивающий от твёрдой поверхности. *Играть в м. Кожаный м. Теннисный, футбольный, волейбольный м. Регбийный м.* (овальный). *Ручной м.* (то же, что гандбол). *Хоккей с мячом.* ‖ *уменьш.* **мя́чик**, -а, *м. Детский м. Резиновый м.*

Н

НА[1], *предлог.* **I.** *с вин.* и *предл. п.* **1.** *(на) кого-что* и *(на) ком-чём.* Употр. при обозначении поверхности, на к-рой сверху располагается или куда направляется что-н. *Писать на бумаге. Перевести на бумагу. На столе. На стол. На крыше. На крышу. Лежать на диване. Лечь на диван. На ноге. На́ ногу. Рисунок на фарфоре.* **2.** *(на) что* и *(на) чём.* Употр. при обозначении места, области или времени деятельности. *Орудие на позиции. Выйти на позицию. Быть на работе. Идти на работу. Быть на собрании. Вынести вопрос на собрание. Решить на пленуме. Вынести вопрос на пленум. Встреча на будущей неделе. Отложить на будущую неделю. Быть на выставке. Идти на выставку.* **3.** *(на) кого-что* и *(на) ком-чём.* Употр. при обозначении лица или предмета, являющегося объектом действия. *Нажать на рычаг. Остановить взгляд на собеседнике. Взглянуть на собеседника.* **4.** *(на) что* и *(на) чём.* Употр. при обозначении предметов, являющихся орудием действия, частью устройства, способом выражения чего-н. *Вагон на рессорах. Поставить на рессоры. Пальто на вате. Сидеть на вёслах. Сесть на вёсла. Книга на английском языке. Перевести на чешский язык. Играть на рояле.* **II.** *с вин. п.* **1.** *(на) что.* Употр. при обозначении срока, промежутка времени. *Запас на́ зиму. План на́ год. Опоздать на час. Положение на сегодняшний день.* **2.** *(на) кого-что.* Употр. при обозначении меры, количества, предела. *Купить на сто рублей. На рубль меньше. Разделить на несколько частей. Разбить текст на параграфы. Обед на пять человек. Слава на весь мир.* **3.** *(на) кого-что.* Употр. при указании цели, назначения, предмета достижения. *Манёвр на окружение противника. Кредиты на ремонт. Лес на постройку. На всякий случай. Разведка на нефть. Право на труд. Учиться на инженера* (т. е. с целью стать инженером; разг.). **4.** *(на) что.* Употр. при указании образа действия, состояния. *Верить на́ слово. Читать стихи на память.* **III.** *с предл. п.* **1.** *(на) чём.* Во время чего-н. *На всём скаку. Птицы замерзают на лету.* **2.** *(на) чём.* При помощи чего-н., с чем-н. *Жарить на масле. Развести краску на воде. Тесто на дрожжах.* **3.** *(на) ком.* В сочетании с одушевлённым существительным обозначает субъект, испытывающий состояние. *На руководителе — большая ответственность. На матери — заботы о детях.* **4.** *(на) ком-чём.* При повторении существительного указывается наличие большого количества, обилия чего-н. (разг.). *Дыра на дыре. Ухаб на ухабе.*

НА³, НА́ТЕ, *частица* (разг.). Сопровождает жест передачи, вручения: вот, возьми(те). *На книгу. Нате вам спички. Дай спички. — На.* ✦ **На́ тебе (на́те вам)** — выражение удивления и оценки по поводу чего-н. неожиданного. *Только лёг и вдруг на́ тебе (на́те вам) — зовут куда-то!*

НА..., *приставка.* **I.** Образует глаголы со знач.: 1) направленности действия на что-н., напр. *накинуть, накатить, налететь, набросить;* 2) полноты действия и большого количества его объектов, напр. *наговорить, накупить, народить, напрясть, накомкать, накидать;* 3) проявления действия в незначительной степени, слабо, неинтенсивно, напр. *напевать, наигрывать, насвистывать, накрапывать;* 4) с постфиксом «ся» — полной завершённости действия, удовлетворённости им, напр. *наесться, навоеваться, нашалиться;* 5) тщательности или интенсивности действия, напр. *начистить* (пуговицы), *нагладить* (рубашку), *наговаривать, названивать;* 6) приучения к действию, напр. *натренировать, наездить* (лошадь), *намуштровать;* 7) собственно предела действия, напр. *написать, нарисовать, начертить, намочить, насмешить, напугать.* **II.** Образует прилагательные и существительные со знач. находящийся поверх чего-н., на чём-н., напр. *настенный, наплечный, напольный, наскальный, наугольный, нарукавник, наколенник, намордник, нагорье, надворье, наледь, насыпь.* **III.** Образует наречия, напр. *набок, накрест, назло, наудачу, навеселе, налегке, наготове, надвое, натрое, нараспашку, навытяжку, насовсем, насквозь, нарасхват, наугад, наново, набело, начерно, наверное, наутро.*

НАБА́ВИТЬ, -влю, -вишь; -вленный; *сов., что* и *чего.* Сделать прибавку к чему-н., преимущ. к цене. *Н. сто рублей.* ‖ *несов.* **набавля́ть,** -я́ю, -я́ешь. ‖ *сущ.* **набавле́ние,** -я, *ср.* и **наба́вка,** -и, *ж.*

НАБАЛАМУ́ТИТЬ *см.* баламутить.

НАБАЛДА́ШНИК, -а, *м.* Род колпачка или утолщение на верхнем конце трости, палки. *Серебряный, костяной н.*

НАБАЛОВА́ТЬ, -лу́ю, -лу́ешь; -о́ванный; *сов., кого (что)* (разг.). Слишком избаловать. *Н. ребёнка.*

НАБАЛОВА́ТЬСЯ, -лу́юсь, -лу́ешься; *сов.* (разг.). Вдоволь побаловаться, пошалить.

НАБА́ЛТЫВАТЬ[1-2] *см.* наболтать[1-2].

НАБАЛЬЗАМИ́РОВАТЬ *см.* бальзамировать.

НАБА́Т, -а, *м.* Удары в колокол как сигнал к сбору людей в случае пожара, тревоги. *Бить, ударить в н.* (также перен.: о тревожном призыве на помощь, о необходимости срочного вмешательства во что-н.). ‖ *прил.* **наба́тный,** -ая, -ое. *Н. колокол.*

НАБЕ́Г, -а, *м.* **1.** Внезапное нападение, вторжение. *Набеги кочевников, печенегов. Жестокий, буйный н.* **2.** Внезапный стремительный и короткий удар по противнику (спец.). *Кавалерийский н. в тыл врага.* ‖ *прил.* **набе́говый,** -ая, -ое (ко 2 знач.).

НАБЕ́ГАТЬ, -аю, -аешь; -анный; *сов., что* (разг.). **1.** Беганьем причинить, сделать себе что-н. (чаще о плохом). *Н. себе одышку.* **2.** Бегая, покрыть какое-н. расстояние за какое-н. время. *Н. сотни километров.*

НАБЕГА́ТЬ, -а́ю, -а́ешь; *несов.* **1.** *см.* набежать. **2.** (1 и 2 л. не употр.). Собираться складками, морщи́ть (об одежде) (разг.). *Платье в талии набегает.*

НАБЕ́ГАТЬСЯ, -аюсь, -аешься; *сов.* Бегая, утомиться или вдоволь побегать. *Н. за́ день. Дети набегались, наигрались.*

НАБЕДОКУ́РИТЬ *см.* бедокурить.

НАБЕ́ДРЕННЫЙ, -ая, -ое. Носимый, расположенный на бедре, бёдрах. *Набедренная повязка.*

НАБЕЖА́ТЬ, -егу́, -ежи́шь, -егу́т; -еги́; *сов.* **1.** *на кого-что.* Натолкнуться с разбега, с разгона; быстро перемещаясь, достигнуть чего-н. *Н. на прохожего. Волна набежала на берег. Набежал ветер* (внезапно подул). **2.** (1 и 2 л. ед. не употр.). Сбегаясь, собраться в одном месте, скопиться (разг.). *Набежали люди. Народу набежало!* (безл.). **3.** (1 и 2 л. не употр.), *перен.* Накапливаясь, увеличиться в количестве, числе (разг.). *Набежали проценты. Рублей пять набежит. Набежала неделя дополнительного отпуска.* ‖ *несов.* **набега́ть,** -а́ю, -а́ешь.

НАБЕЗОБРА́ЗНИЧАТЬ *см.* безобразничать.

НАБЕКРЕ́НЬ, *нареч.* (разг.). О головном уборе: с наклоном набок, сдвинувшись к уху. *В шапке н.* ✦ **Мозги набекрень** *у кого* (прост.) — о неумном, со странностями человеке или о том, кто потерял способность соображать.

НАБЕЛИ́ТЬ, -СЯ *см.* белить.

НА́БЕЛО, *нареч.* Начисто, окончательно. *Переписать н.* (с черновика на беловик).

НА́БЕРЕЖНАЯ, -ой, *ж.* Берег, укреплённый стенкой из бетона, камня, дерева, а также улица, идущая вдоль такого берега или вообще вдоль берега. *Гранитная н. Дом на набережной.*

НАБИ́ВКА, -и, *ж.* **1.** *см.* набить. **2.** Материал, к-рым набито, наполнено что-н. *Волосяная н. матраца.* **3.** То же, что набойка (во 2 знач.) (спец.). ‖ *прил.* **наби́вочный,** -ая, -ое.

НАБИВНО́Й, -а́я, -о́е. **1.** *см.* набить. **2.** Приготовляемый набивкой, набиваемый чем-н. *Н. матрац.* **3.** Набитый, набиваемый на что-н. *Набивные обручи.* **4.** О ткани: с отпечатанным рисунком. *Н. ситец.*

НАБИРА́ТЬ, -СЯ *см.* набрать, -ся.

НАБИ́ТЫЙ, -ая, -ое: **набитый дурак** (прост.) — очень глупый, тупой человек.

НАБИ́ТЬ, -бью́, -бьёшь; -бе́й; -и́тый; *сов.* **1.** *что чем.* Наполнить, плотно вкладывая что-н. внутрь чего-н. *Н. чучело. Н. погреб льдом. Чемодан, набитый вещами.* **2.** (обычно в форме прич. страд. прош.), *что кем-чем.* Заполнить собой, скопляясь в большом количестве где-н. (разг.). *Зал, набитый публикой. В вагоне набито* (в знач. сказ.) *до отказа.* **3.** *что* и *чего.* Вложить, плотно вместить внутрь чего-н. *Н. табаку в трубку.* **4.** *что.* Ударом или ударами насадить, надеть. *Н. обруч на кадку. Н. холст на подрамник.* **5.** *что.* Ударом или ударами причинить вред кому-чему-н. *Н. шишку на лбу. Н. холку хомутом.* **6.** *что.* Отпечатать узор (на ткани) (спец.). *Н. ситец.* **7.** *что* и *чего.* Вколотить во что-н. в каком-н. количестве. *Н. гвоздей в стенку.* **8.** *что* и *чего.* Разбить в каком-н. количестве. *Н. посуды.* **9.** *кого-чего.* Настрелять в каком-н. количестве. *Н. уток.* ✦ **Набить руку** *на чём* (разг.) — приобрести сноровку в чём-н. **Набить цену** (разг.) — поднять цену. **Набить себе цену** (разг. неодобр.) — возвысить себя во мнении других. **Набить морду** *кому* (прост.) — избить, нанося удары в лицо. ‖ *несов.* **набива́ть,** -а́ю, -а́ешь. ‖ *сущ.* **наби́вка,** -и, *ж.* (к 1, 3, 4 и 6 знач.) и **набо́йка,** -и, *ж.* (к 6 знач.; о набивке ручным способом). ‖ *прил.* **наби́вочный,** -ая, -ое (к 1 и 6 знач.), **набо́йный,** -ая, -ое (к 6 знач.; спец.) и **набивно́й,** -а́я, -о́е (к 4 и 6 знач.; спец.).

НАБИ́ТЬСЯ, -бью́сь, -бьёшься; -бе́йся; *сов.* **1.** (1 и 2 л. ед. не употр.). Скопиться в большом количестве где-н. (разг.) *В вагон набилось много народу.* **2.** Навязаться, напроситься (прост.). *Н. на приглашение. Н. в друзья.* ‖ *несов.* **набива́ться,** -а́юсь, -а́ешься.

НАБЛУДИ́ТЬ *см.* блудить[1].

НАБЛЮДА́ТЕЛЬ, -я, *м.* Лицо, занятое наблюдением за кем-чем-н., осуществляющее наблюдение, а также вообще тот, кто наблюдает за кем-чем-н. *Артиллерийский н.* (военнослужащий, назначенный для специального наблюдения). *Политический н. Беспристрастный н. Внимательный н.* ‖ *ж.* **наблюда́тельница,** -ы. ‖ *прил.* **наблюда́тельский,** -ая, -ое.

НАБЛЮДА́ТЕЛЬНЫЙ, -ая, -ое; -лен, -льна. **1.** *см.* наблюдать. **2.** Внимательный, умеющий хорошо наблюдать, подмечать. *Н. ребёнок.* ‖ *сущ.* **наблюда́тельность,** -и, *ж.*

НАБЛЮДА́ТЬ, -а́ю, -а́ешь; *несов.* **1.** *кого-что, за кем-чем, с союзом «что»* или *«как».* Внимательно следить глазами за кем-чем-н., а также вообще внимательно следить за кем-чем-н., не упускать из виду, из поля зрения. *Н. восход солнца. Н. за полётом птицы. Н., что делают (как играют) дети. Н. повадки животных.* **2.** *кого-что.* Изучать, исследовать. *Н. больного. Н. развитие событий.* **3.** *за кем-чем.* Осуществлять надзор за кем-чем-н. *Н. за порядком. Н. за детьми.* ‖ *сущ.* **наблюде́ние,** -я, *ср. Под наблюдением врача.* ‖ *прил.* **наблюда́тельный,** -ая, -ое (спец.). *Н. пункт. Наблюдательная комиссия. Наблюдательные фотоприборы.*

НАБЛЮДА́ТЬСЯ, -а́юсь, -а́ешься; *несов.* **1.** Быть под наблюдением (см. наблюдать во 2 знач.). *Н. у врача.* **2.** (1 и 2 л. не употр.). Иметь место, отмечаться, обнаруживаться. *Наблюдается снижение заболеваемости. Наблюдаются ошибки.*

НАБЛЮСТИ́, -юду́, -юдёшь; -ю́л, -юла́; -ю́дший; -юдённый (-ён, -ена́); -юдя́; *сов., что* (устар.). Сделать какое-н. наблюдение над чем-н.

НА́БОЖНЫЙ, -ая, -ое; -жен, -жна. То же, что богомольный. ‖ *сущ.* **на́божность,** -и, *ж.*

НАБО́ЙКА, -и, *ж.* **1.** *см.* набить. **2.** Ткань с набитым вручную узором, а также сам узор (спец.). **3.** Слой твёрдого материала, на к-рый опирается каблук. *Резиновые, кожаные набойки. Стоптанные набойки.* ‖ *прил.* **набо́ечный,** -ая, -ое.

НА́БОК, *нареч.* На сторону, вкривь. *Накрениться н. Склонить голову н. Галстук съехал н.*

НАБОКОВИА́НА, -ы, *ж.* Серия произведений искусства, исследований, посвящённых В. Набокову.

НАБОЛЕ́ТЬ (-ле́ю и -лю́, -ле́ешь и -ли́шь, 1 и 2 л. не употр.), -е́ет и -ли́т; *сов.* **1.** (-ли́т). Стать особенно болезненным после длительной боли. *Рука наболела. Наболевшее место. На душе наболело* (перен.: тягостно от переживаний; безл.). **2.** *О чём-н.* трудном, тяжёлом: назреть, требовать неотложного решения. *Наболевший вопрос.* ‖ *несов.* **наболева́ть** (-а́ю, -а́ешь, 1 и 2 л. не употр.), -а́ет.

НАБОЛТА́ТЬ[1], -а́ю, -а́ешь; -о́лтанный; *сов., что* и *чего во что* (разг.). Взбалтывая, прибавить чего-н. во что-н. *Н. яиц в тесто.* ‖ *несов.* **наба́лтывать,** -аю, -аешь.

НАБОЛТА́ТЬ², -а́ю, -а́ешь; *сов., что и чего* (разг.). Наговорить лишнего, вздорного. *Н. глупостей. Тебе наболтали, а ты и поверил.* ‖ *несов.* **наба́лтывать**, -аю, -аешь.

НАБО́Р, -а, *м.* **1.** *см.* набрать. **2.** Совокупность предметов, образующих нечто целое, подбор. *Н. инструментов. Н. слов* (перен.: пустые речи, не содержащие ясного смысла). **3.** Типографские литеры и пробельный материал. *Рассыпать н.* (разобрать набранное вручную). **4.** Украшение в виде мелких блях на упряжи, на ременном поясе. ‖ *прил.* **набо́рный**, -ая, -ое (к 3 и 4 знач.). *Н. цех. Наборная сбруя.*

НАБО́РНЫЙ, -ая, -ое. **1.** *см.* набор. **2.** Составленный из мелких однородных частей. *Н. каблук. Наборное одеяло* (лоскутное).

НАБО́РЩИК, -а, *м.* Рабочий, специалист по типографскому набору. ‖ *ж.* **набо́рщица**, -ы. ‖ *прил.* **набо́рщицкий**, -ая, -ое.

НАБРА́СЫВАТЬ *см.* набросать и набросить.

НАБРА́СЫВАТЬСЯ *см.* наброситься.

НАБРА́ТЬ, -беру́, -берёшь; -а́л, -ала́, -а́ло; на́бранный; *сов.* **1.** *кого-чего и что.* Взять, собрать какое-н. количество кого-чего-н. или, собирая, составить. *Н. товаров в магазине. Н. цветов. Н. заказов. Н. дождевой воды в ведро. Н. учащихся на курсы. Н. букет.* **2.** *что.* Составить из типографских литер текст для печатания. *Н. заметку петитом.* **3.** *что.* Составить из каких-н. знаков, цифр, отдельных частей. *Н. номер телефона. Н. код.* **4.** *что.* Достигнуть чего-н., какой-н. степени в чём-н. (в соответствии со знач. существительного). *Н. скорость. Н. высоту. Н. темпы в работе.* ‖ *несов.* **набира́ть**, -а́ю, -а́ешь. ‖ *сущ.* **набира́ние**, -я, *ср.* (к 3 и 4 знач.) *и* **набо́р**, -а, *м.* (к 1, 2 и 4 знач.). *Набор в училище. Сдать книгу в набор. Набор высоты.*

НАБРА́ТЬСЯ, -беру́сь, -берёшься; -а́лся, -ала́сь, -ало́сь *и* -а́лось; *сов.* **1.** (1 и 2 л. ед. не употр.). Скопиться, оказаться в каком-н. количестве. *У него столько денег не наберётся. Набралось много народу.* **2.** *чего.* Найти в себе (какие-н. возможности, внутренние силы) (разг.). *Н. храбрости, терпения, сил.* **3.** *чего.* Приобрести, позаимствовать что-н. (разг.). *Н. разных предрассудков. С кем поведёшься, от того и наберёшься* (посл.). *Н. страху* (испытать чувство страха). *Н. ума-разума* (поумнеть). **4.** *чего.* То же, что напастись (разг.). *На его прихоти денег не наберёшься.* **5.** Напиться пьяным, сильно захмелеть (прост.). ‖ *несов.* **набира́ться**, -а́юсь, -а́ешься.

НАБРЕСТИ́, -еду́, -едёшь; -ёл, -ела́; -е́дший; -едя́; *сов.* (разг.). **1.** *на кого-что.* Бредя, натолкнуться на кого-что-н. *Н. на земляничную полянку. Н. на удачную мысль* (перен.). **2.** (1 и 2 л. ед. не употр.). Идя, бредя, собраться в одном месте. *Набрело немало зевак.* ‖ *несов.* **набреда́ть**, -а́ю, -а́ешь.

НАБРОНЗИРОВА́ТЬ *см.* бронзировать.

НАБРОСА́ТЬ, -а́ю, -а́ешь; -о́санный; *сов.* **1.** *что и чего.* Бросить куда-н. в каком-н. количестве, в несколько приёмов. *Н. окурков.* **2.** *что.* Бегло, в предварительной форме, в общих чертах изобразить (рисуя, излагая), наметить¹. *Н. эскиз. Н. план.* ‖ *несов.* **набра́сывать**, -аю, -аешь.

НАБРО́СИТЬ, -о́шу, -о́сишь; -о́шенный; *сов., что.* Бросить, быстрым движением поместить что-н. поверх кого-чего-н., накинуть. *Н. шаль на плечи. Н. пальто. Облако набросило тень на дорогу* (перен.). ‖ *несов.* **набра́сывать**, -аю, -аешь.

НАБРО́СИТЬСЯ, -о́шусь, -о́сишься; *сов.* **1.** *на кого (что).* Бросившись, напасть на кого-н. *Хищник набросился на свою добычу.* **2.** *на что.* Начать делать что-н. стремительно, с усердием, с жадностью (разг.). *Н. на еду. Н. на работу.* **3.** *на кого (что).* Вдруг обратиться к кому-н. с упрёками, с бранью, с взволнованной речью (разг.). *Н. с упрёками. За что ты на меня набросился?* ‖ *несов.* **набра́сываться**, -аюсь, -аешься.

НАБРО́СОК, -ска, *м.* Рисунок или изложение, сделанные предварительно, в общих чертах. *Карандашный н. Н. выступления, плана.*

НАБРЫ́ЗГАТЬ, -аю, -аешь; -анный; *сов., что, чего и чем.* Замочить или испачкать брызгами. *Н. краску (краски, краской) на стены. Н. воды (воду, водой) на пол.* ‖ *несов.* **набры́згивать**, -аю, -аешь.

НАБРЮ́ШНИК, -а, *м.* Повязка, накладка на живот. *Тёплый н.*

НАБРЯ́КНУТЬ, -ну, -нешь; -я́к, -я́кла; -я́кший; -я́кши; *сов.* **1.** То же, что разбухнуть (в 1 знач.). *Рамы, двери набрякли.* **2.** Распухнуть и отяжелеть; увеличиться от отёка. *Вымя набрякло. Набрякшие веки. Руки с набрякшими венами.* ‖ *несов.* **набряка́ть**, -а́ю, -а́ешь.

НАБУЗИ́ТЬ *см.* бузить.

НАБУ́ХНУТЬ (-ну, -нешь, 1 и 2 л. не употр.), -нет; -у́х, -у́хла; -у́хший; -у́хнув; *сов.* **1.** Увеличиться в процессе роста, наполнившись соком, питательными веществами; распухнуть. *Набухли почки. Вены набухли.* **2.** От сырости, влаги раздаться, расшириться. *Желатин набух. Снег набух и потемнел.* ‖ *несов.* **набуха́ть** (-а́ю, -а́ешь, 1 и 2 л. не употр.), -а́ет.

НАБУЯ́НИТЬ, -ню, -нишь; *сов.* (разг.). Натворить чего-н., буйствуя, буяня.

НАБЫ́ЧИТЬСЯ, -чусь, -чишься; *сов.* (прост.). Склонив голову, угрюмо насупиться, нахмуриться. ‖ *несов.* **набы́чиваться**, -аюсь, -аешься.

НАВА́ГА, -и, *ж.* Северная морская рыба сем. тресковых. ‖ *прил.* **нава́жий**, -ья, -ье.

НАВАЖДЕ́НИЕ, -я, *ср.* **1.** По старым народным представлениям: то, что внушено злой силой с целью соблазнить, увлечь чем-н., запутать. *Дьявольское, сатанинское н.* **2.** Непонятное явление, необъяснимый случай. *Что за н.!* (выражение крайнего удивления; разг.).

НАВА́КСИТЬ *см.* ваксить.

НАВАЛИ́ТЬ, -алю́, -а́лишь; -а́ленный; *сов.* **1.** *кого-чего и что на кого-что.* Наложить поверх, сверху. *Н. один тюк на другой.* **2.** *перен., что на кого (что).* Поручить кому-н. что-н. обременительное, многое (разг.). *Н. кучу поручений на кого-н.* **3.** *кого-чего и что.* Положить в беспорядке, в большом количестве. *Н. дрова или дров. Навалило снегу* (безл.; выпало много снегу; разг.). **4.** (1 и 2 л. ед. не употр.), *перен., кого-чего.* Собраться, сойтись в большом количестве (разг.). *Народу навалило* (безл.). *Навалила толпа.* ‖ *несов.* **нава́ливать**, -аю, -аешь. ‖ *сущ.* **нава́л**, -а, *м.* (к 1 и 3 знач.; спец.) *и* **нава́лка**, -и, *ж.* (к 1 и 3 знач.; спец.). *Навалка угля.* ‖ *прил.* **нава́лочный**, -ая, -ое (к 1 и 3 знач.; спец.) *и* **нава́льный**, -ая, -ое (к 1 и 3 знач.; спец.). *Навалочный пункт. Навалочная машина. Навалочное судно.*

НАВАЛИ́ТЬСЯ, -алю́сь, -а́лишься; *сов.* **1.** *на кого-что.* С силой налечь, придавить всей тяжестью. *Н. грудью.* **2.** *перен., на кого-что.* Внезапно напасть, обрушиться (прост.). *Н. на противника.* **3.** (1 и 2 л. не употр.). Упасть, нападать в большом количестве. *В канаву навалилось много земли.* **4.** То же, что наброситься (во 2 знач.) (прост.). *Н. на еду. Н. на работу.* **5.** (1 и 2 л. не употр.), *перен.* О чём-н. тяжёлом: появиться с силой. *Тоска навалилась на сердце. Навалились непрошенные воспоминания.* ‖ *несов.* **нава́ливаться**, -аюсь, -аешься.

НАВА́ЛОМ, *нареч.* **1.** Наваливая, грузя без упаковки, без тары. *Грузить уголь н.* **2.** Беспорядочно, большой грудой. *Накидать что-н. н.* **3.** *перен., в знач. сказ.* Много, в избытке (прост.). *Этого добра у нас н. Фруктов там н.*

НАВАЛООТБО́ЙЩИК, -а, *м.* Горнорабочий, занятый отбойкой угля и наваливанием его на конвейер в забое.

НАВАЛЯ́ТЬ, -я́ю, -я́ешь; -а́лянный; *сов.* **1.** *см.* валять. **2.** *что и чего.* Наготовить валянием. *Н. валенок, войлоку, кошм.* ‖ *несов.* **нава́ливать**, -аю, -аешь.

НАВАЛЯ́ТЬСЯ, -я́юсь, -я́ешься; *сов.* (разг.). Вдоволь поваляться. *Н. на сене.*

НАВА́Р, -а (-у), *м.* **1.** Жидкость, насыщенная варящимся в ней продуктом. *Куриный, грибной, рыбный н.* **2.** Жир, образующийся в жидком кушанье при варке. *Щи с наваром.* **3.** *перен.* Прибыль, нажива, барыш (прост.). *В расчёте на солидный н.*

НАВА́РИСТЫЙ, -ая, -ое; -ист. С наваром (в 1 и 2 знач.), с хорошим наваром. *Н. суп.* ‖ *сущ.* **нава́ристость**, -и, *ж.*

НАВАРИ́ТЬ, -арю́, -а́ришь; -а́ренный; *сов.* **1.** *что и чего.* Сварить в каком-н. количестве. *Н. варенья.* **2.** *чего.* Изготовить плавлением в каком-н. количестве. *Н. стали.* **3.** *что.* Обрабатывая металлическое изделие, приварить к нему металл. ‖ *несов.* **нава́ривать**, -аю, -аешь. ‖ *сущ.* **нава́рка**, -и, *ж.* (к 3 знач.) *и* **нава́ривание**, -я, *ср.* (к 3 знач.). ‖ *прил.* **наварно́й**, -а́я, -о́е (к 3 знач.; спец.).

НАВА́РНЫЙ, -ая, -ое; -рен, -рна (разг.). То же, что наваристый.

НАВЕ́ДАТЬСЯ, -аюсь, -аешься; *сов.* (разг.). Зайти, прийти с целью осведомиться о чём-н., а также вообще ненадолго навестить. *Н. к другу. Наведайтесь через недельку.* ‖ *несов.* **наве́дываться**, -аюсь, -аешься.

НАВЕЗТИ́, -зу́, -зёшь; -вёз, -везла́; -вёзший; -зённый (-ён, -ена́); *сов.* **1.** *кого-что.* Везя, натолкнуть на кого-что-н. *Н. на столб.* **2.** *кого-чего и что.* Привезти в каком-н. количестве. *Н. товаров.* ‖ *несов.* **навози́ть**, -ожу́, -о́зишь.

НАВЕ́К и **НАВЕ́КИ**, *нареч.* (высок.). То же, что навсегда. *Прощай н. Навеки вместе.*

НАВЕРБОВА́ТЬ, -бу́ю, -бу́ешь; -о́ванный; *сов., кого (что).* Вербуя, набрать какое-н. количество кого-н. *Н. сезонников.*

НАВЕ́РНО и **НАВЕ́РНОЕ**. **1.** *нареч.* Несомненно, верно, точно. *Я это знаю н.* **2.** *вводн. сл.* По всей вероятности. *Он, н., приедет.*

НАВЕРНУ́ТЬ, -ну́, -нёшь; -вёрнутый; *сов., что.* **1.** *см.* наворачивать. **2.** То же, что навинтить. *Н. гайку.* **3.** Намотать вокруг чего-н. *Н. канат на вал. Н. портянки.* ‖ *несов.* **навёртывать**, -аю, -аешь.

НАВЕРНУ́ТЬСЯ, -ну́сь, -нёшься; *сов.* **1.** (1 и 2 л. не употр.). О том, что накручивается, навинчивается: укрепиться. **2.** То же, что подвернуться (во 2 знач.) (прост.). *Навернулось выгодное дельце.* **3.** (1 и 2 л. не употр.). О слезах: выступить, появиться.

НАВЕРНЯКА́ (разг.). **1.** *нареч.* Несомненно, обязательно. *Приду н.* **2.** *нареч.* С верным расчётом, безошибочно. *Действовать н.* **3.** *вводн. сл.* Конечно, несомненно, разумеется. *Он, н., опять опоздает.*

НАВЕРСТА́ТЬ, -а́ю, -а́ешь; -вёрстанный; *сов., что.* Восполнить упущенное. *Н. потерянное время.* ‖ *несов.* **навёрстывать**, -аю, -аешь.

НАВЕРТЕ́ТЬ, -ерчу́, -е́ртишь; -е́рченный; *сов.* **1.** *что.* Вертя, намотать. **2.** *что* и *чего.* Вертя, наготовить. *Н. отверстий.* ‖ *несов.* **навёртывать**, -аю, -аешь (к 1 знач.) *и* **наве́рчивать**, -аю, -аешь (ко 2 знач.). ‖ *сущ.* **навёртка**, -и, *ж.* (к 1 знач.). ‖ *прил.* **навёрточный**, -ая, -ое (к 1 знач.; спец.).

НАВЕ́РХ, *нареч.* **1.** На верхнюю часть чего-н. (на верхнюю полку, на верхний этаж, в гору, на поверхность чего-н.). *Положить чемодан н. Подняться н. Жир всплыл н.* **2.** Вверх, ввысь. *Посмотреть н.*

НАВЕРХУ́. **1.** *нареч.* В верхней части, вверху, на высоте. *Сидеть н.* **2.** *нареч., перен.* В руководящих кругах, у начальства (разг.). *Н. решили. Н. знают, что делают.* **3.** *чего, предлог с род. п.* В верхней части чего-н. *Флаг н. дома. Гнездо н. ели.*

НАВЕ́РШИЕ, -я и **НАВЕ́РШЬЕ**, -я, *ср.* (спец. и обл.). Верхушка какого-н. сооружения, устройства. *Н. терема, купола. Н. посоха. Н. стога.*

НАВЕ́С, -а, *м.* **1.** *см.* навесить. **2.** Крыша или завеса для защиты от солнца или непогоды. *Н. над крыльцом. Полотняный н.* **3.** Выступающая, нависающая часть чего-н. *Н. скалы.* ‖ *прил.* **наве́сный**, -ая, -ое.

НАВЕСЕЛЕ́, *нареч.* (разг.). В состоянии лёгкого опьянения. *Пришёл домой н.*

НАВЕ́СИТЬ, -е́шу, -е́сишь; -е́шенный; *сов.* **1.** *что.* Повесить, надеть на что-н. (на петли, крюки, на гвоздь). *Н. дверь. Н. замо́к на ворота.* **2.** *что* и *чего.* То же, что навешать (в 1 знач.) (разг.). *Н. картин.* **3.** *что.* В спорте: направить (мяч, шайбу) крутым ударом в сторону ворот, корзины. *Н. мяч на ворота.* ‖ *несов.* **наве́шивать**, -аю, -аешь. ‖ *сущ.* **наве́ска**, -и, *ж.* (к 1 знач.; спец.) *и* **наве́с**, -а, *м.* (к 3 знач.; спец.). ‖ *прил.* **навесно́й**, -а́я, -о́е (к 1 знач.). *Навесная дверь. Навесная сеялка.*

НАВЕСНО́Й, -а́я, -о́е и **НАВЕ́СНЫЙ**, -ая, -ое. **1.** *см.* навесить, навес. **2.** Летящий, направленный по крутой траектории. *Н. снаряд. Н. огонь. Н. удар. Навесная стрельба.*

НАВЕСТИ́, -еду́, -едёшь; -ёл, -ела́; -е́дший; -едённый (-ён, -ена́); -едя́; *сов.* **1.** *кого (что).* Ведя, направить к кому-чему-н., привести куда-н. *Н. отряд на деревню. Н. на след.* **2.** *что.* Нацелить, направить на кого-что-н., в кого-что-н. *Н. орудие. Н. свет фонаря на незнакомца.* **3.** *что.* В сочетании с нек-рыми существительными употр. в знач. придать какой-н. вид (окраской, лакировкой). *Н. лоск, глянец. Н. красоту* (разг.). **4.** *что.* В сочетании с нек-рыми существительными употр. в знач. устроить, сделать (то, что указывается существительным). *Н. мост* (построить мост для переправы). *Н. переправу* (устроить переправу). *Н. страх на кого-н.* (устрашить). *Н. тоску на кого-н. Н. порядок. Н. критику на кого-н.* (раскритиковать кого-н.). **5.** *кого (что).* Привести в каком-н. количестве (разг.). *Н. гостей в дом.* **6.** *кого (что).* Указать место для совершения кражи, быть наводчиком (в 3 знач.) (прост.). *Н. вора.* ✦ **Навести на мысль** *кого (что)* — заставить подумать о чём-н., задуматься над чем-н. **Навести на подозрение** *кого (что)* — вызвать подозрение. **Навести справку** (офиц.) — дать запрос, потребовать сведения о ком-чём-н. **Навести справки** — разузнать, разведать. ‖ *несов.* **наводи́ть**, -ожу́, -о́дишь. ‖ *сущ.* **наведе́ние**, -я, *ср.* (ко 2, 3 и 4 знач.) *и* **наво́дка**, -и, *ж.* (ко 2 и 6 знач.). *Наведение лоска. Наведение мостов* (также перен.: установление связей, контактов; книжн.). ‖ *прил.* **наводно́й**, -а́я, -о́е (к 4 знач. в нек-рых сочетаниях). *Н. мост. Наводная переправа.*

НАВЕСТИ́ТЬ, -ещу́, -ести́шь; -ещённый (-ён, -ена́); *сов., кого-что.* Посетить, намереваясь пробыть недолго. *Н. больного. Шёл мимо, решил н. приятеля. Н. друзей. Н. родные места.* ‖ *несов.* **навеща́ть**, -а́ю, -а́ешь.

НАВЕ́Т, -а, *м.* (устар.). Клевета, ложное обвинение. *Вражьи наветы.*

НАВЕ́ТРЕННЫЙ, -ая, -ое. Обращённый в ту сторону, откуда дует ветер. *С наветренной стороны. Н. борт корабля.*

НАВЕ́ЧНО, *нареч.* На вечные времена, навсегда. *Имя героя н. занесено в списки воинской части.*

НАВЕ́ШАТЬ, -аю, -аешь; -анный; *сов., что* и *чего.* **1.** Повесить в каком-н. количестве. *Н. украшений.* **2.** Взвешивая на весах, наготовить. *Н. конфет.* ‖ *несов.* **наве́шивать**, -аю, -аешь.

НАВЕ́ШИВАТЬ *см.* навесить *и* навешать.

НАВЕ́ЯТЬ, -е́ю, -е́ешь; -янный; *сов., что* и *чего.* **1.** Вея (в 1 знач.), принести с собой что-н. *Ветер навеял прохладу. Н. грусть* (перен.). **2.** Вея (в 3 знач.), наготовить. *Н. много зерна.* ‖ *несов.* **навева́ть**, -а́ю, -а́ешь (к 1 знач.) *и* **наве́ивать**, -аю, -аешь (ко 2 знач.).

НА́ВЗНИЧЬ, *нареч.* Опрокинувшись на спину, вверх лицом. *Упасть н.*

НАВЗРЫ́Д, *нареч.*: **плакать навзрыд** — плакать громко, с рыданиями.

НАВИГА́ТОР, -а, *м.* Специалист по навигации. ‖ *прил.* **навига́торский**, -ая, -ое.

НАВИГА́ЦИЯ, -и, *ж.* **1.** Наука о вождении судов и летательных аппаратов. *Школа навигации. Воздушная н. Межпланетная (космическая) н.* **2.** Время, в течение к-рого возможно судоходство, а также само судоходство. *Начало, конец навигации. Н. открыта.* ‖ *прил.* **навигацио́нный**, -ая, -ое. *Навигационные приборы. Н. период. Навигационные сигналы.*

НАВИНТИ́ТЬ, -нчу́, -нти́шь *и* -и́нтишь; -и́нченный; *сов., что.* Винтя, надеть, укрепить. *Н. гайку на болт.* ‖ *несов.* **нави́нчивать**, -аю, -аешь.

НАВИ́СНУТЬ, -ну, -нешь; -и́с, -и́сла; *сов.* **1.** Склониться, опуститься (о чём-н. висящем, выступающем), повиснуть. *Нависшие брови. Скалы нависли над морем. Тучи нависли над лесом* (перен.). *Войска нависли над флангами врага* (перен.: сосредоточились, угрожая). **2.** (1 и 2 л. не употр.), *перен., над кем-чем.* О чём-н. грозящем: появиться, возникнуть или приблизиться вплотную. *Нависла опасность. Нависла угроза наводнения, эпидемии.* ‖ *несов.* **нависа́ть**, -а́ю, -а́ешь.

НАВИ́ТЬ, -вью́, -вьёшь; -и́л, -ила́, -и́ло; -ве́й; -и́тый (-и́т, -ита́ *и* -и́та, -и́то); *сов., что* и *чего.* **1.** Намотать на что-н. *Н. нити на катушку.* **2.** Наготовить (витых изделий). *Н. верёвок.* **3.** Наложить куда-н. вилами. *Н. сено на воз.* ‖ *несов.* **навива́ть**, -а́ю, -а́ешь. ‖ *сущ.* **нави́вка**, -и, *ж.* (к 1 знач.) *и* **наво́й**, -я, *м.* (к 1 знач.; спец.).

НАВЛЕ́ЧЬ, -еку́, -ечёшь, -еку́т; -ёк, -екла́; -ёкший *и* -е́кший; -ечённый (-ён, -ена́); -ёкши; *сов., что на кого-что.* Вызвать что-н. неприятное для кого-чего-н. *Н. на себя подозрение. Н. беду.* ‖ *несов.* **навлека́ть**, -а́ю, -а́ешь.

НАВОДИ́ТЬ *см.* навести.

НАВО́ДКА, -и, *ж.* **1.** *см.* навести. **2.** Придание стволу артиллерийского орудия положения, необходимого для попадания в цель (спец.). *Бить прямой наводкой.*

НАВОДНЕ́НИЕ, -я, *ср.* Затопление суши водой, выступившей из берегов. *Грозит н. Н. вследствие ливней, таяния снегов, льдов.*

НАВОДНИ́ТЬ, -ню́, -ни́шь; -нённый (-ён, -ена́); *сов., что кем-чем.* Наполнить, заполнить слишком большим количеством кого-чего-н. *Рынок наводнён товарами.* ‖ *несов.* **наводня́ть**, -я́ю, -я́ешь.

НАВО́ДЧИК, -а, *м.* **1.** Военнослужащий — специалист, к-рый наводит оружие на цель и производит выстрел. **2.** Специалист, к-рый направляет кого-н. на разыскиваемый объект (спец.). *Наводчики рыболовецких судов.* **3.** Пособник воровской шайки, указывающий место для совершения кражи (разг.). ‖ *ж.* **наво́дчица**, -ы (к 3 знач.).

НАВОЕВА́ТЬСЯ, -вою́юсь, -вою́ешься; *сов.* (разг.). Много, вдоволь повоевать.

НАВО́З, -а (-у), *м.* Помёт[1], а также смесь помёта со стойловой подстилкой, употр. как удобрение. *Конский, коровий, овечий н. Вывезти н. на поле.* ‖ *прил.* **наво́зный**, -ая, -ое.

НАВО́ЗИТЬ, -о́жу, -о́зишь; -о́женный; *несов., что.* То же, что унавоживать. *Н. землю.* ‖ *сов.* **унаво́зить**, -о́жу, -о́зишь; -о́женный.

НАВОЗИ́ТЬ *см.* навезти.

НАВО́Й, -я, *м.* (спец.). **1.** *см.* навить. **2.** Большая катушка для навивки нитей основы (в 4 знач.). ‖ *прил.* **наво́йный**, -ая, -ое.

НАВО́ЛГНУТЬ *см.* волгнуть.

НА́ВОЛОЧКА, -и и (устар.) **НА́ВОЛОКА**, -и, *ж.* Предмет постельного белья, чехол на подушку. *Полотняная, льняная н. Н. на пуговицах.* ‖ *прил.* **на́волочный**, -ая, -ое.

НАВОЛО́ЧЬ, -оку́, -очёшь, -оку́т; -о́к, -окла́; -о́кший; -очённый (-ён, -ена́); -о́кши; *сов., что* и *чего* (прост.) То же, что натащить (во 2 знач.). *Н. для костра веток.* ‖ *несов.* **навола́кивать**, -аю, -аешь.

НАВОНЯ́ТЬ *см.* вонять.

НАВОРА́ЧИВАТЬ, -аю, -аешь; *несов.* **1.** *см.* наворотить. **2.** *что.* Много и с аппетитом есть (прост.). ‖ *сов.* **наверну́ть**, -ну́, -нёшь.

НАВОРОВА́ТЬ, -ру́ю, -ру́ешь; -о́ванный; *сов., что* и *чего* (разг.). Воровством присвоить много чего-н. ‖ *несов.* **наворо́вывать**, -аю, -аешь.

НАВОРОЖИ́ТЬ, -жу́, -жи́шь; -жённый (-ён, -ена́); *сов., что* и *чего* (разг.). Нагадать ворожбой. *Гадалка наворожила счастливую судьбу.* ‖ *несов.* **навора́живать**, -аю, -аешь.

НАВОРОТИ́ТЬ, -очу́, -о́тишь; -о́ченный; *сов., что* и *чего* (разг.). Наложить, навалить в беспорядке. *Н. кучу камней. Н. глупостей* (перен.: наделать глупостей). ‖ *несов.* **навора́чивать**, -аю, -аешь.

НАВОРСОВА́ТЬ *см.* ворсовать.

НАВОРЧА́ТЬ, -чу́, -чи́шь; *сов., на кого (что)* (прост.). Ворча, в неудовольствии пробрать кого-н. *Н. на внука.*

НАВОРЧА́ТЬСЯ, -чу́сь, -чи́шься; *сов.* (разг.). Вдоволь поворчать.

НАВОСТРИ́ТЬ, -рю́, -ри́шь; *сов.*: 1) **навострить уши** (разг.) — с любопытством прислушаться; 2) **навострить лыжи** (разг.) — приготовиться бежать, а также убежать.

НАВОСТРИ́ТЬСЯ, -рю́сь, -ри́шься; *сов., с неопр.* (прост.). То же, что наловчиться.

НАВОЩИ́ТЬ *см.* вощить.

НАВРА́ТЬ *см.* врать.

НАВРЕДИ́ТЬ *см.* вредить.

НАВРЯ́Д, *частица* (устар. и разг.). То же, что вряд. ✦ **Навряд ли** — навряд, вряд ли. *Навряд ли можно верить этому человеку.*

НАВСЕГДА́, *нареч.* На все время, на всю жизнь. *Расстались н. Н. запомнить.*

НАВСТРЕ́ЧУ. 1. *нареч.* В направлении, противоположном кому-чему-н., движущемуся для сближения. *Идти н.* (также перен.: сочувствуя, оказывать содействие кому-чему-н.). 2. *кому-чему, предлог с дат. п.* По направлению к кому-чему-н. *Ехать н. друг другу. Выйти н. гостям.* ✦ **Навстречу к** *кому-чему, предлог с дат. п.* — то же, что навстречу (во 2 знач.). *Выйти навстречу к посетителю.*

НАВЫ́ВОРОТ, *нареч.* 1. То же, что наизнанку (разг.). *Овчинный тулуп н.* 2. *перен.* То же, что наоборот (в 1 и 2 знач.) (прост. неодобр.). *Все получилось н.*

НА́ВЫК, -а, *м.* Умение, выработанное упражнениями, привычкой. *Приобрести н. к чему-н. Н. в работе.*

НАВЫ́КАТ и **НАВЫ́КАТЕ:** глаза навыкат или глаза навыкате — о выпуклых глазах.

НАВЫ́КНУТЬ, -ну, -нешь; -ы́к, -ы́кла; *сов., к чему* и *с неопр.* (прост.). Приобрести навык в чём-н. ‖ *несов.* **навыка́ть,** -а́ю, -а́ешь.

НАВЫ́ЛЕТ, *нареч.* О чём-н. летящем: то же, что насквозь (в 1 знач.). *Стрела прошла н. Ранен пулей н.*

НАВЫ́НОС, *нареч.* (разг.). О продаже напитков: без питья на месте продажи, не распивочно.

НАВЫ́ПУСК, *нареч.* О ношении брюк поверх голенищ, а также рубахи, кофты, не заправленной в брюки, юбку. *Ходить в брюках н. Русская рубаха н.*

НАВЫ́РЕЗ, *нареч.* Вырезая кусок на пробу. *Арбузы продаются н.*

НАВЫ́ТЯЖКУ, *нареч.* О позе: стоя прямо и вытянув руки по швам.

НАВЬЮ́ЧИВАТЬ, -аю, -аешь; *несов., кого-что.* То же, что вьючить. *Н. мула.*

НАВЬЮ́ЧИТЬ *см.* вьючить.

НАВЬЮ́ЧИТЬСЯ, -чусь, -чишься; *сов.* (разг.). Нагрузить на себя что-н. *Н. узлами, чемоданами.* ‖ *несов.* **навью́чиваться,** -аюсь, -аешься.

НАВЯЗА́ТЬ[1], -яжу́, -я́жешь; -я́занный; *сов.* 1. *что.* То же, что привязать (в 1 знач.). *Н. леску на удочку.* 2. *что* и *чего.* Наготовить вязанием. *Н. варежек.* 3. *перен., кого-что кому.* Принудить, заставить принять, купить что-н. *Н. ненужную вещь. Н. свою мысль.* ‖ *несов.* **навя́зывать,** -аю, -аешь. ‖ *сущ.* **навя́зка,** -и, *ж.* (к 1 знач.).

НАВЯЗА́ТЬ[2] *см.* навязнуть.

НАВЯЗА́ТЬСЯ, -яжу́сь, -я́жешься; *сов., кому* (разг.). Неотвязно пристать с чем-н., напроситься (в 1 знач.). *Н. помогать. Н. со своими советами. Н. в знакомые. Н. на чью-н. голову, шею* (пристать или напроситься; неодобр.). ‖ *несов.* **навя́зываться,** -аюсь, -аешься.

НАВЯ́ЗНУТЬ (-ну, -нешь, 1 и 2 л. не употр.), -нет; -я́з, -я́зла; *сов.* Застряв, накопиться. *Водоросли навязли на весле.* ✦ **В зубах навязло** (разг.) — очень надоело. ‖ *несов.* навяза́ть (-а́ю, -а́ешь, 1 и 2 л. не употр.), -а́ет.

НАВЯ́ЗЧИВЫЙ, -ая, -ое; -ив. 1. Назойливый, надоедливо пристающий с чем-н. *Н. посетитель. Навязчиво* (нареч.) *предлагать что-н.* 2. Против воли внедрившийся в сознание, неотступный. *Навязчивая мысль. Навязчивая идея. Н. мотив.* ‖ *сущ.* **навя́зчивость,** -и, *ж.*

НАГАДА́ТЬ, -а́ю, -а́ешь; -а́данный; *сов., кого-что* и *чего* (разг.). Гадая, предсказать, напророчить. *Гадалка нагадала жениха. Н. на картах дальнюю дорогу.* ‖ *несов.* **нага́дывать,** -аю, -аешь.

НАГА́ДИТЬ *см.* гадить.

НАГА́ЙКА, -и, *ж.* Короткая ременная плеть. *Казачья н.* ‖ *прил.* **нага́ечный,** -ая, -ое.

НАГА́Н, -а, *м.* Револьвер особой системы [по имени бельгийского оружейного промышленника и конструктора Л. Нагана]. ‖ *прил.* **нага́нный,** -ая, -ое.

НАГА́Р, -а (-у), *м.* 1. Обуглившийся при горении кончик фитиля. *Н. на свечке.* 2. То же, что окалина (спец.). ‖ *прил.* **нага́рный,** -ая, -ое.

НАГИБА́ТЬ, -СЯ *см.* нагнуть, -ся.

НАГИШО́М, *нареч.* (разг.). В голом виде, совсем без одежды.

НАГЛА́ДИТЬ, -а́жу, -а́дишь; -а́женный; *сов.* 1. *что* и *чего.* Выгладить в каком-н. количестве. *Н. много белья.* 2. *что.* Сделать гладким, хорошо отгладить. *Н. платье.* ‖ *несов.* **нагла́живать,** -аю, -аешь.

НАГЛА́ДИТЬСЯ, -а́жусь, -а́дишься; *сов.* (разг.). Старательно выгладить себе одежду. ‖ *несов.* **нагла́живаться,** -аюсь, -аешься.

НАГЛА́ЗНИК, -а, *м.* Щиток или повязка, предохраняющие глаз.

НАГЛА́ЗНЫЙ, -ая, -ое. Помещаемый, надеваемый на глаза. *Н. щиток.*

НАГЛЕ́ТЬ, -е́ю, -е́ешь; *несов.* (разг.). Становиться наглым, наглее. ‖ *сов.* **обнагле́ть,** -е́ю, -е́ешь.

НАГЛЕ́Ц, -а́, *м.* Наглый человек, нахал. ‖ *прил.* **нагле́цкий,** -ая, -ое (устар.).

НАГЛЕЦА́, -ы́, *ж.* (разг.). Некоторая степень наглости. *Посмотреть с наглецой.*

НА́ГЛИЧАТЬ, -аю, -аешь; *несов.* (прост.). Вести себя нагло, бесстыдно. *Девица начала н.* ‖ *сущ.* **на́гличанье,** -я, *ср.*

НА́ГЛОСТЬ, -и, *ж.* 1. *см.* наглый. 2. Наглый поступок, выражение. *Говорить наглости.*

НАГЛОТА́ТЬСЯ, -а́юсь, -а́ешься; *сов., чего.* Проглотить что-н. в большом количестве. *Н. воды. Н. пыли* (надышаться пылью). *Н. лекарств.* ‖ *несов.* **нагла́тываться,** -аюсь, -аешься.

НА́ГЛУХО, *нареч.* 1. Плотно, не оставив отверстий. *Н. закрыть.* 2. О застёгнутом: на все застёжки, пуговицы. *Н. застёгнутое пальто.*

НАГЛУШИ́ТЬ, -шу́, -ши́шь; -шённый (-ён, -ена́); *сов., кого (чего).* Глуша (рыбу), наловить, а также вообще убить, уничтожить. *Н. рыбы острогой.*

НА́ГЛЫЙ, -ая, -ое; нагл, нагла́, на́гло. Дерзко беззастенчивый, бесстыдный. *Наглое поведение. Н. взгляд. Наглая ложь. Н. враг.* ‖ *сущ.* **на́глость,** -и, *ж.*

НАГЛЯДЕ́ТЬСЯ, -яжу́сь, -яди́шься; *сов., на кого-что.* То же, что насмотреться. *Не наглядится на внука* (смотрит, любуясь).

НАГЛЯ́ДНЫЙ, -ая, -ое; -ден, -дна. 1. Совершенно очевидный из непосредственного наблюдения. *Н. пример.* 2. *полн. ф.* Основанный на показе, служащий для показа. *Наглядная информация. Наглядные пособия.* ‖ *сущ.* **нагля́дность,** -и, *ж.*

НАГЛЯНЦЕВА́ТЬ *см.* глянцевать.

НАГНА́ТЬ[1], -гоню́, -го́нишь; -а́л, -ала́, -а́ло; на́гнанный; *сов.* 1. *кого-что.* Догнать, настигнуть. *Н. беглеца.* 2. *что.* Наверстать, выполнить то, что не выполнено. *Н. упущенное.* 3. *что* и *кого-чего.* Сгоняя, гоня, сосредоточить в одном месте. *Н. овец за ограду. Ветер нагнал волну.* 4. *перен., что* или *чего на кого (что).* Внушить кому-н. какое-н. чувство (унылое, тяжёлое) (разг.). *Н. тоску. Н. страху.* ‖ *несов.* **нагоня́ть,** -я́ю, -я́ешь. ‖ *прил.* **наго́нный,** -ая, -ое (к 3 знач.; спец.). *Нагонная волна* (пригнанная ветром).

НАГНА́ТЬ[2], -гоню́, -го́нишь; -а́л, -ала́, -а́ло; на́гнанный; *сов., что* и *чего.* Наготовить перегонкой. *Н. дёгтю. Н. спирта.* ‖ *несов.* **нагоня́ть,** -я́ю, -я́ешь.

НАГНЕСТИ́, -нету́, -нетёшь; -нётший; -нетённый (-ён, -ена́); -нетя́; *сов., что.* Давлением сосредоточить в каком-н. замкнутом пространстве. *Н. воздух.* ‖ *несов.* **нагнета́ть,** -а́ю, -а́ешь. *Н. мрак* (перен.: представлять что-н. в мрачном свете). ‖ *сущ.* **нагнета́ние,** -я, *ср.* ‖ *прил.* **нагнета́тельный,** -ая, -ое (спец.). *Н. насос.*

НАГНОЕ́НИЕ, -я, *ср.* 1. *см.* нагноиться. 2. Нарыв, гнойник. *Местное н.*

НАГНОИ́ТЬСЯ (-ою́сь, -ои́шься, 1 и 2 л. не употр.), -ои́тся; *сов.* Стать воспалённым и гнойным. *Рана нагноилась.* ‖ *несов.* **нагнаи́ваться** (-аюсь, -аешься, 1 и 2 л. не употр.), -ается. ‖ *сущ.* **нагное́ние,** -я, *ср.*

НАГНУ́ТЬ, -ну́, -нёшь; на́гнутый; *сов., кого-что.* Наклонить, опустить. *Н. голову. Н. ветку книзу.* ‖ *несов.* **нагиба́ть,** -а́ю, -а́ешь.

НАГНУ́ТЬСЯ, -ну́сь, -нёшься; *сов.* То же, что наклониться. *Н. к воде. Ветки нагнулись.* ‖ *несов.* **нагиба́ться,** -а́юсь, -а́ешься.

НАГОВО́Р, -а, *м.* 1. Клевета, напраслина (разг.). *Жертва наговора.* 2. Заклинание, имеющее магическую силу. *Н. от болезни.* ‖ *прил.* **наговóрный,** -ая, -ое (ко 2 знач.). *Наговорное зелье* (у колдунов: над к-рым произнесены заклинания). *Наговорная вода.*

НАГОВОРИ́ТЬ, -рю́, -ри́шь; -рённый (-ён, -ена́); *сов.* 1. *что* и *чего.* Говоря, произнести, сообщить много чего-н. *Н. много лишнего.* 2. *на кого (что).* Ложно обвинить кого-н., оклеветать (разг.). *Н. на соседа.* 3. *что.* Произвести звуковую запись своего голоса. *Н. пластинку.* ‖ *несов.* **нагова́ривать,** -аю, -аешь.

НАГОВОРИ́ТЬСЯ, -рю́сь, -ри́шься; *сов.* Поговорить вдоволь. *Н. с другом. Не наговорятся* (не могут кончить интересный, приятный разговор).

НАГО́Й, -а́я, -о́е; наг, нага́, на́го (книжн.). Не имеющий на себе одежды, покровов, голый. *Нагое тело. Нагие ветви* (без листвы). *Нагая истина* (перен.: без прикрас). ‖ *сущ.* **нагота́,** -ы́, *ж. Прикрыть наготу. Во всей наготе* (перен.: так, как есть, без прикрас).

НА́ГОЛО и **НАГОЛО́,** *нареч.* 1. (наголо́). Вынув из ножен (шашку, саблю). *Стоять с шашками н.* 2. О стрижке: до корней волос. *Остричь н.*

НА́ГОЛОВУ, *нареч.:* **разбить наголову** — разбить (в 5 знач.) окончательно, полностью. *Противник разбит наголову.*

НАГОЛОДА́ТЬСЯ, -а́юсь, -а́ешься; *сов.* (разг.). Натерпеться голода.

НАГО́ЛЬНЫЙ, -ая, -ое. О меховой шубе, тулупе: кожей наружу, без матерчатого верха, не крытый (во 2 знач.). *Н. полушубок.*

НАГОНЯ́Й, -я, *м.* (разг.). Строгое внушение, наказание. *Получить, дать н. Н. от отца.*

НАГОНЯ́ТЬ *см.* нагнать.

НА-ГОРА́, *нареч.* (спец.). Из шахты на поверхность земли. *Выдать уголь на-гора. Руда идёт на-гора. Подняться на-гора.*

НАГОРЕ́ТЬ[1] (-рю́, -ри́шь, 1 и 2 л. не употр.), -ри́т; *сов.* 1. Дать нагар (в 1 знач.). *Свеча нагорела.* 2. О горючем, об электрической энергии: израсходоваться в каком-н. количестве. *Электричества нагорело на пять* рублей. || несов. нагора́ть (-а́ю, -а́ешь, 1 и 2 л. не употр.), -а́ет.

НАГОРЕ́ТЬ², -ри́т; безл.; сов.; кому (разг.). Попасть, сильно достаться (в 3 знач.). Ему за это дело нагорит. Нагорит от отца. || несов. нагора́ть, -а́ет.

НАГО́РНЫЙ, -ая, -ое. 1. Находящийся, расположенный на горе, на горах. Нагорные пастбища. 2. Возвышенный (в 1 знач.), гористый. Н. берег. Нагорная сторона.

НАГОРОДИ́ТЬ, -ожу́, -о́дишь и -оди́шь; -о́женный; сов., что и чего (разг.). 1. Сделать, построить, поместить в большом количестве. Н. пристроек. Нагорожено (в знач. сказ.) всяких построек. Н. полную комнату мебели. 2. перен. Наговорить чего-н. нелепого, вздорного. Н. чепухи. || несов. нагора́живать, -аю, -аешь.

НАГО́РЬЕ, -я, род. мн. -рий, ср. Возвышенная местность, сочетающая плоскогорья, горные массивы и долины.

НАГОТО́ВЕ, нареч. В состоянии готовности. Держать оружие н. Быть н. (в знач. сказ.). Всегда н. действовать.

НАГОТО́ВИТЬ, -влю, -вишь; -вленный; сов., что и чего. Приготовить (в 5 знач.), изготовить, заготовить в каком-н. количестве. Н. угощения. Н. деталей. Н. топлива. || несов. нагота́вливать, -аю, -аешь.

НАГОТО́ВИТЬСЯ, -влюсь, -вишься; сов., чего (разг.). То же, что напастись. На ребят не наготовишься еды (нужно много еды). || несов. нагота́вливаться, -аюсь, -аешься.

НАГРА́БИТЬ, -блю, -бишь; -бленный; сов., что и чего. Приобрести грабежом многое. Н. ценностей.

НАГРАВИРОВА́ТЬ см. гравировать.

НАГРА́ДА, -ы, ж. 1. То, что даётся, получается в знак особой благодарности, признательности. Получить что-н. в награду. Достоин награды кто-н. 2. Благодарность, воздаяние за что-н. Н. за заботы. 3. Почётный знак, орден, к-рыми отмечают чьи-н. заслуги. Высокая правительственная н. ◆ В награду за что, в знач. предлога с вин. п. — за что-н., как следствие чего-н. Уважение в награду за труд. В награду за заботу — равнодушие. || прил. наградно́й, -а́я, -о́е (к 1 и 3 знач.).

НАГРАДИ́ТЬ, -ажу́, -ади́шь; -аждённый (-ён, -ена́); сов., кого (что) чем. 1. Дать, сделать что-н. в знак благодарности, признательности, в награду за что-н. Н. улыбкой. Н. любовью за заботы. 2. Дать, присудить награду (в 3 знач.). Н. орденом. 3. перен. Наделить, предоставить что-н. (книжн.). Природа наградила его талантами. || несов. награжда́ть, -а́ю, -а́ешь. || сущ. награжде́ние, -я, ср. (к 1 и 2 знач.). Представить к награждению. || прил. наградно́й, -а́я, -о́е (к 1 и 2 знач.). Наградная грамота. Наградные суммы. Получить наградные (сущ.).

НАГРАФИ́ТЬ, -флю́, -фи́шь; -флённый (-ён, -ена́); сов., что и чего. Графя, налиновать в каком-н. количестве. Н. листы.

НАГРЕБА́ТЬ см. нагрести.

НАГРЕ́В, -а, м. 1. см. нагреть. 2. Степень, а также поверхность нагревания чего-н. (спец.). Площадь нагрева.

НАГРЕВА́ТЕЛЬ, -я, м. Прибор для нагревания чего-н. Электрический н.

НАГРЕМЕ́ТЬ, -млю́, -ми́шь; сов. (разг.). 1. Нашуметь, наделать грохоту, шуму чем-н. 2. (1 и 2 л. не употр.), перен. Сильно нашуметь (во 2 знач.). Фильм нагремел.

НАГРЕСТИ́, -ребу́, -ребёшь; -рёб, -ребла́; -рёбший; -ребённый (-ён, -ена́); -рёбши и -ребя́; сов., что и чего. Сгребая, собрать в каком-н. количестве. Н. стог сена. || несов. нагреба́ть, -а́ю, -а́ешь.

НАГРЕ́ТЬ, -ре́ю, -ре́ешь; -ре́тый; сов. 1. что и с вещественными существительными также чего. Сделать тёплым, горячим. Н. воду (воды). Земля нагрета солнцем. 2. перен., кого (что). Обманом ввести в убыток, в расход, нажечь (в 3 знач.) (прост.). Н. простака на порядочную сумму. || несов. нагрева́ть, -а́ю, -а́ешь. || сущ. нагрева́ние, -я, ср. (к 1 знач.) и нагре́в, -а, м. (к 1 знач.; спец.). || прил. нагрева́тельный, -ая, -ое (к 1 знач.). Н. прибор.

НАГРЕ́ТЬСЯ (-е́юсь, -е́ешься, 1 и 2 л. не употр.), -е́ется; сов. Стать тёплым, горячим. Печка нагрелась. Камень нагрелся на солнце. || несов. нагрева́ться (-а́юсь, -а́ешься, 1 и 2 л. не употр.), -а́ется.

НАГРЕШИ́ТЬ, -шу́, -ши́шь; сов. (разг.). Совершить много грехов, проступков.

НАГРИМИРОВА́ТЬ см. гримировать.

НАГРОМОЖДА́ТЬ, -а́ю, -а́ешь; несов., что. То же, что громоздить. Н. вещи друг на друга. Н. цитаты (перен.).

НАГРОМОЖДЕ́НИЕ, -я, ср. 1. см. громоздить. 2. Беспорядочная груда, скопление чего-н. (книжн.). Н. камней.

НАГРОМОЗДИ́ТЬ, -СЯ см. громоздить, -ся.

НАГРУБИ́ТЬ см. грубить.

НАГРУБИЯ́НИТЬ см. грубиянить.

НАГРУ́ДНИК, -а, м. 1. Небольшой передник или часть передника, закрывающая грудь. Детский н. Фартук с нагрудником. 2. Предмет, надеваемый на грудь (для защиты, каких-н. специальных целей, украшения). Рыцарский н. Спасательный н. Вышитый н.

НАГРУ́ДНЫЙ, -ая, -ое. Находящийся, носимый на груди. Н. знак.

НАГРУЗИ́ТЬ, -ужу́, -у́зишь и -узи́шь; -у́женный и -ужённый (-ён, -ена́); сов. 1. см. грузить. 2. перен., кого (что) чем. Возложить на кого-н. какую-н. (обычно дополнительную) работу, обязанность. Н. поручениями. || несов. нагружа́ть, -а́ю, -а́ешь. || сущ. нагру́зка, -и, ж. || прил. нагру́зочный, -ая, -ое.

НАГРУ́ЗКА, -и, ж. 1. см. грузить и нагрузить. 2. То, что нагружено, погружено куда-н. Большая н. вагона. 3. То, что приходится на что-н., падает (в 8 знач.) на что-н. в процессе каких-н. действий, работы. Н. транспортной развязки. Н. электростанции. 4. Возлагаемая на кого-н. основная или дополнительная работа. Часовая н. преподавателя (объём его работы, исчисляемый в академических часах). Общественная н. (безвозмездная работа). 5. Вещь, товар, обязательно продаваемый вместе с другим (обычно ходовым, нужным разг.). Продать, купить с нагрузкой. ◆ В нагрузку к чему, в знач. предлога с дат. п. — в качестве обязательного дополнения к чему-н. || прил. нагру́зочный, -ая, -ое.

НАГРУ́ЗОЧНЫЙ см. грузить, нагрузить и нагрузка.

НАГРЫ́ЗТЬ, -зу́, -зёшь; -ы́з, -ы́зла; -ы́зший; -ы́зенный; -ы́зши; сов., что и чего. Разгрызть в каком-н. количестве. Н. орехов, семечек. || несов. нагрыза́ть, -а́ю, -а́ешь.

НАГРЯЗНИ́ТЬ см. грязнить.

НАГРЯ́НУТЬ, -ну, -нешь; сов. Неожиданно появиться. Нагрянули гости. Нагрянула беда.

НАГУ́Л, -а, м. 1. см нагулять. 2. Степень откормленности животных (спец.).

НАГУЛЯ́ТЬ, -я́ю, -я́ешь; -у́лянный; сов., что и чего. 1. Приобрести что-н., гуляя, хорошо питаясь (разг.). Н. румянец. Н. брюшко (пополнеть; шутл.). 2. О животных: кормясь, увеличить вес. Овцы нагуляли жиру. || несов. нагу́ливать, -аю, -аешь. || сущ. нагу́л, -а, м. (ко 2 знач.; спец.). || прил. нагу́льный, -ая, -ое (ко 2 знач.; спец.).

НАГУЛЯ́ТЬСЯ, -я́юсь, -я́ешься; сов. Вдоволь погулять.

НАД кем-чем, предлог с тв. п. 1. Указывает на пребывание, нахождение кого-чего-н. поверх, выше кого-чего-н. в каком-н. отношении. Лампа над столом. Пуля пролетела над головой. Власть над людьми. 2. Указывает направленность действия на что-н. Сидеть над книгой. Смеяться над чудаком.

НАД..., приставка. I. Образует глаголы со знач.: 1) увеличения чего-н. чем-н., напр. надстроить, надклеить, надшить; 2) неполного действия, распространяющегося на часть чего-н., напр. надсечь, надломить, надкусить; 3) распространения действия на предмет, напр. надругаться, надсматривать. II. Образует существительные и прилагательные со знач. поверх, сверх чего-н., напр. надбровье, надсистема, надсемейство, надгробие, надводный, надкостный, надклассовый.

НАДАВА́ТЬ, -даю́, -даёшь; -дава́й; сов. 1. что и чего кому. Дать (в 1, 2, 6 и 7 знач.) много или в несколько приёмов. Н. подарков. Н. обещаний. Н. пощёчин. 2. Побить, отшлёпать (прост.). Мать тебе надаёт.

НАДАВИ́ТЬ, -авлю́, -а́вишь; -а́вленный; сов. 1. что или на что. То же, что нажать¹ (в 1 знач.). Н. кнопку (на кнопку). Н. на рычаг. 2. что и чего. Выжать в каком-н. количестве чего-н. Н. соку. 3. кого (чего). Давя, уничтожить, умертвить в каком-н. количестве (разг.). Н. мух. || несов. нада́вливать, -аю, -аешь (к 1 и 2 знач.).

НАДА́ИВАТЬ см. надоить.

НАДАРИ́ТЬ, -арю́, -а́ришь; -а́ренный; сов., что и чего кому (разг.). Подарить много или в несколько приёмов. Н. игрушек. || несов. нада́ривать, -аю, -аешь.

НАДБА́ВИТЬ, -влю, -вишь; -вленный; сов., что и чего (разг.). То же, что набавить. || несов. надбавля́ть, -я́ю, -я́ешь. || сущ. надба́вка, -и, ж.

НАДБА́ВКА -и, ж. 1. см. надбавить. 2. Надбавленная часть, сумма. Н. к зарплате. Перепродать с надбавкой (дороже, чем куплено). || прил. надба́вочный, -ая, -ое.

НАДБИ́ТЬ, -добью́, -добьёшь; -бе́й; -и́тый; сов., что. Немного нарушить или повредить ударом сверху, с краю (бьющееся). Н. яйцо. Тарелка надбита. || несов. надбива́ть, -а́ю, -а́ешь.

НАДБРО́ВНЫЙ, -ая, -ое. Расположенный над бровями. Надбровные дуги (возвышения костей лба над глазницами).

НАДБРО́ВЬЕ, -я, род. мн. -вий, ср. Часть лба над бровями.

НАДВИ́НУТЬ, -ну, -нешь; -утый; сов., что на кого-что. Подвинуть, закрывая, заслоняя что-н. Н. шапку на́ уши. || несов. надвига́ть, -а́ю, -а́ешь.

НАДВИ́НУТЬСЯ, -нусь, -нешься; сов. 1. Сдвинувшись, закрыть, заслонить собой что-н. Шапка надвинулась на лоб. 2. Медленно двигаясь, приблизиться. Туча надвинулась. Старость надвинулась (перен.). || несов. надвига́ться, -а́юсь, -а́ешься.

НАДВО́ДНЫЙ, -ая, -ое. 1. Находящийся над поверхностью воды. Надводная часть корабля. 2. О судах, флоте: плавающий по воде, по поверхности воды. Н. корабль.

НА́ДВОЕ, нареч. На две части. Разрезать н. ◆ Бабушка надвое сказала (погов.) — ещё неизвестно, что будет, может быть и так и иначе.

НАДВО́РНЫЙ, -ая, -ое. Расположенный в пределах усадьбы, двора[1] (во 2 знач.). *Надворные постройки.* ✦ **Надворный советник** — в царской России: гражданский чин 7-го класса.

НАДВЯЗА́ТЬ, -яжу́, -я́жешь; -я́занный; *сов., что.* Увеличить, удлинить, довязывая или привязывая. *Н. носки. Н. верёвку.* ‖ *несов.* **надвя́зывать**, -аю, -аешь. ‖ *сущ.* **надвя́зывание**, -я, *ср.* и **надвя́зка**, -и, *ж.* ‖ *прил.* **надвя́зочный**, -ая, -ое. *Н. материал. Надвязочная кайма.*

НАДГРО́БИЕ, -я, *род. мн.* -бий, *ср.* **1.** Надгробный камень, памятник или другое памятное сооружение на могиле. **2.** Надпись на могильном памятнике (устар.).

НАДГРО́БНЫЙ, -ая, -ое. **1.** Находящийся над могилой, на могиле. *Н. камень. Надгробная надпись.* **2. надгробное слово (надгробная речь)** — речь об умершем, произносимая при погребении.

НАДДА́ТЬ, -а́м, -а́шь, -а́ст, -ади́м, -ади́те, -аду́т; -а́л, -ала́, -а́ло; -а́й; на́дданный (-ан, -ана́ и -ана, -ано); *сов., что и чего* (разг.). Прибавить к данному, имеющемуся. *Н. жару, пару* (в бане, в парилке). *Ударил и ещё наддал.* ‖ *несов.* **наддава́ть**, -даю́, -даёшь. ‖ *сущ.* **надда́ча**, -и, *ж.* (спец.).

НАДЕБОШИ́РИТЬ *см.* дебоширить.

НАДЕВА́ТЬ *см.* надеть.

НАДЕ́ЖДА, -ы, *ж.* **1.** Вера в возможность осуществления чего-н. радостного, благоприятного. *Есть н. на выздоровление. В надежде на благоприятный исход* (испытывая надежду на что-н.). *Питать надежду* (надеяться на что-н.). *Подаёт надежды кто-н.* (можно рассчитывать, что вырастет, приобретёт необходимые или ценные качества). *Надежда умирает последней* (афоризм). **2.** Тот (или то), на кого (что) надеются, кто должен (что должно) принести успех, радость, благополучие. *Сын — н. семьи.* ✦ **Вся надежда** *на кого-что* (разг.) — помочь, выручить может только кто-что-н. *Опаздываю, вся надежда на такси.*

НАДЕ́Л, -а, *м.* Участок земли, выделяемый в пользование крестьянской семье, тому, кто её обрабатывает. *Земельный н.* ‖ *прил.* **наде́льный**, -ая, -ое. *Надельное землевладение.*

НАДЕ́ЛАТЬ, -аю, -аешь; -анный; *сов., что и чего* (разг.). **1.** Сделать, произвести что-н. в каком-н. количестве. *Н. ёлочных украшений.* **2.** Сделать, совершить то, что названо существительным (о многом) (неодобр.). *Н. глупостей. Н. ошибок. Н. дел* (о многих оплошностях). **3.** Доставить, причинить кому-н. то, что названо существительным (о чём-н. неприятном) (неодобр.). *Н. хлопот, вреда, неприятностей кому-н. Что вы наделали!* (выражение возмущения и упрёка). ‖ *несов.* **наде́лывать**, -аю, -аешь (к 1 знач.).

НАДЕЛИ́ТЬ, -лю́, -ли́шь; -лённый (-ён, -ена́); *сов., кого (что) чем.* Распределяя, предоставить, дать что-н., снабдить. *Н. гостинцами. Наделён способностями, талантом* (перен.). ‖ *несов.* **наделя́ть**, -я́ю, -я́ешь.

НАДЕРЗИ́ТЬ *см.* дерзить.

НАДЕ́ТЬ, -е́ну, -е́нешь; -е́нь; -де́тый; *сов., что.* **1.** Укрепить что-н. на чём-н., прикрепить, приладить что-н. к чему-н. *Н. кольцо на палец. Н. наконечник на карандаш. Н. ожерелье. Н. очки.* **2.** Покрыть тело или часть тела какой-н. одеждой. *Н. шубу. Н. валенки. Н. пальто на ребёнка.* ‖ *несов.* **надева́ть**, -а́ю, -а́ешь.

НАДЕ́ЯТЬСЯ, -е́юсь, -е́ешься; *несов.* **1.** *на что, с неопр. и с союзом «что».* Рассчитывать на что-н., возлагать надежду на что-н. *Н. на помощь. Н. вернуться к сроку. Н., что всё уладится.* **2.** *на кого-что.* Полагаться на кого-что-н., быть уверенным в ком-чём-н. *Н. на друга.* **3. наде́юсь**, *вводн. сл.* Выражает уверенность. *Вы меня, надеюсь, поняли?* ‖ *сов.* **понаде́яться**, -е́юсь, -е́ешься (к 1 и 2 знач.; разг.).

НАДЁВАННЫЙ, -ая, -ое (разг.). Об одежде: такой, к-рый носили, надевали. *Надёванная рубашка.*

НАДЁЖНЫЙ, -ая, -ое; -жен, -жна. **1.** Внушающий доверие, верный. *Н. помощник. Н. партнёр.* **2.** Прочный, крепкий, хорошо сработанный. *Надёжно* (нареч.) *сделано. Н. инструмент.* ‖ *сущ.* **надёжность**, -и, *ж.* *Н. механизмов.*

НАДЕ́РГАТЬ, -аю, -аешь; -анный; *сов., что и чего.* Дёргая, добыть, получить в каком-н. количестве. *Н. моркови. Н. цитат* (перен.; разг. неодобр.). ‖ *несов.* **надёргивать**, -аю, -аешь.

НАДЁРНУТЬ, -ну, -нешь; -утый; *сов., что* (разг.). Отрывистым движением надеть (во 2 знач.), натянуть. *Н. на себя одеяло.* ‖ *несов.* **надёргивать**, -аю, -аешь.

НАДЗЕ́МНЫЙ, -ая, -ое. Находящийся на поверхности или над поверхностью земли. *Надземные сооружения.*

НАДЗИРА́ТЕЛЬ, -я, *м.* Должностное лицо, к-рое занимается надзором за кем-чем-н. *Тюремный н.* ‖ *ж.* **надзира́тельница**, -ы. ‖ *прил.* **надзира́тельский**, -ая, -ое.

НАДЗИРА́ТЬ, -а́ю, -а́ешь; *несов., за кем-чем* (книжн.). Наблюдать с целью присмотра, проверки. *Н. за воспитанниками. Н. за работами. Н. за порядком.* ‖ *сущ.* **надзо́р**, -а, *м.* *Находиться под надзором. Неусыпный н. Прокурорский н.* (спец.). ‖ *прил.* **надзо́рный**, -ая, -ое.

НАДЗО́Р, -а, *м.* **1.** *см.* **надзирать. 2.** Орган, группа лиц для наблюдения за кем-чем-н., за соблюдением каких-н. правил. *Технический н. Санитарный н. Пожарный н.* ‖ *прил.* **надзо́рный**, -ая, -ое (спец.). *Надзорная инстанция* (в прокуратуре).

НАДИВИ́ТЬСЯ, -влю́сь, -ви́шься; *сов., кому-чему и на кого-что* (разг.). Подивиться вдоволь (обычно с отриц. или со словами «не могу», «не может»). *Не надивимся* (не перестаём удивляться).

НАДИРА́ТЬ *см.* надрать.

НАДКЛА́ССОВЫЙ, -ая, -ое (книжн.). То же, что внеклассовый.

НАДКОЛЕ́ННЫЙ, -ая, -ое. Расположенный выше колена (в 1 знач.). *Надколенная кость.*

НАДКОЛО́ТЬ, -олю́, -о́лешь; -о́лотый; *сов., что.* Расщепить немного сверху. *Н. полено.* ‖ *несов.* **надка́лывать**, -аю, -аешь.

НАДКО́СТНИЦА, -ы, *ж.* Оболочка из соединительной ткани, покрывающая кость. *Воспаление надкостницы.* ‖ *прил.* **надко́стничный**, -ая, -ое.

НАДКРЫ́ЛЬЯ, -лий, *ед.* -лье, -я, *ср.* Твёрдые передние крылья у жуков и нек-рых других насекомых.

НАДКУ́С, -а, *м.* **1.** *см.* надкусить. **2.** Надкушенное место. *Н. на яблоке.*

НАДКУСИ́ТЬ, -ушу́, -у́сишь; -у́шенный; *сов., что.* Откусить сверху часть чего-н. или прокусить что-н. *Н. пряник.* ‖ *несов.* **надку́сывать**, -аю, -аешь. ‖ *сущ.* **надку́с**, -а, *м.*

НАДЛЕЖА́ТЬ, -и́т; *безл.; несов., с неопр.* (книжн.). Быть необходимым, подобать, следовать (в 5 знач.). *Надлежит действовать безотлагательно. Вам надлежит явиться в указанный срок.*

НАДЛЕЖА́ЩИЙ, -ая, -ее (офиц.). Такой, какой следует, нужный, соответствующий. *Принять надлежащие меры. В надлежащем порядке. Надлежащим образом* (так, как нужно).

НАДЛО́М, -а, *м.* **1.** *см.* надломить, -ся. **2.** Надломленное место. **3.** *перен.* Угнетённое, упадочное состояние, надрыв (в 3 знач.). *Душевный н.*

НАДЛОМИ́ТЬ, -омлю́, -о́мишь; -о́мленный; *сов.* **1.** *что.* Отламывая, сделать в чём-н. трещину, сломать не до конца. *Н. ветку.* **2.** *перен., кого-что.* Ослабить, подорвать. *Н. силы. Надломленный организм.* ‖ *несов.* **надла́мывать**, -аю, -аешь. ‖ *сущ.* **надло́м**, -а, *м.*

НАДЛОМИ́ТЬСЯ (-омлю́сь, -о́мишься, 1 и 2 л. не употр.), -о́мится; *сов.* **1.** Получив трещину, сломаться не до конца. *Стебель надломился.* **2.** *перен.* Ослабиться, подорваться. *Здоровье надломилось.* ‖ *несов.* **надла́мываться** (-аюсь, -аешься, 1 и 2 л. не употр.), -ается. ‖ *сущ.* **надло́м**, -а, *м.*

НАДМЕ́ННЫЙ, -ая, -ое; -е́нен, -е́нна. Самонадеянный и кичливый, высокомерный. *Н. тон. Надменно* (нареч.) *вести себя.* ‖ *сущ.* **надме́нность**, -и, *ж.*

НАДМОГИ́ЛЬНЫЙ, -ая, -ое. То же, что надгробный (в 1 знач.). *Н. холм.*

НА́ДО[1], *в знач. сказ., с неопр., кого-что или чего.* То же, что нужно (см. нужный в 3 и 4 знач.). *Н. работать. Его беспокойство н. понять. Н. денег. Больше всех н. кому-н.* (о том, кто слишком активен, во всё вмешивается; разг. неодобр.). *Так ему и н.* (этого и заслуживает; разг.). ✦ **Надо быть**, *вводн. сл.* (прост.) — по-видимому, вероятно. *Он, надо быть, задержался.* **Надо же! (это ж надо!)** (разг.) — восклицание, выражающее удивление, изумление в знач. до какой степени или в знач. не может быть, невероятно. *Ведь надо же было ему сделать такую глупость!* **Надо думать** или **надо полагать**, *вводн. сл.* — 1) вероятно, по всей вероятности; 2) конечно, без сомнения. **Что надо?** (прост.) — грубый вопрос в знач. зачем пришёл, в чём дело? **Что надо** (прост.) — о ком-чём-н. очень хорошем. *Парень что надо!* **Очень надо!** (разг. пренебр.) — выражение нежелания, несогласия. *Поговоришь с ним? — Очень надо!*

НАДО[2], *предлог с тв. п.* То же, что над; употр. вместо «над» перед нек-рыми сочетаниями согласных, напр. *надо мною, надо лбом, надо рвом.*

НАДО..., *приставка.* То же, что над...; употр. вместо «над...» перед нек-рыми сочетаниями согласных, напр. *надошью, надорвать.*

НА́ДОБНО, *в знач. сказ., с неопр., кого-что или чего* (устар. и прост.). Нужно, требуется. *Н. успеть. Н. помощника.*

НА́ДОБНОСТЬ, -и, *ж.* Состояние, при к-ром требуется что-н., не хватает чего-н., трудно обойтись без чего-н. *Возникла н. в чём-н. По мере надобности* (когда возникает необходимость). *Нет надобности в чём-н.* (не нужно). ✦ **Естественная надобность** — испражнение или мочеиспускание. *Отправить естественную надобность. Выйти по естественной надобности.*

НА́ДОБНЫЙ, -ая, -ое; -бен, -бна (устар. и прост.). Необходимый, нужный. *Н. товар.*

НАДОЕ́ДА, -ы и **НАДОЕДА́ЛА**, -ы, *м.* и *ж.* (разг.). Человек, к-рый постоянно надоедает с чем-н., пристаёт к кому-н.

НАДОЕ́ДЛИВЫЙ, -ая, -ое; -ив. Такой, к-рый надоедает. *Н. человек. Н. мотив.* ‖ *сущ.* **надое́дливость**, -и, *ж.*

НАДОЕ́ДНЫЙ, -ая, -ое; -ден, -дна (разг.). То же, что надоедливый. ‖ *сущ.* **надое́дность,** -и, *ж.*

НАДОЕ́СТЬ, -е́м, -е́шь, -е́ст, -еди́м, -еди́те, -едя́т; -е́л, -е́ла; *сов., кому, с неопр.* **1.** Стать скучным, неинтересным из-за однообразия, постоянного повторения. *Надоело* (безл.) *играть.* **2.** Назойливым поведением, повторяющимися просьбами вызвать раздражение. *Н. жалобами, упрёками.* ‖ *несов.* **надоеда́ть,** -а́ю, -а́ешь. ‖ *сущ.* **надоеда́ние,** -я, *ср.* (ко 2 знач.). *Бестактное надоедание.*

НАДОИ́ТЬ, -ою́, -о́ишь *и* -ои́шь; -о́енный; *сов., что и чего.* Получить в каком-н. количестве доением. *Н. молока.* ‖ *несов.* **нада́ивать,** -аю, -аешь.

НАДО́Й, -я, *м.* Количество надоенного молока. *Средний н. на корову в сутки. Увеличить надои.* ‖ *прил.* **надо́йный,** -ая, -ое.

НА́ДОЛБА, -ы, *ж.* **1.** Невысокий столб, врытый в землю, тумба (в 1 знач.). *Каменные надолбы.* **2.** Заграждение из наклонно врытых в землю металлических балок, брёвен. *Противотанковые надолбы.*

НАДО́ЛГО, *нареч.* На долгий срок. *Расстались н.*

НАДО́МНИК, -а, *м.* Работник, выполняющий порученную ему предприятием работу на дому. ‖ *ж.* **надо́мница,** -ы. *Швея-н.* ‖ *прил.* **надо́мнический,** -ая, -ое.

НАДОРВА́ТЬ, -ву́, -вёшь; -а́л, -ала́, -а́ло; -о́рванный; *сов., что.* **1.** Немного, не до конца разорвать. *Н. конверт.* **2.** Повредить себе что-н. (внутренние органы), сделав чрезмерное усилие. *Н. живот. Н. силы* (сильно переутомиться). ‖ *несов.* **надрыва́ть,** -а́ю, -а́ешь. ‖ *сущ.* **надры́в,** -а, *м.* (к 1 знач.).

НАДОРВА́ТЬСЯ, -ву́сь, -вёшься; -а́лся, -ала́сь, -ало́сь *и* -а́лось; *сов.* **1.** (1 и 2 л. не употр.). Разорваться, оторваться не до конца, немного. *Бумага надорвалась.* **2.** Повредить себе внутренние органы, поднимая тяжесть, делая чрезмерные усилия. *Н., поднимая мешок. Н. на работе* (также перен.: надорвать свои силы). ‖ *несов.* **надрыва́ться,** -а́юсь, -а́ешься. ‖ *сущ.* **надры́в,** -а, *м.* (к 1 знач.).

НАДОУ́МИТЬ, -млю, -мишь; -мленный; *сов., кого (что)* (разг.). Научить, указав выход из положения, подать совет кому-н. *Н., как лучше поступить.* ‖ *несов.* **надоу́мливать,** -аю, -аешь.

НАДПИ́Л, -а, *м.* **1.** *см.* надпилить. **2.** Надпиленное место. *Н. на бревне.*

НАДПИЛИ́ТЬ, -илю́, -и́лишь; -и́ленный; *сов., что.* Слегка, сверху, с краю распилить. *Н. доску.* ‖ *несов.* **надпи́ливать,** -аю, -аешь. ‖ *сущ.* **надпи́л,** -а, *м. и* **надпи́лка,** -и, *ж.*

НАДПИСА́ТЬ, -ишу́, -и́шешь; -и́санный; *сов., что.* **1.** Написать сверху или на внешней стороне чего-н. *Н. адрес на посылке.* **2.** Снабдить своей надписью. *Н. книгу в подарок кому-н.* ‖ *несов.* **надпи́сывать,** -аю, -аешь.

НА́ДПИСЬ, -и, *ж.* Короткий текст на поверхности чего-н. *Н. на книге. Древние надписи на камне.* ✦ **Исполнительная надпись** (спец.) — распоряжение о выплате, сделанное нотариусом на долговом документе.

НАДПОРО́ТЬ, -орю́, -о́решь; -о́ротый; *сов., что.* Немного, слегка распороть. *Н. подкладку.* ‖ *несов.* **надпа́рывать,** -аю, -аешь.

НАДРА́ИТЬ *см.* драить.

НАДРА́ТЬ, -деру́, -дерёшь; -а́л, -ала́, -а́ло; на́дранный; *сов., что и чего.* Отдирая, раздирая, наготовить в каком-н. количестве. *Н. лыка (лык).* ✦ **Надрать уши** *кому* (разг.) — наказать, сильно дёргая за уши. ‖ *несов.* **надира́ть,** -а́ю, -а́ешь.

НАДРЕ́З, -а, *м.* **1.** *см.* надрезать. **2.** Надрезанное место. *Глубокий н.*

НАДРЕ́ЗАТЬ, -е́жу, -е́жешь; -анный; *сов., что.* Разрезать немного сверху, с краю. *Н. арбуз.* ‖ *несов.* **надреза́ть,** -а́ю, -а́ешь *и* **надре́зывать,** -аю, -аешь. ‖ *сущ.* **надре́з,** -а, *м.*

НАДРУГА́ТЕЛЬСТВО, -а, *ср., над кем-чем* (книжн.). Оскорбительное, грубое издевательство, кощунство. *Н. над святыней.*

НАДРУГА́ТЬСЯ, -а́юсь, -а́ешься; *сов., над кем-чем* (книжн.). Подвергнуть кого-что-н. надругательству, глумлению. *Н. над чьими-н. чувствами.*

НАДРЫ́В, -а, *м.* **1.** *см.* надорвать, -ся. **2.** Надорванное место. **3.** Болезненная возбуждённость, неестественность в проявлении какого-н. чувства, в восприятии чего-н. *Говорить с надрывом.* ‖ *прил.* **надры́вный,** -ая, -ое (к 3 знач.).

НАДРЫВА́ТЬ *см.* надорвать.

НАДРЫВА́ТЬСЯ, -а́юсь, -а́ешься; *несов.* **1.** *см.* надорваться. **2.** *перен.* Стараться изо всех сил, действовать через силу (разг.). *Не стоит н.* **3.** *перен.* Громко кричать, вопить (разг.). *Плачет-надрывается. В коридоре надрывается телефон* (непрерывно звонит). ✦ **Сердце надрывается** — охватывает чувство горести, жалости, тоски.

НАДРЫ́ВИСТЫЙ, -ая, -ое; -ист. С надрывом, судорожный. *Надрывистые рыдания.* ‖ *сущ.* **надры́вистость,** -и, *ж.*

НАДРЫ́ЗГАТЬ *см.* дрызгать.

НАДСА́ДА, -ы, *ж.* (прост.). Чрезмерное напряжение, усилие. *Кашлять с надсадой. Кричать до надсады* (очень громко, до хрипоты).

НАДСАДИ́ТЬ, -ажу́, -а́дишь; -а́женный; *сов., что* (прост.). То же, что надорвать (во 2 знач.) (обычно от чрезмерных усилий голоса). *Н. грудь, горло, глотку. Н. душу, сердце* (перен.). ‖ *несов.* **надса́живать,** -аю, -аешь.

НАДСАДИ́ТЬСЯ, -ажу́сь, -а́дишься; *сов.* (прост.). То же, что надорваться (во 2 знач.). ‖ *несов.* **надса́живаться,** -аюсь, -аешься.

НАДСА́ДНЫЙ, -ая, -ое; -ден, -дна (разг.). Напряжённый и тяжкий, с надсадой. *Н. кашель, крик.* ‖ *сущ.* **надса́дность,** -и, *ж.*

НАДСМА́ТРИВАТЬ, -аю, -аешь; *несов., над кем-чем* или *за кем-чем* (разг.). То же, что надзирать. ‖ *сущ.* **надсмо́тр,** -а, *м.*

НАДСМО́ТРЩИК, -а, *м.* Должностное лицо, к-рое надсматривает, надзирает за кем-чем-н. ‖ *ж.* **надсмо́трщица,** -ы.

НАДСТА́ВИТЬ, -влю, -вишь; -вленный; *сов., что.* То же, что наставить[1] (во 2 знач.). *Н. рукава, брюки.* ‖ *несов.* **надставля́ть,** -я́ю, -я́ешь. ‖ *сущ.* **надста́вка,** -и, *ж.*

НАДСТА́ВКА, -и, *ж.* **1.** *см.* надставить. **2.** Надставленная часть, кусок. *Н. на подоле.*

НАДСТРО́ИТЬ, -о́ю, -о́ишь; -о́енный; *сов., что.* Пристроить сверху или пристройкой увеличить в высоту. *Н. этаж. Н. дом.* ‖ *несов.* **надстра́ивать,** -аю, -аешь. ‖ *сущ.* **надстро́йка,** -и, *ж.*

НАДСТРО́ЙКА, -и, *ж.* **1.** *см.* надстроить. **2.** Надстроенная часть какого-н. сооружения. *Палубные надстройки. Деревянная н.* **3.** В материалистическом социологическом учении: совокупность исторически сложившихся общественных отношений и взглядов — политических, правовых, моральных, религиозных, эстетических, философских — и соответствующих этим отношениям учреждений, зависящих от базиса (во 2 знач.) и, в свою очередь, воздействующих на него. ‖ *прил.* **надстро́ечный,** -ая, -ое.

НАДСТРО́ЧНЫЙ, -ая, -ое. Расположенный над строкой. *Н. знак.*

НАДТРЕ́СНУТЫЙ, -ая, -ое; -ут. **1.** С небольшой трещиной. *Н. стакан.* **2.** *перен.* О голосе, звуке: дрожащий, дребезжащий. *Н. старческий голос.* ‖ *сущ.* **надтре́снутость,** -и, *ж.* (ко 2 знач.).

НАДТРЕ́СНУТЬ (-ну, -нешь, 1 и 2 л. не употр.), -нет; *сов.* Дать небольшую трещину. *Ствол надтреснул.*

НАДУВА́ТЕЛЬСТВО, -а, *ср.* (разг.). Обман, жульничество. ‖ *прил.* **надува́тельский,** -ая, -ое.

НАДУВНО́Й, -а́я, -о́е. Надуваемый воздухом. *Надувная лодка. Н. матрац. Надувные игрушки.*

НАДУ́МАННЫЙ, -ая, -ое; -ан, -анна. Нарочито придуманный, лишённый естественности или достаточных оснований. *Надуманные герои пьесы. Надуманная проблема.* ‖ *сущ.* **наду́манность,** -и, *ж.*

НАДУ́МАТЬ, -аю, -аешь; -анный; *сов., с неопр.* (разг.). Решить после раздумья. *Надумал жениться.* ‖ *несов.* **наду́мывать,** -аю, -аешь.

НАДУ́ТЫЙ, -ая, -ое; -у́т (разг.). **1.** Увеличившийся в объёме, набухший. *Надутые вены на руках.* **2.** *полн. ф.* Высокомерный, чванный. *Н. человек. Н. вид.* **3.** О стихе, словах: напыщенный. *Н. слог.* **4.** Обиженный, мрачный. *Ходит н.* ‖ *сущ.* **наду́тость,** -и, *ж.*

НАДУ́ТЬ, -у́ю, -у́ешь; -у́тый; *сов.* **1.** *что.* Наполнить воздухом до упругости; напрячь. *Н. велосипедную камеру. Ветер надул паруса.* **2.** (1 и 2 л. не употр.), *что и чего.* Нанести течением воздуха. *Ветер надул пыли. Надуло* (безл.) *в ухо* (о простуде). *В комнату надуло* (безл.; о холодном воздухе). **3.** *кого (что).* Обмануть, провести (разг.). ✦ **Надуть губы** (разг. неодобр.) — обидеться, рассердиться. ‖ *несов.* **надува́ть,** -а́ю, -а́ешь. ‖ *сущ.* **надува́ка,** -и, *ж.* (к 1 знач.; спец.) *и* **надув,** -а, *м.* (к 1 знач.; спец.). ‖ *прил.* **надувочный,** -ая, -ое (к 1 знач.; спец.).

НАДУ́ТЬСЯ, -у́юсь, -у́ешься; *сов.* **1.** Наполнившись воздухом, стать упругим; напрячься от ветра. *Воздушный шарик надулся. Парус надулся.* **2.** *перен.* Принять важный вид, возгордиться (разг. неодобр.). *Заважничал и надулся.* **3.** *перен.* Рассердившись на кого-н., обидеться (разг. неодобр.). *Н. на товарища. Н. за шутку.* **4.** *чего.* Напиться, выпить чего-н. очень много (прост.). *Н. чаю, молока.* ‖ *несов.* **надува́ться,** -а́юсь, -а́ешься.

НАДУШИ́ТЬ, -СЯ *см.* душить[2].

НАДХВО́СТЬЕ, -я, *ср.* (спец.). У птиц: часть оперения на спине около **хвоста.**

НАДЫМИ́ТЬ *см.* дымить.

НАДЫ́СЬ, *нареч.* (обл.). Совсем недавно, намедни.

НАДЫША́ТЬ, -ышу́, -ы́шишь; *сов.* **1.** Дыша, сделать воздух душным. *Н. в вагоне.* **2.** *на что.* Дохнуть, подышать много раз на что-н. (разг.). *Н. на замёрзшее окно.*

НАДЫША́ТЬСЯ, -ышу́сь, -ы́шишься; *сов.* Вдоволь подышать, вдохнуть много чего-н. *Н. лесным воздухом. Н. дымом. Перед смертью не надышишься* (посл. о невозможности сделать, наверстать что-н. в последний момент). ✦ **Не надышится,** *кто на кого-что* (разг.) — об очень нежном, заботливом отношении к кому-чему-н. *Дед не надышится на внука.*

НАЕДА́ТЬ, -СЯ *см.* наесть, -ся.

НАЕДИ́НЕ, *нареч., с кем.* Вдвоём, без посторонних. *Поговорить н. Друзья остались н.* ✦ **Наедине с** *кем-чем, в знач. предлога с тв. п.* — один на один, рядом с кем-н. *Оказаться наедине с противником.* **Наедине с собой (наедине с собственной совестью)** (книжн.) — размышляя о самом себе, оценивая свои поступки.

НАЕ́ЗД, -а, *м.* **1.** *см.* наехать. **2.** Кавалерийский набег (устар.). *Н. во вражеский тыл.*

НАЕ́ЗДИТЬ, -зжу, -здишь; -зженный; *сов.* **1.** *что.* Ездя, проехать, покрыть какое-н. пространство за какое-н. время. *Н. тысячу километров.* **2.** *что.* Перевозя кого-что-н. за плату, приобрести, добыть (разг.). *Водитель наездил сто рублей.* **3.** *что.* Ездой укатать, уплотнить (дорогу) или образовать (дорогу). *Н. зимник.* **4.** *кого (что).* То же, что выездить (спец.). *Н. рысака.* ‖ *несов.* **наезжа́ть**, -а́ю, -а́ешь *и* **нае́зживать**, -аю, -аешь. ‖ *сущ.* **нае́здка**, -и, *ж.* (к 4 знач.; спец.).

НАЕ́ЗДИТЬСЯ, -зжусь, -здишься; *сов.* (разг.). Вдоволь поездить.

НАЕ́ЗДНИК, -а, *м.* **1.** Тот, кто едет или ездит верхом, всадник. **2.** Специалист по верховой езде. *Наездники на ипподроме. Цирковой н.* (артист, работающий на лошади). ‖ *ж.* **нае́здница**, -ы. ‖ *прил.* **нае́зднический**, -ая, -ое.

НАЕ́ЗДНИЧЕСТВО, -а, *ср.* **1.** Кавалерийские наезды (устар.). **2.** Занятие наездника на бегах, в цирке (спец.).

НАЕ́ЗДОМ, *нареч.* (разг.). Заезжая иногда, по пути, не останавливаясь надолго. *Бывать где-н. н.*

НАЕЗЖА́ТЬ, -а́ю, -а́ешь; *несов.* **1.** *см.* наехать *и* наездить. **2.** Бывать где-н. наездом (разг.).

НАЕ́ЗЖИЙ, -ая, -ее (прост.). То же, что приезжий. *Н. люд.*

НАЕРУНДИ́ТЬ *см.* ерундить.

НАЕ́СТЬ, -е́м, -е́шь, -е́ст, -еди́м, -еди́те, -едя́т; -е́л; -е́ла; -е́шь; *сов.* (разг.). **1.** *что и чего.* Съесть в каком-н. количестве, на какую-н. сумму. *Наели в столовой на тридцать рублей.* **2.** *перен., что.* Приобрести, нажить от сытой, спокойной жизни. *Н. брюшко.* ‖ *несов.* **наеда́ть**, -а́ю, -а́ешь.

НАЕ́СТЬСЯ, -е́мся, -е́шься, -е́стся, -еди́мся, -еди́тесь, -едя́тся; -е́лся, -е́лась; -е́шься; *сов.* **1.** *чего.* Поесть чего-н. вдоволь, в большом количестве. *Н. мороженого.* **2.** *чем.* Поесть чего-н. досыта. *Н. хлебом.* ‖ *несов.* **наеда́ться**, -а́юсь, -а́ешься.

НАЕ́ХАТЬ, -е́ду, -е́дешь; *в знач. пов.* употр. наезжа́й; *сов.* **1.** *на кого-что.* Натолкнуться на кого-что-н. во время езды. *Н. на столб. Н. на пешехода.* **2.** (1 и 2 л. ед. не употр.). Приехать в каком-н. количестве или внезапно (разг.). *Наехали гости. Наехало много туристов. Народу наехало!* (безл.). **3.** *перен., на кого-что.* Начать упрекать, обвинять или угрожать (прост). ‖ *несов.* **наезжа́ть**, -а́ю, -а́ешь. ‖ *сущ.* **нае́зд**, -а, *м.* (к 1 и 3 знач.). *Совершить н.* (о водителе: наехать на пешехода или на другую машину). *Вымогательский н.*

НАЁМ *см.* нанять.

НАЁМНИК, -а, *м.* **1.** Военнослужащий наёмного войска. *Карательные отряды наёмников.* **2.** Наёмный работник. **3.** *перен.* Тот, кто продался кому-н., кто из низких, корыстных побуждений защищает чужие интересы (презр.). ‖ *ж.* **наёмница**, -ы (ко 2 знач.). ‖ *прил.* **наёмнический**, -ая, -ое (к 1 и 2 знач.).

НАЁМНЫЙ, -ая, -ое. **1.** Работающий, действующий, производимый по найму. *Н. рабочий. Н. труд.* **2.** Нанимаемый, не собственный. *Наёмное помещение. Н. экипаж.*

НАЖА́ЛОВАТЬСЯ, -луюсь, -луешься; *сов., на кого (что)* (разг. неодобр.). Пожаловаться (по 3 знач. глагола жаловаться), обратиться с жалобами на кого-н. *Н. учителю на товарища.*

НАЖА́РИВАТЬ, -аю, -аешь; *несов.* **1.** *см.* нажарить. **2.** То же, что жарить (в 4 знач.) (прост.). *Н. на гармошке.*

НАЖА́РИТЬ, -рю, -ришь; -ренный; *сов.* **1.** *что и чего.* Жаря, наготовить. *Н. котлет.* **2.** *что.* Сильно накалить, нагреть (прост.). *Н. печку.* ‖ *несов.* **нажа́ривать**, -аю, -аешь.

НАЖА́РИТЬСЯ, -рюсь, -ришься; *сов.* (прост.). Подвергнуться длительному действию жара или жары. *Н. на солнце.* ‖ *несов.* **нажа́риваться**, -аюсь, -аешься.

НАЖА́ТЬ[1], -жму́, -жмёшь; -а́тый; *сов.* **1.** *что и на кого-что.* Давя, притиснуть, надавить. *Н. кнопку и на кнопку. Н. на дверь.* **2.** *перен., на кого (что).* Оказать воздействие, понудить кого-н. к чему-н. (разг.). *Н. на отстающих.* **3.** *что и чего.* Выжать в каком-н. количестве. *Н. соку.* **4.** *перен.* Энергично приняться за что-н. (прост.). *Нажмём и выполним работу к сроку.* ‖ *несов.* **нажима́ть**, -а́ю, -а́ешь. ‖ *сущ.* **нажа́тие**, -я, *ср.* (к 1 знач.) *и* **нажи́м**, -а, *м.* (к 1 и 2 знач.). *Лёгкое нажатие. Боль при нажиме. Сделать что-н. под нажимом* (по принуждению). ‖ *прил.* **нажи́мный**, -ая, -ое (к 1 знач.; спец.) *и* **нажимно́й**, -а́я, -о́е (к 1 знач.; спец.).

НАЖА́ТЬ[2], -жну́, -жнёшь; -а́тый; *сов., что и чего.* Сжать[2] в каком-н. количестве. *Н. много хлеба.* ‖ *несов.* **нажина́ть**, -а́ю, -а́ешь.

НАЖДА́К, -а́ (-у́), *м.* Мелкозернистая горная порода, употр. как абразивный материал. ‖ *прил.* **нажда́чный**, -ая, -ое. *Наждачная бумага* (покрытая слоем толчёного наждака).

НАЖЕ́ЧЬ, -жгу́, -жжёшь, -жгу́т; -жёг, -жгла́; -жги́; -жёгший; -жжённый (-ён, -ена́); -жёгши; *сов.* **1.** *что и чего.* Наготовить пережиганием, а также сжечь в каком-н. количестве. *Н. древесного угля. Н. много дров.* **2.** *что.* Накалить, повредить жаром. *Солнце нажгло спину.* **3.** *перен., кого (что).* То же, что нагреть (во 2 знач.). ‖ *несов.* **нажига́ть**, -а́ю, -а́ешь. ‖ *сущ.* **нажи́г**, -а, *м.* (к 1 знач.; спец.).

НАЖИ́ВА, -ы, *ж.* Нечестно полученная прибыль. *В погоне за наживой. Любители лёгкой наживы.*

НАЖИВИ́ТЬ, -влю́, -ви́шь; -влённый (-ён, -ена́); *сов., что* (спец.). Снабдить наживкой (удочку, капкан, западню), а также укрепить, насадить наживку. *Н. крючок червяком. Н. червяка на крючок.* ‖ *несов.* **наживля́ть**, -я́ю, -я́ешь. ‖ *сущ.* **нажи́вка**, -и, *ж.*

НАЖИ́ВКА, -и, *ж.* **1.** *см.* наживить. **2.** Приманка для рыбы или зверя (на удочке, в капкане, в западне). ‖ *прил.* **нажи́вочный**, -ая, -ое.

НАЖИВНО́Й[1], -а́я, -о́е: **дело наживное** (разг.) — то, что можно нажить, приобрести. *Деньги — дело наживное.*

НАЖИВНО́Й[2], -а́я, -о́е (спец.). Употребляемый в качестве наживки. *Н. червяк.*

НАЖИ́Г *см.* нажечь.

НАЖИГА́ТЬ *см.* нажечь.

НАЖИ́М, -а, *м.* **1.** *см.* нажать[1]. **2.** Утолщение линии при письме пером. *Писать с нажимом. Почерк без нажима.*

НАЖИМА́ТЬ *см.* нажать[1].

НАЖИ́Н, -а, *м.* (спец.). Количество сжатого хлеба.

НАЖИНА́ТЬ *см.* нажать[2].

НАЖИ́ТЬ, -иву́, -ивёшь; на́жил *и* нажи́л, -ила́, на́жило, -ило́ *и* -и́ло, на́жили *и* -и́ли; на́житый (-ит, -ита́, -ито), нажи́тый (-и́т, -ита́, -и́то) *и* (устар.) нажито́й; *сов.* **1.** *что.* Постепенно накопить, собрать (какое-н. имущество), получить какую-н. прибыль. *Всё в доме нажито своим трудом. Н. целое состояние. Чужим умом жить — добра не н.* (посл.). **2.** *перен., кого-что.* Получить, приобрести (что-н. неприятное) (разг.). *Н. неприятность. Н. себе ревматизм.* ‖ *несов.* **нажива́ть**, -а́ю, -а́ешь.

НАЖИ́ТЬСЯ, -иву́сь, -ивёшься; -и́лся, -ила́сь; -и́вшийся; *сов.* **1.** *на чём.* Обогатиться (в 1 знач.), нажить много денег. *Н. на махинациях.* **2.** Пожить вдоволь где-н. (разг.). *Нажились на даче.* ‖ *несов.* **нажива́ться**, -а́юсь, -а́ешься (к 1 знач.).

НАЗА́ВТРА, *нареч.* (разг.). На следующий день. *Н. отправились в путь* [не смешивать с на завтра — на завтрашний день, напр. *Отложить что-н. на завтра*]. ✦ **Назавтра после** *чего, в знач. предлога с род. п.* — непосредственно вслед за чем-н. *Уехать назавтра после встречи. Назавтра после свадьбы отправились путешествовать.*

НАЗА́Д, *нареч.* **1.** В обратном направлении. *Оглянуться н.* (также перен.: вспомнить то, что было). **2.** На прежнее место, обратно. *Положить взятую вещь н. Отдать н. что-н.* **3.** Раньше, прежде. *Год н. или год тому н.*

НАЗАДИ́ (прост.). **1.** *нареч.* Сзади, позади. *Оказаться н.* **2.** *чего, предлог с род. п.* С задней стороны, позади чего-н. *Застёжка н. платья.*

НАЗВА́НИВАТЬ, -аю, -аешь; *несов.* (разг.). Много и настойчиво звонить (в 1 и 2 знач.). *Н. в дверь. Н. по телефону.*

НАЗВА́НИЕ, -я, *ср.* **1.** Словесное обозначение вещи, явления. *Названия растений. Н. журнала, фильма. Н. гостиницы. Такие поступки имеют своё н.* (о неблаговидных, порочащих кого-н. поступках). **2.** *чаще мн.* Отдельное издание (книга, брошюра, журнал) (спец.). *В библиотеке несколько тысяч названий.* ✦ **Одно название** (разг.) — о ком-чём-н. не удовлетворяющем, не отвечающем своему назначению. *Разве это обед? Одно название (одно название, что обед).*

НАЗВА́НЫЙ, -ая, -ое (устар.). Со словами «брат», «сестра», «сын», «дочь»: неродной, приёмный. *Названая сестра. Н. сын.*

НАЗВА́ТЬ[1], -зову́, -зовёшь; -а́л, -ала́, -а́ло; на́званный; *сов., кого-что.* **1.** *кем-чем* или *им.*, или (при вопросе) *как.* Дать имя, наименование кому-чему-н. *Н. сына Иваном. Деревню назвали Партизанская. Как назовут младенца? Его назовут Иваном (Иван). Щенка назвали Шарик. Назови хоть горшком, только в печку не суй* (посл.). **2.** Определить (во 2 знач.), охарактеризовать. *Как назвать такой поступок?* (обычно о плохом поступке). *Н. вещи своими именами* (сказать прямо, ничего не скрывая истины). *Н. чьё-н. поведение образцовым.* **3.** Произнести имя, название кого-чего-н.; сказав, объявить. *Н. имена кандидатов. Н. победителя.* ‖ *несов.* **называ́ть**, -а́ю, -а́ешь. ✦ **Так называемый** — 1) как обычно называют. *Прямой нос с горбинкой, так называемый римский;* 2) употр. для выражения иронического или отрицательного отношения к кому-чему-н. *Вот они, ваши так называемые помощники.*

НАЗВА́ТЬ[2], -зову́, -зовёшь; -а́л, -ала́, -а́ло; на́званный; *сов., кого (чего)* (разг.) Пригласить, созвать в каком-н. количестве. *Н. гостей.* ‖ *несов.* **называ́ть**, -а́ю, -а́ешь.

НАЗВА´ТЬСЯ[1], -зову́сь, -зовёшься; -а́лся, -ала́сь, -ало́сь *и* -а́лось; *сов.* **1.** *кем-чем.* Присвоить себе какое-н. наименование, звание. *Н. ревизором.* **2.** *кем (чем).* Назвать себя, сообщить своё имя. *Назовитесь, кто вы? Вошедший назвался.* **3.** *кем-чем или им.* Получить какое-н. имя, наименование. *Новый город назвался Автоградом (Автоград).* ‖ *несов.* **называ́ться**, -а́юсь, -а́ешься.

НАЗВА´ТЬСЯ[2], -зову́сь, -зовёшься; -а́лся, -ала́сь; *сов.* (прост.). То же, что напроситься (в 1 знач.). *Н. в гости, на обед. Н. проводить.*

НАЗДРА´ВСТВОВАТЬСЯ *[áст]* **: на всякое чиханье (на всякий чих) не наздравствуешься** (посл.) — не на всякие, особенно на неразумные, слова надо обращать внимание [*первонач.* о невозможности на каждое чиханье пожелать доброго здоровья].

НАЗЕ´МНЫЙ, -ая, -ое. Находящийся, действующий на поверхности земли. *Наземная железная дорога. Наземные войска* (в противоположность авиации). *Н. взрыв.*

НА´ЗЕМЬ, *нареч.* (устар. и прост.). Вниз, на землю. *Упасть, бросить н.*

НАЗЁМ, -а, *м.* (обл.). То же, что навоз. ‖ *прил.* **назёмный**, -ая, -ое.

НАЗИДА´НИЕ, -я, *ср.* (книжн.) Наставление, поучение. *Выслушивать назидания. В н. потомкам* (устар. и ирон.).

НАЗИДА´ТЕЛЬНЫЙ, -ая, -ое; -лен, -льна (книжн.). То же, что поучительный. *Н. пример. Н. тон.* ‖ *сущ.* **назида́тельность**, -и, *ж.*

НАЗЛО´ и (разг.) **НА´ЗЛО**, *нареч.* Наперекор, чтобы рассердить. *Делать н. кому-н. Как н.* (как будто нарочно).

НАЗНАЧЕ´НЕЦ, -нца, *м.* Лицо, назначенное кем-н. на какую-н. ответственную административную должность, а также тот, кто назначен администрацией для выполнения какого-н. дела, поручения. *Директорский н. Н. министра.*

НАЗНАЧЕ´НИЕ, -я, *ср.* **1.** *см.* назначить. **2.** Область, сфера применения кого-чего-н. *Использовать что-н. по прямому назначению. Отряд особого назначения.* **3.** Цель, предназначение (книжн.). *Высокое н. писателя.*

НАЗНА´ЧИТЬ, -чу, -чишь; -ченный; *сов.* **1.** *что.* Наметить, установить, определить. *Н. день встречи. Н. заседание на вечер. Н. цену. Н. пенсию кому-н. Н. лекарство. Так назначено* (безл.) *судьбой* (так предопределено). **2.** *кого (что).* Поставить на какую-н. должность, работу. *Н. директором. Н. в штаб.* ‖ *несов.* **назнача́ть**, -а́ю, -а́ешь. ‖ *сущ.* **назначе́ние**, -я, *ср.* *Прибыть к месту назначения* (в то место, куда назначено). *Н. на работу.*

НАЗО´ЙЛИВЫЙ, -ая, -ое; -ив. Надоедливый, пристающий с просьбами, требованиями, навязчивый. *Н. человек. Назойлив как муха. Назойливые мысли. Назойливо* (нареч.) *просить.* ‖ *сущ.* **назо́йливость**, -и, *ж.*

НАЗРЕ´ТЬ (-е́ю, -е́ешь, 1 и 2 л. не употр.), -е́ет; *сов.* **1.** Налиться чем-н. изнутри. *Почки назрели. Нарыв назрел.* **2.** *перен.* Стать неизбежным. *Кризис назрел. События назрели. Назрела необходимость действовать. Назревший вопрос.* ‖ *несов.* **назрева́ть** (-а́ю, -а́ешь, 1 и 2 л. не употр.), -а́ет. ‖ *сущ.* **назрева́ние**, -я, *ср.*

НАЗУБО´К, *нареч.* (разг.). Очень хорошо, наизусть. *Выучить н. Знать н.*

НАЗЫВА´ТЬ[1-2] *см.* назвать[1-2].

НАЗЫВА´ТЬСЯ, -а́юсь, -а́ешься; *несов.* **1.** *см.* назваться[1]. **2.** Иметь какое-н. имя, звание. *Село называется Борки́. А ещё называется товарищ!* (ведёшь себя не как товарищ). **3. называ́ется (называлось, называлось бы, будет называться).** Употр. в знач. связки между двумя неопр., есть[2] (в 1 знач.), значит (разг.). *Ревновать ещё не называется любить. У неё кричать называется (это называется) воспитывать.* ✦ **Что называется**, *вводн. сл.* (разг.) — как говорят, как называют. *Момент, что называется, критический.*

НАИ..., *приставка.* Придаёт сравнительной и превосходной степени прилагательных и сравнительной степени наречий значение предельности меры признака, напр. *наилегчайший, наиталантливейший, наипервейший; наиболее, наименее.*

НАИБО´ЛЕЕ, *нареч.* Более других, особенно. *Н. удачный способ. Н. экономично.*

НАИБО´ЛЬШИЙ, -ая, -ее. Самый большой. *Наибольшая эффективность.*

НАИ´ВНИЧАТЬ, -аю, -аешь; *несов.* (разг неодобр.). Притворяться наивным, вести себя наивно.

НАИ´ВНОСТЬ, -и, *ж.* **1.** *см.* наивный. **2.** Наивная мысль, высказывание, поступок. *Смешная н.*

НАИ´ВНЫЙ, -ая, -ое; -вен, -вна. Простодушный, обнаруживающий неопытность, неосведомлённость. *Наивная девица. Н. вопрос. Наивно* (нареч.) *рассуждать.* ‖ *сущ.* **наи́вность**, -и, *ж.*

НАИВНЯ´К, -а́, *м.* (прост.) Наивный, непрактичный человек.

НАИВЫ´СШИЙ, -ая, -ее. Самый высокий (в 3, 5 и в нек-рых сочетаниях во 2 знач.). *Наивысшее достижение. Наивысшая честь. Наивысшая оценка. Наивысшая производительность труда. В наивысшей степени.*

НАИ´ГРАННЫЙ, -ая, -ое; -ан. Притворный, неискренний. *Наигранная весёлость.* ‖ *сущ.* **наи́гранность**, -и, *ж.*

НАИГРА´ТЬ, -а́ю, -а́ешь; -и́гранный; *сов.* **1.** *что.* Сыграть, передав лишь мелодию чего-н. (разг.). *Н. на рояле знакомый мотив.* **2.** *что.* Произвести звуковую запись своей игры (на каком-н. инструменте) (спец.). *Скрипач наиграл пластинку.* **3.** *что* и *чего.* Приобрести, много и долго играя (в 1, 2 и 3 знач.) (разг.). *Н. много денег. Н. мозоли на пальцах.* ‖ *несов.* **наи́грывать**, -аю, -аешь.

НАИГРА´ТЬСЯ, -а́юсь, -а́ешься; *сов.* Поиграть вдоволь. *Дети наигрались. Н. игрушкой.*

НА´ИГРЫШ, -а, *м.* **1.** Мелодия, исполняемая на музыкальном инструменте, обычно народная плясовая. *Русские наигрыши.* **2.** Отсутствие естественности в актёрской игре, а также вообще в поведении, манерах (разг.). *Декламировать с наигрышем.*

НАИ´ЗВОЛОК, *нареч.* (обл.). Вверх по некрутому подъёму. *Подниматься н.* ✦ **Наизволок от** *чего, в знач. предлога с род. п.* (обл.) — по направлению кверху и в сторону. *Дорога тянется наизволок от пристани.*

НАИЗНА´НКУ, *нареч.* Изнанкой наружу. *Вывернуть пальто н. Выворачиваться н.* (перен.: очень стараться, а также быть чрезмерно откровенным; разг. неодобр.).

НАИЗУ´СТЬ, *нареч.* На память, не смотря в текст. *Выучить н. Читать стихи н. Н. знаю твои фокусы* (перен.: очень хорошо, во всех подробностях).

НАИЛУ´ЧШИЙ, -ая, -ее. Самый хороший, самый лучший. *Наилучшее решение. Н. сорт. Наилучшие пожелания.*

НАИМЕ´НЕЕ, *нареч.* Менее всего, меньше всех. *Н. удачный вариант.*

НАИМЕНОВА´НИЕ, -я, *ср.* **1.** То же, что название (в 1 знач.) (офиц.). *Официальное н. Точное н.* **2.** Вид, разновидность (спец.). *В продаже более тридцати наименований детских игр.*

НАИМЕНОВА´ТЬ, -СЯ *см.* именовать, -ся.

НАИМЕ´НЬШИЙ, -ая, -ее. Самый малый. *Н. риск.*

НАИПА´ЧЕ, *нареч.* (устар.). Наиболее, в особенности, прежде всего. *Заботится о семье, н. о детях.*

НАИСКОСО´К, *нареч.* (разг.). То же, что наискось. *Идти н. Дом н.* ✦ **Наискосок от** *кого-чего, в знач. предлога с род. п.* — то же, что наискось от. *Дом наискосок от вокзала.*

НА´ИСКОСЬ, *нареч.* В сторону от прямого направления, по диагонали, из угла в угол. *Пересечь улицу н. Разрезать платок н. Поставить свою подпись н.* ✦ **Наискось от** *кого-чего, в знач. предлога с род. п.* — в сторону, уклоняясь от прямого направления. *Переплыть реку наискось от пристани. Сквер наискось от площади.*

НАИ´ТИЕ, -я, *ср.* (книжн.). Внезапно пришедшая мысль, вдохновение. *По наитию* (по внезапной догадке, подсознательно).

НАИХУ´ДШИЙ, -ая, -ее. Самый плохой, самый худший. *Н. результат.*

НАЙДЁНЫШ, -а, *м.* (устар.). Ребёнок-подкидыш, к-рого нашли и взяли на воспитание.

НАЙМИ´Т, -а, *м.* (презр.). То же, что наёмник (в 3 знач.). *Продажный н.*

НАЙТИ´[1], -йду́, -йдёшь; нашёл, нашла́; наше́дший; на́йденный; найдя́; *сов.* **1.** *кого-что.* Заметить, взять; обнаружить в результате поисков, наблюдений, размышлений. *Н. монету на дороге. Н. потерянную вещь. Н. гриб. Н. верное решение. Н. новый способ. Н. оправдание своему поступку.* **2.** *кого-что.* Застать, увидеть, обнаружить где-н. или в каком-н. состоянии. *Возвратившись, нашёл у себя старого друга. Н. кого-н. в тяжёлом состоянии.* **3.** *кого-что в ком-чём.* Испытать, получить что-н. со стороны кого-чего-н. *Н. утешение в занятиях. Н. удовольствие в беседах с кем-н. Н. утешителя в друге.* **4.** *кого-что или с придаточным предложением.* Прийти к заключению, признать, счесть, составив мнение о ком-чём-н. *Н., что собеседник прав. Нашёл нужным возразить. Врач нашёл, что пациент здоров.* **5. нашёл, -шла́, -шли́** (разг.) — 1) *с относит. мест. или мест. нареч., с неопр.,* употр. для выражения отрицательного, насмешливого отношения к чьим-н. действиям, поступкам. *Нашёл чем хвастаться!* (т. е. нечем хвастаться). *Нашла о ком скучать!* (не стоит о нём скучать). *Нашли куда ходить!* (незачем туда ходить); 2) *кого-что,* выражение насмешливого отрицания, утверждения противоположного. *Нашёл дурака!* (т. е. я — или тот, о ком идёт речь, — не дурак). *Нашёл товарища, тоже мне!* (он тебе не товарищ). *Нашёл себе забаву!* (это не забава). ✦ **Найти себе могилу (смерть)** *где* (высок.) — умереть, погибнуть где-н. **Найти себя** — понять своё призвание, назначение, определить свои интересы, склонности. ‖ *несов.* **находи́ть**, -ожу́, -о́дишь (к 1, 2, 3 и 4 знач.). ‖ *сущ.* **нахожде́ние**, -я, *ср.* (к 1 знач.; книжн.).

НАЙТИ´[2], -йду́, -йдёшь; нашёл, нашла́; наше́дший; найдя́; *сов.* **1.** *на кого-что.* Идя, двигаясь, натолкнуться на кого-что-н. *Нашла коса на камень* (посл. об упрямом нежелании уступить друг другу). **2.** (1 и 2 л. не употр.), *на что.* Двигаясь, закрыть собой. *Туча нашла на солнце. Тень нашла на поля.* **3.** (1 и 2 л. не употр.), *перен., на кого-*

что. О чувстве: охватить, заполнить собой кого-н. *Нашла грусть. Нашёл весёлый стих. На него нашло* (безл.; то же, что накатило в 4 знач.; разг.). **4.** (1 и 2 л. ед. не употр.). Сойтись с разных сторон, скопиться (разг.). *Нашли посетители. Нашло много дыму.* ‖ *несов.* **находи́ть,** -ожу́, -о́дишь.

НАЙТИ´СЬ, -йду́сь, -йдёшься; нашёлся, нашла́сь; наше́дшийся; найдя́сь; *сов.* **1.** О пропавшем: появиться после поисков, оказаться найденным. *Пропажа нашлась.* **2.** (1 и 2 л. не употр.). Появиться случайно или при выборе. *Нашлись желающие. Нашлись добровольцы. Тоже мне, герой нашёлся* (т. е. совсем не герой; разг. ирон.). **3.** Не растерявшись, выйти из затруднительного положения. *Н. в трудный момент. Сразу нашёлся, что ответить.* ‖ *несов.* **находи́ться,** -ожу́сь, -о́дишься.

НАКА´ВЕРЗИТЬ, НАКА´ВЕРЗНИЧАТЬ *см.* каверзить *и* каверзничать.

НАКА´З, -а, *м.* **1.** Наставление, поучение, распоряжение (устар. и прост.). *Отцовский н.* **2.** Поручение, обращение, содержащее перечень требований и пожеланий (офиц.). *Н. избирателей депутату.*

НАКАЗА´НИЕ, -я, *ср.* **1.** Мера воздействия на того, кто совершил проступок, преступление. *Не пустили гулять в н. за шалость. Заслуженное н. Тяжёлое н.* **2.** *перен.* О ком-чём-н. трудном, тяжёлом, неприятном (разг.). *Н. мне с ним. Не ребёнок, а н. Что за н.! Н. ты моё!* (выражение осуждения).

НАКАЗА´ТЬ[1], -ажу́, -а́жешь; -а́занный; *сов., кого (что).* **1.** Подвергнуть наказанию, строгому воздействию за какую-н. вину, проступок. *Н. ребёнка за озорство. Н. подростка за ложь, грубость, проступок. Строго н. за прогулы. Наказан кто-н. за дело, поделом.* **2.** Ввести в убыток, в излишние расходы (прост.). *Н. на целую сотню.* ✦ **Бог наказал** *кого* — о том, кого постигла беда, как будто бы в наказание за прежнюю вину. *Не обижай старика, Бог накажет.* **Накажи меня Бог** (разг.) — уверение в собственной правоте. *Накажи меня Бог, если я вру!* ‖ *несов.* **нака́зывать,** -аю, -аешь.

НАКАЗА´ТЬ[2], -ажу́, -а́жешь; *сов., кому* и *с неопр.* (устар. и прост.). Дать наказ (в 1 знач.), наставление. *Мать наказала приглядывать за малышами.* ‖ *несов.* **нака́зывать,** -аю, -аешь.

НАКАЗУ´ЕМЫЙ, -ая, -ое; -ем (офиц.). Такой, за к-рый наказывают. *Н. поступок.* ‖ *сущ.* **наказу́емость,** -и, *ж.*

НАКАЛИ´ТЬ, -лю́, -ли́шь; -лённый (-ён, -ена́); *сов.* **1.** *что.* Раскаливая, нагреть до очень высокой температуры. *Н. докрасна. Н. металл. Н. печурку.* **2.** *перен., кого-что.* Довести до крайнего напряжения. *Атмосфера накалена* (о неспокойной обстановке, в к-рой могут возникнуть столкновения, споры, неприятности). ‖ *несов.* **нака́ливать,** -аю, -аешь *и* **накаля́ть,** -я́ю, -я́ешь. ‖ *сущ.* **нака́л,** -а, *м.*, **нака́лка,** -и, *ж.* (к 1 знач.) *и* **нака́ливание,** -я, *ср. Большой накал. Лампочка накаливания* (электрическая лампочка с накаливаемым тугоплавким проводником).

НАКАЛИ´ТЬСЯ, -лю́сь, -ли́шься; *сов.* **1.** (1 и 2 л. не употр.). Раскаливаясь, нагреться до очень высокой температуры. *Металл накалился.* **2.** *перен.* Стать крайне напряжённым. *Атмосфера, обстановка накалилась. Страсти накалились.* ‖ *несов.* **нака́ливаться,** -аюсь, -аешься *и* **накаля́ться,** -я́юсь, -я́ешься. ‖ *сущ.* **нака́л,** -а, *м. Лампочка горит в половину накала. Н. страстей. Н. борьбы.*

НАКА´ЛЫВАТЬ[1-2] *см.* наколоть[1-2].

НАКА´ЛЫВАТЬСЯ *см.* наколоться.

НАКАНИФО´ЛИТЬ *см.* канифолить.

НАКАНУ´НЕ. 1. *нареч.* В предыдущий день. *Приехал н.* **2.** *чего, предлог с род. п.* Непосредственно перед чем-н. *Встретились н. праздника. Фирма н. банкротства.*

НАКА´ПАТЬ *см.* капать.

НАКА´ПЛИВАТЬ, -аю, -аешь; *несов., что.* То же, что копить. *Н. средства. Н. силы.* ‖ *сущ.* **нака́пливание,** -я, *ср.*

НАКА´ПЛИВАТЬСЯ (-аюсь, -аешься, 1 и 2 л. ед. не употр.), -ается; *несов.* Копиться, собираться, набираться (в 1 знач.). *Накапливаются средства. Накапливается раздражение, усталость. На площади накапливается народ.* ‖ *сущ.* **нака́пливание,** -я, *ср.*

НАКА´ПЧИВАТЬ *см.* накоптить.

НАКА´ПЫВАТЬ *см.* накопать.

НАКА´РКАТЬ, -аю, -аешь; *сов., что* (разг.). Каркая (во 2 знач.), навлечь, накликать беду, что-н. плохое. *Н. неприятность кому-н.* ‖ *несов.* **нака́ркивать,** -аю, -аешь.

НАКА´Т, -а, *м.* **1.** *см.* накатать *и* накатиться. **2.** Ряд брёвен или толстых досок, настилаемых на что-н. *Землянка с накатом. Двойной н. блиндажа.* ‖ *прил.* **нака́тный,** -ая, -ое.

НАКАТА´ТЬ, -а́ю, -а́ешь; -а́танный; *сов.* **1.** *что и чего.* Прикатить в несколько приёмов какое-н. количество чего-н. *Н. брёвен.* **2.** *что и чего.* Наготовить, катая (см. катать в 3 и 4 знач.) в каком-н. количестве. *Н. колобков. Н. белья.* **3.** *что.* Покрыть краской, клеем, нанести рисунок специальным роликом (спец.). *Н. узор на стену.* **4.** *что.* Ездя, образовать (дорогу) (разг.). *Н. колеи по полю.* **5.** *что.* Написать быстро (прост. шутл.). *Н. письмо.* ‖ *несов.* **нака́тывать,** -аю, -аешь (к 1, 2, 3 и 4 знач.). ‖ *сущ.* **нака́т,** -а, *м.* (к 3 и 4 знач.) *и* **нака́тка,** -и, *ж.* (к 3 и 4 знач.). ‖ *прил.* **нака́тный,** -ая, -ое (к 3 знач.).

НАКАТА´ТЬСЯ, -а́юсь, -а́ешься; *сов.* Вдоволь покататься. *Н. на велосипеде.*

НАКАТИ´ТЬ, -ачу́, -а́тишь; -а́ченный; *сов.* **1.** *что и чего.* Прикатить какое-н. количество чего-н. *Волной на берег накатило* (безл.) *камней.* **2.** *что.* Катя́, поместить на что-н. *Н. бочку на платформу.* **3.** То же, что наехать (во 2 знач.) (прост.). *Накатило много гостей.* **4.** (1 и 2 л. не употр.), *перен., на кого (что).* О каком-н. чувстве: внезапно охватить, заполнить собой (прост.). *Тоска накатила на кого-н. Страх, гнев накатил на кого-н. Вдруг на него накатило* (безл.; о резкой перемене в поведении, настроении). ‖ *несов.* **нака́тывать,** -аю, -аешь. ‖ *сущ.* **нака́тка,** -и, *ж.* (к 1 и 2 знач.).

НАКАТИ´ТЬСЯ, -ачу́сь, -а́тишься; *сов.* Катясь, наскочить, натолкнуться, надвинуться. *Колесо накатилось на камень. Накатилась волна.* ‖ *несов.* **нака́тываться,** -аюсь, -аешься. ‖ *сущ.* **нака́т,** -а, *м.* (спец.). *Н. орудия* (возвращение в исходное положение после выстрела). ‖ *прил.* **нака́тный,** -ая, -ое (спец.).

НАКАЧА´ТЬ, -а́ю, -а́ешь; -а́чанный; *сов.* **1.** *что и чего.* Качая (в 4 знач.), добыть или перелить куда-н. *Н. воды.* **2.** *что.* Наполнить (жидкостью, газом, специальным составом). *Н. велосипедную камеру насосом. Н. шину. Н. газом.* **3.** *кого (что).* Напоить пьяным (прост.). **4.** *кого (что).* Внушая, убеждая, научить (прост. неодобр.). ‖ *несов.* **нака́чивать,** -аю, -аешь. ‖ *сущ.* **нака́чка,** -и, *ж.*

НАКАЧА´ТЬСЯ, -а́юсь, -а́ешься; *сов.* (прост.). Напиться допьяна. ‖ *несов.* **нака́чиваться,** -аюсь, -аешься.

НАКА´ЧКА, -и, *ж.* **1.** *см.* накачать. **2.** Выговор, нагоняй (прост.). *Н. от начальства. Очередная н.*

НАКВА´СИТЬ, -а́шу, -а́сишь; -а́шенный; *сов., что и чего.* Наготовить квашением. *Н. капусты.* ‖ *несов.* **наква́шивать,** -аю, -аешь.

НАКИДА´ТЬ, -а́ю, -а́ешь; -и́данный; *сов., что и чего.* То же, что набросать (в 1 знач.). ‖ *несов.* **наки́дывать,** -аю, -аешь.

НАКИ´ДКА, -и, *ж.* **1.** *см.* накинуть. **2.** Верхняя одежда без рукавов, род плаща. **3.** Лёгкое покрывало для постельной подушки. *Кружевная н.*

НАКИ´НУТЬ, -ну, -нешь; -утый; *сов., что.* **1.** То же, что набросить. *Н. платок на голову.* **2.** Увеличить цену, набавить (прост.). *Н. рубль.* ‖ *несов.* **наки́дывать,** -аю, -аешь. ‖ *сущ.* **наки́дка,** -и, *ж.* (ко 2 знач.). ‖ *прил.* **накидно́й,** -а́я, -о́е.

НАКИ´НУТЬСЯ, -нусь, -нешься; *сов., на кого-что.* То же, что наброситься. ‖ *несов.* **наки́дываться,** -аюсь, -аешься.

НАКИПЕ´ТЬ (-плю́, -пи́шь, 1 и 2 л. не употр.), -пи́т; *сов.* **1.** О накипи: скопиться, осесть. *На дне чайника накипело* (безл.). **2.** *перен.* О гневе, обиде: накопиться. *Накипело* (безл.) *на душе.* ‖ *несов.* **накипа́ть** (-а́ю, -а́ешь, 1 и 2 л. не употр.), -а́ет. ‖ *прил.* **накипно́й,** -а́я, -о́е (к 1 знач.; спец.).

НА´КИПЬ, -и, *ж.* Пена, грязь на поверхности кипящей жидкости, а также твёрдые образования на стенках посуды, ёмкости, в к-рой что-н. кипело, кипятилось. *Н. на супе. Н. в котлах.*

НАКЛА´ДКА, -и, *ж.* **1.** Накладной предмет или накладная часть какого-н. предмета. *Н. из волос* (род парика). *Дульная н.* (у ружья). **2.** Ошибка, промах (прост.). *Н. вышла. Не обошлось без накладок.*

НАКЛАДНА´Я, -о́й, *ж.* (офиц.). Препроводительный документ к товару, к перевозимому грузу. *Транспортная, товарная н. Получить груз по накладной. Н. на груз, на товар.*

НАКЛА´ДНО, *в знач. сказ. и с неопр.* (разг.). Убыточно, невыгодно. *Выйдет слишком н. С этим человеком спорить н.* (перен.: рискованно).

НАКЛАДНО´Й, -а́я, -о́е. Прикрепляемый, накладываемый поверх чего-н. другого. *Ложка накладного серебра* (покрытая слоем серебра). *Накладная борода* (искусственная). ✦ **Накладной расход,** обычно *мн.* (спец.) — дополнительный по отношению к основным затратам расход, связанный с управлением и обслуживанием предприятия.

НАКЛА´ДЫВАТЬ *см.* наложить.

НАКЛЕВЕТА´ТЬ *см.* клеветать.

НАКЛЕ´ИТЬ, -е́ю, -е́ишь; -е́енный; *сов.* **1.** *что.* То же, что приклеить. *Н. марку на конверт.* **2.** *что и чего.* Наготовить, склеивая, клея. *Н. ёлочных игрушек.* ‖ *несов.* **накле́ивать,** -аю, -аешь. ‖ *сущ.* **накле́йка,** -и, *ж.* (к 1 знач.).

НАКЛЕ´ЙКА, -и, *ж.* **1.** *см.* наклеить. **2.** Наклеенная на что-н. бумажка, этикетка, а также вообще то, что наклеено на что-н. *Н. на пузырьке. Пластические, волосяные наклейки* (в гриме).

НАКЛЕПА´ТЬ[1], -а́ю, -а́ешь; -клёпанный; *сов., что* (спец.). Приклепать к поверхности металла. ‖ *несов.* **наклёпывать,** -аю, -аешь. ‖ *сущ.* **наклёпка,** -и, *ж.*

НАКЛЕПА´ТЬ[2] *см.* клепать[2].

НАКЛЁВЫВАТЬСЯ *см.* наклюнуться.

НАКЛЁПКА, -и, *ж.* **1.** *см.* наклепать[1]. **2.** То, что наклёпано на что-н. *Металлическая н.*

НАКЛИ́КАТЬ, -и́чу, -и́чешь; -и́канный; *сов., что* и *чего* (прост.). Навлечь (что-н. плохое) разговорами, предсказаниями. *Н. беду, несчастье.* ‖ *несов.* **наклика́ть**, -а́ю, -а́ешь.

НАКЛО́Н, -а, *м.* **1.** *см.* наклонить, -ся. **2.** Положение, среднее между отвесным и горизонтальным; покатая поверхность. *Небольшой н. Н. орбиты* (спец.). *Скатываться по наклону.* ‖ *прил.* **накло́нный**, -ая, -ое. *Наклонное бурение* (нефтяных скважин). *По наклонной плоскости катиться* (также перен.: об углубляющемся нравственном падении).

НАКЛОНЕ́НИЕ, -я, *ср.* В грамматике: система форм (парадигма) глагола, выражающих отношение действия к действительности. *Изъявительное, повелительное, сослагательное н.*

НАКЛОНИ́ТЬ, -оню́, -о́нишь; -нённый (-ён, -ена́); *сов., кого-что.* Клоня, сгибая, опустить, направить книзу. *Н. ветку. Н. голову.* ‖ *несов.* **наклоня́ть**, -я́ю, -я́ешь. ‖ *сущ.* **накло́н**, -а, *м.*

НАКЛОНИ́ТЬСЯ, -оню́сь, -о́нишься; *сов.* Клонясь, сгибаясь, опуститься, направиться книзу. *Ива наклонилась к воде. Н. над ребёнком.* ‖ *несов.* **наклоня́ться**, -я́юсь, -я́ешься. ‖ *сущ.* **накло́н**, -а, *м.*

НАКЛО́ННОСТЬ, -и, *ж.* Влечение, склонность. *Н. к точным наукам. Хорошие наклонности.*

НАКЛЮ́КАТЬСЯ, -аюсь, -аешься; *сов.* (прост.). Напиться допьяна.

НАКЛЮ́НУТЬСЯ (-нусь, -нешься, 1 и 2 л. не употр.), -нется; *сов.* **1.** О птенце, мальке: начать выклёвываться, проделывать себе выход из яйца, личинки. *Наклюнулся цыплёнок. Наклюнулись ростки, почки* (перен.). **2.** *перен.* Случайно появиться, подвернуться (во 2 знач.) (прост.). *Наклюнулось выгодное дельце.* ‖ *несов.* **наклёвываться** (-аюсь, -аешься, 1 и 2 л. не употр.), -ается.

НАКЛЯ́УЗНИЧАТЬ *см.* кляузничать.

НАКОВА́ЛЬНЯ, -и, *род. мн.* -лен, *ж.* **1.** Тяжёлая металлическая опора для ручной ковки. *Между молотом и наковальней* (быть, находиться; перен.: об опасности, грозящей с двух сторон; книжн.). **2.** У позвоночных животных и человека: одна из слуховых косточек среднего уха (спец.). ‖ *прил.* **накова́ленный**, -ая, -ое (к 1 знач.).

НАКОВА́ТЬ, -кую́, -куёшь; -о́ванный; *сов.* **1.** *что.* Приделать ковкой к поверхности чего-н. **2.** *что* и *чего.* Наготовить ковкой. *Н. заготовок.* ‖ *несов.* **нако́вывать**, -аю, -аешь. ‖ *сущ.* **нако́вка**, -и, *ж.* (к 1 знач.).

НАКО́ЖНЫЙ, -ая, -ое (спец.). Находящийся на коже (в 1 знач.), на кожном покрове. *Накожная сыпь.*

НАКОЛБАСИ́ТЬ, 1 л. не употр., -си́шь; *сов.* (прост.). Наделать чепухи, глупостей.

НАКОЛДОВА́ТЬ, -ду́ю, -ду́ешь; *сов., что* и *чего.* Навлечь, напророчить колдовством. *Колдунья наколдовала беду.*

НАКОЛЕ́ННИК, -а, *м.* Наколенная накладка, щиток, а также тёплая повязка.

НАКОЛЕ́ННЫЙ, -ая, -ое. Надеваемый, накладываемый на колено. *Наколенная повязка.*

НАКО́ЛКА, -и, *ж.* **1.** *см.* наколоть². **2.** Украшение из кружева, ткани на женской причёске. **3.** То же, что татуировка (во 2 знач.) (прост.). *Н. на груди.*

НАКОЛОБРО́ДИТЬ *см.* колобродить.

НАКОЛОТИ́ТЬ, -очу́, -о́тишь; -о́ченный; *сов.* То же, что набить (в 4, 7 и 8 знач.). *Н. обруч. Н. гвоздей. Н. посуды.* ‖ *несов.* **накола́чивать**, -аю, -аешь.

НАКОЛО́ТЬ¹, -олю́, -о́лешь; -о́лотый; *сов., что* и *чего.* Наготовить колкой (см. колоть¹). *Н. дров. Н. сахару.* ‖ *несов.* **нака́лывать**, -аю, -аешь.

НАКОЛО́ТЬ², -олю́, -о́лешь; -о́лотый; *сов.* **1.** *что* и *чего.* Приколоть, вколоть в каком-н. количестве. *Н. булавок.* **2.** *кого (чего).* Заколоть (см. колоть² в 3 знач.) в каком-н. количестве (животных). *Н. свиней.* **3.** *что* и *чего.* Нанести ряд уколов на чём-н. или изобразить что-н. на какой-н. поверхности чем-н. колющим. *Н. узор. Н. татуировку.* **4.** *что.* Прикрепить к чему-н. булавкой, а также насадить на что-н. острое. *Н. листок на гвоздь. Н. бант.* **5.** *что.* Повредить уколом. *Н. палец.* ‖ *несов.* **нака́лывать**, -аю, -аешь. ‖ *сущ.* **нако́лка**, -и, *ж.* (к 3 и 4 знач.).

НАКОЛО́ТЬСЯ, -олю́сь, -о́лешься; *сов.* Наткнуться на что-н. острое. *Н. на иголку, на колючки.* ‖ *несов.* **нака́лываться**, -аюсь, -аешься.

НАКОМА́РНИК, -а, *м.* Надеваемая на голову и лицо сетка для защиты от комаров.

НАКОНЕ́Ц. 1. *нареч.* В конце чего-н. длившегося, продолжавшегося, в конечном итоге. *Долго говорил и н. замолчал. Догадался н.* **2.** *вводн. сл.* Выражает выбор, что-н. возможное и допускаемое в ряду других, прочих. *Можно было написать, прийти, н., позвонить.* **3.** *вводн. сл.* Выражает недовольство, нетерпение. *Замолчи же, н.!* ✦ **Наконец-то!** — выражение удовлетворения по поводу того, что произошло что-то давно ожидаемое. *Пришла посылка. Наконец-то!*

НАКОНЕ́ЧНИК, -а, *м.* Небольшой, обычно остроконечный или в виде колпачка предмет, приделанный к концу другого предмета или надеваемый на него. *Н. стрелы. Н. авторучки. Н. снаряда.*

НАКОПА́ТЬ, -а́ю, -а́ешь; -о́панный; *сов., что* и *чего.* То же, что нарыть. *Н. картофеля. Н. ямок.* ‖ *несов.* **нака́пывать**, -аю, -аешь.

НАКОПИ́ТЕЛЬ, -я, *м.* **1.** Человек, к-рый копит, занимается накопительством. **2.** Устройство, вместилище для сбора, накапливания, сохранения чего-н. (спец.). *Пруды-накопители* (для стока вод). *Бункер-н. Тележка-н.* ‖ *ж.* **накопи́тельница**, -ы (к 1 знач.). ‖ *прил.* **накопи́тельский**, -ая, -ое (к 1 знач.) *и* **накопи́тельный**, -ая, -ое (ко 2 знач.; спец.). *Накопительная станция.*

НАКОПИ́ТЕЛЬНЫЙ *см.* накопитель *и* накопление.

НАКОПИ́ТЕЛЬСТВО, -а, *ср.* Стремление приобретать, запасать, обогащаться. *Страсть к накопительству. Дух накопительства.* ‖ *прил.* **накопи́тельский**, -ая, -ое.

НАКОПИ́ТЬ, -СЯ *см.* копить, -ся.

НАКОПЛЕ́НИЕ, -я, *ср.* **1.** *см.* копить, -ся. **2.** *мн.* Накопленная сумма, количество чего-н. *Большие накопления.* ‖ *прил.* **накопи́тельный**, -ая, -ое (спец.). *Накопительная ведомость.*

НАКОПТИ́ТЬ, -пчу́, -пти́шь; -пчённый (-ён, -ена́); *сов.* **1.** *см.* коптить. **2.** *что* и *чего.* Наготовить копчением. *Н. рыбы.* ‖ *несов.* **нака́пчивать**, -аю, -аешь.

НАКОРМИ́ТЬ *см.* кормить.

НАКОРОТКЕ́ (разг.). **1.** *нареч.* На близком расстоянии от кого-чего-н. *Расположиться н. от дороги.* **2.** *нареч.* В короткий промежуток времени, недолго. *Поговорить н.* **3.** *в знач. сказ., с кем.* В близких, коротких отношениях. *Быть н. с начальником.*

НАКО́СТНЫЙ, -ая, -ое (спец.). Находящийся на кости, на костях. *Накостное утолщение.*

НАКРА́ДЫВАТЬ *см.* накрасть.

НАКРА́ПЫВАТЬ (-аю, -аешь, 1 и 2 л. не употр.), -ает; *несов.* О дожде: падать редкими каплями. *С утра накрапывает* (безл.).

НАКРА́СИТЬ, -а́шу, -а́сишь; -а́шенный; *сов.* **1.** *что.* Покрыть краской, красящим составом. *Н. ногти. Накрашенные губы.* **2.** *что* и *чего.* Выкрасить, раскрасить какое-н. количество. *Н. пряжи.* ‖ *несов.* **накра́шивать**, -аю, -аешь.

НАКРА́СИТЬСЯ *см.* краситься.

НАКРА́СТЬ, -аду́, -адёшь; -а́л, -а́ла; -аденный; *сов., что* и *чего* (разг.). То же, что наворовать. ‖ *несов.* **накра́дывать**, -аю, -аешь.

НАКРАХМА́ЛИТЬ *см.* крахмалить.

НАКРЕНИ́ТЬ, -СЯ *см.* кренить, -ся.

НА́КРЕПКО, *нареч.* (разг.). **1.** Прочно, плотно. *Н. запереть. Завязать крепко-н.* **2.** Решительно, строго. *Запретить н.*

НА́КРЕСТ, *нареч.* То же, что крест-накрест. *Обвязаться шалью н.*

НАКРИЧА́ТЬ, -чу́, -чи́шь; *сов.* **1.** *на кого (что).* С криком выбранить кого-н., сделать кому-н. выговор в резкой форме. *Н. на озорника.* **2.** *что* и *чего.* Наговорить, крича. *Н. обидных слов.* ‖ *несов.* **накри́кивать**, -аю, -аешь.

НАКРОМСА́ТЬ, -а́ю, -а́ешь; -о́мсанный; *сов., что* и *чего* (разг.). Кромсая, нарезать. *Н. кусков.*

НАКРОПА́ТЬ *см.* кропать.

НАКРОШИ́ТЬ *см.* крошить.

НАКРУТИ́ТЬ, -учу́, -у́тишь; -у́ченный; *сов.* **1.** *что.* Навить на что-н., намотать. *Н. леску на удилище.* **2.** *что* и *чего.* Кручением наготовить. *Н. верёвок.* **3.** *перен., что* и *чего.* Наговорить, сделать, изобразить что-н. сложное, необычное (разг.). *Н. всяких ужасов.* ‖ *несов.* **накру́чивать**, -аю, -аешь.

НАКРЫ́ТЬ, -ро́ю, -ро́ешь; -ы́тый; *сов.* **1.** *кого-что.* **1.** Закрыть чем-н. сверху. *Н. тюки брезентом.* **2.** *перен.* Поразить огнём, бомбовым ударом. *Н. цель артиллерийским огнём. Блиндаж накрыло* (безл.) *снарядом.* **3.** *кого (что).* Поймать, захватить на месте преступления (прост.). *Н. грабителя на месте преступления. Н. воровскую шайку.* ✦ **Накрыть на стол** или **накрыть стол** — приготовить стол, поставив на него всё необходимое для еды. ‖ *несов.* **накрыва́ть**, -а́ю, -а́ешь. ‖ *сущ.* **накры́тие**, -я, *ср.* (ко 2 знач.; спец.). *Н. цели.*

НАКРЫ́ТЬСЯ, -ро́юсь, -ро́ешься; *сов.* **1.** Укрыть себя чем-н. сверху с головой. *Н. одеялом. Н. плащом.* **2.** (1 и 2 л. не употр.). Не состояться, не осуществиться (о том, что предполагалось, планировалось) (прост.). *Премия накрылась.* ‖ *несов.* **накрыва́ться**, -а́юсь, -а́ешься.

НАКУ́КСИТЬСЯ *см.* кукситься.

НАКУПИ́ТЬ, -уплю́, -у́пишь; -у́пленный; *сов., что* и *чего.* Купить в большом количестве. *Н. подарков.* ‖ *несов.* **накупа́ть**, -а́ю, -а́ешь.

НАКУ́РЕННЫЙ, -ая, -ое. Наполненный дымом от курения. *Накуренное помещение. Н. вагон.*

НАКУРИ́ТЬ, -урю́, -у́ришь; *сов.* **1.** Куря или сжигая что-н., наполнить помещение дымом. *Н. табаком. Н. вереском, курениями* (для аромата). *В комнате накурено* (в знач. сказ.). **2.** *что* и *чего.* Наготовить курением (по 4 знач. глаг. курить), перегонкой. *Н. смолы.* ‖ *несов.* **наку́ривать**, -аю, -аешь.

НАКУРИ́ТЬСЯ, -урю́сь, -у́ришься; *сов.* Покурить вдоволь, много. *Н. до головной* *боли.* ‖ *несов.* **наку́риваться,** -аюсь, -ается.

НАКУРОЛЕ́СИТЬ *см.* куролесить.

НАКУСА́ТЬ, -а́ю, -а́ешь; -у́санный; *сов., что.* Сделать укусы во многих местах. *Комары накусали руки.* ‖ *несов.* **наку́сывать,** -аю, -аешь.

НАКУ́ТАТЬ, -аю, -аешь; -анный; *сов., что* и *чего на кого-что* (разг.). Кутая или кутаясь, надеть несколько предметов одежды, тёплые вещи. *Много накутали на ребёнка. Н. на себя три платка.* ‖ *несов.* **наку́тывать,** -аю, -аешь.

НАЛА́ВЛИВАТЬ *см.* наловить.

НАЛАГА́ТЬ *см.* наложить.

НАЛА́ДИТЬ, -а́жу, -а́дишь; -а́женный; *сов., что.* **1.** Привести в рабочее состояние, отрегулировать, сделать пригодным для пользования. *Н. станок.* **2.** Устроить, организовать. *Н. производство запасных частей. Н. дело.* **3.** Настроить на нужный лад (музыкальный инструмент) (разг.). *Н. балалайку.* ‖ *несов.* **нала́живать,** -аю, -аешь. ‖ *сущ.* **нала́дка,** -и, *ж.* (к 1 знач.; спец.) и **нала́живание,** -я, *ср.* (ко 2 знач.). ‖ *прил.* **нала́дочный,** -ая, -ое (к 1 знач.; спец.).

НАЛА́ДИТЬСЯ, -ится; *сов.* **1.** *см.* ладиться. **2.** (1 и 2 не употр.). Устроиться, установиться должным порядком (разг.). *Работа наладилась. Наладились отношения. Не волнуйся, всё наладится.* **3.** Приноровиться, выработать навык к чему-н. (прост.). *Наладился управляться с лошадьми.* **4.** То же, что повадиться (прост.). *Лисица наладилась таскать кур.* ‖ *несов.* **нала́живаться,** -ается.

НАЛА́ДЧИК, -а, *м.* Специалист по наладке, настройке (см. настроить² в 3 знач.) станков, механизмов. *Мастер-н.* ‖ *ж.* **нала́дчица,** -ы.

НАЛАКА́ТЬСЯ, -а́юсь, -а́ешься; *сов.* **1.** О животных: лакая, насытиться. *Н. молока.* **2.** Напиться допьяна (прост. неодобр.).

НАЛА́МЫВАТЬ *см.* наломать.

НАЛГА́ТЬ *см.* лгать.

НАЛЕ́ВО, *нареч.* **1.** В левую сторону, на левой стороне. *Свернуть н. Н. от входа.* **2.** Незаконно используя служебные возможности в личных интересах (разг. неодобр.). *Продать кирпич н. Сработать н.*

НАЛЕГА́ТЬ *см.* налечь.

НАЛЕГКЕ́, *нареч.* **1.** Без ноши или с лёгкой ношей. *Отправиться в путь н.* **2.** В лёгкой одежде. *Холодно, а ты н.*

НА́ЛЕДЬ, -и, *ж.* **1.** Ледяная корка поверх разлившейся по земле воды. *Дорога покрыта наледью.* **2.** Вода, выступившая поверх льда. *Наледи на замерзшем пруду.*

НАЛЕЖА́ТЬ, -жу́, -жи́шь; -ёжанный; *сов., что* (разг.). Долгим лежанием повредить себе какую-н. часть тела. *Н. пролежни.* ‖ *несов.* **налёживать,** -аю, -аешь.

НАЛЕЖА́ТЬСЯ, -жу́сь, -жи́шься; *сов.* (разг.). Полежать (по 1, 2 и 5 знач. глаг. лежать) вдоволь. *Н. в постели. Належался по больницам.* ‖ *несов.* **налёживаться,** -аюсь, -аешься.

НАЛЕ́ЗТЬ, -зу, -зешь; -е́з, -е́зла; -е́зший; -е́зши; *сов.* (разг.). **1.** (1 и 2 л. ед. не употр.). Набраться (в 1 знач.) куда-н. в большом количестве. *Налезли насекомые.* **2.** *на кого-что.* Надвинуться, опуститься, навалиться на кого-что-н. *Льдина налезла на льдину. Волосы налезли на глаза. Н. всем телом на кого-н.* **3.** (1 и 2 л. не употр.), *на кого-что.* Об одежде, обуви: надеться. *Сапоги еле налезли.* ‖ *несов.* **налеза́ть,** -а́ю, -а́ешь.

НАЛЕПИ́ТЬ, -леплю́, -ле́пишь; -ле́пленный; *сов.* **1.** *см.* лепить. **2.** *что* и *чего.* Лепя, наготовить. *Н. фигурок из глины.* ‖ *несов.* **нале́пливать,** -аю, -аешь.

НАЛЕПЛЯ́ТЬ, -я́ю, -я́ешь; *несов., что* (разг.). То же, что лепить (во 2 знач.). *Н. наклейки.*

НАЛЕТА́ТЬ¹, -а́ю, -а́ешь; -лётанный; *сов., что* и *чего.* Летая (см. лететь в 1 знач.), покрыть какое-н. пространство, пробыть в воздухе какое-н. время. *Лётчик налетал сто тысяч километров. Н. тысячу часов.* ‖ *несов.* **налётывать,** -аю, -аешь. ‖ *сущ.* **налёт,** -а, *м. Н. часов.*

НАЛЕТА́ТЬ² *см.* налететь.

НАЛЕТЕ́ТЬ, -лечу́, -лети́шь; *сов.* **1.** (1 и 2 л. не употр.). О ветре, буре, о ярком событии, о мыслях: появиться неожиданно, с силой. *Налетел ураган, вихрь. Налетела любовь. Налетели воспоминания. Налетела беда.* **2.** (1 и 2 л. ед. не употр.). Прилететь в большом количестве. *Налетели мухи.* **3.** *на кого-что.* Летя, быстро двигаясь, натолкнуться. *Н. на воздушное заграждение. Н. на столб* (с ходу, идя или в момент быстрой езды; разг.). **4.** *на кого-что.* Летя, быстро двигаясь, наброситься, напасть. *Ястреб налетел на цыплят. Конница налетела с фланга.* **5.** *перен., на кого (что).* То же, что наброситься (в 3 знач.) (разг.). *Н. с угрозами, с расспросами.* **6.** (1 и 2 л. не употр.). О мелких, летучих частицах: падая, осесть слоем на поверхности чего-н. *Налетела копоть, пыль.* ‖ *несов.* **налета́ть,** -а́ю, -а́ешь. ‖ *сущ.* **налёт,** -а, *м.* (ко 2, 3 и 4 знач.).

НАЛЕ́ЧЬ, -ля́гу, -ля́жешь, -ля́гут; -лёг, -легла́; -ля́г; -лёгший; -лёгши; *сов.* **1.** *на кого-что.* Прислонившись, надавить туловищем или частью его, навалиться. *Н. грудью на стол. Н. плечом на дверь.* **2.** *перен., на что.* Начать усиленно действовать, заниматься чем-н. (разг.). *Н. на учёбу. Н. на математику. Н. на вёсла* (начать усиленно грести). **3.** *перен., на кого (что).* Заставить действовать, исполнить что-н. (прост.). *Н. на своих помощников.* **4.** (1 и 2 л. не употр.), *на что.* Расположиться слоем на чём-н. *Снег налёг на ветки.* ‖ *несов.* **налега́ть,** -а́ю, -а́ешь.

НАЛЁТ, -а, *м.* **1.** *см.* налететь и налетать². **2.** Стремительное и внезапное нападение. *Партизанский н. в тылу врага. Воздушный н. Огневой н.* (сильный артиллерийский обстрел). **3.** Нападение с целью грабежа. *Бандитский н. Н. на банк.* **4.** Тонкий слой чего-н. на поверхности. *Н. пыли, плесени. Н. в горле* (гнойное образование при ангине и других болезнях). **5.** *перен., чего.* О чём-н. слабо выраженном, неясно проявляющемся. *Н. грусти. С налётом юмора.* ✦ **С налёта (-у)** (разг.) — 1) на полном движении. *Сокол бьёт с налёта;* 2) без предварительной подготовки, сразу. *Отвечать с налёту.* ‖ *прил.* **налётный,** -ая, -ое (к 4 знач.).

НАЛЁТЧИК, -а, *м.* Грабитель, совершающий налёт (в 3 знач.). ‖ *ж.* **налётчица,** -ы.

НАЛИ́В, -а, *м.* **1.** *см.* налить, -ся. **2.** Степень зрелости (плода, зерна). *Яблоки хорошего налива.* ✦ **Белый налив** — сорт ранних яблок.

НАЛИ́ВКА, -и, *ж.* Род вина — сладкая настойка на фруктах, ягодах. *Вишнёвая н.* ‖ *прил.* **нали́вочный,** -ая, -ое.

НАЛИВНО́Й, -а́я, -о́е. **1.** Приспособленный для перевозки жидких грузов без тары. *Наливное судно* (танкер). **2.** Приводимый в движение водой, падающей сверху (спец.). *Наливное мельничное колесо.* **3.** О плодах, зерне: созревший, сочный. *Наливное яблочко. Наливные початки.*

НАЛИЗА́ТЬСЯ, -ижу́сь, -и́жешься; *сов.* **1.** *чего.* Полизать вдоволь (разг.). *Н. мёду.* **2.** Напиться пьяным (прост. неодобр.). ‖ *несов.* **нали́зываться,** -аюсь, -аешься.

НАЛИ́М, -а, *м.* Хищная пресноводная рыба сем. тресковых. ‖ *прил.* **нали́мий,** -ья, -ье.

НАЛИНОВА́ТЬ *см.* линовать.

НАЛИ́ПНУТЬ (-ну, -нешь, 1 и 2 л. не употр.), -нет; -и́п, -и́пла; -и́пший; *сов., на кого-что.* Прилипая, накопиться на поверхности чего-н. *Налипли ракушки. Грязь налипла на ноги.* ‖ *несов.* **налипа́ть** (-а́ю, -а́ешь, 1 и 2 л. не употр.), -а́ет.

НАЛИТО́Й, -а́я, -о́е. Полный, сочный; упругий. *Н. колос, плод. Налитые мускулы. Налитые щёки.*

НАЛИ́ТЬ, -лью́, -льёшь; на́лил и нали́л, налила́, на́лило и нали́ло; -ле́й; на́литый (на́лит, налита́, на́лито) и нали́тый (-и́т, -ита́, -и́то); *сов., что* и *чего.* **1.** Влить или, вливая, наполнить (сосуд). *Н. пива в кружку. Н. чашку молока. Н. бак водой.* **2.** Разлить по поверхности. *Н. воду (воды) на полу. На столе налито* (в знач. сказ.). ‖ *несов.* **налива́ть,** -а́ю, -а́ешь. ‖ *сущ.* **нали́в,** -а, *м.* (к 1 знач.; спец.). *Перевозка нефти наливом.*

НАЛИ́ТЬСЯ, -лью́сь, -льёшься; -и́лся, -ила́сь, -ило́сь и -и́лось; -ле́йся; *сов.* **1.** (1 и 2 л. не употр.). То же, что натечь. *Вода налилась в лодку.* **2.** (1 и 2 л. не употр.). Наполниться чем-н. жидким. *Кружка налилась до краев.* **3.** О плодах, зерне: стать полным, сочным или упругим; наполниться соком при созревании. *Сливы налились. Мускулы налились.* ✦ **Налиться кровью** — о глазах, лице: покраснеть от прилива крови (обычно под влиянием гнева, боли). **Налиться слезами** — о глазах: наполниться слезами. ‖ *несов.* **налива́ться,** -а́юсь, -а́ешься. ‖ *сущ.* **нали́в,** -а, *м.* (к 3 знач.; спец.). *Н. зерна.*

НАЛИЦО́, *в знач. сказ.* О том, кто (что) присутствует, находится в наличии. *Свидетели н. Доказательства н. Факт н.*

НАЛИ́ЧЕСТВОВАТЬ (-твую, -твуешь, 1 и 2 л. не употр.), -твует; *несов.* (книжн.). Быть налицо, в наличии, иметься, иметь место. *Наличествуют доказательства.* ‖ *сущ.* **нали́чествование,** -я, *ср.*

НАЛИ́ЧИЕ, -я, *ср.* Присутствие (в 1 знач.), существование. *Быть в наличии. Н. улик.*

НАЛИ́ЧНИК, -а, *м.* **1.** Накладная планка на дверном или оконном проёме. *Резные наличники.* **2.** Металлическая пластинка со скважиной для ключа¹ (в 1 знач.).

НАЛИ́ЧНОСТЬ, -и, *ж.* (офиц.). **1.** Наличие, присутствие. *Все документы в наличности.* **2.** Количество чего-н. на данное время. *Н. товаров в магазине.* **3.** Деньги, имеющиеся налицо. *Кассовая н. Проверить н.*

НАЛИ́ЧНЫЙ, -ая, -ое (офиц.). Имеющийся налицо, в наличности. *Наличные суммы. Продавать за наличные* (сущ.; за наличные деньги).

НАЛО́БНЫЙ, -ая, -ое. Находящийся на лбу, надеваемый на лоб. *Налобная повязка.*

НАЛОВИ́ТЬ, -овлю́, -о́вишь; -о́вленный; *сов., кого (чего).* Поймать в каком-н. количестве. *Н. карасей. Н. птиц.* ‖ *несов.* **нала́вливать,** -аю, -аешь.

НАЛОВЧИ́ТЬСЯ, -чу́сь, -чи́шься; *сов., с неопр.* (разг.). Приобрести навык, ловкость в каком-н. деле, занятии. *Н. играть в городки.*

НАЛО́Г, -а, *м.* Установленный обязательный платёж, взимаемый с граждан и юридических лиц. *Взимать н. Облагать нало-*

гом. Государственный н. Подоходный н. Н. на недвижимое имущество. ‖ *прил.* **налоговый**, -ая, -ое. *Налоговая инспекция.*

НАЛОГОПЛАТЕ́ЛЬЩИК, -а, *м.* (офиц.). Плательщик налога. ‖ *ж.* **налогоплате́льщица**, -ы.

НАЛО́ЖЕННЫЙ: наложенный платёж (офиц.) — способ расчёта, при к-ром получатель груза, почтового отправления оплачивает его стоимость при вручении. *Посылка отправлена наложенным платежом.*

НАЛОЖИ́ТЬ, **-ожу́**, **-о́жишь**; **-о́женный**; *сов.* **1.** *что.* Положить сверху на что-н. *Н. выкройку на ткань. Н. компресс. Н. повязку. Н. лак* (покрыть слоем лака). **2.** *что.* Поставить (какой-н. знак), пометить чем-н. *Н. печать. Н. резолюцию, визу. Н. свой отпечаток на кого-что-н.* (перен.: оставить след, повлиять). **3.** *что* и *чего.* Положить, навалить в каком-н. количестве куда-н., наполнить чем-н. *Н. белья в чемодан. Н. полную тарелку каши.* **4.** *что.* Подвергнуть чему-н., назначить, предписать что-н. (то, что обозначено существительным). *Н. штраф. Н. запрет. Н. наказание. Н. тяжёлое бремя на кого-н.* (перен.). ✦ **Наложить на себя руки** (устар.) — покончить жизнь самоубийством. ‖ *несов.* **накла́дывать**, -аю, -аешь (к 1, 2 и 3 знач.) *и* **налага́ть**, -а́ю, -а́ешь (к 4 знач.). ‖ *сущ.* **наложе́ние**, -я, *ср.* (к 1, 2 и 4 знач.).

НАЛО́ЖНИЦА, -ы, *ж.* (устар.). То же, что любовница (во 2 знач.).

НАЛОМА́ТЬ, -а́ю, -а́ешь; -о́манный; *сов., что* и *чего.* Сломать в каком-н. количестве, наготовить, ломая. *Ветер наломал веток. Н. тростнику.* ✦ **Наломать бока** *кому* (прост.) — избить. **Наломать дров** (прост.) — наделать много глупостей, ошибок. ‖ *несов.* **нала́мывать**, -аю, -аешь.

НАЛОЩИ́ТЬ *см.* лощить.

НАЛУЩИ́ТЬ, -щу́, -щи́шь; -щённый (-ён, -ена́); *сов., что* и *чего.* Луща, наготовить чего-н., а также насорить шелухой. *Н. гороху. Н. на полу семечками.* ‖ *несов.* **налу́щивать**, -аю, -аешь.

НАЛЮБОВА́ТЬСЯ, -бу́юсь, -бу́ешься; *сов., на кого-что.* Полюбоваться вдоволь. *Не может н. на что-н.* (не перестает любоваться). *Не налюбуются друг на друга* (о любящих: всё время любуются друг другом).

НАЛЯ́ПАТЬ *см.* ляпать.

НАМАГНИ́ТИТЬ, -и́чу, -и́тишь; -и́ченный; *сов., что.* Сообщить (какому-н. телу) свойства магнита. *Н. сталь.* ‖ *несов.* **намагни́чивать**, -аю, -аешь. ‖ *сущ.* **намагни́чивание**, -я, *ср.*

НАМА́З, -а, *м.* У мусульман: ежедневная пятикратная (в определённое время) молитва из стихов Корана. *Совершать н. Утренний, вечерний н.*

НАМА́ЗАТЬ, **-СЯ** *см.* мазать[1], -ся.

НАМА́ЗЫВАТЬ, -аю, -аешь; *несов., что.* То же, что мазать[1] (в 1 знач.).

НАМАЛЕВА́ТЬ *см.* малевать.

НАМА́ЛЫВАТЬ *см.* намолоть[1].

НАМАРА́ТЬ *см.* марать.

НАМАРИНОВА́ТЬ, -ну́ю, -ну́ешь; -о́ванный; *сов., что* и *чего.* Маринованием заготовить в каком-н. количестве. *Н. огурцов, грибов.* ‖ *несов.* **намарино́вывать**, -аю, -аешь.

НАМА́СЛИТЬ *см.* маслить.

НАМА́ТЫВАТЬ, **-СЯ** *см.* намотать, -ся.

НАМА́ЧИВАТЬ *см.* намочить.

НАМА́ЯТЬСЯ, -а́юсь, -а́ешься; *сов.* (прост.). Очень устать; намучиться. *Н. за́ день. Н. с детьми в дороге.*

НАМЕ́ДНИ, *нареч.* (прост.). Совсем недавно, на днях.

НАМЕЖЕВА́ТЬ, -жу́ю, -жу́ешь; -жёванный; *сов., что* и *чего.* Межуя, установить границы земельных участков. ‖ *несов.* **намежёвывать**, -аю, -аешь.

НАМЕКА́ТЬ, -а́ю, -а́ешь; *несов., на кого-что.* Говорить, действовать намёками, а также, говоря намёками, иметь в виду кого-что-н. *Н. на чьи-н. старые грехи. На что ты намекаешь?* ‖ *сов.* **намекну́ть**, -ну́, -нёшь. *Н. гостю, что время позднее.*

НАМЕЛИ́ТЬ *см.* мелить.

НАМЕНЯ́ТЬ, -я́ю, -я́ешь; -е́нянный; *сов., что* и *чего.* Разменяв (деньги) или обменяв, приобрести какое-н. количество чего-н. *Н. мелочи. Н. марок для коллекции.* ‖ *несов.* **наме́нивать**, -аю, -аешь.

НАМЕРЕВА́ТЬСЯ, -а́юсь, -а́ешься; *несов., с неопр.* Предполагать, иметь намерение, собираться (в 4 знач.). *Н. приступить к занятиям.*

НАМЕ́РЕН, -а, -о, *в знач. сказ., с неопр.* Намеревается, предполагает, собирается сделать что-н. *Н. пойти. Не н. с ним разговаривать.*

НАМЕ́РЕНИЕ, -я, *ср.* Предположение сделать что-н., желание, замысел. *Иметь н. Без всякого намерения* (без определённой цели, неумышленно). *Благие намерения* (ирон.).

НАМЕ́РЕННЫЙ, -ая, -ое; -ен, -енна. Сделанный с намерением, сознательно. *Намеренное оскорбление. Дерзость его намеренна. Намеренно* (нареч.) *сделать что-н.* ‖ *сущ.* **наме́ренность**, -и, *ж.*

НАМЕ́РИТЬ, -рю, -ришь; -ренный; *сов., что* и *чего* (разг.). **1.** Отмерить в каком-н. количестве. **2.** Измеряя, определить количество чего-н. ‖ *несов.* **наме́ривать**, -аю, -аешь.

НА́МЕРТВО, *нареч.* (разг.). Наглухо (в 1 знач.), так крепко, что нельзя разъединить. *Сцепиться н. Склепать н.*

НАМЕСИ́ТЬ, -ешу́, -е́сишь; -е́шенный; *сов., что* и *чего.* Меся, наготовить. *Н. теста. Н. глины.* ‖ *несов.* **наме́шивать**, -аю, -аешь.

НАМЕСТИ́, -мету́, -метёшь; -мёл, -мела́; -мётший; -метённый (-ён, -ена́); -метя́; *сов., что* и *чего.* Подметая, сметая, собрать в каком-н. количестве. *Н. кучу стружки. Ветром намело* (безл.) *листьев.* ‖ *несов.* **намета́ть**, -а́ю, -а́ешь.

НАМЕ́СТНИК, -а, *м.* (устар.). Глава наместничества. ‖ *прил.* **наме́стнический**, -ая, -ое.

НАМЕ́СТНИЧЕСТВО, -а, *ср.* В дореволюционной России: административное объединение из двух или трёх губерний (в 18 в.), а также (в 19—20 вв.) система управления национальными окраинами. ‖ *прил.* **наме́стнический**, -ая, -ое.

НАМЕТА́ТЬ[1], -мечу́, -ме́чешь; -мётанный; *сов.* **1.** *что* и *чего.* Набросать, кидая, сложить в каком-н. количестве. *Н. много стогов.* **2.** *что.* Со словами «глаз», «рука»: путём упражнений сделать искусным в каком-н. отношении, приобрести навык (разг.). *Намётанный глаз. Рука намётана у кого-н. в чём-н.* или *на что-н.* ‖ *несов.* **намётывать**, -аю, -аешь.

НАМЕТА́ТЬ[2] *см.* метать[2].

НАМЕТА́ТЬ[3] *см.* намести.

НАМЕ́ТИТЬ[1], -ме́чу, -ме́тишь; -ме́ченный; *сов., что.* Изобразить лёгкой линией, штрихами, набросать (во 2 знач.). *Н. контуры рисунка.* ‖ *несов.* **намеча́ть**, -а́ю, -а́ешь. ‖ *сущ.* **наме́тка**, -и, *ж.*

НАМЕ́ТИТЬ[2], -ме́чу, -ме́тишь; -ме́ченный; *сов.* **1.** *см.* метить[2] . **2.** *кого-что.* Предположительно остановиться в выборе кого-чего-н., определить что-н. *Н. план. Намеченная программа. Н. кого-н. председателем.* ‖ *несов.* **намеча́ть**, -а́ю, -а́ешь.

НАМЕ́ТИТЬСЯ, -ме́чусь, -ме́тишься; *сов.* **1.** *см.* метиться. **2.** (1 и 2 л. не употр.). Установиться, выработаться, определиться в предварительной форме. *Наметились разногласия. Наметились усики, рожки у кого-н.* (обозначились). ‖ *несов.* **намеча́ться**, -а́ется.

НАМЕША́ТЬ, -а́ю, -а́ешь; -е́шанный; *сов., что* и *чего.* Прибавить, вмешивая. *Н. сдобы в тесто.* ‖ *несов.* **наме́шивать**, -аю, -аешь.

НАМЕ́ШИВАТЬ[1-2] *см.* намесить *и* намешать.

НАМЁК, -а, *м.* **1.** Слова (а также жест, поступок), предполагающие понимание по догадке. *Говорить намёками. Понять молчаливый н. Тонкий н. на толстые обстоятельства* (намёк на что-н. значительное, важное; разг. шутл.). **2.** *перен.* Слабое проявление, подобие чего-н. *Уловить в тишине еле слышный н. на стон. Ни намёка на усталость* (нисколько не устал; разг.).

НАМЁРЗНУТЬ (-ну, -нешь, 1 и 2 л. не употр.), -нет; -ёрз, -ёрзла; -ёрзший; *сов.* **1.** О льде, снежном насте: появиться на поверхности чего-н. *На окне намёрз лёд. На пороге намёрзло* (безл.). **2.** Сильно озябнуть, намёрзнуться (прост.). *Руки намёрзли.* ‖ *несов.* **намерза́ть** (-а́ю, -а́ешь, 1 и 2 л. не употр.), -а́ет (к 1 знач.).

НАМЁРЗНУТЬСЯ, -нусь, -нешься; -ёрзся, -ёрзлась; -ёрзшийся; *сов.* (разг.). То же, что иззябнуть. *Н. в пути.*

НАМЁТ[1], -а, *м.* Рыболовная снасть в виде кошеля (в 3 знач.), накидной сетки, прикреплённой к длинной жерди, а также накидная сеть для ловли птиц. *Ловить намётом.*

НАМЁТ[2], -а, *м.* У казаков: лошадиный галоп. *Пустить коня в н.*

НАМЁТКА[1], -и, *ж.* **1.** *см.* метать[2]. **2.** Нитка, к-рой метают[2]. *Выдернуть намётку.*

НАМЁТКА[2], -и, *ж.* **1.** *см.* наметить[1]. **2.** Предварительный вид чего-н. (плана, решения).

НАМЁТОЧНЫЙ *см.* метать[2].

НАМИНА́ТЬ *см.* намять.

НАМИ́НКА, -и, *ж.* и **НАМИ́Н**, -а, *м.* (спец.). Натёртое, намятое, воспалившееся от трения место. *Н. на холке у лошади.*

НАМНО́ГО, *нареч.* Значительно, во много раз, очень. *Н. больше. Н. меньше. Н. отстал.*

НАМОГИ́ЛЬНЫЙ, -ая, -ое. Поставленный, помещённый на могиле. *Н. памятник.*

НАМОЗО́ЛИТЬ *см.* мозолить.

НАМО́КНУТЬ, -ну, -нешь; -о́к, -о́кла; -о́кший; *сов.* Пропитаться водой, влагой. *Одежда намокла под дождём.* ‖ *несов.* **намока́ть**, -а́ю, -а́ешь.

НАМОЛИ́ТЬ, -олю́, -о́лишь; -о́ленный; *сов., что* и *чего* (разг.). Усердно молясь, получить что-н., добиться чего-н. *Н. дождь (дождя).* ✦ **Намоленное место** — место, где стоял храм, монастырь, г де долго молились. *На Руси много намоленных мест.*

НАМОЛОТИ́ТЬ, -очу́, -о́тишь; -о́ченный; *сов., что* и *чего.* Наготовить молотьбой. *Н. ржи.* ‖ *несов.* **намола́чивать**, -аю, -аешь. ‖ *сущ.* **намоло́т**, -а, *м.*

НАМОЛО́ТЬ[1], -мелю́, -ме́лешь; -о́лотый; *сов., что* и *чего.* Наготовить, размалывая. *Н. муки. Н. кофе.* ‖ *несов.* **нама́лывать**, -аю, -аешь.

НАМОЛО́ТЬ[2], -мелю́, -ме́лешь; -о́лотый; *сов., что* и *чего* (разг.). Наговорить чего-н. вздорного. *Н. чепухи.*

НАМОЛЧА́ТЬСЯ, -чу́сь, -чи́шься; *сов.* (разг.). Помолчать много, вдоволь.

НАМО́РДНИК, -а, *м.* **1.** Ременная или проволочная сетка, надеваемая на морду собаки или другого животного. **2.** Ремень в конской уздечке, идущий по переносью.

НАМОРИ́ТЬ, -рю́, -ри́шь; -рённый (-ён, -ена́); *сов.* **1.** *кого (чего).* Моря (см. морить в 1 знач.), истребить в каком-н. количестве. *Н. сусликов.* **2.** *что* и *чего.* Моря (см. морить в 4 знач.), наготовить. *Н. древесины.* ‖ *несов.* **нама́ривать,** -аю, -аешь.

НАМО́РЩИТЬ, -СЯ *см.* мо́рщить, -ся.

НАМОСТИ́ТЬ *см.* мостить.

НАМОТА́ТЬ, -а́ю, -а́ешь; -о́танный; *сов.* **1.** *см.* мотать[1]. **2.** *что* и *чего.* Мотая (см. мотать[1] в 1 знач.), наготовить. *Н. клубков.* ‖ *несов.* **нама́тывать,** -аю, -аешь. ‖ *сущ.* **нама́тывание,** *-я, ср.*

НАМОТА́ТЬСЯ, -а́юсь, -а́ешься; *сов.* **1.** (1 и 2 л. не употр.). Навиться, накрутиться. *Нитка намоталась на шпульку.* **2.** Устать от беготни, хлопот (разг.). *Н. за́ день.* ‖ *несов.* **нама́тываться,** -аюсь, -аешься. ‖ *сущ.* **нама́тывание,** -я, *ср.* (к 1 знач.) *и* **намо́тка,** -и, *ж.* (к 1 знач.).

НАМО́ТКА, -и, *ж.* **1.** *см.* мотать[1] *и* намотаться. **2.** То, что намотано, моток.

НАМО́ТОЧНЫЙ *см.* мотать[1].

НАМОЧИ́ТЬ, -очу́, -о́чишь; -о́ченный; *сов.* **1.** *см.* мочить. **2.** *что* и *чего.* Наготовить мочением. *Н. яблок.* ‖ *несов.* **нама́чивать,** -аю, -аешь.

НАМУДРИ́ТЬ *см.* мудрить.

НАМУ́СЛИТЬ и НАМУСО́ЛИТЬ *см.* муслить *и* мусолить.

НАМУ́СОРИТЬ *см.* мусорить.

НАМУТИ́ТЬ, -учу́, -ути́шь *и* -у́тишь; *сов.* **1.** Поднять муть. *Н. в колодце.* **2.** (-ути́шь), *перен.* Произвести где-н. переполох, сумятицу, беспокойство (разг.). *Н. ложными слухами.*

НАМУ́ЧИТЬСЯ, -чусь, -чишься *и* -чаюсь, -чаешься; *сов.* (разг.). Натерпеться мучений, неприятностей. *Н. в дороге. Н. с переездом.*

НАМЫ́В, -а, *м.* **1.** *см.* намыть. **2.** Грунт у берега, намытый водой. *Илистый н.*

НАМЫ́КАТЬСЯ, -аюсь, -аешься; *сов.* (прост.). Устать от неприятностей, бед. *Н. за годы лишений.*

НАМЫ́ЛИВАТЬ, -аю, -аешь; *несов., кого-что.* То же, что мылить (в 1 знач.). *Н. мочалку.* ‖ *возвр.* **намы́ливаться,** -аюсь, -аешься. ‖ *сущ.* **намы́ливание,** *-я, ср.*

НАМЫ́ЛИТЬ, -СЯ *см.* мылить.

НАМЫ́ТЬ, -мо́ю, -мо́ешь; -ы́тый; *сов., что* и *чего.* **1.** Вымыть в каком-н. количестве. *Н. посуды.* **2.** Добыть в каком-н. количестве, промывая водой. *Н. золотого песку.* **3.** Нанести течением воды или образовать, нанося струями воды песок, землю. *Н. мель. Н. плотину.* ‖ *несов.* **намыва́ть,** -а́ю, -а́ешь. ‖ *сущ.* **намы́в,** -а, *м.* (ко 2 и 3 знач.) *и* **намы́вка,** -и, *ж.* (ко 2 и 3 знач.). ‖ *прил.* **намывно́й,** -а́я, -о́е (ко 2 и 3 знач.). *Намывное золото. Н. грунт.*

НАМЫ́ТЬСЯ, -мо́юсь, -мо́ешься; *сов.* (разг.). Хорошо, старательно помыться. *Н. в бане.* ‖ *несов.* **намыва́ться,** -а́юсь, -а́ешься.

НАМЯКА́ТЬ (-а́ю, -а́ешь, 1 и 2 л. не употр.), -а́ет; *несов.* Мякнуть от сырости, влаги.

НАМЯ́КНУТЬ *см.* мякнуть.

НАМЯ́ТЬ, -мну́, -мнёшь; -я́тый; *сов.* **1.** *что* и *чего.* Разминая, наготовить. *Н. глины.* **2.** *что* и *чего.* Помять, примять в каком-н. количестве. *Н. траву на лугу.* **3.** *что.* Давлением или трением причинить боль, натереть. *Рюкзак намял плечо. Н. холку.* ✦ **Намять бока** *кому* (прост.) — избить. ‖ *несов.* **намина́ть,** -а́ю, -а́ешь.

НАНА́ЙСКИЙ, -ая, -ое. **1.** *см.* нанайцы. **2.** Относящийся к нанайцам, к их языку, национальному характеру, образу жизни, культуре, а также к территории их проживания, её внутреннему устройству, истории; такой, как у нанайцев. *Н. язык* (тунгусо-маньчжурской группы алтайской семьи языков). *По-нанайски* (нареч.).

НАНА́ЙЦЫ, -ев, *ед.* -а́ец, -а́йца, *м.* Народ, относящийся к коренному населению бассейна Амура [прежнее название — гольды]. ‖ *ж.* **нана́йка,** -и. ‖ *прил.* **нана́йский,** -ая, -ое.

НАНА́ШИВАТЬ *см.* наносить[1].

НАНЕСТИ́[1], -су́, -сёшь; -ёс, -есла́; -ёсший; -есённый (-ён, -ена́); -еся́; *сов.* **1.** *что* и *чего.* Принести, навалить, нагромоздить в каком-н. количестве. *Гости нанесли подарков. Нанесло* (безл.) *снегу. Песок, нанесённый ветром.* **2.** (1 и 2 л. не употр.), *кого-что на кого-что.* Натолкнуть (течением, ветром). *Лодку нанесло* (безл.) *на мель.* **3.** *что.* Отметить, начертить на чём-н. *Н. знаки на карту.* **4.** *что на что.* Покрыть чем-н. какую-н. поверхность. *Н. лак.* **5.** *что.* Причинить, сделать (то, что обозначено существительным). *Н. оскорбление. Н. поражение. Н. удар. Н. визит.* ‖ *несов.* **наноси́ть,** -ошу́, -о́сишь. ‖ *сущ.* **нанесе́ние,** -я, *ср.* (к 3, 4 и 5 знач.) *и* **нано́с,** -а, *м.* (к 1 знач.; спец.). ‖ *прил.* **нано́сный,** -ая, -ое (к 1 знач.; спец.).

НАНЕСТИ́[2] (-су́, -сёшь, 1 и 2 л. не употр.), -сёт; -ёс, -есла́; -ёсший; -есённый (-ён, -ена́); -ёсши; *сов., что* и *чего.* О птицах: снести яйца в каком-н. количестве. ‖ *несов.* **наноси́ть** (-ошу́, -о́сишь, 1 и 2 л. не употр.), -о́сит.

НАНИЗА́ТЬ *см.* низать.

НАНИ́ЗЫВАТЬ, -аю, -аешь; *несов., что.* Низать, надевая одно за другим. *Н. жемчуг. Н. слова* (перен.).

НАНИМА́ТЕЛЬ, -я, *м.* (офиц.). Лицо, к-рое нанимает кого-что-н. *Н. помещения* (съёмщик). *Н. рабочей силы* (работодатель). ‖ *ж.* **нанима́тельница,** -ы. ‖ *прил.* **нанима́тельский,** -ая, -ое.

НАНИМА́ТЬ, -СЯ *см.* нанять, -ся.

НА́НКА, -и, *ж.* Хлопчатобумажная ткань из толстой пряжи, обычно жёлтого цвета. ‖ *прил.* **на́нковый,** -ая, -ое.

НА́НОВО, *нареч.* (разг.). Заново, вновь. *Начать всё н.*

НАНО́С, -а, *м.* **1.** *см.* нанести[1]. **2.** Грунт, галька, ракушечник, нанесённые водой, а также земля, песок, нанесённые ветром.

НАНОСИ́ТЬ[1], -ошу́, -о́сишь; -о́шенный; *сов., что* и *чего.* Принести какое-н. количество чего-н. в несколько приёмов. *Н. валежника.* ‖ *несов.* **нана́шивать,** -аю, -аешь.

НАНОСИ́ТЬ[2] *см.* нанести[1].

НАНОСИ́ТЬ[3] *см.* нанести[2].

НАНО́СНЫЙ, -ая, -ое; -сен, -сна. **1.** *см.* нанести[1]. **2.** *перен.* Случайный, не свойственный кому-н., привнесённый со стороны (разг.). *Наносные черты в поведении.* ‖ *сущ.* **нано́сность,** -и, *ж.*

НА́НСУК, -а и **НАНСУ́К,** -а, *м.* Тонкая хлопчатобумажная ткань, сходная с полотном. ‖ *прил.* **на́нсуковый,** -ая, -ое *и* **нансу́ковый,** -ая, -ое. *Нансуковое бельё.*

НАНЮ́ХАТЬСЯ, -аюсь, -аешься; *сов., чего* (разг.). Понюхать чего-н. вдоволь, много. *Н. духов. Н. газу.* ‖ *несов.* **нанюхиваться,** -аюсь, -аешься.

НАНЯ́ТЬ, найму́, наймёшь; на́нял, -яла́, -яло; наня́вший; на́нятый (-ят, -ята́, -ято); наня́в; *сов., кого-что.* Взять на работу (о хозяине в 4 знач.) или во временное пользование за плату. *Н. служанку. Н. машину.* ‖ *несов.* **нанима́ть,** -а́ю, -а́ешь. ‖ *сущ.* **наём,** на́йма, *м. Работать по найму.*

НАНЯ́ТЬСЯ, найму́сь, наймёшься; -ялся́ *и* -я́лся, -ла́сь; -я́вшийся; -я́вшись; *сов., в кого-что.* Поступить на работу по найму (см. нанять). *Н. в горничные* или *горничной. Н. колоть дрова.* ‖ *несов.* **нанима́ться,** -а́юсь, -а́ешься.

НАОБЕЩА́ТЬ, -а́ю, -а́ешь; -е́щенный; *сов., что* и *кого-чего* (разг.). Обещать слишком много. *Н. подарков. Н. золотые горы.*

НАОБОРО́Т. 1. *нареч.* Обратной или противоположной стороной, с обратной или противоположной стороны. *Прочитать слово н.* (от конца к началу). **2.** *нареч.* Противоположно тому, что нужно или что ожидалось, совсем не так. *Делать н. Понять чьи-н. слова н.* **3.** *вводн. сл.* Употр. при противопоставлении. *Силы не убавлялись, а, н., возрастали.* **4.** *частица.* Употр. при возражении, противопоставлении: вовсе нет. *Ты сердишься? — Н.* ✦ **С точностью до наоборот** (разг. шутл.) — совершенно не так, как ожидалось, как было нужно.

НАОБУ́М, *нареч.* (разг.). Не подумав, не подготовившись. *Отвечать н. Делать н.*

НАОДЕКОЛО́НИТЬ, -СЯ *см.* одеколонить.

НАОРА́ТЬ, -ру́, -рёшь; *сов., на кого (что)* (прост.). То же, что накричать (в 1 знач.).

НАОСО́БИЦУ, *нареч.* (прост.). Отдельно от других, в стороне. *Жить н. Домик стоит н. от села.*

НАО́ТМАШЬ, *нареч.* Сильно размахнувшись. *Ударить н.*

НАОТРЕ́З, *нареч.* Решительно, безоговорочно. *Отказаться н.*

НАПА́ДАТЬ (-аю, -аешь, 1 и 2 л. не употр.), -ает; *сов.* Падая, скопиться в каком-н. количестве. *Нападало много снегу. Нападали сухие листья.* ‖ *несов.* **напада́ть** (-а́ю, -а́ешь, 1 и 2 л. не употр.), -а́ет.

НАПАДА́ТЬ[1] *см.* напасть[1].

НАПАДА́ТЬ[2] *см.* напа́дать.

НАПАДА́ЮЩИЙ, -его, *м.* В нек-рых командных играх: игрок нападения (во 2 знач.), форвард. ‖ *ж.* **напада́ющая,** -ей.

НАПАДЕ́НИЕ, -я, *ср.* **1.** *см.* напасть[1]. **2.** *собир.* Часть спортивной команды, имеющая задачу забить (забросить) мяч, шайбу в ворота (на площадку, в корзину) соперника. *Игрок нападения.*

НАПА́ДКИ, -док, -дкам. Придирки, обвинения. *Подвергаться нападкам. Накинуться с нападками на кого-н.*

НАПА́ЕЧНЫЙ *см.* напаять.

НАПА́ИВАТЬ[1], -аю, -аешь; *несов., кого (что).* Поить до насыщения или опьянения.

НАПА́ИВАТЬ[2] *см.* напаять.

НАПА́ЙКА, -и, *ж.* **1.** *см.* напаять. **2.** То, что напаяно, припаяно. *Стальная н.*

НАПА́КОСТИТЬ *см.* пакостить.

НАПА́ЛМ, -а, *м.* Вязкая зажигательная и огнемётная смесь. *Сжечь напалмом.* ‖ *прил.* **напа́лмовый,** -ая, -ое.

НАПА́РИТЬ, -рю, -ришь; -ренный; *сов.* **1.** *что* и *чего.* Па́ря, наготовить. *Н. овощей.* **2.** *кого-что.* Попарить хорошо (разг.). *Н. спину в бане.* ‖ *несов.* **напа́ривать,** -аю, -аешь. ‖ *возвр.* **напа́риться,** -рюсь, -ришься (ко 2 знач.); *несов.* **напа́риваться,** -аюсь, -аешься (ко 2 знач.).

НАПА́РНИК, -а, *м.* Работник, исполняющий свои обязанности в паре с другим (вместе или сменяя друг друга). *Шофёры-напарники.* ‖ *ж.* **напа́рница**, -ы. ‖ *прил.* **напа́рнический**, -ая, -ое.

НАПА́РЫВАТЬ, -СЯ *см.* напороть[1], -ся.

НАПАСТИ́, -су́, -сёшь; -а́с, -асла́; -сённый (-ён, -ена́); *сов., что* и *чего* (прост.). Запасти в каком-н. количестве. *Н. дров.* ‖ *несов.* **напаса́ть**, -а́ю, -а́ешь.

НАПАСТИ́СЬ, -су́сь, -сёшься; -а́сся, -асла́сь; *сов.* (разг.). Заготовить столько, чтобы хватило. *Н. соленьями. На эту печку дров не напасёшься* (очень много сгорает).

НАПА́СТЬ[1], -аду́, -адёшь; -а́л, -а́ла; -а́вший; *сов., на кого-что.* **1.** Броситься на кого-что-н. с враждебным намерением, а также вообще начать действовать против кого-н. с враждебной целью. *Зверь напал на человека. Грабитель напал на прохожего. Н. на соседнюю страну. Напала саранча* (перен.: налетела во множестве). **2.** Резко и неодобрительно выступить (в 5 знач.) против кого-чего-н. *Н. на своих критиков.* **3.** Вдруг обратиться к кому-н. с криком, бранью (разг.). *Н. на озорника с упрёками.* **4.** Встретить кого-что-н., обнаружить что-н. *Н. на грибное место. Н. на интересную мысль в книге.* **5.** (1 и 2 л. не употр.). О сильном чувстве, состоянии: внезапно овладеть, охватить кого-н. *Напал страх на кого-н. Тоска напала. Озноб напал.* ✦ **Не на того (не на такого) напал** (разг., часто ирон.) — говорится о том, кто оказался умнее, смелее, чем его считали. *Думал меня испугать, да не на того напал.* ‖ *несов.* **напада́ть**, -а́ю, -а́ешь. ‖ *сущ.* **нападе́ние**, -я, *ср.* (к 1, 2 и 3 знач.).

НАПА́СТЬ[2] (-ду́, -дёшь, 1 и 2 л. не употр.), -адёт; -а́л, -а́ла; -а́вший; *сов.* То же, что напа́дать. *Напало много снегу.*

НАПА́СТЬ[3], -и, *ж.* (прост.). Беда, неприятность. *Беды и напасти. Что за н. такая!* (возглас, выражающий недовольство, досаду).

НАПАХА́ТЬ, -ашу́, -а́шешь; -а́ханный; *сов., что* и *чего.* Вспахать в каком-н. количестве. *Н. тысячи гектаров.* ‖ *несов.* **напа́хивать**, -аю, -аешь.

НАПА́ЧКАТЬ, -СЯ *см.* пачкать, -ся.

НАПАЯ́ТЬ, -я́ю, -я́ешь; -а́янный; *сов., что на что.* Припаять что-н. на что-н. *Н. планку.* ‖ *несов.* **напа́ивать**, -аю, -аешь. ‖ *сущ.* **напа́йка**, -и, *ж.* ‖ *прил.* **напа́йный**, -ая, -ое и **напа́ечный**, -ая, -ое.

НАПЕ́В, -а, *м.* То же, что мелодия. *Плясовой н. Народные напевы.*

НАПЕВА́ТЬ, -а́ю, -а́ешь; *несов.* **1.** *см.* напеть. **2.** *что.* Петь тихо, про себя. *Н. песенку.*

НАПЕ́ВНЫЙ, -ая, -ое; -вен, -вна. Певучий, мелодичный. *Напевные стихи.* ‖ *сущ.* **напе́вность**, -и, *ж.*

НАПЕРЕБО́Й, *нареч.* Перебивая, прерывая друг друга. *Все заговорили н.*

НАПЕРЕВЕ́С, *нареч.* С наклоном вперёд (об оружии в руках). *С ружьём (винтовкой, пикой) н.*

НАПЕРЕГОНКИ́, **НАПЕРЕГО́НКИ** и (прост.) **НАПЕРЕГО́НКУ**, *нареч.* Стараясь перегнать друг друга. *Пуститься н. Бежать н.*

НАПЕРЕКО́Р. 1. *нареч.* Несогласно с кем-чем-н., переча кому-н. *Говорить н.* **2.** *кому-чему, предлог с дат. п.* То же, что вопреки кому-чему-н. *Действовать н. здравому смыслу. Поступать н. взрослым.*

НАПЕРЕКО́С, *нареч.* Косо, не прямо. *Рама встала н. Дела пошли н.* (перен.: плохо, не так, как нужно было; разг.).

НАПЕРЕКОСЯ́К, *нареч.* (прост.). То же, что наперекос. *Жизнь пошла н.* (перен.).

НАПЕРЕРЕ́З. 1. *нареч.* Пересекая кому-н. путь. *Побежать н.* **2.** *кому-чему, предлог с дат. п.* В направлении, пересекающем движение. *Броситься н. велосипедисту.*

НАПЕРЕРЫ́В, *нареч.* (разг.). То же, что наперебой. *Все кричат н.*

НАПЕРЕ́ТЬ, -пру́, -прёшь; -ёр, -ёрла; -ёрший; -ере́в и -ёрши; *сов., на кого-что* (разг.). Толкая, надвинуться, нажать всем телом. *Н. на дверь.* ‖ *несов.* **напира́ть**, -а́ю, -а́ешь.

НАПЕРЕХВА́Т. 1. *нареч.* Наперерез (движущемуся), для перехвата. *Лететь н.* **2.** *кому-чему, предлог с дат. п.* В направлении, пересекающем путь движущемуся, перехватывая его. *Бежать н. беглецам.*

НАПЕРЕЧЁТ. 1. *нареч.* Без исключения (со словами «знать», «помнить»). *Знаю здесь всех н.* **2.** *в знач. сказ.* Очень немного, в очень ограниченном количестве. *Такие люди н.*

НАПЕРЁД, *нареч.* (прост.). Заранее, предварительно. *Н. всё знает.* ✦ **Задом наперёд** — повернув или повернувшись задней частью вперёд. *Надеть шапку задом наперёд. Усесться задом наперёд.*

НАПЕ́РНИК, -а, *м.* (разг.). Защитный со всех сторон чехол для перин, перьевых и пуховых подушек.

НАПЕ́РСНИК, -а, *м.* (устар.). Любимец, пользующийся особым доверием кого-н. ‖ *ж.* **напе́рсница**, -ы.

НАПЕРСТЯ́НКА, -и, *ж.* Травянистое лекарственное растение с цветками, напоминающими по форме напёрсток.

НАПЕ́РЧИТЬ и **НАПЕРЧИ́ТЬ** *см.* перчить.

НАПЕ́ТЬ, -пою́, -поёшь; -пе́тый; *сов.* **1.** *что.* Передать голосом напев, мелодию. *Н. песенку.* **2.** *что.* Произвести звуковую запись своего пения. *Н. пластинку.* **3.** *что* и *чего.* Спеть много (песен, арий). ‖ *несов.* **напева́ть**, -а́ю, -а́ешь (к 1 и 2 знач.).

НАПЕ́ТЬСЯ, -пою́сь, -поёшься; *сов.* (разг.). Вдоволь попеть. *И напелись, и наплясались.*

НАПЕЧА́ТАТЬ, -СЯ *см.* печатать, -ся.

НАПЕ́ЧЬ, -еку́, -ечёшь, -еку́т; -ёк, -екла́; -еки́; -ёкший; -ечённый (-ён, -ена́); -ёкши; *сов.* **1.** *что* и *чего.* Испечь в каком-н. количестве. *Н. пирогов.* **2.** (1 и 2 л. не употр.), *что.* Опалить сильным жаром, солнечными лучами (разг.). *Напекло* (безл.) *голову.* ‖ *несов.* **напека́ть**, -а́ю, -а́ешь.

НАПЁРСТОК, -тка, *м.* Жёсткий колпачок, надеваемый на палец при шитье для упора иглы и для защиты от уколов. *С н. кто-что-н.* (очень мал). ‖ *прил.* **напёрсточный**, -ая, -ое.

НАПИЛИ́ТЬ, -илю́, -и́лишь; -и́ленный; *сов., что* и *чего.* Пиля, наготовить. *Н. дров.* ‖ *несов.* **напи́ливать**, -аю, -аешь.

НАПИ́ЛОК, -лка, *м.* (разг.). То же, что напильник. ‖ *прил.* **напи́лочный**, -ая, -ое.

НАПИ́ЛЬНИК, -а, *м.* Ручной инструмент в виде стального бруска с насечкой для снятия небольших слоёв металла, грубой шлифовки. *Трёхгранный, круглый н.*

НАПИРА́ТЬ, -а́ю, -а́ешь; *несов.* (разг.). **1.** *см.* напереть. **2.** *на кого-что.* Теснить, наступая, нажимая. *Толпа напирает со всех сторон.* **3.** *перен., на что.* Особенно подчёркивать что-н., настаивать на чём-н. *Н. на необходимость проверки.* ‖ *сущ.* **напо́р**, -а, *м.* (ко 2 знач.). *Н. воды.* ‖ *прил.* **напо́рный**, -ая, -ое (ко 2 знач.; спец.). *Напорная труба. Напорные подземные воды.*

НАПИСА́НИЕ, -я, *ср.* Форма буквы в письме, а также правописание какого-н. слова. *Двоякое н. буквы «д». Правильное н. слова.*

НАПИСА́ТЬ *см.* писать.

НАПИСА́ТЬСЯ *см.* писаться.

НАПИТА́ТЬ, -а́ю, -а́ешь; -и́танный; *сов.* **1.** *см.* питать. **2.** *что чем.* Сделать влажным, пропитать. *Н. почву влагой.* ‖ *несов.* **напи́тывать**, -аю, -аешь.

НАПИТА́ТЬСЯ (-а́юсь, -а́ешься, 1 и 2 л. не употр.), -а́ется; *сов.* Намокнуть, вобрав в себя влагу. *Земля напиталась водой.* ‖ *несов.* **напи́тываться** (-аюсь, -аешься, 1 и 2 л. не употр.), -ается.

НАПИ́ТОК, -тка, *м.* Продукт, приготовленный для питья. *Безалкогольные напитки. Прохладительный н. Спиртные напитки.*

НАПИ́ТЬСЯ, -пью́сь, -пьёшься; -и́лся, -ила́сь, -ило́сь и -и́лось; -пе́йся; *сов.* **1.** *чего.* Выпить чего-н. в большом количестве. *Н. холодной воды.* **2.** *чем.* Попить вдоволь, утолив жажду. *Н. квасом.* **3.** Опьянеть, стать пьяным (разг.). ‖ *несов.* **напива́ться**, -а́юсь, -а́ешься.

НАПИХА́ТЬ, -а́ю, -а́ешь; -и́ханный; *сов., что* и *чего* (разг.). Наложить, пихая внутрь чего-н. *Н. вещей в мешок.* ‖ *несов.* **напи́хивать**, -аю, -аешь.

НАПИ́ЧКАТЬ *см.* пичкать.

НАПЛА́ВАТЬ, -аю, -аешь; *сов., что.* Плавая, покрыть какое-н. расстояние за какое-н. время. *Н. тысячу километров.*

НАПЛАВНО́Й, -а́я, -о́е: **наплавной мост** — мост на плавучих опорах.

НАПЛА́КАТЬ, -а́чу, -а́чешь; -анный; *сов., что* (разг.). Довести (глаза) плачем до красноты, припухлости. *Наплаканные глаза.* ✦ **Кот наплакал** *кого-чего* (разг. шутл.) — очень мало кого-чего-н. *Денег кот наплакал.*

НАПЛА́КАТЬСЯ, -а́чусь, -а́чешься; *сов.* Поплакать много. *Н. при прощании. Наплачется она с ним* (перен.: увидит много неприятностей, огорчений).

НАПЛАСТА́ТЬ, -а́ю, -а́ешь; -а́станный; *сов., что* и *чего* (разг.). Нарезать ломтями, пластами. *Н. рыбы для соления.* ‖ *несов.* **напла́стывать**, -аю, -аешь.

НАПЛАСТОВА́НИЕ, -я, *ср.* **1.** *см.* напластовать, -ся. **2.** То же, что наслоение (во 2 и 3 знач.). *Осадочные напластования. Исторические напластования.*

НАПЛАСТОВА́ТЬ, -ту́ю, -ту́ешь; -о́ванный; *сов., что* и *чего.* То же, что наслоить (в 1 знач.). ‖ *несов.* **напласто́вывать**, -аю, -аешь. ‖ *сущ.* **напластова́ние**, -я, *ср.*

НАПЛАСТОВА́ТЬСЯ (-ту́юсь, -ту́ешься, 1 и 2 л. не употр.), -ту́ется; *сов.* То же, что наслоиться. ‖ *несов.* **напласто́вываться** (-аюсь, -ешься, 1 и 2 л. не употр.), -ается. ‖ *сущ.* **напластова́ние**, -я, *ср.*

НАПЛЕВА́ТЕЛЬСКИЙ, -ая, -ое (разг.). Пренебрежительный, крайне небрежный, халатный. *Наплевательское отношение к делу. Наплевательски* (нареч.) *отнестись к чему-н.* ‖ *сущ.* **наплева́тельство**, -а, *ср.*

НАПЛЕВА́ТЬ, -плюю́, -плюёшь; -плю́й; -плёванный. **1.** *см.* плевать. **2.** Покрыть плевками. *Н. на́ пол. Н. шелухой подсолнухов.*

НАПЛЕСКА́ТЬ, -ещу́, -е́щешь и (разг.) -а́ю, -а́ешь; -ёсканный; *сов., что* и *чего.* Налить, плеща. *Н. воды на́ пол.* ‖ *несов.* **наплёскивать**, -аю, -аешь.

НАПЛЕСТИ́, -лету́, -летёшь; -ёл, -ела; -лётший; -летённый (-ён, -ена́); -летя́; *сов., что* и *чего.* **1.** Наготовить плетением. *Н.*

корзин. **2.** Наговорить вздору, налгать (прост.). *Н. всякой чепухи.* ‖ *несов.* **напле́тать,** -а́ю, -а́ешь (к 1 знач.).

НАПЛЕ́ЧНИК, -а, *м.* Наплечное украшение или часть одежды, лежащая на плечах, а также часть старинных военных доспехов, защищающая плечи.

НАПЛЕ́ЧНЫЙ, -ая, -ое. Помещаемый на плечах, нашитый на плечи одежды. *Наплечные ремни* (у портупеи).

НАПЛОДИ́ТЬ, -ожу́, -оди́шь; *сов., кого-чего* (разг.). Дать расплодиться в большом количестве. *Н. кроликов.*

НАПЛОДИ́ТЬСЯ (-ожу́сь, -оди́шься, 1 и 2 л. не употр.), -оди́тся; *сов.* (разг.). Родиться или развестись в большом количестве. *Наплодились насекомые.*

НАПЛЫ́В, -а, *м.* **1.** *см.* наплыть. **2.** Плавная замена одного кадра[1] другим (спец.). **3.** Нарост (на стволе или корне дерева, на копытах). *Наплывы на берёзе.* **4.** *перен.* Скопление, появление кого-чего-н. в большом количестве. *Н. туристов. Н. заявлений. Н. мыслей, чувств.*

НАПЛЫ́ТЬ, -ыву́, -ывёшь; -ы́л, -ыла́, -ы́ло; *сов.* **1.** *на кого-что.* Плывя, натолкнуться. *Н. на мель.* **2.** (1 и 2 л. не употр.). Плавно надвинуться, закрыв постепенно собой что-н. *Туча наплыла на солнце.* **3.** (1 и 2 л. не употр.). Приплыв, скопиться где-н. *Наплыли водоросли. Наплыли воспоминания* (перен.). **4.** (1 и 2 л. не употр.). О чём-н. текучем и застывающем: образоваться, получиться. *Наплыли капли смолы.* ‖ *несов.* **наплыва́ть,** -а́ю, -а́ешь. ‖ *сущ.* **наплы́в,** -а, *м.* (к 3 и 4 знач.). ‖ *прил.* **наплывно́й,** -а́я, -о́е (к 3 и 4 знач.).

НАПОВА́Л, *нареч.* Насмерть (в 1 знач.), сразу. *Убить н.*

НАПОДДАВА́ТЬ, -даю́, -даёшь; *сов.* (разг.). То же, что наподдать.

НАПОДДА́ТЬ, -а́м, -а́шь, -а́ст, -ади́м, -ади́те, -аду́т; *сов.* (разг.). Ударить, дать тумака. *Наподдай ему хорошенько.*

НАПОДО́БИЕ *кого-чего, предлог с род. п.* Вроде кого-чего-н., подобно кому-чему-н. *Сооружение н. раковины. Брошка н. бабочки.*

НАПОИ́ТЬ, -ою́, -о́ишь *и* -ои́шь; *сов.* **1.** *см.* поить. **2.** (-ои́шь), *перен., что.* Пропитать, наполнить чем-н. (высок.). *Воздух напоён ароматом.*

НАПОКА́З, *нареч.* **1.** Чтобы показать, для обозрения. *Слона водили н.* **2.** С целью обратить внимание на что-н. внешнее, показное, для виду. *Усердствовать н.*

НАПОЛЗТИ́, -зу́, -зёшь; -о́лз, -олзла́; *сов.* **1.** *на кого-что.* Ползя, наткнуться на что-н.; надвинуться. *Н. на преграду. Шапка наползла на лоб. Наползли серые тучи.* **2.** (1 и 2 л. ед. не употр.). Заползти, приползти в каком-н. количестве. *Наползли муравьи.* ‖ *несов.* **наполза́ть,** -а́ю, -а́ешь.

НАПОЛИРОВА́ТЬ, -ру́ю, -ру́ешь; -о́ванный; *сов.* **1.** *см.* полировать. **2.** *что и чего.* Полируя, наготовить. *Н. деталей.*

НАПОЛНИ́ТЕЛЬ, -я, *м.* (спец.). Вещество, материал, к-рым наполняют, дополняют, уплотняют что-н. *Наполнители полимеров.*

НАПО́ЛНИТЬ, -ню, -нишь; -ненный; *сов., что кем-чем.* Сделать полным, занятым, насыщенным кем-чем-н. *Н. бак водой. Н. комнату дымом. Студенты наполнили аудиторию. Сердце наполнено гневом.* ‖ *несов.* **наполня́ть,** -я́ю, -я́ешь. ‖ *сущ.* **наполне́ние,** -я, *ср.*

НАПО́ЛНИТЬСЯ (-нюсь, -нишься, 1 и 2 л. не употр.), -нится; *сов., кем-чем.* Стать полным, занятым, насыщенным кем-чем-н. *Бак наполнился водой. Комната наполнилась дымом. Аудитория наполнилась студентами. Сердце наполнилось радостью.* ‖ *несов.* **наполня́ться** (-я́юсь, -я́ешься, 1 и 2 л. не употр.), -я́ется. ‖ *сущ.* **наполне́ние,** -я, *ср. Пульс хорошего наполнения* (нормальный).

НАПОЛОВИ́НУ, *нареч.* **1.** Одной половиной, одной частью. *Дом н. пуст. Флаг н. белый, н. синий.* **2.** Не до конца, не совсем. *Сделать дело н.*

НАПО́ЛЬНЫЙ[1], -ая, -ое. Устанавливаемый, помещаемый на полу. *Напольные часы. Н. канделябр. Н. палас.*

НАПО́ЛЬНЫЙ[2], -ая, -ое. Находящийся, помещаемый на поле, в поле (спец.). *Напольная сушилка.*

НАПОМА́ДИТЬ, -СЯ *см.* помадить.

НАПОМИНА́НИЕ, -я, *ср.* Обращение, напоминающее о чём-н. *Вторичное н. Делать что-н. без напоминаний.*

НАПОМИНА́ТЬ, -а́ю, -а́ешь; *несов.* **1.** *см.* напомнить. **2.** *кого-что.* Иметь сходство с кем-чем-н. *Сухая ветка напоминает змею.*

НАПО́МНИТЬ, -ню, -нишь; -ненный; *сов.* **1.** *о ком-чём* или *кого-что.* Вызвать воспоминания; заставить кого-н. вспомнить. *Н. о прошлом. Н. об обещании.* **2.** *кого-что.* Показаться похожим на кого-что-н. *Этот прохожий кого-то мне напомнил.* ‖ *несов.* **напомина́ть,** -а́ю, -а́ешь.

НАПОПОЛА́М, *нареч.* (прост.). На две равные части, пополам. *Переломиться н.*

НАПО́Р, -а, *м.* **1.** *см.* напирать. **2.** Давление, нажим. *Большой н. воды, воздуха. Отступить под напором наших войск. Действовать с напором* (перен.: энергично). ✦ **Под напором** *кого-чего, в знач. предлога с род. п.* — под сильным воздействием кого-чего-н. *Признаться под напором улик.*

НАПО́РИСТЫЙ, -ая, -ое; -ист (разг.). Настойчивый, решительно добивающийся своей цели. *Н. характер.* ‖ *сущ.* **напо́ристость,** -и, *ж.*

НАПОРО́ТЬ[1], -орю́, -о́решь; -о́ротый; *сов., что* (разг.). Повредить себе что-н., наткнувшись на острие. *Н. руку на гвоздь.* ‖ *несов.* **напа́рывать,** -аю, -аешь.

НАПОРО́ТЬ[2], -орю́, -о́решь; *сов., что и чего.* Распороть в каком-н. количестве (сшитую одежду).

НАПОРО́ТЬ[3], -орю́, -о́решь; *сов.* (прост.). **1.** *см.* пороть[1]. **2.** Наделать ошибок, испортить что-н. по неумению или небрежности.

НАПОРО́ТЬСЯ, -орю́сь, -о́решься; *сов.* (разг.). **1.** *на что.* Поранить себя, наткнувшись на что-н. острое. *Н. на сук.* **2.** *перен., на кого-что.* Неожиданно встретить кого-что-н., наткнуться (о нежелательном, неприятном). *Н. на засаду. Н. на грубость.* ‖ *несов.* **напа́рываться,** -аюсь, -аешься.

НАПОРОШИ́ТЬ *см.* порошить.

НАПОРТА́ЧИТЬ *см.* портачить.

НАПО́РТИТЬ, -рчу, -ртишь; -рченный; *сов.* **1.** *что и чего.* Испортить в каком-н. количестве. *Н. материала.* **2.** *кому-чему.* То же, что навредить (разг.). *Н. сослуживцу. Н. делу.*

НАПОСЛЕ́ДОК, *нареч.* (разг.). В завершение чего-н., под конец. *Долго спорили, н. разругались.*

НАПРА́ВИТЬ, -влю, -вишь; -вленный; *сов.* **1.** *что.* Устремить к чему-н. *Н. свой путь куда-н. Н. внимание. Н. взгляд на кого-н.* **2.** *кого-что.* Послать, отправить, дать назначение. *Н. больного к врачу. Н. на работу. Н. заявление в суд.* **3.** *что.* То же, что наладить (в 1 знач.). *Н. станок.* **4.** *перен., что.* То же, что наладить (во 2 знач.) (разг.). *Н. работу.* **5.** Отточить, выпрямить (лезвие). *Н. бритву, косу, пилу.* ‖ *несов.* **направля́ть,** -я́ю, -я́ешь. ‖ *сущ.* **направле́ние,** -я, *ср.* (к 1 и 2 знач.) *и* **напра́вка,** -и, *ж.* (к 3 и 5 знач.).

НАПРА́ВИТЬСЯ, -влюсь, -вишься; *сов.* **1.** Пойти куда-н., двинуться по направлению к кому-чему-н. *Н. к лесу.* **2.** (1 и 2 л. не употр.), *перен.* То же, что наладиться (прост.). *Работа направилась.* ‖ *несов.* **направля́ться,** -я́юсь, -я́ешься.

НАПРАВЛЕ́НИЕ, -я, *ср.* **1.** *см.* направить. **2.** Линия движения; путь развития. *Идти в северном направлении. Взять н. на юг. Правильное н. в работе. Дать н. делу.* **3.** Участок фронта, от к-рого в какую-н. сторону направлены боевые действия, выполнение военной операции. *Бои на западном направлении. Н. главного удара* (т. е. удара, имеющего целью разгром противостоящего противника). **4.** Общественная группировка или общественное движение, течение. *Литературные направления. Реалистическое н. в искусстве.* **5.** Документ о назначении куда-н., о командировании. *Вручить н. Н. подписано директором.* ✦ **В направлении** *к кому-чему, предлог с дат. п.* — в сторону кого-чего-н., к кому-чему-н. *Плыть в направлении к берегу.* **По направлению к** *кому-чему, предлог с дат. п.* — то же, что в направлении к. *Идти по направлению к лесу. Движение по направлению к реке. Повернуться по направлению к идущим.* **В направлении от** *кого-чего, предлог с род. п.* — направляя (-сь) в сторону, противоположную от кого-чего-н. **По направлению от** *кого-чего, предлог с род. п.* — то же, что в направлении от.

НАПРА́ВЛЕННОСТЬ, -и, *ж.* Целеустремлённая сосредоточенность на чём-н. мыслей, интересов. *Идейная н. повести.*

НАПРАВЛЯ́ЮЩИЙ, -его, *м.* Тот, кто идёт впереди, направляет движение кого-чего-н.

НАПРА́ВО, *нареч.* В правую сторону, на правой стороне. *Повернуть н. Н. от дома. Раздавать что-н. н. и налево* (нерасчётливо, без разбора).

НАПРА́ВЩИК, -а, *м.* Работник, занятый направкой чего-н. *Н. лезвий.* ‖ *ж.* **напра́вщица,** -ы.

НАПРАКТИКОВА́ТЬСЯ *см.* практиковаться.

НАПРА́СЛИНА, -ы, *ж.* (устар. и прост.). Ложное обвинение. *Взвести на кого-н. напраслину.*

НАПРА́СНЫЙ, -ая, -ое; -сен, -сна. **1.** Бесполезный, безуспешный. *Напрасные попытки. Напрасно* (нареч.) *старался.* **2.** Неосновательный, ненужный. *Н. страх. Напрасные слёзы.* ‖ *сущ.* **напра́сность,** -и, *ж.*

НАПРА́ШИВАТЬСЯ, -аюсь, -аешься; *несов.* **1.** *см.* напроситься. **2.** (1 и 2 л. не употр.). Возникать, приходить на ум. *Напрашивается сравнение. Выводы напрашиваются сами собой.*

НАПРИМЕ́Р, *вводн. сл.* Употр. при перечислении или при пояснении предшествующих слов в знач. для примера, для пояснения. *Можно развлечься, н., пойти в кино, в театр.* ✦ **Как например,** *вводн. сл.* — то же, что например (употр. обычно при перечислении).

НАПРОКА́ЗНИЧАТЬ, НАПРОКА́ЗИТЬ *см.* проказничать, проказить.

НАПРОКА́Т, *нареч.* Во временное пользование за плату. *Взять пианино н.*

НАПРОЛЁТ, *нареч.* (разг.). Без перерыва, целиком. *Работал всю ночь н.*

НАПРОЛО́М, *нареч.* (разг.). Не считаясь с препятствиями, преодолевая силой. *Идти н. Действовать н.*

НАПРОПАЛУ́Ю, *нареч.* (разг.). Отчаянно, не думая о последствиях. *Веселиться н.*

НАПРОРО́ЧИТЬ *см.* пророчить.

НАПРОСИ́ТЬСЯ, -ошу́сь, -о́сишься; *сов.* (разг.). **1.** Просьбами или намёками добиться приглашения к участию в чём-н. *Н. в гости.* **2.** *на что.* Своим поведением вызвать, заставить высказать какое-н. мнение о себе. *Н. на комплимент.* ‖ *несов.* **напра́шиваться,** -аюсь, -аешься.

НАПРО́ТИВ. 1. *нареч.* Непосредственно перед кем-чем-н., на противоположной стороне. *Он живёт н. Дом н.* **2.** *нареч.* Иначе, наперекор. *О чём ни попроси, всё делает н.* **3.** *вводн. сл.* и *частица.* То же, что наоборот (в 3 и 4 знач.). *Не груб, н., вежлив. Он груб? — Н.* **4.** *кого-чего, предлог с род. п.* Прямо перед кем-чем-н., против (во 2 знач.). *Сесть н. друг друга. Жить н. гостиницы.*

НА́ПРОЧНО, *нареч.* (разг.). Прочно, крепко. *Приделать н.*

НА́ПРОЧЬ, *нареч.* (разг.). Совсем, окончательно. *Отрубить, оторвать н.*

НАПРУЖИ́НИТЬ, -СЯ *см.* пружинить, -ся.

НАПРУ́ЖИТЬ, -жу, -жишь; -женный; *сов., что* (разг.). То же, что напрячь (в 1 знач.). *Н. мускулы.* ‖ *несов.* **напру́живать,** -аю, -аешь.

НАПРУ́ЖИТЬСЯ, -жусь, -жишься; *сов.* (разг.). То же, что напрячься (в 1 знач.). *Мускулы напружились.* ‖ *несов.* **напру́живаться,** -аюсь, -аешься.

НАПРЫ́СКАТЬ *см.* прыскать.

НАПРЯЖЕ́НИЕ, *-я, ср.* **1.** *см.* напрячь, -ся. **2.** Сосредоточенность сил, внимания на чём-н. *Слушать с напряжением. Душевное н.* **3.** Трудное, напряжённое (в 1 знач.) положение в какой-н. области деятельности. *Н. на транспорте в часы пик.* **4.** Внутренние силы, возникающие в деформируемом теле под влиянием внешних воздействий (спец.). *Механическое н.* **5.** Разность потенциалов между двумя точками электрической цепи. *Электрическое н.*

НАПРЯЖЁННОСТЬ, *-и, ж.* **1.** *см.* напряжённый. **2.** Неспокойное, чреватое опасностью или ссорой состояние каких-н. отношений. *Нагнетать н. Н. в семье. Н. в международных отношениях.*

НАПРЯЖЁННЫЙ, -ая, -ое; -ён, -ённа. **1.** Неослабевающий, требующий сосредоточения сил, внимания. *Напряжённая работа. Напряжённое ожидание. Напряжённо* (нареч.) *слушать.* **2.** Происходящий с усилием, принуждённый, неестественный. *Н. смех.* **3.** Неспокойный, готовый разразиться чем-н. неприятным. *Напряжённое состояние. Напряжённые отношения.* ‖ *сущ.* напряжённость, *-и, ж.*

НАПРЯМИ́К, *нареч.* (разг.). **1.** По прямой линии, кратчайшим путём. *Ехать н.* **2.** *перен.* Не стесняясь, прямо. *Сказать н.*

НАПРЯМУ́Ю, *нареч.* (разг.). То же, что напрямик. *Поехать н. Высказать всё н.*

НАПРЯ́ЧЬ, -ягу́, -яжёшь, -ягу́т; -я́г, -ягла́; -яжённый (-ён, -ена́); *сов., что.* **1.** Сделать упругим. *Н. мышцы.* **2.** Прилагая усилия, повысить деятельность, проявление чего-н. *Н. все силы. Н. зрение, слух. Н. память. Н. голос.* ‖ *несов.* **напряга́ть,** -а́ю, -а́ешь. ‖ *сущ.* **напряже́ние,** *-я, ср.*

НАПРЯ́ЧЬСЯ, -ягу́сь, -яжёшься, -ягу́тся; -я́гся, -ягла́сь; *сов.* **1.** (1 и 2 л. не употр.). Стать упругим, напряжённым (в 1 знач.). *Мускулы напряглись. Зрение напряглось.* **2.** Приложить усилия, делая что-н. *Н., поднимая груз.* ‖ *несов.* **напряга́ться,** -а́юсь, -а́ешься. ‖ *сущ.* **напряже́ние,** *-я, ср.*

НАПУГА́ТЬ, -СЯ *см.* пугать, -ся.

НАПУ́ДРИТЬ, -СЯ *см.* пудрить, -ся.

НАПУ́ЛЬСНИК, *-а, м.* Род повязки, предохраняющий место на руке, где прощупывается пульс.

НА́ПУСК, *-а, м.* **1.** *см.* напустить. **2.** Свободно нависающая часть одежды. *Блузка с напуском.*

НАПУСКНО́Й, -а́я, -о́е. Деланный, притворный. *Напускная весёлость. Напускное равнодушие.*

НАПУСТИ́ТЬ, -ущу́, -у́стишь; -у́щенный; *сов.* **1.** *кого-что* и *чего.* Дать доступ куда-н. большому количеству кого-чего-н. *Н. воды в бак. Н. мух. Н. холоду в комнату.* **2.** *что на кого (что).* Придать тот или иной характер своему поведению, внешности (разг.). *Н. на себя строгость.* **3.** *кого-что на кого (что).* Направить для нападения, чтобы причинить вред. *Н. собак на волка.* **4.** *что.* В старых народных представлениях: навредить кому-н. дурным глазом, ворожбой. *Н. порчу, болезнь.* ‖ *несов.* **напуска́ть,** -а́ю, -а́ешь. ‖ *сущ.* **на́пуск,** *-а, м.* (к 1 и 3 знач.; спец.) *и* **напуще́ние,** *-я, ср.* (к 4 знач.).

НАПУСТИ́ТЬСЯ, -ущу́сь, -у́стишься; *сов., на кого (что)* (прост.). Накинуться с бранью, с раздражением. *Н. с упрёками.* ‖ *несов.* **напуска́ться,** -а́юсь, -а́ешься.

НАПУ́ТАТЬ, -аю, -аешь; -анный; *сов.* **1.** *что* и *чего.* Намотать небрежно или, мотая, разматывая, перепутать много чего-н. *Н. ниток.* **2.** *что.* Допустить путаницу в чём-н., наделать ошибок. *Н. в подсчётах. В решении что-то напутано.* ‖ *несов.* **напу́тывать,** -аю, -аешь.

НАПУ́ТСТВИЕ, *-я, ср.* (книжн.). Слова, пожелания отправляющемуся в путь, а также вообще поучение, советы на будущее. *Н. отъезжающим. Доброе н. молодым.* ‖ *прил.* **напу́тственный,** -ая, -ое. *Напутственное слово.*

НАПУ́ТСТВОВАТЬ, -твую, -твуешь; *сов.* и *несов., кого (что)* (книжн.). Сказать (говорить) кому-н. напутствие. *Н. полезными советами.*

НАПУ́ХНУТЬ (-ну, -нешь, 1 и 2 л. не употр.), -нет; -у́х, -у́хла; *сов.* (разг.). Распухнуть, стать пухлым. *Напухшие ладони.* ‖ *несов.* **напуха́ть** (-а́ю, -а́ешь, 1 и 2 л. не употр.), -а́ет.

НАПЫ́ЖИТЬСЯ, -жусь, -жишься; *сов.* (разг.). **1.** *см.* пыжиться. **2.** То же, что напрячься (во 2 знач.). *Напыжившись, поднял камень.* ‖ *несов.* **напы́живаться,** -аюсь, -аешься.

НАПЫЛИ́ТЬ, -лю́, -ли́шь; *сов.* **1.** *см.* пылить. **2.** *на что.* Нанести в виде пыли, порошка (спец.). *Н. металлическое покрытие.* ‖ *несов.* **напыля́ть,** -я́ю, -я́ешь. ‖ *сущ.* **напыле́ние,** *-я, ср. Термическое н.* ‖ *прил.* **напыли́тельный,** -ая, -ое.

НАПЫ́ЩЕННЫЙ, -ая, -ое; -ен, -енна. **1.** Преувеличенно важный, гордый. *Н. вид.* **2.** О речи: чрезмерно торжественный, украшенный. *Н. стиль, слог.* ‖ *сущ.* **напыщенность,** *-и, ж.*

НАПЯ́ЛИТЬ, -лю, -лишь; -ленный; *сов.* **1.** Натянуть (ткань) на пяльцы. *Н. холст.* **2.** *что на кого-что.* С трудом натянуть, надеть (узкое, тесное) (прост.). *Еле напялил сапог.* **3.** *что.* Надеть что-н. (безвкусное, неподходящее) (прост. неодобр.) *Н. старомодную шляпу.* ‖ *несов.* **напя́ливать,** -аю, -аешь.

НАР... *Первая часть сложных слов со знач.* народный, напр. *нарсуд, нарком* (народный комиссар), *наркомат* (народный комиссариат).

НАРАБО́ТАТЬ, -аю, -аешь; -анный; *сов., что* и *чего* (разг.). **1.** Работая, сделать какое-н. количество чего-н. *Н. деталей.* **2.** Приобрести, работая. *Н. денег.* ‖ *несов.* **нараба́тывать,** -аю, -аешь.

НАРАБО́ТАТЬСЯ, -аюсь, -аешься; *сов.* (разг.). Поработать вдоволь, много. ‖ *несов.* **нараба́тываться,** -аюсь, -аешься.

НАРАБО́ТКА, *-и, ж.* (разг.). Материалы, подготовленные в процессе работы для окончательного оформления. *Предварительные наработки.*

НАРАВНЕ́, *нареч., с кем-чем.* **1.** На одной линии, высоте, глубине. *Лететь н. с облаками.* **2.** Одинаково, не отличаясь друг от друга. *И молодые и старые веселились н.* ✦ **Наравне с** *кем-чем, предлог с тв. п.* — вместе с кем-чем-н., наряду с кем-чем-н. *Сын трудится наравне с отцом.*

НАРА́ДОВАТЬСЯ, -дуюсь, -дуешься; *сов., на кого-что* и *кому-чему.* Порадоваться вдоволь (обычно с отриц. или со словами: «не могу», «не может»). *Мать не нарадуется на детей* (все время радуется; разг.). *Не может н. подарку* (очень рад).

НАРАСПА́ШКУ, *нареч.* (разг.). В расстёгнутом виде (об одежде). *В пальто н. Жить н.* (перен.: широко и открыто). ✦ **Душа нараспашку** *у кого* — о простом и откровенном, чистосердечном человеке.

НАРАСПЕ́В, *нареч.* Растягивая слова и в произношении их приближаясь к пению. *Говорить н.*

НАРАСТИ́ (-ту́, -тёшь, 1 и 2 л. не употр.), -тёт; -ро́с, -росла́, -ро́сший, -ро́сши; *сов.* **1.** Вырасти на поверхности чего-н. *Мох нарос на камнях.* **2.** Вырасти в каком-н. количестве. *Наросло много травы.* **3.** Накопиться в каком-н. количестве. *Наросли проценты.* **4.** Усилиться, увеличиться. *Наросло волнение.* ‖ *несов.* **нараста́ть** (-а́ю, -а́ешь, 1 и 2 л. не употр.), -а́ет. ‖ *сущ.* **нараста́ние,** *-я, ср.* (к 3 и 4 знач.).

НАРАСТИ́ТЬ, -ащу́, -асти́шь; -ащённый (-ён, -ена́); *сов.* **1.** *что.* Заставить вырасти, образоваться. *Н. мускулы.* **2.** *что.* Удлинить, увеличить прибавлением чего-н. *Н. канат.* **3.** *перен., что.* Увеличить, усилить. *Н. мощь. Н. темп.* **4.** *что* и *чего.* Вырастить в каком-н. количестве (разг.). *Н. цветов.* ‖ *несов.* **нара́щивать,** -аю, -аешь. *Н. мощности.* ‖ *сущ.* **нараще́ние,** *-я, ср.* (к 1 и 2 знач.) *и* **нара́щивание,** *-я, ср.* (к 3 знач.).

НАРАСХВА́Т, *нареч.* (разг.). Очень охотно (брать, покупать), стараясь перехватить друг у друга. *Покупают н. Товар идёт н.*

НАРВА́ТЬ[1], -ву́, -вёшь; -а́л, -ала́, -а́ло; на́рванный; *сов., что* и *чего.* **1.** Срывая, набрать. *Н. цветов. Н. букет.* **2.** Разорвать в каком-н. количестве. *Н. бумаги.*

НАРВА́ТЬ[2] (-ву́, -вёшь, 1 и 2 л. не употр.), -вёт; -а́л, -ала́, -а́ло *и* -ало́; *сов.* Опухнуть и нагноиться. ‖ *несов.* **нарыва́ть** (-а́ю, -а́ешь, 1 и 2 л. не употр.), -а́ет. *Нарывает палец.* ‖ *прил.* **нарывно́й,** -а́я, -о́е. *Н. пластырь.*

НАРВА́ТЬСЯ, -ву́сь, -вёшься; -а́лся, -ала́сь, -ало́сь *и* -а́лось; *сов., на кого-что* (разг.). Встретить кого-что-н., натолкнуться на что-н. (неприятное). *Н. на грубияна. Н. на неприятность.* ‖ *несов.* **нарыва́ться,** -а́юсь, -а́ешься.

НАРЕ́З, *-а, м.* Углубление на чём-н. в виде узкой канавки, полоски, сделанное режущим инструментом. *Винтовой н.*

НАРЕ́ЗАТЬ, -е́жу, -е́жешь; -е́занный; *сов.* **1.** *см.* резать. **2.** *что* и *чего.* Разделить ножом на части. *Н. сыр ломтиками. Н. хлеба.* **3.** *что.* Сделать нарезы, нарезку (спец.). *Н. винт.* **4.** *что и чего.* Размежёвывая, определить границы, участки. *Н. землю под огороды.* **5.** *кого-что.* Наготовить, срезая, разрезая или убивая (животных) чем-н. режущим. *Н. веток. Н. кур.* ‖ *несов.* нареза́ть, -а́ю, -а́ешь. ‖ *сущ.* наре́зка, -и, *ж.* (ко 2, 3 и 4 знач.). *Н. избирательных округов.* ‖ *прил.* нарезно́й, -а́я, -о́е (к 3 и 4 знач.).

НАРЕ́ЗКА, -и, *ж.* **1.** *см.* нарезать. **2.** Спиральные нарезы на винтах, гайках, деталях.

НАРЕЗНО́Й, -а́я, -о́е. **1.** *см.* нарезать. **2.** Имеющий на себе нарезы, нарезку. *Н. канал ствола. Нарезное оружие.*

НАРЕКА́НИЕ, -я, *ср.* Упрёк, обвинение. *Вызвать нарекания. Навлечь на себя нарекания.*

НАРЕ́ЧИЕ[1], -я, *ср.* Совокупность территориальных диалектов какого-н. языка. *Северновеликорусское н.*

НАРЕ́ЧИЕ[2], -я, *ср.* В грамматике: часть речи, обозначающая признак действия, другого признака (качества, свойства), реже — предмета, напр. *ясно, громко, здесь, всегда, домой, ночью, всмятку. Местоименные наречия* (здесь, там, где, куда, откуда, когда и др.). ‖ *прил.* **наре́чный**, -ая, -ое.

НАРЕ́ЧЬ, -еку́, -ечёшь, -еку́т; -ёк, -екла́; -ёкший *и* -е́кший; -чённый (-ён, -ена́); -ёкши *и* -е́кши; *сов.* (устар.). **1.** *кого-что кем-чем* или *им.*, или (при вопросе) *как*, а также *кому что.* Назвать кого-н. каким-н. именем, дать имя. *Н. младенца Иваном. Младенца нарекли Иван. Как он наречён? Младенцу нарекли имя Иван.* **2.** *кого-что кем-чем.* Объявить кого-н. кем-н. *Н. побратимом. Наречённый друг. Она его наречённая* (сущ.; невеста). *Он её наречённый* (сущ.; жених). ‖ *несов.* **нарека́ть**, -а́ю, -а́ешь. ‖ *сущ.* **нарече́ние**, -я, *ср.*

НАРЕ́ЧЬСЯ, -еку́сь, -ечёшься, -еку́тся; -ёкся, -екла́сь; -ёкшийся *и* -е́кшийся; -ёкшись *и* -е́кшись; *сов., кем-чем* и *как* (устар.). Получить имя, назваться. *Н. Иваном. Как они нареклись?* ‖ *несов.* **нарека́ться**, -а́юсь, -а́ешься. ‖ *сущ.* **нарече́ние**, -я, *ср.*

НАРЗА́Н, -а (-у), *м.* Лечебная минеральная вода. ‖ *прил.* **нарза́нный**, -ая, -ое. *Нарзанные ванны.*

НАРИСОВА́ТЬ *см.* рисовать.

НАРИЦА́ТЕЛЬНЫЙ, -ая, -ое: 1) **имя нарицательное** — в грамматике: имя существительное, называющее предмет, понятие, входящее в ряд однородных; *противоп.* имя собственное. *Город, дом, весна — имена нарицательные;* 2) **нарицательная стоимость** (спец.) — стоимость, к-рая обозначена (на ценных бумагах, монетах).

НАРКО... *Первая часть сложных слов со знач.:* 1) относящийся к наркозу, напр. *наркопсихотерапия, наркогипноз, наркоэлектрошок;* 2) относящийся к наркотическим веществам, способным вызвать наркоманию, связанный с ними или получаемый от них, напр. *наркобизнес, наркомафия, наркоденьги, наркодоллары.*

НАРКОБИ́ЗНЕС [*нэ*], -а, *м.* Бизнес, приносящий доход от незаконной торговли наркотиками.

НАРКО́З, -а, *м.* Метод воздействия наркотическими средствами на больного, вызывающий полную или частичную утрату сознания, болевой чувствительности. *Общий, местный н. Внутривенный н. Масочный н.* ‖ *прил.* **нарко́зный**, -ая, -ое.

НАРКО́ЛОГ, -а, *м.* Врач — специалист по наркологии.

НАРКОЛО́ГИЯ, -и, *ж.* Раздел медицины, занимающийся алкоголизмом, наркоманией и токсикоманией и их лечением. ‖ *прил.* **наркологи́ческий**, -ая, -ое. *Н. диспансер.*

НАРКО́М, -а, *м.* Сокращение: народный комиссар — глава наркомата. *Н. просвещения.* ‖ *прил.* **нарко́мовский**, -ая, -ое (разг.).

НАРКОМА́Н, -а, *м.* Человек, страдающий наркоманией. ‖ *ж.* **наркома́нка**, -и. ‖ *прил.* **наркома́нский**, -ая, -ое (разг.).

НАРКОМА́НИЯ, -и, *ж.* Болезнь, характеризующаяся непреодолимым влечением к наркотикам, приводящая к тяжёлым нарушениям функций организма.

НАРКОМА́Т, -а, *м.* Сокращение: народный комиссариат (см. комиссариат). ‖ *прил.* **наркома́товский**, -ая, -ое (разг.).

НАРКОМА́ФИЯ, -и, *ж.* Мафия, занимающаяся торговлей наркотиками, их производством и распространением.

НАРКО́ТИКИ, -ов, *ед.* -ик, -а, *м.* Сильнодействующие вещества, преимущ. растительного происхождения, вызывающие возбуждённое состояние и парализующие центральную нервную систему. ‖ *прил.* **наркоти́ческий**, -ая, -ое. *Наркотические средства* (применяемые при наркозе). *Наркотические вещества* (способные вызвать наркоманию). *Наркотическая зависимость* (болезненное влечение к наркотикам).

НАРО́Д, -а (-у), *м.* **1.** (-а). Население государства, жители страны. *Российский н.* **2.** (-а). Нация, национальность или народность. *Русский н. Северные народы.* **3.** (-а), *ед.* Основная трудовая масса населения страны. *Трудовой н. Выходцы из народа. Простой н.* **4.** *ед.* Люди, группа людей. *В зале много народу. Площади заполнены народом. При всём честно́м народе* (при всех; разг.). *Мальчишки — озорной н. Ну и н.!* (неодобрение, порицание). ‖ *уменьш.* **наро́дец**, -дца, *м.* (к 4 знач.). ‖ *прил.* **наро́дный**, -ая, -ое (к 1, 2 и 3 знач.). *Народное ополчение. Народная интеллигенция. Народное искусство. Народное торжество.* ◆ Народная медицина — лечение, основанное на опыте и практике народа.

НАРОДИ́ТЬ, -ожу́, -оди́шь; -ождённый (-ён, -ена́); *сов., кого (чего)* (разг.). Родить в каком-н. количестве. *Н. сыновей.*

НАРОДИ́ТЬСЯ, -ожу́сь, -оди́шься; *сов.* **1.** То же, что родиться (в 1 знач.) (прост.). *Народилась двойня.* **2.** (1 и 2 л. не употр.). Родиться и развиться, вырасти. *Народилось молодое поколение.* **3.** (1 и 2 л. не употр.), *перен.* Появиться, возникнуть (книжн.). *Народились новые отрасли промышленности.* ‖ *несов.* **нарожда́ться**, -а́юсь, -а́ешься. ‖ *сущ.* **нарожде́ние**, -я, *ср.* (ко 2 и 3 знач.).

НАРО́ДНИК, -а, *м.* Последователь народничества. ‖ *ж.* **наро́дница**, -ы.

НАРО́ДНИЧЕСТВО, -а, *ср.* В России во второй половине 19 в.: общественно-политическое движение, объединявшее лиц, боровшихся за идеи крестьянской демократии и перехода России к социализму через крестьянскую общину. ‖ *прил.* **наро́днический**, -ая, -ое.

НАРО́ДНО-ДЕМОКРАТИ́ЧЕСКИЙ, -ая, -ое. Относящийся к народной демократии. *Народно-демократический строй.*

НАРО́ДНО-ОСВОБОДИ́ТЕЛЬНЫЙ, -ая, -ое. Направленный на освобождение своего народа от внешних и внутренних врагов. *Народно-освободительное движение.*

НАРО́ДНОСТЬ, -и, *ж.* **1.** *см.* народный. **2.** Общность людей, исторически сложившаяся в процессе разложения племенных отношений на базе единства языка и территории и развивающейся общности экономической жизни и культуры. *Малые народности Севера.* **3.** Национальная, народная (во 2 знач.) самобытность; выражение в искусстве народных интересов и психического склада. *Н. поэзии Пушкина.*

НАРО́ДНО-ХОЗЯ́ЙСТВЕННЫЙ, -ая, -ое. Относящийся к народному хозяйству. *Н. план. Народно-хозяйственное значение.*

НАРО́ДНЫЙ, -ая, -ое; -ден, -дна. **1.** *см.* народ. **2.** Свойственный, соответствующий духу народа, его культуре, мировоззрению. *Глубоко народная проза.* **3.** *полн. ф.* Принадлежащий всему народу; государственный. *Народное добро. Народное хозяйство.* **4.** *полн. ф.* В названиях нек-рых организаций, должностей: избранный народом, осуществляемый представителями народа. *Н. суд. Н. заседатель.* **5.** *полн. ф.* В почётных званиях: имеющий большие заслуги перед всем народом. *Н. артист. Н. художник. Н. учитель.* ‖ *сущ.* **наро́дность**, -и, *ж.* (ко 2 знач.).

НАРОДОВЛА́СТИЕ, -я, *ср.* (высок.). Власть народа, демократия. *Органы народовластия.*

НАРОДОВО́ЛЕЦ, -льца, *м.* Член тайной народнической организации «Народная воля» (1879 — нач. 80-х гг. 19 в.). ‖ *прил.* **народово́льческий**, -ая, -ое.

НАРОДОНАСЕЛЕ́НИЕ, -я, *ср.* Население страны, какой-н. территории. *Рост народонаселения.*

НАРОЖА́ТЬ, -а́ю, -а́ешь; *сов., кого (чего)* (прост.). То же, что народить.

НАРО́СТ, -а, *м.* **1.** То, что наросло, наслоилось на чём-н. *Ледяные наросты. Образовался н. на стенках котла. Н. грязи на чём-н.* **2.** Разросшийся участок на поверхности чего-н. (обычно о растении). *Н. на стволе дерева.* ‖ *прил.* **наростно́й**, -а́я, -о́е.

НАРОЧИ́ТЫЙ, -ая, -ое; -и́т. Намеренный, умышленный. *Нарочитая грубость. Нарочитое безразличие.* ‖ *сущ.* **нарочи́тость**, -и, *ж.*

НАРО́ЧНО [*шн*], *нареч.* **1.** С определённой целью, с намерением. *Н. предупредил. Как н.* (будто с умыслом, словно назло; разг.). *Н. не придумаешь* (о чём-н. удивительном; разг. шутл.). **2.** В шутку, не всерьёз (разг.). *Он н. сказал, а ты и поверил.*

НА́РОЧНЫЙ, -ого, *м.* Человек, посланный со спешным поручением, гонец, курьер. *Послать пакет с нарочным.*

НА́РТЫ, нарт *и* **НА́РТА**, -ы, *ж.* Длинные узкие сани, употр. на Севере для езды на собаках, оленях. *Ехать на нартах.* ‖ *прил.* **на́ртенный**, -ая, -ое *и* **на́ртовый**, -ая, -ое. *Нартовый путь. Нартенная упряжка.*

НАРУБИ́ТЬ, -ублю́, -у́бишь; -у́бленный; *сов., что и чего.* Рубя (в 1 и 3 знач.), наготовить. *Н. дров. Н. капусты для квашения. Н. угля.* ‖ *несов.* **наруба́ть**, -а́ю, -а́ешь.

НАРУ́ЖНОСТЬ, -и, *ж.* **1.** *см.* наружный. **2.** Внешний облик, вид. *Приятная н. Обманчивая н.* **3.** То, что находится снаружи. *Н. здания. С наружности ларец выложен серебром.*

НАРУ́ЖНЫЙ, -ая, -ое; -жен, -жна. **1.** *полн. ф.* Внешний, обращённый наружу. *Наружная стена. Наружное лекарство* (для лечения поверхности тела или через поверхность тела). **2.** Только внешний, показной, с виду. *Наружное спокойствие.* ‖ *сущ.* **нару́жность**, -и, *ж.* (ко 2 знач.).

НАРУ́ЖУ, *нареч.* **1.** На внешнюю сторону, по направлению за пределы чего-н. *Шуба мехом н. Высунуться н.* **2.** *перен.* Открыто, явно для всех (разг.). *Недостатки высту-*

пили н. Всё н. у кого-н. (об открытом проявлении чувств).

НАРУКА́ВНИК, -а, *м.* Род чехла, надеваемого на рукав от кисти до локтя для предохранения от загрязнения, износа. *Сатиновые нарукавники.*

НАРУКА́ВНЫЙ, -ая, -ое. Находящийся на рукаве. *Н. знак. Нарукавная повязка.*

НАРУМЯ́НИТЬ, -СЯ *см.* румянить, -ся.

НАРУ́ЧНИКИ, -ов, *ед.* -ик, -а, *м.* Металлические кольца, соединённые цепочкой, надеваемые на руки преступникам, заключённым.

НАРУ́ЧНЫЙ, -ая, -ое. Надеваемый на руку, носимый на руке. *Наручные часы.*

НАРУША́ТЬ, -а́ю, -а́ешь; *несов.* **1.** *см.* нарушить. **2.** Не соблюдать общественный порядок (прост.). *Гражданин, не нарушайте!*

НАРУШИ́ТЕЛЬ, -я, *м.* **1.** Тот, кто нарушил какие-н. правила, закон, обычай. *Н. общественного порядка. Н. границы.* **2.** Человек, незаконно пересёкший границу государства. *Задержать нарушителя.* ‖ *ж.* **наруши́тельница**, -ы (к 1 знач.).

НАРУ́ШИТЬ, -шу, -шишь; -шенный; *сов., что.* **1.** Помешать нормальному состоянию, развитию чего-н., прервать. *Н. покой, тишину. Н. сон.* **2.** Не выполнить, не соблюсти чего-н. *Н. договор. Н. порядок.* ◆ **Нарушить границу** (офиц.) — незаконно пересечь государственную границу. ‖ *несов.* **наруша́ть**, -а́ю, -а́ешь. ‖ *сущ.* **наруше́ние**, -я, *ср.*

НАРУ́ШИТЬСЯ (-шусь, -шишься, 1 и 2 *л.* не употр.), -шится; *сов.* Утратить чёткость, регулярность, привычный ход. *Сон нарушился. Нарушилась тишина.* ‖ *несов.* **наруша́ться** (-а́юсь, -а́ешься, 1 и 2 *л.* не употр.), -а́ется. ‖ *сущ.* **наруше́ние**, -я, *ср.*

НАРЦИ́СС, -а, *м.* Садовое луковичное растение с белыми или жёлтыми цветками. ‖ *прил.* **нарци́ссовый**, -ая, -ое *и* **нарци́ссный**, -ая, -ое.

НА́РЫ, нар, на́рам. Дощатый настил для спанья на нек-ром возвышении от пола.

НАРЫ́В, -а, *м.* Нагноение в ткани, гнойник. *Вскрыть н.* ‖ *прил.* **нары́вный**, -ая, -ое. *Нарывная поверхность.*

НАРЫВА́ТЬ[1] *см.* нарыть.

НАРЫВА́ТЬ[2] *см.* нарвать[2].

НАРЫВА́ТЬСЯ *см.* нарваться.

НАРЫ́ТЬ, -ро́ю, -ро́ешь; -ы́тый; *сов., что* и *чего.* **1.** Роя, извлечь в каком-н. количестве. *Н. картофеля. Н. песку.* **2.** Роя, сделать в каком-н. количестве. *Н. траншей.* ‖ *несов.* **нарыва́ть**, -а́ю, -а́ешь.

НАРЯ́Д[1], -а, *м.* **1.** Одежда (в 1 знач.), костюм. *Во всех нарядах хороша. Шутовской н.* **2.** Красивая нарядная одежда. *Свадебный н. Только наряды на уме у кого-н. Осенний н. леса* (перен.).

НАРЯ́Д[2], -а, *м.* **1.** Документ, распоряжение о выполнении какой-н. работы, о выдаче или отправке чего-н. *Н. на погрузку. Н.-заказ.* **2.** Воинское подразделение или военизированная группа, несущая внутреннюю или караульную службу. *Гарнизонный н. Н. милиции. Быть в наряде.* **3.** Воинское задание, поручаемая военнослужащему работа. *Н. вне очереди.* ‖ *прил.* **наря́дный**, -ая, -ое (к 1 и 3 знач.).

НАРЯДИ́ТЬ[1], -яжу́, -я́дишь; -я́женный; *сов., кого (что).* Одеть в красивое, новое или необычное платье. *Н. невесту. Н. в сарафан. Н. клоуном.* ◆ **Нарядить ёлку** — украсить новогоднюю ёлку. ‖ *несов.* **наряжа́ть**, -а́ю, -а́ешь. ‖ *возвр.* **наряди́ться**, -яжу́сь, -я́дишься; *несов.* **наряжа́ться**, -а́юсь, -а́ешься.

НАРЯДИ́ТЬ[2], -яжу́, -яди́шь; -яжённый (-ён, -ена́); *сов.* **1.** *кого (что).* Назначить в наряд[2] (во 2 знач.); дать распоряжение исполнить какую-н. работу. *Н. в караул. Н. подводы за лесом.* **2.** *что.* Распорядиться об организации чего-н. (устар.) *Н. следствие. Н. суд.* ‖ *несов.* **наряжа́ть**, -а́ю, -а́ешь.

НАРЯ́ДНЫЙ[1] *см.* наряд[2].

НАРЯ́ДНЫЙ[2], -ая, -ое; -ден, -дна. **1.** Красиво одетый. *Нарядные девушки.* **2.** Красивый, пышный (об одежде); красиво убранный (см. убрать в 5 знач.). *Нарядное платье. Нарядная ёлка.* ‖ *сущ.* **наря́дность**, -и, *ж.*

НАРЯДУ́, *нареч., с кем-чем.* Одинаково, наравне. *Выступает н. с лучшими спортсменами.* ◆ **Наряду с** *кем-чем, предлог с тв. п.* — вместе с кем-чем-н., одновременно с чем-н. *Наряду с лечением проводится профилактика. Наряду с мастерами в бассейне тренируются школьники.* **Наряду (и наряду) с этим, наряду с тем что,** *союз* (книжн.) — в то же время, и одновременно. *Добр и наряду с этим твёрд. Твёрд, наряду с тем что добр.*

НАРЯ́ДЧИК, -а, *м.* (спец.). Работник, к-рый распределяет работу, оформляет наряды[2] (в 1 знач.). ‖ *ж.* **наря́дчица**, -ы.

НАСАДИ́ТЬ, -ажу́, -а́дишь; -а́женный; *сов.* **1.** *что и чего.* Произвести посадку (растений) в каком-н. количестве. *Н. тополей. Н. смородины.* **2.** *кого-что на что.* Надеть на что-н., укрепив. *Н. червяка на крючок. Н. топор на топорище.* **3.** *кого (что).* Поместить куда-н. в каком-н. (обычно большом) количестве. *Н. полный автобус пассажиров.* ‖ *несов.* **наса́живать**, -аю, -аешь. ‖ *сущ.* **наса́дка**, -и, *ж.* (ко 2 знач.) *и* **наса́живание**, -я, *ср.* (к 1 и 2 знач.). ‖ *прил.* **наса́дочный**, -ая, -ое.

НАСА́ДКА, -и, *ж.* **1.** *см.* насадить[2]. **2.** Часть прибора или инструмента, надетая на что-н. (спец.). **3.** Приманка, надеваемая на рыболовный крючок.

НАСАЖА́ТЬ, -а́ю, -а́ешь; *сов., что и кого-чего.* То же, что насадить[1].

НАСАЖДА́ТЬ, -а́ю, -а́ешь; *несов., что* (книжн.). Внедрять, распространять (идеи, взгляды). *Н. прогрессивную технологию.* ‖ *сов.* **насади́ть**, 1 *л.* не употр., -ди́шь; -аждённый (-ён, -ена́). ‖ *сущ.* **насажде́ние**, -я, *ср.*

НАСАЖДЕ́НИЕ[1], -я, *ср.*, обычно *мн.* Посаженные деревья, растения. *Зелёные насаждения. Защитные лесные насаждения.*

НАСАЖДЕ́НИЕ[2] *см.* насаждать.

НАСА́ЖИВАТЬСЯ *см.* насесть[1].

НАСА́ЛИВАТЬ *см.* насолить.

НАСАНДА́ЛИТЬ *см.* сандалить.

НАСА́СЫВАТЬ, -СЯ *см.* насосать, -ся.

НАСА́ХАРИТЬ, -рю, -ришь; -ренный; *сов., что* (разг.). Вдоволь посахарить. ‖ *несов.* **наса́харивать**, -аю, -аешь.

НАСВИНЯ́ЧИТЬ *см.* свинячить.

НАСВИ́СТЫВАТЬ, -аю, -аешь; *несов., что.* **1.** Свистом передавать какой-н. напев, мелодию. *Н. марш.* **2.** Тихо свистеть, а также вообще издавать свист.

НАСЕДА́ТЬ, -а́ю, -а́ешь; *несов.* **1.** *см.* насесть[2]. **2.** Теснить, наступая (разг.). *Толпа наседает со всех сторон.*

НАСЕ́ДКА, -и, *ж.* Курица, к-рая высиживает или высидела цыплят. *Н. на гнезде. Н. с цыплятами.*

НАСЕКО́МОЕ, -ого, *ср.* Маленькое беспозвоночное членистоногое животное. *Сосущие, жалящие насекомые. Грызущие насекомые. Крылатые насекомые. Общественные насекомые* (живущие колониями).

НАСЕКОМОЯ́ДНЫЙ, -ая, -ое (спец.). Питающийся насекомыми. *Отряд насекомоядных* (сущ.). *Насекомоядные растения.*

НАСЕЛЕ́НИЕ, -я, *ср.* **1.** *см.* населить. **2.** Жители какого-н. места, местности. *Н. района. Перепись населения.* **3.** Животные, живущие в каком-н. одном месте (спец.). *Рыбное н. водохранилища.*

НАСЕЛЁННОСТЬ, -и, *ж.* **1.** *см.* населённый. **2.** Густота населения. *Слабая н.*

НАСЕЛЁННЫЙ, -ая, -ое; -ён. Имеющий большое количество жителей, жильцов. *Н. район. Н. дом.* ◆ **Населённый пункт** (офиц.) — общее название мест с постоянными жителями (город, деревня, посёлок). ‖ *сущ.* **населённость**, -и, *ж.*

НАСЕЛИ́ТЬ, -лю́, -ли́шь *и* (разг.) -е́лишь; -лённый (-ён, -ена́); *сов., что.* **1.** Занять поселениями. *Н. безлюдный край.* **2.** (1 и 2 *л.* не употр.). Поселиться где-н. *Леса населены зверем.* ‖ *несов.* **населя́ть**, -я́ю, -я́ешь. ‖ *сущ.* **населе́ние**, -я, *ср.*

НАСЕЛЯ́ТЬ, -я́ю, -я́ешь; *несов., что.* **1.** *см.* населить. **2.** (1 и 2 *л.* ед. не употр.). Составлять население чего-н. *Народы, населяющие нашу Родину. Птицы населяют лес.*

НАСЕ́СТ, -а, *м.* Перекладина, жёрдочка в курятнике, на к-рую куры садятся на ночь. *Куры сели на н. Слететь с насеста.*

НАСЕ́СТЬ[1] (-ся́ду, -ся́дешь, 1 и 2 *л.* ед. не употр.), -ся́дет; -е́л, -е́ла; *сов.* Сесть, поместиться в каком-н. количестве. *В лодку насело много людей. Осы насели на сахар.* ‖ *несов.* **наса́живаться**, -ается.

НАСЕ́СТЬ[2], -ся́ду, -ся́дешь; -е́л, -е́ла; -ся́дь; *сов.* **1.** (1 и 2 *л.* не употр.). Осев, скопиться, покрыть какую-н. поверхность. *Насела пыль, копоть.* **2.** *на кого (что).* Напав, с силой навалиться (разг.). *Двое насели на одного. Неприятель насел на фланги* (перен.). **3.** *перен., на кого (что).* Обратиться с настойчивыми просьбами, требованиями (разг.). *Н. с уговорами, с советами.* ‖ *несов.* **наседа́ть**, -а́ю, -а́ешь.

НАСЕ́ЧКА, -и, *ж.* **1.** *см.* насечь. **2.** Зарубка, нарезы, а также узор по металлу. *Н. на стволе. Ружьё с золотой насечкой.*

НАСЕ́ЧЬ, -еку́, -ечёшь, -еку́т; -ёк *и* (устар.) -е́к, -екла́; -еки́; -ёкший *и* -е́кший; -чённый (-ён, -ена́) *и* -е́ченный; -е́кши *и* -ёкши; *сов.* **1.** *что* Вырезать на поверхности. *Н. метки на стволах.* **2.** *что.* Покрыть поверхность чего-н. рядами нарезов (спец.). *Н. напильник.* **3.** *что и чего.* Мелко нарубить. *Н. капусты.* ‖ *несов.* **насека́ть**, -а́ю, -а́ешь. ‖ *сущ.* **насе́чка**, -и, *ж.* (к 1 и 2 знач.).

НАСЕ́ЯТЬ, -е́ю, -е́ешь; -е́янный; *сов., что и чего.* **1.** Посеять в каком-н. количестве. *Н. трав.* **2.** Просеять в каком-н. количестве. *Н. муки.* ‖ *несов.* **насева́ть**, -а́ю, -а́ешь *и* **насе́ивать**, -аю, -аешь.

НАСИДЕ́ТЬ, -ижу́, -иди́шь; -и́женный; *сов., что.* **1.** (1 и 2 *л.* не употр.). О птице: высиживая птенца, согреть (яйцо) своим телом. *Насиженное яйцо с зародышем.* **2.** Согреть долгим сидением (разг.). *Встать с насиженного кресла.* **3.** Нажить себе (что-н. неприятное) от сидячего образа жизни (разг.). *Н. нездоровую полноту.* ◆ **Насиженное место** (разг.) — место работы или место жительства, к к-рому кто-н. привык, с к-рым освоился. ‖ *несов.* **наси́живать**, -аю, -аешь.

НАСИДЕ́ТЬСЯ, -ижу́сь, -иди́шься; *сов.* (разг.). Вдоволь посидеть (по 1, 2, 3, 4 и 7 знач. глаг. сидеть) где-н. *Н. на лавочке. Н. дома. Н. без денег.* ‖ *несов.* **наси́живаться**, -аюсь, -аешься.

НАСИ́ЛИЕ, -я, *ср.* **1.** Применение физической силы к кому-н. *Акт насилия. Следы насилия на теле.* **2.** Принудительное воздействие на кого-н., нарушение личной неприкосновенности. *Н. над личностью.* **3.** Притеснение, беззаконие (книжн.). *Произвол и н.*

НАСИ́ЛОВАТЬ, -лую, -луешь; -анный; *несов.* **1.** *кого-что.* Принуждать, притеснять. *Н. чью-н. волю.* **2.** *кого (что).* Насилием принуждать (женщину) к половому акту. ‖ *сов.* **изнаси́ловать**, -лую, -луешь; -анный (ко 2 знач.) ‖ *сущ.* **изнаси́лование**, -я, *ср.* (ко 2 знач.).

НАСИ́ЛУ, *нареч.* (разг.). С большим трудом, преодолевая трудности, сопротивление. *Н. поднял. Н. вырвался.*

НАСИ́ЛЬНИК, -а, *м.* Тот, кто насилует, совершает насилие. ‖ *прил.* **наси́льнический**, -ая, -ое.

НАСИ́ЛЬНО, *нареч.* Против воли, силой. *Увезти н.*

НАСИ́ЛЬСТВЕННЫЙ, -ая, -ое; -вен, -венна. Осуществляемый путём насилия, притеснения. *Насильственная смерть* (убийство). ‖ *сущ.* **наси́льственность**, -и, *ж.*

НАСКАЗА́ТЬ, -ажу́, -а́жешь; -а́занный; *сов., что* и *чего* (разг.). То же, что наговорить (в 1 знач.). *Н. небылиц.* ‖ *несов.* **наска́зывать**, -аю, -аешь.

НАСКАКА́ТЬ, -ачу́, -а́чешь; *сов.* (разг.). **1.** *на кого-что.* Скача, наехать. *Н. на ворота.* **2.** (1 и 2 л. ед. не употр.). Скача, собраться где-н. в каком-н. количестве. *Наскакали кавалеристы.* ‖ *несов.* **наска́кивать**, -аю, -аешь (к 1 знач.).

НАСКА́ЛЬНЫЙ, -ая, -ое. О древних надписях, рисунках: сделанный на скалах, стенах пещер, камнях. *Наскальные изображения.*

НАСКАНДА́ЛИТЬ *см.* скандалить.

НАСКВО́ЗЬ, *нареч.* **1.** Через всю толщу чего-н., проникая через что-н. *Стена пробита н. Промокнуть н. Н. видеть кого-н.* (перен.: отлично знать чьи-н. намерения, помыслы). **2.** *перен.* Полностью, совершенно (разг.). *Н. лживое заявление.*

НАСКОБЛИ́ТЬ, -облю́, -о́блишь и -обли́шь; -о́бленный; *сов., что* и *чего.* Скобля, наготовить. *Н. сыру.* ‖ *несов.* **наска́бливать**, -аю, -аешь.

НАСКО́К, -а (-у), *м.* (разг.). **1.** Неожиданное стремительное нападение, налёт. *Кавалерийский н. Ударить с наскоку* (с разгону). **2.** Необоснованный, грубый выпад против кого-н. ✦ **С наскока (наскоку)** — не подумав, без подготовки. *С наскока накинуться с упрёками.*

НАСКО́ЛЬКО, *нареч.* В какой мере, степени. *Н. лучше до́ма!* ✦ **Насколько... настолько (же)...**, *союз* — выражает противопоставление, сопоставление признаков, равноценных по своему характеру. *Насколько общителен сын, настолько дочка замкнута и застенчива.*

НА́СКОРО, *нареч.* (разг.). То же, что наспех. *Н. поесть. Н. собраться в дорогу.*

НАСКОЧИ́ТЬ, -очу́, -о́чишь; *сов.* **1.** *на кого-что.* Прыгнув или с разгону наброситься, натолкнуться, наткнуться на кого-что-н. *Н. на препятствие.* **2.** *на кого (что).* Приступить к кому-н. с упрёками, грубыми придирками (разг.). *Н. с криком, с бранью.* **3.** *перен., на кого-что.* То же, что наткнуться (в 3 знач.) (разг.). *Н. на неприятность.* ‖ *несов.* **наска́кивать**, -аю, -аешь.

НАСКРЕСТИ́, -ребу́, -ребёшь; -рёб, -ребла́; -рёбший; -ребённый (-ён, -ена́); -ребя́ и -рёбши; *сов.* **1.** *что* и *чего.* Скребя, набрать в каком-н. количестве. *Мыши наскребли крошек.* **2.** *перен., что* и *кого-чего.* С трудом набрать немного, в небольшом количестве (разг.). *Н. денег.* ‖ *несов.* **наскреба́ть**, -а́ю, -а́ешь.

НАСКУ́ЧИТЬ, -чу, -чишь; *сов., кому, с неопр.* (разг.). То же, что надоесть. *Н. кому-н. своими жалобами. Наскучило* (безл.) *лежать.*

НАСЛАДИ́ТЬ, -ажу́, -ади́шь; *сов., кого-что* (книжн.). Доставить наслаждение. *Н. слух музыкой.* ‖ *несов.* **наслажда́ть**, -а́ю, -а́ешь.

НАСЛАДИ́ТЬСЯ, -ажу́сь, -ади́шься; *сов., кем-чем.* Испытать наслаждение от чего-н. *Н. пением.* ‖ *несов.* **наслажда́ться**, -а́юсь, -а́ешься.

НАСЛАЖДЕ́НИЕ, -я, *ср.* Высшая степень удовольствия. *Слушать с наслаждением. Н. искусством.*

НАСЛАСТИ́ТЬ, -ащу́, -асти́шь; -ащённый (-ён, -ена́); *сов., что* (разг.). Сделать очень сладким. *Н. наливку.* ‖ *несов.* **насла́щивать**, -аю, -аешь.

НАСЛА́ТЬ, нашлю́, нашлёшь; на́сланный; *сов.* **1.** *кого-чего.* Послать в каком-н. количестве (разг.). *Н. поздравлений, подарков.* **2.** *что.* О высшей или злой силе: послать, направить. *Н. беду, засуху, болезни. Господь наслал на землю мор.* ‖ *несов.* **насыла́ть**, -а́ю, -а́ешь.

НАСЛЕ́ДИЕ, -я, *ср.* (книжн.). Явление духовной жизни, быта, уклада, унаследованное, воспринятое от прежних поколений, от предшественников. *Идейное н. Н. прошлого.*

НАСЛЕДИ́ТЬ *см.* следить².

НАСЛЕ́ДНИК, -а, *м.* **1.** Лицо, к-рое получает наследство, наследует кому-н. **2.** *перен.* Продолжатель чьей-н. деятельности, преемник. ‖ *ж.* **насле́дница**, -ы.

НАСЛЕ́ДОВАТЬ, -дую, -дуешь; -анный; *сов.* и *несов.* **1.** *что.* Получить (-чать) в наследство или в наследие от кого-чего-н. *Н. имущество. Н. лучшие традиции.* **2.** *кому.* Осуществить (-влять) или иметь право на получение наследства после кого-н. *Сын наследует отцу.* ‖ *сов.* также **унасле́довать**, -дую, -дуешь (к 1 знач.). ‖ *сущ.* **насле́дование**, -я, *ср. Право наследования.* ‖ *прил.* **насле́дный**, -ая, -ое. ✦ **Наследный принц** — являющийся наследником престола.

НАСЛЕ́ДСТВЕННОСТЬ, -и, *ж.* Свойства организмов повторять от поколения к поколению сходные природные признаки. *Материальные носители наследственности* (гены).

НАСЛЕ́ДСТВЕННЫЙ, -ая, -ое. **1.** *см.* наследство. **2.** Относящийся к наследованию, к праву наследования. **3.** Передающийся от одного поколения к другому, связанный с наследственностью. *Наследственные черты характера. Наследственная близорукость.*

НАСЛЕ́ДСТВО, -а, *ср.* **1.** Имущество, переходящее после смерти его владельца к новому лицу. *Получить в н. что-н.* **2.** То же, что наследие. *Духовное н.* **3.** То же, что наследование. *Право наследства. Получить по наследству.* ‖ *прил.* **насле́дственный**, -ая, -ое (к 1 и 3 знач.). *Наследственное имущество. Наследственное право* (спец.).

НАСЛОЕ́НИЕ, -я, *ср.* **1.** *см.* наслоить, -ся. **2.** Образование в виде ряда налегающих друг на друга пластов осадочных пород (спец.). *Песчаное н.* **3.** *перен.* Особенность, черта (в характере, сознании, культуре), более поздняя по сравнению с другими. *Поздние наслоения в летописи.*

НАСЛОИ́ТЬ, -ою́, -ои́шь; -оённый (-ён, -ена́); *сов., что* и *чего.* **1.** Наложить слоями; изготовить накладыванием слоёв. *Н. удобрения. Н. тесто.* **2.** Разделить на слои какое-н. количество чего-н. *Н. слюды.* ‖ *несов.* **насла́ивать**, -аю, -аешь. ‖ *сущ.* **наслое́ние**, -я, *ср.* (к 1 знач.) и **насла́ивание**, -я, *ср.*

НАСЛОИ́ТЬСЯ (-ою́сь, -ои́шься, 1 и 2 л. не употр.), -ои́тся; *сов., на что.* О слоях чего-н.: появиться, образоваться. *Наслоился ил. Наслоились воспоминания* (перен.). ‖ *несов.* **насла́иваться** (-аюсь, -аешься, 1 и 2 л. не употр.), -ается. ‖ *сущ.* **наслое́ние**, -я, *ср.*

НАСЛУЖИ́ТЬСЯ, -ужу́сь, -у́жишься; *сов.* (разг.). Вдоволь послужить.

НАСЛУ́ШАТЬСЯ, -аюсь, -аешься; *сов., кого-чего.* **1.** Услышать много чего-н., многих. *Н. разговоров. Наслушался разных ораторов.* **2.** Вполне насладиться слушанием кого-чего-н. *Н. песен. Слушаю — не наслушаюсь* (слушаю с радостью, с наслаждением; разг.). ‖ *несов.* **наслу́шиваться**, -аюсь, -аешься.

НАСЛЫ́ШАН, -а, -о; *в знач. сказ., о ком-чём* (разг.). По слухам, рассказам знаком с кем-чем-н. *Мы о вас много наслышаны.*

НАСЛЫ́ШАТЬСЯ, -шусь, -шишься; *сов., о ком-чём* (разг.). Много услыхать, узнать о ком-чём-н. *Н. о чьих-н. успехах.*

НАСЛЮНИ́ТЬ *см.* слюнить.

НАСЛЮНЯ́ВИТЬ *см.* слюнявить.

НАСМА́РКУ, *нареч.:* **идти (пойти) насмарку** (разг.) — оканчиваться (окончиться) впустую, без положительного результата, пропадать (-пасть), уничтожаться (-житься). *Все его усилия пошли н.*

НА́СМЕРТЬ, *нареч.* **1.** Так, что наступает смерть. *Сражён пулей н. Стоять н.* (защищаться, не щадя жизни). **2.** Очень сильно (прост.). *Н. перепугаться.*

НАСМЕХА́ТЬСЯ, -а́юсь, -а́ешься; *несов., над кем-чем.* Подвергать кого-что-н. насмешкам, издеваться.

НАСМЕШИ́ТЬ *см.* смешить.

НАСМЕ́ШКА, -и, *ж.* Обидная шутка, издёвка. *Подвергаться насмешкам. Сказать что-н. в насмешку.*

НАСМЕ́ШЛИВЫЙ, -ая, -ое; -ив. Склонный к насмешкам, выражающий насмешку. *Н. характер. Н. тон. Насмешливая улыбка.* ‖ *сущ.* **насме́шливость**, -и, *ж.*

НАСМЕ́ШНИК, -а, *м.* (разг.). Человек, любящий насмехаться. ‖ *ж.* **насме́шница**, -ы. ‖ *прил.* **насме́шнический**, -ая, -ое.

НАСМЕ́ШНИЧАТЬ, -аю, -аешь; *несов.* (разг.). То же, что насмехаться.

НАСМЕЯ́ТЬСЯ, -ею́сь, -еёшься; *сов.* **1.** Вдоволь посмеяться (разг.). *Насмеялись в цирке.* **2.** *над кем-чем.* Отнестись к кому-чему-н. с оскорбительной насмешкой. *Н. над чьими-н. чувствами.*

НА́СМОРК, -а, *м.* Воспаление слизистой оболочки носа, сопровождающееся слизистыми выделениями и чиханием. *Аллергический н. Хронический н.* ‖ *прил.* **на́сморочный**, -ая, -ое.

НАСМОТРЕ́ТЬСЯ, -отрю́сь, -о́тришься; *сов.* **1.** *кого-чего.* Посмотреть вдоволь, увидеть в большом количестве. *Насмотрелся всяких людей.* **2.** *на кого-что.* Вполне насладиться созерцанием, рассматриванием кого-чего-н. *Мать на сына не насмотрится* (смотрит любуясь). ‖ *несов.* **насма́триваться**, -аюсь, -аешься (к 1 знач.).

НАСОБА́ЧИТЬСЯ, -чусь, -чишься; *сов.* (прост.). То же, что наловчиться. ‖ *несов.* **насоба́чиваться**, -аюсь, -аешься.

НАСОВА́ТЬ, -сую́, -суёшь; -о́ванный; *сов., что и чего* (разг.). Наложить, засовывая. *Н. конфет в карманы.* ‖ *несов.* **насо́вывать**, -аю, -аешь.

НАСОВЕ́ТОВАТЬ, -тую, -туешь; *сов., что и чего* (разг.). Наговорить чего-н., советуя, надавать советов. *Н. много полезного.*

НАСОВСЕ́М, *нареч.* (прост.). Совсем, навсегда. *Отдать н. Н. уехать.*

НАСОЛИ́ТЬ, -олю́, -о́лишь *и* -оли́шь; -о́ленный; *сов.* **1.** *что и чего.* Заготовить солением в каком-н. количестве. *Н. огурцов.* **2.** *что.* Положить много соли во что-н. (разг.). *Н. суп.* **3.** *перен., кому.* Сделать неприятность (разг.). *Всем в доме насолила.* ‖ *несов.* наса́ливать, -аю, -аешь (к 1 и 2 знач.).

НАСОРИ́ТЬ *см.* сорить.

НАСО́С, -а, *м.* **1.** *см.* насосать. **2.** Машина, устройство для накачивания или выкачивания жидкостей, газов. *Велосипедный н. Воздушный н. Пожарный н. Вакуумный н.* (устройство для удаления газов из замкнутого пространства). ‖ *прил.* **насо́сный**, -ая, -ое.

НАСОСА́ТЬ, -осу́, -осёшь; -о́санный; *сов.* **1.** *что.* Повредить или образовать что-н. болезненное сосанием (разг.). *Н. себе губу. Н. синяк.* **2.** *что и чего.* То же, что накачать (в 1 знач.) (спец.). *Н. бензину в бак.* ‖ *несов.* **наса́сывать**, -аю, -аешь. ‖ *сущ.* **насо́с**, -а, *м. и* наса́сывание, -я, *ср.* (ко 2 знач.). ‖ *прил.* **насо́сный**, -ая, -ое (ко 2 знач.). *Насосная станция.*

НАСОСА́ТЬСЯ, -осу́сь, -осёшься; *сов.* Всасывая, вобрать в себя вдоволь чего-н. *Ребёнок насосался молока. Комар насосался крови.* ‖ *несов.* **наса́сываться**, -аюсь, -аешься.

НАСО́СНЫЙ *см.* насос *и* насосать.

НАСОЧИНИ́ТЬ, -ню́, -ни́шь; -нённый (-ён, -ена́) *и* **НАСОЧИНЯ́ТЬ**, -я́ю, -я́ешь; *сов., что и чего* (разг.). Сочинить в каком-н. количестве. *Н. много сказок. Н. всякого вздору.*

НАСОЧИ́ТЬСЯ (-чу́сь, -чи́шься, 1 и 2 л. не употр.), -чи́тся; *сов.* (разг.). Натечь, сочась. *Насочилась смола.*

НА́СПЕХ, *нареч.* Торопливо, поспешно. *Делать н. Н. перекусить.*

НАСПИРТОВА́ТЬСЯ (-ту́юсь, -ту́ешься, 1 и 2 л. не употр.), -ту́ется; *сов.* Пропитаться спиртом. ‖ *несов.* **наспирто́вываться** (-аюсь, -аешься, 1 и 2 л. не употр.), -ается.

НАСПЛЕ́ТНИЧАТЬ, -аю, -аешь; *сов.* (разг.). Наговорить сплетен о ком-чём-н. *Кумушки насплетничали.*

НАСТ, -а, *м.* Заледеневшая корка на снегу после короткой оттепели. *Скользить по насту.* ‖ *прил.* **на́стовый**, -ая, -ое.

НАСТАВИ́ТЕЛЬНЫЙ, -ая, -ое; -лен, -льна. Содержащий наставление (во 2 знач.), поучительный. *Н. тон.* ‖ *сущ.* **наставительность**, -и, *ж.*

НАСТА́ВИТЬ[1], -влю, -вишь; -вленный; *сов.* **1.** *кого-чего.* Поставить в каком-н. количестве (разг.). *Н. стульев. Н. пятёрок в дневнике. Н. синяков, шишек.* **2.** *что.* Удлинить, приставив что-н. к чему-н. *Н. рукава.* **3.** *что.* Приблизив, нацелить (разг.). *Н. револьвер на кого-н.* ✦ **Наставить рога** *кому* (разг. шутл.) — о супружеской измене. ‖ *несов.* **наставля́ть**, -я́ю, -я́ешь. ‖ *сущ.* **наста́вка**, -и, *ж.* (ко 2 знач.).

НАСТА́ВИТЬ[2], -влю, -вишь; -вленный; *сов., кого (что) на что.* Научить кого-н. чему-н. хорошему. *Н. на ум* (вразумить; разг.). *Н. на путь истинный.* ‖ *несов.* **наставля́ть**, -я́ю, -я́ешь. ‖ *сущ.* **наставле́ние**, -я, *ср.*

НАСТА́ВКА, -и, *ж.* **1.** *см.* наставить[1]. **2.** Наставленный кусок, часть чего-н. ‖ *прил.* **наста́вочный**, -ая, -ое.

НАСТАВЛЕ́НИЕ, -я, *ср.* **1.** *см.* наставить[2]. **2.** Настоятельный совет, поучение. *Отцовское н.* **3.** Руководство (в 3 знач.), инструкция (офиц.). *Воинские наставления.*

НАСТА́ВНИК, -а, *м.* Учитель и воспитатель, руководитель. *Н. сборной команды. Капитан-н.* (во флоте). *Н. молодёжи. Мастер-н.* ‖ *ж.* **наста́вница**, -ы. ‖ *прил.* **наста́внический**, -ая, -ое. *Н. тон* (перен.: наставительный).

НАСТАВНО́Й, -а́я, -о́е. **1.** Удлинённый, с наставкой (во 2 знач.). *Наставные рукава.* **2.** Служащий наставкой, наставляемый. *Наставная труба.*

НАСТА́ТЬ (-а́ну, -а́нешь, 1 и 2 л. не употр.), -а́нет; *сов.* О времени, состоянии: начаться, наступить. *Настало утро. Настала тишина. Настанет счастливое время.* ‖ *несов.* **настава́ть** (-таю́, -таёшь, 1 и 2 л. не употр.), -таёт.

НАСТЕГА́ТЬ[1], -а́ю, -а́ешь; -ёганный; *сов., кого (что).* То же, что отхлестать (разг.). *Н. хворостиной.* ‖ *несов.* **настёгивать**, -аю, -аешь.

НАСТЕГА́ТЬ[2], -а́ю, -а́ешь; -ёганный; *сов.* **1.** *что на что.* Пришить намёточным (см. метать[2]) швом. *Н. подкладку.* **2.** *что и чего.* Наготовить чего-н. стёганого. *Н. одеял.* ‖ *несов.* **настёгивать**, -аю, -аешь.

НА́СТЕЖЬ, *нареч.* Распахнув совсем, до конца. *Открыть окно н. Все двери н.*

НАСТЕЛИ́ТЬ *см.* настлать.

НАСТЕ́ННЫЙ, -ая, -ое. Помещаемый на стене. *Н. календарь. Настенная живопись, роспись* (монументальная).

НАСТИГА́ТЬ, НАСТИ́ГНУТЬ *см.* настичь.

НАСТИ́Л, -а, *м. и* **НАСТИ́ЛКА**, -и, *ж.* **1.** *см.* стлать. **2.** Часть перекрытия или покрытия, укладываемая на опоры для сооружения пола, кровли, проезжей части мостов. *Железобетонный н. Деревянный н.* ‖ *прил.* **насти́лочный**, -ая, -ое.

НАСТИЛА́ТЬ, -а́ю, -а́ешь; *несов.* **1.** *см.* настлать. **2.** *что и чего.* То же, что стлать (во 2 знач.). ‖ *прил.* **насти́лочный**, -ая, -ое.

НАСТИ́ЛОЧНЫЙ *см.* настил, настилать *и* стлать.

НАСТИ́ЛЬНЫЙ, -ая, -ое; -лен, -льна (спец.). **1.** Плавный, идущий почти по прямой линии. *Н. прыжок на лошади.* **2.** Идущий параллельно поверхности земли на определённой высоте. *Настильная траектория полёта пуль.* ‖ *сущ.* **насти́льность**, -и, *ж.*

НАСТИРА́ТЬ, -а́ю, -а́ешь; -и́ранный; *сов., что и чего* (разг.). Выстирать в каком-н. количестве. *Н. целый узел белья.* ‖ *несов.* **насти́рывать**, -аю, -аешь.

НАСТИ́ЧЬ *и* **НАСТИ́ГНУТЬ**, -и́гну, -и́гнешь; -и́г *и* -и́гнул, -и́гла; -и́гни; *сов.* **1.** *кого-что.* Догнать, преследуя. *Н. беглецов. Пуля настигла врага* (перен.: поразила). **2.** (1 и 2 л. не употр.), *перен., кого (что).* О тягостном событии: внезапно наступить. *Беда настигла неожиданно. Альпинистов настиг снегопад.* ‖ *несов.* **настига́ть**, -а́ю, -а́ешь.

НАСТЛА́ТЬ, -телю́, -те́лешь; на́стланный *и* **НАСТЕЛИ́ТЬ**, -телю́, -те́лешь; насте́ленный; *сов.* **1.** *см.* стлать. **2.** *что и чего.* Постлать (см. стлать в 1 знач.) в каком-н. количестве. *Н. ковров.* ‖ *несов.* **настила́ть**, -а́ю, -а́ешь.

НАСТО́Й, -я (-ю), *м.* Водный экстракт какого-н. вещества, растения. *Н. ромашки. Хвойный н.* ‖ *прил.* **насто́йный**, -ая, -ое.

НАСТО́ЙКА, -и, *ж.* **1.** Спиртовой экстракт какого-н. вещества, растения. *Н. йода, календулы.* **2.** Вино, приготовленное на ягодах, плодах, травах. *Вишнёвая н.* ‖ *прил.* **насто́ечный**, -ая, -ое.

НАСТО́ЙЧИВЫЙ, -ая, -ое; -ив. Упорный, твёрдый в достижении чего-н. *Н. характер. Настойчивое требование. Настойчиво* (нареч.) *добиваться.* ‖ *сущ.* **насто́йчивость**, -и, *ж.*

НАСТО́ЛЬКО, *нареч.* В такой мере, степени. *Не знал, что он н. хитёр.* ✦ **Настолько (же)... насколько (и)...**, *союз* — в такой же мере, как. *Настолько же умён, насколько (и) красив.*

НАСТО́ЛЬНЫЙ, -ая, -ое. **1.** Помещаемый на столе. *Н. календарь. Настольная лампа. Настольные игры.* **2.** *перен.* О книгах: постоянно необходимый. *Толковый словарь — настольная книга.*

НАСТОРОЖЕ́, *в знач. сказ.* Насторожившись, чтобы предупредить возможную опасность, неожиданность. *Быть, держаться н. Лесной зверь всегда н.*

НАСТОРО́ЖЕННЫЙ, -ая, -ое; -ен, -енна *и* **НАСТОРОЖЁННЫЙ**, -ая, -ое; -ён, -ённа. Напряжённо-внимательный в ожидании чего-н. (опасного, неожиданного). *Н. взгляд.* ‖ *сущ.* **насторо́женность**, -и, *ж. и* настороже́нность, -и, *ж.*

НАСТОРОЖИ́ТЬ, -жу́, -жи́шь; -жённый (-ён, -ена́); *сов., кого (что).* Заставить быть осторожным, напряжённо-внимательным. *Известие всех насторожило.* ✦ **Насторожить уши (слух, внимание)** — то же, что насторожиться. ‖ *несов.* **настора́живать**, -аю, -аешь.

НАСТОРОЖИ́ТЬСЯ, -жу́сь, -жи́шься; *сов.* Напряжённо вслушаться, проявить усиленное внимание. *Зверь насторожился.* ‖ *несов.* **настора́живаться**, -аюсь, -аешься.

НАСТОЯ́НИЕ, -я, *ср.* Настойчивое требование. *Явиться по настоянию кого-н. или чьему-н.*

НАСТОЯ́ТЕЛЬ, -я, *м.* **1.** Начальник, управляющий православного или католического мужского монастыря. **2.** Старший священник в православной церкви. ‖ *прил.* **настоя́тельский**, -ая, -ое.

НАСТОЯ́ТЕЛЬНИЦА, -ы, *ж.* Начальница, управляющая православного или католического женского монастыря.

НАСТОЯ́ТЕЛЬНЫЙ, -ая, -ое; -лен, -льна. **1.** Очень настойчивый. *Настоятельная просьба.* **2.** Насущный, очень нужный. *Настоятельная необходимость.* ‖ *сущ.* **настоя́тельность**, -и, *ж.* (к 1 знач.).

НАСТОЯ́ТЬ[1], -ою́, -ои́шь; *сов., на чём.* Добиться исполнения чего-н. *Н. на пересмотре решения. Н. на своём* (добиться выполнения своих требований; разг.). ‖ *несов.* **наста́ивать**, -аю, -аешь.

НАСТОЯ́ТЬ[2], -ою́, -ои́шь; -о́янный; *сов., что и чего на чём.* Приготовить настой или настойку из чего-н. *Н. зверобою. Н. вино на ягодах.* ‖ *несов.* **наста́ивать**, -аю, -аешь.

НАСТОЯ́ТЬСЯ[1], -ою́сь, -ои́шься; *сов.* (разг.). Провести долгое время стоя. *Н. в ожидании кого-н.*

НАСТОЯ́ТЬСЯ[2] (-ою́сь, -ои́шься, 1 и 2 л. не употр.), -ои́тся; *сов.* Образовать настой, настойку. *Чай хорошо настоялся. Вишня настоялась.* ‖ *несов.* **наста́иваться** (-аюсь, -аешься, 1 и 2 л. не употр.), -ается.

НАСТОЯ́ЩИЙ, -ая, -ее. **1.** Теперешний, происходящий в данное время. *В настоя-*

щее время. В н. момент (сейчас). **2.** Этот, данный. *В настоящей статье речь пойдёт о социальных проблемах.* **3.** Подлинный, действительный, не поддельный. *Скрыть свою настоящую фамилию. Н. бриллиант.* **4.** Действительно такой, какой должен быть; представляющий собой лучший образец, идеал чего-н. *Повесть о настоящем человеке. Он н. поэт. По-настоящему* (нареч.) *верный друг.* **5.** Полностью подобный кому-чему-н., несомненный (разг.). *Н. неуч. В доме настоящее столпотворение.* **6. настоя́щее,** -его, *ср.* Действительность, существующая сейчас, теперь. *Счастливое настоящее.* ✦ **Настоящее время** — в грамматике: форма глагола, обозначающая действие, совпадающее с моментом речи, а также вообще действие, противопоставляемое прошедшему и будущему.

НАСТРАДА́ТЬСЯ, -а́юсь, -а́ешься; *сов.* Испытать много страданий. *Н. на чужбине.*

НАСТРА́ИВАТЬ[1-2] *см.* настроить[1-2].

НАСТРА́ИВАТЬСЯ *см.* настроить[2].

НАСТРЕЛЯ́ТЬ, -я́ю, -я́ешь; -е́лянный; *сов.* **1.** *кого (чего).* Охотясь, убить какое-н. количество (зверей, птиц). *Н. уток.* **2.** *перен., чего.* Добыть, выпрашивая (прост.). *Н. сигарет у приятелей.* ‖ *несов.* **настре́ливать,** -аю, -аешь.

НА́СТРИГ, -а, *м.* (спец.). Количество настриженной шерсти.

НАСТРИ́ЧЬ, -игу́, -ижёшь, -игу́т; -и́г, -и́гла; -и́гший; -и́женный; -и́гши; *сов., что* и *чего.* Стригущим инструментом состричь или нарезать какое-н. количество чего-н. *Н. килограмм шерсти. Н. бумажных полосок.* ‖ *несов.* **настрига́ть,** -а́ю, -а́ешь. ‖ *сущ.* **на́стриг,** -а, *м.* (спец.).

НАСТРОГА́ТЬ, -а́ю, -а́ешь; -о́ганный и **НАСТРУГА́ТЬ,** -а́ю, -а́ешь; -у́ганный; *сов., что* и *чего.* Строгая, наготовить. *Н. планок. Н. сыру.* ‖ *несов.* **настра́гивать,** -аю, -аешь *и* **настру́гивать,** -аю, -аешь.

НА́СТРОГО, *нареч.* (разг.). Очень строго, со всей строгостью. *Н.* или *строго-н. запретить.*

НАСТРОЕ́НИЕ, -я, *ср.* **1.** Внутреннее, душевное состояние. *Весёлое, бодрое, грустное н. Человек настроения* (о том, чьи поступки определяются его настроением). *Под н. сделать что-н.* (под влиянием настроения). **2.** Направление чьих-н. мыслей, чувств. *Н. умов. Общественные настроения.* **3.** *с неопр.* Склонность делать что-н. *Нет настроения играть.* ✦ **Не в настроении** *кто* (разг.) — 1) в плохом настроении. *С утра не в настроении кто-н.;* 2) *с неопр.,* не настроен делать что-н. *Не в настроении читать.*

НАСТРО́ЕННОСТЬ, -и, *ж.* **1.** *см.* настроенный. **2.** Внутренняя устремлённость, внутреннее предрасположение к чему-н. *Н. на работу.*

НАСТРО́ЕННЫЙ, -ая, -ое; -ен, *на что* и *с неопр.* Имеющий расположение, настроение делать что-н. *Настроен на отдых. Не настроен спорить.* ‖ *сущ.* **настро́енность,** -и, *ж.*

НАСТРО́ИТЬ[1], -о́ю, -о́ишь; -о́енный; *сов., что* и *чего.* Построить в каком-н. количестве. *Н. домов.* ‖ *несов.* **настра́ивать,** -аю, -аешь.

НАСТРО́ИТЬ[2], -о́ю, -о́ишь; -о́енный; *сов.* **1.** *что.* Натягивая (струны), придать (музыкальному инструменту) определённое звучание. *Н. гитару.* **2.** *что.* Установить для приёма радиоволн определённой длины. *Н. приёмник на длинные волны.* **3.** *что.* Отрегулировать, привести в нужное техническое состояние. *Н. станок. Н. телевизор.* **4.** *перен., кого (что).* Привести кого-н. в какое-н. настроение, внушить кому-н. какие-н. чувства, мысли по отношению к кому-чему-н. *Н. на весёлый (грустный, боевой) лад. Н. сына против отца.* ‖ *несов.* **настра́ивать,** -аю, -аешь. ‖ *возвр.* **настро́иться,** -о́юсь, -о́ишься (к 4 знач.); *несов.* **настра́иваться,** -аюсь, -аешься. ‖ *сущ.* **настро́йка,** -и, *ж.* (к 1, 2 и 3 знач.). ‖ *прил.* **настро́ечный,** -ая, -ое (к 1, 2 и 3 знач.).

НАСТРО́ИТЬСЯ[1], -о́юсь, -о́ишься; *сов.* Настроить[2] (во 2 знач.) свой радиоприёмник. *Н. на нужную волну.*

НАСТРО́ИТЬСЯ[2] *см.* настроить[2].

НАСТРО́Й, -я, *м.* (разг.). Настроение (обычно бодрое, деловое, активное). *Боевой, весёлый н.*

НАСТРО́ЙЩИК, -а, *м.* Специалист по настройке музыкальных инструментов. *Н. роялей.* ‖ *ж.* **настро́йщица,** -ы. ‖ *прил.* **настро́йщицкий,** -ая, -ое.

НАСТРОПАЛИ́ТЬ, -лю́, -ли́шь; -лённый (-ён, -ена́); *сов., кого (что)* (прост.). Настроить[2] (в 4 знач.) каким-н. образом, подговаривая или внушая что-н. ‖ *несов.* **настропаля́ть,** -я́ю, -я́ешь.

НАСТРОЧИ́ТЬ, -очу́, -очи́шь *и* -о́чишь; -о́ченный; *сов.* **1.** *см.* строчить. **2.** *что* и *чего.* Прошить в строчку какое-н. количество чего-н. *Н. оборок.* ‖ *несов.* **настра́чивать,** -аю, -аешь.

НАСТРУГА́ТЬ *см.* настрогать.

НАСТРЯ́ПАТЬ, -аю, -аешь; -анный; *сов., что* и *чего* (разг.). Стряпая, наготовить (разных блюд). *Н. еды на два дня.* ‖ *несов.* **настря́пывать,** -аю, -аешь.

НАСТУДИ́ТЬ, -ужу́, -у́дишь; -у́женный; *сов., что* (разг.). Напустить холоду (в помещение). *Н. комнату.* ‖ *несов.* **насту́живать,** -аю, -аешь.

НАСТУ́КАТЬ, -аю, -аешь; -анный; *сов.* **1.** *что.* Обнаружить постукиванием (разг.). *Н. пустоту в стене.* **2.** *что* и *чего.* Написать на пишущей машинке (также в каком-н. количестве) (прост.). *Н. заявление.* ‖ *несов.* **насту́кивать,** -аю, -аешь.

НАСТУПА́ТЕЛЬНЫЙ, -ая, -ое; -лен, -льна. **1.** *см.* наступать[1]. **2.** Стремящийся к наступлению, активный. *Н. дух. Н. порыв войск.*

НАСТУПА́ТЬ[1], -а́ю, -а́ешь; *несов.* **1.** *см.* наступить[1]. **2.** Ведя активные военные действия, двигаться вперёд, на противника. *Армии наступают широким фронтом. Волны наступают на берег* (перен.). *Н. с расспросами* (перен.). ‖ *сущ.* **наступле́ние,** -я, *ср.* ‖ *прил.* **наступа́тельный,** -ая, -ое. *Н. бой. Наступательные действия.*

НАСТУПА́ТЬ[2] *см.* наступить[2].

НАСТУПИ́ТЬ[1], -уплю́, -у́пишь; *сов., на кого-что.* Придавить ногой кого-что-н. *Н. на лягушку. Н. на ногу кому-н.* (также перен.: обидеть кого-н.; устар.). ‖ *несов.* **наступа́ть,** -а́ю, -а́ешь.

НАСТУПИ́ТЬ[2] (-уплю́, -у́пишь, 1 и 2 л. не употр.), -у́пит; *сов.* О времени, состоянии: начаться, настать. *Наступила ночь. Наступила тишина.* ‖ *несов.* **наступа́ть** (-а́ю, -а́ешь, 1 и 2 л. не употр.), -а́ет. ‖ *сущ.* **наступле́ние,** -я, *ср. С наступлением ночи.*

НАСТУПЛЕ́НИЕ[1], -я, *ср.* **1.** *см.* наступать[1]. **2.** Основной вид военных действий в целях разгрома противника, уничтожения его живой силы, захвата военной техники и овладения важными районами местности. *Вести н. по всему фронту.*

НАСТУПЛЕ́НИЕ[2] *см.* наступить[2].

НАСТУ́РЦИЯ, -и, *ж.* Однолетнее садовое травянистое растение с яркими красно-жёлтыми цветками. ‖ *прил.* **насту́рциевый,** -ая, -ое. *Семейство настурциевых* (сущ.).

НАСТУЧА́ТЬ *см.* стучать.

НАСТЫ́НУТЬ *см.* настыть.

НАСТЫ́РНИЧАТЬ, -аю, -аешь; *несов.* (прост.). Проявлять излишнее упорство, настырность.

НАСТЫ́РНЫЙ, -ая, -ое; -рен, -рна (прост.). Упорный, слишком настойчивый. *Н. мальчишка.* ‖ *сущ.* **насты́рность,** -и, *ж.*

НАСТЫ́ТЬ и **НАСТЫ́НУТЬ,** (-ы́ну, -ы́нешь, 1 и 2 л. не употр.), -ы́нет; -ы́л, -ы́ла; *сов.* (разг.). **1.** Стать холодным. *Комната за ночь настыла.* **2.** Намёрзнуть на чём-н. *Лёд настыл на пороге.* ‖ *несов.* **настыва́ть** (-а́ю, -а́ешь, 1 и 2 л. не употр.), -а́ет.

НАСУЛИ́ТЬ, -лю́, -ли́шь; -лённый (-ён, -ена́); *сов., что* и *кого-чего* (разг.). То же, что наобещать. *Н. золотые горы. Н. подарков.*

НАСУ́ПИТЬ, -плю, -пишь; -пленный; *сов., что* (разг.). То же, что нахмурить. *Н. лицо, брови.* ‖ *несов.* **насу́пливать,** -аю, -аешь.

НАСУ́ПИТЬСЯ, -плюсь, -пишься; *сов.* (разг.). То же, что нахмуриться. ‖ *несов.* **насу́пливаться,** -аюсь, -аешься.

НАСУРМИ́ТЬ, -СЯ *см.* сурмить.

НА́СУХО, *нареч.* До полной сухости. *Вытереть руки н.*

НАСУЧИ́ТЬ, -учу́, -у́чишь *и* -учи́шь; -у́ченный; *сов., что* и *чего.* Наготовить сучением. *Н. ниток.* ‖ *несов.* **насу́чивать,** -аю, -аешь.

НАСУШИ́ТЬ, -ушу́, -у́шишь; -у́шенный; *сов., что* и *чего.* Наготовить сушкой. *Н. грибов. Н. сухарей.* ‖ *несов.* **насу́шивать,** -аю, -аешь.

НАСУ́ЩНЫЙ, -ая, -ое; -щен, -щна. Имеющий важное жизненное значение, совершенно необходимый. *Насущная потребность. Насущные интересы. Хлеб (наш) н.* (перен.: то, что необходимо для пропитания, существования). ‖ *сущ.* **насу́щность,** -и, *ж.*

НАСЧЁТ *кого-чего, предлог с род. п.* Относительно, по поводу кого-чего-н., касаясь кого-чего-н. *Осведомиться н. последних событий. Беседа н. сына.*

НАСЧИТА́ТЬ, -а́ю, -а́ешь; -и́танный; *сов., что.* Считая, установить число чего-н. *Н. более десяти ошибок.* ‖ *несов.* **насчи́тывать,** -аю, -аешь.

НАСЧИ́ТЫВАТЬ, -аю, -аешь; *несов.* **1.** *см.* насчитать. **2.** (1 и 2 л. ед. не употр.). Содержать в себе какое-н. число кого-чего-н. *Завод насчитывает несколько тысяч рабочих.*

НАСЧИ́ТЫВАТЬСЯ (-аюсь, -аешься, 1 и 2 л. не употр.), -ается; *несов.* Быть, иметься в каком-н. количестве. *В городе насчитываются сотни школ.*

НАСЫЛА́ТЬ *см.* наслать.

НАСЫ́ПАТЬ, -плю, -плешь *и* (разг.) -пешь, -пет, -пем, -пете, -пят; -ы́пь; -анный; *сов.* **1.** *что* и *чего.* Ссыпая или высыпая, поместить куда-н. или заполнить что-н. *Н. крупы в мешок. Н. мешок крупой.* **2.** *что* и *чего.* Посыпая, набросать на поверхность чего-н. *Н. песку на дорожку.* **3.** *что.* Сделать, возвести из сыпучего материала. *Н. курган.* ‖ *несов.* **насыпа́ть,** -а́ю, -а́ешь. ‖ *сущ.* **насы́пка,** -и, *ж.* ‖ *прил.* **насыпно́й,** -а́я, -о́е (к 3 знач.).

НАСЫ́ПАТЬСЯ (-сыплюсь, -сыплешься *и* разг. -сыпешься, -сыпемся, 1 и 2 л. не употр.), -плется *и* (разг.) -пется, -пятся; *сов.* Сыплясь, осыпаясь, попасть, поместиться куда-н. *Насыпалось много песку.* ‖ *несов.*

насыпа́ться (-а́юсь, -а́ешься, 1 и 2 л. не употр.), -а́ется.

НАСЫПНО´Й, -а́я, -бе. **1.** *см.* насыпать. **2.** Такой, к-рый насыпан куда-н. или такой, к-рый перевозится насыпью. *Н. грунт. Н. груз.*

НА´СЫПЬ, -и, *ж.* Искусственное возвышение из земли, сыпучих отходов производства. *Железнодорожная н. Дорожная н.*

НА´СЫПЬЮ, *нареч.* В насыпанном виде, без тары. *Перевозка угля н.*

НАСЫ´ТИТЬ, -ы́щу, -ы́тишь; -ы́щенный; *сов.* **1.** *кого (что).* Накормить досыта. *Н. свою утробу* (насытиться; прост.). **2.** Сделать насыщенным (в 1 знач.) (спец.). *Н. раствор солями.* **3.** *перен., что.* Наполнить в большом количестве, до предела. *Воздух насыщен парами.* **4.** *перен., что.* Наполнить, снабдить в изобилии. *Рынок насыщен товарами.* ‖ *несов.* **насыща́ть**, -а́ю, -а́ешь. ‖ *сущ.* **насыще́ние**, -я, *ср.*

НАСЫ´ТИТЬСЯ, -ы́щусь, -ы́тишься; *сов.* **1.** Наесться досыта. **2.** (1 и 2 л. не употр.). Растворить в себе большое количество какого-н. вещества. *Вода насытилась солью.* ‖ *несов.* **насыща́ться**, -а́юсь, -а́ешься. ‖ *сущ.* **насыще́ние**, -я, *ср.*

НАСЫ´ЩЕННЫЙ, -ая, -ое; -ен, -енна. **1.** *полн. ф.* Содержащий в себе предельное количество растворённого вещества. *Н. раствор.* **2.** *перен.* Богатый содержанием (книжн.). *Насыщенное изложение.* ‖ *сущ.* **насы́щенность**, -и, *ж.*

НАТА´ЛКИВАТЬ, -СЯ *см.* натолкнуть, -ся

НАТА´ПЛИВАТЬ *см.* натопить[1-2].

НАТА´ПТЫВАТЬ *см.* натоптать.

НАТАСКА´ТЬ, -а́ю, -а́ешь; -а́сканный; *сов.* **1.** *что* и *чего.* Принести, натащить (в 1 знач.) в несколько приёмов. *Н. хвороста для костра.* **2.** *перен., что* и *чего.* Набрать, извлечь из чего-н. (разг. неодобр.). *Н. цитат.* **3.** *кого (что).* Обучить (собаку) охоте на зверя, птицу (спец.). *Н. борзую на зайца. Собаки, натасканные на наркотики.* **4.** *кого (что).* Поверхностно научить самому необходимому (разг.). *Н. учеников к экзамену.* ‖ *несов.* **ната́скивать**, -аю, -аешь. ‖ *сущ.* **ната́скивание**, -я, *ср.* (ко 2, 3 и 4 знач.) *и* **ната́ска**, -и, *ж.* (к 3 знач.; спец.).

НАТА´ЧИВАТЬ, -аю, -аешь; *несов., что.* То же, что точить (в 1 знач.). *Н. ножи.*

НАТАЩИ´ТЬ, -ащу́, -а́щишь; -а́щенный; *сов.* (разг.). **1.** *что* и *чего.* Притащить в каком-н. количестве. *Н. хворосту. Н. грязи на сапогах.* **2.** *что.* Натянуть, укрываясь чем-н. или надевая что-н. *Н. на себя одеяло.* ‖ *несов.* **ната́скивать**, -аю, -аешь.

НАТА´ЯТЬ, -а́ю, -а́ешь; -янный; *сов.* **1.** (1 и 2 л. не употр.). Растаять в каком-н. количестве. *За день натаяло много снегу.* **2.** *что* и *чего.* Дав растаять (снегу, льду), набрать какое-н. количество (воды). *Н. полное ведро снегу.* ‖ *несов.* **ната́ивать**, -аю, -аешь.

НАТВОРИ´ТЬ[1], -рю́, -ри́шь; -рённый (-ён, -ена́); *сов., что* и *чего* (разг. неодобр.). То же, что наделать (во 2 знач.). *Н. глупостей. Что ты натворил!* (осуждающий возглас).

НАТВОРИ´ТЬ[2], -рю́, -ри́шь; -рённый (-ён, -ена́); *сов., что* и *чего.* Растворить, размещать в жидкости, приготовив в каком-н. количестве. *Н. много теста.*

НА´ТЕ *см.* на[2].

НАТЕ´ЛЬНЫЙ, -ая, -ое. Надеваемый прямо на тело. *Нательное бельё. Нательная рубаха.*

НАТЕРЕБИ´ТЬ, -блю́, -би́шь; -блённый (-ён, -ена́); *сов., что* и *чего.* Теребя, наготовить. *Н. льну.*

НАТЕРЕ´ТЬ, -тру́, -трёшь; -ёр, -ёрла; -ёрший; -ёртый; -тере́в *и* -тёрши; *сов.* **1.** *кого-что.* Втирая, намазать жидкостью или мазью. *Н. руки кремом.* **2.** *что.* Навести лоск трением, втиранием чего-н. *Н. пол мастикой.* **3.** *что.* Раздражить, повредить или причинить боль трением. *Н. палец. Н. себе мозоли.* **4.** *что* и *чего.* Измельчить тёркой. *Н. моркови.* ‖ *несов.* **натира́ть**, -а́ю, -а́ешь. ‖ *возвр.* **натере́ться**, -тру́сь, -трёшься (к 1 знач.); *несов.* **натира́ться**, -а́юсь, -а́ешься. ‖ *сущ.* **натира́ние**, -я, *ср. и* **нати́рка**, -и, *ж.* (ко 2 знач.).

НАТЕРПЕ´ТЬСЯ, -ерплю́сь, -е́рпишься; *сов., чего* (разг.). Испытать много чего-н. (неприятного, горя). *Н. страху.*

НАТЕСА´ТЬ, -ешу́, -е́шешь; -ёсанный; *сов., что* и *чего.* Сделать, наготовить тесанием. *Н. досок.* ‖ *несов.* **натёсывать**, -аю, -аешь.

НАТЕ´ЧЬ (-теку́, -течёшь, 1 и 2 л. не употр.), -течёт, -еку́т; -ёк, -екла́; -ёкший; -ёкши; *сов.* Скопиться, стекая или просачиваясь куда-н. *Натекла смола. В подвал натекла вода.* ‖ *несов.* **натека́ть** (-а́ю, -а́ешь, 1 и 2 л. не употр.), -а́ет.

НАТЕ´ШИТЬСЯ, -шусь, -шишься; *сов.* (разг.). Вдоволь потешиться. *Ребёнок натешился игрушкой. Н. над своей жертвой.*

НАТЁК, -а, *м.* Натёкшее и застывшее скопление какого-н. жидкого вещества. *Н. смолы на сосне.* ‖ *прил.* **натёчный**, -ая, -ое. *Н. лёд.*

НАТИРА´ТЬ, -СЯ *см.* натереть.

НА´ТИСК, -а, *м.* Настойчивое движение (войск, скопления людей) на кого-чего-н.; сильный напор. *Сдерживать н. противника. Н. воды, лавины.* ✦ **Под натиском кого-чего, в знач.** *предлога с род. п.* — вынужденно поддаваясь кому-чему-н. *Признаться под натиском улик. Согласиться под натиском окружающих.*

НАТИ´СКАТЬ, -аю, -аешь; -анный; *сов., что* и *чего* (разг.). Втискивая, поместить куда-н. в каком-н. количестве. *Н. вещей в рюкзак.* ‖ *несов.* **нати́скивать**, -аю, -аешь.

НАТКА´ТЬ, -тку́, -ткёшь; -а́л, -ала́ *и* -а́ла, -а́ло; на́тканный; *сов., что* и *чего.* Наготовить тканьём. *Н. полотна.*

НАТКНУ´ТЬ, -ну́, -нёшь; на́ткнутый; *сов., кого-что.* Проткнув, поместить на остриё, на стержне. *Н. бабочку на булавку.* ‖ *несов.* **натыка́ть**, -а́ю, -а́ешь.

НАТКНУ´ТЬСЯ, -ну́сь, -нёшься; *сов.* (разг.). **1.** *на что.* Наскочив, соприкоснуться с чем-н. острым. *Н. на гвоздь.* **2.** *на кого-что.* Двигаясь, столкнуться с кем-чем-н. *Н. на столб. Н. на засаду.* **3.** *перен., на что.* Неожиданно обнаружить, встретить что-н. (обычно неприятное). *Н. на непонимание, на недоброжелательность. Н. на непонятную мысль.* ‖ *несов.* **натыка́ться**, -а́юсь, -а́ешься.

НАТОЛКНУ´ТЬ, -ну́, -нёшь; -о́лкнутый; *сов.* **1.** *кого-что на кого-что.* Толчком заставить коснуться кого-чего-н., удариться о кого-что-н. *Н. кого-н. на косяк, на столб.* **2.** *перен., кого (что) на что.* Навести на что-н. (на какую-н. мысль) (разг.). *Н. на правильное решение. Н. на догадку.* ‖ *несов.* **ната́лкивать**, -аю, -аешь.

НАТОЛКНУ´ТЬСЯ, -ну́сь, -нёшься; *сов., на кого-что* (разг.). То же, что наткнуться (во 2 и 3 знач.). ‖ *несов.* **ната́лкиваться**, -аюсь, -аешься.

НАТОЛО´ЧЬ, -лку́, -лчёшь, -лку́т; -ло́к, -лкла́; -лки́; -ло́кший; -лчённый (-ён, -ена́); -ло́кши; *сов., что* и *чего.* Наготовить толчением. *Н. соли.*

НАТОПИ´ТЬ[1], -оплю́, -о́пишь; -о́пленный; *сов., что.* Нагреть топкой. *Н. избу. Натопленная печь.* ‖ *несов.* **ната́пливать**, -аю, -аешь.

НАТОПИ´ТЬ[2], -оплю́, -о́пишь; -о́пленный; *сов., что* и *чего.* Кипятя, топя (см. топить[2]) или растапливая, приготовить в каком-н. количестве. *Н. молока. Н. воску.* ‖ *несов.* **ната́пливать**, -аю, -аешь.

НАТОПТА´ТЬ, -опчу́, -о́пчешь; -о́птанный; *сов., что* (разг.). Пачкая, оставить следы на чём-н., наследить. *Н. пол. На крыльце натоптано* (в знач. сказ.). ‖ *несов.* **ната́птывать**, -аю, -аешь.

НАТОРГОВА´ТЬ, -гу́ю, -гу́ешь; -о́ванный; *сов.* (разг.). **1.** *что* и *чего.* Приобрести торговлей. *Н. много денег.* **2.** *на что.* Продать товара на какую-н. сумму, получить какую-н. выручку. *Н. на двадцать рублей.* ‖ *несов.* **наторго́вывать**, -аю, -аешь.

НАТОРЕ´ЛЫЙ, -ая, -ое (прост.). Получивший навык, сноровку в каком-н. деле, опытный. *Н. делец.*

НАТОРЕ´ТЬ, -е́ю, -е́ешь; *сов., в чём* (прост.). Приобрести навык, сноровку в каком-н. деле. *Н. в своём деле.*

НАТОЧИ´ТЬ *см.* точить.

НАТОЩА´К, *нареч.* До завтрака, на пустой желудок. *Принять лекарство н.*

НАТР, -а, *м.* Окись натрия. *Едкий н.* (каустическая сода). ‖ *прил.* **на́тровый**, -ая, -ое.

НАТРАВИ´ТЬ, -авлю́, -а́вишь; -а́вленный; *сов.* **1.** *кого (что) на кого (что).* Травя[1] (в 4 знач.), побудить к преследованию, к нападению. *Н. собак на зайца.* **2.** *перен., кого (что) на кого (что).* Возбудить против кого-н., побудить к враждебным действиям против кого-н. (разг.). *Н. соседей друг на друга.* **3.** *кого (чего).* Травя[1] (в 1 знач.), уничтожить в каком-н. количестве. *Н. сусликов. Н. тараканов.* **4.** *что* и *чего.* Травя[1] (в 6 знач.), сделать изображение, а также какое-н. количество изображений. *Н. узор, узоров.* ‖ *несов.* **натра́вливать**, -аю, -аешь *и* **натравля́ть**, -я́ю, -я́ешь.

НАТРЕНИРО´ВАННЫЙ, -ая, -ое; -ан. Прошедший хорошую тренировку, обладающий хорошей выучкой. *Н. спортсмен.* ‖ *сущ.* **натрениро́ванность**, -и, *ж.*

НАТРЕНИРОВА´ТЬ, -СЯ *см.* тренировать.

НА´ТРИЙ, -я, *м.* Химический элемент, мягкий серебристо-белый лёгкий металл. ‖ *прил.* **на́триевый**, -ая, -ое. *Натриевая селитра.*

НА´ТРОЕ, *нареч.* На три части. *Разрезать н.*

НАТРУДИ´ТЬ, -ужу́, -у́дишь *и* -уди́шь; -у́женный *и* (устар.) -ужённый (-ён, -ена́); *сов., что.* Продолжительной работой утомить, привести в болезненное состояние. *Н. ноги. Натруженные руки.* ‖ *несов.* **натру́живать**, -аю, -аешь.

НАТРУДИ´ТЬСЯ, -ужу́сь, -у́дишься; *сов.* (разг.). **1.** (1 и 2 л. не употр.), -у́дится и -уди́тся. Утомиться, прийти в болезненное состояние от продолжительной работы. *Руки натрудились.* **2.** Вдоволь потрудиться. *Н. за день.*

НАТРУСИ´ТЬ *см.* трусить[1].

НАТРЯСТИ´, -су́, -сёшь; -я́с, -ясла́; -я́сший; -сённый (-ён, -ена́); -я́сши; *сов., что* и *чего.* Тряся, насыпать в каком-н. количестве. *Н. крошек. Н. яблок с яблони.* ‖ *несов.* **натряса́ть**, -а́ю, -а́ешь.

НАТРЯСТИ´СЬ, -су́сь, -сёшься; -я́сся, -ясла́сь; -я́сшийся; -я́сшись; *сов.* (разг.). **1.** Испытать сильную, длительную тряску. *Н. в грузовике.* **2.** (1 и 2 л. не употр.). Насыпаться куда-н. *Натряслось много яблок.* ‖ *несов.* **натряса́ться**, -а́ется (ко 2 знач.).

НАТУ´ГА, -и, *ж.* (прост.). Напряжение сил. *Чуть не лопнул от (с) натуги.*

НА́ТУГО, *нареч.* (разг.). Очень туго. *Затянуть ремень н. Туго-н.* (так, что туже уже нельзя).

НАТУ́ЖИТЬ, -жу, -жишь; -женный; *сов., что* (разг.). То же, что напрячь (в 1 знач.). *Н. мускулы. Н. грудь.* ‖ *несов.* **нату́живать,** -аю, -аешь.

НАТУ́ЖИТЬСЯ, -жусь, -жишься; *сов.* (разг.). Напрячь все силы. *Натужился и поднял тяжесть.* ‖ *несов.* **нату́живаться,** -аюсь, -аешься.

НАТУ́ЖНЫЙ, -ая, -ое; -жен, -жна (разг.). Осуществляемый с натугой, с напряжением. *Н. кашель. Натужное веселье* (неестественное). ‖ *сущ.* **нату́жность,** -и, *ж.*

НАТУ́РА, -ы, *ж.* **1.** То же, что природа (в 1 знач.) (стар.). **2.** Характер человека, темперамент. *Пылкая н. По натуре он не зол. Привычка — вторая н.* (посл.). **3.** То, что существует в действительности, настоящая, естественная обстановка, условия в отличие от изображённого. *Познакомиться с чем-н. в натуре. Рисовать с натуры и натуру. Киногруппа снимает натуру.* **4.** То же, что натурщик (спец.). 5. Товары, продукты как платёжное средство. *Расплачиваться натурой.* ‖ *прил.* **нату́рный,** -ая, -ое (к 3 и 4 знач.). *Натурная съёмка. Н. класс* (где рисуют с натурщиков).

НАТУРАЛИ́ЗМ, -а, *м.* **1.** Направление в литературе и искусстве последней трети 19 в., стремящееся к внешне точному изображению действительности. **2.** Фактографическое, внешнее воспроизведение жизни, быта. *Излишний н.* **3.** Движение, проповедующее отказ от благ современной цивилизации, жизнь в условиях, близких к природе. ‖ *прил.* **натуралисти́ческий,** -ая, -ое *и* **натурали́стский,** -ая, -ое (к 3 знач.). *Натуралистическое искусство. Натуралистические подробности.*

НАТУРАЛИЗОВА́ТЬ, -зу́ю, -зу́ешь; -о́ванный; *сов.* и *несов., кого (что)* (книжн.). Предоставить (-влять) права гражданства (иностранцу). ‖ *сущ.* **натурализа́ция,** -и, *ж.*

НАТУРАЛИЗОВА́ТЬСЯ, -зу́юсь, -зу́ешься; *сов.* и *несов.* (книжн.). Принять (-нимать) гражданство чужой страны. ‖ *сущ.* **натурализа́ция,** -и, *ж.*

НАТУРАЛИ́СТ, -а, *м.* **1.** Человек, к-рый занимается изучением природы, естествоиспытатель. *Юный н.* (юннат). **2.** Сторонник, последователь натурализма (в 1 и 3 знач.). ‖ *ж.* **натурали́стка,** -и (к 1 и 3 знач.). ‖ *прил.* **натурали́стский,** -ая, -ое.

НАТУРА́ЛЬНО (устар.). **1.** *вводн. сл.* Конечно, разумеется. *Мы, н., удивились.* **2.** *частица.* Естественно, разумеется. *Вы удивлены? — Н.!*

НАТУРА́ЛЬНЫЙ, -ая, -ое; -лен, -льна. **1.** *полн. ф.* Относящийся к области естественных наук (устар.). *Натуральная история.* **2.** *полн. ф.* Соответствующий природе вещей, действительности. *Портрет в натуральную величину.* **3.** *полн. ф.* Относящийся к оплате натурой (в 5 знач.), не деньгами. *Н. налог. Н. обмен.* **4.** *полн. ф.* Настоящий, подлинный, природный, не искусственный. *Н. шёлк, мех. Н. кофе.* **5.** Вполне естественный, непритворный. *Н. смех. Натуральные жесты.* ✦ **Натуральное хозяйство** (спец.) — хозяйство, в к-ром продукты труда производятся для удовлетворения нужд только самих производителей. ‖ *сущ.* **натура́льность,** -и, *ж.* (к 4 и 5 знач.).

НАТУРФИЛОСО́ФИЯ, -и, *ж.* Общее название существовавших с древности вплоть до 19 в. философских учений о природе, не опиравшихся на строгие естественнонаучные знания. ‖ *прил.* **натурфилосо́фский,** -ая, -ое.

НАТУ́РЩИК, -а, *м.* Человек, к-рый позирует перед художником, скульптором. ‖ *ж.* **нату́рщица,** -ы. ‖ *прил.* **нату́рщицкий,** -ая, -ое.

НАТЫ́КАТЬ, -ычу, -ычешь *и* -аю, -аешь; -анный; *сов., что* и *чего* (разг.). Воткнуть в каком-н. количестве. *Н. флажков на карту.* ‖ *несов.* **натыка́ть,** -а́ю, -а́ешь.

НАТЫКА́ТЬ[1-2] *см.* наткнуть *и* натыкать.

НАТЫКА́ТЬСЯ *см.* наткнуться.

НАТЮРМО́РТ, -а, *м.* Картина с изображением крупным планом предметов: цветов, битой дичи, рыбы, утвари. ‖ *прил.* **натюрмо́ртный,** -ая, -ое.

НАТЯЖЕ́НИЕ, -я, *ср.* **1.** *см.* натянуть, -ся. **2.** Срастание краев раны (спец.). *Первичное н.*

НАТЯ́ЖКА, -и, *ж.* **1.** *см.* натянуть. **2.** Неправомерное допущение, искусственно облегчающее доказательство, признание чего-н. *Допустить с большой натяжкой. Н. в доказательстве.*

НАТЯ́НУТЫЙ, -ая, -ое; -ут. Лишённый искренности, непринуждённости, дружелюбия. *Натянутые отношения. Натянутая улыбка. Н. разговор.* ‖ *сущ.* **натя́нутость,** -и, *ж.*

НАТЯНУ́ТЬ, -яну́, -я́нешь; -я́нутый; *сов., что.* **1.** Вытягивая, сделать тугим или туго закрепить. *Н. верёвку. Н. струны.* **2.** Надеть с усилием, надвинуть, накрыть чем-н., потянув (разг.). *Н. сапог на ногу. Н. на себя одеяло.* **3.** Сделать, осуществить что-н., допустив отступление от требуемого, послабление (разг.). *Н. ученику положительную оценку.* ✦ **Натянуть нос** *кому* (прост.) — одурачить, обмануть. ‖ *несов.* **натя́гивать,** -аю, -аешь. ‖ *сущ.* **натяже́ние,** -я, *ср.* (к 1 знач.; разг.). ‖ *прил.* **натяжно́й,** -а́я, -о́е (к 1 и 2 знач.). *Н. ролик* (регулирующий натяжение). *Натяжные шины* (натягивающиеся).

НАТЯНУ́ТЬСЯ (-тяну́сь, -тя́нешься, 1 и 2 л. не употр.), -тя́нется; *сов.* Вытягиваясь, стать тугим, упругим. *Леска натянулась.* ‖ *несов.* **натя́гиваться** (-аюсь, -аешься, 1 и 2 л. не употр.), -ается. ‖ *сущ.* **натяже́ние,** -я, *ср.*

НАУГА́Д, *нареч.* Наудачу, не зная о правильности своих действий. *Отвечать н. Идти н.* (не зная дороги). *Стрелять н.*

НАУГО́ЛЬНИК, -а, *м.* Накладка, скрепляющая или украшающая угол (рамы, ящика, переплёта). *Металлический н.*

НАУДАЛУ́Ю, *нареч.* (разг.). Безрассудно смело, наудачу. *Ринулся н.*

НАУДА́ЧУ, *нареч.* Надеясь на благоприятный случай, как удастся. *Действовать н.*

НАУДИ́ТЬ, -ужу́, -у́дишь; -у́женный; *сов., кого (чего).* Наловить удочкой. *Н. карасей.* ‖ *несов.* **нау́живать,** -аю, -аешь.

НАУ́КА, -и, *ж.* **1.** Система знаний о закономерностях развития природы, общества и мышления, а также отдельная отрасль таких знаний. *Общественные науки. Естественные науки. Гуманитарные науки.* **2.** То, что поучает, даёт опыт, урок (в 3 знач.) (разг.). *Вперёд тебе н. Пусть этот случай будет ему наукой.* ‖ *прил.* **нау́чный,** -ая, -ое (к 1 знач.). *Научные теории. Научное общество* (добровольная организация лиц, ведущих исследовательскую работу). *Научная фантастика* (художественные жанры, в к-рых развиваются авторские представления о будущем науки, будущих научных открытиях).

НАУКОЁМКИЙ, -ая, -ое (спец.). Требующий глубокого и сложного научного обоснования. *Наукоёмкие технологии.* ‖ *сущ.* **наукоёмкость,** -и, *ж.*

НАУКООБРА́ЗНЫЙ, -ая, -ое; -зен, -зна. Научный лишь по виду, создающий видимость научности. ‖ *сущ.* **наукообра́зность,** -и, *ж.*

НАУСТИ́ТЬ *см.* наущать.

НАУ́СЬКАТЬ, -аю, -аешь; -анный; *сов., кого (что) на кого (что)* (прост.). Подстрекнуть к нападению. *Н. собак. Н. кого-н. на своих противников* (перен., неодобр.). ‖ *несов.* **нау́ськивать,** -аю, -аешь. ‖ *сущ.* **нау́ськивание,** -я, *ср.*

НАУТЁК, *нареч.* (разг.). Бегом (спасаясь, убегая от кого-н.). *Пуститься, броситься н.*

НАУ́ТРО, *нареч.* (разг.). Утром следующего дня. *Н. после праздника.*

НАУЧА́ТЬ, -а́ю, -а́ешь; *несов., кого (что)* (устар. и прост.). То же, что учить (во 2 знач.). *Н. уму-разуму.*

НАУЧЕ́НИЕ, -я, *ср.* **1.** *см.* учить. **2.** Формирование у индивида опыта поведения: привыкания, различных рефлексов, реакций и навыков (спец.).

НАУЧИ́ТЬ, -СЯ *см.* учить, -ся.

НАУ́ЧНО-ТЕХНИ́ЧЕСКИЙ, -ая, -ое. Относящийся к науке и технике. *Научно-технический прогресс.*

НАУ́ЧНЫЙ, -ая, -ое; -чен, -чна. **1.** *см.* наука. **2.** Основанный на принципах науки, отвечающий требованиям науки. *Вполне н. подход.* ‖ *сущ.* **нау́чность,** -и, *ж.*

НАУ́ШНИК[1], -а, *м.* **1.** Часть тёплой шапки, закрывающая ухо, а также предмет одежды из тёплой материи, надеваемый на ухо. *Опустить, завязать наушники. Суконные наушники.* **2.** Надеваемый на уши прибор для слушания. *Магнитофонные наушники.*

НАУ́ШНИК[2], -а, *м.* (разг.). Человек, к-рый наушничает, доносчик. ‖ *ж.* **нау́шница,** -ы. ‖ *прил.* **нау́шнический,** -ая, -ое.

НАУ́ШНИЧАТЬ, -аю, -аешь; *несов.* (разг.). Клеветать, передавать злые сплетни о ком-н. ‖ *сущ.* **нау́шничество,** -а, *ср.*

НАУЩА́ТЬ, -а́ю, -а́ешь; *несов., кого (что)* (устар.). Подговаривать, подстрекать на плохой поступок. ‖ *сов.* **наусти́ть,** -ущу́, -усти́шь; -ущённый (-ён, -ена́). ‖ *сущ.* **науще́ние,** -я, *ср. По чьему-н. наущению.*

НАФАБРИКОВА́ТЬ, -ку́ю, -ку́ешь; -о́ванный; *сов., что* и *чего.* Фабрикуя (во 2 знач.), наготовить, изготовить. *Н. статеек.*

НАФА́БРИТЬ, -СЯ *см.* фабрить.

НАФТАЛИ́Н, -а (-у), *м.* Белое кристаллическое вещество с резким запахом, употр. в технике, а также для предохранения шерсти и меха от моли. *Нафталином пропах* (перен.: о ком-чём-н. ветхом, старозаветном; разг. неодобр.). ‖ *прил.* **нафтали́нный,** -ая, -ое *и* **нафтали́новый,** -ая, -ое.

НАХА́Л, -а, *м.* (разг.). Беззастенчивый, грубо бесцеремонный и дерзкий человек. ‖ *ж.* **наха́лка,** -и.

НАХА́ЛЬНИЧАТЬ, -аю, -аешь; *несов.* (прост.). Вести себя нахально. ‖ *сов.* **снаха́льничать,** -аю, -аешь.

НАХА́ЛЬНЫЙ, -ая, -ое; -лен, -льна (разг.). Крайне бесцеремонный, свойственный нахалу. *Н. ответ.* ‖ *сущ.* **наха́льность,** -и, *ж.*

НАХА́ЛЬСТВО, -а, *ср.* (разг.). Нахальный поступок, наглость.

НАХАМИ́ТЬ *см.* хамить.

НАХА́ПАТЬ, -аю, -аешь; -анный; *сов., что* и *чего* (прост. презр.). Хватая, присваивая, набрать в каком-н. количестве. *Н. денег.* ‖ *несов.* **нахáпывать**, -аю, -аешь.

НАХВАЛИ́ТЬ, -алю́, -áлишь; -áленный; *сов., кого-что* (разг.). Сильно похвалить. ‖ *несов.* **нахвáливать**, -аю, -аешь.

НАХВАЛИ́ТЬСЯ, -алю́сь, -áлишься; *сов.* (разг.). **1.** Наговорить о себе много хорошего. **2.** *кем-чем.* Усиленно, вдоволь похвалить (обычно с отриц.). *Мать сыночком не нахвалится* (всё время хвалит его кому-н.). ‖ *несов.* **нахвáливаться**, -аюсь, -аешься (к 1 знач.).

НАХВА́СТАТЬ, -аю, -аешь; *сов.* (разг.). Хвастая, наговорить чего-н., а также (прост.) налгать. *Н. с три короба. Он нахвастал, а ты и поверил.*

НАХВА́СТАТЬСЯ, -аюсь, -аешься; *сов.* (разг.). Наговорить много о себе, хвастаясь, преувеличивая свои достоинства.

НАХВАТА́ТЬ, -áю, -áешь; -áтанный; *сов., что и чего* (разг.). Хватая, получая, набрать чего-н. *Волк нахватал добычи. Н. двоек* (получить много плохих отметок). *Н. знаний* (перен.: приобрести случайно, усвоить поверхностно). ‖ *несов.* **нахвáтывать**, -аю, -аешь.

НАХВАТА́ТЬСЯ, -áюсь, -áешься; *сов., чего* (разг.). **1.** Получая или глотая (много или с жадностью), набрать. *Н. кусков. В реке нахватался воды.* **2.** *перен.* Приобрести случайно и торопливо (знания, сведения), поверхностно усвоив. *Н. разных сведений.* ‖ *несов.* **нахвáтываться**, -аюсь, аешься.

НАХИ́МОВЕЦ, -вца, *м.* Воспитанник нахимовского училища. ‖ *прил.* **нахи́мовский**, -ая, -ое.

НАХИ́МОВСКИЙ, -ая, -ое. **1.** *см.* нахимовец. **2. нахимовское училище** — специализированное среднее военно-морское заведение, готовящее воспитанников к поступлению в высшие военно-морские училища.

НАХЛЕБА́ТЬСЯ, -áюсь, -áешься; *сов., что* (прост.). Вдоволь, много похлебать, попить. *Н. молока. Н. горя* (перен.). ‖ *несов.* нахлёбываться, -аюсь, -аешься.

НАХЛЕ́БНИК, -а, *м.* **1.** Человек, к-рый получает за плату питание (иногда и помещение) в чужой семье (устар.). *Взять кого-н. в нахлебники.* **2.** Человек, к-рый живёт на средства чужой семьи, приживальщик (устар.), а также вообще тот, кто живёт за чужой счёт (разг. неодобр.). ‖ *ж.* **нахле́бница**, -ы. ‖ *прил.* **нахле́бнический**, -ая, -ое.

НАХЛЕСТА́ТЬ, -ещу́, -éщешь; -ёстанный; *сов., кого-что* (разг.). Сильно отстегать. ‖ *несов.* **нахлёстывать**, -аю, -аешь.

НАХЛЕСТА́ТЬСЯ, -ещу́сь, -éщешься; *сов.* **1.** Вдоволь похлестать себя (разг.). *Н. веником в бане.* **2.** Напиться пьяным (прост. неодобр.). ‖ *несов.* **нахлёстываться**, -аюсь, -аешься.

НАХЛОБУ́ЧИТЬ, -чу, -чишь; -ченный; *сов., что* (разг.). Надвинуть (головной убор) низко на лоб. *Н. шапку на глаза.* ‖ *несов.* нахлобу́чивать, -аю, -аешь.

НАХЛОБУ́ЧИТЬСЯ (-чусь, -чишься, 1 и 2 л. не употр.), -чится; *сов.* (разг.). О головном уборе: надвинуться низко на лоб. ‖ *несов.* **нахлобу́чиваться** (-аюсь, -аешься, 1 и 2 л. не употр.), -ается.

НАХЛОБУ́ЧКА, -и, *ж.* (разг.). То же, что нагоняй. *Дать, получить нахлобучку.*

НАХЛЫ́НУТЬ (-ну, -нешь, 1 и 2 л. не употр.), -нет; *сов.* Стремительно натечь, набежать. *Нахлынула волна. Нахлынула толпа. Нахлынули воспоминания* (перен.).

НАХМУ́РЕННЫЙ, -ая, -ое; -ен. Хмурый, насупленный. *Н. вид. Нахмуренные брови.* ‖ *сущ.* **нахму́ренность**, -и, *ж.*

НАХМУ́РИВАТЬ, -аю, -аешь; *несов., что.* То же, что хмурить. *Н. лоб.*

НАХМУ́РИВАТЬСЯ, -аюсь, -аешься; *несов.* То же, что хмуриться. *Сердито н. Небо нахмуривается* (перен.).

НАХМУ́РИТЬ, -СЯ *см.* хмурить, -ся.

НАХОДИ́ТЬ[1] *см.* найти[1].

НАХОДИ́ТЬ[2], -ожу́, -óдишь; -óженный; *несов.* **1.** *см.* найти[2]. **2.** *что.* Ходя, покрыть какое-н. расстояние за какое-н. время. *Н. за день тридцать километров.* **3.** *что.* Ходьбой причинить, сделать себе что-н. (обычно плохое). *Н. себе волдыри.* ‖ *несов.* **нахáживать**, -аю, -аешь (ко 2 знач.).

НАХОДИ́ТЬСЯ[1], -ожу́сь, -óдишься; *несов.* **1.** *см.* найтись. **2.** Наличествовать, иметь место, присутствовать. *Устранены находящиеся в отчёте ошибки.* **3.** Быть, присутствовать где-н. в каком-н. месте. *Дача находится недалеко от города. Дело находится в суде. Альпинисты находятся на своей базе.* **4.** Быть в каком-н. состоянии. *Н. в расстроенных чувствах, в растерянности, в недоумении, в тяжёлом положении. Дедушка находится в добром здравии.* ‖ *сущ.* **нахожде́ние**, -я, *ср. Определить место чьего-н. нахождения* (офиц.).

НАХОДИ́ТЬСЯ[2], -ожу́сь, -óдишься; *сов.* (разг.). Походить вдоволь, устать от ходьбы, хождений. *Н. по городу. Вдоволь н.*

НАХО́ДКА, -и, *ж.* **1.** Найденная вещь. *Бюро (стол) находок* (учреждение, пункт, возвращающие потерянные вещи владельцам). **2.** *перен.* О том, что (кто) очень подходит для чего-н., удачно найдено (найден). *Режиссёрские находки. Этот инженер — н. для завода.*

НАХО́ДЧИВЫЙ, -ая, -ое; -ив. **1.** Сообразительный, легко находящий выход из трудного положения. *Н. человек.* **2.** Уместный и удачный. *Н. ответ.* ‖ *сущ.* **нахо́дчивость**, -и, *ж.*

НАХОЖДЕ́НИЕ *см.* найти[1], находиться[1].

НАХО́ЖЕННЫЙ, -ая, -ое; -ен (разг.). Такой, по к-рому много ходили. *Нахоженные дороги.* ‖ *сущ.* **нахо́женность**, -и, *ж.*

НАХОЛОДИ́ТЬ *см.* холодить.

НАХО́ХЛИТЬ, -СЯ *см.* хохлить, -ся.

НАХОХОТА́ТЬСЯ, -очу́сь, -óчешься; *сов.* (разг.). Вдоволь похохотать.

НАХРА́ПИСТЫЙ, -ая, -ое; -ист (прост.). Действующий нахрапом, наглый. *Н. посетитель.* ‖ *сущ.* **нахрáпистость**, -и, *ж.*

НАХРА́ПОМ, *нареч.* (прост.). Внезапно и насильно, нагло. *Действовать н.*

НАХУЛИГА́НИТЬ, НАХУЛИГА́ННИЧАТЬ *см.* хулиганить *и* хулиганничать.

НАЦ... *Первая часть сложных слов со знач.* национальный, напр. *нацменьшинства, нацентр.*

НАЦАРА́ПАТЬ *см.* царапать.

НАЦЕДИ́ТЬ, -ежу́, -éдишь; -éженный; *сов., что и чего.* Налить, цедя. *Н. квасу.* ‖ *несов.* **нацéживать**, -аю, -аешь.

НАЦЕДИ́ТЬСЯ (-цежу́сь, -цéдишься, 1 и 2 л. не употр.), -цéдится; *сов.* Налиться, цедясь. *Соку нацедилось полстакана.* ‖ *несов.* **нацéживаться** (-аюсь, -аешься, 1 и 2 л. не употр.), -ается.

НАЦЕ́ЛИТЬ, -лю, -лишь; -ленный; *сов.* **1.** *см.* целить. **2.** *перен., кого-что на что.* Направить, дать верный путь действиям. *Н. коллектив на решение важной задачи.* ‖ *несов.* **нацéливать**, -аю, -аешь.

НАЦЕ́ЛИТЬСЯ *см.* целиться.

НА́ЦЕЛО, *нареч.* (разг.). Без остатка, полностью.

НАЦЕ́НКА, -и, *ж.* Сумма, на к-рую повышена цена на что-н. *Товар с наценкой.*

НАЦЕПИ́ТЬ, -еплю́, -éпишь; -éпленный; *сов., что.* **1.** Зацепив, повесить. *Н. ведро на крюк.* **2.** Надеть на себя, приколов, подвесив, а также (разг. неодобр.) вообще надеть на себя. *Н. серёжки, цепочку. Н. бант. Н. шляпку.* ‖ *несов.* **нацепля́ть**, -я́ю, -я́ешь. ‖ *сущ.* **нацéпка**, -и, *ж.* (к 1 знач.).

НАЦИ́ЗМ, -а, *м.* Германский фашизм. ‖ *прил.* **наци́стский**, -ая, -ое.

НАЦИОНА́Л-... *Первая часть сложных слов* — название националистических партий, партийных группировок и их членов, напр. *национал-социалистическая партия* (фашистская партия в Германии в 1919—1945 гг.), *национал-либералы, национал-социалисты, национал-патриоты.*

НАЦИОНАЛИЗА́ЦИЯ, -и, *ж.* **1.** Передача из частной собственности в собственность государства предприятий и целых отраслей экономики, земель, банков, жилых и общественных зданий. **2.** Организация чего-н. на национальной основе.

НАЦИОНАЛИЗИ́РОВАТЬ, -рую, -руешь; -анный; *сов. и несов., что.* Произвести (-водить) национализацию чего-н.

НАЦИОНАЛИ́ЗМ, -а, *м.* **1.** Идеология и политика, исходящая из идей национального превосходства и противопоставления своей нации другим. **2.** Проявление психологии национального превосходства, национального антагонизма, идеи национальной замкнутости. ‖ *прил.* **националисти́ческий**, -ая, -ое. *Националистические взгляды.*

НАЦИОНАЛИ́СТ, -а, *м.* Сторонник национализма. ‖ *ж.* **национали́стка**, -и. ‖ *прил.* **национали́стский**, -ая, -ое.

НАЦИОНАЛИСТИ́ЧНЫЙ, -ая, -ое; -чен, -чна. Проникнутый национализмом. ‖ *сущ.* **националисти́чность**, -и, *ж.*

НАЦИОНА́ЛЬНО-ОСВОБОДИ́ТЕЛЬНЫЙ, -ая, -ое. Направленный на борьбу за независимость своего народа, нации. *Национально-освободительная борьба.*

НАЦИОНА́ЛЬНОСТЬ, -и, *ж.* **1.** *см.* национальный. **2.** В нек-рых сочетаниях: то же, что нация. **3.** Принадлежность к какой-н. нации, народности. *По национальности украинец.*

НАЦИОНА́ЛЬНЫЙ, -ая, -ое; -лен, -льна. **1.** *см.* нация. **2.** Характерный для данной нации, свойственный именно ей. *Национальная культура. Н. язык. Н. театр. Н. костюм.* **3.** *полн. ф.* То же, что государственный (в 1 знач.). *Н. флаг. Н. доход.* ‖ *сущ.* **национáльность**, -и, *ж.* (ко 2 знач.).

НАЦИ́СТ, -а, *м.* Сторонник нацизма: член нацистской партии. ‖ *ж.* **наци́стка**, -и. ‖ *прил.* **наци́стский**, -ая, -ое.

НА́ЦИЯ, -и, *ж.* **1.** Исторически сложившаяся устойчивая общность людей, образующаяся в процессе формирования общности их территории, экономических связей, литературного языка, особенностей культуры и духовного облика. **2.** В нек-рых сочетаниях: страна, государство. *Организация Объединённых Наций.* ‖ *прил.* **национáльный**, -ая, -ое. *Национальные интересы. Национальное равноправие.*

НАЧ... *Первая часть сложных слов со знач.:* 1) начальник, напр. *начхоз* (начальник хозяйственной части), *начдив* (начальник дивизии), *начштаба;* 2) начальствующий, напр. *начсостав.*

НАЧАДИ́ТЬ *см.* чадить.

НАЧА́ЛО, -а, *ср.* **1.** Первый момент или первые моменты какого-н. действия, явления. *Н. работы. Н. учебного года. Положить н.* или *дать н. чему-н.* (начать). *Неплохо для начала* (одобрение начинающему; разг.). **2.** Исходный пункт, исходная точка. *Н. главы. Н. улицы. Вести своё н. от чего-н.* (происходить от чего-н.). *Брать н.* (начинаться). **3.** Первоисточник, основа, основная причина (книжн.). *Организующее н. Сдерживающее н.* **4.** *мн.* Основные положения, принципы (какой-н. науки, учения). *Начала химии.* **5.** *мн.* Способы, методы осуществления чего-н. *Организовывать дело на новых началах. На общественных началах* (о чьей-н. работе, деятельности: безвозмездно). ✦ **Под началом** *кого* или *у кого* (разг.) — в подчинении у кого-н. *Работать под началом главного инженера (у главного инженера).*

НАЧА́ЛЬНИК, -а, *м.* Должностное лицо, руководящее, заведующее чем-н. *Н. управления.* ‖ *ж.* **нача́льница**, -ы. ‖ *прил.* **нача́льнический**, -ая, -ое.

НАЧА́ЛЬНИЧЕСКИЙ, -ая, -ое. **1.** *см.* начальник. **2.** Присущий строгому начальнику. *Н. тон.*

НАЧА́ЛЬНЫЙ, -ая, -ое. **1.** Являющийся началом (в 1 и 2 знач.) чего-н., свойственный началу. *Н. период. Начальная скорость. Начальные разделы книги.* **2.** Первоначальный, низший. *Начальное образование. Начальная школа.*

НАЧА́ЛЬСТВЕННЫЙ, -ая, -ое; -ен. Полный сознания своей важности, высокомерно-строгий. *Н. тон, вид.* ‖ *сущ.* **нача́льственность**, -и, *ж.*

НАЧА́ЛЬСТВО, -а, *ср.* **1.** *собир.* Администрация, начальники. *По распоряжению начальства.* **2.** Власть начальника. *Служить под чьим-н. начальством.*

НАЧА́ЛЬСТВОВАТЬ, -твую, -твуешь; *несов., над кем-чем* (устар.). Управлять, быть начальником. ‖ *сущ.* **нача́льствование**, -я, *ср.*

НАЧА́ЛЬСТВУЮЩИЙ, -ая, -ее (офиц.). Являющийся начальством, руководящий, командный. *Н. состав. Начальствующие лица.*

НАЧА́ТКИ, -ов. Первые, начальные сведения. *Н. знаний.*

НАЧА́ТЬ, -чну́, -чнёшь; на́чал, начала́, на́чало; на́чатый (-ат, -ата́, -ато); нача́в; *сов.* **1.** *что* и *с неопр.* Приступить к какому-н. действию. *Н. постройку. Н. учиться. Н. и кончить осталось* (ничего ещё не начато, не сделано; разг. шутл.). **2.** *с неопр.* Проявить первые признаки какого-н. действия, состояния. *Начало* (безл.) *накрапывать. Н. созревать.* **3.** *что чем* или *с кого-чего.* Сделать что-н. началом (в 1 знач.) чего-н. *Н. речь приветствием (с приветствия). Н. с упрёков.* **4.** *что.* Приступить к использованию, употреблению чего-н. *Н. новую пачку сигарет. Н. чистую тетрадь.* ‖ *несов.* **начина́ть**, -а́ю, -а́ешь. ‖ *сущ.* **нача́тие**, -я, *ср.* (к 1, 3 и 4 знач.; устар.). ‖ *прил.* **начина́тельный**, -ая, -ое (к 1 знач.; устар. и спец.).

НАЧА́ТЬСЯ (-чну́сь, -чнёшься, 1 и 2 л. не употр.), -чнётся; -а́лся, -ала́сь; *сов.* **1.** Начать быть, существовать, совершаться. *Начался новый год. Урок начался опросом (с опроса).* **2.** **началось!** Выражение недовольства по поводу чего-н. повторяющегося, обычного (разг.). *Опять истерика, ну, началось!* ‖ *несов.* **начина́ться** (-а́юсь, -а́ешься, 1 и 2 л. не употр.), -а́ется. ‖ *сущ.* **нача́тие**, -я, *ср.* (к 1 знач., устар.).

НАЧЕКА́НИТЬ, -ню, -нишь; -ненный; *сов., что* и *чего.* Чеканя, наготовить. *Н. монет.* ‖ *несов.* **начека́нивать**, -аю, -аешь.

НАЧЕКУ́, *в знач. сказ.* То же, что настороже. *Быть н.*

НАЧЕРКА́ТЬ, -а́ю, -а́ешь; -е́рканный и **НАЧЁРКАТЬ**, -аю, -аешь; -ёрканный; *сов., что* и *чего* (разг.). Провести в беспорядке, небрежно много черт, линий на чём-н. ‖ *несов.* **начёркивать**, -аю, -аешь.

НАЧЕРНИ́ТЬ *см.* чернить.

НА́ЧЕРНО, *нареч.* Предварительно, без отделки. *Написать н.*

НАЧЕ́РПАТЬ, -аю, -аешь; -анный; *сов., что* или *чего.* Черпая, набрать. *Н. воды ковшом.* ‖ *несов.* **наче́рпывать**, -аю, -аешь.

НАЧЕРТА́НИЕ, -я, *ср.* **1** *см.* начертать. **2.** Рисунок, форма изображения чего-н. *Н. букв.*

НАЧЕРТА́ТЕЛЬНЫЙ, -ая, -ое: **начертательная геометрия** — раздел геометрии, изучающий пространственные фигуры по их изображению на плоскости.

НАЧЕРТА́ТЬ, -а́ю, -а́ешь; -е́ртанный; *сов., что.* **1.** Написать, нарисовать (устар.). *Н. письмена.* **2.** *перен.* Указать, определить (высок.). *Н. путь кому-н.* ‖ *сущ.* **начерта́ние**, -я, *ср.*

НАЧЕРТИ́ТЬ, -ерчу́, -е́ртишь; -е́рченный; *сов.* **1.** *см.* чертить[1]. **2.** *что* и *чего.* Чертя, изготовить в каком-н. количестве. *Н. много чертежей.* ‖ *несов.* **наче́рчивать**, -аю, -аешь.

НАЧЕСА́ТЬ, -ешу́, -е́шешь; -ёсанный; *сов.* **1.** *что* и *чего.* Заготовить чесанием или вычесать в каком-н. количестве. *Н. пеньки. Н. волос.* **2.** *что.* Повредить чесанием (разг.). *Н. руку до́ крови.* ‖ *несов.* **начёсывать**, -аю, -аешь. ‖ *сущ.* **начёс**, -а, *м.*

НАЧЕ́СТЬ, -чту́, -чтёшь; -чёл, -чла́; -чтённый (-ён, -ена́); -чтя́; *сов., что* (офиц.). Сделать начёт в размере какой-н. суммы. ‖ *несов.* **начи́тывать**, -аю, -аешь.

НА́ЧЕТВЕРО, *нареч.* На четыре части. *Разорвись надвое, скажут: а почему не н.?* (посл.).

НАЧЁС, -а, *м.* **1.** *см.* начесать. **2.** Способ расчёсывания волос, придающий им пышность (разг.). **3.** Ворс на ткани, трикотажных изделиях. *Свитер с начёсом.* **4.** Начёсанное волокно, шерсть, пух (спец.). ‖ *прил.* **начёсный**, -ая, -ое (к 3 и 4 знач.). *Начёсное трикотажное бельё.*

НАЧЁТ, -а, *м.* (офиц.). Сумма, взыскиваемая с должностного лица за неправильные или нераспорядительные действия. *Денежный н.* ‖ *прил.* **начётный**, -ая, -ое.

НАЧЁТИСТЫЙ, -ая, -ое; -ист (прост.). Дорогой и невыгодный, убыточный. *Начётисто* (нареч.) *получилось.*

НАЧЁТНИЧЕСТВО, -а, *ср.* Знания, основанные на механическом, некритическом усвоении прочитанного. ‖ *прил.* **начётнический**, -ая, -ое.

НАЧЁТЧИК, -а, *м.* Человек, много читающий, но знакомый со всем поверхностно, механически и некритически усваивающий прочитанное. ‖ *ж.* **начётчица**, -ы.

НАЧИНА́НИЕ, -я, *ср.* (книжн.). Начатое, предпринятое кем-н. дело. *Ценное н. Поддержать н. рационализаторов.*

НАЧИНА́ТЕЛЬ, -я, *м.* (высок.). Тот, кто первым предпринял что-н. важное, нужное, инициатор. ‖ *ж.* **начина́тельница**, -ы.

НАЧИНА́ТЬ, -а́ю, -а́ешь. **1.** *см.* начать. **2.** **начина́я** *кем-чем, предлог с тв. п.* Имея началом кого-что-н., считая вместе с кем-чем-н.; включая кого-что-н. *Начиная самыми маленькими, все в семье трудятся.* ✦ **Начиная с** *кого-чего, предлог с род. п.* — 1) *с чего,* с какого-н. времени, момента, ведя отсчёт от чего-н. *Начиная с января идут экзамены;* 2) включая кого-что-н., в том числе и... *Участвовали все, начиная с подростков.* **Начиная от** *кого-чего, предлог с род. п.* — то же, что начиная с (во 2 знач.).

НАЧИНА́ТЬСЯ *см.* начаться.

НАЧИНА́ЮЩИЙ, -ая, -ее. Недавно приступивший к какой-н. деятельности, занятиям. *Н. художник. Учебник для начинающих* (сущ.).

НАЧИНИ́ТЬ[1], -ню́, -ни́шь; -нённый (-ён, -ена́); *сов., что чем.* Заполнить внутренность чего-н. начинкой (во 2 знач.). *Н. утку яблоками. Н. пирожки мясом. Этот человек начинён знаниями* (перен.; разг.). ‖ *несов.* **начиня́ть**, -я́ю, -я́ешь. ‖ *сущ.* **начи́нка**, -и, *ж.*

НАЧИНИ́ТЬ[2], -иню́, -и́нишь; -и́ненный; *сов., что* и *чего.* Починить в каком-н. количестве. *Н. белья.* ‖ *несов.* **начи́нивать**, -аю, -аешь.

НАЧИНИ́ТЬ[3], -иню́, -и́нишь; -и́ненный; *сов., что* и *чего.* Очинить в каком-н. количестве. *Н. карандашей.* ‖ *несов.* **начи́нивать**, -аю, -аешь.

НАЧИ́НКА, -и, *ж.* **1.** *см.* начинить[1]. **2.** То, что кладётся внутрь пирога, конфеты, тушки. *Кулебяка с мясной начинкой. Н. карамели. Гусь с начинкой.* ‖ *прил.* **начи́ночный**, -ая, -ое.

НАЧИСЛЕ́НИЕ, -я, *ср.* (офиц.). **1.** *см.* начислять. **2.** Начисленная сумма. *Большие начисления.*

НАЧИ́СЛИТЬ, -лю, -лишь; -ленный; *сов., что* (офиц.). Насчитать, прибавить, вычисляя. *Н. проценты на вклад.* ‖ *несов.* **начисля́ть**, -я́ю, -я́ешь. ‖ *сущ.* **начисле́ние**, -я, *ср.*

НАЧИ́СТИТЬ, -и́щу, -и́стишь; -и́щенный; *сов.* **1.** *что* и *чего.* Очистить в каком-н. количестве. *Н. овощей.* **2.** *что.* Хорошо вычистить (разг.). *Н. сапоги.* ‖ *несов.* **начища́ть**, -а́ю, -а́ешь.

НАЧИ́СТИТЬСЯ, -и́щусь, -и́стишься; *сов.* (разг.). Тщательно почистить на себе одежду, обувь. ‖ *несов.* **начища́ться**, -а́юсь, -а́ешься.

НА́ЧИСТО, *нареч.* **1.** В окончательном виде, чисто, набело. *Переписать н.* **2.** То же, что начистоту (прост.). *Рассказать всё н.* **3.** Совсем, решительно (прост.). *Н. отказаться.*

НАЧИСТОТУ́, *нареч.* (разг.). Откровенно, совершенно искренне. *Объясниться н.*

НАЧИСТУ́Ю, *нареч.* (прост.). То же, что начистоту.

НАЧИ́ТАННЫЙ, -ая, -ое; -ан, -анна. Много читавший, хорошо знакомый с литературой. *Н. студент.* ‖ *сущ.* **начи́танность**, -и, *ж.*

НАЧИТА́ТЬ, -а́ю, -а́ешь; -и́танный; *сов., что* и *чего* (разг.). Прочитать в каком-н. количестве. *Н. много книг.* ‖ *несов.* **начи́тывать**, -аю, -аешь.

НАЧИТА́ТЬСЯ, -а́юсь, -а́ешься; *сов., чего.* Почитать вдоволь, прочитать много. *Н. романов.*

НАЧИ́ТЫВАТЬ[1-2] *см.* начесть *и* начитать.

НАЧИХА́ТЬ, -а́ю, -а́ешь; *сов., на кого-что.* **1.** Чихая, обрызгать кого-что-н. (разг.). **2.** *перен.* Отнестись с пренебрежением, выказать полное безразличие к кому-чему-н. (прост.). *Н. на чьи-н. советы.* **3.** **начиха́ть**, *в знач. сказ.* Наплевать, всё равно (прост.). *Он сердится, а мне н.*

НАЧТО́ [шт], *мест. нареч. и союзн. сл.* (прост.). Зачем, для какой надобности. *Н. он мне сдался?* (т. е. зачем он мне нужен).

НАЧУДИ́ТЬ, 1 л. ед. не употр., -и́шь; *сов.* (разг.). Наделать чудачеств.

НАЧХА́ТЬ, -а́ю, -а́ешь; *сов.* (прост.). То же, что начихать (во 2 и 3 знач.). ‖ *несов.* **чхать,** -а́ю, -а́ешь (по 2 знач. начихать).

НАШ, -его, *м.; ж.* на́ша, -ей; *ср.* на́ше, -его; *мн.* на́ши, -их, *мест. притяж.* Принадлежащий нам, имеющий отношение к нам. *Н. дом. Поживём у наших* (сущ.; у наших родных, близких). ✦ **По-нашему** — 1) по нашей воле, желанию. *Добьёмся, всё будет по-нашему;* 2) так, как делаем мы. *Работайте по-нашему;* 3) *вводн. сл.,* по нашему мнению. *По-нашему, нужно остаться здесь.* **И нашим и вашим** (разг. неодобр.) — о том, кто двурушничает. **Знай наших!** (разг.) — вот мы каковы! (похвальба). **Наша взяла!** (разг.) — мы одолели, победили. **Наше вам (с кисточкой)!** (прост. шутл.) — выражение приветствия. **С наше** (разг.) — столько, так много, сколько мы. *Поработайте с наше.*

НАШАЛИ́ТЬ, -лю́, -ли́шь; *сов.* Наделать шалостей. *Дети нашалили.*

НАША́РИТЬ, -рю, -ришь; -ренный; *сов., кого-что* (разг.). Шаря, найти. *Н. спички в темноте.* ‖ *несов.* **наша́ривать,** -аю, -аешь.

НАША́РКАТЬ, -аю, -аешь; *сов.* (разг.). Наследить, шаркая. *Н. в прихожей.* ‖ *несов.* **наша́ркивать,** -аю, -аешь.

НАШАРМАКА́, *нареч.* (прост.). На даровщинку, на чужой счёт. *Проехаться н.* ‖ *уменьш.* **нашармачка́.**

НАШАТЫ́РНЫЙ, -ая, -ое. **1.** *см.* нашатырь. **2. нашатырный спирт** — водный раствор аммиака, употр. в технике и медицине.

НАШАТЫ́РЬ, -я́ (-ю́), *м.* **1.** Хлористый аммоний, бесцветные кристаллы, употр. в технике, сельском хозяйстве, медицине. **2.** То же, что нашатырный спирт (разг.). ‖ *прил.* **нашаты́рный,** -ая, -ое.

НАШВЫРЯ́ТЬ, -я́ю, -я́ешь; -ы́рянный; *сов., что и чего* (разг.). Набросать, швыряя. *Н. поленьев.* ‖ *несов.* **нашвы́ривать,** -аю, -аешь.

НА́ШЕНСКИЙ, -ая, -ое (прост.). Имеющий отношение к нам, свой. *Он парень н. Хоть и дальние края, а нашенские.*

НАШЕПТА́ТЬ, -шепчу́, -ше́пчешь; -шёптанный; *сов.* **1.** *что и чего.* Наговорить шёпотом чего-н.; внушить, насплетничав. *Кумушки нашептали всякого вздору.* **2.** *на что.* Шёпотом произнести заговор² над чем-н., наколдовать. *Ворожея нашептала на воду, на приворотное зелье.* ‖ *несов.* **нашёптывать,** -аю, -аешь. ‖ *сущ.* **нашёптывание,** -я, *ср.*

НАШЕ́СТВИЕ, -я, *ср.* Вторжение неприятеля в страну, а также вообще насильственное вторжение. *Н. Наполеона. Н. вражеских орд. Н. саранчи. Н. гостей* (перен.; шутл.).

НАШИ́ВКА, -и, *ж.* **1.** *см.* нашить. **2.** Нашитая на что-н. накладка, полоса материи. *Нашивки на погонах.* ‖ *прил.* **наши́вочный,** -ая, -ое.

НАШИВНО́Й, -а́я, -о́е. Нашитый, пришитый снаружи. *Нашивные карманы.*

НАШИНКОВА́ТЬ, -ку́ю, -ку́ешь; -ованный; *сов., что и чего.* Шинкуя, наготовить. *Н. капусты.* ‖ *несов.* **нашинко́вывать,** -аю, -аешь.

НАШИ́ТЬ, -шью́, -шьёшь; -ше́й; -и́тый; *сов.* **1.** *что.* Пришить поверх чего-н. *Н. карман.* **2.** *что и чего.* Сшить в каком-н. количестве. *Н. платьев.* ‖ *несов.* **нашива́ть,** -а́ю, -а́ешь. ‖ *сущ.* **наши́вка,** -и, *ж.* (к 1 знач.).

НАШКО́ДИТЬ, НАШКО́ДНИЧАТЬ *см.* шкодить.

НАШЛЁПАТЬ, -аю, -аешь; -анный; *сов., кого-что* (разг.). Шлёпая, побить.

НАШЛЁПКА, -и, *ж.* (разг.). Предмет, обычно бесформенный, прилепленный, прилепившийся к чему-н. *Не украшение, а какая-то аляповатая н. Н. на носу* (перен.: след ушиба, шишка).

НАШПИГОВА́ТЬ, -гу́ю, -гу́ешь; -о́ванный; *сов.* **1.** *см.* шпиговать. **2.** *что и чего.* Шпигуя, наготовить. *Н. колбас.* ‖ *несов.* **нашпиго́вывать,** -аю, -аешь.

НАШПИ́ЛИТЬ, -лю, -лишь; -ленный; *сов., кого-что* (разг.). Пришпилить, насадить на шпильку, булавку. *Н. ленту. Н. бабочку.* ‖ *несов.* **нашпи́ливать,** -аю, -аешь.

НАШУМЕ́ТЬ, -млю́, -ми́шь; *сов.* **1.** Произвести много шуму. *Нашумела весёлая компания.* **2.** *перен.* Вызвать много толков, разговоров, привлечь к себе общее внимание. *Нашумевшее дело. Нашумевший автор.*

НАЩЕПА́ТЬ, -щеплю́ *и* -щепа́ю, -ще́плешь *и* -щепа́ешь; -ще́панный; -щепля́ *и* -щепа́я; *сов., что и чего.* Щепля, наготовить. *Н. лучины, щепок.*

НАЩЁЛКАТЬ, -аю, -аешь; -анный; *сов., что и чего* (разг.). Наколоть щипцами, зубами (орехов, семечек). ‖ *несов.* **нащёлкивать,** -аю, -аешь.

НАЩИПА́ТЬ, -иплю́, -и́плешь *и* (разг.) -и́пешь, -и́пет, -и́пем, -и́пете; -ипли́ *и* (разг.) -ипи́; -и́панный; *сов.* **1.** *что и чего.* Щипля, нарвать, надёргать. *Н. травы.* **2.** *что.* Щипаньем причинить боль (разг.). *Н. руку.* ‖ *несов.* **нащи́пывать,** -аю, -аешь.

НАЩУ́ПАТЬ, -аю, -аешь; -анный; *сов., что.* Ощупывая, найти, обнаружить. *Н. опухоль. Н. почву для переговоров* (перен.). *Н. слабые места в работе* (перен.). ‖ *несов.* **нащу́пывать,** -аю, -аешь.

НАЭЛЕКТРИЗОВА́ТЬ *см.* электризовать.

НАЯ́БЕДНИЧАТЬ *см.* ябедничать.

НАЯВУ́, *нареч.* Не во сне, в действительности. *Видел как н. Сон н.* (перен.: о чём-н. необычайном).

НАЯ́ДА, -ы, *ж.* В древнегреческой мифологии: нимфа рек, ручьёв и озёр (перен.: об обнажённых купальщицах; ирон.).

НАЯ́РИВАТЬ, -аю, -аешь; *несов.* (прост.). То же, что жарить (в 4 знач.). *Н. на гармошке.*

НЕ, *частица.* **1.** Служит для выражения отрицания при разных членах предложения. *Не уходи. Не я же это сказал. Он живёт не один. Съездил не без пользы* (с некоторой пользой). *Не могу не согласиться* (вынужден согласиться). *Он человек не неприятный.* **2.** При противопоставлении двух предложений отрицает ситуацию, о к-рой сообщается в первом из них. *Не лёд трещит, не комар пищит, то кум до кумы судака тащит* (шуточная песня). **3.** При повторении словоформ, находясь между ними, оформляет первую часть сложного предложения, выражая неопределённость состояния, противопоставляемого чему-н. другому. *Спит не спит, а вроде как задремал. Болит не болит, а ноет.* **4.** При повторении словоформ, находясь между ними, оформляет первую часть сложного предложения, выражая безразличие по отношению к следствию, результату. *Хочешь не хочешь, а идёшь. Дождь не дождь, а придёт. Убеждай не убеждай, сделает всё равно посвоему.* **5.** При повторении словоформ, находясь между ними, оформляет первую часть сложного предложения, выражая неполное отрицание при противопоставлении. *Дурачок не дурачок, а с придурью.* **6.** Соединяя неопр. и личную форму одного и того же глагола, выражает отрицание того, что противопоставляется чему-н. другому. *Бить не бьёт, а ругается. Любить не любит, а ревнует.* **7.** То же, что нет (в 1 знач.) (прост.). *Хочешь чаю. — Не.* ✦ **Не без того (не без этого)** (разг.) — употр. как положительный ответ, выражение согласия, принятия. *Ты, кажется, устал? — Не без того.* **Не до кого-чего кому** (разг.) — нет возможности, времени или неинтересно обратить внимание на кого-что-н., заниматься кем-чем-н. *Мне не до развлечений. Ему не до меня.* **Не́-а́** (прост.) — то же, что нет (в 1 знач.) (обычно в детской речи). *Замёрз? — Не-а!*

НЕ..., *приставка.* **I.** Придаёт слову: 1) противоположное значение, напр. *неприятель* (враг), *невесёлый* (грустный), *непорядок, неудача, неурожай;* 2) то же, но с оттенком умеренности качества, напр. *неплохой, нехотя;* 3) значение лица или предмета, не совершающего или неспособного совершить действие, обозначенное основой или корнем, напр. *неумеха, незнайка, непоседа, неуч, неполивашка;* 4) значение противопоставления, отрицания, отсутствия (того, что заключено в значении слова или основы без «не»), напр. *неаккуратный, несемейный, неоконченный* (труд), *ненаучный, несгибаемый, нещадный, неосмотрительный, несчастный, незабвенный, неспециалист, невыезд, недаром, немедля.* **II.** Образует местоименные слова со знач. отрицательным или неопределённости, напр. *негде, некогда, незачем, некоторый, несколько, нечто;* в формах косвенных падежей у местоимений *некого, нечего* отделяется предлогом, напр. *не у кого, не с кем, не для чего, не с чем.*

НЕАДЕКВА́ТНЫЙ [дэ], -ая, -ое; -тен, -тна (книжн.). **1.** Не совпадающий с чем-н., лишённый адекватности. *Неадекватные понятия.* **2.** Не соответствующий норме, требуемому. *Неадекватное поведение.* ‖ *сущ.* **неадеква́тность,** -и, *ж.*

НЕАНДЕРТА́ЛЕЦ [дэ], -льца, *м.* (спец.). Ископаемый человек эпохи раннего и среднего палеолита. ‖ *прил.* **неандерта́льский,** -ая, -ое.

НЕБЕЗ..., *приставка.* Образует прилагательные со знач. умеренной, но достаточно значительной степени признака, напр. *небезопасный, небезвыгодный, небезызвестный, небезрезультатный, небезупречный, небезразличный.*

НЕБЕЗЫЗВЕ́СТНЫЙ, -ая, -ое; -тен, -тна (обычно ирон.). Достаточно, хорошо известный. *Н. сплетник.*

НЕБЕЗЫНТЕРЕ́СНЫЙ, -ая, -ое; -сен, -сна. Представляющий нек-рый интерес. *Небезынтересные подробности.*

НЕБЕС..., *приставка.* То же, что небез...; пишется вместо «небез» перед глухими согласными, напр. *небесполезный, небескорыстный.*

НЕБЕ́СНО-... *Первая часть сложных слов со знач.* небесный (в 3 знач.), со светло-голубым оттенком, напр. *небесно-голубой, небесно-синий.*

НЕБЕ́СНЫЙ, -ая, -ое; -сен, -сна. **1.** *см.* небо. **2.** *перен.* Прекрасный и возвышенный (устар.). *Небесное создание. Небесные черты* (о лице). *Небесная душа* (чистая, непорочная). **3.** Нежно-голубой, цвета безоблачного неба. ✦ **Небесные тела** (спец.) — планеты, кометы, звёзды, галактики и другие космические объекты, изучаемые астрономией. ‖ *сущ.* **небе́сность,** -и, *ж.*

НЕБЛАГОВИ́ДНЫЙ, -ая, -ое; -ден, -дна. Предосудительный, заслуживающий порицания. *Н. поступок.* ‖ *сущ.* **неблагови́дность, -и,** *ж.*

НЕБЛАГОДА́РНЫЙ, -ая, -ое; -рен, -рна. **1.** Не испытывающий чувства благодарности. *Н. ученик.* **2.** Не оправдывающий затраченных усилий. *Н. труд.* **3.** Не отвечающий необходимым требованиям. *У актёра неблагодарная внешность.* ‖ *сущ.* **неблагода́рность**, -и, *ж.*

НЕБЛАГОНАДЁЖНЫЙ, -ая, -ое; -жен, -жна. **1.** Ненадёжный, не внушающий доверия, а также непрочный (устар.). *Н. помощник. Неблагонадёжная снасть.* **2.** Подозреваемый в деятельности, настроениях, враждебных властям, правительству. *Неблагонадёжные студенты. Политически неблагонадёжен.* ‖ *сущ.* **неблагонадёжность**, -и, *ж.*

НЕБЛАГОПРИСТО́ЙНЫЙ, -ая, -ое; -о́ен, -о́йна. Лишённый благопристойности, неприличный. *Н. жест.* ‖ *сущ.* **неблагопристо́йность, -и,** *ж.*

НЕ́БО, -а, *мн.* (в одном знач. с ед.) небеса́, -е́с, -еса́м, *ср.* **1.** Всё видимое над Землёй пространство. *По не́бу и по́ небу. На не́бо и на́ небо. На не́бе и на́ небе. Голубое н. (голубые небеса). Звёздное н. Н. в тучах. Под небом родины* (в своём отечестве). *До небес вознести* или *превознести* (расхваливать сверх меры). *Под открытым небом* (не в помещении). **2.** В религиозных представлениях: обитель бога, богов (устар.). *Воля неба. О небо!* (выражение мольбы). ✦ **На седьмом небе** *кто* — о том, кто непомерно рад, счастлив [по древнейшим философским теориям о седьмом небе как о высшей, самой благодатной сфере небесного свода]. **Небо и земля** *кто* или *что* — о тех, кто (что) совершенно противоположен (противоположно) друг другу (одно другому), ни в чём не сходен (не сходно). *Эти люди — небо и земля.* **Пальцем в небо попасть** (разг. ирон.) — сказать невпопад, совершенно не к месту, а также (устар.) вообще ошибиться. **С неба (с небес) свалиться, упасть** (разг.) — о чьём-н. неожиданном появлении. **Упасть (спуститься) с неба (с небес) на землю** — от мечтаний обратиться к реальной действительности. **Небу жарко** (разг.) — о каких-н. действиях, проявляющихся бурно, с большой напряжённостью. **Небо коптить** (разг. неодобр.) — жить праздно, не занимаясь никаким полезным делом. **Между небом и землёй** (быть, находиться) — в неопределённом положении или без пристанища. ‖ *прил.* **небе́сный,** -ая, -ое. *Н. свод. Небесные силы* (божественные). *Силы небесные!* (восклицание, выражающее испуг, удивление).

НЕБОГА́ТО, *в знач. сказ., кого-чего* (разг.). Мало, недостаточно. *Дичи в лесах н.*

НЕБОЖИ́ТЕЛЬ, -я, *м.* (высок.). Божество, обитатель неба. ‖ *ж.* **небожи́тельница,** -ы.

НЕБОЛЬШО́Й, -а́я, -о́е. **1.** Малый, ограниченный в размерах, в числе, во времени. *Небольшая комната. Небольшая сумма. Н. перерыв. За небольшим* (сущ.) *дело стало* (о задержке из-за чего-н. незначительного; разг.). *С небольшим* (сущ.; с нек-рым избытком; *Получил сто рублей с небольшим*). **2.** То же, что незначительный (во 2 знач.). *Небольшое затруднение. Н. голос. Небольшая услуга.*

НЕБОСВО́Д, -а, *м.* (книжн.). Открытое со всех сторон небо в виде свода, купола.

НЕБОСКЛО́Н, -а, *м.* Часть неба над горизонтом. *Тучи затянули н.*

НЕБОСКРЁБ, -а, *м.* Очень высокий многоэтажный дом. ‖ *прил.* **небоскрёбный,** -ая, -ое.

НЕБО́СЬ (прост. и обл.). **1.** *вводн. сл.* Вероятно, пожалуй, должно быть. *Устал, н.? Авось, н. да как-нибудь* (погов. о беспечном, безответственном отношении к чему-н.). **2.** *частица.* Выражает уверенность. *Н. не замёрзнешь.*

НЕБРЕЖЕ́НИЕ, -я, *ср.* (устар.). Пренебрежение, отсутствие заботливого отношения к кому-чему-н. *Н. к делу.*

НЕБРЕ́ЖНИЧАТЬ, -аю, -аешь; *несов.* (разг.). Небрежно, невнимательно относиться к чему-н. *Н. в работе.*

НЕБРЕ́ЖНЫЙ, -ая, -ое; -жен, -жна. **1.** Относящийся невнимательно к своей работе, обязанностям. *Н. исполнитель.* **2.** Неряшливый, неряшливо сделанный. *Небрежная одежда. Н. почерк. Небрежные записи.* **3.** Слишком непринуждённый, пренебрежительный. *Н. тон. Небрежно* (нареч.) *ответить.* ‖ *сущ.* **небре́жность,** -и, *ж.*

НЕБЫВА́ЛЫЙ, -ая, -ое; а́л. Не случавшийся ранее, необычайный. *Небывалое происшествие.* ‖ *сущ.* **небыва́лость,** -и, *ж.*

НЕБЫВА́ЛЬЩИНА, -ы, *ж.* (устар. разг.). То же, что небылица.

НЕБЫЛИ́ЦА, -ы, *ж.* **1.** Вымысел, лживое сообщение. *Плести небылицы.* **2.** В народном творчестве: шуточный рассказ о том, чего не может быть, не бывает (напр.: *гром по лесу прокатился: комар с дерева свалился* или *ехала деревня мимо мужика, вдруг из подворотни лают ворота*). ✦ **Небылицы в лицах** (разг. шутл.) — то же, что россказни.

НЕБЫТИЕ́, -я́, *ср.* (книжн.). Отсутствие жизни [*первонач.* о смерти как отсутствии бытия]. *Перейти в н.* (умереть; устар.). *Из небытия возникнуть* (возродиться).

НЕВАЖНЕ́ЦКИЙ, -ая, -ое (прост.). То же, что неважный (во 2 знач.). *Делишки неважнецкие.*

НЕВА́ЖНЫЙ, -ая, -ое; -жен, -жна́ *и* -жна, -жно, -жны́ *и* -жны. **1.** (-жна́, -жны́). Несущественный, незначительный. *Н. вопрос.* **2.** (-жна, -жны). Посредственный, плохой. *Неважное здоровье. Неважно* (нареч.) *себя чувствует. Дела идут неважно* (нареч.). ‖ *сущ.* **нева́жность,** -и, *ж.*

НЕВАЛЯ́ШКА, -и, *ж.* (разг.). То же, что ванька-встанька.

НЕВДАЛЕКЕ́, *нареч.* Вблизи, недалеко. *Живёт н.* ✦ **Невдалеке от** *кого-чего, предлог с род. п.* — то же, что недалеко от. *Невдалеке от леса.*

НЕВДОМЁК, *в знач. сказ., кому* и *с неопр.* (разг.). Не может догадаться, сообразить. *Н. спросить. Над ним смеются, а ему и н.*

НЕВЕ́ДЕНИЕ, -я, *ср.* (книжн.). Незнание, неосведомлённость. *Сделать по неведению. Отговориться неведением. В блаженном (счастливом) неведении кто-н.* (ничего не знает о чём-н. неприятном, ничего не слышал; ирон.).

НЕВЕ́ДОМЫЙ, -ая, -ое; -ом. **1.** Неизвестный (в 1 знач.), незнакомый (устар. и книжн.). *Неведомые края. Зачем прибыл, неведомо* (в знач. сказ.). **2.** Таинственно-непонятный (книжн.). *Неведомая сила.* ✦ **Неведомо кто (что, где, когда, зачем, почему, сколько** и т. д. **)** (устар.) — выражение незнания того, на что указывает местоименное слово, сомнения. *Проходил неведомо кто. Отправился неведомо куда.* ‖ *сущ.* **неве́домость,** -и, *ж.* (ко 2 знач.).

НЕВЕ́ЖА, -и, *м.* и *ж.* Грубый, невоспитанный человек.

НЕВЕ́ЖДА, -ы, *м.* и *ж.* Малообразованный человек, а также человек, несведущий в какой-н. области. *Полнейший н. Абсолютный н. в технике.*

НЕВЕ́ЖЕСТВЕННЫЙ, -ая, -ое; -вен, -венна. Малообразованный, малокультурный, малосведущий. *Н. человек.* ‖ *сущ.* **неве́жественность,** -и, *ж.*

НЕВЕ́ЖЕСТВО, -а, *ср.* **1.** Отсутствие знаний, некультурность. *Обнаружить своё н. в чём-н.* **2.** Невежливое поведение, невежливость (разг.).

НЕВЕ́ЖЛИВЫЙ, -ая, -ое; -ив. Нарушающий правила вежливости, приличия. *Н. ответ. Невежливо* (нареч.) *поступить.* ‖ *сущ.* **неве́жливость,** -и, *ж.*

НЕВЕЗЕ́НИЕ, -я, *ср.* (разг.). Постоянные неудачи, состояние, при к-ром невезёт, нет удачи. *Что за н.!*

НЕВЕЗУ́ХА, -и, *ж.* (прост.). То же, что невезение.

НЕВЕЗУ́ЧИЙ, -ая, -ее; -у́ч (разг.). О человеке: неудачливый, такой, к-рому постоянно не везёт. ‖ *сущ.* **невезу́честь,** -и, *ж.*

НЕВЕЛИ́ЧКА, -и, *род. мн.* -чек, *м.* и *ж.* (разг.): 1) **ростом невеличка** — одобрительно о человеке, существе маленького роста; 2) **птичка-невеличка** — о маленькой птичке (из сказки; также перен.: о человеке).

НЕВЕ́РИЕ, -я, *ср.* **1.** Отсутствие веры, уверенности. *Н. в собственные силы.* **2.** Отсутствие веры в Бога.

НЕВЕ́РНЫЙ, -ая, -ое; -рен, -рна́, -рно, -рны *и* -рны́. **1.** Не соответствующий действительности, ошибочный, ложный. *Неверные вычисления. Неверные сообщения. Н. глаз* (о плохом глазомере). **2.** (-рны). Нетвёрдый, неуверенный, слабый. *Неверная походка. Н. свет свечи.* **3.** Такой, к-рому нельзя верить, нарушивший свои обязательства перед кем-чем-н. *Н. союзник. Неверная жена* (изменяющая мужу). **4.** *полн. ф.* Исповедующий иную веру (устар.). *Война против неверных* (сущ.). ✦ **Фома неверный (или неверующий)** — о человеке, к-рого трудно заставить поверить чему-н. (обычно очевидному) [по евангельской притче об апостоле Фоме, к-рый не поверил словам о воскресении Христа]. ‖ *сущ.* **неве́рность,** -и, *ж.* (к 1, 2 и 3 знач.).

НЕВЕРОЯ́ТНЫЙ, -ая, -ое; -тен, -тна. **1.** Неправдоподобный, такой, к-рому невозможно поверить. *Н. слух. Невероятная новость. Невероятно* (в знач. сказ.), *но факт* (трудно поверить, но это так). **2.** Очень большой, значительный, чрезвычайный. *Невероятное усилие.* ‖ *сущ.* **невероя́тность,** -и, *ж.* ✦ **До невероятности** (разг.) — чрезвычайно, очень.

НЕВЕ́РУЮЩИЙ, -ая, -ее. Не признающий существования Бога, отрицающий религию. *Он н.* (сущ.).

НЕВЕСО́МОСТЬ, -и, *ж.* **1.** *см.* невесомый. **2.** Состояние земного тела, находящегося вне сил притяжения. *В состоянии невесомости.*

НЕВЕСО́МЫЙ, -ая, -ое; о́м. **1.** Не имеющий веса или имеющий очень малый вес, совсем лёгкий. *Невесомые снежинки. Невесомая пушинка.* **2.** *перен.* Незначительный, слабый. *Невесомое преимущество.* ‖ *сущ.* **невесо́мость,** -и, *ж.*

НЕВЕ́СТА, -ы, *ж.* Девушка или женщина, вступающая в брак, а также (разг.) девушка, достигшая брачного возраста. *Жених и н. У неё уже дочери невесты.* ✦ **Христова невеста** (устар. разг.) — о монашенке.

НЕВЕ́СТКА, -и, *ж.* Жена брата или жена сына, а также замужняя женщина по отношению к братьям и сёстрам её мужа (и их жёнам и мужьям).

НЕВЕ́СТЬ: 1) **невесть кто** (что, где, куда, когда, зачем, почему и т. д.) (прост. и обл.) — то же, что неизвестно кто (что, где, куда и т. д.). *Вернётся невесть когда. Уехал невесть куда. Наговорил невесть чего;* 2) **невесть сколько** (прост. и обл.) — очень много. *Подарков привёз невесть сколько. Разговоров невесть сколько.*

НЕВЗВИ́ДЕТЬ, -и́жу, -и́дишь; *сов.*: **невзвидеть света** (разг.) — испытать тяжёлое, неприятное состояние (от боли, страха). *Света белого невзвидел от боли.*

НЕВЗГО́ДА, -ы, *ж.* Горе, несчастье. *Душевные невзгоды* (тяжёлые переживания). *Обрушились невзгоды на кого-н.*

НЕВЗИРА́Я: 1) **невзирая на** *кого-что, предлог с вин. п.* — не считаясь с кем-чем-н., несмотря на кого-что-н., вопреки кому-чему-н. *Пойти н. на непогоду. Критика н. на лица;* 2) **невзирая на то что,** *союз* — то же, что несмотря на то что. *Работает, невзирая на то что устал.*

НЕВЗЛЮБИ́ТЬ, -юблю́, -ю́бишь; *сов., кого-что.* Почувствовать неприязнь, нерасположение к кому-чему-н. *Н. с первого взгляда.*

НЕВЗНАЧА́Й, *нареч.* (прост.). Неожиданно, случайно, ненамеренно. *Встретились н.*

НЕВЗРА́ЧНЫЙ, -ая, -ое; -чен, -чна. Непривлекательный с виду, некрасивый. *Невзрачная внешность.* ‖ *сущ.* **невзра́чность,** -и, *ж.*

НЕВЗЫСКА́ТЕЛЬНЫЙ, -ая, -ое; -лен, -льна. Нетребовательный, неразборчивый. *Н. вкус. Н. руководитель.* ‖ *сущ.* **невзыска́тельность,** -и, *ж.*

НЕ́ВИДАЛЬ, -и, *ж.* (разг. ирон.). О чем-н. редкостном, необычном (в выражениях, отрицающих эту редкостность, необычность). *Вот так н.! Экая (эка) н.! Что за н.! Подумаешь, н. какая!*

НЕВИ́ДАННЫЙ, -ая, -ое; -ан, -анна. **1.** Неизвестный, такой к-рого никто не видел (обычно о чём-н. таинственном, сказочном). *Невиданные звери, существа. Невиданные страны, края.* **2.** Необычайный, поразительный. *Н. урожай. Н. успех.* ‖ *сущ.* **неви́данность,** -и, *ж.*

НЕВИДИ́МКА, -и. **1.** *м.* и *ж.* Невидимое существо. *Человек-н.* **2.** *ж.* Тонкая, незаметная шпилька или заколка для женской причёски. ✦ **Шапка-невидимка** — в сказках: шапка, делающая невидимым того, кто её надевает.

НЕВИ́ДИМЫЙ, -ая, -ое; -им. Недоступный зрению, незаметный. *Н. шов.*

НЕВИ́ДЯЩИЙ, -ая, -ее. О взгляде: отсутствующий. *Н. взор.*

НЕВИ́ННОСТЬ, -и, *ж.* **1.** *см.* невинный. **2.** Невинное (во 2 знач.) существо (устар.). *Оскорблённая н.* (ирон.).

НЕВИ́ННЫЙ, -ая, -ое; -и́нен, -и́нна. **1.** Не имеющий за собой вины, провинности. *Невинная жертва.* **2.** Чистосердечный, простодушный, наивный. *Н. ребёнок.* **3.** Безвредный, не заслуживающий порицания. *Невинная шалость. Невинные удовольствия.* **4.** Девственный, целомудренный. *Невинная девушка.* ‖ *сущ.* **неви́нность,** -и, *ж. И н. соблюсти, и капитал приобрести* (погов.: не упустить ни одной из возможных выгод; шутл.).

НЕВИНО́ВНЫЙ, -ая, -ое; -вен, -вна. Не имеющий за собой вины, не совершивший проступка, преступления. *Признать невиновным кого-н.* ‖ *сущ.* **невино́вность,** -и, *ж.*

НЕВМЕНЯ́ЕМЫЙ, -ая, -ое; -ем. **1.** Раздражённый, не владеющий собой. **2.** Находящийся в таком психическом состоянии, при к-ром нельзя вменить в вину проступок, преступление (спец.). ‖ *сущ.* **невменя́емость,** -и, *ж.*

НЕВМЕША́ТЕЛЬСТВО, -а, *ср.* Отказ от вмешательства во что-н. *Принцип невмешательства* (в международном праве: недопущение какого-н. вмешательства государств и международных организаций во внутренние дела других государств и народов).

НЕВМОГОТУ́, *в знач. сказ., кому и с неопр.* (разг.). Нет никаких сил, возможности делать что-н. *Н. больше ждать.*

НЕВМО́ЧЬ, *в знач. сказ., кому и с неопр.* (устар. и прост.). То же, что невмоготу. *Н. больше терпеть.*

НЕВНИМА́НИЕ, -я, *ср.* **1.** Рассеянность, отсутствие внимания. *Ошибка по невниманию.* **2.** Отсутствие уважения к кому-н., пренебрежение кем-чем-н. *Н. к старшим. Н. к своему здоровью.*

НЕВНИМА́ТЕЛЬНЫЙ, -ая, -ое; -лен, -льна. **1.** Рассеянный, без достаточного внимания. *Н. слушатель. Невнимательное чтение.* **2.** Не проявляющий внимания; незаботливый, нечуткий. *Невнимательное обращение. Невнимательное отношение к больному.* ‖ *сущ.* **невнима́тельность,** -и, *ж.*

НЕВНЯ́ТНЫЙ, -ая, -ое; -тен, -тна. Плохо слышный, неотчётливый, непонятный. *Н. лепет. Невнятная речь. Невнятное объяснение* (перен.: невразумительное). ‖ *сущ.* **невня́тность,** -и, *ж.*

НЕ́ВОД, -а, *мн.* -а́, -о́в и -ы, -ов, *м.* Большая рыболовная сеть. *Закинуть, вытянуть н. Закидной, ставной н.* ‖ *прил.* **не́водный,** -ая, -ое.

НЕВОЗБРА́ННЫЙ, -ая, -ое; -а́нен, -а́нна (книжн.). Незапрещённый, беспрепятственный. *Н. доступ.* ‖ *сущ.* **невозбра́нность,** -и, *ж.*

НЕВОЗВРАТИ́МЫЙ, -ая, -ое; -и́м (книжн.). **1.** Такой, к-рый не вернется, невозвратный. *Н. миг. Невозвратимая пора.* **2.** Непоправимый, невознаградимый. *Н. урон. Невозвратимая потеря.* ‖ *сущ.* **невозврати́мость,** -и, *ж.*

НЕВОЗВРА́ТНЫЙ, -ая, -ое; -тен, -тна (высок.). То же, что безвозвратный (в 1 знач.). *Невозвратная пора.* ‖ *сущ.* **невозвра́тность,** -и, *ж.*

НЕВОЗВРАЩЕ́НЕЦ, -нца, *м.* Человек, к-рый будучи послан в чужую страну, самовольно не вернулся оттуда. ‖ *ж.* **невозвраще́нка,** -и.

НЕВОЗМО́ЖНЫЙ, -ая, -ое; жен, -жна. **1.** Неосуществимый, невыполнимый. *Применение невозможно. Невозможное* (сущ.) *стало возможным. Нет ничего невозможного* (сущ.). **2.** Крайний в своём проявлении, нестерпимый, недопустимый (разг.). *Невозможная духота. Н. характер.* ‖ *сущ.* **невозмо́жность,** -и, *ж.* (к 1 знач.). ✦ **До невозможности** (разг.) — сверх всякой меры. *Устал до невозможности.*

НЕВОЗМУТИ́МЫЙ, -ая, -ое; -и́м. **1.** Ничем не нарушаемый. *Невозмутимая тишина.* **2.** Полный самообладания, спокойный. *Н. тон.* ‖ *сущ.* **невозмути́мость,** -и, *ж.*

НЕВОЗНАГРАДИ́МЫЙ, -ая, -ое; -и́м (высок.). Ничем не заменимый, невосполнимый. *Невознаградимая утрата.* ‖ *сущ.* **невознагради́мость,** -и, *ж.*

НЕВО́ЛИТЬ, -лю, -лишь; *несов., кого (что)* (разг.). Принуждать, заставлять делать что-н. *Его никто не неволил соглашаться.* ‖ *сов.* **принево́лить,** -лю, -лишь.

НЕВО́ЛЬНИК, -а, *м.* (книжн.). Раб, пленник. *Н. судьбы* (перен.). ‖ *ж.* **нево́льница,** -ы. ‖ *прил.* **нево́льничий,** -ья, -ье *и* **нево́льнический,** -ая, -ое. *Н. рынок.*

НЕВО́ЛЬНИЧЕСТВО, -а, *ср.* (книжн.). Неволя, рабство. ‖ *прил.* **нево́льнический,** -ая, -ое.

НЕВО́ЛЬНЫЙ, -ая, -ое; -лен, -льна. Совершённый без умысла, непроизвольный, случайный. *Невольная улыбка. Н. упрёк. Н. свидетель.* ‖ *сущ.* **нево́льность,** -и, *ж.*

НЕВО́ЛЯ, -и, *ж.* **1.** Отсутствие свободы (в 4 знач.), плен, рабство (высок.). *Жить в неволе. Орлы не размножаются в неволе. Попасть в неволю.* **2.** Принуждение, необходимость (устар. и прост.). *Какая н. ехать?* (т. е. кто принуждает?). *Охота пуще неволи* (посл.).

НЕВООБРАЗИ́МЫЙ, -ая, -ое; -и́м. То же, что немыслимый. *Невообразимая перспектива. Н. шум.* ‖ *сущ.* **невообрази́мость,** -и, *ж.*

НЕВООРУЖЁННЫЙ, -ая, -ое. Не имеющий оружия. ✦ **Невооружённым глазом (видно)** — 1) без помощи увеличительных оптических приборов; 2) легко и сразу (об очевидном, совершенно понятном).

НЕВОСПОЛНИ́МЫЙ, -ая, -ое; -и́м (высок.). Такой, что нельзя восполнить. *Невосполнимые потери.* ‖ *сущ.* **невосполни́мость,** -и, *ж.*

НЕВОСТРЕ́БОВАННЫЙ, -ая, -ое (офиц.). Не полученный адресатом. *Н. груз.*

НЕВПОПА́Д, *нареч.* (разг.). Не так, как было бы нужно, не к месту. *Отвечать н.*

НЕВПРОВОРО́Т, *в знач. сказ.* (прост.). Очень много. *Дел н.*

НЕВРАЗУМИ́ТЕЛЬНЫЙ, -ая, -ое; -лен, -льна. Непонятный, лишённый ясности, неубедительный. *Н. ответ.* ‖ *сущ.* **невразуми́тельность,** -и, *ж.*

НЕВРАЛГИ́Я, -и, *ж.* Приступы острых местных болей по ходу какого-н. нерва. *Межрёберная н.* ‖ *прил.* **невралги́ческий,** -ая, -ое.

НЕВРАСТЕ́НИК, -а, *м.* Человек, страдающий неврастенией. ‖ *ж.* **неврастени́чка,** -и (разг.).

НЕВРАСТЕНИ́ЧНЫЙ, -ая, -ое; -чен, -чна. Страдающий неврастенией, болезненно раздражительный. ‖ *сущ.* **неврастени́чность,** -и, *ж.*

НЕВРАСТЕНИ́Я, -и, *ж.* Невроз, при к-ром повышенная возбудимость сочетается с быстрой утомляемостью, раздражительностью, нарушением сна. ‖ *прил.* **неврастени́ческий,** -ая, -ое.

НЕВРЕДИ́МЫЙ, -ая, -ое; -и́м. Оставшийся неповреждённым. *Вышел из боя невредим.* ✦ **Цел и невредим** — 1) в полной сохранности. *Книги целы и невредимы;* 2) жив и здоров. *Не волнуйся, я цел и невредим.* ‖ *сущ.* **невреди́мость,** -и, *ж.*

НЕВРО... *Первая часть сложных слов со знач.*: 1) относящийся к нервной системе, напр. *невропатия* (повышение возбудимости нервной сисмемы), *невропат, невросклероз;* 2) относящийся к неврологии, невропатологии, напр. *невродиспансер.*

НЕВРО́З, -а, *м.* Заболевание, вызванное расстройством деятельности центральной нервной системы. *Н. сердца. Общий н.* ‖ *прил.* **невроти́ческий,** -ая, -ое.

НЕВРО́ЛОГ, -а, *м.* Специалист по неврологии.

НЕВРОЛО́ГИЯ, -и, *ж.* Совокупность разделов медико-биологических наук, изучающих нервную систему и её заболевания. ‖ *прил.* **неврологи́ческий,** -ая, -ое.

НЕВРОПАТО́ЛОГ, -а, *м.* Врач — специалист по невропатологии.

НЕВРОПАТОЛО́ГИЯ, -и, *ж.* Раздел медицины, занимающийся болезнями нервной системы и их лечением. ‖ *прил.* **невропатологи́ческий**, -ая, -ое.

НЕВТЕРПЁЖ, *в знач. сказ., кому и с неопр.* (разг.). Не хватает терпения, нет сил терпеть, ждать. *Нам н. узнать, что там происходит. Н. ждать.*

НЕВЫ́ГОДНЫЙ, -ая, -ое; -ден, -дна. **1.** Не приносящий выгоды. *Невыгодная сделка.* **2.** Неблагоприятный, оставляющий плохое впечатление. *Показать себя с невыгодной стороны. Представить что-н. в невыгодном свете.* ‖ *сущ.* **невы́годность**, -и, *ж.*

НЕВЫ́ЕЗД, -а, *м.* (офиц.). Безотлучное проживание в одном месте. *Подписка о невыезде* (обязательство никуда не выезжать до окончания следствия).

НЕВЫЛА́ЗНЫЙ, -ая, -ое; -зен, -зна (разг.). **1.** Непроходимый, такой, из к-рого трудно вылезти. *Невылазная грязь. Невылазные заботы* (перен.). *Невылазная тоска* (перен.). **2.** *перен.* Безвылазный, безвыходный. *Невылазно* (нареч.) *жить на хуторе.* ‖ *сущ.* **невыла́зность**, -и, *ж.*

НЕВЫНОСИ́МЫЙ, -ая, -ое; -и́м. Превышающий терпение, с трудом переносимый. *Невыносимая боль. Н. характер* (очень плохой). ‖ *сущ.* **невыноси́мость**, -и, *ж.*

НЕВЫПОЛНЕ́НИЕ, -я, *ср.* Срыв в выполнении работы. *Н. плана.*

НЕВЫРАЗИ́МЫЙ, -ая, -ое; -и́м (книжн.). Такой, к-рый трудно выразить словами, непередаваемый. *Невыразимое чувство. Невыразимая красота.* ‖ *сущ.* **невырази́мость**, -и, *ж.*

НЕВЫ́ХОД, -а, *м.* (офиц.). То же, что неявка. *Н. на работу.*

НЕВЯ́ЗКА, -и, *ж.* (разг.). То же, что неувязка. *Н. в отчёте.*

НЕ́ГА, -и, *ж.* (книжн.). **1.** Полное довольство. *Жить в неге.* **2.** Блаженство, а также страстное томление, ласка. *Предаваться неге. Н. во взоре.*

НЕГАБАРИ́Т, -а, *м.* (спец.). Продукт, изделие, по своим размерам не отвечающие норме, стандарту. ‖ *прил.* **негабари́тный**, -ая, -ое.

НЕГА́ДАННЫЙ, -ая, -ое; -ан, -анна (разг.). То же, что неожиданный (употр. обычно в соединении с «нежданный»). *Приехал нежданно-негаданно* (нареч.). ‖ *сущ.* **нега́данность**, -и, *ж.*

НЕГАСИ́МЫЙ, -ая, -ое; -и́м (высок.). То же, что неугасимый (во 2 знач.). *Негасимая любовь.* ‖ *сущ.* **негаси́мость**, -и, *ж.*

НЕГАТИ́В, -а, *м.* Изображение на светочувствительной пластинке, плёнке, в к-ром (в чёрно-белой фотографии) светлые места получаются тёмными, а тёмные — светлыми, или (в цветной фотографии) цвета не совпадают с натуральными; пластинка, плёнка с таким изображением. ‖ *прил.* **негати́вный**, -ая, -ое.

НЕГАТИВИ́ЗМ, -а, *м.* (книжн.). Негативное, отрицательное отношение к действительности. ‖ *прил.* **негативи́стский**, -ая, -ое.

НЕГАТИ́ВНЫЙ[1], -ая, -ое; -вен, -вна. То же, что отрицательный (книжн.). *Н. результат.* ‖ *сущ.* **негати́вность**, -и, *ж.*

НЕГАТИ́ВНЫЙ[2] *см.* негатив.

НЕГА́ЦИЯ, -и, *ж.* (спец.). То же, что отрицание (в 3 знач.).

НЕГАШЁНЫЙ, -ая, -ое: **негашёная известь** — известь в безводном состоянии.

НЕ́ГДЕ, *в знач. сказ., с неопр.* Нет места (где можно было бы осуществить что-н.). *Н. отдохнуть. Ему н. заниматься.*

НЕГЛА́СНЫЙ, -ая, -ое; -сен, -сна (книжн.). Не известный другим, не явный, тайный. *Н. надзор.* ‖ *сущ.* **негла́сность**, -и, *ж.*

НЕГЛИЖЕ́ (устар.). **1.** *нескл., ср.* Домашняя, непритязательная, несколько небрежная одежда. *Утреннее н.* **2.** *нареч. и в знач. сказ.* О пребывании в такой одежде. *Выйти к гостям н.*

НЕГЛУ́ПЫЙ, -ая, -ое; неглу́п, -а́, -о. Достаточно умный. *Н. человек. Н. ответ. Поступает неглупо* (нареч.).

НЕГО́ДНИК, -а, *м.* (разг.). Тот, кто плохо, недостойно ведёт себя. ‖ *ж.* **него́дница**, -ы.

НЕГО́ДНЫЙ, -ая, -ое; -ден, -дна́, -дно, -дны и -дны́. **1.** Плохой, не соответствующий, не подходящий по качеству. *Попытка с негодными средствами* (обречённая на неудачу). **2.** *полн. ф.* Низкий (в 5 знач.), недостойный. *Н. человек.* ‖ *сущ.* **него́дность**, -и, *ж.* (к 1 знач.). *Прийти в н.*

НЕГОДОВА́НИЕ, -я, *ср.* Возмущение, крайнее недовольство. *Прийти в н. Отвергнуть с негодованием.*

НЕГОДОВА́ТЬ, -ду́ю, -ду́ешь; *несов.* Испытывать, проявлять негодование. *Н. на клеветника. Н. против несправедливости.*

НЕГОДУ́ЮЩИЙ, -ая, -ее (высок.). Полный негодования, выражающий негодование. *Негодующая речь. Н. жест.*

НЕГОДЯ́Й, -я, *м.* Подлый, низкий человек. ‖ *ж.* **негодя́йка**, -и. ‖ *прил.* **негодя́йский**, -ая, -ое.

НЕГО́ЖИЙ, -ая, -ее; -о́ж (прост.). То же, что негодный (в 1 знач.). *Так поступать негоже* (в знач. сказ.; нельзя, не годится, не полагается).

НЕГОЦИА́НТ, -а, *м.* Оптовый купец, коммерсант. ‖ *ж.* **негоциа́нтка**, -и. ‖ *прил.* **негоциа́нтский**, -ая, -ое.

НЕГР, -а, *м.* **1.** *см.* негры. **2.** *перен.* Человек, тяжело и бесправно работающий на другого, других.

НЕГРА́МОТНЫЙ, -ая, -ое; -тен, -тна. **1.** Не умеющий читать и писать, безграмотный (в 1 знач.). *Обучение неграмотных* (сущ.). **2.** Не обладающий нужными знаниями, сведениями в какой-н. области, безграмотный (в 3 знач.). *Н. техник.* **3.** Выполненный с ошибками, без знания дела. *Н. чертёж.* ‖ *сущ.* **негра́мотность**, -и, *ж.*

НЕГРО́ИДНЫЙ, -ая, -ое. **1.** **негроидная раса** (спец.) — раса людей с тёмной кожей, курчавыми волосами, широким носом и нек-рыми другими признаками; основная раса коренного населения тропической Африки. **2.** Относящийся к такой расе, имеющий признаки такой расы. *Н. тип лица.*

НЕ́ГРЫ, -ов, *ед.* негр, -а, *м.* Люди, принадлежащие к негроидной расе. ‖ *ж.* **негритя́нка**, -и. ‖ *прил.* **негритя́нский**, -ая, -ое.

НЕГУ́СТО, *в знач. сказ., кого-чего* (разг.). То же, что небогато. *Денег у нас н.*

НЕДА́ВНИЙ, -яя, -ее. Случившийся в недалёком прошлом, относящийся к недалёкому прошлому. *Недавние события. Недавние времена.*

НЕДА́ВНО, *нареч.* В недалёком прошлом; с недавнего времени. *Это случилось н.*

НЕДАЛЁКИЙ, -ая, -ое; -ёк, -ека́ и -ёка, -еко́ и -ёко. **1.** (-ека́, -еко́). Близкий по расстоянию, имеющий небольшое протяжение. *Н. лес. Недалёкое путешествие.* **2.** (-ека́, -еко́). Близкий по времени. *Недалёкие события.* **3.** (-ёка, -ёко). Умственно ограниченный, глуповатый. *Н. человек. Недалёкого ума человек.* **4.** **недалеко́** и **недалёко**, *в знач. сказ. и нареч.* Близко по расстоянию. *Лес недалеко. За примерами недалеко ходить* (перен.: примеры есть, их много). ✦ **Недалеко от** *кого-чего, предлог с род. п.* — на близком, недалёком расстоянии от кого-чего-н. *Жить недалеко от школы. Недалеко от дома — лес.* ‖ *сущ.* **недалёкость**, -и, *ж.* (к 3 знач.).

НЕДА́РОМ, *нареч.* Не без причины, не без цели. *Он пришёл н. Н. этот разговор.*

НЕДВИ́ЖИМОСТЬ, -и, *ж.* (спец.). Недвижимое имущество.

НЕДВИ́ЖИМЫЙ, -ая, -ое; -им и **НЕДВИЖИ́МЫЙ**, -ая, -ое; -и́м. **1.** Не двигающийся, неподвижный (книжн.). *Лежит недвижим.* **2.** (недви́жимый), *полн. ф.* Об имуществе: состоящий из земельного участка, строения (офиц.). ‖ *сущ.* **недвижи́мость**, -и, *ж.* (к 1 знач.)

НЕДЕЛИ́МЫЙ, -ая, -ое; -и́м. **1.** Не поддающийся или не подлежащий делению, целостный. *Н. фонд кооператива.* **2.** Не делящийся без остатка. *Неделимое число.* ‖ *сущ.* **недели́мость**, -и, *ж.*

НЕДЕ́ЛЯ, -и, *ж.* **1.** Единица исчисления времени, равная семи дням, вообще срок в семь дней. *Календарная н.* (от понедельника до воскресенья включительно). *Рабочая н.* (рабочие дни календарной недели). *Виделись на этой неделе. Неделями не видимся* (п целым неделям). **2.** В нек-рых сочетаниях: семь дней (календарная неделя), связанных с какими-н. церковными праздниками или приходящихся на какое-н. праздничное время, либо на время поста. *Сырная или масленая н.* (то же, что масленица). *Вербная н.* (шестая неделя Великого поста). *Страстная н.* (последняя неделя перед Пасхой). *Пасхальная* или *святая н.* (первая неделя после Пасхи). *Фомина́ неделя* (вторая неделя после Пасхи, время свадеб и гуляний, Красная горка). **3.** Семь дней, посвящённых какому-н. общественному мероприятию, пропаганде чего-н. *Н. книги* (посвящённая расширенной продаже, распространению книг). *Н. французского кино.* ‖ *уменьш.* **неде́лька**, -и, *ж.* (к 1 знач.). *Зайдите на недельке* (на этой неделе). ‖ *прил.* **неде́льный**, -ая, -ое (к 1 знач.).

НЕДЕРЖА́НИЕ, -я, *ср.*: **недержание мочи** — болезненное состояние, проявляющееся в непроизвольном испускании мочи.

НЕДО..., *приставка.* Образует глаголы, существительные и прилагательные со знач. неполноты, недостаточности по сравнению с какой-н. нормой, напр. *недобрать, недовыполнить, недоплатить, недосмотреть, недоспать, недопонимание, недопоставка, недооценка, недоразвитый, недоспелый.*

НЕДОБИ́ТОК, -тка, *м.* (прост. презр.). Тот, кто уцелел после разгрома, поражения кого-чего-н.

НЕДОБО́Р, -а, *м.* Неполный сбор, набор кого-чего-н.; количество, к-рого не хватает до полного сбора. *Н. сезонных рабочих. Большой н.*

НЕДОБРОЖЕЛА́ТЕЛЬ, -я, *м.* Человек, настроенный по отношению к кому-н. неприязненно, недружелюбно. ‖ *ж.* **недоброжела́тельница**, -ы.

НЕДОБРОКА́ЧЕСТВЕННЫЙ, -ая, -ое; -вен, -венна. Плохого качества, с изъянами. *Н. товар.* ‖ *сущ.* **недоброка́чественность**, -и, *ж.*

НЕДОБРОСО́ВЕСТНЫЙ, -ая, -ое; -тен, -тна. Нечестно и небрежно делающий что-н. или плохо, небрежно сделанный. *Н.*

работник. Недобросовестная информация (необъективная). ‖ *сущ.* **недобросо́вестность, -и, ж.**

НЕДО́БРЫЙ, -ая, -ое; -до́бр, -добра́, -до́бры *и* -добры́. **1.** Неприязненно настроенный по отношению к другим людям, недружелюбный. *Н. человек. Н. взгляд.* **2.** *полн. ф.* Неприятный, плохой. *Недобрая весть. Почуять недоброе* (сущ.).

НЕДОВЕ́РИЕ, -я, *ср.* Сомнение в правдивости, подозрительность, отсутствие доверия. *Отнестись с недоверием. Н. к людям. Вотум недоверия* (неодобрение парламентом деятельности правительства; спец.).

НЕДОВЕ́С, -а, *м.* Отсутствие должного веса при взвешивании; количество чего-н., не достающее до полного веса. *Н. муки. Н. составляет 2 кг.*

НЕДОВЕ́СОК, -ска, *м.* (разг.). Предмет, не имеющий должного веса. *Мешок-н.*

НЕДОВО́ЛЬНЫЙ, -ая, -ое; -лен, -льна. Испытывающий или (полн. ф.) выражающий неудовлетворение, недовольство. *Учитель недоволен учеником. Н. взгляд.*

НЕДОВО́ЛЬСТВО, -а, *ср.* Отсутствие удовлетворённости, отрицательное отношение к кому-чему-н. *Выражение недовольства. Н. самим собой.*

НЕДОГЛЯ́Д, -а (-у), *м.* (прост.). То же, что недосмотр.

НЕДОГЛЯДЕ́ТЬ, -яжу́, -яди́шь; *сов.* Проявить недостаточное внимание, оплошность при наблюдении, проверке. *Н. за ребёнком. Н. опечатки.*

НЕДОГОВОРЁННОСТЬ, -и, *ж.* **1.** Неполное высказывание, замалчивание чего-н. *Н. в рассказе.* **2.** Отсутствие договорённости, согласованности. *Н. между смежниками.*

НЕДОГРУ́З, -а, *м.* **1.** *см.* недогрузить. **2.** То же, что недогрузка (во 2 знач.) (спец.). *Возместить н.*

НЕДОГРУ́ЗКА, -и, *ж.* **1.** *см.* недогрузить. **2.** Недогруженное количество товаров, грузов. *Н. в два контейнера.*

НЕДОДА́ЧА, -и, *ж.* Неполная выдача чего-н.; количество чего-н., недостающее до полной выдачи. *Н. запчастей.*

НЕДОДЕ́ЛКА, -и, *ж.* То, что ещё нужно доделать, довести до конца. *В проекте ещё много недоделок. Недоделки строителей.*

НЕДОЕДА́ТЬ, -а́ю, -а́ешь; *несов.* Есть недостаточно, плохо питаться. ‖ *сущ.* **недоеда́ние**, -я, *ср.*

НЕДОИ́МКА, -и, *ж.* (устар.). Не уплаченный в срок налог, сбор. *Числится н. за кем-н.* ‖ *прил.* **недои́мочный, -ая, -ое.**

НЕДОЛГА́: (вот) и **вся недолга** (разг.) — вот и всё, и больше никаких разговоров. *Не согласен ехать — и вся недолга!*

НЕДОЛЁТ, -а, *м.* Падение снаряда, пули (а также вообще того, что летит, брошено) ближе цели.

НЕДОЛИ́В, -а, *м.* Отсутствие должного количества при наливании чего-н.; количество того, что недолито. *Н. молока.*

НЕДОЛЮ́БЛИВАТЬ, -аю, -аешь; *несов., кого (что).* Чувствовать нерасположение, неприязнь к кому-н.

НЕДОМЕ́РОК, -рка, *м.* Вещь (а также животное как предмет промысла, охоты), не имеющая должного размера.

НЕДОМОГА́НИЕ, -я, *ср.* Болезненное состояние, ощущение нездоровья. *Лёгкое н.*

НЕДОМОГА́ТЬ, -а́ю, -а́ешь; *несов.* Чувствовать недомогание.

НЕДОМО́ЛВКА, -и, *ж.* Умолчание о чём-н. существенном. *Говорить недомолвками.*

НЕДОМЫ́СЛИЕ, -я, *ср.* Недодуманность, недостаточная обдуманность чего-н., неосмысленность. *Сделать что-н. по недомыслию.*

НЕДОНЕСЕ́НИЕ, -я, *ср.* (спец.). Несообщение официальным органам о готовящемся или совершённом преступлении. *Ответственность за н.*

НЕДОНО́СОК, -ска, *м.* Недоношенный ребёнок, детёныш.

НЕДОНО́ШЕННЫЙ, -ая, -ое; -шен. Родившийся до истечения нормального срока беременности. ‖ *сущ.* **недоно́шенность, -и, ж.**

НЕДООЦЕНИ́ТЬ, -еню́, -е́нишь; -нённый (-ён, -ена́); *сов., кого-что.* Оценивая, квалифицируя, не обратить должного внимания на значимость, положительные качества кого-чего-н. *Н. силы соперника.* ‖ *сов.* **недооце́нивать**, -аю, -аешь. ‖ *сущ.* **недооце́нка, -и, ж.**

НЕДОПЁСОК, -ска, *м.* (спец.). Молодой песец.

НЕДОПУСТИ́МЫЙ, -ая, -ое; -и́м. Такой, к-рый не может быть терпим, непозволительный. *Н. поступок.* ‖ *сущ.* **недопусти́мость, -и, ж.**

НЕДОРАБО́ТКА, -и, *ж.* **1.** То же, что недоделка. **2.** Упущение, недостаток в работе (разг.).

НЕДОРА́ЗВИТЫЙ, -ая, -ое; -ит. Не достигший полного развития, недостаточный по развитию. *Н. организм.* ‖ *сущ.* **недора́звитость, -и, ж.**

НЕДОРАЗУМЕ́НИЕ, -я, *ср.* **1.** Ошибочное, неполное понимание; то, что произошло в результате такого непонимания. *Это случилось по недоразумению. Произошло н.* **2.** Пререкание, спор, ссора. *В семье постоянные недоразумения.* **3.** О чём-н. (или о ком-н.) ничтожном, не заслуживающем внимания (разг.). *Не человек, а какое-то н.*

НЕДОРО́Д, -а, *м.* (обл.). То же, что неурожай. *Н. из-за засухи.* ‖ *прил.* **недоро́дный, -ая, -ое.**

НЕ́ДОРОСЛЬ, -я, *м.* **1.** В России в 18 в.: молодой дворянин, не достигший совершеннолетия и не поступивший ещё на государственную службу. **2.** *перен.* Глуповатый юноша-недоучка (разг. ирон.).

НЕДОСЛЫ́ШАТЬ, -шу, -шишь. **1.** *несов.* Плохо слышать. *Дед стар, недослышит.* **2.** *сов.* Расслышать не до конца. *Из-за шума не дослышал, о чём говорили.*

НЕДОСМО́ТР, -а, *м.* Недостаточный надзор, недостаточное наблюдение за кем-чем-н.; ошибка по невнимательности, небрежности. *Допустить н. По недосмотру.*

НЕДОСМОТРЕ́ТЬ, -отрю́, -о́тришь; *сов.* То же, что недоглядеть.

НЕДОСО́Л, -а, *м.* **1.** *см.* недосолить. **2.** Недостаточная солёность; слабый засол.

НЕДОСОЛИ́ТЬ, -солю́, -со́лишь *и* -соли́шь; -со́ленный; *сов., что.* Положить слишком мало соли во что-н. *Н. кашу.* ‖ *несов.* **недоса́ливать**, -аю, -аешь. ‖ *сущ.* **недосо́л**, -а, *м. Н. на столе, пересол на спине* (посл.).

НЕДОСПА́ТЬ, -плю́, -пи́шь; -а́л, -ала́, -а́ло; недо́спанный; *сов.* Не поспав достаточно, не выспаться. ‖ *несов.* **недосыпа́ть**, -а́ю, -а́ешь. ‖ *сущ.* **недосыпа́ние**, -я, *ср. и* **недосы́п**, -а, *м.* (разг.). *Хроническое недосыпание. Выспаться за прежний недосып.*

НЕДОСТАВА́ТЬ, -таёт; *безл.; несов., кого-чего.* Отсутствовать, не иметься (о нужном, необходимом или о недостаточном количестве чего-н.). *Недостаёт ста рублей. Недостаёт опыта. Тебя здесь только недоставало!* (выражение недовольства по поводу чьего-н. прихода или вмешательства). *Этого ещё недоставало!* (выражение недовольства по поводу чего-н. неприятного и неожиданного). ‖ *сов.* **недоста́ть**, -анет.

НЕДОСТА́ТОК, -тка, *м.* **1.** Изъян, несовершенство, неправильность в ком-чём-н. *Выявить недостатки в работе. У каждого свои недостатки. Н. речи, слуха. Н. характера. Врождённый физический н.* (аномалия). **2.** обычно *мн.* Отсутствие средств для жизни, нужда (разг.). *Постоянные недостатки.* **3.** *кого-чего и в ком-чём.* Неполное количество кого-чего-н., отсутствие нужного количества кого-чего-н. *Н. материала. Н. кадров (в кадрах).* ✦ **Нет недостатка** *в ком-чём* — хватает кого-чего-н. *В болтунах нет недостатка.*

НЕДОСТА́ТОЧНЫЙ, -ая, -ое; -чен, -чна. **1.** Небольшой по количеству, не удовлетворяющий потребности. *Эта сумма недостаточна.* **2.** Не исчерпывающий, неполный, неудовлетворительный. *Недостаточные знания.* ‖ *сущ.* **недоста́точность, -и, ж.** *Коронарная н.* (нарушение коронарного кровообращения; спец.)

НЕДОСТА́ЧА, -и, *ж.* **1.** То же, что недостаток (в 3 знач.) (разг.). *Н. материалов.* **2.** Отсутствие нужного количества денег, имущества, обнаруженное проверкой. *Н. денег в кассе. Обнаружить недостачу. Покрыть недостачу* (внести недостающие деньги).

НЕДОСТАЮ́ЩИЙ, -ая, -ее. Отсутствующий, но необходимый. *Недостающие сведения. Недостающая страница.*

НЕДОСТИЖИ́МЫЙ, -ая, -ое; -и́м. Такой, к-рого невозможно достичь, неосуществимый. *Недостижимая цель. Н. идеал.* ‖ *сущ.* **недостижи́мость, -и, ж.**

НЕДОСТО́ЙНЫЙ, -ая, -ое; -о́ин, -о́йна. **1.** *кого-чего и с неопр.* Не заслуживающий кого-чего-н. *Н. внимания. Он её недостоин.* **2.** *полн. ф.* Не заслуживающий уважения, безнравственный, бесчестный. *Недостойная личность. Н. поступок.* ‖ *сущ.* **недосто́йность, -и, ж.**

НЕДОСУ́Г (разг.). **1.** -а, *м.* Отсутствие свободного времени. *Не пришёл из-за недосуга.* **2.** *в знач. сказ., кому, с неопр.* Некогда, нет времени. *Мне этим заниматься н.*

НЕДОСЧИТА́ТЬСЯ, -а́юсь, -а́ешься; *сов., кого-чего.* Обнаружить при подсчёте недостаток, отсутствие кого-чего-н. *Н. нескольких отставших. Отряд недосчитался нескольких бойцов.* ‖ *несов.* **недосчи́тываться**, -аюсь, -аешься.

НЕДОСЯГА́ЕМЫЙ, -ая, -ое; -а́ем (книжн.). То же, что недостижимый. *На недосягаемой высоте.* ‖ *сущ.* **недосяга́емость, -и, ж.**

НЕДОТЁПА, -ы, *м. и ж.* (разг.). Неуклюжий, во всём неловкий человек.

НЕДОТЁПИСТЫЙ, -ая, -ое; -ист (разг.). О человеке: неуклюжий, во всём неловкий, нескладный. *Н. парень.* ‖ *сущ.* **недотёпистость, -и, ж.**

НЕДОТРО́ГА, -и, *м. и ж.* (разг.). Обидчивый, не терпящий вольного обращения человек. *Разыгрывать из себя недотрогу.*

НЕДОУ́ЗДОК, -дка, *м.* Уздечка без удил и с одним поводом.

НЕДОУМЕВА́ТЬ, -а́ю, -а́ешь; *несов.* Находиться в недоумении. *Н. по поводу отказа.*

НЕДОУМЕ́НИЕ, -я, *ср.* Состояние сомнения, колебания вследствие невозможности понять, в чём дело. *Быть в недоумении.*

НЕДОУМЕ́ННЫЙ, -ая, -ое. Выражающий, заключающий в себе недоумение. *Н. взгляд. Н. вопрос.* ‖ *сущ.* **недоуме́нность, -и, ж.**

НЕДОУ́МОК, -мка, *м.* (разг.). Глуповатый человек.

НЕДОУЧИ́ТЬ, -учу́, -у́чишь; -у́ченный; *сов., кого-что.* Нетвёрдо выучить что-н. или в недостаточной степени обучить чему-н. *Н. урок. Н. мастерству.* ‖ *несов.* **недоу́чивать**, -аю, -аешь.

НЕДОУ́ЧКА, -и, *м.* и *ж.* (разг.). Недоучившийся, малосведущий человек.

НЕДОЧЕЛОВЕ́К, -а, *мн.* недочелове́ки, -ов, *м.* (книжн.). Человек, оцениваемый кем-н. как неполноценный, недостойный называться человеком. *Не люди, а какие-то недочеловеки.*

НЕДОЧЁТ, -а, *м.* **1.** Недостаток чего-н., обнаруженный при подсчёте. *Н. сумм.* **2.** обычно *мн.* Погрешность, изъян, пробел. *Исправить недочёты в работе.*

НЕ́ДРА, недр, не́драм. **1.** То, что находится под земной поверхностью. *В недрах Земли. Разработка недр* (добыча полезных ископаемых). **2.** *перен.* Внутренность, среда, область, в к-рой что-н. происходит, из к-рой что-н. исходит. *В недрах души.*

НЕДРЕМА́ННЫЙ, -ая, -ое (устар. и ирон.). В нек-рых сочетаниях: недремлющий, бдительный. *Н. страж. Недреманное око* (о бдительном наблюдателе, надсмотрщике).

НЕДРЕ́МЛЮЩИЙ, -ая, -ее; -ющ. Внимательный, наблюдательный; бдительный. *Н. надзор.*

НЕ́ДРУГ, -а, *м.* (высок.). То же, что враг (в 1 знач.). *Лютый н.*

НЕДУ́Г, -а, *м.* (книжн.). То же, что болезнь. *Старческие недуги. Справиться с недугом.*

НЕДУ́ЖИТЬСЯ, -ится; *безл.; несов., кому* (обл.). То же, что нездоровиться. *Недужится к ненастью.*

НЕДУРНО́Й, -а́я, -о́е; -у́рен и -урён, -урна́, -у́рно, -у́рны и -урны́. Удовлетворительный, достаточно хороший. *Н. голос. Недурна собой* (внешне привлекательна). ✦ **Недурно бы**, *частица*, обычно с *неопр.* (разг.) — то же, что неплохо бы. *Недурно бы перекусить. Кофейку недурно бы!*

НЕДУ́РСТВЕННЫЙ, -ая, -ое; -вен, -венна (разг. шутл.). То же, что недурной.

НЕДЮ́ЖИННЫЙ, -ая, -ое. Выдающийся, выделяющийся своими способностями. *Н. талант.* ‖ *сущ.* **недю́жинность**, -и, *ж.*

НЕЕ́ЗЖЕНЫЙ, -ая, -ое; -ен, -ена. Такой, по к-рому не ездили или мало ездят, ездили. *Неезженые просёлки.*

НЕЕСТЕ́СТВЕННЫЙ, -ая, -ое; -вен, -венна. **1.** Деланный, принуждённый, неискренний. *Н. смех.* **2.** Необычный, ненормальный. *Неестественная тишина. Неестественно* (нареч.) *большой.* ‖ *сущ.* **неесте́ственность**, -и, *ж.*

НЕЖДА́ННЫЙ, -ая, -ое; -а́нен, -а́нна. Неожиданный, случайный. *Н. гость. Приехать нежданно* (нареч., употр. обычно в соединении с «негаданно»: нежданно-негаданно). ‖ *сущ.* **нежда́нность**, -и, *ж.*

НЕЖЕЛА́НИЕ, -я, *ср.* Отсутствие желания, неохота. *Н. ехать.*

НЕЖЕЛА́ТЕЛЬНЫЙ, -ая, -ое; -лен, -льна. **1.** Такой, к-рый не оправдает ожиданий, не будет полезен, неподходящий. *Н. расход. Нежелательная кандидатура.* **2.** Неприятный, вредный. *Болезнь может вызвать нежелательные осложнения.* ‖ *сущ.* **нежела́тельность**, -и, *ж.*

НЕ́ЖЕЛИ, *союз* (устар.). То же, что чем (в 1 знач.). *Он умнее, н. показался сначала.*

НЕ́ЖЕНКА, -и, *м.* и *ж.* (разг.). Изнеженный человек. *Вырастили неженку.*

НЕЖИВО́Й, -а́я, -о́е. **1.** То же, что мёртвый (в 1 знач.). *Младенец родился н.* **2.** Не включающий в себя живых организмов, неорганический. *Неживая природа.* **3.** Вялый, лишённый живости; тусклый. *Н. взгляд.*

НЕЖИЛО́Й, -а́я, -о́е. О здании, помещении: такой, в к-ром не живут; предназначенный не для жилья. *Нежилые комнаты. Нежилые строения.*

НЕЖИ́РНО, *в знач. сказ., кого-чего* (прост.). Небогато, негусто. *Запасов н.*

НЕ́ЖИТЬ[1], -жу, -жишь; *несов., кого-что.* **1.** Содержать в неге (в 1 знач.), холить, баловать. *Н. детей.* **2.** Приводить в состояние неги (во 2 знач.). *Нежит ветерок.* ✦ **Нежить мечту (надежду) (высок.)** — то же, что лелеять мечту, надежду.

НЕ́ЖИТЬ[2], -и, *ж., собир.* В русской мифологии: фантастические существа (домовые, лешие, водяные, ведьмы, русалки, кикиморы). *Всякая н.*

НЕ́ЖИТЬСЯ, -жусь, -жишься; *несов.* Предаваться неге, наслаждаться. *Н. на солнышке.*

НЕ́ЖНИЧАТЬ, -аю, -аешь; *несов.* (разг.). Быть нежным; говорить нежности.

НЕ́ЖНО-... *Первая часть сложных слов со знач.* нежный (во 2 знач.), напр. *нежно-голубой, нежно-жёлтый, нежно-золотистый, нежно-золотой, нежно-розовый, нежно-фиолетовый.*

НЕ́ЖНОСТЬ, -и, *ж.* **1.** *см.* нежный. **2.** Нежное слово, поступок. *Говорить нежности. Что за нежности!*

НЕ́ЖНЫЙ, -ая, -ое; -жен, -жна́, -жно, -жны́ и -жны. **1.** Ласковый, исполненный любви. *Нежные чувства. Н. взгляд.* **2.** Приятный, тонкий, не грубый. *Нежные цвета. Нежная кожа.* **3.** *полн. ф.* Слабый, хрупкий. *Нежное сложение. Н. возраст* (детский). ‖ *сущ.* **не́жность**, -и, *ж.*

НЕЗАБВЕ́ННЫЙ, -ая, -ое; -е́нен, -е́нна (высок.). То же, что незабываемый. *Незабвенная пора. Н. друг.* ‖ *сущ.* **незабве́нность**, -и, *ж.*

НЕЗАБУ́ДКА, -и, *ж.* Родственное медунице травянистое растение с мелкими голубыми цветками. ‖ *прил.* **незабу́дковый**, -ая, -ое.

НЕЗАБЫВА́ЕМЫЙ, -ая, -ое; -а́ем (книжн.). Такой, что нельзя забыть, памятный чем-н., неизгладимый. *Незабываемое событие. Незабываемые годы.* ‖ *сущ.* **незабыва́емость**, -и, *ж.*

НЕЗАВЕРШЁНКА, -и, *ж.* (разг.). Давно начатая и незавершённая стройка.

НЕЗАВИ́ДНЫЙ, -ая, -ое; -ден, -дна. Плохой, непривлекательный. *Незавидная участь. Незавидное положение.* ‖ *сущ.* **незави́дность**, -и, *ж.*

НЕЗАВИ́СИМОСТЬ, -и, *ж.* **1.** *см.* независимый. **2.** Политическая самостоятельность, отсутствие подчинённости, суверенитет. *Национальная н. Отстаивать свою н.*

НЕЗАВИ́СИМЫЙ, -ая, -ое; -им. **1.** Самостоятельный, не находящийся в подчинении, свободный. *Независимая личность. Независимые страны.* **2.** Обнаруживающий или выражающий самостоятельность (во 2 знач.). *Н. характер. Н. взгляд. Держать себя независимо* (нареч.). ✦ **Независимо от** *кого-чего, предлог с род. п.* — вне связи с кем-чем-н., не ограничивая, не считаясь с кем-чем-н. *Действовать независимо от остальных. Поеду независимо ни от каких запретов.* **Независимо от того, что** — не по причине чего-н., не в связи с тем, что. *Явился независимо от того, что его вызывали.* ‖ *сущ.* **незави́симость**, -и, *ж.*

НЕЗАВИ́СЯЩИЙ, -ая, -ее: по независящим *от кого-чего* **обстоятельствам** — по посторонним, объективным (во 2 знач.) причинам.

НЕЗАДА́ЧА, -и, *ж.* (разг.). Неудачное стечение обстоятельств. *Поезд опаздывает, что за н.!*

НЕЗАДА́ЧЛИВЫЙ, -ая, -ое; -ив (разг.). **1.** Несчастливый, неудачный. *Н. день.* **2.** То же, что неудачливый. *Н. делец.* ‖ *сущ.* **неза́да́чливость**, -и, *ж.*

НЕЗАДО́ЛГО, *нареч., до чего* или *перед чем.* Не за много времени до чего-н. *Н. до войны. Н. перед праздником.*

НЕЗАКОННОРОЖДЁННЫЙ, -ая, -ое (устар.). Рождённый от родителей, не состоящих в церковном браке. *Он н.* (сущ.).

НЕЗАМЕДЛИ́ТЕЛЬНЫЙ, -ая, -ое; -лен, -льна (офиц.). Немедленный, без задержек. *Н. ответ. Действовать незамедлительно* (нареч.). ‖ *сущ.* **незамедли́тельность**, -и, *ж.*

НЕЗАМЕНИ́МЫЙ, -ая, -ое; -и́м. Такой хороший, что нельзя или трудно заменить, очень полезный, нужный. *Н. работник. Незаменимая для дороги вещь.* ‖ *сущ.* **незамени́мость**, -и, *ж.*

НЕЗАМЕ́ТНЫЙ, -ая, -ое; -тен, -тна. **1.** Почти не видный, трудно различимый. *Н. шов. Незаметно* (нареч.) *скрыться.* **2.** Незначительный, ничем не выдающийся. *Незаметное существование.* ‖ *сущ.* **незаме́тность**, -и, *ж.*

НЕЗАМЫСЛОВА́ТЫЙ, -ая, -ое; -а́т. Несложный, простой. *Н. сюжет. Н. узор.* ‖ *сущ.* **незамыслова́тость**, -и, *ж.*

НЕЗАПА́МЯТНЫЙ, -ая, -ое. В сочетании со словами «времена», «годы»: очень давний, отдалённый. *С незапамятных времён. В незапамятные годы.*

НЕЗАПЯ́ТНАННЫЙ, -ая, -ое; -ан, -анна. Ничем не опороченный, чистый (во 2 знач.). *Незапятнанная репутация.* ‖ *сущ.* **незапя́тнанность**, -и, *ж.*

НЕЗАТЕ́ЙЛИВЫЙ, -ая, -ое; -ив (разг.). Незамысловатый, без особых затей. *Незатейливые украшения. Н. мотив.* ‖ *сущ.* **незате́йливость**, -и, *ж.*

НЕЗАУРЯ́ДНЫЙ, -ая, -ое; -ден, -дна. Необычный, выделяющийся среди других. *Незаурядные способности.* ‖ *сущ.* **незауря́дность**, -и, *ж.*

НЕ́ЗАЧЕМ, *в знач. сказ., с неопр.* Нет смысла, надобности (делать что-н.). *Оставаться н. Спорить н.*

НЕЗВА́НЫЙ, -ая, -ое. Явившийся без зова, без приглашения. *Н. гость хуже татарина* (посл.).

НЕЗДЕ́ШНИЙ, -яя, -ее. **1.** Находящийся не здесь и имеющий место не здесь (разг.). *Нездешние жители. Я не здешний* (сущ.) (т. е. живу не здесь). **2.** То же, что потусторонний (книжн.). *Нездешнее бытие. Нездешние гости* (пришельцы).

НЕЗДОРО́ВИТЬСЯ, -ится; *безл.; несов., кому.* О состоянии нездоровья, недомогании. *С утра нездоровится.*

НЕЗДОРО́ВЫЙ, -ая, -ое; -о́в. **1.** *полн. ф.* Вызванный нездоровьем, болезненный. *Н. вид. Н. цвет лица.* **2.** Вредный для здоровья. *Н. климат. Спать в одежде нездорово* (в знач. сказ.). **3.** Испытывающий недомогание, больной. *Ребёнок нездоров.* **4.** *перен., полн. ф.* Неправильный, ненормальный. *Нездоровые отношения. Нездоровая обстановка. Н. ажиотаж.*

НЕЗДОРО́ВЬЕ, *-я, ср.* Болезненное состояние, недомогание. *Не явился по нездоровью.*

НЕЗЕМНО́Й, *-а́я, -о́е* (высок.). Сверхъестественный, чрезвычайный, исключительный. *Неземная сила. Неземная любовь.*

НЕЗЛО́БИВЫЙ, -ая, -ое; -ив и **НЕЗЛОБИ́ВЫЙ**, -ая, -ое; -и́в. Кроткий, добродушный. *Н. характер.* ‖ *сущ.* **незло́бивость**, **-и**, *ж.* и **незлоби́вость**, **-и**, *ж.*

НЕЗНА́ЙКА, *-и, м.* и *ж.* (разг.). Человек, к-рый мало знает или ничего не знает (в детской речи о детях).

НЕЗНАКО́МЕЦ, -мца, *м.* Незнакомый, неизвестный человек. *Таинственный н.* ‖ *ж.* **незнако́мка**, -и.

НЕЗНА́МО: 1) **незнамо кто (что, где, куда, когда, зачем, почему и т. д.)** (прост. и обл.) — то же, что неизвестно кто (что, где, куда и т.д.). *Ходит незнамо кто. Явится незнамо откуда;* 2) **незнамо сколько** (прост. и обл.) — то же, что невесть сколько. *Дружков у него незнамо сколько.*

НЕЗНА́НИЕ, *-я, ср.* Неосведомлённость в чём-н. *Ошибиться по незнанию.*

НЕЗНА́ЧАЩИЙ, -ая, -ее. Не имеющий значения; малосодержательный. *Незначащая встреча. Н. разговор.*

НЕЗНАЧИ́ТЕЛЬНЫЙ, -ая, -ое; -лен, -льна. **1.** Небольшой по количеству, размерам. *Незначительная сумма. Ущерб незначителен.* **2.** Не имеющий существенного, важного значения; ничем не замечательный, незаметный (во 2 знач.). *Незначительное обстоятельство. Незначительная личность.* ‖ *сущ.* **незначи́тельность**, **-и**, *ж.*

НЕЗРИ́МЫЙ, -ая, -ое; -и́м. Недоступный зрению; скрытый, тайный. *Незримые мстители. Н. свидетель. Незримые слёзы* (перен.: невидимое другим горе). ‖ *сущ.* **незри́мость**, **-и**, *ж.*

НЕЗРЯ́ЧИЙ, -ая, -ее. То же, что слепой (в 1 знач.). *Школа для незрячих* (сущ.).

НЕЗЫ́БЛЕМЫЙ, -ая, -ое; -ем (книжн.). Устойчивый, непоколебимый. *Незыблемая основа.* ‖ *сущ.* **незы́блемость**, **-и**, *ж.*

НЕИЗБЕ́ЖНЫЙ, -ая, -ое; -жен, -жна. О чём-н. плохом, тяжёлом: такой, что невозможно избегнуть, предотвратить. *Н. конец. Н. крах.* ‖ *сущ.* **неизбе́жность**, **-и**, *ж.*

НЕИЗБЫ́ВНЫЙ, -ая, -ое; -вен, -вна (книжн.). О чём-н. тяжёлом, горестном: не проходящий, не прекращающийся. *Неизбывная тоска.* ‖ *сущ.* **неизбы́вность**, **-и**, *ж.*

НЕИЗВЕ́ДАННЫЙ, -ая, -ое; -ан, -анна (книжн.). Совсем неизвестный, не испытанный, не изученный. *Неизведанное чувство. Н. край.* ‖ *сущ.* **неизве́данность**, **-и**, *ж.*

НЕИЗВЕ́СТНОСТЬ, -и, *ж.* **1.** *см.* неизвестный. **2.** Отсутствие сведений (устар.). *Н. о судьбе товарища. Пребывать в неизвестности о ком-н.* **3.** Скромное, незаметное существование. *Жить в неизвестности.*

НЕИЗВЕ́СТНЫЙ, -ая, -ое; -тен, -тна. **1.** Такой, о к-ром не знают, нет сведений, к-рый не определён, не изучен. *Неизвестные герои. Н. остров. Уравнение со многими неизвестными* (сущ.; искомыми величинами; также перен.: о чём-н. очень неясном, трудноразрешимом). *Где он теперь — неизвестно* (в знач. сказ.). **2.** *полн. ф.* Не пользующийся известностью, малоизвестный. *Прозаик, н. широкому читателю.* **3.** *полн. ф.* Незнакомый, личность к-рого не установлена. *Вам пишет н. доброжелатель. Приходил какой-то неизвестный* (сущ.). ✦ **Неизвестно кто (что, где, куда, откуда, зачем, почему, сколько и т. д.)** (разг.) — выражение незнания и осудительного отношения к тому, на кого (что) указывает местоименное слово. *Ходит неизвестно кто. Притащил неизвестно что. Болтается неизвестно где. Обиделся неизвестно почему.* ‖ *сущ.* **неизве́стность**, **-и**, *ж.* (к 1 и 2 знач.). *Покрыто мраком неизвестности* (о чём-н. совершенно неизвестном, невыясненном; шутл.).

НЕИЗГЛАДИ́МЫЙ, -ая, -ое; -и́м (книжн.). Такой, к-рый не может изгладиться из памяти, незабываемый. *Неизгладимое впечатление.* ‖ *сущ.* **неизглади́мость**, **-и**, *ж.*

НЕИЗЛЕЧИ́МЫЙ, -ая, -ое; -и́м. Не поддающийся излечению. *Неизлечимая болезнь.* ‖ *сущ.* **неизлечи́мость**, **-и**, *ж.*

НЕИЗМЕ́ННЫЙ, -ая, -ое; -нен, -нна. **1.** Не подвергающийся изменениям, постоянный, обычный для кого-н. *Неизменные привычки.* **2.** Преданный, верный (книжн.). *Н. друг.* ‖ *сущ.* **неизме́нность**, **-и**, *ж.*

НЕИЗМЕРИ́МЫЙ, -ая, -ое; -и́м (книжн.). **1.** Очень большой; огромный. *Неизмеримые пространства.* **2. неизмери́мо**, *нареч., со сравн. ст.* Во много раз, гораздо. *Неизмеримо лучше.* ‖ *сущ.* **неизмери́мость**, **-и**, *ж.* (к 1 знач.).

НЕИЗРЕЧЕ́ННЫЙ, -ая, -ое; -е́н, -е́нна (устар. высок.). Не передаваемый словами, чрезвычайный. *Неизреченное блаженство.* ‖ *сущ.* **неизрече́нность**, **-и**, *ж.*

НЕИЗЪЯСНИ́МЫЙ, -ая, -ое; -и́м (книжн.). Трудно постигаемый, непередаваемый. *Неизъяснимое волнение.* ‖ *сущ.* **неизъясни́мость**, **-и**, *ж.*

НЕИМЕ́НИЕ, *-я, ср.*: **за неимением** *кого-чего* (книжн.) — вследствие отсутствия кого-чего-н. *За неимением средств, сведений. За неимением лучшего* (поневоле довольствуясь не самым лучшим).

НЕИМОВЕ́РНЫЙ, -ая, -ое; -рен, -рна. Чрезмерно большой, чрезвычайный. *Н. холод. Н. труд.* ‖ *сущ.* **неимове́рность**, **-и**, *ж.*

НЕИМУ́ЩИЙ, -ая, -ее (книжн.). Не имеющий средств к существованию, нуждающийся. *Неимущие сословия.*

НЕИСКОРЕНИ́МЫЙ, -ая, -ое; -и́м (книжн.). Закоренелый и неисправимый. *Неискоренимая привычка. Н. предрассудок.* ‖ *сущ.* **неискорени́мость**, **-и**, *ж.*

НЕИСПОВЕДИ́МЫЙ, -ая, -ое; -и́м (устар. высок.). Непостижимый, непонятный. *Неисповедимы повороты судьбы. Пути Господни неисповедимы* (афоризм). ‖ *сущ.* **неисповеди́мость**, **-и**, *ж.*

НЕИСПОЛНИ́МЫЙ, -ая, -ое; -и́м. Такой, к-рый невозможно исполнить, к-рый не может осуществиться. *Неисполнимое требование. Неисполнимая мечта.* ‖ *сущ.* **неисполни́мость**, **-и**, *ж.*

НЕИСПРАВИ́МЫЙ, -ая, -ое; -и́м. Такой, что невозможно исправить, не может исправиться. *Н. недостаток. Н. кляузник.* ‖ *сущ.* **неисправи́мость**, **-и**, *ж.*

НЕИСПРА́ВНЫЙ, -ая, -ое; -вен, -вна. **1.** Имеющий повреждения. *Н. механизм.* **2.** Небрежный, неаккуратный, неисполнительный. *Н. поставщик.* ‖ *сущ.* **неспра́вность**, **-и**, *ж.* (к 1 знач.).

НЕИССЯКА́ЕМЫЙ, -ая, -ое; -а́ем. Обильный, не прекращающийся. *Н. поток. Неиссякаемые запасы. Неиссякаемая энергия.* ‖ *сущ.* **неиссяка́емость**, **-и**, *ж.*

НЕИ́СТОВСТВО, -а, *ср.* **1.** Безудержное буйство. *Прийти, впасть в н. Н. страстей.* **2.** Неистовый поступок, жестокость. *Неистовства карателей.*

НЕИ́СТОВСТВОВАТЬ, -твую, -твуешь; *несов.* **1.** Проявлять неистовство, буйство. *Н. от восторга.* **2.** (1 и 2 л. не употр.), *перен.* То же, что свирепствовать. *Враг неистовствует. Буря, ураган неистовствует.*

НЕИ́СТОВЫЙ, -ая, -ое; -ов. Необычайно сильный в проявлении чего-н., буйный, безудержный. *Неистовая радость. Неистовая буря.* ‖ *сущ.* **неи́стовость**, **-и**, *ж.*

НЕИСТОЩИ́МЫЙ, -ая, -ое; -и́м. То же, что неиссякаемый. *Неистощимая энергия. Неистощимые ресурсы.* ‖ *сущ.* **неистощи́мость**, **-и**, *ж.*

НЕИСТРЕБИ́МЫЙ, -ая, -ое; -и́м (книжн.). Не поддающийся истреблению, уничтожению. *Неистребимая привычка. Неистребимая любовь к жизни.* ‖ *сущ.* **неистреби́мость**, **-и**, *ж.*

НЕИСЧЕРПА́ЕМЫЙ, -ая, -ое; -а́ем. Обильный, не знающий предела. *Неисчерпаемые ресурсы. Неисчерпаемые силы.* ‖ *сущ.* **неисчерпа́емость**, **-и**, *ж.*

НЕИСЧИСЛИ́МЫЙ, -ая, -ое; -и́м (высок.). Не поддающийся подсчёту, огромный. *Наши силы неисчислимы. Неисчислимые резервы.* ‖ *сущ.* **неисчисли́мость**, **-и**, *ж.*

НЕЙЛО́Н, -а, *м.* Похожее на шёлк синтетическое волокно, а также прочный материал из этого волокна. ‖ *прил.* **нейло́новый**, **-ая**, **-ое**. *Нейлоновая куртка.*

НЕЙМЁТ: **видит око, да зуб неймёт** — посл. о невозможности получить то, что кажется доступным [неймёт — не берет; стар.].

НЕЙМЁТСЯ, прош. вр. не употр., *безл.; несов., кому, с неопр.* (разг.). О беспокойном поведении, о нетерпеливом желании делать что-н. *Ему не поскорее всё узнать.*

НЕЙРО... *Первая часть сложных слов со знач.:* 1) относящийся к нервной системе, к нервам (в 1 знач.), напр. *нейросекреция, нейроанатомия, нейропсихология, нейрофизиология;* 2) относящийся к нервным клеткам, напр. *нейровирусный, нейрогенетика, нейроэпителий.*

НЕЙРО́Н, -а, *м.* (спец.). Клетка², способная вырабатывать нервные импульсы и передавать их другим клеткам.

НЕЙРОХИРУ́РГ, -а, *м.* Врач — специалист по нейрохирургии.

НЕЙРОХИРУРГИ́Я, -и, *ж.* Раздел медицины, занимающийся заболеваниями нервной системы и их хирургическим лечением. ‖ *прил.* **нейрохирурги́ческий**, -ая, -ое.

НЕЙТИ́, нейду́, нейдёшь; нейдя́; *несов.* (устар. и разг.). Пишется вместо «не идти», чтобы обозначить соответствующее произношение. *Звал его — нейдёт. Из головы нейдёт кто-что-н.* (нельзя забыть; разг.). *Ничего на ум (в голову) нейдёт* (о нежелании, невозможности или неспособности думать).

НЕЙТРАЛИЗОВА́ТЬ, -зу́ю, -зу́ешь; -о́ванный; *сов.* и *несов., кого-что.* Сделать (делать) нейтральным (в 1 и 3 знач.). *Н. чьё-н. влияние. Н. раствор.* ‖ *сущ.* **нейтрализа́ция**, **-и**, *ж.*

НЕЙТРАЛИТЕ́Т, -а, *м.* Неучастие в войне, происходящей между другими государствами; в мирное время — неучастие в военных союзах, в борьбе между соперничающими государствами или группами государств. *Соблюдать н.* (также перен.: не вмешиваться в чужой спор, в борьбу двух враждующих сторон). *Нарушить н. Вооружённый н.* (соблюдение нейтралитета при полной готовности к войне).

НЕЙТРА́ЛЬНЫЙ, -ая, -ое; -лен, -льна. **1.** Не примыкающий ни к одной из борющихся сторон, стоящий в стороне. *Нейтральные государства. Нейтральная позиция.* **2.** Одинаково относящийся ко всем, никого не затрагивающий. *Н. наблюдатель. Нейтральная тема.* **3.** Не дающий ни щелочной, ни кислотной реакции (спец.). *Н. раствор.* **4.** Не оказывающий ни вредного, ни полезного действия. *Нейтральные вещества.* **5.** В нек-рых сочетаниях: такой, где по соглашению не должны вестись военные действия, располагаться военные силы. *Нейтральная зона, полоса. Нейтральные воды.* ✦ **Нейтральная частица** (спец.) — не имеющая электрического заряда. ‖ *сущ.* **нейтра́льность**, -и, *ж.*

НЕЙТРИ́НО, *нескл., м.* (спец.). Стабильная нейтральная элементарная частица с массой, равной или близкой к нулю. ‖ *прил.* **нейтри́нный**, -ая, -ое.

НЕЙТРО́Н, -а, *м.* (спец.). Электрически нейтральная элементарная частица с массой, почти равной массе протона. ‖ *прил.* **нейтро́нный**, -ая, -ое.

НЕКАЗИ́СТЫЙ, -ая, -ое; -и́ст (разг.). Некрасивый, невзрачный с виду. *Неказистая внешность. С виду неказист.* ‖ *сущ.* **неказистость**, -и, *ж.*

НЕ́КИЙ, -ая, -ое, не́коего, не́коему, не́коим *и* не́ким, о не́коем *и* о не́ком, не́коей *и* не́кой, не́кую, о не́коей *и* о не́кой, *мест. неопр.* **1.** Какой-то (о ком-н., точно не известном). *Вас спрашивал н. Петров.* **2.** То же, что некоторый (в 1 знач.) (книжн.). *С некоего момента всё изменилось.*

НЕ́КОГДА[1], *в знач. сказ., с неопр., кому.* Нет свободного времени. *Ему сегодня н. гулять.*

НЕ́КОГДА[2], *мест. нареч.* (книжн.). В отдалённом прошлом, давно, когда-то. *Н. славные имена.*

НЕ́КОГО, не́кому, не́кем, не́ у кого, не́ к кому, не́ с кем, не́ о ком, *мест. отриц., с неопр.* Нет никого такого (кто мог бы действовать или быть объектом действия, называемого следующим далее неопр.). *Некому работать. Некому помогать* (нет того, кто бы помогал, а также нет того, кому можно было бы помогать). *Н. здесь оставить. Не о ком вспомнить. Не к кому подойти.*

НЕКОЛЕБИ́МЫЙ, -ая, -ое; -и́м (книжн.). То же, что непоколебимый. *Неколебимая воля.* ‖ *сущ.* **неколеби́мость**, -и, *ж.*

НЕ́КОТОРЫЙ, -ая, -ое, *мест. неопр.* **1.** Какой-то, точно не определённый. *С некоторого времени. В некотором роде.* **2.** *мн.* Не все, отдельные (во 2 знач.). *В некоторых районах. Некоторые* (сущ.) *опоздали.*

НЕКРАСИ́ВЫЙ, -ая, -ое; -и́в. **1.** Лишённый красоты. *Некрасивое лицо. Некрасивая расцветка.* **2.** Не заслуживающий уважения, достойный осуждения. *Н. поступок. Некрасивое поведение.* ‖ *сущ.* **некраси́вость**, -и, *ж.*

НЕКРОЛО́Г, -а, *м.* Статья, посвящённая умершему, его жизни и деятельности. ‖ *прил.* **некрологи́ческий**, -ая, -ое.

НЕКРО́ПОЛЬ, -я, *м.* Место, где похоронены знаменитые люди; по отношению к древнему миру — вообще могильник, кладбище.

НЕКСТА́ТИ, *нареч.* Не вовремя, в неудобный, неподходящий момент, невпопад, не к месту. *Н. сказал. Н. пришёл. Это замечание было очень н.*

НЕКТА́Р, -а, *м.* **1.** В древнегреческой мифологии: напиток богов, дающий им бессмертие и вечную юность; также перен.: о прекрасном и живительном напитке. **2.** Сладкий сок, выделяемый цветками медоносных растений. *Пчёлы собирают н.* ‖ *прил.* **некта́рный**, -ая, -ое (ко 2 знач.).

НЕ́КТО, *мест. неопр.*, только *в им. п.* Некий человек, кто-то. *Явился н. из дальних краёв. Н. в сером.*

НЕ́КУДА, *в знач. сказ., с неопр.* Нет места (куда можно было бы отправиться, поместить кого-что-н.). *Ехать н. Отступать н.* (т. е. отступать нельзя). *Дальше идти н.* (также перен.: достигнут предел чего-н.; разг., обычно неодобр.). ✦ **Дальше (хуже) некуда** (разг.) — очень плохо, хуже не может быть. **Лучше некуда** (разг.) — о ком-чём-н. очень хорошем.

НЕЛА́ДНЫЙ, -ая, -ое; -ден, -дна (разг.). **1.** Неблагополучный, неприятный, не такой, как нужно. *Произошло что-то неладное. У них дома неладно* (в знач. сказ.). **2.** Нескладный, плохого сложения. *Нескладная фигура.* ✦ **Будь ты (он) неладен!** (разг.) — выражение неудовольствия, осуждения.

НЕЛАДЫ́, -о́в (разг.). **1.** Плохие взаимоотношения, недоразумения, ссоры. *Семейные н.* **2.** О том, что не ладится. *У него н. с работой.*

НЕЛЕГА́ЛЬНЫЙ, -ая, -ое; -лен, -льна. Не разрешённый законом, подпольный. *Нелегальное положение. Нелегальная литература.* ‖ *сущ.* **нелега́льность**, -и, *ж.*

НЕЛЕ́ПИЦА, -ы, *ж.* (разг.). То же, что нелепость (во 2 знач.). *Выдумать нелепицу.*

НЕЛЕ́ПОСТЬ, -и, *ж.* **1.** *см.* нелепый. **2.** Нелепое высказывание, нелепый поступок. *Наговорить нелепостей.*

НЕЛЕ́ПЫЙ, -ая, -ое; -ле́п. Не оправдываемый здравым смыслом, странный, несуразный. *Н. ответ. Н. вид. Н. характер.* ‖ *сущ.* **неле́пость**, -и, *ж.*

НЕЛЁГКАЯ: 1) нелёгкая дёрнула *кого* (прост.) — то же, что чёрт дёрнул. *Нелёгкая дёрнула спросить;* 2) **нелёгкая принесла (несёт, занесла)** *кого* (прост.) — о том, кто пришёл некстати, кого не звали и не ждали.

НЕЛИКВИ́Д, -а, *м.* (спец.). Имущество, к-рое не может быть использовано в данном предприятии и подлежит ликвидации, продаже. *Продажа неликвидов.* ‖ *прил.* **неликви́дный**, -ая, -ое. *Н. фонд.*

НЕЛИ́ШНЕ, *в знач. сказ., с неопр.* (разг.). Не помешает, следует, не лишнее. *Н. помнить, что времени мало. Н. бы отдохнуть.*

НЕЛО́ВКИЙ, -ая, -ое; -вок, -вка́ *и* -вка, -вко. **1.** Лишённый ловкости, неуклюжий, неудобный. *Н. прыжок. Неловкие руки* (нескладные). *Писать лёжа неловко* (в знач. сказ.). **2.** Неприятный, неудобный в моральном отношении, стеснительный. *Попасть в неловкое положение.* ‖ *сущ.* **нело́вкость**, -и, *ж.*

НЕЛО́ВКОСТЬ, -и, *ж.* **1.** *см.* неловкий. **2.** Чувство стеснительности, стыда. *Почувствовать н.* **3.** Неудачный, не совсем тактичный поступок. *Совершить ряд неловкостей.*

НЕЛЬЗЯ́, *в знач. сказ., с неопр.* **1.** Нет возможности. *Без дружбы жить н.* **2.** Не разрешено, запрещается, не следует. *По газонам ходить н.* ✦ **Нельзя ли** — употр. для выражения просьбы, пожелания или требования. *Нельзя ли потесниться? Нельзя ли потише?* **Нельзя не,** *с неопр.* — нужно, должно. *Такому человеку нельзя не помочь. Нельзя не согласиться.* **Нельзя сказать, чтобы (что)...** — вряд ли верно, что... *Нельзя сказать, что он талантлив.* **Как нельзя лучше** — лучше уже невозможно. *Сделано как нельзя лучше.* **Как нельзя хуже** — хуже уже невозможно. *Дела сложились как нельзя хуже.* **Как нельзя кстати** — очень своевременно.

НЕ́ЛЬМА, -ы, *ж.* Крупная северная рыба сем. лососёвых. ‖ *прил.* **не́льмовый**, -ая, -ое.

НЕЛЮБО́ВЬ, -бви́, *ж.* Отсутствие любви, неприязнь. *Давняя н. Н. к громким словам.*

НЕ́ЛЮДИ, -ей (прост.). Плохие, бессердечные люди, нехристи. *Что же мы, н., разве?* (разве мы хуже других, разве мы не такие же люди?).

НЕЛЮДИ́М, -а, *м.* Нелюдимый человек. ‖ *ж.* **нелюди́мка**, -и.

НЕЛЮДИ́МЫЙ, -ая, -ое; -и́м. **1.** Необщительный, замкнутый. *Н. старик.* **2.** Безлюдный, пустынный. *Н. лес.* ‖ *сущ.* **нелюди́мость**, -и, *ж.* (к 1 знач.).

НЕМАЛОВА́ЖНЫЙ, -ая, -ое; -жен, -жна. Важный, существенный. *Н. довод. Немаловажные события.* ‖ *сущ.* **немалова́жность**, -и, *ж.*

НЕМА́ЛЫЙ, -ая, -ое; -а́л, -ала́. Довольно большой, значительный. *Пройти н. путь. Н. успех. Прожито немало* (нареч.).

НЕМЕ́ДЛЕННЫЙ, -ая, -ое; -ен, -енна. Спешный, срочный, безотлагательный. *Немедленные меры.* ‖ *сущ.* **неме́дленность**, -и, *ж.*

НЕМЕ́ДЛЯ, *нареч.* Немедленно, без замедления. *Явиться н.*

НЕМЕ́РКНУЩИЙ, -ая, -ее (высок.). **1.** Постоянно светящийся, не затухающий. *Н. свет. Немеркнущая звезда.* **2.** *перен.* То же, что непреходящий. *Немеркнущая слава. Немеркнущие идеи.*

НЕМЕТА́ЛЛ, -а, *м.* (спец.). Химически простое вещество, не принадлежащее к металлам.

НЕМЕ́ТЬ, -е́ю, -е́ешь; *несов.* **1.** Терять дар речи, способность говорить. *Язык умирающего немеет. Н. от восторга. Н. перед авторитетами* (также перен.: не сметь возражать, спорить; ирон.). **2.** (1 и 2 л. не употр.). Терять чувствительность, костенеть, цепенеть. *Пальцы немеют от холода.* ‖ *сов.* **занеме́ть**, -е́ет (ко 2 знач.; разг.) *и* **онеме́ть**, -е́ю, -е́ешь. ‖ *сущ.* **онеме́ние**, -я, *ср.*

НЕМЕ́ЦКИЙ, -ая, -ое. **1.** *см.* немцы. **2.** Относящийся к немцам, к их языку, национальному характеру, образу жизни, культуре, а также к Германии, её территории, внутреннему устройству, истории; такой, как у немцев, как в Германии. *Н. язык* (германской группы индоевропейской семьи языков). *Н. народ. Немецкая аккуратность* (точность, аккуратность во всём). *Немецкая слобода* (в России 16—17 вв.: часть города, где жили иностранцы). *Немецкая марка* (денежная единица). *По-немецки* (нареч.).

НЕМИЛОСЕ́РДНЫЙ, -ая, -ое; -ден, -дна. **1.** Жестокий (в 1 знач.), не знающий милосердия (книжн.). *Н. поступок. Поступить немилосердно* (нареч.). **2.** *перен.* О чём-н. неприятном, отрицательном: то же, что чрезвычайный (в 1 знач.) (разг.). *Н. мороз. Немилосердно* (нареч.) *устал.* ‖ *сущ.* **немилосе́рдность**, -и, *ж.* (к 1 знач.).

НЕМИ́ЛОСТЬ, -и, *ж.* Нерасположение сильного лица к тому, кто от него зависит. *Впасть в н. Быть в немилости у кого-н.*

НЕМИ́ЛЫЙ, -ая, -ое; -и́л, -ила́, -и́ло, -и́лы *и* -илы́. В народной поэзии: нелюбимый, неприятный. *Н. муж. Жить с немилым* (сущ.).

НЕМИНУ́ЕМЫЙ, -ая, -ое; -ем (книжн.). То же, что неизбежный. *Неминуемая кара.* ‖ *сущ.* **немину́емость**, -и, *ж.*

НЕМИНУ´ЧИЙ, -ая, -ее (устар., обычно в народной словесности). Неминуемый, неизбежный. *Гибель неминучая.*

НЕМНО´ГИЙ, -ая, -ое. **1.** Незначительный, малый; редкий. *Немногие радости. За немногим исключением* (исключая только небольшое количество кого-чего-н.). **2.** *мн.* Только некоторые. *В немногих местах. Вернулись немногие* (сущ.). **3. немно́гое**, -го ср. Нечто небольшое по количеству, содержанию. *Забыл то немногое, что знал. Довольствоваться немногим.*

НЕМНО´ГО, *нареч.* и *в знач. сказ.* Не очень много, в нек-рой степени, слегка. *Н. устал. Времени осталось н. Н. смущается. Н. моложе. Живёт здесь н. больше года.* ‖ *уменьш.* **немно́жко.**

НЕМО´ЖЕТСЯ, *безл.; несов., кому* (прост.). То же, что нездоровится. *Н. к ненастью.*

НЕМО´Й, -а́я, -о́е; нем, -а́, -о. **1.** Лишённый способности говорить. *Н. от рождения. Обучение немых* (сущ.). *Когда я ем, я глух и нем* (шутл.). *Нем как рыба* (о том, кто не выдаст тайны, умеет молчать). **2.** *перен.* Тихий, безмолвный (книжн.). *Немая ночь. Немая пучина.* **3.** *перен.* Не обнаруживаемый, не высказываемый прямо, затаённый (книжн.). *Н. укор. Немые страдания.* ✦ **Великий немой** (высок.) — о дозвуковом кинематографе. **Немая карта** — учебная географическая карта без обозначения названий. **Немая роль** — без слов. **Немая сцена** — мимическая сцена без слов. **Немой фильм** — неозвученный фильм.

НЕМО´ЛЧНЫЙ, -ая, -ое; -чен, -чна (высок.). То же, что **неумолчный**. *Н. говор волн.*

НЕМОТА´, -ы́, *ж.* Отсутствие дара речи, способности говорить. *Страдать немотой. Врождённая н.*

НЕМО´ТСТВОВАТЬ, -ствую, -ствуешь; *несов.* (книжн. устар.). То же, что безмолвствовать.

НЕ´МОЧЬ, -и, *ж.* (прост.). То же, что немощь. *Н. одолела.* ✦ **Бледная немочь** (спец.) — анемическое состояние (у девушек), проявляющееся, в частности, в болезненной бледности кожи.

НЕ´МОЩНЫЙ, -ая, -ое; -щен, -щна. Слабый, больной. *Н. старик.* ‖ *сущ.* **не́мощность**, -и, *ж.*

НЕ´МОЩЬ, -и, *ж.* Слабость, болезнь. *Старческ немощи.*

НЕМУДРЁНЫЙ, -ая, -ое; -ён, -ёна, -ёно *и* (устар.) -ена́, -ено́ (разг.). Простой, незатейливый. *Дело немудрёное.*

НЕМУДРЯ´ЩИЙ, -ая, -ее (прост.). Самый обыкновенный, немудрёный. *Немудрящее дело.*

НЕ´МЦЫ, -ев, *ед.* -мец, -мца, *м.* Народ, составляющий основное население Германии. ‖ *ж.* **не́мка**, -и. ‖ *прил.* **неме́цкий**, -ая, -ое.

НЕМЫ´СЛИМЫЙ, -ая, -ое; -им. **1.** Невозможный, такой, к-рый трудно себе представить. *Немыслимые последствия. Немыслимо* (в знач. сказ.) *поверить.* **2.** Чрезвычайный (в 1 знач.), исключительный (в 3 знач.). *Немыслимое счастье. Немыслимые цены* (очень высокие). *Н. наглец.* ‖ *сущ.* **немы́слимость**, -и, *ж.*

НЕНАВИ´ДЕТЬ, -и́жу, -и́дишь; *несов., кого-что.* **1.** Питать ненависть к кому-чему-н. *Н. врага.* **2.** *с неопр.* Испытывать неприязнь или отвращение к кому-чему-н., не выносить кого-чего-н. *Н. ханжей. Н. стряпню (стряпать). Манную кашу ненавижу.*

НЕНАВИ´СТНИК, -а, *м.* Человек, постоянно желающий зла другим, исполненный ненависти к кому-н. ‖ *ж.* **ненави́стница**, -ы. ‖ *прил.* **ненави́стнический**, -ая, -ое.

НЕНАВИ´СТНИЧЕСТВО, -а, *ср.* (книжн.). Злобное, полное ненависти отношение к кому-н. ‖ *прил.* **ненави́стнический**, -ая, -ое.

НЕНАВИ´СТНЫЙ, -ая, -ое; -тен, -тна. Внушающий ненависть, злобу, отвращение. *Этот человек мне ненавистен. Ненавистное занятие.* ‖ *сущ.* **ненави́стность**, -и, *ж.*

НЕ´НАВИСТЬ, -и, *ж.* Чувство сильной вражды, злобы. *Питать, испытывать н. к кому-н. Н. душит кого-н.* (обуревает).

НЕНАГЛЯ´ДНЫЙ, -ая, -ое (разг.). Любимый, дорогой (о человеке). *Друг ты мой н.!*

НЕНА´ДОБНОСТЬ, -и, *ж.* Отсутствие потребности, нужды в чём-н. *Выбросить за ненадобностью.*

НЕНАДО´ЛГО, *нареч.* На короткое время. *Уехать н.*

НЕНАПАДЕ´НИЕ, -я, *ср.* В международном праве: отказ государств от враждебных действий по отношению друг к другу, от развязывания войны. *Принцип ненападения.*

НЕНАРО´КОМ, *нареч.* (разг.). Ненамеренно, случайно. *Н. попал куда-н.*

НЕНА´СТНЫЙ, -ая, -ое; -тен, -тна. Дождливый, пасмурный. *Н. день. Ненастная погода.* ‖ *сущ.* **нена́стность**, -и, *ж.*

НЕНА´СТЬЕ, -я, *ср.* Дождливая, пасмурная погода. *Осеннее н.*

НЕНАСЫ´ТНЫЙ, -ая, -ое; -тен, -тна. **1.** Жадный на еду, не могущий насытиться. *Ненасытная утроба* (также перен.: о жадном, алчном человеке; прост. презр.). **2.** *перен.* Не удовлетворяющийся ничем, что есть, что имеется. *Ненасытная жажда знаний.* ‖ *сущ.* **ненасы́тность**, -и, *ж.*

НЕ´НЕЦКИЙ, -ая, -ое. **1.** *см.* ненцы. **2.** Относящийся к ненцам, к их языку, национальному характеру, образу жизни, культуре, а также к территории их проживания, её внутреннему устройству, истории; такой, как у ненцев. *Н. язык* (группы уральских языков). *Ненецкое оленеводство. По-ненецки* (нареч.).

НЕНОРМА´ЛЬНОСТЬ, -и, *ж.* **1.** *см.* ненормальный. **2.** Ненормальное явление. *Ненормальности в отношениях.*

НЕНОРМА´ЛЬНЫЙ, -ая, -ое; -лен, -льна. **1.** Отклоняющийся от должного, от нормы. *Ненормальная худоба.* **2.** Душевнобольной, психически неуравновешенный (разг.). *Ведёт себя как н.* (сущ.) ‖ *сущ.* **ненорма́льность**, -и, *ж.*

НЕ´НЦЫ, -ев, *ед.* -нец, -нца, *м.* Народ, относящийся к коренному населению Ненецкого, Ямало-Ненецкого и Таймырского округов [прежнее название — самоеды]. ‖ *ж.* **не́нка**, -и. ‖ *прил.* **не́нецкий**, -ая, -ое.

НЕО... *Первая часть сложных слов со знач.* новый, напр. *неоавангардизм, неоглобализм, неореализм, неореалист, неоколониализм, неонацизм, неофашизм.*

НЕОБДУ´МАННЫЙ, -ая, -ое; -ан, -анна. Осуществляемый без обдумывания, опрометчивый. *Необдуманное решение. Н. поступок. Поступить необдуманно* (нареч.). ‖ *сущ.* **необду́манность**, -и, *ж.*

НЕОБИТА´ЕМЫЙ, -ая, -ое; -а́ем. Не населённый людьми; нежилой. *Н. остров. Хутор оказался необитаем.* ‖ *сущ.* **необитаемость**, -и, *ж.*

НЕОБОЗРИ´МЫЙ, -ая, -ое; -и́м. Огромный, беспредельный. *Н. океан. Необозримые пространства.* ‖ *сущ.* **необозри́мость**, -и, *ж.*

НЕОБОРИ´МЫЙ, -ая, -ое; -и́м (высок.). То же, что непреоборимый.

НЕОБСТРЕ´ЛЯННЫЙ, -ая, -ое; -ян. О солдате: ещё ни разу не бывший в бою. *Необстрелянные юнцы. В команде футболистов необстрелянная молодёжь* (перен.). ‖ *сущ.* **необстре́лянность**, -и, *ж.*

НЕОБУ´ЗДАННЫЙ, -ая, -ое; -ан, -анна. Такой, к-рый (к-рого) ничем нельзя сдержать, неукротимый. *Необузданная фантазия. Н. нрав.* ‖ *сущ.* **необузданность**, -и, *ж.*

НЕОБХВА´ТНЫЙ, -ая, -ое; -тен, -тна (разг.). Такой, что нельзя обхватить руками. *Н. дуб.* ‖ *сущ.* **необхва́тность**, -и, *ж.*

НЕОБХОДИ´МОСТЬ, -и, *ж.* Надобность, потребность. *Н. в помощи, совете. Предметы первой необходимости* (самые необходимые для жизни). *Сделать что-н. по необходимости.*

НЕОБХОДИ´МЫЙ, -ая, -ое; -и́м. **1.** Такой, без к-рого нельзя обойтись, нужный. *Необходимые средства. Н. инструмент.* **2.** Обязательный, неизбежный. *Сделать необходимые выводы.* **3. необходи́мо**, *в знач. сказ., с неопр.* и (разг.) *что.* То же, что нужно (см. нужный в 3 и 4 знач.). *Необходимо узнать. Необходимо, чтобы он пришёл. Мне необходимо сто рублей.*

НЕОБЪЯ´ТНЫЙ, -ая, -ое; -тен, -тна. Очень большой, необозримый. *Необъятное пространство. Необъятные знания.* ‖ *сущ.* **необъя́тность**, -и, *ж.*

НЕОБЫКНОВЕ´ННЫЙ, -ая, -ое; -нен, -нна. **1.** Редко встречающийся, необычный. *Необыкновенное происшествие.* **2.** Чрезвычайный, исключительный. *Необыкновенное легкомыслие. Необыкновенно* (нареч.) *интересно.* ‖ *сущ.* **необыкнове́нность**, -и, *ж.*

НЕОБЫЧА´ЙНЫЙ, -ая, -ое; -а́ен, -а́йна. То же, что необыкновенный. *Необычайные события. Необычайное волнение. Необычайно* (нареч.) *важно.* ‖ *сущ.* **необыча́йность**, -и, *ж.*

НЕОБЫ´ЧНЫЙ, -ая, -ое; -чен, -чна. Не такой, как все, не похожий на обычное или привычное. *Необычная обстановка.* ‖ *сущ.* **необы́чность**, -и, *ж.*

НЕОГЛОБАЛИ´ЗМ, -а, *м.* Стремление великой державы к мировому господству. ‖ *прил.* **неоглобали́стский**, -ая, -ое. *Неоглобалистская политика.*

НЕОГЛЯ´ДНЫЙ, -ая, -ое; -ден, -дна (книжн.). То же, что необозримый. *Неоглядные поля.* ‖ *сущ.* **неогля́дность**, -и, *ж.*

НЕОДНОКРА´ТНЫЙ, -ая, -ое; -тен, -тна. Происходящий, производимый, имеющий место несколько раз. *Неоднократные напоминания. Н. чемпион* (несколько раз бывший чемпионом). ‖ *сущ.* **неоднокра́тность**, -и, *ж.*

НЕОДОБРЕ´НИЕ, -я, *ср.* Отрицательная оценка, порицание. *Выразить своё н.*

НЕОДОБРИ´ТЕЛЬНЫЙ, -ая, -ое; -лен, -льна. Содержащий в себе неодобрение. *Неодобрительное отношение. Н. взгляд.* ‖ *сущ.* **неодобри́тельность**, -и, *ж.*

НЕОДОЛИ´МЫЙ, -ая, -ое; -и́м (высок.). Такой, что нельзя одолеть, могучий; непреодолимый. *Неодолимая сила. Неодолимая страсть. Неодолимо* (нареч.) *влечёт к кому-чему-н.* ‖ *сущ.* **неодоли́мость**, -и, *ж.*

НЕОДУШЕВЛЁННЫЙ, -ая, -ое. **1.** Не относящийся к миру живых существ человека и животных (книжн.). *Неодушевлённая материя.* **2.** В грамматике: относящийся к категории названий неживых предметов, явлений. *Неодушевлённые имена существительные.* ‖ *сущ.* **неодушевлённость**, -и, *ж.*

НЕОЖИ́ДАННОСТЬ, -и, *ж.* **1.** *см.* неожиданный. **2.** Неожиданное событие, обстоятельство. *Приятная н. Возможны всякие неожиданности.*

НЕОЖИ́ДАННЫЙ, -ая, -ое; -ан, -анна. Такой, к-рого не ожидали, непредвиденный. *Н. посетитель. Н. приезд.* ‖ *сущ.* **неожи́данность**, -и, *ж.*

НЕОЛИ́Т, -а, *м.* Позднейший период каменного века (8-3 тысячелетия до н. э.). *Эпоха неолита.* ‖ *прил.* **неолити́ческий**, -ая, -ое.

НЕОЛОГИ́ЗМ, -а, *м.* В языкознании: новое слово или выражение, а также новое значение старого слова. *Неологизмы нового времени. Неологизмы Маяковского.*

НЕО́Н, -а, *м.* Химический элемент, инертный газ без цвета и запаха, в осветительных трубках и электрических лампах дающий красное свечение. ‖ *прил.* **нео́новый**, -ая, -ое. *Неоновая лампа. Н. свет.*

НЕОПАЛИ́МЫЙ, -ая, -ое; -и́м (стар.). Такой, к-рый горит и не сгорает. *Неопалимая купина.*

НЕОПИСУ́ЕМЫЙ, -ая, -ое; -ем (книжн.). **1.** Не поддающийся описанию словами. *Неописуемые события.* **2.** Чрезвычайный, немыслимый. *Неописуемая радость. Н. беспорядок.* ‖ *сущ.* **неопису́емость**, -и, *ж.*

НЕОПЛА́ТНЫЙ, -ая, -ое; -тен, -тна (книжн.). **1.** Такой, к-рый не может быть оплачен, очень значительный. *В неоплатном долгу перед кем-н.* **2.** *полн. ф.* Такой, к-рый очень много должен, многим обязан кому-н. *Я ваш н. должник.* ‖ *сущ.* **неопла́тность**, -и, *ж.* (к 1 знач.).

НЕОПО́ЗНАННЫЙ, -ая, -ое; -ан (книжн.). Такой, к-рого не знают, не опознали. *Неопознанные летающие объекты* (летающие тарелки, НЛО). *Н. труп.* ‖ *сущ.* **неопо́знанность**, -и, *ж.*

НЕОПРЕДЕЛЁННОСТЬ, -и, *ж.* **1.** *см.* неопределённый. **2.** Неопределённое положение. *Находиться в полной неопределённости.*

НЕОПРЕДЕЛЁННЫЙ, -ая, -ое; -нён, -нна. **1.** Точно не установленный. *В неопределённом направлении.* **2.** Не вполне отчётливый; неточный, неясный. *Н. цвет. Н. ответ. Неопределённые обещания* (уклончивые). ✦ **Неопределённое наклонение или неопределённая форма глагола** — в грамматике: исходная форма глагола, отвечающая на вопрос: что делать? (что сделать?), инфинитив. ‖ *сущ.* **неопределённость**, -и, *ж.*

НЕОПРЕДЕЛИ́МЫЙ, -ая, -ое; -и́м. Не поддающийся определению. *Н. оттенок.* ‖ *сущ.* **неопредели́мость**, -и, *ж.*

НЕОПРОВЕРЖИ́МЫЙ, -ая, -ое; -и́м. Такой, к-рый не может быть опровергнут, вполне убедительный. *Н. довод. Неопровержимые улики.* ‖ *сущ.* **неопровержи́мость**, -и, *ж.*

НЕОРГАНИ́ЧЕСКИЙ, -ая, -ое. **1.** Не включающий в себя живые организмы, неживой. *Неорганическая природа.* **2.** Относящийся к неживой природе. *Неорганические соединения (вещества, не содержащие углерода). Неорганическая химия* (раздел химии, изучающий состав, свойства и превращения веществ неживой природы). **3.** Механически соединяющий в себе нечто неоднородное, лишённый внутренней целостности, единства.

НЕОСЛА́БНЫЙ, -ая, -ое; -бен, -бна (книжн.). Постоянно действующий, не ослабевающий. *С неослабным вниманием. Неослабное наблюдение.* ‖ *сущ.* **неосла́бность**, -и, *ж.*

НЕОСПОРИ́МЫЙ, -ая, -ое; -и́м (книжн.). Неопровержимый, бесспорный. *Н. факт.* ‖ *сущ.* **неоспори́мость**, -и, *ж.*

НЕОСТОРО́ЖНОСТЬ, -и, *ж.* **1.** *см.* неосторожный. **2.** Неосторожный поступок. *Преступление по неосторожности* (совершение преступного действия без умысла, без внимания к его возможным последствиям; спец.). *Н. противопоставляется умыслу.*

НЕОСТОРО́ЖНЫЙ, -ая, -ое; -жен, -жна. **1.** Опрометчивый, поспешный. *Н. шаг.* **2.** Недостаточно сдержанный, продуманный, невнимательный. *Неосторожное слово. Неосторожно* (нареч.) *обращаться с больным.* ‖ *сущ.* **неосторо́жность**, -и, *ж.*

НЕОСУЩЕСТВИ́МЫЙ, -ая, -ое; -и́м. Такой, к-рый нельзя осуществить, выполнить. *Неосуществимые планы.* ‖ *сущ.* **неосуществи́мость**, -и, *ж.*

НЕОСЯЗА́ЕМЫЙ, -ая, -ое; -а́ем (книжн.). **1.** Не воспринимаемый осязанием. *Н. мир идей.* **2.** *перен.* Слишком малый, неуловимый. *Неосязаемое различие.* ‖ *сущ.* **неосяза́емость**, -и, *ж.*

НЕОТВРАТИ́МЫЙ, -ая, -ое; -и́м (высок.). То же, что неизбежный. *Неотвратимые последствия.* ‖ *сущ.* **неотврати́мость**, -и, *ж.*

НЕОТВЯ́ЗНЫЙ, -ая, -ое; -зен, -зна. Постоянно преследующий, назойливый. *Н. посетитель. Неотвязные мысли.* ‖ *сущ.* **неотвя́зность**, -и, *ж.*

НЕОТВЯ́ЗЧИВЫЙ, -ая, -ое; -ив (разг.). То же, что неотвязный. ‖ *сущ.* **неотвя́зчивость**, -и, *ж.*

НЕОТДЕЛИ́МЫЙ, -ая, -ое; -и́м. Такой, к-рый не может быть разъединён, отделён от другого, неразделимый. *Неотделимые понятия.* ‖ *сущ.* **неотдели́мость**, -и, *ж.*

НЕОТЁСАННЫЙ, -ая, -ое; -ан, -анна. **1.** *полн. ф.* Не подвергшийся обтёске, обработке. *Н. камень.* **2.** *перен.* Грубый, некультурный (прост.). *Н. невежда. Болван н.* ‖ *сущ.* **неотёсанность**, -и, *ж.* (ко 2 знач.)

НЕ́ОТКУДА, *в знач. сказ., с неопр.* **1.** Нет места (откуда можно было бы получить, ожидать кого-чего-н.). *Гостей ждать н. Помощи получить н.* **2.** Нет причины, оснований для чего-н. (разг.). *Н. ещё подростку быть опытным.*

НЕОТЛО́ЖКА, -и, *ж.* (разг.). **1.** То же, что неотложная медицинская помощь (медицинское учреждение или его отдел). *Позвонить в неотложку. При поликлинике есть н.* **2.** Автомашина этого учреждения, приезжающая с врачом для оказания неотложной помощи. *Вызвать неотложку. Приехала н.*

НЕОТЛО́ЖНЫЙ, -ая, -ое; -жен, -жна. Такой, к-рый не может быть отложен, срочный. *Н. ремонт. Неотложная медицинская помощь* (также название медицинского учреждения или его отдела, оказывающего неотложную помощь на дому). ‖ *сущ.* **неотло́жность**, -и, *ж.*

НЕОТЛУ́ЧНЫЙ, -ая, -ое; -чен, -чна. **1.** Постоянно находящийся при ком-н. *Неотлучно* (нареч.) *следовать за кем-н.* **2.** Такой, во время к-рого никуда не отлучаются. *Неотлучное дежурство.* ‖ *сущ.* **неотлу́чность**, -и, *ж.* (к 1 знач.).

НЕОТРАЗИ́МЫЙ, -ая, -ое; -и́м. **1.** Делающий сопротивление или возражение невозможным. *Неотразимая атака. Н. довод.* **2.** Очень сильный, хороший. *Неотразимое впечатление.* ‖ *сущ.* **неотрази́мость**, -и, *ж.*

НЕОТРЫ́ВНЫЙ, -ая, -ое; -вен, -вна. Постоянный, непрерывающийся. *Неотрывно* (нареч.) *смотреть на кого-н.* ‖ *сущ.* **неотры́вность**, -и, *ж.*

НЕОТСТУ́ПНЫЙ, -ая, -ое; -пен, -пна. Настойчивый, неотвязный. *Неотступная просьба. Неотступно* (нареч.) *следовать за кем-н.* ‖ *сущ.* **неотсту́пность**, -и, *ж.*

НЕ́ОТЧЕГО, *в знач. сказ, с неопр.* Нет причины, основания (по к-рым можно было бы делать что-н.). *Н. грустить, беспокоиться. Н. не доверять другу.*

НЕОТЪЕ́МЛЕМЫЙ, -ая, -ое; -ем (книжн.). Такой, к-рый не может быть отнят у кого-чего-н., отделён от кого-чего-н. *Неотъемлемое право. Неотъемлемое свойство.* ‖ *сущ.* **неотъе́млемость**, -и, *ж.*

НЕОФИ́Т, -а, *м.* Новый последователь какой-н. религии (спец.), а также (перен.; книжн.) новый сторонник какого-н. учения. ‖ *ж.* **неофи́тка**, -и.

НЕОФИЦИА́ЛЬНЫЙ, -ая, -ое; -лен, -льна. Не имеющий официального значения, не исходящий от какого-н. официального органа. *Н. источник. Неофициальное заявление. Неофициальная встреча.* ‖ *сущ.* **неофициа́льность**, -и, *ж.*

НЕОХВА́ТНЫЙ, -ая, -ое; -тен, -тна. Необозримый, необъятный. *Неохватные дали.* ‖ *сущ.* **неохва́тность**, -и, *ж.*

НЕОХО́ТА. **1.** -ы, *ж.* То же, что нежелание. *Согласиться с большой неохотой.* **2.** *в знач. сказ., кому, с неопр.* Не хочется, нет желания (прост.). *Н. разговаривать.*

НЕОХО́ТНЫЙ, -ая, -ое; -тен, -тна. Совершаемый с неохотой, без желания. *Неохотное согласие. Пошёл неохотно* (нареч.).

НЕОЦЕНЁ́ННЫЙ, -ая, -ое; -ён, -ённа (устар.). То же, что неоценимый. *Неоцененная услуга.* ‖ *сущ.* **неоценённость**, -и, *ж.*

НЕОЦЕНИ́МЫЙ, -ая, -ое; -и́м (книжн.). Очень ценный, исключительно важный. *Неоценимое достоинство.* ‖ *сущ.* **неоцени́мость**, -и, *ж.*

НЕПА́ЛЬСКИЙ, -ая, -ое. **1.** *см.* непальцы. **2.** Относящийся к непальцам, к их языку, национальному характеру, образу жизни, культуре, а также к Непалу, его территории, внутреннему устройству, истории; такой, как у непальцев, как в Непале. *Н. язык* (индийской группы индоевропейской семьи языков). *Непальские горовосходители. Непальская рупия* (денежная единица). *По-непальски* (нареч.).

НЕПА́ЛЬЦЫ, -ев, *ед.* -а́лец, -льца, *м.* Народ, составляющий основное население Непала. ‖ *ж.* **непа́лка**, -и. ‖ *прил.* **непа́льский**, -ая, -ое.

НЕПАРНОКОПЫ́ТНЫЕ, -ых, *ед.* -ое, -ого, *ср.* Отряд млекопитающих с одним пальцем (с цельным нераздвоенным копытом) — лошадиные, носороги и тапиры.

НЕПЕРЕВОДИ́МЫЙ, -ая, -ое; -и́м. Не поддающийся точному переводу на другой язык. *Непереводимое выражение.* ‖ *сущ.* **непереводи́мость**, -и, *ж.*

НЕПЕРЕДАВА́ЕМЫЙ, -ая, -ое; -а́ем. То же, что невыразимый. *Непередаваемое впечатление.* ‖ *сущ.* **непередава́емость**, -и, *ж.*

НЕПЕРЕХО́ДНЫЙ, -ая, -ое. В грамматике о глаголе: не требующий после себя прямого дополнения в форме винительного падежа без предлога со значением объекта. ‖ *сущ.* **неперехо́дность**, -и, *ж.*

НЕПЕЧА́ТНЫЙ, -ая, -ое; -тен, -тна (разг.). То же, что нецензурный. *Непечатная ругань.* ‖ *сущ.* **непеча́тность**, -и, *ж.*

НЕПИ́САНЫЙ, -ая, -ое. Существующий по обычаю, закреплённый традицией. *Действовать по неписаным правилам. Неписаные законы* (сложившиеся нравственные устои, нормы).

НЕПЛАТЕ́ЛЬЩИК, -а, *м.* (офиц.). Лицо, не вносящее причитающихся с него платежей. *Злостный н.* ‖ *ж.* **неплате́льщица**, -ы.

НЕПЛАТЁЖ, -ежа́, *м.* (офиц.). Невнесение в срок причитающихся к уплате денег, невыполнение в срок платёжных обязательств. *Неплатежи заказчиков.*

НЕПЛОХО́Й, -а́я, -о́е; -о́х, -оха́, -о́хо, -о́хи *и* (разг.) -охи́. Достаточно хороший, удовлетворительный. *Н. ответ. Н. результат.* **Неплохо** (нареч.) *отдохнули.* ✦ **Неплохо бы** *частица*, обычно с *неопр.* (разг.) — выражает желательность, не мешало бы. *Неплохо бы отдохнуть. Чайку неплохо бы!*

НЕПОБЕДИ́МЫЙ, -ая, -ое; -и́м. Такой, что невозможно победить, преодолеть. *Непобедимая армия. Непобедимое влечение* (перен.: очень сильное). ‖ *сущ.* **непобеди́мость**, -и, *ж.*

НЕПОВА́ДНО: **чтоб неповадно было** (разг.) — чтобы отучить, чтобы не было привычки к чему-н. (плохому). *Наказать, чтобы другим н. было.*

НЕПОВИ́ННЫЙ, -ая, -ое; -нен, -нна (устар. и разг.). То же, что невиновный. *Признан неповинным.* ‖ *сущ.* **непови́нность**, -и, *ж.*

НЕПОВИНОВЕ́НИЕ, -я, *ср.* (книжн.). Отсутствие повиновения, отказ повиноваться. *Н. старшим. Н. властям. Гражданское н.* (форма протеста граждан — вообще неповиновение властям).

НЕПОВОРО́ТЛИВЫЙ, -ая, -ое; -ив. **1.** Неловкий в движениях, неуклюжий. *Неповоротливая толстуха.* **2.** *перен.* Медлительный и нерасторопный. *Н. помощник. Н. ум.* ‖ *сущ.* **неповоро́тливость**, -и, *ж.*

НЕПОВТОРИ́МЫЙ, -ая, -ое; -и́м (книжн.). О ком-чём-н. хорошем: единственный по своим качествам, исключительный. *Н. случай. Неповторимое своеобразие.* ‖ *сущ.* **неповтори́мость**, -и, *ж.*

НЕПОГО́ДА, -ы, *ж.* Плохая погода, ненастье. *Осенняя н. Разыгралась н.*

НЕПОГРЕШИ́МЫЙ, -ая, -ое; -и́м (книжн.). **1.** Никогда не ошибающийся. *Возомнил себя непогрешимым.* **2.** Безусловно верный, не вызывающий сомнений. *Н. вывод.* ‖ *сущ.* **непогреши́мость**, -и, *ж.*

НЕПОДАЛЁКУ, *нареч.* (разг.). Недалеко, поблизости. *Живёт н.* ✦ **Неподалёку от** *кого-чего, предлог с род. п.* — то же, что недалеко от. *Поселиться неподалёку от реки.*

НЕПОДВИ́ЖНЫЙ, -ая, -ое; -жен, -жна. **1.** Не передвигающийся, остающийся в одном и том же положении. *Неподвижная громада. Стоять* **неподвижно** (нареч.). **2.** Не меняющий своего выражения, лишённый выразительности. *Н. взгляд.* ‖ *сущ.* **неподви́жность**, -и, *ж.*

НЕПОДДАЮ́ЩИЙСЯ, -аяся, -ееся (разг.). Такой, к-рый не поддаётся воспитательному воздействию. *Найти подход к неподдающимся* (сущ.).

НЕПОДДЕ́ЛЬНЫЙ, -ая, -ое; -лен, -льна. **1.** *полн. ф.* То же, что подлинный (в 1 знач.). *Н. жемчуг.* **2.** *перен.* Естественный, искренний. *Неподдельная радость.* ‖ *сущ.* **неподде́льность**, -и, *ж.* (ко 2 знач.)

НЕПОДКУ́ПНЫЙ, -ая, -ое; -пен, -пна. Такой, к-рого нельзя подкупить, совершенно честный. *Н. судья. Неподкупная совесть* (перен.). ‖ *сущ.* **неподку́пность**, -и, *ж.*

НЕПОДРАЖА́ЕМЫЙ, -ая, -ое; -а́ем. Великолепный, бесподобный. *Н. комик.* ‖ *сущ.* **неподража́емость**, -и, *ж.*

НЕПОДЪЁМНЫЙ, -ая, -ое; -мен, -мна (разг.). Очень тяжёлый (в 1 знач.) *Н. чемодан.*

НЕПОЗВОЛИ́ТЕЛЬНЫЙ, -ая, -ое; -лен, -льна (книжн.) То же, что недопустимый. *Вести себя непозволительным образом.* ‖ *сущ.* **непозволи́тельность**, -и, *ж.*

НЕПОКОЛЕБИ́МЫЙ, -ая, -ое; -и́м (книжн.). Такой, что нельзя поколебать, стойкий, надёжный. *Н. борец. Непоколебимая уверенность.* ‖ *сущ.* **непоколеби́мость**, -и, *ж.*

НЕПОЛА́ДКИ, -док, *ед.* -дка, -и, *ж.* **1.** Отсутствие налаженности, расстройство в работе. *Н. в работе машины. Организационные н.* **2.** То же, что нелады (разг.). *Н. в семье.*

НЕПОЛНОГЛА́СИЕ, -я, *ср.* В языкознании: наличие в старославянском языке в корневых морфемах сочетаний *ра, ла, ре, ле* между согласными, соответствующих восточнославянским *оро, оло, ере*, напр. страна — сторона, прохладный — холодный, брег — берег, млеко — молоко. ‖ *прил.* **неполногла́сный**, -ая, -ое. *Неполногласное сочетание.*

НЕПОМЕ́РНЫЙ, -ая, -ое; -рен, -рна. Значительно превышающий меру, чрезмерный. *Непомерное тщеславие. Непомерные требования.* ‖ *сущ.* **непоме́рность**, -и, *ж.*

НЕПОНЯ́ТНЫЙ, -ая, -ое; -тен, -тна. **1.** Такой, что нельзя понять, неясный. *Непонятное слово. Н. язык.* **2.** Странный, загадочный. *Н. случай.* **3.** Такой, к-рого не поняли другие, окружающие. *Н. поэт.* ‖ *сущ.* **непоня́тность**, -и, *ж.*

НЕПОПРАВИ́МЫЙ, -ая, -ое; -и́м. Такой, что невозможно поправить, исправить. *Непоправимая ошибка. Непоправимая беда.* ‖ *сущ.* **непоправи́мость**, -и, *ж.*

НЕПОРО́ЧНЫЙ, -ая, -ое; -чен, -чна (высок.). **1.** То же, что девственный. *Непорочная девица. Непорочное зачатие* (по евангельской притче: зачатие младенца Иисуса Христа). **2.** Нравственно чистый, безгрешный. *Непорочная душа. Н. младенец. Непорочная жизнь.* ‖ *сущ.* **непоро́чность**, -и, *ж.*

НЕПОРЯ́ДОК, -дка, *м.* Беспорядок, неустройство. *Устранить непорядки.*

НЕПОСЕ́ДА, -ы, *м.* и *ж.* (разг.). Непоседливый человек (обычно о ребёнке).

НЕПОСЕ́ДЛИВЫЙ, -ая, -ое; -ив. Очень подвижный, суетливый, беспокойный. *Н. ребёнок. Н. нрав.* ‖ *сущ.* **непосе́дливость**, -и, *ж.*

НЕПОСЛЕ́ДОВАТЕЛЬНОСТЬ, -и, *ж.* **1.** *см.* непоследовательный. **2.** Непоследовательный поступок, мнение. *Непоследовательности в изложении.*

НЕПОСЛЕ́ДОВАТЕЛЬНЫЙ, -ая, -ое; -лен, -льна. Лишённый последовательности, нелогичный. *Вести себя* **непоследовательно** (нареч.). ‖ *сущ.* **непосле́довательность**, -и, *ж.*

НЕПОСЛУША́НИЕ, -я, *ср.* Нежелание, отказ слушаться кого-н., повиноваться кому-н. *Наказать ребёнка за н.*

НЕПОСРЕ́ДСТВЕННЫЙ, -ая, -ое; -вен, -венна. **1.** *полн. ф.* Прямо следующий после кого-чего-н., без посредствующих звеньев, участников. *Н. результат. Н. виновник. Н. начальник.* **2.** Откровенный и непринуждённый. *Непосредственная натура. Вести себя* **непосредственно** (нареч.). ‖ *сущ.* **непосре́дственность**, -и, *ж.* (ко 2 знач.).

НЕПОСТИЖИ́МЫЙ, -ая, -ое; -и́м. Недоступный пониманию, непонятный. *Непостижимая тайна.* ✦ **Уму непостижимо** — совершенно непонятно. ‖ *сущ.* **непостижи́мость**, -и, *ж.*

НЕПОСТОЯ́ННЫЙ, -ая, -ое; -нен, -нна. Изменчивый, колеблющийся, неустойчивый. *Н. климат. Непостоянная натура.* ‖ *сущ.* **непостоя́нство**, -а, *ср.*

НЕПОТРЕ́БНЫЙ, -ая, -ое; -бен, -бна (устар. и прост.). Неприличный, непристойный. *Непотребные слова.* ‖ *сущ.* **непотре́бность**, -и, *ж.*

НЕПОТРЕ́БСТВО, -а, *ср.* (устар.). Разврат, гнусное поведение.

НЕПОЧА́ТЫЙ, -ая, -ое (разг.). Полный, ещё не начатый, не тронутый. *Непочатая пачка сигарет. Непочатая буханка.* ✦ **Непочатый край** (работы, дел) (разг.) — очень много.

НЕПОЧТЕ́НИЕ, -я, *ср.* (устар.). Непочтительное, неуважительное отношение. *Н. к старшим.*

НЕПРА́ВДА, -ы, *ж.* **1.** То же, что ложь. *Сказал неправду.* **2.** Несправедливость, зло, неправое дело (устар. и высок.). *Жить неправдой* (не по совести, обманом). *Горе от Бога, а н. от дьявола* (стар. посл.). *В правде Бог помогает, а в неправде карает* (стар. посл.). **3.** *в знач. сказ.* Неверно, не соответствует действительности. *Н., что мы с ним друзья. Он твой друг. — Н.*

НЕПРЕВЗОЙДЁННЫЙ, -ая, -ое; -ён. **1.** Самый совершенный, такой, что невозможно превзойти. *Н. образец искусства. Непревзойдённое мастерство.* **2.** О ком-чём-н. отрицательном: достигший крайней степени. *Непревзойдённая глупость. Непревзойдённая жестокость.* ‖ *сущ.* **непревзойдённость**, -и, *ж.* (к 1 знач.)

НЕПРЕДВИ́ДЕННЫЙ, -ая, -ое; -ен. Такой, что невозможно предусмотреть, неожиданный. *Н. случай.* ‖ *сущ.* **непредви́денность**, -и, *ж.*

НЕПРЕДСКАЗУ́ЕМЫЙ, -ая, -ое; -ем. Такой, что невозможно предсказать, или (о человеке) такой, поступки к-рого невозможно предугадать, предвидеть. *Непредсказуемые последствия. Непредсказуемое поведение.* ‖ *сущ.* **непредсказу́емость**, -и, *ж.*

НЕПРЕКЛО́ННЫЙ, -ая, -ое; -нен, -нна (книжн.). Стойкий, твёрдый. *Непреклонная воля. Остался непреклонен кто-н.* (не изменил своего решения). ‖ *сущ.* **непрекло́нность**, -и, *ж.*

НЕПРЕЛО́ЖНЫЙ, -ая, -ое; -жен, -жна (высок.). **1.** Не подлежащий изменению, нерушимый. *Н. закон.* **2.** Не подлежащий сомнению, неоспоримый. *Непреложная истина.* ‖ *сущ.* **непрело́жность**, -и, *ж.*

НЕПРЕМЕ́ННЫЙ, -ая, -ое; -нен, -нна. Обязательный, совершенно необходимый. *Непременное условие.* **Непременно** (нареч.) *приду.* ‖ *сущ.* **непреме́нность**, -и, *ж.*

НЕПРЕОБОРИ́МЫЙ, -ая, -ое; -и́м (высок.). Такой, что невозможно побороть. *Непреоборимая преграда.* ‖ *сущ.* **непреобори́мость**, -и, *ж.*

НЕПРЕОДОЛИ́МЫЙ, -ая, -ое; -и́м. Такой, что невозможно преодолеть, неустранимый. *Непреодолимое препятствие.* ‖ *сущ.* **непреодоли́мость**, -и, *ж.*

НЕПРЕРЕКА́ЕМЫЙ, -ая, -ое; -а́ем (книжн.). Не допускающий никаких возражений, сомнений. *Непререкаемая истина. Н. тон. Н. авторитет* (общепризнанный). ‖ *сущ.* **непререка́емость**, -и, *ж.*

НЕПРЕРЫ́ВНЫЙ, -ая, -ое; -вен, -вна. Не имеющий перерывов, промежутков. *Н. поток. Н. стаж работы.* ‖ *сущ.* **непреры́вность**, -и, *ж.*

НЕПРЕСТА́ННЫЙ, -ая, -ое; -а́нен, -а́нна (книжн.). Не прекращающийся, беспрерывный. *Непрестанные заботы.* ‖ *сущ.* **непреста́нность**, -и, *ж.*

НЕПРЕХОДЯ́ЩИЙ, -ая, -ее; -я́щ (книжн.). Не исчезающий, вечный (в 1 знач.). *Непреходящие ценности. Непреходящее значение.*

НЕПРИВЫ́ЧКА, -и, *ж.* (разг.). Отсутствие привычки, навыка к чему-н. *Н. к безделью. С непривычки устал.*

НЕПРИГЛЯ́ДНЫЙ, -ая, -ое; -ден, -дна (разг.). Невзрачный, непривлекательный. *Неприглядная внешность. Н. поступок* (перен.: некрасивый, предосудительный). ‖ *сущ.* **неприглядность**, -и, *ж.*

НЕПРИГО́ДНЫЙ, -ая, -ое; -ден, -дна. Негодный для использования. *Н. материал.* ‖ *сущ.* **неприго́дность**, -и, *ж. Профессиональная н.* (профнепригодность).

НЕПРИКАСА́ЕМЫЙ, -ая, -ое; -а́ем (книжн.). Такой, к-рого нельзя касаться (во 2 знач.), не касаются. *Неприкасаемая тема.* ✦ **Касты «неприкасаемых»** — в Индии: касты, занимающие низшие положения в сословно-кастовой иерархии. ‖ *сущ.* **неприкаса́емость**, -и, *ж.*

НЕПРИКА́ЯННЫЙ, -ая, -ое; -ян (разг.). Не находящий себе места, беспокойный, а также не имеющий постоянного места, положения в жизни, неустроенный. *Ходит как н.* ‖ *сущ.* **неприка́янность**, -и, *ж.*

НЕПРИКОСНОВЕ́ННЫЙ, -ая, -ое; -е́нен, -е́нна. 1. Сохраняемый в целости, защищённый от всякого посягательства со стороны кого-н. *Музейные ценности неприкосновенны.* 2. Не подлежащий расходованию. *Н. фонд. Н. запас* (сохраняемый на самый крайний случай). ‖ *сущ.* **неприкоснове́нность**, -и, *ж. Н. личности* (право гражданина на государственную охрану и защиту от противоправных посягательств на его личность; спец.).

НЕПРИКРА́ШЕННЫЙ, -ая, -ое; -ен. Без всяких прикрас, естественный, подлинный. *Неприкрашенная истина.* ‖ *сущ.* **неприкра́шенность**, -и, *ж.*

НЕПРИКРЫ́ТЫЙ, -ая, -ое; -ы́т. Откровенный, ничем не скрываемый. *Неприкрытая ложь.* ‖ *сущ.* **неприкры́тость**, -и, *ж.*

НЕПРИЛИ́ЧИЕ, -я, *ср.* 1. *см.* неприличный. 2. Неприличный поступок, выражение. *Допустить н.*

НЕПРИЛИ́ЧНЫЙ, -ая, -ое; -чен, -чна. Противоречащий правилам приличия. *Неприличное выражение. Неприлично* (нареч.) *себя вести. Показываться в таком костюме неприлично* (в знач. сказ). ‖ *сущ.* **неприли́чие**, -я, *ср.* и **неприли́чность**, -и, *ж.*

НЕПРИМЕ́ТНЫЙ, -ая, -ое; -тен, -тна. Такой, что трудно разглядеть; незаметный, незначительный. *Неприметная разница. Н. человек.* ‖ *сущ.* **неприме́тность**, -и, *ж.*

НЕПРИМИРИ́МЫЙ, -ая, -ое; -и́м. 1. Не допускающий никакого примирения, соглашательства. *Н. характер. Непримиримая борьба.* 2. Такой, к-рый нельзя согласовать, примирить. *Непримиримые противоречия.* ‖ *сущ.* **непримири́мость**, -и, *ж.*

НЕПРИНУЖДЁННЫЙ, -ая, -ое; -ён, -ённа. Лишённый всякой натянутости, очень свободный. *Непринуждённые движения. Н. тон. Непринуждённо* (нареч.) *себя вести.* ‖ *сущ.* **непринуждённость**, -и, *ж.*

НЕПРИСОЕДИНЕ́НИЕ, -я, *ср.* Возникшая в молодых независимых государствах после второй мировой войны политика отказа от присоединения к военным блокам. *Движение неприсоединения.*

НЕПРИСОЕДИНИ́ВШИЙСЯ, -аяся, -ееся: **неприсоединившиеся страны, государства** — государства, придерживающиеся политики неприсоединения.

НЕПРИСТО́ЙНОСТЬ, -и, *ж.* 1. *см.* непристойный. 2. Непристойное слово, поступок. *Говорить непристойности. Позволить себе н.*

НЕПРИСТО́ЙНЫЙ, -ая, -ое; -о́ен, -о́йна. Неприличный, бесстыдный. *Н. текст.* ‖ *сущ.* **непристо́йность**, -и, *ж.*

НЕПРИСТУ́ПНЫЙ, -ая, -ое; -пен, -пна. 1. Такой, к к-рому невозможно приблизиться, приступить, к-рым нельзя овладеть. *Неприступная скала. Неприступная крепость.* 2. Строгий, надменный, избегающий близости с другими людьми. *Н. вид. Н. начальник.* ‖ *сущ.* **непристу́пность**, -и, *ж.*

НЕПРИСУ́ТСТВЕННЫЙ: **неприсутственный день** — в нек-рых учреждениях: день рабочей недели, в к-рый присутствие сотрудников в учреждении необязательно.

НЕПРИТВО́РНЫЙ, -ая, -ое; -рен, -рна (книжн.). Лишённый притворства, искренний. *Непритворное удивление. Непритворная радость.* ‖ *сущ.* **непритво́рность**, -и, *ж.*

НЕПРИТЯЗА́ТЕЛЬНЫЙ, -ая, -ое; -лен, -льна. Скромный, простой, без претензий (в 3 знач.). *Н. вкус. Н. костюм.* ‖ *сущ.* **непритяза́тельность**, -и, *ж.*

НЕПРИЯ́ЗНЕННЫЙ, -ая, -ое; -ен, -енна. Проникнутый неприязнью, недружелюбный. *Н. тон.* ‖ *сущ.* **неприя́зненность**, -и, *ж.*

НЕПРИЯ́ЗНЬ, -и, *ж.* Недоброжелательность, недружелюбие. *Испытывать н. к кому-н. Скрытая н.*

НЕПРИЯ́ТЕЛЬ, -я, *м.* 1. *собир.* Вражеские войска, противник. *Разбить неприятеля.* 2. Человек, враждебно настроенный к кому-н. (устар. разг.). *Нажить себе неприятелей.* ‖ *ж.* **неприя́тельница**, -ы (ко 2 знач.). ‖ *прил.* **неприя́тельский**, -ая, -ое (к 1 знач.). *Н. лазутчик.*

НЕПРИЯ́ТНОСТЬ, -и, *ж.* 1. *см.* неприятный. 2. Неприятное событие. *Произошла н. Неприятности на работе.*

НЕПРИЯ́ТНЫЙ, -ая, -ое; -тен, -тна. 1. Не нравящийся своими качествами, противный. *Н. вкус. Неприятно* (в знач. сказ.) *слышать грубость.* 2. Вызывающий неудовольствие, волнение, нарушающий чьё-н. спокойствие. *Неприятная встреча. Этот разговор мне неприятен. Встречаться с ним неприятно* (в знач. сказ.). ‖ *сущ.* **неприя́тность**, -и, *ж.*

НЕПРОБИВА́ЕМЫЙ, -ая, -ое; -а́ем. 1. Такой, к-рый нельзя пробить. *Непробиваемая броня. Непробиваемое спокойствие* (перен.; неодобр.). 2. *перен.* Безнадёжный (во 2 знач.), полный, непроходимый (во 2 знач.) (разг.). *Н. болван.* ‖ *сущ.* **непробива́емость**, -и, *ж.*

НЕПРОБУ́ДНЫЙ, -ая, -ое; -ден, -дна. Преимущественно со словами «сон», «пьянство»: длительный, непрерывный. ‖ *сущ.* **непробу́дность**, -и, *ж.*

НЕПРОГЛЯ́ДНЫЙ, -ая, -ое; -ден, -дна. О тьме, мраке: непроницаемый. *Непроглядная ночь. Непроглядная тоска* (перен.). ‖ *сущ.* **непрогля́дность**, -и, *ж.*

НЕПРОИЗВОДИ́ТЕЛЬНЫЙ, -ая, -ое; -лен, -льна. Не приносящий необходимого результата; бесполезный. *Непроизводительная работа. Непроизводительная трата времени. Непроизводительные расходы.* ‖ *сущ.* **непроизводи́тельность**, -и, *ж.*

НЕПРОИЗВО́ЛЬНЫЙ, -ая, -ое; -лен, -льна. Происходящий независимо от воли, сознания. *Непроизвольные движения.* ‖ *сущ.* **непроизво́льность**, -и, *ж.*

НЕПРОЛА́ЗНЫЙ, -ая, -ое; -зен, -зна (разг.). Такой, из к-рого трудно выбраться или сквозь к-рый трудно пробраться, сплошной. *Грязь непролазная. Непролазная чащоба.* ‖ *сущ.* **непрола́зность**, -и, *ж.*

НЕПРОМОКА́ЕМЫЙ, -ая, -ое; -а́ем. Не пропускающий влаги. *Н. плащ.* ‖ *сущ.* **непромока́емость**, -и, *ж.*

НЕПРОНИЦА́ЕМЫЙ, -ая, -ое; -а́ем. 1. Такой, к-рый не пропускает сквозь себя что-н. (воду, свет, звуки). *Непроницаемая перегородка.* 2. *перен.* Такой, куда нельзя проникнуть взглядом, а также недоступный пониманию, скрытый. *Н. туман. Непроницаемая тайна.* ‖ *сущ.* **непроница́емость**, -и, *ж.*

НЕПРОСТИ́ТЕЛЬНЫЙ, -ая, -ое; -лен, -льна. Не заслуживающий прощения, снисхождения. *Непростительное легкомыслие. Н. поступок.* ‖ *сущ.* **непрости́тельность**, -и, *ж.*

НЕПРОТИВЛЕ́НЕЦ, -нца, *м.* Сторонник непротивления. ‖ *ж.* **непротивле́нка**, -и (разг.). ‖ *прил.* **непротивле́нский**, -ая, -ое.

НЕПРОТИВЛЕ́НИЕ, -я и **НЕПРОТИВЛЕ́НСТВО**, -а, *ср.* Отказ от активной борьбы со злом, противопоставление ему покорности, пассивности, смирения. *Непротивление злу.* ‖ *прил.* **непротивле́нческий**, -ая, -ое.

НЕПРОХОДИ́МОСТЬ, -и, *ж.* 1. *см.* непроходимый. 2. **непроходимость кишечника** (спец.) — нарушение или полное прекращение продвижения содержимого кишечника.

НЕПРОХОДИ́МЫЙ, -ая, -ое; -и́м. 1. Такой, по к-рому очень трудно или невозможно идти. *Непроходимое болото.* 2. *перен., полн. ф.* Полный, совершенный (в каком-н. отрицательном смысле) (разг.). *Н. тупица. Непроходимо* (нареч.) *глуп.* ‖ *сущ.* **непроходи́мость**, -и, *ж.* (к 1 знач.).

НЕПРО́ШЕНЫЙ, -ая, -ое (разг.). Явившийся без приглашения, нежелательный. *Н. гость. Н. советчик.*

НЕПРОШИБА́ЕМЫЙ, -ая, -ое; -а́ем (разг. неодобр.). Не поддающийся воздействию, уговорам, просьбам, непробиваемый (во 2 знач.). *Непрошибаемая самоуверенность.* ‖ *сущ.* **непрошиба́емость**, -и, *ж.*

НЕПУТЁВЫЙ, -ая, -ое (разг.). Легкомысленный и беспутный, безалаберный. *Н. парень. Непутёвая жизнь.* ‖ *сущ.* **непутёвость**, -и, *ж.*

НЕПУТЁМ, *нареч.* (прост.). Плохо, не так, как нужно. *Делать всё н.*

НЕПЬЮ́ЩИЙ, -ая, -ее. Не употребляющий спиртных напитков. *Человек он н.*

НЕРА́ВЕНСТВО, -а, *ср.* 1. Отсутствие равенства (в 1 и 2 знач.), равноправия. *Н. сил. Социальное н.* 2. В математике: соотношение между величинами, показывающее, что одна величина больше или меньше другой. *Знак неравенства* (>, <).

НЕРАВНО́, *частица* (прост.). Употр. для выражения опасения чего-н. неожиданного, как бы не, а вдруг, не ровён час. *Н. опоздаем.*

НЕРАВНОДУ́ШНЫЙ, -ая, -ое; -шен, -шна. 1. *полн.ф.* Небезразличный, небезучастный к людям, к окружающему. *Неравнодушные люди.* 2. *к кому-чему.* Питающий склонность к кому-чему-н., любящий кого-что-н. *Неравнодушен к сладкому. Он к ней неравнодушен* (она ему нравится). ‖ *сущ.* **неравноду́шие**, -я, *ср.*

НЕРАВНОПРА́ВИЕ, -я, *ср.* Отсутствие равноправия, равенства (во 2 знач.).

НЕРА́ВНЫЙ, -ая, -ое; -вен, -вна́. **1.** Неодинаковый по величине, значению, качеству. *Неравные силы, возможности.* **2.** Такой, в к-ром силы участников, их возможности, положение неравноценны. *Н. брак. Н. бой.* ‖ *сущ.* **нера́вность,** -и, *ж.*

НЕРАДЕ́НИЕ, -я, *ср.* (устар.). Небрежное отношение к своим обязанностям.

НЕРАДИ́ВЫЙ, -ая, -ое; -и́в (разг.). Небрежно относящийся к своим обязанностям, небрежный. *Н. работник. Нерадивое отношение к делу.* ‖ *сущ.* **неради́вость,** -и, *ж.*

НЕРАЗБЕРИ́ХА, -и, *ж.* (разг.). Запутанное положение, отсутствие порядка в чём-н. *Н. царит где-н. Н. в бумагах.*

НЕРАЗДЕЛИ́МЫЙ, -ая, -ое; -и́м (книжн.). Такой, что нельзя разделить, нераздельный. *Любовь и ревность неразделимы.* ‖ *сущ.* **неразделимо́сть,** -и, *ж.*

НЕРАЗДЕ́ЛЬНЫЙ, -ая, -ое; -лен, -льна (книжн.). Не подлежащий расчленению, разделу, дроблению. *Нераздельные понятия. Нераздельное владение.* ‖ *сущ.* **нераздё́льность,** -и, *ж.*

НЕРАЗЛИЧИ́МЫЙ, -ая, -ое; -и́м (книжн.). Такой, что трудно отличить от другого, рассмотреть. *Неразличимые оттенки. Неразличимые очертания.* ‖ *сущ.* **неразличи́мость,** -и, *ж.*

НЕРАЗЛОЖИ́МЫЙ, -ая, -ое; -и́м. Такой, что нельзя разложить, разделить на части. ‖ *сущ.* **неразложи́мость,** -и, *ж.*

НЕРАЗЛУ́ЧНЫЙ, -ая, -ое; -чен, -чна. Никогда не разлучающийся с кем-н. *Неразлучные друзья.* ‖ *сущ.* **неразлу́чность,** -и, *ж.*

НЕРАЗМЕ́ННЫЙ, -ая, -ое. О деньгах: такой, к-рый нельзя разменять, не подлежащий размену. *Неразменная монета.*

НЕРАЗРЕШИ́МЫЙ, -ая, -ое; -и́м. Такой, что нельзя решить, разрешить. *Н. вопрос.* ‖ *сущ.* **неразреши́мость,** -и, *ж.*

НЕРАЗРЫ́ВНЫЙ, -ая, -ое; -вен, -вна. Не поддающийся разъединению, крепкий, нерушимый. *Неразрывная связь. Неразрывная дружба.* ‖ *сущ.* **неразры́вность,** -и, *ж.*

НЕРАЗУ́МИЕ, -я, *ср.* (устар.). Отсутствие разумности, рассудительности. *По неразумию сделать что-н.*

НЕРАЗУ́МНЫЙ, -ая, -ое; -мен, -мна. **1.** Неумный, нецелесообразный. *Н. человек. Н. поступок. Неразумное решение.* **2.** То же, что несмышлёный (разг.). *Н. младенец.* ‖ *сущ.* **неразу́мность,** -и, *ж.*

НЕРАСКА́ЯННЫЙ, -ая, -ое (стар.). Закоренелый, неспособный к раскаянию. *Н. грешник. Н. злодей.*

НЕРАСПОЛОЖЕ́НИЕ, -я, *ср.* Недоброжелательное отношение, неприязнь. *Душевное н.*

НЕРАСТОРЖИ́МЫЙ, -ая, -ое; -и́м (высок.). Такой, что не может быть расторгнут. *Нерасторжимые узы братства.* ‖ *сущ.* **нерасторжи́мость,** -и, *ж.*

НЕРВ, -а, *м.* **1.** Один из тончайших отростков-волокон, образующий разветвляющуюся систему, к-рая связывает мозг с другими органами и тканями тела. *Зрительные нервы. Оголённый (обнажённый) н.* (также перен.: о том, кто находится в крайне нервном состоянии). **2.** *мн.* Вся такая система в целом, определяющая деятельность организма и поведение человека. *Больные нервы. На нервах держаться* (благодаря напряжению нервной системы). *С нервами не в порядке у кого-н. Нервы разгулялись у кого-н.* (нервничает, волнуется; разг.). *Железные или стальные нервы у кого-н.* (о том, кого невозможно вывести из равновесия). **3.** *мн.* Возбуждённое состояние, раздражённость (разг.). *Раскричался на всех: нервы.* ◆ **Главный (основной) нерв** *чего* (книжн.) — центр, главная движущая сила какой-н. деятельности. **На нервы действовать** *кому* — раздражать кого-н., действовать раздражающе на кого-н. **На нервах играть** *чьих* — намеренно нервировать, раздражать кого-н. **Нервы трепать** (разг.) — заставлять кого-н. нервничать. ‖ *уменьш.-унич.* **нерви́шки,** -шек (ко 2 знач.). ‖ *прил.* **не́рвный,** -ая, -ое (к 1 и 2 знач.) *и* **нерви́ческий,** -ая, -ое (к 1 и 2 знач.; устар.). *Нервные узлы. Нервная система. Нервные болезни. Нервный тик. Нервический припадок.*

НЕРВИ́РОВАТЬ, -рую, -руешь; *несов., кого (что).* Приводить кого-н. в нервное состояние. *Постоянный шум нервирует.*

НЕРВИ́ЧЕСКИЙ, -ая, -ое (устар.). **1.** *см.* нерв. **2.** То же, что нервный (во 2 и 3 знач.).

НЕ́РВНИЧАТЬ, -аю, -аешь; *несов.* Находиться в возбуждённом, нервном состоянии, испытывать нервное раздражение. *Н. по пустякам.* ‖ *сов.* **поне́рвничать,** -аю, -аешь (разг.).

НЕРВНОБОЛЬНО́Й, -о́го, *м.* Человек, страдающий нервной болезнью. *Клиника для нервнобольных.* ‖ *ж.* **нервнобольна́я,** -о́й.

НЕ́РВНЫЙ, -ая, -ое; -вен, -вна́, -вно. **1.** *см.* нерв. **2.** Легко возбудимый, болезненно раздражительный, беспокойный. *Нервная женщина.* **3.** Порывистый, судорожный. *Нервные жесты. Нервная походка.* **4.** Полный беспокойств, волнений. *Нервная работа.* **5.** *полн. ф.* Действующий на нервную систему человека. *Н. газ* (нервно-паралитический, отравляющее вещество). ‖ *сущ.* **не́рвность,** -и, *ж.* (ко 2, 3 и 4 знач.).

НЕРВО́ЗНЫЙ, -ая, -ое; -зен, -зна. Болезненно раздражительный; вызывающий беспокойное, раздражённое состояние. *Н. характер. Нервозная обстановка.* ‖ *сущ.* **нерво́зность,** -и, *ж.*

НЕРВОТРЁПКА, -и, *ж.* (разг.). Волнения, беспокойство. *Ненужная н.*

НЕРЕА́ЛЬНЫЙ, -ая, -ое; -лен, -льна. **1.** Не существующий в действительности, воображаемый. *Н. мир.* (фантастический). **2.** Не соответствующий реальному положению, невыполнимый. *Н. проект.* ‖ *сущ.* **нереа́льность,** -и, *ж.*

НЕ́РЕСТ, -а, *м.* Метание икры самками и одновременное оплодотворение её самцами. *Рыба идёт на н.* ‖ *прил.* **не́рестовый,** -ая, -ое.

НЕРЕСТИ́ЛИЩЕ, -а, *ср.* Место нереста.

НЕРЕСТИ́ТЬСЯ (-ещу́сь, -ести́шься, 1 и 2 л. не употр.), -ести́тся; *несов.* Находиться в состоянии нереста. *Форель нерестится в горных реках.*

НЕ́РЕСТОВО-ВЫРОСТНО́Й, -а́я, -о́е (спец.). Относящийся к выращиванию молоди промысловых рыб. *Нерестово-выростное хозяйство.*

НЕРЕШИ́МОСТЬ, -и, *ж.* Нерешительное состояние, сомнение. *Остаться в нерешимости.*

НЕРЕШИ́ТЕЛЬНЫЙ, -ая, -ое; -лен, -льна. Лишённый решительности, твёрдости, полный колебаний. *Н. человек. Н. ответ.* ‖ *сущ.* **нереши́тельность,** -и, *ж.*

НЕРЖАВЕ́ЙКА, -и, *ж.* (разг.). Нержавеющая сталь. *Нож из нержавейки.*

НЕРЖАВЕ́ЮЩИЙ, -ая, -ее. Не поддающийся ржавлению. *Нержавеющая сталь.*

НЕРО́ВНЯ, -и, *м.* и *ж.* (разг.). Человек, к-рый резко отличается от другого в умственном, нравственном или социальном отношении. *Он ей н.*

НЕ́РПА, -ы, *ж.* Ластоногое млекопитающее сем. тюленей, а также мех его. ‖ *прил.* **не́рповый,** -ая, -ое *и* **не́рпичий,** -ья, -ье. *Нерповая шапка. Нерпичий жир.*

НЕРУ́ДНЫЙ, -ая, -ое (спец.). О горных породах и минералах: содержащий неметаллы. *Нерудные полезные ископаемые.*

НЕРУКОТВО́РНЫЙ, -ая, -ое; -рен, -рна (устар. и высок.). Такой, к-рый не может быть создан трудом человеческих рук, созданный самой природой. *Нерукотворная красота. Н. памятник.* ‖ *сущ.* **нерукотво́рность,** -и, *ж.*

НЕРУШИ́МЫЙ, -ая, -ое; -и́м (высок.). Такой, к-рый не может быть нарушен или разрушен, очень крепкий. *Нерушимая дружба.* ‖ *сущ.* **неруши́мость,** -и, *ж.*

НЕРЯ́ХА, -и, *м.* и *ж.* (разг.). Неряшливый человек. *Ходит неряхой кто-н.* (имеет неряшливый вид).

НЕРЯ́ШЕСТВО, -а, *ср.* Неряшливое отношение к чему-н., неаккуратность. *Н. в одежде. Н. в работе.*

НЕРЯ́ШЛИВЫЙ, -ая, -ое; -ив. **1.** Неаккуратный, лишённый опрятности. *Н. ученик. Неряшливая одежда.* **2.** Небрежный, сделанный кое-как. *Н. чертёж.* ‖ *сущ.* **неря́шливость,** -и, *ж.*

НЕСБЫ́ТОЧНЫЙ, -ая, -ое; -чен, -чна. Такой, что не может сбыться, неосуществимый. *Несбыточные мечты.* ‖ *сущ.* **несбы́точность,** -и, *ж.*

НЕСВАРЕ́НИЕ, -я, *ср.*: **несварение желудка** — болезненное состояние тяжести в желудке, тошноты, расстройства.

НЕСГИБА́ЕМЫЙ, -ая, -ое; -а́ем. Непреклонный, стойкий. *Н. борец. Несгибаемая воля.* ‖ *сущ.* **несгиба́емость,** -и, *ж.*

НЕСГОРА́ЕМЫЙ, -ая, -ое. Не поддающийся сжиганию, горению. *Несгораемые материалы. Н. шкаф, сейф.*

НЕСДОБРОВА́ТЬ, *в знач. сказ., кому* (разг.). Не миновать беды, неудачи. *Нашему озорнику н.*

НЕСЕ́НИЕ *см.* нести[1].

НЕСЕССЕ́Р [нэсэсэ́р], -а, *м.* Размещённый в специальном футляре набор мелких предметов, необходимых для туалета. *Бритвенный н. Маникюрный н.* ‖ *прил.* **несессе́рный,** -ая, -ое.

НЕСКАЗА́ННЫЙ, -ая, -ое; -нен, -нна (высок.). Такой, что трудно выразить словами, чрезвычайный. *Несказанная красота, радость.* ‖ *сущ.* **несказа́нность,** -и, *ж.*

НЕСКЛА́ДИЦА, -ы, *ж.* (разг.). Нечто нескладное и нелепое, чепуха. *Бормотать какую-то нескладицу.*

НЕСКЛА́ДНЫЙ, -ая, -ое; -ден, -дна. **1.** Несвязный, нестройный. *Н. рассказ.* **2.** Несоразмерный в частях, неуклюжий (разг.). *Нескладная фигура. Нескладное сооружение.* **3.** С недостатками, с внутренними изъянами. *Нескладная личность. Нескладная жизнь* (плохо сложившаяся). ‖ *сущ.* **нескла́дность,** -и, *ж.*

НЕСКЛЁПИСТЫЙ, -ая, -ое; -ист (прост.). Нескладный, неуклюжий. *Н. парень.* ‖ *сущ.* **нескле́пистость,** -и, *ж.*

НЕ́СКОЛЬКО. **1.** -их, *числит. неопр.* Некоторое, небольшое количество. *Н. лет. Рассказать в нескольких словах* (кратко). **2.** *нареч.* Немного, отчасти. *Сделать н. больше. Н. отвлечься от основной темы.*

НЕСКОНЧА́ЕМЫЙ, -ая, -ое; -а́ем. Очень длительный, бесконечный. *Н. поток. Не-*

скончаемые споры. ‖ *сущ.* **нескончáемость,** -и, *ж.*

НЕСКРО´МНЫЙ, -ая, -ое; -мен, -мнá *и* -мна, -мно, -мны *и* -мны. **1.** Лишённый скромности. *Нескромная девица. Нескромное поведение.* **2.** Неделикатный, нетактичный, бесцеремонный. *Н. вопрос.* **3.** Лишённый стыдливости. *Н. жест.* ‖ *сущ.* **нескрóмность,** -и, *ж.*

НЕСЛЫ´ХАННЫЙ, -ая, -ое; -ан, -анна. **1.** Неизвестный, такой, о к-ром никто не слышал. *Неслыханное происшествие. Неслыханные дела.* **2.** Небывалый, беспримерный, поразительный. *Н. успех. Неслыханная наглость.* ‖ *сущ.* **неслы́ханность,** -и, *ж.*

НЕСЛЫ´ШНЫЙ, -ая, -ое; -шен, -шна, -шно, -шны *и* -шны́. Тихий, бесшумный. *Подойти неслышными шагами. Неслышное дуновение.* ‖ *сущ.* **неслы́шность,** -и, *ж.*

НЕСМЕ´ТНЫЙ, -ая, -ое; -тен, -тна. Огромный по количеству, неисчислимый. *Несметные силы. Несметное богатство.* ‖ *сущ.* **несмéтность,** -и, *ж.*

НЕСМИНА´ЕМЫЙ, -ая, -ое; -áем. Такой, к-рый не мнётся. *Несминаемая ткань. Несминаемая складка.* ‖ *сущ.* **несминáемость,** -и, *ж.*

НЕСМОЛКА´ЕМЫЙ, -ая, -ое; -áем. Такой, к-рый долго не смолкает, не прекращается. *Н. говор. Н. шум прибоя.*

НЕСМОТРЯ´: 1) **несмотря на** *кого-что, предлог с вин. п.* — вопреки кому-чему-н., не обращая внимания на кого-что-н. *Занимается, несмотря на усталость;* 2) **несмотря на то что,** *союз* — выражает уступку, вопреки тому что, невзирая на то что. *Пошли, несмотря на то что шёл дождь;* 3) **несмотря ни на что** — при любых обстоятельствах. *Выдержит несмотря ни на что.*

НЕСМЫВА´ЕМЫЙ, -ая, -ое; -áем. **1.** Такой, к-рый нельзя смыть (в 1 знач.). *Несмываемое пятно. Несмываемая краска, грязь.* **2.** О чём-н. плохом: вечный, такой, от к-рого нельзя избавиться, к-рый не забывается. *Н. позор. Несмываемое бесчестье.*

НЕСМЫШЛЁНЫЙ, -ая, -ое; -ён. О ребёнке: ещё ничего не смыслящий, не понимающий. *Н. малыш.* ‖ *сущ.* **несмышлёность,** -и, *ж.*

НЕСМЫШЛЁНЫШ, -а, *м.* (разг.). Несмышлёный малыш.

НЕСНО´СНЫЙ, -ая, -ое; -сен, -сна. Такой, что трудно вынести, вытерпеть. *Несносная погода. Н. характер.* ‖ *сущ.* **неснóсность,** -и, *ж.*

НЕСОВЕРШЕННОЛЕ´ТНИЙ, -яя, -ее. Не достигший совершеннолетия. *Несовершеннолетние дети. Охрана прав несовершеннолетних* (сущ.).

НЕСОВЕРШЕ´ННЫЙ[1], -ая, -ое; -éнен, -éнна. Не свободный от недостатков, не достигший совершенства. *Н. рисунок.* ‖ *сущ.* **несовершéнство,** -а, *ср.*

НЕСОВЕРШЕ´ННЫЙ[2] : **несовершенный вид** — в грамматике: категория глагола, выражающая неограниченность в протекании действия по отношению к пределу, нецелостность действия; *противоп.* совершенный вид.

НЕСОВМЕСТИ´МЫЙ, -ая, -ое; -и́м. Такой, к-рый не может существовать рядом, совместно, одновременно с кем-чем-н. *Несовместимые понятия. Несовместимые характеры.* ‖ *сущ.* **несовмести́мость,** -и, *ж. Н. тканей* (биохимическое свойство органических тканей, препятствующее их приживлению к тканям другого организма; спец.). *Психологическая н.* (между людьми).

НЕСОВМЕ´СТНЫЙ, -ая, -ое; -тен, -тна (устар.). То же, что несовместимый. *Гений и злодейство несовместны.* ‖ *сущ.* **несовмéстность,** -и, *ж.*

НЕСОГЛА´СИЕ, -я, *ср.* **1.** Отсутствие единомыслия, разногласие в чём-н. *Несогласия в семье.* **2.** Отсутствие согласия на что-н., отказ. *Выразить своё н.*

НЕСОКРУШИ´МЫЙ, -ая, -ое; -и́м (высок.). Такой, что нельзя сломить, твёрдый, стойкий. *Несокрушимая воля.* ‖ *сущ.* **несокруши́мость,** -и, *ж.*

НЕСОМНЕ´ННЫЙ, -ая, -ое; -éнен, -éнна. **1.** Не вызывающий никаких сомнений, бесспорный. *Н. факт. Н. успех.* **2. несомнéнно,** *вводн. сл.* Конечно, без сомнения. *Он, несомненно, скоро явится.* **3. несомнéнно,** *частица.* Выражает уверенное подтверждение. *Он умён? — Несомненно.* ‖ *сущ.* **несомнéнность,** -и, *ж.* (к 1 знач.).

НЕСООБРА´ЗНОСТЬ, -и, *ж.* **1.** *см.* несообразный. **2.** Нечто неподходящее, странное или неразумное. *Говорить несообразности.*

НЕСООБРА´ЗНЫЙ, -ая, -ое; -зен, -зна. **1.** *с чем.* Не отвечающий чему-н., не согласующийся с чем-н. (книжн.). *Требование, несообразное с обстоятельствами.* **2.** Лишённый здравого смысла, противоречащий ему; неподходящий. *Несообразное поведение.* ✦ **Несообразно с** *чем, в знач. предлога с тв. п.* — не в соответствии с чем-н. *Вести себя несообразно с обстановкой.* ‖ *сущ.* **несообрáзность,** -и, *ж.*

НЕСОСТОЯ´ТЕЛЬНЫЙ, -ая, -ое; -лен, -льна. **1.** Не имеющий денег для оплаты своих обязательств, материально не обеспеченный. *Н. должник.* **2.** Лишённый основательности, убедительности. *Н. довод.* ‖ *сущ.* **несостоя́тельность,** -и, *ж.*

НЕСПЕ´ШНЫЙ, -ая, -ое; -шен, -шна. Нетороплйвый, медлительный. *Неспешная беседа.* ‖ *сущ.* **неспéшность,** -и, *ж.*

НЕСПОДРУ´ЧНЫЙ, -ая, -ое; -чен, -чна (прост.). Неудобный, затруднительный. *Несподручное дело. В такую погоду ехать несподручно* (в знач. сказ.).

НЕСПРАВЕДЛИ´ВОСТЬ, -и, *ж.* **1.** *см.* несправедливый. **2.** Несправедливый поступок, несправедливые слова. *Допустить н.*

НЕСПРАВЕДЛИ´ВЫЙ, -ая, -ое; -и́в. **1.** Лишённый чувства справедливости, противоречащий справедливости. *Н. упрёк. Несправедливо* (нареч.) *относиться к кому-н.* **2.** Ложный (в 1 знач.), ошибочный, неверный (устар.). *Несправедливое сообщение.* ‖ *сущ.* **несправедли́вость,** -и, *ж.*

НЕСПРОСТА´, *нареч.* (разг.). Не без умысла, с какой-н. затаённой целью, мыслью, не случайно. *Усмехнулся н. Н. приходил.*

НЕСРАБО´ТАННОСТЬ, -и, *ж.* Отсутствие слаженности, согласованности в работе.

НЕСРАВНЕ´ННЫЙ, -ая, -ое; -éнен, -éнна (книжн.). **1.** Превосходный, замечательный. *Н. талант. Певица поёт несравненно* (нареч.). **2. несравнéнно,** *со сравн. ст.* Гораздо, во много раз. *Несравненно лучше. Несравненно красивее.* ‖ *сущ.* **несравнéнность,** -и, *ж.* (к 1 знач.).

НЕСРАВНИ´МЫЙ, -ая, -ое; -и́м. **1.** Такой хороший, что трудно сравнить с кем-чем-н. другим (книжн.). *Н. талант. Несравнимая красота.* **2.** Совершенно непохожий, не имеющий никаких черт сходства. *Несравнимые величины.* ‖ *сущ.* **несравни́мость,** -и, *ж.*

НЕСТЕ´ЛЬНАЯ, *м.* и *ср.* не употр.; -льна (обл.). О корове и нек-рых других самках: яловая.

НЕСТЕРПИ´МЫЙ, -ая, -ое; -и́м. То же, что невыносимый. *Нестерпимая обида. Нестерпимая боль.* ‖ *сущ.* **нестерпи́мость,** -и, *ж.*

НЕСТИ´[1]; -су́, -сёшь; нёс, неслá; нёсший; несённый (-ён, -енá); *несов.* **1.** *кого-что.* Взяв в руки или нагрузив на себя, перемещать, доставлять куда-н. *Н. поклажу.* **2.** (1 и 2 л. не употр.), *что.* Быть опорой чему-н. (спец.). *Несущая конструкция. Несущая поверхность самолёта.* **3.** *кого-что.* Мчать, увлекать за собой. *Конь несёт седока. Ветер несёт пыль.* **4.** *что.* Имея, заключая в себе, направлять, передавать кому-н., причинять собой. *Н. добро людям. Н. в себе что-н.* (заключать в самом себе). **5.** *кого-что, безл.* **и** *в сочетании с сущ. «чёрт», «дьявол», «нелёгкая».* О неожиданном или нежелательном отправлении или появлении кого-чего-н. (прост.). *И куда тебя несёт в такую погоду? Чёрт несёт гостей.* **6.** В сочетании с нек-рыми сущ. обозначает состояние по значению этого сущ. *Н. наказание* (быть наказанным). *Н. потери* (терять, терпеть ущерб). *Н. ответственность. Н. службу, обязанности.* **7.** *безл.* То же, что дуть (в 1 знач.) (разг.). *Из-под полу несёт холодом.* **8.** *безл., чем.* Сильно пáхнуть (в 1 знач.) (разг. неодобр.). *Несёт луком от кого-н. Несёт перегаром.* **9.** *что.* Говорить (что-н. пустое, нелепое) (разг.). *Н. чепуху.* **10.** *безл., кого.* Сильно слабить (прост.). ‖ *сов.* **понести́,** -су́, -сёшь; -сённый (-ён, -енá) (к 6 знач. в нек-рых сочетаниях). *П. наказание. П. ущерб.* ‖ *сущ.* **несéние,** -я, *ср.* (к 1, 4 и 6 знач.) *и* **нóска,** -и, *ж.* (к 1 знач.).

НЕСТИ´[2] (-су́, -сёшь, 1 и 2 л. не употр.), -сёт; нёс, неслá; нёсший; несённый (-ён, -енá); *несов., что.* О птицах: класть яйца. ‖ *сов.* **снести́** (-су́, -сёшь, 1 и 2 л. не употр.), -сёт; -сённый (-ён, -енá). ‖ *сущ.* **нóска,** -и, *ж.*

НЕСТИ´СЬ[1], -су́сь, -сёшься; нёсся, неслáсь; нёсшийся; *несов.* **1.** Двигаться вперёд с большой скоростью. *Несутся поезда. Н. вскачь.* **2.** (1 и 2 л. не употр.). О громком звуке, сильном запахе: распространяться, разноситься. *С околицы несутся песни.* **3.** (1 и 2 л. не употр.), *перен.* О молве, новостях: становиться известным всем, быстро распространяться (разг.). *Несутся слухи.*

НЕСТИ´СЬ[2] (-су́сь, -сёшься, 1 и 2 л. не употр.), -сётся; нёсся, неслáсь; нёсшийся; *несов.* О птицах: класть яйца. *Куры начали н.* ‖ *сов.* **снести́сь** (-су́сь, -сёшься, 1 и 2 л. не употр.), -сётся.

НЕСТРОЕВИ´К, -á, *м.* Военнослужащий на нестроевых должностях.

НЕСТРОЕВО´Й, -áя, -óе. В армии: относящийся к службе вне состава действующих войск. *Нестроевая должность.*

НЕСТЬ (стар.). То же, что нет (во 2 знач.), сейчас в нек-рых выражениях: 1) **несть конца** *чему* (ирон.) — нет, не предвидится конца чему-н.; 2) **несть числа** *кому-чему* (ирон.) — об очень большом количестве кого-чего-н., нет числа. *Восторгам несть числа.*

НЕСУ´Н, -á, *м.* (прост.). Тот, кто незаконно уносит с собой что-н. с производства, с работы.

НЕСУРА´ЗНОСТЬ, -и, *ж.* **1.** *см.* несуразный. **2.** Несуразный поступок, мысль. *Делать, говорить несуразности.*

НЕСУРА´ЗНЫЙ, -ая, -ое; -зен, -зна. Нелепый, нескладный. *Н. характер. Несуразные слова.* ‖ *сущ.* **несурáзность,** -и, *ж.*

НЕСУСВЕ´ТНЫЙ, -ая, -ое; -тен, -тна (разг.). Крайний в своём проявлении, невообразимый (обычно о чём-н. отрицательном). *Несусветная чепуха. Несусветная жара.* ‖ *сущ.* несусве́тность, -и, *ж.*

НЕСУ́ШКА, -и, *ж.* Курица, несущая яйца.

НЕСЧА́СТНЫЙ, -ая, -ое; -тен, -тна. **1.** Испытывающий несчастье, переживший много бед. *Н. скиталец. Жаль мне этого несчастного* (сущ.). **2.** Приносящий или предвещающий несчастье, бедственный. *Н. день. Несчастная любовь* (без взаимности). **3.** Выражающий горестное состояние, жалкий. *Н. вид. Несчастное лицо.* **4.** *полн. ф.* Употр. обычно в сочетании с мест. «этот» как определение для выражения неприязненного, неодобрительного, пренебрежительного отношения к кому-чему-н. (разг.). *Все неприятности произошли из-за этого несчастного письма. Пожалел каких-то несчастных пять рублей.* ✦ **Несчастный случай** — 1) несчастье, непредвиденное стечение обстоятельств, сопровождающееся человеческими жертвами, увечьем; 2) неприятная случайность.

НЕСЧА́СТЬЕ, -я, *ср.* **1.** Горестное событие. *Произошло н.* **2.** *в знач. сказ.* О ком-чём-н. плохом, огорчительном (разг.). *Н. в том, что не хватает времени. Н. мне с тобой!* (трудно, тяжело). *Н. ты моё!* (обращение к тому, кто огорчает). ✦ **К несчастью или на несчастье**, *вводн. сл.* — то же, что к сожалению. **Тридцать три несчастья** (разг. шутл.) — о том, с кем постоянно случаются всякие неприятности.

НЕСЧЁТНЫЙ, -ая, -ое; -тен, -тна (книжн.). То же, что несметный. ‖ *сущ.* **несчётность**, -и, *ж.*

НЕТ. 1. *частица.* Употр. при отрицательном ответе на вопрос. *Мы остаёмся? — Н. Н., не согласен. Решительное, категорическое «нет»* (решительный отказ). **2.** *в знач. сказ., кого-чего.* Не имеется в наличии, отсутствует, не существует. *Н. сомнений. Н. денег. Н. ничего невозможного.* **3.** *в знач. сказ.* При противопоставлении обозначает действие, состояние, противоположное тому, к-рое названо в первой части сообщения. *Все устали, а я н. Тебе весело, а ему н. Идёшь или н.?* **4.** *в знач. союза.* Однако ж, при всём том (разг.). *Три книги ему принёс, н., ему всё мало.* **5.** *частица.* Подчёркивает переход к какой-н. теме, мысли или перерыв в течение темы, мысли. *Н., но каково же моё положение? Идите. Н., подождите, ещё надо подумать. Н., ты только посмотри, что делается!* **6.** *частица.* При вопросе выражает удивление, сомнение, недоверие. *Я остаюсь. — Н., в самом деле?* **7.** Употр. в лозунгах, призывах в знач. отказ, категорическое несогласие. *Н. шовинизму! Войне — н.!* **8.** нет, -а, *м.* Употр. в поговорках и шутливых выражениях в знач. отсутствие, неимение. *На н. и суда н.* (посл.: если нет чего-н., ничего не поделаешь, приходится примириться). *Пироги с нетом* (без начинки). ✦ **А то нет?** (прост.) — употр. в репликах в знач. разве не так? *Ты оказался прав. — А то нет?* **На нет свести** — уменьшая до конца, до края, до полного исчезновения. **На нет сойти** (разг.) — исчезнуть совсем, потерять всякое значение. **Нет как нет** (разг.). — совсем нет; исчез надолго или неизвестно куда. *Вестей нет как нет. Его уже два дня нет как нет.* **Нет-нет да (и)...(нет-нет и...)** (разг.) — изредка, иногда случается. *Нет-нет да и вспомнится. Нет-нет да (и) позвонит.* **Нет ничего лучше (хуже и др.) как...** — самое лучшее (худшее). *Нет ничего лучше как поговорить с другом.* **Нет так нет** (разг.) — в реплике: если нет, если нельзя, то приходится согласиться, примириться. *Ты не поедешь. — Нет так нет.* **Нет того чтобы... (нет чтобы..., нет бы...)**, *с неопр.* (разг.) — надо бы, но не сделано (не делается). *Нет (того) чтобы (нет бы) помочь: сидит сложа руки.* **Скажи нет** (разг.) — выражение уверенности, неоспоримости сказанного. *Она красавица, скажи нет.* **Нет числа кому-чему** — очень много. **Так не́т же (так нет, нет же)**, *в знач. союза* (разг.) — то же, что нет (в 4 знач.). *Всё сделал, так нет же, ему мало.* **Чего только нет!** (разг.) — всё есть, всего много. *На ярмарке чего только нет!* **Кого только нет!** (разг., часто ирон.) — есть всякие, разные люди. *В толпе кого только нет!*

НЕ́ТЕЛЬ, -и, *ж.* Молодая, ещё не телившаяся корова.

НЕТЕРПЕ́НИЕ, -я, *ср.* Недостаток, отсутствие терпения в ожидании кого-чего-н. *Ждать с нетерпением. Проявить н.*

НЕТЕРПЁЖ, -ежа́, *м.* (прост. шутл.). То же, что нетерпение. *Н. берёт кого-н.*

НЕТЕРПИ́МОСТЬ, -и, *ж.* **1.** *см.* нетерпимый. **2.** Нежелание или невозможность терпеть кого-что-н. *Н. к недостаткам.*

НЕТЕРПИ́МЫЙ, -ая, -ое; -и́м. **1.** Недопустимый, такой, с к-рым нельзя мириться. *Нетерпимое поведение.* **2.** Лишённый терпимости, не считающийся с чужими взглядами. *Нетерпим к чужим мнениям.* ‖ *сущ.* **нетерпи́мость**, -и, *ж.*

НЕ́ТИ: в нетях (стар. и шутл.) — давно отсутствует, неизвестно, где находится. *Пребывать в нетях.*

НЕТКА́НЫЙ, -ая, -ое: **нетканые материалы** — текстильные изделия, вырабатываемые без применения техники ткачества.

НЕТЛЕ́ННЫЙ, -ая, -ое; -е́нен, -е́нна (высок.). Никогда не исчезающий, вечный (в 1 знач.). *Нетленная слава героев. Нетленная красота.* ✦ **Нетленные останки** (высок.) — мощи святых. ‖ *сущ.* **нетле́нность**, -и, *ж.*

НЕТОПЫ́РЬ, -я́, *м.* Крупная летучая мышь. ‖ *прил.* **нетопы́рий**, -ья, -ье.

НЕТРО́НУТЫЙ, -ая, -ое; -ут. Такой, к-рого не коснулись, целый, неповреждённый. *Нетронутые снега. Обед остался нетронутым.* ‖ *сущ.* **нетро́нутость**, -и, *ж.*

НЕТРУДОВО́Й, -а́я, -о́е. **1.** Не принадлежащий к числу трудящихся. *Н. элемент.* **2.** Получаемый не от своего труда. *Н. доход.*

НЕТРУДОСПОСО́БНЫЙ, -ая, -ое; -бен, -бна. Лишённый способности трудиться. *Н. инвалид. Пенсионное обеспечение нетрудоспособных* (сущ.). ‖ *сущ.* **нетрудоспосо́бность**, -и, *ж.* *Частичная н.* (офиц.). *Пособие по нетрудоспособности.*

НЕ́ТТО, *неизм.* (спец.). О весе товара без тары и упаковки; *противоп.* брутто. *Вес н.*

НЕ́ТУ, *в знач. сказ., кого-чего* (разг.). То же, что нет (во 2 знач.). *Денег н. ни копейки.*

НЕ́ТУШКИ 1. *частица и в знач. сказ.* (прост.). То же, что нет (в 1 и 2 знач.). *Останешься дома. — Н.! Ничего-то у них н.* **2.** *частица.* Выражение несогласия, протеста с оттенком обиды. *Всё я да я, нет уж! Так дело не пойдёт, н.!*

НЕУВАЖЕ́НИЕ, -я, *ср.* Отсутствие должного уважения, непочтительность. *Н. к старшим.*

НЕУВЯДА́ЕМЫЙ, -ая, -ое; -а́ем и **НЕУВЯДА́ЮЩИЙ**, -ая, -ее (высок.). **1.** Такой, к-рый не теряет свежести, не увядает. *Неувядаемая красота.* **2.** *перен.* Такой, что всегда будут помнить, ценить, вечный. *Неувядаемая слава. Неувядающий талант.* ‖ *сущ.* неувяда́емость, -и, *ж.*

НЕУВЯ́ЗКА, -и, *ж.* Отсутствие согласованности, увязки. *Н. в расчётах.*

НЕУГАСИ́МЫЙ, -ая, -ое; -и́м (высок.). **1.** Постоянно горящий. *Н. свет. Неугасимая лампада.* **2.** *перен.* Постоянно существующий, неослабевающий. *Неугасимая любовь.* ‖ *сущ.* **неугаси́мость**, -и, *ж.*

НЕУГОМО́ННЫЙ, -ая, -ое; -о́нен, -о́нна. Такой, к-рый не может угомониться, подвижный, шумливый. *Н. ребёнок.* ‖ *сущ.* неугомо́нность, -и, *ж.*

НЕУДА́ЧА, -и, *ж.* **1.** Отсутствие удачи, неуспех. *Потерпеть неудачу. Н. в делах.* **2.** То же, что незада́ча.

НЕУДА́ЧЛИВЫЙ, -ая, -ое; -ив. Преследуемый неудачами. *Н. человек.* ‖ *сущ.* **неуда́чливость**, -и, *ж.*

НЕУДА́ЧНИК, -а, *м.* Человек, к-рому не везёт ни в чём, нет удачи. ‖ *ж.* **неуда́чница**, -ы.

НЕУДА́ЧНЫЙ, -ая, -ое; -чен, -чна. **1.** Закончившийся неудачей. *Неудачная охота.* **2.** Неудовлетворительный, плохой. *Неудачная фотография. Неудачная кандидатура. Жизнь сложилась неудачно* (нареч.). ‖ *сущ.* **неуда́чность**, -и, *ж.*

НЕУДЕРЖИ́МЫЙ, -ая, -ое; -и́м. Такой, что нельзя остановить, удержать, безудержный. *Н. поток. Н. восторг. Неудержимые слёзы.* ‖ *сущ.* **неудержи́мость**, -и, *ж.*

НЕУДО́БНЫЙ, -ая, -ое; -бен, -бна. **1.** Лишённый удобства, плохо приспособленный для чего-н. *Неудобная одежда. Неудобно* (в знач. сказ.) *сидеть.* **2.** Неприятный, стеснительный; неловкий. *Попасть в неудобное положение.* **3.** Неуместный, не совсем приличный. *Неудобные слова. Неудобно* (в знач. сказ.) *рассказывать о чём-н.* ‖ *сущ.* **неудо́бность**, -и, *ж.* и **неудо́бство**, -а, *ср.* (ко 2 знач.).

НЕУДОБО... *Первая часть сложных слов со знач.* плохо, с трудом, напр. *неудобопроизносимый, неудобочитаемый, неудобоисполнимый, неудобопонятный, неудобопроходимость.*

НЕУДОБОВАРИ́МЫЙ, -ая, -ое; -и́м. **1.** Такой, к-рый не переваривается желудком. *Неудобоваримая пища.* **2.** *перен.* Совершенно непонятный, невразумительный (разг.). *Сочинил нечто неудобоваримое.* ‖ *сущ.* **неудобовари́мость**, -и, *ж.*

НЕУДО́БСТВО, -а, *ср.* **1.** *см.* неудобный. **2.** Недостаток, отсутствие удобств. *Терпеть неудобства.*

НЕУДО́БЬ: неудобь сказуемый (устар.) — неприличный, неудобный для произнесения.

НЕУДО́БЬЯ, -ий, *ед.* -бье, -я, *ср.* Участки местности, неудобные для пахоты, для механизированной обработки почвы.

НЕУДОВЛЕТВОРИ́ТЕЛЬНЫЙ, -ая, -ое; -лен, -льна. **1.** Плохой, не удовлетворяющий предъявляемым требованиям. *Неудовлетворительное состояние. Н. результат. Работа выполнена неудовлетворительно* (нареч.). *Неудовлетворительная отметка* (за плохой ответ). **2. неудовлетвори́тельно**, *нескл., ср.* Отметка (в 2 знач.), обозначающая отсутствие знаний предмета («неуд»). ‖ *сущ.* **неудовлетвори́тельность**, -и, *ж.* (к 1 знач.).

НЕУДОВО́ЛЬСТВИЕ, -я, *ср.* Отсутствие удовлетворённости, недовольство. *Выразить своё н.*

НЕУЁМНЫЙ, -ая, -ое; -мен, -мна. Такой, что нельзя унять, неудержимый. *Неуёмное веселье. Неуёмная тоска. Н. аппетит. Н. характер* (чересчур деятельный). ‖ *сущ.* **неуёмность**, -и, *ж.*

НЕУЖЕ́ЛИ, *частица*. **1.** То же, что разве (в 1 знач.). *Н. он согласился?* **2.** Употр. в ответной реплике в знач. уверенного утверждения, подтверждения (прост.). *Поможешь мне? — Н.!* (т. е. конечно, обязательно помогу). **3.** Употр. в ответной реплике в знач. иронического несогласия, отрицания. *Он её любит. — Н.!* (т. е. уверен, что не любит).

НЕУЖИ́ВЧИВЫЙ, -ая, -ое; -ив. Плохо ладящий с окружающими, плохо уживающийся с другими. *Н. старик. Н. характер.* ‖ *сущ.* **неужи́вчивость**, **-и**, *ж.*

НЕУ́ЖТО, *частица* (прост.). То же, что неужели (в 1 знач.). *Н. не узнаёте?*

НЕУЗНАВА́ЕМЫЙ, -ая, -ое; -а́ем. Настолько изменившийся, что трудно узнать. *Город стал неузнаваем.* ‖ *сущ.* **неузнава́емость**, **-и**, *ж. Измениться до неузнаваемости.*

НЕУКЛО́ННЫЙ, -ая, -ое; -о́нен, -о́нна (книжн.). Постоянный, неизменный. *Н. подъём благосостояния.* ‖ *сущ.* **неукло́нность**, **-и**, *ж.*

НЕУКЛЮ́ЖИЙ, -ая, -ее; -ю́ж. Неловкий в движениях, неповоротливый, нескладный. *Н. медвежонок. Неуклюжие выражения* (перен.). ‖ *сущ.* **неуклю́жесть**, **-и**, *ж.*

НЕУКОСНИ́ТЕЛЬНЫЙ, -ая, -ое; -лен, -льна (книжн.). Безусловный, обязательный. *Неукоснительное исполнение.* ‖ *сущ.* **неукосни́тельность**, **-и**, *ж.*

НЕУКРОТИ́МЫЙ, -ая, -ое; -и́м (книжн.). То же, что неудержимый. *Неукротим в гневе. Неукротимая энергия.* ‖ *сущ.* **неукроти́мость**, **-и**, *ж.*

НЕУЛОВИ́МЫЙ, -ая, -ое; -и́м. **1.** Такой, к-рого нельзя поймать или застать где-н. *Неуловимые мстители. Ваш заместитель неуловим.* **2.** Еле заметный. *Неуловимое движение. Неуловимая разница.* ‖ *сущ.* **неулови́мость**, **-и**, *ж.*

НЕУЛЫ́БА, -ы, *м.* и *ж.* (обл. и прост.). Человек, к-рый редко улыбается, неулыбчив.

НЕУМЕ́ЙКА, -и, *м.* и *ж.* (разг. шутл.). Обычно в речи, обращённой к ребёнку: человек, к-рый ничего не умеет делать.

НЕУМЕ́РЕННЫЙ, -ая, -ое; -рен, -ренна. Не знающий меры, умеренности в чём-н., чрезмерный. *Неумеренные притязания.* ‖ *сущ.* **неуме́ренность**, **-и**, *ж.*

НЕУМЕ́СТНЫЙ, -ая, -ое; -тен, -тна. Не соответствующий обстановке, сделанный некстати. *Н. вопрос. Неуместная шутка.* ‖ *сущ.* **неуме́стность**, **-и**, *ж.*

НЕУМЁХА, -и и **НЕУМЕ́ХА**, -и, *м.* и *ж.* (разг.). Человек, к-рый ничего не умеет делать, всё делает плохо.

НЕУМОЛИ́МЫЙ, -ая, -ое; -и́м (книжн.). **1.** Такой, к-рого нельзя упросить, непреклонный. *Н. владыка.* **2.** *перен.* Твёрдый, непреложный. *Закон неумолим.* ‖ *сущ.* **неумоли́мость**, **-и**, *ж.*

НЕУМО́ЛЧНЫЙ, -ая, -ое; -чен, -чна (высок.). Незатихающий, неумолкающий. *Н. гул. Неумолчная молва.* ‖ *сущ.* **неумо́лчность**, **-и**, *ж.*

НЕУПРАВЛЯ́ЕМЫЙ, -ая, -ое; -я́ем. **1.** Такой, к-рым никто не управляет (в 1 знач.). *Неуправляемая модель.* **2.** *перен.* Не поддающийся воздействию, требованиям дисциплины. *Н. подросток.* ‖ *сущ.* **неуправля́емость**, **-и**, *ж.*

НЕУРОЖА́Й, -я, *м.* Низкий, плохой сбор уродившихся хлебов, плодов. *Н. из-за засухи. Н. на яблоки.*

НЕУРОЖА́ЙНЫЙ, -ая, -ое. Характеризующийся неурожаем, связанный с ним. *Н. год.*

НЕУРО́ЧНЫЙ, -ая, -ое; -чен, -чна. О времени: не положенный, не установленный, не обусловленный. *Прийти в н. час.* ‖ *сущ.* **неуро́чность**, **-и**, *ж.*

НЕУРЯ́ДИЦА, -ы, *ж.* (разг.). **1.** Беспорядок, неустройство. *Н. в делах.* **2.** обычно *мн.* Ссоры, недружелюбные взаимоотношения. *Семейные неурядицы.*

НЕУСПЕВА́ЕМОСТЬ, -и, *ж.* Низкая успеваемость учащихся.

НЕУСПЕВА́ЮЩИЙ, -ая, -ее. С плохой успеваемостью, отстающий в занятиях. *Н. ученик. Дополнительные занятия с неуспевающими* (сущ.).

НЕУСТА́ННЫЙ, -ая, -ое; -а́нен, -а́нна (высок.). Не ослабевающий, непрерывный. *Неустанная деятельность.* ‖ *сущ.* **неуста́нность**, **-и**, *ж.*

НЕУСТО́ЙКА, **-и**, *ж.* **1.** Денежное возмещение в случае неисполнения или ненадлежащего исполнения одной из сторон какого-н. договорного обязательства (спец.). *Уплатить неустойку.* **2.** Неудача, провал, промах в каком-н. деле (прост.). *Н. вышла.*

НЕУСТО́ЙЧИВЫЙ, -ая, -ое; -ив. **1.** Шаткий, нетвёрдо стоящий. *Неустойчивые подмостки.* **2.** *перен.* Часто меняющийся, непостоянный. *Неустойчивая погода.* **3.** *перен.* Лишённый стойкости, легко поддающийся влиянию. *Н. характер.* ‖ *сущ.* **неусто́йчивость**, **-и**, *ж.*

НЕУСТРАНИ́МЫЙ, -ая, -ое; -и́м (книжн.). Такой, что нельзя устранить. *Неустранимые помехи.* ‖ *сущ.* **неустрани́мость**, **-и**, *ж.*

НЕУСТРАШИ́МЫЙ, -ая, -ое; -и́м (книжн.). Чуждый страха, очень смелый. *Н. борец.* ‖ *сущ.* **неустраши́мость**, **-и**, *ж.*

НЕУСТРО́ЕННЫЙ, -ая, -ое; -ен. Плохо устроенный, не обеспеченный чем-н. необходимым. *Н. быт.* ‖ *сущ.* **неустро́енность**, **-и**, *ж.*

НЕУСТРО́ЙСТВО, -а, *ср.* Отсутствие порядка, правильного устройства. *Н. в делах.*

НЕУСЫ́ПНЫЙ, -ая, -ое; -пен, -пна (книжн.). Не теряющий бдительности, неослабный. *Н. контроль.* ‖ *сущ.* **неусы́пность**, **-и**, *ж.*

НЕУТЕШИ́ТЕЛЬНЫЙ, -ая, -ое; -лен, -льна. Не дающий никакого удовлетворения, неблагоприятный. *Неутешительные вести. Н. результат.* ‖ *сущ.* **неутеши́тельность**, **-и**, *ж.*

НЕУТЕ́ШНЫЙ, -ая, -ое; -шен, -шна. То же, что безутешный. *Неутешная печаль. Неутешен в своём горе.* ‖ *сущ.* **неуте́шность**, **-и**, *ж.*

НЕУТОЛИ́МЫЙ, -ая, -ое; -и́м (книжн.). Такой, что нельзя утолить, смягчить. *Неутолимая жажда. Неутолимая печаль.* ‖ *сущ.* **неутоли́мость**, **-и**, *ж.*

НЕУТОМИ́МЫЙ, -ая, -ое; -и́м. Не знающий усталости, очень выносливый, упорный. *Н. путешественник. Н. изобретатель.* ‖ *сущ.* **неутоми́мость**, **-и**, *ж.*

НЕ́УЧ, -а, *м.* (разг.). Необразованный, невежественный человек.

НЕУЧТИ́ВОСТЬ, -и, *ж.* **1.** *см.* неучтивый. **2.** Неучтивое выражение, поведение. *Говорить неучтивости.*

НЕУЧТИ́ВЫЙ, -ая, -ое; -и́в. Невежливый, непочтительный. *Неучтивое обращение.* ‖ *сущ.* **неучти́вость**, **-и**, *ж.*

НЕУЯЗВИ́МЫЙ, -ая, -ое; -и́м (книжн.). Такой, что трудно уязвить; недоступный для нападок, не имеющий слабых мест. *Неуязвимая позиция. Неуязвимое доказательство.* ‖ *сущ.* **неуязви́мость**, **-и**, *ж.*

НЕФОРМА́Л, -а, *м.* (разг.). Член неформальной, официально не утверждённой организации, группы.

НЕФРИ́Т[1], -а, *м.* Воспаление почки.

НЕФРИ́Т[2], -а, *м.* Полупрозрачный минерал зелёного, серовато-белого или белого цвета, поделочный камень. ‖ *прил.* **нефри́товый**, **-ая**, **-ое**.

НЕФТЕ... *Первая часть сложных слов со знач.* относящийся к нефти, к её добыче, переработке, напр. *нефтедобыча, нефтедобытчик, нефтегрузы, нефтеразведка, нефтепродукты, нефтепромышленность, нефтепромыслы, нефтепереработка, нефтехимия, нефтеочистка.*

НЕФТЕНО́СНЫЙ, -ая, -ое; -сен, -сна. О месторождении: содержащий в себе нефть. *Н. пласт.* ‖ *сущ.* **нефтено́сность**, **-и**, *ж.*

НЕФТЕОЧИСТИ́ТЕЛЬНЫЙ, -ая, -ое. **1.** Очищающий от нефти. *Нефтеочистительное судно* (очищающее море, акваторию порта). **2.** Очищающий сырую нефть от воды и твёрдых примесей. *Н. завод.*

НЕФТЕПРОВО́Д, -а, *м.* Трубопровод для передачи на расстояние сырой нефти. ‖ *прил.* **нефтепрово́дный**, **-ая**, **-ое**.

НЕФТЕХРАНИ́ЛИЩЕ, -а, *ср.* Сооружение с резервуарами для хранения нефти, нефтепродуктов.

НЕФТЬ, **-и**, *ж.* Минеральное жидкое горючее вещество, употр. как сырьё для получения реактивного и дизельного топлива, бензина, керосина, мазута. *Залежи нефти. Разведка на н.* ✦ **Белая нефть** (спец.) — горючее, вырабатываемое из газового конденсата. ‖ *прил.* **нефтяно́й**, **-а́я**, **-о́е**. *Нефтяная вышка. Нефтяное месторождение.*

НЕФТЯ́НИК, -а, *м.* Работник нефтяной промышленности.

НЕХВА́ТКА, -и, *ж.*, *кого-чего* и *в ком-чём* (разг.). То же, что недостаток (в 3 знач.). *Н. рабочей силы. Н. в деньгах.*

НЕХИ́ТРЫЙ, -ая, -ое; -хитёр, -хитра́, -хи́тро и -хитро́ (разг.). **1.** Простой, незамысловатый. *Это дело нехитрое.* **2.** **нехитро́**, *в знач. сказ., с неопр.* Нетрудно, несложно. *Сломать нехитро, труднее построить.*

НЕХО́ЖЕНЫЙ, -ая, -ое; -ен, -ена. Такой, по к-рому не ходили или мало ходят, ходили. *Нехоженые тропы.*

НЕХОРО́ШИЙ, -ая, -ее; -о́ш, -оша́. Лишённый хороших качеств, плохой. *Н. человек. Нехорошо* (нареч.) *поступить. На душе нехорошо* (в знач. сказ.). ✦ **Нехорош собой (лицом)** — некрасив. *Собой нехорош, зато умён.*

НЕ́ХОТЯ, *нареч.* Без желания, неохотно. *Н. согласился.*

НЕ́ХРИСТЬ, -я, *м.* (устар. прост.). Жестокий, безбожный человек. *Разве мы нехристи?*

НЕЦЕНЗУ́РНЫЙ, -ая, -ое; -рен, -рна. Неприличный, непристойный. *Нецензурные слова. Нецензурно* (нареч.) *выражаться.* ‖ *сущ.* **нецензу́рность**, **-и**, *ж.*

НЕЧА́ЯННЫЙ, -ая, -ое; -ян, -янна. **1.** Совершённый неумышленно, случайный. *Н. поступок. Сломал нечаянно* (нареч.). **2.** Внезапный, неожиданный. *Нечаянная встреча.* ‖ *сущ.* **неча́янность**, **-и**, *ж. По нечаянности* (по ошибке, не нарочно; разг.).

НЕ́ЧЕГО[1], не́чему, не́чем, не́ для чего, не́ к чему, не́ с чем, не́ о чем; *мест. отриц., с неопр.* Нет ничего такого (что могло бы быть субъектом или объектом действия, называемого следующим далее неопр.). *Нечему случиться. Нечему удивляться. Н. рассказать. Не о чем рассуждать.* ✦ **Де-**

лать нечего (разг.) — выражение согласия из-за невозможности сделать, решить по-другому. *Делать нечего, придётся согласиться.* **Нечего (и) говорить** (разг.) — выражение уверенного согласия, конечно, безусловно. *Человек он хороший, говорить нечего.* **Нечего сказать!** (разг.) — выражение иронического или неодобрительного отношения. *Хорош, нечего сказать!* **От нечего делать** (разг.) — от безделья. *От нечего делать пошёл прогуляться.*

НЕ́ЧЕГО², *в знач. сказ., с неопр.* (разг.). Не нужно, не приходится, не следует. *Н. зря говорить! Н. заранее беспокоиться.*

НЕЧЕЛОВЕ́ЧЕСКИЙ, -ая, -ое (книжн.). **1.** Не свойственный человеку, не похожий на человеческое. *Н. вопль.* **2.** То же, что бесчеловечный. *Нечеловеческое обращение с кем-н.* **3.** Превышающий человеческие силы, чрезмерный. *Нечеловеческие усилия.*

НЕЧЕСТИ́ВЕЦ, -вца, *м.* (книжн.). Порочный человек, грешник.

НЕЧЕСТИ́ВЫЙ, -ая, -ое; -и́в. Греховный, порочный. *Н. грешник.* ‖ *сущ.* **нечести́вость**, -и, *ж.*

НЕЧЕ́СТНЫЙ, -ая, -ое; -тен, -тна́, -тно, -тны *и* -тны́. Лишённый честности, непорядочный. *Н. игрок. Нечестно* (нареч.) *поступить. Обманывать нечестно* (в знач. сказ.). ‖ *сущ.* **нече́стность**, -и, *ж.*

НЕ́ЧЕТ, -а, *м.*: **чёт и нечет** (устар.) — игра, основанная на подсчёте чётных и нечётных очков.

НЕЧЁСАНЫЙ, -ая, -ое; -ан (разг.). Растрёпанный, непричёсанный. *Нечёсаная голова.*

НЕЧЁТНЫЙ, -ая, -ое. Не кратный двум (3, 5, 7 и т. д.). *Нечётное число* (не делящееся на два). *Нечётные дни* (календарные дни, обозначенные соответствующей цифрой).

НЕЧИСТОПЛО́ТНЫЙ, -ая, -ое; -тен, -тна. **1.** Неопрятный, небрежный в уходе за собой. *Н. человек.* **2.** *перен.* Неразборчивый в средствах для достижения своей корыстной цели. *Нечистоплотные приёмы.* ‖ *сущ.* **нечистопло́тность**, -и, *ж.*

НЕЧИСТОТА́, -ы́, *ж.* **1.** *см.* нечистый. **2.** Отсутствие чистоты, грязь. *В комнатах н.*

НЕЧИСТО́ТЫ, -о́т. Содержимое отхожих мест, отбросы.

НЕЧИ́СТЫЙ, -ая, -ое; -и́ст, -иста́, -и́сто, -и́сты *и* -исты́. **1.** Лишённый чистоты, загрязнённый. *Н. воротничок. Н. цвет* (с примесью другого тона). *Нечистые мысли* (перен.: порочные). **2.** *полн. ф.* Неаккуратный или неправильный. *Нечистая работа. Нечистое произношение.* **3.** Нечестный, основанный на обмане. *Нечистая игра.* **4. нечи́стый**, -ого, *м.* В народных поверьях: злой дух, чёрт (устар. и прост.). *Н. попутал.* ✦ **Нечистая совесть** *у кого* — о том, кто виноват и знает о своей вине, проступке. *Жалок тот, в ком совесть нечиста* (афоризм). **Нечист на́ руку** *кто* (разг.) — недостаточно честен, вороват. **Нечистая сила** — в старых народных представлениях, поверьях: злые духи, черти. ‖ *сущ.* **нечистота́**, -ы́, *ж.* (к 1, 2 и 3 знач.).

НЕ́ЧИСТЬ, -и, *ж., собир.* **1.** В старых народных представлениях, поверьях: то же, что нечистая сила. **2.** *перен.* Презренные, недостойные люди. *Фашистская н.*

НЕЧЛЕНОРАЗДЕ́ЛЬНЫЙ, -ая, -ое; -лен, -льна. Невнятный, лишённый членораздельности. *Нечленораздельная речь. Рассказывает что-то нечленораздельное* (перен.: непонятное, несообразное; разг.).

НЕ́ЧТО, *мест. неопр.*, только *в им.* и *вин. п.* Некий предмет, явление, что-то[1]. *Н. странное.*

НЕШУ́ТОЧНЫЙ, -ая, -ое; -чен, -чна (разг.). Серьёзный, значительный. *Дело нешуточное. Деньги нешуточные* (большие). ‖ *сущ.* **нешу́точность**, -и, *ж.*

НЕЩА́ДНЫЙ, -ая, -ое; -ден, -дна (книжн.). **1.** Беспощадный, жестокий. *Нещадное наказание.* **2.** *перен.* О чём-н. плохом: очень сильный, непомерный. *Н. зной.* ‖ *сущ.* **неща́дность**, -и, *ж.*

НЕЯ́ВКА, -и, *ж.* (офиц.). Отсутствие кого-н. там, где нужно обязательно быть, куда нужно явиться. *Н. на занятия. Н. по уважительной причине.*

НЕЯ́СНОСТЬ, -и, *ж.* **1.** *см.* неясный. **2.** Неясное положение, что-н. неясное, непонятное. *Н. в изложении. Устранить неясности.*

НЕЯ́СНЫЙ, -ая, -ое; -сен, -сна́, -сно, -сны *и* -сны́. Лишённый ясности (см. ясный в 1, 2, 4 и 5 знач.). *Н. свет луны. Н. сумрак. Н. звук. Вопрос неясен. Неясное изложение.* ‖ *сущ.* **нея́сность**, -и, *ж.*

НЕЯ́СЫТЬ, -и, *ж.* Крупная птица отряда сов.

НЁБО, -а, *ср.* Верхняя стенка ротовой полости. *Твёрдое н.* (передняя, костная часть нёба). *Мягкое н.* (задняя, мышечная часть нёба). ‖ *прил.* **нёбный**, -ая, -ое.

НИ, *частица.* **1.** В сочетании с род. п. означает полное отсутствие кого-чего-н., неосуществление чего-н. *Ни облачка. Кругом ни души. Ни шагу назад! Ни слова!* **2.** Служит для усиления отрицания. *Ни одного человека не встретил.* **3.** В утвердительном предложении в сочетании с местоименными словами «кто», «что», «как», «куда», «откуда», «когда», «зачем», «почему», «сколько» и др. указывает, что действие, выраженное глаголом, сохраняет свою силу при любых обстоятельствах. *Кто ни увидит, удивится. Как ни торопись, всё равно не успеешь. Сколько ни спорь, не поверю.* ✦ **Ни... ни**, *союз повторяющийся* — употр. в отрицательных предложениях при перечислении однородных членов, а также соединяет простые предложения при перечислительных отношениях. *Не верит ни в бога, ни в чёрта. Ни взад ни вперёд.* **Ни-ни!** или **ни-ни-ни!** (разг.) — выражение запрещения, ни в коем случае, нельзя (обычно при обращении к ребёнку). **Ни на есть** (прост.) — в обязательном сочетании с предшествующим местоименным словом «кто», «что», «какой», «где», «куда», «откуда», «когда» и др. выражает усиление и свободную возможность выбора. *Кого ни на есть обманет* (любого и всегда). *Кому ни на есть поможет* (любому и обязательно). *Куда ни на есть поеду* (в любое место и при любых условиях).

НИ..., *приставка.* Образует местоименные слова со знач. отрицания, напр. *никто, ничто, никакой, ничей, ниоткуда, никак;* в склоняемых словах в формах косвенных падежей отделяется предлогом, напр. *ни у кого, ни с каким.*

НИ́ВА, -ы, *ж.* Засеянное поле. *Желтеют нивы. Ни ниве просвещения* (перен.: в области просвещения, народного образования; высок.).

НИВЕЛИ́Р, -а, *м.* Геодезический прибор для нивелирования.

НИВЕЛИ́РОВАТЬ, -рую, -руешь; -анный; *сов.* и *несов., что.* **1.** Определить (-лять) специальными приборами высоту точек земной поверхности относительно нек-рой выбранной точки или над уровнем моря (спец.). **2.** *перен.* Уравнивая, сгладить (-аживать), уничтожить (-жать) различия между кем-чем-н. (книжн.). *Н. особенности.* ‖ *сущ.* **нивели́рование**, -я, *ср.* и **нивели́ро́вка**, -и, *ж.* ‖ *прил.* **нивелиро́вочный**, -ая, -ое (к 1 знач.).

НИВЕЛИ́РОВАТЬСЯ (-руюсь, -руешься, 1 и 2 л. не употр.), -руется; *сов.* и *несов.* (книжн.) О различиях, особенностях: сгладиться (-аживаться). ‖ *сущ.* **нивели́рование**, -я, *ср.* и **нивелиро́вка**, -и, *ж.*

НИВЕЛИРО́ВЩИК, -а, *м.* Специалист по нивелированию (в 1 знач.). ‖ *ж.* **нивелиро́вщица**, -ы, *ж.*

НИ́ВХИ, -ов, *ед.* нивх, -а, *м.* Народ, живущий по нижнему течению реки Амура и на острове Сахалин [прежнее название — гиляки]. ‖ *прил.* **ни́вхский**, -ая, -ое.

НИ́ВХСКИЙ, -ая, -ое. **1.** *см.* нивхи. **2.** Относящийся к нивхам, к их языку, национальному характеру, образу жизни, культуре, а также к территории их проживания, её внутреннему устройству, истории; такой, как у нивхов. *Н. язык* (один из изолированных языков — язык коренного населения острова Сахалин и низовьев реки Амура).

НИГДЕ́, *мест. нареч., с последующим отрицанием.* Ни в каком месте. *Н. не встречал. Искал — н. нет.*

НИГИЛИ́ЗМ, -а, *м.* (книжн.). Полное отрицание всего, полный скептицизм. *Детский н.* (противопоставление себя взрослым как болезненное состояние или как результат неправильного воспитания). ‖ *прил.* **нигилисти́ческий**, -ая, -ое. *Нигилистическое отношение к чему-н.*

НИГИЛИ́СТ, -а, *м.* **1.** В 60-х гг. 19 в. в России: сторонник демократического движения, отрицающий устои и традиции дворянского общества, крепостничество. **2.** Человек, относящийся ко всему резко отрицательно, скептически. ‖ *ж.* **нигили́стка**, -и. ‖ *прил.* **нигили́стский**, -ая, -ое.

НИДЕРЛА́НДСКИЙ [дэ, нс], -ая, -ое. **1.** *см.* нидерландцы. **2.** Относящийся к нидерландцам (голландцам), к их языку, национальному характеру, образу жизни, культуре, а также к Нидерландам, к их территории, её внутреннему устройству, истории; такой, как у нидерландцев, как в Нидерландах. *Н. язык* (германской группы индоевропейской семьи языков). *Нидерландские провинции. Нидерландские Антильские острова* (владения Нидерландов в Вест-Индии). *Н. гульден, н. флорин* (денежная единица). *По-нидерландски* (нареч.).

НИДЕРЛА́НДЦЫ [дэ, нц], -ев, *ед.* -а́ндец, -дца, *м.* Народ, составляющий основное население Нидерландов. ‖ *ж.* **нидерла́ндка** [нк], -и. ‖ *прил.* **нидерла́ндский** [нс], -ая, -ое.

НИДОКУ́ДА, *мест. нареч. отриц., с последующим отрицанием* (в речи — с возможным его опущением) (разг.). Ни до какого места. *Поезда не ходят, н. не добраться.*

НИ́ЖЕ. **1.** *см.* низкий. **2.** *нареч.* Далее, в последующей речи. *Об этом будет сказано н.* **3.** *нареч.* Вниз по течению реки от какого-н. места. *От Казани поплыли н.* **4.** *чего, в знач. предлога с род. п.* По направлению вниз от чего-н. *Пристройка н. балкона. Пристань н. Казани. Ушиб н. колена.* **5.** *чего, в знач. предлога с род. п.* Не достигая возможных пределов чего-н. *Работает н. своих возможностей.*

НИЖЕ... *Первая часть сложных прилагательных со знач.:* 1) далее, позже, после (о сказанном, написанном), напр. *нижеуказанный, нижеследующий, нижесказанный, нижеупомянутый, нижеизложенный, нижеподписавшийся;* 2) расположенный по направлению вниз от чего-н., напр., *нижележащий, нижерасположенный;* 3) подчинённый, зависимый, напр. *нижестоящий.*

НИЖЕСТОЯ́ЩИЙ, -ая, -ее. Подчинённый в административном, организационном отношении. *Нижестоящие организации.*

НИЖНЕ... *Первая часть сложных слов со знач.:* 1) расположенный внизу, в нижней части чего-н., напр. *нижневисочный, нижнеглоточный, нижнетеменной, нижнечелюстной;* 2) находящийся в нижней, низменной части какой-н. местности, напр. *нижнеуральский, нижнелужицкий* (язык); 3) расположенный в низовьях реки, напр. *нижневолжский, нижнекамский;* 4) относящийся к ранней стадии развития чего-н., напр. *нижнепалеозойский, нижнечетвертичный.*

НИ́ЖНИЙ, -яя, -ее. **1.** Расположенный внизу. *Нижняя ступенька.* **2.** Расположенный ближе к устью, к низменным местам. *Нижнее течение реки.* **3.** Об одежде: носимый под платьем или непосредственно на теле. *Нижнее бельё.* **4.** Образующий низший предел диапазона голоса или инструмента (спец.). *Н. регистр.* ✦ **Нижний чин** — в царской армии: солдат.

НИЗ, -а (-у), о ни́зе, на низу́, *мн.* -ы́, -о́в, *м.* **1.** Часть предмета, ближайшая к основанию, а также само основание. *Н. колонны. Уложить книги под самый н.* или *в самый н.* (в нижнюю часть чего-н.). *Во флигеле сдаётся н.* (нижний этаж). **2.** *мн.* Непривилегированные классы и слои населения. *Великий артист вышел из низов.* **3.** *мн.* Широкие массы населения. *Опираться на инициативу низов.* **4.** То же, что низовье (устар. и обл.). *Ветер дует с низов.* **5.** *мн.* Нижние ноты (спец.). *Брать низы.*

НИЗ..., *приставка.* Означает движение сверху вниз, напр. *низвергать, низринуться.*

НИЗА́ТЬ, нижу́, ни́жешь; ни́занный; *несов., что.* **1.** Прокалывая, продевая, надевать подряд на нитку, проволоку. *Н. бисер.* **2.** Изготовлять, надевая таким образом. *Н. ожерелье из жемчуга. Так и нижет слова* (перен.: говорит очень гладко; разг.). ‖ *сов.* **нанизáть**, -ижу́, -и́жешь; -и́занный (к 1 знач.) *и* **снизáть**, -ижу́, -и́жешь; -и́занный (ко 2 знач.). *С. бусы.* ‖ *сущ.* **низáние**, -я, *ср. и* **ни́зка**, -и, *ж.* (разг.).

НИЗВЕ́РГНУТЬ, -ну, -нешь; -е́рг *и* -е́ргнул, -е́ргла; -е́ргший *и* -е́ргнувший; -е́ргнутый *и* (устар.) -е́рженный; -е́ргши *и* -е́ргнув; *сов., кого-что* (книжн.). **1.** Сбросить сверху (большое, тяжёлое). *Н. каменную глыбу.* **2.** *перен.* То же, что свергнуть (во 2 знач.). *Н. самодержавие.* ‖ *несов.* **низвергáть**, -áю, -áешь. ‖ *сущ.* **низвержéние**, -я, *ср.*

НИЗВЕ́РГНУТЬСЯ, -нусь, -нешься; -е́ргся *и* -е́ргнулся, -е́рглась; -е́ргшийся *и* -е́ргнувшийся; -е́ргшись; *сов.* (книжн.). О большом, тяжёлом: упасть сверху, свергнуться. *Низвергнулась лавина.* ‖ *несов.* **низвергáться**, -áюсь, -áешься. *Поток низвергается с высоты.* ‖ *сущ.* **низвержéние**, -я, *ср.*

НИЗВЕСТИ́, -еду́, -едёшь; -ёл, -ела́; -е́дший; -едённый (-ён, -ена́); -едя́; *сов., кого-что* (устар. высок.). Свести вниз. *Н. с небес на землю* (также перен.: вернуть от мечтаний к реальной действительности, книжн., часто ирон.). ‖ *несов.* **низводи́ть**, -ожу́, -о́дишь. ‖ *сущ.* **низведéние**, -я, *ср.*

НИЗИ́НА, -ы, *ж.* Низменное место. *Село расположено в низине.* ‖ *прил.* **низи́нный**, -ая, -ое. *Низинные болота* (в поймах рек).

НИ́ЗКИЙ, -ая, -ое; -зок, -зка́, -зко, -зки́ *и* -зки; ни́же; ни́зший *и* (устар.) нижа́йший. **1.** (-зки). Малый по высоте, находящийся на небольшой высоте от земли, от какого-н. уровня. *Низкая ограда. Низкое кресло. Низко* (нареч.) *лететь. Низкое место* (низменное). *Н. лоб* (узкий, невысокий). **2.** *кр. ф.* (-зки). Меньший по высоте, чем нужно. *Этот стол мне низок.* **3.** Не достигающий среднего уровня, средней нормы, небольшой, незначительный. *Низкое давление. Низкая температура. Ток низкого напряжения. Низкие цены. Низкая квалификация. Н. уровень знаний. Низкая вода* (стоящая ниже обычного уровня, отступившая от берегов). **4.** Плохой, неудовлетворительный в качественном отношении. *Н. сорт. Низкое качество. Быть низкого мнения о ком-чём-н.* **5.** Подлый, бесчестный. *Низкая личность. Н. поступок.* **6.** *полн. ф.* Неродовитый, не принадлежащий к господствующему, привилегированному классу (устар.). *Низкое происхождение.* **7.** О стиле речи: не возвышенный, простой, обиходный (устар.). *Н. слог.* **8.** О звуке, голосе: густой и насыщенный. *Н. бас. Низкая нота.* **9.** **нижа́йший**, -ая, -ее. Почтительный, уважительный (устар.). *Нижайшая просьба. Нижайшее почтение. Нижайший поклон* (то же, что низкий поклон во 2 знач.). ✦ **Низкий поклон** — 1) глубокий поклон, почти до земли; 2) *кому,* земной поклон, глубокая благодарность. *Низкий поклон хлеборобам.* ‖ *уменьш.* **ни́зенький**, -ая, -ое (к 1 знач.). ‖ *сущ.* **ни́зость**, -и, *ж.* (к 5 знач.).

НИЗКО... *Первая часть сложных слов со знач.:* 1) низкий (в 1 знач.), с низким, напр. *низкобортный, низкогорье, низкорослый, низкоствольный;* 2) низкий (в 3 знач.), не достигающий средней нормы, напр. *низкоскоростной, низкооплачиваемый, низкоудойный, низкоэффективный;* 3) низкий (в 4 знач.), плохого качества, напр. *низкодобротный, низкокачественный, низкоорганизованный, низкосортный;* 4) низкий (в 5 знач.), бесчестный, напр. *низкодушие* (устар.), *низкодушный* (устар.).

НИЗКОПОКЛО́ННИК, -а, *м.* (устар.). Человек, к-рый низкопоклонничает, льстец. ‖ *прил.* **низкопокло́ннический**, -ая, -ое.

НИЗКОПОКЛО́ННИЧАТЬ, -аю, -аешь; *несов.* (устар.). Заниматься низкопоклонством.

НИЗКОПОКЛО́НСТВО, -а и **НИЗКОПОКЛО́ННИЧЕСТВО**, -а, *ср.* (устар.). Рабское и льстивое преклонение перед кем-чем-н. ‖ *прил.* **низкопокло́ннический**, -ая, -ое.

НИЗКОПРО́БНЫЙ, -ая, -ое; -бен, -бна. **1.** Низкой пробы (с большой примесью лигатуры) или низкого качества. *Низкопробное серебро.* **2.** *перен.* Низкий в моральном отношении. *Н. делец.* ‖ *сущ.* **низкопро́бность**, -и, *ж.*

НИЗКОРО́СЛЫЙ, -ая, -ое; -о́сл. Небольшого роста, небольшой высоты. *Низкорослая фигура. Н. кустарник.* ‖ *сущ.* **низкоро́слость**, -и, *ж.*

НИЗКОСО́РТНЫЙ, -ая, -ое; -тен, -тна. Плохого сорта, качества. *Н. товар.* ‖ *сущ.* **низкосо́ртность**, -и, *ж.*

НИЗЛОЖИ́ТЬ, -ожу́, -о́жишь; -о́женный; *сов., кого (что)* (книжн.). Лишить власти. *Н. монарха.* ‖ *несов.* **низлагáть**, -áю, -áешь. ‖ *сущ.* **низложéние**, -я, *ср.*

НИ́ЗМЕННОСТЬ, -и, *ж.* **1.** *см.* низменный. **2.** Равнина, расположенная не выше 200 м над уровнем моря.

НИ́ЗМЕННЫЙ, -ая, -ое; -ен, -енна. **1.** *полн. ф.* Расположенный на низменности (во 2 знач.); низкий (о местности). *Низменный участок* (равнинный). *Низменные места.* **2.** Подлый, бесчестный. *Низменные побуждения.* **3.** Грубый, животный (во 2 знач.). *Низменные инстинкты.* ‖ *сущ.* **ни́зменность**, -и, *ж.* (ко 2 и 3 знач.).

НИЗО..., *приставка.* То же, что низ...; употр. перед «й» (j) и нек-рыми сочетаниями согласных, напр. *низойти, низошло, низошедший.*

НИЗОВО́Й, -а́я, -о́е. **1.** Расположенный понизу, движущийся понизу. *Низовая тропа. Низовая трава. Н. ветер.* **2.** Расположенный в низовьях. *Низовые города.* **3.** Непосредственно обслуживающий массы на местах. *Низовые организации. Низовая печать.* **4.** То же, что нижний (в 4 знач.). *Низовые ноты.*

НИЗО́ВЬЕ, -я, *род. мн.* -ьев *и* -вий, *ср.* Часть реки, близкая к устью, а также прилегающая к нему местность. *В низовьях Волги.*

НИЗОЙТИ́ *см.* нисходить.

НИЗО́К, -зка́, *м.* (разг.). Низ, нижняя часть чего-н. *Н. саней. Низки брюк.*

НИ́ЗОМ, *нареч.* По низу чего-н., а также дорогой, идущей под горой; понизу. *Объехать н.*

НИ́ЗОСТЬ, -и, *ж.* **1.** *см.* низкий. **2.** Низкий, бесчестный поступок, низкие слова. *Говорить всякие низости.*

НИЗРИ́НУТЬ, -ну, -нешь; -утый; *сов., кого-что* (устар.). То же, что низвергнуть. *Н. статую. Н. тиранию* (перен.).

НИЗРИ́НУТЬСЯ, -нусь, -нешься; *сов.* (устар.). То же, что низвергнуться. *С гор низринулся поток.*

НИ́ЗШИЙ, -ая, -ее. **1.** *см.* низкий. **2.** Простейший по своему развитию, примитивный. *Низшие растения* (не расчленённые на корень, стебель и лист). *Н. тип животных.* **3.** Занимающий последнее место в каком-н. ряду, младший. *Низшее звание.* **4.** Об образовании: то же, что начальный (во 2 знач.).

НИКА́К[1], *мест. нареч. отриц., с последующим отрицанием.* **1.** Никаким образом. *Автобусы не ходят, до дома н. не добраться. Как решился вопрос? — Н., его не рассматривали.* **2.** Несмотря на все усилия, старания. *Втроём пытались сдвинуть камень — н. Дети н. не наиграются* (т. е. не могут окончить игру).**3.** В сочетании с глаголом или предикативом выражает категоричность или абсолютное отрицание. *Ему н. не дашь сорока лет. Н. не пойму, что происходит. Н. нельзя* (т. е. совершенно невозможно). ✦ **Никак нет** — почтительный отрицательный ответ на вопрос, обычно у военных.

НИКА́К[2], *вводн. сл.* и *частица* (прост.). Выражает неуверенное предположение, кажется (см. казаться в 3 и 4 знач.). *Н. кто-то пришёл? Он н. заболел.*

НИКАКО́Й, -а́я, -о́е, ни у како́го, ни к како́му, ни с каки́м, ни о како́м, *мест. отриц.* **1.** В отрицательных предложениях: ни один из возможных. *Никакие угрозы их не сломят. Никаких книг не купил. Нет никакого сомнения. Какие у тебя с ним отношения? — Никакие* (т. е. вообще нет отношений). **2.** В сочетании с отрицанием «не»: вовсе не (прост.). *Н. он мне не дядя. Ты Ваню видел? — Никакого Ваню я не видел.* **3.** Плохой, совершенно незначительный (разг.). *Шахматист он н.* ✦ **И никаких!** (прост.) — довольно, нечего больше разговаривать, только так и никак иначе. *Не поеду, и никаких!* **Без никаких** (прост.) — выражение категорического волеизъявления, нежелания слушать возражения. *Слушайся без никаких!*

НИКАРАГУА́НСКИЙ, -ая, -ое. **1.** *см.* никарагуанцы. **2.** Относящийся к никарагуанцам, к их языку (испанскому), национальному характеру, образу жизни, культуре, а также к Никарагуа, её территории, внутреннему устройству, истории; такой, как у никарагуанцев, как в Никарагуа.

НИКАРАГУА́НЦЫ, -ев, *ед.* -нец, -нца, *м.* Народ, составляющий основное население Никарагуа. ‖ *ж.* **никарагуа́нка**, -и. ‖ *прил.* **никарагуа́нский**, -ая, -ое.

НИКЕЛИРОВА́ТЬ, -ру́ю, -ру́ешь; -о́ванный; *несов., что.* Покрывать (металлические изделия) тонким слоем никеля. *Никелированная посуда.* ‖ *сов.* **отникелирова́ть**, -ру́ю, -ру́ешь; -о́ванный. ‖ *сущ.* **никелиро́вка**, -и, *ж.* ‖ *прил.* **никелиро́вочный**, -ая, -ое.

НИКЕЛИРО́ВКА, -и, *ж.* **1.** *см.* никелировать. **2.** Слой никеля на чём-н. *Н. стёрлась.*

НИ́КЕЛЬ, -я, *м.* Химический элемент, серебристо-белый тугоплавкий металл, широко употр. в технике. ‖ *прил.* **ни́келевый**, -ая, -ое.

НИ́КНУТЬ, -ну, -нешь; ник *и* ни́кнул, ни́кла; ни́кший *и* ни́кнувший; *несов.* **1.** Опускаться, пригибаться. *Трава никнет от жары. Никнут плечи, голова.* **2.** *перен.* Ослабевать, становиться вялым, бессильным. *Никнут силы. Никнет дух, воля.* ‖ *сов.* **пони́кнуть**, -ну, -нешь *и* **сни́кнуть**, -ну, -нешь (разг.).

НИКОГДА́, *мест. нареч.* Ни в какое время, ни при каких обстоятельствах. *Н. там не бывал. Н. не поверю.* ✦ **Как никогда** — как ни в какое другое время, как ни при каких других обстоятельствах. *Бодр как никогда.*

НИКО́Й, -а́я, -о́е, *мест. отриц.* (стар.). То же, что никакой (в 1 знач.). *Никая вина не прощается. Никая казнь не страшит.* ✦ **Никоим образом** (книжн.) — никак, ни в какой степени. *Никоим образом не причастен к случившемуся.* **Ни в коем разе** (прост.) — то же, что ни в коем случае. **Ни в коем случае** — ни за что, ни при каких условиях. *Ни в коем случае не соглашайся.* **Ни в коей мере** (книжн.) — нисколько, ни в какой степени. *Ни в коей мере не виноват.*

НИКОТИ́Н, -а (-у), *м.* Ядовитое вещество, содержащееся в табаке. ‖ *прил.* **никоти́нный**, -ая, -ое *и* **никоти́новый**, -ая, -ое.

НИКОТО́РЫЙ, -ая, -ое, ни у кото́рого, ни к кото́рому, ни с кото́рым, ни о кото́ром, *мест. отриц., с последующим отрицанием* (разг.). То же, что никакой (в 1 знач.) (при возможном счёте, подразумевании количества). *Н. из образцов не подошёл. Ни по которому из этих вопросов ни к кому не обращался.*

НИКТО́, никого́, ни у кого́, никому́, ни к кому́, нике́м, ни с ке́м, ни о ко́м. **1.** *мест. отриц., с последующим отрицанием.* Ни один человек, ни одно живое существо. *Н. не хочет. Ни с кем не встречался.* **2. никто́**, никого́, *м.* О человеке, не состоящем с кем-н. в родственных или дружеских отношениях, а также о человеке ничтожном, не имеющем никаких достоинств (разг.). *Он мне н. Он её за никого считает. Эти люди стали мне никем.* ‖ *уменьш.* **никого́шеньки** (к 1 знач.).

НИКУДА́. **1.** *мест. нареч., с последующим отрицанием.* Ни в какое место. *Н. не поеду.* **2.** *в знач. сказ.* Плохой, никудышный (разг.). *Погода — н. Здоровье у него стало н.* ✦ **Никуда не годен** (разг.) — о ком-чём-н. очень плохом, совсем негодном. **Никуда не годится** (разг.) — 1) то же, что никуда не годен. *Старое пальто уже никуда не годится;* 2) выражение неодобрения. *Так поступать никуда не годится.* **В никуда** — без определённого направления, в неизвестность или в безвестность. *Дорога в никуда.*

НИКУДЫ́ШКА, -и, *м. и ж.* (разг. шутл.). Бесполезный, никудышный человек.

НИКУДЫ́ШНЫЙ, -ая, -ое; -шен, -шна (разг.). Никуда не годный, плохой. *Н. работник.* ‖ *сущ.* **некуды́шность**, -и, *ж.*

НИКЧЕМУ́ШНЫЙ, -ая, -ое (прост.). Бесполезный, ничего не дающий. *Н. разговор.*

НИКЧЁМНЫЙ, -ая, -ое; -мен, -мна. Ни для чего не нужный, плохой и бесполезный. *Никчёмная вещь. Никчёмная работа.* ‖ *сущ.* **никчёмность**, -и, *ж.*

НИМА́ЛО, *нареч.* Нисколько, вовсе нет. *Н. не смущён. Ты удивлён? — Н.*

НИМБ, -а, *м.* В изображениях святых, у церковных скульптур: символ святости — сияние в виде светлого кружка вокруг головы. ‖ *прил.* **ни́мбовый**, -ая, -ое.

НИ́МФА, -ы, *ж.* В древнегреческой мифологии: божество в виде женщины, олицетворяющее различные силы природы. *Морская н. Лесная н.*

НИНАСКО́ЛЬКО, *мест. нареч. отриц., с последующим отрицанием* (в речи — с его возможным опущением) (разг.). Ни в какой мере, степени. *Я н. не осведомлён в этом деле. Ему н. нельзя верить.*

НИОТКО́ЛЕ и **НИОТКО́ЛЬ** (устар. и прост.). То же, что ниоткуда.

НИОТКУ́ДА, *мест. нареч., с последующим отрицанием.* Ни из какого места. *Н. нет известий.*

НИОТЧЕГО́, *мест. нареч. отриц., с последующим отрицанием* (в речи — с его возможным опущением). То же, что нипочему.

НИПОЧЕМУ́, *мест. нареч. отриц., с последующим отрицанием* (в речи — с его возможным опущением) (разг.). Ни по какой причине, без всякого основания. *Почему ты сердишься? — Н., просто устал.*

НИПОЧЁМ. **1.** *в знач. сказ., кому, с неопр.* Незатруднительно, легко (прост.). *Ему н. поднять большую тяжесть.* **2.** *в знач. сказ., кому.* Легко переносится, ничего не значит для кого-н. (разг.). *Ветер и холод ему н. Всё н. кому-н.* **3.** *мест. нареч., с последующим отрицанием.* Ни в каком случае, ни за что (прост.). *Н. не согласится.* **4.** *в знач. сказ.* Очень дёшев, по очень низкой цене (прост.). *Фрукты там н.*

НИ́ППЕЛЬ, -я, *мн.* -и, -ей и -я́, -е́й, *м.* Уплотняющая соединительная деталь в виде металлической трубки, обычно с резьбой на концах. ‖ *прил.* **ни́ппельный**, -ая, -ое.

НИРВА́НА, -ы, *ж.* В буддизме и нек-рых других религиях: блаженное состояние отрешённости от жизни, освобождения от жизненных забот и стремлений. *Погружаться в нирвану* (перен.: отдаваться состоянию полного покоя; устар. и книжн.).

НИС..., *приставка.* То же, что низ...; пишется вместо «низ» перед глухими согласными, напр. *ниспадать, ниспослать.*

НИСКО́ЛЬКО. **1.** *мест. нареч., с последующим отрицанием.* Ни в каком количестве, ни в какой степени. *Н. не обиделся.* **2.** *частица.* Выражает категорическое отрицание. *Ты устал? — Н.* ‖ *уменьш.* **ниско́лечко.**

НИСПАДА́ТЬ (-а́ю, -а́ешь, 1 и 2 л. не употр.), -а́ет; *несов.* (устар. высок.). Плавно опускаться вниз. *Локоны ниспадают на плечи.* ‖ *сов.* **ниспа́сть** (-аду́, -адёшь, 1 и 2 л. не употр.), -адёт; ниспа́вший.

НИСПОСЛА́ТЬ, -ошлю́, -ошлёшь; -о́сланный; *сов., кого-что кому* (устар. книжн.). То же, что даровать (что-н. неожиданное или то, что якобы послано свыше). *Что ниспошлёт тебе судьба?* ‖ *несов.* **ниспосыла́ть**, -а́ю, -а́ешь.

НИСПРОВЕ́РГНУТЬ, -ну, -нешь; -е́рг *и* -е́ргнул, -е́ргла; -е́ргший; -е́ргнутый; -е́ргши; *сов., кого-что* (высок.). То же, что низвергнуть. ‖ *несов.* **ниспроверга́ть**, -а́ю, -а́ешь. ‖ *сущ.* **ниспроверже́ние**, -я, *ср.*

НИСХОДИ́ТЬ, -ожу́, -о́дишь; *несов.* (устар.). Спускаться с высоты. *На поля нисходит ночь.* ‖ *сов.* **низойти́**, -ойду́, -ойдёшь; нисшёл *и* низошёл, низошла; нисше́дший; низойдя́. ‖ *сущ.* **нисхожде́ние**, -я, *ср. и* **нисше́ствие**, -я, *ср.*

НИСХОДЯ́ЩИЙ, -ая, -ее. Убывающий, понижающийся. *По нисходящей линии. Нисходящая интонация* (с постепенным понижением тона).

НИТЕВИ́ДНЫЙ, -ая, -ое; -ден, -дна. Похожий на нить. *Нитевидные черви.* ‖ *сущ.* **нитеви́дность**, -и, *ж.*

НИ́ТКА, -и, *ж.* **1.** Тонко скрученная пряжа. *Швейные, вязальные, вышивальные нитки. Катушка ниток. Вытянуть или вытянуться в нитку* (перен.: поставить или стать ровно в ряд). *Шито белыми нитками* (также перен.: о чём-н. очень неискусно скрытом). *До (последней) нитки обобрать* (совершенно, совсем; разг.). *Промокнуть до нитки* (вымокнуть совершенно, всему; разг.). **2.** Что-н. (жемчуг, бисер, бусины) нанизанное на нить. *Н. бисера.* **3.** *перен.* То, что построено, растянулось в линию. *Н. нефтепровода.* ‖ *уменьш.* **ни́точка**, -и, *ж.* *Ходить по ниточке* (перен.: быть послушным, вышколенным; разг.). *На ниточке висит что-н.* (также перен.: то же, что на волоске висит). *Н. тянется куда-н.* (также перен.: при распутывании какого-н. сложного дела: следы ведут куда-н.). ‖ *прил.* **ни́точный**, -ая, -ое (к 1 знач.). *Ниточная фабрика.*

НИТРА́ТЫ, -ов (спец.). Соли и эфиры азотной кислоты, упор. в технике, медицине, а также (соли) как удобрение. ‖ **нитра́тный**, -ая, -ое.

НИТРО... *Первая часть сложных слов со знач.* относящийся к азоту, к азотной кислоте, напр. *нитрокраска, нитролаки, нитробензол.*

НИТРОГЛИЦЕРИ́Н, -а, *м.* Органическое соединение — маслянистая жидкость, получаемая действием азотной кислоты на глицерин, употр. в технике и медицине. ‖ *прил.* **нитроглицери́новый**, -ая, -ое.

НИТЧА́ТКА, -и, *ж.* (спец.). **1.** Род водорослей, растущих в стоячих и медленно текущих водах. **2.** Нитевидный круглый червь, паразитирующий в теле человека и животных.

НИ́ТЧАТЫЙ, -ая, -ое. **1.** Нитяный, из ниток. *Нитчатая тесьма.* **2.** Нитевидный, похожий на нить (спец.). *Нитчатые бактерии.*

НИТЬ, -и, *ж.* **1.** То же, что нитка. *Текстильная н. Н. основы. Н. утка. Жемчужная н. Н. газопровода.* **2.** Предмет, по форме напоминающий нитку. *Нервные нити.* **3.** *перен., чего.* О том, что связно развивается, образуя как бы единую линию, цепь (книжн.). *Потерять н. разговора. Н. воспоминаний. Плести нити заговора. Нити дружбы.* ‖ *прил.* **ните́вой**, -а́я, -о́е (к 1 и 2 знач.).

НИ́ТЯНЫЙ, -ая, -ое. Сделанный из нитей, ниток. *Нитяные перчатки.*

НИЦ, *нареч.* (книжн.). Книзу, касаясь лбом земли. *Склониться н. Падать н.*

НИЧЕГО́[1] (разг.). **1.** *нареч.* Довольно хорошо, сносно. *Чувствует себя н. Живёт н. Он очень даже н.* (совсем неплох). *Обед полу-*

чился н. **2.** *в знач. частицы.* Выражение согласия, принятия, допущения, а также оценки чего-н. как несущественного. *Пусть придёт, н. Тебе больно? — Н.* ✦ **Ничего себе** (разг.) — 1) то же, что ничего[1] (в 1 знач.). *Вещь получилась ничего себе;* 2) выражение иронического отношения, недоверия, неодобрения. *Ничего себе отличник!* (т. е. вовсе не отличник).

НИЧЕГО´[2], *мест. отриц., с последующим отрицанием, нескл.* (разг.). То же, что ничто (в 1 знач.). *Его н. не интересует.* ‖ *уменьш.* **ничегошеньки.** *Н. ты не знаешь.*

НИЧЕГОНЕДЕ´ЛАНИЕ, -я, *ср.* (разг.). Праздность, безделье.

НИЧЕ´Й, ничья́, ничьё, ни у чьего́, ни к чьему́, ни с чьи́м, ни о чьём; *мест. отриц.* **1.** Никому не принадлежащий. *Ничья земля. Этот щенок н.* **2.** Чей бы то ни было. *Ничьих вещей не трогай. Ни в чьей помощи не нуждаюсь.*

НИЧЕ´ЙНЫЙ, -ая, -ое. **1.** *см.* ничья. **2.** Никому не принадлежащий, ни к кому не относящийся (разг.). *Ничейная зона. Ничейная полоса.*

НИЧКО´М, *нареч.* Лицом вниз (о лежащем). *Лежать н.*

НИЧТО´, ничего́, ничему́, ниче́м, ни для чего́, ни у чего́, ни с че́м, ни о чём. **1.** *мест. отриц., с последующим отрицанием.* Ни один предмет, ни одно явление. *Его н. не волнует.* **2. ничто́,** за ничто́, ниче́м, *ср.* О том, кто (что) ничего собой не представляет, не имеет значения для кого-н. *Он для меня н. Был ничем, а стал всем.* **3. ничто́,** за ничто́, ниче́м, *ср.* То же, что ничтожество. *Он н. в глазах людей.* ✦ **Ничего подобного** (разг.) — выражение категорического отрицания, несогласия. **Без ничего** (разг.) о кушаньи: без начинки, без приправы, без заправки. *Пирог без ничего. Булочка без ничего.* **Всего ничего** (разг.) — очень мало. *Денег осталось всего ничего.* **Из ничего** (разг.) — 1) по пустякам, зря. *Много шуму из ничего;* 2) ничего не имея для чего-н., на пустом месте. *Из ничего смастерил шкатулку.*

НИЧТО´ЖЕ: **ничтоже сумняся или сумняшеся** (шутл.) — ничуть не сомневаясь, не колеблясь.

НИЧТО´ЖЕСТВО, -а, *ср.* Ничтожный человек. *Жалкое н.*

НИЧТО´ЖНЫЙ, -ая, -ое; -жен, -жна. **1.** Очень малый, незначительный по количеству. *Ничтожные средства.* **2.** Совершенно незначительный по роли, внутреннему содержанию; не внушающий к себе уважения, мелкий. *Ничтожная роль. Ничтожная личность.* ‖ *сущ.* **ничто́жность,** -и, *ж.*

НИЧУ´ТЬ, *мест. нареч., с последующим отрицанием и частица* (разг.). То же, что нисколько. *Н. не обиделся. Н. не меньше. Ты рассердился? — Н.* ✦ **Ничуть не бывало** — вовсе нет. ‖ *уменьш.* **ничу́точки** и **ничу́точку.** *Н. не больно.*

НИЧЬЯ´, -е́й, *ж.* Исход игры, при к-ром никто не выигрывает; никем не выигранная партия. *Соперники согласились на ничью.* ‖ *прил.* **ниче́йный,** -ая, -ое. *Н. результат.*

НИ´ША, -и, *ж.* **1.** Углубление в стене для помещения украшений (статуй, ваз), предметов мебели. **2.** Углубление в скате горы, берега, траншеи, в лаве[3] (спец.). *Карстовая н.* **3.** *перен.* Определённая, обычно ограниченная сфера какой-н. деятельности, возможность применения такой деятельности. *Новое предприятие сумело найти свою нишу.* ✦ **Экологическая ниша** — условия природной среды, допускающие существование какого-н. вида животных или растений.

НИШКНИ´, *межд.* (устар. и обл.). Возглас в знач. не кричи, не плачь, молчи (*первонач.* форма пов. накл. глагола нишкнуть — умолкнуть).

НИЩА´ТЬ, -а́ю, -а́ешь; *несов.* Беднеть, впадать в нищету. ‖ *сов.* **обнища́ть,** -а́ю, -а́ешь. ‖ *сущ.* **обнища́ние,** -я, *ср.*

НИ´ЩЕНКА, -и, *ж.* То же, что нищая (во 2 знач.).

НИ´ЩЕНСКИЙ, -ая, -ое. **1.** *см.* нищий. **2.** *перен.* Крайне малый, ничтожный (разг.). *Нищенское наследство.*

НИ´ЩЕНСТВОВАТЬ, -твую, -твуешь; *несов.* **1.** Жить в нищете. **2.** Жить, собирая милостыню, подаяние.

НИЩЕТА´, -ы́, *ж.* **1.** Крайняя бедность. *Впасть в нищету.* **2.** *перен.* Убожество (чувств, мыслей) (книжн.). *Духовная н.* **3.** *собир.* Нищие люди.

НИ´ЩИЙ, -ая, -ее; нищ, нища́, нище. **1.** Очень бедный, неимущий. *Н. скиталец. Нищая хибарка. Нищая жизнь* (также перен.: бездуховная). **2. ни́щий,** -его, *м.* Человек, живущий подаянием, собирающий милостыню. *Подать нищему.* ✦ **Нищий духом** (устар. и книжн.) — лишённый внутренних интересов, духовно опустошённый. ‖ *ж.* **ни́щая,** -ей (ко 2 знач.). ‖ *прил.* **ни́щенский,** -ая, -ое (ко 2 знач.). *Нищенская котомка.*

НО[1]. **1.** *союз.* Соединяет предложения или члены предложения, выражая противопоставление, ограничение, однако, вместе с тем. *Здоров, но худ. Озабочен, но в то же время весел. Бежал, но вдруг остановился. Устали, но несмотря на это довольны. Вещь хорошая, но дорогая.* **2. но,** *нескл., ср.* Возражение, препятствие (разг.). *Есть маленькое но. Никаких но — выполняйте приказ.* ✦ **Но однако,** *союз* — то же, что но (в 1 знач.). *Неправ, но однако спорит.* **Но только,** *союз* — то же, что только (в 4 и 5 знач.). *Приду, но только не сегодня.*

НО[2], *межд.* **1.** Возглас, к-рым возница понукает лошадей. *Но, пошёл!* **2.** *обычно с повторением.* Выражает предостережение, угрозу. *Но-но, потише!*

НОВА´ТОР, -а, *м.* Человек, к-рый вносит новые, прогрессивные идеи, приёмы в какой-н. области деятельности. *Новаторы производства. Художник-н.* ‖ *ж.* **нова́торша,** -и (разг.). ‖ *прил.* **нова́торский,** -ая, -ое.

НОВА´ТОРСТВО, -а, *ср.* Деятельность новатора, новаторов. *Н. в технике. Н. Маяковского в поэзии.* ‖ *прил.* **нова́торский,** -ая, -ое.

НОВА´ЦИЯ, -и, *ж.* (книжн.). Нечто новое, новшество.

НОВЕ´ЛЛА, -ы, *ж.* **1.** Рассказ с необыденным и строгим сюжетом, с ясной композицией. **2.** Нечто новое, новое добавление к чему-н. (книжн.). ‖ *прил.* **новеллисти́ческий,** -ая, -ое (к 1 знач.).

НОВЕЛЛИ´СТ, -а, *м.* Писатель — автор новелл (в 1 знач.). ‖ *ж.* **новелли́стка,** -и.

НО´ВЕНЬКИЙ, -ая, -ое (разг.). **1.** *см.* новый. **2. но́венький,** -ого, *м.* То же, что новичок (в 1 знач.), а также человек, новый в каком-н. коллективе. *У нас в классе н.* ✦ **Кто на новенького?** — в детских играх: кто будет водить (в 3 знач.), а также вообще, кто следующий, чья очередь. ‖ *ж.* **но́венькая,** -ой.

НОВИЗНА´, -ы́, *ж.* Нечто новое в чём-н. *Н. взглядов или во взглядах. Чувство новизны.*

НОВИНА´, -ы́, *ж.* (обл.). **1.** То же, что новь (во 2 знач.). *Распахать новину.* **2.** Хлеб нового урожая. *Запасов хватит до новины.* **3.** Суровая небелёная холстина. *Домотканая н.*

НОВИ´НКА, -и, *ж.* То же, что новость (в 1 знач.). *Книжные новинки.* ✦ **В новинку** *кому что и с неопр.* (разг.) — о чём-н. новом, испытываемом впервые. *Работать без наставника ученику в новинку.*

НОВИЧО´К, -чка́, *м.* **1.** Новый ученик, поступивший в класс позже других. *В класс пришёл н.* **2.** *в чём.* Тот, кто недавно ознакомился с чем-н., недавно начал заниматься чем-н. *Н. в столярном деле.*

НОВО... *Первая часть сложных слов со знач.:* 1) новый (в 1 знач.), впервые появившийся, напр. *новозаведённый, новоизбранный, новоприбывший, новообразование;* 2) относящийся к новым местам, к новому месту, напр. *новооткрыватель, новопоселенец, новосёл;* 3) противоположный древнему (в 1 знач.), следующий за ним, напр. *новогреческий, новоевропейский, новоледниковье;* 4) сверх, очень, напр. *новомодный;* 5) только что начинающий что-н., приступающий к чему-н.; являющийся новичком, напр. *новорождённый, новобранец.*

НОВОБРА´НЕЦ, -нца, *м.* Солдат или матрос, только что призванный на военную службу. ‖ *прил.* **новобра́нческий,** -ая, -ое.

НОВОБРА´ЧНАЯ, -ой, *ж.* Женщина, только что вступившая в брак.

НОВОБРА´ЧНЫЙ, -ого, *м.* **1.** Мужчина, только что вступивший в брак. **2.** *мн.* Супруги, только что вступившие в брак. *Салон для новобрачных.*

НОВОВВЕДЕ´НИЕ, -я, *ср.* Новое правило, вновь установленный порядок. *Важное н.*

НОВОГО´ДНИЙ, -яя, -ее. Относящийся к Новому году, к празднованию его встречи. *Н. подарок. Новогодняя ёлка.*

НОВОДЕ´Л, -а, *м.* (разг.). Здание, сооружение, построенное на месте уничтоженного, исчезнувшего и воспроизводящее его прежний внешний вид.

НОВОЗЕЛА´НДСКИЙ [*нс*], -ая, -ое. **1.** *см.* новозеландцы. **2.** Относящийся к новозеландцам, к их языкам, национальному характеру, образу жизни, культуре, а также к государству Новая Зеландия, его территории, внутреннему устройству, истории; такой, как у новозеландцев, как в Новой Зеландии. *Н. доллар* (денежная единица).

НОВОЗЕЛА´НДЦЫ [*нц*], -ев, *ед.* -а́ндец, -дца, *м.* Население государства Новая Зеландия. ‖ *ж.* **новозела́ндка** [*нк*], -и. ‖ *прил.* **новозела́ндский** [*нс*], -ая, -ое.

НОВОИСПЕЧЁННЫЙ, -ая, -ое (разг. шутл.). Недавно сделанный, недавно ставший кем-н. *Н. проект. Н. студент.*

НОВОКАИ´Н, -а (-у), *м.* Лекарственное средство для обезболивания и лечебных целей. ‖ *прил.* **новокаи́новый,** -ая, -ое.

НОВОЛУ´НИЕ, -я, *ср.* Одна из фаз Луны, когда она обращена к Земле своей неосвещённой стороной и невидима.

НОВОМО´ДНЫЙ, -ая, -ое (разг., обычно неодобр.). Соответствующий новой, самой последней моде, сверхмодный. *Н. костюм. Новомодные словечки.*

НОВООБРАЗОВА´НИЕ, -я, *ср.* Появление новых форм или элементов чего-н., а также сама вновь образовавшаяся форма, элемент. *Злокачественное н. в лёгких* (опухоль).

НОВОПРЕСТА´ВЛЕННЫЙ, -ая, -ое (книжн.). Только что умерший. *Молиться о новопреставленных* (сущ.).

НОВОРОЖДЁННЫЙ, -ая, -ое и **НОВОРО´ЖДЕННЫЙ,** -ая, -ое. **1.** Только что или недавно родившийся. *Н. ребёнок* (в возрасте до одного месяца). *Уход за новорождёнными* (сущ.). *Новорожденные детёныши.* **2. новорождённый,** -ого, *м.* Тот, кто празднует день своего рождения. *Поздравить новорождённого.* ‖ *ж.* **новорождённая,** -ой (ко 2 знач.).

НОВОСЕ́ЛЬЕ, -я, *род. мн.* -лий, *ср.* **1.** Новое место жительства. *Устраиваться на н.* **2.** Празднование по случаю переселения на новое место. *Пригласить на н. Отпраздновать н.*

НОВОСЁЛ, -а, *м.* **1.** То же, что поселенец (в 1 знач.). *Новосёлы целинных земель. Бобры-новосёлы* (перен.). **2.** Человек, к-рый въезжает в новое, только что построенное жильё. *Вручить ключи новосёлам.* ‖ *ж.* **новосёлка,** -и (к 1 знач.; устар.).

НОВОСТРО́ЙКА, -и, *ж.* **1.** Строительство новых зданий. *Работать на новостройке.* **2.** Новое здание. *Школа-н.*

НО́ВОСТЬ, -и, *мн.* -и, -е́й, *ж.* **1.** Нечто новое (в 1 знач.). *Новости в технике. Книжные новости. Эта картина в экспозиции — н.* **2.** Недавно полученное известие. *Узнать много новостей. Последняя, свежая н. Приятная н. Отсутствие новостей — уже хорошая новость* (посл.: хорошо уже то, что нет плохих новостей). **3.** *мн.* Информация о текущих событиях. *Программа новостей. Новости в эфире.* **4.** То же, что новизна (устар.). *Н. впечатлений.* ✦ **Вот (ещё) новости!** (разг.) — выражение неудовольствия, недоумения по поводу чего-н. неожиданного. ‖ *прил.* **новостно́й,** -а́я, -о́е (к 3 знач.). *Новостные программы.*

НОВОТЕ́ЛЬНЫЙ, -ая, -ое (спец.). О корове и нек-рых других самках: только что или впервые отелившийся. *Новотельная корова. Н. скот.*

НОВОЯ́ВЛЕННЫЙ, -ая, -ое; -лен, -ленна (ирон.). Недавно явившийся, впервые проявивший себя. *Н. гений. Н. покровитель.* ‖ *сущ.* **новоя́вленность,** -и, *ж.*

НО́ВШЕСТВО, -а, *ср.* Новое явление, новый обычай, новый метод, изобретение. *Технические новшества.*

НО́ВЫЙ, -ая, -ое; нов, нова́, но́во, новы́ *и* но́вы. **1.** Впервые созданный или сделанный, появившийся или возникший недавно, взамен прежнего, вновь открытый. *Новая техника. Новая книга. Н. жилец. Новая планета. Н. быт. Новые идеи. Н. смысл. Зерно нового урожая. Чувство нового* (сущ.). **2.** *полн. ф.* Относящийся к ближайшему прошлому или к настоящему времени. *Новая история. Русский литературный язык нового времени.* **3.** *полн. ф.* Недостаточно знакомый, малоизвестный. *Он здесь н. человек. Посетить новые места.* ✦ **Новый Завет** — христианская часть Библии. ‖ *уменьш.* **но́венький,** -ая, -ое (к 1 знач.). *Что новенького?* (какие новости, как идут дела?).

НОВЬ, -и, *ж.* **1.** Новое в жизни людей (высок.). *Счастливая н.* **2.** Не паханная ещё земля, целина. *Поднимать н.*

НОГА́, -и́, *вин.* но́гу, *мн.* но́ги, ног, -а́м, *ж.* **1.** Одна из двух нижних конечностей человека, а также одна из конечностей животного. *Правая, левая н. Задние, передние ноги. Сидеть н. на́ ногу* или *н. за́ ногу* (положив одну ногу на другую). *Идти н. за́ ногу* (медленно; прост.). *С ноги на́ ногу переступать, переминаться. Перенести болезнь на ногах* (не ложась в постель). *На ногах не стоит* или *ноги не держат кого-н.* (очень устал или очень пьян; разг.). *Идти (нога) в ногу с кем-н.* (одновременно с другим или другими ступать то правой, то левой ногой; также перен.: действовать согласованно, слаженно с кем-н.). *В ногу со временем* или *с веком идти, шагать* (перен.: то же, что с веком наравне). *Сбиться с ноги* (начать идти не в ногу). *С ног сбиться* (очень устать от беготни, хлопот; разг.). *Стать на́ ноги* (также перен.: начать вести самостоятельную жизнь). *На своих ногах кто-н.* (перен.: вполне самостоятельно). *Ноги кормят кого-н.* (кто-н. добывает средства к жизни ходьбой, беготнёй; разг. *Волка ноги кормят* (посл.). *Со всех ног бежать* (очень быстро; разг.). *Давай бог ноги* (о ком-н. быстро убегающем; разг.). *Одна н. здесь, другая там!* (пойти, отправиться куда-н. быстро, без задержки; разг.). *На одной ноге!* (пойти, побежать быстро, без задержки; разг.). *Возьми ноги в руки и беги!* (беги очень быстро; разг. шутл.). *Поставить на́ ноги кого-н.* (также перен.: 1) вырастив, сделать самостоятельным; 2) вылечить). *Одной ногой в могиле* (о старике, безнадёжно больном: близок к смерти; разг.). *Кланяться в ноги кому-н.* (делать земной поклон; также перен.: просить о большой услуге, одолжении или усиленно благодарить; разг.). *В ногах валяться у кого-н.* (униженно просить; разг.). *В ноги упасть кому-н.* (умоляя, упасть на колени перед кем-н.). *Без ног* или *без задних ног кто-н.* (перен.: о сильной усталости от ходьбы, беготни; разг. шутл.). *На́ ноги поднять всех* (перен.: встревожив чем-н., побудить к деятельности). *Под ногами вертеться (путаться, мешаться)* (мешать кому-н. своим присутствием; разг. неодобр.). *Ни ногой к кому-н., куда-н.* (не бывает, не ходит куда-н. или никогда не пойдёт; разг.). *Ноги унести* (спастись бегством; разг.). *Ног под собой не слышать (не чуять)* (о том, кто бежит в состоянии волнения или радости; а также (только *не чуять*) о том, кто очень устал от ходьбы, от бега; разг.). *Весёлыми ногами пойти куда-н.* (с радостью, с удовольствием; разг.). *Ноги не будет чьей-н. где-н.* (решение или угроза больше не приходить куда-н. или не допустить куда-н.; разг.). *С левой* или *не с той ноги встать* (с утра быть в плохом настроении; разг.). *В ногах правды нет* (погов.: лучше сидеть, чем стоять). **2.** Опора, нижний конец (мебели, механизма, устройства). *Стул на трёх ногах. Н. шасси.* ✦ **В ногах постели** — в той части, где помещаются ноги. **Вверх ногами** — в опрокинутом положении. *В комнате всё перевернуто вверх ногами* (полный беспорядок). **На широкую (барскую) ногу жить** — богато, не стесняясь в средствах. **На короткой (дружеской) ноге** или **на короткую (дружескую) ногу** *кто с кем* — в близких, дружеских отношениях. **Ни в зуб ногой** (прост.) — то же, что ни в зуб. **Под ногами** — далеко внизу. *Под ногами расстилается долина.* **С ног на́ голову поставить, перевернуть** *что* — совершенно исказить, извратить. **С ног до головы** (разг.) — с головы до ног, полностью, совершенно. ‖ *уменьш.* **но́жка,** -и, *ж.* (к 1 знач.) *и* **но́женька,** -и, *ж.* (к 1 знач.). ✦ **Подставить ножку** *кому* (разг.) — 1) поставить ногу так, чтобы другой, споткнувшись об неё, упал; 2) намеренно помешать в каком-н. деле. **В ножки кланяться (поклониться)** *кому* (разг.) — 1) просить о большой услуге, одолжении; 2) усиленно благодарить. ‖ *уничт.* **ножо́нка,** -и, *ж.* (к 1 знач.). ‖ *увел.* **ножи́ща,** -и, *ж.* (к 1 знач.). ‖ *прил.* **ножно́й,** -а́я, -о́е (к 1 знач.). *Ножная ванна. Ножное полотенце* (для ног).

НОГА́ЙСКИЙ, -ая, -ое. **1.** *см.* ногайцы. **2.** Относящийся к ногайцам, к их языку, национальному характеру, образу жизни, культуре, а также к территории их проживания, её внутреннему устройству, истории; такой, как у ногайцев. *Н. язык* (тюркской семьи языков). *Ногайская степь. По-ногайски* (нареч.).

НОГА́ЙЦЫ, -ев, *ед.* -а́ец, -а́йца, *м.* Народ, живущий на Северном Кавказе. ‖ *ж.* **ногайка,** -и. ‖ *прил.* **ногайский,** -ая, -ое.

НОГОТКИ́, -о́в, *ед.* ногото́к, -тка́, *м.* Однолетнее садовое растение с оранжево-жёлтыми цветками, лекарственная календула. ‖ *прил.* **ноготко́вый,** -ая, -ое.

НО́ГОТЬ, -гтя, *мн.* -и, -е́й, *м.* Плоский роговой покров на конце пальца. *Уход за ногтями* (маникюр, педикюр). *К ногтю прижать кого-н.* (перен.: подчинить, заставить слушаться; прост.). ✦ **До кончиков ногтей** — полностью, совершенно. *Джентльмен до кончиков ногтей* (во всём корректен, глубоко порядочен). **От (с) молодых ногтей** — с самого юного возраста. ‖ *уменьш.* **ногото́к,** -тка́, *м.* *С н. кто-н.* (очень мал). ‖ *прил.* **ногтево́й,** -а́я, -о́е.

НОЖ, -а́, *м.* **1.** Предмет для резания, состоящий из лезвия и ручки, а также режущая часть инструментов. *Охотничий, столовый, перочинный н. Разрезной н.* (для разрезывания бумаги). *Штык-н. Н. мясорубки. Н. резака. Н. в спину* (также перен.: предательское действие, предательский удар). *Как ножом по сердцу* или *н. в сердце* (о нравственном ударе, тяжком известии; разг.). *Под ножом умереть* (во время операции). *Без ножа резать* (ставить кого-н. в тяжёлое, безвыходное положение; разг.). *С ножом к горлу пристать (приступить)* (перен.: неотступно просить, требовать; разг. неодобр.). **2.** *перен., в знач. сказ.* О том, что неприятно, тяжело или причиняет большие затруднения (разг.). *Без этих денег мне н. Эти его визиты мне просто н.* ✦ **На ножах быть** *с кем* (разг.) — непримиримо враждовать. **Нож острый** — то же, что нож (во 2 знач.). *Всякие объяснения ей нож острый.* ‖ *прил.* **ножево́й,** -а́я, -о́е (к 1 знач.) *и* **ножо́вый,** -ая, -ое (к 1 знач.). *Ножевое ранение* (от удара ножом). *Ножовая точилка. Ножевые изделия* (спец.).

НО́ЖИК, -а, *м.* То же, что нож (в 1 знач.)(обычно о небольшом ноже). *Перочинный н.* ‖ *уменьш.* **но́жичек,** -чка, *м.*

НО́ЖКА, -и, *ж.* **1.** *см.* нога. **2.** Опора, стойка (мебели, утвари, прибора, какого-н. устройства). *Н. стула.* **3.** Стебелёк, на к-ром держится цветок, а также нижняя, под шляпкой, часть гриба. *Н. одуванчика. Н. сыроежки.* **4.** Один из раздвижных стержней измерительного или чертёжного инструмента. *Н. циркуля.*

НО́ЖНИЦЫ, -иц. **1.** Режущий инструмент из двух раздвигающихся лезвий с кольцеобразными ручками. *Портновские, садовые, маникюрные, медицинские н. Овечьи н.* (для стрижки овец). *Машинные н.* (машина для резки металла). **2.** *перен.* Резкое расхождение между тем, что связано и зависит друг от друга. *Н. между спросом и предложением. Н. между экспортными и импортными ценами.* ‖ *уменьш.* **но́жнички,** -чек (к 1 знач.). ‖ *прил.* **но́жничный,** -ая, -ое (к 1 знач.).

НОЖНО́Й, -а́я, -о́е. **1.** *см.* нога. **2.** Приводимый в действие ногами. *Н. тормоз.*

НО́ЖНЫ, -жен, -жнам и (устар.) **НОЖНЫ́,** -жо́н, -жна́м. Футляр для сабли, шашки, шпаги, кинжала. *Вложить меч в н.* (также перен.: кончить войну; высок.).

НОЖО́ВКА, -и, *ж.* **1.** Узкая ручная пила с мелко и остро насечённым полотном (в 5 знач.). **2.** Ручная машина с таким полотном. ‖ *прил.* **ножо́вочный**, -ая, -ое. *Ножовочное полотно.*

НОЗДРЕВА́ТЫЙ, -ая, -ое; -а́т. С небольшими отверстиями, пористый. *Н. сыр. Н. снег.* ‖ *сущ.* **ноздрева́тость**, -и, *ж.*

НОЗДРЯ́, -и́, *мн.* -и, -е́й, *ж.* Одно из двух наружных носовых отверстий. *Широкие ноздри* (открытые). *Раздувать ноздри* (в гневе). *В ноздри ударил острый запах* (почувствовался). ✦ **Ноздря в ноздрю** (идти, двигаться) (разг. шутл.) — идти или действовать точно рядом, в равном соотношении [*первонач.* о скачущих рядом лошадях]. ‖ *прил.* **ноздрево́й**, -а́я, -о́е.

НОКА́УТ, -а, *м.* В боксе: положение, когда сбитый ударом соперник по истечении десяти секунд не может подняться и считается побеждённым. *Оказаться в нокауте* (также перен.).

НОКАУТИ́РОВАТЬ, -рую, -руешь; -анный; *сов., кого (что).* В боксе: привести в положение нокаута.

НОКДА́УН, -а, *м.* В боксе: положение, когда сбитый ударом соперник по истечении восьми секунд может подняться и продолжать бой.

НОКТЮ́РН, -а, *м.* Небольшое лирическое, преимущ. фортепьянное музыкальное произведение. ‖ *прил.* **ноктю́рновый**, -ая, -ое.

НОЛЬ, -я́ и **НУЛЬ**, -я́, *м.* **1.** В математике: действительное число, от прибавления к-рого никакое число не меняется. *Сводиться к нулю* (перен.: терять значение, превращаться в ничто). **2.** Цифровой знак «0», обозначающий такое число, а также, в составе цифровых обозначений, отсутствие единиц какого-н. разряда. **3.** *перен.* О ничтожном, незначительном, ничего не значащем человеке. *В науке этот человек н. Я для нее н.* ✦ **На улице на нуле** — о температуре воздуха — ноль градусов. **Ноль-ноль** — после названия часа суток указывает: ровно в такой-то час, без минут. *Подъём в семь ноль-ноль.* **Ноль внимания** *на кого-что* (разг.) — никакого внимания. **Ноль без палочки** (разг. шутл.) — о том, кто не имеет никакого влияния, значения. **С нуля начинать** (разг.) — на пустом месте, когда ничего ещё нет. **На нуле** *кто* (разг.) — без денег. ‖ *уменьш.* **но́лик**, -а, *м.* (к 1 и 2 знач.) *и* **ну́лик**, -а, *м.* (к 1 и 2 знач.). ‖ *прил.* **нолево́й**, -а́я, -о́е (к 1 и 2 знач.) *и* **нулево́й**, -а́я, -о́е (к 1 и 2 знач.).

НОМЕНКЛАТУ́РА, -ы, *ж.* **1.** Совокупность или перечень употребляемых в какой-н. специальности названий, терминов. *Географическая н. Н. лекарственных средств.* **2.** *собир.* Номенклатурные должностные лица, а также списки соответствующих должностей (разг.). *Партийная н.* ‖ *прил.* **номенклату́рный**, -ая, -ое.

НОМЕНКЛАТУ́РНЫЙ, -ая, -ое. **1.** *см.* номенклатура. **2. номенклатурный работник, номенклатурные кадры** — работники, персонально назначаемые высшей инстанцией.

НО́МЕР, -а, *мн.* -а́, -о́в, *м.* **1.** Порядковое число предмета в ряду других однородных; цифровое обозначение такого числа; знак (№), предшествующий такому обозначению. *Н. облигации. Н. билета. Н. значения слова в словаре. Н. автомобиля. Н. телефона* (абонентский). **2.** Предмет или лицо, обозначенные определённым числом по порядку. *Последний н. журнала. Вот идёт мой н.* (о трамвае, автобусе и троллейбусе). **3.** Размер предмета (преимущ. одежды), обозначенный цифрой (цифрами). *Н. перчаток, обуви.* **4.** Отдельное помещение в гостинице, в бане. *Заказать н. Н. люкс. Остановиться в номерах* (в гостинице; устар.). **5.** Отдельно исполняемая часть эстрадного, циркового представления, концерта. *Хоровой н.* **6.** Боец орудийного, пулемётного, миномётного расчёта. *Орудийные номера.* **7.** То же, что номерок (во 2 знач.). ✦ **Выкинуть номер** (разг.) — совершить какой-н. предосудительный, странный, смешной поступок. **Номер не пройдёт** (разг.) — ничего не получится, не выйдет. **Пустой номер** (разг.) — о том, что не удалось, не вышло, не получилось [*первонач.* о номере билета, не выигравшего в лотерее]. **Номер один** — самый главный или первостепенный. *Соперник номер один. Проблема номер один.* ‖ *уменьш.* **номеро́к**, -рка́, *м.* (к 1 и 4 знач.). ‖ *прил.* **номерно́й**, -а́я, -о́е (к 1 и 4 знач.). *Н. знак автомобиля* (планка с номером).

НОМЕРНО́Й, -а́я, -о́е. **1.** *см.* номер. **2.** Такой, название к-рого обозначено только номером. *Н. завод.*

НОМЕРО́К, -рка́, *м.* **1.** *см.* номер. **2.** Бляха, жетон с номерным знаком, цифрой. *Гардеробный н.*

НОМИНА́Л, -а, *м.* (спец.). Обозначенная стоимость (на товаре, денежном знаке, ценной бумаге). *Продажа по номиналу.*

НОМИНА́ЛЬНЫЙ, -ая, -ое; -лен, -льна. **1.** *полн. ф.* Обозначенный на чём-н., выражаемый той или иной денежной стоимостью (спец.). *Номинальная цена. Номинальная заработная плата* (в денежном выражении). **2.** Только называющийся, но не выполняющий своего назначения, обязанностей, фиктивный (книжн.). *Числиться где-н. номинально* (нареч.).

НОМИНА́НТ, -а, *м.* (книжн.). Тот, кто выдвигается на соискание премии, награды по той или иной номинации в каком-н. конкурсе. *Определить победителя среди номинантов.*

НОМИНА́ЦИЯ, -и, *ж.* (книжн.). **1.** Именование, называние. *Теория номинации* (в языкознании). **2.** Название вида деятельности (обычно творческое), обозначенной для участия в конкурсе, для присуждения награды. *Премии по десяти номинациям.*

НО́НЕШНИЙ, -яя, -ее (обл.). То же, что нынешний. *Нонешнее утро. Н. председатель. Нонешние времена.*

НОНПАРЕ́ЛЬ, -и, *ж.* Типографский шрифт мельче петита (с высотой литер 2,25 мм). *Набрать примечание нонпарелью.* ‖ *прил.* **нонпаре́льный**, -ая, -ое.

НО́НСЕНС [сэ], -а, *м.* (книжн.). Полная бессмыслица.

НООСФЕ́РА, -ы, *ж.* (спец.). Состояние биосферы, сложившееся в результате взаимодействия её законов с деятельностью человеческого разума.

НОРА́, -ы́, *вин.* -у́, *мн.* но́ры, нор, но́рам, *ж.* **1.** Жилище животного — углубление под землёй с ходом (ходами) наружу. *Лисья, барсучья н.* **2.** *перен.* Тёмное, неблагоустроенное жилище. *Живёт в какой-то норе. Уйти в свою нору* (также перен.: начать жить в одиночестве, не общаясь с людьми). ‖ *уменьш.* **но́рка**, -и, *ж.* (к 1 знач.). ‖ *прил.* **норово́й**, -а́я, -о́е (к 1 знач.) *и* **но́рный**, -ая, -ое (к 1 знач.; спец.). *Норный зверь. Норные собаки* (дрессируемые для охоты в норах).

НОРВЕ́ЖСКИЙ, -ая, -ое. **1.** *см.* норвежцы. **2.** Относящийся к норвежцам, к их языку, национальному характеру, образу жизни, культуре, а также к Норвегии, её территории, внутреннему устройству, истории; такой, как у норвежцев, в Норвегии. *Н. язык* (германской группы индоевропейской семьи языков). *Норвежские фьорды. Норвежское течение* (тёплое течение вдоль берегов Норвегии, смягчающее климат Скандинавии). *Н. крона* (денежная единица). *По-норвежски* (нареч.).

НОРВЕ́ЖЦЫ, -ев, *ед.* -жец, -жца, *м.* Народ, составляющий основное население Норвегии. ‖ *ж.* **норве́жка**, -и. ‖ *прил.* **норве́жский**, -ая, -ое.

НОРД, -а, *м.* (спец.). Север, северное направление, а также северный ветер. *Н.-вест* (северо-запад, а также северо-западный ветер). *Н.-ост* (северо-восток, а также северо-восточный ветер).

НО́РКА[1], -и, *ж.* Хищный пушной зверёк сем. куньих с густой блестящей шерстью, а также мех его. *Воротник из норки.* ‖ *прил.* **но́рковый**, -ая, -ое *и* **но́рочий**, -ья, -ье. *Норковая шуба. Норочья клетка.*

НО́РКА[2] *см.* нора.

НО́РМА, -ы, *ж.* **1.** Узаконенное установление, признанный обязательным порядком, строй чего-н. *Н. поведения. Нормы литературного языка. Войти (прийти) в норму* (прийти в порядок, в обычное состояние). **2.** Установленная мера, средняя величина чего-н. *Н. выработки. Н. высева семян. Н. выпадения осадков.* ✦ **В норме** *кто-что* (разг.) — чувствует себя нормально, находится в нормальном состоянии.

НОРМАЛИЗОВА́ТЬ, -зу́ю, -зу́ешь; -о́ванный; *сов.* и *несов., что.* Подчинить (-нять) норме. *Н. орфографию. Н. отношения.* ‖ *сущ.* **нормализа́ция**, -и, *ж.*

НОРМАЛИЗОВА́ТЬСЯ (-зу́юсь, -зу́ешься, 1 и 2 л. не употр.), -зу́ется; *сов.* и *несов.* Стать (становиться) нормальным, войти (входить) в норму. *Отношения нормализовались.* ‖ *сущ.* **нормализа́ция**, -и, *ж.*

НОРМА́ЛЬНЫЙ, -ая, -ое; -лен, -льна. **1.** Соответствующий норме, обычный. *Н. вес. У больного нормальная температура. Нормальная обстановка. Как себя чувствуете? — Нормально!* (нареч.). **2.** Психически здоровый. *Не вполне нормален кто-н.* ‖ *сущ.* **норма́льность**, -и, *ж.*

НОРМА́ННСКИЙ, -ая, -ое. **1.** *см.* норманны. **2.** Относящийся к норманнам (викингам), к их языкам (скандинавским), образу жизни, истории; такой, как у норманнов. *Норманнские завоевательные походы.*

НОРМА́ННЫ, -ов, *ед.* -а́нн, -а, *м.* Общее название племён, населявших Скандинавию в средние века. ‖ *прил.* **норма́ннский**, -ая, -ое.

НОРМАТИ́В, -а, *м.* (спец.). Экономический или технический показатель норм, в соответствии с к-рыми производится работа. *Технические нормативы. Спортивный н.* ‖ *прил.* **нормати́вный**, -ая, -ое.

НОРМАТИ́ВНЫЙ, -ая, -ое; -вен, -вна. **1.** *см.* норматив. **2.** Устанавливающий норму, правила. *Нормативная грамматика.* ‖ *сущ.* **нормати́вность**, -и, *ж.*

НОРМИРОВА́ТЬ, -ру́ю, -ру́ешь; -о́ванный и **НОРМИ́РОВАТЬ**, -рую, -руешь; -анный; *сов.* и *несов., что.* Установить (-навливать) пределы чего-н., ввести (вводить) в норму. *Н. цены.* ‖ *сущ.* **нормирова́ние**, -я, *ср.*, **норми́рование**, -я, *ср.* и **нормиро́вка**, -и, *ж.* ‖ *прил.* **нормиро́вочный**, -ая, -ое.

НОРМИРО́ВЩИК, -а, *м.* Работник, осуществляющий нормировку чего-н. ‖ *ж.* **нормиро́вщица**, -ы.

НО́РОВ, -а, *м.* **1.** Нрав, обычай (стар.). *Что город, то н., что деревня, то обычай* (посл.). **2.** Упрямство, характер с причудами (прост.). *Человек с норовом. Укроти свой н.!*

НОРОВИ́СТЫЙ, -ая, -ое; -и́ст (прост.). Упрямый, с норовом. *Норовистая лошадь.* ‖ *сущ.* **норови́стость,** -и, *ж.*

НОРОВИ́ТЬ, -влю́, -ви́шь; *несов., с неопр.* (разг.). Настойчиво стремиться сделать что-н. или добиться чего-н. *Н. всё сделать по-своему.*

НОРУ́ШКА, -и, *ж.:* **мышка-норушка** — в сказках: мышка, живущая в норке.

НОС, -а (-у), о но́се, в (на) носу́, *мн.* -ы́, -о́в, *м.* **1.** Орган обоняния, находящийся на лице человека, на морде животного. *Горбатый н. Римский н.* (крупный, правильной формы нос с горбинкой). *И́з носу и из но́су (но́са). По́ носу и по но́су. За́ нос и за но́с. На́ нос и на но́с. Даже на́ нос не налезет* (об одежде: очень мал; разг.). *Встретиться носом к носу* (почти столкнувшись; разг.). *В н. говорить* (гнусаво). *Под н. себе говорить, бормотать* (говорить невнятно, бурчать; разг.). *За́ нос водить кого-н.* (перен.: вводить в заблуждение, обманывать; разг.). *Дальше собственного носа не видеть* (об ограниченности, узости кругозора; разг.). *Н. повесить* (приуныть; разг.). *Н. задрать, поднять* (также перен.: заважничать, загордиться; разг. неодобр.). *Носа показать (высунуть) не смеет кто-н.* (перен.: ведёт себя смирно, притих; разг.). *Н. совать куда-н., во что-н.* (также перен.: вмешиваться не в своё дело, а также стараться вникнуть во что-н. или попасть куда-н.; разг. неодобр.). *Н. (рыло, морду) воротить от кого-чего-н.* (относиться к кому-чему-н. пренебрежительно; прост. неодобр.). *Носу не казать* (не показываться, не появляться; разг.). **2.** Передняя часть судна, летательного аппарата (а также нек-рых транспортных и боевых средств). *Н. лодки, корабля, самолёта. Н. танка.* **3.** Клюв птицы. *Дятел стучит носом.* **4.** То же, что носок (во 2 знач.). *Туфли с острым носом.* ✦ **Под носом** (разг. неодобр.) — рядом, совсем близко. *Не видит, что творится у него под носом.* **Из-под носа** *у кого* (взять, утащить, увести) (разг.) — незаметно или неожиданно, вдруг (о том, что было совсем близко, рядом). **На носу** (разг.) — очень скоро наступит. *Экзамены на носу.* **С носом оставить** *кого* (разг.) — провести, обмануть. **С носом остаться** (разг.) — обмануться в расчётах. **Не по́ носу** *кому* (разг. неодобр.) — не по вкусу, не по нраву. **Нос натянуть** *кому* (прост.) — одурачить, обмануть. **Нос показать** *кому* (разг.) — сделать жест несогласия, поддразнивания, приставив к носу большой палец и оттопырив мизинец. **Нос не дорос** *у кого* (разг. шутл.) — молод или недостаточно опытен для чего-н. **Носом землю роет** (разг., часто неодобр.) — 1) очень старается; 2) крайне возмущён, взбешён. **С носа** (взять, получить) (прост.) — с каждого из участников, с головы, с брата. **На́ нос** (пришлось, досталось) (прост.) — на одного из участников, на брата. *По рублю на нос.* ‖ *уменьш.* **но́сик,** -а, *м.* (к 1 и 3 знач.) *и* **носо́к,** -ска́, *м.* (к 1 и 3 знач.). ‖ *прил.* **носово́й,** -а́я, -о́е (к 1, 2 и 3 знач.). *Н. платок* (для сморкания). *Носовая часть палубы.*

НОСА́СТЫЙ, -ая, -ое; -а́ст (разг.). С большим носом. *Носастая физиономия.* ‖ *сущ.* **носа́стость,** -и, *ж.*

НОСА́ТЫЙ, -ая, -ое; -а́т. С носом или с большим носом. *Носатые обезьяны* (вид обезьян с большим носовым выростом у самцов). *Носатое лицо.*

НО́СИК, -а, *м.* **1.** *см.* нос. **2.** Выступающая в виде трубки часть чайника, соусника, кофейника, сосуда, через к-рую выливается жидкость. *Чайник с отбитым носиком.*

НОСИ́ЛКИ, -лок. Приспособление для переноски тяжестей или людей. *Санитарные н.*

НОСИ́ЛЬЩИК, -а, *м.* Рабочий, занимающийся переноской (или перевозкой на тележке) ручного багажа на вокзалах, пристанях, а также тот, кто носит кого-что-н. на носилках. *Железнодорожный н. Санитары-носильщики.*

НОСИ́ТЕЛЬ, -я, *м.* **1.** *чего.* Тот, кто наделён чем-н., может служить выразителем, представителем чего-н. (книжн.). *Н. передовых идей.* **2.** *чего.* Распространитель какой-н. инфекции. *Н. гриппа.* **3.** Устройство, несущее, перемещающее что-н., а также вообще то, что заключает, несёт в себе что-н. (спец.). *Машинный н. информации. Частицы — носители тока. Ракета-н.* ‖ *ж.* **носи́тельница,** -ы (к 1 знач.).

НОСИ́ТЬ, ношу́, но́сишь; но́шенный; *несов.* **1.** *кого-что.* То же, что нести[1] (в 1 и 5 знач.), но обозначает действие, совершающееся не в одно время, не за один приём или не в одном направлении. *Н. вещи в вагон. Н. на руках кого-н.* (также перен.: проявлять к кому-н. усиленное внимание, баловать). *И куда его каждый вечер нелёгкая носит?* (прост.). **2.** *что.* Одеваться во что-н., иметь, держа всегда при себе, а также иметь в наличии (о бороде, усах, причёске). *Н. светлые платья. Н. очки. Н. бороду.* **3.** *что.* Иметь (какое-н. имя, фамилию). *Н. свою девичью фамилию.* **4.** *что.* Иметь, заключать в себе, характеризоваться чем-н. *Спор носит бурный характер.* **5.** *кого (что).* Быть в состоянии беременности. *Тяжело носила.* **6.** *чем.* В сочетании с сущ. «грудь», «бока», «живот»: тяжело дыша, вздымать и опускать, поводить (обычно о животных) (разг.). *Взмыленный конь носит боками.* ‖ *сущ.* **ноше́ние,** -я, *ср.* (к 1, 2 и 3 знач.) *и* **но́ска,** -и, *ж.* (к 1 и 2 знач.; разг.). *Ношение оружия. Материал, практичный в носке.* ‖ *прил.* **носи́льный,** -ая, -ое (ко 2 знач.; об одежде). *Носильные вещи* (находящиеся в носке). *Носильное бельё.*

НОСИ́ТЬСЯ, ношу́сь, но́сишься; *несов.* **1.** То же, что нестись[1] (в 1 и 2 знач.), но обозначает действие, совершающееся не в одно время, не за один приём или не в одном направлении. *Н. по комнатам. Носится как угорелый. Идея носится в воздухе* (чувствуется, ощущается всеми). **2.** *с кем-чем.* Быть увлечённым, привлекать усиленное внимание к кому-чему-н. (разг.). *Н. с молодым поэтом. Н. с новым проектом.*

НО́СКА[1-2] *см.* нести[1-2] *и* носить.

НО́СКИЙ[1], -ая, -ое; -сок, -ска́ *и* -ска, -ско. Прочный, долго не изнашивающийся. *Ноская ткань.* ‖ *сущ.* **но́скость,** -и, *ж.*

НО́СКИЙ[2], -ая, -ое; -сок, -ска. О домашних птицах: способный хорошо нестись[2]. *Ноская порода кур.* ‖ *сущ.* **но́скость,** -и, *ж.*

НОСОГЛО́ТКА, -и, *ж.* Верхняя часть глотки, расположенная позади полости носа, отдел дыхательных путей. ‖ *прил.* **носогло́точный,** -ая, -ое.

НОСОГРЕ́ЙКА, -и, *ж.* (разг.). Короткая курительная трубка.

НОСО́К, -ска́, *род. мн.* -со́к *и* -ско́в, *м.* **1.** *см.* нос. **2.** (-ско́в). Передний конец обуви или чулка. *Н. ботинка. Н. и пятка двойной вязки.* **3.** (-ско́в). В нек-рых сочетаниях: кончики пальцев ноги. *Подняться на носки, стоять на носках* (на цыпочки, на цыпочках). *С носка ударить, бить* (носком). **4.** Короткий чулок, не доходящий до колена. ‖ *прил.* **носо́чный,** -ая, -ое (ко 2 и 4 знач.). *Чулочно-носочные изделия.*

НОСОРО́Г, -а, *м.* **1.** Крупное непарнокопытное млекопитающее южных стран с одним или двумя рогами на передней части морды. *Семейство носорогов.* **2.** Большой бурый рогатый жук. ‖ *прил.* **носоро́жий,** -ья, -ье (к 1 знач.) *и* **носоро́говый,** -ая, -ое (к 1 знач.). *Носорожий рог. Носороговая кожа.*

НОСТАЛЬГИ́Я, -и, *ж.* (книжн.). Тоска по родине, а также вообще тоска по прошлому. ‖ *прил.* **ностальги́ческий,** -ая, -ое. *Ностальгические нотки.*

НО́ТА[1], -ы, *ж.* **1.** Графический знак, изображающий музыкальный звук, а также самый звук. *Читать ноты. Взять высокую ноту. Нотой ниже!* (перен.: говори потише, не кричи; разг. шутл.). *На высоких нотах разговаривать* (перен.: громко и раздражённо). **2.** *мн.* Текст музыкального произведения, графически изображённый. *Играть по нотам. Как по нотам* (чётко, без отступлений от намеченного заранее). **3.** *перен.* Оттенок, тон речи, выражающий какое-н. чувство. *Н. неудовольствия в голосе.* ‖ *уменьш.* **но́тка,** -и, *ж.* (к 1 и 3 знач.). ‖ *прил.* **но́тный,** -ая, -ое (к 1 и 2 знач.). *Нотная грамота. Нотное письмо.*

НО́ТА[2], -ы, *ж.* Официальное дипломатическое обращение одного правительства к другому. *Вербальная н. Н. протеста.* ‖ *прил.* **но́тный,** -ая, -ое.

НОТАРИА́ЛЬНЫЙ, -ая, -ое. Относящийся к свидетельствованию и оформлению различных документов, юридических актов. *Нотариальная контора. Нотариально* (нареч.) *заверенная копия.*

НОТА́РИУС, -а, *м.* Должностное лицо, совершающее нотариальные акты. *Государственный н.*

НОТА́ЦИЯ[1], -и, *ж.* Долгое наставление, назидательный выговор. *Читать нотацию кому-н. Выслушивать нотации.*

НОТА́ЦИЯ[2], -и, *ж.* (спец.). Система условных письменных обозначений чего-н. *Шахматная н.* ‖ *прил.* **нотацио́нный,** -ая, -ое.

НОЧЕВА́ТЬ, -чу́ю, -чу́ешь; *несов.* Проводить ночь где-н. (обычно расположившись спать). *Н. у костра. Н. на сеновале.* ✦ **И не ночевало** *что где* (разг.) — совершенно нет. *Поэзия в этих стихах и не ночевала.* ‖ *сов.* **переночева́ть,** -чу́ю, -чу́ешь. ‖ *сущ.* **ночёвка,** -и, *ж.* *С ночёвкой (прийти, приехать)* (с намерением остаться ночевать). *Остановиться на ночёвку.*

НОЧЛЕ́Г, -а, *м.* Ночёвка, а также место для ночёвки. *Остановиться, расположиться на н.* ‖ *прил.* **ночле́жный,** -ая, -ое. *Н. дом* (дом, где предоставляется ночлег бездомным беднякам).

НОЧЛЕ́ЖКА, -и, *ж.* (разг.). Ночлежный дом. *Городская н. Н. для бомжей.*

НОЧЛЕ́ЖНИК, -а, *м.* **1.** Тот, кто пользуется временным ночлегом где-н. (разг.). **2.** Бездомный бедняк, ночующий в ночлежном доме. ‖ *ж.* **ночле́жница,** -ы.

НОЧНИ́К, -а́, *м.* **1.** Слабо горящая лампочка, зажигаемая на ночь, ночью. **2.** Человек, к-рый выполняет какой-н. вид работы ночью (разг.).

НОЧНО́Й, -а́я, -о́е. **1.** *см.* ночь. **2.** **ночно́е,** -о́го, *ср.* Пастьба лошадей ночью в летнее, тёплое время. *Поехать в ночное.*

НОЧЬ, -и, о но́чи, в ночи́, *мн.* -и, -е́й, *ж.* Часть суток от захода до восхода солнца, между вечером и утром. *Тёмная, глубокая н. До́ ночи и до но́чи. Уехать в ночь* (ночью). *На́ ночь* (перед тем, как ложиться спать). *На́ ночь глядя* (поздно вечером). *Спокойной (или покойной, доброй) ночи!* (пожелание спокойно спать ночью). ✦ **Ночь-полно́чь** (прост.) — позднее ночное время. **Полярная ночь** — часть года за Полярным кругом, когда солнце не поднимается над горизонтом. **Тысяча и одна ночь!** (разг. шутл.) — о чём-н., запутанном, сложном, связанном с приключениями. ‖ *уменьш.-ласк.* **но́чка**, -и, *ж.* и **но́ченька**, -и, *ж.* ‖ *прил.* **ночно́й**, -а́я, -о́е. *Ночная смена. Ночные цветы* (раскрывающиеся ночью).

НО́ЧЬЮ, *нареч.* В ночное время. *Выехать н. И днём и н. думать о чём-н.* (постоянно).

НО́ША, -и, *ж.* Груз, переносимый на себе. *Тяжёлая н. Своя н. не тянет* (посл.).

НО́ШЕНЫЙ, -ая, -ое. Об одежде: бывший в употреблении. *Ношеное бельё. Ношеные туфли.*

НОЯ́БРЬ, -я́, *м.* Одиннадцатый месяц календарного года. *Отложить встречу до ноября.* ‖ *прил.* **ноя́брьский**, -ая, -ое. *Ноябрьские заморозки.*

НРАВ, -а, *м.* **1.** То же, что характер (в 1 знач.). *Добрый н. Крутой н.* **2.** *мн.* Обычай, уклад общественной жизни. *Старинные нравы.* ✦ **По нраву** *что кому*, чаще *с отриц.* (разг.) — нравится, по душе, по вкусу.

НРА́ВИТЬСЯ, -влюсь, -вишься; *несов., кому, с неопр.* Быть по вкусу, располагать к себе. *Этот человек мне нравится. Н. кататься.* ‖ *сов.* **понра́виться**, -влюсь, -вишься.

НРА́ВНЫЙ, -ая, -ое; -вен, -вна (прост.). Сердитый, крутого нрава. *Н. старик.*

НРАВОУЧЕ́НИЕ, -я, *ср.* Поучение, внушение нравственных правил. *Читать нравоучения кому-н. Н. в басне.*

НРАВОУЧИ́ТЕЛЬНЫЙ, -ая, -ое; -лен, -льна. Представляющий собой нравоучение. *Нравоучительная концовка басни.* ‖ *сущ.* **нравоучи́тельность**, -и, *ж.*

НРА́ВСТВЕННОСТЬ, -и, *ж.* Внутренние, духовные качества, к-рыми руководствуется человек, этические нормы; правила поведения, определяемые этими качествами. *Человек безупречной нравственности.* ‖ *прил.* **нра́вственный**, -ая, -ое. *Н. кодекс человека.*

НРА́ВСТВЕННЫЙ, -ая, -ое; -вен, -венна. **1.** *см.* нравственность. **2.** Соответствующий требованиям высокой нравственности. *Н. поступок. Н. человек.* **3.** *полн. ф.* Относящийся к сознанию, внутренней жизни человека. *Нравственное удовлетворение.*

НУ. **1.** *межд.* Выражает побуждение, а также удивление, восхищение или негодование, иронию. *Ну, рассказывай! Ну, насмешил!* **2.** *частица.* Выражает удивление по поводу сказанного, неужели, правда ли. *Сегодня он уезжает. — Ну?!* **3.** *частица.* В изложении употр. для нек-рого резюмирования и указания на возможность перехода к дальнейшему. *Всё готово, ну, кажется, можно ехать. Он ошибается, ну (ну так) надо его научить.* **4.** *частица* [*всегда ударная*]. Употр. при неопр. для обозначения неожиданного и резкого начала действия. *Она ну́ кричать! Ну́ на него кидаться!* **5.** *частица.* Выражает утверждение при нек-ром недовольстве и готовности возражать или обсуждать, допустим, положим, что так (прост.). *Ты пойдёшь гулять? — Ну пойду.* **6.** *частица.* То же, что да (в 1 знач.) (прост.). *Ты что болен? — Ну.* ✦ **Ну и** (разг.) — 1) *союз,* вот поэтому и, вот по этой причине. *Ослабел, ну и отстал. Виноват, ну и извинись;* 2) в сочетании со следующим словом выражает оценку, удивление, подчёркивание. *Ну и молодец! Ну и насмешил! Ну и холод!* (т. е. очень сильный холод). **Ну и ну!** (разг.) — выражение удивления, скептической оценки. *Вырядилась, как чучело. Ну и ну!* **Ну-ка** (разг.) и **ну-тка** (прост.) — употр. при понуждении, поощрении. *Ну-ка, подойди! Попробуй, ну-ка.* **Ну (а ну) тебя (вас, его, её, их)!** (разг.) — выражение пренебрежительного безразличия, неодобрения, отрицательного отношения к кому-чему-н. *Не пойду к соседу, ну его!* **Ну́ как (да)** (прост.) — выражение неуверенного опасения. *Ну как (да) рассердится?* **Ну-ка да** (прост.) — то же, что ну как (да). *Ну-ка да опоздаем?*

НУВОРИ́Ш, -а, *м.* (книжн. презр.). Богач, наживший своё состояние на социальных переменах или бедствиях, на разорении других.

НУГА́, -и́, *ж.* Кондитерское изделие — сладкая вязкая масса с орехами.

НУДЕ́ТЬ, -е́ю, -е́ешь; *несов.* (прост. неодобр.). Говорить нудно, монотонно, а также жалуясь или настойчиво прося чего-н.

НУДИ́ЗМ, -а, *м.* Движение, проповедующее культ нагого тела. ‖ *прил.* **нуди́стский**, -ая, -ое.

НУДИ́СТ, -а, *м.* Сторонник, последователь нудизма. *Пляж для нудистов.* ‖ *ж.* **нуди́стка**, -и. ‖ *прил.* **нуди́стский**, -ая, -ое.

НУ́ДНЫЙ, -ая, -ое; -ден, -дна́, -дно, -дны́ *и* -дны. Докучливый, монотонный и надоедливый. *Нудные наставления.* ‖ *сущ.* **ну́дность**, -и, *ж.*

НУДЬ, -и, *ж.* (разг). Что-н. нудное, тоскливое. *Читаю нашумевший роман: ну и н.!*

НУЖДА́, -ы́, *мн.* ну́жды, нужд, ну́ждам, *ж.* **1.** *ед.* Недостаток в необходимом, бедность. *Вырос в нужде.* **2.** То же, что потребность. *Н. в деньгах. Нужды новосёлов.* ✦ **Нужды́ (ну́жды) нет** (устар.) — неважно, не в том дело. **По нужде** (прост.) — по естественной надобности.

НУЖДА́ЕМОСТЬ, -и, *ж.* Степень нужды (во 2 знач.). *Н. в топливе.*

НУЖДА́ТЬСЯ, -а́юсь, -а́ешься; *несов.* **1.** Жить в нужде, в бедности. *Раньше семья нуждалась.* **2.** *в ком-чём.* Испытывать потребность. *Н. в совете, в поддержке.*

НУ́ЖНЫЙ, -ая, -ое; -жен, -жна́, -жно, -жны́ *и* -жны. **1.** Требующийся, необходимый. *Дать нужные указания. Нужная сумма.* **2.** *полн. ф.* Полезный, такой, без к-рого трудно обойтись (разг.). *Н. человек.* **3.** **ну́жно**, *в знач. сказ., с неопр.* Следует, необходимо. *Нужно торопиться. Нужно, чтобы все явились.* **4.** **ну́жно**, *в знач. сказ., кого-что и чего.* Требуется, следует иметь. *Нужно врача, советчика. Мне нужно пять рублей. Нужно денег.* ✦ **Очень нужно!** (разг. пренебр.) — то же, что очень надо.

НУ́КАТЬ, -аю, -аешь; *несов.* (разг.). Нетерпеливо подгонять, говоря «ну». *Не нукай, не запряг ещё* (шутл.).

НУКЛЕИ́НОВЫЙ, -ая, -ое: **нуклеиновые кислоты** (спец.) — в живых организмах: высокомолекулярные органические соединения, хранящие и передающие генетическую информацию.

НУЛЕВО́Й, -а́я, -о́е. **1.** *см.* ноль. **2.** Лишённый всякого положительного момента, никакой. *Н. результат* (т. е. отсутствие результата).

НУЛЁВКА: под нулёвку остричь (остричься) (разг.) — наголо.

НУ́ЛИК, НУЛЬ *см.* ноль.

НУМЕРА́ЦИЯ, -и, *ж.* **1.** *см.* нумеровать. **2.** Цифровое обозначение предметов, расположенных в последовательном порядке. *Н. домов.*

НУМЕРОВА́ТЬ, -ру́ю, -ру́ешь; -о́ванный; *несов., кого-что.* Ставить номера на ком-чём-н. ‖ *сов.* **занумерова́ть**, -ру́ю, -ру́ешь; -о́ванный *и* **пронумерова́ть**, -ру́ю, -ру́ешь; -о́ванный. ‖ *сущ.* **нумера́ция**, -и, *ж.* ‖ *прил.* **нумерацио́нный**, -ая, -ое.

НУМИЗМА́Т, -а, *м.* Специалист по нумизматике (в 1 знач.); человек, занимающийся нумизматикой (во 2 знач.). ‖ *ж.* **нумизма́тка**, -и (по 2 знач. сущ. нумизматка).

НУМИЗМА́ТИКА, -и, *ж.* **1.** Раздел науки, изучающий историю монет, денежных слитков, медалей. **2.** Коллекционирование старинных монет и медалей. ‖ *прил.* **нумизмати́ческий**, -ая, -ое.

НУ́НЦИЙ, -я, *м.* Постоянный дипломатический представитель римского папы в иностранном государстве. *Папский н.*

НУ́ТЕ и **НУ́ТЕ-С**, *частица* (разг.). Фамильярное выражение побуждения. *Н., рассказывайте, что же всё-таки произошло.*

НУ́ТРИЯ, -и, *ж.* Болотный бобр, грызун с остистой шерстью, а также мех его. ‖ *прил.* **ну́триевый**, -ая, -ое. *Нутриевая ферма.*

НУТРО́, -а́, *ср.* **1.** Внутренность, внутренности (прост.). *Всё н. болит.* **2.** *перен.* О душевном мире, внутреннем чутье, инстинкте (разг.). *Нутром угадывать. До нутра пронял своим рассказом.* ✦ **По нутру**, чаще *с отриц.* (разг.) — нравится, по нраву. *Замечания ему не по нутру.*

НУТРЯНО́Й, -а́я, -о́е. **1.** Извлечённый из внутренностей животного. *Н. жир. Нутряное сало.* **2.** *перен.* Глухой, как бы исходящий изнутри, из чрева. *Н. голос. Н. кашель, смех.*

НЫ́НЕ, *нареч.* (устар. и высок.). Теперь, в настоящее время. *Н. здравствующий* (о том, кто жив, продолжает благополучно существовать; книжн., часто ирон.).

НЫ́НЕШНИЙ, -яя, -ее (разг.). **1.** Относящийся к сегодняшнему дню, а также к этому, настоящему году. *Н. удой. Н. урожай. Нынешнее лето.* **2.** Современный, теперешний. *Нынешняя молодёжь.*

НЫ́НЧЕ, *нареч.* (разг.). **1.** То же, что сегодня. *Н. морозно.* **2.** То же, что теперь (в 1 знач.). *Н. старикам почёт.* ✦ **Не нынче завтра** (разг.) — то же, что не сегодня завтра.

НЫРНУ́ТЬ *см.* нырять.

НЫРО́К[1], -рка́, *м.* Водоплавающая птица сем. утиных. ‖ *прил.* **нырко́вый**, -ая, -ое.

НЫРО́К[2] *см.* нырять.

НЫРЯ́ЛЬЩИК, -а, *м.* Тот, кто ныряет (в 1 знач.). *Н. за жемчужными раковинами* (добытчик жемчуга). ‖ *ж.* **ныря́льщица**, -ы. ‖ *прил.* **ныря́льщицкий**, -ая, -ое.

НЫРЯ́ТЬ, -я́ю, -я́ешь; *несов.* **1.** Резким движением погружаться в воду с головой. *Н. за ракушками.* **2.** *перен.* Плывя (или летя, двигаясь), покачиваться взад и вперёд. *Лодка ныряет в волнах. Сани ныряют по ухабам. Ныряющая походка.* ‖ *однокр.* **нырну́ть**, -ну́, -нёшь. *Зверёк нырнул в норку* (перен.: юркнул). ‖ *сущ.* **ныро́к**, -рка́, *м.* (к 1 знач.). ‖ *прил.* **нырко́вый**, -ая, -ое (к 1 знач.; спец.). *Нырковая утка* (то же, что нырок[1]).

НЫ́ТИК, -а, *м.* (разг.). Ноющий, всегда чем-н. недовольный человек. *Надоедливый н.*

НЫТЬ, но́ю, но́ешь: *несов.* **1.** (1 и 2 л. не употр.). Болеть (об ощущении тупой, тянущей боли). *Зуб ноет. Сердце ноет* (также перен.: о чувстве тоски, тревоги). **2.** (1 и 2 л. не употр.). Издавать тягучие, унылые звуки. *Ветер ноет в трубе.* **3.** Надоедливо жаловаться на что-н. (разг.). *Вечно ноет, вечно всем недоволен.* ‖ *сущ.* **нытьё**, -я́, *ср.*

НЬЮ́ТОН, -а и **НЬЮТО́Н**, -а, *м.* Единица силы, равная силе, сообщающей массе в 1 кг ускорение 1 м/сек².

НЬЮФАУНДЛЕ́НД, -а и **НЬЮФА́УНДЛЕНД**, -а, *м.* То же, что водолаз (во 2 знач.). ‖ *прил.* **ньюфаундле́ндский** [*нс*], -ая, -ое *и* **ньюфа́ундлендский** [*нс*], -ая, -ое. *Ньюфаундлендская порода собак.*

НЭП, -а, *м.* Сокращение: новая экономическая политика — с 1921 г. до конца 20-х гг.: особая политика, проводившаяся Советским государством с целью восстановления народного хозяйства и включавшая в себя допущение капиталистических элементов при сохранении командных высот в руках государства. ‖ *прил.* **нэ́повский**, -ая, -ое (разг.).

НЭ́ПМАН, -а, *м.* Во время нэпа: частный предприниматель, торговец. ‖ *ж.* **нэ́пманша**, -и (разг.). ‖ *прил.* **нэ́пманский**, -ая, -ое.

НЮА́НС, -а, *м.* (книжн.). Оттенок, едва заметный переход в цвете, звуке, а также вообще тонкое различие в чём-н. *Нюансы красок. Музыкальный н. Нюансы в поведении.* ‖ *прил.* **нюа́нсный**, -ая, -ое.

НЮ́НИ: нюни распустить (разг. неодобр.) — то же, что слюни распустить.

НЮ́НЯ, -и, *род. мн.* ню́ней *и* нюнь, *м.* и *ж.* (разг. неодобр.). То же, что плакса.

НЮХ, -а, *м.* **1.** То же, что обоняние (у животных). *У собак хороший н.* **2.** *перен.* Сообразительность, чутьё (разг. шутл.). *У него н. на всё новое.*

НЮ́ХАЛЬЩИК, -а, *м.* (разг.). Человек, к-рый нюхает что-н. (табак, наркотики). ‖ *ж.* **ню́хальщица**, -ы.

НЮ́ХАТЬ, -аю, -аешь; *несов.* **1.** *кого-что.* Вдыхать через нос для распознания запаха, обонять. *Н. цветок. Собака нюхает воздух.* **2.** *что.* Вдыхать через нос лекарственные, наркотические, возбуждающие средства. *Н. нашатырный спирт. Н. табак.* ✦ **Не нюхал** *чего* (разг. неодобр.) — не испытал, не знает чего-н. *Пороху не нюхал* (еще не был в бою). ‖ *сов.* **поню́хать**, -аю, -аешь; -анный; ‖ *однокр.* **нюхну́ть**, -ну́, -нёшь (разг.). ‖ *сущ.* **ню́ханье**, -я, *ср.* ‖ *прил.* **ню́хательный**, -ая, -ое. *Н. табак.*

НЯ́НЕЧКА, -и, *ж.* (разг.). **1.** *см.* няня. **2.** То же, что няня (во 2 и 3 знач.). *Позовите к больному нянечку. Школьная н.*

НЯ́НЧИТЬ, -чу, -чишь; -ченный: *несов., кого (что).* Ухаживать за ребёнком. *Н. внуков.*

НЯ́НЧИТЬСЯ, -чусь, -чишься; *несов.* **1.** *с кем.* То же, что нянчить. *Н. с малышом.* **2.** *перен., с кем-чем.* Хлопотать, возиться с кем-чем-н. (разг. неодобр.). *Довольно н. с лодырем.*

НЯ́НЬКА, -и, *ж.* (разг.). **1.** То же, что няня (в 1 знач.). *У семи нянек дитя без глазу* (посл.). **2.** *перен.* Тот, кто опекает несамостоятельного, нерадивого или неумелого взрослого человека. *Работать без нянек.*

НЯ́НЯ, -и, *род. мн.* нянь *и* ня́ней, *ж.* **1.** Работница, занимающаяся уходом за детьми. *Н. с ребёнком. Н. в яслях.* **2.** Санитарка в лечебном учреждении. *Больничная н.* **3.** Уборщица в школе. ‖ *ласк.* **ня́нечка**, -и, *ж.* (к 1 знач.) *и* **ня́нюшка**, -и, *ж.* (к 1 знач.). ‖ *м.* **нянь**, -я (о мужчине, нянчущем ребёнка; разг. шутл.). *Усатый н.*

О

О[1], *предлог.* **1.** *с вин. п.* Указывает на близкое соприкосновение, столкновение, пребывание вплотную к чему-н. *Опереться о край стола. Споткнуться о камень. Жить бок о́ бок с кем-н.* (совсем близко, рядом). **2.** *с предл. п.* Указывает на то, что составляет объект, предмет, цель чего-н. *Заботиться о детях. Мечты о славе. Весть о победе. На память о нашей встрече.* **3.** *с предл. п.* Употр. при указании на наличие чего-н. у предмета (устар. и обл.). *Избушка о двух окошках. Крылечко о трёх ступеньках.*

О[2], *межд.* **1.** Выражает какое-н. сильное чувство. *О Родина-мать! О, если бы ты знал!* **2.** Усиливает утверждение или отрицание. *О да! О нет!*

О..., *приставка.* **I.** Образует глаголы со знач.: 1) сделать(ся) каким-н., превратить(ся) в кого-что-н., снабдить чем-н., напр. *озеленить, озвучить, округлить(ся), омещаниться;* 2) действия, которое распространяется на всю поверхность предмета, охватывает его кругом или же распространяется на ряд предметов, напр. *охватить, оклеить, одарить, оковать, оцепить;* 3) с постфиксом «ся», ошибочного действия, напр. *оговориться, ослышаться;* 4) с постфиксом «ся», возобновления состояния, напр. *одуматься, очувствоваться;* 5) собственно предела действия, напр. *ослепить, очинить, ослабеть, оглохнуть, ослепнуть.* **II.** Образует существительные со знач.: 1) прилегания, приближения, напр. *оплечье, оголовье, окраина;* 2) остаточности, напр. *окурок, огарок, осколок.* **III.** Образует отдельные наречия, напр. *обок, оземь.*

ОА́ЗИС, -а, *м.* **1.** Место в пустыне или полупустыне, где есть растительность и вода. *О. среди песков. Стоянка каравана в оазисе.* **2.** *перен.* О чём-н. отрадном, выделяющемся на общем мрачном фоне. *О. для души.* ✦ **Антарктические оазисы** (спец.) — свободные ото льда участки Антарктиды — снежные пустыни. ‖ *прил.* **оа́зисный**, -ая, -ое (к 1 знач.).

ОБ, *предлог.* Употр. вместо «о» перед словами, начинающимися с гласных звуков, а также (перед нек-рыми словами) с согласных звуков, напр. *об угол, об отце, об лёд, о́б руку, об стену* [в разг. речи и просторечии «об» может употребляться перед любым словом, начинающимся с согласного звука, напр. *об тебе, об матери*].

ОБ..., *приставка.* **I.** Употр. вместо «о» перед гласными, напр. *обыскать, обосновать, обучить,* а в нек-рых случаях и перед согласными, напр. *обрадовать, обнародовать, обступить, обмозговать, обмолвиться, обмылок.* **II.** Образует глаголы со знач.: 1) сделать что-н., минуя кого-что-н., напр. *объехать, обнести* (блюдом), *обскакать;* 2) превзойти кого-н. в чём-н., напр. *обыграть, обстрелять* (превзойти в стрельбе); 3) причинения ущерба, напр. *обмерить, обжулить;* 4) привыкания, приспособления, напр. *обтерпеться, обжиться;* 5) собственно предела действия, напр. *обвенчать, обветшать, обмелеть.*

О́БА, обо́их, *м.* и *ср.*; *ж.* о́бе, обе́их; *числит.* И тот и другой. *Оба сына на заводе. Обе дочери студентки. Обоими глазами. Обеими ногами. Обеими руками подписаться* (перен.: с полной готовностью согласиться на что-н.; разг.). ✦ **Смотреть (глядеть) в оба** (разг.) — то же, что в оба глаза смотреть.

ОБА́БИТЬСЯ, -блюсь, -бишься; *сов.* (прост.). **1.** О мужчине: стать бесхарактерным, мелочным. **2.** О женщине: стать неряшливой, опуститься.

ОБАГРИ́ТЬ, -рю́, -ри́шь; -рённый (-ён, -ена́); *сов., кого-что* (высок.). Окрасить в багровый цвет. *Заря обагрила небо. О. руки кровью, в крови* (стать убийцей). ‖ *несов.* **обагря́ть**, -яю, -яешь.

ОБАГРИ́ТЬСЯ, -рю́сь, -ри́шься; *сов* (высок.). Окраситься в багровый цвет. *Снег обагрился отсветами огня. Руки обагрились кровью* (об убийце). ‖ *несов.* **обагря́ться**, -яюсь, -яешься.

ОБАЛДЕ́ЛЫЙ, -ая, -ое; -е́л (прост.). То же, что одурелый. *О. вид, взгляд.* ‖ *сущ.* **обалде́лость**, -и, *ж.*

ОБАЛДЕ́ННЫЙ, -ая, -ое; -е́н (прост.). Очень хороший. *О. парень. О. фильм. Обалденно* (нареч.) поёт. ‖ *сущ.* **обалде́нность**, -и, *ж.*

ОБАЛДЕ́ТЬ, -е́ю, -е́ешь; *сов.* (прост.). Одуреть, потерять всякое соображение, ошалеть. *О. от скуки.* ‖ *несов.* **обалдева́ть**, -а́ю, -а́ешь.

ОБАЛДУ́Й, -я, *м.* (прост.). Балбес, оболтус.

ОБАН|КРО́ТИТЬСЯ, -о́чусь, -о́тишься; *сов.* **1.** Стать банкротом. *Купец обанкротился.* **2.** *перен.* Потерпеть крах, оказаться полностью несостоятельным. *Обанкротившийся политический деятель.*

ОБАЯ́НИЕ, -я, *ср.* Очарование, притягательная сила. *Личное о. Находиться под обаянием кого-чего-н. О. молодости.*

ОБАЯ́ТЕЛЬНЫЙ, -ая, -ое; -лен, -льна. Очаровательный, полный обаяния. *О. человек.* ‖ *сущ.* **обая́тельность**, -и, *ж.*

ОБВА́Л, -а, *м.* **1.** *см.* обвалиться. **2.** Снежные глыбы или обломки скал, обрушившиеся с гор. *Путь преграждён обвалом.* ‖ *прил.* **обва́льный**, -ая, -ое.

ОБВАЛИ́ТЬ, -алю́, -а́лишь; -а́ленный; *сов., что* (разг.). **1.** Обрушить, вызвать обвал чего-н. *О. стену.* **2.** Обложить чем-н., сделать насыпь вокруг чего-н. *О. ограду землей.* ‖ *несов.* **обва́ливать**, -аю, -аешь.

ОБВАЛИ́ТЬСЯ (-алю́сь, -а́лишься, 1 и 2 л. не употр.), -а́лится; *сов.* Разрушиться от падения, обрушиться, осыпаться. *Обвалилась груда камней. Потолок обвалился.* ‖ *несов.* **обва́ливаться** (-аюсь, -аешься, 1 и 2 л. не употр.), -ается. ‖ *сущ.* **обва́л**, -а, *м.* *Стена грозит обвалом.*

ОБВА́ЛЬНЫЙ, -ая, -ое. **1.** *см.* обвал. **2.** *перен.* Происходящий с большой силой и сразу. *Обвальное падение курса валюты.*

ОБВАЛЯ́ТЬ, -я́ю, -я́ешь; -а́лянный; *сов., кого-что в чём.* Валяя, катая с боку на бок, покрыть чем-н. *О. в снегу. О. котлету в сухарях.* ‖ *несов.* **обва́ливать**, -аю, -аешь. ‖ *сущ.* **обва́лка**, -и, *ж.*

ОБВАРИ́ТЬ, -арю́, -а́ришь; -а́ренный; *сов., кого-что.* Обдать кипятком, ошпарить. *О. яйцо. О. ногу.* ‖ *несов.* **обва́ривать**, -аю, -аешь. ‖ *возвр.* **обвари́ться**, -арю́сь, -а́ришься; *несов.* **обва́риваться**, -аюсь, -аешься. ‖ *прил.* **обва́рочный**, -ая, -ое (спец.). *О. бак.*

ОБВЕНЧА́ТЬ, -СЯ *см.* венчать, -ся.

ОБВЕРНУ́ТЬ, -ну́, -нёшь; -ёрнутый; *сов., кого-что* (разг.). То же, что обернуть (в 1 и 2 знач.). *О. в одеяло. О. газетой.* ‖ *несов.* **обвёртывать**, -аю, -аешь. ‖ *сущ.* **обвёртка**, -и, *ж.*

ОБВЕРТЕ́ТЬ, -ерчу́, -е́ртишь; -е́рченный; *сов., кого-что* (разг.). Обвить, обмотать (во 2 знач.). *О. косу вокруг головы.* ‖ *несов.* **обвёртывать**, -аю, -аешь.

ОБВЕ́СИТЬ[1], -е́шу, -е́сишь; -е́шенный; *сов., кого (что).* Отпустить (товар), недовесив. *О. покупателя.* ‖ *несов.* **обве́шивать**, -аю, -аешь. ‖ *сущ.* **обве́с**, -а, *м.* *и* **обве́шивание**, -я, *ср.*

ОБВЕ́СИТЬ[2], -е́шу, -е́сишь; -е́шенный; *сов., кого-что чем* (разг.). То же, что обвешать. *О. ёлку игрушками.* ‖ *несов.* **обве́шивать**, -аю, -аешь. ‖ *возвр.* **обве́ситься**, -е́шусь,

-ёсишься; *несов.* **обве́шиваться,** -аюсь, -аешься.

ОБВЕ́СИТЬСЯ[1], -е́шусь, -е́сишься; *сов.* (разг.). Ошибиться при взвешивании чего-н. ‖ *несов.* **обве́шиваться,** -аюсь, -аешься. ‖ *сущ.* **обве́с,** -а, *м.*

ОБВЕ́СИТЬСЯ[2] *см.* обвесить[2].

ОБВЕСТИ́, -еду́, -едёшь; -ёл, -ела́; -е́дший; -едённый (-ён, -ена́); -едя́; *сов.* **1.** *кого (что).* Провести вокруг или мимо чего-н. *О. вокруг дома.* **2.** *кого-что.* Оглядеть, оглянуть. *О. взором пространство. О. глазами собравшихся.* **3.** *что чем.* Оградить чем-н. вокруг. *О. крепость рвом.* **4.** *что чем.* Очертить, окаймить чертой что-н. *О. блюдце ободком. О. рисунок тушью.* **5.** *кого (что).* В спортивных играх: ведя мяч, шайбу, обойти соперника. **6.** *кого (что).* То же, что провести (в 9 знач.) (прост.). ‖ *несов.* **обводи́ть,** -ожу́, -о́дишь. ‖ *сущ.* **обведе́ние,** -я, *ср.* (к 1, 3 и 4 знач.), **обво́д,** -а, *м.* (к 3, 4 и 5 знач.; спец.) *и* **обво́дка,** -и, *ж.* (к 4 и 5 знач.; спец.). ‖ *прил.* **обво́дный,** -ая, -ое *и* **обводно́й,** -а́я, -о́е (к 3, 4 и 5 знач.). *О. канал.*

ОБВЕ́ТРЕТЬ, -ею, -еешь; *сов.* То же, что обветриться. *Лицо обветрело.*

ОБВЕ́ТРИТЬ, -рю, -ришь; -ренный; *сов., что.* Сделать грубым, шершавым под действием ветра, холода. *Губы обветрило* (безл.). *Обветренное лицо.* ‖ *несов.* **обве́тривать,** -аю, -аешь.

ОБВЕ́ТРИТЬСЯ, -рюсь, -ришься; *сов.* Погрубеть под действием ветра, холода. *Лицо обветрилось.* ‖ *несов.* **обве́триваться,** -аюсь, -аешься.

ОБВЕТША́ЛЫЙ, -ая, -ое; -а́л. Пришедший в ветхость. *Обветшалая кровля.* ‖ *сущ.* **обветша́лость,** -и, *ж.*

ОБВЕТША́ТЬ *см.* ветшать.

ОБВЕ́ШАТЬ, -аю, -аешь; -анный; *сов., кого-что чем.* Увешать со всех сторон, повесить всюду. *О. стены картинками.* ‖ *несов.* **обве́шивать,** -аю, -аешь. ‖ *возвр.* **обве́шаться,** -аюсь, -аешься; *несов.* **обве́шиваться,** -аюсь, -аешься.

ОБВЕ́ЯТЬ, -е́ю, -е́ешь; -янный; *сов., кого-что чем* (разг.). То же, что овеять (в 1 знач.). *Голову обвеяло* (безл.) *ветром.* ‖ *несов.* **обвева́ть,** -а́ю, -а́ешь.

ОБВИНЕ́НИЕ, -я, *ср.* **1.** обычно *мн.* Упрёки, укоры. *Несправедливое о. О. во лжи, в неискренности.* **2.** Признание виновным в чём-н., приписывание кому-н. какой-н. вины; вменение в вину. *Судить по обвинению в краже. Предъявить о. кому-н. Бросить о. кому-н.* (резко обвинить в чём-н.). **3.** Юридические действия, направленные на доказательство виновности того, кто привлекается к уголовной ответственности (спец.). *Государственное о. Общественное о. Частное о.* **4.** Обвинительный приговор. *Вынести о.* **5.** *ед., собир.* Обвиняющая сторона в судебном процессе. *Свидетели обвинения.*

ОБВИНИ́ТЕЛЬ, -я, *м.* **1.** Тот, кто обвинил, обвиняет (в 1 знач.) кого-н. **2.** Юрист, обвиняющий на суде, а также вообще лицо, поддерживающее обвинение перед судебными органами. *Государственный о.* (прокурор). *Общественный о.* ‖ *ж.* **обвини́тельница,** -ы (к 1 знач.). ‖ *прил.* **обвини́тельский,** -ая, -ое.

ОБВИНИ́ТЬ, -ню́, -ни́шь; -нённый (-ён, -ена́); *сов.* **1.** *кого (что) в чём.* Счесть виновным, упрекнуть, укорить. *О. в неискренности.* **2.** Считая виновным, привлечь к суду. *Обвинён по статье уголовного кодекса.* ‖ *несов.* **обвиня́ть,** -я́ю, -я́ешь. ‖ *прил.* **обвини́тельный,** -ая, -ое. *О. приговор.*

ОБВИНЯ́ЕМЫЙ, -ого, *м.* Человек, к-рому предъявлено обвинение по суду. ‖ *ж.* **обвиня́емая,** -ой.

ОБВИНЯ́ТЬ, -я́ю, -я́ешь; *несов., кого (что).* **1.** *см.* обвинить. **2.** Выступать на суде в качестве обвинителя. *Сегодня обвиняет городской прокурор.*

ОБВИ́СЛЫЙ, -ая, -ое; -и́сл (разг.). Оттянувшийся книзу, обвисший. *Обвислые щёки, усы.* ‖ *сущ.* **обви́слость,** -и, *ж.*

ОБВИ́СНУТЬ (-ну, -нешь, 1 и 2 л. не употр.), -нет; -и́с, -и́сла; *сов.* Оттянуться, опуститься книзу. *Щёки обвисли. Усы обвисли.* ‖ *несов.* **обвиса́ть** (-а́ю, -а́ешь, 1 и 2 л. не употр.), -а́ет.

ОБВИ́ТЬ, обовью́, обовьёшь; обви́л, -ила́, -и́ло; обве́й; обви́тый (-и́т, -ита́ *и* разг. -и́та, -и́то); *сов.* **1.** *что вокруг чего.* Обмотать что-н. вокруг чего-н. *О. косы вокруг головы.* **2.** *кого-что.* Обмотать что-н. собой, охватить. *Плющ обвил террасу. О. шею руками* (обнять). ‖ *несов.* **обвива́ть,** -а́ю, -а́ешь. ‖ *сущ.* **обвива́ние,** -я, *ср.*, **обви́вка,** -и, *ж.* (к 1 знач.) *и* **обви́тие,** -я, *ср.* (спец.).

ОБВИ́ТЬСЯ (обовью́сь, обовьёшься, 1 и 2 л. не употр.), обовьётся; обви́лся, -ла́сь, -ло́сь *и* -лось; обве́йся; *сов.* Охватив, обвив что-н. собой, сомкнуться. *Хмель обвился вокруг столба. Руки обвились вокруг шеи.* ‖ *несов.* **обвива́ться** (-а́юсь, -а́ешься, 1 и 2 л. не употр.), -а́ется.

ОБВО́Д, -а, *м.* **1.** *см.* обвести. **2.** Круговая линия укреплений. *Внутренний, внешний о.* **3.** чаще *мн.* Внешние линии, очертания корпуса судна (спец.). *Острые, тупые обводы.*

ОБВОДИ́ТЬ, ОБВО́ДКА, ОБВО́ДНЫЙ, ОБВОДНО́Й *см.* обвести.

ОБВОДНИ́ТЬ, -ню́, -ни́шь; -нённый (-ён, -ена́); *сов., что* (спец.). Обеспечить водой путём устройства каналов, прудов, колодцев. *О. засушливые районы.* ‖ *несов.* **обводня́ть,** -я́ю, -я́ешь. ‖ *сущ.* **обводне́ние,** -я, *ср. О. пастбищ.* ‖ *прил.* **обводни́тельный,** -ая, -ое. *О. канал.*

ОБВОЛО́ЧЬ (-оку́, -очёшь, 1 и 2 л. не употр.), -очёт, -оку́т; -о́к, -окла́; -о́кший; -очённый (-ён, -ена́); -о́кши; *сов., кого-что.* Облечь[2] со всех сторон (о чём-н. стелющемся, распространяющемся по поверхности). *Туман обволок низины. Небо обволокло* (безл.) *тучами.* ‖ *несов.* **обвола́кивать** (-аю, -аешь, 1 и 2 л. не употр.), -ает. *Обволакивающие средства* (в медицине).

ОБВОЛО́ЧЬСЯ (-оку́сь, -очёшься, 1 и 2 л. не употр.), -очётся, -оку́тся; -о́кся, -окла́сь; *сов., чем.* Покрыться, окутаться чем-н. *Сарай обволокся дымом.* ‖ *несов.* **обвола́киваться** (-аюсь, -аешься, 1 и 2 л. не употр.), -ается.

ОБВОРОВА́ТЬ, -ру́ю, -ру́ешь; -о́ванный; *сов., кого-что* (разг.). То же, что обокрасть. ‖ *несов.* **обворо́вывать,** -аю, -аешь.

ОБВОРОЖИ́ТЕЛЬНЫЙ, -ая, -ое; -лен, -льна. Приводящий в восхищение, очаровательный. *Обворожительная улыбка. О. ребёнок.* ‖ *сущ.* **обворожи́тельность,** -и, *ж.*

ОБВОРОЖИ́ТЬ, -жу́, -жи́шь; -жённый (-ён, -ена́); *сов., кого (что).* Привести в восхищение, очаровать. *О. слушателей пением.* ‖ *несов.* **обвора́живать,** -аю, -аешь.

ОБВЫ́КНУТЬ, -ну, -нешь; -вы́к, -вы́кла; *сов.* (прост.). Освоившись, привыкнуть к чему-н. *О. на новом месте.* ‖ *несов.* **обвыка́ть,** -а́ю, -а́ешь.

ОБВЯЗА́ТЬ, -яжу́, -я́жешь; -я́занный; *сов.* **1.** *кого-что чем.* Обмотав и затянув, завязать. *О. голову платком. О. тюк верёвкой.* **2.** *что.* Сделать надвязку, вязку по краю чего-н. *О. воротник шёлком.* ‖ *несов.* **обвя́зывать,** -аю, -аешь. ‖ *сущ.* **обвя́зывание,** -я, *ср. и* **обвя́зка,** -и, *ж.* ‖ *прил.* **обвя́зочный,** -ая, -ое (ко 2 знач.).

ОБГЛОДА́ТЬ, -ожу́, -о́жешь; -о́данный; *сов., кого-что.* Обгрызть, глодая. *О. кость. О. мясо с кости.* ‖ *несов.* **обгла́дывать,** -аю, -аешь.

ОБГЛО́ДОК, -дка, *м.* (прост.). Обглоданный кусок, обглоданная кость.

ОБГОВОРИ́ТЬ, -рю́, -ри́шь; -рённый (-ён, -ена́); *сов., что* (разг.). То же, что обсудить. *Это дело надо хорошенько о.* ‖ *несов.* **обгова́ривать,** -аю, -аешь.

ОБГО́Н, ОБГО́ННЫЙ, ОБГОНЯ́ТЬ *см.* обогнать.

ОБГОРЕ́ЛЫЙ, -ая, -ое; -е́л. Сильно повреждённый огнём, обгоревший. *Обгорелые стены.*

ОБГОРЕ́ТЬ, -рю́, -ри́шь; *сов.* **1.** Обуглиться, сгореть снаружи, с краёв. *Забор обгорел. О. до черноты.* **2.** Получить ожоги. *О. на пожаре. О. на солнце.* ‖ *несов.* **обгора́ть,** -а́ю, -а́ешь.

ОБГРЫ́ЗТЬ, -зу́, -зёшь; -ы́з, -ы́зла; -ы́зший; -ы́зенный; -ы́зши; *сов., что.* Сгрызть, объесть снаружи, с краев. *О. кость.* ‖ *несов.* **обгрыза́ть,** -а́ю, -а́ешь.

ОБДА́ТЬ, -а́м, -а́шь, -а́ст, -ади́м, -ади́те, -аду́т; о́бдал *и* (разг.) обда́л, обдала́, о́бдало; обда́вший; о́бданный (-ан, -ана́ *и* разг. -ана, -ано); обда́в; *сов., кого-что чем.* **1.** Окатить, облить сразу со всех сторон. *О. брызгами. О. водой из ведра.* **2.** *перен.* Охватить, пронизать. *Обдало* (безл.) *холодом.* ✦ **Обдать презрением** *кого* (книжн.) — выразить крайнее презрение к кому-н. ‖ *несов.* **обдава́ть,** -даю́, -даёшь. ‖ *возвр.* **обда́ться,** -а́мся, -а́шься, -а́стся, -ади́мся, -ади́тесь, -аду́тся; -а́лся, -ала́сь, -ало́сь *и* -а́лось; обда́вшийся (к 1 знач.); *несов.* **обдава́ться,** -даю́сь, -даёшься.

ОБДЕ́ЛАТЬ, -аю, -аешь; -анный; *сов., что.* **1.** Подвергнуть какой-н. обработке (разг.). *О. драгоценный камень. О. серебром* (оправить). *О. ров камнем* (обложить для укрепления). **2.** Выгодно, успешно устроить, закончить (прост.). *О. все свои дела.* ‖ *несов.* **обде́лывать,** -аю, -аешь. ‖ *сущ.* **обде́лка,** -и, *ж.* (к 1 знач.). ‖ *прил.* **обде́лочный,** -ая, -ое (к 1 знач.).

ОБДЕЛИ́ТЬ, -елю́, -е́лишь; -лённый (-ён, -ена́); *сов., кого (что) чем.* Лишить чего-н. при дележе, раздаче. *О. подарками. Силой, умом, красотой не обделён кто-н.* (перен.: силён, умён, красив). ‖ *несов.* **обделя́ть,** -я́ю, -я́ешь.

ОБДЁРГАТЬ, -аю, -аешь; -анный; *сов., что.* Дёргая, оборвать, а также оправить[1]. *О. листья с дерева. О. стог сена.* ‖ *несов.* **обдёргивать,** -аю, -аешь.

ОБДЁРНУТЬ, -ну, -нешь; -утый; *сов., что* (прост.). То же, что одёрнуть (в 1 знач.). *О. гимнастёрку.* ‖ *несов.* **обдёргивать,** -аю, -аешь.

ОБДИРА́ЛА, -ы, *м. и ж.* (прост. презр.). То же, что обирала. *Бессовестный о.*

ОБДИРА́ТЬ, ОБДИ́РКА *см.* ободрать.

ОБДУВА́ТЬ[1-2] *см.* обдуть[1-2].

ОБДУ́МАННЫЙ, -ая, -ое; -ан. Серьёзно продуманный, обоснованный. *О. ответ. Обдуманное решение. Поступить обдуманно* (нареч.). ‖ *сущ.* **обду́манность,** -и, *ж.*

ОБДУ́МАТЬ, -аю, -аешь; -анный; *сов., что.* Вдумавшись, вникнуть во что-н., подготовиться к решению. *О. ответ.* ‖ *несов.* **обду́мывать,** -аю, -аешь.

ОБДУРИ́ТЬ, -рю́, -ри́шь; -рённый (-ён, -ена́); *сов., кого (что)* (прост.). Одурачить, обмануть. *О. простака.* ‖ *несов.* **обдуря́ть**, -я́ю, -я́ешь.

ОБДУ́ТЬ[1], -у́ю, -у́ешь; -у́тый; *сов., кого-что.* Овеять чем-н., дуя со всех сторон. *Лицо обдуло* (безл.) *ветром. О. пыль с чего-н.* (дуя, очистить от пыли). ‖ *несов.* **обдува́ть**, -а́ю, -а́ешь. ‖ *прил.* **обду́вочный**, -ая, -ое (спец.). *О. аппарат.*

ОБДУ́ТЬ[2], -у́ю, -у́ешь; -у́тый; *сов., кого (что)* (прост.). Обмануть, обсчитать (в 1 знач.). ‖ *несов.* **обдува́ть**, -а́ю, -а́ешь.

ОБЕ́ГАТЬ, -аю, -аешь; -анный; *сов., кого-что* (разг.). Бегая, побывать во многих местах, у многих. *О. всех знакомых.* ‖ *несов.* **обега́ть**, -а́ю, -а́ешь.

ОБЕГА́ТЬ *см.* обе́гать *и* обежать.

ОБЕ́Д, -а, *м.* **1.** Приём пищи, обычно в середине дня. *Пригласить на о. Прийти к обеду. Званый о.* **2.** Пища, приготовленная для этой еды. *Вкусный о. Отпуск обедов на дом.* **3.** Время такой еды, обычно в середине дня (разг.). *Приехать в самый о.* **4.** Перерыв в работе в середине дня (разг.). *Магазин торгует без обеда.* ‖ *прил.* **обе́денный**, -ая, -ое. *О. стол. О. перерыв.*

ОБЕ́ДАТЬ, -аю, -аешь; *несов.* **1.** Есть обед, принимать пищу за обедом. **2.** Уходить с работы на время обеденного перерыва (разг.). ‖ *сов.* **пообе́дать**, -аю, -аешь (к 1 знач.).

ОБЕДНЕ́ЛЫЙ, -ая, -ое; -е́л (разг.). Впавший в бедность, обедневший. ‖ *сущ.* **обедне́лость**, -и, *ж.*

ОБЕДНЕ́ТЬ *см.* беднеть.

ОБЕДНИ́ТЬ, -ню́, -ни́шь; -нённый (-ён, -ена́); *сов., кого-что.* Сделать бедным (во 2 знач.), бессодержательным. *О. изложение, стиль.* ‖ *несов.* **обедня́ть**, -я́ю, -я́ешь. ‖ *сущ.* **обедне́ние**, -я, *ср.*

ОБЕ́ДНЯ, -и, *род. мн.* -ден, *ж.* У православных: церковная служба утром или в первую половину дня, во время к-рой совершается обряд причащения, литургия. *Ранняя о. Пойти к обедне.* ✦ **Всю обедню испортить** *кому* (разг.) — помешать в каком-н. деле. ‖ *прил.* **обе́днишний**, -яя, -ее (разг.).

ОБЕЖА́ТЬ, -егу́, -ежи́шь, -егу́т; -еги́; *сов., кого-что* (разг.). **1.** Бегом обойти вокруг кого-чего-н., какое-н. пространство. *О. двор. О. весь город.* **2.** Бегая, побывать во многих местах, у многих. *О. всех друзей. О. магазины.* ‖ *несов.* **обега́ть**, -а́ю, -а́ешь.

ОБЕЗ..., *приставка.* Образует глаголы со знач.: 1) лишить чего-н., освободить от чего-н., напр. *обезлесить, обезжирить, обезводить, обезнадёжить;* 2) лишиться чего-н., освободиться от чего-н., напр. *обезденежеть, обезземелеть, обезводеть, обезрыбеть.*

ОБЕЗБО́ЛИТЬ, -лю, -лишь; -ленный; *сов., что.* Сделать безболезненным. *О. роды.* ‖ *несов.* **обезбо́ливать**, -аю, -аешь. *Обезболивающие средства.* ‖ *сущ.* **обезбо́ливание**, -я, *ср.*

ОБЕЗВО́ДЕТЬ, -ею, -еешь; *сов.* Лишиться воды, жидкости, влаги. *Земля обезводела в засуху.*

ОБЕЗВО́ДИТЬ, -о́жу, -о́дишь; -о́женный; *сов., что.* Лишить воды, жидкости, влаги. *О. землю. О. организм.* ‖ *несов.* **обезво́живать**, -аю, -аешь. ‖ *сущ.* **обезво́живание**, -я, *ср.*

ОБЕЗВРЕ́ДИТЬ, -е́жу, -е́дишь; -е́женный; *сов., кого-что.* Сделать безвредным. ‖ *несов.* **обезвре́живать**, -аю, -аешь. ‖ *сущ.* **обезвре́живание**, -я, *ср.*

ОБЕЗГЛА́ВИТЬ, -влю, -вишь; -вленный; *сов.* **1.** *кого (что).* Умертвить, отрубив голову. **2.** *перен., что.* Лишить главы, руководства (книжн.). *О. движение.* ‖ *несов.* **обезгла́вливать**, -аю, -аешь. ‖ *сущ.* **обезгла́вливание**, -я, *ср.*

ОБЕЗДВИ́ЖИТЬ, -жу, -жишь; -женный; *сов., кого (что)* (спец.). Лишить возможности двигаться (в 3 знач.). *О. животное снотворным препаратом.* ‖ *несов.* **обездви́живать**, -аю, -аешь. ‖ *сущ.* **обездви́жение**, -я, *ср. и* **обездви́живание**, -я, *ср.*

ОБЕЗДО́ЛЕННЫЙ, -ая, -ое; -ен. Лишённый необходимого и гонимый. *Горькая участь обездоленных* (сущ.). ‖ *сущ.* **обездо́ленность**, -и, *ж.*

ОБЕЗДО́ЛИТЬ, -лю, -лишь; -ленный; *сов., кого (что).* Сделать несчастным, лишив чего-н. *Обездолен судьбой.* ‖ *несов.* **обездо́ливать**, -аю, -аешь.

ОБЕЗЖИ́РИТЬ, -рю, -ришь; -ренный; *сов., что.* Удалить из чего-н. жировые вещества. *Обезжиренное молоко.* ‖ *несов.* **обезжи́ривать**, -аю, -аешь. ‖ *сущ.* **обезжи́ривание**, -я, *ср.*

ОБЕЗЗАРА́ЗИТЬ, -а́жу, -а́зишь; -а́женный; *сов., что.* Сделать незаразным. *О. местность, помещение.* ‖ *несов.* **обеззара́живать**, -аю, -аешь. ‖ *сущ.* **обеззара́живание**, -я, *ср.*

ОБЕЗЗЕМЕ́ЛЕТЬ, -ею, -еешь; *сов.* Стать безземельным. ‖ *сущ.* **обезземе́ление**, -я, *ср.*

ОБЕЗЗЕМЕ́ЛИТЬ, -лю, -лишь; -ленный; *сов., кого-что.* Сделать безземельным. ‖ *несов.* **обезземе́ливать**, -аю, -аешь. ‖ *сущ.* **обезземе́ливание**, -я, *ср.*

ОБЕЗЛЕ́СЕТЬ, 1 л. ед. не употр., -еешь; *сов.* Лишиться лесов. ‖ *сущ.* **обезле́сение**, -я, *ср.*

ОБЕЗЛЕ́СИТЬ, 1 л. ед. не употр., -ишь; -сенный; *сов., что* (спец.). Лишить лесов. *О. земли.* ‖ *несов.* **обезле́сивать**, -аю, -аешь.

ОБЕЗЛИ́ЧИТЬ, -чу, -чишь; -ченный; *сов.* **1.** *кого-что.* Лишить своих отличительных черт, самостоятельности в мыслях, поведении. *О. неправильным воспитанием.* **2.** *что.* Поставить в условия, при к-рых никто не несёт личной ответственности за дело, устроить обезличку. ‖ *несов.* **обезли́чивать**, -аю, -аешь. ‖ *возвр.* **обезли́читься**, -чусь, -чишься (к 1 знач.); *несов.* **обезли́чиваться**, -аюсь, -аешься. ‖ *сущ.* **обезли́чение**, -я, *ср. и* **обезли́чивание**, -я, *ср.*

ОБЕЗЛИ́ЧКА, -и, *ж.* Неправильный распорядок работы, при к-ром отсутствует личная ответственность работника за порученное дело. *Покончить с обезличкой.*

ОБЕЗЛЮ́ДЕТЬ (-ею, -еешь, 1 и 2 л. не употр.), -еет; *сов.* Стать безлюдным. *Городок обезлюдел.*

ОБЕЗЛЮ́ДИТЬ (-ю́жу, -ю́дишь, 1 и 2 л. не употр.), -ю́дит; -ю́женный; *сов., что.* Сделать безлюдным.

ОБЕЗНО́ЖЕТЬ, -ею, -еешь; *сов.* (прост.). От усталости или болезни лишиться возможности ходить. *О. от беготни. К старости обезножел.*

ОБЕЗОБРА́ЖИВАТЬ, -аю, -аешь; *несов., кого (что).* То же, что безобразить (в 1 знач.). *Шрам обезображивает лицо.*

ОБЕЗОБРА́ЗИТЬ, -СЯ *см.* безобразить.

ОБЕЗОПА́СИТЬ, -а́шу, -а́сишь; *сов., кого-что.* Оградить от опасности. *О. себя. О. движение на дорогах.* ‖ *возвр.* **обезопа́ситься**, -а́шусь, -а́сишься.

ОБЕЗОРУ́ЖИТЬ, -жу, -жишь; -женный; *сов., кого (что).* **1.** Отнять у кого-н. оружие, сделать неспособным к сопротивлению, борьбе. *О. врага.* **2.** *перен.* Лишить возможности возражать, противодействовать, сопротивляться чему-н. ‖ *несов.* **обезору́живать**, -аю, -аешь. *Обезоруживающая улыбка.* ‖ *сущ.* **обезору́живание**, -я, *ср.*

ОБЕЗРЫ́БЕТЬ (-ею, -еешь, 1 и 2 л. не употр.), -еет; *сов.* О водоёмах: лишиться рыбы. ‖ *сущ.* **обезры́бление**, -я, *ср.*

ОБЕЗРЫ́БИТЬ, -блю, -бишь; -бленный; *сов., что.* Лишить рыбы (водоёмы). ‖ *несов.* **обезры́бливать**, -аю, -аешь. ‖ *сущ.* **обезры́бливание**, -я, *ср.*

ОБЕЗУ́МЕТЬ, -ею, -еешь; *сов.* Утратить способность здраво соображать, стать как бы безумным. *О. от горя.*

ОБЕЗУ́МИТЬ, -млю, -мишь; -мленный; *сов., кого (что).* Лишить способности здраво соображать, сделать как бы безумным. *Страх обезумил кого-н.* ‖ *несов.* **безу́меть**, -ею, -еешь (устар.).

ОБЕЗЬЯ́НА, -ы, *ж.* **1.** Млекопитающее отряда приматов. *Широконосые обезьяны. Узконосые обезьяны.* **2.** *перен.* Человек, склонный к подражанию другим, гримасник, кривляка (разг. неодобр.). ‖ *уменьш.* **обезья́нка**, -и, *ж.* ‖ *прил.* **обезья́ний**, -ья, -ье. *О. питомник. По-обезьяньи* (нареч.) *вести себя.*

ОБЕЗЬЯ́ННИК, -а, *м.* Помещение для обезьян в зоопарке, в питомнике.

ОБЕЗЬЯ́ННИЧАТЬ, -аю, -аешь; *несов.* (разг.). Подражать кому-н., перенимая манеры, речь. ‖ *сов.* **собезья́нничать**, -аю, -аешь. ‖ *сущ.* **обезья́нничанье**, -я, *ср.*, **обезья́нничество**, -а, *ср. и* **обезья́нство**, -а, *ср.*

ОБЕЛИ́СК, -а, *м.* Памятник, сооружение в виде гранёного, сужающегося кверху столба. *Воздвигнуть о.* ‖ *прил.* **обели́сковый**, -ая, -ое.

ОБЕЛИ́ТЬ, -лю́, -ли́шь; -лённый (-ён, -ена́); *сов., кого (что).* Оправдать, снять подозрение с кого-н. *О. себя в глазах окружающих.* ‖ *несов.* **обеля́ть**, -я́ю, -я́ешь.

О́БЕР-..., *приставка.* **1.** Образует существительные, называющие должности и чины в знач. старший, главный, напр. *обер-мастер, обер-кондуктор, обер-полицмейстер, обер-прокурор* (царский чиновник, возглавлявший Синод), *обер-офицер* (в отличие от унтер-офицера и штаб-офицера). **2.** Образует существительные, иронически называющие лицо по высшей степени какого-н. отрицательного свойства (разг.), напр. *обер-враль, обер-плут, обер-жулик.*

О́БЕРЕГ, -а, *м.* (устар. и спец.). Предмет, оберегающий, охраняющий от чего-н. *Обереги от порчи, от дурного глаза. Подкова над дверью — о. дому.*

ОБЕРЕГА́ТЬ, -а́ю, -а́ешь; *несов., кого-что.* Бережно охранять, защищать. *О. детей от простуды. О. имущество.* ‖ *сов.* **обере́чь**, -егу́, -ежёшь, -егу́т; -ёг, -егла́; -ёгший; -ежённый (-ён, -ена́); -ёгши. ‖ *возвр.* **оберега́ться**, -а́юсь, -а́ешься; *сов.* **обере́чься**, -егу́сь, -ежёшься, -егу́тся.

ОБЕРНУ́ТЬ, -ну́, -нёшь; -ёрнутый; *сов.* **1.** *кого-что.* Обмотать, намотать вокруг чего-н., завернуть, обматывая. *О. косу вокруг головы. О. больного в простыню.* **2.** *кого-что.* Завернуть во что-н., покрыть. *О. книгу газетой.* **3.** *что.* Повернуть в какую-н. сторону. *О. лицо к соседу. О. дело в свою пользу* (перен.). **4.** *что.* То же, что опрокинуть (в 1 знач.) (разг.). *О. лодку.* **5.** *что.* Пустив в обращение, вернуть (деньги). *Трижды о. капитал.* **6.** *что.* Проделать весь необходимый круг работ (прост.). *В один день о. все дела.* ‖ *несов.* **обёртывать**, -аю, -аешь (к 1, 2, 3 и 4 знач.) *и* **обора́чивать**, -аю, -аешь. ‖ *возвр.* **оберну́ться**, -ну́сь, -нёшься (к 1 знач.); *несов.* **обёртываться**, -аюсь, -аешься. ‖ *сущ.* **обёртывание, -я,** *ср.* (ко 2 знач.), **оборо́т, -а,** *м.* (к 3, 4 и 5 знач.) *и* **обёртка, -и,** *ж.* (ко 2 знач.). *Обёртывание во влажную простыню* (лечебная процедура). *Пустить сбережения в о.* ‖ *прил.* **оборо́тный, -ая, -ое** (к 5 знач.).

ОБЕРНУ´ТЬСЯ, -ну́сь, -нёшься; *сов.* **1.** *см.* обернуть. **2.** Повернуться в какую-н. сторону. *О. лицом к окну.* **3.** (1 и 2 л. не употр.), *перен.* Принять иное направление (о делах, событиях), превратиться во что-н. (разг.). *Дело обернулось хорошо. Небрежность обернулась бедой.* **4.** (1 и 2 л. не употр.). Совершить законченный круг работ, действий. *Капитал обернулся в один год.* **5.** Съездить, сходить туда и обратно (разг.). *За сутки не о. до города.* **6.** Справиться с делами, несмотря на затруднения (разг.). *О. без помощников.* **7.** *кем-чем* или *в кого-что.* В сказках: превратиться в кого-что-н. при помощи волшебства. *Лебедь обернулась царевной.* ‖ *несов.* **обёртываться,** -аюсь, -аешься *и* **обора́чиваться,** -аюсь, -аешься. ‖ *сущ.* **оборо́т,** -а, *м.* (ко 2, 3 и 4 знач.). ‖ *прил.* **оборо́тный,** -ая, -ое (к 4 знач.).

ОБЕРТО´Н, -а, *м.* (спец.). Дополнительный тон, придающий основному звуку особый оттенок или тембр. ‖ *прил.* **оберто́нный,** -ая, -ое.

ОБЕС..., *приставка.* То же, что обез...; пишется вместо «обез» перед глухим согласным, напр. *обеспокоить.*

ОБЕСКРО´ВЕТЬ, -ею, -еешь; *сов.* **1.** Лишиться крови. **2.** *перен.* Стать бессильным, нежизнеспособным (высок.). ‖ *сущ.* **обескро́вление,** -я, *ср.*

ОБЕСКРО´ВИТЬ, -влю, -вишь; -вленный; *сов., кого-что.* **1.** Выпустить всю кровь или очень много крови. **2.** *перен.* Сделать бессильным, нежизнеспособным (высок.). ‖ *несов.* **обескро́вливать,** -аю, -аешь. ‖ *сущ.* **обескро́вливание,** -я, *ср.*

ОБЕСКУРА´ЖЕННЫЙ, -ая, -ое; -ен (разг.). Растерянный, озадаченный. *О. вид.* ‖ *сущ.* **обескура́женность,** -и, *ж.*

ОБЕСКУРА´ЖИТЬ, -жу, -жишь; -женный; *сов., кого (что)* (разг.). Лишить уверенности в себе, привести в состояние растерянности, озадачить. *О. неожиданным вопросом.* ‖ *несов.* **обескура́живать,** -аю, -аешь.

ОБЕСПА´МЯТЕТЬ, -ею, -еешь; *сов.* (разг.). **1.** Лишиться памяти, способности помнить. *Старик совсем обеспамятел.* **2.** Впасть в беспамятство, в обморок. *О. от испуга.*

ОБЕСПЕ´ЧЕНИЕ, -я, *ср.* **1.** *см.* обеспечить. **2.** То, чем обеспечивают кого-что-н. (материальные ценности, деньги). *Материальное о. в старости. Пенсионное о.*

ОБЕСПЕ´ЧЕННОСТЬ, -и, *ж.* **1.** *см.* обеспеченный. **2.** Степень обеспечения, снабжения чем-н. *О. завода топливом.*

ОБЕСПЕ´ЧЕННЫЙ, -ая, -ое; -ен. Обладающий материальным благосостоянием, достатком. *Обеспеченная жизнь. Вполне о. человек. Жить обеспеченно* (нареч.). ‖ *сущ.* **обеспе́ченность,** -и, *ж.*

ОБЕСПЕ´ЧИТЬ, -чу, -чишь; -ченный; *сов.* **1.** *кого-что чем.* Снабдить чем-н. в нужном количестве. *О. сырьём. О. фермы техникой.* **2.** *кого-что.* Предоставить достаточные материальные средства к жизни. *О. свою семью. Обеспеченная старость.* **3.** *что.* Сделать вполне возможным, действительным, реально выполнимым. *О. успех.* **4.** *кого-что от кого-чего.* Оградить, охранить (устар.). *О. от нищеты.* ‖ *несов.* **обеспе́чивать,** -аю, -аешь. ‖ *возвр.* **обеспе́читься,** -чусь, -чишься (к 1, 2 и 4 знач.); *несов.* **обеспе́чиваться,** -аюсь, -аешься. ‖ *сущ.* **обеспе́чение,** -я, *ср.*

ОБЕСПЛО´ДЕТЬ (-ею, -еешь, 1 и 2 л. не употр.), -еет; *сов.* Стать бесплодным.

ОБЕСПЛО´ДИТЬ, -о́жу, -о́дишь; -о́женный; *сов., кого-что.* Сделать бесплодным. *О. почву. О. мысль* (перен.). ‖ *несов.* **обеспло́живать,** -аю, -аешь. ‖ *сущ.* **обеспло́живание,** -я, *ср.*

ОБЕСПОКО´ИТЬ, -о́ю, -о́ишь; -о́енный; *сов., кого (что)* (устар.). Причинить беспокойство, хлопоты кому-н. *О. просьбой.* ‖ *несов.* **обеспоко́ивать,** -аю, -аешь.

ОБЕСПОКО´ИТЬСЯ, -о́юсь, -о́ишься; *сов.* (устар.). Прийти в беспокойство, в волнение. *О. известием.* ‖ *несов.* **обеспоко́иваться,** -аюсь, -аешься.

ОБЕССИ´ЛЕТЬ, -ею, -еешь; *сов.* Стать бессильным. *Больной обессилел.* ‖ *несов.* **обесси́левать,** -аю, -аешь. ‖ *сущ.* **обесси́ление,** -я, *ср.*

ОБЕССИ´ЛИТЬ, -лю, -лишь; -ленный; *сов., кого-что.* Сделать бессильным. *Болезнь его обессилила.* ‖ *несов.* **обесси́ливать,** -аю, -аешь. ‖ *сущ.* **обесси́ливание,** -я, *ср.*

ОБЕССЛА´ВИТЬ, -влю, -вишь; -вленный; *сов., кого-что* (книжн.). Навлечь позор, опозорить, обесчестить. ‖ *несов.* **обессла́вливать,** -аю, -аешь.

ОБЕССМЕ´РТИТЬ, -рчу, -ртишь; -рченный; *сов., кого-что* (книжн.). Сделать бессмертным, незабываемым в памяти потомства, прославить. *О. своё имя.*

ОБЕССМЫ´СЛИТЬ, -лю, -лишь; -ленный; *сов., что.* Сделать бессмысленным, лишить смысла. *О. чьи-н. слова.* ‖ *несов.* **обессмы́сливать,** -аю, -аешь. ‖ *сущ.* **обессмы́сление,** -я, *ср. и* **обессмы́сливание,** -я, *ср.*

ОБЕССУ´ДИТЬ: не обессудь(те) (разг.) — просьба не отнестись слишком строго, не осудить [обычно говорится при угощении кого-н., предложении чего-н.].

ОБЕСТО´ЧИТЬ, -чу, -чишь; -ченный; *сов., что* (спец.). Лишить тока[1] (в 3 знач.). *О. участок.* ‖ *несов.* **обесто́чивать,** -аю, -аешь. ‖ *сущ.* **обесто́чивание,** -я, *ср.*

ОБЕСЦВЕ´ТИТЬ, -е́чу, -е́тишь; -е́ченный; *сов.* **1.** *что.* Сделать бледным, менее ярким по окраске. *О. ткань.* **2.** *перен., кого-что.* Сделать вялым, бесцветным, лишить ярких, своеобразных черт. *О. изложение.* ‖ *несов.* **обесцве́чивать,** -аю, -аешь. ‖ *сущ.* **обесцве́чение,** -я, *ср. и* **обесцве́чивание,** -я, *ср.*

ОБЕСЦВЕ´ТИТЬСЯ, -е́чусь, -е́тишься; *сов.* **1.** (1 и 2 л. не употр.). Стать бледным, менее ярким по окраске. *Рисунок обесцветился от времени.* **2.** *перен.* Стать вялым, бесцветным, лишённым ярких, своеобразных черт. *Язык писателя обесцветился.* ‖ *несов.* **обесцве́чиваться,** -аюсь, -аешься. ‖ *сущ.* **обесцве́чение,** -я, *ср. и* **обесцве́чивание,** -я, *ср.*

ОБЕСЦЕ´НИТЬ, -ню, -нишь; -ненный; *сов., кого-что.* Лишить ценности, сделать менее ценным. *О. вещь.* ‖ *несов.* **обесце́нивать,** -аю, -аешь. ‖ *сущ.* **обесце́нение,** -я, *ср. и* обесце́нивание, -я, *ср.*

ОБЕСЦЕ´НИТЬСЯ (-нюсь, -нишься, 1 и 2 л. не употр.), -нится; *сов.* Стать менее ценным, утратить свою ценность. ‖ *несов.* **обесце́ниваться** (-аюсь, -аешься, 1 и 2 л. не употр.), -ается. ‖ *сущ.* **обесце́нение,** -я, *ср. и* **обесце́нивание,** -я, *ср.*

ОБЕСЧЕ´СТИТЬ *см.* бесчестить.

ОБЕСЧЕ´ЩИВАТЬ, -аю, -аешь; *несов.* То же, что бесчестить.

ОБЕСШУ´МИТЬ, -млю, -мишь; -мленный; *сов., что* (спец.). Устранить шум, понизить степень шума где-н. *О. жилые кварталы.* ‖ *несов.* **обесшу́мливать,** -аю, -аешь. *Обесшумливающие мероприятия.* ‖ *сущ.* **обесшу́мливание,** -я, *ср.*

ОБЕ´Т, -а, *м.* (высок.). Торжественное обещание, обязательство. *Дать, произнести о. Нарушить о. О. молчания.*

ОБЕТОВА´ННЫЙ, -ая, -ое: **обетованная земля, обетованный край** (высок.) — изобильный и счастливый край, место, куда кто-н. стремится попасть [по библейскому сказанию о свободной земле, обещанной богом Яхве Моисею, к-рый, помня этот обет, увёл свой народ от угнетавшего его египетского фараона].

ОБЕЩА´ЛКИН, -а, *м.* (разг. шутл.). Человек, к-рый легко даёт обещания и забывает их выполнять.

ОБЕЩА´НИЕ, -я, *ср.* Добровольное обязательство сделать что-н. *Выполнить о. Нарушить о. Дать торжественное о. Взять о. с кого-н. Раз в год по обещанию* (очень редко; разг. шутл.). *Кормить обещаниями* (давать безответственные обещания; разг.).

ОБЕЩА´ТЬ, -а́ю, -а́ешь; -е́щанный. **1.** *сов.* и *несов., что, с неопр.* и с союзом *«что».* Дать (давать) обещание о чём-н. *О. поддержку. Обещал прийти вовремя. Обещал, что придёт. Обещанного* (сущ.) *три года ждут* (посл.). **2.** *несов.* Внушать надежду на что-н. *День обещает быть ясным.* ‖ *сов.* также **пообеща́ть,** -а́ю, -а́ешь (к 1 знач.; разг.).

ОБЕЩА´ТЬСЯ, -а́юсь, -а́ешься; *сов.* и *несов.* (разг.). То же, что обещать (в 1 знач.). *О. приехать.* ‖ *сов.* также **пообеща́ться,** -а́юсь, -а́ешься.

ОБЁРТКА, -и, *ж.* **1.** *см.* обернуть. **2.** То, чем обёрнуто что-н. *Книжка в яркой обёртке. Шоколад в обёртке.* ‖ *прил.* **обёрточный,** -ая, -ое. *Обёрточная бумага.*

ОБЖА´ЛОВАНИЕ, -я, *ср.* **1.** *см.* обжаловать. **2.** Жалоба по поводу принятого решения (офиц.). *Подать о. Ответ на о.*

ОБЖА´ЛОВАТЬ, -лую, -луешь; -анный; *сов., что* (офиц.). Подать жалобу по поводу чего-н., признаваемого незаконным, неправильным. *О. судебный приговор. О. чьи-н. действия.* ‖ *сущ.* **обжа́лование,** -я, *ср.*

ОБЖА´РИТЬ, -рю, -ришь; -ренный; *сов., что.* Слегка поджарить со всех сторон. *О. мясо.* ‖ *несов.* **обжа́ривать,** -аю, -аешь. ‖ *сущ.* **обжа́ривание,** -я, *ср. и* **обжа́рка,** -и, *ж.* (разг.).

ОБЖА´РИТЬСЯ (-рюсь, -ришься, 1 и 2 л. не употр.), -рится; *сов.* Стать обжаренным. *Мясо обжарилось.* ‖ *несов.* **обжа́риваться** (-аюсь, -аешься, 1 и 2 л. не употр.), -ается.

ОБЖА´ТЬ[1], обожму́, обожмёшь; обжа́тый; *сов., что.* Сдавить со всех сторон в несколько приемов (для уплотнения, для придания нужной формы, для удаления влаги). *О. слиток. О. изделие.* ‖ *несов.* **обжима́ть,** -а́ю, -а́ешь. ‖ *сущ.* **обжима́ние,** -я, *ср.,* **обжа́тие,** -я, *ср.* (спец.), **обжи́м,** -а, *м.* (спец.) *и* **обжи́мка,** -и, *ж.* (спец.). ‖ *прил.* **обжи́мный,** -ая, -ое (спец.) *и* **обжимно́й,** -а́я, -о́е (спец.). *Обжимной стан.*

ОБЖА´ТЬ[2], обожну́, обожнёшь; обжа́тый; *сов., что.* Сжать где-н. (злаки, траву) целиком, полностью или вокруг чего-н. *О. поле. О. куст.* ‖ *несов.* **обжина́ть,** -а́ю, -а́ешь. ‖ *сущ.* **обжи́н,** -а, *м.*

ОБЖЕ´ЧЬ, обожгу́, обожжёшь, обожгу́т; обжёг, обожгла́; обжёгший; обожжённый (-ён, -ена́); обжёгши; *сов.* **1.** *что.* Подвергнуть действию огня со всех сторон. *Молнией обожгло* (безл.) *дуб.* **2.** Выдержать (материал, изделие) в специальной печи для придания необходимых свойств. *О. кирпич.* **3.** *кого-что.* Повредить (живую ткань) огнём или чем-н. горячим, жгучим, едким. *О. палец. Руку обожгло* (безл.) *паром.* ‖ *несов.* **обжига́ть,** -а́ю, -а́ешь. *Не боги горшки обжигают* (посл.: хоть и трудно, но сможем, справимся). ‖ *сущ.* **обжига́ние,** -я, *ср. и* **о́бжиг,** -а, *м.* (ко 2 знач.; спец.). *Обжиг кирпича.* ‖ *прил.* **о́бжиговый,** -ая, -ое (к 1 и 2 знач.; спец.). *Обжиговая печь.*

ОБЖЕ́ЧЬСЯ, обожгу́сь, обожжёшься, обожгу́тся; обжёгся, обожгла́сь; обжёгшийся; обжёгшись; *сов.* **1.** *см.* жечься. **2.** *перен.* Встретив неожиданное препятствие, потерпеть неудачу (разг.). *О. на махинациях.* ‖ *несов.* **обжига́ться,** -а́юсь, -а́ешься.

ОБЖИ́МКИ, -мок *и* -мков (спец.). То же, что выжимки.

ОБЖИТО́Й, -а́я, -о́е. Такой, в к-ром уже живут, приспособленный для житья. *Обжитое место. О. район города.*

ОБЖИ́ТЬ, -иву́, -ивёшь; о́бжил *и* обжи́л, обжила́, о́бжило *и* обжи́ло; обжи́тый (-и́т, -ита́, -и́то) *и* о́бжитый (-ит, -ита́, -ито); *сов., что* (разг.). Сделать жилым, приспособить для житья. *О. новую квартиру.* ‖ *несов.* **обжива́ть,** -а́ю, -а́ешь.

ОБЖИ́ТЬСЯ, -иву́сь, -ивёшься; -и́лся, -ила́сь, -ило́сь *и* -и́лось; *сов.* (разг.). Прожив какое-то время, привыкнуть к новой обстановке. *О. в деревне.* ‖ *несов.* **обжива́ться,** -а́юсь, -а́ешься.

ОБЖО́РА, -ы, *м.* и *ж.* (разг.). Ненасытный, прожорливый человек.

ОБЖО́РЛИВЫЙ, -ая, -ое; -ив (разг.). Ненасытный, жадный на еду. ‖ *сущ.* **обжо́рливость,** -и, *ж.*

ОБЖО́РНЫЙ, -ая, -ое: **обжорный ряд** (стар.) — место на рынке, где торговали горячей пищей.

ОБЖО́РСТВО, -а, *ср.* (разг.). Неумеренность и жадность в еде.

ОБЖУ́ЛИТЬ, -лю, -лишь; -ленный; *сов., кого (что)* (прост.). Смошенничав, обмануть. ‖ *несов.* **обжу́ливать,** -аю, -аешь.

ОБЗАВЕДЕ́НИЕ, -я, *ср.* **1.** *см.* обзавестись. **2.** *собир.* Вещи, необходимые для жизни, хозяйства, промысла (разг.). *Домашнее о.*

ОБЗАВЕСТИ́СЬ, -еду́сь, -едёшься; -ёлся, -ела́сь; -е́дшийся; -едя́сь; *сов., кем-чем* (разг.). Приобрести нужное для жизни, хозяйства, промысла, завести (в 6 знач.). *О. мебелью. О. инструментом.* ✦ **Обзавестись семьёй** — начать семейную жизнь. ‖ *несов.* **обзаводи́ться,** -ожу́сь, -о́дишься. ‖ *сущ.* **обзаведе́ние,** -я, *ср.*

ОБЗВОНИ́ТЬ, -ню́, -ни́шь; *сов., кого-что* (разг.). Позвонить (по телефону) многим, во многие места. *О. друзей. О. все учреждения.* ‖ *несов.* **обзва́нивать,** -аю, -аешь.

ОБЗИРА́ТЬ *см.* обозреть.

ОБЗО́Р, -а, *м.* **1.** *см.* обозреть. **2.** Возможность охватить взором какое-н. пространство (спец.). *Хороший о. О. с наблюдательного пункта.* **3.** Сжатое сообщение о том, что объединено общей темой. *О. событий за неделю. Международный о. О. специальной литературы.* ‖ *прил.* **обзо́рный,** -ая, -ое.

ОБЗО́РНЫЙ *см.* обзор *и* обозреть.

ОБЗЫВА́ТЬ *см.* обозвать.

ОБЗЫВА́ТЬСЯ, -а́юсь, -а́ешься; *несов.* (прост.). Называть, дразнить кого-н. обидными, бранными словами.

ОБИВА́ТЬ, -СЯ *см.* обить, -ся.

ОБИ́ВКА, -и, *ж.* **1.** *см.* обить. **2.** То, чем обивают что-н. (мягкие материалы, ткань, кожа). *Ковровая о. Пёстрая о. мебели.* ‖ *прил.* **оби́вочный,** -ая, -ое.

ОБИ́ДА, -ы, *ж.* **1.** Несправедливо причинённое огорчение, оскорбление, а также вызванное этим чувство. *Терпеть обиды. Быть в обиде на кого-н. В тесноте, да не в обиде* (посл.). *Не в обиду будь сказано* (пусть не покажется обидным; разг.). *Не дать в обиду кого-н.* (не дать обидеть; разг.). **2.** *в знач. сказ.* О досадном, обидном случае (разг.). *Опоздал, такая (какая, вот) о.!*

ОБИ́ДЕТЬ, -и́жу, -и́дишь; -и́женный; *сов., кого (что).* **1.** Причинить обиду кому-н. *О. замечанием. Мухи не обидит кто-н.* (о кротком, незлобивом человеке; разг.). **2.** Причинить ущерб кому-н. чем-н., наделить чем-н. в недостаточной степени. *Природа не обидела его талантами. Богом обиженный* (о неудачливом или глуповатом человеке; разг. шутл.). ‖ *несов.* **обижа́ть,** -а́ю, -а́ешь.

ОБИ́ДЕТЬСЯ, -и́жусь, -и́дишься; *сов., на кого-что.* Почувствовать обиду, оскорбиться. *О. на замечание. О. на соседа.* ‖ *несов.* **обижа́ться,** -а́юсь, -а́ешься.

ОБИ́ДНЫЙ, -ая, -ое; -ден, -дна. **1.** Содержащий обиду, оскорбительный. *Обидное замечание. Сказать в обидной форме. Обидно* (в знач. сказ.) *слушать упрёки.* **2.** Досадный, неприятный. *О. недосмотр. Обидно* (в знач. сказ.), *что опоздал. До обидного* (сущ.) *мало успел* (очень мало).

ОБИ́ДЧИВЫЙ, -ая, -ое; -ив. Легко обижающийся, склонный чувствовать обиду. *О. человек.* ‖ *сущ.* **оби́дчивость,** -и, *ж.*

ОБИ́ДЧИК, -а, *м.* Тот, кто обидел, обижает кого-н. ‖ *ж.* **оби́дчица,** -ы.

ОБИЖА́ТЬ, -СЯ *см.* обидеть, -ся.

ОБИ́ЖЕННЫЙ, -ая, -ое. Выражающий чувство обиды. *О. тон. О. вид. Обиженно* (нареч.) *всхлипывать.* ‖ *сущ.* **оби́женность,** -и, *ж.*

ОБИ́ЛИЕ, -я, *ср.* **1.** *кого-чего.* Очень большое количество. *О. грибов, ягод.* **2.** Достаток, богатство (устар.). *О. в доме, в семье.*

ОБИ́ЛОВАТЬ (-лую, -луешь, 1 и 2 л. не употр.), -лует; *несов., кем-чем* (устар.). То же, что изобиловать. *Леса обилуют зверем.*

ОБИ́ЛЬНЫЙ, -ая, -ое; -лен, -льна. **1.** Имеющийся в изобилии, в высшей степени достаточный. *О. урожай. Обильно* (нареч.) *кормить.* **2.** Богатый, изобилующий чем-н. *Страна обильна талантами. Озеро обильно рыбой.*

ОБИНУ́ЯСЬ: не обинуясь (устар.) — не раздумывая, без колебаний. *Не обинуясь подтвердить сказанное.*

ОБИНЯ́К, -а́, *м.* (устар.). Намёк, недомолвка. *Говорить обиняками.* ✦ **Без обиняков** (говорить, выражаться) (разг.) — прямо, открыто.

ОБИРА́ЛА, -ы, *м.* и *ж.* (прост.). Человек, к-рый обирает кого-н., бессовестно отнимает что-н. у кого-н.

ОБИРА́ЛОВКА, -и, *ж.* (прост.). Место, где обирают, где вымогают деньги у кого-н., а также само такое вымогание. *Этот рынок — сплошная о.*

ОБИРА́ТЬ *см.* обобрать.

ОБИТА́ЕМЫЙ, -ая, -ое; -а́ем. Населённый людьми, имеющий население; вообще такой, где есть живые существа. *Обитаемая земля. Остров обитаем чайками.* ‖ *сущ.* **обита́емость,** -и, *ж.*

ОБИТА́ЛИЩЕ, -а, *ср.* (устар.). Жилище, место, где кто-н. живёт, пребывает. *Уединённое о.*

ОБИТА́ТЕЛЬ, -я, *м.* (книжн.). Тот, кто живёт, обитает где-н. *Обитатели степей. Лесные обитатели* (о животных). ‖ *ж.* **обита́тельница,** -ы.

ОБИТА́ТЬ, -а́ю, -а́ешь; *несов.* (книжн.). Жить, иметь пребывание где-н. *Первобытные люди обитали в пещерах. В реке обитают бобры.* ‖ *сущ.* **обита́ние,** -я, *ср.* *Места обитания животных.*

ОБИ́ТЕЛЬ, -и, *ж.* **1.** То же, что монастырь. *Дальняя о.* **2.** *какая.* Место, где кто-н. живет, жилище (шутл.). *Скромная о.* ‖ *прил.* **оби́тельский,** -ая, -ое (к 1 знач.).

ОБИ́ТЬ, обобью́, обобьёшь; обе́й; -и́тый; *сов., что.* **1.** *чем.* Прибивая, покрыть сплошь чем-н. *О. двери дерматином. О. сундук железом.* **2.** Ударами отделить или освободить от чего-н. (разг.). *О. шишки. О. яблоню.* **3.** Повредить поверхность чего-н. или повредить с краёв (продолжительным или небрежным употреблением, ударами) (разг.). *О. подол платья. О. штукатурку.* ‖ *несов.* **обива́ть,** -а́ю, -а́ешь. ✦ **Обивать пороги** (разг. неодобр.) — многократно ходить куда-н. с просьбами, делами. ‖ *сущ.* **обива́ние,** -я, *ср.*, **оби́вка,** -и, *ж.* (к 1 и 2 знач.) *и* **обо́йка,** -и, *ж.* (к 1 знач.; спец.). ‖ *прил.* **оби́вочный,** -ая, -ое (к 1 и 2 знач.) *и* **обое́чный,** -ая, -ое (ко 2 знач.; спец.). *Обоечная машина* (для очистки, шелушения зерён).

ОБИ́ТЬСЯ (обобью́сь, обобьёшься, 1 и 2 л. не употр.), обобьётся; *сов.* (разг.). Получить повреждения на поверхности или с краёв (от продолжительного или небрежного употребления, от сотрясения). *Подол обился. Штукатурка обилась.* ‖ *несов.* **обива́ться** (-а́юсь, -а́ешься, 1 и 2 л. не употр.), -а́ется.

ОБИХО́Д, -а, *м.* Текущая жизнь в её постоянных, привычных проявлениях, уклад жизни. *Предметы домашнего обихода. Выйти из обихода* (перестать употребляться). *Войти в о.* (начать употребляться).

ОБИХО́ДИТЬ, -о́жу, -о́дишь; -о́женный; *сов., кого (что)* (прост.). Обеспечить уходом, заботой. *Ребят надо одеть, о.*

ОБИХО́ДНЫЙ, -ая, -ое; -ден, -дна. Повседневный, обыденный, существующий в обиходе. *Обиходное выражение.* ‖ *сущ.* **обихо́дность,** -и, *ж.*

ОБКА́ЛЫВАТЬ *см.* обколоть.

ОБКА́ПАТЬ, -аю, -аешь; -анный; *сов., кого-что* (разг.). Запачкать, залить каплями чего-н. *О. стол краской.* ‖ *несов.* **обка́пывать,** -аю, -аешь.

ОБКА́ПЫВАТЬ[1] *см.* обкапать.

ОБКА́ПЫВАТЬ[2] *см.* обкопать.

ОБКА́РМЛИВАТЬ *см.* обкормить.

ОБКАТА́ТЬ, -а́ю, -а́ешь; -а́танный; *сов., что.* **1.** Катая, покрыть чем-н., обвалять (разг.). *О. котлету в сухарях.* **2.** Сделать ровным, гладким, годным для езды. *О. дорогу.* **3.** Испытать пробной ездой, работой. *О. новую машину. О. оборудование. Обкатанный спектакль* (перен.). ‖ *несов.* **обка́тывать,** -аю, -аешь. ‖ *сущ.* **обка́тывание,** -я, *ср. и* **обка́тка,** -и, *ж.* (ко 2 и 3 знач.). ‖ *прил.* **обка́точный,** -ая, -ое (ко 2 и 3 знач.).

ОБКА́ШИВАТЬ *см.* обкосить.

ОБКИДА́ТЬ, -а́ю, -а́ешь; -и́данный; *сов., кого-что* (разг.). Накидать что-н. поверх или вокруг кого-чего-н. *О. песком.* ‖ *несов.* **обки́дывать,** -аю, -аешь.

ОБКЛА́ДКА, -и, *ж.* **1.** *см.* обложить. **2.** То, чем обложено что-н. *Дерновая о.*

ОБКЛА́ДЫВАТЬ, -СЯ *см.* обложить.

ОБКЛЕ́ИТЬ, -е́ю, -е́ишь; -е́енный; *сов., что* (разг.). То же, что оклеить. ‖ *несов.* **обкле́ивать,** -аю, -аешь.

ОБКОЛО́ТЬ, -олю́, -о́лешь; -о́лотый; *сов.* **1.** *что.* Сколоть снаружи, с разных сторон. *О.*

лёд у крыльца. **2.** *кого-что.* Поранить уколами, нанести уколы на что-н. (разг.). *О. руки шипами.* ‖ *несов.* **обка́лывать,** -аю, -аешь. ‖ *сущ.* **обка́лывание,** -я, *ср.* и **обко́лка,** -и, *ж.*

ОБКО́М, -а, *м.* Сокращение: областной комитет. *О. профсоюза.* ‖ *прил.* **обко́мовский,** -ая, -ое (разг.).

ОБКОПА́ТЬ, -а́ю, -а́ешь; -о́панный; *сов., что* (разг.). То же, что окопать. ‖ *несов.* **обка́пывать,** -аю, -аешь. ‖ *сущ.* **обка́пывание,** -я, *ср.* и **обко́пка,** -и, *ж.*

ОБКОРМИ́ТЬ, -ормлю́, -о́рмишь; -о́рмленный; *сов., кого (что).* Накормить сверх меры, во вред здоровью. *О. скотину.* ‖ *несов.* **обка́рмливать,** -аю, -аешь. ‖ *сущ.* **обка́рмливание,** -я, *ср.,* **обко́рм,** -а, *м.* и **обко́рмка,** -и, *ж.* (разг.).

ОБКОРНА́ТЬ *см.* корнать.

ОБКОСИ́ТЬ, -ошу́, -о́сишь; -о́шенный; *сов., что.* Скосить (траву) вокруг чего-н., очистить косьбой. *О. кусты. О. участок у леса.* ‖ *несов.* **обка́шивать,** -аю, -аешь.

ОБКРА́ДЫВАТЬ *см.* обокрасть.

ОБКРУТИ́ТЬ, -учу́, -у́тишь; -у́ченный; *сов., что.* То же, что обмотать. ‖ *несов.* **обкру́чивать,** -аю, -аешь. ‖ *сущ.* **обкру́чивание,** -я, *ср.* и **обкру́тка,** -и, *ж.* (разг.). ‖ *прил.* **обкру́точный,** -ая, -ое (спец.).

ОБКРУТИ́ТЬСЯ, -учу́сь, -у́тишься; *сов., вокруг чего.* То же, что обмотаться (во 2 знач.).

ОБКУРИ́ТЬ, -урю́, -у́ришь; -у́ренный; *сов.* **1.** *что.* Сделать (курительный прибор) удобным, привычным для курения. *О. трубку.* **2.** *кого-что.* Пропитать, закоптить дымом от курения (разг.). *О. всю комнату.* ‖ *несов.* **обку́ривать,** -аю, -аешь.

ОБКУСА́ТЬ, -а́ю, -а́ешь; -у́санный; *сов., что.* Кусая, обгрызть. *О. горбушку.* ‖ *несов.* **обку́сывать,** -аю, -аешь.

ОБЛА́ВА, -ы, *ж.* **1.** Охота, при к-рой окружается место, где находится зверь, с тем, чтобы гнать его оттуда на охотника. *О. на волков.* **2.** Оцепление места, где находятся или могут находиться преследуемые лица, с целью их поимки. *Устроить облаву.* ‖ *прил.* **обла́вный,** -ая, -ое (к 1 знач.; спец.). *О. гон зверя.*

ОБЛАГА́ТЬ *см.* обложить.

ОБЛАГОДЕ́ТЕЛЬСТВОВАТЬ, -твую, -твуешь; -ованный; *сов., кого (что).* Оказать кому-н. благодеяние.

ОБЛАГОРО́ДИТЬ, -о́жу, -о́дишь; -о́женный; *сов., кого-что.* **1.** Сделать благородным, благороднее в духовном, моральном отношении. **2.** Улучшить породу, качество чего-н. (растений, животных, материалов) (спец.). ‖ *несов.* **облагора́живать,** -аю, -аешь.

ОБЛАДА́ТЕЛЬ, -я, *м., чего.* Человек, который обладает чем-н., владелец. *О. большого состояния. О. приятного голоса.* ‖ *ж.* **облада́тельница,** -ы.

ОБЛАДА́ТЬ, -а́ю, -а́ешь; *несов.* **1.** *кем-чем.* Иметь в собственности, в наличии или в числе своих свойств. *О. источником сырья. О. талантом. О. хорошим голосом.* **2.** *кем.* Иметь своей женой, любовницей. *О. любимой женщиной.* ‖ *сущ.* **облада́ние,** -я, *ср.*

ОБЛА́ДИТЬ, -а́жу, -а́дишь; -а́женный; *сов., что* (прост.). Привести в нужное состояние, устроить. *О. дельце.* ‖ *несов.* **обла́живать,** -аю, -аешь.

ОБЛА́ЗИТЬ, -а́жу, -а́зишь; *сов., что* (разг.). Лазая, побывать повсюду. *О. весь лес.*

О́БЛАКО, -а, *мн.* -а́, -о́в, *ср.* **1.** Светло-серые клубы, волнистые слои в небе, скопление сгустившихся в атмосфере водяных капель и ледяных кристаллов. *Облака плывут по небу. Ветер гонит облака. Кучевые облака. Грозовое, дождевое о. До облаков* (перен.: очень высоко). *Спуститься с облаков* (перен.: от мечтаний обратиться к действительности; ирон.). *С облаков упасть* или *свалиться* (перен.: о неожиданном появлении кого-н.; разг.). **2.** *перен., чего.* Сплошная масса каких-н. мелких летучих частиц. *О. дыма, пара.* ‖ *уменьш.* **о́блачко,** -а, *мн.* -а́, -о́в, *ср.* ‖ *прил.* **о́блачный,** -ая, -ое (к 1 знач.). *О. слой.*

ОБЛА́МЫВАТЬ, -СЯ *см.* обломать, -ся, обломить, -ся.

ОБЛА́ПИТЬ, -плю, -пишь; -пленный; *сов., кого-что* (прост.). **1.** Обхватить лапами. *Медведь облапил охотника.* **2.** Обнять, обхватить руками (неодобр.). *Облапил своими ручищами.* ‖ *несов.* **обла́пливать,** -аю, -аешь.

ОБЛАПО́ШИТЬ, -шу, -шишь; -шенный; *сов., кого (что)* (прост.). Обмануть, обдурить. ‖ *несов.* **облапо́шивать,** -аю, -аешь.

ОБЛАСКА́ТЬ, -а́ю, -а́ешь; -а́сканный; *сов., кого (что).* Ласково, с участием отнестись к кому-н. *О. гостя.*

ОБЛАСТНО́Й, -а́я, -о́е. **1.** *см.* область. **2.** Свойственный диалекту, местный. *Областное слово. Областные говоры.*

О́БЛАСТЬ, -и, *мн.* -и, -е́й, *ж.* **1.** Часть страны, государственной территории (или территорий). *Южные области России. Северные области Европы.* **2.** Крупная административно-территориальная единица. *Автономная о. Московская о. Начальство из области* (из областного центра; разг.). **3.** *чего* или *какая.* Пределы, в к-рых распространено какое-н. явление, зона, пояс. *О. вечнозелёных растений. Озёрная о.* **4.** *чего* или *какая.* Отдельная часть организма, участок тела. *Боли в области печени. В грудной области.* **5.** *перен., чего.* Отрасль деятельности, круг занятий, представлений. *Новая о. науки. Отошло в о. преданий* (больше не существует; книжн. и ирон.). ✦ **В области** *чего, предлог с род. п.* — в чём-н., в сфере чего-н. *Специалист в области математики. Работать в области народного образования.* ‖ *прил.* **областно́й,** -а́я, -о́е (ко 2 знач.). *О. центр.*

ОБЛА́ТКА, -и, *ж.* То же, что капсула (во 2 знач.). *Лекарство в облатках.* ‖ *прил.* **обла́точный,** -ая, -ое.

ОБЛАЧЕ́НИЕ, -я, *ср.* **1.** *см.* облачить, -ся. **2.** Одежда служителей культа во время богослужения, а также (разг. шутл.) вообще то, что надето на ком-н. *Архиерей в полном облачении. Явился в каком-то нелепом облачении.*

ОБЛАЧИ́ТЬ, -чу́, -чи́шь; -чённый (-ён, -ена́); *сов., кого (что) во что.* **1.** Перед богослужением надеть облачение на священнослужителя. *О. епископа.* **2.** То же, что одеть (в 1 знач.) (разг. шутл.). ‖ *несов.* **облача́ть,** -а́ю, -а́ешь. ‖ *сущ.* **облаче́ние,** -я, *ср.*

ОБЛАЧИ́ТЬСЯ, -чу́сь, -чи́шься; *сов.* **1.** О священнослужителе: надеть на себя облачение перед богослужением. *О. в ризу. Дьякон облачился в стихарь.* **2.** То же, что одеться (в 1 знач.) (разг. шутл.). ‖ *несов.* **облача́ться,** -а́юсь, -а́ешься. ‖ *сущ.* **облаче́ние,** -я, *ср.*

О́БЛАЧНОСТЬ, -и, *ж.* **1.** *см.* облачный. **2.** Скопление облаков. *Сплошная о. Переменная о.*

О́БЛАЧНЫЙ, -ая, -ое; -чен, -чна. **1.** *см.* облако. **2.** Покрытый облаками. *Облачное небо. О. горизонт.* **3.** О погоде: пасмурный. *О. день. Сегодня облачно* (в знач. сказ.). ‖ *сущ.* **о́блачность,** -и, *ж.*

ОБЛА́ЯТЬ, -аю, -аешь; -янный; *сов., кого (что).* **1.** О собаке: накинуться на кого-н. с лаем (разг.). **2.** *перен.* Грубо обругать (прост.). ‖ *несов.* **обла́ивать,** -аю, -аешь.

ОБЛЕГА́ТЬ *см.* облечь[2].

ОБЛЕГЧЕ́НИЕ, -я, *ср.* **1.** *см.* облегчить, -ся. **2.** Состояние лёгкости, освобождения от чего-н. *Почувствовать о.*

ОБЛЕГЧЁННЫЙ, -ая, -ое; -ён. **1.** *полн. ф.* Ставший или сделанный более лёгким по весу. *О. инструмент. О. драп.* **2.** *полн. ф.* Менее сложный по устройству, составу, способу исполнения, упрощённый. *Облегчённая конструкция.* **3.** Почувствовавший облегчение, выражающий облегчение. *Ушёл с облегчённым сердцем. Облегчённо* (нареч.) *вздохнуть.* ‖ *сущ.* **облегчённость,** -и, *ж.*

ОБЛЕГЧИ́ТЬ, -чу́, -чи́шь; -чённый (-ён, -ена́); *сов.* **1.** *кого-что.* Сделать лёгким, легче, освободить от лишнего груза, тяжести. *О. повозку.* **2.** *что.* Упростить, сделать проще, легче. *О. конструкцию.* **3.** *что.* Сделать менее трудным, менее тяжёлым. *О. труд. О. своё положение.* **4.** *кого-что.* Успокоить, умиротворить. *О. боль. О. душу.* ‖ *несов.* **облегча́ть,** -а́ю, -а́ешь. ‖ *сущ.* **облегче́ние,** -я, *ср.*

ОБЛЕГЧИ́ТЬСЯ, -чу́сь, -чи́шься; *сов.* **1.** (1 и 2 л. не употр.). Стать более лёгким, простым. *Труд облегчился.* **2.** Освободиться от тяжести (нравственной, физической). *Душа облегчилась.* ‖ *несов.* **облегча́ться,** -а́юсь, -а́ешься. ‖ *сущ.* **облегче́ние,** -я, *ср.*

ОБЛЕДЕНЕ́ЛЫЙ, -ая, -ое; -е́л. Покрытый льдом, обледеневший. *О. борт корабля.* ‖ *сущ.* **обледене́лость,** -и, *ж.*

ОБЛЕДЕНЕ́ТЬ, -е́ю, -е́ешь; *сов.* Покрыться льдом. *Палуба обледенела.* ‖ *несов.* **обледенева́ть,** -а́ю, -а́ешь. ‖ *сущ.* **обледене́ние,** -я, *ср.*

ОБЛЕ́ЗЛЫЙ, -ая, -ое; -е́зл (разг.). **1.** С облезшими волосами, шерстью, перьями. *О. котёнок.* **2.** С облупившейся краской, штукатуркой, полинялый. *Облезлые стены.* ‖ *сущ.* **обле́злость,** -и, *ж.*

ОБЛЕ́ЗТЬ, -зу, -зешь; -е́з, -е́зла; *сов.* (разг.). **1.** Лишиться волос, шерсти, перьев, а также (о волосах, шерсти, перьях) выпасть. *Кошка облезла. Волосы облезли.* **2.** Сойти с поверхности (о краске, покрытии); облупиться (о покрашенном, покрытом чем-н.). *Побелка облезла. Крашеный пол облез.* ‖ *несов.* **облеза́ть,** -а́ю, -а́ешь. *Обгорел на солнце и весь облезает* (шелушится кожа).

ОБЛЕКА́ТЬ, -СЯ *см.* облечь[1].

ОБЛЕНИ́ТЬСЯ, -еню́сь, -е́нишься; *сов.* Стать ленивым. ‖ *несов.* **обле́ниваться,** -аюсь, -аешься.

ОБЛЕПИ́ТЬ, -еплю́, -е́пишь; -е́пленный; *сов., кого-что.* **1.** (1 и 2 л. не употр.). Прилипнуть со всех сторон к кому-чему-н. *Грязь облепила колёса. Мухи облепили сахар* (перен.: насели кругом). **2.** *чем.* Прилепляя, покрыть чем-н. (разг.). *О. стены объявлениями.* ‖ *несов.* **облепля́ть,** -я́ю, -я́ешь.

ОБЛЕПИ́ХА, -и, *ж.* Высокий колючий кустарник или дерево сем. лоховых с кисловатыми, тесно сидящими на ветках мелкими оранжево-жёлтыми ягодами, а также сами ягоды, имеющие целебные свойства. ‖ *прил.* **облепи́ховый,** -ая, -ое. *Облепиховое масло. Облепиховая мазь.*

ОБЛЕСИ́ТЬ, 1 л. ед. не употр., -и́шь; -сённый (-ён, -ена́); *сов., что* (спец.). Засадить лесом. *О. степи.* ‖ *сущ.* **облесе́ние,** -я, *ср.* ‖ *прил.* **облеси́тельный,** -ая, -ое. *Облесительные работы.*

ОБЛЕТА́ТЬ[1], -а́ю, -а́ешь; -ётанный; *сов., что.* **1.** То же, что облететь[1] (во 2 знач.). *О. на самолёте всё побережье.* **2.** Испытать в пробных полётах. *О. самолёт.* ‖ *несов.* **облётывать**, -аю, -аешь (ко 2 знач.). ‖ *сущ.* **облёт**, -а, *м.*

ОБЛЕТА́ТЬ[2] *см.* облететь[1].

ОБЛЕТА́ТЬ[3] *см.* облететь[2].

ОБЛЕТЕ́ТЬ, -лечу́, -лети́шь; *сов.* **1.** *кого-что и вокруг кого-чего.* Пролететь вокруг. *О. Луну. О. озеро* или *вокруг озера.* **2.** *что.* Летая, побывать во многих местах. *О. на самолёте всю страну.* **3.** (1 и 2 л. не употр.). Опасть, осыпаться. *Сухие листья облетели. Яблоневый цвет облетел.* **4.** (1 и 2 л. не употр.), *перен., что.* Быстро распространившись, сделаться известным кому-н. *Весть облетела весь город.* ‖ *несов.* **облета́ть**, -а́ю, -а́ешь. ‖ *сущ.* **облёт**, -а, *м.* (к 1 знач.). ‖ *прил.* **облётный**, -ая, -ое (к 1 знач.; спец.).

ОБЛЕ́ЧЬ[1], -еку́, -ечёшь, -еку́т; -ёк, -екла́; -ёкший; -ечённый (-ён, -ена́); -ёкши; *сов.* (книжн.). **1.** *кого-что во что.* Одеть во что-н., облачить. *О. в праздничные одежды. О. свою мысль в доступную форму* (перен.). **2.** *перен., кого-что чем.* Окружить чем-н., создать вокруг кого-чего-н. какую-н. атмосферу. *О. событие тайной.* **3.** *кого-что чем.* Снабдить, наделить, уполномочив, поручив делать (сделать) что-н. *О. доверием, властью. Облечён особыми полномочиями.* ‖ *несов.* **облека́ть**, -а́ю, -а́ешь. ‖ *возвр.* **обле́чься**, -еку́сь, -ечёшься (к 1 знач.); *несов.* **облека́ться**, -а́юсь, -а́ешься. ‖ *сущ.* **облече́ние**, -я, *ср.*

ОБЛЕ́ЧЬ[2] (-ля́гу, -ля́жешь, 1 и 2 л. не употр.), -ля́жет, -ля́гут; -лёг, -легла́; -лёгший; -лёгши; *сов., что.* **1.** Распространиться по чему-н., окутать. *Тучи облегли небо.* **2.** Прилегая, обхватить. *Платье плотно облегло фигуру.* ‖ *несов.* **облега́ть** (-а́ю, -а́ешь, 1 и 2 л. не употр.), -а́ет. *Облегающий костюм.*

ОБЛИВА́НИЕ, -я, *ср.* **1.** *см.* облить. **2.** Водная процедура — окачивание водой. *Холодные обливания.*

ОБЛИВА́ТЬСЯ, -а́юсь, -а́ешься; *несов.* **1.** *см.* облить. **2.** (1 и 2 л. не употр.), *перен.* Охватываться, становиться объятым. *Сердце кровью обливается у кого-н.* (о сильном чувстве сострадания, горести; разг.). *О. слезами* (горько плакать; разг.).

ОБЛИ́ВКА, -и, *ж.* **1.** *см.* облить. **2.** Глазурь на глиняной, фаянсовой посуде (спец.).

ОБЛИВНО́Й, -а́я, -о́е. Покрытый обливкой, глазурью. *О. кувшин. О. эклер.*

ОБЛИГАТО́РНЫЙ, -ая, -ое; -рен, -рна (книжн.). Обязательный, непременный, безусловно до́лжный. *Облигаторная зависимость. Облигаторная сочетаемость слов.* ‖ *сущ.* **облигато́рность**, -и, *ж.*

ОБЛИГА́ЦИЯ, -и, *ж.* Ценная бумага, по к-рой её владельцу выплачивается ежегодный доход в форме процентов или выигрышей. *О. государственного займа.* ‖ *прил.* **облигацио́нный**, -ая, -ое.

ОБЛИЗА́ТЬ, -ижу́, -и́жешь; -и́занный; *сов., кого-что.* **1.** Провести языком по поверхности чего-н. *О. губы. Пальчики оближешь* (перен.: о чём-н. очень вкусном, приятном; разг.). **2.** Очистить, проводя языком по поверхности чего-н. *О. блюдце.* ‖ *однокр.* **облизну́ть**, -ну́, -нёшь. ‖ *несов.* **обли́зывать**, -аю, -аешь. *Кошка облизывает котят* (вылизывает).

ОБЛИЗА́ТЬСЯ, -ижу́сь, -и́жешься; *сов.* **1.** Облизать себе губы. **2.** О животных: очищая, облизать на себе шерсть. ‖ *несов.* **обли́зываться**, -аюсь, -аешься. *Ест и облизывается* (о чём-н. вкусном). ‖ *однокр.* **облизну́ться**, -ну́сь, -нёшься (к 1 знач.; разг.).

ОБЛИ́ЗЫВАТЬСЯ, -аюсь, -аешься; *несов.* **1.** *см.* облизаться. **2.** *перен., на что.* Предвкушать получение чего-н. вкусного, приятного (разг. шутл.). *О. на горячие пироги.*

О́БЛИК, -а, *м.* **1.** Внешний вид, очертание, наружность. *Приятный о. Потерять человеческий о.* (перен.: повести себя не по-человечески, а также опуститься морально или внешне). **2.** *перен.* Характер, душевный склад. *Нравственный о. человека.*

ОБЛИНЯ́ТЬ *см.* линять.

ОБЛИ́ПНУТЬ, -ну, -нешь; -и́п, -и́пла; *сов., чем* (разг.). Покрыться со всех сторон чем-н. липким. *Колёса облипли глиной.* ‖ *несов.* **облипа́ть**, -а́ю, -а́ешь.

ОБЛИ́ТЬ, оболью́, обольёшь; о́блил *и* обли́л, облила́, о́блило *и* обли́ло; обле́й; обли́вший; обли́тый (-и́т, -ита́, -и́то) *и* о́блитый (-ит, -ита́, -ито); *сов.* **1.** *кого-что.* Обдать, покрыть со всех сторон или сверху чем-н. жидким. *О. из лейки. О. скатерть супом.* **2.** *что.* Покрыть каким-н. жидким застывающим составом (спец.). *О. глазурью.* ✦ **Облить грязью или помоями** *кого* — опозорить, публично оскорбить. **Облить презрением** *кого* — выразить крайнее презрение к кому-н. ‖ *несов.* **облива́ть**, -а́ю, -а́ешь. ‖ *возвр.* **обли́ться**, оболью́сь, обольёшься; -и́лся, -ила́сь, -ило́сь *и* -и́лось (к 1 знач.); *несов.* **облива́ться**, -а́юсь, -а́ешься. ‖ *сущ.* **облива́ние**, -я, *ср.* (к 1 знач.) *и* **обли́вка**, -и, *ж.* (ко 2 знач.). ‖ *прил.* **обли́вочный**, -ая, -ое (ко 2 знач.).

ОБЛИЦЕВА́ТЬ, -цу́ю, -цу́ешь; -цо́ванный; *сов., что.* Покрыть слоем декоративного или защитного материала (в качестве украшения, строительной отделки). *О. стены мрамором.* ‖ *несов.* **облицо́вывать**, -аю, -аешь. ‖ *сущ.* **облицо́вка**, -и, *ж.* ‖ *прил.* **облицо́вочный**, -ая, -ое. *Облицовочная плитка.*

ОБЛИЦО́ВКА, -и, *ж.* **1.** *см.* облицевать. **2.** Слой материала, к-рым облицовываются изделия, сооружения. *Мраморная, деревянная, металлическая, керамическая о.*

ОБЛИЦО́ВЩИК, -а, *м.* Строительный рабочий, специалист по облицовке зданий. ‖ *ж.* **облицо́вщица**, -ы.

ОБЛИЧА́ТЬ, -а́ю, -а́ешь; *несов., кого-что* (книжн.). **1.** Разоблачать, вскрывая что-н. неблаговидное, вредное, преступное, сурово порицать. *О. пороки.* **2.** (1 и 2 л. не употр.). Обнаруживать, показывать, раскрывать. *В этом ребёнке всё обличает талант.* ‖ *сов.* **обличи́ть**, -чу́, -чи́шь; -чённый (-ён, -ена́) (к 1 знач.). ‖ *сущ.* **обличе́ние**, -я, *ср.* (к 1 знач.).

ОБЛИЧИ́ТЕЛЬ, -я, *м., чего* (книжн.). Тот, кто обличил, обличает кого-что-н. *О. пороков, лжи.* ‖ *ж.* **обличи́тельница**, -ы.

ОБЛИЧИ́ТЕЛЬНЫЙ, -ая, -ое; -лен, -льна (книжн.). Содержащий в себе обличение, разоблачающий. *Обличительная речь.* ‖ *сущ.* **обличи́тельность**, -и, *ж.*

ОБЛИ́ЧЬЕ, -я, *род. мн.* -чий, *ср.* **1.** Лицо, наружность (прост.). *По обличью человек нездешний.* **2.** *перен.* То же, что облик (во 2 знач.) (обычно неодобр.). *Звериное о. расизма.*

ОБЛОБЫЗА́ТЬ, -а́ю, -а́ешь; *сов., кого-что* (устар. и ирон.). То же, что поцеловать.

ОБЛОБЫЗА́ТЬСЯ, -а́юсь, -а́ешься; *сов.* (устар. и ирон.). То же, что поцеловаться.

ОБЛОЖЕ́НИЕ, -я, *ср.* **1.** *см.* обложить. **2.** Налог, сбор (в 3 знач.). *Сократить обложения.*

ОБЛОЖИ́ТЬ, -ожу́, -о́жишь; -о́женный; *сов.* **1.** *кого-что.* Положить что-н. вокруг кого-чего-н. *О. больного грелками. О. могилу дёрном.* **2.** *что.* Покрыть всю поверхность чем-н., покрыть сплошной массой чего-н. *О. стену плиткой. Тучи обложили небо. Горло обложило* (безл.; о налётах в горле). **3.** *кого-что.* Окружить (зверя при охоте, какой-н. пункт войсками). *О. медведя в берлоге. О. крепость.* **4.** *кого-что.* Обязать к уплате какой-н. денежной суммы. *О. подоходным налогом.* **5.** *кого (что).* Грубо обругать (прост.). *О. крепкими словами.* ‖ *несов.* **обкла́дывать**, -аю, -аешь (к 1, 2, 3 и 5 знач.) и **облага́ть**, -а́ю, -а́ешь (к 4 знач.). ‖ *возвр.* **обложи́ться**, -ожу́сь, -о́жишься (к 1 знач.); *несов.* **обкла́дываться**, -аюсь, -аешься. ‖ *сущ.* **обкла́дывание**, -я, *ср.* (к 1 и 2 знач.), **обложе́ние**, -я, *ср.* (к 3 и 4 знач.), **обкла́д**, -а, *м.* (к 3 знач.; спец.) *и* **обкла́дка**, -и, *ж.* (к 1 знач.). ‖ *прил.* **обкла́дочный**, -ая, -ое (к 1 и 2 знач.; спец.).

ОБЛО́ЖКА, -и, *ж.* Верхние плотные листы, с двух сторон закрывающие книгу, тетрадь. *Бумажная, клеёнчатая о. О. с ярким рисунком. Вложить учебник, тетрадь в обложку* (в специально предназначенную папку). ‖ *прил.* **обло́жечный**, -ая, -ое. *Обложечная бумага.*

ОБЛОЖНО́Й: **обложной дождь** (разг.) — затяжной дождь, во время к-рого небо обложено тучами.

ОБЛОКОТИ́ТЬ, -очу́, -о́тишь *и* -оти́шь; -о́ченный; *сов., что.* Опереть руку локтем обо что-н. *О. руки на подлокотники.* ‖ *несов.* **облока́чивать**, -аю, -аешь.

ОБЛОКОТИ́ТЬСЯ, -очу́сь, -о́тишься *и* -оти́шься; *сов.* Опереться на кого-что-н. локтем, локтями. *О. на подоконник.* ‖ *несов.* **облока́чиваться**, -аюсь, -аешься.

ОБЛО́М, -а, *м.* **1.** *см.* обломать, -ся *и* обломить, -ся. **2.** Место, где что-н. обломалось, обломилось. *По линии облома.* **3.** Грубый, неуклюжий человек (прост.).

ОБЛОМА́ТЬ, -а́ю, -а́ешь; -о́манный; *сов.* **1.** *что.* Обломить край, края, концы чего-н. *О. верхушку ели.* **2.** *перен., кого (что).* С трудом уговорить, убедить, а также сломить упрямство, самоуверенность (прост.). *Еле-еле обломал упрямца. Жизнь обломает гордеца.* ‖ *несов.* **обла́мывать**, -аю, -аешь. ‖ *сущ.* **обла́мывание**, -я, *ср.*, **обло́м**, -а, *м.* (к 1 знач.) *и* **обло́мка**, -и, *ж.* (к 1 знач.).

ОБЛОМА́ТЬСЯ (-а́юсь, -а́ешься, 1 и 2 л. не употр.), -а́ется; *сов.* Обломиться кругом, по краям. *Ветки обломались.* ‖ *несов.* **обла́мываться** (-аюсь, -аешься, 1 и 2 л. не употр.), -ается. ‖ *сущ.* **обла́мывание**, -я, *ср. и* **обло́м**, -а, *м.*

ОБЛОМИ́ТЬ, -омлю́, -о́мишь; -о́мленный; *сов., что.* Надавив на что-н., сломать. *О. сук.* ‖ *несов.* **обла́мывать**, -аю, -аешь. ‖ *сущ.* **обло́м**, -а, *м.*

ОБЛОМИ́ТЬСЯ (-омлю́сь, -о́мишься, 1 и 2 л. не употр.), -о́мится; *сов.* **1.** Сломаться, обрушиться под тяжестью чего-н. *Перила, ступеньки обломились.* **2.** *перен.* О чём-н. хорошем: достаться, перепасть (прост.). *От его щедрот что-нибудь и нам обломится.* ‖ *несов.* **обла́мываться** (-аюсь, -аешься, 1 и 2 л. не употр.), -ается. ‖ *сущ.* **обло́м**, -а, *м.* (к 1 знач.).

ОБЛО́МОВЩИНА, -ы, *ж.* Безволие, состояние бездеятельности и лени [по имени Обломова, героя одноимённого романа И. А. Гончарова].

ОБЛО́МОК, -мка, *м.* **1.** Отбитый или отломившийся кусок чего-н. *О. гранита.* **2.** *перен.* То, что осталось от прежнего времени, состояния. *О. старого быта.* ‖ *прил.* **обло́мочный**, -ая, -ое (к 1 знач.). *Обломочные горные породы* (породы, состоящие из обломков более древних горных пород и минералов).

ОБЛУПИ́ТЬ, -СЯ *см.* лупить[1], -ся.

ОБЛУЧЕ́НИЕ, -я, *ср.* **1.** *см.* облучить, -ся. **2.** Воздействие на живой организм какого-н. излучения. *Ионизирующее, инфракрасное, ультрафиолетовое о.*

ОБЛУЧИ́ТЬ, -чу́, -чи́шь; -чённый (-ён, -ена́); *сов., кого-что.* Подвергнуть действию каких-н. лучей. ‖ *несов.* **облуча́ть**, -а́ю, -а́ешь. ‖ *сущ.* **облуче́ние**, -я, *ср.*

ОБЛУЧИ́ТЬСЯ, -чу́сь, -чи́шься; *сов.* **1.** Подвергнуться действию лучистой энергии в диагностических, профилактических или лечебных целях. *О. ультрафиолетовыми, рентгеновскими лучами.* **2.** Подвергнуться воздействию радиоактивного излучения. *О. пороговой дозой.* ‖ *несов.* **облуча́ться**, -а́юсь, -а́ешься. ‖ *сущ.* **облуче́ние**, -я, *ср.*

ОБЛУЧО́К, -чка́, *м.* Толстая деревянная скрепа, идущая по краям телеги, повозки или огибающая верхнюю часть саней. *Ямщик сидит на облучке.*

ОБЛУЩИ́ТЬ *см.* лущить.

ОБЛЫ́ЖНЫЙ, -ая, -ое; -жен, -жна (устар. и прост.). Заведомо ложный, обманный. *Облыжные речи. Облыжно* (нареч.) *обвинить кого-н.*

ОБЛЫСЕ́ТЬ *см.* лысеть.

ОБЛЮБОВА́ТЬ, -бу́ю, -бу́ешь; -о́ванный; *сов., кого-что.* Найдя по вкусу, остановить на ком-чём-н. свой выбор. *О. вещь для подарка.* ‖ *несов.* **облюбо́вывать**, -аю, -аешь.

ОБМА́ЗАТЬ, -а́жу, -а́жешь; -а́занный; *сов., кого-что.* **1.** Покрыть чем-н. мажущим. *О. печь глиной.* **2.** Запачкать кругом, со всех сторон. *О. руки краской.* ‖ *несов.* **обма́зывать**, -аю, -аешь. ‖ *возвр.* **обма́заться**, -а́жусь, -а́жешься (ко 2 знач.); *несов.* **обма́зываться**, -аюсь, -аешься. ‖ *сущ.* **обма́зывание**, -я, *ср.* и **обма́зка**, -и, *ж.* (к 1 знач.). ‖ *прил.* **обма́зочный**, -ая, -ое (к 1 знач.; спец.).

ОБМА́ЗКА, -и, *ж.* **1.** *см.* обмазать. **2.** То, чем обмазано что-н.

ОБМАКНУ́ТЬ, -ну́, -нёшь; -а́кнутый; *сов., что во что.* Погрузить на короткое время в жидкость, окунуть. *О. кисть в краску.* ‖ *несов.* **обма́кивать**, -аю, -аешь.

ОБМА́Н, -а, *м.* **1.** *см.* обмануть. **2.** То же, что ложь. *На обмане далеко не уедешь* (посл.). *Пойти на о.* (решиться солгать). **3.** Ложное представление о чём-н., заблуждение. *Ввести в о. О. зрения* (зрительная ошибка). *О. чувств* (ошибка в своём отношении к кому-н., в восприятии кого-чего-н.). ✦ **Даться (дать себя) в обман** (устар. разг.) — позволить себя обмануть, перехитрить. *Не так-то я прост, в обман не дамся.*

ОБМА́НКА, -и, *ж.* (спец.). Составная часть названий нек-рых минералов, обладающих рядом признаков металлов, являющихся, как правило, рудами. *Цинковая о. Кадмиевая о.*

ОБМА́ННЫЙ, -ая, -ое; -нен, -нна. Основанный на обмане, ложный. *Обманным путём действовать. О. манёвр.* ‖ *сущ.* **обма́нность**, -и, *ж.*

ОБМАНУ́ТЬ, -ану́, -а́нешь; -а́нутый; *сов.* **1.** *кого-что.* Ввести в заблуждение, сказать неправду; поступить недобросовестно по отношению к кому-н. *Ходил в кино, а обманул, что был в школе. О. товарищей. О. заказчика. Не обманешь — не продашь* (посл.). *Лисица волка обманула* (в сказках). **2.** *кого (что).* Нарушить обещание. *Обещал приехать и обманул.* **3.** *кого-что.* Не оправдать чьих-н. ожиданий, предположений. *О. надежды, доверие друга. Погода обманула: с утра было солнце, а к вечеру пошёл дождь.* **4.** *кого (что).* Недодать при расчёте или обвесить (разг.). *О. покупателя на сто рублей.* **5.** *кого (что).* Изменить (мужу, жене), нарушить супружескую верность. *Обманутый муж.* ‖ *несов.* **обма́нывать**, -аю, -аешь. ‖ *сущ.* **обма́н**, -а, *м.* (к 1, 2, 4 и 5 знач.).

ОБМАНУ́ТЬСЯ, -ану́сь, -а́нешься; *сов., в ком-чём.* Ошибиться в своих оценках, чувствах, ожиданиях. *О. в друге. О. в своих надеждах.* ‖ *несов.* **обма́нываться**, -аюсь, -аешься.

ОБМА́НЧИВЫЙ, -ая, -ое; -ив. Такой, который легко может ввести в заблуждение, привести к неправильному заключению. *Наружность обманчива. Обманчивая погода* (перен.: непостоянная, переменчивая). ‖ *сущ.* **обма́нчивость**, -и, *ж.*

ОБМА́НЩИК, -а, *м.* Тот, кто обманул, обманывает кого-н. *Разоблачить обманщика.* ‖ *ж.* **обма́нщица**, -ы. ‖ *прил.* **обма́нщицкий**, -ая, -ое.

ОБМАРА́ТЬ, -а́ю, -а́ешь; -а́ранный; *сов., кого-что* (прост.). Запачкать сплошь, во многих местах. *О. руки.* ‖ *несов.* **обма́рывать**, -аю, -аешь. ‖ *возвр.* **обмара́ться**, -а́юсь, -а́ешься; *несов.* **обма́рываться**, -аюсь, -аешься.

ОБМА́ТЫВАТЬ, -СЯ *см.* обмотать, -ся.

ОБМАХНУ́ТЬ, -ну́, -нёшь; *сов.* **1.** *кого-что чем.* Махая чем-н., обдать струёй воздуха. *О. веером, опахалом.* **2.** *что.* Удалить или, смахивая (пыль, сор), очистить. *О. пыль с полки. О. стол.* ‖ *несов.* **обма́хивать**, -аю, -аешь. ‖ *возвр.* **обмахну́ться**, -ну́сь, -нёшься (к 1 знач.); *несов.* **обма́хиваться**, -аюсь, -аешься.

ОБМА́ЧИВАТЬ, -СЯ *см.* обмочить.

ОБМЕЛЕ́ТЬ *см.* мелеть.

ОБМЕ́Н, -а, *м.* **1.** *см.* обменить, -ся и обменять, -ся. **2.** В экономике: процесс движения продуктов труда как форма распределения производимых обществом ценностей. *Планирование обмена.* **3.** То же, что обмен веществ (разг.). *Нарушен о.* **4.** То же, что обмен жилплощадью (см. обменяться в 1 знач.). *Объявление об обмене. Бюро обмена.* ✦ **Обмен веществ** — совокупность всех изменений и превращений веществ и энергии в организме, обеспечивающих его существование и развитие. **В обмен на** *что, в знач. предлога с вин. п.* — воздавая чем-н. за что-н., возмещая чем-н. *Любовь в обмен на доверие.* ‖ *прил.* **обме́нный**, -ая, -ое (к 3 и 4 знач.). *Обменные процессы.*

ОБМЕНИ́ТЬ, -еню́, -е́нишь; -нённый (-ён, -ена́); *сов., что* (разг.). Случайно или тайно переменить (свою вещь на чужую). *О. зонтик в гостях.* ‖ *несов.* **обме́нивать**, -аю, -аешь. ‖ *сущ.* **обме́н**, -а, *м.*

ОБМЕНИ́ТЬСЯ, -еню́сь, -е́нишься; *сов.* (разг.). Случайно взять вместо своей вещи чужую. *Уходя, обменился шляпой.* ‖ *несов.* **обме́ниваться**, -аюсь, -аешься. ‖ *сущ.* **обме́н**, -а, *м.*

ОБМЕНЯ́ТЬ, -я́ю, -я́ешь; *сов., кого-что.* Отдать своё и получить вместо него другое, обычно равноценное. *О. квартиру на дачу.* ‖ *несов.* **обме́нивать**, -аю, -аешь. ‖ *сущ.* **обме́н**, -а, *м.* ‖ *прил.* **обме́нный**, -ая, -ое. *О. пункт. Обменная операция.*

ОБМЕНЯ́ТЬСЯ, -я́юсь, -я́ешься; *сов.* **1.** *кем-чем.* Обменять друг у друга. *О. сувенирами. О. жилплощадью* (о нанимателях жилой площади или её владельцах: передать эту площадь от одного к другому со всеми соответствующими правами и обязанностями). **2.** *перен., чем.* Взаимно совершить, сделать что-н., что указано существительным. *О. поклонами* (поклониться друг другу). *О. мнениями* (побеседовать). *О. взглядами* (взглянуть друг на друга). *О. опытом.* **3.** То же, что обменяться жилой площадью (разг.). *У него новая квартира: обменялся с соседями.* ‖ *несов.* **обме́ниваться**, -аюсь, -аешься. ‖ *сущ.* **обме́н**, -а, *м.* *О. жилплощадью. О. поздравлениями.* ‖ *прил.* **обме́нный**, -ая, -ое (к 1 и 3 знач.).

ОБМЕРЕ́ТЬ, обомру́, обомрёшь; о́бмер, обмерла́, о́бмерло; обме́рший; обмере́в и обме́рши; *сов.* (разг.). Оцепенеть от сильного внезапного чувства, испуга, обомлеть. *Так и обмер от страха.* ‖ *несов.* **обмира́ть**, -а́ю, -а́ешь. ‖ *сущ.* **обмира́ние**, -я, *ср.*

ОБМЕ́РИТЬ, -рю, -ришь; -ренный; *сов.* **1.** *кого-что.* Измерить по всем направлениям. *О. участок.* **2.** *кого (что).* Обмануть, отмерив меньше, чем полагается. *О. на целых полметра.* ‖ *несов.* **обме́ривать**, -аю, -аешь. ‖ *сущ.* **обме́р**, -а, *м.* и **обме́ривание**, -я, *ср.* ‖ *прил.* **обме́рный**, -ая, -ое (к 1 знач.).

ОБМЕ́РИТЬСЯ, -рюсь, -ришься; *сов.* (разг.). Ошибиться, измеряя, отмеряя что-н. *О. на несколько сантиметров.* ‖ *несов.* **обме́риваться**, -аюсь, -аешься. ‖ *сущ.* **обме́р**, -а, *м.*

ОБМЕСТИ́, -мету́, -метёшь; -мёл, -мела́; -мётший; -метённый (-ён, -ена́); -метя́; *сов., что.* Сметая, удалить или смахнуть (пыль, грязь) с какой-н. поверхности. *О. пыль, паутину. О. крыльцо.* ‖ *несов.* **обмета́ть**, -а́ю, -а́ешь.

ОБМЕТА́ТЬ[1], -ечу́, -е́чешь; -мётанный; *сов., что.* Обшить, накидывая стежки по краям, прорезам. *О. петли.* ‖ *несов.* **обмётывать**, -аю, -аешь. ‖ *сущ.* **обмётывание**, -я, *ср.* и **обмётка**, -и, *ж.* ‖ *прил.* **обмёточный**, -ая, -ое. *О. шов.*

ОБМЕТА́ТЬ[2], -е́чет; *безл.; сов., что* (разг.). О появлении мелкой сыпи, шелушения на губах, вокруг рта. *Губы обметало от жара.* ‖ *несов.* **обмётывать**, -ает.

ОБМЕТА́ТЬ[3] *см.* обмести.

ОБМЁРЗНУТЬ, -ну, -нешь; -ёрз, -ёрзла; *сов.* Покрыться по краям, по поверхности тонким слоем льда, снега, заиндеветь. *Усы обмёрзли.* ‖ *несов.* **обмерза́ть**, -а́ю, -а́ешь.

ОБМИНА́ТЬ, -СЯ *см.* обмять, -ся.

ОБМИРА́ТЬ *см.* обмереть.

ОБМИШУ́РИТЬСЯ, -рюсь, -ришься; *сов.* (прост.). Допустить ошибку, дать маху, оплошать. ‖ *несов.* **обмишу́риваться**, -аюсь, -аешься.

ОБМОЗГОВА́ТЬ, -гу́ю, -гу́ешь; -о́ванный; *сов., что* (прост.). То же, что обдумать. *Это дело надо хорошенько о.* ‖ *несов.* **обмозго́вывать**, -аю, -аешь.

ОБМО́ЛВИТЬСЯ, -влюсь, -вишься; *сов.* (разг.). **1.** То же, что оговориться (во 2 знач.). **2.** Сказать что-н. вскользь, невзначай. *Даже не обмолвился, что уезжает.* ✦ **Словом не обмолвиться** (разг.) — не произнести ни слова, промолчать.

ОБМО́ЛВКА, -и, *ж.* То же, что оговорка (во 2 знач.). *Случайная о.*

ОБМОЛО́Т, -а, *м.* **1.** *см.* обмолотить. **2.** Количество обмолоченного зерна, семян. *Большой о.* ‖ *прил.* **обмоло́тный**, -ая, -ое.

ОБМОЛОТИ́ТЬ, -очу́, -о́тишь; -о́ченный; *сов., что.* Молотьбой очистить, извлечь зерно из колосьев, метёлок, початков. ‖ *несов.* **обмола́чивать**, -аю, -аешь. ‖ *сущ.* **обмола́чивание**, -я, *ср.* и **обмоло́т**, -а, *м.* *Рожь нового обмолота.* ‖ *прил.* **обмоло́точный**, -ая, -ое.

ОБМОРО́ЗИТЬ, -о́жу, -о́зишь; -о́женный; *сов., что.* Повредить (часть тела) при охлаждении, морозе. *О. уши.* ‖ *несов.* **обмора́живать**, -аю, -аешь. ‖ *возвр.* **обморо́зиться**,

-о́жусь, -о́зишься; *несов.* **обмора́живаться,** -аюсь, -аешься. ‖ *сущ.* **обморо́жение,** -я, *ср.* и **обмороже́ние,** -я, *ср.*

О́БМОРОК, -а, *м.* Внезапная потеря сознания. *Упасть в о.* ‖ *прил.* **о́бморочный,** -ая, -ое. *Обморочное состояние.*

ОБМОРО́ЧИТЬ *см.* морочить.

ОБМОТА́ТЬ, -а́ю, -а́ешь; -о́танный; *сов.* **1.** *кого-что чем.* Мотая, обвязать, обкрутить. *О. шею шарфом.* **2.** *что вокруг чего.* Накинуть на что-н., обвивая. *О. платок вокруг шеи.* ‖ *несов.* **обма́тывать,** -аю, -аешь. ‖ *возвр.* **обмота́ться,** -а́юсь, -а́ешься (к 1 знач.); *несов.* **обма́тываться,** -аюсь, -аешься. ‖ *сущ.* **обма́тывание,** -я, *ср.* и **обмо́тка,** -и, *ж.* (к 1 знач.). ‖ *прил.* **обмо́точный,** -ая, -ое (к 1 знач.; спец.). *О. цех. Обмоточные материалы.*

ОБМОТА́ТЬСЯ, -а́юсь, -а́ешься; *сов.* **1.** *см.* обмотать. **2.** (1 и 2 л. не употр.), *вокруг чего.* Крутясь, обвиться. *Верёвка обмоталась вокруг столба.* ‖ *несов.* **обма́тываться,** -ается.

ОБМО́ТКА, -и, *ж.* **1.** *см.* обмотать. **2.** То, чем обматывается, обмотано что-н. *О. из изоляционной ленты.* **3.** обычно *мн.* Длинные и широкие полосы материи, которыми обматывают голени от ботинка до колен. *Накрутить обмотки.* ‖ *прил.* **обмо́точный,** -ая, -ое.

ОБМОЧИ́ТЬ, -очу́, -о́чишь; -о́ченный; *сов., кого-что.* **1.** Замочить с краёв или со всех сторон. *О. рукава.* **2.** Испустив мочу под себя, замочить. *О. постель.* ‖ *несов.* **обма́чивать,** -аю, -аешь. ‖ *возвр.* **обмочи́ться,** -очу́сь, -о́чишься (ко 2 знач.); *несов.* **обма́чиваться,** -аюсь, -аешься.

ОБМУНДИРОВА́НИЕ, -я, *ср.* **1.** *см.* обмундировать. **2.** Военная форменная одежда. *Офицерское о.*

ОБМУНДИРОВА́ТЬ, -ру́ю, -ру́ешь; -о́ванный; *сов., кого (что).* Снабдить форменной одеждой. *О. призывников.* ‖ *несов.* **обмундиро́вывать,** -аю, -аешь. ‖ *возвр.* **обмундирова́ться,** -ру́юсь, -ру́ешься; *несов.* **обмундиро́вываться,** -аюсь, -аешься. ‖ *сущ.* **обмундирова́ние,** -я, *ср.* и **обмундиро́вка,** -и, *ж.* (разг.). ‖ *прил.* **обмундиро́вочный,** -ая, -ое.

ОБМУНДИРО́ВКА, -и, *ж.* **1.** *см.* обмундировать. **2.** Форменная одежда (разг.).

ОБМУРОВА́ТЬ *см.* муровать.

ОБМУРО́ВКА, -и, *ж.* (спец.). **1.** *см.* муровать. **2.** То, чем что-н. обмуровано. *Кирпичная о. котла.* ‖ *прил.* **обмуро́вочный,** -ая, -ое.

ОБМУРО́ВОЧНЫЙ *см.* муровать и обмуровка.

ОБМУ́СЛИТЬ, -лю, -лишь; -ленный и **ОБМУСО́ЛИТЬ,** -лю, -лишь; -ленный; *сов., кого-что* (разг.). Мусля, мусоля, испачкать, замуслить, замусолить со всех сторон. ‖ *несов.* **обму́сливать,** -аю, -аешь и **обмусо́ливать,** -аю, -аешь. ‖ *возвр.* **обму́слиться,** -люсь, -лишься и **обмусо́литься,** -люсь, -лишься; *несов.* **обму́сливаться,** -аюсь, -аешься и **обмусо́ливаться,** -аюсь, -аешься.

ОБМЫ́ЛОК, -лка, *м.* (разг.). Остаток от куска мыла.

ОБМЫ́ТЬ, -мо́ю, -мо́ешь; -ы́тый; *сов.* **1.** *кого-что.* Мо́я со всех сторон, сделать чистым. *О. кожу вокруг раны.* **2.** *что.* То же, что вспрыснуть (во 2 знач.) (прост.). *О. премию.* ‖ *несов.* **обмыва́ть,** -а́ю, -а́ешь. ‖ *возвр.* **обмы́ться,** -мо́юсь, -мо́ешься (к 1 знач.); *несов.* **обмыва́ться,** -а́юсь, -а́ешься. ‖ *сущ.* **обмыва́ние,** -я, *ср.* и **обмы́вка,** -и, *ж.* (к 1 знач.; разг.).

ОБМЯ́КНУТЬ, -ну, -нешь; -я́к, -я́кла; *сов.* (разг.). **1.** (1 и 2 л. не употр.). Стать мягким, рыхлым. *Недопечённый хлеб обмяк.* **2.** *перен.* Стать мягче, добродушнее под влиянием чего-н. *О. от похвал.* ‖ *несов.* **обмяка́ть,** -а́ю, -а́ешь.

ОБМЯ́ТЬ, обомну́, обомнёшь; -я́тый; *сов., что.* Придавить сверху (что-н. мягкое, рыхлое), сдавить со всех сторон для уплотнения, придания нужной формы. *О. сено. О. снег. О. глину.* ‖ *несов.* **обмина́ть,** -а́ю, -а́ешь. ‖ *сущ.* **обми́нка,** -и, *ж.* и **обми́н,** -а, *м.* (спец.). ‖ *прил.* **обми́ночный,** -ая, -ое (спец.).

ОБМЯ́ТЬСЯ (обомну́сь, обомнёшься, 1 и 2 л. не употр.), обомнётся; *сов.* **1.** Стать обмятым, податливым (в 1 знач.). *Глина в пальцах обмялась.* **2.** *перен.* Уладиться, утрястись (разг.). *Как-н. это дело обомнётся.* ‖ *несов.* **обмина́ться** (-а́юсь, -а́ешься, 1 и 2 л. не употр.), -а́ется (к 1 знач.).

ОБНАГЛЕ́ТЬ *см.* наглеть.

ОБНАДЁЖИТЬ, -жу, -жишь; -женный; *сов., кого (что).* **1.** То же, что обещать (разг.). *Обнадёжил, что поможет.* **2.** Успокоить, подав надежду. *О. тяжелобольного.* ‖ *несов.* **обнадёживать,** -аю, -аешь. *Обнадёживающие результаты* (обещающие успех).

ОБНАЖЁННЫЙ, -ая, -ое; -ён. Лишённый покровов, нагой. *Обнажённое тело. Обнажённые корни сосны. О. нерв* (также перен.: о том, кто находится в крайне нервном состоянии). ‖ *сущ.* **обнажённость,** -и, *ж.*

ОБНАЖИ́ТЬ, -жу́, -жи́шь; -жённый (-ён, -ена́); *сов.* **1.** *кого-что.* Освободив от покровов, оставить нагим. *О. плечи. Осенний ветер обнажил деревья* (перен.). *О. голову перед кем-н.* (снять головной убор; также перен.: выразить свое уважение, преклонение перед кем-чем-н.; высок.). *О. саблю* (вынуть из ножен). *О. фланг* (перен.: оставить незащищённым). **2.** *перен., что.* Разоблачить, раскрыть, обнаружив, сделав явным что-н. (книжн.). *О. плохие черты своего характера.* ‖ *несов.* **обнажа́ть,** -а́ю, -а́ешь. ‖ *сущ.* **обнаже́ние,** -я, *ср.*

ОБНАЖИ́ТЬСЯ, -жу́сь, -жи́шься; *сов.* **1.** Освободившись от покровов, остаться нагим. *Грудь обнажилась. Лес обнажился* (перен.). **2.** (1 и 2 л. не употр.), *перен.* Стать явным, полностью обнаружиться, открыться (книжн.). *Обнажились тайные замыслы.* ‖ *несов.* **обнажа́ться,** -а́юсь, -а́ешься. ‖ *сущ.* **обнаже́ние,** -я, *ср.*

ОБНАРО́ДОВАТЬ, -дую, -дуешь; -анный; *сов., что.* Объявить для всеобщего сведения, предать гласности, опубликовать. *О. указ.* ‖ *сущ.* **обнаро́дование,** -я, *ср.*

ОБНАРУ́ЖИТЬ, -жу, -жишь; -женный; *сов.* **1.** *что.* Показать, сделать явным, видимым. *О. свою радость.* **2.** *кого-что.* Найти, отыскать. *О. пропавшую книгу.* **3.** *что* и с союзом **«что».** Заметить, раскрыть. *О. потерю документа. О. интересные подробности.* ‖ *несов.* **обнару́живать,** -аю, -аешь. ‖ *сущ.* **обнару́жение,** -я, *ср.* и **обнаруже́ние,** -я, *ср.*

ОБНАРУ́ЖИТЬСЯ, -жусь, -жишься; *сов.* **1.** (1 и 2 л. не употр.). Стать явным, оказаться. *Обнаружились ошибки.* **2.** Найтись, отыскаться. *Пропавшая книга обнаружилась.* ‖ *несов.* **обнару́живаться,** -аюсь, -аешься. ‖ *сущ.* **обнару́жение,** -я, *ср.* и **обнаруже́ние,** -я, *ср.*

ОБНА́ШИВАТЬ, -СЯ *см.* обносить[1], -ся.

ОБНЕСТИ́, -су́, -сёшь; -ёс, -есла́; -ёсший; -сённый (-ён, -ена́); -еся́; *сов.* **1.** *что чем.* Огородить, окружить. *О. сад изгородью.* **2.** *кого-что.* Пронести вокруг кого-чего-н. *О. блюдо вокруг всего стола.* **3.** *кого (что).* Подходя к каждому, предложить (угощение). *О. гостей вином.* **4.** *кого (что).* Пропустить, обойти кого-н. (поочерёдно подходя ко всем с угощением). *О. блюдом.* ‖ *несов.* **обноси́ть,** -ошу́, -о́сишь.

ОБНИМА́ТЬ, -СЯ *см.* обнять, -ся.

ОБНИ́МКА: в обнимку (разг.) — обнявшись. *Идти, сидеть в обнимку.*

ОБНИЩА́ЛЫЙ, -ая, -ое; -а́л. Впавший в нищету, обнищавший. ‖ *сущ.* **обнища́лость,** -и, *ж.*

ОБНИЩА́ТЬ *см.* нищать.

ОБНО́ВА, -ы, *ж.* (прост.). То же, что обновка. *Накупить обнов. Хвалиться обновами.*

ОБНОВИ́ТЬ, -влю́, -ви́шь; -влённый (-ён, -ена́); *сов.* **1.** *что.* Заменить (устаревшее), пополнить чем-н. новым. *О. оборудование. О. свой гардероб. О. репертуар.* **2.** *кого-что.* Сделать новее, совершеннее, возродить, придать новый вид. *Любовь обновила душу. О. свои знания.* **3.** *что.* Впервые употребить, использовать какую-н. новую вещь (разг.). *О. покупку.* ‖ *несов.* **обновля́ть,** -я́ю, -я́ешь. ‖ *сущ.* **обновле́ние,** -я, *ср.* (к 1 и 2 знач.).

ОБНОВИ́ТЬСЯ, -влю́сь, -ви́шься; *сов.* Стать новым, обновлённым, пополниться чем-н. новым. *Душа обновилась. В команде обновился состав игроков.* ‖ *несов.* **обновля́ться,** -я́юсь, -я́ешься. ‖ *сущ.* **обновле́ние,** -я, *ср.*

ОБНО́ВКА, -и, *ж.* (разг.). Недавно приобретённая, новая вещь (обычно об одежде). *Надеть обновку.*

ОБНОВЛЁННЫЙ, -ая, -ое. Получивший новый, прежний вид, новые, прежние силы, как бы возродившийся. *Обновлённая весенняя природа. Обновлённые впечатления.*

ОБНОСИ́ТЬ[1], -ошу́, -о́сишь; -о́шенный; *сов., что* (разг.). Поносив (новую одежду, обувь), сделать привычной, удобной. *О. новые ботинки.* ‖ *несов.* **обна́шивать,** -аю, -аешь.

ОБНОСИ́ТЬ[2] *см.* обнести.

ОБНОСИ́ТЬСЯ, -ошу́сь, -о́сишься; *сов.* (разг.). **1.** Износить свою одежду. *О. до дыр. Весь обносился* (износил всё.). **2.** (1 и 2 л. не употр.). После носки стать привычным, удобным. *Костюм обносился.* **3.** (1 и 2 л. не употр.). Обветшать от носки. *Старое пальто совсем обносилось.* ‖ *несов.* **обна́шиваться,** -аюсь, -аешься.

ОБНО́СКИ, -ков, *ед.* -сок, -ска, *м.* (разг.). Поношенная, потрёпанная одежда, обувь. *Ходить в обносках. Носить о.*

ОБНЮ́ХАТЬ, -аю, -аешь; -анный; *сов., кого-что.* Понюхать со всех сторон. *Собака обнюхала нору.* ‖ *несов.* **обню́хивать,** -аю, -аешь.

ОБНЯ́ТЬ, обниму́ и (устар. и разг.) обойму́, обни́мешь; обнял и (разг.) обня́л, обняла́, о́бняло и обня́ло; обними́ и (устар. и разг.) обойми́; -я́вший; о́бнятый (обнят, обнята́, обнято); *сов., кого-что.* **1.** Заключить в объятия, обхватить руками, выражая радость, ласку. *О. друга, ребёнка.* **2.** *перен.* Охватить в полном объёме, постигнуть, понять (книжн.). *О. что-н. умом.* ‖ *несов.* **обнима́ть,** -а́ю, -а́ешь и (устар.) **объе́млю,** объе́млешь.

ОБНЯ́ТЬСЯ, -ниму́сь, -ни́мешься; обня́лся, обняла́сь, обняло́сь и обня́лось; -я́вшийся; *сов.* Обнять друг друга. *О. при встрече. Идти обнявшись.* ‖ *несов.* **обнима́ться,** -а́юсь, -а́ешься.

ОБО, *предлог.* Употр. вместо «о», «об» перед нек-рыми сочетаниями согласных, напр. *обо мне, обо что, обо всём.*

ОБО..., *приставка.* То же, что об...; употр. вместо «об» перед «й» (j) и перед нек-рыми сочетаниями согласных, напр. *обойти, оболью, оборву, обозлить,* а также в нек-рых отдельных формах, напр. *обошедший, обошёл.*

ОБОБРА́ТЬ, оберу́, оберёшь (личные формы от обл. глагола обрать); -а́л, -ала́, -а́ло; обо́бранный; *сов.* **1.** *что.* Собрать, снять с чего-н. *О. сливы с дерева.* **2.** *кого-что.* Отнять всё, что есть, ограбить, разорить (разг.). *До нитки обобрал* (совершенно, совсем). ‖ *несов.* **обира́ть,** -а́ю, -а́ешь (видовая пара к обл. глаголу обрать).

ОБОБРА́ТЬСЯ, оберу́сь, оберёшься (личные формы от обл. глагола обраться): **не обобраться, не оберёшься** *кого-чего* (разг.) — очень много кого-чего-н., не перечесть кого-чего-н. *Хлопот, дел не обобраться (не оберёшься).*

ОБОБЩЕ́НИЕ, -я, *ср.* **1.** *см.* обобщить. **2.** Общий вывод. *Широкие обобщения.*

ОБОБЩЕСТВИ́ТЬ, -влю́, -ви́шь; -влённый (-ён, -ена́); *сов., что.* Слить отдельные, единичные хозяйственные объекты в одно целое. *О. производство. О. единоличные хозяйства.* ‖ *несов.* **обобществля́ть,** -я́ю, -я́ешь. ‖ *сущ.* **обобществле́ние,** -я, *ср. О. труда* (превращение процесса труда из индивидуального в общественный в связи с развитием средств производства и разделением труда; спец.).

ОБОБЩЁННЫЙ, -ая, -ое; -ён. Представляющий собой обобщение. *В обобщённом виде изложить (представить) что-н.* ‖ *сущ.* **обобщённость,** -и, *ж.*

ОБОБЩИ́ТЬ, -щу́, -щи́шь; -щённый (-ён, -ена́); *сов., что.* Сделав вывод, выразить основные результаты в общем положении, придать общее значение чему-н. *О. свои наблюдения. О. опыт.* ‖ *несов.* **обобща́ть,** -а́ю, -а́ешь. ‖ *сущ.* **обобще́ние,** -я, *ср.*

ОБОВШИ́ВЕТЬ *см.* вшиветь.

ОБОГАТИ́ТЕЛЬ, -я, *м.* (спец.). **1.** Специалист по обогащению полезных ископаемых. *Инженер-о.* **2.** Вещество, состав, способствующие повышению полезных качеств чего-н. *Обогатители почвы.* ‖ *прил.* **обогати́тельский,** -ая, -ое (к 1 знач.).

ОБОГАТИ́ТЬ, -ащу́, -ати́шь; -ащённый (-ён, -ена́); *сов.* **1.** *кого-что.* Сделать богатым, богаче. *О. страну. О. свой жизненный опыт. О. язык.* **2.** *что.* Удаляя пустую породу или внося какие-н. вещества, повышая содержание чего-н., увеличить ценность, полезность чего-н. (спец.). *О. руду. О. почву.* ‖ *несов.* **обогаща́ть,** -а́ю, -а́ешь. ‖ *сущ.* **обогаще́ние,** -я, *ср. О. полезных ископаемых.* ‖ *прил.* **обогати́тельный,** -ая, -ое (ко 2 знач.; спец.). *О. комбинат.*

ОБОГАТИ́ТЬСЯ, -ащу́сь, -ати́шься; *сов.* **1.** Стать богатым, богаче. **2.** (1 и 2 л. не употр.). Стать обогащённым (см. обогатить во 2 знач.), увеличить свою ценность, полезность (спец.). *Почва обогатилась.* ‖ *несов.* **обогаща́ться,** -а́юсь, -а́ешься. ‖ *сущ.* **обогаще́ние,** -я, *ср.*

ОБОГНА́ТЬ, обгоню́, обго́нишь; -а́л, -ала́, -а́ло; обо́гнанный; *сов., кого-что.* **1.** Оказаться впереди в движении, беге. *Велосипедист обогнал пешехода.* **2.** *перен.* Достичь бо́льших по сравнению с кем-чем-н. успехов, результатов. *О. своих товарищей по курсу. О. в соревновании.* ‖ *несов.* **обгоня́ть,** -я́ю, -я́ешь. ‖ *сущ.* **обго́н,** -а, *м.* (к 1 знач.). ‖ *прил.* **обго́нный,** -ая, -ое (к 1 знач.; спец.).

ОБОГНУ́ТЬ, -ну́, -нёшь; обо́гнутый; *сов.* **1.** *что.* Согнув, надеть, поместить по окружности чего-н. *О. обруч вокруг бочки.* **2.** *кого-что.* Двигаясь вокруг или около кого-чего-н., обойти, объехать. *О. мыс.* ‖ *несов.* **огиба́ть,** -а́ю, -а́ешь.

ОБОГОТВОРИ́ТЬ *см.* боготворить.

ОБОГОТВОРЯ́ТЬ, -я́ю, -я́ешь; *несов., кого-что.* То же, что боготворить. *О. свой идеал.* ‖ *сущ.* **обоготворе́ние,** -я, *ср.*

ОБОГРЕ́ТЬ, -е́ю, -е́ешь; -ре́тый; *сов., кого-что.* **1.** Согреть, сделать тёплым, наполнить теплом. *О. помещение. О. путников у костра. Солнце обогрело поля.* **2.** *перен.* Приласкать и успокоить. *О. сироту.* ‖ *несов.* **обогрева́ть,** -а́ю, -а́ешь. ‖ *сущ.* **обогре́в,** -а, *м.* (к 1 знач.) *и* **обогрева́ние,** -я, *ср.* (к 1 знач.). *Теплица с обогревом.* ‖ *прил.* **обогрева́тельный,** -ая, -ое (к 1 знач.). *Обогревательные приборы.*

ОБОГРЕ́ТЬСЯ, -е́юсь, -е́ешься; *сов.* **1.** Согреться, сделаться тёплым, наполниться теплом. *О. у костра. Помещение обогрелось.* **2.** *перен.* Успокоиться от чьей-н. ласки, доброго отношения. *О. после скитаний, невзгод.* ‖ *несов.* **обогрева́ться,** -а́юсь, -а́ешься. ‖ *сущ.* **обогре́в,** -а, *м.* (к 1 знач.) *и* **обогрева́ние,** -я, *ср.* (к 1 знач.).

О́БОД, -а, *мн.* ободья, -ьев, *м.* **1.** Наружная часть колеса в виде обтягивающего круга. **2.** Приспособление или часть какого-н. устройства в форме кольца, круга. *О. решета.* ‖ *уменьш.* **ободо́к,** -дка́, *м.* ‖ *прил.* **о́бодный,** -ая, -ое, **ободо́вый,** -ая, -ое *и* **ободо́чный,** -ая, -ое. *Ободное производство. Ободочная цепь.*

ОБОДО́К, -дка́, *м.* **1.** *см.* обод. **2.** Каёмка, тонкая полоска, окаймляющая что-н. ‖ *прил.* **ободко́вый,** -ая, -ое.

ОБОДРА́НЕЦ, -нца, *м.* (прост.). То же, что оборванец (в 1 знач.). ‖ *ж.* **ободра́нка,** -и.

ОБОДРА́ТЬ, обдеру́, обдерёшь; -а́л, -ала́, -а́ло; обо́дранный; *сов.* **1.** *кого-что.* Содрать со всех сторон или оголить, сдирая что-н. *О. кору с дерева. О. дерево. О. убитого зверя, тушу* (снять шкуру). **2.** *перен., кого (что).* Ограбить, обобрать (прост.). *О. как липку кого-н.* (ограбить, обобрать до нитки). ‖ *несов.* **обдира́ть,** -а́ю, -а́ешь. ‖ *сущ.* **обдира́ние,** -я, *ср.* (к 1 знач.) *и* **обди́рка,** -и, *ж.* (к 1 знач.).

ОБОДРИ́ТЕЛЬНЫЙ, -ая, -ое; -лен, -льна. **1.** *см.* ободрить. **2.** Доброжелательный, подбадривающий. *О. тон.* ‖ *сущ.* **ободри́тельность,** -и, *ж.*

ОБОДРИ́ТЬ, -рю́, -ри́шь; -рённый (-ён, -ена́); *сов., кого (что).* Внушить бодрость кому-н., поднять настроение. *О. приунывших.* ‖ *несов.* **ободря́ть,** -я́ю, -я́ешь. ‖ *прил.* **ободри́тельный,** -ая, -ое. *Ободрительное известие.*

ОБОДРИ́ТЬСЯ, -рю́сь, -ри́шься; *сов.* Стать бодрым, бодрее. ‖ *несов.* **ободря́ться,** -я́юсь, -я́ешься.

ОБОЕПО́ЛЫЙ, -ая, -ое (спец.). О цветке: обладающий признаками обоих полов (имеющий и тычинки, и пестики).

ОБО́ЕЧНЫЙ *см.* обить.

ОБОЖА́ТЕЛЬ, -я, *м.* (разг. шутл.). Человек, к-рый обожает кого-н., поклонник. *Ваш верный о.* ‖ *ж.* **обожа́тельница,** -ы.

ОБОЖА́ТЬ, -а́ю, -а́ешь; *несов.* **1.** *кого-что.* Питать к кому-чему-н. чувство сильной любви, преклоняться перед кем-чем-н. *О. внука.* **2.** *что и с неопр.* Очень сильно любить, питать пристрастие к чему-н. (прост.). *О. ягоды. О. рыбачить.* ‖ *сущ.* **обожа́ние,** -я, *ср.* (к 1 знач.). *Предмет обожания* (тот, кого обожают; ирон.).

ОБОЖДА́ТЬ, -ду́, -дёшь; -а́л, -ала́, -а́ло; *сов.* (разг.). **1.** *кого-что и кого* (устар.) *-чего.* То же, что подождать (в 1 знач.). *О. сестру. Придётся немного о.* **2.** *с чем и с неопр.* Повременить, подождать (во 2 знач.). *О. с отъездом. О. уезжать.*

ОБОЖЕСТВИ́ТЬ, -влю́, -ви́шь; -влённый (-ён, -ена́); *сов., кого-что.* Признать имеющим сверхъестественную, божественную силу. *О. небесное светило.* ‖ *несов.* **обожествля́ть,** -я́ю, -я́ешь. ‖ *сущ.* **обожествле́ние,** -я, *ср. О. сил природы.*

ОБОЖЕСТВЛЯ́ТЬ, -я́ю, -я́ешь; *несов., кого-что.* **1.** *см.* обожествить. **2.** Любить до преклонения. *О. красоту.*

ОБОЖРА́ТЬСЯ, -ру́сь, -рёшься; *сов.* (прост.). То же, что объесться. ‖ *несов.* **обжира́ться,** -а́юсь, -а́ешься.

ОБО́З, -а, *м.* **1.** Ряд следующих друг за другом повозок с грузом. **2.** Совокупность перевозочных средств специального назначения. *Дивизионный, полковой о.* (до недавнего времени: воинское транспортное подразделение на конной тяге, идущее вслед за дивизией, полком). *Пожарный о.* (устар.). ✦ **В обозе** (быть, плестись) (разг. неодобр.) — в хвосте, позади всех, отставать от всех в чём-н. ‖ *прил.* **обо́зный,** -ая, -ое.

ОБОЗВА́ТЬ, обзову́, обзовёшь; -а́л, -ала́, -а́ло; -о́званный; *сов., кого-что кем-чем* (разг.). Дать кому-чему-н. обидное название. *О. дураком.* ‖ *несов.* **обзыва́ть,** -а́ю, -а́ешь.

ОБОЗЛИ́ТЬ, -СЯ *см.* злить, -ся.

ОБОЗНА́ТЬСЯ, -а́юсь, -а́ешься; *сов.* (разг.). Принять кого-что-н. за другого, другое. *О. в темноте.*

ОБОЗНАЧА́ТЬ, -а́ю, -а́ешь; *несов.* **1.** *см.* обозначить. **2.** (1 и 2 л. не употр.), *что.* Значить, иметь какое-н. значение. *Что обозначает эта метка? Его приход обозначает примирение.*

ОБОЗНАЧЕ́НИЕ, -я, *ср.* **1.** *см.* обозначить. **2.** Знак, к-рым что-н. обозначено. *Условные обозначения.*

ОБОЗНА́ЧИТЬ, -чу, -чишь; -ченный; *сов., что.* **1.** Отметить что-н. *О. на карте новое месторождение флажком.* **2.** (1 и 2 л. не употр.). Сделать хорошо заметным, видным. *Худоба резко обозначила черты лица.* ‖ *несов.* **обознача́ть,** -а́ю, -а́ешь. ‖ *сущ.* **обозначе́ние,** -я, *ср.* (к 1 знач.).

ОБОЗНА́ЧИТЬСЯ (-а́чусь, -а́чишься, 1 и 2 л. не употр.), -а́чится; *сов.* Сделаться заметным, видным, наметиться. *Вдали обозначились очертания корабля. В характере обозначилась внутренняя перемена.* ‖ *несов.* **обознача́ться** (-а́юсь, -а́ешься, 1 и 2 л. не употр.), -а́ется.

ОБО́ЗНИК, -а, *м.* **1.** Обозный возчик. **2.** Военнослужащий обозных частей (устар. и разг.). ‖ *прил.* **обо́зницкий,** -ая, -ое.

ОБОЗРЕВА́ТЕЛЬ, -я, *м.* **1.** Человек, который обозревает, осматривает что-н. (книжн.). **2.** Автор обзора (в 3 знач.), обозрения. *Международный о.* ‖ *ж.* **обозрева́тельница,** -ы.

ОБОЗРЕ́НИЕ, -я, *ср.* **1.** *см.* обозреть. **2.** То же, что обзор (в 3 знач.). *Международное о. Литературное о.* **3.** Театральное, обычно эстрадное, представление из отдельных, внешне связанных номеров, преимущ. на злободневную тему, ревю.

ОБОЗРЕ́ТЬ, -рю́, -ри́шь; *сов., что* (книжн.). **1.** Окинуть взором, осмотреть. *О. местность.* **2.** Обследовать, рассмотреть (в речи, статье, исследовании). *О. факты.* ‖ *несов.* **обозрева́ть,** -а́ю, -а́ешь *и* **обозира́ть,**

-а́ю, -а́ешь (устар.). ‖ *сущ.* **обзо́р**, -а, *м.* и **обозре́ние**, -я, *ср.* (ко 2 знач.). ‖ *прил.* **обзо́рный**, -ая, -ое.

ОБОЗРИ́МЫЙ, -ая, -ое; -и́м. Доступный обозрению, обзору, осмотру. *Обозримое пространство. Обозримые события.* ‖ *сущ.* **обозри́мость**, -и, *ж.*

ОБО́И, -ев. Материал (обычно бумажный, в старину также из ткани) в виде рулонов, широких полос для внутренней оклейки (обивки) стен. *Бумажные о. Водостойкие (полимерные, моющиеся) о. Потолочные о.* (для оклейки потолка). *Штофные о.* ‖ *прил.* **обо́йный**, -ая, -ое. *Обойная фабрика.*

ОБО́ЙМА, -ы, *род. мн.* обо́йм, *ж.* **1.** Приспособление для патронов в магазинной коробке винтовки, пистолета, автомата, пулемёта и нек-рых других видов оружия. *Расстрелять всю обойму.* **2.** *перен.* Ряд, набор кого-чего-н. (о появляющемся, обнаруживающемся одно за другим) (разг., чаще неодобр.). *Целая о. аргументов.* **3.** Скоба, обруч или иное приспособление, охватывающее и скрепляющее части сооружений, машин (спец.).

ОБО́ЙНЫЙ, -ая, -ое. **1.** *см.* обои. **2.** Применяемый при обивке, при обивочных работах (спец.). *Обойные гвозди.*

ОБОЙТИ́, -йду́, -йдёшь; -ошёл, -ошла́; -оше́дший; -ойдённый (-ён, -ена́); -йдя́; *сов.* **1.** *кого-что.* Пройти, окружая, огибая, минуя кого-что-н. *О. лужу. О. фланг противника* (окружая, зайти во фланг). **2.** *что.* Пройти по всему пространству чего-н. *О. всю площадь. О. весь участок.* **3.** *кого-что.* Побывать во многих местах, у многих. *О. все квартиры. Врач обошёл палаты. О. знакомых. Новость обошла весь город* (перен.). **4.** *кого (что).* Обогнать, опередить кого-н. (разг.). *В скачке о. соперника. О. кого-н. по службе.* **5.** *перен., кого (что).* Обмануть, перехитрить (разг.). *Этот хитрец любого сумеет о.* ✦ **Обойти молчанием** *что* (книжн.) — намеренно замолчать что-н., не упомянуть о чём-н. *Обойти молчанием важную тему.* **Обойти в должности** — оставить без повышения, обойти по службе. **Обойти** *какой* **вопрос (тему)** — намеренно не коснуться. *Обойти щекотливый вопрос.* ‖ *несов.* **обходи́ть**, -ожу́, -о́дишь. ‖ *сущ.* **обхо́д**, -а, *м.* (к 1, 2, 3 и 4 знач.). ‖ *прил.* **обхо́дный**, -ая, -ое и **обходно́й**, -а́я, -о́е (к 1, 3 и 4 знач.). *Обходный манёвр* (также перен.: хитрость, уловка). *Действовать обходным путём* (перен.: применяя хитрости, уловки). *Обходной лист, листок* (с отметками об отсутствии материальных задолженностей у того, кто увольняется, уходит из учреждения).

ОБОЙТИ́СЬ, -йду́сь, -йдёшься; -ошёлся, -ошла́сь; -оше́дшийся; -йдя́сь; *сов.* **1.** *с кем-чем.* Поступить каким-н. образом. *Плохо о. с посетителем.* **2.** (1 и 2 л. не употр.), *во что.* Оказаться стоящим сколько-н., стать в какую-н. цену (разг.). *Костюм обошёлся недорого. Поездка обойдётся тысяч в сто.* **3.** *без кого-чего* и *кем-чем.* Удовлетвориться имеющимся, удовольствоваться (разг.). *О. ста рублями. Без тебя обойдусь* (т. е. ты мне не нужен). **4.** (1 и 2 л. не употр.). Закончиться благополучно, без неприятных последствий. *Обошлось* (безл.) *без скандала. Думал, что рассвораюсь, но обошлось* (безл.). ‖ *несов.* **обходи́ться**, -ожу́сь, -о́дишься.

ОБО́ЙЩИК, -а, *м.* Мастер, занимающийся обивкой мебели. ‖ *прил.* **обо́йщицкий**, -ая, -ое.

О́БОК (прост.). **1.** *нареч.* Рядом, сбоку. *Идти о.* **2.** *кого-чего, предлог с род. п.* Около кого-чего-н. *Сидеть о. стола.* ✦ **Обок с** *кем-чем, предлог с тв. п.* — около, рядом с кем-чем-н. *Встать обок с отцом. Магазин обок с домом.*

ОБОКРА́СТЬ, обкраду́, обкрадёшь; обокра́л; обокра́вший; обкра́денный; обокра́в; *сов., кого-что.* Совершить кражу где-н., у кого-н. *О. ларёк.* ‖ *несов.* **обкра́дывать**, -аю, -аешь. *О. себя* (перен.: наносить ущерб себе в чём-н., обеднять самого себя).

ОБОЛВА́НИТЬ, -ню, -нишь; -ненный; *сов.* (прост.). **1.** *кого (что).* Одурачить, провести. **2.** *кого-что.* Плохо или слишком коротко остричь. ‖ *несов.* **оболва́нивать**, -аю, -аешь.

ОБОЛГА́ТЬ, -лгу́, -лжёшь; -а́л, -ала́, -а́ло; обо́лганный; *сов., кого (что)* (разг.). То же, что оклеветать. *О. честного человека.*

ОБОЛО́ЧКА, -и, *ж.* Поверхностный слой, обтягивающий, покрывающий что-н. *О. зерна. Роговая о.* (роговица). *О. аэростата* (баллон в 3 знач.). ✦ **Географическая оболочка Земли** (спец.) — ландшафтный слой как сфера взаимодействия земной коры и верхней части мантии, атмосферы, гидросферы и биосферы. ‖ *прил.* **оболо́чковый**, -ая, -ое и **оболо́чечный**, -ая, -ое.

ОБО́ЛТУС, -а, *м.* (прост.). Дурак, бездельник.

ОБОЛЬСТИ́ТЕЛЬ, -я, *м.* (устар.). Тот, кто обольстил, обольщает кого-н. ‖ *ж.* **обольсти́тельница**, -ы. ‖ *прил.* **обольсти́тельский**, -ая, -ое.

ОБОЛЬСТИ́ТЕЛЬНЫЙ, -ая, -ое; -лен, -льна. Очень привлекательный; способный обольстить (в 1 знач.). *Обольстительная внешность. Обольстительно* (нареч.) *улыбнуться.* ‖ *сущ.* **обольсти́тельность**, -и, *ж.*

ОБОЛЬСТИ́ТЬ, -льщу́, -льсти́шь; -льщённый (-ён, -ена́); *сов., кого (что).* **1.** Увлечь лестью или соблазном. *О. наивного слушателя.* **2.** Лишить женской чести, обесчестить. *Обольщённая невинность.* ‖ *несов.* **обольща́ть**, -а́ю, -а́ешь. ‖ *сущ.* **обольще́ние**, -я, *ср.*

ОБОЛЬСТИ́ТЬСЯ, -льщу́сь, -льсти́шься; *сов., чем.* Прельстившись чем-н., соблазниться. *О. обещаниями.* ‖ *несов.* **обольща́ться**, -а́юсь, -а́ешься.

ОБОМЛЕ́ТЬ, -е́ю, -е́ешь; *сов.* (разг.). Оцепенеть, ослабеть от неожиданности, обмереть. *О. от испуга.* ‖ *несов.* **обомлева́ть**, -а́ю, -а́ешь.

ОБОМШЕ́ЛЫЙ, -ая, -ое; -е́л. Покрывшийся, обросший мхом. *Обомшелые пни. О. дед* (перен.: очень старый; шутл.).

ОБОМШЕ́ТЬ (-е́ю, -е́ешь, 1 и 2 л. не употр.), -е́ет; *сов.* Обрасти мхом. *Крыша обомшела.*

ОБОНЯ́НИЕ, -я, *ср.* Одно из внешних чувств человека и животного — способность воспринимать и различать запахи. *Тонкое о.*

ОБОНЯ́ТЬ, -я́ю, -я́ешь; *несов., что* (книжн.). Воспринимать обонянием. ‖ *прил.* **обоня́тельный**, -ая, -ое (спец.). *Обонятельные нервные центры.*

ОБОРА́ЧИВАЕМОСТЬ, -и, *ж.* (спец.). Нахождение в обороте, прохождение через оборот (в 4 и 5 знач.). *О. вагонов. О. денежных средств.*

ОБОРА́ЧИВАТЬ, -СЯ *см.* обернуть, -ся и оборотить, -ся.

ОБОРВА́НЕЦ, -нца, *м.* (разг.). **1.** Человек в изорванной, изношенной одежде. **2.** Босяк, бродяга. *Бездомный о.* ‖ *ж.* **оборва́нка**, -и (к 1 знач.).

ОБО́РВАННЫЙ, -ая, -ое; -ан (разг.). Рваный, изодранный; в рваной одежде. *О. пиджак. О. бродяга.*

ОБОРВА́ТЬ, -ву́, -вёшь; -а́л, -ала́, -а́ло; обо́рванный; *сов.* **1.** *что.* Оторвать по окружности что-н. у чего-н.; сорвать всё кругом, полностью. *О. ромашку. О. всю клумбу. О. яблоки с яблони.* **2.** *что.* Оторвать, разорвать резким движением. *О. нитку. О. телефон кому-н.* (также перен.: о частых звонках по телефону; разг., обычно неодобр.). **3.** *перен., что.* Сразу, резко прекратить действие, течение чего-н. *О. разговор. О. дружбу, знакомство.* **4.** *перен., кого (что).* Резким или грубым замечанием заставить замолчать (разг.). *О. спорщика.* ‖ *несов.* **обрыва́ть**, -а́ю, -а́ешь. ‖ *сущ.* **обрыва́ние**, -я, *ср.* и **обры́в**, -а, *м.* (ко 2 знач.). ‖ *прил.* **обрывно́й**, -а́я, -о́е (ко 2 знач.; спец.).

ОБОРВА́ТЬСЯ, -ву́сь, -вёшься; -а́лся, -ала́сь, -ало́сь и -а́лось; *сов.* **1.** (1 и 2 л. не употр.). Оторвавшись, отделиться от чего-н. *Трос оборвался. Всё внутри оборвалось у кого-н.* (перен.: о внезапном потрясении, испуге; разг.). **2.** Не удержавшись или открепившись, упасть откуда-н. *О. со скалы.* **3.** (1 и 2 л. не употр.), *перен.* Сразу прекратиться. *Песня оборвалась. Жизнь оборвалась трагически.* ‖ *несов.* **обрыва́ться**, -а́юсь, -а́ешься. ‖ *сущ.* **обры́в**, -а, *м.* (к 1 знач.).

ОБО́РВЫШ, -а, *м.* (разг.). Человек в изорванной одежде, в лохмотьях (чаще о ребёнке). *Жалкий о.*

ОБОРЖА́ТЬСЯ, -жу́сь, -жёшься; *сов.* (прост.). То же, что обхохотаться.

ОБО́РКА, -и, *ж.* Полоса материи на одежде, изделии, пришитая складками или сборками. *Кружевная о. Платье с оборками. Косая о.* ‖ *уменьш.* **обо́рочка**, -и, *ж.* *Юбка в оборочку* (с оборочками). ‖ *прил.* **обо́рочный**, -ая, -ое.

ОБОРМО́Т, -а, *м.* (прост. бран.). Грубый и пустой человек, бездельник. ‖ *ж.* **обормо́тка**, -и. ‖ *прил.* **обормо́тский**, -ая, -ое.

ОБОРО́НА, -ы, *ж.* **1.** *см.* оборонять. **2.** Вид боевых действий, применяемых с целью сорвать или отразить наступление противника, удержать свои позиции и подготовить переход к наступлению. *Активная о. Полоса обороны* (участок местности, занятый для обороны от наступающего противника). **3.** Совокупность средств, необходимых для отпора врагу. *Крепить оборону страны.* **4.** Система оборонительных сооружений. *Держать оборону. Прорвать оборону врага. Вклиниться в оборону противника.* ✦ **Министерство обороны** — министерство, осуществляющее руководство вооружёнными силами страны. ‖ *прил.* **оборо́нный**, -ая, -ое. *Оборонная промышленность* (производящая продукцию для военных целей, военная промышленность). *Оборонная мощь страны.*

ОБОРО́НКА, -и, *ж.* (разг.). Оборонная промышленность, военно-промышленный комплекс. *Расходы на оборонку.*

ОБОРОНОСПОСО́БНЫЙ, -ая, -ое; -бен, -бна. Способный, подготовленный к обороне, к отражению нападения противника. ‖ *сущ.* **обороноспосо́бность**, -и, *ж.* *О. страны.*

ОБОРОНЯ́ТЬ, -я́ю, -я́ешь; *несов., кого-что.* Защищать, отражая нападение противника. *О. крепость.* ‖ *сов.* **оборони́ть**, -ню́, -ни́шь; -нённый (-ён, -ена́) (устар.). ‖ *возвр.* **обороня́ться**, -я́юсь, -я́ешься; *сов.* **оборони́ться**, -ню́сь, -ни́шься (устар.). ‖ *сущ.* **оборо́на**, -ы, *ж.* ‖ *прил.* **оборони́тельный**,

-ая, -ое. *Оборонительные бои. Оборонительные сооружения.*

ОБОРО́Т, -а, *м.* **1.** *см.* обернуть, -ся, обратиться, обращаться, оборотить, -ся. **2.** Употребление, использование. *Пустить в о. юбилейную монету. Вошло в о. новое слово.* **3.** Отдельная часть, отдельное звено, стадия какой-н. деятельности, развития чего-н. (спец.). *О. полевых культур. О. стада* (изменение его структуры и численности за определённый период). **4.** Законченный цикл операций, производимых средствами передвижения (напр. движение куда-н. с возвращением к исходному пункту) (спец.). *О. вагонов.* **5.** Обращение денежных средств и товаров для воспроизводства, получения прибыли. *О. капитала* (его непрерывно возобновляющийся кругооборот). *Годовой о. предприятия. Торговый о.* **6.** Один круг обращения вокруг чего-н.; виток (в 3 знач.). *Набирать обороты* (также перен.: о каком-н. деле, событии: убыстряться, ускоряться). **7.** Обратная сторона (листа, страницы, какого-н. изображения). *Надпись на обороте листа. Аннотация на обороте титула.* **8.** Изгиб (один виток) спирали, трубы (спец.). *В трубе четыре оборота.* **9.** *перен.* Изменение в течении, развитии чего-н. *Дело принимает нежелательный о.* **10.** Словесное выражение. *Неправильный о. речи. Деепричастный о.* ✦ **Взять в оборот** *кого* (разг.) — оказать решительное воздействие на кого-н., заставить действовать, работать. ‖ *прил.* **оборо́тный**, -ая, -ое (к 3, 4, 5, 6, 7 и 8 знач.). *Оборотное депо. Оборотное использование воды. Оборотные средства. Оборотная тара. Оборотная сторона медали* (также перен.: другая, обычно отрицательная сторона чего-н.). ✦ **«Э» оборотное** — название буквы «э».

О́БОРОТЕНЬ, -тня, *м.* В сказках, народных поверьях: существо, способное менять человеческий облик и превращаться в животное, предмет. *Не человек, а прямо какой-то о.* (о хитром и двуличном человеке; разг. неодобр.).

ОБОРО́ТИСТЫЙ, -ая, -ое; -ист (разг.). То же, что оборотливый. ‖ *сущ.* **оборо́тистость**, -и, *ж.*

ОБОРОТИ́ТЬ, -очу́, -о́тишь; -о́ченный; *сов., кого-что* (прост.). То же, что обернуть (в 3, 4 и 5 знач.). *О. голову в сторону. О. бочку кверху дном.* ‖ *несов.* **обора́чивать**, -аю, -аешь. ‖ *сущ.* **оборо́т**, -а, *м.* (по 3 и 5 знач. глаг. обернуть). ‖ *прил.* **оборо́тный**, -ая, -ое (по 5 знач. глаг. обернуть).

ОБОРОТИ́ТЬСЯ, -очу́сь, -о́тишься; *сов.* (прост.). То же, что обернуться (во 2 и 7 знач.). *О. в сторону. Великан оборотился в мышь.* ‖ *несов.* **обора́чиваться**, -аюсь, -аешься. ‖ *сущ.* **оборо́т**, -а, *м.* (по 2 знач. глаг. обернуться).

ОБОРО́ТЛИВЫЙ, -ая, -ое; -ив (разг.). Ловкий в ведении дел, ловко пользующийся всем для личной наживы. *О. делец.* ‖ *сущ.* **оборо́тливость**, -и, *ж.*

ОБОРО́ТНЫЙ *см.* обернуть, -ся, обратиться, обращаться *и* оборот.

ОБОРУ́ДОВАНИЕ, -я, *ср.* **1.** *см.* оборудовать. **2.** *собир.* Совокупность механизмов, машин, устройств, приборов, необходимых для работы, производства. *Новое о. Лабораторное, заводское о.*

ОБОРУ́ДОВАТЬ, -дую, -дуешь; -анный; *сов. и несов., что.* Снабдить (-бжать) всем необходимым, необходимыми принадлежностями, инвентарём. *О. школьные кабинеты. О. мастерскую.* ‖ *сущ.* **обору́дование**, -я, *ср.*

ОБО́РЫШ, -а, *м.* (прост.). То, что осталось после отбора лучшего (чаще о плодах, грибах). *Яблоки-оборыши.*

ОБОСНОВА́НИЕ, -я, *ср.* **1.** *см.* обосновать. **2.** То, чем что-н. обосновано, довод. *Глубокое научное о.*

ОБОСНО́ВАННЫЙ, -ая, -ое; -ан. Подтверждённый фактами, серьёзными доводами, убедительный. *О. вывод.* ‖ *сущ.* **обосно́ванность**, -и, *ж.*

ОБОСНОВА́ТЬ, -ную́, -нуёшь *и* -ну́ю, -ну́ешь; -о́ванный; *сов., что.* Подкрепить доказательствами. *О. своё предложение.* ‖ *несов.* **обосно́вывать**, -аю, -аешь. ‖ *сущ.* **обоснова́ние**, -я, *ср.*

ОБОСНОВА́ТЬСЯ, -нуюсь, -нуёшься *и* -ну́юсь, -ну́ешься; *сов.* (разг.). Прочно устроиться где-н., обжиться. *О. на новом месте.* ‖ *несов.* **обосно́вываться**, -аюсь, -аешься.

ОБОСО́БИТЬ, -блю, -бишь; -бленный; *сов.* **1.** *кого-что.* Выделить из общего, создав особое от других положение. **2.** *что.* В грамматике: интонационно (на письме — запятыми или тире) выделить какой-н. смысловой отрезок внутри предложения. *О. определение.* ‖ *несов.* **обособля́ть**, -яю, -яешь *и* **обоса́бливать**, -аю, -аешь. ‖ *сущ.* **обособле́ние**, -я, *ср.*

ОБОСО́БИТЬСЯ, -блюсь, -бишься; *сов.* Выделиться из общего, занять особое, изолированное положение. *О. от прежних друзей.* ‖ *несов.* **обособля́ться**, -яюсь, -я́ешься *и* **обоса́бливаться**, -аюсь, -аешься. ‖ *сущ.* **обособле́ние**, -я, *ср.*

ОБОСО́БЛЕННЫЙ, -ая, -ое; -ен. **1.** Стоящий особняком, отдельный. *Занимать обособленное положение. Жить обособленно* (нареч.). **2.** *полн. ф.* В грамматике: о смысловом отрезке внутри предложения — выделенный путём обособления. *О. второстепенный член предложения.* ‖ *сущ.* **обосо́бленность**, -и, *ж.* (к 1 знач.).

ОБОСТРЁННЫЙ, -ая, -ое; -ён. **1.** Повышенно чувствительный. *О. слух. Обострённое самолюбие.* **2.** Напряжённый, неприязненный. *Обострённые личные отношения.* ‖ *сущ.* **обострённость**, -и, *ж.*

ОБОСТРИ́ТЬ, -рю́, -ри́шь; -рённый (-ён, -ена́); *сов., что.* **1.** Сделать более острым, восприимчивым. *О. слух.* **2.** Сделать более сильным, тяжёлым. *О. боль, тоску.* **3.** Сделать более напряжённым. *О. отношения.* ‖ *несов.* **обостря́ть**, -я́ю, -я́ешь. ‖ *сущ.* **обостре́ние**, -я, *ср.*

ОБОСТРИ́ТЬСЯ (-рю́сь, -ри́шься, 1 и 2 л. не употр.), -ри́тся; *сов.* **1.** О чертах лица: стать острее и тоньше. *Нос, подбородок обострился. Обострившиеся скулы.* **2.** Стать более острым, восприимчивым. *Слух обострился.* **3.** Стать более сильным, резко выраженным. *Болезненный процесс обострился.* **4.** Стать более напряжённым. *Отношения обострились.* ‖ *несов.* **обостря́ться** (-я́юсь, -я́ешься, 1 и 2 л. не употр.), -я́ется. ‖ *сущ.* **обостре́ние**, -я, *ср.*

ОБО́ЧИНА, -ы, *ж.* Боковая часть, край (дороги, пути). *Ехать обочиной. Съехать на обочину. По обочине шоссе.*

ОБОЮ́ДНЫЙ, -ая, -ое; -ден, -дна. Общий для обеих сторон, взаимный. *По обоюдному соглашению. Симпатия стала обоюдной.* ‖ *сущ.* **обою́дность**, -и, *ж.*

ОБОЮДО... *Первая часть сложных слов со знач.* с обеих сторон, для обеих сторон, напр. *обоюдосторонний, обоюдовыгодный, обоюдополезный.*

ОБОЮДОО́СТРЫЙ, -ая, -ое. **1.** Имеющий остриё, лезвие с обоих краёв. *О. меч.* **2.** *перен.* Способный вызвать как хорошие, так и плохие последствия (книжн.). *Обоюдоострое решение. О. довод.*

ОБРАБО́ТАТЬ, -аю, -аешь; -анный; *сов.* **1.** *что.* Подвергнуть выделке, отделке, изменениям, анализу, сделать готовым для чего-н. *О. кожу. О. землю. О. рану* (очистить, дезинфицировать). *О. информацию.* **2.** *перен., кого (что).* Воздействуя на кого-н., склонить к чему-н. (разг.). *О. кого-н. в свою пользу.* **3.** *перен., что.* Ловко что-н. сделать, устроить (прост.). *О. дельце.* ‖ *несов.* **обраба́тывать**, -аю, -аешь. *Обрабатывающая промышленность* (отрасли производства, занимающиеся обработкой или переработкой промышленного и сельскохозяйственного сырья). ‖ *сущ.* **обраба́тывание**, -я, *ср.* (к 1 и 2 знач.) *и* **обрабо́тка**, -и, *ж.* (к 1 и 2 знач.).

ОБРАБО́ТЧИК, -а, *м.* Специалист, к-рый обрабатывает какое-н. изделие, отделывает, доводит до конца чью-н. работу. *О. янтаря.* ‖ *ж.* **обрабо́тчица**, -ы.

ОБРА́ДОВАТЬ, -СЯ *см.* радовать, -ся.

О́БРАЗ[1], -а, *мн.* -ы, -ов, *м.* **1.** В философии: результат и идеальная форма отражения предметов и явлений материального мира в сознании человека. **2.** Вид, облик. *Создать что-н. по своему образу и подобию* (т. е. похожим на себя; книжн.). *Потерять о. человеческий* (то же, что потерять облик человеческий). *В образе кого-н.* (в виде кого-н.). **3.** Живое, наглядное представление о ком-чём-н. *Светлый образ матери.* **4.** В искусстве: обобщённое художественное отражение действительности, облечённое в форму конкретного индивидуального явления. *Поэт мыслит образами.* **5.** В художественном произведении: тип, характер. *Плюшкин — о. скупца. Артист вошёл в о.* (вжился в роль). **6.** *чего.* Порядок, направление чего-н., способ. *О. жизни. О. мыслей. О. действий.* ✦ **Главным образом** — преимущественно. *Работает главным образом в лаборатории.* **Каким образом?** — как, при каких обстоятельствах, каким способом. *Каким образом он здесь очутился?* **Таким образом** — 1) так, таким способом. *Поступай именно и только таким образом;* 2) *вводн. сл. и в знач. союза,* выражает отношение связи, вывода, значит, следовательно. *Он извинился, таким образом, всё в порядке.* **И таким образом,** *в знач. союза* — выражает следствие, результат. *Зашли глубоко в лес и таким образом заблудились.* **Решительным образом** — то же, что решительно (см. решительный в 5 знач.). **Равным образом (книжн.)** — в любом случае одинаково. **По образу пешего хождения** (разг. шутл.) — пешком. ‖ *прил.* **о́бразный**, -ая, -ое (к 1 и 4 знач.). *Образное мышление. О. строй романа.*

О́БРАЗ[2], -а́, *мн.* -а, -о́в, *м.* То же, что икона. *Старинный о. в окладе.* ‖ *уменьш.* **образо́к**, -зка, *м.* ‖ *прил.* **образно́й**, -а́я, -о́е.

ОБРАЗЕ́Ц, -зца́, *м.* **1.** Показательное или пробное изделие; проба[1] (во 2 знач.). *Образцы почв. Образцы минералов. Образцы изделий. Промышленный о.* (новое, предназначенное для осуществления промышленным способом художественное решение внешнего вида изделия; спец.). **2.** То (тот), чему (кому) нужно следовать, подражать; носитель каких-н. характерных черт, качеств, воплощение чего-н. *Служить образцом кому-н. Этот человек — о. мужества.* **3.** Способ устройства, вид, форма. *Станок новейшего образца.* ✦ **По образцу** *кого-чего, в знач. предлога с род. п.* — сходно с кем-чем-н., так, как кто-что-н. *Работать по образцу мастеров.* ‖ *прил.* **образцо́вый**, -ая, -ое (к 1 знач.).

ОБРАЗИ́НА, -ы, *ж.* (прост. пренебр.). Безобразное, отвратительное лицо, а также вообще безобразный, отвратительный человек. *Пьяная о.*

ОБРАЗНА́Я, -о́й: **образная комната** (устар.) — комната с образа́ми, с киотом. *Молиться в образной. О. с лампадами.*

О́БРАЗНЫЙ, -ая, -ое; -зен, -зна. **1.** *см.* образ[1]. **2.** Изобразительный, яркий, живой. *Образная речь. Образное выражение. Говорить образно* (нареч.). ‖ *сущ.* **о́бразность**, -и, *ж.*

ОБРАЗОВА́НИЕ[1], -я, *ср.* **1.** *см.* образовать[1], -ся. **2.** То, что образовалось из чего-н. *Вулканические образования. Жировое о.*

ОБРАЗОВА́НИЕ[2], -я, *ср.* **1.** Получение систематизированных знаний и навыков, обучение, просвещение. *Право на о. Народное о.* **2.** Совокупность знаний, полученных в результате обучения. *Дать о. кому-н. Получить о. Начальное, среднее, высшее, специальное о.* ‖ *прил.* **образова́тельный**, -ая, -ое. *О. ценз* (спец.).

ОБРАЗО́ВАННЫЙ, -ая, -ое; -ан. Получивший, имеющий образование[2] (во 2 знач.), имеющий разносторонние знания. *Образованная женщина.* ‖ *сущ.* **образо́ванность**, -и, *ж. Всесторонняя о.*

ОБРАЗОВА́ТЕЛЬНЫЙ[1], -ая, -ое; -лен, -льна. **1.** *см.* образование[2]. **2.** Содействующий образованию, просвещению. *Образовательное значение экскурсий.*

ОБРАЗОВА́ТЕЛЬНЫЙ[2] *см.* образовать[1].

ОБРАЗОВА́ТЬ[1], -зу́ю, -зу́ешь; -о́ванный; *сов.* и *несов.* (в прош. вр. только сов.), *что.* **1.** Представить (-влять) собой. *Дорога образует изгиб.* **2.** Создать (-авать); организовать. *О. комиссию. О. добровольную народную дружину.* ‖ *несов.* также **образо́вывать**, -аю, -аешь. ‖ *сущ.* **образова́ние**, -я, *ср.* (ко 2 знач.). ‖ *прил.* **образова́тельный**, -ая, -ое (ко 2 знач.; спец.). *Образовательная ткань растений.*

ОБРАЗОВА́ТЬ[2], -зу́ю, -зу́ешь; -о́ванный; *сов., кого (что)* (устар.). Дать образование[2] (во 2 знач.) кому-н. *Пятерых сыновей вырастил, образовал.* ‖ *несов.* **образо́вывать**, -аю, -аешь.

ОБРАЗОВА́ТЬСЯ (-зу́юсь, -зу́ешься, 1 и 2 л. не употр.), -зу́ется; *сов.* и *несов.* (в прош. вр. только сов.). **1.** Получиться (-чаться), возникнуть (-кать). *Образовалась трещина. Образовалось новое акционерное общество.* **2.** Наладиться (-аживаться), устроиться (-раиваться) благополучно, прийти (приходить) в норму (разг.). *Не беспокойтесь, всё образуется.* ‖ *несов.* также **образо́вываться** (-аюсь, -аешься, 1 и 2 л. не употр.), -ается. ‖ *сущ.* **образова́ние**, -я, *ср.* (к 1 знач.). *О. горных пород.*

ОБРАЗУ́МИТЬ, -млю, -мишь; -мленный; *сов., кого (что)* (разг.). Убедить быть благоразумным, рассудительным. *О. шалуна.* ‖ *несов.* **образу́мливать**, -аю, -аешь.

ОБРАЗУ́МИТЬСЯ, -млюсь, -мишься; *сов.* (разг.). **1.** Стать благоразумным, рассудительным. *С возрастом образумился.* **2.** То же, что опомниться (в 1 знач.). ‖ *несов.* **образу́мливаться**, -аюсь, -аешься.

ОБРАЗЦО́ВО-ПОКАЗА́ТЕЛЬНЫЙ, -ая, -ое. Образцовый и предназначенный для показа, для передачи опыта. *Образцово-показательный участок. Образцово-показательный ученик* (шутл.).

ОБРАЗЦО́ВЫЙ, -ая, -ое; -о́в. **1.** *см.* образец. **2.** Примерный, отличный, вполне совершенный. *О. порядок. Образцовое поведение. Образцово* (нареч.) *провести сев.* ‖ *сущ.* **образцо́вость**, -и, *ж.*

ОБРА́ЗЧИК, -а, *м.* **1.** То, что может служить образцом (в 1 знач.). *О. ткани. О. обоев.* **2.** *чего.* Тот (то), кто (что) является воплощением каких-н. свойств, качеств (разг.). *Этот человек — о. аккуратности. Такая работа — о. безответственности.*

ОБРА́МИТЬ, -млю, -мишь; -мленный; *сов., что.* Вставить в раму, в рамку. *О. портрет багетом.* ‖ *несов.* **обрамля́ть**, -я́ю, -я́ешь. ‖ *сущ.* **обрамле́ние**, -я, *ср.*

ОБРАМЛЕ́НИЕ, -я, *ср.* **1.** *см.* обра́мить и обрамлять. **2.** То, что обрамляет что-н., рамка, окружение. *Красивое о. портрета. Лицо в обрамлении чёрных кудрей.*

ОБРАМЛЯ́ТЬ, -я́ю, -я́ешь; *несов., что.* **1.** *см.* обра́мить. **2.** (1 и 2 л. не употр.). Окаймлять, окружать как бы рамкой. *Пруд обрамляет зелень.* ‖ *сов.* **обрами́ть**, -млю́, -ми́шь; -млённый (-ён, -ена́). *Лицо, обрамлённое локонами.* ‖ *сущ.* **обрамле́ние**, -я, *ср.*

ОБРАСТА́ТЕЛИ, -ей, *ед.* обраста́тель, -я, *м.* (спец.). Живые организмы (водоросли, моллюски), поселяющиеся на скалах, подводной части судов, портовых и подводных сооружений.

ОБРАСТИ́, -ту́, -тёшь; -ро́с, -росла́; -ро́сший; -ро́сши; *сов., чем.* **1.** Покрыться какой-н. растительностью, волосами, шерстью, слоем чего-н. *Камни обросли водорослями. О. бородой. О. жиром* (также перен.: облениться от спокойной, сытой жизни; прост. неодобр.). *О. мохом* (также перен.: чуждаясь людей, одичать, закоснеть; разг.). *О. грязью* (о неопрятном человеке, грязнухе). **2.** *перен.* Создать, образовать что-н. вокруг себя, около себя, у себя (разг.). *Город оброс новостройками. О. хозяйством.* ‖ *несов.* **обраста́ть**, -а́ю, -а́ешь. ‖ *сущ.* **обраста́ние**, -я, *ср.*

ОБРА́Т, -а, *м.* Отход, получаемый после переработки молока.

ОБРАТИ́МЫЙ, -ая, -ое; -и́м (книжн.). Способный после определённого круга развития возвращаться к первоначальному состоянию. *О. процесс. Обратимые реакции.* ‖ *сущ.* **обрати́мость**, -и, *ж.*

ОБРАТИ́ТЬ, -ащу́, -ати́шь; -ащённый (-ён, -ена́); *сов.* **1.** *что.* Направить на кого-что-н., обернуть (в 3 знач.). *О. взгляд, взор на кого-что-н. О. оружие против неприятеля.* **2.** *кого (что).* Убедив, склонить к чему-н. (книжн.). *О. на правильный путь, на путь истины.* **3.** *кого-что в кого-что.* Придать какой-н. иной вид, состояние, значение; изменить, превратить в кого-что-н. *О. воду в пар. О. пустырь в сад. О. дело в шутку. О. царевну в лягушку* (в сказке). **4.** *что.* Употребить, дать чему-н. назначение (книжн.). *О. средства на улучшение оборудования.* ✦ **Обратить внимание на** *кого-что* — проявить интерес, заинтересованность, заметить. *Обратить внимание на подростка. Обратить внимание на ошибку.* **Обратите внимание,** *вводн. сл.* (разг.) — заметьте, это важно, интересно. *Вещь хорошая и, обратите внимание, недорогая.* **Обратить в бегство** *кого* — заставить бежать поспешно, в беспорядке отступить. ‖ *несов.* **обраща́ть**, -а́ю, -а́ешь. ‖ *сущ.* **обраще́ние**, -я, *ср.*

ОБРАТИ́ТЬСЯ, -ащу́сь, -ати́шься; *сов.* **1.** *вокруг чего.* Совершить кругообразное движение вокруг чего-н. *О. вокруг своей оси.* **2.** *к кому-чему.* Повернуться в направлении кого-чего-н. *О. лицом к окну.* **3.** *перен., к кому-чему.* Направиться на кого-что-н., устремиться. *Мысли обратились к прошлому.* **4.** *к чему.* Приняться, взяться за что-н. *О. к занятиям. О. к первоисточникам.* **5.** *к кому.* Направиться к кому-н. с просьбой, за помощью или отнестись к кому-н. с какими-н. словами, с речью. *О. к врачу. О. с вопросом, за советом к кому-н.* **6.** *в кого-что.* То же, что превратиться. *Вода обратилась в пар. Разговор обратился в шутку. О. в слух* (перен.: начать внимательно слушать). ✦ **Обратиться в бегство** — бежать поспешно, в беспорядке отступить. ‖ *несов.* **обраща́ться**, -а́юсь, -а́ешься. *Кровь обращается по кровеносной системе. О. за помощью, за советом.* ‖ *сущ.* **оборо́т**, -а, *м.* (к 1 знач.) *и* **обраще́ние**, -я, *ср.* (к 1, 3, 4, 5 и 6 знач.). ‖ *прил.* **оборо́тный**, -ая, -ое (к 1 знач.).

ОБРА́ТНЫЙ, -ая, -ое. **1.** Направленный в сторону, противоположную какому-то движению, ведущий назад. *О. путь. Обратное движение колеса. Туда и обратно* (нареч.). *О. билет* (железнодорожный билет, годный для поездки обратно или туда и обратно). **2.** Противоположный другой, наружной стороне, не лицевой. *Обратная сторона монеты.* **3.** То же, что противоположный (во 2 знач.). *О. смысл. Убедить в обратном* (сущ.; переубедить). **4.** В математике: такой, при к-ром увеличение одного вызывает уменьшение другого и наоборот. *Обратная зависимость. Обратная пропорциональность.* ✦ **Обратный адрес** — адрес отправителя. **Обратная сила закона** (спец.) — распространение действия закона на то, что произошло до его издания. **Обратный словарь** (спец.) — словарь, в к-ром слова расположены по алфавиту окончаний.

ОБРАЩА́ТЬСЯ, -а́юсь, -а́ешься; *несов.* **1.** *см.* обратиться. **2.** (1 и 2 л. не употр.). Находиться в употреблении, использоваться. *В стране обращаются новые денежные знаки.* **3.** *с кем-чем.* Поступать, вести себя по отношению к кому-чему-н. *Умело о. с младенцем.* **4.** *с чем.* Пользоваться чем-н., применять что-н. *Осторожно о. с приборами. Уметь о. с оружием.* ‖ *сущ.* **обраще́ние**, -я, *ср. и* **оборо́т**, -а, *м.* (ко 2 знач.). ‖ *прил.* **оборо́тный**, -ая, -ое (ко 2 знач.).

ОБРАЩЕ́НИЕ, -я, *ср.* **1.** *см.* обратить, -ся *и* обращаться. **2.** Проявление отношения к кому-чему-н. в поведении, в поступках. *Ласковое о. с ребенком. Небрежное о. с вещами.* **3.** Призыв, речь или просьба, обращённые к кому-н. *О. к народу. Выступить с обращением.* **4.** Процесс обмена, оборота, участие в употреблении. *О. товаров. Вошло в о. новое слово.* **5.** В грамматике: слово или группа слов, к-рыми называют того, к кому адресована речь. *О. выделяется запятыми.*

ОБРЕВЕ́ТЬСЯ, -ву́сь, -вёшься; *сов.* (прост.). Проплакать долго и сильно.

ОБРЕВИЗОВА́ТЬ *см.* ревизовать.

ОБРЕ́З, -а, *м.* **1.** *см.* обрезать. **2.** Обрезанный край, кромка. *О. книги, альбома. Книга с золотым обрезом.* **3.** Винтовка с отпиленным концом ствола. ✦ **В обрез** (разг.) — ровно столько, сколько есть, сколько нужно, без всякого излишка (обычно о том, что мало). *Денег у меня в обрез.*

ОБРЕ́ЗАНИЕ, -я и **ОБРЕЗА́НИЕ**[1], -я, *ср.* У евреев и у нек-рых других народов: религиозный обряд, состоящий в удалении крайней плоти мужского члена у мальчиков.

ОБРЕЗА́НИЕ[2] *см.* обрезать.

ОБРЕ́ЗАТЬ, -е́жу, -е́жешь; -анный; *сов.* **1.** *что.* Отрезать с краю, с конца. *О. ногти. О. крылья кому-н.* (также перен.: лишить кого-н. возможности развиваться, действовать). **2.** *что.* То же, что порезать (в 1 знач.). *О. палец.* **3.** *перен., кого-что.* Прервать чью-н. речь резким замечанием, оборвать (разг.). *Грубо о. на первом же слове.* ‖ *несов.* **обреза́ть, -а́ю, -а́ешь.** ‖ *возвр.* **обре́заться,** -е́жусь, -е́жешься (ко 2 знач.); *несов.* **обреза́ться,** -а́юсь, -а́ешься. ‖ *сущ.* **обреза́ние, -я,** *ср.* (к 1 знач.), **обре́зка, -и,** *ж.* (к 1 знач.) *и* **обре́з,** -а, *м.* (к 1 знач.). ‖ *прил.* **обреза́льный,** -ая, -ое (к 1 знач.; спец.), **обре́зочный,** -ая, -ое (к 1 знач.), **обре́зный,** -ая, -ое (к 1 знач.; спец.) *и* **обрезно́й,** -а́я, -о́е (к 1 знач.; спец.).

ОБРЕ́ЗОК, -зка, *м.* Остаток от резки чего-н. *Обрезки кожи, ткани.* ‖ *прил.* **обре́зковый,** -ая, -ое.

ОБРЕМЕНИ́ТЕЛЬНЫЙ, -ая, -ое; -лен, -льна. Доставляющий много неудобств, затруднений. *Обременительное поручение.* ‖ *сущ.* **обремени́тельность, -и,** *ж.*

ОБРЕМЕНИ́ТЬ, -ню́, -ни́шь; -нённый (-ён, -ена́); *сов., кого (что) чем.* Затруднить, доставить хлопоты, неудобства, отяготить. *О. кого-н. просьбой.* ‖ *несов.* **обременя́ть,** -я́ю, -я́ешь. ‖ *сущ.* **обремене́ние, -я,** *ср.*

ОБРЕМИ́ЗИТЬСЯ *см.* ремизиться.

ОБРЕСТИ́, -рету́, -ретёшь; -рёл, -рела́; -рётший; -ретённый (-ён, -ена́); -ретя́; *сов., кого-что* (книжн.). Найти, получить. *О. верных друзей. О. покой. Ищите да обря́щете* (о необходимости пытливого поиска, целеустремленной деятельности; обря́щете — старая форма буд. вр.; устар. книжн.). ‖ *несов.* **обрета́ть,** -а́ю, -а́ешь. ‖ *сущ.* **обрете́ние, -я,** *ср.*

ОБРЕСТИ́СЬ, -рету́сь, -ретёшься; -рёлся, -рела́сь; -рётшийся; -ретя́сь; *сов.* (книжн.). Образоваться, найтись, отыскаться. *Постепенно обрёлся навык, опыт.*

ОБРЕТА́ТЬСЯ, -а́юсь, -а́ешься; *несов.* (устар. и разг. шутл.). Находиться, пребывать. *Где ты теперь обретаешься?*

ОБРЕЧЁННЫЙ, -ая, -ое; -ён. Такой, к-рому предопределена, суждена гибель, полное крушение. *Больной обречён.* ‖ *сущ.* **обречённость, -и,** *ж. Чувство обречённости.*

ОБРЕ́ЧЬ, -еку́, -ечёшь, -еку́т; -ёк, -екла́; -ёкший; -ечённый (-ён, -ена́); -ёкши; *сов., кого-что на что* (высок.). Предназначить к какой-н. неизбежной участи (обычно тяжёлой). *О. на страдания, на гибель. Это дело обречено на провал.* ‖ *несов.* **обрека́ть,** -а́ю, -а́ешь. ‖ *сущ.* **обрече́ние, -я,** *ср.*

ОБРЕШЕ́ТИНА, -ы, *ж.* (спец.). Горбыль, брусок, лежащий поперёк стропила.

ОБРЕШЕ́ТИТЬ, -ше́чу, -ше́тишь; -ше́ченный; *сов., что* (спец.). Покрыть обрешетинами, а также решётчатой сеткой или решёткой. *О. крышу. О. стену под штукатурку. О. окошко.* ‖ *несов.* **обреше́чивать,** -аю, -аешь. ‖ *сущ.* **обрешётка, -и,** *ж.*

ОБРЕШЁТКА, -и, *ж.* (спец.). **1.** *см.* обрешетить. **2.** Покрытие из обрешетин для настила кровли, а также вообще решётчатое покрытие чего-н. *О. под штукатурку.* ‖ *прил.* **обрешёточный,** -ая, -ое.

ОБРИСОВА́ТЬ, -су́ю, -су́ешь; -о́ванный; *сов.* **1.** *что.* Обвести чертой, очертить (разг.). *О. контур чернилами.* **2.** *перен., кого-что.* Охарактеризовать, описать. *О. ситуацию, положение дел. О. кого-н. с неприглядной стороны.* ‖ *несов.* **обрисо́вывать,** -аю, -аешь. ‖ *сущ.* **обрисо́вка, -и,** *ж.*

ОБРИСОВА́ТЬСЯ (-су́юсь, -су́ешься, 1 и 2 л. не употр.), -су́ется; *сов.* **1.** Стать видимым, отчетливым. *Вдали обрисовались горы.* **2.** *перен.* Стать ясным, определённым. *Ситуация достаточно обрисовалась.* ‖ *несов.* **обрисо́вываться** (-аюсь, -аешься, 1 и 2 л. не употр.), -ается.

ОБРИ́ТЬ, -ре́ю, -ре́ешь; -и́тый; *сов., кого-что.* Срезать (волосы) бритвой, сбрить. *О. голову. О. усы. О. наголо.* ‖ *несов.* **обрива́ть,** -а́ю, -а́ешь. ‖ *возвр.* **обри́ться,** -ре́юсь, -ре́ешься; *несов.* **обрива́ться,** -а́юсь, -а́ешься.

ОБРО́К, -а, *м.* При крепостном праве: принудительный натуральный или денежный сбор с крестьян, взимавшийся помещиком или государством. *О. натурой. Денежный о. Перевести с барщины на о.* ‖ *прил.* **обро́чный,** -ая, -ое. *О. крестьянин* (платящий оброк).

ОБРОНИ́ТЬ, -оню́, -о́нишь; -о́ненный *и* -онённый (-ён, -ена́); *сов., что* (разг.). **1.** Нечаянно уронить или, уронив, потерять. *О. ключ. Цветок обронил лепестки* (перен.). **2.** *перен.* Сказать, произнести мимоходом или небрежно, сквозь зубы.

ОБРУ́Б, -а, *м.* (спец.). **1.** *см.* обрубить[1]. **2.** Место, где что-н. обрублено. *О. брёвна.*

ОБРУБИ́ТЬ[1], -ублю́, -у́бишь; -у́бленный; *сов., что.* Отрубить с краю, с конца. *О. жердь, сук.* ‖ *несов.* **обруба́ть,** -а́ю, -а́ешь. ‖ *сущ.* **обруба́ние, -я,** *ср.,* **обру́бка, -и,** *ж. и* **обру́б,** -а, *м.* (спец.). ‖ *прил.* **обрубно́й,** -а́я, -о́е.

ОБРУБИ́ТЬ[2], -ублю́, -у́бишь; -у́бленный; *сов., что.* То же, что подрубить[2]. *О. полотенце, носовой платок.* ‖ *несов.* **обруба́ть,** -а́ю, -а́ешь. ‖ *сущ.* **обру́бка, -и,** *ж.*

ОБРУ́БОК, -бка, *м.* **1.** Отрубленный кусок дерева. **2.** То, от чего отрублена какая-н. часть. *О. хвоста.* ‖ *прил.* **обру́бковый,** -ая, -ое.

ОБРУГА́ТЬ *см.* ругать.

ОБРУСЕ́ЛЫЙ, -ая, -ое; -е́л. Ставший русским по языку, обычаям. ‖ *сущ.* **обрусе́лость, -и,** *ж.*

ОБРУСЕ́ТЬ, -е́ю, -е́ешь; *сов.* Стать русским по языку, обычаям.

О́БРУЧ, -а, *мн.* -и, -е́й, *м.* **1.** Узкий обод, набиваемый на бочку, кадку для скрепления клёпок. *Железный о.* **2.** Согнутая в кольцо пластина (или стержень, прут). *Гимнастический о.* ‖ *прил.* **о́бручный,** -ая, -ое. *Обручная деревянная посуда* (бочки, кадки).

ОБРУЧЕ́НИЕ, -я, *ср.* Следующий за помолвкой церковный обряд, во время к-рого надеваются обручальные кольца жениху и невесте.

ОБРУЧИ́ТЬ, -чу́, -чи́шь; -чённый (-ён, -ена́); *сов., кого (что).* Совершить над кем-н. обряд обручения, надевая кольца жениху и невесте. *О. жениха с невестой. Поздравить обручённых* (сущ.). ‖ *несов.* **обруча́ть,** -а́ю, -а́ешь. ‖ *прил.* **обруча́льный,** -ая, -ое. *Обручальное кольцо.*

ОБРУЧИ́ТЬСЯ, -чу́сь, -чи́шься; *сов.* Обменяться обручальными кольцами во время обручения. ‖ *несов.* **обруча́ться,** -а́юсь, -а́ешься.

ОБРУ́ШИТЬ, -шу, -шишь; -шенный; *сов., что.* **1.** *см.* рушить[1]. **2.** *на кого-что.* С силой направить, устремить (что-н. большое, тяжёлое). *О. каменную глыбу. О. обвинения, угрозы на кого-что-н.* (перен.). ‖ *несов.* **обру́шивать,** -аю, -аешь.

ОБРУ́ШИТЬСЯ, -шусь, -шишься; *сов.* **1.** *см.* рушиться. **2.** *перен., на кого-что.* Стремительно напасть. *О. на врага. О. с угрозами на кого-н.* **3.** (1 и 2 л. не употр.), *перен.* Появиться, начаться с силой и неожиданно. *О. беда, горе, страшное известие на кого-н. На город обрушился ураган, град, ливень. Волна обрушилась на берег. Обрушились раскаты грома.* ‖ *несов.* **обру́шиваться,** -аюсь, -аешься.

ОБРЫ́В, -а, *м.* **1.** *см.* оборвать, -ся. **2.** Место, где что-н. оборвано. *О. в проводе.* **3.** Крутой откос по берегу реки, краю оврага. *Песчаный о. Сорваться с обрыва.*

ОБРЫВА́ТЬ, -СЯ *см.* оборвать, -ся.

ОБРЫ́ВИСТЫЙ, -ая, -ое; -ист. Крутой, с обрывами. *О. берег.* ‖ *сущ.* **обры́вистость, -и,** *ж.*

ОБРЫ́ВОК, -вка, *м.* **1.** Оторванный, оборванный кусок. *О. верёвки, проволоки.* **2.** *мн., перен.* Отдельные несвязанные, разрозненные части (слов, мыслей, каких-н. сведений). *Обрывки знаний. Обрывки воспоминаний.*

ОБРЫ́ВОЧНЫЙ, -ая, -ое; -чен, -чна. О словах, мыслях, каких-н. сведениях: несвязный, непоследовательный. *Обрывочные воспоминания.* ‖ *сущ.* **обры́вочность, -и,** *ж.*

ОБРЫ́ДНУТЬ, -ну, -нешь; обры́д *и* обры́днул, обры́дла; *сов., кому* (прост.). Очень надоесть, осточертеть, осатанеть.

ОБРЫ́ЗГАТЬ, -аю, -аешь; -анный; *сов., кого-что.* Обдать брызгами. *О. водой.* ‖ *несов.* **обры́згивать,** -аю, -аешь. ‖ *однокр.* **обры́знуть,** -ну, -нешь. ‖ *возвр.* **обры́згаться,** -аюсь, -аешься; *несов.* **обры́згиваться,** -аюсь, -аешься.

ОБРЫ́СКАТЬ, -аю, -аешь *и* -ы́щу, -ы́щешь; -ы́сканный; *сов., что* (разг.). Рыская, побывать где-н., исходить какое-н. пространство. *О. весь лес. О. всё кругом.*

ОБРЮ́ЗГЛЫЙ, -ая, -ое; -ю́згл. Отёчный, болезненно полный, обрюзгший. *Обрюзглое лицо.* ‖ *сущ.* **обрю́зглость, -и,** *ж.*

ОБРЮ́ЗГНУТЬ, -ну, -нешь; -ю́зг, -ю́згла; *сов.* Стать болезненно толстым, отечным, с обвисшей кожей. ‖ *несов.* **брю́згнуть,** -ну, -нешь.

ОБРЯ́Д, -а, *м.* Совокупность действий (установленных обычаем или ритуалом), в которых воплощаются какие-н. религиозные представления, бытовые традиции. *Семейные обряды. Свадебный о. О. крещения. Новые обряды. О. посвящения в студенты.* ‖ *прил.* **обря́довый,** -ая, -ое *и* **обря́дный,** -ая, -ое.

ОБРЯДИ́ТЬ, -яжу́, -я́дишь; -я́женный; *сов., кого (что)* (прост. шутл.). То же, что нарядить[1]. *О. в новое платье.* ‖ *несов.* **обряжа́ть,** -а́ю, -а́ешь. ‖ *возвр.* **обряди́ться,** -яжу́сь, -я́дишься; ‖ *несов.* **обряжа́ться,** -а́юсь, -а́ешься.

ОБРЯ́ДНОСТЬ, -и, *ж.* **1.** Сложившиеся обряды, система обрядов. *Церковная о.* **2.** Обрядовый обычай. *Выполнять все обрядности.*

ОБСАДИ́ТЬ, -ажу́, -а́дишь; -а́женный; *сов., что чем.* Посадить вокруг чего-н. *О. газон кустами.* ‖ *несов.* **обса́живать,** -аю, -аешь. ‖ *сущ.* **обса́живание, -я,** *ср. и* **обса́дка, -и,** *ж.* (спец.). ‖ *прил.* **обса́дочный,** -ая, -ое (спец.).

ОБСА́ЛИТЬ, -лю, -лишь; -ленный; *сов., кого-что* (разг.). Запачкать чем-н. сальным. *О. полы пиджака.* ‖ *несов.* **обса́ливать,** -аю, -аешь.

ОБСА́СЫВАТЬ *см.* обсосать.

ОБСА́ХАРИТЬ, -рю, -ришь; -ренный; *сов., что* (разг.). Покрыть слоем сахара. *Обсахаренные цукаты.* ‖ *несов.* **обса́харивать,** -аю, -аешь.

ОБСЕМЕНИ́ТЬ, -ню́, -ни́шь; -нённый (-ён, -ена́); *сов., что.* Засеять семенами (устар.), а также о растениях: уронить семена в землю. *Обсеменённые поля. Деревья обсеменили землю.* ‖ *несов.* **обсеменя́ть,** -я́ю, -я́ешь. ‖ *сущ.* **обсемене́ние, -я,** *ср.*

ОБСЕРВАТО́РИЯ, -и, *ж.* Научное учреждение, оборудованное для астрономических, метеорологических, геофизических наблюдений. *Здание обсерватории.* ‖ *прил.* **обсервато́рский,** -ая, -ое.

ОБСЕ́СТЬ (-ся́ду, -ся́дешь, 1 и 2 *л.* ед. не употр.), -ся́дет; *сов., кого-что* (разг.). Сесть вокруг кого-чего-н. *Ребятишки обсели рассказчика.*

ОБСЕ́ЧЬ, -еку́, -ечёшь, -еку́т; -ёк *и* (устар.) -е́к, -екла́; -ёкший; -ечённый (-ён, -ена́); -ёкши; *сов., что.* **1.** Отсекая, удалить со всей поверхности чего-н. *О. ветки.* **2.** То же, что обтесать (в 1 знач.) (спец.). *О. камень.* ‖ *несов.* **обсека́ть,** -а́ю, -а́ешь. ‖ *сущ.* **обсече́ние,** -я, *ср. и* **обсека́ние,** -я, *ср.*

ОБСКАКА́ТЬ, -ачу́, -а́чешь; -а́канный; *сов., кого-что.* **1.** Скача, обогнать. *О. всех всадников. Всех обскакал!* (также перен.: опередил, оказался удачливее, быстрее всех; разг.). **2.** Проскакать кругом кого-чего-н. *О. луг.* ‖ *несов.* **обска́кивать,** -аю, -аешь.

ОБСКУРА́НТ, -а, *м.* (книжн.). Враг просвещения и науки, мракобес, реакционер. ‖ *ж.* **обскура́нтка,** -и. ‖ *прил.* **обскура́нтский,** -ая, -ое.

ОБСКУРАНТИ́ЗМ, -а, *м.* (книжн.). Образ действий и мыслей обскуранта, мракобесие. ‖ *прил.* **обскуранти́стский,** -ая, -ое.

ОБСЛЕ́ДОВАТЕЛЬ, -я, *м.* Человек, к-рый произвёл, производит обследование чего-н. ‖ *ж.* **обсле́довательница,** -ы. ‖ *прил.* **обсле́довательский,** -ая, -ое.

ОБСЛЕ́ДОВАТЬ, -дую, -дуешь; -анный; *сов. и несов., кого-что.* Произвести (-водить) осмотр, проверку чего-н. *О. местность. О. работу учреждения.* ‖ *сущ.* **обсле́дование,** -я, *ср. Лечь в больницу на о.*

ОБСЛУ́ГА, -и, *ж.* (прост.). **1.** Обслуживание кого-н. в быту. *Хорошая о.* **2.** *собир.* Обслуживающий персонал. *Обслуги всего пять человек.*

ОБСЛУ́ЖИВАТЬ, -аю, -аешь; *несов.* **1.** *кого-что.* Работать по удовлетворению чьих-н. бытовых, текущих или постоянных нужд. *О. клиентов, покупателей. Обслуживающий персонал. Магазин обслуживает ближайшие районы.* **2.** *что.* Работать по эксплуатации машин, станков, технических устройств. *О. несколько станков.* ‖ *сов.* **обслужи́ть,** -ужу́, -у́жишь; -у́женный. ‖ *сущ.* **обслу́живание,** -я, *ср. Медицинское о. Сфера обслуживания* (весь круг бытовых услуг населению).

ОБСЛЮНИ́ТЬ, -ню́, -ни́шь; -нённый (-ён, -ена́); *сов., кого-что* (прост.). Запачкать, смочить слюной со всех сторон. *О. пальцы.*

ОБСЛЮНЯ́ВИТЬ, -влю, -вишь; -вленный; *сов., кого-что* (прост.). То же, что обслюнить.

ОБСМОТРЕ́ТЬ, -отрю́, -о́тришь; -о́тренный; *сов., кого-что* (прост.). То же, что осмотреть (в 1 знач.). *О. всё кругом.* ‖ *несов.* **обсма́тривать,** -аю, -аешь.

ОБСМОТРЕ́ТЬСЯ, -отрю́сь, -о́тришься; *сов.* (прост.). То же, что осмотреться. *О. вокруг.* ‖ *несов.* **обсма́триваться,** -аюсь, -аешься.

ОБСОСА́ТЬ, -осу́, -осёшь; -о́санный; *сов., что.* **1.** Пососать кругом, со всех сторон. *О. леденец.* **2.** *перен.* Смакуя, подробно рассказать о чём-н., изучить, рассмотреть (прост.). *О. всё до мелочей.* ✦ **Обсоси гвоздок** (прост. шутл.) — о чём-н. очень хорошем. *Вещица получилась — обсоси гвоздок.* ‖ *несов.* **обса́сывать,** -аю, -аешь. ‖ *сущ.* **обса́сывание,** -я, *ср.*

ОБСО́ХНУТЬ, -ну, -нешь; -о́х, -о́хла; *сов.* Стать сухим, суше. *Одежда обсохла у костра. Молоко на губах не обсохло у кого-н.* (о том, кто ещё молод и неопытен; разг. неодобр.). ‖ *несов.* **обсыха́ть,** -а́ю, -а́ешь.

ОБСТА́ВИТЬ, -влю, -вишь; -вленный; *сов.* **1.** *кого-что чем.* Поставить что-н. вокруг чего-н. *О. трибуну цветами.* **2.** *что.* Завести мебель, обстановку (в 1 знач.). *О. квартиру, кабинет.* **3.** *перен., что.* Устроить, создав подходящие условия. *Хорошо о. юбилей, празднование.* **4.** *кого (что).* Обогнать, опередить кого-н. в чём-н. (в работе, какой-н. деятельности) (прост.). *Молодой, а обставил опытного мастера.* **5.** *кого (что).* То же, что обыграть (в 1 знач.) (прост.). *О. в карты кого-н.* **6.** *кого (что).* То же, что обмануть (в 1 знач.) (прост.). ‖ *несов.* **обставля́ть,** -я́ю, -я́ешь. ‖ *возвр.* **обста́виться,** -влюсь, -вишься (к 1 знач.); *несов.* **обставля́ться,** -я́юсь, -я́ешься.

ОБСТА́ВИТЬСЯ, -влюсь, -вишься; *сов.* **1.** *см.* обставить. **2.** Обзавестись мебелью, обстановкой (разг.). *О. в новой квартире.* ‖ *несов.* **обставля́ться,** -я́юсь, -я́ешься.

ОБСТАНО́ВКА, -и, *ж.* **1.** Мебель, убранство помещения. *О. квартиры. Богатая о.* **2.** Положение, обстоятельства, условия существования кого-чего-н. *Международная о. В обстановке гласности. В мирной обстановке. В семье у кого-н. тяжёлая о. Боевая о.* (условия, в к-рых осуществляется боевая операция, ведётся бой; спец.). ✦ **Театральная обстановка** — предметы декорации и бутафории. **Судоходная обстановка** (спец.) — бакены, буи, вехи на воде, створы, габаритные знаки. ‖ *прил.* **обстано́вочный,** -ая, -ое (спец.). *Обстановочная часть спектакля. Обстановочное судно* (обслуживающее судоходную обстановку).

ОБСТИРА́ТЬ, -а́ю, -а́ешь; -и́ранный; *сов., кого (что)* (разг.). Постирать для многих или всё, нужное для одного человека. *О. всю семью.* ‖ *несов.* **обсти́рывать,** -аю, -аешь.

ОБСТОЯ́ТЕЛЬНЫЙ, -ая, -ое; -лен, -льна. **1.** Подробный, содержательный. *О. отчёт.* **2.** Действующий обдуманно, с рассудительностью, положительный в действиях (разг.). *О. человек. Действовать обстоятельно* (нареч.). ‖ *сущ.* **обстоя́тельность,** -и, *ж.*

ОБСТОЯ́ТЕЛЬСТВО[1], -а, *ср.* **1.** Явление, сопутствующее какому-н. другому явлению и с ним связанное. *Выяснить все обстоятельства дела. Делу помешало неожиданное о.* **2.** *мн.* Условия, определяющие положение, существование кого-чего-н., обстановка (во 2 знач.). *Стечение обстоятельств. В трудных обстоятельствах. Смотря по обстоятельствам.*

ОБСТОЯ́ТЕЛЬСТВО[2], -а, *ср.* В грамматике: второстепенный член предложения, обычно выражаемый наречием или предложно-падежной формой имени, обозначающий время, место, причину, цель, следствие, условие, способ и нек-рые другие сопутствующие характеристики сообщения. *О. места. О. образа действия.* ‖ *прил.* **обстоя́тельственный,** -ая, -ое.

ОБСТОЯ́ТЬ (-ою́, -ои́шь, 1 и 2 *л.* не употр.), -ои́т; *несов.* Находиться в каком-н. состоянии. *Дела обстоят хорошо. С учёбой всё обстоит благополучно.*

ОБСТРА́ГИВАТЬ *см.* обстрогать.

ОБСТРА́ИВАТЬ, -СЯ *см.* обстроить, -ся.

ОБСТРЕ́Л, -а, *м.* Боевая стрельба по цели из нескольких орудий или ручного оружия. *Артиллерийский о. Массированный о. Попасть под о.* (также перен.: подвергнуться острой критике).

ОБСТРЕ́ЛЯННЫЙ, -ая, -ое; -ян. Побывавший в боях, привыкший к боевым условиям, опытный *О. солдат.* ‖ *сущ.* **обстре́лянность,** -и, *ж.*

ОБСТРЕЛЯ́ТЬ, -я́ю, -я́ешь; -е́лянный; *сов., кого-что.* Подвергнуть обстрелу. *О. укреплённый пункт противника.* ‖ *несов.* **обстре́ливать,** -аю, -аешь.

ОБСТРЕЛЯ́ТЬСЯ, -я́юсь, -я́ешься; *сов.* (разг.). Побывав в боях, привыкнуть к боевой обстановке. *Солдаты обстрелялись.* ‖ *несов.* **обстре́ливаться,** -аюсь, -аешься.

ОБСТРИГА́ТЬ, -а́ю, -а́ешь; *несов., кого-что.* То же, что стричь (в 1 знач.). *Коротко о. бороду.*

ОБСТРИ́ЧЬ, -СЯ *см.* стричь.

ОБСТРОГА́ТЬ, -а́ю, -а́ешь; -о́ганный и **ОБСТРУГА́ТЬ,** -а́ю, -а́ешь; -у́ганный; *сов., что.* Выстрогать со всех сторон. *О. доску.* ‖ *несов.* **обстра́гивать,** -аю, -аешь *и* **обстру́гивать,** -аю, -аешь.

ОБСТРО́ИТЬ, -о́ю, -о́ишь; -о́енный; *сов., что* (разг.). Построить кругом чего-н. *О. площадь новыми зданиями.* ‖ *несов.* **обстра́ивать,** -аю, -аешь. ‖ *сущ.* **обстро́йка,** -и, *ж.*

ОБСТРО́ИТЬСЯ, -о́юсь, -о́ишься; *сов.* (разг.). Выстроить для себя какие-н. здания, постройки, застроиться. *Переселенцы обстроились. Городок обстроился.* ‖ *несов.* **обстра́иваться,** -аюсь, -аешься. ‖ *сущ.* **обстро́йка,** -и, *ж.*

ОБСТРУКЦИОНИ́СТ, -а, *м.* (книжн.). Участник обструкции. ‖ *прил.* **обструкциони́стский,** -ая, -ое.

ОБСТРУ́КЦИЯ, -и, *ж.* (книжн.). Намеренный срыв чего-н. (напр. парламентского заседания шумом, произнесением длинных ненужных речей). *Парламентская о. Устроить обструкцию оратору.* ‖ *прил.* **обструкцио́нный,** -ая, -ое.

ОБСТРЯ́ПАТЬ, -аю, -аешь; -анный; *сов., что* (прост.). Выгодно устроить, завершить. *Ловко обстряпал дельце.* ‖ *несов.* **обстря́пывать,** -аю, -аешь.

ОБСТУПИ́ТЬ (-уплю́, -у́пишь, 1 и 2 *л.* ед. не употр.), -у́пит; -у́пленный; *сов., кого-что.* Окружить, встать вокруг кого-чего-н. *Слушатели обступили рассказчика. Деревню обступил лес* (перен.). ‖ *несов.* **обступа́ть** (-а́ю, -а́ешь, 1 и 2 *л.* не употр.), -а́ет.

ОБСУДИ́ТЬ, -ужу́, -у́дишь; -уждённый (-ён, -ена́); *сов., кого-что.* Разобрать, оценить, высказывая свои соображения по поводу чего-н. или чьего-н. поведения, проступка. *О. новый проект. О. кого-н. на собрании.* ‖ *несов.* **обсужда́ть,** -а́ю, -а́ешь. ‖ *сущ.* **обсужде́ние,** -я, *ср.*

ОБСУСО́ЛИТЬ, -лю, -лишь; -ленный; *сов., кого-что* (прост.). То же, что обмусолить. ‖ *несов.* **обсусо́ливать,** -аю, -аешь. ‖ *возвр.* **обсусо́литься,** -люсь, -лишься; *несов.* **обсусо́ливаться,** -аюсь, -аешься.

ОБСУШИ́ТЬ, -ушу́, -у́шишь; -у́шенный; *сов., что.* Высушить сверху, кругом, дать обсохнуть. *О. мокрое платье. Солнце обсушило землю.* ‖ *несов.* **обсу́шивать,** -аю, -аешь. ‖ *сущ.* **обсу́шивание,** -я, *ср. и* **обсу́шка,** -и, *ж.*

ОБСУШИ́ТЬСЯ, -ушу́сь, -у́шишься; *сов.* Высушить свою намокшую одежду. *О. у костра.* ‖ *несов.* **обсу́шиваться,** -аюсь, -аешься. ‖ *сущ.* **обсу́шивание,** -я, *ср. и* **обсу́шка,** -и, *ж.*

ОБСЧИТА́ТЬ, -а́ю, -а́ешь; -и́танный; *сов., кого (что).* **1.** Умышленно неверно сосчитав или ошибившись в счёте, недодать. *О. покупателя.* **2.** Рассчитать (в 1 знач.); подсчитать, сосчитать (многое, многих) (спец.). *О. на ЭВМ.* ‖ *несов.* **обсчи́тывать,** -аю, -аешь. ‖ *сущ.* **обсчёт,** -а, *м. Допустить о. О. стада моржей.*

ОБСЧИТА́ТЬСЯ, -а́юсь, -а́ешься; *сов.* (разг.). Ошибиться в счёте. *О. на большую сумму.* ‖ *несов.* **обсчи́тываться,** -аюсь, -аешься. ‖ *сущ.* **обсчёт,** -а, *м.*

ОБСЫ́ПАТЬ, -плю, -плешь *и* (разг.) -пешь, -пет, -пем, -пете, -пят; -сыпь; -анный; *сов., кого-что.* То же, что осыпать (в 1 и 3 знач.). *О. крендель сахаром. О. кучу песка.* ‖ *несов.* **обсыпа́ть**, -а́ю, -а́ешь. ‖ *сущ.* **обсыпа́ние**, -я, *ср. и* **обсы́пка**, -и, *ж.*

ОБСЫ́ПАТЬСЯ, -плюсь, -плешься *и* (разг.) -пешься, -пется, -пемся, -петесь, -пятся; -сыпься; *сов.* То же, что осыпаться. ‖ *несов.* **обсыпа́ться**, -а́юсь, -а́ешься. ‖ *сущ.* **обсыпа́ние**, -я, *ср. и* **обсы́пка**, -и, *ж.*

ОБСЫПНО́Й, -а́я, -о́е. **1.** Такой, к-рый чем-н. обсыпан. *Обсыпные мучные изделия.* **2.** Имеющийся во множестве, усеивающий собой что-н. (разг.). *В лесу — обсыпная черника.*

ОБСЫХА́ТЬ *см.* обсохнуть.

ОБТА́ЧИВАТЬ *см.* обточить.

ОБТА́ЯТЬ (-а́ю, -а́ешь, 1 и 2 л. не употр.), -а́ет; *сов.* Освободиться ото льда, тающего сверху или по краям; растаять сверху, с краёв. *Ступеньки обтаяли. Льдина обтаяла.* ‖ *несов.* **обта́ивать** (-аю, -аешь, 1 и 2 л. не употр.), -ает.

ОБТЕКА́ЕМЫЙ, -ая, -ое; -ем. **1.** *полн. ф.* О форме транспортного средства: такой, который при движении оказывает наименьшее сопротивление встречному потоку воздуха, воды, газа. *Автомобиль обтекаемой формы. О. корпус.* **2.** *перен.* Дающий возможность разного понимания, уклончивый (разг.). *О. ответ. Обтекаемая формулировка.* ‖ *сущ.* **обтека́емость**, -и, *ж.*

ОБТЕРЕ́ТЬ, оботру́, оботрёшь; -тёр, -тёрла; -тёрший; -тёртый; -тере́в *и* -тёрши; *сов., кого-что.* Вытереть по поверхности. *О. лоб платком.* ‖ *несов.* **обтира́ть**, -а́ю, -а́ешь. ‖ *возвр.* **обтере́ться**, оботру́сь, оботрёшься; *несов.* **обтира́ться**, -а́юсь, -а́ешься. ‖ *сущ.* **обтира́ние**, -я, *ср. и* **обти́рка**, -и, *ж. Холодные обтирания* (лечебно-гигиеническая процедура). *Ветошь для обтирки станка.* ‖ *прил.* **обти́рочный**, -ая, -ое.

ОБТЕРПЕ́ТЬСЯ, -ерплю́сь, -е́рпишься; *сов.* (разг.). Свыкнуться с чем-н., привыкнуть терпеть что-н. *О. в чужой обстановке.*

ОБТЕСА́ТЬ, -ешу́, -е́шешь; -ёсанный; *сов.* **1.** *что.* Тесанием обровнять. *О. бревно.* **2.** *перен., кого (что).* Сделать культурнее, научить хорошему поведению, манерам (разг.). *О. приезжего новичка.* ‖ *несов.* **обтёсывать**, -аю, -аешь. ‖ *сущ.* **обтёсывание**, -я, *ср. и* **обтёска**, -и, *ж.* (к 1 знач.). ‖ *прил.* **обтёсочный**, -ая, -ое (к 1 знач.).

ОБТЕСА́ТЬСЯ, -ешу́сь, -е́шешься; *сов.* (разг.). Стать внешне культурнее, научиться хорошему поведению, манерам. *О. в столице. Новичок постепенно обтесался.* ‖ *несов.* **обтёсываться**, -аюсь, -аешься.

ОБТЕ́ЧЬ, -еку́, -ечёшь, -еку́т; -ёк, -екла́; -ёкший; -ёкши; *сов., что.* **1.** (1 и 2 л. не употр.). Обогнуть, обойти своим течением. *Река обтекла городок.* **2.** *перен.* Обойти, объехать, минуя что-н. (спец.). *Танки обтекли фланг.* ‖ *несов.* **обтека́ть**, -а́ю, -а́ешь.

ОБТИРА́ТЬ, -СЯ, ОБТИ́РКА, ОБТИ́РОЧНЫЙ *см.* обтереть.

ОБТОЧИ́ТЬ, -очу́, -о́чишь; -о́ченный; *сов., что.* Сделать гладким, обрабатывая на токарном станке или вручную поверхность чего-н. *О. болванку.* ‖ *несов.* **обта́чивать**, -аю, -аешь. ‖ *сущ.* **обта́чивание**, -я, *ср. и* **обто́чка**, -и, *ж.* ‖ *прил.* **обто́чный**, -ая, -ое (спец.).

ОБТРЕПА́ТЬ, -треплю́, -тре́плешь *и* (разг.) -тре́пешь, -тре́пет, -тре́пем, -тре́пете, -тре́пят; -трёпанный; *сов., что.* Привести в негодность, изорвать в результате долгой носки, употребления. *О. брюки. Обтрёпанная сумка.* ‖ *несов.* **обтрёпывать**, -аю, -аешь.

ОБТРЕПА́ТЬСЯ (-еплю́сь, -е́плешься, 1 и 2 л. не употр.), -тре́плется *и* (разг.) -тре́пется, -тре́пятся; *сов.* Изорваться, истрепаться от долгой носки, употребления. *Подол обтрепался.* ‖ *несов.* **обтрёпываться** (-аюсь, -аешься, 1 и 2 л. не употр.), -ается.

ОБТЫ́КАТЬ, -аю, -аешь; -анный; *сов., что* (разг.). Натыкать вокруг чего-н. *О. саженцы колышками.* ‖ *несов.* **обтыкивать**, -аю, -аешь.

ОБТЯ́ЖКА, -и, *ж.* **1.** *см.* обтянуть. **2.** То, чем что-н. обтянуто. *Брезентовая о. Диван с кожаной обтяжкой.* ‖ *прил.* **обтя́жечный**, -ая, -ое.

ОБТЯНУ́ТЬ, -яну́, -я́нешь; -я́нутый; *сов.* **1.** *что.* Растягивая (какой-н. материал), туго натянуть по поверхности чего-н. *О. кресла кожей.* **2.** *кого-что.* Плотно охватить. *Платье обтянуло фигуру. Перчатка обтянула руку.* ‖ *несов.* **обтя́гивать**, -аю, -аешь. ‖ *возвр.* **обтяну́ться**, -яну́сь, -я́нешься (ко 2 знач.); *несов.* **обтя́гиваться**, -аюсь, -аешься. ‖ *сущ.* **обтя́гивание**, -я, *ср. и* **обтя́жка**, -и, *ж. В обтяжку* (о чем-н. плотно охватывающем что-н., преимущ. об одежде, плотно прилегающей к телу; разг.). ‖ *прил.* **обтяжно́й**, -а́я, -о́е (к 1 знач.).

ОБТЯ́ПАТЬ, -аю, -аешь; -анный; *сов., что* (прост.). Выгодно устроить, обстряпать. *О. дело.* ‖ *несов.* **обтя́пывать**, -аю, -аешь.

ОБУВА́ТЬ, -СЯ *см.* обуть.

ОБУ́ВКА, -и, *ж.* (прост.). То же, что обувь. *Новая о.*

ОБУВЩИ́К, -а́, *м.* Работник обувной промышленности. ‖ *ж.* **обувщи́ца**, -ы. ‖ *прил.* **обувщи́цкий**, -ая, -ое.

О́БУВЬ, -и, *ж.* Предмет одежды для ног: изделие из кожи или других плотных материалов. *Кожаная, текстильная о. Зимняя, летняя о. Модельная, спортивная, домашняя о.* ‖ *прил.* **обувно́й**, -а́я, -о́е.

ОБУ́ГЛИТЬ, -лю, -лишь; -ленный; *сов., что.* Обжечь, превратив в уголь края, поверхность чего-н. *Обугленная головешка.* ‖ *несов.* **обу́гливать**, -аю, -аешь.

ОБУ́ГЛИТЬСЯ (-люсь, -лишься, 1 и 2 л. не употр.), -лится; *сов.* Обратиться в уголь по краям, по поверхности. *Дрова обуглились.* ‖ *несов.* **обу́гливаться** (-аюсь, -аешься, 1 и 2 л. не употр.), -ается.

ОБУ́ЗА, -ы, *ж.* (разг.). **1.** Тягостная обязанность, забота. *Тяжкая о. Взвалить на кого-н. новую обузу.* **2.** Тот (то), кто (что) отягощает, обременяет кого-что-н. *Старик стал для всех обузой. Лишние вещи — о. в дороге.*

ОБУЗДА́ТЬ, -а́ю, -а́ешь; -у́зданный; *сов.* **1.** *кого (что).* Надеть узду, уздечку. **2.** *перен., кого-что.* Сдержать, укротить (высок.). *О. страсти. О. агрессора.* ‖ *несов.* **обу́здывать**, -аю, -аешь. ‖ *сущ.* **обузда́ние**, -я, *ср.* (ко 2 знач.).

ОБУ́ЗИТЬ, -у́жу, -у́зишь; -у́женный; *сов., что.* Сделать слишком узким. *О. костюм.* ‖ *несов.* **обу́живать**, -аю, -аешь.

ОБУРЕВА́ТЬ (-а́ю, -а́ешь, 1 и 2 л. не употр.), -а́ет; *несов., кого (что)* (высок.). О мыслях, чувствах: охватывать с большой силой. *Обуревают сомнения. Человек обуреваем страстями.*

ОБУСЛО́ВИТЬ, -влю, -вишь; -вленный; *сов., что.* **1.** *чем.* Ограничить каким-н. условием. *О. чем-н. своё участие в работе.* **2.** (1 и 2 л. не употр.). Явиться причиной чего-н., вызвать что-н. *Старание обусловило успех.* ‖ *несов.* **обусло́вливать**, -аю, -аешь *и* **обусла́вливать**, -аю, -аешь.

ОБУСЛО́ВЛЕННОСТЬ, -и, *ж.* (книжн.). Причинно-следственная связь, а также вообще зависимость. *О. событий. Взаимная о. явлений.*

ОБУСТРО́ИТЬ, -о́ю, -о́ишь; -о́енный; *сов., что.* Оборудовав, подготовить к эксплуатации (во 2 знач.), а также вообще привести в порядок. *О. территорию завода.* ‖ *несов.* **обустра́ивать**, -аю, -аешь. ‖ *сущ.* **обустро́йство**, -а, *ср. О. нефтяных скважин. О. автотрассы.*

ОБУ́ТЬ, -у́ю, -у́ешь; -у́тый; *сов.* **1.** *кого-что.* Надеть обувь. *О. сапоги. О. ребёнка.* **2.** *кого (что).* Снабдить обувью (разг.). *Всю семью надо о.-одеть.* ‖ *несов.* **обува́ть**, -а́ю, -а́ешь. ‖ *возвр.* **обу́ться**, -у́юсь, -у́ешься; *несов.* **обува́ться**, -а́юсь, -а́ешься. ‖ *сущ.* **обува́ние**, -я, *ср.* (к 1 знач.).

О́БУХ, -а и **ОБУ́Х**, -а́, *м.* Тупая сторона острого орудия, противоположная лезвию (обычно о топоре, колуне). *Как обухом по голове* (о поразившей неприятной неожиданности; разг.). *Плетью обуха не перешибёшь* (посл.). *Под о. идти* (на казнь; устар.; также перен.: на большую для себя неприятность; разг.). ‖ *уменьш.* **обушо́к**, -шка́, *м.* ‖ *прил.* **обу́шный**, -ая, -ое (спец.).

ОБУЧА́ТЬ, -а́ю, -а́ешь; *несов., кого (что).* То же, что учить (в 1 знач.). *Автоматизированные обучающие системы. О. ремеслу.*

ОБУЧА́ТЬСЯ, -а́юсь, -а́ешься; *несов.* То же, что учиться. *О. в школе. О. языкам. О. на маляра.*

ОБУЧЕ́НИЕ *см.* учить.

ОБУЧИ́ТЬ, -СЯ *см.* учить, -ся.

ОБУ́ШНЫЙ *см.* обух.

ОБУШО́К, -шка́, *м.* **1.** *см.* обух. **2.** В старое время: ручной шахтёрский инструмент для откалывания пласта горной породы. ‖ *прил.* **обушко́вый**, -ая, -ое.

ОБУЯ́ТЬ (-я́ю, -я́ешь, 1 и 2 л. не употр.), -я́ет; -я́нный; *сов., кого (что)* (высок.). О душевном состоянии: охватить, овладеть с неудержимой силой. *Обуял страх. Обуян злобой кто-н.*

ОБХА́ЖИВАТЬ, -аю, -аешь; *несов., кого (что).* **1.** *см.* обходить[1]. **2.** Добиваясь чего-н., усиленно ухаживать за кем-н., ублаготворять кого-н. (разг.).

ОБХАМИ́ТЬ, -млю́, -ми́шь; *сов., кого (что)* (прост.). Оскорбить хамским поведением, грубостью.

ОБХВА́Т, -а, *м.* **1.** *см.* обхватить. **2.** Расстояние, равное кольцу, образуемому при обхватывании чего-н. руками. *Дуб в три обхвата* (такой, что можно обхватить только втроём). *Не в о.* (о ком-чём-н. очень толстом, широком; разг.).

ОБХВАТИ́ТЬ, -ачу́, -а́тишь; -а́ченный; *сов., кого-что.* **1.** Заключить, как в кольцо, в широко разведённые и сомкнутые в пальцах руки, а также вообще окрутив, сжать (чем-н. тугим, плотным). *Крепко о. дерево. О. шею шарфом. Огонь обхватил весь дом* (перен.). **2.** То же, что охватить (в 3 и 4 знач.). *О. что-н. умом. Страх обхватил кого-н.* ‖ *несов.* **обхва́тывать**, -аю, -аешь. ‖ *сущ.* **обхва́тывание**, -я, *ср.* (к 1 знач.) *и* **обхва́т**, -а, *м.* (к 1 знач.).

ОБХО́Д, -а, *м.* **1.** *см.* обойти. **2.** Место, где можно обойти что-н. *Удобный о.* **3.** Военный манёвр — глубокое проникновение в расположение противника для нанесения удара с тыла. *Двинуть полк в о.* **4.** Поочерёдный осмотр врачом больных в больничных палатах. *Утренний о. врача. Палатный врач на обходе.* ✦ **В обход** — обходя стороной. *Пошли не прямо, а в обход.* **В обход** *чего, в знач. предлога с род. п.* — вокруг чего-н. *Идти в обход озера.* **В обход**

кого-чего, предлог с род. п. — минуя, уклоняясь от кого-чего-н. *Действовать в обход инструкции.* ‖ *прил.* **обхо́дный**, -ая, -ое *и* **обходно́й**, -ая, -о́е.

ОБХОДИ́ТЕЛЬНЫЙ, -ая, -ое; -лен, -льна. Вежливый и приветливый. *О. человек. Обходительное обращение.* ‖ *сущ.* **обходи́тельность**, -и, *ж.*

ОБХОДИ́ТЬ[1], -ожу́, -о́дишь; -о́женный; *сов., что.* Побывать всюду, у многих, обойти. *О. весь город. Всех знакомых обходил.* ‖ *несов.* **обха́живать**, -аю, -аешь.

ОБХОДИ́ТЬ[2] *см.* обойти.

ОБХОДИ́ТЬСЯ *см.* обойтись.

ОБХО́ДНЫЙ, ОБХОДНО́Й *см.* обойти *и* обход.

ОБХО́ДЧИК, -а, *м.* Работник, регулярно обходящий какие-н. места, объекты с целью наблюдения и охраны. *Лесной, линейный, путевой о.* ‖ *ж.* **обхо́дчица**, -ы. ‖ *прил.* **обхо́дчицкий**, -ая, -ое.

ОБХОЖДЕ́НИЕ, -я, *ср.* То же, что обращение (во 2 знач.). *Вежливое о. Любезное, нелюбезное о.*

ОБХОХОТА́ТЬСЯ, -охочу́сь, -охо́чешься; *сов.* (разг.). Вдоволь похохотать, посмеяться над кем-чем-н. ‖ *несов.* **обхоха́тываться**, -аюсь, -аешься.

ОБЧЕ́СТЬСЯ, обочту́сь, обочтёшься; обчёлся, обчла́сь; обочтя́сь; *сов.* (разг.). То же, что обсчитаться. ✦ **Раз-два и обчёлся** — об очень малом количестве кого-чего-н. *Помощников — раз-два и обчёлся.*

ОБЧИ́СТИТЬ, -и́щу, -и́стишь; -и́щенный; *сов.* **1.** *кого-что.* Очистить с поверхности, с краёв. *О. сапоги. О. грязь с сапог.* **2.** *перен., кого-что.* То же, что обокрасть (прост.). *Воры обчистили магазин. О. карманы у кого-н.* (взять всё дочиста). **3.** *перен., кого (что).* Обыграть совсем (в игре на деньги) (прост.). ‖ *несов.* **обчища́ть**, -а́ю, -а́ешь. ‖ *сущ.* **обчи́стка**, -и, *ж.* (к 1 знач.).

ОБЧИ́СТИТЬСЯ, -и́щусь, -и́стишься; *сов.* Очистить грязь с себя, со своей одежды. ‖ *несов.* **обчища́ться**, -а́юсь, -а́ешься.

ОБША́РИТЬ, -рю, -ришь; -ренный; *сов., кого-что* (разг.). Шаря, ощупать, перетрогать всё, обыскать. *О. все уголки.* ‖ *несов.* **обша́ривать**, -аю, -аешь.

ОБША́РКАТЬ, -аю, -аешь; -анный; *сов., что* (разг.). Истрепать ноской, а также вообще истоптать, стоптать. *О. ботинки. Обшарканная лестница.* ‖ *несов.* **обша́ркивать**, -аю, -аешь.

ОБША́РКАТЬСЯ (-аюсь, -аешься, 1 и 2 л. не употр.), -ается; *сов.* (разг.). Истрепаться от носки, истоптаться, стоптаться. *Края брюк обшаркались. Ступеньки обшаркались.* ‖ *несов.* **обша́ркиваться** (-аюсь, -аешься, 1 и 2 л. не употр.), -ается.

ОБША́РПАННЫЙ, -ая, -ое; -ан (прост.). Оборванный, обтрёпанный, грязный. *Обшарпанное пальто.* ‖ *сущ.* **обша́рпанность**, -и, *ж.*

ОБША́РПАТЬ, -аю, -аешь; -анный; *сов., что* (прост.). Загрязнить и заносить до дыр. *О. обшлага.* ‖ *несов.* **обша́рпывать**, -аю, -аешь.

ОБШИ́ВКА, -и, *ж.* **1.** *см.* обшить. **2.** То, чем обшито (в 1 знач.) что-н. *Цветная о. подола.* **3.** Поверхностное покрытие, то, чем обшито, обито что-н. *Стальная о. корабля. Деревянная о. стен.*

ОБШИ́РНЫЙ, -ая, -ое; -рен, -рна. **1.** Занимающий большое пространство. *Обширная площадь.* **2.** *перен.* Большой по объёму, количеству, содержанию. *Обширные знакомства, связи. Обширные знания, планы.* ‖ *сущ.* **обши́рность**, -и, *ж.*

ОБШИ́ТЬ, обошью́, обошьёшь; обше́й; -и́тый; *сов.* **1.** *что.* Пришить по краю или поверхности; зашить во что-н. *О. воротник кружевами. О. посылку материей.* **2.** *что.* Покрыть (поверхность чего-н.) металлическими листами, досками или другим твёрдым материалом. *О. корпус судна. О. дом тёсом. О. стены деревянными панелями.* **3.** *кого (что).* Сшить одежду для всех, многих или всё, нужное для одного человека (разг.). *О. всю семью.* ‖ *несов.* **обшива́ть**, -а́ю, -а́ешь. ‖ *сущ.* **обшива́ние**, -я, *ср. и* **обши́вка**, -и, *ж.* (к 1 и 2 знач.). ‖ *прил.* **обши́вочный**, -ая, -ое (к 1 и 2 знач.). *Обшивочные материалы.*

ОБШЛА́Г, -а́, *м.* Отворот на конце рукава, а также вообще нижняя пришивная часть рукава. ‖ *прил.* **обшла́жный**, -ая, -ое (спец.).

ОБЩА́ГА, -и, *ж.* (прост.). То же, что общежитие (в 1 знач.).

ОБЩА́ТЬСЯ, -а́юсь, -а́ешься; *несов., с кем.* Поддерживать общение, взаимные отношения. *О. с друзьями.*

ОБЩЕ... *Первая часть сложных прилагательных со знач.:* 1) общий для чего-н., напр.: *общегородской, общероссийский, общенациональный, общенародный, общегосударственный;* 2) свойственный всем, касающийся всех, всего, напр.: *общеизвестный, общепонятный, общепринятый, общепризнанный, общераспространённый, общеустановленный;* 3) охватывающий, обобщающий всё в какой-н. области, сфере, напр.: *общебиологический, общевоспитательный, общегеографический, общегигиенический, общедемократический, общелитературный, общеполитический.*

ОБЩЕВОЙСКОВО́Й, -а́я, -о́е. Общий для всех родов войск, объединяющий все рода войск. *Общевойсковая подготовка. Общевойсковое тактическое учение.*

ОБЩЕДОСТУ́ПНЫЙ, -ая, -ое; -пен, -пна. **1.** Доступный для всех по цене, по возможности пользоваться. *Общедоступные цены.* **2.** Вполне понятный, простой по изложению. *Общедоступная лекция.* ‖ *сущ.* **общедосту́пность**, -и, *ж.*

ОБЩЕЖИ́ТИЕ, -я, *ср.* **1.** Оборудованное для жилья помещение, предоставляемое предприятием, учебным заведением для проживания рабочих этого предприятия, учащихся. *Рабочее о. Студенческое о. Семейное о.* (с отдельными комнатами для каждой семьи). **2.** Общественный быт, обиход. *Нормы общежития.* ‖ *прил.* **общежи́тский**, -ая, -ое (к 1 знач.; разг.) *и* **общежи́тейский**, -ая, -ое (ко 2 знач.). *Общежитский быт. Общежитейские интересы. Общежитейские заботы* (обыденные, каждодневные).

ОБЩЕНАРО́ДНЫЙ, -ая, -ое; -ден, -дна. Общий для всего народа, всенародный. *О. язык. Общенародное достояние. О. праздник.* ‖ *сущ.* **общенаро́дность**, -и, *ж.*

ОБЩЕ́НИЕ, -я, *ср.* Взаимные сношения, деловая или дружеская связь. *Тесное, дружеское о. О. с людьми.*

ОБЩЕОБРАЗОВА́ТЕЛЬНЫЙ, -ая, -ое. Дающий общее (не специальное) образование. *Общеобразовательная школа. Общеобразовательные предметы.*

ОБЩЕПИ́Т, -а, *м.* (офиц.). Сокращение: общественное питание — отрасль народного хозяйства, занимающаяся производством и продажей готовой пищи и полуфабрикатов. *Предприятия общепита.* ‖ *прил.* **общепи́товский**, -ая, -ое (разг.). *Общепитовская точка* (отдельное такое предприятие).

ОБЩЕ́СТВЕННИК, -а, *м.* Человек, к-рый активно участвует в общественной жизни, занимается общественной работой. *Активный о.* ‖ *ж.* **обще́ственница**, -ы. ‖ *прил.* **обще́ственнический**, -ая, -ое.

ОБЩЕ́СТВЕННОСТЬ, -и, *ж.* **1.** *см.* общественный. **2.** *собир.* Общество, передовая его часть, выражающая его мнение. *Мировая о. Научная о. Писательская о. На суд общественности вынести что-н.* (для общественного обсуждения, решения). **3.** *собир.* Общественные организации. *Профсоюзная о. завода.*

ОБЩЕ́СТВЕННЫЙ, -ая, -ое. **1.** *см.* общество. **2.** Относящийся к работе, деятельности по добровольному обслуживанию политических, культурных, профессиональных нужд коллектива. *Общественные организации. Общественная работа. О. обвинитель, защитник* (обвинитель, защитник в суде, являющийся представителем общественных организаций). **3.** Принадлежащий обществу, не частный, коллективный. *Общественное имущество. Общественное животноводство.* **4.** Любящий общество (в 4 знач.), компанию (разг.). *Он человек о.* ✦ **Общественные насекомые** (спец.) — насекомые, живущие колониями (муравьи, пчёлы, термиты, нек-рые виды ос). ‖ *сущ.* **обще́ственность**, -и, *ж.* (к 4 знач.; устар.).

О́БЩЕСТВО, -а, *ср.* **1.** Совокупность людей, объединённых исторически обусловленными социальными формами совместной жизни и деятельности. *Феодальное о. Капиталистическое о.* **2.** Круг людей, объединённых общностью положения, происхождения, интересов. *Дворянское о. Образованное о. Крестьянское о.* (крестьянская община; устар.). **3.** Добровольное, постоянно действующее объединение людей для какой-н. цели. *О. любителей книги. Всероссийское о. охраны природы. Спортивные общества.* **4.** Та или иная среда людей, компания. *Попасть в дурное о. Душа общества.* **5.** В дворянской среде: узкий круг избранных людей. *Принят в обществе. Бывать в обществе.* **6.** *кого-чего.* Совместное пребывание с кем-н. *Чуждаться чьего-н. общества. В обществе старых друзей.* ‖ *прил.* **обще́ственный**, -ая, -ое (к 1 и 2 знач.). *О. строй. Общественные отношения. Общественные науки* (науки об обществе, гуманитарные). *Общественная жизнь. Общественное мнение.*

ОБЩЕСТВОВЕ́Д, -а, *м.* Специалист по обществоведению. ‖ *прил.* **обществове́дческий**, -ая, -ое.

ОБЩЕСТВОВЕ́ДЕНИЕ, -я, *ср.* Совокупность наук об обществе. ‖ *прил.* **обществове́дческий**, -ая, -ое.

ОБЩЕУПОТРЕБИ́ТЕЛЬНЫЙ, -ая, -ое; -лен, -льна. Всеми употребляемый. *Общеупотребительное слово.* ‖ *сущ.* **общеупотреби́тельность**, -и, *ж.*

ОБЩЕЧЕЛОВЕ́ЧЕСКИЙ, -ая, -ое. Свойственный всем людям, всему человечеству. *Общечеловеческие культурные ценности.*

О́БЩИЙ, -ая, -ее; общ, обща́, о́бще *и* обще́. **1.** *полн. ф.* Свойственный всем, касающийся всех. *О. язык. Общее мнение. Общее правило. Общее собрание.* **2.** *полн. ф.* Производимый, используемый совместно, коллективный, принадлежащий всем. *О. труд. Общие книги, вещи. У нас с ним общие знакомые* (т. е. и мои, и его). **3.** (о́бще, о́бщи). Взаимный, совпадающий с кем-чем-н. *Общие интересы у кого-н. Между ними много общего* (сущ.). **4.** *полн. ф.* Целый, весь. *О. итог. Общее количество посетителей.* **5.** *полн. ф.* Касающийся основ чего-н.

Общие вопросы теории. **6.** (о́бщ, о́бщи *и* общи́). Содержащий только самое существенное, без подробностей. *Изложить что-н. в общих чертах. Самое общее впечатление. Говорить чересчур общо* (нареч.). ✦ **Общее образование** — без профессиональной специализации. **Общее место** (книжн.) — известное всем, избитое суждение. **Общие слова** — о малосодержательных высказываниях. **В общем** (разг.) — в итоге, вообще. *В общем всё кончилось хорошо.* **В общем и целом** — вообще, без подробностей. ‖ *сущ.* **о́бщность,** -и, *ж.* (к 1 и 3 знач.). *О. языка. О. интересов, взглядов.*

О́БЩИНА, -ы и **ОБЩИ́НА,** -ы, *ж.* **1.** (общи́на). При первобытнообщинном строе: форма организации общества, характеризующаяся коллективным владением средствами производства, совместным ведением хозяйства, полным или частичным самоуправлением. *Родовая о.* **2.** Самоуправляющаяся организация жителей какой-н. территориальной единицы. *Крестьянская о.* (совместно владеющая землёй; устар.). **3.** Общество (в 3 знач.), организация. *Земляческая о. Негритянская о. в США. Религиозная о. Баптистская о.* ‖ *прил.* **общи́нный,** -ая, -ое. *Общинная собственность.*

ОБЩИПА́ТЬ *см.* щипать.

ОБЩИ́ПЫВАТЬ, -аю, -аешь; *несов., кого-что.* То же, что щипать (в 3 и 4 знач.). *О. перья. О. птичью тушку.*

ОБЩИ́ТЕЛЬНЫЙ, -ая, -ое; -лен, -льна. Легко вступающий в общение с другими, не замкнутый. *О. человек. О. характер.* ‖ *сущ.* **общи́тельность,** -и, *ж.*

О́БЩНОСТЬ, -и, *ж.* **1.** *см.* общий. **2.** Совокупность, единство, целостность. *Социальная, историческая о.* ‖ *прил.* **о́бщностный,** -ая, -ое (спец.).

ОБЪ..., *приставка.* То же, что об...; пишется вместо «об» перед *е, ё, я* (потенциально также перед *ю*), напр. *объехать, объявить.*

ОБЪЕГО́РИТЬ, -рю, -ришь; -ренный; *сов., кого (что)* (прост.). Обмануть, перехитрить в чём-н. ‖ *несов.* **объего́ривать,** -аю, -аешь.

ОБЪЕДА́ТЬ, -СЯ *см.* объесть, -ся.

ОБЪЕДЕ́НИЕ, -я, *ср.* **1.** То же, что обжорство (устар.). **2.** О чём-н. необыкновенно вкусном (разг.). *Щи — просто о.*

ОБЪЕДИНЕ́НИЕ, -я, *ср.* **1.** *см.* объединить, -ся. **2.** Организация, общество (в 3 знач.). *Производственное о. Творческое о.* **3.** Воинское формирование, состоящее из нескольких соединений или из объединений меньшего состава (спец.). *Оперативное о. Территориальное общевойсковое о.*

ОБЪЕДИНИ́ТЬ, -ню́, -ни́шь; -нённый (-ён, -ена́); *сов., кого-что.* **1.** Создать единую организацию, единое целое. *О. хозяйства.* **2.** То же, что сплотить (во 2 знач.). *О. силы сторонников демократии. Радость объединила людей.* ‖ *несов.* **объединя́ть,** -я́ю, -я́ешь. ‖ *сущ.* **объедине́ние,** -я, *ср.* ‖ *прил.* **объедини́тельный,** -ая, -ое.

ОБЪЕДИНИ́ТЬСЯ, -ню́сь, -ни́шься; *сов.* **1.** Соединиться, образовав единую организацию, одно целое. *Соседние хозяйства объединились.* **2.** То же, что сплотиться (во 2 знач.). *О. в борьбе за права человека.* ‖ *несов.* **объединя́ться,** -я́юсь, -я́ешься. ‖ *сущ.* **объедине́ние,** -я, *ср.*

ОБЪЕ́ДКИ, -ов (разг.). Остатки от еды, недоеденные куски.

ОБЪЕ́ЗД, -а, *м.* **1.** *см.* объездить *и* объехать. **2.** Место, по к-рому можно объехать что-н. *Устроить о.* ✦ **В объезд** — объезжая стороной. ‖ *прил.* **объездно́й,** -а́я, -о́е.

ОБЪЕ́ЗДИТЬ, -зжу, -здишь; -зженный; *сов.* **1.** *кого (что).* Приучить к езде (лошадь или другое животное). *Объезженный жеребец.* **2.** *кого-что.* То же, что объехать (в 3 знач.). *О. все города.* ‖ *несов.* **объезжа́ть,** -а́ю, -а́ешь. ‖ *сущ.* **объе́здка,** -и, *ж.* (к 1 знач.) *и* **объе́зд,** -а, *м.* (ко 2 знач.). *Объездка лошадей.*

ОБЪЕ́ЗДЧИК, -а, *м.* **1.** Работник, постоянно объезжающий большой участок территории с целью охраны и наблюдения. *Лесной, полевой, водный о.* **2.** Специалист по объездке лошадей.

ОБЪЕЗЖА́ТЬ *см.* объездить *и* объехать.

ОБЪЕ́ЗЖИЙ, -ая, -ее (устар.). О дороге, пути: такой, по к-рому объезжают.

ОБЪЕ́КТ, -а, *м.* **1.** В философии: то, что существует вне нас и независимо от нашего сознания, явление внешнего мира. **2.** Явление, предмет, на к-рый направлена чья-н. деятельность, чьё-н. внимание (книжн.). *О. изучения, описания. О. промысла.* **3.** Предприятие, учреждение, а также всё то, что является местом какой-н. деятельности. *Строительный о. Пусковой о. Работать на новом объекте.* **4.** В грамматике: семантическая категория со значением того, на кого (что) направлено действие или обращено состояние. ‖ *прил.* **объе́ктный,** -ая, -ое (к 1 и 4 знач.) *и* **объе́ктовый,** -ая, -ое (к 3 знач.).

ОБЪЕКТИ́В, -а, *м.* (спец.). Линзовая или зеркально-линзовая система в оптическом приборе, дающая перевёрнутое изображение объекта. *О. телескопа, микроскопа, фотоаппарата.*

ОБЪЕКТИВИ́ЗМ, -а, *м.* (книжн.). **1.** Концепция, согласно к-рой возможно объективное, независимое от классового подхода, познание законов развития общества. **2.** Непредвзятость, беспристрастность, объективный подход к чему-н. ‖ *прил.* **объективи́стский,** -ая, -ое (к 1 знач.).

ОБЪЕКТИВИ́РОВАТЬ, -рую, -руешь; -анный; *сов. и несов., что* (книжн.). Воплотить (-ощать) в чём-н. объективном, доступном восприятию. *О. свой художественный замысел.* ‖ *сущ.* **объектива́ция,** -и, *ж.*

ОБЪЕКТИВИ́СТ, -а, *м.* Сторонник объективизма (в 1 знач.).

ОБЪЕКТИ́ВНЫЙ, -ая, -ое; -вен, -вна. **1.** Существующий вне нас как объект (в 1 знач.). *Объективная действительность. Объективная реальность.* **2.** Связанный с внешними условиями, не зависящий от чьей-н. воли, возможностей. *Объективные обстоятельства. Объективные причины.* **3.** Непредвзятый, беспристрастный. *Объективная оценка. Объективно* (нареч.) *отнестись к чему-н.* ‖ *сущ.* **объекти́вность,** -и, *ж.* *О. суждений.*

ОБЪЕ́СТЬ, -е́м, -е́шь, -е́ст, -еди́м, -еди́те, -едя́т; -е́л, -е́ла; -е́шь; -е́денный; *сов.* **1.** *кого-что.* Съесть что-н. с краёв, обглодать. *Гусеницы объели листву.* **2.** *кого (что).* Причинить ущерб кому-н., съев много у него или за его счёт (прост.). *Пусть погостит, не объест же он нас.* ‖ *несов.* **объеда́ть,** -а́ю, -а́ешь.

ОБЪЕ́СТЬСЯ, -е́мся, -е́шься, -е́стся, -еди́мся, -еди́тесь, -едя́тся; -е́лся, -е́лась; -е́шься; *сов.* (разг.). Съесть слишком много, до пресыщения. *О. сладким.* ‖ *несов.* **объеда́ться,** -а́юсь, -а́ешься.

ОБЪЕ́ХАТЬ, -е́ду, -е́дешь; *в знач. пов. употр.* объезжа́й; *сов., кого-что.* **1.** Проехать стороной, минуя что-н. *О. котлован, яму.* **2.** То же, что обогнать (в 1 знач.). *О. грузовик.* **3.** Ездя, побывать во многих местах, посетить многих. *О. всю страну. О. всех знакомых.* ‖ *несов.* **объезжа́ть,** -а́ю, -а́ешь. ‖ *сущ.* **объе́зд,** -а, *м.* ‖ *прил.* **объездно́й,** -а́я, -о́е.

ОБЪЁМ, -а, *м.* **1.** Величина чего-н. в длину, высоту и ширину, измеряемая в кубических единицах. *О. пирамиды. О. здания.* **2.** Вообще величина, количество. *Большой о. работ. О. информации. О. знаний.* ‖ *прил.* **объёмный,** -ая, -ое (к 1 знач.). *Объёмное изображение.* ‖ *сущ.* **объёмность,** -и, *ж.*

ОБЪЁМИСТЫЙ, -ая, -ое; -ист (разг.). Большой по объёму (во 2 знач.). *Объёмистая рукопись. О. том.* ‖ *сущ.* **объёмистость,** -и, *ж.*

ОБЪЁМНЫЙ, -ая, -ое; -мен, -мна. **1.** *см.* объём. **2.** Большой по объёму. *Объёмные блоки. Объёмное волокно* (с уменьшенной плотностью массы). ‖ *сущ.* **объёмность,** -и, *ж.*

ОБЪЯВИ́ТЬ, -явлю́, -я́вишь; -я́вленный; *сов.* **1.** *что* и *о чём.* Сообщить, довести до всеобщего сведения, огласить. *О. приказ. О. об изменении расписания. О. конкурс. О. войну кому-н.* (заявить о начале войны, о прекращении мирных отношений; также перен.: вступить в открытую вражду). **2.** *кого-что кем-чем* или *каким.* Гласно, официально признать. *О. кого-н. ответственным за выполнение задания. О. собрание открытым.* ✦ **Объявить благодарность** *кому* (офиц.) — вынести благодарность. *Объявить благодарность в приказе.* ‖ *несов.* **объявля́ть,** -я́ю, -я́ешь. ‖ *сущ.* **объявле́ние,** -я, *ср.*

ОБЪЯВИ́ТЬСЯ, -явлю́сь, -я́вишься; *сов* (разг.). Обнаружиться, оказаться. *Несколько лет пропадал и вдруг объявился. Начальник какой объявился!* (воображает себя начальником). ‖ *несов.* **объявля́ться,** я́юсь, -я́ешься.

ОБЪЯВЛЕ́НИЕ, -я, *ср.* **1.** *см.* объявить. **2.** Официальное извещение о чём-н. *Дать, повесить о. О. в газете, по радио. О. о приёме в техникум. Доска объявлений.*

ОБЪЯГНИ́ТЬСЯ *см.* ягниться.

ОБЪЯСНЕ́НИЕ, -я, *ср.* **1.** *см.* объяснить, -ся. **2.** Письменное или устное изложение в оправдание чего-н., признание в чём-н. *О. по поводу опоздания. Представить свои объяснения.* **3.** То, что разъясняет, помогает понять что-н. *Трудно найти о. такому поступку. Так вот где о.!* (теперь понятно, в чём дело, в чём причина). ‖ *прил.* **объясни́тельный,** -ая, -ое (ко 2 знач.; офиц.). *Объяснительная записка.*

ОБЪЯСНИ́МЫЙ, -ая, -ое; -и́м (книжн.). Такой, к-рый можно объяснить, понятный. *Вполне объяснимое желание. Его поведение легко объяснимо.* ‖ *сущ.* **объясни́мость,** -и, *ж.*

ОБЪЯСНИ́ТЬ, -ню́, -ни́шь; -нённый (-ён, -ена́); *сов., что.* Растолковать кому-н. или осмыслить для самого себя, сделать ясным, понятным. *О. правило. О., как обращаться с инструментом. Как о. его поведение?* (т. е. трудно объяснить). ‖ *несов.* **объясня́ть,** -я́ю, -я́ешь. ‖ *сущ.* **объясне́ние,** -я, *ср.* ‖ *прил.* **объясни́тельный,** -ая, -ое. *Объяснительное чтение* (в школьном преподавании: чтение текста с объяснениями, пояснениями).

ОБЪЯСНИ́ТЬСЯ, -ню́сь, -ни́шься; *сов.* **1.** Переговорив, выяснить свои отношения, объяснить что-н. *О. по поводу недоразумения. Прошу вас о. О. в любви* (признаться кому-н. в любви). **2.** (1 и 2 л. не употр.). Стать понятным, выясниться. *Объяснились обстоятельства дела.* ‖ *несов.* **объясня́ть-**

ся, -яюсь, -яешься. ‖ *сущ.* **объясне́ние,** -я, *ср.*

ОБЪЯСНЯ́ТЬСЯ, -яюсь, -я́ешься; *несов.* **1.** *см.* объясниться. **2.** Вести беседу, разговаривать. *Свободно о. на чужом языке. О. при помощи мимики и жестов.* **3.** (1 и 2 л. не употр.), *чем.* Находить себе объяснение, корениться в чём-н. *Успех объясняется трудолюбием.*

ОБЪЯ́ТИЕ, -я, *ср.* Движение или положение рук, охватывающих кого-н. для ласки, выражения дружеских чувств. *Дружеские, жаркие, крепкие объятия. Заключить кого-н. в объятия. Раскрыть объятия. Принять, встретить с распростёртыми объятиями* (также перен.: радушно, радостно). *Медвежьи объятия* (перен.: тяжёлые и неловкие; разг. шутл.).

ОБЪЯ́ТЬ, *буд. вр.* не употр.; -я́тый; *сов., кого-что* (устар. и книжн.). Охватить, обнять (во 2 знач.). *Дом объят пламенем. Страх объял кого-н. Нельзя о. необъятное* (один человек не может познать всё; книжн.). ‖ *несов.* **обыма́ть,** -а́ю, -а́ешь (стар.).

ОБЫВА́ТЕЛЬ, -я, *м.* **1.** В царской России: городской житель (купец, мещанин, ремесленник), а также вообще житель, относящийся к податным сословиям. *Городской о. Сельский о.* **2.** Человек, лишённый общественного кругозора, живущий только мелкими личными интересами, мещанин (во 2 знач.). *Превратиться в обывателя.* ‖ *ж.* **обыва́тельница,** -ы. ‖ *прил.* **обыва́тельский,** -ая, -ое. *Обывательские лошади* (не почтовые, наёмные; устар.). *Обывательские настроения.*

ОБЫВА́ТЕЛЬЩИНА, -ы, *ж.* (презр.). Косность, узость интересов, отсутствие общественного кругозора.

ОБЫГРА́ТЬ, -а́ю, -а́ешь; -ы́гранный; *сов.* **1.** *кого (что).* Одержать над кем-н. верх в игре. *О. соперника. О. в шахматы.* **2.** *что.* Сделать музыкальный инструмент более звучным путём игры на нём (спец.). *О. скрипку.* **3.** *что.* Использовать в своих целях слова, поступки для создания большего впечатления (разг.). *О. ошибку собеседника в споре.* ‖ *несов.* **обы́грывать,** -аю, -аешь. ‖ *сущ.* **обы́грывание,** -я, *ср.*

ОБЫ́ДЕННЫЙ, -ая, -ое; -ден, -денна. Обыкновенный, заурядный. *Обыденное явление.* ‖ *сущ.* **обы́денность,** -и, *ж.*

ОБЫДЁНЩИНА, -ы, *ж.* Повседневная скучная жизнь, повседневный однообразный быт. *Затягивает о. кого-н.*

ОБЫКНОВЕ́НИЕ, -я, *ср.* Привычка, заведённый порядок. *По обыкновению* (как всегда). *Против обыкновения* (не так, как всегда, в виде исключения). *Имеет о. опаздывать. По своему обыкновению* (так, как привык).

ОБЫКНОВЕ́ННЫЙ, -ая, -ое; -е́нен, -е́нна. **1.** Обычный, ничем не выделяющийся. *Обыкновенное явление. Самый о. человек.* **2.** **обыкнове́нно,** *нареч.* Как всегда, как во всех подобных случаях, обычно. *По воскресеньям он обыкновенно ходит в театр. Как обыкновенно* (как всегда). ‖ *сущ.* **обыкнове́нность,** -и, *ж.* (к 1 знач.).

О́БЫСК, -а, *м.* Официальный осмотр кого-чего-н. с целью найти и изъять предметы, документы, к-рые могут иметь значение для следствия. *Произвести о. О. в присутствии понятых. Найти при обыске.* ‖ *прил.* **обыскно́й,** -а́я, -о́е.

ОБЫСКА́ТЬ, -ыщу́, -ы́щешь; -ы́сканный; *сов.* **1.** *кого-что.* Произвести обыск где-н., у кого-н. *О. арестованного. О. квартиру.* **2.** *что.* Ища, осмотреть целиком, всё. *О. все карманы.* ‖ *несов.* **обы́скивать,** -аю, -аешь.

ОБЫСКА́ТЬСЯ, -ыщу́сь, -ы́щешься; *сов., кого-чего* (разг.). Ища долго, обыскать всё, везде. *О. ключей. Мы тебя обыскались, где ты был?* ‖ *несов.* **обы́скиваться,** -аюсь, -аешься.

ОБЫ́ЧАЙ, -я, *м.* Традиционно установившиеся правила общественного поведения. *Народные обычаи. Старый о. Это у нас в обычае* (так принято, заведено; разг.).

ОБЫ́ЧНЫЙ, -ая, -ое; -чен, -чна. **1.** Постоянный, привычный. *О. случай. В обычном порядке.* **2.** **обы́чно,** *нареч.* Чаще всего, как правило. *По вечерам он обычно бывает дома. Как обычно* (как всегда). ✦ **Обычное право** (спец.) — в дофеодальном и феодальном обществе: совокупность традиционно сложившихся неписаных правил поведения, санкционированных государством. ‖ *сущ.* **обы́чность,** -и, *ж.* (к 1 знач.).

ОБЮРОКРА́ТИТЬСЯ, -ачу́сь, -а́тишься; *сов.* Проникнуться бюрократизмом, стать бюрократом. ‖ *несов.* **обюрокра́чиваться,** -аюсь, -аешься.

ОБЯ́ЗАННОСТЬ, -и, *ж.* Круг действий, возложенных на кого-н. и безусловных для выполнения. *Права и обязанности граждан. Служебные обязанности. Возложить на кого-н. обязанности председателя. Общественная о. Исполняющий обязанности* (т. е. ещё не утверждённый в должности или работающий временно; офиц.). ✦ **Всеобщая воинская обязанность** — закреплённый Конституцией долг граждан нести службу в рядах Вооружённых Сил и выполнять другие обязанности, связанные с обороной страны. *Закон о всеобщей воинской обязанности.*

ОБЯ́ЗАННЫЙ, -ая, -ое; -ан, -ана. **1.** *с неопр.* Имеющий что-н. своей обязанностью, долгом. *Обязан помочь. Обязан подчиняться.* **2.** *кому-чему чем.* Достигший чего-н. благодаря кому-чему-н.; признательный, благодарный за что-н. *Человек, всем обязанный своему учителю. Многим обязан школе. Он обязан успехом своему трудолюбию. Я вам очень обязан* (благодарен за одолжение).

ОБЯЗА́ТЕЛЬНЫЙ, -ая, -ое; -лен, -льна. **1.** Безусловный для исполнения; непременный. *Обязательное обучение. Обязательное постановление. Обязательное посещение лекций. Обязательно* (нареч.) *приду.* **2.** То же, что ответственный (в 3 знач.). **3.** Всегда готовый оказать содействие, внимательный к людям и верный своему слову. *Очень о. человек.* ‖ *сущ.* **обяза́тельность,** -и, *ж.*

ОБЯЗА́ТЕЛЬСТВО, -а, *ср.* **1.** Официально данное обещание, обычно в письменной форме, требующее безусловного выполнения. *Подписать о. Выполнение взятых на себя обязательств.* **2.** Документ о заёме денег, ценностей (спец.). *Долговое о. Заёмное о.* ‖ *прил.* **обяза́тельственный,** -ая, -ое (ко 2 знач.; спец.). *Обязательственные права.*

ОБЯЗА́ТЬ, -яжу́, -я́жешь; *сов., кого (что).* **1.** Наложить на кого-н. какую-н. обязанность, предписать. *О. подчиняться. О. вернуться в срок.* **2.** Вызвать чем-н. на ответную услугу (книжн.). *О. своим вниманием.* ‖ *несов.* **обя́зывать,** -аю, -аешь *и* (устар.) -зу́ю, -зу́ешь. *Положение обязывает* (т. е. то или другое общественное положение, должность требуют соответствующего поведения).

ОБЯЗА́ТЬСЯ, -яжу́сь, -я́жешься; *сов.* Взять на себя обязательство (в 1 знач.). *О. закончить работу в срок.* ‖ *несов.* **обя́зываться,** -аюсь, -аешься *и* -зу́юсь, -зу́ешься.

ОБЯ́ЗЫВАТЬСЯ, -аюсь, -аешься; *несов.* **1.** *см.* обязаться. **2.** *кому и перед кем.* Оказываться обязанным (во 2 знач.), одолжаться. *Не хочется ни перед кем о.*

ОВА́Л, -а, *м.* Замкнутое яйцевидное очертание чего-н. *Красивый о. лица.*

ОВА́ЛЬНЫЙ, -ая, -ое; -лен, -льна. Имеющий форму овала. *О. медальон. Овальная рамка.* ‖ *сущ.* **ова́льность,** -и, *ж.*

ОВА́ЦИЯ, -и, *ж.* Восторженные знаки одобрения и приветствия, бурные рукоплескания. *Устроить кому-н. овацию. Продолжительные овации.*

ОВДОВЕ́ТЬ, -е́ю, -е́ешь; *сов.* Стать вдовцом или вдовой.

ОВЕВА́ТЬ и **ОВЕ́ИВАТЬ** *см.* овеять.

ОВЕ́Н, овна́, *род. мн.* -о́в (стар.). То же, что баран (в 1 знач.).

ОВЕ́ЧИЙ *см.* овца.

ОВЕЩЕСТВИ́ТЬ, -влю́, -ви́шь; -влённый (-ён, -ена́); *сов., что* (книжн.). Выразить в чём-н. вещественном, материальном. *Овеществлённая идея.* ‖ *несов.* **овеществля́ть,** -я́ю, -я́ешь. ‖ *сущ.* **овеществле́ние,** -я, *ср.*

ОВЕЩЕСТВИ́ТЬСЯ (-влю́сь, -ви́шься, 1 и 2 л. не употр.), -ви́тся; *сов.* (книжн.). Выразиться в чём-н. вещественном, реальном. *Овеществившаяся мечта.* ‖ *несов.* **овеществля́ться** (-я́юсь, -я́ешься, 1 и 2 л. не употр.), -я́ется. ‖ *сущ.* **овеществле́ние,** -я, *ср.*

ОВЕ́ЯТЬ, -е́ю, -е́ешь; -е́янный; *сов., кого-что чем.* **1.** Обдать (струей воздуха, ветра). *Овеяло* (безл.) *холодом.* **2.** *перен.* Окружить, создать вокруг чего-н. ореол почёта, славы (высок.). *Боевые знамёна овеяны славой. Имя героя овеяно легендой.* ‖ *несов.* **овева́ть,** -а́ю, -а́ешь (к 1 знач.) *и* **ове́ивать,** -аю, -аешь (к 1 знач.).

ОВЁС, овса́, *мн.* (в знач. засеянного этим злаком по́ля) овсы́, -о́в, *м.* Яровой злак, зёрна к-рого обычно идут на корм лошадям, птице, а также на крупу. *Мерка овса. Задать овса лошадям. Овсы зазеленели* (о всходах). ‖ *уменьш.-ласк.* **овсе́ц,** -еца́, *м.* ‖ *прил.* **овся́ный,** -ая, -ое *и* **овсяно́й,** -а́я, -о́е. *Овсяная каша. Овсяное поле.*

ОВИ́Н, -а, *м.* Строение для сушки снопов перед молотьбой. ‖ *прил.* **ови́нный,** -ая, -ое.

ОВЛАДЕ́ТЬ, -е́ю, -е́ешь; *сов.* **1.** *кем-чем.* Взять, стать обладателем кого-чего-н. *О. крепостью. О. имуществом.* **2.** *перен., кем-чем.* Подчинить себе, придать чему-н. нужное направление. *О. вниманием слушателей. О. разговором. О. собой* (перен.: привести себя в более спокойное состояние). **3.** (1 и 2 л. не употр.), *перен., кем.* О мыслях, чувствах: охватить кого-н., целиком наполнить. *Юношей овладела радость.* **4.** *перен., чем.* Прочно усвоить что-н., изучить. *О. новой профессией. О. знаниями.* ‖ *несов.* **овладева́ть,** -а́ю, -а́ешь. ‖ *сущ.* **овладе́ние,** -я, *ср.* (к 1, 2 и 4 знач.).

О́ВОД, -а, *мн.* -ы, -ов *и* -а́, -о́в, *м.* Двукрылое насекомое, личинки к-рого паразитируют в теле животных. ‖ *прил.* **оводо́вый,** -ая, -ое.

ОВОЩЕ... *Первая часть сложных слов со знач.*: 1) относящийся к овощам, напр. *овощерезка, овощесушильный, овощеперерабатывающий, овощезаготовки;* 2) относящийся к овощеводству, напр. *овощеживотноводческий, овощемолочный.*

ОВОЩЕВО́Д, -а, *м.* Специалист по овощеводству.

ОВОЩЕВО́ДСТВО, -а, *ср.* Выращивание овощей как отрасль растениеводства.

|| *прил.* овощево́дческий, -ая, -ое. *Овощеводческое хозяйство.*

ОВОЩЕХРАНИ́ЛИЩЕ, -а, *ср.* Помещение для хранения овощей.

О́ВОЩИ, -е́й, *ед.* о́вощ, -а, *м.* Выращиваемые на грядах корнеплоды, луковичные, листовые и нек-рые другие растения, а также сами их плоды. *Корнеплодные о.* (морковь, свёкла, петрушка, редис). *Луковые о.* (лук, чеснок). *Листовые о.* (капуста, салат). *Плодовые о.* (томаты, огурцы). *Ранние о. Суп из овощей. Всякому овощу своё время* (посл.). || *прил.* **овощно́й**, -а́я, -о́е. *Овощные культуры* (овощи). *О. стол* (питание овощами).

О́ВОЩЬ, -и, *ж., собир.* (разг.). Овощи. *В огороде растёт всякая о.* || *прил.* **овощно́й**, -а́я, -о́е.

ОВРА́Г, -а, *м.* Глубокая длинная с крутыми склонами впадина на поверхности земли. *На дне оврага.* || *уменьш.* **овра́жек**, **-жка**, *м.* || *прил.* **овра́жный**, -ая, -ое.

ОВРА́ЖИСТЫЙ, -ая, -ое; -ист. Изобилующий оврагами. *Овражистое место.* || *сущ.* **овра́жистость**, **-и**, *ж.*

ОВСИ́НКА, -и, *ж.* (разг.). Один стебель или одно зерно овса.

ОВСЮ́Г, -а́, *м.* Сорное растение сем. злаков.

ОВСЯ́НКА[1], -и, *ж.* (разг.). Овсяная крупа, а также каша.

ОВСЯ́НКА[2], -и, *ж.* Маленькая перелётная птичка отряда воробьиных. || *прил.* **овся́нковый**, -ая, -ое. *Семейство овсянковых* (сущ.).

ОВСЯНО́Й и **ОВСЯ́НЫЙ** *см.* овес.

ОВЦА́, -ы́, *мн.* о́вцы, ове́ц, о́вцам, *ж.* Жвачное парнокопытное домашнее млекопитающее сем. полорогих с густой волнистой шерстью. *Тонкорунные овцы. Стрижка овец. Заблудшая о.* (перен.: о сбившемся с правильного пути человеке; книжн. и ирон.). *Не будь овцой* (перен.: не будь бессловесным, чересчур покорным; разг.). *И волки сыты и овцы целы* (посл. о таком решении, исходе дела, к-рое удовлетворит всех). *С паршивой овцы (собаки) хоть шерсти клок* (посл. о том, от кого можно получить малое и нельзя рассчитывать на большее). || *уменьш.* **ове́чка**, -и, *ж.* *Прикинулся невинной овечкой* (будто ничего не знает, ни в чём не виноват; разг. неодобр.). || *прил.* **ове́чий**, -ья, -ье. *О. сыр. Дрожит как о. хвост* (от страха; разг.).

ОВЦЕБЫ́К, -а́, *м.* Парнокопытное полорогое млекопитающее, мускусный бык.

ОВЦЕВО́Д, -а, *м.* Человек, занимающийся разведением овец; специалист по овцеводству.

ОВЦЕВО́ДСТВО, -а, *ср.* Разведение овец как отрасль животноводства. *Тонкорунное о. Мясо-шубное о.* || *прил.* **овцево́дческий**, -ая, -ое. *Овцеводческое хозяйство.*

ОВЦЕМА́ТКА, -и, *ж.* (спец.). Овца, дающая приплод.

ОВЧА́Р[1], -а, *м.* Работник, ухаживающий за овцами.

ОВЧА́Р[2], -а, *м.* (разг.). Овчарка-самец (преимущ. о восточноевропейской).

ОВЧА́РКА, -и, *ж.* Общее название пород служебных собак. *Южнорусская, восточноевропейская (немецкая), кавказская о. Шотландская о.* (колли).

ОВЧА́РНЯ, -и, *род. мн.* -рен, *ж.* Помещение для овец. *Волк в овчарне* (также перен.: о безнаказанно хозяйничающем хищнике, воре).

ОВЧИ́НА, -ы, *ж.* Овечья шкура. *Шубная о.* || *уменьш.* **овчи́нка**, -и, *ж.* *Небо с овчинку показалось кому-н.* (о чувстве сильного страха, боли; разг.). *О. выделки не стоит* (о деле, не стоящем хлопот; разг.). || *прил.* **овчи́нный**, -ая, -ое. *О. тулуп.*

ОГА́РОК, -рка, *м.* Остаток недогоревшей свечи. || *прил.* **ога́рочный**, **-ая**, **-ое**.

ОГИБА́ТЬ *см.* обогнуть.

ОГЛАВЛЕ́НИЕ, -я, *ср.* Перечень глав или других составных частей книги, рукописи, содержание (в 4 знач.). *Составить подробное о.*

ОГЛА́ДИТЬ, -а́жу, -а́дишь; -а́женный; *сов., кого-что.* Погладить с целью успокоить (животное) или пригладить. *О. лошадь. О. бороду.* || *несов.* **огла́живать**, -аю, -аешь.

ОГЛАСИ́ТЬ, -ашу́, -аси́шь; -ашённый (-ён, -ена́); *сов., что.* **1.** Прочесть вслух для всеобщего сведения, объявить (офиц.). *О. проект резолюции. О. приказ, указ.* **2.** Разгласить, сделать известным (устар.). *О. чужую тайну.* **3.** *чем.* Наполнить громкими звуками. *О. лес криками.* || *несов.* **оглаша́ть**, -а́ю, -а́ешь. || *сущ.* **оглаше́ние**, -я, *ср.* (к 1 и 2 знач.).

ОГЛАСИ́ТЬСЯ (-ашу́сь, -аси́шься, 1 и 2 л. не употр.), -аси́тся; *сов.* **1.** *чем.* Наполниться громкими звуками. *Дом огласился детскими голосами.* **2.** Разгласиться, стать известным (устар.). *Тайна огласилась.* || *несов.* **оглаша́ться** (-а́юсь, -а́ешься, 1 и 2 л. не употр.), -а́ется. || *сущ.* **оглаше́ние**, -я, *ср.* (ко 2 знач.).

ОГЛА́СКА, -и, *ж.* Разглашение, известность. *Предать огласке что-н. Избежать огласки. Дело получило огласку.*

ОГЛАСО́ВКА, -и, *ж.* В языкознании: способ произнесения, характер звучания.

ОГЛАШЕ́ННЫЙ, -ого, *м.* (прост.). Человек, ведущий себя бестолково, шумно, сумасбродно. *Он какой-то о. Кричит как о.* || *ж.* **оглаше́нная**, **-ой**.

ОГЛО́БЛЯ, -и, *род. мн.* -бель, *ж.* В упряжи: одна из двух круглых длинных жердей, укреплённых на передней оси повозки и соединяющихся с дугой. *Повернуть оглобли* (также перен.: уйти; прост. неодобр.). *Заворачивай оглобли!* (также перен.: уходи, проваливай; прост.). || *прил.* **огло́бельный**, -ая, -ое.

ОГЛОУ́ШИТЬ, -шу, -шишь; -шенный; *сов., кого (что)* (прост.). Сильно ударить по голове, лишив сознания. *О. палкой. О. новостью, сообщением* (перен.). || *несов.* **оглоу́шивать**, -аю, -аешь.

ОГЛО́ХНУТЬ *см.* глохнуть.

ОГЛУПЛЯ́ТЬ, -я́ю, -я́ешь; *несов.* **1.** *кого (что).* Делать глупым. *Безделье оглупляет.* **2.** *что.* Сознательно искажать что-н. с целью дискредитировать, принизить, опошлить. *О. чьи-н. слова.* || *сов.* **оглупи́ть**, -плю́, -пи́шь; -плённый (-ён, -ена́). || *сущ.* оглупле́ние, -я, *ср.*

ОГЛУШИ́ТЕЛЬНЫЙ, -ая, -ое; -лен, -льна. Способный оглушить, очень громкий. *О. взрыв. Оглушительно* (нареч.) *хохотать.* || *сущ.* **оглуши́тельность**, **-и**, *ж.*

ОГЛУШИ́ТЬ, -шу́, -ши́шь; -шённый (-ён, -ена́); *сов., кого (что).* **1.** *см.* глушить. **2.** Лишить слуха или ясности слуха. *О. ударом, взрывом.* || *несов.* **оглуша́ть**, -а́ю, -а́ешь.

ОГЛЯДЕ́ТЬ, -яжу́, -яди́шь; *сов., кого-что.* То же, что осмотреть (в 1 знач.). *О. горизонт.* || *несов.* **огля́дывать**, -аю, -аешь. || *однокр.* **оглян́уть**, -яну́, -я́нешь.

ОГЛЯДЕ́ТЬСЯ, -яжу́сь, -яди́шься; *сов.* То же, что осмотреться. *О. вокруг. О. в новом коллективе.* || *несов.* **огля́дываться**, -аюсь, -аешься.

ОГЛЯ́ДКА, -и, *ж.* Крайнее внимание, осторожность в действиях (разг.). *Действовать с оглядкой.* ✦ **Без оглядки** — 1) очень быстро. *Бежать без оглядки;* 2) решительно, без колебаний. *Действовать без оглядки.*

ОГЛЯ́ДЫВАТЬСЯ, -аюсь, -аешься; *несов.* **1.** *см.* оглядеться *и* оглянуться. **2.** *на кого-что.* Действовать с опаской, сверяя свои поступки с поступками другого (прост.). *О. на начальство.*

ОГЛЯНУ́ТЬСЯ, -яну́сь, -я́нешься; *сов.* Обернувшись, посмотреть назад. *О. на своё прошлое* (перен.). ✦ **Оглянуться на себя** — посмотреть на себя, на свои поступки со стороны. **Оглянуться не успел, как...** (разг.) — обозначает быструю, часто не подготовленную или неожиданную смену ситуаций. || *несов.* **огля́дываться**, **-аюсь**, -аешься.

ОГНЕ... *Первая часть сложных слов со знач.:* 1) относящийся к огню (в 1 знач.), напр. *огнезащитный, огнетушащий, огнепроводный, огнеструйный, огнеопасный;* 2) относящийся к огню (в 3 знач.), напр. *огнеприпасы.*

ОГНЕБУ́Р, -а, *м.* (спец.). Бур для огневого бурения.

ОГНЕВО́Й, -а́я, -о́е. **1.** см. огонь. **2.** *перен.* О глазах, взгляде: сверкающий, жгучий. *О. взор.* **3.** *перен.* Пылкий, живой, страстный. *Характер о. Огневая речь.*

ОГНЕДЫ́ШАЩИЙ, -ая, -ее (книжн.). Извергающий огонь. *Огнедышащая гора* (о вулкане).

ОГНЕМЁТ, -а, *м.* Оружие ближнего действия для поражения противника струёй горящей смеси. || *прил.* **огнемётный**, **-ая**, **-ое**.

О́ГНЕННЫЙ, -ая, -ое; -нен, -ненна. **1.** *см.* огонь. **2.** Оранжево-красный, цвета огня. *Огненные лепестки мака. Огненные волосы* (ярко-рыжие). **3.** *перен.* То же, что огневой (во 2 и 3 знач.). *Огненные глаза. Огненная речь.* || *сущ.* **о́гненность**, -и, *ж.*

ОГНЕОПА́СНЫЙ, -ая, -ое; -сен, -сна. Легко воспламеняющийся. *Огнеопасная жидкость.* || *сущ.* огнеопа́**сность**, -и, *ж.*

ОГНЕПОКЛО́ННИК, -а, *м.* Человек, который поклоняется огню как божеству, последователь огнепоклонничества. || *ж.* **огнепокло́нница**, -ы. || *прил.* **огнепокло́ннический**, -ая, -ое.

ОГНЕПОКЛО́ННИЧЕСТВО, -а и **ОГНЕПОКЛО́НСТВО**, -а, *ср.* Религиозное почитание и культ огня как одна из форм первобытного обожествления природы. || *прил.* **огнепокло́ннический**, -ая, -ое.

ОГНЕПРИПА́СЫ, -ов. Сокращение: огнестрельные припасы, прежнее название боеприпасов.

ОГНЕСТО́ЙКИЙ, -ая, -ое; -о́ек, -о́йка. Трудно поддающийся действию огня, несгораемый. *Огнестойкие материалы.* || *сущ.* огнесто́йкость, -и, *ж.*

ОГНЕСТРЕ́ЛЬНЫЙ, -ая, -ое. **1.** Стреляющий посредством воспламенения пороха или иных взрывчатых веществ. *Огнестрельное оружие.* **2.** Причинённый пулей, осколком снаряда. *Огнестрельная рана.*

ОГНЕТУШИ́ТЕЛЬ, -я, *м.* Аппарат для тушения огня, возникающего пожара. *Перевозной о. Ручной о.*

ОГНЕУПО́РНЫЙ, -ая, -ое; -рен, -рна. Способный выдержать, не разрушаясь, воздействие высоких температур, очень сильное нагревание. *О. кирпич.* || *сущ.* **огнеупо́рность**, -и, *ж.*

ОГНЕУПО́РЫ, -ов, *ед.* огнеупо́р, -а, *м.* Огнеупорные материалы.

ОГНЁВКА, -и, *ж.* **1.** Небольшая бабочка, обычно пёстрой окраски, иногда — вредитель растений. **2.** Лисица с красноватой шерстью (обл. и спец.). *Лиса-о.*

ОГНИ́ВО, -а, *ср.* Кусок камня или металла для высекания огня ударом о кремень.

ОГНИ́СТЫЙ, -ая, -ое (устар.). То же, что огненный (во 2 знач.). *О. закат.*

ОГНИ́ЩЕ, -а, *ср.* **1.** Место с остатками костра. **2.** Место из-под вырубленного и ...лёного леса, предназначенное для распашки.

ОГО́ и **ОГО-ГО́** [оhо́, hо́], *межд.* Выражает удивление и оценку. *Ого (или о-го-го), как ты вырос!*

ОГОВО́Р, -а, *м.* **1.** То же, что клевета (устар. и прост.). 2. Показания, ложно изобличающие кого-н. (спец.). *О. на допросе.*

ОГОВОРИ́ТЬ, -рю́, -ри́шь; -рённый (-ён, -ена́); *сов.* **1.** *кого (что).* Возвести на кого-н. ложное обвинение, оклеветать. *О. на допросе.* **2.** *что.* Заранее условиться о чём-н. *О. срок работы.* **3.** *что.* Сделать оговорку (в 1 знач.). *О. своё несогласие.* ‖ *несов.* **огова́ривать,** -аю, -аешь.

ОГОВОРИ́ТЬСЯ, -рю́сь, -ри́шься; *сов.* **1.** Сделать оговорку (в 1 знач.). *Следует о., что этот вывод предварительный.* **2.** По ошибке сказать не то, что было нужно, сделать оговорку (во 2 знач.). *О. от волнения.* ‖ *несов.* **огова́риваться,** -аюсь, -аешься.

ОГОВО́РКА, -и, *ж.* **1.** Замечание, ограничивающее или поправляющее то, что сказано. *Согласен, но с некоторыми оговорками. Существенная о.* **2.** Ошибка в речи, нечаянно сказанное слово. *Случайная о.* ‖ *прил.* **оговоро́чный,** -ая, -ое (к 1 знач.).

ОГОЛЕ́Ц, -льца́, *м.* (прост.). Озорной мальчишка, молодой парень. *Управы нет на этих огольцов.*

ОГОЛИ́ТЬ, -лю́, -ли́шь; -лённый (-ён, -ена́); *сов.* **1.** *кого-что.* То же, что обнажить (в 1 знач.). *О. грудь. Деревья осенью стоят оголённые. О. провод.* **2.** *перен., что.* Открыть для врага, сделать беззащитным. *О. фланг.* ‖ *несов.* **оголя́ть,** -я́ю, -я́ешь. ‖ *сущ.* **оголе́ние,** -я, *ср.*

ОГОЛИ́ТЬСЯ, -лю́сь, -ли́шься; *сов.* **1.** То же, что обнажиться (в 1 знач.). *Грудь оголилась. Деревья оголились. Кабель оголился.* **2.** (1 и 2 л. не употр.), *перен.* Стать беззащитным, открытым для врага. *Фланг оголился.* ‖ *несов.* **оголя́ться,** -я́юсь, -я́ешься. ‖ *сущ.* **оголе́ние,** -я, *ср.*

ОГОЛО́ВЬЕ, -я, *род. мн.* -вий, *ср.* (спец.). Уздечка со всем прибором для верховой лошади, а также ремень уздечки, идущий за ушами вокруг головы до удил.

ОГОЛОДА́ТЬ, -а́ю, -а́ешь; *сов.* (прост.). Отощать от голода, а также сильно проголодаться.

ОГОЛТЕ́ЛЫЙ, -ая, -ое; -е́л (разг.). Потерявший всякое чувство меры, крайне разнузданный. *О. клеветник. Оголтелая ложь.* ‖ *сущ.* **оголте́лость,** -и, *ж.*

ОГОНЁК, -нька́, *м.* **1.** *см.* огонь. **2.** *перен.* Увлечение, задор (разг.). *Работать с огоньком.* **3.** Вечер (во 2 знач.) с развлекательной программой, с лёгким угощением. *Голубой о.* (жанр телевизионной программы). *Новогодний голубой о.*

ОГО́НЬ, огня́, *м.* **1.** Горящие светящиеся газы высокой температуры, пламя. *Сгореть в огне. Бояться кого-чего-н. как огня* (очень сильно). *Бежать как от огня* (очень быстро). *В о. и в воду пойдёт за кого-н.* (готов на всё ради кого-н.; разг.). *Гори всё (синим) огнём* (пропади всё пропадом!; прост.). **2.** Свет от осветительных приборов. *Огни фонарей. Огни города. Зажечь, включить, погасить, выключить о.* **3.** Боевая стрельба. *Открыть о. Прекращение огня* (также об окончании военных действий). *Под огнём врага. Шквальный о. На линии огня. Вызвать о. на себя* (также перен.: самому обратить на себя обвинения, критику). *Огонь!* (команда стрелять). **4.** *перен.* Внутреннее горение, страсть. *О. души, желаний. Глаза горят огнём.* **5.** *перен.* О том, кто полон пылкой энергии, силы (разг.). *Юноша — о.! Конь — о.!* **6.** То же, что жар (в 4 знач.) (разг.). *Больной весь в огне.* ✦ **Вечный огонь** — неугасающий факел, зажжённый на месте захоронения героев войны, на могиле Неизвестного солдата. **В огне сражений, войны** (высок.) — в боях. **Игра с огнём** — о неосторожных действиях, чреватых опасными последствиями. **Между двух огней** — об опасности, грозящей с двух сторон. **Из огня да в полымя попасть** (разг.) — из плохого положения в ещё худшее. **Огнём и мечом пройти** (высок.) — беспощадно уничтожить, разорить войной. **Днем с огнём не сыщешь** *кого-чего* (разг.) — трудно, невозможно найти. **Прошёл огонь, воду и медные трубы** — о человеке, много испытавшем или со сложным и небезупречным прошлым. ‖ *уменьш.* **огонёк,** -нька́ (-ньку́), *м.* (к 1, 2 и 3 знач.). *Теплится о. Подбросить (прибавить) огоньку* (усилить стрельбу). ✦ **На огонёк заглянуть (зайти)** *к кому* — зайти к кому-н. ненадолго [*первонач.* зайти, увидев свет в окне]. ‖ *прил.* **огнево́й,** -а́я, -о́е (к 1 и 3 знач.) *и* **о́гненный,** -ая, -ое (к 1 знач.). *Огневое бурение* (способ проходки скважин путём применения горящих газов; спец.). *Огневая мощь. О. вал. Огневая позиция* (позиция для ведения огня). *Огневая точка* (пулемёт, орудие на огневой позиции). *Огневая подготовка* (обучение применению оружия). *Огненные языки* (о пламени). *Люди огненной профессии* (о тех, кто плавит металл, работает с огнём; высок.).

ОГОРО́Д, -а, *м.* Участок земли — гряды под овощами, обычно вблизи дома, жилья. ✦ **Бросить камешек (камушек) в** *чей* **огород** (разг.) — недоброжелательно намекнуть на кого-что-н. **Огород городить** (разг. неодобр.) — затевать какое-н. сложное, хлопотливое дело. *Стоило ли из-за таких пустяков огород городить?* ‖ *прил.* **огоро́дный,** -ая, -ое. *Огородные растения. Огородная продукция.*

ОГОРОДИ́ТЬ, -ожу́, -о́дишь *и* -оди́шь; -о́женный; *сов., что.* Обнести оградой. *О. участок.* ‖ *несов.* **огора́живать,** -аю, -аешь. ‖ *возвр.* **огороди́ться,** -ожу́сь, -о́дишься *и* -оди́шься; *несов.* **огора́живаться,** -аюсь, -аешься.

ОГОРО́ДНИК, -а, *м.* Человек, к-рый возделывает огород, владелец огорода. ‖ *ж.* **огоро́дница,** -ы. ‖ *прил.* **огоро́днический,** -ая, -ое *и* **огоро́дничий,** -ья, -ье.

ОГОРО́ДНИЧАТЬ, -аю, -аешь; *несов.* (разг.). Заниматься огородом, работать в огороде.

ОГОРО́ДНИЧЕСТВО, -а, *ср.* Выращивание овощей как отрасль растениеводства; разведение огорода, огородов.

ОГОРО́ШИТЬ, -шу, -шишь; -шенный; *сов., кого (что)* (разг.). Сильно озадачить, поставить в тупик. *О. новостью. О. вопросом.* ‖ *несов.* **огора́шивать,** -аю, -аешь *и* **огоро́шивать,** -аю, -аешь.

ОГОРЧЕ́НИЕ, -я, *ср.* Неприятность, душевная боль. *Причинить о. кому-н.*

ОГОРЧИ́ТЕЛЬНЫЙ, -ая, -ое; -лен, -льна. Причиняющий огорчение, неприятный. *Огорчительное известие. Огорчительно* (в знач. сказ.), *что он лжёт.* ‖ *сущ.* **огорчи́тельность,** -и, *ж.*

ОГОРЧИ́ТЬ, -чу́, -чи́шь; -чённый (-ён, -ена́); *сов., кого (что).* Причинить огорчение кому-н. *О. своим поведением. Должен вас о.* (вынужден сообщить что-н. неприятное). ‖ *несов.* **огорча́ть,** -а́ю, -а́ешь.

ОГОРЧИ́ТЬСЯ, -чу́сь, -чи́шься; *сов.* Почувствовать огорчение. ‖ *несов.* **огорча́ться,** -а́юсь, -а́ешься. *Не огорчайся, всё уладится.*

ОГРА́БИТЬ, ОГРАБЛЕ́НИЕ *см.* грабить.

ОГРА́ДА, -ы, *ж.* Ограждение, забор, решётка. *Каменная о. За оградой. Перелезть через ограду.* ‖ *прил.* **огра́дный,** -ая, -ое.

ОГРАДИ́ТЬ, -ажу́, -ади́шь; -аждённый (-ён, -ена́); *сов.* **1.** *что.* То же, что огородить (устар.). *О. крепость высокой стеной.* **2.** *кого-что от чего.* Предохранить, оберечь. *О. от нападок, от чьих-н. выпадов.* ‖ *несов.* **огражда́ть,** -а́ю, -а́ешь. ‖ *возвр.* **огради́ться,** -ажу́сь, -ади́шься (ко 2 знач.); *несов.* **огражда́ться,** -а́юсь, -а́ешься. ‖ *сущ.* **огражде́ние,** -я, *ср.* ‖ *прил.* **оградúтельный,** -ая, -ое. *Оградительные сооружения. Оградительные меры.*

ОГРАЖДЕ́НИЕ, -я, *ср.* **1.** *см.* оградить. 2. Оградительное сооружение. *Дорожное о.*

ОГРАНИ́ТЬ, -ню́, -ни́шь; -нённый (-ён, -ена́); *сов., что* (спец.). Обработать гранением, сделать гранёным. *О. хрусталь. О. алмазы в бриллианты. О. сталь.* ‖ *несов.* **огра́нивать,** -аю, -аешь. ‖ *сущ.* **огра́нка,** -и, *ж.*

ОГРАНИЧЕ́НИЕ, -я, *ср.* **1.** *см.* ограничить. **2.** Правило, ограничивающее какие-н. действия, права. *Отмена ограничений.*

ОГРАНИ́ЧЕННЫЙ, -ая, -ое; -ен. **1.** Незначительный, небольшой; узкий (в 4 знач.). *Ограниченные средства. Ограниченные интересы.* **2.** Имеющий небольшие познания, узкий кругозор, узкие интересы. *О. человек. О. ум.* ‖ *сущ.* **ограни́ченность,** -и, *ж.*

ОГРАНИ́ЧИВАТЬ, -аю, -аешь; *несов.* **1.** *см.* ограничить. **2.** (1 и 2 л. не употр.), *что.* Отделяя, являться границей (разг.). *Участок ограничивает стена.*

ОГРАНИЧИ́ТЕЛЬ, -я, *м.* Устройство, ограничивающее действие чего-н. (спец.). *О. тока. О. скорости.*

ОГРАНИ́ЧИТЬ, -чу, -чишь; -ченный; *сов., кого-что.* Поставить в какие-н. рамки, границы, определить какими-н. условиями, а также сделать меньше, сократить охват кого-чего-н. *О. в правах кого-н. О. экспорт. О. себя в чём-н. О. оратора регламентом. О. состав участников.* ‖ *несов.* **ограни́чивать,** -аю, -аешь. ‖ *сущ.* **ограниче́ние,** -я, *ср.* ‖ *прил.* **ограничи́тельный,** -ая, -ое (книжн.). *Ограничительные меры.*

ОГРАНИ́ЧИТЬСЯ, -чусь, -чишься; *сов.* **1.** *чем.* Удовлетвориться, удовольствоваться чем-н. определённым (немногим). *О. ролью наблюдателя.* **2.** (1 и 2 л. не употр.), *чем.* Остаться в каких-н. пределах, рамках, свестись к чему-н. незначительному. *Замечания ограничились мелкими поправками.* **3.** (1 и 2 л. не употр.). Стать меньше по размеру, количеству, охвату. *Территория области ограничилась. Производство товаров ограничилось. Возможности ограничились.* ‖ *несов.* **ограни́чиваться,** -аюсь, -аешься. ‖ *сущ.* **ограниче́ние,** -я, *ср.* (к 3 знач.).

ОГРА́НКА *см.* огранить.

ОГРА́НЩИК, -а, *м.* Специалист по огранке. *О. алмазов.* ‖ *ж.* **огра́нщица,** -ы. ‖ *прил.* **огра́нщицкий,** -ая, -ое.

ОГРЕСТИ́, -ребу́, -ребёшь; -рёб, -ребла́; -рёбший; -ребённый (-ён, -ена́); -рёбши *и* -ребя́; *сов., что.* **1.** Сгрести вокруг или с чего-н., подбирая или выравнивая. *О. сухие* *листья. О. стог.* **2.** *перен.* Получить, захватить в большом количестве (прост. неодобр.). *О. кучу денег. О. целый капитал.* ‖ *несов.* **огреба́ть,** -а́ю, -а́ешь.

ОГРЕ́ТЬ, -е́ю, -е́ешь; -ре́тый; *сов., кого (что)* (прост.). Сильно ударить. *О. палкой. О. по спине.*

ОГРЕ́Х, -а, *м.* **1.** Пропущенное или плохо обработанное место в поле при пахоте, посеве, косьбе. *Сеять без огрехов.* **2.** *перен.* Вообще о недоделке, плохой работе, погрешности (прост.). *Огрехи в работе.*

ОГРО́МНЫЙ, -ая, -ое; -мен, -мна. Очень большой (в 1, 2 и 4 знач.). *Огромная площадь. Огромная толпа. Огромное впечатление. О. успех. Огромные связи.* ‖ *сущ.* **огро́мность,** -и, *ж.*

ОГРУБЕ́ЛЫЙ, -ая, -ое; -е́л. Ставший грубым, огрубевший. *Огрубелые руки. Огрубелое сердце.* ‖ *сущ.* **огрубе́лость,** -и, *ж.*

ОГРУБЕ́ТЬ *см.* грубеть.

ОГРУБИ́ТЬ, -блю́, -би́шь; -блённый (-ён, -ена́); *сов., кого-что.* Сделать грубым (в 1, 3 и 5 знач.). *Солнце огрубило кожу. Одинокая жизнь огрубила душу. О. подсчёты.* ‖ *несов.* **огрубля́ть,** -я́ю, -я́ешь. ‖ *сущ.* **огрубле́ние,** -я, *ср.*

ОГРУ́ЗНУТЬ, -ну, -нешь; -ру́з, -ру́зла; -ру́знувший *и* -ру́зший; -ру́зши; *сов.* (прост.). Слишком пополнеть, стать грузным, малоподвижным. *О. к старости.*

ОГРЫЗА́ТЬСЯ, -а́юсь, -а́ешься; *несов.* **1.** О животном: издавать короткий злобный лай, рычание, грозя укусить. **2.** *перен.* Грубо, отрывисто отвечать на замечания (прост.). *О. на чьи-н. слова.* ‖ *однокр.* **огрызну́ться,** -ну́сь, -нёшься.

ОГРЫ́ЗОК, -зка, *м.* Обгрызенный кусок, остаток чего-н. *О. яблока. О. сахара. О. карандаша* (исписанный, очень короткий карандаш, к-рым уже трудно писать).

ОГУ́ЗОК, -зка, *м.* Бедренная часть туши. ‖ *прил.* **огу́зочный,** -ая, -ое.

ОГУ́ЛОМ, *нареч.* (разг. неодобр.). Без разбора, всех или всё сразу. *Обвинить всех о.*

ОГУ́ЛЬНЫЙ, -ая, -ое; -лен, -льна (неодобр.). Сделанный огулом, недостаточно обоснованный. *Огульное обвинение.* ‖ *сущ.* **огу́льность,** -и, *ж.*

ОГУРЕ́Ц, -рца́, *м.* Огородное растение сем. тыквенных с продолговатым зелёным плодом. *Парниковые огурцы. Солёные, малосольные огурцы.* ‖ *уменьш.* **огу́рчик,** -а, *м. Как о. кто-н.* (1) о здоровом, хорошо выглядящем человеке; 2) совершенно трезв). ‖ *прил.* **огуре́чный** -ая, -ое.

О́ДА, -ы, *ж.* Торжественное стихотворение, посвящённое какому-н. историческому событию или герою. *Хвалебная о. Оды Ломоносова.* ‖ *прил.* **оди́ческий,** -ая, -ое. *О. жанр.*

ОДА́ЛЖИВАТЬ *см.* одолжить.

ОДА́ЛЖИВАТЬСЯ, -аюсь, -аешься; *несов., у кого.* То же, что одолжаться.

ОДАЛИ́СКА, -и, *ж.* (книжн.). Прислужница в гареме, а также обитательница гарема, наложница.

ОДАРЁННЫЙ, -ая, -ое; -ён. То же, что талантливый. *О. ребёнок. О. музыкант.* ‖ *сущ.* **одарённость,** -и, *ж.*

ОДАРИ́ТЬ, -рю́, -ри́шь; -рённый (-ён, -ена́); *сов., кого (что) чем.* **1.** Подарить нескольким, многим или одному многое. *О. детей игрушками. О. своего любимца.* **2.** *перен.* Щедро наделить. *Природа одарила его умом.* ‖ *несов.* **ода́ривать,** -аю, -аешь.

ОДЕВА́ТЬ, -СЯ *см.* одеть.

ОДЕ́ЖДА, -ы, *ж.* **1.** Совокупность предметов, к-рыми покрывают, облекают тело. *Верхняя, нижняя о. Мужская, женская, детская о.* **2.** Покрытие проезжей части дороги (спец.). *Асфальтовая дорожная о.* ‖ *прил.* **одёжный,** -ая, -ое (к 1 знач.).

ОДЕКОЛО́Н, -а, *м.* Гигиеническое и освежающее средство — спиртовой раствор душистых веществ. *Спрыснуть одеколоном. Цветочный о.* ‖ *прил.* **одеколо́нный,** -ая, -ое.

ОДЕКОЛО́НИТЬ, -ню, -нишь; *несов., кого-что* (разг.). Опрыскивать или душить одеколоном. ‖ *сов.* **наодеколо́нить,** -ню, -нишь; -ненный. ‖ *возвр.* **одеколо́ниться,** -нюсь, -нишься; *сов.* **наодеколо́ниться,** -нюсь, -нишься.

ОДЕЛИ́ТЬ, -лю́, -ли́шь; -лённый (-ён, -ена́); *сов., кого (что) чем.* Дать что-н. нескольким, многим. *О. детей сластями.* ‖ *несов.* **оделя́ть,** -я́ю, -я́ешь.

ОДЕРЕВЕНЕ́ЛЫЙ, -ая, -ое; -е́л. Утративший гибкость, нечувствительный, онемелый. *Одеревенелые от холода пальцы.* ‖ *сущ.* **одеревене́лость,** -и, *ж.*

ОДЕРЕВЕНЕ́ТЬ *см.* деревенеть.

ОДЕРЖА́ТЬ, -ержу́, -е́ржишь; -е́ржанный; *сов.* **: одержать победу** (высок.), **одержать верх** — выиграть сражение, состязание, победить. ‖ *несов.* **оде́рживать,** -аю, -аешь.

ОДЕРЖИ́МЫЙ, -ая, -ое; -и́м (книжн.). **1.** Всецело охваченный (каким-н. чувством, переживанием, мыслью). *О. страхом. О. какой-н. идеей, страстью к науке.* **2.** **одержи́мый,** -ого, *м.* Безумный, бесноватый (устар.). ‖ *ж.* **одержи́мая,** -ой (ко 2 знач.). ‖ *сущ.* **одержи́мость,** -и, *ж.* (к 1 знач.).

ОДЕСНУ́Ю, *нареч.* (стар.). По правую руку, с правой стороны; *противоп.* ошуюю.

ОДЕ́ТЬ, -е́ну, -е́нешь; -е́нь; -де́тый; *сов.* **1.** *кого-что во что или чем.* Покрыть кого-н. какой-н. одеждой, покрывалом. *О. ребёнка в пальто. О. одеялом* (укрыть). *Зима одела поля снегом* (перен.) [не смешивать с надеть *что на кого-что*]. **2.** *кого (что).* Снабдить одеждой. *О. со вкусом, модно кого-н.* ‖ *несов.* **одева́ть,** -а́ю, -а́ешь. ‖ *возвр.* **оде́ться,** -е́нусь, -е́нешься; *несов.* **одева́ться,** -а́юсь, -а́ешься. ‖ *сущ.* **одева́ние,** -я, *ср.* (к 1 знач.).

ОДЕЯ́ЛО, -а, *ср.* Постельная принадлежность — покрывало (обычно тёплое) для тела. *Ватное* (стёганое), *шерстяное, тканьёвое о. Укрыть одеялом.* ✦ **Дерновое одеяло** (спец.) — естественный или из нарезанных пластов дёрна растительный покров, укрепляющий верхний почвенный слой. *Укрепить насыпь дерновым одеялом.* ‖ *уменьш.* **одея́льце,** -а, *ср. Детское о.* ‖ *прил.* **одея́льный,** -ая, -ое.

ОДЕЯ́НИЕ, -я, *ср.* (устар. и шутл.). То же, что одежда (в 1 знач.). *В богатом одеянии. В смешном одеянии кто-н.*

ОДЁЖА, -и, *ж.* (разг.). То же, что одежда (в 1 знач.). *Тёплая о.* ‖ *уменьш.* **одёжка,** -и, *ж. По одёжке встречают, по уму провожают* (посл.). *По одёжке протягивай ножки* (посл.: совет жить, вести себя так, как позволяют средства, положение в обществе). ‖ *унич.* **одежо́нка,** -и, *ж.* ‖ *прил.* **одёжный,** -ая, -ое.

ОДЁР, одра́, *м.* (разг.). Старая изнурённая лошадь.

ОДЁРНУТЬ, -ну, -нешь; -утый; *сов.* **1.** *что.* Потянув вниз, оправить. *О. рубашку.* **2.** *перен., кого (что).* Резким замечанием призвать к порядку, к сдержанности (разг.). *О. нахала.* ‖ *несов.* **одёргивать,** -аю, -аешь.

ОДИ́Н, одного́, *м., ж.* одна́, одно́й; *ср.* одно́, одного́; *мн.* одни́, -и́х. **1.** *числит. колич., ед.* Число, цифра и количество 1. **2.** *прил.* Без других, в отдельности. *Он живёт о. Одним нам не справиться. О. за всех, все за одного. О.-одинёшенек* (совершенно один; разг.). *О.-единственный* (только один). *О. в поле не воин* (посл.). *Идти по одному* (следуя друг за другом). **3.** *прил.* Одинокий: без жены или без мужа, без семьи. *У вас семья? — Нет, я о.* **4.** *мест. неопр.* Какой-то, некий. *В о. прекрасный день. О. из присутствующих.* **5.** *мест. определит.* Тот же самый, тождественный. *Жить с другом в одном доме. О.* (сущ.) *и тот же.* **6.** *мест. определит.* Выражает ограничение: только, исключительно. *В группе одни мальчики. От него одни неприятности.* **7.** *мест. определит.* Какой-нибудь в ряду сходных или сопоставляемых друг с другом. *То о., то другой. О. за другим. О. из нас. Одно* (сущ.) *другому не мешает. Одно дело — работать, другое — гулять.* **8.** *прил., ед.* Единый, целостный. *Диалекты слились в о. язык.* ✦ **Все до одного** — все без исключения. **Все как один** — все вместе и без исключения. *Явились все как один.* **Ни один** — никто из всех, кто есть, кто мог бы. *Ни один не помог.* **Один на один** — 1) наедине, с глазу на глаз. *Остаться один на один с гостем;* 2) друг против друга, один против другого. *Борцы сошлись один на один.* **Один к одному** (разг.) — о ряде похожих, подходящих друг к другу людей или предметов. *Работники подобрались один к одному* (обычно о хороших работниках). **Одно к одному** (разг.) — заодно, к тому же (о совпадении чего-н., обычно неприятностей). **Одно из двух** — возможно одно из двух решений, один из двух выходов. *Одно из двух: или отпусти меня, или поезжай сам.* ‖ *порядк.* **пе́рвый,** -ая, -ое (к 1 знач.).

ОДИНА́КОВЫЙ, -ая, -ое; -ов. Такой же, вполне сходный. *О. размер. Одинаковые взгляды.* ‖ *сущ.* **одина́ковость,** -и, *ж.*

ОДИНА́РНЫЙ, -ая, -ое. Состоящий из одного, не двойной. *В одинарном размере. О. лист* (бумаги).

ОДИ́ННАДЦАТЬ, -и, *числит. колич.* Число и количество 11. ‖ *порядк.* **оди́ннадцатый,** -ая, -ое. *На одиннадцатом номере ехать* (идти пешком; разг. шутл.).

ОДИНО́КИЙ, -ая, -ое; -о́к. **1.** Отделённый от других подобных, без других, себе подобных; без близких. *О. домик. В большом городе он чувствовал себя одиноко* (нареч.). **2.** *полн. ф.* Не имеющий семьи. *О. человек. Комната для одинокого* (сущ.). **3.** Происходящий без других, в отсутствие других. *Одинокие прогулки.* ‖ *сущ.* **одино́кость,** -и, *ж.*

ОДИНО́ЧЕСТВО, -а, *ср.* Состояние одинокого человека. *Скучать в одиночестве.*

ОДИНО́ЧКА, -и. **1.** *м. и ж.* Человек, к-рый живёт, делает что-н., работает один, отдельно от других, без помощи других. *Жить одиночкой. Кустарь-о.* **2.** *ж.* Камера для одиночного заключения (разг.). *Сидеть в одиночке.* **3.** *ж.* Гоночная лодка с одним гребцом. *Байдарка-о.* ✦ **В одиночку** — собственными силами, без участия других. *Действовать в одиночку.*

ОДИНО́ЧНЫЙ, -ая, -ое. **1.** Действующий, существующий в одиночку или совершаемый кем-н. одним. *О. бой* (один на один). *О. полёт* (совершаемый одним самолётом с самостоятельной задачей). *О. зверь* (живущий в одиночку, не в стае, не в стаде). **2.** Предназначенный, назначенный для одного, для пребывания без общения с другими. *Одиночная камера. Одиночное заключение.* **3.** Отдельный, единичный, обособленный. *Одиночные деревья. Одиночные выстрелы.*

ОДИО́ЗНЫЙ, -ая, -ое; -зен, -зна (книжн.). Вызывающий крайне отрицательное отношение к себе, крайне неприятный. *Одиозная личность.* ‖ *сущ.* **одио́зность**, -и, *ж.*

ОДИССЕ́Я, -и, *ж.* (книжн.). Богатые событиями странствия, похождения [по названию древнегреческой эпической поэмы Гомера, описывающей странствия Одиссея]. *Рассказал всю свою одиссею.*

ОДИЧА́ЛЫЙ, -ая, -ое; -а́л. **1.** Ставший диким. *Одичалая кошка.* **2.** Выражающий дикость, безумие, странный. *О. вид. О. взгляд.* ‖ *сущ.* **одича́лость**, -и, *ж.*

ОДИЧА́ТЬ *см.* дичать.

ОДИ́ЧЕСКИЙ *см.* ода.

ОДНА́ЖДЫ, *нареч.* **1.** Один раз. *Только о. слышал.* **2.** Как-то раз, когда-то раньше. *О. весной встретились.*

ОДНА́КО. 1. *союз.* То же, что но[1] (в 1 знач.). *Уже старик, о. бодр душой.* **2.** *вводн. сл.* Тем не менее, всё же. *Всегда аккуратен, о своём обещании, о., забыл.* **3.** Выражение сильного удивления, недоумения. *Он женат уже третий раз. — О.!* ✦ **И однако**, *союз* — то же, что однако (в 1 знач.). *Стар, и однако бодр.* **Однако же**, *союз и вводн. сл.* — то же, что тем не менее. *Неправ, однако же спорит. Торопились, однако же, опоздали.*

ОДНО... *Первая часть сложных слов со знач.:* 1) содержащий одну какую-н. единицу, напр. *одноактный, одноглазый, одночастный, однокамерный, одноканальный, однокомпонентный, одноклеточный, одногорбый, одномоторный, однорядный, однослойный, одностворчатый, однострунный, однофазный, одноэтажный, односоставный, однокорневой* (о словах: с одним корнем); 2) принадлежащий к одному и тому же, общий с кем-чем-н., напр. *однокурсник, одноклассник, однотипный, однокоренной* или *однокорневой* (о словах: с корнем, общим с другим словом, словами); 3) направленный в одну сторону, обращённый к чему-н. одному, напр. *однонаправленный, односторонний, однобокий, однодум, однолюб;* 4) существующий, продолжающийся какой-н. один отрезок времени, напр. *одногодичный, однолетний, однодневный;* 5) предназначенный для одного, напр. *односпальный.*

ОДНОБО́КИЙ, -ая, -ое; -о́к. Ограниченный, направленный в одну сторону. *О. вывод.* ‖ *сущ.* **однобо́кость**, -и, *ж.*

ОДНОБО́РТНЫЙ, -ая, -ое. О верхней одежде: без глубокого запа́ха, с бортами, сходящимися посередине. *О. пиджак. Однобортное пальто.*

ОДНОВРЕМЕ́ННЫЙ, -ая, -ое; -е́нен, -е́нна и **ОДНОВРЕ́МЕННЫЙ**, -ая, -ое; -енен, -енна. Происходящий в одно время с чем-н. *Два одновременных явления. Начать одновременно* (нареч.) *с кем-н.* ‖ *сущ.* **одновреме́нность**, -и, *ж. и* **одновре́менность**, -и, *ж.*

ОДНОГОДИ́ЧНЫЙ, -ая, -ое. Продолжительностью в один год. *Одногодичные курсы.*

ОДНОГО́ДОК, -дка, *м.* (разг.). То же, что однолеток.

ОДНОГОЛО́СИЕ, -я, *ср.* (спец.). Музыкальный склад, основанный на наличии в произведении только одной мелодии. ‖ *прил.* **одноголо́сный**, -ая, -ое. *Одноголосное пение.*

ОДНОДВО́РЕЦ, -рца, *м.* В России в старое время: происходящий из служилых людей владелец небольшого (в один двор) земельного участка (сам на нём работающий). ‖ *ж.* **однодво́рка**, -и. ‖ *прил.* **однодво́рческий**, -ая, -ое.

ОДНОДНЕ́ВКА, -и, *ж.* **1.** Насекомое, живущее один день. *Бабочка-о.* **2.** То, что живёт очень недолго, не оставляет после себя следа (о произведении искусства, книге, слове) (разг. неодобр.). *Брошюра-о.*

ОДНОДНЕ́ВНЫЙ, -ая, -ое. **1.** Продолжительностью в один день. *Однодневное отсутствие. Однодневная экскурсия. О. профилакторий.* **2.** Соответствующий одному дню, получаемый за один день. *О. заработок.*

ОДНОДО́ЛЬНЫЙ, -ая, -ое (спец.). О растениях: с одной семядолей в зародыше. *Класс однодольных* (сущ.).

ОДНОДО́МНЫЙ, -ая, -ое (спец.). О растениях: обладающий цветками обоего пола, пестичными и тычиночными, находящимися на одной и той же особи.

ОДНОДУ́М, -а, *м.* О человеке, все мысли к-рого постоянно сосредоточены на чём-н. одном.

ОДНОЗВУ́ЧНЫЙ, -ая, -ое; -чен, -чна. Издающий один и тот же, монотонный звук. *О. колокольчик.* ‖ *сущ.* **однозву́чность**, -и, *ж.*

ОДНОЗНА́ЧНЫЙ[1], -ая, -ое; -чен, -чна. **1.** Тождественный по смыслу с другим. *Однозначные выражения.* **2.** Имеющий только одно значение. *Однозначное слово.* **3.** Исключающий другое или противоположное. *Однозначное мнение, решение. Однозначная формулировка. Вывод однозначен.* ‖ *сущ.* **однозна́чность**, -и, *ж.*

ОДНОЗНА́ЧНЫЙ[2], -ая, -ое; -чен, -чна. Обозначаемый одной цифрой. *Однозначное число.* ‖ *сущ.* **однозна́чность**, -и, *ж.*

ОДНОИМЁННЫЙ, -ая, -ое; -ёнен, -ённа. Носящий то же имя, название. *Одноимённые посёлки. Фильм по одноимённому роману.* ‖ *сущ.* **одноимённость**, -и, *ж.*

ОДНОКА́ШНИК, -а, *м.* (устар.). Товарищ по учению, по воспитанию. *Мы с ним однокашники.* ‖ *ж.* **однока́шница**, -ы.

ОДНОКЛА́ССНИК, -а, *м.* Ученик того же класса, в к-ром кто-н. учится, учился. *Мы с ним одноклассники.* ‖ *ж.* **однокла́ссница**, -ы.

ОДНОКЛУ́БНИК, -а, *м.* Человек, принадлежащий к тому же клубу, обществу. *Выиграть у своих одноклубников.* ‖ *ж.* **одноклу́бница**, -ы.

ОДНОКОЛЕ́ЙКА, -и, *ж.* (разг.). Одноколейная железная дорога.

ОДНОКОЛЕ́ЙНЫЙ, -ая, -ое. О железной дороге: с одной колеёй. *О. путь.*

ОДНОКО́ЛКА, -и, *ж.* Двухколёсный экипаж.

ОДНОКО́МНАТНЫЙ, -ая, -ое. О квартире: состоящая из одной жилой комнаты, кухни и санузла.

ОДНОКО́ННЫЙ, -ая, -ое. Запрягаемый одной лошадью. *Одноконная повозка.*

ОДНОКРА́ТНЫЙ, -ая, -ое; -тен, -тна. Происшедший или сделанный один раз. *Однократное посещение.* ✦ **Однократный глагол** — в грамматике: глагол, называющий действие, совершаемое мгновенно, напр. *моргнуть, стукнуть.* ‖ *сущ.* **однокра́тность**, -и, *ж.*

ОДНОКРЫ́ЛЫЙ, -ая, -ое (спец). **1.** Имеющий одно крыло или (о насекомых) одну пару крыльев. **2.** О растениях: имеющий сухой вырост на плоде, семечке, способствующий его перемещению по ветру. *Однокрылые семена.*

ОДНОКУ́РСНИК, -а, *м.* Студент того же курса, на к-ром кто-н. учится, учился. *Мы с ним однокурсники.* ‖ *ж.* **однокур́сница**, -ы.

ОДНОЛЕ́ТНИЙ, -яя, -ее. О растениях: развивающийся и отмирающий в течение одного года. *Однолетние растения.*

ОДНОЛЕ́ТНИК, -а, *м.* Однолетнее растение.

ОДНОЛЕ́ТОК, -тка, *род. мн.* -тков, *м.* (разг.). Человек одних лет с кем-н., ровесник. *Мы с товарищем однолетки.* ‖ *ж.* **одноле́тка**, -и.

ОДНОЛЮ́Б, -а, *м.* Человек, к-рый всю жизнь верен одной своей любви. ‖ *ж.* **однолю́бка**, -и.

ОДНОМЕ́РНЫЙ, -ая, -ое; -рен, -рна. Имеющий одно измерение. *Одномерное пространство.* ‖ *сущ.* **одноме́рность**, -и, *ж.*

ОДНОМЕ́СТНЫЙ, -ая, -ое. Предназначенный для временного пребывания, нахождения кого-н. одного. *Одноместная каюта. Одноместное купе. О. номер* (в гостинице).

ОДНОНО́ГИЙ, -ая, -ое. **1.** О человеке, двуногом животном: имеющий только одну ногу (в 1 знач.). *О. инвалид.* **2.** О предмете, устройстве: с одной ножкой (во 2 знач.), опорой (во 2 знач.). *О. столик.*

ОДНООБРА́ЗНЫЙ, -ая, -ое; -зен, -зна. Постоянно такой же, не меняющийся. *Однообразные впечатления. О. пейзаж.* ‖ *сущ.* **однообра́зие**, -я, *ср. и* **однообра́зность**, -и, *ж.*

ОДНОПАЛА́ТНЫЙ, -ая, -ое. О структуре высшего органа государственной власти: имеющий одну палату[2]. *Однопалатная система.*

ОДНОПА́ЛЫЙ, -ая, -ое (спец.). Имеющий один палец (в 1 знач.) на руке или ноге (о животных — на лапе).

ОДНОПАРТИ́ЙНЫЙ, -ая, -ое. Об общественной системе: имеющий только одну политическую партию (в 1 знач.).

ОДНОПОЛЧА́НИН, -а, *мн.* -а́не, -а́н, *м.* Товарищ по полку, а также вообще человек, с к-рым вместе служил в армии. *Друзья-однополчане. Мы с ним однополчане. Встреча однополчан.* ‖ *ж.* **однополча́нка**, -и.

ОДНОПО́ЛЫЙ, -ая, -ое (спец.). **1.** О живом существе, организме: имеющий один и тот же пол. *Однополые близнецы.* **2.** О цветке: обладающий признаками только одного пола (имеющий только тычинки или только пестики).

ОДНОПУ́ТКА, -и, *ж.* (разг.). То же, что одноколейка.

ОДНОПУ́ТНЫЙ, -ая, -ое. То же, что одноколейный. *Однопутная дорога.*

ОДНОРА́ЗОВЫЙ, -ая, -ое. То же, что разовый. *О. пропуск. Одноразовое использование. О. шприц.* ‖ *сущ.* **однора́зовость**, -и, *ж.*

ОДНОРО́ДНЫЙ, -ая, -ое; -ден, -дна. Относящийся к тому же роду, разряду, одинаковый. *Однородные явления.* ✦ **Однородные члены предложения** — в грамматике: члены предложения, выполняющие одинаковую синтаксическую функцию. ‖ *сущ.* **одноро́дность**, -и, *ж.*

ОДНОРЯ́ДКА, -и, *ж.* Старинная мужская одежда — однобортный кафтан без воротника.

ОДНОСЕЛЬЧА́НИН, -а, *мн.* -а́не, -а́н, *м.* Человек, к-рый живёт с кем-н. в том же селе, деревне или происходит из одного села, деревни. ‖ *ж.* **односельча́нка**, -и.

ОДНОСЛО́ЖНЫЙ, -ая, -ое; -жен, -жна. **1.** Состоящий из одного слога. *Односложное слово.* **2.** Лаконичный и короткий, немногословный. *О. ответ. Односложно* (нареч.) *выражаться.* ‖ *сущ.* **односло́жность**, -и, *ж.*

ОДНОСПА́ЛЬНЫЙ, -ая, -ое. Предназначенный для спанья одного человека. *Односпальная кровать.*

ОДНОСТВО́ЛЬНЫЙ, -ая, -ое. С одним стволом (во 2 знач.). *Одноствольное ружьё.*

ОДНОСТОРО́ННИЙ, -яя, -ее; -о́нен, -о́нняя. 1. *полн. ф.* С двумя неравноценными сторонами (в 5 знач.). *Односторонняя ткань* (с лицом и изнанкой). 2. Имеющий место, осуществляющийся с одной стороны (в 1 знач.). *Одностороннее движение. О. плеврит.* 3. Ограниченный, направленный только в одну сторону. *О. ум.* ‖ *сущ.* **односторо́нность**, -и, *ж.* (к 3 знач.).

ОДНОТИ́ПНЫЙ, -ая, -ое; -пен, -пна. Сходный по типу с другим. *Однотипные явления.* ‖ *сущ.* **одноти́пность**, -и, *ж.*

ОДНОТО́МНИК, -а, *м.* Однотомное издание (во 2 знач.). *О. Лермонтова. Словарь-о.*

ОДНОТО́МНЫЙ, -ая, -ое. В одном томе. *О. словарь.*

ОДНОФАМИ́ЛЕЦ, -льца, *род. мн.* -льцев, *м.* Человек, к-рый, не состоя в родстве, носит одинаковую с кем-н. фамилию. *Мы с ним однофамильцы.* ‖ *ж.* **однофами́лица**, -ы.

ОДНОЦВЕТКО́ВЫЙ, -ая, -ое (спец.). О растениях: имеющий один цветок. *Одноцветковые розы.*

ОДНОЦВЕ́ТНЫЙ, -ая, -ое; -тен, -тна. Одного цвета, окрашенный в один цвет. *Одноцветная ткань. Одноцветная водная гладь.* ‖ *сущ.* **одноцве́тность**, -и, *ж.*

ОДНОЧА́СТНЫЙ, -ая, -ое (книжн.). Состоящий из одной части. *Одночастная симфония.*

ОДНОЧА́СЬЕ: **в одночасье** (прост.) — сразу, вдруг. *В одночасье собрался и уехал.*

ОДНОЧЛЕ́Н, -а, *м.* Алгебраическое выражение, являющееся числом или произведением числа и букв.

ОДНОШЁРСТНЫЙ, -ая, -ое. О животных: с шерстью только одной окраски. *О. жеребёнок.*

ОДОБРЕ́НИЕ, -я, *ср.* 1. *см.* одобрить. 2. Похвала, одобрительный отзыв. *Выразить о. Работа заслуживает одобрения.*

ОДОБРИ́ТЕЛЬНЫЙ, -ая, -ое; -лен, -льна. Содержащий в себе, выражающий одобрение. *О. отзыв. Одобрительно* (нареч.) *кивнуть.* ‖ *сущ.* **одобри́тельность**, -и, *ж.*

ОДО́БРИТЬ, -рю, -ришь; -ренный; *сов., кого-что.* Признать хорошим, правильным, допустимым. *О. чьё-н. мнение. О. проект резолюции.* ‖ *несов.* **одобря́ть**, -я́ю, -я́ешь. ‖ *сущ.* **одобре́ние**, -я, *ср.*

ОДОЛЕ́ТЬ, -е́ю, -е́ешь; -ённый (-ён, -ена́); *сов.* 1. *кого-что.* Пересилить, побороть. *О. противника. Сон одолел кого-н.* (перен.: о том, кто заснул против воли, желания). 2. *перен., что.* Затратив много труда, преодолеть что-н., овладеть чем-н. (разг.). *О. науки. О. трудную книгу.* 3. (1 и 2 л. не употр.), *перен., кого (что).* О каком-н. тяжёлом, неприятном состоянии: целиком охватить. *Хандра, тоска одолела. Страх одолел.* 4. *кого (что).* Лишить покоя, замучить (разг.). *Комары одолели.* ‖ *несов.* **одолева́ть**, -а́ю, -а́ешь. ‖ *сущ.* **одоле́ние**, -я, *ср.* (к 1 знач.; высок.).

ОДОЛЖА́ТЬСЯ, -а́юсь, -а́ешься; *несов., у кого* и (устар.) *кому.* Пользуясь чьим-н. одолжением, становиться в положение обязанного чем-н. *Не любит ни у кого о.*

ОДОЛЖЕ́НИЕ, -я, *ср.* Услуга, помощь. *Пользоваться чьими-н. одолжениями. Благодарю за о.* (также ирон. выражение несогласия, отказа от чего-н.). *Сделайте о.* (выражение усиленной просьбы или вежливого разрешения; часто ирон.).

ОДОЛЖИ́ТЬ, -жу́, -жи́шь; -о́лженный; *сов.* 1. *что кому.* Дать взаймы. *О. кому-н. деньги до зарплаты* [неправильно употр. одолжить у кого-н. в знач. «взять в долг»]. 2. *кого (что) чем.* Оказав одолжение, услугу, обязать благодарностью (устар.). *Одолжили вы меня своими заботами, поддержкой. Ну и одолжил!* (выражение неодобрения, несогласия; ирон.). ‖ *несов.* **одола́живать**, -аю, -аешь.

ОДОЛИ́МЫЙ, -ая, -ое. Такой, что можно одолеть, преодолеть. *Вполне одолимые трудности.*

ОДОМА́ШНИТЬ, -ню, -нишь; -ненный; *сов., кого (что).* Приручить (дикое животное), сделать домашним. *О. лося.* ‖ *несов.* **одома́шнивать**, -аю, -аешь. ‖ *сущ.* **одома́шнивание**, -я, *ср.*

ОДР, -а́, *м.* (стар.). Постель, ложе (теперь употр. только в нек-рых выражениях). *На смертном одре* (об умирающем; высок.). *На одре болезни* (высок.).

ОДРЕВЕСНЕ́ТЬ (-е́ю, -е́ешь, 1 и 2 л. не употр.), -е́ет; *сов.* О клетках растений: отвердев, приобрести свойства древесины. *Одревесневшие стебли.* ‖ *несов.* **одревеснева́ть** (-а́ю, -а́ешь, 1 и 2 л. не употр.), -а́ет.

ОДРЯ́БНУТЬ *см.* дрябнуть.

ОДРЯХЛЕ́ТЬ *см.* дряхлеть.

ОДУВА́НЧИК, -а, *м.* Травянистое растение сем. сложноцветных с жёлтыми цветками и семенами на пушистых волосках, разносимых ветром. ◆ **Божий одуванчик** (разг. шутл.; ирон.) — о тихом и слабом, обычно старом человеке. *Старушка божий одуванчик.* ‖ *прил.* **одува́нчиковый**, -ая, -ое.

ОДУ́МАТЬСЯ, -аюсь, -аешься; *сов.* 1. Подумав, переменить намерение, поняв ошибочность его. *О. в последнюю минуту. Что ты делаешь, одумайся!* 2. Собравшись с мыслями, обрести способность рассуждать, действовать. *Одумавшись, бросились в погоню.* ‖ *несов.* **оду́мываться**, -аюсь, -аешься.

ОДУРА́ЧИВАТЬ, -аю, -аешь; *несов., кого (что)* (разг.). То же, что дурачить.

ОДУРА́ЧИТЬ *см.* дурачить.

ОДУРЕ́ЛЫЙ, -ая, -ое; -е́л (прост.). Дошедший до одури, выражающий одурь. *Одурелая голова. О. вид.* ‖ *сущ.* **одуре́лость**, -и, *ж.*

ОДУРЕ́НИЕ, -я, *ср.* (разг.). Состояние, при к-ром от усталости, волнения плохо воспринимается и осознается окружающее. *Дойти до полного одурения.*

ОДУРЕ́ТЬ *см.* дуреть.

ОДУРМА́НИТЬ, -СЯ *см.* дурманить.

О́ДУРЬ, -и, *ж.* (разг.). Помрачение, помутнение сознания, одурение. *О. нашла. Сонная о.* (у того, кто долго спал, много спит). *Накуриться до одури.*

ОДУРЯ́ТЬ, -я́ю, -я́ешь; *несов., кого (что).* Вызывать состояние, похожее на опьянение, дурманить. *Одуряющий запах.*

ОДУТЛОВА́ТЫЙ, -ая, -ое; -а́т. Припухший, кажущийся отёчным. *Одутловатое лицо.* ‖ *сущ.* **одутлова́тость**, -и, *ж.*

ОДУХОТВОРЁННЫЙ, -ая, -ое; -ён (книжн.). Проникнутый возвышенным чувством, высокой мыслью. *Одухотворённое лицо. Одухотворённо* (нареч.) *говорить.* ‖ *сущ.* **одухотворённость**, -и, *ж.*

ОДУХОТВОРИ́ТЬ, -рю́, -ри́шь; -рённый (-ён, -ена́); *сов.* 1. *кого-что.* Воодушевить, наполнить высоким содержанием, смыслом, внутренне облагородить (книжн.). *Одухотворён высокими идеалами кто-н.* 2. *кого-что.* В первобытных анимистических представлениях: приписать (природе, животным, предметам) высшие духовные способности. ‖ *несов.* **одухотворя́ть**, -я́ю, -я́ешь. ‖ *сущ.* **одухотворе́ние**, -я, *ср. О. природы.*

ОДУШЕВИ́ТЬ, -влю́, -ви́шь; -влённый (-ён, -ена́); *сов.* 1. *кого-что.* Воодушевить, придать душевные силы (книжн.). *О. вестью о победе.* 2. То же, что одухотворить (во 2 знач.). ‖ *несов.* **одушевля́ть**, -я́ю, -я́ешь. ‖ *сущ.* **одушевле́ние**, -я, *ср.*

ОДУШЕВИ́ТЬСЯ, -влю́сь, -ви́шься; *сов., чем.* Воодушевиться, почувствовать прилив душевных сил. *О. интересной идеей.* ‖ *несов.* **одушевля́ться**, -я́юсь, -я́ешься. ‖ *сущ.* **одушевле́ние**, -я, *ср. Говорить с одушевлением.*

ОДУШЕВЛЁННЫЙ, -ая, -ое; -ён. 1. Исполненный одушевления (книжн.). *О. голос.* 2. *полн. ф.* Относящийся к миру живых существ — человека и животных (книжн.). 3. *полн. ф.* В грамматике: относящийся к категории названий живых существ. *Одушевлённые имена существительные.* ‖ *сущ.* **одушевлённость**, -и, *ж.*

ОДЫ́ШКА, -и, *ж.* Затруднение дыхания, нарушение его частоты, глубины и ритма. *Страдать одышкой.* ‖ *прил.* **оды́шечный**, -ая, -ое.

ОЖЕРЕБИ́ТЬСЯ *см.* жеребиться.

ОЖЕРЕ́ЛЬЕ, -я, *род. мн.* -лий, *ср.* 1. Шейное украшение. *Жемчужное о. О. из монет.* 2. *перен.* Шейное оперение птиц. *Яркое о. у петуха.*

ОЖЕСТОЧЕ́НИЕ, -я, *ср.* 1. Состояние крайнего, доходящего до жестокости озлобления. 2. Крайнее напряжение, упорство. *С ожесточением ударять по струнам. С ожесточением доказывать свою правоту.*

ОЖЕСТОЧЁННЫЙ, -ая, -ое; -ён. Полный ожесточения. *О. бой. О. спор.* ‖ *сущ.* **ожесточённость**, -и, *ж.*

ОЖЕСТОЧИ́ТЬ, -чу́, -чи́шь; -чённый (-ён, -ена́); *сов., кого (что).* Довести до ожесточения (в 1 знач.). *Лишения ожесточили кого-н.* ‖ *несов.* **ожесточа́ть**, -а́ю, -а́ешь.

ОЖЕСТОЧИ́ТЬСЯ, -чу́сь, -чи́шься; *сов.* Дойти до ожесточения (в 1 знач.). *О. сердцем, душой.* ‖ *несов.* **ожесточа́ться**, -а́юсь, -а́ешься.

ОЖЕ́ЧЬ, ожгу́, ожжёшь, ожгу́т; ожёг, ожгла́; ожёгший; ожжённый (-ён, -ена́); ожёгши; *сов., кого-что* (прост.). 1. То же, что обжечь (в 3 знач.). *О. огнём.* 2. *перен.* Ударом вызвать жгучую боль. *О. кнутом, плетью.*

ОЖЕ́ЧЬСЯ, ожгу́сь, ожжёшься, ожгу́тся; ожёгся, ожгла́сь; ожёгшийся; ожёгшись; *сов.* (прост.). То же, что обжечься. *Ожёгшись на молоке, дует на воду* (посл.).

ОЖИВА́ТЬ *см.* ожить.

ОЖИВИ́ТЬ, -влю́, -ви́шь; -влённый (-ён, -ена́); *сов., кого-что.* 1. Возвратить к жизни, сделать снова живым. *О. умирающий организм. О. воспоминание* (перен.). 2. Придать сил, энергии, живости, выразительности кому-чему-н. *Весна оживила больного. Радость оживила лицо.* 3. Наполнить движением, деятельностью, жизнью. *О. пустыню.* 4. Сделать более деятельным, активным. *О. работу. О. торговлю.* ‖ *несов.* **оживля́ть**, -я́ю, -я́ешь. ‖ *сущ.* **оживле́ние**, -я, *ср.*

ОЖИВИ́ТЬСЯ, -влю́сь, -ви́шься; *сов.* 1. Приобрести больше сил, энергии, живости, выразительности. *Больной оживился. Разговор оживился. Взгляд оживился.* 2. (1 и 2 л. не употр.). Наполниться движением, деятельностью, жизнью. *Улица оживилась.* **3.** (1 и 2 л. не употр.). Стать более деятельным, активным. *Торговля оживилась. Работа оживилась.* ‖ *несов.* **оживля́ться, -я́юсь, -я́ешься.** ‖ *сущ.* **оживле́ние,** *-я, ср.*

ОЖИВЛЕ́НИЕ, -я, *ср.* **1.** *см.* оживить *и* оживиться. **2.** Усиленное движение, оживлённость. *На улицах праздничное о.*

ОЖИВЛЁННЫЙ, -ая, -ое; -ён. Исполненный жизни, деятельности, возбуждения. *О. спор. Оживлённая торговля. Оживлённо* (нареч.) *улыбаться.* ‖ *сущ.* **оживлённость,** -и, *ж.*

ОЖИВОТВОРИ́ТЬ *см.* животворить.

ОЖИДА́ЕМЫЙ, -ая, -ое; -а́ем. Такой, к-рого ждут, на к-рый надеются, к-рый должен осуществиться. *О. результат. Ожидаемая встреча. Ожидаемое следствие. Ожидаемая награда.* ‖ *сущ.* **ожида́емость,** -и, *ж.*

ОЖИДА́НИЕ, -я, *ср.* **1.** *см.* ожидать. **2.** *мн.* Надежды на что-н., предположения. *Ожидания оправдались.*

ОЖИДА́ТЬ, -а́ю, -а́ешь; *несов., кого-что* и *кого* (устар.) *-чего.* То же, что ждать (в 1, 3, 4 и 5 знач.). *О. гостя. О. случая. Многого о. от кого-н. Ожидают неприятности кого-н.* ‖ *сущ.* **ожида́ние,** *-я, ср.*

ОЖИРЕ́НИЕ, ОЖИРЕ́ТЬ *см.* жиреть.

ОЖИ́ТЬ, -иву́, -ивёшь; о́жил, ожила́, о́жило; *сов.* **1.** Стать снова живым. *Остановившееся сердце ожило. Воспоминания ожили* (перен.). **2.** *перен.* Стать полным сил, проявиться в прежней силе. *Городок ожил. О. после отдыха.* ‖ *несов.* **ожива́ть,** -а́ю, -а́ешь.

ОЖО́Г, -а, *м.* Обожжённое место на ткани организма. *О. на руке.* ‖ *прил.* **ожо́говый,** -ая, -ое (спец.). *О. центр* (по лечению ожогов.).

ОЗАБО́ТИТЬ *см.* заботить.

ОЗАБО́ТИТЬСЯ, -о́чусь, -о́тишься; *сов., чем.* Заблаговременно позаботиться о чём-н. *О. заготовкой овощей.* ‖ *несов.* **озабо́чиваться,** -аюсь, -аешься.

ОЗАБО́ЧЕННЫЙ, -ая, -ое; -ен. Поглощённый заботами, выражающий беспокойство, заботу. *Озабоченные люди. О. вид.* ‖ *сущ.* **озабо́ченность,** -и, *ж.*

ОЗАБО́ЧИВАТЬ, -аю, -аешь; *несов., кого (что)* (книжн.). То же, что заботить. *Озабочивает судьба семьи.*

ОЗАГЛА́ВИТЬ, -влю, -вишь; -вленный; *сов., что.* Дать заглавие. *О. статью.* ‖ *несов.* **озаглá́вливать,** -аю, -аешь.

ОЗАДА́ЧЕННЫЙ, -ая, -ое; -ен. Удивлённый, недоумевающий. *О. вид. Смотреть озадаченно* (нареч.). ‖ *сущ.* **озада́ченность,** -и, *ж.*

ОЗАДА́ЧИТЬ, -чу, -чишь; -ченный; *сов., кого (что).* **1.** Привести в недоумение, затруднить, смутить. *О. кого-н. вопросом.* **2.** Дать задачу, задание (разг. шутл.). ‖ *несов.* **озада́чивать,** -аю, -аешь.

ОЗАРЕ́НИЕ, -я, *ср.* (книжн.). **1.** *см.* озарить, -ся. **2.** Внезапное прояснение сознания, ясное понимание чего-н. *О. нашло на кого-н.*

ОЗАРИ́ТЬ (-рю́, -ри́шь, 1 и 2 л. не употр.), -ри́т; -рённый (-ён, -ена́); *сов.* **1.** *кого-что.* Ярко осветить (высок.). *Солнце озарило поля. Улыбка озарила лицо* (перен.). *Надежда озарила душу* (перен.). **2.** *перен., кого (что).* Неожиданно прийти на ум кому-н., прояснить что-н. кому-н. *Его озарила догадка. Вдруг его озарило* (безл.). ‖ *несов.* **озаря́ть** (-я́ю, -я́ешь, 1 и 2 л. не употр.), -я́ет. ‖ *сущ.* **озаре́ние,** *-я, ср.*

ОЗАРИ́ТЬСЯ, -рю́сь, -ри́шься; *сов., чем* (высок.). Ярко осветиться. *Поле озарилось лучами солнца. Лицо озарилось улыбкой* (перен.). ‖ *несов.* **озаря́ться,** -я́юсь, -я́ешься. ‖ *сущ.* **озаре́ние,** *-я, ср.*

ОЗВЕРЕ́ЛЫЙ, -ая, -ое; -е́л. Жестокий, злой как зверь. *О. враг.* ‖ *сущ.* **озвере́лость,** -и, *ж.*

ОЗВЕРЕ́ТЬ *см.* зверeть.

ОЗВУ́ЧИТЬ, -чу, -чишь; -ченный; *сов., что* (спец.). Записать звуковое сопровождение (фильма) отдельно от съёмки. *Фильм озвучен на студии.* ‖ *несов.* **озву́чивать,** -аю, -аешь. ‖ *сущ.* **озву́чение,** *-я, ср. и* **озву́чивание,** *-я, ср.*

ОЗДОРОВИ́ТЬ, -влю́, -ви́шь; -влённый (-ён, -ена́); *сов., что.* **1.** Сделать здоровым; улучшить санитарное состояние чего-н. *О. организм. О. местность.* **2.** *перен.* Улучшить, привести в нормальное, благоприятное состояние. *О. обстановку в коллективе.* ‖ *несов.* **оздоровля́ть,** -я́ю, -я́ешь. ‖ *сущ.* **оздоровле́ние,** *-я, ср.* ‖ *прил.* **оздорови́тельный,** -ая, -ое. *Туристский о. лагерь.*

ОЗЕЛЕНИ́ТЕЛЬ, -я, *м.* Специалист по озеленению.

ОЗЕЛЕНИ́ТЬ, -ню́, -ни́шь; -нённый (-ён, -ена́); *сов., что.* Произвести посадку деревьев, кустов, декоративных растений на каком-н. пространстве. *О. улицы.* ‖ *несов.* **озеленя́ть,** -я́ю, -я́ешь. ‖ *сущ.* **озелене́ние,** *-я, ср. О. городов.* ‖ *прил.* **озелени́тельный,** -ая, -ое.

О́ЗЕМЬ, *нареч.* (устар.). На землю, об землю. *Грохнулся о.*

О́ЗЕРО, -а, *мн.* озёра, озёр, озёрам, *ср.* Замкнутый в берегах большой естественный водоём. *Горное о. Глаза как озёра у кого-н.* (большие и глубокие). ‖ *уменьш.* **озерко́,** -а́, *мн.* -и́, -о́в, *ср. и* **озерцо́,** -а́, *мн.* озёрца, -рец, -рцам, *ср.* ‖ *прил.* **озёрный,** -ая, -ое. *Озёрное ложе. О. край* (со многими озёрами).

ОЗИ́МЫЙ, -ая, -ое. Об однолетних растениях: засеваемый осенью, зимующий под снегом. *Озимые культуры. Озимая рожь. Уборка озимых* (сущ.).

О́ЗИМЬ, -и, *ж.* Озимый посев, его всходы. *Зеленеют озими.*

ОЗИРА́ТЬ, -а́ю, -а́ешь; *несов., кого-что* (книжн.). Осматривать, окидывать взором. *О. местность.*

ОЗИРА́ТЬСЯ, -а́юсь, -а́ешься; *несов.* Бросать взгляды в разные стороны. *Ходить, озираясь. О. по сторонам.*

ОЗЛИ́ТЬ, -СЯ *см.* злить, -ся.

ОЗЛО́БИТЬ, -блю, -бишь; -бленный; *сов., кого (что).* Ожесточить, сделать злобным. *Озлобили несправедливые нападки.* ‖ *несов.* **озлобля́ть,** -я́ю, -я́ешь.

ОЗЛО́БИТЬСЯ, -блюсь, -бишься; *сов.* Ожесточиться, стать злобным. ‖ *несов.* **озлобля́ться,** -я́юсь, -я́ешься.

ОЗЛОБЛЕ́НИЕ, -я, *ср.* Состояние крайнего раздражения, озлобленность.

ОЗЛО́БЛЕННЫЙ, -ая, -ое; -ен. Озлобившийся, злобно настроенный, выражающий злобу. *О. человек. О. тон.* ‖ *сущ.* **озло́бленность,** -и, *ж.*

ОЗНАКО́МИТЬ, -СЯ *см.* знакомить, -ся.

ОЗНАКОМЛЯ́ТЬ, -я́ю, -я́ешь; *несов., кого (что) с чем.* То же, что знакомить (во 2 знач.). *О. с условиями работы.*

ОЗНАКОМЛЯ́ТЬСЯ, -я́юсь, -я́ешься; *несов., с чем.* То же, что знакомиться (во 2 знач.). *О. с обстановкой.*

ОЗНАМЕНОВА́ТЬ, -ну́ю, -ну́ешь; -о́ванный; *сов., что чем.* Торжественно отметить устройством чего-н., достижениями в чём-н. *О. праздник фейерверком.* ‖ *несов.* **ознамено́вывать,** -аю, -аешь. ‖ *сущ.* **ознаменова́ние,** -я, *ср.* ✦ **В ознаменование** *чего, в знач. предлога с род. п.* (книжн.) — то же, что в честь чего-н.

ОЗНАМЕНОВА́ТЬСЯ (-ну́юсь, -ну́ешься, 1 и 2 л. не употр.), -ну́ется; *сов., чем.* Стать примечательным вследствие чего-н. *Истекший год ознаменовался большими успехами.* ‖ *несов.* **ознамено́вываться** (-аюсь, -аешься, 1 и 2 л. не употр.), -ается. ‖ *сущ.* **ознаменова́ние,** *-я, ср.*

ОЗНАЧА́ТЬ (-а́ю, -а́ешь, 1 и 2 л. не употр.), -а́ет; *несов., что.* То же, что обозначать (во 2 знач.). *Что означает ваше молчание?*

ОЗНА́ЧЕННЫЙ, -ая, -ое (устар.). Такой, к-рый указан, назван. *В о. день.*

ОЗНО́Б, -а, *м.* Дрожь при лихорадке, болезненное ощущение холода. *Почувствовать о. О. бьёт кого-н.* ‖ *прил.* **озно́бный,** -ая, -ое.

ОЗНОБИ́ТЬ, -блю́, -би́шь; -блённый (-ён, -ена́); *сов., что.* Немного обморозить. *О. лицо, руки.* ‖ *несов.* **ознобля́ть,** -я́ю, -я́ешь. ‖ *сущ.* **озномбле́ние,** *-я, ср.*

ОЗОЛОТИ́ТЬ, -очу́, -оти́шь; -очённый (-ён, -ена́); *сов., кого (что)* (разг.). Обогатить, щедро одарить.

ОЗО́Н, -а, *м.* Газ с резким запахом, соединение трёх атомов кислорода, употр. для очищения воздуха, воды, а также в технике. ‖ *прил.* **озо́нный,** -ая, -ое *и* **озо́новый,** -ая, -ое. *Озоновый слой.* ✦ **Озоновая дыра** (спец.) — аномальное явление — уменьшение естественного для данной широты и времени года содержания озона в атмосфере.

ОЗОНА́ТОР, -а, *м.* (спец.). Аппарат для получения озона, а также для обеззараживания воды и обогащения воздуха озоном. ‖ *прил.* **озона́торный,** -ая, -ое.

ОЗОНИ́РОВАТЬ, -рую, -руешь; -анный; *сов. и несов., что* (спец.). **1.** Обратить (-ащать) в озон. *О. кислород.* **2.** Обогатить (-ащать) озоном, обеззаразить (-раживать) при помощи озона. *О. воду. О. воздух.* ‖ *сущ.* **озони́рование,** *-я, ср.*

ОЗОРНИ́К, -а́, *м.* Тот, кто озорничает (обычно о детях). ‖ *ж.* **озорни́ца,** -ы.

ОЗОРНИЧА́ТЬ, -а́ю, -а́ешь; *несов.* Заниматься озорством. ‖ *сов.* **созорнича́ть,** -а́ю, -а́ешь.

ОЗОРНО́Й, -а́я, -о́е. Склонный к озорству, полный озорства. *О. мальчишка. Озорное поведение.*

ОЗОРСТВО́, -а́, *ср.* Непозволительная шалость, задорное, нарушающее порядок поведение. *Сделать что-н. из озорства.*

ОЗЯ́БНУТЬ *см.* зябнуть.

ОЙ и **ОЙ-ОЙ-О́Й** [*оёй*], *межд.* **1.** Выражает испуг, удивление, боль. **2.** Усиливает слово, к к-рому примыкает одно или вместе с местоименными словами «как», «какой» (разг.). *Жилось ой как трудно. Нелегко было, ой нелегко.* ✦ **Ой ли?** (разг. ирон.) — выражение сомнения, недоверия, верно ли, так ли.

О́ЙКАТЬ, -аю, -аешь; *несов.* (разг.). Произносить, кричать «ой». ‖ *однокр.* **о́йкнуть,** -ну, -нешь.

ОКАЗА́ТЬ, -ажу́, -а́жешь; -а́занный; *сов., что.* **1.** В сочетании с нек-рыми существительными обозначает действие по знач. данного существительного. *О. помощь* (помочь). *О. сопротивление. О. влияние на кого-н.* (повлиять). *О. предпочтение* (предпочесть). *О. доверие* (довериться). *О. услугу* (услужить). *О. хороший приём кому-н.* (хорошо принять). *О. внимание* (внимательно отнестись). **2.** Обнаружить, проявить (устар.). *О. смелость.* ✦ **Оказать себя** *кем или как* (устар.) — проявить себя каким-н. образом. *В бою оказал себя героем.* ‖ *несов.* **оказывать**, -аю, -аешь. ‖ *сущ.* **оказание**, -я, *ср.* (к 1 знач.).

ОКАЗАТЬСЯ, -ажусь, -ажешься; *сов.* **1.** Обнаружиться, явиться кем-чем-н., выявиться. *Успехи оказались значительными. Сосед оказался старым знакомым. Оказалось, что ты был прав.* **2.** Очутиться, найтись (о ком-чём-н., имеющемся налицо). *В кошельке не оказалось денег.* **3.** Очутиться где-н., в каком-н. положении (преимущ. неожиданно, нечаянно). *О. на незнакомой улице. О. в ложном положении.* ‖ *несов.* **оказываться**, -аюсь, -аешься. ‖ *сущ.* **оказательство**, -а, *ср.* (к 1 знач.; устар.).

ОКАЗИЯ, -и, *ж.* **1.** Удобный случай для посылки, отправки чего-н. с кем-н. *Послать письмо с оказией.* **2.** Редкий, необычный случай, неожиданность (устар. и разг.). *Что за о.!*

ОКАЗЫВАТЬСЯ, -аюсь, -аешься; *несов.* **1.** *см.* оказаться. **2. оказывается**, *вводн. сл.* Выражает неожиданное узнавание, как выясняется. *А ты, оказывается, хитрец.*

ОКАЙМИТЬ, -млю, -мишь; -млённый (-ён, -ена); *сов., что.* Обвести каймой. *О. рисунок орнаментом.* ‖ *несов.* **окаймлять**, -яю, -яешь. ‖ *сущ.* **окаймление**, -я, *ср.*

ОКАЛИНА, -ы, *ж.* (спец.). Продукт окисления, образующийся на поверхности стали и нек-рых других сплавов. *Железная о.*

ОКАМЕНЕЛОСТЬ, -и, *ж.* **1.** *см.* окаменелый. **2.** Ископаемые окаменелые остатки животных или растений. *Найти интересную о.*

ОКАМЕНЕЛЫЙ, -ая, -ое; -ел. **1.** *полн. ф.* Превратившийся в камень, окаменевший. *Окаменелые кости. Окаменелые растения.* **2.** *перен.* Неподвижный, безжизненный. *О. взор.* ‖ *сущ.* **окаменелость**, -и, *ж.*

ОКАМЕНЕТЬ *см.* каменеть.

ОКАНТОВАТЬ *см.* кантовать[1].

ОКАНТОВКА, -и, *ж.* **1.** *см.* кантовать[1]. **2.** Полоска, к-рой окантован рисунок, фотография, кант (во 2 знач.). *Красивая о.*

ОКАНТОВОЧНЫЙ *см.* кантовать.

ОКАНЧИВАТЬ, -СЯ *см.* окончить, -ся.

ОКАПЫВАТЬ *см.* окопать.

ОКАПЫВАТЬСЯ *см.* окопаться.

ОКАРМЛИВАТЬ *см.* окормить.

ОКАТИТЬ, -ачу, -атишь; -аченный; *сов., кого-что.* Облить сразу большим количеством чего-н. *О. водой, из ведра.* ‖ *несов.* **окачивать**, -аю, -аешь. ‖ *возвр.* **окатиться**, -ачусь, -атишься; *несов.* **окачиваться**, -аюсь, -аешься.

ОКАТЫШ, -а, *м.* (спец.). Комочек измельчённого рудного концентрата. *Рудные окатыши.* ‖ *прил.* **окатышевый**, -ая, -ое.

ОКАТЬ, -аю, -аешь; *несов.* Говорить, сохраняя в произношении различие между неударяемыми гласными «о» и «а», напр., произносить вода, вместо вада. *Северновеликорусские окающие говоры. Окающее произношение.* ‖ *сущ.* **оканье**, -я, *ср.*

ОКАЯННЫЙ, -ая, -ое. **1.** Отверженный, проклятый (устар.). *О. грешник.* **2.** Употр. как бранное и осудительное слово (прост.). *Надоел ты, о.!*

ОКЕАН, -а, *м.* **1.** Весь водный покров Земли, окружающий материки и острова. *Мировой о.* **2.** Водное пространство, омывающее материк или находящееся между материками. *Северный Ледовитый о. Людской о.* (перен.: о массах людей). *О. знаний* (перен.). ✦ **Воздушный океан** — всё воздушное пространство, атмосфера. ‖ *прил.* **океанский**, -ая, -ое *и* **океанический**, -ая, -ое. *Океанский лайнер. Океаническое рыболовство. Океанские птицы. Океанические процессы.*

ОКЕАНАВТ, -а, *м.* Исследователь океанских глубин.

ОКЕАНАРИУМ, -а *и* **ОКЕАНАРИЙ**, -я, *м.* (спец.). Бассейн, в к-ром содержатся в целях наблюдения и изучения морские животные и рыбы. ‖ *прил.* **океанариумный**, -ая, -ое.

ОКЕАНОЛОГ, -а, *м.* Специалист по океанологии.

ОКЕАНОЛОГИЯ, -и, *ж.* Совокупность наук о Мировом океане. ‖ *прил.* **океанологический**, -ая, -ое.

ОКЕЙ [о слабоударяемое], *частица и в знач. сказ.* (прост.). Выражение согласия, подтверждения, одобрения; всё хорошо, всё в порядке.

ОКИНУТЬ, -ну, -нешь; -утый; *сов.:* **окинуть взором (взглядом, глазами)** *кого-что* — осмотреть, как бы обнять взглядом. *Окинуть взором окрестность. Дали — не окинешь взором* (неоглядные, необозримые). ‖ *несов.* **окидывать**, -аю, -аешь.

ОКИСЕЛ, -сла, *м.* (спец.). Соединение химического элемента с кислородом, оксид. *Природные окислы.*

ОКИСЛЕНИЕ, -я, *ср.* (спец.). Химическая реакция соединения вещества с кислородом или с другим веществом, способным принимать электроны.

ОКИСЛИТЕЛЬ, -я, *м.* (спец.). Вещество, способное производить окисление.

ОКИСЛИТЬ, -лю, -лишь; -лённый (-ён, -ена) *и* **ОКИСЛИТЬ**, -лю, -лишь; -ленный; *сов., что* (спец.). Подвергнуть окислению. ‖ *несов.* **окислять**, -яю, -яешь. ‖ *прил.* **окислительный**, -ая, -ое.

ОКИСЛИТЬСЯ (-люсь, -лишься, 1 и 2 л. не употр.), -лится *и* **ОКИСЛИТЬСЯ** (-люсь, -лишься, 1 и 2 л. не употр.), -лится; *сов.* (спец.). Подвергнуться окислению. ‖ *несов.* **окисляться** (-яюсь, -яешься, 1 и 2 л. не употр.), -яется. ‖ *прил.* **окислительный**, -ая, -ое.

ОКИСЬ, -и, *ж.* (спец.). Соединение элементов средней степени окисления с кислородом. *О. углерода* (угарный газ.). *О. цинка.* ‖ *прил.* **окисный**, -ая, -ое.

ОККАЗИОНАЛЬНЫЙ, -ая, -ое; -лен, -льна (книжн.). Случайный, единичный. *Окказиональные слова* (индивидуальные неологизмы). ‖ *сущ.* **окказиональность**, -и, *ж.*

ОККУПАНТ, -а, *м.* Участник оккупации, захватчик. *Изгнание оккупантов.* ‖ *прил.* **оккупантский**, -ая, -ое.

ОККУПАЦИЯ, -и, *ж.* **1.** Временное отторжение, захват чужой территории военной силой. **2.** Период такого захвата и пребывания гражданского населения на захваченной территории (разг.). *Во время оккупации. Остаться жить в оккупации.* ‖ *прил.* **оккупационный**, -ая, -ое (к 1 знач.). *Оккупационные войска. О. режим.*

ОККУПИРОВАТЬ, -рую, -руешь; -анный; *сов. и несов., что.* Произвести (-водить) оккупацию (в 1 знач.) чего-н. *О. страну.*

ОКЛАД[1], -а, *м.* **1.** Размер заработной платы. *Месячный о. Повысить о.* **2.** Размер какого-н. денежного сбора, налога (устар.). ‖ *прил.* **окладной**, -ая, -ое (ко 2 знач.). *О. лист. Окладная система.*

ОКЛАД[2], -а, *м.* Тонкое металлическое покрытие на иконе (оставляющее открытым только изображение лица и рук), риза (во 2 знач.), а также такое покрытие на старинном книжном переплёте. *Золочёный о. Серебряный о. Образа в дорогих окладах.* ‖ *прил.* **окладный**, -ая, -ое.

ОКЛАДИСТЫЙ, -ая, -ое; -ист. О бороде: широкий и густой.

ОКЛЕВЕТАТЬ, -ещу, -ещешь; -етанный; *сов., кого (что).* Опорочить клеветой. *О. невиновного.*

ОКЛЕИТЬ, -ею, -еишь; -еенный; *сов., что.* Покрыть чем-н., наклеивая. *О. стены обоями.* ‖ *несов.* **оклеивать**, -аю, -аешь. ‖ *сущ.* **оклеивание**, -я, *ср. и* **оклейка**, -и, *ж.*

ОКЛЕМАТЬСЯ, -аюсь, -аешься; *сов.* (прост.). То же, что выздороветь, прийти в себя (после болезни, недомогания). *Еле-еле оклемался.*

ОКЛИК, -а, *м.* Возглас, к-рым окликают. *О. часового.*

ОКЛИКНУТЬ, -ну, -нешь; -утый; *сов., кого (что).* Крикнув, остановить или подозвать. *О. прохожего.* ‖ *несов.* **окликать**, -аю, -аешь.

ОКНО, -а, *мн.* окна, окон, окнам, *ср.* **1.** Отверстие в стене для света и воздуха, а также рама со стеклом, закрывающая это отверстие. *Большое, высокое, узкое о. Комната в два окна. Стоять под окном. Выбросить что-н. за о.* или *в о. Открыть, закрыть о. Опустить, поднять о.* (с движущейся вверх и вниз рамой, напр., в вагоне). *Цветы на окне* (на подоконнике). *Сесть на о.* (на подоконник). *Замазать, заклеить, утеплить окна* (заделать на зиму щели между рамами). **2.** Отверстие в разделяющей что-н. стенке, перегородке. *О. кассира. О. рецептурного отдела* (в аптеке). **3.** *перен.* Просвет, отверстие в чём-н. *О. между тучами. О. в болоте* (остаток водоёма в виде открытого углубления). **4.** *перен.* Ничем не занятое время, промежуток в цикле работ, в учебном расписании (разг.). *О. между лекциями.* ✦ **За окном (за окнами)** *что* — на дворе, на улице (о времени года, суток, о погоде). *За окнами зима. За окном тёмная ночь.* **Слуховое окно** — окно на чердаке в крыше. ‖ *уменьш.* **оконце**, -а, *род. мн.* -цев *и* -нец, *ср.* (к 1 знач.). ‖ *прил.* **оконный**, -ая, -ое (к 1 знач.). *О. проём. Оконное стекло.*

ОКО, -а, *мн.* очи, очей (устар. и высок.) *и* (стар.) очеса, очес, *ср.* (устар. и высок.). То же, что глаз (в 1 знач.). *Видит о., да зуб неймёт* (посл. о невозможности получить то, что кажется доступным). *О. за о., зуб за зуб* (о тех, кто мстит, ничего не забывая, не прощая). ✦ **В мгновение ока (книжн.)** — в один миг, мгновенно, сразу.

ОКОВАТЬ, окую, окуёшь; -ованный; *сов.* **1.** *что.* Обить слоем металла. *О. ящик железом. Окованная дверь. Льдом оковало* (безл.) *пруд* (перен.). **2.** (1 и 2 л. не употр.), *перен., кого-что.* Сделать неподвижным, заставить замереть. *Ужас оковал людей. Душа окована страхом.* **3.** *кого-что.* Надеть оковы на кого-н. (устар.). ‖ *несов.* **оковывать**, -аю, -аешь. ‖ *сущ.* **оковывание**, -я, *ср.* (к 1 и 3 знач.) *и* **оковка**, -и, *ж.* (к 1 знач.). ‖ *прил.* **оковочный**, -ая, -ое (к 1 знач.).

ОКОВЫ, оков. **1.** То же, что кандалы. *Заковать в о.* **2.** *перен., чего или какие.* То, что сковывает, связывает деятельность (высок.). *О. рабства.*

ОКОЛАЧИВАТЬСЯ, -аюсь, -аешься; *несов.* (прост. неодобр.). Ходить, находиться где-н. без дела, зря. *Около дома окалачивается какой-то парень.*

ОКОЛДОВАТЬ, -дую, -дуешь; -ованный; *сов.* **1.** *кого-что.* Подчинить сверхъестественным силам, напустив колдовские чары.

Околдован злым волшебником кто-н. Околдованный замок. **2.** *перен., кого (что).* Очаровать, увлечь. *Пение околдовало слушателей.* || *несов.* **околдо́вывать**, -аю, -аешь.

ОКОЛЕ́СИЦА, -ы и **ОКОЛЁСИЦА**, -ы, *ж.* (разг.). Бессмыслица, вздор. *Нести околесицу.*

ОКОЛЕ́ТЬ, -е́ю, -е́ешь; *сов.* (прост.). Умереть, издохнуть (о животных; о человеке — пренебр.). || *несов.* **околева́ть**, -а́ю, -а́ешь.

ОКОЛЁСНАЯ, -ой, *ж.*: **нести околёсную** (разг.) — говорить бессмыслицу, вздор.

ОКО́ЛИЦА, -ы, *ж.* (обл.). **1.** Изгородь вокруг деревни или у края деревни; вообще край деревни. *Выйти за околицу.* **2.** Место вокруг селения, рядом с ним, окружающая местность. **3.** Окольная дорога. *Ехать околицей. Для милого друга семь вёрст не о.* (посл.). ✦ **Кричать на всю околицу** (разг.) — очень громко. **Расславить на всю околицу** (разг.) — разгласить всем, многим. || *прил.* **око́личный**, -ая, -ое.

ОКОЛИ́ЧНОСТЬ, -и, *ж.* Намеренная недомолвка, намёк. *Говорить без околичностей.*

О́КОЛО. 1. *нареч.* Поблизости, вблизи. *Сядь о. О. никого не видно.* **2.** *чего, предлог с род. п.* Рядом с кем-чем-н. *Дом о. пруда.* **3.** *чего, предлог с род. п.* Указывает на приблизительность меры, количества, времени. *Весит о. килограмма. Мальчику о. десяти лет. О. полуночи.*

ОКОЛО..., *приставка.* Образует: 1) существительные и прилагательные со знач. нахождения рядом, поблизости, напр. *околоплодник, околоплодье, околоцветник, околоушный, околозвёздный, околоземный, околопланетный, окололунный, околосевой;* 2) прилагательные со знач. не до конца принадлежащий к чему-н., лишь внешне относящийся к чему-н., напр. *окололитературный, околотеатральный, околонаучный* (о среде, окружении); 3) прилагательные со знач. приблизительности во времени, напр. *околополуденный.*

ОКОЛОЗЕ́МНЫЙ, -ая, -ое (спец.). Находящийся около Земли, окружающий Землю. *Околоземное пространство. Околоземная орбита.*

ОКОЛОЛИТЕРАТУ́РНЫЙ, -ая, -ое. Имеющий лишь внешнее отношение к литературе, к литературной среде. *Окололитературные круги.*

ОКОЛОНАУ́ЧНЫЙ, -ая, -ое. Имеющий лишь внешнее отношение к науке, к научной среде.

ОКОЛОСЕРДЕ́ЧНЫЙ, -ая, -ое (спец.). Расположенный вокруг сердца. *Околосердечная сумка* (оболочка, в к-рой расположено сердце).

ОКОЛО́ТОК, -тка, *м.* **1.** Окружающая местность, окрестность (устар.). *Живёт в нашем околотке.* **2.** Подразделение участка, дистанции на путях сообщения (устар.). *Дорожный мастер околотка.* **3.** В царской России: подразделение полицейского городского участка. || *прил.* **околото́чный**, -ая, -ое (ко 2 и 3 знач.). *Околоточный надзиратель* или (сущ.) *околоточный* (в царской России: полицейский чин, ведающий околотком в 3 знач.).

ОКОЛПА́ЧИТЬ, -чу, -чишь; -ченный; *сов., кого (что)* (прост.). Обмануть, одурачить. || *несов.* **околпа́чивать**, -аю, -аешь.

ОКО́ЛЫШ, -а, *м.* Часть головного убора — плотный ободок, облегающий голову. *Форменная фуражка с околышем.*

ОКО́ЛЬНИЧИЙ, -его, *м.* В Русском государстве до 18 в.: один из высших придворных чинов, а также лицо, имеющее этот чин.

ОКО́ЛЬНЫЙ, -ая, -ое. О пути, дороге: расположенный в стороне от кратчайшего пути, направления, кружный. *Окольная дорога. Выведать что-н. окольным путём* (перен.: не прямо, путём уловок, обходным путём; разг.).

ОКОЛЬЦЕВА́ТЬ *см.* кольцевать.

ОКОНЕ́ЧНОСТЬ, -и, *ж.* Конец, край чего-н. *О. мыса, острова.*

ОКО́ННЫЙ *см.* окно.

ОКОНФУ́ЗИТЬ, -у́жу, -у́зишь; -у́женный; *сов., кого (что)* (прост.). Поставить в неловкое положение, сконфузить. || *несов.* **оконфу́живать**, -аю, -аешь. || *возвр.* **оконфу́зиться**, -у́жусь, -у́зишься; *несов.* **оконфу́живаться**, -аюсь, -аешься.

ОКОНЧА́НИЕ, -я, *ср.* **1.** *см.* окончить, -ся. **2.** Конец, завершающая часть чего-н. *Благополучное о. повести. О. романа в следующем номере журнала.* **3.** В грамматике: то же, что флексия. *Падежное о.*

ОКОНЧА́ТЕЛЬНЫЙ, -ая, -ое; -лен, -льна. **1.** Последний, полученный в конечном итоге, а также не подлежащий пересмотру или отмене. *О. вывод. Окончательная редакция текста. Решение суда — окончательное. Дать о. ответ.* **2.** *полн. ф.* То же, что безнадёжный (во 2 знач.) (прост.). *О. подлец.* || *сущ.* **оконча́тельность**, -и, *ж.* (к 1 знач.).

ОКО́НЧИТЬ, -чу, -чишь; -ченный; *сов., что.* То же, что кончить (в 1, 2 и 3 знач.). *О. работу. О. спор. О. школу. О. ссорой.* || *несов.* **ока́нчивать**, -аю, -аешь. || *сущ.* **оконча́ние**, -я, *ср. По окончании учёбы.*

ОКО́НЧИТЬСЯ (-чусь, -чишься, 1 и 2 л. не употр.), -чится; *сов.* То же, что кончиться (в 1 и 2 знач.). *Заседание окончилось поздно. Дело окончилось миром.* || *несов.* **ока́нчиваться** (-аюсь, -аешься, 1 и 2 л. не употр.), -ается. || *сущ.* **оконча́ние**, -я, *ср.*

ОКО́П, -а, *м.* Укрытие для стрельбы и для защиты от огня (в 3 знач.) в виде неглубокого рва с насыпью. *Отрыть о. Одиночный о.* (для одного бойца). || *уменьш.* **око́пчик**, -а, *м.* || *прил.* **око́пный**, -ая, -ое. *Окопная война* (позиционная; разг.). *Окопная дружба* (солдатская; разг.).

ОКОПА́ТЬ, -а́ю, -а́ешь; -о́панный; *сов., что.* Вскопать землю вокруг чего-н. *О. кусты, яблони.* || *несов.* **ока́пывать**, -аю, -аешь. || *сущ.* **ока́пывание**, -я, *ср.*

ОКОПА́ТЬСЯ, -а́юсь, -а́ешься; *сов.* **1.** Отрыть и занять окоп (окопы). *Рота окопалась.* **2.** *перен.* Избегая чего-н., укрыться, найти себе где-н. удобное, спокойное пристанище (разг. ирон.). *Агроном, а окопался в городе.* || *несов.* **ока́пываться**, -аюсь, -аешься.

ОКОРМИ́ТЬ, -ормлю́, -о́рмишь; -о́рмленный; *сов., кого-что.* **1.** То же, что обкормить (разг.). *О. скотину.* **2.** Отравить, накормив чем-н. вредным, ядовитым (устар. разг.). || *несов.* **ока́рмливать**, -аю, -аешь. || *сущ.* **око́рм**, -а, *м.* (спец.) *и* **око́рмка**, -и, *ж.*

ОКОРНА́ТЬ *см.* корнать.

О́КОРОК, -а, *мн.* -а́, -о́в, *м.* Часть туши — бедро (обычно свиное). *Копчёный о.* || *прил.* **окороко́вый**, -ая, -ое.

ОКОРОТИ́ТЬ, -очу́, -оти́шь; -о́ченный; *сов., что* (разг.). Сделать слишком коротким. *О. пиджак.* || *несов.* **окора́чивать**, -аю, -аешь.

ОКОСЕ́ТЬ, -е́ю, -е́ешь; *сов.* (прост.). **1.** Стать косоглазым или ослепнуть на один глаз. **2.** Опьянеть, стать пьяным. *От трёх рюмок окосел.*

ОКОСТЕНЕВА́ТЬ, -а́ю, -а́ешь; *несов.* То же, что костенеть.

ОКОСТЕНЕ́ЛЫЙ, -ая, -ое; -е́л. **1.** *полн. ф.* Превратившийся в кость, а также вообще закостеневший, окостеневший. *О. хрящ. Окостенелые от холода руки. О. труп.* **2.** *перен.* Утративший гибкость, способность движения, развития. *О. ум.* || *сущ.* **окостене́лость**, -и, *ж.*

ОКОСТЕНЕ́ТЬ *см.* костенеть.

ОКО́Т, -а, *м.* Роды кошки и нек-рых других животных (козы, овцы, зайчихи).

ОКОТИ́ТЬСЯ *см.* котиться.

ОКОЧЕНЕ́ЛЫЙ, -ая, -ое; -е́л. Застывший от холода, сильно озябший. *Окоченелые руки.* || *сущ.* **окочене́лость**, -и, *ж.*

ОКОЧЕНЕ́ТЬ *см.* коченеть.

ОКОЧУ́РИТЬСЯ, -рюсь, -ришься; *сов.* (прост.). То же, что умереть (в 1 знач.). || *несов.* **окочу́риваться**, -аюсь, -аешься.

ОКО́ШКО, -а, *мн.* -шки, -шек, *ср.* (разг.). То же, что окно (в 1, 2 и 3 знач.). *Сидеть у окошка. О. с резными наличниками. Домик в три окошка. О. в кассе. О. в трясине, в болоте.* || *уменьш.* **око́шечко**, -а, *ср.*

ОКРА́ИНА, -ы, *ж.* **1.** Край, крайняя часть какой-н. местности. *О. леса. На самой окраине деревни.* **2.** Удалённая от центра часть города, прилегающая к границе его. *Городские окраины.* **3.** Отдалённая от центральных областей пограничная часть государства. *Восточные окраины царской России.* || *прил.* **окра́инный**, -ая, -ое.

ОКРА́СИТЬ, -СЯ *см.* красить, -ся.

ОКРА́СКА, -и, *ж.* **1.** *см.* красить *и* окрашивать. **2.** Цвет[1] или сочетание цветов[1] на чём-н. *Защитная о. у животных. Ткани яркой окраски.* **3.** *перен.* Смысловой, выразительный оттенок чего-н. *Придать рассказу юмористическую окраску. Стилистическая о. слова.*

ОКРА́СОЧНЫЙ *см.* красить.

ОКРА́ШИВАТЬ, -аю, -аешь; *несов., что.* То же, что красить (в 1 знач.). *О. ткани.* || *сущ.* **окра́шивание**, -я, *ср. и* **окра́ска**, -и, *ж.*

ОКРЕ́ПНУТЬ *см.* крепнуть.

ОКРЕ́СТ (устар.). **1.** *нареч.* В окрестности, вокруг. *О. ни души. Тишина о.* **2.** *чего, предлог с род. п.* То же, что вокруг (во 2 знач.). *Взглянуть о. себя. Скитаться о. селений.*

ОКРЕСТИ́ТЬ, -ещу́, -е́стишь; -ещённый (-ён, -ена́); *сов., кого-что.* **1.** *см.* крестить. **2.** *кем-чем,* или *им.,* или (при вопросе) *как.* Дать кому-чему-н. какое-н. прозвище, название (разг.). *Орудие окрестили «Катюшей».*

ОКРЕСТИ́ТЬСЯ *см.* креститься.

ОКРЕ́СТНОСТЬ, -и, *ж.* Местность, прилегающая к чему-н., окружающее пространство. *Окрестности столицы.* ✦ **В окрестности** *чего, в знач. предлога с род. п.* — недалеко от, близ чего-н. *Прогулки в окрестности озера.*

ОКРЕ́СТНЫЙ, -ая, -ое. Находящийся или живущий в окрестности. *Окрестные деревни, леса. Окрестное население.*

ОКРИВЕ́ТЬ *см.* криветь.

О́КРИК, -а, *м.* **1.** Возглас, к-рым окрикивают, окликают кого-н., громкий оклик. *О. сторожа. Обернуться на о.* **2.** Резкий возглас с приказанием, выговором, угрозой. *Грубый о.*

ОКРИ́КНУТЬ, -ну, -нешь; -утый; *сов., кого (что)* (разг.). Громко окликнуть. *О. прохожего.* || *несов.* **окри́кивать**, -аю, -аешь.

ОКРОВА́ВИТЬ, -влю, -вишь; -вленный; *сов., кого-что.* Залить, испачкать кровью. *Окровавленный бинт.* || *несов.* **окрова́вли-**

вать, -аю, -аешь. ‖ *возвр.* **окрова́виться**, -влюсь, -вишься; *несов.* **окрова́вливаться**, -аюсь, -аешься.

ОКРОВЕНЕ́ТЬ (-е́ю, -е́ешь, 1 и 2 л. не употр.), -е́ет; *сов.* (прост.). Намокнуть от крови. *Повязка окровенела.*

ОКРОВЕНИ́ТЬ, -ню́, -ни́шь; *сов., кого-что* (прост.). То же, что окровавить. *О. руку.*

ОКРО́Л, -а, *м.* (спец.). Роды крольчихи.

ОКРОПИ́ТЬ *см.* кропить.

ОКРОПЛЯ́ТЬ, -я́ю, -я́ешь; *несов., кого-что.* То же, что кропить (в 1 знач.).

ОКРО́ШКА, -и, *ж.* **1.** Холодное кушанье из кваса с разной зеленью и мелко нарубленным мясом или рыбой. *О. со сметаной.* **2.** *перен.* Беспорядочная смесь (разг. неодобр.). *О. из чужих мыслей.* ‖ *прил.* **окро́шечный**, -ая, -ое (к 1 знач.).

О́КРУГ, -а, *мн.* -а́, -о́в, *м.* **1.** Административное, политическое, военное, хозяйственное подразделение государственной территории. *Автономный о.* (в составе края или области). *Военный о.* (территориальное общевойсковое объединение соединений, частей, военных учреждений). *Избирательный о.* **2.** То же, что округа (устар.). ‖ *прил.* **окружно́й**, -а́я, -о́е (к 1 знач.). *О. суд* (в России до революции: судебный орган, действующий в округе из двух-трёх уездов).

ОКРУ́ГА, -и, *ж.* (разг.). Окружающая местность. *В нашей округе. Прославился на всю округу* (везде; ирон.).

ОКРУГЛЕ́ТЬ *см.* круглеть.

ОКРУГЛИ́ТЬ, -лю́, -ли́шь; -лённый (-ён, -ена́); *сов., что.* **1.** Сделать круглым, округлым. *О. глаза* (широко раскрыть от удивления, испуга). **2.** Выразить в круглых цифрах. *О. счёт. Округлённые цифры.* **3.** Довести до значительных размеров (разг.). *О. свой капитал.* ‖ *несов.* **округля́ть**, -я́ю, -я́ешь. ‖ *сущ.* **округле́ние**, -я, *ср.*

ОКРУГЛИ́ТЬСЯ, -лю́сь, -ли́шься; *сов.* **1.** Стать круглым, округлым. *Фигура округлилась. Глаза округлились от страха.* **2.** (1 и 2 л. не употр.). Выразиться в круглых цифрах. *Счёт округлился.* **3.** (1 и 2 л. не употр.). Достигнуть значительного размера (разг.). *Капитал округлился.* ‖ *несов.* **округля́ться**, -я́юсь, -я́ешься. ‖ *сущ.* **округле́ние**, -я, *ср.*

ОКРУ́ГЛОСТЬ, -и, *ж.* **1.** *см.* округлый. **2.** Что-н. округлое, выпуклость. *Округлости фигуры.*

ОКРУ́ГЛЫЙ, -ая, -ое; -у́гл. Похожий на круг или часть круга, круглой формы. *Округлое лицо. Округлые начертания букв. О. шрифт.* ‖ *сущ.* **окру́глость**, -и, *ж.*

ОКРУЖА́ТЬ, -а́ю, -а́ешь; *несов.* **1.** *см.* окружить. **2.** (1 и 2 л. не употр.), *перен., кого (что).* Составлять чью-н. среду, находиться в числе тех, с кем кто-н. постоянно общается. *Его окружают друзья.* **3.** (1 и 2 л. не употр.), *перен., кого-что.* О постоянных, определяющих условиях существования кого-чего-н.; иметься, наличествовать. *Учёного окружает почёт. Эту семью окружает тайна.*

ОКРУЖА́ЮЩИЙ, -ая, -ее. **1.** Находящийся вокруг кого-чего-н.; составляющий чью-н. среду. *Окружающая местность. Окружающая обстановка. Окружающие люди.* **2.** **окружа́ющее**, -его, *ср.* То, что окружает, среда, обстановка. *Тяготиться окружающим.* **3.** **окружа́ющие**, -их. Люди, к-рые окружают (во 2 знач.) кого-н. *Скрыть что-н. от окружающих. Помощь окружающих.*

ОКРУЖЕ́НИЕ, -я, *ср.* **1.** *см.* окружить. **2.** Полная изоляция группировки противника от его остальных войск в целях уничтожения или пленения. *Кольцо окружения. Вырваться из окружения. Бои в окружении.* **3.** *какое.* То, что окружает, окружающая обстановка. *Благоприятное о. в семье.* **4.** *какое.* Окружающие люди, среда. *Дружественное о. Литературное о.* ✦ **В окружении** *кого-чего, в знач. предлога с род. п.* — в сопровождении кого-чего-н., среди кого-чего-н. *Профессор в окружении ассистентов. Жить в окружении общего доброжелательства.*

ОКРУЖИ́ТЬ, -жу́, -жи́шь; -жённый (-ён, -ена́); *сов.* **1.** *кого-что.* Расположиться, стать вокруг кого-чего-н. или обвести чем-н. вокруг кого-чего-н., заключив в замкнутый круг. *О. рассказчика. О. вражескую армию* (взять в окружение). *О. участок забором.* **2.** *перен., кого (что) чем.* Создать вокруг кого-н. какую-н. обстановку, условия, установить к кому-н. то или иное отношение. *О. человека вниманием, заботой.* **3.** *кого (что) кем.* Приблизить к кому-н. каких-н. лиц, группу лиц. *О. единомышленниками. О. себя льстецами.* ‖ *несов.* **окружа́ть**, -а́ю, -а́ешь. ‖ *сущ.* **окруже́ние**, -я, *ср.*

ОКРУЖНО́Й, -а́я, -о́е. **1.** *см.* округ. **2.** Расположенный по окружности, идущий вокруг чего-н. *Окружная дорога.*

ОКРУ́ЖНОСТЬ, -и, *ж.* **1.** В математике: замкнутая на плоскости кривая, все точки к-рой равно удалены от центра. **2.** Линия измерения округлых, кругообразных поверхностей и предметов. *О. водоёма. Воронка пяти метров в окружности.* **3.** Окружающая местность, окру́га (устар.). ✦ **В окружности** *чего, в знач. предлога с род. п.* (разг.) — кругом, в окрестности чего-н. *Новостройки в окружности парка.*

ОКРУ́ЖНЫЙ, -ая, -ое (устар.). Находящийся в окру́ге, в окрестностях. *Окружные селения.*

ОКРУТИ́ТЬ, -учу́, -у́тишь; -у́ченный; *сов.* **1.** *кого-что чем.* То же, что обмотать (в 1 знач.) (разг.). *О. косу вокруг головы.* **2.** *кого (что).* Хитрыми уловками привлечь к себе, подчинить (разг.). *Ловко (быстро) она парня окрутила.* **3.** *кого (что).* Обвенчать, повенчать (устар. прост.). *Поп окрутил молодых.* ‖ *несов.* **окру́чивать**, -аю, -аешь.

ОКРУТИ́ТЬСЯ, -учу́сь, -у́тишься; *сов.* **1.** (1 и 2 л. не употр.). То же, что обмотаться (разг.). **2.** Обвенчаться, повенчаться (устар. прост.). *О. в сельской церкви.* ‖ *несов.* **окру́чиваться**, -аюсь, -аешься.

ОКРЫЛИ́ТЬ, -лю́, -ли́шь; -лённый (-ён, -ена́); *сов., кого (что)* (высок.). То же, что воодушевить. *О. надеждой.* ‖ *несов.* **окрыля́ть**, -я́ю, -я́ешь. *Слова́ поддержки окрыляют.* ‖ *сущ.* **окрыле́ние**, -я, *ср.*

ОКРЫЛИ́ТЬСЯ, -лю́сь, -ли́шься; *сов., чем* (высок.). То же, что воодушевиться. *О. надеждой.* ‖ *несов.* **окрыля́ться**, -я́юсь, -я́ешься. ‖ *сущ.* **окрыле́ние**, -я, *ср.*

ОКРЫ́СИТЬСЯ, 1 л. не употр., -ишься; *сов., на кого (что)* (прост.). Злобно, раздражённо ответить; рассердиться на кого-н.

ОКСИ́Д, -а, *м.* (спец.). То же, что окисел. ‖ *прил.* **окси́дный**, -ая, -ое.

ОКСИДИ́РОВАТЬ, -рую, -руешь; -анный; *сов. и несов., что* (спец.). Подвергнуть (-гать) искусственному окислению (поверхность металлического изделия для предохранения от коррозии или для придания красивого внешнего вида). ‖ *сущ.* **оксиди́рование**, -я, *ср.* и **оксидиро́вка**, -и, *ж.*

ОКСИДИРО́ВКА, -и, *ж.* (спец.). **1.** *см.* оксидировать. **2.** Оксидированный слой на поверхности металла (разг.).

ОКТА́ВА, -ы, *ж.* (спец.). **1.** В музыке: восьмая ступень гаммы, а также интервал (во 2 знач.), охватывающий восемь ступеней звукоряда. **2.** Очень низкий бас. **3.** Восьмистишие, в к-ром первые шесть стихов[1] (в 1 знач.) объединены двумя перекрёстными рифмами, а два последних — смежной рифмой. ‖ *прил.* **окта́вный**, -ая, -ое.

ОКТЕ́Т, -а, *м.* **1.** Музыкальное произведение для восьми исполнителей с самостоятельными партиями для каждого. **2.** Ансамбль из восьми исполнителей. ‖ *прил.* **окте́тный**, -ая, -ое.

ОКТЯБРЁНОК, -нка, *мн.* -ря́та, -ря́т, *м.* Школьник до пионерского возраста. ‖ *прил.* **октября́тский**, -ая, -ое.

ОКТЯ́БРЬ, -я́, *м.* **1.** Десятый месяц календарного года. *Родиться в октябре. Пенсия за о.* **2.** (О прописное). Революционный переворот, совершённый в России в октябре 1917 г. ‖ *прил.* **октя́брьский**, -ая, -ое. *Октябрьская погода. Октябрьские заморозки.*

ОКУЛИ́РОВАТЬ, -рую, -руешь; -анный; *сов. и несов., что* (спец.). Сделать (делать) прививку на диком плодовом или декоративном растении посредством глазка[1] (во 2 знач.). ‖ *сущ.* **окулиро́вка**, -и, *ж.*

ОКУЛИ́СТ, -а, *м.* Врач — специалист по глазным болезням. ‖ *ж.* **окули́стка**, -и (разг.). ‖ *прил.* **окули́стский**, -ая, -ое.

ОКУЛЬТУ́РИТЬ, -рю, -ришь; -ренный; *сов., что* (спец.). Сделать культурным (в 4 знач.). *О. растение. Окультуренные сорта.* ‖ *несов.* **окульту́ривать**, -аю, -аешь. ‖ *сущ.* **окульту́ривание**, -я, *ср.* *О. диких растений. О. почвы.*

ОКУЛЯ́Р, -а, *м.* В оптическом приборе: часть, обращенная к глазу наблюдателя. *О. микроскопа, телескопа.* ‖ *прил.* **окуля́рный**, -ая, -ое.

ОКУНЕОБРА́ЗНЫЕ, -ых (спец.). Отряд костистых рыб.

ОКУНУ́ТЬ, -ну́, -нёшь; -у́нутый; *сов., кого-что.* Погрузить в жидкость. *О. руку в воду.* ‖ *несов.* **окуна́ть**, -а́ю, -а́ешь. ‖ *возвр.* **окуну́ться**, -ну́сь, -нёшься; *несов.* **окуна́ться**, -а́юсь, -а́ешься.

ОКУНУ́ТЬСЯ, -ну́сь, -нёшься; *сов.* **1.** *см.* окунуть. **2.** *перен., во что.* Предаться, целиком отдаться чему-н. *О. в гущу событий. С головой о. в работу.* ‖ *несов.* **окуна́ться**, -а́юсь, -а́ешься.

О́КУНЬ, -я, *мн.* -и, -е́й, *м.* Рыба с красноватыми нижними плавниками. *Речной о. Морской о.* ‖ *прил.* **о́куневый**, -ая, -ое и **окунёвый**, -ая, -ое (разг.). *Окунёвое филе. Семейство о́куневых* (сущ.).

ОКУПА́ЕМОСТЬ, -и, *ж.* Способность, возможность окупиться. *О. строительства.*

ОКУПИ́ТЬ, -уплю́, -у́пишь; -у́пленный; *сов., что.* Возместить что-н. истраченное. *О. расходы на поездку.* ‖ *несов.* **окупа́ть**, -а́ю, -а́ешь.

ОКУПИ́ТЬСЯ (-уплю́сь, -у́пишься, 1 и 2 л. не употр.), -у́пится; *сов.* О расходах: возместиться. *Расходы окупились с лихвой. Затраченные усилия окупятся* (перен.). ‖ *несов.* **окупа́ться** (-а́юсь, -а́ешься, 1 и 2 л. не употр.), -а́ется.

ОКУРГУ́ЗИТЬ, -у́жу, -у́зишь; -у́женный; *сов., что* (разг.). Сделать слишком коротким, кургузым (платье, одежду). *О. пиджак.* ‖ *несов.* **окургу́живать**, -аю, -аешь.

ОКУРИ́ТЬ, -урю́, -у́ришь; -у́ренный; *сов., кого-что.* Обдать дымом при сжигании, курении. *О. помещение* (для дезинфекции). *О. лисью нору* (чтобы выгнать оттуда зверя). ‖ *несов.* **оку́ривать,** -аю, -аешь. ‖ *сущ.* **оку́ривание,** *-я, ср.*

ОКУ́РОК, -рка, *м.* Остаток выкуренной сигареты, папиросы, сигары. *Пепельница для окурков.*

ОКУ́ТАТЬ, -аю, -аешь; -анный; *сов., кого-что.* **1.** *чем.* Кутая, обернуть. *О. ноги пледом.* **2.** (1 и 2 л. не употр.), *перен.* Обволочь, плотно окружить, охватить. *Туман окутал рощу. Событие окутано тайной* (всё в нем таинственно). ‖ *несов.* **оку́тывать,** -аю, -аешь. ‖ *возвр.* **оку́таться,** -аюсь, -аешься (к 1 знач.); *несов.* **оку́тываться,** -аюсь, -аешься.

ОКУ́ЧИТЬ, -чу, -чишь; -ченный; *сов., что.* Взрыхляя землю вокруг растения, окружить ею нижнюю часть стебля. *О. картофель, свёклу.* ‖ *несов.* **оку́чивать,** -аю, -аешь. ‖ *сущ.* **оку́чивание,** *-я, ср. и* **оку́чка,** -и, *ж.* (разг.).

ОКУ́ЧНИК, -а, *м.* Сельскохозяйственное орудие для окучивания и подкормки картофеля. *Культиватор-о.*

ОЛА́ДЬЯ, -и, *род. мн.* -дий, *ж.* Толстая мягкая лепёшка из пшеничной муки, изжаренная на сковороде. ‖ *уменьш.* **ола́душек,** -шка, *м.,* **ола́дышек,** -шка, *м.,* **ола́душка,** -и, *ж. и* **ола́дышка,** -и, *ж.* ‖ *прил.* **ола́дьевый,** -ая, -ое.

ОЛЕА́НДР, -а, *м.* Южный вечнозелёный кустарник с удлинёнными кожистыми листьями и с красными, розовыми или белыми цветками. ‖ *прил.* **олеа́ндровый,** -ая, -ое.

ОЛЕДЕНЕ́НИЕ, -я, *ср.* **1.** *см.* оледенеть. **2.** Совокупность ледников, а также процесс расширения их площади (спец.).

ОЛЕДЕНЕ́ТЬ (-е́ю, -е́ешь, 1 и 2 л. не употр.), -е́ет; *сов.* **1.** *см.* леденеть. **2.** Покрыться слоем льда. *Корпус корабля оледенел.* ‖ *несов.* **оледенева́ть** (-а́ю, -а́ешь, 1 и 2 л. не употр.), -а́ет. ‖ *сущ.* **оледене́ние,** *-я, ср*

ОЛЕДЕНИ́ТЬ *см.* леденить.

ОЛЕНЕВО́Д, -а, *м.* Человек, занимающийся разведением оленей; специалист по оленеводству.

ОЛЕНЕВО́ДСТВО, -а, *ср.* Разведение оленей как отрасль животноводства. ‖ *прил.* **оленево́дческий,** -ая, -ое.

ОЛЕНЁНОК, -нка, *мн.* **-ня́та,** **-ня́т,** *м.* Детёныш оленя.

ОЛЕ́НИНА, -ы и **ОЛЕНИ́НА,** -ы, *ж.* Мясо оленя как пища.

ОЛЕНУ́ХА, -и, *ж.* Самка оленя.

ОЛЕ́НЬ, -я, *м.* Крупное парнокопытное животное с ветвистыми рогами. *Домашний о. Дикий о. Благородный о.* ✦ **Жук-олень** (спец.) — крупный жук сем. рогачей с рогообразно удлинёнными челюстями. ‖ *прил.* **оле́ний,** -ья, -ье *и* **оле́невый,** -ая, -ое. *Оленьи рога. Оленье стадо. Семейство оленевых* (сущ.).

ОЛЕОГРА́ФИЯ, -и, *ж.* Применявшийся в 19 в. способ многокрасочной литографии с картины, писанной масляными красками. ‖ *прил.* **олеографи́ческий,** -ая, -ое.

ОЛИ́ВА, -ы и **ОЛИ́ВКА,** -и, *ж.* Вечнозелёное дерево (маслина культурная), а также (оливка и устар. олива) плод его. ‖ *прил.* **оли́вковый,** -ая, -ое *и* **оли́вный,** -ая, -ое (устар.). *Оливковое дерево* (маслина культурная). *Оливковое масло. Оливковая ветвь* (символ мира).

ОЛИ́ВКОВО-... *Первая часть сложных слов со знач.* оливковый (во 2 знач.), с оливковым оттенком, напр. *оливково-зелёный, оливково-коричневый, оливково-чёрный.*

ОЛИ́ВКОВЫЙ, -ая, -ое. **1.** *см.* олива *и* оливка. **2.** Жёлто-зелёный с коричневатым оттенком, цвета оливки.

ОЛИГА́РХ, -а, *м.* **1.** Правитель олигархии (в 1 знач.). **2.** Представитель финансово-промышленного капитала.

ОЛИГА́РХИЯ, -и, *ж.* **1.** В древности и в средние века: государство, в к-ром у власти стоит аристократическая верхушка. *Венецианская о.* (14 века). **2.** Политическое и экономическое господство небольшой группы представителей крупного финансово-промышленного капитала, а также сама такая группа. ‖ *прил.* **олигархи́ческий,** -ая, -ое.

ОЛИ́МП, -а, *м.* **1.** (О прописное). В древнегреческой мифологии: гора, на к-рой обитали боги, а также собрание богов. **2.** *перен.* Избранная верхушка какого-н. общества (книжн.). *Литературный о.* ‖ *прил.* **олимпи́йский,** -ая, -ое (к 1 знач.).

ОЛИМПИА́ДА, -ы, *ж.* **1.** (О прописное). В Древней Греции: промежуток в 4 года между олимпийскими играми. **2.** (О прописное). То же, что олимпийские игры. *Летняя О. Белая О.* (зимняя). **3.** Соревнования, состязания — спортивные, художественные или в области каких-н. знаний. *Городская о. художественной самодеятельности. О. по истории, по литературе. Математическая о. школьников.* ‖ *прил.* **олимпиа́дный,** -ая, -ое *и* **олимпи́йский,** -ая, -ое (к 1 и 2 знач.) [*первонач.* относящийся к Олимпу, Олимпии]. *Олимпийский чемпион. Олимпийский огонь* (факел, зажигаемый от солнечных лучей в Олимпии и доставляемый эстафетой на место проведения олимпийских игр; огонь, зажжённый от этого факела и горящий в чаше во всё время проведения этих игр).

ОЛИМПИ́ЕЦ, -и́йца, *м.* **1.** В древнегреческой мифологии: бог, обитатель Олимпа. *Настоящий о.* (перен.: о величаво-спокойном человеке). **2.** Спортсмен — участник современных олимпийских игр. ‖ *ж.* **олимпи́йка,** -и (ко 2 знач.; разг.). ‖ *прил.* **олимпи́йский,** -ая, -ое.

ОЛИМПИ́ЙСКИЙ, -ая, -ое. **1.** *см.* Олимп, олимпиада *и* олимпиец. **2.** **олимпийские игры** — всенародные игры в Древней Греции в честь бога Зевса, устраивавшиеся раз в 4 года близ Олимпии, а также современные международные соревнования непрофессиональных спортсменов по всем основным видам спорта с такой же периодичностью. **3.** **олимпийское спокойствие** (обычно ирон.) — величавое, невозмутимое спокойствие.

ОЛИ́ФА, -ы, *ж.* Быстровысыхающий состав из растительных масел или жирных смол, употр. для изготовления масляных красок, шпаклёвок, для пропитки деревянных поверхностей. *Натуральная о.*

ОЛИЦЕТВОРЕ́НИЕ, -я, *ср.* **1.** *см.* олицетворить. **2.** *чего.* О живом существе: воплощение каких-н. черт, свойств. *Плюшкин — о. скупости. О. доброты.*

ОЛИЦЕТВОРИ́ТЬ, -рю́, -ри́шь; -рённый (-ён, -ена́); *сов.* **1.** *что.* Выразить, представить в образе живого существа. *Поэтически о. природу.* **2.** *кого-что.* Воплотить, выразить в какой-н. форме. *Эта скульптура — олицетворённая скорбь.* ‖ *несов.* **олицетворя́ть,** -я́ю, -я́ешь. ‖ *сущ.* **олицетворе́ние,** *-я, ср.*

О́ЛОВО, -а, *ср.* Химический элемент, мягкий ковкий серебристо-белый металл. ‖ *прил.* **оловя́нный,** -ая, -ое. *О. солдатик* (игрушечная фигурка солдата).

О́ЛУХ, -а, *м.* (разг.). Глупый, непонятливый человек, дурак. ✦ **Олух царя небесного** — совершенный олух.

ОЛЬХА́, -и́, *мн.* о́льхи, ольх, о́льхам, *ж.* Лиственное дерево или кустарник сем. берёзовых. ‖ *прил.* **ольхо́вый,** -ая, -ое.

ОЛЬХО́ВНИК, -а, *м., собир.* То же, что ольшаник.

ОЛЬША́НИК, -а, *м., собир.* Заросль ольхи.

ОМ, -а, *род. мн.* о́мов *и* при счёте преимущ. ом, *м.* Единица электрического сопротивления. ‖ *прил.* **оми́ческий,** -ая, -ое.

ОМА́Р, -а, *м.* Крупный морской рак. ‖ *прил.* **ома́ровый,** -ая, -ое.

ОМЕ́ГА, -и, *ж.* Название последней буквы греческого алфавита.

ОМЕ́ЛА, -ы, *ж.* Вечнозелёный кустарник с белыми ягодами, растущий паразитом на деревьях.

ОМЕРЗЕ́НИЕ, -я, *ср.* Чувство гадливости, отвращения. *Противен до омерзения.*

ОМЕРЗЕ́ТЬ, -е́ю, -е́ешь; *сов., кому* (прост.). Стать мерзким, опостылеть.

ОМЕРЗИ́ТЕЛЬНЫЙ, -ая, -ое; -лен, -льна. Внушающий омерзение, очень скверный. *О. поступок. Этот человек мне омерзителен.* ‖ *сущ.* **омерзи́тельность,** -и, *ж.*

ОМЕРТВЕ́ЛЫЙ, -ая, -ое; -е́л. Утративший чувствительность, безжизненный. *Омертвелая ткань.* ‖ *сущ.* **омертве́лость,** -и, *ж.*

ОМЕРТВЕ́ТЬ *см.* мертветь.

ОМЕРТВИ́ТЬ, -влю́, -ви́шь; -влённый (-ён, -ена́); *сов., что.* **1.** Сделать нечувствительным, безжизненным. *О. ткань.* **2.** *перен.* Исключить из хозяйственного оборота, из сферы использования (спец.). *О. капитал. О. оборудование.* ‖ *несов.* **омертвля́ть,** -я́ю, -я́ешь. ‖ *сущ.* **омертвле́ние,** *-я, ср.*

ОМЕЩА́НИТЬСЯ, -нюсь, -нишься; *сов.* (разг.). Стать мещанином по взглядам, привычкам, образу жизни. ‖ *несов.* **омеща́ниваться,** -аюсь, -аешься.

ОМЁТ, -а, *м.* Большой круглый скирд соломы.

ОМИ́ЧЕСКИЙ *см.* ом.

ОМЛЕ́Т, -а, *м.* Яичница из взболтанных с молоком (или с мукой и молоком) яиц. ‖ *прил.* **омле́тный,** -ая, -ое.

О́МНИБУС, -а, *м.* (устар.). Многоместный конный экипаж для перевозки пассажиров. ‖ *прил.* **о́мнибусный,** -ая, -ое.

ОМОВЕ́НИЕ, -я, *ср.* **1.** *см.* омыть. **2.** У мусульман: обряд ритуального очищения водой, совершаемый перед молитвой. *Совершить о.* **3.** В христианстве, в четверг на страстной неделе после литургии: обряд омывания ног священнослужителям, совершаемый архиереем [по евангельскому сказанию об Иисусе Христе, на Тайной вечере омывшем ноги своим ученикам].

ОМОЛОДИ́ТЬ, -ожу́, -оди́шь; -ожённый (-ён, -ена́); *сов.* **1.** *кого-что.* Сделать более молодым (по жизнедеятельности, по внешнему виду). *О. организм.* **2.** *что.* Ввести молодых, молодёжь в состав чего-н. *О. коллектив.* ‖ *несов.* **омола́живать,** -аю, -аешь. ‖ *сущ.* **омоложе́ние,** *-я, ср. и* **омола́живание,** *-я, ср.*

ОМОЛОДИ́ТЬСЯ, -ожу́сь, -оди́шься; *сов.* **1.** Стать моложе (по жизнедеятельности, по внешнему виду). **2.** (1 и 2 л. не употр.). Стать более молодым по составу членов, участников чего-н. *Состав кафедры омолодился.* ‖ *несов.* **омола́живаться,** -аюсь, -аешься. ‖ *сущ.* **омоложе́ние,** *-я, ср. и* **омола́живание,** *-я, ср.*

ОМО́Н, -а, *м.* Сокращение: отряд милиции особого назначения. ‖ *прил.* **омо́новский,** -ая, -ое (разг.).

ОМО́НИМ, -а, *м.* В языкознании: слово, совпадающее с другим по звучанию, но полностью расходящееся с ним по значению, а также по системе форм или по составу гнезда, напр. «течь[1]» и «течь[2]», «косить[1]» и «косить[2]». ‖ *прил.* **омоними́ческий**, -ая, -ое *и* **омоними́чный**, -ая, -ое.

ОМОНИМИ́Я, -и, *ж.* В языкознании: совокупность омонимов какого-н. языка, а также отношения, существующие между омонимами. ‖ *прил.* **омоними́ческий**, -ая, -ое.

ОМО́НОВЕЦ, -вца, *м.* Служащий омона. ‖ *прил.* **омо́новский**, -ая, -ое (разг.).

ОМОЧИ́ТЬ, -очу́, -о́чишь; -о́ченный; *сов., кого-что* (устар.). Сделать мокрым, влажным. *О. лицо слезами.*

ОМОЧИ́ТЬСЯ (-очу́сь, -о́чишься, 1 и 2 л. не употр.), -о́чится; *сов.* (устар.). Стать мокрым, влажным от чего-н. *Глаза омочились слезами.*

ОМРАЧИ́ТЬ, -чу́, -чи́шь; -чённый (-ён, -ена́); *сов., что.* Сделать мрачным, грустным. *О. настроение неприятной новостью. О. праздник.* ‖ *несов.* **омрача́ть**, -а́ю, -а́ешь.

ОМРАЧИ́ТЬСЯ (-чу́сь, -чи́шься, 1 и 2 л. не употр.), -чи́тся; *сов.* Стать мрачным. *Лицо омрачилось. Настроение омрачилось.* ‖ *несов.* **омрача́ться** (-а́юсь, -а́ешься, 1 и 2 л. не употр.), -а́ется.

О́МУЛЬ, -я, *мн.* -и, -е́й, *м.* Рыба рода сигов. ‖ *прил.* **омулёвый**, -ая, -ое.

О́МУТ, -а, *мн.* -ы, -ов *и* -а́, -о́в, *м.* **1.** Водоворот на реке, образуемый встречным течением. *Затянуло* (безл.) *в о. кого-н. О. страстей* (перен.). **2.** Глубокая яма на дне реки, озера. *В тихом омуте черти водятся* (посл. о том, кто тих, смирен только с виду).

ОМША́НИК, -а, *м.* Утеплённое помещение для зимовки пчёл.

ОМЫВА́ТЬ, -а́ю, -а́ешь; *несов.* **1.** *см.* омыть. **2.** (1 и 2 л. не употр.), *что.* О водных пространствах: окружать собой. *Границы страны омывают моря и океаны.*

ОМЫЛЕ́НИЕ, -я, *ср.* (спец.). Разложение нек-рых органических соединений водой или щелочами. *О. жиров.*

ОМЫ́ТЬ, омо́ю, омо́ешь; -ы́тый; *сов., кого-что* (устар. и высок.). То же, что обмыть (в 1 знач.). *О. лицо. Дождь омыл листву. Боевые знамёна омыты кровью* (перен.). ‖ *несов.* **омыва́ть**, -а́ю, -а́ешь. ‖ *возвр.* **омы́ться**, омо́юсь, омо́ешься; *несов.* **омыва́ться**, -а́юсь, -а́ешься. ‖ *сущ.* **омове́ние**, -я, *ср. и* **омыва́ние**, -я, *ср. О. ног, рук.*

ОН, его́ (без него́), ему́ (к нему́), его́ (на него́), им (с ним), о нём, *м.; ж.* она́, её (без неё — книжн., и прост., от, у ней), ей (к ней), её (на неё), ей (е́ю, к ней), о ней; *ср.* оно́, его́ (без него́), ему́ (к нему́), его́ (на него́), им (с ним), о нём; *мн.* они́, их (без них), им (к ним), и́ми (с ни́ми), о них. **1.** *мест. личн. 3 л.* Служит для обозначения лица (исключая говорящего и собеседника), предмета речи, а также, при обобщении, указывает на любого, каждого. *Поговори с ним, он поймёт. Он с ней* (т. е. они вдвоём). *Это для неё новость. Это всё о нём* (сказано, написано). *Между ними* (среди них) *разногласия, споры. У неё в доме порядок. Отец уехал, сын скучает по нему* и (устар. и разг.) *по нём. Дитя ещё мало: оно не разумеет. Ему говорят стрижено, а он брито* (посл. о том, кто бессмысленно упрям). **2.** *мест. личн. 3 л.* В диалоге (обычно с лексическим повтором в реагирующей реплике) употр. для обозначения собеседника, как бы отстраняемого от ситуации и осуждаемого (разг.). *Я с тобой не согласен. — Подумаешь, он не согласен/ не согласен он! Хочу быть артисткой. — Артисткой она хочет быть, вот ещё! Мы не виноваты. — Не виноваты они, вот новости!.* **3. они́**, *мест. личн. 3 л.* Употр. вместо «он» или «она» в почтительно-подобострастной речи (устар. и прост.). *Барыня дома? — Они уехали-с. Позови хозяина. — Они спят.* **4. он**, *м.;* **она́**, *ж.* (обычно *нескл.*). Возлюбленный, возлюбленная. *Пришла любовь, она сказала: это он.* **5.** Тот (та, те), о ком говорят, опасаясь называть. *Он стучит в трубе* (о домовом). *Нас окружают: они!* (о неприятеле, враге). **6. оно́**, *нескл., ср., мест. указат.* Указывает на предмет речи или мысли, а также на то, о чём уже упоминалось (разг.). *Оно видно, что ты болен. К начальнику не пускают, оно (и) понятно. Так оно и вышло, как задумывалось.* **7. оно́**, *нескл., ср., мест. указат.* То самое событие или дело, решение, к-рое ожидалось, о к-ром кто-н. думал, говорил (разг.). *Наконец-то его осенило: оно! Ты нездоров? — Оно.* **8.** *мест. указат.* В сочетании с «вот» и следующим далее именем указывает именно на того (то), о ком (чём) идёт речь (разг.). *Вот он я* (т. е. я здесь, пришёл, явился). *Вот она твоя шапка. Вот она тропинка, наконец-то мы нашли дорогу. Вот она гордыня, что с человеком-то делает. Вот они настоящие трудности.*

ОНАНИ́ЗМ, -а, *м.* Искусственное возбуждение своих половых органов для удовлетворения полового чувства.

ОНАНИ́СТ, -а, *м.* Человек, страдающий онанизмом. ‖ *ж.* **онани́стка**, -и. ‖ *прил.* **онани́стский**, -ая, -ое.

ОНДА́ТРА, -ы, *ж.* Родственное полёвке полуводное животное — грызун с ценным тёмным мехом (мускусная крыса), а также мех его. ‖ *прил.* **онда́тровый**, -ая, -ое.

ОНЕМЕ́ЛЫЙ, -ая, -ое; -е́л. Онемевший, затёкший. *Онемелые ноги.* ‖ *сущ.* **онеме́лость** -и, *ж.*

ОНЕМЕ́ТЬ *см.* неметь.

ОНЕМЕ́ЧИТЬ, -чу, -чишь; -ченный; *сов., кого-что.* Сделать похожим на немцев по языку, обычаям. ‖ *несов.* **онеме́чивать**, -аю, -аешь. ‖ *сущ.* **онеме́чение**, -я, *ср.*

ОНЁР, -а, *м.:* **со всеми онёрами** (устар. шутл.) — со всем, что полагается, со всеми полагающимися принадлежностями.

ОНИ́ *см.* он.

О́НИКС, -а, *м.* Минерал, разновидность агата. ‖ *прил.* **о́никсовый**, -ая, -ое.

ОНКО́ЛОГ, -а, *м.* Врач — специалист по онкологии.

ОНКОЛО́ГИЯ, -и, *ж.* Медико-биологическая наука, занимающаяся опухолями, их распознаванием, лечением и профилактикой. ‖ *прил.* **онкологи́ческий**, -ая, -ое. *О. диспансер.*

ОНО́[1]. **1.** *нескл., ср.* Употр. в знач. мест. «это» (разг.). *О. и понятно. Так о. и вышло.* **2.** *частица.* Выражает принятие при нек-ром внутреннем несогласии, готовности к оговорке (прост.). *О. конечно, в чём-то ты прав.* ✦ **Так вот оно что!** (разг.) — выражение уяснения, понимания того, что раньше было неясно, непонятно.

ОНО́[2] *см.* он.

ОНОМА́СТИКА, -и, *ж.* **1.** В языкознании: совокупность собственных имён какого-н. языка. **2.** Раздел языкознания, изучающий собственные имена. ‖ *прил.* **ономасти́ческий**, -ая, -ое.

ОНТОЛО́ГИЯ, -и, *ж.* Философское учение об общих категориях и закономерностях бытия, существующее в единстве с теорией познания и логикой. ‖ *прил.* **онтологи́ческий**, -ая, -ое.

ОНУ́ЧА, -и, *ж.* Длинная широкая полоса ткани для обмотки ноги (при обувании в лапти). *Холщовые, шерстяные онучи.*

О́НЫЙ, -ая, -ое, *мест. определит.* (устар.). Тот, тот самый; вышеупомянутый. ✦ **Во время о́но** (устар. и шутл.) — когда-то очень давно.

ОПАДА́ТЬ *см.* опасть.

ОПА́ЗДЫВАТЬ *см.* опоздать.

ОПА́ИВАТЬ *см.* опоить.

ОПА́К, -а, *м.* (спец.). Высший сорт фаянса. ‖ *прил.* **опа́ковый**, -ая, -ое.

ОПА́Л, -а, *м.* Минерал, бледный стекловидный камень, нек-рые сорта к-рого считаются драгоценными. *Благородный о.* (с радужной игрой цветов). *Молочно-белый о.* ‖ *прил.* **опа́ловый**, -ая, -ое.

ОПА́ЛА, -ы, *ж.* **1.** В старину: немилость царя, князя к кому-н., а также наказание впавшему в немилость. *Наложить опалу на кого-н. Быть в опале.* **2.** *перен.* То же, что немилость. *Впасть в опалу. В опале у начальства кто-н.*

ОПАЛИ́ТЬ *см.* палить[1].

ОПАЛИ́ТЬСЯ, -лю́сь, -ли́шься; *сов.* Обжечь себе кожу, волосы или одежду. *О. у костра.* ‖ *несов.* **опаля́ться**, -я́юсь, -я́ешься.

ОПА́ЛОВЫЙ, -ая, -ое. **1.** *см.* опал. **2.** Молочно-голубой, цвета опала.

ОПА́ЛУБИТЬ, -блю, -бишь; -бленный; *сов., что* (спец.). Подготовить опалубку; обить, обложить чем-н. снаружи какое-н. сооружение. ‖ *сущ.* **опа́лубка**, -и, *ж.* ‖ *прил.* **опа́лубочный**, -ая, -ое.

ОПА́ЛУБКА, -и, *ж.* (спец.). **1.** *см.* опалубить. **2.** Форма будущей бетонной или железобетонной конструкции, наполняемая арматурой и бетонной смесью. *Деревянная о. Стальная о.*

ОПА́ЛЬНЫЙ, -ая, -ое. Находящийся в опале. *О. боярин. О. политик.*

ОПА́МЯТОВАТЬСЯ, -туюсь, -туешься; *сов.* (разг.). Опомниться, одуматься.

ОПА́РА, -ы, *ж.* Жидкая закваска для теста из дрожжей и небольшого количества муки. ‖ *прил.* **опа́рный**, -ая, -ое. *Опарное тесто* (на опаре).

ОПАРШИ́ВЕТЬ *см.* паршиветь.

ОПАСА́ТЬСЯ, -а́юсь, -а́ешься; *несов., кого-чего* или *с неопр.* То же, что бояться (во 2 знач.). *О. неприятностей. О. идти вброд.*

ОПАСЕ́НИЕ, -я, *ср.* Чувство тревоги, беспокойство, предчувствие опасности. *Напрасные опасения. Смотреть с опасением на что-н.*

ОПА́СКА, -и, *ж.* (разг.). Осторожность в предвидении чего-н. нежелательного, опасности. *Действовать с опаской.*

ОПА́СЛИВЫЙ, -ая, -ое; -ив (разг.). Действующий с опаской, настороженный, недоверчивый. *Опасливые шаги. О. взгляд.* ‖ *сущ.* **опа́сливость**, -и, *ж.*

ОПА́СНОСТЬ, -и, *ж.* **1.** *см.* опасный. **2.** Возможность, угроза чего-н. очень плохого, какого-н. несчастья. *Предупредить о. Нависла о. над кем-н. В опасности кто-что-н.* (грозит опасность). *Вне опасности кто-что-н.* (опасность не угрожает).

ОПА́СНЫЙ, -ая, -ое; -сен, -сна. Способный вызвать, причинить какой-н. вред, несчастье. *О. человек. Опасная дорога. Опасно* (нареч.) *заболел. По плохой дороге опасно* (в знач. сказ.) *ехать.* ‖ *сущ.* **опа́сность**, -и, *ж.*

ОПА́СТЬ, -аду́, -адёшь; -а́л, -а́ла; *сов.* **1.** (1 и 2 л. не употр.). То же, что осыпаться (во 2 знач.). *Листья, лепестки, семена опали.*

2. Уменьшиться в объёме. *Опухоль опала. О. с лица* (похудеть лицом; устар. и прост.). ‖ *несов.* **опада́ть**, -а́ю, -а́ешь.

ОПАХА́ЛО, -а, *ср.* Приспособление для обмахивания во время жары; веер. *О. из перьев. Повеять опахалом.*

ОПАХА́ТЬ, опашу́, опа́шешь; -а́ханный; *сов., что.* Вспахать землю вокруг чего-н. *О. участок.* ‖ *несов.* **опа́хивать**, -аю, -аешь. ‖ *сущ.* **опа́хивание**, -я, *ср. и* **опа́шка**, -и, *ж.* (спец.).

ОПАХНУ́ТЬ, -ну́, -нёшь; -а́хнутый; *сов., кого-что* (разг.). **1.** Обдать струёй воздуха. *Опахнуло* (безл.) *сыростью.* **2.** Махнуть чем-н., обдав дуновением. *О. веером.* ‖ *несов.* **опа́хивать**, -аю, -аешь. ‖ *возвр.* **опахну́ться**, -ну́сь, -нёшься (ко 2 знач.); *несов.* **опа́хиваться**, -аюсь, -аешься.

ОПЕ́КА, -и, *ж.* **1.** Форма охраны личных и имущественных прав недееспособных лиц (детей, лишившихся родителей, душевнобольных). *Взять под опеку. Учредить опеку.* **2.** *собир.* Лица или учреждения, на к-рые возложена такая охрана. *Обязанности опеки.* **3.** Забота, попечение. *Мелочная о. Выйти из-под опеки старших.*

ОПЕКА́ТЬ, -а́ю, -а́ешь; *несов., кого (что).* **1.** Осуществлять опеку (в 1 знач.) над кем-н. *О. сирот.* **2.** Заботиться, иметь попечение о ком-н. *О. младших.* **3.** В нек-рых спортивных командных играх: неотступно следя за одним из игроков соперника, подавлять его активность (разг.). *О. нападающего.*

ОПЕКУ́Н, -а́, *м.* Лицо, к-рому поручена опека (в 1 знач.) над кем-н. ‖ *ж.* **опеку́нша**, -и. ‖ *прил.* **опеку́нский**, -ая, -ое.

ОПЕКУ́НСТВО, -а, *ср.* Обязанности опекуна. *Возложить о. на кого-н.*

ОПЕР... *Первая часть сложных слов со знач.* оперативный[1] (во 2 знач.), напр. *оперотряд, опергруппа, оперсводка, оперуполномоченный.*

О́ПЕРА, -ы, *ж.* **1.** Музыкально-драматическое произведение, в к-ром действующие лица поют в сопровождении оркестра. *Русская классическая о. Новая постановка оперы.* **2.** Представление такого произведения на сцене. *Петь в опере. Солист оперы. Билет на оперу* (устар. *в оперу*). ✦ **Из другой** (не из той) **оперы** (разг. шутл.) — о чём-н. совершенно не относящемся к делу. ‖ *прил.* **о́перный**, -ая, -ое. *Оперная партитура. О. певец. О. театр.*

ОПЕРА́БЕЛЬНЫЙ, -ая, -ое; -лен, -льна. Такой, к-рый может быть оперирован, поддается операции[1]. *Больной операбелен.* ‖ *сущ.* **опера́бельность**, -и, *ж.*

ОПЕРАТИ́ВКА, -и, *ж.* (разг.). Краткое оперативное совещание по вопросам текущих дел, работы.

ОПЕРАТИ́ВНИК, -а, *м.* Сотрудник милиции, занимающийся оперативной работой по расследованию правонарушений. ‖ *ж.* **операти́вница**, -ы (разг.).

ОПЕРАТИ́ВНЫЙ[1], -ая, -ое; -вен, -вна. **1.** *см.* операция[2]. **2.** *полн. ф.* Непосредственно, практически осуществляющий что-н. *О. штаб. Оперативная работа* (в милиции, в розыске). **3.** Способный быстро, вовремя исправить или направить ход дел. *Оперативное руководство.* ‖ *сущ.* **операти́вность**, -и, *ж.* (к 3 знач.).

ОПЕРАТИ́ВНЫЙ[2] *см.* операция[1].

ОПЕРА́ТОР[1], -а, *м.* Врач-хирург, производящий операции.

ОПЕРА́ТОР[2], -а, *м.* **1.** Специалист, управляющий работой какого-н. сложного устройства, оборудования. *О. ЭВМ. О. машинного доения.* **2.** Специалист, производящий кино- или телесъёмку. ‖ *прил.* **опера́торский**, -ая, -ое.

ОПЕРАЦИО́ННАЯ, -ой, *ж.* Помещение, где производятся операции[1]. *О. в госпитале, больнице, поликлинике.*

ОПЕРА́ЦИЯ[1], -и, *ж.* Лечебная помощь, выражающаяся в непосредственном механическом воздействии на ткани, органы (обработка ран, удаление, вскрытие патологического очага). *О. на сердце. О. под наркозом. Лечь на операцию. Сделать операцию.* ‖ *прил.* **операти́вный**, -ая, -ое *и* **операцио́нный**, -ая, -ое. *Оперативное вмешательство. Операционное отделение* (в больнице, госпитале). *Операционная сестра* (при хирурге-операторе).

ОПЕРА́ЦИЯ[2], -и, *ж.* **1.** Координированные военные действия разнородных войск, объединённые единой целью. *Сухопутная, морская, воздушная, воздушно-десантная о. Наступательная о. Оборонительная о. Разработать план операции.* **2.** Отдельное действие в ряду других подобных. *Банковая о. Почтовая о. Отделочная о. Машинная о.* ‖ *прил.* **операти́вный** -ая, -ое (к 1 знач.) *и* **операцио́нный**, -ая, -ое (ко 2 знач.). *Оперативное искусство* (составная часть военного искусства, теория и практика подготовки и ведения всех видов операций[2] в 1 знач.). *Оперативная сводка. Операционный зал* (в банке).

ОПЕРЕДИ́ТЬ, -ежу́, -еди́шь; -ежённый (-ён, -ена́); *сов., кого-что.* То же, что обогнать. *О. в беге. О. в техническом развитии.* ‖ *несов.* **опережа́ть**, -а́ю, -а́ешь. ‖ *сущ.* **опереже́ние**, -я, *ср. Работать с опережением графика.*

ОПЕРЕ́НИЕ, -я, *ср.* **1.** Перьевой покров птиц. *Пёстрое о.* **2.** В летательном аппарате: аэродинамические поверхности, обеспечивающие его устойчивость и управляемость (спец.). *Горизонтальное, вертикальное о. Хвостовое о.*

ОПЕРЕ́ТТА, -ы и (устар.) **ОПЕРЕ́ТКА**, -и, *ж.* **1.** Музыкально-драматическое произведение (часто с комедийными элементами), в к-ром пение чередуется с танцами и диалогом. *Жанр оперетты.* **2.** Представление такого произведения на сцене. *Играть в оперетте.* ‖ *прил.* **опере́точный**, -ая, -ое. *Опереточные страсти* (перен.: не воспринимаемые всерьёз).

ОПЕРЕ́ТЬ, обопру́, обопрёшь; опёр, -ерла́ *и* -ёрла, -ёрло; опёрший; опёртый (-ёрт, -ерта́ *и* -ёрта, -ёрто); опере́в *и* опёрши; *сов., что обо что.* Прислонить к чему-н. для поддержки, придания устойчивости. *О. бревно о забор. О. локти о стол.* ‖ *несов.* **опира́ть**, -а́ю, -а́ешь. ‖ *сущ.* **опо́ра**, -ы, *ж. Точка опоры* (также перен.: о том, что может укрепить чьи-н. силы, уверенность). ‖ *прил.* **опо́рный**, -ая, -ое. *Опорная балка.*

ОПЕРЕ́ТЬСЯ, обопру́сь, обопрёшься; опёрся, -ерла́сь *и* -ёрлась; опёршийся; опери́сь *и* опёршись; *сов.* **1.** *на кого-что и обо что.* Воспользоваться чем-н. как опорой (во 2 знач.). *О. на трость. О. спиной о забор. Обопрись на моё плечо.* **2.** *перен., на кого-что.* Воспользоваться кем-чем-н. в качестве поддержки. *О. на инициативу молодёжи. О. на коллектив.* **3.** *перен., на что.* Воспользоваться чем-н. в качестве основы для рассуждений, источника информации. *О. на факты, цифры.* ‖ *несов.* **опира́ться**, -а́юсь, -а́ешься. ‖ *сущ.* **опо́ра**, -ы, *ж.* (ко 2 и 3 знач.). ‖ *прил.* **опо́рный**, -ая, -ое. *О. прыжок* (в спорте). *О. пункт роты, взвода* (часть оборонительных позиций; спец.).

ОПЕРИ́РОВАТЬ[1], -рую, -руешь; -анный; *сов. и несов., кого-что.* Подвергнуть (-гать) операции[1]. *О. больного. О. опухоль.* ‖ *сов.* также **проопери́ровать**, -рую, -руешь; -анный *и* **сопери́ровать**, -рую, -руешь; -анный (разг.). ‖ *прил.* **операцио́нный**, -ая, -ое.

ОПЕРИ́РОВАТЬ[2], -рую, -руешь; *несов.* (книжн.). **1.** Совершать какие-н. операции[2], действовать. *О. в тылу противника. О. акциями или с акциями.* **2.** *перен., чем.* Пользоваться при выводах, доказательствах. *О. точными сведениями.*

ОПЕРИ́ТЬ, -рю́, -ри́шь; -рённый (-ён, -ена́); *сов., что* (устар.). Снабдить, украсить пером. *О. стрелу.* ‖ *несов.* **оперя́ть**, -я́ю, -я́ешь.

ОПЕРИ́ТЬСЯ, -рю́сь, -ри́шься; *сов.* **1.** (1 и 2 л. не употр.). О птенцах: покрыться перьями. **2.** *перен.* Возмужать, стать зрелым, самостоятельным. *Юноша окреп, оперился.* ‖ *несов.* **оперя́ться**, -я́юсь, -я́ешься.

ОПЕЧА́ЛИТЬ, -СЯ *см.* печалить, -ся.

ОПЕЧА́ТАТЬ, -аю, -аешь; -анный; *сов., что.* Наложить печать на что-н. для сохранения в неприкосновенности. *О. помещение.* ‖ *несов.* **опеча́тывать**, -аю, -аешь. ‖ *сущ.* **опеча́тывание**, -я, *ср.*

ОПЕЧА́ТКА, -и, *ж.* Ошибка в печатном тексте. *Досадная о. Вкралась о.*

ОПЕ́ШИТЬ, -шу, -шишь; *сов.* (разг.). Растеряться от неожиданности, испуга.

ОПЁНОК, -нка, *мн.* опя́та, опя́т *и* опёнки, -ов, *м.* Съедобный пластинчатый гриб на тонкой ножке, растущий группами у корней деревьев, на пнях. *Летние, осенние опята. Ложные опята* (ядовитые).

ОПИВА́ТЬ, -СЯ *см.* опить, -ся.

ОПИ́ВКИ, -ов (разг.). Остатки от выпитого, недопитое питьё.

О́ПИЙ, -я, *м.* Высушенный млечный сок из незрелых головок ядовитого мака, употр. как наркотик и болеутоляющее средство. *Курильщики опия.* ‖ *прил.* **о́пийный**, -ая, -ое. *О. мак.*

ОПИ́ЛКИ, -лок. Мельчайшие частицы материала, образующиеся при его обработке пилой, напильником. *Древесные, металлические о.* ‖ *прил.* **опи́лочный**, -ая, -ое *и* **опи́лковый**, -ая, -ое.

ОПИРА́ТЬ, -СЯ *см.* опереть, -ся.

ОПИСА́НИЕ, -я, *ср.* **1.** *см.* описать. **2.** Сочинение, изложение, в к-ром что-н. описывается. *Географические описания.*

ОПИСА́ТЕЛЬНЫЙ, -ая, -ое; -лен, -льна. О сочинении, изложении: ограничивающийся только описанием. *Описательная проза. Чисто описательная диссертация.* ‖ *сущ.* **описа́тельность**, -и, *ж.*

ОПИСА́ТЕЛЬСТВО, -а, *ср.* Манера описательного повествования без попытки обобщения, оценки, общего вывода. *Бесстрастное о.*

ОПИСА́ТЬ, -ишу́, -и́шешь; -и́санный; *сов.* **1.** *кого-что.* Изобразить что-н., рассказать о ком-чём-н. в письменной или устной форме. *О. события. О. незнакомца.* **2.** *что.* Изложить сведения о чём-н., охарактеризовать что-н. *О. местный говор. О. древнюю рукопись.* **3.** *что.* Произвести инвентаризацию. *О. инвентарь учреждения.* **4.** *что.* Сделать опись имущества по постановлению судебных органов с целью наложения ареста. *О. домашнее имущество.* **5.** *что.* В математике: начертить одну фигуру вокруг другой с соблюдением определённых условий. *О. окружность вокруг квадрата.* **6.** *что.* Совершить криволинейное движение. *О. дугу в воздухе. Скользя, о. полукруг.* ‖ *несов.* **опи́сывать**, -аю, -аешь. ‖ *сущ.* **описа́ние**, -я, *ср.* (к 1 и 2 знач.), **опи́сыва-**

ние, -я, *ср.* (к 1, 2, 5 и 6 знач.) *и* **о́пись, -и,** *ж.* (к 3 и 4 знач.). ‖ *прил.* **описно́й, -а́я, -о́е** (к 3 и 4 знач.).

ОПИСА́ТЬСЯ, -ишу́сь, -и́шешься; *сов.* Сделать описку. ‖ *несов.* **опи́сываться,** -аюсь, -аешься.

ОПИ́СКА, -и, *ж.* Ошибка по рассеянности в письменном тексте. *О. из-за невнимания.*

О́ПИСЬ, -и, *ж.* **1.** *см.* описать. **2.** Список учитываемых предметов (имущества, документов). *Составить о. О. имущества.*

ОПИ́ТЬ, обопью́, обопьёшь; -и́л, -ила́, -и́ло; опе́й; *сов., кого (что)* (прост.). Причинить ущерб кому-н., выпив много у него или за его счёт. ‖ *несов.* **опива́ть,** -а́ю, -а́ешь.

ОПИ́ТЬСЯ, обопью́сь, обопьёшься; -и́лся, -ила́сь, -ило́сь *и* -и́лось; опе́йся; *сов.* (разг.). Напиться чего-н. сверх меры. *О. пивом.* ‖ *несов.* **опива́ться,** -а́юсь, -а́ешься. ‖ *сущ.* **опо́й,** -я, *м.* (устар.).

О́ПИУМ, -а, *м.* То же, что опий. ‖ *прил.* **о́пиумный,** -ая, -ое.

ОПЛА́КАТЬ, -а́чу, -а́чешь; -анный; *сов., кого-что.* Слезами выразить свою скорбь (обычно по поводу чьей-н. смерти). *О. друга. О. гибель сыновей.* ‖ *несов.* **опла́кивать,** -аю, -аешь.

ОПЛА́ТА, -ы, *ж.* **1.** *см.* оплатить. **2.** Выплачиваемые за что-н. деньги, плата. *Высокая о.* ‖ *прил.* **опла́тный,** -ая, -ое.

ОПЛАТИ́ТЬ, -ачу́, -а́тишь; -а́ченный; *сов., что.* Внести плату за что-н. *О. работу, счёт. О. расходы по командировке.* ‖ *несов.* **опла́чивать,** -аю, -аешь. ‖ *сущ.* **опла́та,** -ы, *ж. О. труда.*

ОПЛЕВА́ТЬ, -люю́, -люёшь; -лёванный; *сов., кого-что.* **1.** Покрыть плевками, заплевать (разг.). **2.** *перен.* Незаслуженно опозорить, оскорбить (прост.). *О. честного человека. Ходит оплёванный* или *как оплёванный.* ‖ *несов.* **оплёвывать,** -аю, -аешь.

ОПЛЕСТИ́, -лету́, -летёшь; -ёл, -ела́; -лётший; -летённый (-ён, -ена́); -летя́; *сов.* **1.** *что.* Покрыть плетёной оболочкой. *О. бутыль лозой.* **2.** *перен., кого (что).* Провести, обмануть, опутать (в 3 знач.) (прост.). *Ловко о. простака.* ‖ *несов.* **оплета́ть,** -а́ю, -а́ешь. ‖ *сущ.* **оплётка,** -и, *ж.* (к 1 знач.; спец.). ‖ *прил.* **оплёточный,** -ая, -ое (к 1 знач.; спец.).

ОПЛЕУ́ХА, -и, *ж.* (прост.). То же, что пощёчина.

ОПЛЕ́ЧЬЕ, -я, *род. мн.* -чий, *ср.* (стар.). Часть одежды, покрывающая плечи. *Вышитое о.*

ОПЛЕШИ́ВЕТЬ *см.* плешиветь.

ОПЛЁТКА, -и, *ж.* **1.** *см.* оплести. **2.** То, чем что-н. оплетено, плетёное покрытие. *Ивовая о.*

ОПЛОДОТВОРИ́ТЬ, -рю́, -ри́шь; -рённый (-ён, -ена́); *сов., кого-что.* **1.** Создать зародыш в ком-чём-н. слиянием мужской и женской половых клеток. **2.** *перен.* Послужить источником развития, совершенствования (книжн.). *О. умы новыми идеями.* ‖ *несов.* **оплодотворя́ть,** -я́ю, -я́ешь. ‖ *сущ.* **оплодотворе́ние,** -я, *ср.*

ОПЛОМБИРОВА́ТЬ *см.* пломбировать.

ОПЛО́Т, -а, *м.* (высок.). Надёжная защита, твердыня. *О. мира.*

ОПЛОША́ТЬ *см.* плошать.

ОПЛО́ШКА, -и, *ж.* (прост.). То же, что оплошность. *О. вышла.*

ОПЛО́ШНОСТЬ, -и, *ж.* **1.** *см.* оплошный. **2.** Ошибка, ошибочный поступок, промах. *Допустить о.*

ОПЛО́ШНЫЙ, -ая, -ое; -шен, -шна (устар.). Ошибочный, а также допустивший ошибку, оплошавший. *Поступить оплошно* (нареч.). ‖ *сущ.* **опло́шность,** -и, *ж.*

ОПЛЫ́ТЬ[1], -ыву́, -ывёшь; -ы́л, -ыла́, -ы́ло; *сов.* **1.** Ожиреть, отечь. *Лицо оплыло. О. жиром* (растолстеть; прост.). **2.** (1 и 2 *л.* не употр.). О свече: нагревшись, покрыться струйками воска, стеарина. *Оплывший огарок.* **3.** (1 и 2 *л.* не употр.). Оползти, обрушиться от оползня. *Берег оплыл.* ‖ *несов.* **оплыва́ть,** -а́ю, -а́ешь. ‖ *прил.* **оплывно́й,** -а́я, -о́е (к 3 знач.; спец.).

ОПЛЫ́ТЬ[2], -ыву́, -ывёшь; -ы́л, -ыла́, -ы́ло; *сов., кого-что.* Проплыть вокруг кого-чего-н. *О. остров.* ‖ *несов.* **оплыва́ть,** -а́ю, -а́ешь.

ОПОВЕСТИ́ТЬ, -ещу́, -ести́шь; -ещённый (-ён, -ена́); *сов., кого (что) о чём* (офиц.). То же, что известить. *О. сотрудников о собрании.* ‖ *несов.* **оповеща́ть,** -а́ю, -а́ешь. ‖ *сущ.* **оповеще́ние,** -я, *ср.* ‖ *прил.* **оповести́тельный,** -ая, -ое *и* **оповеща́тельный,** -ая, -ое.

ОПОГА́НИТЬ *см.* поганить.

ОПОДЛЕ́ТЬ *см.* подлеть.

ОПО́ДЛИТЬСЯ, -люсь, -лишься; *сов.* (разг.). Стать подлым, низким. ‖ *несов.* **опо́дливаться,** -аюсь, -аешься *и* **оподля́ться,** -я́юсь, -я́ешься.

ОПО́ЕК, -о́йка, *м.* Шкура молочного телёнка, а также выделанная из неё кожа. *Изделия из опойка.* ‖ *прил.* **опо́йковый,** -ая, -ое *и* **опо́ечный,** -ая, -ое.

ОПОЗДА́НИЕ, -я, *ср.* Приход, наступление чего-н. позднее установленного срока. *Явиться без опоздания. Поезд прибыл с опозданием.*

ОПОЗДА́ТЬ, -а́ю, -а́ешь; *сов.* **1.** Прибыть, появиться позже, чем нужно. *О. на поезд. О. на полчаса. О. к обеду. Весна в этом году опоздала* (началась позже обычного). **2.** *с чем* и *с неопр.* Сделать что-н. позже, чем нужно, или, упустив время, не сделать чего-н. *О. поздравить. О. с подачей документов.* ‖ *несов.* **опа́здывать,** -аю, -аешь.

ОПОЗНА́ТЬ, -а́ю, -а́ешь; -о́знанный; *сов., кого-что* (офиц.). Узнать по каким-н. признакам, приметам. *О. убитого.* ‖ *несов.* **опознава́ть,** -наю́, -наёшь. ‖ *сущ.* **опозна́ние,** -я, *ср. и* **опознава́ние,** -я, *ср.* ‖ *прил.* **опознава́тельный,** -ая, -ое. *Опознавательные знаки. О. огонь.*

ОПОЗО́РИТЬ, -СЯ *см.* позорить.

ОПОИ́ТЬ, -ою́, -о́ишь *и* -ои́шь; -о́енный; *сов., кого (что).* **1.** Напоить чрезмерно, причинив вред. *О. лошадь.* **2.** Отравить ядовитым напитком (устар.). *О. зельем.* ‖ *несов.* **опа́ивать,** -аю, -аешь. ‖ *сущ.* **опо́й,** -я, *м.*

ОПО́ЙКОВЫЙ *см.* опоек.

ОПО́КА[1], -и, *ж.* (спец.). Рама (ящик без дна) с формовочной смесью, в к-рой сделана полость для заливки металлом. ‖ *прил.* **опо́ковый,** -ая, -ое.

ОПО́КА[2], -и, *ж.* (спец.). Лёгкая и твёрдая пористая горная порода, богатая кремнезёмом. ‖ *прил.* **опо́ковый,** -ая, -ое.

О́ПОЛЗЕНЬ, -зня, *м.* Сползание со склона большого пласта земли под действием воды, влаги, а также сам такой пласт. *Береговые оползни.* ‖ *прил.* **о́ползневый,** -ая, -ое.

ОПОЛЗТИ́[1] (-зу́, -зёшь, 1 и 2 *л.* не употр.), -зёт; -о́лз, -олзла́; -о́лзший; -о́лзши; *сов.* Осесть, дать оползень. *Берега оползли.* ‖ *несов.* **ополза́ть** (-а́ю, -а́ешь, 1 и 2 *л.* не употр.), -а́ет. ‖ *сущ.* **ополза́ние,** -я, *ср.*

ОПОЛЗТИ́[2], -зу́, -зёшь; -о́лз, -олзла́; *сов., кого-что.* Проползти в обход, вокруг кого-чего-н. *Змея оползла куст.* ‖ *несов.* **оползать,** -а́ю, -а́ешь.

ОПОЛОВИ́НИТЬ, -ню, -нишь; -ненный; *сов., что* (разг.). Убавить наполовину. *О. горшок с молоком.* ‖ *несов.* **ополови́нивать,** -аю, -аешь.

ОПОЛОСКА́ТЬ, -ощу́, -о́щешь; -о́сканный; *сов., что* (разг.). То же, что ополоснуть. ‖ *несов.* **ополаскивать,** -аю, -аешь.

ОПОЛОСНУ́ТЬ, -ну́, -нёшь; -о́снутый; *сов., что.* Полоща, обмыть. *О. стакан.*

ОПОЛОУ́МЕТЬ, -ею, -еешь; *сов.* (прост.). Стать полоумным, одуреть. *О. от страха.*

ОПОЛЧЕ́НЕЦ, -нца, *м.* Человек, вступивший в ополчение. ‖ *ж.* **ополче́нка,** -и (разг.). ‖ *прил.* **ополче́нский,** -ая, -ое.

ОПОЛЧЕ́НИЕ, -я, *ср.* **1.** Военное формирование, создаваемое в помощь действующей армии, преимущ. на добровольных началах. *Вступить в о. Народное о.* **2.** В царской армии: войсковой резерв из лиц, не состоящих на военной службе или вышедших по возрасту из запаса. ‖ *прил.* **ополче́нский,** -ая, -ое.

ОПОЛЧИ́ТЬ, -чу́, -чи́шь; -чённый (-ён, -ена́); *сов., кого (что) на кого-что* или *против кого-чего* (прост.). Восстановить против кого-чего-н. *О. против себя всех соседей.* ‖ *несов.* **ополча́ть,** -а́ю, -а́ешь.

ОПОЛЧИ́ТЬСЯ, -чу́сь, -чи́шься; *сов., на кого-что* или *против кого-чего* (прост.). Накинуться с нападками, начать действовать враждебно по отношению к кому-чему-н. *За что ты на него ополчился? О. на насмешника.* ‖ *несов.* **ополча́ться,** -а́юсь, -а́ешься.

ОПО́МНИТЬСЯ, -нюсь, -нишься; *сов.* **1.** Прийти в сознание, вернуть себе самообладание. *О. после обморока.* **2.** То же, что одуматься. *Опомнись, пока не поздно.* ✦ **Не успел опомниться, как...** (разг.) — сразу после чего-н. (обычно волнующего, плохого или неожиданного). *Не успел опомниться после сообщения, как свалились новые неприятности.* ‖ *несов.* **опомина́ться,** -а́юсь, -а́ешься.

ОПО́Р: во весь опор (скакать, мчаться, нестись) — очень быстро, вскачь.

ОПО́РА, -ы, *ж.* **1.** *см.* опереть, -ся. **2.** Место, на к-ром можно утвердить, укрепить что-н. для придания прочного, постоянного положения, а также предмет, служащий для поддержки чего-н., подпорка. *Трость — о. при ходьбе. Опоры моста. Опоры ЛЭП* (сооружения для подвески проводов и тросов воздушных линий электропередач). **3.** *перен.* Сила, поддерживающая кого-что-н., помощь и поддержка в чём-н. *Сын — о. семьи. О. в старости.* ✦ **В опоре на кого-что,** *в знач. предлога с вин. п.* — основываясь на чем-н., исходя из чего-н. *Действовать в опоре на факты.*

ОПО́РКИ, -ов, *ед.* -рок, -рка, *м.* **1.** Остатки стоптанной и изодранной обуви, едва прикрывающие ноги. **2.** Изношенные сапоги с отрезанными по щиколотку голенищами (устар.). *Сапожные о.*

ОПО́РНИК, -а, *м.* Человек, страдающий заболеванием или дефектом опорно-двигательного аппарата. *Инвалидная коляска для опорников.*

ОПО́РНЫЙ *см.* опереть, -ся.

ОПОРОЖНИ́ТЬ, -ню́, -ни́шь; -нённый (-ён, -ена́) и **ОПОРО́ЖНИТЬ,** -ню, -нишь; -ненный; *сов., что* (разг.). Освободить от содержимого (сосуд, ёмкость). *О. бутылку.* ‖ *несов.* **опора́жнивать,** -аю, -аешь *и* **опорожня́ть,** -я́ю, -я́ешь.

ОПОРОЖНИ́ТЬСЯ (-нюсь, -ни́шься, 1 и 2 *л.* не употр.), -ни́тся и **ОПОРО́ЖНИТЬСЯ** (-нюсь, -нишься, 1 и 2 *л.* не употр.), -нится; *сов.* (разг.). О сосуде, ёмкости: освободиться от содержимого. *Бочка опорожнилась.* || *несов.* **опорáжниваться** (-аюсь, -аешься, 1 и 2 л. не употр.), -ается *и* **опорожня́ться** (-я́юсь, -я́ешься, 1 и 2 л. не употр.), -я́ется.

ОПОРО́С, -а, *м.* (спец.). Роды свиньи и самок нек-рых других животных (ежа, барсука).

ОПОРОСИ́ТЬСЯ *см.* пороситься.

ОПОРО́ЧИВАТЬ, -аю, -аешь; *несов., кого-что.* То же, что порочить.

ОПОРО́ЧИТЬ *см.* порочить.

ОПОСРЕ́ДОВАННЫЙ, -ая, -ое; -ан и **ОПОСРЕ́ДСТВОВАННЫЙ**, -ая, -ое; -ан (книжн.). Данный не непосредственно, а через посредство чего-н. другого. *Знание, опосредованное (опосредствованное) опытом.* || *сущ.* **опосре́дованность**, -и, *ж.*

ОПО́ССУМ, -а, *м.* Сумчатое млекопитающее, родственное крысе. *Североамериканский о.*

ОПОСТЫ́ЛЕТЬ, -ею, -еешь; *сов., кому* (разг.). Стать постылым, очень надоесть. *Опостылело однообразие.* || *несов.* **опосты́левать**, -аю, -аешь.

ОПОХМЕЛИ́ТЬСЯ, -лю́сь, -ли́шься; *сов.* (разг.). Выпить хмельного на другой день после выпивки. || *несов.* **опохмеля́ться**, -я́юсь, -я́ешься. || *сущ.* **опохме́л**, -а, *м. и* **опохме́лка**, -и, *ж. На опохмел* (чтобы опохмелиться).

ОПОЧИВА́ЛЬНЯ, -и, *род. мн.* -лен, *ж.* (устар.). То же, что спальня (в 1 знач.). *Царская о.*

ОПОЧИ́ТЬ, -ию́, -и́ешь; *сов.* (устар. высок.). **1.** Заснуть, погрузиться в сон. *О. после трудов.* **2.** *перен.* То же, что умереть (в 1 знач.). *О. навеки.*

ОПОШЛЕ́ТЬ *см.* пошлеть.

ОПО́ШЛИТЬ, -лю, -лишь; -ленный; *сов.* **1.** *кого-что.* Сделать пошлым; исказить, представив мелким, ничтожным. *О. чужую мысль.* **2.** *что.* Частым и не всегда уместным употреблением сделать банальным, избитым, слишком заурядным. *О. высокие слова.* || *несов.* **опошля́ть**, -я́ю, -я́ешь *и* **опо́шливать**, -аю, -аешь. || *сущ.* **опошле́ние**, -я, *ср. и* **опо́шливание**, -я, *ср.*

ОПО́ШЛИТЬСЯ, -люсь, -лишься; *сов.* **1.** Стать пошлым. **2.** (1 и 2 л. не употр.). Стать банальным, избитым, слишком заурядным вследствие частого и не всегда уместного употребления. || *несов.* **опошля́ться**, -я́юсь, -я́ешься *и* **опо́шливаться**, -аюсь, -аешься. || *сущ.* **опошле́ние**, -я, *ср. и* **опо́шливание**, -я, *ср.*

ОПОЭТИЗИ́РОВАТЬ *см.* поэтизировать.

ОПОЯ́САТЬ, -я́шу, -я́шешь; -анный; *сов.* **1.** *кого-что.* Надеть на кого-н. пояс или оружие на поясе. *О. мечом.* **2.** (1 и 2 л. не употр.), *перен., что.* Протянуться вокруг чего-н., окружить собой. *Река опоясала город.* || *несов.* **опоя́сывать**, -аю, -аешь. *Опоясывающие боли* (перен.: охватывающие туловище по поясу). || *возвр.* **опоя́саться**, -я́шусь, -я́шешься (к 1 знач.); *несов.* **опоя́сываться**, -аюсь, -аешься.

ОППОЗИЦИОНЕ́Р, -а, *м.* Сторонник оппозиции (во 2 знач.), член оппозиционной партии. || *ж.* **оппозиционе́рка**, -и. || *прил.* **оппозиционе́рский**, -ая, -ое.

ОППОЗИ́ЦИЯ, -и, *ж.* **1.** Противодействие, сопротивление (книжн.). *О. чьей-н. политике. Быть в оппозиции кому-чему-н.* (будучи несогласным с чьими-н. взглядами и действиями, противодействовать им). **2.** Группа лиц внутри какого-н. общества, организации, партии, ведущая политику противодействия, сопротивления большинству. *Парламентская о. Внутрипартийная о.* **3.** Противопоставление, противопоставленность (спец.). *О. грамматических категорий.* || *прил.* **оппозицио́нный**, -ая, -ое. *Оппозиционная партия.*

ОППОНЕ́НТ, -а, *м.* (книжн.). Лицо, к-рое оппонирует кому-н. *Официальный о. на защите диссертации.* || *ж.* **оппоне́нтка**, -и (разг.). || *прил.* **оппоне́нтский**, -ая, -ое.

ОППОНИ́РОВАТЬ, -рую, -руешь; *несов.* (книжн.). Выступать с критическим разбором чего-н. на диспуте, во время защиты диссертации. *О. докладчику. О. диссертанту.*

ОППОРТУНИ́ЗМ, -а, *м.* В политической борьбе: противопоставление своих взглядов позиции большинства, утверждение необходимости согласия сторон, соглашательства. || *прил.* **оппортунисти́ческий**, -ая, -ое.

ОППОРТУНИ́СТ, -а, *м.* Тот, кто проводит политику оппортунизма, действует оппортунистически. || *ж.* **оппортуни́стка**, -и. || *прил.* **оппортуни́стский**, -ая, -ое.

ОПРА́ВА, -ы, *ж.* Рамка, то, во что вставляется, вделывается что-н. *О. для очков. Портрет в простой оправе.*

ОПРАВДА́НИЕ, -я, *ср.* **1.** *см.* оправдать, -ся. **2.** Довод, к-рым можно оправдать, объяснить, извинить что-н. *Найти о. Нет оправдания для кого-н.*

ОПРА́ВДАННЫЙ, -ая, -ое; -ан. Находящий оправдание (во 2 знач.) в чём-н. *О. риск. Такое решение вполне оправданно.* || *сущ.* **опра́вданность**, -и, *ж.*

ОПРАВДА́ТЬ, -а́ю, -а́ешь; -а́вданный; *сов.* **1.** *кого (что).* Признать правым, невиновным. *О. подсудимого.* **2.** *что чем.* Признать допустимым в силу чего-н. *О. неразумный поступок молодостью.* **3.** *что.* Показать себя достойным чего-н. (присвоенного звания, оказанного доверия). *О. своё высокое звание. О. чьё-н. доверие.* **4.** *что.* Возместить чем-н. (затраченное). *Расходы оправдают себя в будущем.* **5.** *что чем.* Официально удостоверить правильность чего-н. (спец.). *О. расходы счетами и расписками.* || *несов.* **опра́вдывать**, -аю, -аешь. || *сущ.* **оправда́ние**, -я, *ср.* || *прил.* **оправда́тельный**, -ая, -ое (к 1 и 5 знач.). *О. приговор. Оправдательная документация.*

ОПРАВДА́ТЬСЯ, -а́юсь, -а́ешься; *сов.* **1.** Доказать свою правоту, невиновность. *О. перед людьми.* **2.** (1 и 2 л. не употр.). Оказаться правильным, обоснованным. *Предсказания, опасения, надежды оправдались.* **3.** (1 и 2 л. не употр.). Получить возмещение, окупиться. *Затраты оправдались.* || *несов.* **опра́вдываться**, -аюсь, -аешься. || *сущ.* **оправда́ние**, -я, *ср.*

ОПРА́ВИТЬ[1], -влю, -вишь; -вленный; *сов., что.* Привести в надлежащий вид, в порядок (костюм, причёску, постель), поправить. *О. платье. О. причёску. О. постель.* || *несов.* **оправля́ть**, -я́ю, -я́ешь.

ОПРА́ВИТЬ[2], -влю, -вишь; -вленный; *сов., что.* Вставить в оправу. *О. линзы. О. медальон в серебро.* || *несов.* **оправля́ть**, -я́ю, -я́ешь. || *сущ.* **опра́вка**, -и, *ж.* (спец.).

ОПРА́ВИТЬСЯ, -влюсь, -вишься; *сов.* **1.** Оправить на себе платье, причёску, привести в порядок свой внешний вид. *О. перед зеркалом.* **2.** *от чего.* Прийти в прежнее, нормальное состояние (после несчастья, болезни, поражения). *О. от болезни, потрясения, потерь.* **3.** Отправить естественную надобность. || *несов.* **оправля́ться**, -я́юсь, -я́ешься. || *сущ.* **опра́вка**, -и, *ж.* (к 3 знач.).

ОПРА́СТЫВАТЬ, -СЯ *см.* опростать, -ся.

ОПРА́ШИВАТЬ *см.* опросить.

ОПРЕДЕЛЕ́НИЕ[1], -я, *ср.* **1.** *см.* определить, -ся. **2.** Объяснение (формулировка), раскрывающее, разъясняющее содержание, смысл чего-н., дефиниция. *Точное о. Дать правильное о. значения слова.* **3.** Одна из форм решения суда первой инстанции (исключая приговор) (спец.). *Судебное о. Частное о.* (решение суда, обращающее внимание соответствующих организаций или должностных лиц на обстоятельства, способствовавшие правонарушению). **4.** Решение, постановление (устар.).

ОПРЕДЕЛЕ́НИЕ[2], -я, *ср.* В грамматике: второстепенный член предложения, обозначающий качество, свойство или другой признак предмета. *Согласованное о.* (выражаемое прилагательным). *Несогласованное о.* (выражаемое косвенным падежом имени, наречием, сравнительной степенью, инфинитивом). || *прил.* **определи́тельный**, -ая, -ое.

ОПРЕДЕЛЁННЫЙ, -ая, -ое; -ёнен, -ённа. **1.** Твёрдо установленный. *Существует о. порядок.* **2.** Ясный, не допускающий сомнений. *Дать о. ответ. Вполне определённо* (нареч.) *высказаться.* **3.** *полн. ф.* Некоторый, известный. *В определённых случаях. Определённым людям строгость не нравится.* **4.** *полн. ф.* Безусловный, несомненный (разг.). *Такой результат — о. успех.* || *сущ.* **определённость**, -и, *ж.* (к 1 и 2 знач.).

ОПРЕДЕЛИ́МЫЙ, -ая, -ое; -и́м (книжн.). Поддающийся определению. *Определимое понятие.* || *сущ.* **определи́мость**, -и, *ж.*

ОПРЕДЕЛИ́ТЕЛЬ, -я, *м.* **1.** Устройство для определения чего-н., а также вообще то, с помощью чего можно что-н. точно определить, установить. *Телефон с определителем номера. О. ритма.* **2.** Книга для справок при определении чего-н. (спец.). *О. растений.*

ОПРЕДЕЛИ́ТЬ, -лю́, -ли́шь; -лённый (-ён, -ена́); *сов.* **1.** *что.* С точностью выяснить, установить. *О. болезнь. О. расстояние. О. угол* (установить его величину). **2.** *что.* Раскрыть словами содержание чего-н. *О. понятие.* **3.** *что.* Установить, назначить. *О. меру наказания. О. цену.* **4.** (1 и 2 л. не употр.), *что.* То же, что обусловить (во 2 знач.). *Хорошая подготовка определила успех дела.* **5.** *кого (что).* Назначить, устроить на какую-н. должность или в какое-н. учебное заведение (устар. и прост.). *О. на службу. О. в училище.* || *несов.* **определя́ть**, -я́ю, -я́ешь. || *сущ.* **определе́ние**, -я, *ср.* (к 1, 2, 3 и 5 знач.). || *прил.* **определи́тельный**, -ая, -ое (к 1 и 2 знач.).

ОПРЕДЕЛИ́ТЬСЯ, -лю́сь, -ли́шься; *сов.* **1.** (1 и 2 л. не употр.). Стать ясным, определённым. *Цели определились.* **2.** Определить своё местонахождение, положение (спец.). *Лётчик определился с помощью приборов.* **3.** Устроиться, поступить куда-н. (устар. и прост.). *О. на работу. О. на квартиру.* **4.** Сложиться, сформироваться (разг.). *Характер юноши окончательно определился.* || *несов.* **определя́ться**, -я́юсь, -я́ешься. || *сущ.* **определе́ние**, -я, *ср.*

ОПРЕДЕЛЯ́ТЬ, -я́ю, -я́ешь; *несов.* **1.** *см.* определить. **2.** (1 и 2 л. не употр.), *что.* В грамматике: служить определением или обстоятельством. || *прил.* **определи́тельный**, -ая, -ое. *Определительные отношения.*

ОПРЕ́ЛОСТЬ, -и, *ж.* **1.** *см.* опрелый. **2.** Опревшее место на воспалившейся коже.

ОПРЕ́ЛЫЙ, -ая, -ое; -ел. Мокнущий от воспаления, опревший. *Опрелая кожа.* || *сущ.* **опре́лость**, -и, *ж.*

ОПРЕСНИ́ТЕЛЬ, -я, *м.* (спец.). Устройство для опреснения воды. *Дистилляционный о.*

ОПРЕСНИ́ТЬ, -ню́, -ни́шь; -нённый (-ён, -ена́); *сов., что.* Уменьшить содержание солей в природных водах, сделать пресным. *О. морскую воду.* ‖ *несов.* **опресня́ть**, -я́ю, -я́ешь. ‖ *сущ.* **опресне́ние**, -я, *ср.* ‖ *прил.* **опресни́тельный**, -ая, -ое. *Опреснительная станция.*

ОПРЕ́ТЬ, -е́ю, -е́ешь; *сов.* О воспалившихся кожных покровах: выделить жидкость, стать мокнущим. ‖ *несов.* **опрева́ть**, -а́ю, -а́ешь.

ОПРИХО́ДОВАТЬ *см.* приходовать.

ОПРИ́ЧНИК, -а, *м.* Человек, служивший в опричнине (в 3 знач.). *Царский о.*

ОПРИ́ЧНИНА, -ы, *ж.* **1.** В России в 1565—1572 гг.: система чрезвычайных мер, осуществлённых Иваном IV для разгрома боярско-княжеской оппозиции и укрепления самодержавия. **2.** Часть государственных территорий, находившаяся в непосредственном управлении царя Ивана IV и служившая ему опорой в насаждении этих мер. **3.** *собир.* Специальные царские войска этого времени. **4.** В Древней Руси: земельное владение, выделявшееся вдове князя. ‖ *прил.* **опри́чный**, -ая, -ое. *Опричные земли.*

ОПРО́БОВАТЬ, -бую, -буешь; -анный; *сов. и несов., что.* Подвергнуть (-гать) испытанию до применения. *О. новую установку.* ‖ *сущ.* **опро́бование**, -я, *ср. О. полезных ископаемых* (обработка и исследование проб; спец.).

ОПРОВЕ́РГНУТЬ, -ну, -нешь; -е́рг *и* -е́ргнул, -е́ргла; *сов., что.* Доказать ложность, ошибочность чего-н. *О. возведённое обвинение. О. слухи.* ‖ *несов.* **опроверга́ть**, -а́ю, -а́ешь. ‖ *сущ.* **опроверже́ние**, -я, *ср.*

ОПРОВЕРЖЕ́НИЕ, -я, *ср.* **1.** *см.* опровергнуть. **2.** Речь, статья, сообщение, в к-рых что-н. опровергается. *Напечатать о. в газете.*

ОПРОКИДНО́Й, -а́я, -о́е (спец.). О механизмах и их частях: опрокидывающийся. *О. кузов. Опрокидная клеть.*

ОПРОКИ́НУТЬ, -ну, -нешь; -утый; *сов.* **1.** *кого-что.* Перевернуть вверх дном или повалить набок, на спину. *О. чашку. О. табуретку. О. седока в снег* (вывалить из саней). **2.** *перен., кого-что.* Заставить отступить, сбив с занимаемых позиций. *О. войска противника.* **3.** *перен., что.* Опровергнуть, разрушить. *О. чьи-н. замыслы. О. сложившиеся представления.* ‖ *несов.* **опроки́дывать**, -аю, -аешь.

ОПРОКИ́НУТЬСЯ, -нусь, -нешься; *сов.* Перевернуться вверх дном или повалиться набок, на спину. *Стакан опрокинулся. Санки опрокинулись.* ‖ *несов.* **опроки́дываться**, -аюсь, -аешься.

ОПРОМЕ́ТЧИВЫЙ, -ая, -ое; -ив. Слишком поспешный, неосторожный, необдуманный. *О. поступок. Поступить опрометчиво* (нареч.). ‖ *сущ.* **опроме́тчивость**, -и, *ж.*

О́ПРОМЕТЬЮ, *нареч.* Очень быстро, поспешно, стремглав. *Выбежать, кинуться о.*

ОПРО́С, -а, *м.* **1.** *см.* опросить. **2.** Метод сбора первичной информации со слов опрашиваемого.

ОПРОСИ́ТЬ, -ошу́, -о́сишь; -о́шенный; *сов., кого (что)* (офиц.). Собрать ответы на какие-н. вопросы. *О. всех присутствующих.* ‖ *несов.* **опра́шивать**, -аю, -аешь. ‖ *сущ.* **опро́с**, -а, *м. и* **опра́шивание**, -я, *ср.* ‖ *прил.* **опро́сный**, -ая, -ое. *О. лист. Опросные сведения.*

ОПРОСТА́ТЬ, -а́ю, -а́ешь; -о́станный; *сов., что* (прост.). Освободить от содержимого, опорожнить. *О. посуду. О. мешок.* ‖ *несов.* **опра́стывать**, -аю, -аешь.

ОПРОСТА́ТЬСЯ (-а́юсь, -а́ешься, 1 и 2 л. не употр.), -а́ется; *сов.* (прост.). Освободиться от содержимого, опорожниться. *Мешок еще не опростался.* ‖ *несов.* **опра́стываться** (-аюсь, -аешься, 1 и 2 л. не употр.), -ается.

ОПРОСТИ́ТЬСЯ, -ощу́сь, -ости́шься; *сов.* Усвоить простые, непритязательные привычки, образ жизни. *О. в быту, в одежде.* ‖ *несов.* **опроща́ться**, -а́юсь, -а́ешься. *О. в поведении, одежде, манерах.* ‖ *сущ.* **опроще́ние**, -я, *ср.*

ОПРОСТОВОЛО́СИТЬСЯ, -о́шусь, -о́сишься; *сов.* (разг.). По собственной оплошности сделать грубый промах, оплошать.

ОПРОТЕСТОВА́ТЬ *см.* протестовать.

ОПРОТИ́ВЕТЬ, -ею, -еешь; *сов., кому.* Стать противным, сильно надоесть кому-н. *Опротивели нравоучения.*

ОПРЫ́СКАТЬ, -аю, -аешь; -анный; *сов., кого-что.* Обдать со всех сторон брызгами. *О. растение водой. О. волосы духами.* ‖ *несов.* **опры́скивать**, -аю, -аешь. ‖ *однокр.* **опры́снуть**, -ну, -нешь. ‖ *возвр.* **опры́скаться**, -аюсь, -аешься; *несов.* **опры́скиваться**, -аюсь, -аешься. ‖ *сущ.* **опры́скивание**, -я, *ср.*

ОПРЫ́СКИВАТЕЛЬ, -я, *м.* Прибор, машина для опрыскивания растений. *Садовый о.*

ОПРЫЩА́ВЕТЬ *см.* прыщаветь.

ОПРЯ́ТНЫЙ, -ая, -ое; -тен, -тна. Чистый, чистоплотный, аккуратный. *О. человек. Опрятно* (нареч.) *одет кто-н.* ‖ *сущ.* **опря́тность**, -и, *ж. О. в одежде.*

ОПТ, -а, *м.* (спец.). **1.** Купля и продажа товаров партиями, большими количествами. **2.** Товар, продаваемый партиями, большими количествами. *Мелкий, крупный о.* **3.** **о́птом**, *нареч.* О продаже товаров, не в розницу. *Закупить о. О. и в розницу.* ‖ *прил.* **о́птовый**, -ая, -ое *и* **опто́вый**, -ая, -ое (к 1 и 2 знач.). *О. рынок. Оптовая партия.*

О́ПТИК, -а, *м.* Специалист по оптике, оптическому производству.

О́ПТИКА, -и, *ж.* **1.** Раздел физики, изучающий процессы излучения света, его распространения и взаимодействия с веществом. **2.** *собир.* Приборы и инструменты, действие к-рых основано на законах этой науки. ✦ **Волоконная оптика** (спец.) — раздел оптики, изучающий передачу света и изображения по световодам, а также (собир.) приборы и инструменты, посредством к-рых осуществляется передача. ‖ *прил.* **опти́ческий**, -ая, -ое.

ОПТИМА́ЛЬНЫЙ, -ая, -ое; -лен, -льна (книжн.). Наиболее благоприятный. *Оптимальное планирование. О. режим. Оптимальные условия.* ‖ *сущ.* **оптима́льность**, -и, *ж.*

ОПТИМИЗИ́РОВАТЬ, -рую, -руешь; *сов. и несов., что* (книжн.). Придать (-авать) чему-н. оптимальные свойства, показатели; выбрать (-бирать) наилучший из возможных вариантов. *О. систему управления.* ‖ *сущ.* **оптимиза́ция**, -и, *ж.*

ОПТИМИ́ЗМ, -а, *м.* Бодрое и жизнерадостное мироощущение, при к-ром человек во всём видит светлые стороны, верит в будущее, в успех, в то, что в мире господствует положительное начало, добро; *противоп.* пессимизм. *Здоровый о.* ‖ *прил.* **оптимисти́ческий**, -ая, -ое.

ОПТИМИ́СТ, -а, *м.* Человек оптимистического склада; *противоп.* пессимист. ‖ *ж.* **оптими́стка**, -и.

ОПТИМИСТИ́ЧНЫЙ, -ая, -ое; -чен, -чна. Проникнутый оптимизмом. *Оптимистично* (нареч.) *смотреть на жизнь.* ‖ *сущ.* **оптимисти́чность**, -и, *ж.*

ОПТИ́ЧЕСКИЙ, -ая, -ое. **1.** *см.* оптика. **2.** Световой, зрительный. *Оптическая локация. О. обман* (обман зрения, зрительное восприятие чего-н. кажущегося).

ОПТОВИ́К, -а́, *ср.* Крупный торговец, работник торговли, ведущий куплю-продажу оптом.

ОПТО́ВЫЙ, -ая, -ое. **1.** *см.* опт. **2.** В торговле: осуществляемый крупными партиями, продаваемый или покупаемый такими партиями. *Оптовая торговля. Оптовые цены. О. покупатель* (покупатель товара оптом).

ОПУБЛИКОВА́ТЬ *см.* публиковать.

ОПУБЛИКО́ВЫВАТЬ, -аю, -аешь; *несов., что.* То же, что публиковать.

ОПУПЕ́ТЬ, -е́ю, -е́ешь; *сов.* (прост.). Обалдеть, ошалеть.

О́ПУС, -а, *м.* **1.** Отдельное музыкальное сочинение в ряду других сочинений того же композитора (спец.). **2.** Чьё-н. произведение, научный или литературный труд (ирон.). *Позвольте вам преподнести мой первый о.*

ОПУСТЕ́ЛЫЙ, -ая, -ое; -е́л. Ставший пустым, заброшенный, необитаемый. *О. дом.* ‖ *сущ.* **опусте́лость**, -и, *ж.*

ОПУСТЕ́ТЬ *см.* пустеть.

ОПУСТИ́ТЬ, -ущу́, -у́стишь; -у́щенный; *сов.* **1.** *кого-что.* Переместить в более низкое положение. *О. флаг. О. занавес. О. руки* (также перен.: утратить желание действовать, быть активным). **2.** *что.* Склонить, наклонить. *О. голову* (также перен.: стать бездеятельным, впасть в апатию). *О. глаза* (направить взгляд вниз). **3.** *кого-что во что.* Поместить вниз, погрузить. *О. гроб в могилу. Как в воду опущенный* (перен.: унылый, понурый; разг.). **4.** *что.* Откинуть, придав лежачее положение. *О. верх коляски. О. воротник.* **5.** *что.* Сделать пропуск, исключить. *При чтении о. несколько строк.* ‖ *несов.* **опуска́ть**, -а́ю, -а́ешь. ‖ *сущ.* **опуска́ние**, -я, *ср. и* **опуще́ние**, -я, *ср.* (к 5 знач.). ‖ *прил.* **опускно́й**, -а́я, -о́е (к 1 и 3 знач.; спец.). *Опускное окно. Опускная дверца. О. колодец* (полый цилиндр, погружаемый в грунт для устройства глубоких опор, подземных сооружений).

ОПУСТИ́ТЬСЯ, -ущу́сь, -у́стишься; *сов.* **1.** Переместиться в более низкое положение; склониться, наклониться. *Устало о. на стул. Руки опустились у кого-н.* (также перен.: пропало желание действовать, быть активным). *Голова опустилась на грудь.* **2.** Перестать следить за собой, стать неряшливым, а также вообще морально пасть, разложиться. *Опустившийся человек.* ‖ *несов.* **опуска́ться**, -а́юсь, -а́ешься. ‖ *сущ.* **опуска́ние**, -я, *ср.* (к 1 знач.) *и* **опуще́ние**, -я, *ср.* (к 1 знач. в нек-рых сочетаниях). *Опущение желудка.*

ОПУСТОШЁННЫЙ, -ая, -ое; -ён. Лишившийся нравственных сил, богатства внутреннего содержания. *О. человек.* ‖ *сущ.* **опустошённость**, -и, *ж.*

ОПУСТОШИ́ТЕЛЬНЫЙ, -ая, -ое; -лен, -льна. Производящий опустошение. *Опустошительные войны. Опустошительные последствия урагана.* ‖ *сущ.* **опустоши́тельность**, -и, *ж.*

ОПУСТОШИ́ТЬ, -шу́, -ши́шь; -шённый (-ён, -ена́); *сов.* **1.** *что.* Сделать пустым, превратить в пустыню, разорить. *Край, опустошённый войной. О. карманы* (шутл.). **2.** *перен., кого-что.* Лишить нравственных сил, богатства внутреннего содержания. *О. душу. Жизнь без цели опустошила этого человека.* ‖ *несов.* **опустоша́ть,** -а́ю, -а́ешь. ‖ *сущ.* **опустоше́ние,** -я, *ср.*

ОПУ'ТАТЬ, -аю, -аешь; -анный; *сов., кого-что.* **1.** *чем.* Обмотать, обвязать чем-н. *О. проволокой.* **2.** *перен.* Подчинить себе, охватить. *О. кого-н. своими чарами.* **3.** *перен.* Сбив с толку, обмануть (прост.). ‖ *несов.* **опу́тывать,** -аю, -аешь.

ОПУХА'ТЬ, -а́ю, -а́ешь; *несов.* Пухнуть, отекать. *Ноги опухают.*

ОПУ'ХЛЫЙ, -ая, -ое; -у́хл (разг.). Болезненно пухлый, опухший. *Опухлое лицо.* ‖ *сущ.* **опу́хлость,** -и, *ж.*

ОПУ'ХНУТЬ *см.* пухнуть.

О'ПУХОЛЬ, -и, *ж.* Болезненное новообразование, патологическое разрастание тканей организма. *Доброкачественная о. Злокачественная о.* (врастающая в окружающие ткани, образующая метастазы). ‖ *прил.* **о́пухолевый,** -ая, -ое (спец.). *Опухолевые заболевания.*

ОПУШИ'ТЬ, -шу́, -ши́шь; -шённый (-ён, -ена́); *сов., что.* **1.** Обшить по краям мехом. *О. рукава и ворот.* **2.** (1 и 2 л. не употр.). О снеге, инее: покрыть, запорошить. *Усы и бороду опушило* (безл.) *снегом. Иней опушил деревья.* **3.** (1 и 2 л. не употр.). Покрыть или окружить пушком, чем-н. пушистым. *Глаза, опушённые густыми ресницами. Ветки опушены молодой зеленью.* ‖ *несов.* **опуша́ть,** -а́ю, -а́ешь. ‖ *сущ.* **опу́шка,** -и, *ж.* (к 1 знач.).

ОПУ'ШКА[1], -и, *род. мн.* -шек, *ж.* **1.** *см.* опушить. **2.** Меховая обшивка по краям одежды. ‖ *прил.* **опу́шечный,** -ая, -ое.

ОПУ'ШКА[2], -и, *род. мн.* -шек, *ж.* Край леса. *Домик на опушке.* ‖ *прил.* **опу́шечный,** -ая, -ое.

ОПУЩЕ'НИЕ *см.* опустить, -ся.

ОПЫ'ЛИВАТЕЛЬ, -я, *м.* Прибор, машина для опыливания растений. *Самолётный о. Виноградниковый о.*

ОПЫЛИ'ТЕЛЬ, -я, *м.* Переносчик пыльцы на пестик (птица, насекомое, ветер, вода). *Пчёлы-опылители.*

ОПЫЛИ'ТЬ, -лю́, -ли́шь; -лённый (-ён, -ена́); *сов., что.* **1.** Перенести пыльцу с тычинок на рыльце пестика или на семяпочку, где происходит оплодотворение. *О. цветок.* **2.** Опрыскать или обработать особым порошкообразным составом для уничтожения вредителей. *О. виноградники.* ‖ *несов.* **опыля́ть,** -я́ю, -я́ешь (к 1 знач.) *и* **опы́ливать,** -аю, -аешь (ко 2 знач.). ‖ *сущ.* **опыле́ние,** -я, *ср.* (к 1 знач.) *и* **опы́ливание,** -я, *ср.* (ко 2 знач.). ‖ *прил.* **опыли́тельный,** -ая, -ое.

ОПЫЛИ'ТЬСЯ (-лю́сь, -ли́шься, 1 и 2 л. не употр.), -ли́тся; *сов.* Подвергнуться опылению. *Цветки опылились.* ‖ *несов.* **опыля́ться** (-я́юсь, -я́ешься, 1 и 2 л. не употр.), -я́ется. ‖ *сущ.* **опыле́ние,** -я, *ср.*

О'ПЫТ, -а, *м.* **1.** Отражение в сознании людей законов объективного мира и общественной практики, полученное в результате их активного практического познания (спец.). *Чувственный о.* **2.** Совокупность знаний и практически усвоенных навыков, умений. *Жизненный о. О. исследовательской работы. О. строительства. Поделиться своим опытом с кем-н.* **3.** Воспроизведение какого-н. явления экспериментальным путём, создание чего-н. нового в определённых условиях с целью исследования, испытания. *Удачный о. Химические опыты. Опыты селекционеров.* **4.** Попытка осуществить что-н., пробное осуществление чего-н. *Первый о. молодого писателя.* ‖ *прил.* **о́пытный,** -ая, -ое (к 1 и 3 знач.) *и* **о́пытовый,** -ая, -ое (к 3 знач.; спец.). *Установить что-н. опытным путём. Опытная сельскохозяйственная станция. Опытовые суда. Опытовый бассейн.*

О'ПЫТНИК, -а, *м.* Человек, к-рый производит опыты по выращиванию, созданию чего-н. *Селекционеры-опытники.* ‖ *ж.* **о́пытница,** -ы. ‖ *прил.* **о́пытнический,** -ая, -ое.

О'ПЫТНЫЙ, -ая, -ое; -тен, -тна. **1.** *см.* опыт. **2.** Обладающий опытом (во 2 знач.). *О. врач.* ‖ *сущ.* **о́пытность,** -и, *ж.*

ОПЬЯНЕ'НИЕ, ОПЬЯНЕ'ТЬ *см.* пьянеть.

ОПЬЯНИ'ТЬ *см.* пьянить.

ОПЬЯНЯ'ТЬ, -я́ю, -я́ешь; *несов., кого (что).* То же, что пьянить. *Вино опьяняет. Опьяняющий запах.*

ОПЯ'ТЬ, *нареч.* Ещё раз, снова. *О. пришёл вчерашний гость.* ✦ **Опять двадцать пять** (разг. шутл.) — выражение недовольства по поводу чего-н. повторяющегося и надоевшего. **Опять же и опять-таки** (разг.) — к тому же, вдобавок. *Хорошо здесь: песок, залив, опять же рыбалка.*

ОР, о́ра, *м.* (прост.). Крик; громкий, с криком, разговор. *Поднялся страшный ор.*

ОРА'ВА, -ы, *ж.* (прост.). Беспорядочное и шумное скопление людей. *Явилась целая о. ребят.*

ОРА'КУЛ, -а, *м.* **1.** В античном мире и у народов Древнего Востока: жрец — прорицатель воли божества, дававший в непререкаемой форме ответы на любые вопросы. **2.** *перен.* О том, чьи суждения признаются непререкаемой истиной (ирон.). ‖ *прил.* **ора́кульский,** -ая, -ое.

ОРА'ЛО, -а, *ср.* (стар.). Орудие для пахоты. ✦ **Перековать мечи на орала** (высок.) — кончив войну, приступить к мирному труду.

ОРАНГУТА'Н, -а и **ОРАНГУТА'НГ,** -а, *м.* Крупная человекообразная обезьяна. ‖ *прил.* **орангута́новый,** -ая, -ое *и* **орангута́нговый,** -ая, -ое.

ОРА'НЖЕВО-... *Первая часть сложных слов со знач.* оранжевый, с оранжевым оттенком, напр. *оранжево-жёлтый, оранжево-коричневый, оранжево-красный, оранжево-рыжий.*

ОРА'НЖЕВЫЙ, -ая, -ое; -ев. Густо-жёлтый с красноватым оттенком, цвета апельсина. *Оранжево* (нареч.) *пылает закат.*

ОРАНЖЕРЕ'ЙНЫЙ, -ая, -ое. **1.** *см.* оранжерея. **2.** *перен.* Изнеженный, изнеживающий. *О. ребёнок. Оранжерейное воспитание.*

ОРАНЖЕРЕ'Я, -и, *ж.* Застеклённое помещение для выращивания и содержания теплолюбивых растений. ‖ *прил.* **оранжере́йный,** -ая, -ое. *Оранжерейное растение* (также перен.: о хрупком, изнеженном человеке; ирон.).

ОРА'ТАЙ, -я, *м.* (стар.). То же, что ратай.

ОРА'ТОР, -а, *м.* Тот, кто произносит речь, а также человек, обладающий даром красноречия. *Прирождённый о.* ‖ *прил.* **ора́торский,** -ая, -ое. *Ораторское искусство.*

ОРАТО'РИЯ, -и, *ж.* Монументальное эпико-драматическое музыкальное произведение для хора, певцов-солистов и оркестра. ‖ *прил.* **орато́рный,** -ая, -ое *и* **оратори́альный,** -ая, -ое.

ОРА'ТОРСТВОВАТЬ, -твую, -твуешь; *несов.* (ирон.). Пространно говорить о чём-н., с претензией на красноречие.

ОРА'ТЬ, ору́, орёшь; *несов.* (разг. неодобр.). Громко кричать, слишком громко разговаривать, а также громко петь, плакать с криком. ‖ *сущ.* **ора́нье,** -я, *ср.*

ОРБИ'ТА, -ы, *ж.* **1.** Путь движения небесного тела, а также космического корабля, аппарата в гравитационном поле какого-н. небесного тела. *Земная о. Гелиоцентрическая о. Вывести космический корабль на заданную орбиту.* **2.** *перен., чего.* Сфера действия, деятельности (книжн.). *О. влияния.* **3.** То же, что глазница. *Глаза вышли из орбит* (обычно перен.: раскрылись широко от удивления). ‖ *прил.* **орбита́льный,** -ая, -ое (к 1 и 3 знач.; спец.). *Орбитальная космическая станция.*

ОРГ[1] **...** *Первая часть сложных слов со знач.:* 1) организационный, напр. *оргбюро, оргкомитет, оргвыводы, оргработа;* 2) организованный, напр. *оргнабор, оргсвязь.*

ОРГ[2] **...** *Первая часть сложных слов со знач.* органический, напр. *оргстекло* (прозрачный твёрдый материал на основе органических полимеров).

ОРГА'ЗМ, -а, *м.* (спец.). Высший момент сексуального наслаждения.

О'РГАН, -а, *м.* **1.** Часть организма, имеющая определённое строение и специальное назначение. *О. слуха. О. зрения. Внутренние органы. Органы растений.* **2.** *чего.* Орудие, средство. *Печать — активный о. пропаганды.* **3.** Государственное или общественное учреждение, организация. *Местные органы. Органы здравоохранения. Судебные органы.* **4.** *мн.* Учреждения министерства внутренних дел, государственной безопасности (разг.). *Работать в органах.* **5.** Печатное издание, принадлежащее какой-н. партии, организации, учреждению. *Академический о.*

ОРГА'Н, -а, *м.* Клавишный духовой музыкальный инструмент, состоящий из труб, в к-рые нагнетается воздух. *Играть на органе.* ‖ *прил.* **орга́нный,** -ая, -ое. *Органная музыка. О. мастер. Органное звучание.*

ОРГАНИЗА'ТОР, -а, *м.* Тот, кто организует что-н. *О. экскурсий. Умелый о.* ‖ *прил.* **организа́торский,** -ая, -ое. *О. талант.*

ОРГАНИЗА'ЦИЯ, -и, *ж.* **1.** *см.* организовать. **2.** Организованность, планомерное, продуманное устройство, внутренняя дисциплина. *Чёткая о. производства.* **3.** Общественное объединение или государственное учреждение. *Всемирная торговая о. Профсоюзная о. Строительная о. Молодёжная о. О. ветеранов труда.* **4.** То же, что организм (во 2 знач.) (устар.). *У ребёнка слабая о.*

ОРГАНИ'ЗМ, -а, *м.* **1.** Живое целое, обладающее совокупностью свойств, отличающих его от неживой материи. *Животные, растительные организмы. Развитие организмов.* **2.** Совокупность физических и духовных свойств человека. *Крепкий о. Ослабленный о.* **3.** Сложно организованное единство, целостность. *Государственный о.* ‖ *прил.* **организ́менный,** -ая, -ое (к 1 знач.; спец.).

ОРГАНИЗО'ВАННЫЙ, -ая, -ое; -ан. **1.** *полн. ф.* Объединённый в организацию, сплочённый. *О. коллектив.* **2.** Планомерный, отличающийся строгим порядком. *Организованная борьба. Действовать организованно* (нареч.). **3.** То же, что дисциплинированный. *О. ученик.* ‖ *сущ.* **организо́ванность,** -и, *ж.*

ОРГАНИЗОВА'ТЬ, -зу́ю, -зу́ешь; -ованный; *сов. и несов.* (в прош. вр. только *сов.*). **1.** *что.* Основать (-овывать), учредить (-еждать). *О. кружок. О. новый институт.* **2.**

что. Подготовить (-влять), наладить (-аживать). *О. доставку материалов.* **3.** *кого-что.* Объединить (-нять) для какой-н. цели. *О. молодёжь.* **4.** *что.* Упорядочить (-ивать) что-н. *О. свой рабочий день.* **5.** *что.* **То же,** что устроить (в 4 знач.) (разг.). *О. закуску.* ‖ *сов.* также **сорганизова́ть,** -зу́ю, -зу́ешь; -о́ванный (к 3 и 4 знач.; разг.). ‖ *сущ.* **организа́ция,** -и, *ж.* (к 1, 2, 3 и 4 знач.). ‖ *прил.* **организацио́нный,** -ая, -ое (к 1 знач.). *О. период. О. комитет.*

ОРГАНИЗОВА́ТЬСЯ (-зу́юсь, -зу́ешься, 1 и 2 л. не употр.), -зу́ется; *сов.* и *несов.* (в *прош. вр.* только *сов.*). **1.** Об учреждении, общественной организации: возникнуть (-кать), создаться (-аваться). *Организовалось новое министерство.* **2.** (1 и 2 л. ед. не употр.). Объединиться (-няться) для какой-н. цели. *Музыканты организовались в ансамбль.* **3.** То же, что устроиться (-раиваться) (в 1 знач.) (разг.). *Постепенно жизнь новосёлов организовалась.* ‖ *сов.* также **сорганизова́ться** (-зу́юсь, -зу́ешься, 1 и 2 л. ед. не употр.), -зу́ется (ко 2 знач.; разг.).

ОРГА́НИКА, -и, *ж., собир.* (разг.). Органические удобрения. *Внести в почву органику.*

ОРГАНИ́СТ, -а, *м.* Музыкант, играющий на органе. ‖ *ж.* **органистка,** -и. ‖ *прил.* **органистский,** -ая, -ое.

ОРГАНИ́ЧЕСКИЙ, -ая, -ое. **1.** Принадлежащий к растительному или животному миру, относящийся к организмам (в 1 знач.). *О. мир* (совокупность организмов, населяющих биосферу Земли). *Органические соединения, вещества* (содержащие углерод). *Органическая химия* (раздел химии, изучающий органические соединения и законы их превращений). *Органические удобрения* (навоз, компосты и нек-рые другие удобрения). **2.** Касающийся внутреннего строения человека, его организма, органов. *О. порок сердца. Органические и функциональные расстройства.* **3.** Относящийся к самой сущности, внутренней целостности чего-н. *Органическое единство теории и практики. Органическая связь явлений.* **4.** *перен.* Внутренне присущий кому-н. *Органическое отвращение.*

ОРГАНИ́ЧНЫЙ, -ая, -ое; -чен, -чна (книжн.). Внутренне присущий кому-чему-н., закономерно вытекающий из самой сути чего-н. *Тяга к знаниям органична.* ‖ *сущ.* **органи́чность,** -и, *ж.*

ОРГАНО... и **ОРГА́НО-...** *Первая часть сложных слов со знач.:* 1) органический (в 1 знач.), напр. *органо-минеральный, органогенный;* 2) относящийся к органам (в 1 знач.), напр. *органопатология, органотерапия* (применение с лечебной целью веществ животного происхождения).

ОРГАНОЛЕПТИ́ЧЕСКИЙ, -ая, -ое (спец.). Относящийся к выявлению свойств предметов с помощью органов чувств. *Органолептические методы.*

ОРГАНОПЛА́СТИКА, -и, *ж.* (спец.). Искусственное создание хирургическими методами органов при их врождённом отсутствии, повреждении или утрате. ‖ *прил.* **органопласти́ческий,** -ая, -ое.

ОРГВЫ́ВОДЫ, -ов. Сокращение: организационные выводы — конкретные меры (обычно касающиеся должностных перемещений), принимаемые для реализации какого-н. решения. *Сделать необходимые о.*

О́РГИЯ, -и, *ж.* Разнузданное пиршество [*первонач.* в античном мире — обрядовое, с песнями и музыкой празднество в честь бога вина и виноделия]. ‖ *прил.* **о́ргийный,** -ая, -ое (устар.).

ОРГТЕ́ХНИКА, -и, *ж.* Сокращение: организационная техника — разнообразные технические средства механизации и автоматизации инженерного и управленческого труда.

ОРДА́, -ы́, *мн.* о́рды, орд, о́рдам, *ж.* **1.** У тюркских кочевых народов в средние века: ставка хана, ранее военно-административная организация у этих народов; становище кочевников. *Золотая О.* (средневековое монголо-татарское государство). **2.** *перен.* Толпа, скопище, банда. *Бандитская о.* ‖ *прил.* **орды́нский,** -ая, -ое (к 1 знач.).

О́РДЕН[1], -а, *мн.* -а́, -о́в, *м.* Особый знак отличия в награду за выдающиеся заслуги перед государством. *О. «Победа». О. Святого Георгия. О. Александра Невского.* ‖ *прил.* **о́рденский,** -ая, -ое. *Орденская лента. Орденская планка.*

О́РДЕН[2], -а, *мн.* -ы, -ов, *м.* Организация, община с определённым уставом (монашеская или, в средние века, духовно-рыцарская, иногда также тайная). *О. иезуитов. Ливонской о. Масонский о. Член ордена.* ‖ *прил.* **о́рденский,** -ая, -ое. *О. устав.*

ОРДЕНОНО́СЕЦ, -сца, *м.* Человек или организация, город, награждённые орденом[1].

ОРДЕНОНО́СНЫЙ, -ая, -ое. Награждённый орденом[1] (об организации, городе). *О. завод. Орденоносная дивизия.*

О́РДЕР, -а, *мн.* -а́, -о́в, *м.* Письменное предписание, распоряжение или документ на выдачу, получение, осуществление чего-н. *О. на квартиру* (т. е. на вселение в квартиру). *О. на арест. Кассовый о.* (спец.). ‖ *прил.* **о́рдерный,** -ая, -ое (спец.).

ОРДИНА́Р, -а, *м.* (спец.). Нулевая отметка на водомерной рейке, показывающая средний многолетний уровень воды в реке, водоёме. *Вода поднялась на метр выше ординара.* ‖ *прил.* **ордина́рный,** -ая, -ое.

ОРДИНА́РЕЦ, -рца, *м.* Военнослужащий, состоящий при командире или штабе для служебных поручений, для передачи приказаний. ‖ *прил.* **ордина́рческий,** -ая, -ое.

ОРДИНА́РНЫЙ, -ая, -ое; -рен, -рна. **1.** *см.* ординар. **2.** Обыкновенный, заурядный (книжн.). *О. случай.* **3.** *полн. ф.* В названиях учёных должностей: штатный, в противоп. экстраординарному (устар.). *О. профессор.* ‖ *сущ.* **ордина́рность,** -и, *ж.* (ко 2 знач.).

ОРДИНА́ТОР, -а, *м.* Лечащий врач в больнице, проходящий специальную подготовку в какой-н. отдельной области медицины. ‖ *прил.* **ордина́торский,** -ая, -ое.

ОРДИНА́ТОРСКАЯ, -ой, *ж.* В лечебном учреждении: комната для врачей.

ОРДИНАТУ́РА, -ы, *ж.* **1.** Должность ординатора или ординарного профессора. **2.** Практическая специализация, к-рую проходит ординатор; система такой специализации. *Проходить ординатуру.*

ОРДЫ́НСКИЙ *см.* орда.

ОРЕО́Л, -а, *м.* **1.** Световая кайма, похожая на сияние, вокруг ярко освещённого предмета, а также на фотографическом снимке такого предмета (спец.). **2.** Нимб, венец (в 6 знач.). **3.** *перен.* Блеск, почёт, окружающие кого-н. (высок.). *В ореоле славы. О. героя.*

ОРЕ́Х, -а, *м.* **1.** Плод нек-рых деревьев или кустарников со съедобным ядром в скорлупе. *Лесные орехи. Кокосовый о. Кедровые орехи. Колоть, щёлкать орехи. Калёные орехи.* **2.** Дерево, приносящее такие плоды, а также твёрдая древесина его, идущая на столярные изделия. *Мебель из ореха. Шкаф под о.* ✦ **Под орех разделать или отделать** (разг.) — 1) *кого,* сильно выругать; 2) *что,* сделать очень хорошо. **На орехи досталось или будет, попало** *кому* (разг. шутл.) — о выговоре, наказании. ‖ *уменьш.* **оре́шек,** -шка, *м.* (к 1 знач.). *Твёрдый (трудный, крепкий) о.* (перен.: о чём-н. с трудом разрешимом, а также о человеке, у к-рого трудно выведать тайну, к к-рому трудно найти подход). ‖ *прил.* **оре́ховый,** -ая, -ое. *Ореховая скорлупа. Семейство ореховых* (сущ.). *О. стол. О. торт* (из орехов, с орехами).

ОРЕХОПЛО́ДНЫЙ, -ая, -ое и **ОРЕХОПЛОДО́ВЫЙ,** -ая, -ое: **орехоплодовые (орехоплодные) культуры** (спец.) — деревья и кустарники, дающие плоды-орехи: грецкий орех, фундук, миндаль, фисташки.

ОРЕ́ШНИК, -а, *м.* Ореховый кустарник, а также (собир.) заросль такого кустарника. ‖ *прил.* **оре́шниковый,** -ая, -ое.

ОРЁЛ, орла́, *м.* **1.** Крупная сильная хищная птица сем. ястребиных с изогнутым клювом, живущая в гористых или степных местностях. **2.** *перен.* О гордом, смелом, сильном человеке. ✦ **Орёл или решка?** (разг.) — какой стороной упадёт монета? (вопрос при метании жребия) [*первонач.* о царской монете с изображением двуглавого орла]. ‖ *прил.* **орли́ный,** -ая, -ое. *Орлиное гнездо. О. взор* (гордый, смелый). *О. нос* (тонкий крючковатый нос).

ОРИГИНА́Л, -а, *м.* **1.** То же, что подлинник. *О. портрета. О. статьи* (рукопись, с к-рой производится набор). **2.** Непохожий на других, своеобразный человек, чудак (разг.). *Большой о.* ‖ *ж.* **оригина́лка,** -и (ко 2 знач.).

ОРИГИНА́ЛЬНИЧАТЬ, -аю, -аешь; *несов.* (разг. неодобр.). Стараться быть оригинальным (в 3 знач.), поступать не так, как другие. ‖ *сов.* **соригина́льничать,** -аю, -аешь.

ОРИГИНА́ЛЬНЫЙ, -ая, -ое; -лен, -льна. **1.** *полн. ф.* Не заимствованный, не переводной, подлинный. *Оригинальное сочинение.* **2.** Вполне самостоятельный, чуждый подражательности. *О. мыслитель. Оригинальное решение задачи.* **3.** Своеобразный, необычный. *О. ответ. Оригинально* (нареч.) *одеваться.* ‖ *сущ.* **оригина́льность,** -и, *ж.*

ОРИЕНТА́ЛЬНЫЙ, -ая, -ое (книжн.). Восточный, свойственный странам Востока. *О. стиль.*

ОРИЕНТИ́Р, -а, *м.* **1.** Неподвижный предмет, по к-рому ориентируются. *Световой о. Выбрать правильный о.* **2.** *перен.* Избранная цель в жизни, поведении. *Правильные жизненные ориентиры.* ‖ *прил.* **ориенти́рный,** -ая, -ое (к 1 знач.).

ОРИЕНТИ́РОВАННЫЙ, -ая, -ое; -ан (книжн.). Осведомлённый, знающий, разбирающийся в деле. *Человек вполне о.* ‖ *сущ.* **ориенти́рованность,** -и, *ж.*

ОРИЕНТИ́РОВАТЬ, -рую, -руешь; -анный; *сов.* и *несов.* **1.** *кого-что.* Дать (давать) возможность кому-чему-н. определить своё положение на местности или направление движения. *О. летательный аппарат в полёте.* **2.** *кого (что) на что* и *в чём.* Направить (-влять) на достижение какой-н. цели, помочь (помогать) кому-н. разобраться в чём-н. (книжн.). *О. на отличную работу. О. в делах производства.* ‖ *сов.* также **сориенти́ровать,** -рую, -руешь; -анный. ‖ *сущ.* **ориенти́рование,** -я, *ср.,* **ориента́ция,** -и, *ж.* (ко 2 знач.) и **ориентиро́вка,** -и, *ж. Профессиональная ориентация школьников.* ‖ *прил.* **ориентиро́вочный,** -ая, -ое (к 1 знач.).

ОРИЕНТИ́РОВАТЬСЯ, -руюсь, -руешься; *сов.* и *несов.* **1.** Установить (-навливать) своё местоположение, направление движения. *О. на местности. О. в темноте. О. в новой обстановке* (перен.). **2.** *на кого-что.* Взять (брать) направление на кого-что-н. *О. на маяк.* **3.** *перен., на кого-что.* Направить (-влять) свою деятельность, усилия, внимание на кого-что-н. *О. на массового читателя. О. на покупательский спрос.* ‖ *сов.* также **сориенти́роваться,** -руюсь, -руешься. ‖ *сущ.* **ориенти́рование,** -я, *ср.* (к 1 и 2 знач.), **ориента́ция,** -и, *ж.* и **ориентиро́вка,** -и, *ж.* (к 1 и 2 знач.). *Спортивное ориентирование* или *ориентирование на местности* (вид спорта: скоростное ориентирование и передвижение по местности с крупномасштабной картой и компасом). *Подводное ориентирование* (вид спорта). ‖ *прил.* **ориентиро́вочный,** -ая, -ое.

ОРИЕНТИРО́ВОЧНЫЙ, -ая, -ое; -чен, -чна. **1.** *см.* ориентировать, -ся. **2.** Предварительный, приблизительный. *О. план. Время встречи назначено ориентировочно* (нареч.). ‖ *сущ.* **ориентиро́вочность,** -и, *ж.*

ОРКЕ́СТР, -а, *м.* **1.** Группа музыкантов, совместно исполняющих музыкальные произведения на различных инструментах. *Симфонический, духовой, струнный, джазовый о. Камерный о. О. народных инструментов.* **2.** Место перед сценической площадкой, где помещаются музыканты. ‖ *прил.* **оркестро́вый,** -ая, -ое. *Оркестровая музыка. Оркестровая яма* (углублённое место для оркестра впереди сцены).

ОРКЕСТРА́НТ, -а, *м.* Музыкант, играющий в оркестре. ‖ *ж.* **оркестра́нтка,** -и. ‖ *прил.* **оркестра́нтский,** -ая, -ое.

ОРКЕСТРОВА́ТЬ, -ру́ю, -ру́ешь; -ованный; *сов.* и *несов., что* (спец.). Произвести (-водить) инструментовку чего-н. ‖ *сущ.* **оркестро́вка,** -и, *ж.*

ОРЛА́Н, -а, *м.* Крупная хищная птица сем. ястребиных, обитающая по берегам морей, рек. ‖ *прил.* **орла́новый,** -ая, -ое.

ОРЛЕ́Ц, -а́, *м.* Старинное русское название вишнёво-розового минерала класса силикатов.

ОРЛЁНОК, -нка, *мн.* -ля́та, -ля́т, *м.* Птенец орла.

ОРЛИ́НЫЙ *см.* орел.

ОРЛИ́ЦА, -ы, *ж.* Самка орла.

ОРНА́МЕНТ, -а, *м.* **1.** Живописное, графическое или скульптурное украшение, узор из сочетания геометрических, растительных или животных элементов. **2.** В музыке: украшение вокальных и инструментальных мелодий, напр. трель. ‖ *прил.* **орна́ментный,** -ая, -ое и **орнамента́льный,** -ая, -ое.

ОРНАМЕНТА́ЛЬНЫЙ, -ая, -ое; -лен, -льна. **1.** *см.* орнамент. **2.** О стиле, изображении: со многими украшениями, пышный, вычурный. *Орнаментальная проза. О. узор.* ‖ *сущ.* **орнамента́льность,** -и, *ж.*

ОРНАМЕНТИ́РОВАТЬ, -рую, -руешь; -анный; *сов.* и *несов., что* (книжн.). Украсить (-ашать) орнаментом. ‖ *сущ.* **орнамента́ция,** -и, *ж.* и **орнаментиро́вка,** -и, *ж.*

ОРНИТО́ЛОГ, -а, *м.* Специалист по орнитологии.

ОРНИТОЛОГИ́ЧЕСКИЙ, -ая, -ое. **1.** *см.* орнитология. **2.** Относящийся к птицам (спец.). *Орнитологическая фауна. О. заповедник.*

ОРНИТОЛО́ГИЯ, -и, *ж.* Раздел зоологии, изучающий птиц и их распространение. ‖ *прил.* **орнитологи́ческий,** -ая, -ое. *О. конгресс.*

ОРОБЕ́ЛЫЙ, -ая, -ое; -е́л. Испуганный, оробевший. *О. взгляд. Оробело* (нареч.) *молчать.* ‖ *сущ.* **оробе́лость,** -и, *ж.*

ОРОБЕ́ТЬ *см.* робеть.

ОРОГОВЕ́ТЬ *см.* роговеть.

ОРОСИ́ТЬ, -ошу́, -оси́шь; -ошённый (-ён, -ена́); *сов., что.* **1.** Полить, пропитать влагой. *Дождь оросил землю. О. слезами кого-что-н.* (перен.: горько заплакать над кем-чем-н.; устар. и высок.). **2.** Создать благоприятные по влажности условия путём проведения воды на поля и увеличения её запасов в почве. *О. степные районы.* ‖ *несов.* **ороша́ть,** -а́ю, -а́ешь. ‖ *сущ.* **ороше́ние,** -я, *ср. Регулярное о. Периодическое о.* (лиманное). ‖ *прил.* **ороси́тельный,** -ая, -ое (ко 2 знач.). *Оросительная система.*

ОРОСИ́ТЬСЯ (-ошу́сь, -оси́шься, 1 и 2 л. не употр.), -оси́тся; *сов.* Покрыться каплями чего-н., пропитаться влагой. *Оросились поля. Лицо оросилось слезами* (перен.; устар. и высок.). ‖ *несов.* **ороша́ться** (-а́юсь, -а́ешься, 1 и 2 л. не употр.), -а́ется.

ОРТОДО́КС, -а, *м.* (книжн.). Человек ортодоксальных взглядов.

ОРТОДОКСА́ЛЬНЫЙ, -ая, -ое; -лен, -льна (книжн.). Неуклонно придерживающийся основ какого-н. учения, мировоззрения. *Ортодоксальные взгляды.* ‖ *сущ.* **ортодокса́льность,** -и, *ж.*

ОРТОПЕ́Д, -а, *м.* Врач — специалист по ортопедии.

ОРТОПЕ́ДИЯ, -и и **ОРТОПЕДИ́Я,** -и, *ж.* Раздел медицины, занимающийся профилактикой и лечением деформаций позвоночника, конечностей, а также вообще деформаций тела. ‖ *прил.* **ортопеди́ческий,** -ая, -ое. *Ортопедическая обувь. О. пояс. О. аппарат.*

ОРУ́ДИЕ, -я, *ср.* **1.** Техническое приспособление, при помощи к-рого производится работа или какое-н. действие. *О. производства. Сельскохозяйственное о. Орудия труда. Орудия лова* (рыбацкие). **2.** *перен.* Средство для достижения какой-н. цели. *Язык — о. общения. О. в руках кого-н.* (о том, кто покорно исполняет чью-н. волю). **3.** Общее название артиллерийского оружия (пушка, гаубица, миномёт, мортира и др.). *Артиллерийское о. Противотанковое о. Зенитное о.* ‖ *прил.* **оруди́йный,** -ая, -ое (к 3 знач.). *О. расчёт.*

ОРУ́ДОВАТЬ, -дую, -дуешь; *несов.* (разг.). **1.** *чем.* Действовать при помощи чего-н. *Ловко о. топором.* **2.** Распоряжаться, действовать (обычно о скрытых и предосудительных действиях). *Здесь орудует опытный жулик.*

ОРУЖЕ́ЙНИК, -а, *м.* Оружейный мастер, специалист по изготовлению оружия.

ОРУЖЕНО́СЕЦ, -сца, *м.* В средние века: молодой воин, носящий оружие рыцаря. *Верный о.* (также перен.: о том, кто верно служит кому-н.).

ОРУ́ЖИЕ, -я, *ср.* Всякое средство, технически пригодное для нападения или защиты, а также совокупность таких средств. *Огнестрельное о. Стрелковое, артиллерийское о. Холодное о.* (рубящее, колющее, ударное). *Ядерное, химическое, бактериологическое о. Реактивное, ракетное о. Слава русского оружия* (об армии; высок.). *Сложить о.* (также перен.: прекратить сопротивление, борьбу; высок.). *Бросать о.* (также перен.: сдаваться). *Поднять о.* (перен.: начать войну или восстать с оружием в руках; высок.). *Печать — могучее о.* (перен.). ✦ **Спортивное оружие** — спортивные снаряды: нарезные и пневматические винтовки и пистолеты, револьверы, стендовые ружья, луки, рапиры, шпаги, сабли. ‖ *прил.* **оруже́йный,** -ая, -ое. *О. завод.*

ОРФОГРА́ФИЯ, -и, *ж.* **1.** Правила написания слов и их форм. **2.** Само такое правильное написание. *О. страдает у кого-н.* (пишет с ошибками; ирон.). ‖ *прил.* **орфографи́ческий,** -ая, -ое. *Орфографическая ошибка.*

ОРФОЭ́ПИЯ, -и, *ж.* **1.** Правила литературного произношения. **2.** Само такое правильное произношение. ‖ *прил.* **орфоэпи́ческий,** -ая, -ое. *Орфоэпические нормы.*

ОРХИДЕ́Я [дэ́], -и, *ж.* Травянистое растение с душистыми цветками разнообразной формы и окраски, часто разводимое как декоративное. ‖ *прил.* **орхиде́йный,** -ая, -ое.

ОРЯ́СИНА, -ы, *ж.* (прост.). **1.** Большая палка, дубина. **2.** *перен.* О высоком и нескладном, глуповатом человеке. *Такая о. выросла, а учиться не хочет.*

ОСА́, -ы́, *мн.* о́сы, ос, о́сам, *ж.* Жалящее летающее перепончатокрылое насекомое. ‖ *прил.* **оси́ный,** -ая, -ое. *Осиное гнездо* (также перен.: о скоплении или тайной организации злобствующих врагов, недоброжелателей).

ОСА́ДА, -ы, *ж.* Окружение войсками укреплённого места с целью его захвата. *Город в осаде. Снять осаду.* ‖ *прил.* **оса́дный,** -ая, -ое. *Осадные укрепления. Осадное положение* (чрезвычайные меры в городе, крепости для охраны порядка в военное время).

ОСАДИ́ТЬ[1], -ажу́, -ади́шь; -аждённый (-ён, -ена́); *сов.* **1.** *что.* Подвергнуть осаде. *О. крепость.* **2.** *перен., кого (что) чем.* Обременить множеством просьб, требований (разг.). *О. жалобами.* ‖ *несов.* **осажда́ть,** -а́ю, -а́ешь.

ОСАДИ́ТЬ[2], -ажу́, -а́дишь; -а́женный и -аждённый (-ён, -ена́); *сов., что.* **1.** (-а́женный). Заставить опасть (во 2 знач.), опуститься. *О. тесто.* **2.** (-аждённый). Заставить выделиться и осесть, опуститься на дно. *О. твёрдые частицы. О. муть.* ‖ *несов.* **оса́живать,** -аю, -аешь (к 1 знач.) и **осажда́ть,** -а́ю, -а́ешь (ко 2 знач.). ‖ *сущ.* **оса́живание,** -я, *ср.* (к 1 знач.) и **осажде́ние,** -я, *ср.* (ко 2 знач.). ‖ *прил.* **оса́дочный,** -ая, -ое (ко 2 знач.).

ОСАДИ́ТЬ[3], -ажу́, -а́дишь; -а́женный; *сов.* **1.** *кого-что.* Резко остановить, заставить податься назад. *О. коня.* **2.** *перен., кого (что).* Дать отпор, поставить на место (разг.). *О. нахала.* ‖ *несов.* **оса́живать,** -аю, -аешь. ‖ *сущ.* **оса́живание,** -я, *ср.* (к 1 знач.).

ОСА́ДКА, -и, *ж.* **1.** Постепенное оседание, опускание (сооружения, грунта). *О. здания.* **2.** Глубина погружения судна в воду (расстояние от нижней кромки киля до поверхности воды). *Небольшая о.* ‖ *прил.* **оса́дочный,** -ая, -ое.

ОСА́ДКИ, -ов. Атмосферная влага, выпадающая на землю в виде дождя, снега. *Обильные, слабые о. Сегодня без осадков* (не будет дождя, снега). ‖ *прил.* **оса́дочный,** -ая, -ое.

ОСА́ДОК, -дка, *м.* **1.** Твёрдые частицы, находящиеся в жидкости и осаждающиеся на дне или на стенках сосуда после отстаивания. *О. в квасе.* **2.** *перен.* Тяжёлое чувство, остающееся после чего-н. *Неприятный о. от разговора.*

ОСА́ДОЧНЫЙ[1], -ая, -ое. **1.** *см.* осадить[2] и осадка. **2.** Образовавшийся из отложений на дне древнейших водоёмов, а также в результате деятельности ледников. *Осадочные горные породы.*

ОСА́ДОЧНЫЙ[2] *см.* осадки.

ОСАЖДА́ТЬ[1-2] *см.* осадить[1-2].

ОСАЖДА́ТЬСЯ (-а́юсь, -а́ешься, 1 и 2 л. не употр.), -а́ется; *несов.* **1.** То же, что оседать (см. осесть во 2 знач.). **2.** Выделяться из жидкости, опускаясь на дно, задерживаясь на стенках сосуда. **3.** Об атмосферных осадках: падать на землю (спец.). ‖ *сущ.* **осажде́ние, -я,** *ср.*

ОСА́ЖИВАТЬ[1-2] *см.* осадить[2-3].

ОСА́ЛИТЬ *см.* салить.

ОСА́НИСТЫЙ, -ая, -ое; -ист. Обладающий внушительной осанкой. *О. мужчина. О. вид.* ‖ *сущ.* **оса́нистость, -и,** *ж.*

ОСА́НКА, -и, *ж.* Внешность, манера держать себя (преимущ. о положении корпуса, складе фигуры). *Гордая о. Неправильная о.*

ОСА́ННА, -ы, *ж.* (устар.). Восторженное славословие [*первонач.* хвалебный возглас в древних молитвах]. *Петь* или *восклицать осанну кому-н.* (крайне превозносить, восхвалять кого-н.).

ОСАТАНЕ́ЛЫЙ, -ая, -ое; -е́л (разг.). Озверелый, осатаневший. *О. враг.* ‖ *сущ.* **осатане́лость, -и,** *ж.*

ОСАТАНЕ́ТЬ, -е́ю, -е́ешь; *сов.* (разг.). **1.** *см.* сатанеть. **2.** *кому.* Сильно надоесть, опротиветь. ‖ *несов.* **осатанева́ть,** -а́ю, -а́ешь.

ОСВА́ИВАТЬ, -СЯ *см.* освоить, -ся.

ОСВЕДОМИ́ТЕЛЬ, -я, *м.* Лицо, к-рое осведомляет о чём-н. *Тайный о. полиции.* ‖ *ж.* **осведоми́тельница,** -ы. ‖ *прил.* **осведоми́тельский,** -ая, -ое.

ОСВЕ́ДОМИТЬ, -млю, -мишь; -млённый (-ён, -ена́) *и* -мленный; *сов., кого-что.* Сообщить кому-н. сведения о ком-чём-н. *О. о событиях.* ‖ *несов.* **осведомля́ть,** -я́ю, -я́ешь. ‖ *сущ.* **осведомле́ние,** -я, *ср.* ‖ *прил.* **осведоми́тельный,** -ая, -ое (офиц.).

ОСВЕ́ДОМИТЬСЯ, -млюсь, -мишься; *сов.* Справиться о чём-н., узнать что-н. *О. о расписании поездов.* ‖ *несов.* **осведомля́ться,** -я́юсь, -я́ешься. ‖ *сущ.* **осведомле́ние,** -я, *ср.*

ОСВЕДОМЛЁННЫЙ, -ая, -ое; -ён. Обладающий обширными сведениями в какой-н. области. *Сведения из хорошо осведомлённых кругов. Осведомлён в специальной литературе кто-н.* ‖ *сущ.* **осведомлённость,** -и, *ж.*

ОСВЕЖЕВА́ТЬ *см.* свежевать.

ОСВЕЖИ́ТЕЛЬНЫЙ, -ая, -ое; -лен, -льна. **1.** *см.* освежить. **2.** Приносящий свежесть, бодрость. *О. ветерок. О. сон.* ‖ *сущ.* **освежи́тельность,** -и, *ж.*

ОСВЕЖИ́ТЬ, -жу́, -жи́шь; -жённый (-ён, -ена́); *сов.* **1.** *что.* Сделать свежим (в 3 и 5 знач.). *Гроза освежила воздух. О. краски на картине.* **2.** (1 и 2 л. не употр.), *кого (что).* Восстановить чьи-н. силы, вернуть бодрость кому-н. *Отдых освежил кого-н.* **3.** *что.* Возобновить в памяти. *О. свои знания.* ‖ *несов.* **освежа́ть,** -а́ю, -а́ешь. ‖ *сущ.* **освеже́ние,** -я, *ср.* ‖ *прил.* **освежи́тельный,** -ая, -ое (к 1 знач.).

ОСВЕЖИ́ТЬСЯ, -жу́сь, -жи́шься; *сов.* **1.** (1 и 2 л. не употр.). Стать свежим (в 3 и 5 знач.), свежее. *Воздух освежился. Краски освежились.* **2.** Восстановить свои силы, бодрость (выйдя на свежий воздух, искупавшись, отдохнув, утолив жажду). *О. на ветерке. О. стаканом сока. О. под душем.* **3.** Восстановиться, возобновиться. *Знания, сведения, данные освежились.* ‖ *несов.* **освежа́ться,** -а́юсь, -а́ешься. ‖ *сущ.* **освеже́ние,** -я, *ср.*

ОСВЕТИ́ТЕЛЬ, -я, *м.* Специалист, ведающий освещением сцены, созданием световых эффектов.

ОСВЕТИ́ТЬ, -ещу́, -ети́шь; -ещённый (-ён, -ена́); *сов.* **1.** *кого-что.* Сделать светлым; направить лучи света на кого-что-н.; снабдить светом. *Луна осветила поляну. О. фонарём дорогу. О. помещение, улицы. Улыбка осветила лицо* (перен.). **2.** *что.* Объяснить, истолковать. *О. положение. По-новому о. дело.* ‖ *несов.* **освеща́ть,** -а́ю, -а́ешь. ‖ *сущ.* **освеще́ние,** -я, *ср.* ‖ *прил.* **освети́тельный,** -ая, -ое (к 1 знач.). *Осветительная аппаратура. Осветительные приборы.*

ОСВЕТИ́ТЬСЯ (-ещу́сь, -ети́шься, 1 и 2 л. не употр.), -ети́тся; *сов.* Стать освещённым. *Взошло солнце, и всё вокруг осветилось. Сцена ярко осветилась. Лицо осветилось улыбкой* (перен.: стало радостным от улыбки). ‖ *несов.* **освеща́ться** (-а́юсь, -а́ешься, 1 и 2 л. не употр.), -а́ется.

ОСВЕЩЕ́НИЕ, -я, *ср.* **1.** *см.* осветить. **2.** Свет от какого-н. источника. *Естественное, искусственное о. Яркое о.* **3.** Техническое оборудование, дающее свет. *Провести электрическое о. Ремонт освещения.* **4.** То или иное объяснение, истолкование. *Новое о. событий.*

ОСВЕЩЁННОСТЬ, -и, *ж.* Степень освещения. *Хорошая о. улиц. О. помещения. Единица освещённости* (измеряется в люксах[1]).

ОСВИДЕ́ТЕЛЬСТВОВАТЬ *см.* свидетельствовать.

ОСВИСТА́ТЬ, -ищу́, -и́щешь; -и́станный; *сов., кого-что.* Свистом выразить неодобрение, осуждение кому-чему-н. *О. плохого актёра.* ‖ *несов.* **осви́стывать,** -аю, -аешь.

ОСВОБОДИ́ТЕЛЬ, -я, *м.* Тот, кто освободил, освобождает кого-что-н. *О. угнетённых.* ‖ *ж.* **освободи́тельница,** -ы. ‖ *прил.* **освободи́тельский,** -ая, -ое.

ОСВОБОДИ́ТЬ, -ожу́, -оди́шь; -ождённый (-ён, -ена́); *сов.* **1.** *кого-что.* Сделать свободным (в 1, 5, 7 и 8 знач.). *О. арестованного. О. место для прохода. О. полку от книг. О. квартиру* (выехать из неё). *О. время для отдыха. О. изложение от неточностей.* **2.** *что.* Изгнав захватчиков, вернуть себе, обратно (территорию). *О. от врага родную землю.* **3.** *кого (что).* Избавить от кого-чего-н., дать возможность не делать чего-н. *О. от дежурства. О. от хлопот.* **4.** *кого (что).* То же, что уволить (в 1 знач.) (офиц.). *О. от занимаемой должности.* ‖ *несов.* **освобожда́ть,** -а́ю, -а́ешь. ‖ *сущ.* **освобожде́ние,** -я, *ср.* ‖ *прил.* **освободи́тельный,** -ая, -ое (ко 2 знач.). *Освободительная миссия.*

ОСВОБОДИ́ТЬСЯ, -ожу́сь, -оди́шься; *сов.* **1.** Стать свободным (в 1 знач.), получить свободу. *О. от плена.* **2.** *от кого-чего.* Устранить, снять с себя (что-н. тяжёлое, обременительное). *О. от ноши. О. от предрассудков. О. от нежелательного свидетеля.* **3.** *от чего.* Избавиться от каких-н. обязанностей, дел. *О. от поручения.* **4.** (1 и 2 л. не употр.). Очиститься, стать свободным, незанятым. *Небо освободилось от туч. Помещение освободилось. Место освободилось.* ‖ *несов.* **освобожда́ться,** -а́юсь, -а́ешься. ‖ *сущ.* **освобожде́ние,** -я, *ср.* ‖ *прил.* **освободи́тельный,** -ая, -ое. *Освободительные войны. Освободительное движение.*

ОСВО́ИТЬ, -о́ю, -о́ишь; -о́енный; *сов., что.* Вполне овладеть чем-н., научившись пользоваться, распоряжаться, обрабатывать. *О. передовую технологию. О. новые земли.* ‖ *несов.* **осва́ивать,** -аю, -аешь. ‖ *сущ.* **освое́ние,** -я, *ср.*

ОСВО́ИТЬСЯ, -о́юсь, -о́ишься; *сов.* Побыв нек-рое время (в какой-н. среде, обстановке), привыкнуть, сжиться. *О. среди новых товарищей.* ‖ *несов.* **осва́иваться,** -аюсь, -аешься.

ОСВЯТИ́ТЬ, -ящу́, -яти́шь; -ящённый (-ён, -ена́); *сов., что.* **1.** *см.* святить. **2.** *перен., чем.* Сделать почитаемым, священным (высок.). *Обряд, освящённый столетиями.* ‖ *несов.* **освяща́ть,** -а́ю, -а́ешь.

ОСЕВО́Й *см.* ось.

ОСЕДА́ТЬ *см.* осесть.

ОСЕДЛА́ТЬ, -а́ю, -а́ешь; осёдланный; *сов.* **1.** *см.* седлать. **2.** *перен., кого-что.* Сесть верхом на кого-что-н. (разг.). *О. стул.* **3.** *перен., кого (что).* Полностью подчинить себе (разг. неодобр.). *Всех домашних оседлал.* **4.** *перен., что.* Прочно занять, охватив, захватив с двух сторон (спец.). *Пехота оседлала шоссе. О. высоту.* ✦ **Оседлать очками нос** (разг. шутл.) — надеть очки. ‖ *несов.* **осёдлывать,** -аю, -аешь.

ОСЕ́ДЛЫЙ, -ая, -ое; -е́дл. Постоянно проживающий на одном месте (о народе, племени); связанный с таким проживанием; *противоп.* кочевой. *Оседлое население. О. образ жизни.* ‖ *сущ.* **осе́длость,** -и, *ж.* *Черта оседлости* (в царской России: территория, за пределами к-рой не разрешалось жить евреям).

ОСЕКА́ТЬСЯ *см.* осечься.

ОСЕЛЕ́ДЕЦ, -дца, *м.* В старину у запорожцев: длинная прядь волос, оставляемая на бритой голове, на темени.

ОСЕЛО́К, -лка́, *м.* **1.** Точильный камень в виде бруска. **2.** Пробирный камень для определения качества драгоценных металлов (спец.). **3.** *перен.* Средство проверки, испытания кого-чего-н. *Самостоятельная работа — о. для молодого специалиста.*

ОСЕМЕНЕ́НИЕ, -я, *ср.* (спец.). Предшествующий оплодотворению процесс, обеспечивающий встречу половых клеток. *Искусственное о.*

ОСЕМЕНИ́ТЬ, -ню́, -ни́шь; -нённый (-ён, -ена́); *сов., кого-что* (спец.). Произвести осеменение. ‖ *несов.* **осеменя́ть,** -я́ю, -я́ешь.

ОСЕНИ́ТЬ, -ню́, -ни́шь; -нённый (-ён, -ена́); *сов., кого-что.* **1.** Покрыть густой тенью, мраком (устар.). *Ночь осенила поля.* **2.** *перен.* То же, что овеять (во 2 знач.) (высок.). *Знамёна осенены победой.* **3.** (1 и 2 л. не употр.), *перен.* Об удачной мысли, идее: прийти, проявиться внезапно. *Осенила блестящая идея. Вдруг его осенило* (безл.). ✦ **Осенить крестом, крестным знамением** (высок.) — сделать молитвенный жест — знак креста. *Осенить себя крестным знамением.* ‖ *несов.* **осеня́ть,** -я́ю, -я́ешь.

О́СЕНЬ, -и, *ж.* Время года, следующее за летом и предшествующее зиме. *Поздняя, дождливая о. Золотая о.* (время, когда желтеют и золотятся листья). *По осени* (осенью; устар. и прост.). *О. жизни* (перен.: о старости). ‖ *прил.* **осе́нний,** -яя, -ее. *По-осеннему* (нареч.) *дождит.*

О́СЕНЬЮ, *нареч.* В осеннее время.

ОСЕРДИ́ТЬСЯ, -ержу́сь, -е́рдишься; *сов., на кого-что.* (устар. и прост.). Рассердиться, почувствовать раздражение.

ОСЕРЧА́ТЬ *см.* серчать.

ОСЕ́СТЬ, ося́ду, ося́дешь; осе́л, осе́ла; осе́вший; осе́в; *сов.* **1.** (1 и 2 л. не употр.). Опуститься, углубиться в землю. *Изба осела.* **2.** (1 и 2 л. не употр.). Опуститься слоем. *Гуща осела на дно кувшина.* **3.** Поселиться на постоянное жительство. *О. на Севере.* ‖ *несов.* **оседа́ть,** -а́ю, -а́ешь. ‖ *сущ.* **оседа́ние,** -я, *ср.* (к 1 и 2 знач.).

ОСЕТИ́НСКИЙ, -ая, -ое. **1.** *см.* осетины. **2.** Относящийся к осетинам, к их языку, национальному характеру, образу жизни, культуре, а также к Осетии, её территории, внутреннему устройству, истории; такой, как у осетин, как в Осетии. *О. язык* (иранской группы индоевропейской семьи языков). *О. сыр* (сорт). *По-осетински* (нареч.).

ОСЕТИ́НЫ, -и́н, *ед.* -и́н, -а, *м.* Народ, составляющий основное коренное население Осетии. ‖ *ж.* **осети́нка**, -и. ‖ *прил.* **осети́нский**, -ая, -ое.

ОСЕТРИ́НА, -ы, *ж.* Мясо осетра как пища. ‖ *прил.* **осетри́нный**, -ая, -ое.

ОСЕ́ЧКА, -и, *ж.* **1.** При стрельбе: отсутствие выстрела вследствие неисправности оружия, патрона. *Ружьё дало осечку.* **2.** *перен.* Непредвиденная неудача (разг.). *О. вышла.*

ОСЕ́ЧЬСЯ, -екусь, -ечёшься, -еку́тся; -е́кся *и* -ёкся, -е́клась *и* -екла́сь; осе́кшийся *и* осёкшийся; осе́кшись *и* осёкшись; *сов.* **1.** Запнуться, прервав речь. *О. от смущения.* **2.** Потерпеть непредвиденную неудачу в чём-н. (разг.). ‖ *несов.* **осека́ться**, -а́юсь, -а́ешься.

ОСЁЛ, осла́, *м.* **1.** Животное сем. лошадиных, невысокого роста, с большой мордой и длинными ушами. *Домашний о. Дикий о. Упрям как о. кто-н.* (очень упрям; разг.). **2.** *перен.* О тупом упрямце, глупце (прост. бран.). *Этому ослу ничего не докажешь.* ‖ *уменьш.* **о́слик**, -а, *м.* (к 1 знач.). ‖ *прил.* **осли́ный**, -ая, -ое. *Ослиное упрямство. Ослиные уши* (также перен.: о недостатках, ошибках, к-рые не удаётся спрятать, скрыть. *В этих рассуждениях отовсюду торчат ослиные уши*).

ОСЁТР, осетра́, *м.* Крупная промысловая рыба без костного скелета, ценная своим мясом и икрой. ‖ *прил.* **осетро́вый**, -ая, -ое. *О. балык. Семейство осетровых* (сущ.).

ОСИ́ЛИТЬ, -лю, -лишь; -ленный; *сов., кого-что.* То же, что одолеть (в 1 и 2 знач.). *Одному троих не о. О. соперника в схватке. О. математику. Дорогу осилит идущий* (афоризм). ‖ *несов.* **оси́ливать**, -аю, -аешь.

ОСИ́НА, -ы, *ж.* Лиственное дерево, родственное тополю. ✦ **На язык родных осин (перевести)** *что* (шутл.) — сказать просто и понятно о чём-н. сложном. ‖ *прил.* **оси́новый**, -ая, -ое. *Как о. лист дрожит кто-н.* (мелко и часто, обычно о состоянии испуга, страха).

ОСИ́ННИК, -а, *м., собир.* Осиновый лес.

ОСИ́НОВИК, -а, *м.* То же, что подосиновик.

ОСИ́НЫЙ *см.* оса.

ОСИ́ПЛЫЙ, -ая, -ое; -и́пл. То же, что сиплый. *О. голос.* ‖ *сущ.* **оси́плость**, -и, *ж.*

ОСИ́ПНУТЬ *см.* сипнуть.

ОСИРОТЕ́ЛЫЙ, -ая, -ое; -е́л. Ставший сиротой, осиротевший. *О. птенец. О. дом.* ‖ *сущ.* **осироте́лость**, -и, *ж.*

ОСИРОТЕ́ТЬ, -е́ю, -е́ешь; *сов.* **1.** *см.* сиротеть. **2.** (1 и 2 л. не употр.), *перен.* Опустеть, стать неустроенным. *Дом осиротел без хозяина.*

ОСИЯ́ННЫЙ, -ая, -ое; -я́н, -я́нна (устар. высок.). Освещённый, озарённый. *Лунным светом осиянные поля.* ‖ *сущ.* **осия́нность**, -и, *ж.*

ОСКА́Л, -а, *м.* Ряд зубов, открытый растянутыми губами, ощеренной пастью. *Звериный о.* (также перен.: о выражении крайней злобы). *Хищный о.*

ОСКА́ЛИТЬ, -СЯ *см.* скалить, -ся.

ОСКАЛЬПИ́РОВАТЬ *см.* скальпировать.

ОСКАНДА́ЛИТЬ, -СЯ *см.* скандалить.

ОСКВЕРНИ́ТЕЛЬ, -я, *м.* (высок.). Тот, кто осквернил, оскверняет что-н. *О. святыни.* ‖ *ж.* **осквернительница**, -ы.

ОСКВЕРНИ́ТЬ, -ню́, -ни́шь; -нённый (-ён, -ена́); *сов., что* (книжн.). Опозорить, подвергнуть поруганию, унижению, запятнать чем-н. *О. народную святыню. О. душу.* ‖ *несов.* **осквернять**, -я́ю, -я́ешь. ‖ *возвр.* **оскверни́ться**, -ню́сь, -ни́шься; *несов.* **оскверня́ться**, -я́юсь, -я́ешься. ‖ *сущ.* **оскверне́ние**, -я, *ср.*

ОСКЛА́БИТЬ, -блю, -бишь; -бленный; *сов., что.* **1.** Со словами «пасть», «клыки», «зубы»: обнажить (обычно в знак угрозы). **2.** Со словами «лицо», «рот»: то же, что осклабиться (прост.).

ОСКЛА́БИТЬСЯ, -блюсь, -бишься; *сов.* (прост.). Широко улыбнуться, показав зубы.

ОСКЛИ́ЗЛЫЙ, -ая, -ое; -и́зл. Ставший скользким, осклизший. *Осклизлые ступеньки. Осклизлые стенки колодца.* ‖ *сущ.* **оскли́злость**, -и, *ж.*

ОСКЛИ́ЗНУТЬ (-ну, -нешь, 1 и 2 л. не употр.), -нет; оскли́з, оскли́зла; *сов.* Стать скользким, покрыться чем-н. скользким, слизистым. *Осклизшая колея.*

ОСКО́ЛОК, -лка, *м.* **1.** Отколовшийся кусок, часть расколовшегося предмета. *О. стекла. Осколки разбитого стакана. О. прошлого* (перен.: остаток старины, чего-н. исчезнувшего). **2.** Часть корпуса снаряда (бомбы, гранаты), раздробившегося при взрыве. *Ранен осколком.* ‖ *прил.* **оско́лочный**, -ая, -ое (ко 2 знач.). *Осколочная бомба. Осколочное ранение.*

ОСКО́МИНА, -ы, *ж.* Ощущение во рту терпкости и вяжущей кислоты. *Набить оскомину* (также перен.: сильно надоесть).

ОСКОПИ́ТЬ, -плю́, -пи́шь; -плённый (-ён, -ена́); *сов., кого (что).* Подвергнуть кастрации. ‖ *несов.* **оскопля́ть**, -я́ю, -я́ешь. ‖ *сущ.* **оскопле́ние**, -я, *ср.*

ОСКОРБИ́ТЕЛЬ, -я, *м.* (книжн.). Тот, кто оскорбил, оскорбляет кого-н. ‖ *ж.* **оскорби́тельница**, -ы.

ОСКОРБИ́ТЕЛЬНЫЙ, -ая, -ое; -лен, -льна. Содержащий оскорбление, оскорбляющий. *О. намёк. О. тон. Самая мысль об обмане оскорбительна.* ‖ *сущ.* **оскорби́тельность**, -и, *ж.*

ОСКОРБИ́ТЬ, -блю́, -би́шь; -блённый (-ён, -ена́); *сов., кого-что.* Тяжело обидеть, унизить. *О. действием. О. чьи-н. чувства.* ‖ *несов.* **оскорбля́ть**, -я́ю, -я́ешь. ‖ *сущ.* **оскорбле́ние**, -я, *ср.*

ОСКОРБИ́ТЬСЯ, -блю́сь, -би́шься; *сов.* Почувствовать себя оскорблённым, сильно обидеться. ‖ *несов.* **оскорбля́ться**, -я́юсь, -я́ешься. ‖ *сущ.* **оскорбле́ние**, -я, *ср.*

ОСКОРБЛЕ́НИЕ, -я, *ср.* **1.** *см.* оскорбить, -ся. **2.** Оскорбляющий поступок, оскорбляющие слова. *Осыпать оскорблениями. Тяжкое о.*

ОСКОРО́МИТЬСЯ *см.* скоромиться.

ОСКУДЕВА́ТЬ, -а́ю, -а́ешь; *несов.* (книжн.). То же, что скудеть. *Мир диких животных оскудевает.*

ОСКУДЕ́ТЬ *см.* скудеть.

ОСЛАБЕВА́ТЬ, -а́ю, -а́ешь; *несов.* То же, что слабеть.

ОСЛАБЕ́ЛЫЙ, -ая, -ое; -е́л. Обессилевший, ставший слабым. ‖ *сущ.* **ослабе́лость**, -и, *ж.*

ОСЛАБЕ́ТЬ *см.* слабеть.

ОСЛА́БИТЬ, -блю, -бишь; -бленный; *сов.* **1.** *кого-что.* Сделать слабым, уменьшить силу или силы кого-чего-н. *Болезнь ослабила организм. Ослабленная воля.* **2.** *что.* Сделать менее напряжённым или менее строгим, сосредоточенным. *О. дисциплину. О. внимание к чему-н.* **3.** *что.* Сделать менее стянутым, менее натянутым. *О. пояс. О. трос.* ‖ *несов.* **ослабля́ть**, -я́ю, -я́ешь. ‖ *сущ.* **ослабле́ние**, -я, *ср.*

ОСЛА́БНУТЬ *см.* слабнуть.

ОСЛА́ВИТЬ *см.* славить.

ОСЛА́ВИТЬСЯ, -влюсь, -вишься; *сов.* (прост.). То же, что прославиться (во 2 знач.). *Ославилась на всю улицу.* ‖ *несов.* **ославля́ться**, -я́юсь, -я́ешься.

ОСЛЕПИ́ТЕЛЬНЫЙ, -ая, -ое; -лен, -льна. **1.** Очень яркий. *О. свет солнца. Ослепительная голубизна неба. О. талант* (перен.). **2.** *перен.* Поразительный по своей красоте. *Ослепительная внешность. Ослепительная улыбка.* ‖ *сущ.* **ослепи́тельность**, -и, *ж.*

ОСЛЕПИ́ТЬ, -плю́, -пи́шь; -плённый (-ён, -ена́); *сов., кого (что).* **1.** Сделать слепым, незрячим. *Ослеплён при взрыве кто-н.* **2.** Временно притупить зрение воздействием сильного света, чем-н. ярким. *О. лучом прожектора. О. своей красотой* (перен.: потрясти). **3.** (1 и 2 л. не употр.), *перен.* Лишить способности здраво, спокойно рассуждать, действовать. *Ослеплён гневом. Ревность ослепила кого-н.* ‖ *несов.* **ослепля́ть**, -я́ю, -я́ешь. ‖ *сущ.* **ослепле́ние**, -я, *ср.* *Действовать в ослеплении* (в состоянии сильного возбуждения, гнева).

ОСЛЕ́ПНУТЬ *см.* слепнуть.

ОСЛЁНОК, -нка, *мн.* -ля́та, -ля́т, *м.* Детёныш осла.

ОСЛИ́ЗЛЫЙ, -ая, -ое; -и́зл. То же, что осклизлый. *Ослизлая шляпка гриба.* ‖ *сущ.* **осли́злость**, -и, *ж.*

ОСЛИ́ЗНУТЬ (-ну, -нешь, 1 и 2 л. не употр.), -нет; осли́з, осли́зла; *сов.* То же, что осклизнуть. *Огурцы в кадушке ослизли.*

О́СЛИК, ОСЛИ́НЫЙ *см.* осёл.

ОСЛИ́ЦА, -ы, *ж.* Самка осла.

ОСЛОЖНЕ́НИЕ, -я, *ср.* **1.** *см.* осложнить, -ся. **2.** Явление, событие, осложняющее ход дела. *Встретиться с новыми осложнениями.* **3.** Новое проявление болезни или новое заболевание, вызванное этой болезнью. *О. после гриппа. О. на сердце.*

ОСЛОЖНИ́ТЬ, -ню́, -ни́шь; -нённый (-ён, -ена́); *сов., что.* Сделать сложным, сложнее. *О. работу. О. положение.* ‖ *несов.* **осложня́ть**, -я́ю, -я́ешь. ‖ *сущ.* **осложне́ние**, -я, *ср.*

ОСЛОЖНИ́ТЬСЯ (-ню́сь, -ни́шься, 1 и 2 л. не употр.), -ни́тся; *сов.* **1.** Стать сложным, сложнее. *Положение осложнилось.* **2.** О болезни: получить новое проявление, осложняющее её ход и ведущее к новому заболеванию. *Грипп осложнился воспалением лёгких.* ‖ *несов.* **осложня́ться** (-я́юсь, -я́ешься, 1 и 2 л. не употр.), -я́ется. ‖ *сущ.* **осложне́ние**, -я, *ср.*

ОСЛУ́ШАТЬСЯ, -аюсь, -аешься; *сов., кого-чего* (устар. и прост.). Не подчиниться чьему-н. требованию, распоряжению. *О. родителей. О. приказа.* ‖ *несов.* **ослу́шиваться**, -аюсь, -аешься. ‖ *сущ.* **ослуша́ние**, -я, *ср.*

ОСЛУ́ШНИК, -а, *м.* (устар. и прост.). Тот, кто ослушался кого-н., кто поступает своевольно. *О. воли родительской.* ‖ *ж.* **ослу́шница**, -ы.

ОСЛЫ́ШАТЬСЯ, -шусь, -шишься; *сов.* Неверно понять вследствие ослышки.

ОСЛЫ́ШКА, -и, *ж.* Ошибка слуха, при к-рой сказанное принимается за другое, сходно звучащее. *Перепутать по ослышке.*

ОСМА́ТРИВАТЬ, -СЯ *см.* осмотреть, -ся.

ОСМЕЛЕ́ТЬ *см.* смелеть.

ОСМЕ́ЛИТЬСЯ, -люсь, -лишься; *сов., на что* и *с неопр.* Посметь, решиться. *О. отказаться. О. на возражения. Осмелюсь доложить* (вежливая форма при сообщении чего-н. вышестоящему лицу; устар.). ‖ *несов.* **осме́ливаться,** -аюсь, -аешься.

ОСМЕЯ́ТЬ, -ею́, -еёшь; -е́янный; *сов., кого-что.* Подвергнуть злой насмешке, высмеять. *О. клеветника.* ‖ *несов.* **осме́ивать,** -аю, -аешь. *О. пороки.* ‖ *сущ.* **осмея́ние, -я,** *ср.*

ОСМО́ТР, -а, *м.* **1.** *см.* осмотреть. **2.** Контрольное обследование. *Технический о.* (техосмотр). *Медицинский о.* (медосмотр). *О. оборудования.*

ОСМОТРЕ́ТЬ, -отрю́, -о́тришь; -о́тренный; *сов., кого-что.* **1.** Посмотреть на кого-что-н. с разных сторон, обозреть полностью, оглядеть. *О. сооружение со всех сторон. О. выставку.* **2.** Обследовать с какой-н. целью. *О. больного.* ‖ *несов.* **осма́тривать,** -аю, -аешь. ‖ *сущ.* **осмо́тр,** -а, *м.* ‖ *прил.* **осмотро́вый,** -ая, -ое (ко 2 знач.; спец.) *и* **осмо́тровый,** -ая, -ое (ко 2 знач.; спец.). *Осмотровая группа. Осмотровая яма* (специально оборудованное углубление для осмотра и ремонта автомашин снизу).

ОСМОТРЕ́ТЬСЯ, -отрю́сь, -о́тришься; *сов.* **1.** Посмотреть вокруг себя. *Выйдя из дома, осмотрелся.* **2.** *перен.* Привыкнуть к окружающим людям и обстановке. *О. в новом городе.* ‖ *несов.* **осма́триваться,** -аюсь, -аешься.

ОСМОТРИ́ТЕЛЬНЫЙ, -ая, -ое; -лен, -льна. То же, что осторожный (в 1 знач.). *О. человек. Действовать осмотрительно* (нареч.). *О. шаг.* ‖ *сущ.* **осмотри́тельность, -и,** *ж.*

ОСМО́ТРЩИК, -а, *м.* Работник, к-рый производит осмотр чего-н. с целью проверки. *О. вагонов.* ‖ *ж.* **осмо́трщица,** -ы. ‖ *прил.* **осмо́трщицкий,** -ая, -ое.

ОСМЫ́СЛЕННЫЙ, -ая, -ое; -лен, -ленна. Разумный, сознательный. *О. ответ. Ребёнок уже смотрит осмысленно* (нареч.). ‖ *сущ.* **осмы́сленность, -и,** *ж.*

ОСМЫ́СЛИТЬ, -лю, -лишь; -ленный; *сов., что.* Открыть смысл, значение чего-н., понять. *О. происходящее.* ‖ *несов.* **осмы́сливать,** -аю, -аешь *и* **осмысля́ть,** -я́ю, -я́ешь. ‖ *сущ.* **осмысле́ние,** -я, *ср.* и **осмы́сливание,** -я, *ср.*

ОСНАСТИ́ТЬ, -ащу́, -асти́шь; -ащённый (-ён, -ена́); *сов., что.* **1.** Оборудовать снастями. *О. судно.* **2.** Снабдить всеми необходимыми техническими средствами. *О. экспедицию. О. хозяйство новой техникой.* ‖ *несов.* **оснаща́ть,** -а́ю, -а́ешь. ‖ *сущ.* **оснаще́ние,** -я, *ср.* *и* **осна́стка,** -и, *ж.* (к 1 знач.; спец.).

ОСНА́СТКА, -и, *ж.* **1.** *см.* оснастить. **2.** Снасти, к-рыми оборудовано судно, такелаж. *Корабельная о. Парусная о.* **3.** То же, что оснащение (во 2 знач.) (спец.). *О. станков.*

ОСНАЩЕ́НИЕ, -я, *ср.* **1.** *см.* оснастить. **2.** Совокупность средств, к-рыми оснащено что-н. *Новое о. цеха.*

ОСНАЩЁННОСТЬ, -и, *ж.* Наличие оснащения. *Техническая о. предприятия.*

ОСНО́ВА, -ы, *ж.* **1.** Опорная часть предмета; остов. *Железобетонная о. конструкции.* **2.** Источник, главное, на чём строится что-н., что является сущностью чего-н. *Экономическая о. общества.* **3.** *мн.* Исходные, главные положения чего-н. *Основы экономических знаний. Основы нравственности.* **4.** Продольные нити ткани, переплетающиеся с утком (спец.). **5.** В грамматике: вся часть слова до окончания. *Непроизводная о.* (равная корню). *Производная о.* (корень вместе с суффиксами). ✦ **На основе** *чего, в знач. предлога с род. п.* — опираясь на что-н., в соответствии с чем-н., имея что-н. в качестве исходного пункта. *Действовать на основе инструкции.* **Лежать (быть) в основе** *чего* — быть главным, основным в чём-н. **Класть в основу** *что,* **брать за основу** *что* — использовать в качестве главного, основного. ‖ *прил.* **осно́вный,** -ая, -ое (к 4 и 5 знач.).

ОСНОВА́НИЕ, -я, *ср.* **1.** *см.* основать, -ся. **2.** Опорная часть предмета, сооружения, основа (в 1 знач.). *Дом на каменном основании.* **3.** В математике: сторона геометрической фигуры или грань геометрического тела, перпендикулярная высоте. *О. треугольника, конуса, пирамиды.* **4.** То же, что основа (во 2 знач.). **5.** *мн.* То же, что основа (в 3 знач.) (устар.). *Основания алгебры.* **6.** Существенный признак, по к-рому распределяются явления, понятия (спец.). *Единое о. классификации.* **7.** Причина, достаточный повод, оправдывающие что-н. *Заявить о чём-н. с полным основанием. Веские, убедительные основания.* **8.** Химическое соединение, образующее при взаимодействии с кислотой соль и воду (спец.). ✦ **На общих основаниях** — основываясь на общих правилах; наравне со всеми. **До основания** — совсем, совершенно. *Крепость разрушена до основания.* **На основании** *чего, в знач. предлога с род. п.* — исходя из чего-н., следуя чему-н., опираясь на что-н., в соответствии с чем-н. *Действовать на основании закона.* **На основании того что, на том основании что,** *союз* (книжн.) — потому что, по причине того что. *Утверждаю так, на основании того (на том основании) что ознакомился с делом.* ‖ *прил.* **осно́вный,** -ая, -ое (к 8 знач.). *Основные соли.*

ОСНОВА́ТЕЛЬ, -я, *м.* Тот, кто основал, основывает что-н. *О. города. О. теории. О. русского театра.* ‖ *ж.* **основа́тельница,** -ы.

ОСНОВА́ТЕЛЬНЫЙ, -ая, -ое; -лен, -льна. **1.** Разумный, веский. *О. довод.* **2.** *полн. ф.* Дельный, солидный, положительный (разг.). *Человек он о.* **3.** Крепкий, прочный. *Основательное сооружение.* **4.** Довольно большой, значительный. *О. вес. Основательная нагрузка.* ‖ *сущ.* **основа́тельность,** -и, *ж.*

ОСНОВА́ТЬ, -ную́, -нуёшь; -о́ванный; *сов., что.* **1.** Положить начало чему-н., учредить. *О. музей.* **2.** *на чём.* Сделать, осуществить на какой-н. основе (во 2 знач.). *Вывод, основанный на фактах. Ни на чём не основанное обвинение.* ‖ *несов.* **осно́вывать,** -аю, -аешь. ‖ *сущ.* **основа́ние,** -я, *ср.* (к 1 знач.).

ОСНОВА́ТЬСЯ, -нуюсь, -нуёшься; *сов.* **1.** (1 и 2 л. не употр.). Возникнуть, образоваться (книжн.). *Основалось новое общество.* **2.** То же, что обосноваться. *О. на новом месте.* ‖ *несов.* **осно́вываться,** -аюсь, -аешься. ‖ *сущ.* **основа́ние,** -я, *ср.* (к 1 знач.).

ОСНОВНО́Й, -а́я, -о́е. Наиболее важный, главный. *О. принцип. Основная цель. О. Закон* (Конституция). *Основное место работы* (в отличие от места работы по совместительству). ✦ **В основном** — в общих чертах, в главном.

ОСНО́ВНЫЙ[1-2] *см.* основа *и* основание.

ОСНОВОПОЛАГА́ЮЩИЙ, -ая, -ее (книжн.). Главный, лежащий в основе, принимаемый за основу чего-н. *О. научный труд.*

ОСНОВОПОЛО́ЖНИК, -а, *м.* Основатель какого-н. учения. *Основоположники критического реализма.*

ОСНО́ВЫВАТЬСЯ, -аюсь, -аешься; *несов.* **1.** *см.* основаться. **2.** *на чём.* Опираться в своём мнении на что-н., исходить из чего-н. *О. на фактах.*

ОСО́БА, -ы, *ж.* О человеке (прежде о важном, почтенном, теперь обычно ирон.). *Известная о. Подозрительная о. Подумаешь, важная о.!*

ОСО́БЕННОСТЬ, -и, *ж.* **1.** *см.* особенный. **2.** Характерное, отличительное свойство кого-чего-н. *Особенности местного говора.* ✦ **В особенности** — главным образом, преимущественно.

ОСО́БЕННЫЙ, -ая, -ое; -бенен (редко), -бенна. **1.** Не такой, как все, не обыкновенный. *Отличаться особенной добротой. Ничего особенного* (сущ.; о чём-н. простом, обыкновенном; разг.). **2.** **осо́бенно,** *нареч.* Не как всегда, не как все, не как обычно. *Особенно много народу. Особенно важный. Смотрит как-то особенно.* **3.** **осо́бенно,** *нареч.* В особенности, исключительно. *Особенно приятно видеть старых друзей.* ✦ **Не особенно** (разг.) — 1) не очень. *Устал? — Не особенно;* 2) не очень хороший, средний. *Ну как фильм? — Да не особенно.* ‖ *сущ.* **осо́бенность, -и,** *ж.* (к 1 знач.).

ОСО́БИНКА: в особинку (прост.) — по-особенному. *Мастерит всё по-своему, от других в особинку.*

ОСОБНЯ́К, -а́, *м.* Благоустроенный дом городского типа, предназначенный для одной семьи и для отдельного учреждения. *Старинный о. О. в переулке. О. посольства.* ‖ *уменьш.* **особнячо́к,** -чка́, *м.*

ОСОБНЯКО́М, *нареч.* Отдельно, в стороне от других. *Держаться о.*

ОСО́БЫЙ, -ая, -ое. **1.** То же, что особенный. *Возникли особые обстоятельства. Выглядит по-особому* (нареч.). *Особо* (нареч.) *важный случай.* **2.** Отдельный, независимый от других. *Особая комната. Особые права. Особое мнение* (официально выраженное несогласие с большинством). *Рассмотреть вопрос особо* (нареч.).

О́СОБЬ, -и, *ж.* (книжн.). Самостоятельно существующий организм, индивидуум. *Многообразие особей растительного мира. О. женского пола.*

ОСО́БЬ: особь статья (прост.) — что-н. совсем особое, совсем иное. *Это дело — особь статья.*

ОСОВЕ́ЛЫЙ, -ая, -ое; -е́л (разг.). Полусонный, осовевший. *О. взгляд.* ‖ *сущ.* **осове́лость,** -и, *ж.*

ОСОВЕ́ТЬ, -е́ю, -е́ешь; *сов.* (разг.). Впасть в полусонное, вялое и расслабленное состояние. *Малыш осовел — спать пора.*

ОСОВРЕМЕ́НИТЬ, -ню, -нишь; -ненный; *сов., что.* Сделать соответствующим духу современности. *О. тематику исследований.* ‖ *несов.* **осовреме́нивать,** -аю, -аешь.

ОСО́ЗНАННЫЙ, -ая, -ое; -ан, -анна. Вполне сознательный, осмысленный. *О. поступок.* ‖ *сущ.* **осо́знанность,** -и, *ж.*

ОСОЗНА́ТЬ, -а́ю, -а́ешь; осо́знанный; *сов., что.* Полностью довести до своего сознания, понять. *О. своё положение. Осознана необходимость решения.* ‖ *несов.* **осознава́ть,** -наю́, -наёшь. ‖ *сущ.* **осозна́ние,** -я, *ср.*

ОСО́КА, -и, *ж.* Многолетняя (обычно болотная) трава с твёрдыми узкими и длинными листьями. ‖ *прил.* **осо́ковый,** -ая, -ое. *Семейство осоковых* (сущ.).

ОСОКО́РЬ, -я, *м.* Дерево, родственное тополю. ‖ *прил.* **осоко́ревый,** -ая, -ое.

ОСОЛОВЕ´ЛЫЙ, -ая, -ое; -е́л (разг.). То же, что осовелый. *О. вид.* ‖ *сущ.* **осолове́лость**, -и, *ж.*

ОСОЛОВЕ´ТЬ *см.* соловеть.

ОСО´Т, -а, *м.* Крупная сорная колючая трава сем. сложноцветных. ‖ *прил.* **осо́товый**, -ая, -ое.

О´СПА, -ы, *ж.* **1.** Острозаразное вирусное заболевание, сопровождающееся сыпью, к-рая оставляет небольшие рубцы, щербины. *Натуральная о. Прививка против оспы.* **2.** Щербины, остающиеся на теле после этого заболевания или на месте противооспенной прививки (разг.). *Лицо в оспе.* ‖ *прил.* **о́спенный**, -ая, -ое. *Оспенная вакцина.*

ОСПА´РИВАТЬ, -аю, -аешь; *несов.* **1.** *кого-что.* Объявлять спорным, заявлять своё несогласие с кем-чем-н. *О. мнение рецензента. Не оспаривай глупца* (афоризм). **2.** *что.* Вступать в соперничество, добиваясь первенства. *О. звание чемпиона.* ‖ *сов.* **оспо́рить**, -рю, -ришь.

О´СПИНА, -ы, *ж.* Щербина на теле от оспы. *Лицо в оспинах.* ‖ *уменьш.* **о́спинка**, -и, *ж.*

ОСРАМИ´ТЬ, -СЯ *см.* срамить.

ОСТА´ВИТЬ, -влю, -вишь; -вленный; *сов.* **1.** *кого-что.* Уйдя, удалившись, не взять с собой (намеренно или забыв). *О. книгу дома. О. детей в деревне. О. чемодан в вагоне.* **2.** *что.* Сохранить, приберечь. *О. еду (еды) на ужин. О. за собой право сделать что-н. О. для кого-н. билет в театр.* **3.** *кого-что.* Сохранить в каком-н. положении, состоянии. *О. решение в силе. О. пол некрашеным. О. усы* (не брить их). *О. вопрос открытым* (не решить его). *О. в недоумении. О. кого-н. в покое* (не беспокоить). *О. ученика на второй год* (не перевести в следующий класс). *О. за собой что-н.* (закрепить за собой). **4.** *что.* Запечатлеть где-н., на чём-н., сохранить не исчезнувшим. *О. следы на песке. О. о себе память. О. след в науке.* **5.** *что.* Передать кому-н., предоставить в чьё-н. пользование. *О. наследство.* **6.** *кого-что.* Побудить, заставить остаться или находиться где-н. *О. гостей ночевать.* **7.** *кого-что.* Удалиться от кого-чего-н., покинуть, не имея больше дела с кем-чем-н. *О. семью. Не о. товарища в опасности. О. позади кого-н.* (опередить). **8.** *что.* Прекратить, перестать заниматься чем-н. *О. прежнее увлечение. О. помыслы, надежды. Оставьте, это не ваше дело. Ах, оставьте, пожалуйста!* (выражение несогласия и раздражения). **9.** *кого-что без чего.* Не предоставить чего-н. *О. без подарка. О. просьбу без внимания.* **10.** (1 и 2 л. не употр.). В нек-рых сочетаниях: перестать существовать, исчезнуть. *Силы, мужество оставили кого-н. Надежда оставила больного.* **11.** *кого (что) кем* и (мн.) *в ком.* В нек-рых играх: обыграть. *О. в дураках* (при игре в дураки; также перен.: поставить в глупое положение). ‖ *несов.* **оставля́ть**, -яю, -яешь.

ОСТАЛЬНО´Й, -ая, -ое. Еще оставшийся в наличии сверх данного; прочий. *Часть денег истратим, а остальные уберём. Я иду, остальные* (сущ.) *ждут здесь.*

ОСТА´НКИ, -ов. Тело умершего или то, что осталось от его тела (о человеке — высок.). *Бренные о. О. ископаемых животных.*

ОСТАНОВИ´ТЬ, -овлю́, -о́вишь; -о́вленный; *сов.* **1.** *кого-что.* Прекратить движение, ход, развитие кого-чего-н. *О. поезд. О. коня. О. конвейер.* **2.** *кого-что.* Сдержать, запретить кому-н. делать что-н. *О. озорников.* **3.** *что на ком-чём.* Направить на кого-что-н., сосредоточить на ком-чём-н. *О. свой выбор на молодом специалисте. О. внимание на важных деталях. О. взгляд на незнакомце.* ‖ *несов.* **остана́вливать**, -аю, -аешь. ‖ *сущ.* **остано́вка**, -и, *ж.* (к 1 знач.). ‖ *прил.* **остано́вочный**, -ая, -ое (к 1 знач. в нек-рых сочетаниях). *О. тормоз.*

ОСТАНОВИ´ТЬСЯ, -овлю́сь, -о́вишься; *сов.* **1.** Перестать двигаться. *Поезд остановился. О. на перекрёстке. Работа остановилась* (перен.). **2.** Прекратить что-н. делать; удержаться от какого-н. действия. *О. на полуслове. Говорит и не может о. Ни перед чем не о.* (перен.: быть готовым на какие угодно поступки). **3.** Временно расположиться, поселиться где-н. по приезде. *О. в гостинице. О. на привале.* **4.** *на чём.* Излагая, обсуждая что-н., задержаться, остановить внимание на чём-н. *О. на описании подробностей.* **5.** *на ком-чём.* Прийти к какому-н. заключению, остановить свой выбор на ком-чём-н. *О. на выдвинутой кандидатуре.* **6. останови́сь (останови́тесь)!** Призыв одуматься, остепениться. ‖ *несов.* **остана́вливаться**, -аюсь, -аешься. ‖ *сущ.* **остано́вка**, -и, *ж.* (к 1 знач.). ‖ *прил.* **остано́вочный**, -ая, -ое (к 1 знач. в нек-рых сочетаниях). *О. пункт.*

ОСТАНО´ВКА, -и, *ж.* **1.** *см.* остановить, -ся. **2.** Перерыв (в речи, в действиях). *Говорить без остановки.* **3.** Временная стоянка в пути. *Сделать остановку в ближайшем городе.* **4.** Место, где останавливается городской, рейсовый пассажирский транспорт. *Трамвайная о.* ✦ **Остановка за *кем-чем*** (разг.) — о задержке из-за кого-чего-н. *Остановка за смежниками* (дело задерживают смежники).

ОСТА´ТОК, -тка, *м.* **1.** Оставшаяся часть чего-н. израсходованного, истраченного. *Остатки обеда (от обеда). Последние остатки запасов. О. суммы. Остатки сладки* (шутл. погов.). *Сшить фартук из остатков материи.* **2.** *мн.* То, что осталось от прежде существовавшего. *Остатки крепостной стены. Остатки прежней роскоши* (ирон.). **3.** *мн.* То, что остаётся как отходы или отбросы. *Остатки пищи идут на корм скоту.* **4.** Оставшаяся под конец небольшая часть чего-н. *О. жизни. О. времени. О. дня.* **5.** В математике: величина, получаемая при вычитании из делимого произведения делителя на целое частное. *Сто делится на двадцать без остатка.* ‖ *прил.* **оста́точный**, -ая, -ое (к 1 знач.).

ОСТА´ТЬСЯ, -а́нусь, -а́нешься; *сов.* **1.** Продолжить пребывание, нахождение где-н. *О. на зиму в деревне. О. зимовать на льдине. О. в гостях ещё на часок. О. в классе на второй год* (для повторного прохождения учебной программы). **2.** Сохраниться, не исчезнуть. *Осталось чувство обиды.* **3.** Оказаться, стать. *О. в долгу. О. без дела. За ним осталось пять рублей* (за кем-н. долг в пять рублей). *О. ни с чем* (лишиться всего; разг.). *О. ни при чём* (не получить, не добиться ничего; разг.). **4.** Оказаться в наличии после пользования чем-н., а также ухода, смерти кого-н. *От обеда ничего не осталось. После отца осталось трое детей.* **5.** *безл., кому с неопр.* Оказаться необходимым, прийтись (в 4 знач.) (о вынужденном состоянии). *Ему осталось только согласиться.* **6.** *кем* и (мн.) *в ком.* В нек-рых играх: проиграть. *О. в дураках* (при игре в дураки; также перен.: оказаться в глупом положении). *Кто остался, тот сдаёт* (в карточной игре). ✦ **Остаться при своём мнении (убеждении)** — не изменить своего мнения, убеждения. ‖ *несов.* **остава́ться**, -таю́сь, -таёшься; -ава́йся; -ава́ясь. ‖ *прил.* **оста́точный**, -ая, -ое (ко 2 знач.). *Остаточные явления.*

ОСТЕКЛЕНЕ´ТЬ *см.* стекленеть.

ОСТЕКЛЕ´НИЕ, -я, *ср.* **1.** *см.* остеклить. **2.** Остеклённая поверхность чего-н. *Цветное о. О. кабины.*

ОСТЕКЛИ´ТЬ, -лю́, -ли́шь; -лённый (-ён, -ена́); *сов., что.* Вставить стёкла во что-н. *О. окна.* ‖ *несов.* **остекля́ть**, -я́ю, -я́ешь. ‖ *сущ.* **остекле́ние**, -я, *ср.*

ОСТЕПЕНИ´ТЬ[1], -ню́, -ни́шь; -нённый (-ён, -ена́); *сов., кого (что).* Сделать степенным, сдержанным, рассудительным в поведении. *Женитьба его остепенила.* ‖ *несов.* **остепеня́ть**, -я́ю, -я́ешь.

ОСТЕПЕНИ´ТЬ[2], -ню́, -ни́шь; -нённый (-ён, -ена́); *сов., кого (что)* (разг. шутл.). Присудить учёную степень. ‖ *несов.* **остепеня́ть**, -я́ю, -я́ешь.

ОСТЕПЕНИ´ТЬСЯ[1], -ню́сь, -ни́шься; *сов.* Стать степенным, сдержанным, рассудительным в поведении. *С летами остепенился. Пора бы о.* ‖ *несов.* **остепеня́ться**, -я́юсь, -я́ешься.

ОСТЕПЕНИ´ТЬСЯ[2], -ню́сь, -ни́шься; *сов.* (разг. шутл.). Получить учёную степень. *Диссертация написана, скоро остепенюсь.* ‖ *несов.* **остепеня́ться**, -я́юсь, -я́ешься.

ОСТЕРВЕНЕ´ЛЫЙ, -ая, -ое; -е́л. Пришедший в остервенение, неистовый. *О. враг. Остервенело* (нареч.) *драться.* ‖ *сущ.* **остервене́лость**, -и, *ж.*

ОСТЕРВЕНЕ´ТЬ *см.* стервенеть.

ОСТЕРВЕНИ´ТЬСЯ, -ню́сь, -ни́шься; *сов.* (разг.). Рассвирепеть, остервенеть. ‖ *несов.* **остервеня́ться**, -я́юсь, -я́ешься.

ОСТЕРЕГА´ТЬ, -а́ю, -а́ешь; *несов., кого (что).* То же, что предостерегать. ‖ *сов.* **остере́чь**, -егу́, -ежёшь, -егу́т; -ёг, -егла́; -еги́; -ёгший; -ежённый (-ён, -ена́); -ёгши.

ОСТЕРЕГА´ТЬСЯ, -а́юсь, -а́ешься; *несов., кого-чего* и *с неопр.* Беречься кого-чего-н., предохранять себя от чего-н. *О. простуды. Остерегайся этого человека! Остерегается спорить.* ‖ *сов.* **остере́чься**, -егу́сь, -ежёшься, -егу́тся; -ёгся, -егла́сь; -еги́сь; -ёгшийся; -ёгшись.

ОСТИ´СТЫЙ, -ая, -ое; -и́ст. Обильный остью. *О. колос.* ‖ *сущ.* **ости́стость**, -и, *ж.*

О´СТОВ, -а, *м.* **1.** Внутренняя опорная часть предмета, на к-рой укрепляются другие части его, каркас. *О. корабля.* **2.** То же, что скелет (в 1 знач.) (устар.).

ОСТО´ЙЧИВЫЙ, -ая, -ое; -ив (спец.). О судне: при плавании не теряющий равновесия. ‖ *сущ.* **осто́йчивость**, -и, *ж.*

ОСТО´Л, -а, *м.* На севере: шест для управления нартами.

ОСТОЛБЕНЕ´ЛЫЙ, -ая, -ое; -е́л (разг.). Пришедший в остолбенение. *О. вид. Остолбенело* (нареч.) *молчать.* ‖ *сущ.* **остолбене́лость**, -и, *ж.*

ОСТОЛБЕНЕ´ТЬ *см.* столбенеть.

ОСТОЛО´П, -а, *м.* (прост. бран.). Глупец, болван.

ОСТОРО´ЖНИЧАТЬ, -аю, -аешь; *несов.* (разг.). Проявлять излишнюю осторожность. ‖ *сов.* **поосторо́жничать**, -аю, -аешь.

ОСТОРО´ЖНЫЙ, -ая, -ое; -жен, -жна. **1.** Предусматривающий возможную опасность, не опрометчивый. *О. человек. Осторожное поведение. Осторожно!* (восклицание в знач.: будь внимателен, грозит опасность). **2.** Сдержанный, бережный, не грубый. *Осторожное обращение с больным.* ‖ *сущ.* **осторо́жность**, -и, *ж.*

ОСТОЧЕРТЕ´ТЬ, -е́ю, -е́ешь; *сов., кому* (прост.). То же, что осатанеть (во 2 знач.). ‖ *несов.* **осточертева́ть**, -а́ю, -а́ешь.

ОСТРАКИ´ЗМ, -а, *м.* (книжн.). Изгнание, гонение. *Подвергнуть кого-н. остракизму.*

ОСТРА́СТКА, -и, *ж.* (разг.). Строгое предупреждение или наказание как урок на будущее. *Побранить для острастки. Нужна о.*

ОСТРЕ́Ц, -а́, *м.* Степной сорный злак, употр. как корм.

ОСТРИЁ, -я́, *ср.* **1.** Острый, колющий конец или острая, режущая сторона чего-н. *О. иголки. О. штыка. О. сабли. По острию ножа ходить* (перен.: рискуя, подвергать себя крайней опасности; книжн.). **2.** *перен., чего.* Главнейшая, как бы ударная часть, самая суть чего-н. *Направить о. критики против чего-н.*

ОСТРИ́ТЬ[1], -рю́, -ри́шь; *несов., что.* Заострять, делать острым (в 1 знач.). *О. нож.*

ОСТРИ́ТЬ[2], -рю́, -ри́шь; *несов.* Говорить остроты. *Тонко, грубо о.* ‖ *сов.* **сострить**, -рю́, -ри́шь.

ОСТРИ́ЧЬ, -СЯ *см.* стричь.

ОСТРО... *Первая часть сложных слов со знач.:* 1) с острым (в 1 знач.), отточенным, напр. *острогубцы;* 2) с острым (во 2 знач.), сужающимся, напр. *островершинный, остроклювый, остроконечный, острокрылый, остроугольный;* 3) острый (в 3 знач.), проницательный, напр. *остроумие, остроумный;* 4) остроумный, напр. *острослов, острословие;* 5) с острым (в 5 знач.), напр., *остропахучий;* 6) острый (в 6 знач.), напряжённый, напр. *остропротекающий, остроразвивающийся, остросюжетный, остроэкспрессивный;* 7) очень, сильно, напр. *островоспалительный, остродефицитный, острозаразный, остронуждающийся.*

О́СТРОВ, -а, *мн.* -а́, -о́в, *м.* **1.** Участок суши, со всех сторон окружённый водой. *Материковые острова* (отделившиеся от материков). *Коралловый о.* (образовавшийся на основе коралловых рифов). *Необитаемый о.* **2.** Участок, выделяющийся чем-н. среди остальной местности, напр. сухое место среди болот, небольшой лес среди поля. ‖ *уменьш.* **островок**, -вка́, *м. О. безопасности* (специально отмеченное на проезжей части улицы место, безопасное для пешеходов). ‖ *прил.* **островно́й**, -а́я, -о́е (к 1 знач.). *Островное государство* (расположенное на острове, островах).

ОСТРОВЕ́РХИЙ, -ая, -ое. С острым верхом. *Островерхая крыша.*

ОСТРОВИТЯ́НИН, -а, *мн.* -я́не, -я́н, *м.* Житель острова. ‖ *ж.* **островитя́нка**, -и.

ОСТРО́Г, -а, *м.* **1.** В древнерусских княжествах и в Русском государстве 16—17 вв.: деревянное пограничное укрепление (позднее на севере — укреплённый населённый пункт). **2.** То же, что тюрьма (устар.). ‖ *прил.* **остро́жный**, -ая, -ое (ко 2 знач.).

ОСТРОГА́, -и́, *ж.* Рыболовная снасть в виде вил. *Бить рыбу острогой.* ‖ *прил.* **острого́вый**, -ая, -ое.

ОСТРОГЛА́ЗЫЙ, -ая, -ое; -а́з (разг.). Зоркий, всё замечающий. ‖ *сущ.* **острогла́зость**, -и, *ж.*

ОСТРОГУ́БЦЫ, -ев. То же, что кусачки.

ОСТРО́ЖНИК, -а, *м.* (устар.). Арестант, содержащийся в остроге (во 2 знач.). ‖ *ж.* **остро́жница**, -ы.

ОСТРОКОНЕ́ЧНЫЙ, -ая, -ое; -чен, -чна. Заканчивающийся остриём, имеющий острый конец. *Остроконечная вершина.* ‖ *сущ.* **остроконе́чность**, -и, *ж.*

ОСТРОЛИ́СТ, -а, *м.* Родственное падубу небольшое вечнозелёное южное дерево с колючими листьями и тёмно-красными ягодами.

ОСТРОНО́СЫЙ, -ая, -ое; -о́с. С острым узким носом, носком. *О. мальчуган. Остроносая лодка. Остроносые ботинки.* ‖ *сущ.* **остроно́сость**, -и, *ж.*

ОСТРОСЛО́В, -а, *м.* Человек, к-рый любит и умеет острословить.

ОСТРОСЛО́ВИЕ, -я, *ср.* Остроумная, тонкая речь, умение острословить.

ОСТРОСЛО́ВИТЬ, -влю, -вишь; *несов.* Говорить остроумно, острить[2].

ОСТРО́ТА, -ы, *ж.* Остроумное выражение. *Тонкие остроты. Старая о. Дешёвые, плоские остроты.*

ОСТРОТА́ *см.* острый.

ОСТРОУГО́ЛЬНЫЙ, -ая, -ое. Имеющий острые углы. *О. треугольник.*

ОСТРОУ́МЕЦ, -мца, *м.* (устар.). То же, что острослов.

ОСТРОУ́МИЕ, -я, *ср.* **1.** Изобретательность в нахождении ярких, удачных, смешных или язвительных выражений. *Неистощимое о.* **2.** Изобретательность и тонкость ума. *Проявить о. в решении вопроса. Догадка не лишена остроумия.*

ОСТРОУ́МНЫЙ, -ая, -ое; -мен, -мна. Отличающийся остроумием, обладающий остроумием. *О. человек. Остроумное выражение. Остроумное решение.* ‖ *сущ.* **остроу́мность**, -и, *ж.*

О́СТРЫЙ, -ая, -ое; остёр *и* остр, остра́, остро́ *и* о́стро. **1.** Отточенный, хорошо режущий, колющий. *О. нож. Острое копьё.* **2.** Суживающийся к концу. *О. нос. Сапоги с острыми носками.* **3.** Проницательный, хорошо воспринимающий. *О. ум. О. глаз.* **4.** (остёр, остра́, остро́). Отличающийся остроумием (в 1 знач.). *Острая шутка. О. язычок. Остёр на язык кто-н.* **5.** Сильно действующий на вкус или обоняние. *О. запах. О. соус. Острая пища.* **6.** *перен.* Сильно, ясно выраженный; напряжённый. *Острая боль. Острое воспаление* (не хроническое). *Острая ситуация. О. сюжет.* ✦ **Острый угол** — угол менее 90°. ‖ *сущ.* **острота́**, -ы́, *ж.* (к 1, 3, 4, 5 и 6 знач.).

ОСТРЯ́К, -а́, *м.* (разг.). То же, что острослов. *О.-самоучка* (о том, кто острит неудачно; шутл.). ‖ *ж.* **остря́чка**, -и. ‖ *прил.* **остря́ческий**, -ая, -ое.

ОСТУДИ́ТЬ *см.* студить.

ОСТУЖА́ТЬ, -а́ю, -а́ешь; *несов.* То же, что студить.

ОСТУПИ́ТЬСЯ, -уплю́сь, -у́пишься; *сов.* **1.** Неудачно ступить, споткнуться. *Оступился и упал.* **2.** *перен.* Совершить какую-н. ошибку в поведении, в поступках (разг.). ‖ *несов.* **оступа́ться**, -а́юсь, -а́ешься.

ОСТЫВА́ТЬ, -а́ю, -а́ешь; *несов.* **1.** *см.* остыть. **2.** То же, что стыть, стынуть (в 1 знач.). *Обед остывает. Чувства остывают.*

ОСТЫ́ТЬ, -ы́ну, -ы́нешь и **ОСТЫ́НУТЬ**, -ну, -нешь; осты́л, осты́ла; *сов.* **1.** *см.* стыть. **2.** *к кому-чему.* То же, что охладеть. *О. к танцам.* **3.** Успокоиться, перестать сердиться, волноваться. *Возмутился, но быстро остыл.* ‖ *несов.* **остыва́ть**, -а́ю, -а́ешь.

ОСТЬ, -и, *мн.* -и, -е́й, *ж.* **1.** Тонкий длинный отросток на колосе у злаков. **2.** *также собир.* Длинный жёсткий волос в шерсти животного (спец.). ‖ *прил.* **остево́й**, -а́я, -о́е.

ОСТЯКИ́, -о́в, *ед.* -я́к, -а́, *м.* Прежнее название народа ханты и нек-рых других малочисленных народов Севера. ‖ *ж.* **остя́чка**, -и. ‖ *прил.* **остя́цкий**, -ая, -ое.

ОСТЯ́ЦКИЙ, -ая, -ое. **1.** *см.* остяки. **2.** То же, что хантыйский (во 2 знач.). *По-остяцки* (нареч.).

ОСУДИ́ТЬ, -ужу́, -у́дишь; -ужденный (-ён, -ена́); *сов.* **1.** *кого-что.* Выразить неодобрение кому-чему-н., признать плохим. *О. неблаговидный поступок.* **2.** *кого (что).* Приговорить к какому-н. наказанию. *Преступник осуждён. Осуждённого* (сущ.) *вывели из зала суда.* **3.** *перен., кого-что на что.* То же, что обречь (высок.). *Замысел осуждён на неудачу.* ‖ *несов.* **осужда́ть**, -а́ю, -а́ешь. ‖ *сущ.* **осужде́ние**, -я, *ср.* (к 1 и 2 знач.). ‖ *прил.* **осуди́тельный**, -ая, -ое (к 1 и 2 знач.).

ОСУЖДЕ́НИЕ, -я, *ср.* **1.** *см.* осудить. **2.** Неодобрительное мнение, порицание. *В словах звучит о.*

ОСУ́НУТЬСЯ, -нусь, -нешься; *сов.* О лице: похудеть.

ОСУШЕ́НИЕ, -я, *ср.* **1.** *см.* осушить. **2.** Удаление лишней влаги из верхнего слоя почвы. *О. заболоченных земель.*

ОСУШИ́ТЬ, -ушу́, -у́шишь; -у́шенный; *сов., что.* **1.** Сделать сухим (в 1, 2 и 3 знач.), лишить влаги, влажности. *О. болото. О. русло. О. помещение. О. глаза* (перен.: перестать плакать; высок.). *О. слёзы кому-н.* (перен.: утешить; высок.). **2.** Выпить содержимое чего-н. до дна (разг.). *О. бокал.* ‖ *несов.* **осуша́ть**, -а́ю, -а́ешь. *Осушаемые земли.* ‖ *сущ.* **осуше́ние**, -я, *ср.* и **осу́шка**, -и, *ж.* (к 1 знач.; спец.). ‖ *прил.* **осушительный**, -ая, -ое (к 1 знач.; спец.). *Осушительная система. Осушительная сеть.*

ОСУЩЕСТВИ́МЫЙ, -ая, -ое; -и́м. Такой, к-рый можно осуществить, выполнить. *О. проект.* ‖ *сущ.* **осуществи́мость**, -и, *ж.*

ОСУЩЕСТВИ́ТЬ, -влю́, -ви́шь; -влённый (-ён, -ена́); *сов., что.* Привести в исполнение, воплотить в действительность. *О. своё намерение. Осуществлённая мечта.* ‖ *несов.* **осуществля́ть**, -я́ю, -я́ешь. ‖ *сущ.* **осуществле́ние**, -я, *ср.*

ОСУЩЕСТВИ́ТЬСЯ (-влю́сь, -ви́шься, 1 и 2 л. не употр.), -ви́тся; *сов.* То же, что исполниться[1] (в 1 знач.). *Мечта осуществилась.* ‖ *несов.* **осуществля́ться** (-я́юсь, -я́ешься, 1 и 2 л. не употр.), -я́ется. ‖ *сущ.* **осуществле́ние**, -я, *ср.*

ОСЧАСТЛИ́ВИТЬ, -влю, -вишь; -вленный; *сов., кого-что.* Сделать счастливым, очень обрадовать. *О. всю семью. О. радостным сообщением.* ‖ *несов.* **осчастли́вливать**, -аю, -аешь.

ОСЫ́ПАТЬ, -плю, -плешь *и* (разг.) -пешь, -пет, -пем, -пете, -пят; -ы́пь; -анный; *сов.* **1.** *кого-что.* Покрыть чем-н. сыпучим; усеять. *О. танцующих конфетти. О. молодых хмелем* (по старому свадебному обычаю). *Небо осыпано звёздами.* **2.** *перен., кого-что чем.* В изобилии наделить чем-н. *О. подарками. О. поцелуями, ласками. О. оскорблениями, бранью.* **3.** *что.* Развалить (что-н. сыпучее). *О. кучу песку.* **4.** (1 и 2 л. не употр.). О растениях: уронить (созревшие семена, листья, лепестки). ‖ *несов.* **осыпа́ть**, -а́ю, -а́ешь. ‖ *возвр.* **осы́паться**, -плюсь, -плешься *и* (разг.) -пешься, -пется, -пемся, -петесь, -пятся, -ы́пься (к 1 знач.); *несов.* **осыпа́ться**, -а́юсь, -а́ешься.

ОСЫ́ПАТЬСЯ, -плюсь, -плешься *и* (разг.) -пешься, -пется, -пемся, -петесь, -пятся; -ы́пься; *сов.* **1.** *см.* осыпать. **2.** (1 и 2 л. не употр.). О семенах, листьях, плодах: упасть, опасть. *Лепестки осыпались.* **3.** (1 и 2 л. не употр.). О сыпучем: развалиться, рассыпаться. *Насыпь осыпалась.* ‖ *несов.* **осыпа́ться**, -а́ется. ‖ *сущ.* **осыпа́ние**, -я, *ср.*

О́СЫПЬ, -и, *ж.* (спец.). Осыпавшиеся обломки горной породы.

ОСЬ, -о́си *и* оси́, на оси́, *мн.* о́си, -е́й, *ж.* **1.** Стержень, на к-ром держатся колёса, вращающиеся части машин, механизмов. *Вращающаяся о. Неподвижная о.* **2.** Проходящая через геометрическую фигуру или тело воображаемая прямая линия, обладающая только ей присущими свойствами (спец.). *О. симметрии. О. вращения. Земная о.* **3.** *перен.* То, вокруг чего развёртываются события, сосредоточиваются действия. *О. событий.* **4.** *перен.* Связь, союз (двух государств, обычно названных по своим столицам, административным центрам). *О. Берлин — Рим* (агрессивный союз во время второй мировой войны, а также в годы её подготовки). ‖ *прил.* **осево́й,** *-а́я, -о́е* (к 1, 2 и 3 знач.).

ОСЬМИНО́Г, -а, *м.* Крупное головоногое животное с восемью большими щупальцами, снабжёнными присосками. ‖ *прил.* **осьмино́жий,** -ья, -ье.

ОСЯЗА́ЕМЫЙ, -ая, -ое; -а́ем. **1.** Воспринимаемый органами чувств. *О. величины. О. мир.* **2.** *перен.* Вполне реальный, ощутимый. *Осязаемые успехи.* ‖ *сущ.* **осяза́емость,** -и, *ж.*

ОСЯЗА́НИЕ, -я, *ср.* Одно из внешних чувств человека и животного — способность воспринимать прикосновения, давления, растяжения.

ОСЯЗА́ТЕЛЬНЫЙ, -ая, -ое; -лен, -льна. **1.** *см.* осязать. **2.** *перен.* Очень заметный, значительный. *О. результат.* ‖ *сущ.* **осяза́тельность,** -и, *ж.*

ОСЯЗА́ТЬ, -а́ю, -а́ешь; *несов., кого-что.* **1.** Воспринимать осязанием. **2.** *перен.* Воспринимать, замечать (книжн.). *О. надвигающиеся перемены.* ‖ *прил.* **осяза́тельный,** -ая, -ое (к 1 знач.; спец.). *О. орган.*

ОТ, *предлог с род. п.* **1.** Указывает на исходную точку чего-н. *Отплыть от берега. От Пушкина до символистов. От головы до пяток. От рубля и выше. На сороковом году от рождения.* **2.** Указывает на источник чего-н. *Узнать что-н. от друга. Сын от первого брака. Это исходит от нас. Говорить от чьего-н. имени* (по чьему-н. полномочию). *В стихах молодого поэта очень многое от Маяковского.* **3.** Указывает на непосредственную связь с чем-н., с какой-н. деятельностью. *Люди от науки.* **4.** Указывает на целое, к-рому принадлежит часть. *Отломить сучок от дерева. Отрезать ломоть от каравая. Пуговица от пальто. Ключ от замка.* **5.** Указывает на что-н. удаляемое, избегаемое, подлежащее устранению, прекращению, направленное против чего-н. *Защита от врага. Средство от боли.* **6.** Указывает на причину, основание чего-н. *Петь от радости. Заболеть от переохлаждения. Глаза, красные от слёз.* **7.** Указывает на другой предмет, к-рый противопоставляется первому. *Отличать добро от зла. Отделить нужные книги от ненужных.* **8.** Употр. при обозначении даты документа, письма. *Приказ от 1 августа.* **9.** В выражениях: *год от году, время от времени, час о́т часу* указывает на временну́ю последовательность.

ОТ..., *приставка.* **I.** Образует глаголы со знач.: 1) конца, прекращения, окончательного выполнения действия, напр. *отдежурить, отработать, отзвучать, откосить;* 2) удаления, устранения чего-н., движения в сторону, напр. *отломать, отклеить, оттолкнуть, отвезти;* 3) интенсивности действия, напр. *отгладить, отделать; отмобилизовать;* 4) доведения до нежелательного состояния, напр. *отлежать, отсидеть, оттоптать, отплясать* (ноги); 5) с постфиксом «ся» — действия, произведённого с целью уклонения от чего-н., напр. *отписаться, отговориться;* 6) с постфиксом «ся» — окончания длившегося действия, напр. *отбегаться, отвоеваться, отлетаться;* 7) собственно предела действия, напр. *отлакировать, откорректировать, отладить, отшлифовать.* **II.** Образует существительные со знач. отделения, отделения, напр. *отголосок, отродье, отточие.* **III.** Образует прилагательные со знач. производства, происхождения от чего-н., напр. *отглагольный, отымённый, отмеждометный.* **IV.** Образует наречия, напр. *отныне, отсюда, отчасти, отроду.*

ОТА́ВА, -ы, *ж.* Трава, выросшая на месте скошенной или на пастбище, на к-ром тем же летом уже пасся скот. *Молодая, зелёная о. Выпустить стадо на о.* ‖ *прил.* **ота́вный,** -ая, -ое. *Отавное сено.*

ОТА́ПЛИВАТЬ *см.* отопить.

ОТА́ПЛИВАТЬСЯ (-аюсь, -аешься, 1 и 2 л. не употр.), -ается; *несов.* Обогреваться топкой. *Дом хорошо отапливается.*

ОТА́РА, -ы, *ж.* Большое стадо овец. *Отары на горных пастбищах.* ‖ *прил.* **ота́рный,** -ая, -ое.

ОТА́ЧИВАТЬ *см.* оточить.

ОТБА́ВИТЬ, -влю, -вишь; -вленный; *сов., что и чего.* Отделить, отлить, отсыпать часть чего-н. *О. молока из бидона.* ‖ *несов.* **отбавля́ть,** -я́ю, -я́ешь. *Хоть отбавляй кого-чего-н.* (очень много; разг.). ‖ *сущ.* **отбавле́ние,** -я, *ср.* и **отба́вка,** -и, *ж.*

ОТБАРАБА́НИТЬ, -ню, -нишь; *сов.* **1.** Кончить барабанить. **2.** *что.* Поспешно или небрежно сыграть или сказать что-н. (разг.). *О. мазурку. О. басню.* **3.** То же, что оттрубить (во 2 знач.) (прост.). ‖ *несов.* **отбараба́нивать,** -аю, -аешь.

ОТБЕЖА́ТЬ, -егу́, -ежи́шь, -егу́т; -еги́; *сов.* Удалиться бегом от кого-чего-н. *О. от дома. О. на сто шагов.* ‖ *несов.* **отбега́ть,** -а́ю, -а́ешь.

ОТБЕ́ЛИВАТЕЛЬ, -я, *м.* Средство для отбеливания.

ОТБЕЛИ́ТЬ, -елю́, -е́лишь *и* -ели́шь; -лённый (-ён, -ена́); *сов., что.* Выбелить, сделать белым или более светлым; очистить, подвергая специальной обработке. *О. холст. Отбелённая вата.* ‖ *несов.* **отбе́ливать,** -аю, -аешь. *Отбеливающие глины* (для очистки жидкостей). ‖ *сущ.* **отбе́ливание,** -я, *ср.* и **отбе́лка,** -и, *ж.* *Отбеливание древесной массы. Отбеливание чугуна.* ‖ *прил.* **отбе́льный,** -ая, -ое *и* **отбе́лочный,** -ая, -ое. *Отбельный цех. Отбелочные материалы.*

ОТБИВА́ТЬ, -а́ю, -а́ешь; *несов.* **1.** *см.* отбить. **2.** *что.* Издавать мерный стук, ритмично ударять. *Солдаты отбивают шаг. О. каблуками* (в пляске). *О. дробь* (часто, дробно стучать). *О. поклоны* (кланяться, касаясь лбом пола).

ОТБИВНО́Й, -а́я, -о́е. Изготовленный из отбитого мяса. *Отбивная котлета* (на рёбрышке). *Свиная отбивная* (сущ.).

ОТБИРА́ТЬ *см.* отобрать.

ОТБИ́ТЬ, отобью́, отобьёшь; -бе́й; -и́тый; *сов.* **1.** *что.* Отразить встречным ударом. *О. мяч рукой. О. атаку.* **2.** *кого-что.* Вернуть себе силой, с боем. *О. город.* **3.** *кого (что).* Привлечь к себе, отдалив от кого-н. (разг.). *О. невесту.* **4.** *что.* Отделить, отломить ударом, отколоть. *О. глыбу, пласт. О. носик у чайника.* **5.** *перен., что.* Удалить, уничтожить (разг.). *О. запах. О. охоту к чему-н.* **6.** *что.* Выпрямить ударами, натачивая (лезвие режущего орудия). *О. косу.* **7.** *что.* Обозначить ударами, звоном. *О. такт рукой. О. черту на песке* (ударом натянутой верёвки). *О. телеграмму* (послать; прост.). **8.** *что.* Повредить ударом, ударами. *О. ладони.* **9.** Ударами размягчить. *О. мясо.* ‖ *несов.* **отбива́ть,** -а́ю, -а́ешь. ‖ *сущ.* **отби́вка,** -и, *ж.* (к 6 и 7 знач.; спец.), **отби́тие,** -я, *ср.* (к 1 и 2 знач.; спец. и устар.), **отбо́й,** -я, *м.* (к 1 знач.; спец.) *и* **отбо́йка,** -и, *ж.* (к 4 знач.; спец.). *Отбивка косы. Отбитие атаки. Отбой мяча рукой. Отбойка угля в забое.* ‖ *прил.* **отбо́йный,** -ая, -ое (к 4 знач.) *и* **отби́вочный,** -ая, -ое (к 6 и 9 знач.). *Отбойный инструмент. Отбойный молоток* (ручная машина для отделения горных пород от массива).

ОТБИ́ТЬСЯ, отобью́сь, отобьёшься; -бе́йся; *сов.* **1.** Отразить нападение, защититься. *О. от врага.* **2.** То же, что отстать (в 1 знач.) (разг.). *О. от табуна.* **3.** (1 и 2 л. не употр.). То же, что отломаться. *Отбился край блюдца.* **4.** *от кого-чего.* Перестать делать то, что нужно, бывать там, где нужно (разг.). *О. от дела, от дома. О. от рук* (перестать слушаться или перестать исполнять своё дело). ‖ *несов.* **отбива́ться,** -а́юсь, -а́ешься.

ОТБЛАГОДАРИ́ТЬ, -рю́, -ри́шь; -рённый (-ён, -ена́); *сов., кого (что).* Оплатить, поблагодарить за услугу. *О. за помощь.*

О́ТБЛЕСК, -а, *м.* Сияние отражённого света. *Отблески пламени. О. прежней славы* (перен.).

ОТБЛЕ́СКИВАТЬ (-аю, -аешь, 1 и 2 л. не употр., -ает); *несов.* (разг.). Давать отблеск.

ОТБО́Й, -я, *м.* (спец.). **1.** *см.* отбить. **2.** Сигнал [*первонач.* барабанный] для окончания каких-н. действий, а также сигнал для отхода ко сну. *Бить о.* (также перен.: отказываться от прежнего мнения, решения). *О. воздушной тревоги.* ✦ **Отбою нет** *от кого-чего* (разг.) — очень много кого-чего-н. *От покупателей отбою нет.*

ОТБО́ЙКА, ОТБО́ЙНЫЙ *см.* отбить.

ОТБО́Р, -а, *м.* **1.** *см.* отобрать. **2.** Выделение кого-чего-н. из какой-н. среды.

ОТБО́РНЫЙ, -ая, -ое. Отобранный, лучший по качеству. *Отборные яблоки.*

ОТБО́РОЧНЫЙ *см.* отобрать.

ОТБОЯ́РИТЬСЯ, -рюсь, -ришься; *сов., от кого-чего* (разг.). Уклониться от чего-н., отделаться, отвертеться (во 2 знач.). *О. от приглашения. Еле отбоярился от приятеля.* ‖ *несов.* **отбоя́риваться,** -аюсь, -аешься.

ОТБРЕХА́ТЬСЯ, -решу́сь, -ре́шешься; *сов.* (прост.). Бранясь, споря, ответить на нападки, упрёки. ‖ *несов.* **отбрёхиваться,** -аюсь, -аешься. *Его ругают, а он отбрёхивается.*

ОТБРИ́ТЬ, -ре́ю, -ре́ешь; -и́тый; *сов., кого (что)* (прост.). Резко или оскорбительно ответить кому-н., отказывая в чём-н. или браня. *О. нахала.* ‖ *несов.* **отбрива́ть,** -а́ю, -а́ешь.

ОТБРО́СИТЬ, -о́шу, -о́сишь; -о́шенный; *сов.* **1.** *кого-что.* Бросить в сторону. *О. ненужную вещь.* **2.** *перен., кого-что.* Атакуя, заставить отступить. *О. противника за реку.* **3.** *перен., что.* Не принять, отвергнуть (разг.). *О. сомнения.* **4.** *что.* Дать, произвести (свет, тень). *Дерево отбросило длинную тень. Фонарь отбросил луч света.* ‖ *несов.* **отбра́сывать,** -аю, -аешь. ‖ *сущ.* **отбра́сывание,** -я, *ср.* и **отбро́ска,** -и, *ж.* (к 1 знач.; разг.).

ОТБРО́СЫ, -ов, *ед.* -о́с, -а, *м.* Негодные остатки чего-н. *Яма для отбросов. О. общества* (перен.). ‖ *прил.* **отбро́совый,** -ая, -ое *и* **отбро́сный,** -ая, -ое (спец.). *Отбросные газы.*

ОТБРЫКА́ТЬСЯ, -а́юсь, -а́ешься; *сов., от кого-чего* (разг.). **1.** Брыкая, брыкаясь, отстранить, отдалить от себя. **2.** *перен.* Отделаться, избавиться от кого-чего-н. *О. от* *поручения.* ‖ *несов.* **отбры́киваться**, -аюсь, -аешься.

ОТБУКСИ́РОВАТЬ, -рую, -руешь; *сов., что.* Отвести на буксире. *О. катер в затон.* ‖ *сущ.* **отбуксиро́вка**, -и, *ж.*

ОТБЫ́ТЬ, -бу́ду, -бу́дешь; о́тбыл *и* (разг.) отбы́л, отбыла́, о́тбыло *и* отбы́ло; -бы́вший; *сов.* **1.** (о́тбыл, о́тбыло). То же, что уехать (офиц.). *О. к месту назначения. О. на отдых.* **2.** (отбы́л, отбы́ло), *что.* Пробыть определённый срок где-н. для исполнения каких-н. обязанностей, повинностей. *О. срок наказания. О. повинность* (также перен.: сделать что-н. поневоле, нехотя). ‖ *несов.* **отбыва́ть**, -а́ю, -а́ешь. ‖ *сущ.* **отбы́тие**, -я, *ср. и* **отбыва́ние**, -я, *ср.* (ко 2 знач.).

ОТВА́ГА, -и, *ж.* Смелость, бесстрашие, храбрость. *Проявить отвагу. Медаль «За отвагу».*

ОТВА́ДИТЬ, -а́жу, -а́дишь; -а́женный; *сов., кого (что) от кого-чего* (прост.). Отучить (от какой-н. привычки, от хождения к кому-н. или куда-н.). *О. от курения. О. надоедливого гостя. О. от дома.* ‖ *несов.* **отва́живать**, -аю, -аешь.

ОТВА́ЖИТЬСЯ, -жусь, -жишься; *сов., на что и с неопр.* То же, что осмелиться. *О. на решительный шаг. Не отважился спорить.* ‖ *несов.* **отва́живаться**, -аюсь, -аешься.

ОТВА́ЖНЫЙ, -ая, -ое; -жен, -жна. Смелый, храбрый. *О. мореплаватель. О. воин. Действовать отважно* (нареч.). ‖ *сущ.* **отва́жность**, -и, *ж.*

ОТВА́Л^1, -а, *м.* **1.** *см.* отвалить^1. **2.** Приспособление в плуге для подъёма, отделения и переворачивания пласта земли. **3.** Куча земли, наваленной при выкапывании углубления, рва, ямы. **4.** Насыпь из пустых пород, отходов, шлака. *Шахтный о.*

ОТВА́Л^2, -а, *м.*: **до отвала** (разг.) — до пресыщения. *Наесться до отвала.*

ОТВА́Л^3 *см.* отвалить^2.

ОТВАЛИ́ТЬ^1, -алю́, -а́лишь; -а́ленный; *сов., что.* **1.** Валя, опрокидывая, отодвинуть, отбросить в сторону (что-н. тяжёлое). *О. пласт земли. О. камень от входа.* **2.** Дать, расщедрившись (прост. ирон.). *О. сто тысяч рублей.* ‖ *несов.* **отва́ливать**, -аю, -аешь. ‖ *сущ.* **отва́ливание**, -я, *ср.* (к 1 знач.), **отва́л**, -а, *м.* (к 1 знач.) *и* **отва́лка**, -и, *ж.* (к 1 знач.). ‖ *прил.* **отва́льный**, -ая, -ое (к 1 знач.; спец.).

ОТВАЛИ́ТЬ^2, -алю́, -а́лишь; *сов.* О судах, плавучих средствах: отплыть от берега, пристани, отчалить. *О. от причала.* ‖ *несов.* **отва́ливать**, -аю, -аешь. ‖ *сущ.* **отва́ливание**, -я, *ср. и* **отва́л**, -а, *м.* (спец.). ‖ *прил.* **отва́льный**, -ая, -ое (спец.). *О. гудок.*

ОТВАЛИ́ТЬСЯ, -алю́сь, -а́лишься; *сов.* **1.** (1 и 2 л. не употр.). Отделившись, упасть. *Угол карниза отвалился.* **2.** То же, что откинуться (разг.). *О. на диване.* **3.** Насытившись, отодвинуться от стола, от еды (прост. неодобр.). *Ел-ел, наконец отвалился.* ‖ *несов.* **отва́ливаться**, -аюсь, -аешься.

ОТВА́ЛЬНАЯ, -ой, *ж.* (разг.). Прощальная пирушка.

ОТВА́ЛЬНЫЙ$^{1-2}$ *см.* отвалить$^{1-2}$.

ОТВА́Р, -а (-у), *м.* Жидкость, насыщенная соком того, что в ней варилось. *Мясной о. Рисовый о.* ‖ *прил.* **отва́рный**, -ая, -ое.

ОТВАРИ́ТЬ, -арю́, -а́ришь; -а́ренный; *сов., что.* Сварить, прокипятить. *О. вермишель.* ‖ *несов.* **отва́ривать**, -аю, -аешь.

ОТВАРИ́ТЬСЯ (-арю́сь, -а́ришься, 1 и 2 л. не употр.), -а́рится; *сов.* Свариться, прокипеть. *Грибы отварились.* ‖ *несов.* **отва́риваться** (-аюсь, -аешься, 1 и 2 л. не употр.), -ается.

ОТВАРНО́Й, -а́я, -о́е. Варёный, приготовленный кипячением. *Отварное мясо.*

ОТВЕ́ДАТЬ, -аю, -аешь; -анный; *сов., что и чего* (устар.). **1.** Попробовать, съесть или выпить немного. *О. пирога.* **2.** Познать на опыте, испытать (обычно плохое). *О. горя на чужбине.* ‖ *несов.* **отве́дывать**, -аю, -аешь (к 1 знач.).

ОТВЕЗТИ́, -езу́, -езёшь; -ёз, -езла́; -ёзший; -езённый (-ён, -ена́); -езя́; *сов., кого-что.* **1.** Везя, доставить. *О. вещи на дачу.* **2.** Везя, убрать откуда-н. *О. камни в сторону от дороги.* ‖ *несов.* **отвози́ть**, -ожу́, -о́зишь. ‖ *сущ.* **отво́з**, -а, *м. и* **отво́зка**, -и, *ж.* (разг.).

ОТВЕ́РГНУТЬ, -ну, -нешь; -ёрг *и* -ёргнул, -ёргла; -ёргнувший *и* -ёргший; -нутый; -ёргнув *и* -ёргши; *сов.* (книжн.). **1.** *кого-что.* Не принять, отказать в принятии чего-н. *О. проект. О. чью-н. помощь.* **2.** *кого (что).* Исторгнуть из своей среды, сделать отверженным. *О. изменника.* ‖ *несов.* **отверга́ть**, -а́ю, -а́ешь. ‖ *сущ.* **отверже́ние**, -я, *ср.*

ОТВЕРДЕ́ЛОСТЬ, -и, *ж.* **1.** *см.* отверделый. **2.** Отвердевшее место. *На месте ушиба образовалась о.*

ОТВЕРДЕ́ЛЫЙ, -ая, -ое; -е́л. Ставший твёрдым, отвердевший. *Отверделая глина.* ‖ *сущ.* **отверде́лость**, -и, *ж.*

ОТВЕРДЕ́ТЬ (-е́ю, -е́ешь, 1 и 2 л. не употр.), -е́ет; *сов.* Стать твёрдым. *Засохшая глина отвердела.* ‖ *несов.* **отвердева́ть** (-а́ю, -а́ешь, 1 и 2 л. не употр.), -а́ет. ‖ *сущ.* **отверде́ние**, -я, *ср.*

ОТВЕ́РЖЕННЫЙ, -ая, -ое (книжн.). Отвергнутый людьми, обществом, презираемый ими. *Горькая участь отверженных* (сущ.). ‖ *сущ.* **отве́рженность**, -и, *ж.*

ОТВЕРЗА́ТЬ, -а́ю, -а́ешь; *несов., что* (стар. высок.). Раскрывать, открывать. *О. уста* (также перен.: начинать говорить). ‖ *сов.* **отве́рзть**, -зу, -зешь; -ве́рз, -ве́рзла.

ОТВЕРНУ́ТЬ, -ну́, -нёшь; -вёрнутый; *сов., что.* **1.** Повернуть в сторону. *О. лицо. О. полу шубы* (отогнуть, откинуть). **2.** Повернув, открыть. *О. кран.* **3.** Вертя, ослабить, снять, отвинтить. *О. гайку.* **4.** Вертя, отломать, оторвать, открутить (разг.). *О. надломленный сук. О. голову кому-н.* (то же, что свернуть голову). **5.** Свернуть, изменить направление своего движения (разг.). *Водитель отвернул машину на обочину. Велосипедист отвернул влево.* ‖ *несов.* **отвёртывать**, -аю, -аешь (к 1, 2, 3 и 4 знач.) *и* **отвора́чивать**, -аю, -аешь (к 1 и 5 знач.; разг.). ‖ *сущ.* **отвёртывание**, -я, *ср.* (ко 2 и 3 знач.) *и* **отворо́т**, -а, *м.* (к 5 знач.).

ОТВЕРНУ́ТЬСЯ, -ну́сь, -нёшься; *сов.* **1.** Повернуться в сторону. *О., чтоб не видеть. Пола́ отвернулась.* **2.** (1 и 2 л. не употр.). Поворачиваясь, открыться. *Кран отвернулся.* **3.** (1 и 2 л. не употр.). Вертясь, ослабнуть, отвинтиться. *Гайка отвернулась.* **4.** *перен., от кого.* Перестать общаться, порвать отношения с кем-н. *О. от клеветника.* ‖ *несов.* **отвёртываться**, -аюсь, -аешься *и* **отвора́чиваться**, -аюсь, -аешься (к 1 и 4 знач.).

ОТВЕ́РСТИЕ, -я, *ср.* Дыра, скважина, проход куда-н. *О. в стене. Проделать, заделать о.*

ОТВЕ́РСТЫЙ, -ая, -ое; -ёрст (стар. высок.). Открытый, разомкнутый. *Отверстые уста.*

ОТВЕРТЕ́ТЬ, -ерчу́, -е́ртишь; -е́рченный; *сов., что* (разг.). То же, что отвернуть (в 3 и 4 знач.). ‖ *несов.* **отвёртывать**, -аю, -аешь.

ОТВЕРТЕ́ТЬСЯ, -ерчу́сь, -е́ртишься; *сов.* **1.** (1 и 2 л. не употр.). То же, что отвернуться (в 3 знач.) (разг.). **2.** *от кого-чего.* Отделаться от кого-н., уклониться от чего-н., открутиться (во 2 знач.) (разг.). *О. от поездки.* ‖ *несов.* **отвёртываться**, -ается (к 1 знач.).

ОТВЕ́С, -а, *м.* **1.** Небольшой груз на шнурке для выверки вертикального направления. **2.** Вертикальный склон. *Карабкаться по отвесу скалы.*

ОТВЕ́СИТЬ, -е́шу, -е́сишь; -е́шенный; *сов.* **1.** *что и чего.* Отделив от общего количества, взвесить. *О. килограмм муки.* **2.** *что.* Дать, нанести (удар) (прост.). *О. пощёчину.* ✦ **Отвесить поклон** (устар.) — низко поклониться. ‖ *несов.* **отве́шивать**, -аю, -аешь.

ОТВЕ́СНЫЙ, -ая, -ое; -сен, -сна. Составляющий прямой угол с плоскостью; очень крутой (в 1 знач.). *Отвесная линия. Отвесная скала.* ‖ *сущ.* **отве́сность**, -и, *ж.*

ОТВЕСТИ́, -еду́, -едёшь; -ёл, -ела́; -е́дший; -едённый (-ён, -ена́); -едя́; *сов.* **1.** *кого-что.* Ведя, доставить куда-н. *О. детей домой.* **2.** *кого-что.* Ведя, направить в сторону. *О. ребёнка от окна. О. от соблазна* (перен.). **3.** *что.* Изменить направление движения чего-н. *О. руку. О. удар. О. воду в трубы. О. взгляд, глаза* (посмотреть в сторону). *Нельзя о. глаз от кого-чего-н.* (о ком-чём-н. очень хорошем, красивом). *О. глаза кому-н.* (перен.: намеренно отвлечь внимание; разг. неодобр.). *О. беду* (перен.: отвратить, предотвратить). **4.** *кого-что.* Отклонить, отвергнуть. *О. обвинение. О. чью-н. кандидатуру.* **5.** *что.* Назначить, отдать в пользование. *О. участки под сады.* ‖ *несов.* **отводи́ть**, -ожу́, -о́дишь. ‖ *сущ.* **отво́д**, -а, *м.* (к 3, 4 и 5 знач.) *и* **отведе́ние**, -я, *ср.* (к 3, 4 и 5 знач.). ✦ **Полоса отвода** (спец.) — полоса земли вдоль железной или автомобильной дороги, находящаяся в ведении дорожного управления. ‖ *прил.* **отводно́й**, -а́я, -о́е (к 3 знач.; спец.). *О. канал.*

ОТВЕ́Т, -а, *м.* **1.** Высказывание, сообщение вызванное вопросом. *О. на вопрос. Вопрос остался без ответа.* **2.** Реакция, отклик на что-н., действие, выражающее отношение к чему-н. *О. на письмо́. О. на заявление, просьбу.* **3.** Результат решения задачи, проблемы. *О. на задачу.* **4.** В нек-рых выражениях: то же, что ответственность (во 2 знач.). *Призвать к ответу. Быть в ответе за что-н. За всё в ответе* (об ответственности каждого за общее дело). *Держать о.* (отвечать за свои поступки). *Семь бед — один о.* (посл.). ✦ **Ни ответа ни привета** (разг. шутл.) — нет никакого ответа, никакого известия от кого-н. **В ответ на** *что, в знач. предлога с вин. п.* — за что-н., в обмен на что-н., воздавая чем-н. за что-н. *Насмешки в ответ на откровенность.*

ОТВЕТВИ́ТЬ, -влю́, -ви́шь; -влённый (-ён, -ена́); *сов., что.* Сделать ответвление (во 2 и 3 знач.). *О. росток. О. канал.* ‖ *несов.* **ответвля́ть**, -я́ю, -я́ешь. ‖ *сущ.* **ответвле́ние**, -я, *ср.*

ОТВЕТВИ́ТЬСЯ (-влю́сь, -ви́шься, 1 и 2 л. не употр.), -ви́тся; *сов.* Получиться, образоваться (о боковой ветви, боковой, отделившейся части чего-н.). *От магистрали ответвилось несколько дорог. Ответвившиеся отрасли науки.* ‖ *несов.* **ответвля́ться** (-я́юсь, -я́ешься, 1 и 2 л. не употр.), -я́ется. ‖ *сущ.* **ответвле́ние**, -я, *ср.*

ОТВЕТВЛЕ́НИЕ, -я, *ср.* **1.** *см.* ответвить, -ся. **2.** Отросток, боковая ветвь. *Тополь даёт много ответвлений.* **3.** Боковая, отходящая в сторону часть пути, дороги, реки, горного хребта. *О. оросительного канала.*

О. железной дороги. **4.** *перен.* Явление, представляющее собой отделившуюся, отдельную часть чего-н. основного, главного. *Различные ответвления сектантства.*

ОТВЕ́ТИТЬ, -ве́чу, -ве́тишь; -ве́ченный; *сов.* **1.** *на что* или *чем.* Дать ответ, отозваться. *О. на вопрос. О. на письмо. О. урок* (изложить учителю заданный урок). *О. отказом.* **2.** *чем на что.* Поступить каким-н. образом в ответ на что-н. *О. презрением на дерзкую выходку.* **3.** *за кого-что.* Получить возмездие за нарушение чего-н., понести ответственность. *О. за халатность.* ‖ *несов.* **отвеча́ть,** -а́ю, -а́ешь. ‖ *прил.* **отве́тный,** -ая, -ое (к 1 и 2 знач.). *Ответная реплика. О. жест. Ответная статья. Ответная реакция.*

ОТВЕ́ТСТВЕННОСТЬ, -и, *ж.* **1.** *см.* ответственный. **2.** Необходимость, обязанность отдавать кому-н. отчёт в своих действиях, поступках. *Чувство ответственности. Нести о. за что-н. Привлечь к ответственности* (заставить отвечать за плохой ход дела, за проступки; офиц.). *Возложить о. на кого-н.* (офиц.). *Под вашу о.* (отвечать будете вы).

ОТВЕ́ТСТВЕННЫЙ, -ая, -ое; -вен, -венна. **1.** Несущий ответственность (во 2 знач.). *Человек, о. за порядок.* **2.** *полн. ф.* Облечённый правами и обязанностями в осуществлении какой-н. деятельности, в руководстве делами. *О. редактор. О. по вахте.* **3.** Имеющий высоко развитое чувство долга, ревниво относящийся к своим обязанностям. *Ответственно* (нареч.) *относиться к делу.* **4.** Существенно важный, очень серьёзный. *О. момент.* ‖ *сущ.* **отве́тственность,** -и, *ж.* (к 3 и 4 знач.).

ОТВЕ́ТСТВОВАТЬ, -твую, -твуешь; *сов.* и *несов.* (устар.). То же, что ответить (отвечать) (в 1 знач.).

ОТВЕ́ТЧИК, -а, *м.* **1.** Человек или организация, к-рым предъявлен иск; *противоп.* истец. **2.** Человек, к-рый несёт ответственность за кого-что-н. (разг.). *Бригадир за всё о.* ‖ *ж.* **отве́тчица,** -ы.

ОТВЕЧА́ТЬ, -а́ю, -а́ешь; *несов.* **1.** *см.* ответить. **2.** *за кого-что.* Нести ответственность за кого-что-н. *О. за порученное дело. Наставник отвечает за ученика.* **3.** *чему.* То же, что соответствовать. *Диссертация отвечает предъявляемым к ней требованиям.*

ОТВЕ́ШИВАТЬ *см.* отвесить.

ОТВЁРТКА, -и, *ж.* Инструмент для ввинчивания и вывинчивания винтов, шурупов. ‖ *прил.* **отвёрточный,** -ая, -ое.

ОТВИ́ЛИВАТЬ, -аю, -аешь; *несов., от чего* (разг.). Уклоняться от чего-н., увиливать. *О. от поручения.* ‖ *сов.* **отвильну́ть,** -ну́, -нёшь. ‖ *сущ.* **отви́ливание,** -я, *ср.*

ОТВИНТИ́ТЬ, -нчу́, -нти́шь *и* (разг.) -и́нтишь; -и́нченный; *сов., что.* Снять, отделить, вращая по винтовой нарезке. *О. гайку.* ‖ *несов.* **отви́нчивать,** -аю, -аешь.

ОТВИСЕ́ТЬСЯ (-шу́сь, -си́шься, 1 и 2 л. не употр.), -си́тся; *сов.* (разг.). Повисев, стать гладким, ровным (об одежде, ткани). *Платье отвиселось.*

ОТВИ́СЛЫЙ, -ая, -ое; -и́сл. Отвисший и дряблый. *Отвислые щеки.* ‖ *сущ.* **отви́слость,** -и, *ж.*

ОТВИ́СНУТЬ (-ну, -нешь, 1 и 2 л. не употр., -нет); -и́с, -и́сла; *сов.* Опуститься, потеряв упругость, обвиснуть. *Щёки, губы отвисли. Кожа отвисла.* ‖ *несов.* **отвиса́ть** (-а́ю, -а́ешь, 1 и 2 л. не употр.), -а́ет.

ОТВЛЕЧЕ́НИЕ, -я, *ср.* **1.** *см.* отвлечь, -ся. **2.** Абстракция, отвлечённое представление (книжн.).

ОТВЛЕЧЁННОСТЬ, -и, *ж.* **1.** *см.* отвлечённый. **2.** Отвлечённое рассуждение. *Пуститься в отвлечённости.*

ОТВЛЕЧЁННЫЙ, -ая, -ое; -ён. **1.** Теоретический, представляемый в обобщении, в отстранении от конкретных связей, содержащий общие признаки. *Отвлечённое понятие.* **2.** Далёкий от реальной действительности, неконкретный. *Отвлечённые рассуждения.* ✦ **Отвлечённые имена существительные** — в грамматике: то же, что абстрактные имена существительные. **Отвлечённое число** — в математике: число, не имеющее при себе наименования составляющих его единиц измерения. ‖ *сущ.* **отвлечённость,** -и, *ж.*

ОТВЛЕ́ЧЬ, -еку́, -ечёшь, -еку́т; -ёк, -екла́; -ёкший; -ечённый (-ён, -ена́); -ёкши; *сов.* **1.** *кого-что.* Отклонить от чего-н., направив на другое. *О. от работы. О. внимание. О. огонь противника на себя.* **2.** *что.* Выделить из конкретных связей действительности для самостоятельного рассмотрения, абстрагировать (книжн.). ‖ *несов.* **отвлека́ть,** -а́ю, -а́ешь. ‖ *сущ.* **отвлече́ние,** -я, *ср.*

ОТВЛЕ́ЧЬСЯ, -еку́сь, -ечёшься, -еку́тся; -ёкся, -екла́сь; -ёкшийся; -ёкшись; *сов., от чего.* **1.** Отклониться от того, чем занят. *О. от работы.* **2.** Мысленно представить себе что-н. отдельно, в абстрагированном виде (книжн.). *О. от частностей.* ‖ *несов.* **отвлека́ться,** -а́юсь, -а́ешься. ‖ *сущ.* **отвлече́ние,** -я, *ср.*

ОТВО́Д, -а, *м.* **1.** *см.* отвести. **2.** Заявление об отстранении от участия в чём-н. (офиц.). *О. судьи. Дать, заявить* или *сделать о. кандидату.* ✦ **Для отвода глаз** (разг.) — чтобы отвлечь внимание, обмануть.

ОТВОДИ́ТЬ *см.* отвести.

ОТВОДНО́Й *см.* отвести.

ОТВО́ДОК, -дка, *м.* (спец.). Часть стебля или корня, отведённая, отогнутая от растения и присыпанная землей для самостоятельного роста. *Размножение отводками.* ‖ *прил.* **отво́дочный,** -ая, -ое.

ОТВОЕВА́ТЬ, -ою́ю, -ою́ешь; -оёванный; *сов.* **1.** *кого-что.* Вернуть войной. *О. свою землю у врага.* **2.** *перен., кого-что.* Борясь за что-н., получить. *О. пахотные земли у болот.* **3.** *что.* Провести какое-н. время воюя (разг.). *Всю войну отвоевал.* **4.** Кончить воевать (разг.). *О. своё* (повоевать столько, сколько было нужно). ‖ *несов.* **отвоёвывать,** -аю, -аешь (к 1 и 2 знач.).

ОТВОЕВА́ТЬСЯ, -ою́юсь, -ою́ешься; *сов.* (разг.). То же, что отвоевать (в 4 знач.). *Старый солдат отвоевался.*

ОТВОЗИ́ТЬ *см.* отвезти.

ОТВОЛО́ЧЬ, -оку́, -очёшь, -оку́т; -о́к, -окла́; -оки́; -о́кший; -очённый (-ён, -ена́); -о́кши; *сов., кого-что* (прост.). Волоча, оттащить. *О. бревно с дороги.* ‖ *несов.* **отволакивать,** -аю, -аешь.

ОТВОРА́ЧИВАТЬ, -СЯ *см.* отвернуть, -ся *и* отворотить, -ся.

ОТВОРИ́ТЬ, -орю́, -о́ришь; -о́ренный; *сов., что.* Открыть (дверь, окно); раздвинуть створки чего-н. *О. дверь, калитку. О. ставни. Звонят, отвори!* (т. е. открой дверь). ‖ *несов.* **отворя́ть,** -я́ю, -я́ешь. *Пришла беда — отворяй ворота* (посл. о том, что беда идёт за бедой).

ОТВОРО́Т, -а, *м.* **1.** *см.* отвернуть. **2.** Отогнутый край одежды, обуви. *Пиджак с широкими отворотами* (лацканами). *Отвороты на брюках. Сапоги с отворотами.* ‖ *прил.* **отворо́тный,** -ая, -ое.

ОТВОРОТИ́ТЬ, -очу́, -о́тишь; -о́ченный; *сов., что* (прост.). **1.** То же, что отвернуть (в 1 знач.). **2.** Отодвинуть, отделить, ворочая. *О. камень.* ‖ *несов.* **отвора́чивать,** -аю, -аешь.

ОТВОРОТИ́ТЬСЯ, -очу́сь, -о́тишься; *сов.* (прост.). То же, что отвернуться (в 1 знач.). *Отворотясь, не насмотришься на кого-что-н.* (о ком-чём-н. очень безобразном; шутл.). ‖ *несов.* **отвора́чиваться,** -аюсь, -аешься.

ОТВРАТИ́ТЕЛЬНЫЙ, -ая, -ое; -лен, -льна. Вызывающий отвращение; очень плохой. *О. запах. О. поступок. Отвратительное настроение.* ‖ *сущ.* **отврати́тельность,** -и, *ж.*

ОТВРАТИ́ТЬ, -ащу́, -ати́шь; -ащённый (-ён, -ена́); *сов.* **1.** *что.* Не дать осуществиться чему-н. плохому, угрожающему (высок.). *О. несчастье, беду.* **2.** *кого (что) от чего.* Не дать кому-н. сделать что-н. плохое (устар.). *О. от дурного поступка.* ‖ *несов.* **отвраща́ть,** -а́ю, -а́ешь. ‖ *сущ.* **отвраще́ние,** -я, *ср.*

ОТВРА́ТНЫЙ, -ая, -ое; -тен, -тна (разг.). То же, что отвратительный. *О. поступок. О. запах. Отвратно* (в знач. сказ.) *на душе.* ‖ *сущ.* **отвра́тность,** -и, *ж.*

ОТВРАЩЕ́НИЕ, -я, *ср.* **1.** *см.* отвратить. **2.** Крайне неприятное чувство, вызванное кем-чем-н. *Вызывать о. у кого-н. О. к табаку.*

ОТВЫ́КНУТЬ, -ну, -нешь; -ы́к, -ы́кла; *сов.* **1.** *от чего* и *с неопр.* Утратить привычку к чему-н. *О. от куренья. О. курить.* **2.** *от кого-чего.* Перестав бывать где-н. или видеться с кем-н., стать далёким, чужим. *О. от дома. О. от старых товарищей.* ‖ *несов.* **отвыка́ть,** -а́ю, -а́ешь. ‖ *сущ.* **отвыка́ние,** -я, *ср.* и **отвы́чка,** -и, *ж.* (разг.).

ОТВЯЗА́ТЬ, -яжу́, -я́жешь; -я́занный; *сов., кого-что.* Освободить от привязи; отделить от чего-н. (привязанное, завязанное). *О. собаку. О. верёвку.* ‖ *несов.* **отвя́зывать,** -аю, -аешь.

ОТВЯЗА́ТЬСЯ, -яжу́сь, -я́жешься; *сов.* **1.** Освободиться от привязи; отделиться от чего-н. (о привязанном, завязанном). *Коза отвязалась. Верёвка отвязалась.* **2.** *от кого.* Перестать надоедать кому-н. (прост.). *Отвяжись от меня со своими глупыми вопросами.* **3.** *от кого.* То же, что отделаться (в 1 знач.) (прост.). *О. от надоедливого попутчика.* ‖ *несов.* **отвя́зываться,** -аюсь, -аешься.

ОТГАДА́ТЬ, -а́ю, -а́ешь; -а́данный; *сов., что.* Узнать по догадке, раскрыть что-н., догадавшись. *О. загадку. О. замысел противника.* ‖ *несов.* **отга́дывать,** -аю, -аешь. ‖ *сущ.* **отга́дывание,** -я, *ср.* и **отга́дка,** -и, *ж.* (разг.).

ОТГА́ДКА, -и, *ж.* **1.** *см.* отгадать. **2.** Решение загадки, ответ на загаданное. *О. оказалась простой. Так вот где о.!*

ОТГА́ДЧИК, -а, *м.* (разг.). Тот, кто отгадывает, умеет отгадывать. ‖ *ж.* **отга́дчица,** -ы.

ОТГИБА́ТЬ, -СЯ *см.* отогнуть, -ся.

ОТГИ́БКА, -и, *ж.* **1.** *см.* отогнуть. **2.** То, что отогнуто; отворот. ‖ *прил.* **отги́бочный,** -ая, -ое.

ОТГЛАГО́ЛЬНЫЙ, -ая, -ое. В словообразовании: образованный от глагола. *Отглагольное существительное.* ‖ *сущ.* **отглаго́льность,** -и, *ж.*

ОТГЛА́ДИТЬ, -а́жу, -а́дишь; -а́женный; *сов., что.* Выгладить, прогладить. *О. брюки. О. швы.* ‖ *несов.* **отгла́живать,** -аю, -аешь.

ОТГЛА́ДИТЬСЯ (-а́жусь, -а́дишься, 1 и 2 л. не употр.), -адится; *сов.* Стать гладким после утюжки. *Костюм хорошо отгладился.* ‖ *несов.* **отгла́живаться** (-аюсь, -аешься, 1 и 2 л. не употр.), -ается.

ОТГЛОТНУ́ТЬ, -ну́, -нёшь; *сов., что* и *чего* (разг.). Отпить, глотнув немного. *О. воды из фляжки.* ‖ *несов.* **отгла́тывать,** -аю, -аешь.

ОТГНИ́ТЬ (-ию́, -иёшь, 1 и 2 л. не употр.), -иёт; *сов.* Прогнив, отвалиться. *Сучья отгнили.* ‖ *несов.* отгнива́ть (-а́ю, -а́ешь, 1 и 2 л. не употр.), -а́ет.

ОТГОВОРИ́ТЬ, -рю́, -ри́шь; -рённый (-ён, -ена́); *сов., кого (что) от чего* и *с неопр.* То же, что отсоветовать. *О. друга от поездки (ехать).* ‖ *несов.* **отгова́ривать,** -аю, -аешь.

ОТГОВОРИ́ТЬСЯ, -рю́сь, -ри́шься; *сов.* Уклониться от чего-н., ссылаясь на какое-н. обстоятельство (разг.). *О. нездоровьем.* ‖ *несов.* **отгова́риваться,** -аюсь, -аешься.

ОТГОВО́РКА, -и, *ж.* Ссылка на несущественное или вымышленное обстоятельство с целью уклониться от чего-н. *Пустая о.*

ОТГОВО́РЫ, -ов (разг.). Просьбы, уговоры не делать чего-н.

ОТГОЛО́СОК, -ска, *м.* То же, что отзвук (в 1, 2 и 4 знач.). *О. далёкого выстрела. Отголоски войны. Отголоски затихшей вражды.*

ОТГО́Н, -а, *м.* **1.** *см.* отогнать[1]. **2.** Пребывание скота на дальних пастбищах (спец.). *Овцы на отгоне.* ‖ *прил.* **отго́нный,** -ая, -ое. *Отгонные пастбища. Отгонное животноводство* (длительное содержание скота в отгоне).

ОТГО́НКА[1-2] , **ОТГОНЯ́ТЬ[1-2]** *см.* отогнать[1-2].

ОТГОРЕ́ТЬ (-рю́, -ри́шь, 1 и 2 л. не употр.), -ри́т; *сов.* **1.** Кончить гореть (во 2 и 5 знач.). *Костёр отгорел. Закат отгорел.* **2.** Перегорев, отвалиться. *Сучок отгорел.* ‖ *несов.* **отгора́ть** (-а́ю, -а́ешь, 1 и 2 л. не употр.), -а́ет.

ОТГОРОДИ́ТЬ, -ожу́, -о́дишь *и* -оди́шь; -о́женный; *сов.* **1.** *кого-что.* Отделить, поставив ограду, перегородку. *О. забором. О. ширмой. О. часть комнаты.* **2.** *перен., кого (что) от кого-чего.* Изолировать, оставить одного вне связей, общения с другими. *О. подростка от компании. О. от внешнего мира, от политики.* ‖ *несов.* **отгора́живать,** -аю, -аешь. ‖ *сущ.* **отгора́живание,** -я, *ср.*

ОТГОРОДИ́ТЬСЯ, -ожу́сь, -о́дишься *и* -оди́шься; *сов.* **1.** Отгородив что-н., отделить себя, свой участок. *О. забором. О. ширмой.* **2.** *перен.* Прекратить тесное общение с кем-н., изолировать себя от кого-чего-н. (разг.). *О. от старых приятелей.* ‖ *несов.* **отгора́живаться,** -аюсь, -аешься. ‖ *сущ.* **отгора́живание,** -я, *ср.*

ОТГОСТИ́ТЬ, -ощу́, -ости́шь; *сов.* (разг.). **1.** Пробыть гостем, прогостить. *Целый месяц отгостил у родных.* **2.** Кончить гостить.

ОТГРАВИРОВА́ТЬ *см.* гравировать.

ОТГРАНИ́ЧИТЬ, -чу, -чишь; -ченный; *сов., что.* Разграничив, отделить. *О. одно явление от другого.* ‖ *несов.* **отграни́чивать,** -аю, -аешь. ‖ *сущ.* **отграниче́ние,** -я, *ср.*

ОТГРЕМЕ́ТЬ (-млю́, -ми́шь, 1 и 2 л. не употр.), -ми́т; *сов.* Кончить греметь. *Отгремел гром. Отгремели бои* (кончились). *Отгремела чья-н. слава.*

ОТГРЕСТИ́[1], -ребу́, -ребёшь; -рёб, -ребла́; -рёбший; -ребённый (-ён, -ена́); -рёбши *и* -ребя́; *сов., что.* Сгребая, откинуть, отодвинуть в сторону. *О. мусор. О. солому граблями.* ‖ *несов.* **отгреба́ть,** -а́ю, -а́ешь.

ОТГРЕСТИ́[2], -ребу́, -ребёшь; -рёб, -ребла́; -рёбший; -рёбши *и* -ребя́; *сов.* Гребя вёслами, отплыть от чего-н. *О. от берега.* ‖ *несов.* **отгреба́ть,** -а́ю, -а́ешь.

ОТГРО́ХАТЬ, -аю, -аешь; -анный; *сов.* **1.** Кончить грохать (разг.). *Пушки отгрохали.* **2.** *что.* Построить, сделать, организовать (что-н. большое, эффектное, дорогое) (прост.). *О. себе особняк. Свадьбу отгрохали на всю деревню.*

ОТГРУЗИ́ТЬ, -ужу́, -у́зишь *и* -узи́шь; -уженный *и* -ужённый (-ён, -ена́); *сов., что.* Погрузив, отправить. *О. уголь.* ‖ *несов.* **отгружа́ть,** -а́ю, -а́ешь. ‖ *сущ.* **отгру́зка,** -и, *ж.* ‖ *прил.* **отгру́зочный,** -ая, -ое.

ОТГРЫ́ЗТЬ, -зу́, -зёшь; -ы́з; -ы́зла; -ы́зший; -ы́зенный; -ы́зши; *сов., что.* Грызя, откусить. ‖ *несов.* **отгрыза́ть,** -а́ю, -а́ешь.

ОТГУ́Л, -а, *м.* **1.** *см.* отгулять. **2.** Время отдыха, предоставляемое за сверхурочную работу. *Взять, дать, получить о.*

ОТГУЛЯ́ТЬ, -я́ю, -я́ешь; -у́лянный; *сов.* (разг.). Кончить гулять (в 1, 3 и 4 знач.). *Дети отгуляли, пришли обедать. Отпуск отгулял весной. В праздник работал: отгуляю. Парень своё отгулял: женится.* ‖ *несов.* **отгу́ливать,** -аю, -аешь. ‖ *сущ.* **отгу́л,** -а, *м.* (по 3 знач. глагола гулять). *Сегодня у меня о.*

ОТДАВА́ТЬ[1] (отдаю́, отдаёшь, 1 и 2 л. не употр.), отдаёт; *несов., чем* (разг.). Иметь какой-н. привкус, запах. *Бочка отдаёт рыбой. Рассказ отдаёт отсебятиной* (перен.).

ОТДАВА́ТЬ[2], **-СЯ** *см.* отдать, -ся.

ОТДАВИ́ТЬ, -авлю́, -а́вишь; -а́вленный; *сов., что.* Надавив, повредить, причинить боль. *О. кому-н. ногу.* ‖ *несов.* **отда́вливать,** -аю, -аешь.

ОТДА́ИВАТЬ, -СЯ *см.* отдоить, -ся.

ОТДАЛЕ́НИЕ, -я, *ср.* **1.** *см.* отдалить. **2.** Даль, далёкое расстояние. *Виднеться в отдалении.* ✦ **В отдалении от** *кого-чего, в знач. предлога с род. п.* — то же, что вдалеке от кого-чего-н. *Жить в отдалении от друзей. Хутор в отдалении от села.*

ОТДАЛЁННЫЙ, -ая, -ое; -ён. **1.** Далеко отстоящий (в пространстве, времени). *О. район. Отдалённые участки. Отдалённые времена. Отдалённое родство* (дальнее). *Места не столь отдалённые* (о местах ссылки, принудительного поселения). **2.** *перен.* Имеющий мало общего с кем-чем-н. *Отдалённое сходство. О. намёк.* ‖ *сущ.* **отдалённость,** -и, *ж.*

ОТДАЛИ́ТЬ, -лю́, -ли́шь; -лённый (-ён, -ена́); *сов., кого-что.* Сделать более далёким (в 1, 2 и 3 знач.). *О. предмет от фотоаппарата. О. встречу. О. сына от товарищей.* ‖ *несов.* **отдаля́ть,** -я́ю, -я́ешь. ‖ *сущ.* **отдале́ние,** -я, *ср.*

ОТДАЛИ́ТЬСЯ, -лю́сь, -ли́шься; *сов.* Стать более далёким (в 1, 2 и 3 знач.). *О. от берегов. Воспоминания отдалились. О. от дел.* ‖ *несов.* **отдаля́ться,** -я́юсь, -я́ешься. ‖ *сущ.* **отдале́ние,** -я, *ср.*

ОТДАРИ́ТЬ, -рю́, -ри́шь; -рённый (-ён, -ена́); *сов., кого (что)* (разг.). Сделать кому-н. ответный подарок. ‖ *несов.* **отда́ривать,** -аю, -аешь.

ОТДАРИ́ТЬСЯ, -рю́сь, -ри́шься; *сов.* (разг.). Сделать подарки кому-н. в ответ на полученные или в благодарность за что-н. ‖ *несов.* **отда́риваться,** -аюсь, -аешься.

ОТДА́ТЬ, -а́м, -а́шь, -а́ст, -ади́м, -ади́те, -аду́т; -ал *и* (разг.) -а́л, -ала́, -ало; -а́й; -а́вший; о́тданный (-ан, -ана́ *и* разг. -ана, -ано); -а́в *и* -а́вши; *сов.* **1.** *кого-что.* Дать обратно, возвратить. *О. долг. О. библиотечную книгу.* **2.** *кого-что.* Дать, предоставить (что-н. своё кому-н.). *О. зарплату матери. О. всё лучшее детям. О. город неприятелю* (сдать). **3.** *кого (что) за кого.* Выдать замуж (устар.). *О. дочь за старика.* **4.** *кого-что.* Вручить для какой-н. цели, поместить куда-н. *О. книгу в переплёт. О. ребёнка в детский сад.* **5.** *что.* Заплатить при купле (разг.). *О. за дачу большие деньги.* **6.** *кого-что.* То же, что продать (в 1 знач.) (разг.). *О. вещь за бесценок.* **7.** *что.* Произвести что-н. (в соответствии со знач. следующего далее сущ.). *О. приказ* (приказать). *О. распоряжение* (распорядиться). *О. воинскую честь* (отдать честь, а также оказать воинскую почесть). *О. поклон* (поклониться; устар.). **8.** (1 и 2 л. не употр.). Сделать резкое, короткое движение назад (напр. об оружии при выстреле). *Ружьё отдало в плечо. Отдало* (безл.) *в спину* (перен.: о внезапной боли). **9.** *что.* Освободить, отвязать (спец.). *О. якорь. О. швартовы, концы.* ✦ **Отдать жизнь** *за что* (высок.) — пожертвовать своей жизнью. *Отдать жизнь за Родину.* **Отдать себя** — 1) *кому-чему,* полностью посвятить себя кому-чему-н. *Отдать себя детям, семье. Отдать себя науке;* 2) *кому,* то же, что отдаться (в 3 знач.). *Отдать себя любовнику.* **Отдай всё, да мало!** (прост.) — о чём-н. очень хорошем. ‖ *несов.* **отдава́ть,** -даю́, -даёшь; -дава́й. ‖ *сущ.* **отда́ние,** -я, *ср.* (к 7 знач.; устар. и спец.) *и* **отда́ча,** -и, *ж.* (к 1, 7 и 8 знач.). *Отдание воинской чести. Дать деньги без отдачи. Отдача при выстреле.*

ОТДА́ТЬСЯ, -а́мся, -а́шься, -а́стся, -ади́мся, -ади́тесь, -аду́тся; -а́лся, -ала́сь, -ало́сь *и* -а́лось; -а́йся; *сов.* **1.** *кому-чему.* Отдать себя, покориться, не сопротивляясь. *Пловец отдался воле волн. О. на волю победителя.* **2.** *кому-чему.* Целиком посвятить себя кому-чему-н. *О. науке.* **3.** *кому.* О женщине: вступить в половую связь с кем-н. **4.** (1 и 2 л. не употр.), *перен.* Отозваться где-н., отразиться. *Боль отдалась в спине. В лесу отдалось эхо.* ‖ *несов.* **отдава́ться,** -даю́сь, -даёшься.

ОТДА́ЧА, -и, *ж.* **1.** *см.* отдать. **2.** То же, что коэффициент полезного действия (устар.). **3.** *перен.* Максимальная эффективность действий, труда. *Работает с полной отдачей.*

ОТДВИЖНО́Й, -а́я, -о́е. Такой, к-рый отодвигается, может быть отодвинут. *О. засов.*

ОТДЕЖУ́РИТЬ, -рю, -ришь; *сов.* **1.** Кончить дежурить. **2.** *что.* Провести в дежурстве какое-н. время. *О. ночь.* ‖ *несов.* **отдежу́ривать,** -аю, -аешь (ко 2 знач.).

ОТДЕ́Л, -а, *м.* **1.** Высшее подразделение в систематике растений, объединяющее близкие по происхождению классы. **2.** Подразделение учреждения, предприятия или учреждение, входящее в состав какой-н. организации. *Продуктовый о. универмага. О. кадров. О. народного образования.* **3.** Тематически объединённая часть книги, какого-н. издания. *О. хроники в газете.* ‖ *прил.* **отде́льческий,** -ая, -ое (ко 2 знач.; разг.).

ОТДЕ́ЛАТЬ, -аю, -аешь; -анный; *сов.* **1.** *что.* Придать какой-н. определённый вид (путём обработки, доводки). *О. квартиру. О. статью* (окончательно обработать). *О. деталь.* **2.** *что чем.* То же, что украсить. *О. платье кружевами.* **3.** *что.* Испортить небрежным обращением; испачкать (прост.). *О. куртку в грязи.* **4.** *кого (что).* Выругать, выбранить, а также избить (прост.). *О. за озорство.* ‖ *несов.* **отде́лывать,** -аю, -аешь. ‖ *сущ.* **отде́лка,** -и, *ж.* (к 1 и 2 знач.). ‖ *прил.* **отде́лочный,** -ая, -ое (к 1 и 2 знач.). *Отделочные работы. О. материал.*

ОТДЕ́ЛАТЬСЯ, -аюсь, -аешься; *сов.* (разг.). **1.** *от кого-чего.* Избавиться от кого-чего-н. неприятного, надоедливого. *О. от домашних хлопот. От этого болтуна легко не отделаешься.* **2.** *чем.* Уклоняясь от чего-н., ограничиться чем-н. несущественным. *О. одними обещаниями.* **3.** *чем.* Испытать, перенести что-н. незначительное (меньшее, чем можно было ожидать). *О. царапиной. О. выговором. Легко отделался* (избежал должного наказания, неприятности). ‖ *несов.* **отде́лываться,** -аюсь, -аешься.

ОТДЕЛЕ́НИЕ, *-я, ср.* **1.** *см.* отделить, -ся. **2.** То же, что отдел (во 2 знач.). *Районное о. банка. О. милиции.* **3.** Самостоятельная часть концерта, представления. *Первое о. концерта. Программа в двух отделениях.* **4.** Низшее воинское подразделение, входящее в состав взвода. *Командир отделения.* **5.** Отдельная, обособленная часть помещения, какого-н. вместилища. *О. в бумажнике. В. шкатулке два отделения.* ‖ *прил.* **отделе́нческий,** -ая, -ое (ко 2 знач.) *и* **отделённый,** -ая, -ое (к 4 знач.). *Отделенческие штаты. Отделённый командир. Приказ отделённого* (сущ.).

ОТДЕЛИ́ТЬ, -елю́, -е́лишь; -елённый (-ён, -ена́); *сов.* **1.** *что.* Разъединить, отнять (часть от целого, из состава целого). *О. главное от второстепенного. О. старые журналы от новых.* **2.** *что.* Разделяя, отграничить, выделить. *О. часть комнаты перегородкой.* **3.** *кого (что).* Дать кому-н. часть из общего хозяйства, обособить (устар.). *О. сыновей.* ‖ *несов.* **отделя́ть,** -яю, -я́ешь. ‖ *сущ.* **отделе́ние,** *-я, ср.* ‖ *прил.* **отдели́тельный,** -ая, -ое (ко 2 знач.). *Отделительная панель.*

ОТДЕЛИ́ТЬСЯ, -елю́сь, -е́лишься; *сов., от кого-чего.* **1.** Отстать, оторваться, отойти от целого; выделиться. *Мякоть плода отделилась от косточки. Сыворотка отделилась от творога. О. от толпы. О. от компании.* **2.** Стать самостоятельным хозяином после раздела имущества, обособиться (устар.). *Женатый сын отделился.* ‖ *несов.* **отделя́ться,** -я́юсь, -я́ешься. ‖ *сущ.* **отделе́ние,** *-я, ср.*

ОТДЕ́ЛКА, *-и, ж.* **1.** *см.* отделать. **2.** То, чем отделывают, украшают. *Кружевная о.*

ОТДЕ́ЛОЧНИК, *-а, м.* Работник, занимающийся отделочными работами. *Бригада отделочников.* ‖ *ж.* **отде́лочница,** -ы.

ОТДЕ́ЛОЧНЫЙ *см.* отделать.

ОТДЕ́ЛЬНОСТЬ, *-и, ж.* **1.** *см.* отдельный. **2. в отдельности** и (разг.) **по отдельности** — обособленно, отдельно. *Объяснить каждому в отдельности.*

ОТДЕ́ЛЬНЫЙ, -ая, -ое. **1.** Обособленный, самостоятельный. *Отдельное помещение. Жить отдельно* (нареч.) *от родных. Отдельная часть* (воинская часть, не входящая в соединение или в другую часть; спец.). **2.** Единичный, некоторый. *Отдельные критические замечания.* ‖ *сущ.* **отде́льность,** *-и, ж.* (к 1 знач.; книжн.).

ОТДЕ́ЛЬЧЕСКИЙ *см.* отдел.

ОТДЕЛЯ́ТЬ, -я́ю, -я́ешь; *несов.* **1.** *см.* отделить. **2.** *кого-что от кого-чего.* Служить границей чему-н. *Лужайка отделяет рощу от пруда. Охотника от зверя отделяет несколько шагов. От этих событий нас отделяют десятилетия* (перен.).

ОТДЁРНУТЬ, -ну, -нешь; -нутый; *сов., что.* Дёрнув, отодвинуть. *О. руку от огня. О. занавеску.* ‖ *несов.* **отдёргивать,** -аю, -аешь.

ОТДИРА́ТЬ, -СЯ *см.* отодрать, -ся.

ОТДОИ́ТЬ, -ою́, -о́ишь *и* -ои́шь; -о́енный; *сов.* **1.** *что и чего.* Выдоить немного. *О. молока в кружку.* **2.** *кого (что).* Кончить доить. ‖ *несов.* **отда́ивать,** -аю, -аешь.

ОТДОИ́ТЬСЯ, -оюсь, -о́ишься *и* -ои́шься; *сов.* (разг.). **1.** (1 и 2 л. не употр.). Перестать доиться. *Козы отдоились.* **2.** То же, что отдоить (во 2 знач.). ‖ *несов.* **отда́иваться,** -аюсь, -аешься.

ОТДОХНОВЕ́НИЕ, *-я, ср.* (устар.). То же, что отдых. *Часы отдохновения.*

ОТДОХНУ́ТЬ *см.* отдыхать.

ОТДУБА́СИТЬ *см.* дубасить.

ОТДУВА́ТЬСЯ, -а́юсь, -а́ешься; *несов.* **1.** Тяжело и шумно выдыхать воздух (после усилий, напряжения) (разг.). **2.** *перен.* Нести ответственность за какие-н. ошибки, промахи (прост.). *О. за других. О. своими боками* (самому).

ОТДУ́МАТЬ, -аю, -аешь; *сов., с неопр.* (разг.). Переменить свое решение, передумать (в 1 знач.). *О. уезжать.* ‖ *несов.* **отду́мывать,** -аю, -аешь.

ОТДУ́ТЬ, -у́ю, -у́ешь; -у́тый; *сов., кого-что* (прост.). Отколотить, избить.

ОТДУ́ШИНА, *-ы, ж.* **1.** Отверстие для выхода воздуха. *О. в подполе. О. в печи.* **2.** *перен.* То, что даёт исход чему-н. (чувствам, настроениям). *Найти отдушину в беседах с другом. О. для души.*

ОТДУ́ШНИК, *-а, м.* Круглое отверстие в стенке печи, через к-рое идёт тепло после топки, а также крышка, закрывающая такое отверстие. *Закрыть, открыть о. Медный о.*

О́ТДЫХ, *-а, м.* Проведение нек-рого времени без обычных занятий, работы для восстановления сил. *Нужен о. кому-н. На отдыхе кто-н.* (в отпуске). *На заслуженном отдыхе кто-н.* (на пенсии). *Дом отдыха* (стационарное учреждение для восстановления сил, укрепления здоровья). ✦ **Ни отдыху, ни сроку не давать** *кому* (разг.) — не давать ни минуты отдыха, передышки.

ОТДЫХА́ТЬ, -а́ю, -а́ешь; *несов.* **1.** Отдыхом восстанавливать силы; проводить свой отдых где-н. *Спортсмены отдыхают после тренировок. Семья отдыхает в Крыму. Заезд отдыхающих* (сущ.) *в дом отдыха.* **2.** Восстанавливать свои силы сном (прост.). *Не буди его: отдыхает после обеда.* ✦ **Глаз отдыхает** *на ком-чём* — о приятном, успокаивающем зрелище. ‖ *сов.* **отдохну́ть,** -ну́, -нёшь. *О. душой* (успокоиться). *Мы отдохнём!* (говорится в знач.: когда-н. нам будет легче, лучше).

ОТДЫША́ТЬСЯ, -ышу́сь, -ы́шишься; *сов.* Восстановить равномерное дыхание, начать снова ровно дышать. *О. после бега.* ‖ *несов.* **отды́хиваться,** -аюсь, -аешься (прост.).

ОТЕКА́ТЬ *см.* отечь.

ОТЕЛИ́ТЬСЯ *см.* телиться.

ОТЕ́ЛЬ [тэ], *-я, м.* То же, что гостиница. *Пятизвёздочный, четырёхзвёздочный, трёхзвёздочный о.* (высшего, первого и второго разрядов). ‖ *прил.* **оте́льный,** -ая, -ое.

ОТЕПЛИ́ТЬ, -лю́, -ли́шь; -лённый (-ён, -ена́); *сов., что.* Сделать тёплым. *О. здание.* ‖ *несов.* **отепля́ть,** -я́ю, -я́ешь. ‖ *сущ.* **отепле́ние,** *-я, ср.* ‖ *прил.* **отепли́тельный,** -ая, -ое.

ОТЕРЕ́ТЬ, отру́, отрёшь; отёр, отёрла; отёрший; отёртый; отере́в *и* отёрши; *сов., что.* То же, что обтереть. ‖ *несов.* **отира́ть,** -а́ю, -а́ешь. ‖ *возвр.* **отере́ться,** отру́сь, отрёшься; отёрся, отёрлась; отёршийся; отёршись; *несов.* **отира́ться,** -а́юсь, -а́ешься.

ОТЕСА́ТЬ, -ешу́, -е́шешь; -ёсанный; *сов., что.* То же, что обтесать (в 1 знач.). *О. доску.* ‖ *несов.* **отёсывать,** -аю, -аешь.

ОТЕ́Ц, отца́, *стар. зват.* о́тче, *м.* **1.** Мужчина по отношению к своим детям. *Родной о. О. семейства* (отец как глава семьи). *Неродной о.* (отчим). *Приёмный о.* (усыновивший или удочеривший ребёнка, детей). *Названый о.* (неродной, приёмный). *От отца к сыну переходит что-н.* (также перен.: от поколения к поколению). *Посажёный о. Ради красного словца не пожалеет родного отца* (посл.). **2.** Самец по отношению к своим детёнышам. **3.** *мн.* Люди предшествующих поколений. *Проблема отцов и детей* (проблема отношений старшего и младшего поколений). **4.** *мн.* Люди, облечённые властью (устар. и разг.). *Отцы церкви. Отцы города.* **5.** *перен.* Тот, кто является родоначальником, основоположником чего-н. (высок.). *Летописец Нестор — о. русской истории.* **6.** *перен., кому и кого.* Человек, по-отечески заботящийся о подчинённых, младших. *Командир — о. солдатам (солдат). Наставник — о. молодёжи. Ты наш о. — мы твои дети* (в старой речи: слова, обращённые к государю). **7.** Обращение к пожилому мужчине или к мужу как к отцу своих детей (прост.). **8.** обычно *в сочетании с личным именем.* Служитель церкви или монах, а также обращение к нему. *Святой о. О. Сергий.* ✦ **Отец-мать** (*им. п.* редко) (прост.) — родители. *Живёт у отца-матери на всём готовом. Вернулся к отцу-матери.* **Духовный отец** — то же, что духовник. **Отец (Царь) Небесный** (высок.) — то же, что Бог (во 2 знач.). ‖ *прил.* **отцо́вский,** -ая, -ое (к 1 и 2 знач.), **отцо́в,** -а, -о (к 1 знач.) *и* **о́тчий,** -ая, -ее (к 1 знач.; стар.). *Отцовские заботы. О. наказ. Отчий дом* (также перен.: родимое место, родимый край).

ОТЕ́ЧЕСКИЙ, -ая, -ое. Свойственный отцу, заботливый. *Отеческое внимание. Отеческая забота. Отечески* (нареч.) *пожурить.*

ОТЕ́ЧЕСТВЕННЫЙ, -ая, -ое. Относящийся к отечеству, принадлежащий ему, не иностранный. *Отечественная промышленность. Товары отечественного производства.* ✦ **Отечественная война** — справедливая война в защиту своего отечества. *Отечественная война 1812 г. Великая Отечественная война 1941—1945 гг.*

ОТЕ́ЧЕСТВО, *-а, ср.* (высок.). Страна, где человек родился и к гражданам к-рой он принадлежит. *Любовь к отечеству. Защита своего отечества.*

ОТЕ́ЧЬ, -еку́, -ечёшь, -еку́т; -ёк, -екла́; -ёкший; -ёкши; *сов.* **1.** Опухнуть вследствие отёка. *Ноги отекли. Отёкшее лицо.* **2.** (1 и 2 л. не употр.). О свече: оплыть[1] (во 2 знач.). ‖ *несов.* **отека́ть,** -а́ю, -а́ешь.

ОТЁК, *-а, м.* Скопление избыточной жидкости в тканях. *О. ног.* ‖ *прил.* **отёчный,** -ая, -ое.

ОТЁЛ, *-а, м.* Роды у коровы, а также у самки оленя, лося и нек-рых других животных. ‖ *прил.* **отёлочный,** -ая, -ое.

ОТЁЧНЫЙ, -ая, -ое; -чен, -чна. **1.** *см.* отёк. **2.** Отёкший, с отёками. *Отёчное лицо.* ‖ *сущ.* **отёчность,** *-и, ж.*

ОТЖА́ТЬ[1], отожму́, отожмёшь; -а́тый; *сов.* **1.** *что.* Сжимая, туго свёртывая, удалить из чего-н. влагу. *О. бельё.* **2.** *кого-что.* Давя, нажимая, отделить, оттеснить от чего-н. (разг.). *О. зевак от ворот.* ‖ *несов.* **отжима́ть,** -а́ю, -а́ешь. ‖ *сущ.* **отжима́ние,** *-я, ср.,* **отжи́м,** *-а, м. и* **отжи́мка,** *-и, ж.* (к 1 знач.; разг.). ‖ *прил.* **отжи́мный,** -ая, -ое (к 1 знач.).

ОТЖА́ТЬ[2], отожну́, отожнёшь; -а́тый; *сов., что.* Кончить жать[2]. *О. пшеницу. Отжали до дождей.* ‖ *несов.* **отжина́ть,** -а́ю, -а́ешь.

ОТЖА́ТЬСЯ[1], отожму́сь, отожмёшься; *сов.* (разг.). Лёжа лицом вниз и упираясь руками в пол (а также вообще во что-н. твёрдое) приподняться на вытянутых руках. ‖ *несов.* **отжима́ться,** -а́юсь, -а́ешься. ‖ *сущ.* **отжи́м,** *-а, м.*

ОТЖА́ТЬСЯ[2], отожну́сь, отожнёшься; *сов.* (разг.). Закончить жать, жатву. *В этом году рано отжались.* ‖ *несов.* **отжина́ться**, -а́юсь, -а́ешься.

ОТЖЕ́ЧЬ, отожгу́, отожжёшь; отжёг, отожгла́; отжёгший; отожжённый (-ён, -ена́); отжёгши; *сов., что* (спец.). Произвести отжиг. *О. металл, сплав.* ‖ *несов.* **отжига́ть**, -а́ю, -а́ешь.

О́ТЖИГ, -а, *м.* (спец.). Термическая обработка металла, сплава для придания ему нужных качеств.

ОТЖИ́МКИ, -мок *и* -мков. Выжимки, жом. ‖ *прил.* **отжи́мочный**, -ая, -ое.

ОТЖИ́ТЬ, -иву́, -ивёшь; о́тжил *и* отжи́л, отжила́, о́тжило *и* отжи́ло; отжи́вший; о́тжитый (-ит, -ита́, -ито) *и* отжи́тый (-и́т, -ита́, -и́то); *сов.* **1.** *что.* Кончить жить, прожить. *О. свой век* (прожить жизнь). **2.** (1 и 2 л. не употр.). Устареть, стать устарелым. *Обычай отжил.* ‖ *несов.* **отжива́ть**, -а́ю, -а́ешь.

ОТЗВЕНЕ́ТЬ (-ню́, -ни́шь, 1 и 2 л. не употр.), -ни́т; *сов.* Перестать звенеть. *Отзвенел звонок.*

ОТЗВОНИ́ТЬ, -ню́, -ни́шь; *сов.* Кончить звонить (во 2 знач.). *Звонарь отзвонил к обедне, ко всенощной. Отзвонил и с колокольни долой* (посл. о безразличном отношении к делу). ‖ *несов.* **отзва́нивать**, -аю, -аешь.

О́ТЗВУК, -а, *м.* **1.** Отражение звука, эхо. **2.** Звук, доносящийся издалека. *О. пальбы.* **3.** *перен.* Ответное чувство на что-н. *Найти о. в душе.* **4.** *перен., чего.* То, в чём отражается что-н., в чём обнаруживаются следы чего-н. *Отзвуки прошлого.*

ОТЗВУЧА́ТЬ (-чу́, -чи́шь, 1 и 2 л. не употр.), -чи́т; *сов.* Перестать звучать. *Отзвучали соловьиные трели.*

ОТЗОЛИ́ТЬ, -лю́, -ли́шь; -лённый (-ён, -ена́); *сов., что* (спец.). Обработать золением. *О. шкуру, гольё.* ‖ *сущ.* **отзо́л**, -а, *м. и* **отзо́лка**, -и, *ж.* ‖ *прил.* **отзо́льный**, -ая, -ое. *О. чан.*

О́ТЗЫВ, -а, *м.* **1.** Отзвук (в 1 знач.), эхо (устар.). *О. грома в горах.* **2.** То же, что отзвук (в 3 знач.). **3.** Мнение о ком-чём-н., оценка кого-чего-н. *Критический о. о книге.* **4.** Условный секретный ответ на пароль.

ОТЗЫ́В, ОТЗЫВНО́Й *см.* отозвать.

ОТЗЫВА́ТЬ[1] (-а́ю, -а́ешь, 1 и 2 л. не употр.), -а́ет; *несов., чем* (разг.). То же, что отдавать[1]. *Вода в ведре отзывает ржавчиной. Критика отзывает предвзятостью* (перен.).

ОТЗЫВА́ТЬ[2], **-СЯ** *см.* отозвать, -ся.

ОТЗЫ́ВЧИВЫЙ, -ая, -ое; -ив. Легко отзывающийся на чужие нужды, готовый помочь. *О. человек.* ‖ *сущ.* **отзы́вчивость**, -и, *ж.*

ОТИРА́ТЬ *см.* отереть.

ОТИРА́ТЬСЯ[1], -а́юсь, -а́ешься; *несов.* (прост.). Околачиваться где-н., около кого-н. *О. около ларька.*

ОТИРА́ТЬСЯ[2] *см.* отереть.

ОТИ́Т, -а, *м.* Воспаление внутреннего, среднего или наружного уха. ‖ *прил.* **оти́тный**, -ая, -ое.

ОТКАЗА́ТЬ, -ажу́, -а́жешь; -а́занный; *сов.* **1.** *кому в чём.* Ответить отрицательно на просьбу, требование. *О. в просьбе. О. наотрез. Не откажите в любезности* (вежливое обращение с просьбой). *О. жениху* (ответить жениху на его предложение отказом). **2.** *кому от чего.* Уволить кого-н. с работы, устранить (устар.). *О. от места. О. от дома кому-н.* (перестать принимать, приглашать к себе). **3.** *перен., кому в чём.* Не признать чего-н. за кем-н., лишить чего-н. *Ему нельзя о. в остроумии. О. себе в самом необходимом* (лишить себя необходимого). **4.** *кому что.* Отдать по завещанию (устар.). *О. дом жене.* **5.** (1 и 2 л. не употр.). Перестать действовать вследствие порчи, неисправности. *Мотор отказал. Отказали тормоза. Отказали нервы* (перен.: о том, кто сорвался, перестал владеть собой). ‖ *несов.* **отка́зывать**, -аю, -аешь. ‖ *сущ.* **отка́з**, -а, *м.* *Прибор действует без отказа* (вполне исправен). ✦ **До отказа** — полностью, до предела. *Закрутить гайку до отказа.* ‖ *прил.* **отка́зный**, -ая, -ое (к 1 и 4 знач.; устар.). *Отказное дело* (по к-рому отказано в возбуждении иска). *Отказное письмо.*

ОТКАЗА́ТЬСЯ, -ажу́сь, -а́жешься; *сов.* **1.** *от чего и с неопр.* Выразить своё несогласие, нежелание делать что-н., не пожелать признать, принять что-н. *О. от поездки. О. помочь. О. от своих слов. Не откажусь поесть* (охотно поем). **2.** (1 и 2 л. не употр.), *с неопр.* Перестать действовать. *Замо́к отказался служить.* ‖ *несов.* **отка́зываться**, -аюсь, -аешься. ‖ *сущ.* **отка́з**, -а, *м.* *О. подчиниться. О. механизма.*

ОТКА́ЗНИК, -а, *м.* (разг.). **1.** Тот, кто отказывается от исполнения своих обязанностей. *Отказники от службы в армии.* **2.** Тот, кому официально отказывают в чём-н. ‖ *ж.* **отка́зница**, -ы. *Мать-о.* (женщина, отказывающаяся взять из роддома своего ребёнка).

ОТКА́ЗЧИК, -а, *м.* (прост.). Тот, кто отказывается от чего-н. *Я от общего дела не о.* ‖ *ж.* **отка́зчица**, -ы.

ОТКА́ЛЫВАТЬ[1-2], **-СЯ**[1-2] *см.* отколоть[1-2], -ся[1-2].

ОТКА́ПЫВАТЬ *см.* откопать.

ОТКА́РМЛИВАТЬ, -СЯ *см.* откормить.

ОТКАТА́ТЬ, -а́ю, -а́ешь; *сов., что.* О фигуристах: катаясь, выполнить программу. ‖ *несов.* **отка́тывать**, -аю, -аешь.

ОТКАТА́ТЬСЯ, -а́юсь, -а́ешься; *сов.* **1.** Кончить кататься (в 1 и 2 знач.). **2.** То же, что откатать. *Удачно откатались.*

ОТКАТИ́ТЬ, -ачу́, -а́тишь; -а́ченный; *сов.* **1.** *кого-что.* Катя́, отодвинуть, переместить в сторону, назад. *О. колесо. О. вагонетку.* **2.** Быстро отъехать, откатиться (разг.). *О. от дома.* ‖ *несов.* **отка́тывать**, -аю, -аешь. ‖ *сущ.* **отка́т**, -а, *м.* (к 1 знач.) *и* **отка́тка**, -и, *ж.* (к 1 знач.). ‖ *прил.* **отка́точный**, -ая, -ое (к 1 знач.). *О. штрек.*

ОТКАТИ́ТЬСЯ, -ачу́сь, -а́тишься; *сов.* **1.** Катясь, отодвинуться, переместиться в сторону, назад. *Колесо откатилось. Мяч откатился за черту. Орудие откатилось после выстрела. Волна откатилась от берега* (отхлынула). **2.** *перен.* О наступающих в бою: быстро отступить под напором противника. *Отряд откатился за́ реку.* ‖ *несов.* **отка́тываться**, -аюсь, -аешься. ‖ *сущ.* **отка́т**, -а, *м.* (к 1 знач.).

ОТКА́ТКА, -и, *ж.* **1.** *см.* откатить. **2.** Вывоз ископаемых с места выработки (спец.). ‖ *прил.* **отка́точный**, -ая, -ое.

ОТКА́ТЧИК, -а, *м.* Прежнее название горнорабочего, занятого на откатке (во 2 знач.). ‖ *ж.* **отка́тчица**, -ы, *ж.* ‖ *прил.* **отка́тчицкий**, -ая, -ое.

ОТКАЧА́ТЬ, -а́ю, -а́ешь; -а́чанный; *сов.* **1.** *что.* Удалить насосом, выкачать. *О. воздух. О. воду.* **2.** *кого (что).* Привести в чувство, вернуть к жизни (тонувшего). ‖ *несов.* **отка́чивать**, -аю, -аешь. ‖ *сущ.* **отка́чивание**, -я, *ср. и* **отка́чка**, -и, *ж.* (к 1 знач.). *Откачка меда.*

ОТКАЧНУ́ТЬ, -ну́, -нёшь; *сов.* (разг.). **1.** *кого-что.* Качая, отклонить, отвести в сторону. *О. маятник.* **2.** (1 и 2 л. не употр.), *перен., кого (что) от кого-чего.* Заставить порвать связь с кем-н., отдалиться. *Его откачнуло* (безл.) *от прежних дружков.*

ОТКАЧНУ́ТЬСЯ, -ну́сь, -нёшься; *сов.* (разг.). **1.** Качаясь, отклониться, отойти в сторону. *Маятник откачнулся.* **2.** *перен., от кого-чего.* Отдалиться, утратить близкие отношения с кем-н. *О. от прежней компании.*

ОТКА́ШЛЯНУТЬ, -ну, -нешь; *сов., что.* Кашляя, выплюнуть. *О. мокроту.* ‖ *несов.* **отка́шливать**, -аю, -аешь.

ОТКА́ШЛЯТЬСЯ, -яюсь, -яешься; *сов.* **1.** Откашлянуть мокроту. **2.** Покашляв, очистить горло. *О. перед речью.* ‖ *несов.* **отка́шливаться**, -аюсь, -аешься.

ОТКВИТА́ТЬ, -а́ю, -а́ешь; -и́танный; *сов., что* (разг.). Отплатить кому-н. тем же самым, рассчитаться (напр. в игре, в споре). *О. гол.* ‖ *несов.* **откви́тывать**, -аю, -аешь.

ОТКИДА́ТЬ, -а́ю, -а́ешь; -и́данный; *сов., что.* Откинуть в несколько приёмов. *О. землю. О. камни с дороги.* ‖ *несов.* **отки́дывать**, -аю, -аешь.

ОТКИДНО́Й, -а́я, -о́е. Откидывающийся, прикреплённый одним краем. *Откидное сиденье. О. верх экипажа.*

ОТКИ́НУТЬ, -ну, -нешь; -утый; *сов.* **1.** *кого-что.* То же, что отбросить. *О. камень в сторону. О. сомнения.* **2.** *что.* Повернув, отогнув, открыть. *О. капюшон. О. портьеру.* **3.** *что.* Отклонить, коротким движением отвести назад. *О. руку. О. волосы со лба. О. голову* (запрокинуть). ‖ *несов.* **отки́дывать**, -аю, -аешь.

ОТКИ́НУТЬСЯ, -нусь, -нешься; *сов.* Отклониться назад туловищем. *О. на спинку кресла.* ‖ *несов.* **отки́дываться**, -аюсь, -аешься.

ОТКЛА́ДЫВАТЬ, -СЯ *см.* отложить, -ся.

ОТКЛА́НЯТЬСЯ, -яюсь, -яешься; *сов.* (устар.). Проститься при уходе. *Разрешите о.* (обращение при прощании). ‖ *несов.* **откла́ниваться**, -аюсь, -аешься.

ОТКЛЕВА́ТЬ, -люю́, -люёшь; -лёванный; *сов., что.* Клюя, отделить. ‖ *несов.* **отклёвывать**, -аю, -аешь.

ОТКЛЕ́ИТЬ, -е́ю, -е́ишь; -е́енный; *сов., что.* Отделить, оторвать (приклеенное). *О. марку.* ‖ *несов.* **откле́ивать**, -аю, -аешь. ‖ *сущ.* **откле́ивание**, -я, *ср. и* **откле́йка**, -и, *ж.*

ОТКЛЕ́ИТЬСЯ (-е́юсь, -е́ишься, 1 и 2 л. не употр.), -е́ится; *сов.* О приклеенном: отделиться, отлепиться. *Марка отклеилась. Ярлычок отклеился.* ‖ *несов.* **откле́иваться** (-аюсь, -аешься, 1 и 2 л. не употр.), -ается.

ОТКЛЕПА́ТЬ, -а́ю, -а́ешь; -клёпанный; *сов., что.* Отбить (приклёпанное). *О. заклёпку.* ‖ *несов.* **отклёпывать**, -аю, -аешь. ‖ *сущ.* **отклёпывание**, -я, *ср. и* **отклёпка**, -и, *ж.* ‖ *прил.* **отклёпочный**, -ая, -ое.

О́ТКЛИК, -а, *м.* **1.** *см.* откликнуться. **2.** *перен.* Отражение, след, пережиток чего-н. *Отклики прошлого.* **3.** *перен.* Отзыв, оценка. *Благоприятные отклики на книгу.*

ОТКЛИ́КНУТЬСЯ, -нусь, -нешься; *сов., на что.* **1.** Ответить на зов, обращение. *Где ты, откликнись!* **2.** *перен.* Выразить своё отношение к чему-н. *О. на события.* ‖ *несов.* **отклика́ться**, -а́юсь, -а́ешься. ‖ *сущ.* **о́тклик**, -а, *м.* *Призыв нашёл о. среди молодёжи.*

ОТКЛОНЕ́НИЕ, -я, *ср.* **1.** *см.* отклонить, -ся. **2.** обычно *мн.* Нек-рая ненормальность, странность в поведении. *С отклонениями кто-н.*

ОТКЛОНИ'ТЬ, -оню́, -о́нишь; -нённый (-ён, -ена́); *сов.* **1.** *что.* Отвести, подвинуть, наклонить в сторону. *О. ветку.* **2.** *кого (что) от чего.* Заставить отказаться от чего-н. *О. от ошибочного решения.* **3.** *кого-что.* То же, что отвергнуть (в 1 знач.). *О. предложение, ходатайство. О. чью-н. кандидатуру.* ‖ *несов.* **отклоня́ть,** -я́ю, -я́ешь. ‖ *сущ.* **отклоне́ние,** -я, *ср.*

ОТКЛОНИ'ТЬСЯ, -оню́сь, -о́нишься; *сов.* **1.** Сдвинуться, отодвинуться, сместиться в сторону. *Стрелка отклонилась вправо. О. от удара. О. от заданного курса.* **2.** *перен., от чего.* Перейти к другому, прервав начатое. *О. от темы.* ‖ *несов.* **отклоня́ться,** -я́юсь, -я́ешься. ‖ *сущ.* **отклоне́ние,** *-я, ср. О. от нормы.*

ОТКЛЮЧИ'ТЬ, -чу́, -чи́шь; -чённый (-ён, -ена́); *сов., что.* Разъединив, выключить из сети (электрической, телефонной, газовой). *О. свет. О. телефонный аппарат.* ‖ *несов.* **отключа́ть,** -а́ю, -а́ешь. ‖ *сущ.* **отключе́ние,** *-я, ср.*

ОТКЛЮЧИ'ТЬСЯ, -чу́сь, -чи́шься; *сов.* **1.** (1 и 2 л. не употр.). Выключиться из сети, стать отключённым. *Телефон отключился.* **2.** Мысленно устраниться, сознательно перестать думать о чём-н., замечать что-н., отрешиться. ‖ *несов.* **отключа́ться,** -а́юсь, -а́ешься. ‖ *сущ.* **отключе́ние,** *-я, ср.*

ОТКОВА'ТЬ, -кую́, -куёшь; -о́ванный; *сов.* **1.** Закончить ковку. **2.** *что.* Изготовить ковкой (спец.). **3.** *что.* Отбить (прикованное, закованное). *О. подкову.* ‖ *несов.* **отко́вывать,** -аю, -аешь.

ОТКОВЫРЯ'ТЬ, -я́ю, -я́ешь; -ы́рянный; *сов., что.* Ковыряя, отделить. *О. штукатурку.* ‖ *несов.* **отковы́ривать,** -аю, -аешь.

ОТКОЗЫРЯ'ТЬ[1], -я́ю, -я́ешь; *сов.* (разг.). В карточной игре: ответить козырем на козырь.

ОТКОЗЫРЯ'ТЬ[2] *см.* козырять[2].

ОТКО'ЛЕ и **ОТКО'ЛЬ,** *мест. нареч.* и *союзн. сл.* (устар.). То же, что откуда. *Отколь эта весть?* ✦ **Отколе ни возьмись** — то же, что откуда ни возьмись.

ОТКОЛОТИ'ТЬ, -очу́, -о́тишь; -о́ченный; *сов.* (разг.). **1.** *что.* Колотя, отделить. *О. доску.* **2.** *кого (что).* Сильно побить. ‖ *несов.* **открла́чивать,** -аю, -аешь (к 1 знач.).

ОТКОЛО'ТЬ[1], -олю́, -о́лешь; -о́лотый; *сов.* **1.** *что.* Отделить от целого, раскалывая, коля. *О. кусок сахару.* **2.** *перен., кого (что) от кого-чего.* Заставить порвать с кем-н., выйти из какой-н. группы, объединения. *О. от семьи.* **3.** *что.* Сделать или сказать (что-н. неуместное, неожиданное) (прост.). *О. словцо.* ‖ *несов.* **отка́лывать,** -аю, -аешь. ‖ *сущ.* **отка́лывание,** *-я, ср.,* **отко́л,** *-а, м.* (к 1 и 2 знач.) *и* **отко́лка,** *-и, ж.* (к 1 знач.).

ОТКОЛО'ТЬ[2], -олю́, -о́лешь; -о́лотый; *сов., что.* Освободить приколотое или вынуть то, чем приколото. *О. бант. О. булавку.* ‖ *несов.* **отка́лывать,** -аю, -аешь. ‖ *сущ.* **отка́лывание,** *-я, ср. и* **отко́лка,** *-и, ж.*

ОТКОЛО'ТЬСЯ[1], -олю́сь, -о́лешься; *сов.* **1.** (1 и 2 л. не употр.). Отделиться, отпасть от колющегося, раскалывающегося. *От чашки откололась ручка.* **2.** *перен., от кого-чего.* Утратить связь, порвать с кем-чем-н. *О. от партии. О. от компании.* ‖ *несов.* **отка́лываться,** -аюсь, -аешься. ‖ *сущ.* **отка́лывание,** *-я, ср. и* **отко́л,** *-а, м.* (ко 2 знач.).

ОТКОЛО'ТЬСЯ[2] (-олю́сь, -о́лешься, 1 и 2 л. не употр.), -о́лется; *сов.* О чём-н. приколотом: отделиться, отпасть. *Бант откололся. Булавка откололась.* ‖ *несов.* **отка́лываться** (-аюсь, -аешься, 1 и 2 л. не употр.), -ается. ‖ *сущ.* **отка́лывание,** *-я, ср. и* **отко́лка,** *-и, ж.*

ОТКОЛОШМА'ТИТЬ *см.* колошматить.

ОТКОЛУПА'ТЬ, -а́ю, -а́ешь; -у́панный; *сов., что* (прост.). Колупая, отделить, отодрать. *О. штукатурку.* ‖ *несов.* **отколу́пывать,** -аю, -аешь. ‖ *однокр.* **отколупну́ть,** -ну́, -нёшь; -у́пнутый.

ОТКО'ЛЬ *см.* отколе.

ОТКОМАНДИРОВА'ТЬ, -ру́ю, -ру́ешь; -о́ванный; *сов., кого (что).* Командировать на какую-н. другую должность, в другое учреждение. *О. в распоряжение министерства.* ‖ *несов.* **откомандиро́вывать,** -аю, -аешь. ‖ *сущ.* **откомандирова́ние,** *-я, ср.*

ОТКОПА'ТЬ, -а́ю, -а́ешь; -о́панный; *сов., кого-что.* **1.** Копая, отыскать, извлечь. *О. корень женьшеня. О. засыпанных обвалом.* **2.** *перен.* Разыскивая, обнаружить (разг.). *О. редкую книгу. Где вы откопали такого работника?* ‖ *несов.* **отка́пывать,** -аю, -аешь. ‖ *сущ.* **отка́пывание,** *-я, ср. и* **отко́пка,** -и, *ж.* (к 1 знач.).

ОТКОРМИ'ТЬ, -ормлю́, -о́рмишь; -о́рмленный; *сов., кого (что).* Кормя, довести до упитанности, тучности. *О. гусей.* ‖ *несов.* **отка́рмливать,** -аю, -аешь. ‖ *возвр.* **откорми́ться,** -ормлю́сь, -о́рмишься; *несов.* **отка́рмливаться,** -аюсь, -аешься. ‖ *сущ.* **отка́рмливание,** *-я, ср.,* **отко́рм,** *-а, м. и* **отко́рмка,** *-и, ж. Поставить свиней на откорм.* ‖ *прил.* **отко́рмочный,** -ая, -ое. *Откормочное хозяйство.*

ОТКО'РМЫШ, -а, *м.* (обл.). Животное, содержащееся на откорме. *Поросята-откормыши.*

ОТКОРРЕКТИ'РОВАТЬ *см.* корректировать.

ОТКО'С, -а, *м.* **1.** Покатый спуск. *О. холма.* **2.** Боковая наклонная поверхность дорожной насыпи. *Крепление откосов. Пустить поезд под о.* **3.** Подпорка в виде наклонного бруса (спец.). ‖ *прил.* **отко́сный,** -ая, -ое (к 1 и 2 знач.).

ОТКОЧЕВА'ТЬ, -чу́ю, -чу́ешь; *сов.* Кочуя, уйти откуда-н., перейти в другое место. ‖ *несов.* **откочёвывать,** -аю, -аешь.

ОТКРЕПИ'ТЬ, -плю́, -пи́шь; -плённый (-ён, -ена́); *сов.* **1.** *что.* Отвязать, отделить (прикреплённое). *О. цепь.* **2.** *кого-что.* Снять с учёта. ‖ *несов.* **открепля́ть,** -я́ю, -я́ешь. ‖ *сущ.* **откреплéние,** *-я, ср.* ‖ *прил.* **открепи́тельный,** -ая, -ое (ко 2 знач.).

ОТКРЕПИ'ТЬСЯ, -плю́сь, -пи́шься; *сов.* **1.** Раскрепившись, отделиться. *Замо́к открепился.* **2.** Сняться с учёта. ‖ *несов.* **открепля́ться,** -я́юсь, -я́ешься. ‖ *сущ.* **откреплéние,** *-я, ср.*

ОТКРЕ'ЩИВАТЬСЯ, -аюсь, -аешься; *несов., от кого-чего* (разг.). Всякими способами уклоняться, отказываться. *О. от своих обещаний.* ‖ *сов.* **открести́ться,** -ещу́сь, -е́стишься.

ОТКРОВЕ'НИЕ, -я, *ср.* (книжн.). **1.** *см.* открыть. **2.** То, что неожиданно открывает истину, вносит ясность, понимание. *Эта новость — полное о. для всех.* ✦ **Божественное откровение** (высок.) — весть от ангела о предстоящем конце света, ниспосланная Богом Иоанну Богослову.

ОТКРОВЕ'ННИЧАТЬ, -аю, -аешь; *несов.* (разг.). Быть излишне откровенным с кем-н. *О. с подругой.*

ОТКРОВЕ'ННОСТЬ, -и, *ж.* **1.** *см.* откровенный. **2.** Откровенное сообщение, искреннее признание. *Излишние откровенности. О. за о.* (об обмене прямыми нелицеприятными словами, репликами).

ОТКРОВЕ'ННЫЙ, -ая, -ое; -е́нен, -е́нна. **1.** Искренний, чистосердечный. *Откровенное признание.* **2.** Очевидный, нескрываемый. *Откровенное пренебрежение.* **3.** Об одежде: слишком обнажающий, открывающий тело. *О. туалет.* ✦ **Откровенно говоря,** *вводн. сл.* — если говорить правду, так и есть на самом деле. ‖ *сущ.* **открове́нность,** *-и, ж.*

ОТКРОМСА'ТЬ, -а́ю, -а́ешь; -о́мсанный; *сов., что* (разг.). Кромсая, отрезать. *О. кусок материи.*

ОТКРУТИ'ТЬ, -учу́, -у́тишь; -у́ченный; *сов., что.* Крутя, отделить, отвинтить. *О. верёвку. О. кран.* ‖ *несов.* **откру́чивать,** -аю, -аешь. ‖ *сущ.* **откру́чивание,** *-я, ср. и* **откру́тка,** *-и, ж.*

ОТКРУТИ'ТЬСЯ, -учу́сь, -у́тишься; *сов.* **1.** (1 и 2 л. не употр.). Отделиться, раскрутившись. *Проволока открутилась.* **2.** *от кого-чего.* То же, что отвертеться (во 2 знач.) (разг.). *О. от приглашения.* ‖ *несов.* **откру́чиваться,** -аюсь, -аешься.

ОТКРЫВА'ЛКА, -и, *ж.* (разг.). Инструмент, приспособление для открывания чего-н. *О. для консервов.*

ОТКРЫ'ТИЕ, -я, *ср.* **1.** *см.* открыть. **2.** То, что открыто, вновь установлено, найдено. *Сделать о. Научное о.*

ОТКРЫ'ТКА, -и, *ж.* **1.** Почтовая карточка для открытого (без конверта) письма. *Поздравительная о. О. с извещением о чём-н.* **2.** Карточка такого же формата с художественным изображением. *Альбом открыток. Коллекция открыток.* ‖ *прил.* **откры́точный,** -ая, -ое.

ОТКРЫ'ТЫЙ, -ая, -ое; -ы́т. **1.** *полн. ф.* Не загражденный, не стеснённый ничем. *Открытая степь. Открытая сцена* (не в помещении). *О. экипаж.* **2.** *полн. ф.* Доступный для всех желающих. *Открытое рассмотрение дела в суде. О. урок* (в присутствии других учителей, методистов). *О. дом* (семья, дом, где живут открыто, часто принимают гостей; устар.). **3.** *полн. ф.* Явный, не скрываемый. *Выступить с открытым протестом. Открыто* (нареч.) *признать свою ошибку. Открытое голосование* (поднятием рук, не тайное). **4.** Искренний, откровенный, выражающий прямоту. *Открытое выражение лица. О. характер. Открытая душа.* **5.** *полн. ф.* Наружный, не подземный. *Открытая горная выработка.* **6.** *полн. ф.* Об одежде: с вырезом или с большим вырезом. *Открытое платье. Открытые туфли.* **7.** *полн. ф.* Наружный, обнаруживающийся явно. *О. перелом* (с нарушением кожных покровов). *Открытая форма болезни.* ✦ **Открытый вопрос** — нерешённый. **Открытая рана** — незажившая. **Открытое письмо** — письмо публицистического характера, публикуемое в печати. **На открытом воздухе, под открытым небом** — не в помещении. **День открытых дверей** — день знакомства будущих абитуриентов с учебным заведением. **При открытых дверях** — с допуском посторонней публики. *Судебное заседание при открытых дверях.* **С открытыми глазами** (делать что-н.) — ясно сознавая цель, задачи. **В открытую** (действовать, говорить) (разг.) — открыто, не таясь, ничего не скрывая. ‖ *сущ.* **откры́тость,** *-и, ж.* (к 4 знач.).

ОТКРЫ'ТЬ, -ро́ю, -ро́ешь; -ы́тый; *сов.* **1.** *что.* Поднять крышку; раздвинуть створки чего-н. *О. чемодан. О. дверь, окно. Открыто!* (в знач. сказ.: не заперто, можно входить). **2.** *что.* Сделать доступным, свободным для чего-н. *О. путь. О. фланги.* **3.** *кого-что.* Обнажить, освободив от чего-н. закрывающего. *О. грудь. О. лицо.* **4.** *что.* Разомкнуть, раскрыть что-н. сомкнутое, сложенное. *О. глаза. О. рот* (также перен.: крайне удивиться; разг.). **5.** *что.* Пустить, ввести в действие что-н. *О. воду. О. газ. О. счёт в банке.* **6.** *что.* Сообщить откровенно о чём-н.; обнаружить. *О. свои намерения. О. правду. О. своё имя* (перен.: объявить). **7.** *что.* Предоставить, доставить (то, что названо следующим далее существительным) (книжн.). *О. возможность. О. поле деятельности кому-н.* **8.** *что.* Положить начало каким-н. действиям, деятельности, какому-н. предприятию. *О. заседание. О. торговлю. О. театр. О. счёт* (в игре). *О. огонь* (начать стрелять). **9.** *кого-что.* Установить существование, наличие кого-чего-н. ранее неизвестного. *О. залежи руды. О. новую звезду. О. заговор. О. в ребёнке поэта. О. Америку* (также перен.: найти, обнаружить, преподнести как новое то, что всем давно известно; разг. ирон.). ‖ *несов.* **открыва́ть,** -а́ю, -а́ешь. ‖ *возвр.* **откры́ться,** -ро́юсь, -ро́ешься (к 3 знач.); *несов.* **открыва́ться,** -а́юсь, -а́ешься. ‖ *сущ.* **откры́тие,** -я, *ср.*, **открыва́ние,** -я, *ср.* (к 1, 3, 4 и 5 знач.) *и* (стар. высок.) **открове́ние,** -я, *ср.* (к 6 знач.).

ОТКРЫ́ТЬСЯ, -ро́юсь, -ро́ешься; *сов.* **1.** (1 и 2 л. не употр.). Стать открытым. *Дверь открылась. Путь открылся. Открылось голое тело. Глаза открылись у кого-н.* (также перен.: всё понял, осознал). *Открылась истина. Открылась выставка. Открылись горячие источники.* **2.** (1 и 2 л. не употр.). О ране, шве: перестать заживать, разойтись краями. **3.** (1 и 2 л. не употр.), *перен.* Стать видным, обнаружиться. *Перед глазами открылись горы.* **4.** (1 и 2 л. не употр.). Обнаружиться, появиться (разг.). *У мальчика открылся талант.* **5.** *кому.* Рассказав, обнаружить перед кем-н. свои мысли, тайны. *Во всём о. другу.* ‖ *несов.* **открыва́ться,** -а́юсь, -а́ешься.

ОТКУ́ДА, *мест. нареч.* и *союзн. сл.* Из какого места, из какого источника. *О. он идёт? О. ты это узнал? О. ветер дует* (также перен.: беспринципно применяясь к обстоятельствам, к чужим мнениям, взглядам). *Возвращайся туда, о. приехал.* ✦ **Откуда ни возьмись** (разг.) — о внезапном появлении. **Откуда я знаю (ты знаешь и т. д.)?** (разг. неодобр.) — я об этом не знаю, мне это неизвестно. **Откуда мне (тебе и т. д.) знать?** (разг.) — я не знаю, не могу этого знать. **Откуда ты (он и т. д.) взял?** (разг. неодобр.) — почему ты так думаешь (говоришь), это не так, неверно. **Откуда что берётся!** (разг. ирон.) — выражение удивления по поводу проявления чего-н. неожиданного.

ОТКУ́ДА-ЛИБО, *мест. нареч.* То же, что откуда-нибудь.

ОТКУ́ДА-НИБУДЬ, *мест. нареч.* Из какого-н. неопределённого места, источника. *Откуда-нибудь придёт помощь.*

ОТКУ́ДА-ТО, *мест. нареч.* Из какого-н. места, источника. *Откуда-то донеслись голоса. Откуда-то узнали, что ты приехал.*

О́ТКУП, -а, *мн.* -а́, -о́в, *м.* **1.** *см.* откупиться. **2.** Предоставляемое государством (за денежный взнос в казну) исключительное право на пользование чем-н., на получение каких-н. доходов или на продажу товаров (устар.). *Винный о. Взять или отдать на о. что-н.* (также перен.: в полное распоряжение). ‖ *прил.* **откупно́й,** -а́я, -о́е.

ОТКУПИ́ТЬ, -уплю́, -у́пишь; -у́пленный; *сов., что* (устар.). **1.** Взять на откуп. *О. рыбный промысел.* **2.** Скупить, купить, сосредоточив в одних руках что-н. *О. весь урожай.* ‖ *несов.* **откупа́ть,** -а́ю, -а́ешь.

ОТКУПИ́ТЬСЯ, -уплю́сь, -у́пишься; *сов.* **1.** *от кого-чего.* Заплатив или дав взятку, освободить себя от чего. *О. от шантажиста. О. от солдатчины.* **2.** *перен., от кого-чего.* Пожертвовав чем-н., пойдя на уступку, освободить себя от каких-н. обязательств, обязанностей (разг.). ‖ *несов.* **откупа́ться,** -а́юсь, -а́ешься. ‖ *сущ.* **о́ткуп,** -а, *м.* (к 1 знач.).

ОТКУ́ПОРИТЬ, -рю, -ришь; -ренный; *сов., что.* Открыть (закупоренное, наглухо заделанное). *О. бутылку.* ‖ *несов.* **откупо́ривать,** -аю, -аешь. ‖ *сущ.* **откупо́ривание,** -я, *ср. и* **отку́порка,** -и, *ж.* ‖ *прил.* **отку́порочный,** -ая, -ое.

ОТКУ́ПОРИТЬСЯ (-рюсь, -ришься, 1 и 2 л. не употр.), -рится; *сов.* О закупоренном: открыться. ‖ *несов.* **отку́пориваться** (-аюсь, -аешься, 1 и 2 л. не употр.), -ается. ‖ *сущ.* **отку́поривание,** -я, *ср. и* **отку́порка,** -и, *ж.*

ОТКУПЩИ́К, -а́, *м.* (устар.). Владелец откупа (во 2 знач.). ‖ *прил.* **откупщи́цкий,** -ая, -ое.

ОТКУСИ́ТЬ, -ушу́, -у́сишь; -у́шенный; *сов., что и чего.* Отделить зубами или щипцами, клещами. *О. кусок хлеба. О. конец проволоки.* ‖ *несов.* **отку́сывать,** -аю, -аешь.

ОТКУ́ШАТЬ, -аю, -аешь; *сов.* **1.** Окончить еду (устар. и прост.). **2.** *что и чего.* Поесть, закусить (устар.). *Позвать гостя о.* **3.** *что и чего.* Попробовать (пищу) (устар.). *О. икорки.* ‖ *несов.* **отку́шивать,** -аю, -аешь (к 1 и 3 знач.).

ОТЛА́ВЛИВАТЬ *см.* отловить.

ОТЛАГА́ТЕЛЬСТВО, -а, *ср.* (книжн.). Перенесение на более поздний срок, отсрочка. *Дело не терпит отлагательства. Без всяких отлагательств.*

ОТЛАГА́ТЬ, -СЯ *см.* отложить, -ся.

ОТЛА́ДИТЬ, -а́жу, -а́дишь; -а́женный; *сов., что.* То же, что наладить (в 1 знач.). *О. пусковое устройство.* ‖ *несов.* **отла́живать,** -аю, -аешь. ‖ *прил.* **отла́дочный,** -ая, -ое.

ОТЛАКИРОВА́ТЬ *см.* лакировать.

ОТЛА́МЫВАТЬ, -СЯ *см.* отломать, -ся *и* отломить, -ся.

ОТЛЕЖА́ТЬ, -жу́, -жи́шь; -ёжанный; *сов., что.* Лёжа в неудобном положении, вызвать онемение (какой-н. части тела). *О. ногу. Все бока отлежал кто-н.* (о долгом лежании; разг. неодобр.). ‖ *несов.* **отлёживать,** -аю, -аешь.

ОТЛЕЖА́ТЬСЯ, -жу́сь, -жи́шься; *сов.* (разг.). **1.** Полежав вдоволь, отдохнуть. *О. после долгой ходьбы.* **2.** (1 и 2 л. не употр.). Полежав какое-то время, приобрести какой-н. вид, состояние. *Яблоки должны о.* ‖ *несов.* **отлёживаться,** -аюсь, -аешься.

ОТЛЕПИ́ТЬ, -леплю́, -ле́пишь; -ле́пленный; *сов., что* (разг.). Отделить, оторвать (прилипшее, прилепленное). *О. наклейку, ярлычок.* ‖ *несов.* **отлепля́ть,** -я́ю, -я́ешь.

ОТЛЕПИ́ТЬСЯ (-леплю́сь, -ле́пишься, 1 и 2 л. не употр.), -ле́пится; *сов.* (разг.). О прилипшем, прилепленном: отделиться. *Пластырь, ярлычок отлепился.* ‖ *несов.* **отлепля́ться** (-я́юсь, -я́ешься, 1 и 2 л. не употр.), -я́ется.

ОТЛЕТА́ТЬ[1], -а́ю, -а́ешь; *сов.* **1.** Кончить летать. **2.** *что.* Пробыть в лётном составе, в авиации в течение какого-н. времени (разг.). *Десять лет отлетал.*

ОТЛЕТА́ТЬ[2] *см.* отлететь.

ОТЛЕТА́ТЬСЯ, -а́юсь, -а́ешься; *сов.* (разг.). То же, что отлетать[1] (в 1 знач.).

ОТЛЕТЕ́ТЬ, -лечу́, -лети́шь; *сов.* **1.** Летя, удалиться на нек-рое расстояние; улететь. *О. на двести километров. Самолёт отлетел утром.* **2.** (1 и 2 л. не употр.), *перен.* Кончиться, исчезнуть (о чём-н. счастливом, заманчивом). *Молодость отлетела. Отлетели золотые денёчки.* **3.** Переместиться, отскочить вследствие толчка (разг.). *Мяч отлетел от стены. О. в сторону от удара.* **4.** (1 и 2 л. не употр.). То же, что оторваться (в 1 знач.) (разг.). *Пуговица отлетела.* ‖ *несов.* **отлета́ть,** -а́ю, -а́ешь. ‖ *сущ.* **отлёт,** -а, *м.* (к 1 знач.).

ОТЛЕ́ЧЬ (-ля́гу, -ля́жешь, 1 и 2 л. не употр.), -ля́жет; -лёг, -легла́; *сов.* О чувстве облегчения после боли, тревоги, гнева. *От души, от сердца отлегло* (безл.; разг.). *Тоска отлегла.* ‖ *несов.* **отлега́ть** (-а́ю, -а́ешь, 1 и 2 л. не употр.), -а́ет (устар.).

ОТЛЁТ, -а, *м.* **1.** *см.* отлететь. **2.** О птицах, летательных аппаратах: отбытие, отправление в путь. *Время отлёта птиц на юг. О. дирижабля.* ✦ **Быть на отлёте** (разг.) — собираться в скором времени уехать. **Жить на отлёте** (разг.) — жить в стороне, на нек-ром расстоянии от чего-н. **Держаться на отлёте** (разг.) — держаться особняком, не стремясь к близкому общению с другими. **Держать на отлёте** *что* — на вытянутой руке. ‖ *прил.* **отлётный,** -ая, -ое.

ОТЛИ́В[1], -а, *м.* **1.** *см.* отлить[1]. **2.** Периодически повторяющееся отступание границы моря, океана. *В часы отлива.* ‖ *прил.* **отли́вный,** -ая, -ое.

ОТЛИ́В[2], -а, *м.* Оттенок на фоне какого-н. цвета. *Серебристый о.*

ОТЛИВА́ТЬ[1] (-а́ю, -а́ешь, 1 и 2 л. не употр.), -а́ет; *несов., чем.* Иметь какой-н. отлив[2]. *О. в синеву. Отливает* (безл.) *золотом. Море отливает серебром.*

ОТЛИВА́ТЬ[2-3] *см.* отлить[1-2].

ОТЛИ́ВКА, -и, *ж.* **1.** *см.* отлить[2]. **2.** Заготовка или деталь, получаемая заливкой расплавленного материала в литейную форму. *Чугунная о.*

ОТЛИ́ПНУТЬ, -ну, -нешь; -и́п, -и́пла; *сов.* **1.** (1 и 2 л. не употр.). То же, что отлепиться (разг.). *Наклейка отлипла.* **2.** *перен., от кого.* То же, что отстать (в 7 знач.) (прост.). *Надоел ты мне, отлипни!* ‖ *несов.* **отлипа́ть,** -а́ю, -а́ешь.

ОТЛИ́ТЬ[1], отолью́, отольёшь; о́тлил *и* отли́л, отлила́, о́тлило *и* отли́ло; отле́й; отли́вший; отли́тый (-и́т, -ита́, -и́то) *и* о́тлитый (-ит, -ита́, -ито); *сов.* **1.** *что и чего.* Вылить (часть жидкости) из чего-н. *О. молока в кружку.* **2.** (1 и 2 л. не употр.). О жидком: отхлынуть. *Вода отлила от берегов. Кровь отлила от лица* (перен.). ‖ *несов.* **отлива́ть,** -а́ю, -а́ешь. ‖ *сущ.* **отлива́ние,** -я, *ср. и* **отли́в,** -а, *м.* ‖ *прил.* **отливно́й,** -а́я, -о́е (спец.).

ОТЛИ́ТЬ[2], отолью́, отольёшь; о́тлил *и* отли́л, отлила́, о́тлило *и* отли́ло; отле́й; отли́вший; отли́тый (-и́т, -ита́, -и́то) *и* о́тлитый (-ит, -ита́, -ито); *сов., что.* Изготовить литьём из расплавленного, размягчённого материала. *О. статуэтку из бронзы.* ‖ *несов.* **отлива́ть,** -а́ю, -а́ешь. ‖ *сущ.* **отли́вка,** -и, *ж.* ‖ *прил.* **отли́вочный,** -ая, -ое *и* **отливно́й,** -а́я, -о́е.

ОТЛИ́ТЬСЯ (отолью́сь, отольёшься, 1 и 2 л. не употр.), отольётся; *сов., во что.* Принять какой-н. вид, форму, воплотиться во что-н. *Творчество поэта отлилось в новые формы.* ✦ **Отольются слёзы (слёзки)** *чьи кому* — обидчика ждёт наказание, возмездие. *Отольются кошке мышкины слёзки* (посл.). ‖ *несов.* **отлива́ться** (-а́юсь, -а́ешься, 1 и 2 л. не употр.), -а́ется.

ОТЛИЧА́ТЬ, -а́ю, -а́ешь; *несов., кого-что.* **1.** *см.* отличить. **2.** (1 и 2 л. не употр.). Быть характерным для кого-чего-н. *Картину отличает оригинальность.*

ОТЛИЧА́ТЬСЯ, -а́юсь, -а́ешься; *несов.* **1.** *см.* отличиться. **2.** *чем.* Выделяться каким-н. характерным признаком. *О. от всех товарищей. О. сообразительностью.*

ОТЛИ́ЧИЕ, *-я, ср.* **1.** Признак, создающий разницу, различие между кем-чем-н. *Существенное о. Незначительные отличия.* **2.** Употр. в нек-рых выражениях для обозначения награды, поощрения какой-н. деятельности. *Знаки отличия. Диплом с отличием.* ✦ **В отличие от** *кого-чего, предлог с род. п.* — не как кто-что-н., иначе, чем кто-что-н. *В отличие от других он поступил решительно.*

ОТЛИЧИ́ТЕЛЬНЫЙ, **-ая, -ое. 1.** *см.* отличить. **2.** Служащий признаком чего-н., отличающий одно от другого. *Отличительная особенность. Отличительная черта.*

ОТЛИЧИ́ТЬ, -чу́, -чи́шь; -чённый (-ён, -ена́); *сов.* **1.** *кого-что от кого-чего.* Установить различие, границу между кем-чем-н. *Близнецы так похожи, что их не о. друг от друга. О. один сорт товара от другого.* **2.** *кого (что).* Наградой, поощрением выделить из числа других. *О. храбреца.* ‖ *несов.* отлича́ть, -а́ю, -а́ешь. ‖ *прил.* **отличи́тельный**, -ая, -ое. *Отличительные огни* (на судне).

ОТЛИЧИ́ТЬСЯ, -чу́сь, -чи́шься; *сов.* **1.** Выделиться чем-н. из числа других. *О. в бою. О. на спартакиаде.* **2.** Сделать что-н. такое, что вызывает неодобрение, насмешку (разг. шутл.). *Опять отличился — опоздал на работу.* ‖ *несов.* **отлича́ться**, -а́юсь, -а́ешься.

ОТЛИ́ЧНИК, -а, *м.* **1.** Учащийся, получающий только отличные оценки. *Отличники учёбы. Круглый о.* **2.** *чего.* Работник, отлично выполняющий свои обязанности. *О. печати.* ‖ *ж.* **отли́чница**, -ы (к 1 знач.).

ОТЛИ́ЧНЫЙ, -ая, -ое; -чен, -чна. **1.** *от кого-чего.* Отличающийся, иной. *Отличное от прежнего решение.* **2.** Очень хороший, превосходный. *Отличная игра актёров. Продукция отличного качества. Отлично* (нареч.) *отдохнул.* **3. отли́чно,** *частица.* Выражение безусловного согласия, одобрения, хорошо, конечно (разг.). *Едем за город? — Отлично.* **4. отли́чно,** *нескл., ср.* Высшая отметка (в 3 знач.). ‖ *сущ.* **отли́чность**, -и, *ж.* (к 1 знач.).

ОТЛОВИ́ТЬ, -овлю́, -о́вишь; -о́вленный; *сов., кого (что).* **1.** Кончить ловить. **2.** Выловить, поймать (спец.). *О. много рыбы.* ‖ *несов.* **отла́вливать**, -аю, -аешь (ко 2 знач.). ‖ *сущ.* **отла́вливание**, *-я, ср.* (ко 2 знач.) *и* **отло́в**, -а, *м.* (ко 2 знач.; спец.). *О. оленей.* ‖ *прил.* **отло́вный**, -ая, -ое.

ОТЛО́ГИЙ, -ая, -ое; -о́г; отло́же. Спускающийся под небольшим уклоном, не крутой. *О. спуск, склон. О. берег. Тропинка отлого* (нареч.) *спускается к реке.* ‖ *сущ.* **отло́гость**, **-и**, *ж.*

ОТЛО́ГОСТЬ, **-и**, *ж.* **1.** *см.* отлогий. **2.** Ровное, слегка наклонённое место. *О. холма.*

ОТЛОЖЕ́НИЕ, **-я**, *ср.* **1.** *см.* отложиться. **2.** обычно *мн.* Горная порода, образовавшаяся в результате осаждения различных веществ. *Известковые отложения.* **3.** Скопление каких-н. веществ. *Ледниковые, донные, морские отложения. Жировые отложения в организме. О. солей* (обиходное название артрита).

ОТЛОЖИ́ТЬ, -ожу́, -о́жишь; -о́женный; *сов.* **1.** *что.* Положить в сторону, отдельно. *О. нужную книгу из общей стопки.* **2.** *что.* Сохранить, не расходуя. *О. деньги на поездку.* **3.** (1 и 2 л. не употр.), *что.* О яйцекладущих, о животных, размножающихся личинками: вывести яйцо из яйцевода, произвести личинку. **4.** *что.* То же, что отсрочить (в 1 знач.). *О. решение вопроса.* **5.** *что.* Откинуть, отвернуть, придав лежачее положение. *О. воротник.* **6.** *кого-что.* То же, что отпрячь (устар.). *О. лошадей. О. экипаж.* ‖ *несов.* **откла́дывать**, -аю, -аешь *и* **отлага́ть**, -а́ю, -а́ешь (к 4 знач.; устар.). ‖ *сущ.* **откла́дывание**, *-я, ср. и* **откла́дка**, *-и, ж.* (к 3 знач.). *О. яиц.* ‖ *прил.* **отлага́тельный**, -ая, -ое (к 4 знач.; спец.).

ОТЛОЖИ́ТЬСЯ (-ожу́сь, -о́жишься, 1 и 2 л. не употр.), -о́жится; *сов.* **1.** Осесть в виде слоя, пласта. *В клетках отложились соли. О. в памяти* (перен.). **2.** О какой-н. стране, области: объявив себя независимым, отделиться (устар.). ‖ *несов.* **откла́дываться** (-аюсь, -аешься, 1 и 2 л. не употр.), -ается (к 1 знач.) *и* **отлага́ться** (-а́юсь, -а́ешься, 1 и 2 л. не употр.), -а́ется. ‖ *сущ.* **отложе́ние**, *-я, ср.*

ОТЛОЖНО́Й, -а́я, -о́е. О воротнике, манжетах: отогнутый, лежачий. *О. воротничок.*

ОТЛОМА́ТЬ, -а́ю, -а́ешь; -о́манный; *сов., что.* Ломая, отделить. *О. бородку у ключа.* ‖ *несов.* **отла́мывать**, -аю, -аешь.

ОТЛОМА́ТЬСЯ (-а́юсь, -а́ешься, 1 и 2 л. не употр.), -а́ется; *сов.* Ломаясь, отделиться, отпасть. *У стула отломалась ножка.* ‖ *несов.* **отла́мываться** (-аюсь, -аешься, 1 и 2 л. не употр.), -ается.

ОТЛОМИ́ТЬ, -омлю́, -о́мишь; -о́мленный; *сов., что.* Сломав, переломив, отделить. *О. ветку. О. горбушку.* ‖ *несов.* **отла́мывать**, -аю, -аешь.

ОТЛОМИ́ТЬСЯ (-омлю́сь, -о́мишься, 1 и 2 л. не употр.), -о́мится; *сов.* Сломавшись, переломившись, отделиться, отпасть. *Ветка отломилась.* ‖ *несов.* **отла́мываться** (-аюсь, -аешься, 1 и 2 л. не употр.), -ается.

ОТЛО́МОК, -мка, *м.* То, что отломилось, отломившаяся часть, кусок. *О. породы. Срастание отломков кости.*

ОТЛУПИ́ТЬ, -СЯ *см.* лупить², -ся.

ОТЛУЩЕВА́ТЬ *см.* лущевать.

ОТЛУЧИ́ТЬ, -чу́, -чи́шь; -чённый (-ён, -ена́); *сов., кого (что) от кого-чего* (книжн.). Изгнать из какой-н. среды; лишить возможности какой-н. деятельности, общения с кем-н. *О. от церкви* (официально отторгнуть из лона церкви, исключить из религиозной общины). *О. от друзей, от любимого дела.* ‖ *несов.* **отлуча́ть**, -а́ю, -а́ешь. ‖ *сущ.* **отлуче́ние**, *-я, ср.*

ОТЛУЧИ́ТЬСЯ, -чу́сь, -чи́шься; *сов.* Удалиться, уйти на время. *О. на час по делам.* ‖ *несов.* **отлуча́ться**, -а́юсь, -а́ешься. ‖ *сущ.* **отлу́чка**, *-и, ж. Самовольная о.*

ОТЛЫ́НИВАТЬ, -аю, -аешь; *несов., от чего* (разг.). Уклоняться, увиливать от какого-н. дела. *О. от уроков.*

ОТМА́ЛЧИВАТЬСЯ *см.* отмолчаться.

ОТМА́ТЫВАТЬ *см.* отмотать.

ОТМАХА́ТЬ¹, -машу́, -ма́шешь *и* (разг.) -а́ю, -а́ешь; *сов., что* (прост.). Помахать чем-н. какое-то время или кончить махать, а также утомить маханьем. *Целое утро отмахал топором. О. руки.* ‖ *несов.* **отма́хивать**, -аю, -аешь.

ОТМАХА́ТЬ², -а́ю, -а́ешь; *сов., что* (разг.). Пройти, проехать большое расстояние. *Сорок километров отмахали.* ‖ *несов.* **отма́хивать**, -аю, -аешь.

ОТМАХНУ́ТЬ, -ну́, -нёшь; *сов., что.* Отогнать взмахом руки. *О. мух.* ‖ *несов.* **отма́хивать**, -аю, -аешь.

ОТМАХНУ́ТЬСЯ, -ну́сь, -нёшься; *сов.* **1.** *от кого-чего.* Взмахом отогнать от себя кого-что-н. *О. от комара.* **2.** *перен., от кого-чего.* Не вникнув в суть дела, оставить без внимания, без рассмотрения (разг.). *О. от просителя, от жалобы.* ‖ *несов.* **отма́хиваться**, -аюсь, -аешься.

ОТМА́ЧИВАТЬ *см.* отмочить.

ОТМЕЖЕВА́ТЬ, -жу́ю, -жу́ешь; -жёванный; *сов., что.* Межуя, отделить. *О. участок.* ‖ *несов.* **отмежёвывать**, -аю, -аешь. ‖ *сущ.* **отмежева́ние**, *-я, ср.,* **отмежёвывание**, *-я, ср. и* **отмежёвка**, *-и, ж.* (разг.).

ОТМЕЖЕВА́ТЬСЯ, -жу́юсь, -жу́ешься; *сов.* **1.** *от кого-чего.* Отделиться межой. **2.** *перен., от чего.* Отделиться, разграничив что-н. с чем-н. *О. от второстепенных проблем.* **3.** *перен., от кого-чего.* Выразив резкое несогласие, прекратить общение с кем-н. *О. от бывших единомышленников.* ‖ *несов.* **отмежёвываться**, -аюсь, -аешься. ‖ *сущ.* **отмежева́ние**, *-я, ср.,* **отмежёвывание**, *-я, ср. и* **отмежёвка**, *-и, ж.* (к 1 знач.; разг.).

О́ТМЕЛЬ, *-и, ж.* Мель, идущая от берега. *Песчаная о.*

ОТМЕНИ́ТЬ, -еню́, -е́нишь; -енённый (-ён, -ена́); *сов., что.* Объявить недействительным, упраздняемым или подлежащим неисполнению. *О. приказ. О. заседание* (объявить, что оно не состоится). ‖ *несов.* **отменя́ть**, -я́ю, -я́ешь. ‖ *сущ.* **отме́на**, **-ы**, *ж.*

ОТМЕ́ННЫЙ, -ая, -ое; -е́нен, -е́нна. Очень хороший. *Отменное качество изделия. Отменно* (нареч.) *угостить.* ‖ *сущ.* **отме́нность**, *-и, ж.*

ОТМЕРЕ́ТЬ (отомру́, отомрёшь, 1 и 2 л. не употр.), отомрёт; о́тмер, отмерла́, о́тмерло; отме́рший; отмерев *и* отме́рши; *сов.* **1.** О части организма: омертветь, утратить жизнеспособность. *Отмершая ткань.* **2.** *перен.* Постепенно перестать существовать. *Старые обычаи отмерли.* ‖ *несов.* **отмира́ть** (-а́ю, -а́ешь, 1 и 2 л. не употр.), -а́ет. ‖ *сущ.* **отмира́ние**, *-я, ср.*

ОТМЕ́РИТЬ, -рю, -ришь; -ренный; *сов., что.* Меря, отделить. *О. три метра ткани. Семь раз отмерь, один раз отрежь* (посл.). ‖ *несов.* **отмеря́ть**, -я́ю, -я́ешь *и* **отме́ривать**, -аю, -аешь. ‖ *сущ.* **отме́ривание**, *-я, ср. и* **отме́р**, *-а, м.*

ОТМЕСТИ́, -мету́, -метёшь; **-ёл**, **-ела́**; -мётший; -метённый (-ён, -ена́); -метя́; *сов., что.* **1.** Подметая, переместить, отбросить. *О. сор в угол.* **2.** *перен.* Категорически отвергнуть (книжн.). *О. возражения оппонента.* ‖ *несов.* **отмета́ть**, -а́ю, -а́ешь.

ОТМЕ́СТКА, *-и, ж.* (разг.). То же, что месть. *Сделать что-н. в отместку. О. за обиду.*

ОТМЕ́ТИНА, -ы, *ж.* **1.** Метка, знак на чём-н. (разг.). *О. на стволе.* **2.** Пятно другого цвета (на коже, шерсти, перьях, волосах). *Белая птица с чёрной отметиной.*

ОТМЕ́ТИТЬ, -ме́чу, -ме́тишь; -ме́ченный; *сов.* **1.** *кого-что.* Обозначить какой-н. меткой. *О. нужное место в книге. О. глубину, высоту чего-н. О. отсутствующих по списку.* **2.** *кого-что.* Обратить внимание, указать на кого-что-н., заметить. *О. достоинства статьи. О. способного ученика.* **3.** *кого-что.* Подчеркнуть значение чего-н. сделанного кем-н., обычно наградив чем-н. *О. заслуги ветерана. О. отличившихся.* **4.** *что.* Отпраздновать какое-н. событие (разг.). *О. окончание института.* ‖ *несов.* **отмеча́ть**, -а́ю, -а́ешь. ‖ *сущ.* **отме́тка**, **-и**, *ж.* (к 1 знач.).

ОТМЕ́ТИТЬСЯ, **-ме́чусь**, **-ме́тишься**; *сов.* Отметить своё имя в списке, своё пребывание где-н., приход куда-нибудь. ‖ *несов.* **отмеча́ться**, -а́юсь, -а́ешься.

ОТМЕ́ТКА, -и, *ж.* **1.** *см.* отметить. **2.** Знак, сделанный на чём-н. *О. в ведомости. О. на карте, плане.* **3.** Принятая в учебной системе оценка знаний, поведения учащихся. *Выставить отметку в журнал.*

ОТМЕЧА́ТЬСЯ, -а́юсь, -а́ешься; *несов.* **1.** *см.* отметиться. **2.** (1 и 2 л. не употр.). Обнаруживаться, иметься. *Отмечаются успехи.*

ОТМЁРЗНУТЬ (-ёрзну, -ёрзнешь, 1 и 2 л. не употр.), -ёрзнет; -ёрз, -ёрзла; *сов.* О части тела, растения: от мороза лишиться чувствительности или погибнуть. *Молодые побеги отмёрзли. Пальцы отмёрзли.* ‖ *несов.* **отмерза́ть** (-а́ю, -а́ешь, 1 и 2 л. не употр.), -а́ет. ‖ *сущ.* **отмера́ние**, -я, *ср.*

ОТМИРА́ТЬ *см.* отмереть.

ОТМОБИЛИЗОВА́ТЬ *см.* мобилизовать.

ОТМО́КНУТЬ (-ну, -нешь, 1 и 2 л. не употр.), -о́кнет; -о́к, -о́кла; *сов.* **1.** Размягчиться под влиянием влаги. *Картон отмок.* **2.** Намокнув, отделиться, отстать. *Наклейка отмокла.* ‖ *несов.* **отмока́ть** (-а́ю, -а́ешь, 1 и 2 л. не употр.), -а́ет.

ОТМОЛЧА́ТЬСЯ, -чу́сь, -чи́шься; *сов.* (разг.). Уклониться от ответа, отделаться молчанием. ‖ *несов.* **отма́лчиваться**, -аюсь, -аешься.

ОТМОРО́ЗИТЬ, -о́жу, -о́зишь; -о́женный; *сов.*, *что.* Сильно повредить (часть тела) морозом, на морозе. *О. палец.* ‖ *несов.* **отмора́живать**, -аю, -аешь.

ОТМОТА́ТЬ, -а́ю, -а́ешь; -о́танный; *сов.*, *что* и *чего.* Мотая, разматывая, отделить (какую-н. часть). *О. шерсть* (с мотка). *О. немного ниток.* ‖ *несов.* **отма́тывать**, -аю, -аешь. ‖ *сущ.* **отма́тывание**, -я, *ср.* и **отмо́тка**, -и, *ж.*

ОТМОЧИ́ТЬ, -очу́, -о́чишь; -о́ченный; *сов.*, *что.* **1.** Увлажнив, отделить (приклеенное, прилипшее). *О. марку от конверта. О. присохший бинт.* **2.** Размочить, дать размокнуть (спец.). *О. кожу.* **3.** Сказать или сделать что-н. нелепое, неприличное (прост.). *О. глупость. О. словцо.* ‖ *несов.* **отма́чивать**, -аю, -аешь. ‖ *сущ.* **отма́чивание**, -я, *ср.* (к 1 и 2 знач.) *и* **отмо́чка**, -и, *ж.* (ко 2 знач.). ‖ *прил.* **отмо́чный**, -ая, -ое (ко 2 знач.; спец.).

ОТМСТИ́ТЬ *см.* мстить.

ОТМУ́ЧИТЬСЯ, -чусь, -чишься; *сов.* (разг.). Кончить мучиться.

ОТМЩЕ́НИЕ *см.* мстить.

ОТМЫКА́ТЬ, -СЯ *см.* отомкнуть, -ся.

ОТМЫ́ТЬ, -мо́ю, -мо́ешь; -ы́тый; *сов.* **1.** *кого-что.* Мытьём или промыванием очистить (от грязи, примесей). *О. руки. О. золотой песок.* **2.** *что.* Удалить что-н. с чего-н. мытьём. *О. грязь с рук.* **3.** *что.* Легальным образом истратить незаконно нажитые деньги, средства (прост.). *Отмытые миллионы.* ‖ *несов.* **отмыва́ть**, -а́ю, -а́ешь. ‖ *сущ.* **отмыва́ние**, -я, *ср.* и **отмы́вка**, -и, *ж.* (к 1 знач.; спец.). ‖ *прил.* **отмы́вочный**, -ая, -ое (к 1 знач.; спец.).

ОТМЫ́ТЬСЯ, -мо́юсь, -мо́ешься; *сов.* **1.** (1 и 2 л. не употр.). Отойти (в 4 знач.) после мытья. *Краска не отмоется.* **2.** После мытья стать чистым. *Руки отмылись* (грязь с них). *О. после дороги.* **3.** Кончить мыться (разг.). ✦ **Не отмоешься** *от чего, после чего* (разг.) — будет трудно оправдаться (после клеветы, оскорблений). ‖ *несов.* **отмыва́ться**, -а́ется.

ОТМЫ́ЧКА, -и, *ж.* Род крючка, открывающего замок вместо ключа. *Воровская о. Универсальная о.* (также перен.: безотказный способ; неодобр.).

ОТМЯ́КНУТЬ, -ну, -нешь; -я́к, -я́кла; *сов.* **1.** (1 и 2 л. не употр.). Стать мягким, мягче от влаги. *Сухари отмякли.* **2.** *перен.* Смягчиться (в 3 знач.), перестать сердиться (прост.). *Суровый старик отмяк.* ‖ *несов.* **отмяка́ть**, -а́ю, -а́ешь.

ОТНЕ́КИВАТЬСЯ, -аюсь, -аешься; *несов.* (разг.). Отказываться, не соглашаться, не поддаваться уговорам.

ОТНЕСТИ́, -су́, -сёшь; -ёс, -есла́; -ёсший; -есённый (-ён, -ена́); -еся́; *сов.* **1.** *кого-что.* Неся, доставить куда-н. или удалить откуда-н. *О. вещи в вагон.* **2.** *кого-что.* Отодвинуть, переместить. *О. гараж к забору. Лодку отнесло* (безл.) *течением.* **3.** *что.* Перенести на более поздний срок. *О. экзамен на осень.* **4.** *кого-что.* Включить в число кого-чего-н., счесть относящимся к кому-чему-н. *О. кого-н. к числу своих единомышленников. Учёные отнесли берестяную грамоту к 11 веку. О. намёк на свой счёт.* **5.** *что.* Ударом отколоть, отсечь (разг.). *Колуном о. полбревна.* ‖ *несов.* **относи́ть**, -ошу́, -о́сишь. ‖ *сущ.* **отнесе́ние**, -я, *ср.* (к 3 и 4 знач.).

ОТНЕСТИ́СЬ, -су́сь, -сёшься; -ёсся, -есла́сь; -ёсшийся; -еся́сь; *сов.* **1.** *к кому-чему.* Составить своё представление о ком-чём-н., внутренне оценить, проявить своё чувство по отношению к кому-чему-н., симпатию или антипатию. *О. хорошо, плохо к кому-чему-н. О. с пониманием, с подозрением. О. как к другу, как к врагу к кому-н. О. к чему-н. ответственно.* **2.** *к кому.* Обратиться официально (устар.). *О. с просьбой. О. непосредственно к начальнику.* ‖ *несов.* **относи́ться**, -ошу́сь, -о́сишься. ‖ *сущ.* **отноше́ние**, -я, *ср.* (к 1 знач.).

ОТНИКЕЛИРОВА́ТЬ *см.* никелировать.

ОТНИМА́ТЬ, -СЯ *см.* отнять, -ся.

ОТНОСИ́ТЕЛЬНЫЙ, -ая, -ое; -лен, -льна. **1.** Устанавливаемый по сравнению с чем-н. другим, с обстоятельствами, условиями; не безусловный. *Относительная влажность воздуха* (по отношению к абсолютной влажности, устанавливаемой посредством специального прибора). *Относительная удача. Относительно* (нареч.) *благополучный исход.* **2.** *полн. ф.* В грамматике: показывающий отношение между чем-н., к чему-н. *Относительные прилагательные* (обозначающие признак по отношению к предмету, действию, состоянию и не образующие кратких форм и степеней сравнения). *Относительное слово* (местоимение). **3. относительно** *кого-чего, предлог с род. п.* Насчёт, по поводу кого-чего-н. (книжн.). *Справиться относительно расписания.* ‖ *сущ.* **относи́тельность**, -и, *ж.* (к 1 знач.). ✦ **Теория относительности** — теория, устанавливающая общие закономерности протекания физических процессов во времени и пространстве.

ОТНОСИ́ТЬ *см.* отнести.

ОТНОСИ́ТЬСЯ, -ошу́сь, -о́сишься; *несов.*, *к кому-чему.* **1.** *см.* отнестись. **2.** Иметь касательство к кому-чему-н. *Вопрос относится непосредственно к теме. Это к делу не относится.* **3.** Входить в число кого-чего-н., в какой-н. разряд, множество. *О. к числу оптимистов.* ‖ *сущ.* **отноше́ние**, -я, *ср.*

ОТНОШЕ́НИЕ, -я, *ср.* **1.** *см.* отнестись и относиться. **2.** Взаимная связь разных предметов, действий, явлений, касательство между кем-чем-н. *Между двумя событиями обнаруживается определённое о. Не иметь отношения к чему-н.* (никак не относится). *О. между двумя величинами.* **3.** В математике: частное, получаемое от деления одного числа на другое, а также запись соответствующего действия. *Равенство двух отношений.* **4.** *мн.* Связь между кем-н., возникающая при общении, контактах. *Отношения между людьми. Дружеские отношения. Деловые отношения. Международные отношения. Дипломатические отношения.* **5.** Официальная бумага, документ. *О. из министерства.* ✦ **В отношении** *каком* — с точки зрения, в смысле. *В этом отношении я согласен с ним.* **Во всех отношениях** — со всех точек зрения, с любой стороны. *Интересен во всех отношениях.* **В отношении** *кого-чего, предлог с род. п.* — относительно, касательно, насчёт кого-чего-н. *Справедлив в отношении подчинённых.* **В отношении к** *кому-чему, предлог с дат. п.* — то же, что в отношении кого-чего-н. *Строг в отношении к ученикам.* **По отношению к** *кому-чему, предлог с дат. п.* — то же, что в отношении кого-чего-н. *Добр по отношению к товарищам.*

ОТНЫ́НЕ, *нареч.* (устар. и высок.). Начиная с данного времени, впредь. *О. и навеки* (навсегда).

ОТНЮ́ДЬ. 1. *нареч.*, всегда перед отрицанием. Совсем, никоим образом. *О. не намерен спорить.* **2.** *частица.* В ответной реплике выражает безусловное отрицание (разг.). *Ты с ним согласен? — О.*

ОТНЯ́ТЬ, -ниму́, -ни́мешь *и* (прост.) отыму́, оты́мешь; о́тнял *и* отнял, -ла, о́тняло *и* отня́ло; -я́вший; о́тнятый (-ят, -ята́, -ято); *сов.* **1.** *кого-что.* Взять у кого-н. силой, лишить кого-чего-н. *О. деньги. О. сына. О. надежду. О. своё время у кого-н.* (перен.: заставить потратить время на кого-что-н.). *О. жизнь у кого-н.* (убить). **2.** *что.* Поглотить, вызвать расход чего-н. *Работа отняла много сил у кого-н.* **3.** *что.* Отвести в сторону, отделить от чего-н. *О. лестницу от стены.* **4.** *что.* То же, что ампутировать. *О. ногу.* **5.** *кого (что).* Перестать кормить грудью, материнским молоком. *О. от груди. Старшего сына отняла годовалым. О. детёныша от матки.* **6.** *что от чего.* То же, что вычесть (во 2 знач.) (разг.). *От сорока о. двадцать.* ✦ **Нельзя отнять (не отнять, не отнимешь)** *что (чего) у кого* — следует признать (что-н. положительное в ком-н.). *Умён, этого у него нельзя отнять (не отнимешь).* ‖ *несов.* **отнима́ть**, -а́ю, -а́ешь. ‖ *сущ.* **отня́тие**, -я, *ср.* (к 1, 4 и 5 знач.; книжн.), **отъём**, -а, *м.* (к 3 и 5 знач.) *и* **отъёмка**, -и, *ж.* (к 3 знач.). ‖ *прил.* **отъёмный**, -ая, -ое (к 3 знач.).

ОТНЯ́ТЬСЯ (-ниму́сь, -ни́мешься *и* прост. отыму́сь, оты́мешься, 1 и 2 л. не употр.), -ни́мется; -я́лся *и* -ялся́, -яла́сь, -яло́сь *и* -я́лось; -я́вшийся; *сов.* Лишиться способности двигаться. *Нога отнялась. Язык отнялся у кого-н.* (также перен.: о том, кто онемел от волнения, страха). ‖ *несов.* **отнима́ться** (-а́юсь, -а́ешься, 1 и 2 л. не употр.), -а́ется.

ОТО, *предлог.* Употр. вместо «от» перед некрыми сочетаниями согласных, напр. *ото всех, ото сна, день ото дня, ото льдов.*

ОТО..., *приставка.* То же, что от...; употр. перед «й» (j) и нек-рыми сочетаниями согласных, напр. *отойти, отобрать, отомкнуть, отозвать, отогнать, отовсюду*, а также в нек-рых отдельных формах, напр. *отошёл, отошедший.*

ОТОБЕ́ДАТЬ, -аю, -аешь; *сов.* **1.** Кончить обедать. **2.** Съесть обед, пообедать (устар.). *Пригласить о.*

ОТОБРАЖЕ́НИЕ, -я, *ср.* **1.** *см.* отобразить. **2.** То, что отображено, изображение. *Верное, точное о.*

ОТОБРАЗИ´ТЬ, -ажу́, -ази́шь; -ажённый (-ён, -ена́); *сов., кого-что.* То же, что отразить (в 4 знач.). *О. жизнь в искусстве.* ‖ *несов.* **отобража́ть,** -а́ю, -а́ешь. ‖ *сущ.* **отображе́ние,** -я, *ср.*

ОТОБРА´ТЬ, отберу́, отберёшь; -а́л, -ала́, -а́ло; ото́бранный; *сов.* **1.** *кого-что.* Взять обратно, а также отнять (в 1 знач.). *О. подарок. О. оружие у пленных.* **2.** *кого-что.* Выделить из общего числа. *О. людей для выполнения задания. О. нужные вещи в дорогу.* **3.** *что.* Собрать путём опроса (офиц.). *О. данные, сведения.* ‖ *несов.* **отбира́ть,** -а́ю, -а́ешь. ‖ *сущ.* **отбира́ние,** *-я, ср.* (к 1 знач.), **отбо́р,** -а, *м.* (ко 2 знач.) *и* **отобра́ние,** -я, *ср.* (к 3 знач.). ‖ *прил.* **отбо́рочный,** -ая, -ое (ко 2 знач.). *Отборочные состязания* (для отбора сильнейших спортсменов).

ОТОВА´РИТЬ, -рю, -ришь; -ренный; *сов., что* (офиц.). Выдать или получить товар (во исполнение какого-н. обязательства). ‖ *несов.* **отова́ривать,** -аю, -аешь.

ОТОВА´РИТЬСЯ, -рюсь, -ришься; *сов.* (разг.). Получить причитающийся товар, товары, а также вообще купить много чего-н. ‖ *несов.* **отова́риваться,** -аюсь, -аешься.

ОТОВСЮ´ДУ, *мест. нареч.* Из разных мест, со всех сторон; из разных источников. *Гости съехались о. О. сообщают.*

ОТОГНА´ТЬ[1], отгоню́, отго́нишь; -а́л, -ала́, -а́ло; ото́гнанный; *сов., кого-что.* **1.** Прогоняя, отстранить, удалить. *О. собак. О. тяжёлые мысли* (перен.). **2.** Гоня, направить куда-н. *О. отары на дальние пастбища.* ‖ *несов.* **отгоня́ть,** -я́ю, -я́ешь. ‖ *сущ.* **отго́нка,** -и, *ж.* (ко 2 знач.) *и* **отго́н,** -а, *м.* (ко 2 знач.).

ОТОГНА´ТЬ[2], отгоню́, отго́нишь; -а́л, -ала́, -а́ло; ото́гнанный; *сов., что* (спец.). Добыть перегонкой. ‖ *несов.* **отгоня́ть,** -я́ю, -я́ешь. ‖ *сущ.* **отго́нка,** -и, *ж.*

ОТОГНУ´ТЬ, -ну́, -нёшь; ото́гнутый; *сов., что.* Отвернуть края чего-н., загнутое. *О. воротник. О. страницу.* ‖ *несов.* **отгиба́ть,** -а́ю, -а́ешь. ‖ *сущ.* **отгиба́ние,** -я, *ср. и* **отги́бка,** -и, *ж.*

ОТОГНУ´ТЬСЯ (-ну́сь, -нёшься, 1 и 2 л. не употр.), -нётся; *сов.* О загнутом: отвернуться в сторону, наружу. *Воротник отогнулся.* ‖ *несов.* **отгиба́ться** (-а́юсь, -а́ешься, 1 и 2 л. не употр.), -а́ется.

ОТОГРЕ´ТЬ, -е́ю, -е́ешь; -ре́тый; *сов., кого-что.* То же, что обогреть. *О. озябшие руки. О. помещение. О. змею на груди* (перен.: обласкать того, кто потом окажется предателем, врагом). *О. сироту. О. чью-н. душу, сердце.* ‖ *несов.* **отогрева́ть,** -а́ю, -а́ешь. ‖ *сущ.* **отогрева́ние,** -я, *ср.* (по 1 знач. глаг. обогреть) *и* **отогре́в,** -а, *м.* (по 1 знач. глаг. обогреть).

ОТОГРЕ´ТЬСЯ, -е́юсь, -е́ешься; *сов.* То же, что обогреться. *О. у костра, у печки. О. душой.* ‖ *несов.* **отогрева́ться,** -а́юсь, -а́ешься. ‖ *сущ.* **отогрева́ние,** -я, *ср.* (по 1 знач. глаг. обогреться).

ОТОДВИ´НУТЬ, -ну, -нешь; -утый; *сов.* **1.** *кого-что.* Двигая, переместить на небольшое расстояние. *О. стул.* **2.** *перен., что.* Перенести на более позднее время (разг.). *О. время встречи.* ‖ *несов.* **отодвига́ть,** -а́ю, -а́ешь.

ОТОДВИ´НУТЬСЯ, -нусь, -нешься; *сов.* **1.** Двигаясь, переместиться на небольшое расстояние. *О. от стены.* **2.** (1 и 2 л. не употр.), *перен.* Отдалиться по времени (разг.). *Отпуск отодвинулся на осень.* ‖ *несов.* **отодвига́ться,** -а́юсь, -а́ешься.

ОТОДРА´ТЬ, отдеру́, отдерёшь; -а́л, -ала́, -а́ло; ото́дранный; *сов.* **1.** *что.* То же, что оторвать (в 1 знач.) (разг.). *О. обои от стены.* **2.** *кого-что.* Высечь; больно оттаскать (во 2 знач.) (прост.). *О. прутом. О. за́ уши.* ‖ *несов.* **отдира́ть,** -а́ю, -а́ешь (к 1 знач.).

ОТОДРА´ТЬСЯ (отдеру́сь, отдерёшься, 1 и 2 л. не употр.), отдерётся; -а́лся, -ала́сь, -ало́сь *и* -а́лось; *сов.* (разг.). То же, что оторваться (в 1 знач.). *Подмётки отодрались.* ‖ *несов.* **отдира́ться** (-а́юсь, -а́ешься, 1 и 2 л. не употр.), -а́ется.

ОТОЖДЕСТВИ´ТЬ, -влю́, -ви́шь; -ждествлённый (-ён, -ена́) и **ОТОЖЕСТВИ´ТЬ,** -влю́, -ви́шь; -жествлённый (-ён, -ена́); *сов., кого-что.* Признать тождественным. *О. одно явление с другим. О. разные понятия.* ‖ *несов.* **отождествля́ть,** -я́ю, -я́ешь *и* **отожествля́ть,** -я́ю, -я́ешь. ‖ *сущ.* **отождествле́ние,** -я, *ср. и* **отожествле́ние,** -я, *ср.*

ОТОЗВА´ТЬ, отзову́, отзовёшь; -а́л, -ала́, -а́ло; ото́званный; *сов.* **1.** *кого (что).* Позвав, заставить отойти куда-н. *О. собеседника в сторону.* **2.** *что.* Потребовать обратно, вернуть (спец.). *О. иск.* **3.** *кого-что.* Вызвать откуда-н. обратно, вернуть (офиц.). *О. из отпуска.* **4.** *кого (что).* Освободить от должности, официального назначения (того, кто работает в отъезде или занимает выборную должность) (офиц.). *О. посла. О. депутата.* ‖ *несов.* **отзыва́ть,** -а́ю, -а́ешь. ‖ *сущ.* **отзы́в,** -а, *м.* (ко 2, 3 и 4 знач.) *и* **отозва́ние,** -я, *ср.* (ко 2, 3 и 4 знач.). ‖ *прил.* **отзывно́й,** -а́я, -о́е (ко 2, 3 и 4 знач.).

ОТОЗВА´ТЬСЯ, отзову́сь, отзовёшься; -а́лся, -ала́сь, -ало́сь *и* -а́лось; -а́вшийся; *сов.* **1.** *на что.* То же, что откликнуться. *О. на зов. О. на чужую беду.* **2.** *о ком-чём.* Высказать свое мнение, оценку. *Хорошо о. о книге.* **3.** (1 и 2 л. не употр.), *на ком-чём.* Вызвать собой что-н., сказаться. *Поездка плохо отозвалась на здоровье.* ‖ *несов.* **отзыва́ться,** -а́юсь, -а́ешься.

ОТОЙТИ´, -йду́, -йдёшь; -ошёл, -ошла́; -оше́дший; -ойдя́; *сов.* **1.** Пойдя, удалиться от какого-н. места. *О. от двери к окну. Поезд отошёл точно по расписанию. Полк отошёл на заранее подготовленные позиции.* **2.** *от кого-чего.* Отступить, отклониться, отстраниться. *О. от прежних взглядов. О. от старой компании. Вопрос отошёл на задний план* (т. е. стал менее значительным). **3.** (1 и 2 л. не употр.). Отделиться, отстать от чего-н. *Обои отошли от стены. Корка отошла от буханки.* **4.** (1 и 2 л. не употр.). О пятнах, следах краски: исчезнуть, перестать быть заметным, стереться. **5.** Прийти в обычное состояние (разг.). *Замерзшие руки отошли в тепле. Посердится и отойдёт. Отошло* (безл.) *от сердца* (отлегло). **6.** (1 и 2 л. не употр.), *к кому* и *кому.* Перейти в чью-н. собственность. *Дом отошёл к племяннику.* **7.** (1 и 2 л. не употр.). Об остаточном продукте, отходах: выделиться при обработке. *От творога отошла сыворотка.* **8.** (1 и 2 л. не употр.). Пройти, миновать (устар. и прост.). *Праздники отошли. Грибы, орехи уже отошли* (т. е. миновала пора их сбора). ✦ **Отойти в вечность (в мир иной)** (высок.) — умереть. ‖ *несов.* **отходи́ть,** -ожу́, -о́дишь. ‖ *сущ.* **отхо́д,** -а, *м.* (к 1, 2, 6 и 7 знач.). ‖ *прил.* **отхо́дный,** -ая, -ое (к 1 и 7 знач.). *О. гудок. О. продукт.*

ОТОЛАРИНГО´ЛОГ *см.* оториноларинголог.

ОТОЛАРИНГОЛО´ГИЯ *см.* оториноларингология.

ОТОМКНУ´ТЬ, -ну́, -нёшь; ото́мкнутый; *сов., что.* **1.** То же, что отпереть (разг.). *О. чемодан.* **2.** Снять (примкнутое). *О. штык.* ‖ *несов.* **отмыка́ть,** -а́ю, -а́ешь.

ОТОМКНУ´ТЬСЯ (-ну́сь, -нёшься, 1 и 2 л. не употр.), -нётся; *сов.* (разг.). То же, что отпереться (в 1 и 2 знач.). *Замо́к отомкнулся.* ‖ *несов.* **отмыка́ться** (-а́юсь, -а́ешься, 1 и 2 л. не употр.), -а́ется.

ОТОМСТИ´ТЬ *см.* мстить.

ОТОПИ´ТЬ, отоплю́, ото́пишь; ото́пленный; *сов., что.* Нагреть топкой. *О. здание, помещение.* ‖ *несов.* **ота́пливать,** -аю, -аешь. ‖ *сущ.* **отопле́ние,** -я, *ср.* ‖ *прил.* **отопи́тельный,** -ая, -ое. *Отопительная система. О. сезон* (время, в к-рое отапливаются жилища).

ОТОПЛЕ´НИЕ, -я, *ср.* **1.** *см.* отопить. **2.** Система нагревания помещений, а также устройство для такого нагревания. *Центральное о. Паровое о. Ремонт отопления.*

ОТО´РВАННЫЙ, -ая, -ое; -ан, *от кого-чего.* Изолированный от других, лишённый связи с другими. *Оторван от своей среды кто-н. Оторван от друзей.* ‖ *сущ.* **ото́рванность,** -и, *ж.*

ОТОРВА´ТЬ, -ву́, -вёшь; -а́л, -ала́, -а́ло; ото́рванный; *сов.* **1.** *кого-что.* Отделить рывком, дёрнув, натянув, ударив. *О. листок календаря. О. пуговицу. Оторвало* (безл.) *руку кому-н. С руками о. что-н.* (перен.: охотно и сразу взять, купить что-н.; разг.). *Оторви да брось* (о ком-чём-н. никуда не годном, безнадёжно плохом; прост.). **2.** *кого-что от чего.* Отнять, отстранить, отвлечь, помешав делать что-н. *О. глаза от книги. О. от работы.* **3.** *кого (что) от кого-чего.* Разлучить, лишить связи с кем-чем-н. *О. от семьи.* **4.** *что.* То же, что отхватить (во 2 знач.) (прост.). ‖ *несов.* **отрыва́ть,** -а́ю, -а́ешь. ‖ *сущ.* **отрыва́ние,** -я, *ср.* (к 1 знач.) *и* **отры́в,** -а, *м.* (ко 2 и 3 знач.).

ОТОРВА´ТЬСЯ, -ву́сь, -вёшься; -а́лся, -ала́сь, -ало́сь *и* -а́лось; *сов.* **1.** (1 и 2 л. не употр.), *от кого-чего.* Отделиться вследствие рывка, движения, натяжения. *Лист оторвался от ветки. Пуговица оторвалась.* **2.** *от кого-чего.* Резким движением отделиться, отстраниться. *О. от дружеских объятий. Самолёт оторвался от земли* (взлетел). **3.** *от кого-чего.* Удалившись, потерять связь, соприкосновение с другими. *Обоз оторвался от отряда. Гонщик оторвался от соперников* (обогнав, ушёл вперёд). **4.** *от кого-чего.* Утратить связь с кем-чем-н. *О. от друзей. О. от жизни* (перен.: изолировать себя ото всех, утратить связь с окружающим). **5.** *от чего.* Внезапно прекратить делать что-н., перестать заниматься чем-н. *Не мог о. от интересной книги.* ‖ *несов.* **отрыва́ться,** -а́юсь, -а́ешься. ‖ *сущ.* **отры́в,** -а, *м. Учиться без отрыва или с отрывом от работы* (продолжая работать или уйдя с работы).

ОТОРИНОЛАРИНГО´ЛОГ, -а и **ОТОЛАРИНГО´ЛОГ,** -а, *м.* Врач — специалист по оториноларингологии, отоларингологии.

ОТОРИНОЛАРИНГОЛО´ГИЯ, -и и **ОТОЛАРИНГОЛО´ГИЯ,** -и, *ж.* Раздел медицины, занимающийся заболеваниями уха, горла, носа и их лечением. ‖ *прил.* **оториноларингологи́ческий,** -ая, -ое *и* **отоларингологи́ческий,** -ая, -ое.

ОТОРОПЕ´ЛЫЙ, -ая, -ое; -е́л (разг.). Растерянный, оторопевший. *О. вид. Смотреть оторопело* (нареч.). ‖ *сущ.* **оторопе́лость,** -и, *ж.*

ОТОРОПЕ´ТЬ, -е́ю, -е́ешь; *сов.* (разг.). Растеряться от неожиданности, прийти в замешательство. *О. от удивления, от страха.* ‖ *несов.* **оторопева́ть,** -а́ю, -а́ешь.

О'ТОРОПЬ, -и, *ж.* (разг.). Крайнее недоумение, испуг, замешательство. *О. взяла кого-н.*

ОТОРОЧИ'ТЬ, -чу́, -чи́шь; -о́ченный; *сов., что.* Обшить оторочкой. *О. рукава мехом.* ‖ *несов.* **отора́чивать**, -аю, -аешь. ‖ *сущ.* **оторо́чка**, -и, *ж.*

ОТОРО'ЧКА, -и, *ж.* **1.** *см.* оторочить. **2.** Узкая полоска ткани, меха, мягкого материала, нашитая по краю одежды или обуви. *Бархатная о.*

ОТОСЛА'ТЬ, отошлю́, отошлёшь; -а́л, -а́ла; ото́сланный; *сов.* **1.** *кого-что.* Послать от себя, отправить. *О. бандероль.* **2.** *кого (что).* Удалить, велеть уйти. *О. от себя кого-н.* **3.** *кого (что).* Предложить обратиться куда-н., справиться где-н. *О. читателя к предыдущему номеру журнала.* ‖ *несов.* **отсыла́ть**, -а́ю, -а́ешь. ‖ *сущ.* **отсы́лка**, -и, *ж.* ‖ *прил.* **отсы́лочный**, -ая, -ое (к 3 знач.).

ОТОСПА'ТЬСЯ, -плю́сь, -пи́шься; -а́лся, -ала́сь, -а́лось *и* -ало́сь; *сов.* (разг.). Поспав вдоволь, отдохнуть после недосыпания. *О. после дороги.* ‖ *несов.* **отсыпа́ться**, -а́юсь, -а́ешься.

ОТОЧИ'ТЬ, отточу́, ото́чишь; ото́ченный; *сов., что* (разг.). Очинить, заточить. *О. карандаш.* ‖ *несов.* **ота́чивать**, -аю, -аешь.

ОТОЩА'ТЬ *см.* тощать.

ОТПАДА'ТЬ *см.* отпасть.

ОТПА'ИВАТЬ[1] *см.* отпоить.

ОТПА'ИВАТЬ[2], **-СЯ** *см.* отпаять, -ся.

ОТПАРИ'РОВАТЬ *см.* парировать.

ОТПА'РИТЬ, -рю, -ришь; -ренный; *сов., что.* Увлажнив, отгладить, а также вообще размягчить паром. *О. костюм.* ‖ *несов.* **отпа́ривать**, -аю, -аешь.

ОТПА'РЫВАТЬ, -СЯ *см.* отпороть, -ся.

ОТПА'СТЬ, -аду́, -адёшь; -а́л, -а́ла; -а́вший; *сов.* **1.** (1 и 2 л. не употр.). Отделиться, отвалиться. *Штукатурка отпала.* **2.** *от кого-чего.* Выйти из состава какого-н. объединения (устар. книжн.). *О. от дружеской компании.* **3.** (1 и 2 л. не употр.), *перен.* Утратить силу, пропасть, исчезнуть. *Обвинение отпало. Желание ехать отпало.* ‖ *несов.* **отпада́ть**, -а́ю, -а́ешь.

ОТПАЯ'ТЬ, -я́ю, -я́ешь; -а́янный; *сов., что.* Нагревая, отделить (припаянное). *О. деталь.* ‖ *несов.* **отпа́ивать**, -аю, -аешь. ‖ *сущ.* **отпа́йка**, -и, *ж.*

ОТПАЯ'ТЬСЯ (-я́юсь, -я́ешься, 1 и 2 л. не употр.), -я́ется; *сов.* О припаянном: отделиться при нагревании. *У самовара отпаялся кран.* ‖ *несов.* **отпа́иваться** (-аюсь, -аешься, 1 и 2 л. не употр.), -ается.

ОТПЕВА'НИЕ, -я, *ср.* В христианстве и некрых других религиях: погребальный обряд — чтение молитв и пение над телом умершего.

ОТПЕРЕ'ТЬ, отопру́, отопрёшь; о́тпер, отперла́, о́тперло; о́тперший; о́тпертый (-ерт, -ерта́, -ерто); отпере́в *и* о́тперши; *сов., что.* Открыть (запертое). *О. дверь. О. чемодан.* ‖ *несов.* **отпира́ть**, -а́ю, -а́ешь.

ОТПЕРЕ'ТЬСЯ, отопру́сь, отопрёшься; *сов.* **1.** (отперся́, отперла́сь; о́тпершийся; отперши́сь). Находясь в закрытом помещении, отпереть его. *Отопрись, это свои!* **2.** (1 и 2 л. не употр.) (отперся́, отперла́сь; о́тпершийся; отперши́сь). О запертом: открыться. *Двери отперлись.* **3.** (отпёрся, отпёрлась; отпёршийся; отпере́вшись). Отказаться признать свою причастность к чему-н., вину в чём-н.; не сознаться в чём-н. *О. от своих слов.* ‖ *несов.* **отпира́ться**, -а́юсь, -а́ешься. ‖ *сущ.* **отпира́тельство**, -а, *ср.* (к 3 знач.).

ОТПЕ'ТЫЙ, -ая, -ое (разг.). Неисправимый, безнадёжный в своих недостатках. *О. негодяй.*

ОТПЕ'ТЬ, -пою́, -поёшь; -пе́тый; *сов.* **1.** Кончить петь (устар. и разг.). *Петухи уже отпели.* **2.** *кого (что).* У христиан: совершить обряд отпевания. *О. покойника.* ‖ *несов.* **отпева́ть**, -а́ю, -а́ешь (ко 2 знач.).

ОТПЕЧА'ТАТЬ, -аю, -аешь; -анный; *сов., что.* **1.** Закончить печатание чего-н. *О. весь тираж книги.* **2.** Сделать отпечаток чего-н. *О. пальцы на стекле.* **3.** Раскрыть, сняв печати с чего-н. *О. помещение.* ‖ *несов.* **отпеча́тывать**, -аю, -аешь.

ОТПЕЧА'ТАТЬСЯ (-аюсь, -аешься, 1 и 2 л. не употр.), -ается; *сов.* Оставить свой отпечаток, след. *На песке отпечатались следы. Слова отпечатались в сознании* (перен.). ‖ *несов.* **отпеча́тываться** (-аюсь, -аешься, 1 и 2 л. не употр.), -ается.

ОТПЕЧАТЛЕ'ТЬСЯ (-е́юсь, -е́ешься, 1 и 2 л. не употр.), -е́ется; *сов.* (книжн.). То же, что запечатлеться. *Пережитое отпечатлелось в душе.* ‖ *несов.* **отпечатлева́ться** (-а́юсь, -а́ешься, 1 и 2 л. не употр.), -а́ется.

ОТПЕЧА'ТОК, -тка, *м.* **1.** След, изображение, оставшееся на чём-н. от надавливания, оттискивания, печатания. *Типографский о. О. ноги на песке. Отпечатки пальцев* (оставляемые на гладкой поверхности следы кожных линий ладонной поверхности пальцев). *Снять (взять) у кого-н. отпечатки пальцев* (для последующего дактилоскопического исследования). **2.** *перен., чего.* То же, что след[1] (во 2 знач.). *О. грусти на лице.*

ОТПИЛИ'ТЬ, -илю́, -и́лишь; -и́ленный; *сов., что.* Пиля, отделить. *О. конец бревна.* ‖ *несов.* **отпи́ливать**, -аю, -аешь. ‖ *сущ.* **отпи́ливание**, -я, *ср. и* **отпи́лка**, -и, *ж.* (разг.).

ОТПИРА'ТЕЛЬСТВО *см.* отпереться.

ОТПИРА'ТЬ, -СЯ *см.* отпереть, -ся.

ОТПИСА'ТЬ, -ишу́, -и́шешь; -и́санный; *сов., что.* **1.** Назначить в наследство по завещанию (устар. и прост.). *О. имущество жене.* **2.** Отобрав, передать другому владельцу (устар.). *О. имение в казну.* **3.** Написать в письме (прост.). *О. всю правду родным.* ‖ *несов.* **отпи́сывать**, -аю, -аешь.

ОТПИСА'ТЬСЯ, -ишу́сь, -и́шешься; *сов.* (разг.). Ответить формально, отделаться отпиской. ‖ *несов.* **отпи́сываться**, -аюсь, -аешься.

ОТПИ'СКА, -и, *ж.* Бессодержательный, формальный письменный ответ на что-н., не затрагивающий существа дела. *Отделаться пустой отпиской.*

ОТПИ'ТЬ, отопью́, отопьёшь; о́тпил *и* отпи́л, отпила́, о́тпило *и* отпи́ло; отпе́й; отпи́вший; отпи́тый *и* о́тпитый (о́тпит *и* отпи́т, отпита́ *и* отпи́та, о́тпито *и* отпи́то); *сов.* **1.** *что и чего.* Выпить немного, часть чего-н. *О. молока из стакана. О. полчашки.* **2.** Кончить пить (в 1 знач.) (разг.). *О. чай.* ‖ *несов.* **отпива́ть**, -а́ю, -а́ешь (к 1 знач.).

ОТПИХНУ'ТЬ, -ну́, -нёшь; -и́хнутый; *сов., кого-что* (разг.). То же, что оттолкнуть (в 1 знач.). *О. драчуна. О. лодку от берега.* ‖ *несов.* **отпи́хивать**, -аю, -аешь.

ОТПИХНУ'ТЬСЯ, -ну́сь, -нёшься; *сов., от чего* (разг.). То же, что оттолкнуться (в 1 знач.). *О. веслом от берега.* ‖ *несов.* **отпи́хиваться**, -аюсь, -аешься.

ОТПЛА'ТА, -ы, *ж.* **1.** *см.* отплатить. **2.** Плата, воздаяние. *О. за дружбу, за заботу.* ✦ **В отплату за** *что, в знач. предлога с вин. п.* — возмещая что-н., за что-н. *Обман в отплату за откровенность.*

ОТПЛАТИ'ТЬ, -ачу́, -а́тишь; -а́ченный; *сов., кому чем.* Совершить, сделать что-н. в ответ на чей-н. поступок. *О. неблагодарностью за добро.* ‖ *несов.* **отпла́чивать**, -аю, -аешь. ‖ *сущ.* **отпла́та**, -ы, *ж.*

ОТПЛЕСНУ'ТЬ, -ну́, -нёшь; -лёснутый; *сов.* **1.** (1 и 2 л. не употр.). О воде, волне: набежав, откатиться назад. **2.** *что и чего.* Отлить, отбавить, плеснув (разг.). *О. воды из кружки.* ‖ *несов.* **отплёскивать**, -аю, -аешь.

ОТПЛЕСТИ', -лету́, -летёшь; -ёл, -ела́; -лётший; -летённый (-ён, -ена́); -летя́; *сов., что.* Отделить, расплетая. *О. прядь от верёвки.* ‖ *несов.* **отплета́ть**, -а́ю, -а́ешь.

ОТПЛЁВЫВАТЬСЯ, -аюсь, -аешься; *несов.* Делать плевки, чтобы избавиться от чего-н. неприятного во рту. ‖ *сов.* **отплева́ться**, -люю́сь, -люёшься.

ОТПЛЫ'ТИЕ, -я, *ср.* **1.** *см.* отплыть. **2.** Отправление в плавание, в рейс. *День отплытия.*

ОТПЛЫ'ТЬ, -ыву́, -ывёшь; -ы́л, -ыла́, -ы́ло; *сов.* Поплыв, отдалиться от берега; отправиться в плавание. *О. от берега. О. на рассвете.* ‖ *несов.* **отплыва́ть**, -а́ю, -а́ешь. ‖ *сущ.* **отплы́тие**, -я, *ср.*

ОТПЛЯСА'ТЬ, -яшу́, -я́шешь; -я́санный; *сов.* (разг.). **1.** *что.* Проплясать, сплясать. *О. барыню, гопак (гопака).* **2.** Перестать, кончить плясать.

ОТПЛЯ'СЫВАТЬ, -аю, -аешь; *несов.* (разг.). Плясать с увлечением. *Лихо о.*

О'ТПОВЕДЬ, -и, *ж.* (книжн.). Строгое наставление, ответ, содержащий резкий отпор чьему-н. суждению, выступлению. *Строгая о. Достойная о. клеветнику.*

ОТПОИ'ТЬ, -ою́, -о́ишь *и* -ои́шь; -о́енный; *сов., кого (что).* **1.** Кончить поить. *О. лошадей.* **2.** Вырастить на жидкой пище, молоке. *О. телёнка.* **3.** Вылечить, давая пить что-н. в каком-н. количестве (разг.). *О. настоями трав.* ‖ *несов.* **отпа́ивать**, -аю, -аешь (ко 2 и 3 знач.).

ОТПОЛЗТИ', -зу́, -зёшь; -о́лз, -олзла́; -о́лзший; -о́лзши; *сов.* Ползя, отодвинуться, переместиться в сторону. *О. в кусты. Змея отползла с дороги.* ‖ *несов.* **отполза́ть**, -а́ю, -а́ешь.

ОТПОЛИРОВА'ТЬ *см.* полировать.

ОТПОЛОСКА'ТЬ *см.* полоскать.

ОТПО'Р, -а, *м.* Решительное действие, отражающее нападение или противодействующее кому-чему-н. *Дать о. врагу. Встретить о.*

ОТПОРО'ТЬ, -орю́, -о́решь; -о́ротый; *сов., что.* Отделить (пришитое) по шву (швам). *О. подкладку.* ‖ *несов.* **отпа́рывать**, -аю, -аешь.

ОТПОРО'ТЬСЯ (-орю́сь, -о́решься, 1 и 2 л. не употр.), -о́рется; *сов.* Отделиться по линии распоровшегося шва (швов). *Карман отпоролся.* ‖ *несов.* **отпа́рываться** (-аюсь, -аешься, 1 и 2 л. не употр.), -ается.

ОТПОТЕВА'ТЬ (-а́ю, -а́ешь, 1 и 2 л. не употр.), -а́ет; *несов.* То же, что потеть (во 2 знач.). *Стёкла отпотевают.*

ОТПОТЕ'ТЬ *см.* потеть.

ОТПОЧКОВА'ТЬСЯ, -ку́ется, -ку́емся, -ку́етесь; *сов., от чего.* **1.** (1 и 2 л. не употр.). Отделиться, выделиться путём почкования. **2.** (1 и 2 л. ед. не употр.), *перен.* Отделиться, отчлениться. *От производственного объединения отпочковался новый завод.* ‖ *несов.* **отпочко́вываться**, -ается. ‖ *сущ.* **отпочкова́ние**, **-я**, *ср.*

ОТПРАВИ'ТЕЛЬ, -я, *м.* (офиц.). Лицо, учреждение, посылающее, пославшее отправление (во 2 знач.). *Адрес отправите-*

ля. ‖ *ж.* **отправи́тельница, -ы** (о лице). ‖ *прил.* **отправи́тельский, -ая, -ое.**

ОТПРА́ВИТЬ, -влю, -вишь; -вленный; *сов.* **1.** *кого-что.* Послать, отослать. *О. деньги почтой. О. курьера с поручением. О. кого-н. домой.* **2.** *что.* Дать распоряжение об отходе, отъезде чего-н. *О. поезд.* **3.** В нек-рых сочетаниях: выполнить, осуществить (устар.). *О. службу. О. обязанности секретаря.* ✦ **Отправить естественные надобности** (прост.) — помочиться или испражниться. ‖ *несов.* **отправля́ть,** -я́ю, -я́ешь. ‖ *сущ.* **отправле́ние,** *-я, ср. и* **отпра́вка,** -и, *ж.* ✦ **Отправления организма** (спец.) — деятельность организма. ‖ *прил.* **отправно́й,** -а́я, -о́е (ко 2 знач.).

ОТПРА́ВИТЬСЯ, -влюсь, -вишься; *сов.* Поехать, пойти, направиться в путь. *О. на прогулку. Поезд отправится утром.* ‖ *несов.* **отправля́ться,** -я́юсь, -я́ешься. ‖ *сущ.* **отправле́ние,** -я, *ср.*

ОТПРАВЛЕ́НИЕ, -я, *ср.* **1.** *см.* отправить, -ся. **2.** То, что отправляют по почте, телеграфу, при помощи каких-н. средств связи (офиц.). *Заказное о.*

ОТПРАВЛЯ́ТЬСЯ, -я́юсь, -я́ешься; *несов.* **1.** *см.* отправиться. **2.** *перен., от чего.* Брать что-н. исходным пунктом, исходить из чего-н. (книжн.). *О. от проверенных данных. О. от первоисточника.* ‖ *прил.* **отправно́й,** -а́я, -о́е. *О. пункт рассуждения. О. момент.*

ОТПРА́ЗДНОВАТЬ *см.* праздновать.

ОТПРЕССОВА́ТЬ *см.* прессовать.

ОТПРОСИ́ТЬСЯ, -ошу́сь, -о́сишься; *сов.* (разг.). Попросить о разрешении уйти или уехать. *О. у начальника. О. с работы.* ‖ *несов.* **отпра́шиваться,** -аюсь, -аешься.

ОТПРЫ́ГНУТЬ, -ну, -нешь; *сов.* Отскочить от кого-чего-н. прыжком. *О. в сторону.* ‖ *несов.* **отпры́гивать,** -аю, -аешь.

О́ТПРЫСК, -а, *м.* **1.** Побег, отходящий от пня или корня. **2.** *перен.* Потомок (устар.), а также (ирон.) дитя, чадо. *О. знатного рода. Великовозрастный о.*

ОТПРЯ́НУТЬ, -ну, -нешь; *сов.* Резким движением отодвинуться, отпрыгнуть. *В страхе о.* ‖ *несов.* **отпря́дывать,** -аю, -аешь (устар.).

ОТПРЯ́ЧЬ, -ягу́, -яжёшь, -ягу́т; -я́г, -ягла́; -я́гший; -яжённый (-ён, -ена́); -ягу́; *сов.* **1.** *кого (что).* Освободить (животное) от упряжи, выпрячь. *О. лошадь.* **2.** *что.* Освободить (повозку) от упряжи (в 1 знач.). *О. телегу.* ‖ *несов.* **отпряга́ть,** -а́ю, -а́ешь. ‖ *сущ.* **отпря́жка,** -и, *ж.*

ОТПУГНУ́ТЬ, -ну́, -нёшь; -у́гнутый; *сов., кого (что).* **1.** Испугав, отогнать. *О. птиц.* **2.** *перен.* Вызвав опасение, оттолкнуть (во 2 знач.). *О. своей нелюбезностью.* ‖ *несов.* **отпу́гивать,** -аю, -аешь.

О́ТПУСК, -а, *предл.* в о́тпуске *и* в отпуску́, *мн.* -а́, -о́в, *м.* **1.** *см.* отпустить. **2.** Временное освобождение от работы для отдыха. *Ежегодный о. Дополнительный о. Находиться в отпуске. Вернуться из отпуска.* ‖ *прил.* **отпускно́й,** -а́я, -о́е. *Отпускное время. Отпускные деньги* (за время оплаченного отпуска). *Получить отпускные* (сущ.).

ОТПУСКНИ́К, -а́, *м.* Человек, к-рый находится в отпуске. ‖ *ж.* **отпускни́ца,** -ы (разг.).

ОТПУСКНО́Й *см.* отпуск *и* отпустить.

ОТПУСТИ́ТЬ, -ущу́, -у́стишь; -у́щенный; *сов.* **1.** *кого (что).* Позволить кому-н. удалиться, отправиться куда-н. *О. детей гулять. О. посетителя.* **2.** *кого-что.* Выпустить, перестать держать. *О. щегла на волю. О. из рук шарик. О. из своих объятий.* **3.** *что.* То же, что ослабить (в 3 знач.). *О. ремень, шнуровку.* **4.** (1 и 2 л. не употр.), *перен., кого-что.* О боли: стать слабым, слабее (разг.). *Всю ночь болел бок, к утру отпустило* (безл.). **5.** *что.* Выдать покупателям, потребителям, продать. *О. товар.* **6.** *что.* Дать, выдать для какой-н. цели. *О. инвентарь по безналичному расчету.* **7.** *что.* Отрастить (волосы, ногти). *О. себе бороду, усы.* **8.** *что.* Сказать неожиданно и остро (разг. шутл.). *О. шутку. О. острое словечко.* **9.** *что кому.* То же, что простить (в 1 и 2 знач.) (устар.). *О. кому-н. обиду, вину.* **10.** *что.* Термической обработкой увеличить прочность и пластичность (металла) (спец.). *О. сталь.* ✦ **Отпустить грехи** *кому* — у православных и католиков: во время исповеди от имени Бога и церкви простить исповедующемуся его грехи. ‖ *несов.* **отпуска́ть,** -а́ю, -а́ешь. ‖ *сущ.* **о́тпуск,** -а, *м.* (к 3, 5, 6 и 10 знач.) *и* **отпуще́ние,** -я, *ср.* (к 9 знач.). *Отпущение грехов* (во время исповеди). ‖ *прил.* **отпускно́й,** -а́я, -о́е (к 5 и 10 знач.). *Отпускные цены.*

ОТРАБО́ТАННЫЙ, -ая, -ое. Использованный для основной цели и оставшийся после производства. *О. пар. Отработанная порода.*

ОТРАБО́ТАТЬ, -аю, -аешь; -анный; *сов.* **1.** *что.* Возместить трудом. *О. долг.* **2.** *что.* Провести над работой, в работе какое-н. время. *Три года отработал разнорабочим.* **3.** Кончить работать. *О. своё* (поработать столько, сколько было нужно). **4.** *что.* Обрабатывая, придать чему-н. окончательный вид. *О. проект.* **5.** *что.* Упражняясь, освоить. *О. приём.* ‖ *несов.* **отраба́тывать,** -аю, -аешь (к 1, 2, 4 и 5 знач.). ‖ *сущ.* **отрабо́тка,** -и, *ж.* (к 1, 4 и 5 знач.). ‖ *прил.* **отрабо́точный,** -ая, -ое (к 1 знач.; спец.).

ОТРА́ВА, -ы, *ж.* Ядовитое вещество. *Крысиная о.*

ОТРАВИ́ТЕЛЬ, -я, *м.* Тот, кто отравил, отравляет кого-н. ‖ *ж.* **отрави́тельница,** -ы.

ОТРАВИ́ТЬ, -авлю́, -а́вишь; -а́вленный; *сов.* **1.** *кого-что.* Дав яд, убить; причинить кому-чему-н. вред чем-н. ядовитым. *О. мышьяком. О. организм алкоголем.* **2.** *что.* Примешать к чему-н. отраву. *О. воду в колодце.* **3.** *перен., кого-что.* Вредно повлиять на кого-что-н. *О. сознание. О. душу.* **4.** *перен., что.* Испортив настроение, лишить радости, веселья. *О. кому-н. праздник.* ‖ *несов.* **отравля́ть,** -я́ю, -я́ешь. *Отравляющие вещества* (основа химического оружия — ядовитые соединения для поражения живой силы противника). ‖ *сущ.* **отравле́ние,** -я, *ср.* (к 1, 2 и 3 знач.).

ОТРАВИ́ТЬСЯ, -авлю́сь, -а́вишься; *сов.* **1.** Приняв яд, покончить с собой. **2.** Заболеть или умереть в результате воздействия на организм ядовитых веществ. *О. грибами.* ‖ *несов.* **отравля́ться,** -я́юсь, -я́ешься. ‖ *сущ.* **отравле́ние,** -я, *ср. Пищевое о. Лечение отравлений.*

ОТРА́ДА, -ы, *ж.* Удовольствие, радость. *О. для души. Дети — её о.*

ОТРА́ДНЫЙ, -ая, -ое; -ден, -дна. Доставляющий отраду, приятный. *Отрадное известие. Отрадно* (в знач. сказ.), *что ожидания оправдались.* ‖ *сущ.* **отра́дность,** -и, *ж.*

ОТРАЖА́ТЕЛЬ, -я, *м.* (спец.). Устройство или естественное препятствие, изменяющее направление и интенсивность световых или тепловых лучей, электромагнитных волн, ядерных частиц, а также твёрдых упругих тел.

ОТРАЖЕ́НИЕ, -я, *ср.* **1.** *см.* отразить, -ся. **2.** Изображение предмета, возникающее на гладкой и воспринимающей свет поверхности. *Увидеть своё о. в зеркале.* **3.** *чего.* То, в чём отражено, воспроизведено что-н. *Литература — о. жизни.*

ОТРАЗИ́ТЬ, -ажу́, -ази́шь; -ажённый (-ён, -ена́); *сов.* **1.** (1 и 2 л. не употр.), *что.* О какой-н. физической среде: отбросить от себя. *О. свет, звук, электромагнитные волны.* **2.** *кого-что.* Отбить, защититься от кого-чего-н. *О. атаку. О. чьи-н. нападки.* **3.** (1 и 2 л. не употр.), *что.* О гладкой и принимающей свет поверхности: воспроизвести изображение. *Озеро отразило лунный свет.* **4.** *кого-что.* Воспроизвести, представить в образах, выразить. *О. жизнь в искусстве. О. общественное настроение.* ‖ *несов.* **отража́ть,** -а́ю, -а́ешь. ‖ *сущ.* **отраже́ние,** -я, *ср.* ‖ *прил.* **отража́тельный,** -ая, -ое (к 1 и 3 знач.; спец.).

ОТРАЗИ́ТЬСЯ, -ажу́сь, -ази́шься; *сов.* **1.** Получить, дать изображение на гладкой поверхности. *О. в зеркале.* **2.** (1 и 2 л. не употр.). Проявиться, обнаружиться. *В глазах отразилась тревога.* **3.** (1 и 2 л. не употр.), *на ком-чём.* То же, что сказаться (в 3 знач.). *Переутомление отразилось на здоровье.* ‖ *несов.* **отража́ться,** -а́юсь, -а́ешься. ‖ *сущ.* **отраже́ние,** -я, *ср.* (к 1 знач.).

ОТРАПОРТОВА́ТЬ *см.* рапортовать.

О́ТРАСЛЬ, -и, *ж.* **1.** То же, что отпрыск (в 1 знач.) (устар.). **2.** *перен.* Потомок, потомство (устар.). *О. древнего рода.* **3.** Отдельная область деятельности, науки, производства. *Новая о. промышленности.* ‖ *прил.* **отраслево́й,** -а́я, -о́е (к 3 знач.).

ОТРАСТИ́ (-ту́, -тёшь, 1 и 2 л. не употр.), -тёт; -ро́с, -росла́; -ро́сший; -ро́сши; *сов.* О ногтях, волосах, ветвях, побегах: достигнуть в росте каких-н. размеров. ‖ *несов.* **отраста́ть** (-а́ю, -а́ешь, 1 и 2 л. не употр.), -а́ет.

ОТРАСТИ́ТЬ, -ащу́, -асти́шь; -ащённый (-ён, -ена́); *сов., что.* Дать отрасти чему-н. (ногтям, волосам). *О. косу. О. усы, бороду. О. живот* (растолстеть; разг. шутл.). ‖ *несов.* **отра́щивать,** -аю, -аешь. ‖ *сущ.* **отра́щивание,** -я, *ср.*

ОТРЕАГИ́РОВАТЬ *см.* реагировать.

ОТРЕ́БЬЕ, -я, *ср., собир.* **1.** Отбросы, негодные остатки [*первонач.* после очистки, теребления]. **2.** Морально разложившиеся, никчёмные люди (презр.). *Воровское о.*

ОТРЕГУЛИ́РОВАТЬ *см.* регулировать.

ОТРЕДАКТИ́РОВАТЬ *см.* редактировать.

ОТРЕ́З, -а, *м.* **1.** *см.* отрезать. **2.** Кусок ткани, отрезанный для шитья чего-н. *О. на пальто.* **3.** Место, по к-рому отрезано что-н. *Ширина доски в отрезе.*

ОТРЕ́ЗАТЬ, -е́жу, -е́жешь; -анный; *сов.* **1.** *что и чего.* Отделить, разрезав. *О. кусок хлеба. Как отрезало и как ножом отрезало* (безл.; говорится о чём-н. внезапно прекратившемся; разг.). **2.** *что и чего.* Отделить межеванием (земельный участок). **3.** *перен., кого-что.* Отделить, нарушив связь между кем-чем-н. *Селение отрезано разлившейся рекой. О. пути к отступлению* (преградить; также перен.: лишить возможности вернуться к своим прежним позициям, действиям). **4.** Резко и коротко ответить (разг.). ‖ *несов.* **отреза́ть,** -а́ю, -а́ешь. ‖ *сущ.* **отреза́ние,** -я, *ср. и* **отре́з,** -а, *м.* (к 1 и 2 знач.). *Линия отреза.* ‖ *прил.* **отрезно́й,** -а́я, -о́е (к 1 и 2 знач.). *О. талон. О. рукав* (выкраиваемый отдельно от верха одежды).

ОТРЕЗВЕ́ТЬ *см.* трезветь.

ОТРЕЗВИ́ТЬ, -влю́, -ви́шь; -влённый (-ён, -ена́); *сов., кого (что).* Привести в трезвое состояние, сделать трезвым (в 1 и 3 знач.). *О. пьяного. О. мечтателя. Отрезвляющие слова.* ‖ *несов.* **отрезвля́ть,** -я́ю, -я́ешь.

‖ *сущ.* **отрезвле́ние**, -я, *ср.* ‖ *прил.* **отрезви́тельный**, -ая, -ое. *О. напиток.*

ОТРЕЗВИ́ТЬСЯ, -влю́сь, -ви́шься; *сов.* Стать трезвым (в 1 и 3 знач.). ‖ *несов.* **отрезвля́ться**, -я́юсь, -я́ешься. ‖ *сущ.* **отрезвле́ние**, -я, *ср.*

ОТРЕ́ЗОК, -зка, *м.* **1.** Небольшой отрезанный кусок чего-н. **2.** Часть чего-н., измеряемого в пространстве или во времени. *О. пути. О. прямой* (в математике: часть прямой, лежащая между двумя её точками). *О. времени* (промежуток времени).

ОТРЕКА́ТЬСЯ *см.* отречься.

ОТРЕКОМЕНДОВА́ТЬ, -СЯ *см.* рекомендовать, -ся.

ОТРЕМОНТИ́РОВАТЬ *см.* ремонтировать.

ОТРЕПЕТИ́РОВАТЬ *см.* репетировать.

ОТРЕ́ПЬЕ, -я, *ср., собир.* и **ОТРЕ́ПЬЯ**, -ьев (разг.). Ветхая одежда, лохмотья. *Ходить в отрепье* или *в отрепьях.*

ОТРЕСТАВРИ́РОВАТЬ *см.* реставрировать.

ОТРЕТУШИ́РОВАТЬ *см.* ретушировать.

ОТРЕЦЕНЗИ́РОВАТЬ *см.* рецензировать.

ОТРЕ́ЧЬСЯ, -еку́сь, -ечёшься, -еку́тся; -ёкся, -екла́сь; -ёкшийся; -ёкшись; *сов.* **1.** *от кого-чего.* Отказаться от кого-чего-н. (книжн.). *О. от старых друзей* (изменить им). *О. от своих слов.* **2.** *от чего.* Отказаться от прав на что-н. *О. от наследства. О. от престола.* ‖ *несов.* **отрека́ться**, -а́юсь, -а́ешься. ‖ *сущ.* **отрече́ние**, -я, *ср.*

ОТРЕШЁННЫЙ, -ая, -ое; -ён (книжн.). Отчуждённый, погружённый в себя. *О. взгляд.* ‖ *сущ.* **отрешённость**, -и, *ж.*

ОТРЕШИ́ТЬ, -шу́, -ши́шь; -шённый (-ён, -ена́); *сов., кого (что) от чего* (книжн.). Отстранить, отлучить. *О. от дел.* ‖ *несов.* **отреша́ть**, -а́ю, -а́ешь. ‖ *сущ.* **отреше́ние**, -я, *ср.*

ОТРЕШИ́ТЬСЯ, -шу́сь, -ши́шься; *сов.* (книжн.). Отстраниться, отказаться. *О. от мысли о чём-н.* ‖ *несов.* **отреша́ться**, -а́юсь, -а́ешься. ‖ *сущ.* **отреше́ние**, -я, *ср.*

ОТРИ́НУТЬ, -ну, -нешь; -утый; *сов., кого-что* (устар.). То же, что отвергнуть. *О. все доводы.*

ОТРИЦА́НИЕ, -я, *ср.* **1.** *см.* отрицать. **2.** В философии: стадия в развитии объекта, сменяющая собой предыдущую и вбирающая в себя из неё всё положительное. *Закон отрицания отрицания* (закон диалектики, устанавливающий единство последовательностей и преемственностей в развитии объекта). **3.** В грамматике: слово или морфема, заключающие в себе значение противоположности утверждаемому, напр. «нет», «не», «ни».

ОТРИЦА́ТЕЛЬНЫЙ, -ая, -ое; -лен, -льна. **1.** Заключающий в себе отрицание, отвергающий что-н. *О. ответ. О. результат. О. отзыв о работе. Отрицательное предложение* (в грамматике: предложение, содержащее отрицание перед сказуемым или в составе сказуемого). **2.** Обладающий плохими чертами, качествами. *О. тип. О. персонаж романа.* **3.** *полн. ф.* В математике: представляющий собой величину, взятую со знаком «минус» (—), меньшую чем ноль. *Отрицательное число.* **4.** *полн. ф.* Относящийся к тому виду электричества, материальные частицы к-рого называются электронами (спец.). *О. электрический заряд.* ‖ *сущ.* **отрица́тельность**, -и, *ж.* (к 1, 2 и 4 знач.).

ОТРИЦА́ТЬ, -а́ю, -а́ешь; *несов., что.* **1.** Отвергать существование, необходимость, обязательность чего-н. *О. чьи-н. права. Нельзя о., что он талантлив* (следует согласиться). **2.** Отвергая, выступать противником чего-н. *О. искусство.* ‖ *сущ.* **отрица́ние**, -я, *ср.*

ОТРО́Г, -а, *м.* Ответвление основной горной цепи. *Отроги Карпат.*

О́ТРОДУ, *нареч.* (разг.). Никогда за всю жизнь. *О. не обманывал.*

ОТРО́ДЬЕ, -я, *ср., род. мн.* -дий, также *собир., какое и кого* (разг. презр.). О людях, а также об одном человеке как о порождении злого начала. *Иудино о.* (о предателе). *Разбойничье о.*

ОТРОДЯ́СЬ, *нареч.* (прост.). То же, что отроду. *О. ничего подобного не слышал.*

ОТРОИ́ТЬ, -ою́, -ои́шь; -оённый (-ён, -ена́); *сов., кого-что* (спец.). Отделить (часть пчёл) для образования нового роя.

ОТРОИ́ТЬСЯ (-ою́сь, -ои́шься, 1 и 2 л. не употр.), -ои́тся; *сов.* (спец.). Образовать новый рой, выделившись из старого. *Пчёлы отроились.*

О́ТРОК, -а, *м.* (устар.). Мальчик-подросток. ‖ *прил.* **о́троческий**, -ая, -ое. *О. возраст.*

ОТРОКОВИ́ЦА, -ы, *ж.* (устар.). Девочка-подросток.

ОТРО́СТОК, -тка, *м.* **1.** Новый побег растения, отходящий от стебля или корня. *Отсадить о.* **2.** Ответвление какого-н. органа. *О. слепой кишки.* ‖ *прил.* **отро́стковый**, -ая, -ое и **отро́сточный**, -ая, -ое.

О́ТРОЧЕСТВО, -а, *ср.* Возраст между детством и юностью; период жизни в таком возрасте. ‖ *прил.* **о́троческий**, -ая, -ое.

О́ТРУБ, -а, *мн.* -а́, -о́в, *м.* В царской России в 1906—1916 гг.: участок земли, выделяющийся в личную собственность крестьянину при выходе его из общины. ‖ *прил.* **отрубно́й**, -а́я, -о́е. *Отрубное хозяйство.*

ОТРУ́Б, -а, *м.* (спец.). Место, по к-рому отрублено или распилено в поперечнике дерево, бревно. *Толщина ствола в отрубе.*

О́ТРУБИ, -е́й. Остатки от оболочки зерна после размола. *Пшеничные, кукурузные о. Хлеб с отрубями.* ‖ *прил.* **о́трубный**, -ая, -ое.

ОТРУБИ́ТЬ, -ублю́, -у́бишь; -у́бленный; *сов.* **1.** *что.* Отделить, рубя. *О. сук.* **2.** *перен.* То же, что отре́зать (в 4 знач.) (разг.). ‖ *несов.* **отруба́ть**, -а́ю, -а́ешь. ‖ *прил.* **отрубно́й**, -а́я, -о́е (к 1 знач.).

ОТРУГА́ТЬ *см.* ругать.

ОТРУ́ГИВАТЬСЯ, -аюсь, -аешься; *несов.* (прост.). Отвечать руганью на ругань. ‖ *однокр.* **отругну́ться**, -ну́сь, -нёшься.

ОТРУЛИ́ТЬ, -лю́, -ли́шь; *сов.* **1.** *что.* Руля, отвести (машину) куда-н. *О. самолёт к ангару.* **2.** (1 и 2 л. не употр.). Двигаясь по земле (о машине или в машине), отъехать, повернуть в сторону. *О. на обочину. О. от стоянки.* ‖ *несов.* **отру́ливать**, -аю, -аешь.

ОТРЫ́В, ОТРЫВА́ТЬ[1], **-СЯ** *см.* оторвать, -ся.

ОТРЫВА́ТЬ[2] *см.* отрыть.

ОТРЫ́ВИСТЫЙ, -ая, -ое; -ист. Звучащий без плавных переходов, с короткими паузами, резкий. *Отрывистые звуки. Отрывистая речь. Отрывисто* (нареч.) *ответить.* ‖ *сущ.* **отры́вистость**, -и, *ж.*

ОТРЫВНО́Й, -а́я, -о́е. Такой, к-рый отрывается, к-рый можно отрывать. *О. календарь. Отрывная квитанция.*

ОТРЫ́ВОК, -вка, *м.* **1.** Часть, выделенная из какого-н. произведения, из повествования. *О. романа. Избранные отрывки из опер.* **2.** *мн.* То же, что обрывки (во 2 знач.).

ОТРЫ́ВОЧНЫЙ, -ая, -ое; -чен, -чна. Не составляющий целого, несвязный. *Отрывочные сведения.* ‖ *сущ.* **отры́вочность**, -и, *ж.*

ОТРЫГНУ́ТЬ, -ну́, -нёшь; *сов., что* (разг.). Извергнуть из желудка отрыжкой. ‖ *несов.* **отры́гивать**, -аю, -аешь.

ОТРЫГНУ́ТЬСЯ (-ну́сь, -нёшься, 1 и 2 л. не употр.), -нётся; *сов.* (разг.). Извергнуться из желудка отрыжкой. *Отрыгнулось* (безл.) *луком. Отрыгнулись старые проделки* (перен.: дали о себе знать плохими последствиями). ‖ *несов.* **отры́гиваться** (-аюсь, -аешься, 1 и 2 л. не употр.), -ается.

ОТРЫ́ЖКА, -и, *ж.* **1.** Выход газов из желудка через рот. *О. от лука.* **2.** *перен., чего.* Проявление чего-н. отживающего. *О. имперских амбиций.* ‖ *прил.* **отры́жечный**, -ая, -ое (к 1 знач.).

ОТРЫ́ТЬ, -ро́ю, -ро́ешь; -ы́тый; *сов.* **1.** *см.* рыть. **2.** *кого-что.* Роя, извлечь; освободить из-под чего-н. сыпучего, из-под слоя чего-н. *О. клад. О. из-под лавины.* ‖ *несов.* **отрыва́ть**, -а́ю, -а́ешь.

ОТРЯ́Д, -а, *м.* **1.** Специальное или отдельное воинское формирование. *Разведывательный о. О. пограничников. О. кораблей. Партизанский о. Передовой о.* (также перен.: о тех, кто идёт впереди, возглавляет что-н.). **2.** Группа людей, организованная для совместной деятельности. *Строительный о. О. изыскателей.* **3.** В систематике животных: подразделение класса. *О. приматов. О. грызунов. О. хищных.* ‖ *прил.* **отря́дный**, -ая, -ое (к 1 и 2 знач.). *О. сбор.*

ОТРЯДИ́ТЬ, -яжу́, -яди́шь; -яжённый (-ён, -ена́); *сов., кого (что)* (устар. и прост.). Послать куда-н. для выполнения поручения. *О. нарочного.* ‖ *несов.* **отряжа́ть**, -а́ю, -а́ешь.

ОТРЯСТИ́, -су́, -сёшь; -я́с, -ясла́; -я́сший; -ясённый (-ён, -ена́); -я́сши; *сов., что.* **1.** То же, что отряхнуть. *О. снег с валенок.* **2.** Тряся, заставить осыпаться. *О. яблоню.* ‖ *несов.* **отряса́ть**, -а́ю, -а́ешь.

ОТРЯХНУ́ТЬ, -ну́, -нёшь; -я́хнутый; *сов., что.* Встряхиванием удалить. *О. пыль с одежды.* ‖ *несов.* **отря́хивать**, -аю, -аешь.

ОТРЯХНУ́ТЬСЯ, -ну́сь, -нёшься; *сов.* Встряхиваясь, сбросить с себя что-н. сыпучее, а также (о животных), встряхиваясь, расправить свои перья, шерсть. *О. от песка, от пыли, от дождевых капель.* ‖ *несов.* **отря́хиваться**, -аюсь, -аешься.

ОТСАДИ́ТЬ, -ажу́, -а́дишь; -а́женный; *сов.* **1.** *кого (что).* Отделив от других, заставить сесть на другое место. *О. шалуна за отдельную парту.* **2.** *что.* Отделив, посадить в другом месте (растение). *О. молодые кусты.* ‖ *несов.* **отса́живать**, -аю, -аешь. ‖ *сущ.* **отса́живание**, -я, *ср.* и **отса́дка**, -и, *ж.* (ко 2 знач.). ‖ *прил.* **отса́дочный**, -ая, -ое (ко 2 знач.).

ОТСА́ЖИВАТЬСЯ *см.* отсесть.

ОТСАЛЮТОВА́ТЬ *см.* салютовать.

ОТСА́СЫВАТЬ *см.* отсосать.

О́ТСВЕРК, -а, *м.* То же, что отблеск. *О. зарницы.*

О́ТСВЕТ, -а и **ОТСВЕ́Т**, -а, *м.* Отблеск, отражённый свет. *О. луны.*

ОТСВЕ́ЧИВАТЬ, -аю, -аешь; *несов.* **1.** (1 и 2 л. не употр.). Давать отсвет. *В окнах отсвечивает огонь.* **2.** Стоять, заслоняя собой свет или мешая чем-н. другому (прост.). *Отодвинься от лампы, не отсвечивай!*

ОТСЕБЯ́ТИНА, -ы, *ж.* (разг. неодобр.). Собственные слова, вставляемые в чужую речь при её передаче, а также поступки, совершаемые самовольно, вопреки тому, что приказано, предписано. *Нести отсебятину. Заниматься отсебятиной.*

ОТСЕ́В, -а, *м.* **1.** *см.* отсеять, -ся. **2.** То, что осталось после просеивания, высевки. *Овсяной о.* **3.** Люди, отсеявшиеся после каких-н. испытаний, проверки. *О. после экзамена.* ‖ *прил.* **отсевно́й**, -а́я, -о́е (ко 2 знач.). *Отсевная мука.*

ОТСЕ́ВКИ, -ов (спец.). Остатки от просеивания, отсев (во 2 знач.).

ОТСЕ́К, -а, *м.* Изолированная или отделённая от других часть специального помещения (на корабле, летательном аппарате). *О. судна. Кормовой о.*

ОТСЕ́ЛЕ и **ОТСЕ́ЛЬ**, *мест. нареч.* (устар.). То же, что отсюда (в 1 знач.). *О. видны горы.*

ОТСЕЛИ́ТЬ, -селю́, -сели́шь и (разг.) -се́лишь; -лённый (-ён, -ена́); *сов., кого (что).* Поселить в другом месте, отделив от других, или в стороне от прежнего места. *О. семейство бобров. О. на хутор.* ‖ *несов.* **отселя́ть**, -я́ю, -я́ешь. ‖ *возвр.* **отсели́ться**, -селю́сь, -сели́шься и (разг.) -се́лишься; *несов.* **отселя́ться**, -я́юсь, -я́ешься. ‖ *сущ.* **отселе́ние**, -я, *ср.*

ОТСЕ́СТЬ, -ся́ду, -ся́дешь; -е́л, -е́ла; -е́вший; -е́в; *сов.* Пересев, отодвинуться от кого-чего-н. *О. от костра.* ‖ *несов.* **отса́живаться**, -аюсь, -аешься.

ОТСЕ́ЧЬ, -еку́, -ечёшь, -еку́т; -ёк, -екла́; -ёкший; -ечённый (-ён, -ена́); -ёкши; *сов.* **1.** *что.* Отделить секущим ударом. *О. сухую ветку.* **2.** *перен., кого-что.* Разъединяя, отделить (спец.). *О. пехоту от танков.* ‖ *несов.* **отсека́ть**, -а́ю, -а́ешь. ‖ *сущ.* **отсече́ние**, -я, *ср. Голову (руку) даю на о.* (клятвенно уверяю). ‖ *прил.* **отсе́чный**, -ая, -ое (ко 2 знач.; спец.). *О. артиллерийский огонь. Отсечная дамба.*

ОТСЕ́ЯТЬ, -е́ю, -е́ешь; -е́янный; *сов.* **1.** *что.* Просеиванием отделить. *О. отруби.* **2.** *перен., кого (что).* Производя отбор, удалить, устранить (людей) из состава чего-н. *О. неуспевающих.* ‖ *несов.* **отсе́ивать**, -аю, -аешь. ‖ *сущ.* **отсе́ивание**, -я, *ср.* и **отсе́в**, -а, *м.*

ОТСЕ́ЯТЬСЯ, -е́юсь, -е́ешься; *сов.* **1.** (1 и 2 л. не употр.). Просеиваясь, отделиться. *Отруби отсеялись от муки.* **2.** *перен.* Выбыть из состава чего-н. *Часть слушателей отсеялась.* **3.** Окончить сев (разг.). *Хозяйство рано отсеялось.* ‖ *несов.* **отсе́иваться**, -аюсь, -аешься. ‖ *сущ.* **отсе́ивание**, -я, *ср.* и **отсе́в**, -а, *м.* (к 1 и 2 знач.).

ОТСИДЕ́ТЬ, -ижу́, -иди́шь; -и́женный; *сов., что.* **1.** Сидя в неудобном положении, вызвать онемение (какой-н. части тела). *О. ногу.* **2.** Просидеть где-н. какое-н. время. *О. час в приёмной. О. сутки в милиции. О. год в тюрьме.* ‖ *несов.* **отси́живать**, -аю, -аешь. ‖ *сущ.* **отси́дка**, -и, *ж.* (ко 2 знач.; прост.).

ОТСИДЕ́ТЬСЯ, -ижу́сь, -иди́шься; *сов.* (разг.). Спастись, укрываясь где-н. от кого-чего-н., пережидая что-н. *О. за крепостными стенами.* ‖ *несов.* **отси́живаться**, -аюсь, -аешься.

ОТСКАКА́ТЬ, -скачу́, -ска́чешь; *сов.* Скача, отдалиться.

ОТСКОБЛИ́ТЬ, -облю́, -о́блишь и -обли́шь; -о́бленный; *сов., что.* Скобля, удалить. *О. краску.* ‖ *несов.* **отска́бливать**, -аю, -аешь.

ОТСКОЧИ́ТЬ, -очу́, -о́чишь; *сов.* **1.** Отойти, удалиться скачком. *О. от дверей.* **2.** Отлететь, ударившись обо что-н. *Мяч отскочил от стены.* **3.** (1 и 2 л. не употр.). Отделиться, отпасть (разг.). *Пластырь отскочил.* ‖ *несов.* **отска́кивать**, -аю, -аешь. ‖ *сущ.* **отска́кивание**, -я, *ср.* и **отско́к**, -а, *м.* (к 1 и 2 знач.).

ОТСКРЕСТИ́, -ребу́, -ребёшь; -рёб, -ребла́; -рёбший; -ребённый (-ён, -ена́); -рёбши и -ребя́; *сов., что* (разг.). Скребя, удалить. *О. ржавчину.* ‖ *несов.* **отскреба́ть**, -а́ю, -а́ешь.

ОТСЛОЕ́НИЕ, -я, *ср.* **1.** *см.* отслоиться. **2.** То, что отслоилось, слой. *Песчаные отслоения.*

ОТСЛОИ́ТЬ, -ою́, -ои́шь; -оённый (-ён, -ена́); *сов., что.* Отделить слой, слои. *О. кору.* ‖ *несов.* **отсла́ивать**, -аю, -аешь. ‖ *сущ.* **отсла́ивание**, -я, *ср.* и **отсло́йка**, -и, *ж.*

ОТСЛОИ́ТЬСЯ (-ою́сь, -ои́шься, 1 и 2 л. не употр.), -ои́тся; *сов.* Отделиться, осесть слоем. ‖ *несов.* **отсла́иваться** (-аюсь, -аешься, 1 и 2 л. не употр.), -ается. ‖ *сущ.* **отслое́ние**, -я, *ср.* и **отсло́йка**, -и, *ж.*

ОТСЛУЖИ́ТЬ, -ужу́, -у́жишь; -у́женный; *сов.* **1.** Кончить служить (в 1 знач. — где-н. и 4 знач.). **2.** *что.* Прослужить где-н. какое-н. время. *О. 10 лет в армии.* **3.** Кончить церковную службу. *О. мессу. О. всенощную. О. молебен, панихиду.* **4.** *кому.* Отблагодарить делом, поступком (разг.). *О. услугой за услугу.* ‖ *несов.* **отслу́живать**, -аю, -аешь (ко 2 знач.).

ОТСНЯ́ТЬ, -ниму́, -ни́мешь; -я́л, -яла́, -я́ло; -я́тый (-я́т, -ята́, -я́то); *сов., что.* То же, что снять (в 8 знач.). *О. фильм. Отснятая плёнка.*

ОТСОВЕ́ТОВАТЬ, -тую, -туешь; *сов., кому с неопр.* Советуя, убедить в обратном. *Друзья отсоветовали уезжать.*

ОТСОЕДИНИ́ТЬ, -ню́, -ни́шь; -нённый (-ён, -ена́); *сов., что.* Отделить (что-н. присоединённое). *О. проводку. О. аппарат.* ‖ *несов.* **отсоединя́ть**, -я́ю, -я́ешь.

ОТСОСА́ТЬ, -осу́, -осёшь; -о́санный; *сов.* **1.** *что* и *чего.* Сосанием отделить, убавить. *Пиявки отсосали кровь.* **2.** *перен., что.* Удалить вытягиванием, оттянуть. *О. воду насосом.* ‖ *несов.* **отса́сывать**, -аю, -аешь. ‖ *сущ.* **отса́сывание**, -я, *ср.* и **отсо́с**, -а, *м.* ‖ *прил.* **отсо́сный**, -ая, -ое.

ОТСО́ХНУТЬ (-о́хну, -о́хнешь, 1 и 2 л. не употр.), -о́хнет; -о́х, -о́хла; *сов.* **1.** О частях растений: засохнув, отпасть. *Ветка отсохла.* **2.** О конечности: болезненно исхудав, утратить жизненность, подвижность (прост.). *Рука отсохла.* ✦ **Отсохни (мой) язык** (прост.) — клятвенное уверение в своей правоте. *Отсохни язык, если я вру.* **Чтобы язык отсох** *у кого* (прост.) — выражение негодования по поводу чьей-н. лжи, пустой болтовни. ‖ *несов.* **отсыха́ть** (-а́ю, -а́ешь, 1 и 2 л. не употр.), -а́ет.

ОТСРО́ЧИТЬ, -чу, -чишь; -ченный; *сов., что.* **1.** Перенести на более поздний срок. *О. платежи.* **2.** Продлить время действия какого-н. документа. *О. удостоверение.* ‖ *несов.* **отсро́чивать**, -аю, -аешь. ‖ *сущ.* **отсро́чка**, -и, *ж.*

ОТСТАВА́ТЬ *см.* отстать.

ОТСТА́ВИТЬ, -влю, -вишь; -вленный; *сов.* **1.** *что.* Отодвинуть и поставить в стороне. *О. стул от стола.* **2.** *что.* Немного отодвинуть, выставить (руку, ногу). *О. мизинец.* **3.** *кого (что).* Уволить, сместить (устар.). *О. от должности.* **4. отста́вить!** Команда, означающая отмену предыдущей команды или приказ прекратить что-н. *О. разговоры в строю!* ‖ *несов.* **отставля́ть**, -я́ю, -я́ешь (к 1, 2 и 3 знач.).

ОТСТА́ВКА, -и, *ж.* Окончательное увольнение (лиц офицерского состава, прапорщиков, мичманов) с военной службы, а также увольнение с государственной службы. *Быть в отставке. Отправить в отставку. Выйти, подать в отставку. Принять отставку. О. по чистой* (окончательная; разг.). ✦ **Отставка кабинета, правительства** (офиц.) — сложение полномочий в связи с вотумом недоверия, сменой главы государства, внутренними разногласиями.

ОТСТАВНИ́К, -а́, *м.* (разг.). Отставной военнослужащий.

ОТСТАВНО́Й, -а́я, -о́е. **1.** Находящийся в отставке. *О. военный.* **2.** Отодвигающийся, отставляющийся в сторону. *Отставная дверца.*

ОТСТА́ИВАТЬ[1-2-3] *см.* отстоять[1-2-3].

ОТСТА́ИВАТЬСЯ *см.* отстояться.

ОТСТА́ЛЫЙ, -ая, -ое; -а́л. **1.** *полн. ф.* Отставший в пути от других. *Поджидать отсталых* (сущ.). **2.** Стоящий на более низком уровне развития сравнительно с другими. *О. человек. Отсталые взгляды.* ‖ *сущ.* **отста́лость**, -и, *ж.* (ко 2 знач.).

ОТСТА́ТЬ, -а́ну, -а́нешь; *сов.* **1.** *от кого-чего.* Задержавшись, двигаясь медленнее других, остаться позади. *О. от спутников.* **2.** *от чего.* Опоздав куда-н., остаться на месте. *О. от поезда.* **3.** *перен.* В своём развитии, деятельности остаться позади других, дать себя обогнать (во 2 знач.). *Ученик отстал* (в учёбе). *О. от века, от времени* (оказаться несовременным, отсталым). *Ничего не читает, отстал.* **4.** *перен., от кого-чего.* Потерять, прекратить связь с кем-чем-н., перестать заниматься чем-н. (разг.). *О. от старых друзей. О. от дурной привычки.* **5.** (1 и 2 л. не употр.). О часах: показать более раннее время, чем в действительности из-за замедленного хода механизма. *Будильник отстал на полчаса.* **6.** (1 и 2 л. не употр.). Отделиться, отвалиться. *Обои отстали от стены.* **7.** *от кого.* Перестать надоедать, приставать (разг.). *Отстань от меня!* ‖ *несов.* **отстава́ть**, -таю́, -таёшь; -тава́й; -тава́я. ‖ *сущ.* **отстава́ние**, -я, *ср.* (к 1, 2, 3, 5 и 6 знач.).

ОТСТЕГА́ТЬ, -а́ю, -а́ешь; -ёганный; *сов., кого (что).* Избить, стегая. *О. прутом.*

ОТСТЕГНУ́ТЬ, -ну́, -нёшь; -ёгнутый; *сов., что.* Вынуть (застёжку) из петли, отделить (пристёгнутое). *О. крючок. О. подстёжку.* ‖ *несов.* **отстёгивать**, -аю, -аешь.

ОТСТЕГНУ́ТЬСЯ (-ну́сь, -нёшься, 1 и 2 л. не употр.), -нётся; *сов.* Выпасть из петли, расстегнувшись, или (о кнопке, застёжке) разомкнуться. *Крючок отстегнулся.* ‖ *несов.* **отстёгиваться** (-аюсь, -аешься, 1 и 2 л. не употр.), -ается.

ОТСТИРА́ТЬ, -а́ю, -а́ешь; -и́ранный; *сов.* **1.** *что.* Отмыть стиркой. *О. пятна.* **2.** Кончить стирать[1] (разг.). ‖ *несов.* **отсти́рывать**, -аю, -аешь (к 1 знач.).

ОТСТИРА́ТЬСЯ, -а́юсь, -а́ешься, *сов.* **1.** (1 и 2 л. не употр.). Отойти (в 4 знач.) после стирки, а также стать чистым после стирки. *Бельё хорошо отстиралось. Чернила не отстирались.* **2.** Кончить стирку (разг.). *К обеду отстираюсь.* ‖ *несов.* **отсти́рываться**, -ается.

ОТСТО́Й, -я, *м.* Отстоявшийся осадок, а также жидкость, выделившаяся из какого-н. продукта и опустившаяся на дно сосуда. *Густой, жидкий о.*

ОТСТО́ЙНИК, -а, *м.* (спец.). Бассейн или резервуар, сосуд, в к-ром отстаивается жидкость. *Отстойники ирригационных сооружений. О. для очистки масла.*

ОТСТОЯ́ТЬ[1], -ою́, -ои́шь; *сов. кого-что.* Защитить от нападения, от посягательств на что-н. *О. свои права, взгляды, свою точку зрения.* ‖ *несов.* **отста́ивать**, -аю, -аешь. ‖ *сущ.* **отста́ивание**, -я, *ср.*

ОТСТОЯ́ТЬ[2], -ою́, -ои́шь; *сов.,* **1.** *что.* Присутствуя где-н., простоять до конца, долго. *О. на ногах весь спектакль.* **2.** *что.* Стоя где-н., довести (ноги) до усталости, онемения (разг.). *Все ноги себе отстоял.* **3.** *от кого-чего.* Находиться на нек-ром расстоянии. *Аэропорт отстоит от города на десять километров.* ‖ *несов.* **отста́ивать**, -аю, -аешь (к 1 знач.).

ОТСТОЯ́ТЬ³, -ою́, -ои́шь; *сов., что.* Дать отстояться (в 1 знач.). *О. жидкость. О. масло.* ‖ *несов.* **отста́ивать**, -аю, -аешь. ‖ *прил.* **отсто́йный**, -ая, -ое.

ОТСТОЯ́ТЬСЯ (-ою́сь, -ои́шься, 1 и 2 л. не употр.), -ои́тся; *сов.* **1.** О жидкости: постояв, выделить из себя осадок. **2.** *перен.* О взглядах, мнениях: принять окончательный устойчивый вид. *Отстоявшаяся точка зрения.* ‖ *несов.* **отста́иваться** (-аюсь, -аешься, 1 и 2 л. не употр.), -ается (к 1 знач.). ‖ *прил.* **отсто́йный**, -ая, -ое (к 1 знач.).

ОТСТРАДА́ТЬ, -а́ю, -а́ешь; *сов.* Кончить страдать, перенести страдания.

ОТСТРА́ИВАТЬ, -СЯ *см.* отстроить, -ся.

ОТСТРАНИ́ТЬ, -ню́, -ни́шь; -нённый (-ён, -ена́); *сов.* **1.** *кого-что.* Отодвинуть, отвести в сторону. *О. чью-н. руку. О. от себя все заботы* (перен.). **2.** *кого (что).* Уволить (в 1 знач.); освободить от исполнения каких-л. обязанностей. *О. от должности. О. от дел.* ‖ *несов.* **отстраня́ть**, -я́ю, -я́ешь. ‖ *сущ.* **отстране́ние**, -я, *ср.*

ОТСТРАНИ́ТЬСЯ, -ню́сь, -ни́шься; *сов.* **1.** Отодвинуться, уклониться. *О. от удара.* **2.** Уклониться, отказаться от участия в чём-н. *О. от всех хлопот.* ‖ *несов.* **отстраня́ться**, -я́юсь, -я́ешься. ‖ *сущ.* **отстране́ние**, -я, *ср.* (ко 2 знач.).

ОТСТРЕЛИ́ТЬ, -елю́, -е́лишь; -е́ленный; *сов.* **1.** *что.* Оторвать пулей, осколком, снарядом. *О. палец.* **2.** *кого (что).* Убить (зверя) по особому отбору, разрешению (спец.). *О. лося.* **3.** *что.* Резко отделить при помощи специального устройства (спец.). *О. крышку люка.* ‖ *несов.* **отстре́ливать**, -аю, -аешь. ‖ *сущ.* **отстре́л**, -а, *м.* (ко 2 знач.; спец.).

ОТСТРЕЛИ́ТЬСЯ (-елю́сь, -е́лишься, 1 и 2 л. не употр.), -е́лится; *сов.* (спец.). Резко отделиться при помощи специального устройства. *Отстрелился парашют спускаемого аппарата. Отстрелилась крышка люка.* ‖ *несов.* **отстре́ливаться** (-аюсь, -аешься, 1 и 2 л. не употр.), -ается. ‖ *сущ.* **отстре́л**, -а, *м.*

ОТСТРЕЛЯ́ТЬСЯ, -я́юсь, -я́ешься; *сов.* **1.** *от кого-чего.* Отбиться стрельбой. *О. от волков.* **2.** Закончить стрельбу, стрельбы (разг.). *Батарея отстрелялась.* **3.** Окончить какие-н. дела, покончить с делами (разг. шутл.). *Сдал последний зачёт, отстрелялся!* ‖ *несов.* **отстре́ливаться**, -аюсь, -аешься (к 1 и 2 знач.).

ОТСТРИ́ЧЬ, -игу́, -ижёшь, -игу́т; -и́г, -и́гла; -и́гший; -и́женный; -и́гши; *сов., что.* Отрезать стрижкой. *О. косу.* ‖ *несов.* **отстрига́ть**, -а́ю, -а́ешь.

ОТСТРО́ИТЬ, -о́ю, -о́ишь; -о́енный; *сов., что.* Закончить постройку чего-н. *О. здание.* ‖ *несов.* **отстра́ивать**, -аю, -аешь. ‖ *сущ.* **отстро́йка**, -и, *ж.*

ОТСТРО́ИТЬСЯ, -о́юсь, -о́ишься; *сов.* (разг.). Закончить стройку. *К осени отстроимся.* ‖ *несов.* **отстра́иваться**, -аюсь, -аешься.

ОТСТРОЧИ́ТЬ, -очу́, -очи́шь *и* -о́чишь; -о́ченный; *сов., что.* Прострочить сплошным швом, строчкой. *О. воротник, карманы.* ‖ *несов.* **отстра́чивать**, -аю, -аешь. ‖ *сущ.* **отстра́чивание**, -я, *ср. и* **отстро́чка**, -и, *ж.*

ОТСТУ́КАТЬ, -аю, -аешь; -анный; *сов., что* (разг.). **1.** Исполнить, сделать, стукая по чему-н. *О. такт. О. заявление на машинке* (напечатать). **2.** Стуча, стукая, повредить, утомить. *О. себе все пальцы.* ‖ *несов.* **отсту́кивать**, -аю, -аешь.

О́ТСТУП, -а, *м.* Свободное пространство, оставляемое перед началом строки написанного или напечатанного текста. *О. в начале абзаца. Писать с отступом.*

ОТСТУПИ́ТЬ, -уплю́, -у́пишь; *сов.* **1.** Шагнув, отойти, отодвинуться назад, в сторону. *О. от дверей. О. на шаг. Леса отступили на север* (перен.). **2.** Отойти назад под напором наступающего неприятеля. *О. с боями. О. перед трудностями* (перен.). **3.** *от чего.* Отказаться от своих намерений, планов. *От своего не отступит. Не отступлю, пока не добьюсь своего.* **4.** *от чего.* Перестать придерживаться чего-н. *О. от своего мнения. О. от обычая.* **5.** *от чего.* Перенести внимание с основного на второстепенное. *О. от темы.* **6.** (1 и 2 л. не употр.), *перен.* В нек-рых сочетаниях: стать слабее, приблизиться к концу. *Болезнь отступила. Огонь отступил. Стихия отступила.* **7.** *от чего.* Сделать отступ. *О. немного от края листа.* ‖ *несов.* **отступа́ть**, -а́ю, -а́ешь. ‖ *сущ.* **отступле́ние**, -я, *ср.* (ко 2, 4 и 5 знач.). ‖ *прил.* **отступа́тельный**, -ая, -ое (ко 2 знач.).

ОТСТУПИ́ТЬСЯ, -уплю́сь, -у́пишься; *сов.* (разг.). **1.** *от чего.* Отказаться от чего-н., перестать отстаивать что-н. *О. от своих притязаний.* **2.** *от кого (чего).* Перестать общаться с кем-н.; отказаться от попыток повлиять, воздействовать на кого-н. *О. от изменника. Пробовали уговорить упрямца, да отступились.* ‖ *несов.* **отступа́ться**, -а́юсь, -а́ешься.

ОТСТУПЛЕ́НИЕ, -я, *ср.* **1.** *см.* отступить. **2.** Вставка в изложении, отклоняющаяся от основной темы. *Сделать о. Лирическое о.* (также перен.: вообще отступление от хода речи, мысли; шутл.).

ОТСТУ́ПНИК, -а, *м.* Человек, к-рый отступил, отступает от своих прежних убеждений, принципов, идеалов. *О. от истинной веры.* ‖ *ж.* **отсту́пница**, -ы. ‖ *прил.* **отсту́пнический**, -ая, -ое.

ОТСТУ́ПНИЧЕСТВО, -а, *ср.* Образ действий отступника. ‖ *прил.* **отсту́пнический**, -ая, -ое.

ОТСТУПНО́Й, -а́я, -о́е (устар.). О вознаграждении: даваемый тому, кто отступается, отказывается от своих прав, требований. *Отступные деньги. Тысяча рублей отступного* (сущ.).

ОТСТУПЯ́, *нареч.* На небольшом расстоянии от кого-чего-н.; сделав отступ. *Все столпились в кружок, он встал о. Начни писать о.* ✦ **Отступя от** *кого-чего, предлог с род. п.* — недалеко от кого-чего-н. *Отступя от столба вырыли яму.*

ОТСТУЧА́ТЬ, -чу́, -чи́шь; *сов., что* (разг.). То же, что отстукать.

ОТСУДИ́ТЬ, -ужу́, -у́дишь; -уди́; -у́женный; *сов., кого (что)* (разг.). Получить по решению суда. *О. дом, наследство.* ‖ *несов.* **отсу́живать**, -аю, -аешь.

ОТСУ́ТСТВИЕ, -я, *ср.* Положение, когда нет в наличии кого-чего-н., когда кто-что-н. отсутствует. *О. средств. В его о. Быть в отсутствии. За отсутствием кого-чего-н.* (из-за отсутствия кого-чего-н.). *Освобождён за отсутствием улик.* ✦ **Полное отсутствие всякого присутствия** (прост. шутл.) — о том, кто глуп, совсем ничего не понимает, не соображает.

ОТСУ́ТСТВОВАТЬ, -твую, -твуешь; *несов.* Не быть в данном месте, не иметься в наличии. *О. на собрании. Доказательства отсутствуют. Список отсутствующих* (сущ.).

ОТСУ́ТСТВУЮЩИЙ, -ая, -ее. О внешнем виде, взгляде: погружённый в себя, отрешённый.

ОТСУЧИ́ТЬ, -учу́, -у́чишь *и* -учи́шь; -у́ченный; *сов., что* (разг.). Отвернуть (засученное). *О. рукав.* ‖ *несов.* **отсу́чивать**, -аю, -аешь.

ОТСЧИТА́ТЬ, -а́ю, -а́ешь; -и́танный; *сов., кого-что.* **1.** Считая, отделить, отобрать. *О. пятьдесят рублей.* **2.** *от чего.* Сосчитать, начиная откуда-н. *О. пять шагов от дома.* ‖ *несов.* **отсчи́тывать**, -аю, -аешь. ‖ *сущ.* **отсчи́тывание**, -я, *ср. и* **отсчёт**, -а, *м.* (ко 2 знач.). *Точка отсчёта* (также перен.: исходный пункт, момент).

ОТСЫЛА́ТЬ, ОТСЫ́ЛОЧНЫЙ *см.* отослать.

ОТСЫ́ЛКА, -и, *ж.* **1.** *см.* отослать. **2.** Место в тексте, отсылающее за справкой к другой части текста. *Система отсылок в словаре.*

ОТСЫ́ПАТЬ, -плю, -плешь *и* (разг.) -пешь, -пет, -пем, -пете, -пят; -сыпь; -анный; *сов., что и чего.* Отделить, насыпав или высыпав. *О. стакан муки. О. орехов.* ‖ *несов.* **отсыпа́ть**, -а́ю, -а́ешь. ‖ *сущ.* **отсыпа́ние**, -я, *ср. и* **отсы́пка**, -и, *ж.*

ОТСЫПА́ТЬСЯ *см.* отоспаться.

ОТСЫРЕ́ЛЫЙ, -ая, -ое; -е́л. Ставший сырым, отсыревший. *О. песок. О. табак.* ‖ *сущ.* **отсыре́лость**, -и, *ж.*

ОТСЫРЕ́ТЬ (-е́ю, -е́ешь, 1 и 2 л. не употр.), -е́ет; *сов.* Напитаться влагой. *Сухари отсырели. Спички отсырели.* ‖ *несов.* **отсырева́ть** (-а́ю, -а́ешь, 1 и 2 л. не употр.), -а́ет.

ОТСЫХА́ТЬ *см.* отсохнуть.

ОТСЮ́ДА, *мест. нареч.* **1.** Из этого или от этого места. *Уедем о. О. до реки один километр. Читай о. до конца. О. (и) досюда* (от этого места до этого, от сих пор до сих пор, от сих до сих; разг.). **2.** Из сказанного перед этим, на этом основании. *О. заключаем следующее... Он лжёт: о. ясно, что он виноват.*

ОТСЯ́КНУТЬ (-ну, -нешь, 1 и 2 л. не употр.), -нет; *сов.* О кисломолочном продукте: долго простояв, выделить сыворотку, жидкий отстой. ‖ *несов.* **отсяка́ть** (-а́ю, -а́ешь, 1 и 2 л. не употр.), -а́ет. *Сметана отсякает в тепле.*

ОТТА́ЛКИВАТЬ, -СЯ *см.* оттолкнуть, -ся.

ОТТА́ЛКИВАЮЩИЙ, -ая, -ее. Отвратительный, противный. *Отталкивающее зрелище. Отталкивающее поведение.*

ОТТА́ПТЫВАТЬ *см.* оттоптать.

ОТТАСКА́ТЬ, -а́ю, -а́ешь; -а́сканный; *сов.* **1.** *что.* Оттащить в несколько приёмов. *О. рюкзаки к палатке.* **2.** *кого (что).* Наказать, дёргая за волосы, уши (разг.). *О. за вихры. О. за́ уши.* ‖ *несов.* **отта́скивать**, -аю, -аешь.

ОТТА́ЧИВАТЬ, -СЯ *см.* отточить, -ся.

ОТТАЩИ́ТЬ, -ащу́, -а́щишь; -а́щенный; *сов., кого-что.* Таща, отодвинуть, отстранить. *О. доски в сторону. О. за́ руку от окна.* ‖ *несов.* **отта́скивать**, -аю, -аешь.

ОТТА́ЯТЬ, -а́ю, -а́ешь; *сов.* **1.** (1 и 2 л. не употр.). Под действием тепла освободиться ото льда, снега, разморозиться. *Земля оттаяла. Замороженные продукты оттаяли. Сердце оттаяло* (перен.: смягчилось). **2.** *что.* Вывести из замороженного состояния, а также освободить (холодильную установку) от снежной шубы. *О. мясо. О. холодильник.* ‖ *несов.* **отта́ивать**, -аю, -аешь.

ОТТЕНИ́ТЬ, -ню́, -ни́шь; -нённый (-ён, -ена́); *сов., что.* **1.** Выделить, наложив тёмную или неяркую краску. *О. отдельные места рисунка.* **2.** *перен.* Обратив особое внимание на что-н., выделить, подчеркнуть (во 2 знач.). *О. подробности.* ‖ *несов.* **оттеня́ть**, -яю, -яешь.

ОТТЕ́НОК, -нка, *м.* **1.** Разновидность одного и того же цвета. *Голубой цвет разных оттенков.* **2.** *перен.* Особенность, разновидность, представляющая собой неявный переход от одного к другому. *Разные оттенки в употреблении слова.* **3.** *перен., чего.* Дополнительное свойство, небольшой налёт чего-н. *О. иронии в голосе.* ‖ *прил.* **отте́ночный**, -ая, -ое (к 1 знач.). *О. краситель.*

О́ТТЕПЕЛЬ, -и, *ж.* **1.** Тёплая погода (зимой, ранней весной) с таянием снега, льда. **2.** *перен.* Время наступления нек-рых политических свобод, ослабления жёсткого политического режима. *Годы оттепели.* ‖ *прил.* **о́ттепельный**, -ая, -ое.

ОТТЕРЕ́ТЬ, ототру́, ототрёшь; оттёр, оттёрла; ототри́; оттёрший; оттёртый; оттере́в *и* оттёрши; *сов.* **1.** *что.* Удалить (грязь, краску, пятно), счищая, стирая². **2.** *кого-что.* Возвратить чувствительность кому-чему-н. растиранием. *О. снегом.* **3.** *кого (что).* То же, что оттеснить (прост.). *О. любопытных назад.* ‖ *несов.* **оттира́ть**, -а́ю, -а́ешь.

ОТТЕРЕ́ТЬСЯ, ототру́сь, ототрёшься; оттёрся, оттёрлась; ототри́сь; оттёршийся; оттёршись; *сов.* То же, что отчиститься. *О. от грязи. Пятно оттёрлось.* ‖ *несов.* **оттира́ться**, -а́юсь, -а́ешься.

ОТТЕСНИ́ТЬ, -ню́, -ни́шь; -нённый (-ён, -ена́); *сов., кого (что).* Тесня, заставить уйти, отодвинуться. *О. противника на другой берег реки. О. соперника* (перен.). ‖ *несов.* **оттесня́ть**, -я́ю, -я́ешь.

ОТТЕ́ЧЬ (-еку́, -ечёшь, 1 и 2 л. не употр.), -ечёт, -еку́т; -ёк, -екла́; -ёкший; -ёкши; *сов.* Стечь, утечь в сторону, в другое место. *Вода оттекла по жёлобу.* ‖ *несов.* **оттека́ть** (-а́ю, -а́ешь, 1 и 2 л. не употр.), -а́ет. ‖ *сущ.* **отто́к**, -а, *м. О. крови.*

О́ТТИСК, -а, *м.* **1.** То же, что отпечаток (в 1 знач.). *О. подковы. Корректурный о. страницы.* **2.** Статья из журнала, сборника в виде отдельной брошюры. *Отдельный о.* ‖ *прил.* **о́ттискный**, -ая, -ое (спец.).

ОТТИ́СНУТЬ¹, -ну, -нешь; -утый; *сов., кого (что)* (прост.). То же, что оттеснить. *О. любопытных в сторону.* ‖ *несов.* **отти́скивать**, -аю, -аешь.

ОТТИ́СНУТЬ², -ну, -нешь; -утый; *сов., что* (спец.). Сделать оттиск, отпечаток. *О. новую корректуру.* ‖ *несов.* **отти́скивать**, -аю, -аешь.

ОТТОГО́, *мест. нареч.* и *союзн. сл.* Потому, вследствие чего-н. *Невнимателен, все его ошибки о. Устал, о. сердит.* ✦ **Оттого и**, *союз* — то же, что потому и. *Усерден, оттого и отличник.* **Оттого что**, *союз* — то же, что потому что. *Не приехал, оттого что не мог.* **А (и) оттого**, *союз* — то же, что а (и) потому. *Дисциплинирован, и оттого много успевает.*

ОТТО́К, -а, *м.* **1.** *см.* оттечь. **2.** *перен.* Убыль, убывание. *О. капитала. О. слушателей.* **3.** Место, по к-рому что-н. стекает, оттекает. *Бетонный о.*

ОТТО́ЛЕ и **ОТТО́ЛЬ**, *мест. нареч.* (устар.). То же, что оттуда. *О. нет возврата.*

ОТТОЛКНУ́ТЬ, -ну́, -нёшь; отто́лкнутый; *сов.* **1.** *кого-что.* Толчком отодвинуть. *О. драчуна. О. ногой табуретку.* **2.** *перен., кого (что).* Вызвать своим поведением, поступком неприязнь к себе, нежелание общаться. *О. от себя друзей.* ‖ *несов.* **отта́лкивать**, -аю, -аешь.

ОТТОЛКНУ́ТЬСЯ, -ну́сь, -нёшься; *сов.* **1.** *от кого-чего.* Упершись во что-н., толчком отодвинуться. *О. веслом от берега.* **2.** *перен., от чего.* Имея что-н. отправным пунктом в рассуждениях, работе, действиях, пойти дальше. *О. от исходного тезиса.* ‖ *несов.* **отта́лкиваться**, -аюсь, -аешься.

ОТТОМА́НКА, -и, *ж.* Широкий и низкий мягкий диван с валиками и подушками, заменяющими спинку, с валиками по бокам. *Ковровая о.*

ОТТО́ПАТЬ, -аю, -аешь; *сов., что* (разг.). **1.** То же, что оттопать (в 1 знач.). **2.** То же, что отшагать. *Десять километров оттопал.*

ОТТОПТА́ТЬ, -опчу́, -о́пчешь; -о́птанный; *сов., что* (разг.). **1.** Повредить, утомить длительной ходьбой. *Ходили-ходили, все ноги оттоптали.* **2.** Топча, наступая ногой, повредить, испортить. *В толчее оттоптали ботинки. О. оборки у юбки.* ‖ *несов.* **отта́птывать**, -аю, -аешь.

ОТТОПЫ́РИТЬ, -рю, -ришь; -ренный; *сов., что* (разг.). Сделать торчащим, выпятить, выдвинуть вперёд. *О. локти. О. карман. Оттопыренные уши.* ‖ *несов.* **оттопы́ривать**, -аю, -аешь.

ОТТОПЫ́РИТЬСЯ (-рюсь, -ришься, 1 и 2 л. не употр.), -рится; *сов.* (разг.). Стать оттопыренным. *Карманы оттопырились.* ‖ *несов.* **оттопы́риваться** (-аюсь, -аешься, 1 и 2 л. не употр.), -ается.

ОТТО́РГНУТЬ, -ну, -нешь; -о́рг *и* -о́ргнул, -о́ргла; -о́ргший *и* -о́ргнувший; -нутый; -о́ргнув; *сов., кого-что* (книжн.). **1.** Отделить, отнять насильственным путём. *О. чужие земли.* **2.** Не принять, отвергнуть. *Организм отторг трансплантированный орган. О. изменника* (перен.; высок.). ‖ *несов.* **отторга́ть**, -а́ю, -а́ешь. ‖ *сущ.* **отторже́ние**, -я, *ср.*

ОТТО́ЧИЕ, -я, *ср.* Ряд точек на месте пропуска в тексте.

ОТТОЧИ́ТЬ, -очу́, -о́чишь; -о́ченный; *сов., что.* Сделать острым (в 1 и 3 знач.). *О. нож, лезвие. О. свой стиль. Отточенная речь, фраза* (точная и чёткая). ‖ *несов.* **отта́чивать**, -аю, -аешь. ‖ *сущ.* **отта́чивание**, -я, *ср.* *и* **отто́чка**, -и, *ж.* (по 1 знач. прил. острый).

ОТТОЧИ́ТЬСЯ (-очу́сь, -о́чишься, 1 и 2 л. не употр.), -о́чится; *сов.* Стать отточенным. *Нож отточился. Мысль, речь отточилась.* ‖ *несов.* **отта́чиваться** (-аюсь, -аешься, 1 и 2 л. не употр.), -ается.

ОТТРЕПА́ТЬ, -еплю́, -е́плешь; -рёпанный; *сов., кого (что)* (разг.). Трепля за уши, за волосы, наказать, оттаскать. ‖ *несов.* **оттрёпывать**, -аю, -аешь.

ОТТРУБИ́ТЬ, -блю́, -би́шь; *сов., что.* **1.** Кончить трубить. *О. зорю.* **2.** Проработать, прожить какое-н. время где-н., занимаясь чем-н. утомительным, однообразным (прост.). *Целый год оттрубил в подсобниках.*

ОТТУ́ДА, *мест. нареч.* Из того или от того места. *Они о. давно уехали. О. до Москвы два часа лёту.*

ОТТУЗИ́ТЬ *см.* тузить.

ОТТЯГА́ТЬ, -а́ю, -а́ешь; *сов., что* (прост.). Отобрать происками, тяжбой. *О. наследство.*

ОТТЯ́ЖКА, -и, *ж.* **1.** *см.* оттянуть. **2.** Движение, к-рым рубящее оружие или плеть, кнут при ударе оттягивается немного назад (спец.). *Ударить с оттяжкой.* **3.** Крепящий что-н. натянутый трос, канат. *О. мачты, антенны.*

ОТТЯНУ́ТЬ, -яну́, -я́нешь; -я́нутый; *сов.* **1.** *что.* Потянув, отодвинуть, отвести. *О. плот к берегу.* **2.** *кого-что.* Отвести, переведя из одного места в другое. *О. отряд в лес.* **3.** *перен., что.* То же, что отсрочить (в 1 знач.) (разг.). *О. выполнение решения. О. время* (намеренно медля с чем-н., выиграть время). **4.** *что.* Сделать отвислым. *О. карман.* **5.** *что.* Тяжестью причинить боль чему-н., натрудить (разг.). *Рюкзак оттянул плечи.* ‖ *несов.* **оття́гивать**, -аю, -аешь. ‖ *сущ.* **оття́гивание**, -я, *ср.* *и* **оття́жка**, -и, *ж.* (к 1 и 3 знач.; разг.). ‖ *прил.* **оттяжно́й**, -а́я, -о́е (к 1 знач.; спец.) *и* **оття́жечный**, -ая, -ое (к 1 знач.; спец.).

ОТТЯНУ́ТЬСЯ, -я́нется; *сов.* **1.** (1 и 2 л. ед. не употр.). О многих: постепенно отойти назад, в сторону. *Полк оттянулся к лесу.* **2.** (1 и 2 л. не употр.). Стать отвислым от тяжести. *Карманы оттянулись.* ‖ *несов.* **оття́гиваться**, -ается.

ОТТЯ́ПАТЬ, -аю, -аешь и **ОТТЯ́ПНУТЬ**, -ну, -нешь; *сов., что* (прост.). **1.** Отрубить, отсечь. *О. топором.* **2.** Отнять, оттяпать. *О. солидный куш.* ‖ *несов.* **оття́пывать**, -аю, -аешь.

ОТУ́ЖИНАТЬ, -аю, -аешь; *сов.* **1.** Кончить ужинать (разг.). **2.** Съесть ужин, поужинать (устар.). *Прошу о. со мной.*

ОТУМА́НИТЬ, -ню, -нишь; -ненный; *сов., кого-что.* Слегка затуманить, сделать туманным (во 2 и 3 знач.). *Отуманенная даль. Глаза отуманило* (безл.) *слезами. Отуманенное сознание.* ‖ *несов.* **отума́нивать**, -аю, -аешь.

ОТУМА́НИТЬСЯ (-нюсь, -нишься, 1 и 2 л. не употр.), -нится. Стать туманным (во 2 и 3 знач.). *Даль отуманилась. Взор отуманился слезами. Сознание отуманилось.* ‖ *несов.* **отума́ниваться** (-аюсь, -аешься, 1 и 2 л. не употр.), -ается.

ОТУПЕ́ЛЫЙ, -ая, -ое; -е́л (разг.). Утративший способность соображать, дошедший до отупения. *О. вид. Отупело* (нареч.) *глядеть.* ‖ *сущ.* **отупе́лость**, -и, *ж.*

ОТУПЕ́НИЕ, -я, *ср.* Состояние крайней усталости и безразличия. *Дойти до полного отупения.*

ОТУПЕ́ТЬ *см.* тупеть.

ОТУТЮ́ЖИТЬ *см.* утюжить.

ОТУЧИ́ТЬ, -учу́, -у́чишь; -у́ченный; *сов.* **1.** *кого-что.* Кончить учить (в 1 и 5 знач.) (разг.). **2.** *кого (что) от чего* или *с неопр.* Заставить отвыкнуть. *О. от курения. О. опаздывать.* ‖ *несов.* **отуча́ть**, -а́ю, -а́ешь (ко 2 знач.) *и* **оту́чивать**, -аю, -аешь (ко 2 знач.).

ОТУЧИ́ТЬСЯ, -учу́сь, -у́чишься; *сов.* **1.** Кончить учиться, заниматься. **2.** *от чего* или *с неопр.* Отвыкнуть от чего-н. *О. от курения (курить).* ‖ *несов.* **отуча́ться**, -а́юсь, -а́ешься (ко 2 знач.) *и* **оту́чиваться**, -аюсь, -аешься (ко 2 знач.).

ОТФИЛЬТРОВА́ТЬ *см.* фильтровать.

ОТФОРМОВА́ТЬ *см.* формовать.

ОТФРЕЗЕРОВА́ТЬ *см.* фрезеровать.

ОТФУТБО́ЛИТЬ, -лю, -лишь; *сов., кого-что* (прост. неодобр.). Избавиться от кого-чего-н., передав или переслав к другим, в другие инстанции. *О. жалобу, жалобщика.* ‖ *несов.* **отфутбо́ливать**, -аю, -аешь.

ОТФЫ́РКИВАТЬСЯ, -аюсь, -аешься; *несов.* (разг.). С шумом и силой выдыхать воздух через рот, нос. *Лошади отфыркиваются. Умываться, отфыркиваясь.*

ОТХА́ЖИВАТЬ¹⁻² *см.* отходить¹⁻².

ОТХА́РКАТЬ, -аю, -аешь; -анный; *сов., что.* Харкая, выплюнуть. ‖ *несов.* **отха́ркивать**, -аю, -аешь. ‖ *однокр.* **отха́ркнуть**, -ну, -нешь. ‖ *сущ.* **отха́ркивание**, -я, *ср.*

ОТХА'РКИВАЮЩИЙ, -ая, -ее. Облегчающий отхаркивание, выведение мокроты. *Отхаркивающая микстура. Прописать отхаркивающее* (сущ.).

ОТХВАТИ'ТЬ, -ачу́, -а́тишь; -а́ченный; *сов.* **1.** *что.* С силой оторвать, отрезать, откусить (разг.). *О. кусок.* **2.** *кого-что.* Удачно приобрести, достать (прост.). *Отхватил себе костюмчик!* **3.** *что.* Сделать что-н. быстро, ловко (прост.). *О. трепака.* ‖ *несов.* **отхва́тывать**, -аю, -аешь.

ОТХЛЕБНУ'ТЬ, -ну́, -нёшь; *сов., что и чего* (разг.). Хлебнув, отпить. *О. из чашки.* ‖ *несов.* **отхлёбывать**, -аю, -аешь.

ОТХЛЕСТА'ТЬ, -ещу́, -е́щешь; -ёстанный; *сов., кого-что* (разг.). Избить чем-н. гибким, гнущимся. *О. ремнём. О. по щекам* (надавать пощёчин). ‖ *несов.* **отхлёстывать**, -аю, -аешь.

ОТХЛО'ПАТЬ, -аю, -аешь; *сов., что* (разг.). Повредить, утомить хлопаньем. *О. себе ладони* (аплодируя). ‖ *несов.* **отхло́пывать**, -аю, -аешь.

ОТХЛЫ'НУТЬ (-ну, -нешь, **1 и 2 л.** не употр.), -нет; *сов.* Хлынув, отойти, отступить. *Волны отхлынули от берега. Кровь отхлынула от лица* (от волнения, страха). *Толпа отхлынула.*

ОТХО'Д, -а, *м.* **1.** *см.* **отойти. 2.** обычно *мн.* Остатки производства, обычно годные для использования, переработки. *Нефтяные отходы. Пищевые отходы.*

ОТХОДИ'ТЬ[1], -ожу́, -о́дишь; -о́женный; *сов., кого (что).* Вылечить тщательным уходом, а также вообще вернуть к жизни, приняв срочные меры. *О. больного. Умирал, еле отходили.* ‖ *несов.* **отха́живать**, -аю, -аешь.

ОТХОДИ'ТЬ[2], -ожу́, -о́дишь, -о́женный; *сов.* **1.** *см.* **отойти. 2.** Провести какое-н. время в ходьбе (разг.). *Весь день о. по городу.* **3.** *что.* Утомить, повредить ходьбой (разг.). *Все ноги себе отходил.* **4.** Кончить ходить (разг.). **5.** *кого (что).* Избить, отколотить (прост.). *О. прутом.* ‖ *несов.* **отха́живать**, -аю, -аешь (ко 2 и 5 знач.).

ОТХО'ДНИК, -а, *м.* (устар.). Крестьянин, уходящий на отхожий промысел. ‖ *прил.* **отхо́днический**, -ая, -ое.

ОТХО'ДНИЧЕСТВО, -а, *ср.* (устар.). Занятия отхожим промыслом. ‖ *прил.* **отхо́днический**, -ая, -ое.

ОТХО'ДНЫЙ, -ая, -ое. **1.** *см.* **отойти. 2. отхо́дная**, -ой, *ж.* Молитва над умирающим. *Читать отходную. Справлять* или *петь отходную кому-чему-н.* (перен.: то же, что ставить крест на ком-чём-н.; разг. шутл.).

ОТХО'ДЧИВЫЙ, -ая, -ое; -ив. Легко, быстро успокаивающийся после гнева, раздражения. *О. характер.* ‖ *сущ.* **отхо́дчивость**, -и, *ж.*

ОТХО'ЖИЙ, -ая, -ее: 1) **отхожий промысел** — в России до революции: временная сезонная работа крестьян вне места постоянного жительства; 2) **отхожее место** (прост.) — уборная на дворе без канализации.

ОТЦВЕСТИ', -цвету́, -цветёшь; -ёл, -ела́; -цве́тший; -цветя́ *и* -цве́тши; *сов.* Кончить цвести (в 1 и 2 знач.). *Цветы отцвели. Красота отцвела.* ‖ *несов.* **отцвета́ть**, -а́ю, -а́ешь.

ОТЦЕДИ'ТЬ, -ежу́, -е́дишь; -е́женный; *сов.* **1.** *что.* Цедя, пропустить через что-н. *О. бульон.* **2.** *что и чего.* Сцедить (во 2 знач.) немного. *О. молока в кружку.* ‖ *несов.* **отце́живать**, -аю, -аешь.

ОТЦЕПИ'ТЬ, -еплю́, -е́пишь; -е́пленный; *сов., что.* Расцепляя, отделить. *О. вагон. О. саблю.* ‖ *несов.* **отцепля́ть**, -я́ю, -я́ешь. ‖ *сущ.* **отцепле́ние**, -я, *ср.*, **отце́п**, -а, *м.* и **отце́пка**, -и, *ж.*

ОТЦЕПИ'ТЬСЯ, -еплю́сь, -е́пишься; *сов.* **1.** Расцепляясь, отделиться. *Прицеп отцепился.* **2.** *перен.* То же, что отстать (в 7 знач.) (прост.). *Отцепись ты от меня с твоими советами!* ‖ *несов.* **отцепля́ться**, -я́юсь, -я́ешься. ‖ *сущ.* **отцепле́ние**, -я, *ср.* (к 1 знач.), **отце́п**, -а, *м.* (к 1 знач.) *и* **отце́пка**, -и, *ж.* (к 1 знач.).

ОТЦЕУБИ'ЙСТВО, -а, *ср.* Убийство своего отца.

ОТЦЕУБИ'ЙЦА, -ы, *м. и ж.* Убийца своего отца.

ОТЦИКЛЕВА'ТЬ *см.* циклевать.

ОТЦО'В *см.* отец.

ОТЦО'ВСКИЙ, -ая, -ое. **1.** *см.* отец. **2.** Свойственный отцу, такой, как у отца. *Отцовские чувства. Отцовское отношение наставника к ученикам. По-отцовски* (нареч.) *относиться к кому-н.*

ОТЦО'ВСТВО, -а, *ср.* Кровное родство между отцом и его ребёнком (детьми). *Признать своё о. Установление отцовства.*

ОТЧА'ЛИТЬ, -лю, -лишь; -ленный; *сов.* **1.** *что.* Отвязать (причальный канат). **2.** О плавучих средствах: отплыть от берега. *Теплоход отчалил. Отчаливай!* (также перен.: уходи вон, убирайся; прост.). ‖ *несов.* **отча́ливать**, -аю, -аешь. ‖ *сущ.* **отча́ливание**, -я, *ср.* (ко 2 знач.) *и* **отча́л**, -а, *м.* (ко 2 знач.).

ОТЧА'СТИ, *нареч.* Не вполне, в нек-рой степени, частично. *Прав только о.*

ОТЧА'ЯНИЕ, -я, *ср.* Состояние крайней безнадёжности, ощущение безвыходности. *Приходить, привести в о. О. охватывает кого-н. Говорить с отчаянием в голосе.*

ОТЧА'ЯННЫЙ, -ая, -ое; -ян, -янна. **1.** Чрезвычайно тяжёлый, безвыходный, проникнутый отчаянием. *Отчаянное положение. О. крик.* **2.** Смелый до безрассудности. *О. человек. О. поступок.* **3.** *полн. ф.* Крайний, очень сильный (разг.). *О. спорщик. Отчаянное сопротивление.* **4.** Очень плохой (разг.). *Отчаянное поведение.* ‖ *сущ.* **отча́янность**, -и, *ж.* (к 1, 2 и 4 знач.).

ОТЧА'ЯТЬСЯ, -а́юсь, -а́ешься; *сов., с неопр. и в чём.* Потерять всякую надежду на что-н., впасть в отчаяние. *Отчаялся добиться понимания. О. в успехе.* ‖ *несов.* **отча́иваться**, -аюсь, -аешься.

ОТЧЕБУ'ЧИТЬ, -чу, -чишь и **ОТЧУБУ'ЧИТЬ**, -чу, -чишь; *сов., что* (прост.). То же, что отчудить. ‖ *несов.* **отчебу́чивать**, -аю, -аешь *и* **отчубу́чивать**, -аю, -аешь.

ОТЧЕГО'. **1.** *мест. нареч.* и *союзн. сл.* Почему, по какой причине. *О. он не пришёл? Не знаю, о. это случилось.* **2.** *союз.* Вследствие чего, по причине чего. *Улыбнулся, о. лицо его стало красивым.* **3.** *частица.* То же, что почему (в 3 знач.)(разг.).✦ **Отчего же** (разг.) — то же, что почему же. *По-моему, ты просто шутишь. — Отчего же. Ты устал? — Нет, отчего же.* **Отчего и**, *союз* — то же, что почему и, поэтому. *Болел, отчего и отстал.* **И (вот) отчего**, *союз* — то же, что и вот почему, и поэтому. *Он самоуверен, и вот отчего его не любят.*

ОТЧЕГО'-ЛИБО, *мест. нареч.* То же, что отчего-нибудь.

ОТЧЕГО'-НИБУДЬ, *мест. нареч.* По какой-н. неопределённой причине, почему-н.

ОТЧЕГО'-ТО, *мест. нареч.* По какой-то причине, почему-то. *Отчего-то устал.*

ОТЧЕКА'НИВАТЬ, -аю, -аешь; *несов., что.* То же, что чеканить[1] (в 1 и 3 знач.).

ОТЧЕКА'НИТЬ *см.* чеканить[1].

ОТЧЕРЕНКОВА'ТЬ *см.* черенковать.

ОТЧЕРКНУ'ТЬ, -ну́, -нёшь; -ёркнутый; *сов., что.* Отделить, выделить чертой (в тексте). *О. цитату карандашом.* ‖ *несов.* **отчёркивать**, -аю, -аешь.

ОТЧЕ'РПАТЬ, -аю, -аешь; *сов., что и чего.* Отчерпнуть в несколько приёмов. *О. воду из лодки черпаком.* ‖ *несов.* **отче́рпывать**, -аю, -аешь.

ОТЧЕРПНУ'ТЬ, -ну́, -нёшь; -ёрпнутый; *сов., что и чего.* Черпая, отбавить. *О. воды из ведра.* ‖ *несов.* **отче́рпывать**, -аю, -аешь.

О'ТЧЕСТВО, -а, *ср.* Наименование по личному имени отца. *Сообщить своё имя, о. и фамилию. Зовут Пётр, а по отчеству Иванович. По отчеству звать кого-н.* (т. е. уважительно, по имени и отчеству, а также, прост., только по отчеству).

ОТЧЁТ, -а, *м.* **1.** *см.* отчитаться. **2.** Сообщение, доклад о своих действиях, работе. *О. о командировке. О. депутата перед избирателями. Финансовый о.* (документ о расходовании средств.) *Взять деньги под о.* (с последующим представлением отчёта). ✦ **Дать отчёт в своих поступках** — объяснить свои поступки. **Дать или отдать себе отчёт** *в чём* — понять, осознать что-н. **Не давая или не отдавая себе отчёта** (делать что-н.) — бессознательно, не вникая серьёзно в значение совершаемого. ‖ *прил.* **отчётный**, -ая, -ое.

ОТЧЁТЛИВЫЙ, -ая, -ое; -ив. **1.** Раздельный, чёткий, разборчивый. *О. почерк, рисунок. Отчётливое произношение. Отчётливо* (нареч.) *видеть.* **2.** Ясный, точный, вполне понятный. *Отчётливое изложение. Отчётливо* (нареч.) *осознавать происходящее.* ‖ *сущ.* **отчётливость**, -и, *ж.*

ОТЧЁТНОСТЬ, -и, *ж.* **1.** *собир.* Оправдательные документы, содержащие отчёт о работе, о произведённых расходах. *Денежная о.* **2.** Проведение отчётов перед вышестоящим органом. *Порядок отчётности.*

ОТЧЁТНЫЙ *см.* отчёт *и* отчитаться.

ОТЧИ'ЗНА, -ы, *ж.* (высок.). Отечество, родина. *Любовь к отчизне. Отчизны верные сыны.*

О'ТЧИЙ *см.* отец.

О'ТЧИМ, -а, *м.* Муж матери по отношению к её детям от прежнего брака.

ОТЧИСЛЕ'НИЕ, -я, *ср.* **1.** *см.* **отчислить, -ся. 2.** Отчисленная сумма. *Добровольные отчисления. Отчисления на строительство. О. от прибыли.*

ОТЧИ'СЛИТЬ, -лю, -лишь; -ленный; *сов.* **1.** *что.* Вычесть, удержать или выделить из какой-н. суммы. *О. сто рублей. О. часть премии в Фонд милосердия.* **2.** *кого (что).* Исключить, уволить. *О. неуспевающего студента.* ‖ *несов.* **отчисля́ть**, -я́ю, -я́ешь. ‖ *сущ.* **отчисле́ние**, -я, *ср.*

ОТЧИ'СЛИТЬСЯ, -люсь, -лишься; *сов.* Стать отчисленным, уволиться. *О. из членов клуба.* ‖ *несов.* **отчисля́ться**, -я́юсь, -я́ешься. ‖ *сущ.* **отчисле́ние**, -я, *ср.*

ОТЧИ'СТИТЬ, -и́щу, -и́стишь; -и́щенный; *сов., что.* **1.** Чистя, удалить что-н. *О. пятно.* **2.** Сделать чистым, удалив грязь, что-н. наросшее, налипшее. *О. свою одежду. О. котелок от копоти.* ‖ *несов.* **отчища́ть**, -а́ю, -а́ешь. ‖ *возвр.* **отчи́ститься**, -и́щусь, -и́стишься (ко 2 знач.). *О. от пыли* (очистить свою одежду). ‖ *сущ.* **отчи́стка**, -и, *ж.*

ОТЧИ'СТИТЬСЯ, -и́щусь, -и́стишься; *сов.* **1.** *см.* отчистить. **2.** (1 и 2 л. не употр.). Отойти (в 4 знач.) после чистки, а также стать чистым после чистки. *Пятно отчистилось. Руки отчистились от краски.* ‖ *несов.* **отчища́ться**, -а́юсь, -а́ешься.

ОТЧИТА́ТЬ, -а́ю, -а́ешь; -и́танный; *сов., кого (что)* (разг.). Сделать кому-н. строгое замечание, выговор. *О. за шалость.* ‖ *несов.* **отчи́тывать,** -аю, -аешь.

ОТЧИТА́ТЬСЯ, -а́юсь, -а́ешься; *сов.* Сообщить о своих действиях, о том, что поручено, сделано. *О. перед избирателями.* ‖ *несов.* **отчи́тываться,** -аюсь, -аешься. ‖ *сущ.* **отчёт,** -а, *м. Потребовать отчёта.* ‖ *прил.* **отчётный,** -ая, -ое. *О. доклад. Отчётное собрание. О. год* (за к-рый производится отчёт).

ОТЧИХВО́СТИТЬ, -о́щу, -о́стишь; *сов., кого (что)* (прост.). Сильно выругать, устроить нагоняй.

ОТЧЛЕНИ́ТЬ, -ню́, -ни́шь; -нённый (-ён, -ена́); *сов., что от чего.* Отделить от целого. ‖ *несов.* **отчленя́ть,** -я́ю, -я́ешь. ‖ *сущ.* **отчлене́ние,** -я, *ср.*

ОТЧЛЕНИ́ТЬСЯ, -ню́сь, -ни́шься; *сов., от чего.* Отделиться от целого. ‖ *несов.* **отчленя́ться,** -я́юсь, -я́ешься. ‖ *сущ.* **отчлене́ние,** -я, *ср.*

ОТЧУДИ́ТЬ, 1 л. ед. не употр., -и́шь; *сов., что* (прост.). Устроить что-н. чудно́е, странное и неожиданное, выкинуть (во 2 знач.). *Ну и штуку ты отчудил!*

ОТЧУЖДА́ЕМЫЙ, -ая, -ое (книжн.). Такой, к-рый может быть изъят у владельца, обладателя какого-н. права. *Отчуждаемое имущество.* ‖ *сущ.* **отчужда́емость,** -и, *ж.*

ОТЧУЖДА́ТЬ, -а́ю, -а́ешь; *несов.* **1.** *что.* Передавать (имущество) в пользу другого лица, организации, государства (офиц.). **2.** *кого (что).* Делать далёким, чуждым кому-н., отдалять (книжн.). *Эгоизм отчуждает друзей.* ‖ *сущ.* **отчужде́ние,** -я, *ср.* (к 1 знач.). ✦ **Полоса отчуждения** — прежнее название полосы отвода (см. отвести).

ОТЧУЖДЕ́НИЕ, -я, *ср.* **1.** *см.* отчуждать. **2.** Прекращение близких отношений между кем-н., внутреннее отдаление. *Взаимное о.*

ОТЧУЖДЁННЫЙ, -ая, -ое; -ён. **1.** Отдалённый от других, изолированный. *Отчуждённое существование.* **2.** Погружённый в себя, безразличный к окружающему. *Отчуждённо* (нареч.) *взглянуть.* ‖ *сущ.* **отчуждённость,** -и, *ж.*

ОТШАГА́ТЬ, -а́ю, -а́ешь; *сов., что* (разг.). Пройти какое-н. расстояние пешком. *О. десяток километров.* ‖ *несов.* **отша́гивать,** -аю, -аешь.

ОТШАГНУ́ТЬ, -ну́, -нёшь; *сов.* (разг.). Сделать шаг в сторону, назад. *О. к двери.*

ОТШАТНУ́ТЬСЯ, -ну́сь, -нёшься; *сов., от кого-чего.* **1.** Шатнуться в сторону, отклониться. *О. от удара.* **2.** *перен.* Резко изменив отношение к кому-н., прекратить общение (разг.). *О. от старой компании.* ‖ *несов.* **отша́тываться,** -аюсь, -аешься.

ОТШВЫРНУ́ТЬ, -ну́, -нёшь; -ы́рнутый; *сов., кого-что* (разг.). Швырнув, отбросить. *О. камень.* ‖ *несов.* **отшвы́ривать,** -аю, -аешь.

ОТШЕ́ЛЬНИК, -а, *м.* **1.** Монах, живущий в скиту, отказавшийся от общения с людьми, внешним миром. **2.** *перен.* Человек, чуждающийся других, живущий уединённо. ‖ *ж.* **отше́льница,** -ы (ко 2 знач.). ‖ *прил.* **отше́льнический,** -ая, -ое.

ОТШЕ́ЛЬНИЧЕСТВО, -а, *ср.* Жизнь, образ жизни отшельника. ‖ *прил.* **отше́льнический,** -ая, -ое.

ОТШИ́Б, -а, *м.*: **на отшибе** (разг.) — в стороне от других. *Изба на отшибе. Жить на отшибе* (также перен.: в одиночестве, не вместе с другими).

ОТШИБИ́ТЬ, -бу́, -бёшь; -ши́б, -ши́бла; -ши́бленный; *сов., что* (прост.). **1.** То же, что отбить (в 4 и 5 знач.). *О. ручку у чашки. О. неприятный запах.* **2.** Ушибить, повредить ушибом. *О. руку.* ✦ **Память отшибло** *у кого* — стал всё забывать, ничего не помнит. ‖ *несов.* **отшиба́ть,** -а́ю, -а́ешь.

ОТШИ́ТЬ, отошью́, отошьёшь; отше́й; *сов.* **1.** Кончить шить (разг.). **2.** *кого (что).* Заставить прекратить общение (прост.). *О. ухажёра.* ‖ *несов.* **отшива́ть,** -а́ю, -а́ешь (ко 2 знач.).

ОТШЛЁПАТЬ, -аю, -аешь; -анный; *сов.* **1.** *кого (что).* Надавать шлепков (разг.). *О. за озорство.* **2.** *что.* Отшагать (обычно по грязной, мокрой дороге). ‖ *несов.* **отшлёпывать,** -аю, -аешь.

ОТШЛИФОВА́ТЬ *см.* шлифовать.

ОТШПИ́ЛИТЬ, -лю, -лишь; -ленный; *сов., что* (разг.). То же, что отколоть[2]. *О. бант.* ‖ *несов.* **отшпи́ливать,** -аю, -аешь.

ОТШПИ́ЛИТЬСЯ (-люсь, -лишься, 1 и 2 л. не употр.), -лится; *сов.* (разг.). То же, что отколоться[2]. *Бант отшпилился.* ‖ *несов.* **отшпи́ливаться** (-аюсь, -аешься, 1 и 2 л. не употр.), -ается.

ОТШТАМПОВА́ТЬ *см.* штамповать.

ОТШТУКАТУ́РИТЬ *см.* штукатурить.

ОТШУМЕ́ТЬ, -млю́, -ми́шь; *сов.* Кончить шуметь. *Отшумели вешние воды.*

ОТШУТИ́ТЬСЯ, -учу́сь, -у́тишься; *сов.* Ответить на что-н. серьёзное шуткой или отделаться шутками. *С ним говорили серьёзно, а он отшутился.* ‖ *несов.* **отшу́чиваться,** -аюсь, -аешься.

ОТЩЕЛКА́ТЬ, -а́ю, -а́ешь; -ёлканный; *сов., кого (что)* (прост.). То же, что отщёлкать (в 1 и 2 знач.). ‖ *несов.* **отщёлкивать,** -аю, -аешь.

ОТЩЕПЕ́НЕЦ, -нца, *м.* Человек, отколовшийся от своей общественной среды. ‖ *ж.* **отщепе́нка,** -и. ‖ *прил.* **отщепе́нческий,** -ая, -ое.

ОТЩЕПЕ́НСТВО, -а и **ОТЩЕПЕ́НЧЕСТВО,** -а, *ср.* Отход, откол от своей общественной среды, поведение отщепенца. ‖ *прил.* **отщепе́нческий,** -ая, -ое.

ОТЩЕПИ́ТЬ, -плю́, -пи́шь; -плённый (-ён, -ена́); *сов., что.* **1.** Щипля, отделить. *О. лучину.* **2.** Отъединить, отделить (спец.). ‖ *несов.* **отщепля́ть,** -я́ю, -я́ешь. ‖ *сущ.* **отщепле́ние,** -я, *ср.*

ОТЩЕПИ́ТЬСЯ (-плю́сь, -пи́шься, 1 и 2 л. не употр.), -пи́тся; *сов.* **1.** Отделиться слоем. *Щепка отщепилась.* **2.** Отъединиться, отделиться (спец.). *Кислород отщепился.* ‖ *несов.* **отщепля́ться** (-я́юсь, -я́ешься, 1 и 2 л. не употр.), -я́ется. ‖ *сущ.* **отщепле́ние,** -я, *ср.*

ОТЩЁЛКАТЬ, -аю, -аешь; -анный; *сов.* (разг.). **1.** *кого (что).* Надавать щелчков, избить щелчками. *О. по́ лбу.* **2.** *перен., кого (что).* Резко, грубо и обидно отчитать. *О. наглеца.* **3.** Кончить щёлкать. *Отщёлкали соловьи.* ‖ *несов.* **отщёлкивать,** -аю, -аешь (к 1 и 2 знач.).

ОТЩИПА́ТЬ, -иплю́, -и́плешь *и* (разг.) -и́пешь, -и́пет, -и́пем, -и́пете, -и́пят; -и́панный; *сов., что.* Щипля, отделить. *О. корочку хлеба.* ‖ *несов.* **отщи́пывать,** -аю, -аешь. ‖ *однокр.* **отщипну́ть,** -ну́, -нёшь.

ОТЪ..., *приставка.* То же, что от...; пишется вместо «от» перед *е, ё, я* (потенциально также перед *ю*), напр. *отъехать, отъявленный.*

ОТЪЕДА́ТЬ, -СЯ *см.* отъесть, -ся.

ОТЪЕДИНИ́ТЬ, -ню́, -ни́шь; -нённый (-ён, -ена́); *сов., кого-что.* Разъединить, отделить, отсоединить. *О. кабель. О. сына от товарищей.* ‖ *несов.* **отъединя́ть,** -я́ю, -я́ешь. ‖ *сущ.* **отъедине́ние,** -я, *ср.*

ОТЪЕ́ЗД, -а, *м.* **1.** *см.* отъезжать. **2.** Отправление в путь. *Неожиданный о. В день отъезда. Быть в отъезде* (в отсутствии). *Требуются строители в о.* (для работы не здесь, с выездом в другое место).

ОТЪЕ́ЗДИТЬ, -е́зжу, -е́здишь; *сов.* (разг.). **1.** *что.* Провести в езде какое-н. время. *Десять лет отъездил кондуктором.* **2.** Кончить, перестать ездить куда-н.

ОТЪЕЗЖА́ТЬ, -а́ю, -а́ешь; *несов.* **1.** *см.* отъехать. **2.** Уезжать, отправляться куда-н. *Проводы отъезжающих* (сущ.). ‖ *сущ.* **отъе́зд,** -а, *м. О. гостей.*

ОТЪЕ́ЗЖИЙ, -ая, -ее (устар.). Связанный с отъездом в отдалённое место. *Отъезжая охота. Отъезжее поле* (дальнее поле для охоты).

ОТЪЕ́СТЬ, -е́м, -е́шь, -е́ст, -еди́м, -еди́те, -едя́т; -е́л, -е́ла; -е́шь; -е́вший; -е́денный; -е́в; *сов.* **1.** *что.* Откусить, отгрызть. *О. горбушку.* **2.** Кончить есть (разг.). *Мы к обеду, ан отъели* (старая погов. о тех, кто опоздал; шутл.). ‖ *несов.* **отъеда́ть,** -а́ю, -а́ешь (к 1 знач.).

ОТЪЕ́СТЬСЯ, -е́мся, -е́шься, -е́стся, -еди́мся, -еди́тесь, -едя́тся; -е́лся, -е́лась; -е́шься; -е́вшийся; -е́вшись; *сов.* Потолстеть, прибавить в весе от обильной еды. *Скот отъелся на пастбищах.* ‖ *несов.* **отъеда́ться,** -а́юсь, -а́ешься.

ОТЪЕ́ХАТЬ, -е́ду, -е́дешь; *сов.* **1.** Поехав, отдалиться на какое-н. расстояние, а также (устар.) вообще уехать. *О. от станции.* **2.** (1 и 2 л. не употр.). Сдвинуться с места, выйти из нормального положения (прост.). *Полка отъехала от стены.* ‖ *несов.* **отъезжа́ть,** -а́ю, -а́ешь.

ОТЪЁМ *см.* отнять.

ОТЪЁМНЫЙ, -ая, -ое. **1.** *см.* отнять. **2.** Такой, к-рый отнимается, снимается. *Отъёмная панель. О. штык.*

ОТЪЁМЫШ, -а, *м.* Детёныш животного, отнятый (в 5 знач.) от матки. *Телёнок-о. Выкармливание отъёмышей.*

ОТЪЯ́ВЛЕННЫЙ, -ая, -ое. Известный своими крайне отрицательными качествами, проявляющий их. *О. плут, мошенник, негодяй.*

ОТЫГРА́ТЬ, -а́ю, -а́ешь; -ы́гранный; *сов., что.* Игрой вернуть проигранное. *О. проигрыш. О. очко.* ‖ *несов.* **оты́грывать,** -аю, -аешь. ‖ *сущ.* **о́тыгрыш,** -а, *м.*

ОТЫГРА́ТЬСЯ, -а́юсь, -а́ешься; *сов.* **1.** Выиграть после проигрыша. *В следующем матче команда надеется о.* **2.** *перен.* Ловко выйти из затруднительного положения (разг.). ‖ *несов.* **оты́грываться,** -аюсь, -аешься. ‖ *сущ.* **о́тыгрыш,** -а, *м.* (к 1 знач.).

ОТЫМЁННЫЙ, -ая, -ое. В словообразовании: образованный от имени существительного или прилагательного. *О. глагол.*

ОТЫСКА́ТЬ, -ыщу́, -ы́щешь; -ыщи́; -ы́сканный; *сов., кого-что.* Найти, обнаружить после поисков. *О. нужную книгу.* ‖ *несов.* **оты́скивать,** -аю, -аешь. ‖ *сущ.* **отыска́ние,** -я, *ср.* и **оты́скивание,** -я, *ср.*

ОТЫСКА́ТЬСЯ, -ыщу́сь, -ы́щешься; -ыщи́сь; *сов.* **1.** Найтись, обнаружиться после поисков. *Пропажа отыскалась.* **2.** (1 и 2 л. не употр.). То же, что выискаться (разг. ирон.). *Тоже (мне) советчики отыскались.* ‖ *несов.* **оты́скиваться,** -аюсь, -аешься.

ОТЭКЗАМЕНОВА́ТЬ, -ну́ю, -ну́ешь; -о́ванный; *сов., кого (что)* (разг.). Кончить экзаменовать.

ОТЯГОТИ́ТЕЛЬНЫЙ, -ая, -ое; -лен, -льна (устар.). То же, что обременительный.

ОТЯГОТИ́ТЬ, -ощу́, -оти́шь; -ощённый (-ён, -ена́); *сов., кого (что) чем* (книжн.). То же, что обременить. *О. просьбой.* ‖ *несов.* **отягоща́ть**, -а́ю, -а́ешь. ‖ *сущ.* **отягоще́ние**, -я, *ср.*

ОТЯГЧИ́ТЬ, -чу́, -чи́шь; -чённый (-ён, -ена́); *сов., что* (книжн.). Сделать более тяжким, тяжёлым. *О. свою вину ложью.* ‖ *несов.* **отягча́ть**, -а́ю, -а́ешь. *Отягчающие ответственность (вину) обстоятельства* (усиливающие общественную опасность преступления; спец.). ‖ *сущ.* **отягче́ние**, -я, *ср.*

ОТЯЖЕЛЕ́ТЬ *см.* тяжелеть.

ОТЯЖЕЛИ́ТЬ, -лю́, -ли́шь; -лённый (-ён, -ена́); *сов., кого-что.* Сделать тяжёлым, грузным. *О. конструкцию.* ‖ *несов.* **отяжеля́ть**, -я́ю, -я́ешь.

ОФЕ́НЯ, -и, *род. мн.* -ей, *м.* В дореволюционной России: торговец, вразнос продающий галантерейные товары, книжки, лубочные картинки. ‖ *прил.* **офе́нский**, -ая, -ое. *О. язык* (условный жаргон офеней).

О́ФИС, -а, *м.* Контора, канцелярия. *О. торговой фирмы.* ‖ *прил.* **о́фисный**, -ая, -ое.

ОФИЦЕ́Р, -а, *м.* **1.** Лицо командного и начальствующего состава армии и флота, а также в милиции и полиции, имеющее воинское или специальное звание. *Русский о. О. милиции. О. связи.* **2.** В шахматах: то же, что слон (во 2 знач.) (разг.). ‖ *прил.* **офице́рский**, -ая, -ое (к 1 знач.).

ОФИЦЕ́РСТВО, -а, *ср., собир.* Офицеры. *Высшее о. Младшее о.*

ОФИЦИА́ЛЬНЫЙ, -ая, -ое; -лен, -льна. **1.** *полн. ф.* Исходящий от правительства или администрации, диктуемый их законами, правилами. *Официальное делопроизводство, распоряжение. Официальное опровержение. Официальное лицо* (должностное). *О. язык государства* (используемый в законодательстве, судопроизводстве, делопроизводстве). **2.** Соблюдающий все правила, формальности. *Официальное приглашение. О. тон беседы. Официально* (нареч.) *заявить.* ✦ **Официальная хроника** — информация (в печати, по радио, телевидению) о деятельности правительства, государственных учреждений. ‖ *сущ.* **официа́льность**, -и, *ж.* (ко 2 знач.).

ОФИЦИА́НТ, -а, *м.* **1.** В богатом доме: слуга, прислуживающий за столом. **2.** В ресторане, кафе, на приёмах: работник, подающий кушанья, напитки. ‖ *ж.* **официа́нтка**, -и (ко 2 знач.). ‖ *прил.* **официа́нтский**, -ая, -ое.

ОФИЦИО́З, -а, *м.* (книжн.). Официозный печатный орган.

ОФИЦИО́ЗНЫЙ, -ая, -ое; -зен, -зна (книжн.). Об органах печати: полуофициальный, открыто не связанный с правительством, но на деле проводящий его точку зрения. *О. орган печати.* ‖ *сущ.* **официо́зность**, -и, *ж.*

ОФОРМИ́ТЕЛЬ, -я, *м.* Специалист по художественному, декоративному оформлению чего-н. *О. выставки. О. витрины.* ‖ *ж.* **оформи́тельница**, -ы. ‖ *прил.* **оформи́тельский**, -ая, -ое.

ОФО́РМИТЬ, -млю, -мишь; -мленный; *сов.* **1.** *что.* Придать чему-н. окончательную, установленную или необходимую форму. *О. книгу. О. договор. О. витрину.* **2.** *кого (что).* Зачислить куда-н. с соблюдением всех необходимых формальностей. *О. на работу.* ‖ *несов.* **оформля́ть**, -я́ю, -я́ешь. ‖ *сущ.* **оформле́ние**, -я, *ср.*

ОФО́РМИТЬСЯ, -млюсь, -мишься; *сов.* **1.** (1 и 2 л. не употр.). Принять законченную, необходимую форму. *Идея ещё не оформилась.* **2.** Поступить, зачислиться, записаться куда-н. с соблюдением всех необходимых формальностей. *О. на работу. О. в загсе* (зарегистрировать свой брак; разг.). ‖ *несов.* **оформля́ться**, -я́юсь, -я́ешься. ‖ *сущ.* **оформле́ние**, -я, *ср.*

ОФОРМЛЕ́НИЕ, -я, *ср.* **1.** *см.* оформить, -ся. **2.** Внешний вид, форма чего-н. *Нарядное о. книги. Праздничное о. улиц.*

ОФО́РТ, -а, *м.* Гравюра на металлической пластине с рисунком, протравленным кислотой, а также оттиск с такой гравюры. *Выставка офортов.* ‖ *прил.* **офо́ртный**, -ая, -ое.

ОФСЕ́Т, -а, *м.* (спец.). То же, что офсетная печать. ‖ *прил.* **офсе́тный**, -ая, -ое. *Офсетные печатающие машины.*

ОФСЕ́ТНЫЙ, -ая, -ое. **1.** *см.* офсет. **2.** **офсетная печать** — способ печати, при к-ром краска на бумагу поступает с резинового цилиндра (спец.).

ОФТАЛЬМО́ЛОГ, -а, *м.* Врач — специалист по офтальмологии.

ОФТАЛЬМОЛО́ГИЯ, -и, *ж.* Раздел медицины, занимающийся глазными болезнями, их лечением и профилактикой. ‖ *прил.* **офтальмологи́ческий**, -ая, -ое.

ОХ. 1. *межд.* Выражает сожаление, печаль, боль и другие чувства. **2.** *межд.* Усиливает слово, к к-рому примыкает — одно или вместе с местоименными словами «как», «какой». *Живётся ему ох как несладко. Надоел ты мне, ох (ох и, ох как) надоел.* **3.** **о́хи**, -ов. Оханье, жалобы (разг.). *Охи да ахи.*

О́ХАБЕНЬ, -бня, *м.* В старину: широкий кафтан с большим откидным воротником и прорезями в рукавах.

ОХА́ЖИВАТЬ, -аю, -аешь; *несов., кого (что)* (прост.). **1.** То же, что обхаживать. **2.** Бить, избивать. *О. палкой.*

ОХА́ИВАТЬ *см.* охаять.

ОХА́ЛЬНИК, -а, *м.* (прост.). Нахал, озорник. ‖ *ж.* **оха́льница**, -ы. ‖ *прил.* **оха́льницкий**, -ая, -ое *и* **оха́льнический**, -ая, -ое.

ОХА́ЛЬНИЧАТЬ, -аю, -аешь; *несов.* (прост.). Вести себя охальником, озорничать.

ОХА́ЛЬНЫЙ, -ая, -ое; -лен, -льна (прост.). Нахальный, озорной. ‖ *сущ.* **оха́льство**, -а, *ср.*

ОХАМЕ́ТЬ *см.* хаметь.

ОХА́ПКА, -и, *ж.* Количество чего-н., умещающееся в обхвате рук. *О. сена. О. дров. Схватить кого-что-н. в охапку* (обхватив руками).

ОХАРАКТЕРИЗОВА́ТЬ *см.* характеризовать.

О́ХАТЬ, -аю, -аешь; *несов.* (разг.). Выражать чувства (сожаления, печали, боли, удивления и др.), восклицая «ох!». ‖ *однокр.* **о́хнуть**, -ну, -нешь. ‖ *сущ.* **о́ханье**, -я, *ср.*

ОХА́ЯТЬ, -а́ю, -а́ешь; -а́янный; *сов., кого-что* (разг.). Обругать, опорочить. ‖ *несов.* **оха́ивать**, -аю, -аешь.

ОХВАТИ́ТЬ, -ачу́, -а́тишь; -а́ченный; *сов., кого-что.* **1.** То же, что обхватить (в 1 знач.). *О. руками ствол дерева. О. бочку обручем. Пламя охватило дом* (перен.). **2.** Зайти с фланга (флангов), не отрываясь от своих частей и взаимодействуя с войсками, наступающими с фронта. *О. фланги противника.* **3.** Воспринять целиком (что-н. большое). *О. взглядом, взором. О. умом.* **4.** (1 и 2 л. не употр.). То же, что обуять. *Радость охватила душу.* **5.** Включить, ввести в круг чего-н. *О. население подпиской на газеты.* ‖ *несов.* **охва́тывать**, -аю, -аешь. ‖ *сущ.* **охва́тывание**, -я, *ср. и* **охва́т**, -а, *м.* (к 1, 2, 3 и 5 знач.). ‖ *прил.* **охва́тный**, -ая, -ое (ко 2 знач.; спец.).

ОХВО́СТЬЕ, -я, *ср., собир.* **1.** Остатки от первичной очистки зерна веянием (спец.). **2.** *перен.* Чьи-н. приспешники (презр.). *Бандитское о.*

ОХЛАДЕ́ТЬ, -е́ю, -е́ешь; *сов., к кому-чему.* Стать равнодушным, утратив прежнюю живость чувства, рвение, интерес. *О. к прежним друзьям. О. к театру.* ‖ *несов.* **охладева́ть**, -а́ю, -а́ешь.

ОХЛАДИ́ТЬ, -ажу́, -ади́шь; -аждённый (-ён, -ена́); *сов.* **1.** *что.* Сделать холодным, холоднее, остудить. *О. кипяток. Ветер охладил лицо. Охлаждённое мясо. Охлаждающие смеси* (спец.). **2.** *перен., кого-что.* Сделать спокойнее, равнодушнее. *О. восторженного юношу.* ‖ *несов.* **охлажда́ть**, -а́ю, -а́ешь. ‖ *сущ.* **охлажде́ние**, -я, *ср.* ‖ *прил.* **охлади́тельный**, -ая, -ое (к 1 знач. спец., ко 2 знач. устар.).

ОХЛАДИ́ТЬСЯ, -ажу́сь, -ади́шься; *сов.* **1.** (1 и 2 л. не употр.). Стать холодным, холоднее, остудиться. *Мотор охладился. Воздух охладился после дождя.* **2.** Охладить себя, своё тело. *О. под душем. О. лимонадом.* **3.** *перен., к кому-чему.* То же, что охладеть (устар.). ‖ *несов.* **охлажда́ться**, -а́юсь, -а́ешься. ‖ *сущ.* **охлажде́ние**, -я, *ср.*

ОХЛАМО́Н, -а, *м.* (прост. бран.). Болван, бездельник. ‖ *ж.* **охламо́нка**, -и. ‖ *прил.* **охламо́нский**, -ая, -ое.

ОХЛО́ПОК, -пка, *мн.* -пки, -ов, *м.* (спец.). Пучок, очёсок какого-н. волокнистого материала. *О. шерсти.*

ОХЛО́ПЬЕ, -я, *ср., собир.* и **ОХЛО́ПЬЯ**, -пьев (спец.). То же, что охлопки.

ОХМЕЛЕ́ТЬ *см.* хмелеть.

ОХМУРИ́ТЬ, -рю́, -ри́шь; -рённый (-ён, -ена́); *сов., кого (что)* (прост.). Обмануть, провести, одурачить. ‖ *несов.* **охмуря́ть**, -я́ю, -я́ешь.

О́ХНУТЬ *см.* охать.

ОХОЛОНУ́ТЬСЯ, -ну́сь, -ни́шься; *сов.* (прост. и обл.). **1.** То же, что охладиться (во 2 знач.). **2.** *перен.* Успокоиться, прийти в себя. *Чего расшумелся? Охолонись!*

ОХОРА́ШИВАТЬСЯ, -аюсь, -аешься; *несов.* (разг.). Оправляясь, прихорашиваясь, придавать себе более нарядный, красивый вид. *О. перед зеркалом.*

ОХОТ... *Первая часть сложных слов со знач.* относящийся к охоте, охотничьему хозяйству, напр. *охотинспектор, охотхозяйство.*

ОХО́ТА[1], -ы, *ж.* **1.** *на кого (что)* или *за кем.* Поиски, выслеживание зверей, птиц с целью умерщвления *(на кого)* или ловли *(за кем). О. на медведя. О. за перепелами. Промысловая о. Волк вышел на охоту. О. с фоторужьём* (фотографирование животных в естественных условиях). *На охоту ехать — собак кормить* (посл. о запоздалых и спешных приготовлениях, сборах). *О. за вражеским снайпером* (перен.). **2.** Совокупность людей и обзаведения, необходимого для таких поисков. *Держать соколиную, псовую охоту.* **3.** Занятие ловлей, содержанием и разведением животных (спец.). *Голубиная о.* ✦ **Тихая охота** — собирание грибов. ‖ *прил.* **охо́тный**, -ая, -ое (устар. и спец.). *Охотная собака. Охотные места* (подходящие для охоты). *О. инспектор* (охотинспектор). *О. ряд* (старое название торгового ряда, где продавали дичь, мясо).

ОХО́ТА², -ы, *ж.* **1.** *к чему или с неопр.* Желание, стремление. *О. к чтению (читать). О. к перемене мест. О. пуще неволи* (посл.). **2.** *в знач. сказ., кому, с неопр.* Есть желание, хочется (разг.). *Пить о. И о. тебе спорить с ним?* (зачем ты споришь с ним?). ✦ **Охота была!** (разг.) — не нужно, незачем. *Охота была стараться!*

ОХО́ТИТЬСЯ, -о́чусь, -о́тишься; *несов.* **1.** *на кого (что)* или *за кем.* Заниматься охотой¹ (в 1 знач.). *О. на медведя. О. за перепелами. Лисица охотится на мышей. О. за вражеским разведчиком* (перен.). **2.** *перен., за кем-чем.* Стараться раздобыть, получить что-н. (разг.). *О. за редкой книгой.*

ОХО́ТКА, -и, *ж.*: **в охотку** (прост.) — с удовольствием, с большой охотой. *В охотку поел. Работает в охотку.*

ОХО́ТНИК¹, -а, *м.* Человек, к-рый занимается охотой¹ (в 1 знач.); любитель охотиться; тот, кто охотится. *Промысловый о. О. с собакой. О. на соболей.* ✦ **Охотник за подводными лодками** — во время первой и второй мировых войн: небольшой противолодочный и дозорный корабль. **Морской охотник** — то же, что охотник за подводными лодками. ‖ *ж.* **охо́тница**, -ы. ‖ *прил.* **охо́тничий**, -ья, -ье *и* **охо́тницкий**, -ая, -ое. *Охотничье ружьё. Охотничье хозяйство* (отрасль народного хозяйства, а также производственно-территориальная единица такого хозяйства). *Охотничья продукция. Охотницкие (охотничьи) рассказы.*

ОХО́ТНИК², -а, *м.* **1.** Тот, кто добровольно берётся за выполнение какого-н. дела, поручения. *Найдутся охотники помочь.* **2.** *до чего* или *с неопр.* Человек, к-рый склонен к чему-н., любитель чего-н. (разг.). *О. до развлечений. О. поесть.* **3.** *на что.* Тот, кто хочет приобрести, получить что-н., желающий (разг.). *На редкую вещь нашлось много охотников.* ‖ *ж.* **охо́тница**, -ы (ко 2 знач.).

ОХО́ТНО, *нареч.* С большим желанием. *О. согласиться. О. верю.*

ОХОТОВЕ́Д, -а, *м.* Специалист по охотоведению.

ОХОТОВЕ́ДЕНИЕ, -я, *ср.* Наука об организации охоты, охотничьего хозяйства, об охране и воспроизведении охотничьей фауны. ‖ *прил.* **охотове́дческий**, -ая, -ое. *О. факультет.*

ОХОТХОЗЯ́ЙСТВО, -а, *ср.* Сокращение: охотничье (охотное) хозяйство — предприятие, занимающееся охраной охотничьих угодий, обогащением и рациональным использованием охотничьей фауны.

ОХО́ЧИЙ, -ая, -ее; -о́ч, *до чего, на что* и *с неопр.* (прост.). Имеющий охоту² (в 1 знач.), пристрастие (в 1 знач.) к чему-н. *Охоч погулять. Охоч до сладкого. О. на работу.*

О́ХРА, -ы, *ж.* Минеральная жёлтая или красная краска. ‖ *прил.* **о́хренный**, -ая, -ое, **о́хровый**, -ая, -ое *и* **охря́ный**, -ая, -ое.

ОХРА́НА, -ы, *ж.* **1.** *см.* охранять. **2.** Группа (людей, кораблей, машин), охраняющая кого-что-н. *В сопровождении охраны. Вооружённая о. Выставить охрану. Береговая о.* ‖ *прил.* **охра́нный**, -ая, -ое.

ОХРАНЕ́НИЕ, -я, *ср.* **1.** *см.* охранять. **2.** Войсковое подразделение, выделяемое для охраны своей части от внезапного нападения противника, для недопущения вражеской разведки. *Боевое, походное, сторожевое о.*

ОХРАНИ́ТЕЛЬНЫЙ, -ая, -ое. **1.** *см.* охранять. **2.** Консервативный, реакционный (устар.). *О. образ мыслей.*

ОХРА́НКА, -и, *ж.* (разг.). В царской России: охранное отделение полиции; сейчас вообще о тайной полиции.

ОХРА́ННИК, -а, *м.* (разг.). **1.** Сторож или стрелок охраны (во 2 знач.). **2.** В царской России: сотрудник охранного отделения. ‖ *ж.* **охра́нница**, -ы (к 1 знач.).

ОХРА́ННЫЙ, -ая, -ое. **1.** *см.* охрана. **2.** Охраняемый или охраняющий от чего-н. *Охранная зона. Охранная грамота. Охранное отделение* (в царской России: орган тайного полицейского надзора).

ОХРАНЯ́ТЬ, -я́ю, -я́ешь; *несов., кого-что.* **1.** Оберегать, относиться бережно. *О. природу. Охраняемые животные, растения.* **2.** То же, что стеречь (в 1 знач.). *О. имущество. О. стадо от волков.* ‖ *сов.* **охрани́ть**, -ню́, -ни́шь. ‖ *сущ.* **охране́ние**, -я, *ср. и* **охра́на**, -ы, *ж. Охрана труда* (система правовых, технических и санитарных норм, обеспечивающих условия работы, безопасные для жизни и здоровья). *Охрана природы* (система государственных мер, обеспечивающая рациональное использование, сохранение и воспроизводство природных ресурсов). ‖ *прил.* **охрани́тельный**, -ая, -ое. *О. карантин. Охранительная способность мозга* (спец.).

О́ХРЕННЫЙ, -ая, -ое, **О́ХРОВЫЙ**, -ая, -ое и **ОХРЯ́НЫЙ**, -ая, -ое (спец.). **1.** *см.* охра. **2.** То же, что охристый.

ОХРИ́ПЛЫЙ, -ая, -ое; -и́пл (разг.). С хрипотой. *О. голос.* ‖ *сущ.* **охри́плость**, -и, *ж.*

ОХРИ́ПНУТЬ *см.* хрипнуть.

О́ХРИСТО-... *Первая часть сложных слов со знач.* охристый, с желтовато-красным оттенком, напр. *охристо-буроватый, охристо-бурый, охристо-жёлтый, охристо-золотистый.*

О́ХРИСТЫЙ, -ая, -ое. Желтовато-красный, цвета охры.

ОХРОМЕ́ТЬ *см.* хрометь.

ОХУ́ЛКА, -и, *ж.*: **охулки на руку не класть, не положить** (прост.) — не упускать (не упустить) своей выгоды.

ОЦАРА́ПАТЬ *см.* царапать.

ОЦАРА́ПАТЬСЯ, -аюсь, -аешься; *сов.* Оцарапать себе кожу. *О. о колючки.*

ОЦЕНИ́ТЬ, -еню́, -е́нишь; -нённый (-ён, -ена́); *сов., кого-что.* **1.** Определить цену кого-чего-н. *О. изделие. О. рысака.* **2.** Установить качество кого-чего-н., степень, уровень чего-н. *О. молодого специалиста. О. знания, способности.* **3.** Высказать мнение, суждение о ценности или значении кого-чего-н. *О. чей-н. поступок. Правильно о. создавшееся положение.* ‖ *несов.* **оце́нивать**, -аю, -аешь. ‖ *сущ.* **оце́нка**, -и, *ж.* ‖ *прил.* **оце́ночный**, -ая, -ое (к 1 знач.). *Оценочная комиссия.*

ОЦЕ́НКА, -и, *ж.* **1.** *см.* оценить. **2.** Мнение о ценности, уровне или значении кого-чего-н. *Дать оценку чему-н. Высокая о.* **3.** То же, что отметка (в 3 знач.). *О. по пятибалльной системе.*

ОЦЕ́НЩИК, -а, *м.* Специалист, к-рый устанавливает цену, производит оценку чего-н. ‖ *ж.* **оце́нщица**, -ы.

ОЦЕПЕНЕ́ЛЫЙ, -ая, -ое; -е́л. Пришедший в оцепенение, оцепеневший. *В оцепенелом состоянии. О. вид.* ‖ *сущ.* **оцепене́лость**, -и, *ж.*

ОЦЕПЕНЕ́ТЬ *см.* цепенеть.

ОЦЕПИ́ТЬ, -еплю́, -е́пишь; -е́пленный; *сов., кого-что.* Окружить с целью охраны или прекращения доступа куда-н. *О. вокзал, площадь.* ‖ *несов.* **оцепля́ть**, -я́ю, -я́ешь. ‖ *сущ.* **оцепле́ние**, -я, *ср.*

ОЦЕПЛЕ́НИЕ, -я, *ср.* **1.** *см.* оцепить. **2.** Отряд, оцепляющий что-н. *Поставить, снять о.*

ОЦИНКОВА́ТЬ, -ку́ю, -ку́ешь; -о́ванный; *сов., что.* Покрыть слоем цинка. *О. железо. Оцинкованное ведро.* ‖ *несов.* **оцинко́вывать**, -аю, -аешь. ‖ *сущ.* **оцинко́вывание**, -я, *ср. и* **оцинко́вка**, -и, *ж.* ‖ *прил.* **оцинко́вочный**, -ая, -ое.

ОЧА́Г, -а́, *м.* **1.** Устройство для разведения и поддержания огня. *Поддерживать огонь в очаге.* **2.** *перен.* Место, откуда что-н. распространяется, средоточие чего-н. (книжн.). *О. войны. О. пожара. О. инфекции.* ✦ **Домашний (семейный) очаг** — родной дом, семья. ‖ *уменьш.* **очажо́к**, -жка́, *м.* (к 1 знач.). ‖ *прил.* **оча́жный**, -ая, -ое (к 1 знач.) *и* **очаго́вый**, -ая, -ое (ко 2 знач.; спец.). *Очажный огонь. Очаговая пневмония.*

ОЧАРОВА́НИЕ, -я, *ср.* Чарующая сила, прелесть кого-чего-н. *Поддаться чьему-н. очарованию. О. осеннего леса.*

ОЧАРОВА́ТЕЛЬ, -я, *м.* Тот, кто очаровывает, очаровал кого-н. ‖ *ж.* **очарова́тельница**, -ы.

ОЧАРОВА́ТЕЛЬНЫЙ, -ая, -ое; -лен, -льна. Способный очаровывать, прекрасный, восхитительный. *Очаровательная внешность. О. вечер.* ‖ *сущ.* **очарова́тельность**, -и, *ж.*

ОЧАРОВА́ТЬ, -ру́ю, -ру́ешь; -о́ванный; *сов., кого-что.* Произвести неотразимое, чарующее впечатление на кого-что-н., пленить. *Певец очаровал слушателей.* ‖ *несов.* **очаро́вывать**, -аю, -аешь.

ОЧЕВИ́ДЕЦ, -дца, *м.* Тот, кто наблюдает, наблюдал какое-н. событие, явление. *О. происшествия. Рассказы очевидцев.* ‖ *ж.* **очеви́дица**, -ы.

ОЧЕВИ́ДНЫЙ, -ая, -ое; -ден, -дна. **1.** Явный, бесспорный. *О. факт. Очевидное недоразумение.* **2.** **очеви́дно**, *вводн. сл.* Вероятно, по-видимому. *Он, очевидно, согласится.* **3.** **очеви́дно**, *частица.* Выражает утверждение, подтверждение. *Он согласится? — Очевидно.* ‖ *сущ.* **очеви́дность**, -и, *ж.* (к 1 знач.).

ОЧЕЛОВЕ́ЧИТЬ, -чу, -чишь; -енный; *сов., кого-что.* **1.** Превратить в человека или уподобить человеку. *Труд очеловечил обезьяну. О. природу.* **2.** Смягчить (загрубелую душу), сделать человечным. *О. жестокое сердце.* ‖ *несов.* **очелове́чивать**, -аю, -аешь. ‖ *сущ.* **очелове́чивание**, -я, *ср. и* **очелове́чение**, -я, *ср.*

ОЧЕЛОВЕ́ЧИТЬСЯ (-чусь, -чишься, 1 и 2 л. не употр.), -чится; *сов.* (книжн.). Стать похожим на человека, превратиться в человека. ‖ *несов.* **очелове́чиваться** (-аюсь, -аешься, 1 и 2 л. не употр.), -ается. ‖ *сущ.* **очелове́чивание**, -я, *ср. и* **очелове́чение**, -я, *ср. О. обезьяны.*

О́ЧЕНЬ, *нареч.* В сильной, высокой степени. *О. интересная книга. Учится он не о.* или *не так чтобы (не то чтобы) о.* (так себе; разг.). ✦ **Очень может быть** (разг.) — вполне вероятно, вполне допустимо. *Очень может быть, что он и придёт.* **Очень надо! (очень нужно!)** (разг. пренебр.) — выражение нежелания, несогласия. *Ты должен извиниться. — Очень надо!*

ОЧЕРВИ́ВЕТЬ *см.* червиветь.

ОЧЕРЕДНИ́К, -а́, *м.* Человек, включённый в списки тех, кто ожидает своей очереди на получение чего-н. *О. на получение квартиры.* ‖ *ж.* **очередни́ца**, -ы.

ОЧЕРЕДНО́Й, -а́я, -о́е. **1.** Ближайший в ряду (предстоящих дел, задач). *Очередная задача. О. вопрос.* **2.** Ближайший в ряду чего-н., происходящего в определённой последовательности, в определённые сроки. *О. номер газеты. Очередная смена. Очередные игры на первенство страны.* **3.** Случающийся, появляющийся, имеющий место регулярно. *О. отпуск.* ‖ *сущ.* **очерёдность,** *-и, ж.* (ко 2 знач.).

О́ЧЕРЕДЬ, *-и, мн. -и, -е́й, ж.* **1.** Порядок в следовании кого-чего-н. *По очереди* (друг за другом, по одному). *В первую о.* (прежде всего). *В свою о.* (со своей стороны, так же как и другие). *Быть на очереди* (быть очередным). *Поставить на о.* (включить в общий порядок следования кого-чего-н.). *О. на получение квартиры.* **2.** Чьё-н. место в таком порядке. *Пропустить свою о.* **3.** Люди, расположившиеся один за другим для получения или совершения чего-н. в последовательном порядке. *Стоять в очереди. О. за билетами. Живая о.* (без предварительной записи). **4.** Отдельный завершённый участок, часть в последовательном строительстве, сооружении чего-н. *Первая о. метро. Новая о. строительства.* **5.** Определённое количество патронов, выпущенных пулемётом (или автоматом) в один приём. *Пулемётная о.*

ОЧЕРЕ́Т, *-а, м.* Травянистое болотное растение, род камыша. ‖ *прил.* **очере́товый,** *-ая, -ое и* **очеретя́ный,** *-ая, -ое.*

О́ЧЕРК, *-а, м.* **1.** Небольшое литературное произведение, краткое описание жизненных событий (обычно социально значимых). *Документальный, публицистический, бытовой о.* **2.** Общее изложение какого-н. вопроса. *О. русской истории.* ‖ *прил.* **очерко́вый,** *-ая, -ое* (к 1 знач.).

ОЧЕРКИ́СТ, *-а, м.* Писатель — автор очерков (в 1 знач.). *Журналист-о.* ‖ *ж.* **очерки́стка,** *-и.* ‖ *прил.* **очерки́стский,** *-ая, -ое.*

ОЧЕРКНУ́ТЬ, *-ну́, -нёшь; -ёркнутый; сов., что.* Обвести чертой, штрихом. *О. нужное место в рукописи.* ‖ *несов.* **очёркивать,** *-аю, -аешь.*

ОЧЕРНИ́ТЬ *см.* чернить.

ОЧЕРСТВЕ́ЛЫЙ, *-ая, -ое; -е́л.* Огрубелый, очерствевший. *Очерствелое сердце.* ‖ *сущ.* **очерстве́лость,** *-и, ж.*

ОЧЕРСТВЕ́ТЬ *см.* черстветь.

ОЧЕРТА́НИЕ, *-я, ср.* Вид чего-н., образуемый линией, ограничивающей предмет. *Очертания берега. Вдали видны очертания корабля. Очертания будущего романа* (перен.).

ОЧЕРТЕНЕ́ТЬ, *-е́ю, -е́ешь; сов., кому* (прост.). Осатанеть, осточертеть.

ОЧЕРТИ́ТЬ, *-ерчу́, -е́ртишь; -е́рченный; сов.* **1.** *что.* Обвести вокруг линиями. *О. рисунок.* **2.** *перен., кого-что.* Описать, охарактеризовать в общем виде. *О. ход событий. О. характер персонажа.* ✦ **Очертя голову** (разг.) — не думая, безрассудно. ‖ *несов.* **очерчивать,** *-аю, -аешь.*

ОЧЕСА́ТЬ, *-ешу́, -е́шешь; -ёсанный; сов., что* (спец.). Очистить чесанием. *О. лён.* ‖ *несов.* **очёсывать,** *-аю, -аешь.* ‖ *сущ.* **очёска,** *-и, ж.*

ОЧЕ́ЧНИК [*шн*], *-а, м.* Футляр для очков. *Кожаный о.*

ОЧЕ́ЧНЫЙ *см.* очки.

ОЧЁС, *-а, м.* (спец.). То же, что очёски. *О. хлопка, шерсти.* ‖ *прил.* **очёсочный,** *-ая, -ое.*

ОЧЁСКИ, *-ов, ед.* *-сок, -ска, м.* (спец.). Остатки, получаемые при чесании волокнистых материалов. *О. льна.* ‖ *прил.* **очёсковый,** *-ая, -ое.*

ОЧИНИ́ТЬ *см.* чинить².

ОЧИНЯ́ТЬ, *-я́ю, -я́ешь и* **ОЧИ́НИВАТЬ,** *-аю, -аешь; несов., что.* То же, что чинить². *О. карандаш.*

ОЧИ́СТИТЬ, *-и́щу, -и́стишь; -и́щенный; сов.* **1.** *см.* чистить. **2.** *что.* Сделать чистым по составу (освободив от примесей, от чего-н. чужеродного). *О. воду. Очищенный спирт. О. совесть раскаянием* (перен.). **3.** *что.* Освободить от присутствия кого-чего-н. (нежелательного) (разг.). *О. помещение* (удалить из него кого-н.). *О. поле от сорняков.* **4.** *что.* Опорожнить, съев содержимое (прост.). *О. всю тарелку.* **5.** *кого-что.* Обокрасть, обчистить (прост.). *Воры очистили квартиру.* ‖ *несов.* **очища́ть,** *-аю, -аешь.* ‖ *сущ.* **очище́ние,** *-я, ср.* (ко 2 и 3 знач.) *и* **очи́стка,** *-и, ж.* (ко 2 и 3 знач.). *Для очистки совести* (чтобы не обвинять себя потом в чём-н.; разг.). ‖ *прил.* **очи́стный,** *-ая, -ое* (ко 2 знач.; спец.) *и* **очисти́тельный,** *-ая, -ое* (ко 2 знач.). *Очистные сооружения. Очистительное дыхание грозы. Очистительная исповедь* (перен.: искупительная).

ОЧИ́СТИТЬСЯ, *-и́щусь, -и́стишься; сов.* Освободиться от чего-н. загрязняющего, заслоняющего, ненужного. *Небо очистилось от туч. Река очистилась ото льда. О. от грехов* (перен.; устар.). ‖ *несов.* **очища́ться,** *-а́юсь, -а́ешься.* ‖ *сущ.* **очище́ние,** *-я, ср.*

ОЧИ́СТКА *см.* **очистить** *и* **чистить.**

ОЧИ́СТКИ, *-ов.* Счищенная с чего-н. кожура, верхний слой. *Картофельные о.*

ОЧКА́РИК, *-а, м.* (разг. шутл.). Человек в очках (обычно о мужчине или мальчике).

ОЧКА́СТЫЙ, *-ая, -ое; -а́ст* (разг.). В очках или в больших очках. *О. юноша.*

ОЧКИ́, *-о́в.* Оптический прибор из двух линз, а также защищающих глаза стёкол, прозрачных пластин, вмонтированных в полумаску. *О. для близоруких, дальнозорких. Солнцезащитные, пылезащитные о.* ‖ *прил.* **очко́вый,** *-ая, -ое и* **оче́чный** [*шн*], *-ая, -ое. Очковые линзы. Очковое (очечное) стекло.* ✦ **Очковая змея** — ядовитая змея сем. аспидов (собственно кобра).

ОЧКО́, *-а́, мн. -и́, -о́в, ср.* **1.** Значок на игральной карте или кости, обозначающий её достоинство в игре. **2.** В спорте: единица счёта для обозначения количества выигрышей. *Выиграть лишнее о. Сумма очков.* **3.** Узкое отверстие в чём-н. (спец.). *О. улья. О. в доменной печи. О. в охотничьей сети.* ✦ **Втирать очки** (разг.) — обманывать, вводить в заблуждение. ‖ *прил.* **очко́вый,** *-ая, -ое* (к 1 и 2 знач.).

ОЧКОВТИРА́ТЕЛЬ, *-я, м.* Тот, кто занимается очковтирательством. ‖ *ж.* **очковтира́тельница,** *-ы.*

ОЧКОВТИРА́ТЕЛЬСТВО, *-а, ср.* Намеренное введение в заблуждение, обман. ‖ *прил.* **очковтира́тельский,** *-ая, -ое.*

ОЧКО́ВЫЙ[1-2] *см.* очки *и* очко.

О́ЧНИК, *-а, м.* (разг.). Учащийся, проходящий очное обучение. ‖ *ж.* **о́чница,** *-ы.*

ОЧНУ́ТЬСЯ, *-ну́сь, -нёшься; сов.* **1.** Проснуться, пробудиться. *О. после сна.* **2.** Прийти в чувство, опомниться. *О. от испуга. О. после обморока.*

О́ЧНЫЙ, *-ая, -ое.* Осуществляемый при непосредственном контакте. *Очные поединки спортсменов. Очная ставка* (одновременный допрос двух или нескольких лиц с целью проверки их предшествующих противоречивых показаний). *Очное обучение* (обучение в учебном заведении с регулярным посещением занятий, в отличие от заочного обучения). *Очное отделение* (с очным обучением).

ОЧУ́ВСТВОВАТЬСЯ, *-твуюсь, -твуешься; сов.* (устар.). То же, что очнуться (во 2 знач.).

ОЧУМЕ́ЛЫЙ, *-ая, -ое* (прост.). Совсем потерявший соображение, одурелый. *Бежит как о.*

ОЧУМЕ́ТЬ, *-е́ю, -е́ешь; сов.* (прост.). Потерять соображение, одуреть. *О. от радости.* ‖ *несов.* **чуме́ть,** *-е́ю, -е́ешь.*

ОЧУТИ́ТЬСЯ, 1 л. ед. не употр., *-у́тишься; сов.* **1.** Неожиданно попасть куда-н., оказаться где-н. *О. в незнакомом месте. Как здесь очутились чужие вещи?* **2.** Оказаться в каком-н. положении. *О. в неловком положении.*

ОЧУ́ХАТЬСЯ, *-аюсь, -аешься; сов.* (прост.). То же, что очнуться (во 2 знач.). ‖ *несов.* **очу́хиваться,** *-аюсь, -аешься.*

ОШАЛЕ́ЛЫЙ, *-ая, -ое; -е́л* (разг.). Ошалевший, шалый. ‖ *сущ.* **ошале́лость,** *-и, ж.*

ОШАЛЕ́ТЬ, *-е́ю, -е́ешь; сов.* (разг.). **1.** *см.* шалеть. **2.** Потерять соображение от испуга, удивления, одуреть. *Ошалел, услышав новость.* ‖ *несов.* **ошалева́ть,** *-а́ю, -а́ешь.*

ОШАРА́ШИТЬ, *-шу, -шишь; -шенный; сов., кого (что).* **1.** Сильно ударить (прост.). *О. палкой.* **2.** *перен.* Озадачить, поставить в тупик (разг.). *О. вопросом. Ошарашенный вид.* ‖ *несов.* **ошара́шивать,** *-аю, -аешь.*

ОШВАРТОВА́ТЬ, -СЯ *см.* швартовать, -ся.

ОШЕ́ЙНИК, *-а, м.* Кольцо (ременное, металлическое) с застёжкой, надеваемое на шею животного. *Собачий о.* ‖ *прил.* **оше́йниковый,** *-ая, -ое.*

ОШЕЛОМИ́ТЕЛЬНЫЙ, *-ая, -ое; -лен, -льна.* Способный ошеломить, потрясающий. *Ошеломительное известие.* ‖ *сущ.* **ошеломи́тельность,** *-и, ж.*

ОШЕЛОМИ́ТЬ, *-млю́, -ми́шь; -млённый (-ён, -ена́); сов., кого (что).* Крайне удивить, внезапно озадачить. *О. неожиданным вопросом.* ‖ *несов.* **ошеломля́ть,** *-я́ю, -я́ешь.*

ОШЕЛОМЛЕ́НИЕ, *-я, ср.* Состояние крайнего удивления и озадаченности. *Быть в ошеломлении. Нашло о. на кого-н.*

ОШЕЛОМЛЯ́ЮЩИЙ, *-ая, -ее.* То же, что ошеломительный. *Ошеломляющее впечатление. Новость подействовала на него ошеломляюще* (нареч.).

ОШЕЛУДИ́ВЕТЬ *см.* шелудиветь.

ОШЕЛЬМОВА́ТЬ *см.* шельмовать.

ОШИБИ́ТЬСЯ, *-бу́сь, -бёшься; -и́бся, -и́блась; сов.* Сделать ошибку, поступить, оценить кого-что-н. неправильно. *О. в вычислениях. О. номером телефона* (набрать не тот номер). *О. дверью* (войти не в ту дверь). *О. в человеке* (неправильно оценить его качества, возможности). ‖ *несов.* **ошиба́ться,** *-а́юсь, -а́ешься.*

ОШИ́БКА, *-и, ж.* Неправильность в действиях, мыслях. *О. в вычислении. Орфографическая о. Писать без ошибок. О. вышла* (ошибся кто-н.; разг.).

ОШИ́БОЧНЫЙ, *-ая, -ое; -чен, -чна.* Содержащий в себе ошибку, являющийся ошибкой. *Ошибочное решение. Ошибочно* (нареч.) *действовать.* ‖ *сущ.* **оши́бочность,** *-и, ж.*

ОШИВА́ТЬСЯ, *-а́юсь, -а́ешься; несов.* (прост. неодобр.). То же, что болтаться (в 3 знач.). *Весь день ошивается на улице.*

ОШИ́КАТЬ *см.* шикать.

ОШМЁТКИ, *-ов, ед.* *-ток, -тка, м.* (прост.). Куски грязи, остатки изорванных вещей, обрывки чего-н. *О. тряпья. О. грязи, снега* (налипающие комки).

ОШПА́РИТЬ, -СЯ *см.* шпарить.

ОШТРАФОВА́ТЬ *см.* штрафовать.

ОШТУКАТУ́РИТЬ *см.* штукатурить.

ОШУ́ЮЮ, *нареч.* (стар.). По левую руку, с левой стороны; *противоп.* одесную.

ОЩЕНИ́ТЬСЯ *см.* щениться.

ОЩЕ́РИТЬ, -СЯ *см.* щерить, -ся.

ОЩЕТИ́НИТЬ *см.* щетинить.

ОЩЕТИ́НИТЬСЯ *см.* щетиниться.

ОЩИПА́ТЬ *см.* щипать.

ОЩИ́ПЫВАТЬ, -аю, -аешь; *несов., что.* То же, что щипать (в 4 знач.). *О. рябчика.*

ОЩУ́ПАТЬ, -аю, -аешь; -анный; *сов., кого-что.* Пощупать со всех сторон с целью определить что-н., осмотреть, исследовать. *О. ногами дно. О. что-н. в темноте. О. затвердение на теле.* ‖ *несов.* **ощу́пывать,** -аю, -аешь. ‖ *сущ.* **ощу́пывание,** *-я, ср. Диагностическое о.* (пальпация).

О́ЩУПЬ: на ощупь — при ощупывании, ощупью. *Определить затвердение на ощупь.*

О́ЩУПЬЮ, *нареч.* **1.** С помощью осязания, ощупывая что-н. вокруг себя. *Передвигаться в темноте о.* **2.** *перен.* Без необходимой подготовки, исследования, вслепую. *Искать решение о.*

ОЩУТИ́МЫЙ, -ая, -ое; -и́м. То же, что ощутительный. *О. итог исследования. Ощутимая потеря.* ‖ *сущ.* **ощути́мость,** -и, *ж.*

ОЩУТИ́ТЕЛЬНЫЙ, -ая, -ое; -лен, -льна. **1.** Заметный для ощущения, очень чувствительный. *Ощутительное похолодание.* **2.** *перен.* Значительный, заметный. *О. расход.* ‖ *сущ.* **ощути́тельность,** *-и, ж.*

ОЩУТИ́ТЬ, -ущу́, -ути́шь; -ущённый (-ён, -ена́); *сов., кого-что.* **1.** Распознать путём ощущения. *О. прикосновение.* **2.** *перен.* То же, что почувствовать (см. чувствовать в 1 знач.). *О. недомогание.* ‖ *несов.* **ощуща́ть,** -а́ю, -а́ешь.

ОЩУЩА́ТЬСЯ (-а́юсь, -а́ешься, 1 и 2 л. не употр.), -а́ется; *несов.* (книжн.). Испытываться, чувствоваться. *Ощущается потребность отдохнуть.* ‖ *сов.* **ощути́ться** (-ущу́сь, -ути́шься, 1 и 2 л. не употр.), -ути́тся.

ОЩУЩЕ́НИЕ, -я, *ср.* **1.** Непосредственное чувственное восприятие свойств объективной реальности, возникающее в результате их воздействия на органы чувств и нервные центры. *Осязательные, зрительные, слуховые, обонятельные ощущения.* **2.** Переживание, чувство. *О. страха. Острое о. обиды. Такое о., будто я падаю* (кажется, будто...).

ОЯГНИ́ТЬСЯ *см.* ягниться.

П

ПА, *нескл., ср.* В танце: отдельное движение, танцевальный шаг. *Медленное п.*

ПА... [*под удар.*], *приставка.* Образует существительные со знач.: 1) сходства, напр. *па́клен* (дерево), *па́груздь* (гриб); 2) неполноты или приближения к чему-н., напр. *па́сынок, па́трубок, па́голенки.*

ПА́ВА, -ы, *ж.* Самка павлина. *Выступает, словно п.* (плавно и величественно). *Ни п. ни ворона* (о том, кто отбился от одних и не пристал к другим; разг. неодобр.). ‖ *прил.* **па́вий,** -ья, -ье.

ПАВИА́Н, -а, *м.* Узконосая обезьяна с удлинённой мордой и яркоокрашенными седалищными мозолями. ‖ *прил.* **павиа́ний,** -ья, -ье.

ПАВИЛЬО́Н [*лье*], -а, *м.* **1.** Беседка или лёгкая постройка в саду, парке. *Парковый п.* **2.** Лёгкая крытая постройка. *Торговый, ярмарочный п.* **3.** Здание, помещение для экспонатов на выставке, для производства киносъёмок. *Выставочный п.* ‖ *прил.* **павильо́нный,** -ая, -ое. *Павильонные киносъёмки* (в павильоне).

ПАВЛИ́Н, -а, *м.* Птица сем. фазановых с нарядным оперением надхвостья у самцов. ‖ *прил.* **павли́ний,** -ья, -ье. *Ворона в павлиньих перьях* (о том, кто хочет казаться важнее и значительнее, чем он есть на самом деле).

ПА́ВОДОК, -дка, *м.* Поднятие уровня воды в реках, водоёмах в результате ливней, быстрого таяния снега, льдов. ‖ *прил.* **па́водковый,** -ая, -ое. *Паводковые воды.*

ПАГИНА́ЦИЯ, -и, *ж.* (книжн.). Нумерация страниц.

ПА́ГОДА, -ы, *ж.* Буддийский или индуистский храм, хранилище религиозных реликвий.

ПА́ГОЛЕНКИ, -ов, *ед.* -нок, -нка, *м.* Часть чулка, охватывающая голень.

ПА́ГУБА, -ы, *ж.* (устар. и обл.). Погибель, большой вред.

ПА́ГУБНЫЙ, -ая, -ое; -бен, -бна. Очень вредный, губительный. *Пагубные последствия землетрясения. Пагубная привычка.* ‖ *сущ.* **па́губность,** *-и, ж.*

ПА́ДАЛИЦА, *-ы, ж., собир.* Опавшие с дерева плоды.

ПА́ДАЛЬ, *-и, ж.,* также *собир.* Труп павшего животного. ‖ *прил.* **па́дальный,** -ая, -ое. *Падальные мухи* (откладывающие личинки в трупах животных; спец.).

ПА́ДАНЕЦ, -нца, *м.* Опавший плод. *Яблоки-паданцы.*

ПА́ДАТЬ, -аю, -аешь; *несов.* **1.** Непроизвольным движением резко опускаться сверху вниз; опускаться, валиться на землю, книзу. *П. навзничь. Книги падают с полки. П. от усталости* (также перен.: испытывать крайнюю усталость). *П. в обморок* (терять сознание). *Сердце падает* (перен.: о чувстве страха, волнения). **2.** (1 и 2 л. не употр.). Об атмосферных осадках: идти, выпадать. *Мокрый снег падает хлопьями. Падают утренние росы.* **3.** (1 и 2 л. не употр.). О зубах, волосах, шерсти, перьях: выпадать, вылезать. **4.** (1 и 2 л. не употр.). Опускаться, свисая. *Волосы падают на плечи.* **5.** (1 и 2 л. не употр.), *на что.* Приходиться, совпадать (по времени, месту). *Отпуска падают на летнее время. Ударение падает на первый слог* (т. е. первый слог — ударный). **6.** (1 и 2 л. не употр.), *на кого-что.* Распространяться, занимая собой какое-н. пространство (обычно о световых явлениях). *Тень падает на дорожку. Луч света падает из окна. Свет луны падает на книгу.* **7.** (1 и 2 л. не употр.), *на кого (что).* Задевать кого-что-н., касаться кого-чего-н. (о чём-н. предосудительном). *Подозрение падает на приезжего.* **8.** (1 и 2 л. не употр.), *на кого-что.* Приходиться, ложиться (в 5 знач.). *Заботы по хозяйству падают на мать.* **9.** (1 и 2 л. не употр.). Понижаться, уменьшаться (в уровне, размере, силе, напряжённости). *Летом вода в реке падает. Цены на товары падают. Давление падает. Настроение падает.* **10.** (1 и 2 л. не употр.). Приостанавливаясь в развитии, становиться хуже, беднее. *Нравы падают.* **11.** (1 и 2 л. не употр.). О животных: умирать, дохнуть. *Скот падает.* ✦ **Падающая звезда** — слабо светящийся метеор. ‖ *сов.* **пасть,** паду́, падёшь (к 8 устар. и к 1, 4, 6, 7, 9, 10 и 11 знач.) *и* **упа́сть,** упаду́, упадёшь (к 1, 4, 6, 9 и 10 знач.). ‖ *сущ.* **па́дание,** -я, *ср.* (к 1 знач.) *и* **паде́ние,** -я, *ср.* (к 1, 2, 3, 6, 9 и 10 знач.).

ПАДЕ́Ж, -а́, *м.* В грамматике: словоизменительная категория имени, выражаемая флексиями. *Родительный п.* ‖ *прил.* **паде́жный,** -ая, -ое. *Падежные окончания* (флексии).

ПАДЕ́НИЕ, -я, *ср.* **1.** *см.* падать *и* пасть[1]. **2.** Нравственное разложение, упадок, забвение моральных устоев. *Дойти до полного падения.*

ПАДЁЖ, -а́, *м.* Повальная смертность скота. ‖ *прил.* **падёжный,** -ая, -ое.

ПАДИША́Х, -а, *м.* В нек-рых странах Ближнего и Среднего Востока: титул монарха (напр. бывших турецких султанов), а также лицо, носящее этот титул. ‖ *прил.* **падиша́хский,** -ая, -ое.

ПА́ДКИЙ, -ая, -ое; -док, -дка, *до кого-чего* или *на кого-что.* Склонный к чему-н., обычно неодобряемому. *Падок до сладкого. П. на слухи, сенсации.* ‖ *сущ.* **па́дкость,** -и, *ж.*

ПА́ДУБ, -а, *м.* Род вечнозелёных, реже листопадных деревьев или кустарников с колючими листьями. ‖ *прил.* **па́дубовый,** -ая, -ое. *Семейство падубовых* (сущ.).

ПАДУ́ЧАЯ, -ей, *ж.* (устар.). Падучая болезнь, эпилепсия.

ПАДУ́ЧИЙ, -ая, -ее: 1) **падучая болезнь** (устар.) — то же, что эпилепсия; 2) **падучая звезда** — то же, что падающая звезда; 3) **падучий лист** (обл.) — листва, опадающая в период листопада.

ПА́ДЧЕРИЦА, -ы, *ж.* Дочь одного из супругов по отношению к другому, для неё неродному.

ПАЕВО́Й *см.* пай[1].

ПАЁК, пайка́, *м.* Продовольствие, выдаваемое по определённой норме на определённый срок. *Фронтовой п. Сухой п.* (выдаваемый вместо каждодневного питания). *На голодном пайке кто-н.* (о скудном пайке, а также перен.: вообще об ограниченном количестве, нехватке чего-н.). ‖ *прил.* **пайко́вый,** -ая, -ое.

ПАЖ, -а́, *м.* **1.** В средние века и в монархических странах: мальчик, молодой человек из дворян, состоящий при знатной особе, монархе. **2.** В дореволюционной России: воспитанник привилегированного военного учебного заведения (так наз. пажеского корпуса). ‖ *прил.* **па́жеский,** -ая, -ое.

ПА́ЖИТЬ, -и, *ж.* (устар.). Луг, пастбище, на к-ром пасётся скот. ‖ *прил.* **па́житный,** -ая, -ое.

ПАЗ, -а, о па́зе, в пазу́, *мн.* -ы́, -о́в, *м.* Щель, а также выемка, в к-рую вставляется выступ другого предмета при скреплении. ‖ *прил.* **па́зовый,** -ая, -ое.

ПА́ЗУХА, -и, *ж.* **1.** Пространство между грудью и прилегающей одеждой. *Держать что-н. за пазухой. Положить за пазуху. Держать камень за пазухой* (перен.: таить злобу против кого-н.; разг.). *Как у Христа за пазухой жить* (спокойно, без забот; разг.). **2.** Полость в отдельных частях животного организма, растения (спец.). *Лобная п. Верхне-челюстная п. П. листа.* ‖ *прил.* **пазу́шный,** -ая, -ое (ко 2 знач.; спец.).

ПА́ИНЬКА, -и, *род. мн.* -нек, *м. и ж.* (разг.). Ласковое поощрительное название послушного ребёнка. *Будь паинькой. Прикинулся этаким паинькой* (перен.: тихоней, смирненьким; о взрослом — ирон.).

ПАЙ[1], -я, *мн.* -и́, -ёв, *м.* Доля, вносимая отдельным участником в общее дело, товарищество, кооперативную организацию. *Ко-*

оперативный п. Устроить вечеринку на паях (в складчину). ‖ *прил.* **паево́й,** -а́я, -о́е.

ПАЙ[2], *неизм.* (разг.). О детях: послушный, тихий (часто ирон.). *П.-мальчик. П.-девочка.*

ПА́ЙКА[1],-и, *ж.* **1.** *см.* паять. **2.** Место, где спаяно, припаяно что-н.

ПА́ЙКА[2],-и, *ж.* (прост.). То, что получено как паёк, в счёт пайка. *П. табака. Хлебная п.*

ПАЙКО́ВЫЙ *см.* паёк.

ПА́ЙЩИК, -а, *м.* Владелец пая[1]. *П. кооператива.* ‖ *ж.* **па́йщица,** -ы. ‖ *прил.* **па́йщицкий,** -ая, -ое.

ПАК, -а, *м.* (спец.). Многолетний полярный лёд. ‖ *прил.* **па́ковый,** -ая, -ое.

ПАКГА́УЗ, -а, *м.* Склад для хранения грузов на станциях, пристанях, в таможнях. *Железнодорожный п.* ‖ *прил.* **пакга́узный,** -ая, -ое.

ПАКЕ́Т, -а, *м.* **1.** Бумажный свёрток, упаковка с чем-н. *Завернуть вещи в п.* или *пакетом. Индивидуальный п.* (набор перевязочного материала для оказания первой медицинской помощи). **2.** Бумажный мешок для продуктов, кулёк. *П. с крупой. Молоко в пакетах.* **3.** Конверт с письмом официального назначения. *Секретный п.* **4.** В нек-рых сочетаниях: комплект документов, официальных бумаг. *П. предложений. П. акций* (доля акционера в акционерном обществе; спец.). **5.** Стопка грузов, уложенная на поддон (спец.). *Лес, кирпич в пакетах.* ‖ *уменьш.* **паке́тик,** -а, *м.* (к 1 и 2 знач.). ‖ *прил.* **паке́тный,** -ая, -ое (к 1, 2, 3 и 5 знач.). *Пакетные перевозки* (перевозки грузов на поддонах; спец.).

ПАКЕТИ́РОВАТЬ, -рую, -руешь; -анный; *сов. и несов., что* (спец.). Упаковать (-вывать), сложить (складывать) в пакет (в 5 знач.), в пачку, стопку. *Пакетированный цемент.* ‖ *сущ.* **пакети́рование,** -я, *ср. и* **пакетиро́вка,** -и, *ж.*

ПА́КЛЯ, -и, *ж.* Грубое волокно, отход обработки льна, конопли и других лубяных культур. *Конопатить пазы паклей.* ‖ *прил.* **па́кляный,** -ая, -ое.

ПАКОВА́ТЬ, -ку́ю, -ку́ешь; -о́ванный; *несов., что.* Складывать и связывать в пакет, тюк. *П. вещи в тюки.* ‖ *сов.* **запакова́ть,** -ку́ю, -ку́ешь; -о́ванный *и* **упакова́ть,** -ку́ю, -ку́ешь; -о́ванный. ‖ *сущ.* **пако́вка,** -и, *ж.* (спец.), **запако́вка,** -и, *ж. и* **упако́вка,** -и, *ж.* ‖ *прил.* **пако́вочный,** -ая, -ое (спец.), **запако́вочный,** -ая, -ое *и* **упако́вочный,** -ая, -ое.

ПА́КОСТИТЬ, -ощу, -остишь; *несов.* (разг.). **1.** *что.* Грязнить, пачкать. *П. помещение.* **2.** *что.* Портить, действуя неумело. *П. работу.* **3.** *кому.* Делать пакости. *П. соседу.* ‖ *сов.* **запа́костить,** -ощу, -остишь; -ощенный (к 1 знач.), **испа́костить,** -ощу, -остишь; -ощенный (к 1 и 2 знач.) *и* **напа́костить,** -ощу, -остишь. *Запакостить пол. Испакостить работу. Напакостить в комнате. Напакостить соседям.*

ПА́КОСТНИК, -а, *м.* (разг.). Человек, к-рый пакостит. ‖ *ж.* **па́костница,** -ы. ‖ *прил.* **па́костнический,** -ая, -ое.

ПА́КОСТНЫЙ, -ая, -ое; -тен, -тна (разг.). Представляющий собой пакость, отвратительный. *П. поступок.* **2.** Делающий пакости. *П. сплетник.* ‖ *сущ.* **па́костность,** -и, *ж.*

ПА́КОСТЬ, -и, *ж.* (разг.). **1.** Предмет, вызывающий отвращение. *Притащил с помойки какую-то п.* **2.** Гадкий поступок с целью повредить кому-н.; отвратительные слова. *Сделать п. кому-н. Говорить пакости.*

ПАКТ, -а, *м.* (офиц.). Международный договор, соглашение.

ПАЛ, -а, *мн.* -а́, -о́в, *м.* (спец. и обл.). **1.** Степной или лесной пожар. **2.** Выжженное место в степи, в лесу. **3.** Выжигание сухой травы, остатков посевов. *Сельскохозяйственные палы.*

ПАЛАДИ́Н, -а, *м.* В средневековой Европе: рыцарь, преданный своему государю или даме. *Верный п. кого-н.* (также перен.).

ПАЛАНКИ́Н, -а, *м.* На Востоке: средство передвижения в виде укреплённого на длинных шестах крытого кресла или ложа, переносимого носильщиками.

ПАЛАНТИ́Н, -а, *м.* Меховая или бархатная женская наплечная накидка, а также большой широкий шарф. *Соболий п.* ‖ *прил.* **паланти́новый,** -ая, -ое.

ПАЛА́С, -а, *м.* Двусторонний ковёр без ворса. ‖ *прил.* **пала́сный,** -ая, -ое.

ПАЛА́ТА[1], -ы, *ж.* **1.** Большое богатое здание, помещение (устар.). *Каменные палаты.* **2.** Отдельная комната в больнице, лечебном стационаре. ✦ **Ума палата** *у кого* (разг.) — очень умён. ‖ *прил.* **пала́тный,** -ая, -ое. *П. врач.*

ПАЛА́ТА[2], -ы, *ж.* **1.** Название представительных органов или их составных частей в нек-рых странах. *Палаты парламента. Нижняя п.* (первая законодательная инстанция парламента). *Верхняя п.* (высшая законодательная инстанция парламента). *П. общин* (нижняя палата парламента в Великобритании, Канаде). *П. лордов* (верхняя палата парламента в Великобритании). **2.** Название нек-рых государственных учреждений. *Книжная п. Лицензионная п.*

ПАЛА́ТКА, -и, *ж.* **1.** Временное помещение из натянутой на остов ткани, плотного материала. *Туристская п. Разбить палатку* (установить). **2.** Лёгкая постройка с прилавком для мелкой торговли, ларёк. *Овощная п.* ✦ **Кислородная палатка** — устройство для подачи кислорода больному в виде воздухонепроницаемого тента над постелью. ‖ *прил.* **пала́точный,** -ая, -ое. *П. городок* (временный посёлок из палаток).

ПАЛА́ЦЦО, *нескл., ср.* В Италии: дом-дворец. *П. дожей в Венеции.*

ПАЛА́Ч, -а́, *м.* **1.** Человек, к-рый приводит в исполнение приговор о смертной казни, производит пытки. **2.** *перен.* Жестокий мучитель, угнетатель. *П. свободы.* ‖ *прил.* **пала́ческий,** -ая, -ое.

ПАЛА́ЧЕСКИЙ, -ая, -ое. **1.** *см.* палач. **2.** *перен.* Жестокий, несправедливый. *П. суд. Палаческие законы.*

ПАЛА́Ш, -а́, *м.* Рубящее и колющее ручное оружие с длинным прямым клинком. ‖ *прил.* **пала́шный,** -ая, -ое.

ПА́ЛЕВО-... *Первая часть сложных слов со знач.* палевый, с палевым оттенком, напр. *палево-дымчатый, палево-жёлтый.*

ПА́ЛЕВЫЙ, -ая, -ое; -ев. Бледно-жёлтый с розоватым оттенком. *Палевые облака.* ‖ *сущ.* **па́левость,** -и, *ж.*

ПАЛЕО... *Первая часть сложных слов со знач.*: 1) относящийся к древнейшим эпохам, к глубокой древности, напр. *палеоазиатский, палеоазиаты;* 2) относящийся к палеонтологии, палеонтологический, напр. *палеоботаника, палеозоология;* 3) относящийся к изучению глубокой древности, напр. *палеорентгенология, палеопатология.*

ПАЛЕОАЗИА́ТСКИЙ, -ая, -ое: **1. палеоазиатские народы** — народы, составляющие коренное население Северной и Северо-Восточной Сибири: ительмены, коряки, нивхи, чукчи, эскимосы и нек-рые другие. **2. палеоазиатские (палеосибирские) языки** — условное название генетически различных групп языков этих народов (чукотско-камчатской, эскимосско-алеутской, енисейской и нек-рых других).

ПАЛЕО́ГРАФ, -а, *м.* Специалист по палеографии.

ПАЛЕОГРА́ФИЯ, -и, *ж.* **1.** Наука о развитии письменности, о древних рукописях, имеющая целью определение времени и места их возникновения по внешнему виду и письму. **2.** Особенности начертания букв и разделительных знаков рукописи (во 2 знач.). *П. Остромирова Евангелия.* ‖ *прил.* **палеографи́ческий,** -ая, -ое.

ПАЛЕОЗО́ЙСКИЙ, -ая, -ое: **палеозойская эра** (спец.) — эра геологической истории Земли, соотносимая с существованием древнейшей группы отложений горных пород.

ПАЛЕОЛИ́Т, -а, *м.* Ранний период каменного века (примерно до 10 тысячелетия до н. э.). *Эпоха палеолита.* ‖ *прил.* **палеолити́ческий,** -ая, -ое.

ПАЛЕОНТО́ЛОГ, -а, *м.* Специалист по палеонтологии.

ПАЛЕОНТОЛО́ГИЯ, -и, *ж.* Наука о вымерших животных и растениях. ‖ *прил.* **палеонтологи́ческий,** -ая, -ое.

ПАЛЕСТИ́НСКИЙ, -ая, -ое. **1.** *см.* палестинцы. **2.** Относящийся к палестинцам, к их языку, национальному характеру, образу жизни, культуре, а также к Палестине, её территории, внутреннему устройству, истории; такой, как у палестинцев, как в Палестине. *Палестинские арабы* (палестинцы). *Палестинские земли.*

ПАЛЕСТИ́НЦЫ, -ев, *ед.* -нец, -нца, *м.* Арабский народ Палестины — исторической области Западной Азии. ‖ *ж.* **палести́нка,** -и. ‖ *прил.* **палести́нский,** -ая, -ое.

ПА́ЛЕХ, -а, *м.* То же, что палехская миниатюра, а также (собир.) соответствующие художественные изделия. *Коллекционировать п.* ‖ *прил.* **па́лехский,** -ая, -ое. *Палехская шкатулка.*

ПА́ЛЕХСКИЙ, -ая, -ое. **1.** *см.* палех. **2. палехская миниатюра** — вид народной миниатюрной живописи яркой темперой и золотом на чёрных лаковых изделиях из папье-маше [по названию посёлка Палех, где в начале 20 в. на основе иконописного промысла возник соответствующий вид росписи].

ПА́ЛЕЦ, -льца, *м.* **1.** Одна из отделённых друг от друга подвижных конечностей кисти или стопы (у животных — лапы). *Пальцы руки, ноги. Большой п. Указательный, безымянный, средний п.* (на руке). *Пальцы ломать* (в волнении сжимать себе пальцы до хруста в суставах). *Пальцем крутить около виска* (показывать жестом, что собеседник ведёт себя странно, глуп или не совсем нормален). *Дай п. кому-н., потребует всю руку* (перен.: о неумеренности чьих-н. притязаний, требований). *По пальцам перечесть можно кого-что-н.* (об очень небольшом количестве кого-чего-н.: назвать, перечислить). *Сквозь пальцы смотреть на кого-что-н.* (сознательно не замечать чего-н. плохого, недозволенного). *П. о п. не ударить* или *пальцем не шевельнуть* (ничего не сделать). *Как свои пять пальцев знать кого-что-н.* (очень хорошо; разг.). *Пальцем показывать на кого-что-н.* (также перен.: обращать особенное внимание на кого-что-н.; разг. неодобр). *На пальцах показать* или *разъяснить, объяснить* (так, чтобы было совершенно понятно и просто;

разг.). **2.** В машинах, механизмах: деталь в виде округлого стержня (спец.). ✦ **Вокруг пальца обвести** *кого* (разг.) — ловко обмануть, одурачить. **Пальцем в небо попасть** (разг. ирон.) — сказать невпопад, совершенно не к месту, а также (устар.) вообще ошибиться. **Пальца в рот не клади** *кому* (разг.) — о том, кто не упустит случая использовать в своих интересах чью-н. оплошность, доверчивость. **Из пальца высосать** (разг. неодобр.) — выдумать, сказать без всяких оснований или раздуть дело из пустяка. **На большой палец** (прост.) — очень хорошо, отлично. ‖ *уменьш.* **па́льчик**, -а, *м.* (к 1 знач.). *Пальчики оближешь* (перен.: о чём-н. очень вкусном, приятном; разг.). ‖ *прил.* **пальцево́й**, -а́я, -о́е. *П. сустав. Пальцевые отпечатки. Пальцевая речь* (у глухонемых; спец.).

ПАЛЁНЫЙ, -ая, -ое. Слегка обожжённый, опалённый или спалённый. *Палёная шерсть. Пахнет палёным* (сущ.).

ПАЛИСА́Д, -а, *м.* То же, что палисадник, а также лёгкая ограда вокруг него. ‖ *прил.* **палиса́дный**, -ая, -ое.

ПАЛИСА́ДНИК, -а, *м.* Небольшой огороженный садик, цветник перед домом. ‖ *прил.* **палиса́дниковый**, -ая, -ое.

ПАЛИСА́НДР, -а, *м.* Ценная твёрдая древесина нек-рых тропических деревьев. ‖ *прил.* **палиса́ндровый**, -ая, -ое. *Палисандровое дерево* (такая древесина).

ПАЛИ́ТРА, -ы, *ж.* **1.** Небольшая дощечка, пластинка, на к-рой живописец смешивает краски. **2.** *перен.* Подбор красочных сочетаний в картине, цветовая гамма. **3.** *перен.* Совокупность выразительных средств художника. *Богатая п. писателя.*

ПАЛИ́ТЬ[1], -лю́, -ли́шь; -лённый (-ён, -ена́); *несов.* **1.** *кого-что.* Обжигать пламенем (очищая от чего-н.). *П. шкуру. П. птичью тушку.* **2.** (1 и 2 л. не употр.), *кого-что.* Обдавать зноем. *Солнце палит. Палящие лучи.* **3.** *что.* Оставляя след жжения, портить (ткань). *Утюг палит.* **4.** *что.* Жечь (в большом количестве) (разг.). *П. дрова.* ‖ *сов.* **опали́ть**, -лю́, -ли́шь; -лённый (-ён, -ена́) (к 1 знач.) *и* **спали́ть**, -лю́, -ли́шь; -лённый (-ён, -ена́) (к 3 и 4 знач.). ‖ *сущ.* **пале́ние**, -я, *ср.* (к 1 знач.).

ПАЛИ́ТЬ[2], -лю́, -ли́шь; *несов.* (разг.). Стрелять часто, залпами. *П. из пушек. П. по окопам.* ‖ *сов.* **вы́палить**, -лю, -лишь. ‖ *однокр.* **пальну́ть**, -ну́, -нёшь. ‖ *сущ.* **пальба́**, -ы́, *ж.* *Открыть пальбу.*

ПА́ЛИЦА, -ы, *ж.* Старинное оружие — тяжёлая дубинка с утолщённым концом.

ПА́ЛКА, -и, *ж.* **1.** Срезанный тонкий ствол или срезанная прямая ветка дерева без сучков. *Сломить палку. Сухие палки. Худой как п. кто-н.* (об очень худом человеке). **2.** Длинный тонкий предмет в форме прямой ветки дерева. *Привязать флаг на палку. Гимнастическая п. П. сургуча* (твёрдый брусочек). **3.** Предмет в виде прямого, обычно деревянного стержня для опоры при ходьбе. *П. с набалдашником. Опираться на палку. Суковатая п.* (с остатками от срезанных сучьев). *Лыжные палки* (для ходьбы на лыжах). ✦ **Палки в колёса ставить (вставлять)** *кому* (разг.) — сознательно мешать какому-н. делу. **Из-под палки** (разг.) — по принуждению. **Палка о двух концах** (разг.) — говорится о том, что может кончиться и хорошо, и плохо. **Перегнуть палку** (разг.) — допустить ненужную крайность в каком-н. деле. **Кто палку взял, тот и капрал** — посл. в знач. кому удалось, кто захотел, тот и распоряжается. **Как собака палку любит** *кто кого-что* (разг. шутл.) — очень не любит. **В палки поставить** *кого* **(палок дать)** *кому* (устар.) — о телесном наказании палками. ‖ *уменьш.* **па́лочка**, -и, *ж.* *Дирижёрская п. П.-выручалочка* (в детской игре; также перен.: о том, что или кто всегда помогает, выручает; разг. шутл.). ‖ *прил.* **па́лочный**, -ая, -ое.

ПАЛЛИАТИ́В, -а, *м.* (книжн.). Лекарство или вообще средство, дающее лишь временное облегчение, полумера. ‖ *прил.* **паллиати́вный**, -ая, -ое.

ПАЛО́МНИК, -а, *м.* Верующий человек, путешествующий к местам, к-рые считаются святыми. ‖ *ж.* **пало́мница**, -ы. ‖ *прил.* **пало́мнический**, -ая, -ое.

ПАЛО́МНИЧАТЬ, -аю, -аешь; *несов.* Совершать паломничество к святым местам. *П. в Иерусалим.*

ПАЛО́МНИЧЕСТВО, -а, *ср.* **1.** Путешествие паломника, паломников. *П. в Мекку.* **2.** *перен.* Путешествие, хождение куда-н. с целью ознакомления с какими-н. достопримечательностями, а также к знаменитому лицу. *П. к могиле поэта.* ‖ *прил.* **пало́мнический**, -ая, -ое.

ПА́ЛОЧКА, -и, *ж.* **1.** *см.* палка. **2.** Предмет в виде брусочка, а также прямая короткая чёрточка. *Выписывать палочки и чёрточки.* **3.** Пищевое изделие в виде короткого брусочка. *Хлебные, рыбные, кукурузные палочки.* **4.** Болезнетворная бактерия, похожая на чёрточку. *Дифтерийные палочки.* ✦ **За палочки работать** (разг. ирон.) — даром, без оплаты труда [по обычному во время колхозов способу вместо оплаты трудодней отмечать в ведомости каждый из них вертикальной чёрточкой]. ‖ *прил.* **па́лочковый**, -ая, -ое (к 4 знач.; спец.). *Палочковые клетки.*

ПАЛОЧКОВИ́ДНЫЙ, -ая, -ое (спец.). По форме напоминающий палочку, короткую чёрточку. *Палочковидные бактерии.*

ПА́ЛОЧНЫЙ, -ая, -ое. **1.** *см.* палка. **2.** *перен.* Основанный на принуждении и жестокости. *Палочная дисциплина. Палочные меры.*

ПА́ЛТУС, -а, *м.* Северная морская рыба, родственная камбале. ‖ *прил.* **па́лтусовый**, -ая, -ое.

ПА́ЛУБА, -ы, *ж.* **1.** Горизонтальное перекрытие в корпусе судна, самолёта, а также часть такого перекрытия, прилегающая к наружной стенке судна. *Верхняя, нижняя п. Подняться из каюты на палубу. П. аэробуса.* **2.** Настилка, настил в каких-н. сооружениях (спец.). ‖ *прил.* **па́лубный**, -ая, -ое. *Палубная команда.*

ПАЛЬБА́, ПАЛЬНУ́ТЬ *см.* палить[2].

ПА́ЛЬМА, -ы, *ж.* Дерево южных стран, обычно с прямым неветвистым стволом и с очень крупными вечнозелёными перистыми или веерообразными листьями. *Кокосовая, финиковая, масличная п.* ✦ **Пальма первенства** (книжн.) — превосходство, преимущество в чём-н. [от обычая в Древней Греции награждать победителя в состязаниях ветвью пальмы]. ‖ *прил.* **па́льмовый**, -ая, -ое. *Пальмовая ветвь* (также перен.: символ мира; высок.). *Семейство пальмовых* (сущ.).

ПАЛЬПИ́РОВАТЬ, -рую, -руешь; -анный; *сов. и несов., что* (спец.). Производя медицинское обследование, ощупать (-ывать) какую-н. часть тела. *П. печень, селезёнку.* ‖ *сущ.* **пальпи́рование**, -я, *ср. и* **пальпа́ция**, -и, *ж.* ‖ *прил.* **пальпацио́нный**, -ая, -ое.

ПАЛЬТО́, *нескл., ср.* Верхняя одежда, обычно ниже колен. *Мужское, женское п. Зимнее, летнее, демисезонное п.* ‖ *уменьш.* **пальтецо́**, -а́, *ср. и* **пальти́шко**, -а, *ср.* ‖ *прил.* **пальто́вый**, -ая, -ое (спец. и разг.). *Пальтовая ткань.*

ПАЛЬЦЕВО́Й *см.* палец.

ПА́ЛЬЧАТЫЙ, -ая, -ое (спец.). Похожий на палец. *Пальчатые листья.*

ПАМПА́СЫ, -ов и (спец.) **ПА́МПА**, -ы, *ж.* Южноамериканские степи. ‖ *прил.* **пампа́совый**, -ая, -ое *и* **пампа́сный**, -ая, -ое.

ПАМПУ́ШКА, -и, *ж.* (разг.). Оладья, пышка.

ПАМФЛЕ́Т, -а, *м.* Злободневное острое, обычно небольшое сочинение обличительного, политического характера. ‖ *прил.* **памфле́тный**, -ая, -ое.

ПАМФЛЕТИ́СТ, -а, *м.* Писатель — автор памфлетов. ‖ *ж.* **памфлети́стка**, -и.

ПА́МЯТКА, -и, *ж.* Книжка, листок с краткими наставлениями на какой-н. случай, с краткими сведениями о ком-чём-н. *П. туриста.*

ПА́МЯТЛИ́ВЫЙ, -ая, -ое; -ив (разг.). Обладающий хорошей памятью. ‖ *сущ.* **па́мятливость**, -и, *ж.*

ПА́МЯТНИК, -а, *м.* **1.** Скульптура или архитектурное сооружение в память кого-чего-н. (выдающейся личности, исторического события). *П. Пушкину. Надгробный п. П.-обелиск.* **2.** Сохранившийся предмет культуры прошлого. *Археологический п. Памятники письменности* (древние рукописи). ✦ **Памятник природы** — природный объект, охраняемый государством (напр., уникальное дерево, водопад, гейзер).

ПА́МЯТНЫЙ, -ая, -ое; -тен, -тна. **1.** Сохраняемый в памяти, незабываемый. *П. день жизни.* **2.** *полн. ф.* Служащий для справок, записей, для сохранения чего-н. в памяти. *Памятная книжка. Памятная записка* (официальный документ). *П. подарок, значок, кубок.*

ПА́МЯТОВАТЬ, -тую, -туешь; *несов., о ком-чём* (устар.). Помнить, не забывать. *П. о своём долге.*

ПА́МЯТЬ, -и, *ж.* **1.** Способность сохранять и воспроизводить в сознании прежние впечатления, опыт, а также самый запас хранящихся в сознании впечатлений, опыта. *Моторная п.* (память-привычка). *Эмоциональная п.* (память чувств). *Образная п. Врезаться в п.* (хорошо запомниться). *Свежо в памяти* (еще хорошо помнится). *Это на его памяти* (о чём-н. отдалённом: он это помнит, был свидетелем происходившего). *Прийти на п.* (вспомниться). *Короткая п. у кого-н.* (быстро забывает; обычно о том, кто не хочет помнить, вспоминать что-н.; неодобр.). **2.** То же, что воспоминание о ком-чём-н. *Хранить п. о событии. Прежний начальник оставил по себе плохую п.* **3.** То, что связано с умершим (воспоминания о нём, чувства к нему). *Посвятить книгу памяти учителя. Верна памяти мужа. Вечная п. кому-н.* (пожелание, чтобы долго, вечно помнили кого-н. умершего). **4.** **памяти** *кого-чего, в знач. предлога с род. п.* В честь (кого-н. умершего или какого-н. важного события в прошлом). *Турнир памяти Алёхина. Вечер памяти героев.* ✦ **В память** *кого-чего, в знач. предлога с род. п.* — в честь (умершего), для сохранения памяти о ком-чём-н. *Торжественная встреча в память погибших.* **В память о ком-чём,** *в знач. предлога с предл. п.* — то же, что в память кого-чего-н. *Подарок в память о встрече.* **Без памяти** — 1) без сознания. *Больной без памяти;* 2) очень сильно (разг.). *Влюблён без памяти;* 3) *от кого-чего,* в восхищении, в восторге (разг.). *Он без памяти от своей невесты.* **На память**

— 1) без текста. *Читать стихи на память;* 2) чтобы не забывал. *Подарок на память.* **По старой памяти** (разг.) — в силу прежней дружбы, старого знакомства, старых отношений. *Удружить по старой памяти.* **Память ЭВМ** (спец.) — совокупность устройств и процессов, обеспечивающих запись, хранение и воспроизведение информации в ЭВМ.

ПАН, -а, *мн.* -ы́, -о́в *и* (устар.) -ы, -ов, *м.* В старой Польше, Литве, а также в Белоруссии и на Украине до революции: помещик, барин [сейчас употр. как обращение к взрослому мужчине в Чехословакии и Польше]. ✦ **Пан или пропал** (разг.) — в речи того, кто рискует: или всё получу, или всё потеряю. ‖ *ж.* **па́ни**, *нескл.* ‖ *прил.* **па́нский**, -ая, -ое.

ПАН... *Первая часть сложных слов со знач.* полноты охвата, господства, напр. *панъевропейский, панславизм, панэллинизм.*

ПАНА́МА[1], -ы, *ж.* Летняя матерчатая шляпа с мягкими полями. ‖ *уменьш.* **пана́мка**, -и, *ж. Детская п.* ‖ *прил.* **пана́мный**, -ая, -ое.

ПАНА́МА[2], -ы, *ж.* (книжн.). Крупное мошенничество, связанное с подкупами высших чиновников и другими злоупотреблениями [восходит к истории строительства Панамского канала, связанной с крупными финансовыми махинациями].

ПАНА́МСКИЙ, -ая, -ое. **1.** *см.* панамцы. **2.** Относящийся к панамцам, к их языку (испанскому), национальному характеру, образу жизни, культуре, а также к Панаме, её территории, внутреннему устройству, истории; такой, как у панамцев, как в Панаме. *Панамские провинции. П. канал* (соединяющий Тихий и Атлантический океаны). *П. перешеек* (соединяющий материки Северную и Южную Америку).

ПАНА́МЦЫ, -ев, *ед.* -а́мец, -мца, *м.* Латиноамериканский народ, составляющий основное население Панамы. ‖ *ж.* **пана́мка**, -и. ‖ *прил.* **пана́мский**, -ая, -ое.

ПАНАЦЕ́Я, -и, *ж.* (книжн. ирон.). Средство от всего плохого, от всех бед [*первонач.* всеисцеляющее лекарство, к-рое пытались изобрести алхимики]. *П. от всех зол.*

ПА́НДА, -ы, *ж.* Млекопитающее сем. енотовых. *Малая п. Большая п.* (бамбуковый медведь). ‖ *прил.* **па́ндовый**, -ая, -ое.

ПАНДЕМИ́Я [дэ], -и, *ж.* Повальная эпидемия, охватывающая население целой области, страны или ряда стран. *Глобальная п.* ‖ *прил.* **пандеми́ческий**, -ая, -ое.

ПА́НДУС, -а, *м.* (спец.). Наклонная площадка, заменяющая лестницу или служащая для подъезда к зданию.

ПАНЕГИ́РИК, -а, *м.* **1.** Ораторская речь хвалебного содержания (устар.). **2.** *перен.* Восторженная и неумеренная похвала (книжн.). ‖ *прил.* **панегири́ческий**, -ая, -ое.

ПАНЕГИРИ́СТ, -а, *м.* (книжн.). Человек, к-рый произносит панегирики (во 2 знач.).

ПАНЕЛЕВО́З, -а, *м.* Грузовой автомобиль-платформа для перевозки панелей (в 4 знач.). ‖ *прил.* **панелево́зный**, -ая, -ое.

ПАНЕ́ЛЬ, -и, *ж.* **1.** Дорожка для пешеходов по двум сторонам улицы, тротуар. **2.** *перен.* В нек-рых выражениях: о занятии проституцией. *Идти на п.* (становиться проституткой). **3.** Деревянная обшивка или окраска (*первонач.* под дерево) нижней части стен помещения (спец.). *П. из орехового дерева.* **4.** В сборном строительстве: крупная плита — готовый элемент сооружения. **5.** Часть электрического щита, пульта управления, радиотехнического устройства, на к-рой расположена контрольная, сигнальная и другая аппаратура (спец.). ‖ *прил.* **пане́льный**, -ая, -ое (к 1, 3, 4 и 5 знач.).

ПАНИБРА́ТСТВО, -а, *ср.* Непочтительное, фамильярное обращение с тем, кто требует уважительного отношения, со старшим. ‖ *прил.* **панибра́тский**, -ая, -ое.

ПА́НИКА, -и, *ж.* Крайний, неудержимый страх, сразу охватывающий человека или многих людей. *Впасть в панику. В толпе началась п. Без паники!* (призыв успокоиться, не бояться; разг.). ‖ *прил.* **пани́ческий**, -ая, -ое.

ПАНИКАДИ́ЛО, -а, *ср.* Свечная люстра или канделябр в церкви. ‖ *прил.* **паникади́льный**, -ая, -ое.

ПАНИКЁР, -а, *м.* (неодобр.). Человек, к-рый легко поддаётся панике, распространяет её. ‖ *ж.* **паникёрша**, -и (разг.). ‖ *прил.* **паникёрский**, -ая, -ое.

ПАНИКЁРСТВОВАТЬ, -твую, -твуешь; *несов.* (разг. неодобр.). Впадать в панику. ‖ *сущ.* **паникёрство**, -а, *ср.*

ПАНИКОВА́ТЬ, -ку́ю, -ку́ешь; *несов.* (прост.). Сильно волноваться, беспокоиться; впадать в панику.

ПАНИХИ́ДА, -ы, *ж.* У христиан: церковная служба по умершему (во время похорон, а также на третий, девятый или сороковой день после смерти либо в годовщину его смерти или рождения). *Отслужить панихиду. Индивидуальная п. Общая п. Родительская п.* ✦ **Гражданская панихида** — траурные речи, посвящённые памяти умершего возле гроба или урны с прахом. ‖ *прил.* **панихи́дный**, -ая, -ое. *П. тон* (перен.: печальный).

ПАНИ́ЧЕСКИЙ, -ая, -ое. **1.** *см.* паника. **2.** О страхе, ужасе: чрезвычайный. *Панически* (нареч.) *бояться высоты.*

ПА́ННА, -ы, *ж.* В старой Польше, Литве, а также Белоруссии и на Украине до революции: дочь пана. ‖ *уменьш.-ласк.* **па́нночка**, -и, *ж.*

ПАННО́, *нескл.*, *ср.* **1.** Поверхность на стене, потолке, обрамлённая орнаментом, гладкая или с живописными, скульптурными изображениями. **2.** Картина или рельеф, украшающие какой-н. участок стены, потолка.

ПАНО́ПТИКУМ, -а, *м.* Музей или коллекция разнообразных редкостей, причудливых существ, восковых фигур.

ПАНОРА́МА, -ы, *ж.* **1.** Вид[1] (во 2 знач.), открывающийся с высоты, с открытого места. *П. города.* **2.** Больших размеров картина с объёмными предметами (макетами) на переднем плане, обычно занимающая стены круглого, с верхним светом здания. *Музей-п. П. «Бородинская битва». Севастопольская п.* **3.** В артиллерийских орудиях и реактивных установках: визирный и угломерный оптический прибор (спец.). ‖ *прил.* **панора́мный**, -ая, -ое. *Панорамное кино* (широкоэкранное кино с вогнутым экраном). *П. обзор* (круговой).

ПАНСИО́Н, -а, *м.* **1.** В дореволюционной России и в нек-рых странах: закрытое среднее учебное заведение с общежитием. *П. благородных девиц. Воспитываться в пансионе.* **2.** То же, что пансионат (устар.). *Хозяйка пансиона.* **3.** Полное содержание (питание, уход) живущих у кого-н., где-н. *Комната с пансионом. На полном пансионе жить у кого-н.* ‖ *прил.* **пансио́нный**, -ая, -ое.

ПАНСИОНА́Т, -а, *м.* Гостиница с полным содержанием для живущих в ней. *Курортный п.* ‖ *прил.* **пансиона́тский**, -ая, -ое (разг.).

ПАНСЛАВИ́ЗМ, -а, *м.* Идейно-политическое течение 19 — нач. 20 в., отражающее стремление к политическому объединению и духовному единению славян. ‖ *прил.* **панслави́стский**, -ая, -ое *и* **панславя́нский**, -ая, -ое.

ПАНСЛАВИ́СТ, -а, *м.* Последователь панславизма.

ПАНТАЛО́НЫ, -о́н. **1.** Длинные мужские штаны (в прежнее время обычно белые). *П. со штрипками. Лосиные п. в обтяжку.* **2.** Женские нижние штаны (короткие, ранее, у девочек; до голени или ниже). *Батистовые п. П. с кружевами.* ‖ *прил.* **панталó́нный**, -ая, -ое.

ПАНТАЛЫ́К: **с панталыку сбить(ся)** (разг.) — привести (прийти) в растерянность, лишить (лишиться) соображения.

ПАНТЕИ́ЗМ [тэ], -а, *м.* (спец.). Религиозно-философское учение, отождествляющее бога с природой, со всем мирозданием. ‖ *прил.* **пантеисти́ческий**, -ая, -ое.

ПАНТЕО́Н [тэ], -а, *м.* **1.** Монументальное здание — место погребения выдающихся деятелей. **2.** У древних греков и римлян: храм, посвящённый всем богам. **3.** Совокупность богов какой-н. религии (книжн.).

ПАНТЕ́РА [тэ́], -ы, *ж.* Темноокрашенный леопард. *Чёрная п.*

ПАНТОМИ́МА, -ы, *ж.* Представление средствами мимики и жестов, без слов, игра мимов. ‖ *прил.* **пантоми́мный**, -ая, -ое *и* **пантомими́ческий**, -ая, -ое.

ПА́НТЫ, -ов. Молодые неокостеневшие рога марала, изюбра или пятнистого оленя, вытяжка из к-рых употр. для приготовления лекарств. *Срезать п.* ‖ *прил.* **па́нтовый**, -ая, -ое. *Пантовое оленеводство.*

ПАНФИ́ЛОВЕЦ, -вца, *м.* В Великую Отечественную войну: воин героической дивизии генерал-майора И. В. Панфилова. *Герои-панфиловцы.*

ПА́НЦИРЬ, -я, *м.* **1.** В старину: металлическая, из колец и пластин, одежда для защиты тела от ударов холодным оружием. *Рыцарь в панцире.* **2.** *перен.* Твёрдое непроницаемое покрытие чего-н. *Ледовый п. реки.* **3.** Твёрдый покров нек-рых животных (спец.). *Черепаший п.* ‖ *прил.* **па́нцирный**, -ая, -ое (к 1 и 3 знач.). *Панцирные рыбы.*

ПА́ПА[1], -ы, *м.* То же, что отец (в 1 знач.). ‖ *ласк.* **па́почка**, -и, *м.*, **папу́ля**, -и, *м.*, **папу́лечка**, -и, *м.*, **папу́ленька**, -и, *м.*, **папу́ся**, -и, *м. и* **папу́сенька**, -и, *м.* ‖ *прил.* **па́пин**, -а, -о. ✦ **По-папиному** (разг.) — 1) по папиной воле, желанию. *Не спорь, всё равно будет по-папиному;* 2) так, как поступает папа. *Работай по-папиному.*

ПА́ПА[2], -ы, *м.* (П прописное). Верховный глава католической церкви и государства Ватикан. *Папа Римский.* ‖ *прил.* **па́пский**, -ая, -ое.

ПАПА́ЙЯ, -и, *ж.* То же, что дынное дерево.

ПАПА́НЯ, -и, *род. мн.* -а́нь, *м.* (прост.). То же, что папа[1]. ‖ *уменьш.-ласк.* **папа́нюшка**, -и, *род. мн.* -шек, *м.*

ПАПА́ХА, -и, *ж.* Высокая меховая шапка. *Казачья п. Генеральская п.*

ПАПА́ША, -и, *м.* (прост.). **1.** Папа, отец. **2.** Обращение к пожилому мужчине. ‖ *ласк.* **папа́шенька**, -и, *м. и* **папа́шечка**, -и, *м.*

ПА́ПЕНЬКА, -и, *м.* (устар. разг.). Папа, отец.

ПА́ПЕРТЬ, -и, *ж.* Крыльцо, площадка перед входом в церковь. *На паперти стоять* (о нищих: просить милостыню у входа в церковь). ‖ *прил.* **па́пертный**, -ая, -ое.

ПАПИЛЬО́ТКА [*льё*], -и, *ж.* Бумажка или тряпочка, на к-рую накручивается прядь волос для завивки. ‖ *прил.* **папильо́точный**, -ая, -ое.

ПАПИРО́СА, -ы, *ж.* Гильза (во 2 знач.) с табаком для курения. ‖ *уменьш.* **папиро́ска**, -и, *ж.* ‖ *прил.* **папиро́сный**, -ая, -ое. *Папиросная бумага* (очень тонкая).

ПАПИ́РУС, -а, *м.* **1.** Тропическое травянистое растение сем. осоковых. **2.** Материал для письма, изготовленный из этого растения (у египтян и др. древних народов), а также рукопись на этом материале. *Древние папирусы.* ‖ *прил.* **папи́русный**, -ая, -ое. *Папирусная бумага. П. свиток.*

ПА́ПКА, -и, *ж.* **1.** Род загибающейся с краёв обложки, в к-рую вкладываются бумаги, рисунки. *П. для дел. Картонная, кожаная п. П. с завязками.* **2.** Картонный переплёт (устар.). *Книга в папке.* ‖ *уменьш.* **па́почка**, -и, *ж.* ‖ *прил.* **па́почный**, -ая, -ое.

ПА́ПОРОТНИК, -а, *м.* Споровое травянистое или древовидное растение с крупными, сильно рассечёнными листьями. ‖ *прил.* **па́поротниковый**, -ая, -ое.

ПА́ПОЧКА[1] *см.* папа[1].

ПА́ПОЧКА[2] *см.* папка.

ПА́ПОЧНЫЙ *см.* папка.

ПАПУА́ССКИЙ, -ая, -ое. **1.** *см.* папуасы. **2.** Относящийся к папуасам, к их языкам, национальному характеру, образу жизни, культуре, а также к Папуа-Новой Гвинее, её территории, внутреннему устройству, истории; такой, как у папуасов, как в Папуа-Новой Гвинее. *Папуасские языки* (группы изолированных языков жителей острова Новая Гвинея и нек-рых других островов Тихого океана). *Папуасские провинции. По-папуасски* (нареч.).

ПАПУА́СЫ, -ов, *ед.* -а́с, -а, *м.* Коренное население Новой Гвинеи и нек-рых других островов Меланезии. ‖ *ж.* **папуа́ска**, -и. ‖ *прил.* **папуа́сский**, -ая, -ое.

ПАПЬЕ́-МАШЕ́, *нескл., ср.* Легко поддающаяся формовке масса из смеси бумаги (или картона), гипса, клея, крахмала, применяемая для изготовления различных предметов путем прессования. *Муляж из папье-маше.*

ПАР[1], -а (-у), о па́ре, в (на) пару́, *мн.* -ы́, -о́в, *м.* **1.** Вода в газообразном состоянии. *П. изо рта* (при дыхании на морозе, холоде). *Водяной п. П. из котла. Разводить пары* (готовить паровую машину к действию). *Стоять под парами* (о паровозе, пароходе: быть готовым к отправлению). *На всех парах* (также перен.: очень быстро). **2.** Сильно нагретый влажный воздух. *Поддать пару* (в бане). *С лёгким паром!* (приветствие тому, кто пришёл из бани, только что помылся, попарился). *П. костей не ломит* (посл.). **3.** *мн.* Название нек-рых веществ в их газообразном состоянии (спец.). *Пары йода. Пары спирта. Пары нафталина.* ‖ *прил.* **паро́вой**, -а́я, -о́е (к 1 и 2 знач.). *П. котёл* (для получения пара). *Паровая машина* (приводимая в движение паром). *П. двигатель. Паровая турбина.*

ПАР[2], -а, *мн.* -ы́, -о́в, *м.* Поле, оставленное на одно лето незасеянным для очищения от сорняков и удобрения почвы. *Чёрный п.* (не заросший травой). *Вспашка паров. Земля под паром.* ‖ *прил.* **паро́вой**, -а́я, -о́е.

ПА́РА, -ы, *ж.* **1.** Два однородных предмета, вместе употребляемые и составляющие целое. *П. вёсел. П. сапог.* **2.** Две штуки чего-н. (прост.). *П. яблок.* **3.** Мужской костюм (брюки и пиджак или сюртук, фрак). *Сшить новую пару. Фрачная п.* **4.** Упряжка в две лошади. *Ездить на паре.* **5.** Два лица, находящиеся, действующие вместе, объединённые чем-н. общим. *Идти парами. Танцующая п. Супружеская п. В паре с кем-н. быть, работать* (вдвоём). **6.** В нек-рых выражениях: лицо, входящее в такое объединение или подходящее для него (разг.). *Не п. кто кому-н.* (не подходит, не соответствует). *Найти (искать) себе пару. Остаться без пары.* **7.** Небольшое количество чего-н., несколько (прост.). *Вызвать на пару слов* (чтобы поговорить немного). *На пару минут.* **8.** То же, что двойка (во 2 знач.) (прост.). *Схватил пару по химии.* ✦ **Пара пустяков** (разг.) — совершенный пустяк (в 1 знач.), пустяковое дело. **На пару *с кем*** (прост.) — вместе, вдвоём. *Работать на пару.* **Два сапога пара** (разг. ирон.) — о двух людях, вполне сходных, подходящих друг к другу, в особенности по своим недостаткам. ‖ *уменьш.* **па́рочка**, -и, *ж.* (к 1, 2, 4 и 5 знач.).

ПАРАБЕ́ЛЛУМ, -а, *м.* Род автоматического пистолета.

ПАРА́БОЛА, -ы, *ж.* В математике: состоящая из одной ветви незамкнутая кривая, образующаяся при пересечении конической поверхности плоскостью. ‖ *прил.* **параболи́ческий**, -ая, -ое.

ПАРАГВА́ЙСКИЙ, -ая, -ое. **1.** *см.* парагвайцы. **2.** Относящийся к парагвайцам, к их языкам (испанскому и индейскому языку гуарани), национальному характеру, образу жизни, культуре, а также к Парагваю, его территории, внутреннему устройству, истории; такой, как у парагвайцев, как в Парагвае. *Парагвайские департаменты. П. чай* (сорт). *П. гуарани* (денежная единица).

ПАРАГВА́ЙЦЫ, -ев, *ед.* -а́ец, -а́йца, *м.* Латиноамериканский народ, составляющий основное население Парагвая. ‖ *ж.* **парагва́йка**, -и. ‖ *прил.* **парагва́йский**, -ая, -ое.

ПАРА́ГРАФ, -а, *м.* Подразделение текста внутри главы, раздела, обозначаемое знаком §, а также сам этот знак.

ПАРА́Д, -а, *м.* **1.** Торжественное прохождение войск (кораблей, самолётов), а также спортсменов. *П. Победы. Праздничный п. Морской, воздушный п.* **2.** В цирке: торжественный выход на арену всех артистов. **3.** То же, что парадность (разг. шутл.). *Пришёл при всём параде.* ✦ **Парад планет** (спец.) — такое расположение большей части планет, когда они предстают видимыми по одному направлению от Солнца. ‖ *прил.* **пара́дный**, -ая, -ое (к 1 и 2 знач.). *П. смотр.*

ПАРА́Д-АЛЛЕ́, пара́да-алле́, *м.* В цирке: выход на арену всех участников представления перед его началом.

ПАРАДИ́ГМА, -ы, *ж.* **1.** Образец, тип, модель (книжн.). *П. общественных отношений.* **2.** В грамматике: система форм изменяющегося слова, конструкции (спец.). *П. имени, глагола.* ‖ *прил.* **парадигмати́ческий**, -ая, -ое.

ПАРА́ДНЫЙ, -ая, -ое; -ден, -дна. **1.** *см.* парад. **2.** Торжественный, праздничный. *П. вид. Парадная форма. П. костюм.* **3.** То же, что напыщенный (во 2 знач.). *Парадные речи.* **4.** *полн. ф.* О входе: передний, главный. *П. подъезд. П. ход. Парадное крыльцо. Пройти через парадное* (сущ.) или *парадную* (сущ.; разг.). ‖ *сущ.* **пара́дность**, -и, *ж.* (ко 2 и 3 знач.). *Излишняя п. в костюме.*

ПАРАДО́КС, -а, *м.* (книжн.). **1.** Странное, расходящееся с общепринятым мнением, высказывание, а также мнение, противоречащее (иногда только на первый взгляд) здравому смыслу. *Говорить парадоксами.* **2.** Явление, кажущееся невероятным и неожиданным. ‖ *прил.* **парадокса́льный**, -ая, -ое (к 1 знач.). *П. вывод.*

ПАРАДОКСА́ЛЬНЫЙ, -ая, -ое; -лен, -льна (книжн.). **1.** *см.* парадокс. **2.** Совершенно невероятный, удивительный. *П. случай.* ‖ *сущ.* **парадокса́льность**, -и, *ж.*

ПАРАЗИ́Т, -а, *м.* **1.** Организм (растение, животное), питающийся за счёт другого организма и вредящий ему. *Грибы-паразиты. Насекомые-паразиты.* **2.** Человек, к-рый живёт чужим трудом, тунеядец (презр.). ‖ *ж.* **парази́тка**, -и (ко 2 знач.; разг.). ‖ *прил.* **парази́тный**, -ая, -ое (к 1 знач.) *и* **парази́тский**, -ая, -ое (ко 2 знач.; прост.).

ПАРАЗИТА́РНЫЙ, -ая, -ое; -рен, -рна (книжн.). **1.** *полн. ф.* Распространяемый паразитами (в 1 знач.). *Паразитарные болезни.* **2.** Свойственный паразитам. *Паразитарное существование.* ‖ *сущ.* **паразита́рность**, -и, *ж.* (ко 2 знач.).

ПАРАЗИТИ́ЗМ, -а, *м.* **1.** Сосуществование двух организмов, при к-ром один организм (паразит) питается за счёт другого (хозяина). **2.** *перен.* Жизнь на средства, получаемые от чужого труда, тунеядство. ‖ *прил.* **паразити́ческий**, -ая, -ое.

ПАРАЗИТИ́РОВАТЬ, -рую, -руешь; *несов.* (книжн.). Жить паразитом, вести паразитарное существование.

ПАРАЛИЗОВА́ТЬ, -зу́ю, -зу́ешь; -о́ванный; *сов. и несов., кого-что.* **1.** (1 и 2 л. не употр.) Привести (-водить) в состояние паралича. *Рука парализована. Старика парализовало* (безл.). **2.** *перен.* Лишить (-шать) способности или возможности действовать. *П. силы врага.*

ПАРАЛИ́ТИК, -а, *м.* Человек, больной параличом. ‖ *ж.* **паралити́чка**, -и (разг.).

ПАРАЛИ́Ч, -а́, *м.* Утрата, расстройство двигательных функций вследствие поражения нервной системы. *П. ног. П. лицевого нерва. Больной разбит параличом.* ‖ *прил.* **паралити́ческий**, -ая, -ое *и* **парали́чный**, -ая, -ое.

ПАРАЛЛЕЛЕПИ́ПЕД, -а, *м.* В математике: призма, основанием к-рой служит параллелограмм.

ПАРАЛЛЕЛИ́ЗМ, -а, *м.* Сопутствие параллельных явлений, действий, параллельность. *П. линий. П. в работе.*

ПАРАЛЛЕЛОГРА́ММ, -а, *м.* В математике: четырёхугольник, у к-рого стороны попарно параллельны.

ПАРАЛЛЕ́ЛЬ, -и, *ж.* **1.** В математике: прямая, не пересекающая другой прямой, лежащей с ней в одной плоскости. *Провести п.* **2.** *перен.* Сравнение, а также явление, к-рое может быть сопоставлено с другим, сходным (книжн.). *Провести п. между явлениями. Исторические параллели.* **3.** Воображаемая линия пересечения земной поверхности плоскостью, параллельной плоскости экватора. *Параллели и меридианы на глобусе.* ✦ **В параллель** *с чем, в знач. предлога с тв. п.* — в сравнении, в сопоставлении с чем-н. *Поставить одно событие в параллель с другим.*

ПАРАЛЛЕ́ЛЬНЫЙ, -ая, -ое; -лен, -льна. **1.** Являющийся параллелью (в 1 знач.). *Параллельные линии. Параллельные улицы.* **2.** *перен.* Происходящий одновременно и рядом с чем-н., такой же, сопутствующий. *Параллельные явления. Параллельная работа двух органов.* ‖ *сущ.* **паралле́льность**, -и, *ж.*

ПАРА́МЕТР, -а, *м.* (спец.). Величина, характеризующая какое-н. основное свойство машины, устройства, системы или явления, процесса. *Параметры реактора.* || *прил.* **параметри́ческий,** -ая, -ое.

ПАРАНДЖА́, -и́, *род. мн.* -е́й, *ж.* Широкая верхняя одежда с закрывающей лицо волосяной сеткой, без к-рой ислам не разрешает женщинам появляться перед посторонними.

ПАРАНО́ИК, -а, *м.* Человек, больной паранойей.

ПАРАНО́ЙЯ, -и, *ж.* Психическая болезнь, характеризующаяся стойким бредом. || *прил.* **параноѝческий,** -ая, -ое.

ПАРАПЕ́Т, -а, *м.* Невысокая заграждающая стенка, перила. *П. моста.* || *прил.* **парапе́тный,** -ая, -ое.

ПАРАПСИХОЛО́ГИЯ, -и, *ж.* (спец.). Изучение научно не объяснённых явлений человеческого восприятия без участия органов чувств и физических воздействий на кого-что-н., без посредства мышечных усилий. || *прил.* **парапсихологи́ческий,** -ая, -ое.

ПАРАТИ́Ф, -а, *м.* Инфекционная кишечная болезнь, сходная с брюшным тифом. || *прил.* **паратифо́зный,** -ая, -ое.

ПАРАФИ́Н, -а, *м.* Похожее на воск светлое плавкое вещество, получаемое преимущ. из нефти, используемое в промышленности и медицине. || *прил.* **парафи́новый,** -ая, -ое.

ПАРА́ША, -и, *ж.* (прост.). Сосуд для испражнений в тюремной камере.

ПАРАШЮ́Т [*шу*], -а, *м.* Устройство с раскрывающимся в воздухе куполом и стропами для прыжка с самолёта или спуска с высоты груза, космического аппарата, а также для уменьшения пробега при посадке самолёта, торможения гоночного автомобиля. *Спасательный п. Вытяжное кольцо парашюта. Тормозной п.* || *прил.* **парашю́тный,** -ая, -ое. *П. десант. П. спорт* (прыжки с парашютом с летательных аппаратов).

ПАРАШЮТИ́ЗМ [*шу*], -а, *м.* Парашютный спорт.

ПАРАШЮТИ́РОВАТЬ [*шу*], -рую, -руешь; *сов.* и *несов.* (спец.). Опускаясь, полететь (лететь) с предельно малой скоростью. || *сов.* также **спарашюти́ровать,** -рую, -руешь.

ПАРАШЮТИ́СТ [*шу*], -а, *м.* Тот, кто совершает прыжок (прыжки) с парашютом, спортсмен, занимающийся парашютным спортом. || *ж.* **парашюти́стка,** -и. || *прил.* **парашюти́стский,** -ая, -ое.

ПАРЕ́З [*рэ*], -а, *м.* (спец.). Ослабление произвольных движений мышц, неполный паралич.

ПА́РЕНИЕ *см.* па́рить.

ПАРЕ́НИЕ *см.* пари́ть.

ПА́РЕНЫЙ, -ая, -ое. Приготовленный в пищу парением, на пару́. *Пареная брюква. Дешевле пареной репы* (очень дёшево; разг. шутл.).

ПА́РЕНЬ, -рня, *мн.* -рни, -е́й, *м.* **1.** Юноша, молодой человек (разг.). *Парни и девушки. Первый п. на деревне* (красив и весел, всем хорош; шутл.). **2.** Вообще человек, мужчина (прост.). *Свой п.* (о простом и доступном, близком человеке). || *уменьш.* **паренёк,** -нька́, *м.* (к 1 знач.). || *увел.* **парни́ще,** -а, *м.* и **парня́га,** -и, *м.* (прост.).

ПАРИ́, *нескл., ср.* Заключённое между двумя спорящими условие, по к-рому проигравший должен выполнить какое-н. обязательство. *Заключить п. Выиграть, проиграть п. Держать п. На п.* (заключая пари).

ПАРИ́К, -а́, *м.* Накладка на голове, имитирующая волосы, причёску. *Надеть, снять п. Клоун в парике.* || *прил.* **парико́вый,** -ая, -ое.

ПАРИКМА́ХЕР, -а, *м.* Мастер — специалист по причёскам, завивке, стрижке, бритью. *Дамский, мужской п.* || *ж.* **парикма́херша,** -и (разг.). || *прил.* **парикма́херский,** -ая, -ое.

ПАРИКМА́ХЕРСКАЯ, -ой, *ж.* Предприятие, где делают причёски, завивку, стригут, бреют.

ПАРИ́ЛЬНЯ, -и, *род. мн.* -лен и (разг.) **ПАРИ́ЛКА,** -и, *ж.* **1.** Отделение в бане, где парятся, парная. **2.** Отделение на предприятии, фабрике, где что-н. парят (в 1 знач.) (спец.).

ПАРИ́РОВАТЬ, -рую, -руешь; -анный; *сов.* и *несов., что.* **1.** В фехтовании: отразить (-ажать) удар соперника. **2.** *перен.* Сразу, быстро представить (-влять) бесспорные возражения против чего-н. (книжн.). *П. доводы оппонентов.* || *сов.* также **отпари́ровать,** -рую, -руешь; -анный.

ПАРИТЕ́Т, -а, *м.* **1.** Равенство, равноправие сторон (книжн.). **2.** Соотношение между денежными единицами разных стран по количеству представленного ими золота или по их покупательной силе (спец.). *Валютный п.* || *прил.* **парите́тный,** -ая, -ое (к 1 знач.). *Паритетное представительство. На паритетных началах.*

ПА́РИТЬ, -рю, -ришь; -ренный; *несов.* **1.** *кого-что.* Подвергать действию пара (для обработки, очистки). *П. древесину. П. бельё.* **2.** *кого (что).* Хлестать веником (в бане для вызывания пота). *П. спину.* **3.** *что.* Приготовлять что-н. в закрытом сосуде на пару. *П. овощи.* **4.** (1 и 2 л. не употр.). Испускать сильный жар, зной. *Парит* (безл.) *перед грозой.* || *сущ.* **па́рение,** -я, *ср.* (к 1, 2 и 3 знач.) и **па́рка,** -и, *ж.* (к 1 знач.; прост.). || *прил.* **пари́льный,** -ая, -ое (к 1 и 2 знач.). *П. чан. Парильное отделение* (в бане).

ПАРИ́ТЬ, -рю́, -ри́шь; *несов.* Держаться в воздухе на неподвижно раскрытых крыльях. *Орёл парит в небе. П. в облаках* (также перен.: предаваться фантазиям, мечтаниям; ирон.). *Парящий полёт планера, дельтаплана.* || *сущ.* **паре́ние,** -я, *ср.*

ПА́РИТЬСЯ, -рюсь, -ришься; *несов.* **1.** (1 и 2 л. не употр.). Приготовляться, прогреваться в закрытом сосуде на пару. *Парятся овощи.* **2.** Находиться в очень тёплом, жарком помещении или быть слишком тепло одетым (разг.). *П. в шубе.* **3.** *перен., над чем.* То же, что потеть (в 3 знач.) (прост.). *П. над задачей.* **4.** Находиться в бане, обдавая тело паром. *П. в парном отделении* (в парилке). *П. на полке́. П. берёзовым веником.* || *сов.* **попа́риться,** -рюсь, -ришься (ко 2, 3 и 4 знач.).

ПА́РИЯ, -и, *род. мн.* -ий, *м.* и *ж.* **1.** В Южной Индии: человек, принадлежащий к одной из неприкасаемых каст, лишённый всяких прав. **2.** *перен.* Отверженное и бесправное существо (книжн.).

ПАРК[1], -а, *м.* Большой сад или насаженная роща с аллеями, цветниками, водоёмами. *Разбить п. Городской п.* ✦ **Национальный парк** — территория или акватория, на к-рой охраняются ландшафты и уникальные природные объекты. || *прил.* **па́рковый,** -ая, -ое. *Парковая архитектура* (композиция парков).

ПАРК[2], -а, *м.* **1.** Передвижной склад для снабжения армии. *Артиллерийский п. Орудийный п. Сапёрный п.* **2.** Место стоянки и ремонта подвижного состава. *Трамвайный, троллейбусный, таксомоторный п.* **3.** Совокупность транспортных средств, подвижной состав, а также вообще совокупность машин, механизмов, аппаратов. *Автомобильный п. П. станков. Экскаваторный п. Парк ЭВМ. Приборный п.* || *прил.* **па́рковый,** -ая, -ое.

ПАРКЕ́Т, -а, *м.* Планки из твёрдых пород дерева для покрытия полов (собир.), а также само такое покрытие. *Штучный п. Дубовый, буковый п. Настелить п.* || *прил.* **парке́тный,** -ая, -ое. *П. пол.*

ПАРКЕ́ТЧИК, -а, *м.* Рабочий, занимающийся изготовлением паркета.

ПАРКОВА́ТЬ, -ку́ю, -ку́ешь; -о́ванный; *несов., что.* Ставить (автомобиль) на стоянку. || *сущ.* **паркова́ние,** -я, *ср.* и **парко́вка,** -и, *ж.* (разг.).

ПАРЛА́МЕНТ, -а, *м.* **1.** Высшее государственное законодательное представительное собрание. *Двухпалатный п. Однопалатный п. Выборы в п.* **2.** Название нек-рых международных съездов, организаций. || *прил.* **парла́ментский,** -ая, -ое (к 1 знач.).

ПАРЛАМЕНТАРИ́ЗМ, -а, *м.* Государственная система с парламентом во главе. || *прил.* **парламента́рный,** -ая, -ое.

ПАРЛАМЕНТА́РИЙ, -я, *м.* (книжн.). Член парламента (в 1 знач.).

ПАРЛАМЕНТЁР, -а, *м.* Официальное лицо, посылаемое от одной из воюющих сторон для переговоров с неприятелем. || *прил.* **парламентёрский,** -ая, -ое.

ПАРНА́С, -а, *м.* (П прописное). **1.** В древнегреческой мифологии: гора, на к-рой обитали музы и бог солнца — Аполлон. **2.** *перен.* Мир поэзии, поэтов (часто ирон). *Юный стихотворец рвётся на Парнас.* || *прил.* **парна́сский,** -ая, -ое.

ПАРНА́Я, -о́й, *ж.* То же, что парильня (в 1 знач.).

ПАРНИ́К, -а́, *м.* Род теплицы в виде гряд, покрытых застеклёнными рамами или прозрачной плёнкой, для выращивания овощей, плодов и ранней зелени. || *прил.* **парнико́вый,** -ая, -ое. ✦ **Парниковый эффект** (спец.) — повышение среднегодовой температуры из-за загрязнения атмосферы человеком.

ПАРНИ́ШКА, -и, *м.* (разг.). Мальчик, подросток. *Весёлый, ловкий п.* || *уменьш.* **парни́шечка,** -и, *м.*

ПАРНО́Й, -а́я, -о́е. О молоке, мясе: свежий, ещё тёплый. *Парное молоко* (недавно надоенное). *Парная телятина* (недавно зарезанного телёнка).

ПАРНОКОПЫ́ТНЫЕ, -ых, *ед.* -ое, -ого, *ср.* Отряд млекопитающих с двумя одинаково развитыми пальцами (с раздвоенным копытом).

ПА́РНЫЙ, -ая, -ое. Составляющий пару, предназначенный для пары (в 1, 4 и 5 знач.) кого-чего-н., производимый парой (в 5 знач.). *П. сапог. Парная упряжь. Парное катание на коньках.* || *сущ.* **па́рность,** -и, *ж.* (по 1 знач. сущ. пара).

ПАРО... *Первая часть сложных слов со знач.* связанный с действием пара, относящийся к пару, напр. *парогенератор, парообразование, пароотводный, парораспределитель.*

ПАРОВИ́К, -а́, *м.* (устар.). Поезд с паровозом, а также паровоз.

ПАРОВО́З, -а, *м.* Локомотив с паровым двигателем. || *прил.* **паровозный,** -ая, -ое.

ПАРОВО́Й[1-2], -а́я, -о́е. **1.** *см.* пар[1-2]. **2.** Приготовленный на пару[1]. *Паровое мясо. Паровые котлеты.*

ПАРОДИ́ЙНЫЙ, -ая, -ое; -и́ен, -и́йна. **1.** *см.* пародия. **2.** Комически-подражательный, карикатурный. *Пародийная сценка.* || *сущ.* **пароди́йность,** -и, *ж.*

ПАРОДИ́РОВАТЬ, -рую, -руешь; -анный; *сов.* и *несов., кого-что.* Представить (-влять) в пародийном виде.

ПАРОДИ́СТ, -а, *м.* Автор пародий (в 1 знач.). ‖ *ж.* **пароди́стка,** -и (разг.).

ПАРО́ДИЯ, -и, *ж.* **1.** Комическое или сатирическое подражание кому-чему-н. *П. на стихотворение.* **2.** *перен.* Неудачное, вызывающее насмешку подобие чего-н., карикатура (во 2 знач.) на что-н. *Жалкая п.* ‖ *прил.* **пароди́ческий,** -ая, -ое (к 1 знач.) *и* **пароди́йный,** -ая, -ое (к 1 знач.). *Пародический приём. Пародийный стиль.*

ПАРОКО́ННЫЙ, -ая, -ое. Запряжённый парой лошадей. *П. фургон.*

ПАРОКСИ́ЗМ, -а, *м.* (спец. и книжн.). Внезапный и сильный приступ (болезни, чувства). *П. малярии. П. смеха. В пароксизме отчаяния.* ‖ *прил.* **пароксизма́льный,** -ая, -ое.

ПАРО́ЛЬ, -я, *м.* Секретное условное слово (слова, фраза) для опознания своих караульным, а также в конспиративных организациях. *Знать, спросить п.* ‖ *прил.* **паро́льный,** -ая, -ое.

ПАРО́М, -а, *м.* **1.** Плоскодонное судно или плот для переправы через реку (озеро, пролив) людей, транспортных средств, грузов. *Плыть на пароме. Речной п.* **2.** Плавучее сооружение для перевозки пассажиров, транспортных средств, тяжёлых грузов через водные преграды. *Судно-п. Морской п. Самоходный п.* ‖ *прил.* **паро́мный,** -ая, -ое. *Паромная переправа. П. комплекс* (плавучий железнодорожный мост).

ПАРО́МЩИК, -а, *м.* Работник, перевозчик на пароме (в 1 знач.). ‖ *ж.* **паро́мщица,** -ы. ‖ *прил.* **паро́мщицкий,** -ая, -ое.

ПАРОСИЛОВО́Й, -а́я, -о́е (спец.). Относящийся к превращению тепловой энергии пара в механическую. *Паросиловая установка* (паровой котёл и двигатель).

ПАРОХО́Д, -а, *м.* Судно с паровым двигателем. ‖ *прил.* **парохо́дный,** -ая, -ое.

ПАРОХО́ДСТВО, -а, *ср.* **1.** То же, что судоходство (устар.). *Начало пароходства.* **2.** Предприятие, управляющее передвижением судов. *Речное п. Морское п. Озёрное п.*

ПАРТ... *Первая часть сложных слов со знач.* относящийся к большевистской партии, к коммунистической партии Советского Союза, напр. *партаппаратчик, партбилет, партбюро, партвзносы, партгрупорг, партгруппа, партком, партконференция, партноменклатура, парторганизация, партработник, партсъезд.*

ПА́РТА, -ы, *ж.* Школьный стол с наклонной доской, соединённый со скамьёй. *Ученическая п. П.-стол.* (с прямой доской). *Сесть за парту* (также перен.: начать учиться).

ПАРТАППАРА́ТЧИК, -а, *м.* (разг.). Сокращение: партийный аппаратчик — в СССР: работник аппарата (в 4 знач.) коммунистической партии.

ПАРТЕ́Р [*тэ*], -а, *м.* **1.** Нижний этаж зрительного зала (плоскость пола) с местами для зрителей. *Билет в п. Кресла в партере.* **2.** Плоская открытая часть сада, парка с газонами, цветниками (спец.). *Цветочный п.* ‖ *прил.* **партерный,** -ая, -ое.

ПАРТИ́ЕЦ, -и́йца, *м.* В СССР: член большевистской партии, коммунистической партии. ‖ *ж.* **парти́йка,** -и (разг.).

ПАРТИЗА́Н, -а, *род. мн.* -а́н, *м.* Член народного вооружённого отряда, самостоятельно действующего в тылу врага. *Партизаны — народные мстители.* ‖ *ж.* **партиза́нка,** -и. ‖ *прил.* **партиза́нский,** -ая, -ое.

ПАРТИЗА́НИТЬ, -ню, -нишь; *несов.* (разг.). Быть партизаном, воевать, находясь в партизанском отряде.

ПАРТИЗА́НСКИЙ, -ая, -ое. **1.** *см.* партизан. **2.** Относящийся к вооружённой народной борьбе, проводимой самостоятельно действующими отрядами в тылу врага. *Партизанская война. П. отряд. Партизанские действия* (перен.: не всегда систематические, не всегда соответствующие твёрдому плану, порядку).

ПАРТИЗА́НЩИНА, -ы, *ж.* (неодобр.). Неорганизованные, нарушающие дисциплину действия.

ПАРТИ́ЙНОСТЬ, -и, *ж.* Принадлежность к партии (в 1 знач.).

ПАРТИ́ЙНЫЙ, -ая, -ое; -и́ен, -и́йна. **1.** *см.* партия. **2.** Отражающий интересы партии (в 1 знач.). **3. парти́йный,** -ого, *м.* То же, что партиец. ‖ *ж.* **парти́йная,** -ой (к 3 знач.).

ПАРТИКУЛЯ́РНЫЙ, -ая, -ое (устар.). Невоенный, штатский, частный. *П. костюм.*

ПАРТИТУ́РА, -ы, *ж.* (спец.). Совокупность всех партий многоголосного музыкального произведения, а также запись этих партий. *П. оперы. Вокальная (хоровая) п.* ‖ *прил.* **партиту́рный,** -ая, -ое.

ПА́РТИЯ, -и, *ж.* **1.** Политическая организация какого-н. общественного слоя, выражающая и защищающая его интересы, руководящая им для достижения определённых целей и имеющая свою программу. *Парламентские партии. Демократическая, республиканская, консервативная, коммунистическая, социалистическая, национал-социалистская п. П. анархистов. П. конституционных демократов. Левые, правые, центристские партии. Вступить в партию. Выйти из партии.* **2.** В СССР: Всесоюзная коммунистическая партия (большевиков), а затем коммунистическая партия Советского Союза. *Член партии. Обком, райком, горком партии. Исключить из партии.* **3.** Группа лиц, объединившихся или объединённых с какой-н. целью. *Поисковая, геолого-разведочная п. П. спасателей. П. пересыльных. Спорящие разделились на партии* (на несогласные, спорящие группы). **4.** Отдельная часть в многоголосном музыкальном произведении, исполняемая одним инструментом, одним певцом. *П. скрипки. П. Ленского.* **5.** В нек-рых играх: игра от начала до её завершения; в нек-рых карточных играх: законченная часть игры. *П. в шахматы, в шашки, в карты, в бильярд, в лото, в крокет.* **6.** Определённое количество товара. *П. обуви.* **7.** Тот или та, кто подходит для вступления в брак, а также сама возможность такого вступления. *Выгодная п. Подходящая п.* ‖ *прил.* **парти́йный,** -ая, -ое (к 1 и 2 знач.). *Партийные лидеры. Партийные взносы. Партийное собрание. Партийная верхушка.*

ПАРТНЁР, -а, *м.* **1.** Участник какой-н. совместной деятельности. *Деловой п. Торговый п. Страны-партнёры* (государства — участники какого-н. союза, блока, соглашения). *П. по рыбалке.* **2.** Участник (игры, танца, выступления) по отношению к другому участнику. *Партнёры согласились на ничью. П. балерины.* ‖ *ж.* **партнёрша,** -и (ко 2 знач.; разг.). ‖ *прил.* **партнёрский,** -ая, -ое.

ПАРТОКРА́Т, -а, *м.* Представитель партократии. *Власть партократов.*

ПАРТОКРА́ТИЯ, -и, *ж., собир.* Правящая партийная верхушка. ‖ *прил.* **партократи́ческий,** -ая, -ое.

ПАРТО́РГ, -а, *м.* Сокращение: партийный организатор. ‖ *прил.* **парто́рговский,** -ая, -ое (разг.).

ПА́РУБОК, -бка, *м.* На Украине: юноша, парень.

ПА́РУС, -а, *мн.* -а́, -о́в, *м.* Укрепляемое на мачте судна и надуваемое ветром полотнище (или несколько особо скроенных, сшитых полотнищ) из парусины, плотной ткани. *Прямой, косой п. П. из циновки* (на джонках). *Плыть, идти под парусами. Плыть, идти на всех парусах* (также перен.: стремительно двигаться вперёд). *Поднять паруса* (поставить и развернуть паруса). *Алый п.* (символ надежды, осуществления мечты [по роману А. Грина «Алые паруса»]). ‖ *прил.* **па́русный,** -ая, -ое. *Парусное судно. П. спорт* (гонки спортивных парусных судов).

ПАРУСИ́НА, -ы, *ж.* Грубая, толстая льняная или полульняная ткань, *первонач.* шедшая на паруса. ‖ *прил.* **паруси́новый,** -ая, -ое *и* **паруси́нный,** -ая, -ое.

ПАРУСИ́ТЬ (-ушу́, -уси́шь, 1 и 2 л. не употр.), -уси́т и **ПА́РУСИТЬ** (-ушу, -усишь, 1 и 2 л. не употр.), -усит; *несов.* (разг.). Натягиваться и колебаться от ветра. *Шторы парусят на окнах.*

ПА́РУСНИК, -а, *м.* **1.** Парусное судно. **2.** Моряк, плавающий на парусном судне (устар.). **3.** Спортсмен, занимающийся парусным спортом. **4.** Крупная дневная бабочка яркой окраски, часто с небольшими выростами на задних крыльях. *Семейство парусников.*

ПАРФЮМЕ́Р, -а, *м.* Работник парфюмерного производства.

ПАРФЮМЕ́РИЯ, -и, *ж., собир.* Ароматические, косметические товары и гигиенические освежающие средства, а также их производство. ‖ *прил.* **парфюме́рный,** -ая, -ое. *Парфюмерная промышленность. П. магазин.*

ПАРЧА́, -и́, *мн.* -и́, -е́й, *ж.* Плотная узорчатая шёлковая ткань с переплетающимися золотыми, серебряными нитями. ‖ *прил.* **парчо́вый,** -ая, -ое.

ПАРША́, -и́, *ж.* Грибковая болезнь кожи, а также струпья, появляющиеся при этой болезни на коже под волосами.

ПАРШИ́ВЕТЬ, -ею, -еешь; *несов.* (разг.). Покрываться паршой. ‖ *сов.* **запарши́веть,** -ею, -еешь *и* **опарши́веть,** -ею, -еешь.

ПАРШИ́ВЕЦ, -вца, *м.* (прост.). Дрянной человек. ‖ *ж.* **парши́вка,** -и.

ПАРШИ́ВЫЙ, -ая, -ое; -и́в. **1.** Покрытый паршой. *Паршивую овцу из стада вон* (посл.). **2.** Дрянной, никуда не годный (прост.). *Паршивая вещь.* ‖ *сущ.* **парши́вость,** -и, *ж.* (к 1 знач.).

ПАС[1], -а, *м.* **1.** В карточных играх: отказ от участия в данном розыгрыше. *Объявить п.* **2.** *перен., в знач. сказ.* Не в силах, принуждён отказаться сделать что-н. (разг.). *В этом деле я п.*

ПАС[2], -а, *м.* В нек-рых спортивных играх: передача мяча или шайбы партнёру. *Точный п.*

ПА́СЕКА, -и, *ж.* Пчеловодное хозяйство, место, где расположены ульи. *Сельская п.* ‖ *прил.* **па́сечный,** -ая, -ое.

ПА́СЕЧНИК, -а, *м.* Работник на пасеке, а также содержатель пасеки. ‖ *ж.* **па́сечница,** -ы.

ПА́СКВИЛЬ, -я, *м.* Клеветническое сочинение с оскорбительными нападками. *Грубый п.* ‖ *прил.* **па́сквильный,** -ая, -ое. *Пасквильная статья.*

ПАСКВИЛЯ́НТ, -а, *м.* Автор пасквиля. ‖ *прил.* пасквиля́нтский, -ая, -ое.

ПАСКУ́ДНЫЙ, -ая, -ое; -ден, -дна (прост. бран.). Мерзкий, гадкий. *Паскудные слова. П. человек.* ‖ *сущ.* **паску́дство**, -а, *ср.* и **паску́дность**, -и, *ж.*

ПАСЛЁН, -а, *м.* Родовое название нек-рых трав, кустарников и полукустарников (напр., картофеля, помидоров, табака, белены), образующих особое семейство. ‖ *прил.* **паслёновый**, -ая, -ое. *Семейство паслёновых* (сущ.).

ПА́СМО, -а, *род. мн.* пасм, *ср.* и (спец.) **ПА́СМА**, -ы, *род. мн.* пасм, *ж.* Часть мотка пряжи.

ПА́СМУРНЫЙ, -ая, -ое; -рен, -рна. **1.** Хмурый и сумрачный, предвещающий дождь. *П. день. Пасмурная погода. Сегодня пасмурно* (в знач. сказ.). **2.** *перен.* Мрачный, невесёлый. *П. вид. Пасмурное лицо.* ‖ *сущ.* **па́смурность**, -и, *ж.*

ПАСОВА́ТЬ[1], -сую, -су́ешь; *несов.* **1.** *прош.* также *сов.* Объявлять пас[1] (в 1 знач.) в карточной игре. **2.** *перен.* Признавая себя бессильным, неспособным, отказываться от дальнейших усилий, сдаваться. *П. перед трудностями.* ‖ *сов.* **спасова́ть**, -су́ю, -су́ешь (ко 2 знач.).

ПАСОВА́ТЬ[2], -су́ю, -су́ешь; *несов.* В нек-рых спортивных играх: передавать мяч или шайбу, давать пас[2]. *П. в центр поля.* ‖ *однокр.* **пасну́ть**, -ну́, -нёшь и **пасану́ть**, -ну́, -нёшь (прост.). ‖ *сов.* **отпасова́ть**, -у́ю, -у́ешь. ‖ *сущ.* **пасо́вка**, -и, *ж.*

ПА́СОЧНИЦА, -ы, *ж.* Деревянная, в виде пирамиды разъёмная форма для изготовления пасхи (в 3 знач.).

ПА́СОЧНЫЙ *см.* пасха.

ПАСПАРТУ́, *нескл.*, *ср.* Картонная рамка или подклейка под фотографический снимок, гравюру.

ПА́СПОРТ, -а, *мн.* -а́, -о́в, *м.* **1.** Официальный документ, удостоверяющий личность владельца. *Заграничный п. Фотография на п.* **2.** Регистрационный документ машины, аппарата, предмета хозяйственного оборудования, сооружения. *П. станка, автомобиля. Гарантийный п. нового дома.* ‖ *прил.* **па́спортный**, -ая, -ое.

ПАСПОРТИ́СТ, -а, *м.* Должностное лицо, ведающее оформлением, выдачей паспортов (в 1 знач.). ‖ *ж.* **паспорти́стка**, -и.

ПАССА́Ж[1], -а, *м.* Большая, с двумя противоположными выходами галерея, на к-рой под стеклянной крышей в несколько ярусов размещены магазины, служебные помещения. *Торговый п.* ‖ *прил.* **пасса́жный**, -ая, -ое.

ПАССА́Ж[2], -а, *м.* **1.** Фрагмент музыкального произведения, обычно виртуозного характера. *Трудный п.* **2.** Странный и неожиданный случай (устар.). *Какой смешной п.!*

ПАССАЖИ́Р, -а, *м.* Тот, кто совершает поездку в транспортном средстве. *Пассажиры поезда, теплохода, автобуса, трамвая.* ‖ *ж.* **пассажи́рка**, -и. ‖ *прил.* **пассажи́рский**, -ая, -ое. *П. поезд.*

ПАССАЖИРОПОТО́К, -а, *м.* (спец.). Количество едущих в определённом направлении пассажиров.

ПАССА́Т, -а, *м.* Устойчивый ветер в тропических широтах океанов. ‖ *прил.* **пасса́тный**, -ая, -ое.

ПАССИ́В, -а, *м.* (спец.). Часть бухгалтерского баланса предприятия, отражающая источники образования его средств и их назначение. ‖ *прил.* **пасси́вный**, -ая, -ое. *П. счёт.*

ПАССИ́ВНЫЙ[1], -ая, -ое; -вен, -вна. **1.** Не проявляющий активности, безучастный, вялый. *П. человек. Пассивно* (нареч.) *относиться к чему-н.* **2.** Зависимый, лишённый самостоятельности. *Играть пассивную роль в чём-н.* **3.** *полн. ф.* О внешней торговле: такой, при к-ром ввоз превышает вывоз (спец.). ‖ *сущ.* **пасси́вность**, -и, *ж.* (к 1 и 2 знач.).

ПАССИ́ВНЫЙ[2] *см.* пассив.

ПА́ССИЯ, -и, *ж.* (устар.). Предмет любви, страсти. *Его (её) бывшая п.*

ПА́СТА, -ы, *ж.* Однородная смесь в виде тестообразной массы. *Зубная п. Томатная п. Творожная п.*

ПА́СТБИЩЕ, -а, *ср.* Место, где пасётся скот, кормятся животные. *Горные пастбища. Рыбьи пастбища.* ‖ *прил.* **па́стбищный**, -ая, -ое. *Пастбищное животноводство.*

ПА́СТВА, -ы, *ж.*, *собир.* (устар.). То же, что прихожане.

ПАСТЕ́ЛЬ [тэ], -и, *ж.* **1.** *собир.* Мягкие, приглушенного тона, цветные карандаши без оправы. **2.** Рисунок, выполненный такими карандашами. *Выставка пастелей.* ‖ *прил.* **пасте́льный**, -ая, -ое и **пасте́левый**, -ая, -ое (разг.). *П. портрет.*

ПАСТЕ́ЛЬНЫЙ [тэ], -ая, -ое и (разг.) **ПАСТЕ́ЛЕВЫЙ** [тэ], -ая, -ое. **1.** *см.* пастель. **2.** О цвете, тоне: неяркий, мягкий. *Пейзаж выполнен в пастельных тонах.*

ПАСТЕРИЗОВА́ТЬ [тэ], -зу́ю, -зу́ешь; -о́ванный; *сов.* и *несов.*, *что.* Обработать (-батывать) пищевые продукты нагреванием (не выше 100°С) или гамма-излучением при консервировании для уничтожения микробов. *Пастеризованное молоко.* ‖ *сущ.* **пастериза́ция**, -и, *ж.*

ПАСТЕРНА́К [тэ], -а, *м.* Корнеплод сем. зонтичных с жёлтыми цветками, употр. как пряность.

ПАСТИ́, -су́, -сёшь; пас, пасла́; па́сший; па́сши; *несов.*, *кого-что.* Следить за пасущимся скотом, домашним животным. *П. стадо. П. гусей.* ‖ *сущ.* **пастьба́**, -ы́, *ж.*

ПАСТИЛА́, -ы́, *мн.* -и́лы, -и́л, -и́лам, *ж.* Кондитерское изделие из фруктовой массы и сахара, обычно с добавлением яичных белков. *Яблочная п.* ‖ *прил.* **пасти́льный**, -ая, -ое.

ПАСТИ́СЬ (пасу́сь, пасёшься, 1 и 2 л. не употр.), пасётся; па́сся, пасла́сь; па́сшийся; *несов.* О животных, стаде: быть на подножном корму, передвигаясь, отыскивать, добывать корм. *Стадо пасётся на лугу. В заливе пасутся утки.*

ПАСТО́ЗНЫЙ, -ая, -ое; -зен, -зна. О теле: бледный и одутловатый, неэластичный. ‖ *сущ.* **пасто́зность**, -и, *ж.*

ПАСТООБРА́ЗНЫЙ, -ая, -ое; -зен, -зна. Имеющий вид пасты. *П. сыр. Пастообразная краска.* ‖ *сущ.* **пастообра́зность**, -и, *ж.*

ПА́СТОР, -а, *м.* Протестантский священник. ‖ *прил.* **па́сторский**, -ая, -ое.

ПАСТОРА́ЛЬ, -и, *ж.* В европейском искусстве 14—18 вв.: литературное или музыкальное произведение, идиллически изображающее жизнь пастухов и пастушек на лоне природы. ‖ *прил.* **пастора́льный**, -ая, -ое.

ПАСТУ́Х, -а́, *м.* Работник, пасущий скот. *П.-оленевод.* ‖ *уменьш.-ласк.* **пастушо́к**, -шка́, *м.* ‖ *ж.* **пасту́шка**, -и. ‖ *прил.* **пасту́шеский**, -ая, -ое и **пасту́ший**, -ья, -ье. *Пастуший рожок. Пастушеские племена* (скотоводческие).

ПА́СТЫРЬ, -я, *м.* **1.** То же, что пастух (стар.). **2.** Священник как наставник паствы (книжн.). ‖ *прил.* **па́стырский**, -ая, -ое.

ПАСТЬ[1], паду́, падёшь; пал, па́ла; па́вший и (устар.) па́дший; пав; *сов.* **1.** *см.* падать. **2.** Погибнуть, быть убитым (высок.). *П. в бою с врагом. Павший воин. П. жертвой чего-н.* (также перен.: стать жертвой). **3.** (1 и 2 л. не употр.). Быть побеждённым, прекратить сопротивление (высок.). *Крепость пала. Пали древние царства* (перестали существовать). **4.** *перен.* Уронить себя в глазах окружающих, утратить доброе имя из-за предосудительного поведения. *Низко п. Падший человек. Падшая женщина* (устар.). ✦ **Пасть духом** — утратить душевную энергию, отчаяться. ‖ *сущ.* **паде́ние**, -я, *ср.* (к 3 и 4 знач.). *П. самодержавия.*

ПАСТЬ[2], -и, *ж.* Зев, рот зверя, рыбы (о рте человека — грубо прост.). *Клыкастая п. Раскрыть п. К щуке в п.* (также перен.: на верную гибель; разг.).

ПА́СХА, -и, *ж.* **1.** (П прописное). В иудаизме: весенний праздник в память исхода из Египта иудеев, освободившихся от египетского рабства. *Печь мацу на Паеху. Еврейская П.* **2.** (П прописное). У христиан: весенний праздник, связанный с верой в чудесное воскресение Иисуса Христа, отмечаемый в первое воскресение после весеннего равноденствия и полнолуния. *Служба в первый день Пасхи. Торжественный звон колоколов на Пасху. Песнопения праздника Пасхи.* **3.** Сладкое творожное кушанье в форме четырёхгранной пирамиды, приготовляемое к христианскому празднику Пасхи. *Творожная п.* ‖ *прил.* **пасха́льный**, -ая, -ое (к 1 и 2 знач.) и **па́сочный**, -ая, -ое (к 3 знач.). *Пасхальная неделя. Тёплые пасхальные дни. Пасхальные яйца.*

ПА́СЫНОК, -нка, *м.* **1.** Сын одного из супругов по отношению к другому, для него неродному. *Относиться к кому-чему-н. как к пасынку* (недоброжелательно, равнодушно). **2.** Боковой побег растения (спец.). **3.** Наращенная часть столба (спец.). ‖ *прил.* **па́сынковый**, -ая, -ое (ко 2 и 3 знач.).

ПАСЬЯ́НС, -а, *м.* Особая раскладка игральных карт по определённым правилам для развлечения или гадания. *Разложить п.* ‖ *прил.* **пасья́нсный**, -ая, -ое.

ПАТ[1], -а, *м.* В шахматах: положение, при к-ром один из игроков не может сделать хода, не подставив под удар своего короля. ‖ *прил.* **па́товый**, -ая, -ое. *Патовая ситуация* (также перен.: безвыходное положение).

ПАТ[2], -а, *м.* Род мармелада. *Абрикосовый, фруктовый, ягодный п.*

ПАТЕ́НТ, -а, *м.* **1.** Документ, свидетельствующий о праве изобретателя на его изобретение, о его приоритете. *Получить п. на изобретение.* **2.** Свидетельство на право занятия торговлей, промыслом. ‖ *прил.* **пате́нтный**, -ая, -ое. *Патентное право.*

ПАТЕНТОВА́ТЬ, -ту́ю, -ту́ешь; -о́ванный; *сов.* и *несов.*, *что.* Выдать (-авать) патент (в 1 знач.) на что-н. *Патентованное средство* (о лекарстве). ‖ *сов.* также **запатентова́ть**, -ту́ю, -ту́ешь; -о́ванный.

ПА́ТЕР [тэ], -а, *м.* Католический священник. ‖ *прил.* **па́терский**, -ая, -ое.

ПАТЕ́ТИКА [тэ], -и, *ж.* (книжн.). Патетический тон, патетический элемент в чём-н. *П. ораторской речи.*

ПАТЕТИ́ЧЕСКИЙ [тэ], -ая, -ое. Страстный, взволнованный, исполненный пафоса. *П. тон. Патетическая речь. Патетическая симфония.*

ПАТЕТИ́ЧНЫЙ [тэ], -ая, -ое; -чен, -чна. То же, что патетический. ‖ *сущ.* **патети́чность**, -и, *ж.*

ПАТЕФО́Н, -а, *м.* Портативный граммофон с рупором, вмещённым внутрь коробки. *Завести п.* || *прил.* **патефо́нный**, -ая, -ое. *Патефонная пластинка.*

ПАТИССО́Н, -а, *м.* Огородное растение сем. тыквенных с плоским округлым плодом, а также самый плод. || *прил.* **патиссо́новый**, -ая, -ое.

ПАТОГЕ́ННЫЙ, -ая, -ое (спец.). То же, что болезнетворный. || *сущ.* **патоге́нность**, -и, *ж.*

ПА́ТОКА, -и, *ж.* Густое сладкое вещество, получаемое из крахмала. *Варенье на патоке.* || *прил.* **па́точный**, -ая, -ое.

ПАТОЛОГИ́ЧЕСКИЙ, -ая, -ое. **1.** *см.* патология. **2.** Болезненно-ненормальный, резко отклоняющийся от нормы (книжн.). *Патологическая лживость. Патологически* (нареч.) *ревнив.*

ПАТОЛО́ГИЯ, -и, *ж.* **1.** Наука о болезненных процессах в организме. *Общая п. Частная п.* **2.** Болезненное отклонение от нормы. *П. в поведении.* || *прил.* **патологи́ческий**, -ая, -ое. *Патологическая анатомия* (раздел медицины, изучающий болезненные изменения в организме путём вскрытия трупов, исследования удалённых при операциях органов и тканей).

ПАТОЛОГОАНА́ТОМ, -а, *м.* (спец.). Врач — специалист по патологической анатомии.

ПАТРИА́РХ, -а, *м.* **1.** Старейшина рода, родовой общины. *П. лесов* (перен.: о могучем старом дереве). **2.** В христианской церкви: глава церковной иерархии (в 1 знач.). *П. Московский и Всея Руси.* **3.** Глава и основоположник чего-н. (высок.). *П. русского летописания.* || *прил.* **патриа́рший**, -ая, -ее (ко 2 знач.).

ПАТРИАРХА́ЛЬНЫЙ, -ая, -ое; -лен, -льна. **1.** *см.* патриархат. **2.** *перен.* Верный отжившей старине, старозаветный. *П. обычай. Патриархальные нравы.* || *сущ.* **патриарха́льность**, -и, *ж.*

ПАТРИАРХА́Т, -а, *м.* В период распада первобытнообщинного строя: сменившая собой матриархат эпоха главенствующего положения мужчины в родовой группе, при установлении родства (по мужской линии), в хозяйственной и общественной жизни. || *прил.* **патриарха́льный**, -ая, -ое. *П. строй.*

ПАТРИА́РХИЯ, -и, и **ПАТРИАРХИ́Я**, -и, *ж.* Церковная административно-территориальная единица, управляемая патриархом (во 2 знач.).

ПАТРИО́Т, -а, *м.* **1.** Человек, проникнутый патриотизмом. *Истинный п.* **2.** *перен., чего.* Человек, преданный интересам какого-н. дела, глубоко привязанный к чему-н. *П. своего завода.* || *ж.* **патрио́тка**, -и.

ПАТРИОТИ́ЗМ, -а, *м.* Преданность и любовь к своему отечеству, к своему народу. *П. русских воинов.* || *прил.* **патриоти́ческий**, -ая, -ое.

ПАТРИОТИ́ЧНЫЙ, -ая, -ое; -чен, -чна. Проникнутый патриотизмом. *П. поступок.* || *сущ.* **патриоти́чность**, -и, *ж.*

ПАТРИ́ЦИЙ, -я, *м.* В Древнем Риме: аристократ [*первонач.* вообще коренной житель римского государства, не относящийся к низшим классам (плебеям)]. || *ж.* **патрициа́нка**, -и. || *прил.* **патрициа́нский**, -ая, -ое.

ПАТРО́Н[1], -а, *м.* **1.** Пуля (или дробь) с зарядом и капсюлем, заключённые в гильзе. *Боевой п.* **2.** В разных устройствах, приборах: полая трубка, цилиндр, приспособление для вставки заготовки, инструмента, детали (спец.). *П. станка.* || *прил.* **патро́нный**, -ая, -ое.

ПАТРО́Н[2], -а, *м.* **1.** В Древнем Риме: патриций-покровитель зависящих от него вольноотпущенных и плебеев. **2.** Хозяин предприятия, фирмы (обычно при обращении или упоминании) (разг.). **3.** *перен.* Покровитель людям, зависящим от него, ему подчинённых. *Сделать карьеру с помощью богатого патрона.* || *ж.* **патроне́сса**, -ы (ко 2 знач.). *Дама-п.* (в старой России: покровительница благотворительного учреждения).

ПАТРО́Н[3], -а, *м.* и **ПАТРО́НКА**, -и, *ж.* (спец.). Образец для выкройки. *П. для мехового воротника.*

ПАТРОНА́Ж, -а, *м.* Регулярное оказание лечебно-профилактической помощи на дому новорождённым и нек-рым категориям больных. ✦ **Под патронажем** *кого* — то же, что под патронатом. || *прил.* **патрона́жный**, -ая, -ое.

ПАТРОНА́Т, -а, *м.* **1.** В Древнем Риме: форма покровительства, осуществлявшаяся патронами[2] (в 1 знач.). **2.** Форма воспитания детей, потерявших родителей, в семьях граждан по поручению государственных организаций (офиц.). ✦ **Под патронатом** *кого* — под постоянным наблюдением, содействием и руководством. *Комиссия под патронатом министерства.* || *прил.* **патрона́тный**, -ая, -ое.

ПАТРОНЕ́ССА, -ы, *ж.* (устар.). Покровительница благотворительного учреждения. *Дама-п.*

ПАТРО́ННИК, -а, *м.* (спец.). Задняя, слегка расширенная часть канала ствола огнестрельного оружия, куда вводится патрон[1] (в 1 знач.).

ПАТРОНТА́Ш, -а, *м.* Сумка, перевязь с гнёздами для ружейных патронов. || *прил.* **патронта́шный**, -ая, -ое.

ПА́ТРУБОК, -бка, *м.* (спец.). Короткая трубка для отвода газа, пара или жидкости в трубопроводах, резервуарах. || *прил.* **па́трубковый**, -ая, -ое.

ПАТРУЛИ́РОВАТЬ, -рую, -руешь; -анный; *несов., что.* Нести где-н. патрульную службу. || *сущ.* **патрули́рование**, -я, *ср.*

ПАТРУ́ЛЬ, -я́, *м.* Небольшая группа от воинского подразделения, от милиции, от общественной охраны (или военное судно, самолёт) для наблюдения за порядком, безопасностью в определённом районе. *Милицейский п. Зелёный п.* (по охране природы). *Голубой п.* (о патруле рыбоохраны). || *прил.* **патру́льный**, -ая, -ое. *Патрульная служба. П. самолёт. Группа патрульных* (сущ.).

ПА́УЗА, -ы, *ж.* **1.** В музыке: краткий перерыв в звучании. *Знак паузы* (в нотном письме). **2.** *перен.* Перерыв, приостановка в речи, работе, каких-н. действиях. || *прил.* **па́узный**, -ая, -ое (к 1 знач.).

ПАУ́К, -а́, *м.* Хищное членистоногое, плетущее паутину. ✦ **Пауки в банке** — о хищных, злых людях, борющихся друг с другом. || *уменьш.* **паучо́к**, -чка́, *м.* || *прил.* **пау́чий**, -ья, -ье. *Паучьи сети.*

ПАУТИ́НА, -ы, *ж.* Сеть из тонких нитей, получающихся от выделения пауком клейкой быстро затвердевающей жидкости. *Плести паутину* (также перен.). *Опутать паутиной лжи* (перен.). *П. заговора* (перен.). || *уменьш.* **паути́нка**, -и, *ж.* *В воздухе летают паутинки* (отдельные такие нити). || *прил.* **паути́нный**, -ая, -ое.

ПАУТИ́НКА, -и, *ж.* **1.** *см.* паутина. **2.** *перен.* Очень тонкое плетёное или вязаное изделие. *Платок-п. Чулки-п.*

ПА́ФОС, -а, *м.* (книжн.). Воодушевление, подъём, энтузиазм. *Говорить с пафосом. П. творческого труда.* || *прил.* **па́фосный**, -ая, -ое.

ПАХ, -а, **о па́хе, в паху́**, *м.* Место между бедрами в нижней части живота, а также углубление между нижней частью живота и бедром. *Ударить в п. Боль в левом паху.* || *прил.* **па́ховый**, -ая, -ое *и* **пахово́й**, -а́я, -о́е. *Па́ховая складка. Пахова́я грыжа.*

ПА́ХАНЫЙ, -ая, -ое. Подвергшийся пахоте, возделанный, не целинный. *Паханые земли.*

ПА́ХАРЬ, -я, *м.* Человек, к-рый пашет землю, землепашец. || *прил.* **па́харский**, -ая, -ое.

ПАХА́ТЬ, пашу́, па́шешь; па́ханный; паша́; *несов.* **1.** *что.* Взрыхлять почву (при помощи машины или тягловой силы). *П. трактором* (тракторным плугом). *Мелко пашет кто-н.* (также перен.: действует недостаточно углублённо, продуманно; разг.). **2.** *перен.* Действовать, работать много и на совесть (прост.). *На работе пашет от звонка до звонка. Люди пахать, а мы руками махать* (посл. о болтунах и бездельниках). ✦ **Мы пахали** (разг. неодобр.) — о тех, кто приписывает себе результаты чужого труда [по басне И. И. Дмитриева «Муха»]. **Пахать носом землю** (разг. шутл.) — упав, тыкаться лицом в землю. **Пахать снег** — взрыхлять, образуя валы или уплотнять в целях снегозадержания. *Пахать снег снегопахом.* || *сов.* **вспаха́ть**, -ашу́, -а́шешь; -а́ханный (к 1 знач.). || *сущ.* **паха́ние**, -я, *ср.* (к 1 знач.), **па́хота**, -ы, *ж.* (к 1 знач.) *и* **вспа́шка**, -и, *ж.* (к 1 знач.). || *прил.* **па́хотный**, -ая, -ое (к 1 знач.). *Пахотная техника.*

ПА́ХНУТЬ, -ну, -нешь; пах *и* па́хнул, па́хла; *несов., чем.* **1.** Издавать запах. *Приятно п. Пахнет* (безл.) *сеном. Деньги не пахнут* (о неразборчивом, нещепетильном отношении к тому, каким путём получены деньги; неодобр.). *Этот поступок дурно пахнет* (перен.: предосудителен, нечистоплотен). **2.** (1 и 2 л. не употр.), *перен.*, обычно *безл.* О чём-н. предполагаемом или ожидаемом: чувствоваться, ощущаться (разг.). *Пахнет* (безл.) *ссорой. Дело пахнет неприятностью. Пахнет* (безл.) *порохом* (близится война).

ПАХНУ́ТЬ, -ну́, -нёшь, обычно *безл.; сов., чем* (разг.). Повеять, начать дуть. *Пахнуло* (безл.) *холодом. От его слов пахнуло* (безл.) *отчуждением* (перен.).

ПА́ХОТА, -ы, *ж.* **1.** *см.* пахать. **2. снежная (зимняя) пахота** — снегозадержание.

ПА́ХОТНЫЙ, -ая, -ое. **1.** *см.* пахать. **2.** Пригодный для пахоты. *Пахотные земли.*

ПА́ХТА, -ы, *ж.* Обезжиренный молочный продукт, получаемый после сбивания масла.

ПА́ХТАНЬЕ, -я, *ср.* **1.** *см.* пахтать. **2.** То же, что пахта.

ПА́ХТАТЬ, -аю, -аешь; -анный; *несов., что.* Сбивать масло (из сливок или сметаны). *Хочет с кашей ест, хочет масло пахтает* (погов. о самодуре). || *сущ.* **па́хтанье**, -я, *ср.*

ПАХУ́ЧИЙ, -ая, -ее; -у́ч. С сильным, обычно приятным запахом, душистый. *П. цветок.* || *сущ.* **паху́честь**, -и, *ж.*

ПАЦА́Н, -а́, *м.* (прост.). Мальчик, мальчишка. || *уменьш.* **пацанёнок**, -нка, *мн.* -ня́та, -ня́т; *прил.* **пацаня́чий**, -ья, -ье. || *прил.* **паца́ний**, -ья, -ье.

ПАЦА́НКА, -и, *ж.* (прост.). Девочка, девчонка.

ПАЦИЕ́НТ [э́нт], -а, *м.* Больной, лечащийся у врача. *Приём пациентов.* || *ж.* **пацие́нтка**, -и.

ПАЦИФИ́ЗМ, -а, *м.* Политическое течение и мировоззрение, осуждающее любые войны. ‖ *прил.* **пацифи́стский**, -ая, -ое.

ПАЦИФИ́СТ, -а, *м.* Сторонник пацифизма. ‖ *ж.* **пацифи́стка**, -и. ‖ *прил.* **пацифи́стский**, -ая, -ое.

ПА́ЧЕ (устар. и книжн.): 1) **паче чаяния** — сверх или против ожидания; 2) **тем паче**, *союз и частица* — то же, что тем более; 3) **тем паче что** — союз со знач. присоединения и обоснования, тем более что.

ПА́ЧКА, -и, *ж.* **1.** Несколько однородных предметов, сложенных, упакованных вместе, а также вообще упаковка (в 3 знач.). *П. чая, масла, печенья. П. газет. Сигареты в пачках.* **2.** Часть костюма балерины — короткая и пышная, в несколько слоёв, юбочка (спец.). ✦ **Стрелять пачками** (устар.) — стрелять залпами с короткими интервалами. ‖ *прил.* **па́чечный**, -ая, -ое (к 1 знач.; спец.).

ПА́ЧКАТЬ, -аю, -аешь; па́чканный; *несов.* **1.** *кого-что.* То же, что грязнить. *П. руки. П. чьё-н. доброе имя, репутацию* (перен.: позорить кого-что-н., клеветать на кого-н.). **2.** Делать грязно, неумело (преимущ. писать, рисовать) (разг.). *Не рисует, а пачкает.* ‖ *сов.* **вы́пачкать**, -аю, -аешь; -анный (к 1 знач.), **запа́чкать**, -аю, -аешь; -анный (к 1 знач.), **испа́чкать**, -аю, -аешь; -анный (к 1 знач.) *и* **напа́чкать**, -аю, -аешь; -анный.

ПА́ЧКАТЬСЯ, -аюсь, -аешься; *несов.* **1.** Грязнить, пачкать себя чем-н. *П. о свежевыкрашенные стены. П. ради наживы* (перен.: участвовать в неблаговидном деле). **2.** (1 и 2 л. не употр.). Становиться грязным. *Белый костюм быстро пачкается.* ‖ *сов.* **вы́пачкаться**, -аюсь, -аешься, **запа́чкаться**, -аюсь, -аешься *и* **напа́чкаться**, -аюсь, -аешься (прост.).

ПАЧКОТНЯ́, -и́, *ж.* (разг.). Неумело, грязно сделанная работа (преимущ. о письме, рисовании).

ПАЧКУ́Н, -а́, *м.* (разг.). Человек, к-рый пачкает, плохо делает что-н. ‖ *ж.* **пачку́нья**, -и.

ПАША́, -и́, *род. мн.* -е́й, *м.* В старой Турции и нек-рых других мусульманских странах: титул высших сановников и генералов, а также лицо, носящее этот титул.

ПА́ШНЯ, -и, *род. мн.* -шен, *ж.* Вспаханное поле.

ПАШТЕ́Т, -а (-у), *м.* Кушанье в виде пасты из дичи, печёнки, рыбы, а также слоёный пирог с такой пастой. *Печёночный, шпротный п.* ‖ *прил.* **паште́тный**, -ая, -ое.

ПА́ЮСНЫЙ, -ая, -ое: **паюсная икра** — чёрная (осетровая, белужья и севрюжья) прессованная солёная икра, в отличие от зернистой.

ПА́ЯЛЬНИК, -а, *м.* Ручной инструмент для паяния.

ПА́ЯЛЬЩИК, -а, *м.* Рабочий, специалист по паянию. ‖ *ж.* **па́яльщица**, -ы.

ПАЯ́СНИЧАТЬ, -аю, -аешь; *несов.* (разг.). Кривляться, вести себя шутом.

ПАЯ́СНИЧЕСТВО, -а, *ср.* То же, что шутовство.

ПАЯ́ТЬ, -я́ю, -я́ешь; па́янный; *несов., что.* Обрабатывать что-н. расплавленным металлом, сплавом с целью скрепления, починки. *П. оловом.* ‖ *сущ.* **пая́ние**, -я, *ср.* и **па́йка**, -и, *ж.* (спец.). ‖ *прил.* **пая́льный**, -ая, -ое. *Паяльная лампа* (переносная нагревательная горелка для паяния, распайки).

ПАЯ́Ц, -а, *м.* **1.** Прежнее название клоуна [*первонач.* комический персонаж старинного итальянского народного театра]. **2.** *перен.* Человек, к-рый паясничает (неодобр.).

ПЕВА́ТЬ *см.* петь.

ПЕВЕ́Ц, -вца́, *м.* **1.** Человек, к-рый умеет, любит петь, а также вообще тот, кто поёт. *Лесные певцы* (перен.: о птицах). **2.** Артист-вокалист. *Оперный п.* **3.** *перен., чего.* Человек, к-рый воспевает кого-что-н. (обычно о поэте) (книжн.). *П. родной природы.* ‖ *ж.* **певу́нья**, -и (к 1 знач.) *и* **певи́ца**, -ы (к 1 и 2 знач.). ‖ *прил.* **пе́вческий**, -ая, -ое (ко 2 знач.). *П. голос. Певческая партия.*

ПЕВУ́ЧИЙ, -ая, -ее; -у́ч. Мелодичный, похожий на песню, пение. *П. голос. Певучая речь. Певучие звуки.* ‖ *сущ.* **певу́честь**, -и, *ж.*

ПЕ́ВЧИЙ[1], -ая, -ее. О птицах: поющий. *Певчие птицы. П. дрозд.*

ПЕ́ВЧИЙ[2], -его, *м.* Певец хора, обычно церковного. *Хор певчих.* ‖ *прил.* **пе́вческий**, -ая, -ое.

ПЕ́ГИЙ, -ая, -ое; пег. О масти животных, об оперении птиц: пятнистый, пёстрый. *П. жеребец. П. кобель. П. (чёрно-п., красно-п.) голубь.*

ПЕД... *Первая часть сложных слов со знач.* педагогический, напр. *пединститут, педвуз, педучилище, педпрактика, педсовет.*

ПЕДАГО́Г, -а, *м.* **1.** Специалист по педагогике (в 1 знач.). *Великие педагоги прошлого.* **2.** Специалист, занимающийся преподавательской и воспитательной работой. ‖ *прил.* **педагоги́ческий**, -ая, -ое (ко 2 знач.).

ПЕДАГО́ГИКА, -и, *ж.* **1.** Наука о воспитании и обучении. *Детская п.* (наука о воспитании и обучении детей). *Вузовская п. П. профессионального образования.* **2.** Воспитательные приёмы, воздействие (разг.). *С трудными подростками — особая п.* ‖ *прил.* **педагоги́ческий**, -ая, -ое. *Педагогические системы. П. факультет* (со специализацией по педагогике). *П. институт* (готовящий учителей).

ПЕДАГОГИ́ЧНЫЙ, -ая, -ое; -чен, -чна. Соответствующий требованиям педагогики. *П. поступок.* ‖ *сущ.* **педагоги́чность**, -и, *ж.*

ПЕДА́ЛЬ, -и, *ж.* **1.** Ножной рычаг в машинах, музыкальных инструментах. *П. рояля. П. велосипеда. Нажать на все педали* (также перен.: принять все меры для ускорения, достижения чего-н.; разг.). **2.** Электрическое контактное устройство для управления железнодорожными сигналами (спец.). *Рельсовая п.* ‖ *прил.* **педа́льный**, -ая, -ое. *Детский п. автомобиль.*

ПЕДА́НТ, -а, *м.* Человек, излишне строгий в выполнении всех формальных требований (в науке, в жизни). ‖ *ж.* **педа́нтка**, -и. ‖ *прил.* **педа́нтский**, -ая, -ое.

ПЕДАНТИ́ЗМ, -а, *м.* Педантичное поведение, образ действий педанта. *Точен до педантизма.* ‖ *прил.* **педанти́ческий**, -ая, -ое.

ПЕДАНТИ́ЧНЫЙ, -ая, -ое; -чен, -чна. Строгий в выполнении всех требований, чрезвычайно точный и аккуратный. *Педантичное отношение к своим обязанностям. Педантично* (нареч.) *выполнять все поручения.* ‖ *сущ.* **педанти́чность**, -и, *ж.*

ПЕДЕРА́СТ, -а, *м.* Человек, к-рый страдает педерастией.

ПЕДЕРА́СТИЯ, -и, *ж.* (спец.). Половое извращение: мужской гомосексуализм. ‖ *прил.* **педерасти́ческий**, -ая, -ое.

ПЕДИА́ТР, -а, *м.* Врач — специалист по педиатрии.

ПЕДИАТРИ́Я, -и, *ж.* Раздел медицины, занимающийся особенностями детского организма, детскими болезнями, их лечением и предупреждением. ‖ *прил.* **педиатри́ческий**, -ая, -ое.

ПЕДИКЮ́Р, -а, *м.* Уход за ногтями на ногах и срезывание мозолей. ‖ *прил.* **педикю́рный**, -ая, -ое.

ПЕДИКЮ́РША, -и, *ж.* Специалистка по педикюру.

ПЕ́ЙДЖЕР [пэ́], -а, *м.* Индивидуальный приёмник с дисплеем для установления односторонней связи с абонентом через компьютерную систему. ‖ *прил.* **пе́йджерный**, -ая, -ое. *Пейджерная связь.*

ПЕЙЗА́Ж, -а, *м.* **1.** Общий вид какой-н. местности. *Волжский п.* **2.** Рисунок, картина, изображающая виды природы, а также описание природы в литературном произведении. *Пейзажи русских художников. П. в романах Тургенева.* ‖ *прил.* **пейза́жный**, -ая, -ое (ко 2 знач.). *Пейзажная живопись.*

ПЕЙЗАЖИ́СТ, -а, *м.* Художник, рисующий пейзажи. ‖ *ж.* **пейзажи́стка**, -и.

ПЕКА́РНЫЙ, -ая, -ое. Относящийся к выпечке хлеба. *Пекарное дело. П. цех.*

ПЕКА́РНЯ, -и, *род. мн.* -рен, *ж.* Предприятие по выпечке хлебных изделий.

ПЕ́КАРЬ, -я, *мн.* -и, -ей *и* -я́, -е́й, *м.* Специалист по выпечке хлеба. ‖ *ж.* **пе́карша**, -и (разг.). ‖ *прил.* **пе́карский**, -ая, -ое.

ПЕКЛЕВА́ННЫЙ, -ая, -ое. **1.** О муке: мелко размолотый и просеянный. *Ржаная пеклеванная мука.* **2.** Выпеченный из такой муки. *П. хлеб.*

ПЕ́КЛО, -а, *ср.* **1.** Ад, адский огонь. *У чёрта в пекле. Поперёд батьки в п. лезть* или *соваться* (погов. о ненужной поспешности в каком-н. деле, решении, чаще неприятном и таком, к-рое лучше не делать самому). **2.** Сильный зной, жар. *На самом пекле* (на солнцепёке). *Попасть в самое п.* (перен.: в жаркое место боя, в разгар событий, ожесточённых споров).

ПЕЛЕНА́, -ы́, *мн.* -ы́, -ён, -ена́м, *ж.* (книжн.). Сплошной покров, то, что закрывает, заволакивает со всех сторон [*первонач.* кусок ткани, то, во что пеленают]. *Густая п. облаков. П. тумана.* ✦ **С пелён** (устар.) — с детства. **Как** или **словно пелена (с глаз) упала** — внезапно понял, что раньше ошибался, был в заблуждении.

ПЕЛЕНА́ТЬ, -а́ю, -а́ешь; -ёнатый *и* -ёнутый; *несов., кого (что).* Завёртывать в пелёнки. *П. младенца.* ‖ *сов.* **запелена́ть**, -а́ю, -а́ешь; -ёнатый *и* -ёнутый *и* **спелена́ть**, -а́ю, -а́ешь; -ёнатый *и* -ёнутый. ‖ *сущ.* **пелена́ние**, -я, *ср.*

ПЕ́ЛЕНГ, -а, *м.* (спец.). Угол между направлением стрелки компаса и направлением, по к-рому виден наблюдаемый предмет или слышен звук.

ПЕЛЕНГА́ТОР, -а, *м.* (спец.). Прибор для пеленгации. *П. визуальный, оптический, акустический.*

ПЕЛЕНГОВА́ТЬ, -гу́ю, -гу́ешь; -о́ванный; *несов., что* (спец.). Определять пеленг чего-н. *П. радиостанцию.* ‖ *сов.* **запеленгова́ть**, -гу́ю, -гу́ешь; -о́ванный. ‖ *сущ.* **пеленгова́ние**, -я, *ср.* и **пеленга́ция**, -и, *ж.*

ПЕЛЕРИ́НА, -ы, *ж.* Накидка на плечи, обычно немного не доходящая до пояса, а также верхняя часть пальто, платья в форме такой накидки. *Меховая п. Пальто с пелериной.* ‖ *прил.* **пелери́нный**, -ая, -ое.

ПЕЛЁНКА, -и, *ж.* Детская простынка. *С пелёнок* (перен.: с детства). *Едва вышел из пелёнок* (перен.: очень юн). ‖ *прил.* **пелёночный**, -ая, -ое.

ПЕЛИКА́Н, -а, *м.* Крупная водоплавающая птица с длинным клювом и мешком под ним. *Семейство пеликанов. Розовый п. Ко-*

лония пеликанов. || *прил.* **пелика́ний**, -ья, -ье.

ПЕЛЬМЕ́НИ, -ей, *ед.* -е́нь, -я, *м.* Род маленьких пирожков из пресного теста с мясной начинкой, употр. в варёном виде. *Сибирские п.* || *уменьш.* **пельме́шки**, -шек, *ед.* -шек, -шка, *м.* || *прил.* **пельме́нный**, -ая, -ое. *П. цех. Пельменное тесто.*

ПЕЛЬМЕ́ННАЯ, -ой, *ж.* Закусочная, где подают пельмени.

ПЕ́МЗА, -ы, *ж.* Очень лёгкая пористая вулканическая порода, употр. как абразивный материал. || *прил.* **пе́мзовый**, -ая, -ое.

ПЕ́НА, -ы, *ж.* **1.** Пузырчатая масса, образующаяся на поверхности нек-рых жидкостей. *Морская п. Снять пену с бульона. Мыльная п.* (на мыльной воде). **2.** Пузырчатая загустевшая слюна, выступающая на губах, при нек-рых болезненных припадках, гневе. *С пеной у рта* или *с пеной на губах* (также перен.: в сильном раздражении, яростно). **3.** Сгустившийся белыми хлопьями пот, выступающий на теле лошади. *Конь в пене* (взмылен). || *прил.* **пе́нный**, -ая, -ое.

ПЕНА́Л, -а, *м.* **1.** Длинная коробочка для ручек, карандашей, перьев. *Школьный п.* **2.** *перен.* Вообще вместилище такой формы. || *прил.* **пена́льный**, -ая, -ое.

ПЕНА́ЛЬТИ, *нескл., м.* и *ср.* В футболе: одиннадцатиметровый штрафной удар по воротам. *Судья назначил п.*

ПЕНА́ТЫ, -ов (устар. и шутл.). Родной дом, родной кров [от имени пенатов — древнеримских богов, покровителей домашнего очага]. *Вернуться к родным (своим) пенатам. Покинуть родные п. Отеческие п.*

ПЕ́НИЕ *см.* петь.

ПЕ́НИСТЫЙ, -ая, -ое; -ист. С пеной, а также образующий пену. *Пенистое пиво. П. шампунь.* || *сущ.* **пе́нистость**, -и, *ж.*

ПЕ́НИТЬ, -ню, -нишь; -ненный; *несов., что.* Делать пенистым. *П. квас.* || *сов.* **вспе́нить**, -ню, -нишь; -ненный.

ПЕ́НИТЬСЯ (-нюсь, -нишься, 1 и 2 л. не употр.), -нится; *несов.* Быть пенистым, покрываться пеной. *Пиво пенится в кружке.* || *сов.* **вспе́ниться** (-нюсь, -нишься, 1 и 2 л. не употр.), -нится.

ПЕНИЦИЛЛИ́Н, -а, *м.* Антибиотик, получаемый из нек-рых видов плесневого грибка или синтетически. *Инъекции пенициллина.* || *прил.* **пенициллиновый**, -ая, -ое.

ПЕ́НКА[1], -и, *ж.* Плёнка на остывающей или остывшей жидкости (молоке, киселе, сиропе). *Снимать пенки* (также перен.: брать для себя лучшее; неодобр.).

ПЕ́НКА[2], -и, *ж.* Лёгкая огнестойкая пористая горная порода. *Морская п.* || *прил.* **пе́нковый**, -ая, -ое. *Пенковая трубка* (курительная).

ПЕНКОСНИМА́ТЕЛЬ, -я, *м.* (пренебр.). Любитель пользоваться плодами чужих трудов. || *прил.* **пенкоснима́тельский**, -ая, -ое.

ПЕ́ННИ, *нескл., ср.* В Англии и нек-рых других странах: мелкая разменная монета.

ПЕ́ННЫЙ, -ая, -ое. **1.** *см.* пена. **2.** Покрытый пеной, пенистый. *Пенные волны.*

ПЕНОПЛА́СТ, -а, *м.* Лёгкая пластмасса, имеющая вид застывшей пены. || *прил.* **пенопла́стовый**, -ая, -ое.

ПЕ́НОЧКА, -и, *ж.* Маленькая певчая птичка сем. славковых с бурым оперением.

ПЕНС, -а, *м.* То же, что пенни.

ПЕНСИОНЕ́Р, -а, *м.* Человек, к-рый получает пенсию. *Одинокий п.* || *ж.* **пенсионе́рка**, -и. || *прил.* **пенсионе́рский**, -ая, -ое.

ПЕ́НСИЯ, -и, *ж.* **1.** Денежное обеспечение за выслугу лет, по инвалидности, нетрудоспособности, в случае потери кормильца. *Выйти, уйти на пенсию. П. по старости.* **2.** Деньги, получаемые в качестве такого обеспечения. *Почтальон принёс пенсию.* || *прил.* **пенсио́нный**, -ая, -ое.

ПЕНСНЕ́ [*нэ*], *нескл., ср.* Очки без дужек, держащиеся при помощи пружинки, защемляющей переносицу.

ПЕ́НТЮХ, -а, *м.* (прост.). Неуклюжий человек, увалень.

ПЕНЬ, пня, *м.* **1.** Нижняя часть ствола срубленного, спиленного или сломленного дерева вместе с оставшимися в земле корнями и комлем. *Корчевать пни. Пни на вырубке. Как п. стоит кто-н.* (неподвижно, бессмысленно; разг. неодобр.). *Молчит, как п. кто-н.* (ничего не говорит; разг. неодобр.). **2.** *перен.* Тупой бесчувственный человек (разг. пренебр.). *Разве этот п. может что-н. понять?* ✦ **Через пень колоду** (разг. неодобр.) — кое-как, небрежно, плохо. **В лесу живёт, пню молится** *кто* (разг. ирон.) — о тёмном, невежественном человеке. || *уменьш.* **пенёк**, -нька́, *м.* и **пенёчек**, -чка, *м. Посидеть на пеньке.* || *прил.* **пенёчный**, -ая, -ое (к 1 знач.) *и* **пнёвый**, -ая, -ое (к 1 знач.).

ПЕНЬКА́, -и́, *ж.* Грубое прядильное волокно из конопли. *Конопатить щели пенькой.* || *прил.* **пенько́вый**, -ая, -ое.

ПЕНЬЮА́Р [*ню*], -а, *м.* **1.** Лёгкий женский утренний капот. **2.** В парикмахерских: накидка из ткани для предохранения одежды клиента (спец.). || *прил.* **пеньюа́рный**, -ая, -ое.

ПЕ́НЯ, -и, *род. мн.* -ей, *м.* Штраф за невыполнение в срок каких-н. установленных законом или договором обязательств. *Начисление пеней.*

ПЕНЯ́ТЬ, -я́ю, -я́ешь; *несов., кому* или *на кого-что* (разг.). Укорять кого-н., сетовать на кого-что-н. *Пеняй на себя* (вини только себя в чём-н.). || *сов.* **попеня́ть**, -я́ю, -я́ешь.

ПЕ́ПЕЛ, -пла, *м.* Пылевидная серая масса, остающаяся от чего-н. сгоревшего. *Стряхнуть п. с папиросы. Вулканический п.* (продукт измельчения и распыления лав[1]). *Подняться из пепла* (о городе, селении: возродиться после пожара, разрушения; высок.). *Посыпать главу пеплом* (о выражении крайней скорби; устар. и ирон.). || *прил.* **пе́пельный**, -ая, -ое *и* **пе́пловый**, -ая, -ое (спец.). *Пепловые частицы.*

ПЕПЕЛИ́ЩЕ, -а, *ср.* (высок.). То же, что пожарище. *На пепелищах селений.* ✦ **На старое (или на старом) пепелище** — о месте, где жил прежде, к к-рому привык. **Родное пепелище, родные пепелища** — родное место, где жил прежде, где жили родители.

ПЕ́ПЕЛЬНИЦА, -ы, *ж.* Род тарелочки для окурков и табачного пепла.

ПЕ́ПЕЛЬНО-... *Первая часть сложных слов со знач.:* пепельный, с пепельным оттенком, напр. *пепельно-голубой, пепельно-жемчужный, пепельно-каштановый, пепельно-русый, пепельно-седой, пепельно-серый.*

ПЕ́ПЕЛЬНЫЙ, -ая, -ое. **1.** *см.* пепел. **2.** Светло-серый, цвета пепла. *Пепельные волосы.*

ПЕПЛОПА́Д, -а, *м.* (спец.). Выпадение пепла при извержении вулкана.

ПЕ́ПСИ-КО́ЛА, -ы, *ж.* Тонизирующий прохладительный напиток.

ПЕПСИ́Н, -а, *м.* (спец.). Пищеварительный фермент, расщепляющий белки. || *прил.* **пепси́нный**, -ая, -ое *и* **пепси́новый**, -ая, -ое.

ПЕРВА́НШ, *неизм.* Серовато-голубой. *Шёлк цвета п.*

ПЕРВА́Ч, -а́, *м.* (устар. и обл.). Продукт лучшего качества, полученный первым при перегонке, размоле, обработке (о муке, табаке, домашнем вине).

ПЕРВЕ́ЙШИЙ, -ая, -ее (разг.). Самый важный, первостепенный. *Первейшая задача.*

ПЕ́РВЕНЕЦ, -нца, *м.* **1.** Первый, старший ребёнок. **2.** *перен., чего.* То, что появилось в самом начале, создано первым (высок.). *П. среди российских городов. Первенцы российского флота.*

ПЕ́РВЕНСТВО, -а, *ср.* **1.** Первое место по каким-н. заслугам, достоинствам, достижениям, лидирующее положение. *Держать п. в цехе. Борьба за шахматное п.* **2.** Соревнование за первое место. *П. мира по конькобежному спорту. Победители первенства.*

ПЕ́РВЕНСТВОВАТЬ, -твую, -твуешь; *несов.* Быть первым в чём-н., обладать первенством. *П. в соревновании.*

ПЕ́РВЕНСТВУЮЩИЙ, -ая, -ее (книжн.). То же, что главенствующий. *Первенствующее положение.*

ПЕРВИ́ЧНЫЙ, -ая, -ое; -чен, -чна. **1.** Первоначальный, исходный; образующий первый ряд, первую ступень в чём-н. *Первичные половые признаки. П. слой. П. период болезни.* **2.** *полн. ф.* Являющийся первым, начальным звеном какой-н. организации, низовой. *Семья — первичная ячейка общества.* || *сущ.* **первичность**, -и, *ж.* (к 1 знач.). *П. материи.*

ПЕРВО... *Первая часть сложных слов со знач.:* 1) относящийся к чему-н. первому по счёту, напр. *первоклассник, первогодок, первомайский, перворазрядник, первоукосный;* 2) первый (во 2 знач.), напр. *первовосходитель, первозимье, первоисточник, первооснова, первооткрыватель, первопечатник, первопричина;* 3) первый (в 3 знач.), лучший, напр. *первоклассный, первосортный, первостатейный.*

ПЕРВОБЫТНООБЩИ́ННЫЙ, -ая, -ое: **первобытнообщинный строй** — первая в истории человечества общественно-экономическая доклассовая формация, характеризующаяся общей собственностью на средства производства, коллективным трудом и потреблением.

ПЕРВОБЫ́ТНЫЙ, -ая, -ое; -тен, -тна. **1.** *полн. ф.* Относящийся к древнейшим эпохам истории человечества. *П. человек.* **2.** Сохраняющий исконное, первоначальное состояние. *Первобытная природа* (девственная, нетронутая). **3.** *перен.* Дикий, некультурный, отсталый. *Первобытные нравы.* || *сущ.* **первобы́тность**, -и, *ж.* (ко 2 и 3 знач.).

ПЕРВОГО́ДОК, -дка, *м.* (разг.). **1.** Солдат или матрос первого года службы. **2.** Молодое животное на первом году жизни.

ПЕРВОЗВЕ́РИ, -е́й, *ед.* первозве́рь, -я, *м.* То же, что клоачные.

ПЕРВОЗДА́ННЫЙ, -ая, -ое; -а́нен, -а́нна (книжн.). **1.** Существовавший ранее всего остального. *П. хаос* (перен.: иронически о полном беспорядке, царящем где-н. [*первонач.* в древнейших мифологических представлениях: о всеобщем хаосе, существовавшем до сотворения мира]). **2.** Нетронутый, неизменный. *В первозданном виде. Первозданная тишина.* || *сущ.* **первозда́нность**, -и, *ж.*

ПЕРВОЗИ́МЬЕ, -я, *ср.* (разг.). Начало зимы, а также первый зимний путь. *Поехать по первозимью.*

ПЕРВОИСТО́ЧНИК, -а, *м.* Первый, основной источник каких-н. сведений.

ПЕРВОКЛА́ССНИК, -а, *м.* Ученик первого класса. ‖ *ж.* **первокла́ссница, -ы.**

ПЕРВОКЛА́ССНЫЙ, -ая, -ое; -сен, -сна. Лучший по качеству, достоинствам. *П. специалист. Первоклассное оборудование.* ‖ *сущ.* **первокла́ссность, -и,** *ж.*

ПЕРВОКЛА́ШКА, -и, *м.* и *ж.* (прост.). То же, что первоклассник, первоклассница.

ПЕРВОКУ́РСНИК, -а, *м.* Студент первого курса. ‖ *ж.* **первоку́рсница, -ы.**

ПЕРВОЛЕ́ДЬЕ, -я, *ср.* (разг.). Первый зимний лёд на реках, водоёмах. *Рыбачить по перволедью.*

ПЕРВОМА́Й, -я, *м.* (П прописное). Первое мая — международный праздник трудящихся. ‖ *прил.* **первома́йский**, -ая, -ое.

ПЕ́РВО-НА́ПЕРВО, *нареч.* (прост.). Прежде всего, первым делом.

ПЕРВОНАЧА́ЛЬНЫЙ, -ая, -ое; -лен, -льна. **1.** Самый первый, предшествующий всему остальному. *П. план.* **2.** Являющийся началом, первой ступенью чего-н. *Самые первоначальные сведения. Первоначальное накопление капитала* (начальное накопление предпринимателями финансовых капиталов и средств производства; спец.). ‖ *сущ.* **первонача́льность**, -и, *ж.*

ПЕРВОО́БРАЗ, -а, *м.* (книжн.). Первоначальный, исходный образ, вид чего-н. ‖ *прил.* **первоо́бразный**, -ая, -ое.

ПЕРВООСНО́ВА, -ы, *ж.* (книжн.). Основное начало. *Факты — п. знаний.* ‖ *прил.* **первоосно́вный**, -ая, -ое.

ПЕРВООТКРЫВА́ТЕЛЬ, -я, *м.* (книжн.). Человек, к-рый первым открыл что-н. (обычно земли, страны, местности). *Первооткрыватели космоса.* ‖ *ж.* **первооткрыва́тельница, -ы.**

ПЕРВООЧЕРЕДНО́Й, -а́я, -о́е и **ПЕРВООЧЕРЁДНЫЙ**, -ая, -ое; -ден, -дна. Выполняемый в первую очередь, неотложный. *Первоочередная задача.* ‖ *сущ.* **первоочерёдность**, -и, *ж.*

ПЕРВОПЕЧА́ТНИК, -а, *м.* Человек, к-рый впервые ввел книгопечатание. *Русский п. Иван Федоров.*

ПЕРВОПЕЧА́ТНЫЙ, -ая, -ое. **1.** Относящийся к первым, начальным годам книгопечатания. *Первопечатные книги.* **2.** Являющийся первым печатным изданием. *П. текст поэмы.*

ПЕРВОПРЕСТО́ЛЬНЫЙ, -ая, -ое (стар.). О столице: старейший. *П. град.*

ПЕРВОПРИЧИ́НА, -ы, *ж.* (книжн.). Основная, исходная причина чего-н.

ПЕРВОПРОХО́ДЕЦ, -дца, *м.* Человек, к-рый проложил новые пути, открыл новые земли. *Первопроходцы русского Севера. Первопроходцы науки* (перен.). ‖ *прил.* **первопрохо́дческий**, -ая, -ое.

ПЕРВОПУ́ТОК, -тка, *м.* и **ПЕРВОПУ́ТЬЕ**, -я, *ср.* Первый зимний путь по свежему снегу. *Ехать по первопутку.*

ПЕРВОРАЗРЯ́ДНИК, -а, *м.* Спортсмен первого разряда. ‖ *ж.* **перворазря́дница, -ы.**

ПЕРВОРАЗРЯ́ДНЫЙ, -ая, -ое. Принадлежащий к первому разряду, лучший, первоклассный. *П. отель.*

ПЕРВОРО́ДНЫЙ, -ая, -ое (стар.). Родившийся первым, самый первый. *П. сын.* ✦ **Первородный грех** — 1) грехопадение Адама и Евы; 2) изначальный недостаток, изначальная, основная ошибка (книжн.).

ПЕРВОРО́ДСТВО, -а, *ср.* **1.** Старшинство по рождению среди братьев (стар.). *Продать свое п. за чечевичную похлёбку* [по библейскому сказанию об Исаве, продавшем свое право первородства брату-близнецу за чечевичную похлёбку]. **2.** *перен.* Первенство, первое место по времени установления, открытия, изобретения чего-н. (высок.).

ПЕРВОРОДЯ́ЩАЯ, -ей, *ж.* Женщина, родящая в первый раз.

ПЕРВОСВЯЩЕ́ННИК, -а, *м.* У древних иудеев: главный священник, а также вообще (высок.) духовное лицо высшего сана.

ПЕРВОСО́РТНЫЙ, -ая, -ое; -тен, -тна. Принадлежащий к первому сорту, лучший. *Первосортная мука.* ‖ *сущ.* **первосо́ртность**, -и, *ж.*

ПЕРВОСТАТЕ́ЙНЫЙ, -ая, -ое; -е́ен, -е́йна (устар.). Превосходный, очень хороший. *П. товар.* ‖ *сущ.* **первостате́йность**, -и, *ж.*

ПЕРВОСТЕПЕ́ННЫЙ, -ая, -ое; -е́нен, -е́нна. Значительный, важный. *Факт первостепенного значения.* ‖ *сущ.* **первостепе́нность**, -и, *ж.*

ПЕ́РВОСТЬ, -и, *ж.*: **по первости** (прост.) — сначала, вначале. *По первости было трудно.*

ПЕРВОТЕ́ЛЬНАЯ, -ой, *ж.* (спец.). О корове и самках нек-рых других парнокопытных животных: телящаяся в первый раз.

ПЕРВОЦВЕ́Т, -а, *м.* То же, что примула. ‖ *прил.* **первоцве́тный**, -ая, -ое. *Семейство первоцветных* (сущ.).

ПЕ́РВЫЙ, -ая, -ое. **1.** *см.* один. **2.** Первоначальный, самый ранний; происходящий, действующий раньше всех других. *Первое впечатление. Первое время* (сначала). *Не первой молодости* (не молод). *П. рейс. Он сюда пришёл самый п.* **3.** Лучший из всех в каком-н. отношении, отличный. *П. сорт* (лучший или следующий за высшим сорт товара, продукции; также перен.: о ком-чём-н. самом хорошем). *П. ученик в классе. П.* (сущ.) *среди равных* (книжн.). *Хочет быть первее всех* (разг.). **4. пе́рвое**, -ого, *ср.* Жидкое блюдо (суп, бульон), с к-рого начинают обед. *На первое — щи. Обедать без первого.* ✦ **Первым делом** или **первым долгом** (разг.) — в первую очередь, сначала, прежде всего. **Из первых рук** (узнать) — из первоисточника, непосредственно от кого-н.

ПЕРГА́МЕНТ, -а, *м.* **1.** Писчий материал из телячьей кожи, распространённый до изобретения бумаги, а также рукопись на таком материале. **2.** Особо обработанная кожа молодых животных, применяемая в технике и для изготовления музыкальных инструментов. *Животный п.* **3.** Специально обработанная бумага, не пропускающая жиров и влаги. ‖ *прил.* **перга́ментный**, -ая, -ое. *П. свиток.*

ПЕРЕ..., *приставка.* **I.** Образует глаголы со знач.: 1) направления действия через что-н., напр. *перепрыгнуть, перешагнуть, переплыть;* 2) осуществления действия заново, напр. *переделать* (проект), *переиграть, переверстать, перезаключить, пересоздать;* 3) помещения чего-н. между чем-н., напр. *пересыпать* (вещи нафталином), *перевить* (косы лентами); 4) чрезмерности, излишка в действии, напр. *пересолить, перемудрить, перестараться;* 5) распространения действия на множество, на всё, напр. *перепробовать* (всё, многое), *перечитать* (все книги), *переловить* (всех, многих); 6) деления пополам, на части, напр. *перерубить;* 7) в сочетании с постфиксом -ся — взаимности действия, напр. *перезваниваться, переговариваться;* 8) преодоления, напр. *переспорить, перебороть, перестрадать;* 9) изменения направленности, напр. *перебазировать, передоверить, перепоручить;* 10) заполнения действием какого-н. отрезка времени, напр. *переночевать, перезимовать;* 11) невысокой степени действия, напр. *передохну́ть, перекусить, перекурить;* 12) интенсивности действия, напр. *перемёрзнуть, переволноваться;* 13) прекращения длившегося действия, напр. *переболеть.* **II.** Образует существительные со знач.: 1) повторности, вторичности, напр. *пересмена, пересев, переустройство, перерасчёт;* 2) нахождения в пространстве или в промежутке, в пересечении чего-н., напр. *перешеек, переулок, перемирие, перекрёсток, перепутье, перекладина;* 3) чрезмерности, напр. *перестарок.* **III.** Образует прилагательные и глаголы (преимущ. страдательные причастия) с усилительным значением, напр. *(хоженый-)перехоженый, (известно-)переизвестно, (думано-)передумано, (езжено-)переезжено, (таскать) не перетаскать, (копать) не перекопать.*

ПЕРЕАДРЕСОВА́ТЬ, -су́ю, -су́ешь; -о́ванный; *сов., что.* Направить по другому адресу или другому адресату. *Просьба переадресована министерству.* ‖ *несов.* **переадресо́вывать**, -аю, -аешь. ‖ *сущ.* **переадресова́ние**, -я, *ср.* и **переадресо́вка**, -и, *ж. П. подписных изданий.*

ПЕРЕАТТЕСТОВА́ТЬ, -ту́ю, -ту́ешь; -о́ванный; *сов., кого (что).* Аттестовать вновь с целью проверки квалификации, утверждения в должности. *П. научного сотрудника.* ‖ *несов.* **переаттесто́вывать**, -аю, -аешь. ‖ *сущ.* **переаттеста́ция**, -и, *ж. Пройти переаттестацию.*

ПЕРЕБАЗИ́РОВАТЬ, -рую, -руешь; -анный; *сов., кого-что.* Переместить, создав новые базы для чего-н. *П. завод ближе к источникам сырья.* ‖ *сущ.* **перебази́рование**, -я, *ср.* и **перебазиро́вка**, -и, *ж.*

ПЕРЕБАЗИ́РОВАТЬСЯ, -руюсь, -руешься; *сов.* Переместиться на новые базы, на новое место. *Госпиталь перебазировался в тыл.* ‖ *сущ.* **перебази́рование**, -я, *ср.* и **перебазиро́вка**, -и, *ж.*

ПЕРЕБА́РЩИВАТЬ *см.* переборщить.

ПЕРЕБА́РЫВАТЬ *см.* перебороть.

ПЕРЕБЕЖА́ТЬ, -егу́, -ежи́шь, -егу́т; -еги́; *сов.* **1.** *что* и *через что.* Бегом переместиться через какое-н. пространство. *П. улицу (через улицу).* **2.** Бегом переместиться на другое место. *П. из одного укрытия в другое.* **3.** *к кому.* Изменив, перейти на сторону противника. ‖ *несов.* **перебега́ть**, -а́ю, -а́ешь. ‖ *сущ.* **перебе́жка**, -и, *ж. Делать перебежки.*

ПЕРЕБЕ́ЖЧИК, -а, *м.* Тот, кто перебежал на сторону противника. ‖ *ж.* **перебе́жчица, -ы.**

ПЕРЕБЕЛИ́ТЬ, -белю́, -бе́лишь и -бели́шь; -лённый (-ён, -ена́); *сов., что.* **1.** Побелить заново. *Потолок придётся п.* **2.** Переписать набело (устар.). *П. рукопись.* ‖ *несов.* **перебе́ливать**, -аю, -аешь. ‖ *сущ.* **перебе́ливание**, -я, *ср.* и **перебе́лка**, -и, *ж.* (к 1 знач.).

ПЕРЕБЕСИ́ТЬСЯ, -ешу́сь, -е́сишься; *сов.* **1.** (1 и 2 л. ед. не употр.). Взбеситься (о многих). *Все словно перебесились* (ведут себя необузданно, как бешеные). **2.** После легкомысленной, бурной жизни успокоиться, стать благоразумным (разг.). *С годами перебесится.*

ПЕРЕБИВА́ТЬСЯ[1] (-а́юсь, -а́ешься, 1 и 2 л. не употр.), -а́ется; *несов.* О ритме, звуках, течении чего-н.: нарушаться, прерываться. *Мысли перебиваются. Разговор перебивается.* ‖ *сов.* **переби́ться** (-бью́сь, -бьёшься, 1 и 2 л. не употр.), -бьётся. ‖ *сущ.* **перебо́й**, -я, *м.*

ПЕРЕБИВА́ТЬСЯ[2] *см.* перебиться[2].

ПЕРЕБИРА́ТЬ[1], -а́ю, -а́ешь; *несов., чем.* Делать частые короткие движения (пальцами, ногами). *Ребёнок перебирает ножками. Больной нервно перебирает пальцами.* || *сущ.* **перебира́ние**, -я, *ср.*

ПЕРЕБИРА́ТЬ[2], **-СЯ** *см.* перебрать, -ся.

ПЕРЕБИ́ТЬ[1], -бью́, -бьёшь; -бе́й; -и́тый; *сов.* **1.** *кого (что).* Убить многих. *Всех волков перебили.* **2.** *что.* Разбить много чего-н. *П. всю посуду.* **3.** *что.* Сломать, переломить. *Ногу перебило* (безл.) *кому-н.* **4.** *что.* Обить заново. *П. старое кресло.* **5.** *что.* Взбить заново. *П. перину.* || *несов.* **перебива́ть**, -а́ю, -а́ешь. || *сущ.* **перебива́ние**, -я, *ср.* (к 4 и 5 знач.) *и* **переби́вка**, -и, *ж.* (к 4 знач.).

ПЕРЕБИ́ТЬ[2], -бью́, -бьёшь; -бе́й; -и́тый; *сов.* **1.** *кого-что.* Прервать чью-н. речь. *П. рассказчика.* **2.** *что.* Нарушить, заглушить. *П. аппетит* (испортить аппетит, съев что-н. не вовремя). *Запах духов перебил все другие запахи.* **3.** *кого-что.* Перехватить у кого-н., не дать другому (разг.). *П. покупку.* || *несов.* **перебива́ть**, -а́ю, -а́ешь.

ПЕРЕБИ́ТЬСЯ[1] (-бью́сь, -бьёшься, 1 и 2 л. не употр.), -бьётся; *сов.* Разбиться (о многом). *Вся посуда перебилась.*

ПЕРЕБИ́ТЬСЯ[2], -бью́сь, -бьёшься; -бе́йся; *сов.* **1.** С трудом прожить нек-рое время (разг.). *П. до получки.* **2.** Обойтись (в 3 знач.) без кого-чего-н., не получить чего-н. (с оттенком недовольства) (прост.). *Сходи к нему, он тебя ждёт. — Перебьётся!* || *несов.* **перебива́ться**, -а́юсь, -а́ешься (к 1 знач.). *С хлеба на квас п.* (жить бедно, в нужде).

ПЕРЕБО́Й, -я, *м.* **1.** *см.* перебиваться[1]. **2.** Неровность в биении, нарушение ритма. *Перебои в сердце.* **3.** Задержка, приостановка чего-н. *П. в доставке материалов.* || *прил.* **перебо́йный**, -ая, -ое.

ПЕРЕБОЛЕ́ТЬ, -е́ю, -е́ешь; *сов., чем.* **1.** Перенести много болезней. *В детстве переболел всеми болезнями.* **2.** Перенести какую-н. болезнь. *Дети переболели корью.* **3.** *перен.* Пережив что-н. тяжёлое, успокоиться, вернуться к прежнему состоянию. *Душа переболела.*

ПЕРЕБО́Р, -а, *м.* **1.** *см.* перебрать. **2.** Чередующиеся звуки (струн, гармоники, колокольчиков). *Переборы гармошки. Колокольный п.* (удары в колокол один за другим, начиная с самого малого).

ПЕРЕБО́РКА[1], -и, *ж.* То же, что перегородка (в 1 знач.). *Водонепроницаемая п. Судовая п.* || *прил.* **перебо́рочный**, -ая, -ое.

ПЕРЕБО́РКА[2] *см.* перебрать.

ПЕРЕБОРО́ТЬ, -орю́, -о́решь; *сов.* **1.** *кого (что).* Побороть (многих). *П. всех соперников.* **2.** *что.* Преодолеть, пересилить. *П. страх.* || *несов.* **переба́рывать**, -аю, -аешь.

ПЕРЕБОРЩИ́ТЬ, -щу́, -щи́шь; *сов.* (прост.). Перейти меру в чём-н., перехватить (в 7 знач.), перехлестнуть. *П. в похвалах.* || *несов.* **переба́рщивать**, -аю, -аешь.

ПЕРЕБРА́НИВАТЬСЯ, -аюсь, -аешься; *несов.* (разг.). Ссорясь, обмениваться бранными словами.

ПЕРЕБРА́НКА, -и, *ж.* (разг.). Ссора, сопровождаемая бранью. *П. между соседками.*

ПЕРЕБРА́СЫВАТЬ[1-2] *см.* перебросать *и* перебросить.

ПЕРЕБРА́СЫВАТЬСЯ *см.* переброситься.

ПЕРЕБРА́ТЬ, -беру́, -берёшь; -а́л, -ала́, -а́ло; пере́бранный; *сов.* **1.** *кого-что.* Разбирая, сортируя, систематизируя, пересмотреть (многое). *П. старые письма. П. ягоды. П. в памяти всех знакомых. П. возможные варианты решения задачи.* **2.** *что.* Разобрав, сложить, набрать вновь (спец.). *П. полы, паркет. П. вёрстку.* **3.** *что.* Последовательно, друг за другом коснуться чего-н. *П. струны.* **4.** *что и чего.* Взять по частям много чего-н. (разг.). *П. много денег взаймы.* **5.** *что и чего.* Взять больше, чем нужно, чего-н., с излишком. *Себе перебрал, а другим не хватило.* **6.** Выпить лишнее (прост.). *Вечером в гостях перебрал.* || *несов.* **перебира́ть**, -а́ю, -а́ешь. || *сущ.* **перебира́ние**, -я, *ср.* (к 1 знач.), **перебо́р**, -а, *м.* (ко 2, 3, 4, 5 и 6 знач.) *и* **перебо́рка**, -и, *ж.* (к 1 и 2 знач.; разг.).

ПЕРЕБРА́ТЬСЯ, -беру́сь, -берёшься; -а́лся, -ала́сь, -ало́сь *и* -а́лось; *сов.* (разг.). **1.** Перейти, переправиться. *П. на другой берег.* **2.** То же, что переселиться. *П. на новую квартиру.* || *несов.* **перебира́ться**, -а́юсь, -а́ешься.

ПЕРЕБРОДИ́ТЬ (-ожу́, -о́дишь, 1 и 2 л. не употр.), -о́дит; *сов.* Стать крепким или излишне кислым после брожения, закисания. *Тесто перебродило. Брага перебродила.*

ПЕРЕБРОСА́ТЬ, -а́ю, -а́ешь; -о́санный; *сов., что.* Бросить куда-н. в несколько приёмов, один предмет за другим. *П. все камни в воду.* || *несов.* **перебра́сывать**, -аю, -аешь. || *сущ.* **перебро́ска**, -и, *ж.*

ПЕРЕБРО́СИТЬ, -о́шу, -о́сишь; -о́шенный; *сов.* **1.** *кого-что.* Бросить через кого-что-н. или дальше какого-н. предела. *П. мяч через сетку. П. шаль через плечо* (свесив концами). **2.** *что.* Устроить для переправы. *П. понтон через реку.* **3.** *перен., кого-что.* Переместить, отправить в другое место. *П. строителей на пусковой объект.* || *несов.* **перебра́сывать**, -аю, -аешь. || *сущ.* **перебра́сывание**, -я, *ср.* (к 1 и 3 знач.) *и* **перебро́ска**, -и, *ж.*

ПЕРЕБРО́СИТЬСЯ, -о́шусь, -о́сишься; *сов.* **1.** (1 и 2 л. ед. не употр.). Быстро, броском переместиться. *Отряд перебросился через реку.* **2.** (1 и 2 л. не употр.). Распространиться, перейдя из одного места в другое. *Огонь перебросился на соседний дом.* **3.** *чем.* Бросить друг другу. *П. мячом. П. несколькими словами* (перен.: поговорить немного; разг.). *Переброситься в карты* (сыграть; разг.). || *несов.* **перебра́сываться**, -аюсь, -аешься. || *сущ.* **перебро́ска**, -и, *ж.* (к 1 знач.).

ПЕРЕБЫВА́ТЬ, -а́ю, -а́ешь; *сов.* Побывать где-н. (во многих местах или о многих). *П. у всех знакомых. На выставке перебывало немало народу.*

ПЕРЕВА́Л, -а, *м.* **1.** *см.* перевалить. **2.** Наиболее низкое место в горном хребте, доступное для перехода; дорога через такое место. || *прил.* **перева́льный**, -ая, -ое.

ПЕРЕВА́ЛЕЦ, -льца, *м.*: **с перевальцем** (ходить, двигаться, идти) (разг.) — вперевалку, покачиваясь.

ПЕРЕВА́ЛИВАТЬ *см.* перевалить *и* перевалять.

ПЕРЕВА́ЛИВАТЬСЯ, -аюсь, -аешься; *несов.* **1.** *см.* перевалиться. **2.** Ходить вразвалку, покачиваясь (разг.). *П. с боку на бок.*

ПЕРЕВАЛИ́ТЬ, -алю́, -а́лишь; -а́ленный; *сов.* **1.** *кого-что.* Валя́ть[1] (в 1 знач.), переместить в сторону, на другую сторону. *П. камень через канаву.* **2.** *что.* Перегрузить (товар, груз) на промежуточном пункте (спец.). *П. контейнеры с платформ на судно.* **3.** *что и через что.* Перейти через горный хребет. *Экспедиция перевалила седловину (через седловину) горы.* **4.** *безл.* О переходе какого-н. предела во времени (разг.). *Перевалило за полночь. Ему перевалило за сорок лет.* || *несов.* **перева́ливать**, -аю, -аешь. || *сущ.* **перева́ливание**, -я, *ср.* (к 1 знач.), **перева́лка**, -и, *ж.* (к 1 и 2 знач.) *и* **перева́л**, -а, *м.* (к 3 знач.). *Перевалка грузов.* || *прил.* **перева́лочный**, -ая, -ое (ко 2 знач.). *П. пункт* (также перен.: вообще о месте перемещения, перебазирования чего-н.).

ПЕРЕВАЛИ́ТЬСЯ, -алю́сь, -а́лишься; *сов.* **1.** *через что.* Валясь[1], перебираясь через что-н., упасть по другую сторону. *П. через бруствер.* **2.** Повернуться с одной стороны на другую (разг.). *П. на другой бок.* || *несов.* **перева́ливаться**, -аюсь, -аешься. || *сущ.* **перева́ливание**, -я, *ср.*

ПЕРЕВАЛЯ́ТЬ, -я́ю, -я́ешь; -а́лянный; *сов.* **1.** *кого-что.* Вывалять или обвалять (многое, многих). *П. ребят в снегу. П. пышки в муке.* **2.** *что.* Переделывая, повалять снова (шерсть, войлок). || *несов.* **перева́ливать**, -аю, -аешь (ко 2 знач.).

ПЕРЕВАРИ́ТЬ, -арю́, -а́ришь; -а́ренный; *сов., что.* **1.** Сварить заново. *П. засахарившееся варенье.* **2.** Слишком долго варя, сделать не таким, как нужно. *П. яйцо, мясо.* **3.** Усвоить пищеварением. *П. пищу. П. прочитанное* (перен.: продумать, осмыслить; разг.). || *несов.* **перева́ривать**, -аю, -аешь. ✦ **Не переваривать** *кого-чего и кого-что* (разг.) — очень не любить, не переносить. *Не перевариваю подхалимов.* || *сущ.* **перева́ривание**, -я, *ср. и* **перева́рка**, -и, *ж.* (к 1 знач.).

ПЕРЕВАРИ́ТЬСЯ (-арю́сь, -а́ришься, 1 и 2 л. не употр.), -а́рится; *сов.* **1.** От долгой варки стать не таким, как нужно. *Варенье переварилось.* **2.** Усвоиться при пищеварении. *Пища переварилась.* || *несов.* **перева́риваться** (-аюсь, -аешься, 1 и 2 л. не употр.), -ается.

ПЕРЕВЕ́ДАТЬСЯ, -аюсь, -аешься; *сов., с кем* (устар.). Сойтись для борьбы; посчитаться обидами. *П. с обидчиком. Я с тобой ещё переведаюсь* (угроза). || *несов.* **переве́дываться**, -аюсь, -аешься.

ПЕРЕВЕЗТИ́, -зу́, -зёшь; -ёз, -езла́; -вёзший; -зённый (-ён, -ена́); -везя́; *сов., кого-что.* **1.** Везя через какое-н. пространство, переместить. *П. людей через реку.* **2.** Везя, доставить из одного места в другое. *П. детей на дачу.* || *несов.* **перевози́ть**, -ожу́, -о́зишь. || *сущ.* **перево́з**, -а, *м. и* **перево́зка**, -и, *ж.* || *прил.* **перево́зочный**, -ая, -ое *и* **перево́зный**, -ая, -ое (к 1 знач.). *Перевозочные средства.*

ПЕРЕВЕРНУ́ТЬ, -ну́, -нёшь; -ёрнутый; *сов.* **1.** *что.* Повернуть противоположной стороной. *П. страницу.* **2.** *перен., что.* Изменить коренным образом. *П. чью-н. жизнь.* **3.** *перен., кого-что.* Потрясти, глубоко взволновать. *П. чью-н. душу.* **4.** *перен., что.* Тщательно разобрать, проверить, изучить. *П. всю специальную литературу.* **5.** *перен., что.* Привести в полный беспорядок. *В доме всё перевернуто вверх дном.* || *несов.* **перевёртывать**, -аю, -аешь *и* **перевора́чивать**, -аю, -аешь (к 1, 2, 3 и 5 знач.).

ПЕРЕВЕРНУ́ТЬСЯ, -ну́сь, -нёшься; *сов.* **1.** Повернуться с одной стороны на другую, повернуться противоположной стороной. *П. на другой бок. Страница перевернулась. Лодка перевернулась* (опрокинулась). **2.** (1 и 2 л. не употр.). Коренным образом измениться. *Жизнь перевернулась. В душе всё перевернулось* (перен.: о состоянии взволнованности, потрясённости). || *несов.* **перевёртываться**, -аюсь, -аешься *и* **перевора́чиваться**, -аюсь, -аешься.

ПЕРЕВЕРТЕ́ТЬ, -ерчу́, -е́ртишь; -е́рченный; *сов., что* (разг.). **1.** Вывернув, навинтить снова, заново. *П. гайку.* **2.** Вертя, испортить. *П. ключ.* ‖ *несов.* **перевёртывать,** -аю, -аешь *и* **переве́рчивать,** -аю, -аешь.

ПЕРЕВЕ´С, -а, *м.* **1.** *см.* перевесить[1]. **2.** *перен.* Преимущество, выгода. *П. на стороне соперника. Взять п. в чём-н.* (пересилить).

ПЕРЕВЕ´СИТЬ[1], -е́шу, -е́сишь; -е́шенный; *сов.* **1.** *кого-что.* Взвесить заново. *П. груз.* **2.** *кого-что.* Превзойти весом, перетянуть. *Одна чашка весов перевесила другую.* **3.** *перен.* Оказаться более весомым, значительным (разг.). *Наше мнение перевесило.* ‖ *несов.* **переве́шивать,** -аю, -аешь. ‖ *сущ.* **переве́шивание,** -я, *ср.,* **переве́с,** -а, *м.* (к 1 и 2 знач.) *и* **переве́ска,** -и, *ж.* (к 1 знач.; разг.).

ПЕРЕВЕ´СИТЬ[2], -е́шу, -е́сишь; -е́шенный; *сов., что.* Повесить на другое место. *П. картину.* ‖ *несов.* **переве́шивать,** -аю, -аешь. ‖ *сущ.* **переве́шивание,** -я, *ср. и* **переве́ска,** -и, *ж.* (разг.).

ПЕРЕВЕ´СИТЬСЯ, -е́шусь, -е́сишься; *сов.* Свеситься (в 1 знач.) через что-н. *П. через перила.* ‖ *несов.* **переве́шиваться,** -аюсь, -аешься.

ПЕРЕВЕСТИ´[1], -еду́, -едёшь; -ёл, -ела́; -ве́дший; -едённый (-ён, -ена́); -ведя́; *сов.* **1.** *кого (что).* Ведя, переместить через какое-н. пространство. *П. детей через улицу.* **2.** *кого-что.* Переместить из одного места в другое, с одного места на другое. *П. учреждение в новое здание. П. стрелки часов.* **3.** *кого (что).* Назначить на другое место, должность, поставить в другие условия. *П. на должность инженера. П. ученика в следующий класс. П. на другой оклад.* **4.** *что.* Переслать перевод[1] (в 3 знач.). *П. деньги по почте. П. вклад в сбербанк.* **5.** *что.* Передать средствами другого языка. *П. с русского языка на болгарский.* **6.** *что.* Выразить в других знаках, в других величинах. *П. в метрические меры. П. кроны в рубли.* **7.** *что.* Свести (в 9 знач.) какое-н. изображение. *П. картинку.* ✦ **Перевести дух, дыхание** (разг.) — глубоко вздохнуть, отдышаться. ‖ *несов.* **переводи́ть,** -ожу́, -о́дишь. ‖ *сущ.* **перево́д,** -а, *м.* ‖ *прил.* **перево́дный,** -ая, -ое (к 5 и 6 знач.) *и* **переводно́й,** -а́я, -о́е (к 7 знач.). *Переводный роман. Переводные картинки* (то же, что сводные картинки). *Переводная бумага* (копировальная).

ПЕРЕВЕСТИ´[2], -еду́, -едёшь; -ёл, -ела́; -ве́дший; -едённый (-ён, -ена́); -ведя́; *сов.* (разг.). **1.** *кого-что.* Извести, истребить. *П. мышей.* **2.** *что.* Израсходовать полностью (обычно зря, впустую). *П. все деньги.* ‖ *несов.* **переводи́ть,** -ожу́, -о́дишь. ‖ *сущ.* **перево́д,** -а, *м. Только деньгам п.* (о бессмысленных затратах). ✦ **Нет переводу** *кому-чему* (разг.) — не переводится, всегда имеется кто-что-н. *Уткам на пруду нет переводу.*

ПЕРЕВЕСТИ´СЬ[1], -еду́сь, -едёшься; -ёлся, -ела́сь; -ве́дшийся; -ведя́сь; *сов.* Перейти на другую должность, начать работать в другом месте, в других условиях. *П. в другой отдел. П. из секретарей в референты.* ‖ *несов.* **переводи́ться,** -ожу́сь, -о́дишься. ‖ *сущ.* **перево́д,** -а, *м.*

ПЕРЕВЕСТИ´СЬ[2] (-еду́сь, -едёшься, 1 и 2 л. ед. не употр.), -едётся; -ёлся, -ела́сь; -ве́дшийся; *сов.* (разг.). Израсходоваться, исчезнуть. *Не перевелись ещё рыцари.* ‖ *несов.* **переводи́ться** (-ожу́сь, -о́дишься, 1 и 2 л. ед. не употр.), -о́дится.

ПЕРЕВЕ´ШАТЬ[1], -аю, -аешь; -анный; *сов., кого-что.* Взвесить многое, многих. *П. все посылки.* ‖ *несов.* **переве́шивать,** -аю, -аешь. ‖ *сущ.* **переве́шивание,** -я, *ср.*

ПЕРЕВЕ´ШАТЬ[2], -аю, -аешь; -анный; *сов.* (разг.). **1.** *кого (что).* Подвергнуть казни через повешение (многих). **2.** *что.* Вешая[1] (в 1 знач.), разместить (многое). *Перевешала всё бельё.*

ПЕРЕВЕ´ШИВАТЬ[1-2] -СЯ *см.* перевесить[1-2], -ся *и* перевешать[1].

ПЕРЕВЁРТЫВАТЬ[1-2] *см.* перевернуть *и* перевертеть.

ПЕРЕВЁРТЫШ, -а, *м.* (разг.). Неискренний, двуличный человек.

ПЕРЕВИДА´ТЬ, -а́ю, -а́ешь; -и́данный; *сов., кого-что* (разг.). Повидать многое или многих, испытать многое. *Сколько всего перевидал на своём веку!*

ПЕРЕВИНТИ´ТЬ, -нчу́, -нти́шь; -и́нченный; *сов., что.* **1.** Вывернув, ввинтить заново. *П. винт.* **2.** Завинтить слишком туго или испортить, винтя. *П. нарезку.* ‖ *несов.* **переви́нчивать,** -аю, -аешь. ‖ *сущ.* **переви́нчивание,** -я, *ср.*

ПЕРЕВИРА´ТЬ *см.* переврать.

ПЕРЕВИ´ТЬ, -вью́, -вьёшь; -и́л, -ила́, -и́ло; -ве́й; -и́тый (-и́т, -ита́ *и разг.* -и́та, -и́то); *сов., что.* **1.** Ввивая, заплетая, вплести. *П. косы лентами.* **2.** Свить заново. *П. шнур.* ‖ *несов.* **перевива́ть,** -а́ю, -а́ешь.

ПЕРЕВИ´ТЬСЯ (-вью́сь, -вьёшься, 1 и 2 л. не употр.), -вьётся; -и́лся, -ила́сь, -ило́сь *и* -и́лось; *сов.* Переплестись, перепутаться. *Лианы перевились друг с другом.* ‖ *несов.* **перевива́ться** (-а́юсь, -а́ешься, 1 и 2 л. не употр.), -а́ется.

ПЕРЕВО´Д[1], -а, *м.* **1.** *см.* перевести[1-2], -сь[1]. **2.** Текст, переведённый с одного языка на другой. *П. с немецкого. П. с подстрочника. Авторизованный п.* **3.** Денежное отправление через банк, почту, телеграф. *Получить п. на 50 тысяч рублей.* ‖ *прил.* **перево́дный,** -ая, -ое (к 3 знач.). *П. бланк.*

ПЕРЕВО´Д[2] *см.* перевести[2].

ПЕРЕВОДИ´ТЬ[1-2], -СЯ[1-2] *см.* перевести[1-2], -сь[1-2].

ПЕРЕВОДНО´Й *см.* перевести[1].

ПЕРЕВО´ДНЫЙ[1-2] *см.* перевести[1] *и* перевод[1].

ПЕРЕВО´ДЧИК, -а, *м.* Специалист по переводам с одного языка на другой. *П. с чешского.* ‖ *ж.* **перево́дчица,** -ы. ‖ *прил.* **перево́дческий,** -ая, -ое.

ПЕРЕВО´З, -а, *м.* **1.** *см.* перевезти. **2.** Место переправы через реку на пароме, лодках. *Спуститься к перевозу. Паромщик на перевозе.*

ПЕРЕВОЗИ´ТЬ, ПЕРЕВО´ЗКА, ПЕРЕВО´ЗНЫЙ, ПЕРЕВО´ЗОЧНЫЙ *см.* перевезти.

ПЕРЕВОЗНО´Й, -а́я, -о́е. Приспособленный для перевозки. *П. аппарат.*

ПЕРЕВО´ЗЧИК, -а, *м.* **1.** Человек, к-рый занимается перевозом через реку на лодке, пароме. **2.** Лицо, организация, занимающиеся отправкой, перевозкой грузов. *Юридическая ответственность перевозчика.* ‖ *ж.* **перево́зчица,** -ы (к 1 знач.). ‖ *прил.* **перево́зчицкий,** -ая, -ое (к 1 знач.).

ПЕРЕВОЛНОВА´ТЬ, -ну́ю, -ну́ешь; -о́ванный; *сов., кого (что)* (разг.). То же, что перетревожить. *П. всю семью.*

ПЕРЕВОЛНОВА´ТЬСЯ, -ну́юсь, -ну́ешься; *сов.* (разг.). Испытать сильное волнение. *П. из-за болезни ребёнка.*

ПЕРЕВООРУЖИ´ТЬ, -жу́, -жи́шь; -жённый (-ён, -ена́); *сов., кого-что.* Вооружить по-новому, заново. *П. армию.* ‖ *несов.* **перевооружа́ть,** -а́ю, -а́ешь. ‖ *возвр.* **перевооружи́ться,** -жу́сь, -жи́шься; *несов.* **перевооружа́ться,** -а́юсь, -а́ешься. ‖ *сущ.* **перевооруже́ние,** -я, *ср.*

ПЕРЕВОПЛОТИ´ТЬ, -ощу́, -оти́шь; -ощённый (-ён, -ена́); *сов., кого-что.* Воплотить в новой форме, по-новому. *П. идею в новом художественном образе.* ‖ *несов.* **перевоплоща́ть,** -а́ю, -а́ешь. ‖ *сущ.* **перевоплоще́ние,** -я, *ср.*

ПЕРЕВОПЛОТИ´ТЬСЯ, -ощу́сь, -оти́шься; *сов.* Принять какой-н. новый вид, образ, превратиться в кого-что-н. ‖ *несов.* **перевоплоща́ться,** -а́юсь, -а́ешься. ‖ *сущ.* **перевоплоще́ние,** -я, *ср. Способность артиста к перевоплощению.*

ПЕРЕВОРА´ЧИВАТЬ, -СЯ *см.* перевернуть, -ся.

ПЕРЕВОРО´Т, -а, *м.* **1.** Резкий поворот, перелом в развитии чего-н. *П. в науке.* **2.** Коренное изменение в государственной жизни. *Революционный п. Государственный п.* **3.** Поворот с одной стороны на другую. *П. через крыло* (фигура высшего пилотажа). *Прыжок с переворотом* (в гимнастике). ‖ *прил.* **переворо́тный,** -ая, -ое (к 3 знач.).

ПЕРЕВОРОШИ´ТЬ, -шу́, -ши́шь; -шённый (-ён, -ена́); *сов., что* (разг.). Вороша, переложить, перетрогать. *П. сено. П. все бумаги. П. в душе всё старое* (перен.: отдаться грустным, нелёгким воспоминаниям). ‖ *несов.* **перевора́шивать,** -аю, -аешь.

ПЕРЕВОСПИТА´ТЬ, -а́ю, -а́ешь; -и́танный; *сов., кого (что).* Воспитать по-новому, заново. *П. подростка.* ‖ *несов.* **перевоспи́тывать,** -аю, -аешь. ‖ *возвр.* **перевоспита́ться,** -а́юсь, -а́ешься; *несов.* **перевоспи́тываться,** -аюсь, -аешься. ‖ *сущ.* **перевоспита́ние,** -я, *ср.*

ПЕРЕВРА´ТЬ, -ру́, -рёшь; -а́л, -ала́, -а́ло; -е́вранный; *сов., кого-что* (разг.). Пересказывая, излагая, исказить. *П. содержание письма.* ‖ *несов.* **перевира́ть,** -а́ю, -а́ешь.

ПЕРЕВЫ´БОРЫ, -ов. Выборы членов какой-н. организации, производимые через определённые промежутки времени. *П. профкома.* ‖ *прил.* **перевы́борный,** -ая, -ое.

ПЕРЕВЫ´БРАТЬ, -беру, -берешь; -анный; *сов., кого-что* (разг.). То же, что переизбрать. *П. председателя профкома.* ‖ *несов.* **перевыбира́ть,** -а́ю, -а́ешь.

ПЕРЕВЫ´ПОЛНИТЬ, -ню, -нишь; -ненный; *сов., что.* Выполнить сверх положенного, сверх плана. *П. задание, норму.* ‖ *несов.* **перевыполня́ть,** -я́ю, -я́ешь. ‖ *сущ.* **перевыполне́ние,** -я, *ср. П. плана.*

ПЕРЕВЯЗА´ТЬ, -яжу́, -я́жешь; -я́занный; *сов.* **1.** *кого-что.* Наложить повязку (во 2 знач.) на рану, больное место. *П. рану. П. раненого.* **2.** *что.* Обвязать со всех сторон крест-накрест. *П. коробку шпагатом.* **3.** *что.* Распустив вязку, связать заново. *П. свитер.* **4.** *кого (что).* Связать всех, многих. *П. налётчиков.* ‖ *несов.* **перевя́зывать,** -аю, -аешь. ‖ *сущ.* **перевя́зывание,** -я, *ср.* (к 1, 2 и 3 знач.) *и* **перевя́зка,** -и, *ж.* (к 1, 2 и 3 знач.). ‖ *прил.* **перевя́зочный,** -ая, -ое (к 1 знач.). *П. материал. П. пункт.*

ПЕРЕВЯ´ЗОЧНАЯ, -ой, *ж.* В медицинском учреждении: специальное помещение для перевязок.

ПЕ´РЕВЯЗЬ, -и, *ж.* **1.** Ремень, лента через плечо. *П. для сабли* (в прежнее время у военных). **2.** Повязка через плечо для поддержания руки в согнутом состоянии. *Больная рука на перевязи.*

ПЕРЕГА´Р, -а (-у), *м.* **1.** *см.* перегореть. **2.** Неприятный запах, вкус во рту после выпитого (обычно накануне) спиртного, при похмелье (разг.). *Несёт перегаром от кого-н. Дышать на кого-н. перегаром.* ‖ *прил.* **перега́рный,** -ая, -ое.

ПЕРЕГИ´Б, -а, *м.* **1.** *см.* перегнуть. **2.** Линия, по к-рой что-н. перегнуто, сложено. *На перегибе страницы буквы стёрлись.* **3.**

перен. Крайность, неумеренность в чём-н., нарушение правильной линии в какой-н. деятельности. *Административный п.*

ПЕРЕГИБА'ТЬ, -СЯ *см.* перегнуть, -ся.

ПЕРЕГЛА'ДИТЬ, -а́жу, -а́дишь; -а́женный; *сов., что.* Выгладить заново или много чего-н. *П. рубашку. П. всё бельё.* ‖ *несов.* **перегла́живать,** -аю, -аешь.

ПЕРЕГЛЯНУ'ТЬСЯ, -яну́сь, -я́нешься; *сов., с кем* (разг.). Обменяться быстрым и многозначительным взглядом. *П. с собеседником.* ‖ *несов.* **перегля́дываться,** -аюсь, -аешься.

ПЕРЕГНА'ТЬ, -гоню́, -го́нишь; -а́л, -ала́, -а́ло; -е́гнанный; *сов.* **1.** *кого-что.* То же, что обогнать. *П. всадника. П. в учёбе.* **2.** *кого-что.* Гоня, переместить; переправить. *П. отару на зимние пастбища. П. автомобиль в другой город.* **3.** *что.* Обработать, разделяя на составные части нагреванием, кипячением, изменением температур. *П. нефть.* ‖ *несов.* **перегоня́ть,** -я́ю, -я́ешь. ‖ *сущ.* **перего́н,** -а, *м.* (ко 2 знач.) *и* **перего́нка,** -и, *ж.* (к 3 знач.). *Перегон стада. Служба перегона* (при продаже автомобилей). *Продукты перегонки нефти. Перегонка древесного угля.* ‖ *прил.* **перего́нный,** -ая, -ое (ко 2 и 3 знач.) *и* **перего́ночный,** -ая, -ое (к 3 знач.). *Перегонная установка.*

ПЕРЕГНИ'ТЬ (-ию́, -иёшь, 1 и 2 л. не употр.), -иёт; -и́л, -ила́, -и́ло; *сов.* То же, что перегореть (в 4 знач.). *Навоз перегнил.* ‖ *несов.* **перегнива́ть** (-а́ю, -а́ешь, 1 и 2 л. не употр.), -а́ет.

ПЕРЕГНОИ'ТЬ, -ою́, -ои́шь; -оённый (-ён, -ена́); *сов., кого-что.* Сгноить до конца, всё. *П. сено.* ‖ *несов.* **перегна́ивать,** -аю, -аешь.

ПЕРЕГНО'Й, -я (-ю), *м.* **1.** Составная часть почвы из перегнивших растительных и животных остатков. **2.** Перепревший навоз. ‖ *прил.* **перегно́йный,** -ая, -ое.

ПЕРЕГНУ'ТЬ, -ну́, -нёшь; пере́гнутый; *сов.* **1.** *что.* Согнуть вдвое, под углом. *П. лист бумаги пополам.* **2.** *перен.* Допустить ненужную крайность в какой-н. деятельности (разг.). *В этом деле администратор явно перегнул!* ✦ **Перегнуть палку** (разг.) — то же, что перегнуть (во 2 знач.). ‖ *несов.* **перегиба́ть,** -а́ю, -а́ешь. ‖ *сущ.* **перегиба́ние,** -я, *ср.* (к 1 знач.) *и* **переги́б,** -а, *м.*

ПЕРЕГНУ'ТЬСЯ, -ну́сь, -нёшься; *сов.* Согнуться вперегиб, вдвое; сильно согнуть своё тело. *П. в низком поклоне. П. через перила.* ‖ *несов.* **перегиба́ться,** -а́юсь, -а́ешься.

ПЕРЕГОВА'РИВАТЬСЯ, -аюсь, -аешься; *несов., с кем.* Обмениваться короткими фразами, вести прерывающийся разговор.

ПЕРЕГОВОРИ'ТЬ, -рю́, -ри́шь; *сов.* **1.** *с кем.* Обменяться мнениями, поговорить. *П. по телефону.* **2.** Поговорить обо всём, долго. *За вечер обо всём переговорили.* **3.** *кого (что).* Громко, много говоря, заставить замолчать других (разг.). *Всех переговорил.* ‖ *несов.* **перегова́ривать,** -аю, -аешь (к 3 знач.).

ПЕРЕГОВО'РЫ, -ов. **1.** Обмен мнениями с деловой целью. *Вести п. Мирные п. Сесть за стол переговоров* (начать равноправные переговоры). **2.** То же, что разговор (в 1 знач.) (спец.). *Междугородные п. по телефону.* ‖ *прил.* **перегово́рный,** -ая, -ое. *П. процесс. П. пункт.*

ПЕРЕГО'Н, -а, *м.* **1.** *см.* перегнать. **2.** Участок пути между двумя железнодорожными станциями. ‖ *прил.* **перего́нный,** -ая, -ое.

ПЕРЕГО'НКА *см.* перегнать.

ПЕРЕГО'ННЫЙ *см.* перегнать *и* перегон.

ПЕРЕГОНЯ'ТЬ *см.* перегнать.

ПЕРЕГОРЕ'ТЬ, -рю́, -ри́шь; *сов.* **1.** (1 и 2 л. не употр.). Переломиться от горения или сильного нагрева, трения. *Балка перегорела. Ось перегорела.* **2.** (1 и 2 л. не употр.). Испортиться от длительного горения, сильного нагрева. *Лампочка перегорела.* **3.** (1 и 2 л. не употр.). Иссохнуть от жары, сильного нагревания; разрушиться от перегрева. *Земля перегорела. Угли перегорели.* **4.** (1 и 2 л. не употр.). Сгореть (в 8 знач.), сгнить совсем. *Навоз перегорел.* **5.** *перен.* Утратить силу чувств, переживаний. *Душа перегорела. Страсти перегорели.* ‖ *несов.* **перегора́ть,** -а́ю, -а́ешь. ‖ *сущ.* **перегора́ние,** -я, *ср.* (к 1, 2, 3 и 4 знач.) *и* **перега́р,** -а, *м.* (к 3 знач.; спец.).

ПЕРЕГОРОДИ'ТЬ, -ожу́, -о́дишь *и* -оди́шь; -о́женный; *сов., что.* Разделить перегородкой (в 1 знач.), чем-н. загораживающим. *П. веранду. П. комнату шкафом.* ‖ *несов.* **перегора́живать,** -аю, -аешь. ‖ *сущ.* **перегора́живание,** -я, *ср.*

ПЕРЕГОРО'ДКА, -и, *ж.* **1.** Лёгкая стенка, разделяющая на части какое-н. помещение, вместилище. *Внутрикомнатная п. Ящик с перегородками.* **2.** *перен.* То, что отделяет одно от другого, является преградой между чем-н. *Сословные перегородки.* **3.** Преграда, разделяющая какую-н. полость. *Носовая п. П. между желудочками сердца.* ‖ *прил.* **перегоро́дочный,** -ая, -ое (к 1 и 3 знач.).

ПЕРЕГРЕ'ТЬ, -е́ю, -е́ешь; -ре́тый; *сов.* Нагреть слишком сильно, выше необходимой температуры. *П. обед. П. мотор.* ‖ *несов.* **перегрева́ть,** -а́ю, -а́ешь. ‖ *сущ.* **перегрева́ние,** -я, *ср. и* **перегре́в,** -а, *м. П. пара. П. металла.*

ПЕРЕГРЕ'ТЬСЯ, -е́юсь, -е́ешься; *сов.* **1.** Нагреться слишком сильно. *Утюг перегрелся.* **2.** Одевшись слишком тепло или слишком долго пробыв в тепле, на солнце, причинить себе вред. *П. на солнцепёке.* ‖ *несов.* **перегрева́ться,** -а́юсь, -а́ешься. ‖ *сущ.* **перегрева́ние,** -я, *ср. и* **перегре́в,** -а, *м.*

ПЕРЕГРУ'ЖЕННОСТЬ, -и *и* **ПЕРЕГРУЖЁННОСТЬ,** -и, *ж.* Излишняя нагрузка (во 2 и 3 знач.), перегрузка. *П. вагонов. П. ученика.*

ПЕРЕГРУЗИ'ТЬ, -ужу́, -у́зишь *и* -узи́шь; -у́женный *и* -ужённый (-ён, -ена́); *сов., кого-что.* **1.** Грузя, переместить. *П. товар из вагонов на теплоход.* **2.** Нагрузить чрезмерно. *П. вагон. П. поручениями.* ‖ *несов.* **перегружа́ть,** -а́ю, -а́ешь. ‖ *сущ.* **перегру́зка,** -и, *ж.* ‖ *прил.* **перегру́зочный,** -ая, -ое (к 1 знач.). *П. пункт. Перегрузочные работы.*

ПЕРЕГРУ'ЗКИ, -зок, *ед.* перегру́зка, -и, *ж.* **1.** *см.* перегрузить. **2.** Превышение нормальной для кого-чего-н. силы тяжести, температуры (спец.). *Термические п.*

ПЕРЕГРУППИРОВА'ТЬ, -ру́ю, -ру́ешь; -о́ванный; *сов., кого-что.* Сгруппировать, разместить заново, по-другому. *П. войска* (переместить из одних районов в другие). ‖ *несов.* **перегруппиро́вывать,** -аю, -аешь. ‖ *сущ.* **перегруппиро́вка,** -и, *ж.*

ПЕРЕГРЫ'ЗТЬ, -зу́, -зёшь; -ы́з, -ы́зла; -ы́зенный; -ы́зши; *сов.* **1.** *кого-что.* Грызя, разделить надвое. *П. кость.* **2.** *кого-что.* Загрызть многих. *Волки перегрызли овец.* **3.** *что.* Грызя, съесть всё. *П. все орехи.* ‖ *несов.* **перегрыза́ть,** -а́ю, -а́ешь (к 1 и 2 знач.).

ПЕРЕГРЫ'ЗТЬСЯ, -зу́сь, -зёшься; -ы́зся, -ы́злась; -ы́зшись; *сов.* **1.** (1 и 2 л. ед. не употр.). О животных: покусать друг друга (разг.). *Собаки перегрызлись.* **2.** *перен.* Перессориться, перебраниться (прост. неодобр.). ‖ *несов.* **перегрыза́ться,** -аюсь, -а́ешься.

ПЕРЕД *кем-чем, предлог с тв. п.* **1.** На нек-ром расстоянии от лицевой стороны чего-н., напротив кого-чего-н. *Сад п. домом. Остановиться п. входом.* **2.** За нек-рое время до чего-н. *Встретиться п. обедом. Прогулка п. сном.* **3.** Служит для указания лица или явления, по отношению к к-рому совершается что-н. *Преклоняться п. героями.* **4.** По сравнению, сравнительно, в сопоставлении с кем-чем-н. *П. этим подвигом бледнеют все другие.* **5.** С одушевлёнными существительными обозначает субъект состояния. *П. нами стоят важные задачи.*

ПЕРЕД..., *приставка. Образует прилагательные со знач.* непосредственно предшествующий чему-н., напр. *передобеденный, передрассветный.*

ПЕРЕДА'ТЧИК, -а, *м.* Аппарат для передачи сообщений, сигналов, изображений в радиовещании, телевидении, телеграфной связи. *Коротковолновый п.*

ПЕРЕДА'ТЬ, -а́м, -а́шь, -а́ст, -ади́м, -ади́те, -аду́т; пе́редал *и* переда́л, передала́, пе́редало *и* переда́ло; переда́й; пе́реданный (-ан, -ана́ *и* разг. -ана, -ано); *сов.* **1.** *кого-что.* Отдать, вручить, сообщить (в 1 знач.) кому-н. *П. письмо. П. новость. П. детям любовь к труду* (перен.). **2.** *что.* Распространить, довести до кого-н. каким-н. способом. *П. концерт по радио, по телевидению.* **3.** *что.* Воспроизвести, изложить, изобразить. *Точно п. мысль автора. В картине передан дух эпохи.* **4.** *что.* Отдать в распоряжение, на рассмотрение. *П. дело в суд.* **5.** *что.* Отдать во владение. *П. свои права на что-н. П. коллекцию музею. Дом передан детскому саду.* **6.** *что.* Дать чего-н. больше, чем нужно. *П. сдачу при покупке.* ‖ *несов.* **передава́ть,** -даю́, -даёшь. ‖ *сущ.* **переда́ча,** -и, *ж.* ‖ *прил.* **переда́точный,** -ая, -ое (ко 2 и 5 знач.). *П. механизм. П. пункт.*

ПЕРЕДА'ТЬСЯ (-а́мся, -а́шься, 1 и 2 л. не употр.), -а́стся, -аду́тся; -а́лся, -ала́сь; -а́йся; *сов.* Сообщиться, перейти к другому. *Тревога передалась окружающим. Характер матери передался ребёнку.* ‖ *несов.* **передава́ться** (-аюсь, -аёшься, 1 и 2 л. не употр.), -даётся; -дава́йся; -дава́ясь. ‖ *сущ.* **переда́ча,** -и, *ж.*

ПЕРЕДА'ЧА, -и, *ж.* **1.** *см.* передать, -ся. **2.** Механизм, передающий движение, мощность от одной части устройства к другой. *Гидравлическая п. Червячная п.* **3.** То, что передается по радио, телевидению. *Интересная п. Слушать передачу. Программа передач.* **4.** Вещи, продукты, передаваемые кому-н. (в больницу, тюрьму). *Принести передачу.* ‖ *прил.* **переда́точный,** -ая, -ое (ко 2 знач.).

ПЕРЕДВИ'ЖКА, -и, *ж.* (разг.). **1.** *см.* передвинуть, -ся. **2.** Передвижное культурно-просветительное учреждение. *Библиотека-п. Киноустановка-п.* (кинопередвижка).

ПЕРЕДВИ'ЖНИК, -а, *м.* В России во второй половине 19 в.: демократически настроенный художник-реалист, участник так наз. «передвижных выставок». ‖ *прил.* **передви́жнический,** -ая, -ое.

ПЕРЕДВИЖНО'Й, -а́я, -о́е. **1.** Такой, к-рый можно передвигать. *Передвижная перегородка.* **2.** Действующий, функционирующий не на одном месте, не стационарный. *Передвижная библиотека, выставка, лаборатория.*

ПЕРЕДВИ'НУТЬ, -ну, -нешь; -утый; *сов.* **1.** *кого-что.* Двинув, переместить. *П. стол.* **2.** *перен., что.* Изменить (срок осуществления чего-н.). *П. сроки экзаменов. П. отпуск.* ‖ *несов.* **передвига́ть,** -а́ю, -а́ешь. ‖ *сущ.* **передвиже́ние,** -я, *ср. и* **передви́жка,** -и, *ж.*

ПЕРЕДВИ́НУТЬСЯ, -нусь, -нешься; *сов.* **1.** Подвинувшись, переместиться. *Стрелка передвинулась.* **2.** (1 и 2 л. не употр.). О сроке: измениться. *Отпуск передвинулся на осень.* ‖ *несов.* **передвига́ться**, -а́юсь, -а́ешься. ‖ *сущ.* **передвиже́ние**, **-я**, *ср. и* **передви́жка**, -и, *ж.*

ПЕРЕДЕ́ЛАТЬ, -аю, -аешь; -анный; *сов.* **1.** *кого-что.* Сделать заново, по-иному или иным. *П. работу. П. свой характер.* **2.** *что.* Сделать многое. *П. много дел за́ день.* ‖ *несов.* **переде́лывать**, -аю, -аешь. ‖ *сущ.* **переде́лка**, -и, *ж.* (к 1 знач.).

ПЕРЕДЕЛИ́ТЬ, -елю́, -е́лишь; -елённый (-ён, -ена́); *сов., что.* Разделить заново, по-новому. *П. наследство. П. садовый участок.* ‖ *несов.* **переделя́ть**, -я́ю, -я́ешь *и* **переде́ливать**, -аю, -аешь. ‖ *сущ.* **переде́л**, **-а**, *м.*

ПЕРЕДЕ́ЛКА, -и, *ж.* **1.** *см.* переделать. **2.** Переделанная вещь, произведение. *П. «Робинзона Крузо» для детей.* **3.** Сложная и неприятная ситуация (разг.). *Попасть из одной переделки в другую.* ✦ **В переделку попасть (в переделке, в переделках побывать)** (разг.) — испытать трудности, неприятности.

ПЕРЕДЕРЖА́ТЬ, -ержу́, -е́ржишь; -е́ржанный; *сов., что.* Приготовляя, изготовляя, продержать где-н. слишком долго. *П. плёнку в проявителе. П. пирог в духовке.* ‖ *несов.* **переде́рживать**, -аю, -аешь. ‖ *сущ.* **переде́рживание**, **-я**, *ср. и* **переде́ржка**, **-и**, *ж. П. при фотографировании.*

ПЕРЕДЕ́РЖКА, -и, *ж.* **1.** *см.* передержать. **2.** Недобросовестный приём (при изложении чужих взглядов, цитировании; *первонач.* в карточной игре) (разг.).

ПЕРЕДЁРНУТЬ, -ну, -нешь; -утый; *сов.* **1.** *что.* Дёрнув, передвинуть. *П. поводья (поводьями).* **2.** *что.* Обманным способом подтасовать, а также (перен.) допустить передержку (разг.). *П. карту. П. факты.* **3.** *безл., кого-что.* О судорожном сокращении мышц. *Передёрнуло от отвращения.* ‖ *несов.* **передёргивать**, -аю, -аешь.

ПЕРЕДЁРНУТЬСЯ, -нусь, -нешься; *сов.* (разг.). Судорожно искривиться, содрогнуться. *Лицо передёрнулось от испуга. Весь передёрнулся от отвращения.* ‖ *несов.* **передёргиваться**, -аюсь, -аешься.

ПЕРЕДНЕ... *Первая часть сложных слов со знач.*: 1) передний (в 1 знач.), расположенный впереди, обращённый вперёд, напр. *передневогнутый, переднетеменной, переднежаберный* (с жабрами, расположенными впереди сердца; спец.); 2) передний (во 2 знач.), напр. *передненёбный, переднеязычный.*

ПЕРЕ́ДНИЙ, -яя, -ее. **1.** Находящийся впереди, обращённый вперёд. *Передние ноги* (у животного). *Переднее колесо. На переднем плане. На переднем крае* (на переднем крае обороны; также перен.: впереди, в авангарде). **2.** В фонетике: относящийся к той части языка или нёба, к-рая расположена ближе к ротовому отверстию, в удалении от гортани. *Передние гласные* (и, э). **3.** О помещении, входе: парадный (устар.). *Передняя горница. Переднее крыльцо.*

ПЕРЕ́ДНИК, -а, *м.* Одежда, защищающая перёд платья от загрязнения. *Клеёнчатый передник.*

ПЕРЕ́ДНЯЯ, -ей, *ж.* Нежилое, ближайшее к входу помещение в квартире, прихожая.

ПЕРЕДО, *предлог с тв. п.* То же, что перед; употр. перед нек-рыми сочетаниями согласных, напр. *передо мной, передо всеми, передо льдом.*

ПЕРЕДОВА́Я, -о́й, *ж.* **1.** Передовая статья, передовица. **2.** (мн. в знач. ед.). Передовая позиция, участок (полоса) боёв.

ПЕРЕДОВЕ́РИТЬ, -рю, -ришь; -ренный; *сов., кому кого-что* или *с неопр.* Доверить другому то, что доверено самому. *П. поручение.* ‖ *несов.* **передоверя́ть**, -яю, -я́ешь.

ПЕРЕДОВИ́К, -а́, *м.* Человек, к-рый идёт впереди других в работе, показывает пример сознательного отношения к труду. *Равняться на передовиков.* ‖ *ж.* **передови́чка**, -и (прост.).

ПЕРЕДОВИ́ЦА, -ы, *ж.* (разг.). То же, что передовая статья (см. передовой в 1 знач.).

ПЕРЕДОВО́Й, -а́я, -о́е. **1.** Движущийся или находящийся впереди. *П. отряд. Передовые позиции* (перед передним краем оборонительного рубежа). *Передовая статья* (руководящая редакционная статья в газете, журнале, печатаемая на первом месте). **2.** Не останавливающийся в развитии, прогрессивный. *Передовая техника. П. учёный. Передовые взгляды. Обмен передовым опытом.*

ПЕРЕДО́К, -дка́, *м.* **1.** Передняя часть экипажа, саней. *Сесть на п.* **2.** обычно *мн.* Двухколёсная повозка для снарядов и прицепки артиллерийского орудия. *Снять орудие с передков.* ‖ *прил.* **передко́вый**, -ая, -ое.

ПЕРЕДО́М, *нареч.* (прост.). То же, что впереди (в 1 знач.). *Идти п.*

ПЕРЕДО́ХНУТЬ (-ну, -нешь, 1 и 2 л. ед. не употр.), -нет; -о́х, -о́хла; *сов.* (разг.). Издохнуть (о многих).

ПЕРЕДОХНУ́ТЬ, -ну́, -нёшь; *сов.* (разг.). Сделать короткий перерыв для отдыха, передышку. *П. часок.*

ПЕРЕДРАЗНИ́ТЬ, -азню́, -а́знишь; -а́зненный *и* -нённый (-ён, -ена́); *сов., кого-что.* Подражая кому-н., представить в смешном виде. *П. кривляку. П. чей-н. жест.* ‖ *несов.* **передра́знивать**, -аю, -аешь. ‖ *сущ.* **передра́знивание**, **-я**, *ср.*

ПЕРЕДРА́ТЬСЯ, -деру́сь, -дерёшься; -а́лся, -ала́сь, -ало́сь *и* -а́лось; *сов.* (разг.). Подраться **друг с другом** (о многих) или со многими.

ПЕРЕДРУЖИ́ТЬСЯ, -ужу́сь, -ужи́шься *и* -у́жишься; *сов.* (разг.). Подружиться друг с другом (о многих) или со многими.

ПЕРЕДРЯ́ГА, -и, *ж.* (разг.). Неприятное, хлопотливое, затруднительное дело, положение. *Попасть в передрягу.*

ПЕРЕДУ́МАТЬ, -аю, -аешь; -анный; *сов.* **1.** Подумав, изменить решение. *Я передумал: не поеду.* **2.** *что.* Подумать о многом или много раз. *Многое передумал за это время.* ‖ *несов.* **переду́мывать**, -аю, -аешь.

ПЕРЕДЫ́ШКА, -и, *ж.* **1.** Непродолжительный перерыв, чтобы отдышаться, перевести дух. *Гнаться за кем-н. без передышки. Дать передышку кому-н.* **2.** *перен.* Перерыв в какой-н. деятельности, позволяющий собраться с силами. *П. в споре.*

ПЕРЕЕ́ЗД, -а, *м.* **1.** *см.* переехать. **2.** Место, где переезжают через что-н. *Железнодорожный п.* ‖ *прил.* **перее́здный**, -ая, -ое. *Переездная будка.*

ПЕРЕЕ́СТЬ, -е́м, -е́шь, -е́ст, -еди́м, -еди́те, -едя́т; -е́л, -е́ла; -е́шь; -е́вший; -е́в; *сов.* **1.** Съесть лишнее. *П. за обедом.* **2.** *кого (что).* Превзойти в еде (разг.). *Всех п.* **3.** (1 и 2 л. не употр.), *что.* О чём-н. едком: разъедая, разрушить, разделить на части. *Ржавчина переела проволоку.* ‖ *несов.* **перееда́ть**, -а́ю, -а́ешь. ‖ *сущ.* **перееда́ние**, **-я**, *ср.* (к 1 знач.).

ПЕРЕЕ́ХАТЬ, -е́ду, -е́дешь; *в знач. пов.* **-езжа́й**; *сов.* **1.** *что и через что.* Проехать через что-н., на другую сторону чего-н. *П. шоссе и через шоссе.* **2.** *кого-что.* Проехав по кому-чему-н., раздавить, искалечить (разг.). *Трамваем переехало* (безл.) *кого-н.* **3.** Уехав откуда-н., переселиться. *П. в новый дом.* ‖ *несов.* **переезжа́ть**, -а́ю, -а́ешь. ‖ *сущ.* **перее́зд**, -а, *м.* (к 1 и 3 знач.). ‖ *прил.* **переездно́й**, -а́я, -о́е (к 1 знач.) *и* **перее́здный**, -ая, -ое (к 3 знач.).

ПЕРЕЖА́РИТЬ, -рю, -ришь; -ренный; *сов., что.* **1.** Жаря слишком долго, сделать жёстким, сухим. *П. мясо.* **2.** Изжарить многое. *П. все пирожки.* ‖ *несов.* **пережа́ривать**, -аю, -аешь.

ПЕРЕЖА́РИТЬСЯ, -рюсь, -ришься; *сов.* **1.** (1 и 2 л. не употр.). От долгого жарения стать жёстким, сухим. *Мясо пережарилось.* **2.** *перен.* Пробыть слишком долго на солнцепеке (разг.). *П. на пляже.* ‖ *несов.* **пережа́риваться**, -аюсь, -аешься.

ПЕРЕЖДА́ТЬ, -ду́, -дёшь; -а́л, -ала́, -а́ло; *сов., кого-что.* Подождать, пока что-н. кончится, пока кто-н. кончит делать что-н. *П. грозу. Всех не переждёшь* (выражение недовольства по поводу того, что приходится пережидать многих; разг.). ‖ *несов.* **пережида́ть**, -а́ю, -а́ешь.

ПЕРЕЖЕВА́ТЬ, -жу́ю, -жуёшь; -жёванный; *сов., что.* То же, что разжевать (в 1 знач.). *П. пищу.* ‖ *несов.* **пережёвывать**, -аю, -аешь.

ПЕРЕЖЕНИ́ТЬ, -еню́, -е́нишь; -е́ненный; *сов., кого (что).* Женить или поженить многих. *Пережени́л сыновей.*

ПЕРЕЖЕНИ́ТЬСЯ (-еню́сь, -е́нишься, 1 и 2 л. ед. не употр.), -е́нится; *сов.* О многих: жениться или пожениться. *Сверстники давно переженились. Вся молодёжь в посёлке переженилась.*

ПЕРЕЖЕ́ЧЬ, -жгу́, -жжёшь, -жгу́т; -жёг, -жгла́; -жёгший; -жжённый (-ён, -ена́); -жёгши; *сов., что.* **1.** Подвергнув действию огня сверх меры, испортить. *П. кирпич.* **2.** Переработать, подвергнув действию огня. *П. древесину на уголь.* **3.** Действием огня или чего-н. едкого разделить надвое. *П. шнур, проволоку.* **4.** Сжечь многое. *П. все дрова.* **5.** Израсходовать сверх меры (горючее, топливо). *П. бензин.* ‖ *несов.* **пережига́ть**, -а́ю, -а́ешь. ‖ *сущ.* **пережига́ние**, -я, *ср.* (ко 2 и 3 знач.) *и* **пережо́г**, **-а**, *м.* (к 1 и 5 знач.) *Пережог металла. Пережог электроэнергии.*

ПЕРЕЖЁВЫВАТЬ, -аю, -аешь; *несов., что.* **1.** *см.* пережевать. **2.** *перен.* Нудно, долго говорить или писать об одном и том же (разг.). *П. старые истины.*

ПЕРЕЖИВА́НИЕ, -я, *ср.* Душевное состояние, вызванное какими-н. сильными ощущениями, впечатлениями. *Глубокие, тяжёлые переживания.*

ПЕРЕЖИВА́ТЬ, -а́ю, -а́ешь; *несов.* **1.** *см.* пережить. **2.** *за кого-что.* Волноваться, беспокоиться о ком-чём-н. (разг.). *П. за сына. П. за любимую команду.* **3.** Мучиться, страдать по какому-н. поводу (разг.). *Поссорился с женой, теперь переживает.*

ПЕРЕЖИДА́ТЬ *см.* переждать.

ПЕРЕЖИ́ТОК, -тка, *м.* Остаток прошлого, устарелого. *П. старины. Пережитки прошлого.* ‖ *прил.* **пережи́точный**, **-ая**, -ое. *Пережиточные явления.*

ПЕРЕЖИ́ТЬ, -иву́, -ивёшь; пе́режил *и* пережи́л, пережила́, пе́режило *и* пережи́ло; пе́режитый, пережи́тый *и* (устар.) пережито́й (пе́режит *и* пережи́т, пережита́, пе́режито *и* пережи́то); *сов.* **1.** *что.* Прожить что-н. от начала до конца. *П. блокаду. П. зиму в деревне.* **2.** *что.* Испытать в жизни, изведать. *П. большие потрясения,* *много горя.* **3.** *кого-что.* Прожить, просуществовать дольше кого-чего-н. *П. всех друзей. Старый дом пережил своих хозяев.* **4.** *что.* Вытерпеть, вынести что-н. *Не смог п. оскорбления.* ‖ *несов.* **переживáть,** -áю, -áешь (ко 2, 3 и 4 знач.).

ПЕРЕЖÓГ *см.* пережечь.

ПЕРЕЗАБЫ́ТЬ, -бýду, -бýдешь; -ы́тый; *сов., кого-что* (разг.). Забыть многое, многих. *Что знал, всё перезабыл.* ‖ *несов.* **перезабывáть,** -áю, -áешь.

ПЕРЕЗАРЯДИ́ТЬ, -яжý, -ядúшь *и* -я́дишь; -яжённый (-ён, -енá) *и* -я́женный; *сов., что.* Зарядить снова. *П. ружьё. П. огнетушитель.* ‖ *несов.* **перезаряжáть,** -áю, -áешь. ‖ *сущ.* **перезаря́дка,** -и, *ж.* ‖ *прил.* **перезаря́дный,** -ая, -ое (спец.).

ПЕРЕЗВÁНИВАТЬ, -аю, -аешь; *несов.* **1.** *см.* перезвонить. **2.** Производить перезвон. *П. колокольчиками.*

ПЕРЕЗВÓН, -а, *м.* **1.** Звон нескольких бубенцов, колокольчиков. *П. бубенчиков.* **2.** Колокольный звон в один колокол за другим поочерёдно, начиная с самого большого. *Праздничный п.*

ПЕРЕЗВОНИ́ТЬ, -нó, -нúшь; *сов.* (разг.). **1.** Позвонить (см. звонить во 2 знач.) снова, повторить звонок (в 3 знач.). *Вас плохо слышно, перезвоните.* **2.** Позвонить по телефону многим или из многих мест. *Всем перезвонил, всех поздравил. Со всех автоматов перезвонил.* ‖ *несов.* **перезвáнивать,** -аю, -аешь (к 1 знач.).

ПЕРЕЗДОРÓВАТЬСЯ, -аюсь, -аешься; *сов.* (разг.). Поздороваться со многими. *П. с гостями.*

ПЕРЕЗИМОВÁТЬ, ПЕРЕЗИМÓВКА *см.* зимовать.

ПЕРЕЗНАКÓМИТЬ, -млю, -мишь; -мленный; *сов., кого (что)* (разг.). Познакомить многих между собой. *П. гостей.*

ПЕРЕЗНАКÓМИТЬСЯ, -млюсь, -мишься; *сов.* (разг.). Познакомиться друг с другом (о многих) или со многими. *В дороге попутчики перезнакомились.*

ПЕРЕЗРÉЛЫЙ, -ая, -ое; -éл. Слишком зрелый, перезревший. *П. плод. П. лес. Перезрелая девица* (перен.: стареющая; разг. ирон.). ‖ *сущ.* **перезрéлость,** -и, *ж.*

ПЕРЕЗРÉТЬ, -éю, -éешь; *сов.* **1.** (1 и 2 л. не употр.). Став слишком зрелым, начать портиться. *Помидоры перезрели.* **2.** *перен.* Выйти из возраста, годного для какого-н. состояния, устареть для какого-н. состояния, положения (разг. ирон.). *Невеста перезрела.* ‖ *несов.* **перезревáть,** -áю, -áешь.

ПЕРЕИГРÁТЬ, -áю, -áешь; -и́гранный; *сов.* **1.** *что.* Сыграть заново. *П. партию.* **2.** *перен., что.* Решить по-иному, заново, изменить (разг.). *Это дело нужно п.* **3.** *что.* Сыграть многое. *П. все пьесы.* **4.** Сыграть роль ненатурально, переходя меру (разг.). *В этой сцене артист явно переиграл.* ‖ *несов.* **переи́грывать,** -аю, -аешь. ‖ *сущ.* **переи́грывание,** -я, *ср. и* **переигрóвка,** -и, *ж.* (к 1 знач. по 2 знач. глаг. играть).

ПЕРЕИЗБРÁТЬ, -берý, -берёшь; -áл, -алá, -áло; -и́збранный; *сов., кого-что.* **1.** Избрать заново. *П. комиссию.* **2.** Освободить от выборной должности, избрав другого (разг.). *П. профорга.* ‖ *несов.* **переизбирáть,** -áю, -áешь. ‖ *сущ.* **переизбрáние,** -я, *ср.*

ПЕРЕИЗДÁНИЕ, -я, *ср.* **1.** *см.* переиздать. **2.** Переизданная книга. *Исправленное п.*

ПЕРЕИЗДÁТЬ, -áм, -áшь, -áст, -ади́м, -ади́те, -адýт; -áл, -алá, -áло; -áй; -и́зданный (-ан, -анá *и* -ана, -ано); *сов., что.* Издать снова. *П. учебник.* ‖ *несов.* **переиздавáть,** -даю, -даёшь. ‖ *сущ.* **переиздáние,** -я, *ср.*

ПЕРЕИМЕНОВÁТЬ, -нýю, -нýешь; -ованный; *сов., кого-что.* Наименовать по-другому. *П. улицу.* ‖ *несов.* **переименóвывать,** -аю, -аешь. ‖ *сущ.* **переименовáние,** -я, *ср.*

ПЕРЕИ́МЧИВЫЙ, -ая, -ое; -ив (разг.). Склонный перенимать, быстро усваивать. *П. ребёнок.* ‖ *сущ.* **переи́мчивость,** -и, *ж.*

ПЕРЕИНÁЧИТЬ, -чу, -чишь; -ченный; *сов., кого-что* (разг.). Изменить, сделать иным. *П. всё на свой лад. П. чужой рассказ.* ‖ *несов.* **переинáчивать,** -аю, -аешь.

ПЕРЕЙТИ́, -йдý, -йдёшь; перешёл, -шлá; перешéдший; -йдённый (-ён, -енá); -йдя́; *сов.* **1.** *что и через что.* Идя, переместиться с одной стороны чего-н. на другую. *П. улицу и через улицу. П. через мост. П. границу* (также перен.: выйти за пределы дозволенного). *П. пределы дозволенного* (перен.). **2.** Пройти из одного места в другое. *П. в соседнюю комнату. П. с дивана к столу.* **3.** *кому и к кому.* Достаться кому-н. от кого-н., сообщиться, передаться. *Имущество перешло детям. Черты характера перешли от отца к сыну.* **4.** Переменить работу, состояние, место пребывания. *П. на новую работу. П. на второй курс. П. в другой институт. П. из лаборантов в ассистенты.* **5.** *во что, к чему, на что.* Приступить к чему-н. другому, начать действовать по-иному. *П. в наступление. П. к новому вопросу. П. на диету. П. от слов к делу.* **6.** (1 и 2 л. не употр.), *во что.* То же, что превратиться. *Дружба перешла в любовь.* ‖ *несов.* **переходи́ть,** -ожý, -óдишь. ‖ *сущ.* **перехóд,** -а, *м.* ‖ *прил.* **перехóдный,** -ая, -ое (к 4 знач.). *П. экзамен.*

ПЕРЕКАЛÉЧИТЬ, -чу, -чишь; -ченный; *сов., кого (что)* (разг.). Искалечить (многих, многое).

ПЕРЕКАЛИ́ТЬ, -лю́, -ли́шь; -лённый (-ён, -енá); *сов., что.* **1.** Слишком накалить, испортить накаливанием. *П. железо.* **2.** Сделать слишком горячим (разг.). *П. печь.* ‖ *несов.* **перекáливать,** -аю, -аешь. ‖ *сущ.* **перекáливание,** -я, *ср. и* **перекáл,** -а, *м.* (к 1 знач.). ‖ *прил.* **перекáльный,** -ая, -ое (к 1 знач.; спец.).

ПЕРЕКÁЛЫВАТЬ[1-2] *см.* переколоть[1-2].

ПЕРЕКÁПЫВАТЬ *см.* перекопать.

ПЕРЕКÁРМЛИВАТЬ *см.* перекормить.

ПЕРЕКÁТ[1], -а, *м.* Гул, гром с раскатами. *Перекаты канонады. Громовые перекаты.* ‖ *прил.* **перекáтный,** -ая, -ое.

ПЕРЕКÁТ[2], -а, *м.* **1.** *см.* перекатить. **2.** Мелководный участок в русле равнинной реки. *Речные перекаты.* ‖ *прил.* **перекáтный,** -ая, -ое.

ПЕРЕКАТÁТЬ, -áю, -áешь; -áтанный; *сов., кого-что.* **1.** Перекатить в несколько приёмов. **2.** Покатать (см. катать во 2, 3, 4 и 6 знач.) многих, многое. *П. на санках всех ребят. П. все пышки. П. бельё. П. все валенки.* ‖ *несов.* **перекáтывать,** -аю, -аешь (к 1 знач.).

ПЕРЕКАТИ́-ПÓЛЕ, -я, *ср.* **1.** Травянистое растение степей и пустынь, имеющее вид шаровидного кустика, при созревании семян отрывающееся от корня и переносимое ветром на большие расстояния. **2.** *перен.* О человеке, не имеющем домашнего очага, постоянно меняющем место своего жительства.

ПЕРЕКАТИ́ТЬ, -ачý, -áтишь; -áченный; *сов., кого-что.* Катя, переместить куда-н. *П. велосипед в сарай.* ‖ *несов.* **перекáтывать,** -аю, -аешь. ‖ *сущ.* **перекáтывание,** -я, *ср.*, **перекáт,** -а, *м.* (спец.) *и* **перекáтка,** -и, *ж.*

ПЕРЕКАТИ́ТЬСЯ, -ачýсь, -áтишься; *сов.* Катясь, переместиться куда-н. *Мяч перекатился за черту.* ‖ *несов.* **перекáтываться,** -аюсь, -аешься. ‖ *прил.* **перекáтный,** -ая, -ое.

ПЕРЕКÁТНЫЙ, -ая, -ое. **1.** *см.* перекат[1-2] *и* перекатиться. **2. голь перекатная** (устар.) — нищие, бродяги.

ПЕРЕКÁТЫВАТЬ *см.* перекатать *и* перекатить.

ПЕРЕКАЧÁТЬ, -áю, -áешь; -áчанный; *сов., что.* Накачивая, переместить. *П. воду насосом.* ‖ *несов.* **перекáчивать,** -аю, -аешь. *Перекачивающая станция.* ‖ *сущ.* **перекáчивание,** -я, *ср. и* **перекáчка,** -и, *ж.*

ПЕРЕКÁШИВАТЬ, -СЯ *см.* перекосить[1-2], -ся.

ПЕРЕКВАЛИФИЦИ́РОВАТЬ, -рую, -руешь; -анный; *сов., кого (что).* Дать кому-н. новую квалификацию, профессию. ‖ *сущ.* **переквалификáция,** -и, *ж.*

ПЕРЕКВАЛИФИЦИ́РОВАТЬСЯ, -руюсь, -руешься; *сов.* Получить новую квалификацию, профессию. ‖ *сущ.* **переквалификáция,** -и, *ж.*

ПЕРЕКИДНÓЙ, -áя, -óе. Перекидываемый или перекинутый через что-н. *П. календарь. П. мост.*

ПЕРЕКИ́НУТЬ, -ну, -нешь; -утый; *сов., кого-что.* То же, что перебросить. *П. вязанку через забор. П. мостки через ручей. П. бригаду на новый объект.* ‖ *несов.* **переки́дывать,** -аю, -аешь. ‖ *сущ.* **переки́дывание,** -я, *ср. и* **переки́дка,** -и, *ж.*

ПЕРЕКИ́НУТЬСЯ, -нусь, -нешься; *сов.* **1.** То же, что переброситься. *Отряд перекинулся на другой берег. Огонь перекинулся на соседний дом. Мост перекинулся через реку* (перен.). *П. через перила* (броском перескочить). *П. мячом. П. замечаниями с кем-н.* (перен.: обменяться короткими замечаниями; разг.). **2.** То же, что переметнуться (во 2 знач.) (разг.). *П. в неприятельский лагерь.* **3.** *во что.* Немного поиграть (в карты, домино) (разг.). *П. в картишки.* ‖ *несов.* **переки́дываться,** -аюсь, -аешься. ‖ *сущ.* **переки́дывание,** -я, *ср.* (к 1 знач. по 3 знач. глаг. переброситься) *и* **переки́дка,** -и, *ж.* (по 3 знач. глаг. переброситься).

ПÉРЕКИСЬ, -и, *ж.* (спец.). Соединение элемента с атомами кислорода, связанными между собой. *П. водорода.* ‖ *прил.* **пéрекисный,** -ая, -ое. *Перекисные соединения.*

ПЕРЕКЛÁДИНА, -ы, *ж.* **1.** Поперечный брус. *П. ворот.* **2.** Гимнастический снаряд — круглый стальной брус, горизонтально укреплённый на стойках, турник. *Упражнения на перекладине.*

ПЕРЕКЛÁДКА *см.* переложить.

ПЕРЕКЛАДНÓЙ, -áя, -óе (устар.). Относящийся к таким перевозкам по почте (в 4 знач.), при к-рых лошади (или лошади и экипаж) менялись на каждой станции. *Перекладная кибитка. Ехать на перекладных* (сущ.).

ПЕРЕКЛÁДЫВАТЬ, -аю, -аешь; *несов.* **1.** *см.* переложить. **2.** Перелистывая, перебирать (листы книги, тетради, рукописи). *П. страницу за страницей.*

ПЕРЕКЛÉИТЬ, -éю, -éишь; -éенный; *сов., что.* **1.** Наклеить или оклеить заново. *П. обои. П. комнату.* **2.** Склеить всё, многое. *П. все пакеты.* ‖ *несов.* **переклéивать,** -аю, -аешь. ‖ *сущ.* **переклéивание,** -я, *ср. и* **переклéйка,** -и, *ж.*

ПЕРЕКЛИКÁТЬСЯ, -áюсь, -áешься; *несов.* **1.** *с кем.* Крича, давать знать о себе друг другу. *П. в лесу.* **2.** (1 и 2 л. не употр.), *перен., с кем-чем.* Быть сходным, сближаться по каким-н. признакам. *Некоторые образы поэм Лермонтова перекликаются с пушкинскими.* ‖ *однокр.* **перекли́кнуться,** -нусь, -нешься (к 1 знач.). ‖ *сущ.* **пере-**

кликание, -я, *ср.* и перекли́чка, -и, *ж.* (к 1 знач.). *Перекличка друзей* (перен.: обмен сообщениями, приветствиями).

ПЕРЕКЛИ́ЧКА, -и, *ж.* **1.** *см.* перекликаться. **2.** Проверка присутствующих вызовом по фамилиям, именам. **3.** *перен.* Обмен сообщениями между несколькими участниками по радио, телевидению. *П. между заводами.*

ПЕРЕКЛЮЧА́ТЕЛЬ, -я, *м.* Прибор для переключения чего-н. (напр. электрического тока). *П. передач. Электрический п.*

ПЕРЕКЛЮЧИ́ТЬ, -чу́, -чи́шь; -чённый (-ён, -ена́); *сов.* **1.** *что.* Изменить (направление и силу какой-н. энергии, движения). *П. конвейер на другой режим работы.* **2.** *перен., кого-что.* Изменив, направить к чему-н. другому, новому; перевести на новые формы работы. *П. свои интересы на что-н. П. лабораторию на новую тематику.* ‖ *несов.* **переключа́ть**, -а́ю, -а́ешь. ‖ *сущ.* **переключе́ние**, -я, *ср.* ‖ *прил.* **переключа́тельный**, -ая, -ое (к 1 знач.; спец.).

ПЕРЕКЛЮЧИ́ТЬСЯ, -чу́сь, -чи́шься; *сов.* Направиться на что-н. другое, новое; перейти на новые формы работы. *Внимание переключилось. П. на экспериментальные исследования.* ‖ *несов.* **переключа́ться**, -а́юсь, -а́ешься. ‖ *сущ.* **переключе́ние**, -я, *ср.*

ПЕРЕКОВА́ТЬ, -кую́, -куёшь; -о́ванный; *сов.* **1.** *кого-что.* Подковать заново или многих. *П. коня (всех коней).* **2.** *что.* Переделать ковкой. *П. заготовку, изделие.* **3.** *перен., кого (что).* Коренным образом изменить, перевоспитать (разг.). *П. свой характер.* ‖ *несов.* **перeко́вывать**, -аю, -аешь. ‖ *возвр.* **перекова́ться**, -кую́сь, -куёшься (к 3 знач.); *несов.* **переко́вываться**, -аюсь, -аешься. *По ходу пьесы герой перековывается.* ‖ *сущ.* **переко́вка**, -и, *ж.*

ПЕРЕКОЛО́ТЬ[1], -олю́, -о́лешь; -о́лотый; *сов., что.* Расколоть много чего-н. *П. все дрова.* ‖ *несов.* **перека́лывать**, -аю, -аешь.

ПЕРЕКОЛО́ТЬ[2], -олю́, -о́лешь; -о́лотый; *сов.* **1.** *что.* Приколоть иначе. *П. бант.* **2.** *кого-что.* Покрыть уколами. *П. пальцы иголкой.* **3.** *кого (что).* Заколоть многих. *П. свиней.* ‖ *несов.* **перека́лывать**, -аю, -аешь (к 1 знач.).

ПЕРЕКОПА́ТЬ, -а́ю, -а́ешь; -о́панный; *сов., что.* **1.** То же, что перерыть. *П. дорогу. П. весь чемодан* (перен.). **2.** Вскопать заново. *Придётся п. гряды.* ‖ *несов.* **перека́пывать**, -аю, -аешь. ‖ *сущ.* **перека́пывание**, -я, *ср.* и **переко́пка**, -и, *ж.*

ПЕРЕКОРМИ́ТЬ, -ормлю́, -о́рмишь; -о́рмленный; *сов., кого (что).* Накормить слишком сытно, причинив вред. *П. ребёнка.* ‖ *несов.* **перека́рмливать**, -аю, -аешь. ‖ *сущ.* **перека́рмливание**, -я, *ср.* и **перeко́рм**, -а, *м.* (разг.).

ПЕРЕКО́РЫ, -ов (прост.). Взаимные укоры, упрёки, споры. *В семье вечные п.*

ПЕРЕКОРЯ́ТЬСЯ, -я́юсь, -я́ешься; *несов.* (прост.). Споря, укорять, упрекать друг друга. *П. из-за пустяков.*

ПЕРЕКО́С, -а, *м.* **1.** *см.* перекосить[1], -ся. **2.** *перен.* Ошибка, неполадка (разг.). *С этим делом получился явный п.*

ПЕРЕКОСИ́ТЬ[1], -ошу́, -оси́шь; -о́шенный; *сов.* **1.** *что.* Сделать косым, кривым. *П. раму. П. воротник* (при крое). **2.** обычно *безл., кого-что.* Исказить, вызвать резкое судорожное изменение в лице (разг.). *Боль перекосила лицо. От боли всего перекосило* (безл.). ‖ *несов.* **перека́шивать**, -аю, -аешь. ‖ *сущ.* **переко́с**, -а, *м.* (к 1 знач.).

ПЕРЕКОСИ́ТЬ[2], -ошу́, -о́сишь; -о́шенный и -ошённый (-ён, -ена́); *сов., что.* Скосить (косой, косилкой) всё, многое. ‖ *несов.* **перека́шивать**, -аю, -аешь.

ПЕРЕКОСИ́ТЬСЯ (-ошу́сь, -оси́шься, 1 и 2 л. не употр.), -оси́тся; *сов.* **1.** Стать косым, кривым. *Дверь перекосилась.* **2.** Судорожно искривиться, исказиться (разг.). *Лицо перекосилось от боли.* ‖ *несов.* **перека́шиваться** (-аюсь, -аешься, 1 и 2 л. не употр.), -ается. ‖ *сущ.* **переко́с**, -а, *м.* ‖ *прил.* **переко́сный**, -ая, -ое (к 1 знач.; спец.).

ПЕРЕКОЧЕВА́ТЬ, -чу́ю, -чу́ешь; *сов.* Кочуя, перебраться, перейти куда-н. *Табор перекочевал на новое место. Буфет перекочевал на первый этаж* (перен.; разг.). ‖ *несов.* **перекочёвывать**, -аю, -аешь. ‖ *сущ.* **перекочёвка**, -и, *ж.*

ПЕРЕКРА́ИВАТЬ *см.* перекроить.

ПЕРЕКРА́СИТЬ, -а́шу, -а́сишь; -а́шенный; *сов., что.* **1.** Покрасить заново. *П. забор. П. в чёрный цвет.* **2.** Покрасить многое. *П. все рамы.* ‖ *несов.* **перекра́шивать**, -аю, -аешь. ‖ *сущ.* **перекра́шивание**, -я, *ср.* и **перекра́ска**, -и, *ж.* (к 1 знач.).

ПЕРЕКРА́СИТЬСЯ, -а́шусь, -а́сишься; *сов.* (разг.). **1.** Покрасить свои волосы в другой цвет. *П. в блондинку.* **2.** *перен.* Притворно измениться, лицемерно скрыв свои взгляды, убеждения. *П. в добропорядочного человека.* ‖ *несов.* **перекра́шиваться**, -аюсь, -аешься. ‖ *сущ.* **перекра́шивание**, -я, *ср.* (к 1 знач.) и **перекра́ска**, -и, *ж.* (к 1 знач.).

ПЕРЕКРЕСТИ́ТЬ *см.* крестить.

ПЕРЕКРЕСТИ́ТЬСЯ, -ещу́сь, -е́стишься; *сов.* **1.** *см.* креститься. **2.** (1 и 2 л. не употр.). То же, что скреститься (в 1 знач.). *Лучи прожекторов перекрестились.* ‖ *несов.* **перекре́щиваться**, -ается. *Перекрещивающиеся линии.* ‖ *сущ.* **перекре́щивание**, -я, *ср.*

ПЕРЕКРЁСТНЫЙ, -ая, -ое. **1.** Пересекающийся, расположенный крест-накрест. *П. посев* (высевание одной половины семян вдоль поля, а другой — поперёк). *Перекрёстная рифма* (через строку). **2.** *перен.* Сходящийся с разных сторон в одном месте. *П. огонь* (по одной цели, не менее чем с двух направлений). *П. допрос* (несколькими лицами сразу).

ПЕРЕКРЁСТОК, -тка, *м.* Место пересечения дорог, улиц. *Светофор на перекрёстке. На каждом перекрёстке кричать о чём-н.* (перен.: рассказывать везде, всем; разг. неодобр.). *На житейских перекрёстках* (перен.: в разных, порой сложных жизненных ситуациях).

ПЕРЕКРИЧА́ТЬ, -чу́, -чи́шь; *сов., кого-что.* Заглушить своим криком другой голос (голоса, звуки). *Спорщики стараются п. друг друга.* ‖ *несов.* **перекри́кивать**, -аю, -аешь.

ПЕРЕКРОИ́ТЬ, -ою́, -ои́шь; -о́енный; *сов., что.* **1.** Скроить заново. *П. платье. П. карту мира* (перен.: насильственно изменить границы государства, зоны владений). **2.** Кроя, разрезать, нарезать много чего-н. *П. всю материю.* ‖ *несов.* **перекра́ивать**, -аю, -аешь (к 1 знач.). ‖ *сущ.* **перекра́ивание**, -я, *ср.* (к 1 знач.), **перекро́йка**, -и, *ж.* (к 1 знач.) и **перекро́й**, -я, *м.* (к 1 знач.).

ПЕРЕКРУТИ́ТЬ, -учу́, -у́тишь; -у́ченный; *сов., что.* **1.** Крутя, перевязать, обкрутить (прост.). *П. верёвкой.* **2.** То же, что перемотать. **3.** То же, что перевертеть. *П. гайку. П. кран.* ‖ *несов.* **перекру́чивать**, -аю, -аешь. ‖ *сущ.* **перекру́чивание**, -я, *ср.* и **перекру́тка**, -и, *ж.* (ко 2 и 3 знач.; разг.).

ПЕРЕКРЫ́ТИЕ, -я, *ср.* **1.** *см.* перекрыть. **2.** Горизонтальная ограждающая конструкция в здании, разделяющая этажи. *Междуэтажное п. Чердачное п.*

ПЕРЕКРЫ́ТЬ, -ро́ю, -ро́ешь; -ы́тый; *сов.* **1.** *что.* Покрыть (во 2 знач.) заново. *П. крышу.* **2.** *перен., кого-что.* То же, что превзойти (разг.). *П. норму. П. рекорд.* **3.** *перен., что.* Закрыть для движения, течения, приостановить. *П. путь. П. движение. П. реку плотиной.* ‖ *несов.* **перекрыва́ть**, -а́ю, -а́ешь. ‖ *сущ.* **перекрыва́ние**, -я, *ср.* и **перекры́тие**, -я, *ср.*

ПЕРЕКУВЫРНУ́ТЬ, -ну́, -нёшь; -ы́рнутый; *сов., кого-что* (разг.). Опрокинув, перевернуть верхом вниз. *П. лодку.* ‖ *несов.* **перекувы́ркивать**, -аю, -аешь.

ПЕРЕКУВЫРНУ́ТЬСЯ, -ну́сь, -нёшься; *сов.* (разг.). **1.** Опрокинуться и упасть. *Чугунок перекувырнулся.* **2.** Перевернуться кувырком. *П. на бегу.* ‖ *несов.* **перекувы́ркиваться**, -аюсь, -аешься.

ПЕРЕКУПИ́ТЬ, -уплю́, -у́пишь; -у́пленный; *сов., кого-что* (разг.). **1.** Купить много, накупить. *Сколько платьев за год перекупила!* **2.** Купить ранее купленное кем-н. другим. *П. вещь у знакомого.* **3.** Купить, помешав сделать это другому. *Присмотрел хороший костюм, да жаль, перекупили.* ‖ *несов.* **перекупа́ть**, -а́ю, -а́ешь. ‖ *сущ.* **переку́пка**, -и, *ж.* (ко 2 знач.).

ПЕРЕКУ́ПЩИК, -а, *м.* Человек, к-рый перепродает скупленное, барышник. ‖ *ж.* **переку́пщица**, -ы. ‖ *прил.* **переку́пщицкий**, -ая, -ое.

ПЕРЕКУ́Р, -а, *м.* (разг.). **1.** *см.* перекурить. **2.** *перен.* Короткий отдых, перерыв в работе. *Пойти на п.*

ПЕРЕКУРИ́ТЬ, -урю́, -у́ришь; -у́ренный; *сов.* **1.** *что.* Куря, испробовать (много сортов табака). *П. и папиросы, и сигареты.* **2.** Выкурив слишком много, причинить себе вред. *П. до головной боли.* **3.** Покурить во время короткого отдыха на работе; вообще немного передохнуть (разг.). *Устали, надо п.* ‖ *несов.* **перекури́вать**, -аю, -аешь. ‖ *сущ.* **переку́р**, -а, *м.* (к 3 знач.) и **переку́рка**, -и, *ж.* (к 3 знач.).

ПЕРЕКУСА́ТЬ, -а́ю, -а́ешь; -у́санный; *сов., кого-что.* Искусать (многих, во многих местах). *Собака перекусала прохожих.*

ПЕРЕКУСИ́ТЬ, -ушу́, -у́сишь; -у́шенный; *сов.* **1.** *кого-что.* Кусая, разделить надвое. *П. нитку.* **2.** Наскоро закусить[2] (в 1 знач.) (разг.). *Едва успел п. П. перед дорогой.* ‖ *несов.* **перeку́сывать**, -аю, -аешь. ‖ *сущ.* **переку́сывание**, -я, *ср.* (к 1 знач.) и **переку́с**, -а, *м.* (ко 2 знач.; разг.).

ПЕРЕЛАГА́ТЬ *см.* переложить.

ПЕРЕЛА́МЫВАТЬ, -СЯ *см.* переломить, -ся.

ПЕРЕЛЕЖА́ТЬ, -жу́, -жи́шь; *сов.* **1.** Пролежать где-н. дольше, чем следует. *П. на солнце, на пляже.* **2.** (1 и 2 л. не употр.). Испортиться от долгого лежания. *Яблоки перележали.* ‖ *несов.* **перелёживать**, -аю, -аешь.

ПЕРЕЛЕ́ЗТЬ, -зу, -зешь; -е́з, -е́зла; -е́зший; *сов.* Переместиться карабкаясь или ползком. *П. через ограду. П. через канаву.* ‖ *несов.* **перелеза́ть**, -а́ю, -а́ешь.

ПЕРЕЛЕ́СОК, -ска, *м.* Небольшой лес, отделённый полянами от других лесных участков, или редкий лес, соединяющий лесные массивы. *Берёзовые перелески.*

ПЕРЕЛЕТЕ́ТЬ, -лечу́, -лети́шь; *сов.* **1.** *что* и *через что.* Летя, переместиться, преодолеть какое-н. пространство. *П. из Европы в Азию. П. океан* и *через океан.* **2.** Летя, оказаться по другую сторону чего-н. *Мяч перелетел через забор.* **3.** Пролететь дальше нужного, дальше цели. ‖ *несов.* **перелета́ть**, -а́ю, -а́ешь. ‖ *сущ.* **перелёт**, -а, *м.* ‖ *прил.* **перелётный**, -ая, -ое.

ПЕРЕЛЕ́ЧЬ, -ля́гу, -ля́жешь, -ля́гут; -лёг, -легла́; -ля́г; -лёгший; -лёгши; *сов.* Лечь иначе или на другое место. *П. поудобнее. П. с дивана на кровать.*

ПЕРЕЛЁТ, -а, *м.* **1.** *см.* перелететь. **2.** Передвижение птиц из мест гнездования в места зимовок. *Весенний п.* **3.** Падение снаряда, пули (а также вообще того, что брошено) дальше цели. ‖ *прил.* **перелётный,** -ая, -ое.

ПЕРЕЛЁТНЫЙ, -ая, -ое. **1.** *см.* перелёт *и* перелететь. **2.** О птицах: совершающий перелёт, перелёты (во 2 знач.). *Перелётная стая.*

ПЕРЕЛИ́В, -а, *м.* **1.** *см.* перелить[1], -ся. **2.** Переход из одного оттенка, тона (цвета, звука) в другой. *Птичьи переливы. Переливы перламутра.* ‖ *прил.* **перели́вный,** -ая, -ое.

ПЕРЕЛИВА́ТЬ[1], -а́ю, -а́ешь; *несов.* **1.** *см.* перелить[1]. **2.** (1 и 2 л. не употр.), *чем.* Блестеть в переливах, переливами. *Вода переливает серебром.*

ПЕРЕЛИВА́ТЬ[2] *см.* перелить[2].

ПЕРЕЛИВА́ТЬСЯ (-а́юсь, -а́ешься, 1 и 2 л. не употр.), -а́ется; *несов.* **1.** *см.* перелиться. **2.** То же, что переливать[1] (во 2 знач.). *П. всеми цветами радуги. Озеро переливается серебром.*

ПЕРЕЛИ́ВЧАТЫЙ, -ая, -ое; -ат. С переливами (во 2 знач.). *П. голос. П. цвет.* ‖ *сущ.* **перели́вчатость,** -и, *ж.*

ПЕРЕЛИСТА́ТЬ, -а́ю, -а́ешь; -и́станный; *сов., что.* Листая, перебрать (страницы, листы чего-н.). *П. страницу за страницей. П. книгу, брошюру* (также перен.: бегло прочитать, пробежать). ‖ *несов.* **перели́стывать,** -аю, -аешь.

ПЕРЕЛИ́ТЬ[1], -лью́, -льёшь; -и́л, -ила́, -и́ло; -ле́й; -ли́тый (-и́т, -ита́, -и́то); *сов., что.* **1.** Налить, вылив из одного сосуда, ёмкости в другой (другую). *П. молоко из бидона в кувшин. П. нефть.* **2.** *чего.* Налить сверх меры. *П. через край.* **3.** Ввести (кровь, её компоненты или кровезаменитель) в вену или в мышцу. *П. кровь раненому.* ‖ *несов.* **перелива́ть,** -а́ю, -а́ешь. ‖ *сущ.* **перелива́ние,** -я, *ср. и* **перели́в,** -а, *м.* (к 1 и 2 знач.). *Переливание крови.* ‖ *прил.* **переливно́й,** -а́я, -о́е (к 1 и 3 знач.).

ПЕРЕЛИ́ТЬ[2], -лью́, -льёшь; -и́л, -ила́, -и́ло; -ле́й; -ли́тый (-и́т, -ита́, -и́то); *сов., что.* Переделать литьём. *П. заготовку.* ‖ *несов.* **перелива́ть,** -а́ю, -а́ешь. ‖ *сущ.* **перели́вка,** -и, *ж.*

ПЕРЕЛИ́ТЬСЯ (-лью́сь, -льёшься, 1 и 2 л. не употр.), -льётся; -и́лся, -ила́сь, -ило́сь *и* -и́лось; -ле́йся; *сов.* **1.** О жидкости: переместиться из одного места в другое. *П. из одного сосуда в другой.* **2.** Переполнив вместилище, вылиться. *П. через край.* ‖ *несов.* **перелива́ться** (-а́юсь, -а́ешься, 1 и 2 л. не употр.), -а́ется. ‖ *сущ.* **перелива́ние,** -я, *ср. и* **перели́в,** -а, *м.* (ко 2 знач.).

ПЕРЕЛИЦЕВА́ТЬ, ПЕРЕЛИЦО́ВКА *см.* лицевать.

ПЕРЕЛОВИ́ТЬ, -овлю́, -о́вишь; -о́вленный; *сов., кого (что).* Поймать (см. ловить во 2 знач.) многих, много. *Кот переловил всех мышей.*

ПЕРЕЛО́Г, -а, *м.* (спец.). Оставленный на длительное время без обработки, заросший пахотный участок земли. ‖ *прил.* **перело́жный,** -ая, -ое. *Переложная система земледелия.*

ПЕРЕЛОЖИ́ТЬ, -ожу́, -о́жишь; -о́женный; *сов.* **1.** *кого-что.* Положить в другое место. *П. рукописи из шкафа на полку.* **2.** *перен., что.* Возложить (во 2 знач.) на другого. *П. ответственность на заместителя.* **3.** *что чем.* Уложить, поместив в промежутках что-н. *П. стекло бумагой.* **4.** *что.* Сложить заново. *П. печь.* **5.** *что.* Изложить, представить в другой форме. *П. прозу в стихи. П. стихи на музыку* (написать к ним музыку). **6.** *чего.* Положить сверх меры чего-н. *П. перцу в суп.* ‖ *несов.* **перекла́дывать,** -аю, -аешь (к 1, 2, 3, 4 и 6 знач.) *и* **перелага́ть,** -а́ю, -а́ешь (ко 2 и 5 знач.). ‖ *сущ.* **перекла́дывание,** -я, *ср.* (к 1, 2, 3 и 4 знач.), **переложе́ние,** -я, *ср.* (к 5 знач.) *и* **перекла́дка,** -и, *ж.* (к 1, 3 и 4 знач.).

ПЕРЕЛО́М, -а, *м.* **1.** Место, по к-рому что-н. переломлено. *Скрепить весло на переломе.* **2.** Нарушение целости кости у человека, животного. *П. голени. Открытый п.* **3.** *перен.* Резкое изменение в развитии чего-н. *Нравственный п. На переломе событий.*

ПЕРЕЛОМА́ТЬ, -а́ю, -а́ешь; -о́манный; *сов.* **1.** *что.* Сломать многое. *П. всю мебель.* **2.** *перен., кого-что.* Изменить чей-н. характер, поведение, мнение (разг.). *Его трудно п.*

ПЕРЕЛОМА́ТЬСЯ (-а́юсь, -а́ешься, 1 и 2 л. не употр.), -а́ется; *сов.* Сломаться (о многом). *Стулья переломались.*

ПЕРЕЛОМИ́ТЬ, -омлю́, -о́мишь; -о́мленный; *сов.* **1.** *что.* Сломать надвое. *П. палку.* **2.** *перен., кого-что.* Резко изменить, заставить стать иным. *П. себя, свой характер.* ‖ *несов.* **перела́мывать,** -аю, -аешь. ‖ *сущ.* **перела́мывание,** -я, *ср.*

ПЕРЕЛОМИ́ТЬСЯ (-омлю́сь, -о́мишься, 1 и 2 л. не употр.), -о́мится; *сов.* Сломаться надвое. *Трость переломилась. Жизнь переломилась* (перен.: резко изменилась). ‖ *несов.* **перела́мываться** (-аюсь, -аешься, 1 и 2 л. не употр.), -ается.

ПЕРЕЛО́МНЫЙ, -ая, -ое. Резко изменяющий ход, развитие чего-н., являющийся переломом (в 3 знач.). *П. момент в истории.*

ПЕРЕЛОПА́ТИТЬ, -а́чу, -а́тишь; -а́ченный; *сов., что.* **1.** Пересыпать, перебрасывая лопатой с одного места на другое. *П. зерно.* **2.** *перен.* То же, что перевернуть (в 4 знач.) (разг.). *Перелопатил всю периодику.* ‖ *несов.* **перелопа́чивать,** -аю, -аешь.

ПЕРЕМА́ЗАТЬ, -а́жу, -а́жешь; -анный; *сов.* **1.** *кого-что.* То же, что перепачкать (разг.). *Руки перемазаны клеем (в клее).* **2.** *что.* Намазать или замазать снова. *П. щели заново.* ‖ *несов.* **перема́зывать,** -аю, -аешь. ‖ *возвр.* **перема́заться,** -а́жусь, -а́жешься (к 1 знач.). *Весь перемазался краской (в краске); несов.* **перема́зываться,** -аюсь, -аешься. ‖ *сущ.* **перема́зывание,** -я, *ср.* (ко 2 знач.) *и* **перема́зка,** -и, *ж.* (ко 2 знач.).

ПЕРЕМА́ЛЫВАТЬ, -СЯ *см.* перемолоть, -ся.

ПЕРЕМАНИ́ТЬ, -аню́, -а́нишь; -а́ненный *и* -анённый (-ён, -ена́); *сов., кого (что)* (разг.). Убедить перейти к себе (на работу, в свой коллектив, город), привлёкши какой-н. выгодой, преимуществами. *П. хорошего работника.* ‖ *несов.* **перема́нивать,** -аю, -аешь.

ПЕРЕМА́ТЫВАТЬ *см.* перемотать.

ПЕРЕМАХНУ́ТЬ, -ну́, -нёшь; *сов., что и через что* (разг.). Легко, широким прыжком перепрыгнуть. *П. изгородь (через изгородь).* ‖ *несов.* **перема́хивать,** -аю, -аешь.

ПЕРЕМЕЖА́ТЬ, -а́ю, -а́ешь; *несов., что чем и с чем.* Чередовать с промежутками. *П. работу отдыхом и с отдыхом.* ‖ *сущ.* **переме́жка,** -и, *ж.* (разг.).

ПЕРЕМЕЖА́ТЬСЯ (-а́юсь, -а́ешься, 1 и 2 л. не употр.), -а́ется; *несов., чем и с чем.* Сменяться, чередуясь. *Оттепели перемежаются заморозками (с заморозками). Зной перемежается с прохладой. Перемежающаяся лихорадка* (при к-рой болезненные приступы то появляются, то исчезают).

ПЕРЕМЕ́НА, -ы, *ж.* **1.** *см.* переменить. **2.** Изменение, поворот к чему-н. новому. *Дома всё без перемен. Резкая п. температуры.* **3.** Комплект белья, платья на одну смену (в 5 знач.). **4.** Перерыв между уроками. *Большая п.*

ПЕРЕМЕНИ́ТЬ, -еню́, -е́нишь; -енённый (-ён, -ена́); *сов., кого-что.* Заменить другим, сменить. *П. место работы. П. своё мнение о ком-чём-н. П. колесо.* ‖ *сущ.* **переме́на,** -ы, *ж.*

ПЕРЕМЕНИ́ТЬСЯ, -еню́сь, -е́нишься; *сов.* Стать иным, измениться. *Погода переменилась. П. в лице* (от волнения, сильного чувства). ‖ *несов.* **переменя́ться,** -я́юсь, -я́ешься.

ПЕРЕМЕ́НКА, -и, *род. мн.* -нок, *ж.* **1.** *см.* перемена. **2.** То же, что перемена (в 4 знач.)(разг.). *Завтракали на переменке. Уроки шли без переменки.*

ПЕРЕМЕ́ННЫЙ, -ая, -ое. Меняющийся, с переменами. *Переменная облачность. П. ток* (электрический ток, изменяющийся во времени). *Переменная величина* и (сущ.) *переменная* (величина, к-рая может по условиям задачи принимать различные значения). *П. капитал* (часть капитала, затрачиваемая на приобретение рабочей силы и возрастающая в процессе производства).

ПЕРЕМЕ́НЧИВЫЙ, -ая, -ое; -ив (разг.). Легко меняющийся, склонный к переменам. *Переменчивое настроение, поведение.* ‖ *сущ.* **переме́нчивость,** -и, *ж.*

ПЕРЕМЕРЕ́ТЬ (-мру́, -мрёшь, 1 и 2 л. ед. не употр.), -мрёт; перемёр, перемерла́ *и* перемёрла; -мёрший; -мерёв *и* -мёрши; *сов.* (разг.). Умереть (о многих). *Вся родня перемерла.* ‖ *несов.* **перемира́ть** (-а́ю, -а́ешь, 1 и 2 л. ед. не употр.), -а́ет.

ПЕРЕМЕ́РИТЬ, -рю, -ришь; -ренный; *сов., что.* **1.** Измерить или примерить заново, ещё раз. *П. участок. П. пальто.* **2.** Измерить или примерить в каком-н. количестве. *П. все участки. П. все шляпы.* ‖ *несов.* **переме́ривать,** -аю, -аешь *и* **перемеря́ть,** -я́ю, -я́ешь (разг.). ‖ *сущ.* **переме́рка,** -и, *ж.*

ПЕРЕМЕСИ́ТЬ, -ешу́, -е́сишь; -е́шенный; *сов., что.* Размешивая, превратить в однородную массу. *П. глину.* ‖ *несов.* **переме́шивать,** -аю, -аешь.

ПЕРЕМЕСТИ́ТЬ, -ещу́, -ести́шь; -ещённый (-ён, -ена́); *сов., кого-что.* Поместить, перевести в другое место. *П. декорации. П. бригаду на другой участок. Перемещённые лица* (лица, насильственно переселённые из своей страны). ‖ *несов.* **перемеща́ть,** -а́ю, -а́ешь. ‖ *сущ.* **перемеще́ние,** -я, *ср.* ‖ *прил.* **перемести́тельный,** -ая, -ое.

ПЕРЕМЕСТИ́ТЬСЯ, -ещу́сь, -ести́шься; *сов.* Передвинувшись, занять другое место, расположиться в другом месте. *П. на новую позицию.* ‖ *несов.* **перемеща́ться,** -а́юсь, -а́ешься. ‖ *сущ.* **перемеще́ние,** -я, *ср.*

ПЕРЕМЕ́ТИТЬ, -е́чу, -е́тишь; -е́ченный; *сов., кого-что.* **1.** Пометить многое, многих. *П. бельё. П. цыплят.* **2.** Заново поставить метки на ком-чём-н. ‖ *несов.* **перемеча́ть,** -а́ю, -а́ешь.

ПЕРЕМЕТНУ́ТЬ, -ну́, -нёшь; *сов.* (разг.). **1.** Перебросить, перекинуть. *П. сумы через седло.* **2.** *что* и *через что.* То же, что перемахнуть. *П. через забор.* ‖ *несов.* **перемётывать,** -аю, -аешь. ‖ *прил.* **перемётный,** -ая, -ое (к 1 знач.). *Перемётные сумки.* ◆ **Перемётная сума** (разг. презр.) — о том, кто легко меняет свои убеждения, переходит на сторону противника.

ПЕРЕМЕТНУ́ТЬСЯ, -ну́сь, -нёшься; *сов.* (разг.). **1.** *через что.* Перебежать, перескочить с одного места на другое. *П. через перила. Толпа переметнулась на другой конец улицы.* **2.** Изменив кому-чему-н., перейти на другую сторону, к другим. *П. к противнику.* ‖ *несов.* **перемётываться**, -аюсь, -аешься.

ПЕРЕМЕША́ТЬ, -а́ю, -а́ешь; -е́шанный; *сов., кого-что.* Мешая, соединить вместе разное или переместить беспорядочно. *П. свои и чужие вещи. П. карты в колоде.* ‖ *несов.* **переме́шивать**, -аю,-аешь.

ПЕРЕМЕША́ТЬСЯ (-а́юсь, -а́ешься, 1 и 2 л. не употр.), -а́ется; *сов.* То же, что смешаться[1] (во 2 знач.). *Все вещи перемешались. Всё в голове перемешалось.* ‖ *несов.* **переме́шиваться** (-аюсь, -аешься, 1 и 2 л. не употр.), -ается.

ПЕРЕМЕ́ШИВАТЬ[1-2] *см.* перемесить и перемешать.

ПЕРЕМЕЩА́ТЬ, -СЯ *см.* переместить, -ся.

ПЕРЕМЁРЗНУТЬ, -ну, -нешь; -ёрз, -ёрзла; *сов.* **1.** Сильно озябнуть (разг.). *П. в дороге.* **2.** (1 и 2 л. ед. не употр.). Погибнуть от мороза (о многих, многом). *Яблони перемёрзли. В морозы перемёрзло много птиц.* ‖ *несов.* **перемерза́ть**, -а́ю, -а́ешь.

ПЕРЕМЁТ, -а, *м.* Рыболовная снасть — бечева с крючками или крупноячеистая сеть на кольях, устанавливаемая поперёк течения. *Ставить п.* ‖ *прил.* **перемётный**, -ая, -ое.

ПЕРЕМИГНУ́ТЬСЯ, -ну́сь, -нёшься; *сов., с кем* (разг.). Подмигнуть друг другу. *П. с собеседником. Понимающе п.* ‖ *несов.* **перемигиваться**, -аюсь, -аешься.

ПЕРЕМИНА́ТЬСЯ, -а́юсь, -а́ешься; *несов.* (разг.). Слегка переступать с ноги на ногу от долгого стояния на одном месте или от смущения. *П. в нерешительности.*

ПЕРЕМИ́РИЕ, -я, *ср.* Временное прекращение военных действий по соглашению воюющих сторон. *Заключить п.*

ПЕРЕМНО́ЖИТЬ, -жу, -жишь; -женный; *сов., что.* Помножить числа друг на друга. ‖ *несов.* перемножа́ть, -а́ю, -а́ешь. *Перемножающее устройство* (спец.).

ПЕРЕМОГА́ТЬ, -а́ю, -а́ешь; *несов., что* (разг.). Пересиливать, преодолевать (боль, слабость, усталость). *П. дремоту.* ‖ *сов.* **перемо́чь**, -огу́, -о́жешь.

ПЕРЕМОГА́ТЬСЯ, -а́юсь, -а́ешься; *несов.* (разг.). Не поддаваться болезни, слабости. *Нездоров, но перемогается.* ‖ *сов.* **перемо́чься**, -огу́сь, -о́жешься.

ПЕРЕМО́ЛВИТЬ, -влю, -вишь; *сов.*: **перемолвить слово** *с кем* (разг.) — то же, что перемолвиться.

ПЕРЕМО́ЛВИТЬСЯ, -влюсь, -вишься; *сов., с кем* (разг.). Немного поговорить. *Не с кем* **словом (словечком)** *п.* (нет людей, не с кем общаться).

ПЕРЕМОЛО́ТЬ, -мелю́, -ме́лешь; -о́лотый; *сов., что.* **1.** Измельчить в муку, раздробить. *П. зерно на мельнице. П. камень.* **2.** Смолоть многое. **3.** Смолоть заново. *П. муку.* ‖ *несов.* **перема́лывать**, -аю, -аешь. ‖ *сущ.* **перема́лывание**, -я, *ср.* и **перемо́л**, -а, *м.* (к 1 и 3 знач.).

ПЕРЕМОЛО́ТЬСЯ (-мелю́сь, -ме́лешься, 1 и 2 л. не употр.), -ме́лется; *сов.* Измельчиться в муку. *Перемелется — мука будет* (посл.: всё пройдёт, наладится, все неприятности будут забыты). ‖ *несов.* **перема́лываться** (-аюсь, -аешься, 1 и 2 л. не употр.), -ается.

ПЕРЕМОТА́ТЬ, -а́ю, -а́ешь; -о́танный; *сов., что.* Намотать заново или на что-н. другое. *П. нитки с клубка на катушку.* ‖ *несов.* **перема́тывать**, -аю, -аешь. ‖ *сущ.* **перема́тывание**, -я, *ср.* и **перемо́тка**, -и, *ж.*

ПЕРЕМУДРИ́ТЬ, -рю́, -ри́шь; *сов.* (разг.). Слишком намудрить.

ПЕРЕМЫ́ТЬ, -мо́ю, -мо́ешь; -ы́тый; *сов., кого-что.* **1.** Вымыть заново. *П. чашку.* **2.** Вымыть многое, многих. *П. всю посуду.* ‖ *несов.* **перемыва́ть**, -а́ю, -а́ешь.

ПЕРЕМЫ́ЧКА, -и, *ж.* **1.** Часть сооружения, конструкции, перекрывающая проём, соединяющая что-н. *Каменная п.* **2.** Временное сооружение, ограждающее от воды место строительных работ. *Насыпная, намывная п.* **3.** Узкая полоса, соединяющая что-н. *П. между рвами. Пройти по перемычке.*

ПЕРЕНАПРЯ́ЧЬ, -ягу́, -яжёшь, -ягу́т; -я́г, -ягла́; -я́гший; -яжённый (-ён, -ена́); -ягши; *сов., что.* Слишком, чрезмерно напрячь. *П. силы.* ‖ *несов.* **перенапряга́ть**, -а́ю, -а́ешь. ‖ *сущ.* **перенапряже́ние**, -я, *ср.*

ПЕРЕНАПРЯ́ЧЬСЯ, -ягу́сь, -яжёшься, -ягу́тся; -я́гся, -ягла́сь; -я́гшийся; -я́гшись; *сов.* Слишком, чрезмерно напрячься. ‖ *несов.* **перенапряга́ться**, -а́юсь, -а́ешься. ‖ *сущ.* **перенапряже́ние**, -я, *ср.*

ПЕРЕНАСЕЛЕ́НИЕ, -я, *ср.* Избыток населения.

ПЕРЕНАСЕЛЁННЫЙ, -ая, -ое; -ён, -ена́. Слишком населённый. *П. район.* ‖ *сущ.* **перенаселённость**, -и, *ж.*

ПЕРЕНА́ШИВАТЬ *см.* переносить[1].

ПЕРЕНЕ́РВНИЧАТЬ, -аю, -аешь; *сов.* (разг.). То же, что переволноваться.

ПЕРЕНЕСТИ́, -су́, -сёшь; -нёс, -несла́; -нёсший; -несённый (-ён, -ена́); -неся́; *сов.* **1.** *кого-что.* Неся, переместить через какое-н. пространство. *П. через ручей.* **2.** *кого-что.* Поместить в другое место. *П. чемоданы с крыльца в дом.* **3.** *что.* Направить, перевести[1] (во 2 знач.) куда-н. в другое место. *П. дело в суд. П. слово на новую строку* (написать часть слова на следующей строке). **4.** *что.* Назначить на другое время. *П. заседание на завтра.* **5.** *что.* Выдержать, вытерпеть, испытать. *П. болезнь. П. в жизни много горя.* ‖ *несов.* **переноси́ть**, -ошу́, -о́сишь. ✦ **Не переносить** *кого-что* и *чего* — то же, что не выносить кого-что-н. и чего-н. *Не переносить шума. Не переношу лжецов.* ‖ *сущ.* **перенесе́ние**, -я, *ср.*, **перено́с**, -а, *м.* (к 1, 2, 3 и 4 знач.) и **перено́ска**, -и, *ж.* (к 1 и 2 знач.).

ПЕРЕНЕСТИ́СЬ, -су́сь, -сёшься; -нёсся, -несла́сь; -нёсшийся; -неся́сь; *сов.* Быстро переместиться. *П. на самолёте из Москвы на Кавказ. Мысленно п. в детские годы* (перен.). ‖ *несов.* **переноси́ться**, -ошу́сь, -о́сишься.

ПЕРЕНИМА́ТЬ *см.* перенять.

ПЕРЕНО́С, -а, *м.* **1.** *см.* перенести. **2.** Знак в месте раздела слова, часть к-рого переносится на другую строку (-). *Знак переноса.*

ПЕРЕНОСИ́ТЬ[1], -ошу́, -о́сишь; -о́шенный; *сов.* **1.** *кого-что.* Перенести, снести куда-н. в несколько приёмов. *П. все вещи в вагон.* **2.** *что.* Износить много одежды (разг.). *П. много обуви.* **3.** *кого (что).* О беременной: проносить ребёнка дольше обычного срока. ‖ *несов.* **перена́шивать**, -аю, -аешь (к 3 знач.).

ПЕРЕНОСИ́ТЬ[2], **-СЯ** *см.* перенести, -сь.

ПЕРЕНО́СИЦА, -ы, *ж.* Верхняя часть носа, примыкающая ко лбу и образующая углубление.

ПЕРЕНО́СНЫЙ, -ая, -ое и **ПЕРЕНОСНО́Й**, -а́я, -о́е. **1.** Приспособленный для переноски. *Переносная лампа.* **2.** (переносный). О смысле, значении слова, выражения: не буквальный, не прямой, метафорический. ‖ *сущ.* **перено́сность**, -и, *ж.* (ко 2 знач.).

ПЕРЕНО́СЧИК, -а, *м.* Тот, кто переносит, передает что-н. *П. инфекции. Комар — п. малярии. П. слухов.* ‖ *ж.* **перено́счица**, -ы.

ПЕРЕНО́СЬЕ, -я, *род. мн.* -ьев, *ср.* То же, что переносица.

ПЕРЕНОЧЕВА́ТЬ *см.* ночевать.

ПЕРЕНУМЕРОВА́ТЬ, -ру́ю, -ру́ешь; -о́ванный; *сов., кого-что.* **1.** Пронумеровать подряд (много). *П. все страницы тетради.* **2.** Пронумеровать заново. *Пришлось п. последние страницы.* ‖ *несов.* **перенумеро́вывать**, -аю, -аешь.

ПЕРЕНЯ́ТЬ, -ейму́, -еймёшь; пе́ренял и переня́л, -яла́, пе́реняло и переня́ло; пе́ренятый (-ят, -ята́, -ято); -я́в; *сов.* **1.** *что.* Подражая, усвоить; заимствовать (разг.). *П. чужие манеры. П. полезный опыт.* **2.** *кого-что.* Перехватить, преградить путь кому-чему-н. (устар. и прост.). *П. гонца.* ‖ *несов.* **перенима́ть**, -а́ю, -а́ешь. ‖ *сущ.* **перенима́ние**, -я, *ср.*

ПЕРЕОБОРУ́ДОВАТЬ, -дую, -дуешь; -ованный; *сов., что.* Оборудовать заново, иначе. *П. цех.* ‖ *сущ.* **переобору́дование**, -я, *ср.*

ПЕРЕОБРЕМЕНИ́ТЬ, -ню́, -ни́шь; -нённый (-ён, -ена́); *сов., кого-что.* Слишком обременить. *П. обязанностями.* ‖ *несов.* **переобременя́ть**, -я́ю, -я́ешь. ‖ *сущ.* **переобремене́ние**, -я, *ср.*

ПЕРЕОБУ́ТЬ, -у́ю, -у́ешь; -у́тый; *сов.* **1.** *кого-что.* Одеть в другую обувь. *П. ребёнка. П. ноги* (переобуться). **2.** *что.* Надеть взамен одной обуви другую или, сняв обувь, надеть её удобнее, иначе. *П. сапоги.* ‖ *несов.* **переобува́ть**, -а́ю, -а́ешь. ‖ *возвр.* **переобу́ться**, -у́юсь, -у́ешься; *несов.* **переобува́ться**, -а́юсь, -а́ешься. ‖ *сущ.* **переобува́ние**, -я, *ср.*

ПЕРЕОДЕ́ТЬ, -е́ну, -е́нешь; -де́тый; *сов.* **1.** *кого (что).* Одеть в другое платье. *П. ребёнка. Переодетый сыщик.* **2.** *что.* Сняв одно, надеть на себя другое. *П. платье.* ‖ *несов.* **переодева́ть**, -а́ю, -а́ешь. ‖ *возвр.* **переоде́ться**, -е́нусь, -е́нешься (ко 2 знач.); *несов.* **переодева́ться**, -а́юсь, -а́ешься. ‖ *сущ.* **переодева́ние**, -я, *ср.*

ПЕРЕОСВИДЕ́ТЕЛЬСТВОВАТЬ, -твую, -твуешь; -анный; *сов.* и *несов., кого-что.* Освидетельствовать (свидетельствовать) вновь. *П. больного.* ‖ *сущ.* **переосвиде́тельствование**, -я, *ср. Послать больного на п.*

ПЕРЕОХЛАДИ́ТЬ, -ажу́, -ади́шь; -аждённый (-ён, -ена́); *сов., кого-что.* Охладить слишком сильно или ниже определённой температуры. ‖ *несов.* **переохлажда́ть**, -а́ю, -а́ешь. ‖ *возвр.* **переохлади́ться**, -ажу́сь, -ади́шься; *несов.* **переохлажда́ться**, -а́юсь, -а́ешься. ‖ *сущ.* **переохлажде́ние**, -я, *ср.*

ПЕРЕОЦЕНИ́ТЬ, -еню́, -е́нишь; -енённый (-ён, -ена́); *сов., кого-что.* **1.** Оценить заново. *П. товары.* **2.** Оценить слишком высоко. *П. свои силы.* ‖ *несов.* **переоце́нивать**, -аю, -аешь. ‖ *сущ.* **переоце́нка**, -и, *ж. П. ценностей* (также перен.: коренной пересмотр своих взглядов, мнений, оценок).

ПЕРЕПА́Д, -а, *м.* **1.** Ступенчатое сооружение, регулирующее движение воды в водостоке с большим уклоном дна (спец.). **2.** Разность уровней (температур, давлений, высот и др. параметров). *П. температур. П. высот. Перепады в энергоподаче.*

ПЕРЕПА́ДАТЬ (-аю, -аешь, 1 и 2 л. ед. не употр.), -ает; *сов.* (разг.). Упасть один за другим. *С полки перепадали все книги.*

ПЕРЕПАДА´ТЬ *см.* перепасть.

ПЕРЕПА´ИВАТЬ *см.* перепоить.

ПЕРЕПА´ЛКА, -и, *ж.* **1.** То же, что перестрелка (устар.). *Ружейная п.* **2.** *перен.* То же, что перебранка (разг.). *П. между соседками.*

ПЕРЕПА´СТЬ (-аду́, -адёшь, 1 и 2 л. не употр.), -адёт; -а́л, -а́ла; -а́вший; -а́в; *сов.* (разг.). **1.** Выпасть (во 2 знач.) немного, с промежутками. *Перепали дождички.* **2.** Достаться на чью-н. долю (обычно о немногом). *Кое-что и нам перепало.* ‖ *несов.* **перепада́ть** (-а́ю, -а́ешь, 1 и 2 л. не употр.), -а́ет. *Редко перепадают свободные минуты.*

ПЕРЕПАХА´ТЬ, -ашу́, -а́шешь; -а́ханный; *сов., что.* **1.** Вспахать заново. *П. во второй раз.* **2.** Вспахать целиком. **3.** Провести поперечные борозды по чему-н. *П. дорогу.* ‖ *несов.* **перепа́хивать,** -аю, -аешь. ‖ *сущ.* **перепа́хивание,** *-я, ср.* и **перепа́шка,** *-и, ж.* (разг.).

ПЕРЕПА´ЧКАТЬ, -аю, -аешь; -анный; *сов., кого-что.* Сильно испачкать в чём-н. *П. руки в краске.* ‖ *возвр.* **перепа́чкаться,** -аюсь, -аешься.

ПЕРЕПЕВА´ТЬ, -а́ю, -а́ешь; *несов.* **1.** *см.* перепеть. **2.** *перен.* Повторять то, что уже было сказано раньше (неодобр.). ‖ *сущ.* **перепе́в,** -а, *м.* (ко 2 знач.). *Перепевы старого.*

ПЕ´РЕПЕЛ, -а, *мн.* -а́, -о́в, *м.* Маленькая полевая птица сем. фазановых. ‖ *прил.* **перепели́ный,** -ая, -ое.

ПЕРЕПЕЛЕНА´ТЬ, -а́ю, -а́ешь; -лёнатый и -лёнутый; *сов., кого (что).* Спеленать снова, по-другому. ‖ *несов.* **перепелёнывать,** -аю, -аешь.

ПЕРЕПЕЛИ´ЦА, -ы, *ж.* Самка перепела.

ПЕРЕПЕЛЯ´ТНИК, -а, *м.* **1.** Предприятие, занимающееся разведением перепелов. **2.** Охотник на перепелов.

ПЕРЕПЕ´ТЬ, -пою́, -поёшь; -пе́тый; *сов.* **1.** *что.* Спеть многое, много раз. *Все песни перепели.* **2.** *кого (что).* Превзойти кого-н. в пении. ‖ *несов.* **перепева́ть,** -а́ю, -а́ешь.

ПЕРЕПЕЧА´ТАТЬ, -аю, -аешь; -анный; *сов., что.* **1.** Напечатать заново. *П. старое издание. П. фотоснимок.* **2.** Скопировать на пишущей машинке. *П. рукопись.* ‖ *несов.* **перепеча́тывать,** -аю, -аешь. ‖ *сущ.* **перепеча́тывание,** *-я, ср.* и **перепеча́тка,** *-и, ж.*

ПЕРЕПЕ´ЧЬ, -пеку́, -печёшь; -пёк, -пекла́; -пёкший; -ечённый (-ён, -ена́); -пёкши; *сов., что.* **1.** Слишком долго держа в печи на жару, сделать жёстким, сухим. *П. пирог.* **2.** Испечь (многое). *П. все блины.* ‖ *несов.* **перепека́ть,** -а́ю, -а́ешь.

ПЕРЕПЕ´ЧЬСЯ (-пеку́сь, -печёшься, 1 и 2 л. не употр.), -печётся; -ёкся, -еклá́сь; -пёкшийся; -пёкшись; *сов.* От долгого печения стать жёстким, сухим. *Хлебы перепеклись.* ‖ *несов.* **перепека́ться** (-а́юсь, -а́ешься, 1 и 2 л. не употр.), -а́ется.

ПЕРЕПЁЛКА, -и, *ж.* То же, что перепел, а также самка перепела. ‖ *прил.* **перепёлочий,** -ья, -ье.

ПЕРЕПИЛИ´ТЬ, -илю́, -и́лишь; -и́ленный; *сов., что.* **1.** Пиля, разделить надвое. *П. доску.* **2.** Распилить многое. *П. все дрова.* ‖ *несов.* **перепи́ливать,** -аю, -аешь. ‖ *сущ.* **перепи́ливание,** *-я, ср.* и **перепи́лка,** *-и, ж.*

ПЕРЕПИСА´ТЬ, -ишу́, -и́шешь; -и́санный; *сов.* **1.** *что.* Написать заново, скопировать. *П. с черновика на беловик. П. рукопись на машинке* (перепечатать). **2.** *кого-что.* Сделать список, опись кого-чего-н. *П. всех присутствующих.* ‖ *несов.* **перепи́сывать,** -аю, -аешь. ‖ *сущ.* **перепи́сывание,** *-я, ср.* и **перепи́ска,** -и, *ж.* (к 1 знач.). *Отдать рукопись в переписку.*

ПЕРЕПИ´СКА, -и, *ж.* **1.** *см.* переписать и переписываться. **2.** Собрание писем (в 1 знач.). *Издать переписку поэта.*

ПЕРЕПИ´СЧИК, -а, *м.* Человек, к-рый переписывает (в 1 знач.) что-н. *П. на машинке.* ‖ *ж.* **перепи́счица,** -ы.

ПЕРЕПИ´СЫВАТЬСЯ, -аюсь, -аешься; *несов.* Обмениваться письмами, писать друг другу. *П. с друзьями.* ‖ *сущ.* **перепи́ска,** -и, *ж.* *Быть в переписке с кем-н. Тайна переписки* (официальная гарантия неприкосновенности и неразглашения содержания всех видов корреспонденции; офиц.).

ПЕ´РЕПИСЬ, -и, *ж.* Массовый учёт кого-чего-н. *П. населения. Лесная п.* (животных). *П. лесных муравейников. П. жилого фонда.* ‖ *прил.* **переписно́й,** -а́я, -о́е. *П. лист.*

ПЕРЕПИ´ТЬ, -пью́, -пьёшь; -и́л, -ила́, -и́ло; -пе́й; *сов.* **1.** Выпить слишком много (обычно о хмельном) (разг.). **2.** *кого (что).* Выпить больше других (прост.). ‖ *несов.* **перепива́ть,** -а́ю, -а́ешь.

ПЕРЕПИ´ТЬСЯ, -пью́сь, -пьёшься; -и́лся, -ила́сь, -ило́сь и -и́лось; -пе́йся; *сов.* (разг.). Выпить слишком много хмельного (о многих). ‖ *несов.* **перепива́ться,** -а́юсь, -а́ешься.

ПЕРЕПЛАНИ´РОВАТЬ, -рую, -руешь; -анный и **ПЕРЕПЛАНИРОВА´ТЬ,** -ру́ю, -ру́ешь; -о́ванный; *сов., что.* Изменить планировку чего-н., распланировать заново. *П. посёлок.* ‖ *несов.* **перепланиро́вывать,** -аю, -аешь. ‖ *сущ.* **перепланиро́вка,** -и, *ж.*

ПЕРЕПЛАТИ´ТЬ, -ачу́, -а́тишь; -а́ченный; *сов.* **1.** Заплатить больше, чем нужно. *П. за покупку.* **2.** Платя в несколько приёмов, постепенно, истратить много (разг.). *П. все деньги на покупки.* ‖ *несов.* **перепла́чивать,** -аю, -аешь (к 1 знач.). ‖ *сущ.* **перепла́та,** -ы, *ж.* (к 1 знач.).

ПЕРЕПЛЕСТИ´, -лету́, -летёшь; -ёл, -ела́; -лётший; -летённый (-ён, -ена́); -летя́; *сов., что.* **1.** Сшив, скрепив (листы), соединить с переплётом, обложкой. *П. книгу.* **2.** Соединяя, сплести, перевить. *П. нити. П. косу лентой.* **3.** Сплести заново. *П. косы.* ‖ *несов.* **переплета́ть,** -а́ю, -а́ешь. ‖ *сущ.* **переплете́ние,** *-я, ср.* (ко 2 и 3 знач.) и **переплёт,** -а, *м.* (к 1 знач.). *Отдать книги в переплёт.* ‖ *прил.* **переплётный,** -ая, -ое (к 1 знач.). *П. цех.*

ПЕРЕПЛЕСТИ´СЬ (-лету́сь, -летёшься, 1 и 2 л. не употр.), -летётся; -лёлся, -лела́сь; -лётшийся; -летя́сь; *сов.* **1.** То же, что сплестись (в 1 знач.). *Лианы переплелись.* **2.** *перен.* Перепутаться, смешавшись. *Наши судьбы переплелись. События сложно переплелись.* ‖ *несов.* **переплета́ться** (-а́юсь, -а́ешься, 1 и 2 л. не употр.), -а́ется. ‖ *сущ.* **переплете́ние,** *-я, ср.*

ПЕРЕПЛЕТЕ´НИЕ, -я, *ср.* **1.** *см.* переплести, -сь. **2.** Способ сплетения нитей основы и утка в тканях. *Полотняное п.*

ПЕРЕПЛЁТ, -а, *м.* **1.** *см.* переплести. **2.** Жёсткая, обычно обтянутая мягким материалом обложка, в к-рую, переплетая, вставляют книгу, помещают бумаги. *Коленкоровый п.* **3.** Рама окна с перекладинами крест-накрест. *Оконный п.* **4.** Запутанное и затруднительное положение (разг.) *Попасть в п.* ✦ **Взять в переплёт** *кого* (разг.) — то же, что взять в оборот кого-н. ‖ *прил.* **переплётный,** -ая, -ое (ко 2 знач.). *Переплётная крышка* (две части переплёта, соединённые корешком).

ПЕРЕПЛЁТЧИК, -а, *м.* Специалист по переплётному делу. ‖ *ж.* **переплётчица,** -ы. ‖ *прил.* **переплётчицкий,** -ая, -ое.

ПЕРЕПЛЫ´ТЬ, -ыву́, -ывёшь; -ы́л, -ыла́, -ы́ло; *сов., что* и *через что.* Переправиться вплавь или на плавучих средствах. *П. реку* и *через реку.* ‖ *несов.* **переплыва́ть,** -а́ю, -а́ешь.

ПЕРЕПЛЮ´НУТЬ, -ну, -нешь; *сов.* **1.** *кого-что.* Плюнуть через что-н. или дальше кого-н. **2.** *перен., кого (что).* Превзойти кого-н. в каком-н. отношении (прост.).

ПЕРЕПЛЯ´С, -а, *м.* Русская народная парная или групповая пляска. *Разудалый п. Пуститься в п.*

ПЕРЕПЛЯСА´ТЬ, -пляшу́, -пля́шешь; *сов., кого (что)* (разг.). Превзойти другого в пляске, в танце. *Танцоры стараются п. друг друга.* ‖ *несов.* **перепля́сывать,** -аю, -аешь.

ПЕРЕПОДГОТО´ВКА, -и, *ж.* Повторное обучение (специалистов) с целью усовершенствования и углубления знаний. *Курсы переподготовки.*

ПЕРЕПОИ´ТЬ, -ою́, -о́ишь и -ои́шь; -ои́; -о́енный; *сов., кого (что).* **1.** Опоить, дать слишком много выпить чего-н. *П. коня.* **2.** Напоить хмельным всех, многих (разг.). *П. гостей.* ‖ *несов.* **перепа́ивать,** -аю, -аешь.

ПЕРЕПО´Й, -я (-ю), *м.* (прост.). Состояние сильного опьянения или похмелья. *Болит голова с перепою.*

ПЕРЕПОЛЗТИ´, -зу́, -зёшь; -о́лз, -олзла́; -о́лзший; -о́лзши; *сов.* **1.** *что* и *через что.* Переместиться ползком через какое-н. пространство. *П. дорогу* и *через дорогу.* **2.** Проползти из одного места в другое. *П. в укрытие. Еле-еле переполз в пятый класс* (перен.: с трудом перевелся). ‖ *несов.* **переполза́ть,** -а́ю, -а́ешь.

ПЕРЕПО´ЛНИТЬ, -ню, -нишь; -ненный; *сов., что.* Наполнить сверх меры. *П. бак. Переполненный вагон. Сердце переполнено гневом* (перен.; высок.). ‖ *несов.* **переполня́ть,** -я́ю, -я́ешь. ‖ *сущ.* **переполне́ние,** *-я, ср.*

ПЕРЕПО´ЛНИТЬСЯ (-нюсь, -нишься, 1 и 2 л. не употр.), -нится; *сов.* Наполниться сверх меры. *Сосуд переполнился. Сердце переполнилось радостью* (перен.). ‖ *несов.* **переполня́ться** (-я́юсь, -я́ешься, 1 и 2 л. не употр.), -я́ется. ‖ *сущ.* **переполне́ние,** *-я, ср.*

ПЕРЕПОЛО´Х, -а, *м.* (разг.). Общая внезапная тревога, волнение. *Поднялся п. Произвести п.*

ПЕРЕПОЛОШИ´ТЬ, -шу́, -ши́шь; -шённый (-ён, -ена́); *сов., кого-что* (разг.). Произвести переполох среди кого-н. *П. всех родственников, всю округу.*

ПЕРЕПОЛОШИ´ТЬСЯ, -шу́сь, -ши́шься; *сов.* (разг.). Взволноваться, перетревожиться. *Переполошилась вся семья.*

ПЕРЕПО´НКА, -и, *ж.* Тонкая упругая плёнка — перегородка, оболочка в живом организме. *Барабанная п. Плавательная п.* (у водоплавающих птиц, у ластоногих). ‖ *прил.* **перепо́ночный,** -ая, -ое.

ПЕРЕПОНЧАТОКРЫ´ЛЫЕ, -ых, *ед.* -ое, -ого, *ср.* (спец.). Отряд насекомых с прозрачными перепончатыми крыльями. *Отряд перепончатокрылых. Жалящие п.* (осы, пчёлы, муравьи).

ПЕРЕПО´НЧАТЫЙ, -ая, -ое. Снабжённый перепонками. *Перепончатые лапы. Перепончатые крылья.*

ПЕРЕПОРУЧИ´ТЬ, -учу́, -у́чишь; -ученный; *сов., что кому.* Освободив себя, передать другому (выполнение порученного дела). *П. работу заместителю.* ‖ *несов.* **перепоруча́ть**, -аю, -а́ешь.

ПЕРЕПРА´ВА, -ы, *ж.* **1.** *см.* переправить[1]. **2.** Место, где переправляются на другой берег (на плавучих средствах); самые средства переправы. *Паромная п. На переправе скопился народ. Ждать переправу.*

ПЕРЕПРА´ВИТЬ[1], -влю, -вишь; -вленный; *сов., кого-что.* **1.** Перевезти, перевести через какое-н. пространство. *П. на другой берег. П. через горы.* **2.** Отправить из одного места в другое, по назначению. *П. грузы зимовщикам.* ‖ *несов.* **переправля́ть**, -я́ю, -я́ешь. ‖ *возвр.* **перепра́виться**, -влюсь, -вишься (к 1 знач.); *несов.* **переправля́ться**, -я́юсь, -я́ешься. ‖ *сущ.* **перепра́ва**, -ы, *ж.* (к 1 знач.) *и* **перепра́вка**, -и, *ж.* (разг.). ‖ *прил.* **перепра́вочный**, -ая, -ое. *Переправочные средства.*

ПЕРЕПРА´ВИТЬ[2], -влю, -вишь; -вленный; *сов., что.* Исправить, устранив ошибку. *П. фразу.* ‖ *несов.* **переправля́ть**, -я́ю, -я́ешь. ‖ *сущ.* **перепра́вка**, -и, *ж.* (разг.).

ПЕРЕПРЕ´ЛЫЙ, -ая, -ое; -е́л. Перепревший, испортившийся от прения. *Перепрелые листья. Перепрелая кожа.* ‖ *сущ.* **перепре́лость**, -и, *ж.*

ПЕРЕПРЕ´ТЬ (-е́ю, -е́ешь, 1 и 2 л. не употр.), -е́ет; *сов.* **1.** Окончательно сопреть, испортиться от прения. *Сено перепрело.* **2.** Слишком упреть. *Мясо перепрело.* ‖ *несов.* **перепрева́ть** (-а́ю, -а́ешь, 1 и 2 л. не употр.), -а́ет. ‖ *сущ.* **перепрева́ние**, -я, *ср.*

ПЕРЕПРО´БОВАТЬ, -бую, -буешь; -анный; *сов., кого-что.* Попробовать, испробовать многое. *П. все кушанья. Все средства перепробованы. П. многих исполнителей на главную роль.*

ПЕРЕПРОДА´ТЬ, -а́м, -а́шь, -а́ст, -ади́м, -ади́те, -аду́т; -о́дал *и* -ода́л, -одала́, -о́дало *и* -ода́ло; -а́й; -о́данный (-ан, -ана́ *и* -ана, -ано); *сов., кого-что.* Продать ранее купленное (обычно с надбавкой). *Выгодно п. вещь.* ‖ *несов.* **перепродава́ть**, -даю́, -даёшь; -дава́й; -дава́я. ‖ *сущ.* **перепрода́жа**, -и, *ж.*

ПЕРЕПРОИЗВО´ДСТВО, -а, *ср.* Производство, превышающее возможность сбыта. *Кризис перепроизводства.*

ПЕРЕПРЫ´ГНУТЬ, -ну, -нешь; *сов., что и через что.* Прыгнуть через что-н. *П. канаву и через канаву.* ‖ *несов.* **перепры́гивать**, -аю, -аешь.

ПЕРЕПРЯ´ЧЬ, -ягу́, -яжёшь, -ягу́т; -я́г, -ягла́; -яжённый (-ён, -ена́); -я́гши; *сов., кого (что).* Запрячь заново. *П. лошадей.* ‖ *несов.* **перепряга́ть**, -а́ю, -а́ешь. ‖ *сущ.* **перепря́жка**, -и, *ж.*

ПЕРЕПУ´Г, -а (-у), *м.* (разг.). Сильный испуг. *Прибежал в перепуге. С перепугу весь дрожит.*

ПЕРЕПУГА´ТЬ, -а́ю, -а́ешь; -у́ганный; *сов., кого (что)* (разг.). Сильно испугать.

ПЕРЕПУГА´ТЬСЯ, -а́юсь, -а́ешься; *сов.* (разг.). Сильно испугаться. *Насмерть перепугался.*

ПЕРЕПУ´ТАТЬ, -СЯ *см.* путать, -ся.

ПЕРЕПУ´ТЫВАТЬ, -аю, -аешь; *несов.* То же, что путать (в 1, 2, 5 и 6 знач.). *П. нитки. П. все подробности. П. адреса. П. слова.*

ПЕРЕПУ´ТЫВАТЬСЯ (-аюсь, -аешься, 1 и 2 л. не употр.), -ается; *несов.* То же, что путаться (в 1 и 2 знач.). *Клубки перепутываются. Мысли в голове перепутываются.*

ПЕРЕПУ´ТЬЕ, -я, *род. мн.* -тий, *ср.* Место, где скрещиваются и расходятся дороги. *На перепутье* (также перен.: то же, что на распутье).

ПЕРЕРАБО´ТАТЬ, -аю, -аешь; -анный; *сов.* **1.** *что.* Превратить во что-н. в процессе работы, обработки. *П. сырьё. П. нефть. Желудок переработал пищу.* **2.** *что.* Переделать, сделать по-новому, иначе. *П. проект.* **3.** Проработать дольше положенного. *П. несколько часов.* **4.** То же, что переработаться (во 2 знач.) (разг.). *П. от большого усердия.* ‖ *несов.* **перераба́тывать**, -аю, -аешь. ‖ *сущ.* **перерабо́тка**, -и, *ж.* (к 1, 2 и 3 знач.). ‖ *прил.* **перерабо́точный**, -ая, -ое (к 1 знач.; спец.).

ПЕРЕРАБО´ТАТЬСЯ, -аюсь, -аешься; *сов.* **1.** (1 и 2 л. не употр.). Превратиться во что-н. в процессе обработки, усвоения. *Сырьё переработалось.* **2.** Переутомиться, устать от работы (разг.). *Ученик явно переработался.* ‖ *несов.* **перераба́тываться**, -аюсь, -аешься. ‖ *сущ.* **перерабо́тка**, -и, *ж.*

ПЕРЕРАБО´ТЧИК, -а, *м.* Специалист, занимающийся промышленной переработкой сырья.

ПЕРЕРАСПРЕДЕЛИ´ТЬ, -лю́, -ли́шь; -лённый (-ён, -ена́); *сов., кого-что.* Распределить заново. *П. учащихся по группам.* ‖ *несов.* **перераспределя́ть**, -я́ю, -я́ешь. ‖ *сущ.* **перераспределе́ние**, -я, *ср.*

ПЕРЕРАСТИ´, -ту́, -тёшь; -ро́с, -росла́; -ро́сший; -ро́сши; *сов.* **1.** *кого-что.* Стать ростом выше кого-чего-н. *Сын перерос отца.* **2.** *перен., кого (что).* Стать выше кого-н. в умственном, моральном отношении, в умении. *П. своего учителя.* **3.** (1 и 2 л. не употр.), *во что.* Развившись, стать чем-н. иным, более сильным. *Неудовольствие переросло в раздражение.* **4.** Оказаться по возрасту старше, чем требуется для чего-н. *Для детского сада ребёнок перерос.* ‖ *несов.* **перераста́ть**, -а́ю, -а́ешь. ‖ *сущ.* **перераста́ние**, -я, *ср.* (ко 2 и 3 знач.).

ПЕРЕРАСХО´Д, -а, *м.* **1.** *см.* перерасходовать. **2.** Перерасходованная сумма. *Большой п.*

ПЕРЕРАСХО´ДОВАТЬ, -дую, -дуешь; -анный; *сов., что.* Израсходовать сверх меры, плана. *П. кредиты.* ‖ *сущ.* **перерасхо́д**, -а, *м.*

ПЕРЕРАСЧЁТ, -а, *м.* Расчёт, произведённый заново. *Сделать п.*

ПЕРЕРВА´ТЬ, -ву́, -вёшь; -а́л, -ала́, -а́ло; -ре́рванный; *сов., что.* **1.** Разорвав, разделить надвое. *П. шнурок.* **2.** Разорвать всё, многое. *П. всю бумагу.* ‖ *несов.* **перерыва́ть**, -а́ю, -а́ешь.

ПЕРЕРЕГИСТРИ´РОВАТЬ, -рую, -руешь; -анный; *сов. и несов., кого-что.* Зарегистрировать (регистрировать) заново. *П. состоящих на учёте.* ‖ *возвр.* **перерегистри́роваться**, -руюсь, -руешься. ‖ *сущ.* **перерегистра́ция**, -и, *ж.*

ПЕРЕРЕ´ЗАТЬ, -е́жу, -е́жешь; -анный; *сов.* **1.** *кого-что.* Разрезав, разделить надвое. *П. верёвку.* **2.** *кого (что).* Зарезать многих. *П. всех кур.* **3.** *перен., что.* Преградить (путь, дорогу). *П. неприятельские коммуникации.* ‖ *несов.* **перере́зывать**, -аю, -аешь (к 1 и 3 знач.) *и* **перереза́ть**, -а́ю, -а́ешь (к 1 и 3 знач.). ‖ *сущ.* **перере́зывание**, -я, *ср.* (к 1 и 3 знач.) *и* **перере́зка**, -и, *ж.* (к 1 знач.).

ПЕРЕРЕШИ´ТЬ, -шу́, -ши́шь; -шённый (-ён, -ена́); *сов., что.* Решить (в 1 и 3 знач.) по-другому. *Хотел остаться, а потом передумал. П. задачку.* ‖ *несов.* **перереша́ть**, -а́ю, -а́ешь.

ПЕРЕРЖАВЕ´ТЬ (-е́ю, -е́ешь, 1 и 2 л. не употр.), -е́ет; *сов.* Проржавев в каком-н. месте, переломиться. *Проволока перержавела.*

ПЕРЕРИСОВА´ТЬ, -су́ю, -су́ешь; -о́ванный; *сов., кого-что.* Рисуя, сделать копию чего-н.; нарисовать заново. *П. узор. П. этюд.* ‖ *несов.* **перерисо́вывать**, -аю, -аешь. ‖ *сущ.* **перерисо́вывание**, -я, *ср.* *и* **перерисо́вка**, -и, *ж.*

ПЕРЕРОДИ´ТЬ, -ожу́, -оди́шь; -ождённый (-ён, -ена́); *сов., кого-что.* Сделать совсем иным, обновить, преобразить. ‖ *несов.* **перерожда́ть**, -а́ю, -а́ешь.

ПЕРЕРОДИ´ТЬСЯ, -ожу́сь, -оди́шься; *сов.* **1.** Стать совсем иным, обновиться, преобразиться. *Душа переродилась.* **2.** Резко измениться к худшему, утратить свой прежний нравственный облик. **3.** (1 и 2 л. не употр.). Утратить прежние ценные свойства, выродиться. *Ткани организма переродились.* ‖ *несов.* **перерожда́ться**, -а́юсь, -а́ешься. ‖ *сущ.* **перерожде́ние**, -я, *ср.*

ПЕРЕРОЖДЕ´НИЕ, -я, *ср.* **1.** *см.* переродиться. **2.** Утрата прежнего мировоззрения, социального облика под воздействием чуждой среды, идеологии. *Духовное п.*

ПЕРЕРО´СТОК, -тка, *м.* Подросток, переросший (в 4 знач.) установленный для чего-н. возраст. *Ученик-п.*

ПЕРЕРУБИ´ТЬ, -ублю́, -у́бишь; -у́бленный; *сов., кого-что.* **1.** Рубя, разделить надвое. *П. сук.* **2.** Изрубить многое, многих; нарубить много чего-н. (разг.). *П. саблями. П. всю капусту.* ‖ *несов.* **перeруба́ть**, -а́ю, -а́ешь (к 1 знач.).

ПЕРЕРУГА´ТЬСЯ, -а́юсь, -а́ешься; *сов.* (разг.). То же, что перессориться. *Соседи переругались. На работе со всеми переругался.*

ПЕРЕРУ´ГИВАТЬСЯ, -аюсь, -аешься; *несов.* (разг.). То же, что перебраниваться.

ПЕРЕРЫ´В, -а, *м.* Промежуток, на время которого прекращается какая-н. деятельность. *П. в занятиях. Обеденный п.*

ПЕРЕРЫВА´ТЬ[1] *см.* перервать.

ПЕРЕРЫВА´ТЬ[2] *см.* перерыть.

ПЕРЕРЫ´ТЬ, -ро́ю, -ро́ешь; -ы́тый; *сов., что.* **1.** Взрыть, разрыть поперёк. *П. дорогу.* **2.** Вскопать целиком, всюду. *П. весь огород.* **3.** *перен.* В поисках чего-н. пересмотреть, перебрать всё где-н. (разг.). *П. все вещи в чемодане.* ‖ *несов.* **перерыва́ть**, -а́ю, -а́ешь.

ПЕРЕРЯДИ´ТЬ, -яжу́, -я́дишь; -я́женный; *сов., кого (что)* (разг.). Нарядить в другое платье. ‖ *несов.* **переря́живать**, -аю, -аешь *и* **переряжа́ть**, -а́ю, -а́ешь. ‖ *возвр.* **переряди́ться**, -яжу́сь, -я́дишься; *несов.* **переря́живаться**, -аюсь, -аешься *и* **переряжа́ться**, -а́юсь, -а́ешься.

ПЕРЕСАДИ´ТЬ, -ажу́, -а́дишь; -а́женный; *сов.* **1.** *кого (что).* Заставить пересесть, посадить на другое место, предложить обменяться местами. *П. гостя в кресло. П. в другой вагон. П. пассажиров с поезда на теплоход.* **2.** *что.* Выкопав (растение), посадить в другом месте. *П. яблоню.* **3.** *что.* Вырезав (часть ткани, орган), приживить на другом месте или в другом организме (спец.). *П. роговицу.* **4.** *что.* Надеть на другое древко, ручку. *П. топор на новое топорище.* **5.** *кого (что).* Помочь кому-н. перелезть, перебраться через что-н. *П. малыша через забор.* ‖ *несов.* **переса́живать**, -аю, -аешь. ‖ *сущ.* **переса́живание**, -я, *ср.* *и* **переса́дка**, -и, *ж.* (ко 2, 3 и 4 знач.). *Пересадка растений. Пересадка почки, сердца, кожи.* ‖ *прил.* **переса́дочный**, -ая, -ое (ко 2 знач.). *П. материал.*

ПЕРЕСА´ДКА, -и, *ж.* **1.** *см.* пересадить. **2.** Переход с одного транспортного средства на другое для продолжения поездки. *Сделать пересадку. Ехать без пересадок.* ‖ *прил.* **переса́дочный**, -ая, -ое.

ПЕРЕСА´ДОЧНЫЙ *см.* пересадить *и* пересадка.

ПЕРЕСА´ЖИВАТЬ *см.* пересадить.

ПЕРЕСА́ЖИВАТЬСЯ *см.* пересесть.

ПЕРЕСА́ЛИВАТЬ *см.* пересолить.

ПЕРЕСДА́ТЬ, -а́м, -а́шь, -а́ст, -ади́м, -ади́те, -аду́т; -а́л, -ала́, -а́ло; -а́й; -а́нный (-а́н, -ана́); *сов., что.* **1.** Сдать, передать (какое-н. помещение) заново, в пользование другим. *П. дачу другим дачникам.* **2.** Сдать, раздать снова, вторично (карты). **3.** Выдержать (экзамен), сдавая повторно. *П. зачёт.* ‖ *несов.* **пересдава́ть**, -даю́, -даёшь; -дава́й. ‖ *сущ.* **пересда́ча**, -и, *ж.*

ПЕРЕСЕКА́ТЬ, -СЯ *см.* пересечь[1], -ся.

ПЕРЕСЕЛЕ́НЕЦ, -нца, *м.* **1.** Человек, переселившийся или переселяемый с постоянного места жительства в новые, обычно необжитые места. *Переселенцы на новые земли. Крестьяне-переселенцы. Переселенцы в окраинные губернии* (в старой России). **2.** Человек, временно переселяемый куда-н. из своего жилья. *Жилплощадь для переселенцев.* ‖ *ж.* **переселе́нка**, -и. ‖ *прил.* **переселе́нческий**, -ая, -ое. *Переселенческое управление* (в старой России). *Переселенческие квартиры. П. комитет.*

ПЕРЕСЕЛИ́ТЬ, -лю́, -ли́шь *и* (разг.) -се́лишь; -лённый (-ён, -ена́); *сов., кого (что).* Поселить в другом месте, на новое местожительство. *П. семью в новый дом.* ‖ *несов.* **переселя́ть**, -я́ю, -я́ешь. ‖ *возвр.* **пересели́ться**, -лю́сь, -ли́шься *и* (разг.) -се́лишься; *несов.* **переселя́ться**, -я́юсь, -я́ешься. ‖ *сущ.* **переселе́ние**, -я, *ср.*

ПЕРЕСЕ́СТЬ, -ся́ду, -ся́дешь; -се́л, -се́ла; *сов.* **1.** Сесть иначе или на другое место. *П. поудобнее. П. со стула на диван.* **2.** Сделать пересадку (во 2 знач.). *П. на скорый поезд.* ‖ *несов.* **переса́живаться**, -аюсь, -аешься.

ПЕРЕСЕЧЕ́НИЕ, -я, *ср.* **1.** *см.* пересечь[1], -ся. **2.** Место, где пересекается что-н. *На пересечении дорог.*

ПЕРЕСЕЧЁННЫЙ, -ая, -ое; -ён. Неровный, с холмами и оврагами. *П. рельеф. Пересечённая местность.* ‖ *сущ.* **пересечённость**, -и, *ж.*

ПЕРЕСЕ́ЧЬ[1], -еку́, -ечёшь, -еку́т; -ёк *и* -е́к, -екла́ *и* -е́кла; -ёкший *и* -е́кший; -ечённый (-ён, -ена́); -е́кши *и* -ёкши; *сов., что.* **1.** Перейти через что-н., поперёк чего-н. *П. дорогу.* **2.** То же, что преградить (в 1 знач.). *П. путь кому-н.* **3.** Пройти по поверхности чего-н. от одного края к другому. *Область пересекут две железные дороги. Поле пересечено оврагом.* ‖ *несов.* **пересека́ть**, -а́ю, -а́ешь. ‖ *сущ.* **пересече́ние**, -я, *ср.*

ПЕРЕСЕ́ЧЬ[2], -еку́, -ечёшь, -еку́т; -ёк, -екла́ *и* (устар.) -е́к, -е́кла; -е́кший *и* -ёкший; -ечённый (-ён, -ена́) *и* (устар.) -е́ченный; -е́кши *и* -ёкши; *сов., кого (что).* Высечь всех, многих.

ПЕРЕСЕ́ЧЬСЯ (-еку́сь, -ечёшься, 1 и 2 л. не употр.), -ечётся, -еку́тся; -ёкся, -екла́сь; *сов.* То же, что скреститься. *Дороги пересеклись.* ‖ *несов.* **пересека́ться** (-а́юсь, -а́ешься, 1 и 2 л. не употр.), -а́ется. ‖ *сущ.* **пересече́ние**, -я, *ср.*

ПЕРЕСИДЕ́ТЬ, -ижу́, -иди́шь; *сов.* **1.** *кого (что).* Просидеть дольше кого-н. (разг.). *П. всех гостей.* **2.** Пробыть, просидеть где-н. дольше, чем следует. *П. на пляже. Пирог пересидел в печи.* ‖ *несов.* **пересиживать**, -аю, -аешь.

ПЕРЕСИ́ЛИТЬ, -лю, -лишь; -ленный; *сов., кого-что.* Побороть, одолеть. *П. соперника. П. ветер, волну. П. страх, усталость.* ‖ *несов.* **пересиливать**, -аю, -аешь.

ПЕРЕСКА́З, -а, *м.* **1.** *см.* пересказать. **2.** Изложение содержания чего-н. *Вольный п.*

ПЕРЕСКАЗА́ТЬ, -ажу́, -а́жешь; -а́занный; *сов., что.* **1.** Рассказать, изложить своими словами что-н. *П. содержание романа.* **2.** Рассказать последовательно, подробно о чём-н., о многом (разг.). *П. все новости.* ‖ *несов.* **переска́зывать**, -аю, -аешь. ‖ *сущ.* **переска́з**, -а, *м.*

ПЕРЕСКОЧИ́ТЬ, -очу́, -о́чишь; *сов.* **1.** *что* и *через что.* Сделав скачок, оказаться по другую сторону чего-н. *П. через забор.* **2.** Сделав скачок, переместиться на другое место. *П. к окну.* **3.** *перен., на что.* Перейти от одного предмета речи к другому, не соблюдая последовательности, порядка (разг.). *П. на новую тему.* ‖ *несов.* **переска́кивать**, -аю, -аешь. ‖ *сущ.* **переско́к**, -а, *м.* (к 1 знач.).

ПЕРЕСЛАСТИ́ТЬ, -ащу́, -асти́шь; -ащённый (-ён, -ена́); *сов., что.* Сделать слишком сладким. *П. кофе.* ‖ *несов.* **пересла́щивать**, -аю, -аешь.

ПЕРЕСЛА́ТЬ, -ешлю́, -ешлёшь; -е́сланный; *сов.* **1.** *кого-что.* Послать, отправить куда-н. (при помощи каких-н. средств). *П. к месту назначения. П. книгу по почте.* **2.** *что.* Послать, отправить по другому адресу. *Письмо переслано по новому адресу.* ‖ *несов.* **пересыла́ть**, -а́ю, -а́ешь. ‖ *сущ.* **пересы́лка**, -и, *ж.* ‖ *прил.* **пересы́лочный**, -ая, -ое (к 1 знач.). *П. пункт.*

ПЕРЕСМЕ́ИВАТЬ, -аю, -аешь; *несов., кого (что)* (разг.). Вышучивать или осмеивать, передразнивая кого-н., подражая кому-н. ‖ *сов.* **пересмея́ть**, -ею́, -еёшь. ‖ *сущ.* **пересме́ивание**, -я, *ср.*

ПЕРЕСМЕ́ИВАТЬСЯ, -аюсь, -аешься; *несов.* (разг.). Переглядываясь, исподтишка смеяться по поводу чего-н. или над кем-н.

ПЕРЕСМЕ́НА, -ы и (прост.) **ПЕРЕСМЕ́НКА**, -и, *ж.* Промежуток времени между двумя сменами (во 2 знач.).

ПЕРЕСМЕ́ШНИК, -а, *м.* **1.** Тот, кто поднимает кого-н. на смех, передразнивает кого-н. (разг.). **2.** Птица отряда воробьиных, подражающая голосам других птиц. ‖ *ж.* **пересме́шница**, -ы (к 1 знач.).

ПЕРЕСМОТРЕ́ТЬ, -отрю́, -о́тришь; -о́тренный; *сов.* **1.** *кого-что.* Осмотреть заново, многое. *П. все альбомы.* **2.** *что.* Рассмотреть заново. *П. проект. П. своё отношение к кому-чему-н.* ‖ *несов.* **пересма́тривать**, -аю, -аешь. ‖ *сущ.* **пересмо́тр**, -а, *м.*

ПЕРЕСНЯ́ТЬ, -ниму́, -ни́мешь; -я́л, -яла́, -я́ло; -я́тый (-я́т, -ята́, -я́то); *сов., кого-что.* Сделать новую съёмку (в 7 и 8 знач.), снять заново. *П. план участка. П. фильм.* ‖ *несов.* **переснима́ть**, -а́ю, -а́ешь. ‖ *сущ.* **пересъёмка**, -и, *ж.* *П. местности.*

ПЕРЕСОЛИ́ТЬ, -олю́, -о́лишь *и* -оли́шь; -о́ленный; *сов.* **1.** *что.* Положить слишком много соли во что-н. *П. суп.* **2.** *перен.* Перейти меру, границу в чём-н. (разг.). *П. в шутках.* ‖ *несов.* **переса́ливать**, -аю, -аешь. ‖ *сущ.* **пересо́л**, -а, *м.* (к 1 знач.). *Недосол на столе, а п. на спине* (посл.).

ПЕРЕСОРТИРОВА́ТЬ, -ру́ю, -ру́ешь; -о́ванный; *сов., что.* **1.** Рассортировать поновому, заново. *П. фрукты.* **2.** Рассортировать много чего-н. ‖ *несов.* **пересортиро́вывать**, -аю, -аешь. ‖ *сущ.* **пересортиро́вка**, -и, *ж.* (к 1 знач.).

ПЕРЕСО́РТИЦА, -ы, *ж.* (спец.). Перевод товаров из одного сорта в другой.

ПЕРЕСО́ХНУТЬ (-ну, -нешь, 1 и 2 л. не употр.), -нет; -о́х, -о́хла; *сов.* **1.** Стать суше, чем нужно, или совсем сухим. *Земля пересохла без дождей. Бельё пересохло. Губы пересохли* (стали шершавыми, обветрившимися или потрескались). *В горле пересохло* (безл.; об ощущении сухости). **2.** Иссякнуть (в 1 знач.), стать безводным. *Речка пересохла.* ‖ *несов.* **пересыха́ть** (-а́ю, -а́ешь, 1 и 2 л. не употр.), -а́ет. ‖ *сущ.* **пересыха́ние**, -я, *ср.*

ПЕРЕСПА́ТЬ, -плю́, -пи́шь; -а́л, -ала́, -а́ло; *сов.* (разг.). **1.** Проспать слишком долго, много. **2.** То же, что переночевать. *П. ночь.* **3.** *с кем.* Вступить в интимные отношения (один раз или в случайной ситуации). ‖ *несов.* **пересыпа́ть**, -а́ю, -а́ешь (к 1 знач.). ‖ *сущ.* **пересы́п**, -а (-у), *м.* (к 1 знач.; прост.).

ПЕРЕСПЕ́ЛЫЙ, -ая, -ое; -е́л. То же, что перезрелый. *П. плод.* ‖ *сущ.* **переспе́лость**, -и, *ж.*

ПЕРЕСПЕ́ТЬ (-е́ю, -е́ешь, 1 и 2 л. не употр.), -е́ет; *сов.* То же, что перезреть (в 1 знач.). *Ягоды переспели.*

ПЕРЕСПО́РИТЬ, -рю, -ришь; -ренный; *сов., кого (что).* Одержать над кем-н. верх в споре. *Его не переспоришь* (очень упрям; разг.).

ПЕРЕСПРОСИ́ТЬ, -ошу́, -о́сишь; -о́шенный; *сов., кого (что).* Спросить ещё раз (обычно не расслышав или не поняв). ‖ *несов.* **переспра́шивать**, -аю, -аешь. ‖ *сущ.* **переспра́шивание**, -я, *ср.* *и* **переспро́с**, -а, *м.*

ПЕРЕССО́РИТЬ, -рю, -ришь; *сов., кого (что).* Поссорить многих друг с другом. *П. старых друзей.*

ПЕРЕССО́РИТЬСЯ, -рюсь, -ришься; *сов.* Поссориться между собой (о многих) или со многими. *Со всеми перессорился.*

ПЕРЕСТА́ВИТЬ, -влю, -вишь; -вленный; *сов., кого-что.* Поставить на другое место; поменять местами. *П. стул. П. мебель. П. слагаемые.* ‖ *несов.* **переставля́ть**, -я́ю, -я́ешь. ‖ *сущ.* **перестано́вка**, -и, *ж.*

ПЕРЕСТАВНО́Й, -а́я, -о́е. Такой, к-рый можно переставить, к-рый переставляется. *Переставное устройство.*

ПЕРЕСТА́ИВАТЬ *см.* перестоять.

ПЕРЕСТАРА́ТЬСЯ, -а́юсь, -а́ешься; *сов.* (разг.). Слишком постараться, проявить излишнюю старательность в чём-н.

ПЕРЕСТА́РОК, -рка, *м.* (устар. и прост.). **1.** Тот, кто вышел из необходимого для чего-н. возраста, уже стар для чего-н. **2.** О том, что перестояло, испортилось от времени. *Лес-п.*

ПЕРЕСТА́ТЬ, -а́ну, -а́нешь; *сов.* **1.** *с неопр.* Прекратить делать что-н. *П. курить. Перестань(те)!* (резкий призыв в знач. хватит, довольно!). **2.** (1 и 2 л. не употр.). Кончиться (о том, что длилось, продолжалось). *Дождь перестал. Пожар к утру перестал. Слухи, толки перестали.* ‖ *несов.* **перестава́ть**, -таю́, -таёшь.

ПЕРЕСТЕЛИ́ТЬ *см.* перестлать.

ПЕРЕСТИРА́ТЬ, -а́ю, -а́ешь; -и́ранный; *сов., что.* **1.** Выстирать заново. *П. рубашку.* **2.** Выстирать много чего-н. *П. всё бельё.* ‖ *несов.* **перести́рывать**, -аю, -аешь. ‖ *сущ.* **перести́рка**, -и, *ж.* (к 1 знач.; разг.).

ПЕРЕСТЛА́ТЬ, -телю́, -те́лешь; -стла́л, -стла́ла; -е́стланный и **ПЕРЕСТЕЛИ́ТЬ**, -телю́, -те́лешь; -те́ленный; *сов., что.* Постлать или настлать заново. *П. постель. П. пол.* ‖ *несов.* **перестила́ть**, -а́ю, -а́ешь. ‖ *сущ.* **перестила́ние**, -я, *ср.* *и* **перести́лка**, -и, *ж.*

ПЕРЕСТОЯ́ЛЫЙ, -ая, -ое. Перестоявший, перестойный, а также испортившийся от долгого стояния. *Перестоялая сметана.*

ПЕРЕСТОЯ́ТЬ (-ою́, -ои́шь, 1 и 2 л. не употр.), -ои́т; *сов.* **1.** О лесе, злаках, травах: перезреть. *Рожь перестояла. Лес перестоял.* **2.** Испортиться, простояв слишком долго. *Простокваша перестояла.* ‖ *несов.* **переста́ивать** (-аю, -аешь, 1 и 2 л. не употр.), -ает. ‖ *сущ.* **перестóй**, -я, *м.* (к 1 знач.; спец.). ‖ *прил.* **перестóйный**, -ая, -ое (к 1 знач.; спец.). *П. лес.*

ПЕРЕСТРАДА́ТЬ, -áю, -áешь; *сов.* **1.** Выстрадать многое. *Немало п. в жизни.* **2.** *что.* Изжить страданием. *П. свою любовь.*

ПЕРЕСТРА́ИВАТЬ[1-2], **-СЯ**[1-2] *см.* перестроить[1-2], -ся[1-2].

ПЕРЕСТРАХОВА́ТЬ, -рахýю, -рахýешь; -óванный; *сов., кого-что.* Застраховать снова. *П. имущество.* ‖ *несов.* **перестрахóвывать**, -аю, -аешь. ‖ *сущ.* **перестрахóвка**, -и, *ж.* ‖ *прил.* **перестрахóвочный**, -ая, -ое.

ПЕРЕСТРАХОВА́ТЬСЯ, -рахýюсь, -рахýешься; *сов.* **1.** Застраховаться снова. **2.** *перен.* Принять меры к тому, чтобы оградить себя от возможной ответственности за что-н. (обычно неодобр.). ‖ *несов.* **перестрахóвываться**, -аюсь, -аешься. ‖ *сущ.* **перестрахóвка**, -и, *ж.* ‖ *прил.* **перестрахóвочный**, -ая, -ое (к 1 знач.).

ПЕРЕСТРАХО́ВЩИК, -а, *м.* (неодобр.). Человек, к-рый перестраховывается (во 2 знач.). ‖ *ж.* **перестрахóвщица**, -ы.

ПЕРЕСТРЕ́ЛИВАТЬСЯ, -аюсь, -аешься; *несов.* Вести перестрелку.

ПЕРЕСТРЕ́ЛКА, -и, *ж.* Одновременная стрельба друг против друга. *Орудийная, автоматная п.*

ПЕРЕСТРЕЛЯ́ТЬ, -я́ю, -я́ешь; -éлянный; *сов.* **1.** *кого (что).* Застрелить многих. *П. всю дичь.* **2.** *что.* Израсходовать стрельбой (разг.). *П. все патроны.* ‖ *несов.* **перестрéливать**, -аю, -аешь.

ПЕРЕСТРО́ИТЬ[1], -óю, -óишь; -óенный; *сов., что.* **1.** Произвести переделку в какой-н. постройке. *П. дом.* **2.** Построить, переделать по-новому, внеся изменения в порядок, систему чего-н. *П. план, работу. П. фразу.* **3.** Настроить[2] (в 1, 2 и 3 знач.) по-иному, заново. *П. рояль, радиоприёмник.* **4.** Осуществить перестройку (во 2 знач.). ‖ *несов.* **перестрáивать**, -аю, -аешь. ‖ *сущ.* **перестрóйка**, -и, *ж.*

ПЕРЕСТРО́ИТЬ[2], -óю, -óишь; -óенный; *сов., кого-что.* Заново расположить, изменив свой строй[2], порядок расположения. *П. ряды, полк.* ‖ *несов.* **перестрáивать**, -аю, -аешь. ‖ *сущ.* **перестроéние**, -я, *ср. Произвести п. П. автомашин на магистрали.*

ПЕРЕСТРО́ИТЬСЯ[1], -óюсь, -óишься; *сов.* **1.** Изменить порядок своей работы, направление своей деятельности, взгляды. *П. после критики.* **2.** Настроиться на новую радиоволну. *Радист перестроился.* **3.** Подвергнуться перестройке (во 2 знач.). ‖ *несов.* **перестрáиваться**, -аюсь, -аешься. ‖ *сущ.* **перестрóйка**, -и, *ж.*

ПЕРЕСТРО́ИТЬСЯ[2] (-óюсь, -óишься, 1 и 2 л. ед. не употр.), -óится; *сов.* Расположиться по-иному, изменив свой строй[2]. *Полк перестроился.* ‖ *несов.* **перестрáиваться** (-аюсь, -аешься, 1 и 2 л. ед. не употр.), -ается. ‖ *сущ.* **перестроéние**, -я, *ср. Перестроения на марше.*

ПЕРЕСТРО́ЙКА, -и, *ж.* **1.** *см.* перестроить[1], -ся[1]. **2.** В СССР в 1985—1991 гг.: начало коренного изменения в политике и экономике, направленного на установление рыночных отношений, на развитие демократии и гласности, на окончание холодной войны. ‖ *прил.* **перестрóечный**, -ая, -ое. *Перестроечные процессы.*

ПЕРЕСТУ́КИВАТЬСЯ, -аюсь, -аешься; *несов.* Обмениваться условными стуками. *Арестанты перестукиваются через стены камеры.* ‖ *сов.* **перестýкаться**, -аюсь, -аешься (разг.). ‖ *сущ.* **перестýкивание**, -я, *ср. и* **перестýк**, -а, *м.* (разг.).

ПЕРЕСТУПИ́ТЬ, -уплю́, -ýпишь; -ýпленный; *сов.* **1.** *что.* Сделать шаг (с трудом или осторожно, медленно). *П. на сухое место.* **2.** Стоя, поменять опору (на одну ногу). *П. с ноги нá ногу.* **3.** *что и через что.* Ступив, перейти через что-н. *П. ручеек и через ручеек. Никогда больше не переступлю порог этого дома* (перен.: никогда больше не приду). **4.** *перен., что.* Нарушить, преступить. *П. границы приличия. П. закон.* ‖ *несов.* **переступáть**, -áю, -áешь.

ПЕРЕСУ́Д, -а, *м.* (прост.). Вторичное судебное разбирательство. *Дело пошло на п.*

ПЕРЕСУ́ДЫ, -ов (разг.). Досужие обсуждения, пустые разговоры (во 2 знач.), сплетни. *По всей деревне бабьи п.*

ПЕРЕСУШИ́ТЬ, -ушу́, -ýшишь; -ýшенный; *сов., что.* **1.** Сделать слишком сухим. *П. зерно.* **2.** Высушить многое. *П. всё бельё.* ‖ *несов.* **пересýшивать**, -аю, -аешь. ‖ *сущ.* **пересýшка**, -и, *ж.* (к 1 знач.).

ПЕРЕСЧИТА́ТЬ, -áю, -áешь; -и́танный; *сов.* **1.** *кого-что.* Сосчитать заново. *П. во второй раз.* **2.** *кого-что.* Сосчитать многих, многое. *П. всё стадо.* **3.** *что.* Подсчитывая, выразить в других величинах, единицах. *П. стоимость продукции в новых ценах.* ‖ *несов.* **пересчи́тывать**, -аю, -аешь. ‖ *сущ.* **пересчёт**, -а, *м.*

ПЕРЕСЪЁМКА *см.* переснять.

ПЕРЕСЫЛА́ТЬ, ПЕРЕСЫ́ЛКА *см.* переслать.

ПЕРЕСЫ́ЛОЧНЫЙ *см.* переслать.

ПЕРЕСЫ́ЛЬНЫЙ, -ая, -ое. Относящийся к пересылке арестантов, ссыльных. *Пересыльная тюрьма.*

ПЕРЕСЫ́ПАТЬ, -плю, -плешь *и* (разг.) -пешь, -пет, -пем, -пете, -пят; -ы́пь; -анный; *сов., что.* **1.** Насы́пать в другое место. *П. муку в мешок.* **2.** Насы́пать сверх меры. *П. соли в солонку через край.* **3.** *чем.* Насы́пать что-н. между чем-н. *П. вещи нафталином.* ‖ *несов.* **пересыпáть**, -áю, -áешь. *П. рассказ остроумными замечаниями.* ‖ *сущ.* **пересыпáние**, -я, *ср.* (к 1 и 3 знач.) *и* **пересы́пка**, -и, *ж.* (к 1 и 3 знач.).

ПЕРЕСЫПА́ТЬ[1], -áю, -áешь; *несов.* **1.** *см.* пересы́пать. **2. пересыпать речь** (шутками, прибаутками и под.) — вставлять в быструю живую речь шутки, прибаутки и под.

ПЕРЕСЫПА́ТЬ[2] *см.* переспать.

ПЕРЕСЫХА́ТЬ *см.* пересохнуть.

ПЕРЕТА́ПЛИВАТЬ[1-2] *см.* перетопить[1-2].

ПЕРЕТАСКА́ТЬ, -áю, -áешь; -áсканный; *сов., кого-что.* Перетащить или украсть в несколько приёмов. *П. дрова в сарай. Лиса перетаскала кур.*

ПЕРЕТАСОВА́ТЬ, -сýю, -сýешь; -óванный; *сов.* **1.** *что.* Стасовать заново. *П. карты.* **2.** *перен., кого-что.* Разместить по-новому, по новым местам, нарушив прежнее расположение (разг.). *П. все бумаги в столе. П. всех сотрудников.* ‖ *несов.* **перетасóвывать**, -аю, -аешь. ‖ *сущ.* **перетасóвка**, -и, *ж.*

ПЕРЕТАЩИ́ТЬ, -ащу́, -áщишь; -áщенный; *сов.* **1.** *кого-что.* Таща, переместить (разг.). *П. рюкзак в палатку.* **2.** *перен., кого (что).* Помочь переменить место работы, жительства, устроив у себя, поближе к себе (прост.). *П. к себе всю родню.* ‖ *несов.* **перетáскивать**, -аю, -аешь. ‖ *сущ.* **перетáскивание**, -я, *ср.*

ПЕРЕТЕРЕ́ТЬ, -трý, -трёшь; -тёр, -тёрла; -тёрший; -тёртый; -терéв *и* -тёрши; *сов., что.* **1.** Трением разделить надвое. *П. верёвку.* **2.** Растирая, привести в другой вид, состояние. *П. редьку на тёрке.* **3.** Вытереть многое. *П. посуду.* ‖ *несов.* **перетирáть**, -áю, -áешь.

ПЕРЕТЕРЕ́ТЬСЯ (-трýсь, -трёшься, 1 и 2 л. не употр.), -трётся; -тёрся, -тёрлась; -тёршийся; -тёршись; *сов.* От трения разделиться надвое, на части. *Верёвка перетёрлась.* ‖ *несов.* **перетирáться** (-áюсь, -áешься, 1 и 2 л. не употр.), -áется. ‖ *сущ.* **перетирáние**, -я, *ср.*

ПЕРЕТЕРПЕ́ТЬ, -терплю́, -тéрпишь; *сов., что* (разг.). **1.** Многое вытерпеть. *П. и голод и холод.* **2.** Терпя, преодолеть. *П. боль.* ‖ *несов.* **перетéрпливать**, -аю, -аешь (ко 2 знач.).

ПЕРЕТИРА́ТЬ, -СЯ *см.* перетереть, -ся.

ПЕРЕТО́ЛКИ, -ов (разг.). Разговоры (во 2 знач.), обсуждение чего-н. с добавлением своих оценок, произвольных суждений. *Пошли толки и п.*

ПЕРЕТОЛКОВА́ТЬ, -кýю, -кýешь; -ованный; *сов., что* (разг.). Истолковать иначе, неверно. *П. смысл чьих-н. слов.* ‖ *несов.* **перетолкóвывать**, -аю, -аешь.

ПЕРЕТОПИ́ТЬ[1], -оплю́, -óпишь; -óпленный; *сов., что.* Вытопить, истопить в каком-н. количестве. *П. все печи.* ‖ *несов.* **перетáпливать**, -аю, -аешь. ‖ *сущ.* **перетóпка**, -и, *ж.*

ПЕРЕТОПИ́ТЬ[2], -оплю́, -óпишь; -óпленный; *сов., что.* Обработать топлением. *П. масло.* ‖ *несов.* **перетáпливать**, -аю, -аешь. ‖ *сущ.* **перетáпливание**, -я, *ср. и* **перетóпка**, -и, *ж.*

ПЕРЕТОПИ́ТЬ[3], -оплю́, -óпишь; -óпленный; *сов., кого-что.* Утопить многих, многое. *П. все плоты.*

ПЕРЕТРЕВО́ЖИТЬ, -жу, -жишь; -женный; *сов., кого-что.* **1.** Сильно встревожить. *Зря перетревожил мать.* **2.** Вызвать тревогу, беспокойство у многих. *П. всех жильцов.*

ПЕРЕТРЕВО́ЖИТЬСЯ, -жусь, -жишься; *сов.* **1.** Сильно встревожиться. *П. из-за письма.* **2.** (1 и 2 л. ед. не употр.). Испытать тревогу, беспокойство (о многих). *Все родные перетревожились.*

ПЕРЕТРО́ГАТЬ, -аю, -аешь; -анный; *сов., кого-что.* Тронуть, потрогать многое, многих. *П. всё на столе.*

ПЕРЕТРУ́СИТЬ, -ýшу, -ýсишь; *сов.* (разг.). Сильно струсить.

ПЕРЕТРЯСТИ́, -сý, -сёшь; -я́с, -яслá; -сённый (-ён, -енá); *сов., что.* Вытрясти, встряхнуть многое. *П. запылившуюся одежду. В поисках письма перетряс все бумаги* (перен.: перебрал, пересмотрел; разг.). ‖ *несов.* **перетрясáть**, -áю, -áешь. ‖ *сущ.* **перетря́ска**, -и, *ж.*

ПЕРЕТРЯХНУ́ТЬ, -нý, -нёшь; -я́хнутый; *сов., что.* (разг.). То же, что перетрясти. ‖ *несов.* **перетря́хивать**, -аю, -аешь. ‖ *сущ.* **перетря́хивание**, -я, *ср.*

ПЕРЕ́ТЬ, прý, прёшь; пёр, пёрла; *несов.* (прост.). **1.** Идти, двигаться (неодобр.). *Прёт посреди улицы.* **2.** Идти, двигаться куда-н., не считаясь с препятствиями, с запрещением. *П. напролом.* **3.** *что.* Тащить (что-н. тяжёлое, громоздкое). *Прёт на плечах мешок.* **4.** (1 и 2 л. не употр.). С силой выходить наружу, проявляться, обнаруживаться. *Злоба так и прёт из него.* **5.** То же, что красть. *Прут, что плохо лежит.* ‖ *сов.* **сперéть**, сопрý, сопрёшь (к 5 знач.). *Бумажник спёрли.*

ПЕРЕ́ТЬСЯ, прýсь, прёшься; пёрся, пёрлась; *несов.* (прост. неодобр.). То же, что переть (в 1 знач.). *Куда прёшься?* (остановись, не смей идти).

ПЕРЕТЯНУ́ТЬ, -яну́, -я́нешь; -я́нутый; *сов.* **1.** *кого-что.* Тягой переместить. *П. на буксире.* **2.** *перен., кого (что).* Переманить, перетащить (во 2 знач.) (разг.). *П. на свою сторону. П. к себе хорошего работника.* **3.** *что.* С трудом преодолеть какое-н. пространство (разг.). **4.** *что.* Натянуть заново. *П. шину.* **5.** *кого-что.* Крепко стянуть. *П. гимнастерку ремнём.* **6.** *кого-что.* Оказаться по весу тяжелее чего-н. *Большая гиря перетянет.* **7.** *кого (что).* Оказаться сильнее, состязаясь в вытягивании друг у друга крепко натянутой верёвки, каната. *Кто кого перетянет?* ‖ *несов.* **перетя́гивать**, -аю, -аешь. ‖ *сущ.* **перетя́гивание**, -я, *ср.* (к 1, 2, 5, 6 и 7 знач.) *и* **перетя́жка**, -и, *ж.* (к 4 знач.).

ПЕРЕТЯНУ́ТЬСЯ, -яну́сь, -я́нешься; *сов.* Крепко стянуть себя чем-н. по талии. *П. ремнём.* ‖ *несов.* **перетя́гиваться**, -аюсь, -аешься.

ПЕРЕУБЕДИ́ТЬ, 1 *л.* ед. не употр., -ди́шь; -еждённый (-ён, -ена́); *сов., кого (что).* Заставить изменить мнение, взгляд на что-н. *Факты переубедили кого-н.* ‖ *несов.* **переубежда́ть**, -а́ю, -а́ешь. ‖ *сущ.* **переубежде́ние**, -я, *ср.*

ПЕРЕУБЕДИ́ТЬСЯ, 1 *л.* ед. не употр., -ди́шься; *сов., в чём.* Изменить своё мнение, взгляд на что-н. ‖ *несов.* **переубежда́ться**, -а́юсь, -а́ешься.

ПЕРЕУ́ЛОК, -лка, *м.* Небольшая, обычно узкая улица, соединяющая собою две другие. *В глухом переулке.* ‖ *прил.* **переу́лочный**, -ая, -ое.

ПЕРЕУПРЯ́МИТЬ, -млю, -мишь; *сов., кого (что)* (разг.). Заставить согласиться, оказавшись упрямее другого. *Его не п.*

ПЕРЕУСЕ́РДСТВОВАТЬ, -твую, -твуешь; *сов.* (разг. неодобр.). Проявить излишнее усердие в чём-н. *П. в похвалах.*

ПЕРЕУСТРО́ЙСТВО, -а, *ср.* Устройство чего-н. заново, по новому плану, на новых основаниях. *П. общества. П. учреждения.*

ПЕРЕУТОМИ́ТЬ, -млю́, -ми́шь; -млённый (-ён, -ена́); *сов., кого-что.* Слишком утомить. *Организм переутомлён.* ‖ *несов.* **переутомля́ть**, -я́ю, -я́ешь.

ПЕРЕУТОМИ́ТЬСЯ, -млю́сь, -ми́шься; *сов.* Слишком утомиться. ‖ *несов.* **переутомля́ться**, -я́юсь, -я́ешься. ‖ *сущ.* **переутомле́ние**, -я, *ср.*

ПЕРЕУТОМЛЕ́НИЕ, -я, *ср.* **1.** *см.* переутомиться. **2.** Состояние организма, вызванное постоянным или чрезмерным утомлением. *Головная боль от переутомления.*

ПЕРЕУЧЕ́СТЬ, -чту́, -чтёшь; -чтённый (-ён, -ена́); -чтя́; *сов., кого-что.* Произвести учёт заново. ‖ *несов.* **переучи́тывать**, -аю, -аешь. ‖ *сущ.* **переучёт**, -а, *м. П. товаров.* ‖ *прил.* **переучётный**, -ая, -ое.

ПЕРЕУЧИ́ТЬ, -учу́, -у́чишь; -у́ченный; *сов.* **1.** *кого (что).* Обучить многих. *Старый учитель переучил сотни детей.* **2.** *кого (что).* Обучить заново. *Научить легче, чем п.* **3.** *что.* Выучить, заучить заново. *Придётся п. урок.* **4.** *что.* Заучить многое. *Все уроки переучил.* **5.** *кого-что.* С излишней старательностью заучить что-н., а также в излишней степени обучить чему-н. *И недоучить плохо, и п.* ‖ *несов.* **переучи́вать**, -аю, -аешь. ‖ *возвр.* **переучи́ться**, -учу́сь, -у́чишься (ко 2 и 5 знач.); *несов.* **переу́чиваться**, -аюсь, -аешься. ‖ *сущ.* **переу́чивание**, -я, *ср.* (ко 2, 3 и 5 знач.).

ПЕРЕФРАЗИ́РОВАТЬ, -рую, -руешь; -анный; *сов. и несов., что.* Передать (-давать) чьи-н. слова, изречение, фразу в несколько изменённом виде. ‖ *сущ.* **перефразиро́вка**, -и, *ж.*

ПЕРЕХВАЛИ́ТЬ, -алю́, -а́лишь; -а́ленный; *сов., кого-что* (разг.). Похвалить больше чем следует; захвалить. *Зазнался, потому что перехвалили.* ‖ *несов.* **перехва́ливать**, -аю, -аешь.

ПЕРЕХВАТИ́ТЬ, -ачу́, -а́тишь; -а́ченный; *сов.* **1.** *кого-что.* Захватить, схватить на пути следования. *П. письмо. П. беглеца. П. чей-н. взгляд* (перен.: поймать, уловить). **2.** *кого-что.* То же, что обвязать (в 1 знач.). *П. чемодан ремнём. П. талию поясом.* **3.** *что.* Схватить иначе, по-другому. *П. топор поудобнее.* **4.** (1 и 2 л. не употр.), *что.* О спазматическом движении: задержать, приостановить. *Радость перехватила дыхание. От ветра перехватило* (безл.) *горло.* **5.** *перен., что и чего.* Перекусить немного и в спешке (разг.). *П. всухомятку.* **6.** *перен., что и чего.* Взять взаймы на короткое время (разг.). *П. деньжат до получки.* **7.** *перен.* Проявить неумеренность в чём-н. (разг.). *П. в шутках, в похвалах. П. через край.* ‖ *несов.* **перехва́тывать**, -аю, -аешь. ‖ *сущ.* **перехва́тывание**, -я, *ср.* (к 1, 3, 4, 6 и 7 знач.), **перехва́т**, -а, *м.* (к 1 знач.) *и* **перехва́тка**, -и, *ж.* (к 5 и 6 знач.). *Перехват воздушных целей* (спец.).

ПЕРЕХВА́ТЧИК, -а, *м.* Тот, кто перехватывает, идёт кому-н. наперехват. *Истребитель-п. Ракета-п.*

ПЕРЕХВОРА́ТЬ, -а́ю, -а́ешь; *сов., чем.* То же, что переболеть (в 1 знач.). ‖ *несов.* **перехва́рывать**, -аю, -аешь.

ПЕРЕХИТРИ́ТЬ, -рю́, -ри́шь; -рённый (-ён, -ена́); *сов., кого (что).* Превзойти в хитрости. *П. неприятеля.*

ПЕРЕХЛЕСТНУ́ТЬ, -ну́, -нёшь; -хлёстнутый; *сов.* **1.** *кого-что, через кого-что.* Хлестнув (см. хлестать во 2 знач.), перелиться через край. *Волна перехлестнула лодку.* **2.** *перен.* То же, что перехватить (в 7 знач.). *П. в критике.* ‖ *несов.* **перехлёстывать**, -аю, -аешь. ‖ *сущ.* **перехлёст**, -а, *м. П. волн.*

ПЕРЕХО́Д, -а, *м.* **1.** *см.* перейти. **2.** Место, пригодное для пешей переправы, а также место, предназначенное для пешеходов, пересекающих улицу. *П. через ручей. Светофор у перехода. Подземный п.* **3.** Коридор, галерея или иное место, соединяющее одно помещение с другим. *Крытый п.* **4.** Суточная норма походного движения, расстояние, покрываемое за сутки. *Суточный п. В двух переходах от города.* ‖ *прил.* **перехо́дный**, -ая, -ое (ко 2 знач.) *и* **переходно́й**, -а́я, -о́е (ко 2 знач.).

ПЕРЕХОДИ́ТЬ[1] *см.* перейти.

ПЕРЕХОДИ́ТЬ[2], -хожу́, -хо́дишь; -хо́женный; *сов.* (разг.). То же, что исходить[1]. *Все дороги перехожены. Хожено-перехожено где-н.* (безл., много раз хожено).

ПЕРЕХО́ДНЫЙ, -ая, -ое. **1.** *см.* перейти *и* переход. **2.** Промежуточный, являющийся переходом от одного состояния к другому. *П. возраст. П. период.* **3.** В грамматике о глаголе: требующий после себя прямого дополнения в форме винительного падежа без предлога со знач. объекта. ‖ *сущ.* **перехо́дность**, -и, *ж.* (ко 2 и 3 знач.).

ПЕРЕХОДЯ́ЩИЙ, -ая, -ее. **1.** О производственных и спортивных наградах: передаваемый новому победителю в соревнованиях, состязании. *П. кубок. Переходящее знамя. П. вымпел.* **2.** Перечисляемый, переносимый на следующий год (спец.). *Переходящие суммы. Переходящие темы исследований.*

ПЕРЕХОРОНИ́ТЬ, -роню́, -ро́нишь; -ро́ненный; *сов., кого-что.* **1.** Выкопав из могилы, похоронить в новом месте. *П. прах.* **2.** Похоронить многих (разг.). ‖ *несов.* **перехора́нивать**, -аю, -аешь (к 1 знач.).

ПЕ́РЕЦ, -рца (-рцу), *м.* **1.** Южное растение, а также плоды (зёрна) его, обладающие острым жгучим вкусом, употр. как пряность. *Чёрный п. Посыпать перцем* (молотым). **2.** Овощное растение сем. паслёновых с плодами в виде стручков. *Фаршированный п.* **3.** *перен.* О язвительном, насмешливом человеке (разг.). *Ну и п. же девка: как отбрила!* ✦ **Задать перцу** *кому* (разг.) — выбранить, наказать. **С перцем** (разг.) — о чём-н. остроумном и язвительном. ‖ *прил.* **перцо́вый**, -ая, -ое (к 1 и 2 знач.), **пе́рцевый**, -ая, -ое (к 1 и 2 знач.) *и* **пе́речный**, -ая, -ое (к 1 и 2 знач.). *Перцовый пластырь* (согревающий). *Перечный лист. Семейство перечных* (сущ.).

ПЕ́РЕЧЕНЬ, -чня, *м.* Перечисление кого-чего-н. по порядку, а также список с таким перечислением. *П. наглядных пособий.* ‖ *прил.* **пе́речневый**, -ая, -ое.

ПЕРЕЧЕРКА́ТЬ, -а́ю, -а́ешь; -че́рканный и **ПЕРЕЧЁРКАТЬ**, -аю, -аешь; -чёрканный; *сов., что* (разг.). Исчеркать, зачеркнуть многое. *П. рукопись.* ‖ *несов.* **перечёркивать**, -аю, -аешь.

ПЕРЕЧЕРКНУ́ТЬ, -ну́, -нёшь; -чёркнутый; *сов., что.* Зачеркнуть совсем, целиком. *П. страницу. П. былые заслуги* (перен.: свести на нет их роль, значение). ‖ *несов.* **перечёркивать**, -аю, -аешь. ‖ *сущ.* **перечёркивание**, -я, *ср.*

ПЕРЕЧЕРТИ́ТЬ, -ерчу́, -е́ртишь; -е́рченный; *сов., что.* **1.** Начертить заново. *П. чертёж.* **2.** Черчением скопировать. *П. план на кальку.* ‖ *несов.* **перече́рчивать**, -аю, -аешь. ‖ *сущ.* **перече́рчивание**, -я, *ср.*

ПЕРЕЧЕ́СТЬ[1], -чту́, -чтёшь; -чёл, -чла́; -чтённый (-ён, -ена́); -чтя́; *сов., кого-что* (разг.). То же, что пересчитать (во 2 знач.). *П. деньги.* ✦ **Не перечесть** *кого-чего* (разг.) — очень много. *Гостей не перечесть.*

ПЕРЕЧЕ́СТЬ[2], -чту́, -чтёшь; -чёл, -чла́; *сов., кого-что* (разг.). То же, что перечитать. *П. любимые стихи.*

ПЕРЕЧИСЛЕ́НИЕ, -я, *ср.* **1.** *см.* перечислить. **2.** Перечисленная (в 3 знач.) сумма (спец.). *Получено п.*

ПЕРЕЧИ́СЛИТЬ, -лю, -лишь; -ленный; *сов.* **1.** *кого-что.* Назвать, упомянуть всех, всё. *П. явившихся.* **2.** *кого-что.* Зачислить в другое место. *П. в резерв.* **3.** *что.* Перевести, зачислив на другой счёт. *П. деньги на текущий счёт.* ‖ *несов.* **перечисля́ть**, -я́ю, -я́ешь. ‖ *сущ.* **перечисле́ние**, -я, *ср. Платить по перечислению.* ‖ *прил.* **перечисли́тельный**, -ая, -ое.

ПЕРЕЧИТА́ТЬ, -а́ю, -а́ешь; -и́танный; *сов., кого-что.* **1.** Прочитать заново. *П. Пушкина.* **2.** Прочитать много чего-н. *П. все журналы.* ‖ *несов.* **перечи́тывать**, -аю, -аешь (к 1 знач.).

ПЕРЕ́ЧИТЬ, -чу, -чишь; *несов., кому* (прост.). Говорить, поступать наперекор. *П. старшим.*

ПЕ́РЕЧНИЦА, -ы, *ж.* Сосуд для молотых зёрен перца. *Фарфоровая п.* ✦ **Чёртова (старая) перечница** [шн] (прост. бран.) — о сварливой и злой старухе.

ПЕ́РЕЧНЫЙ *см.* перец.

ПЕРЕЧУ́ВСТВОВАТЬ, -твую, -твуешь; -анный; *сов., что.* Прочувствовать, испытать многое.

ПЕРЕШАГНУ́ТЬ, -ну́, -нёшь; *сов., кого-что и через кого-что.* Шагнув, перейти. *П. порог и через порог. П. через препятствие* (также перен.: преодолеть его). ‖ *несов.* **перешаги́вать**, -аю, -аешь.

ПЕРЕШЕ́ЕК, -е́йка, *м.* Полоса суши, соединяющая два материка или находящаяся между двумя водоёмами. *Суэцкий п.* || *прил.* **перешéечный**, -ая, -ое.

ПЕРЕШЕРСТИ́ТЬ, 1 л. ед. не употр., -ти́шь; *сов., кого-что* (прост.). То же, что перетасовать (во 2 знач.).

ПЕРЕШЁПТЫВАТЬСЯ, -аюсь, -аешься; *несов., с кем.* Переговариваться шёпотом. *П. с соседом.* || *однокр.* **перешепну́ться**, -ну́сь, -нёшься.

ПЕРЕШИБИ́ТЬ, -бу́, -бёшь; -ши́б, -ши́бла; -ши́бленный; *сов., что* (разг.). Переломить ударом. *Плетью обуха не перешибёшь* (посл.). || *несов.* **перешиба́ть**, -а́ю, -а́ешь. || *сущ.* **переши́б**, -а, *м.* (прост.).

ПЕРЕШИ́ТЬ, -шью́, -шьёшь; -ше́й; -и́тый; *сов., что.* Переделать (сшитую вещь), сшить, пришить по-другому. *П. пальто. П. крючок.* || *несов.* **перешива́ть**, -а́ю, -а́ешь. || *сущ.* **перешива́ние**, -я, *ср.* и **переши́вка**, -и, *ж. Отдать костюм в перешивку.* || *прил.* **переши́вочный**, -ая, -ое.

ПЕРЕЩЕГОЛЯ́ТЬ, -я́ю, -я́ешь; *сов., кого (что)* (разг.). Превзойти в чём-н. (*первонач.* в нарядах, в щегольстве). *П. в остроумии.*

ПЕРЕЭКЗАМЕНОВА́ТЬ, -ну́ю, -ну́ешь; *сов., кого (что).* Произвести переэкзаменовку.

ПЕРЕЭКЗАМЕНО́ВКА, -и, *ж.* Вторичный экзамен (после неудовлетворительного ответа на первом). *Назначить переэкзаменовку на осень.*

ПЕРЁД, пе́реда, *мн.* переда́, -о́в, *м.* Передняя часть чего-н. *Повернуться к зеркалу передом. П. саней. П. платья.*

ПЕРИГЕ́Й, -я, *м.* (спец.). Ближайшая к Земле точка лунной орбиты или орбиты искусственного спутника Земли; *противоп.* апогей. || *прил.* **периге́йный**, -ая, -ое.

ПЕРИ́ЛА, -и́л. Ограждение по краю лестницы, балкона, моста. *Деревянные, чугунные п. Опереться на п.* || *уменьш.* **пери́льца**, -лец. || *прил.* **пери́льный**, -ая, -ое. *Перильные ограждения.*

ПЕРИ́МЕТР, -а, *м.* В математике: граница плоской фигуры, а также длина этой границы. || *прил.* **периметри́ческий**, -ая, -ое.

ПЕРИ́НА, -ы, *ж.* Мягкая толстая подстилка на кровать в виде длинного мешка, набитого пухом или перьями. *Пуховая п. Взбить перину.* || *уменьш.* **пери́нка**, -и, *ж.* || *прил.* **пери́нный**, -ая, -ое.

ПЕРИ́ОД, -а, *м.* **1.** Промежуток времени, в течение к-рого что-н. происходит (начинается, развивается и заканчивается). *Послевоенный п. П. расцвета. Инкубационный п. болезни. Первый п. игры.* **2.** В математике: 1) **период функции** — величина, при прибавлении к-рой к аргументу нек-рой функции значение функции не меняется; 2) **период дроби** — повторяющаяся группа цифр в записи бесконечной дроби. **3.** Относительно законченный фрагмент текста, части к-рого связаны между собой синтаксически, лексически и интонационно (спец.). || *прил.* **периоди́ческий**, -ая, -ое (ко 2 знач.). *Периодическая дробь. Периодическая речь.*

ПЕРИОДИЗА́ЦИЯ, -и, *ж.* Деление на периоды (в 1 знач.). *П. русской истории.*

ПЕРИО́ДИКА, -и, *ж., собир.* Периодические издания (газеты, журналы, ежегодники). *Отдел периодики в библиотеке.*

ПЕРИОДИ́ЧЕСКИЙ, -ая, -ое. **1.** *см.* период. **2.** Повторяющийся время от времени, наступающий в определённые промежутки времени, периоды. *Периодические приступы болезни. Повторяться периодически* (нареч.). **3.** Выходящий (из печати) через определённые промежутки времени. *Периодические издания. Периодическая печать* (газеты, журналы).

ПЕРИОДИ́ЧНЫЙ, -ая, -ое; -чен, -чна. То же, что периодический (во 2 знач.). *Периодичные вспышки болезни.* || *сущ.* **периоди́чность**, -и, *ж.*

ПЕРИПЕТИ́Я, -и, *ж.* (книжн.). Внезапное осложняющее событие (*первонач.* в драме или романе), а также смена, внезапные перевороты в ходе событий, в судьбе. *Сложные жизненные перипетии.*

ПЕРИСКО́П, -а, *м.* Оптический прибор для наблюдений из укрытий (из блиндажа, с подводной лодки, из броневой башни). *Артиллерийский, танковый, окопный, корабельный п.* || *прил.* **периско́пный**, -ая, -ое.

ПЕРИСТА́ЛЬТИКА, -и, *ж.* (спец.). Волнообразные сокращения стенок полых трубчатых органов (желудка, кишок, мочеточников и др.). || *прил.* **перистальти́ческий**, -ая, -ое.

ПЕ́РИСТЫЙ, -ая, -ое. **1.** Имеющий оперение (в 1 знач.); с густым, пышным оперением. *Перистые крылья.* **2.** По форме напоминающий перья. *Перистые облака. Перистые листья.*

ПЕРИТОНИ́Т, -а, *м.* (спец.). Воспаление брюшины.

ПЕРИФЕРИ́Я, -и, *ж.* **1.** Часть чего-н., удалённая от центра (спец.). *П. сетчатки глаза.* **2.** Местность, удалённая от центра. *Работать на периферии. Приехать с периферии.* || *прил.* **перифери́йный**, -ая, -ое и **перифери́ческий**, -ая, -ое (к 1 знач.).

ПЕРИФРА́З, -а, *м.* и **ПЕРИФРА́ЗА**, -ы, *ж.* (спец.). Выражение, описательно передающее смысл другого выражения или слова, напр. «пишущий эти строки» вместо «я» в авторской речи. || *прил.* **перифрасти́ческий**, -ая, -ое.

ПЕРИФРАЗИ́РОВАТЬ, -рую, -руешь; -анный; *сов.* и *несов., кого-что* (спец.). Изложить (-лагать) перифразами, другими словами. || *сущ.* **перифрази́рование**, -я, *ср.* и **перифразиро́вка**, -и, *ж.*

ПЕРЛ, -а, *м.* **1.** Жемчуг, жемчужина (устар.). *Ожерелье из перлов. Перлы зубов* (перен.: о белых, блестящих зубах). **2.** *перен., чего.* Нечто замечательное, прекрасное (устар. высок. и ирон.). *П. творения. Перлы остроумия.* **3.** Нечто нелепое и смешное, бессмысленное (разг. ирон.). *В речи оратора — сплошные перлы.* || *прил.* **пе́рловый**, -ая, -ое (к 1 знач.) и **перло́вый**, -ая, -ое (к 1 знач.). *Перловое ожерелье. Перловая белизна* (перен.: как у жемчуга).

ПЕРЛАМУ́ТР, -а, *м.* Твёрдый внутренний слой раковин нек-рых моллюсков — ценное вещество с переливчатой радужной окраской. || *прил.* **перламу́тровый**, -ая, -ое. *Перламутровая пуговица.*

ПЕРЛАМУ́ТРОВЫЙ, -ая, -ое. **1.** *см.* перламутр. **2.** Переливчатый, серебристо-розовый, напоминающий окраску перламутра. || *сущ.* **перламу́тровость**, -и, *ж.*

ПЕРЛО́ВКА, -и, *ж.* (разг.). Перловая крупа.

ПЕРЛО́ВЫЙ, -ая, -ое. **1.** *см.* перл. **2. перловая крупа** — крупа из ячменя. **3.** Приготовленный из такой крупы. *П. суп. Перловая каша.*

ПЕРЛЮСТРИ́РОВАТЬ, -рую, -руешь; -анный; *сов.* и *несов., что* (спец.). Просмотреть (-матривать) почтовые отправления с целью надзора, цензуры. *П. письма.* || *сущ.* **перлюстра́ция**, -и, *ж.* || *прил.* **перлюстрацио́нный**, -ая, -ое.

ПЕРМАНЕ́НТ, -а, *м.* Долго держащаяся завивка. *Сделать п.*

ПЕРМАНЕ́НТНЫЙ, -ая, -ое; -тен, -тна (книжн.). Постоянный, непрерывно продолжающийся. *Перманентное развитие.* || *сущ.* **перманéнтность**, -и, *ж.*

ПЕРМЯКИ́, -о́в, *ед.* -я́к, -яка́, *м.* Прежнее название коми-пермяков. || *ж.* **пермя́чка**, -и. || *прил.* **пермя́цкий**, -ая, -ое.

ПЕРМЯ́ЦКИЙ, -ая, -ое (устар.). **1.** *см.* пермяки. **2.** То же, что коми-пермяцкий (во 2 знач.). *По-пермяцки* (нареч.).

ПЕРНА́ТЫЙ, -ая, -ое. Покрытый перьями[1] (в 1 знач.), с перьевым покровом. *Пернатое население леса. Царство пернатых* (сущ.; о птицах).

ПЕРО́[1], -а́, *мн.* пе́рья, -ьев, *ср.* **1.** Роговое образование кожи у птиц — полый стерженёк с пушистыми отростками по бокам. *Маховые перья* (на крыльях). *Пуховые перья* (пух). *Опахало из страусовых перьев. Набить подушку пером* (собир.: перьями). *П.-пух* (перья и пух как предмет заготовок, торговли). **2.** До появления стальных перьев: орудие для писания чернилами — расщеплённое и отточенное гусиное перо[1] (в 1 знач.). *Что написано пером, того не вырубишь топором* (посл.). **3.** Плавник рыбы (спец.). *Плавательное п.* **4.** Стреловидный лист лука, чеснока. || *уменьш.* **пёрышко**, -а, *мн.* -шки, -шек, -шкам, *ср.* || *прил.* **перьево́й**, -а́я, -о́е (к 1, 2 и 3 знач.) и **перово́й**, -а́я, -о́е (к 1 и 3 знач.). *Перьевой покров птиц. Перовой рисунок* (пером).

ПЕРО́[2], -а́, *мн.* пе́рья, -ьев, *ср.* **1.** Маленькая выгнутая стальная пластинка с расщеплённым концом для писания чернилами, тушью. *Взяться за п.* (перен.: начать писать). **2.** *перен.* О писательском труде, стиле. *Вышло из-под пера кого-н.* (написано кем-н.). *Бойкое п. у кого-н.* (о том, кто легко и быстро пишет). *Проба пера* (попытка писать, произведения начинающего; обычно ирон.). *Разбойники (мошенники) пера* (о беспринципных и продажных писаках). || *уменьш.* **пёрышко**, -а, *мн.* -шки, -шек, -шкам, *ср.* (к 1 знач.). || *прил.* **перьево́й**, -а́я, -о́е (к 1 знач.). *Шариковые и перьевые ручки.*

ПЕРОЧИ́ННЫЙ, -ая, -ое: **перочинный нож** — небольшой складной карманный нож (*первонач.* для чинки гусиных перьев.).

ПЕРПЕНДИКУЛЯ́Р, -а, *м.* В математике: прямая, составляющая прямой угол с другой прямой или плоскостью. *Опустить п.*

ПЕРПЕНДИКУЛЯ́РНЫЙ, -ая, -ое; -рен, -рна. Являющийся перпендикуляром. *Перпендикулярные линии. Расположить перпендикулярно* (нареч.) *к чему-н.* || *сущ.* **перпендикуля́рность**, -и, *ж.*

ПЕРПЕ́ТУУМ-МО́БИЛЕ, *нескл., м.* и *ср.* (книжн.). В идеальных представлениях: вечный двигатель. *Изобретатели перпетуум-мобиле.*

ПЕРРО́Н, -а, *м.* Пассажирская платформа на железнодорожной станции. || *прил.* **перро́нный**, -ая, -ое.

ПЕ́РСИ, -ей (стар.). То же, что грудь (в 1 и 2 знач.).

ПЕРСИ́ДСКИЙ, -ая, -ое. **1.** *см.* персы. **2.** То же, что иранский. *П. язык* (фарси; иранской группы индоевропейской семьи языков). *П. залив* (на северо-западе Индийского океана, у берегов Азии). *П. ковёр. Персидская шаль* (кашемировая, с ярким рисунком). *Персидская кошка* (порода). *По-персидски* (нареч.).

ПЕ́РСИК, -а, *м.* Южное фруктовое дерево сем. розоцветных, дающее сочные мясистые плоды с пушистой кожицей и крупной косточкой, а также самый плод его. *Щёки как п.* (румяные, с пушком). ‖ *прил.* **пе́рсиковый**, -ая, -ое. *П. джем.*

ПЕ́РСИКОВЫЙ, -ая, -ое. **1.** *см.* персик. **2.** Цвета персика, жёлто-красный.

ПЕРСО́НА, -ы, *ж.* (книжн. и ирон.). Личность, особа. *Обед на десять персон. Важная п. Собственной персоной* (сам, лично; ирон.). ✦ **Персона грата** (спец.) — дипломатический представитель, пользующийся дипломатическим иммунитетом. **Персона нон грата** (спец.) — дипломатический представитель, к-рому отказано в доверии и дипломатическом иммунитете со стороны правительства той страны, в к-рой он пребывает.

ПЕРСОНА́Ж, -а, *м.* Действующее лицо в литературном произведении, в представлении, а также лицо как предмет жанровой живописи. *Комический п. Персонажи Островского. Персонажи полотен Сурикова.*

ПЕРСОНА́Л, -а, *м.* Личный состав или работники учреждения, предприятия, составляющие группу по профессиональным или служебным признакам. *Технический п. Медицинский п. Обслуживающий п. Женский п. госпиталя.* ‖ *прил.* **персона́льный**, -ая, -ое (устар.). *П. состав.*

ПЕРСОНА́ЛЬНЫЙ, -ая, -ое. **1.** *см.* персонал. **2.** Относящийся только к одному лицу, касающийся только одного лица. *П. компьютер* (настольная или портативная микроЭВМ). *Персональное приглашение. Персональная пенсия* (за особые заслуги). *Персональное дело* (общественное разбирательство чьего-н. проступка).

ПЕРСПЕКТИ́ВА, -ы, *ж.* **1.** Искусство изображать на плоскости трёхмерное пространство в соответствии с тем кажущимся изменением величины, очертаний, чёткости предметов, к-рое обусловлено степенью отдалённости их от точки наблюдения. *Законы перспективы.* **2.** Вид, картина природы с какого-н. отдалённого пункта наблюдения, видимая даль. *Морская п.* **3.** *перен.*, обычно *мн.* Будущее, ожидаемое, виды на будущее. *Хорошие перспективы на урожай. В перспективе* (в будущем, впереди). ‖ *прил.* **перспекти́вный**, -ая, -ое (к 1 и 3 знач.; спец.). *Перспективная аэрофотосъёмка. П. план работ.*

ПЕРСПЕКТИ́ВНЫЙ, -ая, -ое; -вен, -вна. **1.** *см.* перспектива. **2.** Имеющий хорошие перспективы (в 3 знач.), способный успешно развиваться в будущем. *Перспективные предложения. П. сорт семян. П. работник* (растущий; разг.). ‖ *сущ.* **перспекти́вность**, -и, *ж.*

ПЕРСТ, -а́, *м.* (устар.). То же, что палец (в 1 знач.; обычно о пальце на руке). *П. указующий* (о непререкаемости распоряжения вышестоящего лица; высок. и ирон.). *Один как п.* (совсем один). ‖ *прил.* **пе́рстный**, -ая, -ое (стар.).

ПЕ́РСТЕНЬ, -тня, *мн.* -тни, -ей *и* -е́й, *м.* Кольцо (во 2 знач.) (обычно с драгоценным камнем). *Руки в перстнях* (со многими перстнями). ‖ *уменьш.* **перстенёк**, -нька́, *м.* ‖ *прил.* **пе́рстневый**, -ая, -ое.

ПЕ́РСЫ, -ов, *ед.* перс, -а, *м. и* (устар.) персия́нин, -а, *м.* Прежнее название иранцев; сейчас — название нации фарсов, составляющей около половины населения Ирана. ‖ *ж.* **персия́нка**, -и. ‖ *прил.* **перси́дский**, -ая, -ое.

ПЕРТУРБА́ЦИЯ, -и, *ж.* Внезапное изменение, осложнение в обычном ходе чего-н., вносящее расстройство, беспорядок.

ПЕРУА́НСКИЙ, -ая, -ое. **1.** *см.* перуанцы. **2.** Относящийся к перуанцам, к их языкам (испанскому и индейскому языку кечуа), национальному характеру, образу жизни, культуре, а также к Перу, его территории, внутреннему устройству, истории; такой, как у перуанцев, как в Перу. *Перуанские департаменты. Перуанское течение* (холодное, у западных берегов Южной Америки). *Перуанское серебро. Перуанские танцы. По-перуански* (нареч.).

ПЕРУА́НЦЫ, -ев, *ед.* -а́нец, -нца, *м.* Латиноамериканский народ, составляющий основное население Перу. ‖ *ж.* **перуа́нка**, -и. ‖ *прил.* **перуа́нский**, -ая, -ое.

ПЕРФОКА́РТА, -ы, *ж.* (спец.). Сокращение: перфорационная карта — карточка стандартной формы с пробитыми на ней в определённом порядке отверстиями, несущими закодированную информацию.

ПЕРФОЛЕ́НТА, -ы, *ж.* (спец.). Сокращение: перфорационная лента — узкая лента с пробитыми на ней в определённом порядке отверстиями, несущими закодированную информацию.

ПЕРФОРА́ТОР, -а, *м.* (спец.). **1.** Устройство для записи информации на перфолентах и перфокартах. *Электромагнитный п. Автоматический п.* **2.** Устройство для пробивания отверстий (напр. краевых отверстий на киноленте). **3.** Машина для бурения горных пород; бурильный молоток. ‖ *прил.* **перфора́торный**, -ая, -ое *и* **перфорацио́нный**, -ая, -ое. *Перфорационная карта, лента.*

ПЕРФОРИ́РОВАТЬ, -рую, -руешь; -анный; *сов.* и *несов., что* (спец.). Пробить (-ивать) отверстия на перфоленте и перфобумаге, а также краевые отверстия (на бумаге, киноплёнке). *Перфорирующее устройство.* ‖ *сов.* также **отперфори́ровать**, -рую, -руешь; -анный. ‖ *сущ.* **перфора́ция**, -и, *ж.*

ПЕРХА́ТЬ, -а́ю, -а́ешь; *несов.* (прост.). Покашливать от перхоты.

ПЕРХО́ТА, -ы, *ж.* (прост.). Ощущение зуда, щекотание в горле. ‖ *прил.* **перхо́тный**, -ая, -ое.

ПЕ́РХОТЬ, -и, *ж., собир.* Мелкие шелушащиеся частицы кожи на голове. *Воротник обсыпан перхотью.* ‖ *прил.* **пе́рхотный**, -ая, -ое.

ПЕ́РЦЕВЫЙ *см.* перец.

ПЕРЦО́ВКА, -и, *ж.* Водка, настоянная на перце. ‖ *прил.* **перцо́вочный**, -ая, -ое.

ПЕРЦО́ВЫЙ *см.* перец.

ПЕРЧА́ТКА, -и, *ж.* **1.** Предмет одежды, закрывающий руку от запястья до конца пальцев и каждый палец в отдельности. *Вязаные, кожаные, трикотажные перчатки. Длинные перчатки* (выше запястья). *Резиновые перчатки* (для специального пользования). *Бросить перчатку кому-н.* (также перен.: вызвать на борьбу, на состязание; *первонач.* знак вызова на дуэль). *Поднять перчатку* (также перен.: принять вызов; устар.). **2.** У боксёров: надеваемый на руку предмет спортивного снаряжения в форме утолщённой и мягкой сжатой в кулак кисти. *Боксёрская п. Первая п.* (перен.: о лучшем боксёре). ‖ *прил.* **перча́точный**, -ая, -ое (к 1 знач.). *Перчаточная фабрика. Перчаточные куклы* (в кукольном театре: на перчатках).

ПЕРЧЁНЫЙ, -ая, -ое. Посыпанный перцем, с перцем. *Перчёное мясо. П. салат. Перчёные маринады.*

ПЕ́РЧИТЬ, -чу, -чишь; пе́рченный и **ПЕРЧИ́ТЬ**, -чу́, -чи́шь; перчённый (-ён, -ена́); *несов., что.* Посыпать перцем. *П. суп.* ‖ *сов.* **напе́рчить**, -чу, -чишь; -ченный *и* **наперчи́ть**, -чу́, -чи́шь; -чённый (-ён, -ена́), **попе́рчить**, -чу, -чишь; -ченный *и* **поперчи́ть**, -чу́, -чи́шь; -чённый (-ён, -ена́).

ПЕРШЕРО́Н, -а, *м.* Лошадь — тяжеловоз крупной и выносливой породы. ‖ *прил.* **першеро́нский**, -ая, -ое. *Першеронская порода.*

ПЕРШИ́ТЬ, -и́т; *безл.; несов.* (разг.). Об ощущении перхоты. *В горле першит.*

ПЕРЬЕВО́Й[1-2] *см.* перо[1-2].

ПЕ́СЕННИК, -а, *м.* **1.** Сборник песен. **2.** Исполнитель песен. *Певец-п.* **3.** Автор песен или композитор песенной музыки. *Поэт-п.* ‖ *ж.* **пе́сенница**, -ы (ко 2 знач.).

ПЕ́СЕННЫЙ *см.* песня.

ПЕСЕ́ТА, -ы, *ж.* Денежная единица в Испании.

ПЕСЕ́Ц, -сца́, *м.* Хищное млекопитающее сем. псовых с ценным мехом, а также самый мех его (зимой белый). *Голубой п.* (порода с шерстью голубоватого отлива). ‖ *прил.* **песцо́вый**, -ая, -ое.

ПЕСКА́РЬ, -я́, *м.* Маленькая речная рыбка сем. карповых. *Премудрый п.* (о трусливом мещанине [по названию сказки Салтыкова-Щедрина]). ‖ *прил.* **пескари́ный**, -ая, -ое.

ПЕСКОЛЮБИ́ВЫЙ, -ая, -ое; -и́в (спец.). О растениях: хорошо произрастающий на песчаной почве. ‖ *сущ.* **песколюби́вость**, -и, *ж.*

ПЕСКОСТРУ́ЙКА, -и, *ж.* (разг.). Пескоструйный аппарат.

ПЕСКОСТРУ́ЙНЫЙ, -ая, -ое (спец.). Относящийся к обработке при помощи песка, бьющего под сильным напором воздушной струи. *Пескоструйная обработка. П. аппарат.*

ПЕСНОПЕ́ВЕЦ, -вца, *м.* (стар.). Поэт, слагающий торжественные стихи, гимны; исполнитель песнопений. ‖ *прил.* **песнопе́веческий**, -ая, -ое. *П. дар.*

ПЕСНОПЕ́НИЕ, -я, *ср.* Религиозная или торжественная песнь. *Духовные песнопения.*

ПЕСНЬ, -и, *род. мн.* -ней, *ж.* **1.** То же, что песня (в 1 знач.) (устар. и высок.). *П. любви.* **2.** Поэтическое произведение эпического или героического характера (устар. и высок.). *«П. о вещем Олеге» Пушкина.* **3.** Глава поэмы. *П. первая.* ✦ **Песнь песней** (книжн.) — 1) раздел Ветхого Завета — собрание лирических песен о всепреодолевающей силе любви; 2) о произведении большого значения и большого творческого подъёма.

ПЕ́СНЯ, -и, *род. мн.* пе́сен, ж. **1.** Стихотворное и музыкальное произведение для исполнения голосом, голосами. *Русские народные песни. Хоровые, плясовые песни. Песни военных лет. Авторы популярных песен. П. без слов* (напев, напоминающий песню). **2.** Звуки птичьего пения. *Соловьиная п. Песни жаворонка.* ✦ **Ста́рая песня** или **старая (знакомая) песня** (разг.) — о повторении чего-н. старого, давно известного, о надоевшей, избитой теме. **Долгая песня** (разг.) — о длинном, с[...]чном деле, разговоре. **Лебединая песня** [...] последнее проявление таланта. **Пе[...] (песенка) спета чья** (разг.) — чья-н. жизнь, успехи, деятельность кончаются, кончились. ‖ *уменьш.* **пе́сенка**, -и, *ж.* ‖ *прил.* **пе́сенный**, -ая, -ое (к 1 знач.). *Песенная музыка.*

ПЕ́СО, *нескл., ср.* Денежная единица в странах Латинской Америки и в нек-рых других.

ПЕСО́К, -ска́ (-ску́), *м.* **1.** Рыхлая осадочная горная порода, состоящая из зёрен кварца, полевых шпатов и мелких частиц иных твёрдых минералов. *Речной п. Золотоносный п. Строить на песке что-н.* (перен.: на ненадёжной основе). *П. сыплется из кого-н.* (очень стар; разг. шутл.). 2. *мн.* Пространства, покрытые такой породой. *В песках. Зыбучие пески. Поющие пески* (песчаные холмы, в к-рых песчинки, под действием ветра скатываясь по слоям крупного песка, издают громкие или мелодичные звуки). 3. То же, что сахарный песок. ‖ *уменьш.* **песочек**, -чка, *м.* (к 1 и 3 знач.). *Играть в п.* (о детях: строить, лепить что-н. из песка). ✦ **С песочком** (пробирать, обсуждать) *кого* (разг.) — резко и прямо, ничего не прощая. ‖ *прил.* песо́чный, -ая, -ое (к 1 и 3 знач.). *Песочные часы* (прибор для отсчёта времени: суженный в середине стеклянный сосуд с песком, к-рый пересыпается из одной части сосуда в другую за определённое, установленное время).

ПЕСО́ЧИНА, -ы, *ж.* (прост.). То же, что песчинка.

ПЕСО́ЧИТЬ, -чу, -чишь; *несов., кого (что)* (прост.). Резко критиковать, бранить. *П. лентяя на собрании.*

ПЕСО́ЧНИЦА, -ы, *ж.* 1. Коробочка с песком для посыпания (просушки) написанного чернилами (устар.). 2. В локомотиве: ящик с песком, автоматически выбрасываемым на рельсы при буксовании колёс (спец.). 3. Заполненный песком низкий широкий ящик для детской игры в песок. *Дети играют в песочнице.*

ПЕСО́ЧНЫЙ, -ая, -ое. 1. *см.* песок. 2. Коричневато-жёлтый, цвета песка. 3. О сдобном тесте и изделиях из него: сухой и рассыпчатый. *П. торт.* ‖ *сущ.* **песочность**, -и, *ж.* (ко 2 знач.).

ПЕССИМИ́ЗМ, -а, *м.* Мрачное мироощущение, при к-ром человек не верит в будущее, во всём склонен видеть унылое, плохое; *противоп.* оптимизм. ‖ *прил.* **пессимисти́ческий**, -ая, -ое.

ПЕССИМИ́СТ, -а, *м.* Человек пессимистического склада. *П. по натуре.* ‖ *ж.* **пессими́стка**, -и.

ПЕССИМИСТИ́ЧНЫЙ, -ая, -ое; -чен, -чна. Проникнутый пессимизмом. *П. тон.* ‖ *сущ.* **пессимисти́чность**, -и, *ж.*

ПЕСТ, -а́, *м.* Короткий тяжёлый стержень с округлым концом для толчения чего-н. в ступе. *Каменный, медный, деревянный п. Как п. в ложках* (погов. о том, кто постоянно мешает другим, действует не в лад). ‖ *прил.* **пестóвый**, -ая, -ое.

ПЕ́СТИК[1], -а, *м.* Женский орган цветка, из к-рого образуется плод после оплодотворения пыльцой. ‖ *прил.* **пе́стичный**, -ая, -ое *и* **пе́стиковый**, -ая, -ое.

ПЕ́СТИК[2], -а, *м.* Небольшой пест.

ПЕ́СТОВАТЬ, -тую, -туешь; -ованный; *несов., кого (что).* 1. То же, что нянчить (устар.). *П. дитя.* 2. *перен.* Заботливо, любовно выращивать, воспитывать (высок.). *П. таланты.* ‖ *сов.* **вы́пестовать**, -тую, -туешь; -ованный.

ПЕСТРЕ́ТЬ[1] (-рею́, -ре́ешь, 1 и 2 л. не употр.), -ре́ет; *несов.* 1. Становиться пёстрым, пестрее. *Осенью леса пестреют.* 2. *чем.* Быть пёстрым от чего-н. *Луга пестреют цветами.* 3. О чём-н. пёстром: виднеться. *Вдали пестрели цветы.*

ПЕСТРЕ́ТЬ[2] (-рю́, -ри́шь, 1 и 2 л. не употр.), -ри́т; *несов.* Часто попадаться на глаза, мелькать перед глазами (о чём-н. пёстром, разноцветном или вообще часто встречающемся). *Пестрят афиши на стенах.*

ПЕСТРИ́ТЬ, -рю́, -ри́шь; *несов.* 1. *что.* Делать пёстрым, придавать пёстрый вид чему-н. *П. ситец узорами.* 2. (1 и 2 л. не употр.). Быть слишком пёстрым. 3. (1 и 2 л. не употр.), *перен., чем.* Содержать что-н. часто повторяющееся, часто попадающееся на глаза, мелькающее перед глазами. *Диктант пестрит ошибками.* 4. *безл.* Об ощущении пестроты, ряби в глазах. *В глазах пестрит от множества разноцветных флажков.*

ПЕСТРОТКА́НЫЙ, -ая, -ое. О тканях: пёстрый от чередования в основе и утке разноцветных нитей.

ПЕ́СТРЯДЬ, -и и **ПЕСТРЯДИ́НА**, -ы, *ж.* (устар.). Грубая льняная или хлопчатобумажная ткань из разноцветных ниток, обычно домотканая. ‖ *прил.* **пестрядёвый**, -ая, -ое *и* **пестряди́нный**, -ая, -ое.

ПЕСТУ́Н, -а́, *м.* (устар.). Человек, к-рый пестует (в 1 знач.), воспитывает кого-н. ‖ *ж.* **пестýнья**, -и, *род. мн.* -ний.

ПЕСЦО́ВЫЙ *см.* песец.

ПЕСЧА́НИК, -а, *м.* Осадочная горная порода из спрессовавшегося песка. ‖ *прил.* **песча́никовый**, -ая, -ое.

ПЕСЧА́НЫЙ, -ая, -ое. 1. Состоящий из песка, несущий песок, покрытый песком. *П. берег. Песчаная почва. Песчаная буря. П. вихрь.* 2. О цвете: коричневато-жёлтый, песочный. *Песчаная окраска шерсти.*

ПЕСЧИ́НКА, -и, *ж.* Крупинка песка.

ПЕТА́РДА, -ы, *ж.* 1. Старинный разрывной снаряд в виде металлического сосуда, наполненного порохом. 2. Спрессованный дымный порох в артиллерийском снаряде, служащий для передачи огня заряду (устар.). 3. Накладываемый на рельсы разрывной снаряд, взрыв к-рого служит сигналом для немедленной остановки поезда в случае опасности. 4. В пиротехнике: снаряд, начинённый порохом, род фейерверка. ‖ *прил.* **пета́рдный**, -ая, -ое.

ПЕ́ТЕЛ, -ела, *м.* (стар. и обл.). То же, что петух (в 1 знач.).

ПЕ́ТЕЛЬНЫЙ *см.* петля.

ПЕТИ́Т, -а, *м.* Мелкий типографский шрифт (с высотой литер 3 мм). ‖ *прил.* **пети́тный**, -ая, -ое.

ПЕТИ́ЦИЯ, -и, *ж.* Коллективная просьба в письменной форме, обращенная к властям. *Подать петицию. Подписи под петицией.* ‖ *прил.* **петицио́нный**, -ая, -ое.

ПЕТЛИ́ЦА, -ы, *ж.* 1. Обмётанная или нашивная петля (обычно на борту мужской одежды как элемент отделки, украшения или как нагрудный знак отличия; устар.). *Орден в петлице. С цветком в петлице.* 2. Цветная, обычно продольная нашивка — знак различия на воротнике форменной одежды. ‖ *уменьш.* **петли́чка**, -и, *ж.* ‖ *прил.* **петли́чный**, -ая, -ое.

ПЕ́ТЛЯ, -и и **ПЕТЛЯ́**, -и́, *мн.* пе́тли, пе́тель, пе́тлям, *ж.* 1. (пе́тля). Сложенный и завязанный кольцом конец веревки, шнура, а также согнутая кольцом часть нити при плетении, вязании. *Завязать петлю. Поднять петлю на чулке.* 2. (пе́тля), *перен.* Сложенная кольцом и затягивающаяся верёвка, жгут как орудие казни, повешения, а также (перен.) сама такая казнь или очень тяжёлое, безнадёжное, безвыходное положение. *Виселица с петлёй. Разбойника ждёт петля. Хоть в петлю полезай* (о полном отсутствии какого-н. выхода; разг.). *Из петли вынуть кого-н.* (также перен.: избавить от верной гибели, опасности; разг.). 3. (пе́тля). Линия, круговое движение в виде замкнутой или полузамкнутой кривой. *Описать петлю. Дорога делает петлю. Мёртвая п.* (фигура высшего пилотажа — полёт по замкнутой кривой в вертикальной плоскости; спец.). 4. Прорезное отверстие в одежде для застёгивания, а также пришивная застёжка для пуговицы, крючка. *Обметать петли.* 5. Две металлические планки на стержне, служащие для навешивания створки, двери. *Дверь соскочила с петель.* ‖ *уменьш.* **пе́телька**, -и, *ж.* (к 1, 4 и 5 знач.). ‖ *прил.* **пе́тельный**, -ая, -ое (к 1, 4 и 5 знач.). *П. шов.*

ПЕТЛЯ́ТЬ, -я́ю, -я́ешь; *несов.* 1. Двигаться не прямо, делая петли (в 3 знач.). *Заяц петляет.* 2. (1 и 2 л. не употр.). О пути, реке: располагаться, течь извилисто, со многими изгибами. *Дорога петляет по лугам.* 3. *перен.* Путаться в рассказе, речи, крутить (в 4 знач.). *Не петляй, говори правду.*

ПЕТРОГРА́ФИЯ, -и, *ж.* Наука о горных породах. ‖ *прил.* **петрографи́ческий**, -ая, -ое.

ПЕТРУ́ШКА[1], -и, *ж.* Корнеплод сем. зонтичных, корень и листья к-рого употр. как приправа к кушаньям. ‖ *прил.* **петру́шечный**, -ая, -ое.

ПЕТРУ́ШКА[2], -и. 1. *м.* Кукла, главное комическое действующее лицо в народном русском кукольном представлении. 2. *ж.* Нечто нелепое, странное, смешное (прост. шутл.). *Какая-то п. вышла! Что за п.!* ‖ *прил.* **петру́шечный**, -ая, -ое (к 1 знач.).

ПЕТУ́НЬЯ, -и, *род. мн.* -ний, *ж.* Декоративное однолетнее садовое растение сем. паслёновых с крупными яркими, расходящимися колокольчиком цветками.

ПЕТУ́Х, -а́, *м.* 1. Самец домашних кур и нек-рых куриных. *Ходить петухом* (с гордым и важным видом; разг. ирон.). *Петухом налететь на кого-н.* (бойко и задиристо; разг.). *Индейский п.* (индюк). *П. куропатки.* 2. *перен.* О задорном человеке, забияке (разг.). ✦ **До петухов или с петухами** (встать, подняться) (разг.) — очень рано, с зарёй. **Красного петуха пустить** (разг.) — устроить пожар, поджечь (во 2 знач.). **Петуха пустить (дать)** (разг.) — сорвавшись на высокой ноте во время пения, издать пискливый звук. ‖ *уменьш.* **петушо́к**, -шка́, *м.* *Бежать петушком* (быстро семеня сбоку или позади кого-н.). ‖ *прил.* **петýший**, -ья, -ье (к 1 знач.) *и* **петуши́ный**, -ая, -ое (к 1 знач.). *Петуший гребень. Петушиный бой* (специально устраиваемое зрелище — бой двух петухов). *Петушиный голос* (также перен.: крикливый, резкий). *Петушиный задор* (также перен.: задиристое поведение).

ПЕТУШИ́ТЬСЯ, -у́сь, -и́шься; *несов.* (разг.). Вести себя задиристо и запальчиво, горячиться. ‖ *сов.* **распетуши́ться**, -у́сь, -и́шься.

ПЕТЬ, пою́, поёшь; пой; пе́тый; *несов.* 1. *что.* Издавать голосом музыкальные звуки, исполнять вокальное произведение. *П. песню. П. в опере. П. тенором.* 2. *кого-что.* Исполнять оперную партию. *П. Онегина.* 3. О певчих и нек-рых других птицах: издавать заливистые щелкающие звуки, свист. *Соловей поёт.* 4. *кого-что.* Восхвалять стихами, воспевать (устар. и высок.). *Пою мое отечество.* ✦ **Лазаря петь** (разг. презр.) — жаловаться на судьбу, прикидываться несчастным [*первонач.* лазарь — жалкий нищий]. **Петый дурак, петая дура** (устар.) — совершенный дурак, дура. ‖ *сов.* **пропе́ть**, -пою́, -поёшь (к 1, 2 и 3 знач.) *и* **спеть**, спою́, споёшь (к 1, 2 и 3 знач.). ‖ *многокр.* **пева́ть**, наст. вр. не употр. (к 1 и 2 знач.; разг.). ‖ *сущ.* **пе́ние**, -я, *ср.* (к 1, 2 и 3 знач.).

ПЕ́ТЬСЯ, поётся; *безл., несов., кому,* чаще с *отриц.* (разг.). О желании, предрасположенности петь. *Сегодня как-то не поётся.*

ПЕХО́ТА, -ы, *ж.* Род войск, действующих в пешем строю (с 1963 г. — мотострелковые войска). *Моторизованная п.* (в армиях нек-рых государств — название мотострелковых войск). *Воздушно-десантная п.* (воздушно-десантные войска). *Морская п.* (военные силы, предназначенные для морских десантов, а также для охраны побережья). *Матушка-п.* (доброжелательно о пехотинцах; разг.). ‖ *прил.* **пехо́тный**, -ая, -ое. *П. полк. П. офицер.*

ПЕХОТИ́НЕЦ, -нца, *м.* Военнослужащий пехоты. ‖ *прил.* **пехоти́нский**, -ая, -ое.

ПЕХТУРО́Й, *нареч.* (прост). То же, что пешком.

ПЕЧА́ЛИТЬ, -лю, -лишь; *несов., кого (что)* (устар. и книжн.). То же, что огорчать. ‖ *сов.* **опеча́лить**, -лю, -лишь; -ленный.

ПЕЧА́ЛИТЬСЯ, -люсь, -лишься; *несов.* Испытывать печаль, грустить, огорчаться. *Не печалься, всё будет хорошо.* ‖ *сов.* **опеча́литься**, -люсь, -лишься.

ПЕЧА́ЛЬ, -и, *ж.* **1.** Чувство грусти, скорби, состояние душевной горечи. *В глубокой печали. Тихая п.* **2.** То же, что забота (устар. и прост.). *Не твоя п. чужих детей качать* (посл.). *Тебе что за п.?* (какое тебе дело?) *Не было печали!* (говорится по поводу чего-н. неожиданного и неприятного; разг.).

ПЕЧА́ЛЬНЫЙ, -ая, -ое; -лен, -льна. **1.** Проникнутый печалью, вызывающий печаль, грустный. *Печальное настроение. П. голос, взгляд.* **2.** Вызывающий сожаление, достойный сожаления. *П. случай. Печально* (в знач. сказ.), *что скоро придётся уезжать.* **3.** В нек-рых сочетаниях: плохой, предосудительный. *Оставить печальную память о себе* (о том, кого плохо вспоминают). *Печальная известность у кого-н.* (известен с плохой стороны). *Печально* (нареч.) *известен кто-н.* ‖ *сущ.* **печа́льность**, -и, *ж.*

ПЕЧА́ТАТЬ, -аю, -аешь; -анный; *несов., что.* **1.** Размножать с помощью специальных аппаратов; воспроизводить, оттискивая с типографского набора, с клише, воспроизводить с негатива, плёнки. *П. книгу. П. узоры на ситце. П. на ротапринте. П. на пишущей машинке. Печатающее устройство.* **2.** Помещать в издании, публиковать. *П. статьи в журнале. Поэт печатает новый сборник.* ✦ **Печатать шаг** — твёрдо и чётко ставить ногу при ходьбе. ‖ *сов.* **напеча́тать**, -аю, -аешь; -анный. ‖ *сущ.* **печа́тание**, -я, *ср.* и **печа́ть**, -и, *ж.* (к 1 знач.). *Подготовить к печати. Подписано в п.* ‖ *прил.* **печа́тный**, -ая, -ое (к 1 знач.). *Печатное дело. Печатная машина. П. цех. П. лист* (единица типографского измерения печатного текста). *П. станок* (также перен.: о неограниченном выпуске денег, не обеспеченных золотым запасом).

ПЕЧА́ТАТЬСЯ, -аюсь, -аешься; *несов.* Помещать свои произведения, труды в печатных изданиях, издавать их. *П. в журналах. Поэт рано начал п.* ‖ *сов.* **напечататься**, -аюсь, -аешься.

ПЕЧА́ТКА, -и, *ж.* Небольшая нарезная печать на кольце, брелоке. *Серебряная п.*

ПЕЧА́ТНИК, -а, *м.* Работник полиграфической промышленности, специалист по печатному делу. ‖ *ж.* **печа́тница**, -ы.

ПЕЧА́ТНЫЙ, -ая, -ое. **1.** *см.* печатать. **2.** Напечатанный, появившийся в печати. *П. отзыв о спектакле.* **3.** Применяемый в печати, в печатании. *П. знак.* **4.** О прянике: с тиснением. ✦ **Печатные буквы** — имитирующие прямой печа́тный шрифт.

ПЕЧА́ТЬ, -и, *ж.* **1.** *см.* печатать. **2.** Способ печатания (спец.). *Высокая п.* (печатание с выступающего набора). *Глубокая п.* (печатание с углублённого набора). *Плоская п.* (с расположением печатающих и пробельных элементов на одной плоскости). **3.** Внешний вид напечатанного. *Чёткая п. Расплывчатая п.* **4.** Напечатанные произведения, повременные издания (газеты, журналы) (собир.), а также вообще издательское дело. *Российская п. Отзывы печати. Работник печати.* **5.** Пластинка или кружок с нарезными знаками для оттискивания их на бумаге (воске, сургуче), а также самый оттиск этих знаков, применяемый обычно для засвидетельствования, удостоверения чего-н. *Поставить п. Сургучная п. П. на документе. Книга за семью печатями* (перен.: о чём-н. совершенно непонятном, недоступном). *П. молчания или п. на устах* (перен.: о запрете говорить, о молчаливости; книжн.). **6.** Знак неприкосновенности на чём-н. запертом, закрытом; кусочек твёрдого материала с оттиснутым на нём шифром, надписью. *Свинцовая п. на дверях.* **7.** *перен., чего.* Знак, след, отпечаток чего-н. (высок.). *П. горя на лице. Отмечен печатью гения* (о гениальном человеке).

ПЕЧЕНЕ́ГИ, -ов, *ед.* -е́г, -а, *м.* Тюркские и сарматские племена, кочевавшие в 9—11 вв. на юго-востоке Европы. ‖ *прил.* **печене́жский**, -ая, -ое. *П. язык* (тюркской семьи языков).

ПЕЧЕНЕ́ЖСКИЙ, -ая, -ое. **1.** *см.* печенеги. **2.** Относящийся к печенегам, к их племенным языкам (тюркским), образу жизни, культуре, а также к местам их кочевания, истории; такой, как у печенегов. *Печенежские походы, набеги. Печенежские кочевья.*

ПЕЧЕ́НИЕ *см.* печь[1].

ПЕ́ЧЕНЬ, -и, *ж.* Крупная железа у животных и человека, вырабатывающая желчь, участвующая в процессах пищеварения, кровообращения, обмена веществ. ‖ *прил.* **печёночный**, -ая, -ое. *Печёночные колики.*

ПЕЧЕ́НЬЕ, -я, *ср.* Кондитерское изделие из кусочков сладкого теста. *Миндальное п.* ‖ *уменьш.* **пече́ньице**, -а, *ср.*

ПЕЧЁНКА, -и, *ж.* **1.** Печень животного как пища. *Паштет из печёнки.* **2.** То же, что печень (прост.). *П. болит.* ✦ **В печёнках сидеть** *у кого* (разг.) — о ком-чём-н. надоевшем, постоянно беспокоящем. ‖ *прил.* **печёночный**, -ая, -ое.

ПЕЧЁНЫЙ, -ая, -ое. Приготовленный в пищу печением. *П. картофель. Печёные яблоки.*

ПЕ́ЧКА, -и, *ж.* То же, что печь[2] (в 1 знач.). *Истопить печку. Шуба — прямо (настоящая) п.* (очень тёплая; разг.). ✦ **От печки танцевать** (разг. ирон.) — начинать с привычного, уметь делать что-н. только по привычному шаблону. **Печки-лавочки** (обл.) — о свойских, приятельских отношениях тесно связанных между собой людей. *У них там свои печки-лавочки.*

ПЕЧНИ́К, -а́, *м.* Мастер, занимающийся кладкой и ремонтом печей. *Сельский п.* ‖ *прил.* **печни́цкий**, -ая, -ое.

ПЕЧУ́РКА, -и, *ж.* (разг.). Маленькая печка. *Железная п.*

ПЕЧЬ[1], пеку́, печёшь, пеку́т; пёк, пекла́; пеки́; пёкший; печённый (-ён, -ена́); пёкши; *несов.* **1.** *что.* Приготовлять пищу сухим нагреванием на жару, в печи. *П. пироги. П. в духовке.* **2.** *что.* Приготовлять для еды, сильно нагревая, прокаливая. *П. картофель. П. яйца.* **3.** (1 и 2 л. не употр.), *кого-что.* Обдавать сильным жаром, зноем. *Солнце печёт голову.* ‖ *сов.* **испе́чь**, -пеку́, -печёшь; -пёк, -пекла́; -пеки́; -пёкший; -чённый (-ён, -ена́); -пёкши (к 1 и 2 знач.). ‖ *сущ.* **пече́ние**, -я, *ср.* (к 1 и 2 знач.).

ПЕЧЬ[2], -и, о пе́чи, в печи́, *мн.* -и, -е́й, *ж.* **1.** Сооружение (из камня, кирпича, металла) для отопления помещения, приготовления горячей пищи. *Комнатная п. Русская п.* (большая квадратная кирпичная печь с широким полукруглым жерлом и верхней лежанкой). *Лежать на печи* (также перен.: бездельничать; разг.). **2.** Устройство или сооружение для обработки чего-н. нагреванием. *Пламенная п. Электрическая п. Плавильная п. Доменная п.* (для выплавки чугуна). *Сушильная печь. Обжиговая п.* ‖ *прил.* **печно́й**, -а́я, -о́е. *Печное отопление. П. горшок* (для варки чего-н. в печи). *Печная заслонка.*

ПЕ́ЧЬСЯ[1], пеку́сь, печёшься, пеку́тся; пёкся, пекла́сь; пёкшийся; *несов.* **1.** (1 и 2 л. не употр.). Подвергаться печению. *Пироги пекутся. Картофель печётся в золе.* **2.** Находиться на жаре, в сильном зное. *П. на солнце.* ‖ *сов.* **испе́чься**, -чётся (к 1 знач.).

ПЕ́ЧЬСЯ[2], пеку́сь, печёшься, пеку́тся; пёкся, пекла́сь; пёкшийся; *несов., о ком-чём.* То же, что заботиться. *П. о народном благе. Только о себе и печётся.*

ПЕШЕХО́Д, -а, *м.* Человек, идущий пешком.

ПЕШЕХО́ДНЫЙ, -ая, -ое. **1.** Предназначенный для ходьбы пешком, для пешеходов. *П. мост. П. переход.* **2.** То же, что пеший (во 2 знач.). *Пешеходное движение.*

ПЕ́ШИЙ, -ая, -ее. **1.** Идущий пешком. *П.* (сущ.) *конному не товарищ* (посл.). **2.** Относящийся к движению пешком (в отличие от движения на транспорте, конного, моторизованного). *Пешим ходом. Пешее движение. В пешем строю. Пешая казачья сотня. П. строй. П. туристский маршрут.*

ПЕ́ШКА, -и, *ж.* **1.** В шахматах: фигурка, имеющая низшую ценность. *Проходная п.* **2.** *перен.* О незначительном, невлиятельном человеке, несамостоятельном в действиях (прост.). ‖ *уменьш.* **пе́шечка**, -и, *ж.* (к 1 знач.). ‖ *прил.* **пе́шечный**, -ая, -ое (к 1 знач.).

ПЕШКО́М, *нареч.* О способе передвижения: на своих ногах. *Идти п. Ещё под стол п. ходил кто-н.* (был ещё совсем мал, несмышлён; разг.). ‖ *уменьш.* **пешо́чком**.

ПЕШНЯ́, -и́, *мн.* пешни́, -е́й, -я́м *и* **ПЕ́ШНЯ**, -и, *мн.* пе́шни, -шен, -ям, *ж.* Род лома для пробивания льда.

ПЕЩЕ́РА, -ы, *ж.* Углубление, полое пространство под землёй или в горном массиве, имеющее выход наружу. *Сталактитовые пещеры.* ‖ *прил.* **пеще́рный**, -ая, -ое.

ПЕЩЕ́РИСТЫЙ, -ая, -ое; -ист (спец.). Губчатый по строению, с большим количеством пустот, каналов. *Пещеристое тело.* ‖ *сущ.* **пеще́ристость**, -и, *ж.*

ПЕЩЕ́РНЫЙ, -ая, -ое. **1.** *см.* пещера. **2.** Относящийся к доисторическим временам, к жизни первобытных людей в пещерах. *П. человек. П. период. Пещерная живопись* (на стенах пещер.). *Пещерные нравы* (перен.: грубые, дикие).

ПЁС, пса, *м.* **1.** То же, что собака, а также самец собаки, кобель. *Сторожевой п. Цепной п.* (посаженный на цепь; также перен.: чей-н. злой прислужник; презр.). *Верный п.* (также перен.: чей-н. верный прислужник; презр.). *Псу под хвост* (то же, что кошке, коту под хвост; прост.). **2.** *перен.* О человеке, готовом на любые низкие поступки, дела (презр. бран.). ✦ **Как пёс** (прост.) — то же, что как собака. **Пёс его (тебя, её, их) знает** (прост.) — то же, что чёрт его знает. **Пёс с ним (с тобой, с ними)** (прост.) — то же, что чёрт с ним. ‖ *уменьш.* **пёсик,** -а, *м.* (к 1 знач.). ‖ *прил.* **пёсий,** -ья, -ье (к 1 знач.), **пси́ный,** -ая, -ое (к 1 знач.) *и* **псо́вый,** -ая, -ое (к 1 знач.). *Пёсьи повадки. Псиный запах. Псовая охота* (с собаками).

ПЁСТРЫЙ, -ая, -ое; пёстр, пестра́, пёстро *и* пестро́. **1.** С окраской нескольких разных цветов, содержащий несколько разных цветов. *П. сарафанный ситец. П. убор осеннего леса. П. узор. Пёстрая материя.* **2.** *перен.* Неоднородный, из разных элементов. *П. состав слушателей.* **3.** *перен.* Вычурный, цветистый. *П. слог.* ‖ *сущ.* **пестрота́,** -ы́, *ж.*

ПЁХ: **пёх ногой** (прост.) — кое-как, небрежно. *Сделано пёх ногой.*

ПЁХОМ, *нареч.* (прост.). То же, что пешком. *Потопали п.*

ПИАЛА́, -ы́, *мн.* -ы́, -а́л и **ПИА́ЛА,** -ы, *мн.* -ы, -а́л, *ж.* Сосуд для питья в форме небольшой чаши без ручки. *Чай в пиалах.*

ПИАНИ́НО, *нескл., ср.* Клавишный музыкальный инструмент со стоячим корпусом и вертикально натянутыми струнами, разновидность фортепьяно. ‖ *прил.* **пиани́нный,** -ая, -ое.

ПИАНИ́ССИМО, *нареч.* (спец.). Очень тихо, тише, чем пиано. *Спеть что-н. п.*

ПИАНИ́СТ, -а, *м.* Музыкант, играющий на пианино, рояле. ‖ *ж.* **пиани́стка,** -и.

ПИА́НО (спец.). **1.** *нескл., ср.* Неполная сила музыкального звука. *Мягкое п.* **2.** *нареч.* Тихо, не в полную силу музыкального звука; *противоп.* форте. *Играть п.*

ПИА́СТР, -а, *м.* Старинная испанская монета, а также разменная монета в Турции, Египте, Ливане и нек-рых других странах.

ПИВНА́Я, -о́й, *ж.* Торговое заведение с распивочной продажей пива.

ПИВНУ́ШКА, -и, *ж.* (прост. пренебр.). То же, что пивная.

ПИ́ВО, -а, *ср.* Пенистый напиток из ячменного солода и хмеля с небольшим содержанием алкоголя. *Пива не сваришь с кем-н.* (перен.: трудно сговориться; прост.). ‖ *уменьш.* **пивко́,** -а́, *ср. и* **пивцо́,** -а́, *ср.* ‖ *прил.* **пивно́й,** -а́я, -о́е. *Пивная бочка. П. бар.*

ПИВОВА́Р, -а, *м.* Специалист по пивоварению.

ПИВОВАРЕ́НИЕ, -я, *ср.* Промышленное изготовление пива. ‖ *прил.* **пивова́ренный,** -ая, -ое. *П. завод.*

ПИ́ГАЛИЦА, -ы, *ж.* **1.** Небольшая птица отряда куликов, луговой чибис. **2.** *перен.* О невзрачном, низкорослом человеке (разг. пренебр.). *Парень видный, а женился на какой-то пигалице.*

ПИГМЕ́Й, -я, *м.* **1.** Человек, принадлежащий к одному из низкорослых племен Африки и Азии, а также (перен.) вообще человек очень маленького роста. **2.** *перен.* О ничтожном человеке, ничтожестве (книжн.).

ПИГМЕ́ЙСКИЙ, -ая, -ое. **1.** *см.* пигмеи. **2.** Относящийся к пигмеям (в 1 знач.), к их языкам (нигеро-конголезской семьи), образу жизни, культуре, а также к территории их проживания, её внутреннему устройству, истории; такой, как у пигмеев. *Пигмейские обряды, верования.*

ПИГМЕ́НТ, -а, *м* (спец.). **1.** Окрашенное вещество в организме, участвующее в его жизнедеятельности и придающее цвет коже, волосам, чешуе, цветкам, листьям. **2.** Химический порошковый краситель. ‖ *прил.* **пигме́нтный,** -ая, -ое. *Пигментные клетки.*

ПИГМЕНТИ́РОВАТЬ (-рую, -руешь, 1 и 2 л. не употр.), -рует; -анный; *сов.* и *несов., что* (спец.). Окрасить (-ашивать) ткани организма пигментом. ‖ *сущ.* **пигмента́ция,** -и, *ж. П. кожи.*

ПИДЖА́К, -а́, *м.* Верхняя часть костюма — однобортная или двубортная куртка с отложным воротником. *Мужской, женский п.* ‖ *уменьш.* **пиджачо́к,** -чка́, *м.* ‖ *прил.* **пиджа́чный,** -ая, -ое. *Пиджачная пара.*

ПИЕТЕ́Т, -а, *м.* (книжн.). Глубокое уважение, благоговение. *С пиететом относиться к кому-н.*

ПИЖА́МА, -ы, *ж.* Домашний или спальный костюм — куртка и брюки свободного покроя. *Тёплая п.* ‖ *прил.* **пижа́мный,** -ая, -ое.

ПИЖО́Н, -а, *м.* (разг.). Пустой франтоватый молодой человек. ‖ *ж.* **пижо́нка,** -и. ‖ *прил.* **пижо́нский,** -ая, -ое.

ПИЖО́НИСТЫЙ, -ая, -ое (разг. неодобр.). Ведущий себя как пижон, похожий на пижона.

ПИЖО́НСТВО, -а, *ср.* (разг. неодобр.). Поведение пижона.

ПИИ́Т, -а, *м.* (устар. высок.). То же, что поэт (в 1 знач.).

ПИК. **1.** -а, *м.* Остроконечная вершина горы, а также вообще высшая точка горной вершины. *П. семитысячника* (на Памире). **2.** -а, *м., перен.* Наивысшая точка в развитии чего-н., кратковременный резкий подъём в какой-н. деятельности. *П. паводка. П. цикла солнечной активности. П. в работе электростанции.* **3.** *неизм.* Относящийся к наивысшему состоянию в развитии чего-н., к кратковременному резкому подъёму. *Часы п. в работе метро.* ‖ *прил.* **пи́ковый,** -ая, -ое (ко 2 знач.). *Пиковая вспышка эпидемии.*

ПИ́КА[1], -и, *ж.* Колющее оружие, род копья. *Казацкая п. Пронзить пикой.*

ПИ́КА[2], -и, *ж.*: **в пику** (сделать что-н.) (разг.) — намеренно, чтобы досадить кому-н.

ПИКАДО́Р, -а, *м.* Всадник с пикой, участвующий в бое быков.

ПИКА́НТНЫЙ, -ая, -ое; -тен, -тна. **1.** Интересный своей сенсационностью, возбуждающий любопытство. *Пикантная новость. П. случай.* **2.** Привлекательный, возбуждающий чувственность. *Пикантная внешность.* **3.** *полн. ф.* То же, что острый (в 5 знач.). *П. соус.* ‖ *сущ.* **пика́нтность,** -и, *ж.* (к 1 и 2 знач.).

ПИКА́П, -а, *м.* Небольшой автомобиль для перевозки грузов и пассажиров, с откидными сидениями по бокам.

ПИКЕ́[1]. **1.** *нескл., ср.* Рубчатая ткань полотняного переплетения. *Покрывало из п.* **2.** Относящийся к ткани такого переплетения. *Воротник п.* ‖ *прил.* **пике́йный,** -ая, -ое (к 1 знач.). *Пикейная манишка.*

ПИКЕ́[2], *нескл., ср.* (спец.). То же, что пикирование. *Самолёт перешёл в п.*

ПИКЕ́Т, -а, *м.* **1.** Небольшой сторожевой отряд, пост. *Пост-п. автоинспекции.* **2.** Группа бастующих, патрулирующая в районе забастовки, а также вообще лица, группа лиц, стоящие где-н. в знак демонстрации общественного протеста, выражения каких-н. требований. *Заградительные пикеты. Выставить пикеты. Пикеты у здания парламента.* ‖ *прил.* **пике́тный,** -ая, -ое.

ПИКЕТИ́РОВАТЬ, -рую, -руешь; -анный; *несов., что.* Выставлять пикеты (во 2 знач.). *П. правительственное здание.* ‖ *сущ.* **пикети́рование,** -я, *ср.*

ПИКЕ́ТЧИК, -а, *м.* Участник пикета (во 2 знач.). ‖ *ж.* **пике́тчица,** -ы.

ПИ́КИ, пик, -ам. В игральных картах: название чёрной масти с условным изображением наконечника копья. *Дама пик.* ‖ *прил.* **пи́ковый,** -ая, -ое. *Пиковое положение* (перен.: затруднительное; разг.). *Остаться при пиковом интересе* (потерпеть неудачу в чём-н., остаться ни с чем; разг.).

ПИКИ́РОВАТЬ, -рую, -руешь; *сов.* и *несов.* Маневрируя (на самолёте), круто снизиться (-жаться) с нарастающей скоростью. *Пикирующий бомбардировщик.* ‖ *сов.* также **спики́ровать,** -рую, -руешь. ‖ *сущ.* **пики́рование,** -я, *ср. Отвесное п.* (под углом, близким к 90°).

ПИКИ́РОВАТЬСЯ, -руюсь, -руешься; *несов., с кем.* Обмениваться язвительными замечаниями, колкостями. ‖ *сущ.* **пиро́вка,** -и, *ж.*

ПИКИРО́ВЩИК, -а, *м.* Пикирующий бомбардировщик.

ПИКНИ́К, -а́, *м.* Загородная увеселительная прогулка компанией. *Устроить п.* ‖ *уменьш.* **пикничо́к,** -чка́, *м.* ‖ *прил.* **пикнико́вый,** -ая, -ое.

ПИ́КНУТЬ, -ну, -нешь; *сов.* (разг.). **1.** Издать короткий звук, писк. *Пикнула птичка.* **2.** Сделать попытку произнести что-н. с целью возражения. *П. не смеет* (полностью подчинён кому-н.). *Только пикни!* (угроза). ‖ *несов.* **пи́кать,** -аю, -аешь. ‖ *сущ.* **пи́канье,** -я, *ср.* (к 1 знач.).

ПИ́КОВЫЙ[1] *см.* пик.

ПИ́КОВЫЙ[2] *см.* пики.

ПИКТОГРА́ФИЯ, -и, *ж.* То же, что рисуночное письмо. ‖ *прил.* **пиктографи́ческий,** -ая, -ое.

ПИ́КУЛИ, -ей. Мелкие маринованные овощи, употр. как приправа.

ПИ́КША, -и, *ж.* Северная морская рыба сем. тресковых.

ПИЛА́, -ы́, *мн.* пи́лы, пил, пи́лам, *ж.* **1.** Стальная зубчатая пластина (или машина, станок с такой пластиной) для разрезания дерева, металла, камня и других материалов. *Ручная п.* (инструмент в виде такой пластины с рукояткой, рукоятками). *П.-ножовка. Механическая п.* (машина для пиления). *Дисковая п.* **2.** *перен.* О человеке, к-рый постоянно пилит (во 2 знач.) кого-н. (разг. неодобр.). ‖ *прил.* **пи́льный,** -ая, -ое (к 1 знач.; спец.). *Пильное полотно.*

ПИЛА́-РЫ́БА, пилы́-ры́бы, *ж.* Хищная рыба из отряда скатов с отростками на морде, напоминающими зубья пилы.

ПИЛЁНЫЙ, -ая, -ое. Распиленный, обработанный пилением. *П. лес.* ✦ **Пилёный сахар** — спрессованный в маленькие плитки.

ПИЛИГРИ́М, -а, *м.* (книжн. устар.). **1.** Паломник, путешественник-богомолец. **2.** *перен.* Путешественник, скиталец. ‖ *ж.* **пилигри́мка,** -и.

ПИЛИ́КАТЬ, -аю, -аешь; *несов.* (разг.). **1.** Издавать тонкие, пискливые звуки. *Скрипка жалобно пиликает. Кузнечики пиликают в траве.* **2.** *на чём.* Плохо, неумело играть на музыкальном инструменте. *П. на скрипке, на гармошке.* ‖ *однокр.* **пили́кнуть,** -ну, -нешь. ‖ *сущ.* **пили́канье,** -я, *ср.*

ПИЛИ́ТЬ, пилю́, пи́лишь; пи́лящий; пи́ленный; *несов.* **1.** *что.* Резать пилой, а также снимать слой металла напильником. *П. доски.* **2.** *перен., кого (что).* Беспрерывно упрекать, попрекать (разг.). *П. мужа.* ‖ *сущ.* **пиле́ние,** -я, *ср.* и **пи́лка,** -и, *ж.* (к 1 знач.).

ПИ´ЛКА, -*и*, *ж*. **1.** *см*. пилить. **2.** Маленькая ручная пила. **3.** Напильник для ногтей.

ПИЛОМАТЕРИА´ЛЫ, -ов. Материалы из древесины, полученные продольным распиливанием брёвен. *Строительные, столярные, тарные п.*

ПИЛОСТА´В, -а, *м*. Рабочий, устанавливающий пилы на лесопильных рамах.

ПИЛО´Т, -а, *м*. **1.** Специалист, управляющий летательным аппаратом. **2.** Спортсмен, управляющий гоночным автомобилем. ‖ *прил*. **пило́тский**, -ая, -ое.

ПИЛОТА´Ж, -а, *м*. Маневрирование летательного аппарата при выполнении фигур (во 2 знач.). *Простой, сложный, высший п.* ‖ *прил*. **пилота́жный**, -ая, -ое.

ПИЛОТИ´РОВАТЬ, -рую, -руешь; -анный; *несов*., *что*. Управлять летательным аппаратом. *П. самолёт. Пилотируемый космический корабль.* ‖ *сущ*. **пилоти́рование**, -я, *ср*.

ПИЛО´ТКА, -и, *ж*. Летний форменный матерчатый головной убор без полей, плотно облегающий голову [*первонач*. у пилотов]; вообще шапочка такой формы. ‖ *прил*. **пило́точный**, -ая, -ое.

ПИ´ЛЬЩИК, -а, *м*. Рабочий, занимающийся пилкой, распилкой. ‖ *ж*. **пи́льщица**, -ы. ‖ *прил*. **пи́льщицкий**, -ая, -ое.

ПИЛЮ´ЛЯ, -и, *ж*. Лекарственная форма — твёрдый шарик для приёма внутрь. *Лекарство в пилюлях. Проглотить пилюлю* (также перен.: принять без возражений справедливый упрёк, неприятную для себя правду). *Позолотить пилюлю* (перен.: смягчить, сгладить чем-н. причиняемую кому-н. неприятность; разг.). ‖ *уменьш*. **пилю́лька**, -и, *ж*.

ПИЛЯ´СТРА, -ы, *ж*. и **ПИЛЯ´СТР**, -а, *м*. (спец.). Прямоугольный выступ стены в виде вделанной в неё колонны. ‖ *прил*. **пиля́стровый**, -ая, -ое.

ПИМЫ´, -о́в, *ед*. пим, -а *и* -а́, *м*. **1.** В Сибири, у северных народов: меховые сапоги, торбаса. **2.** В северных областях: то же, что валенки.

ПИНА´ТЬ, -а́ю, -а́ешь; *несов*., *кого-что* (прост.). Давать пинки, толкать. *П. ногой.* ‖ *однокр*. пнуть, пну, пнёшь.

ПИНГВИ´Н, -а, *м*. Антарктическая коротококрылая плавающая, не летающая птица. *Колония пингвинов.* ‖ *прил*. **пингви́ний**, -ья, -ье.

ПИНГ-ПО´НГ, -а, *м*. Настольный теннис. ‖ *прил*. **пинг-по́нговый**, -ая, -ое.

ПИНЕ´ТКИ, -ток, *ед*. -тка, -и, *ж*. Башмачки на мягкой подошве для самых маленьких детей. ‖ *прил*. **пине́точный**, -ая, -ое.

ПИНО´К, -нка́, *м*. (разг.). Толчок ногой, коленом. *Дать пинка кому-н.*

ПИ´НТА, -ы, *ж*. В Англии, США и нек-рых других странах: мера вместимости и объёма жидких и сыпучих веществ (около 0,5 л).

ПИНЦЕ´Т, -а, *м*. Медицинский или технический инструмент в виде пружинящих щипчиков. ‖ *прил*. **пинце́тный**, -ая, -ое.

ПИ´НЧЕР, -а, *м*. Порода служебных и охотничьих собак, используемых для ловли мышей, хорьков, ласок. *Короткошёрстный п.*

ПИО´Н, -а, *м*. Декоративное растение сем. лютиковых с крупными яркими цветками (белыми, розовыми, малиново-красными). ‖ *прил*. **пио́новый**, -ая, -ое.

ПИОНЕ´Р, -а, *м*. **1.** Человек, к-рый одним из первых пришёл и поселился в новой неисследованной стране, местности. **2.** *перен*. Человек, к-рый положил начало чему-н. новому в области науки, культуры (книжн.). *П. естествознания.* **3.** Член детской организации в СССР и ряда детских организаций в нек-рых других странах. *Принять в пионеры.* ‖ *ж*. **пионе́рка**, -и (к 1 и 3 знач.). ‖ *прил*. **пионе́рский**, -ая, -ое. *Пионерское начинание. П. костёр* (сбор у костра).

ПИОНЕ´РИЯ, -и, *ж*., *собир*. Пионеры (в 3 знач.).

ПИПЕ´ТКА, -и, *ж*. Стеклянная трубочка с резиновым колпачком для отмеривания жидкости по каплям, капельница (в 3 знач.). *П. для глазных капель. Накапать пипеткой.* ‖ *прил*. **пипе́точный**, -ая, -ое.

ПИ´ПОЧКА, -и, *ж*.: **нос пипочкой** (разг.) — маленький и курносый.

ПИР, -а, о пи́ре, на пиру́, в пиру́, *мн*. пиры́, -о́в, *м*. **1.** Богатое и торжественное угощение с приглашением многих гостей. *Княжеский п. Задать п. П. горой* (разг.). *П. на весь мир* (погов.). **2.** Об обильном угощении, вкусной еде (разг.). *За ужином у нас сегодня целый п.*

ПИРАМИ´ДА, -ы, *ж*. **1.** Многогранник, основание к-рого представляет собой многоугольник, а остальные грани — треугольники с общей вершиной. **2.** Предмет такой формы. **3.** Большое каменное сооружение такой формы — гробница фараона[1]. *Египетские пирамиды.* **4.** Группа предметов, сложенных в виде сужающегося кверху многогранника или конусообразно. *Ружья в пирамиде* (составленные друг с другом наклонно штыками вверх). **5.** Гимнастическая или акробатическая фигура — несколько акробатов, гимнастов, стоящих друг на друге. **6.** Станок для хранения винтовок (спец.). ‖ *уменьш*. **пирами́дка**, -и, *ж*. (ко 2 и 4 знач.). *Детская п.* (разборная игрушка). ‖ *прил*. **пирами́дный**, -ая, -ое.

ПИРАМИДА´ЛЬНЫЙ, -ая, -ое; -лен, -льна. Имеющий форму пирамиды (в 1 знач.), конусообразный. *П. тополь* (с кроной, сужающейся кверху). *Пирамидальная кровля.* ‖ *сущ*. **пирамида́льность**, -и, *ж*.

ПИРА´Т, -а, *м*. Морской разбойник, а также (перен.) вообще разбойник, грабитель. *Средневековые пираты. Нападение пиратов на прогулочный катер. Воздушные пираты* (об угонщиках самолётов). *Пираты видеорынка* (лица, незаконно тиражирующие и распространяющие видеокассеты с записями). ‖ *ж*. **пира́тка**, -и. ‖ *прил*. **пира́тский**, -ая, -ое. *П. корабль.*

ПИРА´ТСКИЙ, -ая, -ое. **1.** *см*. пират *и* пиратство. **2.** *перен*. Разбойный, грабительский. *Пиратские издания* (публикации, нарушающие издательское или авторское право).

ПИРА´ТСТВО, -а, *ср*. Действие, поведение пиратов. *П. на кино-, видеорынке.* ‖ *прил*. **пира́тский**, -ая, -ое.

ПИРО... *Первая часть сложных слов со знач.* относящийся к высоким температурам, к действию высоких температур, напр. *пировоспламенитель, пиродинамика, пирометаллургия, пирометаллургический, пиропистолет, пироэлектричество, пиротерапия.*

ПИРОВА´ТЬ, -ру́ю, -ру́ешь; *несов*. Участвовать в пире, пиршестве.

ПИРО´Г, -а́, *м*. Печёное изделие из раскатанного теста с начинкой. *Сладкий п. П. с мясом, с грибами, с капустой. Поживиться от общего пирога* (перен.: урвать что-н. для себя; неодобр.). *Пригласить на пироги кого-н.* (чтобы угостить пирогами). ✦ **Вот такие (какие) пироги** (прост. шутл.) — вот как обстоят дела, вот что получилось (обычно о чём-н. сложном, неприятном). ‖ *уменьш*. **пирожо́к**, -жка́, *м*. ‖ *прил*. **пиро́жный**, -ая, -ое *и* **пирого́вый**, -ая, -ое. *П. противень.*

ПИРО´ГА, -и, *ж*. Узкая длинная лодка у индейцев, у народов Океании.

ПИРОЖКО´ВАЯ, -ой, *ж*. Закусочная с продажей пирожков.

ПИРО´ЖНИК, -а, *м*. Пекарь, пекущий пироги, а также (устар.) торговец пирогами, печёными мучными изделиями. ‖ *ж*. **пиро́жница**, -ы.

ПИРО´ЖНОЕ, -ого, *ср*. Кондитерское изделие небольшого размера из сладкого сдобного теста, обычно с начинкой, с кремом. *Миндальное, бисквитное п. П. безе.*

ПИРОЖО´К, -жка́, *м*. **1.** *см*. пирог. **2.** Маленький закрытый пирог удлинённой формы. *Жареные, печёные пирожки.* **3.** *перен*. Мужская шапка без полей с продольно вдавленным верхом (разг.). *Шапка-п.* ‖ *прил*. **пирожко́вый**, -ая, -ое (ко 2 знач.). *Пирожковое тесто.*

ПИРОТЕ´ХНИК, -а, *м*. Специалист по пиротехнике.

ПИРОТЕ´ХНИКА, -и, *ж*. Отрасль техники, связанная с изготовлением горючих осветительных, зажигательных механических смесей. ‖ *прил*. **пиротехни́ческий**, -ая, -ое.

ПИ´РРОВ, -а: **пиррова победа** (книжн.) — победа, стоящая таких жертв, к-рые делают её равносильной поражению [по имени эпирского царя Пирра, победившего римлян ценой огромных потерь].

ПИРС, -а, *м*. Портовое причальное сооружение для швартовки судов с двух сторон.

ПИРУ´ШКА, -и, *ж*. (разг.). Весёлое собрание с угощением. *Студенческая п.*

ПИРУЭ´Т, -а, *м*. В танце: полный круговой поворот всем телом на носке одной ноги. ‖ *прил*. **пируэ́тный**, -ая, -ое.

ПИ´РШЕСТВО, -а, *ср*. Роскошный пир, обильное угощение. ‖ *прил*. **пи́ршественный**, -ая, -ое (устар.).

ПИСА´КА, -и, *м*. и *ж*. **1.** Плохой, но много пишущий писатель (разг. презр.). *Продажный п.* **2.** О том, кто пишет неумело или небрежно, грязно (в 1 знач.) (разг. шутл.). *У моего писаки вся тетрадка в кляксах.*

ПИСА´НИЕ, -я, *ср*. **1.** *см*. писать. **2.** То, что написано, письмо, сочинение (ирон.). *Многословное п.* **3.** (П прописное). То же, что Священное Писание.

ПИСАНИ´НА, -ы, *ж*. (разг. пренебр.). Излишнее и многословное писание бумаг, а также сами такие бумаги. *Развести писанину. Безграмотная п.*

ПИ´САНЫЙ, -ая, -ое (разг.). Написанный, рукописный. *П. текст. Говорить как по писаному* (сущ.; без запинки, гладко). ✦ **Писаный красавец, писаная красавица** — об очень красивом человеке.

ПИ´САРЬ, -я, *мн*. -и, -ей *и* -я́, -е́й, *м*. Должностное лицо, занимающееся перепиской и составлением канцелярских бумаг. *Канцелярский п.* (устар.). *П.-делопроизводитель* (в армии). ‖ *прил*. **писарско́й**, -а́я, -о́е *и* **пи́сарский**, -ая, -ое. *Писарский почерк* (чёткий и красивый).

ПИСА´ТЕЛЬ, -я, *м*. Человек, к-рый занимается литературным трудом, пишет художественные литературные произведения. *Писатели-классики. Писатели русского зарубежья.* ‖ *ж*. **писа́тельница**, -ы. ‖ *прил*. **писа́тельский**, -ая, -ое.

ПИ´САТЬ, -аю, -аешь; *несов*. (разг.). То же, что мочиться. ‖ *сов*. **пописа́ть**, -аю, -аешь.

ПИСА´ТЬ, пишу́, пи́шешь; пи́санный; пиша́ (разг.); *несов*. **1.** *что*. Изображать на чём-н. графические знаки, их сочетания. *П. буквы.*

П. разборчиво. Перо не пишет (не годно для писания). *П. на машинке* (печатать на пишущей машинке). **2.** *что.* Составлять какой-н. текст, а также сочинять художественное, научное, публицистическое или музыкальное произведение. *П. письмо. П. отчёт. П. роман, повесть, стихи. П. прозой, стихами, белым стихом. П. диссертацию, монографию, реферат. П. музыку. П. симфонию, оперу, балет. Пишущая братия* (о писателях, журналистах; шутл.). **3.** *что о ком-чём.* Сообщать или выражать что-н. письменно. *В газетах пишут о последних событиях.* **4.** *что кому.* Обращаться к кому-н. письменно; посылать письма. *П. в высшие инстанции. Сын пишет из армии.* **5.** *кого-что.* Создавать произведение живописи. *П. портрет. П. маслом, акварелью.* ✦ **Говорит как пишет** (часто ирон.) — гладко и многословно. **Не про нас (вас, меня** и т. д.) **писано** (разг. шутл.) — недоступно нашему (вашему, моему и т. д.) пониманию, предназначено не для нас. **Пиши пропало** (разг.) — о чём-н. безвозвратно пропавшем, неудавшемся. ‖ *сов.* **написа́ть,** -ишу́, -и́шешь; -и́санный. ‖ *сущ.* **писа́ние,** -я, *ср.* (к 1, 2, 4 и 5 знач.).

ПИСА́ТЬСЯ, пишу́сь, пи́шешься; *несов.* **1.** (1 и 2 л. не употр.). Изображаться на письме, письменно. *Собственные имена пишутся с прописной буквы. Твёрдый знак в конце слов не пишется.* **2.** *безл., кому,* чаще *с отрицанием.* О желании, настроенности писать (разг.). *Сегодня мне не пишется. В тишине хорошо пишется.* **3.** *кем.* Числиться в каком-н. звании, сословии, называть себя как-н., подписываясь (устар.). *П. мещанином.* ‖ *сов.* **написа́ться,** -пи́шется (к 1 знач.).

ПИСЕ́Ц, -сца́, *м.* **1.** В старину: переписчик рукописей, рукописных книг. *Книжный п.* **2.** Переписчик, писарь (устар.). *Канцелярский п.* **3.** Мастер-иконописец. *Иконный п.* ‖ *прил.* **писцо́вый,** -ая, -ое. ✦ **Писцовые книги** — в старину: книги, содержащие переписи населения и угодий.

ПИСК, -а, *м.* Очень тонкий звук, крик. *Издать п. Мышиный п. П. цыплят.*

ПИСКЛИ́ВЫЙ, -ая, -ое; -и́в и (разг.) **ПИСКЛЯ́ВЫЙ,** -ая, -ое; -яв. Очень тонкий, с писком; издающий писк. *П. голос. П. ребёнок.* ‖ *сущ.* **пискли́вость,** -и, *ж.* и **пискля́вость,** -и, *ж.* (разг.).

ПИСКЛЯ́, -и́, *род. мн.* -е́й, *м.* и *ж.* (прост.). То же, что пискун.

ПИ́СКНУТЬ *см.* пищать.

ПИСКОТНЯ́, -и́, *ж.* (разг.). Продолжительный многоголосый писк. *Птичья п.*

ПИСКУ́Н, -а́, *м.* (разг.). Тот, кто постоянно пищит. *Комар-п. Малыш-п.* (плакса). ‖ *ж.* **пискý́нья,** -и.

ПИССУА́Р, -а, *м.* Раковина в уборной для стока мочи.

ПИСТОЛЕ́Т, -а, *м.* Короткоствольное ручное оружие для стрельбы на коротких расстояниях. *Боевой п. Сигнальный п.* (для стрельбы сигнальными или осветительными патронами). *Спортивный п. П.-пулемёт* (ручное автоматическое оружие ближнего боя). ‖ *прил.* **пистоле́тный,** -ая, -ое.

ПИСТО́ЛЬ[1], -я, *м.* и **ПИСТО́ЛЬ,** -и, *ж.* (устар.). То же, что пистолет. ‖ *прил.* **писто́льный,** -ая, -ое.

ПИСТО́ЛЬ[2], -я, *м.* Старинная испанская золотая монета; в 18—19 вв. — также золотая монета в Германии, Италии и Франции.

ПИСТО́Н, -а, *м.* **1.** Небольшой колпачок со взрывчатым составом для воспламенения заряда в патроне, капсюль. **2.** Бумажный кружочек с небольшим количеством взрывчатого вещества для игрушечных пистолетов, ружей. **3.** Клапан в духовом музыкальном инструменте (спец.). ‖ *прил.* **писто́нный,** -ая, -ое.

ПИСУ́ЛЬКА, -и, *ж.* (разг. шутл.). Небольшое письмо, записка.

ПИСЦО́ВЫЙ *см.* писец.

ПИСЧЕБУМА́ЖНЫЙ, -ая, -ое. Относящийся к писчей бумаге и другим принадлежностям для писания. *П. магазин.*

ПИ́СЧИЙ, -ая, -ее. Предназначенный для писания. *Писчая бумага. П. мел. Писчие перья.*

ПИСЬМЕНА́, -мён, -мена́м. Письменные знаки, буквы, преимущ. древние. *Древние славянские п. Рунические п.*

ПИ́СЬМЕННОСТЬ, -и, *ж.* **1.** Совокупность языковых и графических средств письменного общения. *П. народов Севера.* **2.** Совокупность письменных памятников. *Древнерусская п.*

ПИ́СЬМЕННЫЙ, -ая, -ое. Относящийся к писанию, письму, служащий для писания. *Изложить просьбу в письменной форме. Ответить письменно* (нареч.). *П. стол. П. прибор.*

ПИСЬМО́, -а́, *мн.* пи́сьма, -сем, -сьмам, *ср.* **1.** Написанный текст, посылаемый для сообщения чего-н. кому-н. *Написать п. родным. Заказное п.* **2.** Умение писать. *Учиться чтению и письму. Искусство письма.* **3.** Система графических знаков для передачи, запечатления речи. *Словесно-слоговое п. Иероглифическое п.* **4.** Манера художественного изображения. *Реалистическое п. Икона старинного письма.* ‖ *уменьш.* **письмецо́,** -а́, *ср.* (к 1 знач.). ‖ *уничиж.* **письми́шко,** -а, *ср.* (к 1 знач.).

ПИСЬМО́ВНИК, -а, *м.* В старину: сборник образцов для составления писем, а также книга — собрание коротких рассказов, анекдотов, элементарных сведений общеобразовательного характера.

ПИСЬМОВОДИ́ТЕЛЬ, -я, *м.* (устар.) Чиновник, занимающийся ведением канцелярских дел, делопроизводством. ‖ *прил.* **письмоводи́тельский,** -ая, -ое.

ПИСЬМОНО́СЕЦ, -сца, *м.* То же, что почтальон. ‖ *ж.* **письмоно́ска,** -и (прост.).

ПИТА́НИЕ, -я, *ср.* **1.** *см.* питать, -ся. **2.** Пища, характер и качество пищи. *Молочное п. Детское п. Усиленное п.* **3.** Организация снабжения пищей. *Общественное п.* **4.** *перен.* Энергия, топливо, необходимые для функционирования чего-н. (спец.). *П. рации. Система питания двигателя.*

ПИТА́ТЕЛЬНЫЙ, -ая, -ое; -лен, -льна. **1.** *см.* питать. **2.** Содержащий необходимые для питания вещества, полезный. *Питательные обеды. Кормят вкусно и питательно* (нареч.). ‖ *сущ.* **пита́тельность,** -и, *ж.*

ПИТА́ТЬ, -а́ю, -а́ешь; *несов.* **1.** *кого (что).* Обеспечивать кого-н. пищей. *П. больного.* **2.** *что.* Доставлять что-н. необходимое, снабжать; доставлять необходимые вещества в какую-н. среду, в организм. *П. почву. П. клетки ткани. П. город электроэнергией.* **3.** *перен., что.* В сочетании с нек-рыми сущ., обозначающими какое-н. чувство: испытывать, ощущать (книжн.). *П. доверие, ненависть, надежду.* ‖ *сов.* **напита́ть,** -а́ю, -а́ешь; -и́танный (к 1 знач.). ‖ *сущ.* **пита́ние,** -я, *ср.* (к 1 и 2 знач.). ‖ *прил.* **пита́тельный,** -ая, -ое (к 1 и 2 знач.). *П. пункт. Питательные кремы. Питательные среды* (спец.). *П. клапан* (спец.).

ПИТА́ТЬСЯ, -а́юсь, -а́ешься; *несов.* **1.** О живом организме: получать и усваивать вещества, необходимые для существования. *Клетки мозга питаются кровью.* **2.** *кем-чем.* Употреблять в пищу кого-что-н., кормиться. *П. фруктами. Хорошо п.* **3.** Получать где-н. пищу. *П. дома, в столовой.* **4.** *чем.* Пользоваться чем-н., поглощать что-н. (какие-н. вещества, энергию). *Завод питается местным углём.* ‖ *сущ.* **пита́ние,** -я, *ср.* *Воздушное и почвенное п. растений.*

ПИТЕ́ЙНЫЙ, -ая, -ое (устар.). Относящийся к торговле спиртными напитками. *П. дом. Питейное заведение* (с продажей вина распивочно).

ПИТЕКА́НТРОП, -а, *м.* (спец.). Древнейший ископаемый человек, в эволюции предшествовавший неандертальцу.

ПИТО́МЕЦ, -мца, *м., кого-чего* (книжн.). Чей-н. воспитанник. *Заботиться о своём питомце. П. университета. Питомцы славы* (перен.: о героях). ‖ *ж.* **пито́мица,** -ы.

ПИТО́МНИК, -а, *м.* Место разведения растений или животных, а также опытный участок, на к-ром производится их изучение. *П. фруктовых деревьев. Обезьяний п.* ‖ *прил.* **пито́мниковый,** -ая, -ое. *Питомниковое хозяйство.*

ПИТО́Н, -а, *м.* Большая змея сем. удавов. ‖ *прил.* **пито́новый,** -ая, -ое.

ПИТЬ, пью, пьёшь; пил, пила́, пи́ло; пей; пи́тый (пит, пита́ *и* пи́та, пи́то); *несов.* **1.** *что.* Принимать, проглатывать какое-н. питьё; употреблять в качестве напитка. *П. чай, воду, молоко. В жару хочется п.* (о жажде). *Не пьёт молока кто-н.* (не любит, не употребляет). **2.** Принимать, проглатывать вино, спиртной напиток. *П. за здоровье друзей. Пей — не хочу!* (об изобилии вина; разг.). **3.** Постоянно употреблять спиртное, пьянствовать. *Не пьёт и не курит. П. запоем. Пьющий человек* (пристрастный к алкоголю). ✦ **Как пить дать** (разг.) — наверняка. ‖ *сов.* **вы́пить,** -пью, -пьешь; -итый (к 1 и 2 знач.). ‖ *сущ.* **питьё,** -я́, *ср.* (к 1 и 2 знач.) *и* **питие́,** -я́, *ср.* (к 1 и 2 знач.; стар.). ‖ *прил.* **питьево́й,** -а́я, -о́е (к 1 знач.; спец.). *Питьевая галерея* (в водолечебнице). *Питьевые качества воды.*

ПИТЬЕВО́Й, -а́я, -о́е. **1.** *см.* пить. **2.** Пригодный, используемый для питья. *Питьевая вода. Питьевое озеро* (содержащее питьевую воду).

ПИТЬЁ, -я́, *ср.* **1.** *см.* пить. **2.** То же, что напиток. *Вкусное п. Лекарственное п.*

ПИХА́ТЬ, -а́ю, -а́ешь; -анный; *несов., кого-что* (разг.). **1.** Грубо толкать (в 1 знач.). *П. кого-н. локтями.* **2.** Беспорядочно или с трудом заталкивать; запихивать. *П. вещи в чемодан.* ‖ *однокр.* **пихну́ть,** -ну́, -нёшь.

ПИХА́ТЬСЯ, -а́юсь, -а́ешься; *несов.* (разг.). Пихать, толкать других или друг друга. *П. локтями.* ‖ *однокр.* **пихну́ться,** -ну́сь, -нёшься.

ПИ́ХТА, -ы, *ж.* Вечнозелёное хвойное дерево сем. сосновых с мягкой плоской хвоей и с прямо стоящими шишками. ‖ *прил.* **пи́хтовый,** -ая, -ое. *Пихтовое масло.*

ПИ́ЦЦА, -ы, *ж.* Кушанье — тонкая лепёшка из теста с запечёнными на ней под соусом кусочками мяса, сыра, овощей, грибов.

ПИЦЦЕРИ́Я, -и и **ПИЦЦЕ́РИЯ,** -и, *ж.* Закусочная с продажей пиццы, здесь же приготавливаемой.

ПИ́ЧКАТЬ, -аю, -аешь; *несов., кого (что) чем* (разг.). Заставлять есть, принимать сверх меры. *П. ребёнка сластями. П. лекарствами. П. ненужными знаниями* (перен.). ‖ *сов.* **напи́чкать,** -аю, -аешь; -анный. ‖ *сущ.* **пи́чканье,** -я, *ср.*

ПИЧУ́ГА, -и и **ПИЧУ́ЖКА,** -и, *ж.* (разг.). Маленькая птичка, пташка. ‖ *прил.* **пичу́жий,** -ья, -ье.

ПИ́ШУЩИЙ, -ая, -ее: **пишущая машинка** (**машина**) — устройство со специальной клавиатурой для ручного печатания на бумаге текстов, таблиц, цифровых материалов. *Портативная пишущая машинка.*

ПИ́ЩА, -и, *ж.* **1.** То, что едят, чем питаются. *Вкусная п. Здоровая п. Щи да каша — п. наша* (погов.). **2.** *перен., для чего.* То, что является материалом для какой-н. деятельности, источником для чего-н. (книжн.). *П. для ума, размышлений. Дать пищу для разговоров, пересудов.* ✦ **Пища богов** (разг. шутл.) — о чём-н. очень вкусном. **На пище святого Антония быть (сидеть)** (шутл.) — голодать, недоедать. ‖ *прил.* **пищево́й**, -а́я, -о́е (к 1 знач.). *Пищевые концентраты. П. рацион. Пищевые продукты.*

ПИЩА́ЛЬ, -и, *ж.* Старинная пушка или тяжёлое ружьё. *Фитильная, кремнёвая п.* ‖ *прил.* **пища́льный**, -ая, -ое.

ПИЩА́ТЬ, -щу́, -щи́шь; *несов.* Издавать писк; говорить пискливо. *Птенцы пищат. Не п.!* (перен.: не раскисать, не ныть!; разг.). ‖ *однокр.* **пи́скнуть**, -ну, -нешь.

ПИЩЕБЛО́К, -а, *м.* (офиц.). Предприятие общественного питания.

ПИЩЕВАРЕ́НИЕ, -я, *ср.* Переработка пищи и её усвоение организмом человека и животного. *Расстройство пищеварения.* ‖ *прил.* **пищевари́тельный**, -ая, -ое. *П. процесс. П. тракт* (пищевод, желудок, тонкая и толстая кишки; спец.).

ПИЩЕВИ́К, -а́, *м.* Работник пищевой промышленности.

ПИЩЕВО́Д, -а, *м.* Отдел пищеварительной системы — трубчатый мышечный орган, соединяющий глотку с желудком и служащий для проведения пищи. ‖ *прил.* **пищево́дный**, -ая, -ое.

ПИЩЕВО́Й *см.* пища.

ПИ́ЩИК, -а, *м.* **1.** Дудка для подманивания птиц. *П. птицелова.* **2.** Звучащая пластинка в язычковых и духовых музыкальных инструментах (спец.). *П. баяна. П. гобоя.* **3.** Приспособление в виде двух пластинок для изменения голоса актёра (спец.).

ПИЯ́ВКА, -и, *ж.* **1.** Пресноводный кольчатый червь-кровосос. *Медицинская п.* (для отсасывания крови у больных). *Ставить пиявки.* **2.** *перен.* О жадном и жестоком человеке, живущем за счёт других.

ПЛАВ: **на плаву́** (спец.) — о судах, плавучих средствах: на воде, в плавающем состоянии. *Держаться на плаву.*

ПЛАВ... *Первая часть сложных слов со знач.:* 1) плавучий, напр. *плавзавод, плавбаза, плавкран;* 2) относящийся к плаванию, напр. *плавсостав* (моряки или речники, принимающие непосредственное участие в плавании).

ПЛА́ВАНИЕ, -я, *ср.* **1.** *см.* плавать. **2.** Передвижение по поверхности воды, умение, способность так передвигаться. *Школа плавания. Заниматься плаванием. Подводное п. Синхронное п.* (вид спорта). **3.** Передвижение на судне или ином плавучем средстве, рейс по водному пути. *Отправиться в п. Капитан дальнего плавания. Быть в плавании, ходить в п.* (совершать переход, служа, работая на судне).

ПЛА́ВАТЬ, -аю, -аешь; *несов.* **1.** То же, что плыть (в 1, 2, 3 и 4 знач.), но обозначает действие, совершающееся не в одно время, не за один приём или не в одном направлении. *П. в речке. П. вокруг света. Орёл плавает в поднебесье. П. в невесомости. Мелко плавает кто-н.* (перен.: о том, кто не способен на большое дело; разг. пренебр.). **2.** Уметь держаться, передвигаться на воде или в воде. *Учиться п. Рыба плавает.* **3.** Держаться на воде, не тонуть. *Дерево плавает.* **4.** Находиться в плавании, служа, работая на судне. *П. матросом.* **5.** *перен.* Не обладая знаниями, говорить, отвечать наугад (разг. шутл.). *П. на экзамене.* ‖ *сущ.* **плавание**, -я, *ср.* (к 1, 2, 3 и 4 знач.). ‖ *прил.* **пла́вательный**, -ая, -ое (к 1 и 2 знач.). *Плавательные движения. Плавательные перепонки. П. круг. П. бассейн.*

ПЛА́ВИТЬ, -влю, -вишь; -вленный; *несов., что.* Делать жидким, нагревая, накаливая. *П. металл.* ‖ *сов.* **распла́вить**, -влю, -вишь; -вленный. ‖ *сущ.* **плавле́ние**, -я, *ср.*, **пла́вка**, -и, *ж.* и **распла́в**, -а, *м.* (спец.). ‖ *прил.* **плави́льный**, -ая, -ое. *Плавильная печь.*

ПЛА́ВИТЬСЯ (-влюсь, -вишься, 1 и 2 л. не употр.), -вится; *несов.* Становиться жидким под воздействием определённой температуры. *Олово плавится при температуре 231,9° С.* ‖ *сов.* **распла́виться** (-влюсь, -вишься, 1 и 2 л. не употр.), -вится. ‖ *сущ.* **плавле́ние**, -я, *ср. Температура плавления* (температура, при к-рой вещество начинает плавиться). *Точка плавления* (то же, что температура плавления).

ПЛА́ВКА, -и, *ж.* **1.** *см.* плавить. **2.** Металл, выплавленный за один производственный цикл. *Домна выдала первую плавку.*

ПЛА́ВКИ, -вок. Короткие трусики для купания, плавания.

ПЛА́ВКИЙ, -ая, -ое; -вок, -вка. Способный легко плавиться. *П. металл.* ‖ *сущ.* **пла́вкость**, -и, *ж.*

ПЛА́ВЛЕНЫЙ, -ая, -ое. **1.** Подвергшийся плавлению. *Плавленое золото. Плавленые огнеупоры.* **2.** **плавленый сыр** — очень мягкий (часто пастообразный) сыр, изготовляемый с добавлением творога, масла и других молочных продуктов.

ПЛА́ВНИ, -ей. Затопляемые весной низкие берега рек и островки, поросшие камышом и кустарником. *Кубанские п.* ‖ *прил.* **пла́вневый**, -ая. -ое.

ПЛАВНИ́К, -а́, *м.* У водных животных: орган движения. ‖ *прил.* **плавнико́вый**, -ая, -ое.

ПЛА́ВНЫЙ, -ая, -ое; -вен, -вна и -вна́, -вно. Ровный, мерный, без резких переходов. *П. танец. П. стих. П. походка. Плавно* (нареч.) *двигаться.* ✦ **Плавный согласный** — в фонетике: название согласных «р» и «л» как слоговых (слогообразующих) звуков. ‖ *сущ.* **пла́вность**, -и, *ж.*

ПЛАВСРЕ́ДСТВО, -а, *ср.* Сокращение: плавучее средство.

ПЛАВУНЕ́Ц, -нца́, *м.* Жук, живущий в стоячей или медленно текущей воде.

ПЛАВУ́ЧЕСТЬ, -и, *ж.* (спец.). Способность плавучего средства держаться на плаву благодаря силе поддерживающей его воды. *П. судна.*

ПЛАВУ́ЧИЙ, -ая, -ее. Плавающий, находящийся или сооружённый на воде. *П. лёд. П. док, мост, маяк.*

ПЛАГИА́Т, -а, *м.* Выдача чужого произведения за своё или незаконное опубликование чужого произведения под своим именем, присвоение авторства.

ПЛАГИА́ТОР, -а, *м.* Человек, совершающий плагиат. ‖ *прил.* **плагиа́торский**, -ая, -ое.

ПЛА́ЗМА, -ы, *ж.* (спец.). **1.** Жидкая часть крови. **2.** Ионизированный газ с равной концентрацией положительных и отрицательных зарядов. ‖ *прил.* **пла́зменный**, -ая, -ое и **плазмати́ческий**, -ая, -ое (к 1 знач.).

ПЛАЗМО... *Первая часть сложных слов со знач.:* 1) относящийся к плазме (в 1 знач.), напр. *плазмозамещающий, плазмоклеточный;* 2) относящийся к плазме (во 2 знач.), напр. *плазмобур, плазмохимия*

ПЛА́КАЛЬЩИК, -а, *м.* В старом народном обряде: человек, оплакивающий покойника. ‖ *ж.* **пла́кальщица**, -ы. ‖ *прил.* **пла́кальщицкий**, -ая, -ое.

ПЛАКА́Т, -а, *м.* Настенный лист — крупный рисунок с пояснительным агитационным, рекламным или учебным текстом. ‖ *прил.* **плака́тный**, -ая, -ое. *Плакатная живопись. Плакатная манера* (перен.: о ярком, простом и броском изображении).

ПЛАКАТИ́СТ, -а, *м.* Художник, рисующий плакаты.

ПЛА́КАТЬ, пла́чу, пла́чешь; *несов.* **1.** Проливать слезы, обычно издавая жалобные, нечленораздельные голосовые звуки, плач. *Горько п. П. от боли, от горя, от радости. Плачущий голос* (плаксивый, жалобный). *Хоть плачь* (очень трудно, тяжко; разг.). **2.** (1 и 2 л. не употр.), *перен., по кому* и *по ком.* В нек-рых выражениях: ожидать кого-н., быть предназначенным кому-н. (о чём-н. неприятном) (разг.). *Палка по нему плачет. Тюрьма (верёвка, петля) по этому негодяю давно плачет.* **3.** **пла́кал**, -а, -о, *перен.* О том, что пропало, чего не вернешь, что могло бы быть, но уже не будет (разг. шутл.). *Плакали денежки. Плакала наша премия. Плакал твой отпуск.* **4.** (1 и 2 л. не употр.). Покрываться каплями выделяемой влаги. *Когда сыр плачет, сыровар смеётся* (посл.). *Запотевшие окна плачут.*

ПЛА́КАТЬСЯ, пла́чусь, пла́чешься; *несов.* (разг.). Жаловаться на что-н., сетовать. *П. на свою судьбу.*

ПЛА́КСА, -ы, *м.* и *ж.* (разг.). Человек, к-рый много и часто плачет (обычно о детях).

ПЛАКСИ́ВЫЙ, -ая; -ое; -и́в (разг.). **1.** Часто плачущий, всегда готовый плакать. *П. ребёнок.* **2.** Жалобный, выражающий готовность плакать. *П. голос. Плаксивая улыбка. Говорить плаксиво* (нареч.). ‖ *сущ.* **плакси́вость**, -и, *ж.*

ПЛАКУ́Н-ТРАВА́, -ы́, *ж.* Народное название нек-рых многолетних трав, употр. в народной медицине.

ПЛАКУ́ЧИЙ, -ая, -ее. О деревьях: со свисающими длинными ветвями. *Плакучая ива. Плакучая берёза. П. кедр.*

ПЛАМЕНЕ́ТЬ, -е́ю, -е́ешь; *несов.* (высок.). То же, что пылать (в 1 и 3 знач.). *Закат пламенеет. П. страстью.*

ПЛА́МЕННЫЙ, -ая, -ое; -енен, -енна. **1.** *см.* пламя. **2.** Ярко сверкающий, пылающий, как огонь. *П. закат.* **3.** *перен.* Пылкий, страстный (высок.). *Пламенная любовь. П. патриот. П. привет.* ‖ *сущ.* **пла́менность**, -и, *ж.*

ПЛА́МЯ, -мени, -менем, *ср.* и (устар. и высок.) **ПЛА́МЕНЬ**, -меня, -менем, *м.* Горящий и светящийся раскалённый газ, огонь. *Языки пламени. Пламя войны* (перен.; высок.). *Пламя страсти* (перен.; высок.). *Пламень души* (душевные силы). *Гори (всё) синим пламенем!* (то же, что гори всё огнём; см. гореть в 1 знач.) (прост.). ‖ *прил.* **пла́менный**, -ая, -ое (спец.). *Пламенная печь* (заводская печь, в к-рой обрабатывают материал жаром пламени).

ПЛАН, -а, *м.* **1.** Чертёж, изображающий на плоскости какую-н. местность, сооружение. *П. города. П. здания* (изображение его в горизонтальном разрезе). **2.** Заранее намеченная система деятельности, предусматривающая порядок, последовательность и сроки выполнения работ. *Производственный п. Работать по плану. Стра-*

тегический п. Календарный п. **3.** Предположение, предусматривающее ход, осуществление чего-н. *П. поездки. П. действий.* **4.** Взаимное расположение частей, краткая программа какого-н. изложения. *П. доклада.* **5.** Место, расположение какого-н. предмета в перспективе. *Передний, задний п. Выдвинуть что-н. на первый п.* (также перен.: придать чему-н. важное, существенное значение). **6.** Масштаб изображения кого-чего-н. *Дать лица крупным планом* (в кадре кино- или телефильма: на переднем плане, приблизив к зрителю). **7.** Область проявления чего-н. или способ рассмотрения чего-н., точка зрения (книжн.). *Действие в спектакле развивается в двух планах. В теоретическом плане.* ‖ *прил.* **пла́новый**, -ая, -ое (к 1 и 2 знач.).

ПЛАНЕРИ́ЗМ, -а, *м.* Вид спорта — летание на планёрах.

ПЛАНЕРИ́СТ, -а, *м.* Спортсмен, занимающийся планеризмом. ‖ *ж.* **планери́стка**, -и. ‖ *прил.* **планери́стский**, -ая, -ое.

ПЛАНЕ́ТА, -ы, *ж.* Небесное тело, движущееся вокруг Солнца и светящееся его отражённым светом. *П. Земля.* ‖ *прил.* **плане́тный**, -ая, -ое *и* **планета́рный**, -ая, -ое. *Планетное ядро. Планетарные туманности.*

ПЛАНЕТА́РИЙ, -я, *м.* **1.** Устройство, показывающее движение планет и других светил на полусферическом экране-куполе. **2.** Зрелищное и научно-просветительное учреждение, где при помощи такого устройства показывается искусственное звёздное небо. *Экскурсия в п.*

ПЛАНЕТОХО́Д, -а, *м.* Автоматический самоходный аппарат с дистанционным управлением, передвигающийся по поверхности удалённой от Земли планеты.

ПЛАНЁР, -а, *м.* Безмоторный летательный аппарат тяжелее воздуха для планирующего или парящего полёта. ‖ *прил.* **планёрный**, -ая, -ое. *П. спорт* (планеризм).

ПЛАНЁРКА, -и, *ж.* (разг.). Короткое рабочее совещание, посвящённое ходу выполнения плана. *Провести планёрку.*

ПЛАНИ́ДА, -ы, *ж.* (прост.). Судьба, доля, участь (обычно о плохой, тяжёлой судьбе). *Такая уж его п.*

ПЛАНИМЕ́ТРИЯ, -и, *ж.* Часть геометрии, изучающая фигуры на плоскости. ‖ *прил.* **планиметри́ческий**, -ая, -ое.

ПЛАНИ́РОВАТЬ¹, -рую, -руешь; *несов.* Постепенно, плавно снижаться при полёте. *Планирующий полёт.* ‖ *сов.* **сплани́ровать**, -рую, -руешь. ‖ *сущ.* **плани́рование**, -я, *ср.*

ПЛАНИ́РОВАТЬ², -рую, -руешь; -ованный; *несов., что.* **1.** Составлять план (во 2 знач.). *П. работу.* **2.** Включать в план каких-н. работ, предполагать устройство чего-н. *П. открытие стадиона.* **3.** Предполагать, рассчитывать, иметь в своих планах (разг.). *П. поехать на курорт.* ‖ *сов.* **заплани́ровать**, -рую, -руешь; -анный (ко 2 и 3 знач.) *и* **распланировать**, -рую, -руешь; -анный (к 1 знач.). ‖ *сущ.* **плани́рование**, -я, *ср.*

ПЛАНИРОВА́ТЬ, -ру́ю, -ру́ешь; -о́ванный; *несов., что.* Устраивать, располагать в соответствии с определённым планом (в 1 знач.). *П. участки. П. лагерь.* ‖ *сов.* **распланирова́ть**, -ру́ю, -ру́ешь; -о́ванный *и* **распланировать**, -рую, -руешь; -ованный. ‖ *сущ.* **планиро́вка**, -и, *ж. и* **распланиро́вка**, -и, *ж.* ‖ *прил.* **планиро́вочный**, -ая, -ое.

ПЛАНИРО́ВКА, -и, *ж.* **1.** *см.* планирова́ть. **2.** Расположение частей какого-н. сооружения, комплекса, земельного участка. *Удобная п. квартиры, дома. П. городских кварталов.*

ПЛАНИРО́ВЩИК, -а, *м.* Специалист, занимающийся планировкой. ‖ *ж.* **планиро́вщица**, -ы.

ПЛА́НКА, -и, *ж.* **1.** Гладкая дощечка, пластинка. *Металлическая п. Орденская п.* (с прикреплённой орденской ленточкой, ленточками). **2.** Часть спортивного снаряда: тонкая длинная пластинка, устанавливаемая как барьер при прыжках, беге. *Поднять, опустить планку* (также перен.: повысить или понизить уровень каких-н. требований, нормативов). ‖ *уменьш.* **пла́ночка**, -и, *ж.* ‖ *прил.* **пла́ночный**, -ая, -ое.

ПЛАНКТО́Н, -а, *м.* (спец.). Совокупность животных и растительных организмов, живущих в толще воды и переносимых силой течения. ‖ *прил.* **планкто́нный**, -ая, -ое.

ПЛАНОВИ́К, -а́, *м.* Специалист по составлению производственных планов. *П.-экономист.*

ПЛА́НОВЫЙ, -ая, -ое. **1.** *см.* план. **2.** Осуществляемый, ведущийся в соответствии с планом (во 2 знач.). *Плановое хозяйство.* ‖ *сущ.* **пла́новость**, -и, *ж.*

ПЛАНОМЕ́РНЫЙ, -ая, -ое; -рен, -рна. Следующий установленному порядку, плану. *Планомерные занятия.* ‖ *сущ.* **планоме́рность**, -и, *ж.*

ПЛАНТА́ТОР, -а, *м.* Владелец плантации (во 2 знач.). ‖ *прил.* **планта́торский**, -ая, -ое. *Плантаторские нравы* (перен.: жестокие).

ПЛАНТА́ЦИЯ, -и, *ж.* **1.** Большое хозяйство, в к-ром возделываются культуры (в 3 знач.). *Сахарная п. Чайная п. П. карельской берёзы. П. морского гребешка.* **2.** Сельскохозяйственное предприятие. *Хозяин плантации.* ‖ *прил.* **плантацио́нный**, -ая, -ое (к 1 знач.). *Плантационное выращивание роз.*

ПЛАНШЕ́Т, -а, *м.* **1.** Специальная плоская сумка с прозрачным верхом для ношения карт. **2.** Укрепляемая на треноге доска для полевой топографической съёмки или для закрепления карты (спец.). **3.** В армии на боевых и информационных постах: устройство для отображения воздушной и морской обстановки (спец.). ‖ *прил.* **планше́тный**, -ая, -ое.

ПЛАНШЕ́ТКА, -и, *ж.* (разг.). То же, что планшет (в 1 знач.).

ПЛАСТ, -а́, *м.* **1.** Плотный, плоский слой чего-н. *П. почвы, породы.* **2.** *перен.* Однородная масса как часть чего-н. (книжн.). *Пласты населения. П. новых терминов.* ◆ **Лежать пластом или как пласт** (разг.) — неподвижно, вытянувшись. ‖ *прил.* **пластово́й**, -а́я, -о́е (к 1 знач.; спец.). *Пластовая жила.*

ПЛАСТА́ТЬ, -а́ю, -а́ешь; пла́станный; *несов., что.* Резать пластами, разнимать на пласты. *П. рыбу.* ‖ *сов.* **распласта́ть**, -а́ю, -а́ешь; -пла́станный.

ПЛА́СТИКА, -и, *ж.* **1.** Совокупность искусств, создающих объёмные формы (скульптуру) (спец.). **2.** Искусство ритмических движений тела. **3.** То же, что пластичность (по 1 знач. слова пластичный). *П. жестов.* **4.** Общее название методов пластических операций (спец.), а также (разг.) сама такая операция. ‖ *прил.* **пласти́ческий**, -ая, -ое.

ПЛАСТИКА́Т, -а, *м.* (спец.). Вид эластичной пластмассы. ‖ *прил.* **пластика́товый**, -ая, -ое.

ПЛА́СТИКИ, -ов, *ед.* -ик, -а, *м.* То же, что пластические массы. ‖ *прил.* **пла́стиковый**, -ая, -ое.

ПЛАСТИЛИ́Н, -а (-у), *м.* Пластичный материал для лепки, состоящий из глины и воска с добавлением жиров, вазелина и других веществ, препятствующих высыханию. ‖ *прил.* **пластили́новый**, -ая, -ое.

ПЛАСТИ́НА, -ы, *ж.* Плоская полоса из твёрдого материала. *Железная п.* ‖ *уменьш.* **пласти́нка**, -и, *ж.* ‖ *прил.* **пласти́нный**, -ая, -ое.

ПЛАСТИ́НКА, -и, *ж.* **1.** *см.* пластина. **2.** Диск (в 1 знач.) со звуковой записью для проигрывания и прослушивания. *Долгоиграющие пластинки. Напеть пластинку. Перемени пластинку!* (также перен.: поговори о чём-н. другом; разг. неодобр.). *Заезженная п.* (перен.: наскучившая речь, тема). **3.** Стекло со светочувствительным слоем для фотографического снимка. *Зарядить пластинку.* **4.** Плоская, преимущ. широкая часть листа¹ (спец.). **5.** У пластинчатых грибов: один из многих глубоких продольных рубчиков, составляющих обратную сторону шляпки. **6.** Узкая тонкая полоска как часть какого-н. организма (спец.). *Пластинки усов* (у жуков). **7.** Съёмный зубной протез (разг.). ‖ *прил.* **пласти́ночный**, -ая, -ое.

ПЛАСТИ́НЧАТЫЙ, -ая, -ое; -ат (спец.). В виде пластинок, пластин или с пластинками (в 5 и 6 знач.). *П. конвейер. П. насос. П. гриб. Пластинчатые усики* (у нек-рых жуков). ‖ *сущ.* **пласти́нчатость**, -и, *ж.*

ПЛАСТИ́ЧЕСКИЙ, -ая, -ое. **1.** *см.* пластика. **2.** О материалах: поддающийся деформации под давлением, не ломкий. *Пластические массы* (материалы, полученные из природных или искусственных соединений — полимеров, формирующиеся при нагревании и под давлением сохраняющие приданную форму). **3. пластическая операция** — хирургическая операция, трансплантация или имплантация органов, тканей.

ПЛАСТИ́ЧНЫЙ, -ая, -ое; -чен, -чна. **1.** О движениях, жестах: гармоничный, плавный. *П. танец.* **2.** То же, что пластический (во 2 знач.). *Пластичные тела* (напр. воск). *Пластичные смазки.* ‖ *сущ.* **пласти́чность**, -и, *ж.*

ПЛАСТМА́ССА, -ы, *ж.* Сокращение: пластическая масса. *Изделия из пластмассы.* ‖ *прил.* **пластма́ссовый**, -ая, -ое. *Пластмассовые детали. Пластмассовая посуда.*

ПЛАСТОВА́ТЬ, -ту́ю, -ту́ешь; -о́ванный; *несов., что* (спец.). Резать, накладывать пластами. *П. дёрн.* ‖ *сущ.* **пластова́ние**, -я, *ср.*

ПЛАСТОВО́Й, -а́я, -о́е. **1.** *см.* пласт. **2.** Изготовляемый в виде пласта. *П. мармелад.*

ПЛАСТУ́Н, -а́, *м.* В 19 — начале 20 в.: казак пеших казачьих частей; ранее — казак сторожевых частей на Кубани. ‖ *прил.* **пласту́нский**, -ая, -ое. *П. батальон, полк* (названия нек-рых казачьих батальонов, полков во время Великой Отечественной войны). *Ползти по-пластунски* (нареч.; на локтях, прижимаясь к земле).

ПЛА́СТЫРЬ, -я, *м.* Кусок плотного материала с нанесённым на него клейким лекарственным составом. ‖ *прил.* **пла́стырный**, -ая, -ое.

ПЛАТ, -а, *м.* (устар.). Платок, а также кусок холста, покрывала.

ПЛА́ТА¹, -ы, *ж.* **1.** Денежное вознаграждение, возмещение за что-н. *Заработная п. П. за услуги. Входная п.* **2.** *перен.* Награда или кара, воздаяние (во 2 знач.). *П. за предательство.*

ПЛА́ТА², -ы, *ж.* (спец.). Диэлектрическая пластина для установки электро- и радиоэлементов, а также такая пластина с нанесёнными на ней тонкими электропроводящими полосками. *П.-основание. Печатная п.*

ПЛАТА́Н, -а, *м.* Большое дерево с зеленовато-серой корой и широкими лапчатыми листьями. ‖ *прил.* **плата́новый**, -ая, -ое. *Семейство платановых* (сущ.).

ПЛАТА́ТЬ, -а́ю, -а́ешь; *несов., что* (прост.). Класть заплаты, латать. *П. рубаху.* ‖ *сов.* **заплата́ть**, -а́ю, -а́ешь; -а́танный.

ПЛА́ТЕЛЬНЫЙ *см.* платье.

ПЛАТЕ́ЛЬЩИК, -а, *м.* (офиц.). Человек, к-рый вносит платёж, платежи. *П. налогов.* ‖ *ж.* **плате́льщица**, -ы.

ПЛАТЁЖ, -а́, *м.* **1.** *см.* платить. **2.** Уплачиваемая сумма. *Крупный п. Платежи по выигрышам.* ‖ *прил.* **платёжный**, -ая, -ое. *П. баланс.*

ПЛАТЁЖЕСПОСО́БНЫЙ, -ая, -ое; -бен, -бна (офиц.). Способный, имеющий возможность платить, осуществлять платежи. *П. покупатель. П. кредитор.* ‖ *сущ.* **платёжеспосо́бность**, -и, *ж.*

ПЛА́ТИНА, -ы, *ж.* Драгоценный тугоплавкий блестящий металл серовато-белого цвета. ‖ *прил.* **пла́тиновый**, -ая, -ое. *Платиновая брошь. Платиновая руда. Металлы платиновой группы.*

ПЛАТИ́ТЬ, плачу́, пла́тишь; -а́ченный; *несов.* **1.** *что.* Отдавать деньги в возмещение чего-н. *П. за покупку. П. долги.* **2.** *перен., чем за что.* Возмещать, воздавать. *П. услугой за услугу. П. злом за добро.* ‖ *сов.* **заплати́ть**, -ачу́, -а́тишь; -а́ченный *и* **уплати́ть**, -ачу́, -а́тишь; -а́ченный (к 1 знач.). ‖ *сущ.* **упла́та**, -ы, *ж.* (к 1 знач.) *и* **платёж**, -а́, *м.* (к 1 знач.). *Уплата налога. Назначить день платежа.* ‖ *прил.* **платёжный**, -ая, -ое. *Платёжная ведомость. П. день.*

ПЛАТИ́ТЬСЯ, плачу́сь, пла́тишься; *несов., чем* и *за что.* Терпеть ущерб, страдать из-за кого-чего-н., в возмездие за что-н. *П. здоровьем за свою неосмотрительность.* ‖ *сов.* **поплати́ться**, -ачу́сь, -а́тишься. *Ты мне за это поплатишься!* (угроза; разг.).

ПЛА́ТНЫЙ, -ая, -ое. **1.** Оплачиваемый, такой, за к-рый платят. *П. проезд. Платная консультация. Платная поликлиника* (с оплачиваемым лечением). **2.** Пользующийся чем-н. за плату. *П. клиент.* ‖ *сущ.* **пла́тность**, -и, *ж.* (к 1 знач.).

ПЛАТО́, *нескл., ср.* Равнина, лежащая сравнительно высоко над уровнем моря и отделённая от соседней местности крутыми склонами, уступами. *Высокогорное п.*

ПЛАТО́К, -тка́, *м.* **1.** Предмет одежды — кусок ткани, обычно квадратный, или вязаное изделие такой формы. *Головной п. Пуховый п.* **2.** То же, что носовой платок. *Кармашек для платка.* ‖ *уменьш.* **плато́чек**, -чка, *м.* ‖ *прил.* **плато́чный**, -ая, -ое.

ПЛАТОНИ́ЧЕСКИЙ, -ая, -ое. Чисто духовный, не связанный с практическими, реальными целями. *П. интерес. Платоническая любовь* (основанная на духовном влечении, лишённая чувственности).

ПЛАТФО́РМА, -ы, *ж.* **1.** Возвышение, площадка для посадки пассажиров, погрузки багажа. *Железнодорожная п.* **2.** Небольшая железнодорожная станция. **3.** Открытый железнодорожный вагон с низкими бортами для перевозки грузов. **4.** Политическая программа партии, общественной группировки (книжн.). *Предвыборная п.* **5.** Утолщённая подошва (во 2 знач.). *Туфли на платформе.* ‖ *прил.* **платфо́рменный**, -ая, -ое (к 1 знач.).

ПЛА́ТЬЕ, -я, *род. мн.* -ьев, *ср.* **1.** Одежда, носимая поверх белья. *Мужское и женское п. Магазин готового платья. Верхнее п.* (пальто, шуба, плащ). **2.** Женская цельная одежда, надеваемая поверх белья. *Бальное п. П.-костюм* (юбка и жакет, носимые вместе). ‖ *уменьш.* **пла́тьице**, -а, *ср.* (ко 2 знач.). *Детское п.* ‖ *прил.* **платяно́й**, -а́я, -о́е (к 1 знач.), **платьево́й**, -а́я, -о́е (ко 2 знач.) *и* **пла́тельный**, -ая, -ое (ко 2 знач.). *Платяной шкаф. Плательные (платьевые) ткани. Платяная щётка* (для чистки одежды).

ПЛАУ́Н, -а́, *м.* Вечнозелёное лесное травянистое споровое растение. ‖ *прил.* **плау́нный**, -ая, -ое *и* **плауно́вый**, -ая, -ое. *Класс плауновых* (сущ.).

ПЛАФО́Н, -а, *м.* **1.** Расписной или лепной потолок. **2.** Род абажура для светильника, обычно на потолке или на стене. ‖ *прил.* **плафо́нный**, -ая, -ое.

ПЛА́ХА, -и, *ж.* **1.** Кусок бревна, расколотого или распиленного вдоль. *Дубовая п.* **2.** В старину: обрубок дерева, на к-ром отсекали голову казнимого, а также помост, на к-ром совершалась казнь. *Лечь, взойти на плаху. Класть голову на плаху* (также перен.: обрекать себя на неминуемую беду).

ПЛА́ХТА, -ы, *ж.* Кустарная украинская ткань, полосатая или клетчатая, а также четырёхугольный отрез её, носимый в качестве юбки. ‖ *прил.* **пла́хтовый**, -ая, -ое.

ПЛАЦ, -а, о пла́це, на плацу́, *м.* Площадь для военных парадов, смотров, строевых занятий. *Учебный п.*

ПЛАЦДА́РМ, -а, *м.* **1.** Пространство, на к-ром подготовляется и развёртывается военная операция. **2.** Участок берега, на к-рый высаживаются форсирующие водную преграду войска или к-рый удерживается отступающими. **3.** *перен.* Исходный пункт, отправная точка для чего-н. (книжн.). *П. для дальнейших рассуждений.*

ПЛАЦЕ́НТА, -ы, *ж.* (спец.). Орган, осуществляющий связь и обмен веществ между организмом матери (самки) и плодом, детское место. ‖ *прил.* **плацента́рный**, -ая, -ое. *Плацентарные* (сущ.; живородящие млекопитающие).

ПЛАЦКА́РТА, -ы, *ж.* Билет на нумерованное место в поездном вагоне. ‖ *прил.* **плацка́ртный**, -ая, -ое. *П. вагон* (жёсткий вагон со спальными местами).

ПЛАЧ, -а, *м.* **1.** Сопровождающиеся слезами жалобные нечленораздельные голосовые звуки, выражающие боль, горе или сильную взволнованность. *Детский п. Неутешный п.* **2.** Старинная обрядовая жалобная песня на похоронах, поминках или свадьбе. *Северно-русские плачи.* ‖ *прил.* **плаче́вный**, -ая, -ое (к 1 знач.; устар.) *и* **плачево́й**, -а́я, -о́е (ко 2 знач.).

ПЛАЧЕ́ВНЫЙ, -ая, -ое; -вен, -вна. **1.** *см.* плач. **2.** Бедственный, достойный сожаления. *Плачевное положение.* **3.** Не оправдавший ожиданий, ничтожный. *П. результат.* ‖ *сущ.* **плаче́вность**, -и, *ж.*

ПЛА́ШКА, -и, *ж.* Плоский кусок дерева, а также вообще пластина, пластинка, деревянная или металлическая.

ПЛАШКО́УТ, -а, *м.* Плоскодонное несамоходное беспалубное судно для перевозки грузов, для устройства плавучих пристаней, наплавных мостов. ‖ *прил.* **плашко́утный**, -ая, -ое. *П. мост.*

ПЛАШМЯ́, *нареч.* Плоской стороной. *Ударить шашкой п. Упасть п.* (всем телом, навзничь или ничком).

ПЛАЩ, -а́, *м.* **1.** Лёгкое, обычно непромокаемое пальто. **2.** Верхняя широкая одежда без рукавов, накидка. *П.-накидка* (у военнослужащих). ✦ **Политика плаща и кинжала** (книжн.) — тайный террор и шпионаж. ‖ *прил.* **плащево́й**, -а́я, -о́е (к 1 знач.). *Плащевая ткань.*

ПЛАЩАНИ́ЦА, -ы, *ж.* Употребляемое в церковном пасхальном обряде покрывало с изображением Христа в гробу.

ПЛАЩ-ПАЛА́ТКА, плащ-палатки, *ж.* У военнослужащих: плащ-накидка, приспособленная также для использования в качестве палатки и носилок.

ПЛЕБЕ́Й, -я, *м.* **1.** В Древнем Риме: свободный, но юридически неравноправный человек из низших классов. *Патриции и плебеи.* **2.** Человек, вышедший из народа, не дворянского происхождения (при сопоставлении с аристократической средой). ‖ *ж.* **плебе́йка**, -и (ко 2 знач.). ‖ *прил.* **плебе́йский**, -ая, -ое.

ПЛЕБИСЦИ́Т, -а, *м.* (спец.). Опрос всего населения для решения особо важного вопроса, референдум. *Провести п.* ‖ *прил.* **плебисцита́рный**, -ая, -ое *и* **плебисци́тный**, -ая, -ое.

ПЛЕВА́, -ы́, *ж.* (спец.). Тонкая кожица, перепонка в животном или растительном организме.

ПЛЕВА́ТЕЛЬНИЦА, -ы, *ж.* Сосуд для сплевывания.

ПЛЕВА́ТЬ, плюю́, плюёшь; плюй; *несов.* **1.** Выбрасывать изо рта плевком или вместе с плевком. *П. на пол. П. подсолнечную шелуху. П. в глаза кому-н.* (перен.: публично оскорблять; разг.). *П. в потолок* (перен.: бездельничать; разг. шутл.). **2.** *на кого-что.* Совершенно не считаясь с кем-чем-н., выказывать презрительное безразличие (прост.). *П. на замечания старших.* **3.** **плева́ть**, *в знач. сказ.* Выражает безразличное или презрительное отношение к чему-н. (прост.). *Не переживай, п. тебе на этого дурака.* ✦ **Плевать хотел** *кто* **на** *кого-что* (прост.) — всё равно кому-н. что-н., безразличен кто-н., наплевать кому-н. на кого-что-н. *Плевать он хотел на твою просьбу.* ‖ *сов.* **наплева́ть**, -плюю́, -плюёшь; -плёванный (ко 2 и 3 знач.). ‖ *однокр.* **плю́нуть**, -ну, -нешь (к 1 и 2 знач.). *П. через левое плечо* (примета: чтобы не сглазить; разг. шутл.). *Плюнь в глаза, скажет: божья роса* (насмешливая посл. о том, кто боится ответить на оскорбление). *Плюнь!* (не обращай внимания, не нервничай из-за чего-н.). ✦ **Плюнуть некуда** (прост.) — очень тесно. *Народу набилось — плюнуть некуда.* **Раз плюнуть** (прост.) — ничего не стоит, очень легко сделать что-н. *Ему эту речку переплыть — раз плюнуть!* **Плюнь в глаза тому, кто...** (прост.) — уверение в том, что кто-то неправ или лжёт. *Плюнь в глаза тому, кто скажет, что я вру.* ‖ *сущ.* **плева́нье**, -я, *ср.* (к 1 знач.).

ПЛЕВА́ТЬСЯ, плюю́сь, плюёшься; *несов.* **1.** Иметь повадку плевать. *Верблюды плюются.* **2.** То же, что плевать (в 1 знач.). *Перестань п.!*

ПЛЕ́ВЕЛ, -а, *мн.* пле́велы, пле́вел, *м.* **1.** Сорная полевая трава сем. злаков. *Льновый п.* **2.** Оболочка зерна (стар. и обл.). *Отделить зерно от плевел* (также перен.: отделить хорошее от дурного; книжн.). *Очиститься от плевел* (перен.: от чего-н. вредного, чуждого; книжн.). ‖ *прил.* **пле́вельный**, -ая, -ое.

ПЛЕВО́К, -вка́, *м.* Выплюнутый сгусток слюны. *П. в лицо кому-н.* (также перен.: о чём-н. откровенно оскорбительном, крайне грубом).

ПЛЕ́ВРА, -ы, *ж.* Оболочка, покрывающая лёгкие и выстилающая изнутри стенки грудной полости. ‖ *прил.* **плевра́льный**, -ая, -ое. *Плевральная полость.*

ПЛЕВРИ́Т, -а, *м.* Воспаление плевры. ‖ *прил.* **плеврити́ный**, -ая, -ое.

ПЛЕД, -а, *м.* Род большой шали, покрывала из плотной, обычно клетчатой шерстяной ткани, с бахромой. *Закутаться, завернуться в п.*

ПЛЕКСИГЛА́С, -а, *м.* (спец.). То же, что органическое стекло. ‖ *прил.* **плексигла́совый**, -ая, -ое.

ПЛЕМЕННО́Й, -а́я, -о́е. **1.** *см.* пле́мя. **2.** Относящийся к чистокровной породе. *П. скот. П. бык* (предназначенный для продолжения породы). *Племенное овцеводство.*

ПЛЕ́МЯ, -мени, *мн.* -мена́, -мён, -мена́м, *ср.* **1.** Этническая и социальная общность людей, связанных родовыми отношениями, территорией, культурой, языком и самоназванием. *Первобытные племена. Союз племён. Кочевые племена.* **2.** *перен.* Народ, народность (во 2 знач.) (устар. и высок.). **3.** *ед., перен.* Люди, поколение людей (высок.). *Молодое п.* ‖ *прил.* **племенно́й**, -а́я, -о́е (к 1 знач.). *П. союз. П. язык. Племенное родство. П. быт.*

ПЛЕМЯ́: **на племя** (спец. и обл.) — для получения приплода, потомства. *Оставить бычка на племя.*

ПЛЕМЯ́ННИК, -а, *м.* Сын брата или сестры.

ПЛЕМЯ́ННИЦА, -ы, *ж.* Дочь брата или сестры.

ПЛЕМЯ́Ш, -а́, *м.* (прост.). То же, что племянник. ‖ *уменьш.-ласк.* **племяшо́к**, -шка́, *м.*

ПЛЕМЯ́ШКА, -и, *ж.* (прост.). То же, что племянница.

ПЛЕН, -а, о пле́не, в плену́, *м.* Состояние порабощённости, того, кто захвачен на войне противником и лишён свободы. *Взять, попасть в п. Держать в плену. Бежать из плена. В плену предрассудков* (перен.).

ПЛЕНА́РКА, -и, *ж.* (разг.). Краткое рабочее совещание по вопросам текущей работы. *Провести пленарку.*

ПЛЕНА́РНЫЙ, -ая, -ое. Происходящий при участии всех членов данной организации, выборного органа. *Пленарное заседание.*

ПЛЕНИ́ТЕЛЬНЫЙ, -ая, -ое; -лен, -льна (книжн.). Покоряющий своей прелестью, очаровательный. *П. голос. П. талант.* ‖ *сущ.* **плени́тельность**, -и, *ж.*

ПЛЕНИ́ТЬ, -ню́, -ни́шь; -нённый (-ён, -ена́); *сов.* **1.** *кого-что.* Взять в плен. *П. врага. Пленённая армия.* **2.** *кого (что).* Очаровать, увлечь. *П. своей красотой.* ‖ *несов.* **пленя́ть**, -я́ю, -я́ешь (ко 2 знач.). ‖ *сущ.* **плене́ние**, -я, *ср.* (к 1 знач.).

ПЛЕНИ́ТЬСЯ, -ню́сь, -ни́шься; *сов., кем-чем.* Поддаться чьему-н. очарованию, увлечься. *П. чьим-н. талантом. П. природой Севера.* ‖ *несов.* **пленя́ться**, -я́юсь, -я́ешься.

ПЛЕ́ННИК, -а, *м.* **1.** То же, что пленный (высок.). **2.** *перен.* Тот, кто пленён (во 2 знач.) кем-чем-н. *П. красоты.* ‖ *ж.* **пле́нница**, -ы.

ПЛЕ́ННЫЙ, -ая, -ое. Взятый в плен, находящийся в плену. *П. солдат. Освободить пленных* (сущ.).

ПЛЕ́НУМ, -а, *м.* Пленарное заседание. *Расширенный п. П. научного совета.*

ПЛЕНЭ́Р, -а, *м.* (спец.). **1.** Воспроизведение в живописи естественного освещения и воздушной среды. **2.** Естественная обстановка вне помещения, в которой работает художник. *Акварелист отправился на п. Сцена на пленэре.* ‖ *прил.* **пленэ́рный**, -ая, -ое. *Пленэрная живопись.*

ПЛЕНЯ́ТЬ, -СЯ *см.* пленить, -ся.

ПЛЕОНА́ЗМ, -а, *м.* (спец.). Оборот речи, в к-ром без надобности повторяются слова, частично или полностью совпадающие по значениям (напр., человек двадцать людей) или такие, в к-рых значение одного слова уже входит в состав другого (напр., своя автобиография, патриот Родины, коллега по работе). ‖ *прил.* **плеонасти́ческий**, -ая, -ое.

ПЛЕ́СЕНЬ, -и, *ж.* Образуемые особыми грибками налёты, скопляющиеся в виде расплывчатых пятен на чём-н. гниющем, сыром. *Покрыться плесенью. П. пошлости и мещанства* (перен.). ‖ *прил.* **пле́сенный**, -ая, -ое, **плеснево́й**, -а́я, -о́е *и* **пле́сневый**, -ая, -ое. *Плесенный запах. Плесневые грибки.*

ПЛЕСК, -а, *м.* Шум, звуки от падения волны, от ударов по воде. *П. прибоя. П. вёсел.*

ПЛЕСКА́ТЬ, плещу́, пле́щешь *и* (разг.) -а́ю, -а́ешь; плёсканный; *несов.* **1.** (плещу́, пле́щешь). Производить плеск. *Волны плещут о берег. Рыба плещет хвостом.* **2.** *на кого-что.* Обдавать брызгами. *П. друг на друга водой.* **3.** *что.* Лить, проливать крупными брызгами. *П. воду на пол.* **4.** (1 и 2 л. не употр., пле́щет). О флагах, парусах, полотнищах: то же, что развеваться. *Флаги плещут.* **5.** (плещу́, пле́щешь). Рукоплескать, аплодировать (устар.). *В партере плещут.* ‖ *однокр.* **плесну́ть**, -ну́, -нёшь (к 1, 2 и 3 знач.). ‖ *сущ.* **плеска́ние**, -я, *ср.*

ПЛЕСКА́ТЬСЯ, -ещу́сь, -е́щешься *и* (разг.) -а́юсь, -а́ешься; *несов.* **1.** (1 и 2 л. не употр., -щется). Колыхаться, производя плеск. *Волна плещется о берег. Флаги плещутся на ветру* (перен.). **2.** Плескать на себя или друг на друга. *Дети плещутся в воде.* ‖ *сущ.* **плеска́ние**, -я, *ср.* ‖ *прил.* **плеска́тельный**, -ая, -ое (спец.). *П. бассейн* (мелкий бассейн для купанья).

ПЛЕ́СНЕВЕЛЫЙ, -ая, -ое. Заплесневевший, покрытый плесенью.

ПЛЕ́СНЕВЕТЬ (-ею, -еешь, **1** и **2** *л.* не употр.), -еет; *несов.* Покрываться, пропитываться плесенью. *Хлеб от сырости плесневеет.* ‖ *сов.* **запле́сневеть** (-ею, -еешь, 1 и 2 л. не употр.), -еет.

ПЛЕСТИ́, плету́, плетёшь; плёл, плела́; плётший; плетённый (-ён, -ена́); плетя́; *несов., что.* **1.** Перевивая (что-н. узкое, длинное, напр. прутья, ленты, нити), соединять в одно целое, изготовлять. *П. венок. П. корзину.* **2.** *перен.* С нек-рыми существительными: устраивать что-н. сложное, запутанное (неодобр.). *П. интригу. П. козни.* **3.** Говорить что-н. несуразное, глупое (разг.). *П. околесицу. П. небылицы.* ‖ *сов.* **сплести́**, сплету́, сплетёшь; сплетённый (-ён, -ена́) (к 1 и 2 знач.). ‖ *сущ.* **плете́ние**, -я, *ср.* (к 1 и 2 знач.). ‖ *прил.* **плете́льный**, -ая, -ое (к 1 знач.; спец.) *и* **плетёный**, -ая, -ое (устар.). *Плетельная машина. Плетельные изделия.*

ПЛЕСТИ́СЬ, плету́сь, плетёшься; плёлся, плела́сь; плётшийся; плетя́сь; *несов.* (разг.). Идти медленно, вялой походкой, тащиться (в 1 знач.). *Еле п. от усталости.*

ПЛЕТЕ́НИЕ, -я, *ср.* **1.** *см.* плести. **2.** Плетёная вещь или вещь, к-рую плетут. *Изящное п.* ✦ **Плетение словес** (ирон.) — о многословном и бессодержательном говорении.

ПЛЕТЕ́НЬ, -тня́, *м.* Изгородь из сплетённых прутьев и ветвей. *Обнести огород плетнём. Тень на п. наводить* (то же, что наводить тень на ясный день; см. тень). ‖ *прил.* **плетнёвый**, -ая, -ое.

ПЛЕТЁНКА, -и, *ж.* (разг.). **1.** Плетёное изделие. *Сумка-п.* **2.** Продолговатый витой белый хлеб. *П. с маком.*

ПЛЕТЁНЫЙ, -ая, -ое. Изготовленный плетением. *Плетёная мебель* (из лозы).

ПЛЕТЬ, -и, *мн.* -и, -е́й, *ж.* **1.** Туго перевитые верёвки или ремни, прикреплённые к рукоятке, служащие для подстёгивания животных, в старину — для телесных наказаний. *Ременная п.* **2.** Стебель, ветка вьющегося, ползучего растения, стелющийся по земле побег. *П. тыквы.* **3.** Несколько сваренных звеньев труб или рельсов (спец.). ‖ *прил.* **плетево́й**, -а́я, -о́е.

ПЛЕ́ЧИКИ, -ов (разг.). Жёсткая планка на крючке, вешалка, по форме к-рой расправляются плечи одежды. *Деревянные, пластмассовые, металлические п. Повесить пиджак на п.*

ПЛЕ́ЧИКО, -а, *мн.* -и, -ов, *ср.* **1.** *см.* плечо. **2.** То же, что бретелька, бретель. *Юбка, брючки на плечиках.* **3.** Подкладка в форме плотного уголка под плечевую часть одежды. *Платье с плечиками. Подложить плечики. Жёсткие плечики.*

ПЛЕЧИ́СТЫЙ, -ая, -ое; -и́ст. С широкими сильными плечами. *П. юноша.* ‖ *сущ.* **плечи́стость**, -и, *ж.*

ПЛЕЧО́, -а́, *мн.* пле́чи, плеч, плеча́м, *ср.* **1.** Часть туловища от шеи до руки (у животных — верхняя часть передней конечности). *Нести узел на плече. Закинуть рюкзак за́ плечи и за пле́чи. Расправить плечи* (также перен.: обрести уверенность в себе). *Взвалить на́ плечи и на пле́чи что-н.* (также перен.: обременить тяжёлой работой, обязательствами). *На плечах что-н. у кого-н.* (также перен.: о трудной работе, обязанностях. *На плечах у него семья*). *Похлопывать по плечу кого-н.* (также перен.: относиться покровительственно или панибратски; неодобр.). *Плечом к плечу* (рядом, совсем близко; также перен.: в тесном единении). *Подставить п.* (также перен.: помочь). *П. старшего, п. друга* (перен.: о помощи, поддержке старшего, друга). *Голову на плечах иметь* (перен.: поступать разумно, действовать с умом; разг.). *С плеч долой что-н.* (отпала забота, кончилось беспокойство о чём-н.; разг.). *Как гора с плеч свалилась* (отпала тяжёлая забота; разг.). *Ворваться в город на плечах противника* (непосредственно за отступающим противником). *Вынести на своих плечах что-н.* (перен.: справиться с чем-н. трудным, тяжёлым одному, без поддержки). **2.** Верхняя часть руки до локтевого сустава (спец.). **3.** Часть одежды от шеи до руки. *Выкроить п.* **4.** Часть рычага от точки опоры до точки приложения силы (спец.). **5.** Участок пути, дороги (спец.). *П. магистрали.* ✦ **За плечами** *у кого, кого что* — о чём-н. пережитом, ранее сделанном. *За плечами целая жизнь. За плечами хирурга сотни операций.* **Чувство плеча** — то же, что чувство локтя. **По плечу** *кому что* (разг.) — по силам. *Это дело тебе не по плечу.* ‖ *уменьш.* **пле́чико**, -а, *ср.* (к 1 знач.). ‖ *прил.* **плечево́й**, -а́я, -о́е. *П. сустав. П. пояс* (часть скелета, служащая опорой плеча в 1 знач.). *Плечевая кость* (костная основа плеча во 2 знач.).

ПЛЕШИ́ВЕТЬ, -ею, -еешь; *несов.* Становиться плешивым, плешивее, лысеть. ‖ *сов.* **оплеши́веть**, -ею, -еешь.

ПЛЕШИ́ВЫЙ, -ая, -ое; -и́в. С плешью, облысевший. *Плешивая голова.* ‖ *сущ.* **плеши́вость**, -и, *ж.*

ПЛЕШЬ, -и и (прост.) **ПЛЕШИ́НА**, -ы, *ж.* То же, что лысина (в 1 и 2 знач.). *П. на го-*

лове. Собака с плешью на боку. Плеши во всходах.

ПЛЕЯ́ДА, -ы, *ж.* (высок.). Группа выдающихся деятелей одной эпохи, одного направления. *Пушкинская п. поэтов. П. русских полководцев.*

ПЛЁВЫЙ, -ая, -ое: плёвое дело (прост.) — о чём-н. не заслуживающем внимания или не вызывающем никаких затруднений.

ПЛЁНКА, -и, *ж.* **1.** Тонкая оболочка или тонкий слой, покрывающий что-н. *Ледяная п.* (на застывающей воде). *П. тумана* (перен.). **2.** Эластичная лента из специального материала со светочувствительным слоем для фотографических и кинематографических снимков. *Проявлять плёнку. Заснять на плёнку.* **3.** Эластичная лента из специального материала для магнитной записи. *Записать на плёнку.* **4.** Тонкий слой синтетического материала, наносимый на какую-н. поверхность или служащий покрытием для чего-н. *Полимерные плёнки. Выращивать рассаду под плёнкой.* ‖ *прил.* **плёночный, -ая, -ое** (ко 2, 3 и 4 знач.). *Плёночная технология. Плёночное стекло. Плёночная теплица* (покрытая плёнкой).

ПЛЁС, -а, *м.* **1.** Широкое водное пространство между островами, перекатами, изгибами. *Речной п. Озёрный п.* **2.** Глубокий участок русла реки, однородный по своим судоходным качествам (спец.). ‖ *прил.* **плёсовый, -ая, -ое.**

ПЛЁТКА, -и, *ж.* Короткая плеть (в 1 знач.). ‖ *уменьш.* **плёточка, -и,** *ж.* ‖ *прил.* **плёточный, -ая, -ое.**

ПЛИ, *межд.* Команда выстрелить.

ПЛИ́НТУС, -а, *м.* **1.** Планка, закрывающая щель между стеной и полом. **2.** Наружный выступ в нижней части какого-н. сооружения. ‖ *прил.* **пли́нтусный, -ая, -ое.** *Плинтусная обшивка.*

ПЛИС, -а, *м.* Хлопчатобумажный бархат. ‖ *прил.* **пли́совый, -ая, -ое.**

ПЛИССЕ́ [сэ]. **1.** *нескл., ср.* Мелкие жёстко заутюженные параллельные складки на материи. **2.** *неизм.* О швейных изделиях: с такими складками. *Воротничок п.*

ПЛИССИРОВА́ТЬ, -ру́ю, -ру́ешь; -о́ванный; *несов., что.* Делать плиссе на чём-н. ‖ *сущ.* **плиссиро́вка, -и,** *ж. Отдать юбку в плиссировку.*

ПЛИТА́, -ы́, *мн.* **пли́ты, плит, пли́там,** *ж.* **1.** Плоский прямоугольный кусок металла, камня или иного твёрдого материала. *Мраморная п. Надгробная п.* **2.** Кухонная печь с конфорками в верхней металлической доске. *Чугунная п. Затопить плиту. Газовая, электрическая п. Готовить на плите. Стоять у плиты* (также перен.: стряпать). ‖ *уменьш.* **плитка, -и,** *ж.*

ПЛИ́ТКА, -и, *ж.* **1.** *см.* плита. **2.** Небольшой плоский четырёхугольный предмет. *Краска в плитках. П. шоколада.* **3.** также *собир.* Облицовочный материал такой формы. *Керамическая п. Кафельная п.* **4.** Электрический или газовый переносной прибор для приготовления пищи. ‖ *прил.* **пли́точный, -ая, -ое.** *П. шоколад. П. чай. Плиточная мостовая. Плиточная спираль.*

ПЛИТНЯ́К, -а́, *м.* Камень, залегающий плитами, легко разделяющийся на плиты. *Ограда из плитняка.* ‖ *прил.* **плитняко́вый, -ая, -ое.**

ПЛИ́ТОЧНИК, -а, *м.* Рабочий, специалист по облицовке помещений плитками. *Маляр-п.*

ПЛИ́ЦА, -ы, *ж.* (спец.). Лопасть пароходного колеса.

ПЛОВ, -а (-у), *м.* Восточное кушанье из варёного риса с жиром, кусочками мяса и с пряностями.

ПЛОВЕ́Ц, -вца́, *м.* Спортсмен, занимающийся плаванием, а также вообще тот, кто плывёт, плавает. *Искусный п.* ‖ *ж.* **пловчи́ха, -и** (о спортсменке).

ПЛОД, -а́, *м.* **1.** Часть растения, развивающаяся из завязи цветка и содержащая семена. *Односемянный, многосемянный п. Сочные плоды* (фрукты, ягоды). *Сухие плоды* (бобы, стручки, орехи, жёлуди). *Зрелый, незрелый п. Съедобные плоды.* **2.** Организм человека (животного) в утробе матери (самки). *Развитие плода.* **3.** *перен., чего.* Порождение, результат чего-н. *Плоды размышлений. П. многолетнего труда. П. небрежности.* ‖ *прил.* **плодо́вый, -ая, -ое** (к 1 знач.) *и* **пло́дный, -ая, -ое** (ко 2 знач.; спец.). *Плодовые культуры, растения. Плодовые овощи* (томаты, огурцы). *Плодовый сад, питомник. Плодная оболочка* (окружающая плод).

ПЛОДИ́ТЬ, пложу́, плоди́шь; *несов.* **1.** *кого (что).* Размножать, разводить (разг.). *П. щенят.* **2.** *кого-что, перен.* Способствовать появлению, распространению (часто неодобр.). *П. сомнения. П. бездельников.* ‖ *сов.* **расплоди́ть, -ожу́, -оди́шь; -ожённый (-ён, -ена́).**

ПЛОДИ́ТЬСЯ (пложу́сь, плоди́шься, 1 и 2 л. не употр.), плоди́тся; *несов.* **1.** Размножаться, давая потомство. *Кролики быстро плодятся.* **2.** *перен.* Появляться, распространяться (часто неодобр.). *Плодятся последователи у кого-н.* ‖ *сов.* **расплоди́ться,** (-пложу́сь, -плоди́шься, 1 и 2 *л.* не употр.), -плоди́тся.

ПЛОДО... *Первая часть сложных слов со знач.:* 1) относящийся к плоду (в 1 знач.), к плодам, напр. *плодозавод, плодообработка, плодосовхоз, плодосбор, плодохранилище, плодоядный;* 2) относящийся к плоду (во 2 знач.), напр. *плодоизгнание.*

ПЛОДОВИ́ТЫЙ, -ая, -ое; -и́т. 1. Легко и быстро плодящийся. *Плодовитые животные.* **2.** *перен.* Много пишущий, много написавший сочинений, исследований. *П. писатель, учёный.* ‖ *сущ.* **плодови́тость, -и,** *ж.*

ПЛОДОВО́ДСТВО, -а, *ср.* Разведение плодовых растений как отрасль растениеводства. ‖ *прил.* **плодово́дческий, -ая, -ое.**

ПЛОДО́ВЫЙ *см.* плод.

ПЛОДОНО́ЖКА, -и, *ж.* (спец.). Часть стебля, несущая на себе плод.

ПЛОДОНОСИ́ТЬ (-ношу́, -но́сишь, 1 и 2 л. не употр.), -но́сит; *несов.* Приносить плоды. *Молодая яблоня начала п.* ‖ *сущ.* **плодоноше́ние, -я,** *ср.*

ПЛОДОНО́СНЫЙ, -ая, -ое; -сен, -сна. Производящий, дающий плоды. *Плодоносные растения.* ‖ *сущ.* **плодоно́сность, -и,** *ж.*

ПЛОДООВОЩНО́Й, -а́я, -о́е. Относящийся к выращиванию плодов и овощей, их обработке и хранению. *Плодоовощная база.*

ПЛОДОПА́Д, -а, *м.* (спец.). Падение спелых плодов. ‖ *прил.* **плодопа́дный, -ая, -ое.**

ПЛОДОРО́ДНЫЙ, -ая, -ое; -ден, -дна. Способный производить богатую растительность, давать обильный урожай. *Плодородная почва. Май холодный — год п.* (народная примета). ‖ *сущ.* **плодоро́дность, -и,** *ж. и* **плодоро́дие, -я,** *ср.*

ПЛОДОТВО́РНЫЙ, -ая, -ое; -рен, -рна. Благоприятный, полезный для развития чего-н., дающий хорошие результаты. *Плодотворная идея. П. труд. Плодотворно* (нареч.) *работать.* ‖ *сущ.* **плодотво́рность, -и,** *ж.*

ПЛО́МБА, -ы, *ж.* **1.** Жестяная пластинка или сплюснутый кусочек свинца либо другого пластичного материала, к-рым опечатываются (опломбировываются) различные предметы, товары, помещения. *Наложить пломбу.* **2.** Пластичный твердеющий материал, вводимый в коронку или в полость больного зуба. *Положить пломбу. П. выпала.* ‖ *прил.* **пло́мбовый, -ая, -ое.**

ПЛОМБИ́Р, -а, *м.* Сливочное мороженое с добавлением шоколада, орехов, цукатов. ‖ *прил.* **пломби́рный, -ая, -ое.** *П. торт.*

ПЛОМБИРОВА́ТЬ, -ру́ю, -ру́ешь; -о́ванный; *несов., что.* **1.** Накладывать пломбу (в 1 знач.). *П. товар.* **2.** Класть пломбу (во 2 знач.). *П. зуб.* ‖ *сов.* **запломбирова́ть, -ру́ю, -ру́ешь; -о́ванный** (ко 2 знач.) *и* **опломбирова́ть, -ру́ю, -ру́ешь; -о́ванный** (к 1 знач.). ‖ *сущ.* **пломбирова́ние, -я,** *ср. и* **пломбиро́вка, -и,** *ж.* (к 1 знач.). ‖ *прил.* **пломбиро́вочный, -ая, -ое.**

ПЛО́СКИЙ, -ая, -ое; -сок, -ска́ *и* **-ска, -ско; пло́ще. 1.** Ровный, без возвышений и углублений, с прямой и гладкой поверхностью. *Плоская поверхность. Плоская крыша* (горизонтальная). *П. нос* (приплюснутый). *Плоская грудь. Плоская стопа.* **2.** Неглубокий, с низкими краями. *Плоское блюдо.* **3.** *перен.* Пошлый, лишённый оригинальности, остроты. *Плоская шутка. Плоско* (нареч.) *острить.* ‖ *сущ.* **пло́скость, -и,** *ж.* (к 1 и 3 знач.).

ПЛОСКОГО́РЬЕ, -я, *род. мн.* **-рий,** *ср.* Местность с равнинной или холмистой поверхностью, лежащая высоко над уровнем моря. ‖ *прил.* **плоского́рный, -ая, -ое.**

ПЛОСКОГРУ́ДЫЙ, -ая, -ое; -у́д. С плоской, плохо развитой грудью. *П. юноша.* ‖ *сущ.* **плоскогру́дость, -и,** *ж.*

ПЛОСКОГУ́БЦЫ, -ев. Клещи с плоской внутренней поверхностью губ.

ПЛОСКОДО́НКА, -и, *ж.* Плоскодонная лодка.

ПЛОСКОДО́ННЫЙ, -ая, -ое. С плоским дном, без киля. *Плоскодонная лодка.*

ПЛОСКОСТО́ПИЕ, -я, *ср.* Физический недостаток ноги́ — плоская, без выгиба форма стопы.

ПЛО́СКОСТЬ, -и, *мн.* **-и, -е́й** *и* **-ей,** *ж.* **1.** *см.* плоский. **2.** (-е́й). В геометрии: поверхность, имеющая два измерения. *Линия на плоскости.* **3.** (-е́й). Ровная, гладкая поверхность. *По наклонной плоскости катиться* (также перен.: опускаться в нравственном отношении или клониться к полному упадку). **4.** Одна из двух частей крыла летательного аппарата. *П. самолёта, планера, крылатой ракеты. Левая, правая п.* **5.** (-ей), *перен.* Область, сфера рассмотрения чего-н., точка зрения. *Рассмотреть вопрос в другой плоскости.* **6.** (-ей), *перен.* Плоские (в 3 знач.), тривиальные слова, тривиальность (устар.). *Говорить плоскости.* ‖ *прил.* **плоскостно́й, -а́я, -о́е** (ко 2 знач.). *Плоскостные измерения.*

ПЛОТ, -а́, *м.* **1.** Скреплённые в несколько рядов брёвна для сплава леса или переправы по воде. *Вязать плоты. Гнать плоты. Буксировка плотов.* **2.** Плавучая площадка (платформа) для перевозки людей и грузов. *Дощатый п. П. из бочек. Надувной спасательный п.* ‖ *уменьш.* **пло́тик, -а,** *м.* (ко 2 знач.). ‖ *прил.* **плотово́й, -а́я, -о́е.**

ПЛОТВА́, -ы́, *ж.* Небольшая пресноводная рыба сем. карповых. ‖ *уменьш.* **плотви́чка, -и,** *ж. и* **плоти́чка, -и,** *ж.*

ПЛОТИ́НА, -ы, *ж.* Сооружение, перегораживающее реку, течение для подъёма уровня воды. *Бетонная п. Земляная, деревянная* *п. Водосбросная п.* ‖ *прил.* **плоти́нный**, -ая, -ое.

ПЛОТНЕ́ТЬ, -е́ю, -е́ешь; *несов.* Становиться плотным (в 1, 2, 3 и 4 знач.), плотнее. *Толпа плотнеет. Папка плотнеет. Фигура плотнеет.* ‖ *сов.* **поплотне́ть**, -е́ю, -е́ешь.

ПЛО́ТНИК, -а, *м.* Рабочий, занимающийся простой обработкой дерева, постройкой деревянных зданий. ‖ *прил.* **пло́тницкий**, -ая, -ое *и* **пло́тничий**, -ья, -ье.

ПЛО́ТНИЧНЫЙ, -ая, -ое. Относящийся к плотницкому делу, к работе плотника. *П. инструмент.*

ПЛО́ТНОСТЬ, -и, *ж.* **1.** *см.* плотный. **2.** Масса единичного объёма вещества (спец.). *П. воды.* ‖ *прил.* **пло́тностный**, -ая, -ое (спец.).

ПЛО́ТНЫЙ, -ая, -ое; -тен, -тна́, -тно, -тны́ *и* -тны. **1.** Имеющий тесно соединённые части или содержащий большое количество чего-н. в малом объёме, пространстве. *Плотное плетение. Плотное население. Плотно* (нареч.) *сжать зубы.* **2.** Толстый, прочный. *Плотная бумага.* **3.** Туго набитый чем-н. *П. бумажник. Плотная папка.* **4.** Заполненный чем-н. целиком, уплотнённый, насыщенный чем-н. *П. рабочий график. П. рабочий день. П. расписание.* **5.** Полный, крепкий, коренастый (разг.). *Плотная фигура.* **6.** Обильный и сытный (разг.). *П. завтрак. Плотно* (нареч.) *пообедать.* ‖ *сущ.* **пло́тность**, -и, *ж. П. населения.*

ПЛОТОВО́Д, -а, *м.* То же, что плотогон.

ПЛОТОВЩИ́К, -а́, *м.* **1.** Рабочий, сплачивающий лес в плоты, а также сопровождающий плот, плотогон. **2.** Человек, управляющий плотом (во 2 знач.). ‖ *прил.* **плотовщи́цкий**, -ая, -ое.

ПЛОТОГО́Н, -а, *м.* Рабочий, сплавляющий лес в плотах, сплавщик.

ПЛОТОЯ́ДНЫЙ, -ая, -ое; -ден, -дна. **1.** О животных: питающийся мясом других животных, хищный. *П. зверь.* **2.** *перен.* Низменно чувственный, грубо сладострастный. *Плотоядная улыбка.* ‖ *сущ.* **плотоя́дность**, -и, *ж.*

ПЛО́ТСКИЙ, -ая, -ое. Чувственный, телесный. *Плотские желания.*

ПЛОТЬ, -и, *ж.* (устар.). То же, что тело (во 2 знач.). ✦ **Плоть и кровь** *чья* или **плоть от плоти** *кого* (высок.) — чьё-н. родное дитя, детище. **В плоть и кровь облечь** или **облечься** (высок.) — придать чему-н. или принять ту или иную материальную форму. **В плоть и кровь войти** (высок.) — укорениться, стать неотъемлемой частью чего-н. **Во плоти́** — воплощённый в телесный образ, в реальность. *Она ангел во плоти.*

ПЛОХО́Й, -а́я, -о́е; плох, -а́, -о, -и *и* -и́; *в знач. сравн.* и *превосх. ст.* употр. ху́же, ху́дший. **1.** Лишённый положительных качеств, неудовлетворительный, не удовлетворяющий каким-н. требованиям. *П. товар. Плохая работа. П. специалист. Плохие соседи. Плохое здоровье. Плох здоровьем кто-н. Плох в ученье кто-н.* (плохо учится). *Плохо* (нареч.) *лежит что-н.* (плохо убрано, легко украсть). *Случилось худшее* (сущ.) *из всего, что можно было ожидать.* **2.** Не удовлетворяющий требованиям поведения, морали. *Плохие манеры. П. поступок. Плохое поведение.* **3.** Недостаточный, малый. *Плохие доходы. Плохое утешение.* **4. плох.** Очень слаб, не подаёт надежды на выздоровление (разг.). *Старик совсем плох. Бабушка плоха стала.* **5. пло́хо** *кому, в знач. сказ.* О болезненном или тяжёлом душевном состоянии. *Больному сегодня очень плохо. Плохо на душе.* ✦ **Не будь плох** (разг.) — то же, что не будь дурак. **Хуже некуда** (разг.) — то же, что дальше некуда. ‖ *уменьш.* **пло́хонький**, -ая, -ое (к 1 знач.).

ПЛОША́ТЬ, -а́ю, -а́ешь; *несов.* (устар. и прост.). Совершать оплошность, промах, ошибку. *Смотри не плошай!* (не теряйся, действуй решительно). *На Бога надейся, а сам не плошай* (посл.). ‖ *сов.* **оплоша́ть**, -а́ю, -а́ешь (разг.). *Как же это ты так оплошал?*

ПЛО́ШКА, -и, *ж.* **1.** Низкая широкая посуда в форме большой чашки, тазика. *Деревянная, глиняная п.* **2.** Сосуд такой формы с фитилём, употр. для освещения (устар.). *Зажечь плошки.* ‖ *прил.* **пло́шечный**, -ая, -ое. *Плошечное освещение.*

ПЛОЩА́ДКА, -и, *ж.* **1.** Специально оборудованный ровный участок земли (или особое место в помещении), отведённый для определённой цели. *Спортивная п. Сценическая п. Детская п.* (для детских игр). *П. молодняка* (в зоопарке). *Строительная п.* (место, где производится постройка). *Посадочная п.* (для летательного аппарата). **2.** Небольшое ровное пространство. *П. на уступе скалы. Лестничная п.* (между лестницами, соединяющими этажи). **3.** В вагоне: небольшое помещение у входа и выхода. *Передняя п. трамвая.* ‖ *прил.* **площа́дочный**, -ая, -ое.

ПЛОЩАДНО́Й, -а́я, -о́е. **1.** *см.* площадь. **2.** О речи: грубый, непристойный. *Площадные выражения. Площадная брань.*

ПЛО́ЩАДЬ, -и, *мн.* -и, -е́й, *ж.* **1.** Величина чего-н. в длину и ширину, измеряемая в квадратных единицах. *П. треугольника. П. участка.* **2.** Незастроенное большое и ровное место (в городе, селе), от к-рого обычно расходятся в разные стороны улицы. *Красная п. в Москве.* **3.** Пространство, помещение, предназначенное для какой-н. цели. *Посевная п. Полезная п. в доме.* **4.** То же, что жилая площадь (разг.). ‖ *прил.* **площадно́й**, -а́я, -о́е (к 1 и 2 знач.).

ПЛУГ, -а, *мн.* -и́, -о́в, *м.* **1.** Сельскохозяйственное орудие с широким металлическим лемехом и отвалом для вспашки земли. *Тракторный п.* **2.** Сходное по устройству орудие — часть снегоуборочной машины, снегопаха. *Снежный п.* **3.** *перен.* Приём торможения при спуске на лыжах. *Спуститься плугом.* ‖ *уменьш.* **плужо́к**, -жка́, *м.* (к 1 и 2 знач.). ‖ *прил.* **плугово́й**, -а́я, -о́е (к 1 и 2 знач.) *и* **плу́жный**, -ая, -ое (к 1 и 2 знач.).

ПЛУТ, -а *и* -а́, *мн.* -ы, -ов *и* -ы́, -о́в, *м.* **1.** Хитрый и ловкий обманщик, мошенник. **2.** Человек, к-рый любит хитрить, лукавить (разг.). *Ах ты п. этакий!* ‖ *уменьш.-ласк.* **плути́шка**, -и, *м.* (ко 2 знач.; обычно о ребёнке). ‖ *ж.* **плуто́вка**, -и (ко 2 знач.; разг.).

ПЛУТА́ТЬ, -а́ю, -а́ешь; *несов.* (разг.). Ходить не зная дороги, блуждать. *П. по лесу.*

ПЛУ́ТНИ, -ей (разг.). Плутовские, мошеннические проделки.

ПЛУТОВА́ТЫЙ, -ая, -ое; -а́т. **1.** Склонный к плутовству, хитрый. *П. мальчишка.* **2.** Выражающий лукавство, хитрость. *П. взгляд.* ‖ *сущ.* **плутова́тость**, -и, *ж.*

ПЛУТОВА́ТЬ, -ту́ю, -ту́ешь; *несов.* (разг.). Поступать плутовски, хитрить, обманывать. *П. в карточной игре.* ‖ *сов.* **сплутова́ть**, -ту́ю, -ту́ешь.

ПЛУТОВСКО́Й, -а́я, -о́е. **1.** Мошеннический, обманный. *Плутовские приёмы.* **2.** Хитрый, лукавый (разг.). *Плутовская улыбка.*

ПЛУТОВСТВО́, -а́, *ср.* Плутовское, мошенническое поведение, нечестный поступок.

ПЛУТОКРА́Т, -а, *м.* (книжн.). Представитель наиболее богатой верхушки в плутократическом государстве; богач.

ПЛУТОКРА́ТИЯ, -и, *ж.* (книжн.). Политическое господство богачей, власть богатых. *Римская п.* ‖ *прил.* **плутократи́ческий**, -ая, -ое.

ПЛУТО́НИЙ, -я, *м.* Серебристо-белый металл, изотоп к-рого является ядерным горючим. ‖ *прил.* **плуто́ниевый**, -ая, -ое.

ПЛЫВУ́Н, -а́, *м.* Илистый, песчаный или суглинистый слой подпочвы, обильный водой. *Зыбучие плывуны. Осушение плывунов.* ‖ *прил.* **плыву́нный**, -ая, -ое.

ПЛЫТЬ, плыву, плывёшь; плыл, -ыла́, -ы́ло; *несов.* **1.** Передвигаться по поверхности воды или в воде. *П. по реке. Лодка плывёт. Плывут рыбы. П. с аквалангом.* **2.** Ехать на судне или на ином плавучем средстве. *П. на теплоходе. П. на плоту.* **3.** *перен.* Плавно двигаться или плавно распространяться. *Луна плывёт по небу. Орел плывёт под облаками. Звуки плывут над полями.* **4.** Передвигаться в состоянии невесомости. *Космонавт плывёт в открытом космосе.* **5.** *перен.* Представляться взору движущимся, кружащимся. *Всё плывёт перед глазами* (при полуобморочном состоянии). **6.** (1 и 2 л. не употр.). Переливаться через край. *Тесто плывёт из кастрюли.* ✦ **Плыть в руки** (разг.) — о том, что легко получить, взять. *Деньги сами плывут в руки.*

ПЛЮГА́ВЫЙ, -ая, -ое; -а́в (прост. пренебр.). Невзрачный, худой, жалкий на вид. *П. человек.* ‖ *сущ.* **плюга́вость**, -и, *ж.*

ПЛЮМА́Ж, -а, *м.* Украшение из перьев на головном уборе, а также на надлобном ремне оголовья у коня. ‖ *прил.* **плюма́жный**, -ая, -ое.

ПЛЮ́НУТЬ *см.* плевать.

ПЛЮРАЛИ́ЗМ, -а, *м.* **1.** Философское учение, согласно к-рому существует несколько (или множество) независимых духовных начал бытия (спец.). **2.** Многообразие и свобода взглядов, идей, форм деятельности (книжн.). *П. мнений. П. форм собственности.* ‖ *прил.* **плюралисти́ческий**, -ая, -ое.

ПЛЮРАЛИ́СТ, -а, *м.* Сторонник плюрализма. ‖ *прил.* **плюрали́стский**, -ая, -ое.

ПЛЮС, -а, *м.* **1.** Знак в виде крестика (+), обозначающий сложение или положительную величину в математике. *Под знаком п.* (перен.: о ком-чём-н., оцениваемом положительно; разг.). **2.** *нескл.* В знач. союза «и»: добавляя, прибавляя. *Два п. три равно пяти.* **3.** *нескл.* При указании на температуру воздуха обозначает: выше нуля. *В тени п. десять градусов.* **4.** *в знач. союза.* То же, что «да»[3] (в 1 знач.), «и» (разг.). *Темпы п. качество.* **5.** *перен.* Выгодная сторона, преимущество (разг.). *Взвесить все плюсы и минусы. Этот проект имеет много плюсов.* ✦ **Плюс-минус** — с возможным расхождением в сторону увеличения или уменьшения. **Плюс к тому (да плюс к тому ещё и)** (разг.) — то же, что плюс (в 4 знач.). *Работает (да) плюс к тому (ещё и) учится.* **Плюс к** *чему, в знач. предлога с дат. п.* (разг.) — то же, что вдобавок к чему-н. **Плюс ко всему** (разг.) — мало того, помимо всего прочего. *Грубиян, невежа, плюс ко всему (ещё и) лжёт.* ‖ *прил.* **плюсово́й**, -а́я, -о́е (к 3 и 5 знач.) *и* **плю́совый**, -ая, -ое (к 3 и 5 знач.). *Плюсовые температуры* (выше нуля).

ПЛЮСНА́, -ы́ и **ПЛЮ́СНА**, -ы, *мн.* плю́сны, -сен, -снам, *ж.* Часть стопы[1], между голенью и пальцами. ‖ *прил.* **плю́сневый**, -ая, -ое *и* **плюснево́й**, -а́я, -о́е.

ПЛЮСОВА́ТЬ *см.* приплюсовать.

ПЛЮ́ХНУТЬ, -ну, -нешь; *сов.* (прост.). **1.** *кого-что.* Бросить (что-н. тяжёлое). *П. мешок на пол.* **2.** Грузно, тяжело сесть, упасть. *П. на диван. П. в грязь.* ‖ *несов.* **плю́хать, -аю, -аешь.**

ПЛЮ́ХНУТЬСЯ, -нусь, -нешься; *сов.* (прост.). То же, что плюхнуть (во 2 знач.). ‖ *несов.* **плю́хаться, -аюсь, -аешься.**

ПЛЮШ, -а, *м.* Шерстяная, шёлковая или хлопчатобумажная ткань с ворсом. ‖ *прил.* **плю́шевый, -ая, -ое.**

ПЛЮ́ШКА, -и, *ж.* Маленькая сдобная булочка, обычно плоская. ‖ *уменьш.* **плю́шечка, -и,** *ж.* ‖ *прил.* **плю́шечный, -ая, -ое.**

ПЛЮЩ, -а́, *м.* Лиановое растение, вьющееся по опорам. *Ограда увита плющом.* ‖ *прил.* **плющево́й, -а́я, -о́е.**

ПЛЮ́ЩИТЬ, -щу, -щишь; -щенный; *несов., что.* Сдавливая, ударяя, делать плоским. *П. проволоку.* ‖ *сов.* **сплю́щить, -щу, -щишь; -щенный.** ‖ *сущ.* **плю́щение, -я,** *ср.* (спец.). ‖ *прил.* **плющи́льный, -ая, -ое** (спец.). *П. стан.*

ПЛЯЖ, -а, *м.* Отлогий, намывной берег, удобный для купальщиков и для принятия солнечных ванн. *Песчаный п. Загорать на пляже.* ‖ *прил.* **пля́жный, -ая, -ое.** *П. костюм.*

ПЛЯС, -а, *м.* (разг.). То же, что пляска. *Народные плясы. Пуститься в п.* ‖ *прил.* **плясово́й, -а́я, -о́е.** *П. напев. Звучит плясовая* (сущ.; музыка или песня для пляски).

ПЛЯСА́ТЬ, пляшу́, пля́шешь; пля́санный; *несов., что.* **1.** Танцевать (обычно народный танец). *П. русскую.* **2.** (1 и 2 л. не употр.), *перен.* Трястись, подпрыгивать (разг.). *Стрелки на приборах пляшут.* ◆ **Этот номер не пляшет** (прост.) — то же, что номер на пройдёт. ‖ *сов.* **спляса́ть, спляшу́, спля́шешь; -я́санный (к 1 знач.).** ‖ *сущ.* **пля́ска, -и,** *ж.*

ПЛЯ́СКА, -и, *ж.* **1.** *см.* плясать. **2.** Танец (обычно народный). *Весёлые пляски.*

ПЛЯСУ́Н, -а́, *м* (разг.). Человек, к-рый умеет и любит плясать; тот, кто пляшет. *Лихой п. Канатный п.* (канатоходец; устар.). ‖ *ж.* **плясу́нья, -и,** *род. мн.* **-ний.**

ПНЕВМА́ТИКА, -и, *ж., собир.* Пневматические устройства, механизмы.

ПНЕВМАТИ́ЧЕСКИЙ, -ая, -ое. Действующий сжатым воздухом. *П. насос. П. молот. Пневматическое спортивное оружие.*

ПНЕВМО[1] ... *Первая часть сложных слов со знач.* относящийся к пневматике, пневматический, напр. *пневмоавтоматика, пневмоводяной, пневмогазовый, пневмогидравлический, пневмодвигатель, пневмомолот.*

ПНЕВМО[2] ... *Первая часть сложных слов со знач.*: 1) относящийся к лёгким, напр. *пневмодиафрагменный, пневмоплеврит, пневмосклероз, пневмофиброз, пневмоцирроз;* 2) относящийся к дыханию, к дыхательным путям, напр. *пневмовирусы, пневмоманометр.*

ПНЕВМОНИ́Я, -и, *ж.* Группа заболеваний, характеризующихся воспалительным процессом в тканях лёгких и в конечных разветвлениях бронхов, воспаление лёгких.

ПНУТЬ *см.* пинать.

ПО, *предлог.* **I.** *с дат. п.* **1.** Указывает на поверхность или пределы, где что-н. совершается. *Идти по дороге. Летать по воздуху. Хлопнуть по плечу. Расставить книги по полкам.* **2.** Указывает на места, к-рые посещаются кем-н. *Ходить по театрам. Ходить по знакомым.* **3.** Указывает предмет (или лицо), на к-рый направлено какое-н. действие, к-рый вызывает какое-н. состояние. *Стрелять по окопам. Скучать по детям, по отцу.* **4.** Указывает круг, вид деятельности или область распространения деятельности. *Чемпион по шахматам. Работать по найму. Хлопотать по хозяйству. Специалист по нефти. Исследование по математике.* **5.** В направлении чего-н. *Плыть по течению. Идти по следам зверя.* **6.** В соответствии, согласно с чем-н., на основании чего-н. *Работать по плану. Поступать по закону. Отвечать по уставу. Одет по моде. По всем правилам. Работа по силам. Судить по внешности.* **7.** Вследствие чего-н. *Ошибиться по рассеянности. Простить кого-н. по молодости лет. Не приехал в срок по болезни.* **8.** Посредством чего-н. *Передать по радио. Говорить по телефону. Послать по почте.* **9.** Указывает на предмет или лицо, а также на качество, свойство кого-чего-н., характеризуемые со стороны тех или иных признаков, связей, отношений. *По профессии инженер. По социальному положению рабочий. Родственник по матери. Товарищ по оружию. Отличный по качеству. Ранний по времени.* **10.** С целью, для чего-н. *Операция по овладению переправой.* **11.** Указывает на меру времени или срок. *Читать по целым дням* (т. е. не отрываясь). *Гулять по утрам* (т. е. каждое утро). *Приём по четвергам* (т. е. каждый четверг). *Работа рассчитана по минутам* (т. е. очень точно). *Приеду по весне* (т. е. весной; прост.). *Цыплят по осени считают* (посл.). **12.** Указывает на количество чего-н. при распределении, обозначении цены, последовательности. *Входить по одному* (поочерёдно). *Дать всем по яблоку. Клевать по зёрнышку. По рублю штука.* **13.** В сочетании с личными мест. указывает на субъект, воспринимающий, оценивающий что-н. *Это по мне, по тебе, по нему, по ней, по ним* (это согласно с моей, твоей и т. д. привычкой, волей; разг.). *По мне все люди хороши* (т. е. для меня, с моей точки зрения). **14.** Употр. с числит. 1, 5, 6, 7, 8, 9, 10, 11... 20, 30, 40, 50... 90, много, несколько (в составе количественно-именного сочетания) при обозначении цены одного из предметов или при обозначении количества предметов, приходящегося на одного из нескольких. *Заплатить по пяти рублей за штуку. Досталось по шести яблок каждому. По одному, по семи, по восьми, по девяти, по десяти, по одиннадцати... по двадцати, по тридцати, по сорока, по пятидесяти... по девяноста* (с вин. вместо дат. в этих случаях — разг.). **II.** *с вин. п.* **1.** Вплоть до (какого-н. места или времени). *Стоять по пояс в воде. Занят по горло* (перен.: очень занят). *Прочитать с первой по десятую главу. Отпуск по воскресенье. По сиё время.* **2.** При обозначении неодушевлённых предметов употр. с числит. 2, 3, 4, 90, 100, 200, 300, 400, двое, трое, четверо, пятеро, шестеро, семеро, восьмеро, девятеро, десятеро при тех же условиях, что и с дат. п. (см. **I**, 14). *По́ два (две) и по два́ (две́) яблока (груши), по́ три и по три́ штуки, по четыре, по девяносто, по сто, по двести, по четыреста, по́ двое и по дво́е саней, по́ трое и по тро́е ножниц.* **III.** *с предл. п.* **1.** После чего-н. *По прибытии. По истечении срока. По миновании надобности. По окончании работ.* **2.** В просторечных сочетаниях «по нём», «по них» означает соответствие чьим-н. желаниям, характеру (см. **I**, 6). *Что ни скажешь, всё не по нём.* **IV.** *с род. п.* При знач. распределительности употр. с числит. 500, 600, 700, 800, 900. *Каждый получил по пятисот, шестисот рублей* (с вин. вместо род. в этих случаях — разг.). **V.** При обозначении одушевлённых предметов с количественно-именными сочетаниями в форме вин. п. с числит. 2, 3, 4 и с собирательными числит. употр. для обозначения распределённости между кем-чем-н., при этом форма вин. п. таких сочетаний совпадает с формой не род. п., а им.-вин. п. *По́ два и по два́ человека. У каждого по тро́е детей* (по три ребёнка). *По́ двое и по дво́е солдат.*

ПО... и ПО-..., *приставка.* **I.** (по...). Образует глаголы со знач.: 1) начала действия, напр. *пойти, побежать, поползти;* 2) незначительной или неполной меры действия, совершаемого в короткий промежуток времени, напр. *поспать, попрыгать, побегать, поварить, побалагурить, повизжать;* 3) многократности, неопределённой длительности действия, напр. *покрикивать, позванивать, попивать;* 4) действия, относящегося ко многим субъектам, напр. *попрятаться, повыскакивать, повыпрыгивать, повылезать;* 5) собственно предела действия, напр. *порвать, поверить.* **II.** Образует: 1) (по...) наречия и прилагательные со знач.: а) слабого усиления признака, напр. *помягче, побольше, поближе;* б) отношения к каждому из указываемых предметов или соответствия чему-н., напр. *погодный, подекадный, поурочный, постатейно, побатальонно, повзводно, поротно, подоходный, посильный, повседневный, повсеместный;* в) указания на время после чего-н., напр. *пореформенный, посмертный;* 2) (по...) прилагательные со знач. указания на местоположение близ чего-н., напр. *пограничный;* 3) (по...) наречия со знач. предела или распространения, напр. *поныне, посейчас, повсюду;* 4) (по...) наречия с качественным или обстоятельственным знач., напр. *попросту, попусту, поровну, полегоньку, понарошку, поутру, поверху;* 5)(по-...) местоименные наречия со знач. соответствия с чьим-н. действием, мнением, желанием, напр. *по-моему, по-твоему, по-своему, по-вашему;* 6) (по-...) наречия со знач. таким-то образом, таким-то способом, подобно чему-н., напр. *по-русски, по-дружески, по-каковски, по-новому, по-походному, по-городскому.* **III.** (по...). Образует существительные со знач.: 1) способа, манеры действия, напр. *побежка, погудка, поступь, покрой;* 2) действия, напр. *посиделки, поклёвка, посадка, покража;* 3) места, расположенного близ чего-н., напр. *побережье, поморье, поречье.*

ПОБАГРОВЕ́ТЬ *см.* багроветь.

ПОБА́ИВАТЬСЯ, -аюсь, -аешься; *несов., кого-чего* и *с неопр.* (разг.). Испытывать лёгкий страх, опасаться. *Парнишка побаивается отца. П. ходить по лесу ночью.*

ПОБА́ЛИВАТЬ (-аюсь, -аешься, 1 и 2 л. не употр.), -ает; *несов.* (разг.). Иногда или немного болеть[1-2]. *Поясница побаливает. Старик начал п.*

ПОБАСЁНКА, -и, *ж.* (разг.). Короткий, занимательный рассказ, анекдот, а также вообще выдумка, байка[2].

ПОБАТАЛЬО́ННЫЙ [лье], **-ая, -ое.** О военном строе: разделившийся на батальоны, батальонами. *Строиться побатальонно* (нареч.).

ПОБЕ́Г[1], -а, *м.* Бегство из места заключения, из плена, тайный уход. *П. из тюрьмы.*

ПОБЕ́Г[2], -а, *м.* Молодая ветка, стебель растения с листьями и почками. *Зелёные побеги.*

ПОБЕГУ́ШКИ: 1) на побегушках *кто у кого* (разг. неодобр.) — о том, кто употребляется кем-н. для мелких услуг, поручений; также перен.: подчиняется во всём, в мелочах; 2) **на побегушки взять** *кого* (разг.) — для выполнения мелких услуг, поручений.

ПОБЕ´ДА, -ы, *ж.* **1.** Успех в битве, войне при полном поражении противника. *Одержать победу. Вернуться с победой. День Победы* (9 мая — праздник победы в Великой Отечественной войне). **2.** Успех в борьбе за что-н., осуществление, достижение чего-н. в результате преодоления чего-н. ‖ *прил.* **побе́дный**, -ая, -ое (к 1 знач.). *П. марш.*

ПОБЕДИ´ТЕЛЬ, -я, *м.* Тот, кто победил, одержал победу. *Народ-п. П. в состязании. Победителя не судят* (афоризм). ‖ *ж.* **победи́тельница**, -ы.

ПОБЕДИ´ТЬ, 1 л. ед. не употр., -и́шь; -еждённый (-ён, -ена́); *сов.* **1.** *кого-что.* Одержать победу над кем-чем-н. *П. врага. Наши спортсмены победили.* **2.** *перен., что.* То же, что преодолеть. *П. страх. П. свои сомнения.* ‖ *несов.* **побежда́ть**, -а́ю, -а́ешь.

ПОБЕ´ДНЫЙ, -ая, -ое. **1.** *см.* победа. **2.** То же, что победоносный. *До победного конца* и (разг.) *до победного* (до тех пор, пока дело не завершится удачей).

ПОБЕДОНО´СНЫЙ, -ая, -ое; -сен, -сна. **1.** Завершающийся полной победой, одерживающий победу. *Победоносная война. Победоносные войска.* **2.** *перен.* С сознанием превосходства, уверенный (разг.). *Говорить с победоносным видом.* ‖ *сущ.* **победоно́сность**, -и, *ж.*

ПОБЕЖА´ТЬ, -егу́, -ежи́шь, -егу́т; *сов.* Начать бежать (в 1 и 2 знач.). *П. по дороге. Дни побегут быстро.*

ПОБЕ´ЖКА, -и, *ж.* (спец.). Способ бега животного. *Красивая п.*

ПОБЕЛЕ´ЛЫЙ, -ая, -ое. Ставший белым, очень светлым. *Побелелые губы.*

ПОБЕЛЕ´ТЬ *см.* белеть.

ПОБЕЛИ´ТЬ *см.* белить.

ПОБЕ´ЛКА, -и, *ж.* **1.** *см.* белить. **2.** Краска для беления (мелом, известью).

ПОБЕРЕ´ЖЬЕ, -я, *род. мн.* -жий, *ср.* Полоса земли вдоль морского берега.

ПОБЕРЕ´ЧЬ, -егу́, -ежёшь, -егу́т; -ёг, -егла́; -ёгший; -ежённый (-ён, -ена́); -ёги; *сов., кого-что.* **1.** Временно взять под свою охрану, не допустить утраты чего-н., сохранить. *П. чужие вещи. Побереги свои деньги.* **2.** Отнестись к кому-чему-н. бережно, заботливо. *П. больного отца. Не волнуйся, побереги себя!*

ПОБЕРЕ´ЧЬСЯ, -егу́сь, -ежёшься, -егу́тся; -ёгся, -егла́сь; -ёгшийся; -ёгшись; *сов.* Отнестись к себе бережно, избегая всего неблагоприятного. *Не поберёгся и простудился.*

ПОБЕСЕ´ДОВАТЬ, -дую, -дуешь; *сов.* Провести нек-рое время беседуя. *П. с друзьями.*

ПОБЕСПОКО´ИТЬ, -о́ю, -о́ишь; -о́енный; *сов., кого (что).* Причинить нек-рое беспокойство, неудобство кому-н. *П. просьбой. Позвольте вас п.* (вежливое обращение с просьбой).

ПОБЕСПОКО´ИТЬСЯ, -о́юсь, -о́ишься; *сов.* Проявить беспокойство, заботу в отношении кого-чего-н.

ПОБИРА´ТЬСЯ, -а́юсь, -а́ешься; *несов.* Жить нищенством, подаяниями.

ПОБИ´ТЬ, -бью́, -бьёшь; -бе́й; -и́тый; *сов.* **1.** *см.* бить. **2.** *кого (что).* Убить в каком-н. количестве, перебить. *П. много дичи.* **3.** *кого (что).* Победить в соревновании, в игре (разг.). *Рысак побил всех лошадей на скачках.* **4.** *что.* Разбив, уничтожить, сломать в каком-н. количестве. *П. всю посуду.* **5.** (1 и 2 л. не употр.). Повредить, уничтожить (посевы, растения). *Градом побило* (безл.) *сады.* ‖ *несов.* **побива́ть**, -а́ю, -а́ешь (к 3 знач.).

ПОБИ´ТЬСЯ (-бью́сь, -бьёшься, 1 и 2 л. не употр.), -бьётся; *сов.* Оказаться разбитым, помятым от ударов, толчков, сотрясения. *Вся посуда побилась. Яблоки побились в дороге.*

ПОБЛАГОДАРИ´ТЬ *см.* благодарить.

ПОБЛА´ЖКА, -и, *ж.* (разг.). Послабление, снисхождение по отношению к кому-н. *Давать поблажку кому-н. Без всяких поблажек.*

ПОБЛЕДНЕ´ТЬ *см.* бледнеть.

ПОБЛЁКЛЫЙ, -ая, -ое и **ПОБЛЕ´КЛЫЙ**, -ая, -ое. Блёклый, лишённый свежести. *Поблёклые краски. П. цветок.* ‖ *сущ.* **поблёклость**, -и, *ж.* и **побле́клость**, -и, *ж.*

ПОБЛЁКНУТЬ и **ПОБЛЕ´КНУТЬ** *см.* блёкнуть.

ПОБЛИ´ЗОСТИ, *нареч.* Неподалеку, вблизи от кого-чего-н. *Живёт п.* ✦ **Поблизости от** *кого-чего, предлог с род. п.* — то же, что вблизи, вблизи от. *Поселиться поблизости от города. Поблизости от дома.*

ПОБОЖИ´ТЬСЯ *см.* божиться.

ПОБО´И, -ев. Удары по живому телу, избиение. *Нанести п. кому-н. Следы побоев. Терпеть п.*

ПОБО´ИЩЕ, -а, *ср.* **1.** Битва с большим количеством жертв (стар.). *Ледовое п.* (название битвы на льду Чудского озера в 1242 г., когда Александром Невским были разбиты немецкие рыцари). *Мамаево п.* (название Куликовской битвы в 1380 г., когда Дмитрием Донским был разбит татарский хан Мамай). **2.** Жестокая драка.

ПО´БОКУ, *нареч.* (разг.). В сторону, прочь. *Все дела п.: отдыхаю.*

ПОБО´РНИК, -а, *м.* (высок.). Защитник, сторонник чего-н. *П. мира.* ‖ *ж.* **побо́рница**, -ы. ‖ *прил.* **побо́рнический**, -ая, -ое.

ПОБОРО´ТЬ, -орю́, -о́решь; *сов.* **1.** *кого (что).* Одержать верх над кем-н. *П. соперника.* **2.** *перен., что.* То же, что преодолеть. *П. в себе чувство страха.*

ПОБОРО´ТЬСЯ, -орю́сь, -о́решься; *сов., с кем.* Оказать сопротивление кому-н. в борьбе в течение какого-н. времени.

ПОБО´РЫ, -ов. **1.** Чрезмерные, непосильные налоги или сборы (устар.). **2.** *перен.* Неофициальные сборы средств на что-н. (разг. неодобр.).

ПОБО´ЧНЫЙ, -ая, -ое; -чен, -чна. **1.** Не относящийся прямо к чему-н., не основной, сопутствующий чему-н. *П. вопрос. П. продукт производства. Побочное действие лекарства. П. эффект. Побочное пользование лесом* (не связанное с получением древесины; спец.). **2.** *полн. ф.* Внебрачный (обычно о ребёнке по отношению к отцу, имеющему свою семью). *П. сын.* ‖ *сущ.* **побо́чность**, -и, *ж.* (к 1 знач.).

ПОБОЯ´ТЬСЯ *см.* бояться.

ПОБРАНИ´ТЬ, -ню́, -ни́шь; *сов., кого-что.* Слегка браня, выразить неодобрение за что-н. *Побранит и простит.* ‖ *многокр.* **побра́нивать**, -аю, -аешь.

ПОБРАНИ´ТЬСЯ *см.* браниться.

ПОБРАТА´ТЬСЯ *см.* брататься.

ПОБРАТИ´М, -а, *м.* Человек, к-рый вступил в побратимство, побратался с кем-н. *Города-побратимы* (перен.: породнённые города). ‖ *прил.* **побрати́мский**, -ая, -ое.

ПОБРАТИ´МСТВО, -а, *ср.* Старинный славянский обычай закрепления мужской дружбы приравниванием её к братским отношениям.

ПОБРА´ТЬ, -беру́, -берёшь; -а́л, -ала́, -а́ло; по́бранный; *сов., кого-что* (разг.). Взять, забрать в каком-н. количестве. *Побрали со стола все мои карандаши.* ✦ **Чёрт побери!** (прост.) — восклицание, выражающее удивление, досаду, негодование.

ПОБРЕ´ЗГАТЬ, ПОБРЕ´ЗГОВАТЬ *см.* брезгать и брезговать.

ПОБРЕСТИ´, -еду́, -едёшь; -ёл, -ела́; -ёдший; -едя́; *сов.* Пойти куда-н. медленно двигаясь, бредя. *Уныло побрёл домой.*

ПОБРИ´ТЬ, -СЯ *см.* брить.

ПОБРОДИ´ТЬ, -ожу́, -о́дишь; *сов.* Походить, погулять без особенной цели, в разных направлениях. *П. по лесу.*

ПОБРОСА´ТЬ, -а́ю, -а́ешь; -о́санный; *сов., кого-что.* **1.** Бросить как попало (многое, многих), покидать[1]. *П. вещи на пол.* **2.** Оставить, покинуть (многое, многих). *П. своих друзей. Все дела побросал.*

ПОБРЯ´КИВАТЬ, -аю, -аешь; *несов.* (разг.). Слегка, немного брякать. *Монеты побрякивают в кармане.*

ПОБРЯКУ´ШКА, -и, *ж.* **1.** чаще *мн.* Побрякивающее недорогое украшение, безделушка (разг.). *Обвешалась побрякушками.* **2.** То же, что погремушка (прост.).

ПОБУДИ´ТЬ[1], -ужу́, -у́дишь; -у́женный; *сов., кого (что)* (разг.). **1.** Попытаться разбудить кого-н. *Побуди меня утром.* **2.** Разбудить многих. *Побудил всех в доме.*

ПОБУДИ´ТЬ[2], -ужу́ (редко), -уди́шь; -уждённый (-ён, -ена́); *сов., кого (что) к чему и с неопр.* (книжн.). Склонить к какому-н. действию. *П. действовать. П. к труду.* ‖ *несов.* **побужда́ть**, -а́ю, -а́ешь. ‖ *сущ.* **побужде́ние**, -я, *ср.* ‖ *прил.* **побуди́тельный**, -ая, -ое (книжн.). *П. мотив, жест. Побудительная причина.*

ПОБУ´ДКА, -и, *ж.* (спец.). Сигнал к пробуждению. *Утренняя п.*

ПОБУЖДЕ´НИЕ, -я, *ср.* (книжн.). **1.** *см.* побудить[2]. **2.** Желание, намерение действовать. *Честные побуждения. Из самых лучших побуждений сделать что-н.*

ПОБУРЕ´ТЬ *см.* буреть.

ПОБЫВА´ЛЬЩИНА, -ы, *ж.* (устар.). Повествование о каких-н. событиях, быль. *Старинная п.*

ПОБЫВА´ТЬ, -а́ю, -а́ешь; *сов.* **1.** Поездить, походить (по многим местам). *П. и на Кавказе, и в Сибири.* **2.** Побыть, пожить где-н. *П. в родных местах.* **3.** Зайти куда-н., посетить кого-что-н. (разг.). *П. у знакомых.*

ПОБЫ´ВКА, -и, *ж.* (устар. и прост.). Приезд к кому-н. на короткое время. *На побывку* (в короткий отпуск, преимущ. о военнослужащих; разг.).

ПО-БЫ´СТРОМУ, *нареч.* (прост.). Быстро, без задержки.

ПОБЫ´ТЬ, -бу́ду, -бу́дешь; по́был и побы́л, побыла́, по́было и побы́ло; побу́дь; *сов.* Быть (в 1 и 2 знач.) нек-рое время. *П. в деревне два дня. Побудь с нами! Решил п. наблюдателем. Попробуй п. на моём месте.*

ПОВА´ДИТЬСЯ, -а́жусь, -а́дишься; *сов., с неопр.* (разг.). Приобрести привычку делать что-н. (нежелательное). *П. играть в карты. Повадился к нам ходить. Лиса повадилась в курятник.*

ПОВА´ДКА, -и, *ж.* Наклонность, привычка (о людях — чаще плохая; разг.). *Изучить повадки животных. Все повадки этого врунишки знаю.*

ПОВА´ДНО: **чтобы не было повадно** (разг.) — то же, что чтоб неповадно было. *Наказать кого-н., чтоб другим не было повадно.*

ПОВА´Л *см.* валить[1].

ПОВАЛИ´ТЬ, -алю́, -а́лишь; *сов.* **1.** *см.* валить[1]. **2.** (1 и 2 л. не употр.). Начать валить[2] (в 1 знач.). *Повалил снег. На улицу повалил народ.*

ПОВАЛИ́ТЬСЯ *см.* валиться[1].

ПОВА́ЛЬНЫЙ, -ая, -ое; -лен, -льна. Охватывающий всех, многих, массово распространяющийся. *Повальное увлечение. Повальная болезнь* (эпидемия; устар.). ‖ *сущ.* **пова́льность**, -и, *ж.*

ПОВАЛЯ́ТЬСЯ, -я́юсь, -я́ешься; *сов.* Провести где-н. нек-рое время валяясь. *П. на сене.*

ПО́ВАР, -а, *мн.* -а́, -о́в, *м.* Специалист по приготовлению пищи. *Школа поваров.* ‖ *ж.* **повари́ха**, -и. ‖ *прил.* **поварско́й**, -а́я, -о́е. *Поварское искусство. П. колпак.*

ПОВА́РЕННЫЙ, -ая, -ое. Относящийся к приготовлению и употреблению пищи. *Поваренная книга* (кулинарное руководство). *Поваренная соль* (столовая).

ПОВАРЁНОК, -нка, *мн.* -ря́та, -ря́т, *м.* (разг.). Подросток — помощник повара.

ПОВАРЁШКА, -и, *ж.* (разг.). То же, что половник.

ПОВЕ́ДАТЬ, -аю, -аешь; -анный; *сов., что* и *о ком-чём* (книжн.). То же, что сообщить (в 1 знач.). *П. свою тайну кому-н. П. слушателям о случившемся.*

ПОВЕДЕ́НИЕ, -я, *ср.* Образ жизни и действий. *П. школьников. П. в быту. Человек примерного поведения. П. животных. П. машины, автомата* (перен.: ход их работы, функционирование). ‖ *прил.* **поведе́нческий**, -ая, -ое (спец.). *П. этикет. Поведенческие реакции.*

ПОВЕЗТИ́[1], -зу́, -зёшь; -ёз, -езла́; -ёзший; -езя́; *сов., кого-что.* Начать везти, отправиться куда-н., везя кого-что-н. *П. вещи на вокзал. П. детей на дачу.*

ПОВЕЗТИ́[2] *см.* везти[2].

ПОВЕЛЕВА́ТЬ, -а́ю, -а́ешь; *несов.* **1.** *кем-чем.* Иметь власть над кем-чем-н. (устар.). *П. подданными.* **2.** *перен.* Приказывать, указывать (высок.). *Так повелевает совесть.* ‖ *сов.* **повеле́ть**, -лю́, -ли́шь (ко 2 знач.).

ПОВЕЛЕ́НИЕ, -я, *ср.* (устар.). То же, что приказ (в 1 знач.). *Получить п. Ваше п. выполнено.*

ПОВЕЛИ́ТЕЛЬ, -я, *м.* (высок.). Человек, к-рый повелевает (в 1 знач.) кем-чем-н., владыка. ‖ *ж.* **повели́тельница**, -ы.

ПОВЕЛИ́ТЕЛЬНЫЙ, -ая, -ое; -лен, -льна. Выражающий повеление. *П. жест. П. тон.* ✦ **Повелительное наклонение** — в грамматике: форма глагола, выражающая волеизъявление, приказание, просьбу. ‖ *сущ.* **повели́тельность**, -и, *ж.*

ПОВЕНЧА́ТЬ, -СЯ *см.* венчать, -ся.

ПОВЕ́РГНУТЬ, -ну, -нешь; -ёрг *и* -ёргнул, -ёргла; -ёргший *и* -ёргнувший; -утый; -ёргши *и* -ёргнувши; *сов.* **1.** *кого-что.* Повалить, опрокинуть (устар. высок.). *П. кумира. П. в прах* (перен.: уничтожить). **2.** *кого (что) во что.* Привести в какое-н. тяжёлое состояние (высок.). *П. в скорбь, в ужас, в отчаяние.* ‖ *несов.* **поверга́ть**, -а́ю, -а́ешь.

ПОВЕ́РЕННЫЙ, -ого, *м.* (книжн.). **1.** Лицо, официально уполномоченное действовать от чьего-н. имени. *Присяжный п.* (в царской России: адвокат). *П. в делах* (дипломатический представитель рангом ниже посла или посланника). *Временный п. в делах* (лицо, исполняющее обязанности главы дипломатического представительства). **2.** Тот, кому доверено что-н. (напр. тайна, секрет). *Избрать кого-н. своим поверенным.* ‖ *ж.* **пове́ренная**, -ой (ко 2 знач.).

ПОВЕ́РИТЬ, -рю, -ришь; -ренный; *сов.* **1.** *см.* верить. **2.** *что.* То же, что проверить (устар.). *П. суммы.* **3.** *кому что.* Сообщить из особого доверия. *П. кому-н. свою тайну.* ‖ *несов.* **поверя́ть**, -я́ю, -я́ешь. ‖ *сущ.* **пове́рка**, -и, *ж.* (ко 2 знач.).

ПОВЕ́РИТЬСЯ *см.* вериться.

ПОВЕ́РКА, -и, *ж.* **1.** *см.* поверить. **2.** В нек-рых сочетаниях: проверка точности (спец.). *П. времени. П. измерительных приборов.* **3.** Перекличка с целью проверить наличный состав людей. *Вечерняя п.* ✦ **На поверку** (разг.) — в действительности, на самом деле. *На поверку вышло совсем иначе.* ‖ *прил.* **пове́рочный**, -ая, -ое.

ПОВЕРНУ́ТЬ, -ну́, -нёшь; -вёрнутый; *сов.* **1.** *кого-что.* Вертя, ворочая, изменить положение кого-чего-н. *П. рычаг. П. больного на другой бок.* **2.** *кого-что.* Изменить направление, путь движения. *П. назад. П. лошадей. Дорога повернула к реке.* **3.** *перен., что.* Дать чему-н. иное направление, развитие. *П. дело по-своему. П. разговор в другую сторону.* ‖ *несов.* **повёртывать**, -аю, -аешь и **повора́чивать**, -аю, -аешь. ‖ *сущ.* **поворо́т**, -а, *м.* ‖ *прил.* **поворо́тный**, -ая, -ое (к 1 знач.). *П. круг* (спец.).

ПОВЕРНУ́ТЬСЯ, -ну́сь, -нёшься; *сов.* **1.** Вращательным движением или ворочаясь, изменить положение. *П. в сторону. П. на другой бок. Ключ повернулся в замке. Как только язык повернулся?* (как можно было такое сказать?; разг. неодобр.). **2.** (1 и 2 л. не употр.), *перен.* Принять иное направление в развитии. *Дело повернулось к лучшему.* ‖ *несов.* **повёртываться**, -аюсь, -аешься и **повора́чиваться**, -аюсь, -аешься. ‖ *сущ.* **поворо́т**, -а, *м.*

ПОВЕ́РХ *кого-чего, предлог с род. п.* Сверху кого-чего-н., на поверхность чего-н. *Надеть пальто п. рубашки.*

ПОВЕ́РХНОСТНЫЙ, -ая, -ое; -тен, -тна. **1.** *см.* поверхность. **2.** *полн. ф.* Находящийся, происходящий на поверхности, у поверхности. *П. слой.* **3.** *перен.* Не входящий в существо, глубину чего-н., несерьёзный. *Поверхностное изложение. Поверхностно* (нареч.) *знать что-н.* ‖ *сущ.* **пове́рхностность**, -и, *ж.* (к 3 знач.).

ПОВЕ́РХНОСТЬ, -и, *ж.* **1.** В математике: общая часть геометрических тел. **2.** Наружная сторона чего-н. *П. озера. Скользить по поверхности чего-н.* (также перен.: не вникать глубоко в суть, ограничиваясь лишь приблизительным, внешним знакомством). *Лежать на поверхности* (также перен.: о чём-н. ясном, самоочевидном). ‖ *прил.* **пове́рхностный**, -ая, -ое (спец.). *Поверхностное давление. Поверхностное натяжение.*

ПО́ВЕРХУ, *нареч.* (разг.). В верхней части, сверху. *Яма п. завалена ветками. Ветер идёт п. Скользить п.* (перен.: по верхам, по поверхности).

ПОВЕ́РЬЕ, -я, *род. мн.* -рий, *ср.* Идущее из старины и живущее в народе убеждение, вера в примету. *Старые народные поверья.*

ПОВЕ́СА, -ы, *м.* (разг.). Молодой человек, проводящий время в легкомысленных затеях, в безделье. *Великовозрастный п.*

ПОВЕСЕЛЕ́ТЬ *см.* веселеть.

ПОВЕ́СИТЬ, -СЯ *см.* вешать[1], -ся[1].

ПОВЕ́СНИЧАТЬ, -аю, -аешь; *несов.* (разг.). Вести себя повесой, быть повесой.

ПОВЕСТВОВА́НИЕ, -я, *ср.* (книжн.). Связный рассказ о каких-н. событиях, о чём-н. совершившемся. *Авторское п.*

ПОВЕСТВОВА́ТЕЛЬНЫЙ, -ая, -ое. **1.** Являющийся повествованием, излагающий что-н., описывающий какие-н. события. *П. стиль.* **2.** **повествовательное предложение** — в грамматике: содержащее в себе сообщение, противостоящее вопросу. ‖ *сущ.* **повествова́тельность**, -и, *ж.* (к 1 знач.).

ПОВЕСТВОВА́ТЬ, -тву́ю, -тву́ешь; *несов., о чём* (книжн.). Излагать что-н., вести рассказ о чём-н. *Книга повествует о событиях русской истории.*

ПОВЕСТИ́, -еду́, -едёшь; -ёл, -ела́; -ёдший; поведённый (-ён, -ена́); -едя́; *сов.* **1.** *кого-что.* Начать вести (по 1, 2, 3, 4, 8 и 9 знач. глаг. вести). *П. больного по́д руку. П. туристов в горы. П. шоссе на север. П. автомобиль. П. беседу. П. собрание. П. смычком по струнам. Лестница повела на чердак. К добру не поведёт что-н.* (кончится плохо; разг.). **2.** *чем.* Плавно двинуть, шевельнуть. *П. бровями. П. плечом. И бровью (глазом) не повёл кто-н.* (не выразил ни малейшего удивления, остался равнодушен; разг.). ‖ *несов.* **поводи́ть**, -ожу́, -о́дишь (ко 2 знач.).

ПОВЕСТИ́СЬ, -еду́сь, -едёшься; -ёлся, -ела́сь; -ёдшийся; -едя́сь; *сов.* **1.** (1 и 2 л. не употр.). Войти в обыкновение, стать привычным. *Так повелось* (безл.) *исстари.* **2.** *с кем.* Начать водиться с кем-н. (разг.). *С кем поведёшься, от того и наберёшься* (посл.).

ПОВЕ́СТКА, -и, *ж.* **1.** Письменное официальное извещение с вызовом, приглашением куда-н. *П. в суд.* **2.** Перечень вопросов, подлежащих обсуждению на собрании, заседании. *На повестке три вопроса. Повестка дня* (повестка данного собрания, заседания). *На повестке дня* (также перен.: на очереди, актуально, своевременно). *Снять с повестки дня* (также перен.: отложить что-н. как неактуальное, несвоевременное).

ПО́ВЕСТЬ, -и, *мн.* -и, -ей, *ж.* **1.** Литературное повествовательное произведение с сюжетом менее сложным, чем в романе[1]. *П. Пушкина «Метель».* **2.** То же, что повествование (устар.). ‖ *уменьш.* **повесту́шка**, -и, *ж.* (к 1 знач.; прост.).

ПОВЕ́ТРИЕ, -я, *ср.* **1.** Эпидемическая болезнь, эпидемия (устар.). *Моровое п.* **2.** *перен.* Явление, получившее широкое распространение (неодобр.). *Модное п.*

ПОВЕ́ТЬ, -и, *ж.* (обл.). Помещение под навесом на крестьянском дворе. *На повети. Под поветью.*

ПОВЕ́ШЕНИЕ *см.* вешать[1].

ПОВЕ́ЯТЬ (-е́ю, -е́ешь, 1 и 2 л. не употр.), -е́ет; *сов.* Начать веять (в 1 знач.), дуть. *Повеял ветерок. Повеет* (безл.) *прохладой. Повеяло* (безл.) *свободой* (перен.).

ПОВЁРСТНЫЙ, -ая, -ое (устар.). Измеряемый, рассчитываемый по вёрстам. *Повёрстная плата.*

ПОВЗВО́ДНЫЙ, -ая, -ое. О военном строе: разделившийся на взводы, взводами. *Строиться повзводно* (нареч.).

ПОВЗДО́РИТЬ *см.* вздорить.

ПОВЗРОСЛЕ́ТЬ *см.* взрослеть.

ПОВИВА́ЛЬНЫЙ, -ая, -ое (устар.). Относящийся к помощи при родах. *П. искусство. Повивальная бабка* (женщина, помогающая при родах).

ПОВИДА́ТЬ, -СЯ *см.* видать[1], -ся.

ПО-ВИ́ДИМОМУ. **1.** *вводн. сл.* Вероятно, должно быть. *Весна, по-видимому, будет ранняя.* **2.** *частица.* То же, что вероятно (см. вероятный в 3 знач.). *Ты простудился? — По-видимому.*

ПОВИ́ДЛО, -а, *ср.* Сладкая масса из протёртых ягод, плодов, сваренных с сахаром. *Яблочное п.*

ПОВИЛИ́КА, -и, *ж.* Сорное растение без листьев и корней, обвивающее своим нитевидным стеблем другие растения. ‖ *прил.*

повили́ковый, -ая, -ое. *Семейство повиликовых* (сущ.).

ПОВИНИ́ТЬСЯ *см.* виниться.

ПОВИ́ННАЯ, -ой, *ж.* Признание своей вины. *Явиться с повинной. Явка с повинной* (спец.).

ПОВИ́ННОСТЬ, -и, *ж.* Общественная или государственная обязанность населения. *Трудовая п. Воинская п.* (установленная законом обязанность нести военную службу, старое название воинской обязанности).

ПОВИ́ННЫЙ, -ая, -ое; -и́нен, -и́нна. **1.** То же, что виноватый. *Ни в чём не повинен.* **2.** Обязанный, должный (устар.). *Повинен уплатить долг.* ✦ **Повинную голову меч не сечёт** (посл.) — того, кто повинился, раскаялся, нужно простить.

ПОВИНОВА́ТЬСЯ, -ну́юсь, -ну́ешься; *несов.* (прош. также *сов.*), *кому-чему.* Подчиняться чьим-н. приказам, беспрекословно слушаться. *П. старшим. П. приказу. П. голосу рассудка* (перен.). ‖ *сущ.* **повинове́ние**, -я, *ср. Выйти из повиновения* (перестать повиноваться).

ПОВИСЕ́ТЬ, -ишу́, -иси́шь; *сов.* Пробыть нек-рое время вися, в висячем положении.

ПОВИ́СНУТЬ, -ну, -нешь; пови́с, -ла; *сов.* **1.** *см.* виснуть. **2.** То же, что зависнуть. *Вертолёт повис над льдиной.* ‖ *несов.* **повиса́ть**, -а́ю, -а́ешь.

ПОВИТУ́ХА, -и, *ж.* (устар.). То же, что повивальная бабка.

ПОВЛАЖНЕ́ТЬ *см.* влажнеть.

ПОВЛЕ́ЧЬ *см.* влечь.

ПОВЛИЯ́ТЬ *см.* влиять.

ПО́ВОД[1], -а, *мн.* -ы, -ов, *м.* Обстоятельство, способное быть основанием для чего-н. *П. для ссоры. П. для беспокойства. Дать п. для разговоров, слухов.* ✦ **По поводу**, *предлог с род. п.* — 1) *кого-чего*, относительно, насчёт, касаясь кого-чего-н. *Разговор по поводу новой книги. Высказаться по поводу замечаний;* 2) *чего*, из-за чего-н., по случаю чего-н., имея повод, основание для чего-н. *Вечеринка по поводу встречи друзей.*

ПО́ВОД[2], -а, о поводе, на поводу́, *мн.* пово́дья, -ьев, *м.* Прикреплённый к удилам ремень узды, к-рым правят лошадью. *Вести коня в поводу* (идти, держа коня за повод). *На поводу у кого-н. быть* (перен.: действовать не самостоятельно, с постоянной помощью, по указке кого-н.; неодобр.). ✦ **На поводу** *чего, в знач. предлога с род. п.* — подчиняясь чему-н. (обычно плохому). *На поводу плохих привычек.*

ПОВОДИ́ТЬ[1], -ожу́, -о́дишь; -о́женный; *сов., кого (что).* Водя, заставить ходить в течение нек-рого времени. *П. лошадь.*

ПОВОДИ́ТЬ[2] *см.* повести.

ПОВОДО́К, -дка́, *м.* Короткий повод[2], а также ремень, на к-ром водят собак. *Натянуть п. Держать на поводке.* ‖ *прил.* **поводко́вый**, -ая, -ое *и* **поводо́чный**, -ая, -ое.

ПОВОДЫ́РЬ, -я́, *м.* Тот, кто помогает кому-н. идти, водит кого-н. *П. слепого. Собака-п.*

ПОВОЗИ́ТЬ, -ожу́, -о́зишь; *сов., кого-что и чем по чему.* Провести нек-рое время возя (по 1, 2 и 4 знач. глаг. везти). *П. гостей по городу. П. рукавом по столу.*

ПОВО́ЗКА, -и, *ж.* Перевозочное средство, в к-рое запрягается животное. *Колёсная, санная п. Конная п. Ехать в повозке и на повозке.* ‖ *прил.* **пово́зочный**, -ая, -ое.

ПОВО́ЙНИК, -а, *м.* **1.** Старинный головной убор русских крестьянок — платок, обвязанный вокруг уже покрытой головы. **2.** Старинный русский головной убор замужней женщины в виде лёгкой мягкой шапочки, поверх к-рой обычно надевали парадный головной убор. ‖ *уменьш.-ласк.* **пово́йничек**, -чка, *м.*

ПОВОЛО́КА, -и, *ж.* Лёгкая пелена, дымка (в 1 знач.). *Туманная п. Глаза с поволокой* (о затуманенном или томном взгляде).

ПОВОРА́ЧИВАТЬ *см.* повернуть *и* поворотить.

ПОВОРА́ЧИВАТЬСЯ, -аюсь, -аешься; *несов.* **1.** *см.* повернуться. **2.** *перен.* Действовать быстро, умело, оперативно (разг.). *Работы много — только успевай п.*

ПОВОРО́Т, -а, *м.* **1.** *см.* повернуть, -ся *и* поворотить, -ся. **2.** Место, где поворачивают. *На повороте дороги.* **3.** *перен.* Полное изменение в развитии чего-н., перелом. *П. судьбы.*

ПОВОРОТИ́ТЬ, -очу́, -о́тишь; -о́ченный; *сов., кого-что* (прост.). То же, что повернуть (в 1 и 2 знач.). *П. вверх дном. П. в сторону.* ‖ *сущ.* **поворо́т**, -а, *м.*

ПОВОРОТИ́ТЬСЯ, -очу́сь, -о́тишься; *сов.* (прост.). То же, что повернуться (в 1 знач.). *П. назад.* ‖ *сущ.* **поворо́т**, -а, *м.*

ПОВОРО́ТЛИВЫЙ, -ая, -ое; -ив. **1.** Способный легко поворачиваться, подвижный. *Поворотливая лодка.* **2.** *перен.* То же, что расторопный (разг.). *П. помощник.* ‖ *сущ.* **поворо́тливость**, -и, *ж. П. судна.*

ПОВОРО́ТНЫЙ, -ая, -ое. **1.** *см.* повернуть. **2.** *перен.* То же, что переломный. *П. момент.*

ПОВРЕДИ́ТЬ, -ежу́, -еди́шь; -еждённый (-ён, -ена́); *сов., что.* Причинить вред (испортить, поломать, поранить). *П. кабель. П. ногу.* ‖ *несов.* **поврежда́ть**, -а́ю, -а́ешь. ‖ *сущ.* **поврежде́ние**, -я, *ср.*

ПОВРЕДИ́ТЬСЯ, -ежу́сь, -еди́шься; *сов.* (прост.). **1.** Причинить себе какой-н. вред. *П. по неосторожности.* **2.** (1 и 2 л. не употр.). Прийти в неисправность. *Экспонаты повредились при перевозке.* ✦ **Повредиться в уме** (прост.) — заболеть психически. ‖ *несов.* **поврежда́ться**, -а́юсь, -а́ешься. ‖ *сущ.* **поврежде́ние**, -я, *ср.* (ко 2 знач.).

ПОВРЕЖДЕ́НИЕ, -я, *ср.* **1.** *см.* повредить, -ся. **2.** Повреждённое место, место поломки, порчи, неисправность. *Исправить, устранить п.*

ПОВРЕМЕНИ́ТЬ, -ню́, -ни́шь; *сов., с чем и с неопр.* Помедлить с чем-н., не поспешить с выполнением чего-н., подождать. *П. несколько дней. П. с отправкой телеграммы (отправлять телеграмму).*

ПОВРЕМЕ́ННЫЙ, -ая, -ое; -ме́нен, -ме́нна. **1.** *полн. ф.* Выходящий в установленные сроки, периодически. *Повременные издания.* **2.** Исчисляемый или оплачиваемый из расчёта затраченного на труд времени, не сдельно. *Повременная оплата.* ‖ *сущ.* **повреме́нность**, -и, *ж.* (ко 2 знач.).

ПОВСЕДНЕ́ВНОСТЬ, -и, *ж.* **1.** *см.* повседневный. **2.** Повседневный (во 2 знач.) быт, бытовая сторона жизни. *П. будней.*

ПОВСЕДНЕ́ВНЫЙ, -ая, -ое; -вен, -вна. **1.** Осуществляемый изо дня в день, всегда. *Повседневное руководство.* **2.** Бывающий всегда, обычный. *Повседневные заботы.* ‖ *сущ.* **повседне́вность**, -и, *ж.*

ПОВСЕМЕ́СТНЫЙ, -ая, -ое; -тен, -тна. Бывающий, происходящий всюду, везде. *Повсеместные явления.* ‖ *сущ.* **повсеме́стность**, -и, *ж.*

ПОВСКАКА́ТЬ (-а́чу, -а́чешь, 1 и 2 л. ед. не употр.), -а́чет; *сов.* (разг.). Вскочить сразу или один за другим (о многих). *П. с мест.* ‖ *несов.* **повска́кивать**, (-аю, -аешь, 1 и 2 л. ед. не употр.), -ает.

ПОВСТА́НЕЦ, -нца, *м.* Участник восстания. ‖ *прил.* **повста́нческий**, -ая, -ое. *П. отряд.*

ПОВСТРЕЧА́ТЬ, -а́ю, -а́ешь; *сов., кого (что)* (разг.). Случайно встретить (в 1 знач.). *П. знакомого.*

ПОВСТРЕЧА́ТЬСЯ, -а́юсь, -а́ешься; *сов., с кем* (разг.). Случайно встретиться (в 1 знач.). *П. на улице.*

ПОВСЮ́ДУ, *нареч.* То же, что всюду. *П. радостное оживление.*

ПОВТО́Р, -а, *м.* То же, что повторение (во 2 знач.).

ПОВТОРЕ́НИЕ, -я, *ср.* **1.** *см.* повторить, -ся. **2.** Повторяющееся место, явление. *В статье много повторений.*

ПОВТОРИ́ТЬ, -рю́, -ри́шь; -рённый (-ён, -ена́); *сов., что.* **1.** Сказать или сделать ещё раз. *П. сказанное. П. упражнение.* **2.** Возобновить ещё раз в памяти известное, заученное. *П. урок.* ‖ *несов.* **повторя́ть**, -я́ю, -я́ешь. ‖ *сущ.* **повторе́ние**, -я, *ср. П. (повторенье) — мать ученья* (посл.). ‖ *прил.* **повтори́тельный**, -ая, -ое (ко 2 знач.). *П. курс. П. урок.*

ПОВТОРИ́ТЬСЯ (-рю́сь, -ри́шься, 1 и 2 л. не употр.), -ри́тся; *сов.* Произойти, осуществиться ещё раз. *Старое не повторится. Болезнь повторилась.* ‖ *несов.* **повторя́ться** (-я́юсь, -я́ешься, 1 и 2 л. не употр.), -я́ется. ‖ *сущ.* **повторе́ние**, -я, *ср.*

ПОВТО́РНЫЙ, -ая, -ое; -рен, -рна. Представляющий собой повторение, вторичный. *П. визит. Повторное заболевание.* ‖ *сущ.* **повто́рность**, -и, *ж.*

ПОВТОРЯ́ТЬСЯ, -я́юсь, -я́ешься; *несов.* **1.** *см.* повториться. **2.** Повторять то, что самим уже было сделано, сказано. *Писатель начал п.*

ПОВЫ́СИТЬ, -ы́шу, -ы́сишь; -ы́шенный; *сов.* **1.** *что.* Сделать более высоким (в 3 и 7 знач.). *П. уровень воды в бассейне. П. давление в котле. П. требования. П. производительность труда. П. удои. П. заработную плату. П. звук на полтона.* **2.** *что.* Усилить, улучшить, усовершенствовать. *П. интерес. П. качество продукции. П. знания.* **3.** *кого (что) в чём.* Сделать более уважаемым, авторитетным. *Этот поступок повысил его в общественном мнении.* **4.** *кого (что).* Перевести на более высокую, более ответственную должность. *П. по службе, в должности.* ✦ **Повысить голос** — начать говорить громко, с раздражением. ‖ *несов.* **повыша́ть**, -а́ю, -а́ешь. ‖ *сущ.* **повыше́ние**, -я, *ср. Пойти на п.* (повыситься в должности; разг.).

ПОВЫ́СИТЬСЯ, -ы́шусь, -ы́сишься; *сов.* **1.** (1 и 2 л. не употр.). Стать более высоким (в 3, 6 и 7 знач.). *Температура повысилась. Повысилась ответственность. Звучание повысилось.* **2.** (1 и 2 л. не употр.). Усилиться, улучшиться, усовершенствоваться. *Интерес повысился. Квалификация повысилась.* **3.** *в чём.* Стать более уважаемым, более авторитетным. *П. в общественном мнении.* **4.** Перейти на более высокую, более ответственную должность (разг.). *П. по службе.* ‖ *несов.* **повыша́ться**, -а́юсь, -а́ешься. ‖ *сущ.* **повыше́ние**, -я, *ср.*

ПОВЫ́ШЕННЫЙ, -ая, -ое; -шен. Более высокий, выше нормального; увеличенный. *Повышенная температура. Повышенная возбудимость. П. спрос на товары.* ‖ *сущ.* **повышенность**, -и, *ж.*

ПОВЯЗА́ТЬ[1], -яжу́, -я́жешь; -я́занный; *сов., кого-что.* **1.** Одеть или надеть, завязав концы. *П. ребёнка платком. П. галстук.* **2.** *кого-что.* То же, что связать (см. вязать по 2 знач.) (устар.). *П. разбойника. П. по рукам* *и ногам* (также перен.: полностью подчинить себе каких-н. обязательствами). || *несов.* **повязывать**, -аю, -аешь (к 1 знач.). || *возвр.* **повяза́ться**, -яжу́сь, -я́жешься (к 1 знач.); *несов.* **повязываться**, -аюсь, -аешься.

ПОВЯЗА́ТЬ², -яжу́, -я́жешь; *сов., что.* Провести нек-рое время в вязании чего-н.

ПОВЯ́ЗКА, -и, *ж.* **1.** Кусок ткани, повязываемой на что-н. *Траурная п. на рукаве.* **2.** Бинт или иной материал, к-рым закрыто, завязано больное место. *Наложить повязку на рану. Гипсовая п.* || *прил.* **повя́зочный**, -ая, -ое.

ПОВЯ́НУТЬ (-ну, -нешь, 1 и 2 л. не употр.), -нет; -я́л; *сов.* Увянуть (о многом). *Цветы повяли.*

ПОГАДА́ТЬ, -а́ю, -а́ешь; *сов.* Провести некрое время, гадая. *П. на картах. Погадай мне!* (просьба).

ПОГА́НИТЬ, -ню, -нишь; *несов., кого-что* (прост.). Делать поганым (во 2 и 3 знач.), портить. *П. посуду. П. пищу.* || *сов.* **опога́нить**, -ню, -нишь; -ненный (по 2 знач. прил. поганый).

ПОГА́НКА, -и, *ж.* Несъедобный, ядовитый гриб. *Бледная п.* (особенно ядовитый гриб).

ПОГА́НЫЙ, -ая, -ое; -а́н. **1.** *полн. ф.* Не употребляемый в пищу вследствие ядовитости, нечистоты. *П. гриб.* **2.** *полн. ф.* Предназначенный для отбросов, нечистот (разг.). *Поганое ведро.* **3.** Очень плохой, отвратительный (прост.). *Поганое настроение.* **4.** *полн. ф.* Нечистый с религиозной точки зрения [*первонач.* нехристианский, языческий] (устар.). *Поганая пища. Орды поганых* (сущ.). || *сущ.* **пога́ность**, -и, *ж.* (к 3 знач.).

ПО́ГАНЬ, -и, *ж.*, также *собир.* (прост.). **1.** Мерзкая поганая вещь, вещи. *Какая-то п. с помойки.* **2.** Мерзкий человек, люди. *Нечего со всякой поганью знаться.*

ПОГАСА́ТЬ, -а́ю, -а́ешь; *несов.* (высок.). То же, что гаснуть. *Заря погасает. Погасают силы.*

ПОГАСИ́ТЬ *см.* гасить.

ПОГА́СНУТЬ *см.* гаснуть.

ПОГАША́ТЬ, -а́ю, -а́ешь; *несов., что.* То же, что гасить (в 4 знач.). *П. задолженность. Марка погашена.* || *сущ.* **погаше́ние**, -я, *ср. Уплата в погашение долга.*

ПОГИБА́ТЬ, -а́ю, -а́ешь; *несов.* То же, что гибнуть.

ПОГИ́БЕЛЬ¹, -и, *ж.* (устар.). То же, что гибель¹. *Обречь на п.*

ПОГИ́БЕЛЬ², -и, *ж.*: **в три погибели гнуть** *кого (что)* (разг.) — безжалостно притеснять, угнетать; **в три погибели гнуться (согнуться)** (разг.) — 1) очень низко сгибаться, перегибаться; 2) *перед кем,* низкопоклонничать, униженно заискивать.

ПОГИ́БНУТЬ *см.* гибнуть.

ПОГЛА́ДИТЬ *см.* гладить.

ПОГЛОТИ́ТЬ, -ощу́, -оти́шь *и* -о́тишь; -ощённый (-ён, -ена́); *сов.* **1.** *что.* Принять, вобрать в себя. *Почва поглотила влагу. Море поглотило тонущий корабль* (перен.). **2.** (1 и 2 л. не употр.), *перен., кого (что).* Целиком увлечь чем-н. *Новая идея поглотила учёного. Студент поглощён занятиями.* **3.** (1 и 2 л. не употр.), *перен., что.* Потребовать много времени, затрат, усилий, энергии. *Работа поглотила все силы.* **4.** Съесть или выпить много (обычно ирон.). *П. огромное количество пирожков.* || *несов.* **поглоща́ть**, -а́ю, -а́ешь. || *сущ.* **поглоще́ние**, -я, *ср.* || *прил.* **поглоти́тельный**, -ая, -ое (к 1 знач.; спец.).

ПОГЛУПЕ́ТЬ *см.* глупеть.

ПОГЛЯДЕ́ТЬ, -СЯ *см.* глядеть, -ся.

ПОГЛЯ́ДЫВАТЬ, -аю, -аешь; *несов.* (разг.). То же, что посматривать. *П. по сторонам. Ты за ним поглядывай* (присматривай, следи).

ПОГНА́ТЬ, -гоню́, -го́нишь; -а́л, -ала́, -а́ло; по́гнанный; *сов., кого-что.* Начать гнать¹ (в 1, 3, 4, 5 и 7 знач.). *П. стадо к водопою.*

ПОГНА́ТЬСЯ, -гоню́сь, -го́нишься; -а́лся, -ала́сь, -ало́сь *и* -а́лось; *сов., за кем-чем.* Начать гнаться. *Собаки погнались за зайцем. П. за длинным рублём* (неодобр.).

ПОГНУ́ТЬ, -СЯ *см.* гнуть, -ся.

ПОГНУША́ТЬСЯ *см.* гнушаться.

ПОГОВА́РИВАТЬ, -аю, -аешь; *несов., о ком-чём* и *с союзом «что»* (разг.). От времени до времени возобновлять разговоры о чём-н., обсуждая, передавая слухи. *Поговаривают о его женитьбе (что он женится).*

ПОГОВОРИ́ТЬ, -рю́, -ри́шь; *сов.* Провести нек-рое время в разговоре, обсуждая что-н.; переговорить (в 1 знач.) о чём-н. *Поговорят и перестанут. П. о делах.*

ПОГОВО́РКА, -и, *ж.* Краткое устойчивое выражение, преимущ. образное, не составляющее, в отличие от пословицы, законченного высказывания. *Народные поговорки.* || *прил.* **поговоро́чный**, -ая, -ое.

ПОГО́ДА, -ы, *ж.* Состояние атмосферы в данном месте, в данное время. *Хорошая, плохая п. Солнечная, дождливая п. Прогноз погоды. Карта погоды. Сидеть у моря, ждать погоды* (о длительном ожидании чего-н. неопределённого; разг. неодобр.). *Изменения политической погоды* (перен.). ✦ **Погоды не делает** *кто-что* — не имеет определяющего значения в каком-н. деле. *Его мнение не делает погоды.* || *уменьш.* **пого́дка**, -и, *ж.* || *прил.* **пого́дный**, -ая, -ое. *Погодные условия.*

ПОГОДИ́ТЬ, -ожу́, -оди́шь; *сов.* (разг.). **1** *с чем* и *с неопр.* То же, что повременить. *С этим делом нужно п. Погоди уходить. Погоди, сейчас приду.* **2.** **погоди(те)**. То же, что подожди(те) (см. подождать в 3, 4 и 5 знач.). *Погоди, не сердись! Погоди, ведь мы были когда-то знакомы. Ну погоди ты у меня!* **3.** **погодя́**, *что, предлог с вин. п.* То же, что спустя. *Пришёл погодя полчаса.* ✦ **Немного погодя** — спустя нек-рое время, несколько позже.

ПОГО́ДНЫЙ¹, -ая, -ое. Осуществляемый год за годом. *Погодные записи в летописи.*

ПОГО́ДНЫЙ² *см.* погода.

ПОГО́ДОК, -дка, *м.* Человек, родившийся годом позже или годом раньше своего брата, сестры. *Мы с сестрой погодки.*

ПОГО́ЖИЙ, -ая, -ее; -о́ж (разг.). Хороший, благоприятный в отношении погоды. *П. денёк. Погожее лето.*

ПОГОЛО́ВНЫЙ, -ая, -ое. **1.** О счёте: осуществляемый по головам (в 9 знач.). *П. учёт скота.* **2.** Распространяющийся на всех. *Поголовная проверка.*

ПОГОЛО́ВЬЕ, -я, *род. мн.* **-вий**, *ср.* Общее количество голов скота, животных. *Конское п. П. овец. Рост поголовья соболей на звероферме.*

ПОГОЛУБЕ́ТЬ *см.* голубеть.

ПОГО́ННЫЙ¹, -ая, -ое. Измеряемый в длину. *П. метр.*

ПОГО́ННЫЙ² *см.* погоны.

ПОГО́НЧИК, -а, *м.* **1.** *см.* погоны. **2.** Маленький погон на форменной рубахе, матросской робе. **3.** Деталь в форме погона на плече верхней одежды, платья. *Блузка с погончиками.*

ПОГО́НЩИК, -а, *м.* Работник, сопровождающий или погоняющий скот. *П. волов.* || *ж.* **пого́нщица**, -ы. || *прил.* **пого́нщицкий**, -ая, -ое.

ПОГО́НЫ, -о́н, *ед.* пого́н, -а, *м.* Наплечные знаки различия в военной и другой форменной одежде. *Офицерские п. Полевые п.* (защитного цвета). || *уменьш.* **пого́нчик**, -а, *м.* || *прил.* **пого́нный**, -ая, -ое.

ПОГО́НЯ, -и, *ж.* **1.** *за кем-чем.* Преследование с целью настичь, поймать. *П. за беглецом.* **2.** *перен., за кем-чем.* Стремление достигнуть, добиться чего-н. *В погоне за популярностью.* **3.** также *собир.* Человек или группа людей, преследующих кого-н. *П. мчится по пятам.* ✦ **В погоне за** *кем-чем, в знач. предлога с тв. п.* — **стремясь к** достижению чего-н.

ПОГОНЯ́ЛА, -ы, *м.* и *ж.* (прост. неодобр.). Тот, кто погоняет¹ (во 2 знач.), торопит кого-н. *Вечно этому бездельнику нужны погонялы.*

ПОГОНЯ́ТЬ¹, -я́ю, -я́ешь; *несов., кого (что).* **1.** Торопить в беге, ходьбе. *П. коня.* **2.** Слишком торопить с исполнением чего-н. (разг.). *П. с выполнением заказа.*

ПОГОНЯ́ТЬ², -я́ю, -я́ешь; *сов., кого-что* (разг.). В течение нек-рого времени заставить бежать, двигаться, гоня, гоняя. *П. коня на корде. Пойдём, погоняем мяч.*

ПОГОРЕ́ЛЕЦ, -льца, *м.* Человек, к-рый погорел (в 1 знач.). *Помощь погорельцам.* || *прил.* **погоре́льческий**, -ая, -ое (офиц.).

ПОГОРЕ́ТЬ, -рю́, -ри́шь; *сов.* **1.** Потерять дом, имущество во время пожара, а также (о предметах) совсем сгореть. *Погорело много семей. Всё имущество погорело.* **2.** *перен., на чем.* Потерпеть полную неудачу, провалиться (прост.). *П. на махинациях.* **3.** (1 и 2 л. не употр.). Пробыть нек-рое время в состоянии горения. *Свеча погорела и погасла.* || *несов.* **погора́ть**, -а́ю, -а́ешь (к 1 и 2 знач.).

ПОГОРЯЧИ́ТЬСЯ, -чу́сь, -чи́шься; *сов.* Вспылив или в раздражении проявить горячность. *Зря погорячился.*

ПОГО́СТ, -а, *м.* Кладбище, обычно сельское (в старину — церковь в стороне от села с прилегающим участком и с кладбищем). *Снесли на п. кого-н.* (похоронили). *Мёртвых с погоста не носят* (посл. о том, что невозможно возвратить или поправить). || *прил.* **пого́стный**, -ая, -ое.

ПОГРАН... *Первая часть сложных слов со знач.* пограничный, напр. *погранвойска, погранзастава, погранзона, погранотряд, погранпост, погранохрана.*

ПОГРАНИ́ЧНИК, -а, *м.* Военнослужащий пограничных войск.

ПОГРАНИ́ЧНЫЙ, -ая, -ое. **1.** Находящийся или происходящий около границы, на границе. *Пограничная полоса. П. инцидент.* **2.** Относящийся к охране границы. *Пограничные войска. Пограничная охрана. Пограничная застава* (воинское подразделение, охраняющее определённый участок государственной границы; место расположения такого подразделения).

ПОГРАНИ́ЧЬЕ, -я, *ср.* Приграничная полоса, зона. *На дальнем п.*

ПО́ГРЕБ, -а, *мн.* -а́, -о́в, *м.* Помещение ниже уровня земли (под полом или в отдельной постройке) для хранения припасов в холоде. *Вырыть п. Спуститься в п. П. под сенями. П. со льдом. П. во дворе* (вырытый в земле и с земляным накатом). ✦ **Пороховой погреб** — 1) помещение для хранения взрывчатых веществ, боеприпасов; 2) о потенциальном очаге войны. *Границы превратились в пороховой погреб.* **Винный по-**

греб — хранилище вин. ‖ *уменьш.* погребо́к, -бка́, *м.* ‖ *прил.* погребно́й, -а́я, -о́е.

ПОГРЕБА́ТЬ, -а́ю, -а́ешь; *несов., кого (что)* (книжн.). То же, что хоронить (в 1 знач.). *П. с почестями.* ‖ *сов.* погрести́, -ребу́, -ребёшь; -рёб, -ребла́; -ребённый (-ён, -ена́) (устар.). ‖ *сущ.* погребе́ние, -я, *ср. Обряд погребения.* ‖ *прил.* погреба́льный, -ая, -ое. *П. обряд.*

ПОГРЕБЕ́Ц, -бца́, *м.* (устар.). Дорожный сундучок для провизии и посуды.

ПОГРЕБО́К, -бка́, *м.* **1.** *см.* погреб. **2.** Небольшой кабачок, обычно в полуподвальном этаже. *Завсегдатаи погребка.*

ПОГРЕМУ́ШКА, -и, *ж.* Детская игрушка, побрякивающая при встряхивании. ‖ *прил.* погрему́шечный, -ая, -ое.

ПОГРЕСТИ́[1-2], -ребу́, -ребёшь; -рёб, -ребла́; -рёбши; *сов.* Провести нек-рое время гребя (см. грести[1-2]). *П. сено. П. веслом.*

ПОГРЕСТИ́[3] *см.* погребать.

ПОГРЕ́ТЬ, -е́ю, -е́ешь; -ре́тый; *сов., кого-что.* Подвергнуть согреванию в течение нек-рого времени. *П. руки над огнём. П. руки на чём-н.* (перен.: нажиться на каком-н. деле; разг. неодобр.). ‖ *возвр.* погре́ться, -е́юсь, -е́ешься.

ПОГРЕША́ТЬ, -а́ю, -а́ешь; *несов.* (книжн.). То же, что грешить (во 2 знач.). *П. против истины.*

ПОГРЕШИ́ТЬ *см.* грешить.

ПОГРЕ́ШНОСТЬ, -и, *ж.* Ошибка, промах. *П. в расчётах. Допустить п.*

ПОГРОЗИ́ТЬ, -СЯ *см.* грозить, -ся.

ПОГРО́М, -а, *м.* **1.** Шовинистическое выступление против какой-н. национальной или иной группы населения, сопровождающееся грабежом и убийствами. *Каратели учинили п.* **2.** Полный беспорядок, разгром (разг.). *В квартире настоящий п.!* ‖ *прил.* погро́мный, -ая, -ое (к 1 знач.).

ПОГРО́МЩИК, -а, *м.* Участник погрома (в 1 знач.). *Фашистские погромщики.*

ПОГРУБЕ́ТЬ *см.* грубеть.

ПОГРУЖЁННЫЙ, -ая, -ое; -ён, -ена́, *во что.* Целиком захваченный, занятый, поглощённый чем-н. *Погружён в работу. Погружённый в раздумья.* ‖ *сущ.* погружённость, -и, *ж.*

ПОГРУЗИ́ТЬ, -ужу́, -узи́шь *и* -у́зишь; -ужённый (-ён, -ена́); *сов.* **1.** *см.* грузить. **2.** (-узи́шь), *кого-что во что.* Опустить целиком в какую-н. жидкость, сыпучее вещество. *П. весла в воду. П. зонд в скважину.* ‖ *несов.* погружа́ть, -а́ю, -а́ешь (ко 2 знач.). ‖ *сущ.* погруже́ние, -я, *ср.* ‖ *прил.* погружно́й, -а́я, -о́е (спец.). *П. насос* (погружаемый в глубину чего-н.).

ПОГРУЗИ́ТЬСЯ, -ужу́сь, -узи́шься *и* -у́зишься; *сов.* **1.** *см.* грузиться. **2.** (-узи́шься), *во что.* Опуститься целиком в какую-н. жидкость, сыпучее вещество. *П. в воду, в снег, в песок.* **3.** (-узи́шься), *перен., во что.* Прийти полностью в какое-н. состояние. *Лес погрузился во мрак. П. в сон.* **4.** (-узи́шься), *перен., во что.* Целиком предаться какому-н. чувству, делу. *П. в чтение.* ‖ *несов.* погружа́ться, -а́юсь, -а́ешься. ‖ *сущ.* погруже́ние, -я, *ср.*

ПОГРУ́ЗКА *см.* грузить, -ся.

ПОГРУЗНЕ́ТЬ *см.* грузнеть.

ПОГРУ́ЗОЧНЫЙ *см.* грузить.

ПОГРУ́ЗЧИК, -а, *м.* Самоходная машина для погрузки и разгрузки и перемещения грузов на небольшие расстояния. *Автоматический п.*

ПОГРЫ́ЗТЬСЯ *см.* грызться.

ПОГРЯ́ЗНУТЬ, -ну, -нешь; -я́з *и* -я́знул, -я́зла; -я́зший; -я́зши; *сов., в чём.* **1.** Глубоко погрузиться во что-н. вязкое. *Колёса погрязли в глине.* **2.** *перен.* Окончательно предаться чему-н. предосудительному. *П. в разврате.* **3.** *перен.* Очутиться в неприятном положении из-за обременённости чем-н. *П. в долгах.* ‖ *несов.* погряза́ть, -а́ю, -а́ешь. ‖ *сущ.* погряза́ние, -я, *ср.*

ПОГУБИ́ТЬ *см.* губить.

ПОГУ́ДКА, -и, *ж.* (разг.). Напев, а также присказка, прибаутка. *Старая п. на новый лад* (погов. о чём-н. повторяющемся, но в ином виде; неодобр.).

ПОГУ́ЛИВАТЬ, -аю, -аешь; *несов.* (разг.). **1.** Гулять, расхаживать. *П. по саду.* **2.** Изредка предаваться весёлому, легкомысленному препровождению времени. *Парень начал п.*

ПОГУЛЯ́ТЬ *см.* гулять.

ПОГУСТЕ́ТЬ *см.* густеть.

ПОГУТО́РИТЬ *см.* гуторить.

ПОД[1], -а, о по́де, на поду́, *м.* Нижняя поверхность в печи (напр. русской), а также (в заводских печах) место, где нагревом, обжигом или плавлением обрабатываются изделия. ‖ *прил.* подо́вый, -ая, -ое. *Подовые пироги* (испечённые на поду).

ПОД[2], *предлог.* **I.** *с вин. и тв. п.* **1.** *кого-что и кем-чем.* Ниже чего-н., со стороны нижней части чего-н. *Поставить п. стол. Находиться п. столом. Спуститься п. воду. Работать п. землёй. П. нами обрыв.* **2.** *что и чем.* Около, в непосредственной близости от чего-н., а также в зоне действия, расположения чего-н. *Жить п. Москвой. Попасть п. дождь. Идти п. дождём.* **3.** *кого-что и кем-чем.* Указывает на то положение, состояние, в к-рое ставят кого-что-н. или в к-ром находится кто-что-н. *Работать п. руководством кого-н. Взять п. свою защиту. Быть п. угрозой. Поставить п. угрозу. Отдать п. суд. Быть п. судом.* **4.** *что и чем.* Для чего-н. *Склад строится п. материалы. Тот сарай — п. материалами. Бидон п. молоко.* **II.** *что, с вин. п.* **1.** Поддерживая снизу. *Взять п. руку.* **2.** О времени: близко к чему-н., перед чем-н. *П. вечер. В ночь п. Новый год. П. старость.* **3.** В виде чего-н., похоже на что-н. *Отделать мебель п. орех. Кролик п. котик. Обои п. дерево.* **4.** В обмен на какое-н. ручательство. *Взять деньги п. расписку. П. залог вещей.* **5.** В сопровождении чего-н. звучащего. *Петь п. аккомпанемент. П. звуки музыки.* **III.** *чем, с тв. п.* **1.** При наличии какого-н. признака, свойства. *Теплоход п. российским флагом. Рыба п. соусом.* **2.** Вследствие чего-н. *Сознаться п. тяжестью улик.* **3.** Употр. при указании на термины, слова, названия, смысл к-рых раскрывается или подлежит раскрытию. *Что надо понимать п. ощущением?*

ПОД..., *приставка.* **I.** Образует глаголы со знач.: 1) действия снизу вверх, внизу чего-н., напр. *подложить, подсунуть, подковырнуть;* 2) приближения к чему-н., напр. *подкатить, подлететь;* 3) прибавления, напр. *подвалить, подлить;* 4) повторения действия вслед за другим, сопровождения одного действия другим, напр. *поддакивать, подпевать;* 5) проявления действия в слабом или незаметном, скрытом виде, напр. *подкрасить, подзакусить, подлечиться, подсмотреть, подпахивать* (слегка пахнуть). **II.** Образует: 1) существительные и прилагательные со знач. нахождения ниже чего-н., под чем-н., напр. *подголовник, подлокотник, подфарник, подосиновик, подберёзовик, поджелудочный, подводный, подоблачный;* 2) существительные со знач. части более крупного единства, напр. *подотдел, подвид, подгруппа, подкомиссия, подмножество, подкласс;* 3) прилагательные со знач. чего-н. находящегося в чьём-н. ведении, напр. *подсудный, подведомственный;* 4) существительные и прилагательные со знач. чего-н. находящегося поблизости, напр. *подтропики, подгородный, подмосковный;* 5) существительные со знач. звания ниже другого, должности помощника, напр. *подшкипер, подштурман, подмастер.* **III.** Образует наречия со знач. полноты признака, напр. *подчистую.*

ПОДАВА́ЛЬЩИК, -а, *м.* **1.** Служащий столовой, подающий кушанья посетителям (разг.). **2.** Рабочий, к-рый подносит материалы к месту производства, обработки. ‖ *ж.* подава́льщица, -ы.

ПОДАВА́ТЬ, -СЯ *см.* подать, -ся.

ПОДАВИ́ТЬ[1], -авлю́, -а́вишь; -а́вленный; *сов., кого-что.* **1.** Раздавить многое, многих (разг.). *Камнями подавило* (безл.) *рассаду.* **2.** *что и на что.* Подвергнуть давлению в течение нек-рого времени. *П. на больное место.*

ПОДАВИ́ТЬ[2], -авлю́, -а́вишь; -а́вленный; *сов.* **1.** *кого-что.* Силой положить конец чему-н., уничтожить; заглушить. *П. мятеж. П. страх. П. огнём батарею противника.* **2.** *кого (что) чем.* Превзойти, заняв господствующее положение, подчинить себе. *П. всех своим авторитетом.* **3.** *кого (что).* Привести в угнетённое состояние. *Подавлен неудачей.* ‖ *несов.* подавля́ть, -я́ю, -я́ешь. *Подавляющее большинство* (значительно превосходящее). ‖ *сущ.* подавле́ние, -я, *ср.* (к 1 и 2 знач.).

ПОДАВИ́ТЬСЯ *см.* давиться.

ПОДА́ВЛЕННЫЙ, -ая, -ое; -ен, -енна. **1.** *полн. ф.* О звуках голоса: приглушённый, едва слышный, неясный. *П. стон, шёпот.* **2.** Мрачный, тяжёлый. *П. вид. Подавленное настроение.* ‖ *сущ.* пода́вленность, -и, *ж.* (ко 2 знач.).

ПОДА́ВНО, *нареч.* (прост.). Тем более, разумеется. *Он согласен, а я п.* ✦ **И подавно** — то же, что подавно.

ПОДА́ТРА, -ы, *ж.* Болезнь, вызываемая нарушением обмена веществ, с преимущественным поражением суставов. ‖ *прил.* подагри́ческий, -ая, -ое.

ПОДА́ГРИК, -а, *м.* Больной подагрой. ‖ *ж.* подагри́чка, -и (разг.).

ПОДА́ЛЬШЕ, *нареч.* (разг.). Еще дальше. *Отодвинь стул п.* ✦ **Куда подальше послать** (прост.) — обругать, чтобы не приставал. *Накричит и пошлёт куда подальше.* **Иди (ты) куда подальше!** (прост.) — убирайся, проваливай.

ПОДАРИ́ТЬ *см.* дарить.

ПОДА́РОК, -рка, *м.* **1.** Вещь, к-рую дарят, подарили. *Сделать, получить п. П. судьбы* (перен.: о большой и неожиданной удаче, радости). **2.** *перен.* Что-н. хорошее, приятное (обычно как знак уважения, признательности). *Его приезд — настоящий п.* ✦ **Не подарок** (разг.) — о ком-чём-н. неприятном, обременяющем. *Этот новичок в классе не подарок.* ‖ *уменьш.* пода́рочек, -чка, *м.* (к 1 знач.). ‖ *прил.* пода́рочный, -ая, -ое (к 1 знач.). *П. набор. Подарочное издание книги.*

ПОДА́ТЕЛЬ, -я, *м.* (офиц.). Тот, кто вручает кому-н. письмо, документ. *П. заявления.* ‖ *ж.* пода́тельница, -ы.

ПОДА́ТЛИВЫЙ, -ая, -ое; -ив. **1.** Легко поддающийся обработке, формовке. *Податливая глина.* **2.** Легко поддающийся уговорам, влиянию, уступчивый. *П. характер. Податлив на ласку.* ‖ *сущ.* пода́тливость, -и, *ж.*

ПО́ДАТЬ, -и, *мн.* -и, -ей *и* -е́й, *ж.* В царской России до второй половины 19 в.: денежный налог, взимавшийся с крестьян и мещан. ‖ *прил.* **податно́й**, -а́я, -о́е. *Податные сословия* (платившие подати: крестьяне, мещане). *П. инспектор.*

ПОДА́ТЬ, -а́м, -а́шь, -а́ст, -ади́м, -ади́те, -аду́т; по́дал *и* (разг.) пода́л, -ала́, -а́ло; пода́й; по́данный (-ан, -ана́ *и* разг. -ана, -ано); пода́в *и* пода́вши; *сов.* **1.** *кого-что.* Дать, поднеся. *П. напиться. П. в руки. П. пальто* (помочь надеть). **2.** *что.* Поставить на стол (кушанья, напитки). *П. обед.* **3.** *что.* Доставить, привести к месту посадки, погрузки. *П. состав к платформе. П. вагоны.* **4.** *что.* Доставить, продвинуть в нужное место. *П. бетон строителям. П. патрон в канал ствола. П. мяч* (в игре). **5.** *кого-что.* Подвинуть в каком-н. направлении, придав новое положение. *П. стол влево. П. руку вперёд.* **6.** *что.* Представить в письменном виде (какое-н. заявление). *П. жалобу, заявление. П. в суд на кого-н.* (предъявить иск). *П. на развод* (подать в суд заявление о разводе; разг.). *П. на алименты* (предъявить иск на взыскание алиментов; разг.). **7.** *что.* Пожертвовать как милостыню. *П. нищему.* **8.** *что.* Сделать, произвести, оказать (то, что названо следующим сущ.). *П. помощь* (помочь). *П. голос* (сказать что-н. или высказать своё мнение). *П. признаки жизни* (обнаружить признаки жизни). *П. команду* (скомандовать). *П. пример* (послужить примером). *П. сигнал* (сигнализировать). **9.** *кого-что.* Изобразить, представить. *Драматург удачно подал своих героев. Умеет п. себя* (показать себя в лучшем виде). ◆ **Подать на стол** — то же, что подать (во 2 знач.). *Хозяйка подала на стол.* **Подать руку** *кому* — 1) протянуть для рукопожатия; 2) оказать помощь, помочь. *Подать руку в беде.* **Рукой подать** (разг.) — очень близко. *До реки рукой подать.* ‖ *несов.* **подава́ть**, -даю́, -даёшь; -дава́й; -дава́я. ‖ *сущ.* **пода́ча**, -и, *ж.* (к 1, 2, 3, 4, 5, 6, 8 и 9 знач.).

ПОДА́ТЬСЯ, -а́мся, -а́шься, -а́стся, -ади́мся, -ади́тесь, -аду́тся; -а́лся, -ала́сь; пода́йся; *сов.* **1.** Подвинуться, сдвинуться с места. *П. в сторону. Дверь подалась под напором.* **2.** Отправиться, направиться куда-н. (разг.). *П. в родные места. П. некуда* (также перен.: о безвыходном положении). **3.** Согласиться на что-н. после просьб, уговоров (устар. разг.). *П. на увещания, на соблазн.* ‖ *несов.* **подава́ться**, -даю́сь, -даёшься; -дава́йся; -дава́ясь.

ПОДА́ЧА, -и, *ж.* **1.** *см.* подать. **2.** В спортивных играх: удар, к-рым мяч (шайба, волан) вводятся в игру или направляются партнёру. *Удачная п. Забить мяч с подачи нападающего.* ◆ **С подачи** *кого, в знач. предлога с род. п.* (разг.) — начиная с (о том, кто начал, проявил инициативу, был первым). *Дискуссия началась с подачи рецензента.*

ПОДА́ЧКА, -и, *ж.* **1.** Кусок еды, брошенный животному (обычно собаке). *Просить подачку.* **2.** *перен.* То, что дают кому-н. из милости, из снисхождения (презр.). *Жить подачками.*

ПОДАЯ́НИЕ, -я, *ср.* То же, что милостыня. *Жить подаяниями. Просить подаяния.*

ПОДБА́ВИТЬ, -влю, -вишь; -вленный; *сов., что и чего.* Немного прибавить. *П. сахару в кофе.* ‖ *несов.* **подбавля́ть**, -я́ю, -я́ешь. ‖ *сущ.* **подба́вка**, -и, *ж.* (разг.).

ПОДБА́ЛТЫВАТЬ *см.* подболтать.

ПОДБЕЖА́ТЬ, -егу́, -ежи́шь, -егу́т; -еги́; *сов.* Приблизиться бегом к кому-чему-н. или подо что-н. *П. к дому. П. под навес.* ‖ *несов.* **подбега́ть**, -а́ю, -а́ешь.

ПОДБЕРЁЗОВИК, -а, *м.* Съедобный трубчатый гриб с коричневато-чёрной шляпкой, берёзовик.

ПОДБИРА́ТЬ, -СЯ *см.* подобрать, -ся.

ПОДБИ́ТЬ[1], -добью́, -добьёшь; подбе́й; -и́тый; *сов.* **1.** *что.* Прибить к чему-н. снизу. *П. каблуки* (прибить набойки). **2.** *что.* Пришить с изнанки. *П. пальто ватином. Ветром подбитый* (о не по сезону холодной, не греющей верхней одежде; также о легкомысленном, пустом человеке; разг.). **3.** *кого-что.* Ударив, выстрелив, заставить упасть или остановиться, вывести из строя. *П. самолёт, танк. П. утку* (ранить выстрелом). **4.** *что.* Ударив по чему-н., причинить ушиб, увечье. *П. глаз. Подбитая скула.* ◆ **Подбить итоги (баланс)** (разг.) — подвести итоги (баланс). ‖ *несов.* **подбива́ть**, -а́ю, -а́ешь. ‖ *сущ.* **подби́вка**, -и, *ж.* (к 1 знач.) *и* **подбо́йка**, -и, *ж.* (ко 2 знач.). ‖ *прил.* **подбо́йный**, -ая, -ое (к 1 знач.; спец.) *и* **подбо́ечный**, -ая, -ое (к 1 знач.; спец.).

ПОДБИ́ТЬ[2], -добью́, -добьёшь; подбе́й; *сов., кого (что) на что и с неопр.* (разг.). Подстрекнуть, уговорить сделать что-н. (плохое). *П. на шалость. П. убежать.* ‖ *несов.* **подбива́ть**, -а́ю, -а́ешь.

ПОДБЛЮ́ДНЫЙ, -ая, -ое: **подблюдные песни** — обрядовые святочные песни, сопровождающие гадания [с выниманием вещей из-под перевёрнутого или покрытого чем-н. блюда].

ПОДБОДРИ́ТЬ, -рю́, -ри́шь; -рённый (-ён, -ена́); *сов., кого-что* (разг.). Несколько ободрить. *П. больного.* ‖ *несов.* **подбодря́ть**, -я́ю, -я́ешь. ‖ *возвр.* **подбодри́ться**, -рю́сь, -ри́шься; *несов.* **подбодря́ться**, -я́юсь, -я́ешься.

ПОДБО́ЕЧНЫЙ, ПОДБО́ЙНЫЙ *см.* подбить[1].

ПОДБО́Й, -я, *м.* То, что подбивают (см. подбить[1] во 2 знач.) подо что-н.; подкладка. *Плащ с алым подбоем.*

ПОДБО́ЙКА, -и, *ж.* **1.** *см.* подбить[1]. **2.** То же, что подбой.

ПОДБОЛТА́ТЬ, -а́ю, -а́ешь; -о́лтанный; *сов., что и чего* (разг.). Прибавить, забалтывая смесь. *П. белила в краску. П. молока в омлет.* ‖ *несов.* **подба́лтывать**, -аю, -аешь. ‖ *сущ.* **подбо́лтка**, -и, *ж.*

ПОДБО́ЛТКА, -и, *ж.* **1.** *см.* подболтать. **2.** То, что подболтано к чему-н. (разг.). *П. из муки.*

ПОДБО́Р, -а, *м.* **1.** *см.* подобрать. **2.** То, что подобрано, собрание чего-н. *Интересный п. книг. П. материалов. Хороший п. сотрудников. П. красок. Как на п.* (о ком-чём-н. одинакового вида, качества, обычно хорошего).

ПОДБО́РКА, -и, *ж.* **1.** *см.* подобрать. **2.** Несколько заметок, статей на одну тему, подобранных под общий заголовок. *Газетная п.*

ПОДБОРО́ДОК, -дка, *м.* Округлость, закрывающая на лице переднюю часть нижней челюсти. *Квадратный п.* (лишённый округлости). *Двойной п.* (с обвисшей толстой кожной складкой). ‖ *прил.* **подборо́дочный**, -ая, -ое.

ПОДБО́РОЧНЫЙ *см.* подобрать.

ПОДБО́РЩИК, -а, *м.* **1.** Работник, к-рый производит подбор, подборку чего-н. *П. мехов.* **2.** Механизм для подбора валков. *П.-копнитель. П. хлопка.* ‖ *ж.* **подбо́рщица**, -ы (к 1 знач.).

ПОДБОЧЕ́НИТЬСЯ, -нюсь, -нишься; *сов.* (разг.). Выпрямиться, подперев бока руками. *П. в пляске.* ‖ *несов.* **подбоче́ниваться**, -аюсь, -аешься.

ПОДБРА́СЫВАТЬ *см.* подбросить.

ПОДБРИ́ТЬ, -ре́ю, -ре́ешь; -и́тый; *сов., кого-что.* Побрить с боков, по краям. *Подбритые бачки.* ‖ *несов.* **подбрива́ть**, -а́ю, -а́ешь.

ПОДБРО́СИТЬ, -о́шу, -о́сишь; -о́шенный; *сов.* **1.** *кого-что.* Бросить вверх или подо что-н. *П. к потолку. П. мяч под скамейку.* **2.** *что и чего.* Бросив, добавить. *П. дров в печь.* **3.** *кого-что и чего.* Дать, предоставить дополнительно (разг.). *П. средства, материалов. П. кому-н. интересную идею* (подсказать). **4.** *кого-что.* То же, что подложить (в 3 знач.). *П. письмо.* **5.** *кого-что.* Подвезти (во 2 знач.), довезти (прост.). *П. попутчика до станции. П. на своей машине в райцентр.* ‖ *несов.* **подбра́сывать**, -аю, -аешь. ‖ *сущ.* **подбра́сывание**, -я, *ср.* (к 1, 2, 3 и 4 знач.) *и* **подбро́ска**, -и, *ж.* (к 1, 2, 3 и 4 знач.).

ПОДВА́Л, -а, *м.* **1.** Помещение в здании, расположенное ниже уровня земли. *Тёмный п. Хранить что-н. в подвале.* **2.** *перен.* Статья во всю нижнюю часть газетного листа. *Фельетон занял целый п.* ‖ *прил.* **подва́льный**, -ая, -ое.

ПОДВАЛИ́ТЬ, -алю́, -а́лишь; -а́ленный; *сов.* **1.** чего. Прибавить, валя, сваливая. *П. песку.* **2.** (1 и 2 л. ед. не употр.), обычно *безл., кого-чего.* Валя[2], валясь[2], прибавиться в добавление к тому, что есть (прост.). *П. всей гурьбой. Народу подвалило* (безл.). *Подвалило* (безл.) *снегу за ночь.* **3.** (1 и 2 л. не употр.), *кому что.* Неожиданно появиться, возникнуть (обычно о чём-н. хорошем) (разг.). *Подвалило счастье, везение. Подвалила удача. Подвалило наследство. Подвалили праздники.* **4.** *к чему.* О судах: подплыть, пристать. *Теплоход подвалил к пристани.* ‖ *несов.* **подва́ливать**, -аю, -аешь. ‖ *сущ.* **подва́лка**, -и, *ж.* (к 1 знач.; спец.).

ПОДВАРИ́ТЬ, -арю́, -а́ришь; -а́ренный; *сов.* (разг.). **1.** *чего.* Сварить или заварить в дополнение к сваренному, заваренному. *П. варенья. П. чаю.* **2.** *что.* Ещё раз подвергнуть варке (устар.). ‖ *несов.* **подва́ривать**, -аю, -аешь.

ПОДВА́ХТЕННЫЙ, -ая, -ое (спец.). Такой, к-рый должен сменить стоящих на вахте. *П. офицер, матрос. Донесение подвахтенного* (сущ.).

ПОДВЕ́ДОМСТВЕННЫЙ, -ая, -ое; -вен, -венна. Находящийся в ведении, в управлении кого-чего-н., подчинённый кому-чему-н. *Учреждения, подведомственные министерству.* ‖ *сущ.* **подве́домственность**, -и, *ж.*

ПОДВЕЗТИ́[1], -зу́, -зёшь; -ёз, -езла́; -ёзший; -езённый (-ён, -ена́); -езя́; *сов.* **1.** *кого-что.* Везя, приблизить. *П. санки к крыльцу.* **2.** *кого-что.* Взяв с собой по пути, довезти куда-н. *П. попутчика.* **3.** *кого-что и чего.* Привезя, доставить куда-н. *П. строительные материалы.* ‖ *несов.* **подвози́ть**, -ожу́, -о́зишь. ‖ *сущ.* **подво́з**, -а, *м. и* **подво́зка**, -и, *ж.* (разг.). ‖ *прил.* **подвозно́й**, -а́я, -о́е (к 3 знач.).

ПОДВЕЗТИ́[2] *см.* везти[2].

ПОДВЕНЕ́ЧНЫЙ, -ая, -ое. Надеваемый во время венчания, предназначенный для венчания. *Подвенечное платье. Подвенечные свечи.*

ПОДВЕ́РГНУТЬ, -ну, -нешь; -е́рг *и* -е́ргнул, -е́ргла; -е́ргший; -е́ргнутый; *сов., кого-что чему.* Сделать предметом какого-н. действия; поставить в какое-н. положение (обычно плохое, тяжёлое). *П. проект об-*

суждению. П. свою жизнь опасности. ‖ *несов.* **подвергáть**, -áю, -áешь.

ПОДВЕ́РГНУТЬСЯ, -нусь, -нешься; -е́ргся *и* -е́ргнулся, -е́рглась; -е́ргшийся; *сов.* Стать предметом какого-н. действия; оказаться в каком-н. положении (обычно плохом, тяжёлом). *П. обследованию. П. побоям. П. риску.* ‖ *несов.* **подвергáться**, -áюсь, -áешься.

ПОДВЕ́РЖЕННЫЙ, -ая, -ое; -ен, *чему.* Предрасположенный к чему-н. (обычно плохому). *Ребёнок подвержен простуде.* ‖ *сущ.* **подве́рженность**, -и, *ж.*

ПОДВЕРНУ́ТЬ, -ну́, -нёшь; -ёрнутый; *сов., что.* **1.** Завернуть, загнуть снизу или под низ. *П. брюки.* **2.** То же, что подвинтить. *П. гайку.* ✦ **Подвернуть ногу** — оступившись, повредить, растянуть. ‖ *несов.* **подвёртывать**, -аю, -аешь.

ПОДВЕРНУ́ТЬСЯ, -ну́сь, -нёшься; *сов.* **1.** (1 и 2 л. не употр.). Завернуться, загнуться снизу или под низ. *Воротник подвернулся.* **2.** *перен.* Попасться случайно (разг.). *Подвернулась занимательная книжка. П. под руку* (случайно попасть в руки). ✦ **Подвернулась нога** — растянулась от неудачного шага, движения. ‖ *несов.* **подвёртываться**, -аюсь, -аешься.

ПОДВЕ́СИТЬ, -е́шу, -е́сишь; -е́шенный; *сов., кого-что.* Повесить над чем-н., прицепить к чему-н. в висячем положении. *П. лампу под потолком. В подвешенном состоянии* (также перен.: в состоянии неясности, неопределённости; разг. шутл.). ‖ *несов.* **подвéшивать**, -аю, -аешь. ‖ *сущ.* **подвéшивание**, -я, *ср.*, **подвéска**, -и, *ж.* и **подвéс**, -а, *м.* (спец.). ‖ *прил.* **подвéсочный**, -ая, -ое (спец.).

ПОДВЕ́СКА, -и, *ж.* **1.** *см.* подвесить. **2.** Подвешенное украшение. *Серьги с бриллиантовыми подвесками.*

ПОДВЕСНО́Й, -áя, -óе. **1.** Укреплённый в висячем положении, подвешенный. *Подвесная койка.* **2.** Устроенный для передвижения по подвешенному канату, рельсу. *Подвесная дорога* (канатная или монорельс).

ПОДВЕ́СОК, -ска, *м.* То же, что подвеска (во 2 знач.).

ПОДВЕСТИ́, -еду́, -едёшь; -ёл, -ела́; -е́дший; -едённый (-ён, -ена́); -едя́; *сов.* **1.** *кого-что.* Ведя (см. вести в 1, 3, 4 и 7 знач.), приблизить, доставить. *П. отряд к переправе. П. поезд к станции. П. дорогу к стройке. П. электропроводку. П. кого-н. к верному решению* (перен.). **2.** *что подо что.* Положить, устроить под чем-н. *П. фундамент под строение. П. дом под крышу* (довести стройку до кровли). **3.** *перен., что подо что.* Найти нужные доводы для обоснования чего-н. (книжн.). *П. базу под свои рассуждения.* **4.** *что подо что.* Включить в число чего-н., ввести в круг каких-н. явлений, признать соответствующим чему-н. *П. под какой-н. разряд, категорию.* **5.** *что.* Сделать общий вывод из чего-н. *П. итоги. П. баланс.* **6.** *кого (что) подо что.* Причинить своими действиями неприятность кому-н. (разг.). *П. под выговор. П. под неприятность.* **7.** *перен., кого (что).* Обманув чьи-н. ожидания, надежды, поставить в трудное положение (разг.). *П. товарища.* **8.** *что.* Покрасить косметическими средствами. *П. губы, брови, веки.* **9.** *безл., кого-что.* О состоянии, внешнем виде: стать худым, впалым (разг.). *Его всего подвело. Живот подвело* (от голода). ✦ **Подвести часы (стрелки)** — передвинуть стрелки у часов. ‖ *несов.* **подводи́ть**, -ожу́, -о́дишь. ‖ *сущ.* **подведéние**, -я, *ср.* (к 1, 2, 3, 4, 5 и 8 знач.), **подво́д**, -а, *м.* (к 1 знач.; спец.) *и* **подво́дка**, -и, *ж.* (к 1, спец. ко 2 и 8 знач.). ‖ *прил.* **подводно́й**, -áя, -óе (к 1 и 2 знач.; спец.). *Подводные трубы.*

ПОДВЕ́ТРЕННЫЙ, -ая, -ое. Обращённый в ту сторону, откуда не дует ветер, укрытый от ветра. *Подветренная сторона. П. борт.*

ПОДВЁРТКА, -и, *ж.* (прост.). То же, что портянка. *Тёплые подвёртки.* ‖ *прил.* **подвёрточный**, -ая, -ое.

ПОДВЗДО́ШНЫЙ, -ая, -ое (спец.). Относящийся к области живота, расположенный между нижними рёбрами и костями таза. *Подвздошная область. Подвздошная мышца.*

ПО́ДВИГ, -а, *м.* Героический, самоотверженный поступок. *Совершить п. Воинский п. Трудовой п. П. во славу Родины.*

ПОДВИ́ГАТЬ, -аю, -аешь; *сов.* **1.** *чем.* Привести что-н. в движение на нек-рое время. *П. пальцами.* **2.** *что.* Двинуть несколько раз. *П. стрелку.*

ПОДВИГА́ТЬ, -СЯ *см.* подвинуть, -ся.

ПОДВИ́ГНУТЬ, -ну, -нешь; подви́гнул *и* подви́г, подви́гла; -утый; *сов., кого (что) на что* (устар. и высок.). Побудить к чему-н. (обычно благородному, возвышенному). *П. на великие дела.*

ПОДВИ́Д, -а, *м.* В систематике: подразделение внутри одного вида[2]. *Подвиды животных, растений.* ‖ *прил.* **подвидово́й**, -áя, -óе.

ПОДВИ́ЖКА *см.* подвинуться.

ПОДВИ́ЖНИК, -а, *м.* **1.** Монах, аскет, давший обет самоотречения во имя служения Богу. **2.** Человек, героически принявший на себя тяжёлый труд или лишения ради достижения высокой цели (высок.) *П. науки.* ‖ *ж.* **подви́жница**, -ы. ‖ *прил.* **подви́жнический**, -ая, -ое. *П. труд* (самоотверженный).

ПОДВИ́ЖНИЧЕСТВО, -а, *ср.* (высок.). Образ жизни, действия подвижника. *Вся жизнь этого учёного — п.* ‖ *прил.* **подви́жнический**, -ая, -ое.

ПОДВИЖНО́Й, -áя, -óе. **1.** Такой, к-рый можно двигать. *П. блок.* **2.** В нек-рых сочетаниях: то же, что передвижной (во 2 знач.). *Полевой п. госпиталь.* ✦ **Подвижной состав** — совокупность средств автомобильного, железнодорожного и других видов транспорта.

ПОДВИ́ЖНЫЙ, -ая, -ое; -жен, -жна. **1.** Связанный с оперативным передвижением, с быстрой передислокацией. *Подвижная группа войск. Подвижная оборона. П. пункт управления.* **2.** Живой, лёгкий, быстрый в движениях. *П. ребёнок.* ✦ **Подвижные игры** — игры, связанные с движением, быстрым перемещением игроков. ‖ *сущ.* **подви́жность**, -и, *ж. П. войск. П. подростка.*

ПОДВИЗА́ТЬСЯ, -áюсь, -áешься; *несов.* (устар. и ирон.). Действовать, работать в той или иной области. *П. в науке.*

ПОДВИНТИ́ТЬ, -нчу́, -нти́шь *и* -и́нтишь; -и́нченный; *сов., что.* Завинтить, привинтить потуже, а также привинтить снизу. *П. гайку.* ‖ *несов.* **подви́нчивать**, -аю, -аешь.

ПОДВИ́НУТЬ, -ну, -нешь; -утый; *сов., кого-что.* **1.** Слегка двинуть, переместить. *П. стул.* **2.** *перен.* То же, что продвинуть (в 4 знач.). *Намного п. свою работу.* ‖ *несов.* **подвигáть**, -áю, -áешь.

ПОДВИ́НУТЬСЯ, -нусь, -нешься; *сов.* **1.** Слегка двинуться, переместиться. *П. вперёд. Подвинься, я сяду.* **2.** *перен.* То же, что продвинуться (в 4 знач.). *Работа подвинулась. Заметно п. в игре на рояле.* ✦ **Извини подвинься** (прост.) — нет уж, этого не будет, и не жди. ‖ *несов.* **подвигáться**, -áюсь, -áешься. ‖ *сущ.* **подви́жка**, -и, *ж.* (к 1 знач.; спец.). *П. льда. П. морского дна.*

ПОДВИ́ТЬ, -довью́, -довьёшь; -и́л, -ила́, -и́ло; -и́тый (-и́т, -ита́ *и* -и́та, -и́то); *сов., что.* Слегка завить. *П. волосы, локон.* ‖ *несов.* **подвивáть**, -áю, -áешь. ‖ *сущ.* **подви́вка**, -и, *ж.*

ПОДВЛА́СТНЫЙ, -ая, -ое; -тен, -тна; *кому-чему* (книжн.). Находящийся под чьей-н. властью, зависящий от кого-чего-н. *Человек подвластен року. П. закону.* ‖ *сущ.* **подвлáстность**, -и, *ж.*

ПОДВО́ДА, -ы, *ж.* Грузовая конная повозка. *Ехать на подводе. Погрузить на подводу.* ‖ *прил.* **подво́дный**, -ая, -ое.

ПОДВОДИ́ТЬ *см.* подвести.

ПОДВО́ДНИК, -а, *м.* **1.** Моряк, служащий в подводном флоте. **2.** Специалист по подводным, водолазным работам.

ПОДВОДНО́Й *см.* подвести.

ПОДВО́ДНЫЙ[1], -ая, -ое. **1.** Находящийся, осуществляющийся под поверхностью воды. *Подводные растения. Подводная часть корабля. Подводное плавание. Подводная съёмка. Судно на подводных крыльях. Подводное царство* (о жизни в морских глубинах). *П. камень* (также перен.: неожиданно обнаруживающееся препятствие к осуществлению чего-н.). **2.** О судах, флоте: способный плавать, действовать под водой. *Подводная лодка* (боевой корабль). *Подводные силы флота* (все подводные лодки ВМФ государства или одного из его флотов).

ПОДВО́ДНЫЙ[2] *см.* подвода.

ПОДВОЗИ́ТЬ *см.* подвезти[1].

ПОДВО́Й, -я, *м.* (спец.). Растение, к-рому прививается привой. ‖ *прил.* **подво́йный**, -ая, -ое.

ПОДВО́РНЫЙ, -ая, -ое. Относящийся к распределению по крестьянским дворам, к их учёту. *Подворная перепись.*

ПОДВОРОТНИЧО́К, -чка́, *м.* Узкая полоска белой ткани, пришиваемая под стоячий воротничок форменной одежды. *Солдатский п.* ‖ *прил.* **подворотничко́вый**, -ая, -ое. *Подворотничковая ткань.*

ПОДВОРО́ТНЯ, -и, *род. мн.* -тен, *ж.* **1.** Широкая щель между воротами и землёй. *Собака лает из подворотни.* **2.** Доска, закрывающая эту щель. *Отвернуть подворотню.* **3.** Проём в стене дома, в здании для проезда, прохода. *Тёмная п. Стоять в подворотне.*

ПОДВО́РЬЕ, -я, *род. мн.* -рий, *ср.* **1.** То же, что постоялый двор (устар.). *Остановиться на п.* **2.** Гостиница, преимущ. для духовных лиц (с церковью, часовней), принадлежащей архиерею или монастырю. *Архиерейское п.* **3.** Двор и огород, хозяйство при сельском доме. *Крестьянское п.*

ПОДВО́Х, -а, *м.* (разг.). Поступок, имеющий целью подвести (в 6 знач.) кого-н. *Устроить п. кому-н. Неожиданный п.*

ПОДВЫ́ПИТЬ, -пью, -пьешь; *сов.* (прост.). Выпив немного хмельного, слегка опьянеть. *Подвыпившая компания.*

ПОДВЯЗА́ТЬ, -яжу́, -я́жешь; -я́занный; *сов., что.* Привязать, обвязать снизу или вокруг. *П. больную руку. П. рубаху* (подпоясаться). *П. фартук* (надеть, завязав). ‖ *несов.* **подвязывать**, -аю, -аешь. ‖ *сущ.* **подвя́зывание**, -я, *ср.* и **подвя́зка**, -и, *ж.*

ПОДВЯЗА́ТЬСЯ, -яжу́сь, -я́жешься; *сов.* Подвязать на себе что-н. *П. поясом.* ‖ *несов.* **подвя́зываться**, -аюсь, -аешься.

ПОДВЯ́ЗКА, -и, *ж.* **1.** *см.* подвязать. **2.** Резинка, тесьма для подвязывания чулок. *Шёлковые подвязки.* ‖ *прил.* **подвя́зочный,** -ая, -ое.

ПОДГАДА́ТЬ, -а́ю, -а́ешь; -а́данный; *сов.* (разг.). Сделать что-н. вовремя, кстати; явиться вовремя, к сроку. *Подгадая приехать к обеду. Тут как раз праздники подгадали* (пришлись ко времени). ‖ *несов.* **подга́дывать,** -аю, -аешь.

ПОДГА́ДИТЬ, -а́жу, -а́дишь; *сов.* (прост.). Повредить кому-н., напортить чем-н. ‖ *несов.* **подга́живать,** -аю, -аешь.

ПОДГИБА́ТЬ, -СЯ *см.* подогнуть, -ся.

ПОДГИ́БКА *см.* подогнуть.

ПОДГИБНО́Й, -а́я, -о́е. Такой, к-рый подгибается, подогнутый. *П. воротник. Подгибные обшлага.*

ПОДГЛА́ЗЬЕ, -я, *род. мн.* -зий, *ср.* Впадина на лице под глазом.

ПОДГЛЯДЕ́ТЬ, -яжу́, -яди́шь; *сов.* (разг.). То же, что подсмотреть. ‖ *несов.* **подгля́дывать,** -аю, -аешь.

ПОДГНИ́ТЬ (-ию, -иёшь, 1 и 2 л. не употр.), -иёт; -и́л, -ила́, -и́ло; *сов.* Загнить снизу или слегка. *Столб подгнил.* ‖ *несов.* **подгнива́ть** (-а́ю, -а́ешь, 1 и 2 л. не употр.), -а́ет.

ПОДГОВОРИ́ТЬ, -рю́, -ри́шь; -рённый (-ён, -ена́); *сов., кого (что) на что и с неопр.* Склонить тайно, подстрекнуть к какому-н. поступку. *П. ребят на шалость.* ‖ *несов.* **подгова́ривать,** -аю, -аешь. ‖ *сущ.* **подгово́р,** -а, *м.*

ПОДГОЛО́ВНИК, -а, *м.* **1.** Устройство, приподнимающее изголовье постели. *Кровать с подголовником.* **2.** Опора для головы на медицинских, парикмахерских и других специальных креслах. *Опустить, откинуть п.*

ПОДГОЛО́ВЬЕ, -я, *род. мн.* -вий, *ср.* То же, что подголовник (в 1 знач.).

ПОДГОЛО́СОК, -ска, *м.* **1.** В музыке, пении: мелодия, голос, вторящие основной мелодии, голосу. **2.** *перен.* Человек, к-рый угодливо повторяет чьи-н. слова, мнения (презр.). *Клеветники и их подголоски.* ‖ *прил.* **подголо́сочный,** -ая, -ое (к 1 знач.; спец.). *Подголосочное пение.*

ПОДГОНЯ́ТЬ *см.* подогнать.

ПОДГОРЕ́ЛЫЙ, -ая, -ое. Подгоревший снизу, с боков. *Подгорелая буханка.*

ПОДГОРЕ́ТЬ (-рю́, -ри́шь, 1 и 2 л. не употр.), -ри́т; *сов.* Перепекшись или пережарившись, приобрести горелый вид, вкус, запах. *Пирог подгорел.* ‖ *несов.* **подгора́ть** (-а́ю, -а́ешь, 1 и 2 л. не употр.), -а́ет.

ПОДГОРО́ДНЫЙ, -ая, -ое. Находящийся у самого города. *П. садоводческий участок.*

ПОДГОТО́ВИТЬ, -влю, -вишь; -вленный; *сов.* **1.** *что.* Сделать что-н. предварительно для устройства, организации чего-н. *П. материал для работы. П. проект договора.* **2.** *кого (что).* Обучить, дать необходимые знания для чего-н. *П. ученика к экзаменам.* **3.** *кого (что).* Предварительным сообщением расположить к восприятию чего-н. *П. к неприятному известию.* ‖ *несов.* **подгота́вливать,** -аю, -аешь *и* **подготовля́ть,** -я́ю, -я́ешь. ‖ *сущ.* **подгото́вка,** -и, *ж. Артиллерийская п.* (огонь артиллерии перед наступлением, атакой). ‖ *прил.* **подготови́тельный,** -ая, -ое. *Подготовительные работы. П. класс* (в школе).

ПОДГОТО́ВИТЬСЯ, -влюсь, -вишься; *сов.* То же, что приготовиться. *П. к докладу. П. к экзамену. П. к разговору.* ‖ *несов.* **подгота́вливаться,** -аюсь, -аешься *и* **подготовля́ться,** -я́юсь, -я́ешься. ‖ *сущ.* **подгото́вка,** -и, *ж.*

ПОДГОТО́ВКА, -и, *ж.* **1.** *см.* подготовить, -ся. **2.** Запас знаний, полученный кем-н. *У специалиста хорошая п.*

ПОДГРЕСТИ́[1], -ребу́, -ребёшь; -рёб, -ребла́; -рёбший; -ребённый (-ён, -ена́); -рёбши; *сов., что.* **1.** Гребя[1], собрать в кучу. *П. сено.* **2.** Гребя[1], приблизить к чему-н., а также поместить подо что-н. *П. сухие листья к кусту, под куст.* ‖ *несов.* **подгреба́ть,** -а́ю, -а́ешь.

ПОДГРЕСТИ́[2], -ребу́, -ребёшь; -рёб, -ребла́; -рёбший; -ребённый (-ён, -ена́); -рёбши; *сов.* Гребя[2], приблизиться к чему-н. *П. к берегу.* ‖ *несов.* **подгреба́ть,** -а́ю, -а́ешь.

ПОДГРУ́ЗДОК, -дка, *м.* Съедобный пластинчатый гриб, похожий на груздь.

ПОДГРУ́ЗДЬ, -я, *м.* Съедобный пластинчатый гриб, вид груздя.

ПОДГРУ́ППА, -ы, *ж.* Подразделение внутри группы. ‖ *прил.* **подгруппово́й,** -а́я, -о́е.

ПОДГУ́ЗНИК, -а, *м.* Кусок ткани, подстилаемый грудному ребенку под нижнюю часть тела. ‖ *прил.* **подгу́зниковый,** -ая, -ое.

ПОДГУЛЯ́ТЬ, -я́ю, -я́ешь; *сов.* **1.** (1 и 2 л. не употр.). Выйти неудачным, не удаться (разг. шутл.). *Пирог у меня сегодня подгулял.* **2.** Выпив хмельного, немного опьянеть (прост.).

ПОДДАВКИ́: в поддавки — об игре в шашки, в к-рой выигрывает тот, кому удалось отдать противнику все свои шашки. *В поддавки играть с кем-н.* (также перен.: подделываться под чьи-н. интересы, вкусы).

ПОДДА́КИВАТЬ, -аю, -аешь; *несов., кому-чему* (разг.). Слушать чужую речь, выражая согласие, одобрение, часто произнося «да». *Сочувственно п.* ‖ *однокр.* **подда́кнуть,** -ну, -нешь. ‖ *сущ.* **подда́киванье,** -я, *ср.*

ПО́ДДАННЫЙ, -ого, *м.* Человек, состоящий в подданстве какого-н. государства. ‖ *ж.* **по́дданная,** -ой.

ПО́ДДАНСТВО, -а, *ср.* Принадлежность человека к какому-н. государству (обычно применительно к монархическому государству).

ПОДДА́ТЬ, -а́м, -а́шь, -а́ст, -ади́м, -ади́те, -аду́т; по́ддал *и* подда́л, поддала́, по́ддало *и* подда́ло; подда́й; подда́вший; по́дданный (-ан, -ана́ *и* -ана, -ано); подда́в *и* подда́вши; *сов.* **1.** *что.* Подбросить вверх ударом. *П. мяч.* **2.** *чего.* Усилить, увеличить (разг.). *П. пару* (в бане). *П. жару кому-н.* (перен.: возбудить в ком-н. энергию, заставить действовать активнее). **3.** *что.* В нек-рых играх: подставить противнику (разг.) *П. шашку.* **4.** *кому.* Ударить кого-н. (прост.). **5.** Выпить спиртного (прост.). *Вечером приятели здо́рово поддали.* ‖ *несов.* **поддава́ть,** -даю́, -даёшь; -дава́й; -дава́я. ‖ *сущ.* **пода́ча,** -и, *ж.* (к 1, 2 и 3 знач.).

ПОДДА́ТЬСЯ, -а́мся, -а́шься, -а́стся, -ади́мся, -ади́тесь, -аду́тся; -а́лся, -ала́сь, -ало́сь *и* -а́лось; -а́йся; *сов.* **1.** Не сдержав напора, сдвинуться, отодвинуться. *Дверь с трудом поддалась.* **2.** *на что.* Уступить под чьим-н. давлением. *П. уговорам (на уговоры).* **3.** Дать себя поймать, схватить, не оказав сопротивления (разг.). **4.** В нек-рых играх: своей игрой помочь противнику. ‖ *несов.* **поддава́ться,** -даю́сь, -даёшься; -дава́йся; -дава́ясь.

ПОДДЕ́ЛАТЬ, -аю, -аешь; -анный; *сов., что.* Изготовить фальшивую вещь, имитацию. *П. купон. П. под старину. П. чью-н. подпись.* ‖ *несов.* **подде́лывать,** -аю, -аешь. ‖ *сущ.* **подде́лка,** -и, *ж.*

ПОДДЕ́ЛАТЬСЯ, -аюсь, -аешься; *сов.* **1.** *под кого-что.* Сделать что-н. в подражание кому-чему-н. *П. под ребяческий тон.* **2.** *к кому.* Войти в доверие угодливостью (разг.). *П. к начальнику.* ‖ *несов.* **подде́лываться,** -аюсь, -аешься.

ПОДДЕ́ЛКА, -и, *ж.* **1.** *см.* подделать. **2.** Подделанная вещь, имитация. *П. под жемчуг.*

ПОДДЕ́ЛЬНЫЙ, -ая, -ое; -лен, -льна. **1.** Представляющий собой подделку, фальшивый (в 1 знач.). *П. документ. Поддельные драгоценности.* **2.** Неискренний, напускной. *Поддельная радость. Поддельная улыбка.* ‖ *сущ.* **подде́льность,** -и, *ж.*

ПОДДЕРЖА́ТЬ, -ержу́, -е́ржишь; -е́ржанный; *сов.* **1.** *кого-что.* Придержав, не дать упасть. *П. под руку.* **2.** *кого (что).* Оказать кому-н. помощь, содействие. *П. в беде. П. дружеским советом.* **3.** *кого-что.* Выразив согласие, одобрив, выступить в защиту кого-чего-н. *П. чьё-н. предложение.* **4.** *что.* Не дать прекратиться, нарушиться чему-н. *П. огонь в печи. П. разговор. П. порядок.* ‖ *несов.* **подде́рживать,** -аю, -аешь. ‖ *сущ.* **подде́рживание,** -я, *ср.* (к 1 и 4 знач.), **поддержа́ние,** -я, *ср.* (к 4 знач.) *и* **подде́ржка,** -и, *ж.* (к 1, 2 и 3 знач.). *Для поддержания порядка. Поддержка чьей-н. кандидатуры.*

ПОДДЕ́РЖИВАТЬ, -аю, -аешь; *несов.* **1.** *см.* поддержать. **2.** (1 и 2 л. не употр.), *что.* Служить опорой для чего-н. *Балки поддерживают конструкцию.*

ПОДДЕ́РЖКА, -и, *ж.* **1.** *см.* поддержать. **2.** Помощь, содействие. *Дружеская п. Оказать поддержку кому-н.*

ПОДДЕ́ТЬ[1], -е́ну, -е́нешь; -де́тый; *сов., что.* Надеть подо что-н. *П. свитер под пальто.* ‖ *несов.* **поддева́ть,** -а́ю, -а́ешь.

ПОДДЕ́ТЬ[2], -е́ну, -е́нешь; -де́тый; *сов.* **1.** *что.* Задев, зацепив, приподнять. *П. ломом. П. крышку люка.* **2.** *кого (что).* Поймав на слове, воспользовавшись ошибкой, сказать кому-н. колкость, что-н. язвительное (разг.). *Ловко п. противника в споре.* ‖ *несов.* **поддева́ть,** -а́ю, -а́ешь.

ПОДДЁВКА, -и, *ж.* В старое время: длинная мужская верхняя одежда с мелкими сборками по талии. *Суконная п.* ‖ *прил.* **поддёвочный,** -ая, -ое.

ПОДДЁРНУТЬ, -ну, -нешь; -нутый; *сов., что* (разг.). Дёрнув, поднять. *П. чулок.* ‖ *несов.* **поддёргивать,** -аю, -аешь.

ПОДДО́Н, -а, *м.* **1.** Подставка под дно, нижнюю часть чего-н. *П. для кувшина.* **2.** Плита, щит, плоское и широкое вместилище для разных технических целей, для транспортировки чего-н. *П. для кирпичей.* ‖ *прил.* **поддо́нный,** -ая, -ое.

ПОДДО́ННИК, -а, *м.* Небольшой поддон (в 1 знач.). *Керамический п.* ‖ *уменьш.* **поддо́нничек,** -чка, *м. П. для цветочного горшка.*

ПОДДРАЗНИ́ТЬ, -азню́, -а́знишь; *сов., кого (что)* (разг.). Слегка подразнить, дразня, подстрекнуть к чему-н. ‖ *несов.* **поддра́знивать,** -аю, -аешь.

ПОДДУВА́ЛО, -а, *ср.* Отверстие для усиления тяги (внизу топки, печи, горна, самовара). *Открыть, закрыть п.* ‖ *прил.* **поддува́льный,** -ая, -ое.

ПОДДУВА́ТЬ, -а́ю, -а́ешь; *несов.* **1.** Дуть снизу, сбоку. *П. мехами.* **2.** (1 и 2 л. не употр.). Нести холодом, дуть. *Из-под пола (от окна) поддувает* (безл.). ‖ *сов.* **поддýть,** -у́ю, -у́ешь; -у́тый (к 1 знач.).

ПОДЕВА́ТЬ, -СЯ *см.* девать, -ся.

ПОДЕ́ЙСТВОВАТЬ *см.* действовать.

ПОДЕ́ЛАТЬ, -аю, -аешь; *сов., что* (разг.). Заняться каким-н. делом в течение некрого времени. *Что бы нам теперь п.?*

✦ **Ничего не поделаешь, ничего нельзя (не могу) поделать или что поделаешь (что поделаете)** (разг.) — 1) *с кем-чем*, нет возможности управиться, сладить с кем-чем-н. *Ничего не поделаешь (что поделать, что ты поделаешь) с этим бездельником!*; 2) приходится согласиться, примириться с чем-н. *Ничего не поделаешь (что поделаешь), надо подчиниться.*

ПОДЕЛИКА´ТНИЧАТЬ *см.* деликатничать.

ПОДЕЛИ´ТЬ, -СЯ *см.* делить, -ся.

ПОДЕ´ЛКА, -и, *ж.*, обычно *мн.* Мелкое изделие, изготовленное ручным способом. *Поделки из дерева. Детские поделки. Дешёвая п.* (перен.: о скороспелом, поверхностном произведении). ‖ *прил.* **поде́лочный**, -ая, -ое. *Поделочная древесина. Поделочные камни* (способные полироваться минералы и горные породы с красивым цветом и рисунком, употребляемые для изготовления украшений, художественных изделий).

ПОДЕЛО´М, *нареч.* (разг.). Справедливо, так и следует (о наказании, расплате). *П. досталось кому-н. за что-н. П. тебе. П. во́ру (и вору́) и му́ка* (посл.).

ПОДЕ´ЛЫВАТЬ, -аю, -аешь; *несов.* (разг.). Проводить время в тех или иных занятиях (употр. обычно в вопросе). *Что поделываете?*

ПОДЕРЖА´НИЕ, -я, *ср.*: **на подержание** (устар.) — во временное пользование. *Взять вещь на подержание.*

ПОДЕ´РЖАННЫЙ, -ая, -ое; -ан. **1.** Не новый, бывший в употреблении. *Купить п. пиджак.* **2.** *перен.* О человеке, его внешности; со следами пережитого, усталости; стареющий. *П. вид.* ‖ *сущ.* **поде́ржанность**, -и, *ж.*

ПОДЕШЕВЕ´ТЬ *см.* дешеветь.

ПОДЕ´ЯТЬСЯ *см.* деяться.

ПОДЁНКА, -и, *ж.* Насекомое, живущее недолго, от нескольких секунд до нескольких дней.

ПОДЁННЫЙ, -ая, -ое. Относящийся к счёту, учёту или расчёту по дням. *Подённая работа, плата. Работать подённо* (нареч.).

ПОДЁНЩИК, -а, *м.* (устар.). Рабочий с подённой оплатой. ‖ *ж.* **подёнщица**, -ы. ‖ *прил.* **подёнщицкий**, -ая, -ое.

ПОДЁНЩИНА, -ы, *ж.* (устар.). Подённая работа. *Ходить на подёнщину.*

ПОДЁРГАТЬ, -аю, -аешь; *сов., кого-что.* Дёрнуть несколько раз. *П. за шнурок. П. пальцами, бровью.*

ПОДЁРГИВАТЬ, -аю, -аешь; *несов.* **1.** *что.* Дёргать (в 1 и 4 знач.) слегка, с перерывами. *П. удилище. П. бровью.* **2.** *безл., кого-что.* Дёргать (в 3 знач.), передёргивать (в 3 знач.). *Лицо подёргивает от волнения.* ‖ *сущ.* **подёргивание**, -я, *ср.*

ПОДЁРГИВАТЬСЯ, -аюсь, -аешься; *несов.* **1.** *см.* подёрнуться. **2.** То же, что передёргиваться. *Нервно п.* ‖ *сущ.* **подёргивание**, -я, *ср.*

ПОДЁРНУТЬ (-ну, -нешь, 1 и 2 л. не употр.), -нет; -утый (обычно *безл.* или в форме страдательного прич.); *сов., что чем.* Покрыть лёгким слоем чего-н., как бы пеленой. *Воду подёрнуло* (безл.) *льдом. Глаза подёрнуты слезами.*

ПОДЁРНУТЬСЯ (-нусь, -нешься, 1 и 2 л. не употр.), -нется; *сов., чем.* Покрыться лёгким слоем чего-н. *Пруд подёрнулся ряской. Взгляд подёрнулся печалью* (перен.). ‖ *несов.* **подёргиваться** (-аюсь, -аешься, 1 и 2 л. не употр.), -ается.

ПОДЖА´РИСТЫЙ, -ая, -ое; -ист. Хорошо обжаренный, подрумянившийся. *Поджаристая корочка.* ‖ *сущ.* **поджа́ристость**, -и, *ж.*

ПОДЖА´РИТЬ, -рю, -ришь; -ренный; *сов., что.* Зажарить или обжарить с поверхности. *П. мясо. П. хлеб.* ‖ *несов.* **поджа́ривать**, -аю, -аешь. ‖ *сущ.* **поджа́рка**, -и, *ж.*

ПОДЖА´РИТЬСЯ (-рюсь, -ришься, 1 и 2 л. не употр.), -рится; *сов.* Зажариться или обжариться с поверхности. *Картофель поджарился.* ‖ *несов.* **поджа́риваться** (-аюсь, -аешься, 1 и 2 л. не употр.), -ается.

ПОДЖА´РКА, -и, *ж.* **1.** *см.* поджарить. **2.** Кушанье из зажаренного мяса.

ПОДЖА´РЫЙ, -ая, -ое; -а́р (разг.). Сухощавый и мускулистый, сухопарый. *Поджарая фигура. Поджарая борзая.* ‖ *сущ.* **поджа́рость**, -и, *ж.*

ПОДЖА´ТЬ, -дожму́, -дожмёшь; -а́тый; *сов.* **1.** *что.* В нек-рых сочетаниях: втянуть в себя, внутрь. *П. живот. П. губы* (тесно сомкнуть; также о таком мимическом движении как выражении обиды, нежелания продолжать разговор). *П. хвост* (также перен.: испугавшись, утратить самоуверенность; разг. пренебр.). **2.** *что.* В нек-рых сочетаниях: подтянуть, подогнуть. *П. под себя ноги. П. колени.* **3.** *кого (что).* Вынудить торопиться (прост.). *Сроки поджали.* ‖ *несов.* **поджима́ть**, -а́ю, -а́ешь.

ПОДЖЕЛУ´ДОЧНЫЙ, -ая, -ое: 1) **поджелудочная железа** — железа внешней и внутренней секреции, производящая пищеварительные ферменты и гормоны; 2) **поджелудочный сок** — секрет³ поджелудочной железы.

ПОДЖЕ´ЧЬ, подожгу́, подожжёшь, подожгу́т; поджёг, подожгла́; подожги́; поджёгший; подожжённый (-ён, -ена́); поджёгши; *сов., что.* **1.** Поднеся огонь, воспламенить (снизу). *П. дрова.* **2.** Намеренно, с преступным умыслом вызвать пожар. *П. сарай.* **3.** Дать подгореть чему-н. (разг.). *П. пирог.* ‖ *несов.* **поджига́ть**, -а́ю, -а́ешь. ‖ *сущ.* **поджо́г**, -а, *м.* (ко 2 знач.).

ПОДЖИГА´ТЕЛЬ, -я, *м.* **1.** Тот, кто совершил поджог. **2.** Зачинщик, подстрекатель. *Поджигатели скандала, беспорядков. Поджигатели войны* (политики, стремящиеся к развязыванию войны, агрессии; презр.). ‖ *ж.* **поджига́тельница**, -ы. ‖ *прил.* **поджига́тельский**, -ая, -ое. *Поджигательская политика* (политика поджигателей войны).

ПОДЖИДА´ТЬ, -а́ю, -а́ешь; *несов.* (разг.). **1.** *кого-что и чего.* Ждать чего-н., чьего-н. появления. *П. гостей. П. автобус.* **2.** (1 и 2 л. не употр.), *кого (что).* Ждать, ожидать (о чём-н. непредвиденном, неожиданном). *Поджидает беда, болезнь кого-н. Его поджидают разочарования, неприятности.*

ПОДЖИ´ЛКИ, -лок (разг.). Коленные сухожилия. *П. трясутся у кого-н.* (от страха).

ПОДЖИМА´ТЬ *см.* поджать.

ПОДЖИ´ТЬ (-иву́, -ивёшь, 1 и 2 л. не употр.), -ивёт; по́джил *и* поджи́л, поджила́, по́джило, поджи́ло *и* поджило́; -ивший; *сов.* (разг.). Немного зажить. *Рана поджила.* ‖ *несов.* **поджива́ть** (-а́ю, -а́ешь, 1 и 2 л. не употр.), -а́ет.

ПОДЖО´Г *см.* поджечь.

ПОДЗАБО´РНЫЙ, -ая, -ое (разг.). Бродяжнический, бездомный. *Подзаборное житьё.*

ПОДЗАБЫ´ТЬ, -бу́ду, -бу́дешь; -бы́тый; *сов., кого-что* (разг.). Немного забыть, не удержать в памяти. *Подзабыл то, что учил.* ‖ *несов.* **подзабыва́ть**, -а́ю, -а́ешь.

ПОДЗАГОЛО´ВОК, -вка, *м.* Второй, дополнительный заголовок. ‖ *прил.* **подзаголо́вочный**, -ая, -ое.

ПОДЗАДО´РИТЬ, -рю, -ришь; -ренный; *сов., кого (что)* (разг.). Раззадоривая, побудить сделать что-н. *П. на озорство.* ‖ *несов.* **подзадо́ривать**, -аю, -аешь. ‖ *сущ.* **подзадо́риванье**, -я, *ср.*

ПОДЗАКО´ННЫЙ, -ая, -ое: **подзаконный акт** (спец.) — правовой акт, изданный государственным органом в соответствии с законом и во исполнение закона. ‖ *сущ.* **подзако́нность**, -и, *ж.* (спец.).

ПОДЗАКУСИ´ТЬ, -ушу́, -у́сишь; *сов.* (разг.). Закусить немного. *Не мешало бы п.*

ПОДЗАРАБО´ТАТЬ, -аю, -аешь; -анный; *сов., что и чего* (разг.). Немного, дополнительно заработать.

ПОДЗАРЯДИ´ТЬ, -яжу́, -яди́шь *и* -я́дишь; -яжённый (-ён, -ена́) *и* -я́женный; *сов., что.* Восполнить заряд электроэнергии (в аккумуляторе, батарее). ‖ *несов.* **подзаряжа́ть**, -а́ю, -а́ешь. ‖ *сущ.* **подзаря́дка**, -и, *ж.* и **подзаря́д**, -а, *м.* (спец.).

ПОДЗАТЫ´ЛЬНИК, -а, *м.* (разг.). Удар, шлепок по затылку. *Дать п. кому-н.*

ПОДЗАЩИ´ТНЫЙ, -ого, *м.* Подсудимый по отношению к его защитнику (во 2 знач.). *Мой п.*

ПОДЗЕМЕ´ЛЬЕ, -я, *род. мн.* -лий, *ср.* Подземное помещение или пространство. *Мрачное п.*

ПОДЗЕ´МНЫЙ, -ая, -ое. Находящийся или производимый под поверхностью земли, относящийся к нахождению под землёй. *П. ход. Подземные работы. П. стаж* (у тех, кто работает под землёй, напр. у шахтёров.)

ПОДЗЕРКА´ЛЬНИК, -а, *м.* Столик, выступ под стенным или стоячим зеркалом.

ПОДЗО´Л, -а, *м.* Малоплодородная серовато-белая почва. ‖ *прил.* **подзо́льный**, -ая, -ое.

ПОДЗО´ЛИСТЫЙ, -ая, -ое; -ист. О почве: с подзолом. ‖ *сущ.* **подзо́листость**, -и, *ж.*

ПОДЗО´Р, -а, *м.* **1.** В русском деревянном зодчестве: резной карниз. *Кровля с подзором.* **2.** Спускающаяся кружевная оборка, кайма. *Покрывало с подзором.*

ПОДЗО´РНЫЙ, -ая, -ое: **подзорная труба** — предшествовавший биноклю оптический прибор, приставлявшийся к одному глазу.

ПОДЗУ´ЖИВАТЬ, -аю, -аешь; *несов., кого (что)* (разг.). Подстрекать, подговаривать. ‖ *сов.* **подзуди́ть**, -ужу́, -ди́шь.

ПОДЗЫВА´ТЬ *см.* подозвать.

ПОДИ´(ТЕ). **1.** Употр. как пов. накл. от глаг. пойти (разг.). *П. сюда.* **2.** **поди́**, *вводн. сл.* Выражает уверенное предположение (прост.). *Ты, п., все дела уже переделал?* ✦ **Поди (ж) ты!** (разг.) — выражение удивления, недоумения. *Думали, всё образуется, а вот поди (ж) ты!* **На́ поди!** (прост.) — то же, что поди (ж) ты. *Так раскричался, что на́ поди.* **Поди ты! (подите вы!)** (прост.) — выражение раздражения или угрозы.

ПОДИВИ´ТЬ, -влю́, -ви́шь; *сов., кого (что)* (устар. и прост.). Заставить удивляться чему-н. (обычно хорошему). *П. народ своими рассказами.*

ПОДИВИ´ТЬСЯ *см.* дивиться.

ПОДИРА´ТЬ, -а́ет: *несов.*: **мороз по коже (по спине) подирает** (разг.) — о чувстве сильного холода или внезапного ужаса.

ПО´ДИУМ, -а, *м.* (спец.). **1.** В древнеримской архитектуре: высокое прямоугольное основание храма. **2.** Возвышение для натурщика, манекенщиков.

ПОДКАБЛУ́ЧНИК, -а, *м.* (прост. неодобр.). Муж, находящийся в полном подчинении у жены (у неё под каблуком) *Превратиться в подкаблучника.*

ПОДКА́ЛЫВАТЬ *см.* подколоть.

ПОДКА́ПЫВАНИЕ *см.* подкопать, -ся.

ПОДКА́ПЫВАТЬ, -СЯ *см.* подкопать, -ся.

ПОДКАРАУ́ЛИТЬ, -лю, -лишь; -ленный; *сов., кого-что* (разг.). То же, что подстеречь. ‖ *несов.* **подкарау́ливать**, -аю, -аешь

ПОДКА́РМЛИВАТЬ, -СЯ *см.* подкормить

ПОДКАТИ́ТЬ, -ачу́, -а́тишь; -а́ченный; *сов* **1.** *кого-что.* Катя, приблизить или доставить, поместить подо что-н. *П. велосипед под навес.* **2.** Быстро подъехать куда-н. (разг.). *П. самому подъезду.* **3.** (1 и 2 л. не употр.). О событии, какой-н поре: приблизиться, н упить (прост.). *Подкатили каникулы, праздники. Под шестьдесят лет подкатило кому-н. Подкатило время отъезда.* **4.** (1 и 2 л. не употр.). О боли внутри, об удушье: появиться (разг.) *Под сердце подкатило* (безл.). ‖ *несов.* **подка́тывать**, -аю, -аешь. ‖ *сущ.* **подка́тка**, -и, *ж.* (к 1 знач.).

ПОДКАТИ́ТЬСЯ, -ачу́сь, -а́тишься; *сов.* **1.** Катясь, приблизиться или закатиться подо что-н. *Мяч подкатился к сетке, под сетку.* **2.** То же, что подъехать (в 4 знач.) (прост.). *П. с просьбой.* **3.** (1 и 2 л. не употр.). То же, что подкатить (в 3 знач.). *Подкатился комок к горлу* (сдавило горло от волнения, слёз). ‖ *несов.* **подка́тываться**, -аюсь, -аешься.

ПОДКАЧА́ТЬ, -а́ю, -а́ешь; -а́чанный; *сов.* **1.** *что и чего.* Добавить, качая. *П. воды.* **2.** То же, что подвести (в 7 знач.) (прост.). *Здоровье подкачало. Не подкачайте, ребята!* ‖ *несов.* **подка́чивать**, -аю, -аешь (к 1 знач.).

ПОДКА́ШИВАТЬ, -СЯ *см.* подкосить, -ся.

ПОДКИДНО́Й, -а́я, -о́е. **1.** *см.* подкинуть. **2. подкидной дурак и подкидные дураки** - карточная игра, в к-рой партнёры поочерёдно подкидывают одному из играющих определённые карты с тем, чтобы тот покрыл их. *Играть в подкидные дураки, в подкидного дурака, в подкидного* (сущ.).

ПОДКИ́ДЫШ, -а, *м.* Подкинутый младенец. *Найти подкидыша.*

ПОДКИ́НУТЬ, -ну, -нешь; -утый; *сов.* (разг.). **1.** То же, что подбросить. **2.** *что.* То же, что подложить (в 3 знач.). *П. записку под дверь.* **3.** *кого (что).* Оставить (младенца) где-н. одного, чтобы его подобрали чужие люди. *П. ребёнка у дверей.* ‖ *несов.* **подки́дывать**, -аю, -аешь. ‖ *прил.* **подкидно́й**, -а́я, -о́е (ко 2 знач.).

ПОДКЛА́ДКА, -и, *ж.* Материал, пришитый к изнанке одежды или к внутренней стороне какого-н. изделия. *Шёлковая п П. на пальто. П. футляра.* ‖ *прил.* **подкла́дочный**, -ая, -ое.

ПОДКЛАДНО́Й *см.* подложить

ПОДКЛА́ДЫВАТЬ *см.* подложить.

ПОДКЛЕ́ИТЬ, -е́ю, -е́ишь; -е́енный; *сов. что.* **1.** Наклеить под чем-н., добавить, приклеив. *П. страницу.* **2.** Клея, починить, подправить. *П. растрепавшуюся книгу.* ‖ *несов.* **подкле́ивать**, -аю, -аешь. ‖ *сущ.* **подкле́ивание**, -я, *ср. и* **подкле́йка**, -и, *ж.*

ПОДКЛЕ́Т, -а, *м.* и **ПОДКЛЕ́ТЬ**, -и, *ж.* В старом русском зодчестве: нижний (обычно нежилой) этаж деревянного или каменного дома; нижний этаж храма (подклет). *Изба с подклетью. Подклет церкви.* ‖ *прил.* **подкле́тный**, -ая, -ое.

ПОДКЛЮЧИ́ТЬ, -чу́, -чи́шь; -чённый (-ён, -ена́); *сов.* **1.** *что.* Включив, присоединить. *П. аппарат к сети.* **2.** *кого-что.* Присоединить для совместных действий, работы. *К работе подключили опытных мастеров.* ‖ *несов.* **подключа́ть**, -а́ю, -а́ешь. ‖ *возвр.* **подключи́ться**, -чу́сь, -чи́шься (к 1 знач.); *несов.* **подключа́ться**, -а́юсь, -а́ешься. ‖ *сущ.* **подключе́ние**, -я, *ср.*

ПОДКО́ВА, -ы, *ж.* **1.** Толстая железная пластинка в форме разомкнутого кольца, прибиваемая по краям копыта ездового животного (лошади, осла, вола) для предохранения от ударов, скольжения. *Конь потерял подкову* (расковался). **2.** *перен.* Вообще — всякий предмет или расположение чего-н. в такой форме. *Трибуны охватывают стадион подковой.* ‖ *уменьш.* **подко́вка**, -и, *ж. Серьги подковками.* ‖ *прил.* **подко́вный**, -ая, -ое. *Подковные гвозди.*

ПОДКОВА́ТЬ, -кую́, -куёшь; -о́ванный; *сов.* **1.** *см.* ковать. **2.** *перен., кого (что)* (обычно в форме прич.). Подготовить, дать кому-н. запас нужных сведений, знаний (разг.). *Работник, хорошо подкованный по своей специальности.*

ПОДКОВА́ТЬСЯ, -кую́сь, -куёшься; *сов.* (прост.). Приобрести запас знаний в какой-н. области. *П. по общеобразовательным предметам.* ‖ *несов.* **подко́вываться**, -аюсь, -аешься.

ПОДКОВЁРНЫЙ, -ая, -ое. О борьбе в каких-н. влиятельных сферах, активной и неафишируемой, скрытной. *Подковёрные схватки, интриги, игры.*

ПОДКО́ВЫВАТЬ, -аю, -аешь; *несов., кого-что.* То же, что ковать (в 3 знач.).

ПОДКОВЫ́РКА, -и, *ж.* (разг.). Язвительное, насмешливое замечание. *С подковыркой говорить. Слова не скажет без подковырки.*

ПОДКОВЫРНУ́ТЬ, -ну́, -нёшь; -ы́рнутый; *сов.* (разг.). **1.** *что.* Ковырнув, приподнять исподнизу. *П. сухой пенёк.* **2.** *перен., кого (что).* То же, что поддеть[2] (во 2 знач.). *П. язвительным замечанием.* ‖ *несов.* **подковы́ривать**, -аю, -аешь.

ПОДКО́ЖНЫЙ, -ая, -ое. Находящийся под кожным покровом, относящийся к нему. *П. жировой слой.*

ПОДКОЛО́ДНЫЙ, -ая, -ое: **змея подколодная** (устар. и разг.) — об опасном, коварном человеке.

ПОДКОЛО́ТЬ, -олю́, -о́лешь; -о́лотый; *сов., что.* Заколов или приколов, прикрепить. *П. прядь волос. П. подол. П. документ к делу.* ‖ *несов.* **подка́лывать**, -аю, -аешь.

ПОДКОНТРО́ЛЬНЫЙ, -ая, -ое; -лен, -льна. Состоящий под чьим-н. контролем. *Отдел подконтролен главному инженеру.* ‖ *сущ.* **подконтро́льность**, -и, *ж.*

ПОДКО́П, -а, *м.* **1.** *см.* подкопать, -ся. **2.** Вырытое подземное углубление; подземный ход. *П. под крепостной стеной.* **3.** *перен.* Происки, козни (разг.). *Хитрый п.* ‖ *прил.* **подко́пный**, -ая, -ое.

ПОДКОПА́ТЬ, -а́ю, -а́ешь; -о́панный; *сов., что и чего.* То же, что подрыть. *П. землю под крыльцом. П. картошки* (вырыть часть клубней). ‖ *несов.* **подка́пывать**, -аю, -аешь. ‖ *сущ.* **подка́пывание**, -я, *ср.*, **подко́п**, -а, *м.* (по 1 знач. глаг. подрыть) *и* **подко́пка**, -и, *ж.* (по 2 знач. глаг. подрыть). ‖ *прил.* **подко́пный**, -ая, -ое (по 1 знач. глаг. подрыть).

ПОДКОПА́ТЬСЯ, -а́юсь, -а́ешься; *сов.* **1.** *подо что.* Раскопав снизу, проникнуть подо что-н. *Крот подкопался под корни.* **2.** *перен., под кого (что).* Происками повредить кому-н. (разг.). *П. под сослуживца.* **3.** *перен.* Придраться, выискивая скрытые или малозаметные недостатки (разг.). *Работа сделана чисто — не подкопаешься.* ‖ *несов.* **подка́пываться**, -аюсь, -аешься ‖ *сущ.* **подка́пывание**, -я, *ср. и* **подко́п**, -а, *м.* (к 1 и 3 знач.).

ПОДКО́РМ, -а, *м.* и **ПОДКО́РМКА**, -и, *ж.* **1.** *см.* подкормить. **2.** Дополнительный корм для животных. ‖ *прил.* **подко́рмочный**, -ая, -ое.

ПОДКОРМИ́ТЬ, -ормлю́, -о́рмишь; -о́рмленный; *сов.* **1.** *кого (что).* Покормить дополнительно, усилить питание (о человеке — разг.). *П. больного. П. птиц зимой.* **2.** *что.* Ввести дополнительное удобрение в почву. *П. посевы.* ‖ *несов.* **подка́рмливать**, -аю, -аешь. ‖ *возвр.* **подкорми́ться**, -ормлю́сь, -о́рмишься (к 1 знач.); *несов.* **подка́рмливаться**, -аюсь, -аешься. ‖ *сущ.* **подка́рмливание**, -я, *ср.*, **подко́рмка**, -и, *ж. и* **подко́рм**, -а, *м.* (спец.). *П. посевов. П. рыб.* ‖ *прил.* **подко́рмочный**, -ая, -ое (спец.).

ПОДКОСИ́ТЬ, -ошу́, -о́сишь; -о́шенный; *сов.* **1.** *что.* Подрезать косой. *П. крапиву у забора.* **2.** *чего.* Кося, добавить. *П. травы для коровы.* **3.** *перен., кого (что).* Свалить с ног. *Пуля подкосила бойца.* **4.** (1 и 2 л. не употр.), *перен., кого (что).* Лишить сил, бодрости. *Горе подкосило старика.* ✦ **Как подкошенный упал, свалился** (разг.) — сразу, всем телом. ‖ *несов.* **подка́шивать**, -аю, -аешь. ‖ *сущ.* **подка́шивание**, -я, *ср. и* **подко́с**, -а, *м.* (к 1 знач.).

ПОДКОСИ́ТЬСЯ (-ошу́сь, -о́сишься, **1 и 2 л.** не употр.), -о́сится; *сов.*: **ноги подкосились** — подогнулись, ослабли от усталости, от сильного волнения, испуга. ‖ *несов.* **подка́шиваться** (-аюсь, -аешься, **1 и 2 л.** не употр.), -ается.

ПОДКРА́ДЫВАТЬСЯ *см.* подкрасться.

ПОДКРА́СИТЬ, -а́шу, -а́сишь; -а́шенный; *сов., что.* Слегка покрасить. *П. стены. П. губы.* ‖ *несов.* **подкра́шивать**, -аю, -аешь ‖ *возвр.* **подкра́ситься**, -а́шусь, -а́сишься; *несов.* **подкра́шиваться**, -аюсь, -аешься. ‖ *сущ.* **подкра́шивание**, -я, *ср. и* **подкра́ска**, -и, *ж.*

ПОДКРА́СТЬСЯ, -аду́сь, -адёшься; -а́лся, -а́лась; -а́вшись; *сов.* **1.** Подойти тихонько, незаметно, крадучись. *П. к норе зверя. Вор подкрался к дверям.* **2.** (1 и 2 л. не употр.). Возникнуть, появиться неожиданно (обычно о чём-н. неприятном, тяжёлом). *Подкралась старость. Болезнь подкралась незаметно. Подкралась осень.* ‖ *несов.* **подкра́дываться**, -аюсь, -аешься.

ПОДКРЕПИ́ТЬ, -плю́, -пи́шь; -плённый (-ён, -ена́); *сов.* **1.** *что.* Укрепить ещё, дополнительно. *П. забор подпорками. П. свое мнение вескими доводами* (перен.). **2.** *кого (что).* Накормить для придания силы. *П. гостей перед дорогой.* ‖ *несов.* **подкрепля́ть**, -я́ю, -я́ешь. ‖ *возвр.* **подкрепи́ться**, -плю́сь, -пи́шься (ко 2 знач.); *несов.* **подкрепля́ться**, -я́юсь, -я́ешься. ‖ *сущ.* **подкрепле́ние**, -я, *ср.* ‖ *прил.* **подкрепи́тельный**, -ая, -ое.

ПОДКРЕПЛЕ́НИЕ, -я, *ср.* **1.** *см.* подкрепить. **2.** То, что подкрепляет, служит помощью, поддержкой. *В бригаду пришло молодое п.* **3.** Силы и средства, поступающие для усиления войск. *Подошли подкрепления. Свежие подкрепления.*

ПОДКУЗЬМИ́ТЬ, -млю́, -ми́шь; *сов., кого (что)* (прост.). Поставить в трудное, неприятное положение, подвести. *Болезнь подкузьмила кого-н.*

ПОДКУЛА́ЧНИК, -а, *м.* Крестьянин, в годы коллективизации сельского хозяйства считавшийся сторонником кулаков[2]. ‖ *ж.* **подкула́чница**, -ы. ‖ *прил* **подкула́чнический**, -ая, -ое.

ПОДКУПИ́ТЬ, -уплю́, -у́пишь; -у́пленный; *сов.* **1.** *кого (что).* Склонить на свою сторону деньгами, подарками. *Подкупленный свидетель.* **2.** *перен., кого (что).* Расположить в свою пользу чем-н. *П. всех своей добротой.* **3.** *чего.* Купить дополнительно в небольшом количестве. *П. продуктов.* ‖ *несов.* **подкупа́ть**, -а́ю, -а́ешь. *Подкупающая улыбка* (добрая и открытая). ‖ *сущ.* **по́дкуп**, -а, *м.* (к 1 знач.).

ПОДКУПНО́Й, -а́я, -о́е. Такой, к-рого можно подкупить (в 1 знач.). *Подкупные чиновники.*

ПОДЛА́ДИТЬСЯ, -а́жусь, -а́дишься; *сов., к кому-чему* (разг.). **1.** Приноровиться, приспособиться. *П. к работе напарника.* **2.** Приноравливаясь к чьим-н. привычкам, вкусам, расположить к себе. *П. к соседям.* ‖ *несов.* **подла́живаться**, -аюсь, -аешься.

ПОДЛА́МЫВАТЬ, -СЯ *см.* подломить, -ся.

ПО́ДЛЕ (устар. и книжн.). **1.** *нареч.* Около, близко, совсем рядом. *Я сидел, а он стоял п.* **2.** *кого-чего, предлог с род. п.* Около кого-чего-н., рядом с кем-чем-н. *Он живёт п. меня.*

ПОДЛЕЖА́ТЬ, -жу́, -жи́шь; *несов., чему* (офиц.). Подвергаться чему-н. обязательному, принудительному. *П. обложению налогами. Не подлежит оглашению* (должно быть сохранено в тайне). ✦ **Не подлежит сомнению что** (книжн.) — не приходится сомневаться в достоверности чего-н.

ПОДЛЕЖА́ЩЕЕ, -его, *ср.* В грамматике: главный член предложения, выражаемый обычно формой им. п., обозначающий субъект, к-рому приписывается признак (действие, состояние), названный в сказуемом, и вместе со сказуемым образующий грамматическую основу простого предложения. ‖ *прил.* **подлежа́щный**, -ая, -ое.

ПОДЛЕ́ЗТЬ, -зу, -зешь; -е́з, -е́зла; -е́зший; -е́зши; *сов.* Залезть подо что-н. *П. под стол.* ‖ *несов.* **подлеза́ть**, -а́ю, -а́ешь.

ПОДЛЕ́СОК, -ска, *м.* Кустарники и мелкие деревья, не достигающие высоты основного лесного массива и не относящиеся к основным породам данного леса. ‖ *прил.* **подле́сочный**, -ая, -ое.

ПОДЛЕТЕ́ТЬ, -лечу́, -лети́шь; *сов.* **1.** Влететь подо что-н. *Ласточка подлетела под стреху.* **2.** Приблизиться летя. *Вертолёт подлетел к лесу.* **3.** *перен.* Быстро подойти, подбежать к кому-чему-н. (разг.). *Не успел я войти, как дети подлетели ко мне со своей новостью.* ‖ *несов.* **подлета́ть**, -а́ю, -а́ешь. ‖ *сущ.* **подлёт**, -а, *м.* (к 1 и 2 знач.). *На подлёте кто-н.* (подлетает). ‖ *прил.* **подлётный**, -ая, -ое (ко 2 знач.; спец.).

ПОДЛЕ́ТЬ, -е́ю, -е́ешь; *несов.* (разг.). Становиться подлым, подлее. ‖ *сов.* **оподле́ть**, -е́ю, -е́ешь.

ПОДЛЕ́Ц, -а́, *м.* Подлый человек, негодяй. *Подлецу руки не подам.* ‖ *ж.* **подля́чка**, -и (прост.).

ПОДЛЕЧИ́ТЬ, -ечу́, -е́чишь; -е́ченный; *сов., кого-что* (разг.). Залечить, полечить немного. ‖ *несов.* **подле́чивать**, -аю, -аешь.

ПОДЛЕЧИ́ТЬСЯ, -ечу́сь, -е́чишься; *сов.* (разг.). Полечиться немного. *Нужно отдохнуть, п.* ‖ *несов.* **подле́чиваться**, -аюсь, -аешься.

ПОДЛЕ́ЩИК, -а, *м.* Небольшая рыба, сходная с лещом.

ПОДЛЁДНИК, -а, *м.* Рыбак, занимающийся ловлей рыбы зимой на проруби.

ПОДЛЁДНЫЙ, -ая, -ое. Находящийся или производимый подо льдом. *П. слой воды. П. лов рыбы.*

ПОДЛИ́ВКА, -и, *ж.* **1.** *см.* подлить. **2.** Жидкая приправа, к-рой поливают кушанье. *Сладкая п.* ‖ *прил.* **подли́вочный**, -ая, -ое.

ПОДЛИ́ЗА, -ы, *м.* и *ж.* (разг. пренебр.). Человек, к-рый подлизывается к кому-н.

ПОДЛИ́ЗЫВАТЬСЯ, -аюсь, -аешься; *несов., к кому* (разг.). Угодливостью, лестью добиваться чьего-н. расположения. ‖ *сов.* **подлиза́ться**, -ижу́сь, -и́жешься.

ПО́ДЛИННИК, -а, *м.* Подлинная вещь, не копия, оригинал. *Принять подделку за п.*

ПО́ДЛИННЫЙ, -ая, -ое; -инен, -инна. **1.** Настоящий, оригинальный, не скопированный. *П. документ. П. текст.* **2.** *полн. ф.* Самый настоящий, истинный. *Он п. учёный. П. негодяй.* ‖ *сущ.* **по́длинность**, -и, *ж.* (к 1 знач.).

ПОДЛИПА́ЛА, -ы, *м.* и *ж.* (разг. пренебр.). Подхалим, подлиза.

ПОДЛИ́ТЬ, -долью́, -дольёшь; подли́л *и* по́длил, подлила́, подли́ло *и* по́длило; подлей; -и́вший; подли́тый *и* по́длитый (-и́т *и* -ит, -ита́, -и́то *и* -ито); *сов., что* и *чего.* Наливая, добавить. *П. сливок в кофе.* ‖ *несов.* **подлива́ть**, -а́ю, -а́ешь. ‖ *сущ.* **подлива́ние**, -я, *ср.*, **подли́вка**, -и, *ж.* и **по́длив**, -а, *м.* (спец.).

ПО́ДЛИЧАТЬ, -аю, -аешь; *несов.* (разг.). Вести себя подло, подобострастно, совершать подлости. ‖ *сов.* **спо́дличать**, -аю, аешь. ‖ *сущ.* **по́дличанье**, -я, *ср.*

ПОДЛОВИ́ТЬ, -овлю́, -о́вишь; -о́вленный; *сов., кого-что* (разг.). То же, что поймать (в 3, 4 и 5 знач.; см. ловить). *П. такси на шоссе. П. момент. П. кого-н. на слове.* ‖ *несов.* **подла́вливать**, -аю, -аешь.

ПОДЛО́Г, -а, *м.* Подделка, составление ложного, фальшивого документа, записи.

ПОДЛО́ДКА, -и, *ж.* Сокращение: подводная лодка.

ПОДЛОЖИ́ТЬ, -ожу́, -о́жишь; -о́женный; *сов.* **1.** *что.* Положить подо что-н. *П. подушку под голову.* **2.** *что* и *чего.* Кладя, добавить. *П. дров в печь.* **3.** *что.* Положить скрытно, с каким-н. умыслом. *В стол подложили записку.* ‖ *несов.* **подкла́дывать**, аю, -аешь. ‖ *прил.* **подкладно́й**, -а́я, -о́е (к 1 знач.). *Подкладное судно* (для лежачих больных).

ПОДЛО́ЖНЫЙ, -ая, -ое; -жен, -жна. Являющийся подлогом, фальшивый. *П. документ.* ‖ *сущ.* **подло́жность**, -и, *ж.*

ПОДЛОКО́ТНИК, -а, *м.* Ручка у кресла, сиденья, на к-рую опираются локтем.

ПОДЛОМИ́ТЬ, -омлю́, -о́мишь; -о́мленный; *сов.* **1.** *что.* Надломить снизу. *П. сук.* **2.** (1 и 2 л. не употр.), *перен., кого-что.* Лишить сил, воли. *Несчастья подломили его.* ‖ *несов.* **подла́мывать**, -аю, -аешь.

ПОДЛОМИ́ТЬСЯ (-омлю́сь, -о́мишься, 1 и 2 л. не употр.), -о́мится; *сов.* Сломаться под тяжестью чего-н. *Лёд под колёсами подломился.* ‖ *несов.* **подла́мываться** (-аюсь, -аешься, 1 и 2 л. не употр.), -ается.

ПО́ДЛОСТЬ, -и, *ж.* **1.** *см.* подлый. **2.** Подлый поступок. *Сделать п. П. не прощается.* ✦ **По закону подлости** (разг. шутл.) — как будто нарочно не везёт, поджидает неудача.

ПОДЛУ́ННЫЙ, -ая, -ое: подлунный мир (устар. высок.) — то же, что вселенная (во 2 знач.).

ПО́ДЛЫЙ, -ая, -ое; подл, -а́, -о. Низкий в нравственном отношении, бесчестный. *П. человек. П. поступок.* ‖ *сущ.* **по́длость**, -и, *ж.*

ПОДЛЮ́ГА, -и, *м.* и *ж.* (прост. презр.). То же, что подлец.

ПОДМА́ЗАТЬ, -а́жу, -а́жешь; -а́занный; *сов.* **1.** *что.* Помазать снизу или немного; смазать (разг.). *П. колёса, ось, ступицу.* **2.** *перен., кого (что).* Дать кому-н. взятку (прост.). ✦ **Не подмажешь — не поедешь** — посл. о том, что без взятки дело не сделается. ‖ *несов.* **подма́зывать**, -аю, аешь. ‖ *сущ.* **подма́зывание**, -я, *ср.* и **подма́зка**, и, *ж.*

ПОДМА́ЗАТЬСЯ, -а́жусь, -а́жешься; *сов.* **1** Подкрасить себе губы, лицо (разг.). **2.** *к кому.* Лестью и подхалимством снискать чьё-н. расположение (прост.). ‖ *несов.* **подма́зываться**, -аюсь, -аешься.

ПОДМАЛЕВА́ТЬ, -лю́ю, -лю́ешь; -лёванный; *сов.* **1** *что.* Сделать подмалёвок (спец.). *П. холст.* **2.** *кого-что.* То же, что подкрасить (разг.). ‖ *несов.* **подмалёвывать**, -аю, -аешь.

ПОДМАЛЁВОК, -вка, *м.* (спец.). В живописи: основной красочный слой, на к-рый наносятся краски, изменяющие, усиливающие или ослабляющие цветовой тон. ‖ *прил.* **подмалёвочный**, -ая, -ое.

ПОДМАНИ́ТЬ, -аню́, -а́нишь; -а́ненный *и* анённый (-ён, -ена́); *сов., кого (что)* (разг.). Маня, подозвать. *П. собаку.* ‖ *несов.* **подма́нивать**, -аю, -аешь.

ПОДМА́СЛИТЬ, -лю, -лишь; -ленный; *сов.* **1.** *что.* Подбавить масла к чему-н. *П. кашу.* **2.** *перен., кого (что).* Задобрить; подмазать (во 2 знач.) (прост.). ‖ *несов.* **подма́сливать**, -аю, -аешь.

ПОДМАСТЕ́РЬЕ, -я, *род. мн.* ьев, *м.* Помощник, подручный мастера-ремесленника. *П. у сапожника.*

ПОДМАХНУ́ТЬ, -ну́, -нёшь; -а́хнутый; *сов., что.* **1.** Поставить свою подпись под чем-н. наскоро или не читая (разг.). *П. заявление.* **2.** Подмести небрежно, наскоро (прост.). *П. пол веником.* ‖ *несов.* **подма́хивать**, -аю, аешь.

ПОДМА́ЧИВАТЬ *см.* подмочить.

ПОДМЕНИ́ТЬ, -еню́, -е́нишь; -нённый (-ён, ена́); *сов.* **1.** *кого-что.* Тайно, незаметно или нечаянно заменить другим. *П. карту в колоде. Как будто подменили кого-н.* (стал совсем другим, неузнаваем). **2.** *что.* Неправомерно заменить одно другим. *П. деловой ответ отпиской.* **3.** *кого (что).* Заменить на короткое время (разг.). *П. дежурного.* ‖ *несов.* **подме́нивать**, -аю, аешь *и* **подменя́ть**, -я́ю, -я́ешь. ‖ *сущ.* **подме́на**, ы, *ж* и **подме́н**, -а, *м.* ‖ *прил.* **подме́нный**, ая, ое (к 3 знач.). *Подменная доярка.*

ПОДМЕСИ́ТЬ, -ешу́, -е́сишь; е́шенный; *сов., что* и *чего.* Меся, подбавить. *П. муки в тесто.* ‖ *несов.* **подме́шивать**, аю, -аешь ‖ *сущ.* **подме́шивание**, -я, *ср.* и **подме́ска**, -и, *ж.*

ПОДМЕСТИ́, -мету́, -метёшь; -мёл, -мела́; -мётший; -метённый (-ён, -ена́); -етя́; *сов.* **1.** *см.* мести. **2.** *что.* Замести подо что-н. *П. мусор под крыльцо.* ‖ *несов.* **подм[illegible]а́ть**, -а́ю, -а́ешь.

ПОДМЕТА́ТЬ[1], -а́ю, -а́ешь; -ётан[illegible] *сов., что.* Подшить крупными стежк[illegible] *П. подол.* ‖ *несов.* **подмётывать**, -аю, -аешь.

ПОДМЕТА́ТЬ[2], -а́ю, -а́ешь; *несов.* **1.** *см.* подмести. **2.** То же, что мести (в 1 и 2 знач.). *П. сор. П. пол.* ‖ *прил.* **подмета́льный**, -ая, -ое (по 2 знач. глаг. мести; спец.). *Подметальное оборудование. Подметальная машина.*

ПОДМЕ́ТИТЬ, -ме́чу, -ме́тишь; -ме́ченный; *сов., кого-что.* Заметить, увидеть (мало заметное). *П. недостатки.* ‖ *несов.* **подмеча́ть**, -а́ю, -а́ешь.

ПОДМЕША́ТЬ, -а́ю, -а́ешь; -е́шанный; *сов., что* и *чего.* Мешая[2] подбавить. *П. цикория* *в кофе.* ‖ *несов.* **подмéшивать,** -аю, -аешь. ‖ *сущ.* **подмéшивание,** -я, *ср.*

ПОДМЕ́ШИВАТЬ[1-2] *см.* подмесить *и* подмешать.

ПОДМЁРЗЛЫЙ, -ая, -ое; -ёрзл. То же, что подмёрзший. *Подмёрзлые овощи.*

ПОДМЁРЗНУТЬ (-ну, -нешь, 1 и 2 л. не употр.), -нет; -ёрз, -ёрзла; *сов.* **1.** Немного замёрзнуть, покрыться тонким слоем льда. *Лужи подмёрзли. На дворе подмёрзло* (безл.). **2.** Немного испортиться от мороза, помёрзнуть. *Овощи подмёрзли.* ‖ *несов.* **подмерáть** (-áю, -áешь, 1 и 2 л. не употр.), -áет.

ПОДМЁТКА, -и, *ж.* Подошва (во 2 знач.), обычно в половину ступни, до каблука. *Кожаные подмётки.* ✦ **В подмётки не годится** *кто кому* (разг.) — неизмеримо хуже кого-н. **На ходу подмётки рвёт** *кто* (прост. шутл.) — о том, кто очень деятелен, энергичен. ‖ *прил.* **подмёточный,** -ая, -ое. *Подмёточная кожа.*

ПОДМЁТНЫЙ, -ая, -ое (стар.). О письме, доносе: тайно подброшенный.

ПОДМИГНУ́ТЬ, -ну, -нёшь; *сов., кому.* Мигнуть, давая знак. *Понимающе п. соседу.* ‖ *несов.* **подми́гивать,** -аю, -аешь.

ПОДМИНА́ТЬ *см.* подмять.

ПОДМО́ГА, -и, *ж.* **1.** *см.* подмогнуть. **2.** То же, что помощь (прост.). *Прийти на подмогу кому-н.*

ПОДМОГНУ́ТЬ, -ну, -нёшь; -огну́л, -огла́; *сов., кому* (прост. и обл.). Помочь слегка. *С огородом сосед подмогнул.* ‖ *сущ.* **подмо́га,** -и, *ж.*

ПОДМО́КНУТЬ, -ну, -нешь; -о́к, -о́кла; *сов.* Намокнуть снизу или немного. *Сахар подмок.* ‖ *несов.* **подмокáть,** -áю, -áешь.

ПОДМОРО́ЗИТЬ, -о́жу, -о́зишь; -о́женный; *сов.* **1.** *что.* Слегка заморозить. *П. картофель.* **2.** *безл.* О наступлении холода, мороза (после оттепели или после осенней дождливой погоды). *К вечеру подморозило.* ‖ *несов.* **подморáживать,** -аю, -аешь.

ПО́ДМОСТИ, -ей (спец.). Настил, рабочая площадка на строительных лесах.

ПОДМО́СТКИ, -ов. **1.** Настил из досок на возвышении. **2.** То же, что сцена (в 1 знач.) (устар.). *Пьеса не сходит с театральных подмостков* (перен.: идёт постоянно, с успехом).

ПОДМОЧИ́ТЬ, -очу́, -о́чишь; -о́ченный; *сов.* **1.** *кого-что.* Дать подмокнуть. *П. спички.* **2.** *перен., что.* Испортить, внеся что-н. нежелательное (разг.). *П. чем-н. свою репутацию. Подмоченная характеристика.* ‖ *несов.* **подмáчивать,** -аю, -аешь.

ПОДМЫВА́ТЬ, -áю, -áешь; *несов.* **1.** *см.* подмыть. **2.** *безл., кого (что).* О сильном желании, побуждении сделать что-н. (разг.). *Так и подмывает рассказать.*

ПОДМЫ́ТЬ, -мо́ю, -мо́ешь; -ы́тый; *сов.* **1.** *кого-что.* Вымыть нижнюю часть тела. *П. ребёнка.* **2.** *что.* Наскоро вымыть (разг.). *П. пол.* **3.** (1 и 2 л. не употр.), *что.* Размыть снизу. *Волной подмыло* (безл.) *берег.* ‖ *несов.* **подмывáть,** -áю, -áешь. ‖ *возвр.* **подмы́ться,** -мо́юсь, -мо́ешься (к 1 знач.); *несов.* **подмывáться,** -áюсь, -áешься. ‖ *сущ.* **подмывáние,** -я, *ср.* (к 1 и 3 знач.).

ПОДМЫ́ШКА, -и, *мн.* -шки, -шек, *ж.* Место под плечевым сгибом [не смешивать с сочетанием «под мышками», «под мышкой» и др.; см. мышка[1]]. ‖ *прил.* **подмы́шечный,** -ая, -ое.

ПОДМЫ́ШНИК, -а, *м.* Кусок плотной ткани, пришиваемый к рукаву изнутри под мышками для предохранения одежды от пота.

ПОДМЯ́ТЬ, -домну́, -домнёшь; -я́тый; *сов., кого-что.* Навалившись, придавить. *Медведь подмял охотника. П. под себя* (также перен.: целиком подчинить себе, своей воле; разг.). ‖ *несов.* **подминáть,** -áю, -áешь.

ПОДНАБРА́ТЬСЯ, -беру́сь, -берёшься; -áлся, -алáсь, -ало́сь *и* -áлось; *сов., кого-чего* (прост.). Набраться (в 1, 2, 3 и 5 знач.) в нек-ром количестве. *Поднабралось желающих. Поднабралось порядочно народу. П. храбрости. Поднабрался знаний, опыта. Здо́рово поднабрался* (совсем пьян). ‖ *несов.* **поднабирáться,** -аюсь, -áешься.

ПОДНАДЗО́РНЫЙ, -ая, -ое; -рен, -рна. Состоящий под надзором властей. ‖ *сущ.* **поднадзо́рность,** -и, *ж.*

ПОДНАЖА́ТЬ, -жму́, -жмёшь; *сов., на кого-что* (разг.). То же, что нажать[1] (в 1, 2 и 4 знач.). *П. на дверь. П. на отстающих. П. на учёбу.*

ПОДНАКОПИ́ТЬ, -оплю́, -о́пишь; -о́пленный; *сов., что и чего* (прост.). Накопить в каком-н. количестве. *П. денег.* ‖ *несов.* **поднакáпливать,** -аю, -аешь.

ПОДНАТОРЕ́ТЬ, -éю, -éешь; *сов., в чём* (прост.). Немного натореть. *П. в столярном деле.*

ПОДНАТУ́ЖИТЬСЯ, -у́жусь, -у́жишься; *сов.* (разг.). Постараться, приложить усилия. *Поднатужился и сдвинул камень. К экзамену придётся поднатужиться.* ‖ *несов.* **поднату́живаться,** -аюсь, -аешься.

ПОДНАЧА́ЛЬНЫЙ, -ая, -ое; -лен, -льна (устар. и шутл.). Находящийся под чьим-н. начальством. *Я человек п.* ‖ *сущ.* **поднача́льность,** -и, *ж.*

ПОДНА́ЧИВАТЬ, -аю, -аешь; *несов., кого (что) и с неопр.* (прост.). Поддразнивать, подзадоривать. ‖ *сов.* **поднáчить,** -чу, -чишь. ‖ *сущ.* **поднáчка,** -и, *ж.*

ПОДНЕБЕ́СНАЯ, -ой, *ж.* (устар.). Весь мир, вся Земля.

ПОДНЕБЕ́СЬЕ, -я, *ср.* Небесная высь. *Орёл поднялся в п.*

ПОДНЕВО́ЛЬНЫЙ, -ая, -ое; -лен, -льна. **1.** *полн. ф.* Зависимый, подчинённый (разг.). *П. человек.* **2.** То же, что принудительный. *П. труд.* ‖ *сущ.* **поднево́льность,** -и, *ж.* (ко 2 знач.).

ПОДНЕСТИ́, -су́, -сёшь; -ёс, -еслá; -ёсший; -есённый (-ён, -енá); -ecя́; *сов.* **1.** *кого-что.* Приблизить, неся или протягивая руку. *П. ребёнка к окну. П. книгу к глазам.* **2.** *что.* Неся, доставить. *П. заготовки к станку.* **3.** *что кому.* Подать, угощая. *П. торт.* **4.** *что кому.* То же, что преподнести. *П. букет цветов.* ‖ *несов.* **подноси́ть,** -ошу́, -о́сишь. ‖ *сущ.* **поднесéние,** -я, *ср.* (к 1 и 3 знач.), **подно́с,** -а, *м.* (к 1 знач.; устар.), **подно́ска,** -и, *ж.* (ко 2 знач.) *и* **подношéние,** -я, *ср.* (к 4 знач.). *Зарёкся пить от Вознесенья до поднесения* (шутл. посл.).

ПО́ДНИЗЬ, -и, *ж.* Нить или сетка с жемчугом, бисером (на старинном женском головном уборе).

ПОДНИМА́ТЬ, -СЯ *см.* поднять, -ся.

ПОДНОВИ́ТЬ, -влю́, -ви́шь; -влённый (-ён, -енá); *сов., что.* Слегка обновить, поправить так, чтобы выглядело новее, свежее. *П. мебель.* ‖ *несов.* **подновля́ть,** -я́ю, -я́ешь. ‖ *сущ.* **подновлéние,** -я, *ср.*

ПОДНОГО́ТНАЯ, -ой, *ж.*: **вся подноготная** — тайные, скрываемые подробности чего-н. [от старинной пытки — запускания игл или гвоздей под ногти]. *Узнать всю подноготную.*

ПОДНО́ЖИЕ, -я, *ср.* **1.** Место у самого низа чего-н., основание. *У подножия холма.* **2.** Пьедестал, основание памятника. *П. монумента.*

ПОДНО́ЖКА[1], -и, *ж.* Ступенька для входа в вагон, автомашину, экипаж. *П. трамвая. Вскочить на подножку.*

ПОДНО́ЖКА[2], -и, *ж.* (разг.). Толчок ногой или подстановка своей ноги под ногу другого с целью повалить. *Дать подножку кому-н. Поставить (подставить) подножку* (также перен.: помешать, повредить).

ПОДНО́ЖНЫЙ, -ая, -ое. **1.** Помещаемый под ногами (устар.). *Подножная скамеечка.* **2. подножный корм** — растения, поедаемые пасущимся скотом, животными. *На подножном корму* (также перен.: не затрачивая средств на питание; разг. шутл.).

ПОДНО́С[1], -а, *м.* Металлическая (или из другого твёрдого материала) плоскость, лист с загнутыми кверху краями для переноски посуды, для подачи еды на стол. *Серебряный, деревянный, пластмассовый п. Расписной п.* ‖ *прил.* **подно́сный,** -ая, -ое.

ПОДНО́С[2] *см.* поднести.

ПОДНОСИ́ТЬ, ПОДНО́СКА *см.* поднести.

ПОДНО́СЧИК, -а, *м.* Тот, кто подносит (во 2 знач.), доставляет что-н. куда-н. *П. деталей.* ‖ *ж.* **подно́счица,** -ы.

ПОДНОШЕ́НИЕ, -я, *ср.* **1.** *см.* поднести. **2.** Поднесённая вещь, подарок. *Ценное п. Сделать что-н. за п.* (за взятку).

ПОДНЫРНУ́ТЬ, -ну́, -нёшь; *сов.* Нырнуть под кого-что-н. *П. под лодку.* ‖ *несов.* **подны́ривать,** -аю, -аешь.

ПОДНЯ́ТЬ, -ниму́, -ни́мешь *и* (разг.) подыму́, поды́мешь; по́днял *и* (разг.) подня́л, -ялá, -яло *и* (разг.) -я́ло; -я́вший; по́днятый (-ят, -ятá, -ято); *сов.* **1.** *кого-что.* Нагнувшись, взять (лежащее внизу, уроненное, брошенное). *П. с земли, с пола. П. перчатку.* **2.** *кого-что.* Взять, захватить, имея достаточно силы, чтобы удержать (на весу). *П. тяжесть. Тебе этот чемодан не поднять.* **3.** *кого-что.* Переместить наверх, придать чему-н. более высокое положение. *П. на лифте. П. якорь. П. руку. П. занавес. П. флаг. П. петлю* (при вязанье: вернуть спустившуюся петлю в ряд). *П. голову* (также перен.: ободриться). *П. шерсть* (ощетиниться). **4.** *кого-что.* Помочь или заставить встать; вновь придать кому-чему-н. стоячее положение. *П. упавшего. П. повалившийся забор. П. с постели кого-н.* (также перен.: разбудить). *П. больного* (также перен.: вылечить, выходить). *П. зверя из берлоги* (принудить выйти наружу). **5.** *кого (что).* Заставить тронуться с места с какой-н. целью, заставить приняться за что-н. *П. бойцов в атаку.* **6.** *кого (что).* Побудить к действию. *П. на решение новых задач.* **7.** *что.* Сделать более высоким, выше (по размеру, уровню). *П. насыпь. П уровень воды.* **8.** *что.* Увеличить, повысить (цену, качество). *П. цену, стоимость. П. успеваемость. П. производительность труда.* **9.** *что.* Сделать более активным, приподнятым, улучшить. *П. настроение. П. дух.* **10.** *что.* Возвысить, укрепить (в общественном положении). *П. чей-н. авторитет. П. роль руководителя.* **11.** *что.* Налаживая, улучшить, развить. *П. хозяйство. П. дела на ферме.* **12.** *что.* То же, что справиться[1] (в 1 знач.). *Это дело одному не п.* **13.** *что.* Обратиться вновь к чему-н. законченному, закрытому. *П. старое судебное дело. П. архивные материалы.* **14.** *что.* Произвести, совершить действие, называемое существительным; начать такое действие. *П. тревогу. П. крик. П. волнение. П. шум. П. вопрос. П. восстание.* **15.** *что.* То же, что вспахать.

П. пар. П. целину. **16.** *кого (что).* Вырастить, воспитать (прост.). *Семья подняла пятерых сыновей.* **17.** *что.* Сделать более наглядным (спец.). *П. карту* (выделить что-н. расцветкой). ‖ *несов.* **поднимáть,** -áю, -áешь и (разг.) **подымáть,** -áю, -áешь. *Поднимай выше* (говорится о ком-чём-н., кто (что) гораздо важнее, значительнее, чем об этом думают; разг.). ‖ *сущ.* **поднятие,** -я, *ср.* (к 1, 3, 4, 6, 7, 8, 9, 10 и 17 знач.), **поднимáние,** -я, *ср.* (к 1, 2, 3, 4, 7, 8, 14 и 17 знач.) *и* **подъём,** -а, *м.* (ко 2, 3, 7, 8, 9, 11 и 15 знач.). *Подъём флага* (торжественная церемония). ‖ *прил.* **подъёмный,** -ая, -ое (ко 2, 3 и 7 знач.). ✦ **Подъёмная сила судна** (спец.) — сила давления воды, удерживающая судно на поверхности.

ПОДНЯ́ТЬСЯ, -нимýсь, -ни́мешься *и* (разг.) подымýсь, поды́мешься; -я́лся *и* -ялся́, -ялáсь, -ялóсь *и* -я́лось; *сов.* **1.** Переместиться вверх или принять более высокое положение. *П. на гору. П. на пятый этаж. Рука поднялась. Брови поднялись.* **2.** Встать, переменить лежачее или сидячее положение на стоячее. *Рано подняться с постели. П. со стула. Хозяин поднялся навстречу гостю* (встречая, встал). **3.** Тронуться, двинуться. *Отряд поднялся в атаку.* **4.** Приступить к активным действиям. *П. на борьбу.* **5.** (1 и 2 л. не употр.). Стать более высоким, повыситься в уровне, силе, напряжённости. *Вода поднялась. Давление поднялось. Температура поднялась.* **6.** (1 и 2 л. не употр.). Увеличиться, повыситься. *Поднялась производительность труда. Цены поднялись.* **7.** (1 и 2 л. не употр.). Стать более активным, приподнятым, улучшиться. *Настроение поднялось.* **8.** (1 и 2 л. не употр.). Налаживаясь, улучшиться, развиться. *Хозяйство поднялось.* **9.** Возвыситься, укрепиться (в общественном положении). *Поднялся чей-н. авторитет. П. в общественном мнении. Поднялась роль бригады.* **10.** (1 и 2 л. не употр.). О тесте, тестообразной массе: вспучиться. *Опара поднялась.* **11.** (1 и 2 л. не употр.). Возникнуть, начаться. *Поднялся шум. Поднялось волнение. Поднялся скандал. Поднялась буря.* ‖ *несов.* **поднимáться,** -áюсь, -áешься *и* (разг.) **подымáться,** -áюсь, -áешься. ‖ *сущ.* **поднятие,** -я, *ср.* (к 3, 4, 6, 7, 8 и 9 знач.) *и* **подъём,** -а, *м.* (к 1, 2, 5, 6, 7, 8 и 10 знач.). ‖ *прил.* **подъёмный,** -ая, -ое (к 1 знач.).

ПОДО, *предлог.* То же, что под; употр. вместо «под» перед нек-рыми сочетаниями согласных, напр. *подо мной, подо всем, подо льдом.*

ПОДО..., *приставка.* То же, что под...; Употр. вместо «под» перед «й» («j») и перед нек-рыми сочетаниями согласных, напр. *подойду, подобью, подогну, подорву,* а также в нек-рых отдельных формах, напр. *подошёл, подошедший, подошедши.*

ПОДОБА́ТЬ, -áет, *безл., несов., с неопр.* (книжн.). Надлежать, следовать (в 5 знач.), соответствовать принятым правилам, нормам. *Так поступать не подобает. Занять подобающее место.*

ПОДО́БИЕ, -я, *ср.* **1.** Что-н. сходное с чем-н. другим, содержащее образ, вид чего-н. (книжн.). *Создать что-н. по своему образу и подобию* (т. е. похожим на себя). **2.** В геометрии: тождество формы при различии величины. *П. двух треугольников.*

ПОДО́БЛАЧНЫЙ, -ая, -ое. Находящийся очень высоко, под облаками. *Подоблачная высь.*

ПОДО́БНЫЙ, -ая, -ое; -бен, -бна. **1.** *кому-чему.* Содержащий, составляющий подобие кого-чего-н. *Талант, п. таланту Гоголя. И тому подобное* (сокращёно на письме «и т. п.»; выражение, указывающее, что дальше могут быть перечислены сходные предметы, явления, действия, признаки). **2.** Такой, как этот. *Никогда не встречал подобных упрямцев.* **3.** В геометрии: тождественный по форме, но различный по величине. *Треугольники подобны.* **4.** **подо́бно** *кому-чему, предлог с дат. п.* Как кто-что-н., сходно с кем-чем-н. *Действовать подобно своим предшественникам. Мчаться подобно метеору.* ✦ **Ничего подобного** (разг.) — выражение категорического отказа, несогласия. **Подобно тому как,** *союз со знач. сравнения, уподобления* (книжн.) — так же как. *Птицы оберегают своих птенцов, подобно тому как все другие животные оберегают своих детёнышей.* ‖ *сущ.* **подо́бность,** -и, *ж.* (к 1 знач.).

ПОДОБОСТРА́СТНИЧАТЬ, -аю, -аешь; *несов.* Вести себя подобострастно, раболепно, заискивающе. *П. перед господами.* ‖ *сущ.* **подобострáстничанье,** -я, *ср.*

ПОДОБОСТРА́СТНЫЙ, -ая, -ое; -тен, -тна. Раболепный, угодливо-покорный и льстивый. *Подобострастная речь.* ‖ *сущ.* **подобострáстие,** -я, *ср.* *и* **подобострáстность,** -и, *ж.*

ПОДО́БРАННЫЙ, -ая, -ое; -ан. Опрятный, аккуратный. *П. вид.* ‖ *сущ.* **подóбранность,** -и, *ж.*

ПОДОБРА́ТЬ, подберý, подберёшь; -áл, -алá, -áло; -óбранный; *сов.* **1.** *что.* Собрать, поднимая. *П. солому. П. рассыпавшиеся бумаги.* **2.** *что.* Оправить, приподнять, натянуть (что-н. опустившееся, ослабшее). *П. волосы. П. вожжи. П. живот* (втянуть). **3.** *кого-что.* Выбрать в соответствии с надобностью, потребностью. *П. хороших работников. П. ключ к замку. П. галстук к рубашке. П. мех* (выбрать и соединить сходные, подходящие друг к другу куски). *П. музыку к словам.* ‖ *несов.* **подбирáть,** -áю, -áешь. ‖ *сущ.* **подбирáние,** -я, *ср.* (к 1 и 2 знач.), **подбóр,** -а, *м.* (к 1 и 3 знач.) *и* **подбóрка,** -и, *ж.* (к 1 и 3 знач.). *Подбор специалистов. Подборка меха.* ‖ *прил.* **подбóрочный,** -ая, -ое (к 1 знач.). *Подборочная машина.*

ПОДОБРА́ТЬСЯ, подберýсь, подберёшься; -áлся, -алáсь, -алóсь *и* -áлось; *сов.* **1.** (1 и 2 л. ед. не употр.). Составиться, образоваться. *Подобрался хороший коллектив.* **2.** Незаметно подойти (разг.). *П. к двери.* **3.** Оправить себя, подтянуться, стать подобранным, опрятным (прост.). ‖ *несов.* **подбирáться,** -áюсь, -áешься.

ПОДОБРЕ́ТЬ *см.* добреть.

ПОДОБРУ́-ПОЗДОРО́ВУ, *нареч.* (разг.). По доброй воле, пока не случилось ничего неприятного. *Уходи-ка ты отсюда подобру-поздорову.*

ПОДО́ВЫЙ *см.* под[1].

ПОДОГНА́ТЬ, подгоню́, подго́нишь; -áл, -алá, -áло; -óгнанный; *сов.* **1.** *кого-что.* Гоня, приблизить или загнать подо что-н. *П. стадо к реке. П. плот к берегу. П. кур под навес.* **2.** *кого-что.* Ускорить чьё-н. движение, развитие; ускорить и улучшить работу (разг.). *П. отстающих. П. кого-н. в учёбе.* **3.** *что.* Довести до нужного размера, приладить, чтобы подходило одно к другому. *П. стекло к раме. П. костюм по фигуре.* **4.** *что.* Приурочить, приноровить (прост.). *П. отпуск к приезду сына.* ‖ *несов.* **подгоня́ть,** -я́ю, -я́ешь. ‖ *сущ.* **подго́нка,** -и, *ж.* (к 3 знач.) *и* **подго́н,** -а, *м.* (к 1 и 3 знач.). ‖ *прил.* **подго́нный,** -ая, -ое (ко 2 знач.) *и* **подго́ночный,** -ая, -ое (ко 2 и 3 знач.; спец.).

ПОДОГНУ́ТЬ, -нý, -нёшь; -óгнутый; *сов., что.* Загнуть снизу или подо что-н. *П. подол. П. ноги под себя.* ‖ *несов.* **подгибáть,** -áю, -áешь. ‖ *сущ.* **подгибáние,** -я, *ср.* *и* **подги́бка,** -и, *ж.*

ПОДОГНУ́ТЬСЯ (-нýсь, -нёшься, 1 и 2 л. не употр.), -нётся; *сов.* Загнуться снизу или подо что-н. *Воротничок подогнулся. Ноги (колени) подогнулись* (ослабли от усталости, волнения, страха). ‖ *несов.* **подгибáться** (-áюсь, -áешься, 1 и 2 л. не употр.), -áется.

ПОДОГРЕВА́ТЕЛЬ, -я, *м.* Прибор для подогревания чего-н.

ПОДОГРЕ́ТЬ, -éю, -éешь; -рéтый; *сов., что.* **1.** Разогреть немного. *П. суп.* **2.** *перен.* Возбудить, усилить. *П. нетерпение, страсти.* ‖ *несов.* **подогревáть,** -áю, -áешь. ‖ *сущ.* **подогревáние,** -я, *ср.* *и* **подогрéв,** -а, *м.* (к 1 знач.; спец.). *Подогрев воды в бассейне.* ‖ *прил.* **подогревáтельный,** -ая, -ое (к 1 знач.) *и* **подогрéвный,** -ая, -ое (к 1 знач.; спец.).

ПОДОДВИ́НУТЬ, -ну, -нешь; -утый; *сов., кого-что.* Двинув, приблизить. *П. стул гостю. П. к себе тарелку.* ‖ *несов.* **пододвигáть,** -áю, -áешь. ‖ *возвр.* **пододви́нуться,** -нусь, -нешься; *несов.* **пододвигáться,** -áюсь, -áешься.

ПОДОДЕЯ́ЛЬНИК, -а, *м.* Простыня, подстёгиваемая или подшиваемая под одеяло, или специальный чехол, надеваемый на одеяло. ‖ *прил.* **пододея́льничный,** -ая, -ое *и* **пододея́льниковый,** -ая, -ое.

ПОДОЖДА́ТЬ, -дý, -дёшь; -áл, -алá, -áло; *сов.* **1.** *кого-что и кого* (устар.) *-чего.* Провести нек-рое время в ожидании кого-чего-н. *П. ответа. П. директора.* **2.** *с чем и с неопр.* Повременить, помедлить. *П. с решением вопроса (решать вопрос). Подожди, всё уладится.* **3.** **подожди́(те).** Призыв повременить, не торопиться. *Подожди, не горячись!* **4.** **подожди́(те).** Выражение удивления, сомнения, припоминания. *Подождите, но ведь я вас где-то встречал.* **5.** **подожди́(те)!** *и* **(ну) подожди́(те) же!** Выражение угрозы (разг.). *Ну подожди же, получишь, озорник!*

ПОДОЗВА́ТЬ, подзовý, подзовёшь; -áл, -алá, -áло; -óзванный (-ан, -ана *и* устар. -анá, -ано); *сов., кого (что).* Позвав, попросить или заставить подойти. *П. носильщика.* ‖ *несов.* **подзывáть,** -áю, -áешь.

ПОДОЗРЕВА́ТЬ, -áю, -áешь; *несов.* **1.** *кого (что) в чём.* Иметь подозрение против кого-н. *П. в обмане. Допрос подозреваемого* (сущ.). **2.** *что и с союзом «что».* Предполагать, допускать возможность чего-н. *У больного подозревают ангину. Подозреваю, что тут кроется ошибка.*

ПОДОЗРЕВА́ТЬСЯ, -áюсь, -áешься; *несов.* **1.** Быть на подозрении у кого-н. *Он подозревается в краже.* **2.** (1 и 2 л. не употр.). О чём-н. нежелательном: предполагаться. *У ребёнка подозревается корь.*

ПОДОЗРЕ́НИЕ, -я, *ср.* **1.** Предположение, основанное на сомнении в правильности, законности чьих-н. поступков, в правдивости чьих-н. слов. *Задержан по подозрению в краже. Быть под подозрением или на подозрении у кого-н.* (вызвать к себе подозрение, подозрительное отношение). **2.** Предположение о возможности чего-н. *П. на скарлатину.*

ПОДОЗРИ́ТЕЛЬНЫЙ, -ая, -ое; -лен, -льна. **1.** Вызывающий подозрение (в 1 знач.). *П. поступок.* **2.** Склонный подозревать, недоверчивый. *П. характер. П. взгляд.* ‖ *сущ.* **подозри́тельность,** -и, *ж.*

ПОДОИ́ТЬ *см.* доить.

ПОДО́ЙНИК, -а, *м.* Сосуд, в к-рый стекает молоко при ручном доении. *Сначала купил п., а потом корову* (о том, кто не сделав главного, занялся второстепенным, частностями; ирон.).

ПОДОЙТИ´, -ойду́, -ойдёшь; -ошёл, -ошла́; -ошéдший; -ойдя; *сов.* **1.** *к кому-чему.* Идя, приблизиться. *П. к окну. П. к городу. Лес подошёл к самой дороге* (перен.). **2.** *к чему.* Приняться непосредственно за очередное дело. *П. к завершению диссертации.* **3.** *к кому-чему.* Обнаружить своё отношение, приступить к чему-н., имея определённую точку зрения. *Надо уметь п. к человеку. Критически п. к чему-н.* **4.** *к кому-чему.* Оказаться годным, удобным, приемлемым для кого-чего-н., соответствовать чему-н. *Это пальто мне подойдёт. Он не подойдёт на эту должность.* **5.** (1 и 2 л. не употр.). Приблизиться непосредственно, вплотную. *Подошла ночь. Подошли тяжёлые времена. Подошло Рождество. Осень, подошли грибы* (т. е. время сбора грибов). **6.** (1 и 2 л. не употр.). О тесте, опаре: подняться, вспучиться. ‖ *несов.* **подходи́ть**, -ожу́, -о́дишь. ‖ *сущ.* **подхо́д**, -а, *м.* (к 1, 3 и 6 знач.). ✦ **На подходе** — о том, что совсем близко, может произойти, случиться. *На подходе большие перемены. На подходе новый театральный сезон.*

ПОДОКО´ННИК, -а, *м.* Доска или плита, вделанная в нижнюю часть оконного проёма. *Горшки с цветами на подоконнике.*

ПОДО´Л, -а, *м.* Нижний край платья, юбки. ✦ **Подолом вертеть** (прост. неодобр.) — о женщине: вести себя с мужчинами развязно, распутно. **Держаться за чей подол** (разг.) — о беспомощном, нерешительном поведении.

ПОДО´ЛГУ, *нареч.* В течение продолжительного времени. *П. не видимся.*

ПОДОЛЬСТИ´ТЬСЯ, -льщу́сь, -льсти́шься; *сов., к кому* (разг.). Лестью добиться чьего-н. расположения, доверия. *Умеет п. к старшим.* ‖ *несов.* **подольща́ться**, -а́юсь, -а́ешься.

ПОДО´НКИ, -ов. **1.** Остатки жидкости на дне вместе с осадком (разг.). *П. кваса. Слить п.* **2.** *перен.* Разложившиеся, преступные, деклассированные элементы. *П. общества.*

ПОДО´НОК, -нка, *м.* (разг. пренебр.). Ничтожный, вызывающий презрение человек. *Ненавижу этого подонка.*

ПОДОПЕ´ЧНЫЙ, -ая, -ое (офиц. и разг.). Состоящий под чьей-н. опекой. *П. ребёнок. Позаботиться о своём подопечном* (сущ.). *Подопечные территории* (нек-рые зависимые территории, включённые в международную систему опеки при Организации Объединённых Наций).

ПОДОПЛЁКА, -и, *ж.* Скрытая, тайная причина чего-н. *П. интриги. В этом деле есть своя п.*

ПОДОПРЕ´ЛЫЙ, -ая, -ое; -е́л. Подопревший; слегка подгнивший.

ПОДОПРЕ´ТЬ, -е́ю, -е́ешь; *сов.* **1.** (1 и 2 л. не употр.). Немного или только снизу испортиться от прения. *Сено подопрело.* **2.** О коже: воспалиться от мокроты́, нечистоты. *Ребёнок подопрел.* ‖ *несов.* **подопрева́ть**, -а́ю, -а́ешь. ‖ *сущ.* **подопрева́ние**, -я, *ср.*

ПОДО´ПЫТНЫЙ, -ая, -ое. Такой, к-рый служит предметом научного опыта. *Подопытное животное. П. кролик* (также перен.: о том, на ком что-н. проверяется, испытывается; неодобр.).

ПОДОРВА´ТЬ, -ву́, -вёшь; -а́л, -ала́, -а́ло; -о́рванный; *сов., что.* **1.** Разрушить взрывом. *П. мост.* **2.** *перен.* Нанести вред чему-н., привести в расстройство, расшатать. *П. здоровье. П. чей-н. авторитет.* ‖ *несов.* **подрыва́ть**, -а́ю, -а́ешь. ‖ *сущ.* **подры́в**, -а, *м.* и **подрыва́ние**, -я, *ср.* (к 1 знач.). ‖ *прил.* **подрывно́й**, -а́я, -о́е (к 1 знач.). *П. заряд.*

ПОДОРВА´ТЬСЯ, -ву́сь, -вёшься; -а́лся, -ала́сь, -ало́сь *и* -а́лось; *сов.* **1.** Разрушиться или погибнуть от взрыва. *П. на мине.* **2.** (1 и 2 л. не употр.), *перен.* Повредиться, ослабнуть, расшататься. *Здоровье подорвалось.* ‖ *несов.* **подрыва́ться**, -а́юсь, -а́ешься. ‖ *сущ.* **подры́в**, -а, *м.*

ПОДО´РЛИК, -а, *м.* Небольшая хищная птица сем. ястребиных, род орла. *Большой, малый п.* (виды).

ПОДОРОЖА´ТЬ *см.* дорожать.

ПОДОРОЖИ´ТЬСЯ *см.* дорожиться.

ПОДОРО´ЖНАЯ, -ой, *ж.* В старое время: проездное свидетельство едущего почтой (в 4 знач.).

ПОДОРО´ЖНИК, -а, *м.* **1.** Сорная луговая, обычно придорожная, трава с мелкими цветками, собранными в соцветия в виде колоса. **2.** Пирожок, закуска, взятая в дорогу (устар.). ‖ *прил.* **подоро́жниковый**, -ая, -ое (к 1 знач.). *Семейство подорожниковых* (сущ.).

ПОДОРО´ЖНЫЙ, -ая, -ое (устар). Находящийся при дороге. *П. столб.*

ПОДОСА´ДОВАТЬ *см.* досадовать.

ПОДОСИ´НОВИК, -а, *м.* Съедобный трубчатый гриб с красно-жёлтой шляпкой.

ПОДОСЛА´ТЬ, -ошлю́, -ошлёшь; -а́л, -а́ла; -о́сланный; *сов.* **1.** *кого (что).* Послать с тайной целью. *П. соглядатая.* **2.** *кого-что.* То же, что прислать (во 2 знач.) (прост.). *П. за кем-н. машину.* ‖ *несов.* **подсыла́ть**, -а́ю, -а́ешь. ‖ *сущ.* **подсыла́ние**, -я, *ср.* (к 1 знач.), **подсы́лка**, -и, *ж.* (к 1 знач.) *и* **подсы́л**, -а, *м.* (к 1 знач.; устар.).

ПОДОСНО´ВА, -ы, *ж.* Истинная причина, основа чего-н. *Вскрыть подоснову событий.*

ПОДОСПЕ´ТЬ, -е́ю, -е́ешь; *сов.* (разг.). Успеть появиться (вовремя, в нужный момент). *Подоспело подкрепление.* ‖ *несов.* **подоспева́ть**, -а́ю, -а́ешь.

ПОДОСТЛА´ТЬ, подстелю́, подсте́лешь; -о́стланный и **ПОДСТЕЛИ´ТЬ**, подстелю́, подсте́лешь; -сте́ленный; *сов., что.* **1.** Постлать подо что-н. *П. простыню.* **2.** (1 и 2 л. не употр.). О почве, подпочвенном слое: расположиться, поместиться над чем-н. (спец.). *Леса подостланы торфом.* ‖ *несов.* **подстила́ть**, -а́ю, -а́ешь. *Грунтовые воды подстилают бор. Породы, подстилающие дно.* ‖ *сущ.* **подстила́ние**, -я, *ср.*, **подсти́лка**, -и, *ж. и* **подсти́л**, -а, *м.* (спец.).

ПОДОТКНУ´ТЬ, -ну́, -нёшь; -о́ткнутый; *сов., что.* Заткнуть снизу или подо что-н. *П. фартук. П. одеяло.* ‖ *несов.* **подтыка́ть**, -а́ю, -а́ешь.

ПОДОТЧЁТНЫЙ, -ая, -ое; -тен, -тна. **1.** *полн. ф.* Выдаваемый с условием последующего отчёта. *Подотчётная сумма.* **2.** Обязанный отчитываться. *Подотчётные организации. Подотчётные кому-н. лица.* ‖ *сущ.* **подотчётность**, -и, *ж.* (ко 2 знач.).

ПОДО´ХНУТЬ *см.* до́хнуть.

ПОДОХО´ДНЫЙ, -ая, -ое. Соответствующий доходу. *П. налог* (взимаемый с доходов).

ПОДО´ШВА, -ы, *ж.* **1.** То же, что ступня (во 2 знач.) (разг.). *Поранить подошву.* **2.** Нижняя наружная часть обуви под ступнёй. *Кожаные, резиновые, каучуковые, синтетические подошвы. Гладкая, ребристая п.* **3.** *перен., чего.* Нижняя часть, основание чего-н. *П. горы. П. оползня.* ‖ *прил.* **подо́швенный**, -ая, -ое.

ПОДПАДА´ТЬ *см.* подпасть.

ПОДПА´ИВАТЬ *см.* подпоить.

ПОДПА´ЛИНА, -ы, *ж.* Рыжеватое или белёсое пятно на шерсти животного. *Конь вороной с подпалинами.*

ПОДПАЛИ´ТЬ, -лю́, -ли́шь; -лённый (-ён, -ена́); *сов., что.* **1.** То же, что поджечь (в 1 и 2 знач.) (прост.). *П. дом.* **2.** Немного опалить (разг.). *П. усы трубкой.* ‖ *несов.* **подпа́ливать**, -аю, -аешь.

ПОДПА´РЫВАТЬ *см.* подпороть.

ПОДПА´СОК, -ска, *м.* Подросток, помогающий пастуху.

ПОДПА´СТЬ, -аду́, -адёшь; -а́л, -а́ла; -а́вший; -а́в; *сов., подо что.* Оказаться под влиянием кого-чего-н., под действием чего-н. (обычно отрицательного). *П. под плохое влияние. П. под чей-н. гнев.* ‖ *несов.* **подпада́ть**, -а́ю, -а́ешь.

ПОДПА´ХИВАТЬ (-аю, -аешь, 1 и 2 л. не употр.), -ает; *несов.* (разг.). Начав портиться, издавать неприятный запах. *Рыба уже подпахивает.*

ПОДПЕВА´ЛА, -ы, *м.* и *ж.* (разг. неодобр.). Человек, к-рый угодливо поддерживает кого-н. из неблаговидных соображений. *Окружил себя подпевалами.*

ПОДПЕВА´ТЬ, -а́ю, -а́ешь; *несов., кому.* **1.** Петь, вторя кому-чему-н. *П. басом.* **2.** *перен.* Соглашаться с кем-н. из желания угодить, польстить, выслужиться (разг. неодобр.). ‖ *сов.* **подпе́ть**, -пою́, -поёшь.

ПОДПЕРЕ´ТЬ, подопру́, подопрёшь; -пёр, -пёрла; -пёрший; -пёртый; -перёв *и* -пёрши; *сов.* **1.** *что.* Поставить опору для поддержки чего-н., поддержать чем-н. *П. забор кольями. П. щёку рукой.* **2.** *безл.* О наступлении крайней необходимости, безвыходности (прост.). *Так подпёрло, что где хочешь, а доставай деньги.* ‖ *несов.* **подпира́ть**, -а́ю, -а́ешь. ‖ *прил.* **подпо́рный**, -ая, -ое (к 1 знач.; спец.). *П. брус.*

ПОДПЕРЕ´ТЬСЯ, -допру́сь, -допрёшься; -пёрся, -пёрлась; -пёршийся; -перши́сь *и* -пёршись; *сов.* (разг.). Опереться чем-н. на что-н. *Сидит, подпёршись рукой.* ‖ *несов.* **подпира́ться**, -а́юсь, -а́ешься.

ПОДПИЛИ´ТЬ, -пилю́, -пи́лишь; -пи́ленный; *сов., что.* **1.** Подре́зать пилой, напильником. *П. сук.* **2.** Пиля, укоротить, сточить. *П. ножку стола. П. деталь.* ‖ *несов.* **подпи́ливать**, -аю, -аешь. ‖ *сущ.* **подпи́ливание**, -я, *ср.*, **подпи́лка**, -и, *ж. и* **подпи́л**, -а, *м.* (спец.).

ПОДПИ´ЛОК, -лка, *м.* То же, что напильник. ‖ *прил.* **подпи́лковый**, -ая, -ое.

ПОДПИРА´ТЬ, -СЯ *см.* подпереть, -ся.

ПОДПИСА´НТ, -а, *м.* (разг.). Тот, кто подписывает, подписал какое-н. официальное обращение, открытое письмо.

ПОДПИСА´ТЬ, -ишу́, -и́шешь; -и́санный; *сов.* **1.** *что.* Подтвердить, заверить, поставив подпись. *П. приказ. П. заявление. П. договор* (заключить его). **2.** *что.* Приписать под чем-н. *П. ещё три строки.* **3.** *кого (что) на что.* Включить в число подписчиков. *П. на газету.* ‖ *несов.* **подпи́сывать**, -аю, -аешь. ‖ *сущ.* **подписа́ние**, -я, *ср.* (к 1 знач.), **подпи́сывание**, -я, *ср.* (к 1 и 2 знач.) *и* **подпи́ска**, -и, *ж.* (к 3 знач.). *Подписание договора. Подписка на журнал.*

ПОДПИСА´ТЬСЯ, -ишу́сь, -и́шешься; *сов.* **1.** Поставить свою подпись. *П. под заявлением.* **2.** *на что.* Стать подписчиком. *П. на журнал.* ‖ *несов.* **подпи́сываться**, -аюсь, -аешься. ‖ *сущ.* **подписа́ние**, -я, *ср.* (к 1 знач.), **подпи́сывание**, -я, *ср.* (к 1 знач.) *и* **подпи́ска**, -и, *ж.* (ко 2 знач.). ‖ *прил.* **подпи́сочный**, -ая, -ое (ко 2 знач.).

ПОДПИ´СКА, -и, *ж.* **1.** *см.* подписать, -ся. **2.** Письменное обязательство в чём-н. *П. о не-*

выезде (обязательство не отлучаться с места жительства или временного пребывания где-н.; спец.).

ПОДПИСНО́Й, -а́я, -о́е. 1. Снабжённый подписью, подписями. *П. экземпляр корректуры. П. лист* (лист для сбора денег в пользу кого-чего-н., на к-ром участвующие в сборе ставят свои подписи). 2. Получаемый по подписке, подписчиками. *Подписное издание.*

ПОДПИ́СЧИК, -а, *м.* Лицо, выписывающее себе какое-н. печатное издание. *Газеты доставляются подписчикам.* ‖ *ж.* **подпи́счица**, -ы.

ПО́ДПИСЬ, -и, *ж.* 1. Надпись под чем-н. *П. под картиной.* 2. Собственноручно написанная фамилия. *Поставить свою п. Дать бумагу на п.*

ПОДПИ́ТИЕ, -я, *ср.*: **в подпитии** (разг.) — в состоянии небольшого опьянения.

ПОДПИХНУ́ТЬ, -ну́, -нёшь; -и́хнутый; *сов., кого-что* (разг.). 1. Пихнуть слегка, подтолкнуть. *П. под локоть.* 2. То же, что подсунуть (в 1 знач.). *П. под матрац.* ‖ *несов.* **подпи́хивать**, -аю, -аешь.

ПОДПЛЫ́ТЬ, -ыву́, -ывёшь; -ы́л, -ыла́, -ы́ло; *сов.* 1. Плывя, приблизиться к чему-н. *П. к берегу.* 2. Плывя, попасть подо что-н. *П. под плот.* ‖ *несов.* **подплыва́ть**, -а́ю, -а́ешь.

ПОДПОИ́ТЬ, -ою́, -о́ишь *и* -ои́шь; -о́енный; *сов., кого (что)* (разг.). Слегка напоить чем-н. хмельным. ‖ *несов.* **подпа́ивать**, -аю, -аешь.

ПО́ДПОЛ, -а, *м.* (прост.). То же, что подполье (в 1 знач.). *Ссыпать картошку в п.*

ПОДПОЛЗТИ́, -зу́, -зёшь; -о́лз, -олзла́; -о́лзший; -о́лзши; *сов.* 1. Приблизиться к чему-н. ползком. *П. к забору.* 2. Ползя, попасть подо что-н. *П. под заграждение.* ‖ *несов.* **подполза́ть**, -а́ю, -а́ешь.

ПОДПОЛКО́ВНИК, -а, *м.* Офицерское звание или чин рангом выше майора и ниже полковника, а также лицо, имеющее это звание. ‖ *прил.* **подполко́вницкий**, -ая, -ое *и* **подполко́вничий**, -ья, -ье (разг.).

ПОДПО́ЛЬЕ, -я, *род. мн.* -лий *и* -льев, *ср.* 1. Помещение под полом, подвал. *Спуститься в п. Домовое п. Техническое п.* (с газовыми и другими вводами в здание). 2. Организация, общественные группы, действующие втайне от властей, а также деятельность в таких организациях, группах. *Революционное п. Уйти в п. Выйти из подполья.* ‖ *прил.* **подпо́льный**, -ая, -ое.

ПОДПО́ЛЬНЫЙ, -ая, -ое. 1. *см.* подполье. 2. Об общественной организации, деятельности: нелегальный. *Подпольная типография. Подпольная газета.*

ПОДПО́ЛЬЩИК, -а, *м.* Человек, к-рый занимается подпольной деятельностью. ‖ *ж.* **подпо́льщица**, -ы. ‖ *прил.* **подпо́льщицкий**, -ая, -ое.

ПОДПО́РА, -ы и **ПОДПО́РКА**, -и, *ж.* Брус, доска, опора, к-рыми подпирают что-н. *Поставить подпорку. Подпорки под ветвями яблонь.* ‖ *прил.* **подпо́рочный**, -ая, -ое. *П. брус.*

ПОДПО́РНЫЙ *см.* подпереть.

ПОДПОРО́ТЬ, -орю́, -о́решь; -о́ротый; *сов., что.* Распороть снизу или немного изнутри. *П. шов.* ‖ *несов.* **подпа́рывать**, -аю, -аешь.

ПОДПО́РТИТЬ, -рчу, -ртишь; -рченный; *сов., кого-что* (разг.). Слегка испортить.

ПОДПОРУ́ЧИК, -а, *м.* 1. В царской армии: офицерский чин рангом ниже поручика, а также лицо, имеющее этот чин. 2. В Войске Польском и в нек-рых других армиях: воинское звание младшего офицера, а также лицо, имеющее это звание. ◆ **Подпоручик Киже** (книжн.) — о несуществующей личности, к-рая считается реальной [по имени героя одноимённой повести Ю. Тынянова]. ‖ *прил.* **подпору́чицкий**, -ая, -ое *и* **подпору́чичий**, -ья, -ье (разг.).

ПОДПО́ЧВА, -ы, *ж.* Слой под верхними слоями почвы. ‖ *прил.* **подпо́чвенный**, -ая, -ое. *Подпочвенные воды.*

ПОДПОЯ́САТЬ, -я́шу, -я́шешь; -я́санный; *сов., кого-что.* Надеть на кого-н. пояс. *П. ремнём.* ‖ *несов.* **подпоя́сывать**, -аю, -аешь. ‖ *возвр.* **подпоя́саться**, -я́шусь, -я́шешься; *несов.* **подпоя́сываться**, -аюсь, -аешься.

ПОДПРА́ВИТЬ, -влю, -вишь; -вленный; *сов., что.* Немного исправить, поправить. *П. чертёж.* ‖ *несов.* **подправля́ть**, -я́ю, -я́ешь. ‖ *сущ.* **подпра́вка**, -и, *ж.*

ПОДПРА́ПОРЩИК, -а, *м.* В царской армии: высшее звание унтер-офицерского состава, а также лицо, имеющее это звание. ‖ *прил.* **подпра́порщицкий**, -ая, -ое *и* **подпра́порщичий**, -ья, -ье (разг.).

ПОДПРУ́ГА, -и, *ж.* Широкий ремень седла или седёлки, затягиваемый под брюхом лошади. ‖ *прил.* **подпру́жный**, -ая, -ое.

ПОДПРЫ́ГНУТЬ, -ну, -нешь; *сов.* Сделать прыжок. *П. до потолка. П. от радости.* ‖ *несов.* **подпры́гивать**, -аю, -аешь.

ПО́ДПУСК, -а, *м.* 1. *см.* подпустить. 2. Рыболовная снасть в виде верёвки с крючками и грузилом, опускаемая под лёд. *Ловить на п.* ‖ *прил.* **подпускно́й**, -а́я, -о́е.

ПОДПУСТИ́ТЬ, -ущу́, -у́стишь; -у́щенный; *сов.* 1. *кого (что).* Дать приблизиться, подойти. *П. зверя на расстояние выстрела.* 2. *что* и *чего.* Добавить жидкости во что-н. (разг.). *П. белил в краску.* 3. *что.* Сказать, воспользовавшись удобным моментом (разг.). *П. колкость, шутку, намёк.* ‖ *несов.* **подпуска́ть**, -а́ю, -а́ешь. ‖ *сущ.* **по́дпуск**, -а, *м.* (к 1 и 2 знач.). ‖ *прил.* **подпускно́й**, -а́я, -о́е (к 1 знач.) *и* **подпуска́льный**, -ая, -ое (ко 2 знач.). *Подпускальная кисть* (у позолотчиков; спец.).

ПОДПУ́ШКА, -и, *ж.* 1. Пушистая обшивка на внутренней части одежды; опушка. *Меховая п.* 2. У животных: пушистые, мягкие волоски под верхним слоем шерсти, перьев (спец.). 3. То же, что подшивка (в 3 знач.) (разг.). *П. подола.*

ПОДРАБО́ТАТЬ, -аю, -аешь; -анный; *сов.* (разг.). 1. *что* и *чего.* Заработать дополнительно к чему-н., а также вообще заработать. *П. денег.* 2. *что.* Дополнительно изучить, разработать. *П. вопрос.* ‖ *несов.* **подраба́тывать**, -аю, -аешь. ‖ *сущ.* **подраба́тывание**, -я, *ср. и* **подрабо́тка**, -и, *ж.*

ПОДРА́ВНИВАТЬ *см.* подровнять.

ПОДРА́ГИВАТЬ, -аю, -аешь; *несов.* (разг.). Подёргиваться (во 2 знач.), дрожать немного, время от времени. *Лицо нервно подрагивает. Нога подрагивает. П. ногой.*

ПОДРАЖА́НИЕ, -я, *ср.* 1. *см.* подражать. 2. Произведение, подражающее какому-н. образцу. *Литературное п. народной сказке. Жалкое п.*

ПОДРАЖА́ТЕЛЬ, -я, *м.* Человек, к-рый подражает кому-чему-н. в чём-н. ‖ *ж.* **подража́тельница**, -ы.

ПОДРАЖА́ТЕЛЬНЫЙ, -ая, -ое; -лен, -льна. Представляющий собой подражание. *Подражательная литература.* ‖ *сущ.* **подража́тельность**, -и, *ж.*

ПОДРАЖА́ТЕЛЬСТВО, -а, *ср.* (неодобр.). Несамостоятельность в творчестве, подражание.

ПОДРАЖА́ТЬ, -а́ю, -а́ешь; *несов., кому-чему.* Делать что-н. по какому-н. образцу; стараться воспроизводить то, что делается другим (другими). *П. в игре известному артисту. П. чьей-н. походке. Во всем подражает подруге.* ‖ *сущ.* **подража́ние**, -я, *ср.*

ПОДРАЗДЕ́Л, -а, *м.* Часть раздела.

ПОДРАЗДЕЛЕ́НИЕ, -я, *ср.* 1. *см.* подразделить. 2. Часть, раздел чего-н., входящий в состав более крупной части. *Глава имеет несколько подразделений.* 3. Войсковая единица в составе более крупной части. *Стрелковое п.*

ПОДРАЗДЕЛИ́ТЬ, -лю́, -ли́шь; -лённый (-ён, -ена́); *сов., кого-что.* Разделить на более мелкие части, разряды. *П. главу на параграфы.* ‖ *несов.* **подразделя́ть**, -я́ю, -я́ешь. ‖ *сущ.* **подразделе́ние**, -я, *ср.*

ПОДРАЗДЕЛЯ́ТЬСЯ (-я́юсь, -я́ешься, 1 и 2 л. ед. не употр.), -я́ется; *несов.* Делиться, распадаться на более мелкие части, разряды. *Глава подразделяется на параграфы.*

ПОДРАЗУМЕВА́ТЬ, -а́ю, -а́ешь; *несов., кого-что.* Предполагать в мыслях кого-что-н., иметь в виду, не высказывая. *Говорит о других, а подразумевает тебя.*

ПОДРАЗУМЕВА́ТЬСЯ (-а́юсь, -а́ешься, 1 и 2 л. не употр.), -а́ется; *несов.* Предполагаться в мыслях, оставаясь невысказанным. *Вывод подразумевается сам собой.*

ПОДРА́МНИК, -а и **ПОДРА́МОК**, -мка, *м.* Остов, на к-рый натягивается холст для живописной работы. *Снять холст с подрамника.*

ПОДРА́НИТЬ, -ню, -нишь; -ненный; *сов., кого (что).* У охотников: ранить (зверя, птицу). ‖ *несов.* **подра́нивать**, -аю, -аешь.

ПОДРА́НОК, -нка, *м.* Зверь или птица, раненные охотником.

ПОДРАСТИ́, -ту́, -тёшь; -ро́с, -росла́; -ро́сший; -ро́сши; *сов.* Несколько вырасти, стать постарше. *Мальчик подрос. Подрастёт — поумнеет.* ‖ *несов.* **подраста́ть**, -а́ю, -а́ешь. *Подрастающее поколение.*

ПОДРАСТИ́ТЬ, -ащу́, -асти́шь; -ащённый (-ён, -ена́); *сов., кого-что.* Дать подрасти кому-чему-н. *П. цыплят. П. рассаду.* ‖ *несов.* **подра́щивать**, -аю, -аешь.

ПОДРА́ТЬ, -дерёт; *сов., кого-что:* **чёрт подери** (прост.) — то же, что чёрт побери.

ПОДРА́ТЬСЯ *см.* драться.

ПОДРЕ́ЗАТЬ, -е́жу, -е́жешь; -е́занный; *сов.* 1. *что.* Сре́зать, разре́зать снизу. *П. стебель.* 2. *что.* Укоротить обрезая. *П. волосы.* 3. *чего.* Наре́зать ещё, в добавление (разг.). *П. хлеба.* ‖ *несов.* **подреза́ть**, -а́ю, -а́ешь *и* **подре́зывать**, -аю, -аешь. ‖ *сущ.* **подреза́ние**, -я, *ср.* (к 1 и 2 знач.), **подре́зывание**, -я, *ср.* (к 1 и 2 знач.), **подре́зка**, -и, *ж. и* **подре́з**, -а, *м.* (к 1 знач.; спец.).

ПОДРЕМА́ТЬ, -млю́, -е́млешь; *сов.* Провести нек-рое время в дремоте.

ПОДРЕМОНТИ́РОВАТЬ, -рую, -руешь; *сов., что* (разг.). Подвергнуть небольшому ремонту. *П. велосипед.*

ПОДРЕШЕ́ТИНА, -ы, *ж.* (спец.). Брус для опоры кровли, укреплённый между стропилами параллельно им.

ПОДРЁБЕРНЫЙ, -ая, -ое. Находящийся под рёбрами. *Подрёберная область.*

ПОДРИСОВА́ТЬ, -су́ю, -су́ешь; -о́ванный; *сов., что.* 1. Подправить (рисунок). *П. портрет.* 2. Добавить что-н. к рисунку. *П. усы на портрете.* ‖ *несов.* **подрисо́вывать**, -аю, -аешь. ‖ *сущ.* **подрисо́вывание**, -я, *ср. и* **подрисо́вка**, -и, *ж.*

ПОДРО́БНОСТЬ, -и, *ж.* 1. *см.* подробный. 2. Частность, мелкое обстоятельство какого-н. дела, события. *Интересная п. Расска-*

зать со всеми подробностями. Не вдаваться в подробности.

ПОДРО́БНЫЙ, -ая, -ое; -бен, -бна. Детальный, со всеми частностями, мелкими обстоятельствами. *П. отчёт. Подробно* (нареч.) *рассказать о чём-н.* ‖ *сущ.* **подро́бность, -и,** *ж.*

ПОДРОВНЯ́ТЬ, -я́ю, -я́ешь; *сов., что.* Сделать более ровным. *П. грядку. П. бороду.* ‖ *несов.* **подра́внивать, -аю, -аешь.**

ПОДРО́СТ, -а, *м.* (спец.). Молодые деревья в лесу, относящиеся к его основной породе.

ПОДРО́СТОК, -тка, *м.* Мальчик или девочка в отроческом возрасте. ‖ *прил.* **подро́стковый, -ая, -ое** *и* **подростко́вый, -ая, -ое.** *П. возраст.*

ПОДРУБИ́ТЬ[1], -ублю́, -у́бишь; -у́бленный; *сов.* **1.** *что.* Надрубить, перерубить снизу. *П. дерево. П. под корень* (также перен.: полностью подорвать, уничтожить). **2.** *что.* Укоротить рубя, отрубая. *П. брус.* **3.** *чего.* Нарубить дополнительно к чему-н. *П. капусты.* ‖ *несов.* **подруба́ть, -а́ю, -а́ешь.** ‖ *сущ.* **подру́бка, -и,** *ж.*

ПОДРУБИ́ТЬ[2], -ублю́, -у́бишь; -у́бленный; *сов., что.* Подшить, загнув край. *П. платок.* ‖ *несов.* **подруба́ть, -а́ю, -а́ешь.** ‖ *сущ.* **подру́бка, -и,** *ж.*

ПОДРУ́ГА, -и, *ж.* Девочка, девушка или женщина, состоящая в дружеских, близких отношениях с кем-н. *Школьные подруги. П. жизни* (перен.: о жене). ‖ *уменьш.* **подру́жка, -и,** *ж. и уменьш.-ласк.* **подру́женька, -и,** *ж.*

ПОДРУЖИ́ТЬСЯ *см.* дружиться.

ПОДРУЛИ́ТЬ, -лю́, -ли́шь; -лённый (-ён, -ена́); *сов.* **1.** *что.* Руля, подвести машину куда-н. *П. самолёт к ангару.* **2.** Двигаясь по земле (о машине или в машине), приблизиться к чему-н. *Грузовик подрулил к воротам. Водитель подрулил к гаражу.* ‖ *несов.* **подру́ливать, -аю, -аешь.**

ПОДРУМЯ́НИТЬ, -ню, -нишь; -ненный; *сов.* **1.** *кого-что.* Сделать слегка румяным; подкрасить румянами. *Мороз подрумянил лицо. П. щёки.* **2.** *что.* Выпекая, сделать поджаристым, коричневатым. *П. булки. Подрумяненный пирог.* ‖ *несов.* **подрумя́нивать, -аю, -аешь.**

ПОДРУМЯ́НИТЬСЯ, -нюсь, -нишься; *сов.* **1.** Стать румяным; слегка покрасить себе лицо румянами. *Щёки подрумянились на морозе. Напудриться и п.* **2.** (1 и 2 л. не употр.). Стать поджаристым, приобрести коричневатый оттенок при выпечке. *Пирог подрумянился.* ‖ *несов.* **подрумя́ниваться, -аюсь, -аешься.**

ПОДРУ́ЧНЫЙ, -ая, -ое. **1.** Находящийся под руками, поблизости. *П. инструмент. Переправа на подручных средствах.* **2.** Помогающий, являющийся помощником. *Столяр с подручным* (сущ.).

ПОДРЫ́В[1], **ПОДРЫВА́ТЬ**[1] *см.* подорвать, -ся.

ПОДРЫ́В[2], **ПОДРЫВА́ТЬ**[2] *см.* подрыть.

ПОДРЫВА́ТЬСЯ *см.* подорваться.

ПОДРЫВНИ́К, -а́, *м.* Специалист по взрывным, подрывным работам.

ПОДРЫВНО́Й, -а́я, -о́е. **1.** *см.* подорвать. **2.** *перен.* Имеющий целью подрыв чего-н., нанесение вреда чему-н. *Подрывная деятельность.*

ПОДРЫ́ТЬ, -ро́ю, -ро́ешь; -ы́тый; *сов.* **1.** *что.* Разрыть (землю, что-н. рыхлое) под чем-н. *П. дерево* (обнажить корни). **2.** *чего.* Нарыть, накопать или разрыть дополнительно. *П. песку.* ‖ *несов.* **подрыва́ть, -а́ю, -а́ешь.** ‖ *сущ.* **подрыва́ние, -я,** *ср. и* **подры́в, -а,** *м.* (к 1 знач.).

ПОДРЯ́Д[1], -а, *м.* Договор, по к-рому одна сторона обязуется по заказу другой стороны выполнить определённую работу, а также работа, производимая по такому договору. *П. на постройку. Бригадный п.* (работа производственной бригады, основанная на принципе хозрасчёта, ориентированная на конечный результат труда). *Арендный п.* ‖ *прил.* **подря́дный, -ая, -ое.** *Подрядные организации. Подрядные работы.*

ПОДРЯ́Д[2], *нареч.* Один за другим, без пропуска. *Прочёл сто страниц п. Осуждать всех п.*

ПОДРЯДИ́ТЬ, -яжу́, -ядишь; -я́женный *и* -яжённый (-ён, -ена́); *сов., кого-что* (устар.). Нанять для временной работы, доставки чего-н. *П. возчика.* ‖ *несов.* **подряжа́ть, -а́ю, -а́ешь.**

ПОДРЯДИ́ТЬСЯ, -яжу́сь, -яди́шься; *сов., с неопр.* (устар. разг.). Взяться, уговориться выполнить какую-н. работу. *П. возить дрова.* ‖ *несов.* **подряжа́ться, -а́юсь, -а́ешься.**

ПОДРЯ́ДЧИК, -а, *м.* Организация (или, прежде, отдельное лицо), занимающаяся работами по подрядам[1]. ‖ *прил.* **подря́дческий, -ая, -ое** *и* **подря́дчицкий, -ая, -ое.**

ПОДРЯ́СНИК, -а, *м.* У служителей православной церкви: длинная одежда с узкими рукавами, поверх к-рой надевается ряса.

ПОДСАДИ́ТЬ, -ажу́, -а́дишь; -а́женный; *сов.* **1.** *кого (что).* Помочь кому-н. сесть, взобраться куда-н. *П. ребёнка в автобус.* **2.** *кого-что.* Посадить, поместить рядом, вместе с кем-н. *П. отстающего к сильному ученику. П. пчёл в улей.* **3.** *кого (что).* Взять в качестве попутчика (в машину, повозку). *П. пешехода.* **4.** *что и чего.* Добавочно посадить (о растениях). *П. капусты.* **5.** *кого-что.* Посадить, поместить вместо кого-чего-н. (прост.). *П. доносчика в камеру арестанта. П. утку* (на охоте: выпустить на воду для приманки диких селезней). **6.** *что.* Прирастить, приживить; подключить (спец.). *П. кожу. П. орган* (временно включить чужой орган в систему кровообращения больного). ‖ *несов.* **подса́живать, -аю, -аешь.** ‖ *сущ.* **подса́живание, -я,** *ср.* (к 1, 2 и 4 знач.), **подса́дка, -и,** *ж.* (ко 2, 4, 5 и 6 знач.) *и* **подса́д, -а,** *м.* (к 4 знач.). ‖ *прил.* **подса́дный, -ая, -ое** (к 4 знач.) *и* **подсадно́й, -а́я, -о́е** (к 5 знач.). *Подсадный материал. Подсадная утка* (также перен.: тот, кто подсажен к кому-н. для тайного наблюдения, для доноса; разг.).

ПОДСА́ЖИВАТЬСЯ *см.* подсесть.

ПОДСА́ЛИВАТЬ *см.* подсолить.

ПОДСВЕ́ЧИВАТЬ, -аю, -аешь; *несов., что.* Освещать снизу. *П. декорации. П. памятник.* ‖ *сов.* **подсвети́ть, -вечу́, -ве́тишь; -ве́ченный.** ‖ *сущ.* **подсве́чивание, -я,** *ср.*, **подсве́тка, -и,** *ж. и* **подсве́т, -а,** *м.*

ПОДСВЕ́ЧНИК [*шн*], -а, *м.* Подставка для свечи, свечей. *Медный, бронзовый, серебряный п.*

ПОДСВИ́НОК, -нка, *м.* (обл.). Поросёнок в возрасте от 4 до 8—10 месяцев.

ПОДСВИ́СТЫВАТЬ, -аю, -аешь; *несов., кому-чему.* Свистеть в такт, сопровождая пение, игру, танцы. ‖ *сов.* **подсвисте́ть, -ищу́, -и́щешь.**

ПОДСЕ́КА, -и, *ж.* (спец.). Место среди леса, расчищенное для пашни. ‖ *прил.* **подсе́чный, -ая, -ое.** *Подсечное земледелие.*

ПОДСЕЛИ́ТЬ, -елю́, -ели́шь *и* -е́лишь; -лённый (-ён, -ена́); *сов., кого-что.* Поселить в дополнение к уже живущим, обитающим где-н. *П. жильца.* ‖ *несов.* **подселя́ть, -я́ю, -я́ешь.** ‖ *сущ.* **подселе́ние, -я,** *ср.*

ПОДСЕ́СТЬ, -ся́ду, -ся́дешь; -се́л, -се́ла; -се́вший; -се́в; *сов.* Сесть около кого-чего-н., рядом с кем-чем-н. *П. к столу.* ‖ *несов.* **подса́живаться, -аюсь, -аешься.**

ПОДСЕ́ЧКА, -и, *ж.* **1.** *см.* подсечь. **2.** В спорте: удар по ногам соперника с целью повалить его.

ПОДСЕ́ЧЬ, -еку́, -ечёшь, -еку́т; -ёк *и* (устар.) -е́к, -екла́; -еки́; -ёкший *и* -е́кший; -ечённый (-ён, -ена́) *и* -е́ченный; -е́кши *и* -ёкши; *сов., что.* **1.** Срезать снизу. *П. тростник. П. под корень* (также перен.: полностью лишить сил, энергии). **2.** *перен., кого-что.* Лишить силы, энергии, ослабить. *Горе подсекло старика.* **3.** Дёрнуть удочку в момент клёва. ‖ *несов.* **подсека́ть, -а́ю, -а́ешь.** ‖ *сущ.* **подсека́ние, -я,** *ср.* (к 1 и 3 знач.) *и* **подсе́чка, -и,** *ж.* (к 1 и 3 знач.).

ПОДСЕ́ЯТЬ, -е́ю, -е́ешь; -е́янный; *сов., что и чего.* Посеять ещё, в добавление к чему-н. *П. гороху.* ‖ *несов.* **подсева́ть, -а́ю, -а́ешь** *и* **подсе́ивать, -аю, -аешь.** ‖ *сущ.* **подсева́ние, -я,** *ср.*, **подсе́ивание, -я,** *ср. и* **подсе́в, -а,** *м.*

ПОДСИДЕ́ТЬ, -ижу́, -иди́шь; -и́женный; *сов., кого (что).* **1.** У охотников: подстеречь (зверя, дичь), засев где-н. *П. куропатку.* **2.** Устраивая мелкие неприятности кому-н., вынудить к увольнению, уходу (разг.). *П. сослуживца.* ‖ *несов.* **подси́живать, -аю, -аешь.** ‖ *сущ.* **подси́живание, -я,** *ср.* (ко 2 знач.) *и* **подси́дка, -и,** *ж.* (к 1 знач.).

ПОДСИ́НИВАТЬ, -аю, -аешь; *несов., что.* То же, что синить (во 2 знач.). *П. бельё.*

ПОДСИНИ́ТЬ *см.* синить.

ПОДСКАЗА́ТЬ, -ажу́, -а́жешь; -а́занный; *сов., что кому.* **1.** Негромко сказать, напомнить, что нужно говорить, как отвечать. *П. ответ ученику.* **2.** *перен.* Навести на мысль, внушить. *Опыт подсказал правильное решение.* **3.** Сказать, посоветовать (прост.). *Подскажите, как мне поступить. Не подскажете, как доехать до вокзала?* ‖ *несов.* **подска́зывать, -аю, -аешь** (к 1 и 2 знач.). ‖ *сущ.* **подска́зывание, -я,** *ср.* (к 1 и 2 знач.) *и* **подска́зка, -и,** *ж.* (к 1 знач.). *По чьей-н. подсказке действовать* (перен.: несамостоятельно; неодобр.).

ПОДСКА́ЗЧИК, -а, *м.* (разг.). Тот, кто подсказывает (в 1 знач.). ‖ *ж.* **подска́зчица, -ы.**

ПОДСКОБЛИ́ТЬ, -облю́, -о́блишь *и* -обли́шь; -о́бленный; *сов., что.* Соскоблить немного или часть чего-н. *П. краску.* ‖ *несов.* **подска́бливать, -аю, -аешь.**

ПОДСКОЧИ́ТЬ, -очу́, -о́чишь; *сов.* **1.** Приблизиться скачком. *П. к двери.* **2.** Всем телом сделать скачок, резкое движение вверх. *П. от радости.* **3.** (1 и 2 л. не употр.), *перен.* Резко увеличиться, подняться (разг.). *Подскочило давление. Температура подскочила. Цены подскочили.* **4.** Зайти, забежать куда-н., к кому-н. ненадолго (прост.). *П. на полчасика к приятелю.* ‖ *несов.* **подска́кивать, -аю, -аешь** (к 1, 2 и 3 знач.). ‖ *сущ.* **подска́кивание, -я,** *ср.* (к 1, 2 и 3 знач.) *и* **подско́к, -а,** *м.* (к 1 и 2 знач.).

ПОДСКРЕСТИ́, -ребу́, -ребёшь; -рёб, -ребла́; -рёбший; -ребённый (-ён, -ена́); -рёбши; *сов., что* (разг.). Очистить или собрать остатки, соскрёбывая. *П. сковородку. П. кашу со сковородки.* ‖ *несов.* **подскреба́ть, -а́ю, -а́ешь.**

ПОДСЛАСТИ́ТЬ, -ащу́, -асти́шь; -ащённый (-ён, -ена́); *сов., что.* Подбавить к чему-н. сладкого. *П. квас.* ‖ *несов.* **подсла́щивать, -аю, -аешь.**

ПОДСЛЕ́ДСТВЕННЫЙ, -ая, -ое. Состоящий под следствием. *Показания подследственного* (сущ.).

ПОДСЛЕПОВА́ТЫЙ, -ая, -ое; -а́т. Очень близорукий, плохо видящий. *П. старик. Подслеповато* (нареч.) *щуриться.* ‖ *сущ.* **подслепова́тость**, -и, *ж.*

ПОДСЛУЖИ́ТЬСЯ, -ужу́сь, -у́жишься; *сов., к кому* (разг.). Угодливой услужливостью снискать чьё-н. расположение. *П. к начальнику.* ‖ *несов.* **подслу́живаться**, -аюсь, -аешься.

ПОДСЛУ́ШАТЬ, -аю, -аешь; -анный; *сов., кого-что.* Тайком прислушиваясь, слушая, услышать то, что говорится кем-н. *П. чужой разговор.* ‖ *несов.* **подслу́шивать**, -аю, -аешь. *Подслушивающее устройство* (устанавливаемый для тайного прослушивания аппарат со скрытым микрофоном). ‖ *сущ.* **подслу́шивание**, -я, *ср.*

ПОДСМЕ́ИВАТЬСЯ, -аюсь, -аешься; *несов., над кем-чем.* Незлобно смеяться, иногда шутить над кем-н. *П. над хвастунишкой, над чьими-н. манерами, повадками.* ‖ *сущ.* **подсме́ивание**, -я, *ср.*

ПОДСМОТРЕ́ТЬ, -отрю́, -о́тришь; -о́тренный; *сов., что.* Тайком рассматривая, смотря, увидеть. *П. в щёлку.* ‖ *несов.* **подсма́тривать**, -аю, -аешь.

ПОДСНЕ́ЖНИК, -а, *м.* Лесной цветок, развивающийся под снегом и расцветающий сразу после его таяния. *Голубые подснежники.*

ПОДСНЕ́ЖНЫЙ, -ая, -ое. Находящийся под снегом, закрытый снегом. *Подснежная клюква. Подснежные воды.*

ПОДСОБИ́ТЬ, -блю́, -би́шь; *сов., кому* (прост. и обл.). То же, что помочь (в 1 знач.). *П. на сенокосе.* ‖ *несов.* **подсобля́ть**, -я́ю, -я́ешь. ‖ *сущ.* **подсо́ба**, -ы, *ж. Мирская п.* (всем миром).

ПОДСО́БКА, -и, *ж.* (разг.). Подсобное помещение.

ПОДСО́БНИК, -а, *м.* (разг.). Подсобный рабочий. ‖ *ж.* **подсо́бница**, -ы.

ПОДСО́БНЫЙ, -ая, -ое. Вспомогательный; предназначенный в помощь другому. *Подсобное хозяйство. Подсобные помещения, средства. П. рабочий.*

ПОДСО́ВЫВАТЬ *см.* подсунуть.

ПОДСОЗНА́НИЕ, -я, *ср.* Область неясных, не вполне осознанных мыслей, чувств, представлений. *Где-то в подсознании шевелится надежда.*

ПОДСОЗНА́ТЕЛЬНЫЙ, -ая, -ое; -лен, -льна. Находящийся в подсознании, инстинктивный. *Подсознательное движение.* ‖ *сущ.* **подсозна́тельность**, -и, *ж.*

ПОДСОЛИ́ТЬ, -олю́, -о́лишь *и* -оли́шь; -о́ленный; *сов., что.* Подбавить во что-н. соли. *П. суп.* ‖ *несов.* **подса́ливать**, -аю, -аешь.

ПОДСО́ЛНЕЧНИК, -а, *м.* Растение сем. сложноцветных с крупным, на высоком стебле, жёлтым соцветием-корзинкой, заполненным семенами, богатыми маслом. *Уборка подсолнечника.* ‖ *прил.* **подсо́лнечный**, -ая, -ое *и* **подсо́лнечниковый**, -ая, -ое. *Подсолнечные семена. Подсолнечное масло. Подсолнечниковый силос.*

ПОДСО́ЛНЕЧНЫЙ[1], -ая, -ое. Находящийся на той стороне, куда падают солнечные лучи. *Подсолнечная сторона.*

ПОДСО́ЛНЕЧНЫЙ[2] *см.* подсолнечник.

ПОДСО́ЛНУХ, -а, *м.* **1.** То же, что подсолнечник. *Золотые головки подсолнухов.* **2.** обычно *мн.* Семена подсолнечника. *Грызть подсолнухи. Жареные подсолнухи.* ‖ *уменьш.* **подсо́лнушек**, -шка, *м.* ‖ *прил.* **подсо́лнуховый**, -ая, -ое. *П. стебель. Подсолнуховая шелуха.*

ПОДСО́ХНУТЬ, -ну, -нешь; -о́х, -о́хла; *сов.* Немного, не совсем высохнуть. *Сено подсохло. Земля не подсохла.* ‖ *несов.* **подсыха́ть**, -а́ю, -а́ешь. *На улице подсыхает* (безл.).

ПОДСО́ЧКА, -и, *ж.* (спец.). Надрезание деревьев для извлечения живицы, сока. ‖ *прил.* **подсо́чный**, -ая, -ое.

ПОДСПО́РЬЕ, -я, *ср.* (разг.). Поддержка, помощь. *Огород — п. в хозяйстве.*

ПОДСПУ́ДНЫЙ, -ая, -ое; -ден, -дна. Находящийся под спудом, скрытый. *Подспудные силы.* ‖ *сущ.* **подспу́дность**, -и, *ж.*

ПОДСТА́ВА, -ы, *ж.* В старину: лошади, приготовленные на пути следования для смены уставших. *Выслать подставу.* ‖ *прил.* **подставно́й**, -а́я, -о́е. *Подставные лошади.*

ПОДСТА́ВИТЬ, -влю, -вишь; -вленный; *сов.* **1.** *кого-что.* Поставить подо что-н. *П. ведро под капель. П. ножку кому-н.* (сделать подножку; также перен.: намеренно помешать кому-н. в каком-н. деле; разг.). **2.** *что.* Двинув, приблизить. *П. стул посетителю.* **3.** *перен., кого-что.* Лишить всякой защиты, сделать доступным для нападения. *П. фланг противнику. П. пешку под удар.* **4.** *перен.* Поставить кого-н. в ложное, неприятное положение (разг.). *П. доверчивого компаньона.* **5.** *что.* Поставить вместо, взамен. *П. одно число вместо другого.* **6.** *кого (что).* Допустить (одного спортсмена) играть под именем другого (разг. неодобр.). *Подставленный игрок.* ‖ *несов.* **подставля́ть**, -я́ю, -я́ешь. ‖ *сущ.* **подстано́вка**, -и, *ж.* (к 3, 5 и 6 знач.) *и* **подста́вка**, -и, *ж.* (к 6 знач.). ‖ *прил.* **подстано́вочный**, -ая, -ое (к 5 знач.).

ПОДСТА́ВКА, -и, *ж.* **1.** *см.* подставить. **2.** Предмет, к-рый подставляется подо что-н., на к-рый ставится что-н. *Цветочный горшок на подставке. П. под чайник.* ‖ *прил.* **подста́вочный**, -ая, -ое.

ПОДСТАВНО́Й, -а́я, -о́е. **1.** *см.* подстава. **2.** Такой, к-рый подставляется снизу или сбоку. *П. столик.* **3.** Специально подобранный для какой-н. цели, ложный. *П. свидетель. П. игрок.*

ПОДСТАКА́ННИК, -а, *м.* Подставка с ручкой, в к-рую вставляется стакан. *Серебряный п.*

ПОДСТАНО́ВКА *см.* подставить.

ПОДСТА́НЦИЯ, -и, *ж.* Промежуточная электрическая или телефонная станция. *Трансформаторная п. Автоматическая п.* ‖ *прил.* **подстанцио́нный**, -ая, -ое.

ПОДСТЕГНУ́ТЬ[1], -ну́, -нёшь; -тёгнутый; *сов., что* (разг.). Пристегнуть снизу к чему-н. *П. подстёжку к куртке.* ‖ *несов.* **подстёгивать**, -аю, -аешь.

ПОДСТЕГНУ́ТЬ[2], -ну́, -нёшь; -тёгнутый; *сов., кого (что).* **1.** Подгоняя, легко стегнуть. *П. коня.* **2.** *перен.* Поторопить, заставить действовать быстрее (прост.). *П. отстающих.* ‖ *несов.* **подстёгивать**, -аю, -аешь.

ПОДСТЕЛИ́ТЬ *см.* подостлать.

ПОДСТЕРЕ́ЧЬ, -егу́, -ежёшь, -егу́т; -ёг, -егла́; -ёгший; -ежённый (-ён, -ена́); -ёгши; *сов., кого-что.* **1.** Выслеживая, выжидая, дождаться появления кого-чего-н. *П. зверя.* **2.** (1 и 2 л. не употр.), *перен.* О предстоящем и тяжёлом, плохом: неожиданно оказаться близким, возможным. *Подстережёт болезнь кого-н.* ‖ *несов.* **подстерега́ть**, -а́ю, -а́ешь. *Кошка подстерегает мышонка. Пьесу подстерегает провал.*

ПОДСТЁЖКА, -и, *ж.* Пристежная утеплённая подкладка. *Плащ с подстёжкой. Меховая* ‖ *прил.* **подстёжечный**, -ая, -ое.

ПОДСТИ́Л, ПОДСТИЛА́ТЬ *см.* подостлать.

ПОДСТИ́ЛКА, -и, *ж.* **1.** *см.* подостлать. **2.** То, что подостлано. *Спать на мягкой подстилке. Соломенная п. в стойле.* ‖ *прил.* **подсти́лочный**, -ая, -ое. *П. материал.*

ПОДСТОРОЖИ́ТЬ, -жу́, -жи́шь; -жённый (-ён, -ена́); *сов., кого-что* (разг.). То же, что подстеречь. ‖ *несов.* **подстора́живать**, -аю, -аешь.

ПОДСТРА́ИВАТЬ[1-2] *см.* подстроить[1-2].

ПОДСТРА́ИВАТЬСЯ *см.* подстроить[2].

ПОДСТРАХОВА́ТЬ, -страху́ю, -страху́ешь; -о́ванный; *сов.* (разг.). **1.** *кого-что.* Страхуя (в 3 знач.), помочь в выполнении упражнения, в проведении какого-н. приема. **2.** *перен., кого (что).* Обеспечивая выполнение чего-н., оградить от нежелательного, неприятного. ‖ *несов.* **подстрахо́вывать**, -аю, -аешь. ‖ *возвр.* **подстрахова́ться**, -страху́юсь, -страху́ешься; *несов.* **подстрахо́вываться**, -аюсь, -аешься. ‖ *сущ.* **подстрахо́вка**, -и, *ж.*

ПОДСТРЕКА́ТЕЛЬ, -я, *м.* Тот, кто занимается подстрекательством. ‖ *ж.* **подстрека́тельница**, -ы.

ПОДСТРЕКА́ТЕЛЬСТВО, -а, *ср.* Побуждение, призыв к вредным, опасным своими последствиями или неблаговидным, преступным действиям. ‖ *прил.* **подстрека́тельский**, -ая, -ое.

ПОДСТРЕКНУ́ТЬ, -ну́, -нёшь; *сов.* **1.** *кого (что).* Побудить к чему-н. (обычно к плохому, неблаговидному). *П. к ссоре.* **2.** *что.* Вызвать, возбудить (в 1 знач.). *П. чьё-н. любопытство.* ‖ *несов.* **подстрека́ть**, -а́ю, -а́ешь.

ПОДСТРЕЛИ́ТЬ, -елю́, -е́лишь; -е́ленный; *сов., кого-что.* Подбить, ранить выстрелом. *П. зайца.* ‖ *несов.* **подстре́ливать**, -аю, -аешь.

ПОДСТРИ́ЧЬ, -игу́, -ижёшь, -игу́т; -и́г, -и́гла; -иги́; -и́гший; -и́женный; -и́гши; *сов., кого-что.* Остричь часть волос; слегка подрезать. *П. бороду. П. ребёнка. П. ногти.* ‖ *несов.* **подстрига́ть**, -а́ю, -а́ешь. ‖ *сущ.* **подстрига́ние**, -я, *ср. и* **подстри́жка**, -и, *ж.*

ПОДСТРИ́ЧЬСЯ, -игу́сь, -ижёшься, -игу́тся; -и́гся, -и́глась; -иги́сь; -и́гшийся; -и́гшись; *сов.* Подстричь себе волосы. *П. в парикмахерской.* ‖ *несов.* **подстрига́ться**, -а́юсь, -а́ешься. ‖ *сущ.* **подстрига́ние**, -я, *ср. и* **подстри́жка**, -и, *ж.*

ПОДСТРО́ИТЬ[1], -о́ю, -о́ишь; -о́енный; *сов., что.* **1.** Построить рядом, вплотную к чему-н. *П. гараж к дому.* **2.** Втайне, с умыслом устроить, сделать что-н. (разг.). *П. шутку.* ‖ *несов.* **подстра́ивать**, -аю, -аешь. ‖ *сущ.* **подстро́йка**, -и, *ж.*

ПОДСТРО́ИТЬ[2], -о́ю, -о́ишь; -о́енный; *сов., что* (разг.). То же, что настроить[2] (во 2 знач.). *П. приёмник.* ‖ *несов.* **подстра́ивать**, -аю, -аешь. ‖ *возвр.* **подстро́иться**, -о́юсь, -о́ишься; *несов.* **подстра́иваться**, -аюсь, -аешься.

ПОДСТРО́ЧНИК, -а, *м.* Подстрочный, буквальный перевод какого-н. текста. *Переводить стихи по подстрочнику.*

ПОДСТРО́ЧНЫЙ, -ая, -ое. **1.** Расположенный под строчками. *Подстрочное примечание* (внизу страницы). **2.** О переводе: совершенно точный, буквальный, сделанный слово в слово.

ПО́ДСТУП, -а, *м.* **1.** *см.* подступить. **2.** обычно *мн.* Место, путь для подхода, приближения к чему-н. *Бои на дальних подступах к городу.* ✦ **Подступа (подступу) нет (не найти)** *к кому* (прост.) — невозможно подступиться, обратиться к кому-н. (из-за его строгости, важности, гордости).

ПОДСТУПИ́ТЬ, -уплю́, -у́пишь; *сов.* **1.** *к кому-чему.* Подойти близко. *П. к стенам крепости. П. вплотную к кому-чему-н. Вода подступила к пристани* (перен.). *Деревня подступила к реке* (перен.). **2.** *к кому.* Подойти, обратившись с просьбой, вопросом (разг.). *Сегодня к нему и п. нельзя* (очень занят или сердит, расстроен). **3.** (1 и 2 л. не употр.). О чувствах, состоянии: обнаружиться, проявиться. *Подступила тоска. Под сердце подступило* (безл.; о боли). *Слёзы подступили к глазам. Комок к горлу подступил* (сдавило горло от волнения, слёз). ‖ *несов.* **подступа́ть**, -а́ю, -а́ешь. ‖ *сущ.* **по́дступ**, -а, *м.* (к 1 знач.).

ПОДСТУПИ́ТЬСЯ, -уплю́сь, -у́пишься; *сов.* (разг.). То же, что подступить (во 2 знач.). *К нему не подступишься* (очень горд, важен или сердит). ‖ *несов.* **подступа́ться**, -а́юсь, -а́ешься.

ПОДСУДИ́МЫЙ, -ого, *м.* Человек, к-рый обвиняется в чём-н. и находится под судом. *П. осуждён, оправдан.* ‖ *ж.* **подсуди́мая**, -ой.

ПОДСУ́ДНЫЙ, -ая, -ое; -ден, -дна (спец.). Подлежащий суду (вообще или в данной судебной инстанции). *Подсудное дело* (также перен.: о преступлении). *Дело, подсудное городскому суду.* ‖ *сущ.* **подсу́дность**, -и, *ж.*

ПОДСУДО́БИТЬ, -блю, -бишь; *сов., кого-что* (прост.). Подсунуть (в 3 знач.), навязать. *Ну и помощника мне подсудобили!* ‖ *несов.* **подсудо́бливать**, -аю, -аешь.

ПОДСУЕТИ́ТЬСЯ, -ечу́сь, -ети́шься; *сов.* (разг.). Вовремя поступить каким-н. образом, своевременно принять нужные меры. *Сумел п. и оказался в выигрыше.*

ПОДСУ́ЖИВАТЬ, -аю, -аешь; *несов., кому* (разг.). В спорте: пристрастно судить в пользу какой-н. команды, спортсмена. *Судья подсуживает хозяевам поля.* ‖ *сов.* **подсуди́ть**, -ужу́, -у́дишь. ‖ *сущ.* **подсу́живание**, -я, *ср.*

ПОДСУ́МОК, -мка, *м.* Небольшая поясная сумка для патронов. *Кожаный п.*

ПОДСУ́НУТЬ, -ну, -нешь; -утый; *сов.* **1.** *кого-что.* Сунуть подо что-н. *П. рюкзак под сидение.* **2.** *что.* Сунуть незаметно (разг.). *П. записку.* **3.** *кого-что.* Обманув, заставить взять, принять что-н. плохое, негодное (разг.). *П. плохой товар. П. негодного работника.* ‖ *несов.* **подсо́вывать**, -аю, -аешь.

ПОДСУШИ́ТЬ, -ушу́, -у́шишь; -у́шенный; *сов., что.* Немного, слегка высушить. *П. бельё. П. хлеб.* ‖ *несов.* **подсу́шивать**, -аю, -аешь. ‖ *сущ.* **подсу́шивание**, -я, *ср.* и **подсу́шка**, -и, *ж.*

ПОДСЧЁТ, -а, *м.* **1.** *см.* подсчитать. **2.** То, что подсчитано, итог. *Проверить подсчёты.*

ПОДСЧИТА́ТЬ, -а́ю, -а́ешь; -и́танный; *сов., что.* Сосчитав, подвести итог, установить количество кого-чего-н. *П. расходы.* ‖ *несов.* **подсчи́тывать**, -аю, -аешь. ‖ *сущ.* **подсчи́тывание**, -я, *ср.* и **подсчёт**, -а, *м.*

ПОДСЫ́Л, ПОДСЫЛА́ТЬ, ПОДСЫ́ЛКА *см.* подослать.

ПОДСЫ́ПАТЬ, -плю, -плешь и (разг.) -пешь, -пет, -пем, -пете, -пят; -сыпь; -ыпанный; *сов., что* и *чего.* Подбавить, насыпая. *П. зерна курам.* ‖ *несов.* **подсыпа́ть**, -а́ю, -а́ешь. ‖ *сущ.* **подсыпа́ние**, -я, *ср.* и **подсы́пка**, -и, *ж.*

ПОДСЫХА́ТЬ *см.* подсохнуть.

ПОДТА́ЛКИВАТЬ *см.* подтолкнуть.

ПОДТАНЦО́ВЫВАТЬ, -аю, -аешь; *несов.* (разг.). Делать ногами движения, подобные танцу.

ПОДТА́ПЛИВАТЬ *см.* подтопить.

ПОДТАСОВА́ТЬ, -су́ю, -су́ешь; -о́ванный; *сов., что.* **1.** Тасуя, подобрать, уложить в каком-н. порядке с целью обмана. *П. карты в колоде.* **2.** *перен.* Извратить, односторонне принимая во внимание выгодные данные и отбрасывая противоречащие. *П. факты.* ‖ *несов.* **подтасо́вывать**, -аю, -аешь. ‖ *сущ.* **подтасо́вывание**, -я, *ср.* и **подтасо́вка**, -и, *ж.*

ПОДТА́ЧИВАТЬ *см.* подточить.

ПОДТА́ШНИВАТЬ, -ает; *безл.; несов., кого (что).* Об ощущении слабой тошноты. *От головной боли слегка подташнивает.*

ПОДТАЩИ́ТЬ, -ащу́, -а́щишь; -а́щенный; *сов., кого-что.* Таща, приблизить. *П. рюкзаки к машине.* ‖ *несов.* **подта́скивать**, -аю, -аешь.

ПОДТА́ЯТЬ (-а́ю, -а́ешь, 1 и 2 л. не употр.), -а́ет; *сов.* Немного, слегка растаять. *Мороженое подтаяло. На дворе подтаяло* (безл.). ‖ *несов.* **подта́ивать**, -ает.

ПОДТВЕРДИ́ТЬ, -ржу́, -рди́шь; -рждённый (-ён, -ена́); *сов., что.* Признать правильность чего-н., засвидетельствовать, удостоверить. *П. приказ. П. правильность чьих-н. слов.* ‖ *несов.* **подтвержда́ть**, -а́ю, -а́ешь. ‖ *сущ.* **подтвержде́ние**, -я, *ср. В п. чего-н.* (для подтверждения). ‖ *прил.* **подтверди́тельный**, -ая, -ое (офиц.).

ПОДТВЕРДИ́ТЬСЯ (-ржу́сь, -рди́шься, 1 и 2 л. не употр.), -рди́тся; *сов.* Оказаться правильным. *Опасения подтвердились. Диагноз подтвердился.* ‖ *несов.* **подтвержда́ться** (-а́юсь, -а́ешься, 1 и 2 л. не употр.), -а́ется. ‖ *сущ.* **подтвержде́ние**, -я, *ср.*

ПОДТВЕРЖДЕ́НИЕ, -я, *ср.* **1.** *см.* подтвердить, -ся. **2.** Обстоятельство, подтверждающее что-н. *Этот факт — ещё одно п. его вины.*

ПОДТЕ́КСТ, -а, *м.* (книжн.). Внутренний, скрытый смысл текста, высказывания; содержание, к-рое вкладывается в текст чтецом или актёром. ‖ *прил.* **подте́кстовый**, -ая, -ое.

ПОДТЕРЕ́ТЬ, -дотру́, -дотрёшь; подтёр, подтёрла; -тёрший; -тёртый; -тере́в и -тёрши; *сов.* **1.** *кого-что.* Вытереть насухо. *П. лужу на полу. П. пол.* **2.** *что.* Стереть, подчистить (во 2 знач.). *П. подпись.* **3.** Вытереть снизу. *П. ребёнка.* ‖ *несов.* **подтира́ть**, -а́ю, -а́ешь. ‖ *возвр.* **подтере́ться**, -дотру́сь, -дотрёшься (к 3 знач.); *несов.* **подтира́ться**, -а́юсь, -а́ешься (к 3 знач.). ‖ *сущ.* **подтира́ние**, -я, *ср.* и **подти́рка**, -и, *ж.* (разг.). ‖ *прил.* **подти́рочный**, -ая, -ое (к 1 и 3 знач.).

ПОДТЕ́ЧЬ (-еку́, -ечёшь, 1 и 2 л. не употр.), -ечёт, -еку́т; -ёк, -екла́; -ёкший; *сов.* Натечь подо что-н. *Вода подтекла под дверь.* ‖ *несов.* **подтека́ть** (-а́ю, -а́ешь, 1 и 2 л. не употр.), -а́ет.

ПОДТЁК, -а, *м.* **1.** Синеватая припухлость на теле от небольшого подкожного кровоизлияния после удара. **2.** То же, что потёк. *Подтёки на стенах.*

ПОДТЁЛОК, -лка, *м.* Годовалый телёнок.

ПОДТИ́РКА, -и, *ж.* **1.** *см.* подтереть. **2.** То, чем подтирают, подтираются (прост.). *На подтирку годится что-н.* (о негодной бумажке, тряпке; пренебр.). ‖ *прил.* **подти́рочный**, -ая, -ое.

ПОДТОЛКНУ́ТЬ, -ну́, -нёшь; -о́лкнутый; *сов., кого-что.* **1.** Слегка толкнуть. *П. локтем соседа.* **2.** Толкнув, пододвинуть, приблизить к чему-н. *П. к выходу.* **3.** *перен.* Побудить к каким-н. действиям; поторопить (разг.). ‖ *несов.* **подта́лкивать**, -аю, -аешь.

ПОДТОПИ́ТЬ, -оплю́, -о́пишь; -о́пленный; *сов., что* (разг.). Истопить[1] (в 1 знач.) немного. *П. печь.* ‖ *несов.* **подта́пливать**, -аю, -аешь. ‖ *сущ.* **подта́пливание**, -я, *ср.* и **подто́пка**, -и, *ж.*

ПОДТО́ПКА, -и, *ж.* **1.** *см.* подтопить. **2.** *собир.* То же, что растопка (во 2 знач.). ‖ *прил.* **подто́почный**, -ая, -ое.

ПОДТОЧИ́ТЬ, -очу́, -о́чишь; -о́ченный; *сов.* **1.** *что.* Наточить немного. *П. нож.* **2.** (1 и 2 л. не употр.), *что.* Повредить, размывая или разъедая снизу, изнутри. *Водой подточило* (безл.) *камень.* **3.** (1 и 2 л. не употр.), *перен., кого-что.* Ослабить, привести в упадок. *Здоровье подточено. Болезнь подточила кого-н.* ‖ *несов.* **подта́чивать**, -аю, -аешь.

ПОДТРУНИ́ТЬ, -ню́, -ни́шь; *сов., над кем-чем* (разг.). То же, что подшутить. *П. над чудаком.* ‖ *несов.* **подтру́нивать**, -аю, -аешь.

ПОДТЫКА́ТЬ *см.* подоткнуть.

ПОДТЯ́ЖКИ, -жек. Предмет одежды — две перекрещивающиеся на спине эластичные тесьмы, поддерживающие брюки. *Мужские, детские п.* ‖ *прил.* **подтя́жечный**, -ая, -ое.

ПОДТЯ́НУТЫЙ, -ая, -ое; -ут. Внешне аккуратный, внутренне дисциплинированный. *П. юноша. П. вид.* ‖ *сущ.* **подтя́нутость**, -и, *ж.*

ПОДТЯНУ́ТЬ, -яну́, -я́нешь; -я́нутый; *сов.* **1.** *что.* Натянуть или затянуть туже. *П. пояс.* **2.** *кого-что.* Подтащить, приблизить. *П. лодку к берегу.* **3.** *кого-что.* Сосредоточивая, приблизить, подвести куда-н. *П. резервы.* **4.** *перен., кого (что).* Сделать дисциплинированнее, работоспособнее (разг.). *П. ученика.* **5.** *кому.* Присоединиться к поющему (поющим), негромко подпевая. ‖ *несов.* **подтя́гивать**, -аю, -аешь. ‖ *сущ.* **подтя́гивание**, -я, *ср.* и **подтя́жка**, -и, *ж.* (к 1 знач.; разг.).

ПОДТЯНУ́ТЬСЯ, -яну́сь, -я́нешься; *сов.* **1.** Затянуть, натянуть на себе (пояс) туже, крепче. **2.** Упираясь, держась, подняться. *П. на перекладине.* **3.** Сосредоточиваясь, приблизиться, подойти куда-н. *Резервы подтянулись.* **4.** *перен.* Стать дисциплинированнее, работоспособнее (разг.). *Отстающие ученики подтянулись.* ‖ *несов.* **подтя́гиваться**, -аюсь, -аешься.

ПОДУ́МАТЬ, -аю, -аешь; *сов.* **1.** *см.* думать. **2.** Провести нек-рое время, думая о чём-н. *Не торопись с решением, подумай хорошенько.* **3.** **поду́май(те)**, *вводн. сл.* и *частица.* Выражает удивление и оценку (разг.). *Он, п., ещё и спорит!* **4.** **поду́маешь**, *вводн. сл.* и *частица.* Выражает несогласие, недоверие, осуждение, вызов (разг.). *П., какой умник! Отец рассердится. — Подумаешь!* (т. е. это неважно, ничего, пусть себе сердится). ✦ **Подумать только!** (разг.) — выражение удивления. *Подумать только, уже весна! Сам ошибся, а винит других, подумать только!*

ПОДУ́МАТЬСЯ *см.* думаться.

ПОДУ́МЫВАТЬ, -аю, -аешь; *несов.* (разг.). **1.** От времени до времени думать о чём-н. предстоящем. *П. об отъезде.* **2.** *с неопр.* Намереваться сделать что-н. *Давно подумывал уехать.*

ПОДУРНЕ́ТЬ *см.* дурнеть.

ПОДУ́СНИКИ, -ов, *ед.* -ик, -а, *м.* Волосы по углам губ, под усами.

ПОДУ́ТЬ, -у́ю, -у́ешь; *сов.* **1.** Начать дуть (в 1 и 2 знач.). *Подул северный ветер. П. на горячее молоко.* **2.** Дуть (в 1 и 2 знач.) нек-рое время. *Ветер подует и перестанет.*

ПОДУЧИ́ТЬ, -учу́, -у́чишь; -у́ченный; *сов.* (разг.). **1.** *кого-что.* Научить немного чему-н. или выучить несколько лучше. *П. практиканта. П. урок.* **2.** *кого (что), с неопр.* Подговорить сделать что-н. плохое, предосудительное. *П. солгать.* ‖ *несов.* **поду́чивать,** -аю, -аешь.

ПОДУЧИ́ТЬСЯ, -учу́сь, -у́чишься; *сов.* (разг.). Поучиться немного, чтобы лучше усвоить, больше узнать. ‖ *несов.* **поду́чиваться,** -аюсь, -аешься.

ПОДУ́ШЕЧКА, -и, *ж.* **1.** *см.* подушка. **2.** *перен.* Мягкая выпуклость на лице, руке. *Отёкшие подушечки век. Подушечки пальцев* (их мягкие кончики). **3.** *перен.* Конфета, сладость, по форме напоминающая маленькую подушку. *Карамель-п. Шоколадные подушечки.*

ПОДУШИ́ТЬ[1], -ушу́, -у́шишь; -у́шенный; *сов., кого (что)* (разг.). Задушить, убить многих. *Лиса подушила кур.*

ПОДУШИ́ТЬ[2], -ушу́, -у́шишь; -у́шенный; *сов., кого-что.* Опрыскать немного духами. *П. платок.* ‖ *возвр.* **подуши́ться,** -ушу́сь, -у́шишься.

ПОДУ́ШКА, -и, *ж.* **1.** Зашитый со всех сторон чехол, набитый пухом (перьями, волосом, ватой), для подкладывания под голову, для сидения. *Пуховая, перьевая п. Диванная п. Скажи подушке, а она подружке* (посл. о том, что тайна, доверенная одному, станет известна всем). **2.** То, что является опорой чего-н., принимает на себя давление (спец.). *П. механизма.* ✦ **Кислородная подушка** — в медицине: ёмкость с кислородом в форме подушки. **Воздушная подушка** (спец.) — создающая подъёмную силу область повышенного давления воздуха между основанием машины и опорной поверхностью, между подвижными и неподвижными элементами механизмов, приборов. *Судно на воздушной подушке.* ‖ *уменьш.* **поду́шечка,** -и, *ж.* (к 1 знач.). ‖ *прил.* **поду́шечный,** -ая, -ое.

ПОДУ́ШНЫЙ, -ая, -ое. В царской России применительно к податным сословиям: относящийся к счёту, расчёту по душам (в 5 знач.). *Подушные списки. Подушная подать.*

ПОДФА́РНИК, -а, *м.* Небольшой вспомогательный фонарь на автомашине.

ПОДФАРТИ́ТЬ *см.* фартить.

ПОДХАЛИ́М, -а, *м.* Льстец, угодничающий перед кем-н. ради своих корыстных целей, выгоды. ‖ *ж.* **подхали́мка,** -и. ‖ *прил.* **подхали́мский,** -ая, -ое. *П. поступок.*

ПОДХАЛИМА́Ж, -а, *м.* (разг.). Поведение подхалима, подхалимство.

ПОДХАЛИ́МНИЧАТЬ, -аю, -аешь (разг.) и **ПОДХАЛИ́МСТВОВАТЬ,** -твую, -твуешь; *несов.* Вести себя подхалимом. ‖ *сущ.* **подхали́мство,** -а, *ср.* и **подхали́мничанье,** -я, *ср.*

ПОДХВАТИ́ТЬ, -ачу́, -а́тишь; -а́ченный; *сов.* **1.** *кого-что.* Поддержать, поднять, держа снизу; схватить (брошенное, падающее). *П. больного под мышки. П. мяч. Пловца подхватило* (безл.) *течением.* **2.** *что.* Воспользоваться чем-н. сделанным, пущенным в ход другим, продолжить начатое другим (разг.). *П. чужую мысль. П. слова собеседника. П. чужую фразу* (продолжить чужую речь). **3.** *что.* Сразу или неожиданно получить, приобрести (разг.). *П. богатую невесту. П. насморк.* **4.** *что.* Начать петь вслед за кем-н., вместе с кем-н., сразу, громко. *Дружно п. песню.* **5.** *что.* Поддержать, расширяя и углубляя какое-н. достижение. *П. инициативу. П. положительный опыт.* ‖ *несов.* **подхва́тывать,** -аю, -аешь. ‖ *сущ.* **подхва́тывание,** -я, *ср.* и **подхва́т,** -а, *м.* (к 1 и 4 знач.). ✦ **На подхвате (быть)** (разг.) — выполнять разные отдельные работы, поручения.

ПОДХВАТИ́ТЬСЯ, -ачу́сь, -а́тишься; *сов.* (прост.). Быстро собраться и отправиться куда-н. *П. бежать.* ‖ *несов.* **подхва́тываться,** -аюсь, -аешься.

ПОДХИХИ́КИВАТЬ, -аю, -аешь; *несов.* (прост.). Насмехаться исподтишка. ‖ *однокр.* **подхихи́кнуть,** -ну, -нешь.

ПОДХЛЕСТНУ́ТЬ, -ну́, -нёшь; -ёстнутый; *сов., кого (что).* Хлестнув, заставить бежать быстрее. *П. коня. П. отстающих* (перен.: поторопить; разг.). ‖ *несов.* **подхлёстывать,** -аю, -аешь.

ПОДХО́Д, -а, *м.* **1.** *см.* подойти. **2.** Место, где подходят к чему-н. *Удобный п. к переправе.* **3.** Совокупность приёмов, способов (в воздействии на кого-что-н., в изучении чего-н., в ведении дела). *Правильный п. к делу. К человеку надо уметь найти п.* ‖ *прил.* **подхо́дный,** -ая, -ое (ко 2 знач.).

ПОДХОДИ́ТЬ *см.* подойти.

ПОДХОДЯ́ЩИЙ, -ая, -ее; -я́щ (разг.). Соответствующий чему-н., такой, какой нужно, приемлемый. *П. материал. Подходящее дело.*

ПОДХОРУ́НЖИЙ, -его, *м.* В казачьих войсках царской армии: звание, равное подпрапорщику, а также лицо, имеющее это звание.

ПОДЦЕПИ́ТЬ, -цеплю́, -це́пишь; -це́пленный; *сов.* **1.** *кого-что.* Взять, зацепив снизу. *П. груз крюком.* **2.** *что.* То же, что прицепить (в 1 знач.) (разг.). *П. вагон к другому составу.* **3.** *перен., что.* То же, что подхватить (в 3 знач.) (разг.). *П. простуду.* ‖ *несов.* **подцепля́ть,** -я́ю, -я́ешь. ‖ *сущ.* **подце́пка,** -и, *ж.* (к 1 и 2 знач.). ‖ *прил.* **подцепно́й,** -а́я, -о́е (к 1 и 2 знач.).

ПОДЧА́ЛИТЬ, -лю, -лишь; *сов.* Причаливая, приблизиться. *П. к берегу.* ‖ *несов.* **подча́ливать,** -аю, -аешь.

ПОДЧА́С, *нареч.* Иногда, в отдельные промежутки времени. *П. бывает нелегко.*

ПОДЧА́СОК, -ска, *м.* (устар.). Помощник часового в карауле.

ПОДЧЕРКНУ́ТЬ, -ну́, -нёшь; -чёркнутый; *сов., что.* **1.** Провести черту под чем-н. *П. слово волнистой линией.* **2.** *перен.* Особо выделить, обращая внимание на что-н. *П. важность вопроса.* ‖ *несов.* **подчёркивать,** -аю, -аешь. ‖ *сущ.* **подчёркивание,** -я, *ср.*

ПОДЧИНЕ́НИЕ, -я, *ср.* **1.** *см.* подчинить, -ся. **2.** В грамматике: соединение нескольких словоформ или простых предложений по способу подчинительной связи, на основе формальной зависимости. *Сочинение и п. предложений.*

ПОДЧИНЁННЫЙ, -ого, *м.* Должностное лицо, к-рое подчиняется лицу, старшему по должности. ‖ *ж.* **подчинённая,** -ой.

ПОДЧИНИ́ТЬ, -ню́, ни́шь; -нённый (-ён, -ена́); *сов.* **1.** *кого-что.* Поставить в зависимость от кого-чего-н., заставить действовать сообразно чему-н. *П. своему влиянию. Всё подчинено главной задаче.* **2.** *кого-что.* Поставить под непосредственное руководство, передать в чьё-н. непосредственное ведение. *П. институт министерству.* **3.** *что.* В грамматике: соединить (словоформы или предложения) на основе грамматической неравноправности. ‖ *несов.* **подчиня́ть,** -я́ю, -я́ешь. ‖ *сущ.* **подчине́ние,** -я, *ср.* ‖ *прил.* **подчини́тельный,** -ая, -ое (к 3 знач.). *Подчинительные отношения. П. союз. Подчинительные связи слов* (согласование, управление, примыкание).

ПОДЧИНИ́ТЬСЯ, -ню́сь, -ни́шься; *сов.* Оказаться в зависимости от кого-чего-н., в повиновении у кого-н. *П. приказу. П. голосу совести* (перен.). ‖ *несов.* **подчиня́ться,** -я́юсь, -я́ешься. ‖ *сущ.* **подчине́ние,** -я, *ср.*

ПОДЧИ́СТИТЬ, -и́щу, -и́стишь; -и́щенный; *сов.* **1.** *что.* Слегка очистить; вычистить. *П. садовые дорожки.* **2.** *что.* Соскоблить, стереть (написанное). *П. опечатку в машинописи.* **3.** *чего.* Дополнительно очистить. *П. картошки.* **4.** *что.* Израсходовать или съесть всё, полностью (разг.). *П. все запасы. Ничего нет к чаю — всё подчистили.* ‖ *несов.* **подчища́ть,** -а́ю, -а́ешь. ‖ *сущ.* **подчи́стка,** -и, *ж.* (к 1, 2 и 3 знач.).

ПОДЧИСТУ́Ю, *нареч.* (прост.). Без остатка, полностью. *Съели всё п.*

ПОДШЕ́ФНЫЙ, -ая, -ое. Состоящий под чьим-н. шефством. *П. детдом, интернат. Артисты выезжают к своим подшефным* (сущ.).

ПОДШЁРСТОК, -тка, *м.* У животных: нижний мягкий слой шерсти под остью. ‖ *прил.* **подшёрстковый,** -ая, -ое.

ПОДШИБИ́ТЬ, -бу́, -бёшь; -ши́б, -ши́бла; -ши́бленный; *сов., кого-что* (разг.). **1.** Ударив, заставить упасть. *П. птицу камнем.* **2.** То же, что подбить[1] (в 4 знач.). *С подшибленным глазом* (с синяком под глазом). ‖ *несов.* **подшиба́ть,** -а́ю, -а́ешь.

ПОДШИ́ВКА, -и, *ж.* **1.** *см.* подшить. **2.** Пачка подшитых газет, документов. *Прошлогодняя п. газеты.* **3.** Подшитое, подогнутое место (в одежде). *П. у юбки.*

ПОДШИ́ПНИК, -а, *м.* Часть опоры вращающейся или качающейся части механизма. *Шариковый п. Роликовый п.* ‖ *прил.* **подши́пниковый,** -ая, -ое. *П. завод.*

ПОДШИ́ТЬ, -дошью́, -дошьёшь; подше́й; -и́тый; *сов., что.* **1.** Пришить что-н. или к чему-н. с изнанки, снизу. *П. валенки кожей.* **2.** Зашить, подогнув узкой полосой край чего-н., подрубить[2]. *П. подол платья. П. платок.* **3.** Пришив, присоединить, прикрепить. *П. документ к делу.* ‖ *несов.* **подшива́ть,** -а́ю, -а́ешь. ‖ *сущ.* **подшива́ние,** -я, *ср.* и **подши́вка,** -и, *ж.* ‖ *прил.* **подши́вочный,** -ая, -ое.

ПОДШЛЕ́МНИК, -а, *м.* Шапка, обычно вязаная, закрывающая уши и подбородок, надеваемая под каску, шлем.

ПОДШОФЕ́ [фэ], *в знач. сказ.* (прост.). То же, что навеселе. *Явился слегка п.*

ПОДШПИ́ЛИТЬ, -лю, -лишь; -ленный; *сов., что* (разг.). Пришпилить снизу. ‖ *несов.* **подшпи́ливать,** -аю, -аешь.

ПОДШТА́ННИКИ, -ов (прост.). То же, что кальсоны. ‖ *прил.* **подшта́нниковый,** -ая, -ое.

ПОДШТО́ПАТЬ, -аю, -аешь; -анный; *сов., что* (разг.). Заштопать (мелкие дыры, в немногих местах). *П. колготки.* ‖ *несов.* **подшто́пывать,** -аю, -аешь. ‖ *сущ.* **подшто́пывание,** -я, *ср.* и **подшто́пка,** -и, *ж.*

ПОДШУТИ́ТЬ, -учу́, -у́тишь; *сов., над кем.* Сделать кого-н. предметом шутки, забавы. *П. над чудаком.* ‖ *несов.* **подшу́чивать,** -аю, -аешь. ‖ *сущ.* **подшу́чивание,** -я, *ср.*

ПОДЪ..., *приставка.* То же, что под...; пишется вместо «под» перед *е, ё, я* (потенциально также перед *ю*), напр. *подъехать, подъязычный.*

ПОДЪЕДА́ТЬ *см.* подъесть.

ПОДЪЕ́ЗД, -а, *м.* **1.** *см.* подъехать. **2.** Место, по к-рому подъезжают к чему-н. *П. к реке.* **3.** Вход в здание. *Подать машину к подъезду.* ‖ *прил.* **подъездно́й,** -а́я, -о́е (ко 2 знач.) и **подъе́здный,** -ая, -ое (к 3 знач.).

ПОДЪЕЗЖА́ТЬ *см.* подъехать.

ПОДЪЕСАУ́Л, -а, *м.* В царской армии: казачий офицерский чин, равный штабс-капитану, а также лицо, имеющее этот чин. ‖ *прил.* **подъесау́льский**, -ая, -ое.

ПОДЪЕ́СТЬ, -е́м, -е́шь, -е́ст, -еди́м, -еди́те, -едя́т; -е́л, -е́ла; -е́шь; -е́вший; -е́денный; -е́в; *сов., что* (прост.). **1.** Съесть снизу, нижнюю часть чего-н. *Мыши подъели мешок с мукой.* **2.** Съесть до конца. *Все пироги подъели.* ‖ *несов.* **подъеда́ть**, -а́ю, -а́ешь.

ПОДЪЕ́ХАТЬ, -е́ду, -е́дешь; *в знач. пов.* употр. подъезжа́й; *сов.* **1.** *к кому-чему.* Приблизиться, передвигаясь на чём-н. *П. к дому.* **2.** *подо что.* Передвигаясь на чём-н., попасть куда-н., подо что-н. *П. под арку.* **3.** Приехать (обычно по делу, ненадолго) (прост.). *Подъедешь завтра утром, поговорим.* **4.** *перен., к кому.* Выбрав удобный момент, обратиться к кому-н. с просьбой, вопросом, предложением (прост.). *П. с уговорами.* ‖ *несов.* **подъезжа́ть**, -а́ю, -а́ешь. ‖ *сущ.* **подъе́зд**, -а, *м.* (к 1 и 2 знач.). ‖ *прил.* **подъездно́й**, -а́я, -о́е (к 1 знач.). *Подъездные пути.*

ПОДЪЁМ, -а, *м.* **1.** *см.* поднять, -ся. **2.** Место в пути, где дорога поднимается кверху. *Крутой п. Преодолеть п.* **3.** Развитие, движение вперёд. *П. производства. П. науки. Экономика на подъёме.* **4.** Возбуждение, воодушевление. *Говорить, работать с подъёмом.* **5.** Выпуклая часть ноги от пальцев к щиколотке, над ступнёй. *Сапог жмёт в подъёме.* **6.** Прекращение сна, отдыха (обычно применительно к целой группе, отряду). *Горнист играет п. П.!* (команда). ✦ **На подъём лёгок** (или **тяжёл**) *кто* (разг.) — легко (или с трудом) решается идти, ехать, делать что-н. **Не в подъём** (разг.) — слишком тяжёл, нельзя поднять. *Тюк получился не в подъём.* ‖ *прил.* **подъёмный**, -ая, -ое (ко 2 и 4 знач.).

ПОДЪЁМНИК, -а, *м.* Вертикально или наклонно движущаяся машина для подъема и спуска людей, грузов. *Шахтный п. Канатный п.*

ПОДЪЁМНЫЙ, -ая, -ое. **1.** *см.* поднять, -ся *и* подъём. **2.** Служащий для подъёма, перемещений вверх. *П. механизм. П. кран.* **3.** Такой, к-рый можно поднять. *П. мост.* **4.** Выдаваемый для расходов на переезд к новому месту работы. *Подъёмные деньги. Получить подъёмные* (сущ.).

ПОДЪЯЗЫ́ЧНЫЙ, -ая, -ое. Находящийся под языком. *Подъязычная железа.*

ПОДЪЯРЕ́МНЫЙ, -ая, -ое (устар.). Находящийся в порабощении у кого-н., под ярмом. *Подъяремная жизнь* (рабская).

ПОДЪЯ́ТЬ, подъе́млю, подъе́млешь; подъя́тый (устар. высок.). То же, что поднять (в 1, 2 и 3 знач.). *П. меч. П. стяги.* ‖ *сущ.* **подъя́тие**, -я, *ср.*

ПОДЫГРА́ТЬ, -а́ю, -а́ешь; -ы́гранный; *сов., кому* (разг.). **1.** Негромко сыграть, аккомпанируя кому-н. *П. на гитаре.* **2.** *перен.* Подделаться под чьи-н. интересы, настроение. **3.** Своей игрой (на сцене, в спорте) помочь игре партнёра. ‖ *несов.* **подыгрыва́ть**, -аю, -аешь.

ПОДЫГРА́ТЬСЯ, -а́юсь, -а́ешься; *сов., к кому* (разг.). То же, что подыграть (во 2 знач.). *П. к собеседнику.* ‖ *несов.* **подыгрываться**, -аюсь, -аешься.

ПОДЫМА́ТЬ *см.* поднять.

ПОДЫМА́ТЬСЯ *см.* подняться.

ПОДЫСКА́ТЬ, -ыщу́, -ы́щешь; -ы́сканный; *сов., кого-что.* Найти то (того), что (кто) подходит для чего-н., соответствует потребностям. *П. себе помощника. П. дачу на лето.* ‖ *несов.* **поды́скивать**, -аю, -аешь.

ПОДЫТО́ЖИТЬ *см.* итожить.

ПОДЫХА́ТЬ, -а́ю, -а́ешь; *несов.* Умирать (о животных; о человеке — прост. пренебр.), дохнуть. *П. с голоду. Подыхаю от жары, от скуки* (перен.: измучен жарой, скукой).

ПОДЫША́ТЬ, -ышу́, -ы́шешь; *сов.* Провести нек-рое время, дыша чем-н. *Выйти п. свежим воздухом.*

ПОДЬЯ́ЧИЙ, -его, *м.* На Руси 16—начала 18 в.: помощник дьяка, канцелярист. ‖ *прил.* **подья́ческий**, -ая, -ое.

ПОЕДА́ТЬ *см.* поесть.

ПОЕДИ́НОК, -нка, *м.* **1.** В дворянском обществе: способ защиты личной чести — вооруженная борьба двух противников по вызову одного из них, в присутствии секундантов, дуэль. *Вызвать на п. Выйти на п.* **2.** Вообще борьба двух противников, соперников. *П. боксёров. П. в воздухе.*

ПОЕДО́М: **поедом есть** *кого* (прост.) — изводить попрёками, бранью.

ПО́ЕЗД, -а, *мн.* -а́, -о́в, *м.* **1.** Состав сцеплённых железнодорожных вагонов, приводимых в движение локомотивом или моторным вагоном. *Пассажирский, товарный п. Скорый п. П. метро. Ехать на поезде* (но *в поезде метро*). *Находиться в поезде. П. ушёл* (также перен.: время упущено; разг.). **2.** Ряд повозок, следующих одна за другой. *Санный п. Свадебный п.* (в народном свадебном обряде). ‖ *прил.* **поездно́й**, -а́я, -о́е (к 1 знач.). *Поездная бригада.*

ПОЕ́ЗДИТЬ, -е́зжу, -е́здишь; *сов.* Совершить много поездок. *П. по стране.*

ПОЕ́ЗДКА, -и, *ж.* Путешествие (обычно короткое); пребывание в езде. *П. на юг.*

ПОЕЗЖА́Й *см.* ехать *и* поехать.

ПОЕ́СТЬ, -е́м, -е́шь, -е́ст, -еди́м, -еди́те, -едя́т; -е́л, -е́ла; -е́шь; -е́вший; -е́денный; -е́в; *сов.* **1.** *см.* есть[1]. **2.** *чего.* Съесть немного. *П. перед дорогой. Поешь кашки.* **3.** *кого-что.* Съесть без остатка. *Кролики поели всю морковь.* ‖ *несов.* **поеда́ть**, -а́ю, -а́ешь (к 3 знач.).

ПОЕ́ХАТЬ, -е́ду, -е́дешь; *сов.* **1.** (в знач. *пов.* поезжа́й). Отправиться в путь, направиться куда-н. на чём-н. *П. на теплоходе. П. в дом отдыха.* **2.** Сдвинувшись, заскользить, покатиться (разг.). *Ноги поехали по льду.* **3.** (1 и 2 л. не употр.), *перен.* То же, что спуститься (в 3 знач.) (разг.). *Петля на вязанье поехала. Чулок поехал.* **4.** *перен.* Начать говорить о чём-н. пространно, многословно (разг. неодобр.). *Начала ворчать и поехала, и поехала!* **5.** **поехали!** Побуждение к началу каких-н. действий, работы.

ПОЁЖИТЬСЯ, -жусь, -жишься; *сов.* Слегка съёжиться. *П. от холода, от неудовольствия, от смущения.* ‖ *несов.* **поёживаться**, -аюсь, -аешься.

ПОЁМНЫЙ, -ая, -ое. Заливаемый в половодье. *Поёмные луга.*

ПОЁНЫЙ, -ая, -ое. Оо телятах и нек-рых других молодых животных: выкормленный молоком.

ПОЖА́ДНИЧАТЬ *см.* жадничать.

ПОЖАЛЕ́ТЬ *см.* жалеть.

ПОЖА́ЛОВАТЬ, -лую, -луешь; *сов.* **1.** *см.* жаловать. **2.** **пожа́луйте.** Употр. в знач. вежливого приглашения (устар.). *Пожалуйте ко мне в кабинет.* **3.** **пожа́луйте.** Употр. в знач. вежливой просьбы дать что-н. (устар.). *Пожалуйте сюда вашу шляпу.* **4.** **пожа́луйте.** То же, что пожалуйста (во 2 знач.).

ПОЖА́ЛОВАТЬСЯ *см.* жаловаться.

ПОЖА́ЛУЙ. **1.** *вводн. сл.* Выражает допущение возможного, склонность согласиться. *Я, п., приду.* **2.** *частица.* Выражает неуверенное согласие. *Сходим на выставку? — П.*

ПОЖА́ЛУЙСТА [лус]. **1.** Выражение вежливого обращения, просьбы, согласия, ответа на благодарность. *Принесите, п., словарь. Спасибо за чай. — П.* **2.** Выражение неожиданности наступления, появления чего-н. (обычно с оттенком неодобрения) (разг.). *Целый год не был и вдруг, п., появился.* ✦ **Скажи(те) пожалуйста!** (разг.) — выражение удивления или возмущения. *Скажите пожалуйста, он ещё и спорит!* **Здравствуйте пожалуйста!** (разг.) — 1) то же, что пожалуйста (во 2 знач.); 2) выражает недоуменное недовольство по поводу чего-н. неожиданного и неприятного. *Сегодня ты дежурный. — Здравствуйте пожалуйста! Опять я?!* **Пожалуйста вам** (разг.) — то же, что пожалуйста (во 2 знач.).

ПОЖА́Р, -а, *м.* **1.** Пламя, широко охватившее и уничтожающее что-н. *Лесной п. Тушить п. Как на п. бежать* (очень быстро, поспешно; разг.). *Не на п.* (некуда торопиться, успеем; разг.). **2.** *перен., чего.* Употр. в нек-рых выражениях для обозначения бурно развивающихся событий большого общественного значения (высок.). *П. войны.* ‖ *прил.* **пожа́рный**, -ая, -ое (к 1 знач.). *Пожарная опасность. Пожарная тревога* (сигнал о пожаре).

ПОЖА́РИЩЕ, -а, *ср.* Место, где был пожар. *Лесное п.*

ПОЖА́РНИК, -а, *м.* (разг.). То же, что пожарный (в 3 знач.).

ПОЖА́РНЫЙ, -ая, -ое. **1.** *см.* пожар. **2.** Относящийся к предупреждению и тушению пожаров. *Пожарная команда. Пожарная охрана. Пожарная техника. П. прикладной спорт.* **3.** **пожа́рный**, -ого, *м.* Работник пожарной охраны, боец пожарной команды. *Вызвать пожарных.* ✦ **В пожарном порядке** (разг.) — с излишней поспешностью. **На всякий пожарный случай** (разг. шутл.) — на всякий случай.

ПОЖА́ТЬ[1], -жму́, -жмёшь; -а́тый; *сов., что.* Слегка сжать[1], сдавить. *П. руку кому-н.* (в знак приветствия, благодарности). *П. плечами* (в знак недоумения чуть приподнять плечи). ‖ *несов.* **пожима́ть**, -а́ю, -а́ешь. ‖ *сущ.* **пожа́тие**, -я, *ср.*

ПОЖА́ТЬ[2], -жну́, -жнёшь; -а́тый; *сов., что.* **1.** Сжать[2], срезать под корень. *Что посеешь, то пожнёшь* (посл.). **2.** *перен.* Добыть, получить, заслужить что-н. (высок.). *П. славу. Кто сеет ветер, пожнёт бурю* (посл.). ‖ *несов.* **пожина́ть**, -а́ю, -а́ешь (ко 2 знач.). *П. плоды чего-н.* (получать что-н. как результат, итог своих действий, деятельности, обычно отрицательной).

ПОЖА́ТЬСЯ, -жму́сь, -жмёшься; *сов.* То же, что поёжиться. ‖ *несов.* **пожима́ться**, -а́юсь, -а́ешься.

ПОЖДА́ТЬ, -жду́, -ждёшь; -а́л, -ала́, -а́ло; *сов., кого-чего,* обычно *в сочетании с «ждать»* (разг.). Провести нек-рое время в ожидании. *Ждёт-пождёт* (долго ждёт; прост.). *Жди-пожди, пока он ответит* (т. е. не скоро ответит).

ПОЖЕВА́ТЬ, -жую́, -жуёшь; *сов., что.* Подержать во рту, разжёвывая. *П. губами* (сделать жевательные движения губами). *У тебя пожевать нечего?* (нет ли чего-н. поесть; прост.). ‖ *несов.* **пожёвывать**, -аю, -аешь.

ПОЖЕЛА́НИЕ, -я, *ср.* **1.** Мнение о желательности осуществления чего-н. *Пожелания собравшихся.* **2.** Приветствие кому-н., выражающее желание, чтобы осуществилось что-н. хорошее. *Новогодние пожела-*

ния. П. доброй ночи. Примите мои наилучшие пожелания.

ПОЖЕЛА́ТЬ *см.* желать.

ПОЖЕЛТЕ́ЛЫЙ, -ая, -ое; -е́л. Ставший жёлтым. *П. лист. Пожелтелые старые фотографии.*

ПОЖЕЛТЕ́ТЬ *см.* желтеть.

ПОЖЕНИ́ТЬ, -женю́, -же́нишь; *сов., кого (что) и кого с кем* (разг.). Соединить браком, устроить чей-н. брак. *Хорошо бы п. Ваню и Маню (Ваню с Маней). Давайте поженим эту парочку.*

ПОЖЕНИ́ТЬСЯ *см.* жениться.

ПОЖЕ́РТВОВАНИЕ, -я, *ср.* **1.** *см.* жертвовать. **2.** То, что пожертвовано, дар. *Крупное п.*

ПОЖЕ́РТВОВАТЬ *см.* жертвовать.

ПОЖЕ́ЧЬ, -жгу́, -жжёшь, -жгу́т; -жёг, -жгла́; -жёгший; -жжённый (-ён, -ена́); -жёгши; *сов., что.* Сжечь всё или многое. *П. старые письма. За зиму пожгли много дров.*

ПОЖИ́ВА, -ы, *ж.* (разг.). То, чем можно поживиться, лёгкая нажива. *В поисках поживы.*

ПОЖИВА́ТЬ, -а́ю, -а́ешь; *несов.* (устар.). То же, что жить (в 3, 4 и 6 знач.). ✦ **Как поживаете?** — вежливый вопрос при встрече, как живёте? как идут дела? **Жить-поживать** (разг.) — жить хорошо, спокойно. *Стали жить-поживать да добра наживать* (традиционная сказочная концовка).

ПОЖИВИ́ТЬСЯ, -влю́сь, -ви́шься; *сов., чем* (разг.). Попользоваться, за чужой счёт получить что-н. для себя. *П. чужим добром. П. за счёт других.*

ПОЖИ́ЗНЕННЫЙ, -ая, -ое; -знен, -зненна. До конца жизни. *Пожизненная пенсия.* ‖ *сущ.* **пожи́зненность**, -и, *ж.*

ПОЖИЛО́Й, -а́я, -о́е. Начинающий стареть, немолодой. *Пожилые люди. П. возраст.*

ПОЖИМА́ТЬ, -СЯ *см.* пожать[1], -ся.

ПОЖИНА́ТЬ *см.* пожать[2].

ПОЖИРА́ТЬ, -а́ю, -а́ешь; *несов., кого-что.* **1.** *см.* пожрать. **2.** Поглощать, завладевать, захватывать целиком. *Человек, пожираемый страстями. Честолюбие пожирает кого-н. П. глазами кого-н.* (в возбуждении, не отрываясь смотреть на кого-что-н.). *П. книги* (жадно и много читать). **3.** Уничтожать полностью. *Пламя пожирает дом.*

ПОЖИ́ТКИ, -ов (разг.). Мелкое имущество, домашние вещи.

ПОЖИ́ТЬ, -иву́, -ивёшь; по́жил *и* пожи́л, пожила́, по́жило; -и́вший; *сов.* Прожить какое-н. время. *Поживём — увидим* (там видно будет, будущее покажет). *Любит весело п.* (весело провести время).

ПО́ЖНЯ, -и, *род. мн.* -жен, *ж.* Жнивьё, а также (обл.) луг. ‖ *прил.* **по́жнивный**, -ая, -ое *и* **по́жненный**, -ая, -ое. *П. посев* (повторный, по жниву). *Пожненные остатки.*

ПОЖРА́ТЬ, -ру́, -рёшь; -а́л, -ала́, -а́ло; по́жранный; *сов.* (прост.). **1.** *чего.* То же, что поесть (во 2 знач.). **2.** *кого-что.* Жадно съесть всё (обычно о животных; о человеке — грубо). *Свиньи в огороде всё пожрали.* ‖ *несов.* **пожира́ть**, -а́ю, -а́ешь (ко 2 знач.).

ПОЖУ́ХЛЫЙ, -ая, -ое; -у́хл. То же, что жухлый. *Пожухлая ботва.*

ПОЖУ́ХНУТЬ *см.* жухнуть.

ПО́ЗА, -ы, *ж.* **1.** Положение тела. *Величественная п. Принять удобную позу.* **2.** *перен.* Притворство, неискреннее поведение, рисовка. *Принять позу (встать в позу) миротворца. Пристрастие к позе. Его человеколюбие — только п.*

ПОЗА..., *приставка.* Образует прилагательные и наречия со знач. предшествования, напр. *позапрошлый, позапрошлогодний, позапрошедший* (устар.), *позавчера, позавчерашний.*

ПО-ЗА *кого-что и кем-чем, предлог с вин. и тв. п.* **1.** *кем-чем.* Вдоль и сзади чего-н. (обл.). *Пройти по-за огородами.* **2.** *кого-что.* По ту сторону, позади, за кого-что-н. (устар. и обл.). *Укрыться по-за скирду.*

ПОЗАБА́ВИТЬ, -влю, -вишь; -вленный; *сов., кого (что).* Доставить забаву, развлечь. *П. детей.* ‖ *возвр.* **позаба́виться**, -влюсь, -вишься.

ПОЗАБО́ТИТЬСЯ, -о́чусь, -о́тишься; *сов.* **1.** *см.* заботиться. **2.** обычно *с отриц.* Выполнить то, что следует, обеспечить такое выполнение. *Даже не позаботился предупредить.*

ПОЗАБЫ́ТЬ, -бу́ду, -бу́дешь; позабу́дь; -ы́тый; *сов., кого (что)* (разг.). То же, что забыть. ‖ *несов.* **позабыва́ть**, -а́ю, -а́ешь.

ПОЗАВИ́ДОВАТЬ *см.* завидовать.

ПОЗА́ВТРАКАТЬ *см.* завтракать.

ПОЗАВЧЕРА́, *нареч.* Накануне вчерашнего дня, третьего дня. ‖ *прил.* **позавчера́шний**, -яя, -ее. *Позавчерашние визиты. Позавчерашняя выпечка.*

ПОЗАВЧЕРА́ШНИЙ, -яя, -ее. **1.** *см.* позавчера. **2.** *перен.* Давно бывший кем-чем-н., устаревший. *Позавчерашние кумиры.*

ПОЗАДИ́. 1 *нареч.* То же, что сзади (в 1 знач.). *Он шёл п.* **2.** *нареч.* В прошлом (о том, что миновало). *Самое трудное п.* **3.** *кого-чего, предлог с род. п.* На расстоянии и с задней стороны от кого-чего-н., сзади кого-чего-н. *Плестись п. всех. Сад п. дома.*

ПОЗАИ́МСТВОВАТЬ, -СЯ *см.* заимствовать, -ся.

ПОЗАПРО́ШЛЫЙ, -ая, -ое. Предшествующий прошлому. *П. год. Позапрошлым летом приезжал.*

ПОЗАРЕ́З, *нареч.* (разг.). О необходимом: очень, крайне. *П. нужны деньги.*

ПОЗА́РИТЬСЯ *см.* зариться.

ПОЗВА́ТЬ *см.* звать.

ПОЗВОЛЕ́НИЕ, -я, *ср.* **1.** *см.* позволить. **2.** Разрешение, согласие (книжн.). *Получить п. Дать п.* ✦ **С позволения сказать** (разг.) — выражает ироническое, отрицательное отношение к кому-чему-н., а также формула извинения за резкое или грубое выражение. *Этот, с позволения сказать, помощник ничего не делает.* **С вашего (его, моего и т. д.) позволения** — на основании вашего (его, моего и т. д.) разрешения, согласия. **С вашего позволения**, *вводн. сл.* — выражает желание привлечь внимание собеседника. *Я, с вашего позволения, глупых шуток не люблю.*

ПОЗВОЛИ́ТЕЛЬНЫЙ, -ая, -ое; -лен, -льна (книжн.). Такой, к-рый можно позволить, допустимый. *Вполне п. поступок. Позволительно* (в знач. сказ.) *спросить.* ‖ *сущ.* **позволи́тельность**, -и, *ж.*

ПОЗВО́ЛИТЬ, -лю, -лишь; -ленный; *сов.* **1.** *что* или *с неопр.* То же, что разрешить (в 1 знач.). *П. закурить. П. себе удовольствие* (доставить себе удовольствие). *Думает, что ему всё позволено* (нет запретов, всё можно; неодобр.). **2.** (1 и 2 л. не употр.), *что* или *с неопр.* Дать возможность, допустить. *Обстоятельства не позволили уехать.* **3. позво́ль(те).** Употр. как вводн. сл. со знач. возражения, несогласия или припоминания. *Позволь: что такое ты говоришь? Позвольте, позвольте, я где-то вас встречал.* **4. позво́ль(те).** То же, что разреши(те) (см. разрешить в 4 и 5 знач.). *Позвольте ваш билет! Вы загородили вход, позвольте!* ‖ *несов.* **позволя́ть**, -я́ю, -я́ешь (к 1 и 2 знач.). ‖ *сущ.* **позволе́ние**, -я, *ср.* (к 1 знач.). *Сделать что-н. с чьего-н. позволения.*

ПОЗВОНИ́ТЬ, -СЯ *см.* звонить, -ся.

ПОЗВОНО́К, -нка́, *м.* Отдельный костный или хрящевой элемент позвоночника. *Шейный п. Грудной п.* ‖ *прил.* **позвоно́чный**, -ая, -ое. *П. столб* (позвоночник). *Позвоночные животные и позвоночные* (сущ.) (высшие животные, имеющие костный или хрящевой скелет).

ПОЗВОНО́ЧНИК[1], -а, *м.* У человека и позвоночных животных: скелетная ось, образуемая цепью костей (или хрящей), идущих вдоль спины и заключающих в себе (в позвоночном канале) спинной мозг.

ПОЗВОНО́ЧНИК[2], -а, *м.* (прост.). Человек, к-рый поступает в учебное заведение, на работу, пользуясь телефонной просьбой своего покровителя. ‖ *ж.* **позвоно́чница**, -ы.

ПОЗДНЕ... *Первая часть сложных слов со знач.:* 1) поздний (в 1 знач.), напр. *позднеледниковый* (период), *позднеантичный;* 2) поздний (в 3 знач.), напр. *позднеспелый* (сорт), *позднеспелость.*

ПОЗДНЕ́Е. 1. *см.* поздно. **2.** *нареч.* То же, что позже (во 2 знач.). **3.** *чего, предлог с род. п.* То же, что позже (в 3 знач.). *Вернусь (не) позднее утра.* **4.** *кого-чего, предлог с род. п.* То же, что позже (в 4 знач.). *Явился п. всех.* ✦ **Позднее чем** — то же, что позже чем.

ПОЗДНЕ́ЙШИЙ, -ая, -ее. Совершающийся, наступающий после чего-н.; самый недавний. *По позднейшим сведениям. В позднейшую эпоху.*

ПО́ЗДНИЙ, -яя, -ее. **1.** Принадлежащий, относящийся к последней, заключительной поре чего-н., приближающийся к исходу. *П. вечер. Время уже позднее. П. час* (позднее время дня). *Поздняя осень. Поздней ночью. П. романтизм.* **2.** Наступающий, приходящий после обычного или нужного времени, запоздалый. *Весна нынче поздняя. П. гость. Позднее раскаяние. П. ребёнок* (рожденный немолодыми родителями). **3.** Бывающий, появляющийся после других. *Поздние цветы. Поздние сорта яблок.* ✦ **Самое позднее** (разг.) — в самое позднее время, когда... (что-н. делается, может быть сделано). *Я приду самое позднее в десять часов.*

ПО́ЗДНО, поздне́е *и* по́зже, *нареч.* **1.** (сравн. ст. не употр.), *в сочетании с нареч.* В конце того времени, поры, к-рые названы наречием (без него — о позднем вечере). *П. вечером. П. ночью. П. осенью. Лёг спать п.* **2.** После обычного, установленного или нужного времени. *Яблоки созрели п. П. встать. П. начал учиться. П. женился. Лучше п., чем никогда* (посл.). ‖ *уменьш.* **поздне́нько** (ко 2 знач.).

ПОЗДОРО́ВАТЬСЯ *см.* здороваться.

ПОЗДОРОВЕ́ТЬ *см.* здороветь.

ПОЗДОРО́ВИТЬСЯ, -ится; *безл.; сов.:* **не поздоровится** *кому* (разг.) — придётся плохо кому-н. из-за чего-н. *За такие дела не поздоровится.*

ПОЗДРАВИ́ТЕЛЬ, -я, *м.* Тот, кто поздравляет кого-н., приходит с поздравлением. *Явился п. с букетом.* ‖ *ж.* **поздрави́тельница**, -ы. ‖ *прил.* **поздрави́тельский**, -ая, -ое.

ПОЗДРА́ВИТЬ, -влю, -вишь; -вленный; *сов., кого (что) с чем.* Приветствовать по случаю чего-н. приятного, радостного. *П. с праздником. П. с днём рождения.* ‖ *несов.* **поздравля́ть**, -я́ю, -я́ешь. *Поздравляю!* (также ирон., выражение насмешки). ✦ **С**

чем вас и поздравляю (разг. ирон.) — замечание по поводу чего-н. неожиданного и неприятного. ‖ *сущ.* **поздравле́ние,** *-я, ср.* ‖ *прил.* **поздрави́тельный,** -ая, -ое. *Поздравительное письмо.*

ПОЗЕЛЕНЕ́ЛЫЙ, -ая, -ое; -е́л. Ставший зелёным, зеленоватым. *П. пень.*

ПОЗЕЛЕНЕ́ТЬ *см.* зеленеть.

ПОЗЕЛЕНИ́ТЬ *см.* зеленить.

ПОЗЕМЕ́ЛЬНЫЙ, -ая, -ое. Относящийся к владению и пользованию землёй. *П. налог.*

ПОЗЁМКА, -и, *ж.* и **ПОЗЁМОК,** -мка, *м.* Метель без снегопада, поднимающая снег с поверхности земли. *Поднялась, закрутилась п.*

ПОЗЁР, -а, *м.* (книжн. неодобр.). Человек, к-рый старается произвести впечатление своим поведением, внешностью, любит принимать позы (во 2 знач.). ‖ *ж.* **позёрка,** -и. ‖ *прил.* **позёрский,** -ая, -ое.

ПОЗЁРСТВО, -а, *ср.* (книжн. неодобр.). Поведение позёра.

ПО́ЗЖЕ. 1. *см.* поздно. **2.** *нареч.* В более позднее время. *Раньше здесь был пустырь, п. разбили парк.* **3.** *чего, предлог с род. п.* После какого-н. момента, времени. *Вернусь п. воскресенья.* **4.** *кого-чего, предлог с род. п.* После, вслед за кем-чем-н. *Пришёл п. всех. Телеграмму принесли п. письма.* ✦ **Позже чем** — то же, что позже (в 4 знач.). *Пришёл позже чем ты.*

ПОЗИ́РОВАТЬ, -рую, -руешь; *несов.* **1.** Приняв определённую позу, служить предметом изображения художнику, фотографу. **2.** Вести себя как позёр, фальшиво (книжн. неодобр.). ‖ *сущ.* **пози́рование,** -я, *ср.*

ПОЗИТИ́В, -а, *м.* (спец.). Фотографическое изображение, светлые и тёмные части или цвета к-рого отвечают их распределению в действительности. ‖ *прил.* **позити́вный,** -ая, -ое.

ПОЗИТИВИ́ЗМ, -а, *м.* Направление в философии, утверждающее, что единственным источником подлинного знания являются специальные науки, и отрицающее философию как особую отрасль знаний. ‖ *прил.* **позитиви́стский,** -ая, -ое.

ПОЗИТИВИ́СТ, -а, *м.* Последователь позитивизма.

ПОЗИТИ́ВНЫЙ, -ая, -ое; -вен, -вна. **1.** *см.* позитив. **2.** Основанный на фактах, на опыте (устар.). *Позитивные знания.* **3.** То же, что положительный (в 1 и 2 знач.) (книжн.). *Позитивно* (нареч.) *относиться к чему-н.* ‖ *сущ.* **позити́вность,** -и, *ж.*

ПОЗИТРО́Н, -а, *м.* (спец.). Элементарная частица с положительным зарядом, с массой, равной массе электрона. ‖ *прил.* **позитро́нный,** -ая, -ое.

ПОЗИ́ЦИЯ, -и, *ж.* **1.** Положение, расположение (книжн.). *Сильная п. ладьи в шахматной партии. П. звука в слове.* **2.** Полоса, участок местности или акватории, занимаемые для подготовки и ведения боя. *Артиллерийская боевая, оборонительная, огневая, передовая п. Сдать свои позиции* (также перен.). **3.** *перен.* Точка зрения, мнение в каком-н. вопросе (книжн.). *Отстаивать свою позицию.* **4.** Положение тела, поза. *Первая п.* (в танце). *П. фехтовальщика.* ✦ **С позиции** *кого-чего* — имея что-н. основанием для своих действий, взглядов; находясь в каком-н. положении, состоянии. *С позиции постороннего наблюдателя. Действовать с позиции силы.* ‖ *прил.* **позицио́нный,** -ая, -ое (к 1 и 2 знач.). *Позиционная война* (на протяжённых и стабильных фронтах, с глубокоэшелонированной обороной).

ПОЗЛАТИ́ТЬ, -ащу́, -ати́шь; -ащённый (-ён, -ена́); *сов., что* (устар.). То же, что позолотить. ‖ *несов.* **позлаща́ть,** -а́ю, -а́ешь.

ПОЗНА́БЛИВАТЬ, -ает; *безл.; несов., кого (что)* (разг.). Слегка, время от времени знобить. *Больного познабливает.*

ПОЗНАВА́ЕМЫЙ, -ая, -ое; -ем (книжн.). Такой, к-рый может быть познан. *Мир познаваем.* ‖ *сущ.* **познава́емость,** -и, *ж.*

ПОЗНАВА́ТЕЛЬНЫЙ, -ая, -ое; -лен, -льна (книжн.). **1.** *см.* познать. **2.** Способствующий познанию, расширению знаний. *Познавательное значение литературы.* ‖ *сущ.* **познава́тельность,** -и, *ж.*

ПОЗНАВА́ТЬСЯ, -нако́сь, -наёшься; *несов.* Становиться известным, познанным. *Друзья познаются в беде.*

ПОЗНАКО́МИТЬ, -СЯ *см.* знакомить, -ся.

ПОЗНА́НИЕ, -я, *ср.* **1.** *см.* познать. **2.** Приобретение знания, постижение закономерностей объективного мира. *П. законов природы. Диалектический метод познания. Теория познания* (раздел философии, изучающий закономерности и возможности познания, отношения знания к действительности). **3.** *мн.* Совокупность знаний в какой-н. области. *У него большие познания в литературе.*

ПОЗНА́ТЬ, -а́ю, -а́ешь; по́знанный; *сов.* (книжн.). **1.** *кого-что.* Постигнуть, приобрести знание о ком-чём-н., узнать вполне. *П. природу. П. сущность вещей. П. жизнь. П. друга в несчастье.* **2.** *что.* Испытать, пережить. *П. радость. П. горечь разлуки.* ‖ *несов.* **познава́ть,** -наю́, -наёшь. ‖ *сущ.* **позна́ние,** *-я, ср.* (к 1 знач.) *и* **познава́ние,** *-я, ср.* (к 1 знач.). ‖ *прил.* **познава́тельный,** -ая, -ое (к 1 знач.). *П. процесс.*

ПОЗОЛО́ТА, -ы, *ж.* Тонкий слой золота на поверхности чего-н. *Часы с позолотой.* ‖ *прил.* **позоло́тный,** -ая, -ое.

ПОЗОЛОТИ́ТЬ *см.* золотить.

ПОЗО́Р, -а, *м.* Бесчестье, постыдное, унизительное положение. *Покрыть себя позором* (книжн.). *Выставить на п. кого-н.* (поставить в унизительное положение). *Клеймить позором кого-н.* (гневно обличать; высок.). *П. на чью-н. голову* (позорно, очень стыдно). ‖ *прил.* **позо́рный,** -ая, -ое. *П. столб* (в старое время: столб, к к-рому привязывали преступника). *Поставить (пригвоздить) к позорному столбу* (перен.: заклеймить, предать позору; высок.).

ПОЗО́РИТЬ, -рю, -ришь; *несов., кого-что.* То же, что порочить. *П. чьё-н. доброе имя.* ‖ *сов.* **опозо́рить,** -рю, -ришь; -ренный. ‖ *возвр.* **позо́риться,** -рюсь, -ришься; *сов.* **опозо́риться,** -рюсь, -ришься.

ПОЗО́РИЩЕ, -а, *ср.* (разг.). Позорное явление, позор.

ПОЗО́РНЫЙ, -ая, -ое; -рен, -рна. Являющийся позором, постыдный. *П. поступок. Позорная неудача.* ‖ *сущ.* **позо́рность,** -и, *ж.*

ПОЗУМЕ́НТ, -а, *м.* Тесьма, обычно шитая золотом или серебром, галун. *Золотой п.* ‖ *прил.* **позуме́нтный,** -ая, -ое.

ПОЗЫ́В, -а, *м.* **1.** Ощущение какой-н. физиологической потребности. *П. на рвоту.* **2.** Желание, стремление (устар.).

ПОЗЫВА́ТЬ, -а́ет; *безл.; несов., кого (что).* Об ощущении позыва (в 1 знач.). *Позывает на сон.*

ПОЗЫВНО́Й, -а́я, -о́е. **1.** Служащий для привлечения внимания, призывающий. *П. сигнал радиостанции.* **2. позывны́е,** -ы́х. Специальные сигналы для опознания радиостанции, судна, воинской части. *П. коротковолновиков. Принять чьи-н. п.*

ПОИЗДЕРЖА́ТЬСЯ, -ержу́сь, -е́ржишься; *сов.* (разг.). Слегка издержаться. *П. в дороге.*

ПОИ́ЛЕЦ, -льца, *м.* (устар.): **поилец и кормилец** — человек, к-рый поит и кормит, содержит семью. ‖ *ж.* **пои́лица,** -ы.

ПОИ́ЛКА, -и, *ж.* **1.** Специальная посуда, приспособление для поения скота и птицы. *Автоматическая п.* **2.** То же, что поильник.

ПОИ́ЛЬНИК, -а, *м.* Чашка с длинным носиком и полузакрытым верхом, из к-рой поят лежачих больных.

ПОИМЕНОВА́ТЬ, -ну́ю, -ну́ешь; -о́ванный; *сов., кого (что)* (офиц.). Перечислить по именам. *П. всех присутствующих.*

ПОИМЕ́ТЬ, -е́ю, -е́ешь; *сов.:* **поиметь в виду** (разг.) — принять во внимание на будущее.

ПОИМЁННЫЙ, -ая, -ое. Содержащий перечень имён; производимый по именам. *П. список. Вызывать поимённо* (нареч.).

ПОИ́МКА, -и, *ж.* (офиц.). Захват, задержание кого-н. после поисков, преследования, ловли. *П. преступника.*

ПОИМУ́ЩЕСТВЕННЫЙ, -ая, -ое (офиц.). Взимаемый с имущества. *П. налог* (на движимое и недвижимое имущество).

ПОИНТЕРЕСОВА́ТЬСЯ *см.* интересоваться.

ПО́ИСК, -а, *м.* **1.** *мн.* Действия ищущего, розыски кого-чего-н. *Поиски редкой книги.* **2.** чаще *мн.* Разведочные работы по обнаружению чего-н. *П. полезных ископаемых.* **3.** Исследование, направленное на получение новых научных результатов. *Научный п.* **4.** Способ разведки (во 2 знач.) — скрытный подход к противнику и внезапное нападение на его объекты (спец.). *Поиски разведчиков. Ночной п.* ‖ *прил.* **поисковый,** -ая, -ое (ко 2, 3 и 4 знач.) *и* **поиско́вый,** -ая, -ое (ко 2 и 4 знач.). *Поисковое судно. Поисковая группа.*

ПОИСКА́ТЬ, -ищу́, -и́щешь; *сов., кого-что и чего.* **1.** Провести нек-рое время в поисках (в 1 знач.); заняться поисками (в 1 знач.). *П. подходящее место для стоянки. П. себе помощника.* **2. поиска́ть.** Выражение высокой положительной или крайней отрицательной оценки кого-чего-н. *Такого чудака п.* (о большом чудаке). *Таких ягод п.* (очень хорошие).

ПОИСКОВИ́К, -а́, *м.* (разг.). Специалист, занимающийся поиском (во 2 знач.). *Инженер-п.*

ПОИ́СТИНЕ, *нареч.* (книжн.). Действительно, в самом деле. *П. странный случай.*

ПОИ́ТЬ, пою́, по́ишь *и* пои́шь; пои́; по́енный; *несов., кого (что).* **1.** Давать пить. *П. коня. П. и кормить семью* (содержать, обеспечивать пропитание; разг.). **2.** Давать пить что-н. алкогольное, угощать чем-н. алкогольным. ‖ *сов.* **напоить,** -ою́, -о́ишь *и* -ои́шь; -о́енный. ‖ *сущ.* **поéние,** -я, *ср.* (к 1 знач.). *П. скота.* ‖ *прил.* **пои́льный,** -ая, -ое. *Поильная чашка* (в автопоилке).

ПО́ЙЛО, -а, *ср.* Питательное питьё для скота. *Коровье п.*

ПО́ЙМА, -ы, *род. мн.* пойм, *ж.* Низкое место, заливаемое во время половодья. ‖ *прил.* **по́йменный,** -ая, -ое. *Пойменные луга.*

ПОЙМА́ТЬ *см.* ловить.

ПО́ЙНТЕР [тэ], -а, *м.* Короткошёрстая крупная легавая собака.

ПОЙТИ́, -йду́, -йдёшь; пошёл, -шла́; пойди́ *и* (разг.) поди́; поше́дший; пойдя́; *сов.* **1.** Начать идти (в соответствии со всеми значениями глагола **«идти»,** кроме 26).

Ребёнок пошёл (начал ходить). *Пошёл вон!* (убирайся!). **2.** *перен., с неопр.* Начать делать что-н., начать осуществляться (разг.). *Опять пошла кружить позёмка. Как пойдёт рассказывать — не остановишь. Опять пошли ссоры, недоразумения. Встретимся, бывало, пойдут рассказы, воспоминания.* **3.** *перен.* То же, что поехать (в 4 знач.) (разг. неодобр.). *Бранится: ты и такой, и сякой, и пошла, и пошла.* **4.** Получиться, выйти (в 7 знач.). *Сын пошёл в отца.* ✦ **Если на то пошло** (разг.) — если уж так нужно, раз так необходимо. **Так (дело) не пойдёт** (разг.) — так, при таком условии ничего не получится, не выйдет. **Пошло-поехало!** (разг.) — началось (о чём-н. длительном и неприятном). *Посыпались упрёки, обвинения, и пошло-поехало!*

ПОКА́. **1.** *нареч.* В течение нек-рого времени, впредь до чего-н.; до сих пор ещё. *П. ничего не известно. Сын п. ещё учится.* **2.** *союз.* В течение того времени как. *П. он учится, надо ему помочь.* **3.** Приветствие при прощании, до свидания (разг.). *Ну, я пошёл, п.!* ✦ **Пока не,** *союз* — то же, что до тех пор пока не (см. пора). *Сражались, пока не победили.* **Пока что** (разг.) — в настоящее время, но, возможно, ненадолго. *Пока что доволен.* **Пока (-то) ещё!** (разг.) — ещё нескоро. *Пока-то ещё все соберутся!* **На пока** (прост.) — на время, временно. *Дать что-н. на пока.*

ПОКА́З *см.* показать.

ПОКАЗА́НИЕ, -я, *ср.*, обычно *мн.* **1.** Свидетельство, рассказ. *Показания очевидцев.* **2.** Ответ на допросе. *П. подсудимого.* **3.** Величина чего-н., показываемая измерительным прибором. *П. счётчика.* **4.** *к чему.* Данные, указывающие на необходимость или целесообразность применения какого-н. средства, действия (обычно в медицине). *П. к операции.*

ПОКАЗА́ТЕЛЬ, *-я, м.* **1. показатель степени** — в математике: цифровое или буквенное выражение, показывающее, сколько раз число (или величина), возводимое в степень, умножается само на себя. **2.** Данные, по к-рым можно судить о развитии, ходе, состоянии чего-н. *Показатели роста. Средние показатели.*

ПОКАЗА́ТЕЛЬНЫЙ, -ая, -ое; -лен, -льна. **1.** Дающий возможность судить о чём-н. *П. признак. Молчание свидетеля показательно.* **2.** *полн. ф.* Устроенный для всеобщего ознакомления, сведения. *П. судебный процесс.* **3.** *полн. ф.* Образцовый, служащий примером для других. *Показательное хозяйство. П. урок.* ‖ *сущ.* **показа́тельность,** -и, *ж.*

ПОКАЗА́ТЬ, -ажу́, -а́жешь; -а́занный; *сов.* **1.** *кого-что кому.* Дать возможность увидеть кого-что-н., убедиться в чём-н., научиться чему-н. *П. книгу. П., как писать буквы.* **2.** *кому на кого-что.* Обратить чьё-н. внимание на кого-что-н. (обычно сделав жест в направлении кого-чего-н.). *П. пальцем на кого-что-н.* **3.** *кого-что кому.* Дать увидеть с целью просмотра, обозрения, ознакомления, удостоверения. *П. спектакль, фильм* (продемонстрировать перед зрителями). *П. больного врачу* (для осмотра, обследования). *П. паспорт* (предъявить). **4.** *кого-что.* Обнаружить, проявить. *П. прекрасные знания. П. себя хорошим работником. П. свою находчивость.* **5.** *с союзом «что».* Дать показание (во 2 знач.). *Свидетели показали, что ночью обвиняемый был дома.* **6.** *на кого (что).* Дать показание (во 2 знач.) против кого-н. *Опрошенные показали на сторожа как на виновника пожара.* **7.** (1 и 2 л. не употр.), *что.* Об измерительных приборах: обнаружить, отметить. *Часы показали два часа ночи. Счётчик показал перерасход электроэнергии.* **8.** *кому.* Проучить кого-н., дать понять, почувствовать кому-н. что-н. (разг.). *Я ему покажу!* (угроза). **9. пока́зан,** -а, -о. Рекомендуется, полезен. *Больному показан покой. Препарат показан при гипертонии.* ‖ *несов.* **пока́зывать,** -аю, -аешь (к 1, 2, 3, 4, 5, 6 и 7 знач.). ‖ *сущ.* **пока́зывание,** -я, *ср.* (к 1, 2, 3 и 4 знач.) *и* **пока́з,** -а, *м.* (к 1, 2, 3 и 4 знач.). *П. спектакля. П. достижений.*

ПОКАЗА́ТЬСЯ, -ажу́сь, -а́жешься; *сов.* **1.** *см.* казаться. **2.** Появиться, стать доступным взору. *Из-за гор показалась луна.* **3.** Прийти куда-н., появиться где-н. *П. у друзей впервые после болезни.* **4.** *кому.* Обратиться для осмотра. *П. врачу.* **5.** Понравиться, приглянуться (прост.). *Этот костюм мне не показался.* ‖ *несов.* **пока́зываться,** -аюсь, -аешься (ко 2, 3 и 4 знач.).

ПОКАЗНО́Й, -а́я, -о́е. **1.** Показываемый как образец. *П. товар. Показные учения.* **2.** Рассчитанный на внешнее впечатление, притворный. *Показное сочувствие.*

ПОКАЗУ́ХА, -и, *ж.* (разг. неодобр.). Видимость благополучия, успешной деятельности; действия, рассчитанные на то, чтобы произвести благоприятное впечатление на кого-н. *Кому нужна п.?* ‖ *прил.* **показу́шный,** -ая, -ое.

ПОКАЗУ́ШНИЧАТЬ, -аю, -аешь; *несов.* (прост. неодобр.). Выставлять себя напоказ, заниматься показухой. ‖ *сущ.* **показу́шничанье,** -я, *ср.*

ПОКА́КАТЬ *см.* какать.

ПО-КАКО́ВСКИ, *мест. нареч.* (прост.). На каком языке. *По-каковски он говорит?*

ПОКАЛЕ́ЧИТЬ, -СЯ *см.* калечить.

ПОКА́ЛЫВАТЬ, -аю, -аешь; *несов.* (разг.). Изредка и слегка колоть. *В груди покалывает* (безл.).

ПОКАЛЯ́КАТЬ, -аю, -аешь; *сов.* (прост.). Провести нек-рое время беседуя, разговаривая. *Заходи, покалякаем.*

ПОКА́МЕСТ, *нареч.* и *союз* (прост.). То же, что пока (в 1 и 2 знач.). *П. подождём. П. он спит, мы погуляем.* ✦ **Покамест не,** *союз* — пока не, до тех пор пока не. *Шёл, покамест не устал.*

ПОКАПРИ́ЗНИЧАТЬ, -аю, -аешь; *сов.* **1.** *см.* капризничать. **2.** Капризничать нек-рое время, слегка. *Покапризничал, и хватит.*

ПОКАРА́ТЬ *см.* карать.

ПОКАТА́ТЬ, -а́ю, -а́ешь; *сов., кого-что.* **1.** Повозить, прокатить немного. *П. детей на машине.* **2.** Провести нек-рое время, катая что-н. *П. мяч.*

ПОКАТА́ТЬСЯ, -а́юсь, -а́ешься; *сов.* Провести нек-рое время, катаясь на чём-н. *П. на лодке.*

ПОКАТИ́ТЬ, -ачу́, -а́тишь; -а́ченный; *сов.* **1.** *что.* Заставить катиться. *П. шар.* **2.** Быстро поехать, отправиться куда-н. (разг.). *П. в город. Эх и покатили на саночках!*

ПОКАТИ́ТЬСЯ, -ачу́сь, -а́тишься; *сов.* **1.** Начать катиться. *Колесо покатилось. Грузовик покатился по шоссе. Покатились слёзы.* **2.** На спуске упасть, крутясь; вообще упасть резко, сразу (разг.). *П. с обрыва. П. с лестницы. П. в снег. П. в истерике.* ✦ **Покатиться со́ смеху** (разг.) — громко рассмеяться, расхохотаться.

ПОКА́ТОСТЬ, -и, *ж.* **1.** *см.* покатый. **2.** Покатая поверхность. *П. холма.*

ПОКА́ТЫВАТЬСЯ, -аюсь, -аешься; *несов.*: **покатываться со́ смеху** (разг.) — очень громко смеяться, хохотать.

ПОКА́ТЫЙ, -ая, -ое; -а́т. Наклонный; округлённый. *П. холм. Покатые плечи.* ‖ *сущ.* **пока́тость,** -и, *ж.*

ПОКАЧА́ТЬ, -а́ю, -а́ешь; *сов.* **1.** *кого-что.* Провести нек-рое время, качая кого-что-н. *П. ребёнка на качелях.* **2.** *чем.* Качнуть (в 3 знач.) несколько раз. *П. головой* (из стороны в сторону в знак отрицания, сомнения, неодобрения).

ПОКАЧА́ТЬСЯ, -а́юсь, -а́ешься; *сов.* Провести нек-рое время качаясь. *П. на качелях.*

ПОКА́ЧИВАТЬ, -аю, -аешь; *несов., кого-что* или *чем.* Слегка качать. *П. головой.* ‖ *сущ.* **пока́чивание,** -я, *ср.*

ПОКА́ЧИВАТЬСЯ, -аюсь, -аешься; *несов.* Слегка качаться. *Идти покачиваясь. Лодка покачивается на волнах.* ‖ *сущ.* **пока́чивание,** -я, *ср.*

ПОКАЧНУ́ТЬ, -ну́, -нёшь; *сов., что.* Слегка качнуть. *Лодку покачнуло* (безл.). *Буря покачнула столб.*

ПОКАЧНУ́ТЬСЯ, -ну́сь, -нёшься; *сов.* **1.** Слегка качнуться. *П. от удара. Сарай покачнулся* (покривился, осел набок). **2.** (1 и 2 л. не употр.), *перен.* Ухудшиться, испортиться (разг.). *Дела фирмы покачнулись.*

ПОКА́ШЛИВАТЬ, -аю, -аешь; *несов.* Слегка, с перерывами кашлять. *Ребёнок простужен, покашливает. Многозначительно п.* (звуками кашля останавливая кого-н. или предостерегая, намекая). ‖ *сущ.* **пока́шливание,** -я, *ср.*

ПОКА́ШЛЯТЬ, -яю, -яешь; *сов.* Кашлянуть несколько раз; провести нек-рое время кашляя. *Покашлял, чтобы на него обратили внимание. С неделю покашлял после гриппа.*

ПОКАЯ́НИЕ, -я, *ср.* **1.** Добровольное признание в совершённом проступке, в ошибке (книжн.). *Принести п.* **2.** То же, что исповедь (в 1 знач.). *Церковное п. П. в грехах.* ✦ **Отпустить душу на покаяние** (разг. шутл.) — оставить кого-н. в покое, перестать донимать чем-н.

ПОКАЯ́ННЫЙ, -ая, -ое; -нен, -нна (книжн.). Содержащий покаяние; виноватый. *П. вид. Покаянное письмо. Покаянные речи* (ирон.). ‖ *сущ.* **покая́нность,** -и, *ж.*

ПОКА́ЯТЬСЯ *см.* каяться.

ПО́КЕР, -а, *м.* Род карточной игры. ‖ *прил.* **по́керный,** -ая, -ое.

ПОКИВА́ТЬ, -а́ю, -а́ешь; *сов.* Кивнуть несколько раз. *П. головой.*

ПОКИДА́ТЬ[1], -а́ю, -а́ешь; *сов., кого-что* (разг.). Кинуть как попало (многое, многих). *П. дрова в печь.*

ПОКИДА́ТЬ[2] *см.* покинуть.

ПОКИ́НУТЬ, -ну, -нешь; -утый; *сов.* **1.** *кого-что.* Оставить кого-что-н., уйти от кого-чего-н., бросить (в 4 знач.). *П. семью. Не п. кого-н. в беде. Боксёр покинул ринг* (перен.: перестал заниматься боксом). **2.** *что.* Перестать жить, находиться где-н. *П. родной город.* **3.** (1 и 2 л. не употр.), *перен.* В нек-рых сочетаниях: то же, что оставить (в 10 знач.). *Силы покинули больного. Счастье, удача покинули кого-н. Интерес к занятиям покинул кого-н.* ‖ *несов.* **покида́ть,** -а́ю, -а́ешь. *Капитан покидает тонущий корабль последним.*

ПОКЛАДА́Я: **не покладая рук** (разг.) — без устали, усердно. *Работать не покладая рук.*

ПОКЛА́ДИСТЫЙ, -ая, -ое; -ист. Сговорчивый, уступчивый. *П. человек. П. характер.* ‖ *сущ.* **покла́дистость,** -и, *ж.*

ПОКЛА́ЖА, -и, *ж.* Уложенные для перевозки вещи, груз, багаж. *Тяжёлая п.*

ПОКЛЕВА́ТЬ, -люю́, -люёшь; -лёванный; *сов.* **1.** *что.* Склевать всё. *Воробьи поклевали все крошки.* **2.** *что* и *чего.* Склевать немного. *За завтраком поклевал пирожка* (перен. о человеке: поел немного; разг.). **3.** Провести нек-рое время клюя.

ПОКЛЁВКА, -и, *ж.* (разг.). То же, что клёв.

ПОКЛЁП, -а, *м.* (разг.). Ложное обвинение. *Взвести п. на кого-н.*

ПОКЛИ́КАТЬ, -и́чу, -и́чешь; *сов., кого (что)* (прост.). Позвать голосом. *П. заблудившихся в лесу. Покличь отца!*

ПОКЛО́Н, -а, *м.* **1.** Наклонение головы или верхней части туловища в знак приветствия, благодарности, покорности. *Глубокий п.* (низкий, почти до земли). *Земной п.* (до земли; также перен., *кому:* глубокая благодарность. *Земной п. учёному за его научный подвиг*). *Класть поклоны* (кланяться во время молитвы). *Отвесить п.* (низко поклониться; устар.). *Бить поклоны* (делать поклон за поклоном; устар.). **2.** Приветствие наклонением головы. *Небрежный п.* (кивок). **3.** *перен.* Пожелание благополучия, привет. *П. от родных. Послать, передать п. кому-н.* ✦ **Идти на поклон** или **с поклоном** *к кому* (разг.) — обращаться с просьбой о помощи, содействии. ‖ *прил.* **покло́нный**, -ая, -ое (к 1 знач.; устар.).

ПОКЛОНИ́ТЬСЯ, -оню́сь, -о́нишься; *сов., кому-чему.* **1.** *см.* кланяться. **2.** Придя к священному месту, выразить своё благоговение. *П. святым местам.* ‖ *несов.* **поклоня́ться**, -я́юсь, -я́ешься. ‖ *сущ.* **поклоне́ние**, -я, *ср.*

ПОКЛО́ННИК, -а, *м.* **1.** Человек, к-рый поклоняется (во 2 знач.) какому-н. божеству, святыне. *П. Будды.* **2.** *чего.* Человек, к-рый поклоняется (в 3 знач.) кому-чему-н., почитатель. *П. старинного русского романса. П. чьего-н. таланта.* **3.** Влюблённый в кого-н. человек. *Окружена поклонниками. Очередной п.* ‖ *ж.* **покло́нница**, -ы (ко 2 и 3 знач.).

ПОКЛОНЯ́ТЬСЯ, -я́юсь, -я́ешься; *несов., кому-чему* (высок.). **1.** *см.* поклониться. **2.** Веровать как в божество, в святыню. *П. идолам.* **3.** Относиться к кому-чему-н. с почитанием, чтить. *П. гению писателя.* ‖ *сущ.* **поклоне́ние**, -я, *ср.*

ПОКЛЯ́СТЬСЯ *см.* клясться.

ПОКО́ВКА, -и, *ж.* (спец.). Заготовка, обработанный ковкой или горячим штампованием кусок металла. ‖ *прил.* **поко́вочный**, -ая, -ое.

ПОКО́И, -ев, *ед.* -о́й, -я, *м.* (устар.). Внутренние помещения, комнаты (обычно большие). *Богатые п.* ✦ **Приёмный покой** — в больнице: помещение для приёма поступающих больных.

ПОКО́ИТЬ, -о́ю, -о́ишь; *несов., кого-что.* Окружать покоем, заботой, попечением. *П. чью-н. старость.* ‖ *сов.* **упоко́ить**, -о́ю, -о́ишь; -о́енный (устар.).

ПОКО́ИТЬСЯ, -о́юсь, -о́ишься; *несов.* **1.** (1 и 2 л. не употр.). Находиться в состоянии покоя. **2.** (1 и 2 л. не употр.), *на чём.* Иметь основанием что-н., прочно основываться на чём-н. (книжн.). *Здание покоится на прочном фундаменте.* **3.** Неподвижно лежать (обычно об умерших) (устар.). *П. в могиле* (быть похороненным).

ПОКО́Й[1], -я, *м.* **1.** Состояние относительной неподвижности, отсутствия движения (спец.). **2.** Состояние тишины, отдыха, бездеятельности, отсутствие беспокойства. *Больному нужен п. Нет покоя от соседей. Оставить кого-н. в покое* (не беспокоить). *Вечный п.* (перен.: смерть; устар.). *Удалиться на п.* или *жить на покое* (к старости перестать служить, работать; устар.). **3.** У растений: состояние, при к-ром снижается интенсивность жизнедеятельности (спец.). *После листопада деревья находятся в состоянии покоя.* ✦ **Масса покоя** (спец.) — масса частицы в том состоянии, при к-ром она покоится. **Забыл покой и сон** *кто* — о том, кто глубоко озабочен, взволнован чем-н.

ПОКО́Й[2], -я, *м.* Старинное название буквы «п». *Поставить столы покоем* (в виде буквы «п»).

ПОКО́Й[3] *см.* покои.

ПОКО́ЙНИК, -а, *м.* **1.** Умерший, мёртвый человек, мертвец. *Панихида по покойнику.* **2.** Тот, кто умер (как лицо, о к-ром вспоминают, упоминают) (разг.). *Отец-п. меня любил.* ‖ *ж.* **поко́йница**, -ы. ‖ *прил.* **поко́йницкий**, -ая, -ое. *П. вид* (такой, как у покойника, мертвенный).

ПОКО́ЙНИЦКАЯ, -ой, *ж.* (устар.). То же, что мертвецкая.

ПОКО́ЙНЫЙ[1], -ая, -ое; -о́ен, -о́йна (устар.). То же, что спокойный. *Море покойно. П. сон. П. нрав. Покойное жильё. Покойная одежда.* ✦ **Покойной ночи!** — пожелание на ночь: спокойной, доброй ночи. **Будьте покойны** — не тревожьтесь.

ПОКО́ЙНЫЙ[2], -ая, -ое. Умерший (обычно как лицо, о к-ром вспоминают, упоминают). *П. отец. Наш общий друг, теперь уже п. Почтить память покойного* (сущ.).

ПОКОЛДОВА́ТЬ, -ду́ю, -ду́ешь; *сов.* Провести нек-рое время, колдуя. *П. над травяным снадобьем.*

ПОКОЛЕБА́ТЬ *см.* колебать.

ПОКОЛЕБА́ТЬСЯ, -ле́блюсь, -ле́блешься; *сов.* **1.** *см.* колебаться. **2.** Пробыть нек-рое время в колебаниях. *П. несколько минут.*

ПОКОЛЕ́НИЕ, -я, *ср.* **1.** Родственники одной степени родства по отношению к общему предку (предкам). *Из поколения в п. передаётся что-н.* (по наследству от отца к детям, от старших к младшим). **2.** Одновременно живущие люди (особи) близкого возраста. *Современное молодое п. Новое п. бобров.* **3.** Группа людей, близких по возрасту, объединённых общей деятельностью. *Выросло новое п. учёных.* **4.** *перен.* Серия (приборов, механизмов, изделий) в её отношении к предшествующим или последующим сериям. *Станки, техника нового поколения. ЭВМ первого поколения.*

ПОКОЛОТИ́ТЬ, -СЯ *см.* колотить, -ся.

ПОКО́НЧИТЬ, -чу, -чишь; *сов., с кем-чем.* **1.** Доведя до конца какое-н. дело, отношения с кем-н., освободиться от кого-чего-н. *П. с делами. С этим человеком у меня всё покончено.* **2.** Уничтожить, устранить. *П. с предателем. П. с собой* (о самоубийстве).

ПОКОРЁЖИТЬ, -СЯ *см.* корёжить, -ся.

ПОКОРИ́ТЕЛЬ, -я, *м.* **1.** Тот, кто покоряет, завоёвывает чужую страну. *П. народов. Покорители диких племён.* **2.** Тот, кто, преодолев препятствия, добивается успеха в трудном деле. *П. горных вершин, морских глубин. Покорители Северного полюса. Человек — п. космоса.* ✦ **Покоритель сердец (душ)** — человек, умеющий подчинить других своему влиянию, обаянию. ‖ *ж.* **покори́тельница**, -ы.

ПОКОРИ́ТЬ, -рю́, -ри́шь; -рённый (-ён, -ена́); *сов., кого-что.* **1.** Подчинить своей власти, завоевать. *П. страну. П. горную вершину* (перен.). *Человек покорил космос* (перен.). **2.** *перен.* Внушить кому-н. доверие, любовь к себе, добиться признания. *П. чьё-н. сердце. Певец покорил слушателей.* ‖ *несов.* **покоря́ть**, -я́ю, -я́ешь. ‖ *сущ.* **покоре́ние**, -я, *ср.*

ПОКОРИ́ТЬСЯ, -рю́сь, -ри́шься; *сов.* **1.** *кому-чему.* Подчиниться чьей-н. власти, воле. *Не покориться врагу.* **2.** *перен., чему.* Примириться с чем-н., отказавшись от сопротивления чему-н. *П. своей участи.* ‖ *несов.* **покоря́ться**, -я́юсь, -я́ешься.

ПОКОРМИ́ТЬ, -СЯ *см.* кормить, -ся.

ПОКО́РНЫЙ, -ая, -ое; -рен, -рна. **1.** Послушный, уступчивый. *П. характер. П. исполнитель чужой воли.* **2.** *полн. ф.* Употр. в выражениях, означающих вежливо-смиренное отношение к кому-н. (устар.). *Ваш п. слуга* (вежливое, официальное обозначение самого себя). *Покорнейшая просьба. Покорно* (нареч.) *благодарю* (также ирон.). *Прошу покорно* (также ирон.). ‖ *сущ.* **поко́рность**, -и, *ж.* (к 1 знач.).

ПОКОРО́БИТЬ, -СЯ *см.* коробить, -ся.

ПОКО́РСТВОВАТЬ, -твую, -твуешь; *несов., кому-чему* (устар.). Покоряться, быть покорным. *П. судьбе.*

ПОКОРЯ́ТЬ, -СЯ *см.* покорить, -ся.

ПОКО́С, -а, *м.* **1.** *см.* косить[2]. **2.** Время косьбы. *Наступает, заканчивается п.* **3.** Место косьбы. *Богатые луговые покосы. Лесной п.* ‖ *прил.* **поко́сный**, -ая, -ое.

ПОКОСИ́ТЬСЯ *см.* косить[1], -ся.

ПОКРА́ЖА, -и, *ж.* **1.** *см.* красть. **2.** Украденная вещь (вещи) (устар.). *П. разыскалась.*

ПОКРА́ПАТЬ (-плю, -плешь *и* -паю, -паешь, 1 и 2 л. не употр.), -плет *и* -ает; *сов.* О накрапывающем дожде: выпасть. *С утра покрапало* (безл.).

ПОКРА́ПЫВАТЬ (-аю, -аешь, 1 и 2 л. не употр.), -ает; *несов.* О дожде: слегка, с перерывами крапать. *Начало п.* (безл.).

ПОКРА́СИТЬ, -СЯ, ПОКРА́СКА *см.* красить, -ся.

ПОКРАСНЕ́ЛЫЙ, -ая, -ое; -е́л. Ставший красным. *Покраснелая кожа.*

ПОКРАСНЕ́ТЬ *см.* краснеть.

ПОКРАСОВА́ТЬСЯ *см.* красоваться.

ПОКРА́СОЧНЫЙ *см.* красить.

ПОКРА́СТЬ, -аду́, -адёшь; -а́денный; *сов.* (разг.). Украсть многое.

ПОКРЕПЧА́ТЬ *см.* крепчать.

ПОКРИВИ́ТЬ, -СЯ *см.* кривить, -ся.

ПОКРИ́КИВАТЬ, -аю, -аешь; *несов.* (разг.). Слегка, иногда кричать (в 1 и 3 знач.). *В овсах покрикивают перепела. П. на разозлившихся шалунов.*

ПОКРИТИКОВА́ТЬ, -ку́ю, -ку́ешь; *сов., кого-что* (разг.). Высказать критические замечания о ком-чём-н. *Слегка п. Покритиковали с песочком кого-н.* (т. е. строго, придирчиво).

ПОКРО́В, -а, *м.* **1.** Верхний наружный слой, покрывающий что-н. *Снежный п. Волосяной п. Шёрстный п.* (у животных). **2.** То же, что покровительство (в 1 знач.) (стар.). *Взять под свой п. кого-н.* **3.** То же, что покрывало (устар.). *Положить п. на гроб. Под покровом ночи* (перен.). *Сорвать покровы с кого-чего-н.* (перен.: сделать тайное явным; книжн.). ✦ **Покров Пресвятой Богородицы** — в православии: великий церковный праздник в память о видении Богородицы, стоящей на воздухе и простирающей покров над молящимися в храме (14 октября). *Праздник покрова Богородицы.* **Под покровом** *чего, в знач. предлога с род. п.* (книжн.) — под видом чего-н.; прикрывая, скрывая, маскируя что-н. чем-н. *Дерзости под покровом шутки.* ‖ *прил.* **покро́вный**, -ая, -ое (к 1 знач.; спец.). *Покровные ткани растений.*

ПОКРОВИ́ТЕЛЬ, -я, *м.* Человек, к-рый оказывает кому-н. покровительство, протекцию. *Сильный п.* || *ж.* **покрови́тельница**, -ы.

ПОКРОВИ́ТЕЛЬСТВЕННЫЙ, -ая, -ое; -вен, -венна. **1.** Выражающий покровительство, самоуверенно-снисходительный. *П. тон, взгляд. Покровительственное отношение.* **2.** *полн. ф.* Оказывающий покровительство, поощрение чему-н., создающий благоприятные условия для какой-н. деятельности (книжн.). *Покровительственная система таможенных тарифов.* ✦ **Покровительственная окраска (форма)** (спец.) — то же, что мимикрия. || *сущ.* **покровительственность**, -и, *ж.* (к 1 знач.).

ПОКРОВИ́ТЕЛЬСТВО, -а, *ср.* **1.** Защита, заступничество, оказываемое кому-н. *Искать чьего-н. покровительства. Попасть под чьё-н. п.* **2.** Благоприятное отношение, поощрение какой-н. деятельности (устар.). *П. искусству.*

ПОКРОВИ́ТЕЛЬСТВОВАТЬ, -твую, -твуешь; *несов., кому-чему.* Оказывать покровительство.

ПОКРО́Й, -я, *м.* Вид, придаваемый одежде тем или иным способом кройки, фасон. *Модный п. На один п.* (перен.: на один лад; разг. неодобр.).

ПОКРОШИ́ТЬ, -ошу́, -о́шишь; -о́шенный; *сов., что* и *чего.* Немного накрошить. *П. хлеба.*

ПОКРУГЛЕ́ТЬ *см.* круглеть.

ПОКРУПНЕ́ТЬ *см.* крупнеть.

ПОКРЫВА́ЛО, -а, *ср.* Ткань, к-рой покрыто, покрывается что-н. *Снять п. со статуи. П. для постели.*

ПОКРЫВА́ТЬ, -а́ю, -а́ешь; *несов.* **1.** *см.* покрыть. **2.** То же, что крыть (в 1 и 2 знач.). *П. сарай железом. П. тузом.*

ПОКРЫ́ТИЕ, -я, *ср.* **1.** *см.* покрыть. **2.** Материал, состав, к-рым что-н. покрыто. *Асфальтовое п. дороги.* **3.** Верхняя ограждающая конструкция здания, верхняя ограждающая часть машины, механизма (спец.). *П. здания. Плоское п.*

ПОКРЫ́ТЬ, -ро́ю, -ро́ешь; -ы́тый; *сов.* **1.** *см.* крыть. **2.** *кого-что.* Положить, наложить сверху на кого-что-н. *П. кого-н. одеялом. П. голову платком* (повязать платок). *П. забор краской* (покрасить). **3.** *кого-что.* Заполнить, усеять чем-н. по поверхности. *Облака покрыли небо. П. переплёт тиснёными узорами. Тело покрыто сыпью.* **4.** *что.* О звуках: заглушить, превзойдя в силе. *Оркестр покрыл шум толпы. П. речь аплодисментами. П. слова рассказчика смехом.* **5.** *что.* Возместить чем-н. *П. задолженность. П. издержки, расходы.* **6.** *кого-что.* Помочь укрыть, скрыть, не выдав чей-н. проступок, преступление. *П. своих сообщников. П. чью-н. вину. П. грех.* **7.** *что.* Передвигаясь, преодолеть какое-н. расстояние. *Самолёт покрыл большие пространства.* **8.** *кого (что).* О животных: оплодотворить (спец.). ✦ **Покрыть позором или презрением** *кого-что* (книжн.) — навлечь на кого-что-н. позор, презрение. **Покрыть славой** *кого-что* (высок.) — прославить кого-что-н. **Покрыть тайной** *что* (книжн.) — скрыть, сделать совершенно неизвестным для других. || *несов.* **покрыва́ть**, -а́ю, -а́ешь. || *сущ.* **покры́тие**, -я, *ср.* (ко 2, 3, 5, 6, 7 и 8 знач.).

ПОКРЫ́ТЬСЯ, -ро́юсь, -ро́ешься; *сов.* **1.** Накрыть себя чем-н. *П. одеялом. П. платком* (повязать платок). **2.** Заполниться, усеяться чем-н. по поверхности. *Небо покрылось звёздами. Лицо покрылось морщинами.* || *несов.* **покрыва́ться**, -а́юсь, -а́ешься.

ПОКРЫ́ШКА, -и, *ж.* **1.** Предмет, к-рым покрывают что-н. (разг.). *П. для чайника* (утеплённый чехол для сохранения тепла). **2.** Чехол из толстой резины, надеваемый на камеру велосипеда, автомобиля, а также кожаный чехол, надеваемый на резиновую камеру мяча. *Резиновая п.* ✦ **Ни дна ни покрышки** *кому* (прост.) — пожелание чего-н. дурного, выражение раздражения против кого-н. || *прил.* **покры́шечный**, -ая, -ое (ко 2 знач.).

ПОКУ́ДА, *нареч.* и *союз* (прост.). То же, что пока (в 1 и 2 знач.). *Съел полпуда, сыт покуда* (шутл. погов.). *П. я работаю, ты отдохни.* ✦ **Покуда не**, *союз* — то же, что покамест не. *Покуда не соглашусь, не успокоится.*

ПОКУМЕ́КАТЬ, -аю, -аешь; *сов.* (прост.). Подумать, поразмыслить. *Давай покумекаем, как лучше поступить.*

ПОКУМИ́ТЬСЯ *см.* кумиться.

ПОКУПА́ТЕЛЬ, -я, *м.* Тот, кто покупает что-н. *Требовательный п. Запросы покупателя (покупателей). Нашёлся п. на дом.* || *ж.* **покупа́тельница**, -ы. || *прил.* **покупа́тельский**, -ая, -ое. *П. спрос.*

ПОКУПА́ТЕЛЬНЫЙ *см.* купить.

ПОКУПА́ТЬ[1], -а́ю, -а́ешь; *сов., кого-что.* Немного подержать в воде, купая. *П. ребёнка.*

ПОКУПА́ТЬ[2] *см.* купить.

ПОКУПА́ТЬСЯ, -а́юсь, -а́ешься; *сов.* Побыть в воде, купаясь. *П. в реке.*

ПОКУ́ПКА, -и, *ж.* **1.** *см.* купить. **2.** Купленная, покупаемая вещь. *Дорогая п. Свёрток с покупками. Отправиться за покупками. Делать покупки* (покупать).

ПОКУПНО́Й, -а́я, -о́е. Купленный, не домашнего приготовления. *Покупное варенье.*

ПОКУ́ПОЧНЫЙ *см.* купить.

ПОКУПЩИ́К, -а́, *м.* (устар.). То же, что покупатель. *Найти покупщика.* || *ж.* **покупщи́ца**, -ы.

ПОКУРА́ЖИТЬСЯ *см.* куражиться.

ПОКУ́РИВАТЬ, -аю, -аешь; *несов.* (разг.). Курить не спеша, время от времени, понемногу. *П. сигареты.*

ПОКУРИ́ТЬ, -урю́, -у́ришь; *сов.* Провести нек-рое время куря. *П. во время перерыва.*

ПОКУ́С *см.* кусать.

ПОКУСА́ТЬ, -а́ю, -а́ешь; -у́санный; *сов., кого-что.* **1.** *см.* кусать. **2.** Укусить или куснуть несколько раз.

ПОКУСА́ТЬСЯ *см.* кусаться.

ПОКУСИ́ТЬСЯ, -ушу́сь, -уси́шься; *сов., на кого-что* или *с неопр.* Попытаться сделать что-н. (недозволенное, незаконное) или завладеть, распорядиться чем-н., лишить чего-н. *П. на убийство* (убить). *П. на чужое добро. П. на чью-н. жизнь.* || *несов.* **покуша́ться**, -а́юсь, -а́ешься. || *сущ.* **покуше́ние**, -я, *ср. П. на жизнь.*

ПОКУ́СЫВАТЬ, -аю, -аешь; *несов., что.* Кусать немного, иногда. *П. губы от волнения.*

ПОКУ́ШАТЬ, -аю, -аешь; *сов.* **1.** *см.* кушать. **2.** *чего.* Поесть немного (употр. при вежливом приглашении к еде, а также по отношению к детям). *Покушайте пирожка.*

ПОКУШЕ́НИЕ, -я, *ср.* **1.** *см.* покуситься. **2.** *на кого-что.* Попытка лишить жизни. *Совершено п. П. на главу правительства. П. на права личности* (перен.).

ПОЛ[1], -а (-у), о по́ле, на полу́, *мн.* -ы́, -о́в, *м.* В доме, помещении: нижнее покрытие, настил. *Паркетный п. Цементный, асфальтовый п. Земляной п.* (утрамбованный грунт без настила). *Натирать, мести, мыть п. До́ полу и до по́ла. Рассыпать по́ полу. Упасть на́ п. Удариться о́б пол и об по́л.* || *прил.* **полово́й**, -а́я, -о́е. *Половые доски. Половая щётка.*

ПОЛ[2], -а, *мн.* -ы, -о́в, *м.* Каждый из двух генетически и физиологически противопоставленных разрядов живых существ (мужчин и женщин, самцов и самок), организмов. *Мужской, женский п. Прекрасный* или *слабый п.* (о женщинах; шутл.). *Сильный п.* (о мужчинах; шутл.). || *прил.* **полово́й**, -а́я, -о́е. *Половые признаки. П. орган.*

ПОЛ... и **ПОЛ-...** **1.** *Первая часть сложных слов,* второй частью к-рых является род. п. сущ., употребляемая в знач. «половина» и у неодуш. сущ. способная принимать в косв. падежах форму «полу...», напр. *полчаса, в получасе ходьбы; полведра, обойтись полуведром воды; полминуты, по истечении полуминуты; полгода, в течение полугода* [перед второй частью — собственным именем, а также перед «л» и перед гласной пишется через дефис, напр. *пол-Москвы, поллиста, пол-литра, пол-очка, пол-аршина*]. **2.** *Первая часть сложных слов,* второй частью к-рых является род. п. порядк. числит., употребляемая при указании получаса в знач. «половина», напр. *полвторого, полпятого, пол-одиннадцатого, к полтретьему, к полшестому* (разг.).

ПОЛА́, -ы́, *мн.* по́лы, пол, по́лам, *ж.* **1.** Нижняя часть раскрывающейся спереди одежды. *П. пиджака. Из-под полы продать* (перен.: тайно, незаконно; разг.). *Из полы в полу передать, отдать что-н.* (перен.: из рук в руки и тайно; устар. разг.). **2.** Свисающее полотнище, к-рое откидывается в сторону. *П. брезентовой палатки.*

ПОЛАГА́ТЬ[1], -а́ю, -а́ешь; *несов., что.* **1.** В сочетании с сущ. «начало», «конец», «основание» и нек-рыми др.: то же, что класть (в 6 знач.) (высок.). *П. начало делу.* **2.** То же, что прилагать (в 3 знач.) (устар.). *П. все усилия к достижению цели.*

ПОЛАГА́ТЬ[2], -а́ю, -а́ешь; *несов.* (книжн.). Считать, думать. *Полагаю, что он прав. П. целесообразным сделать что-н. Я полагал вас в отъезде* (думал, что вы в отъезде). *Надо п.* (вероятно, может быть).

ПОЛАГА́ТЬСЯ, -а́юсь, -а́ешься; *несов.* **1.** *см.* положиться. **2.** (1 и 2 л. не употр.). Быть установленным, должным, общепринятым. *Полагается отпуск. Полагается спрашивать разрешения. Этого делать не полагается* (нельзя).

ПОЛА́ДИТЬ, -а́жу, -а́дишь; *сов., с кем.* Прийти к соглашению, установить взаимопонимание, возможность совместной жизни, деятельности. *П. с соседом. Не поладили* (поссорились).

ПОЛА́КОМИТЬ, -СЯ *см.* лакомить, -ся.

ПОЛА́ТИ, -ей (устар.). В избе: нары для спанья, устраиваемые под потолком между печью и стеной. || *прил.* **пола́тный**, -ая, -ое.

ПО-ЛАТЫ́НИ, *нареч.* На латинском языке.

ПОЛА́ЯТЬСЯ *см.* лаяться.

ПО́ЛБА, -ы, *ж.* Злак, особый вид пшеницы с ломким колосом. || *прил.* **по́лбенный**, -ая, -ое и **полбяно́й**, -а́я, -о́е. *Полбенная каша. Полбяные пшеницы.*

ПОЛБЕДЫ́, *в знач. сказ.* (разг.). Ещё не беда, ещё не так страшно. *Поломка — это ещё п.*

ПОЛВЕ́КА, полуве́ка и (разг.) полве́ка, *м.;* в им. и вин. п. согласуется с прилагательным в форме мн. ч., со сказуемым-глаголом или кратким страдательным причастием — в форме мн. ч. или ср. р. (при наличии определения глагол-сказуемое или страдательное причастие — всегда в форме мн. ч.). Половина века. *Конец полувека. В прошедшем полувеке. Пришли (пройдут) бурные п. Прошло п. П. отмерено кому-н. Прожиты последние п.* ‖ *прил.* **полувековóй**, -áя, -óе. *Полувековая история. П. юбилей.*

ПОЛГÓДА, полугóда *и* (разг.) полгóда, *м.* (согласуется так же, как полвека). Половина года. *События последнего полугода. С каждым полугодом. Эти п. — трудные. Прошло (прошли, пройдут) п. Отсчитаны последние п. Отсчитано п. С п.* или *около полугода не было писем. Дочке уже п.* ‖ *прил.* **полугодовóй**, -áя, -óе. *П. отчёт* (за полгода).

ПОЛГÓРЯ, *в знач. сказ.* (разг.). То же, что полбеды.

ПÓЛДЕНЬ, полýдня *и* пóлдня, *м.* **1.** Середина дня, время высшего стояния солнца над горизонтом, соответствующее обычно 12 часам. *Ровно в п. Жаркий п. После полудня. Зá полдень* и *за пóлдень* (после полудня). *Перед полуднем. К полудню.* **2.** То же, что юг (в 1 знач.) (устар. высок.). *Гонец повернул на п.* ‖ *прил.* **полднéвный**, -ая, -ое *и* **полýденный**, -ая, -ое. *П. зной. П. край.*

ПÓЛДНИК, -а, *м.* **1.** Лёгкая еда между обедом и ужином. *Что сегодня на п.? П. в пять часов.* **2.** Пища, приготовленная для такой еды. *Лёгкий п.* ‖ *прил.* **пóлдничный**, -ая, -ое.

ПÓЛДНИЧАТЬ, -аю, -аешь; *несов.* (разг.). Есть, закусывать между обедом и ужином. ‖ *сов.* **попóлдничать**, -аю, -аешь.

ПОЛДОРÓГИ, полудорóги *и* полдорóги, на полдорóге, *ж.*; в им. и вин. п. согласуется с прилагательным в форме мн. ч., со сказуемым-глаголом или кратким страдательным причастием — в форме мн. ч. или ср. р. (при наличии определения глагол-сказуемое или страдательное причастие — всегда в форме мн. ч.). Половина дороги, пути. *Проехали п. Встретились на полдороге. Остановиться на полдороге* (также перен.: не окончив начатого дела). *Не прошли и п. (полудороги). Последние п. — трудные. Осталось п. Остались трудные п. Пройдено п. Пройдены трудные п.*

ПÓЛЕ, -я, *мн.* -я́, -éй, *ср.* **1.** Безлесная равнина, пространство. *Гулять пó полю* и *по пóлю. Нá поле* и *на пóле. Ледовое п.* (перен.: сплошное пространство льда). **2.** Обрабатываемая под посев земля, участок земли. *Ржаное п.* **3.** Большая ровная площадка, пространство, специально оборудованное, предназначенное для чего-н. *Футбольное, хоккейное п. Лётное п.* **4.** Работа, исследовательская деятельность в природных, естественных условиях (спец.). *Геологи летом в п.* **5.** Пространство, в пределах которого проявляется действие каких-н. сил (спец.). *Магнитное п. Силовое п. П. тяготения.* **6.** *перен., чего* или *для чего.* Область деятельности, поприще. *Обширное п. деятельности.* **7.** Основной цвет, фон под узором. *Жёлтые цветы по голубому полю.* **8.** обычно *мн.* Чистая полоса вдоль края листа в книге, тетради, рукописи. *Широкие, узкие поля. Заметки на полях.* **9.** обычно *мн.* Край шляпы, отходящий в сторону или вниз от тульи. *Жёсткие, мягкие поля. Шляпа с загнутыми полями.* ✦ **Поле брани** (устар.), **поле `сражения или битвы** (высок.) — место, где происходит бой, сражение. **На полях войны, сражений** (высок.) — на войне, в сражениях. **Поле зрения** — пространство, охватываемое глазом. *Находиться вне поля зрения кого-н.* ‖ *уменьш.* **пóльце**, -а, *ср.* (к 1 и 2 знач.) *и* **польцó**, -á, *ср.* (к 1 и 2 знач.); *уменьш.-ласк.* **пóлюшко**, -а, *ср.* (к 1 и 2 знач.; в народной словесности). ‖ *прил.* **полевóй**, -áя, -óе (к 1, 2, 3, 4 и 5 знач.). *П. цветок. Полевая мышь. Полевые культуры. П. игрок. Полевая практика. В полевых условиях. Выплатить полевые* (сущ.; деньги за работу в поле в 4 знач.).

ПОЛЕВÉТЬ *см.* леветь.

ПОЛЕВÓД, -а, *м.* Специалист по полеводству. ‖ *прил.* **полевóдческий**, -ая, -ое. *Полеводческая бригада.*

ПОЛЕВÓДСТВО, -а, *ср.* Разведение полевых сельскохозяйственных культур, а также наука о полевых культурах. ‖ *прил.* **полевóдческий**, -ая, -ое.

ПОЛЕВÓЙ, -áя, -óе. **1.** *см.* поле. **2.** Относящийся к боевым действиям, походный. *Полевая артиллерия. П. госпиталь. П. устав. Полевая сумка.*

ПОЛЕГÁТЬ *см.* полечь.

ПОЛЕГÓНЬКУ, *нареч.* (прост.). Не спеша, осторожно, постепенно. *Спускаться п. Ехать п.*

ПОЛЕГЧÁТЬ *см.* легчать.

ПОЛЕЖÁТЬ, -жý, -жи́шь; *сов.* Пробыть нек-рое время лёжа или будучи положенным куда-н., а также в лёжке. *П. после обеда. Больному придётся п. Пусть книга полежит на столе. Яблоки поздних сортов полежат.*

ПОЛЕЗÁЙ(ТЕ) *см.* лезть.

ПОЛЕЗАЩИ́ТНЫЙ, -ая, -ое. Предохраняющий обрабатываемые поля от засухи, суховея. *Полезащитные лесные полосы.*

ПОЛÉЗНЫЙ, -ая, -ое; -зен, -зна. **1.** Приносящий пользу. *Полезное насекомое. Полезная книга. Полезная деятельность. Молоко пить полезно* (в знач. сказ.). **2.** *полн. ф.* Пригодный для определённой цели, идущий в дело. *Полезная жилая площадь. Полезные ископаемые* (используемые в производстве). ‖ *сущ.* **полéзность**, -и, *ж.* (к 1 знач.).

ПОЛÉЗТЬ, -зу, -зешь; -éз, -éзла; -éзший; -éзши; *сов.* Начать лезть. *П. на дерево. Вор полез в сад. П. в карман. П. не в своё дело. Перчатка не полезет нá руку. Волосы полезли на лоб. П. с расспросами. Рубаха полезла по швам.*

ПОЛЕМИЗИ́РОВАТЬ, -рую, -руешь; *несов., с кем-чем.* Вести полемику. *П. с докладчиком.*

ПОЛÉМИКА, -и, *ж.* Спор при обсуждении, выяснении каких-н. проблем, вопросов. *Литературная п. Вести полемику с кем-н. В пылу полемики. Вступить в полемику с кем-н.* ‖ *прил.* **полеми́ческий**, -ая, -ое. *Полемическая статья.*

ПОЛЕМИ́СТ, -а, *м.* Человек, искусный в полемике. ‖ *ж.* **полеми́стка**, -и.

ПОЛЕМИ́ЧЕСКИЙ, -ая, -ое. **1.** *см.* полемика. **2.** То же, что полемичный. *П. задор.*

ПОЛЕМИ́ЧНЫЙ, -ая, -ое; -чен, -чна. Присущий, свойственный полемике. *П. тон.* ‖ *сущ.* **полеми́чность**, -и, *ж.*

ПОЛÉНИВАТЬСЯ, -аюсь, -аешься; *несов.* (разг.). Немного, слегка лениться. *Начал п.*

ПОЛЕНИ́ТЬСЯ *см.* лениться.

ПОЛÉННИЦА, -ы, *ж.* Дрова, уложенные друг на друга правильными рядами.

ПОЛÉНО, -а, *мн.* -нья, -ньев, *ср.* Кусок распиленного и расколотого бревна для топки. *Берёзовое п.* ‖ *уменьш.* **полéнце**, -а, *род. мн.* -нец, *ср. и* **полéшко**, -а, *род. мн.* -шек, *ср.*

ПОЛÉСЬЕ, -я, *род. мн.* -сий, *ср.* Низменная лесистая местность.

ПОЛЕТÁТЬ, -áю, -áешь; *сов.* Пробыть нек-рое время в полёте.

ПОЛЕТÉТЬ, -лечý, -лети́шь; *сов.* **1.** *см.* лететь. **2.** Начать лететь (в 1, 2, 4 и 5 знач.). *Полетели птицы. П. стрелой. Вещи полетели на пол. Полетели дни. Цены полетели вниз.*

ПОЛÉЧЬ (-ля́гу, -ля́жешь, 1 и 2 л. ед. не употр.), -ля́жет; -лёг, -леглá; -лёгший; -лёгши; *сов.* **1.** Лечь (о многих) (разг.). *Все полегли спать.* **2.** О злаках: пригнуться стеблем к земле. *Пшеница полегла.* **3.** *перен.* Погибнуть, быть убитым (о многих). *В бою полегло много солдат.* ‖ *несов.* **полегáть** (-áю, -áешь, 1 и 2 л. ед. не употр.), -áет (ко 2 знач.; спец.). ‖ *сущ.* **полегáние**, -я, *ср.* (ко 2 знач.; спец.). *П. хлебов.*

ПОЛЁВКА, -и, *ж.* Грызун, похожий на мышь. *Мышь-п.*

ПОЛЁГЛЫЙ, -ая, -ое. Пригнувшийся к земле, полёгший. *Полёглые хлеба.* ‖ *сущ.* **полёглость**, -и, *ж.*

ПОЛЁЖИВАТЬ, -аю, -аешь; *несов.* (разг.). Лежать (в 1 и 2 знач.). *Соня себе лежит-полёживает. Пациент ещё не совсем здоров — полёживает.*

ПОЛЁТ, -а, *м.* Движение, передвижение по воздуху. *П. пчелы. П. снаряда. П. на Луну. Счастливого полёта!* (пожелание). *П. на лыжах* (прыжок с трамплина). *П. мысли* (перен.). *Птица высокого полёта* (перен.: о человеке, занимающем важное положение; разг. ирон.). ‖ *прил.* **полётный**, -ая, -ое (спец.). *П. вес* (вес летательного аппарата, готового к полёту). *Полётное время* (проведённое в полёте).

ПОЛЖИ́ЗНИ, полужи́зни *и* полжи́зни, *ж.* (согласуется так же, как полдороги). Половина жизни, жизненного пути. *Последние п. Первые п. — радостные. Прошло уже п. Прошли (пройдут) первые п. Прожито п. Прожиты первые п.*

ПÓЛЗАТЬ, -аю, -аешь; *несов.* То же, что ползти (в 1 и 2 знач.), но обозначает действие, совершающееся не в одно время, не за один приём или не в одном направлении. *П. пó полу. П. в ногах у кого-н.* (также перен.: униженно просить). ‖ *сущ.* **пóлзание**, -я, *ср.*

ПОЛЗКÓМ, *нареч.* О передвижении: припав туловищем к поверхности, перебирая по ней конечностями. *Добраться п. куда-н.*

ПОЛЗТИ́, -зý, -зёшь; полз, ползлá; пóлзший; *несов.* **1.** (1 и 2 л. не употр.). Передвигаться по поверхности всем телом (о пресмыкающихся) или на ножках (о насекомых). *Червяк ползёт. Муха ползёт по стене.* **2.** О человеке, животном: передвигаться, припадая туловищем к поверхности и перебирая по ней конечностями. *П. попластунски. Ребёнок ползёт пó полу. Раненый зверь ползёт в нору.* **3.** Неспешно передвигаться, перемещаться. *Тучи ползут по небу. Ползут неясные тени.* **4.** Идти, передвигаться очень медленно (разг.). *Поезд ползёт. Время ползёт* (перен.). **5.** (1 и 2 л. не употр.). Расти, прилегая к поверхности, цепляясь за неё. *Плющ ползёт по стене.* **6.** (1 и 2 л. не употр.). О полужидкой массе: течь, вытекать откуда-н. (разг.). *Тесто ползёт из кастрюли.* **7.** (1 и 2 л. не употр.), *перен.* Распространяться, передаваться (разг.). *Слухи ползут.* **8.** (1 и 2 л. не употр.). О ткани: распадаться на нити от ветхости, лезть (разг.). *Старый плед ползёт.* **9.** (1 и 2 л. не употр.). Оползать, осыпáться. *Песчаный берег ползёт.* **10.** (1 и 2 л. не употр.). Медленно сдвигаться, съезжать (в 4 знач.). *Платок ползёт на глаза.*

ПОЛЗÝН, -á, *м.* **1.** Тот, кто ползёт или ползает. *Малыш-п.* (ползунок). *Рыба-п.* (способная передвигаться на плавниках по суше). **2.** Деталь машины, скользящая взад и вперёд по чему-н. в прямолинейном направлении (спец.). ‖ *ж.* **ползу́нья**, -и, *род. мн.* -ний (к 1 знач.; о человеке; разг.). ‖ *прил.* **ползу́нный**, -ая, -ое (ко 2 знач.; спец.). *П. механизм.*

ПОЛЗУНО́К, -нка́, *м.* **1.** Ребёнок (или детёныш), к-рый ещё не умеет ходить, а только ползает (разг.). **2.** *мн.* Одежда для детей такого возраста: род мягкого комбинезона с защитыми снизу штанинами, заканчивающимися в форме чулка. ‖ *прил.* **ползунко́вый**, -ая, -ое.

ПОЛЗУ́ЧИЙ, -ая, -ее. **1.** Ползающий, передвигающийся ползком. *Ползучие гады* (о змеях). **2.** Стелющийся по земле; расползающийся (во 2 знач.). *Ползучие растения. П. дым.* ✦ **Ползучий эмпиризм** (книжн. неодобр.) — неумелое описание фактов без их анализа и обобщения. ‖ *сущ.* **ползу́честь**, -и, *ж.* (ко 2 знач.; спец.). *П. металла* (непрерывная деформация под действием механических нагрузок).

ПОЛИ... *Первая часть сложных слов со знач.*: 1) много, со многим, охватывающий многое, напр. *полиартрит, поливалентный, поливариантный, полиневрит, полисоединение;* 2) сложный по составу, устройству, напр. *поливакцина, поливитамины, полиметаллы, поликристалл.*

ПОЛИ́В, ПОЛИ́ВКА *см.* полить.

ПОЛИ́ВА, -ы, *ж.* (спец.). Жидкий состав для обмазки гончарных изделий, глазурь. ‖ *прил.* **поли́вный**, -ая, -ое *и* **поли́венный**, -ая, -ое.

ПОЛИВА́ЛЬНЫЙ *см.* полить.

ПОЛИВА́ТЬ, -СЯ *см.* полить.

ПОЛИВИТАМИ́НЫ, -ов. Препарат, содержащий комплекс витаминов. ‖ *прил.* **поливитами́нный**, -ая, -ое.

ПОЛИВНО́Й, -а́я, -о́е. **1.** Нуждающийся в поливке, поливаемый. *Поливные культуры. Поливные поля.* **2.** О земледелии: основанный на искусственном орошении полей. *Поливное земледелие.*

ПОЛИ́ВОЧНЫЙ *см.* полить.

ПОЛИГА́МИЯ, -и, *ж.* (спец.). **1.** Форма брака у нек-рых племён и народов, при к-рой мужчина может иметь несколько жён, групповой брак, многобрачие. **2.** Спаривание самца с несколькими самками или самки с несколькими самцами. ‖ *прил.* **полига́мный**, -ая, -ое.

ПОЛИГЛО́Т, -а, *м.* Человек, знающий много языков.

ПОЛИГО́Н, -а, *м.* **1.** Большой, специально оборудованный участок суши или моря для испытаний различных видов оружия, военной техники, для боевых учений. *Авиационный, артиллерийский, морской п.* **2.** Место научных и других испытаний, проб. *Заводской п. Подводный исследовательский п.* ‖ *прил.* **полиго́нный**, -ая, -ое.

ПОЛИГРАФИ́СТ, -а, *м.* Специалист по полиграфии. ‖ *ж.* **полиграфи́стка**, -и.

ПОЛИГРАФИ́Я, -и, *ж.* Отрасль техники, промышленность, занятая производством печатной продукции; совокупность соответствующих технических средств. ‖ *прил.* **полиграфи́ческий**, -ая, -ое. *Полиграфическая промышленность.*

ПОЛИКЛИ́НИКА, -и, *ж.* Лечебное учреждение с врачами разных специальностей для приходящих больных или помощи на дому. *Районная п. Детская п.* ‖ *прил.* **поликлини́ческий**, -ая, -ое. *Больнично-поликлинический комплекс.*

ПОЛИЛОВЕ́ТЬ *см.* лиловеть.

ПОЛИМЕ́РЫ, -ов, *ед.* полиме́р, -а, *м.* Высокомолекулярные химические соединения, состоящие из однородных повторяющихся групп атомов, широко применяемые в современной технике. *Природные, синтетические п.* ‖ *прил.* **полиме́рный**, -ая, -ое. *Полимерные материалы.*

ПОЛИНЕЗИ́ЙСКИЙ, -ая, -ое. **1.** *см.* полинезийцы. **2.** Относящийся к полинезийцам, к их языкам, национальному характеру, образу жизни, культуре, а также к Полинезии, её территории, внутреннему устройству, истории; такой, как у полинезийцев, как в Полинезии. *Полинезийские языки* (австронезийской семьи языков). *Полинезийская раса* (сочетающая признаки трёх основных рас). *П. жемчуг.*

ПОЛИНЕЗИ́ЙЦЫ, -ев, *ед.* -и́ец, -и́йца, *м.* Группа народов, составляющих население Полинезии и нек-рых островов Меланезии и Микронезии. ‖ *ж.* **полинезийка**, -и. ‖ *прил.* **полинези́йский**, -ая, -ое.

ПОЛИНЯ́ТЬ *см.* линять.

ПОЛИОМИЕЛИ́Т, -а, *м.* Вирусное заболевание нервной системы, часто сопровождающееся параличом. *Непаралитический, паралитический п.* ‖ *прил.* **полиомиели́тный**, -ая, -ое.

ПОЛИ́П, -а, *м.* **1.** Морское непередвигающееся животное. *Коралловый п.* **2.** Болезненное образование (разрастание) из эпителия слизистой оболочки. *Полипы в носу.* ‖ *прил.* **поли́пный**, -ая, -ое.

ПОЛИРОВА́ТЬ, -ру́ю, -ру́ешь; -о́ванный; *несов., что.* Натирая, придавать блестящий, гладкий вид чему-н. *Полированные панели. П. металл, камень.* ‖ *сов.* **наполирова́ть**, -ру́ю, -ру́ешь; -о́ванный *и* **отполирова́ть**, -ру́ю, -ру́ешь; -о́ванный. ‖ *сущ.* **полирова́ние**, -я, *ср. и* **полиро́вка**, -и, *ж.* ‖ *прил.* **полирова́льный**, -ая, -ое *и* **полиро́вочный**, -ая, -ое. *Полировальный станок. Полировальная паста. Полировочные работы.*

ПО́ЛИС[1], -а, *м.* (спец.). Документ о страховании. *Страховой п.* ‖ *прил.* **по́лисный**, -ая, -ое.

ПО́ЛИС[2], -а, *м.* В Древней Греции и Древнем Риме: город-государство.

ПОЛИСЕМИ́Я, -и, *ж.* В языкознании: наличие у единицы языка более одного значения, многозначность. *П. слова, грамматической формы, синтаксической конструкции.* ‖ *прил.* **полисеми́чный**, -ая, -ое.

ПОЛИСМЕ́Н, -а, *м.* В Англии, США и нек-рых других странах: полицейский.

ПОЛИТ... *Первая часть сложных слов со знач.*: 1) относящийся к политике (в 1 знач.), напр. *политотдел, политуправление;* 2) относящийся к политике (во 2 знач.), напр. *политбюро, политзанятие, политинформация.*

ПОЛИТЕИ́ЗМ, -а, *м.* (спец.). Религия, признающая многих богов, многобожие; *противоп.* монотеизм. ‖ *прил.* **политеисти́ческий**, -ая, -ое.

ПОЛИТЕ́ХНИКУМ, -а, *м.* Среднее политехническое учебное заведение.

ПОЛИТЕХНИ́ЧЕСКИЙ, -ая, -ое. **1.** Относящийся к различным отраслям техники. *П. институт.* **2.** Основанный на разностороннем знакомстве с техникой. *Политехническое обучение.*

ПОЛИ́ТИК, -а, *м.* Политический деятель, лицо, занимающееся вопросами политики; знаток политики. *Дальновидный п.*

ПОЛИ́ТИКА, -и, *ж.* **1.** Деятельность органов государственной власти и государственного управления, отражающая общественный строй и экономическую структуру страны, а также деятельность партий и других организаций, общественных группировок, определяемая их интересами и целями. *П. мира. Внешняя, внутренняя п. Финансовая п.* **2.** Вопросы и события общественной, государственной жизни. *Текущая п. Интересоваться политикой.* **3.** Образ действий, направленных на достижение чего-н., определяющих отношения с людьми (разг.). *Хитрая п. у кого-н.* ‖ *прил.* **полити́ческий**, -ая, -ое (к 1 и 2 знач.). *Политическая борьба. Политические науки. П. обозреватель.*

ПОЛИТИКА́Н, -а, *м.* Беспринципный политический деятель, а также вообще ловкий и беспринципный делец. ‖ *прил.* **политика́нский**, -ая, -ое.

ПОЛИТИКА́НСТВОВАТЬ, -твую, -твуешь; *несов.* Быть политиканом. *Политиканствующие лидеры.* ‖ *сущ.* **политика́нство**, -а, *ср.*

ПОЛИТИ́ЧЕСКИЙ, -ая, -ое. **1.** *см.* политика. **2.** Государственно-правовой. *Политическая организация общества. П. режим.* ✦ **Политическая экономия** — наука, изучающая общественные отношения в процессе производства и распределения материальных благ, а также экономические законы, управляющие этими отношениями.

ПОЛИТИ́ЧНЫЙ, -ая, -ое; -чен, -чна (разг.). Тактичный и ловкий, умелый в обращении, дипломатичный. *П. человек.* ‖ *сущ.* **полити́чность**, -и, *ж.*

ПОЛИТКАТОРЖА́НИН, -а, *мн.* -а́не, -а́н, *м.* Человек, за свою политическую деятельность отбывавший каторгу при царизме. *Общество политкаторжан.* ‖ *ж.* **политкаторжа́нка**, -и.

ПОЛИТО́ЛОГ, -а, *м.* Специалист по политологии.

ПОЛИТОЛО́ГИЯ, -и, *ж.* Наука, изучающая политическую систему и политическую жизнь общества, проблемы внутренней политики и международных отношений. ‖ *прил.* **политологи́ческий**, -ая, -ое.

ПОЛИТРУ́К, -а́ *и* -а, *м.* Сокращение: политический руководитель — в подразделениях войсковых частей Красной Армии (до 1942 г.): лицо военно-политического состава, руководящее политической работой. *П. роты. Старший п., младший п.* (воинские звания 1935—1942 гг.).

ПОЛИТУ́РА, -ы, *ж.* Спиртовой лак с прибавлением смолистых веществ, употр. для полировки. *Покрыть политурой.* ‖ *прил.* **политу́рный**, -ая, -ое.

ПОЛИ́ТЬ, -лью́, -льёшь; по́лил *и* поли́л, полила́, по́лило *и* поли́ло; поле́й; по́литый (-ит, -ита́, -ито) *и* поли́тый (-и́т, -ита́, -и́то); *сов.* **1.** (1 и 2 л. не употр.). Начать лить[1] (во 2 знач.). *Дождь полил.* **2.** *кого-что.* Оросить для создания влажности в почве. *П. цветы. П. огород, грядки.* **3.** Оросить для придания чистоты, удаления грязи. *П. мостовую, тротуары.* ‖ *несов.* **полива́ть**, -а́ю, -а́ешь (ко 2 и 3 знач.). *П. из пулемёта* (перен.: стрелять непрерывно). ‖ *возвр.* **поли́ться**, -лью́сь, -льёшься; -и́лся, -ила́сь (ко 2 знач.); *несов.* **полива́ться**, -а́юсь, -а́ешься. ‖ *сущ.* **полива́ние**, -я, *ср.* (ко 2 и 3 знач.), **поли́в**, -а, *м.* (ко 2 и 3 знач.) *и* **поли́вка**, -и, *ж.* (ко 2 и 3 знач.). *Полив посевов. Поливка улиц.* ‖ *прил.* **поли́вочный**, -ая, -ое (ко 2 и 3 знач.) *и* **полива́льный**, -ая, -ое (ко 2 и 3 знач.). *Поливочные машины. Поливальная установка.*

ПОЛИ́ТЬСЯ, -лью́сь, -льёшься; -и́лся, -ила́сь, -ило́сь *и* -и́лось; -ле́йся; *сов.* **1.** *см.* полить. **2.** (1 и 2 л. не употр.). Начать литься. *Вода полилась из крана. Полился аромат.*

ПОЛИТЭКОНО́МИЯ, -и, *ж.* Сокращение: политическая экономия. ‖ *прил.* **политэкономи́ческий**, -ая, -ое.

ПОЛИФОНИ́Я, -и, *ж.* (спец.). **1.** Многоголосие, основанное на одновременном сочетании в произведении нескольких самостоятельных мелодий, голосов; соответствующий раздел музыки. *Подголосная п.* **2.** Многоплановость художественного произведения. *П. романов Достоевского.*

ПОЛИЦА́Й, -я, *м.* (презр.). Во время Великой Отечественной войны во временно оккупированных районах: местный житель, служащий в фашистской полиции. *Служил в полицаях.*

ПОЛИЦЕЙМЕ́ЙСТЕР, -а и **ПОЛИЦМЕ́ЙСТЕР**, -а, *м.* В царской России, а также в нек-рых других странах: начальник полиции крупного города. ‖ *прил.* **полицейме́йстерский**, -ая, -ое *и* **полицме́йстерский**, -ая, -ое.

ПОЛИЦЕ́ЙСКИЙ, -ая, -ое. **1.** *см.* полиция. **2. полице́йский**, -ого, *м.* Служащий полиции.

ПОЛИ́ЦИЯ, -и, *ж.* **1.** В царской России и в нек-рых других странах: административный орган охраны государственной безопасности, общественного порядка. **2.** *собир.* Лица, служащие в этом органе. *Вызвать полицию.* ‖ *прил.* **полице́йский**, -ая, -ое. *П. чин. Полицейские меры* (перен.: опирающиеся на насилие).

ПОЛИ́ЧНОЕ, -ого, *ср.*: **с поличным** (поймать, захватить, попасться) — при явных уликах, на месте преступления.

ПОЛИШИНЕ́ЛЬ, -я, *м.* Комическое действующее лицо французского народного кукольного театра, шут, паяц. *Секрет полишинеля* (перен.: секрет, к-рый всем известен, мнимая тайна; шутл.).

ПОЛИЭТИЛЕ́Н, -а, *м.* Синтетический полимер, основанный на этилене. ‖ *прил.* **полиэтиле́новый**, -ая, -ое. *Полиэтиленовые плёнки.*

ПОЛК, -а́, о полке́, в полку́, *м.* **1.** Воинская часть, обычно входящая в состав дивизии или бригады. *Авиационный, артиллерийский, инженерно-сапёрный, мотострелковый, танковый п. П. морской пехоты. П. связи. Командир полка.* **2.** *перен., кого (чего).* Множество, толпа (разг.). *Целый п. посетителей.* ✦ **Нашего полку прибыло** (разг.). — нас стало больше. ‖ *прил.* **полково́й**, -а́я, -о́е (к 1 знач.).

ПО́ЛКА[1], -и, *ж.* **1.** Приделанная к стене, вделанная в стену или шкаф горизонтальная доска, плоскость из твёрдого материала для различных предметов. *Книжная п. Кухонная п.* **2.** Место для лежания в железнодорожном вагоне. *Нижняя, верхняя п.* ✦ **Зубы на полку положить** (разг.) — дойти до крайней бедности, до голода. ‖ *уменьш.* **по́лочка**, -и, *ж. Разложить всё по полочкам* (также перен.: привести в полный порядок, упорядочить). ‖ *прил.* **по́лочный**, -ая, -ое.

ПО́ЛКА[2] *см.* полоть.

ПОЛКО́ВНИК, -а, *м.* **1.** Офицерское звание или чин рангом выше подполковника и ниже генерал-майора, а также лицо, имеющее это звание. **2.** Вообще — человек, к-рый командует полком (устар.). ‖ *прил.* **полко́вницкий**, -ая, -ое *и* **полко́вничий**, -ья, -ье (разг.).

ПОЛКОВО́ДЕЦ, -дца, *м.* (высок.). Военачальник, военный вождь. *Славные русские полководцы.* ‖ *прил.* **полководческий**, -ая, -ое. *П. талант.*

ПОЛ-ЛИ́ТРА, *м.* (согласуется так же, как полметра). **1.** (полули́тра *и* разг. полли́тра). Емкость в 500 куб. см, а также количество жидкости такого объёма. *Достаточно полулитра воды. Эти пол-литра молока — последние. Пол-литра пролилось. Последние пол-литра пролились (прольются). Отмерено пол-литра. Отмерены последние пол-литра.* **2.** (*род.-вин.* пол-ли́тра, *дат.* пол-ли́тру, *тв.* пол-ли́тром, *предл.* о, в, на пол-ли́тре). Бутылка водки такого объёма (прост.). ‖ *прил.* **полулитро́вый**, -ая, -ое (к 1 знач.) *и* **пол-литро́вый**, -ая, -ое.

ПОЛЛИТРО́ВКА, -и, *ж.* (прост.). То же, что пол-литра (во 2 знач.).

ПОЛМЕ́СЯЦА, полуме́сяца *и* полме́сяца, *м.* (согласуется так же, как полвека). Половина месяца (в 1 знач.). *Конец этого полумесяца. Эти п. — трудные. Прошло п. Прошли (пройдут) последние п. П. занято. Эти п. заняты.* ‖ *прил.* **полуме́сячный**, -ая, -ое *и* **полме́сячный**, -ая, -ое. *П. срок.*

ПОЛМЕ́ТРА, полуме́тра *и* полме́тра, *м.;* в им. и вин. п. согласуется с прилагательным в форме мн. ч., со сказуемым-глаголом или кратким страдательным причастием — в форме мн. ч. или ср. р. (при наличии определения глагол-сказуемое или страдательное причастие — всегда в форме мн. ч.). Половина метра. *Не хватает полуметра (полметра) ситца. Эти последние п. Осталось п. Остались (останутся) последние п. Отмерено п. Отмерены последние п.* ‖ *прил.* **полуметро́вый**, -ая, -ое *и* **полметро́вый**, -ая, -ое. *Полуметровая длина. П. шнур.*

ПОЛНЕДЕ́ЛИ, полунеде́ли *и* полнеде́ли, *ж.* (согласуется так же, как полдороги). Половина недели. *Не прошло и полунедели (полнедели). Прошло п. Прошли (пройдут) первые п. П. занято. Первые п. заняты.* ‖ *прил.* **полунеде́льный**, -ая, -ое. *П. заработок.*

ПОЛНЕ́ТЬ, -е́ю, -е́ешь; *несов.* Становиться полным, полнее (в 5 знач.), толще. *П. к старости.* ‖ *сов.* **пополне́ть**, -е́ю, -е́ешь.

ПОЛНИ́ТЬ (-ню́, -ни́шь, 1 и 2 л. не употр.), -ни́т; *несов., кого-что* (разг.). Создавать впечатление излишней полноты. *Платье её полнит.*

ПО́ЛНИТЬСЯ (-нюсь, -нишься, 1 и 2 л. не употр.), -нится; *несов.* (устар.). То же, что наполняться. *Слухом (и) земля полнится* (посл.).

ПО́ЛНО(ТЕ). **1.** *в знач. сказ., с неопр.* То же, что довольно (в 4 знач.). *Полно (полноте) горевать. Полно тебе плакать.* **2.** *частица.* Выражает несогласие, готовность возражать, совет прекратить что-н. *Ну, полно, что за счёты! И ты ему поверил? Полно!*

ПОЛНО... *Первая часть сложных слов со знач.:* 1) с полным, напр. *полногрудый, полнолицый, полнотелый, полнокомплектный, полноголосый;* 2) полностью, напр. *полнозрелый, полносочный.*

ПОЛНОВЕ́СНЫЙ, -ая, -ое; -сен, -сна. **1.** Имеющий полный, нормальный вес. *Полновесное зерно.* **2.** *перен.* Сильный, тяжёлый. *П. удар.* **3.** *перен.* Значительный, внушающий доверие (разг.). *П. довод.* ‖ *сущ.* **полнове́сность**, -и, *ж.*

ПОЛНОВЛА́СТИЕ, -я, *ср.* Обладание полнотой власти.

ПОЛНОВЛА́СТНЫЙ, -ая, -ое; -тен, -тна. Обладающий полнотой власти. *П. хозяин.* ‖ *сущ.* **полновла́стность**, -и, *ж.*

ПОЛНОВО́ДНЫЙ, -ая, -ое; -ден, -дна. С высоким уровнем воды. *Полноводная река.* ‖ *сущ.* **полново́дность**, -и, *ж.*

ПОЛНОВО́ДЬЕ, -я, *ср.* Высокий уровень воды в реке, водоёме. *Весеннее п.*

ПОЛНОГЛА́СИЕ, -я, *ср.* В языкознании: наличие в словах восточнославянских языков сочетаний *оро, оло, ере* между согласными, соответствующих старославянским *ра, ла, ре, ле,* напр. *город — град, золото — злато, берег — брег, молоко — млеко.* ‖ *прил.* **полногла́сный**, -ая, -ое.

ПОЛНОЗВУ́ЧНЫЙ, -ая, -ое; -чен, -чна. Обладающий полнотой звучания. *П. голос.* ‖ *сущ.* **полнозву́чность**, -и, *ж.*

ПОЛНОКРО́ВИЕ, -я, *ср.* (устар.). Избыток крови.

ПОЛНОКРО́ВНЫЙ, -ая, -ое; -вен, -вна. **1.** Отличающийся полнокровием (устар.). *П. человек.* **2.** *перен.* Деятельный, жизнерадостный. *Полнокровная жизнь.* ‖ *сущ.* **полнокро́вность**, -и, *ж.*

ПОЛНОЛУ́НИЕ, -я, *ср.* Одна из фаз Луны, когда Луна обращена к Земле своей освещённой стороной и имеет вид диска.

ПОЛНОМЕТРА́ЖНЫЙ, -ая, -ое. О фильме: достаточный по метражу для показа в течение одного сеанса нормальной продолжительности; *противоп.* короткометражный. *Полнометражная лента.*

ПОЛНОМО́ЧИЕ, -я, *ср.* Официально предоставленное кому-н. право какой-н. деятельности, веде́ния дел. *Широкие, неограниченные полномочия. Превысить свои полномочия. Сложить с себя полномочия.*

ПОЛНОМО́ЧНЫЙ, -ая, -ое; -чен, -чна. Обладающий полномочиями. *П. представитель.* ‖ *сущ.* **полномо́чность**, -и, *ж.*

ПОЛНОПРА́ВИЕ, -я, *ср.* Полнота прав, пользование всеми законными правами.

ПОЛНОПРА́ВНЫЙ, -ая, -ое; -вен, -вна. **1.** Обладающий полноправием. *П. гражданин.* **2.** То же, что равноправный. *П. член семьи.* ‖ *сущ.* **полнопра́вность**, -и, *ж.*

ПОЛНОРО́ДНЫЙ, -ая, -ое (спец.). О детях: рождённые одними и теми же родителями. *П. брат. Полнородная сестра.*

ПОЛНОСБО́РНЫЙ, -ая, -ое. О строительстве: производимый с применением сборных унифицированных конструктивных элементов и деталей.

ПО́ЛНОСТЬЮ, *нареч.* **1.** До конца, сполна. *П. выполнить программу.* **2.** Совершенно, вполне. *П. с вами согласен.*

ПОЛНОТА́, -ы́, *ж.* **1.** Наличие чего-н. в достаточной степени, высшая степень насыщенности чем-н. *П. власти. Исчерпывающая п. в подборе фактов. От полноты чувств* или *от полноты души* (от избытка чувств, как бы наполняющих всего человека). **2.** О человеке: тучность, упитанность. *Нездоровая п.* **3.** (*мн.* полно́ты, -о́т, -о́там). Единица измерения внутри одного размера (одежды, обуви). *Большая, средняя п. Колодки повышенных полнот.*

ПО́ЛНОТЕ *см.* полно(те).

ПОЛНОЦЕ́ННЫЙ, -ая, -ое; -е́нен, -е́нна. **1.** Имеющий полную, установленную ценность. *П. рубль.* **2.** Полностью соответствующий требованиям. *Полноценная работа.* ‖ *сущ.* **полноце́нность**, -и, *ж.*

ПО́ЛНОЧЬ, полу́ночи, по́лночи *и* полуно́чи, *ж.* **1.** (полу́ночи *и* по́лночи). Середина ночи, соответствующая 24 часам (двенадцати часам ночи). *Часы бьют п. Время за́ п. Около полуночи. К полуночи. Глухая п.* (тёмная, мрачная середина ночи). **2.** (полу́ночи *и* полуно́чи). То же, что север (в 1 знач.) (устар. высок.). *Держать путь на п. Снега угрюмой полуно́чи.* ‖ *прил.* **полно́чный**, -ая, -ое, **полу́ночный**, -ая, -ое *и* **полуно́чный**, -ая, -ое. *П. час. П. край.*

ПО́ЛНЫЙ, -ая, -ое; по́лон, полна́, полно́ *и* по́лно. **1.** *чего и кем-чем.* Содержащий в себе что-н. до возможных пределов, наполненный, занятый чем-н. целиком. *П. кувшин воды. Озеро, полное рыбой. Полны руки яблок. Театр полон. Народу полно́* (в знач. сказ.; очень много). *Жить полной жизнью* (перен.: интересно, разнообразно). *П. кавалер ордена «Святого Георгия»* (всех 4-х его степеней). **2.** *перен., чего и чем.* Целиком проникнутый, охваченный чем-н. *Мать полна любви или любовью к детям. Полон жизни кто-н.* (оживлён, радостен). **3.** *полн. ф.* Цельный, вполне законченный; исчерпывающий. *Описать п. круг. Полное собрание сочинений. Полное среднее образование. С полным правом. Он здесь п. хозяин* (всем распоряжается). *П. невежда* (совершенный). **4.** *полн. ф.* Достигающий предела, наивысший. *В. полном расцвете сил. На полном ходу. Работа идёт полным ходом* (быстро, интенсивно). *С полным знанием дела. Полная тишина. Полная свобода выбора. Действовать в полную силу. В полном смысле слова* (в подлинном значении слова, действительно). *Говорить полным голосом* (во весь голос; также перен.: открыто, не скрывая ничего). **5.** (полна́, по́лно, по́лны *и* полны́). О человеке: толстый, тучный. *П. мужчина. Гимнастика для полных* (сущ.). ✦ **Полны́м-полно́** *кого-чего* (разг.). — очень много. *В пруду полным-полно рыбы.*

ПО́ЛО, *нескл., ср.* Спортивная командная игра с деревянным мячом и клюшками верхом на специально выезженных лошадях. *Конное п.* ✦ **Водное поло** — спортивная командная игра в мяч на воде, а также соответствующий вид спорта.

ПОЛ-ОБОРО́ТА, полуоборо́та *и* пол-оборо́та, *м.* (согласуется так же, как полметра). Половина оборота. *Пол-оборота колеса. Завестись с пол-оборота* (также перен.: сразу, быстро начать горячиться, спорить; прост.). *Достаточно полуоборота. Эти пол-оборота — последние. Делаются (делалось) пол-оборота. Сделано пол-оборота. Сделаны последние пол-оборота.*

ПОЛО́ВА, -ы, *ж.* То же, что мякина.

ПОЛОВЕ́ЦКИЙ, -ая, -ое. **1.** *см.* половцы. **2.** Относящийся к половцам, к их языку, образу жизни, культуре, а также к территории их проживания, её внутреннему устройству, истории; такой, как у половцев. *П. язык* (тюркской семьи языков). *П. поход князя Игоря Святославича* (1185 г.). *П. стан.*

ПОЛОВИ́К, -а́, *м.* Узкий половой коврик, плетёный или сшитый из разноцветных обрезков ткани. ‖ *уменьш.* **половичо́к**, -чка́, *м.*

ПОЛОВИ́НА, -ы, *ж.* **1.** Одна из двух равных частей, вместе составляющих целое. *П. яблока. П. дела сделана. П. комнаты. П. лета прошла. Первая п. игры* (в спорте). **2.** Середина какого-н. расстояния, промежутка времени. *Остановились на половине дороги. В половине 19 века. П. шестого* (о времени: тридцать минут после пяти часов). **3.** Отдельная часть помещения (устар.). *Парадная п. дома.* **4.** *с определением.* О жене (разг. шутл.). *Дражайшая п.* (устар. шутл.). ✦ **Половина на половину** (разг.) — поровну, ровно на две части. *Поделить улов пополам на половину.* ‖ *уменьш.* **полови́нка**, -и, *ж.* (к 1 знач.). ‖ *прил.* **полови́нный**, -ая, -ое (к 1 знач.). *В половинном размере.*

ПОЛОВИ́НЧАТЫЙ, -ая, -ое; -ат. **1.** *полн. ф.* Состоящий из двух частей, половин (спец.). *Половинчатые двери* (из двух половин). *П. кирпич* (битый). **2.** Лишённый цельности, последовательности, не доводящий чего-н. до конца. *Половинчатое решение.* ‖ *сущ.* **полови́нчатость**, -и, *ж.* (ко 2 знач.).

ПОЛОВИ́ЦА, -ы, *ж.* Одна из досок, составляющих деревянный пол. *Крашеные половицы.* ‖ *уменьш.* **полови́чка**, -и, *ж.*

ПОЛО́ВНИК, -а, *м.* Большая разливательная ложка. *Налить п. супа.*

ПОЛОВО́ДЬЕ, -я, *род. мн.* -дий, *ср.* Весенний разлив реки при таянии снега и вскрытии ото льда.

ПОЛОВО́Й[1], -о́го, *м.* (устар.). Трактирный слуга.

ПОЛОВО́Й[2-3] *см.* пол[1-2].

ПО́ЛОВЦЫ, -ев, *ед.* -вец, -вца, *м.* Группа племён тюркского происхождения, кочевавших на юго-востоке Европы в 11 — нач. 13 в. ‖ *ж.* **половча́нка**, -и. ‖ *прил.* **полове́цкий**, -ая, -ое.

ПОЛО́ВЫЙ, -ая, -ое. О масти животных: бледно-жёлтый.

ПО́ЛОГ, -а, *м.* Занавеска, закрывающая, загораживающая кровать, колыбель, а также (устар.) вообще занавеска. *Ситцевый п. Откинуть п. П. тумана* (перен.).

ПОЛО́ГИЙ, -ая, -ое; -о́г, -о́же. Отлогий, покатый, не крутой. *П. склон. П. берег.* ‖ *сущ.* **поло́гость**, -и, *ж.*

ПОЛОЖЕ́НИЕ, -я, *ср.* **1.** Местонахождение в пространстве. *Определить п. судна.* **2.** Расположение, постановка тела или частей его, поза. *П. рук при упоре. В сидячем положении.* **3.** Состояние кого-чего-н., сложившиеся обстоятельства. *Тяжёлое п. в семье. Выход из трудного положения. Быть на положении больного. Войти в чьё-н. п.* (посочувствовать, помочь). *Выйти из положения* (найти выход из затруднительных обстоятельств). *Быть на высоте положения* (вполне удовлетворять чему-н. в своих поступках, деятельности). *Хозяин положения* (о том, кто может независимо действовать в данной обстановке). **4.** Совокупность общественно-политических отношений, обстановка общественной жизни. *Международное п. Внутреннее п. в стране. Экономическое п.* **5.** Место, роль кого-н. в общественной жизни, в коллективе, в семье. *Руководящее п. Социальное п.* **6.** Распорядок государственной, общественной жизни, устанавливаемый властью. *Перевести армию на мирное п. Осадное п.* **7.** Свод правил, законов, касающихся чего-н. *П. о выборах.* **8.** Научное утверждение, сформулированная мысль. *Основные положения исследования.* ✦ **В положении** (разг.) **и в интересном положении** (устар.) — беременна.

ПОЛО́ЖЕННЫЙ, -ая, -ое. Установленный, назначенный заранее. *В п. час. Получил положенные ему деньги.*

ПОЛО́ЖЕНО, *в знач. сказ., с неопр.* (разг.). То же, что полагается (во 2 знач.). *Этого делать не п. У нас п. этот праздник отмечать.*

ПОЛОЖИ́ТЕЛЬНЫЙ, -ая, -ое; -лен, -льна. **1.** Выражающий согласие, одобрение, утвердительный. *Положительное решение. Положительная оценка. П. ответ.* **2.** Заслуживающий одобрения, полезный и существенный. *П. результат. П. факт. Положительное явление.* **3.** Обладающий хорошими, полезными чертами, качествами. *П. герой романа. Положительная личность.* **4.** *полн. ф.* Совершенный, полный, окончательный (разг.). *П. невежда. Он положительно* (нареч.) *ничего не знает. Положительно* (нареч.) *ничего понять нельзя.* **5.** *полн. ф.* В математике: представляющий собой величину, взятую со знаком «плюс» (+), бо́льшую, чем ноль. *Положительное число.* **6.** *полн. ф.* Относящийся к тому виду электричества, материальные частицы к-рого называются протонами, позитронами (спец.). *П. электрический заряд.* ✦ **Положительная степень** — в языкознании: форма прилагательного и наречия, обозначающая признак в отвлечении от степени его проявления (напр. умный, умно, холодно). ‖ *сущ.* **положи́тельность**, -и, *ж.* (к 1, 2, 3 и 6 знач.).

ПОЛОЖИ́ТЬ[1], -ожу́, -о́жишь; -о́женный; *сов.* **1.** *см.* класть. **2.** *перен., кого (что).* То же, что убить (в 1 знач.) (разг.). *П. на месте.* **3.** *что.* Назначить какую-н. плату, цену (устар. прост.). *П. хорошее жалованье.* ✦ **Положить жизнь** *за кого-что* (высок.) — пожертвовать жизнью.

ПОЛОЖИ́ТЬ[2], -ожу́, -о́жишь; *сов.* **1.** *с неопр.* Решить, постановить (устар.). *Положили дать делу законный ход.* **2.** **поло́жим(те).** Предположим, допустим. *Положим, что всё кончится хорошо.* **3.** **поло́жим**, *вводн. сл.* и *частица.* То же, что предположим (во 2 и 3 знач.). *Он, положим, прав. Ведь прав я? — Ну положим.* **4.** **поло́жим!** Выражение недоверия, сомнения (разг. ирон.) *Он своё слово сдержит. — Ну это положим!*

ПОЛОЖИ́ТЬСЯ, -ожу́сь, -о́жишься; *сов., на кого-что.* Довериться кому-чему-н., понадеяться на кого-что-н. *На этого человека можно п. П. на обстоятельства.* ‖ *несов.* **полага́ться**, -а́юсь, -а́ешься.

ПО́ЛОЗ[1], -а, *мн.* -ло́зья, -ьев, *м.* Гладкая, скользящая, загнутая спереди пластина, брус, а также вообще узкая скользящая полоса, планка. *Полозья саней. Спустить на полозьях что-н.*

ПО́ЛОЗ[2], -а, *мн.* -ы, -ов, *м.* Змея сем. ужей.

ПОЛО́К, -лка́, *м.* **1.** В русской бане в парно́й: возвышение, широкая полка, на к-рой парятся. *Забраться, лечь на п.* **2.** Телега с плоским настилом для перевозки тяжестей (устар.).

ПОЛО́ЛЬНЫЙ *см.* полоть.

ПОЛО́ЛЬЩИК, -а, *м.* Тот, кто занимается полкой чего-н. ‖ *ж.* **поло́льщица**, -ы.

ПОЛОМА́ТЬ *см.* ломать.

ПОЛОМА́ТЬСЯ[1] (-а́юсь, -а́ешься, 1 и 2 л. не употр.), -а́ется; *сов.* Сломаться, изломаться (о многом). *Игрушки поломались.*

ПОЛОМА́ТЬСЯ[2], -а́юсь, -а́ешься; *сов.* (разг.). Провести нек-рое время ломаясь[2], кривляясь. *Поломался, а потом согласился.*

ПОЛО́МКА, -и, *ж.* **1.** *см.* ломать, -ся. **2.** Поломанное место, место повреждения. *Устранить поломку.*

ПОЛОМО́ЙКА, -и, *ж.* (устар.). Работница, занимающаяся мытьём полов.

ПОЛО́Н, -а, *м.* (стар. и высок.). То же, что плен. *Взять в п.*

ПОЛОНЕ́З [*нэ*], -а, *м.* Польский торжественный танец-шествие, а также музыка в ритме этого танца.

ПОЛОНИ́ЗМ, -а, *м.* Слово или оборот речи в каком-н. языке, заимствованные из польского языка или созданные по образцу польского слова или выражения.

ПОЛОНИ́ТЬ, -ню́, -ни́шь; -нённый (-ён, -ена́); *сов., кого-что* (стар.). То же, что пленить[1]. ‖ *несов.* **полоня́ть**, -я́ю, -я́ешь.

ПОЛО́ПАТЬСЯ (-аюсь, -аешься, 1 и 2 л. не употр.), -ается; *сов.* Лопнуть, растрескаться (о многом или во многих местах). *Стёкла полопались от огня.*

ПОЛОРО́ГИЙ, -ая, -ое. О жвачных парнокопытных: с полыми рогами. *Семейство* *полорогих* (сущ.; быки, козлы, бараны, антилопы).

ПОЛОСА́, -ы́, *вин.* полосу́ *и* по́лосу, *мн.* по́лосы, -о́с, -оса́м, *ж.* **1.** Длинный ровный след (на какой-н. поверхности, в рисунке, в чертеже), длинная узкая часть какого-н. пространства. *П. спектра. П. на теле от удара. Бледная п. света.* **2.** Отдельный протяжённый участок чего-н., пояс. *Песчаная п. берега. П. обороны. Чернозёмная п.* **3.** В старой русской деревне: небольшой узкий участок пахотной земли крестьянского надела. *П. ржи.* **4.** Страница в наборе, в печатном издании. *Объявления на последней полосе газеты.* **5.** *перен.* Промежуток времени, пора, период. *Светлая, счастливая п. жизни.* **6.** *перен.* Настроение, состояние (разг.). *Мрачная п. нашла на кого-н.* || *уменьш.* **поло́ска**, -и, *ж.* (к 1, 2 и 3 знач.). *Ситец в полоску. Жизнь — в полоску* (перен.: всякая, то хорошая, то плохая; разг. шутл.). || *ласк.* **поло́сонька**, -и, *ж.* (к 3 знач.). || *прил.* **полосно́й**, -а́я, -о́е (к 1 знач.; спец.).

ПОЛОСА́ТЫЙ, -ая, -ое; -а́т. Покрытый рядом идущими полосами, полосками. *Полосатая ткань. Полосатые обои. П. тюлень* (крылатка). ✦ **Чёрт полосатый** (прост.) — добродушное выражение неодобрения, порицания. || *сущ.* **полоса́тость**, -и, *ж.*

ПОЛОСКА́НИЕ, -я, *ср.* **1.** *см.* полоскать, -ся. **2.** Лекарственный состав, к-рым полощут горло, рот. *Тёплое п.*

ПОЛОСКА́ТЕЛЬНИЦА, -ы, *ж.* Посуда для мытья чашек, стаканов. *Фарфоровая п.*

ПОЛОСКА́ТЬ, -ощу́, -о́щешь *и* (разг.) -а́ю, -а́ешь; полощи *и* полоска́й; полощущий *и* полоска́ющий; поло́сканный; полоща́ *и* полоска́я; *несов., что.* **1.** Промывать после стирки, мытья, погружая в чистую воду. *П. бельё.* **2.** (1 и 2 л. не употр.), *перен.* Колыхать, развевать. *Ветер полощет знамёна.* **3.** Промывать для очистки, дезинфекции или с лечебной целью. *П. рот после еды. П. горло.* || *сов.* **вы́полоскать**, -ощу, -ощешь *и* -аю, -аешь; -анный (к 1 знач.), **отполоска́ть**, -ощу́, -о́щешь *и* -а́ю, -а́ешь; -о́сканный (к 1 знач.) *и* **прополоска́ть**, -ощу́, -о́щешь *и* -а́ю, -а́ешь; -о́сканный (к 1 и 3 знач.). || *сущ.* **полоска́ние**, -я, *ср.* (к 1 и 3 знач.). || *прил.* **полоска́тельный**, -ая, -ое (к 1 и 3 знач.). *Полоскательная чашка* (полоскательница).

ПОЛОСКА́ТЬСЯ, -ощу́сь, -о́щешься *и* -а́юсь, -а́ешься; полощи́сь *и* полоска́йся; поло́щущийся *и* полоска́ющийся; полоща́сь *и* полоска́ясь; *несов.* **1.** Плескаться в воде, купаясь. *Дети полощутся в речке.* **2.** (1 и 2 л. не употр.), *перен.* Трепетать на ветру. *Полощутся флаги.* || *сущ.* **полоска́ние**, -я, *ср.*

ПОЛОСНО́Й *см.* полоса.

ПОЛОСНУ́ТЬ, -ну́, -нёшь; *сов., кого-что* (прост.). Ударить чем-н. длинным, узким, обычно оставляющим след в виде полосы. *П. кнутом. П. ножом. П. из винтовки, автомата* (перен.).

ПОЛОСОВА́ТЬ, -су́ю, -су́ешь; *несов.* **1.** *что.* Разрезать полосами (спец.). *П. железо.* **2.** *кого-что.* Бить, оставляя рубцы, полосы на теле (прост.). *П. плетью.* || *сов.* **исполосова́ть**, -су́ю, -су́ешь; -о́ванный (ко 2 знач.) *и* **располосова́ть**, -су́ю, -су́ешь; -о́ванный (к 1 знач.). || *сущ.* **полосова́ние**, -я, *ср.* (к 1 знач.).

ПОЛОСОВО́Й, -а́я, -о́е (спец.). Изготовляемый в виде длинных полос или служащий для такого изготовления. *Полосовое железо. П. стан.*

ПО́ЛОСТЬ[1], -и, *мн.* -и, -е́й, *ж.* **1.** В животном организме: внутреннее пространство — вместилище органов. *Брюшная п. П. рта.* **2.** Полое пространство внутри чего-н., в чём-н. *Полости в толще земных пород.* || *прил.* **полостно́й**, -а́я, -о́е. *Полостная операция.*

ПО́ЛОСТЬ[2], -и, *мн.* -и, -е́й, *ж.* (устар.). Большой кусок ткани, плотного материала, подстилаемый подо что-н. или закрывающий что-н. *Разостлать п. Медвежья п. в санях* (закрывающая ноги).

ПОЛО́СЧАТЫЙ, -ая, -ое; -ат. Состоящий из полос, полосок. *Полосчатая структура минерала. П. окрас.*

ПОЛОТЕ́НЦЕ, -а, *род. мн.* -нец, *ср.* Бельевое изделие в виде удлинённого полотнища для вытирания, обтирания. *Личное, ручное, банное, посудное п. Махровое п.* || *уменьш.* **полоте́нчико**, -а, *ср.* || *прил.* **полоте́нечный**, -ая, -ое. *Полотенечная ткань.*

ПОЛОТЁР, -а, *м.* **1.** Работник, занимающийся натиркой паркетных полов. **2.** Бытовая машина для натирания паркетных полов. *Электрический п.* || *прил.* **полотёрский**, -ая, -ое (к 1 знач.) *и* **полотёрный**, -ая, -ое (ко 2 знач.).

ПОЛОТЁРНЫЙ, -ая, -ое. **1.** *см.* полотёр. **2.** Относящийся к работе полотёра, к натиранию полов. *Полотёрное дело. Полотёрная щётка.*

ПОЛО́ТНИЩЕ, -а, *ср.* **1.** Отрезок ткани во всю ширину сотканного куска. *Парус в пять полотнищ. П. флага.* **2.** То же, что полотно (во 2 и 5 знач.). *П. пилы.*

ПОЛОТНО́, -а́, *мн.* -о́тна, -о́тен, -о́тнам, *ср.* **1.** Гладкая льняная или хлопчатобумажная ткань, выработанная из основы и утка́ одинаковой толщины и плотности. *Льняное, джутовое, пеньковое п. Шёлковое п.* (шёлковая ткань такой выработки). *Побледнел как п.* (стал очень бледен). **2.** Лента, полоса в механизме, в каком-н. устройстве. *П. конвейера. П. палубы.* **3.** Картина (обычно на холсте). *Поздние полотна Репина. Выставка лучших полотен художников-абстракционистов. Широкое историческое п.* (перен.: о литературном произведении, описывающем исторические события). **4.** Дорожная насыпь, основание для верхнего покрытия дороги. *Железнодорожное п.* **5.** Плоская тонкая часть режущего инструмента (спец.). || *прил.* **полотня́ный**, -ая, -ое (к 1 знач.). *Полотняное переплетение* (с ровным чередованием нитей основы и утка́). *Полотняное бельё* (из полотна). *Полотняное производство.*

ПОЛО́ТЬ, полю́, по́лешь; по́лотый; *несов., что.* Очищать от сорных растений, а также удалять их откуда-н. *П. грядки. П. лебеду.* || *сов.* **вы́полоть**, -лю, -лешь; -отый. || *сущ.* **по́лка**, -и, *ж.* || *прил.* **поло́льный**, -ая, -ое (спец.).

ПОЛОУ́МНЫЙ, -ая, -ое; -мен, -мна (разг.). Сумасшедший, слабоумный, а также подобный сумасшедшему, безрассудный. *П. старик. П. взгляд. Полоумные речи. Кричит как полоумный* (сущ.). || *сущ.* **полоу́мие**, -я, *ср.*

ПО́ЛОЧНЫЙ *см.* полка[1].

ПОЛОШИ́ТЬ, -шу́, -ши́шь; *несов., кого-что* (прост.). Волновать, вызывать переполох среди кого-н. *П. народ.* || *сов.* **всполоши́ть**, -шу́, -ши́шь; -шённый (-ён, -ена́).

ПОЛОШИ́ТЬСЯ, -шу́сь, -ши́шься; *несов.* (прост.). Пугаться, волноваться. || *сов.* **всполоши́ться**, -шу́сь, -ши́шься.

ПОЛПРЕ́Д, -а, *м.* Сокращение: полномочный представитель (в СССР до 1941 г. — то же, что посол[1]). || *прил.* **полпре́довский**, -ая, -ое (разг.).

ПОЛПУТИ́, полупути́ *и* полпути́, в косвенных падежах вторая часть *нескл.*, *м.* (согласуется так же, как полметра). Половина пути. *Вернуться с п. На п. остановиться* (также перен.: не доведя начатого до конца). *Эти п. — самые трудные. Осталось п. Остались (останутся) самые трудные п. Пройдено п. Пройдены самые трудные п.*

ПОЛСЛО́ВА, полусло́ва *и* полсло́ва, *ср.* (согласуется так же, как полметра). Половина слова (в 1 знач.). *Последние п. Напечатать п. Ни п. не услышишь от него* (ни одного слова). *На п. вызвать, позвать кого-н.* (для краткого разговора; разг.). *На полуслове (на полслове) остановиться* (резко прервав начатую речь). *С полуслова (с полслова) понимать* (с первых слов, по намёку; разг.). *Услышано п. Услышаны (услышались, услышатся) последние п.*

ПОЛТИ́НА, -ы, *ж.* (устар.). То же, что полтинник. ✦ **С полтиной** (разг.) — с добавлением 50 копеек. *Два с полтиной* (2 р. 50 к.).

ПОЛТИ́ННИК, -а, *м.* Монета или сумма в 50 копеек.

ПОЛТОРА́, полу́тора, *м.* и *ср.* **и ПОЛТОРЫ́**, полу́тора, *ж., числит.* Число, количество чего-н., равное единице с половиной. *Полтора литра. Полторы буханки.* || *прил.* **полу́торный**, -ая, -ое. *В полуторном размере. Полуторная кровать* (по ширине средняя между двуспальной и односпальной). *Полуторное одеяло. Полуторная ширина.*

ПОЛТОРА́СТА, полу́тораста, *числит.* Число, количество чего-н., равное ста пятидесяти единицам. *П. рублей.*

ПОЛУ... *Первая часть сложных слов со знач.*: 1) половина чего-н., в половинном размере, напр. *полуокружность, полумесячный, полугодовалый, полурота;* 2) не вполне или почти, напр. *полуграмотный, полуодетый, полузабытый, полубольной, полутёмный, полудрагоценный, полупризнание, полудрёма, полуявь, полусон, полунамёк, полуулыбка, полушутя, полувсерьёз, полустационар, полуавтомат;* 3) не до конца, не в полной мере, напр. *полулежать, полусидеть, полуистлеть;* 4) с признаками двух разных свойств, видов или пород, напр. *полукочевник, полусобака-полуволк, полуюноша-полуотрок, полушерстяной.*

ПОЛУБОТИ́НКИ, -нок, -нкам, *ед.* -нок, -нка, *м.* Закрытые туфли на шнуровке, застёжке. || *прил.* **полуботи́ночный**, -ая, -ое.

ПОЛУВЕКОВО́Й *см.* полвека.

ПОЛУГО́ДИЕ, -я, *ср.* Промежуток времени в полгода. *Учебное п.* || *прил.* **полугоди́чный**, -ая, -ое *и* **полугодово́й**, -а́я, -о́е. *Полугодичные курсы. Полугодовой отчёт* (за полгода).

ПОЛУГОДОВА́ЛЫЙ, -ая, -ое. Возрастом в полгода. *П. ребёнок.*

ПОЛУГОДОВО́Й *см.* полгода *и* полугодие.

ПОЛУ́ДА, -ы, *ж.* Тонкий слой олова, к-рым покрывают поверхность металлических изделий для предохранения от окисления.

ПОЛУ́ДЕННЫЙ *см.* полдень.

ПОЛУДИ́ТЬ *см.* лудить.

ПОЛУЗАБЫТЬЁ, -я́, *ср.* Почти бессознательное состояние. *Больной в полузабытьи.*

ПОЛУЗАЩИ́ТА, -ы, *ж., собир.* Часть спортивной команды (в футболе и других играх с мячом, в хоккее), поддерживающая связь между защитой и нападением. *Играть в полузащите.*

ПОЛУЗАЩИ́ТНИК, -а, *м.* Игрок полузащиты.

ПОЛУЗНА́ЙКА, *-и, м. и ж.* (разг. пренебр.). Человек, знания к-рого неосновательны, поверхностны.

ПОЛУЗНАМЕНА́ТЕЛЬНЫЙ, -ая, -ое: полузнаменательный глагол — в языкознании: связующий глагол, лексическим значением к-рого является значение перехода из одного состояния в другое (для *стать* также от одного действия к другому), сохранения или обнаружения состояния, напр. *казаться, становиться, делаться, оставаться, оказываться, пребывать.*

ПОЛУКАФТА́Н, -а, *м.* Старинная мужская верхняя одежда — кафтан с укороченными полами.

ПОЛУКРО́ВКА, -и, *ж.* Полукровное животное (преимущ. о лошадях).

ПОЛУКРО́ВНЫЙ, -ая, -ое. О животных: происходящий от чистокровного производителя и матки простой породы или от чистокровной матки и производителя простой породы.

ПОЛУКРУ́Г, -а, *м.* Половина круга или окружности. *Расположиться полукругом.*

ПОЛУКРУ́ГЛЫЙ, -ая, -ое. Имеющий форму полукруга или полушария. *Полукруглое окно. Полукруглая крыша беседки.*

ПОЛУКУСТА́РНИК, -а, *м.* (спец.). Многолетнее растение с древесными нижними и травянистыми верхними частями. ‖ *прил.* **полукуста́рниковый**, -ая, -ое.

ПОЛУКУСТА́РНИЧЕК, -чка, *м.* (спец.). Мелкий полукустарник. ‖ *прил.* **полукуста́рничковый**, -ая, -ое.

ПОЛУЛЕЖА́ТЬ, -жу́, -жи́шь; -лёжа; *несов.* Лежать с приподнятой верхней частью туловища. *Спать полулёжа.*

ПОЛУЛИТРО́ВЫЙ *см.* пол-литра.

ПОЛУМА́СКА, -и, *ж.* Узкая маска, закрывающая только верхнюю часть лица.

ПОЛУМГЛА́, -ы́, *ж.* Сумеречный свет, полупрозрачность воздуха. *Предрассветная, вечерняя п.*

ПОЛУМЕ́РА, -ы, *ж.* Половинчатая мера, половинчатое решение. *Не ограничиваться полумерами.*

ПОЛУМЕ́СЯЦ, -а, *м.* **1.** Неполная луна, лунный серп. **2.** Предмет или изображение такой формы.

ПОЛУМЕ́СЯЧНЫЙ *см.* полмесяца.

ПОЛУМЕТРО́ВЫЙ *см.* полметра.

ПОЛУМРА́К, -а, *м.* Слабое освещение, почти полное отсутствие света. *Сидеть в полумраке.*

ПОЛУ́НДРА (прост.). Возглас, предупреждающий об опасности [*первонач.* у моряков и пожарных: предупреждение об опасности, грозящей от падающего предмета].

ПОЛУНЕДЕ́ЛЬНЫЙ *см.* полнедели.

ПОЛУНО́ЧНИК [*шн*], -а, *м.* (разг.). Тот, кто полуночничает. ‖ *ж.* **полуно́чница**, -ы.

ПОЛУНО́ЧНИЧАТЬ [*шн*], -аю, -аешь; *несов.* (разг.). До поздней ночи не ложиться спать, занимаясь чем-н. или долго гуляя ночью.

ПОЛУ́НОЧНЫЙ, ПОЛУНО́ЧНЫЙ *см.* полночь.

ПОЛУОБЕЗЬЯ́НЫ, -я́н, *ед.* полуобезья́на, -ы, *ж.* Подотряд млекопитающих отряда приматов.

ПОЛУОБОРО́Т, -а, *м.* Половина оборота (в 1 знач.); о человеке: неполный, на четверть круга поворот фигуры. *П. колеса. П. направо. Стоять полуоборотом* (вполоборота).

ПОЛУОСВЕЩЁННЫЙ, -ая, -ое; -ён, -ена́. Слабо, недостаточно освещённый. *П. коридор.* ‖ *сущ.* **полуосвещённость**, -и, *ж.*

ПОЛУО́СТРОВ, -а, *мн.* -а́, -о́в, *м.* Примыкающий к материку или острову участок суши, с трёх сторон омываемый водой. *Балканский п.* ‖ *прил.* **полуостровно́й**, -а́я, -о́е.

ПОЛУПАЛЬТО́, *нескл., ср.* Короткое пальто, не доходящее до колен.

ПОЛУПРА́ВДА, -ы, *ж.* Неполная правда, почти ложь.

ПОЛУПРОВОДНИКИ́, -о́в, *ед.* -ни́к, -а́, *м.* (спец.). Вещества, электропроводность к-рых при комнатной температуре меньше, чем у металлов, и больше, чем у диэлектриков. ‖ *прил.* **полупроводнико́вый**, -ая, -ое. *П. радиоприёмник* (на полупроводниках).

ПОЛУПУСТЫ́НЯ, -и, *ж.* Географическая зона, переходная между пустыней и степью. ‖ *прил.* **полупусты́нный**, -ая, -ое.

ПОЛУСАПО́ЖКИ, -жек, -жкам, *ед.* полусапо́жек, -жка, *м.* Сапоги с короткими голенищами. ‖ *прил.* **полусапо́жковый**, -ая, -ое.

ПОЛУСВЕ́Т[1], -а, *м.* Слабое освещение, слабый свет. *Вечерний, утренний п.*

ПОЛУСВЕ́Т[2], -а, *м.* Среда женщин лёгкого поведения, подражающих жизни высшего общества, света. *Дама полусвета.*

ПОЛУСИДЕ́ТЬ, -ижу́, -иди́шь; -и́дя; *несов.* Сидеть (в 1 знач.), далеко откинувшись. *П. в постели.*

ПОЛУСМЕ́РТЬ, -и, *ж.*: **до полусмерти** (разг.) — очень сильно (о чём-н. отрицательном). *Устал до полусмерти. Избить до полусмерти.*

ПОЛУСО́ГНУТЫЙ, -ая, -ое. Согнутый или согнувшийся наполовину, пригнутый. *Полусогнутое положение* (также перен.: о выражении подобострастия). *На полусогнутых* (сущ.; перен.: подобострастно, угодливо; разг. ирон.; также шутливая команда: быстро иди, беги!).

ПОЛУСО́Н, -сна́, *м.* Состояние, близкое ко сну. *Быть в полусне.*

ПОЛУСО́ННЫЙ, -ая, -ое. Не вполне проснувшийся или засыпающий. *П. ребёнок. Полусонное состояние.*

ПОЛУСТА́НОК, -нка, *м.* Небольшая железнодорожная станция. *На дальнем полустанке.*

ПОЛУСТИ́ШИЕ, -я, *ср.* (спец.). Часть стиха[1] (в 1 знач.), отделённая от другой части цезурой.

ПОЛУТЕ́НЬ, -и, о полуте́ни, в полутени́ *и* в полуте́ни, *мн.* -и, -ей *и* -е́й, *ж.* Слабая прозрачная тень. *В полутени листвы.*

ПОЛУТЁМНЫЙ, -ая, -ое; -тёмен, -темна́. Слабо освещённый. *П. коридор.*

ПОЛУТО́Н, -а, *мн.* -ы, -ов *и* -а́, -о́в, *м.* **1.** (-ы, -ов). Наименьшее расстояние между звуками по высоте. **2.** (-а́, -о́в). Переход от светлого, яркого цвета, тона к тёмному.

ПОЛУ́ТОРА... *Первая часть сложных слов со знач.*: размером, мерой в полторы каких-н. единицы; содержащий, вмещающий полторы каких-н. единицы, напр. *полуторамесячный, полуторакилограммовый, полуторатонный, полутораметровый, полуторапроцентный.*

ПОЛУТОРАГОДОВА́ЛЫЙ, -ая, -ое. Возрастом в полтора года. *П. ребёнок.*

ПОЛУ́ТОРКА, -и, *ж.* (разг.). Грузовой автомобиль грузоподъёмностью в полторы тонны.

ПОЛУ́ТОРНЫЙ *см.* полтора.

ПОЛУТЬМА́, -ы́, *ж.* Тусклое освещение, почти темнота. *Блуждать в полутьме.*

ПОЛУУЛЫ́БКА, -и, *ж.* Еле уловимая улыбка.

ПОЛУУСТА́В, -а, *м.* Вид письма, почерк древних греческих и славянских рукописей, средний между уставом и скорописью. ‖ *прил.* **полууста́вный**, -ая, -ое. *Полууставное письмо.*

ПОЛУФАБРИКА́Т, -а, *м.* Изделие, нуждающееся в дальнейшей, окончательной обработке. *Пищевые полуфабрикаты.* ‖ *прил.* **полуфабрика́тный**, -ая, -ое.

ПОЛУФИНА́Л, -а, *м.* В спортивных состязаниях: встреча на первенство, предшествующая финалу. ‖ *прил.* **полуфина́льный**, -ая, -ое.

ПОЛУФИНАЛИ́СТ, -а, *м.* Спортсмен (или спортивная команда), вышедший в полуфинал. ‖ *ж.* **полуфинали́стка**, -и.

ПОЛУЧАСОВО́Й *см.* полчаса.

ПОЛУЧА́ТЕЛЬ, -я, *м.* (офиц.). Лицо или учреждение, получающее какие-н. адресованные ему ценности, грузы, корреспонденцию. *Завод-п. Доставить посылку получателю.* ‖ *ж.* **получа́тельница**, -ы (о лице).

ПОЛУЧА́ТЬСЯ, -а́юсь, -а́ешься; *несов.* **1.** *см.* получиться. **2.** получа́ется, *вводн. сл.* Выходит, следовательно (разг.). *На юг, получается, не поедем?*

ПОЛУЧИ́ТЬ, -учу́, -у́чишь; -у́ченный; *сов.* **1.** *кого-что.* Взять, приобрести вручаемое, предлагаемое, искомое. *П. письмо. П. зарплату. П. звание профессора. П. помощника.* **2.** *что.* Принять для исполнения. *П. приказ.* **3.** *что.* Добыть, произвести из чего-н. *П. продукт из нефти. П. интересные выводы.* **4.** *что.* Испытать что-н., подвергнуться чему-н. *П. удовольствие. П. пощёчину. П. насморк.* **5.** *что.* Прийти в какое-н. состояние (в соответствии со значением следующего существительного). *П. всеобщее признание* (стать признанным). *П. распространение* (стать распространённым, применяющимся). *П. известность* (стать известным). *П. применение* (начать применяться). **6.** Подвергнуться выговору, наказанию (разг.). *Что, получил от отца? Ты у меня получишь!* (угроза). ‖ *несов.* **получа́ть**, -а́ю, -а́ешь. ‖ *сущ.* **получе́ние**, -я, *ср.* (к 1, 2, 3 и 4 знач.) *и* **полу́чка**, -и, *ж.* (к 1 знач.; о получении зарплаты, товаров; разг.). *День получки. П. товаров. Занять деньги до получки.*

ПОЛУЧИ́ТЬСЯ, -учу́сь, -у́чишься; *сов.* **1.** (1 и 2 л. не употр.). Появиться (будучи направленным откуда-н. или как результат чего-н.). *Получилось новое сообщение. Получились важные выводы. Письмо получилось поздно.* **2.** (1 и 2 л. не употр.). Произойти, случиться. *Получилась неприятность. Как предупреждали, так и получилось.* **3.** (1 и 2 л. не употр.). Стать, сделаться. *Из гадкого утёнка получился лебедь. Из щепки получился кораблик.* **4.** Оказаться в чьих-н. глазах, в чьём-н. мнении. *Я помогал, и я же получился обманщиком.* **5.** О чьём-н. изображении, о снимке: оказаться выполненным или хорошо выполненным (разг.). *Снимок получился. На фотографии я не получился.* **6.** (1 и 2 л. не употр.). Оказаться удачным (разг.). *Задача получилась. Пирог получился. Диссертация не получилась.* ‖ *несов.* **получа́ться**, -а́юсь, -а́ешься. ‖ *сущ.* **получе́ние**, -я, *ср.* (к 1 и 3 знач.).

ПОЛУ́ЧКА, -и, *ж.* **1.** *см.* получить. **2.** Полученные за работу деньги, полученная заработная плата (разг.). *Первая п. Расплатиться из получки.*

ПОЛУША́ЛОК, -лка, *м.* (прост.). Небольшая шаль, большой платок. *Цветастый п.* ‖ *прил.* **полуша́лковый**, -ая, -ое.

ПОЛУША́РИЕ, -я, *ср.* **1.** Половина шара, а также предмет такой формы. *Полушария головного мозга.* **2.** Одна из половин земного шара или небесной сферы. *Северное п. Южное п.*

ПОЛУ́ШКА, -и, *ж.* В старину: мелкая медная монета в четверть копейки. *За морем телушка — п., да рубль перевозу* (посл.). *Ни полушки нет* (ни копейки).

ПОЛУШУ́БОК, -бка, *м.* Короткая, до колен, овчинная шуба. *Крытый п.* (с матерчатым верхом). *Нагольный п.* (без такого верха).

ПОЛУШУТЯ́, *нареч.* С оттенком шутки. *Сказать что-н. п.*

ПОЛЦЕНЫ́, *нескл., ж.* (разг.). Половина цены. *Купить, продать за п.* (очень дёшево).

ПОЛЧАСА́, получа́са *и* (разг.) полчаса́, в других косвенных падежах — только с полу..., *м.* (согласуется так же, как полвека). Половина часа, тридцать минут. *Нет свободного получаса. Эти п. — решающие. Прошло п. Прошли (пройдут) п. Отсчитано п. Отсчитали последние п.* ‖ *уменьш.* **полча́сика**, получа́сика, *м.* ‖ *прил.* **получасово́й**, -а́я, -о́е. *П. перерыв.*

ПО́ЛЧИЩЕ, -а, *ср.* **1.** Огромное неприятельское войско (книжн.). *Вражеские полчища.* **2.** *перен.* О большом количестве кого-н. (разг.). *Полчища комаров.*

ПОЛШАГА́, полуша́га *и* (разг.) полшага́, *м.* (согласуется так же, как полметра). Расстояние на половину шага. *Сделать п. вправо. Не сделал и полушага. Через каждые п. останавливается* (очень часто). *Эти п. — последние. Делаются последние п. Сделано п. Сделаны последние п.* ‖ *уменьш.* **полшажка́**, -а́, *м.*

ПО́ЛЫЙ, -ая, -ое. **1.** Пустой внутри. *Полая трубка.* **2.** О воде: разлившийся после ледохода. *Полая вода сбывает.*

ПО́ЛЫМЯ, *род.* по́лымя, *дат.* по́лымю (устар. и обл.), *ср.* То же, что пламя. *Из огня да в п. попасть* (из плохого положения в ещё худшее; разг.).

ПОЛЫ́НЬ, -и, *ж.* Эфироносное растение с мелкими корзинками цветков, с сильным запахом и горьким вкусом. *Горький как п.* (очень горький). ‖ *прил.* **полы́нный**, -ая, -ое. *Полынное масло.*

ПОЛЫНЬЯ́, -и́, *род. мн.* -не́й, *ж.* Незамёрзшее или уже растаявшее место на ледяной поверхности реки, водоёма. *Сани провалились в полынью.*

ПОЛЫСЕ́ТЬ *см.* лысеть.

ПОЛЫХА́ТЬ, -а́ю, -а́ешь; *несов.* **1.** (1 и 2 л. не употр.). Пылать, ярко гореть вспышками. *Полыхает пожар. Закат полыхает. Полыхают войны, мятеж* (перен.). **2.** *перен.* Гореть, ярко краснеть от прилива крови. *Щёки полыхают.* ‖ *однокр.* **полыхну́ть**, -нёт (к 1 знач.).

ПО́ЛЬЗА, -ы, *ж.* Хорошие, положительные последствия, благо; выгода. *П. спорта. С пользой для дела. Извлечь пользу из чего-н.* ✦ **В пользу** — 1) *кого-чего*, в интересах кого-н., в соответствии с чьими-н. выгодами. *Решить дело в пользу истца;* 2) *чего, в знач. предлога с род. п.*, за что-н., в подтверждение чего-н. *Доводы в пользу предлагаемого решения.* **Говорить в пользу** *кого-чего* или *чью* — служить доказательством чьих-н. положительных качеств, правоты. *Этот поступок говорит не в вашу пользу.* **На пользу пойти** *кому-чему* — принести положительные результаты. *Лекарство пошло больному на пользу.*

ПО́ЛЬЗОВАТЕЛЬ, -я, *м.* (книжн.). Тот, кто пользуется чем-н. *П. компьютером, программой.* ‖ *прил.* **по́льзовательский**, -ая, -ое.

ПО́ЛЬЗОВАТЬ, -зую, -зуешь; *несов., кого-что* (устар.). То же, что лечить. *П. от простуды.*

ПО́ЛЬЗОВАТЬСЯ, -зуюсь, -зуешься; *несов., чем.* **1.** Обращаясь, прибегая к чему-н. для своей надобности, получать нужное, осуществлять желаемое. *П. телефоном. П. научной литературой.* **2.** Извлекать выгоду из чего-н., обращать для удовлетворения своих интересов. *П. всяким удобным случаем. Пользуется, что отца нет дома, и бездельничает.* **3.** Обладать чем-н., иметь что-н. (обычно о хорошем). *П. всеми правами. П. успехом. П. славой лучшего писателя.* **4.** Незаконно извлекать из чего-н. выгоду для себя (разг.). *П. из общественной кассы.* ‖ *сов.* **воспо́льзоваться**, -зуюсь, -зуешься (к 1, 2 и 4 знач.) *и* **попо́льзоваться**, -зуюсь, -зуешься (к 4 знач.). ‖ *сущ.* **по́льзование**, -я, *ср.* (к 1 знач.).

ПО́ЛЬКА[1], -и, *ж.* **1.** Быстрый, с прыжками, танец чешского происхождения, а также музыка в ритме этого танца. **2.** Род мужской причёски.

ПО́ЛЬКА[2] *см.* поляки.

ПО́ЛЬСКИЙ, -ая, -ое. **1.** *см.* поляки. **2.** Относящийся к полякам, к их языку, национальному характеру, образу жизни, культуре, а также к Польше, её территории, внутреннему устройству, истории; такой, как у поляков, как в Польше. *П. язык* (западнославянской группы индоевропейской семьи языков). *Польские воеводства. П. сейм. Польская низменность* (часть Среднеевропейской равнины). *П. народный танец* (мазурка). *П. злотый* (денежная единица). *По-польски* (нареч.).

ПОЛЬСТИ́ТЬ, -СЯ *см.* льстить, -ся.

ПО́ЛЬЦЕ, ПОЛЬЦО́ *см.* поле.

ПОЛЬЩЁННЫЙ, -ая, -ое; -ён, -ена́, *чем.* Испытавший удовлетворение от чего-н. лестного. *П. похвалой. Весьма польщён вашим отзывом.*

ПОЛЮБИ́ТЬ, -юблю́, -ю́бишь; *сов., кого-что.* Почувствовать любовь к кому-чему-н. *П. девушку. П. чтение.*

ПОЛЮБИ́ТЬСЯ, -юблю́сь, -ю́бишься; *сов., кому* (разг.). Понравиться, прийтись по вкусу. *Он мне полюбился за прямоту.*

ПОЛЮБОВА́ТЬСЯ *см.* любоваться.

ПОЛЮБО́ВНЫЙ, -ая, -ое; -вен, -вна. Дружелюбный, мирный, без споров. *Полюбовное соглашение. Полюбовно* (нареч.) *договориться.* ‖ *сущ.* **полюбо́вность**, -и, *ж.*

ПОЛЮБОПЫ́ТСТВОВАТЬ *см.* любопытствовать.

ПО́ЛЮС, -а, *мн.* -ы, -ов *и* -а́, -о́в, *м.* **1.** Одна из двух точек пересечения оси вращения Земли с земной поверхностью, а также прилежащая к этой точке местность. *Географические полюсы. Северный п. Южный п.* **2.** Один из двух концов электрической цепи или магнита (спец.). *Положительный, отрицательный п.* **3.** *перен.* Нечто прямо противоположное чему-н. другому (книжн.). *Эти характеры — два полюса.* ✦ **Полюсы мира** (спец.) — точки пересечения небесной сферы так наз. осью мира, вокруг к-рой происходит видимое суточное вращение этой сферы. *Северный и южный полюсы мира.* **Магнитные полюсы Земли** (спец.) — точки на земной поверхности, в к-рых магнитная стрелка с горизонтальной осью вращения устанавливается вертикально. **Полюсы холода** (спец.) — области наиболее низких зимних температур на земной поверхности. ‖ *прил.* **по́люсный**, -ая, -ое (к 1 и 2 знач.). *П. лёд. П. ток.*

ПО́ЛЮШКО *см.* поле.

ПОЛЯ́КИ, -ов, *ед.* -я́к, -а, *м.* Западнославянский народ, составляющий основное население Польши. ‖ *ж.* **по́лька**, -и *и* **поля́чка**, -и (устар.). ‖ *прил.* **по́льский**, -ая, -ое.

ПОЛЯ́НА, -ы, *ж.* **1.** Небольшое, заросшее травой, открытое пространство среди леса, кустарников. **2.** *перен.* Выделяющееся среди чего-н. ровное, открытое место. *Снежные, ледяные поляны.* ‖ *уменьш.* **поля́нка**, -и, *ж.*

ПОЛЯ́РНИК, -а, *м.* Участник полярной экспедиции, работник полярной станции. *Лагерь полярников.* ‖ *ж.* **поля́рница**, -ы.

ПОЛЯ́РНЫЙ, -ая, -ое; -рен, -рна. **1.** *полн. ф.* Относящийся к полюсу (в 1 и 2 знач.); связанный с деятельностью на полюсе (в 1 знач.), около полюса. *Полярная зона. Полярные круги* (параллели в Северном и Южном полушариях с широтами 66°33′). *Полярная экспедиция. Полярные соединения.* **2.** *перен.* Совершенно противоположный кому-чему-н. (книжн.). *Полярные мнения. Характеры этих людей полярно* (нареч.) *противоположны.* ‖ *сущ.* **поля́рность**, -и, *ж.* (ко 2 знач.).

ПОМ, -а, *м.* (разг.). Сокращение: помощник (о должностном лице). *Зава не было, говорил с помом.*

ПОМ... *Первая часть сложных слов* со знач. помощник, напр. *доммастера, помзав* (помощник заведующего), *помбух* (помощник бухгалтера), *помреж* (помощник режиссёра).

ПОМАВА́ТЬ, -а́ю, -а́ешь; *несов., чем* (устар. высок.). Махать, покачивать. *П. рукой, челом.*

ПОМА́ДА, -ы, *ж.* Косметическое средство — душистая мазь. *Губная п.* (обычно красящая). ‖ *прил.* **пома́дный**, -ая, -ое.

ПОМА́ДИТЬ, -а́жу, -а́дишь; -а́женный; *несов., кого-что* (разг.). Натирать помадой. ‖ *сов.* **напома́дить**, -а́жу, -а́дишь; -а́женный. ‖ *возвр.* **пома́диться**, -а́жусь, -а́дишься; *сов.* **напома́диться**, -а́жусь, -а́дишься.

ПОМА́ДКА, -и, *ж.* Сорт мягких конфет. *Фруктовая, сливочная п.*

ПОМА́ЗАНИЕ, -я, *ср.* В христианских обрядах крещения, соборования, возведения в духовный сан, на царство: смазывание лба (при крещении — также других частей тела) освящённым маслом — миром, елеем для ниспослания на верующего божественной благодати. *Священное п. П. на царство.*

ПОМА́ЗАТЬ[1], -а́жу, -а́жешь; -анный; *сов., кого (что)* (устар.). Совершить над кем-н. обряд помазания. *П. на царство.*

ПОМА́ЗАТЬ[2], **-СЯ** *см.* мазать[1], -ся.

ПОМАЗО́К, -зка́, *м.* Кисточка для смазывания чего-н., то, чем смазывают. *П. для бритья. П. из перьев.*

ПОМАЛЕ́НЬКУ, *нареч.* (разг.). Не спеша, тихо. *Живём п.*

ПОМА́ЛКИВАТЬ, -аю, -аешь; *несов.* (разг.). Молчать, уклоняясь от беседы. *Сидит да помалкивает. Помалкивай, раз тебя не спрашивают.*

ПОМА́ЛУ, *нареч.* **1.** Понемногу, в небольших количествах (разг.). *Больной ест п.* **2.** Постепенно, медленно (устар. и прост.). *Шум п. затих.*

ПОМАНИ́ТЬ *см.* манить.

ПОМА́РКА, -и, *ж.* Исправленное место в написанном тексте. *Писать без помарок.*

ПОМА́СЛИТЬ *см.* маслить.

ПОМАХА́ТЬ, -машу́, -ма́шешь *и* (разг.) -а́ю, -а́ешь; *сов., чем.* Махнуть несколько раз. *П. рукой.*

ПОМА́ХИВАТЬ, -аю, -аешь; *несов., чем.* Махать слегка, изредка, время от времени. *П. хвостом.*

ПОМЕ́ДЛИТЬ, -лю, -лишь; *сов., с чем* и *с неопр.* Подождать что-н. делать, задержать ответ, решение на нек-рое время, повременить. *П. с ответом* (отвечать).

ПОМЕЛО́, -а́, *мн.* (употр. редко) **поме́лья**, -льев, *ср.* Палка с намотанной на конце тряпкой, мочалкой, хвоей для обметания, метла. *Ведьма верхом на помеле* (в сказках).

ПОМЕНЯ́ТЬ, -СЯ *см.* менять, -ся.

ПОМЕРА́НЕЦ, -нца, *м.* Цитрусовое дерево, а также сочный ароматный кисловато-горький плод его с твёрдой кожурой. ‖ *прил.* **помера́нцевый**, -ая, -ое. *Померанцевые цветы.*

ПОМЕРЕ́ТЬ, -мру́, -мрёшь; по́мер, померла́, по́мерло; поме́рший *и* по́мерший; померёв *и* поме́рши; *сов.* (прост.). То же, что умереть (в 1 знач.). *Со смеху можно п.* (очень смешно). ‖ *несов.* **помира́ть**, -а́ю, -а́ешь. *Хоть ложись да помирай* (о безвыходном, трудном положении). *П., так с музыкой* (шутл.). *Помираю от скуки* (очень скучаю).

ПОМЕРЕ́ЩИТЬСЯ *см.* мерещиться.

ПОМЕ́РИТЬ, -СЯ *см.* мерить, -ся.

ПОМЕ́РКНУТЬ *см.* меркнуть.

ПОМЕРТВЕ́ЛЫЙ, -ая, -ое; -е́л. **1.** С признаками смерти; неподвижный, бесчувственный. *П. взгляд.* **2.** Смертельно бледный. *Помертвелое лицо.*

ПОМЕРТВЕ́ТЬ *см.* мертветь.

ПОМЕСТИ́ТЕЛЬНЫЙ, -ая, -ое; -лен, -льна. Вмещающий много кого-чего-н., просторный. *П. зал. П. портфель.* ‖ *сущ.* **помести́тельность**, -и, *ж.*

ПОМЕСТИ́ТЬ, -ещу́, -ести́шь; -ещённый (-ён, -ена́); *сов.* **1.** *что.* Определить, найти место для чего-н. *П. книги на полку.* **2.** *кого (что).* Поселить (в каком-н. помещении, жилье). *П. приезжего в отдельный номер.* **3.** *кого-что.* Отдать куда-н. для какой-н. цели. *П. ребёнка в детский сад. П. в больницу. П. сбережения в сберегательный банк.* **4.** *что.* Напечатать, опубликовать. *П. статью в журнале. П. объявление в газете.* ‖ *несов.* **помеща́ть**, -а́ю, -а́ешь. ‖ *сущ.* **помеще́ние**, -я, *ср.*

ПОМЕСТИ́ТЬСЯ, -ещу́сь, -ести́шься; *сов.* **1.** Уложиться, уместиться. *Все книги поместились на полке. В одном автобусе всем экскурсантам не п.* **2.** Расположиться, быть помещённым где-н. *В книге поместились яркие иллюстрации.* **3.** Получить для себя помещение, место где-н. *П. в гостинице.* ‖ *несов.* **помеща́ться**, -а́юсь, -а́ешься. ‖ *сущ.* **помеще́ние**, -я, *ср.* (ко 2 и 3 знач.).

ПОМЕ́СТНЫЙ, -ая, -ое. **1.** *см.* поместье. **2.** Относящийся к владению землёй и к пользованию ею на основании феодальных прав (устар. и книжн.). *П. строй. П. приказ* (государственное учреждение в России в 16–18 вв.). ✦ **Поместный собор** — съезд служителей христианской церкви для рассмотрения вопросов вероучения, организации церковного управления.

ПОМЕ́СТЬЕ, -я, *род. мн.* -тий, *ср.* Земельное владение помещика. *Крупное, мелкое п.* ‖ *прил.* **поме́стный**, -ая, -ое.

ПО́МЕСЬ, -и, *ж.* **1.** Животное, полученное от скрещивания двух разных пород. *Мул — п. осла и кобылы.* **2.** *перен.* Смесь, смешение (разг. пренебр.). *Этот рассказ — п. натурализма и пошлости.* ‖ *прил.* **по́месный**, -ая, -ое (к 1 знач.; спец.). *Помесные породы.*

ПОМЕ́СЯЧНЫЙ, -ая, -ое. Исчисляемый, производимый по месяцам. *Помесячная плата. Работа оплачивается помесячно* (нареч.).

ПОМЕ́ТА, -ы, *ж.* **1.** То же, что пометка. **2.** В словарях: специальное дополнительное указание, сопровождающее толкование слова, его описание. *Грамматическая п. Стилистическая п.*

ПОМЕ́ТИТЬ *см.* метить[1] *и* помечать.

ПОМЕ́ТКА, -и, *ж.* Надпись, запись, знак, отмечающий что-н. *Пометки на полях книги. Карандашная п.*

ПОМЕ́ХА, -и, *ж.* **1.** То, что мешает, препятствие. *Помехи в работе. Не хочу никому быть помехой.* **2.** обычно *мн.* То, что нарушает нормальную работу чего-н. (напр. посторонние звуки, ухудшающие слышимость радиопередачи, полоски на экране телевизора).

ПОМЕЧА́ТЬ, -а́ю, -а́ешь; *несов., что.* Ставить пометки, пометы на чём-н. *П. страницы рукописи.* ‖ *сов.* **поме́тить**, -е́чу, -е́тишь; -е́ченный.

ПОМЕ́ШАННЫЙ, -ая, -ое; -ан. **1.** То же, что сумасшедший (в 1 знач.). *П. старик. Ведёт себя как п.* (сущ.). **2.** *перен., на ком-чём.* Имеющий исключительное пристрастие к кому-чему-н. (разг.). *Помешан на балете. Помешана на чистоте* (очень чистоплотна). ‖ *сущ.* **поме́шанность**, -и, *ж.* (ко 2 знач.).

ПОМЕША́ТЕЛЬСТВО, -а, *ср.* То же, что сумасшествие (в 1 знач.). *Впасть в п. Буйное п. Увлечён до помешательства чем-н.* (перен.: чрезвычайно).

ПОМЕША́ТЬ[1-2] *см.* мешать[1-2].

ПОМЕША́ТЬСЯ, -а́юсь, -а́ешься; *сов.* **1.** Впасть в помешательство, сойти с ума. *П. от горя.* **2.** *перен., на ком-чём.* Пристрастившись, сильно увлечься кем-чем-н. (разг.). *П. на футболе.*

ПОМЕЩА́ТЬ *см.* поместить.

ПОМЕЩА́ТЬСЯ, -а́юсь, -а́ешься; *несов.* **1.** *см.* поместиться. **2.** Находиться в каком-н. месте, помещении. *Редакция помещается на первом этаже.*

ПОМЕЩЕ́НИЕ, -я, *ср.* **1.** *см.* поместить, -ся. **2.** Внутренность здания, место, где кто-что-н. помещается. *Жилое п. Тёплое, холодное п. Оборудовать п. для работы кружка.*

ПОМЕ́ЩИК, -а, *м.* Землевладелец, относящийся к привилегированному сословию. *П.-дворянин. Южноамериканские помещики-животноводы.* ‖ *ж.* **поме́щица**, -ы. ‖ *прил.* **поме́щичий**, -ья, -ье *и* **поме́щицкий**, -ая, -ое.

ПОМЁРЗНУТЬ, -ну, -нешь; -ёрз, -ёрзла; *сов.* **1.** (1 и 2 л. ед. не употр.). Погибнуть от мороза (о многих, многом). *Плоды помёрзли.* **2.** Провести нек-рое время на морозе, в холоде. *Помёрз часа два на улице.*

ПОМЁТ[1], -а (-у), *м.* Кал животных, птиц. *Птичий п.*

ПОМЁТ[2], -а, *м.* (спец.). Единовременный приплод нек-рых животных (напр. собак, кроликов). *Щенки одного помёта. Одного помёта кто-н. с кем-н.* (перен.: общего происхождения, общих взглядов; прост. пренебр.).

ПОМИДО́Р, -а, *род. мн.* -ов, *м.* Огородное растение сем. паслёновых, а также его округлый сочный плод красного или, реже, жёлтого цвета, томат. ‖ *прил.* **помидо́рный**, -ая, -ое.

ПОМИДО́РИНА, -ы и **ПОМИДО́РКА**, -и, *ж.* (разг.). Один плод помидора.

ПОМИ́ЛОВАНИЕ *см.* миловать.

ПОМИ́ЛОВАТЬ, -лую, -луешь; -анный; *сов., кого (что).* **1.** *см.* миловать. **2.** Отменив приговор, освободить (частично или полностью) от судебного наказания (офиц.). *П. заговорщиков.* **3.** **поми́луй(те)**, *вводн. сл.* Выражает несогласие, возражение (разг.). *Помилуй, что за вздор!* ✦ **Помилуй бог** (разг.) — выражение опасения. *Опять дождь пойдёт. — Помилуй бог!* ‖ *сущ.* **поми́лование**, -я, *ср.* *Просьба о помиловании.*

ПОМИ́МО *кого-чего, предлог с род. п.* **1.** Кроме (в 1 знач.), за исключением кого-чего-н. *П. тебя, ни с кем не говорил. П. всего прочего* (кроме того). **2.** Кроме (во 2 знач.), в добавление к кому-чему-н. *П. своих детей, растит племянника.* **3.** Минуя, без участия кого-н. *Всё совершилось п. меня П. вашего желания.* ✦ **Помимо того, и помимо того, но (а) помимо того,** *в знач. союза* — кроме того, и кроме того, но (а) кроме того.

ПОМИ́Н, -а (-у), *м.* (устар.). Поминание, поминовение. *На п. души* (в память об умершем). ✦ **В помине нет** *кого-чего* (разг.) — совсем нет, не существует. **Нет и помину** *о ком-чём* (разг.) — никто не говорит, не вспоминает. **Лёгок на помине** (разг.) — о том, кто появляется как раз тогда, когда о нём говорят.

ПОМИНА́ЛЬНЫЙ *см.* помянуть.

ПОМИНА́НИЕ, -я, *ср.* **1.** *см.* помянуть. **2.** Во время литургии: упоминание священником имени умершего (имён умерших), призванное облегчить участь их душ. *П. на девятый, сороковой день после смерти.*

ПОМИНА́ТЬ *см.* помянуть.

ПОМИ́НКИ, -нок. Обряд угощения после похорон в память умершего. *Справить п. по ком-н.* или *по кому-н. Звать на п. На поминках.*

ПОМИНОВЕ́НИЕ, -я, *ср.* **1.** *см.* помянуть. **2.** Молитва о здоровье живого (о здравии) или об упокоении умершего (за упокой). *П. усопших. Дни общего поминовения* (родительские субботы, суббота накануне Троицы и нек-рые другие).

ПОМИНУ́ТНЫЙ, -ая, -ое; -тен, -тна. **1.** Происходящий каждую минуту, беспрестанно. *Поминутные звонки по телефону. Поминутно* (нареч.) *беспокоят.* **2.** Рассчитываемый по минутам. *Поминутная плата за междугородные телефонные переговоры.* ‖ *сущ.* **помину́тность**, -и, *ж.* (к 1 знач.).

ПОМИРА́ТЬ, -а́ю, -а́ешь; *несов.* **1.** *см.* помереть. **2.** (только форма наст. и прош. вр.). То же, что умирать (во 2 знач.) (прост.). *Помираю спать хочу. Мы помирали смеялись.*

ПОМИРИ́ТЬ, -СЯ *см.* мирить, -ся.

ПО́МНИТЬ, -ню, -нишь; *несов., кого-что* и *о ком-чём.* Сохранять, удерживать в памяти, не забывать. *П. своё детство. П. стихотворение наизусть. П. о своих обязанностях. Помнит себя с трёх лет* (помнит свою жизнь). ✦ **Не помнить себя** *от чего* — быть в сильном волнении, возбуждении от какого-н. переживания. *Не помнить себя от радости.*

ПО́МНИТЬСЯ (-нюсь, -нишься, 1 и 2 л. не употр.), -нится; *несов.* **1.** Сохраняться, удерживаться в памяти, не забываться. *Мне помнится этот день.* **2.** **по́мнится**, *вводн. сл.* Как припоминаю, кажется, что это было. *Помнится, это происходило вечером. Он, помнится, у вас бывал.*

ПОМНО́ГУ, *нареч.* (разг.). В большом количестве (обычно о повторяющемся). *Зарабатывать п.*

ПОМНОЖА́ТЬ, **-а́ю, -а́ешь**; *несов., что на что.* То же, что множить (в 1 знач.).

ПОМНО́ЖИТЬ *см.* множить.

ПОМОГА́ТЬ *см.* помочь.

ПОМО́И, **-ев.** Вода с пищевыми отходами после мытья посуды, сливания остатков. *Облить помоями кого-н.* (также перен.: опозорить, публично оскорбить; разг.). ‖ *прил.* **помо́йный**, -ая, -ое. *Помойное ведро* (для отходов, мусора). *Помойная яма* (помойка).

ПОМО́ЙКА, **-и**, *ж.* Место для выбрасывания мусора, для выливания помоев. *Выбросить на помойку что-н.* (также перен.: счесть никуда не годным).

ПОМО́Л, **-а**, *м.* **1.** *см.* молоть[1]. **2.** Качество полученной муки. *Мелкий п.*

ПОМО́ЛВИТЬ, **-влю, -вишь; -вленный**; *сов., кого с кем, кого за кого, кого на ком* (устар.). Объявить женихом и невестой или чьей-н. невестой, чьим-н. женихом. *Она с ним помолвлена с детства. Помолвлена за соседа. Помолвлен на соседке.* ‖ *сущ.* **помо́лвка**, -и, *ж.*

ПОМО́ЛВКА, **-и**, *ж.* **1.** *см.* помолвить. **2.** Обряд, следующий за сватовством и предшествующий обручению.

ПОМОЛИ́ТЬСЯ, **-олю́сь, -о́лишься**; *сов.* Провести нек-рое время молясь, в молитве. *П. Богу перед дорогой. П. всем святым. П. за живых и усопших. Господу помолимся!*

ПОМОЛОДЕ́ТЬ *см.* молодеть.

ПОМОЛО́ТЬ *см.* молоть[1].

ПОМО́ЛЬНЫЙ *см.* молоть[1].

ПОМО́Р, **-а**, *м.* Житель поморья. *Архангельские поморы.* ‖ *ж.* **помо́рка**, -и. ‖ *прил.* **помо́рский**, -ая, -ое.

ПОМОРИ́ТЬ *см.* морить.

ПОМО́РНИК, **-а**, *м.* Водоплавающая птица, родственная чайке.

ПОМОРО́ЗИТЬ, **-о́жу, -о́зишь; -о́женный**; *сов., что.* Повредить морозом или застудить на морозе (обычно о многих, многом). *П. цветы. П. пальцы.*

ПОМО́РЩИТЬСЯ, **-щусь, -щишься**; *сов.* Слегка сморщить лоб, лицо. *П. от боли, неудовольствия.*

ПОМО́РЬЕ, **-я**, *род. мн.* **-рий**, *ср.* На Севере (в старину не только на Севере): местность, прилегающая к морю. ‖ *прил.* **помо́рский**, -ая, -ое.

ПОМО́СТ, **-а**, *м.* Возвышение, площадка из досок. *Взойти на п.*

ПОМОТА́ТЬ *см.* мотать[1].

ПО́МОЧИ, **-ей.** Ремни, тесьма для поддержания, подтягивания чего-н.; подтяжки. ✦ **Водить на помочах** *кого* или **быть на помочах** *у кого* (разг.) — о том, кто действует несамостоятельно и беспомощно, во всем подчиняется чужому руководству.

ПОМОЧИ́ТЬСЯ *см.* мочиться.

ПОМО́ЧЬ, **-огу́, -о́жешь, -о́гут; -о́г, -огла́**; *сов.* **1.** *кому.* Оказать помощь. *П. товарищу. П. в работе (работать).* **2.** (1 и 2 л. не употр.), *кому-чему.* Дать желаемый результат, следствие, принести пользу. *Лечение помогло. Никакие уговоры не помогут.* ✦ **Помочь горю (беде)** (разг.) — избавить кого-н. от беды, избавиться от беды. *Слезами горю не поможешь* (посл.). ‖ *несов.* **помога́ть**, -а́ю, -а́ешь.

ПОМО́ЩНИК [шн], **-а**, *м.* **1.** Тот, кто помогает кому-н. в чём-н. *П. в работе.* **2.** То же, что заместитель (во 2 знач.). *П. директора по хозяйственной части.* ‖ *ж.* **помо́щница**, -ы (к 1 знач.).

ПО́МОЩЬ, **-и**, *ж.* Содействие кому-н. в чём-н., участие в чём-н., приносящее облегчение. *Просить о помощи. Позвать на п. Отказать кому-н. в помощи. Оказать первую п. раненому.* ✦ **Материальная помощь** — денежное пособие. *Оказать материальную помощь.* **Медицинская помощь** — лечебно-профилактические мероприятия, осуществляемые при болезнях, травмах, отравлениях, а также при родах. **Помощь на дому** — медицинская помощь больному в домашних условиях. **С помощью** *кого-чего, предлог с род. п.* — посредством кого-чего-н. *Добиться чего-н. с помощью обмана.* **При помощи** *кого-чего, предлог с род. п.* — то же, что с помощью кого-чего-н.

ПО́МПА[1], **-ы**, *ж.* (книжн.). Внешняя, показная пышность. *Встретить кого-н. с помпой.*

ПО́МПА[2], **-ы**, *ж.* То же, что насос (во 2 знач.). ‖ *прил.* **по́мповый**, -ая, -ое.

ПОМПЕ́ЗНЫЙ, **-ая, -ое; -зен, -зна** (книжн.). Торжественный, пышный, с помпой[1]. *Помпезные речи.* ‖ *сущ.* **помпе́зность**, -и, *ж.*

ПОМПО́Н, **-а**, *м.* Шарик из мягкого материала на головном уборе, домашних туфлях, на бахроме и под. *Берет с помпоном. Бархатные портьеры с помпонами.* ‖ *уменьш.* **помпо́нчик**, -а, *м.* ‖ *прил.* **помпо́нный**, -ая, -ое.

ПОМРАЧИ́ТЬ, **-чу́, -чи́шь; -ённый (-ён, -ена́)**; *сов., что* (книжн.). Омрачить; сделать смутным, неясным. *Лицо помрачила печаль. Горе помрачило ум.* ‖ *несов.* **помрача́ть**, -а́ю, -а́ешь. ‖ *сущ.* **помраче́ние**, -я, *ср.*

ПОМРАЧИ́ТЬСЯ (-чу́сь, -чи́шься, 1 и 2 л. не употр.), **-чи́тся**; *сов.* (книжн.). Омрачиться; сделаться смутным, неясным. *Рассудок помрачился.* ‖ *сущ.* **помраче́ние**, -я, *ср. П. сознания.*

ПОМРАЧНЕ́ТЬ *см.* мрачнеть.

ПОМУТИ́ТЬ, -СЯ *см.* мутить, -ся.

ПОМУТНЕ́ТЬ *см.* мутнеть.

ПОМУ́ЧИТЬ, **-чу, -чишь** *и* **-чаю, -чаешь; -ченный**; *сов., кого (что).* Заставить мучиться нек-рое время.

ПОМУ́ЧИТЬСЯ, **-чусь, -чишься** *и* **-чаюсь, -чаешься**; *сов.* Испытать муку, мучение в течение нек-рого времени.

ПОМЧА́ТЬ, **-чу́, -чи́шь**; *сов.* **1.** *кого-что.* Начать мчать, везти быстро. *Лошади помчали повозку.* **2.** То же, что помчаться (разг.). *Кони рванулись и помчали.*

ПОМЧА́ТЬСЯ, **-чу́сь, -чи́шься**; *сов.* Начать мчаться. *Кони помчались.*

ПОМЫКА́ТЬ, **-а́ю, -а́ешь**; *несов., кем* (разг.). Притеснять кого-н., распоряжаться кем-н. по своему произволу. *П. своими домашними.*

ПО́МЫСЕЛ, **-сла**, *м.* (книжн.). Мысль, намерение, замысел. *Благие помыслы. И в помыслах не было чего-н.* (и не думал, не предполагал). *Всеми помыслами быть где-н., с кем-н.* (всей душой, постоянно думать, помнить).

ПОМЫ́СЛИТЬ, **-лю, -лишь**; *сов., о ком-чём* (книжн.). Подумать, предположить в мыслях. *Не смеет и п. о чём-н.* ‖ *несов.* **помышля́ть**, -я́ю, -я́ешь.

ПОМЫ́ТЬ, -СЯ *см.* мыть.

ПОМЫШЛЕ́НИЕ, **-я**, *ср.* (устар.). Мысль, размышление. *И в помышлении не было лгать* (и не думал, не собирался).

ПОМЯНУ́ТЬ, **-яну́, -я́нешь; -я́нутый**; *сов.* **1.** *кого-что.* Вспомнить, упомянуть в разговоре (разг.). *П. добром кого-н.* (вспомнить с благодарностью, с хорошим чувством). *П. добрым словом кого-н.* (вспомнив, хорошо отозваться). *Не тем будь помянут* (выражение сожаления о том, что приходится плохо вспоминать о ком-н.). *Не к ночи будь помянут* (о ком-чём-н. таком страшном, что не следует вспоминать на ночь). *Помяни моё слово* (вспомни впоследствии о моём предупреждении). **2.** *кого (что).* Устроить, справить чьи-н. поминки. *П. усопшего.* **3.** *кого (что).* У верующих: помолиться о здоровье живого (о здравии) или об упокоении умершего (за упокой). *П. за здравие. П. за упокой.* ‖ *несов.* **помина́ть**, -а́ю, -а́ешь. *Поминай как звали* (перен.: бесследно исчез, пропал; разг.) ‖ *сущ.* **помина́ние**, -я, *ср.* (к 1 и 3 знач.) *и* **поминове́ние**, -я, *ср.* (к 3 знач.). *Поминовение усопших. День поминовения* (день памяти об умерших). ‖ *прил.* **помина́льный**, -ая, -ое (ко 2 и 3 знач.). *П. обряд.*

ПОМЯ́ТЫЙ, **-ая, -ое; -я́т** (разг.). Утомлённый, несвежий, как бы заспанный. *П. вид. Помятое лицо.* ‖ *сущ.* **помя́тость**, -и, *ж.*

ПОМЯ́ТЬ, **-мну́, -мнёшь; -я́тый**; *сов., что.* Несколько измять, смять. *П. костюм в дороге. Помятые ягоды.* ✦ **Помять бока** *кому* (прост.) — побить.

ПОМЯ́ТЬСЯ[1], **-мну́сь, -мнёшься**; *сов.* (разг.). Проявить нек-рую нерешительность, колебание в решении чего-н. *Немного помявшись, согласился.*

ПОМЯ́ТЬСЯ[2] *см.* мяться[1].

ПО-НАД *чем, предлог с тв. п.* (обл.). Вдоль и над чем-н. *Цветут сады по-над Доном.*

ПОНАДЕ́ЯТЬСЯ *см.* надеяться.

ПОНА́ДОБИТЬСЯ, **-блюсь, -бишься**; *сов.* Стать нужным, потребоваться. *Помощь не понадобилась. Не уходите, вы мне понадобитесь.*

ПОНАПРА́СНУ, *нареч.* (разг.). Напрасно, зря. *П. лить слёзы.*

ПОНАРО́ШКУ, *нареч.* В детской речи: не по-настоящему, нарочно (во 2 знач.).

ПОНАСЛЫ́ШКЕ, *нареч.* (разг.). На основании где-то или когда-то услышанного, по слухам. *Знать п.*

ПОНАЧА́ЛУ, *нареч.* (разг.). Вначале, в первое время. *П. скучал в чужом месте.*

ПОНЕВО́ЛЕ, *нареч.* Вопреки желанию, независимо от него. *П. пришлось согласиться.*

ПОНЕДЕ́ЛЬНИК, **-а**, *м.* Первый день недели (после воскресенья). *П. — день тяжёлый* (шутл.). ✦ **Доживём до понедельника** (разг. шутл.) — подождём, посмотрим, что будет. ‖ *прил.* **понеде́льничный**, -ая, -ое (разг.).

ПОНЕДЕ́ЛЬНЫЙ, **-ая, -ое.** Исчисляемый, производимый по неделям. *Понедельная оплата.*

ПОНЕМНО́ГУ, *нареч.* **1.** Небольшими долями. *Есть п.* **2.** Постепенно, с течением времени. *П. успокоился.* ‖ *уменьш.* **понемно́жку** *и* **понемно́жечку**. *Хорошенького понемножку.*

ПОНЕ́РВНИЧАТЬ *см.* нервничать.

ПОНЕСТИ́, **-су́, -сёшь; -ёс, -есла́; -нёсший; -сённый (-ён, -ена́); -неся́**; *сов.* **1.** *см.* нести[1]. **2.** *кого-что.* Начать нести[1] (в 1, 3, 5, 7, 8, 9 и 10 знач.). *П. рюкзак. Ветер понёс листья. Куда тебя понесло* (безл.)? *Из-под дверей понесло* (безл.) *холодом. Понесло* (безл.) *луком. Понёс околесицу.* **3.** О лошадях: помчаться, не слушаясь управления. *Тройка понесла.* **4.** То же, что забеременеть (устар. и обл.).

ПОНЕСТИ́СЬ, -су́сь, -сёшься; -нёсся, -несла́сь; -нёсшийся; -неся́сь; *сов.* Начать нестись[1]. *П. вскачь. Понеслась песня. Понеслась молва.*

ПОНЁВА, -ы, *ж.* Домотканая шерстяная юбка — старая национальная одежда южнорусских и белорусских крестьянок. *Клетчатая, полосатая п.*

ПО́НИ, *нескл., м.* Лошадь искусственно выведенной мелкой и низкорослой породы. *Кататься на п.*

ПОНИ́ЖЕННЫЙ, -ая, -ое; -ен. Более низкий, ниже нормального; уменьшенный. *Пониженная температура. Пониженное давление. П. тариф.* ‖ *сущ.* **пони́женность,** -и, *ж.*

ПОНИ́ЗИТЬ, -ни́жу, -ни́зишь; -ни́женный; *сов.* **1.** *что.* Сделать более низким (во 2, 3 и 8 знач.). *П. цены. П. напряжение тока. П. звук.* **2.** *кого (что).* Перевести на более низкую, менее ответственную должность. *П. по службе, в должности.* ✦ **Понизить голос** — начать говорить тише, тихо. ‖ *несов.* **понижа́ть,** -а́ю, -а́ешь. ‖ *сущ.* **пониже́ние,** -я, *ср.* ‖ *прил.* **понизи́тельный,** -ая, -ое (по 1 и 2 знач. низкий; спец.). *Понизительная подстанция.*

ПОНИ́ЗИТЬСЯ (-ни́жусь, -ни́зишься, 1 и 2 л. не употр.), -ни́зится; *сов.* Сделаться более низким (во 2, 3 и 8 знач.). *Цены понизились. Уровень воды понизился.* ‖ *несов.* **понижа́ться** (-а́юсь, -а́ешься, 1 и 2 л. не употр.), -а́ется. ‖ *сущ.* **пониже́ние,** -я, *ср.*

ПОНИЗО́ВЬЕ, -я, *род. мн.* -вий, *ср.* Местность по нижнему течению реки. ‖ *прил.* **понизо́вый,** -ая, -ое.

ПО́НИЗУ, *нареч.* Низко, у самой земли; низом. *Дым стелется п.*

ПОНИ́КНУТЬ *см.* никнуть.

ПОНИМА́НИЕ, -я, *ср.* **1.** *см.* понять. **2.** Способность осмыслять, постигать содержание, смысл, значение чего-н. *П. законов природы. Это выше моего понимания* (не могу этого понять). **3.** То или иное толкование чего-н. *Правильное п. значения слова.*

ПОНИМА́ТЬ, -а́ю, -а́ешь; *несов.* **1.** *см.* понять. **2.** *кого-что.* Обладать пониманием (во 2 знач.) кого-чего-н. *П. чужую речь. П. искусство. Хорошо п. друг друга. Много ты понимаешь!* (т. е. ничего не понимаешь; разг. пренебр.). **3.** *что.* Осмыслять, толковать что-н. *Как п. это выражение?* **4. понима́ешь, понима́ете,** *с частицей «ли» или без неё, вводн. сл.* Служит для привлечения внимания к тому, что будет сказано далее (разг.). *Я, понимаешь ли, ещё не решил, как мне поступить.* ✦ **Вот это я понимаю!** (разг.) — восклицание, выражающее одобрение, поощрение. **Понимать о себе** (прост.) — то же, что воображать о себе. *Слишком много о себе понимает.*

ПОНИМА́ЮЩИЙ, -ая, -ее. Выражающий понимание чего-н., уяснение для себя происходящего, сказанного. *П. взгляд. Понимающе* (нареч.) *кивнуть головой.*

ПОНОЖО́ВЩИНА, -ы, *ж.* (разг.). Драка с применением ножей, холодного оружия. *Дело дошло до поножовщины.*

ПОНОМА́РЬ, -я́, *м.* Причётник, низший служитель при христианской церкви. *Читает как п.* (монотонно, невнятно). ‖ *прил.* **понома́рский,** -ая, -ое.

ПОНО́С, -а, *м.* Расстройство кишечника, проявляющееся в частых и жидких испражнениях. ‖ *прил.* **поно́сный,** -ая, -ое.

ПОНОСИ́ТЬ[1], -ошу́, -о́сишь; *несов., кого-что.* Порочить, оскорблять бранью. *П. своего противника.* ‖ *сущ.* **поноше́ние,** -я, *ср.* ‖ *прил.* **поно́сный,** -ая, -ое (стар.). *Поносные речи.*

ПОНОСИ́ТЬ[2], -ошу́, -о́сишь; -о́шенный; *сов.* **1.** *кого-что.* Ходя в течение нек-рого времени, подержать на руках кого-что-н. *П. засыпающего ребёнка.* **2.** *что.* Походить в чём-н., в какой-н. одежде. *Дай мне п. твой свитер.*

ПОНО́СКА, -и, *ж.* (спец.). **1.** Вещь, к-рую несёт в зубах приученная собака (напр. убитую дичь на охоте). **2.** Умение собаки носить что-н. в зубах. *Обучить поноске.*

ПОНО́ШЕННЫЙ, -ая, -ое; -ен. Об одежде: бывший в употреблении, такой, к-рый уже носили. *П. костюм. Вид у гостя довольно п.* (перен.: потрёпанный, потасканный). ‖ *сущ.* **поно́шенность,** -и, *ж.*

ПОНРА́ВИТЬСЯ *см.* нравиться.

ПОНТО́Н, -а, *м.* **1.** Плоскодонное несамоходное судно, служащее опорой временного моста, временных сооружений для каких-н. работ на воде. *Док на понтонах.* **2.** Плавучий мост. *Навести п. через реку.* ‖ *прил.* **понто́нный,** -ая, -ое.

ПОНУ́ДИТЬ, -у́жу, -у́дишь; -уждённый (-ён, -ена́); *сов., кого (что)* (книжн.). Заставить сделать что-н., принудить. *П. к согласию.* ‖ *несов.* **понужда́ть,** -а́ю, -а́ешь. ‖ *сущ.* **понужде́ние,** -я, *ср.* ‖ *прил.* **понуди́тельный,** -ая, -ое (устар.).

ПОНУКА́ТЬ, -а́ю, -а́ешь; *несов., кого (что)* (разг.). Заставлять делать что-н. скорее, торопить. *П. коня. Что толку п. лентяя?* ‖ *сов.* **понукну́ть,** -ну́, -нёшь. ‖ *сущ.* **понука́нье,** -я, *ср.*

ПОНУ́РИТЬ, -рю, -ришь; -ренный; *сов.:* 1) **понурить голову** — уныло склонить голову; 2) **понурить плечи (шею, спину)** — уныло сгорбиться, согнуться.

ПОНУ́РИТЬСЯ, -рюсь, -ришься; *сов.* Уныло склонить, понурить голову, спину. *Сидеть понурившись.*

ПОНУ́РЫЙ, -ая, -ое; -у́р. Понурившийся, унылый. *П. вид. Понурые всходы* (перен.: слабые, поникшие). *Сидеть понуро* (нареч.). ‖ *сущ.* **понурость,** -и, *ж.*

ПО́НЧИК, -а, *м.* Круглый, жаренный в кипящем жире пирожок, пышка. *Пончики с вареньем.* ‖ *прил.* **по́нчиковый,** -ая, -ое.

ПО́НЧИКОВАЯ, -ой, *ж.* Закусочная, в к-рой торгуют пончиками, здесь же выпекаемыми.

ПО́НЧО, *нескл., ср.* Традиционная одежда народов Латинской Америки — короткий плащ из цельного прямоугольного куска ткани, надеваемый через голову; вообще матерчатая или вязаная накидка такого фасона.

ПОНЫ́НЕ, *нареч.* (книжн.). До сих пор. *П. не забыт.*

ПОНЮ́ХАТЬ *см.* нюхать.

ПОНЮ́ШКА, -и, *ж.* (разг.). **1.** Отдельный приём в нюхании табака. **2.** Щепотка нюхательного табаку на один приём. *Пропасть ни за понюшку табаку* (перен.: совершенно напрасно, ни за что).

ПОНЯ́ТИЕ, -я, *ср.* **1.** Логически оформленная общая мысль о классе предметов, явлений; идея чего-н. *П. времени. П. качества. Понятия науки.* **2.** Представление, сведения о чём-н. *Иметь, получить п. о чём-н.* **3.** *обычно мн.* Способ, уровень понимания чего-н. *У детей свои понятия.* ✦ **Понятия не имею** (разг.) — не знаю, не имею представления о ком-чём-н. *Когда уходит поезд? — Понятия не имею.* **С понятием** *кто* (прост.) — об умном человеке. **С понятием делается** *что* (прост.) — делается что-н. умно́, разумно. **Без понятия** *кто* (прост.) — ничего не понимает. ‖ *прил.* **поня́тийный,** -ая, -ое (к 1 знач.; спец.). *Понятийные категории.*

ПОНЯ́ТЛИВЫЙ, -ая, -ое; -ив. Быстро и легко понимающий, усваивающий что-н. *П. ребёнок.* ‖ *сущ.* **поня́тливость,** -и, *ж.*

ПОНЯ́ТНЫЙ, -ая, -ое; -тен, -тна. **1.** Доступный пониманию. *Писать понятным языком или понятно* (нареч.). *Твои сомнения мне понятны.* **2.** Справедливый, обоснованный. *Вполне понятное требование.* **3. поня́тно,** *вводн. сл.* Конечно, разумеется (разг.). *Я, понятно, сразу догадался.* **4. поня́тно,** *частица.* Выражает согласие, подтверждение, утверждение. *Ты остаешься дома. — Понятно.* ✦ **Понятное дело** (разг.) — то же, что понятный (в 3 и 4 знач.). *Я, понятное дело, согласен. Ты согласен? — Понятное дело.* ‖ *сущ.* **поня́тность,** -и, *ж.* (к 1 и 2 знач.).

ПОНЯТО́Й, -о́го, *м.* (офиц.). Лицо, привлекаемое следователем или тем, кто производит дознание, при осмотре, опознании, обыске, описи имущества для засвидетельствования фактов. *Пригласить понятых. В присутствии понятых.* ‖ *ж.* **понята́я,** -о́й.

ПОНЯ́ТЬ, пойму́, поймёшь; по́нял, -яла́, -яло; по́нятый (-ят, -ята́, -ято); *сов., кого-что.* **1.** Уяснить значение чего-н., смысл чьих-н. слов, поступков. *П. урок. П. чьи-н. слова. П. друг друга. Дать п. кому-н. что-н.* (дать возможность догадаться или узнать о чём-н., намекнуть). **2.** Познать, постигнуть. *П. законы мироздания. П. людей, их слабости.* ‖ *несов.* **понима́ть,** -а́ю, -а́ешь. ‖ *сущ.* **понима́ние,** -я, *ср.*

ПООБЕ́ДАТЬ *см.* обедать.

ПООБЕЩА́ТЬ, -СЯ *см.* обещать, -ся.

ПОО́ДАЛЬ, *нареч.* В нек-ром отдалении от чего-н. *Рядом речка, п. — лес. Отошёл и встал п.* ✦ **Поодаль от** *кого-чего, предлог с род. п.* — в отдалении, на нек-ром расстоянии от кого-чего-н. *Остановиться поодаль от собравшихся.*

ПООДИНО́ЧКЕ, *нареч.* По одному. *Вызывать п.*

ПООСТОРО́ЖНИЧАТЬ *см.* осторожничать.

ПООЧЕРЁДНЫЙ, -ая, -ое. Совершаемый, происходящий по очереди. *Подходить куда-н. поочерёдно* (нареч.).

ПООЩРЕ́НИЕ, -я, *ср.* **1.** *см.* поощрить. **2.** Вознаграждение, награда. *Получить п.*

ПООЩРИ́ТЕЛЬНЫЙ, -ая, -ое; -лен, -льна. **1.** *см.* поощрить. **2.** Содержащий поощрение, выражающий поощрение. *П. отзыв.* ‖ *сущ.* **поощри́тельность,** -и, *ж.*

ПООЩРИ́ТЬ, -рю́, -ри́шь; -рённый (-ён, -ена́); *сов., кого-что.* Содействием, сочувствием, наградой одобрить что-н., возбудить желание сделать что-н. *П. ученика похвальным отзывом. П. ценное начинание.* ‖ *несов.* **поощря́ть,** -я́ю, -я́ешь. ‖ *сущ.* **поощре́ние,** -я, *ср.* ‖ *прил.* **поощри́тельный,** -ая, -ое. *Поощрительная награда.*

ПОП[1], -а́, *м.* (разг.). Православный священник. *Каков п., таков и приход* (посл.). ✦ **У попа была собака** (разг. шутл.) — о бесконечном повторении одного и того же. **Что ни поп, то батька** — посл. в знач.: как ни назови — всё равно дело не в названии. ‖ *уменьш.* **по́пик,** -а, *м.* ‖ *прил.* **попо́вский,** -ая, -ое.

ПОП[2], -а́, *м.* В игре в городки: вертикально поставленный городок (рюха). ✦ **На попа** (прост.) — вертикально. *Поставить бочку на попа.*

ПОП-... *Первая часть сложных слов со знач.* относящийся к поп-арту, а также к поп-музыке, напр. *поп-мода, поп-музыка, поп-диски, поп-танцы, поп-концерт, поп-звезда, поп-ансамбль, поп-группа.*

ПО́ПА, -ы, *ж.* (разг.). То же, что ягодицы (обычно о теле ребёнка). ‖ *уменьш.* **по́пка**, -и, *ж. и* **по́почка**, -и, *ж.*

ПОПА́ДАТЬ (-аю, -аешь, 1 и 2 л. ед. не употр.), -ает; *сов.* Упасть в большом количестве или много раз, один за другим. *Кегли попадали от удара.*

ПОПАДА́ТЬ, -СЯ *см.* попасть, -ся.

ПОПАДЬЯ́, -и́, *ж.* Жена православного священника. *Кому нравится поп, кому п., а кому попова дочка* (посл.).

ПО́ПАДЯ: ни по́падя (прост. неодобр.), *с предшествующим местоим.* — любой (любое) из возможных. *Встречается с кем ни попадя, ночует где ни попадя, берёт что ни попадя, хватает чьё ни попадя.*

ПОПА́РИТЬСЯ *см.* париться.

ПОПА́РНО, *нареч.* Парами, по двое. *Идти п.*

ПОП-А́РТ, -а, *м.* Модернистское направление в искусстве, рассчитанное на популярность, использующее в живописи и скульптуре элементы техники, рекламы, муляжа, произвольные комбинации отдельных бытовых предметов.

ПОПА́СТЬ, -аду́, -адёшь; -а́л, -а́ла; -ади́; *сов.* **1.** *в кого-что.* Достигнуть кого-чего-н. чем-н. брошенным, направленным. *П. в цель. П. ниткой в игольное ушко.* **2.** Оказаться, очутиться в каком-н. месте, положении, обстоятельствах. *П. в чужой дом. П. в плохую компанию. Попал в театр* (смог пойти). *Не попал в институт* (не смог поступить). *П. под суд. П. на глаза кому-н.* (случайно привлечь к себе внимание). *П. в беду.* **3.** *безл., кому.* О получаемом кем-н. наказании, взыскании (разг.). *Мальчишке попало от отца.* **4. попало.** В сочетании с местоименными словами «кто», «что», «как», «где», «когда» и т. д.: то же, что прийтись (в 5 знач.). (разг. неодобр.). *Даёт кому попало. Берёт что попало. Делает как попало. Суёт куда попало. Бьёт чем попало. Как попало* (всё равно как, в беспорядке, плохо), *когда попало* (нерегулярно, когда придётся), *куда попало* (безразлично куда), *чем попало* (безразлично чем), *где попало* (безразлично где, везде), *что попало* (не разбирая, безразлично что). ‖ *несов.* **попада́ть**, -а́ю, -а́ешь (к 1, 2 и 3 знач.). ‖ *сущ.* **попада́ние**, -я, *ср.* (к 1 знач.). *Прямое п. снаряда.*

ПОПА́СТЬСЯ, -аду́сь, -адёшься; -а́лся, -а́лась; -ади́сь; *сов.* **1.** Оказаться где-н., в каких-н. условиях, обстоятельствах. *П. в капкан. П. на глаза кому-н.* (то же, что попасть на глаза). **2.** Оказаться уличённым в чём-н. *П. в краже и на краже.* **3.** Случайно встретиться кому-н. (разг.). *П. навстречу. Первый попавшийся* (первый встречный; кто попало). **4.** (1 и 2 л. не употр.). Случайно найтись, оказаться, случайно возникнуть (разг.). *Попалась хорошая книга. Попался хороший советчик. Попалось выгодное место. Попалось неприятное поручение.* ‖ *несов.* **попада́ться**, -а́юсь, -а́ешься.

ПОПА́ХИВАТЬ (-аю, -аешь, 1 и 2 л. не употр.), -ает; *несов.* (разг.). Слегка, немного па́хнуть чем-н. (обычно неприятным). *Попахивает* (безл.) *горелым. Рыба попахивает* (начинает портиться).

ПОПЕНЯ́ТЬ *см.* пенять.

ПОПЕРЕМЕ́ННО, *нареч.* Сменяя друг друга по очереди. *Дежурить п.*

ПОПЕРЕ́ТЬ, -пру́, -прёшь; -пёр, -пёрла; *сов.* (прост.). **1.** Начать переть (в 1, 2, 3 и 4 знач.). *Попёр напролом. Попёр целую глыбу. Злоба попёрла из кого-н.* **2.** *кого* (*что*). Выгнать, прогнать. *П. с работы.*

ПОПЕРЕ́ЧИНА, -ы, *ж.* Поперечный брус.

ПОПЕРЕ́ЧНИК, -а, *м.* Размер в ширину; диаметр. *П. трубы.*

ПОПЕРЕ́ЧНЫЙ, -ая, -ое. **1.** Расположенный по ширине, поперёк чего-н. *Поперечная балка.* **2.** Относящийся к поперечнику, расположенный по поперечнику. *Поперечное сечение. Поперечные насечки.* ✦ **Каждый встречный и поперечный** (разг. неодобр.) — любой, всякий человек, кто попало.

ПОПЕРЁД *кого, предлог с род. п.* (прост. и обл.). Перед кем-н., до кого-н. *П. батьки в пекло лезть* (погов. о ненужной поспешности в каком-н. деле, решении, чаще неприятном и таком, к-рое лучше не делать самому).

ПОПЕРЁК. 1. *нареч.* В поперечном направлении, по ширине. *Разрезать батон п.* **2.** *чего, предлог с род. п.* В направлении ширины чего-н. *Поставить кровать п. комнаты.* ✦ **Поперёк себя шире** (разг. шутл.) — очень толст.

ПОПЕРХНУ́ТЬСЯ, -ну́сь, -нёшься; *сов.* Закашляться от чего-н., помешавшего дыханию. *П. дымом.*

ПОПЕ́РЧИТЬ, ПОПЕРЧИ́ТЬ *см.* перчить.

ПОПЕЧЕ́НИЕ, -я, *ср.* Покровительство, забота. *Оставить детей на п. бабушки. Отложить п. о чём-н.* (перестать заботиться, думать о чём-н.).

ПОПЕЧИ́ТЕЛЬ, -я, *м.* **1.** Официально назначаемое лицо для попечения о ком-н. *П. сирот.* **2.** В царской России: звание руководителя нек-рых учреждений, а также лицо, имеющее это звание; сейчас в нек-рых общественных организациях: член руководящего органа такой организации. *П. учебного округа* (устар.). *Совет попечителей.* ‖ *ж.* **попечи́тельница**, -ы (к 1 знач.). ‖ *прил.* **попечи́тельский**, -ая, -ое.

ПОПЕЧИ́ТЕЛЬСТВО, -а, *ср.* **1.** Форма защиты личных и имущественных прав и интересов несовершеннолетних (и нек-рых других категорий) граждан (офиц.); меры для попечения над кем-н. *Учредить п. над сиротами.* **2.** В царской России: учреждение для попечения о ком-чём-н.

ПОПИВА́ТЬ, -а́ю, -а́ешь; *несов.* **1.** *что.* Пить понемногу и с удовольствием (разг.). *П. чаёк.* **2.** Понемногу, но часто пить вино (прост.). *Стал п.*

ПОПИРА́ТЬ *см.* попрать.

ПОПИ́САТЬ *см.* пи́сать.

ПОПИСА́ТЬ, -ишу́, -и́шешь; *сов., что.* Провести нек-рое время за писанием чего-н. ✦ **Ничего не попишешь** (разг.) — ничего не сделаешь, приходится примириться с чем-н.

ПОП-ИСКУ́ССТВО, -а, *ср.* То же, что поп-арт.

ПОПИ́СЫВАТЬ, -аю, -аешь; *несов., что* (разг., часто ирон). Время от времени писать, сочинять. *П. статейки.*

ПОПИ́ТЬ, попью́, попьёшь; по́пил *и* попи́л, попила́, по́пило *и* попи́ло; попе́й; по́питый *и* попи́тый (-ит и -и́т, -ита́ *и* -и́та); *сов., что и чего.* Выпить (обычно немного). *П. воды.*

ПО́ПКА[1], -и, *м.* (разг. шутл.). То же, что попугай (в 1 знач.; обычно о комнатном, в клетке). *Как п. повторяет что-н.* (попугайничает).

ПО́ПКА[2] *см.* попа.

ПОПЛАВО́К, -вка́, *м.* **1.** Лёгкий плавающий предмет, прикрепляемый к леске, к сети или держащийся на якоре. *П. на удочке. Поплавки невода. Поплавки для указания фарватера.* **2.** Устройство, служащее для придания плавучести чему-н. (род лодки, понтон, мешок, надутый воздухом). *Пояс-п.* (спец.). **3.** Небольшой ресторан на барже или у берега на сваях (разг.). *Пообедать в поплавке.* ‖ *прил.* **поплаво́чный**, -ая, -ое (к 1 и 2 знач.) *и* **поплавко́вый**, -ая, -ое.

ПОПЛАТИ́ТЬСЯ *см.* платиться.

ПОПЛЕСТИ́СЬ, -лету́сь, -летёшься; -лёлся, -лела́сь; -лётшийся; -летя́сь; *сов.* (разг.). Начать плестись. *Поплёлся домой.*

ПОПЛИ́Н, -а, *м.* Тонкая ткань в мелкий поперечный рубчик. ‖ *прил.* **попли́новый**, -ая, -ое.

ПОПЛОТНЕ́ТЬ *см.* плотнеть.

ПОПЛЫ́ТЬ, -ыву́, -ывёшь; -ы́л, -ыла́, -ы́ло; *сов.* Начать плыть; пуститься вплавь, в плавание. *П. к берегу. П. к берегам Антарктиды. Облака поплыли по небу.*

ПОП-МУ́ЗЫКА, -и, *ж.* Современная популярная развлекательная музыка, совмещающая стереотипы разных стилей и жанров.

ПОПО́ВИЧ, -а, *м.* Сын православного священника, а также вообще человек из духовного звания.

ПОПО́ВНА, -ы, *род. мн.* -вен, *ж.* Дочь православного священника.

ПО-ПОД *чем, предлог с тв. п.* (устар. и обл.). Вдоль и под чем-н. *Вода бежит по-под берегом. По-под снегом ручьи побежали.*

ПОПО́ЙКА, -и, *род. мн.* -о́ек, *ж.* (разг.). Пьяная пирушка.

ПОПОЛА́М, *нареч.* **1.** На две равные части. *Разделить хлеб п.* **2.** *с чем.* О двух равных частях: в соединении друг с другом. *Вино п. с водой. Шутки с злостью п.*

ПОПО́ЛДНИЧАТЬ *см.* полдничать.

ПО́ПОЛЗЕНЬ, -зня, *м.* Маленькая птичка, быстро передвигающаяся вдоль ствола дерева. *Семейство поползней.* ‖ *прил.* **по́ползневый**, -ая, -ое.

ПОПОЛЗНОВЕ́НИЕ, -я, *ср.* (книжн.). Нерешительная, слабая попытка, намерение. *П. на откровенность (к откровенности).*

ПОПОЛЗТИ́, -зу́, -зёшь; *сов.* Начать ползти. *Поползли муравьи. П. к окопу. Поползли облака. Дни поползли медленно. Дикий виноград пополз по ограде. Тесто поползло из квашни. Поползли разговоры. Рубашка поползла. Берег пополз. Волосы поползли на лоб.*

ПОПОЛНЕ́НИЕ, -я, *ср.* **1.** *см.* пополнить, -ся. **2.** То, чем пополняется состав кого-чего-н. *Свежее п. Прибыло новое п. Богатые пополнения коллекции. В зоопарке — новое п.*

ПОПОЛНЕ́ТЬ *см.* полнеть.

ПОПО́ЛНИТЬ, -ню, -нишь; -ненный; *сов., что чем.* Увеличить прибавлением нового к чему-н. имеющемуся. *П. отряд свежими силами. П. свои знания.* ‖ *несов.* **пополня́ть**, -я́ю, -я́ешь. ‖ *сущ.* **пополне́ние**, -я, *ср.*

ПОПО́ЛНИТЬСЯ (-нюсь, -нишься, 1 и 2 л. ед. не употр.), -нится; *сов., чем.* Стать полнее, увеличиться от добавления. *Касса пополнилась. Бригада пополнилась молодыми рабочими.* ‖ *несов.* **пополня́ться** (-я́юсь, -я́ешься, 1 и 2 л. ед. не употр.), -я́ется. ‖ *сущ.* **пополне́ние**, -я, *ср.*

ПОПОЛУ́ДНИ, *нареч.* После 12 часов дня. *В два часа п.*

ПОПОЛУ́НОЧИ, *нареч.* После 12 часов ночи. *В два часа п.*

ПОПО́МНИТЬ, -ню, -нишь; *сов., кому что* (разг.). Не забыть, когда-н. вспомнить (обычно о плохом), припомнить (во 2 знач.). *П. обиду. Попомни моё слово* (то же, что помяни моё слово).

ПОПО́НА, -ы, *ж.* Покрывало для лошадей (а также собак и нек-рых других домашних животных), закрывающее спину, туловище. *Конская п.* ‖ *уменьш.* **попо́нка, -и,** *ж.*

ПОПО́ТЧЕВАТЬ *см.* потчевать.

ПОПРАВЕ́ТЬ *см.* праветь.

ПОПРАВИ́МЫЙ, -ая, -ое; -и́м. Такой, к-рый можно поправить, исправить. *Поправимое дело. Эта ошибка поправима.* ‖ *сущ.* **поправи́мость, -и,** *ж.*

ПОПРА́ВИТЬ, -влю, -вишь; -вленный; *сов.* **1.** *что.* То же, что исправить (в 1 знач.). *П. ошибку.* **2.** *кого (что).* Указать кому-н. на его ошибку. *П. ученика.* **3.** *что.* Привести в порядок, сделать лучше; восстановить в прежнем, надлежащем виде. *П. свою причёску. П. здоровье.* ✦ **Беды́ не поправишь** (разг.) — беда случилась, и от этого уже никуда не денешься. ‖ *несов.* **поправля́ть,** -я́ю, -я́ешь. ‖ *сущ.* **попра́вка, -и,** *ж.* (к 1 и 3 знач.) *и* **поправле́ние, -я,** *ср.* (к 3 знач.).

ПОПРА́ВИТЬСЯ, -влюсь, -вишься; *сов.* **1.** Исправить свою ошибку, оговорку. *Оговорился и тут же поправился.* **2.** (1 и 2 л. не употр.). То же, что улучшиться. *Дела поправились. Здоровье поправилось.* **3.** То же, что выздороветь. *Болел, но теперь поправился. П. после гриппа.* **4.** Пополнеть, прибавить в весе. *П. на два килограмма.* ‖ *несов.* **поправля́ться,** -я́юсь, -я́ешься. ‖ *сущ.* **попра́вка, -и,** *ж.* (ко 2 и 3 знач.) *и* **поправле́ние, -я,** *ср. Дело идёт на поправку. Больной пошёл на поправку.*

ПОПРА́ВКА, -и, *ж.* **1.** *см.* поправить, -ся. **2.** Дополнение, изменяющее что-н., исправление. *П. к резолюции. Жизнь вносит свои поправки во что-н.* (перен.: о влиянии на что-н. жизненных обстоятельств). ‖ *прил.* **попра́вочный,** -ая, -ое (спец.).

ПОПРА́ТЬ, буд. простое не употр.; -а́л, -а́ла; по́пранный; *сов., что* (устар. и высок.). В нек-рых сочетаниях: грубо нарушить. *П. закон. Попранные права.* ‖ *несов.* **попира́ть,** -а́ю, -а́ешь. ‖ *сущ.* **попра́ние, -я,** *ср.*

ПОПРЕКА́ТЬ, -а́ю, -а́ешь; *несов., кого (что).* Делать кому-н. попрёки за что-н., ставить что-н. кому-н. в укор. *П. куском хлеба.* ‖ *сов.* **попрекну́ть,** -ну́, -нёшь.

ПОПРЁК, -а, *м.* Обидный упрёк, укор. *Вечные попрёки.*

ПОПРИВЕ́ТСТВОВАТЬ *см.* приветствовать.

ПО́ПРИЩЕ, -а, *ср.* (высок.). Область деятельности. *На п. науки.*

ПОПРО́БОВАТЬ *см.* пробовать.

ПОПРОСИ́ТЬ, -СЯ *см.* просить, -ся.

ПО́ПРОСТУ (разг.). **1.** *нареч.* Просто, без затей, не церемонясь. *Расскажи всё п.* **2.** *частица и в знач. союза.* То же, что просто (см. простой в 10 и 11 знач.). *Он п. лжёт. Не болен, (а) п. устал.*

ПОПРОША́ЙКА, -и, *м. и ж.* **1.** То же, что нищий (устар.). **2.** Человек, к-рый назойливо выпрашивает, надоедает просьбами (разг. пренебр.).

ПОПРОША́ЙНИЧАТЬ, -аю, -аешь; *несов.* **1.** То же, что нищенствовать (в 1 знач.) (устар.). **2.** Надоедливо выпрашивать что-н. у кого-н. (разг.). ‖ *сущ.* **попроша́йничество, -а,** *ср.* ‖ *прил.* **попроша́йнический,** -ая, -ое.

ПОПРОЩА́ТЬСЯ, -а́юсь, -а́ешься; *сов., с кем-чем.* То же, что проститься (в 1 знач.). *Уезжаю, зашёл п. П. с родными местами.*

ПОПРЫГУ́Н, -а́ (*косв. падежи* редки), *м.* (разг.). Тот, кто всё время вертится, прыгает, не сидит на месте. ‖ *ж.* **попрыгу́нья, -и,** *род. мн.* -ний.

ПОПРЯ́ТАТЬ, -я́чу, -я́чешь; -анный; *сов., кого-что.* Спрятать (многих, многое). *П. все вещи.*

ПОПРЯ́ТАТЬСЯ (-я́чусь, -я́чешься, 1 и 2 л. ед. не употр.), -я́чется; *сов.* Спрятаться (о многих). *Дети попрятались по углам.*

ПОПСА́, -ы́, *ж., собир.* (прост.). **1.** Музыкальные произведения, исполнительство, рассчитанные на нетребовательных слушателей, малокультурную молодёжь. **2.** Аудитория таких слушателей (неодобр.). ‖ *прил.* **попсо́вый,** -ая, -ое.

ПОПУГА́Й, -я, *м.* **1.** Птица тропических стран с ярким оперением. *Волнистый п. П.-какаду. Говорящий п.* (комнатный, наученный отдельным словам, фразам). *Твердит (заладил, повторяет что-н.) как п.* (одно и то же). **2.** *перен.* О том, кто повторяет чужие слова, не имея собственного мнения (разг. неодобр.). ‖ *прил.* **попуга́ячий,** -ья, -ье (к 1 знач.), **попуга́йный,** -ая, -ое (ко 2 знач.) *и* **попуга́йский,** -ая, -ое (ко 2 знач.).

ПОПУГА́ЙНИЧАТЬ, -аю, -аешь; *несов.* (разг. неодобр.). Быть попугаем (во 2 знач.). ‖ *сущ.* **попуга́йничество, -а,** *ср. и* **попуга́йство, -а,** *ср.*

ПОПУГА́ТЬ, -а́ю, -а́ешь; *сов., кого (что)* (разг.). Слегка напугать, припугнуть.

ПОПУ́ДРИТЬ, -СЯ *см.* пудрить, -ся.

ПОПУЛИ́ЗМ, -а, *м.* (книжн.). Политика, апеллирующая к широким массам и обещающая им скорое и лёгкое решение острых социальных проблем. ‖ *прил.* **попули́стский,** -ая, -ое.

ПОПУЛИ́СТ, -а, *м.* Политик — сторонник популизма. ‖ *прил.* **попули́стский,** -ая, -ое.

ПОПУЛЯРИЗА́ТОР, -а, *м.* Человек, к-рый занимается популяризацией чего-н. ‖ *прил.* **популяриза́торский,** -ая, -ое.

ПОПУЛЯРИЗИ́РОВАТЬ, -рую, -руешь; -ованный *и* **ПОПУЛЯРИЗОВА́ТЬ,** -зу́ю, -зу́ешь; -о́ванный; *сов. и несов., кого-что* (книжн.). **1.** Сделать (делать) понятным, доступным, популярным (в 1 знач.). *П. специальные знания.* **2.** Сделать (делать) популярным (во 2 знач.); распространить (-нять) в широких кругах. *П. чей-н. опыт.* ‖ *сущ.* **популяриза́ция, -и,** *ж.*

ПОПУЛЯ́РНЫЙ, -ая, -ое; -рен, -рна. **1.** Общедоступный, вполне понятный по простоте, ясности изложения. *Популярная брошюра. Популярно* (нареч.) *изложить что-н.* **2.** Пользующийся широкой известностью. *П. артист. П. журнал. Популярная песня.* ‖ *сущ.* **популя́рность, -и,** *ж.*

ПОПУЛЯ́ЦИЯ, -и, *ж.* (спец.). Длительно существующая совокупность особей одного вида. *П. котиков.*

ПОПУРРИ́, *нескл., ср.* Музыкальная пьеса, составленная из отрывков различных популярных мотивов. *П. из русских песен.*

ПОПУСТИ́ТЕЛЬ, -я, *м.* Тот, кто попустительствует. ‖ *ж.* **попусти́тельница, -ы.**

ПОПУСТИ́ТЕЛЬСТВОВАТЬ, -твую, -твуешь; *несов., кому-чему.* Не противодействовать чему-н. плохому, противозаконному; потворствовать. *П. предрассудкам. П. лентяям.* ‖ *сущ.* **попусти́тельство, -а,** *ср. Преступное п.* ‖ *прил.* **попусти́тельский,** -ая, -ое.

ПО́ПУСТУ, *нареч.* (разг.). Напрасно, тщетно. *П. тратить время.*

ПОПУ́ТАТЬ (-аю, -аешь, 1 и 2 л. не употр.), -ает; *сов., кого (что),* обычно *с неопр.* (прост.). Со словами «грех», «чёрт», «враг», «лукавый», «нечистый» и под.: соблазнить, совратить (о предосудительном, неудачном или непонятном действии, поступке). *Чёрт тебя попутал спорить. Прости, грех (бес, чёрт, нечистый) меня попутал* (т. е. сам не понимаю, как я мог это сделать).

ПОПУ́ТКА, -и, *ж.* (прост.). Попутная машина. *Доехать на попутке.*

ПОПУ́ТНЫЙ, -ая, -ое. **1.** Движущийся в одном направлении с кем-чем-н. *Попутная машина. П. ветер.* **2.** Совершаемый одновременно с чем-н., сопутствующий чему-н. основному, главному. *Попутное замечание. Задать вопрос попутно* (нареч.). *П. газ* (выделяющийся из нефти при её выходе на поверхность; спец.).

ПОПУ́ТЧИК, -а, *м.* **1.** Спутник в пути, в дороге. *Случайный п. В вагоне разговорился с попутчиком.* **2.** *перен.* Человек, к-рый временно и не до конца присоединился к какому-н. общественному течению. ‖ *ж.* **попу́тчица, -ы** (к 1 знач.).

ПОПЫТА́ТЬ, -а́ю, -а́ешь; *сов., что и чего* (разг.). Попробовать, испробовать, попытаться. *П. счастья* (о попытке сделать что-н. в надежде на удачу).

ПОПЫТА́ТЬСЯ *см.* пытаться.

ПОПЫ́ТКА, -и, *ж.* **1.** Действие, поступок с целью осуществить что-н., добиться чего-н., но без полной уверенности в успехе. *Сделать попытку уговорить кого-н. Тщетная п. П. с негодными средствами* (заранее обречённая на неудачу; книжн.). *П. не пытка* (посл.: можно попытаться, это не повредит, не помешает). **2.** В нек-рых видах спортивных состязаний: выступление, к-рое может быть повторено определённое число раз. *Прыгун установил рекорд в третьей попытке. Со второй, третьей попытки* (также перен.: о том, что получилось, достигнуто не сразу, после одной или двух неудач).

ПОПЫ́ХИВАТЬ, -аю, -аешь; *несов.* (разг.). Выпускать время от времени дым, пар. *П. трубкой.*

ПОПЯ́ТИТЬ, -СЯ *см.* пятить, -ся.

ПОПЯ́ТНЫЙ, -ая, -ое. Обратный, идущий вспять. *Попятное движение.* ✦ **Идти на попятный (на попятный двор, на попятную)** (разг.) — отказываться от прежнего решения, уже данного согласия.

ПО́РА, -ы, *ж.* **1.** Мельчайшее отверстие на поверхности кожи или слизистой оболочки; у растений — микроскопически малый неутолщённый участок в оболочках между клетками. *Засорение пор.* **2.** Мельчайшая скважина, промежуток между частицами вещества. *Поры в металле.*

ПОРА́, -ы́, *вин.* по́ру, *мн.* по́ры, пор, пора́м, *ж.* **1.** Время, период, срок. *Весенняя п. В ту пору* (тогда). **2.** *в знач. сказ.* То же, что время (в 7 знач.). *П. домой. П. бы образумиться.* ✦ **В (самой) поре** (разг.) — в своем лучшем возрасте, в расцвете сил. **До сих пор** — до этого времени или до этого места. **До тех пор пока (не),** *союз* — до того момента (времени), в к-рый что-н. произойдёт. *Не уйду, до тех пор пока не узнаю, что случилось. Жди, до тех пор пока я (не) вернусь.* **От сих (этих) пор** — от этого места. **С давних пор** — с давних времён, издавна. **На первых порах** — сначала. **До поры до времени** — до какого-н. момента в будущем. *Пока здоров, но ведь это до поры до времени.* **С каких пор?** — с какого времени? **С этих пор** — с этого времени. **С тех пор как,** *союз* — с того момента (времени), в к-рый что-н. произошло. *С тех пор как он уехал, она скучает.* **Пора меж волка и собаки** (устар.) — время перед вечером, сумерки.

ПОРАБО́ТАТЬ, -аю, -аешь; *сов.* Провести нек-рое время работая, в работе. *П. подсобником. Станок ещё поработает.*

ПОРАБОТИ́ТЕЛЬ, -я, *м.* (высок.). Тот, кто поработил, порабощает кого-н. ‖ *ж.* **поработи́тельница**, -ы. ‖ *прил.* **поработи́тельский**, -ая, -ое.

ПОРАБОТИ́ТЬ, -ощу́, -оти́шь; -ощённый (-ён, -ена́); *сов.* (книжн.). **1.** *кого-что.* Обратить в рабство. *П. страну.* **2.** *перен., кого (что).* Полностью подчинить себе. *П. всех своих домашних. Порабощён любовью кто-н.* ‖ *несов.* **порабоща́ть**, -а́ю, -а́ешь. ‖ *сущ.* **порабоще́ние**, -я, *ср.*

ПОРАВНЯ́ТЬСЯ, -я́юсь, -я́ешься; *сов., с кем-чем.* Двигаясь, оказаться рядом с кем-чем-н. *Велосипедисты поравнялись друг с другом.*

ПОРАДЕ́ТЬ *см.* радеть.

ПОРА́ДОВАТЬ, -СЯ *см.* радовать, -ся.

ПОРАЖЕ́НЕЦ, -нца, *м.* Сторонник пораженчества (в 1 знач.).

ПОРАЖЕ́НИЕ, -я, *ср.* **1.** *см.* поразить *и* разить[1]. **2.** Неудача в войне, борьбе, разгром. *Потерпеть п. Нанести п. врагу.* ✦ **Поражение в правах** (спец.) — лишение политических и гражданских прав на определённый срок как мера судебного наказания.

ПОРАЖЕ́НЧЕСТВО, -а, *ср.* **1.** Во время первой мировой войны: политические настроения в нек-рых общественных кругах, желающих поражения своего правительства в войне. **2.** Позиция, отражающая неверие в возможность осуществления чего-н., в победу чего-н. (неодобр.). ‖ *прил.* **пораже́нческий**, -ая, -ое. *Пораженческие настроения.*

ПОРАЗИ́ТЕЛЬНЫЙ, -ая, -ое; -лен, -льна. **1.** Производящий сильное впечатление чем-н. необычайным, исключительным. *П. случай. Воздух поразительно* (нареч.) *чист.* **2.** *полн. ф.* То же, что исключительный (в 3 знач.). *П. мастер. П. нахал.* ‖ *сущ.* **порази́тельность**, -и, *ж.* (к 1 знач.).

ПОРАЗИ́ТЬ, -ажу́, -ази́шь; -ажённый (-ён, -ена́); *сов.* **1.** *см.* разить[1]. **2.** *кого-что.* Разбить, победить. *П. врага. П. цель* (попасть точно в цель). *П. в огневую точку* (подавить её огонь). **3.** (1 и 2 л. не употр.), *кого-что.* Повредить, причинив ущерб здоровью. *Болезнь поразила организм.* **4.** *кого-что.* Сильно удивить, произвести сильное впечатление чем-н. *П. неожиданным известием.* ✦ **Поразить в правах** *кого* (спец.) — лишить политических и гражданских прав на определённый срок в качестве меры судебного наказания. ‖ *несов.* **поража́ть**, -а́ю, -а́ешь. ‖ *сущ.* **пораже́ние**, -я, *ср.* (ко 2 и 3 знач.).

ПОРАЗИ́ТЬСЯ, -ажу́сь, -ази́шься; *сов., чем и чему.* Сильно удивиться, прийти в изумление от чего-н. *П. чьей-н. красотой. П. известию.* ‖ *несов.* **поража́ться**, -а́юсь, -а́ешься. *Поражаюсь, как можно этого не понимать* (т. е. это удивительно, странно.)

ПОРАЗМЫ́СЛИТЬ, -лю, -лишь; *сов., о чём* (разг.). Подумать, обдумать, размыслить. *Поразмысливши хорошенько, согласился.*

ПОРА́НИТЬ, -ню, -нишь; -ненный; *сов., кого-что.* Ранить (обычно не сильно или самого себя). *П. ногу.* ‖ *возвр.* **пора́ниться**, -нюсь, -нишься.

ПОРАСТИ́ (-ту́, -тёшь, 1 и 2 л. не употр.), -тёт; -ро́с, -росла́; -ро́сший; -ро́сши; *сов., чем.* Покрыться растительностью, зарасти (в 1 знач.). *Поле поросло травой. П. лесом, кустарником, мхом.* ‖ *несов.* **пораста́ть** (-а́ю, -а́ешь, 1 и 2 л. не употр.), -а́ет.

ПОРВА́ТЬ, -ву́, -вёшь; -а́л, -ала́, -а́ло; по́рванный; *сов.* **1.** *что.* То же, что разорвать (в 1 знач.). *П. одежду.* **2.** *перен., что, с кем-чем.* Сразу, резко прекратить (знакомство, отношения). *П. знакомство. П. все связи с кем-н. П. с прежними друзьями.* ‖ *несов.* **порыва́ть**, -а́ю, -а́ешь (ко 2 знач.).

ПОРВА́ТЬСЯ (-ву́сь, -вёшься, 1 и 2 л. не употр.), -вётся; -а́лся, -ала́сь, -ало́сь *и* -а́лось; *сов.* **1.** То же, что разорваться (в 1 знач.). *Нить порвалась.* **2.** То же, что изорваться. *Пальто порвалось.* **3.** *перен.* О знакомстве, отношениях: прекратиться. *Дружба порвалась. Порвались все старые связи.* ‖ *несов.* **порыва́ться** (-а́юсь, -а́ешься, 1 и 2 л. не употр.), -а́ется (к 3 знач.). ‖ *сущ.* **поры́в**, -а, *м.* (к 1 знач.; спец.). *П. провода.*

ПОРЕДЕ́ТЬ *см.* редеть.

ПОРЕ́З, -а, *м.* **1.** *см.* порезать. **2.** Неглубокая резаная рана, ранка. *П. на руке.*

ПОРЕ́ЗАТЬ, -е́жу, -е́жешь; -анный; *сов.* **1.** *что.* Поранить чем-н. режущим. *П. руку.* **2.** *что и чего.* Нарезать в каком-н. количестве (разг.). *П. хлеба.* **3.** *кого (что).* Зарезать в каком-н. количестве (разг.). *П. кур. Волки порезали овец* (загрызли). ‖ *возвр.* **поре́заться**, -е́жусь, -е́жешься (к 1 знач.). ‖ *сущ.* **поре́з**, -а, *м.* (к 1 знач.).

ПОРЕ́Й, -я, *м.* Вид огородного лука. *Лук-п.*

ПОРЕКОМЕНДОВА́ТЬ *см.* рекомендовать.

ПОРЕШИ́ТЬ, -шу́, -ши́шь; -шённый (-ён, -ена́); *сов.* (прост.). **1.** То же, что решить (в 1 знач.). *Порешили не уезжать. На том и порешим* (так и решим, в том и согласимся). **2.** *кого-что.* Кончить, довести до конца (устар.). *П. дело миром.* **3.** *кого-что.* Убить, прикончить (во 2 знач.). *В драке порешили парня.*

ПО́РИСТЫЙ, -ая, -ое; -ист. Изобилующий порами. *Пористая кожа. П. лист. П. чугун.* ‖ *сущ.* **по́ристость**, -и, *ж.*

ПОРИЦА́НИЕ, -я, *ср.* Выражение неодобрения, осуждения; выговор. *Получить п. Вынести п. кому-н.* (офиц.). *Общественное п.*

ПОРИЦА́ТЬ, -а́ю, -а́ешь; *несов., кого-что* (книжн.). Относиться к кому-чему-н. неодобрительно, с порицанием. *П. чьё-н. поведение.*

ПО́РКА[1-2] *см.* пороть[1-2].

ПОРНО... *Первая часть сложных слов со знач.* порнографический, напр. *порнобизнес, порнофильм, порношоу, порнозвезда.*

ПОРНОГРА́ФИЯ, -и, *ж.* Крайняя натуралистичность и цинизм в изображении половых отношений. ‖ *прил.* **порнографи́ческий**, -ая, -ое.

ПОРНУ́ХА, -и, *ж.* (прост. пренебр.). То же, что порнография.

ПО́РОВНУ, *нареч.* Равными частями. *Разделить п.*

ПОРО́Г, -а, *м.* **1.** Поперечный брусок, закрывающий проём между дверью и полом. *Высокий, низкий п. Споткнуться о п. Переступить п.* или *через п.* (также перен.: сделать решительный шаг). *У порога* (также перен.: 1) у входа. *У порога родного дома;* 2) совсем близко. *Беда у порога). За порогом* (также перен.: 1) выйдя из дома. *Уже за порогом вспомнил о поручении;* 2) о том, что прошло, миновало. *Беда за порогом). На п. не пускать кого-н.* (перен.: не пускать кого-н. в дом, к себе). *За п. ни ногой!* (перен.: запрещение выходить из дома, уходить). *У чужого порога* (перен.: у чужого дома, в чужом месте). **2.** *перен., чего.* Преддверие, граница чего-н. (книжн.). *На пороге смерти.* **3.** Каменистое возвышение речного дна, ускоряющее течение и затрудняющее судоходство. *Днепровские пороги.* **4.** Наименьшая возможная величина, граница проявления чего-н. (спец.). *П. сознания. П. слышимости.* ✦ **Пороги обивать** (разг. неодобр.) — многократно ходить куда-н. с просьбами, делами. **Вот бог, а вот порог** (разг. неодобр.) — предложение уйти, убраться вон. **С порога** (отвергнуть, отказать) — сразу, не вникнув в существо дела. ‖ *уменьш.* **поро́жек**, -жка, *м.* (к 1 и 3 знач.). ‖ *прил.* **порого́вый**, -ая, -ое (к 4 знач.; спец.). *П. сигнал.*

ПОРО́ДА, -ы, *ж.* **1.** Разновидность хозяйственно полезных животных, отличающихся какими-н. признаками от животных того же вида. *Скот молочной, мясной породы. П. собак. Породы рыб. Новые породы цветных норок.* **2.** Род или вид деревьев, древесных растений. *Древесные породы. Хвойные, лиственные породы.* **3.** *перен.* Разряд, тип людей, отличающихся от других своим внутренним складом, характером, обликом. *Человек особой породы. Из породы оптимистов.* **4.** *перен.* Принадлежность к какому-н. роду, сословию (устар.). *Из купеческой породы.* **5.** Природное образование минералов, минеральный пласт в земной коре. *Горные породы.* ‖ *прил.* **поро́дный**, -ая, -ое (к 1, 2 и 4 знач.; спец.). *Породные качества животных.*

ПОРО́ДИСТЫЙ, -ая, -ое; -ист. С ярко выраженными признаками хорошей породы (в 1 и 3 знач.). *П. пёс. Породистое лицо.* ‖ *сущ.* **поро́дистость**, -и, *ж.*

ПОРОДИ́ТЬ, -ожу́, -оди́шь; -ождённый (-ён, -ена́); *сов.* **1.** *кого (что).* То же, что родить (в 1 знач.) (устар.). *П. шестерых сыновей.* **2.** *перен., кого-что.* Стать источником чего-н., вызвать появление кого-чего-н. *Известие породило много толков.* ‖ *несов.* **порожда́ть**, -а́ю, -а́ешь.

ПОРОДНЁННЫЙ, -ая, -ое: **породнённые города** — города различных государств (часто имеющие сходные исторические судьбы), установившие между собой дружественные связи. *Всемирный день породнённых городов* (памятный день, отмечаемый ежегодно в последнее воскресенье апреля).

ПОРОДНИ́ТЬ, -СЯ *см.* роднить, -ся.

ПОРО́ДНЫЙ, -ая, -ое (спец.). **1.** *см.* порода. **2.** Принадлежащий к выведенным, улучшенным породам (в 1 знач.), породистый. *П. скот.* ‖ *сущ.* **поро́дность**, -и, *ж.*

ПОРОЖДЕ́НИЕ, -я, *ср.* (книжн.). То, что порождено кем-чем-н. *П. эпохи. Этот человек — п. своей среды.*

ПОРО́ЖИСТЫЙ, -ая, -ое; -ист. Изобилующий порогами (в 3 знач.). *Порожистые реки.* ‖ *сущ.* **поро́жистость**, -и, *ж.*

ПОРО́ЖНИЙ, -яя, -ее. **1.** То же, что пустой (в 1 знач.) (прост.). *П. ящик. Из пустого в порожнее переливать* (заниматься пустым делом, пустыми разговорами; разг.). **2.** О рейсе транспортного средства: совершаемый порожняком, без груза. *П. рейс. П. пробег.*

ПОРОЖНЯ́К, -а́, *м.* Транспорт, идущий без груза. *Загрузить п.* ‖ *прил.* **порожняко́вый**, -ая, -ое (спец.).

ПОРОЖНЯКО́М, *нареч.* Без груза, без пассажиров. *Грузовик идёт п.*

ПО́РОЗНЬ, *нареч.* Врозь, отдельно один от другого. *Жить п.*

ПОРОЗОВЕ́ТЬ *см.* розоветь.

ПОРО́Й *и* **ПОРО́Ю**, *нареч.* То же, что иногда. *П. бывает нелегко.*

ПОРО́К, -а, *м.* **1.** Тяжёлый предосудительный недостаток, позорящее свойство.

Лживость — большой п. **2.** *ед.* Развратное поведение. *Предаться пороку.* **3.** Аномалия, отклонение от нормального вида, состояния. *Пороки речи. П. сердца. Пороки древесины.*

ПОРОЛО́Н, -а, *м.* Лёгкий и эластичный синтетический материал. *Куртка на поролоне.* ‖ *прил.* **поролоновый,** -ая, -ое.

ПОРОСЁНОК, -нка, *мн.* -ся́та, -ся́т, *м.* Детёныш свиньи. *Умойся, п. ты этакий!* (перен.: о неряхе, замарашке; разг.). ‖ *прил.* **порося́чий,** -ья, -ье.

ПОРОСИ́ТЬСЯ (-шу́сь, -си́шься, 1 и 2 л. не употр.), -си́тся; *несов.* О свинье и самках нек-рых других животных (ежа, барсука): рождать детёнышей. ‖ *сов.* **опороси́ться** (-шу́сь, -си́шься, 1 и 2 л. не употр.), -си́тся.

ПО́РОСЛЬ, -и, *ж., собир.* Молодые побеги растений от корней, пней или из семян. *Молодая п.* (также перен.: о молодёжи; высок.). ‖ *прил.* **по́рослевый,** -ая, -ое (спец.).

ПОРОСЯ́, -ся́ти, *ср.* (стар.). То же, что поросёнок, в пословицах: *п. в карася переделать (превратить)* (представить что-н. в искажённом, превратном виде); *не было у бабы забот, купила себе баба п.* (о добровольно взятых на себя хлопотах, заботах).

ПОРОСЯ́ТИНА, -ы, *ж.* (разг.). Мясо поросёнка как пища.

ПОРО́ТНЫЙ, -ая, -ое. О военном строе: разделившийся на роты, ротами. *Строиться поротно* (нареч.).

ПОРО́ТЬ¹, порю́, по́решь; по́ротый; *несов., что.* **1.** Разреза́ть, разъединять по швам (сшитое). *П. старую юбку. Шей да пори, не будет глухой поры* (посл. о многократном переделывании одного и того же). **2.** Говорить глупости (обычно со словами «чушь», «ерунда», «вздор», «глупость», «галиматья» и под.) (прост.). *Что ты за ахинею порешь? Порет сам не знает что.* ✦ **Пороть горячку** (разг. неодобр.) — делать в спешке, очень торопиться. ‖ *сов.* **распоро́ть,** -орю́, -о́решь; -о́ротый (к 1 знач.) *и* **напоро́ть,** -орю́, -о́решь (ко 2 знач.). ‖ *сущ.* **по́рка,** -и, *ж.* (к 1 знач.).

ПОРО́ТЬ², порю́, по́решь; по́ротый; *несов., кого (что)* (разг.). Сечь, бить. *П. ремнём.* ‖ *сов.* **вы́пороть,** -орю, -орешь; -оротый. ‖ *сущ.* **по́рка,** -и, *ж.*

ПОРО́ТЬСЯ, 1 и 2 л. не употр., по́рется; *несов.* Рваться по шву. *Намётка порется.* ‖ *сов.* **распоро́ться,** -о́рется.

ПО́РОХ, -а (-у), *мн.* (в знач. сорта́) пороха́, -о́в, *м.* **1.** Взрывчатое соединение или смесь. *Дымный п. Бездымный п. Держать п. сухим* (также перен.: быть готовым к обороне, к бою). *Пахнет порохом* (также перен.: близится война). *Как п. вспыхнуть* (быстро, сразу; также перен.: вспылить). **2.** *перен.* О вспыльчивом или очень пылком человеке (разг.). *Девчонка — п.* ✦ **Пороха не выдумает** *кто* (разг.) — о недалёком человеке. **Пороху не нюхал** *кто* (разг.) — ещё не был в бою, не обстрелян. **Пороху не хватает** *у кого* (разг.) — не хватает сил, настойчивости для чего-н., смелости. **Ни синь пороха (нет, не осталось)** (устар. прост.) — совсем ничего. **Порох даром тратить** (разг.) — действовать или говорить впустую. ‖ *прил.* **пороховой,** -а́я, -о́е (к 1 знач.). ✦ **Пороховая бочка или пороховой погреб** — о потенциальном очаге войны.

ПОРОХОВНИ́ЦА, -ы, *ж.* В старину: сумка, сосуд для хранения пороха. *Есть ещё порох в пороховницах* (перен.: есть ещё силы для борьбы, работы).

ПОРО́ЧИТЬ, -чу, -чишь; *несов., кого-что.* **1.** Навлекать позор на кого-что-н., бесчестить. *П. честь мундира. П. своё имя.* **2.** Осуждать, чернить. *П. чью-н. работу. П. своего противника.* ‖ *сов.* **опоро́чить,** -чу, -чишь; -ченный. ‖ *сущ.* **поро́чение,** -я, *ср.* и **опоро́чение,** -я, *ср.*

ПОРО́ЧНЫЙ, -ая, -ое; -чен, -чна. **1.** Подверженный пороку, безнравственный; свидетельствующий о склонности к пороку. *Порочное поведение. П. человек. Порочная улыбка.* **2.** Заключающий в себе ошибку, неправильный. *П. ход рассуждения.* ‖ *сущ.* **поро́чность,** -и, *ж.*

ПОРО́ША, -и, *ж.* Свежий слой выпавшего с вечера или ночью снега. *Ехать по первой пороше.*

ПОРОШИ́ТЬ, 1 и 2 л. не употр., -и́т; *несов.* **1.** О мелком снеге: падать, сыпаться. *С утра порошит* (безл.). **2.** *что.* Посыпать (мелкими частицами); сыпаться. *Снег порошит поля. Песком порошит* (безл.) *глаза.* ‖ *сов.* **запороши́ть,** -и́т; -шённый (-ён, -ена́) *и* **напороши́ть,** -и́т; -шённый (-ён, -ена́).

ПОРОШО́К, -шка́, *м.* Измельчённые частицы твёрдого вещества. *Лекарство в порошках. Стиральный п. Зубной п.* (для чистки зубов). *Стереть в п. кого-н.* (перен.: безжалостно расправиться, обычно как выражение угрозы; разг.). ‖ *прил.* **порошко́вый,** -ая, -ое. *Порошковая металлургия* (производство порошков металлов и изделий из них путём прессования в заданных формах и спекания). *Порошковое молоко* (из молочного порошка).

ПОРО́Ю *см.* порой.

ПОРСКА́ТЬ, -а́ю, -а́ешь; *несов.* На псовой охоте: криком натравливать гончих на зверя. ‖ *однокр.* **порскну́ть,** -ну́, -нёшь. ‖ *сущ.* **порска́нье,** -я, *ср.*

ПОРТ, -а, о по́рте, в порту́, *мн.* -ы *и* -ы́, -о́в, *м.* **1.** Место с защищённым водным пространством, специально оборудованное для стоянки, погрузки, разгрузки и ремонта судов, а также город у моря с так оборудованным водным пространством. *Морской п. Речной п. Торговый п. П. приписки судна* (тот, в к-ром оно базируется). *П. назначения* (тот, в к-рый судно отправляется). *П. Одесса.* **2.** Комплекс служб и сооружений, занимающихся приёмом и отправкой, разгрузкой, погрузкой и ремонтом судов. *Работать в порту. Капитан порта* (начальник порта). **3.** То же, что аэропорт. ✦ **Воздушный порт** — аэропорт. ‖ *прил.* **портовый,** -ая, -ое. *П. город* (с морским портом).

ПОРТА́Л, -а, *м.* (спец.). **1.** Архитектурно оформленный вход в здание. **2.** Род рамы, отделяющей театральную сцену от зрительного зала. **3.** Конструкция в виде рамы — часть крупной машины, станка, подъёмного крана. ‖ *прил.* **порта́льный,** -ая, -ое. *П. кран* (оборудованный порталом в 3 знач. подъёмный кран, работающий на больших открытых площадках).

ПОРТАТИ́ВНЫЙ, -ая, -ое; -вен, -вна. Удобный для ношения при себе, для переноски. *Портативная пишущая машинка.* ‖ *сущ.* **портати́вность,** -и, *ж.*

ПОРТА́Ч, -а́, *м.* (прост.). Никудышный, плохой работник.

ПОРТА́ЧИТЬ, -чу, -чишь; *несов.* (прост.). Плохо, неумело или небрежно делать что-н., портить. ‖ *сов.* **напорта́чить,** -чу, -чишь.

ПОРТВЕ́ЙН, -а, *м.* Сладкое креплёное виноградное вино.

ПО́РТЕР, -а (-у), *м.* Сорт тёмного крепкого пива. ‖ *прил.* **по́ртерный,** -ая, -ое.

ПО́РТИК, -а, *м.* Крытая галерея с колоннами, прилегающая к зданию. *Греческий п.*

ПО́РТИТЬ, -рчу, -ртишь; -о́рченный; *несов.* **1.** *кого-что.* Приводить в негодность; делать плохим. *П. машину. П. своё здоровье. П. настроение кому-н. П. ребёнка плохим воспитанием.* **2.** *кого (что).* В старых народных представлениях: ворожбой причинять вред, напускать болезни (прост.). *П. злым глазом, наговором.* ‖ *сов.* **испо́ртить,** -рчу, -ртишь; -рченный. ‖ *сущ.* **по́рча,** -и, *ж.* (к 1 знач.).

ПО́РТИТЬСЯ, -рчусь, -ртишься; *несов.* Становиться негодным; делаться плохим. *Продукты портятся. Погода портится. Отношения стали п.* ‖ *сов.* **испо́ртиться,** -рчусь, -ртишься. ‖ *сущ.* **по́рча,** -и, *ж.*

ПОРТКИ́, -о́в *и* -то́к и **ПОРТЫ́,** -о́в (прост.). То же, что штаны. *Без порток, а в шляпе* (насмешка над тем, кто одет смешно, с претензией). ‖ *уменьш.* **портóчки,** -чек *и* -ков. ‖ *прил.* **порто́чный,** -ая, -ое.

ПОРТМОНЕ́ [нэ], *нескл., ср.* Небольшой кошелёк.

ПОРТНО́ВСКИЙ, -ая, -ое. **1.** *см.* портной. **2.** То же, что портняжный. *Портновская мастерская.*

ПОРТНО́Й, -о́го, *м.* Мастер, специалист по шитью одежды. *Мужской п.* ‖ *ж.* **портни́ха,** -и. ‖ *прил.* **портно́вский,** -ая, -ое.

ПОРТНЯ́ЖКА, -и, *м.* (разг. пренебр.). Портной, занимающийся шитьём недорогой одежды, её переделкой. *Местечковый п.*

ПОРТНЯ́ЖНИЧАТЬ, -аю, -аешь *и* **ПОРТНЯ́ЖИТЬ,** -жу, -жишь; *несов.* (разг.). Заниматься работой портного; быть портным.

ПОРТНЯ́ЖНЫЙ, -ая, -ое. Относящийся к работе портного. *Портняжное дело.*

ПОРТОВИ́К, -а́, *м.* Работник порта (в 1 знач.). ‖ *ж.* **портови́чка,** -и (разг.).

ПОРТПЛЕ́Д, -а, *м.* Чехол с ремнями для упаковки постельных принадлежностей. ‖ *прил.* **портпле́дный,** -ая, -ое.

ПОРТРЕ́Т, -а, *м.* **1.** Изображение человека на картине, фотографии, в скульптуре. *Поясной п. Скульптурный п. Групповой п.* (нескольких лиц). *Словесный п.* (в криминалистике: описание наружности человека по определённому методу). *Сын — п. отца* (перен.: очень похож; разг.). **2.** *перен.* Художественное изображение, образ литературного героя. *Литературные портреты.* ‖ *прил.* **портре́тный,** -ая, -ое (к 1 знач.). *Портретная живопись.*

ПОРТРЕТИ́СТ, -а, *м.* Художник, создающий портреты; мастер по портретам. *Работа кисти знаменитого портретиста. Фотограф-п.* ‖ *ж.* **портрети́стка,** -и.

ПОРТСИГА́Р, -а, *м.* Карманная плоская коробка для папирос, сигарет. *Серебряный, кожаный п.* ‖ *прил.* **портсига́рный,** -ая, -ое.

ПОРТУГА́ЛЬСКИЙ, -ая, -ое. **1.** *см.* португальцы. **2.** Относящийся к португальцам, к их языку, национальному характеру, образу жизни, культуре, а также к Португалии, её территории, внутреннему устройству, истории; такой, как у португальцев, как в Португалии. *П. язык* (романской группы индоевропейской семьи языков). *Португальские округа. П. эскудо* (денежная единица). *По-португальски* (нареч.).

ПОРТУГА́ЛЬЦЫ, -ев, *ед.* -лец, -льца, *м.* Народ, составляющий основное население Португалии. ‖ *ж.* **португа́лка,** -и. ‖ *прил.* **португа́льский,** -ая, -ое.

ПОРТУПЕ́Я, -и, *ж.* В офицерском снаряжении: узкие ремни, поддерживающие пояс с оружием или служащие для прикрепления оружия к поясу. *Верхняя* или *плечевая п. Нижняя п.* || *прил.* **портупе́йный**, -ая, -ое.

ПОРТФЕ́ЛЬ, *-я, м.* **1.** Род жёсткой прямоугольной сумки с закидывающейся крышкой и запором для ношения бумаг, книг. *Кожаный п.* **2.** О должности министра в нек-рых странах. *Распределение портфелей. Министр без портфеля* (название особой министерской должности). **3.** *перен.* Рукописи, принятые к напечатанию издательством, редакцией, а также вообще заказы, принятые к производству предприятием. *П. издательства. В портфеле завода много заказов.* || *прил.* **портфе́льный**, -ая, -ое (к 1 знач.).

ПОРТШЕ́З, -а, *м.* Род лёгкого переносного кресла, в к-ром можно сидеть полулёжа. || *прил.* **портше́зный**, -ая, -ое.

ПОРТЫ́ *см.* портки.

ПОРТЬЕ́, *нескл., м.* Служащий в гостинице, ведающий хранением ключей, приёмом почты.

ПОРТЬЕ́РА, -ы, *ж.* Плотная тяжёлая занавеска для окна или двери. *Бархатная п.* || *прил.* **портье́рный**, -ая, -ое.

ПОРТЯ́НКА, -и, *ж.* Кусок ткани для обмотки ноги под сапог вместо или поверх носка. *Намотать портянки.* || *прил.* **портя́ночный**, -ая, -ое.

ПОРУБИ́ТЬ, -ублю́, -у́бишь; -у́бленный; *сов., кого-что.* Вырубить, срубить, изрубить в большом количестве, совсем. *П. все деревья. П. саблей.*

ПОРУ́БКА, -и, *ж.* **1.** Незаконная рубка леса, а также (спец.) вообще рубка леса. *Штраф за порубку. Плановые порубки.* **2.** Место, где рубят, срублен лес. *Выехать с порубки, на порубку.* || *прил.* **пору́бочный**, -ая, -ое (спец.). *Порубочные остатки.*

ПОРУ́БЩИК, -а, *м.* Тот, кто занимается порубкой, валит лес.

ПОРУГА́ТЬ[1], -а́ю, -а́ешь; *сов., кого-что* (разг.). То же, что побранить. *П. за шалость.*

ПОРУГА́ТЬ[2], -а́ю, -а́ешь; -у́ганный; *сов., кого-что* (обычно в форме страдательного прич.) (устар. и высок.). Грубо унизить, опозорить, оскорбить. *Поруганы народные святыни. Поруганная честь.* || *сущ.* **поруга́ние**, -я, *ср. Отдать на п.*

ПОРУГА́ТЬСЯ *см.* ругаться.

ПОРУ́КА, -и, *ж.* То же, что ручательство. *Отдать, взять на поруки кого-н.* (на чью-н. ответственность). *Круговая п.* (ответственность всех за каждого и каждого за всех; теперь обычно служит для обозначения взаимного укрывательства в неблаговидных делах).

ПОРУЧЕ́НЕЦ, -нца, *м.* (офиц.). Должностное лицо, состоящее при начальнике для выполнения служебных поручений.

ПОРУЧЕ́НИЕ, -я, *ср.* **1.** *см.* поручить. **2.** Порученное кому-н. дело. *Исполнить, дать п. Общественное п.* (осуществляемое в порядке общественной работы).

ПО́РУЧЕНЬ, -чня, обычно *мн., м.* На трапах, лестницах, в вагонах: планка или натянутый канат, за к-рые держатся рукой при движении, спуске, подъёме. *Держаться за поручни.*

ПОРУ́ЧИК, -а, *м.* **1.** В царской армии: офицерский чин рангом выше подпоручика и ниже штабс-капитана, а также лицо, имеющее этот чин. **2.** В армиях нек-рых стран: воинское звание младшего офицера, а также лицо, имеющее это звание. || *прил.* **пору́чицкий**, -ая, -ое *и* **пору́чичий**, -ья, -ье (разг.).

ПОРУЧИ́ТЕЛЬ, -я, *м.* (офиц.). Человек, к-рый принял на себя поручительство. || *ж.* **поручи́тельница**, -ы. || *прил.* **поручи́тельский**, -ая, -ое.

ПОРУЧИ́ТЕЛЬСТВО, -а, *ср.* (офиц.). Ответственность, принимаемая кем-н. на себя в обеспечение обязательств другого лица. || *прил.* **поручи́тельский**, -ая, -ое.

ПОРУЧИ́ТЬ, -учу́, -у́чишь; -у́ченный; *сов., кому кого-что* или *с неопр.* Вверить, возложить на кого-что-н. исполнение чего-н., заботу о ком-чём-н. *П. кому-н. проверить работу. П. детей кому-н. П. кого-н. чьему-н. попечению, вниманию, заботам* (устар.). || *несов.* **поруча́ть**, -а́ю, -а́ешь. || *сущ.* **поруче́ние**, -я, *ср.* || *прил.* **поручи́тельный**, -ая, -ое (устар.).

ПОРУЧИ́ТЬСЯ *см.* ручаться.

ПОРУ́ШИТЬ, -СЯ *см.* рушить, -ся.

ПОРФИ́Р, -а, *м.* Вулканическая горная порода, употр. как строительный материал. || *прил.* **порфи́ровый**, -ая, -ое *и* **порфи́рный**, -ая, -ое.

ПОРФИ́РА, -ы, *ж.* Пурпурная мантия монарха. || *прил.* **порфи́рный**, -ая, -ое.

ПОРФИ́РНЫЙ, -ая, -ое (высок. устар.). **1.** *см.* порфира. **2.** Багряный, пурпурный. *Порфирная мантия. П. закат* (перен.).

ПОРХА́ЛИЩЕ, -а, *ср.* (спец.). В птичьих питомниках, в заказниках: ограждённая площадка для свободного содержания птиц.

ПОРХА́ТЬ, -а́ю, -а́ешь; *несов.* Перелетать с места на место. *Птицы порхают по веткам. П. по жизни* (перен.: жить беззаботно, бездумно; разг.). || *однокр.* **порхну́ть**, -ну́, -нёшь. || *сущ.* **порха́ние**, -я, *ср.*

ПОРЦИО́Н, -а, *м.* (устар. и спец.). Паёк; установленное количество порций. *П. овса для лошадей.* || *прил.* **порцио́нный**, -ая, -ое.

ПОРЦИО́ННЫЙ, -ая, -ое. **1.** *см.* порцион *и* порция. **2.** В ресторанах: готовящийся по особому заказу, не из числа заранее приготовленных кушаний. *Порционное блюдо.*

ПО́РЦИЯ, -и, *ж.* **1.** Определённая доля, количество чего-н. (преимущ. о пище). *Получить свою порцию.* **2.** Кушанье на одного едока в ресторане, столовой. *Две порции котлет.* || *прил.* **порцио́нный**, -ая, -ое.

ПО́РЧА, -и, *ж.* **1.** *см.* портить, -ся. **2.** В старых народных представлениях: болезнь, напущенная злой ворожбой, тем, кто хотел сглазить кого-н. *Навести порчу на кого-н. Заговорить кого-н. от порчи.*

ПО́РЧЕНЫЙ, -ая, -ое. **1.** Испорченный, негодный (разг.). *П. картофель.* **2.** Не совсем нормальный, странный [по старым народным представлениям: такой, на к-рого напустили порчу] (прост.).

ПО́РШЕНЬ, -шня, *мн.* -и, -ей *и* -е́й, *м.* Подвижная деталь, удлинённая или в форме диска, плотно двигающаяся внутри цилиндра и нагнетающая или выкачивающая жидкость, газ, пар. || *уменьш.* **поршенёк**, -нька́, *м.* || *прил.* **поршнево́й**, -а́я, -о́е. *П. насос.*

ПОРЫ́В[1], -а, *м.* **1.** Внезапное резкое усиление ветра. *Ветер порывами.* **2.** Сильное мгновенное проявление какого-н. чувства; душевный подъём, сопровождающийся стремлением сделать что-н. *Душевный п. В порыве гнева. Боевой п. войск.*

ПОРЫ́В[2], -а, *м.* **1.** *см.* порваться. **2.** Место, где что-н. порвано, разорвано.

ПОРЫВА́ТЬ *см.* порвать.

ПОРЫВА́ТЬСЯ[1], -а́юсь, -а́ешься; *несов.* **1.** Делать порывистые движения. *П. вперёд.* **2.** *с неопр.* Настойчиво пытаясь, проявлять желание сделать что-н. *П. помочь.*

ПОРЫВА́ТЬСЯ[2] *см.* порваться.

ПОРЫ́ВИСТЫЙ, -ая, -ое; -ист. **1.** С резкими внезапными усилениями, неровный. *П. ветер.* **2.** Резкий, стремительный, не плавный. *Порывистые движения.* **3.** Действующий порывами[1] (во 2 знач.), легко увлекающийся. *П. характер.* || *сущ.* **поры́вистость**, -и, *ж. П. в движениях.*

ПОРЫЖЕ́ЛЫЙ, -ая, -ое; -е́л. Выцветший, ставший рыжевато-бурым. *Порыжелая шляпа.*

ПОРЫЖЕ́ТЬ *см.* рыжеть.

ПОРЫХЛЕ́ТЬ *см.* рыхлеть.

ПОРЯБЕ́ТЬ *см.* рябеть.

ПОРЯ́ДКОВЫЙ, -ая, -ое. **1.** Указывающий место в ряду, отвечающий на вопрос: который по счёту? *П. номер.* **2. порядковое числительное** — в грамматике: прилагательное, обозначающее признак как отношение к количеству, числу (напр. первый, второй, десятый, сотый).

ПОРЯ́ДКОМ, *нареч.* (разг.). **1.** В значительной степени, очень. *П. надоело.* **2.** Как должно, как следует. *П. разобраться в чём-н.*

ПОРЯ́ДОК, -дка, *м.* **1.** Правильное, налаженное состояние, расположение чего-н. *Держать вещи в порядке. Навести п. где-н. Привести в п. что-н.* **2.** Последовательный ход чего-н. *Рассказать всё по порядку. П. дня* (вопросы, подлежащие обсуждению на собрании, заседании). *Поставить что-н. в п. дня* (поставить на очередь для решения). **3.** Правила, по к-рым совершается что-н.; существующее устройство, режим. *П. выборов, голосования. Ввести новые порядки. Школьные порядки.* **4.** Военное построение. *Боевые порядки пехоты. Двигаться походным порядком.* **5.** Числовая характеристика той или иной величины (спец.). *Кривая второго порядка. На п. выше.* **6. поря́дка** *чего, в знач. предлога с род. п.* Около, с (в знач. приблизительности) (разг.). *Расстояние порядка 100 км. Цены порядка 50—60 рублей.* **7. поря́док!** Выражение в знач.: всё так, всё в порядке, всё хорошо (прост.). *Как дела? — П.!* ✦ **Всё в порядке** — всё так, как следует, благополучно. **В (полном) порядке** *кто-что* (разг.) — в нормальном, хорошем состоянии. **Для порядка (порядку)** (разг.) — чтобы было так, как принято, как полагается. **В порядке** *чего, предлог с род. п.* — в соответствии с чем-н., как что-н. *Выступление в порядке самокритики. В порядке исключения* (будучи допущенным в качестве исключения). **В порядке вещей** — естественно, так, как должно быть. *Ваши сомнения в порядке вещей.* **Призвать к порядку** *кого* — заставить подчиниться общему порядку, правилам. **В рабочем порядке** (решить, обсудить что-н.) — в ходе текущей работы. **Своим (обычным, заведённым) порядком** (идёт что-н.) — как установилось, как заведено, как полагается. **Одного (того же) порядка** — о том, что сходно, близко или одинаково. *Явления одного порядка.* **Порядок слов** — в грамматике: расположение членов предложения, определяемое синтаксической нормой или коммуникативным заданием речи. || *уменьш.* **поря́дочек**, -чка, *м.* (к 1 и 7 знач.; прост.).

ПОРЯ́ДОЧНОСТЬ, -и, *ж.* **1.** *см.* порядочный[1]. **2.** Честность, неспособность к низким, аморальным, антиобщественным поступкам. *Человек высокой порядочности.*

ПОРЯ́ДОЧНЫЙ[1], -ая, -ое; -чен, -чна. Честный, соответствующий принятым правилам поведения. *П. человек. П. поступок.* || *сущ.* **поря́дочность**, -и, *ж.*

ПОРЯ́ДОЧНЫЙ², -ая, -ое (разг.). Значительных размеров, а также вообще немалый. *Расстояние порядочное. Порядочно* (нареч.) *устал. П. лентяй* (т. е. большой лентяй).

ПОСА́Д, -а, *м.* **1.** В Древней и средневековой Руси: торгово-промышленная часть города, обычно вне городской стены. **2.** Пригород, предместье (устар.). || *прил.* **поса́дский**, -ая, -ое. *Посадские люди* и *посадские* (сущ.; жители посада в 1 знач.).

ПОСАДИ́ТЬ *см.* сажать.

ПОСА́ДКА, -и, *ж.* **1.** *см.* сажать. **2.** обычно *мн.* Место, на к-ром посажены растения, а также сами посаженные растения. *Молодые посадки.* **3.** Спуск и приземление летательного аппарата. *Идти, заходить на посадку. На месте посадки. Вынужденная п. Мягкая п.* **4.** Манера держать своё тело (сидя, в сидячем положении). *Уверенная, свободная п. в седле. Кавалерийская п.* ✦ **Посадка головы** —постановка головы. *Гордая, красивая посадка головы.* || *прил.* **поса́дочный**, -ая, -ое (ко 2 и 3 знач.).

ПОСА́ДНИК, -а, *м.* В Древней и средневековой Руси: наместник князя, а также (в феодальных республиках) выборный глава гражданской администрации. *Новгородский п.* || *прил.* **поса́дничий**, -ья, -ье.

ПОСА́ДНИЦА, -ы, *ж.* Жена посадника. *Марфа-п.* (в середине 15 в.: вдова новгородского посадника, возглавившая борьбу боярства против присоединения к Московскому государству).

ПОСА́ДОЧНЫЙ *см.* посадка *и* сажать.

ПОСАЖЁНЫЙ, -ая, -ое: 1) **посажёный отец** — в народном свадебном обряде: мужчина, заменяющий родного отца; 2) **посажёная мать** — в народном свадебном обряде: женщина, заменяющая родную мать.

ПОСА́ПЫВАТЬ, -аю, -аешь; *несов.* (разг.). Сопеть негромко, с перерывами. *Спать посапывая.*

ПОСА́ХАРИТЬ *см.* сахарить.

ПОСВА́ТАТЬ, -СЯ *см.* сватать, -ся.

ПОСВЕЖЕ́ТЬ *см.* свежеть.

ПОСВЕТИ́ТЬ *см.* светить.

ПОСВЕТЛЕ́ТЬ *см.* светлеть.

ПО́СВИСТ, -а, *м.* Способ, манера свистеть, свист. *Молодецкий п.*

ПОСВИСТА́ТЬ, -ищу́, -и́щешь и **ПОСВИСТЕ́ТЬ**, -ищу́, -исти́шь; *сов.* Издать недолгий свист.

ПОСВИ́СТЫВАТЬ, -аю, -аешь; *несов.* Свистеть немного, негромко или с перерывами.

ПО-СВО́ЙСКИ, *нареч.* (разг.). **1.** По своей воле, не считаясь ни с кем. *По-свойски разделаться с кем-н.* **2.** Как обычно, как принято между близкими людьми. *Приятели поговорили по-свойски.*

ПОСВЯТИ́ТЬ¹, -ящу́, -яти́шь; -ящённый (-ён, -ена́); *сов.* **1.** *кого (что) во что.* Осведомить о чём-н. тайном, не всем известном, сделать причастным к чему-н. *П. друга в свою тайну. П. в секреты мастерства.* **2.** *что кому-чему.* Предназначить, отдать. *П. свою жизнь работе.* **3.** *что кому-чему.* Сделать, создать что-н. в честь кого-н. или в память о ком-н. *П. стихотворение кому-н. П. книгу памяти матери.* || *несов.* **посвяща́ть**, -а́ю, -а́ешь. || *сущ.* **посвяще́ние**, -я, *ср.*

ПОСВЯТИ́ТЬ², -ящу́, -яти́шь, -ящённый (-ён, -ена́); *сов., кого* (мн.) *(что) во что.* Возвести в какое-н. звание, сан с соблюдением определённых ритуалов. *П. в рыцари. П. в епископы.* || *несов.* **посвяща́ть**, -а́ю, -а́ешь. || *сущ.* **посвяще́ние**, -я, *ср. П. в рабочие, в студенты* (новые обряды).

ПОСВЯЩЕ́НИЕ¹, -я, *ср.* **1.** *см.* посвятить¹. **2.** Посвящающая надпись или вступительная часть сочинения, обращённая к лицу, к-рому сочинение посвящено.

ПОСВЯЩЕ́НИЕ² *см.* посвятить².

ПОСЕ́В, -а, *м.* **1.** *см.* сеять *и* посеять. **2.** обычно *мн.* Семена, посеянные в почву, а также занятая ими земля. *Озимые посевы.* **3.** То, что посеяно в питательную среду (спец.). *П. из зева.* || *прил.* **посевно́й**, -а́я, -о́е (ко 2 знач.). *Посевные растения. Посевная площадь. Посевная кампания.*

ПОСЕВНА́Я, -о́й, *ж.* Посевная кампания. *Всё готово к посевной.*

ПОСЕДЕ́ЛЫЙ, -ая, -ое. Ставший седым. *П. старец. Поседелая прядь.*

ПОСЕДЕ́НИЕ, ПОСЕДЕ́ТЬ *см.* седеть.

ПОСЕЙЧА́С, *нареч.* (прост.). До сих пор, до этого времени. *И п. живёт в деревне.*

ПОСЕЛЕ́НЕЦ, -нца, *м.* **1.** Человек, к-рый впервые поселился где-н. на новом, необжитом месте. *Первые русские поселенцы в Сибири.* **2.** Человек, к-рый сослан на поселение (в 3 знач.). || *ж.* **поселе́нка**, -и. || *прил.* **поселе́нческий**, -ая, -ое.

ПОСЕЛЕ́НИЕ, -я, *ср.* **1.** *см.* селить, -ся. **2.** Населённый пункт, а также вообще место, где кто-н. живет, обитает. *Древние русские поселения на Севере. Поселения бобров.* **3.** Принудительное водворение на жительство в отдалённом месте в наказание за что-н. *Отправить, сослать на п.*

ПОСЕЛИ́ТЬ, -елю́, -ели́шь *и* (разг.) -е́лишь; -лённый (-ён, -ена́); *сов.* **1.** *см.* селить. **2.** *перен., что.* Возбудить, вызвать в ком-н. какое-н. чувство (книжн.). *П. вражду между кем-н. П. сомнение в ком-н.* || *несов.* **поселя́ть**, -яю, -яешь.

ПОСЕЛИ́ТЬСЯ *см.* селиться.

ПОСЕЛЯ́ТЬ, -я́ю, -я́ешь; *несов.* **1.** *см.* поселить. **2.** *кого (что).* То же, что селить. *П. на новом месте.*

ПОСЕЛЯ́ТЬСЯ, -я́юсь, -я́ешься; *несов.* **1.** То же, что селиться. **2.** (1 и 2 л. не употр.), *перен.* О каком-н. чувстве: водворяться, входить в кого-что-н. *В душе поселяется страх, сомнение, надежда.*

ПОСЕРЕБРИ́ТЬ *см.* серебрить.

ПОСЕРЕДИ́, *нареч.* и *предлог с род. п.* (разг.). То же, что посередине.

ПОСЕРЕДИ́НЕ. **1.** *нареч.* В середине. *Сад с клумбой п. Все сели, он встал п.* **2.** *чего, предлог с род. п.* В центре чего-н., на равном расстоянии от нескольких предметов, лиц, между ними. *Встать п. комнаты. Оказаться п. толпы.* **3.** *чего, предлог с род. п.* Во время протекания чего-н. (разг.). *Замолчать п. рассказа.* || *уменьш.* **посереди́нке** (к 1 знач.).

ПОСЕРЕ́ТЬ *см.* сереть.

ПОСЕРЁДКЕ, *нареч.* и *предлог с род. п.* (прост.) и **ПОСЕРЕ́ДЬ**, *нареч.* и *предлог с род. п.* (обл.). То же, что посередине (в 1 и 2 знач.). *Сядь п., а мы с краю. Разлёгся п. дороги.*

ПОСЕРЬЁЗНЕТЬ *см.* серьёзнеть.

ПОСЕТИ́ТЕЛЬ, -я, *м.* Тот, кто посетил, посещает кого-что-н. *Странный п. П. библиотеки. Приём посетителей в учреждении.* || *ж.* **посети́тельница**, -ы. || *прил.* **посети́тельский**, -ая, -ое.

ПОСЕТИ́ТЬ, -ещу́, -ети́шь; -ещённый (-ён, -ена́); *сов., кого-что.* **1.** Прийти к кому-н., куда-н., побывать у кого-н., где-н. *П. знакомого. Больного посетил врач. П. музей.* **2.** (1 и 2 л. не употр.), *перен.* О чувствах, ощущениях: появиться, возникнуть. *Поэта посетило вдохновение.* || *несов.* **посеща́ть**, -а́ю, -а́ешь. || *сущ.* **посеще́ние**, -я, *ср.* (к 1 знач.).

ПОСЕ́ТОВАТЬ *см.* сетовать.

ПОСЕ́ЧЬ¹, -еку́, -ечёшь; -сёк, -секла́ *и* (устар.) -се́к, -се́кла; -се́кший *и* -сёкший; -сечённый (-ён, -ена́) *и* (устар.) -се́ченный; -се́кши *и* -сёкши; *сов., кого-что* (разг.). **1.** То же, что пересечь². **2.** Высечь² несильно, слегка.

ПОСЕ́ЧЬ², -еку́, -ечёшь; -сёк, -секла́; -чённый (-ён, -ена́); *сов., кого-что* (устар.). Иссечь, изрубить (обычно многое, многих). *П. саблей.*

ПОСЕ́ЧЬСЯ *см.* сечься.

ПОСЕЩА́ЕМОСТЬ, -и, *ж.* (офиц.). Количество посещений. *П. музея возросла, упала. Учёт посещаемости.*

ПОСЕ́ЯТЬ, -е́ю, -е́ешь; -янный; *сов., что.* **1.** *см.* сеять. **2.** Поместить (микроорганизмы) в питательную среду (спец.). **3.** Лишиться по небрежности или, роняя, потерять (разг.). *Тетрадку где-то посеял.* || *сущ.* **посе́в**, -а, *м.* (ко 2 знач.).

ПОСЁЛОК, -лка, *м.* Населённый пункт, первоначально небольшой. *Рыбацкий п. Дачный п. П. городского типа. Рабочий п.* || *прил.* **поселко́вый**, -ая, -ое.

ПОСИДЕ́ЛКИ, -лок. В старой русской деревне: зимняя вечеринка молодёжи, сопровождающаяся каким-н. занятием, ручной работой. *Собраться на п.* [не рекомендуется употр. в знач. вообще вечеринка, дружеское собрание].

ПОСИДЕ́ТЬ, -ижу́, -иди́шь; *сов.* Сидеть (в 1, 2, 3, 4 и 7 знач.) нек-рое время. *П. на скамейке. Птица посидела на ветке. П. дома. П. за работой. П. в гостях.*

ПОСИ́ЛЬНЫЙ, -ая, -ое; -лен, -льна. Соразмерный с чьими-н. силами, возможностями. *П. труд. Посильная задача.* || *сущ.* **поси́льность**, -и, *ж.*

ПОСИНЕ́ЛЫЙ, -ая, -ое; -е́л (разг.). Ставший синим (преимущ. от холода), бледным до синевы. *Посинелое лицо.* || *сущ.* **посине́лость**, -и, *ж.*

ПОСИНЕ́ТЬ *см.* синеть.

ПОСКАКА́ТЬ, -скачу́, -ска́чешь; -скачи́; *сов.* **1.** Провести нек-рое время скача. **2.** Начать скакать, пуститься вскачь. *Кони поскакали.*

ПОСКОЛЬЗНУ́ТЬСЯ, -ну́сь, -нёшься; *сов.* **1.** Оступиться на скользком месте. *П. на льду.* **2.** *перен.* Ошибиться, оступиться (во 2 знач.) (разг.).

ПОСКО́ЛЬКУ, *союз.* Потому что, так как. *П. ты согласен, я не возражаю.* ✦ **Поскольку... то (так)**, *союз* — то же, что поскольку. *Поскольку все согласны, то (так) и я не возражаю.*

ПО́СКОНЬ, -и, *ж.* **1.** Мужская особь конопли, а также волокно, получаемое из такой особи. **2.** Домотканый холст из такого волокна (устар.). || *прил.* **поско́нный**, -ая, -ое. *Посконная рубаха.*

ПОСКРЁБКИ, -ов и **ПОСКРЁБЫШИ**, -ей (разг.). Выскобленные остатки пищи. *П. со сковородки.*

ПОСКРО́МНИЧАТЬ *см.* скромничать.

ПОСКУПИ́ТЬСЯ *см.* скупиться.

ПОСКУЧНЕ́ТЬ *см.* скучнеть.

ПОСЛАБЛЕ́НИЕ, -я, *ср.* Излишняя снисходительность, снижение требовательности. *Никаких послаблений преступникам!*

ПОСЛА́НЕЦ, -нца, *м.* Человек, посланный куда-н. с каким-н. поручением, заданием. *П. с письмом.*

ПОСЛА́НИЕ, -я, *ср.* **1.** Письменное обращение государственного деятеля (или общественной организации) к другому государственному деятелю (или к общественной организации) по какому-н. важному государственному, политическому вопросу. *П. президента конгрессу.* **2.** Вообще — письмо, письменное обращение (устар. и ирон.). *Любовное п.* **3.** Поэтическое или публицистическое произведение в форме обращения к кому-н. *Стихотворное п.*

ПОСЛА́ННИК, -а, *м.* **1.** Дипломатический представитель рангом ниже посла. **2.** То же, что посланец (устар.). ‖ *прил.* **посла́ннический**, -ая, -ое (к 1 знач.).

ПОСЛАСТИ́ТЬ *см.* сластить.

ПОСЛА́ТЬ, пошлю́, пошлёшь; по́сланный; *сов.* **1.** *кого (что).* Отправить с каким-н. поручением, направить куда-н. *П. в командировку. П. за доктором. Ребёнка послали погулять.* **2.** *кого-что.* Отправить для доставки. *П. письмо по почте.* **3.** *что.* Передать, выразить жестом, словами, письменно свое отношение, чувства к кому-н. *П. привет, поклон. П. воздушный поцелуй. П. кому-н. вслед ругательство.* **4.** *что.* Бросить, направить. *П. мяч в сетку ворот. П. камень вдогонку. П. пулю в затылок.* **5.** *что.* Подвинуть, направить (спец.). *П. корпус влево* (о телодвижении). **6.** *кого (что).* В сочетании с нек-рыми бранными словами, а также со словами «куда подальше»: обругать, чтобы не приставал, отвязался (прост.). *П. к чёрту. Пошли ты его (куда) подальше!* ‖ *несов.* **посыла́ть**, -а́ю, -а́ешь. ‖ *сущ.* **посы́лка**, -и, *ж.* (к 1, 2 и 5 знач.) *и* **посы́л**, -а, *м.* (к 4 и 5 знач.; спец.). *Посыл патрона. Дать посыл лошади.* ‖ *прил.* **посы́льный**, -ая, -ое (к 1 знач.; спец.). *Посыльное судно.*

ПО́СЛЕ. **1.** *нареч.* Спустя нек-рое время, потом. *П. расскажу обо всём. Сначала пойду я, ты п.* **2.** *кого-чего, предлог с род. п.* По окончании, истечении, совершении чего-н., по исчезновении, уходе кого-н. *Встретимся п. работы. П. таких слов ты мне не друг. Наследство п. отца.*

ПОСЛЕ..., *приставка.* Образует существительные, прилагательные и наречия со знач. наступления вслед за чем-н., напр. *послезвучание, послесвечение, послеобеденный, послеродовой, послеледниковый, послезавтра, послепослезавтра.*

ПОСЛЕВОЕ́ННЫЙ, -ая, -ое. Относящийся к периоду после войны. *Послевоенные события. Послевоенная эпоха.*

ПОСЛЕ́Д, -а, *м.* Выходящая вслед за плодом плацента вместе с оболочками плода и пуповиной. ‖ *прил.* **после́довый**, -ая, -ое.

ПОСЛЕДИ́ТЬ, -ежу́, -еди́шь; *сов., за кем-чем.* Провести нек-рое время следя[1] за кем-чем-н. *П. за ребёнком. П. за приготовлением уроков.*

ПОСЛЕ́ДКИ, -ов (прост.). То же, что остатки (в 1 и 3 знач.).

ПОСЛЕ́ДНИЙ, -яя, -ее. **1.** Конечный в ряду чего-н. *Видимся в п. раз. П. в очереди. В последнем счёте* (в конечном счёте, в итоге). *Сражаться до последнего дыхания, до последней капли крови* (перен.: до конца; высок.). **2.** По времени находящийся в конце какого-н. ряда событий, явлений, завершающий собою этот ряд. *П. день отпуска. Последние числа месяца. Последняя встреча. П. сын в семье* (самый младший или единственный из оставшихся). *П. бой. Последние деньги* (те небольшие деньги, к-рые остались). *Последнюю рубашку отдаёт кто-н.* (о том, кто щедр, готов делиться с другими). **3.** Самый новый, только что появившийся. *Одет по последней моде. Строить по последнему слову техники. П. номер журнала.* **4.** Окончательный, бесповоротный. *Это моё последнее слово. Последнее решение.* **5.** Совсем плохой, самый худший (разг.). *Это уже последнее дело* (никуда не годится). *Изругать последними словами* (непристойно). *П. негодяй так не сделает. Последняя спица в колеснице* (о том, кто не имеет никакого влияния, значения; разг.). **6.** Этот, только что упомянутый (книжн.). *Пришли Иванов и Сидоров, п. — с опозданием.* **7.** **после́днее**, -его, *ср.* Всё то немногое, что осталось. *Последнего не пожалеет — отдаст. До последнего* (до крайней возможности). *Делиться с кем-н. из последнего.* ✦ **Последняя воля** (высок.) — последнее желание умирающего. **Последнее прощание** (высок.) — прощание с умершим. **В последний путь провожать** *кого* (высок.) — хоронить. **Последний долг отдать** *кому* (высок.) — почтить память умершего, прощаясь с ним при погребении. **За последнее время или в последнее время, последнее время** — в ближайшем прошлом и сейчас. **До последней крайности дойти** — до предела. **Дай бог не последняя!** (разг. шутл.) — говорится в знач.: выпьем (вина) и ещё!

ПОСЛЕ́ДОВАТЕЛЬ, -я, *м., кого-чего.* Человек, следующий какому-н. учению, придерживающийся чьих-н. взглядов. *П. материализма.* ‖ *ж.* **после́довательница**, -ы.

ПОСЛЕ́ДОВАТЕЛЬНОСТЬ, -и, *ж.* **1.** *см.* последовательный. **2.** В математике: бесконечный упорядоченный набор чисел.

ПОСЛЕ́ДОВАТЕЛЬНЫЙ, -ая, -ое; -лен, -льна. **1.** Непрерывно следующий за другим. *Последовательные движения.* **2.** Логически обоснованный, закономерно вытекающий из чего-н. *Рассуждать последовательно* (нареч.). *Будьте последовательны в своих поступках.* ‖ *сущ.* **после́довательность**, -и, *ж.*

ПОСЛЕ́ДОВАТЬ *см.* сле́довать.

ПОСЛЕ́ДСТВИЕ, -я, *ср.* Следствие чего-н. *П. болезни. Неожиданные последствия разговора. Оставить жалобу без последствий* (отказать в удовлетворении или не принять никаких мер).

ПОСЛЕ́ДУЮЩИЙ, -ая, -ее (книжн.). Следующий после, позднейший. *Во всё последующее время. П. ход событий.*

ПОСЛЕ́ДЫШ, -а, *м.* **1.** Последний ребёнок в семье (прост.). **2.** *перен.* Последний сторонник чего-н. отсталого, реакционного (презр.). *Фашистские последыши.*

ПОСЛЕЗА́ВТРА, *нареч.* На следующий день после завтрашнего. *Приедет п.* ‖ *прил.* **послеза́втрашний**, -яя, -ее.

ПОСЛЕСЛО́ВИЕ, -я, *ср.* Заключительное замечание или заключительная статья к сочинению.

ПОСЛО́ВИЦА, -ы, *ж.* Краткое народное изречение с назидательным содержанием, народный афоризм. *Русские пословицы и поговорки. П. не мимо молвится* (посл.). ✦ **Войти в пословицу** — 1) стать общеизвестным благодаря своей характерности. *Упрямство осла вошло в пословицу;* 2) о чьих-н. словах, речениях: войти в общее употребление. *Многие строки басен И. А. Крылова вошли в пословицу.* ‖ *прил.* **посло́вичный**, -ая, -ое. *Пословичное выражение.*

ПОСЛУЖИ́ТЬ, -ужу́, -у́жишь; *сов.* **1.** *см.* служить. **2.** Пробыть нек-рое время, служа где-н. *П. три года на Крайнем Севере.*

ПОСЛУЖНО́Й: **послужной список** — документ с анкетными данными и со сведениями о прохождении службы. *Послужной список военнослужащего.*

ПОСЛУША́НИЕ, -я, *ср.* **1.** Повиновение, покорность. *Требовать от детей послушания. П. родителям.* **2.** В монастырях: обязанность, к-рая возлагается на каждого послушника или монаха, а также специальная работа, назначаемая в искупление греха, проступка. *Наложить п.*

ПОСЛУ́ШАТЬ, -аю, -аешь; *сов., кого-что.* **1.** *см.* слушать. **2.** Провести нек-рое время слушая. *П. лекцию. П. певца. Послушай, что я тебе скажу.* **3.** **послу́шай(те)**, *вводн. сл.* Выражает призыв к вниманию с оттенком недовольства, нетерпения. *Послушайте, вы, кажется, забываетесь!*

ПОСЛУ́ШАТЬСЯ *см.* слушаться.

ПОСЛУ́ШНИК, -а и **ПО́СЛУШНИК**, -а, *м.* Прислужник в монастыре, готовящийся к пострижению в монахи. ‖ *ж.* **послу́шница**, -ы *и* **по́слушница**, -ы. ‖ *прил.* **послу́шнический**, -ая, -ое *и* **по́слушнический**, -ая, -ое.

ПОСЛУ́ШНЫЙ, -ая, -ое; -шен, -шна. Такой, к-рый слушается, покорный. *П. ребёнок. Послушен голосу рассудка кто-н.* (перен.). *П. механизм* (перен.: хорошо управляемый). ‖ *сущ.* **послу́шность**, -и, *ж.*

ПОСЛЫ́ШАТЬСЯ *см.* слышаться.

ПОСЛЮНИ́ТЬ *см.* слюнить.

ПОСЛЮНЯ́ВИТЬ *см.* слюнявить.

ПОСМА́ТРИВАТЬ, -аю, -аешь; *несов.* Смотреть (в 1 и 5 знач.) время от времени. *П. по сторонам. Посматривай за детьми.*

ПОСМЕ́ИВАТЬСЯ, -аюсь, -аешься; *несов.* Смеяться или насмехаться слегка, немного. *П. исподтишка.*

ПОСМЕ́ННЫЙ, -ая, -ое. Происходящий сменами. *Работать посменно* (нареч.).

ПОСМЕ́РТНЫЙ, -ая, -ое. Осуществляемый или возникший после смерти (о чём-н., относящемся к деятельности умершего). *Посмертное издание сочинений. Награждён посмертно* (нареч.). *Посмертная слава* (высок.).

ПОСМЕ́ТЬ *см.* сметь.

ПОСМЕ́ШИЩЕ, -а, *ср.* **1.** То, над чем все смеются, издеваются. *Выступление оратора превратилось в п.* **2.** Человек, над к-рым все смеются. *Стал всеобщим посмешищем кто-н.* **3.** Издевательство, осмеяние. *Выставить кого-н. на п.*

ПОСМЕЯ́НИЕ, -я, *ср.* (высок.). Глумление, оскорбительные насмешки. *Отдать кого-н. на п.*

ПОСМЕЯ́ТЬСЯ *см.* смеяться.

ПОСМОТРЕ́ТЬ, -рю́, -о́тришь; *сов.* **1.** *см.* смотреть. **2.** **посмо́трим.** Потом поймём, решим (разг.). *Посмотрим, как пойдут дела. Там посмотрим* (то же, что видно будет — см. видный в 6 знач.).

ПОСМОТРЕ́ТЬСЯ *см.* смотреться.

ПОСМУГЛЕ́ТЬ *см.* смуглеть.

ПОСО́БИЕ, -я, *ср.* **1.** Помощь, преимущ. денежная. *П. по инвалидности. Пособия многодетным матерям. Выходное п.* **2.** Учебная книга, а также предмет, необходимый при обучении чему-н. *Учебные пособия. П. по истории. Наглядные пособия.*

ПОСОБИ́ТЬ, -блю́, -би́шь; *сов., кому-чему* (прост. и обл.). Помочь, подсобить. *П. косить. Пособи моему горю* (помоги в беде). ‖ *несов.* **пособля́ть**, -я́ю, -я́ешь.

ПОСО́БНИК, -а, *м.* Помощник в плохих, преступных действиях. *Назвать своих пособников. Пособники преступления.* ‖ *ж.* **посо́бница**, -ы. ‖ *прил.* **посо́бнический**, -ая, -ое.

ПОСО́БНИЧЕСТВО, -а, *ср.* Помощь в плохих, преступных действиях. *Осудить за п. П. агрессии.* ‖ *прил.* **посо́бнический**, -ая, -ое.

ПОСОВЕ́СТИТЬСЯ *см.* совеститься.

ПОСОВЕ́ТОВАТЬ, -СЯ *см.* советовать, -ся.

ПОСОДЕ́ЙСТВОВАТЬ *см.* содействовать.

ПОСО́Л[1], -сла́, *м.* **1.** Дипломатический представитель высшего ранга. *Встреча на уровне послов.* **2.** Тот, кто послан к кому-н. с каким-н. поручением (разг.). ‖ *прил.* **посо́льский**, -ая, -ое (к 1 знач.).

ПОСО́Л[2], -а, *м.* То же, что засол (во 2 знач.). *Кильки пряного посола.*

ПОСОЛИ́ТЬ *см.* солить.

ПОСОЛОВЕ́ТЬ *см.* соловеть.

ПОСО́ЛЬСТВО, -а, *ср.* Дипломатическое представительство, возглавляемое послом, а также здание, занимаемое этим представительством. ‖ *прил.* **посо́льский**, -ая, -ое. *П. особняк.*

ПО́СОХ, -а, *м.* Длинная и толстая палка с заострённым опорным концом. *Странник с посохом. П. чабана. Архиерейский, игуменский п.* (знак их церковной власти). ‖ *уменьш.* **посошо́к**, -шка́, *м.*

ПОСО́ХНУТЬ (-ну, -нешь, 1 и 2 л. ед. не употр.), -нет; -о́х, -о́хла; *сов.* Засохнуть совсем (о многом). *Цветы посохли.*

ПОСОШО́К, -шка́, *м.* **1.** *см.* посох. **2.** Последняя рюмка вина, выпиваемая перед уходом (разг. шутл.). *П. на дорогу.* ✦ **Выпить на посошок** — выпить, уходя из гостей, с пирушки.

ПОСПА́ТЬ, -плю́, -пи́шь; -а́л, -ала́, -а́ло; *сов.* Провести нек-рое время во сне, уснуть на нек-рое время. *П. после обеда.*

ПОСПЕВА́ТЬ[1] (-а́ю, -а́ешь, 1 и 2 л. не употр.), -а́ет; *несов.* **1.** *см.* поспеть[1]. **2.** То же, что спеть[1] (разг.). *Яблоки поспевают.*

ПОСПЕВА́ТЬ[2] *см.* поспеть[2].

ПОСПЕ́ТЬ[1] (-е́ю, -е́ешь, 1 и 2 л. не употр.), -е́ет; *сов.* **1.** *см.* спеть[1]. **2.** Стать приготовленным, готовым (разг.). *Обед поспел. Самовар поспел.* ‖ *несов.* **поспева́ть** (-а́ю, -а́ешь, 1 и 2 л. не употр.), -а́ет.

ПОСПЕ́ТЬ[2], -е́ю, -е́ешь; *сов.* (разг.). То же, что успеть (в 1 знач.). *П. к сроку.* ‖ *несов.* **поспева́ть**, -а́ю, -а́ешь.

ПОСПЕША́ТЬ, -а́ю, -а́ешь; *несов.* (устар.). Торопиться, спешить. ✦ **Медленно поспешает** *кто* (разг. шутл.) — не торопится, действует вяло, не спеша.

ПОСПЕ́ШЕСТВОВАТЬ, -твую, -твуешь; *несов., кому-чему* (устар.). То же, что содействовать.

ПОСПЕШИ́ТЬ *см.* спешить.

ПОСПЕ́ШНЫЙ, -ая, -ое; -шен, -шна. Очень быстрый, торопливый. *П. отъезд. Поспешно* (нареч.) *собраться.* ‖ *сущ.* **поспе́шность**, -и, *ж.*

ПОСПО́РИТЬ, -рю, -ришь; *сов.* **1.** *см.* спорить. **2.** Вступить в соревнование, в состязание. *Молодёжь в работе поспорит с мастерами.* **3.** Провести нек-рое время в споре. *Поспорят и разойдутся.*

ПОСПОСО́БСТВОВАТЬ *см.* способствовать.

ПОСПРОША́ТЬ, -а́ю, -а́ешь; *сов., кого (что)* (прост.). Расспрашивая, постараться узнать о ком-чём-н. *П. у соседей.*

ПОСРАМИ́ТЬ, -млю́, -ми́шь; -млённый (-ён, -ена́); *сов., кого-что.* Подвергнуть сраму, позору. *П. чьё-н. честное имя. Не посрамим земли русской!* (в старину: воинский клич). ‖ *несов.* **посрамля́ть**, -я́ю, -я́ешь. ‖ *сущ.* **посрамле́ние**, -я, *ср. Отдать кого-н. на позор и п.* (высок.).

ПОСРЕДИ́. 1. *нареч.* То же, что посередине (в 1 знач.). *Все его окружили, он оказался п.* **2.** *кого-чего, предлог с род. п.* В середине, посередине кого-чего-н. *Стол п. комнаты. П. толпы.* **3.** *чего, предлог с род. п.* Во время протекания чего-н., среди (во 2 знач.). *П. разговора вдруг замолк.* **4.** *кого, предлог с род. п.* В среде, в окружении кого-чего-н. *Оказаться п. друзей. Жить п. врагов.*

ПОСРЕДИ́НЕ, *нареч.* и *предлог с род. п.* То же, что посреди (в 1, 2 и 3 знач.).

ПОСРЕ́ДНИК, -а, *м.* Лицо (а также организация, государство), при участии к-рого ведутся переговоры между сторонами. *П. в споре.* ‖ *ж.* **посре́дница**, -ы. ‖ *прил.* **посре́днический**, -ая, -ое. *Посредническая миссия.*

ПОСРЕ́ДНИЧАТЬ, -аю, -аешь; *несов.* Выступать в роли посредника, быть посредником.

ПОСРЕ́ДНИЧЕСТВО, -а, *ср.* Содействие соглашению, сделке между сторонами. *Предложить своё п.* ‖ *прил.* **посре́днический**, -ая, -ое.

ПОСРЕ́ДСТВЕННОСТЬ, -и, *ж.* **1.** *см.* посредственный. **2.** Посредственный, бездарный человек.

ПОСРЕ́ДСТВЕННЫЙ, -ая, -ое; -вен, -венна. **1.** Среднего качества, заурядный. *П. писатель. Посредственно* (нареч.) *отвечать на экзамене.* **2. посре́дственно**, *нескл., ср.* Отметка, оценка знаний: удовлетворительно. *На экзамене получил посредственно.* ‖ *сущ.* **посре́дственность**, -и, *ж.* (к 1 знач.).

ПОСРЕ́ДСТВО, -а, *ср.* **1.** То же, что посредничество. *Обратиться к чьему-н. посредству.* **2. посре́дством** *чего, предлог с род. п.* При помощи чего-н., каким-н. способом, используя что-н. *Действовать п. переговоров.* ✦ **При посредстве** *кого-чего, предлог с род. п.* — то же, что посредством. *Воздействовать при посредстве общественности.* **Через посредство** *кого-чего, предлог с род. п.* (устар.) — при посредстве кого-чего-н., при помощи, через кого-что-н.

ПОСРЕ́ДСТВУЮЩИЙ, -ая, -ее (книжн.). Промежуточный, связующий. *Посредствующее звено.*

ПОССОВЕ́Т, -а, *м.* Сокращение: поселковый Совет народных депутатов. ‖ *прил.* **поссове́тский**, -ая, -ое (разг.).

ПОССО́РИТЬ, -СЯ *см.* ссорить, -ся.

ПОСТ[1], -а́, *м.* **1.** У верующих: воздержание на определённый срок от скоромной пищи и другие ограничения по предписанию церкви. *Строгое соблюдение постов. Проводить время в посте и молитве* (поститься). *Вынужденный п.* (перен.: о невольном голодании; шутл.). **2.** Период, в к-рый, по предписанию церкви, запрещается употребление скоромной пищи и действуют нек-рые другие ограничения. *В посту* (во время поста). *Однодневные посты* (среда и пятница каждой недели, крещенский сочельник и нек-рые другие). *Многодневные посты. Великий п.* (весенний семинедельный пост перед Пасхой). *Петров п.* (летний пост перед Петровым днём). *Успенский п.* (осенний двухнедельный пост в августе). *Рождественский п.* (зимний сорокадневный предрождественский пост). ✦ **Не всё коту масленица, придёт и Великий пост** — посл. о том, что на смену беззаботной жизни и удовольствиям придут неприятности, трудности. ‖ *прил.* **по́стный** [сн], -ая, -ое. *Постные дни.*

ПОСТ[2], -а́, о посте́, на посту́, *м.* **1.** Часовой или группа бойцов, ведущая наблюдение или охраняющая военный объект, а также самый этот объект. *П. пограничной охраны. Сторожевой п. Проверка постов. Выйти на п.* **2.** Место, пункт, откуда ведётся наблюдение, где находится охранение. *Занять п. Наблюдательный п. Умереть на посту* (также перен.: при исполнении своих обязанностей). **3.** Место постоянного дежурства, наблюдения, а также само такое наблюдение. *П. регулирования движения. У постели больного постоянный п.* **4.** Ответственная должность. *Высокий п. Занять п. директора.* **5.** Место, в к-ром сосредоточено управление различными техническими средствами, сигналами. *П. управления. Центральный п. Станционный железнодорожный п.* ‖ *прил.* **постово́й**, -а́я, -о́е (к 1, 2, 3 и 5 знач.). *Постовая будка. Постовая ведомость* (служебный документ караула).

ПОСТ..., *приставка.* Образует прилагательные и существительные со знач. наступления, следования после чего-н., вслед за чем-н., напр. *постинфекционный, пострадиационный, постэмбриональный, постпозиция, постимпрессионизм.*

ПОСТА́В, -а, *мн.* -а́, -о́в, *м.* **1.** Пара мельничных жерновов; машина, устройство с такими жерновами. *Мукомольный, шелушильный п. Жерновой п.* **2.** Кустарный ткацкий стан. *Снять холст с постава.* ‖ *прил.* **поста́вный**, -ая, -ое.

ПОСТАВЕ́Ц, -вца́, *м.* (устар.). Невысокий шкаф для посуды. ‖ *прил.* **поставцо́вый**, -ая, -ое.

ПОСТА́ВИТЬ[1], -влю, -вишь; -вленный; *сов., что.* Произвести поставки чего-н. *П. оборудование заводу. П. топливо.* ‖ *несов.* **поставля́ть**, -я́ю, -я́ешь. ‖ *сущ.* **поста́вка**, -и, *ж.*

ПОСТА́ВИТЬ[2], -влю, -вишь; -вленный; *сов.* **1.** *см.* ставить. **2.** *что.* Заплатить за что-н. бутылкой водки, вина (прост.). *Поставь бутылку, сделаю.*

ПОСТА́ВИТЬ[3], -влю, -вишь; -вленный; *сов., кого (что) в кого (что).* У христиан: посвятить в духовное звание. *П. в дьяконы. Поставлен в епископы.* ‖ *несов.* **поставля́ть**, -я́ю, -я́ешь. ‖ *сущ.* **поставле́ние**, -я, *ср.*

ПОСТА́ВКА, -и, *ж.* **1.** *см.* поставить[1]. **2.** обычно *мн.* Доставка, снабжение продукцией по специальному договору. *Положение о поставках. Государственные поставки.*

ПОСТАВЩИ́К, -а́, *м.* Лицо, организация, поставляющие какие-н. материалы, товары. *Завод-п.* ‖ *ж.* **поставщи́ца**, -ы.

ПОСТАМЕ́НТ, -а, *м.* Основание памятника, колонны, статуи. *Гранитный п.*

ПОСТАНОВИ́ТЬ, -овлю́, -о́вишь; -о́вленный; *сов., с неопр.* или *с союзом «чтобы».* Вынести какое-н. постановление. *Постановили всем дежурить (чтобы дежурили все). П. большинством голосов.* ‖ *несов.* **постановля́ть**, -я́ю, -я́ешь.

ПОСТАНО́ВКА, -и, *ж.* **1.** *см.* ставить. **2.** *чего.* Положение, манера держать какую-н. часть тела. *Красивая п. головы.* **3.** *чего.* Способ делать что-н., организация чего-н. *Правильная п. работы.* **4.** Спектакль, представление. *Новые постановки классиков.* ‖ *прил.* **постано́вочный**, -ая, -ое (к 4 знач.).

ПОСТАНОВЛЕ́НИЕ, -я, *ср.* Коллективное решение, официальное распоряжение. *П. общего собрания. Вынести п.*

ПОСТАНО́ВЩИК, -а, *м.* Специалист, к-рый руководит постановкой, ставит спектакль. *П. фильма. Режиссёр-п. Оператор-п. Художник-п.*

ПОСТАРА́ТЬСЯ *см.* стараться.

ПОСТАРЕ́ТЬ *см.* стареть.

ПОСТАТЕ́ЙНЫЙ, -ая, -ое. Производимый по статьям (во 2 знач.). *Постатейное обсуждение проекта.*

ПОСТЕЛИ́ТЬ *см.* стлать.

ПОСТЕЛИ́ТЬСЯ *см.* стелиться.

ПОСТЕ́ЛЬ, -и, *ж.* **1.** Место для спанья с постланными на нём спальными принадлежностями; сами такие принадлежности. *Мягкая п. Лежать в постели. Лечь в п.* или *на п. Встать с постели. Постлать п. Измятая, неубранная п. Дежурить у постели больного.* **2.** *перен., ед.* Секс, половые отношения (разг.). *Этих двоих связывает только п.* ‖ *прил.* **посте́льный**, -ая, -ое. *Постельное бельё. У больного п. режим* (предписывающий лежать в постели). *Постельная сцена* (в фильме).

ПОСТЕПЕ́ННЫЙ, -ая, -ое; -е́нен, -е́нна. Совершающийся не сразу, без резких скачков. *П. переход к чему-н. Делать что-н. постепенно* (нареч.). ‖ *сущ.* **постепе́нность**, -и, *ж.*

ПОСТЕСНЯ́ТЬСЯ *см.* стесняться.

ПОСТИ́ГНУТЬ *см.* постичь.

ПОСТИЖЁР, -а, *м.* (спец.). Специалист по изготовлению париков (в театральных мастерских также по изготовлению накладных усов, бород, бакенбард). ‖ *прил.* **постижёрский**, -ая, -ое.

ПОСТИЖЁРНЫЙ, -ая, -ое (спец.). Относящийся к работам постижёра. *Постижёрные работы. Постижёрная мастерская.*

ПОСТИЖИ́МЫЙ, -ая, -ое; -и́м (книжн.). Такой, что можно постичь, понять. *Легко постижимые истины.* ‖ *сущ.* **постижи́мость**, -и, *ж.*

ПОСТИЛА́ТЬ, -а́ю, -а́ешь; *несов.* То же, что стлать (в 1 знач.). *П. постель.* ‖ *сущ.* **пости́лка**, -и, *ж.*

ПОСТИ́ЛКА, -и, *ж.* **1.** *см.* постилать *и* стлать. **2.** То же, что подстилка (во 2 знач.). *Мягкая п.*

ПОСТИ́ЛОЧНЫЙ *см.* стлать.

ПОСТИРУ́ШКА, -и, *ж.* (прост.). Небольшая стирка. *Устроить постирушку.*

ПОСТИ́ТЬСЯ, пощу́сь, пости́шься; *несов.* Воздерживаться от скоромной пищи во время поста[1], соблюдать предписания поста[1]. *П. в Великий пост.*

ПОСТИ́ЧЬ и **ПОСТИ́ГНУТЬ**, -и́гну, -и́гнешь; -и́г *и* -и́гнул, -и́гла; -и́гший *и* -и́гнувший; *сов., кого-что.* **1.** Понять, уразуметь. *П. смысл чего-н.* **2.** (1 и 2 л. не употр.). О чём-н. плохом, тяжёлом: случиться с кем-чем-н. *Его постигла неудача. Горе, постигшее семью.* ‖ *несов.* **постига́ть**, -а́ю, -а́ешь. ‖ *сущ.* **постиже́ние**, -я, *ср.* (к 1 знач.).

ПОСТЛА́ТЬ *см.* стлать.

ПО́СТНИЧАТЬ, -аю, -аешь; *несов.* (устар.). То же, что поститься. ‖ *сущ.* **по́стничество**, -а, *ср.*

ПО́СТНЫЙ [*сн*], -ая, -ое; -тен, -тна́, -тно. **1.** *см.* пост[1]. **2.** *полн. ф.* О пище: употребляемый во время поста[1], не мясной, не молочный. *Есть постное* (сущ.). *Постное масло* (растительное). **3.** *полн. ф.* Не жирный (разг.). *Постная ветчина.* **4.** *перен.* Хмурый, скучный (разг. шутл.). *Постная физиономия.* **5.** *перен.* О виде, внешности: нарочито скромный и добродетельный (разг. шутл.). ‖ *сущ.* **по́стность**, -и, *ж.* (к 4 и 5 знач.).

ПОСТОВО́Й, -а́я, -о́е. **1.** *см.* пост[2]. **2.** Стоящий на посту[2] (во 2 знач.), на охране чего-н. *П. милиционер. Спросить у постового* (сущ.).

ПОСТО́Й, -я, *м.* (устар.). Стоянка войск, военных на частных квартирах. *Развести солдат на п. Освободить дома от постоя.*

ПОСТО́ЛЬКУ: 1) **постольку... поскольку...**, *союз* — в той мере как. *Его дела меня интересуют постольку, поскольку они и меня касаются;* 2) **постольку поскольку** (разг.) — о половинчатом, нерешительном образе действий. *Помогает постольку поскольку* (т. е. не до конца, не в полную меру).

ПОСТОРОНИ́ТЬСЯ *см.* сторониться.

ПОСТОРО́ННИЙ, -яя, -ее. **1.** Не свой, не принадлежащий к данной группе, обществу, семье. *П. человек. Постороннее влияние. Посторонним* (сущ.) *вход воспрещен.* **2.** Не имеющий прямого отношения к делу. *Посторонние соображения.*

ПОСТОЯ́ЛЕЦ, -льца, *м.* (устар.). Временный жилец. *Пустить постояльца.* ‖ *ж.* **постоя́лица**, -ы.

ПОСТОЯ́ЛЫЙ: **постоялый двор** (устар.) — трактир с местами для ночлега и с двором для лошадей, повозок. *Остановиться на постоялом дворе.*

ПОСТОЯ́ННЫЙ, -ая, -ое; -я́нен, -я́нна. **1.** *полн. ф.* Не прекращающийся, неизменный и одинаковый во всё время; всегдашний. *Жить в постоянном труде. П. посетитель театра. Постоянная величина и постоянная* (сущ.) (в математике: величина, к-рая по условиям задачи сохраняет одно и то же значение). *Постоянная армия* (армия мирного времени). *П. ток* (в отличие от переменного, не изменяющийся во времени). *П. капитал* (часть капитала, затрачиваемая на средства производства и остающаяся неизменной в процессе производства; спец.). **2.** *полн. ф.* Рассчитанный на долгий срок, не временный. *П. мост. Постоянная работа.* **3.** Не изменчивый, твёрдый. *П. взгляд на вещи.* ‖ *сущ.* **постоя́нство**, -а, *ср.* (к 1 и 3 знач.) *и* **постоя́нность**, -и, *ж.*

ПОСТОЯ́НСТВО, -а, *ср.* **1.** *см.* постоянный. **2.** Неизменность в каком-н. отношении каких-н. свойств, качеств, элементов (спец.). *Закон постоянства состава* (химического соединения). **3.** Верность, твёрдость во взглядах, чувствах. *П. в любви, в дружбе.*

ПОСТОЯ́ТЬ, -ою́, -ои́шь; *сов.* **1.** *см.* стоять. **2.** Стоять (в 1, 2, 4, 6, 8 и 9 знач.) нек-рое время. *П. у дверей. Дом ещё постоит. Жара постояла. Поезд постоит у светофора. Молоко долго не постоит.* **3.** **посто́й(те)**. То же, что подожди(те) (см. подождать в 3, 4 и 5 знач.). *Постой(те), давай(те) разберёмся хорошенько. Постой, а ты не ошибся? Ну постой же ты у меня!* ✦ **Не постоять** (за ценой, за расходами, за благодарностью) — не поскупиться, щедро рассчитаться.

ПОСТПРЕ́Д, -а, *м.* Сокращение: постоянный представитель — глава постпредства. ‖ *прил.* **постпре́довский**, -ая, -ое (разг.).

ПОСТПРЕ́ДСТВО, -а, *ср.* Сокращение: постоянное представительство — орган внешних сношений, учреждённый государством за границей при какой-н. международной организации, а также учреждение, представляющее автономное образование при правительстве федеративного государства. *П. при ООН.*

ПОСТРАДА́ТЬ *см.* страдать.

ПОСТРАНИ́ЧНЫЙ, -ая, -ое. Производимый по страницам. *П. подсчёт. Постраничная плата.*

ПОСТРЕ́Л, -а, *м.* (разг.). Озорник, сорванец. *Наш п. везде поспел* (погов.). ‖ *уменьш.* **пострелёнок**, -нка, *мн.* -ля́та, -ля́т, *м.*

ПОСТРЕ́ЛИВАТЬ, -аю, -аешь; *несов.* (разг.). Стрелять изредка, время от времени. *Постреливают охотники. П. уток. Постреливает* (безл.) *в ухе.*

ПОСТРЕЛЯ́ТЬ, -я́ю, -я́ешь; *сов.* **1.** Провести нек-рое время стреляя, занимаясь стрельбой. *П. в тире.* **2.** *кого (чего).* Настрелять, добыть стрельбой (разг.). *П. дичи.* **3.** *кого (что).* Застрелить многих (прост.). *Всех постреляли.*

ПО́СТРИГ, -а, *м.* Христианский обряд принятия монашества или посвящения в священнослужители (сопровождающийся подрезыванием волос). *Принять п.*

ПОСТРИЖЕ́НИЕ, -я, *ср.* **1.** *см.* постричь, -ся. **2.** То же, что постриг. *П. в монахи.*

ПОСТРИ́ЧЬ, -игу́, -ижёшь, -игу́т; -и́г, -и́гла; -и́гший; -и́женный; -и́гши; *сов.* **1.** *кого-что.* Подровнять, подрезать (волосы). *П. мальчика.* **2.** *кого (что).* У христиан: совершить над кем-н. постриг. *П. в монахи.* ‖ *несов.* **пострига́ть**, -а́ю, -а́ешь (ко 2 знач.). ‖ *сущ.* **постриже́ние**, -я, *ср.* (ко 2 знач.).

ПОСТРИ́ЧЬСЯ, -игу́сь, -ижёшься, -игу́тся; -и́гся, -и́глась; -и́гшийся; -и́гшись; *сов.* **1.** Постричь себе волосы. *П. в парикмахерской.* **2.** У христиан: принять постриг. *П. в монастырь.* ‖ *несов.* **пострига́ться**, -а́юсь, -а́ешься (ко 2 знач.). ‖ *сущ.* **постриже́ние**, -я, *ср.* (ко 2 знач.).

ПОСТРОЕ́НИЕ, -я, *ср.* **1.** *см.* строить[1-2]. **2.** То же, что строение (во 2 знач.). *П. фразы, строфы.* **3.** Учение, теория; рассуждение (книжн.). *Философские построения.*

ПОСТРО́ИТЬ[1-2], -СЯ[1-2] *см.* строить[1-2], -ся[1-2].

ПОСТРО́ЙКА, -и, *ж.* **1.** *см.* строить[1]. **2.** То, что построено, здание (обычно небольшое). *Красивая п. Деревянные постройки.* ‖ *прил.* **постро́ечный**, -ая, -ое.

ПОСТРО́МКА, -и, *ж.* Ремень (верёвка), соединяющий валёк с хомутом при дышловой запряжке или у пристяжной. ‖ *прил.* **постро́мочный**, -ая, -ое.

ПОСТРО́ЧНЫЙ, -ая, -ое. Производимый по строкам. *П. гонорар.*

ПОСТСКРИ́ПТУМ, -а, *м.* (книжн.). Приписка в письме после подписи, обозначаемая буквами P. S. [от латинского post scriptum «после написанного»].

ПОСТУ́КИВАТЬ, -аю, -аешь; *несов.* (разг.). Слегка, с перерывами стучать (в 1 и 2 знач.). *П. в дверь.*

ПОСТУЛА́Т, -а, *м.* В математике, логике: исходное положение, допущение, принимаемое без доказательств, аксиома.

ПОСТУЛИ́РОВАТЬ, -рую, -руешь; -анный; *сов. и несов., что* (книжн.). Высказать (-зывать) что-н. в качестве постулата. *П. основной тезис.*

ПОСТУПА́ТЕЛЬНЫЙ, -ая, -ое; -лен, -льна. Направленный вперёд. *Поступательное движение.* ‖ *сущ.* **поступа́тельность**, -и, *ж.*

ПОСТУПИ́ТЬ, -уплю́, -у́пишь; *сов.* **1.** Совершить какой-н. поступок, сделать что-н. *П. правильно. Зачем ты так поступил?* **2.** Зачислиться куда-н. *П. в университет. П. на работу.* **3.** (1 и 2 л. не употр.). О посылаемом, сообщаемом, передаваемом: дойти, прибыть по назначению. *В комиссию поступило заявление. Книга поступила в продажу.* ‖ *несов.* **поступа́ть**, -а́ю, -а́ешь. ‖ *сущ.* **поступле́ние**, -я, *ср.* (ко 2 и 3 знач.).

ПОСТУПИ́ТЬСЯ, -уплю́сь, -у́пишься; *сов., чем.* Добровольно уступая, отказаться от чего-н. *П. своими интересами.* ‖ *несов.* **поступа́ться**, -а́юсь, -а́ешься.

ПОСТУПЛЕ́НИЕ, -я, *ср.* **1.** *см.* поступить. **2.** То, что поступило (в 3 знач.) куда-н., поступившая сумма, материалы (офиц.).

Большие поступления в банк. Выставка новых поступлений в библиотеке.

ПОСТУ́ПОК, -пка, *м.* **1.** Совершённое кем-н. действие. *Хороший, плохой п. Совершить необдуманный п. Отвечать за свои поступки.* **2.** Решительное, активное действие в сложных обстоятельствах. *В его жизни был п.*

ПО́СТУПЬ, -и, *ж.* **1.** Походка, манера ступать. *Величавая, мерная п.* **2.** *перен.* Движение, ход развития (высок.). *П. истории.*

ПОСТУЧА́ТЬ, -СЯ *см.* стучать, -ся.

ПОСТФА́КТУМ, *нареч.* (книжн.). После того, как что-н. уже сделано, совершилось. *Объявить о чём-н. п.*

ПО́СТФИКС, -а, *м.* В грамматике: словообразовательная морфема, следующая за окончанием (напр. -ся, -те, -то, -либо). ‖ *прил.* **постфикса́льный**, -ая, -ое.

ПОСТЫДИ́ТЬ, -ыжу́, -ыди́шь; *сов., кого (что)* (разг.). Немного пристыдить. *П. шалуна.*

ПОСТЫДИ́ТЬСЯ *см.* стыдиться.

ПОСТЫ́ДНЫЙ, -ая, -ое; -ден, -дна (высок.). Такой, к-рого следует стыдиться, позорный. *П. поступок. Постыдная ложь.* ‖ *сущ.* **посты́дность**, -и, *ж.*

ПОСТЫ́ЛЫЙ, -ая, -ое; -ы́л. Возбуждающий неприязнь к себе, отвращение, надоевший. *Всё немило, всё постыло* (из песни). ‖ *сущ.* **посты́лость**, -и, *ж.*

ПОСУ́ДА, -ы, *ж.* **1.** Хозяйственная утварь для еды, питья, хранения припасов. *Шкаф с посудой. Стеклянная п. Столовая п.* (для еды). *Чайная п.* (для чаепития). *Кухонная п.* (для приготовления пищи). **2.** Отдельный предмет из такой утвари (обычно о банке, бутылке) (разг.). *Цена молока вместе с посудой.* ‖ *прил.* **посу́дный**, -ая, -ое. *Посудное полотенце* (для вытирания посуды).

ПОСУ́ДИНА, -ы, *ж.* (прост.). **1.** Отдельный предмет для еды, питья, хранения припасов. **2.** *перен.* Лодка, судно (обычно старое, непрочное). *Эта п. ещё послужит рыбакам.*

ПОСУДИ́ТЬ, -ужу́, -у́дишь; *сов.* **1.** Подумать, высказать суждение о чём-н. (устар.). **2. посуди́(те).** Употр. в знач. представь(те), подумай(те) с оттенком осуждения, увещевания (разг.). *Посуди сам, можно ли так поступать?*

ПОСУДОМО́ЕЧНЫЙ, -ая, -ое и **ПОСУДОМО́ЙНЫЙ**, -ая, -ое. Относящийся к мытью посуды. *Посудомоечная машина.*

ПОСУДОМО́ЙКА, -и, *ж.* **1.** Работница, моющая посуду. **2.** Посудомоечная машина.

ПОСУ́Л, -а, *м.* (прост.). То же, что обещание. *Пустые посулы.*

ПОСУЛИ́ТЬ, -СЯ *см.* сулить, -ся.

ПОСУРО́ВЕТЬ *см.* суроветь.

ПО́СУХУ, *нареч.* (разг.). Сухим путём. *Путешествовать п.*

ПОСЧАСТЛИ́ВИТЬСЯ, -ится; *безл.; сов., кому.* О каких-н. обстоятельствах: удаться, счастливо сложиться для кого-н. *Туристам посчастливилось: погода прекрасная. Посчастливилось познакомиться.*

ПОСЧИТА́ТЬ, -СЯ *см.* считать[1], -ся.

ПОСЫ́Л *см.* послать.

ПОСЫЛА́ТЬ *см.* послать.

ПОСЫ́ЛКА[1], -и, *ж.* **1.** *см.* послать. **2.** Упакованная вещь (вещи), пересланная кому-н. по почте или с кем-н. *Почтовая п. Привёз тебе посылку из дому.* ‖ *уменьш.* **посы́лочка**, -и, *ж.* ‖ *прил.* **посы́лочный**, -ая, -ое. *П. ящик.*

ПОСЫ́ЛКА[2], -и, *ж.* В логике: основание для вывода, умозаключения; вообще суждение, на к-ром основывается заключение, вывод. *Исходить из ложной посылки.*

ПОСЫ́ЛКИ: на посылках (разг.) — то же, что на побегушках.

ПОСЫ́ЛЬНЫЙ, -ая, -ое. **1.** *см.* послать. **2. посы́льный**, -ого, *м.* Работник, отправляемый куда-н. с поручениями. *Передать пакет с посыльным.*

ПОСЫ́ПАТЬ, -плю, -плешь *и* (разг.) -пешь, -пет, -пем, -пете, -пят; -сыпь; -анный; *сов., что.* Покрыть чем-н. сыпучим. *П. дорожку песком. П. хлеб сахаром.* ‖ *несов.* **посыпа́ть**, -а́ю, -а́ешь.

ПОСЫ́ПАТЬСЯ (-плюсь, -пешься *и* разг. -пешься, -пется, 1 и 2 л. ед. не употр.), -плется *и* (разг.) -пется, -пемся, -петесь, -пятся; *сов.* Начать сыпаться. *Посыпались листья. Посыпались вопросы.*

ПОСЯГА́ТЕЛЬСТВО, -а, *ср.* (книжн.). Попытка (незаконная или осуждаемая) сделать что-н., распорядиться чем-н., получить что-н. *П. на чью-н. свободу, самостоятельность, собственность.*

ПОСЯГНУ́ТЬ, -ну́, -нёшь; *сов., на кого-что* (книжн.). Совершить посягательство на что-н. *П. на чью-н. жизнь* (попытаться убить). ‖ *несов.* **посяга́ть**, -а́ю, -а́ешь.

ПОТ, -а (-у), о по́те, в поту́, *мн.* поты́, -о́в, *м.* **1.** Жидкость, выделяемая кожными железами, испарина. *Прибежал весь в поту. Вогнать в п. кого-н.* (также перен.: изнурить напряжённой работой; разг.). *В холодном поту проснулся* (в ужасе, страхе). *Холодным потом покрыться* (от сильного испуга, ужаса). *Это дело потребует немало пота* (перен.: длительного труда, больших усилий). **2.** *перен.* Влажный налёт на чём-н., проявляющийся под действием наружного холода. *Стёкла покрылись потом.* ✦ **В поте лица** — усердно. *Трудиться в поте лица.* **До седьмого пота** (разг.) — до изнеможения. **Потом и кровью добыть** *что* (высок.) — путём величайших усилий. **Семь пото́в сошло** *с кого* (разг.) — о том, кто очень устал, много работал. ‖ *прил.* **пото́вый**, -а́я, -о́е (к 1 знач.). *Потовые железы.*

ПОТАЁННЫЙ, -ая, -ое; -ён, -ённа (устар.). Скрываемый от других, тайный. *Потаённые мысли, замыслы. Потаённая печаль.* ‖ *сущ.* **потаённость**, -и, *ж.*

ПОТАЙНО́Й, -а́я, -о́е. Скрытый, устроенный с секретом. *П. ход. Потайная пружина.*

ПОТАКА́ТЬ, -а́ю, -а́ешь; *несов., кому-чему* (разг.). То же, что потворствовать. *П. ребёнку в шалостях (шалостям ребёнка).* ‖ *сущ.* **потака́ние**, -я, *ср.* и **пота́чка**, -и, *ж.* *Не давать потачки кому-н.*

ПОТА́СКАННЫЙ, -ая, -ое; -ан, -анна (разг.). То же, что потрёпанный (в 1 и 3 знач.). *П. костюм. Потасканное лицо.* ‖ *сущ.* **пота́сканность**, -и, *ж.*

ПОТАСКУ́ХА, -и, *ж.* (прост. презр.). Женщина лёгкого поведения. ‖ *уменьш.* **потаску́шка**, -и, *ж.*

ПОТАСО́ВКА, -и, *ж.* (разг.). **1.** То же, что драка. *Устроить потасовку.* **2.** Побои в наказание за что-н. *Задать потасовку кому-н.*

ПОТА́ТЧИК, -а, *м.* (разг.). То же, что потворщик. *Наш дед баловству не п.* ‖ *ж.* **пота́тчица**, -ы.

ПОТАЩИ́ТЬ, -ащу́, -а́щишь; -а́щенный; *сов., кого-что.* Начать тащить. *П. бревно. П. вещи в вагон. П. за́ руки. П. в гости. П. гвоздь из стены. П. сапог с ноги.*

ПОТАЩИ́ТЬСЯ, -ащу́сь, -а́щишься; *сов.* (разг.). Начать тащиться. *П. на телеге. Ребята потащились за матерью. Верёвка потащилась по земле.*

ПОТВО́РСТВОВАТЬ, -твую, -твуешь; *несов., кому-чему.* Не препятствовать, снисходительно относиться (к чему-н. предосудительному, отрицательному). *П. лени.* ‖ *сущ.* **потво́рство**, -а, *ср.*

ПОТВО́РЩИК, -а, *м.* (разг.). Тот, кто потворствует, потакает кому-чему-н. *Отец не п. капризам.* ‖ *ж.* **потво́рщица**, -ы.

ПОТЕМНЕ́НИЕ, ПОТЕМНЕ́ТЬ *см.* темнеть.

ПОТЕНЦИА́Л [тэ], -а, *м.* **1.** Физическая величина, характеризующая силовое поле в данной точке (спец.). *Электростатический п.* **2.** *перен.* Степень мощности в каком-н. отношении, совокупность каких-н. средств, возможностей (книжн.). *Экономический п. страны. Военный п.* (ресурсы для ведения войны). *Ядерный п.* **3.** Внутренние возможности. *Духовный п. человека.* ‖ *прил.* **потенциа́льный**, -ая, -ое.

ПОТЕНЦИА́ЛЬНЫЙ [тэ], -ая, -ое; -лен, -льна (книжн.). **1.** *см.* потенциал. **2.** Существующий в потенции, возможный. *Потенциальная энергия. П. враг.* ‖ *сущ.* **потенциа́льность**, -и, *ж.*

ПОТЕ́НЦИЯ [тэ], -и, *ж.* (книжн.). Возможность, то, что существует в скрытом виде и может проявиться при известных условиях.

ПОТЕПЛЕ́НИЕ, -я, *ср.* **1.** *см.* теплеть. **2.** Наступление более тёплой погоды, переход к более тёплой температуре воздуха. *Наступило п. Ожидается п.*

ПОТЕПЛЕ́ТЬ *см.* теплеть.

ПОТЕРЕ́ТЬ, -тру́, -трёшь; -тёр, -тёрла; -тёрший; -тёртый; -терёв *и* -тёрши; *сов., что.* **1.** Немного натереть (в 3 знач.). *Потёр ногу во время ходьбы.* **2.** Провести нек-рое время, натирая, растирая что-н. *П. ушибленное место. П. мазью.*

ПОТЕРЕ́ТЬСЯ *см.* тереться.

ПОТЕРПЕ́ВШИЙ, -его, *м.* (спец.). Человек, к-рому в результате преступления причинён моральный, физический или имущественный урон. ‖ *ж.* **потерпе́вшая**, -ей.

ПОТЕРПЕ́ТЬ, -ерплю́, -е́рпишь; *сов.* **1.** *см.* терпеть. **2.** Проявить терпение в течение нек-рого времени. *Потерпи, боль пройдёт.* **3.** *с отриц., чего.* То же, что стерпеть. *Не п. оскорблений.*

ПОТЕ́РЯ, -и, *ж.* **1.** *см.* терять, -ся. **2.** То, что потеряно, утрачено. *Убрать урожай без потерь. Нести большие потери. Невосполнимая п. П. нашлась.*

ПОТЕ́РЯННЫЙ, -ая, -ое; -ян. **1.** Расстроенный и растерянный. *П. вид. П. взгляд.* **2.** *полн. ф.* Морально опустившийся, конченый. *Потерянная личность. Он — человек п.* ✦ **Потерянное поколение** — молодое поколение, не нашедшее своего места в жизни из-за войны, социальных потрясений. ‖ *сущ.* **поте́рянность**, -и, *ж.* (к 1 знач.).

ПОТЕРЯ́ТЬ, -СЯ *см.* терять, -ся.

ПОТЕСНИ́ТЬ, -ню́, -ни́шь; -нённый (-ён, -ена́); *сов.* **1.** *см.* теснить. **2.** *кого-что.* Стеснить, заставить теснее встать, сесть, расположиться (разг.). *П. соседей.*

ПОТЕСНИ́ТЬСЯ, -ню́сь, -ни́шься; *сов.* (разг.). **1.** Начать жить теснее, уплотниться (во 2 знач.). *Потеснились и пустили жильца.* **2.** Подвинувшись, сесть или встать, расположиться теснее. *Пассажиры потеснились, чтобы посадить ребёнка.*

ПОТЕ́ТЬ, -е́ю, -е́ешь; *несов.* **1.** Покрываться потом (в 1 знач.). *П. от жары.* **2.** (1 и 2 л. не употр.), *перен.* Под действием наружного холода покрываться влажным налётом, потом (во 2 знач.). *Окна потеют.* **3.** *перен.* Трудиться над чем-н. долго и упорно (прост.). *П. над задачей.* ‖ *сов.* **вспоте́ть**, -е́ю, -е́ешь (к 1 знач.), **запоте́ть**, -е́ет (ко 2 знач.) *и* **отпоте́ть**, -е́ет (ко 2 знач.). ‖ *сущ.* **поте́ние**, *-я, ср.*

ПОТЕ́ХА, -и, *ж.* (разг.). Забава, развлечение. *Делу время, потехе час* (посл.). *На потеху всем. Устроить что-н. для потехи.* ✦ **Пошла потеха** — о безудержном начале чего-н. **Делу время, потехе час** — посл.: делам своё время, а отдыху, развлечениям — своё.

ПОТЕ́ЧЬ (-еку́, -ечёшь, 1 и 2 л. не употр.), -ечёт, -еку́т; -ёк, -екла́; -тёкший; -тёкши; *сов.* Начать течь[1]. *Вода потекла. Лодка потекла. Жизнь потекла по-старому.*

ПОТЕША́ТЬ, -а́ю, -а́ешь; *несов., кого (что)* (разг.). Развлекать, смешить. *П. детей. П. слушателей весёлыми историями.*

ПОТЕША́ТЬСЯ, -а́юсь, -а́ешься; *несов., над кем-чем* (разг.). **1.** То же, что тешиться (в 1 знач.). **2.** Издеваться, тешиться (во 2 знач.). *П. над простаком.*

ПОТЕ́ШИТЬ, -СЯ *см.* тешить, -ся.

ПОТЕ́ШНЫЙ, -ая, -ое; -шен, -шна. **1.** Смешной, забавный (разг.). *П. ребёнок. Потешная история. Потешно* (нареч.) *копировать кого-н.* **2.** *полн. ф.* Предназначенный для военных игр, для развлечений (устар.). *Потешные огни. Потешные войска Петра I. Для проводов зимы выстроен п. городок.* ‖ *сущ.* **поте́шность**, *-и, ж.* (к 1 знач.).

ПОТЁК, -а, *м.* След от тёкшей жидкости, краски. *Потёки на стенах.*

ПОТЁМКИ, -мок, -мкам. Темнота, отсутствие света. *Бродить (блуждать, ходить) в потёмках* (также перен.: не иметь чёткой цели, каких-н. необходимых знаний, действовать вслепую). *Чужая душа — п.* (посл.).

ПОТЁРТОСТЬ, -и, *ж.* **1.** *см.* потёртый. **2.** Потёртое, раздражённое место на коже, слизистой оболочке. *П. на десне. П. на холке.*

ПОТЁРТЫЙ, -ая, -ое; -ёрт. **1.** Поношенный, со следами долгого употребления. *П. пиджак. Потёртые локти* (на одежде). **2.** *полн. ф., перен.* О лице, виде: усталый, нездоровый и несвежий, помятый (разг.). *Потёртая внешность.* ‖ *сущ.* **потёртость**, *-и, ж.* (к 1 знач.).

ПОТИРА́ТЬ, -а́ю, -а́ешь; *несов., что.* Тереть, растирать время от времени. *П. ушибленное место. П. руки* (также перен.: испытывать удовлетворение, недобрую радость по поводу чего-н.; разг.).

ПОТИХО́НЬКУ, *нареч.* (разг.). **1.** Медленно, не торопясь. *Ехать, брести п.* **2.** Тихо, негромко. *Насвистывать, напевать п.* **3.** Тайно, скрытно. *П. ушёл из дома.* ‖ *уменьш.* **потихо́нечку**.

ПОТЛИ́ВЫЙ, -ая, -ое; -и́в. Обильно потеющий. *Потливые руки.* ‖ *сущ.* **потли́вость**, *-и, ж.*

ПОТНИ́К, -а́, *м.* Войлок под седлом или седёлкой. ‖ *прил.* **потнико́вый**, -ая, -ое.

ПОТНИ́ЦА, -ы, *ж.* Болезнь кожи, проявляющаяся в появлении мелких пузырьков при усиленном выделении пота (обычно у грудных детей). ‖ *уменьш.* **потни́чка**, *-и, ж.*

ПО́ТНЫЙ, -ая, -ое; -тен, -тна́, -тно. **1.** Покрытый потом (в 1 знач.). *Потное тело. П. лоб.* **2.** *полн. ф.* Покрытый влажным налётом, потом (во 2 знач.), запотелый. *Потные стёкла.*

ПОТОВО́Й *см.* пот.

ПОТОГО́ННЫЙ, -ая, -ое. **1.** Вызывающий пот (в 1 знач.). *Потогонное средство. Прописать потогонное* (сущ.). **2.** *перен.* Отнимающий все силы, эксплуататорский. *Потогонная система труда.*

ПОТО́К, -а, *м.* **1.** Стремительно текущая водная масса. *Бурный п. Горный п. Глубинный п.* (подводное течение). **2.** Движущаяся масса чего-н. *П. лавы. Воздушный п. П. газа. П. частиц. П. света. Людской п. Транспортный п. П. слёз* (перен.). *П. слов* (перен.). **3.** Поточное производство (спец.). *Перевести (поставить) производство на п.* **4.** Часть общего состава учащихся, разделённых для проведения каких-н. занятий, испытаний. *Сдача экзаменов в два потока.* ✦ **На поток и разграбление отдать** *что* (устар. и книжн.) — на полное разорение.

ПОТОЛКОВА́ТЬ, -ку́ю, -ку́ешь; *сов., с кем* (разг.). Поговорить, побеседовать. *П. о том о сём.*

ПОТОЛО́К, -лка́, *м.* **1.** Верхнее внутреннее покрытие помещения. *Лампа под потолком. Ростом под п.* (очень высок; разг.). **2.** Предельная высота подъёма летательного аппарата (спец.). *Статический п.* (при длительном полёте с установившейся скоростью). *Динамический п.* (достигаемый после разгона до большой скорости). **3.** *перен.* Предел, предельная степень чего-н. (разг.). *Такая норма выработки ещё не п.* ✦ **С потолка** (взять что-н.) (разг. неодобр.) — ни на чём не основываясь. *Цифры взяты с потолка.* **Руки в бо́ки, глаза в потоло́к** (разг. шутл.) — в гордой позе, подбоченясь. ‖ *прил.* **потоло́чный**, -ая, -ое (к 1 знач.).

ПОТОЛСТЕ́ТЬ *см.* толстеть.

ПОТО́М. 1. *мест. нареч.* Спустя нек-рое время, после; вслед за кем-чем-н. *Я п. приеду. Поработаем, п. отдохнём. Сначала ты, п. я.* **2.** *союз,* обычно в сочетании с «и», «а». Кроме того, в добавление к сказанному (разг.). *Не хочу ехать, и (а) п. у меня и денег нет.* ✦ **На потом** (оставить, отложить, перенести) *что* (разг.) — чтобы сделать после, позднее. *Отложить уроки на потом.*

ПОТО́МОК, -мка, *м.* **1.** Человек по отношению к своим предкам. *П. великого полководца.* **2.** *мн.* Люди будущих поколений (высок.). *Наши потомки.*

ПОТО́МСТВЕННЫЙ, -ая, -ое. **1.** Переходящий по наследству от потомства к потомству. *Потомственное право. Потомственное звание.* **2.** Принадлежащий по рождению к привилегированному сословию (устар.). *П. дворянин.* **3.** Коренной, исконный. *П. рабочий.*

ПОТО́МСТВО, -а, *ср., собир.* **1.** Потомки, люди последующих поколений. *Остаться в памяти потомства.* **2.** Молодое поколение (в 1 знач.) по отношению к старшему, к родителям. *Не оставил потомства* (не имел детей). *Волчица со своим потомством* (с детёнышами). *Свойства растений передаются потомству* (перен.).

ПОТОМУ́, *мест. нареч.* и *союзн. сл.* По той причине, вследствие чего-н. *Почему ты сердишься? — Да всё потому же. Мне некогда, п. я не могу прийти.* ✦ **А (и) потому**, *союз* — поэтому, по этой причине. *Ты ещё мал, а потому (и потому) не понимаешь.* **Потому и**, *союз* — именно из-за того, по той причине, поэтому. *Болен, потому и лежит.* **Потому что**, *союз* — по той причине что, из-за того что. *Не приду, потому что болен.* **Потому как**, *союз* (прост.) — то же, что потому что. *Лежит, потому как болен.*

ПОТОНУ́ТЬ *см.* тонуть.

ПОТОНЧА́ТЬ *см.* тончать.

ПОТО́П, -а, *м.* **1.** По библейской легенде: наводнение, затопившее всю землю в наказание за грехи людей. *Всемирный п. После нас хоть п.!* (лишь бы нам было хорошо; неодобр.). **2.** Наводнение, разлив воды (разг.). *Река залила берега — настоящий п. Что это за п. у нас в ванной?* (шутл.). ‖ *прил.* **пото́пный**, -ая, -ое.

ПОТО́ПАТЬ *см.* топать.

ПОТОПИ́ТЬ, ПОТОПЛЕ́НИЕ *см.* топить[3].

ПОТОПТА́ТЬ *см.* топтать.

ПОТОРА́ПЛИВАТЬ, -аю, -аешь; *несов., кого (что)* (разг.). То же, что торопить (в 1 знач.). *П. отставших.*

ПОТОРА́ПЛИВАТЬСЯ, -аюсь, -аешься; *несов.* (разг.). Спешить, торопиться. *Времени осталось мало, поторапливайтесь.*

ПОТОРОПИ́ТЬ, -СЯ *см.* торопить, -ся.

ПОТО́ЧНЫЙ, -ая, -ое. Относящийся к такой организации производства, при к-рой единый технологический процесс расчленён на последовательные взаимосвязанные операции. *Поточное производство. Поточная линия* (комплекс оборудования, работающий по принципу такого производства). *П. метод.*

ПОТРА́ВА, -ы, *ж.* Порча, истребление посевов, трав. *Штраф за потраву.* ‖ *прил.* **потра́вный**, -ая, -ое.

ПОТРАВИ́ТЬ[1-2] *см.* травить[1-2].

ПОТРА́ТИТЬ, -СЯ *см.* тратить, -ся.

ПОТРА́ФИТЬ, -флю, -фишь; *сов., кому-чему* и *на кого-что* (прост.). То же, что угодить (в 1 знач.). *На всех не потрафишь.* ‖ *несов.* **потрафля́ть**, -я́ю, -я́ешь. *П. каждому капризу.*

ПОТРЕ́БА, -ы, *ж.* (устар.). Надобность, потребность. *На какую потребу?* (зачем, для чего?). ✦ **На потребу** *кому, в знач. предлога с дат. п.* (разг. неодобр.) — для кого-н., чтобы удовлетворить кого-н.

ПОТРЕБИ́ТЕЛЬ, -я, *м.* **1.** Лицо или организация, потребляющие продукты чьего-н. производства. *Запросы потребителя. Защита прав потребителя.* **2.** *перен.* Человек, к-рый стремится жить, больше получая от других, чем отдавая им (неодобр.). *Бездумная психология потребителя. Общество потребителей.* ‖ *прил.* **потреби́тельский**, -ая, -ое. *П. спрос. Потребительская кооперация* (объединение потребителей для совместных закупок, производства нек-рых товаров и их продажи). ✦ **Потребительская корзина** (спец.) — сумма расходов на продовольствие, самые необходимые товары, услуги (обычно в расчёте на один месяц на одного человека или на семью), потребительский минимум, необходимый для поддержания жизненного уровня.

ПОТРЕБИ́ТЕЛЬСКИЙ, -ая, -ое. **1.** *см.* потребитель. **2.** *перен.* Узкопрактический (неодобр.). *П. подход к искусству.*

ПОТРЕБЛЯ́ТЬ, -я́ю, -я́ешь; *несов., что.* Использовать для удовлетворения потребностей, расходовать. *П. продукты. Машина потребляет много энергии.* ‖ *сов.* **потреби́ть**, -блю́, -би́шь; -блённый (-ён, -ена́). ‖ *сущ.* **потребле́ние**, *-я, ср. Товары народного (широкого) потребления.* ‖ *прил.* **потреби́тельный**, -ая, -ое.

ПОТРЕ́БНОСТЬ, -и, *ж.* Надобность, нужда в чём-н., требующая удовлетворения. *Насущная п. Испытывать п. в чём-н. Растущие потребности.*

ПОТРЕ́БНЫЙ, -ая, -ое; -бен, -бна (устар. и книжн.). Необходимый, нужный. *Потребное количество товаров.*

ПОТРЕ́БОВАТЬ, -СЯ *см.* требовать, -ся.

ПОТРЕВО́ЖИТЬ, -СЯ *см.* тревожить, -ся.

ПОТРЕПА́ТЬ, -СЯ *см.* трепать, -ся.

ПОТРЕ́СКАТЬСЯ *см.* трескаться[1].

ПОТРЕ́СКИВАТЬ, -аю, -аешь; *несов.* Трещать время от времени. *Дрова потрескивают в печке. Горящая свеча потрескивает. Потрескивает валежник.* ‖ *сущ.* **потре́скивание**, -я, *ср.*

ПОТРЁПАННЫЙ, -ая, -ое; -ан (разг.). **1.** Истасканный, истрёпанный. *П. костюм. Потрёпанная книга.* **2.** Сильно ослабленный после боя, драки; разбитый. *Потрёпанные дивизии врага.* **3.** *перен.* Болезненно-усталый, несвежий, потасканный. *Потрёпанное лицо.* ‖ *сущ.* **потрёпанность**, -и, *ж.*

ПОТРО́ГАТЬ, -аю, -аешь; -анный; *сов., что.* Тронуть, прикоснуться несколько раз. *П. пальцами.*

ПОТРОХА́, -о́в, *ед.* (редко) по́трох, -а, *м.* Внутренности животного (обычно птицы или рыбы), идущие в пищу. *Суп из потрохов. Со всеми потрохами* (перен.: весь, целиком, а также со всеми вещами, пожитками; разг.).

ПОТРОШЁНЫЙ, -ая, -ое. Об убитом животном: с вынутыми потрохами. *Потрошёная дичь. Потрошёная рыба.*

ПОТРОШИ́ТЬ, -шу́, -ши́шь; -шённый (-ён, -ена́); *несов.* **1.** *кого (что).* Очищать от потрохов. *П. дичь, рыбу.* **2.** *перен., что.* Вынимать, вытряхивать содержимое (обычно о похищаемом; прост.). *П. чемоданы. П. чужие карманы.* ‖ *сов.* **вы́потрошить**, -шу, -шишь; -шенный.

ПОТРУДИ́ТЬСЯ, -ужу́сь, -у́дишься; *сов.* **1.** Провести нек-рое время трудясь, поработать. *Немало потрудился на своём веку.* **2.** *с отриц.* и *с неопр.* Затруднить себя чем-н. (обычно о том, что следовало бы сделать). *Даже не потрудился позвонить по телефону.* **3.** **потруди́сь (-ди́тесь)**, *с неопр.* Употр. при официальном обращении с просьбой, приказанием. *Потрудитесь объясниться. Потрудитесь следовать за мной.*

ПОТРЯСА́ЮЩИЙ, -ая, -ее. **1.** Необычайно сильный, крайне волнующий. *П. успех. Потрясающие события. Потрясающе!* (в знач. сказ.; прекрасно, очень хорошо; разг.). **2.** То же, что исключительный (в 3 знач.) (разг.). *П. невежда.*

ПОТРЯСЕ́НИЕ, -я, *ср.* **1.** Глубокое, тяжело переживаемое волнение. *Нервное п. Пережить п.* **2.** Полное изменение, коренная ломка чего-н. *Социальные потрясения.*

ПОТРЯСТИ́, -су́, -сёшь; -я́с, -ясла́; -я́сший; -сённый (-ён, -ена́); -я́сши; *сов.* **1.** *кого-что.* Тряхнуть несколько раз. *П. яблоню. П. за плечи кого-н.* **2.** *чем.* Сильно тряхнуть, взмахнуть с угрозой. *П. кулаком.* **3.** (1 и 2 л. не употр.), *что.* Заставить дрожать, сотрясаться, колебаться. *Взрыв потряс здание.* **4.** *перен., кого-что.* Сильно взволновать, произвести большое впечатление. *Речь потрясла слушателей. Потрясённый увиденным.* ‖ *несов.* **потряса́ть**, -а́ю, -а́ешь (ко 2, 3 и 4 знач.). *П. умы.*

ПОТРЯ́ХИВАТЬ, -аю, -аешь; *несов., чем.* Трясти (в 1, 4 и 5 знач.) немного, время от времени. *Конь потряхивает гривой. Грузовик потряхивает* (безл.).

ПОТУ́ГИ, -у́г, *ед.* -а, -и, *ж.* **1.** Напряжение мышц для какого-н. действия. *Родовые п.* **2.** *перен.* Усилия, попытки сделать что-н. (преимущественно неудачные). *П. на остроумие.*

ПОТУ́ПИТЬ, -плю, -пишь; -пленный; *сов., что.* Опустить (голову, глаза) в раздумье или под влиянием стыда, смущения. *П. голову. П. взор, взгляд.* ‖ *несов.* **потупля́ть**, -я́ю, -я́ешь.

ПОТУ́ПИТЬСЯ, -плюсь, -пишься; *сов.* Потупить голову, глаза. *П. от смущения (в смущении).* ‖ *несов.* **потупля́ться**, -я́юсь, -я́ешься.

ПОТУСКНЕ́ЛЫЙ, -ая, -ое. Ставший тусклым. *Потускнелое серебро. П. взор.* ‖ *сущ.* **потускне́лость**, -и, *ж.*

ПОТУСКНЕ́ТЬ *см.* тускнеть.

ПОТУ́СКНУТЬ *см.* тускнуть.

ПОТУСТОРО́ННИЙ, -яя, -ее; -о́нен, -о́нняя. В религии: существующий за пределами земной жизни. *П. мир.* ‖ *сущ.* **потусторо́нность**, -и, *ж.*

ПОТУХА́ТЬ (-а́ю, -а́ешь, 1 и 2 л. не употр.), -а́ет; *несов.* Тухнуть[1], гаснуть. *Огонь потухает. Закат потухает. Потухает сознание.*

ПОТУ́ХНУТЬ *см.* тухнуть[1].

ПОТУЧНЕ́ТЬ *см.* тучнеть.

ПОТУШИ́ТЬ *см.* тушить[1].

ПО́ТЧЕВАТЬ, -чую, -чуешь; *несов., кого (что)* (устар. и разг.). То же, что угощать. *П. гостей. П. вареньем.* ‖ *сов.* **попо́тчевать**, -чую, -чуешь. ‖ *сущ.* **по́тчевание**, -я, *ср.*

ПОТЯГА́ТЬСЯ *см.* тягаться.

ПОТЯ́ГИВАТЬ, -аю, -аешь; *несов.* Тянуть (в 1, 9, 10, 11 и 16 знач.) понемногу, слегка. *П. за верёвку. П. пиво, трубку. Потягивает* (безл.) *дымком.*

ПОТЯ́ГИВАТЬСЯ, -аюсь, -аешься; *несов.* То же, что тянуться (во 2 знач.). *П. спросонья.* ‖ *сущ.* **потя́гивание**, -я, *ср.* и **потяго́та**, -ы, *ж.* (устар.).

ПОТЯЖЕЛЕ́ТЬ *см.* тяжелеть.

ПОТЯНУ́ТЬ, -яну́, -я́нешь; -я́нутый; *сов.* **1.** *см.* тянуть. **2.** Начать тянуть (в 1, 3, 4, 5, 6, 7, 8, 9, 10, 11 и 13 знач.).

ПОТЯНУ́ТЬСЯ, -яну́сь, -я́нешься; *сов.* **1.** *см.* тянуться. **2.** Начать тянуться (в 1, 3, 4, 5, 6, 7, 8, 9 и 10 знач.).

ПОУ́ЖИНАТЬ *см.* ужинать.

ПОУМНЕ́ТЬ *см.* умнеть.

ПОУТРУ́, *нареч.* (разг. и устар.). То же, что утром. *Выехали рано п.*

ПОУЧА́ТЬ, -а́ю, -а́ешь; *несов., кого (что) чему* (разг.). Делать поучения кому-н., наставлять. *П. молодых. П. уму-разуму.* ‖ *сущ.* **поуче́ние**, -я, *ср.*

ПОУЧЕ́НИЕ, -я, *ср.* **1.** *см.* поучать. **2.** Наставление, назидательный совет. *Родительские поучения.*

ПОУЧИ́ТЕЛЬНЫЙ, -ая, -ое; -лен, -льна. Содержащий в себе что-н. полезное, служащий уроком, обогащающий знаниями, опытом. *П. пример. П. случай.* ‖ *сущ.* **поучи́тельность**, -и, *ж.*

ПОФАРТИ́ТЬ *см.* фартить.

ПОХА́БНЫЙ, -ая, -ое; -бен, -бна (прост.). Непристойный, бесстыдный. *Похабные слова.* ‖ *сущ.* **поха́бность**, -и, *ж.*

ПОХА́ЖИВАТЬ, -аю, -аешь; *несов.* (разг.). **1.** Ходить не торопясь, прогуливаясь. *П. по саду.* **2.** Заходить, приходить куда-н. время от времени. *Он к нам похаживает.*

ПОХВАЛА́, -ы́, *ж.* Хороший отзыв о ком-чём-н., одобрение. *Заслужить похвалу. Расточать похвалы. Отозваться с похвалой о ком-н.*

ПОХВАЛИ́ТЬ, -СЯ *см.* хвалить, -ся.

ПОХВАЛЬБА́, -ы́, *мн.* -ы, *род.* не употр., *дат.* -а́м, *ж.* (разг.). Восхваление самого себя, хвастовство.

ПОХВА́ЛЬНЫЙ, -ая, -ое; -лен, -льна. **1.** Заслуживающий похвалы. *Похвальное усердие.* **2.** *полн. ф.* Содержащий похвалу. *П. отзыв. Похвальная грамота* (за отличные успехи в учёбе, работе). ‖ *сущ.* **похва́льность**, -и, *ж.* (к 1 знач.).

ПОХВАЛЯ́ТЬСЯ, -я́юсь, -я́ешься; *несов.* (разг.). Хвалиться, хвастаться. *П. обновками.*

ПОХВА́РЫВАТЬ, -аю, -аешь; *несов.* (разг.). Хворать, часто испытывать недомогание. *Старик стал п.*

ПОХВА́СТАТЬ, -СЯ *см.* хвастать, -ся.

ПОХЕ́РИТЬ, -рю, -ришь; -ренный; *сов., что* (устар. и прост.). Зачеркнуть, уничтожить.

ПОХИТИ́ТЕЛЬ, -я, *м.* Тот, кто похитил, похищает кого-что-н. ‖ *ж.* **похити́тельница**, -ы.

ПОХИ́ТИТЬ, -и́щу, -и́тишь; -и́щенный; *сов., кого-что.* Тайно присвоить, унести, увести. *П. документы.* ‖ *несов.* **похища́ть**, -а́ю, -а́ешь. ‖ *сущ.* **похище́ние**, -я, *ср.*

ПОХЛЁБКА, -и, *ж.* Жидкая пища, род супа из картофеля или крупы. *Картофельная, овсяная п. Жидкая п.* ‖ *прил.* **похлёбочный**, -ая, -ое.

ПОХЛОПОТА́ТЬ *см.* хлопотать.

ПОХМЕЛИ́ТЬСЯ, -лю́сь, -ли́шься; *сов.* (прост.). То же, что опохмелиться. ‖ *несов.* **похмеля́ться**, -я́юсь, -я́ешься. ‖ *сущ.* **похме́лье**, -я, *ср.*

ПОХМЕ́ЛЬЕ, -я, *ср.* **1.** *см.* похмелиться. **2.** Болезненное состояние после выпивки, пьянства (обычно бывших накануне). *Наступило тяжёлое п. Голова болит с похмелья.* ✦ **В чужом пиру похмелье** (разг.) — неприятности из-за других, по чужой вине ‖ *прил.* **похме́льный**, -ая, -ое.

ПОХО́Д[1], -а, *м.* **1.** Передвижение войск или флота с какой-н. целью. *Полк на походе. Выступить в п. П. эскадры.* **2.** Дальние передвижения войск в целях военных действий, а также сами такие действия. *Итальянский п. Суворова. Крестовые походы.* **3.** Организованное путешествие или дальняя прогулка, а также вообще совместное движение группы лиц с какой-н. определённой целью. *Туристы в походе. Лыжный п. П. по местам воинской славы.* **4.** Организованное или заранее намеченное посещение чего-н. *Коллективный п. в театр. Наш с тобой п. в музей состоится.* ✦ **За (одним) походом** (разг.) — заодно, по пути, одновременно с чем-н. другим. *За походом зайду в магазин.* ‖ *прил.* **похо́дный**, -ая, -ое (к 1, 2 и 3 знач.). *П. госпиталь. Походное снаряжение. Походное охранение* (охранение войск на марше).

ПОХО́Д[2], -а, *м.* (разг.). Небольшой излишек в весе товара. *Взвесить с походом.*

ПОХОДА́ТАЙСТВОВАТЬ *см.* ходатайствовать.

ПОХОДИ́ТЬ[1], -ожу́, -о́дишь; *несов., на кого-что.* Быть похожим, сходным с кем-чем-н. *Сын походит на отца.*

ПОХОДИ́ТЬ[2], -ожу́, -о́дишь; *сов.* Ходить (в 1 знач. — по 1, 2 и 10 знач. глаг. идти, — во 2, 3, 4, 5 и 6 знач.) нек-рое время. *П. с полчаса. Часы походили и встали. П. по театрам. П. в новом пальто. П. в начальниках. П. за больным.*

ПОХО́ДКА, -и, *ж.* Поступь, манера ходить. *Тяжёлая, лёгкая п. Военная п.* (чёткая).

ПО́ХОДЯ, *нареч.* (разг.). **1.** Не садясь, торопливо. *Закусывать п.* **2.** Попутно, мимоходом. *Нельзя решать дела п.*

ПОХОЖДЕ́НИЕ, -я, *ср.* Приключение, происшествие. *Любовные похождения. Охотничьи похождения.*

ПОХО́ЖИЙ, -ая, -ее; -о́ж. **1.** *с кем-чем* и *на кого-что.* Имеющий сходство с кем-чем-н. *Похожие лица. Сын похож на отца. Отец с сыном похожи. Это на тебя не похоже* (нельзя было ожидать от тебя такого поступка). **2.** **похо́же**, *вводн. сл.* Кажется, как будто (прост.). *Он уже, похоже, не придёт.* **3. похо́же,** *частица.* Выражает неуверенное подтверждение, кажется, что так. *Он уже не придёт. — П.* ✦ **Ни на что не похоже (на что это похоже?!)** (разг.) — выражение осуждения, недовольства: так делать нельзя. *Опять опаздываешь! — На что это похоже?!* **Похожая (знакомая, обычная) картина** (разг. неодобр.) — о том, что обычно, что повторяется, чего следовало ожидать. *Опять шум, ссора: похожая (знакомая, обычная) картина.* **На кого я (ты, он, она и т. п.) похож?** (разг.) — выражение осуждения, сожаления по поводу чьего-н. вида, состояния. *На кого ты похож: весь в грязи, промок!* **Похоже на то, что...** — кажется, что... *Похоже на то, что будет гроза.* **Похоже на то** (разг.) — кажется, как будто это действительно так. *Будет дождь. — Похоже на то.* ‖ *сущ.* **похо́жесть,** -и, *ж.* (к 1 знач.).

ПОХОЛОДА́НИЕ, -я, *ср.* **1.** *см.* холодать. **2.** Наступление более холодной погоды, переход к более холодной температуре воздуха. *Наступило п. Ожидается сильное п.*

ПОХОЛОДА́ТЬ *см.* холодать.

ПОХОЛОДЕ́ТЬ *см.* холодеть.

ПОХОЛОДНЕ́ТЬ *см.* холоднеть.

ПОХОРОНИ́ТЬ *см.* хоронить.

ПОХОРО́НКА, -и, *ж.* (прост.). То же, что похоронная. *Пришла п. на отца.*

ПОХОРО́ННЫЙ, -ая, -ое. **1.** *см.* похороны. **2. похоро́нная,** -ой, *ж.* Официальное извещение родным о гибели военнослужащего (разг.). *Получить похоронную.*

ПО́ХОРОНЫ, -о́н, -она́м. Обряд закапывания умершего в землю или обряд кремации. *Пойти на п. Вернуться с похорон.* ‖ *прил.* **похоро́нный,** -ая, -ое. *П. марш. Похоронные принадлежности* (предметы, употребляемые при похоронном обряде). *Похоронное настроение* (перен.: грустное, подавленное).

ПОХОРОШЕ́ТЬ *см.* хорошеть.

ПОХОТЛИ́ВЫЙ, -ая, -ое; -и́в. Сладострастный, с явно выраженной похотью. *П. взгляд.* ‖ *сущ.* **похотли́вость,** -и, *ж.*

ПО́ХОТЬ, -и, *ж.* Грубо-чувственное половое влечение, сладострастие.

ПОХРАБРЕ́ТЬ *см.* храбреть.

ПОХРА́ПЫВАТЬ, -аю, -аешь; *несов.* (разг.). Храпеть изредка, негромко. *П. во сне.* ‖ *сущ.* **похра́пывание,** -я, *ср.*

ПОХРИСТО́СОВАТЬСЯ *см.* христосоваться.

ПОХУДА́НИЕ, -я, *ср.* Появление худобы. *Болезненное п.*

ПОХУДЕ́ТЬ *см.* худеть.

ПОЦА́ПАТЬСЯ *см.* цапаться.

ПОЦАРА́ПАТЬ *см.* царапать.

ПОЦЕЛОВА́ТЬ, -СЯ *см.* целовать, -ся.

ПОЦЕЛУ́Й, -я, *м.* Прикосновение губами к кому-чему-н. как выражение привета, любви, ласки, уважения. *Жаркий, нежный п. П. в губы. Осыпать поцелуями кого-н. Протянуть руку для поцелуя.* ✦ **Поцелуй Иуды** (книжн.) — предательский поступок под маской любви и дружбы [по евангельскому сказанию об Иуде, поцеловавшем Христа и тем самым выдавшем его первосвященникам]. ‖ *прил.* **поцелу́йный,** -ая, -ое.

ПОЦЕРЕМО́НИТЬСЯ *см.* церемониться.

ПОЧА́ЙПИТЬ, -пью, -пьешь; *сов.* (разг.). Попить чаю. *Мы уже почайпили.*

ПОЧАСОВИ́К, -а́, *м.* Работник (обычно преподаватель), получающий почасовую оплату.

ПОЧАСОВО́Й, -а́я, -о́е. Исчисляемый, производимый по часам. *Почасовая оплата. П. график работы.*

ПОЧА́ТОК, -тка, *м.* **1.** Соцветие с утолщённой осью, на к-рой плотно сидят цветки, семена. *П. рогоза. П. кукурузы.* **2.** Такое соцветие у кукурузы. *Варёные початки.* ‖ *прил.* **поча́точный,** -ая, -ое.

ПОЧА́ТЬ, -чну́, -чнёшь; *сов.* (устар. и обл.). **1.** То же, что начать (в 1 знач.). **2.** Взять первую часть из какого-н. целого, полного, нетронутого. *П. стог, бочку. П. каравай.*

ПОЧА́ХНУТЬ (-ну, -нешь, 1 и 2 л. ед. не употр.), -нет; -а́х, -а́хла; *сов.* (разг.). Зачахнуть (о многом). *Саженцы почахли в жару.*

ПО́ЧВА, -ы, *ж.* **1.** Верхний слой земной коры. *Типы почв. Чернозёмная, глинистая п.* **2.** *перен.* Основа, основание; опора. *Заболевание на нервной почве. Оставаться на почве неоспоримых фактов.* ✦ **На почве** *чего, в знач. предлога с род. п.* — вследствие, по причине, имея основанием что-н. *Преступление на почве ревности. Бессонница на почве переутомления.* **Терять почву под ногами** — лишаться уверенности в своих действиях. ‖ *прил.* **по́чвенный,** -ая, -ое (к 1 знач.). *Почвенные воды.*

ПОЧВОВЕ́Д, -а, *м.* Специалист по почвоведению.

ПОЧВОВЕ́ДЕНИЕ, -я, *ср.* Наука о почве. ‖ *прил.* **почвове́дческий,** -ая, -ое. *П. факультет.*

ПОЧЕМУ́. 1. *мест. нареч. и союзн. сл.* По какой причине, вследствие чего. *П. ты сердишься? Не понимаю, п. он не согласен.* **2.** *союз.* Вследствие чего, по причине чего (разг.). *Болел, п. пропустил лекцию.* **3.** *частица.* Употр. как положительный ответ на вопрос, содержащий отрицание, или как возражение (разг.). *Ты не обедал? — П., обедал. Ты меня не любишь? — П., люблю.* ✦ **Почему и,** *союз* — вследствие чего-н., из-за чего-н. *Болел, почему и отстал.* **(И) вот почему,** *союз* — и поэтому, и вследствие этого. *Он эгоист, (и) вот почему он одинок.* **Почему же** (разг.) — то же, что почему (в 3 знач.). *Ты не хочешь со мной разговаривать? — Почему же, хочу. Он просто глуп. — Нет, почему же.* **Почему (бы и) нет?** (разг.) — ответ: вполне возможно, очень может быть.

ПОЧЕМУ́-ЛИБО, *мест. нареч.* То же, что почему-нибудь.

ПОЧЕМУ́-НИБУДЬ, *мест. нареч.* По какой-н. неопределённой причине. *Если почему-нибудь не приедешь, то сообщи.*

ПОЧЕМУ́-ТО, *мест. нареч.* По какой-то причине. *Почему-то обиделся.*

ПОЧЕМУ́ЧКА, -и, *м.* и *ж.* (разг. шутл.). О детях: любознательный ребёнок, всё время спрашивающий: почему?

ПО́ЧЕРК, -а, *м.* **1.** Манера писать, характер начертаний букв в письме. *Крупный, мелкий, убористый п. Разборчивый п.* **2.** *перен.* Индивидуальная манера, характерные черты. *Творческий п. художника.*

ПОЧЕРКОВЕ́ДЕНИЕ, -я, *ср.* Раздел криминалистики, занимающийся изучением почерков (в 1 знач.) для решения задач, возникающих при расследовании и судебном разбирательстве. ‖ *прил.* **почерковéдческий,** -ая, -ое.

ПОЧЕРНЕ́ЛЫЙ, -ая, -ое. Ставший чёрным, тёмным. *Почернелая солома.*

ПОЧЕРНЕ́ТЬ *см.* чернеть.

ПОЧЕРПНУ́ТЬ, -ну́, -нёшь; -чёрпнутый; *сов.* **1.** *что* и *чего.* То же, что зачерпнуть (разг.). *П. воды.* **2.** *перен., что.* Взять, заимствовать откуда-н. *П. сведения из книг.* ‖ *несов.* **почерпа́ть,** -а́ю, -а́ешь (ко 2 знач.).

ПОЧЕРСТВЕ́ТЬ *см.* черстветь.

ПОЧЕСА́ТЬ, -СЯ *см.* чесать, -ся.

ПО́ЧЕСТЬ, -и, *ж.*, обычно *мн.* Официальное выражение признания чьих-н. больших заслуг. *Воздать почести кому-н. Воинские почести* (установленные ритуалом формы оказания почёта).

ПОЧЕ́СТЬ, -чту́, -чтёшь; -чёл, -чла́; -чти́; -чётший; -чтённый (-ён, -ена́); -чтя́; *сов., кем-чем* и *за кого-что* (устар. книжн.). Признать, счесть. *Почёл долгом явиться. Почту за честь познакомиться.* ‖ *несов.* **почита́ть,** -а́ю, -а́ешь.

ПО́ЧЕЧНЫЙ *см.* почки.

ПОЧЁМ, *мест. нареч.* (разг.). Какова цена, за какую цену. *П. продаёшь орехи? П. огурцы?* ✦ **Почём зря** (прост.) — как придётся, без всякого толку. **Почём знать** — неизвестно, никто не может знать. **Почём я знаю (ты знаешь, он знает и т. д.)?** — не знаю (не знаешь, не знает), откуда я могу (ты можешь, он может) знать? **Знает, что почём** *кто* — осведомлён, опытен, поднаторел в чём-н. *Парень тёртый, знает, что почём.*

ПОЧЁСЫВАТЬ, -аю, -аешь; *несов., кого-что* (разг.). Чесать (в 1 знач.) время от времени. *П. в затылке* (также о жесте, выражающем нерешительность, затруднение). ‖ *возвр.* **почёсываться,** -аюсь, -аешься.

ПОЧЁТ, -а, *м.* Уважение, оказываемое кому-н. обществом, окружающими людьми. *Окружить кого-н. почётом.*

ПОЧЁТНЫЙ, -ая, -ое; -тен, -тна. **1.** *полн. ф.* Пользующийся почётом, заслуживающий его. *П. гость. П. гражданин города.* **2.** *полн. ф.* Избираемый в знак уважения, почёта. *П. академик. П. президиум.* **3.** *полн. ф.* Являющийся выражением почёта. *Присвоить почётное звание. П. знак. П. караул.* **4.** Доставляющий почёт, делающий честь кому-н. *Почётная обязанность. Почётное поручение. П. мир* (не нарушающий чести, достоинства). ‖ *сущ.* **почётность,** -и, *ж.* (к 4 знач.).

ПОЧИВА́ТЬ, -а́ю, -а́ешь; *несов.* (устар., с оттенком почтительности). То же, что спать (в 1 знач.). *Гость почивает.*

ПОЧИ́Н, -а, *м.* **1.** Начинание, инициатива, приступ к какому-н. делу. *По почину института. Взять на себя п. в чём-н.* (проявить инициативу). *По собственному почину* (по собственной инициативе). **2.** Начало чего-н., напр. при торговле — первая продажа чего-н. (прост.). *П. дороже денег* (посл.). *Для почина* (ради начала).

ПОЧИНИ́ТЬ, ПОЧИ́НКА, ПОЧИ́НОЧНЫЙ *см.* чинить[1].

ПОЧИНЯ́ТЬ, -я́ю, -я́ешь; *несов.* (разг.). То же, что чинить[1].

ПОЧИ́СТИТЬ, -СЯ *см.* чистить, -ся.

ПОЧИТА́Й (прост.). **1.** *нареч.* То же, что почти. *П. неделя прошла, как он уехал.* **2.** *вводн. сл.* То же, что считай (см. считать[1] в 1 знач.). *Теперь уж он, п., в Москве.*

ПОЧИТА́ТЕЛЬ, -я, *м.* Человек, относящийся с глубоким уважением к кому-чему-н., почитающий кого-что-н. *П. таланта. Окружён почитателями.* ‖ *ж.* **почита́тельница,** -ы.

ПОЧИТА́ТЬ[1], -а́ю, -а́ешь; *несов., кого-что.* То же, что чтить. *П. родителей. П. память великих людей.* ‖ *сущ.* **почита́ние,** -я, *ср.*

ПОЧИТА́ТЬ[2], -а́ю, -а́ешь; *сов., что.* **1.** Провести нек-рое время, читая. *П. газету.* **2.** Прочесть, прочитать (разг.). *Советую п. эту книгу.*

ПОЧИТА́ТЬ[3] *см.* поче́сть.

ПОЧИ́ТЫВАТЬ, -аю, -аешь; *несов., кого-что* (разг.). Читать немного или иногда.

ПОЧИ́ТЬ, -ию́, -и́ешь; -и́вший; *сов.* (устар. высок.). 1. Успокоиться, уснуть. *П. вечным сном* или *навеки* (умереть). *П. на лаврах* (перен.: успокоиться на достигнутом; неодобр.). 2. То же, что умереть (в 1 знач.). *П. на руках у друга. Почивший старец. Семья почившего* (сущ.).

ПО́ЧКА, -и, *ж.* 1. Не развившийся ещё побег растения; зачаток цветка, листа. *Почки на деревьях. Набухают, лопаются, распускаются почки.* 2. У нек-рых низших животных или растений, размножающихся бесполым путём: вырост на теле материнского организма, постепенно разрастающийся, отпадающий и формирующий дочернюю особь (спец.). ‖ *прил.* **по́чковый**, -ая, -ое (спец.).

ПО́ЧКИ, -чек, *ед.* -чка, -и, *ж.* У позвоночных животных и человека: парные органы, образующие и выделяющие мочу. *Правая, левая почка.* ‖ *прил.* **по́чечный**, -ая, -ое. *Почечные колики.*

ПОЧКОВА́ТЬСЯ (-ку́юсь, -ку́ешься, 1 и 2 л. не употр.), -ку́ется; *несов.* Размножаться почками (в 1 и 2 знач.). ‖ *сущ.* **почкова́ние**, -я, *ср.*

ПО́ЧТА, -ы, *ж.* 1. Учреждение для пересылки писем, посылок, бандеролей, денег, а также здание, где помещается такое учреждение. *Сдать бандероль на почту.* 2. Пересылка, доставка средствами этого учреждения. *Послать письмо почтой или по почте. Воздушная п. Вечерняя п.* 3. То, что доставлено этим учреждением, а также вообще доставленные адресату письма, посылки, бандероли. *П. пришла. Разносить почту. Редакционная п. Читательская п.* 4. В старину: такое учреждение, занимающееся одновременно регулярной перевозкой пассажиров в конных экипажах. *Служить на почте ямщиком.* ✦ **Полевая почта** — 1) воинская фельдъегерская почтовая связь; 2) закодированное наименование воинской части, военного учреждения. ‖ *прил.* **почто́вый**, -ая, -ое. *П. ящик. Почтовая бумага* (для писем). *П. вагон* (для перевозки почты). *Почтовая тройка* (ямская). *Ехать на почтовых* (сущ.; на лошадях, принадлежащих почте в 4 знач.).

ПОЧТАЛЬО́Н [льё], -а, *м.* Работник почты, доставляющий корреспонденцию по адресам. ‖ *ж.* **почтальо́нша**, -и (разг.) *и* **почтальо́нка**, -и (прост.). ‖ *прил.* **почтальо́нский**, -ая, -ое.

ПОЧТА́МТ, -а, *м.* Главное почтовое учреждение города, осуществляющее также все виды телеграфной и телефонной связи, а также здание, где помещается такое учреждение. *На почтамте. С почтамта.* ‖ *прил.* **почта́мтский**, -ая, -ое.

ПОЧТЕ́НИЕ, -я, *ср.* Глубокое уважение. *Относиться к кому-н. с почтением. С совершенным почтением* (вежливая заключительная формула письма; устар.). *Моё п.!* (приветствие при встрече или расставании; в речи мужчин; разг.).

ПОЧТЕ́ННЫЙ, -ая, -ое; -е́нен, -е́нна. 1. Внушающий почтение, заслуживающий его. *П. учёный. П. вид.* 2. *перен.* Большой, значительный по размеру (разг.). *Том почтенного размера. Человек почтенного возраста* (немолодой). ‖ *сущ.* **почте́нность**, -и, *ж.*

ПОЧТИ́, *нареч.* Без малого, так, что немного недостает до чего-н. *Истратил п. сто рублей. Он п. выздоровел. П. одинаковые платья.* ✦ **Почти что** (разг.) — то же, что почти. *Мы с ним почти что ровесники.*

ПОЧТИ́ТЕЛЬНЫЙ, -ая, -ое; -лен, -льна. Относящийся к кому-н. с почтением; выражающий почтение. *П. сын. П. тон. П. поклон. Почтительно* (нареч.) *обратиться к кому-н.* ✦ **На почтительном расстоянии** *от кого-чего* (ирон.) — 1) не подпуская близко к себе или не подходя близко к кому-чему-н. *Отойти на почтительное расстояние;* 2) не допуская близости, сближения. *Держать подчинённых на почтительном расстоянии.* ‖ *сущ.* **почти́тельность**, -и, *ж.*

ПОЧТИ́ТЬ, -чту́, -чти́шь, -чтя́т *и* -чту́т, -чтённый (-ён, -ена́); *сов., кого-что* (высок.). Оказать честь, почёт, почтение кому-чему-н. *П. своим присутствием. П. память вставанием. П. память умершего.*

ПОЧТМЕ́ЙСТЕР, -а, *м.* (устар.). Начальник почтовой конторы. ‖ *прил.* **почтме́йстерский**, -ая, -ое.

ПОЧТО́ [шт], *мест. нареч.* и *союзн. сл.* (прост. и обл.). Зачем, с какой целью. *Скажи, п. пришёл?*

ПОЧТОВИ́К, -а́, *м.* (разг.). Почтовый работник. ‖ *ж.* **почтови́чка**, -и.

ПОЧУ́ВСТВОВАТЬ, -твую, -твуешь; -анный; *сов., кого-что.* Начать чувствовать, начать испытывать какое-н. чувство. *П. озноб. П., что устал. Собака почувствовала чужого.*

ПОЧУ́ВСТВОВАТЬСЯ (-твуюсь, -твуешься, 1 и 2 л. не употр.), -твуется; *сов.* Начать чувствоваться, начать проявляться. *Почувствовалось, что он мне рад. Почувствовалась подлинная забота.*

ПОЧУ́ДИТЬСЯ *см.* чудиться.

ПОЧУ́ЯТЬ, -у́ю, -у́ешь; -янный; *сов., кого-что* (разг.). Начать чуять, зачуять. *Собака почуяла дичь. П. опасность.*

ПОЧУ́ЯТЬСЯ (-у́юсь, -у́ешься, 1 и 2 л. не употр.), -у́ется; *сов.* (прост.). Начать чувствоваться; показаться. *Почуялся запах дыма. Почуялось* (безл.), *что в избе кто-то есть.*

ПОШАБА́ШИТЬ *см.* шабашить.

ПОША́ЛИВАТЬ, -аю, -аешь; *несов.* (разг.). Шалить (в 1, 2 и 3 знач.) немного, время от времени. *Дети иногда пошаливают. Одному ехать страшно: в лесу пошаливают. Сердце стало п.*

ПОШАЛИ́ТЬ, -лю́, -ли́шь; *сов.* Провести нек-рое время в шалостях. *Пошалил — и будет.*

ПОША́РИТЬ, -рю, -ришь; *сов.* Шарить нек-рое время. *П. в карманах.*

ПОШАТНУ́ТЬ, -ну́, -нёшь; *сов., что.* 1. Шатнув, сделать наклонным, накренить. *Бурей пошатнуло* (безл.) *столб.* 2. *перен.* Поколебать, сделать менее устойчивым, менее крепким. *П. своё здоровье. П. веру во что-н.*

ПОШАТНУ́ТЬСЯ, -ну́сь, -нёшься; *сов.* 1. Шатнувшись, стать наклонным, накрениться. *Дерево пошатнулось.* 2. (1 и 2 л. не употр.), *перен.* Поколебаться, стать менее устойчивым, менее крепким. *Здоровье пошатнулось.*

ПОША́ТЫВАТЬСЯ, -аюсь, -аешься; *несов.* Шататься (в 1 знач.) слегка, время от времени. *Столб пошатывается. Идти пошатываясь.*

ПОШЕВЕ́ЛИВАТЬ, -аю, -аешь; *несов., кого-что или чем.* Шевелить время от времени. *Ветер пошевеливает сухие листья. П. вожжами. П. мозгами* (перен.: думать, соображать; шутл.).

ПОШЕВЕ́ЛИВАТЬСЯ, -аюсь, -аешься; *несов.* (разг.). 1. Шевелиться время от времени. 2. Поторапливаться, поспешать. *Нужно п., а то опоздаем. Ну, пошевеливайтесь!*

ПОШЕВЕЛИ́ТЬ, -СЯ *см.* шевелить, -ся.

ПОШЕВЕЛЬНУ́ТЬ, -СЯ *см.* шевелить, -ся.

ПО́ШЕВНИ, -ей. Широкие крестьянские сани, обшитые лубом или тёсом.

ПОШЕЛОХНУ́ТЬСЯ, -ну́сь, -нёшься; *сов.* То же, что шелохнуться.

ПОШИ́Б, -а, *м.* (разг., обычно неодобр.). Свойственная кому-н. манера, стиль поведения. *Люди одного пошиба.*

ПОШИ́ТЬ, -шью́, -шьёшь; -ше́й; -и́тый; *сов., что.* 1. Провести нек-рое время, занимаясь шитьём. 2. Сшить (в 1 знач.), изготовить шитьём (прост. и спец.). *П. пальто.* ‖ *сущ.* **поши́в**, -а, *м.* (ко 2 знач.; спец.) *и* **поши́вка**, -и, *ж.* (ко 2 знач.). ‖ *прил.* **поши́вочный**, -ая, -ое (ко 2 знач.; спец.). *Пошивочная мастерская.*

ПОШЛЕ́ТЬ, -е́ю, -е́ешь; *несов.* (разг.). Становиться пошлым, пошлее. ‖ *сов.* **опошле́ть**, -е́ю, -е́ешь.

ПО́ШЛИНА, -ы, *ж.* Денежный сбор, взимаемый государством в возмещение нек-рых операций. *Обложить пошлиной. Таможенные пошлины* (на ввозимые или вывозимые товары). *Судебные пошлины.* ‖ *прил.* **по́шлинный**, -ая, -ое. *П. сбор.*

ПО́ШЛОСТЬ, -и, *ж.* 1. *см.* пошлый. 2. Пошлое выражение, пошлый поступок. *Сказать п.*

ПО́ШЛЫЙ, -ая, -ое; пошл, пошла́, по́шло. Низкий в нравственном отношении; безвкусно-грубый. *П. анекдот. Пошлая среда. Пошло* (нареч.) *выражаться.* ‖ *сущ.* **по́шлость**, -и, *ж.*

ПОШЛЯ́К, -а́, *м.* (разг.). Человек, к-рый говорит или делает пошлости. ‖ *ж.* **пошля́чка**, -и. ‖ *прил.* **пошля́ческий**, -ая, -ое.

ПОШЛЯ́ТИНА, -ы, *ж.* (разг.). Что-н. очень пошлое, пошлость. *Не хочу слушать всякую пошлятину.*

ПОШТУ́ЧНЫЙ, -ая, -ое. Исчисляемый за каждую штуку; производимый отдельными предметами, штуками. *Поштучная оплата. Продавать лимоны поштучно* (нареч.).

ПОШУТИ́ТЬ *см.* шутить.

ПОЩА́ДА, -ы, *ж.* Проявление милосердия к кому-н., прощение. *Не давать пощады кому-н. Просить пощады.*

ПОЩАДИ́ТЬ *см.* щадить.

ПОЩЕКОТА́ТЬ *см.* щекотать.

ПОЩЁЛКИВАТЬ, -аю, -аешь; *несов.* Щёлкать время от времени. *П. пальцами. П. орешки.* ‖ *сущ.* **пощёлкивание**, -я, *ср.*

ПОЩЁЧИНА, -ы, *ж.* 1. Удар по щеке ладонью. *Дать, получить пощёчину.* 2. *перен.* Оскорбление, нравственный удар. *П. общественному мнению.*

ПОЩИПА́ТЬ, -иплю́, -и́плешь *и* (разг.) -и́пешь, -и́пет, -и́пем, -и́пете, -и́пят; -ипли́ *и* (разг.) -ипи́; -и́панный; *сов.* 1. *что* и *чего.* Провести нек-рое время, щипля что-н. *П. травы. П. усы.* 2. (1 и 2 л. не употр.), *что.* О щиплющей боли: быть ощутимой нек-рое время. *Пощиплет* (безл.) *и перестанет.* 3. *что.* То же, что выщипать. *П. всю траву.* 4. *перен., кого-что.* Поругать, побранить, раскритиковать (разг. шутл.). *Докладчика здорово пощипали.* ‖ *сущ.* **пощи́пывание**, -я, *ср.* (к 1, 2 и 4 знач.).

ПОЩИ́ПЫВАТЬ, -аю, -аешь; *несов., кого-что.* Щипать время от времени. *П. траву. Пощипывает* (безл.) *в горле.* ‖ *сущ.* **пощи́пывание**, -я, *ср.*

ПОЩУ́ПАТЬ *см.* щупать.

ПОЭ́ЗИЯ, -и, *ж.* **1.** Словесное художественное творчество, преимущ. стихотворное. **2.** Стихи, произведения, написанные стихами. *П. и проза. Классическая русская п. Современная п.* **3.** *перен., чего.* Красота и прелесть чего-н., возбуждающие чувство очарования. *П. летнего утра.* ‖ *прил.* **поэти́ческий**, -ая, -ое. *Поэтическое творчество. П. ландшафт.*

ПОЭ́МА, -ы, *ж.* **1.** Большое стихотворное произведение на историческую, героическую или возвышенную лирическую тему. *Эпические поэмы Гомера. П. Пушкина «Цыганы».* **2.** *перен.* О чём-н. возвышенном, прекрасном. *П. любви. П. весны.* ‖ *прил.* **поэ́мный**, -ая, -ое (к 1 знач.).

ПОЭ́Т, -а, *м.* **1.** Писатель — автор стихотворных, поэтических произведений. *Пушкин — великий русский п. П. родной природы.* **2.** *перен.* Человек, к-рый наделён поэтическим отношением к окружающему, к жизни. *П. в душе. П. по натуре. П. в своём деле.* ‖ *ж.* **поэте́сса** [тэ́], -ы (к 1 знач.).

ПОЭТИЗИ́РОВАТЬ, -рую, -руешь; -анный; *сов.* и *несов., кого-что* (книжн.). Представить (-влять) в поэтическом виде, эмоционально возвышенно. *П. действительность.* ‖ *сов.* также **опоэтизи́ровать**, -рую, -руешь; -анный.

ПОЭ́ТИКА, -и, *ж.* **1.** Теория литературы, учение о поэтическом творчестве. **2.** Часть теории литературы, изучающая строение художественных произведений и используемые в них эстетические средства. *П. жанра.* **3.** Поэтическая манера, свойственная данному поэту, направлению, эпохе. *Русская классическая п.*

ПОЭТИ́ЧЕСКИЙ, -ая, -ое. **1.** *см.* поэзия. **2.** Художественный, творческий. *П. замысел. Поэтическая жилка у кого-н.* **3.** Эмоциональный, восторженный. *Поэтическая натура.*

ПОЭТИ́ЧНЫЙ, -ая, -ое; -чен, -чна. Проникнутый поэзией, очаровательный. *П. пейзаж.* ‖ *сущ.* **поэти́чность**, -и, *ж.*

ПОЭ́ТОМУ, *мест. нареч.* и *союзн. сл.* По этой причине, вот почему. *Поезд опаздывает из-за заносов? — Да, п. Тебя ждут, п. поторопись.*

ПОЯВИ́ТЬСЯ, -явлю́сь, -я́вишься; *сов.* **1.** Возникнуть, начаться. *Когда появилась жизнь на Земле? Появилась надежда.* **2.** Возникнуть перед глазами, показаться. *Появилась луна. В дверях появился незнакомец.* ✦ **Появиться на свет** — то же, что родиться. ‖ *несов.* **появля́ться**, -я́юсь, -я́ешься. ‖ *сущ.* **появле́ние**, -я, *ср.*

ПОЯ́РОК, -рка, *м.* (спец.). Шерсть ягнёнка, полученная от первой стрижки. ‖ *прил.* **поя́рковый**, -ая, -ое.

ПО́ЯС, -а, *мн.* -а́, -о́в, *м.* **1.** Лента, шнур, ремень или прошитая полоса ткани для завязывания, застёгивания по талии. *Кожаный п. П. юбки. За́ пояс и за по́яс заткнуть кого-н.* (безусловно превзойти кого-н. в чём-н.; разг.). *Заткнуть топор за п.* **2.** *перен.* Пространство, окружающее, опоясывающее что-н. *Лесопарковый (зелёный) п. столицы.* **3.** То же, что талия[1]. *По п. в воде. Трава до пояса. Кланяться в п.* (согнув туловище). **4.** Выделяемая по какому-н. признаку часть земной поверхности (между какими-н. параллелями или между двумя меридианами), а также часть небесной сферы. *Физико-географический п. Тропический п. Часовой п. П. зодиака.* **5.** Пространство, выделяемое внутри территории страны на основании каких-н. собственных признаков. *Тарифный п.* **6.** Часть скелета, служащая для причленения к туловищу и опоры конечностей (спец.). *Плечевой п. Тазовый п.* ‖ *уменьш.* **поясо́к**, -ска́, *м.* (к 1 знач.). ‖ *прил.* **поясно́й**, -а́я, -о́е (к 1, 3, 4, 5 и 6 знач.). *П. ремень. П. поклон* (в пояс). *П. портрет* (до пояса). *П. тариф. Поясное время.*

ПОЯСНЕ́НИЕ, -я, *ср.* **1.** *см.* пояснить. **2.** Поясняющее замечание, объяснение. *Чертёж с пояснениями. Пояснения к тексту.*

ПОЯСНИ́ТЬ, -ню́, -ни́шь; -нённый (-ён, -ена́); *сов., что.* Сделать более ясным, объяснить, истолковать. *П. свою мысль.* ‖ *несов.* **поясня́ть**, -я́ю, -я́ешь. ‖ *сущ.* **поясне́ние**, -я, *ср.* ‖ *прил.* **поясни́тельный**, -ая, -ое. *П. текст.*

ПОЯСНИ́ЦА, -ы, *ж.* Нижняя часть спины по поясу, талии. *Боль в пояснице.* ‖ *прил.* **поясни́чный**, -ая, -ое.

ПРА..., *приставка.* Образует: 1) существительные со знач. отдалённой степени прямого родства, напр. *прародители, праотец, праматерь, прабабушка, правнук, праправнук;* 2) существительные и прилагательные со знач. первоначальности, древности связей, отношений, напр. *прародина, праязык, праязыковой, праславянский.*

ПРАБА́БКА, -и и **ПРАБА́БУШКА**, -и, *ж.* Мать деда или бабушки.

ПРА́ВДА, -ы, *ж.* **1.** То, что существует в действительности, соответствует реальному положению вещей. *Сказать правду. Услышать правду о случившемся. Правда глаза колет* (посл.). **2.** Справедливость, честность, правое дело. *Искать правды. Стоять за правду. П. на твоей стороне. Счастье хорошо, а п. лучше* (посл.). **3.** То же, что правота (разг.). *Твоя п.* (ты прав). *Бог правду видит, да не скоро скажет* (посл.). **4.** *вводн. сл.* Утверждение истинности, верно, в самом деле. *Я, п., не знал этого.* **5.** *союз.* Хотя и, следует признать, что (разг.). *Погуляли хорошо, п. устали.* **6.** *частица.* Выражает утверждение, уверенное подтверждение. *Я правда уезжаю. Говорят, ты женишься? — П.* ✦ **Всеми правдами и неправдами** — любыми доступными средствами, не стесняясь в выборе средств. **И правда** (разг.) — употребляется как подтверждение, выражение согласия: именно так, так оно и есть. *И правда я устал.* **Правде в глаза смотреть** — не бояться увидеть истинное положение вещей. **Что правда, то правда** (разг.) — верно, действительно так. **Правда-матка** (прост.) — истинная правда, откровенно высказываемая. *Так и режет правду-матку.* **Не правда ли?** — не так ли?, ведь действительно так? **По правде** (разг.) — действительно, именно так. **По правде говоря (по правде сказать)** (разг.) — то же, что по правде. **Правду говоря (правду сказать)** (разг.) — то же, что по правде.

ПРАВДИ́ВЫЙ, -ая, -ое; -и́в. **1.** Содержащий, выражающий правду. *П. рассказ. Правдиво* (нареч.) *отвечать. П. взгляд.* **2.** Любящий говорить правду, стремящийся к правде. *П. человек. П. характер.* ‖ *сущ.* **правди́вость**, -и, *ж.*

ПРАВДОИСКА́ТЕЛЬ, -я, *м.* (книжн.). Человек, добивающийся правды, справедливости, ищущий истину. *Неутомимый п.* ‖ *ж.* **правдоиска́тельница**, -ы. ‖ *прил.* **правдоиска́тельский**, -ая, -ое.

ПРАВДОЛЮ́Б, -а, *м.* Человек, любящий правду, истину, справедливость. *Неустрашимый п.* ‖ *ж.* **правдолю́бка**, -и.

ПРАВДОЛЮ́БЕЦ, -бца, *м.* (устар.). То же, что правдолюб. ‖ *ж.* **правдолю́бица**, -ы.

ПРАВДОПОДО́БНЫЙ, -ая, -ое; -бен, -бна. Похожий на правду, вероятный. *П. слух. Очень правдоподобно* (вполне может быть). ‖ *сущ.* **правдоподо́бность**, -и, *ж.* и **правдоподо́бие**, -я, *ср.*

ПРАВДО́ХА, -и, *м.* и *ж.* (прост.). Правдивый, всегда говорящий правду человек. *Известный п.*

ПРА́ВЕДНИК, -а, *м.* **1.** У верующих: человек, к-рый живёт праведной жизнью, не имеет грехов. **2.** Человек, ни в чём не погрешающий против правил нравственности, морали (ирон.). *И пьёт, и гуляет, а прикидывается праведником.* ✦ **Спать сном праведника** (шутл.) — спать спокойно, безмятежно. ‖ *ж.* **пра́ведница**, -ы. ‖ *прил.* **пра́веднический**, -ая, -ое.

ПРА́ВЕДНЫЙ, -ая, -ое; -ден, -дна. **1.** Благочестивый, безгрешный, соответствующий религиозным правилам. *Праведная жизнь.* **2.** Основанный на правде (во 2 знач.), справедливый (устар.). *П. суд. П. судья.* ✦ **От трудов праведных не наживёшь палат каменных** (разг.) — трудясь честно, трудно разбогатеть. ‖ *сущ.* **пра́ведность**, -и, *ж.*

ПРАВЕ́ТЬ, -е́ю, -е́ешь; *несов.* Становиться правым, правее, консервативным, консервативнее в политическом отношении. ‖ *сов.* **поправе́ть**, -е́ю, -е́ешь.

ПРАВЁЖ, -ежа́, *м.* В древнерусском судопроизводстве: взыскание долга истязаниями, битьём. *Поставить кого-н. на п.* ‖ *прил.* **правёжный**, -ая, -ое.

ПРА́ВИЛО, -а, *ср.* **1.** Положение, в к-ром отражена закономерность, постоянное соотношение каких-н. явлений. *Грамматические правила. Правила арифметики.* **2.** Постановление, предписание, устанавливающее порядок чего-н. *Правила внутреннего распорядка. Правила уличного движения.* **3.** Образ мыслей, норма поведения, обыкновение, привычка. *Человек строгих правил. Взять себе или положить что-н. за п. Обманывать не в его правилах.* ✦ **Как правило или как общее правило** — обычно, почти без исключений. **По всем правилам** (разг.) — как полагается, соблюдая всё, что нужно.

ПРАВИ́ЛО, -а, *ср.* **1.** Линейка для проверки правильности каменной кладки, штукатурки (спец.). **2.** Приспособление для расправления, разравнивания чего-н. (спец.). **3.** Длинное весло или шест для управления лодкой, плотом, санями (обл.). **4.** В речи охотников: хвост (собаки, волка, лисицы).

ПРА́ВИЛЬНЫЙ, -ая, -ое; -лен, -льна. **1.** Не отступающий от правил, норм, пропорций. *Правильное написание слова. Правильное произношение. Правильные черты лица.* **2.** Вполне закономерный, регулярный. *Правильная смена времён года.* **3.** Верный, соответствующий действительности, такой, как должно. *П. ответ. Правильное понимание чего-н. Правильная политика.* **4.** **правильный многоугольник** — многоугольник, имеющий равные углы и стороны; **правильный многогранник** — многогранник, имеющий грани — одинаковые правильные многоугольники и равные многогранные углы при вершинах. ‖ *сущ.* **пра́вильность**, -и, *ж.*

ПРАВИ́ЛЬНЫЙ *см.* править[1,2].

ПРАВИ́ТЕЛЬ, -я, *м.* **1.** Лицо, к-рое правит страной, государством (книжн.). *Единовластный п.* **2.** То же, что управляющий (устар.). *П. канцелярии.* ‖ *ж.* **прави́тельница**, -ы (к 1 знач.). ‖ *прил.* **прави́тельский**, -ая, -ое.

ПРАВИ´ТЕЛЬСТВО, -а, *ср.* Высший исполнительный орган государственной власти в стране. *Сформировать п.* ‖ *прил.* **прави́тельственный**, -ая, -ое. *Правительственные учреждения. Правительственные указы.*

ПРА´ВИТЬ[1], -влю, -вишь; *несов.* **1.** *кем-чем.* Руководить, управлять, обладая властью. *П. государством. Всем в доме правит кто-н.* (распоряжается; разг.). **2.** *кем-чем.* Направлять чьё-н. движение. *П. экипажем. П. рулём.* **3.** *что.* Совершать, исполнять (какое-н. действие, обряд) (устар.). *П. свадьбу. П. пир.* ‖ *сущ.* **правле́ние**, -я, *ср.* (к 1 знач.). *Форма правления.* ‖ *прил.* **пра́вильный**, -ая, -ое (ко 2 знач.; спец.). *Правильное весло.*

ПРА´ВИТЬ[2], -влю, -вишь; -вленный; *несов., что.* **1.** Исправлять ошибки в чём-н. *П. корректуру.* **2.** Отделывать, придавать нужный вид (спец.). *П. бритву* (оттачивать). ‖ *сущ.* **пра́вка**, -и, *ж.* ‖ *прил.* **пра́вильный**, -ая, -ое (ко 2 знач.; спец.). *Правильная машина* (для правки металлических листов, полос, труб). *П. пресс.*

ПРА´ВКА, -и, *ж.* **1.** *см.* править[2]. **2.** Исправленная, выправленная часть в рукописи, в корректуре. *Внести правку в вёрстку.*

ПРАВЛЕ´НИЕ, -я, *ср.* **1.** *см.* править[1]. **2.** Орган, управляющий каким-н. учреждением, организацией. *П. банка, кооператива, общества. Председатель правления. Член правления.* **3.** *собир.* Члены такого органа. *Собралось всё п. колхоза.* ‖ *прил.* **правле́нческий**, -ая, -ое (ко 2 знач.) *и* **правле́нский**, -ая, -ое (ко 2 знач.; разг.). *Правленческий аппарат.*

ПРА´ВЛЕНЫЙ, -ая, -ое. Подвергшийся правке, исправленный. *П. экземпляр статьи.*

ПРА´ВНУК, -а, *м.* Сын внука или внучки.

ПРА´ВНУЧКА, -и, *ж.* Дочь внука или внучки.

ПРА´ВО[1], -а, *мн.* права́, прав, права́м, *ср.* **1.** *ед.* Совокупность устанавливаемых и охраняемых государственной властью норм и правил, регулирующих отношения людей в обществе, а также наука, изучающая эти нормы. *Конституционное, гражданское, избирательное, трудовое, семейное, уголовное п. Лекции по древнерусскому праву. Обычное п.* (в дофеодальном и феодальном обществе: совокупность традиционно сложившихся неписаных правил поведения, санкционированных государством). **2.** Охраняемая государством, узаконенная возможность что-н. делать, осуществлять. *Права и обязанности граждан. Восстановить в правах кого-н. П. голоса. Права человека* (права личности, гражданские, политические и социально-экономические права и свободы: право на жизнь, на свободу и неприкосновенность личности, на равенство всех перед законом, право на труд, на социальное обеспечение, на отдых, на образование и др.). **3.** Возможность действовать, поступать каким-н. образом. *П. контроля. Иметь п. на что-н. П. требовать что-н.* **4.** Основание, причина. *Он не имеет права говорить со мной таким тоном. С полным правом могу так сказать. По какому праву?* (на каких основаниях?). **5.** *мн.* Документ, удостоверяющий официальное разрешение на вождение автомобиля, мотоцикла или другого транспортного средства. *Водительские права. У шофёра отобрали права.* ✦ **Международное право** (спец.) — совокупность юридических норм, регулирующих отношения между государствами. **Телефонное право** (разг.) — действия в обход правовых норм, закона по телефонному звонку вышестоящего лица. **По праву сильного** — без всякого права. **На правах** *кого-чего, в знач. предлога с род. п.* — в качестве кого-чего-н. *Брошюра на правах рукописи. Приглашён на правах гостя.* ‖ *прил.* **правово́й**, -а́я, -о́е (к 1 и 2 знач.). *П. порядок. Правовые нормы.*

ПРА´ВО[2], *вводн. сл.* (разг.). Действительно, в самом деле, правда. *Я, п., не знаю, что мне делать. Мне, п., совестно.*

ПРА´ВО[3]: 1) **где право, где лево** (разг. шутл.) — где правая, где левая сторона; 2) **право руля!** — команда на корабле, лодке: поворот руля направо; 3) **право на борт!** — команда на корабле, лодке: поворот руля направо до отказа.

ПРАВО[1]... *Первая часть сложных слов со знач.* относящийся к праву[1], правовой, напр. *правопорядок, правоотношения, правозаступничество, правопреемство, правоохранительный.*

ПРАВО[2]... *Первая часть сложных слов со знач.* правый[1], напр. *правобережный, правосторонний.*

ПРАВОБЕРЕ´ЖЬЕ, -я, *ср.* Земельное пространство, расположенное по правому берегу, примыкающее к правому берегу. ‖ *прил.* **правобере́жный**, -ая, -ое.

ПРАВОВЕ´Д, -а, *м.* Специалист по правоведению, юрист.

ПРАВОВЕ´ДЕНИЕ, -я, *ср.* Совокупность юридических наук, юриспруденция. ‖ *прил.* **правове́дческий**, -ая, -ое.

ПРАВОВЕ´РНЫЙ, -ая, -ое; -рен, -рна. **1.** Строго придерживающийся какой-н. веры. *П. христианин, католик. Правоверные* (сущ.) *совершают намаз.* **2.** *перен.* Последовательно придерживающийся каких-н. взглядов, учения. ‖ *сущ.* **правове́рность**, -и, *ж.*

ПРАВОВО´Й *см.* право[1].

ПРАВОЗАЩИ´ТНИК, -а, *м.* Общественный деятель, выступающий перед властями с требованием соблюдения ими общепризнанных прав и свобод человека. ‖ *ж.* **правозащи́тница**, -ы. ‖ *прил.* **правозащи́тнический**, -ая, -ое.

ПРАВОМЕ´РНЫЙ, -ая, -ое; -рен, -рна (книжн.). **1.** Внутренне оправдываемый, закономерный. *Вполне п. вопрос. Ваши сомнения правомерны.* **2.** Опирающийся на право, основанный на праве. *Правомерные действия. П. поступок.* ‖ *сущ.* **правоме́рность**, -и, *ж.*

ПРАВОМО´ЧНЫЙ, -ая, -ое; -чен, -чна (книжн.). Обладающий законным правом, полномочием. *Правомочное лицо.* ‖ *сущ.* **правомо́чие**, -я, *ср. и* **правомо́чность**, -и, *ж.*

ПРАВОНАРУШЕ´НИЕ, -я, *ср.* (офиц.). Нарушение права, проступок, преступление. *Профилактика правонарушений.*

ПРАВОНАРУШИ´ТЕЛЬ, -я, *м.* (офиц.). Лицо, совершившее правонарушение. ‖ *ж.* **правонаруши́тельница**, -ы.

ПРАВООХРАНИ´ТЕЛЬНЫЙ, -ая, -ое (офиц.). В нек-рых сочетаниях: относящийся к охране законности, к укреплению правопорядка, борьбе с преступностью. *Правоохранительные органы.*

ПРАВОПИСА´НИЕ, -я, *ср.* То же, что орфография. ‖ *прил.* **правопи́сный**, -ая, -ое (спец.).

ПРАВОПОРЯ´ДОК, -дка, *м.* (книжн.). Закреплённый правовыми нормами порядок общественных отношений.

ПРАВОСЛА´ВИЕ, -я, *ср.* Одно из основных направлений христианства, вероисповедание, окончательно сложившееся в Византии в 11 в. как восточнохристианская церковь. *Религиозно-философские основы православия.* ‖ *прил.* **правосла́вный**, -ая, -ое. *Православная церковь. Православное духовенство.*

ПРАВОСЛА´ВНЫЙ, -ая, -ое. **1.** *см.* православие. **2.** **правосла́вный**, -ого, *м.* Последователь православия. *Церковные обряды православных.* ‖ *ж.* **правосла́вная**, -ой.

ПРАВОСОЗНА´НИЕ, -я, *ср.* (спец.). Совокупность взглядов на действующее право, на существующие правовые нормы.

ПРАВОСПОСО´БНЫЙ, -ая, -ое; -бен, -бна (офиц.). О гражданах и юридических лицах: способный иметь права и нести установленные государством обязанности. *Правоспособное лицо.* ‖ *сущ.* **правоспосо́бность**, -и, *ж.*

ПРАВОСУ´ДИЕ, -я, *ср.* (книжн.). **1.** Деятельность судебных органов. *Органы правосудия.* **2.** Справедливое решение дела, спора. *Торжество правосудия. Искать правосудия.* ‖ *прил.* **правосу́дный**, -ая, -ое.

ПРАВОТА´, -ы́, *ж.* Правильный образ действий и мыслей. *Доказать свою правоту.*

ПРАВОФЛАНГО´ВЫЙ, -ая, -ое. **1.** Находящийся, расположенный на правом фланге. *П. боец. Правофланговый* (сущ.) *в шеренге.* **2.** **правофланго́вый**, -ого, *м., перен.* Человек, на к-рого нужно равняться в делах, кто служит примером другим. ‖ *ж.* **правофланго́вая**, -ой (ко 2 знач.).

ПРАВША´, -и́, *род. мн.* -ше́й, *м.* и *ж.* Человек, к-рый владеет правой рукой лучше, чем левой.

ПРА´ВЫЙ[1], -ая, -ое. **1.** Находящийся, расположенный по стороне, к-рая противоположна левой. *Правая рука* (также перен.: главный помощник; разг.). *П. берег реки.* **2.** В политике: консервативный, реакционный, враждебный всякому прогрессу. *Человек правых взглядов. Выступления правых* (сущ.).

ПРА´ВЫЙ[2], -ая, -ое; прав, права́, пра́во. **1.** Справедливый, содержащий правду (в 1 знач.). *Наше дело правое. П. суд.* **2.** Невиновный; не нарушивший каких-н. норм, закона. *Суд признал его правым. Разберись, кто прав, кто виноват.* **3.** *кратк. ф.* Не сделавший ошибки, правильно думающий, говорящий, поступающий. *Вы совершенно правы.* ✦ **Право слово** (прост.) — правда, честное слово. *Так и было, право слово.*

ПРА´ВЯЩИЙ, -ая, -ее. Находящийся у власти, осуществляющий власть в государстве. *Правящая партия. Правящие круги. Правящая верхушка.*

ПРАГМАТИ´ЗМ, -а, *м.* **1.** Направление в философии, отрицающее необходимость познания объективных законов действительности и признающее истиной лишь то, что даёт практически полезные результаты. **2.** В исторической науке: направление, ограничивающееся описанием событий в их внешней связи и последовательности без раскрытия закономерностей их развития. ‖ *прил.* **прагмати́ческий**, -ая, -ое.

ПРАГМА´ТИКА, -и, *ж.* В семиотике, языкознании: направление, изучающее отношения между средствами языка и теми, кто этими средствами пользуется; само такое отношение. ‖ *прил.* **прагмати́ческий**, -ая, -ое.

ПРА´ДЕД, -а и **ПРАДЕ´ДУШКА**, -и, *м.* Отец деда или бабушки. ‖ *прил.* **праде́довский**, -ая, -ое *и* **пра́дедовский**, -ая, -ое. *Прадедовские нравы* (перен.: совершенно несовременные).

ПРА´ЗДНЕСТВО, -а, *ср.* (высок.). Торжественный праздник, празднование в честь кого-чего-н.

ПРА́ЗДНИК, -а, *м.* **1.** День торжества, установленный в честь или в память кого-чего-н. *Первомай — п. весны.* **2.** День или ряд дней, отмечаемых церковью в память религиозного события или святого. *В день храмового праздника. Престольный п.* (в честь церковного события или святого, имя к-рого присвоено данной церкви). *П. Рождества. Христианские, церковные праздники.* **3.** Выходной, нерабочий день. *П. Нового года.* **4.** День радости и торжества по поводу чего-н. *Семейный п. На душе п.* (перен.: радостно). **5.** День игр, развлечений. *Спортивный п. П. песни.* ✦ **Двунадесятые праздники** — в православии: двенадцать основных церковных праздников: Рождество Христово, Крещение, Благовещение, Сретение, Вербное воскресение (Вход Господен в Иерусалим), Вознесение, Троица, Преображение, Успение, Рождество Богородицы, Воздвижение (креста Господня), Введение (Богородицы во храм). **На праздниках** (разг.) — в дни праздника. *На праздниках погостил у родных.* **Будет и на нашей улице праздник** — и для нас наступит радость, торжество. **Праздник, к-рый всегда с тобой** — о ком-чём-н. постоянно радующем. **Как у праздника сидеть** (разг. неодобр.) — сидеть, ничего не делая, в праздности. ‖ *прил.* **пра́здничный,** -ая, -ое. *П. день.*

ПРА́ЗДНИЧНЫЙ, -ая, -ое; -чен, -чна. **1.** *см.* праздник. **2** *перен.* Радостный, счастливый и весёлый. *П. вид. Праздничное настроение. Солнце светит празднично* (нареч.). ‖ *сущ.* **пра́здничность,** -и, *ж.* (ко 2 знач.).

ПРА́ЗДНОВАТЬ, -ную, -нуешь; *несов., что.* Торжественно отмечать праздник или какое-н. событие. *П. 1000-летие Крещения Руси. П. день рождения сына.* ‖ *сов.* **отпра́здновать,** -ную, -нуешь; -анный. ‖ *сущ.* **пра́зднование,** -я, *ср.*

ПРАЗДНОСЛО́ВИЕ, -я, *ср.* (книжн.). Пустые, праздные слова, разговоры. *Предаваться празднословию.* ‖ *прил.* **празднсло́вный,** -ая, -ое.

ПРА́ЗДНОСТЬ, -и, *ж.* **1.** *см.* праздный. **2.** Безделье, праздное времяпрепровождение. *Жить в праздности.*

ПРАЗДНОШАТА́ЮЩИЙСЯ, -аяся, -ееся. Проводящий время в безделье, в бесполезных хождениях. *Праздношатающаяся публика.*

ПРА́ЗДНЫЙ, -ая, -ое; -ден, -дна. **1.** Ничем не занятый, без дела, без полезных занятий. *Праздная жизнь. Праздно* (нареч.) *проводить время.* **2.** *перен.* Бесцельный, пустой. *Праздное любопытство.* ‖ *сущ.* **пра́здность,** -и, *ж.*

ПРА́КТИК, -а, *м.* **1.** Специалист, к-рый хорошо изучил своё дело на практике. *Строители-практики.* **2.** Практичный, деловой человек.

ПРА́КТИКА, -и, *ж.* **1.** Деятельность людей, в ходе к-рой они, воздействуя на материальный мир и общество, преобразуют их; деятельность по применению чего-н. в жизни, опыт. *Единство теории и практики. Проверить результаты опыта на практике.* **2.** Приёмы, навыки, обычные способы какой-н. работы. *П. преподавания. Существующая судебная п.* **3.** Работа, занятия как основа опыта, умения в какой-н. области. *Без практики не овладеть иностранным языком.* **4.** Одна из форм обучения: применение и закрепление на деле знаний, полученных теоретическим путём. *Летняя п. студентов.* **5.** Работа врача или юриста с частной клиентурой или другого частнопрактикующего лица с клиентами. *Частная п. Врач с большой практикой* (с большим количеством пациентов). ‖ *прил.* **практи́ческий,** -ая, -ое (к 1, 2, 3 и 4 знач.). *Практическая деятельность. Практические занятия. П. курс иностранного языка.*

ПРАКТИКА́НТ, -а, *м.* Человек, к-рый проходит практику (в 4 знач.), готовясь к деятельности в какой-н. области. *Студенты практиканты.* ‖ *ж.* **практика́нтка,** -и. ‖ *прил.* **практика́нтский,** -ая, -ое.

ПРАКТИКОВА́ТЬ, -ку́ю, -ку́ешь; -о́ванный; *несов.* **1.** *что.* Применять на практике (книжн.). *П. новый способ.* **2.** Проходить практику (в 4 знач.). *Студенты практикуют в клинике.* **3.** Иметь практику (в 5 знач.) (устар.). *Давно практикующий адвокат.*

ПРАКТИКОВА́ТЬСЯ, -ку́юсь, -ку́ешься; *несов.* **1.** (1 и 2 л. не употр.). Применяться на практике. *Практикуются новые методы работы.* **2.** *в чём.* Привыкать к какому-н. делу, усваивать его практику, упражняться. *П. во французском языке.* ‖ *сов.* **напрактикова́ться,** -ку́юсь, -ку́ешься (ко 2 знач.).

ПРА́КТИКУМ, -а, *м.* В специальных учебных заведениях: практические занятия по какому-н. учебному предмету. *П. по специальности.*

ПРАКТИЦИ́ЗМ, -а, *м.* Деловитость, практическое отношение к чему-н. *Здоровый п. Узкий п.*

ПРАКТИ́ЧЕСКИЙ, -ая, -ое. **1.** *см.* практика. **2.** Относящийся к области жизненного опыта, реальных потребностей. *Далёк от практической жизни.* **3.** То же, что практичный (в 1 знач.). **4. практи́чески,** *нареч.* По существу, на деле, фактически. *Практически здоров.*

ПРАКТИ́ЧНЫЙ, -ая, -ое; -чен, -чна. **1.** Деловитый, умеющий разбираться в практических, жизненных делах. *П. хозяйственник.* **2.** Удобный, выгодный, экономный. *П. способ. Одежда практична и красива.* ‖ *сущ.* **практи́чность,** -и, *ж.*

ПРА́ОТЕЦ, -тца, *м.* (устар. и высок.). То же, что родоначальник (в 1 знач.). ✦ **Отправиться к праотцам** (разг. шутл.) — то же, что умереть. ‖ *прил.* **праоте́ческий,** -ая, -ое.

ПРА́ПОРЩИК, -а, *м.* **1.** В Советской Армии в нек-рых родах войск: воинское звание лиц, добровольно проходящих службу сверх установленного срока, а также лицо, имеющее это звание (в нек-рых других армиях — воинское звание). **2.** В царской армии: самый младший офицерский чин, а также лицо, имеющее этот чин. ‖ *прил.* **пра́порщицкий,** -ая, -ое *и* **пра́порщичий,** -ья, -ье (разг.).

ПРАРОДИ́ТЕЛЬ, -я, *м.* (устар. высок.). Родоначальник, праотец. ‖ *ж.* **прароди́тельница,** -ы. ‖ *прил.* **прароди́тельский,** -ая, -ое.

ПРА́СОЛ, -а, *м.* (устар.). Оптовый скупщик скота и разных припасов (обычно мяса, рыбы) для перепродажи. ‖ *прил.* **пра́сольский,** -ая, -ое.

ПРАХ, -а, *м.* **1.** Мелкие сухие частицы земли, чего-н. высохшего, распавшегося, сгоревшего (стар.). *Сухой пень рассыпался в п. Клубится п. из-под копыт.* **2.** *перен.* То, что тленно, ничтожно, недолговечно, суета (устар.). *Всё его треволнения — п. и суета.* **3.** Останки, то, что осталось от тела умершего (высок.). *Мир праху его* (добрые слова об умершем). ✦ **Отрясти прах со своих ног** (высок.) — порвать с прежним, отбросить старое. **Повергнуть (развеять) в прах** *кого-что* (высок.) — полностью уничтожить. **Пойти или рассыпаться прахом** (разг.) — погибнуть, уничтожиться. **Прах побери!** (его, тебя и др.) (прост.) — то же, что чёрт возьми, чёрт побери.

ПРА́ЧЕЧНАЯ [*шн*], -ой, *ж.* Предприятие, занимающееся стиркой белья, а также помещение для стирки. *Фабрика-п. П. самообслуживания. П. при доме.*

ПРА́ЧКА, -и, *ж.* Работница, занимающаяся ручной стиркой белья.

ПРАЩА́, -и́, *род. мн.* -е́й, *ж.* Древнее ручное боевое оружие для метания камней.

ПРА́ЩУР, -а, *м.* (книжн.). Отдалённый предок, родоначальник.

ПРЕ..., *приставка.* **1.** Образует существительные, прилагательные и наречия со знач. высокой, высшей степени чего-н., напр. *преизбыток, премилый, пренеприятный, прескучно, пребольно.* **2.** Образует глаголы со знач. интенсивности или полноты действия, напр. *преисполниться, преувеличить, преуменьшить.*

ПРЕА́МБУЛА, -ы, *ж.* (спец.). Вводная, разъясняющая часть международного договора, закона или иного правового акта.

ПРЕБЫВА́ТЬ, -а́ю, -а́ешь; *несов.* (книжн.). **1.** *где.* Находиться где-н. *П. в столице. П. в Париже.* **2.** *в ком-чём* и *кем.* Находиться или оставаться в каком-н. состоянии. *П. в бездействии. П. в неведении. Он пребывает моим другом. П. в начальниках (начальником).* ‖ *сущ.* **пребыва́ние,** -я, *ср.* *Страна пребывания* (страна, в к-рой представительствуют данные дипломаты, миссии).

ПРЕВАЛИ́РОВАТЬ, -рую, -руешь; *несов.* (книжн.). Преобладать, иметь перевес. *В его решениях превалируют интересы дела.*

ПРЕВЕНТИ́ВНЫЙ, -ая, -ое; -вен, -вна (спец.). Предупреждающий что-н., предохранительный. *Превентивные меры. П. удар.* ‖ *сущ.* **превенти́вность,** -и, *ж.*

ПРЕВЗОЙТИ́, -йду́, -йдёшь; -ошёл, -ошла́; -оше́дший; -ойдённый (-ён, -ена́); -ойдя́ *и* (устар.) -ошéд, -оше́дши; *сов., кого-что.* **1.** Оказаться выше, сильнее, значительнее в каком-н. отношении. *П. прежний уровень развития. П. всех остроумием (в остроумии). П. самого себя* (отличиться больше, чем можно было ожидать). **2.** Изучить, узнать, постичь (устар.). *Все науки превзошёл.* ‖ *несов.* **превосходи́ть,** -ожу́, -о́дишь (к 1 знач.). *Превосходящие силы противника.*

ПРЕВОЗВЫ́СИТЬ, -ы́шу, -ы́сишь; -ы́шенный; *сов., кого-что* (устар.). Восхвалить, превознести. ‖ *несов.* **превозвыша́ть,** -а́ю, -а́ешь. ‖ *сущ.* **превозвыше́ние,** -я, *ср.*

ПРЕВОЗМО́ЧЬ, -огу́, -о́жешь, -о́гут; -о́г, -огла́; -о́гший; -о́гши; *сов., что* (книжн.). То же, что пересилить. *П. боль.* ‖ *несов.* **превозмога́ть,** -а́ю, -а́ешь.

ПРЕВОЗНЕСТИ́, -су́, -сёшь; -ёс, -есла́; -ёсший; -сённый (-ён, -ена́); -еся́; *сов., кого-что* (книжн.). Очень высоко оценить, слишком расхвалить. *П. чей-н. талант.* ‖ *несов.* **превозноси́ть,** -ошу́, -о́сишь. ‖ *сущ.* **превознесе́ние,** -я, *ср. и* **превозноше́ние,** -я, *ср.*

ПРЕВОЗНОСИ́ТЬСЯ, -ошу́сь, -о́сишься; *несов.* (устар.). Слишком гордиться, превозносить себя. ‖ *сов.* **превознести́сь,** -су́сь, -сёшься; -ёсся, -есла́сь. ‖ *сущ.* **превознесе́ние,** -я, *ср. и* **превозноше́ние,** -я, *ср.*

ПРЕВОСХОДИ́ТЕЛЬСТВО, -а, *ср.* В соединении с мест. «**ваше**», «**его**», «**их**» — титулование нек-рых высших чинов (в соединении с мест. «**ваше**», «**её**», «**их**» — также жён соответствующих лиц); в дипломатической речи в сочетании с соответствующими мест. — титулование правительственных лиц.

ПРЕВОСХОДИ́ТЬ *см.* превзойти.

ПРЕВОСХО́ДНЫЙ[1], -ая, -ое; -ден, -дна. **1.** Отличный, очень хороший. *П. специалист. П. рассказ. Превосходно* (нареч.) *себя чувствовать.* **2. превосхо́дно,** *частица.* То же, что прекрасно (см. прекрасный в 4 знач.). ‖ *сущ.* **превосхо́дность,** -и, *ж.*

ПРЕВОСХО́ДНЫЙ[2], -ая, -ое: **превосходная степень** — в грамматике: общее название прилагательных и наречий, с высокой регулярностью образуемых с суффиксами **«-айш-», «-ейш-»** и обозначающих высшую степень признака, напр. *высочайший, высочайше, скромнейший, интереснейший, интереснейше.*

ПРЕВОСХО́ДСТВО, -а, *ср.* Преимущество перед кем-чем-н. в каком-н. отношении. *Доказать своё п. П. в технике. Численное п.*

ПРЕВРАТИ́ТЬ, -ащу́, -ати́шь; -ащённый (-ён, -ена́); *сов., кого-что в кого-что.* Придать иной вид, перевести в другое состояние, качество, обратить во что-н. иное. *П. воду в пар. П. дело в шутку. Болезнь превратила его в старика.* ‖ *несов.* **превраща́ть,** -а́ю, -а́ешь. ‖ *сущ.* **превраще́ние,** -я, *ср.*

ПРЕВРАТИ́ТЬСЯ, -ащу́сь, -ати́шься; *сов., в кого-что.* Принять иной вид, перейти в другое состояние, стать чем-н. иным. *Вода превратилась в лёд. Вчерашние мальчики превратились в мужчин.* ✦ **Превратиться (обратиться) в слух** — начать внимательно слушать. *Весь превратился в слух кто-н.* ‖ *несов.* **превраща́ться,** -а́юсь, -а́ешься. ‖ *сущ.* **превраще́ние,** -я, *ср.*

ПРЕВРА́ТНОСТЬ, -и, *ж.* **1.** *см.* превратный. **2.** Злоключение, резкая перемена, поворот в событиях (книжн.). *Превратности судьбы.*

ПРЕВРА́ТНЫЙ, -ая, -ое; -тен, -тна. **1.** Изменчивый, непостоянный (устар.). *Превратное счастье.* **2.** Ложный, извращающий истину. *П. взгляд на вещи. Превратно* (нареч.) *истолковать чьи-н. слова.* ‖ *сущ.* **превра́тность,** -и, *ж.*

ПРЕВЫ́СИТЬ, -ы́шу, -ы́сишь; -ы́шенный; *сов.* **1.** (1 и 2 л. не употр.), *что.* Оказаться больше чего-н. по размеру, количеству, возможностям. *Вес груза превысил 100 кг. Спрос превысит предложение.* **2.** *что.* Сделать что-н. больше обычного, нормального. *П. норму выработки.* **3.** *что.* Выйти за пределы своих прав, полномочий. *П. свои полномочия. П. власть.* **4.** *кого (что).* Оказаться лучше кого-чего-н. в каком-н. отношении (устар.). *П. всех в мастерстве.* ‖ *несов.* **превыша́ть,** -а́ю, -а́ешь. ‖ *сущ.* **превыше́ние,** -я, *ср.*

ПРЕВЫ́ШЕ (устар. и высок.). **1.** *нареч.* Выше, сильнее, важнее чего-н. *Лететь п. гор. Верность присяге п. жизни.* **2.** *кого-чего, в знач. предлога с род. п.* Выше, превышая, превосходя кого-что-н. *Сопротивление п. сил.* ✦ **Превыше всего (высок.)** — самое главное, самое важное.

ПРЕГРА́ДА, -ы, *ж.* **1.** То, что преграждает что-н. *Построить преграду. Поток разбивается о каменную преграду.* **2.** Помеха, затруднение. *Преодолеть все преграды. Быть, служить преградой кому-чему-н. П. на пути к цели.*

ПРЕГРАДИ́ТЬ, -ажу́, -ади́шь; -аждённый (-ён, -ена́); *сов., что.* **1.** Загородить, устроить преграду (в 1 знач.). *Обвал преградил дорогу. П. путь неприятелю.* **2.** Воспрепятствовать, помешать осуществлению чего-н. *П. путь браконьерству.* ‖ *несов.* **прегражда́ть,** -а́ю, -а́ешь. ‖ *сущ.* **прегражде́ние,** -я, *ср.*

ПРЕГРАЖДЕ́НИЕ, -я, *ср.* **1.** *см.* преградить. **2.** То же, что преграда (в 1 знач.).

ПРЕГРЕШЕ́НИЕ, -я, *ср.* (устар.). Проступок, грех. *Невольное п.*

ПРЕД[1], -а, *м.* (разг.). Сокращение: председатель.

ПРЕД[2] *кем-чем, предлог с тв. п.* (высок.). То же, что перед. *Пред входом в святилище. Пред новой эрой.*

ПРЕД[1]..., *приставка.* **I.** Образует существительные и прилагательные со знач.: 1) впереди, ранее чего-н., перед чем-н., напр. *предыстория, предромантизм, предгорье, Предуралье, предзимье, предгрозовой, предударный, предпусковой, предуборочный, предпосевной, предотъездный, предынфарктный, предпоследний;* 2) проявления, осуществления заранее, напр. *предощущение, предосторожность, предвзятый, преднамеренный, предубеждённый, предустановленный, предумышленный.* **II.** Образует глаголы со знач. предварительности действия, напр. *предупредить, предостеречь, предугадать, предуготовить, предначертать, предвозвестить.*

ПРЕД[2]... *Первая часть сложных слов со знач.* председатель, напр. *предзавкома, предпрофкома, предфабкома* (все нескл.; склонение типа: *дат.* предзавкому, *тв.* предзавкомом, *предл.* о предзавкоме — прост.).

ПРЕДАВА́ТЬ, -СЯ *см.* предать, -ся.

ПРЕДА́НИЕ, -я, *ср.* Переходящий из уст в уста, от поколения к поколению рассказ о былом, легенда. *Народное п. Семейное п.*

ПРЕ́ДАННЫЙ, -ая, -ое; -ан. Исполненный любви и верности к кому-чему-н. *П. друг. Предан своему делу.* ‖ *сущ.* **пре́данность,** -и, *ж.*

ПРЕДА́ТЕЛЬ, -я, *м.* Человек, к-рый предал, предаёт кого-что-н., изменник. *Низкий п.* ‖ *ж.* **преда́тельница,** -ы. ‖ *прил.* **преда́тельский,** -ая, -ое. *Предательски* (нареч.) *поступить.*

ПРЕДА́ТЕЛЬСКИЙ, -ая, -ое. **1.** *см.* предатель *и* предательство. **2.** *перен.* Обманчивый, коварный, таящий в себе что-н. неприятное. *Предательская усмешка. П. туман.*

ПРЕДА́ТЕЛЬСТВО, -а, *ср.* Вероломство, поступок, поведение предателя. *П. не прощается.* ‖ *прил.* **преда́тельский,** -ая, -ое.

ПРЕДА́ТЬ, -а́м, -а́шь, -а́ст, -ади́м, -ади́те, -аду́т; пре́дал *и* (разг.) преда́л, -ала́, -ало; -а́й; -а́вший; пре́данный (-ан, -ана́ *и* -ана, -ано); *сов., кого-что.* **1.** *чему.* Подвергнуть действию чего-н., отдать (высок.). *П. суду* (отдать под суд). *П. забвению* (перестать помнить, забыть). *П. земле* (похоронить). *П. огню* (сжечь). **2.** Изменнически выдать. *П. кого-н. врагу.* **3.** Изменить, нарушить верность. *П. Родину. П. общее дело. П. друга.* ‖ *несов.* **предава́ть,** -даю́, -даёшь; -дава́й; -дава́я.

ПРЕДА́ТЬСЯ, -а́мся, -а́шься, -а́стся, -ади́мся, -ади́тесь, -аду́тся; -а́лся, -ала́сь, -а́ло́сь *и* -а́лось; -а́йся; -а́вшийся; *сов.* **1.** *кому.* Целиком подчиниться, отдать себя во власть кому-н. (устар.). *Душой предался другу.* **2.** *кому.* Совершить предательство. *П. неприятелю.* **3.** *чему.* Целиком отдаться чему-н. *П. любимому делу. П. своим страстям. П. мечтам.* ‖ *несов.* **предава́ться,** -даю́сь, -даёшься; -дава́йся; -дава́ясь.

ПРЕДБА́ННИК, -а, *м.* **1.** Помещение для раздевания в бане. **2.** *перен.* Небольшое помещение, через к-рое входят, проходят куда-н. (разг. шутл.). *Перед конторой маленький п.*

ПРЕДВАРИ́ТЕЛЬНЫЙ, -ая, -ое; -лен, -льна. **1.** *полн. ф.* Предшествующий чему-н., бывающий перед чем-н. *Предварительная подготовка. Предварительное следствие* (до суда). **2.** Неокончательный, такой, после к-рого ещё последует что-н. *Предварительное соглашение. По предварительным данным.* ‖ *сущ.* **предвари́тельность,** -и, *ж.*

ПРЕДВАРИ́ТЬ, -рю́, -ри́шь; -рённый (-ён, -ена́); *сов.* **1.** *кого (что) о чём.* Уведомить заранее (устар.). *П. о своем приезде.* **2.** *кого-что.* Сделать что-н. раньше кого-чего-н., опередить (книжн.). *П. событие.* ‖ *несов.* **предваря́ть,** -я́ю, -я́ешь. ‖ *сущ.* **предваре́ние,** -я, *ср.*

ПРЕДВЕ́СТИЕ, -я, *ср.* (книжн.). То же, что предзнаменование. *П. бури. П. весны.*

ПРЕДВЕ́СТНИК, -а, *м.* (книжн.). Тот (то), кто (что) предвещает что-н. *П. победы. П. беды.* ‖ *ж.* **предве́стница,** -ы.

ПРЕДВЕЩА́ТЬ, -а́ю, -а́ешь; *несов., что.* Указывать на близкое наступление, совершение чего-н. *Молодому артисту всё предвещает успех. Тучи предвещали грозу.*

ПРЕДВЗЯ́ТЫЙ, -ая, -ое; -я́т. О мысли, суждении: сложившийся заранее и обычно основанный на предубеждении. *Предвзятая точка зрения. Предвзято* (нареч.) *отнестись к чему-н.* ‖ *сущ.* **предвзя́тость,** -и, *ж.*

ПРЕДВИ́ДЕТЬ, -и́жу, -и́дишь; -и́денный; *несов., что.* Заранее знать, предполагать возможность появления, наступления чего-н. *П. ход событий. Предвижу, что будут возражения.* ‖ *сущ.* **предви́дение,** -я, *ср. Научное п.*

ПРЕДВИ́ДЕТЬСЯ (-и́жусь, -и́дишься, 1 и 2 л. не употр.), -и́дится; *несов.* Ожидаться, предполагаться. *Изменений не предвидится.*

ПРЕДВКУША́ТЬ, -а́ю, -а́ешь; *несов., что.* Ожидая, представляя себе что-н. приятное, заранее испытывать удовольствие. *П. радостную встречу. П. успех.* ‖ *сов.* **предвкуси́ть,** -ушу́, -у́сишь. ‖ *сущ.* **предвкуше́ние,** -я, *ср. В предвкушении успеха.*

ПРЕДВОДИ́ТЕЛЬ, -я, *м.* Человек, к-рый предводительствует, руководит кем-чем-н. *П. племени. П. войска.* ✦ **Предводитель дворянства** — выборный представитель дворянского сословия губернии или уезда, председательствующий в земском собрании. ‖ *ж.* **предводи́тельница,** -ы. ‖ *прил.* **предводи́тельский,** -ая, -ое.

ПРЕДВОДИ́ТЕЛЬСТВОВАТЬ, -твую, -твуешь; *несов., кем-чем* (высок.). Возглавляя кого-что-н., руководить, вести за собой. *П. войсками.* ‖ *сущ.* **предводи́тельство,** -а, *ср. Действовать под предводительством кого-чего-н.*

ПРЕДВОЗВЕСТИ́ТЬ, -ещу́, -ести́шь; -ещённый (-ён, -ена́); *сов., что* (устар. и высок.). Возвестить заранее, предсказать. *П. победу.* ‖ *несов.* **предвозвеща́ть,** -а́ю, -а́ешь. ‖ *сущ.* **предвозвеще́ние,** -я, *ср.*

ПРЕДВОЗВЕ́СТНИК, -а, *м.* (устар. и высок.). Тот (то), кто (что) предвозвещает что-н., предвестник. *П. победы.* ‖ *ж.* **предвозве́стница,** -ы.

ПРЕДВОСХИ́ТИТЬ, -и́щу, -и́тишь; -и́щенный; *сов., кого-что* (книжн.). Сделать что-н. или понять, познать что-н. раньше других, опередить; предугадать. *П. чью-н. идею.* ‖ *несов.* **предвосхища́ть,** -а́ю, -а́ешь. ‖ *сущ.* **предвосхище́ние,** -я, *ср.*

ПРЕДВЫ́БОРНЫЙ, -ая, -ое. Предшествующий выборам. *Предвыборная кампания. Предвыборное собрание.*

ПРЕДГО́РЬЕ, -я, *род. мн.* -рий, *ср.* Возвышенная, холмистая местность перед горами. *Кавказские предгорья.*

ПРЕДГРО́ЗЬЕ, -я, *род. мн.* -зий, *ср.* Время перед грозой.

ПРЕДДВЕ́РИЕ, -я, *род. мн.* -рий, *ср.* **1.** Место перед входом куда-н. (устар. и спец.). *П. храма. П. пещеры.* **2.** *перен.* Начальный период чего-н., время, непосредственно предшествующее чему-н. (книжн.). *П. восстания.* ✦ **В преддверии** *чего, в знач. предлога с род. п.* (книжн.) — непосредственно перед чем-н., накануне чего-н. *Находиться в преддверии важных событий. Тёплые ветры в преддверии весны.*

ПРЕДЕ́Л, -а, *м.* **1.** Пространственная или временная граница чего-н.; то, что ограничивает собою что-н. *За пределами страны. В пределах текущего года.* **2.** Последняя, крайняя грань, степень чего-н. *П. совершенства. П. скорости. П. прочности. П. упругости. П. желаний. На пределе сил. Дойти до предела. Силы (нервы) на пределе* (крайне напряжены). **3.** Страна, местность (стар.). *Вернуться в родные пределы.* **4.** *ед.* Участь, судьба (прост.). *Такой уж, видно, ему п. был — на чужбине умереть.* **5.** В математике: число, к-рое в нек-рых случаях может быть приписано функции (и точке) или последовательности. ✦ **За пределами** *чего* — вне чего-н., вне границ, вне допустимого, возможного. *Такие поступки за пределами моего понимания. Это за пределами наших возможностей.* **В пределах** *чего, в знач. предлога с род. п.* — ограничивая(сь) чем-н., не выходя за какие-н. границы, рамки. *Действовать в пределах допустимого законом.* **В пределы** *чего, в знач. предлога с род. п.* — в какие-н. рамки, применяя ограничения. *Ввести в пределы допустимого.* **За пределы** *чего, в знач. предлога с род. п.* — из границ, из рамок чего-н. *Этот случай выходит за пределы привычного.* **Из пределов** *чего, в знач. предлога с род. п.* — то же, что за пределы. ‖ *прил.* **преде́льный**, -ая, -ое (к 1 и 5 знач.). *Предельная точка. Предельное равновесие. П. срок.*

ПРЕДЕ́ЛЬНЫЙ, -ая, -ое; -лен, -льна. **1.** *см.* предел. **2.** Крайний, доходящий до предела (во 2 знач.). *Предельная усталость. Предельно* (нареч.) *напрячься.* ‖ *сущ.* **преде́льность**, -и, *ж.* (ко 2 знач.).

ПРЕДЕРЖА́ЩИЙ, -ая, -ее (устар.): 1) **власти предержащие** — лица, облечённые властью; 2) **власть предержащая** — высшая власть.

ПРЕДЗИ́МЬЕ, -я, *ср.* Время поздней осени. *Глухое п.* ‖ *прил.* **предзи́мний**, -яя, -ее. *П. ветер.*

ПРЕДЗНАМЕНОВА́НИЕ, -я, *ср.* (книжн.). Явление, предвещающее что-н. *Счастливое п. Ласточки — п. весны.*

ПРЕДИКА́Т, -а, *м.* **1.** В логике: понятие, определяющее предмет суждения (субъект). **2.** В грамматике: член предложения, обозначающий отнесённый ко времени признак (действие или состояние). ‖ *прил.* **предика́тный**, -ая, -ое *и* **предикати́вный**, -ая, -ое (ко 2 знач.).

ПРЕДИКАТИ́ВНОСТЬ, -и, *ж.* В грамматике: категория, к-рая целым комплексом формальных синтаксических средств соотносит сообщение с тем или иным временны́м планом действительности.

ПРЕДИСЛО́ВИЕ, -я, *ср.* Вводная статья к какому-н. сочинению. ✦ **Без (всяких) предисловий** (разг.) — приступая к сути дела или разговора сразу, без предварительных приготовлений, разъяснений.

ПРЕДЛО́Г[1], -а, *м.* Внешний повод к чему-н. *Найти п. для отказа.* ✦ **Под предлогом** *чего, в знач. предлога с род. п.* — объясняя, обосновывая что-н. чем-н., ссылаясь, опираясь на что-н. *Отказаться под предлогом занятости.* **Под предлогом того что (под тем предлогом что)**, *союз* — на основании внешнего повода, по мнимой причине. *Ушёл внезапно, под предлогом того что его ждут дома.*

ПРЕДЛО́Г[2], -а, *м.* В грамматике: служебное слово, выражающее отношения между грамматически зависящими друг от друга словами (словом и формой слова), напр. *на* (поставить на стол), *по* (идти по полю), *при* (находиться при доме). ‖ *прил.* **предло́жный**, -ая, -ое. *Предложная конструкция.*

ПРЕДЛОЖЕ́НИЕ[1], -я, *ср.* **1.** *см.* предложить. **2.** То, что предложено, предлагается. *Внести п. Рационализаторское п.* **3.** Просьба стать женой. *Сделать, принять п.* **4.** Поступление товаров на рынок. *Законы спроса и предложения.*

ПРЕДЛОЖЕ́НИЕ[2], -я, *ср.* В грамматике: синтаксически и интонационно оформленная конструкция, выражающая сообщение. *Простое, сложное п. Главное, придаточное п. Личное, безличное п. Главные и распространяющие члены предложения.*

ПРЕДЛОЖИ́ТЬ, -ожу́, -о́жишь; -о́женный; *сов., кому.* **1.** *кого-что* или *с неопр.* Высказать мысль о чём-н. как о возможном; представить на обсуждение как возможное. *П. новый проект. П. оригинальное решение задачи. П. построить дом. П. кого-н. на место председателя.* **2.** *что.* Спросить, задать. *П. вопрос. П. задачу.* **3.** *кого-что.* Предоставить в чьё-н. распоряжение. *П. свои услуги. П. интересную работу. П. кого-н. в помощники.* **4.** *с неопр.* Потребовать, предписать что-н. сделать. *Предложили закончить работу в недельный срок. П. покинуть помещение.* ‖ *несов.* **предлага́ть**, -а́ю, -а́ешь. ‖ *сущ.* **предложе́ние**, -я, *ср.*

ПРЕДЛО́ЖНЫЙ[1]: **предложный падеж** — падеж, отвечающий на вопрос о ком-чём?

ПРЕДЛО́ЖНЫЙ[2] *см.* предлог[2].

ПРЕДМЕ́СТЬЕ, -я, *род. мн.* -тий, *ср.* Посёлок, непосредственно примыкающий к городу, но не входящий в его черту. *Городское п.*

ПРЕДМЕ́Т, -а, *м.* **1.** Всякое материальное явление, вещь. *П. неопределённой формы. П. первой необходимости. П. домашнего обихода. Предметы народного потребления.* **2.** *чего.* Тот (то), на кого (что) направлена мысль, какое-н. действие, объект (во 2 знач.). *П. спора. П. насмешек. П. обожания, любви. П. сочинения.* **3.** Наука или раздел науки, круг каких-н. знаний как особая учебная дисциплина. *Учебный п. Успевать по всем предметам. Профилирующие предметы в вузе.* ✦ **На предмет** *чего, в знач. предлога с род. п.* (устар. и офиц.) — для чего, с какой целью. *Медицинское обследование на предмет диспансеризации.* ‖ *прил.* **предме́тный**, -ая, -ое (к 1 и 3 знач.). *П. указатель* (в книгах).

ПРЕДМЕ́ТНИК, -а, *м.* (разг.). Учитель, специалист по какому-н. определённому предмету. *Методические объединения предметников.*

ПРЕДМЕ́ТНЫЙ, -ая, -ое; -тен, -тна. **1.** *см.* предмет. **2.** Наглядный, основанный на показе. *П. урок благородства.* ‖ *сущ.* **предме́тность**, -и, *ж.*

ПРЕДНАЗНАЧЕ́НИЕ, -я, *ср.* **1.** *см.* предназначить. **2.** То, что предопределено, предначертано кому-н., роль, выпавшая на чью-н. долю, судьба (высок.). *Высокое п. писателя. Выполнить своё п.*

ПРЕДНАЗНА́ЧИТЬ, -чу, -чишь; -ченный; *сов., кого-что.* Заранее назначить, определить для какой-н. цели. *П. сбережения для поездки.* ‖ *несов.* **предназнача́ть**, -а́ю, -а́ешь. ‖ *сущ.* **предназначе́ние**, -я, *ср.*

ПРЕДНАМЕ́РЕННЫЙ, -ая, -ое; -рен, -ренна. Заранее обдуманный, умышленный (обычно о чём-н. плохом). *П. обман. Сделать что-н. преднамеренно* (нареч.). ‖ *сущ.* **преднаме́ренность**, -и, *ж.*

ПРЕДНАЧЕРТА́НИЕ, -я, *ср.* **1.** *см.* предначертать. **2.** То же, что предназначение (во 2 знач.) (высок.). *П. судьбы.*

ПРЕДНАЧЕРТА́ТЬ, -а́ю, -а́ешь; -че́ртанный; *сов., что* (высок.). Заранее определить, указать. *П. порядок действий. Предначертано судьбою что-н. кому-н.* ‖ *сущ.* **предначерта́ние**, -я, *ср.*

ПРЕДО, *предлог с тв. п.* (высок.). Употр. вместо «пред» перед нек-рыми сочетаниями согласных, напр. *предо мной, предо всеми.*

ПРЕ́ДОК, -дка, *м.* **1.** Древний предшественник по роду, а также соотечественник из прежних поколений. *Духовное наследие предков. Чтить память своих великих предков.* **2.** *мн.* Родители (прост. шутл.). *Поеду к предкам на дачу.*

ПРЕДОПЛА́ТА, -ы, *ж.* (офиц.). Сокращение: предварительная оплата.

ПРЕДОПРЕДЕЛЕ́НИЕ, -я, *ср.* **1.** *см.* предопределить. **2.** Судьба, рок (устар.). *Верить в своё п.* **3.** В религии: воля божества, определяющая собой поведение человека и всё происходящее в мире.

ПРЕДОПРЕДЕЛИ́ТЬ, -лю́, -ли́шь; -лённый (-ён, -ена́); *сов., что.* Заранее определить, обусловить. *Удачное начало предопределило дальнейший успех.* ‖ *несов.* **предопределя́ть**, -я́ю, -я́ешь. ‖ *сущ.* **предопределе́ние**, -я, *ср.*

ПРЕДОСТА́ВИТЬ, -влю, -вишь; -вленный; *сов.* **1.** *кого-что кому.* Отдать в распоряжение, пользование. *П. комнату кому-н. П. кого-н. самому себе* (дать возможность делать, решать самому). **2.** *кому что* или *с неопр.* Дать какое-н. право, возможность. *П. отпуск. П. решить самому. П. кому-н. слово* (разрешить высказаться). ‖ *несов.* **предоставля́ть**, -я́ю, -я́ешь. ‖ *сущ.* **предоставле́ние**, -я, *ср.*

ПРЕДОСТЕРЕЖЕ́НИЕ, -я, *ср.* **1.** *см.* предостеречь. **2.** То, что предостерегает от чего-н. (предостерегающие слова, меры, события). *Получить п. Пусть этот случай послужит вам предостережением. Суровое п.*

ПРЕДОСТЕРЕ́ЧЬ, -егу́, -ежёшь, -егу́т; -ёг, -егла́; -ёгший; -ежённый (-ён, -ена́); -ёгши; *сов., кого (что).* Заранее предупредить о необходимости остеречься, остерегаться. *П. от опасности. П. против необдуманного решения.* ‖ *несов.* **предостерега́ть**, -а́ю, -а́ешь. ‖ *сущ.* **предостереже́ние**, -я, *ср.* ‖ *прил.* **предостерега́тельный**, -ая, -ое. *Предостерегательные огни.*

ПРЕДОСТОРО́ЖНОСТЬ, -и, *ж.* Осторожный поступок, предупреждающий опасность. *Разумная п. Принять меры предосторожности.*

ПРЕДОСУДИ́ТЕЛЬНЫЙ, -ая, -ое; -лен, -льна. Заслуживающий порицания, осуждения. *П. поступок.* ‖ *сущ.* **предосуди́тельность**, -и, *ж.*

ПРЕДОТВРАТИ́ТЬ, -ащу́, -ати́шь; -ащённый (-ён, -ена́); *сов., что.* Отвести заранее, устранить. *П. опасность.* ‖ *несов.* **предотвраща́ть**, -а́ю, -а́ешь. ‖ *сущ.* **предотвраще́ние**, -я, *ср.*

ПРЕДОХРАНИ́ТЕЛЬ, -я, *м.* Приспособление в механизме, устройстве для предохранения от чего-н. *П. в радиоэлектронном устройстве.*

ПРЕДОХРАНИ́ТЬ, -ню́, -ни́шь; -нённый (-ён, -ена́); *сов., кого-что.* Заранее охранить, оберечь. *П. от повреждения.* ‖ *несов.* **предохраня́ть**, -я́ю, -я́ешь. ‖ *сущ.* **предохране́ние**, -я, *ср.* ‖ *прил.* **предохрани́тельный**, -ая, -ое. *П. клапан. Предохранительная прививка.*

ПРЕДПИСА́НИЕ, -я, *ср.* **1.** *см.* предписать. **2.** Распоряжение, приказ (офиц.). *Секретное п. Получить п. явиться.*

ПРЕДПИСА́ТЬ, -ишу́, -и́шешь; -и́санный; *сов., кому что* и *с неопр.* **1.** Предложить официально, приказать (офиц.). *П. выезд (выехать).* **2.** Назначить, предложить соблюдать что-н. *П. строгую диету.* ‖ *несов.* **предпи́сывать**, -аю, -аешь. ‖ *сущ.* **предписа́ние**, -я, *ср. По предписанию врача.*

ПРЕДПЛЕ́ЧЬЕ, -я, *род. мн.* -чий, *ср.* Часть руки (у животных — передней конечности) между плечевой костью и кистью. ‖ *прил.* **предплечево́й**, -а́я, -о́е.

ПРЕДПЛЮСНА́, -ы́ и **ПРЕДПЛЮ́СНА**, -ы, *мн.* -плю́сны, -плю́сен, -плю́снам, *ж.* Часть плюсны, примыкающая к голени. ‖ *прил.* **предплюснево́й**, -а́я, -о́е и **предплю́сневый**, -ая, -ое.

ПРЕДПОЛАГА́ТЬ, -а́ю, -а́ешь; *несов.* **1.** *см.* предположить. **2.** *с неопр.* Иметь намерение. *Предполагаю завтра выехать.* **3.** (1 и 2 л. не употр.), *что.* Иметь своим условием. *Эта работа предполагает большой опыт.*

ПРЕДПОЛАГА́ТЬСЯ (-а́юсь, -а́ешься, 1 и 2 л. не употр.), -а́ется; *несов.* Иметься в предположении (во 2 знач.). *Встреча предполагается вечером.* ‖ *сов.* **предположи́ться** (-ожу́сь, -о́жишься, 1 и 2 л. не употр.), -ожи́тся.

ПРЕДПОЛОЖЕ́НИЕ, -я, *ср.* **1.** Догадка, предварительное соображение. *Высказать п.* **2.** Предварительный план, намерение. *Есть п. остаться. Комиссия законодательных предположений.*

ПРЕДПОЛОЖИ́ТЕЛЬНЫЙ, -ая, -ое; -лен, -льна. Являющийся предположением, предполагаемый. *П. результат. Сказать предположительно* (нареч.). ‖ *сущ.* **предположи́тельность**, -и, *ж.*

ПРЕДПОЛОЖИ́ТЬ, -ожу́, -о́жишь; -о́женный; *сов.* **1.** *что.* Сделать предположение (в 1 знач.), допустить возможность чего-н. *П. возможные осложнения.* **2. предполо́жим**, *вводн. сл.* Допустим, возможно, что так. **3. предполо́жим**, *частица.* Выражает неуверенное утверждение, допустим (в 4 знач.). *Ты опять уходишь? — Предположим.* ‖ *несов.* **предполага́ть**, -а́ю, -а́ешь.

ПРЕДПО́ЛЬЕ, -я, *род. мн.* -лий, *ср.* (спец.). Укреплённая полоса впереди главной полосы обороны или впереди укреплённого района. *Бои в п.*

ПРЕДПОСЛА́ТЬ, -ошлю́, -ошлёшь; -о́сланный; *сов., что чему* (книжн.). Написать, сказать в качестве введения к чему-н. *П. книге предисловие.* ‖ *несов.* **предпосыла́ть**, -а́ю, -а́ешь.

ПРЕДПОСЛЕ́ДНИЙ, -яя, -ее. Предшествующий последнему. *П. номер журнала.*

ПРЕДПОСЫ́ЛКА, -и, *ж.* **1.** Исходный пункт какого-н. рассуждения. *Исходить из правильных предпосылок.* **2.** Предварительное условие чего-н. *Предпосылки успеха.*

ПРЕДПОЧЕ́СТЬ, -чту́, -чтёшь; -чёл, -чла́; -чётший (редко); -чтённый (-ён, -ена́); -чтя́; *сов.* **1.** *кого-что кому-чему.* Признать преимущество перед кем-чем-н., признать лучшим по сравнению с другими. *П. прогулку танцам.* **2.** *с неопр.* Счесть за лучшее, выбрать. *Предпочёл промолчать.* ‖ *несов.* **предпочита́ть**, -а́ю, -а́ешь. ‖ *сущ.* **предпочте́ние**, -я, *ср.* (к 1 знач.). *Оказать п. кому-чему-н.*

ПРЕДПОЧТИ́ТЕЛЬНЫЙ, -ая, -ое; -лен, -льна. **1.** Заслуживающий предпочтения, лучший из ряда других. *Предпочтителен активный отдых.* **2. предпочти́тельно**, *нареч.* В основном, преимущественно. *Читает много, предпочтительно журналы.* ‖ *сущ.* **предпочти́тельность**, -и, *ж.*

ПРЕДПРА́ЗДНИЧНЫЙ, -ая, -ое. Непосредственно предшествующий празднику. *Предпраздничное оживление. Предпраздничная торговля.*

ПРЕДПРИИ́МЧИВЫЙ, -ая, -ое; -ив. Умеющий предпринять что-н. в нужный момент, находчивый и практичный. *П. делец.* ‖ *сущ.* **предприи́мчивость**, -и, *ж.*

ПРЕДПРИНИМА́ТЕЛЬ, -я, *м.* **1.** Владелец предприятия, фирмы, а также вообще деятель в экономической, финансовой сфере. *Ассоциация предпринимателей.* **2.** Предприимчивый и практичный человек. ‖ *ж.* **предпринима́тельница**, -ы. ‖ *прил.* **предпринима́тельский**, -ая, -ое. *Предпринимательская деятельность.*

ПРЕДПРИНЯ́ТЬ, -иму́, -и́мешь; -и́нял, -яла́, -яло; -и́нятый (-ят, -ята́, -ято); *сов., что.* Начать делать что-н., приступить к чему-н. *П. новое исследование. Что бы нам такое интересное п.?* (чем бы заняться?). ‖ *несов.* **предпринима́ть**, -а́ю, -а́ешь.

ПРЕДПРИЯ́ТИЕ, -я, *ср.* **1.** Производственное или хозяйственное учреждение: завод, фабрика, мастерская. *Крупное, мелкое п. Работать на предприятии. П. бытового обслуживания. Совместное п.* (созданное на основе объединения имущества учредителей). **2.** Задуманное, предпринятое кем-н. дело (книжн.). *Заманчивое п. Рискованное п.*

ПРЕДРАСПОЛОЖЕ́НИЕ, -я, *ср.* и **ПРЕДРАСПОЛО́ЖЕННОСТЬ**, -и, *ж.* Заранее создавшаяся склонность, расположение к чему-н., наличие условий для развития чего-н. *П. к простуде.*

ПРЕДРАСПОЛОЖИ́ТЬ, -ожу́, -о́жишь; -о́женный; *сов., кого (что)* (книжн.). Заранее расположить, настроить, склонить к чему-н. *П. в свою пользу.* ‖ *несов.* **предрасполага́ть**, -а́ю, -а́ешь.

ПРЕДРАССВЕ́ТНЫЙ, -ая, -ое. Предшествующий рассвету. *П. туман.*

ПРЕДРАССУ́ДОК, -дка, *м.* Ставший привычным ложный, суеверный взгляд на что-н. *Укоренившийся п. Дома новы, но предрассудки стары* (книжн.). ‖ *прил.* **предрассу́дочный**, -ая, -ое.

ПРЕДРЕЧЕ́НИЕ, -я, *ср.* **1.** *см.* предречь. **2.** То же, что предсказание (устар. и книжн.).

ПРЕДРЕ́ЧЬ, -еку́, -ечёшь, -еку́т; -ёк, -екла́; -ёкший; -чённый (-ён, -ена́); -ёкши; *сов., что* (устар.). То же, что предсказать. *П. неудачу.* ‖ *несов.* **предрека́ть**, -а́ю, -а́ешь (книжн.). ‖ *сущ.* **предрече́ние**, -я, *ср.*

ПРЕДРЕШИ́ТЬ, -шу́, -ши́шь; -шённый (-ён, -ена́); *сов., что* (книжн.). Решить заранее, предопределить. *П. вопрос. Его судьба предрешена.* ‖ *несов.* **предреша́ть**, -а́ю, -а́ешь. ‖ *сущ.* **предреше́ние**, -я, *ср.*

ПРЕДСЕДА́ТЕЛЬ, -я, *м.* **1.** Выборный руководитель организации, глава коллегиального учреждения. *П. Конституционного суда. П. товарищества. П. правления кооператива.* **2.** Выборное лицо, руководящее собранием, председательствующий. *Избрать председателя. П. заседания. П. секции, круглого стола* (в научном собрании). ‖ *ж.* **председа́тельница**, -ы (разг.) и **председа́тельша**, -и (прост.). ‖ *прил.* **председа́тельский**, -ая, -ое.

ПРЕДСЕДА́ТЕЛЬСТВОВАТЬ, -твую, -твуешь; *несов.* Быть председателем. *П. на заседании. Обязанности председательствующего* (сущ.).

ПРЕДСЕ́РДИЕ, -я, *ср.* (спец.). Одна из двух камер сердца, принимающая кровь по впадающим сосудам и направляющая её в желудочек. *Правое, левое п.* ‖ *прил.* **предсе́рдный**, -ая, -ое.

ПРЕДСКАЗА́НИЕ, -я, *ср.* **1.** *см.* предсказать. **2.** То, что предсказано. *П. сбылось. П. гадалки.*

ПРЕДСКАЗА́ТЕЛЬ, -я, *м.* Человек, к-рый предвидит, предсказывает что-н. *П. судьбы.* ‖ *ж.* **предсказа́тельница**, -ы.

ПРЕДСКАЗА́ТЬ, -ажу́, -а́жешь; -а́занный; *сов., что.* Заранее сказать, что произойдёт в будущем. *Синоптики предсказали дождь.* ‖ *несов.* **предска́зывать**, -аю, -аешь. ‖ *сущ.* **предсказа́ние**, -я, *ср.* ‖ *прил.* **предсказа́тельный**, -ая, -ое.

ПРЕДСМЕ́РТНЫЙ, -ая, -ое. Предшествующий смерти. *П. вздох. Предсмертная воля.*

ПРЕДСТАВИ́ТЕЛЬ, -я, *м.* **1.** Лицо, к-рое действует по чьему-н. поручению, выражает чьи-н. интересы, взгляды. *П. завода. Полномочный п.* **2.** Человек, представляющий в своём лице какой-н. разряд, группу людей или какую-н. область деятельности. *Лучшие представители офицерства.* **3.** Типичный образец того или иного разряда существ, предметов. *Этот цветок — п. северной флоры.* ‖ *ж.* **представи́тельница**, -ы. ‖ *прил.* **представи́тельский**, -ая, -ое (к 1 знач.; спец.).

ПРЕДСТАВИ́ТЕЛЬНЫЙ, -ая, -ое; -лен, -льна. **1.** *полн. ф.* Выборный, основанный на представительстве (в 3 знач.). *П. орган. Представительное собрание. П. образ правления.* **2.** Вполне отражающий чьи-н. интересы, авторитетный. *Представительное жюри.* **3.** Внушающий почтение, важный (разг.). *П. мужчина.* ‖ *сущ.* **представи́тельность**, -и, *ж.* (ко 2 и 3 знач.).

ПРЕДСТАВИ́ТЕЛЬСТВО, -а, *ср.* **1.** *см.* представительствовать. **2.** Учреждение, представляющее чьи-н. интересы. *Торговое п.* (торгпредство). **3.** Право, порядок выбора представителей в какие-н. органы (книжн.). *Нормы представительства в парламенте.*

ПРЕДСТАВИ́ТЕЛЬСТВОВАТЬ, -твую, -твуешь; *несов.* (книжн.). Быть представителем (в 1 знач.). ‖ *сущ.* **представи́тельство**, -а, *ср.*

ПРЕДСТА́ВИТЬ, -влю, -вишь; -вленный; *сов.* **1.** *см.* представлять. **2.** *кого-что кому.* Доставить, предъявить, сообщить. *П. необходимые документы. П. доказательства.* **3.** *кого (что) кому.* Познакомить с кем-н. *П. гостя собравшимся.* **4.** *кого (что) к чему.* Признав достойным чего-н., ходатайствовать о чём-н. (о повышении, награде). *П. к награде, к ордену.* **5.** *что.* Причинить, вызвать, составить (в 7 знач.) (книжн.). *Это не представит затруднений. Работа представит значительный интерес.* **6.** *кого-что.* Воспроизвести в мыслях, вообразить. *П. картину боя. П. всю сложность задачи.* **7.** *кого-что.* Изобразить, показать. *П. сцену из «Ревизора». П. дело в смешном виде.* **8. предста́вь(те)**, *вводн. сл.* Употр. для подчёркивания чего-н. удивительного, интересного. *Представь, он звонит каждый день.* ✦ **Представить себе** — то же, что представить (в 6 знач.). **Представь(те) себе** — то же, что представить (в 8 знач.). ‖ *несов.* **представля́ть**, -я́ю, -я́ешь. ‖ *сущ.* **представле́ние**, -я, *ср.* (ко 2, 3 и 4 знач.).

ПРЕДСТА́ВИТЬСЯ, -влюсь, -вишься; *сов.* **1.** *кому.* Назвать себя, знакомясь. *П. гостям. Разрешите п.* **2.** *кем-чем.* Притвориться, принять тот или иной вид. *П. больным.* **3.** Явиться в мысли, в воображении. *Ему представилось будущее.* **4.** (1 и 2 л. не употр.). Возникнуть, появиться. *Представился удобный случай. Взгляду представилась величественная картина.* **5.** (1 и 2 л. не употр.). Показаться, произвести первое неясное впечатление. *Этот человек представился мне интересным.* ‖ *несов.* **представля́ться,** -я́юсь, -я́ешься. ‖ *сущ.* **представле́ние,** -я, *ср.* (к 1 знач.).

ПРЕДСТАВЛЕ́НИЕ, -я, *ср.* **1.** *см.* представить, -ся. **2.** Письменное заявление о чём-н. (офиц.). *П. прокурора* (акт прокурорского надзора). **3.** Театральное или цирковое зрелище, спектакль. *Первое п. новой пьесы. Самодеятельное п.* **4.** Воспроизведение в сознании ранее пережитых восприятий (спец.). *П. — образ предмета или явления.* **5.** Знание, понимание чего-н. *Не иметь никакого представления о чём-н. Составить себе п. о чём-н. Книга даёт хорошее п. о предмете.* ✦ **Представления не имею** (разг.) — совершенно не знаю, не осведомлён. *Куда он ушёл? — Представления не имею.*

ПРЕДСТАВЛЯ́ТЬ, -я́ю, -я́ешь; *несов., кого-что.* **1.** *см.* представить. **2.** Являться, быть. *Книга представляет значительное явление.* **3.** Действовать по чьему-н. поручению, быть чьим-н. представителем. *П. учреждение.* ✦ **Представлять собой (собою)** — то же, что представлять (во 2 знач.). *Монография представляет собой глубокое исследование. Юноша представляет собой человека новой формации.* **Ничего собой не представляет** *кто-что* — о ком-чём-н. неинтересном, малозначительном. *Как специалист этот человек ничего собой не представляет.* ‖ *сов.* **предста́вить,** -влю, -вишь; -вленный (к 3 знач.). *На конгрессе представлены многие страны.*

ПРЕДСТА́ТЬ, -а́ну, -а́нешь; *сов., перед кем-чем* (книжн.). Появиться, оказаться перед кем-чем-н. *Передо мной предстал незнакомец. П. перед судом.* ‖ *несов.* **представа́ть,** -таю́, -таёшь.

ПРЕДСТОЯ́ТЬ, 1 и 2 л. не употр., -ои́т; *несов.* О том, что может или должно осуществиться: быть в неопределённом или близком будущем. *Предстоят важные перемены. Предстоит непростой разговор. Никто не знает, что ему в жизни предстоит. Предстоящие события, встречи.*

ПРЕДСТОЯ́ЩИЙ, -ая, -ее. Будущий, такой, к-рый скоро наступит, произойдёт. *В предстоящем сезоне.*

ПРЕДТЕ́ЧА, -и, *м.* и *ж.* (с согласуемым одуш. сущ. — только *м.,* с неодуш. — только *ж.*) (устар. высок.). Лицо или событие, подготовившее условия для деятельности других, для появления чего-н. другого. *Ломоносов — п. многих великих русских учёных.*

ПРЕДУБЕЖДЕ́НИЕ, -я, *ср.* Предвзятое отрицательное мнение, отношение к кому-чему-н. *Относиться к кому-чему-н. с предубеждением. П. против кого-н.*

ПРЕДУБЕЖДЁННЫЙ, -ая, -ое; -ён, -ена́. Испытывающий предубеждение против кого-чего-н. ‖ *сущ.* **предубеждённость,** -и, *ж.*

ПРЕДУВЕ́ДОМИТЬ, -млю, -мишь; -мленный; *сов., кого-что* (устар. и офиц.). Заранее уведомить. *П. о своём приезде.* ‖ *несов.* **предуведомля́ть,** -я́ю, -я́ешь. ‖ *сущ.* **предуведомле́ние,** -я, *ср.*

ПРЕДУГАДА́ТЬ, -а́ю, -а́ешь; -а́данный; *сов., что.* Заранее угадать. *П. чьё-н. намерение.* ‖ *несов.* **предуга́дывать,** -аю, -аешь.

ПРЕДУМЫ́ШЛЕННЫЙ, -ая, -ое; -лен, -ленна (устар.). Умышленный, с заранее обдуманным плохим намерением. *П. поступок.* ‖ *сущ.* **предумы́шленность,** -и, *ж.*

ПРЕДУПРЕДИ́ТЕЛЬНЫЙ, -ая, -ое; -лен, -льна. **1.** *см.* предупредить. **2.** Всегда готовый оказать услугу, внимательный, любезный. *Хозяин предупредителен к гостю.* ‖ *сущ.* **предупреди́тельность,** -и, *ж.*

ПРЕДУПРЕДИ́ТЬ, -ежу́, -еди́шь; -еждённый (-ён, -ена́); *сов.* **1.** *кого (что).* Заранее известить, уведомить. *П. об опасности.* **2.** *что.* Заранее принятыми мерами отвратить. *П. беду.* **3.** *кого-что.* Опередить кого-н., сделать что-н. ранее, чем что-н. произошло. *Он торопился, но соперник его предупредил. П. события.* ‖ *несов.* **предупрежда́ть,** -а́ю, -а́ешь. ‖ *сущ.* **предупрежде́ние,** -я, *ср.* ‖ *прил.* **предупредительный,** -ая, -ое (к 1 и 2 знач.). *Предупредительные меры. Предупредительная медицина* (профилактическая).

ПРЕДУПРЕЖДЕ́НИЕ, -я, *ср.* **1.** *см.* предупредить. **2.** Извещение, предупреждающее о чём-н., предостережение. *Получить п. Строгий выговор с предупреждением* (т. е. с предупреждением о том, что в следующий раз будет наложено более строгое взыскание).

ПРЕДУСМОТРЕ́ТЬ, -рю́, -о́тришь; -о́тренный; *сов., что.* Предвидя, приготовиться к чему-н. *П. возможные трудности.* ‖ *несов.* **предусма́тривать,** -аю, -аешь.

ПРЕДУСМОТРИ́ТЕЛЬНЫЙ, -ая, -ое; -лен, -льна. Умеющий предусмотреть результаты, события в будущем. *Предусмотрительная политика. Предусмотрительно* (нареч.) *поступить.* ‖ *сущ.* **предусмотрительность,** -и, *ж.*

ПРЕДУ́ТРЕННИЙ, -яя, -ее. Предшествующий наступлению утра. *П. час. П. туман.*

ПРЕДЧУ́ВСТВИЕ, -я, *ср.* Чувство ожидания чего-н. предстоящего и неизвестного. *Радостное п. В предчувствии перемен.*

ПРЕДЧУ́ВСТВОВАТЬ, -твую, -твуешь; *несов., что.* Иметь предчувствие чего-н. *П. беду.*

ПРЕДШЕ́СТВЕННИК, -а, *м.* Человек, к-рый предшествовал кому-н. в чём-н., своей деятельностью подготовил что-н. *Предшественники новейшей философии.* ‖ *ж.* **предше́ственница,** -ы.

ПРЕДШЕ́СТВОВАТЬ, -твую, -твуешь; *несов., кому-чему.* Происходить, быть прежде кого-чего-н. *Принятию решения предшествовало обсуждение.*

ПРЕДШЕ́СТВУЮЩИЙ, -ая, -ее. То же, что предыдущий. *Предшествующие обстоятельства. Предшествующая встреча.*

ПРЕДЪ..., *приставка.* То же, что пред...; пишется вместо «пред» перед *ю, я* (потенциально также перед *е*), напр. *предъявить, предъюбилейный.*

ПРЕДЪЯВИ́ТЕЛЬ, -я, *м.* (офиц.). Тот, кто предъявляет что-н., какой-н. документ. *П. письма. П. иска. Чек, сберкнижка на предъявителя.* ‖ *ж.* **предъяви́тельница,** -ы. ‖ *прил.* **предъяви́тельский,** -ая, -ое.

ПРЕДЪЯВИ́ТЬ, -явлю́, -я́вишь; -я́вленный; *сов., что.* **1.** Показать в подтверждение чего-н. *П. пропуск. Предъявите билеты!* **2.** Заявить (о какой-н. претензии по отношению к кому-н.) (офиц.). *П. обвинение. П. иск.* ‖ *несов.* **предъявля́ть,** -я́ю, -я́ешь. ‖ *сущ.* **предъявле́ние,** -я, *ср.*

ПРЕДЫДУ́ЩИЙ, -ая, -ее. Бывший, находившийся непосредственно перед настоящим, предшествующий. *На предыдущей странице.*

ПРЕЕ́МНИК, -а, *м.* (книжн.). Продолжатель; тот, кто занял чьё-н. место, чью-н. должность. *Назначить себе преемника.* ‖ *ж.* **прее́мница,** -ы. ‖ *прил.* **прее́мнический,** -ая, -ое.

ПРЕЕ́МСТВЕННЫЙ, -ая, -ое; -вен, -венна (книжн.). Осуществляющийся в порядке преемства, последовательности от одного к другому. *Преемственная связь.* ‖ *сущ.* **прее́мственность,** -и, *ж.*

ПРЕЕ́МСТВО, -а, *ср.* (книжн.). Передача, переход чего-н. от предшественника к преемнику. *П. идей.*

ПРЕ́ЖДЕ. 1. *нареч.* Раньше этого времени, в прошлом. *П. он был спокойнее.* **2.** *нареч.* Раньше чего-н. другого, сначала. *П. подумай — потом скажи.* **3.** *кого-чего, предлог с род. п.* Раньше кого-чего-н., перед кем-чем-н., опережая кого-что-н. *Пришёл п. всех. П. тебя догадался.* ✦ **Прежде времени** (разг.) — раньше, чем нужно или можно, преждевременно. *Рассказал всё прежде времени.* **Прежде всего** — в первую очередь. *Прежде всего скажи, куда ты идёшь?* **Прежде чем,** *союз* — указывает, что время действия главного предложения предшествует времени действия придаточного, до того как. *Прежде чем отвечать, подумай.* **Прежде нежели,** *союз* (книжн.) — то же, что прежде чем.

ПРЕЖДЕВРЕ́МЕННЫЙ, -ая, -ое; -менен, -менна. Наступающий раньше нужного времени, срока. *Преждевременные роды. Преждевременное беспокойство.* ‖ *сущ.* **преждевре́менность,** -и, *ж.*

ПРЕ́ЖНИЙ, -яя,-ее. **1.** Бывший прежде, минувший. *Прежние времена. Вспомни прежнее* (сущ.; былое). *По-прежнему* (нареч.) *жить нельзя.* **2.** Такой, как был раньше. *Я уже не п. На лице мелькнула прежняя улыбка. Улыбнись мне по-прежнему* (нареч.). **3.** Предшествовавший, бывший перед чем-н. *П. начальник.*

ПРЕЗЕ́НТ, -а, *м.* (устар. и разг. шутл.). То же, что подарок. *Примите мой п. Без презента не являйся.*

ПРЕЗЕНТА́БЕЛЬНЫЙ, -ая, -ое; -лен, -льна (устар.). То же, что представительный (в 3 знач.). *Презентабельная внешность.* ‖ *сущ.* **презента́бельность,** -и, *ж.*

ПРЕЗЕНТОВА́ТЬ, -ту́ю, -ту́ешь; -о́ванный; *сов.* и *несов.* **1.** *кого-что.* Официально представить (в 3 знач.), предъявить для ознакомления (офиц.). *П. молодого певца. П. выставку.* **2.** *что кому.* То же, что подарить (устар. и разг. шутл.). *Позвольте п. вам мою книгу.* ‖ *сущ.* **презента́ция,** -и, *ж.* (к 1 знач.). *П. газеты, нового журнала.*

ПРЕЗИДЕ́НТ, -а, *м.* **1.** В странах с республиканской формой правления: глава государства. *Резиденция президента.* **2.** Глава нек-рых научных учреждений, обществ. *П. Академии наук.* ‖ *прил.* **президе́нтский,** -ая, -ое. *Президентское правление.*

ПРЕЗИ́ДИУМ, -а, *м.* **1.** Руководящий орган выборной организации, общества или научного учреждения. *П. академии.* **2.** Группа лиц, избранная для ведения собрания, конференции. *Избрать п. съезда. За столом президиума.*

ПРЕЗИРА́ТЬ, -а́ю, -а́ешь; *несов., кого-что.* **1.** *см.* презреть. **2.** Относиться к кому-чему-н. с презрением. *П. лесть. П. трусов.*

ПРЕЗРЕ́НИЕ, -я, *ср.* **1.** Глубоко пренебрежительное отношение к кому-чему-н. *П. к предателю. Облить презрением кого-н.*

(выразить крайнее презрение). **2.** Подчёркнутое безразличие к чему-н., пренебрежение чем-н. *П. к опасности. П. к роскоши.*

ПРЕЗРЕ́ННЫЙ, -ая, -ое; -ре́н, -ре́нна (высок.). Заслуживающий презрения, вызывающий его. *П. трус.* ‖ *сущ.* **презре́нность,** -и, *ж.*

ПРЕЗРЕ́ТЬ, -рю́, -ри́шь; -ре́нный (-ён, -ена́) *и* (устар.) пре́зренный; *сов., кого-что* и (устар.) *чем* (высок.). Пренебречь чем-н. как недостойным внимания, незначащим. *П. опасность.* ‖ *несов.* **презира́ть,** -а́ю, -а́ешь.

ПРЕЗРИ́ТЕЛЬНЫЙ, -ая, -ое; -лен, -льна. Проникнутый презрением, выражающий презрение (в 1 знач.). *П. тон. Презрительно* (нареч.) *усмехнуться.* ‖ *сущ.* **презри́тельность,** -и, *ж.*

ПРЕЗУ́МПЦИЯ, -и, *ж.* (спец.). Предположение, признаваемое истинным, пока не доказано обратное. *П. невиновности* (в судопроизводстве: положение, согласно к-рому человек считается невиновным до тех пор, пока его вина не доказана в законном порядке).

ПРЕИЗБЫ́ТОК, -тка, *м.* (устар.). Чрезмерный избыток. *П. сил. В доме всего в преизбытке.* ‖ *прил.* **преизбы́точный,** -ая, -ое.

ПРЕИМУ́ЩЕСТВЕННЫЙ, -ая, -ое; -вен, -венна. **1.** Заключающий в себе какое-н. преимущество, являющийся преимуществом. *Преимущественное значение чего-н. Преимущественное право.* **2. преиму́щественно,** *нареч.* Главным образом, по преимуществу. *Бригада составилась преимущественно из молодых.*

ПРЕИМУ́ЩЕСТВО, -а, *ср.* **1.** Выгода, превосходство (в сравнении с кем-чем-н. другим). *Получить п. Иметь явное п. перед кем-чем-н.* **2.** Исключительное право на что-н., привилегия. *Наследственные права и преимущества.* ✦ **По преимуществу** — большей частью, преимущественно.

ПРЕИСПО́ДНЯЯ, -ей, *ж.* (устар.). То же, что ад.

ПРЕИСПО́ЛНИТЬ, -ню, -нишь; -ненный; *сов., кого-что чем* и *чего* (высок.). Целиком наполнить каким-н. чувством. *П. радостью. Преисполнен решимости.* ‖ *несов.* **преисполня́ть,** -я́ю, -я́ешь. ‖ *возвр.* **преиспо́лниться,** -нюсь, -нишься; *несов.* **преисполня́ться,** -я́юсь, -я́ешься. *Сердце преисполняется гордостью.*

ПРЕЙСКУРА́НТ, -а, *м.* Справочник цен (тарифов) на товары и виды услуг. *Цены по прейскуранту.* ‖ *прил.* **прейскура́нтный,** -ая, -ое.

ПРЕКЛОНЕ́НИЕ, -я, *ср.* **1.** *см.* преклонить, -ся. **2.** Глубокое уважение, восхищение. *П. перед талантом. Чувство преклонения.*

ПРЕКЛОНИ́ТЬ, -ню́, -ни́шь; -нённый (-ён, -ена́); *сов., что* (высок.). Склонить, опустить вниз. *П. знамена. П. голову перед кем-чем-н.* (также перен.: отдать дань уважения, благодарности). *П. колена* (встать на колени перед кем-чем-н.; устар.; также перен., *перед кем-чем:* выразить свое преклонение). ‖ *несов.* **преклоня́ть,** -я́ю, -я́ешь. ‖ *сущ.* **преклоне́ние,** -я, *ср.*

ПРЕКЛОНИ́ТЬСЯ, -ню́сь, -ни́шься; *сов., перед кем-чем* (высок.). Почувствовать глубокое уважение, восхищение. *П. перед героическим подвигом.* ‖ *несов.* **преклоня́ться,** -я́юсь, -я́ешься. ‖ *сущ.* **преклоне́ние,** -я, *ср.*

ПРЕКЛО́ННЫЙ, -ая, -ое; -о́нен, -о́нна. О возрасте: приближающийся к старости. *Человек преклонных лет. В преклонном возрасте.* ‖ *сущ.* **преклóнность,** -и, *ж.*

ПРЕКОСЛО́ВИЕ, -я, *ср.*: **без прекословия** (устар.) — то же, что беспрекословно.

ПРЕКОСЛО́ВИТЬ, -влю, -вишь; *несов., кому* (устар.). Возражать, перечить. *П. старшим.*

ПРЕКРАСНОДУ́ШНЫЙ, -ая, -ое; -шен, -шна (устар. и ирон.). Склонный видеть во всём приятное, прекрасное; сентиментально-идеалистический. *Прекраснодушные мечты.* ‖ *сущ.* **прекраснодушие,** -я, *ср.*

ПРЕКРА́СНЫЙ, -ая, -ое; -сен, -сна. **1.** Очень красивый. *П. вид на море. Прекрасное лицо.* **2.** Очень хороший. *П. характер. Прекрасное образование.* **3. прекра́сное,** -ого, *ср.* То, что воплощает красоту, соответствует её идеалам. *Наука о прекрасном* (эстетика). **4. прекра́сно,** *частица.* Хорошо, безусловно так. *Мы едем. — П.!* ✦ **Прекрасный пол** (шутл.) — о женщинах. **В один прекрасный день** (разг.) — однажды. ‖ *сущ.* **прекра́сность,** -и, *ж.* (к 1 и 2 знач.).

ПРЕКРАТИ́ТЬ, -ащу́, -ати́шь; -ащённый (-ён, -ена́); *сов., что* и *с неопр.* Положить конец чему-н., перестать делать что-н. *П. переговоры. П. работать. П. отношения с кем-н. Прекратите!* (категорическое требование перестать делать что-н.). ‖ *несов.* **прекраща́ть,** -а́ю, -а́ешь. ‖ *сущ.* **прекраще́ние,** -я, *ср.*

ПРЕКРАТИ́ТЬСЯ (-ащу́сь, -ати́шься, 1 и 2 л. не употр.), -ати́тся; *сов.* Прийти к завершению, к концу, кончиться. *Дождь прекратился. Переговоры прекратились. Спор прекратился.* ‖ *несов.* **прекраща́ться** (-а́юсь, -а́ешься, 1 и 2 л. не употр.), -а́ется. ‖ *сущ.* **прекраще́ние,** -я, *ср.*

ПРЕЛА́Т, -а, *м.* В католической и нек-рых протестантских церквах: высшее духовное лицо. ‖ *прил.* **прела́тский,** -ая, -ое.

ПРЕЛЕ́СТНЫЙ, -ая, -ое; -тен, -тна. Полный прелести. *Прелестное дитя. Прелестно* (нареч.) *провели время.*

ПРЕ́ЛЕСТЬ, -и, *ж.* **1.** Очарование, обаяние, привлекательность. *П. детской улыбки. П. новизны. В суровости севера есть своя п.* **2.** *мн.* Приятные, пленящие явления, впечатления. *Прелести сельской жизни. Узнал все прелести подневольной жизни* (ирон.: о её тягостях). **3.** О ком-чём-н. прелестном, чарующем. *Какая п. кругом! Что за п. эта девчонка! П. ты моя!* **4.** *мн.* Внешние черты женской красоты: женское тело (устар. и ирон.). *Увядающие прелести.* ✦ **Прелесть что такое!** (разг.) — о чём-н. прелестном, замечательном.

ПРЕЛОМИ́ТЬ, -омлю́, -о́мишь; -омлённый (-ён, -ена́); *сов., что.* **1.** Надломить, сломать (устар.). *П. копьё.* **2.** (1 и 2 л. не употр.). Изменить направление (луча, волны) при прохождении через какую-н. физическую среду (книжн.). *Преломлённый луч.* ‖ *несов.* **преломля́ть,** -я́ю, -я́ешь. ‖ *сущ.* **преломле́ние,** -я, *ср. П. света.*

ПРЕЛОМИ́ТЬСЯ (-омлю́сь, -о́мишься, 1 и 2 л. не употр.), -о́мится; *сов.* (книжн.). О луче, волне: изменить своё направление при прохождении через какую-н. физическую среду. *Луч преломился в призме. Впечатления по-новому преломились в сознании* (перен.). ‖ *несов.* **преломля́ться** (-я́юсь, -я́ешься, 1 и 2 л. не употр.), -я́ется. ‖ *сущ.* **преломле́ние,** -я, *ср.*

ПРЕ́ЛЫЙ, -ая, -ое; прел. Подвергшийся прению; затхлый (в 1 знач.). *Прелые листья. П. запах.* ‖ *сущ.* **пре́лость,** -и, *ж.*

ПРЕЛЬ, -и, *ж.* То, что преет, сопрело. *Пахнет прелью. Яблоки с прелью* (с гнильцой).

ПРЕЛЬСТИ́ТЕЛЬНЫЙ, -ая, -ое; -лен, -льна. Прельщающий, соблазнительный. ‖ *сущ.* **прельсти́тельность,** -и, *ж.*

ПРЕЛЬСТИ́ТЬ, -льщу́, -льсти́шь; -льщённый (-ён, -ена́); *сов., кого (что).* **1.** Возбудить в ком-н. влечение к себе, привлечь. *П. своими ласками.* **2.** *перен.* Стать для кого-н. заманчивым, приятным. *Прельстила перспектива путешествия.* ‖ *несов.* **прельща́ть,** -а́ю, -а́ешь. ‖ *сущ.* **прельще́ние,** -я, *ср.*

ПРЕЛЬСТИ́ТЬСЯ, -льщу́сь, -льсти́шься; *сов., чем.* Поддаться соблазну, очарованию чего-н. *П. обещаниями.* ‖ *несов.* **прельща́ться,** -а́юсь, -а́ешься.

ПРЕЛЮБОДЕ́Й, -я, *м.* (устар.). Человек, к-рый совершил прелюбодеяние. ‖ *ж.* **прелюбоде́йка,** -и. ‖ *прил.* **прелюбоде́йский,** -ая, -ое.

ПРЕЛЮБОДЕ́ЙСТВОВАТЬ, -твую, -твуешь; *несов.* (устар.). Совершать прелюбодеяние. ‖ *сущ.* **прелюбоде́йство,** -а, *ср.*

ПРЕЛЮБОДЕЯ́НИЕ, -я, *ср.* (устар.). Нарушение супружеской верности; любовная связь. ‖ *прил.* **прелюбоде́йный,** -ая, -ое.

ПРЕЛЮ́Д, -а, *м.* (спец.). То же, что прелюдия (во 2 знач.).

ПРЕЛЮ́ДИЯ, -и, *ж.* **1.** Вступительная часть музыкального произведения. *П. к романсу. П. больших событий или к большим событиям* (перен.). **2.** Небольшое музыкальное произведение. *П. для фортепьяно.*

ПРЕМИ́НУТЬ, -ну, -нешь; *сов., с неопр.,* только *с отриц.* (устар.). Упустить, забыть. *Не преминул напомнить.*

ПРЕМИРОВА́ТЬ, -ру́ю, -ру́ешь; -о́ванный; *сов.* и *несов., кого (что).* Наградить (-аждать) премией. *П. лучших работников.* ‖ *сущ.* **премирова́ние,** -я, *ср.*

ПРЕ́МИЯ, -и, *ж.* Официальное денежное или иное материальное поощрение в награду за что-н. *Получить премию на конкурсе. Лауреат премии имени А. С. Пушкина.* ✦ **Страховая премия** (спец.) — взнос страхователя страхующему учреждению. ‖ *прил.* **премиа́льный,** -ая, -ое. *П. фонд. Получить премиальные* (сущ.; денежную премию).

ПРЕМНО́ГО, *нареч.* (устар.). Очень, в высшей степени. *П. вам благодарен. П. обязан.*

ПРЕМУ́ДРОСТЬ, -и, *ж.* **1.** *см.* премудрый. **2.** Нечто мудрёное, трудно понимаемое (разг. ирон.). *Никакой премудрости тут нет.*

ПРЕМУ́ДРЫЙ, -ая, -ое; -у́др (устар.). Исполненный мудрости, очень мудрый. *П. старец.* ‖ *сущ.* **прему́дрость,** -и, *ж.*

ПРЕМЬЕ́Р, -а, *м.* **1.** То же, что премьер-министр. **2.** Артист, играющий первые роли (спец.). ‖ *ж.* **премье́рша,** -и (ко 2 знач.; разг.). ‖ *прил.* **премье́рский,** -ая, -ое.

ПРЕМЬЕ́РА, -ы, *ж.* Первое представление спектакля, цирковой программы, фильма. ‖ *прил.* **премье́рный,** -ая, -ое.

ПРЕМЬЕ́Р-МИНИ́СТР, -а, *м.* В ряде государств: глава правительства, кабинета министров.

ПРЕНЕБРЕЖЕ́НИЕ, -я, *ср.* **1.** *см.* пренебречь. **2.** Высокомерное, лишённое уважения и внимания отношение к кому-чему-н. *Выказать п. к кому-н. Полное п.*

ПРЕНЕБРЕЖИ́ТЕЛЬНЫЙ, -ая, -ое; -лен, -льна. Исполненный пренебрежения (во 2 знач.). *П. ответ. П. тон.* ‖ *сущ.* **пренебрежи́тельность,** -и, *ж.*

ПРЕНЕБРЕ́ЧЬ, -егу́, -ежёшь, -егу́т; -ёг, -егла́; -ёгший *и* -ёгший; -ёгши *и* -ёгши; *сов., кем-чем.* **1.** Проявить высокомерное отношение к кому-чему-н. *П. старым товарищем.* **2.** Отнестись без внимания к кому-чему-н., не посчитаться с кем-чем-н.; не сделать того, что должно. *П. советом, друже-*

ким предложением. П. своими обязанностями. П. опасностью (не отступить перед опасностью). ‖ *несов.* **пренебрега́ть,** -а́ю, **-а́ешь.** ‖ *сущ.* **пренебреже́ние, -я,** *ср.*

ПРЕ́НИЯ, -ий. Обсуждение, публичный спор по каким-н. вопросам. *Открыть п. по докладу. Жаркие п. Участвовать в прениях. Прекратить п.*

ПРЕОБЛАДА́ТЬ (-аю, -аешь, 1 и 2 л. ед. не употр.), -ает; *несов., над кем-чем.* Занимать господствующее положение, превосходить размером, числом. *Преобладающая точка зрения. Среди строителей преобладает молодёжь. На севере преобладают хвойные леса.* ‖ *сущ.* **преоблада́ние, -я,** *ср.*

ПРЕОБРАЖЕ́НИЕ, -я, *ср.* **1.** *см.* преобразить, -ся. **2.** (П прописное). Один из двенадцати основных православных праздников в память чудесного преображения всего облика Иисуса Христа во время молитвы (6/19 августа). *Праздник Преображения Господня.*

ПРЕОБРАЗИ́ТЬ, -ажу́, -ази́шь; -ажённый (-ён, -ена́); *сов., кого-что.* Изменить образ, форму, вид чего-н.; сделать иным, лучшим. *Творческий труд преобразил человека. Зима преобразила всю природу.* ‖ *несов.* **преобража́ть,** -а́ю, -а́ешь. ‖ *сущ.* **преображе́ние,** -я, *ср.*

ПРЕОБРАЗИ́ТЬСЯ, -ажу́сь, -ази́шься; *сов.* Получить новый образ, форму, вид; сделаться иным. *Природа преобразилась. Лицо старика преобразилось от радости.* ‖ *несов.* **преобража́ться,** -а́юсь, -а́ешься. ‖ *сущ.* **преображе́ние,** -я, *ср.*

ПРЕОБРАЗОВА́НИЕ, -я, *ср.* **1.** *см.* преобразовать. **2.** Крупное изменение, перемена (книжн.). *Экономические преобразования.*

ПРЕОБРАЗОВА́ТЕЛЬ, -я, *м.* **1.** Тот, кто преобразует, преобразовал что-н. **2.** Устройство для преобразования электрической энергии. *Электрический п. П. тока.* ‖ *ж.* **преобразова́тельница, -ы** (к 1 знач.).

ПРЕОБРАЗОВА́ТЬ, -зу́ю, -зу́ешь; -о́ванный; *сов.* **1.** *что.* Совершенно переделать, изменить к лучшему. *П. систему управления.* **2.** *что.* Превратить из одного вида в другой, из одной формы в другую (спец.). *П. переменный ток в постоянный. П. алгебраическое выражение.* ‖ *несов.* **преобразо́вывать,** -аю, -аешь. ‖ *сущ.* **преобразова́ние,** -я, *ср.* ‖ *прил.* **преобразова́тельный,** -ая, -ое.

ПРЕОДОЛЕ́ТЬ, -е́ю, -е́ешь; -ённый (-ён, -ена́); *сов., что.* Пересилить, справиться с чем-н. *П. препятствие, преграду. П. боль, робость. П. все трудности.* ‖ *несов.* **преодолева́ть,** -а́ю, -а́ешь. ‖ *сущ.* **преодоле́ние,** -я, *ср.*

ПРЕОДОЛИ́МЫЙ, -ая, -ое; -и́м. Такой, что можно преодолеть. *Преодолимое затруднение.* ‖ *сущ.* **преодоли́мость, -и,** *ж.*

ПРЕОСВЯЩЕ́НСТВО, -а, *ср.* В соединении с местоимениями «ваше», «его», «их» — титулование епископа.

ПРЕПАРА́Т, -а, *м.* (спец.). **1.** Часть животного или растительного организма, подготовленная для лабораторного исследования или для демонстрации. *Анатомический п.* **2.** Химический или фармацевтический продукт. *Химический п. Медицинский п. Витаминный п.* ‖ *прил.* **препара́тный,** -ая, -ое.

ПРЕПАРА́ТОР, -а, *м.* (спец.). Специалист, приготовляющий препараты (в 1 знач.). ‖ *прил.* **препара́торский,** -ая, -ое.

ПРЕПАРИ́РОВАТЬ, -рую, -руешь; -анный; *сов.* и *несов., кого-что* (спец.). Изготовить (-влять) препарат (в 1 знач.). *П. растение, орган, клетку.* ‖ *сущ.* **препари́рование,** -я, *ср.*

ПРЕПИНА́НИЕ, -я, *ср.*: **знаки препинания** — письменные знаки (точка, запятая, двоеточие, точка с запятой, многоточие, знак вопросительный, знак восклицательный, тире), расставляемые по определённым правилам и показывающие смысловое и интонационное членение текста.

ПРЕПИРА́ТЬСЯ, -а́юсь, -а́ешься; *несов., с кем* (разг.). Спорить (преимущ. по пустякам). *П. с соседями.* ‖ *сущ.* **препира́тельство,** -а, *ср.*

ПРЕПОДАВА́ТЕЛЬ, -я, *м.* Специалист — работник среднего, высшего или специального учебного заведения, преподающий какой-н. предмет. *П. русского языка. Опытный п.* ‖ *ж.* **преподава́тельница,** -ы. ‖ *прил.* **преподава́тельский,** -ая, -ое.

ПРЕПОДАВА́ТЬ¹, -даю́, -даёшь; -дава́й; *несов., что.* Обучая, сообщать, передавать систематические сведения по какому-н. учебному предмету. *П. историю. П. в университете.* ‖ *сущ.* **преподава́ние,** -я, *ср.*

ПРЕПОДАВА́ТЬ² *см.* преподать.

ПРЕПОДА́ТЬ, -а́м, -а́шь, -а́ст, -ади́м, -ади́те, -аду́т; -о́дал *и* (разг.) -ода́л, -одала́, -о́дало *и* (разг.) -ода́ло; -а́й; -о́данный (-ан, -ана́ *и* разг. -ана, -ано); *сов., что* (книжн.). Сообщить, советуя, наставляя. *Позвольте п. вам совет. П. хороший урок кому-н.* (перен.: сделать что-н. поучительное для кого-н., в назидание кому-н.). ‖ *несов.* **преподава́ть,** -даю́, -даёшь.

ПРЕПОДНЕСТИ́, -су́, -сёшь; -ёс, -есла́; -ёсший; -есённый (-ён, -ена́); -еся́; *сов., что кому.* **1.** Торжественно вручить, подарить. *П. букет.* **2.** *перен.* Сделать или сообщить кому-н. что-н. неожиданное (обычно неприятное) (разг. ирон.). *П. неприятную новость. П. сюрприз.* **3.** Изложить, передать, представить. *Умело п. новый материал на уроке.* ‖ *несов.* **преподноси́ть,** -ошу́, -о́сишь. ‖ *сущ.* **преподнесе́ние,** -я, *ср.*

ПРЕПОДНОШЕ́НИЕ, -я, *ср.* (книжн.). То, что преподнесено, подарок, подношение. *П. юбиляру.*

ПРЕПОДО́БИЕ, -я, *ср.* В православной церкви: титулование монаха, иеромонаха, иерея, протоиерея (в соединении с местоимениями «ваше», «его», «их»).

ПРЕПОДО́БНЫЙ, -ая, -ое. Определение, прибавляемое к именам монахов и пустынников, почитающихся святыми. *П. Сергий Ра́донежский. П. Серафим Саро́вский.*

ПРЕПО́НА, -ы, *ж.* (устар.). То же, что препятствие. *Преодолеть все препоны. Чинить препоны кому-н.*

ПРЕПОРУЧИ́ТЬ, -учу́, -у́чишь; -у́ченный; *сов., кого-что кому-чему* (устар.). Поручить, доверить. *П. ведение дел кому-н.* ‖ *несов.* **препоруча́ть,** -а́ю, -а́ешь. *Препоручаю юношу вам, вашим заботам.* ‖ *сущ.* **препоруче́ние,** -я, *ср.*

ПРЕПОЯ́САТЬ, -я́шу, -я́шешь; -анный; *сов., кого-что* (устар.). То же, что опоясать (в 1 знач.). *П. мечом* (надеть пояс с мечом). ‖ *возвр.* **препоя́саться,** -я́шусь, -я́шешься; *несов.* **препоя́сываться,** -аюсь, -аешься.

ПРЕПРОВОДИ́ТЕЛЬНЫЙ, -ая, -ое (офиц.). Прилагаемый к тому, что пересылается, препровождается. *П. документ.*

ПРЕПРОВОДИ́ТЬ, -ожу́, -о́дишь; -ождённый (-ён, -ена́); *сов., кого-что* (офиц.). Переслать, отправить. *П. документы. П. к месту жительства.* ‖ *несов.* **препровожда́ть,** -а́ю, -а́ешь. ‖ *сущ.* **препровожде́ние,** -я, *ср.* ✦ **Препровождение времени — то же, что времяпрепровождение.**

ПРЕПЯ́ТСТВИЕ, -я, *ср.* **1.** Помеха, задерживающая какие-н. действия или развитие чего-н., стоящая на пути осуществления чего-н. *Чинить препятствия кому-н. Преодолеть все препятствия.* **2.** Преграда на пути, задерживающая передвижение. *Полоса препятствий* (участок местности, специально оборудованный для обучения преодолению препятствий, встречающихся на поле боя, а также в условиях, требующих преодоления каких-н. преград; спец.). *Бег (скачки) с препятствиями* (также перен.: о чём-н., что достигается с большим трудом, с препятствиями; шутл.).

ПРЕПЯ́ТСТВОВАТЬ, -твую, -твуешь; *несов., кому-чему.* Создавать препятствие, служить препятствием, не допускать чего-н. *П. чьим-н. намерениям.* ‖ *сов.* **воспрепя́тствовать,** -твую, -твуешь. ‖ *сущ.* **препя́тствование,** -я, *ср.* и **воспрепя́тствование,** -я, *ср.*

ПРЕРВА́ТЬ, -ву́, -вёшь; -а́л, -ала́, -а́ло; пре́рванный; *сов.* **1.** *что.* Резко, сразу приостановить, прекратить. *П. знакомство. П. работу.* **2.** *кого-что.* Вмешательством остановить говорящего, перебить² (в 1 знач.). *П. докладчика вопросом. П. кого-н. на полуслове.* ‖ *несов.* **прерыва́ть,** -а́ю, -а́ешь.

ПРЕРВА́ТЬСЯ (-ву́сь, -вёшься, 1 и 2 л. не употр.), -вётся; -а́лся, -ала́сь, -ало́сь *и* -а́лось; *сов.* Приостановиться, прекратиться, оборваться. *Разговор прервался. Телефонная связь прервалась.* ‖ *несов.* **прерыва́ться** (-а́юсь, -а́ешься, 1 и 2 л. не употр.), -а́ется. *Прерывающийся голос* (прерывистый от волнения).

ПРЕРЕКА́ТЬСЯ, -а́юсь, -а́ешься; *несов.* (разг.). То же, что препираться. ‖ *сущ.* **препрека́ние,** -я, *ср. Вступить в пререкания.*

ПРЕ́РИИ, -ий, *ед.* пре́рия, -и, *ж.* Обширная степь на чернозёмных почвах в Северной Америке.

ПРЕРОГАТИ́ВА, -ы, *ж.* (книжн.). Исключительное право, привилегия государственного органа, должностного лица. *Прерогативы власти.*

ПРЕРЫВА́ТЬ, -СЯ *см.* прервать, -ся.

ПРЕРЫ́ВИСТЫЙ, -ая, -ое; -ист. С перерывами в своём протяжении, течении, развитии. *Прерывистая линия. Прерывистые звуки. Речь звучит прерывисто* (нареч.). ‖ *сущ.* **прерывистость,** -и, *ж.*

ПРЕРЫ́ВНЫЙ, -ая, -ое; -вен, -вна (устар.). То же, что прерывистый. *Прерывно* (нареч.) *звучит колокол.* ‖ *сущ.* **прерывность,** -и, *ж.*

ПРЕСВИ́ТЕР [тэ], -а, *м.* (высок.). Священник, иерей. ‖ *прил.* **пресви́терский,** -ая, -ое.

ПРЕСЕ́ЧЬ, -еку́, -ечёшь, -еку́т; -е́к *и* -ёк, -екла́ *и* (устар.) -е́кла, -екло́ *и* (устар.) -е́кло; -еки́; -е́кший; -чённый (-ён, -ена́); -е́кши; *сов., что* (книжн.). Прекратить сразу, остановить резким вмешательством. *П. ложные слухи. П. злоупотребления.* ‖ *несов.* **пресека́ть,** -а́ю, -а́ешь. ‖ *сущ.* **пресече́ние,** -я, *ср.* ✦ **Меры пресечения** (спец.) — меры, принимаемые по отношению к обвиняемому (реже — подозреваемому) лицу для пресечения его возможных противозаконных действий (подписка о невыезде, поручительство, заключение под стражу и др.).

ПРЕСЕ́ЧЬСЯ (-еку́сь, -ечёшься, 1 и 2 л. не употр.), -ечётся, -еку́тся; -е́кся, -екла́сь; -е́кшийся; -е́кшись; *сов.* **1.** Прекратиться, остановиться из-за какого-н. препятствия, вмешательства (устар.). *Встречи пресеклись.* **2.** О звуке, голосе, словах: оборваться (в 3 знач.). *Голос пресекся.* ‖ *несов.* **пресека́ться** (-а́юсь, -а́ешься, 1 и 2 л. не употр.), -а́ется. ‖ *сущ.* **пресече́ние,** -я, *ср.*

ПРЕСЛЕ́ДОВАТЕЛЬ, -я, *м.* **1.** Тот, кто преследует кого-н., гонится за кем-н. *Уйти от преследователей.* **2.** То же, что гонитель. ‖ *ж.* **преследо́вательница**, -ы. ‖ *прил.* **преследо́вательский**, -ая, -ое.

ПРЕСЛЕ́ДОВАТЬ, -дую, -дуешь; -анный; *несов.* **1.** *кого-что.* Следовать, гнаться за кем-н. с целью поимки, уничтожения. *П. врага. П. зверя.* **2.** *перен., кого (что).* Неотступно следовать за кем-н. *П. незнакомку.* **3.** *перен., кого (что).* О мысли, чувстве, воспоминании: не оставлять в покое, мучить. *Его преследуют воспоминания.* **4.** *перен., кого (что) чем.* Подвергать чему-н. неприятному, донимать чем-н. *П. кого-н. насмешками.* **5.** *кого-что.* Угнетать, притеснять, подвергать гонениям. *П. своих политических противников.* **6.** *что.* Стремиться к чему-н. (к тому, что названо существительным) (книжн.). *П. свои цели. П. благородные задачи.* ‖ *сущ.* **пресле́дование**, -я, *ср.*

ПРЕСЛОВУ́ТЫЙ, -ая, -ое; -у́т (неодобр.). Широко известный, нашумевший. *Пресловутые летающие тарелки.* ‖ *сущ.* **преслову́тость**, -и, *ж.*

ПРЕСМЫКА́ТЬСЯ, -а́юсь, -а́ешься; *несов.* **1.** (1 и 2 л. не употр.). О пресмыкающихся: ползать, волоча брюхо (устар.). **2.** *перен., перед кем-чем.* Раболепствовать, подличать (презр.). ‖ *сущ.* **пресмыка́тельство**, -а, *ср.* (ко 2 знач.).

ПРЕСМЫКА́ЮЩИЕСЯ, -ихся, *ед.* -щееся, -щегося, *ср.* Класс позвоночных животных, передвигающихся преимущ. ползком или волоча брюхо по земле (змеи, ящерицы, крокодилы, черепахи), рептилии.

ПРЕСНОВО́ДНЫЙ, -ая, -ое. Водящийся в пресной воде, относящийся к пресной воде. *Пресноводные рыбы. Пресноводная флора.*

ПРЕ́СНЫЙ, -ая, -ое; -сен, -сна́, -сно, -сны *и* -сны́. **1.** Без соли или с недостаточным количеством соли (а также кислоты, остроты). *Пресная вода. Пресная еда. Пресное тесто* (не дрожжевое). **2.** *перен.* Лишённый живости, остроумия, неинтересный, скучный (разг.). *Пресные шутки.* ‖ *сущ.* **пре́сность**, -и, *ж. и* **преснота́**, -ы́, *ж.* (разг.).

ПРЕСС, -а, *м.* **1.** Машина для сильного сжатия чего-н., разглаживания, обработки давлением. *Гидравлический, механический п. Штамповочный, чеканочный п. Сенной п.* **2.** Тяжёлый предмет, предназначенный для придавливания чего-н. *Положить листы под п. Под прессом держать что-н.* ✦ **Брюшной пресс** (спец.) — группа мышц живота и диафрагмы. ‖ *прил.* **пре́ссовый**, -ая, -ое (к 1 знач.). *Прессовое оборудование.*

ПРЕСС-[1]... *Первая часть сложных слов со знач.* относящийся к прессе, к работникам прессы, напр. *пресс-бюро, пресс-клуб, пресс-секретарь, пресс-служба.*

ПРЕСС-[2]... *Первая часть сложных слов со знач.*: 1) относящийся к прессу (в 1 знач.), к прессованию, напр. *пресс-литьё, пресс-остаток, пресс-форма, пресс-эффект;* 2) относящийся к прессу (во 2 знач.), напр. *пресс-бювар;* 3) спрессованный, напр. *пресс-бетон, пресс-изделие, пресс-масса, пресс-металл.*

ПРЕ́ССА, -ы, *ж.* **1.** Массовая периодическая печать. *По отзывам прессы.* **2.** *собир.* Журналисты, представители средств массовой информации, периодической печати. *Ложа прессы. Интервью для прессы.* **3.** Отклики на что-н. в печати, в средствах массовой информации. *Фильм получил громкую прессу. Доброжелательная п.* ✦ **Жёлтая пресса** — бульварная пресса, рассчитанная на непритязательного читателя [*первонач.* об одной из английских газет такого характера, печатавшейся на жёлтой бумаге].

ПРЕСС-АТТАШЕ́, *нескл., м.* Сотрудник дипломатического представительства, ведающий вопросами печати.

ПРЕСС-БЮРО́, *нескл., ср.* Постоянно действующий орган информации при редакции крупной газеты, агентстве печати, посольствах, представительствах.

ПРЕСС-КОНФЕРЕ́НЦИЯ, -и, *ж.* Собрание представителей печати, радио, телевидения, официально созываемое для какой-н. важной информации, для ответов на вопросы.

ПРЕССОВА́ТЬ, -су́ю, -су́ешь; -о́ванный; *несов., что.* Подвергать давлению пресса (в 1 знач.), сжимать. *П. металл, пластмассу. П. сено.* ‖ *сов.* **спрессова́ть**, -су́ю, -су́ешь; -о́ванный *и* **отпрессова́ть**, -су́ю, -су́ешь; -о́ванный (спец.). ‖ *сущ.* **прессова́ние**, -я, *ср. и* **прессо́вка**, -и, *ж.* ‖ *прил.* **прессова́льный**, -ая, -ое (спец.) *и* **прессо́вочный**, -ая, -ое.

ПРЕССОВЩИ́К, -а́, *м.* Рабочий, обслуживающий пресс. ‖ *ж.* **прессовщи́ца**, -ы.

ПРЕСС-ПАПЬЕ́, *нескл., ср.* Принадлежность письменного прибора в виде округлого основания с натянутой на нём промокательной бумагой (*первонач.* с тяжёлой плиткой наверху).

ПРЕСС-СЛУ́ЖБА, -ы, *ж.* Отдел сбора и обработки информации по материалам печати.

ПРЕСС-ЦЕ́НТР, -а, *м.* Отдел информационного и организационного обслуживания журналистов (на конгрессах, фестивалях, спортивных соревнованиях).

ПРЕСТА́ВИТЬСЯ, -влюсь, -вишься; *сов.* (устар.). То же, что умереть (в 1 знач.). ‖ *сущ.* **преставле́ние**, -я, *ср.*

ПРЕСТАРЕ́ЛЫЙ, -ая, -ое; -е́л. То же, что старый (в 1 знач.). *П. учёный. Дом для престарелых* (сущ.). ‖ *сущ.* **престаре́лость**, -и, *ж.*

ПРЕСТИ́Ж, -а, *м.* (книжн.). Влияние, уважение, к-рым пользуется кто-что-н. *Охранять, поддерживать, ронять свой п. Социальный п.* (значимость, приписываемая в общественном сознании тому или иному роду деятельности). ‖ *прил.* **прести́жный**, -ая, -ое.

ПРЕСТИ́ЖНЫЙ, -ая, -ое; -жен, -жна. **1.** *см.* престиж. **2.** Имеющий высокий социальный престиж. *Престижная профессия.* ‖ *сущ.* **прести́жность**, -и, *ж.*

ПРЕСТО́Л, -а, *м.* **1.** То же, что трон. *Свергнуть с престола* (лишить власти монарха). *Вступить, взойти на п.* (начать царствовать). **2.** Высокий стол, стоящий посредине церковного алтаря. **3.** То же, что престольный праздник (устар. и прост.). *В нашей деревне п. — Петров день.* ‖ *прил.* **престо́льный**, -ая, -ое (ко 2 знач.). *П. праздник* (в честь святого, имя к-рого присвоено данной церкви).

ПРЕСТОЛОНАСЛЕ́ДИЕ, -я, *ср.* (книжн.). Порядок наследования власти монарха.

ПРЕСТОЛОНАСЛЕ́ДНИК, -а, *м.* (книжн.). Наследник власти монарха.

ПРЕСТУПИ́ТЬ, -уплю́, -у́пишь; *сов., что* (устар.). Самовольно нарушить, отступить от чего-н. *П. закон.* ‖ *несов.* **преступа́ть**, -а́ю, -а́ешь. ‖ *сущ.* **преступле́ние**, -я, *ср.*

ПРЕСТУПЛЕ́НИЕ, -я, *ср.* **1.** *см.* преступить. **2.** Общественно опасное действие, нарушающее закон и полежащее уголовной ответственности. *Совершить п. Государственное п.* (посягательство на интересы государства). *Должностное п. Преступления против человечества* (преступления против мира, военные преступления, преступления против человечности: подготовка и ведение агрессивных войн, применение средств массового уничтожения людей, военные акции против мирного населения, грабежи, убийства и другие злодеяния, расизм, геноцид, апартеид). ✦ **На месте преступления застать** (поймать, застигнуть) *кого* — 1) непосредственно и сразу после совершения преступления. *Убийца задержан на месте преступления;* 2) о том, кто застигнут во время нежелательного, осуждаемого поступка (разг. шутл.). *Поймал кота на месте преступления.*

ПРЕСТУ́ПНИК, -а, *м.* Человек, к-рый совершает или совершил преступление. *П. осуждён. Военный п.* ‖ *ж.* **престу́пница**, -ы.

ПРЕСТУ́ПНОСТЬ, -и, *ж.* **1.** *см.* преступный. **2.** Наличие преступлений, их количество. *Сокращение преступности. Борьба с преступностью.*

ПРЕСТУ́ПНЫЙ, -ая, -ое; -пен, -пна. **1.** Содержащий преступление, являющийся преступлением. *Преступное деяние. Преступные планы агрессоров. Преступная небрежность.* **2.** Совершающий преступления. *Преступная шайка. Преступная личность.* ‖ *сущ.* **престу́пность**, -и, *ж.* (к 1 знач.).

ПРЕСЫ́ТИТЬСЯ, -ы́щусь, -ы́тишься; *сов., чем.* Получить что-н. или насладиться чем-н. до полного удовлетворения, сверх меры. *П. развлечениями.* ‖ *несов.* **пресыща́ться**, -а́юсь, -а́ешься. ‖ *сущ.* **пресыще́ние**, -я, *ср.*

ПРЕСЫ́ЩЕННЫЙ, -ая, -ое; -ен. Испытывающий или выражающий пресыщение. *П. человек. П. взгляд.* ‖ *сущ.* **пресы́щенность**, -и, *ж.*

ПРЕТВОРИ́ТЬ, -рю́, -ри́шь; -рённый (-ён, -ена́); *сов., что во что* (книжн.). Осуществить, воплотить. *П. проект в жизнь. П. идею в дело (в реальность, в действительность).* ‖ *несов.* **претворя́ть**, -я́ю, -я́ешь. ‖ *сущ.* **претворе́ние**, -я, *ср.*

ПРЕТВОРИ́ТЬСЯ (-рю́сь, -ри́шься, 1 и 2 л. не употр.), -ри́тся; *сов., во что* (книжн.). Осуществиться, воплотиться. *Идея претворилась в жизнь (в реальность, в действительность).* ‖ *несов.* **претворя́ться** (-я́юсь, -я́ешься, 1 и 2 л. не употр.), -я́ется. ‖ *сущ.* **претворе́ние**, -я, *ср.*

ПРЕТЕНДЕ́НТ, -а, *м.* Лицо, к-рое претендует на что-н. *П. на освободившуюся должность. Турнир претендентов* (шахматистов, шашистов, претендующих на звание чемпиона мира). ‖ *ж.* **претенде́нтка**, -и. ‖ *прил.* **претенде́нтский**, -ая, -ое (разг.).

ПРЕТЕНДОВА́ТЬ, -ду́ю, -ду́ешь; *несов.* **1.** *на кого-что.* Притязать, рассчитывать на что-н., добиваться чего-н. *П. на должность заведующего.* **2.** *на что.* Считая себя обладателем каких-н. положительных качеств, желать, чтобы их признали другие. *П. на остроумие.*

ПРЕТЕ́НЗИЯ, -и, *ж.* **1.** Притязание, заявление права на обладание кем-чем-н., получение чего-н. *П. на наследство. Отклонить чьи-н. претензии.* **2.** Жалоба, выражение неудовольствия. *Заявить претензию. П. на качество (к качеству) изделия.* **3.** обычно *мн.* Поведение, поступки того, кто желает признания за ним каких-н. достоинств, к-рые он себе приписывает. *Человек с претензиями. П. на учёность.* ✦ **Быть в претензии** *на кого* — чувствовать обиду, неудовольствие по отношению к кому-н. ‖ *прил.* **претензио́нный**, -ая, -ое (к 1 и 2 знач.; спец.). *Претензионное заявление.*

ПРЕТЕНЦИО́ЗНЫЙ, -ая, -ое; -зен, -зна (книжн.). **1.** С претензиями (в 3 знач.). *Претенциозное поведение.* **2.** Претендующий на оригинальность, вычурный. *Претенциозно* (нареч.) *одеваться.* ‖ *сущ.* **претенцио́зность**, -и, *ж.*

ПРЕТЕРПЕ́ТЬ, -ерплю́, -е́рпишь; *сов., что* (книжн.). **1.** Вытерпеть, перенести (многое). *П. всяческие лишения.* **2.** Подвергнуться переработке, изменению. *План претерпел изменения.* ‖ *несов.* **претерпева́ть**, -а́ю, -а́ешь.

ПРЕТИ́ТЬ, 1 л. ед. не употр., -и́т; обычно *безл.; несов., кому.* Вызывать отвращение. *Лесть претит. Ему претит угодничать.*

ПРЕТКНОВЕ́НИЕ, *-я, ср.*: **камень преткновения** (книжн.) — помеха, затруднение [по библейскому сказанию о краеугольном камне, непризнанном Иеговой на горе Сион у входа в храм и предназначенном для того, чтобы испытывать истинно верующих и служить преткновением для тех, кто земные дела ставит выше веры].

ПРЕТЬ, -е́ю, -е́ешь; *несов.* **1.** (1 и 2 л. не употр.). Гнить, тлеть от сырости, тепла. *Солома преет.* **2.** (1 и 2 л. не употр.). Становиться влажным, сырым от тепла. *Преет оттаявшая земля.* **3.** (1 и 2 л. не употр.). Медленно поспевать на жару, на небольшом огне. *Каша преет.* **4.** Надев слишком тёплую одежду, покрываться испариной, а также (перен.) потеть (в 3 знач.) (прост.). *П. в шубе на солнце. П. над задачкой.* ‖ *сов.* **взопре́ть**, -е́ю, -е́ешь (к 4 знач.), **сопре́ть**, -е́ет (к 1 знач.) *и* **упре́ть**, -е́ет (к 3 знач.). ‖ *сущ.* **пре́ние**, -я, *ср.* (к 1 и 2 знач.).

ПРЕУВЕЛИ́ЧИТЬ, -чу, -чишь; -ченный; *сов.* **1.** *что.* Представить бо́льшим, более существенным, важным, чем есть на самом деле. *П. опасность, трудности. П. чьи-н. заслуги.* **2.** Прибавить лишнего, присочинить в рассказе. *Рыбаки в своих рассказах любят п.* ‖ *несов.* **преувели́чивать**, -аю, -аешь. ‖ *сущ.* **преувеличе́ние**, *-я, ср. и* **преувели́чивание**, *-я, ср.*

ПРЕУМЕ́НЬШИТЬ, -шу, -шишь; -шенный (книжн.) и **ПРЕУМЕНЬШИ́ТЬ**, -шу́, -ши́шь; -шённый (-ён, -ена́) (устар.); *сов., что.* Представить меньшим, менее существенным, важным, чем есть на самом деле, умалить. *П. опасность. П. чьи-н. заслуги.* ‖ *несов.* **преуменьша́ть**, -а́ю, -а́ешь. ‖ *сущ.* **преуменьше́ние**, *-я, ср.*

ПРЕУМНО́ЖИТЬ, -жу, -жишь; -женный; *сов., что* (книжн.). В несколько раз умножить, ещё более увеличить. *П. усилия. П. доходы.* ‖ *несов.* **преумножа́ть**, -а́ю, -а́ешь. ‖ *сущ.* **преумноже́ние**, *-я, ср.*

ПРЕУМНО́ЖИТЬСЯ (-жусь, -жишься, 1 и 2 л. ед. не употр.), -жится; *сов.* (книжн.). В несколько раз умножиться, ещё более увеличиться. *Силы преумножились.* ‖ *несов.* **преумножа́ться** (-а́юсь, -а́ешься, 1 и 2 л. ед. не употр.), -а́ется. ‖ *сущ.* **преумноже́ние**, *-я, ср.*

ПРЕУСПЕВА́ТЬ, -а́ю, -а́ешь; *несов.* **1.** (1 и 2 л. не употр.). Существовать, развиваться успешно (книжн.). *В здоровом обществе преуспевают науки и искусства.* **2.** Хорошо жить и хорошо вести свои дела, благоденствовать. *П. в жизни. Преуспевающий делец.* ‖ *сов.* **преуспе́ть**, -е́ю, -е́ешь. ‖ *сущ.* **преуспева́ние**, *-я, ср. и* **преуспе́яние**, *-я, ср.* (устар.).

ПРЕФЕ́КТ, -а, *м.* **1.** В Древнем Риме: название различных административных, судебных или военных должностей, а также лиц, занимающих соответствующие должности. **2.** Во Франции и нек-рых других странах: должностное лицо, стоящее во главе департамента, округа. **3.** В нек-рых странах: начальник городской полиции.

ПРЕФЕКТУ́РА, -ы, *ж.* **1.** В Римской империи: административная единица. **2.** Во Франции и нек-рых других странах: служебный аппарат префекта (во 2 знач.). **3.** Во Франции и нек-рых других странах: канцелярия префекта (во 2 и 3 знач.). **4.** В нек-рых странах: административно-территориальный округ. ‖ *прил.* **префекту́рный**, -ая, -ое *и* **префектура́льный**, -ая, -ое.

ПРЕФЕРА́НС, -а, *м.* Род карточной игры.

ПРЕ́ФИКС, -а, *м.* В грамматике: приставка (в 3 знач.). ‖ *прил.* **префикса́льный**, -ая, -ое. *Префиксальные глаголы. Префиксально-суффиксальный способ словообразования.*

ПРЕХОДЯ́ЩИЙ, -ая, -ее; -я́щ (книжн.). Временный, недолговечный. *Преходящее явление. Всё в жизни преходяще.*

ПРЕЦЕДЕ́НТ, -а, *м.* (книжн.). Случай, служащий примером или оправданием для последующих случаев этого же рода. *Создать п.* (дать повод для подобных случаев в будущем). *Установить п.* (найти в прошлом сходный случай). *Подобный поступок не имеет прецедентов в прошлом. Судебный п.* (решение суда, обязательное для решения аналогичных дел в будущем; спец.).

ПРИ *ком-чём, предлог с предл. п.* **1.** Около, возле чего-н. *Столб при дороге. Битва при Бородине.* **2.** Указывает на подчинённое состояние по отношению к кому-чему-н., отнесённость к чему-н. *Клуб при общежитии. Состоять при штабе. Няня при ребёнке.* **3.** Указывает на наличие чего-н. у кого-н. *Держать при себе. Быть при оружии. При желании можно всего добиться. Он сегодня при деньгах.* **4.** Указывает на время, обстановку, обстоятельства. *При Петре Первом. При свете лампы. Сказать при свидетелях. При неудаче не унывает.*

ПРИ..., *приставка.* **I.** Образует глаголы со знач.: 1) доведения действия до конечной цели, напр. *приехать, приблизиться, прибрести, приплестись;* 2) добавления, сближения, скрепления чего-н. с чем-н., напр. *приземлить, пристроить, приделать, припечатать, приложить, привинтить;* 3) направления действия к себе, совершения действия в своих интересах, напр. *пригласить, присвоить;* 4) в сочетании с постфиксом -ся — освоенности действия, напр. *прижиться, принюхаться, приспособиться, приноровиться;* 5) направления действия на предмет сверху вниз, напр. *придавить, прижать;* 6) полноты, законченности действия, напр. *приучить, прихотить;* 7) неполной, слабой меры действия, напр. *привстать, прихворнуть, прикопить, припудрить, приутихнуть, приоткрыть;* 8) вместе с суффиксами -ыва-, -ива- — сопутствующего действия, напр. *приговаривать, приплясывать.* **II.** Образует: 1) существительные и прилагательные со знач. непосредственного примыкания к чему-н., напр. *прибрежье, Прибалтика, прибрежный, приозёрный, пристанционный, приречный, приграничный, приполюсный;* 2) прилагательные со знач. существующий во время чего-н., напр. *прижизненный;* 3) существительные со знач. дополнительности, добавочности, напр. *привкус, призвук, присвист, присказка, привес, приплод, припёк.*

ПРИБА́ВИТЬ, -влю, -вишь; -вленный; *сов.* **1.** *кого-чего.* Сделать, причислить, дать, положить в дополнение к чему-н. *П. денег. П. сахару в кушанье. П. работников.* **2.** *что и чего.* Увеличить размер, вес, количество, скорость чего-н. *П. шагу. П. зарплату. П. вес (в весе).* **3.** *что.* Сделать шире, длиннее (какую-н. часть одежды). *П. в плечах. П. рукав в длину.* **4.** То же, что добавить (во 2 знач.). *К сказанному нечего п.* **5.** Преувеличить, сказать лишнее, неправду (разг.). *П. для красного словца.* **6.** *что к чему.* Складывая (в 3 знач.), присоединить (одно число к другому). *К пяти п. два.* ‖ *несов.* **прибавля́ть**, -я́ю, -я́ешь. ‖ *сущ.* **прибавле́ние**, *-я, ср.* (к 1, 2, 3, 4 и 6 знач.) *и* **приба́вка**, *-и, ж.* (к 1, 2 и 3 знач.). ‖ *прил.* **приба́вочный**, -ая, -ое (к 1 и 2 знач.).

ПРИБА́ВИТЬСЯ, -влюсь, -вишься; *сов.* **1.** Появиться в дополнение. *Прибавилось много новых забот. Народу прибавилось* (безл.). **2.** (1 и 2 л. не употр.). Увеличиться, возрасти. *В феврале дни заметно прибавились. Зарплата прибавилась. Вес прибавился. Прибавились доходы.* **3.** (1 и 2 л. не употр.). Присоединиться (к другому числу) при сложении. *К трём прибавилось пять.* ‖ *несов.* **прибавля́ться**, -я́юсь, -я́ешься. ‖ *сущ.* **прибавле́ние**, *-я, ср. П. семейства* (о рождении в семье ребёнка). ‖ *прил.* **приба́вочный**, -ая, -ое.

ПРИБА́ВКА, -и, *ж.* **1.** *см.* прибавить. **2.** Прибавленная сумма, количество чего-н. (разг.). *Получить прибавку. Просить прибавки.*

ПРИБАЛТИ́ЙСКИЙ, -ая, -ое. **1.** *см.* прибалты. **2.** Относящийся к прибалтам, народам Балтии, к их языкам, образу жизни, культуре, а также к Прибалтике, её территории, странам; такой, как у прибалтов, как в Прибалтике. *Прибалтийские государства* (в районе Балтийского моря). *Прибалтийские курорты.*

ПРИБА́ЛТЫ, -ов, *ед.* -а́лт, -а, *м.* (разг.). Народы, составляющие коренное население Прибалтийских республик. ‖ *ж.* **приба́лтка**, -и. ‖ *прил.* **прибалти́йский**, -ая, -ое.

ПРИБАУ́ТКА, -и, *ж.* Забавная, остроумная, обычно рифмованная поговорка, вставляемая в речь. *Пересыпать речь прибаутками. С шутками и прибаутками.*

ПРИБЕ́ГНУТЬ, -ну, -нешь; -е́г *и* -е́гнул, -е́гла; -е́гнувший *и* (устар.) -е́гший; -е́гнув *и* (устар.) -е́гши; *сов., к кому-чему.* Обратиться к кому-чему-н. как к средству или источнику помощи. *П. к чьему-н. содействию, помощи. П. к решительным мерам. П. ко лжи.* ‖ *несов.* **прибега́ть**, -а́ю, -а́ешь.

ПРИБЕДНЯ́ТЬСЯ, -я́юсь, -я́ешься; *несов.* (разг.). **1.** Прикидываться бедным, несчастным. *Прибедняется, а сам всё богатеет.* **2.** Преуменьшать свои знания, заслуги, успехи. *Боюсь экзамена. — Не прибедняйся, ты всё знаешь.* ‖ *несов.* **прибедни́ться**, -ню́сь, -ни́шься.

ПРИБЕЖА́ТЬ, -егу́, -ежи́шь, -егу́т; -еги́; *сов.* Достигнуть какого-н. места бегом. *П. первым к финишу. Прибежал с интересной новостью кто-н.* (перен.: пришёл торопясь). ‖ *несов.* **прибега́ть**, -а́ю, -а́ешь.

ПРИБЕ́ЖИЩЕ, -а, *ср.* (книжн.). Место, предмет или лицо, к к-рым можно прибегнуть в поисках защиты, помощи. *Последнее п. Найти п. в друге.*

ПРИБЕРЕ́ЧЬ, -егу́, -ежёшь, -егу́т; -ёг, -егла́; -ёгший; -ежённый (-ён, -ена́); -ёгши; *сов., что.* Сохранить, спрятать, отложив про запас. *П. деньги на лето. Рассказчик приберёг под конец самое интересное* (перен.). ‖ *несов.* **приберега́ть**, -а́ю, -а́ешь.

ПРИБИРА́ТЬ *см.* прибрать.

ПРИБИ́ТЬ[1], -бью́, -бьёшь; -бе́й; -и́тый; *сов., что.* **1.** Прикрепить гвоздями, гвоздём. *П.*

объявление к стене. 2. (1 и 2 л. не употр.). Плотно прижать. *Пыль прибило* (безл.) *дождём.* 3. (1 и 2 л. не употр.). Двигая, толкая, довести куда-н. *Волной прибило* (безл.) *к берегу лодку.* || *несов.* **прибива́ть**, -а́ю, -а́ешь. || *сущ.* **прибива́ние**, -я, *ср.* (к 1 знач.) и **приби́вка**, -и, *ж.* (к 1 знач.; разг.).

ПРИБИ́ТЬ², -бью́, -бьёшь; -бе́й; -и́тый; *сов., кого (что)* (прост.). Побить, наказывая. *Боится отца: прибьёт.*

ПРИБИ́ТЬСЯ, -бью́сь, -бьёшься; -бе́йся; *сов.* (разг.). То же, что пристать (в 4 знач.). *Прибился бездомный щенок.* || *несов.* **прибива́ться**, -а́юсь, -а́ешься.

ПРИБЛИЖЁННЫЙ¹, -ая, -ое; -ён. Не вполне точный, приблизительный. *П. результат. Приближённо* (нареч.) *подсчитать.* || *сущ.* **приближённость**, -и, *ж.*

ПРИБЛИЖЁННЫЙ², -ая, -ое. Стоящий близко к высокопоставленному лицу, пользующийся его доверием. *Приближённые к президенту лица. Вельможа с его приближёнными* (сущ.).

ПРИБЛИЗИ́ТЕЛЬНЫЙ, -ая, -ое; -лен, -льна. Не вполне точный, приближающийся к правильному. *П. подсчёт. Приблизительные данные. Подсчитать приблизительно* (нареч.). || *сущ.* **приблизи́тельность**, -и, *ж.*

ПРИБЛИ́ЗИТЬ, -и́жу, -и́зишь; -и́женный; *сов., кого-что.* Поставить близко; сделать более близким (в 1, 2, 4, 5, 6 и 7 знач.). *П. зону отдыха к жилым кварталам. П. конец. П. подростка к себе. П. перевод к оригиналу.* || *несов.* **приближа́ть**, -а́ю, -а́ешь. || *сущ.* **приближе́ние**, -я, *ср.* ✦ **В первом приближении** (книжн.) — очень приблизительно, предварительно, неокончательно.

ПРИБЛИ́ЗИТЬСЯ, -и́жусь, -и́зишься; *сов.* Стать близким или более близким (в 1, 2, 4, 6 и 7 знач.). *П. к дверям. Приблизился день отъезда. П. к журналистским кругам. Перевод приблизился к оригиналу.* || *несов.* **приближа́ться**, -а́юсь, -а́ешься. || *сущ.* **приближе́ние**, -я, *ср.*

ПРИБЛУ́ДНЫЙ, -ая, -ое (прост.). Случайно зашедший куда-н., оказавшийся где-н. (в чужом месте, доме, стаде). *П. пёс. Приблудная овца.*

ПРИБО́Й, -я, *м.* Набегающие на берег морские волны. *Океанский п. Шум прибоя.* || *прил.* **прибо́йный**, -ая, -ое. *Прибойная волна.*

ПРИБОЛЕ́ТЬ, -е́ю, -е́ешь; *сов.* (прост.). То же, что прихворнуть.

ПРИБО́Р, -а, *м.* 1. Приспособление, специальное устройство, аппарат для производства какой-н. работы, управления, регулирования, контроля, вычислений. *Измерительный п. Электрические приборы. Световые приборы.* 2. Набор принадлежностей для чего-н. *Бритвенный п. Письменный п. Столовый п.* || *прил.* **прибо́рный**, -ая, -ое (к 1 знач.). *П. щит. Приборные масла.*

ПРИБОРОСТРОЕ́НИЕ, -я, *ср.* 1. Отрасль машиностроения, производящая измерительные приборы, средства обработки информации, регулирующие устройства, автоматические и автоматизированные системы управления. 2. Область науки и техники, разрабатывающая средства автоматизации и системы управления. || *прил.* **приборострои́тельный**, -ая, -ое.

ПРИБРА́ТЬ, -беру́, -берёшь; -а́л, -ала́, -а́ло; при́бранный; *сов., что* (разг.). 1. Сделать уборку, привести в порядок. *П. комнату или в комнате. П. на столе.* 2. Убрать, положить куда-н. *П. вещи в шкаф.* ✦ **Прибрать к рукам** *кого-что* — всецело подчинить себе кого-н. или завладеть чем-н., захватить себе что-н. || *несов.* **прибира́ть**, -а́ю, -а́ешь. || *сущ.* **прибо́рка**, -и, *ж.* (к 1 знач.). *Заняться приборкой. П. палубы* (на корабле).

ПРИБРА́ТЬСЯ, -беру́сь, -берёшься; -а́лся, -ала́сь, -ало́сь *и* -а́лось; *сов.* (разг.). Привести в порядок что-н. своё, у себя. *П. в доме.* || *несов.* **прибира́ться**, -а́юсь, -а́ешься. || *сущ.* **прибо́рка**, -и, *ж.*

ПРИБРЕСТИ́, -еду́, -едёшь; -ёл, -ела́; -е́дший; -едя́; *сов.* (разг.). Бредя, прийти куда-н.

ПРИ́БЫЛЬ, -и, *ж.* 1. Сумма, на к-рую доход, выручка превышает затраты на экономическую деятельность, на производство товара. *Валовая п.* (часть валового дохода, остающаяся за вычетом всех производственных расходов). *Чистая п.* (часть валовой прибыли, остающаяся после всех финансовых расчётов и отчислений). 2. Обобщающий показатель финансовых результатов хозяйственной деятельности предприятий. 3. *перен.* Польза, выгода (разг.). *Какая мне в этом п.?* 4. *чего.* Прибавление, увеличение, приращение чего-н. *П. населения. П. воды в реках.* || *прил.* **при́быльный**, -ая, -ое (к 1 и 2 знач.).

ПРИ́БЫЛЬНЫЙ, -ая, -ое; -лен, -льна. 1. *см.* прибыль. 2. Дающий прибыль, выгодный. *Прибыльное производство. Прибыльное дело. Прибыльно* (нареч.) *продать товар.* || *сущ.* **при́быльность**, -и, *ж.*

ПРИБЫ́ТЬ, -бу́ду, -бу́дешь; при́был, прибыла́, при́было; прибу́дь; *сов.* 1. Прийти, приехать (офиц.). *Поезд прибыл. П. к месту назначения.* 2. (1 и 2 л. не употр.). Увеличиться, умножиться. *Вода прибыла.* || *несов.* **прибыва́ть**, -а́ю, -а́ешь. || *сущ.* **прибы́тие**, -я, *ср.* (к 1 знач.) *и* **прибыва́ние**, -я, *ср.* (ко 2 знач.). *Прибытие посла. Расписание прибытия поездов. Прибывание воды.*

ПРИВА́ДА, -ы, *ж.* (спец.). Корм для приманки зверей, птиц, рыб. *Ловить на приваду.*

ПРИВА́ДИТЬ, -а́жу, -а́дишь; -а́женный; *сов., кого (что).* 1. Приучить к какому-н. месту кормом, приманкой (спец.). *П. птиц.* 2. Приучить к кому-чему-н. лаской, вниманием, расположить (прост.). *П. к себе ребят.* || *несов.* **прива́живать**, -аю, -аешь.

ПРИВА́Л, -а, *м.* 1. *см.* привалить. 2. Остановка в пути для отдыха, а также место такой остановки. *Устроить п. Отдохнуть на привале.*

ПРИВАЛИ́ТЬ, -алю́, -а́лишь; -а́ленный; *сов.* 1. *кого-что.* Толкая, двигая (что-н. тяжёлое), прислонить. *П. камень к стене.* 2. Пристать к берегу, к пристани (спец.). *Баржа привалила.* 3. (1 и 2 л. не употр.). Появиться, прийти (прост.). *Народу много привалило* (безл.). 4. (1 и 2 л. не употр.), *перен.* О многом или о чём-н. хорошем: неожиданно появиться. (разг.). *Счастье п. Удача п. Наследство привалило.* || *несов.* **прива́ливать**, -аю, -аешь. || *сущ.* **прива́л**, -а, *м.* (ко 2 знач.). || *прил.* **прива́льный**, -ая, -ое (ко 2 знач.). *П. гудок теплохода.*

ПРИВАРИ́ТЬ, -арю́, -а́ришь; -а́ренный; *сов., что.* Прикрепить, сваривая. *П. рукоятку.* || *несов.* **прива́ривать**, -аю, -аешь. || *сущ.* **прива́ривание**, -я, *ср. и* **прива́рка**, -и, *ж.*

ПРИВА́РОК, -рка, *м.* (спец.). Пищевое горячее довольствие [*первонач.* продукты, добавляемые к пайку для приготовления горячей пищи]. || *прил.* **прива́рочный**, -ая, -ое.

ПРИВА́Т-ДОЦЕ́НТ, прива́т-доце́нта, *м.* В России до революции и в нек-рых других странах: звание нештатного преподавателя высшего учебного заведения, равное доценту, а также лицо, имеющее это звание. || *прил.* **прива́т-доце́нтский**, -ая, -ое.

ПРИВАТИЗИ́РОВАТЬ, -рую, -руешь; -анный; *сов. и несов., что* (книжн.). Передать (-авать) государственное или муниципальное имущество в собственность отдельных лиц или коллективов. *П. магазин, квартиру, земельный участок, средства связи.* || *сущ.* **приватиза́ция**, -и, *ж. Безвозмездная п. П. за плату.* || *прил.* **приватизацио́нный**, -ая, -ое. *П. счёт. П. чек* (ваучер).

ПРИВА́ТНЫЙ, -ая, -ое; -тен, -тна (устар.). Частный, неофициальный. *П. разговор. В приватном порядке.* || *сущ.* **прива́тность**, -и, *ж.*

ПРИВЕЗТИ́, -зу́, -зёшь; -ёз, -езла́; -ёзший; -езённый (-ён, -ена́); -езя́; *сов., кого-что.* Везя, доставить. *П. грузы. П. детей в лагерь.* || *несов.* **привози́ть**, -ожу́, -о́зишь. || *сущ.* **приво́з**, -а, *м. и* **приво́зка**, -и, *ж.* (разг.).

ПРИВЕРЕ́ДА, -ы, *м. и ж.* (разг.). То же, что привередник.

ПРИВЕРЕ́ДЛИВЫЙ, -ая, -ое; -ив. Слишком разборчивый, с прихотями, капризами. *П. ребёнок. Привередлив в еде.* || *сущ.* **привере́дливость**, -и, *ж.*

ПРИВЕРЕ́ДНИК, -а, *м.* Привередливый человек. || *ж.* **привере́дница**, -ы.

ПРИВЕРЕ́ДНИЧАТЬ, -аю, -аешь; *несов.* (разг.). Быть привередливым, проявлять привередливость.

ПРИВЕ́РЖЕНЕЦ, -нца, *м., кого-чего.* Убеждённый сторонник, последователь кого-чего-н. *П. нового учения.* || *ж.* **приве́рженка**, -и (разг.).

ПРИВЕ́РЖЕННЫЙ, -ая, -ое; -ен. Преданный кому-чему-н., целиком отдающийся чему-н. *Человек, п. науке или к науке.* || *сущ.* **приве́рженность**, -и, *ж. П. к театру.*

ПРИВЕРНУ́ТЬ, -ну́, -нёшь; -вёрнутый; *сов., что* (разг.). 1. Вертя, прикрепить. *П. кран.* 2. Вертя, убавить, укоротить. *П. фитиль.* || *несов.* **привёртывать**, -аю, -аешь *и* **привора́чивать**, -аю, -аешь.

ПРИВЕРТЕ́ТЬ, -ерчу́, -е́ртишь; -е́рченный; *сов., что* (прост.). То же, что привернуть (в 1 знач.). *П. гайку.* || *несов.* **привёртывать**, -аю, -аешь.

ПРИВЕ́С, -а, *м.* (спец.). Количество прибавившегося веса. *Суточный п. молодняка.*

ПРИВЕ́СИТЬ, -е́шу, -е́сишь; -е́шенный; *сов., что.* Прикрепить в висячем положении. *П. лампу к потолку.* || *несов.* **приве́шивать**, -аю, -аешь. || *сущ.* **приве́шивание**, -я, *ср. и* **приве́ска**, -и, *ж.* (разг.).

ПРИВЕ́СОК, -ска, *м.* (разг.). 1. То же, что довесок. 2. *перен.* Лишнее, ненужное добавление, дополнение к чему-н. *Ненужный п. к статье.*

ПРИВЕСТИ́, -еду́, -едёшь; -ёл, -ела́; -е́дший; -едённый (-ён, -ена́); -едя́; *сов.* 1. *кого (что).* Ведя, помочь дойти, довести. *П. ребёнка домой.* 2. (1 и 2 л. не употр.), *кого (что).* Послужить путём в определённом направлении. *Дорога привела к дому. Лестница привела на чердак.* 3. (1 и 2 л. не употр.), *перен., кого (что) к чему.* Довести до какого-н. результата. *Новые факты привели к важному открытию. Мужество приведёт к победе.* 4. *кого-что во что.* Сделать, произвести что-н. (то, что названо существительным). *П. в действие. П. приговор в исполнение. П. в порядок. П. в хорошее настроение. П. в отчаяние.* 5. *что.* Огласить, напомнить. *П. важное соображение. П. цитату. П. пример.* ✦ **Привести в чувство (в сознание)** *кого* — вывести из бесчувственного, бессознательного состояния. **Привести в себя** —

то же, что привести в чувство, в сознание. **Не приведи бог (господи)** (устар.) — выражение опасения, нежелания, не дай бог, не дай господи. ‖ *несов.* **приводи́ть**, -ожу́, -о́дишь. ‖ *сущ.* **приведе́ние**, -я, *ср.* (к 3, 4 и 5 знач.) *и* **приво́д**, -а, *м.* (к 1 знач.; спец.).

ПРИВЕСТИ́СЬ, -едётся; -ело́сь; *безл.; сов., кому с неопр.* (разг.). Случиться, выпасть на долю. *Привелось побывать во многих местах. Не привелось встретиться.* ‖ *несов.* **приводи́ться**, -о́дится.

ПРИВЕ́Т, -а, *м.* **1.** Обращённое к кому-н. выражение чувства личной приязни, доброго пожелания, солидарности. *Послать, передать п. кому-н. Примите мой искренний п.* **2. приве́т!** Приветствие при встрече или расставании (разг.). *Я ухожу, п.!* **3. привет!** Выражение недоумения, удивлённого несогласия (прост.). *Я этого не говорил. — П.! А вчера-то, забыл?* ✦ **Ни ответа ни привета** (разг.) — нет никакого ответа от кого-н., никаких известий о ком-н. **С приветом** *кто* (прост.) — со странностями, не совсем нормален. *Я замечаю, он как будто немножко с приветом.* ‖ *уменьш.* **приве́тик**, -а, *м.* ‖ *прил.* **приве́тный**, -ая, -ое (к 1 знач.; устар.).

ПРИВЕ́ТЛИВЫЙ, -ая, -ое; -ив. Благожелательный, радушный, ласковый. *П. хозяин. Приветливо* (нареч.) *встретить гостей.* ‖ *сущ.* **приве́тливость**, -и, *ж.*

ПРИВЕ́ТСТВИЕ, -я, *ср.* Обращение к кому-н. с приветом; речь с выражением добрых пожеланий, расположения. *Обратиться к кому-н. с приветствием. Обменяться приветствиями.* ‖ *прил.* **приве́тственный**, -ая, -ое. *П. жест. Приветственная телеграмма.*

ПРИВЕ́ТСТВОВАТЬ, -твую, -твуешь; *несов.* **1.** (прош. также *сов.*), *кого (что).* Обращаться с приветствием к кому-н. *П. делегатов съезда. П. гостей. Приветствую вас!* (здравствуйте!). **2.** *перен., что.* Выражать одобрение чему-н., полное согласие осуществить что-н. *П. новое решение.* **3.** (также *сов.*), *кого (что).* У военных: прикладывать (приложить) руку к головному убору в знак приветствия. *П. старшего по званию.* ‖ *сов.* **поприве́тствовать**, -твую, -твуешь (к 1 и 3 знач.; разг.).

ПРИВИ́ВКА *см.* привить.

ПРИВИДЕ́НИЕ, -я, *ср.* В сказках, мистических представлениях: призрак умершего или воображаемого существа. *Привидения в старом замке. Привидения — плод болезненной фантазии.*

ПРИВИДЕ́НЬЕВЫЕ, -ых (спец.). Отряд крупных насекомых, при необходимости защиты замирающих в виде сучка, листа.

ПРИВИ́ДЕТЬСЯ *см.* видеться.

ПРИВИЛЕГИРО́ВАННЫЙ, -ая, -ое. **1.** Пользующийся привилегиями. *Привилегированное сословие.* **2.** Лучший, более выгодный по сравнению с другими. *Поставить кого-н. в привилегированное положение.* ‖ *сущ.* **привилегиро́ванность**, -и, *ж.*

ПРИВИЛЕ́ГИЯ, -и, *ж.* Преимущественное право, льгота. *Привилегии ветеранам войны.*

ПРИВИНТИ́ТЬ, -нчу́, -нти́шь *и* -и́нтишь; -и́нченный; *сов., что.* Прикрепить с помощью винта, завинчивая. *П. крюк.* ‖ *несов.* **приви́нчивать**, -аю, -аешь. ‖ *сущ.* **приви́нчивание**, -я, *ср.*

ПРИВИРА́ТЬ *см.* приврать.

ПРИВИ́ТЬ, -вью́, -вьёшь; -и́л, -ила́, -и́ло; -ве́й; -и́тый (-и́т, -ита́ *и* разг. -и́та, -и́то); *сов., что.* **1.** Произвести пересадку части живого растения (привоя) в ткань другого растения (подвоя) с тем, чтобы эта часть, сросшись, придала другому растению новые свойства. **2.** *кому.* Ввести в организм вакцину для предупреждения или лечения какой-н. болезни. *П. оспу.* **3.** *перен., кому.* Заставить усвоить, сделать привычным. *П. вкус к музыке.* ‖ *несов.* **привива́ть**, -а́ю, -а́ешь. ‖ *сущ.* **привива́ние**, -я, *ср.*, **приви́вка**, -и, *ж.* (к 1 и 2 знач.) *и* **приви́тие**, -я, *ср.* (к 3 знач.). *Прививки растений. Прививка против полиомиелита. Профилактические прививки.* ‖ *прил.* **приви́вочный**, -ая, -ое (к 1 и 2 знач.). *Прививочные реакции.*

ПРИВИ́ТЬСЯ (-вью́сь, -вьёшься, 1 и 2 л. не употр.), -вьётся; -и́лся, -ила́сь, -ило́сь *и* -и́лось; *сов.* **1.** О привитом растении: срастись с чем-н., передавая свои свойства. *Черенок привился.* **2.** Будучи привитым (во 2 знач.), оказать свое действие. *Вакцина привилась.* **3.** *перен.* Войти в привычку, закрепиться. *Новая мода привилась.* ‖ *несов.* **привива́ться** (-а́юсь, -а́ешься, 1 и 2 л. не употр.), -а́ется.

ПРИ́ВКУС, -а, *м.* **1.** Посторонний вкус чего-н. в каком-н. кушанье, а также характерная вкусовая особенность чего-н. *П. соды в тесте. У каждого сорта чая свой п.* **2.** *перен.* Слабый отпечаток, налёт чего-н. (обычно неодобр.). *П. натурализма.*

ПРИВЛЕКА́ТЕЛЬНЫЙ, -ая, -ое; -лен, -льна. Такой, к-рый привлекает, располагает к себе, нравится. *Привлекательная внешность. Привлекательная перспектива* (заманчивая). ‖ *сущ.* **привлека́тельность**, -и, *ж.*

ПРИВЛЕ́ЧЬ, -еку́, -ечёшь, -еку́т; -ёк, -екла́; -ёкший; -ечённый (-ён, -ена́); -ёкши; *сов.* **1.** *кого-что.* Притягивая, приблизить к себе, прижать. *П. в свои объятия.* **2.** *кого-что.* Побудить обратить внимание на что-н., вызвать интерес. *Шум привлёк внимание. Выставка привлекла много посетителей.* **3.** *кого (что).* Вызвать к себе в ком-н. положительное чувство, отношение. *Учитель сумел п. к себе детей.* **4.** *кого (что).* Заставить, побудить принять участие в чём-н. *П. к работе. П. к участию в обсуждении.* **5.** *кого (что) к чему.* Заставить отвечать за свои действия, проступки (офиц.). *П. к суду. П. к ответственности.* **6.** *кого (что).* То же, что привлечь к суду или привлечь к ответственности (прост.). *За такие махинации могут и п. П. за растрату.* **7.** *что.* Включить, использовать. *П. новые материалы для исследования.* ‖ *несов.* **привлека́ть**, -а́ю, -а́ешь.

ПРИВНЕСТИ́, -су́, -сёшь; -ёс, -есла́; -ёсший *и* -ёсший; -есённый (-ён, -ена́); -еся́; *сов., что во что* (книжн.). Включить, внести что-н. дополнительное, постороннее. *П. в рассказ элементы фантастики.* ‖ *несов.* **привноси́ть**, -ошу́, -о́сишь. ‖ *сущ.* **привнесе́ние**, -я, *ср.*

ПРИВО́Д[1], -а, *м.* **1.** *см.* привести. **2.** Принудительное доставление в органы дознания или в суд не явившегося по вызову лица, а также временный арест для допроса (офиц.). *П. в милицию.*

ПРИВО́Д[2], -а и **ПРИ́ВОД**, -а, *м.* Устройство или система устройств для приведения в движение различных машин. *Электрический п. Ременный п.* ‖ *прил.* **приводно́й**, -а́я, -о́е. *П. вал. П. ремень.*

ПРИВОДИ́ТЬ *см.* привести.

ПРИВОДНИ́ТЬСЯ, -ню́сь, -ни́шься; *сов.* О летательном аппарате, парашютисте: опуститься на воду. ‖ *несов.* **приводня́ться**, -я́юсь, -я́ешься. ‖ *сущ.* **приводне́ние**, -я, *ср.*

ПРИВО́З, -а (-у), *м.* **1.** *см.* привезти. **2.** То, что привезено, привезённые товары (разг.). *На базаре сегодня большой п. Много всякого привозу.*

ПРИВОЗИ́ТЬ *см.* привезти.

ПРИВОЗНО́Й, -а́я, -о́е и **ПРИВО́ЗНЫЙ**, -ая, -ое. Привезённый откуда-н., не местный. *Привозные фрукты.*

ПРИВО́Й, -я, *м.* (спец.). Растение, часть к-рого (черенок, почка) прививается другому (подвою) для придания ему новых свойств. ‖ *прил.* **приво́йный**, -ая, -ое.

ПРИВОЛОЧИ́ТЬ, -очу́, -о́чишь *и* -очи́шь; -о́ченный *и* -очённый (-ён, -ена́); *сов., кого-что* (прост.). Доставить, волоча. *П. мешок.* ‖ *несов.* **привола́кивать**, -аю, -аешь.

ПРИВОЛО́ЧЬ, -оку́, -очёшь, -оку́т; -о́к, -окла́; -оки́; -о́кший; -очённый (-ён, -ена́); -о́кши; *сов., кого-что* (прост.). То же, что приволочить.

ПРИВО́ЛЬЕ, -я, *ср.* **1.** Широкое, просторное место, местность. *Степное п.* **2.** Полная свобода, вольная жизнь. *Детям п. у реки.*

ПРИВО́ЛЬНЫЙ, -ая, -ое; -лен, -льна. **1.** Свободный, просторный. *Привольные луга.* **2.** Ничем не стесненный, вольный. *Привольная жизнь. Привольно* (нареч.) *живётся.* ‖ *сущ.* **приво́льность**, -и, *ж.*

ПРИВОРА́ЧИВАТЬ *см.* привернуть.

ПРИВОРОЖИ́ТЬ, -жу́, -жи́шь; -жённый (-ён, -ена́); *сов., кого (что).* **1.** Привлечь, приманить ворожбой. *П. приворотным зельем.* **2.** *перен.* Очаровав, привлечь к себе, обворожить (разг.). ‖ *несов.* **привора́живать**, -аю, -аешь. ‖ *сущ.* **приворо́т**, -а, *м.*

ПРИВОРО́ТНЫЙ, -ая, -ое (устар.). Способный приворожить. *Приворотное зелье. Приворотная трава.*

ПРИВРА́ТНИК, -а, *м.* Сторож у входа, у ворот. ‖ *ж.* **привра́тница**, -ы.

ПРИВРА́ТЬ, -ру́, -рёшь; -а́л, -ала́, -а́ло; при́вранный; *сов., что* (разг.). То же, что прилгнуть. *П. для красного словца.* ‖ *несов.* **привира́ть**, -а́ю, -а́ешь.

ПРИВСКОЧИ́ТЬ, -очу́, -о́чишь; *сов.* Резко приподняться, почти вскочить. *П. от неожиданности.* ‖ *несов.* **привска́кивать**, -аю, -аешь.

ПРИВСТА́ТЬ, -а́ну, -а́нешь; *сов.* Приподняться, встать не во весь рост. *Все привстали со своих мест.* ‖ *несов.* **привстава́ть**, -таю́, -таёшь.

ПРИВХОДИ́ТЬ (-ожу́, -о́дишь, 1 и 2 л. не употр.), -о́дит; *несов.* (книжн.). Содержаться в чём-н. в качестве чего-н. дополнительного, постороннего. *Привходящие соображения.*

ПРИВЫКА́ЕМОСТЬ, -и, *ж.* (спец.). Наличие привычки к чему-н. (обычно о лечебных средствах). *Создаётся п. к снотворному.*

ПРИВЫ́КНУТЬ, -ну, -нешь; -ы́к, -ы́кла; *сов.* **1.** *к чему и с неопр.* Получить привычку к чему-н. *П. рано вставать. П. к кому-чему.* Освоиться с кем-чем-н. *П. к товарищам. П. к новому месту.* ‖ *несов.* **привыка́ть**, -а́ю, -а́ешь. ‖ *сущ.* **привыка́ние**, -я, *ср.*

ПРИВЫ́ЧКА, -и, *ж.* **1.** Поведение, образ действий, склонность, ставшие для кого-н. в жизни обычными, постоянными. *Хорошие, плохие привычки. Вошло в привычку заниматься гимнастикой. Сила привычки. Опаздывать не в моих привычках* (т. е. я не люблю опаздывать). **2.** Навык, умение (прост.). *На всякое дело нужна п. Без привычки косить тяжело.* ✦ **В привычку** (прост.) — привык, умеет. *Не в привычку рано вставать кому-н. Давай зашью, мне в привычку.*

ПРИВЫ́ЧНЫЙ, -ая, -ое; -чен, -чна. **1.** Ставший привычкой, обычный. *П. образ жизни.*

П. жест. **2.** Известный, хорошо знакомый, такой, к к-рому привык. *Привычная дорога. Привычные сцены.* **3.** Привыкший, приучившийся к чему-н. (разг.). *Руки, привычные к труду. Он человек п.* ‖ *сущ.* **привы́чность**, -и, *ж.*

ПРИВЯ́ЗАННОСТЬ, -и, *ж.* Чувство близости, основанное на преданности, симпатии к кому-чему-н. *П. к семье. Она его старая п.* (он давно к ней привязан, давно её любит).

ПРИВЯЗА́ТЬ, -яжу́, -я́жешь; -я́занный; *сов.* **1.** *что.* Прикрепить, завязывая. *П. верёвку. П. фляжку к поясу.* **2.** *кого-что.* Прикрепить, соединяя с чем-н. цепью, тросом, верёвкой. *П. лодку к мосткам. П. собаку.* **3.** *перен., что.* Соединить, соотнести с чем-н. (спец.). *П. цель к ориентиру. П. стройку к типовому проекту.* **4.** *кого (что).* Вызвать у кого-н. привязанность. *П. к себе ребёнка.* ‖ *несов.* **привя́зывать**, -аю, -аешь. ‖ *возвр.* **привяза́ться**, -яжу́сь, -я́жешься (ко 2 знач.); *несов.* **привя́зываться**, -аюсь, -аешься. ‖ *сущ.* **привя́зывание**, -я, *ср.* (к 1, 2 и 3 знач.) *и* **привя́зка**, -и, *ж.* (к 1, 2 и 3 знач.). ‖ *прил.* **привязно́й**, -а́я, -о́е (ко 2 знач.). *Привязные ремни* (в самолёте, автомобиле).

ПРИВЯЗА́ТЬСЯ, -яжу́сь, -я́жешься; *сов., к кому-чему.* **1.** *см.* привязать. **2.** Почувствовать привязанность, стать близким и преданным кому-н. *П. к новым товарищам.* **3.** Начать надоедать, приставать, неотступно следовать за кем-н. (разг.). *П. с вопросами. Привязался надоедливый попутчик.* ‖ *несов.* **привя́зываться**, -аюсь, -аешься.

ПРИВЯЗНО́Й, -а́я, -о́е. **1.** *см.* привязать. **2.** Имеющий приспособления для привязки, такой, к-рый привязывается. *Привязные лыжи. П. аэростат.*

ПРИВЯ́ЗЧИВЫЙ, -ая, -ое; -ив (разг.). **1.** Склонный к привязанности. *П. ребёнок.* **2.** Надоедливый, назойливый. *П. посетитель.* ‖ *сущ.* **привя́зчивость**, -и, *ж.*

ПРИ́ВЯЗЬ, -и, *ж.* Предмет, служащий для привязывания кого-чего-н. *Держать собаку на привязи. Посадить на п. Оторваться от привязи. Лодка на привязи.*

ПРИ́ГАРЬ, -и, *ж.* Привкус гари в пригоревшей, подгоревшей пище. *Каша с пригарью.*

ПРИГВОЗДИ́ТЬ, -озжу́, -озди́шь; -ождённый (-ён, -ена́); *сов.* **1.** *кого-что.* Прибить гвоздями к чему-н. (устар.). *П. к кресту* (распять). **2.** *перен., кого (что).* То же, что приковать (во 2 знач.) (книжн.). *Больной пригвождён к постели.* **3.** *кого-что.* Прижать, пронзив чем-н. острым. *П. штыком.* ✦ **Пригвоздить к позорному столбу** *кого* (высок.) — заклеймить, предать позору. **Пригвоздить взглядом** *кого* (высок.) — заставить замереть под гневным, строгим взглядом. ‖ *несов.* **пригвожда́ть**, -а́ю, -а́ешь.

ПРИГИБА́ТЬ, -СЯ *см.* пригнуть, -ся.

ПРИГЛА́ДИТЬ, -а́жу, -а́дишь; -а́женный; *сов., что.* **1.** Гладя, сделать ровным (в 1 знач.), гладким. *П. волосы. П. складки.* **2.** *перен.* Сделать искусственно гладким, маловыразительным (стиль, язык). *Приглаженное изложение.* ‖ *несов.* **пригла́живать**, -аю, -аешь. ‖ *сущ.* **пригла́живание**, -я, *ср.*

ПРИГЛАСИ́ТЬ, -ашу́, -аси́шь; -ашённый (-ён, -ена́); *сов., кого (что).* **1.** Попросить прибыть, прийти. *П. в гости. П. на праздник.* **2.** Попросить выполнить какую-н. работу, поручение. *П. быть участником чего-н. П. на работу. П. консультанта. П. на заседание.* ‖ *несов.* **приглаша́ть**, -а́ю, -а́ешь. ‖ *сущ.* **приглаше́ние**, -я, *ср.* ‖ *прил.* **пригласи́тельный**, -ая, -ое (к 1 знач.). *П. жест. П. билет.*

ПРИГЛАШЕ́НИЕ, -я, *ср.* **1.** *см.* пригласить. **2.** Письмо, обращение с просьбой явиться куда-н., принять участие в чём-н. *Разослать приглашения. Официальное п.*

ПРИГЛУШЁННЫЙ, -ая, -ое; -ён. **1.** О звуке, голосе: низкий, слабый, глухо звучащий. *П. разговор, шёпот. Приглушённые шаги.* **2.** О цвете: с добавлением другого неяркого оттенка. *Обои в приглушённых тонах.* ‖ *прил.* **приглушённость**, -и, *ж.*

ПРИГЛУШИ́ТЬ, -шу́, -ши́шь; -шённый (-ён, -ена́); *сов.* Сделать слабее, глуше, несколько заглушить. *П. звук. П. тоску. П. мотор.* ‖ *несов.* **приглуша́ть**, -а́ю, -а́ешь.

ПРИГЛЯДЕ́ТЬ, -яжу́, -яди́шь; *сов., кого-что и за кем-чем* (разг.). То же, что присмотреть. *П. за ребёнком. П. за костром. П. себе костюм.* ‖ *несов.* **пригля́дывать**, -аю, -аешь.

ПРИГЛЯДЕ́ТЬСЯ, -яжу́сь, -яди́шься; *сов., к кому-чему* (разг.). То же, что присмотреться. ‖ *несов.* **пригля́дываться**, -аюсь, -аешься.

ПРИГЛЯНУ́ТЬСЯ, -яну́сь, -я́нешься; *сов., кому* (разг.). Понравиться с виду. *П. с первого взгляда. Вещь покупателю приглянулась.*

ПРИГНА́ТЬ[1], -гоню́, -го́нишь; -а́л, -ала́, -а́ло; при́гнанный; *сов., кого-что.* Гоня, привести, доставить. *П. стадо в село. Ветром пригнало* (безл.) *волну.* ‖ *несов.* **пригоня́ть**, -я́ю, -я́ешь. ‖ *сущ.* **приго́н**, -а, *м.*

ПРИГНА́ТЬ[2], -гоню́, -го́нишь; -а́л, -ала́, -а́ло; при́гнанный; *сов., что к чему.* Приладить так, чтобы одно к другому подходило по размерам. *П. оконную раму.* ‖ *несов.* **пригоня́ть**, -я́ю, -я́ешь. ‖ *сущ.* **приго́нка**, -и, *ж. П. деталей.* ‖ *прил.* **приго́ночный**, -ая, -ое.

ПРИГНУ́ТЬ, -ну́, -нёшь; при́гнутый; *сов., кого-что.* Несколько нагнуть. *П. ветку к земле.* ‖ *несов.* **пригиба́ть**, -а́ю, -а́ешь. ‖ *сущ.* **пригиба́ние**, -я, *ср.*

ПРИГНУ́ТЬСЯ, -ну́сь, -нёшься; *сов.* Несколько нагнуться. *Ветка пригнулась к земле. П., входя в палатку.* ‖ *несов.* **пригиба́ться**, -а́юсь, -а́ешься. ‖ *прил.* **пригибно́й**, -а́я, -о́е (спец.). *Пригибная ходьба* (при тренировке конькобежцев).

ПРИГОВА́РИВАТЬ[1], -аю, -аешь; *несов.* Говорить, делая что-н., сопровождать что-н. словами. *Бьёт и приговаривает.*

ПРИГОВА́РИВАТЬ[2] *см.* приговорить.

ПРИГОВО́Р, -а, *м.* **1.** Решение суда после слушания уголовного дела. *Оправдательный п. Обвинительный п. П. окончательный, обжалованию не подлежит.* **2.** *перен.* Осудительная оценка кого-чего-н., осуждающее решение, мнение. *Суровый п. истории.*

ПРИГОВОРИ́ТЬ, -рю́, -ри́шь; -рённый (-ён, -ена́); *сов., кого (что) к чему.* Вынести обвинительный приговор кому-н. *П. к тюремному заключению. Врачи приговорили больного к смерти* (перен.: решили, что смертельный исход неизбежен). ‖ *несов.* **пригова́ривать**, -аю, -аешь.

ПРИГОДИ́ТЬСЯ, -ожу́сь, -оди́шься; *сов., кому.* Оказаться годным, нужным, полезным. *П. в дело (для дела). Умный совет всегда пригодится. Где родился, там и пригодился* (посл.). ‖ *несов.* **пригожда́ться**, -а́юсь, -а́ешься.

ПРИГО́ДНЫЙ, -ая, -ое; -ден, -дна. То же, что годный. *П. для обработки.* ‖ *сущ.* **приго́дность**, -и, *ж.*

ПРИГО́ЖИЙ, -ая, -ее; -о́ж (устар. и обл.). Красивый, миловидный, а также вообще хороший. *Пригожая девица. И хорош и пригож. П. денёк.* ‖ *сущ.* **приго́жесть**, -и, *ж. и* **приго́жество**, -а, *ср.* (устар.).

ПРИГОЛУ́БИТЬ, -блю, -бишь; -бленный; *сов., кого (что)* (разг.). То же, что приласкать. *П. малыша.* ‖ *несов.* **приголу́бливать**, -аю, -аешь.

ПРИГО́Н, ПРИГОНЯ́ТЬ[1] *см.* пригнать[1].

ПРИГО́НКА, ПРИГОНЯ́ТЬ[2] *см.* пригнать[2].

ПРИГОРЕ́ЛЫЙ, -ая, -ое; -е́л. Пригоревший снизу. *П. пирог.* ‖ *сущ.* **пригоре́лость**, -и, *ж.*

ПРИГОРЕ́ТЬ (-рю́, -ри́шь, 1 и 2 л. не употр.), -ри́т; *сов.* **1.** О жидкой пище, каше: прикипев, начать пахнуть дымом, гарью. *Молоко пригорело.* **2.** О жареном, печёном: обгорев снизу, пристать к тому, на чём жарится, печётся. *Пирог пригорел.* ‖ *несов.* **пригора́ть** (-а́ю, -а́ешь, 1 и 2 л. не употр.), -а́ет.

ПРИ́ГОРОД, -а, *м.* Посёлок, населённый пункт, примыкающий к большому городу. *Жить в пригороде.* ‖ *прил.* **при́городный**, -ая, -ое.

ПРИ́ГОРОДНЫЙ, -ая, -ое. **1.** *см.* пригород. **2.** Находящийся, расположенный в пригороде, в окрестностях города. *П. совхоз. П. зона. П. лесопарк.* **3.** О транспорте: не дальний, обслуживающий близкие к городу районы. *П. поезд.*

ПРИГО́РОК, -рка, *м.* Небольшой холм, бугор. *Взбежать на п.*

ПРИ́ГОРШНЯ, -и, *род. мн.* -шен и **ПРИГО́РШНЯ**, -и, *род. мн.* -ей, *ж.* **1.** Ладонь или обе ладони, сложенные горстью (горстями). *Пить воду пригоршнями.* **2.** Количество чего-н., вмещающееся в сложенные таким образом ладони (в ладонь). *Целая (полная) п. леденцов. Несколько пригоршней орехов.*

ПРИГОРЮ́НИТЬСЯ, -нюсь, -нишься; *сов.* (разг.). Стать грустным, унылым, загрустить. *Сидеть пригорюнившись.* ‖ *несов.* **пригорю́ниваться**, -аюсь, -аешься.

ПРИГОТО́ВИТЬ, -влю, -вишь; -вленный; *сов.* **1.** *кого-что.* Сделать годным, готовым к чему-н. *П. рукопись к набору. П. ученика к экзамену.* **2.** *что.* Работая, сделать, освоить, изготовить что-н. *П. уроки. П. роль. П. настой.* **3.** *что.* Устроить что-н. заранее. *П. кому-н. сюрприз. П. встречу.* **4.** *кого (что).* То же, что подготовить (в 3 знач.). *П. кого-н. к тяжёлому известию.* **5.** *что.* Состряпать, сготовить что-н. *Жена и постирает, и приготовит.* ‖ *несов.* **пригота́вливать**, -аю, -аешь *и* **приготовля́ть**, -я́ю, -я́ешь. ‖ *сущ.* **приготовле́ние**, -я, *ср.* ‖ *прил.* **приготови́тельный**, -ая, -ое (к 1 и 3 знач.). *Приготовительные работы.*

ПРИГОТО́ВИТЬСЯ, -влюсь, -вишься; *сов., к чему и с неопр.* Приготовить себя, свои вещи, материалы к чему-н. *П. к отъезду. П. к лекции. П. ехать. П. услышать самое плохое.* ‖ *несов.* **пригота́вливаться**, -аюсь, -аешься *и* **приготовля́ться**, -я́юсь, -я́ешься. ‖ *сущ.* **приготовле́ние**, -я, *ср.*

ПРИГОТОВИ́ШКА, -и, *м. и ж.* (разг.). Ученик приготовительного класса.

ПРИГРЕ́В, -а, *м.* **1.** *см.* пригреть. **2.** Место, где пригревает солнце. *Снег стаял на пригреве.*

ПРИГРЕ́ЗИТЬСЯ *см.* грезиться.

ПРИГРЕСТИ́[1], -ребу́, -ребёшь; -рёб, -ребла́, -рёбший; -ребённый (-ён, -ена́); -рёбши; *сов., что.* Сгребая, собрать около чего-н. *П.*

листья к забору. ‖ *несов.* **пригреба́ть,** -а́ю, -а́ешь.

ПРИГРЕСТИ́², -ребу́, -ребёшь; -рёб, -ребла́; -рёбший; -рёбши; *сов.* Приблизиться, гребя². *П. к берегу.* ‖ *несов.* **пригреба́ть,** -а́ю, -а́ешь.

ПРИГРЕ́ТЬ, -е́ю, -е́ешь; -ре́тый; *сов.* **1.** *кого-что.* Обогреть немного, слегка или сверху. *Солнце пригрело землю.* **2.** *перен., кого (что).* Приласкав, приютить (разг.). *П. у себя сироту.* ‖ *несов.* **пригрева́ть,** -а́ю, -а́ешь. ‖ *сущ.* **пригре́в,** -а, *м.* (к 1 знач.).

ПРИГРЕ́ТЬСЯ, -е́юсь, -е́ешься; *сов.* (разг.). Согреться в тёплом месте или укрывшись чем-н. *П. на солнышке. П. под пледом. П. в тёплом местечке* (также перен.: хорошо устроиться где-н.; неодобр.). ‖ *несов.* **пригрева́ться,** -а́юсь, -а́ешься.

ПРИГРОЗИ́ТЬ, -СЯ *см.* грозить, -ся.

ПРИГУ́БИТЬ, -блю, -бишь; -бленный; *сов., что.* Прикоснувшись губами, попробовать что-н. (обычно о вине). *П. вино. Не выпил, а только пригубил.* ‖ *несов.* **пригу́бливать,** -аю, -аешь.

ПРИДАВИ́ТЬ, -авлю́, -а́вишь; -а́вленный; *сов., кого-что.* Надавив, прижать. *П. палец дверью. Обвалом придавило* (безл.) *кого-н.* ‖ *несов.* **прида́вливать,** -аю, -аешь.

ПРИДА́НОЕ, -ого, *ср.* **1.** Имущество, даваемое невесте её семьёй для жизни в замужестве. *Дать дом в п. За невестой дают богатое п. Невеста с приданым.* **2.** Комплект белья для новорождённого.

ПРИДА́ТОК, -тка, *м.* **1.** Дополнение к чему-н., не имеющее самостоятельного значения, добавочная часть при чём-н. *Ненужный п. к изложению.* **2.** Название нек-рых образований в живом организме (спец.). *П. яичника. П. мозга. Придатки кожи* (сальные и потовые железы, волосы и ногти). ‖ *прил.* **прида́точный,** -ая, -ое (ко 2 знач.). *Придаточные образования у растений.* ✦ **Придаточное предложение** — в грамматике: часть сложного предложения, грамматически зависящая от его главной части (главного предложения).

ПРИДА́ТЬ, -а́м, -а́шь, -а́ст, -ади́м, -ади́те, -аду́т; при́дал *и* (разг.) прида́л, -ала́, -ало; -а́й; прида́вший; при́данный (-ан, -ана́ *и* разг. -ана, -ано); *сов.* **1.** *кого-что.* Дать дополнительно. *Дивизия с приданными ей подразделениями.* **2.** *чего.* Усилить, прибавить. *П. храбрости.* **3.** *что.* Со словами «вид», «форма», «облик» и под.: сделать каким-н. по виду, характеру. *П. законную форму документу. П. новый облик зданию.* **4.** *что.* Со словами «значение», «смысл», «важность», «цена» и под.: отнестись к чему-н. так или иначе, осмыслить. *П. значение чьим-н. словам. Не п. важности сообщению.* ‖ *несов.* **придава́ть,** -даю́, -даёшь. ‖ *сущ.* **прида́ние,** -я, *ср.* и **прида́ча,** -и, *ж.* (к 1 знач.).

ПРИДА́ЧА, -и, *ж.* **1.** *см.* придать. **2.** То, что придано, прибавка. *Дать пять рублей в придачу. Обменять с придачей.* ✦ **В придачу** (разг.) — в добавление к чему-н., к тому же. *Грубит, да в придачу ещё и лжёт.*

ПРИДВИ́НУТЬ, -ну, -нешь; -утый; *сов., кого-что.* Двигая, приблизить, а также (перен.) вообще приблизить. *П. стул к столу. П. что-н. к глазам, к лицу.* ‖ *несов.* **придвига́ть,** -а́ю, -а́ешь. ‖ *сущ.* **придвиже́ние,** -я, *ср.*

ПРИДВИ́НУТЬСЯ, -нусь, -нешься; *сов.* Двигаясь, приблизиться, а также (перен.) вообще приблизиться. *П. к столу. Придвинулись сроки.* ‖ *несов.* **придвига́ться,** -а́юсь, -а́ешься. ‖ *сущ.* **придвиже́ние,** -я, *ср.*

ПРИДВО́РНЫЙ, -ая, -ое. **1.** Относящийся ко двору великого князя, монарха. *П. чин.* **2.** **придво́рный,** -ого, *м.* Лицо, состоящее при монархе (а также при члене его семьи), входящее в его окружение.

ПРИДЕ́Л, -а, *м.* В церкви: небольшая боковая пристройка, имеющая дополнительный алтарь. ‖ *прил.* **приде́льный,** -ая, -ое.

ПРИДЕ́ЛАТЬ, -аю, -аешь; -анный; *сов., что.* Прикрепить, прочно присоединить. *П. ручку. П. задвижку.* ‖ *несов.* **приде́лывать,** -аю, -аешь. ‖ *сущ.* **приде́лывание,** -я, *ср.* и **приде́лка,** -и, *ж.* (разг.).

ПРИДЕРЖА́ТЬ, -ержу́, -е́ржишь; -е́ржанный; *сов., кого-что* (разг.). **1.** Слегка удержать, не давая двинуться или упасть. *П. лошадей. П. рукой. Придержи язык!* (помолчи!). **2.** *перен.* На нек-рое время припрятать, сохранить, не пустить в ход, в продажу. *П. деньги. П. товар* (не спешить с его продажей). ‖ *несов.* **приде́рживать,** -аю, -аешь.

ПРИДЕ́РЖИВАТЬСЯ, -аюсь, -аешься; *несов.* **1.** *за что.* Слегка держаться рукой. *П. за перила.* **2.** *чего.* Держаться ближе к чему-н. *П. правой стороны.* **3.** *чего.* Следовать чему-н.; иметь склонность к чему-н. *П. твёрдых убеждений. П. другого мнения.*

ПРИДИ́РА, -ы, *м.* и *ж.* (разг.). Придирчивый человек.

ПРИДИРА́ТЬСЯ *см.* придраться.

ПРИДИ́РКА, -и, *ж.* Мелочный упрёк. *Вздорные придирки.*

ПРИДИ́РЧИВЫЙ, -ая, -ое; -ив. Склонный придираться; содержащий придирки. *П. начальник. П. тон. Придирчиво* (нареч.) *проверить* (тщательно, ничего не пропуская). ‖ *сущ.* **приди́рчивость,** -и, *ж.*

ПРИДОРО́ЖНЫЙ, -ая, -ое. Находящийся при дороге, около дороги. *П. куст.*

ПРИДРА́ТЬСЯ, -деру́сь, -дерёшься; -а́лся, -ала́сь, -ало́сь *и* -а́лось; *сов.* **1.** *к кому-чему.* Незаслуженно упрекнуть, сделать выговор за мелкую или кажущуюся провинность (разг.). *П. к кому-н. из-за пустяка (по пустяку). П. к пустякам.* **2.** *к чему.* Воспользоваться чем-н. как поводом (обычно неодобр.). *П. к случаю.* ‖ *несов.* **придира́ться,** -а́юсь, -а́ешься.

ПРИДУ́МАТЬ, -аю, -аешь; -анный; *сов.* **1.** *что.* Изобрести, найти, догадаться что-н. сделать. *П. новый способ. П. объяснение.* **2.** *кого-что.* Выдумать, вообразить. *Придумала, что он в неё влюблён. Придумал её такой, какой хотел видеть.* ‖ *несов.* **приду́мывать,** -аю, -аешь.

ПРИДУ́МКА, -и, *ж.* (прост.). То же, что выдумка (во 2 знач.). *Занятная п.*

ПРИДУ́МЩИК, -а, *м.* (разг.). Человек, к-рый придумывает (во 2 знач.), сочиняет, выдумщик. *Не верю я тебе: ты известный п.* ‖ *ж.* **приду́мщица,** -ы.

ПРИДУ́РИВАТЬСЯ, -аюсь, -аешься; *несов.* (прост.). Притворяться незнающим, непонимающим, неумным. *Брось п.!*

ПРИДУРКОВА́ТЫЙ, -ая, -ое; -а́т (разг.). Глуповатый, бестолковый. *П. парень. П. вид.* ‖ *сущ.* **придуркова́тость,** -и, *ж.*

ПРИДУ́РОК, -рка, *м.* (прост.). Придурковатый человек.

ПРИ́ДУРЬ, -и, *ж.*: **с придурью** *кто* (разг.) — с причудами, с придурковатостью, с норовом.

ПРИДУ́ШЕННЫЙ, -ая, -ое; -ен. О голосе: глухой, сдавленный. *П. шёпот.* ‖ *сущ.* **приду́шенность,** -и, *ж.*

ПРИДУШИ́ТЬ, -ушу́, -у́шишь; -у́шенный; *сов., кого (что).* Прижав, задушить. *П. цыплёнка.*

ПРИДЫХА́НИЕ, -я, *ср.* Звук, сопровождающий речь при выходе, а также (спец.) звук речи, образуемый трением выдыхаемого воздуха о ненапряжённые голосовые связки. *Говорить с придыханием.* ‖ *прил.* **придыха́тельный,** -ая, -ое.

ПРИЕДА́ТЬСЯ *см.* приесться.

ПРИЕ́ЗД, ПРИЕЗЖА́ТЬ *см.* приехать.

ПРИЕ́ЗЖИЙ, -ая, -ее. Приехавший откуда-н., не здешний. *Гостиница для приезжих* (сущ.).

ПРИЕ́МЛЕМЫЙ, -ая, -ое; -ем. Такой, к-рый можно принять, с к-рым можно согласиться. *П. план. Вполне приемлемое предложение.* ‖ *сущ.* **прие́млемость,** -и, *ж.*

ПРИЕ́СТЬСЯ, -е́мся, -е́шься, -е́стся, -еди́мся, -еди́тесь, -едя́тся; -е́лся, -е́лась; -е́вшийся; -е́вшись; *сов.* **1.** (1 и 2 л. не употр.). О еде: надоесть. *Приелось сладкое.* **2.** *перен.* Утратить интерес, привлекательность для кого-н. *Приелись удовольствия.* ‖ *несов.* **приеда́ться,** -а́юсь, -а́ешься.

ПРИЕ́ХАТЬ, -е́ду, -е́дешь; *в знач. пов.* употр. приезжа́й; *сов.* Прибыть, передвигаясь на чём-н. *П. на поезде, на машине, на велосипеде, на санях. П. домой.* ‖ *несов.* **приезжа́ть,** -а́ю, -а́ешь. ‖ *сущ.* **прие́зд,** -а, *м.*

ПРИЁМ, -а, *м.* **1.** *см.* принять. **2.** Отдельное действие, движение. *Выпить стакан в два приёма.* **3.** Способ в осуществлении чего-н. *Художественный п. Приёмы борьбы. Запрещённый п.* (в спорте; также перен.: о некорректном поступке, поведении). **4.** Собрание приглашённых (обычно у официальных лиц) в честь кого-чего-н. *П. в посольстве. Устроить п.*

ПРИЁМКА *см.* принять.

ПРИЁМНИК, -а, *м.* **1.** Аппарат для приёма чего-н. (сигналов, речи, музыки, изображений) при помощи электромагнитных, световых и иных волн. *П. звука. П. света. П. излучения.* **2.** То же, что радиоприёмник. **3.** Устройство в виде вместилища для чего-н. (спец.). *П. сточных вод.* **4.** Учреждение, куда временно помещают кого-н. для дальнейшего распределения. *П. при зоопарке.*

ПРИЁМНЫЙ, -ая, -ое. **1.** *см.* принять. **2.** Усыновлённый или усыновивший кого-н. *П. сын. П. отец. Приёмные родители* (усыновители). **3.** **приёмная,** -ой, *ж.* Комната для посетителей. *Приёмная депутата.*

ПРИЁМОЧНЫЙ *см.* принять.

ПРИЁМЩИК, -а, *м.* Работник, к-рый занимается приёмкой, приёмом чего-н. *П. товаров. П. сырья.* ‖ *ж.* **приёмщица,** -ы. *П. ателье.*

ПРИЁМЫШ, -а, *м.* (разг.). Приёмный сын или приёмная дочь. *Воспитать приёмыша.*

ПРИЖА́ТЬ, -жму́, -жмёшь; -а́тый; *сов.* **1.** *кого-что.* Нажав, прислонить, придавить к чему-н. *П. руки к груди. Противник прижат к реке* (перен.: оттеснён к самой реке). **2.** *перен., кого (что).* Притеснить, применить насилие, силой вынудить сделать что-н. (разг.). *Прижали кредиторы.* ✦ **Прижать к стенке** *кого* (разг.) — то же, что прижать (во 2 знач.). ‖ *несов.* **прижима́ть,** -а́ю, -а́ешь.

ПРИЖА́ТЬСЯ, -жму́сь, -жмёшься; *сов., к кому-чему.* Тесно прислониться. *П. к стене. Ребёнок прижался к матери.* ‖ *несов.* **прижима́ться,** -а́юсь, -а́ешься.

ПРИЖЕ́ЧЬ, -жгу́, -жжёшь, -жгу́т; -жёг, -жгла́; -жги́; -жёгший; -жжённый (-ён, -ена́); -жёгши; *сов., что.* Нанести ожог, обжечь (в 3 знач.), а также смазать чем-н. жгучим. *П. ранку йодом. П. полипы.* ‖ *несов.* **прижига́ть,** -а́ю, -а́ешь. ‖ *сущ.* **прижига́ние,** -я, *ср.*

ПРИЖИВА́ЕМОСТЬ, -и, *ж.* (спец.). Способность приживляться, прижиться; количество того, что прижилось. *П. посадок. Стопроцентная п. саженцев.*

ПРИЖИВА́Л, -а и **ПРИЖИВА́ЛЬЩИК**, -а, *м.* **1.** Бедный человек, живущий из милости в богатом доме (устар.). **2.** Человек, живущий где-н. за счёт другого, других (разг. неодобр.). ‖ *ж.* **приживалка**, -и *и* **приживáльщица**, -ы. ‖ *прил.* **приживáльческий**, -ая, -ое.

ПРИЖИВИ́ТЬ, -влю́, -ви́шь; -влённый (-ён, -енá); *сов., что.* Присоединив, дать прирасти, срастить. *П. ткань. П. ветку.* ‖ *несов.* **приживлять**, -я́ю, -я́ешь. ‖ *сущ.* **приживлéние**, -я, *ср. П. тканей.*

ПРИЖИГА́ТЬ *см.* прижечь.

ПРИЖИ́ЗНЕННЫЙ, -ая, -ое. Осуществляемый при жизни, в период существования. *Прижизненное издание поэмы. Прижизненное использование дерева* (до того, как оно срублено; спец.).

ПРИЖИМА́ТЬ, -СЯ *см.* прижать, -ся.

ПРИЖИ́МИСТЫЙ, -ая, -ое; -ист (разг.). Скупой, неуступчивый в денежных делах, жадный. *П. хозяин.* ‖ *сущ.* **прижи́мистость**, -и, *ж.*

ПРИЖИ́ТЬ, -иву́, -ивёшь; при́жил *и* прижи́л, -илá, -ило *и* -и́ло; прижи́тый, при́житый *и* (устар.) прижитóй (прижи́т *и* при́жит, прижитá, прижи́то *и* при́жито); *сов., кого (что)* (прост.). Находясь в сожительстве, родить, произвести на свет ребёнка (обычно о женщине). *П. сына от женатого человека.* ‖ *несов.* **приживáть**, -áю, -áешь.

ПРИЖИ́ТЬСЯ, -иву́сь, -ивёшься; -и́лся, -илáсь, -и́ло́сь *и* -и́лось; *сов.* Приспособиться к данным условиям (бытовым, общественным, климатическим и др.). *П. на новом месте. Саженцы хорошо прижились.* ‖ *несов.* **приживáться**, -áюсь, -áешься.

ПРИЖУ́ЧИТЬ, -чу, -чишь; -ченный; *сов., кого (что)* (прост.). Лишить возможности сопротивляться; притеснить. *Так всех прижучил, что и пикнуть не смеют.* ‖ *несов.* **прижу́чивать**, -аю, -аешь.

ПРИЗ, -а, *мн.* -ы́, -óв, *м.* **1.** Награда победителю в состязании. *Присудить, получить первый п.* **2.** В международном праве: корабль или иное имущество, захваченное в море во время войны и переходящее в собственность захватившего, морской трофей. ‖ *прил.* **призовóй**, -áя, -óе. *Призовое место.*

ПРИЗАДУ́МАТЬСЯ, -аюсь, -аешься; *сов., над чем и о ком-чём* (разг.). Впасть в раздумье; серьёзно подумать о чём-н. *Сел и призадумался. Тебе сто́ит п. над своим поведением.* ‖ *несов.* **призаду́мываться**, -аюсь, -аешься.

ПРИЗАНЯ́ТЬ, -займу́, -займёшь; -зáнял *и* -заня́л, -занялá, -зáняло *и* -заня́ло; -зáнятый (-ят, -ятá, -ято); *сов., что и чего* (разг.). Занять, взять в долг немного. *П. денег.* ‖ *несов.* **призанимáть**, -áю, -áешь.

ПРИЗВА́НИЕ, -я, *ср.* **1.** Склонность к тому или иному делу, профессии. *П. к науке. Врач по призванию.* **2.** Дело жизни, назначение. *Воспитывать детей стало её призванием.*

ПРИЗВА́ТЬ, -зову́, -зовёшь; -áл, -алá, -áло; при́званный; *сов.* **1.** *кого-что.* Позвать, пригласить, потребовать явиться или делать что-н. *П. на помощь. П. к борьбе. Он призван быть писателем* (перен.: имеет призвание к литературному творчеству). **2.** *кого (что) к чему.* Предложить вести себя так или иначе. *П. к повиновению. П. к благоразумию. П. к порядку.* **3.** *что на кого-что.* Пожелать чего-н. кому-н. (высок.). *П. проклятие на чью-н. голову.* **4.** *кого (что).* Потребовать явки на военную службу. *П. в армию.* ‖ *несов.* **призывáть**, -áю, -áешь. ‖ *сущ.* **призы́в**, -а, *м.* ‖ *прил.* **призывнóй**, -áя, -óе (к 4 знач.). *П. возраст.*

ПРИЗВА́ТЬСЯ, -зову́сь, -зовёшься; -áлся, -алáсь, -áло́сь *и* -ало́сь; *сов.* (разг.). Начать по призыву свою военную службу. *П. в армию.* ‖ *несов.* **призывáться**, -áюсь, -áешься.

ПРИ́ЗВУК, -а, *м.* Очень краткий и неясный дополнительный звук при каком-н. основном.

ПРИЗЕ́МИСТЫЙ, -ая, -ое; -ист. **1.** Малорослый и плотный по сложению. *П. мужчина.* **2.** *перен.* Маленький, низкий. *П. домик.* ‖ *сущ.* **призéмистость**, -и, *ж.*

ПРИЗЕМЛЁННЫЙ, -ая, -ое; -ён. Сугубо материальный, практический (об интересах, чувствах, делах). ‖ *сущ.* **приземлённость**, -и, *ж.*

ПРИЗЕМЛИ́ТЬ, -лю́, -ли́шь; -лённый (-ён, -енá); *сов., что.* **1.** Опустить на землю (летательный аппарат). *П. самолёт.* **2.** *перен.* О чувствах, интересах: сделать более материальным, менее возвышенным. *П. мечту.* ‖ *несов.* **приземля́ть**, -я́ю, -я́ешь. ‖ *сущ.* **приземлéние**, -я, *ср.* (к 1 знач.).

ПРИЗЕМЛИ́ТЬСЯ, -лю́сь, -ли́шься; *сов.* **1.** О летательном аппарате, парашютисте, прыгуне: опуститься на землю. *Самолёт приземлился. Прыгун приземлился за чертой.* **2.** *перен.* Сесть[1] (в 1 знач.), опуститься куда-н. (разг. шутл.). *П. на лавочке.* ‖ *несов.* **приземля́ться**, -я́юсь, -я́ешься. ‖ *сущ.* **приземлéние**, -я, *ср.* (к 1 знач.).

ПРИЗЁР, -а, *м.* Участник состязания, получивший приз (в 1 знач.). *П. международного первенства.* ‖ *ж.* **призёрша**, -и (разг.). ‖ *прил.* **призёрский**, -ая, -ое.

ПРИ́ЗМА, -ы, *ж.* **1.** Многогранник с двумя равными параллельными основаниями-многоугольниками и боковыми гранями-параллелограммами. **2.** Часть оптического прибора — предмет такой формы из прозрачного материала. ✦ **Сквозь призму** *чего* (смотреть, оценивать), *в знач. предлога с род. п.* (книжн.) — не непосредственно, с посредствующим влиянием каких-н. факторов. *Всё расценивает сквозь призму своих симпатий и антипатий.* **Через призму** *чего, в знач. предлога с род. п.* (книжн.) — то же, что сквозь призму чего-н. ‖ *прил.* **призмати́ческий**, -ая, -ое. *П. кристалл.*

ПРИ́ЗНАК, -а, *м.* Показатель, примета, знак, по к-рым можно узнать, определить что-н. *Различительные признаки. Признаки пола. Признаки весны. П. нетерпения. Без признаков жизни* (в состоянии смерти). *Признаки делимости* (спец.). ‖ *прил.* **при́знаковый**, -ая, -ое (спец.).

ПРИЗНА́НИЕ, -я, *ср.* **1.** *см.* признать, -ся. **2.** Открытое и откровенное сообщение о своих действиях, поступках. *П. облегчает вину. П. в преступлении.* **3.** Объяснение в любви. *Страстное п.* **4.** Оценка по достоинству, положительное отношение со стороны кого-чего-н. *Общественное п. Заслужить, получить всеобщее п.*

ПРИ́ЗНАННЫЙ, -ая, -ое; -ан. Пользующийся общим признанием (в 4 знач.), известный. *П. талант. П. знаток.* ‖ *сущ.* **при́знанность**, -и, *ж.*

ПРИЗНА́ТЕЛЬНОСТЬ, -и, *ж.* Чувство благодарности. *Выразить свою п. кому-н.*

ПРИЗНА́ТЕЛЬНЫЙ, -ая, -ое; -лен, -льна. Испытывающий, выражающий признательность. *П. взгляд. Я вам очень признателен.*

ПРИЗНА́ТЬ, -áю, -áешь; при́знанный; *сов.* **1.** *что.* Согласиться считать законным, существующим, действительным. *П. чьи-н. права. П. новое правительство. П. свои ошибки.* **2.** *кого-что кем-чем* или *за кого-что.* Счесть, сделать какое-н. заключение о ком-чём-н. *П. своим вожаком (за вожака). П. нужным. П. доводы основательными.* **3.** *кого-что в ком-чём* и (прост.) *кого-что.* Узнать по внешнему признаку. *П. в приезжем старого друга. В темноте не признал соседа.* ‖ *несов.* **признавáть**, -наю́, -наёшь. ‖ *сущ.* **признáние**, -я, *ср.* (к 1 и 2 знач.).

ПРИЗНА́ТЬСЯ, -áюсь, -áешься; *сов.* **1.** *кому в чём.* Открыто объявить, признать что-н. касающееся себя. *П. в своих ошибках. П. в любви. П. в преступлении.* **2.** **признáться, признаю́сь**, *вводн. сл.* — 1) употр. в знач.: говоря откровенно, если сказать правду. *Признаться, этого я не ожидал. Признаюсь, я не читал этой книги;* 2) выражает удивление, недоумение. *Он опять лжёт. — Ну, признаться (признаюсь)!* ✦ **Признаться сказать**, *вводн. сл.* (разг.) — говоря откровенно, по правде говоря. *Я, признаться сказать, этого не читал.* ‖ *несов.* **признавáться**, -наю́сь, -наёшься (к 1 знач.; ко 2 знач. только признаю́сь). ‖ *сущ.* **признáние**, -я, *ср.* (к 1 знач.).

ПРИЗО́Р, -а (-у), *м.* (устар.). То же, что присмотр. *За делом нужен п.* ✦ **Без призора** (разг.) — без надзора, без необходимого наблюдения. *Оставлять детей без призора.*

ПРИ́ЗРАК, -а, *м.* **1.** Образ кого-чего-н., представляющийся в воображении, видéние, то, что мерещится. *Ночные призраки. П. прошлого. Призраки старого замка.* **2.** *перен.* Вымысел, мираж, нечто кажущееся. *П. надежды, счастья, любви.*

ПРИ́ЗРАЧНЫЙ, -ая, -ое; -чен, -чна. **1.** Являющийся призраком, порождением больного воображения. *Призрачное видéние.* **2.** *перен.* Воображаемый, мнимый. *Призрачная опасность.* ‖ *сущ.* **при́зрачность**, -и, *ж.* (ко 2 знач.).

ПРИЗРЕ́ТЬ, призрю́, при́зришь *и* призри́шь; при́зренный; *сов., кого (что)* (устар.). Дать кому-н. приют и пропитание. *П. сироту.* ‖ *несов.* **призревáть**, -áю, -áешь. ‖ *сущ.* **призрéние**, -я, *ср. Дом призрения* (приют, богадельня).

ПРИЗЫ́В, -а, *м.* **1.** *см.* призвать. **2.** Политический лозунг, обращение, в лаконичной форме выражающее руководящую политическую идею, требование. **3.** Просьба, мольба. *П. о помощи. Услышать чей-н. п. Откликнуться на чей-н. п.* **4.** Установленное законом привлечение граждан к выполнению воинской обязанности. *Очередной п. П. по мобилизации. Новобранцы весеннего, осеннего призыва.* **5.** *собир.* Лица определённого возраста, одновременно призываемые на военную службу. ‖ *прил.* **призы́вный**, -ая, -ое (к 3 знач.) *и* **призывнóй**, -áя, -óе (к 4 и 5 знач.). *Призывный клич. Призывная комиссия. Призывной пункт.*

ПРИЗЫВА́ТЬ, -СЯ *см.* призвать, -ся.

ПРИЗЫВНИ́К, -á, *м.* Человек, к-рый подлежит призыву на действительную военную службу. *Подготовка призывников.*

ПРИЗЫВНО́Й *см.* призвать *и* призыв.

ПРИИМА́ТЬ *см.* приять.

ПРИ́ИСК, -а, *м.* Место разработки драгоценного ископаемого. *Золотые прииски.* ‖ *прил.* **приискóвый**, -ая, -ое.

ПРИИСКА́ТЬ, -ищу́, -и́щешь; -и́сканный; *сов., кого-что* (разг.). То же, что подыскать.

П. подходящее место. П. няню для ребёнка. ‖ *несов.* **прии́скивать**, -аю, -аешь.

ПРИЙТИ́, приду́, придёшь; пришёл, -шла́; прише́дший; придя́; *сов.* **1.** Идя, достигнуть чего-н., явиться куда-н. *П. домой. П. в гости.* **2.** (1 и 2 л. не употр.). Наступить, настать, возникнуть. *Пришла пора учиться. Пришло время обедать. Пришла счастливая мысль.* **3.** *во что.* Оказаться в каком-н. состоянии (названном следующим далее существительным). *П. в ярость. П. в восхищение. П. в ветхость. П. в движение.* **4.** *к чему.* Достигнуть чего-н. после каких-н. действий, решений. *П. к соглашению. П. к выводу.* ✦ **Прийти в чувство (в сознание)** — вернуться в сознательное состояние, выйти из состояния дурноты, обморока. **Прийти в себя** — то же, что прийти в чувство, в сознание. **Прийти на помощь (на выручку)** — оказать помощь, выручить (в 1 знач.). ‖ *несов.* **приходи́ть**, -ожу́, -о́дишь. ‖ *сущ.* **прихо́д**, **-а**, *м.* (к 1 и 2 знач.).

ПРИЙТИ́СЬ, приду́сь, придёшься; пришёлся, -шла́сь; прише́дшийся; придя́сь; *сов.* **1.** Оказаться соответствующим, подходящим. *П. по вкусу, по душе, по нраву кому-н. Сапоги пришлись по ноге.* **2.** (1 и 2 л. не употр.). Совпасть с чем-н.; попасть куда-н., во что-н. *Пятое число пришлось на субботу. Удар пришёлся по ноге.* **3.** *безл.* Выпасть на долю. *Им пришлось нелегко на чужбине.* **4.** *безл., с неопр.* Оказаться нужным, необходимым. *Вам придётся подождать. Пришлось согласиться.* **5.** (1 и 2 л. не употр.). Достаться случайно, выпасть (в 5 знач.). *Малышу пришёлся лучший кусочек.* **6. придётся.** В сочетании с местоименными словами «кто», «что», «как», «где», «когда» и т. д. означает: кто (что, как, где, когда и т. д.) попадётся, случайно и без разбора (разг., часто неодобр.). *Откровенничает с кем придётся. Ест что придётся. Ночует где придётся. Спит когда придётся.* ‖ *несов.* **приходи́ться**, -ожу́сь, -о́дишься.

ПРИКА́З, -а, *м.* **1.** Официальное указание, подлежащее неукоснительному исполнению. *Отдать, получить, исполнить п. П. директора. П. по институту. П. о наступлении (наступать). По приказу сердца* (перен.: из чувства долга; высок.). **2.** В Русском государстве 16—17 вв.: учреждение, ведающее отдельной отраслью управления или отдельной территорией. *Посольский п. Сибирский п.* ‖ *прил.* **приказно́й**, -а́я, -о́е (к 1 знач.) *и* **прика́зный**, -ая, -ое (спец. и устар.). *В приказно́м порядке* (путём приказа). *Приказной тон* (категорический). *Приказный подьячий. Прика́зная строка* (о чиновнике, писце; пренебр.).

ПРИКАЗА́НИЕ, -я, *ср.* Распоряжение, равносильное приказу. *Дать, отдать, исполнить п. Письменное, устное п. П. отменяется.*

ПРИКАЗА́ТЬ, -ажу́, -а́жешь; -а́занный; *сов.* **1.** *кому с неопр.* То же, что велеть. *П. повиноваться. Отец приказал смотреть за домом. Как прикажете понимать ваши слова?* (что вы хотите сказать, как нужно вас понимать?). *Как прикажете* (как вам будет угодно, как скажете). **2.** *что* и *с неопр.* Отдать приказ, приказание. *П. наступать (наступление).* **3.** *кого-что кому.* То же, что завещать (устар. и прост.). *П. дом жене.* ✦ **Приказать долго жить** (устар.) — умереть. **Что прикажешь (прикажете) делать!** (разг.) — ничего не поделать, что поделать (поделаете). ‖ *несов.* **прика́зывать**, -аю, -аешь.

ПРИКА́ЗНЫЙ, -ая, -ое. **1.** *см.* приказ. **2.** **прика́зный**, -ого, *м.* Мелкий канцелярский служащий (устар.).

ПРИКА́ЗЧИК, -а, *м.* (устар.). **1.** Наёмный служащий в торговом заведении, продавец. *П. в лавке.* **2.** Управляющий имением помещика. *Барский п.* ‖ *прил.* **прика́зчицкий**, -ая, -ое *и* **прика́зчичий**, -ья, -ье.

ПРИКА́ЛЫВАТЬ *см.* приколоть.

ПРИКА́НЧИВАТЬ *см.* прикончить.

ПРИКАРМА́НИТЬ, -ню, -нишь; -ненный; *сов., что* (прост. неодобр.). То же, что присвоить (в 1 знач.). *П. чужие деньги.* ‖ *несов.* **прикарма́нивать**, -аю, -аешь.

ПРИКА́РМЛИВАТЬ, -аю, -аешь; *несов., кого (что).* **1.** *см.* прикормить. **2.** Кормить в дополнение к основному питанию. *П. грудного младенца смесями.* ‖ *сущ.* **прика́рмливание**, -я, *ср.*

ПРИКАСА́ТЬСЯ *см.* прикоснуться.

ПРИКАТИ́ТЬ, -ачу́, -а́тишь; -а́ченный; *сов.* **1.** *что.* Катя́, доставить. *П. колесо.* **2.** То же, что приехать (обычно о приезде весёлом, налегке или быстром, неожиданном) (разг.). *Неожиданно прикатили гости.* ‖ *несов.* **прика́тывать**, -аю, -аешь.

ПРИКИ́НУТЬ, -ну, -нешь; -утый; *сов.* **1.** Приблизительно сосчитать (разг.). *П. на счётах. П. на весах* (определить вес чего-н.). *П. в уме* (также перен.: сообразить). **2.** *что* и *чего.* Добавить, прибавить (прост.). *П. пять рублей. П. хворосту в костёр.* ‖ *несов.* **прики́дывать**, -аю, -аешь. ‖ *сущ.* **прики́дка**, -и, *ж.* (к 1 знач.). ‖ *прил.* **прики́дочный**, -ая, -ое (к 1 знач.; спец.).

ПРИКИ́НУТЬСЯ, -нусь, -нешься; *сов., кем* (разг.). То же, что притвориться[2]. *П. больным. Прикинулся, будто в первый раз слышит.* ‖ *несов.* **прики́дываться**, -аюсь, -аешься.

ПРИКИПЕ́ТЬ, -плю́, -пи́шь; *сов.* **1.** (1 и 2 л. не употр.). Кипя, пристать к сильно накалившемуся дну и стенкам сосуда. *Молоко прикипело к кастрюле.* **2.** *перен., к кому-чему.* Полюбив, привязаться, привыкнуть к кому-чему-н. (разг.). *П. душой к морю. Всем сердцем прикипел к здешним людям.* ‖ *несов.* **прикипа́ть**, -а́ю, -а́ешь.

ПРИКЛА́Д[1], -а, *м.* Часть ружья, автомата, пулемёта, служащая для упора в плечо стрелка. *Бить прикладом* (в рукопашном бою). ‖ *прил.* **прикла́дный**, -ая, -ое.

ПРИКЛА́Д[2], -а, *м.* Вспомогательный материал для швейных, обувных изделий. *Портновский п.* (подкладка, бортовка, пуговицы, застёжки и др.). ‖ *прил.* **прикладно́й**, -а́я, -о́е *и* **прикла́дочный**, -ая, -ое.

ПРИКЛАДНИ́К, -а́, *м.* (разг.). **1.** Художник, работающий в области прикладного искусства. *Художник-п.* **2.** Специалист, занимающийся прикладной наукой.

ПРИКЛАДНО́Й[1], -а́я, -о́е. Имеющий практическое значение, применяемый на практике. *Прикладные науки. Прикладная лингвистика. Прикладная математика. Прикладные знания. Прикладное искусство* (художественное изготовление бытовых предметов, утвари).

ПРИКЛАДНО́Й[2] *см.* приклад[2].

ПРИКЛА́ДЫВАТЬ, -СЯ *см.* приложить, -ся.

ПРИКЛЕ́ИТЬ, -е́ю, -е́ишь; -е́енный; *сов., что.* Прикрепить клеем. *П. объявление на доску, к стене.* ‖ *несов.* **прикле́ивать**, -аю, -аешь. ‖ *сущ.* **прикле́ивание**, -я, *ср. и* **прикле́йка**, -и, *ж.*

ПРИКЛЕ́ИТЬСЯ (-е́юсь, -е́ишься, 1 и 2 л. не употр.), -е́ится; *сов.* Прилипнуть (о наклеиваемом, клейком). *Ярлычок хорошо приклеился.* ‖ *несов.* **прикле́иваться** (-аюсь, -аешься, 1 и 2 л. не употр.), -ается. ‖ *сущ.* **прикле́ивание**, -я, *ср. и* **прикле́йка**, -и, *ж.*

ПРИКЛЕПА́ТЬ, -а́ю, -а́ешь; -клёпанный; *сов., что.* Присоединить клёпкой. ‖ *несов.* **приклёпывать**, -аю, -аешь. ‖ *сущ.* **приклёпывание**, -я, *ср. и* **приклёпка**, -и, *ж.*

ПРИКЛОНИ́ТЬ, -оню́, -о́нишь; -онённый (-ён, -ена́); *сов., что.* Слегка склонить (устар.). *П. ветку.* ✦ **Приклонить голову** *куда, где, к кому* (разг.) — приютиться, найти место, где жить. *На старости лет некуда голову приклонить.* **Приклонить слух** (устар. высок.) — внимательно выслушать. ‖ *несов.* **приклоня́ть**, -я́ю, -я́ешь.

ПРИКЛЮЧЕ́НИЕ, -я, *ср.* Происшествие, неожиданный случай в жизни. *Весёлое п. Доехали без всяких приключений. Библиотека приключений* (приключенческой литературы).

ПРИКЛЮЧЕ́НЧЕСКИЙ, -ая, -ое. Описывающий сложные и запутанные ситуации, интриги. *П. роман. П. жанр. П. фильм.*

ПРИКЛЮЧИ́ТЬСЯ (-чу́сь, -чи́шься, 1 и 2 л. не употр.), -чи́тся; *сов.* (разг.). Произойти, случиться. *Что с тобой приключилось? Приключилась неприятность.* ‖ *несов.* **приключа́ться** (-а́юсь, -а́ешься, 1 и 2 л. не употр.), -а́ется.

ПРИКОВА́ТЬ, -кую́, -куёшь; -о́ванный; *сов.* **1.** *кого-что.* Прикрепить ковкой, а также заковав, прикрепить цепью к чему-н. *Засов прикован к воротам. Прометей, прикованный к скале.* **2.** *перен., кого (что).* Заставить оставаться в неподвижном положении, на каком-н. месте. *Болезнь приковала его к постели.* ✦ **Приковать чьё внимание, взгляды** *к кому-чему* (книжн.) — привлечь чьё-н. пристальное внимание, взгляды. ‖ *несов.* **прико́вывать**, -аю, -аешь.

ПРИКО́Л, -а, *м.* Свая, кол, укреплённые в земле (для причала, привязи). *Лодка на приколе. Судно поставлено на п.* (также перен.: не выходит в плавание, поставлено у причала). ✦ **На приколе** *кто-что* (разг.) — бездействует, не эксплуатируется, не работает. ‖ *прил.* **прико́льный**, -ая, -ое.

ПРИКОЛОТИ́ТЬ, -очу́, -о́тишь; -о́ченный; *сов., что.* То же, что прибить[1] (в 1 знач.). *П. гвоздями. П. доску.* ‖ *несов.* **прикола́чивать**, -аю, -аешь.

ПРИКОЛО́ТЬ, -олю́, -о́лешь; -о́лотый; *сов.* **1.** *кого-что.* Прикрепить к чему-н. булавкой, чем-н. острым. *П. бант.* **2.** *кого (что).* Убить чем-н. колющим, заколоть (разг.). *П. штыком.* ‖ *несов.* **прика́лывать**, -аю, -аешь.

ПРИКОМАНДИРОВА́ТЬ, -ру́ю, -ру́ешь; -о́ванный; *сов., кого (что).* Откомандировав, назначить куда-н. временно. *П. к штабу. Прикомандирован для стажировки.* ‖ *несов.* **прикомандиро́вывать**, -аю, -аешь.

ПРИКО́НЧИТЬ, -чу, -чишь; -ченный; *сов.* **1.** *что.* Израсходовать до конца (прост.). *Все запасы прикончили.* **2.** *кого (что).* Умертвить, добить (разг.). *П. зверя.* ‖ *несов.* **прика́нчивать**, -аю, -аешь.

ПРИКО́РМ, -а, *м.* и **ПРИКО́РМКА**, -и, *ж.* **1.** *см.* прикормить. **2.** Корм для прикармливания, приманивания. *П. для рыб. П. для кабанов.* **3.** (прикорм). Пища, добавляемая младенцу при грудном питании. ‖ *прил.* **прико́рмочный**, -ая, -ое.

ПРИКОРМИ́ТЬ, -млю́, -о́рмишь; *сов., кого (что).* Давая корм, приручить или приманить. *П. оленёнка. П. рыбу.* ‖ *несов.* **прика́рмливать**, -аю, -аешь. ‖ *сущ.* **прика́рмливание**, -я, *ср.*, **прико́рм**, -а, *м. и* **прико́рмка**, -и, *ж.*

ПРИКОРНУ́ТЬ, -ну́, -нёшь; *сов.* (разг.). Прислонившись к чему-н., свернувшись комочком, прилечь. *П. на диване. Прикорни на часок* (приляг и поспи).

ПРИКОСНОВЕ́НИЕ, -я, *ср.* **1.** *см.* прикоснуться. **2.** Отношение к чему-н., касательство, причастность (устар.). *Иметь п. к какому-н. делу, событию.*

ПРИКОСНОВЕ́ННЫЙ, -ая, -ое; -ён, -ённа (устар.). Имеющий прикосновение (во 2 знач.), причастный к чему-н. *Лицо, прикосновенное к преступлению.* || *сущ.* **прикосновенность**, -и, *ж.*

ПРИКОСНУ́ТЬСЯ, -нусь, -нёшься; *сов., к кому-чему.* Дотронуться слегка, притронуться. *П. к руке. Больной не прикоснулся к еде* (ничего не съел). *Прикоснуться к чужой тайне* (перен.). || *несов.* **прикаса́ться**, -аюсь, -аешься. *Я к твоим вещам не прикасался* (ничего не трогал, не брал). || *сущ.* **прикоснове́ние**, -я, *ср. П. руки. Лёгкое п.*

ПРИКРА́СИТЬ, -ашу, -асишь; -ашенный; *сов., что* (разг.). То же, что приукрасить. *П. свои успехи. Рассказывая, любил п.* || *несов.* **прикра́шивать**, -аю, -аешь.

ПРИКРА́СЫ, -ас, *ед.* -а, -ы, *ж.* (разг.). Преувеличение в рассказе, украшательство в речи. *Рассказывать без прикрас.*

ПРИКРЕПИ́ТЬ, -плю, -пишь; -плённый (-ён, -ена); *сов.* **1.** *что.* Крепко приделать. *П. деталь. П. орден к знамени.* **2.** *кого-что.* Отдать, передать в чьё-н. ведение (для обслуживания). *П. отстающих учеников к успевающим. П. к поликлинике.* || *несов.* **прикрепля́ть**, -яю, -яешь. || *сущ.* **прикрепле́ние**, -я, *ср.* || *прил.* **прикрепи́тельный**, -ая, -ое (ко 2 знач.).

ПРИКРЕПИ́ТЬСЯ, -плюсь, -пишься; *сов.* **1.** Приделаться, присоединиться. **2.** Встать на учёт. *П. к поликлинике.* || *несов.* **прикрепля́ться**, -яюсь, -яешься. || *сущ.* **прикрепле́ние**, -я, *ср.*

ПРИКРИ́КНУТЬ, -ну, -нешь; *сов., на кого (что).* Крикнуть с угрозой, строго. *П. на озорника.* || *несов.* **прикри́кивать**, -аю, -аешь.

ПРИКРУТИ́ТЬ, -учу, -утишь; -ученный; *сов.* **1.** *кого-что к чему.* Привязать, закручивая. *П. к столбу.* **2.** *что.* То же, что привернуть (во 2 знач.) (разг.). *П. фитиль.* || *несов.* **прикру́чивать**, -аю, -аешь.

ПРИКРЫ́ТИЕ, -я, *ср.* **1.** *см.* прикрыть, -ся. **2.** Предмет, к-рый может служить укрытием. *П. от дождя.* **3.** Воинская часть, подразделение, защищающее, прикрывающее кого-что-н. (спец.). *Артиллерийское п. Авиационное п. Группа прикрытия.* ✦ **Под прикрытием** *чего, в знач. предлога с род. п.* — скрывая что-н. за чем-н., маскируя что-н. чем-н. *Действовать под прикрытием красивых фраз.*

ПРИКРЫ́ТЬ, -рою, -роешь; -ытый; *сов.* **1.** *кого-что.* Покрыть, накрыть (разг.). *П. волосы платком. П. кастрюлю крышкой.* **2.** *кого-что.* Защитить действиями войск (спец.). *П. артиллерийским огнём наступление пехоты.* **3.** *что.* Скрыть, не дать обнаружиться. *П. чей-н. обман.* **4.** *что.* Затворить не до конца, оставив щель (разг.). *П. дверь.* **5.** *что.* Ликвидировать, закрыть (разг.). *Давно пора п. эту лавочку.* || *несов.* **прикрыва́ть**, -аю, -аешь. || *сущ.* **прикры́тие**, -я, *ср.* (ко 2 и 3 знач.).

ПРИКРЫ́ТЬСЯ, -роюсь, -роешься; *сов.* **1.** Покрыться, накрыться (разг.). *П. пледом. П. платком от солнца.* **2.** Скрыть, замаскировать свои действия, намерения (разг.). *П. красивыми словами.* **3.** (1 и 2 л. не употр.). Затвориться не до конца (разг.). *Дверь прикрылась.* **4.** (1 и 2 л. не употр.). Ликвидироваться, закрыться (прост.). *Ларёк прикрылся.* || *несов.* **прикрыва́ться**, -аюсь, -аешься. || *сущ.* **прикры́тие**, -я, *ср.* (ко 2 знач.).

ПРИ́КУП, -а, *м.* В нек-рых карточных играх: карты, к-рые получают в добавление к сданным. *Туз в прикупе.* || *прил.* **прикупно́й**, -ая, -ое.

ПРИКУПИ́ТЬ, -уплю, -упишь; -упленный; *сов.* **1.** *кого-что* и *кого-чего.* Купить дополнительно. *П. материала.* **2.** В нек-рых карточных играх: получить в прикупе. *П. туза.* || *несов.* **прикупа́ть**, -аю, -аешь. || *сущ.* **прику́пка**, -и, *ж.* (к 1 знач.; разг.).

ПРИКУРИ́ТЬ, -урю, -уришь; -уренный; *сов., что.* Закурить от чьей-н. горящей папиросы, от огня. *П. от свечки, от уголька, от сигареты. Попросить п.* (дать, попросить огня, чтобы закурить). ✦ **Дать прикурить** *кому* (прост., часто ирон.) — наказать, дать взбучку. || *несов.* **прику́ривать**, -аю, -аешь. || *сущ.* **прику́ривание**, -я, *ср.*, **прику́р**, -а, *м.* (разг.) *и* **прику́рка**, -и, *ж.* (разг.).

ПРИ́КУС, -а, *м.* Положение зубов при сомкнутых челюстях. *Правильный, неправильный п.*

ПРИКУСИ́ТЬ, -ушу, -усишь; -ушенный; *сов., что.* Слегка укусив, сжать. *П. губу. П. язык* (также перен.: спохватившись, испугавшись, сразу замолчать; разг.). || *несов.* **прику́сывать**, -аю, -аешь.

ПРИКУ́СЫВАТЬ, -аю, -аешь; *несов.* **1.** *см.* прикусить. **2.** Откусывать по кусочкам. *П. сахар* (при питье чая вприкуску).

ПРИЛА́ВОК, -вка, *м.* Род узкого, закрытого спереди стола в магазине, отделяющего полки с товарами и продавцов от покупателей, а также стол для продажи товаров на рынке. *Работники прилавка* (о продавцах). *Встать за п.* (также перен.: начать торговать). *Из-под прилавка торговать* (перен.: продавать кому-н. припрятанный товар; разг. неодобр.). || *прил.* **прила́вочный**, -ая, -ое.

ПРИЛАГА́ТЕЛЬНОЕ, -ого, *ср.* или **имя прилагательное.** В грамматике: часть речи, обозначающая качество, свойство или принадлежность и выражающая это значение в формах падежа, числа и (в ед. ч.) рода. *Полные, краткие прилагательные. Качественные, относительные прилагательные. Местоименные прилагательные.*

ПРИЛАГА́ТЬ *см.* приложить.

ПРИЛА́ДИТЬ, -ажу, -адишь; -аженный; *сов., что* (разг.). Приспособить, приделать. *П. засов к двери.* || *несов.* **прила́живать**, -аю, -аешь.

ПРИЛА́ДИТЬСЯ, -ажусь, -адишься; *сов., к кому-чему* (разг.). То же, что подладиться. *П. к новой обстановке. П. к начальнику.* || *несов.* **прила́живаться**, -аюсь, -аешься.

ПРИЛАСКА́ТЬ, -аю, -аешь; *сов.* **1.** *см.* ласкать. **2.** *перен.* Добрым отношением пригреть, ободрить. *Семья приласкала сироту.* **3.** *перен., что.* Присвоить, прикарманить (прост.). *Кто-то приласкал мой зонтик.*

ПРИЛАСКА́ТЬСЯ *см.* ласкаться.

ПРИЛГА́ТЬ, -лгу, -лжёшь; -ал, -ала, -ало; *сов.* (разг.). То же, что прилгнуть. || *несов.* **прилыга́ть**, -аю, -аешь (устар.).

ПРИЛГНУ́ТЬ, -ну, -нёшь; *сов.* (разг.). Рассказывая, прибавить выдумок, лжи.

ПРИЛЕГА́ТЬ (-аю, -аешь, 1 и 2 л. не употр.), -ает; *несов., к чему.* **1.** Плотно обхватывать, облегать. *Платье прилегает к талии.* **2.** Находиться рядом, примыкать. *Поле прилегает к саду.* || *сов.* **приле́чь** (-лягу, -ляжешь, 1 и 2 л. не употр.), -ляжет (к 1 знач.).

ПРИЛЕЖА́НИЕ, -я, *ср.* Старательность, усердие в труде, учении. *Похвальное п. Отличаться прилежанием.*

ПРИЛЕЖА́ТЬ (-ежу, -ежишь, 1 и 2 л. не употр.), -жит; *несов., к чему.* В математике: то же, что прилегать (во 2 знач.). *Прилежащая сторона.*

ПРИЛЕ́ЖНЫЙ, -ая, -ое; -жен, -жна. Отличающийся прилежанием. *П. работник. Прилежно* (нареч.) *учить уроки.* || *сущ.* **приле́жность**, -и, *ж.*

ПРИЛЕПИ́ТЬ, -леплю, -лепишь; -лепленный; *сов., что.* Прикрепить липкое или липким. *П. пластырь. П. объявление к стене.* || *несов.* **прилепля́ть**, -яю, -яешь *и* **приле́пливать**, -аю, -аешь.

ПРИЛЕПИ́ТЬСЯ, -леплюсь, -лепишься; *сов.* **1.** *к чему.* Прилипнуть (в 1 знач.), приклеиться (разг.). *Наклейка прилепилась к пузырьку. Сакли прилепились к горе* (перен.). **2.** *к кому-чему.* Пристать (в 3 знач.), привязаться (в 3 знач.) (разг.). *Прилепился с неотвязными советами.* **3.** *к кому-чему.* Привыкнув, привязаться (во 2 знач.) (устар.). *П. всей душой.* || *несов.* **прилепля́ться**, -яюсь, -яешься *и* **приле́пливаться**, -аюсь, -аешься.

ПРИЛЕТЕ́ТЬ, -лечу, -летишь; *сов.* Летя (в 1 и 2 знач.), прибыть, достигнуть чего-н. *Грачи прилетели. Дай знать, и я тут же прилечу к тебе на велосипеде.* || *несов.* **прилета́ть**, -аю, -аешь. || *сущ.* **прилёт**, -а, *м. Весенний п. птиц.*

ПРИЛЕ́ЧЬ, -лягу, -ляжешь, -лягут; -лёг, -легла; -ляг; -лёгший; -лёгши; *сов.* **1.** см. прилегать. **2.** Лечь ненадолго. *П. отдохнуть. П. на траву.* **3.** (1 и 2 л. не употр.). Склониться, пригнуться. *Рожь после дождя прилегла.*

ПРИЛЁТНЫЙ, -ая, -ое. О птицах: прилетающий откуда-н., не местный.

ПРИЛИ́В, -а, *м.* **1.** Периодически повторяющееся в течение суток поднятие уровня открытого моря. *В часы прилива.* **2.** Скопление чего-н. движущегося, приток. *П. крови к голове. П. энергии* (перен.: нарастание, подъём). || *прил.* **прили́вный**, -ая, -ое (к 1 знач.; спец.). *Приливная электростанция* (работающая на энергии морских приливов).

ПРИЛИ́ЗАННЫЙ, -ая, -ое; -ан (разг. неодобр.). **1.** О волосах: слишком гладко причёсанный. **2.** *перен.* О стиле, произведении: приглаженный, лишённый яркости, выразительности. *Прилизанная проза.* || *сущ.* **прили́занность**, -и, *ж.*

ПРИЛИЗА́ТЬ, -ижу, -ижешь; -изанный; *сов., кого-что.* **1.** Пригладить языком. *Кошка прилизала шерсть.* **2.** *перен.* Слишком гладко причесать, пригладить (волосы) (разг. неодобр.). **3.** *перен.* Сделать искусственно гладким, невыразительным, пригладить (стиль, произведение) (разг. неодобр.). || *несов.* **прили́зывать**, -аю, -аешь.

ПРИЛИЗА́ТЬСЯ, -ижусь, -ижешься; *сов.* (разг. неодобр.). Слишком гладко причесаться. || *несов.* **прили́зываться**, -аюсь, -аешься.

ПРИЛИПА́ЛА, -ы. **1.** *м.* и *ж.* Навязчивый, неотвязный человек (прост.). **2.** *м.* и *ж.* Человек, к-рый примазывается (в 1 знач.) к кому-чему-н. (прост.). **3.** *ж.* Рыба отряда окунеобразных, присасывающаяся к акулам, китам, днищам кораблей.

ПРИЛИ́ПНУТЬ, -ну, -нешь; -ип, -ипла; *сов.* **1.** *к чему.* Крепко пристать (о чём-н. липком или к чему-н. липкому). *Муха прилипла к варенью.* **2.** *перен.* Пристать (в 3 и 4 знач.), привязаться (в 3 знач.) (прост.).

Прилип со своими ухаживаниями. Прилип какой-то странный попутчик. ‖ *несов.* **прилипа́ть,** -а́ю, -а́ешь.

ПРИЛИ́ПЧИВЫЙ, -ая, -ое; -ив (разг.). **1.** Легко прилипающий. *П. пластырь. Прилипчивая болезнь* (перен.: заразная). **2.** *перен.* Надоедливый, неотвязный. ‖ *сущ.* **прили́пчивость,** -и, *ж.* (ко 2 знач.).

ПРИЛИ́ТЬ (-лью́, -льёшь, 1 и 2 л. не употр.), -льёт; -и́л, -ила́, -и́ло; прили́тый; *сов.* О жидком: скопившись, притечь, подступить. *Кровь прилила к лицу.* ‖ *несов.* **прилива́ть** (-а́ю, -а́ешь, 1 и 2 л. не употр.), -а́ет.

ПРИЛИ́ЧЕСТВОВАТЬ (-твую, -твуешь, 1 и 2 л. не употр.), -твует; *несов., кому-чему* (устар.). Быть подобающим, соответствующим кому-чему-н., приличным. *Ему не приличествует* (безл.) *так говорить. Поступки, приличествующие чьему-н. званию, положению.*

ПРИЛИ́ЧИЕ, -я, *ср.* **1.** *см.* приличный. **2.** обычно *мн.* Правило поведения, вежливость, благопристойность. *Соблюдать, нарушать приличия.*

ПРИЛИ́ЧНЫЙ, -ая, -ое; -чен, -чна. **1.** Соответствующий приличиям, пристойный. *Прилично* (нареч.) *вести себя.* **2.** *кому-чему.* Подобающий, уместный (устар.). *П. случаю поступок.* **3.** Достаточно хороший (разг.). *П. заработок. Прилично* (нареч.) *зарабатывает.* ‖ *сущ.* **прили́чие,** -я, *ср.* (к 1 и 2 знач.) *и* **прили́чность,** -и, *ж.*

ПРИЛОВЧИ́ТЬСЯ, -чу́сь, -чи́шься; *сов.* (разг.). Изловчиться, приспособиться. *П. писать левой рукой.*

ПРИЛОЖЕ́НИЕ, -я, *ср.* **1.** *см.* приложить. **2.** То, что является добавлением к чему-н., что приложено к чему-н. *Журнал с приложениями.* **3.** В грамматике: определение, выраженное именем существительным.

ПРИЛОЖИ́ТЬ, -ожу́, -о́жишь; -о́женный; *сов., что к чему.* **1.** Положить, приблизить вплотную. *П. руку ко лбу.* **2.** Представить, подать вместе с чем-н. *П. к письму копию удостоверения.* **3.** Направить действие чего-н. на что-н., применить. *П. все силы, старания. П. руки к чему-н.* (перен.: начать делать что-н., проявив инициативу). ✦ **Ума не приложу** (разг.) — не могу понять, сообразить, догадаться. **Руку приложить** (устар.) — поставить свою подпись. ‖ *несов.* **прикла́дывать,** -аю, -аешь (к 1 знач.) *и* **прилага́ть,** -а́ю, -а́ешь (ко 2 и 3 знач.). ‖ *сущ.* **приложе́ние,** -я, *ср.* (ко 2 и 3 знач.) *и* **прикла́дывание,** -я, *ср.* (к 1 знач.).

ПРИЛОЖИ́ТЬСЯ, -ожу́сь, -о́жишься; *сов.* **1.** Приблизить вплотную (лицо, глаза, ухо). *П. к замочной скважине. П. лбом к стеклу.* **2.** Прикоснуться губами, целуя. *П. к ручке.* **3.** Прижавшись щекой к ложу[2], прицелиться, нацелиться. *П. и выстрелить.* **4.** (1 и 2 л. не употр.). Прибавиться, добавиться. *Остальное (это, всё) приложится* (всё остальное попутно произойдёт, будет, совершится). ‖ *несов.* **прикла́дываться,** -аюсь, -аешься. *П. к рюмке* (перен.: выпивать во 2 знач.; прост.). ‖ *сущ.* **прикла́дывание,** -я, *ср.* (к 1 и 2 знач.).

ПРИЛУНИ́ТЬСЯ, -ню́сь, -ни́шься; *сов.* Прилетев, опуститься на Луну. ‖ *несов.* **прилуня́ться,** -я́юсь, -я́ешься. ‖ *сущ.* **прилуне́ние,** -я, *ср.*

ПРИЛЬНУ́ТЬ, -ну́, -нёшь; *сов.* **1.** *см.* льнуть. **2.** *к кому-чему.* То же, что приникнуть. *П. к двери.*

ПРИЛЮ́ДНО, *нареч.* (прост.). При всех, принародно. *Стыдить п.*

ПРИ́МА, -ы, *ж.* **1.** В музыке: первая ступень гаммы, а также интервал шириной в одну ступень звукоряда. **2.** Первая струна смычкового музыкального инструмента (спец.). **3.** Инструмент, голос, исполняющий ведущую партию в оркестре, хоре (спец.). **4.** То же, что примадонна (разг.).

ПРИ́МА-БАЛЕРИ́НА, при́мы-балери́ны, *ж.* Балерина, исполняющая первые роли.

ПРИМАДО́ННА, -ы, *ж.* Певица, исполняющая первые роли в опере, оперетте.

ПРИМА́ЗАТЬСЯ, -а́жусь, -а́жешься; *сов.* **1.** Бесцеремонно или из корыстных целей примкнуть к чему-н., проникнуть в какую-н. компанию, среду, общество (разг.). **2.** В азартных играх: принять участие в игре, прибавив какую-н. сумму к ставке игрока (прост.). ‖ *несов.* **прима́зываться,** -аюсь, -аешься.

ПРИМАНИ́ТЬ, -аню́, -а́нишь; -а́ненный *и* -анённый (-ён, -ена́); *сов., кого (что)* (разг.). Маня́, привлечь к себе, в какое-н. место. *П. зверя.* ‖ *несов.* **прима́нивать,** -аю, -аешь. ‖ *сущ.* **прима́нивание,** -я, *ср. и* **прима́нка,** -и, *ж.* (разг.). ‖ *прил.* **прима́нный,** -ая, -ое.

ПРИМА́НКА, -и, *ж.* **1.** *см.* приманить. **2.** Кусок пищи, а также (перен.) всё то, чем приманивают. *П. для рыбы. Нацепить приманку.* ‖ *прил.* **прима́ночный,** -ая, -ое.

ПРИМА́Т, -а, *м.* (книжн.). Главенство, первичность, преобладающее значение. *П. разума над чувством.*

ПРИМА́ТЫ, -ов, *ед.* -а́т, -а, *м.* (спец.). Отряд высших млекопитающих — люди, обезьяны и полуобезьяны.

ПРИМЕЛЬКА́ТЬСЯ, -а́юсь, -а́ешься; *сов.* (разг.). Стать знакомым, вполне привычным (о ком-чём-н., неоднократно попадающемся на глаза, часто встречающемся). *Примелькавшиеся лица.*

ПРИМЕНИ́МЫЙ, -ая, -ое; -и́м. Такой, к-рый можно применить. *Легко п. способ.* ‖ *сущ.* **примени́мость,** -и, *ж.*

ПРИМЕНИ́ТЕЛЬНО : **применительно к** *кому-чему, предлог с дат. п.* — 1) *чему,* смотря по чему-н., применяясь к чему-н., в зависимости от чего-н. *Действовать применительно к обстановке;* 2) по отношению к кому-чему-н. *Применительно к этому работнику плохая оценка несправедлива.*

ПРИМЕНИ́ТЬ, -еню́, -е́нишь; -енённый (-ён, -ена́); *сов., что к кому-чему.* Осуществить на деле, на практике. *П. новый метод. П. строгие меры.* ‖ *несов.* **применя́ть,** -я́ю, -я́ешь. ‖ *сущ.* **примене́ние,** -я, *ср.* ✦ **В применении к** *кому-чему, в знач. предлога с дат. п.* — по отношению к кому-чему-н., относя, применяя к кому-чему-н. *Строить планы в применении к новым задачам.*

ПРИМЕНИ́ТЬСЯ, -еню́сь, -е́нишься; *сов., к кому-чему.* Приспособиться, приноровиться. *П. к обстоятельствам.* ‖ *несов.* **применя́ться,** -я́юсь, -я́ешься. ‖ *сущ.* **примене́ние,** -я, *ср.*

ПРИМЕНЯ́ТЬСЯ, -я́юсь, -я́ешься; *несов.* **1.** *см.* применитьcя. **2.** (1 и 2 л. не употр.). Употребляться, использоваться. *Пластик применяется для отделочных работ.* ‖ *сущ.* **примене́ние,** -я, *ср.*

ПРИМЕ́Р, -а, *м.* **1.** Случай, к-рый может быть приведён в пояснение, в доказательство чего-н. *Пояснить свою мысль примером (на примере). Примеры употребления слов. Исторические примеры. За примерами недалеко ходить* (т. е. примеры есть, их много; разг.). **2.** Действие, к-рому подражают, а также действие как выдающийся образец чего-н. *Следовать чьему-н. примеру. Брать п. с кого-н. Показать п. чего-н. П. мужества.* **Для примера** (1) то же, что например; прост.; 2) в назидание; разг.). **3.** Математическое упражнение, требующее некрых действий над числами. *Алгебраические примеры. Решать примеры.* ✦ **К примеру** или **к примеру сказать** (разг.) — то же, что например. **По примеру** *кого-чего, в знач. предлога с род. п.* — сходно с кем-чем-н., в соответствии с действиями кого-н. *Поступать по примеру старших.* **Не в пример** *кому-чему, в знач. предлога с дат. п.* (разг.) — в отличие от кого-чего-н. *Поступил не в пример остальным.*

ПРИМЕ́РИТЬ, -рю, -ришь; -ренный; *сов., что.* Надеть (одежду) для определения соответствия мерке, годности по размеру. *П. пиджак, туфли.* ‖ *несов.* **примеря́ть,** -я́ю, -я́ешь *и* **приме́ривать,** -аю, -аешь. ‖ *сущ.* **приме́рка,** -и, *ж.* ‖ *прил.* **приме́рочный,** -ая, -ое.

ПРИМЕ́РИТЬСЯ, -рюсь, -ришься; *сов.* (разг.). Принять положение, удобное, необходимое для совершения какого-н. действия. *Примерился и прыгнул.* ‖ *несов.* **примеря́ться,** -я́юсь, -я́ешься.

ПРИМЕ́РНЫЙ, -ая, -ое; -рен, -рна. **1.** Отличный, образцовый, служащий примером. *П. ученик. Примерное поведение.* **2.** То же, что приблизительный. *П. подсчёт расходов. Ушёл примерно* (нареч.) *в шесть часов.* ‖ *сущ.* **приме́рность,** -и, *ж.*

ПРИ́МЕСЬ, -и, *ж.* То, что прибавлено, примешано к чему-н. *Отруби с примесью муки. В его непосредственности есть п. фамильярности* (перен.). ‖ *прил.* **примесно́й,** -а́я, -о́е (спец.). *Примесные элементы в красках.*

ПРИМЕ́ТА, -ы, *ж.* **1.** Отличительное свойство, признак, по к-рому можно узнать кого-что-н. *Приметы весны. Особые приметы* (характерные индивидуальные признаки). **2.** Явление, случай, к-рые в народе считаются предвестием чего-н. *Верить в приметы. Дурная п. Есть п.: просыпанная соль — к ссоре. Сбылась старая п.* ✦ **На примете быть, иметься** (разг.) — о том, на кого (что) рассчитывают, кто (что) имеется в виду. *Есть на примете хороший специалист.* **На примету взять** *кого-что* (разг.) — взять во внимание, в расчёт на будущее. *Взять на примету растущего работника.* ‖ *прил.* **приме́тный,** -ая, -ое (к 1 знач.) (устар.). *Приметные вехи.*

ПРИМЕТА́ТЬ, -а́ю, -а́ешь; -мётанный; *сов., что.* Пришить намёткой[1]. *П. рукав.* ‖ *несов.* **примётывать,** -аю, -аешь. ‖ *сущ.* **примётывание,** -я, *ср. и* **примётка,** -и, *ж.* ‖ *прил.* **примёточный,** -ая, -ое.

ПРИМЕ́ТИТЬ, -е́чу, -е́тишь; -е́ченный; *сов., кого-что* (разг.). Заметить, обратить внимание на кого-что-н. *П. незнакомца в толпе. Я этого паренька давно приметил* (взял на примету). ‖ *несов.* **примеча́ть,** -а́ю, -а́ешь.

ПРИМЕ́ТЛИВЫЙ, -ая, -ое; -ив (прост.). Наблюдательный, всё замечающий. *П. взгляд.* ‖ *сущ.* **приме́тливость,** -и, *ж.*

ПРИМЕ́ТНЫЙ, -ая, -ое; -тен, -тна (разг.). **1.** *см.* примета. **2.** То же, что заметный (в 1, 2 и 4 знач.). *Едва приметная трещина. Приметная внешность. Человек он п.* ‖ *прил.* **приме́тность,** -и, *ж.*

ПРИМЕЧА́НИЕ, -я, *ср.* Дополнительная заметка, объяснение к тексту. *Примечания к сочинениям Пушкина. П. переводчика. Подстрочные примечания.*

ПРИМЕЧА́ТЕЛЬНЫЙ, -ая, -ое; -лен, -льна. Заслуживающий внимания; замечательный. *П. случай. Человек весьма примечательный.* ‖ *сущ.* **примеча́тельность,** -и, *ж.*

ПРИМЕЧА́ТЬ, -а́ю, -а́ешь; *несов.* **1.** *см.* приметить. **2.** *за кем-чем.* Наблюдать, следить (прост.). *Примечай за этим молодчиком.*

ПРИМЕША́ТЬ, -а́ю, -а́ешь; -е́шанный; *сов.* **1.** *что* и *чего.* Добавить, смешивая. *П. синьку в белила.* **2.** *кого-что.* Впутать, привлечь зря, замешать (разг.). *Зачем ты примешал меня к этой истории (в эту историю)?* ‖ *несов.* **приме́шивать**, -аю, -аешь.

ПРИМЁРЗНУТЬ, -ну, -нешь; -ёрз, -ёрзла; *сов.* Прилипнуть под действием холода, мороза. *Колёса примёрзли ко льду.* ‖ *несов.* **примерза́ть**, -а́ю, -а́ешь. ‖ *сущ.* **примерза́ние**, -я, *ср.*

ПРИМИНА́ТЬ *см.* примять.

ПРИМИРЕ́НЧЕСТВО, -а, *ср.* Поведение того, кто стремится любой ценой сгладить противоречия, избежать конфликтов. ‖ *прил.* **примире́нческий**, -ая, -ое.

ПРИМИРИ́ТЕЛЬНЫЙ, -ая, -ое; -лен, -льна. Содействующий примирению, восстановлению согласия. *П. тон. Примирительные слова.* ‖ *сущ.* **примири́тельность**, -и, *ж.*

ПРИМИРИ́ТЬ, -СЯ *см.* мирить, -ся.

ПРИМИРЯ́ТЬ, -я́ю, -я́ешь; *несов., кого (что).* То же, что мирить.

ПРИМИРЯ́ТЬСЯ, -я́юсь, -я́ешься; *несов., с чем* и (устар.) *с кем.* То же, что мириться.

ПРИМИТИ́В, -а, *м.* **1.** Нечто простое, не развившееся (по сравнению с позднейшим, более совершенным) (книжн.). **2.** Примитивный, нравственно неразвитый человек.

ПРИМИТИВИ́ЗМ, -а, *м.* **1.** Упрощённый подход к сложным вопросам (книжн.). **2.** В изобразительном искусстве: использование форм первобытного искусства, примитивных стилей. ‖ *прил.* **примитиви́стский**, -ая, -ое.

ПРИМИТИ́ВНЫЙ, -ая, -ое; -вен, -вна. **1.** Простейший, несложный по выполнению, устройству. *Примитивное орудие.* **2.** Недостаточно глубокий, слишком упрощённый. *П. подход к делу.* **3.** Нравственно неразвитый. *Примитивная натура.* ‖ *сущ.* **примити́вность**, -и, *ж.*

ПРИМКНУ́ТЬ, -ну́, -нёшь; при́мкнутый; *сов.* **1.** *что.* Плотно придвинуть, присоединить. *П. штыки.* **2.** *к кому-чему.* То же, что присоединиться. *П. к большинству.* ‖ *несов.* **примыка́ть**, -а́ю, -а́ешь. ‖ *сущ.* **примыка́ние**, -я, *ср.*

ПРИМО́ЛКНУТЬ, -ну, -нешь; -мо́лк *и* -мо́лкнул, -мо́лкла; -мо́лкший *и* -мо́лкнувший; -мо́лкнув *и* -мо́лкши; *сов.* (разг.). То же, что приумолкнуть. *Птицы примолкли перед грозой. Примолк шум прибоя.* ‖ *несов.* **примолка́ть**, -а́ю, -а́ешь.

ПРИМО́РСКИЙ, -ая, -ое. Находящийся у моря. *П. город.*

ПРИМО́РЬЕ, -я, *ср.* Приморская местность.

ПРИМОСТИ́ТЬ, -ощу́, -ости́шь; -още́нный (-ён, -ена́); *сов., что* (разг.). Поместить в неудобном месте (сбоку, с краю, недостаточно надёжно). *П. чемодан на полке.* ‖ *несов.* **прима́щивать**, -аю, -аешь.

ПРИМОСТИ́ТЬСЯ, -ощу́сь, -ости́шься; *сов.* (разг.). Поместиться, пристроиться в неудобном месте, в неудобном положении (сбоку, с краю). *П. в уголке.* ‖ *несов.* **прима́щиваться**, -аюсь, -аешься.

ПРИМО́ЧКА, -и, *ж.* Жидкое лекарство, к-рым смачивают ватку, марлю для прикладывания к больному месту. *П. для глаз.*

ПРИ́МУЛА, -ы, *ж.* Небольшое декоративное и дикорастущее травянистое растение сем. первоцветных с трубчатыми цветками, первоцвет.

ПРИ́МУС, -а, *мн.* -ы, -ов *и* (разг.) -а́, -о́в, *м.* Нагревательный прибор с насосом, подающим горючее к горелке. *Готовить на примусе.* ‖ *прил.* **при́мусный**, -ая, -ое. *Примусная горелка.*

ПРИМЧА́ТЬСЯ, -чу́сь, -чи́шься; *сов.* Мчась, приехать, прибежать. *П. на велосипеде.*

ПРИМЫКА́НИЕ, -я, *ср.* **1.** *см.* примкнуть. **2.** В грамматике: подчинительная связь, при к-рой грамматически зависимым является слово, не имеющее формоизменения, а также деепричастие, инфинитив и форма сравнительной степени. *П. наречия к глаголу.*

ПРИМЫКА́ТЬ, -а́ю, -а́ешь; *несов.* **1.** *см.* примкнуть. **2.** (1 и 2 л. не употр.). Находиться совсем рядом. *К дому примыкает сад.* **3.** (1 и 2 л. не употр.). Находиться в грамматической связи примыкания. *Наречие примыкает к глаголу.*

ПРИМЫ́СЛИТЬ, -лю, -лишь; -ы́шленный; *сов., что.* Прибавить, выдумав. *П. ложь к правде.* ‖ *несов.* **примышля́ть**, -я́ю, -я́ешь.

ПРИМЯ́ТЬ, -мну́, -мнёшь; -я́тый; *сов., кого-что.* Несколько смять, придавив сверху. *П. подушку. Примятая трава.* ‖ *несов.* **примина́ть**, -а́ю, -а́ешь.

ПРИНАДЛЕЖА́ТЬ, -жу́, -жи́шь; *несов.* **1.** *кому.* Находиться в чьей-н. собственности, в чьём-н. обладании, быть чьим-н. достоянием. *Недра земли принадлежат государству. Принадлежащие мне вещи. П. кому-н. всей душой* (перен.: быть всецело преданным). **2.** (1 и 2 л. не употр.), *кому-чему.* Быть свойственным, присущим кому-чему-н., исходящим от кого-чего-н. *Решающая роль принадлежит культуре.* **3.** *к кому-чему.* Входить в состав чего-н., относиться к разряду кого-чего-н. *П. к числу лучших.* ‖ *сущ.* **принадле́жность**, -и, *ж.* (к 3 знач.). *П. творческому союзу.*

ПРИНАДЛЕ́ЖНОСТЬ, -и, *ж.* **1.** *см.* принадлежать. **2.** Предмет, входящий в комплект с чем-н., дополняющий что-н. *Канцелярские принадлежности. Швейные принадлежности. Галстук — п. костюма.* **3.** Неотъемлемая особенность, свойство кого-чего-н. *Любознательность — п. ребёнка.* ✦ **По принадлежности** (направить, отдать и т. п.) (офиц.) — туда, куда следует.

ПРИНАРО́ДНЫЙ, -ая, -ое; -ден, -дна (прост.). Происходящий при народе, на глазах у всех.

ПРИНАРЯДИ́ТЬ, -яжу́, -я́дишь; -я́женный; *сов., кого (что)* (разг.). Одеть нарядно, наряднее. ‖ *несов.* **принаряжа́ть**, -а́ю, -а́ешь. ‖ *возвр.* **принаряди́ться**, -яжу́сь, -я́дишься; *несов.* **принаряжа́ться**, -а́юсь, -а́ешься.

ПРИНЕВО́ЛИТЬ *см.* неволить.

ПРИНЕСТИ́, -су́, -сёшь; -ёс, -есла́; -ёсший; -есённый (-ён, -ена́); -еся́; *сов.* **1.** *кого-что.* Неся, доставить. *П. письмо.* **2.** *кого-что.* Увлекая за собой, неся, пригнать (течением, ветром). *Ветер принёс сухие листья. Волной принесло* (безл.) *бревно.* **3.** (1 и 2 л. не употр.), *кого-что.* Дать приплод или урожай. *Кошка принесла трёх котят. Яблоня принесла много яблок.* **4.** *перен., что.* Причинить, дать в результате. *П. пользу: П. вред. Упорный труд принёс свои результаты.* **5.** *что.* Произвести, осуществить что-н., что указано существительным. *П. благодарность* (поблагодарить). *П. клятву* (поклясться). *П. извинения* (извиниться). *П. в жертву что-н.* (пожертвовать чем-н.). **6.** *кого (что); безл. и в сочетании со словами «чёрт», «дьявол», «нелёгкая».* О чьём-н. неожиданном и нежелательном приходе, появлении (разг.). *Чёрт принёс этих гостей! Откуда тебя принесло в такую пору?* ‖ *несов.* **приноси́ть**, -ошу́, -о́сишь. ‖ *сущ.* **принесе́ние**, -я, *ср.* (к 4 и 5 знач.) *и* **прино́с**, -а, *м.* (к 1 знач.; разг.).

ПРИНИ́ЖЕННЫЙ, -ая, -ое; -ен. Покорно униженный. *П. тон.* ‖ *сущ.* **прини́женность**, -и, *ж.*

ПРИНИ́ЗИТЬ, -и́жу, -и́зишь; -и́женный; *сов., кого-что.* **1.** Поставить в унизительное положение. *П. чьё-н. достоинство.* **2.** Умалить значение кого-чего-н. *П. значение новой книги.* ‖ *несов.* **принижа́ть**, -а́ю, -а́ешь. ‖ *сущ.* **приниже́ние**, -я, *ср.*

ПРИНИ́КНУТЬ, -ну, -нешь; -и́к, -и́кла; *сов., к кому-чему.* Пригнувшись или прислонившись, плотно прижаться. *П. к земле. П. ухом к двери.* ‖ *несов.* **приника́ть**, -а́ю, -а́ешь.

ПРИНИМА́ТЬ, -СЯ *см.* принять, -ся.

ПРИНОРОВИ́ТЬ, -влю́, -ви́шь; -о́вленный; *сов., что* (разг.). Приурочить, приспособить. *П. отпуск к праздникам.* ‖ *несов.* **принора́вливать**, -аю, -аешь.

ПРИНОРОВИ́ТЬСЯ, -влю́сь, -ви́шься; *сов., к кому-чему* (разг.). Приспособиться к кому-чему-н., выработать в себе навык к чему-н. *П. к новым условиям, к обстоятельствам.* ‖ *несов.* **принора́вливаться**, -аюсь, -аешься.

ПРИНО́С, ПРИНОСИ́ТЬ *см.* принести.

ПРИНО́СНЫЙ, -ая, -ое. Такой, к-рый принесён (ветром, течением). *П. песок.*

ПРИНОШЕ́НИЕ, -я, *ср.* Дар, подношение. *Богатые приношения.*

ПРИ́НТЕР [тэ], -а, *м.* Внешнее печатающее устройство ЭВМ, служащее для представления выводимой из неё информации в буквенно-цифровом виде. ‖ *прил.* **при́нтерный**, -ая, -ое.

ПРИНУДИ́ЛОВКА, -и, *ж.* (прост. неодобр.). Принудительная работа; то, что делается по принуждению.

ПРИНУДИ́ТЕЛЬНЫЙ, -ая, -ое; -лен, -льна. Осуществляемый по принуждению. *Сделать что-н. в принудительном порядке. Принудительное лечение* (от алкоголизма и нек-рых других болезней). ‖ *сущ.* **принуди́тельность**, -и, *ж.*

ПРИНУ́ДИТЬ, -у́жу, -у́дишь; -уждённый (-ён, -ена́); *сов., кого (что) к чему и с неопр.* Заставить сделать что-н. *П. к признанию. П. сдаться.* ‖ *несов.* **принужда́ть**, -а́ю, -а́ешь. ‖ *сущ.* **принужде́ние**, -я, *ср.*

ПРИНУЖДЁННЫЙ, -ая, -ое; -ён. Неестественный, деланный. *П. смех. Принуждённо* (нареч.) *улыбнуться.* ‖ *сущ.* **принуждённость**, -и, *ж.*

ПРИНЦ, -а, *м.* Титул нецарствующего члена королевского или вообще владетельного дома, а также лицо, имеющее этот титул. *Ждать своего принца* (перен.: надеяться на то, что будет избранник, возлюбленный). ‖ *ж.* **принце́сса**, -ы. ✦ **Принцесса на горошине** (ирон.) — о том, кто чересчур привередлив, чувствителен к неудобствам [по одноимённой сказке Г.-Х. Андерсена о принцессе, к-рая, лежа на нескольких перинах, не могла заснуть из-за того, что под них была подложена горошина].

ПРИ́НЦИП, -а, *м.* **1.** Основное, исходное положение какой-н. теории, учения, мировоззрения, теоретической программы. *Принципы науки. Эстетические принципы.* **2.** Убеждение, взгляд на вещи. *Держаться твёрдых принципов. Отказаться от чего-н. из принципа.* **3.** Основная особенность в устройстве чего-н. *Механизм действует по принципу насоса.* ✦ **В принципе** — в основном, в общем, в целом. *В принципе я согласен.*

ПРИНЦИПИА́ЛЬНИЧАТЬ, -аю, -аешь; *несов.* (разг.). Проявлять излишнюю принципиальность по незначительному поводу. *П. по пустякам.*

ПРИНЦИПИА́ЛЬНЫЙ, -ая, -ое; -лен, -льна. **1.** Касающийся принципов (в 1 и 2 знач.). *П. вопрос.* **2.** Придерживающийся твёрдых принципов (во 2 знач.). *П. человек. Принципиальная политика.* **3.** *полн. ф.* Касающийся чего-н. только в основном, не в деталях. *Принципиальное согласие на что-н.* ‖ *сущ.* **принципиа́льность**, -и, *ж.* (к 1 и 2 знач.).

ПРИНЮ́ХАТЬСЯ, -аюсь, -аешься; *сов., к чему* (разг.). **1.** Привыкнуть к какому-н. запаху. *П. к табачному дыму.* **2.** Внюхиваясь, постараться определить что-н. по запаху, различить запахи. *Принюхался — пахнет гарью.* ‖ *несов.* **принюхиваться**, -аюсь, -аешься.

ПРИНЯ́ТЬ, приму́, при́мешь; при́нял, -яла́, -яло; при́нятый (-ят, -ята́, -ято); *сов.* **1.** *кого-что.* Взять, получить даваемое, передаваемое, сдаваемое; получить в своё ведение. *П. подарок. П. радиограмму. П. товар. П. дела по акту. Комиссия приняла готовый дом.* **2.** *что.* Вступить в управление чем-н., занять (какую-н. должность). *П. полк. П. пост директора.* **3.** *кого (что).* Включить в состав чего-н., допустить к участию в чём-н. *П. на работу. П. в университет. П. в свою группу.* **4.** *кого (что).* Допустить, пустить к себе с какой-н. целью (для беседы, осмотра, в качестве гостя, жильца). *П. посла. П. посетителя. П. гостей. Врач принял больного. Хорошо п. кого-н.* (хорошо отнестись, хорошо встретить). **5.** *что.* Услышав, узнав, воспринять. *Молча п. тяжёлое известие. П. к сведению что-н. П. во внимание. П. на свой счёт что-н.* (как относящееся к себе). *П. близко к сердцу что-н.* **6.** *что.* Согласиться с чем-н., отнестись к чему-н. положительно. *П. совет. П. чьи-н. оправдания, объяснения. Предложение принято.* **7.** *что.* Утвердить, голосованием выразить согласие с чем-н. *П. закон. П. резолюцию. Проект принят.* **8.** *что.* Совершить, осуществить (то, что выражено существительным). *П. решение* (решить). *П. участие. П. присягу. Дело приняло хороший оборот. П. меры. П. на себя обязательство, труд что-н. сделать.* **9.** *что.* Стать обладателем какого-н. звания, сана. *П. епископство.* **10.** *что.* Приобрести какой-н. вид, качество. *П. позу. П. важный вид. Спор принял острую форму.* **11.** *что.* Подвергнуть себя какой-н. гигиенической, лечебной процедуре. *П. душ. П. ванну.* **12.** *что.* Выпить, проглотить (лекарство). *П. микстуру. П. порошок.* **13.** *кого-что за кого-что.* Признать; счесть (см. счтать[1] в 4 знач.). *П. что-н. за правило. П. за знакомого.* **14.** *кого-что.* Встретив, оказать противодействие при помощи чего-н. (разг.). *П. в дубьё* (с дубинами, дубинками). *П. в штыки* (также перен.). **15.** Продвинуться, отодвинуться немного. *П. в сторону, назад, влево, вправо.* **16.** *что.* То же, что уловить (в 1 знач.). *П. сигнал.* **17.** *что.* Взяв, убрать, унести (прост.). *П. посуду со стола.* **18.** *кого (что).* Оказать помощь при родах. *П. младенца.* ✦ **Принять бой** — не уклониться от боя, возникшего по инициативе противника. **Принять экзамен (зачёт)** — проэкзаменовать. ‖ *несов.* **принима́ть**, -а́ю, -а́ешь. ‖ *сущ.* **приём**, -а, *м.* (к 1, 3, 4, 12 и 16 знач.), **приёмка**, -и, *ж.* (к 1 знач.) *и* **приня́тие**, -я, *ср.* (к 1, 2, 3, 7, 8, 9, 10, 11, 13 и 16 знач.). *Радушный приём. Радист перешёл на приём. Приёмка товаров. Принятие решения.* ‖ *прил.* **приёмочный**, -ая, -ое (к 1 знач.) *и* **приёмный**, -ая, -ое (к 1, 3 и 4 знач.). *Приёмочные испытания* (при приёме какого-н. объекта). *Приёмочная комиссия* (принимающая готовый объект). *Приёмная радиостанция. Приёмный пункт. Приёмный экзамен. Приёмная комиссия* (принимающая абитуриентов во 2 знач.). *Приёмный день.*

ПРИНЯ́ТЬСЯ, приму́сь, при́мешься; -ялся́, -яла́сь; *сов.* **1.** *за что и с неопр.* Начать какое-н. дело, приступить к чему-н. *П. за уроки. П. читать.* **2.** *за кого (что).* Начать воздействовать на кого-н. (разг.). *Пора п. за лентяя.* **3.** (1 и 2 л. не употр.). Пустить корни; привиться. *Растение принялось. Прививка принялась.* ‖ *несов.* **принима́ться**, -а́юсь, -а́ешься.

ПРИОБОДРИ́ТЬ, -рю́, -ри́шь; -рённый (-ён, -ена́); *сов., кого (что).* Несколько ободрить. ‖ *несов.* **приободря́ть**, -я́ю, -я́ешь.

ПРИОБОДРИ́ТЬСЯ, -рю́сь, -ри́шься; *сов.* Несколько ободриться. ‖ *несов.* **приободря́ться**, -я́юсь, -я́ешься.

ПРИОБРЕСТИ́, -ету́, -етёшь; -ёл, -ела́; -ётший; -етённый (-ён, -ена́); -етя́; *сов.* **1.** *кого-что.* Стать владельцем, обладателем чего-н., получить что-н. *П. дом. П. власть. П. авторитет* (заслужить его). **2.** *что.* Стать обладателем какого-н. свойства, качества. *Слово приобрело новое значение. П. здоровый вид.* ‖ *несов.* **приобрета́ть**, -а́ю, -а́ешь. ‖ *сущ.* **приобрете́ние**, -я, *ср.*

ПРИОБРЕТА́ТЕЛЬСТВО, -а, *ср.* Стремление к приобретению вещей, ценностей, к обогащению.

ПРИОБРЕТЕ́НИЕ, -я, *ср.* **1.** *см.* приобрести. **2.** То, что приобретено. *Ценное п. Новые приобретения музея.*

ПРИОБЩИ́ТЬ, -щу́, -щи́шь; -щённый (-ён, -ена́); *сов.* **1.** *кого (что) к чему.* Дать возможность включиться в какую-н. деятельность, сделать участником чего-н. *П. к работе, к труду.* **2.** *что.* То же, что присоединить (офиц.). *П. документ к делу.* **3.** *кого (что).* У верующих: причастить. ‖ *несов.* **приобща́ть**, -а́ю, -а́ешь. ‖ *сущ.* **приобще́ние**, -я, *ср.*

ПРИОБЩИ́ТЬСЯ, -щу́сь, -щи́шься; *сов.* **1.** *к чему.* Включиться в какую-н. деятельность, стать участником чего-н. *П. к важному начинанию.* **2.** *чего.* У верующих: причаститься (устар.). *П. святых таинств.* ‖ *несов.* **приобща́ться**, -а́юсь, -а́ешься. ‖ *сущ.* **приобще́ние**, -я, *ср.*

ПРИОДЕ́ТЬ, -е́ну, -е́нешь; -е́нь; -е́тый; *сов., кого (что)* (разг.). Одеть в хорошую одежду, принарядить. *П. девочку.* ‖ *возвр.* **приоде́ться**, -е́нусь, -е́нешься.

ПРИОРИТЕ́Т, -а, *м.* Первенство по времени в открытии, изобретении чего-н.; вообще первенствующее положение. *П. в изучении Антарктиды.* ‖ *прил.* **приорите́тный**, -ая, -ое. *Приоритетная справка* (выдаваемая изобретателю патентной экспертизой).

ПРИОРИТЕ́ТНЫЙ, -ая, -ое; -тен, -тна. **1.** *см.* приоритет. **2.** Самый важный, первенствующий. *Приоритетное направление в науке. Приоритетные задачи.* ‖ *сущ.* **приорите́тность**, -и, *ж.*

ПРИОСА́НИТЬСЯ, -нюсь, -нишься; *сов.* (разг.). Принять важную, солидную осанку. ‖ *несов.* **приоса́ниваться**, -аюсь, -аешься.

ПРИОСТАНОВИ́ТЬ, -овлю́, -о́вишь; -о́вленный; *сов., что.* Временно остановить, задержать, прекратить. *П. работы. П. исполнение приговора.* ‖ *несов.* **приостана́вливать**, -аю, -аешь. ‖ *сущ.* **приостановле́ние**, -я, *ср.* (книжн.) *и* **приостано́вка**, -и, *ж.*

ПРИОСТАНОВИ́ТЬСЯ, -овлю́сь, -о́вишься; *сов.* Временно, ненадолго остановиться или прекратиться. *П. в раздумье. Работа приостановилась.* ‖ *несов.* **приостана́вливаться**, -аюсь, -аешься. ‖ *сущ.* **приостановле́ние**, -я, *ср.* (книжн.) *и* **приостано́вка**, -и, *ж.*

ПРИОТВОРИ́ТЬ, -орю́, -о́ришь; -о́ренный; *сов., что.* Немного отворить. *П. дверь.* ‖ *несов.* **приотворя́ть**, -я́ю, -я́ешь.

ПРИОТВОРИ́ТЬСЯ (-орю́сь, -о́ришься, 1 и 2 л. не употр.), -о́рится; *сов.* Немного отвориться. *Калитка приотворилась.* ‖ *несов.* **приотворя́ться** (-я́юсь, -я́ешься, 1 и 2 л. не употр.), -я́ется.

ПРИОТКРЫ́ТЬ, -ро́ю, -ро́ешь; -ы́тый; *сов., что.* Немного открыть (в 1, 3 и 4 знач.). *П. дверь. П. крышку. П. глаза.* ‖ *несов.* **приоткрыва́ть**, -а́ю, -а́ешь.

ПРИОТКРЫ́ТЬСЯ (-ро́юсь, -ро́ешься, 1 и 2 л. не употр.), -ро́ется; *сов.* Немного открыться, стать открытым (по 1, 3 и 4 знач. глагола открыть). *Ворота приоткрылись. Занавеска приоткрылась. Глаза приоткрылись.* ‖ *несов.* **приоткрыва́ться** (-а́юсь, -а́ешься, 1 и 2 л. не употр.), -а́ется.

ПРИОХО́ТИТЬ, -о́чу, -о́тишь; -о́ченный; *сов., кого (что) к чему и с неопр.* (разг.). Вызвать у кого-н. охоту к чему-н., желание делать что-н. *П. к труду (трудиться).*

ПРИОХО́ТИТЬСЯ, -о́чусь, -о́тишься; *сов., к чему и с неопр.* (разг.). Получить желание, охоту делать что-н., пристраститься. *П. к ремеслу.*

ПРИПАДА́ТЬ, -а́ю, -а́ешь; *несов.* **1.** *см.* припасть[1-2]. **2.** **припадать на какую ногу** — то же, что прихрамывать. *П. на левую ногу. Конь припадает на заднюю ногу.*

ПРИПА́ДОК, -дка, *м.* **1.** Внезапное и обычно повторяющееся острое проявление какой-н. болезни (потеря сознания, судороги). *Эпилептический п.* **2.** *перен.* Сильное и резкое проявление какого-н. чувства. *В припадке гнева.* ‖ *прил.* **припа́дочный**, -ая, -ое (к 1 знач.). *Припадочное состояние.*

ПРИПА́ДОЧНЫЙ, -ая, -ое. **1.** *см.* припадок. **2.** Страдающий припадками какой-н. болезни. *П. больной. Кричит как припадочный* (сущ.).

ПРИПА́ИВАТЬ, ПРИПА́ЙКА, ПРИПА́ЕЧНЫЙ *см.* припаять.

ПРИПА́Й, -я, *м.* Неподвижный лёд, образующийся вдоль берега, побережья. ‖ *прил.* **припа́йный**, -ая, -ое.

ПРИПА́ЙНЫЙ[1-2] *см.* припай *и* припаять.

ПРИПА́РКА, -и, *ж.* Лечебная процедура — прогревание больного места сыпучим или размягчённым веществом; само такое лечебное средство. *Назначить больному припарки. Влажная п. Сухая п. Как мёртвому припарки* (о чём-н. совершенно бесполезном, ненужном; разг.). ‖ *прил.* **припа́рочный**, -ая, -ое.

ПРИПАСТИ́, -су́, -сёшь; -а́с, -асла́; -сённый (-ён, -ена́); *сов., что и чего* (разг.). **1.** То же, что запасти. *П. овощей на зиму.* **2.** *перен.* Скрыть, припрятать на какое-то время, для какого-н. случая. *П. интересную новость под конец рассказа.* ‖ *несов.* **припаса́ть**, -а́ю, -а́ешь.

ПРИПА́СТЬ[1], -аду́, -адёшь; -а́л, -а́ла; -а́вший; -а́в *и* -а́вши; *сов., к кому-чему* (высок.). Приникнуть, склониться, прижаться. *П. к материнской груди. П. к чьим-н. стопам* (с просьбой, мольбой). ‖ *несов.* **припада́ть**, -а́ю, -а́ешь.

ПРИПА́СТЬ² (-аду́, -адёшь, 1 и 2 л. не употр.), -адёт; -а́л, -а́ла; -а́вший; -а́в *и* -а́вши; *сов., к чему* (устар. разг.). Возникнуть, появиться вдруг. *Припала охота к чтению.* ‖ *несов.* **припада́ть** (-а́ю, -а́ешь, 1 и 2 л. не употр.), -а́ет.

ПРИПА́СЫ, -ов, *ед.* припа́с, -а, *м.* Продукты, материалы, заготовленные про запас, запасы. *Съестные п. Боевые п.* (боеприпасы).

ПРИПА́ХИВАТЬ (-аю, -аешь, 1 и 2 л. не употр.), -ает; *несов., чем* (разг.). Отдавать каким-н. неприятным запахом. *Рыба припахивает* (начинает портиться). *Припахивает* (безл.) *гнильцой.*

ПРИПАЯ́ТЬ, -я́ю, -я́ешь; -а́янный; *сов., что.* **1.** Прикрепить паянием. *П. деталь.* **2.** *перен.* Определить, назначить (что-н. плохое, нежелательное) (прост.). *П. дело, выговор.* ‖ *несов.* **припа́ивать**, -аю, -аешь. ‖ *сущ.* **припа́ивание**, -я, *ср. и* **припа́йка**, -и, *ж.* (к 1 знач.). ‖ *прил.* **припа́йный**, -ая, -ое *и* **припа́ечный**, -ая, -ое.

ПРИПЕ́В, -а, *м.* Часть песни, повторяемая после каждого её куплета. *Весёлый п.*

ПРИПЕВА́ТЬ, -а́ю, -а́ешь; *несов.* (разг.). Сопровождать что-н. негромким пением. *Шагать припевая.*

ПРИПЕВА́ЮЧИ: жить припеваючи (разг.) — жить весело и хорошо.

ПРИПЕКА́ТЬ (-а́ю, -а́ешь, 1 и 2 л. не употр.), -а́ет; *несов.* (разг.). Сильно печь, греть, обдавать зноем. *Солнце начинает п.* ‖ *сов.* **припе́чь** (-еку́, -ечёшь, 1 и 2 л. не употр.), -ечёт.

ПРИПЕРЕ́ТЬ, -пру́, -прёшь; -пёр, -пёрла; -пёрший; -пёртый; -пере́в *и* -пёрши; *сов.* **1.** *кого-что.* Надавив, сильно прижать (разг.). *П. бревно к забору.* **2.** *что чем.* Закрыв, приставить плотно что-н., чтобы не открывалось (разг.). *П. ворота палкой.* **3.** *что.* Закрыть, запереть (разг.). *П. дверь, окно.* **4.** *кого-что.* Принести на себе (что-н. тяжёлое) (прост.). *Припёр огромное бревно.* **5.** Прийти, явиться (прост. неодобр.). *Припёр без приглашения.* **6.** *кого (что).* То же, что прижать (во 2 знач.) (прост.). ✦ **Припереть к стенке** *кого* (разг.) — то же, что прижать к стенке. ‖ *несов.* **припира́ть**, -а́ю, -а́ешь (к 1, 2, 3, 4 и 6 знач.).

ПРИПЕРЕ́ТЬСЯ, -пру́сь, -прёшься; -пёрся, -пёрлась; -пёршийся; -пёршись; *сов.* (прост. неодобр.). То же, что припереть (в 5 знач.). *Опять припёрся этот тип.*

ПРИПЕЧА́ТАТЬ, -аю, -аешь; -анный; *сов., что* (разг.). **1.** Запечатать чем-н. *П. пакет сургучом.* **2.** *перен.* Заключая свои слова, сказать что-н. кратко и выразительно. *Так остроумно припечатал, что все засмеялись.* ‖ *несов.* **припеча́тывать**, -аю, -аешь.

ПРИПЁК¹, -а (-у), *м.* Увеличение в весе хлеба после выпечки по сравнению с весом затраченной муки. *Большой п.*

ПРИПЁК², -а, *м.* Жаркое, сильно нагреваемое солнцем место. *Сидеть на припёке. На опушке самый п.*

ПРИПЁКА: сбоку припёка (припёку) (прост.) — о ком-чём-н. лишнем, ненужном, совершенно постороннем. *Он в этом деле — сбоку припёка, его не спрашивают.*

ПРИПИСА́ТЬ, -ишу́, -и́шешь; -и́санный; *сов.* **1.** *что.* Написать в добавление к чему-н. *П. несколько строк.* **2.** *кого-что.* Причислить (во 2 знач.), записав. *П. к призывному участку.* **3.** *что кому-чему.* Счесть причиной чего-н., счесть исходящим от кого-чего-н., принадлежащим кому-н. *П. свои неудачи чьим-н. проискам. П. стихотворение Пушкину.* ‖ *несов.* **припи́сывать**, -аю, -аешь. ‖ *сущ.* **припи́ска**, -и, *ж.* (к 1 и 2 знач.) *и* **припи́сывание**, -я, *ср.* (к 3 знач.). *Порт приписки корабля.* ‖ *прил.* **приписно́й**, -а́я, -о́е (ко 2 знач.). *Приписное свидетельство. П. состав* (военнообязанные, приписанные к военным частям).

ПРИПИ́СКА, -и, *ж.* **1.** *см.* приписать. **2.** Дополнение к написанному. *П., сделанная другим почерком.* **3.** чаще *мн.* Заведомо завышенные, ложные показатели об успехах производства, о выполнении плана. *Наказан за приписки.*

ПРИПЛА́ТА, -ы, *ж.* **1.** *см.* приплатить. **2.** Приплаченная сумма. *Большая п.* ‖ *прил.* **припла́тный**, -ая, -ое.

ПРИПЛАТИ́ТЬ, -ачу́, -а́тишь; -а́ченный; *сов., что.* Заплатить дополнительно, в придачу. *П. пятьдесят рублей.* ‖ *несов.* **припла́чивать**, -аю, -аешь. ‖ *сущ.* **припла́та**, -ы, *ж.*

ПРИПЛЕСТИ́, -лету́, -летёшь; -лёл, -лела́; -лётший; -летённый (-ён, -ена́); -летя́; *сов.* **1.** *что.* Присоединить вплетая. *П. ленту к венку.* **2.** *перен., кого-что.* Впутать во что-н.; упомянуть зря (разг.). *Приплёл зачем-то и моё имя.* ‖ *несов.* **приплета́ть**, -а́ю, -а́ешь.

ПРИПЛЕСТИ́СЬ, -лету́сь, -летёшься; -лёлся, -лела́сь; -лётшийся; -летя́сь; *сов.* (разг.). Прийти куда-н. с трудом, медленно. *Еле приплёлся домой.*

ПРИПЛО́Д, -а, *м.* Потомство у животных. *Ежегодный п. у свиней.* ‖ *прил.* **припло́дный**, -ая, -ое.

ПРИПЛЫ́ТЬ, -ыву́, -ывёшь; -ы́л, -ыла́, -ы́ло; *сов.* Достичь чего-н. плывя. *П. к берегу. П. на теплоходе. Приплыли облака.* ‖ *несов.* **приплыва́ть**, -а́ю, -а́ешь.

ПРИПЛЮ́СНУТЫЙ, -ая, -ое; -ут. Плоский, как бы примятый сверху. *Приплюснутая шляпа. Приплюснутое лицо. П. нос* (широкий и плоский). ‖ *сущ.* **приплю́снутость**, -и, *ж.*

ПРИПЛЮ́СНУТЬ, -ну, -нешь; -утый; *сов., кого-что.* Вдавить, вмять. *П. молотком.* ‖ *несов.* **приплю́щивать**, -аю, -аешь.

ПРИПЛЮСОВА́ТЬ, -су́ю, -су́ешь; -о́ванный; *сов., что* (разг.). Складывая числа, прибавить к общей сумме, а также вообще присоединить. *К получке приплюсовали премию.* ‖ *несов.* **приплюсо́вывать**, -аю, -аешь *и* **плюсова́ть**, -су́ю, -су́ешь (прост.).

ПРИПЛЯ́СЫВАТЬ, -аю, -аешь; *несов.* Делать ногами движения, к-рые напоминают плясовые, подтанцовывать. *П. на месте. П. на морозе* (топтаться, чтобы согреться).

ПРИПО́ДНЯТЫЙ, -ая, -ое; -ят. **1.** Бодрый, оживлённый. *В приподнятом настроении.* **2.** Торжественный, возвышенный. *П. стиль.* ‖ *сущ.* **припо́днятость**, -и, *ж.*

ПРИПОДНЯ́ТЬ, -ниму́, -ни́мешь *и* (разг.) -подыму́, -поды́мешь; -о́днял, -яла́, -яло; -о́днятый (-ят, -ята́, -ято); *сов., кого-что.* Слегка поднять (в 3 и 7 знач.). *П. голову. П. больного на подушках. П. насыпь.* ‖ *несов.* **приподнима́ть**, -а́ю, -а́ешь *и* **приподыма́ть**, -а́ю, -а́ешь (разг.). ‖ *возвр.* **приподня́ться**, -ниму́сь, -ни́мешься (по 3 знач. глагола поднять); *несов.* **приподнима́ться**, -а́юсь, -а́ешься *и* **приподыма́ться**, -а́юсь, -а́ешься (разг.).

ПРИПОЗДНИ́ТЬСЯ, -ню́сь, -ни́шься; *сов.* (разг.). Опоздать, задержаться, замешкаться. *П. с делами. Весна припозднилась.*

ПРИПО́Й, -я, *м.* (спец.). Металл или сплав для заполнения зазоров при пайке. ‖ *прил.* **припо́йный**, -ая, -ое.

ПРИПОЛЗТИ́, -зу́, -зёшь; -о́лз, -олзла́; -о́лзший; -о́лзши; *сов.* Достигнуть чего-н., ползя (см. ползти в 1, 2, 3 и 4 знач.), ползком. *Приползли муравьи. П. по-пластунски. Приползли тучи. Еле приполз домой от усталости.* ‖ *несов.* **приполза́ть**, -а́ю, -а́ешь.

ПРИПО́МНИТЬ, -ню, -нишь; *сов.* **1.** *кого-что.* Вспомнить, восстановить в памяти, вернуться мыслью к прошлому. *П. чьи-н. советы. Имя этого человека не припомню* (забыл). **2.** *что кому.* Не забыть сделанного кем-н., чтобы отомстить, наказать, попомнить (разг.). *Я это тебе припомню!* ‖ *несов.* **припомина́ть**, -а́ю, -а́ешь (к 1 знач.).

ПРИПО́МНИТЬСЯ, -нюсь, -нишься; *сов.* **1.** Прийти на память. *Припомнились любимые стихи.* **2.** (1 и 2 л. не употр.), *кому.* Не забыться, не проститься. *Все эти обиды тебе припомнятся.* ‖ *несов.* **припомина́ться**, -а́юсь, -а́ешься (к 1 знач.).

ПРИПРА́ВА, -ы, *ж.* То, чем приправляют кушанье для вкуса. *Острая п. П. к супам.* ‖ *прил.* **припра́вочный**, -ая, -ое.

ПРИПРА́ВИТЬ, -влю, -вишь; -вленный; *сов., что чем.* **1.** Прибавить (к кушанью) чего-н. для вкуса. *П. щи сметаной.* **2.** *перен.* Добавить (острое, образное слово, выражение) к своим словам, речи (разг.). *П. речь крепким словцом.* ‖ *несов.* **приправля́ть**, -я́ю, -я́ешь.

ПРИПРЫ́ГИВАТЬ, -аю, -аешь; *несов.* (разг.). То же, что подпрыгивать. *Идти припрыгивая.*

ПРИПРЯ́ТАТЬ, -я́чу, -я́чешь; -анный; *сов., что* (разг.). Спрятать про запас, на какой-н. случай. *П. деньги на чёрный день.* ‖ *несов.* **припря́тывать**, -аю, -аешь.

ПРИПУГНУ́ТЬ, -ну́, -нёшь; -у́гнутый; *сов., кого (что)* (разг.). Слегка напугать, пригрозить. *П. плохими последствиями. П. выговором.* ‖ *несов.* **припу́гивать**, -аю, -аешь.

ПРИПУ́ДРИТЬ, -рю, -ришь; -ренный; *сов., что* (разг.). Немного, слегка напудрить. *П. лицо.* ‖ *несов.* **припу́дривать**, -аю, -аешь.

ПРИПУ́ДРИТЬСЯ, -рюсь, -ришься; *сов.* (разг.). Припудрить себе лицо, тело. ‖ *несов.* **припу́дриваться**, -аюсь, -аешься.

ПРИ́ПУСК, -а, *м.* **1.** *см.* припустить. **2.** То, что припущено при крое, раскрое. *Большой п. на швы.* **3.** Слой металла, срезаемый с поверхности заготовки в процессе её обработки (спец.). ‖ *прил.* **припускно́й**, -а́я, -о́е.

ПРИПУСТИ́ТЬ, -ущу́, -у́стишь; -у́щенный; *сов.* **1.** *кого (что) к кому.* Допустить к случке, а также к сосанию молока (спец.); вообще допустить к корму (прост.). *П. жеребца. П. телёнка к корове.* **2.** *кого (что).* Заставить бежать быстрее (разг.). *П. коня.* **3.** Побежать быстрее (разг.). *Почуяв дом, лошадь припустила рысью.* **4.** (1 и 2 л. не употр.). О дожде: усилиться или начаться сразу, с силой (разг.). *Дождь припустил.* **5.** *что.* Слегка увеличить размеры изготавливаемого изделия сравнительно с его окончательными размерами. *П. платье при раскрое.* **6.** *что.* Варить в малом количестве жидкости, к-рая закрывает продукт только снизу. *П. овощи, рыбу на сковороде.* ‖ *несов.* **припуска́ть**, -а́ю, -а́ешь. ‖ *сущ.* **при́пуск**, -а, *м.* (к 1 и 5 знач.).

ПРИПУ́ТАТЬ, -аю, -аешь; -анный; *сов., кого-что* (разг.). То же, что приплести (во 2 знач.). ‖ *несов.* **припу́тывать**, -аю, -аешь.

ПРИПУ́ХЛОСТЬ, -и, *ж.* **1.** *см.* припухлый. **2.** Небольшое вздутие, вспухшее место. *П. на щеке.*

ПРИПУ́ХЛЫЙ, -ая, -ое; -у́хл (разг.). Немного вспухший. *Припухлые веки.* ‖ *сущ.* **припу́хлость**, -и, *ж.*

ПРИПУ́ХНУТЬ (-ну, -нешь, 1 и 2 л. не употр.), -нет; -у́х, -у́хла; -у́хший; -у́хши; *сов.* Немного вспухнуть. *Щека припухла.*

|| *несов.* **припуха́ть** (-а́ю, -а́ешь, 1 и 2 *л.* не употр.), -а́ет.

ПРИРАБО́ТАТЬ, -аю, -аешь; -анный; *сов., что* и *чего* (разг.). Заработать в дополнение к основному заработку. *П. немного денег. Надо бы п. на покупки.* || *несов.* **приραба́тывать**, -аю, -аешь.

ПРИ́РАБОТОК, -тка, *м.* (разг.). Дополнительный заработок. *П. к зарплате.*

ПРИРАВНЯ́ТЬ, -я́ю, -я́ешь; -а́вненный; *сов., кого-что к кому-чему.* Уподобить кому-чему-н.; признать равным с кем-чем-н. *По таланту его можно п. к лучшим певцам. П. к высшей категории работников.* || *несов.* **прира́внивать**, -аю, -аешь.

ПРИРАСТИ́ (-ту́, -тёшь, 1 и 2 *л.* не употр.), -тёт; -ро́с, -росла́; -ро́сший; -ро́сши; *сов.* **1.** *к чему.* Срастаясь, образовать одно целое с чем-н. *Пересаженная кожа приросла. Точно к земле прирос* (стал неподвижным). **2.** Увеличиться в объёме, количестве. *Поголовье скота приросло.* || *несов.* **прираста́ть** (-а́ю, -а́ешь, 1 и 2 *л.* не употр.), -а́ет. || *сущ.* **приращéние**, -я, *ср.* и **приро́ст**, -а, *м.* (ко 2 знач.). *Приращение процентов. Прирост стада. Прирост населения.*

ПРИРЕВНОВА́ТЬ *см.* ревновать.

ПРИРЕ́ЗАТЬ[1], -е́жу, -е́жешь; -анный; *сов., что.* Отрезая путем межевания, добавить. *П. участок к огороду.* || *несов.* **прирез́ать**, -а́ю, -а́ешь и **прире́зывать**, -аю, -аешь. || *сущ.* **прире́з**, -а, *м.* и **прире́зка**, -и, *ж.* || *прил.* **прирезно́й**, -а́я, -о́е. *П. участок.*

ПРИРЕ́ЗАТЬ[2], -е́жу, -е́жешь; -анный; *сов., кого (что)* (разг.). **1.** Умертвить окончательно, дорезав. *П. раненого зверя.* **2.** Зарезать, убить. *Этот бандит того и гляди кого-н. прирежет.* || *несов.* **приреза́ть**, -аю, -аешь.

ПРИРЕ́ЛЬСОВЫЙ, -ая, -ое (спец.). Находящийся при железнодорожных путях, при станции. *Прирельсовые склады.*

ПРИРО́ДА, -ы, *ж.* **1.** Всё существующее во Вселенной, органический и неорганический мир. *Мёртвая п.* (неорганический мир: не растения, не животные). *Живая п.* (органический мир). **2.** Весь неорганический и органический мир в его противопоставлении человеку. *Охрана природы. Взаимоотношения человека и природы.* **3.** Места вне городов (поля, леса, горы, водные пространства). *Любоваться природой. На лоне природы. Выезжать на природу* (прост.). **4.** *перен., чего.* Основное свойство, сущность (книжн.). *П. социальных отношений. Вирусная п. заболевания.* ✦ **По природе** — по характеру, по натуре. *По природе он добр.* **От природы** — от рождения, от начала существования. *Он уж от природы такой странный.* **В природе вещей** (книжн.) — о чём-н. обычном: так и бывает. || *прил.* **приро́дный**, -ая, -ое (ко 2, 3 и 4 знач.). *Природные богатства Севера. Природные ресурсы. Природные условия.*

ПРИРО́ДНЫЙ, -ая, -ое. **1.** *см.* природа. **2.** Естественный, натуральный. *П. газ.* **3.** По рождению принадлежащий к какой-н. стране, общественному классу. *П. русский. П. хлебороб.* **4.** *перен.* То же, что прирождённый. *П. талант.*

ПРИРОДО... *Первая часть сложных слов со знач.* относящийся к природе (во 2 знач.), напр. *природоведение, природоохранительный, природоохранный, природопользование.*

ПРИРОДОВЕ́ДЕНИЕ, -я, *ср.* Наука о природе; такая наука как предмет школьного преподавания. *Программа по природоведению.* || *прил.* **природове́дческий**, -ая, -ое.

ПРИРОДООХРА́ННЫЙ, -ая, -ое (спец.). Относящийся к охране природы (во 2 знач.), природных богатств. *Природоохранные меры.*

ПРИРОЖДЁННЫЙ, -ая, -ое; -ён, -ённа. Присущий кому-н. от природы, подлинный, настоящий. *П. талант. П. художник.* || *сущ.* **прирождённость**, -и, *ж.*

ПРИРО́СТ *см.* прирасти.

ПРИРУЧИ́ТЬ, -чу́, -чи́шь; -чённый (-ён, -ена́); *сов., кого (что).* Приучить к человеку, сделать ручным, послушным. *П. медвежонка. П. нелюдимого юношу* (перен.). || *несов.* **прируча́ть**, -а́ю, -а́ешь. || *сущ.* **приручéние**, -я, *ср.*

ПРИРУЧИ́ТЬСЯ, -чу́сь, -чи́шься; *сов.* Стать ручным, привыкнуть к человеку. *Лосёнок приручился.* || *несов.* **прируча́ться**, -а́юсь, -а́ешься.

ПРИСА́ЖИВАТЬСЯ *см.* присесть.

ПРИСА́ЛИВАТЬ *см.* присолить.

ПРИСА́СЫВАНИЕ *см.* присосаться.

ПРИСА́СЫВАТЕЛЬНЫЙ *см.* присосаться.

ПРИСА́СЫВАТЬСЯ *см.* присосаться.

ПРИСВА́ИВАТЬ *см.* присвоить.

ПРИСВА́ТАТЬ, -аю, -аешь; -анный; *сов., кого (что)* (прост.). Найдя (жениха, невесту), посватать. || *несов.* **присва́тывать**, -аю, -аешь.

ПРИСВА́ТАТЬСЯ, -аюсь, -аешься; *сов.* (прост.). О женихе: посвататься. *П. к богатой невесте.* || *несов.* **присва́тываться**, -аюсь, -аешься.

ПРИ́СВИСТ, -а, *м.* **1.** Свист, сопровождающий пение, игру на чём-н. *Петь с присвистом. Молодецкий п.* **2.** Свистящий призвук. *Говорить с присвистом.*

ПРИСВИ́СТНУТЬ, -ну, -нешь; *сов.* **1.** *см.* присвистывать. **2.** Слегка свистнуть. *П. от удивления.*

ПРИСВИ́СТЫВАТЬ, -аю, -аешь; *несов.* **1.** Петь, играть с присвистом. **2.** Говорить с присвистом. || *сов.* **присви́стнуть**, -ну, -нешь.

ПРИСВО́ИТЬ, -о́ю, -о́ишь; -о́енный; *сов.* **1.** *кого-что.* Завладеть, самовольно взять в свою собственность, выдать за своё. *П. находку. П. чужую мысль.* **2.** *что кому-чему.* Дать (какое-н. звание), наименовать каким-н. образом. *П. звание доцента. Театру присвоено имя А. П. Чехова.* || *несов.* **присва́ивать**, -аю, -аешь. || *сущ.* **присвоéние**, -я, *ср.*

ПРИСЕДА́ТЬ *см.* присесть.

ПРИСЕ́СТ, -а, *м.*: **в один или за один присест** (разг.) — не вставая с места, за один раз. *Съесть всё в один присест. За один присест написал статью.*

ПРИСЕ́СТЬ, -ся́ду, -ся́дешь; -се́л, -се́ла; -ся́дь; *сов.* **1.** Согнув колени, опуститься. *П. на корточки. П. от неожиданности.* **2.** Сесть на короткое время или в недостаточно удобной, спокойной позе. *П. к столу. П. на краешке стула. П. перед отъездом* (по старому обычаю). || *несов.* **приседа́ть**, -а́ю, -а́ешь (к 1 знач.) и **приса́живаться**, -аюсь, -аешься. || *сущ.* **приседа́ние**, -я, *ср.* (к 1 знач.).

ПРИ́СКАЗКА, -и, *ж.* **1.** Род зачина или концовки в народной сказке. *Это ещё п., а сказка будет впереди.* **2.** Прибаутка, а также постоянно повторяемое кем-н. выражение. *Любимая п.*

ПРИСКАКА́ТЬ, -ачу́, -а́чешь; *сов.* **1.** Приблизиться скачками или приехать вскачь. *Прискакал заяц. П. верхом.* **2.** Явиться, прийти, приехать быстро, поспешно (разг.). *Получил телеграмму и сразу прискакал.* || *несов.* **приска́кивать**, -аю, -аешь.

ПРИСКО́РБИЕ, -я, *ср.* (устар.). Скорбь, печаль. *П. по поводу кончины друга. К прискорбию или с прискорбием* (к крайнему сожалению или с большим сожалением, печалью; высок.). *Ко всеобщему прискорбию* (высок.). *С глубоким прискорбием* (высок.).

ПРИСКО́РБНЫЙ, -ая, -ое; -бен, -бна (книжн.). Печальный, вызывающий скорбь. *П. случай.* || *сущ.* **приско́рбность**, -и, *ж.*

ПРИСКУ́ЧИТЬ, -чу, -чишь; *сов., кому* (разг.). Наскучить, надоесть. *Прискучили одни и те же разговоры.* || *несов.* **приску́чивать**, -аю, -аешь.

ПРИСЛА́ТЬ, пришлю́, пришлёшь; -сла́л, -сла́ла; при́сланный; *сов.* **1.** *кого-что.* Доставить через посредство кого-н. или почтой. *П. письмо. П. подарок.* **2.** *кого (что).* Направить куда-н. с какой-н. целью. *П. помощника.* || *несов.* **присыла́ть**, -а́ю, -а́ешь. || *сущ.* **присы́лка**, -и, *ж.*

ПРИСЛО́ВЬЕ, -я, *род. мн.* -вий, *ср.* (разг.). Поговорка, вставляемая в речь ради украшения, увеселения, шутки, прибаутка. *Пересыпать свой рассказ присловьями.*

ПРИСЛОНИ́ТЬ, -оню́, -они́шь и -о́нишь; -нённый (-ён, -ена́); *сов., кого-что.* Поставить наклонно, оперев верхней частью. *П. доску к забору.* || *несов.* **прислоня́ть**, -я́ю, -я́ешь.

ПРИСЛОНИ́ТЬСЯ, -оню́сь, -они́шься и -о́нишься; *сов., к кому-чему.* Встав или сев близко к кому-чему-н., опереться на кого-что-н., приблизиться вплотную. *П. к стене. Ребёнок прислонился к матери.* || *несов.* **прислоня́ться**, -я́юсь, -я́ешься.

ПРИСЛУ́ГА, -и, *ж.* **1.** Наёмная работница в доме, в семье. *Наняться в прислуги.* **2.** *собир.* То же, что слуги (в 1 знач.). *В доме много прислуги.* **3.** *собир.* Расчёт орудия, пулемёта, миномёта (устар.). *Орудийная п.*

ПРИСЛУ́ЖИВАТЬ, -аю, -аешь; *несов., кому.* Исполнять обязанности прислуги (во 2 знач.). *П. за столом.* || *сущ.* **прислу́живание**, -я, *ср.*

ПРИСЛУЖИ́ТЬСЯ, -ужу́сь, -у́жишься; *сов., к кому* (разг.). То же, что подслужиться. || *несов.* **прислу́живаться**, -аюсь, -аешься. || *сущ.* **прислу́живание**, -я, *ср.*

ПРИСЛУ́ЖНИК, -а, *м.* **1.** То же, что слуга (в 1 знач.) (устар.). **2.** Человек, к-рый, угодничая, стремится выслужиться перед кем-н. (презр.). || *ж.* **прислу́жница**, -ы. || *прил.* **прислу́жнический**, -ая, -ое (ко 2 знач.).

ПРИСЛУ́ШАТЬСЯ, -аюсь, -аешься; *сов.* **1.** *к чему.* Напрячь слух, внимание, чтобы услышать что-н. *П. к разговору.* **2.** *перен., к кому-чему.* Принять во внимание, к сведению что-н. *П. к мнению товарищей. П. к голосу разума.* **3.** *к чему.* Привыкнув к каким-н. звукам, перестать замечать их (разг.). *П. к уличному шуму.* || *несов.* **прислу́шиваться**, -аюсь, -аешься.

ПРИСМИРЕ́ТЬ, -е́ю, -е́ешь; *сов.* Стать смирным, успокоиться. *Шалун присмирел.*

ПРИСМИРИ́ТЬ, -рю́, -ри́шь; -рённый; *сов., кого (что).* Заставить быть смирным, смирнее. *П. крикунов.* || *несов.* **присмиря́ть**, -я́ю, -я́ешь.

ПРИСМО́ТР, -а, *м.* Надзор, постоянное наблюдение. *Оставить детей без присмотра. Быть под присмотром. Хозяйство требует присмотра.*

ПРИСМОТРЕ́ТЬ, -отрю́, -о́тришь; -о́тренный; *сов.* **1.** *за кем-чем.* Последить с целью присмотра. *П. за детьми.* **2.** *кого-что.* Наметить для приобретения, использования, подыскать для себя (разг.). *П. дачу. П. себе помощника.* ‖ *несов.* **присма́тривать**, -аю, -аешь. *П. за новичком* (следить, как он себя ведёт, что делает).

ПРИСМОТРЕ́ТЬСЯ, -отрю́сь, -о́тришься; *сов.* **1.** *к кому-чему.* Внимательно разглядывая, изучая, освоиться с кем-чем-н. *П. к работе. К новому работнику нужно хорошенько п.* **2.** Привыкнуть смотреть в каких-н. условиях. *П. в темноте.* ‖ *несов.* **присма́триваться**, -аюсь, -аешься.

ПРИСНИ́ТЬСЯ *см.* сниться.

ПРИ́СНО, *нареч.* (стар. высок.). Всегда, во веки веков. *И ныне, и п., и во веки веков.*

ПРИСНОПА́МЯТНЫЙ, -ая, -ое; -тен, -тна (устар. и ирон.). Незабываемый, чем-н. надолго запомнившийся. *Приснопамятные времена. Приснопамятные события.*

ПРИ́СНЫЕ, -ых (книжн. ирон.). Приспешники, единомышленники. *Преследователи инакомыслия и их п.*

ПРИСОБА́ЧИТЬ, -чу, -чишь; -ченный; *сов., что* (прост.). Приделать, присоединить, прикрепить. *Куда бы нам п. эту полочку?* ‖ *несов.* **присоба́чивать**, -аю, -аешь.

ПРИСОВЕ́ТОВАТЬ *см.* советовать.

ПРИСОВОКУПИ́ТЬ, -плю́, -пи́шь; -плённый (-ён, -ена́); *сов., что.* **1.** Присоединить, приобщить (офиц.). *П. документы к делу.* **2.** Сказать что-н. в добавление (устар. и книжн.). ‖ *несов.* **присовокупля́ть**, -я́ю, -я́ешь. ‖ *сущ.* **присовокупле́ние**, -я, *ср.*

ПРИСОЕДИНИ́ТЬ, -ню́, -ни́шь; -нённый (-ён, -ена́); *сов., что.* Соединить что-н. с чем-н. другим, основным. *П. провод. П. к сети. П. район к соседней области.* ‖ *несов.* **присоединя́ть**, -я́ю, -я́ешь. ‖ *сущ.* **присоедине́ние**, -я, *ср.* ‖ *прил.* **присоедини́тельный**, -ая, -ое (спец.). *Присоединительное предложение* (в грамматике: придаточное предложение, вносящее дополнительное сообщение).

ПРИСОЕДИНИ́ТЬСЯ, -ню́сь, -ни́шься; *сов.* **1.** *к кому-чему.* То же, что соединиться (в 1 и 2 знач.). *Отставшие присоединились к отряду. П. к общему мнению* (согласиться с большинством). **2.** (1 и 2 л. не употр.), *к чему.* Сопроводить собой что-н., сочетаться с чем-н. *К болезни присоединилось одиночество.* ‖ *несов.* **присоединя́ться**, -я́юсь, -я́ешься. ‖ *сущ.* **присоедине́ние**, -я, *ср.* (к 1 знач.).

ПРИСОЛИ́ТЬ, -олю́, -о́лишь *и* -оли́шь; -о́ленный; *сов., что* (разг.). Немного посолить, подсолить. ‖ *несов.* **приса́ливать**, -аю, -аешь.

ПРИСО́С, -а, *м.* **1.** *см.* присосаться. **2.** Приспособление, устройство, при помощи к-рого что-н. присасывается к чему-н. *Держаться на присосах.* ‖ *прил.* **присо́сный**, -ая, -ое.

ПРИСОСА́ТЬСЯ, -су́сь, -сёшься; *сов.* Впиться, прижаться к чему-н., всасываясь. *Пиявки присосались.* ‖ *несов.* **приса́сываться**, -аюсь, -аешься. ‖ *сущ.* **присо́с**, -а, *м. и* **приса́сывание**, -я, *ср.* ‖ *прил.* **присо́сочный**, -ая, -ое *и* **приса́сывательный**, -ая, -ое (спец.). *Присасывательный диск* (у рыб-присосок). *Присасывательные сосочки* (у пиявок).

ПРИСОСЕ́ДИТЬСЯ, -е́жусь, -е́дишься; *сов., к кому-чему* (разг.). Сесть рядом, близко к кому-чему-н., пристроиться. *Можно рядом с вами на скамеечке п.? П. к пирогу.*

ПРИСО́СОК, -ска, *м.* и **ПРИСО́СКА**, -и, *ж.* (спец.). Орган, с помощью к-рого растение или животный организм присасываются к чему-н. *Присоски на голове у прилипал. П. у пиявки, осьминога.* ‖ *прил.* **присо́сковый**, -ая, -ое.

ПРИСО́ХНУТЬ, -ну, -нешь; -о́х, -о́хла; -о́хший; -о́хши; *сов.* **1.** (1 и 2 л. не употр.). Высохнув, пристать, прилипнуть к чему-н. *Грязь присохла к одежде.* **2.** *к кому-чему.* Крепко полюбить, привязаться (прост.). ‖ *несов.* **присыха́ть**, -а́ю, -а́ешь.

ПРИСПЕ́ТЬ, -е́ю, -е́ешь; *сов.* **1.** Подойти, подоспеть (устар.). *Помощь приспела вовремя.* **2.** (1 и 2 л. не употр.). О времени, событии: наступить, настать. *Приспела желанная пора.* ‖ *несов.* **приспева́ть**, -а́ет (ко 2 знач.).

ПРИСПЕ́ШНИК, -а, *м.* (книжн.). Помощник в каких-н. плохих, неблаговидных действиях, сообщник. ‖ *ж.* **приспе́шница**, -ы. ‖ *прил.* **приспе́шнический**, -ая, -ое.

ПРИСПИ́ЧИТЬ, -ит; *безл.; сов., кому с неопр.* (прост.). Очень захотеться, понадобиться. *Приспичило ему ехать.*

ПРИСПНУ́ТЬ, -ну́, -нёшь; *сов.* (прост.). Немного соснуть. *П. часок.*

ПРИСПОСО́БИТЬ, -блю, -бишь; -бленный; *сов., кого-что.* Сделать годным, применить для чего-н. *П. здание под клуб.* ‖ *несов.* **приспоса́бливать**, -аю, -аешь *и* **приспособля́ть**, -я́ю, -я́ешь. ‖ *сущ.* **приспособле́ние**, -я, *ср. и* **приспоса́бливание**, -я, *ср.*

ПРИСПОСО́БИТЬСЯ, -блюсь, -бишься; *сов.* Освоившись с чем-н., приобрести нужные навыки, сноровку, свойства. *П. к обстоятельствам. П. к новым условиям. Организм приспособился к холодному климату.* ‖ *несов.* **приспоса́бливаться**, -аюсь, -аешься *и* **приспособля́ться**, -я́юсь, -я́ешься. ‖ *сущ.* **приспособле́ние**, -я, *ср. и* **приспоса́бливание**, -я, *ср.* ‖ *прил.* **приспособи́тельный**, -ая, -ое (спец.). *Приспособительные механизмы* (в организме). *Приспособительная окраска животных.*

ПРИСПОСОБЛЕ́НЕЦ, -нца, *м.* Человек, к-рый беспринципно приспосабливается к обстоятельствам, маскируя свои истинные взгляды. ‖ *ж.* **приспособле́нка**, -и. ‖ *прил.* **приспособле́нческий**, -ая, -ое.

ПРИСПОСОБЛЕ́НИЕ, -я, *ср.* **1.** *см.* приспособить, -ся. **2.** Предмет, всякое устройство, при помощи или посредством к-рого производится какая-н. работа, действие; вообще — прибор, механизм. *П. для зажима детали. Удобные приспособления.*

ПРИСПОСО́БЛЕННЫЙ, -ая, -ое; -ен, *к чему.* Легко применяющийся, приспосабливающийся к каким-н. условиям, к среде, окружению, обстановке. *Этот юноша плохо приспособлен к самостоятельной жизни.* ‖ *сущ.* **приспосо́бленность**, -и, *ж.*

ПРИСПОСОБЛЕ́НЧЕСТВО, -а, *ср.* Поведение приспособленца. ‖ *прил.* **приспособле́нческий**, -ая, -ое.

ПРИСПОСОБЛЯ́ЕМОСТЬ, -и и **ПРИСПОСА́БЛИВАЕМОСТЬ**, -и, *ж.* (спец.). Способность или возможность приспособиться к чему-н. *П. организмов к среде.*

ПРИСПУСТИ́ТЬ, -ущу́, -у́стишь; -у́щенный; *сов., что.* Немного спустить, опустить. *П. флаг.* ‖ *несов.* **приспуска́ть**, -а́ю, -а́ешь.

ПРИ́СТАВ, -а, *мн.* -ы, -ов *и* -а́, -о́в, *м.* **1.** В царской России: начальник полиции небольшого административного района. *Участковый или частный п. Становой п.* **2.** В старину на Руси: должностное лицо, приставленное к какому-н. делу для надзора. ✦ **Судебный пристав** — в царской России: судебный исполнитель.

ПРИСТАВА́ЛА, -ы, *м. и ж.* (прост.). Надоедливый, постоянно пристающий человек. *Как отделаться от этого приставалы?*

ПРИСТАВА́ТЬ *см.* пристать.

ПРИСТА́ВИТЬ, -влю, -вишь; -вленный; *сов.* **1.** *что.* Поставить вплотную к чему-н., приложить. *П. лестницу к стене.* **2.** *что.* Увеличивая, пришить, приделать, нарастить (во 2 знач.). *П. кусок материи.* **3.** *кого (что).* Назначить для ухода, надзора при ком-чём-н. (разг.). *П. ученика к мастеру. П. сторожа к складу.* ‖ *несов.* **приставля́ть**, -я́ю, -я́ешь. ‖ *сущ.* **приставле́ние**, -я, *ср. и* **приста́вка**, -и, *ж.* (ко 2 знач.). ‖ *прил.* **приставно́й**, -а́я, -о́е (к 1 и 2 знач.). *Приставная лестница. П. стул* (в ряду театральных кресел).

ПРИСТА́ВКА, -и, *ж.* **1.** *см.* приставить. **2.** То, что приставлено, присоединено к чему-н. *Магнитофонная п.* (магнитофон без усилителя мощности и громкоговорителя). **3.** В грамматике: морфема, стоящая перед корнем, префикс. ‖ *прил.* **приста́вочный**, -ая, -ое (к 3 знач.). *Приставочные глаголы.*

ПРИСТАВУ́ЧИЙ, -ая, -ее (разг.). Такой, к-рый постоянно пристает (в 3 знач.), надоедает с чем-н. *П. мальчуган.*

ПРИ́СТАЛЬНЫЙ, -ая, -ое; -лен, -льна. Сосредоточенный, напряжённый. *П. взгляд. Пристальное внимание. Пристально* (нареч.) *следить за кем-чем-н.* ‖ *сущ.* **при́стальность**, -и, *ж.*

ПРИСТА́НИЩЕ, -а, *ср.* Место, к-рое может служить приютом, убежищем. *Найти себе п. Последнее п.*

ПРИ́СТАНЬ, -и, *мн.* -и, -е́й *и* (разг.) -ей, *ж.* Место на берегу реки, водоёма, оборудованное для причала судов, лодок, а также небольшой порт на внутренних водных путях. *Плавучая п.* (дебаркадер). *Начальник пристани. Войти в тихую п.* ✦ **Тихая пристань** — место, где можно надолго найти покой, успокоение. ‖ *прил.* **при́станный**, -ая, -ое *и* **при́станский**, -ая, -ое.

ПРИСТА́ТЬ, -а́ну, -а́нешь; *сов.* **1.** (1 и 2 л. не употр.), *к кому-чему.* Прикрепиться, плотно прилегая, прилипнуть. *К одежде пристала грязь.* **2.** (1 и 2 л. не употр.), *к кому.* О заразной болезни: передаться (прост.). *Пристала какая-то зараза.* **3.** *к кому.* Приступить к кому-н. с назойливыми разговорами, с просьбами (разг.). *П. с расспросами.* **4.** *к кому.* Присоединиться, пойти вслед за кем-н. *Пристала чужая собака.* **5.** *к чему.* О судах, плавучих средствах: подойдя к берегу, причалить. *П. к берегу, к причалу.* **6.** **приста́ло**, обычно *с отриц., с неопр.; безл., кому.* Следует, подобает, надлежит (устар.). *Не пристало ему так говорить.* **7.** (1 и 2 л. не употр.), *кому.* Оказаться соответствующим, подходящим; прийтись к лицу (устар.). *Пристала ли мужчине слабость? Эта одежда тебе не пристала.* ‖ *несов.* **пристава́ть**, -таю́, -таёшь (к 1, 2, 3, 4 и 5 знач.). ‖ *сущ.* **пристава́ние**, -я, *ср.* (к 3 и 5 знач.).

ПРИСТЕГА́ТЬ, -а́ю, -а́ешь; -стёганный; *сов., что.* Стегая², прикрепить. *П. ватин.* ‖ *несов.* **пристёгивать**, -аю, -аешь.

ПРИСТЕГНУ́ТЬ, -ну́, -нёшь; -стёгнутый; *сов.* **1.** *что.* Прикрепить застёжкой, а также вообще крепко привязать. *П. воротничок. П. ремни.* **2.** *перен., кого-что.* Присоединить, добавить (прост.). *К двум помощникам третьего пристегнули.* ‖ *несов.* **пристёгивать**, -аю, -аешь. ‖ *прил.* **пристежно́й**, -а́я, -о́е (к 1 знач.). *П. капюшон.* ‖ *сущ.* **пристёгивание**, -я, *ср.* (к 1 знач.) *и* **пристёжка**, -и, *ж.* (к 1 знач.).

ПРИСТО´ЙНЫЙ, -ая, -ое; -о́ен, -о́йна. Вполне отвечающий правилам приличия. *Пристойное поведение. Пристойно* (нареч.) *вести себя.* ‖ *сущ.* **присто́йность, -и,** *ж.*

ПРИСТРА´ИВАТЬ[1-2], **-СЯ**[1-2] *см.* пристроить[1-2], -ся[1-2].

ПРИСТРА´СТИЕ, *-я, ср.* **1.** Сильная склонность. *П. к театру.* **2.** Предвзятость, предубеждённость по отношению к кому-чему-н. *П. в суждениях. Судить о ком-н. с явным пристрастием.* ✦ **Допросить с пристрастием** (разг.) — придирчиво расспросить о чём-н. [в старину — о допросе с пытками].

ПРИСТРАСТИ´ТЬ, -ащу́, -асти́шь; -ащённый (-ён, -ена́); *сов., кого (что) к чему* (разг.). Склонить к занятию чем-н., вызвать к нему постоянный интерес. *П. к чтению.*

ПРИСТРАСТИ´ТЬСЯ, -ащу́сь, -асти́шься; *сов., к чему* (разг.). Приобрести пристрастие (в 1 знач.), увлечься чем-н. *П. к рисованию.*

ПРИСТРА´СТНЫЙ, -ая, -ое; -тен, -тна. **1.** Испытывающий пристрастие (в 1 знач.), склонность к чему-н. *Пристрастен к азартным играм.* **2.** Несправедливый, основанный на пристрастии (во 2 знач.). *Пристрастное отношение. П. экзаменатор. Судить пристрастно* (нареч.) *о чём-н.* ‖ *сущ.* **пристра́стность,** -и, *ж.*

ПРИСТРЕЛИ´ТЬ, -елю́, -е́лишь; -е́ленный; *сов., кого (что).* **1.** Добить выстрелом. *П. раненого зверя.* **2.** То же, что застрелить (разг.). ‖ *несов.* **пристре́ливать,** -аю, -аешь.

ПРИСТРЕЛЯ´ТЬ, -я́ю, -я́ешь; -е́лянный; *сов., что.* Пробными выстрелами определить правильный прицел, наводку. *П. орудие. Высота хорошо пристреляна.* ‖ *несов.* **пристре́ливать,** -аю, -аешь. ‖ *сущ.* **пристре́лка,** -и, *ж.* ‖ *прил.* **пристре́льный,** -ая, -ое (спец.) *и* **пристре́лочный,** -ая, -ое (спец.). *Пристрелочные снаряды. Пристрельный огонь.*

ПРИСТРЕЛЯ´ТЬСЯ, -я́юсь, -я́ешься; *сов.* Пробными выстрелами установить правильный прицел. *Батарея пристрелялась.* ‖ *несов.* **пристре́ливаться,** -аюсь, -аешься. ‖ *сущ.* **пристре́лка,** -и, *ж.* ‖ *прил.* **пристре́лочный,** -ая, -ое (спец.).

ПРИСТРО´ИТЬ[1], -о́ю, -о́ишь; -о́енный; *сов.* **1.** *что.* Построить в дополнение к чему-н. *П. веранду к дому.* **2.** *кого (что).* Поместить, определить, устроить (разг.). *П. в ученики. П. к делу.* ‖ *несов.* **пристра́ивать,** -аю, -аешь. ‖ *сущ.* **пристра́ивание,** -я, *ср. и* **пристро́йка,** -и, *ж.* (к 1 знач.).

ПРИСТРО´ИТЬ[2], -о́ю, -о́ишь; -о́енный; *сов., кого-что.* Поставить в строй[2] (в 1 знач.) в дополнение к прежде стоявшим. *П. второй взвод к первому.* ‖ *несов.* **пристра́ивать,** -аю, -аешь.

ПРИСТРО´ИТЬСЯ[1], -о́юсь, -о́ишься; *сов.* (разг.). **1.** Поместиться, расположиться где-н., около кого-чего-н. *П. писать на подоконнике.* **2.** Устроиться, попасть на работу, в какое-н. место (обычно удобное, выгодное). *П. в канцелярию. Хорошо пристроился.* ‖ *несов.* **пристра́иваться,** -аюсь, -аешься.

ПРИСТРО´ИТЬСЯ[2], -о́юсь, -о́ишься; *сов.* Примкнуть строем[2] (в 1 знач.) в дополнение к прежде стоявшим. *П. к первой роте.* ‖ *несов.* **пристра́иваться,** -аюсь, -аешься.

ПРИСТРО´ЙКА, -и, *ж.* **1.** *см.* пристроить[1]. **2.** Пристроенное помещение, часть здания. *Деревянная п.*

ПРИСТРОЧИ´ТЬ, -очу́, -очи́шь *и* -о́чишь; -о́ченный; *сов., что.* Пришить (обычно на машинке). *П. воротник.* ‖ *несов.* **пристра́чивать,** -аю, -аешь.

ПРИСТРУ´НИТЬ, -ню, -нишь; -ненный *и* **ПРИСТРУНИ´ТЬ,** -ню́, -ни́шь; -нённый (-ён, -ена́); *сов., кого (что)* (разг.). Воздействовать на кого-н. строгостью, сделать строгое внушение. *П. шалуна.* ‖ *несов.* **пристру́нивать,** -аю, -аешь.

ПРИСТУ´КНУТЬ, -ну, -нешь; -утый; *сов.* **1.** Слегка стукнуть обо что-н. (сопровождая этим слова, движение, жест) (разг.). *П. каблуком.* **2.** *кого (что).* Убить сильным ударом, выстрелом (прост.). *П. предателя.* ‖ *несов.* **присту́кивать,** -аю, -аешь.

ПРИ´СТУП, -а, *м.* **1.** *см.* приступить. **2.** Атака, штурм. *Идти на п. Взять приступом.* **3.** Острое и внезапное проявление признаков болезни. *П. малярии. П. кашля. П. астмы.* **4.** *перен.* То же, что припадок (во 2 знач.). *П. гнева, раздражения.* ✦ **Приступу (приступа) нет** *к кому-чему* (разг.) — 1) очень дорого, не купишь; 2) то же, что подступа нет к кому-н.

ПРИСТУПИ´ТЬ, -уплю́, -у́пишь; *сов.* **1.** *к кому-чему.* Подойти, подступить. *Враг приступил к крепости. Волны приступили к берегу. П. к кому-н. с требованиями, просьбами* (перен.: настойчиво обратиться). **2.** *к чему.* Начать, приняться за что-н. *П. к делу. П. к строительству.* ‖ *несов.* **приступа́ть,** -а́ю, -а́ешь. ‖ *сущ.* **при́ступ,** -а, *м.*

ПРИСТУПИ´ТЬСЯ, -уплю́сь, -у́пишься; *сов.* (разг.). То же, что подступить (во 2 знач.). *Так сердит, что не приступишься.* ‖ *несов.* **приступа́ться,** -а́юсь, -а́ешься.

ПРИСТУ´ПОК, -пка, *м.* и **ПРИСТУ´ПКА,** -и, *ж.* (разг.). Ступенька, порожек. *Каменный приступок. П. у крыльца.*

ПРИСТЫДИ´ТЬ *см.* стыдить.

ПРИСТЫ´ЖЕННЫЙ, -ая, -ое; -ен. Смущённый, выражающий стыд, раскаяние. *П. вид. Пристыженно* (нареч.) *улыбнуться.* ‖ *сущ.* **присты́женность,** -и, *ж.*

ПРИСТЯ´ЖКА, -и, *ж.* **1.** Запряжка лошадей сбоку от оглобель в помощь коренной. *Идти в пристяжке.* **2.** Лошадь в такой запряжке. *Левая п.*

ПРИСТЯЖНО´Й, -а́я, -о́е. Идущий в пристяжке. *Пристяжная лошадь.*

ПРИСУДИ´ТЬ, -ужу́, -у́дишь; -уждённый (-ён, -ена́); *сов.* **1.** *кого (что) к чему* или (разг.) *что кому.* Приговорить (по суду) к чему-н. *П. кого-н. к штрафу или штраф кому-н.* **2.** *кого-что кому.* Вынести судебное решение о передаче кого-чего-н. кому-н. (разг.). *П. дом истцу.* **3.** *что кому.* Принять решение о выдаче чего-н. *П. премию.* ‖ *несов.* **присужда́ть,** -а́ю, -а́ешь. ‖ *сущ.* **присужде́ние,** -я, *ср.*

ПРИСУ´ТСТВЕННЫЙ, -ая, -ое: 1) **присутственный день** — в нек-рых учреждениях: день рабочей недели, в к-рый сотрудники присутствуют в учреждении; 2) **присутственное место** (устар.) — учреждение, канцелярия.

ПРИСУ´ТСТВИЕ, -я, *ср.* **1.** *см.* присутствовать. **2.** Нахождение в каком-н. месте. **3.** Пребывание, нахождение в каком-н. месте в данное время. *Ваше п. желательно.* **4.** Исполнение служебных обязанностей в учреждении (устар.). *П. начинается с 10 часов утра.* **5.** То же, что присутственное место (устар.). *Рекрутское п.* ✦ **Присутствие духа** — полное самообладание. **В присутствии** *кого, в знач. предлога с род. п.* — при ком-н. *Сказать в присутствии свидетелей.*

ПРИСУ´ТСТВОВАТЬ, -твую, -твуешь; *несов.* **1.** (1 и 2 л. не употр.). Иметь место, иметься, наличествовать. *В сочинении присутствуют интересные мысли.* **2.** Быть где-н. в какое-н. время. *Депутаты присутствуют в полном составе. П. на заседании. На съезде присутствуют высокие гости. Регистрация присутствующих* (сущ.). ‖ *сущ.* **прису́тствие,** -я, *ср.*

ПРИСУШИ´ТЬ, -ушу́, -у́шишь; *сов., кого-что* (прост.). То же, что приворожить. *Присушила парня.*

ПРИСУ´ЩИЙ, -ая, -ее; -ущ, *кому-чему.* Свойственный кому-чему-н. *С присущим ему добродушием. Присуща подозрительность кому-н.*

ПРИСЧИТА´ТЬ, -а́ю, -а́ешь; -и́танный; *сов., кого-что.* Добавить при счёте, подсчёте. *П. необходимую сумму.* ‖ *несов.* **присчи́тывать,** -аю, -аешь. ‖ *сущ.* **присчи́тывание,** -я, *ср. и* **присчёт,** -а, *м.*

ПРИСЫЛА´ТЬ, ПРИСЫ´ЛКА *см.* прислать.

ПРИСЫ´ПАТЬ, -плю, -плешь *и* (разг.) -пешь, -пет, -пем, -пете, -пят; -сыпь; -анный; *сов.* **1.** *что и чего.* Насыпая, добавить. *П. крупы.* **2.** *что.* Посыпать тонким слоем. *П. порошком.* **3.** *что и чего.* Насыпать вплотную к чему-н. *П. песок к забору.* ‖ *несов.* **присыпа́ть,** -а́ю, -а́ешь. ‖ *сущ.* **присыпа́ние,** -я, *ср. и* **присы́пка,** -и, *ж.*

ПРИСЫ´ПКА, -и, *ж.* **1.** *см.* присыпать. **2.** Лекарственный порошок, к-рым присыпают больное место.

ПРИСЫХА´ТЬ *см.* присохнуть.

ПРИСЯ´ГА, -и, *ж.* Официальное и торжественное обещание. *Военная п. Привести к присяге. Принять присягу.* ‖ *прил.* **прися́жный,** -ая, -ое (стар.).

ПРИСЯГА´ТЬ, -а́ю, -а́ешь; *несов., кому-чему.* Давать присягу кому-н. в чём-н. *П. на верность Отечеству. П. знамени.* ‖ *сов.* **присягну́ть,** -ну́, -нёшь.

ПРИСЯ´ДКА, -и, *ж.* Приём в пляске с приседанием и попеременным выбрасыванием ног. ‖ *уменьш.* **прися́дочка,** -и, *ж.*

ПРИСЯ´ЖНЫЙ, -ая, -ое. **1.** *см.* присяга. **2.** Всегдашний, постоянный (разг. шутл.). *П. остряк.* **3. прися́жный,** -ого, *м.* То же, что присяжный заседатель. *Суд присяжных.* ✦ **Присяжные заседатели** — выборные лица, участвующие в судебном разбирательстве и выносящие решение о виновности или невиновности подсудимого (в уголовном процессе), либо о наличии или отсутствии спорного факта (в гражданском процессе). *Старшина присяжных заседателей.* **Присяжный поверенный** — в царской России: то же, что адвокат.

ПРИТАИ´ТЬСЯ, -аю́сь, -аи́шься; *сов.* Спрятаться и притихнуть. *П. в углу.* ‖ *несов.* **прита́иваться,** -аюсь, -аешься.

ПРИТА´ЛИТЬ, -лю, -лишь; -ленный; *сов., что.* Сшить или ушить (одежду) по талии. *Приталенный пиджак.* ‖ *несов.* **прита́ливать,** -аю, -аешь.

ПРИТАНЦО´ВЫВАТЬ, -аю, -аешь; *несов.* (разг.). Идти танцуя, а также делать движения, подобные танцу.

ПРИТА´ПТЫВАТЬ[1], -аю, -аешь; *несов.* (разг.). То же, что притопывать.

ПРИТА´ПТЫВАТЬ[2], **-СЯ** *см.* притоптать, -ся.

ПРИТАЧА´ТЬ, -а́ю, -а́ешь; -а́чанный; *сов., что* (спец.). Пришить тачая. *П. голенище.* ‖ *несов.* **прита́чивать,** -аю, -аешь. ‖ *сущ.* **прита́чивание,** -я, *ср. и* **прита́чка,** -и, *ж.*

ПРИТАЩИ´ТЬ, -ащу́, -а́щишь; -а́щенный; *сов.* **1.** *кого-что.* Таща, доставить куда-н. *П. бревно.* **2.** *кого (что).* Привести или привезти насильно, против воли (разг.). *Зачем ты* *притащил меня на эту свадьбу?* ‖ *несов.* **притаскивать**, -аю, -аешь.

ПРИТАЩИ́ТЬСЯ, -ащу́сь, -а́щишься; *сов.* **1.** Прийти, медленно, с трудом передвигаясь (разг.). *Еле притащился домой.* **2.** Прийти, явиться (прост. неодобр.). *Его не звали, а он притащился.* ‖ *несов.* **притаскиваться**, -аюсь, -аешься.

ПРИТВО́Р, -а, *м.* Входное (вслед за папертью) помещение с западной стороны церкви. *В притворе храма.*

ПРИТВО́РА, -ы, *м.* и *ж.* (разг.). То же, что притворщик.

ПРИТВОРИ́ТЬ, -орю́, -о́ришь; -о́ренный; *сов., что.* Затворить, обычно неплотно или тихо, осторожно. *П. за собой дверь.* ‖ *несов.* **притворя́ть**, -я́ю, -я́ешь.

ПРИТВОРИ́ТЬСЯ[1] (-орю́сь, -о́ришься, 1 и 2 л. не употр.), -о́рится; *сов.* Затвориться, обычно неплотно или тихо. *Дверь притворилась.* ‖ *несов.* **притворя́ться** (-я́юсь, -я́ешься, 1 и 2 л. не употр.), -я́ется.

ПРИТВОРИ́ТЬСЯ[2], -рю́сь, -ри́шься; *сов.* Принять какой-н. вид с целью ввести в заблуждение, повести себя неискренне. *П. больным. П. равнодушным.* ‖ *несов.* **притворя́ться**, -я́юсь, -я́ешься.

ПРИТВО́РНЫЙ, -ая, -ое; -рен, -рна. Обманно выдаваемый за истинное или искреннее. *Притворные слёзы. Притворное равнодушие. Притворно* (нареч.) *сочувствовать.* ‖ *сущ.* **притво́рность**, -и, *ж.*

ПРИТВО́РСТВО, -а, *ср.* Поведение того, кто притворяется².

ПРИТВО́РЩИК, -а, *м.* Человек, к-рый притворяется². ‖ *ж.* **притво́рщица**, -ы. ‖ *прил.* **притво́рщицкий**, -ая, -ое.

ПРИТЕКА́ТЬ *см.* притечь.

ПРИТЕРЕ́ТЬ, -тру́, -трёшь; -тёр, -тёрла; -тёрший; -тёртый; -тере́в *и* -тёрши; *сов., что.* Трением, шлифовкой плотно пригнать, присоединить к чему-н. *П. поверхности деталей.* ‖ *несов.* **притира́ть**, -а́ю, -а́ешь. ‖ *сущ.* **притира́ние**, -я, *ср.* и **при́тирка**, -и, *ж.* ‖ *прил.* **прити́рочный**, -ая, -ое. *П. станок.*

ПРИТЕРЕ́ТЬСЯ, -тру́сь, -трёшься; -тёрся, -тёрлась; -тёршийся; -тёршись; *сов.* **1.** (1 и 2 л. не употр.). Плотно присоединиться в результате пригонки, шлифовки, трения. *Поверхности деталей притёрлись.* **2.** *перен., к кому-чему.* Приспособиться, прижиться (прост.). *П. к новой обстановке.* ‖ *несов.* **притира́ться**, -а́юсь, -а́ешься. ‖ *сущ.* **притира́ние**, -я, *ср.* (к 1 знач.) *и* **при́тирка**, -и, *ж.*

ПРИТЕРПЕ́ТЬСЯ, -терплю́сь, -те́рпишься; *сов., к кому-чему* (разг.). Привыкнуть к чему-н. неприятному. *П. к боли.*

ПРИТЕСНЕ́НИЕ, -я, *ср.* **1.** *см.* притеснить. **2.** Несправедливое ограничение, стеснение свободы. *Терпеть притеснения и обиды.*

ПРИТЕСНИ́ТЕЛЬ, -я, *м.* (книжн.). Тот, кто притесняет кого-н., угнетатель. ‖ *ж.* **притесни́тельница**, -ы.

ПРИТЕСНИ́ТЬ, -ню́, -ни́шь; -нённый (-ён, -ена́); *сов., кого-что.* Угнетая, грубо стеснить; ограничить в правах и действиях. ‖ *несов.* **притесня́ть**, -я́ю, -я́ешь. ‖ *сущ.* **притесне́ние**, -я, *ср.* ‖ *прил.* **притесни́тельный**, -ая, -ое (устар.).

ПРИТЕ́ЧЬ (-еку́, -ечёшь, 1 и 2 л. ед. не употр.), -ечёт, -ечём, -ечёте, -еку́т; -ёк, -екла́; -ёкший; -ёкши; *сов.* **1.** О текущем: появиться где-н. *Притёкшие струи.* **2.** *перен.* Появиться, поступить куда-н. во множестве (устар. и высок.). *Толпы народа притекли на площадь.* ‖ *несов.* **притека́ть**, -а́ет. ‖ *сущ.* **прито́к**, -а, *м.* ‖ *прил.* **прито́чный**, -ая, -ое (к 1 знач.; спец.). *Приточные воды.*

ПРИТЁРТЫЙ, -ая, -ое. Плотно подогнанный к чему-н. трением, шлифовкой. *Притёртая деталь. Притёртая пробка* (стеклянная шероховатая пробка, плотно входящая в горлышко сосуда).

ПРИТИРА́ТЬ, -а́ю, -а́ешь; *несов.* **1.** *см.* притереть. **2.** *кого-что.* Слегка втирать во что-н. *П. лицо кремом.* ‖ *сущ.* **притира́ние**, -я, *ср.*

ПРИТИ́СНУТЬ, -ну, -нешь; -утый; *сов., кого-что* (разг.). Сильно придавить, прижать. *П. кого-н. в толпе. П. к стене.* ‖ *несов.* **прити́скивать**, -аю, -аешь.

ПРИТИ́ХНУТЬ, -ну, -нешь; -и́х, -и́хла; -и́хший; -и́хши *и* -и́хнув; *сов.* **1.** (1 и 2 л. не употр.). Стать тихим (в 1, 2 и 3 знач.), тише. *Звуки притихли. Лес притих. Движение на улицах притихло.* **2.** Перестать шуметь, начать вести себя спокойнее, сдержаннее. *Дети притихли.* ‖ *несов.* **притиха́ть**, -а́ю, -а́ешь.

ПРИТКНУ́ТЬ, -ну́, -нёшь; при́ткнутый; *сов., что* (разг.). Наскоро, кое-как прикрепить или поместить, положить. *П. чемодан в угол.* ‖ *несов.* **притыка́ть**, -а́ю, -а́ешь.

ПРИТКНУ́ТЬСЯ, -ну́сь, -нёшься; *сов.* (разг.). То же, что примоститься. *П. на краешке стула.* ‖ *несов.* **притыка́ться**, -а́юсь, -а́ешься.

ПРИТО́К, -а, *м.* **1.** *см.* притечь. **2.** *кого-чего.* Поступление чего-н. куда-н. в большом количестве, прилив (во 2 знач.). *П. свежего воздуха в помещение. П. сил, средств. П. посетителей.* **3.** Река, впадающая в другую реку или в озеро. *Притоки Волги.* ‖ *прил.* **прито́чный**, -ая, -ое (к 3 знач.).

ПРИ́ТОЛОКА, -и, *ж.* Верхний брус в дверном проёме. *Под притолоку ростом кто-н.* (очень высок). ‖ *прил.* **при́толочный**, -ая, -ое.

ПРИТО́М, *союз.* Вместе с тем, к тому же, в добавление к тому. *Умён, п. очень добр.* ✦ **И притом**, *союз* — то же, что притом. *Отличный работник, и притом общественник.* **Притом ещё (и притом ещё, а притом ещё, да притом ещё)**, *союз* — то же, что притом. *Умён, притом ещё очень добр.*

ПРИТОМИ́ТЬ, -млю́, -ми́шь; -млённый (-ён, -ена́); *сов., кого (что)* (прост.). То же, что утомить. *П. коней.*

ПРИТОМИ́ТЬСЯ, -млю́сь, -ми́шься; *сов.* (прост.). То же, что утомиться. *П. от ходьбы.*

ПРИТО́Н, -а, *м.* Место тайных преступных сборищ. *Воровской п. П. разврата.*

ПРИТО́ПНУТЬ, -ну, -нешь; *сов.* Топнуть слегка или в такт чему-н. *П. каблучком.* ‖ *несов.* **прито́пывать**, -аю, -аешь *и* **прито́пывать**, -аю, -аешь.

ПРИТОПТА́ТЬ, -опчу́, -о́пчешь; -о́птанный; *сов., что.* Примять ногами. *П. траву.* ‖ *несов.* **прита́птывать**, -аю, -аешь.

ПРИТОПТА́ТЬСЯ (-опчу́сь, -о́пчешься, 1 и 2 л. не употр.), -о́пчется; *сов.* Примяться от хождения. *Трава притопталась.* ‖ *несов.* **прита́птываться** (-аюсь, -аешься, 1 и 2 л. не употр.), -ается.

ПРИТОРГОВА́ТЬ *см.* торговать.

ПРИТОРМОЗИ́ТЬ, -ожу́, -ози́шь; -ожённый (-ён, -ена́); *сов., что* (разг.). Немного затормозить. *П. машину. П. на повороте.* ‖ *несов.* **притормáживать**, -аю, -аешь.

ПРИ́ТОРНЫЙ, -ая, -ое; -рен, -рна. **1.** Слишком сладкий. *П. вкус. П. сироп.* **2.** Сладковато-пряный. *П. запах резеды. Приторные духи.* **3.** *перен.* Излишне любезный, слащаво-сентиментальный. *Приторная улыбка.* ‖ *сущ.* **при́торность**, -и, *ж.*

ПРИТОРОЧИ́ТЬ, -очу́, -очи́шь; -о́ченный; *сов., что.* Привязать ремнями, тороками (к седлу). *П. тюки.* ‖ *несов.* **притора́чивать**, -аю, -аешь.

ПРИТО́ЧНЫЙ *см.* притечь *и* приток.

ПРИТРО́НУТЬСЯ, -нусь, -нешься; *сов., к кому-чему.* Слегка дотронуться, коснуться кого-чего-н. *П. к руке. Не притронулся к обеду* (совсем не ел). ‖ *несов.* **притра́гиваться**, -аюсь, -аешься. *К моим вещам не притрагивайся!* (не смей их брать, трогать).

ПРИТУЛИ́ТЬСЯ, -лю́сь, -ли́шься; *сов.* (разг.). Устроиться, улечься или усесться где-н. в укромном или неудобном месте. *П. в уголке.* ‖ *несов.* **притуля́ться**, -я́юсь, -я́ешься.

ПРИТУПИ́ТЬ, -уплю́, -у́пишь; -у́пленный *и* -уплённый (-ён, -ена́); *сов., что.* **1.** Немного затупить. *П. нож.* **2.** *перен.* Ослабить, сделать менее восприимчивым. *П. память. П. внимание.* ‖ *несов.* **притупля́ть**, -я́ю, -я́ешь. ‖ *сущ.* **притупле́ние**, -я, *ср.*

ПРИТУПИ́ТЬСЯ (-уплю́сь, -у́пишься, 1 и 2 л. не употр.), -у́пится; *сов.* **1.** Немного затупиться. *Лезвие притупилось. Когти притупились.* **2.** *перен.* Ослабеть, стать менее восприимчивым. *Память притупилась. Зрение притупилось.* ‖ *несов.* **притупля́ться** (-я́юсь, -я́ешься, 1 и 2 л. не употр.), -я́ется. ‖ *сущ.* **притупле́ние**, -я, *ср.*

ПРИТУШИ́ТЬ, -ушу́, -у́шишь; -у́шенный; *сов., что.* **1.** Ослабить, убавить (свет, огонь), а также загасить, потушить. *П. фитилёк. П. сигарету. П. костёр.* **2.** *перен.* Приглушить, ослабить. *П. звук. П. яркие краски.*

ПРИ́ТЧА, -и, *ж.* **1.** В религиозной и старой дидактической литературе: краткий иносказательный поучительный рассказ. *Евангельская п. П. о блудном сыне.* **2.** *перен.* О непонятном, труднообъяснимом явлении, событии (разг.). *Что за п.?* ✦ **Притча во языцех** (книжн., обычно ирон.) — предмет общих разговоров. ‖ *прил.* **при́тчевый**, -ая, -ое (спец.).

ПРИТЫКА́ТЬ *см.* приткнуть.

ПРИТЯГА́ТЕЛЬНЫЙ, -ая, -ое; -лен, -льна (книжн.). Привлекающий к себе, возбуждающий интерес. *Притягательная сила искусства.* ‖ *сущ.* **притяга́тельность**, -и, *ж.*

ПРИТЯЖА́ТЕЛЬНЫЙ, -ая, -ое. В грамматике: выражающий принадлежность кому-чему-н. *Притяжательные местоимения* (мой, твой, наш, ваш, свой). *Притяжательные прилагательные* (напр., сестрин, отцов). ‖ *сущ.* **притяжа́тельность**, -и, *ж.* *Суффиксы со значением притяжательности* (напр., -ин, -ов).

ПРИТЯЖЕ́НИЕ, -я, *ср.* Физическое явление тяготения тел друг к другу. *Закон земного притяжения.*

ПРИТЯЗА́НИЕ, -я, *ср.* (книжн.). **1.** Стремление получить что-н., предъявление своих прав на что-н. *П. на наследство.* **2.** Необоснованное стремление добиться признания, одобрения. *Притязания на учёность.*

ПРИТЯЗА́ТЕЛЬНЫЙ, -ая, -ое; -лен, -льна (устар.). То же, что требовательный (во 2 знач.). *П. тон.* ‖ *сущ.* **притяза́тельность**, -и, *ж.*

ПРИТЯЗА́ТЬ, -а́ю, -а́ешь; *несов., на кого-что* (книжн.). Иметь притязание. *П. на первое место. П. на остроумие.*

ПРИТЯНУ́ТЬ, -яну́, -я́нешь; -я́нутый; *сов.* **1.** *кого-что.* Тягой приблизить, таща, придвинуть. *П. лодку к берегу.* **2.** *перен., кого-что.* Привлечь без достаточных оснований, искусственным путём (разг.). *Этот аргумент явно притянут.* **3.** *кого (что).* Привлечь к ответу (прост.). *П. за мошенничество.* ‖ *несов.* **притя́гивать**, -аю, -аешь.

ПРИУГОТО́ВИТЬ, -влю, -вишь; -вленный; *сов., что* (устар.). То же, что приготовить (в 3 знач.). *Счастливое будущее приуготовлено кому-н.* ‖ *несов.* **приуготовля́ть**, -я́ю, -я́ешь.

ПРИУДА́РИТЬ, -рю, -ришь; *сов.* (прост.). **1.** Начать делать что-н. быстрее, поднажать. *Надо п., а то опоздаем.* **2.** *за кем.* Начать ухаживать, волочиться. *П. за соседкой.* ‖ *несов.* **приударя́ть**, -я́ю, -я́ешь.

ПРИУКРА́СИТЬ, -а́шу, -а́сишь; -а́шенный; *сов.* **1.** *кого-что.* Слегка украсить (разг.). *П. свой наряд.* **2.** *кого-что.* Представить в лучшем виде, чем есть на самом деле. *П. чьи-н. успехи.* **3.** *что.* Преувеличить в своём рассказе что-н. положительное, прибавить (в 5 знач.). *Его рассказ явно приукрашен.* ‖ *несов.* **приукра́шивать**, -аю, -аешь *и* **приукраша́ть**, -а́ю, -а́ешь. ‖ *возвр.* **приукра́ситься**, -а́шусь, -а́сишься (к 1 знач.); *несов.* **приукраша́ться**, -а́юсь, -а́ешься *и* **приукра́шиваться**, -аюсь, -аешься. ‖ *сущ.* **приукра́шивание**, -я, *ср.* (к 1 и 3 знач.) *и* **приукраше́ние**, -я, *ср.* (к 1 и 3 знач.; устар.).

ПРИУМЕ́НЬШИТЬ, -шу, -шишь; -шенный (книжн.) и (устар.) **ПРИУМЕНЬШИ́ТЬ**, -шу́, -ши́шь; -шённый (-ён, -ена́); *сов., что.* То же, что преуменьшить. ‖ *несов.* **приуменьша́ть**, -а́ю, -а́ешь. ‖ *сущ.* **приуменьше́ние**, -я, *ср.*

ПРИУМНО́ЖИТЬ, -жу, -жишь; -женный; *сов., что* (книжн.). То же, что преумножить. ‖ *несов.* **приумножа́ть**, -а́ю, -а́ешь. ‖ *сущ.* **приумноже́ние**, -я, *ср.*

ПРИУМНО́ЖИТЬСЯ (-жусь, -жишься, 1 и 2 л. ед. не употр.), -жится; *сов.* (книжн.). То же, что преумножиться. ‖ *несов.* **приумножа́ться** (-а́юсь, -а́ешься, 1 и 2 л. ед. не употр.), -а́ется. ‖ *сущ.* **приумноже́ние**, -я, *ср.*

ПРИУМО́ЛКНУТЬ, -ну, -нешь; -мо́лк *и* -мо́лкнул, -мо́лкла; -мо́лкший *и* -мо́лкнувший; -мо́лкнув *и* -мо́лкши; *сов.* Замолкнуть на время, притихнуть. *Птицы приумолкли. Разговоры приумолкли.* ‖ *несов.* **приумолка́ть**, -а́ю, -а́ешь.

ПРИУНЫ́ТЬ, *буд. вр.* не употр.; -ны́л, -ны́ла; *сов.* (разг.). Впасть в уныние. *П. после неудачи.* ‖ *несов.* **приуныва́ть**, -а́ю, -а́ешь.

ПРИУРО́ЧИТЬ, -чу, -чишь; -ченный; *сов., что к чему.* Отнести к какому-н. сроку. *П. отъезд к весне.* ‖ *несов.* **приуро́чивать**, -аю, -аешь.

ПРИУСА́ДЕБНЫЙ, -ая, -ое. Находящийся при доме, при усадьбе. *П. участок земли.*

ПРИУСТА́ТЬ, -а́ну, -а́нешь; *сов.* (разг.). Немного устать. *В походе приустали.*

ПРИУТИ́ХНУТЬ, -ну, -нешь; -и́х, -и́хла; -и́хший; -и́хши *и* -и́хнув; *сов.* (разг.). То же, что притихнуть. *Ветер приутих. Дети приутихли.* ‖ *несов.* **приутиха́ть**, -а́ю, -а́ешь.

ПРИУЧИ́ТЬ, -учу́, -у́чишь; -у́ченный; *сов., кого (что) к кому-чему и с неопр.* Заставить привыкнуть к кому-чему-н., научить чему-н., выработать навык. *П. к порядку. П. медвежонка к людям. П. регулярно заниматься.* ‖ *несов.* **приуча́ть**, -а́ю, -а́ешь. ‖ *возвр.* **приучи́ться**, -учу́сь, -у́чишься; *несов.* **приуча́ться**, -а́юсь, -а́ешься. ‖ *сущ.* **приуче́ние**, -я, *ср.*

ПРИФРАНТИ́ТЬСЯ, -нчу́сь, -нти́шься; *сов.* (разг.). Франтовато одеться, принарядиться. *П. для гостей.*

ПРИФРОНТОВО́Й, -а́я, -о́е. Находящийся вблизи фронта, примыкающий к линии фронта. *Прифронтовая полоса.*

ПРИХВА́РЫВАТЬ, -аю, -аешь; *несов.* (разг.). Часто хворать, недомогать. *К старости начал п.*

ПРИХВАСТНУ́ТЬ, -ну́, -нёшь; *сов.* (разг.). Немного, слегка похвастаться. *Любит п.* ‖ *несов.* **прихва́стывать**, -аю, -аешь.

ПРИХВАТИ́ТЬ, -ачу́, -а́тишь; -а́ченный; *сов.* **1.** *кого-что.* Схватив, сжать. *П. драчуна за локти.* **2.** *кого-что.* Застать, застигнуть (разг.). *Путников прихватила метель.* **3.** *кого-что.* Взять с собой (разг.). *П. еды на дорогу.* **4.** *что* или *чего.* Достать, приобрести (разг.). *П. денег в долг.* **5.** *что.* Прикрепить, закрепить слегка или наскоро (разг.). *П. чемодан ремнём. П. оторвавшийся карман.* **6.** (1 и 2 л. не употр.), *что.* Повредить морозом, а также вообще подморозить, заморозить (разг.). *Цветы прихватило* (безл.) *заморозками. Прудок прихвачен льдом.* **7.** (1 и 2 л. не употр.), *кого-что.* О боли, болезни: внезапно поразить (прост.). *Живот прихватило* (безл.). ‖ *несов.* **прихва́тывать**, -аю, -аешь.

ПРИХВОРНУ́ТЬ, -ну́, -нёшь; *сов.* (разг.). Заболеть несильно, ненадолго.

ПРИ́ХВОСТЕНЬ, -тня, *м.* (презр.). То же, что подхалим. *Фашистский п.*

ПРИХЛЕБА́ТЕЛЬ, -я, *м.* **1.** То же, что подхалим (презр.). **2.** Человек, к-рый ест чужой хлеб, дармоед (устар. пренебр.). ‖ *ж.* **прихлеба́тельница**, -ы. ‖ *прил.* **прихлеба́тельский**, -ая, -ое.

ПРИХЛЕБА́ТЕЛЬСТВО, -а, *ср.* (презр.). Поведение прихлебателя. ‖ *прил.* **прихлеба́тельский**, -ая, -ое.

ПРИХЛЁБЫВАТЬ, -аю, -аешь; *несов., что* (разг.). Пить небольшими глотками. *П. чай с блюдечка.* ‖ *однокр.* **прихлебну́ть**, -ну́, -нёшь.

ПРИХЛО́ПНУТЬ, -ну, -нешь; -утый; *сов.* **1.** Слегка хлопнуть, ударить. *П. в ладоши* (тихонько хлопнуть, а также сопроводить что-н. хлопком). *П. ладонью что-н.* (хлопнув по чему-н., прикрыть). **2.** *что.* Закрыть, затворить, хлопнув (разг.). *П. дверь.* **3.** *кого-что.* Придавить или прищемить, хлопнув, ударив (разг.). *П. палец дверью, молотком.* **4.** *кого (что).* Убить, умертвить (прост.). *Свои же дружки его прихлопнули.* **5.** *кого-что.* Прекратить существование чего-н., закрыть (прост.). *Пора п. эту шайку.* ‖ *несов.* **прихло́пывать**, -аю, -аешь.

ПРИХЛЫ́НУТЬ (-ну, -нешь, 1 и 2 л. не употр.), -нет; *сов.* Хлынув, приблизиться. *Прихлынули волны. Прихлынула толпа. Прихлынут воспоминания* (перен.).

ПРИХО́Д[1], -а, *м.* **1.** *см.* прийти. **2.** Поступление сумм, товаров. *П. превышает расход. Записать в п.* (в соответствующую графу бухгалтерской книги). ‖ *прил.* **прихо́дный**, -ая, -ое. *Приходная ведомость. Приходная касса.*

ПРИХО́Д[2], -а, *м.* Низшая церковно-административная единица, церковь с причтом и содержащая их церковная община (прихожане). *Каков поп, таков и п.* (посл.). ‖ *прил.* **прихо́дский**, -ая, -ое. *Приходское училище, приходская школа* (в России до революции: начальная сельская школа).

ПРИХОДИТЬ *см.* прийти.

ПРИХОДИ́ТЬСЯ, -ожу́сь, -о́дишься; *несов.* **1.** *см.* прийтись. **2.** *кем кому.* Быть с кем-н. в каком-н. родстве. *П. дядей кому-н.* **3.** **прихо́дится.** В сочетаниях «раз на ра́з», «день на́ день», «год на́ год» и под., обычно *с отриц.:* быть сходным, одинаковым, совпадать (разг.).

ПРИХО́ДОВАТЬ, -дую, -дуешь; *несов., что.* Записывать в графу прихода[1]. ‖ *сов.* **заприхо́довать**, -дую, -дуешь; -анный *и* **оприхо́довать**, -дую, -дуешь; -анный.

ПРИХО́ДО-РАСХО́ДНЫЙ, -ая, -ое. С записями прихода[1] и расхода (спец.). *Приходо-расходные книги.*

ПРИХОДЯ́ЩИЙ, -ая, -ее. Являющийся куда-н. на время для исполнения каких-н. обязанностей, для лечения. *Приходящая няня. Приходящие больные.*

ПРИХОЖА́НИН, -а, *мн.* -а́не, -а́н, *м.* Верующий, принадлежащий к какому-н. приходу[2]. ‖ *ж.* **прихожа́нка**, -и.

ПРИХО́ЖАЯ, -ей, *ж.* То же, что передняя. *Снять пальто в прихожей.*

ПРИХОРА́ШИВАТЬ, -аю, -аешь; *несов., кого-что* (разг.). Стараться придать кому-чему-н. нарядный вид. ‖ *сов.* **прихороши́ть**, -шу́, -ши́шь. ‖ *возвр.* **прихора́шиваться**, -аюсь, -аешься; *сов.* **прихороши́ться**, -шу́сь, -ши́шься. ‖ *сущ.* **прихора́шивание**, -я, *ср.*

ПРИХОТЛИ́ВЫЙ, -ая, -ое; -и́в. **1.** Капризный, с прихотями, причудами. *Прихотливая девица. П. вкус.* **2.** Причудливый, затейливый. *П. узор. Прихотливая фантазия.* ‖ *сущ.* **прихотли́вость**, -и, *ж.*

ПРИ́ХОТЬ, -и, *ж.* Капризное желание, причуда. *Исполнять чьи-н. прихоти.*

ПРИХРА́МЫВАТЬ, -аю, -аешь; *несов.* Слегка хромать. *П. на правую ногу.* ‖ *сущ.* **прихра́мывание**, -я, *ср.*

ПРИЦЕ́Л, -а, *м.* **1.** Прибор, механизм для наведения огнестрельного или ракетного оружия на цель. *Артиллерийский, стрелковый п. Оптический, лазерный, радиолокационный п.* **2.** Наводка на цель, прицеливание. *Линия прицела. Взять (брать) на п. кого-что-н.* (прицелиться в кого-что-н.; также перен.: обратить особое внимание на кого-что-н., взять под наблюдение; разг.). *Дальний, далёкий п., с дальним, далёким прицелом* (перен.: об отдалённой, обычно скрываемой цели, замыслах, планах). ‖ *прил.* **прице́льный**, -ая, -ое. *Прицельное приспособление.*

ПРИЦЕ́ЛИТЬСЯ, -люсь, -лишься; *сов.* **1.** Навести на цель (орудие, оружие). *П. в зверя.* **2.** *перен.* Приготовиться сделать что-н., нацелиться (разг.). ‖ *несов.* **прице́ливаться**, -аюсь, -аешься. ‖ *сущ.* **прице́ливание**, -я, *ср.* (к 1 знач.). ‖ *прил.* **прице́льный**, -ая, -ое (к 1 знач.). *Прицельное расстояние. П. огонь* (по цели).

ПРИЦЕНИ́ТЬСЯ, -еню́сь, -е́нишься; *сов., к кому-чему* (разг.). Собираясь купить, спросить о цене. *П. к товару.* ‖ *несов.* **прице́ниваться**, -аюсь, -аешься *и* **приценя́ться**, -я́юсь, -я́ешься.

ПРИЦЕ́П, -а, *м.* Повозка (вагон, платформа, а также орудие на лафете), прицепляемая к самодвижущемуся транспортному средству. *Трактор с прицепом.*

ПРИЦЕПИ́ТЬ, -цеплю́, -це́пишь; -це́пленный; *сов., что.* **1.** Сцепив, присоединить, прикрепить. *П. вагон к поезду.* **2.** Приколоть или привесить, зацепив (разг.). *П. значок. П. бант.* ‖ *несов.* **прицепля́ть**, -я́ю, -я́ешь. ‖ *сущ.* **прице́пка**, -и, *ж.* (к 1 знач.). ‖ *прил.* **прицепно́й**, -а́я, -о́е. *П. вагончик. П. инвентарь.*

ПРИЦЕПИ́ТЬСЯ, -цеплю́сь, -це́пишься; *сов.* **1.** Плотно зацепившись, повиснуть. *П. за крючок. К рукаву прицепился репейник.* **2.** *перен.* То же, что придраться (прост. неодобр.). *П. к пустяку.* **3.** *перен.* То же, что пристать (в 3 знач.) (прост. неодобр.). *Прохожий прицепился с разговорами.* ‖ *несов.* **прицепля́ться**, -я́юсь, -я́ешься.

ПРИЦЕ́ПКА, -и, *ж.* **1.** *см.* прицепить. **2.** То же, что придирка (прост. неодобр.). *Вечные прицепки с твоей стороны.*

ПРИЦЕ́ПЩИК, -а, *м.* Работник, обслуживающий прицепное устройство, орудие. *П. вагонеток.* ‖ *ж.* **прице́пщица**, -ы.

ПРИЧА́Л, -а, *м.* **1.** *см.* причалить. **2.** Место у берега, оборудованное для стоянки и обслуживания судов, для причаливания лодок. *Катер стоит у причала.* **3.** Верёвка, канат для причаливания. *Бросить, подать, закрепить п.* ‖ *прил.* **прича́льный**, -ая, -ое.

ПРИЧА́ЛИТЬ, -лю, -лишь; -ленный; *сов.* **1.** *что.* Подведя к берегу (к земле), привязать (судно, дирижабль). **2.** О судах, дирижаблях, космических кораблях: подойти, пристать. ‖ *несов.* **прича́ливать**, -аю, -аешь. ‖ *сущ.* **прича́л**, -а, *м. и* **прича́ливание**, -я, *ср.* ‖ *прил.* **прича́льный**, -ая, -ое.

ПРИЧА́СТИЕ[1], -я, *ср.* В грамматике: форма глагола, обладающая наряду с категориями глагола (время, залог, вид) категориями прилагательного (род, падеж). *Действительное п. Страдательное п.* ‖ *прил.* **прича́стный**, -ая, -ое. *П. оборот.*

ПРИЧА́СТИЕ[2], -я, *ср.* **1.** То же, что причащение. **2.** Символизирующее кровь и тело Иисуса Христа вино в чаше с кусочками просвиры, принимаемые верующими во время церковного обряда причащения.

ПРИЧАСТИ́ТЬ, -ащу́, -асти́шь; -ащённый (-ён, -ена́); *сов., кого (что).* У христиан: совершить над кем-н. обряд причащения. ‖ *несов.* **причаща́ть**, -а́ю, -а́ешь.

ПРИЧАСТИ́ТЬСЯ, -ащу́сь, -асти́шься; *сов.* У христиан: исполнить обряд причащения, принять причастие[2] (во 2 знач.). *П. святых тайн. П. и исповедаться. П. перед смертью.* ‖ *несов.* **причаща́ться**, -а́юсь, -а́ешься.

ПРИЧА́СТНЫЙ[1], -ая, -ое; -тен, -тна, *к чему* (книжн.). Имеющий непосредственное отношение, касательство к чему-н. *Человек, причастный к журналистике. Он к этому делу не причастен.* ‖ *сущ.* **прича́стность**, -и, *ж.*

ПРИЧА́СТНЫЙ[2] *см.* причастие[1].

ПРИЧАЩЕ́НИЕ, -я, *ср.* Христианское таинство принятия причастия[2] (во 2 знач.).

ПРИЧЕСА́ТЬ, -ешу́, -е́шешь; -чёсанный; *сов.* **1.** *кого-что.* Пригладить (волосы), придать волосам форму стрижкой, завивкой, укладкой. *П. голову. П. ребёнка. П. по моде.* **2.** *перен., что.* Сгладить, упорядочить (изложение, стиль) (разг.). *Причёсанная фраза.* ‖ *несов.* **причёсывать**, -аю, -аешь. ‖ *возвр.* **причеса́ться**, -ешу́сь, -е́шешься (к 1 знач.); *несов.* **причёсываться**, -аюсь, -аешься. ‖ *сущ.* **причёсывание**, -я, *ср. и* **причёска**, -и, *ж.* (к 1 знач.).

ПРИЧЕ́СТЬ, -чту́, -чтёшь; -чёл, -чла́; -чтённый (-ён, -ена́); -чтя́; *сов.* **1.** *что к чему.* То же, что присчитать (прост.). *П. проценты к вкладу.* **2.** *кого-что к кому-чему.* То же, что причислить (в 3 знач.) (устар.). *П. к числу лучших.* ‖ *несов.* **причи́тывать**, -аю, -аешь (к 1 знач.).

ПРИЧЕ́ТНИК, -а, *м.* Низший служитель в православной церкви. ‖ *прил.* **приче́тнический**, -ая, -ое.

ПРИЧЁМ, *союз.* То же, что притом. ✦ **И причём**, *союз* — то же, что притом. **Причём ещё (и причём ещё)**, *союз* — то же, что притом. *Неправ, причём ещё спорит.*

ПРИЧЁСКА, -и, *ж.* **1.** *см.* причесать. **2.** Форма, придаваемая волосам стрижкой, расчёсыванием, завивкой, укладкой. *Модная п.*

ПРИЧИ́НА, -ы, *ж.* **1.** Явление, вызывающее, обусловливающее возникновение другого явления. *П. пожара. П. спешки в том, что не хватает времени.* **2.** Основание, предлог для каких-н. действий. *Уважительная п. Смеяться без причины.* ✦ **По причине** *чего, в знач. предлога с род. п.* — вследствие чего-н., из-за чего-н., благодаря чему-н. *Не работал по причине болезни.* **По причине того что, по той причине что**, *союз* (книжн.) — из-за того что. **По той простой причине что** (разг.) — из-за того что, потому что, именно поэтому.

ПРИЧИНДА́ЛЫ, -ов (разг. шутл.). Чьи-н. вещи, предметы. *Забирай свои п. и уходи.*

ПРИЧИНИ́ТЬ, -ню́, -ни́шь; -нённый (-ён, -ена́); *сов., что.* Произвести, послужить причиной чего-н. (неприятного). *П. боль, огорчения. П. убытки.* ‖ *несов.* **причиня́ть**, -я́ю, -я́ешь.

ПРИЧИ́ННОСТЬ, -и, *ж.* В философии: взаимная связь явлений, в возникновении и развитии к-рых одно служит причиной, а другое — следствием, одно порождается другим, каузальность.

ПРИЧИ́ННЫЙ, -ая, -ое (книжн.). Связанный отношениями причинности, выражающий причинность. *Причинная связь явлений.*

ПРИЧИ́СЛИТЬ, -лю, -лишь; -ленный; *сов.* **1.** *что к чему.* Прибавить при подсчёте. *П. поступление к имеющейся сумме.* **2.** *кого (что) к кому-чему.* Назначить куда-н. для несения службы. *П. к охране.* **3.** *кого-что к кому-чему.* Отнести к числу кого-чего-н. *П. к выдающимся учёным. П. к лику святых.* ‖ *несов.* **причисля́ть**, -я́ю, -я́ешь. ‖ *сущ.* **причисле́ние**, -я, *ср.*

ПРИЧИТА́НИЕ, -я, *ср.* **1.** *см.* причитать. **2.** Старинный народный обрядовый плач (во 2 знач.). *Свадебные причитания.*

ПРИЧИТА́ТЬ, -а́ю, -а́ешь; *несов.* **1.** Плакать, приговаривая, жалуясь на что-н. **2.** Исполнять обрядовый плач (во 2 знач.). *П. по покойнику (над покойником).* ‖ *сущ.* **причита́ние**, -я, *ср.*

ПРИЧИТА́ТЬСЯ (-а́юсь, -а́ешься, 1 и 2 л. не употр.), -а́ется; *несов.* **1.** *кому.* Подлежать уплате за что-н. *Ему причитается сто рублей.* **2. причита́ется**, *безл., с кого.* О том, кто должен кого-н. отблагодарить, угостить, отметить какое-н. приятное событие (разг. шутл.). *Ты премию получил, с тебя причитается!*

ПРИЧИ́ТЫВАТЬ *см.* причесть.

ПРИЧМО́КНУТЬ, -ну, -нешь; *сов.* Произвести короткий чмокающий звук губами. *П. от удовольствия.* ‖ *несов.* **причмо́кивать**, -аю, -аешь. *Ребёнок сосёт, причмокивая.* ‖ *сущ.* **причмо́кивание**, -я, *ср.*

ПРИЧТ, -а, *м.* Служители и певчие в православной церкви [*первонач.* — исключая священника]. *Явился со всем причтом* (перен.: со всем своим окружением; разг. шутл.). ‖ *прил.* **при́чтовый**, -ая, -ое.

ПРИЧУ́ДА, -ы, *ж.* **1.** Странный каприз, чудачество. *Детские причуды. У старых людей свои причуды.* **2.** *перен.* Неожиданное, странное явление. *Причуды природы. Причуды северного лета.*

ПРИЧУ́ДИТЬСЯ *см.* чудиться.

ПРИЧУ́ДЛИВЫЙ, -ая, -ое; -ив. **1.** Вычурный, замысловатый. *П. наряд.* **2.** Капризный, с причудами (разг.). *П. старик.* ‖ *сущ.* **причу́дливость**, -и, *ж.*

ПРИЧУ́ДНИК, -а, *м.* (разг.). Человек с причудами. ‖ *ж.* **причу́дница**, -ы.

ПРИЧУ́ДНИЧАТЬ, -аю, -аешь; *несов.* Вести себя причудливо, капризничать.

ПРИШВАРТОВА́ТЬ, -СЯ *см.* швартовать, -ся.

ПРИШЕ́ЛЕЦ, -льца, *м.* **1.** Пришлый, не местный человек. *Лесной п.* (перен.: о звере, пришедшем к жилью). **2.** чаще *мн.* Инопланетянин, прилетевший на Землю. *Пришельцы из космоса.* ‖ *ж.* **при律е́лица**, -ы (к 1 знач.).

ПРИШЕПЁТЫВАТЬ, -аю, -аешь; *несов.* (разг.). Слегка шепелявить.

ПРИШЕ́СТВИЕ, -я, *ср.* (устар.). Приход, появление. ✦ **Второе пришествие** (высок.) — по христианскому учению: второе появление Иисуса Христа на земле для суда над людьми и для воскрешения мёртвых. **До второго пришествия** (разг. шутл.) — о чём-н. далёком и неопределённом. *Что же нам — до второго пришествия ждать?*

ПРИШЁПТЫВАТЬ, -аю, -аешь; *несов., что* (разг.). Шептать, делая что-н.

ПРИШИБИ́ТЬ, -бу́, -бёшь; -ши́б, -ши́бла; -бленный; *сов., кого (что).* **1.** Ударом повредить, а также убить (прост.). *П. руку. П. до смерти.* **2.** *перен.* Привести в угнетённое состояние (разг.). *Тяжёлое известие пришибло старика.* ‖ *несов.* **пришиба́ть**, -а́ю, -а́ешь.

ПРИШИ́БЛЕННЫЙ, -ая, -ое; -ен (разг.). Угнетённый, подавленный. *П. вид.* ‖ *сущ.* **приши́бленность**, -и, *ж.*

ПРИШИВНО́Й, -а́я, -о́е. Такой, к-рый пришит, пришивается. *П. воротник.*

ПРИШИ́ТЬ, -шью́, -шьёшь; -ше́й; -и́тый; *сов.* **1.** *что.* Сшивая, прикрепить. *П. рукав.* **2.** *что.* То же, что прибить[1] (в 1 знач.)(спец.). *П. доску.* **3.** *перен., что.* Ложно приписать что-н., обвинить в чём-н. кого-н. (прост. неодобр.). *П. дело.* **4.** *кого (что).* То же, что убить (в 1 знач.) (прост.). ‖ *несов.* **пришива́ть**, -а́ю, -а́ешь. ‖ *сущ.* **пришива́ние**, -я, *ср.* (к 1 и 2 знач.) *и* **приши́вка**, -и, *ж.* (к 1 и 2 знач.).

ПРИ́ШЛЫЙ, -ая, -ое. Пришедший со стороны, не местный, не здешний. *П. человек.*

ПРИШПИ́ЛИТЬ, -лю, -лишь; -ленный; *сов., что.* Приколоть шпилькой, булавкой. *П. бант.* ‖ *несов.* **пришпи́ливать**, -аю, -аешь.

ПРИШПО́РИТЬ, -рю, -ришь; -ренный; *сов., кого (что).* Ударить шпорами, побуждая к движению. *П. коня.* ‖ *несов.* **пришпо́ривать**, -аю, -аешь.

ПРИЩЕМИ́ТЬ, -млю́, -ми́шь; -млённый (-ён, -ена́); *сов., кого-что.* Сжав, придавить. *П. палец дверью.* ‖ *несов.* **прищемля́ть**, -я́ю, -я́ешь.

ПРИЩЕПИ́ТЬ, -плю́, -пи́шь; -плённый (-ён, -ена́); *сов., что.* **1.** Защемляя, прикрепить. *П. листы.* **2.** Вставить черенок в расщеплённый сучок для прививки растения (спец.). ‖ *несов.* **прищепля́ть**, -я́ю, -я́ешь. ‖ *сущ.* **прище́п**, -а, *м.* (ко 2 знач.; спец.) *и* **прище́пка**, -и, *ж.* (ко 2 знач.; спец.).

ПРИЩЕ́ПКА, -и, *ж.* **1.** *см.* прищепить. **2.** Зажим для прикрепления к верёвке повешенного на ней белья, платья. *Деревянные, пластмассовые прищепки.*

ПРИЩЕ́ПОК, -пка, *м.* (спец.). То же, что черенок (в 3 знач.).

ПРИЩЁЛКНУТЬ, -ну, -нешь; -утый; *сов.* (разг.). Слегка щёлкнуть (во 2 знач.). *П. языком.* ‖ *несов.* **прищёлкивать**, -аю, -аешь. ‖ *сущ.* **прищёлкивание**, -я, *ср.*

ПРИЩУ́Р, -а, *м.* (разг.). Положение, когда глаз немного прищурен. *Глаза с прищуром.*

ПРИЩУ́РИТЬ, -рю, -ришь; -ренный; *сов., что.* Щурясь, прикрыть веками (глаза). *П. глаз.* ‖ *несов.* **прищу́ривать**, -аю, -аешь.

ПРИЩУ́РИТЬСЯ, -рюсь, -ришься; *сов.* Прищурить глаз (глаза). *П. от яркого* *света.* ‖ *несов.* **прищу́риваться,** -аюсь, -аешься.

ПРИЩУ́ЧИТЬ, -чу, -чишь; *сов., кого (что)* (прост.). Строго спросить с кого-н.; наказать. ‖ *несов.* **прищу́чивать,** -аю, -аешь. ‖ *сущ.* **прищу́чивание,** *-я, ср.*

ПРИЮ́Т, -а, *м.* **1.** *см.* приютить. **2.** Место, где можно спастись или отдохнуть. *Удобный п. для путников.* **3.** Благотворительное учреждение для одиноких стариков, сирот, для бездомных. *Сиротский п. П. для нищих.* **4.** Небольшая спортивная база, пункт остановки, отдыха на сложном маршруте. *Туристский, альпинистский п.* ‖ *прил.* **прию́тский,** -ая, -ое (к 3 знач.).

ПРИЮТИ́ТЬ, -ючу́, -юти́шь; *сов., кого (что).* Дать приют (во 2 знач.) кому-н., удобно устроить у себя. *П. старика.* ‖ *сущ.* **прию́т,** -а, *м.* ‖ *прил.* **прию́тный,** -ая, -ое (устар.).

ПРИЮТИ́ТЬСЯ, -ючу́сь, -юти́шься; *сов.* **1.** Найти приют (в 1 знач.). *П. у земляков. У подножия горы приютилась избушка* (перен.). **2.** Удобно устроиться где-н. (сесть или лечь). *П. в кресле.*

ПРИЯ́ЗНЕННЫЙ, -ая, -ое; -знен, -зненна (устар.). То же, что дружественный (в 1 знач.). *Приязненно* (нареч.) *встретить.* ‖ *сущ.* **прия́зненность,** -и, *ж.*

ПРИЯ́ЗНЬ, -и, *ж.* (устар.). Дружба, дружеское расположение. *Давняя п.*

ПРИЯ́ТЕЛЬ, -я, *м.* **1.** Близкий и дружески расположенный знакомый. *Старинный мой п.* **2.** Фамильярное обращение к незнакомому лицу. *Эй, п., посторонись-ка!* ‖ *ж.* **прия́тельница,** -ы (к 1 знач.). ‖ *прил.* **прия́тельский,** -ая, -ое (к 1 знач.).

ПРИЯ́ТНЫЙ, -ая, -ое; -тен, -тна. **1.** Доставляющий удовольствие. *П. запах. Приятная встреча. Приятная новость. Приятно* (в знач. сказ.) *познакомиться.* **2.** Привлекательный, нравящийся. *П. человек. Приятная наружность.* ‖ *сущ.* **прия́тность,** -и, *ж.*

ПРИЯ́ТЬ, *буд. вр.* не употр.; -я́л, -я́ла; -я́вший; -я́тый; *сов., кого-что* (стар.). То же, что принять (в 1 знач.). ‖ *несов.* **принима́ть,** прие́млю, прие́млешь (неопр. не употр., личные формы — книжн.). *Не приемлет лжи, компромиссов кто-н.* ‖ *сущ.* **прия́тие,** -я, *ср.* (устар. и высок.).

ПРО *кого-что, предлог с вин. п.* **1.** О ком-чём-н., относительно, насчёт кого-чего-н. *Рассказывать про экскурсию.* **2.** Для, ради, в предназначении для кого-чего-н. (разг.). *Эта вещь не про тебя. Оставить что-н. про запас* (на случай, если понадобится).

ПРО: про и контра (книжн.) — аргументы, доводы и за и против чего-н.

ПРО..., *приставка.* **I. 1.** Образует глаголы со знач.: 1) действия, направленного сквозь, через что-н., напр. *пробить, прострелить, протечь;* 2) действия, распространяющегося во всей полноте на весь предмет, напр. *просолить, прокрасить, прогреть;* 3) движения мимо чего-н. или продвижения вперёд, напр. *проехать, пробежать, прошагать;* 4) полной законченности, исчерпанности или тщательности действия (возможно с постфиксом -ся), напр. *пропеть, пронумеровать, прогладить, провороваться, проспаться;* 5) действия, осуществляемого в один приём (преимущ. о звучании), напр. *провизжать, прорычать, прошуметь, пробарабанить;* 6) действия, развивающегося во всём объёме в течение какого-н. промежутка времени, напр. *проработать* (весь день), *просидеть* (всю ночь), *проболеть, промучиться* (какое-н. время), *проблуждать;* 7) действия, обозначающего утрату, ущерб, нежелательность результата (возможно с постфиксом -ся), напр. *прожить* (деньги), *проиграть, прокутить, прозевать, проболтаться, просчитаться;* 8) упущения, напр. *прогулять, прокараулить, проглядеть;* 9) собственно предела действия, напр. *прочитать* (книгу), *проговорить* (сказать), *пробить* (о бое часов). **II.** Образует: 1) существительные и прилагательные со знач. сторонник кого-чего-н., действующий в чьих-н. интересах, напр. *профашист, промодернист, проанглийский;* 2) существительные со знач. места, находящегося между чем-н., напр. *простенок, прожилка, проулок, просёлок;* 3) существительные со знач. неполноты признака, напр. *проседь, прожелть, прозелень, прочернь;* 4) существительные со знач. заменяющий, действующий или существующий вместо кого-чего-н., напр. *проректор, проконсул, просеминарий, прогимназия.*

ПРОАНАЛИЗИ́РОВАТЬ *см.* анализировать.

ПРОАННОТИ́РОВАТЬ *см.* аннотировать.

ПРО́БА[1], -ы, *ж.* **1.** *см.* пробовать. **2.** Часть вещества, материала, кушанья, взятая для анализа, испытания, проверки. *Взять пробу.* ‖ *прил.* **про́бный,** -ая, -ое.

ПРО́БА[2], -ы, *ж.* Количество частей благородного металла, заключённое в определённом количестве массовых долей сплава, а также клеймо, обозначающее это количество. *Золото высокой пробы.* ✦ **Пробы ставить негде** *на ком* (разг. презр.) — об отпетом негодяе, жулике. ‖ *прил.* **про́бный,** -ая, -ое (спец.). *Пробное золото* (с клеймом пробы).

ПРОБАВЛЯ́ТЬСЯ, -я́юсь, -я́ешься; *несов.* (разг.). Довольствоваться, обходиться чем-н. (незначительным). *Пришлось п. сухоядением.*

ПРОБА́ЛТЫВАТЬСЯ *см.* проболтаться[1].

ПРОБАРАБА́НИТЬ *см.* барабанить.

ПРОБАСИ́ТЬ *см.* басить.

ПРОБЕ́Г, -а, *м.* **1.** *см.* пробежать. **2.** Спортивное состязание в беге, езде. *Лыжный п. Автомобильный п.* **3.** Расстояние, пройденное каким-н. транспортным средством (спец.). *Суточный п. тепловоза.* **4.** Нахождение в пути (транспортных средств) (спец.). *Вагон в пробеге.*

ПРОБЕ́ГАТЬ, -аю, -аешь; *сов.* Провести какое-н. время в беганье, беготне. *П. весь день по городу.*

ПРОБЕГА́ТЬ, -а́ю, -а́ешь; *несов.* **1.** *см.* пробежать. **2.** *что.* О транспортном средстве: проходить какое-н. расстояние. *Поезд пробегает участок за два часа.*

ПРОБЕЖА́ТЬ, -егу́, -ежи́шь, -егу́т; *сов.* **1.** Бегом пройти мимо или через что-н. *П. через поляну. П. по залу, мимо зала.* **2.** *что.* Бегом преодолеть какое-н. пространство. *П. километр.* **3.** (1 и 2 л. не употр.), *перен.* Появиться и быстро исчезнуть, мелькнуть, пронестись. *По телу пробежала дрожь. По лицу пробежала улыбка. Быстро пробежало время. Пробежал ветерок.* **4.** *перен., что.* Бегло прочитать (разг.). *П. глазами письмо.* ‖ *несов.* **пробега́ть,** -а́ю, -а́ешь. ‖ *сущ.* **пробе́г,** -а, *м.* (к 1 и 2 знач.).

ПРОБЕЖА́ТЬСЯ, -егу́сь, -ежи́шься, -егу́тся; *сов.* Пробежать немного, чтобы размяться. *П. по дорожке.* ✦ **Пробежаться пальцами, рукой** *по чему* — беглым движением дотронуться. *Пробежаться пальцами по струнам.* ‖ *сущ.* **пробе́жка,** -и, *ж.* *Утренняя п.*

ПРОБЕ́Л, -а, *м.* **1.** Незаполненное место в тексте, промежуток (между буквами, словами, строками). *Оставить п.* **2.** Недосток, упущение. *П. в знаниях.* ‖ *прил.* **пробе́льный,** -ая, -ое (к 1 знач.) (спец.). *П. материал* (в типографском наборе: брусочки для образования промежутков).

ПРОБИВНО́Й, -а́я, -о́е. **1.** *см.* пробить. **2.** *перен.* Энергичный и настойчивый, умеющий добиваться своего (разг.). *П. парень.*

ПРОБИРА́ТЬ, -СЯ *см.* пробрать, -ся.

ПРОБИ́РКА, -и, *ж.* Запаянная с одного конца лабораторная трубочка из очень тонкого стекла. ‖ *прил.* **проби́рочный,** -ая, -ое.

ПРОБИ́РОВАТЬ, -рую, -руешь; -анный; *несов., что* (спец.). **1.** Определять содержание благородного металла в слитках, рудах, сплавах. **2.** Ставить пробу[2] на изделия из благородных металлов. ‖ *сущ.* **проби́рование,** *-я, ср.* ‖ *прил.* **проби́рный,** -ая, -ое. *П. анализ. Пробирное клеймо.*

ПРОБИ́ТЬ, -бью́, -бьёшь; -бе́й; -и́тый; *сов.* **1.** *см.* бить. **2.** *что.* Ударами сделать отверстие, проход в чём-н. *П. стену. Пуля пробила дверь. П. отверстие в стене. П. себе дорогу* (перен.: достичь хорошего положения). **3.** *что.* С трудом добиться осуществления, продвижения чего-н. (прост.). *П. проект, решение.* ‖ *несов.* **пробива́ть,** -а́ю, -а́ешь. ‖ *сущ.* **пробива́ние,** *-я, ср.,* **проби́вка,** *-и, ж.* (ко 2 знач.) *и* **пробо́й,** *-я, м.* (ко 2 знач.; спец.). ‖ *прил.* **пробивно́й,** -а́я, -о́е (ко 2 знач.) *и* **пробо́йный,** -ая, -ое (ко 2 знач.). *Пробивное действие пули. Пробойная сила.*

ПРОБИ́ТЬСЯ, -бью́сь, -бьёшься; -бе́йся; *сов.* **1.** Пройти, преодолевая какое-н. препятствие. *Отряд пробился к реке. П. сквозь толпу. Луч солнца пробился сквозь тучи. П. в люди* (перен.: то же, что выбиться в люди; устар.). **2.** Потратить много усилий и времени, делая что-н. (разг.). *П. целый день над задачей.* **3.** Прожить с трудом (разг.). *П. до весны.* **4.** (1 и 2 л. не употр.). О ростках, листьях: появиться наружу, прорасти. *Пробились первые всходы.* ‖ *несов.* **пробива́ться,** -а́юсь, -а́ешься (к 1, 3 и 4 знач.).

ПРО́БКА, -и, *ж.* **1.** Лёгкий и мягкий пористый наружный слой коры нек-рых древесных растений (преимущ. пробкового дуба). **2.** Закупорка для бутылок [*первонач.* из коры пробкового дуба], а также для всяких небольших (обычно круглых) отверстий. *Стеклянная, резиновая, пластмассовая, металлическая п. Притёртая п.* (стеклянная шероховатая пробка, плотно входящая в горлышко сосуда). *Вынуть пробку штопором. Деревянная п. в трубе.* **3.** *перен.* Скопление чего-н. (транспорта на улице, людей в проходе вагонов), мешающее нормальному движению, затор. *П. рассосалась. На перекрёстке образовалась п.* **4.** *перен.* Вообще скопление какой-н. массы, закрывающее канал, отверстие. *Серная п. в ухе. Жировые пробки.* **5.** Электрический предохранитель. *Вывернуть пробку. Пробки перегорели.* ✦ **Глуп как пробка** (разг.) — совершенно глуп. ‖ *прил.* **про́бковый,** -ая, -ое (к 1 знач.) *и* **про́бочный,** -ая, -ое (ко 2 знач.). *Пробковый шлем.*

ПРО́БКОВЫЙ, -ая, -ое. **1.** *см.* пробка. **2. пробковый дуб** — вечнозелёное дерево, из коры к-рого добывается пробка.

ПРОБЛЕ́МА, -ы, *ж.* **1.** Сложный вопрос, задача, требующие разрешения, исследования. *Постановка, решение проблемы. Проблемы воспитания.* **2.** *перен.* О чём-н. трудно разрешимом, осуществимом (разг.). *Из простого дела устроил целую проблему. Это не п.!* (о том, что легко и просто сделать). *Нет проблем!* (всё идёт хорошо, нет никаких затруднений). ‖ *прил.* **пробле́мный,** -ая, -ое (к 1 знач.). *Проблемная статья* (ставящая проблемы).

ПРОБЛЕМАТИ́ЧЕСКИЙ, -ая, -ое (книжн.). То же, что проблематичный.

ПРОБЛЕМАТИ́ЧНЫЙ, -ая, -ое; -чен, -чна (книжн.). **1.** Предположительный, ещё не являющийся решением проблемы. *П. вывод.* **2.** Маловероятный, сомнительный. *Успех вашего предприятия весьма проблематичен.* ‖ *сущ.* **проблемати́чность**, *-и, ж.*

ПРО́БЛЕСК, -а, *м.* **1.** Внезапно показывающийся свет, отблеск. *Проблески зарницы.* **2.** *перен., чего.* Слабое проявление чего-н. *П. сознания. П. чувства.* ‖ *прил.* **проблесковый**, -ая, -ое (к 1 знач.; спец.). *Проблесковые световые сигналы.*

ПРОБЛЕСНУ́ТЬ (-ну́, -нёшь, 1 и 2 л. не употр.), -нёт; *сов.* Блеснуть внезапно сквозь что-н. *Сквозь тучу проблеснула молния.* ‖ *несов.* **проблёскивать** (-аю, -аешь, 1 и 2 л. не употр.), -ает.

ПРО́БНЫЙ[1] *см.* проба[1] *и* пробовать.

ПРО́БНЫЙ[2] *см.* проба[2].

ПРО́БОВАТЬ, -бую, -буешь; -анный; *несов.* **1.** *кого-что.* Испытывать, проверять. *П. свои силы. П. артиста на какую-н. роль.* **2.** *что.* Есть для пробы, чтобы определить вкус, готовность чего-н. *П. кушанье.* **3.** *с неопр.* Пытаться, стараться что-н. сделать. *Пробовал объясниться.* ‖ *сов.* **испро́бовать**, -бую, -буешь; -анный (к 1 знач.) *и* **попро́бовать**, -бую, -буешь; -анный. *Попробуй только!* (угрожающее предупреждение не делать чего-н., то же, что посмей только!). ‖ *сущ.* **про́ба**, -ы, *ж.* (к 1 и 2 знач.). *П. машин, механизмов. П. голосов. Взять на пробу. П. пера* (перен.: первые попытки пишущего, сочиняющего). ‖ *прил.* **про́бный**, -ая, -ое (к 1 и 2 знач.). *П. экземпляр. П. товар. Пробные духи. П. камень* (перен.: о поступке, случае, по к-рому судят о прочности, ценности, силе чего-н.; книжн.). *П. рейс.*

ПРОБОДА́ТЬ[1], -а́ю, -а́ешь; *сов., кого-что.* Проколоть, бодая рогами.

ПРОБОДА́ТЬ[2] (-а́ю, -а́ешь, 1 и 2 л. не употр.), -а́ет; *сов.* и *несов., что* (спец.). Образовать (-вывать) сквозное отверстие в стенке полого органа. ‖ *сущ.* **прободе́ние**, *-я, ср. П. кишок. П. желудка.* ‖ *прил.* **прободно́й**, -а́я, -о́е. *Прободная язва.*

ПРОБО́ИНА, -ы, *ж.* Пробитое насквозь место, дыра. *П. в днище лодки. Заделать пробоину.*

ПРОБО́Й, -я, *м.* **1.** *см.* пробить. **2.** Металлическая дужка для навешивания замка. ‖ *прил.* **пробо́йный**, -ая, -ое.

ПРОБО́ЙНИК, -а, *м.* (спец.). Ручной инструмент для пробивания небольших отверстий в металле, каменной стене и т. п.

ПРОБО́ЙНЫЙ *см.* пробить *и* пробой.

ПРОБОЛЕ́ТЬ[1], -е́ю, -е́ешь; *сов.* Пробыть больным какое-то время. *Проболел три дня.*

ПРОБОЛЕ́ТЬ[2] (-лю́, -ли́шь, 1 и 2 л. не употр.), -ли́т; *сов.* Об ощущении боли: продлиться в течение какого-н. времени. *Ушибленная рука проболит недолго.*

ПРОБОЛТА́ТЬ, -а́ю, -а́ешь; *сов.* (разг.). **1.** *что.* Проговориться, выболтать что-н. **2.** Провести нек-рое время в болтовне, болтая о чём-н. несерьёзном, о пустяках. *Целый час проболтала с подружкой.*

ПРОБОЛТА́ТЬСЯ[1], -а́юсь, -а́ешься; *сов.* (разг.). То же, что проговориться. *Обещал молчать, а сам проболтался.* ‖ *несов.* **проба́лтываться**, -аюсь, -аешься.

ПРОБОЛТА́ТЬСЯ[2], -а́юсь, -а́ешься; *сов.* (разг.). Бездельничая, провести где-н. какое-н. время. *Проболтался на улице до вечера.*

ПРОБО́Р, -а, *м.* Линия, разделяющая волосы, расчёсанные на две стороны. *Прямой п.* (посередине головы). *Косой п.* (боковой).

ПРОБОРМОТА́ТЬ, -очу́, -о́чешь; *сов., что* (разг.). Сказать быстро и невнятно, произнести бормоча.

ПРОБОРОНИ́ТЬ, -ню́, -ни́шь; -нённый (-ён, -ена́); *сов., что.* **1.** Обработать бороной (вспаханное). **2.** Провести какое-н. время, боронуя. ‖ *несов.* **пробора́нивать**, -аю, -аешь (к 1 знач.).

ПРО́БОЧНИК, -а, *м.* (прост.). То же, что штопор (в 1 знач.).

ПРОБРА́ТЬ, -беру́, -берёшь; -а́л, -ала́, -а́ло; про́бранный; *сов.* **1.** *кого-что.* То же, что пронять (разг.). *Пробрал мороз. Пробрал страх.* **2.** *перен., кого (что).* Сделать выговор, внушение кому-н. (разг.). *П. шалуна.* **3.** *что.* Очистить, удаляя, выбирая что-н. (спец.). *П. семена, рассаду.* ‖ *несов.* **пробира́ть**, -а́ю, -а́ешь. ‖ *сущ.* **пробо́рка**, *-и, ж.* (ко 2 и 3 знач.).

ПРОБРА́ТЬСЯ, -беру́сь, -берёшься; -а́лся, -ала́сь, -ало́сь *и* -а́лось; *сов.* **1.** С трудом пройти, проникнуть. *П. сквозь толпу.* **2.** Тихо, незаметно пройти, проникнуть куда-н. *П. через окно.* ‖ *несов.* **пробира́ться**, -а́юсь, -а́ешься.

ПРОБРЕНЧА́ТЬ *см.* бренчать.

ПРОБРЕХА́ТЬ *см.* брехать.

ПРОБРИ́ТЬ, -ре́ю, -ре́ешь; -и́тый; *сов., что.* Выбрить полоску между волосами. *П. бороду.* ‖ *несов.* **пробрива́ть**, -а́ю, -а́ешь.

ПРОБРОСА́ТЬСЯ, -а́юсь, -а́ешься; *сов., кем-чем* (разг.). Бросаясь (в 3 знач.), потерять, лишиться кого-чего-н. *Смотри, пробросаешься хорошими друзьями.*

ПРОБРЮЗЖА́ТЬ *см.* брюзжать.

ПРОБРЯЦА́ТЬ *см.* бряцать.

ПРОБУБНИ́ТЬ *см.* бубнить.

ПРОБУДИ́ТЬ *см.* будить.

ПРОБУДИ́ТЬСЯ, -ужу́сь, -у́дишься *и* -уди́шься; *сов.* **1.** (-у́дишься). То же, что проснуться (книжн.). *П. ото сна. Весной природа пробудилась* (перен.). **2.** (1 и 2 л. не употр., -уди́тся), *перен.* Возникнуть, обнаружиться, проявиться (высок.). *Пробудилось желание. Пробудился интерес.* ‖ *несов.* **пробужда́ться**, -а́юсь, -а́ешься. ‖ *сущ.* **пробужде́ние**, *-я, ср.*

ПРОБУЖДА́ТЬ, -а́ю, -а́ешь; *несов., что* (высок.). То же, что будить (во 2 знач.).

ПРОБУРА́ВИТЬ *см.* буравить.

ПРОБУРИ́ТЬ *см.* бурить.

ПРОБУРЧА́ТЬ *см.* бурчать.

ПРОБЫ́ТЬ, -бу́ду, -бу́дешь; про́был *и* пробы́л, пробыла́, про́было *и* пробы́ло; пробу́дь; *сов.* Прожить, провести нек-рое время где-н., в качестве кого-н., в каком-н. состоянии. *Пробыл всё лето в деревне. Заведующим он пробыл недолго. Месяц пробыл без работы.*

ПРОВА́Л, -а, *м.* **1.** *см.* провалить, -ся. **2.** Провалившееся место, углубление. *Глубокий п. в горах.* **3.** Полная неудача в каком-н. деле. *П. авантюры. Потерпеть п.* **4.** *перен.* Потеря восприятия окружающего, способности понимать, ясно мыслить (при нек-рых болезнях, опьянении). *П. памяти.* ‖ *прил.* **прова́льный**, -ая, -ое (ко 2 знач.; спец.).

ПРОВА́ЛИВАТЬ[1]; *несов.*: **проваливай(те)**! (прост.) — уходи, ступай вон, убирайся! *Проваливай отсюда! Проваливай, пока цел!*

ПРОВА́ЛИВАТЬ[2], **-СЯ** *см.* провалить, -ся.

ПРОВАЛИ́ТЬ, -алю́, -а́лишь; -а́ленный; *сов.* **1.** *что.* Надавив, придавив собой, обрушить внутрь, вниз. *Снег провалил крышу.* **2.** *что.* Погубить (какое-н. дело) (разг.). *П. хорошее начинание.* **3.** *кого-что.* Отвергнуть, отвести (разг.). *П. чью-н. кандидатуру. П. кого-н. на экзамене* (поставить неудовлетворительную оценку). ‖ *несов.* **прова́ливать**, -аю, -аешь. ‖ *сущ.* **прова́л**, -а, *м.*

ПРОВАЛИ́ТЬСЯ, -алю́сь, -а́лишься; *сов.* **1.** Упасть в какое-н. отверстие. *П. в яму. Готов сквозь землю п.* (хочется скрыться, исчезнуть от чувства неловкости, стыда; разг.). *Как сквозь землю провалился* (исчез неизвестно куда; разг.). *П. на этом месте!* (клятвенное уверение в истинности своих слов; прост.). **2.** (1 и 2 л. не употр.). Обрушиться от тяжести, ветхости. *Мост провалился. Крыша провалилась.* **3.** Потерпеть неудачу (о каком-н. деле или в каком-н. деле) (разг.). *Планы провалились. П. на экзамене.* **4.** *перен.* Пропасть, исчезнуть (прост.). *Пошёл в магазин и куда-то провалился.* **5.** (1 и 2 л. не употр.). Глубоко запасть, ввалиться (во 2 знач.). *Щёки провалились.* **6. провали́сь**, обычно в сочетании с личным местоимением или существительным, определяемым местоименным словом. Восклицание, выражающее раздражение, нежелание иметь дело с кем-чем-н.: сгинь, исчезни, пропади пропадом (разг.). *Провались эти деньги!* (лучше бы их совсем не было). *Провались он!* (не хочу его знать, видеть). ‖ *несов.* **прова́ливаться**, -аюсь, -аешься (к 1, 2, 3, 4 и 5 знач.). ‖ *сущ.* **прова́л**, -а, *м.* (к 1, 2 и 3 знач.).

ПРОВАНСА́ЛЬ. **1.** -я, *м.* Соус из желтков с растительным маслом и пряностями [*первонач.* с прованским маслом]. **2.** *неизм.* С таким соусом или с приправой из растительного масла и пряностей. *Салат п. Капуста п.* (квашеная капуста с маслом и приправами).

ПРОВА́НСКИЙ, -ая, -ое: **прованское масло** — высший сорт оливкового масла.

ПРОВАРИ́ТЬ, -арю́, -а́ришь; -а́ренный; *сов., что.* **1.** Долгой варкой довести до полной готовности. *П. рыбу.* **2.** Провести какое-н. время, варя что-н. *Всё утро проварила варенье.* ‖ *несов.* **прова́ривать**, -аю, -аешь (к 1 знач.).

ПРОВАРИ́ТЬСЯ (-арю́сь, -а́ришься, 1 и 2 л. не употр.), -а́рится; *сов.* **1.** Стать совсем готовым после варки. **2.** Пробыть какое-н. время в варке. *Мясо проварилось целых три часа.* ‖ *несов.* **прова́риваться** (-аюсь, -аешься, 1 и 2 л. не употр.), -ается (к 1 знач.).

ПРОВА́ЩИВАТЬ *см.* провощить.

ПРОВЕ́ДАТЬ, -аю, -аешь; -анный; *сов.* (разг.). **1.** *кого-что.* Навестить (того, с кем давно не виделся, о ком давно ничего не известно). *П. родных.* **2.** *что* и *о ком-чём.* Узнать по слухам. *П. о приезде знакомого.* ‖ *несов.* **прове́дывать**, -аю, -аешь.

ПРОВЕЗТИ́, -зу́, -зёшь; -ёз, -езла́; -ёзший; -зённый (-ён, -ена́); -езя́; *сов., кого-что.* **1.** Везя, доставить. *П. кратчайшим путём.* **2.** Везя, миновать что-н. *П. мимо дома.* **3.** Перевезти с собой. *П. книги в чемодане.* ‖ *несов.* **провози́ть**, -ожу́, -о́зишь. ‖ *сущ.* **прово́з**, -а, *м.* (к 1 и 3 знач.). ‖ *прил.* **провозно́й**, -а́я, -о́е (к 1 знач.; спец.). *Провозная плата.*

ПРОВЕНТИЛИ́РОВАТЬ *см.* вентилировать.

ПРОВЕРЕЩА́ТЬ *см.* верещать.

ПРОВЕ́РИТЬ, -рю, -ришь; -ренный; *сов., кого-что.* **1.** Удостовериться в правильности чего-н., обследовать с целью надзора, контроля. *П. кассу. П. исполнение. П. билеты при входе.* **2.** Подвергнуть испытанию для выяснения чего-н. *П. знания учащихся.*

П. работу механизма. Проверенный работник (доказавший свои деловые качества). ‖ *несов.* **проверя́ть, -я́ю, -я́ешь.** ‖ *сущ.* **прове́рка, -и, ж.** ‖ *прил.* **прове́рочный,** -ая, -ое.

ПРОВЕРНУ́ТЬ, -ну́, -нёшь; -вёрнутый; *сов., что.* **1.** Сверля, сделать отверстие (разг.). *П. дырку.* **2.** Вертя, привести в движение. *П. барабан сеялки.* **3.** Вертя, пропустить через что-н. (разг.). *П. мясо через мясорубку.* **4.** *перен.* Осуществить, сделать быстро (разг.). *П. дело.* ‖ *несов.* **провёртывать,** -аю, -аешь *и* **провора́чивать,** -аю, -аешь (к 3 и 4 знач.).

ПРОВЕРТЕ́ТЬ, -ерчу́, -ёртишь; -ёрченный; *сов., что.* **1.** То же, что провернуть (в 1 знач.) (разг.). **2.** Провести какое-н. время, вертя что-н. ‖ *несов.* **провёртывать,** -аю, -аешь (к 1 знач.) *и* **провёрчивать,** -аю, -аешь (к 1 знач.).

ПРОВЕ́С[1], -а, *м.* (спец.). Недостаток в весе (по сравнению с нужным количеством).

ПРОВЕ́С[2], -а, *м.* (спец.). Прогнувшееся, провисшее место.

ПРОВЕ́СИТЬ[1], -е́шу, -е́сишь; -е́шенный; *сов., что* (спец.). Взвесить с недовесом. ‖ *несов.* **проintroducéшивать,** -аю, -аешь.

ПРОВЕ́СИТЬ[2], -е́шу, -е́сишь; -е́шенный; *сов., что* (спец.). **1.** Проверить прямизну чего-н. (линии, поверхности) с помощью отвеса. *П. кирпичную кладку.* **2.** Просушить на воздухе (какой-н. продукт). ‖ *несов.* **прове́шивать,** -аю, -аешь. ‖ *прил.* **провесно́й,** -а́я, -о́е (ко 2 знач.).

ПРОВЕСТИ́, -еду́, -едёшь; -ёл, -ела́; -е́дший; -едённый (-ён, -ена́); -едя; *сов.* **1.** *кого-что.* Ведя, сопровождая или направляя, помочь, дать возможность пройти. *П. мимо дома. П. отряд через лес. П. лодку через пороги.* **2.** *что.* Обозначить, определить линией. *П. черту, границу.* **3.** *чем.* Сделать движение чем-н. прижатым к поверхности. *П. рукой по столу.* **4.** *что.* Прокладывая, построить, проложить. *П. дорогу. П. водопровод.* **5.** *что.* Добиться осуществления, утверждения. *П. идею в жизнь.* **6.** *что.* Выполнить, осуществить, произвести (какие-н. действия, работу). *Отлично п. сев. П. заседание. П. боевую операцию.* **7.** *кого-что.* Оформить с соблюдением всех необходимых правил. *П. счёт через бухгалтерию. П. сотрудника по штату.* **8.** *что.* Прожить, пробыть где-н. или каким-н. образом. *П. месяц на даче. Весело п. праздник.* **9.** *кого (что).* Обмануть, перехитрив (разг.). *П. простака. Старого воробья на мякине не проведёшь* (посл.). ‖ *несов.* **проводи́ть,** -ожу́, -о́дишь. ‖ *сущ.* **проведе́ние,** -я, *ср.* (к 1, 2, 4, 5, 6 и 7 знач.), **прово́д,** -а, *м.* (к 1 знач.) *и* **прово́дка,** -и, *ж.* (к 1, 2, 4 и 7 знач.). *П. судов через льды. Проводка линии. Проводка счетов.*

ПРОВЕ́ТРИТЬ, -рю, -ришь; -ренный; *сов., что.* **1.** Наполнить (помещение) свежим воздухом. *П. комнату.* **2.** Под действием воздуха очистить, предохранить от порчи. *П. зимнюю одежду.* ‖ *несов.* **прове́тривать,** -аю, -аешь. ‖ *сущ.* **прове́тривание,** -я, *ср.*

ПРОВЕ́ТРИТЬСЯ, -рюсь, -ришься; *сов.* **1.** (1 и 2 л. не употр.). О помещении: наполниться свежим воздухом. *Комната проветрилась.* **2.** (1 и 2 л. не употр.). Под действием воздуха предохраниться от порчи. *Шубы проветрились.* **3.** Освежиться; набраться новых впечатлений, заняться чем-н. ради отдыха (разг.). *Поехал п. в столицу. Сходи в кино, проветрись.* ‖ *несов.* **прове́триваться,** -ается. ‖ *сущ.* **прове́тривание,** -я, *ср.* (к 1 и 2 знач.).

ПРОВЕЩА́ТЬ *см.* вещать[2].

ПРОВЕ́ЯТЬ *см.* веять.

ПРОВИА́НТ, -а, *м.* (устар.). То же, что продовольствие [*первонач.* для войск]. ‖ *прил.* **провиа́нтский,** -ая, -ое.

ПРОВИ́ДЕНИЕ *см.* провидеть.

ПРОВИДЕ́НИЕ, -я, *ср.* В религиозных представлениях: высшая божественная сила, управляющая судьбами людей. *Воля провидения.*

ПРОВИ́ДЕТЬ, -и́жу, -и́дишь; -и́денный; *несов., что* (устар. и высок.). Предвидеть, мысленно представлять себе будущее. ‖ *сущ.* **прови́дение,** -я, *ср. Научное п.*

ПРОВИ́ДЕЦ, -дца, *м.* (устар. высок.). Человек, к-рый может провидеть, ясновидец. ‖ *ж.* **прови́дица,** -ы.

ПРОВИ́ЗИЯ, -и, *ж.* Пищевые продукты. ‖ *прил.* **провизио́нный,** -ая, -ое (устар.).

ПРОВИ́ЗОР, -а, *м.* Аптечный работник — специалист с высшим фармацевтическим образованием. ‖ *ж.* **прови́зорша,** -и (разг.). ‖ *прил.* **прови́зорский,** -ая, -ое.

ПРОВИЗО́РНЫЙ, -ая, -ое; -рен, -рна (книжн.). Предварительный или временный. *Провизорное решение.* ‖ *сущ.* **провизо́рность,** -и, *ж.*

ПРОВИНИ́ТЬСЯ, -ню́сь, -ни́шься; *сов., в чём* или *чем перед кем.* Совершить проступок, оказаться виноватым. *П. перед родителями.*

ПРОВИ́ННОСТЬ, -и, *ж.* Проступок, вина. *За какие провинности?* (за что?; разг.).

ПРОВИНТИ́ТЬ, -нчу́, -и́нтишь *и* -нти́шь; -и́нченный; *сов., что.* Винтя[1], проделать отверстие в чём-н. ‖ *несов.* **прови́нчивать,** -аю, -аешь.

ПРОВИНЦИА́Л, -а, *м.* **1.** Житель провинции (во 2 знач.) (устар.). **2.** *перен.* Человек провинциальных нравов. ‖ *ж.* **провинциа́лка,** -и.

ПРОВИНЦИАЛИ́ЗМ, -а, *м.* Провинциальные взгляды, манеры.

ПРОВИНЦИА́ЛЬНЫЙ, -ая, -ое; -лен, -льна. **1.** *см.* провинция. **2.** *перен.* Отсталый, наивный и простоватый. *Провинциальные нравы.* ‖ *сущ.* **провинциа́льность,** -и, *ж.*

ПРОВИ́НЦИЯ, -и, *ж.* **1.** В нек-рых странах: область, административно-территориальная единица. **2.** Местность, территория страны, удалённая от крупных центров. *Приехать из провинции. Глухая п.* ‖ *прил.* **провинциа́льный,** -ая, -ое.

ПРОВИРА́ТЬСЯ *см.* проврaться.

ПРОВИ́СЛЫЙ, -ая, -ое (разг.). Провисший, прогнувшийся.

ПРОВИ́СНУТЬ (-ну, -нешь, 1 и 2 л. не употр.), -нет; -ви́с, -ви́сла; *сов.* Опуститься, погнувшись посередине под действием тяжести, прогнуться. *Потолок провис.* ‖ *несов.* **провиса́ть** (-а́ю, -а́ешь, 1 и 2 л. не употр.), -а́ет.

ПРО́ВОД, -а, *мн.* -а́, -о́в, *м.* Металлическая проволока, служащая для передачи электрического тока. *Изолированный п. Телефонный п. На проводе кто-н.* (у телефона, слушает; разг.). ‖ *прил.* **проводно́й,** -а́я, -о́е (спец.). *Проводная связь* (осуществляемая по кабелям связи и проводам).

ПРОВО́Д *см.* провести.

ПРОВОДИ́МОСТЬ, -и, *ж.* (спец.). Способность тела, среды пропускать через себя электрический ток, тепло, звук. *Электрическая п. П. металлов.*

ПРОВОДИ́ТЬ[1], -ожу́, -о́дишь; *несов.* **1.** *см.* провести. **2.** (1 и 2 л. не употр.), *что.* Быть проводником[2] (в 1 знач.) чего-н. *Металл хорошо проводит электричество.*

ПРОВОДИ́ТЬ[2], -ожу́, -о́дишь; *сов.* **1.** *кого (что).* Прощаясь, провести, пойти вместе с кем-н. до какого-н. места. *П. друга на вокзал.* **2.** *кого-что.* Отправить куда-н. *П. сына в армию. Дежурный по станции проводил поезд.* **3.** *кого-что.* Проследить за уходящим, уезжающим. *П. глазами пешехода.* **4.** *кого-что.* Расставаясь, проститься. *П. певца аплодисментами. П. в последний путь* (проститься с умершим). **5.** *кого (что).* То же, что выпроводить (прост.). *Не хотел уходить: еле проводили.* ‖ *несов.* **провожа́ть,** -а́ю, -а́ешь. *На платформе стоят провожающие* (сущ.; те, кто провожает отъезжающих). ‖ *сущ.* **про́воды,** -ов (к 1, 2 и 4 знач.). *Горькие п.* (о похоронах). *Дальние п. — лишние слёзы* (посл.).

ПРОВО́ДКА, -и, *ж.* **1.** *см.* провести. **2.** Проволочная сеть для передачи тока низкого напряжения. *Электрическая п.*

ПРОВОДНИ́К[1], -а́, *м.* **1.** Провожатый, указывающий путь. *П. по горным тропам.* **2.** Железнодорожный служащий, сопровождающий вагон. *Бригада проводников.* **3.** Специалист, работающий со служебной собакой. *П. с розыскной собакой.* ‖ *ж.* **проводни́ца,** -ы (к 1 и 2 знач.).

ПРОВОДНИ́К[2], -а́, *м.* **1.** Вещество, не оказывающее значительного сопротивления электрическому току или хорошо пропускающее через себя звук, теплоту. *Металл — п. электричества.* **2.** *перен., чего.* Передатчик, посредник в распространении чего-н. *Книга — п. знаний.* ‖ *прил.* **проводнико́вый,** -ая, -ое (к 1 знач.).

ПРО́ВОДЫ, -ов. **1.** *см.* проводить[2]. **2.** Обряд прощания. *П. в армию. Народные плачи, причитания на солдатских проводах.* **3.** Обрядовые гуляния, связанные с окончанием каких-н. праздников, знаменательных дней. *П. зимы, масленицы. П. весны в Петров день. П. белых ночей* (в Петербурге).

ПРОВОЖА́ТЫЙ, -ого, *м.* Тот, кто сопровождает кого-н. (для охраны, для указания пути). *Дать провожатого кому-н.* ‖ *ж.* **провожа́тая,** -ой.

ПРОВО́З *см.* провезти.

ПРОВОЗВЕСТИ́ТЬ, -ещу́, -ести́шь; -ещённый (-ён, -ена́); *сов., что* (высок.). Торжественно возвестить, предсказать. *П. начало новой эры.* ‖ *несов.* **провозвеща́ть,** -а́ю, -а́ешь. ‖ *сущ.* **провозвеще́ние,** -я, *ср.*

ПРОВОЗВЕ́СТНИК, -а, *м., чего* (высок.). Тот (то), кто (что) провозвещает что-н. *П. победы.* ‖ *ж.* **провозве́стница,** -ы.

ПРОВОЗГЛАСИ́ТЬ, -ашу́, -аси́шь; -ашённый (-ён, -ена́); *сов.* **1.** *что.* Торжественно объявить, произнести. *П. лозунг. П. тост.* **2.** *кого (что) кем.* Объявить носителем каких-н. высоких качеств, достоинств, звания (книжн.). *П. победителем.* ‖ *несов.* **провозглаша́ть,** -а́ю, -а́ешь. ‖ *сущ.* **провозглаше́ние,** -я, *ср.*

ПРОВОЗИ́ТЬ[1], -ожу́, -о́зишь; *сов., кого-что.* Провести какое-н. время, возя кого-что-н.

ПРОВОЗИ́ТЬ[2] *см.* провезти.

ПРОВОЗИ́ТЬСЯ, -ожу́сь, -о́зишься; *сов.* (разг.). **1.** Провести какое-н. время в возне, шалостях. *Дети провозились весь вечер.* **2.** *с кем-чем.* Провести какое-н. время в хлопотах, заботах о ком-чём-н. *П. с делами.*

ПРОВОЗНО́Й *см.* провезти.

ПРОВОКА́ТОР, -а, *м.* **1.** Тайный агент, действующий путём провокации. *П. царской охранки.* **2.** *перен.* Тот, кто подстрекает кого-н. к чему-н. нежелательному, неприятному по своим последствиям. *П. ссоры, скандала.* ‖ *ж.* **провока́торша,** -и (разг.). ‖ *прил.* **провока́торский,** -ая, -ое.

ПРОВОКА́ЦИЯ, *-и, ж.* **1.** Предательское поведение, подстрекательство кого-н. к таким действиям, к-рые могут повлечь за собой тяжёлые для него последствия. *Устроить провокацию. Не поддаваться на провокацию.* **2.** Агрессивные действия с целью вызвать военный конфликт (спец.). *Вооружённая п.* **3.** *чего.* Искусственное возбуждение каких-н. признаков болезни (спец.). ‖ *прил.* **провокацио́нный**, -ая, -ое.

ПРО́ВОЛОКА, *-и, ж.* Металлическое изделие в виде нити. *Медная п. Моток проволоки.* ‖ *прил.* **про́волочный**, -ая, -ое. *П. пруток. П. стан.*

ПРОВОЛОЧИ́ТЬ, -очу́, -очи́шь *и* -о́чишь; -очённый (-ён, -ена́) *и* -о́ченный; *сов.* (разг.). **1.** (-очи́шь), *кого-что.* Протащить волоком. **2.** (-о́чишь), *что.* Медлить, тянуть с каким-н. делом. *П. с разбором жалобы.* ‖ *несов.* **провола́кивать**, -аю, -аешь (к 1 знач.).

ПРОВОЛО́ЧКА, *-и, ж.* (разг. неодобр.). Задержка, промедление при выполнении чего-н. *Решить дело без проволочек.*

ПРОВОЛО́ЧЬ, -оку́, -очёшь, -оку́т; -о́к, -окла́; -о́кший; -очённый (-ён, -ена́); -о́кши; *сов., кого-что* (прост.). То же, что проволочить (в 1 знач.). *П. лодку вдоль берега.*

ПРОВОНЯ́ТЬ, -я́ю, -я́ешь; *сов.* (прост.). Пропахнуть (чем-н. плохим, неприятным), пропитаться вонью. *Комната провоняла псиной.*

ПРОВОРА́ЧИВАТЬ *см.* провернуть.

ПРОВО́РНЫЙ, -ая, -ое; -рен, -рна. **1.** Быстрый, торопливый. *П. шаг.* **2.** Ловкий, расторопный. *П. парень.* ‖ *сущ.* **прово́рность**, -и, *ж.*

ПРОВОРОВА́ТЬСЯ, -ру́юсь, -ру́ешься; *сов.* (разг.). Попасться в систематическом воровстве, хищениях. *Проворовался и попал под суд.* ‖ *несов.* **проворо́вываться**, -аюсь, -аешься.

ПРОВОРО́НИТЬ *см.* воронить.

ПРОВО́РСТВО, -а, *ср.* Быстрота, ловкость, расторопность в действиях. *Обнаружить необычайное п.*

ПРОВОРЧА́ТЬ, -чу́, -чи́шь; *сов.* **1.** *что.* Ворчливо произнести. *Проворчал что-то себе под нос.* **2.** Провести какое-н. время ворча. *П. весь вечер.*

ПРОВОЦИ́РОВАТЬ, -рую, -руешь; -анный; *сов.* и *несов.* **1.** *кого на что* или *что.* Вызвать (-зывать) на какие-н. действия путём провокации (в 1 и 2 знач.). *П. на ссору. П. конфликт.* **2.** *что.* Произвести (-водить) провокацию (в 3 знач.) (спец.). ‖ *сов.* также **спровоци́ровать**, -рую, -руешь; -анный.

ПРОВОЩИ́ТЬ, -щу́, -щи́шь; -щённый (-ён, -ена́); *сов., что.* Пропитать воском. *П. верёвку.* ‖ *несов.* **прова́щивать**, -аю, -аешь.

ПРОВРА́ТЬСЯ, -ру́сь, -рёшься; -а́лся, -ала́сь, -ало́сь *и* -а́лось; *сов.* (прост.). Выдать чем-н. лживость своих утверждений, рассказов. *Врал, врал да и проврался.* ‖ *несов.* **провира́ться**, -а́юсь, -а́ешься.

ПРОВЯ́ЛИТЬ *см.* вялить.

ПРОГА́ВКАТЬ *см.* гавкать.

ПРОГАДА́ТЬ, -а́ю, -а́ешь; *сов.* (разг.). Ошибившись в расчётах, предположениях, оказаться в невыгодном положении. *Прогадал, не согласившись на интересное предложение.* ‖ *несов.* **прога́дывать**, -аю, -аешь.

ПРОГА́ЛИНА, -ы, *ж.* (разг.). Место, не заполненное тем, что находится вокруг него (напр., небольшая полянка в лесу, светлое пятно на небе при облачности). *П. в зарослях камыша. Прогалины между льдинами.* ‖ *уменьш.* **прога́линка**, -и, *ж.*

ПРОГИ́Б, -а, *м.* **1.** *см.* прогнуть, -ся. **2.** Прогнувшееся место. *П. в балке, в арке.*

ПРОГИБА́ТЬ, -СЯ *см.* прогнуть, -ся.

ПРОГИМНА́ЗИЯ, -и, *ж.* Неполная гимназия (с четырёх- или шестиклассным курсом).

ПРОГЛА́ДИТЬ, -а́жу, -а́дишь; -а́женный; *сов., что.* **1.** Тщательно разгладить (утюгом). *П. сорочку.* **2.** Провести какое-н. время в глажении. *Всё утро прогладила бельё.* ‖ *несов.* **прогла́живать**, -аю, -аешь (к 1 знач.).

ПРОГЛОТИ́ТЬ, -очу́, -о́тишь; -о́ченный; *сов.* **1.** *кого-что.* Глотая, пропустить изо рта в пищевод. *П. кусок. Язык проглотишь* (перен.: о чём-н. очень вкусном; разг.). *Наскоро п. завтрак* (быстро съесть; разг.). *П. половину фразы* (перен.: произнести быстро и невнятно; разг.). **2.** *перен., что.* Принять молча (что-н. обидное), скрыть свою обиду. *П. оскорбление, обиду.* **3.** *перен., что.* Прочитать быстро, залпом (разг.). *П. интересную книгу.* ‖ *несов.* **прогла́тывать**, -аю, -аешь. ‖ *сущ.* **прогла́тывание**, -я, *ср.*

ПРОГЛЯДЕ́ТЬ, -яжу́, -яди́шь; *сов., кого-что.* **1.** То же, что просмотреть (во 2 и 3 знач.). *П. журнал. П. встречающего.* **2.** *перен.* Не обратить должного внимания, упустить из виду (разг.). *Этого подростка в школе проглядели.* ✦ **Все глаза проглядеть** (разг.) — устать, напряжённо смотря куда-н. в ожидании кого-чего-н. ‖ *несов.* **прогля́дывать**, -аю, -аешь (к 1 знач.).

ПРОГЛЯНУ́ТЬ (-яну́, -я́нешь, 1 и 2 л. не употр.), -я́нет; *сов.* Показаться, обнаружиться. *Проглянула луна. Во взгляде проглянуло недовольство.* ‖ *несов.* **прогля́дывать** (-аю, -аешь, 1 и 2 л. не употр.), -ает.

ПРОГНА́ТЬ, -гоню́, -го́нишь; -а́л, -ала́, -а́ло; про́гнанный; *сов.* **1.** *кого-что.* Заставить уйти, удалиться (грубо или принудительно, силой). *П. из дома. П. с работы. П. скуку* (перен.). **2.** *кого-что.* Заставить двигаться, идти. *П. коров в стадо. П. плоты по реке.* **3.** *что.* Осуществить прогон² (спец.). *П. пьесу перед премьерой.* **4.** Быстро проехать (прост.). *Куда-то прогнал на велосипеде.* ‖ *несов.* **прогоня́ть**, -я́ю, -я́ешь (к 1, 2 и 3 знач.).

ПРОГНЕ́ВАТЬ, -аю, -аешь; *сов., кого (что)* (устар.). То же, что разгневать.

ПРОГНЕ́ВАТЬСЯ, -аюсь, -аешься; *сов., на кого-что* (устар.). То же, что разгневаться.

ПРОГНЕВИ́ТЬ *см.* гневить.

ПРОГНИ́ТЬ, -ию́, -иёшь; -и́л, -ила́, -и́ло; *сов.* Сгнить насквозь. *Балка прогнила. Прогнившее общество* (перен.: внутренне разложившееся). ‖ *несов.* **прогнива́ть**, -а́ю, -а́ешь.

ПРОГНО́З, -а, *м.* Основанное на специальном исследовании заключение о предстоящем развитии и исходе чего-н. *П. погоды. П. болезни. П. событий.* ‖ *прил.* **прогно́зный**, -ая, -ое (спец.) *и* **прогности́ческий**, -ая, -ое (спец.). *Прогнозные расчёты. Прогнозные запасы нефти. Прогностические доклады.*

ПРОГНОЗИ́РОВАТЬ, -рую, -руешь; -анный; *сов.* и *несов., что.* Установить (-навливать) прогноз. *П. экономические процессы. П. погоду.* ‖ *сущ.* **прогнози́рование**, -я, *ср. Научное п.*

ПРОГНОЗИ́СТ, -а, *м.* Специалист по прогнозированию чего-н. ‖ *ж.* **прогнози́стка**, -и.

ПРОГНО́СТИКА, -и, *ж.* Теория и практика прогнозирования.

ПРОГНУ́ТЬ, -ну́, -нёшь; про́гнутый; *сов., что.* Силой тяжести сделать выгиб в чём-н. *Книги прогнули полку.* ‖ *несов.* **прогиба́ть**, -а́ю, -а́ешь. ‖ *сущ.* **проги́б**, -а, *м.* и **прогиба́ние**, -я, *ср.*

ПРОГНУ́ТЬСЯ, -ну́сь, -нёшься; *сов.* **1.** (1 и 2 л. не употр.). От тяжести получить изгиб, выгнуться. *Перекрытие прогнулось.* **2.** Распрямить и выгнуть спину. ‖ *несов.* **прогиба́ться**, -а́юсь, -а́ешься. ‖ *сущ.* **проги́б**, -а, *м.* и **прогиба́ние**, -я, *ср. П. балки.*

ПРОГОВОРИ́ТЬ, -рю́, -ри́шь; -рённый (-ён, -ена́); *сов.* **1.** *что.* Сказать, произнести, выговорить. *Ни слова не проговорил* (не сказал ничего). **2.** Провести какое-н. время в разговорах. *П. весь вечер.* ‖ *несов.* **прогова́ривать**, -аю, -аешь (к 1 знач.). ‖ *сущ.* **прогова́ривание**, -я, *ср.* (к 1 знач.).

ПРОГОВОРИ́ТЬСЯ, -рю́сь, -ри́шься; *сов.* Сказать то, чего не следовало говорить. *П. о своих намерениях.* ‖ *несов.* **прогова́риваться**, -аюсь, -аешься.

ПРОГОГОТА́ТЬ *см.* гоготать.

ПРОГОЛОДА́ТЬ, -а́ю, -а́ешь; *сов.* Провести какое-н. время без еды, голодая.

ПРОГОЛОДА́ТЬСЯ, -а́юсь, -а́ешься; *сов.* Почувствовать голод, желание есть.

ПРОГОЛОСОВА́ТЬ *см.* голосовать.

ПРОГО́Н¹, -а, *м.* Огороженная боковая деревенская улица, дорога, по к-рой гонят стадо. ‖ *прил.* **прого́нный**, -ая, -ое.

ПРОГО́Н², -а, *м.* (спец.). Режиссёрский просмотр всего спектакля, представления в течение одной репетиции. ‖ *прил.* **прого́нный**, -ая, -ое.

ПРОГО́Н³, -а, *м.* (спец.). Опорная балка, поддерживающая кровлю.

ПРОГО́НЫ, -ов, *ед.* -о́н, -а, *м.* (устар.). Плата за проезд на почтовых лошадях или оплата проезда по железной дороге офицеров и чиновников. ‖ *прил.* **прого́нный**, -ая, -ое. *Прогонные деньги.*

ПРОГОНЯ́ТЬ *см.* прогнать.

ПРОГОРЕ́ТЬ, -рю́, -ри́шь; *сов.* **1.** (1 и 2 л. не употр.). Сгореть совсем. *Дрова в печке прогорели.* **2.** (1 и 2 л. не употр.). Испортиться, разрушиться от действия огня, жара. *Сковородка прогорела. Прогорела крыша.* **3.** (1 и 2 л. не употр.). Пробыть горящим какое-н. время. *Свеча прогорела недолго.* **4.** *перен.* Разориться на каком-н. деле, предприятии (разг.). *П. на мелких спекуляциях. Дело прогорело* (окончилось неудачей). ‖ *несов.* **прогора́ть**, -а́ю, -а́ешь (к 1, 2 и 4 знач.).

ПРОГО́РКЛЫЙ, -ая, -ое. Ставший горьким вследствие порчи, прогоркший. *Прогорклое масло.* ‖ *сущ.* **прого́рклость**, -и, *ж.*

ПРОГО́РКНУТЬ *см.* горкнуть.

ПРОГРА́ММА, -ы, *ж.* **1.** План деятельности, работ. *П. действий. Социальная п. П.-максимум* (общий, широкий план деятельности, действий). *П.-минимум* (узкий, конкретный, ближайший план деятельности, действий). **2.** Изложение содержания и цели деятельности политической партии, организации или отдельного деятеля. *П. партии.* **3.** Краткое изложение содержания учебного предмета. *Школьная п. по истории.* **4.** Содержание концертных, цирковых представлений, радио- и телепередач; сами такие представления, зрелища, передачи. *Новая цирковая п. Радиостанция начинает свои программы.* **5.** Книжечка или листок с краткими сведениями о спектакле, концерте, с перечнем исполнителей. **6.** Описание алгоритма решения задачи на языке ЭВМ (спец.). ‖ *уменьш.* **програ́ммка**, -и (к 4 знач.). ‖ *прил.* **програ́ммный**, -ая, -ое (к 1, 2, 3, 4 и 6 знач.). *П. документ. Программная музыка* (инструментальные произведения, предваряемые словесным текстом). *Станки с программным управлением.*

ПРОГРАММИ́РОВАНИЕ, -я, *ср.* (спец.). **1.** *см.* программировать. **2.** Часть прикладной математики и вычислительной техники, разрабатывающая методы составления программ (в 6 знач.).

ПРОГРАММИ́РОВАТЬ, -рую, -руешь; -анный; *несов., что* (спец.). Составлять и записывать специальным кодом программу для ЭВМ. *Программированное обучение* (с использованием обучающих машин). ‖ *сов.* **запрограмми́ровать**, -рую, -руешь; -анный. ‖ *сущ.* **программи́рование**, -я, *ср.*

ПРОГРАММИ́СТ, -а, *м.* Специалист по программированию. ‖ *ж.* **программи́стка**, -и.

ПРОГРЕБА́ТЬ *см.* прогрести[1].

ПРОГРЕМЕ́ТЬ *см.* греметь.

ПРОГРЕ́СС, -а, *м.* Поступательное движение, улучшение в процессе развития; *противоп.* регресс. *Социальный п. Научно-технический п. П. науки. Идти по пути прогресса.*

ПРОГРЕССИ́ВКА, -и, *ж.* (разг.). Сдельная зарплата за сверхплановую продукцию, начисляемая по прогрессивно возрастающим расценкам.

ПРОГРЕССИ́ВНЫЙ, -ая, -ое; -вен, -вна. **1.** Являющийся прогрессом, ведущий или стремящийся к прогрессу, передовой. *Прогрессивные взгляды. Прогрессивное общественное течение. Прогрессивная технология. Прогрессивные методы.* **2.** Постепенно усиливающийся, возрастающий. ‖ *сущ.* **прогресси́вность**, -и, *ж.*

ПРОГРЕССИ́РОВАТЬ, -рую, -руешь; *несов.* **1.** (1 и 2 л. не употр.). Идти по пути прогресса, усовершенствования. *Наука прогрессирует.* **2.** (1 и 2 л. не употр.). Усиливаться, увеличиваться, возрастать. *Болезнь прогрессирует.* **3.** То же, что совершенствоваться. *Юный фигурист прогрессирует.* ‖ *сущ.* **прогресси́рование**, -я, *ср.* (ко 2 знач.).

ПРОГРЕ́ССИЯ, -и, *ж.* В математике: ряд увеличивающихся или уменьшающихся чисел, в к-ром разность или отношение между соседними числами сохраняет постоянную величину. *Арифметическая п. Геометрическая п.*

ПРОГРЕСТИ́[1], -ребу́, -ребёшь; -рёб, -ребла́; -рёбший; -ребённый; -рёбши; *сов.* **1.** *что.* Разгребая что-н., сделать проход (обычно на узком пространстве). *П. в снегу дорожку.* **2.** Провести какое-н. время гребя[1]. ‖ *несов.* **прогреба́ть**, -а́ю, -а́ешь (к 1 знач.).

ПРОГРЕСТИ́[2], -ребу́, -ребёшь; -рёб, -ребла́; -рёбший; -рёбши; *сов.* Провести какое-н. время гребя[2].

ПРОГРЕ́ТЬ, -е́ю, -е́ешь; -ре́тый; *сов., что.* Нагреть целиком, согреть как следует. *П. мотор. П. помещение.* ‖ *несов.* **прогрева́ть**, -а́ю, -а́ешь.

ПРОГРЕ́ТЬСЯ, -е́юсь, -е́ешься; *сов.* Нагреться целиком, согреться как следует. *Помещение прогрелось.* ‖ *несов.* **прогрева́ться**, -а́юсь, -а́ешься. ‖ *сущ.* **прогрева́ние**, -я, *ср.* и **прогре́в**, -а, *м.* *Прогрев почвы.*

ПРОГРОМЫХА́ТЬ *см.* громыхать.

ПРОГРОХОТА́ТЬ *см.* грохотать.

ПРОГРЫ́ЗТЬ, -зу́, -зёшь; -ы́з, -ы́зла; -ы́зенный; *сов., что.* Грызя, сделать отверстие в чём-н. *Мышь прогрызла дыру.* ‖ *несов.* **прогрыза́ть**, -а́ю, -а́ешь.

ПРОГУДЕ́ТЬ *см.* гудеть.

ПРОГУ́Л, -а, *м.* Неявка, невыход на работу, на занятия без уважительной причины. *Совершить п. Вынужденный п.* (не по своей вине). ‖ *прил.* **прогу́льный**, -ая, -ое (разг.). *Прогульные дни.*

ПРОГУ́ЛИВАТЬ, -аю, -аешь; *несов.* **1.** *см.* прогулять. **2.** *кого (что).* Водить для прогулки (разг.). *П. собаку.*

ПРОГУ́ЛИВАТЬСЯ, -аюсь, -аешься; *несов.* **1.** *см.* прогуляться. **2.** Неторопливо ходить, прохаживаться. *Под окном прогуливается незнакомец.*

ПРОГУ́ЛКА, -и, *ж.* Хождение или недалёкая поездка для развлечения, отдыха на открытом воздухе. *Загородная п. Лыжная п.* ‖ *прил.* **прогу́лочный**, -ая, -ое. *П. катер* (для прогулок по воде).

ПРОГУ́ЛЬЩИК, -а, *м.* Человек, к-рый прогуливает, не является на работу по неуважительной причине. *Злостный п.* ‖ *ж.* **прогу́льщица**, -ы.

ПРОГУЛЯ́ТЬ, -я́ю, -я́ешь; -у́лянный; *сов.* **1.** Провести какое-н. время гуляя (в 1, 3 и 4 знач.). *П. всё утро. Два дня на свадьбе прогуляли.* **2.** *что.* Гуляя (в 1 знач.), лишиться чего-н., пропустить что-н. (разг.). *П. обед.* **3.** *что.* Не явиться на работу, сделать прогул. *П. урок.* **4.** *что.* Истратить на развлечения, промотать (разг.). *П. денежки.* ‖ *несов.* **прогу́ливать**, -аю, -аешь.

ПРОГУЛЯ́ТЬСЯ, -я́юсь, -я́ешься; *сов.* Походить, гуляя. *П. по парку.* ‖ *несов.* **прогу́ливаться**, -аюсь, -аешься.

ПРОДАВЕ́Ц, -вца́, *м.* **1.** Работник магазина, лавки, отпускающий товар покупателям. *Магазин без продавца* (на самообслуживании). **2.** Человек, к-рый продает что-н. *П. цветов.* ‖ *ж.* **продавщи́ца**, -ы.

ПРОДАВИ́ТЬ, -авлю́, -а́вишь; -а́вленный; *сов., что.* Сильно надавив, проломить, вогнуть. *П. стекло. П. диван.* ‖ *несов.* **прода́вливать**, -аю, -аешь.

ПРОДАВИ́ТЬСЯ (-авлю́сь, -а́вишься, 1 и 2 л. не употр.), -а́вится; *сов.* Осесть, вогнуться под тяжестью чего-н. *Сиденье продавилось.* ‖ *несов.* **прода́вливаться** (-аюсь, -аешься, 1 и 2 л. не употр.), -ается.

ПРОДА́ЖА, -и, *ж.* **1.** *см.* продать. **2.** Торговля, товарооборот. *Купля и п. Поступили в продажу меха. Выпустить в продажу.*

ПРОДА́ЖНЫЙ, -ая, -ое; -жен, -жна. **1.** *см.* продать. **2.** Предназначенный для продажи, продающийся. *Продажная вещь. Продажная женщина* (проститутка). **3.** *перен.* За деньги, за подкуп готовый на бесчестные поступки. *Продажная пресса. Продажная душа.* ‖ *сущ.* **прода́жность**, -и, *ж.* (к 3 знач.).

ПРОДА́ЛБЛИВАТЬ, -аю, -аешь; *несов., что.* То же, что долбить (в 1 знач.). *П. отверстие.*

ПРОДА́ТЬ, -а́м, -а́шь, -а́ст, -ади́м, -ади́те, -аду́т; про́дал *и* прода́л, -ала́, -ало; -а́й; про́данный (-ан, -ана́ *и* -ана, -ано); *сов., кого-что.* **1.** Передать кому-н. в собственность за плату. *П. товар, изделие. Дёшево, дорого п. П. с молотка* (с аукциона). **2.** *перен.* Предать, совершив измену из корыстных побуждений. *П. своих друзей.* ‖ *несов.* **продава́ть**, -даю́, -даёшь. ‖ *сущ.* **прода́жа**, -и, *ж.* (к 1 знач.). ‖ *прил.* **прода́жный**, -ая, -ое (к 1 знач.). *Продажная ведомость. Продажная цена товара.*

ПРОДА́ТЬСЯ, -а́мся, -а́шься, -а́стся, -ади́мся, -ади́тесь, -аду́тся; -а́лся, -ала́сь; -а́йся; *сов.* **1.** (1 и 2 л. не употр.). Оказаться проданным. *Вещь продалась за хорошую цену.* **2.** *перен., кому.* Изменить, бесчестно перейти на чью-н. сторону из корыстных побуждений. *П. врагам.* ‖ *несов.* **продава́ться**, -даю́сь, -даёшься.

ПРОДВИ́НУТЫЙ, -ая, -ое; -ут (разг.). Находящийся впереди, более совершенный по сравнению с другими. *П. ученик. П. этап обучения.*

ПРОДВИ́НУТЬ, -ну, -нешь; -утый; *сов.* **1.** *кого-что.* Двинуть вперёд или между чем-н. *П. стол к окну.* **2.** *кого-что.* Переместить, направить куда-н. *П. отряд к реке. П. новый метод в производство* (перен.). **3.** *перен., кого (что).* Выдвинуть, повысить (разг.). *П. по службе.* **4.** *перен., что.* Предпринять что-н. для скорейшего завершения, исполнения чего-н. (разг.). *П. дело.* ‖ *несов.* **продвига́ть**, -а́ю, -а́ешь. ‖ *сущ.* **продвиже́ние**, -я, *ср.*

ПРОДВИ́НУТЬСЯ, -нусь, -нешься; *сов.* **1.** Двигаясь, пройти вперёд или между чем-н. *П. в толпе. Стол не продвинется в дверь. П. к выходу.* **2.** Двигаясь, переместиться на какое-н. расстояние. *Полк продвинулся на десятки километров.* **3.** *перен.* Выдвинуться, повыситься (разг.). *П. по службе.* **4.** (1 и 2 л. не употр.), *перен.* Двинуться вперёд, ускориться (разг.). *Дело продвинулось.* ‖ *несов.* **продвига́ться**, -а́юсь, -а́ешься. ‖ *сущ.* **продвиже́ние**, -я, *ср.*

ПРОДЕЗИНФИЦИ́РОВАТЬ *см.* дезинфицировать.

ПРОДЕКЛАМИ́РОВАТЬ *см.* декламировать.

ПРОДЕ́Л, -а, *м.* (спец.). Дроблёная крупа. ‖ *прил.* **проде́льный**, -ая, -ое.

ПРОДЕ́ЛАТЬ, -аю, -аешь; -анный; *сов., что.* **1.** Сделать отверстие в чём-н. *П. ход в заборе.* **2.** Выполнить, сделать. *П. большую работу. П. упражнения.* ‖ *несов.* **проде́лывать**, -аю, -аешь.

ПРОДЕ́ЛКА, -и, *ж.* Предосудительный или шутливый поступок (разг.). *П. шалуна. Мошенническая п.*

ПРОДЕМОНСТРИ́РОВАТЬ *см.* демонстрировать.

ПРОДЕРЖА́ТЬ, -ержу́, -е́ржишь; -е́ржанный; *сов., кого-что.* Держать (в 1, 3, 4, 5, 6, 7 и 8 знач.) в течение какого-н. времени.

ПРОДЕРЖА́ТЬСЯ, -ержу́сь, -е́ржишься; *сов.* Пробыть какое-н. время, держась (в 1, 2, 3, 4, 5, 9 и 10 знач.).

ПРОДЕ́ТЬ, -е́ну, -е́нешь; -е́нь; -де́тый; *сов., что.* Пропустить сквозь узкое отверстие. *П. нитку в иголку.* ‖ *несов.* **продева́ть**, -а́ю, -а́ешь.

ПРОДЕШЕВИ́ТЬ, -влю́, -ви́шь; -влённый (-ён, -ена́); *сов., что* (разг.). Продать слишком дёшево. ‖ *несов.* **продешевля́ть**, -я́ю, -я́ешь.

ПРОДЁРНУТЬ, -ну, -нешь; -утый; *сов.* **1.** *что.* То же, что продеть. *П. нитку.* **2.** *перен., кого (что).* Покритиковать в печати (прост.). *П. в стенгазете.* ‖ *несов.* **продёргивать**, -аю, -аешь. ‖ *сущ.* **продёргивание**, -я, *ср.* и **продёржка**, -и, *ж.* (к 1 знач.).

ПРОДИКТОВА́ТЬ *см.* диктовать.

ПРОДИРА́ТЬ, -СЯ *см.* продрать, -ся.

ПРОДЛЁНКА, -и, *ж.* (прост.). То же, что продлённый день. *Дочка на продлёнке.*

ПРОДЛИ́ТЬ, -лю́, -ли́шь; -лённый (-ён, -ена́); *сов., что.* Сделать более длительным, увеличить срок чего-н. *П. отпуск. П. срок работы оборудования. П. удовольствие.* ✦ **Продлённый день** — в школе: режим, при к-ром ученики могут оставаться под наблюдением педагогов до окончания рабочего дня родителей. *Группа продлённого дня.* ‖ *несов.* **продлева́ть**, -а́ю, -а́ешь. ‖ *сущ.* **продле́ние**, -я, *ср.*

ПРОДЛИ́ТЬСЯ *см.* длиться.

ПРОДМА´Г, -а, *м.* Сокращение: продовольственный магазин. ‖ *прил.* **продма́говский**, -ая, -ое (разг.).

ПРОДНАЛО´Г, -а, *м.* Сокращение: продовольственный налог — в период нэпа в 1921—1923 гг.: налог с крестьянских хозяйств.

ПРОДОВО´ЛЬСТВИЕ, -я, *ср.* Продукты питания. *Запасы продовольствия.* ‖ *прил.* **продово́льственный**, -ая, -ое. *П. магазин.*

ПРОДОЛБИ´ТЬ *см.* долбить.

ПРОДОЛГОВА´ТЫЙ, -ая, -ое; -а́т. Вытянутый в длину. *Продолговатое лицо.* ‖ *сущ.* **продолгова́тость**, -и, *ж.*

ПРОДОЛЖА´ТЕЛЬ, -я, *м., чего* (высок.). Человек, к-рый продолжает и развивает дело, идеи своего предшественника. ‖ *ж.* **продолжа́тельница**, -ы.

ПРОДОЛЖА´ТЬ, -а́ю, -а́ешь; *несов., что* и *с неопр.* Вести начатое дальше, не останавливаясь, не прекращая. *П. дело своего учителя. П. работать. П. свою речь. Продолжайте!* (говорите дальше!). ‖ *сов.* **продо́лжить**, -жу, -жишь; -женный. ‖ *сущ.* **продолже́ние**, -я, *ср.*

ПРОДОЛЖА´ТЬСЯ (-а́юсь, -а́ешься, 1 и 2 л. не употр.), -а́ется; *несов.* Длиться, развиваться, не останавливаясь, не прекращаясь. *Жизнь продолжается. Дождь продолжается. Разговор продолжается.* ‖ *сов.* **продо́лжиться** (-жусь, -жишься, 1 и 2 л. не употр.), -жится. ‖ *сущ.* **продолже́ние**, -я, *ср.*

ПРОДОЛЖЕ´НИЕ, -я, *ср.* **1.** *см.* продолжать, -ся. **2.** Часть чего-н. не закончившегося, не завершённого, продолжающегося. *П. событий. Эта дорога — п. магистрали. П. романа в очередном номере журнала.* ✦ **В продолжение** *чего, предлог с род. п.* — то же, что в течение чего. *В продолжение всей встречи молчал.*

ПРОДОЛЖИ´ТЕЛЬНОСТЬ, -и, *ж.* **1.** *см.* продолжительный. **2.** Время течения, действия чего-н. *П. поездки — два дня.*

ПРОДОЛЖИ´ТЕЛЬНЫЙ, -ая, -ое; -лен, -льна. Долго продолжающийся, длительный. *П. отпуск. П. свист.* ‖ *сущ.* **продолжи́тельность**, -и, *ж.*

ПРОДО´ЛЖИТЬ, -жу, -жишь; -женный; *сов.* **1.** *см.* продолжать. **2.** *что.* Удлинить, продлить. *П. разговор.*

ПРОДО´ЛЬНЫЙ, -ая, -ое. Расположенный по длине, вдоль чего-н. *П. разрез.*

ПРОДОХНУ´ТЬ, -ну́, -нёшь; *сов.* (разг.). Вдохнуть, глубоко вбирая воздух. *Не п. от духоты. Дел — не п.* (очень много).

ПРОДРАЗВЁРСТКА, -и, *ж.* Сокращение: продовольственная разверстка — в период военного коммунизма в 1919—1921 гг.: система продовольственных заготовок.

ПРОДРА´ТЬ, -деру́, -дерёшь; -а́л, -ала́, -а́ло; продранный; *сов., что* (прост.). Разорвать насквозь. *П. рукава на локтях.* ✦ **Продрать глаза, продери глаза** (прост. неодобр.) — то же, что протереть глаза, протри глаза (см. протереть). ‖ *несов.* **продира́ть**, -а́ю, -а́ешь.

ПРОДРА´ТЬСЯ, -деру́сь, -дерёшься; -а́лся, -ала́сь, -ало́сь *и* -а́лось; *сов.* (прост.). **1.** (1 и 2 л. не употр.). Разорваться насквозь. *Сапоги продрались.* **2.** Пройти, протиснуться куда-н. *П. сквозь толпу.* ‖ *несов.* **продира́ться**, -а́юсь, -а́ешься.

ПРОДРО´ГНУТЬ, -ну, -нешь; -о́г, -о́гла; -о́гший *и* -о́гнувший; -о́гни; *сов.* Озябнуть сильно, до дрожи. *П. на морозе.*

ПРОДУБЛИ´РОВАТЬ *см.* дублировать.

ПРОДУВА´ТЬ, -а́ю, -а́ешь; *несов.* **1.** *см.* продуть. **2.** *кого-что.* О потоке воздуха: дуть насквозь, обдувать со всех сторон. *Ветер приятно продувает.*

ПРОДУВНО´Й[1], -а́я, -о́е (прост.). Пронырливый и хитрый. *Мужик он п. Продувная бестия* (отъявленный плут, пройдоха).

ПРОДУВНО´Й[2] *см.* продуть.

ПРОДУ´КТ, -а, *м.* **1.** Предмет как результат человеческого труда (обработки, переработки, исследования). *Продукты производства. Продукты обмена. Продукты перегонки нефти. Книга — п. многолетнего труда.* **2.** *перен.* Следствие, результат, порождение чего-н. (книжн.). *Язык — п. исторического развития.* **3.** обычно *мн.* Предметы питания, съестные припасы. *Молочные продукты. Запасы продуктов.* ✦ **Проду́кты питания** — то же, что продукты (в 3 знач.). ‖ *прил.* **продукто́вый**, -ая, -ое (к 3 знач.). *П. магазин.*

ПРОДУКТИ´ВНЫЙ, -ая, -ое; -вен, -вна. **1.** Производительный, плодотворный. *П. труд. Продуктивно* (нареч.) *использовать время.* **2.** *полн. ф.* Относящийся к разведению скота для получения продуктов животноводства. *Продуктивное животноводство.* **3.** В грамматике: такой, с участием к-рого образуются новые слова, новые речевые единицы. *П. суффикс. Продуктивные грамматические образцы.* ‖ *сущ.* **продукти́вность**, -и, *ж.*

ПРОДУКТООБМЕ´Н, -а, *м.* (спец.). Обмен одного вида продуктов, изделий на другой вид как одна из форм экономических связей в обществе.

ПРОДУ´КЦИЯ, -и, *ж.* Совокупность продуктов производства. *Выпуск продукции. Сельскохозяйственная п. Высокое качество продукции.*

ПРОДУ´МАННЫЙ, -ая, -ое; -ан. Разумный, обоснованный. *Продуманное решение. Действовать продуманно* (нареч.). ‖ *сущ.* **проду́манность**, -и, *ж.*

ПРОДУ´МАТЬ, -аю, -аешь; -анный; *сов.* **1.** *что.* То же, что обдумать. *П. план работ.* **2.** Провести какое-н. время думая, обдумывая что-н. *Весь вечер п. над задачей.* ‖ *несов.* **проду́мывать**, -аю, -аешь.

ПРОДУ´ТЬ, -у́ю, -у́ешь; -у́тый; *сов.* **1.** *что.* Прочистить струёй воздуха. *П. цилиндр двигателя. П. самовар.* **2.** *безл., кого-что.* Обдать ветром, вызвав охлаждение. *Малыша продуло* (простудился). **3.** *кого-что.* Проиграть в азартной игре (прост.). *П. все деньги.* ‖ *несов.* **продува́ть**, -а́ю, -а́ешь. ‖ *сущ.* **продува́ние**, -я, *ср.* (к 1 знач.) *и* **проду́вка**, -и, *ж.* (к 1 знач.). ‖ *прил.* **проду́вочный**, -ая, -ое (к 1 знач.; спец.) *и* **продувно́й**, -а́я, -о́е (к 1 знач.; спец.). *Продувочный насос. Продувное отверстие.*

ПРОДУ´ТЬСЯ, -у́юсь, -у́ешься; *сов.* (прост.). То же, что проиграться. *П. в пух и прах.* ‖ *несов.* **продува́ться**, -а́юсь, -а́ешься.

ПРО´ДУХ, -а, *м.* (спец.). То же, что продушина.

ПРОДУ´ШИНА, -ы, *ж.* Отверстие для прохода воздуха, для проветривания. *П. в погребе.*

ПРОДУШИ´ТЬ, -ушу́, -у́шишь; -у́шенный; *сов., что* (разг.). Пропитать каким-н. запахом. *П. табаком.*

ПРОДУШИ´ТЬСЯ, -ушу́сь, -у́шишься; *сов.* (разг.). Пропитаться каким-н. запахом. *Продушился табаком.*

ПРОДЫРЯ´ВИТЬ, -влю, -вишь; -вленный; *сов., что* (разг.). Проделать дыру в чём-н.; разорвать. *П. сеть. Продырявленный карман.* ‖ *несов.* **продыря́вливать**, -аю, -аешь.

ПРОДЫРЯ´ВИТЬСЯ (-влюсь, -вишься, 1 и 2 л. не употр.), -вится; *сов.* (разг.). Стать дырявым; износиться до дыр. *Одежда продырявилась.* ‖ *несов.* **продыря́вливаться** (-аюсь, -аешься, 1 и 2 л. не употр.), -ается.

ПРО´ДЫХ, -а (-у), *м.* (прост.). То же, что роздых.

ПРОДЫША´ТЬСЯ, -ышу́сь, -ы́шишься; *сов.* (разг.). Вздохнуть несколько раз полной грудью, свободно. *П. после приступа кашля.*

ПРОЕДА´ТЬ, -СЯ *см.* проесть, -ся.

ПРОЕ´ЗД, -а (-у), *м.* **1.** *см.* проехать. **2.** Место, где можно проехать. *Загородить п.* **3.** (-а). Улица (обычно недлинная), соединяющая параллельные улицы.

ПРОЕ´ЗДИТЬ, -зжу, -здишь; -зженный; *сов.* **1.** *что.* Истратить на поездку (разг.). *П. все деньги.* **2.** Провести какое-н. время в езде. *Проездил всю неделю.*

ПРОЕ´ЗДИТЬСЯ, -зжусь, -здишься; *сов.* (разг.). Истратившись на поездки, остаться без денег.

ПРОЕЗДНО´Й *см.* проехать.

ПРОЕ´ЗДОМ, *нареч.* По пути, по дороге, едучи куда-н. *П. побывать у родных.*

ПРОЕЗЖА´Й *см.* проехать.

ПРОЕЗЖА´ТЬ, -СЯ *см.* проехать, -ся.

ПРОЕ´ЗЖИЙ, -ая, -ее. **1.** Проезжающий мимо. *Проезжие люди. Много проезжих* (сущ.). **2.** О пути: годный, предназначенный для езды. *Проезжая дорога. Проезжая часть улицы.*

ПРОЕ´КТ, -а, *м.* **1.** Разработанный план сооружения, какого-н. механизма, устройства. *П. здания, моста. П. реконструкции улицы. Дипломный п.* (в техническом вузе). **2.** Предварительный текст какого-н. документа. *П. резолюции.* **3.** Замысел, план. *Заманчивый п. В проекте была экскурсия в горы.* ‖ *прил.* **прое́ктный**, -ая, -ое (к 1 знач.).

ПРОЕКТА´НТ, -а, *м.* То же, что проектировщик.

ПРОЕКТИ´РОВАТЬ[1], -рую, -руешь; -анный; *несов., что.* **1.** Составлять проект (в 1 знач.). *П. дом. П. плотину.* **2.** также *с неопр.* Предполагать, намечать. *П. организацию кружка (организовать кружок).* ‖ *сов.* **спроекти́ровать**, -рую, -руешь; -анный (к 1 знач.) *и* **запроекти́ровать**, -рую, -руешь; -анный (ко 2 знач.). ‖ *сущ.* **проекти́рование**, -я, *ср. и* **проектиро́вка**, -и, *ж.* (к 1 знач.). ‖ *прил.* **проектиро́вочный**, -ая, -ое (к 1 знач.).

ПРОЕКТИ´РОВАТЬ[2], -рую, -руешь; -анный; *несов., что* (спец.). Чертить или производить проекцию. ‖ *сущ.* **проекти́рование**, -я, *ср.*

ПРОЕКТИРО´ВЩИК, -а, *м.* Специалист по составлению проектов (в 1 знач.). ‖ *ж.* **проектиро́вщица**, -ы.

ПРОЕ´КТОР, -а, *м.* Оптико-механический проекционный прибор, применяемый для получения увеличенного изображения на экране. ‖ *прил.* **прое́кторный**, -ая, -ое.

ПРОЕ´КЦИЯ, -и, *ж.* (спец.). **1.** Изображение пространственных фигур на плоскости. **2.** Передача на экран изображений. ‖ *прил.* **проекти́вный**, -ая, -ое (к 1 знач.) *и* **проекцио́нный**, -ая, -ое (ко 2 знач.). *Проективная геометрия* (раздел геометрии). *Проекционный фонарь* (прежнее название проектора).

ПРОЕ´СТЬ, -е́м, -е́шь, -е́ст, -еди́м, -еди́те, -едя́т; -е́л, -е́ла; -е́шь; -е́вший; -е́денный; -е́в; *сов., что.* **1.** Грызя, прокусывая или разъедая, проделать дыру, отверстие, разрушить. *Моль проела сукно. Мышь проела дыру в мешке. Ржавчина проела железо* (разъела). 2. Истратить на еду (разг.). *П. все деньги.* ‖ *несов.* **проеда́ть**, -а́ю, -а́ешь.

ПРОЕ́СТЬСЯ, -е́мся, -е́шься, -е́стся, -еди́мся, -еди́тесь, -едя́тся; -е́лся, -е́лась; -е́шься; -е́вшийся; -е́вшись; *сов.* (прост.). Прожиться на еде. ‖ *несов.* **проеда́ться**, -а́юсь, -а́ешься.

ПРОЕ́ХАТЬ, -е́ду, -е́дешь; *в знач. пов.* употр. проезжай; *сов.* **1.** Передвигаясь на чём-н., миновать; преодолеть какое-н. пространство. *П. площадь. П. мимо дома. П. переулком. П. два километра.* **2.** *что.* Передвигаясь на чём-н., не остановиться, не сойти там, где предполагалось. *П. свою остановку.* **3.** Передвигаясь на чем-н., провести в пути какое-н. время. *Проехал целую неделю в вагоне.* **4.** *перен., безл.* О чём-н. неприятном: благополучно миновать (разг.). *Боялся скандала, да ничего, проехало!* ‖ *несов.* **проезжа́ть**, -а́ю, -а́ешь (к 1, 2 и 3 знач.). ‖ *сущ.* **прое́зд**, -а, *м.* (к 1 и 3 знач.). *Плата за п.* ‖ *прил.* **проездно́й**, -а́я, -о́е (к 3 знач.). *П. билет.*

ПРОЕ́ХАТЬСЯ, -е́дусь, -е́дешься; *сов.* (разг.). **1.** Совершить поездку ненадолго или для прогулки, для удовольствия. *П. на машине. П. верхом.* **2.** Со словами «на чей-н. счёт», «по чьему-н. адресу», «насчёт кого-чего-н.»: язвительно подшутить над кем-чем-н. ‖ *несов.* **проезжа́ться**, -а́юсь, -а́ешься.

ПРОЕЦИ́РОВАТЬ, -рую, -руешь; -анный; *сов.* и *несов.* Произвести (-водить) проекцию. ‖ *сов.* также **спроеци́ровать**, -рую, -руешь; -анный.

ПРОЁМ, -а, *м.* **1.** Отверстие в стене для двери, окна. *Дверной, оконный п.* **2.** Вообще отверстие, скважина. *П. в плотине.* ‖ *прил.* **проёмный**, -ая, -ое (к 1 знач.).

ПРОЖА́РИТЬ, -рю, -ришь; -ренный; *сов., что.* **1.** Зажарить равномерно, до полной готовности, а также прокалить на огне. *П. мясо. П. семечки.* **2.** Провести какое-н. время, жаря что-н. *Целый вечер прожарила пирожки.* ‖ *несов.* **прожа́ривать**, -аю, -аешь (к 1 знач.).

ПРОЖА́РИТЬСЯ, -рюсь, -ришься; *сов.* **1.** (1 и 2 л. не употр.). Зажариться равномерно, до полной готовности, а также прокалиться на огне. *Котлета прожарилась. Зёрна прожарились.* **2.** *перен.* Сильно прогреться (разг.). *П. на солнцепёке.* ‖ *несов.* **прожа́риваться**, -аюсь, -аешься.

ПРОЖДА́ТЬ, -ду́, -дёшь; -а́л, -ала́, -а́ло; про́жданный; *сов., кого-что* и *кого* (устар.) *-чего.* Провести какое-н. время в ожидании. *П. товарища целый день.*

ПРОЖЕВА́ТЬ, -жую́, -жуёшь; -жёванный; *сов., что.* Разжевать как следует. *П. пищу.* ‖ *несов.* **прожёвывать**, -аю, -аешь.

ПРОЖЕ́КТ, -а, *м.* **1.** План на будущее (устар.). **2.** То же, что проект (в 3 знач.) (ирон.). *Строить прожекты.*

ПРОЖЕКТЁР, -а, *м.* Человек, к-рый занимается прожектёрством, склонен к прожектёрству. ‖ *ж.* **прожектёрка**, -и (разг.). ‖ *прил.* **прожектёрский**, -ая, -ое.

ПРОЖЕКТЁРСТВО, -а, *ср.* Увлечение несбыточными проектами (в 3 знач.). *Пустое п.*

ПРОЖЕ́КТОР, -а, *мн.* -ы, -ов *и* -а́, -о́в, *м.* Осветительный прибор с системой зеркал (или линз), дающий пучок сильного света в ограниченном пространственном угле. *Сигнальный п. Луч прожектора.* ‖ *прил.* **проже́кторный**, -ая, -ое.

ПРОЖЕКТОРИ́СТ, -а, *м.* Специалист, работающий с прожекторами.

ПРО́ЖЕЛТЬ, -и, *ж.* (разг.). Примесь жёлтого цвета, желтизны. *Зелёный с прожелтью.*

ПРОЖЕ́ЧЬ, -жгу́, -жжёшь; -жёг, -жгла́; -жёгший; -жжённый (-ён, -ена́); -жёгши; *сов., что.* **1.** Сделать в чём-н. дыру огнём, чем-н. едким. *П. сигаретой. П. кислотой.* **2.** Дать гореть чему-н. в течение какого-н. времени. *П. свечу до утра.* ‖ *несов.* **прожига́ть**, -а́ю, -а́ешь (к 1 знач.).

ПРОЖЖЁННЫЙ, -ая, -ое; -ён (разг.). Самый отъявленный. *П. плут.* ‖ *сущ.* **прожжённость**, -и, *ж.*

ПРОЖИВА́ТЬ, -а́ю, -а́ешь; *несов.* **1.** *см.* прожить. **2.** Жить, пребывать где-н. (офиц.). *П. в центре города.* ‖ *сущ.* **прожива́ние**, -я, *ср.*

ПРОЖИВА́ТЬСЯ *см.* прожиться.

ПРОЖИГА́ТЕЛЬ, -я, *м.*: **прожигатель жизни** (разг.) — человек, к-рый ведёт беспорядочный и праздный образ жизни, прожигает жизнь. ‖ *ж.* **прожига́тельница**, -ы.

ПРОЖИГА́ТЬ, -а́ю, -а́ешь; *несов., что.* **1.** *см.* прожечь. **2.** **прожигать жизнь** (разг.) — вести беспорядочный образ жизни. ‖ *сущ.* **прожига́ние**, -я, *ср.*

ПРОЖИ́ЛИНА, -ы, *ж.* (спец.). То же, что жилка (во 2 знач.).

ПРОЖИ́ЛКА, -и, *ж.* **1.** То же, что жилка (во 2 и 3 знач.). *Красная п. в мраморе. П. листа.* **2.** Маленький кровеносный сосуд, жилка, просвечивающая сквозь кожу. *Нос в синих прожилках.*

ПРОЖИ́ТИЕ, -я, *ср.*: **на прожитие** (офиц.) — на то, чтобы жить, существовать. *Оставить кому-н. деньги на прожитие.*

ПРОЖИ́ТОЧНЫЙ, -ая, -ое: **прожиточный минимум** — средства, необходимые для нормального существования, для того, чтобы прожить, для поддержания трудоспособности.

ПРОЖИ́ТЬ, -иву́, -ивёшь; про́жил *и* прожи́л, прожила́, про́жило, прожи́ло *и* прожило́; про́житый *и* прожи́тый (про́жит и прожи́т, прожита́, про́жито и прожи́то); *сов.* **1.** Пробыть живым, просуществовать какое-н. время. *П. девяносто лет.* **2.** Провести нек-рое время каким-н. образом или где-н. *П. год на Севере.* **3.** *что.* Истратить на существование. *П. много денег.* ‖ *несов.* **прожива́ть**, -а́ю, -а́ешь (к 3 знач.).

ПРОЖИ́ТЬСЯ, -иву́сь, -ивёшься; -и́лся, -ила́сь, -ило́сь *и* -и́лось; *сов.* (разг.). Издержав, прожив все свои деньги, остаться без средств. *П. на курорте.* ‖ *несов.* **прожива́ться**, -а́юсь, -а́ешься.

ПРОЖО́РЛИВЫЙ, -ая, -ое; -ив. Способный очень много съесть, ненасытный. *Прожорливое животное.* ‖ *сущ.* **прожо́рливость**, -и, *ж.*

ПРОЖУЖЖА́ТЬ, -жжу́, -жжи́шь; *сов.* **1.** Пролететь жужжа. *Прожужжала муха.* **2.** Провести какое-н. время жужжа. *Комары прожужжали весь вечер.* ✦ **Прожужжать (все) уши** *кому о ком-чём* (разг.) — надоесть долгими разговорами или разговорами об одном и том же.

ПРО́ЗА, -ы, *ж.* **1.** Нестихотворная литература, в отличие от поэзии. *Художественная п. Писать прозой.* **2.** *перен.* Будничное, повседневное в жизни. *Житейская п. П. жизни.* ‖ *прил.* **прозаи́ческий**, -ая, -ое (к 1 знач.).

ПРОЗАИ́ЗМ, -а, *м.* (спец.). Прозаическое, свойственное прозе выражение в поэтической речи.

ПРОЗА́ИК, -а, *м.* Писатель — автор произведений в прозе.

ПРОЗАИ́ЧЕСКИЙ, -ая, -ое. **1.** *см.* проза. **2.** То же, что прозаичный.

ПРОЗАИ́ЧНЫЙ, -ая, -ое; -чен, -чна. Будничный, ограниченный мелкими житейскими интересами. *Прозаичные интересы.* ‖ *сущ.* **прозаи́чность**, -и, *ж.*

ПРОЗАКЛА́ДЫВАТЬ, -аю, -аешь; *сов.* и *несов.*: **голову прозакладывать** (разг.) — поручиться (ручаться) за кого-что-н. с полной уверенностью. *Готов голову прозакладывать, что это так.*

ПРОЗАСЕДА́ТЬСЯ, -а́юсь, -а́ешься; *сов.* (разг. шутл.). Провести слишком много времени в заседательской суетне, на заседаниях. *Прозаседавшиеся* (сущ.).

ПРОЗВА́НИЕ, -я, *ср.* (устар.). Прозвище, а также имя или название. *Шутливое п.*

ПРОЗВА́ТЬ, -зову́, -зовёшь; -а́л, -ала́, -а́ло; про́званный; *сов., кого-что кем* или *им.*, или (при вопросе) *как.* Дать прозвище, прозвание. ‖ *несов.* **прозыва́ть**, -а́ю, -а́ешь.

ПРОЗВА́ТЬСЯ *см.* прозываться.

ПРОЗВЕНЕ́ТЬ *см.* звенеть.

ПРО́ЗВИЩЕ, -а, *ср.* Название, даваемое человеку по какой-н. характерной его черте, свойству. *Обидное п. Человек по прозвищу Чужак.*

ПРОЗВОНИ́ТЬ, -ню́, -ни́шь; *сов.* **1.** (1 и 2 л. не употр.). Прозвучать (о звоне). *Прозвонил звонок.* **2.** *что.* Объявить звоном о чём-н. (разг.). *Звонок прозвонил сбор.* **3.** Провести какое-н. время звоня. **4.** *что.* Истратить на телефонные разговоры (разг.). *П. все монетки.*

ПРОЗВУЧА́ТЬ (-чу́, -чи́шь, 1 и 2 л. не употр.), -чи́т; *сов.* **1.** Раздаться (о звуке). *Прозвучал выстрел.* **2.** Обнаружиться, проявиться (в звуке, голосе). *В словах прозвучал упрёк.*

ПРОЗЕВА́ТЬ *см.* зевать.

ПРОЗЕ́КТОР, -а, *м.* (спец.). То же, что патологоанатом. ‖ *прил.* **прозе́кторский**, -ая, -ое.

ПРОЗЕ́КТОРСКАЯ, -ой, *ж.* Помещение в больнице, где производится вскрытие трупов.

ПРО́ЗЕЛЕНЬ, -и, *ж.* (разг.). Примесь зелёного цвета, зелени. *Жёлтый с прозеленью.*

ПРОЗИМОВА́ТЬ *см.* зимовать.

ПРОЗНА́ТЬ, -а́ю, -а́ешь; *сов., что* и *о чём* (прост.). То же, что проведать (во 2 знач.).

ПРОЗОДЕ́ЖДА, -ы, *ж.* Сокращение: производственная одежда — специальная одежда для работы.

ПРОЗОРЛИ́ВЕЦ, -вца, *м.* (книжн.). Прозорливый человек [*первонач.* то же, что ясновидец]. ‖ *ж.* **прозорли́вица**, -ы.

ПРОЗОРЛИ́ВЫЙ, -ая, -ое; -и́в (книжн.). Умеющий предвидеть, проницательный. *П. ум.* ‖ *сущ.* **прозорли́вость**, -и, *ж.*

ПРОЗРА́ЧНО-... *Первая часть сложных слов со знач.* прозрачный (во 2 знач.), напр. *прозрачно-голубой, прозрачно-восковой, прозрачно-зелёный.*

ПРОЗРА́ЧНЫЙ, -ая, -ое; -чен, -чна. **1.** Пропускающий сквозь себя свет. *Прозрачное стекло. П. воздух* (очень чистый). **2.** *перен.* О цвете, тоне: светлый и нежный, как бы светящийся. *Прозрачная голубизна неба. Прозрачное лицо* (бледное, с истончённой кожей). **3.** *перен.* Явный, легко понимаемый. *П. намёк. Прозрачно* (нареч.) *намекнуть.* **4.** То же, что сквозной (в 3 знач.). *Прозрачная ткань.* ✦ **Прозрачная граница** — государственная граница, для пересечения к-рой не требуется специальной визы. ‖ *сущ.* **прозра́чность**, -и, *ж.*

ПРОЗРЕ́НИЕ, -я, *ср.* (книжн.). **1.** *см.* прозреть. **2.** Внезапное просветление мысли. *Наступило п.*

ПРОЗРЕ́ТЬ, -рéю, -рéешь *и* -рю́, -ри́шь; *сов.* **1.** (-рéю, -рéешь). Стать зрячим. *Слепой прозрел.* **2.** *перен.* Начать понимать, отдавать себе отчёт в чём-н. (книжн.). *Заблуждался, но теперь прозрел.* ‖ *несов.* **прозревáть**, -áю, -áешь. ‖ *сущ.* **прозрéние**, -я, *ср.*

ПРОЗЫВА́ТЬ *см.* прозвать.

ПРОЗЫВА́ТЬСЯ, -áюсь, -áешься; *несов.* (прост.). Иметь то или иное имя, название или прозвище. ‖ *сов.* **прозвáться**, -зову́сь, -вёшься.

ПРОЗЯБА́ТЬ, -áю, -áешь; *несов.* Вести жалкую, бедную или бессодержательную, бесцельную жизнь. *П. в нищете, в невежестве. Не живут, а прозябают.* ‖ *сущ.* **прозябáние**, -я, *ср.*

ПРОЗЯ́БНУТЬ, -ну, -нешь; -зя́б, -зя́бла; *сов.* (прост.). Сильно озябнуть. *П. на морозе.*

ПРОИГРА́ТЬ, -áю, -áешь; -и́гранный; *сов.* **1.** *что.* Потерпеть неудачу в игре, борьбе. *П. сражение. П. матч. П. пари.* **2.** *что.* Лишиться чего-н. в игре. *П. пешку.* **3.** Лишиться чего-н., потерпеть ущерб; упустить что-н. *П. в чём-н. мнении. Пьеса проиграла от плохой режиссуры. П. время.* **4.** *что.* Сыграть, исполнить (музыкальное произведение). *П. мазурку на рояле.* **5.** *что.* Включив аппарат, дать прозвучать (грампластинке). *П. новый диск.* **6.** Провести какое-н. время в игре. *Весь вечер проиграл в шашки.* ‖ *несов.* **прои́грывать**, -аю, -аешь (к 1, 2, 3, 4 и 5 знач.). ‖ *сущ.* **прои́грывание**, -я, *ср.* (к 1, 2, 4 и 5 знач.).

ПРОИГРА́ТЬСЯ, -áюсь, -áешься; *сов.* Проиграть много денег в азартной игре. *П. в карты. П. в пух.* ‖ *несов.* **прои́грываться**, -аюсь, -аешься.

ПРОИ́ГРЫВАТЕЛЬ, -я, *м.* Аппарат для проигрывания грампластинок. *Приёмник с проигрывателем.*

ПРО́ИГРЫШ, -а, *м.* **1.** Неудачный для кого-н. исход игры, состязания. *Остаться в проигрыше* (также перен.: потерпеть неудачу). **2.** Сумма денег, потерянная при игре. *Большой п.* ‖ *прил.* **про́игрышный**, -ая, -ое.

ПРОИЗВЕДЕ́НИЕ, -я, *ср.* **1.** *см.* произвести. **2.** Создание, продукт труда, вообще то, что сделано, исполнено. *Совершенное, образцовое п.* (шедевр). *П. ума, творчества. П. рук человеческих* (о том, что создано человеком). *П. фантазии* (то, что вымышлено). **3.** Создание творчества, творческой мысли. *П. искусства. Литературное, музыкальное, живописное п. Произведения А.С.Пушкина. Произведения художника, композитора.* **4.** Результат, итог умножения.

ПРОИЗВЕСТИ́, -еду́, -едёшь; -ёл, -ела́; -е́дший; -едённый (-ён, -ена́); -едя́; *сов.* **1.** *что.* Сделать, выполнить, устроить. *П. продукцию. П. реконструкцию. П. ремонт.* **2.** *что.* Вызвать, осуществить (то, что названо следующим далее существительным). *П. впечатление на кого-н. П. переполох.* **3.** *в кого* (мн.) *(что).* Присвоить какой-н. чин, звание. *П. в офицеры.* ✦ **Произвести на свет** *кого (что)* — родить, дать жизнь. ‖ *несов.* **производи́ть**, -ожу́, -о́дишь. ‖ *сущ.* **произво́дство**, -а, *ср.* (к 1 и 3 знач.) *и* **произведе́ние**, -я, *ср.* (к 1 и 2 знач.). ‖ *прил.* **произво́дственный**, -ая, -ое (к 1 знач.).

ПРОИЗВОДИ́ТЕЛЬ, -я, *м.* **1.** Тот, кто производит, изготовляет что-н. *Завод-п. П. работ* (непосредственно руководящий постройкой, сооружением чего-н.). **2.** Самец, производящий потомство. *Жеребец-п.*

ПРОИЗВОДИ́ТЕЛЬНОСТЬ, -и, *ж.* **1.** *см.* производительный. **2.** Эффективность трудовой, производственной деятельности. *Высокая п. труда.*

ПРОИЗВОДИ́ТЕЛЬНЫЙ, -ая, -ое; -лен, -льна. **1.** *см.* произвести. **2.** Дающий очевидные результаты, плодотворный, продуктивный. *Производительная деятельность.* ✦ **Производительные силы** (спец.) — средства производства и люди, приводящие их в движение в целях производства материальных благ. **Производительный труд** (спец.) — труд, создающий прибавочный продукт. ‖ *сущ.* **производи́тельность**, -и, *ж.*

ПРОИЗВОДИ́ТЬ, -ожу́, -о́дишь; *несов.* **1.** *см.* произвести. **2.** *что.* Изготовлять, вырабатывать (какую-н. продукцию). *Завод производит станки.* **3.** *кого-что от кого-чего.* Устанавливать происхождение кого-чего-н. (устар.). *П. своё имя от древнего рода.*

ПРОИЗВОДИ́ТЬСЯ (-ожу́сь, -о́дишься, 1 и 2 л. не употр.), -о́дится; *несов.* **1.** О какой-н. продукции: изготовляться. **2.** Происходить, протекать, выполняться. *Производится подсчёт голосов. Производится посадка на самолёт.* ‖ *сов.* **произвести́сь** (-еду́сь, -едёшься, 1 и 2 л. не употр.), -едётся.

ПРОИЗВО́ДНЫЙ, -ая, -ое. **1.** Образованный от другого, проистекший из чего-то другого. *Вещество, производное от другого вещества. Производное слово* (слово, образованное от другого слова). **2. произво́дная**, -ой, *ж.* В математике: величина, получающаяся в результате дифференцирования (во 2 знач.). ‖ *сущ.* **произво́дность**, -и, *ж.* (к 1 знач.).

ПРОИЗВО́ДСТВЕННИК, -а, *м.* Работник, являющийся непосредственным участником производства (в 5 знач.). *Лучший п.* ‖ *ж.* **произво́дственница**, -ы.

ПРОИЗВО́ДСТВЕННЫЙ, -ая, -ое. **1.** *см.* производство. **2. производственные отношения** (спец.) — отношения между людьми в процессе общественного производства, обмена, распределения и потребления материальных благ, основанные на той или иной форме собственности.

ПРОИЗВО́ДСТВО, -а, *ср.* **1.** *см.* произвести. **2.** Общественный процесс создания материальных благ, охватывающий как производительные силы общества, так и производственные отношения людей. *Товарное п. Рост, спад производства.* **3.** Изготовление, выработка, создание какой-н. продукции. *П. стали. Вещь фабричного производства.* **4.** Отрасль деятельности, вырабатывающая какую-н. продукцию. *Сталелитейное п. Сельскохозяйственное п.* **5.** Работа по непосредственному изготовлению продукции. *Работать на производстве.* ✦ **Способ производства** (спец.) — исторически определённый способ добывания материальных благ, единство производительных сил и производственных отношений как основа общественно-экономической формации. **Средства производства** (спец.) — совокупность предметов и средств труда: земля, леса, воды, недра, сырьё, орудия производства, производственные здания, средства сообщения и связи. ‖ *прил.* **произво́дственный**, -ая, -ое. *П. план. П. стаж. П. процесс. П. цикл.*

ПРОИЗВО́Л, -а, *м.* **1.** Своеволие, самовластие. *Творить п. Грубый п.* **2.** Необоснованность, отсутствие логичности. *П. в рассуждениях.* ✦ **На произвол судьбы** (оставить, бросить) *кого* — не заботясь о чьём-н. положении, в беспомощном состоянии.

ПРОИЗВО́ЛЬНЫЙ, -ая, -ое; -лен, -льна. **1.** Ничем не стесняемый, свободный. *Произвольные движения. Произвольная программа* (в гимнастике, фигурном катании, синхронном плавании: составленная самим спортсменом). **2.** Основанный на произволе. *П. вывод. Произвольные решения.* ‖ *сущ.* **произво́льность**, -и, *ж.*

ПРОИЗНЕСТИ́, -су́, -сёшь; -ёс, -есла́; -ёсший; -есённый (-ён, -ена́); -еся́; *сов., что.* Сказать, выговорить, проговорить. *Правильно п. слово. П. речь.* ‖ *несов.* **произноси́ть**, -ошу́, -о́сишь. ‖ *сущ.* **произнесе́ние**, -я, *ср.*

ПРОИЗНОСИ́ТЕЛЬНЫЙ, -ая, -ое. Относящийся к произношению, к произнесению. *Произносительные нормы русского языка. Произносительные варианты.*

ПРОИЗНОШЕ́НИЕ, -я, *ср.* Выговор (в 1 знач.), воспроизведение звуков речи. *Русское литературное п. Узнать иностранца по произношению.*

ПРОИЗОЙТИ́, -ойду́, -ойдёшь; -ошёл, -шла́; происше́дший *и* произоше́дший; произойдя́; *сов.* **1.** (1 и 2 л. не употр.). Случиться, совершиться, осуществиться. *Произошла неприятность. Пожар произошёл от неосторожности.* **2.** *от кого-чего.* Родиться, появиться от кого-чего-н. *От прадеда произошло большое потомство.* ‖ *несов.* **происходи́ть**, -ожу́, -о́дишь.

ПРОИЗРАСТА́ТЬ (-áю, -áешь, 1 и 2 л. не употр.), -áет; *несов.* (книжн.). О растениях: иметь распространение где-н., расти (во 2 знач.). ‖ *сов.* **произрасти́** (-ту́, -тёшь, 1 и 2 л. не употр.), -тёт; -ро́с, -росла́; -ро́сший. ‖ *сущ.* **произрастáние**, -я, *ср. В местах произрастания.*

ПРОИЛЛЮСТРИ́РОВАТЬ *см.* иллюстрировать.

ПРОИНСПЕКТИ́РОВАТЬ *см.* инспектировать.

ПРОИНСТРУКТИ́РОВАТЬ *см.* инструктировать.

ПРОИНТЕРВЬЮИ́РОВАТЬ *см.* интервьюировать.

ПРОИНФОРМИ́РОВАТЬ *см.* информировать.

ПРОИСКА́ТЬ, -ищу́, -и́щешь; -и́сканный; *сов., кого-что.* Провести какое-н. время в поисках.

ПРО́ИСКИ, -ов. То же, что интриги (в 1 знач.). *П. недоброжелателей.*

ПРОИСТЕ́ЧЬ (-еку́, -ечёшь, 1 и 2 л. не употр.), -ечёт, -еку́т; -ёк, -екла́; -ёкший; -ёкши; *сов., из чего или от чего* (книжн.). Произойти, возникнуть вследствие чего-н., оказаться порождением чего-н. *Из случившегося проистекли неожиданные последствия.* ‖ *несов.* **проистекáть** (-áю, -áешь, 1 и 2 л. не употр.), -áет.

ПРОИСХОДИ́ТЬ, -ожу́, -о́дишь; *несов.* **1.** *см.* произойти. **2.** Быть какого-н. происхождения (в 1 знач.). *П. из крестьян.* **3.** То же, что проистекать.

ПРОИСХОЖДЕ́НИЕ, -я, *ср.* **1.** Принадлежность по рождению к какой-н. нации, классу, сословию. *Социальное п. Русский по происхождению.* **2.** Возникновение, появление. *П. языка. П. жизни на Земле.*

ПРОИСШЕ́СТВИЕ, -я, *ср.* Событие, нарушившее обычный ход вещей. *Странное п. Уличное п. Дорожно-транспортное п.*

ПРОЙДО́ХА, -и, *м.* и *ж.* (разг.). Пронырливый, жуликоватый человек.

ПРОЙДО́ШЛИВЫЙ, -ая, -ое; -ив (прост.). Пронырливый и жуликоватый.

ПРО́ЙМА, -ы, *ж.* Вырез, выкраиваемый для рукава, а также вообще вырез на одежде для руки. *Узкая, широкая, удлинённая п. Платье режет* (узко) *в пройме. Безрукавка, жилет со свободными проймами.* ‖ *прил.* **про́йменный**, -ая, -ое *и* **про́ймовый**, -ая, -ое.

ПРОЙТИ́, пройду́, пройдёшь; прошёл, -шла́; проше́дший; про́йденный *и* пройдённый (-ён, -ена́); пройдя́; *сов.* **1.** В ходьбе, движении передвинуться по какому-н. или к какому-н. месту. *П. по мосту. П. к выходу. П. вперёд. По небу прошла туча. По реке прошёл катер. Рыба прошла на нерест.* **2.** *что.* Идя, двигаясь, совершить путь; преодолеть какое-н. пространство. *П. несколько шагов. П. всю дорогу пешком. Бегун хорошо прошёл дистанцию. За час поезд прошёл 100 км. П. жизненный путь* (перен.: прожить жизнь). *П. всю войну* (перен.: провоевать от начала до конца войны). *П. через невзгоды* (перен.: узнать невзгоды, лишения). **3.** *что.* Передвигаясь, направляясь куда-н., миновать, оставить позади себя. *Поезд прошёл станцию* или *мимо станции. П. по рассеянности свой дом. П. мимо чего-н.* (также перен.: не обратить внимания на что-н., упустить из виду что-н.). **4.** (1 и 2 л. не употр.). О слухах, молве: распространиться. *О нём прошла худая слава. Прошёл тревожный слух.* **5.** *перен., перед кем-чем,* а также *со словами «в мыслях», «в воображении».* Мысленно возникнуть, предстать в воображении. *Перед глазами прошли все события вчерашнего дня.* **6.** (1 и 2 л. не употр.). Появиться и исчезнуть (об улыбке, мимическом движении). *По лицу прошла гримаса боли.* **7.** (1 и 2 л. не употр.). О чём-н. протяжённом: пролечь, протянуться. *Здесь пройдёт автострада. Газопровод прошёл через пустыню.* **8.** (1 и 2 л. не употр.). Об осадках: выпасть. *Прошли дожди и грозы.* **9.** (1 и 2 л. не употр.). О времени, о чём-н. бывшем, длившемся: миновать, протечь, прекратиться. *Прошёл целый час. Обида прошла. Боль прошла.* **10.** (1 и 2 л. не употр.). Протечь, завершиться каким-н. образом, с каким-н. результатом. *Доклад прошёл удачно. День прошёл хорошо.* **11.** (1 и 2 л. не употр.). Проникнуть через что-н., сквозь что-н. (о передвигаемом, движущемся, текущем). *Шкаф прошёл в дверь. Вода прошла в трюмы. Кровь прошла через повязку.* **12.** *что.* Разработать, обработать, двигаясь в определённом направлении. *П. первый угольный пласт. П. две гряды граблями.* **13.** *что* или *через что.* Продвигаясь, достигая чего-н., подвергнуться чему-н., а также получить признание, утверждение. *Документы пройдут регистрацию. П. через контроль. Проект прошёл много инстанций. Ваше предложение прошло. Резолюция не прошла.* **14.** *в кого* (мн.) *-что.* Оказаться в числе принятых, зачисленных, утверждённых. *П. в штат. П. в институт по конкурсу. П. в члены правления.* **15.** *что.* Выучить, изучить (в 1 знач.). *П. программу десятого класса. Пройден курс наук.* **16.** *что.* Выполнить какие-н. обязанности, задания, назначения. *П. военную службу. П. курс лечения.* **17. пройдём(те)!** Предложение идти, следовать за кем-н. (разг.). *Пройдёмте в кабинет.* ✦ **Пройти в жизнь** — осуществиться на деле. **Пройти молчанием** *что* — ничего не сказать, промолчать. **Это (так) не пройдёт!** (разг.) — так не выйдет, не получится. **Враг не пройдёт!** — его не пропустят, не пропустим. **Пройти через руки** *чьи* - быть предметом чьей-н. деятельности, воздействия, внимания. *Через руки мастера прошли десятки учеников.* ‖ *несов.* **проходи́ть**, -ожу́, -о́дишь (ко всем знач., кроме 1). ✦ **Это мы не проходили!** (разг. шутл.) — этого я не знаю, это мне знать необязательно. ‖ *сущ.* **прохожде́ние**, -я, *ср.* (к 1, 2, 7, 12, 13, 14, 15 и 16 знач.), **прохо́д**, -а, *м.* (к 1 и 3 знач.) *и* **прохо́дка**, -и, *ж.* (к 12 знач.). ‖ *прил.* **проходно́й**, -ая, -о́е (к 1, 2 и 14 знач.; спец.). *Проходная шашка* или *пешка* (шашка или шахматная пешка, имеющая возможность достичь последней линии доски и стать фигурой). *Проходная рыба* (проходящая на нерест из морей в реки или, реже, из рек в моря). *Проходная печь* (вдоль к-рой нагреваемые изделия движутся непрерывно). *П. балл* (на конкурсных экзаменах: дающий право поступления).

ПРОЙТИ́СЬ, пройду́сь, пройдёшься; прошёлся, -шла́сь; проше́дшийся; пройдя́сь; *сов.* **1.** Пройти немного или не спеша, сделать несколько шагов, а также прогуляться. *П. по комнате. П. после ужина.* **2.** То же, что сплясать (разг.). *П. в пляске. П. русскую.* **3.** *по чему.* Сделать что-н. или подвергнуть нек-рой обработке; коснуться (в соответствии со знач. следующего существительного) (разг.). *П. кистью* (провести кистью по поверхности). *П. резцом* (слегка обработать резцом). *П. по клавишам* (поиграть немного). ✦ **Пройтись на чей счёт или пройтись по чьему адресу** (разг.) — плохо отозваться о ком-чём-н. или подшутить, подсмеяться над кем-н., намекнуть на что-н. ‖ *несов.* **проха́живаться**, -аюсь, -аешься (к 1 знач.).

ПРОК, -а (-у), *м.* (разг.). Выгода, польза. *Какой п. в его советах! Проку нет в чём-н. или от кого-чего-н. Что проку от обещаний?* (нет никакого проку).

ПРОКАЖЁННЫЙ, -ого, *м.* Больной проказой[1]. ‖ *ж.* **прокажённая**, -ой.

ПРОКА́ЗА[1], -ы, *ж.* Хроническая инфекционная болезнь, поражающая кожу, глаза, нервную систему и нек-рые внутренние органы.

ПРОКА́ЗА[2], -ы, *ж.* То же, что шалость. *Детские проказы.*

ПРОКА́ЗНИК, -а, *м.* (разг.). Тот, кто проказничает, шалит. ‖ *ж.* **прока́зница**, -ы.

ПРОКА́ЗНИЧАТЬ, -аю, -аешь (разг.) и **ПРОКА́ЗИТЬ**, -а́жу, -а́зишь (прост.); *несов.* Шалить (в 1 знач.), бедокурить. ‖ *сов.* **напрока́зничать**, -аю, -аешь *и* **напрока́зить**, -а́жу, -а́зишь.

ПРОКАЛИ́ТЬ, -лю́, -ли́шь; -лённый (-ён, -ена́); *сов., что.* Подвергнуть сильному калению. ‖ *несов.* **прока́ливать**, -аю, -аешь. ‖ *сущ.* **прока́ливание**, -я, *ср.* и **прока́лка**, -и, *ж.*

ПРОКАЛИ́ТЬСЯ (-лю́сь, -ли́шься, 1 и 2 л. не употр.), -ли́тся; *сов.* Подвергшись калению, закалиться (в 1 знач.). ‖ *несов.* **прока́ливаться** (-аюсь, -аешься, 1 и 2 л. не употр.), -ается.

ПРОКА́ЛЫВАТЬ *см.* проколоть[2].

ПРОКАНИТЕ́ЛИТЬСЯ, -люсь, -лишься; *сов.* (разг.). Провести время, канителясь. *Проканителился полдня.*

ПРОКА́ПЧИВАТЬ, -СЯ *см.* прокоптить, -ся.

ПРОКА́ПЫВАТЬ, -СЯ[1] *см.* прокопать, -ся[1].

ПРОКАРАУ́ЛИТЬ, -лю, -лишь; -ленный; *сов., кого-что* (разг.). **1.** Плохо карауля, упустить. **2.** Провести какое-н. время, карауля кого-что-н. *П. всю ночь.*

ПРОКА́Т[1], -а, *м.* **1.** То же, что прокатка. *П. труб.* **2.** Металлические изделия определённого профиля, изготовленные прокаткой. *Выпуск проката.* ‖ *прил.* **прока́тный**, -ая, -ое (ко 2 знач.).

ПРОКА́Т[2], -а, *м.* **1.** Сдача чего-н. во временное пользование за плату, а также само пользование. *Взять в п. Плата за п. Пункт проката.* **2.** То же, что кинопрокат. *Выпустить фильм в п.* ‖ *прил.* **прока́тный**, -ая, -ое.

ПРОКА́Т[3] *см.* прокатать[2].

ПРОКАТА́ТЬ[1], -а́ю, -а́ешь; -а́танный; *сов., что.* **1.** Разгладить, катая на скалке. *П. бельё.* **2.** Подвергнуть прокатке, обработать прокаткой. *П. сталь.* ‖ *несов.* **прока́тывать**, -аю, -аешь. ‖ *прил.* **прока́тный**, -ая, -ое (ко 2 знач.). *П. стан.*

ПРОКАТА́ТЬ[2], -а́ю, -а́ешь; *сов.* **1.** *кого (что).* Покатать какое-н. время. *Весь день прокатал ребят на лодке.* **2.** *что.* У фигуристов: катаясь, выполнить какую-н. программу. *П. обязательную программу.* ‖ *несов.* **прока́тывать**, -аю, -аешь (ко 2 знач.). ‖ *сущ.* **прока́т**, -а, *м.* (ко 2 знач.).

ПРОКАТА́ТЬСЯ, -а́юсь, -а́ешься; *сов.* Покататься какое-н. время. *Весь вечер прокатался на велосипеде.*

ПРОКАТИ́ТЬ, -ачу́, -а́тишь; -а́ченный; *сов.* **1.** *кого-что.* Провезти для развлечения. *П. малыша на велосипеде.* **2.** *что.* Передвинуть, катя. *П. мяч по полу.* **3.** Быстро проехать (разг.). *Кто-то прокатил на велосипеде мимо дома.* **4.** *кого-что.* Отвергнуть, отвести (при тайном голосовании). ✦ **Прокатить на вороных** (устар. разг.) — то же, что прокатить (в 4 знач.) [*первонач.* при баллотировке шарами, положить чёрные, неизбирательные шары]. ‖ *несов.* **прока́тывать**, -аю, -аешь (ко 2, 3 и 4 знач.).

ПРОКАТИ́ТЬСЯ, -ачу́сь, -а́тишься; *сов.* **1.** Проехаться для развлечения, съездить куда-н. ненадолго. *П. за город.* **2.** (1 и 2 л. не употр.). Передвинуться куда-н., катясь. *Мяч прокатился за черту.* **3.** (1 и 2 л. не употр.). О громких раскатистых звуках: раздаться. *Прокатился гром, выстрел.* ‖ *несов.* **прока́тываться**, -аюсь, -аешься (ко 2 и 3 знач.).

ПРОКА́ТКА, -и, *ж.* Горячая обработка металла путём давления, обжима его между вращающимися валками в особых станах для придания ему нужной формы, профиля. *П. рельсов.* ‖ *прил.* **прока́точный**, -ая, -ое.

ПРОКА́ТЧИК, -а, *м.* Специалист по обработке металлов прокаткой.

ПРОКА́ШИВАТЬ *см.* прокосить.

ПРОКА́ШЛЯНУТЬ, -ну, -нешь; -утый; *сов., что.* То же, что прокашлять (в 1 знач.).

ПРОКА́ШЛЯТЬ, -яю, -яешь; -ленный; *сов.* **1.** *что.* Кашляя, очистить горло от чего-н. *П. мокроту.* **2.** Подвергнуться приступам кашля в течение какого-н. времени: кашляя, проболеть какое-то время. *Всю ночь прокашлял. П. целую зиму.* ‖ *несов.* **прока́шливать**, -аю, -аешь (к 1 знач.).

ПРОКА́ШЛЯТЬСЯ, -яюсь, -яешься; *сов.* Очистить горло кашлем. ‖ *несов.* **прока́шливаться**, -аюсь, -аешься.

ПРОКВА́КАТЬ *см.* квакать.

ПРОКВА́СИТЬ, -а́шу, -а́сишь; -а́шенный; *сов., что.* Подвергнуть квашению, а также дать прокиснуть. *П. капусту. П. молоко.* ‖ *несов.* **проква́шивать**, -аю, -аешь.

ПРОКВА́СИТЬСЯ (-а́шусь, -а́сишься, 1 и 2 л. не употр.), -а́сится; *сов.* Подвергнуться квашению, а также прокиснуть. ‖ *несов.* **проква́шиваться** (-аюсь, -аешься, 1 и 2 л. не употр.), -ается.

ПРОКИПЕ́ТЬ (-плю́, -пи́шь, 1 и 2 л. не употр.), -пи́т; *сов.* **1.** Пробыть в состоянии кипения какое-н. время. *Вода прокипела* *полчаса.* **2.** Вскипеть как следует. *Щи прокипели.*

ПРОКИПЯТИ´ТЬ, -ячу́, -яти́шь; -ячённый (-ён, -ена́); *сов., что.* Вскипятить как следует, подвергнуть кипячению. *П. суп. П. бельё.*

ПРОКИСА´ТЬ (-а́ю, -а́ешь, 1 и 2 л. не употр.), -а́ет; *несов.* То же, что киснуть (в 1 знач.). *Молоко в тепле прокисает.*

ПРОКИ´СНУТЬ *см.* киснуть.

ПРОКЛА´ДКА, -и, *ж.* **1.** *см.* проложить. **2.** Деталь, герметически изолирующая друг от друга разъёмные части двигателя, аппарата, прибора; вообще предмет, положенный между чем-н. *Резиновая п.* ‖ *прил.* **прокла́дочный,** -ая, -ое.

ПРОКЛА´ДЫВАТЬ *см.* проложить.

ПРОКЛАЖА´ТЬСЯ, -а́юсь, -а́ешься и **ПРОКЛАЖДА´ТЬСЯ,** -а́юсь, -а́ешься, *несов.* (устар. и прост.). То же, что прохлаждаться (во 2 знач.).

ПРОКЛАМА´ЦИЯ, -и, *ж.* Агитационный листок политического содержания. ‖ *прил.* **прокламацио́нный,** -ая, -ое.

ПРОКЛАМИ´РОВАТЬ, -рую, -руешь; -анный; *сов.* и *несов., что* (книжн.). Торжественно объявить (-влять), провозгласить (-ашать). ‖ *сущ.* **проклами́рование,** -я, *ср.*

ПРОКЛЕВА´ТЬ, -люю́, -люёшь; -лёванный; *сов., что.* Пробить ударами клюва. ‖ *несов.* **проклёвывать,** -аю, -аешь.

ПРОКЛЕ´ИТЬ, -е́ю, -е́ишь; -е́енный; *сов., что.* **1.** Пропитать слоем клея. **2.** Провести какое-н. время, клея. *Весь вечер проклеил пакеты.* ‖ *несов.* **прокле́ивать,** -аю, -аешь (к 1 знач.). ‖ *сущ.* **прокле́йка,** -и, *ж.* (к 1 знач.) *и* **прокле́ивание,** -я, *ср.*

ПРОКЛИНА´ТЬ, -а́ю, -а́ешь; *несов., кого-что.* **1.** *см.* проклясть. **2.** Ругать, бранить, осуждать (разг.). *Проклинаю себя за рассеянность.*

ПРОКЛЮ´НУТЬ, -ну, -нешь; -утый; *сов., что* (разг.). То же, что проклевать.

ПРОКЛЮ´НУТЬСЯ (-нусь, -нешься, 1 и 2 л. не употр.), -нется; *сов.* **1.** О птенце, мальке: проклевав скорлупу, личинку, выйти наружу. *Цыплёнок проклюнулся. Проклюнулись первые ростки* (перен.). **2.** *перен.* О чём-н. новом, возникающем: обнаружиться, появиться (разг.). *Проклюнулась интересная идея.* ‖ *несов.* **проклёвываться** (-аюсь, -аешься, 1 и 2 л. не употр.), -ается. ‖ *сущ.* **проклёвывание,** -я, *ср.*

ПРОКЛЯ´СТЬ, -яну́, -янёшь; про́клял, -яла́, -яло; -я́вший; про́клятый (-ят, -ята́, -ято); -я́в; *сов., кого-что* (высок.). Предать проклятию. *П. вероотступника. П. изменника. Будь ты про́клята! Всё на свете проклял* (выражение крайнего раздражения, недовольства кем-чем-н.; разг.). ✦ **Как проклятый** (работает, трудится) (прост.) — очень много, сверх сил. ‖ *несов.* **проклина́ть,** -а́ю, -а́ешь.

ПРОКЛЯ´ТИЕ, -я, *ср.* **1.** Официальное отлучение от церкви, анафема. *Наложить п. Предать проклятию еретика.* **2.** Крайнее и бесповоротное осуждение (высок.). *П. палачам.* **3.** Бранное слово, выражение негодования. *Осыпать проклятиями кого-н.* **4. проклятие!** Выражает крайнее раздражение, досаду. *Тьфу ты, п.!*

ПРОКЛЯ´ТЫЙ, -ая, -ое (разг.). **1.** Ненавистный, проклинаемый. *П. враг.* **2.** Надоевший и вызывающий досаду, злобу. *Проклятые холода. Измучила болезнь проклятая.* ✦ **Проклятый вопрос** (книжн.) — не поддающаяся разрешению проблема.

ПРОКОВЫЛЯ´ТЬ, -я́ю, -я́ешь; *сов.* (разг.). Пройти ковыляя.

ПРОКО´Л, -а, *м.* **1.** *см.* проколоть[2]. **2.** Сквозное отверстие, сделанное чем-н. колющим. *Незаметный п. П. в покрышке. П. на билете* (компостером). **3.** *перен.* Неожиданный срыв, неудача (прост.). *С этим делом п. получился.*

ПРОКОЛО´ТЬ[1], -олю́, -о́лешь; *сов., что.* Провести какое-н. время, коля[1] что-н. *Весь день проколол дрова.*

ПРОКОЛО´ТЬ[2], -олю́, -о́лешь; -о́лотый; *сов., кого-что.* Коля[2], сделать в чём-н. сквозное отверстие, проткнуть. *П. дыру. П. шину. П. чек. П. штыком.* ‖ *несов.* **прока́лывать,** -аю, -аешь. ‖ *сущ.* **прока́лывание,** -я, *ср.*, **проко́л,** -а, *м.* и **проко́лка,** -и, *ж.* ‖ *прил.* **проко́лочный,** -ая, -ое (спец.).

ПРОКОММЕНТИ´РОВАТЬ *см.* комментировать.

ПРОКОМПОСТИ´РОВАТЬ *см.* компостировать.

ПРОКОНОПА´ТИТЬ, -а́чу, -а́тишь; -а́ченный; *сов., что.* Конопатя, забить пазы, щели в чём-н. *П. стену. П. лодку.* ‖ *несов.* **проконопа́чивать,** -аю, -аешь.

ПРОКОНСПЕКТИ´РОВАТЬ *см.* конспектировать.

ПРОКОНСУЛЬТИ´РОВАТЬ, -СЯ *см.* консультировать, -ся.

ПРОКОНТРОЛИ´РОВАТЬ *см.* контролировать.

ПРОКОПА´ТЬ, -а́ю, -а́ешь; -о́панный; *сов., что.* **1.** Сделать углубление, копая в длину, в глубину. *П. канаву. П. ход сообщения. П. нору.* **2.** Копая, сделать в чём-н. ход, отверстие. *П. холм.* **3.** Провести какое-н. время, копая. ‖ *несов.* **прока́пывать,** -аю, -аешь (к 1 и 2 знач.). ‖ *сущ.* **проко́пка,** -и, *ж.* (к 1 и 2 знач.) *и* **прока́пывание,** -я, *ср.*

ПРОКОПА´ТЬСЯ[1], -а́юсь, -а́ешься; *сов.* Прокопать себе ход, выход. *П. из-под снега.* ‖ *несов.* **прока́пываться,** -аюсь, -аешься.

ПРОКОПА´ТЬСЯ[2], -а́юсь, -а́ешься; *сов.* (разг.). Провести какое-н. время, медлительно делая что-н., копаясь. *П. с уборкой.*

ПРОКОПТИ´ТЬ, -пчу́, -пти́шь; -пчённый (-ён, -ена́); *сов.* **1.** *что.* Подвергнуть копчению, приготовить в пищу копчением. *П. окорок.* **2.** *кого-что.* Пропитать дымом, загрязнить копотью (разг.). *П. стены, потолок.* **3.** (1 и 2 л. не употр.). Коптя (в 3 знач.), прогореть какое-н. время. *Коптилка прокоптила весь вечер.* ‖ *несов.* **прока́пчивать,** -аю, -аешь (к 1 и 2 знач.).

ПРОКОПТИ´ТЬСЯ, -пчу́сь, -пти́шься; *сов.* **1.** (1 и 2 л. не употр.). Стать копчёным. *Окорок прокоптился.* **2.** Пропитаться копотью, дымом (разг.). *Вся комната прокоптилась.* ‖ *несов.* **прока́пчиваться,** -аюсь, -аешься.

ПРОКОРМИ´ТЬ, -СЯ *см.* кормить, -ся.

ПРОКОРРЕКТИ´РОВАТЬ *см.* корректировать.

ПРОКО´С, -а, *м.* **1.** *см.* прокосить. **2.** Полоса, выкошенная косой, косилкой. *Широкий, узкий п.* ‖ *прил.* **проко́сный,** -ая, -ое.

ПРОКОСИ´ТЬ, -ошу́, -о́сишь; -о́шенный; *сов., что.* **1.** Выкосить узкую полосу среди чего-н. *П. межу.* **2.** Провести какое-н. время в косьбе. *Прокосили всё утро.* ‖ *несов.* **прока́шивать,** -аю, -аешь (к 1 знач.). ‖ *сущ.* **проко́с,** -а, *м.* (к 1 знач.). ‖ *прил.* **проко́сный,** -ая, -ое (к 1 знач.).

ПРОКРА´СИТЬ, -а́шу, -а́сишь; -а́шенный; *сов., что.* **1.** Покрыть слоем краски. *П. стены.* **2.** Провести какое-н. время, крася что-н. *Весь день прокрасил забор.* ‖ *несов.* **прокра́шивать,** -аю, -аешь (к 1 знач.). ‖ *сущ.* **прокра́ска,** -и, *ж.* (к 1 знач.; спец.).

ПРОКРА´СТЬСЯ, -аду́сь, -адёшься; -а́лся, -а́лась; -а́вшийся; -а́вшись; *сов.* Проникнуть куда-н. крадучись, тайком. *П. в комнату. В сердце прокралась обида* (перен.). ‖ *несов.* **прокра́дываться,** -аюсь, -аешься.

ПРОКРАХМА´ЛИТЬ, -лю, -лишь; -ленный; *сов., что.* Пропитать крахмалом. *П. бельё.* ‖ *несов.* **прокрахма́ливать,** -аю, -аешь.

ПРОКРАХМА´ЛИТЬСЯ (-люсь, -лишься, 1 и 2 л. не употр.), -лится; *сов.* Пропитаться крахмалом. ‖ *несов.* **прокрахма́ливаться** (-аюсь, -аешься, 1 и 2 л. не употр.), -ается.

ПРОКРИЧА´ТЬ, -чу́, -чи́шь; *сов.* **1.** *см.* кричать. **2.** Провести какое-н. время крича. *Ребёнок прокричал всю ночь.* ✦ **Прокричать (все) уши** *кому о ком-чём* (разг.) — надоесть рассказами о чём-н., преувеличенными похвалами кому-н.

ПРОКРУ´СТОВ, -о: **прокрустово ложе** (книжн.) — мерка, под к-рую насильственно подгоняется что-н. [по имени мифологического древнегреческого разбойника-великана Прокруста, обрубавшего или вытягивавшего ноги своим жертвам по длине ложа, на к-рое он их укладывал].

ПРОКРУТИ´ТЬ, -учу́, -у́тишь; -у́ченный; *сов., что.* **1.** *см.* крутить. **2.** Приведя в круговое движение, дать (какому-н. устройству) произвести определённое количество оборотов. *П. пластинку, фильм* (пропустить через специальный аппарат для прослушивания, просмотра; прост.). **3.** Провести какое-н. время, крутя что-н. ‖ *несов.* **прокру́чивать,** -аю, -аешь. ‖ *сущ.* **прокру́чивание,** -я, *ср.* и **прокру́тка,** -и, *ж.* (к 1 знач.; разг.).

ПРОКУКАРЕ´КАТЬ *см.* кукарекать.

ПРОКУКОВА´ТЬ *см.* куковать.

ПРОКУРА´ТОР, -а, *м.* **1.** В Древнем Риме: вольноотпущенник или раб, управляющий имением, поместьем. **2.** Чиновник, приближённый к императору и ведающий его казначейством, сбором налогов, другими делами. **3.** В Древнем Риме: управляющий провинцией, подчинённый наместнику. *Понтий Пилат — п. Иудеи.* ‖ *прил.* **прокура́торский,** -ая, -ое.

ПРОКУРАТУ´РА, -ы, *ж.* **1.** Государственный орган, осуществляющий надзор за соблюдением законов и законности и привлекающий к ответственности за совершение преступлений. *Дело передано в прокуратуру.* **2.** *собир.* Работники прокурорского надзора.

ПРОКУРИ´ТЬ, -урю́, -у́ришь; -у́ренный; *сов.* **1.** *кого-что.* Пропитать табачным дымом (разг.). *П. комнату. Прокуренные лёгкие.* **2.** *что.* Израсходовать на куренье (разг.). *Прокурил все свои деньги.* **3.** Провести какое-н. время куря. *Прокурил весь вечер.* ‖ *несов.* **проку́ривать,** -аю, -аешь.

ПРОКУРИ´ТЬСЯ, -урю́сь, -у́ришься; *сов.* **1.** Пропитаться дымом от курения (разг.). *Лёгкие прокурились.* **2.** (1 и 2 л. не употр.). Продымиться какое-н. время, курясь. *Вулкан прокурился несколько суток.* ‖ *несов.* **проку́риваться,** -аюсь, -аешься (к 1 знач.).

ПРОКУРО´Р, -а, *м.* **1.** Должностное лицо органов прокуратуры. *Районный п.* **2.** Государственный обвинитель на суде. ‖ *прил.* **прокуро́рский,** -ая, -ое. *П. надзор* (высший надзор прокуратуры, обеспечивающий соблюдение законности).

ПРОКУ´С, -а, *м.* Рана от укуса, прокушенное место. *Глубокий п.*

ПРОКУСА´ТЬ, -а́ю, -а́ешь; -у́санный; *сов., кого-что.* Прокусить во многих местах.

ПРОКУСИ´ТЬ, -ушу́, -у́сишь; -у́шенный; *сов., что.* Кусая, проткнуть насквозь. *П.*

губу до́ крови. ‖ *несов.* **проку́сывать,** -аю, -аешь.

ПРОКУТИ́ТЬ, -учу́, -у́тишь; -у́ченный; *сов.* (разг.). **1.** *что.* Израсходовать на кутежи. *П. наследство.* **2.** Провести какое-н. время в кутежах. *П. ночь.* ‖ *несов.* **проку́чивать,** -аю, -аешь.

ПРОКУТИ́ТЬСЯ, -учу́сь, -у́тишься; *сов.* (разг.). Израсходовать много денег на кутежи. ‖ *несов.* **проку́чиваться,** -аюсь, -аешься.

ПРОЛАГА́ТЬ *см.* проложить.

ПРОЛА́ЗА, -ы, *м.* и *ж.* (прост.). То же, что пройдоха.

ПРОЛА́МЫВАТЬ, -СЯ *см.* проломать, -ся *и* проломить, -ся.

ПРОЛА́ЯТЬ *см.* лаять.

ПРОЛЕГА́ТЬ *см.* пролечь.

ПРОЛЕЖА́ТЬ, -жу́, -жи́шь; *сов.* **1.** Пробыть какое-н. время в лежачем положении или лёжа больным. *П. до вечера в постели. П. месяц в больнице.* **2.** (1 и 2 л. не употр.). Пробыть какое-н. время в одном и том же положении, без движения, без использования. *Письмо пролежало на почте три дня.* **3.** *что.* Получить пролежень на какой-н. части тела; повредить лежанием. *П. спину. Все бока пролежал кто-н.* (устал от долгого лежания; разг.). ‖ *несов.* **пролёживать,** -аю, -аешь.

ПРО́ЛЕЖЕНЬ, -жня, *м.* У лежачих больных: место на омертвевшем и воспалившемся кожном покрове. *Пролежни на спине.* ‖ *прил.* **про́лежневый,** -ая, -ое.

ПРОЛЕ́ЗТЬ, -зу, -зешь; *сов.* **1.** Влезая, продвигаясь, с трудом проникнуть куда-н. *П. в полуоткрытую дверь.* **2.** Тайком проникнуть куда-н. *Воры пролезли в сад.* **3.** *перен.* Обманом и хитростью проникнуть куда-н., добиться хорошего, выгодного положения (разг.). *П. в члены клуба.* ‖ *несов.* **пролеза́ть,** -а́ю, -а́ешь.

ПРОЛЕПЕТА́ТЬ *см.* лепетать.

ПРОЛЕТАРИА́Т, -а, *м.* Класс пролетариев. *Промышленный, сельский п.*

ПРОЛЕТАРИЗИ́РОВАТЬ, -рую, -руешь; -анный; *сов.* и *несов., кого-что* (книжн.). Лишив средств производства (крестьян, мелкую буржуазию), превратить (-ащать) в пролетариев. ‖ *сущ.* **пролетариза́ция,** -и, *ж. П. крестьянства.*

ПРОЛЕТА́РИЙ, -я, *м.* Наёмный рабочий, лишённый средств производства. *Городские, сельские пролетарии.* ‖ *ж.* **пролета́рка,** -и (разг.). ‖ *прил.* **пролета́рский,** -ая, -ое.

ПРОЛЕТА́ТЬ[1], -а́ю, -а́ешь; *сов.* Провести какое-н. время летая. *Пролетал три часа.*

ПРОЛЕТА́ТЬ[2] *см.* пролететь.

ПРОЛЕТЕ́ТЬ, -лечу́, -лети́шь; *сов.* **1.** Летя, передвинуться на какое-н. расстояние. *П. тысячу километров.* **2.** *что.* Летя, миновать что-н. *Самолёт пролетел горы.* **3.** Быстро проехать, пройти, миновать (разг.). *Пролетел курьерский поезд. Пролетела молодость. Пролетело лето.* **4.** (1 и 2 л. не употр.), *перен.* Мелькнуть, пронестись (разг.). *Пролетела мысль о чём-н.* ‖ *несов.* **пролета́ть,** -а́ю, -а́ешь. ‖ *сущ.* **пролёт,** -а, *м.* (к 1 знач.). *Птицы на пролёте* (во время перелёта). ‖ *прил.* **пролётный,** -ая, -ое (к 1 знач.). *Пролётная траектория.*

ПРОЛЕ́ЧЬ (-ля́гу, -ля́жешь, 1 и 2 л. не употр.), -ля́жет, -ля́гут; -ёг, -егла́; -ёгший; -ёгши; *сов.* Расположиться, лечь, пройти, протянуться вдоль чего-н. *Лунная дорожка пролегла по реке. Тропинка пролегла через поле.* ‖ *несов.* **пролега́ть** (-а́ю, -а́ешь, 1 и 2 л. не употр.), -а́ет. *Дорога пролегает лесом.* ‖ *сущ.* **пролега́ние,** -я, *ср.*

ПРОЛЁТ[1], -а, *м.* **1.** Свободное открытое пространство между чем-н. *П. между скал.* **2.** Расстояние между соседними опорами, поддерживающими перекрытия зданий, сооружений. *П. моста* (между двумя опорами). **3.** То же, что перегон (во 2 знач.). **4.** Свободное пространство в лестничной клетке многоэтажного здания. *П. лестницы.* ‖ *прил.* **пролётный,** -ая, -ое (ко 2 знач.). *Пролётное строение моста.*

ПРОЛЁТ[2] *см.* пролететь.

ПРОЛЁТКА, -и, *ж.* Лёгкий четырёхколёсный экипаж. *Извозчичья п.* ‖ *прил.* **пролёточный,** -ая, -ое.

ПРОЛЁТНЫЙ[1], -ая, -ое. О птицах: появляющийся весной или осенью при пролёте[2], перелёте.

ПРОЛЁТНЫЙ[2] *см.* пролёт[1].

ПРОЛЁТНЫЙ[3] *см.* пролететь.

ПРОЛЁТОМ, *нареч.* (разг.). Пролетая какое-н. место и сделав в нём короткую остановку. *П. был в Москве.*

ПРОЛИ́В, -а, *м.* Узкое водное пространство, разделяющее участки суши и соединяющее смежные водные бассейны или их части. ‖ *прил.* **проли́вный,** -ая, -ое.

ПРОЛИВНО́Й, -а́я, -о́е: **проливной дождь** — очень сильный дождь.

ПРОЛИ́ТЬ, -лью́, -льёшь; про́лил *и* проли́л, пролила́, про́лило *и* проли́ло; -ле́й; про́литый *и* проли́тый (про́лит *и* проли́т, пролита́, про́лито *и* проли́то); *сов., что.* Нечаянно вылить. *П. молоко.* ✦ **Пролить кровь** *чью* (высок.) — убить или тяжело ранить кого-н. **Пролить (свою) кровь** *за кого-что* (высок.) — пожертвовать собой, защищая кого-что-н. *Пролить свою кровь за Отечество.* **Пролить слезу** (устар. и ирон.) — немного поплакать или прослезиться. ‖ *несов.* **пролива́ть,** -а́ю, -а́ешь. ‖ *сущ.* **проли́тие,** -я, *ср.* (высок.). *П. крови.*

ПРОЛИ́ТЬСЯ (-лью́сь, -льёшься, 1 и 2 л. не употр.), -льётся; -и́лся, -ила́сь, -ило́сь *и* -и́лось; -ле́йся; *сов.* О жидком, текучем: вылиться. *Вода пролилась на пол. Пролилась кровь* (перен.; высок.). ‖ *несов.* **пролива́ться** (-а́юсь, -а́ешься, 1 и 2 л. не употр.), -а́ется. ‖ *сущ.* **проли́тие,** -я, *ср.* (высок.).

ПРО́ЛОГ, -а, *м.* (спец.). Древнерусский, а также южнославянский сборник кратких житий, поучений и назидательных рассказов, расположенных в последовательном порядке по годичным праздникам, по дням богослужений. *Славяно-русский П.*

ПРОЛО́Г, -а, *м.* Вступительная часть литературного, театрального или музыкального произведения. *П. к роману. Парад-п.* (открывающий цирковое представление). ‖ *прил.* **проло́говый,** -ая, -ое.

ПРОЛОЖИ́ТЬ, -ожу́, -о́жишь; -о́женный; *сов., что.* **1.** Устроить, провести (путь, линию связи). *П. железнодорожные пути. П. нефтепровод. П. себе дорогу* (также перен.: добиться хорошего положения в жизни). *П. путь, дорогу кому-чему-н.* (также перен.: содействовать в продвижении, создать условия для развития чего-н.). *П. курс корабля* (вычертить на карте). **2.** Вложить что-н. между чем-н. *П. стружки между тарелками* (или *тарелки стружками) при упаковке.* ‖ *несов.* **прокла́дывать,** -аю, -аешь *и* **пролага́ть,** -а́ю, -а́ешь (к 1 знач.). ‖ *сущ.* **прокла́дывание,** -я, *ср. и* **прокла́дка,** -и, *ж.* ‖ *прил.* **прокладно́й,** -а́я, -о́е (ко 2 знач.). *Прокладные листы в книге* (чистые, для заметок).

ПРОЛО́М, -а, *м.* **1.** *см.* проломать *и* проломить. **2.** Проломленное место, отверстие. *П. в стене.* ‖ *прил.* **проло́мный,** -ая, -ое.

ПРОЛОМА́ТЬ, -а́ю, -а́ешь; -о́манный; *сов., что.* Ломая, пробить. *П. отверстие.* ‖ *несов.* **прола́мывать,** -аю, -аешь. ‖ *сущ.* **проло́м,** -а, *м.*

ПРОЛОМА́ТЬСЯ (-а́юсь, -а́ешься, 1 и 2 л. не употр.), -а́ется; *сов.* Ломаясь, образовать в себе отверстие, дыру. *Лёд проломался от тяжести.* ‖ *несов.* **прола́мываться** (-аюсь, -аешься, 1 и 2 л. не употр.), -ается.

ПРОЛОМИ́ТЬ, -омлю́, -о́мишь; -о́мленный; *сов., что.* Продавить, пробить, продырявить. *П. стул. П. дыру в крыше. П. череп кому-н.* ‖ *несов.* **прола́мывать,** -аю, -аешь. ‖ *сущ.* **проло́м,** -а, *м.*

ПРОЛОМИ́ТЬСЯ (-омлю́сь, -о́мишься, 1 и 2 л. не употр.), -о́мится; *сов.* Продавиться под тяжестью чего-н. *Сиденье в стуле проломилось.* ‖ *несов.* **прола́мываться,** -ается.

ПРОЛОНГИ́РОВАТЬ, -рую, -руешь; -ованный; *сов.* и *несов., что* (офиц.). Продлить (-левать) срок действия чего-н. *П. договор. Пролонгированное действие лекарства.* ‖ *сущ.* **пролонга́ция,** -и, *ж.*

ПРОЛОПОТА́ТЬ *см.* лопотать.

ПРОМ... *Первая часть сложных слов со знач.:* 1) промышленный, напр. *промобъединение, промтовары;* 2) промысловый, напр. *промартель, промкооперация.*

ПРОМА́ЗАТЬ[1], -а́жу, -а́жешь; -а́занный; *сов., что.* Смазать, намазать всюду, тщательно или вглубь. *П. все щели.* ‖ *несов.* **прома́зывать,** -аю, -аешь. ‖ *сущ.* **прома́зывание,** -я, *ср. и* **прома́зка,** -и, *ж.*

ПРОМА́ЗАТЬ[2] *см.* мазать[2].

ПРОМА́РГИВАТЬ *см.* проморгать.

ПРОМАРИНОВА́ТЬ, -ну́ю, -ну́ешь; -о́ванный; *сов.* **1.** *что.* Пропитать маринадом. **2.** *перен., кого-что.* Намеренно задержать на какое-н. время, откладывая решение, исполнение чего-н. (разг. неодобр.). *Заявление промариновали целый месяц.*

ПРОМАРИНОВА́ТЬСЯ (-ну́юсь, -ну́ешься, 1 и 2 л. не употр.), -ну́ется; *сов.* Пропитавшись маринадом, стать вполне готовым. *Грибы промариновались.*

ПРОМАРШИРОВА́ТЬ *см.* маршировать.

ПРОМА́СЛИТЬ, -лю, -лишь; -ленный; *сов., что.* Пропитать маслом, чем-н. маслянистым. *П. паклю.* ‖ *несов.* **прома́сливать,** -аю, -аешь.

ПРОМА́СЛИТЬСЯ, -люсь, -лишься; *сов.* Пропитаться маслом, чем-н. маслянистым. ‖ *несов.* **прома́сливаться,** -аюсь, -аешься.

ПРОМА́ТЫВАТЬ, -аю, -аешь; *несов., что* (разг.). То же, что мотать[2].

ПРОМА́ТЫВАТЬСЯ *см.* промотаться.

ПРО́МАХ, -а (-у), *м.* **1.** Удар, выстрел мимо цели. *Дать п. Бить без промаха.* **2.** *перен.* Ошибочный поступок по недомыслию, оплошность. *Сделать, допустить п.* ✦ **Не промах** *кто* (разг.) — о том, кто ловок, сообразителен, своего не упустит. *Он парень не промах.*

ПРОМАХНУ́ТЬСЯ, -ну́сь, -нёшься; *сов.* **1.** Не попасть в цель, дать промах. **2.** *перен.* Ошибиться, оплошать (разг.). ‖ *несов.* **прома́хиваться,** -аюсь, -аешься.

ПРОМА́ЧИВАТЬ *см.* промочить.

ПРОМА́ШКА, -и, *ж.* (прост.). То же, что промах (во 2 знач.). *П. вышла.*

ПРОМЕ́ДЛИТЬ, -лю, -лишь; *сов., с чем.* Медля с чем-н., пробыть какое-н. время в бездействии, запоздать с выполнением какого-н. дела. *П. с ответом. П. час.* ‖ *сущ.* **промедле́ние,** -я, *ср. П. смерти подобно* (т. е. медлить нельзя; книжн.). *Без всяких промедлений.*

ПРОМЕ́ЖНОСТЬ, -и, *ж.* Часть тела между задним проходом и половыми органами. ‖ *прил.* **промéжностный**, -ая, -ое.

ПРОМЕЖУ́ТОК, -тка, *м.* Пространство или время, разделяющее что-н. *П. между домами. П. в десять лет.* ‖ *прил.* **промежу́точный**, -ая, -ое. *П. участок. П. слой.*

ПРОМЕЖУ́ТОЧНЫЙ, -ая, -ое; -чен, -чна. **1.** *см.* промежуток. **2.** Занимающий среднее, серединное положение между чем-н. *Промежуточная стадия. Промежуточное положение.* ‖ *сущ.* **промежу́точность**, -и, *ж.*

ПРОМЕКА́ТЬ *см.* мекать.

ПРОМЕЛЬКНУ́ТЬ, -ну́, -нёшь; *сов.* Явиться на короткое время, мелькнуть. *П. перед глазами. Промелькнул огонёк. В словах промелькнула насмешка. В газетах промелькнуло интересное сообщение. Лето промелькнуло незаметно.* ‖ *несов.* **промéлькивать**, -аю, -аешь.

ПРОМЕНЯ́ТЬ, -я́ю, -я́ешь; -е́нянный; *сов., кого-что* (разг.). **1.** То же, что обменять. *П. кукушку на ястреба* (т. е. плохое на ещё худшее). **2.** Предпочесть кого-что-н. кому-чему-н. *Ни на кого тебя не променяю.* ‖ *несов.* **проме́нивать**, -аю, -аешь.

ПРОМЕ́РИТЬ, -рю, -ришь; -ренный; *сов., что.* **1.** Произвести измерения чего-н. *П. глубину фарватера.* **2.** Сделать ошибку при измерении. ‖ *несов.* **проме́ривать**, -аю, -аешь (к 1 знач.) *и* **промеря́ть**, -я́ю, -я́ешь (к 1 знач.). ‖ *сущ.* **проме́ривание**, -я, *ср.* (к 1 знач.) *и* **проме́р**, -а, *м.* ‖ *прил.* **проме́рный**, -ая, -ое (к 1 знач.).

ПРОМЕСИ́ТЬ, -ешу́, -е́сишь; -е́шенный; *сов., что.* **1.** Размесить как следует. *П. тесто.* **2.** Провести какое-н. время, меся, размешивая что-н. ‖ *несов.* **проме́шивать**, -аю, -аешь (к 1 знач.). ‖ *сущ.* **проме́шивание**, -я, *ср. и* **проме́с**, -а, *м.* (к 1 знач.; спец.).

ПРОМЕСТИ́, -мету́, -метёшь; -мёл, -мела́; -мётший; -метённый (-ён, -ена́); -метя́; *сов., что.* Вымести, подмести на всём протяжении чего-н. *П. дорожку.* ‖ *несов.* **промета́ть**, -а́ю, -а́ешь.

ПРОМЕТА́ТЬ[1] *см.* метать[2].

ПРОМЕТА́ТЬ[2] *см.* промести.

ПРОМЕША́ТЬ, -а́ю, -а́ешь; -е́шанный; *сов., что.* **1.** Размешать как следует. **2.** Провести какое-то время, мешая что-н. ‖ *несов.* **проме́шивать**, -аю, -аешь (к 1 знач.).

ПРОМЕ́ШКАТЬ, -аю, -аешь и **ПРОМЕ́ШКАТЬСЯ**, -аюсь, -аешься; *сов., с чем* (разг.). То же, что промедлить. *П. с делами. Целый час промешкал.*

ПРОМЁРЗНУТЬ, -ну, -нешь; -мёрз, -мёрзла; -мёрзший; -мёрзнув; *сов.* **1.** (1 и 2 л. не употр.). Затвердеть от мороза. *Земля промёрзла.* **2.** Сильно замёрзнуть. *П. на ветру.* ‖ *несов.* **промерза́ть**, -а́ю, -а́ешь. ‖ *сущ.* **промерза́ние**, -я, *ср.*

ПРОМИНА́ТЬ, -СЯ *см.* промять, -ся.

ПРОМИ́НКА *см.* промять, -ся.

ПРОМО́ЗГЛЫЙ, -ая, -ое; -о́згл. **1.** О погоде: сырой, дождливый. **2.** О воздухе: затхлый, застоявшийся. ‖ *сущ.* **промо́зглость**, -и, *ж.*

ПРОМО́ИНА, -ы, *ж.* Впадина, размытая дождём, потоком воды; место в плотине, дамбе, прорванное водой.

ПРОМОКА́ШКА, -и, *ж.* (разг.). Промокательная бумага.

ПРОМО́КНУТЬ, -ну, -нешь; -мо́к, -мо́кла; -мо́кший; -мо́кши; *сов.* **1.** (1 и 2 л. не употр.). Пропустив влагу, стать мокрым, влажным. *Валенки промокли. Рубашка промокла от пота.* **2.** Попав под дождь или в сырое, мокрое место, оказаться в мокрой одежде, обуви. *Весь промок под дождём. Ноги промокли. П. до нитки, до костей* (вымокнуть совершенно, всему). ‖ *несов.* **промока́ть**, -а́ю, -а́ешь.

ПРОМОКНУ́ТЬ, -ну́, -нёшь; *сов., что* (разг.). Просушить (написанное чернилами) специальной мягкой бумагой, легко впитывающей влагу. ‖ *несов.* **промока́ть**, -а́ю, -а́ешь. ‖ *сущ.* **промока́ние**, -я, *ср.* ‖ *прил.* **промока́тельный**, -ая, -ое. *Промокательная бумага.*

ПРОМО́ЛВИТЬ, -влю, -вишь; -вленный; *сов., что* (разг.). Сказать, проговорить. *За весь вечер слова не промолвил.*

ПРОМОЛЧА́ТЬ, -чу́, -чи́шь; *сов.* **1.** Не ответить, уклониться от ответа. *Дипломатично промолчал.* **2.** Провести какое-н. время в молчании.

ПРОМОРГА́ТЬ, -а́ю, -а́ешь; *сов., кого-что* (прост.). Упустить, прозевать. *П. удобный момент.* ‖ *несов.* **прома́ргивать**, -аю, -аешь.

ПРОМОРИ́ТЬ, -рю́, -ри́шь; -рённый (-ён, -ена́); *сов., кого (что)* (разг.). **1.** В течение какого-н. времени заставить голодать. *П. голодом. Проморили до самого обеда.* **2.** Подвергнуть лишениям, продержав долго где-н. *П. в тюрьме.*

ПРОМОРО́ЗИТЬ, -о́жу, -о́зишь; -о́женный; *сов.* **1.** *что.* Подвергнуть действию мороза; выстудить. *П. грунт. П. помещение.* **2.** *кого (что).* Продержать на морозе, на холоде (разг.). *П. кого-н. на крыльце, у дверей.* ‖ *несов.* **проморáживать**, -аю, -аешь.

ПРОМОТА́ТЬ *см.* мотать[2].

ПРОМОТА́ТЬСЯ, -а́юсь, -а́ешься; *сов.* (разг.). Растратив всё, обеднеть, разориться. ‖ *несов.* **прома́тываться**, -аюсь, -аешься.

ПРОМОЧИ́ТЬ, -очу́, -о́чишь; -о́ченный; *сов., что.* Дать промокнуть чему-н. *П. ноги.* ‖ *несов.* **прома́чивать**, -аю, -аешь.

ПРОМТОВА́РЫ, -ов. Сокращение: промышленные товары — непищевые товары народного потребления. ‖ *прил.* **промтова́рный**, -ая, -ое. *П. магазин.*

ПРОМУРЛЫ́КАТЬ *см.* мурлыкать.

ПРОМУ́ЧИТЬ, -чу, -чишь; -ченный; *сов., кого (что).* Подвергнуть мучениям в течение какого-н. времени.

ПРОМУ́ЧИТЬСЯ, -чусь, -чишься; *сов.* Провести в мучениях какое-н. время.

ПРОМЧА́ТЬСЯ, -чу́сь, -чи́шься; *сов.* **1.** Проехать (в 1 знач.) мчась. *Промчался велосипедист.* **2.** (1 и 2 л. не употр.), *перен.* Быстро миновать, пройти (разг.). *Промчались юные годы.*

ПРО́МЫСЕЛ[1], -сла, *мн.* -ы, -ов *и* (спец.) -а́, -о́в, *м.* **1.** (-ы, -ов), *кого-чего.* Добывание чего-н., добыча, охота. *П. жемчуга. П. тюленя.* **2.** (-ы, -ов). Занятие охотой, добычей зверя, птицы, рыбы. *Охотничий п. Пушной п.* **3.** (-ы, -ов). Мелкое ремесленное производство, обычно как подсобное занятие при основном, сельскохозяйственном. *Местные промыслы.* **4.** *мн.* Промышленное предприятие добывающего типа. *Горные промыслы. Нефтяные промыслы.* **5.** (-ы, -ов). То же, что отхожий промысел (устар.). *Извозчичий п.* (по извозу). ✦ **Кустарный промысел** — производство бытовых изделий ручным способом. *Народные кустарные промыслы.* **Художественный промысел** — изготовление народных художественных изделий. *Народные художественные промыслы. Косторезный художественный промысел.* ‖ *прил.* **промысло́вый**, -ая, -ое. *Промысловая рыба* (являющаяся предметом промысла). *Промысловая кооперация. Промысловое судно* (для добычи и обработки рыбы, морского зверя).

ПРО́МЫСЛ, -а и **ПРО́МЫСЕЛ**[2], -сла, *мн.* -ы, -ов, *м.* (высок.). То же, что провидение. *Божий п.*

ПРОМЫ́СЛИТЬ, -лю, -лишь; *сов., что и чего* (устар. и прост.). Добыть, достать. *П. себе пропитание.* ‖ *несов.* **промышля́ть**, -я́ю, -я́ешь.

ПРОМЫСЛОВИ́К, -а́, *м.* **1.** Человек, к-рый занимается промыслом (в 1 и 2 знач.), охотник. **2.** Человек, к-рый работает на промыслах (в 4 знач.).

ПРОМЫ́ТЬ, -мо́ю, -мо́ешь; -ы́тый; *сов., что.* **1.** Очистить, моя, обливая, полоща. *П. рану. П. желудок* (спец.). **2.** (1 и 2 л. не употр.). О жидкости: струёй, напором проделать отверстие, углубление в чём-н. *Вода промыла запруду.* **3.** Очистить (жидкость) от примесей или, растворяя и взбалтывая, отделить лёгкие частицы от тяжёлых (спец.). *П. золото.* **4.** Провести какое-н. время, моя что-н. ‖ *несов.* **промыва́ть**, -а́ю, -а́ешь. ‖ *сущ.* **промыва́ние**, -я, *ср.* (к 1, 2 и 3 знач.) *и* **промы́вка**, -и, *ж.* (к 1 и 3 знач.). ‖ *прил.* **промывно́й**, -а́я, -о́е (к 1, 2 и 3 знач.), **промыва́тельный**, -ая, -ое (к 1 и 3 знач.), **промы́вочный**, -ая, -ое *и* **промо́йный**, -ая, -ое (ко 2 знач.).

ПРОМЫЧА́ТЬ *см.* мычать.

ПРОМЫ́ШЛЕННИК, -а, *м.* **1.** Владелец промышленного предприятия. **2.** То же, что промысловик (в 1 знач.) (устар.). ‖ *ж.* **промы́шленница**, -ы (ко 2 знач.).

ПРОМЫ́ШЛЕННОСТЬ, -и, *ж.* Отрасль производства, охватывающая переработку сырья, разработку недр, создание средств производства и предметов потребления. *Добывающая п. Обрабатывающая п. Тяжёлая п. Лёгкая п. Машиностроительная п. Пищевая п.* ‖ *прил.* **промы́шленный**, -ая, -ое. *Промышленные районы. П. потенциал страны. Промышленное объединение* (комплекс производственных, технологических, научно-исследовательских, конструкторских предприятий и организаций).

ПРОМЫШЛЯ́ТЬ, -я́ю, -я́ешь; *несов.* **1.** *см.* промыслить. **2.** *чем и кого-что.* Заниматься каким-н. промыслом (в 1 и 2 знач.). *П. охотой. П. зверя* (заниматься охотой на зверя).

ПРОМЯ́МЛИТЬ *см.* мямлить.

ПРОМЯ́ТЬ, -мну́, -мнёшь; -мя́тый; *сов.* **1.** *что.* Нажимая, продавить, прогнуть. *П. диван.* **2.** *кого-что.* Дать размяться, движением привести в нормальное состояние (после лежания, стояния) (разг.). *П. лошадей. П. затёкшие ноги.* ‖ *несов.* **промина́ть**, -а́ю, -а́ешь. ‖ *сущ.* **прому́нка**, -и, *ж.* (ко 2 знач.).

ПРОМЯ́ТЬСЯ, -мну́сь, -мнёшься; *сов.* (разг.). **1.** (1 и 2 л. не употр.). Стать промятым, вдавленным. *Матрац промялся.* **2.** Прогуляться, пройтись, чтобы расправить члены после сидения, лежания, размяться. *Засиделся, нужно п.* ‖ *несов.* **промина́ться**, -а́юсь, -а́ешься. ‖ *сущ.* **проми́нка**, -и, *ж.* (ко 2 знач.). *Пройтись для проминки.*

ПРОМЯУ́КАТЬ *см.* мяукать.

ПРОНА́ШИВАТЬ, -СЯ *см.* проносить[1], -ся[1].

ПРОНЕСТИ́, -су́, -сёшь; -ёс, -есла́; -ёсший; -сённый (-ён, -ена́); -еся́; *сов.* **1.** *кого-что.* Неся кого-что-н., пройти какое-н. расстояние в течение какого-н. времени. *П. ребёнка на руках до дома.* **2.** *кого-что.* Неся, пройти с кем-чем-н. мимо кого-чего-н. *П. транспаранты мимо трибуны. П. через всю жизнь что-н.* (перен.: на всю жизнь сохранить в сознании; книжн.). *П. мимо носа* *(мимо рта) что-н.* (не дать возможности получить то, что казалось легкодоступным; разг. шутл.). **3.** *перен., безл.* Об опасности, беде: миновать (разг.). *Думал, что отец рассердится, да пронесло. Беду пронесло.* **4.** *кого-что.* Внести, доставить, неся. *П. стол в дверь.* **5.** *безл., кого (что).* То же, что прослабить (прост.). *От этой кислятины пронесёт.* ‖ *несов.* **проноси́ть**, -ошу́, -о́сишь. ‖ *сущ.* **проно́с**, -а, *м.* (ко 2 и 4 знач.). *П. вещей в залы музея запрещён.* ‖ *прил.* **проно́сный**, -ая, -ое (к 5 знач.).

ПРОНЕСТИ́СЬ, -су́сь, -сёшься; -ёсся, -еслáсь; -ёсшийся; -еся́сь; *сов.* **1.** Быстро проехать, пробежать, пролететь куда-н. или мимо кого-чего-н. *Автомобиль пронёсся мимо дома. Пронеслось в сознании что-н.* (перен.: мгновенно возникло, промелькнуло). **2.** (1 и 2 л. не употр.). Быстро пройти, миновать. *Годы пронеслись.* **3.** (1 и 2 л. не употр.). Быстро распространиться. *Пронёсся слух.* ‖ *несов.* **проноси́ться**, -ошу́сь, -о́сишься.

ПРОНЗИ́ТЕЛЬНЫЙ, -ая, -ое; -лен, -льна. **1.** Резкий на слух. *П. свист. Пронзительно* (нареч.) *крикнуть.* **2.** О взгляде: пристальный и острый. **3.** О ветре, холоде: пронизывающий насквозь. *Пронзительная сырость.* ‖ *сущ.* **пронзи́тельность**, -и, *ж.*

ПРОНЗИ́ТЬ, -нжу́, -нзи́шь; -зённый (-ён, -ена́); *сов., кого-что* (книжн.). Проколоть глубоко, насквозь. *П. штыком. Страх пронзил кого-н.* (перен.). *П. взглядом* (перен.: быстро и пристально взглянуть на кого-н.). ‖ *несов.* **пронза́ть**, -а́ю, -а́ешь.

ПРОНИЗА́ТЬ, -ижу́, -и́жешь; -и́занный; *сов., кого-что.* Резко проникнуть внутрь кого-чего-н., сквозь кого-что-н. *Холодом пронизало* (безл.) *всё тело. Луч прожектора пронизал темноту. Страх пронизал кого-н.* (перен.). ‖ *несов.* **прони́зывать**, -аю, -аешь. *Пронизывающий ветер.*

ПРОНИКНОВЕ́НИЕ, -я, *ср.* **1.** *см.* проникнуть, -ся. **2.** Проникновенность, глубокая искренность (книжн.). *Сказать с проникновением.*

ПРОНИКНОВЕ́ННЫЙ, -ая, -ое; -ве́нен, -ве́нна (книжн.). Проникнутый внутренним убеждением; искренний и задушевный. *Проникновенная речь. П. голос.* ‖ *сущ.* **проникнове́нность**, -и, *ж.*

ПРОНИ́КНУТЬ, -ну, -нешь; -ни́к *и* -ни́кнул, -ни́кла; -нутый; *сов.* **1.** *во что.* Попасть, пробраться куда-н. внутрь, достичь чего-н. *Воры проникли в дом. Свет проник в комнату.* **2.** (1 и 2 л. не употр.), *во что.* Распространиться где-н., попав куда-н., стать известным. *Сведения проникли в печать.* **3.** *во что.* Понять, разгадать, углубившись, вникнув во что-н. *П. в суть дела.* **4.** *кого-что.* Пройти вглубь, охватить полностью, поглотить (во 2 знач.) (устар. и книжн.). *Неотвязная мысль проникла кого-н. Проникнут новой идеей.* ‖ *несов.* **проника́ть**, -а́ю, -а́ешь. *Проникающее ранение* (достигающее какой-н. полости организма; спец.). ‖ *сущ.* **проникнове́ние**, -я, *ср. и* **проника́ние**, -я, *ср.* (к 4 знач.).

ПРОНИ́КНУТЬСЯ, -нусь, -нешься; -ни́кся *и* -ни́кнулся, -ни́клась; *сов., чем.* Вникнув во что-н., глубоко понять, осознать что-н. *П. чувством ответственности.* ‖ *несов.* **проника́ться**, -а́юсь, -а́ешься. ‖ *сущ.* **проникнове́ние**, -я, *ср.*

ПРОНИМА́ТЬ *см.* пронять.

ПРОНИЦА́ЕМЫЙ, -ая, -ое; -а́ем. Пропускающий сквозь себя что-н. *П. для света.* ‖ *сущ.* **проница́емость**, -и, *ж.*

ПРОНИЦА́ТЕЛЬНЫЙ, -ая, -ое; -лен, -льна. Наблюдательный, многое замечающий, предвидящий, угадывающий. *П. взгляд. П. ум.* ‖ *сущ.* **проница́тельность**, -и, *ж.*

ПРОНИЦА́ТЬ, -а́ю, -а́ешь; *несов., во что и кого-что* (устар.). То же, что проникать (в 1 о свете и 3 знач.). ‖ *сущ.* **проница́ние**, -я, *ср.*

ПРОНО́С *см.* пронести.

ПРОНОСИ́ТЬ[1], -ошу́, -о́сишь; -о́шенный; *сов.* **1.** *кого-что.* Провести какое-н. время, неся кого-что-н. или употребляя в носке что-н. *Весь день п. ребёнка на руках. П. пальто несколько лет.* **2.** *что.* Износить до дыр. *П. подмётки.* ‖ *несов.* **прона́шивать**, -аю, -аешь (ко 2 знач.).

ПРОНОСИ́ТЬ[2] *см.* пронести.

ПРОНОСИ́ТЬСЯ[1] (-ошу́сь, -о́сишься, 1 и 2 л. не употр.), -о́сится; *сов.* **1.** Пробыть в носке какое-н. время. *Костюм проносится долго.* **2.** Износиться до дыр. *Рукава проносились.* ‖ *несов.* **прона́шиваться** (-аюсь, -аешься, 1 и 2 л. не употр.), -ается (ко 2 знач.).

ПРОНОСИ́ТЬСЯ[2] *см.* пронестись.

ПРОНУМЕРОВА́ТЬ *см.* нумеровать.

ПРОНЫ́РА, -ы, *м. и ж.* (разг.). Пронырливый человек.

ПРОНЫ́РЛИВЫЙ, -ая, -ое; -ив (разг.). Ловкий, проникающий всюду путём хитрости, происков. ‖ *сущ.* **проны́рливость**, -и, *ж.*

ПРОНЮ́ХАТЬ, -аю, -аешь; -анный; *сов., что или о ком-чём* (разг. неодобр.). То же, что разузнать. *Пронюхал, где можно поживиться.* ‖ *несов.* **пронюхивать**, -аю, -аешь.

ПРОНЯ́ТЬ, пройму́, проймёшь; про́нял, -яла́, -яло; про́нятый (-ят, -ята́, -ято); *сов., кого-что* (разг.). **1.** (1 и 2 л. не употр.). Охватить, проникнуть внутрь. *Дрожь проняла. Сырость проняла его насквозь. Пронял мороз. Пронял страх.* **2.** Сильно подействовать на кого-что-н. *Его ничем не проймёшь. Твои слова его проняли.* ‖ *несов.* **пронима́ть**, -а́ю, -а́ешь.

ПРОО́БРАЗ, -а, *м.* (книжн.). **1.** То, что служит образцом для чего-н., образ будущего. *П. современного города.* **2.** То же, что прототип.

ПРООПЕРИ́РОВАТЬ *см.* оперировать[1].

ПРОПАГА́НДА, -ы, *ж.* Распространение в обществе и разъяснение каких-н. воззрений, идей, знаний, учения. *Агитация и п.* ‖ *прил.* **пропаганди́стский**, -ая, -ое.

ПРОПАГАНДИ́РОВАТЬ, -рую, -руешь; -анный; *несов., что.* Заниматься пропагандой чего-н. *П. новые идеи.*

ПРОПАГАНДИ́СТ, -а, *м.* Человек, к-рый занимается пропагандой чего-н. ‖ *ж.* **пропаганди́стка**, -и. ‖ *прил.* **пропаганди́стский**, -ая, -ое.

ПРОПАДА́ТЬ, -а́ю, -а́ешь; *несов.* **1.** *см.* пропа́сть. **2.** Отсутствуя где-н., длительно, постоянно проводить время в другом месте. *Целыми днями пропадает в библиотеке.* ✦ **Где наше не пропадало! (где наша не пропадала!)** (разг.) — рискну, попробую (говорится, идя на риск, в надежде на удачу).

ПРО́ПАДОМ: **пропади пропадом!** (разг.) — восклицание, выражающее полное отстранение от кого-чего-н., провались (см. провалиться в 6 знач.), сгинь. *Пропади всё пропадом! Да пропади он пропадом вместе со своими деньгами!*

ПРОПА́ЖА, -и, *ж.* **1.** *см.* пропа́сть. **2.** Пропавший предмет (разг.). *Найдём пропажу.*

ПРОПАЛИ́ТЬ, -лю́, -ли́шь; -лённый (-ён, -ена́); *сов., что* (прост.). Прожечь огнём, чем-н. накалённым. *П. дыру.*

ПРОПА́ЛЫВАТЬ *см.* прополоть.

ПРОПА́РИТЬ, -рю, -ришь; -ренный; *сов., что.* Обработать, прогреть паром. *П. древесину. П. косточки в бане* (разг. шутл.). ‖ *несов.* **пропа́ривать**, -аю, -аешь. ‖ *сущ.* **пропа́ривание**, -я, *ср. и* **пропа́рка**, -и, *ж.* ‖ *прил.* **пропа́рочный**, -ая, -ое.

ПРОПА́РИТЬСЯ, -рюсь, -ришься; *сов.* **1.** Попариться как следует; выпариться. *Древесина пропарилась. П. в бане.* **2.** Провести какое-н. время, парясь. ‖ *несов.* **пропа́риваться**, -аюсь, -аешься (к 1 знач.). ‖ *сущ.* **пропа́рка**, -и, *ж.* (к 1 знач.).

ПРОПА́РЫВАТЬ *см.* пропороть.

ПРО́ПАСТЬ[1], -и, *мн.* -и, -е́й, *ж.* **1.** Крутой и глубокий обрыв, бездна. *Дорога над пропастью. На краю пропасти* (также перен.: то же, что на краю гибели). *Скатиться в п.* (также перен.: дойти до тяжёлого, гибельного состояния). **2.** *перен.* Глубокое, полностью разделяющее кого-н. расхождение в чём-н. *После ссоры между друзьями возникла п.* ✦ **Тьфу (ты) пропасть!** (прост.) — выражение досады, раздражения.

ПРО́ПАСТЬ[2], -и, *ж.* (разг.). Множество, тьма[2], бездна. *Народу там п.* ✦ **До пропасти** (устар. и прост.) — очень много. *Грибов в лесу до пропасти.*

ПРОПА́СТЬ, -аду́, -адёшь; -а́л, -а́ла; -ади́; -а́вший; -а́в; *сов.* **1.** Исчезнуть неизвестно куда. *Пропали нужные бумаги. П. на неделю* (не приходить целую неделю). **2.** Перестать быть видимым или слышимым. *Очертания корабля пропали в тумане. Отзвуки голосов пропали в лесу.* **3.** Утратиться, исчезнуть; погибнуть. *Пропал голос, румянец. Нигде не пропадёт* (о том, кто ловок, находчив; разг.). *Ни за грош пропал* (совершенно напрасно, зря; разг.). *С ним не пропадёшь!* (всё будет в порядке, если он помогает, поддерживает; разг.). **4.** (1 и 2 л. не употр.). Пройти бесполезно, безрезультатно. *Зря пропало время. Весь день пропал.* **5.** **пропади́**, обычно в сочетании с личным местоимением или существительным, определяемым местоименным словом: то же, что провались (см. провалиться в 6 знач.) (разг.). ‖ *несов.* **пропада́ть**, -а́ю, -а́ешь (к 1, 2, 3 и 4 знач.). ‖ *сущ.* **пропа́жа**, -и, *ж.* (к 1 знач.).

ПРОПАХА́ТЬ, -ашу́, -а́шешь; -а́ханный; -аха́в; *сов., что.* **1.** Вспахивая, провести борозду, вспахать пространство между чем-н. *П. междурядья.* **2.** Вспахать каким-н. образом, как следует. *Глубоко п. землю.* **3.** Провести какое-н. время в пахоте. *П. весь день.* **4.** *перен.* Проделать, изучить что-н. тщательно, добросовестно (прост. шутл.). ‖ *несов.* **пропа́хивать**, -аю, -аешь (к 1, 2 и 3 знач.). ‖ *сущ.* **пропа́хивание**, -я, *ср.* (к 1 и 2 знач.) *и* **пропа́шка**, -и, *ж.* (к 1 и 2 знач.). ‖ *прил.* **пропашно́й**, -а́я, -о́е (к 1 знач.).

ПРОПА́ХНУТЬ, -ну, -нешь; -а́х, -а́хла; *сов., чем.* Пропитаться каким-н. запахом. *П. дымом. Рыба пропахла* (испортилась).

ПРОПА́ШНИК, -а, *м.* (спец.). Сельскохозяйственное орудие для пропашки междурядий.

ПРОПАШНО́Й, -а́я, -о́е. **1.** *см.* пропахать. **2.** Служащий для пропашки междурядий. *П. культиватор. Пропашные орудия.* **3.** Требующий для своего развития широкой посадки и междурядной обработки. *Пропашные культуры.* ✦ **Пропашное земледелие** (спец.) — система земледелия, при к-рой площади севооборота заняты пропашными культурами.

ПРОПА́ЩИЙ, -ая, -ее (разг.). **1.** Такой, к-рый не удастся вернуть, получить обратно. *Эти деньги пропащие.* **2.** Безнадёжный, ни

к чему не пригодный. *Пропащее дело. П. человек.*

ПРОПЕДЕ´ВТИКА [дэ́], **-и,** *ж.* (книжн.). Предварительный круг знаний о чём-н. ‖ *прил.* **пропедевти́ческий,** -ая, -ое. *П. курс* (краткий).

ПРОПЕ´ЛЛЕР, -а, *м.* У самолётов, вертолетов, дирижаблей, аэросаней: воздушный винт[1] (во 2 знач.). ‖ *прил.* **пропе́ллерный,** -ая, -ое.

ПРОПЕ´РЧИТЬ, -чу, -чишь; -ченный *и* **ПРОПЕРЧИ´ТЬ,** -чу́, -чи́шь; -чённый (-ён, -ена́); *сов., что.* Сильно посыпать, пропитать перцем. ‖ *несов.* **пропе́рчивать,** -аю, -аешь.

ПРОПЕСО´ЧИТЬ, -чу, -чишь; -ченный; *сов., кого (что)* (прост.). Разбирая чьи-н. недостатки, разругать, раскритиковать, сделать выговор. *Пропесочили на собрании за халатность.* ‖ *несов.* **пропесо́чивать,** -аю, -аешь.

ПРОПЕ´ТЬ, -пою́, -поёшь; -по́й; -пе́тый; *сов.* **1.** *см.* петь. **2.** *что.* Потерять от пения (голос) (разг.). *Пропетый голос.* **3.** *что.* Провести какое-н. время в пении. *П. весь вечер.*

ПРОПЕЧА´ТАТЬ, -аю, -аешь; -анный; *сов.* **1.** *кого-что.* Огласить в печати какие-н. неодобрительные, неблагоприятные сведения о ком-чём-н. (прост.). *Пропечатали в газетах.* **2.** *что.* Провести какое-н. время, печатая. *П. весь вечер статью на машинке.* ‖ *несов.* **пропеча́тывать,** -аю, -аешь (к 1 знач.).

ПРОПЕ´ЧЬ, -еку́, -ечёшь, -еку́т; -ёк, -екла́; -ёкший; -ечённый (-ён, -ена́); -ёкши; *сов., что.* **1.** Испечь как следует, до полной готовности. *П. пирог.* **2.** Провести какое-н. время в печении чего-н. *Весь день пропекли блины.* ‖ *несов.* **пропека́ть,** -а́ю, -а́ешь (к 1 знач.).

ПРОПЕ´ЧЬСЯ (-еку́сь, -ечёшься, 1 и 2 *л.* не употр.), -ечётся, -еку́тся; -ёкся, -екла́сь; -ёкшийся; -ёкшись; *сов.* Испечься до полной готовности. *Пирог не пропёкся.* ‖ *несов.* **пропека́ться** (-а́юсь, -а́ешься, 1 и 2 *л.* не употр.), -а́ется.

ПРОПИВА´ТЬ, -СЯ *см.* пропить, -ся.

ПРОПИЛИ´ТЬ, -илю́, -и́лишь; -и́ленный; *сов.* **1.** *что.* Распилить до какого-н. предела или вырезать пилой. *П. до середины. П. отверстие.* **2.** *что.* Провести какое-н. время, пиля что-н. *Весь день пропилил дрова.* **3.** *перен., кого (что).* Извести беспрерывными попрёками, придирками (разг.). *Жена его пропилила за покупку.* ‖ *несов.* **пропи́ливать,** -аю, -аешь (к 1 знач.). ‖ *сущ.* **пропи́ливание,** -я, *ср.* (к 1 знач.) *и* **пропи́лка,** -и, *ж.* (к 1 знач.).

ПРОПИСА´ТЬ, -ишу́, -и́шешь; -и́санный; *сов.* **1.** *кого-что.* Оформить официальной записью проживание кого-н. где-н. *П. жильца. П. паспорт в милиции.* **2.** *что кому.* Назначить (какое-н. лекарство или лечение больному). *П. бром. П. ванны.* **3.** *что.* Провести какое-н. время в писании чего-н. *Всю ночь прописал отчёт.* **4.** *кому.* Наказать; устроить что-н. неприятное (прост.). *Вот придёт отец, он тебе пропишет за озорство.* ‖ *несов.* **пропи́сывать,** -аю, -аешь (к 1 и 2 знач.). ‖ *сущ.* **пропи́сывание,** -я, *ср.* (ко 2 знач.) *и* **пропи́ска,** -и, *ж.* (к 1 знач.). ‖ *прил.* **пропи́сочный,** -ая, -ое (к 1 знач.).

ПРОПИСА´ТЬСЯ, -ишу́сь, -и́шешься; *сов.* Оформить официальной записью свое проживание где-н. ‖ *несов.* **пропи́сываться,** -аюсь, -аешься. ‖ *сущ.* **пропи́ска,** -и, *ж.*

ПРОПИ´СКА, -и, *ж.* **1.** *см.* прописать, -ся. **2.** Регистрация места жительства, а также соответствующая пометка в паспорте. *Получить прописку* (также перен.: обосноваться, закрепиться; разг. *Новый метод получил прописку на заводе. Лоси получили постоянную прописку в наших лесах).*

ПРОПИСНО´Й, -а́я, -о́е. О буквах: выступающий над строкой[1], большой; *противоп.* строчной. *Фамилия пишется с прописной буквы.* ✦ **Прописная истина** — всем известная, тривиальная мысль. **Прописная мораль** — давно всем известная мораль.

ПРО´ПИСЬ, -и, *ж.,* обычно *мн.* Образцы правильного и красивого письма. *Учиться писать по прописям.*

ПРО´ПИСЬЮ, *нареч.* О написании чисел: словами, а не цифрами. *Написать сумму п.*

ПРОПИТА´НИЕ, -я, *ср.* (устар.). **1.** *см.* пропитать[2], -ся[2]. **2.** Пища, прокормление. *Найти себе п. Заработать на п.*

ПРОПИТА´ТЬ[1], -а́ю, -а́ешь; -и́танный; *сов., что.* Смочить чем-н. насквозь или насытить чем-н. (напр., запахом, составом для предохранения от чего-н.). *П. маслом.* ‖ *несов.* **пропи́тывать,** -аю, -аешь. ‖ *сущ.* **пропи́тывание,** -я, *ср. и* **пропи́тка,** -и, *ж. П. древесины.* ‖ *прил.* **пропи́точный,** -ая, -ое (спец.). *П. состав.*

ПРОПИТА´ТЬ[2], -а́ю, -а́ешь; *сов., кого (что)* (устар.). То же, что прокормить. *П. семью.* ‖ *сущ.* **пропита́ние,** -я, *ср.*

ПРОПИТА´ТЬСЯ[1], -а́юсь, -а́ешься; *сов.* Стать насыщенным, пропитанным чем-н. *Куртка пропиталась машинным маслом. П. чужими взглядами* (перен.). ‖ *несов.* **пропи́тываться,** -аюсь, -аешься.

ПРОПИТА´ТЬСЯ[2], -а́юсь, -а́ешься; *сов.* (устар.). То же, что прокормиться. ‖ *сущ.* **пропита́ние,** -я, *ср.*

ПРОПИ´ТКА, -и, *ж.* **1.** *см.* пропитать[1]. **2.** Состав, к-рым что-н. пропитывается. *Водоотталкивающая п.*

ПРОПИТО´Й, -а́я, -о́е (разг.). Свойственный пьянице. *П. голос. Пропитое лицо.*

ПРОПИ´ТЬ, -пью́, -пьёшь; про́пил *и* пропи́л, пропила́, про́пило *и* пропи́ло; пропе́й; про́питый *и* пропи́тый (про́пит *и* пропи́т, пропита́ *и* пропи́та, про́пито *и* пропи́то); *сов.* **1.** *кого-что.* Истратить на выпивку, пьянство. *П. много денег. Всё с себя пропил* (всю свою одежду). **2.** *что.* Утратить, испортить в результате пьянства (разг.). *П. голос. П. талант.* ‖ *несов.* **пропива́ть,** -а́ю, -а́ешь. ‖ *сущ.* **пропи́тие,** -я, *ср.*

ПРОПИ´ТЬСЯ, -пью́сь, -пьёшься; -и́лся, -ила́сь, -ило́сь *и* -и́лось; *сов.* (прост.). Разориться от пьянства. ‖ *несов.* **пропива́ться,** -а́юсь, -а́ешься.

ПРОПИХА´ТЬ, -а́ю, -а́ешь; -и́ханный; *сов., кого-что* (разг.). Пропихнуть в несколько приёмов. ‖ *несов.* **пропи́хивать,** -аю, -аешь.

ПРОПИХА´ТЬСЯ, -а́юсь, -а́ешься; *сов.* То же, что протолкаться (в 1 знач.) (разг.). *Еле пропихался к выходу.* ‖ *несов.* **пропи́хиваться,** -аюсь, -аешься.

ПРОПИХНУ´ТЬ, -ну́, -нёшь; -и́хнутый; *сов., кого-что* (разг.). Протолкнуть с усилием. ‖ *несов.* **пропи́хивать,** -аю, -аешь.

ПРОПИХНУ´ТЬСЯ, -ну́сь, -нёшься; *сов.* (разг.). Протолкаться (в 1 знач.), пропихаться. *П. к выходу.*

ПРОПЛА´ВАТЬ, -аю, -аешь; *сов.* Провести какое-н. время плавая, в плавании. *Двадцать лет проплавал капитаном.*

ПРОПЛА´КАТЬ, -а́чу, -а́чешь; *сов.* Провести какое-то время плача. *Всю ночь проплакала.* ✦ **Все глаза проплакать** (разг.) — о состоянии длительного горя, постоянных слёз о ком-чём-н. ‖ *несов.* **пропла́кивать,** -аю, -аешь.

ПРОПЛЕ´СНЕВЕТЬ (-ею, -еешь, 1 и 2 *л.* не употр., -еет); *сов.* Пропитаться плесенью. *Хлеб в мешке проплесневел.*

ПРОПЛУТА´ТЬ, -а́ю, -а́ешь; *сов.* (разг.). Провести какое-н. время, плутая где-н. *Проплутал весь день в лесу.*

ПРОПЛЫ´ТЬ, -ыву́, -ывёшь; -ы́л, -ыла́, -ы́ло; *сов.* **1.** *что.* Плывя (в 1, 2 и 3 знач.), преодолеть какое-н. расстояние. *П. стометровку. П. сто миль.* **2.** *что.* Плывя (в 1 и 2 знач.), миновать что-н. *П. остров (мимо островка).* **3.** *перен.* Пройти важной, плавной походкой (разг. шутл.). *Старуха обиженно проплыла к выходу.* **4.** (1 и 2 *л.* не употр.), *перен.* Пройти, пронестись, следуя одно за другим. *Проплыли воспоминания.* ‖ *несов.* **проплыва́ть,** -а́ю, -а́ешь. ‖ *сущ.* **проплы́в,** -а, *м.*

ПРОПОВЕ´ДНИК, -а, *м.* **1.** Священнослужитель или служитель культа, произносящий проповедь, проповеди. **2.** *перен., чего.* Распространитель какого-н. учения, идей, взглядов (книжн.). ‖ *ж.* **пропове́дница,** -ы (ко 2 знач.). ‖ *прил.* **пропове́днический,** -ая, -ое (к 1 знач.). *П. тон* (перен.: важный, назидательный).

ПРОПОВЕ´ДОВАТЬ, -дую, -дуешь; *несов.* **1.** Произносить проповедь, проповеди во время богослужения. **2.** *перен., что.* Распространять какое-н. учение, идеи, взгляды (книжн.). *П. добро.*

ПРО´ПОВЕДЬ, -и, *ж.* **1.** Речь религиозно-назидательного содержания, произносимая в храме во время богослужения. *Произнести п.* **2.** *перен., чего.* Распространение каких-н. идей, взглядов (книжн.). *П. свободы, равенства.*

ПРОПО´Й, -я, *м.*: **на пропой** или **на пропой души** (прост.) — на выпивку, для выпивки.

ПРОПО´ЙНЫЙ, -ая, -ое (разг.). Свойственный пропойце. *П. голос.*

ПРОПО´ЙЦА, -ы, *м.* и *ж.* (прост.). Пьяница, спившийся человек. *Жалкий п.*

ПРОПОЛА´СКИВАТЬ, -аю, -аешь; *несов., что.* То же, что полоскать (в 1 и 3 знач.).

ПРОПОЛЗТИ´, -зу́, -зёшь; -о́лз, -олзла́; -о́лзший; -о́лзши; *сов., что.* **1.** Ползя (в 1 и 2 знач.), преодолеть какое-н. расстояние. *П. несколько шагов.* **2.** Ползя (в 1, 2 и 3 знач.), миновать что-н. *Состав прополз полустанок (мимо полустанка).* ‖ *несов.* **прополза́ть,** -а́ю, -а́ешь.

ПРОПО´ЛИС, -а и **ПРО´ПОЛИС,** -а, *м.* Клейкое вещество, вырабатываемое пчёлами из целебных смолистых выделений древесных почек (берёзы, тополя, осины).

ПРОПОЛОСКА´ТЬ, -ощу́, -о́щешь *и* (разг.) -а́ю, -а́ешь; -ощи́ *и* (разг.) -а́й; -о́сканный; *сов., что.* **1.** *см.* полоскать. **2.** Провести какое-то время полоща. *Всё утро прополоскала бельё.*

ПРОПОЛО´ТЬ, -олю́, -о́лешь; -о́лотый; *сов., что.* **1.** Очистить от сорняков какое-н. пространство или посаженные растения. *П. грядку. П. свёклу.* **2.** Провести какое-н. время в полке чего-н. ‖ *несов.* **пропа́лывать,** -аю, -аешь (к 1 знач.). ‖ *сущ.* **прополка,** -и, *ж.* (к 1 знач.) *и* **пропа́лывание,** -я, *ср.* (к 1 знач.). ‖ *прил.* **пропо́лочный,** -ая, -ое (к 1 знач.).

ПРОПОРО´ТЬ, -орю́, -о́решь; -о́ротый; *сов., кого-что* (разг.). Прорезать, проткнуть насквозь чем-н. острым. *П. рукав. П. штыком.* ‖ *несов.* **пропа́рывать,** -аю, -аешь.

ПРОПОРЦИОНА´ЛЬНОСТЬ, -и, *ж.* **1.** *см.* пропорциональный. **2.** В математике: такая зависимость между величинами, при к-рой увеличение одной из них влечёт за собой изменение другой во столько же раз.

Прямая п. (при к-рой с увеличением одной величины другая увеличивается). *Обратная п.* (при к-рой с увеличением одной величины другая уменьшается).

ПРОПОРЦИОНА́ЛЬНЫЙ, -ая, -ое; -лен, -льна. **1.** В математике: находящийся в отношениях пропорциональности (во 2 знач.). *Пропорциональные величины.* **2.** Находящийся в определённом количественном соотношении, соответствии с чем-н. *Пропорциональная избирательная система* (в нек-рых странах: избирательная система, при к-рой мандаты распределяются в соответствии с количеством голосов, поданных за те или другие партийные списки; спец.). **3.** Обладающий правильными пропорциями (во 2 знач.), соразмерный. *Пропорциональная фигура.* ‖ *сущ.* **пропорциональность**, -и, *ж.*

ПРОПО́РЦИЯ, -и, *ж.* **1.** В математике: равенство двух отношений (в 3 знач.). **2.** Определённое соотношение частей между собой, соразмерность. *П. в частях здания.*

ПРОПОТЕ́ЛЫЙ, -ая, -ое (разг.). Пропитанный потом. *Пропотелая рубаха.*

ПРОПОТЕ́ТЬ, -е́ю, -е́ешь; *сов.* **1.** Сильно вспотеть, покрыться обильной испариной. *П. от малинового чая.* **2.** (1 и 2 л. не употр.). Пропитаться потом. *Рубашка пропотела.* **3.** *перен.* Провести какое-н. время в трудной работе (прост.). *Целый день п. над задачей.* ‖ *несов.* **пропотева́ть**, -а́ю, -а́ешь (к 1 и 2 знач.).

ПРО́ПУСК, -а, *мн.* -а́, -о́в *и* -и, -ов, *м.* **1.** *см.* пропустить. **2.** (мн. -а́, -о́в). Документ на право входа, въезда куда-н. *Предъявить п. Вход по пропускам.* **3.** (мн. -а́, -о́в). То же, что пароль (спец.). **4.** (мн. -и, -ов). Не заполненное, не занятое чем-н., пропущенное место. *В конспекте много пропусков. Пропуски в изложении.* ‖ *прил.* **пропускно́й**, -а́я, -о́е (ко 2 знач.) *и* **пропуско́вый**, -ая, -ое (ко 2 знач.). *Пропускная система* (вход по пропускам). *Пропусковый режим автомобильного движения.*

ПРОПУСКНИ́К, -а́, *м.* (разг.). То же, что санпропускник. ‖ *прил.* **пропускнико́вый**, -ая, -ое.

ПРОПУСТИ́ТЬ, -ущу́, -у́стишь; -у́щенный; *сов.* **1.** (1 и 2 л. не употр.), *что.* Дать проникнуть чему-н. сквозь что-н. *Плотная штора не пропустит свет.* **2.** *кого-что.* Приняв, обслужить, обработать. *Столовая пропустила тысячу человек. П. через санпропускник.* **3.** *кого-что.* Дать возможность, заставить пройти, проникнуть через что-н. *П. через турникет. П. мясо через мясорубку.* **4.** *кого-что.* Приняв, подвергнуть рассмотрению, оценке (разг.). *П. проект через экспертов. П. через комиссию.* **5.** *кого-что.* Дать дорогу кому-чему-н., разрешить пройти, проехать куда-н. *П. детей вперёд. П. на выставку.* **6.** *что.* Разрешить печатать, демонстрировать, ставить (спектакль). *Издательство не пропустит плохо подготовленную рукопись.* **7.** *что.* Допустить неполноту в чём-н.; не заметить чего-н. по невнимательности. *П. важные подробности в рассказе. П. ошибку, опечатку.* **8.** *что.* Не явиться (на собрание, занятие). *П. урок.* **9.** *что.* Не воспользоваться чем-н., упустить. *П. удобный случай. П. свой автобус. П. все сроки.* **10.** *что* и *чего.* Выпить немного (спиртного) (прост.). *П. рюмочку. П. наливочки.* ‖ *несов.* **пропуска́ть**, -а́ю, -а́ешь. ‖ *сущ.* **про́пуск**, -а, *м.* (к 1, 2, 3, 4, 5, 7, 8 и 9 знач.) *и* **пропуска́ние**, -я, *ср.* (к 1, 2, 3, 4, 5 и 10 знач.). ‖ *прил.* **пропускно́й**, -а́я, -о́е (к 1, 2 и 3 знач.). *Пропускная бумага* (промокательная). *Пропускная способность чего-н.* (возможность в определённый срок принять, обслужить, перевезти кого-что-н. в максимальном количестве). *П. пункт.*

ПРОПЫЛИ́ТЬ, -лю́, -ли́шь; -лённый (-ён, -ена́); *сов., кого-что.* Пропитать пылью.

ПРОПЫЛИ́ТЬСЯ, -лю́сь, -ли́шься; *сов.* Пропитаться пылью. *Одежда пропылилась в дороге.*

ПРОРА́Б, -а, *м.* Сокращение: производитель работ — непосредственный руководитель работ на постройке, сооружении чего-н. ‖ *прил.* **прора́бский**, -ая, -ое (разг.).

ПРОРАБО́ТАТЬ, -аю, -аешь; -анный; *сов.* **1.** Провести какое-н. время, работая. *П. три года.* **2.** *что.* Изучить, ознакомиться с чем-н., подвергнуть рассмотрению (разг.). *П. статью. П. план занятий.* **3.** *кого (что).* Подвергнуть критике (разг.). *Прогульщика проработали на собрании.* ‖ *несов.* **праба́тывать**, -аю, -аешь (ко 2 и 3 знач.). ‖ *сущ.* **прораба́тывание**, -я, *ср.* (ко 2 и 3 знач.) *и* **прорабо́тка**, -и, *ж.* (ко 2 и 3 знач.).

ПРОРА́БСКАЯ, -ой, *ж.* Рабочее помещение прораба.

ПРОРА́Н, -а, *м.* (спец.). **1.** Суженная часть русла, проход, временно оставляемый для пропуска воды при сооружении плотины и закрываемый при завершении работ. **2.** Промоина, отверстие в плотине, дамбе, прорванной водным потоком.

ПРОРАСТИ́ (-ту́, -тёшь, 1 и 2 л. не употр.), -тёт; -ро́с, -росла́; -ро́сший; -ро́сши; *сов.* **1.** Дать росток. *Картофель пророс.* **2.** Выпустить росток сквозь что-н. *Сквозь камни проросла трава.* ‖ *несов.* **прораста́ть** (-а́ю, -а́ешь, 1 и 2 л. не употр.), -а́ет. ‖ *сущ.* **прораста́ние**, -я, *ср.*

ПРОРАСТИ́ТЬ, -ащу́, -асти́шь; -ащённый (-ён, -ена́); *сов., что.* Заставить дать росток. *П. семена перед посадкой.* ‖ *несов.* **прора́щивать**, -аю, -аешь. ‖ *сущ.* **прора́щивание**, -я, *ср.*

ПРО́РВА, -ы (прост. неодобр.). **1.** *ж.* Непомерно большое количество кого-чего-н. *Истратил прорву денег.* **2.** *м.* и *ж.* О ком-чём-н. поглощающем, потребляющем много чего-н. *Экая п.!* (об обжоре).

ПРОРВА́ТЬ, -рву́, -рвёшь; -а́л, -ала́, -а́ло; про́рванный; *сов.* **1.** *что.* Разорвав, сделать отверстие, дыру в чём-н. *П. карман. П. дыру.* **2.** (1 и 2 л. не употр.), *что.* О воде: напором промыв отверстие, разрушить препятствие. *Прорвало* (безл.) *плотину.* **3.** *что.* Пробиться сквозь что-н., сломив сопротивление. *П. линию обороны противника.* **4.** *перен., безл., кого (что).* О внезапном сильном проявлении сдерживаемых чувств, волнения, гнева (разг.). *Долго молчал, наконец его прорвало.* ‖ *несов.* **прорыва́ть**, -а́ю, -а́ешь. ‖ *сущ.* **проры́в**, -а, *м.* (ко 2 и 3 знач.). *П. плотины. П. вражеской обороны. П. блокады.* ‖ *прил.* **проры́вный**, -ая, -ое (ко 2 знач.).

ПРОРВА́ТЬСЯ, -вусь, -вёшься; -а́лся, -ала́сь, -ало́сь *и* -а́лось; *сов.* **1.** (1 и 2 л. не употр.). Разорваться, образовав дыру. *Рукава на локтях прорвались.* **2.** (1 и 2 л. не употр.). Сломаться, сломиться под напором чего-н. *Плотина прорвалась.* **3.** (1 и 2 л. не употр.). Лопнуть, дав выход чему-н. скопившемуся. *Прорвался нарыв.* **4.** Силой проложить себе путь откуда-н. *П. из окружения.* **5.** (1 и 2 л. не употр.), *перен.* О сдерживаемых чувствах, волнении: внезапно с силой проявиться (разг.). *Прорвалась долго сдерживаемая обида.* ‖ *несов.* **прорыва́ться**, -а́юсь, -а́ешься. ‖ *сущ.* **проры́в**, -а, *м.* (ко 2, 4 и 5 знач.). ‖ *прил.* **проры́вный**, -ая, -ое (ко 2 знач.).

ПРОРЕАГИ́РОВАТЬ *см.* реагировать.

ПРОРЕВЕ́ТЬСЯ, -ву́сь, -вёшься; *сов.* (прост.). То же, что выплакаться. *Проревёшься — легче станет.*

ПРОРЕДИ́ТЬ, -ежу́, -еди́шь; -ежённый (-ён, -ена́); *сов., что.* Сделать редким, реже (посевы, посадки), удалив лишние растения. *П. посевы. П. рассаду.* ‖ *несов.* **проре́живать**, -аю, -аешь. ‖ *сущ.* **проре́живание**, -я, *ср.*

ПРОРЕ́З, -а, *м.* **1.** *см.* прорезать. **2.** Прорезанное место. *П. для ворота.*

ПРОРЕ́ЗАТЬ, -е́жу, -е́жешь; -е́занный; *сов., что.* **1.** Сделать (чем-н. режущим) отверстие в чём-н. *П. ткань, бумагу.* **2.** *перен.* Провести, проложить резкую линию поперёк или сквозь что-н.; пролечь прямой линией. *П. лес железной дорогой. Шоссе прорезало поля. Лоб прорезан морщинами.* **3.** Провести какое-то время в резке чего-н. **4.** *что.* Устроить, построить, делая отверстие через что-н. *П. окно в стене. П. форточку. П. туннель через гору. П. просеку в лесу.* ‖ *несов.* **прореза́ть**, -а́ю, -а́ешь (к 1, 2 и 4 знач.) *и* **проре́зывать**, -аю, -аешь (к 1, 2 и 4 знач.). ‖ *сущ.* **проре́зывание**, -я, *ср.* (к 1 знач.), **проре́з**, -а, *м.* (к 1 знач.) *и* **проре́зка**, -и, *ж.* (к 1 и 4 знач.). ‖ *прил.* **прорезно́й**, -а́я, -о́е (к 1 знач.). *П. инструмент.*

ПРОРЕ́ЗАТЬСЯ (-е́жусь, -е́жешься, 1 и 2 л. не употр.), -е́жется; *сов.* **1.** Появиться, проникая, пробиваясь через что-н. *Прорезались зубы. У оленёнка прорезались рожки. Прорезались молодые листочки. Сквозь тучи прорезался луч солнца.* **2.** *перен.* О чём-н. только возникающем: появиться. *Прорезались признаки самостоятельности. Прорезался талант.* ✦ **Прорезались глаза** *у кого* — о детёнышах, рождающихся незрячими: глаза открылись, стали видеть. ‖ *несов.* **прореза́ться** (-а́юсь, -а́ешься, 1 и 2 л. не употр.), -а́ется *и* **проре́зываться** (-аюсь, -аешься, 1 и 2 л. не употр.), -ается. ‖ *сущ.* **проре́зывание**, -я, *ср.*

ПРОРЕЗИ́НИТЬ, -ню, -нишь; -ненный; *сов., что.* Пропитать или покрыть составом, содержащим резину. *П. ткань. Прорезиненный плащ.* ‖ *несов.* **прорези́нивать**, -аю, -аешь.

ПРОРЕЗНО́Й, -а́я, -о́е. **1.** *см.* прорезать. **2.** Сделанный в прорезе, прорезанный; вставленный, вшитый в прорез. *Прорезное оконце. Прорезные петли. П. карман. Прорезные ставни* (резные).

ПРО́РЕЗЬ, -и, *ж.* **1.** Сквозное прорезанное отверстие. *П. прицела.* **2.** Вид сквозной резьбы (во 2 знач.) (спец.). *Художественная п.*

ПРОРЕ́КТОР, -а, *м.* Заместитель ректора. *П. по научной работе.* ‖ *прил.* **проре́кторский**, -ая, -ое.

ПРОРЕПЕТИ́РОВАТЬ *см.* репетировать.

ПРОРЕФЕРИ́РОВАТЬ *см.* реферировать.

ПРОРЕ́ХА, -и, *ж.* **1.** Дыра на одежде, прорванное место. *Карман с прорехой.* **2.** *перен.* Недостаток, упущение (разг.). *Прорехи в хозяйстве.* **3.** Передний разрез у брюк. ‖ *уменьш.* **проре́шка**, -и, *ж.* (к 1 и 3 знач.).

ПРОРЕЦЕНЗИ́РОВАТЬ *см.* рецензировать.

ПРОРЖА́ВЕТЬ (-ею, -еешь, 1 и 2 л. не употр.), -еет и **ПРОРЖАВЕ́ТЬ** (-е́ю, -е́ешь, 1 и 2 л. не употр.), -е́ет; *сов.* Испортиться, прохудиться от ржавчины. *Крыша проржавела.*

ПРОРИСОВА́ТЬ, -су́ю, -су́ешь; -о́ванный; *сов., что.* **1.** Провести ясные, отчётливые черты на рисунке (спец.). **2.** Провести какое-н. время рисуя. ‖ *несов.* **прорисо́вывать**, -аю, -аешь (к 1 знач.). ‖ *сущ.* про-

рисо́вывание, -я, *ср.* (к 1 знач.) *и* **прорисо́вка**, -и, *ж.* (к 1 знач.).

ПРОРИЦА́НИЕ, -я, *ср.* (книжн.). **1.** *см.* прорицать. **2.** То же, что предсказание (во 2 знач.).

ПРОРИЦА́ТЕЛЬ, -я, *м.* (книжн.). Человек, к-рый прорицает, предсказатель. ‖ *ж.* **прорица́тельница**, -ы.

ПРОРИЦА́ТЬ, -а́ю, -а́ешь; *несов., что* (книжн.). То же, что предсказывать. ‖ *сущ.* **прорица́ние**, -я, *ср.*

ПРОРО́К, -а, *м.* **1.** В религии: избранник Бога на земле, открывающий его волю и смысл истории — прошедшее, настоящее и будущее. *Книги пророков* (излагаемые в Библии). *П. Илья. П. Иоанн Предтеча* (торжественно провозгласивший пришествие Иисуса Христа). **2.** *перен.* Тот, кто пророчит, предсказывает что-н. ✦ **Нет пророка в своём отечестве** (книжн.) — о верных суждениях, уме, к-рые у себя, среди своих часто оказываются не оценены [по евангельскому сказанию, передающему слова Иисуса Христа о том, что не почитать пророка могут разве что только в своём доме или в своём отечестве]. ‖ *ж.* **проро́чица**, -ы (устар. и ко 2 знач. ирон.). ‖ *прил.* **проро́ческий**, -ая, -ое.

ПРОРОНИ́ТЬ, -оню́, -о́нишь; -о́ненный *и* -онённый (-ён, -ена́); *сов., что, обычно с отриц.* **1.** Со словами «звук», «слово»: сказать, произнести. *Сло́ва не п. в ответ.* **2.** В нек-рых сочетаниях: пропустить, не заметить. *Не п. ни одного слова, движения, взгляда учителя.* ✦ **Проронить слезу** (устар. и ирон.) — то же, что пролить слезу. **Ни (единой) слезинки не проронить** (разг.) — не заплакать, оставшись твёрдым или равнодушным. ‖ *несов.* **прора́нивать**, -аю, -аешь (устар.).

ПРОРО́ЧЕСКИЙ, -ая, -ое. **1.** *см.* пророк. **2.** Содержащий предсказание, правильно предугадывающий будущее (высок.). *Вспомнить чьи-н. пророческие слова. П. сон.*

ПРОРО́ЧЕСТВО, -а, *ср.* (книжн.). То же, что предсказание (во 2 знач.).

ПРОРО́ЧЕСТВОВАТЬ, -твую, -твуешь; *несов.* (книжн.). Произносить или заключать в себе пророчество, предсказывать.

ПРОРО́ЧИТЬ, -чу, -чишь; -ченный; *несов., что.* Предвещать, предсказывать. *В старину думали, что комета пророчит войну. П. беду кому-н.* ‖ *сов.* **напроро́чить**, -чу, -чишь; -ченный.

ПРОРУБИ́ТЬ, -ублю́, -у́бишь; -у́бленный; *сов., что.* **1.** Вырубить отверстие в чём-н. *П. стену.* **2.** Вырубив деревья, образовать дорогу, проход. *П. просеку.* **3.** То же, что прорезать (в 4 знач.). *П. прорубь. П. туннель. П. окно* (также перен.: устранить преграду, установить связи с кем-н.). ‖ *несов.* **прорубать**, -а́ю, -а́ешь. ‖ *сущ.* **прорубание**, -я, *ср. и* **прору́бка**, -и, *ж.*

ПРО́РУБЬ, -и, *ж.* Отверстие, прорубленное во льду, на реке, водоёме. *Ловить рыбу в проруби.* ‖ *прил.* **прорубно́й**, -а́я, -о́е (устар.).

ПРОРУ́ХА, -и, *ж.* (устар.). Ошибка, оплошность. *И на старуху бывает п.* (посл.).

ПРОРЫ́В, -а, *м.* **1.** *см.* прорвать, -ся. **2.** Место, где что-н. прорвано (во 2 и 3 знач.) или где прорвалось, прорвались (во 2 и 4 знач.). *Заделать п. в плотине. П. в линии обороны противника.* **3.** *перен.* Нарушение хода работы, срыв в работе. *Выйти из прорыва.*

ПРОРЫВА́ТЬ[1], -СЯ[1] *см.* прорвать, -ся.

ПРОРЫВА́ТЬ[2], -СЯ[2] *см.* прорыть, -ся.

ПРОРЫ́ТЬ, -ро́ю, -ро́ешь; -ы́тый; *сов., что.* **1.** То же, что прокопать (в 1 и 2 знач.). *П. канал.* **2.** Провести какое-н. время в рытье чего-н. ‖ *несов.* **прорыва́ть**, -аю, -аешь (к 1 знач.). ‖ *сущ.* **проры́тие**, -я, *ср.* (к 1 знач.), **прорыва́ние**, -я, *ср.* (к 1 знач.) *и* **проры́вка**, -и, *ж.* (к 1 знач.).

ПРОРЫ́ТЬСЯ, -ро́юсь, -ро́ешься; *сов.* **1.** Роясь, роя, проникнуть куда-н. *П. сквозь снежные завалы.* **2.** Провести какое-н. время, роясь где-н., в чём-н. (разг.). ‖ *несов.* **прорыва́ться**, -а́юсь, -а́ешься (к 1 знач.).

ПРОСАДИ́ТЬ[1], -ажу́, -а́дишь; -а́женный; *сов., что* (прост.). Проколоть, проткнуть, пробить чем-н. острым. *П. окно* (разбить). *П. ногу гвоздём.* ‖ *несов.* **проса́живать**, -аю, -аешь.

ПРОСАДИ́ТЬ[2], -ажу́, -а́дишь; -а́женный; *сов., что* (прост.). Истратить, израсходовать (многое). *П. все деньги.* ‖ *несов.* **проса́живать**, -аю, -аешь.

ПРОСА́ДКА, ПРОСА́ДОЧНЫЙ *см.* просесть.

ПРОСА́ЛИВАТЬ[1], -СЯ[1] *см.* просолить, -ся.

ПРОСА́ЛИВАТЬ[2], -СЯ[2] *см.* просалить, -ся.

ПРОСА́ЛИТЬ, -лю, -лишь; -ленный; *сов., что.* Пропитать салом, жиром. *П. фартук.* ‖ *несов.* **проса́ливать**, -аю, -аешь.

ПРОСА́ЛИТЬСЯ, -люсь, -лишься; *сов.* Пропитаться салом, жиром. *Фартук просалился.* ‖ *несов.* **проса́ливаться**, -аюсь, -аешься.

ПРОСА́СЫВАТЬ, -СЯ *см.* прососать, -ся.

ПРОСА́ЧИВАТЬСЯ *см.* просочиться.

ПРОСВА́ТАТЬ, -аю, -аешь; -анный; *сов., кого (что)* (устар.). О родителях, родственниках невесты: ответить кому-н. согласием на сватовство. *П. дочь.* ‖ *несов.* **просва́тывать**, -аю, -аешь.

ПРОСВЕ́РЛИВАТЬ, -аю, -аешь; *несов., что.* То же, что сверлить (в 1 и 2 знач.).

ПРОСВЕРЛИ́ТЬ *см.* сверлить.

ПРОСВЕ́Т, -а, *м.* **1.** Проникающий, пробивающийся через что-н. луч света или светлая полоса. *П. в тучах, облаках. Жизнь без просвета* (перен.: безрадостная жизнь без надежд на улучшение). **2.** Отверстие, щель в чём-н., между чем-н. *П. в ставне.* **3.** Ширина дверного или оконного проёма. *Во весь п. окна́.* **4.** На погонах: цветная продольная полоска. ‖ *прил.* **просве́тный**, -ая, -ое (к 1 и 4 знач.).

ПРОСВЕТИ́ТЕЛЬ, -я, *м.* (книжн.). Прогрессивный общественный деятель, распространитель передовых идей и знаний. ‖ *ж.* **просвети́тельница**, -ы. ‖ *прил.* **просвети́тельский**, -ая, -ое. *Просветительская деятельность.*

ПРОСВЕТИ́ТЕЛЬСТВО, -а, *ср.* (книжн.). Деятельность просветителя, просветителей.

ПРОСВЕТИ́ТЬ[1], -вещу́, -вети́шь; -вещённый (-ён, -ена́); *сов., кого-что.* Передать кому-н. знания, распространить знания, культуру. ‖ *несов.* **просвеща́ть**, -а́ю, -а́ешь. ‖ *сущ.* **просвеще́ние**, -я, *ср.* ‖ *прил.* **просвети́тельный**, -ая, -ое. *Просветительная работа. Просветительная философия* (о нек-рых философских учениях 17—18 вв.).

ПРОСВЕТИ́ТЬ[2], -вечу́, -ве́тишь; -ве́ченный; *сов., кого-что.* Пропустить сквозь кого-что-н. лучи, свет для исследования внутренности. *П. грудную клетку.* ‖ *несов.* **просве́чивать**, -аю, -аешь. ‖ *сущ.* **просве́чивание**, -я, *ср.*

ПРОСВЕТИ́ТЬСЯ[1], -вещу́сь, -вети́шься; *сов.* Получить знания, культурные навыки. ‖ *несов.* **просвеща́ться**, -а́юсь, -а́ешься. ‖ *сущ.* **просвеще́ние**, -я, *ср.*

ПРОСВЕТИ́ТЬСЯ[2], -вечу́сь, -ве́тишься; *сов.* (разг.). Подвергнуться просвечиванию (см. просветить[2]). ‖ *несов.* **просве́чиваться**, -аюсь, -аешься.

ПРОСВЕТЛЕ́НИЕ, -я, *ср.* **1.** *см.* светлеть. **2.** Появление ясности в мыслях, сознании, чувствах. *Нашло п. на кого-н.*

ПРОСВЕТЛЕ́ТЬ *см.* светлеть.

ПРОСВЕТЛЁННЫЙ, -ая, -ое; -ён, -ённа. Полный ясности, радостный, успокоенный. *П. взгляд.* ‖ *сущ.* **просветлённость**, -и, *ж.*

ПРОСВЕ́ЧИВАТЬ, -аю, -аешь; *несов.* **1.** *см.* просветить[2]. **2.** (1 и 2 л. не употр.). Светиться сквозь что-н. *Солнце просвечивает через шторы.* **3.** (1 и 2 л. не употр.). Виднеться сквозь что-н. (обычно о светлом). *Сквозь верхушки деревьев просвечивает небо. В его словах просвечивает недоброжелательство* (перен.).

ПРОСВЕЩЕ́НИЕ, -я, *ср.* **1.** *см.* просветить[1], -ся[1]. **2.** Знания, образованность, их распространённость. *Заботиться о просвещении народа.*

ПРОСВЕЩЁННЫЙ, -ая, -ое; -ён, -ённа. Образованный, с высоким уровнем развития, культуры. *П. человек. П. век.* ‖ *сущ.* **просвещённость**, -и, *ж.*

ПРОСВИРА́, -ы́, *мн.* про́свиры, про́свир *и* просви́р, про́свирам *и* просвира́м, *ж.* В православном богослужении: маленький круглый белый пресный хлебец, употр. в некрых обрядах. ‖ *уменьш.* **просви́рка**, -и, *ж.* ‖ *прил.* **просви́рный**, -ая, -ое.

ПРОСВИ́РНЯ, -и, *род. мн.* -рен, *ж.* (устар.). Женщина, пекущая просвиры.

ПРОСВИСТА́ТЬ, -ищу́, -и́щешь *и* -исти́шь; -ищи́; -и́станный; *сов.* То же, что просвистеть.

ПРОСВИСТЕ́ТЬ, -ищу́, -исти́шь *и* -и́щешь; -исти́; *сов.* **1.** *см.* свистеть. **2.** *что.* Исполнить свистом (какую-н. мелодию). *П. марш.* **3.** (1 и 2 л. не употр.). Пролететь со свистящим звуком. *Просвистела пуля.* **4.** Провести какое-н. время свистя, насвистывая. ‖ *несов.* **просви́стывать**, -аю, -аешь (ко 2 и 3 знач.).

ПРО́СЕДЬ, -и, *ж.* Проступающая местами седина. *Волосы с проседью. Мех с проседью.*

ПРО́СЕКА, -и, *ж.* и **ПРО́СЕК**, -а, *м.* Полоса в лесу, лесопарке, очищенная от деревьев. *Прорубить просеку.*

ПРОСЕ́СТЬ (-ся́ду, -ся́дешь, 1 и 2 л. не употр.), -ся́дет; *сов.* О чём-н. тяжёлом: осесть, опуститься. *Изба просела. Пласт земли просел.* ‖ *несов.* **проседа́ть** (-а́ю, -а́ешь, 1 и 2 л. не употр.), -а́ет. ‖ *сущ.* **проседа́ние**, -я, *ср. и* **проса́дка**, -и, *ж.* ‖ *прил.* **проса́дочный**, -ая, -ое.

ПРОСЕ́ЧЬ, -еку́, -ечёшь, -еку́т; -ёк *и* (устар.) -е́к, -екла́ *и* (устар.) -е́кла; -ёкший *и* -е́кший; -ечённый (-ён, -ена́); -ёкши *и* -е́кши; *сов., что.* Пробить, стегая[1] или ударяя острым. *П. кнутом. П. топором.* ‖ *несов.* **просека́ть**, -а́ю, -а́ешь. ‖ *сущ.* **просека́ние**, -я, *ср. и* **просе́чка**, -и, *ж.* ‖ *прил.* **просе́чный**, -ая, -ое.

ПРОСЕ́ЧЬСЯ (-еку́сь, -ечёшься, 1 и 2 л. не употр.), -ечётся, -еку́тся; -ёкся *и* (устар.) -е́кся, -екла́сь *и* (устар.) -е́клась; -ёкшийся *и* -е́кшийся; -ёкшись *и* -е́кшись; *сов.* О секущейся ткани: расползтись по ниткам. ‖ *несов.* **просека́ться** (-а́юсь, -а́ешься, 1 и 2 л. не употр.), -а́ется. ‖ *сущ.* **просека́ние**, -я, *ср. и* **просе́чка**, -и, *ж.*

ПРОСЕ́ЯТЬ, -е́ю, -е́ешь; -е́янный; *сов., что.* **1.** Очистить, пропуская через сито, решето, решёта. *П. муку. П. щебень.* **2.** Провести какое-н. время, сея что-н. ‖ *несов.* **просе́и-**

вать, -аю, -аешь (к 1 знач.). ‖ *сущ.* **просе́ивание,** -я, *ср.* (к 1 знач.).

ПРОСЕ́ЯТЬСЯ (-е́юсь, -е́ешься, 1 и 2 л. не употр.), -е́ется; *сов.* **1.** Очиститься, пройдя сквозь сито, решето, решёта. **2.** О сыпучем: просыпаться сквозь что-н. ‖ *несов.* **просе́иваться** (-аюсь, -аешься, 1 и 2 л. не употр.), -ается. ‖ *сущ.* **просе́ивание,** -я, *ср.*

ПРОСЁЛОК, -лка, *м.* Грунтовая дорога между небольшими населёнными пунктами. ‖ *прил.* **просёлочный,** -ая, -ое. *Просёлочная дорога* (просёлок).

ПРОСИГНАЛИЗИ́РОВАТЬ *см.* сигнализировать.

ПРОСИГНА́ЛИТЬ *см.* сигналить.

ПРОСИДЕ́ТЬ, -ижу́, -иди́шь; -и́женный; *сов.* **1.** Провести какое-н. время, сидя (см. сидеть в 1, 2, 3, 4 и 7 знач.) где-н., а также вообще пробыть, прожить где-н. в течение какого-н. времени. *Весь вечер п. у окна. П. весь день за книгами. П. в гостях до вечера. П. три года в деревне. Весь отпуск п. в городе. П. на мели трое суток.* **2.** *что.* Протереть или продавить, испортить долгим сидением. *П. брюки. П. стул.* ‖ *несов.* **проси́живать,** -аю, -аешь. ‖ *сущ.* **проси́живание,** -я, *ср.*

ПРО́СИНЬ, -и, *ж.* (разг.). **1.** Примесь синего цвета, синевы. *Зелёный с просинью.* **2.** Голубой, синеватый просвет между тучами, облаками.

ПРОСИ́ТЕЛЬ, -я, *м.* Тот, кто обращается с просьбой, с прошением к кому-н. или куда-н. *Приём просителей.* ‖ *ж.* **проси́тельница,** -ы. ‖ *прил.* **проси́тельский,** -ая, -ое.

ПРОСИ́ТЕЛЬНЫЙ, -ая, -ое; -лен, -льна. Выражающий какую-н. просьбу, заискивающий. *П. взгляд. П. тон.* ‖ *сущ.* **проси́тельность,** -и, *ж.*

ПРОСИ́ТЬ, прошу́, про́сишь; про́шенный; *несов.* **1.** *о ком-чём, кого-чего, кого-что* (с конкретн. сущ., разг), *с неопр.* или *с союзом «чтобы».* Обращаться к кому-н. с просьбой о чём-н. *П. о помощи (помощи, помочь, чтобы помогли). П. пощады. Сын просит купить велосипед или просит велосипед.* **2.** *кого (что) за кого (что), о ком-чём.* Хлопотать, вступаться за кого-н. *П. за товарища.* **3.** *кого (что).* Приглашать, звать. *П. гостей к столу.* **4.** *что.* Назначать цену (разг.). *Сколько просишь?* (какова цена?). **5.** (1 и 2 л. не употр.), *чего.* Иметь потребность, нуждаться в чём-н. *Дом просит ремонта.* **6.** То же, что нищенствовать (устар.). *П. на паперти.* ‖ *сов.* **попроси́ть,** -ошу́, -о́сишь; -о́шенный (к 1, 2, 3 и 4 знач.).

ПРОСИ́ТЬСЯ, прошу́сь, про́сишься; *несов.* **1.** Просить о разрешении что-н. сделать, о разрешении отправиться, поступить куда-н. *П. в отпуск. П. гулять.* **2.** О детях: просить, чтобы посадили на горшок (во 2 знач.). *Ребёнок уже просится.* **3.** *перен.* Быть готовым к чему-н., очень подходящим для чего-н. *Слово так и просится с языка* (хочется высказаться, сказать). *Живописные места просятся на полотно. Пирожок просится в рот.* ‖ *сов.* **попроси́ться,** -ошу́сь, -о́сишься (к 1 и 2 знач.).

ПРОСИЯ́ТЬ, -я́ю, -я́ешь; *сов.* **1.** (1 и 2 л. не употр.). Начать сиять, засветиться. *Солнце просияло.* **2.** *перен.* Стать радостным, приветливым. *П. от счастья. Лицо просияло улыбкой.*

ПРОСКАКА́ТЬ, -ачу́, -а́чешь; *сов.* **1.** Пробежать, проехать вскачь, скачками какое-н. расстояние. *П. два километра.* **2.** Пробежать, проехать вскачь, скачками, минуя что-н. *Всадник проскакал мимо дома.* **3.** Провести какое-н. время скача. ‖ *несов.* **проска́кивать,** -аю, -аешь (к 1 и 2 знач.).

ПРОСКА́КИВАТЬ[1] *см.* проскакать.

ПРОСКА́КИВАТЬ[2] *см.* проскочить.

ПРОСКВОЗИ́ТЬ, -ожу́, -ози́шь; *сов., кого-что* (разг.). Простудить сквозняком. *Просквозило* (безл.) *в вагоне кого-н.*

ПРОСКЛОНЯ́ТЬ *см.* склонять[1].

ПРОСКОБЛИ́ТЬ, -облю́, -о́блишь *и* -обли́шь; -о́бленный; *сов., что.* Скобля, проделать в чём-н. отверстие. *П. дыру.* ‖ *несов.* **проска́бливать,** -аю, -аешь.

ПРОСКОЛЬЗНУ́ТЬ, -ну́, -нёшь; *сов.* **1.** То же, что промелькнуть. *В темноте проскользнула чья-то фигура. В словах проскользнул упрёк. Проскользнула мысль. В печати проскользнуло сообщение. Время проскользнуло незаметно.* **2.** Пройти незаметно куда-н. (разг.). *П. в комнату.* **3.** Скользнув, попасть, упасть куда-н. *Монета проскользнула в щель.* ‖ *несов.* **проска́льзывать,** -аю, -аешь.

ПРОСКОЧИ́ТЬ, -очу́, -о́чишь; *сов.* **1.** *что.* Пройти, пробежать быстро мимо чего-н. *Поезд проскочил полустанок. Заяц проскочил перед глазами.* **2.** Проникнуть, быстро пробраться куда-н. через какие-н. препятствия (разг.). *П. в сад через ограду. В сочинении проскочила ошибка* (перен.). **3.** *перен.* С лёгкостью и неожиданно попасть, проникнуть куда-н. (разг). *П. в начальники.* **4.** Упасть, провалиться куда-н. *Монета проскочила в дыру.* ‖ *несов.* **проска́кивать,** -аю, -аешь.

ПРОСКРЕСТИ́, -ребу́, -ребёшь; -рёб, -ребла́; -рёбший; -ребённый (-ён, -ена́); -ребя́; *сов., что.* Скребя, скребясь, проделать отверстие в чём-н. *Проскрести дыру. Мыши проскребли пол.* ‖ *несов.* **проскреба́ть,** -а́ю, -а́ешь.

ПРОСКУЧА́ТЬ, -а́ю, -а́ешь; *сов.* Провести какое-н. время скучая. *Весь вечер проскучал у знакомых.*

ПРОСЛА́БИТЬ *см.* слабить.

ПРОСЛА́ВИТЬ, -влю, -вишь; -вленный; *сов., кого-что.* Сделать известным, знаменитым. *П. боевое оружие. П. имена героев.* ‖ *несов.* **прославля́ть,** -я́ю, -я́ешь. ‖ *сущ.* **прославле́ние,** -я, *ср.*

ПРОСЛА́ВИТЬСЯ, -влюсь, -вишься; *сов.* **1.** Стать известным, знаменитым. *П. своими подвигами.* **2.** *перен.* Приобрести плохую репутацию, дурную славу (разг.). *П. на всю округу.* ‖ *несов.* **прославля́ться,** -я́юсь, -я́ешься. ‖ *сущ.* **прославле́ние,** -я, *ср.* (к 1 знач.).

ПРОСЛА́ВЛЕННЫЙ, -ая, -ое (высок.). Знаменитый, широко известный. *П. герой. Прославленная комедия.* ‖ *сущ.* **просла́вленность,** -и, *ж.*

ПРОСЛА́ИВАТЬ *см.* прослоить.

ПРОСЛЕДИ́ТЬ, -ежу́, -еди́шь; -е́женный; *сов.* **1.** *кого (что).* Следуя неотступно за кем-н., выследить. *П. преступника.* **2.** *что.* Изучить во всей последовательности (книжн.). *П. развитие явления.* **3.** *за чем.* Проверить, следя за ходом дела (разг.). *П. за исполнением решения. Я за этим делом сам прослежу.* ‖ *несов.* **просле́живать,** -аю, -аешь. ‖ *сущ.* **просле́живание,** -я, *ср.* (к 1 и 2 знач.).

ПРОСЛЕ́ДОВАТЬ, -дую, -дуешь; *сов.* (устар. и офиц.). Пройти или проехать куда-н., мимо кого-чего-н. или вслед за кем-н. *Высокий гость проследовал в свою резиденцию. Поезд проследовал без остановок.*

ПРОСЛЕЗИ́ТЬСЯ, -ежу́сь, -ези́шься; *сов.* Расчувствовавшись, заплакать. *П. при прощании.*

ПРОСЛОИ́ТЬ, -ою́, -ои́шь; -оённый (-ён, -ена́); *сов., что.* Проложить слоями чего-н. *П. торт кремом.* ‖ *несов.* **прослаи́вать,** -аю, -аешь. ‖ *сущ.* **прослаи́вание,** -я, *ср. и* **просло́йка,** -и, *ж.* ‖ *прил.* **просло́ечный,** -ая, -ое.

ПРОСЛО́ЙКА, -и, *ж.* **1.** *см.* прослоить. **2.** Тонкий слой, полоска между слоями чего-н. *Породные прослойки* (в пласте полезного ископаемого). *П. крема в пирожном.* **3.** Общественная группа, часть общества, организации, отличающаяся какими-н. особенностями. *Социальные прослойки.*

ПРОСЛУЖИ́ТЬ, -ужу́, -у́жишь; -у́женный; *сов.* Провести какое-н. время, служа (в 1, 4 и 5 знач.), в службе (во 2 и 3 знач.). *П. в учреждении десять лет. П. в армии два года. Пальто прослужит ещё сезон.*

ПРОСЛУ́ШАТЬ, -аю, -аешь; -анный; *сов., кого-что.* **1.** *см.* слушать. **2.** То же, что выслушать (в 1 знач.). *П. все записи.* **3.** Слушая плохо, не воспринять, не услышать (разг.). *Отвлёкся и прослушал объяснения учителя.* **4.** Провести какое-н. время слушая. *Весь вечер прослушал музыку.* ‖ *несов.* **прослу́шивать,** -аю, -аешь (ко 2 и 3 знач.). ‖ *сущ.* **прослу́шание,** -я, *ср.* (ко 2 знач.; спец.) *и* **прослу́шивание,** -я, *ср.* (ко 2 знач.).

ПРОСЛЫ́ТЬ *см.* слыть.

ПРОСЛЫ́ШАТЬ, -шу, -шишь; *сов.* (прост.). Узнать по слухам, рассказам. *П. о чьих-н. успехах.*

ПРОСМА́ТРИВАТЬ, -аю, -аешь; *несов.* **1.** *см.* просмотреть. **2.** *что.* Осматривать, обозревать с целью наблюдения за каким-н. пространством. *Хорошо просматриваемая местность.* ‖ *сущ.* **просмо́тр,** -а, *м.*

ПРОСМА́ТРИВАТЬСЯ (-аюсь, -аешься, 1 и 2 л. не употр.), -ается; *несов.* О пространстве: быть хорошо видимым, открытым для обозрения. *Подходы к реке хорошо просматриваются.* ‖ *сущ.* **просмо́тр,** -а, *м.*

ПРОСМОЛИ́ТЬ, -лю́, -ли́шь; -лённый (-ён, -ена́); *сов., что.* Пропитать, промазать смолой, смолистым веществом. *П. канат.* ‖ *несов.* **просма́ливать,** -аю, -аешь.

ПРОСМО́ТР, -а, *м.* **1.** *см.* просматривать, -ся *и* просмотреть. **2.** Показ кому-н. представления, фильма перед его выпуском. *Официальный п. Режиссёрский п.* **3.** Ошибка по невнимательности, небрежности, недосмотр. ‖ *прил.* **просмо́тровый,** -ая, -ое (ко 2 знач.). *П. зал.*

ПРОСМОТРЕ́ТЬ, -отрю́, -о́тришь; -о́тренный; *сов.* **1.** *что.* Осматривая, смотря, ознакомиться с чем-н. *П. фильм. П. новую экспозицию.* **2.** *что.* Бегло, с пропусками прочитать (про себя, не вслух). *П. газету. П. рукопись.* **3.** *кого-что.* Смотря, не заметить, пропустить. *П. ошибку.* **4.** *что.* Провести какое-н. время, рассматривая, наблюдая что-н. **5.** То же, что проглядеть (во 2 знач.). ✦ **Все глаза просмотреть** (разг.) — то же, что все глаза проглядеть (см. проглядеть). ‖ *несов.* **просма́тривать,** -аю, -аешь (к 1, 2 и 3 знач.). ‖ *сущ.* **просмо́тр,** -а, *м.* (к 1 и 2 знач.). *Отдать рукопись на п. кому-н.*

ПРОСНУ́ТЬСЯ, -ну́сь, -нёшься; *сов.* **1.** Перестать спать, выйти из состояния сна. *Рано п. В груди проснулась ненависть* (перен.). *В юноше проснулся поэт* (перен.: появился поэтический дар). **2.** *перен.* Оживиться, прийти в движение. *Город проснулся. Вулкан проснулся.* ‖ *несов.* **просыпа́ться,** -а́юсь, -а́ешься.

ПРО́СО, -а, *ср.* Хлебный злак с метельчатым соцветием и твёрдыми зёрнами, очищаемыми для получения пшена. *Голодной курице п. снится* (посл.). ‖ *прил.* **просяно́й,**

-а́я, -о́е. *Просяная солома. Просяная мякина. Просяное поле.*

ПРОСО´ВЫВАТЬ, -СЯ *см.* просунуть, -ся.

ПРОСО´ДИЯ, -и, *ж.* (спец.). **1.** То же, что стиховедение. **2.** Часть стиховедения — учение о метрически значимых элементах речи. **3.** Система произношения ударных и неударных, долгих и кратких слогов в речи. ‖ *прил.* **просоди́ческий,** -ая, -ое.

ПРОСОЛИ´ТЬ, -олю́, -о́лишь *и* -оли́шь; -о́ленный *и* -олённый (-ён, -ена́); *сов., что.* Пропитать солью. *П. мясо. Просоленная рыба. Просоленная рубаха* (перен.: пропитанная потом). ‖ *несов.* **проса́ливать,** -аю, -аешь. ‖ *сущ.* **проса́ливание,** -я, *ср. и* **просо́л,** -а, *м.* (спец.).

ПРОСОЛИ´ТЬСЯ (-олю́сь, -о́лишься *и* -оли́шься, 1 и 2 л. не употр.), -о́лится *и* -оли́тся; *сов.* Пропитаться солью. *Рыба просолилась.* ‖ *несов.* **проса́ливаться** (-аюсь, -аешься, 1 и 2 л. не употр.), -ается. ‖ *сущ.* **проса́ливание,** -я, *ср. и* **просо́л,** -а, *м.* (спец.).

ПРОСОРУ´ШКА, -и, *ж.* Машина, а также небольшая мельница, очищающая просо от шелухи, перерабатывающая его в пшено.

ПРОСОСА´ТЬ, -осу́, -осёшь; -о́санный; *сов., что.* **1.** (1 и 2 л. не употр.). О жидкости: просачиваясь, проделать в чём-н. отверстие. *Вода прососала плотину.* **2.** Провести какое-н. время в сосании. ‖ *несов.* **проса́сывать,** -ает (к 1 знач.). ‖ *сущ.* **проса́сывание,** -я, *ср.* (к 1 знач.) *и* **просо́с,** -а, *м.* (к 1 знач.).

ПРОСОСА´ТЬСЯ (-осу́сь, -осёшься, 1 и 2 л. не употр.), -осётся; *сов.* То же, что просочиться (в 1 знач.). *Вода прососалась в подпол.* ‖ *несов.* **проса́сываться** (-аюсь, -аешься, 1 и 2 л. не употр.), -ается. ‖ *сущ.* **проса́сывание,** -я, *ср. и* **просо́с,** -а, *м.*

ПРОСО´ХНУТЬ, -ну, -нешь; -о́х, -о́хла; -о́хший; *сов.* Стать сухим (в 1 и 2 знач.), высохнуть. *Бельё просохло. Помещение просохло. Дорога просохла.* ✦ **Не просох (ещё)** *кто* (прост. пренебр.) — ещё не протрезвился. ‖ *несов.* **просыха́ть,** -а́ю, -а́ешь. ‖ *сущ.* **просыха́ние,** -я, *ср.*

ПРОСОЧИ´ТЬСЯ, -и́тся; *сов.* **1.** (1 и 2 л. не употр.). О жидкости: постепенно проникнуть сквозь что-н. *Вода просочилась в трюм. Кровь просочилась сквозь бинт.* **2.** (1 и 2 л. ед. не употр.), *перен.* Проникнуть, распространиться куда-н. *Просочились сведения. Пехота просочилась в расположение противника.* ‖ *несов.* **проса́чиваться,** -ается. ‖ *сущ.* **проса́чивание,** -я, *ср.*

ПРОСПА´ТЬ, -плю́, -пи́шь; -а́л, -ала́, -а́ло; *сов.* **1.** Пробыть какое-н. время в состоянии сна. *П. три часа.* **2.** Проснуться позже чем нужно. *Проспал и опоздал на поезд.* **3.** *кого-что.* Находясь в состоянии сна, не заметить, пропустить. *П. свою станцию.* ‖ *несов.* **просыпа́ть,** -а́ю, -а́ешь (ко 2 и 3 знач.).

ПРОСПА´ТЬСЯ, -плю́сь, -пи́шься; -а́лся, -ала́сь, -а́лось *и* -ало́сь; *сов.* (разг.). **1.** Проснуться после долгого сна. **2.** О пьяном: поспав, прийти в трезвое состояние. *П. после попойки.*

ПРОСПЕ´КТ[1], -а, *м.* Большая широкая и прямая улица. *Невский п. в Санкт-Петербурге.*

ПРОСПЕ´КТ[2], -а, *м.* **1.** Программа, план какого-н. издания, сочинения. *П. нового учебника.* **2.** Справочное издание рекламного характера. *План-п.* (представляемый автором подробный план будущего издания). ‖ *прил.* **проспе́ктовый,** -ая, -ое *и* **проспе́ктный,** -ая, -ое.

ПРОСПИРТОВА´ТЬ, -ту́ю, -ту́ешь; -о́ванный; *сов., кого-что.* Пропитать спиртом. ‖ *несов.* **проспирто́вывать,** -аю, -аешь.

ПРОСПИРТОВА´ТЬСЯ (-ту́юсь, -ту́ешься, 1 и 2 л. не употр.), -ту́ется; *сов.* Пропитаться спиртом. ‖ *несов.* **проспирто́вываться** (-аюсь, -аешься, 1 и 2 л. не употр.), -ается.

ПРОСПО´РИТЬ, -рю, -ришь; -ренный; *сов.* **1.** *что.* Проиграть в споре, проиграть пари. *П. сто рублей.* **2.** Провести какое-н. время спора. *Весь вечер проспорили.* ‖ *несов.* **проспо́ривать,** -аю, -аешь (к 1 знач.).

ПРОСПРЯГА´ТЬ *см.* спрягать.

ПРОСРО´ЧИТЬ, -чу, -чишь; -ченный; *сов., что.* Пропустить установленный срок чего-н. *П. платежи.* ‖ *несов.* **просро́чивать,** -аю, -аешь. ‖ *сущ.* **просро́чка,** -и, *ж.*

ПРОСТА´ВИТЬ, -влю, -вишь; -вленный; *сов., что* (офиц.). Написать, вписать в специально оставленное место. *П. дату в документе. П. оценки в школьный дневник.* ‖ *несов.* **проставля́ть,** -я́ю, -я́ешь.

ПРОСТА´ИВАТЬ *см.* простоять.

ПРОСТА´К, -а́, *м.* **1.** Простодушный или недалёкий человек (разг.). **2.** Действующее лицо в пьесе, попадающее в смешные, неловкие положения; соответствующее амплуа актёра (спец.). *Амплуа простака.* ‖ *уменьш.* **простачо́к,** -чка́, *м.* (к 1 знач.).

ПРОСТЕГА´ТЬ *см.* стегать[2].

ПРОСТЕ´ЙШИЕ, -их, *ед.* -ее, -его, *ср.* Тип одноклеточных животных, состоящих из одной клетки или колонии клеток.

ПРОСТЕ´НОК, -нка, *м.* Часть стены между дверьми, окнами. ‖ *прил.* **просте́ночный,** -ая, -ое.

ПРОСТЕРЕ´ТЬ, -СЯ *см.* простирать[1], -ся[1].

ПРОСТЕ´ЦКИЙ, -ая, -ое (разг.). Добродушный и простой, не церемонный. *П. вид. Простецкое обращение. Он парень п.*

ПРОСТИРА´ТЬ[1], -а́ю, -а́ешь; *несов., что.* **1.** Протягивать в каком-н. направлении (устар.). *П. руки вперёд.* **2.** *перен.* Устремлять, направлять (книжн.). *Далеко п. свои требования.* ‖ *сов.* **простере́ть,** (стар.) -тру́, (стар.) -трёшь; -тёр, -тёрла; -тёрший; -тёртый; -тере́в *и* -тёрши.

ПРОСТИРА´ТЬ[2], -а́ю, -а́ешь; -и́ранный; *сов., что.* **1.** Тщательно, хорошо выстирать (разг.). *Бельё хорошо простирано.* **2.** Провести какое-н. время, стирая что-н. ‖ *несов.* **прости́рывать,** -аю, -аешь (к 1 знач.).

ПРОСТИРА´ТЬСЯ[1], -а́юсь, -а́ешься; *несов.* (книжн.). **1.** (1 и 2 л. не употр.). Находиться где-н., лежать (в 8 знач.), занимая какое-н. пространство (обычно до каких-н. пределов). *Поля простираются до самого леса. Кругом простирается водная гладь. Тени от деревьев простираются до самого крыльца.* **2.** *перен.* Тянуться, направляться (о телодвижении), а также низко падать, ложиться (устар.). *Руки в мольбе простираются ввысь.* **3.** (1 и 2 л. не употр.), *перен.* Направляться, устремляться. *Намерения властолюбца простираются далеко. Взоры провидца простираются в грядущее.* ‖ *сов.* **простере́ться,** -тру́сь, -трёшься; -тёрся, -тёрлась. *П. ниц* (лечь, упасть вниз лицом, вытянувшись; высок.).

ПРОСТИРА´ТЬСЯ[2] (-а́юсь, -а́ешься, 1 и 2 л. не употр.), -а́ется; *сов.* (разг.). Хорошо выстираться. ‖ *несов.* **прости́рываться** (-аюсь, -аешься, 1 и 2 л. не употр.), -ается.

ПРОСТИРНУ´ТЬ, -ну́, -нёшь; -и́рнутый; *сов., что* (разг.). Выстирать немного чего-н., наскоро. *П. бельишко.*

ПРОСТИ´ТЕЛЬНЫЙ, -ая, -ое; -лен, -льна. Такой, что можно простить, не поставить в вину. *Наивность простительна ребёнку.* ‖ *сущ.* **прости́тельность,** -и, *ж.*

ПРОСТИТУИ´РОВАТЬ, -рую, руешь; -ованный; *сов. и несов.* (книжн.). **1.** *несов.* Заниматься проституцией. **2.** *что.* Сделать (делать) продажным и беспринципным. *П. прессу. П. верную идею.* ‖ *сущ.* **проституи́рование,** -я, *ср.*

ПРОСТИТУ´ТКА, -и, *ж.* Женщина, занимающаяся проституцией. ✦ **Политическая проститутка** (презр.) — беспринципный и продажный политик.

ПРОСТИТУ´ЦИЯ, -и, *ж.* Продажа женщинами своего тела с целью добыть средства к существованию, а также с целью личного обогащения.

ПРОСТИ´ТЬ, прощу́, прости́шь, прощённый (-ён, -ена́); *сов.* **1.** *кого-что, кого за что и что кому.* Не поставить в вину чего-н., забыть вину, обиду. *П. сына за шалость (шалость сыну). П. невольную ошибку. Простите, я сделал это нечаянно. П. — значит забыть* (афоризм). **2.** *что кому.* Освободить от какого-н. обязательства. *П. долг кому-н.* **3. прости́(те).** То же, что прощай(те) (в 1 знач.) (устар.). *Прости навек.* **4. прости́(те).** Извини(те) (см. извинить в 3 знач.), виноват (см. виноватый в 3 знач.). *Простите, уступите место инвалиду. Вы, простите, не здешний?* **5. прости́(те).** То же, что извини(те) (см. извинить в 4 знач.). *Опять мне дежурить? Нет уж, простите!* ✦ **Последнее прости (сказать)** (высок.) — проститься навеки (с умершим). **Прости-прощай!** (устар. и разг. шутл.) — то же, что прощай. *Прости-прощай навсегда! Прости-прощай мои денежки!* ‖ *несов.* **проща́ть,** -а́ю, -а́ешь (к 1 и 2 знач.). ‖ *сущ.* **проще́ние,** -я, *ср.* (к 1 и 2 знач.). *Прошу прощения* (форма извинения).

ПРОСТИ´ТЬСЯ, прощу́сь, прости́шься; *сов.* **1.** *с кем.* Обменяться приветствиями при расставании; приветствовать, уходя, расставаясь. *П. перед разлукой. Друзья простились. Простился и ушёл.* **2.** *с кем-чем.* Покинуть что-н., расстаться. *П. с родными местами. П. с мечтой, с надеждой.* ‖ *несов.* **проща́ться,** -а́юсь, -а́ешься. ‖ *сущ.* **проща́ние,** -я, *ср.* ‖ *прил.* **проща́льный,** -ая, -ое. *П. обед.*

ПРОСТОВА´ТЫЙ, -ая, -ое; -а́т (разг.). Не очень умный, недалёкий. *П. парень.* ‖ *сущ.* **простова́тость,** -и, *ж.*

ПРОСТОВОЛО´СЫЙ, -ая, -ое; -о́са (прост.). О женщине: с непокрытой головой, без платка. *Выбежала на улицу простоволосая.*

ПРОСТОДУ´ШНИЧАТЬ, -аю, -аешь; *несов.* (разг., иногда ирон.). Вести себя бесхитростно, открыто, простосердечно.

ПРОСТОДУ´ШНЫЙ, -ая, -ое; -шен, -шна. Бесхитростный и добрый, простосердечный. *П. характер. Простодушно* (нареч.) *улыбнуться.* ‖ *сущ.* **простоду́шие,** -я, *ср. и* **простоду́шность,** -и, *ж.*

ПРОСТО´Й[1], -а́я, -о́е; прост, проста́, про́сто, про́сты *и* просты́; проще. **1.** Однородный по составу, не составной. *Простое вещество* (вещество, состоящее из атомов одного химического элемента). **2.** Не сложный, не трудный, легко доступный пониманию, осуществлению. *Простое решение. Задача решается просто* (нареч.). *Простое дело. Проще простого* (совершенно просто; разг.). **3.** Безыскусственный, незамысловатый. *Простое платье. Простая обстановка. Одета просто* (нареч.) *и со вкусом.* **4.** *полн. ф.* Не лучшего качества, грубый по обработке. *П. помол. П. холст* (небелёный).

Простые чулки (хлопчатобумажные). **5.** Добродушный, простодушный, не церемонный. *Не стесняйся его, он человек п. С ним мне легко и просто* (в знач. сказ.). **6.** *полн. ф.* Самый обыкновенный, не выделяющийся среди других. *П. смертный. Простые люди* (трудовой народ). **7.** *полн. ф.* Принадлежащий к непривилегированным сословиям, не дворянский (устар.). *П. народ.* **8.** Глуповатый, недалёкий [*первонач.* неумный, глупый]. *Этот дурачок не так прост, как кажется.* **9. про́сто,** *частица.* Усиливает слово, к к-рому относится, или высказывание в целом. *Этому просто нельзя поверить. Просто невероятно!* **10. про́сто,** *частица.* О том, что легко объяснимо, что нетрудно понять: именно, не иначе как. *Он просто не умён. Всё это просто ложь.* **11. про́сто,** *в знач. союза.* Соединяет предложения, выражая противопоставление; а[1] (в 1 знач.). *Я не болен, просто устал.* **12. про́сто,** *нареч.* Как-то случайно, без особого намерения. *Просто зашёл на огонёк.* **13. про́сто,** *нареч.* Без лишних сложностей, без церемоний. *Зовите меня не Иван Иванович, а просто Ваня.* ✦ **Простой карандаш** — карандаш с чёрным грифелем, не цветной. **Простым глазом** — без помощи оптических приборов. **Простона́просто** — то же, что просто (см. простой в 10 и 11 знач.). **А про́сто** — то же, что просто (см. простой в 11 знач.) *Он не лентяй, (а) просто его избаловали.* **Просто так** — без всякого умысла, намерения, просто. *Сказал просто так. Ты зачем пришёл? — Просто так.* ‖ *уменьш.* **про́стенький,** -ая, -ое (ко 2, 3 и 8 знач.). ‖ *сущ.* **простота́,** -ы́, *ж.* (ко 2, 3, 5 и 8 знач.). *По простоте сердечной* (по излишней доверчивости, наивности).

ПРОСТО́Й[2], -я, *м.* Вынужденное бездействие (рабочей силы, механизма), остановка в работе. *Производственный п. Борьба с простоями машин.* ‖ *прил.* **просто́йный,** -ая, -ое (спец.).

ПРОСТОКВА́ША, -и, *ж.* Густое закисшее молоко. ‖ *прил.* **простоква́шный,** -ая, -ое.

ПРОСТОЛЮДИ́Н, -а, *м.* (устар.). Человек, принадлежащий к непривилегированным сословиям. *Выходец из простолюдинов.* ‖ *ж.* **простолюди́нка,** -и.

ПРОСТОНАРО́ДНЫЙ, -ая, -ое; -ден, -дна. Принадлежащий, свойственный простому народу, непривилегированным сословиям. *П. быт. Простонародные нравы.* ‖ *сущ.* **простонаро́дность,** -и, *ж.*

ПРОСТОНАРО́ДЬЕ, -я, *ср., собир.* (устар.). Простые люди, принадлежащие к непривилегированным сословиям. *Вышел из простонародья.*

ПРОСТОНА́ТЬ, -ону́ *и* (устар.) -она́ю, -о́нешь; *сов.* **1.** Издать стон. *Больной громко простонал.* **2.** *что.* Сказать со стоном. *Воды! — простонал больной.* **3.** Провести какое-н. время в стонах.

ПРОСТО́Р, -а, *м.* **1.** Свободное, обширное пространство. *Степные просторы.* **2.** Свобода, раздолье. *Ребятам на даче п.*

ПРОСТОРЕ́ЧИЕ, -я, *ср.* Речь малообразованных носителей языка (преимущ. горожан); черты произношения, слова и выражения, грамматические формы и конструкции, свойственные нелитературному разговорному употреблению. *Городское п.* ‖ *прил.* **простор́ечный,** -ая, -ое. *Просторечные слова и выражения.*

ПРОСТО́РНЫЙ, -ая, -ое; -рен, -рна. Поместительный, не тесный. *Просторное помещение. В доме просторно* (в знач. сказ.). ‖ *сущ.* **просто́рность,** -и, *ж.*

ПРОСТОСЕРДЕ́ЧНЫЙ, -ая, -ое; -чен, -чна. Добродушный и искренний, сердечный (во 2 знач.). *П. человек.* ‖ *сущ.* **простосерде́чие,** -я, *ср.* и **простосерде́чность,** -и, *ж.*

ПРОСТОТА́, -ы́, *ж.* **1.** *см.* простой[1]. **2.** Отсутствие ума, глупость (стар.). *П. хуже воровства* (посл.). *На всякого мудреца довольно простоты* (посл. о том, что умный может ошибиться, может быть обманут). ✦ **Святая простота** — о человеке, наивном до глупости.

ПРОСТОФИ́ЛЯ, -и, *род. мн.* -и́ль *и* -лей, *м. и ж.* (прост.). Глуповатый, малосообразительный человек, разиня. *П. ты, дурачина!*

ПРОСТОЯ́ТЬ, -ою́, -ои́шь; *сов.* Провести какое-н. время стоя (см. стоять в 1, 2, 4, 6, 8 и 9 знач.), в стоячем, неподвижном положении или бездействуя; просуществовать какое-н. время. *П. смену у станка. Жара простояла всё лето. Войска простояли в городе зиму. Поезд простоял три часа. Соленья простоят до весны. Машина простояла из-за поломки. Дом ещё простоит много лет.* ‖ *несов.* **проста́ивать,** -аю, -аешь (по 1, 2, 8 и 9 знач. глагола стоять). ‖ *сущ.* **проста́ивание,** -я, *ср.*

ПРОСТРА́ГИВАТЬ *см.* прострогать.

ПРОСТРА́ННЫЙ, -ая, -ое; -а́нен, -а́нна. **1.** Обширный, занимающий большое пространство (книжн.). *Пространные земельные владения.* **2.** О речи, письме: слишком длинный и подробный. *П. рассказ. Пространно* (нареч.) *объяснять что-н.* ‖ *сущ.* **простра́нность,** -и, *ж.*

ПРОСТРА́НСТВО, -а, *ср.* **1.** Одна из форм (наряду со временем) существования бесконечно развивающейся материи, характеризующаяся протяжённостью и объёмом. *Вне времени и пространства нет движения материи.* **2.** Протяжённость, место, не ограниченное видимыми пределами. *Небесное п. Воздушное п. Степные пространства. На всём пространстве пустыни. Смотреть в п.* (о невидящем, отсутствующем взгляде). **3.** Промежуток между чем-н., место, где что-н. вмещается. *Свободное п. между окном и дверью.* ‖ *прил.* **простра́нственный,** -ая, -ое (к 1 знач.).

ПРОСТРА́НЩИК, -а, *м.* Работник бани, обслуживающий посетителей в раздевальном зале, отделении [от устар. простра́нок — одна из частей такого зала]. ‖ *ж.* **простра́нщица,** -ы.

ПРОСТРА́ЦИЯ, -и, *ж.* (книжн.). Угнетённое, подавленное состояние, полное безразличие к окружающему. *Впасть в прострацию.*

ПРОСТРА́ЧИВАТЬ, -аю, -аешь; *несов., что.* Шить, строчить длинным швом.

ПРОСТРЕ́Л, -а, *м.* **1.** *см.* прострелить. **2.** Острая боль, ломота и колотьё в пояснице (реже — о других частях тела), обычно в результате простуды (разг.).

ПРОСТРЕ́ЛИВАТЬ, -аю, -аешь; *несов.* **1.** *см.* прострелить. **2.** *что.* Иметь возможность обстреливать какой-н. участок полностью, на всём его пространстве. *Артиллерия с флангов простреливает берег.*

ПРОСТРЕ́ЛИВАТЬСЯ (-аюсь, -аешься, 1 и 2 л. не употр.), -ается; *несов.* Быть открытым для обстрела. *Позиции простреливаются с высоты.*

ПРОСТРЕЛИ́ТЬ, -елю́, -е́лишь; -е́ленный; *сов.* **1.** *кого-что.* Выстрелом пробить насквозь. *П. снарядом. П. мишень.* **2.** *безл.* Об острой боли (обычно в результате простуды) (разг.). *Прострелило бок, грудь, поясницу.* ‖ *несов.* **простре́ливать,** -аю, -аешь (к 1 знач.). ‖ *сущ.* **простре́л,** -а, *м.* (к 1 знач.).

ПРОСТРЕЛЯ́ТЬ, -яю, -я́ешь; *сов.* Провести какое-н. время в стрельбе. *Целый час прострелял в тире.*

ПРОСТРИ́ЧЬ, -игу́, -ижёшь, -игу́т; -и́г, -и́гла; -и́гший; -и́женный; -и́гши; *сов.* **1.** *что.* Выстричь продольную полосу в волосах, шерсти. **2.** *кого-что.* Провести какое-н. время, занимаясь стрижкой. ‖ *несов.* **прострига́ть,** -аю, -а́ешь (к 1 знач.).

ПРОСТРОГА́ТЬ, -а́ю, -а́ешь; -о́ганный и **ПРОСТРУГА́ТЬ,** -а́ю, -а́ешь; -у́ганный; *сов., что.* **1.** Выстрогать продольную полосу в чём-н. *П. желобок.* **2.** Выстрогать всю поверхность чего-н. *Чисто п. доску.* **3.** Провести какое-н. время строгая. ‖ *несов.* **простра́гивать,** -аю, -аешь (к 1 и 2 знач.) *и* **простру́гивать,** -аю, -аешь (к 1 и 2 знач.).

ПРОСТРОЧИ́ТЬ *см.* строчить.

ПРОСТУ́ДА, -ы, *ж.* Болезнь, вызванная охлаждением организма; само такое охлаждение. *Лечиться от простуды.* ‖ *прил.* **просту́дный,** -ая, -ое. *Простудное заболевание. П. кашель.*

ПРОСТУДИ́ТЬ, -ужу́, -у́дишь; -у́женный; *сов., кого-что.* Вызвать простуду. *П. ребёнка. П. горло.* ‖ *несов.* **простужа́ть,** -а́ю, -а́ешь *и* **просту́живать,** -аю, -аешь.

ПРОСТУДИ́ТЬСЯ, -ужу́сь, -у́дишься; *сов.* Получить простуду. *П. на ветру. П. в дороге.* ‖ *несов.* **простужа́ться,** -а́юсь, -а́ешься *и* **просту́живаться,** -аюсь, -аешься.

ПРОСТУ́ЖЕННЫЙ, -ая, -ое; -ен. Вызванный простудой, обнаруживающий простуду. *П. вид. П. голос, кашель* (сиплый от простуды). ‖ *сущ.* **просту́женность,** -и, *ж.*

ПРОСТУ́КАТЬ, -аю, -аешь; -анный; *сов., кого-что* (разг.). То же, что выстукать (во 2 знач.). *П. больному грудь.* ‖ *несов.* **просту́кивать,** -аю, -аешь. ‖ *сущ.* **просту́кивание,** -я, *ср.*

ПРОСТУПИ́ТЬ (-плю́, -у́пишь, 1 и 2 л. не употр.), -у́пит; *сов.* **1.** Выступить изнутри на поверхность. *На стене проступили пятна.* **2.** Проявиться, обнаружиться. *В тумане проступили очертания корабля.* ‖ *несов.* **проступа́ть** (-а́ю, -а́ешь, 1 и 2 л. не употр.), -а́ет.

ПРОСТУ́ПОК, -пка, *м.* Поступок, нарушающий правила поведения, провинность. *Незначительный п.*

ПРОСТУ́ШКА, -и, *ж.* (разг.). Наивная и недалёкая женщина, чересчур простая и непосредственная в своём поведении. *Разыгрывать из себя простушку.*

ПРОСТЫНЯ́, -и́, *мн.* про́стыни, -ы́нь *и* -е́й, -я́м, *ж.* Предмет постельного белья — длинное полотнище в ширину постели, одеяла. *Льняная п. Мохнатая п.* ‖ *уменьш.* **простынка,** -и, *ж.* ‖ *прил.* **простын́ный,** -ая, -ое. *Простынное полотно.*

ПРОСТЫ́ТЬ, -ы́ну, -ы́нешь и **ПРОСТЫ́НУТЬ,** -ы́ну, -ы́нешь; -сты́л, -сты́ла; *сов.* (прост.). **1.** То же, что остыть (в 1 знач.). *Обед простыл.* **2.** Озябнуть и простудиться. *Простыл на морозе.* ✦ **И след простыл** *кого, от кого-чего* (разг.) — убежал, исчез, а также пропал совершенно. *Озорника и след простыл. От былой роскоши и след простыл.*

ПРОСУ́НУТЬ, -ну, -нешь; -утый; *сов., кого-что.* **1.** Сунуть внутрь сквозь какое-н. узкое отверстие, с трудом. *П. руку в форточку. П. записку под дверь.* **2.** *перен.* То же, что протащить (во 2 знач.) (разг. неодобр.). ‖ *несов.* **просо́вывать,** -аю, -аешь.

ПРОСУ́НУТЬСЯ, -нусь, -нешься; *сов.* (разг.). Пролезая, высунуться, пройти между чем-н. или где-н. *В дверь просунулась голова. П. вперёд.* ‖ *несов.* **просо́вываться,** -аюсь, -аешься.

ПРОСУШИ́ТЬ, -ушу́, -у́шишь; -у́шенный; *сов., что.* Высушить (обычно целиком, как следует). *П. одежду.* ‖ *несов.* **просу́шивать**, -аю, -аешь. ‖ *сущ.* **просу́шивание**, **-я**, *ср. и* **просу́шка, -и**, *ж.*

ПРОСУШИ́ТЬСЯ, -ушу́сь, -у́шишься; *сов.* **1.** (1 и 2 л. не употр.). Стать сухим после сушки. *Одежда просушилась.* **2.** Высушить на себе одежду, обувь (разг.). *Попал под дождь, нужно п.* ‖ *несов.* **просу́шиваться**, -аюсь, -аешься.

ПРОСУЩЕСТВОВА́ТЬ, -тву́ю, -тву́ешь; *сов.* Прожить, пробыть, продлиться какое-н. время. *На такую зарплату вполне можно п. Народные обычаи просуществуют долго.*

ПРОСФОРА́, -ы́, *мн.* про́сфоры, просфо́р, просфора́м, *ж.* То же, что просвира. ‖ *прил.* **просфо́рный**, -ая, -ое.

ПРОСЦЕ́НИУМ, -а, *м.* (спец.). Часть сцены (в 1 знач.), выступающая перед порталом. ‖ *прил.* **просце́ниумный**, -ая, -ое.

ПРОСЧЁТ, -а, *м.* **1.** *см.* просчитать, -ся. **2.** Ошибка в подсчёте или в расчётах. *Допустить п.*

ПРОСЧИТА́ТЬ, -а́ю, -а́ешь; -и́танный; *сов., что.* **1.** Подсчитать или пересчитать (разг.). *П. деньги.* **2.** Ошибиться в счёте. *П. сто рублей.* **3.** Провести какое-н. время считая. ‖ *несов.* **просчи́тывать**, -аю, -аешь (к 1 и 2 знач.). ‖ *сущ.* **просчёт**, -а, *м.* (к 1 и 2 знач.).

ПРОСЧИТА́ТЬСЯ, -а́юсь, -а́ешься; *сов.* **1.** Сделав ошибку в счёте, передать кому-н. лишнее. *П. на сто рублей.* **2.** Ошибиться в расчётах, предположениях. *Враг просчитался.* ‖ *несов.* **просчи́тываться**, -аюсь, -аешься. ‖ *сущ.* **просчёт**, -а, *м.*

ПРО́СЫП, -а (-у) и **ПРОСЫ́П**, -а(-у), *м.*: 1) **без просыпу спать** (разг.) — долго и крепко; 2) **без просыпу пить** (прост.) — о беспробудном пьянстве.

ПРОСЫ́ПАТЬ, -плю, -плешь *и* (разг.) -пешь, -пет, -пем, -пете, -пят; -сыпь; -анный; *сов., что.* Нечаянно высыпать (в 1 знач.). *П. муку на пол.* ‖ *несов.* **просыпа́ть**, -а́ю, -а́ешь.

ПРОСЫПА́ТЬ[1] *см.* проспать.

ПРОСЫПА́ТЬ[2] *см.* просы́пать.

ПРОСЫ́ПАТЬСЯ (-плюсь, -плешься *и* разг. -пешься, 1 и 2 л. не употр.), -плется *и* (разг.) -пется, -пятся; *сов.* Вы́сыпаться откуда-н., сквозь что-н. *Из мешка просыпалась крупа.* ‖ *несов.* **просыпа́ться**, -а́ется.

ПРОСЫПА́ТЬСЯ[1] *см.* проснуться.

ПРОСЫПА́ТЬСЯ[2] *см.* просы́паться.

ПРОСЫХА́ТЬ *см.* просохнуть.

ПРО́СЬБА, -ы, *ж.* **1.** Обращение к кому-н., призывающее удовлетворить какие-н. нужды, желания. *Обратиться с просьбой. Невыполнимая п.* **2.** То же, что прошение (устар.). *Подать просьбу.* ‖ *уменьш.* **про́сьбица**, -ы, *ж.* (устар.).

ПРОСЯ́НКА, -и, *ж.* Птица сем. овсянковых.

ПРОСЯНО́Й *см.* просо.

ПРОТА́ЛИНА, -ы, *ж.* Место, где стаял снег и открылась земля. *Весенние проталины.* ‖ *уменьш.* **прота́линка**, -и, *ж.*

ПРОТА́ЛКИВАТЬ *см.* протолкнуть.

ПРОТА́ЛКИВАТЬСЯ *см.* протолкаться.

ПРОТА́ПЛИВАТЬ, -аю, -аешь; *несов.* **1.** *см.* протопить. **2.** *что.* Топить[1] (в 1 и 2 знач.) понемножку, не сильно. *Каждый день п. печь.*

ПРОТА́ПЛИВАТЬСЯ *см.* протопиться.

ПРОТА́ПТЫВАТЬ *см.* протоптать.

ПРОТАРА́НИВАТЬ, -аю, -аешь; *несов., что.* То же, что таранить (во 2 знач.).

ПРОТАРА́НИТЬ *см.* таранить.

ПРОТАСКА́ТЬ, -а́ю, -а́ешь; -а́сканный; *сов., кого-что* (разг.). **1.** То же, что проносить[1] (в 1 знач.). *Весь день протаскал покупки по городу. Всю зиму протаскал один костюм.* **2.** Таскать (в 4 знач.) в течение какого-н. времени. *Целую неделю протаскал письмо в кармане.* **3.** Передвигать волоком в течение какого-н. времени.

ПРОТА́ЧИВАТЬ *см.* проточить.

ПРОТАЩИ́ТЬ, -ащу́, -а́щишь; -а́щенный; *сов.* **1.** *кого-что.* Таща, пронести. *П. рюкзак в дверь.* **2.** *кого-что.* Провести, внести куда-н. неприметным или неблаговидным способом (разг. неодобр.). *П. приятеля себе в помощники. П. вредную идею.* **3.** *перен., кого (что).* Подвергнуть критике, пробрать (во 2 знач.) (прост.). *П. кого-н. в фельетоне.* ‖ *несов.* **прота́скивать**, -аю, -аешь. ‖ *сущ.* **прота́скивание**, -я, *ср.*

ПРОТА́ЯТЬ (-а́ю, -а́ешь, 1 и 2 л. не употр.), -а́ет; *сов.* Растаять или стать талым. *Снег протаял до земли. Земля протаяла.* ‖ *несов.* **прота́ивать** (-аю, -аешь, 1 и 2 л. не употр.), -ает.

ПРОТЕЖЕ́ [тэ], *нескл., м. и ж., кого* (книжн.). Лицо, к-рое пользуется чьей-н. протекцией. *Этот юноша — ваш п.*

ПРОТЕЖИ́РОВАТЬ [тэ], -рую, -руешь; -анный; *несов., кому* (книжн.). Оказывать протекцию. ‖ *сущ.* **протежи́рование**, -я, *ср.*

ПРОТЕ́З [тэ], -а, *м.* Приспособление, изготовленное в форме какой-н. части тела или дублирующее утраченный орган. *Глазной п. Зубной п. Безногий инвалид на протезе. П. почки. Конструирование сердца-протеза.* ‖ *прил.* **проте́зный**, -ая, -ое.

ПРОТЕЗИ́РОВАТЬ [тэ], -рую, -руешь; -анный; *сов. и несов., что.* Изготовить (-влять) протез. *П. ногу.* ‖ *сущ.* **протези́рование**, -я, *ср.*

ПРОТЕКА́ТЬ (-а́ю, -а́ешь, 1 и 2 л. не употр.), -а́ет; *несов.* **1.** *см.* протечь. **2.** Происходить, длиться. *Переговоры протекают нормально.* ‖ *сущ.* **протека́ние**, -я, *ср.*

ПРОТЕ́КТОР[1], -а, *м.* (спец.). Государство, осуществляющее протекторат.

ПРОТЕ́КТОР[2], -а, *м.* (спец.). Утолщённая часть покрышки (во 2 знач.), непосредственно соприкасающаяся с дорогой. ‖ *прил.* **проте́кторный**, -ая, -ое. *Протекторная резина.*

ПРОТЕКТОРА́Т, -а, *м.* (спец.). **1.** Форма зависимости, при к-рой слабая страна, формально сохраняя своё государственное устройство и нек-рую самостоятельность во внутренних делах, фактически подчинена другой, более сильной державе. **2.** Страна, находящаяся в такой зависимости. *На территории протектората.*

ПРОТЕКЦИОНИ́ЗМ[1], -а, *м.* (книжн.). Экономическая политика государства, направленная на ограждение национальной экономики от иностранной конкуренции. ‖ *прил.* **протекциони́стский**, -ая, -ое.

ПРОТЕКЦИОНИ́ЗМ[2], -а, *м.* Подбор должностных лиц не по деловым качествам, а по знакомству, по протекции.

ПРОТЕКЦИОНИ́СТ, -а, *м.* Сторонник протекционизма[1].

ПРОТЕ́КЦИЯ, -и, *ж.* Покровительство в устройстве куда-н., в продвижении по службе. *Оказать протекцию кому-н. Попасть куда-н. по протекции.* ‖ *прил.* **протекцио́нный**, -ая, -ое (книжн.).

ПРОТЕЛЕФОНИ́РОВАТЬ *см.* телефонировать.

ПРОТЕРЕ́ТЬ, -тру́, -трёшь; -тёр, -тёрла; -тёрший; -тёртый; -тере́в *и* -тёрши; *сов., что.* **1.** Продырявить трением. *П. локти до дыр. П. бумагу резинкой.* **2.** Растирая, пропустить через что-н. *П. сквозь сито.* **3.** Вытирая, сделать чистым. *П. стекло. П. окна.* ♦ **Протереть глаза** (разг.) — только что проснуться. *Только протёр глаза — телефон звонит.* **Протри глаза!** (прост. неодобр.) — посмотри хорошенько. ‖ *несов.* **протира́ть**, -а́ю, -а́ешь. ‖ *сущ.* **протира́ние**, -я, *ср. и* **прот́ирка**, -и, *ж.* (ко 2 и 3 знач.). ‖ *прил.* **проти́рочный**, -ая, -ое (ко 2 и 3 знач.).

ПРОТЕРЕ́ТЬСЯ (-тру́сь, -трёшься, 1 и 2 л. не употр.), -трётся; -тёрся, -тёрлась; -тёршийся; -тёршись; *сов.* **1.** Продырявиться от трения. *Подмётки протёрлись.* **2.** Стать протёртым (см. протереть во 2 и 3 знач.). *П. сквозь сито. Окна хорошо протёрлись.* ‖ *несов.* **протира́ться** (-а́юсь, -а́ешься, 1 и 2 л. не употр.), -а́ется.

ПРОТЕРПЕ́ТЬ, -терплю́, -те́рпишь; *сов., что* (разг.). Проявить терпение по отношению к кому-чему-н. в течение какого-н. времени. *Минуты не может п.*

ПРОТЕСА́ТЬ, -ешу́, -е́шешь; -тёсанный; *сов., что* (спец.). Вытесать в длину. *П. паз.* ‖ *несов.* **протёсывать**, -аю, -аешь. ‖ *сущ.* **протёсывание**, -я, *ср.*, **протёс**, -а, *м. и* **протёска**, -и, *ж.*

ПРОТЕ́СТ, -а, *м.* **1.** Решительное возражение против чего-н. *Заявить п. Демонстрация протеста.* **2.** Заявление о несогласии с каким-н. решением (офиц.). *Принести п. П. прокурора* (при выявлении нарушения закона). **3.** Официальное удостоверение факта неуплаты в срок по векселю (спец.). *П. векселя.*

ПРОТЕСТА́НТ[1], -а, *м.* (устар.). Тот, кто протестует против чего-н. ‖ *ж.* **протеста́нтка**, -и.

ПРОТЕСТА́НТ[2], -а, *м.* Последователь протестантизма. ‖ *ж.* **протеста́нтка**, -и. ‖ *прил.* **протеста́нтский**, -ая, -ое.

ПРОТЕСТАНТИ́ЗМ, -а, *м.* и **ПРОТЕСТА́НТСТВО**, -а, *ср.* Одно из основных направлений христианства, к-рое объединяет вероучения, отколовшиеся в 16 в. от католицизма. ‖ *прил.* **протеста́нтский**, -ая, -ое.

ПРОТЕСТОВА́ТЬ, -ту́ю, -ту́ешь; -о́ванный. **1.** *несов., против чего.* Заявлять протест (в 1 знач.), выражать несогласие. *П. против предлагаемого решения. Я протестую!* (не согласен). **2.** *сов. и несов., что.* Принести (-носить), произвести (-водить) протест (во 2 и 3 знач.) (устар. офиц.). ‖ *сов.* **опротестова́ть**, -ту́ю, -ту́ешь; -о́ванный (ко 2 знач.; офиц.). *О. решение суда.* ‖ *сущ.* **опротестова́ние**, -я, *ср.* (ко 2 знач.; устар.).

ПРОТЕ́ЧКА, -и, *ж.* **1.** *см.* протечь. **2.** Место, где что-н. протекло, просочилось. *Протечки на потолке.*

ПРОТЕ́ЧЬ (-теку́, -течёшь, 1 и 2 л. не употр.), -ечёт, -еку́т; -ёк, -екла́; -ёкший; -ёкши; *сов.* **1.** О реке, ручье, струе: пройти, протянуться где-н. *В овраге протёк ручеек.* **2.** Просачиваясь, проникнуть, пролиться куда-н. *Вода протекла в трюм.* **3.** Стать проницаемым для влаги. *Крыша протекла.* **4.** Пройти, миновать (о том, что длилось). *Протекли счастливые годы. Время протекло незаметно.* ‖ *несов.* **протека́ть** (-а́ю, -а́ешь, 1 и 2 л. не употр.), -а́ет. ‖ *сущ.* **проте́чка**, -и, *ж.* (ко 2 и 3 знач.).

ПРО́ТИВ. **1.** *нареч.* То же, что напротив (в 1 знач.) (устар. и разг.). *Он сидел, я стоял п.* **2.** *кого-чего, предлог с род. п.* Прямо перед кем-чем-н., напротив кого-чего-н. *Остановиться п. дома. Сидеть п. света* (так, что светит в лицо). *Сесть п. собеседника.* **3.** *чего, предлог с род. п.* Навстречу движению чего-н. *Плыть п. течения. Бежать п. ветра.* **4.** *кого-чего, предлог с род. п.* Вопреки чему-н., не в согласии с кем-чем-н., борясь с кем-чем-н. *Поступить п. совести. Согласился п. воли* (по принуждению). *П. ожидания* (в знач. вводн сл.), *явился. Выступать п. докладчика. Действовать п. врага.* **5.** *кого-чего, предлог с род. п.* Для борьбы с кем-чем-н., для противодействия кому-чему-н. *Средство п. насекомых. Лекарство п. гриппа.* **6.** *кого-чего, предлог с род. п.* По сравнению, в сопоставлении с кем-чем-н. *Выработать продукции больше п. прошлого года.* **7.** *в знач. сказ.* Не согласен (разг.). *Ты согласен? — Нет, я п.* **8.** *нескл., ср.* Довод не в пользу чего-н. (разг.). *Взвесить все за и п.*

ПРО́ТИВЕНЬ, -вня, *м.* Металлический лист с загнутыми краями для жарения, печения в духовой печи. *Железный п. Испечь пирог на противне.* ‖ *уменьш.* **протвешо́к,** -шка́, *м.* ‖ *прил.* **про́тивный,** -ая, -ое.

ПРОТИВИ́ТЕЛЬНЫЙ, -ая, -ое. В грамматике: выражающий отношения противопоставления. *Противительные союзы* (напр., а, но). *Противительные отношения.* ‖ *сущ.* **противительность,** -и, *ж.*

ПРОТИ́ВИТЬСЯ, -влюсь, -вишься; *несов., кому-чему.* Оказывать противодействие. *П. уговорам.* ‖ *сов.* **воспроти́виться,** -влюсь, -вишься.

ПРОТИ́ВНИК, -а, *м.* **1.** Тот, кто противодействует кому-чему-н., враждебно относится к кому-чему-н. *Противники примирения.* **2.** Враг, недоброжелатель. *Этот человек — мой давний п.* **3.** Вражеское войско, неприятель. *Разбить противника.* **4.** Соперник в состязании, борьбе. ‖ *ж.* **проти́вница,** -ы (к 1 и 2 знач.).

ПРОТИ́ВНОСТЬ[1]: **в противность** *кому-чему, предлог с дат. п.* (устар.) — то же, что в отличие от кого-чего-н. *В противность вам я оптимист.*

ПРОТИ́ВНОСТЬ[2] *см.* противный[2].

ПРОТИ́ВНЫЙ[1], -ая, -ое (книжн.). **1.** То же, что противоположный. *П. ветер. На противном берегу. Доказательство от противного* (сущ.). **2.** Враждебный, противоположный по интересам, противоречивый. *Противные стороны. Противное мнение.* ✦ **В противном случае (а в противном случае),** *в знач. союза* (книжн.) — (а) если нет, то..., а иначе. *Задание должно быть выполнено, (а) в противном случае будут приняты строгие меры.*

ПРОТИ́ВНЫЙ[2], -ая, -ое; -вен, -вна. Очень неприятный *П. запах. Противно* (в знач. сказ.) *слушать. Он мне противен.* ‖ *сущ.* **проти́вность,** -и, *ж.*

ПРОТИВО... *Первая часть сложных слов со знач.:* 1) противодействия, напр. *противовес, противоядие, противоракета, противодесантный, противомалярийный, противоопухолевый, противогриппозный, противоэрозийный, противопожарный, противошоковый, противопаводковый;* 2) противоположности, напр. *противосияние, противотечение, противостояние, противостоять.*

ПРОТИВОБО́РСТВОВАТЬ, -твую, -твуешь; *несов., кому-чему* (книжн.). Бороться против кого-чего-н., противодействовать. *П. врагу. П. силе.* ‖ *сущ.* **противобо́рство,** -а, *ср.*

ПРОТИВОВЕ́С, -а, *м.* **1.** Груз для уравновешивания сил, действующих в машинах, сооружениях и их частях (спец.). **2.** *перен.* То, что противодействует, противостоит чему-н. другому. *Одно мнение служит противовесом другому.* ✦ **В противовес** *кому-чему, предлог с дат. п.* — противопоставляя что-н. кому-чему-н., противодействуя кому-чему-н. *Выдвинуть свой тезис в противовес оппоненту.*

ПРОТИВОВОЗДУ́ШНЫЙ, -ая, -ое. Действующий против нападения с воздуха. *Противовоздушная оборона (ПВО).*

ПРОТИВОГА́З, -а, *м.* Прибор для защиты органов дыхания, глаз и лица человека от отравляющих и радиоактивных веществ, бактерий, вирусов. *Фильтрующий п. Изолирующий п.* ‖ *прил.* **противогазный,** -ая, -ое (разг.).

ПРОТИВОГА́ЗОВЫЙ, -ая, -ое. Предназначенный для борьбы с вредным действием отравляющих газов. *Противогазовые средства.*

ПРОТИВОДЕ́ЙСТВИЕ, -я, *ср.* Действие, препятствующее другому действию. *Оказать п. кому-чему-н. Действие равно противодействию.*

ПРОТИВОДЕ́ЙСТВОВАТЬ, -твую, -твуешь; *несов., кому-чему.* Оказывать противодействие, препятствовать. *П. чьим-н. проискам.*

ПРОТИВОЕСТЕ́СТВЕННЫЙ, -ая, -ое; -вен, -венна. Противоречащий естественному, обычному. *Противоестественная склонность. Противоестественное поведение.* ‖ *сущ.* **противоесте́ственность,** -и, *ж.*

ПРОТИВОЗАКО́ННЫЙ, -ая, -ое; -о́нен, -о́нна. Противоречащий закону. *П. поступок.* ‖ *сущ.* **противозако́нность,** -и, *ж.*

ПРОТИВОЗАЧА́ТОЧНЫЙ, -ая, -ое. Предупреждающий беременность. *Противозачаточные средства.*

ПРОТИВОЛЕЖА́ЩИЙ, -ая, -ее. Расположенный с противоположной стороны. *П. угол* (в математике: угол, расположенный против данной стороны многоугольника).

ПРОТИВОЛО́ДОЧНЫЙ, -ая, -ое (спец.). Предназначенный для уничтожения подводных лодок, для борьбы с ними. *Противолодочные заграждения. Противолодочная ракета.*

ПРОТИВОПОКАЗА́НИЕ, -я, *ср.*, обычно *мн., к чему* и *против чего.* Признак, данные, указывающие на вредность, нецелесообразность применения какого-н. средства, действия (обычно в медицине). *Противопоказания к операции. П. против антибиотиков.*

ПРОТИВОПОКА́ЗАННЫЙ, -ая, -ое; -ан, -ана. Такой, к-рому есть противопоказание. *Противопоказанные для ревматика средства.* ‖ *сущ.* **противопока́занность,** -и, *ж.*

ПРОТИВОПОЛОЖЕ́НИЕ, -я, *ср.* (книжн.). **1.** *см.* противоположить. **2.** Положение противоположное (во 2 знач.) чему-н. другому.

ПРОТИВОПОЛОЖИ́ТЬ, -ожу́, -о́жишь; -о́женный; *сов., что чему* (книжн.). То же, что противопоставить. *П. одно мнение другому.* ‖ *несов.* **противополага́ть,** -а́ю, -а́ешь. ‖ *сущ.* **противоположе́ние,** -я, *ср.*

ПРОТИВОПОЛО́ЖНОСТЬ, -и, *ж.* **1.** *см.* противоположный. **2.** Предмет или явление, полностью расходящееся со сравниваемым, совершенно с ним несходное. *Единство и борьба противоположностей. Противоположности сходятся.* ✦ **В противоположность** *кому-чему, предлог с дат. п.* — то же, что в отличие от кого-чего-н. *В противоположность брату девочка очень трудолюбива.*

ПРОТИВОПОЛО́ЖНЫЙ, -ая, -ое; -жен, -жна. **1.** Расположенный напротив. *П. берег.* **2.** Совершенно несходный, противоречащий другому. *Диаметрально противоположное мнение. П. взгляд.* ‖ *сущ.* **противополо́жность,** -и, *ж.* (ко 2 знач.).

ПРОТИВОПОСТА́ВИТЬ, -влю, -вишь; -вленный; *сов., кого-что кому-чему.* **1.** Сравнить, указав на различие, противоположность признаков одного и другого. *П. выводы, полученные разными исследователями.* **2.** Противодействуя, направить против кого-чего-н. *П. разум насилию.* ‖ *несов.* **противопоставля́ть,** -я́ю, -я́ешь. ‖ *сущ.* **противопоставле́ние,** -я, *ср.*

ПРОТИВОПРА́ВНЫЙ, -ая, -ое; -вен, -вна (спец.). Противоречащий праву[1] (в 1 знач.), незаконный. *П. договор. Противоправные действия.* ‖ *сущ.* **противопра́вность,** -и, *ж.*

ПРОТИВОРАКЕ́ТНЫЙ, -ая, -ое. Действующий против ракетного оружия, направленный на защиту от него. *Противоракетная оборона (ПРО).*

ПРОТИВОРЕЧИ́ВЫЙ, -ая, -ое; -и́в. Заключающий в себе противоречие (в 1 знач.). *Противоречивые мнения. Противоречивое утверждение. Противоречивое чувство* (сложное, двойственное). ‖ *сущ.* **противоречи́вость,** -и, *ж.*

ПРОТИВОРЕ́ЧИЕ, -я, *ср.* **1.** Взаимодействие противопоставленных и взаимосвязанных сущностей как источников самодвижения и развития (спец.). *Диалектическое п.* **2.** Положение при к-ром одно (высказывание, мысль, поступок) исключает другое, не совместимое с ним. *Впасть в п. П. во взглядах.* **3.** Высказывание или поступок, направленные против кого-чего-н. *Не терпит противоречий кто-н. Дух противоречия* (стремление во что бы то ни стало сделать не так, совсем иначе). **4.** Противоположность интересов. *Внутренние противоречия.*

ПРОТИВОРЕ́ЧИТЬ, -чу, -чишь; *несов.* **1.** *кому.* Возражать, не соглашаться с кем-н. *П. старшим.* **2.** (1 и 2 л. не употр.), *чему.* Не соответствовать, заключая в себе противоречие, противоречия. *Показания свидетелей противоречат друг другу. Такая позиция противоречит общему мнению.*

ПРОТИВОСПУ́ТНИКОВЫЙ, -ая, -ое. Действующий против спутников (в 4 знач.). *Противоспутниковое оружие.*

ПРОТИВОСТОЯ́НИЕ, -я, *ср.* **1.** *см.* противостоять. **2.** Нахождение верхней (вне орбиты Земли) планеты в точке неба, диаметрально противоположной Солнцу (спец.). *Великое п.* (нахождение верхней планеты на кратчайшем расстоянии от Земли).

ПРОТИВОСТОЯ́ТЬ, -ою́, -ои́шь; *несов., кому-чему* (книжн.). **1.** Сопротивляться действию чего-н., сохраняя устойчивое положение. *П. ветру. П. чьему-н. нажиму* (перен.). **2.** Быть противопоставленным, различаться по сути, по существу. *Противостоящие мнения.* ‖ *сущ.* **противостоя́ние,** -я, *ср.*

ПРОТИВОТА́НКОВЫЙ, -ая, -ое. Действующий против танков, защищающий от танков. *Противотанковая артиллерия. П. ров.*

ПРОТИВОУГО́ННЫЙ, -ая, -ое (спец.). Предназначенный для предотвращения угона автомашины, транспортного средства. *Противоугонное устройство.*

ПРОТИВОХИМИ́ЧЕСКИЙ, -ая, -ое. Направленный против химического оружия, защищающий от него. *Противохимическая защита.*

ПРОТИВОЯ́ДИЕ, -я, *ср.* **1.** Лекарственное средство, обезвреживающее яд или ослабляющее его действие. **2.** *перен.* То, что противодействует вредному влиянию, злу (книжн.).

ПРОТИРА́ТЬ, -СЯ *см.* протереть, -ся.

ПРОТИ́РКА, -и, *ж.* **1.** *см.* протереть. **2.** Мягкий материал, к-рым протирают, вытирают что-н. *П. для окон.*

ПРОТИ́РОЧНЫЙ *см.* протереть.

ПРОТИ́СКАТЬСЯ, -аюсь, -аешься; *сов.* (разг.). Пробраться сквозь толпу или через узкий проход. *П. к выходу.* ‖ *несов.* **проти́скиваться**, -аюсь, -аешься.

ПРОТИ́СНУТЬ, -ну, -нешь; -утый; *сов., кого-что* (разг.). Протолкнуть, продвинуть с усилием сквозь тесноту или в узкий промежуток. *П. руку в щель.* ‖ *несов.* **проти́скивать**, -аю, -аешь.

ПРОТИ́СНУТЬСЯ, -нусь, -нешься; *сов.* (разг.). То же, что протискаться. *Еле протиснулся в дверь.*

ПРОТКНУ́ТЬ, -ну́, -нёшь; про́ткнутый; *сов., кого-что.* Тыкая¹ (в 1 знач.), ткнув, проделать отверстие. *П. насквозь. П. палец гвоздём. П. дыру в заборе.* ‖ *несов.* **протыка́ть**, -а́ю, -а́ешь.

ПРОТО... *Первая часть сложных слов со знач.:* 1) первичности, предшествования, напр. *прототип, протоистория, протозвезда* (тело, из к-рого образуется звезда); 2) в составе наименований духовных лиц и в нек-рых других словах — старшинства по отношению к тому, кто назван во второй части сложения, напр. *протодьякон, протоиерей.*

ПРОТОБЕ́СТИЯ, -и, *м. и ж.* (устар. прост.). Большой плут, ловкая бестия.

ПРОТОДЬЯ́КОН, -а, *м.* В православной церкви: старший дьякон в соборе. ‖ *прил.* **протодья́конский**, -ая, -ое.

ПРОТОИЕРЕ́Й, -а, *м.* Старший православный священник. ‖ *прил.* **протоиере́йский**, -ая, -ое.

ПРОТОИСТО́РИЯ, -и, *ж.* (спец.). Доисторический период жизни человека. ‖ *прил.* **протоисторический**, -ая, -ое.

ПРОТО́К, -а, *м.* **1.** Боковой рукав реки, а также река, соединяющая два водоёма. **2.** Узкая соединительная полость, канал (спец.). *Жёлчный п. Млечные протоки.* ‖ *прил.* **прото́чный**, -ая, -ое (к 1 знач.).

ПРОТО́КА, -и, *ж.* То же, что проток (в 1 знач.).

ПРОТОКО́Л, -а, *м.* **1.** Документ с записью всего происходящего на заседании, собрании, допросе. *П. заседания. П. допроса. Вести п. Занести в п.* **2.** Документ, к-рым удостоверяется какой-н. факт. *П. медицинского вскрытия.* **3.** Акт о нарушении общественного порядка. *Милиция составила п. на кого-н.* **4.** Один из видов международных соглашений (спец.). ✦ **Дипломатический протокол** (спец.) — совокупность правил, традиций, регулирующих порядок совершения дипломатических актов. ‖ *прил.* **протоко́льный**, -ая, -ое.

ПРОТОКОЛИ́РОВАТЬ, -рую, -руешь; -анный; *сов. и несов., что* (книжн.). Составить (-влять) протокол (в 1, 2 и 3 знач.). ‖ *сов.* также **запротоколи́ровать**, -рую, -руешь; -анный.

ПРОТОКО́ЛЬНЫЙ, -ая, -ое; -лен, -льна. **1.** *см.* протокол. **2.** *перен.* Свойственный протоколу (в 1 знач.), точный и лаконичный. *П. стиль.* ‖ *сущ.* **протоко́льность**, -и, *ж.*

ПРОТОЛКА́ТЬ, -а́ю, -а́ешь; *сов., кого-что* (разг.). Протолкнуть в несколько приёмов.

ПРОТОЛКА́ТЬСЯ, -а́юсь, -а́ешься; *сов.* (разг.). **1.** Расталкивая других, пройти через скопление людей, через толпу. **2.** Провести какое-н. время в бесцельном хождении в толпе, среди людей. *П. до вечера на улице.* ‖ *несов.* **прота́лкиваться**, -аюсь, -аешься (к 1 знач.).

ПРОТОЛКНУ́ТЬ, -ну́, -нёшь; -о́лкнутый; *сов., кого-что* (разг.). **1.** Толкая, продвинуть вперёд или внутрь чего-н. *П. пробку в бутылку.* **2.** *перен.* То же, что продвинуть (в 4 знач.). *П. дело.* ‖ *несов.* **прота́лкивать**, -аю, -аешь. ‖ *сущ.* **прота́лкивание**, -я, *ср.*

ПРОТОЛКНУ́ТЬСЯ, -ну́сь, -нёшься; *сов.* (разг.). То же, что протолкаться (в 1 знач.). *П. к дверям.*

ПРОТО́Н, -а, *м.* (спец.). Элементарная частица, имеющая положительный заряд и входящая в состав всех атомных ядер. ‖ *прил.* **прото́нный**, -ая, -ое. *Протонная радиоактивность.*

ПРОТО́ПАТЬ, -аю, -аешь; *сов.* **1.** Пройти, громко топая (разг.). *Кто-то протопал по лестнице.* **2.** То же, что пройти (в 1 и 2 знач.) (прост.). *Немало километров протопали.*

ПРОТОПИ́ТЬ, -оплю́, -о́пишь; -о́пленный; *сов., что.* **1.** Основательно прогреть; истопить¹. *П. дом. П. печь.* **2.** Провести какое-н. время, занимаясь топкой. ‖ *несов.* **прота́пливать**, -аю, -аешь (к 1 знач.).

ПРОТОПИ́ТЬСЯ (-оплю́сь, -о́пишься, 1 и 2 л. не употр.), -о́пится; *сов.* Основательно прогреться; истопиться¹. *Дом протопился. Печь протопилась.* ‖ *несов.* **прота́пливаться**, -ается.

ПРОТОПЛА́ЗМА, -ы, *ж.* (спец.). Содержимое клетки. ‖ *прил.* **протопла́зменный**, -ая, -ое.

ПРОТОПО́П, -а, *м.* Прежнее название протоиерея. ‖ *прил.* **протопо́пский**, -ая, -ое.

ПРОТОПТА́ТЬ, -опчу́, -о́пчешь; -о́птанный; *сов., что.* **1.** Образовать, проложить частой ходьбой. *П. дорожку.* **2.** Протереть ходьбой. *П. подмётки.* ‖ *несов.* **прота́птывать**, -аю, -аешь.

ПРОТОРГОВА́ТЬ, -гу́ю, -гу́ешь; -о́ванный; *сов.* **1.** *что.* Торгуя, потерпеть убыток в каком-н. размере (разг.). *П. сто рублей.* **2.** Провести какое-н. время торгуя, работая в торговле. ‖ *несов.* **проторго́вывать**, -аю, -аешь (к 1 знач.).

ПРОТОРГОВА́ТЬСЯ, -гу́юсь, гу́ешься; *сов.* (разг.). **1.** Потерпеть убытки или разориться от неудачной торговли. **2.** Провести какое-н. время торгуясь. ‖ *несов.* **проторго́вываться**, -аюсь, -аешься (к 1 знач.).

ПРО́ТОРИ, -ей (устар.). Издержки в связи с ведением судебного дела, тяжбы. *П. и убытки.*

ПРОТОРИ́ТЬ, -рю́, -ри́шь; -рённый (-ён, -ена́); *сов., что.* Проложить ходьбой, сделать наезженным, хорошо известным. *П. дорогу, путь. По проторённой дорожке идти* (также перен.: действовать, не ища новых путей, собственных решений). ‖ *несов.* **проторя́ть**, -я́ю, -я́ешь.

ПРОТОТИ́П, -а, *м.* Реальное лицо как источник для создания художественного образа, героя. *П. Анны Карениной.*

ПРОТО́ЧИНА, -ы, *ж.* Промытое, проточенное водой отверстие, проход.

ПРОТОЧИ́ТЬ, -очу́, -о́чишь; -о́ченный; *сов., что.* **1.** (1 и 2 л. не употр.). О червях, насекомых: проесть, сделав узкие дырочки, ходы. *Жучок проточил доски.* **2.** Токарным резцом сделать канавку, узкое отверстие в изделии (спец.). **3.** (1 и 2 л. не употр.). О текучей воде: промыть где-н. скважину, русло. **4.** Провести какое-н. время, занимаясь точкой чего-н. ‖ *несов.* **прота́чивать**, -аю, -аешь (к 1, 2 и 3 знач.). ‖ *сущ.* **прота́чивание**, -я, *ср.* и **прото́чка**, -и, *ж.* (ко 2 знач.; спец.).

ПРОТО́ЧНЫЙ, -ая, -ое; -чен, -чна. **1.** *см.* проток. **2.** О воде, водоёме: текучий, не стоячий. *Проточная вода. П. пруд.* **3.** *полн. ф.* Относящийся к движению потока жидкости или газа (спец.). *П. элемент* (в пневмоавтоматике). ‖ *сущ.* **прото́чность**, -и, *ж.* (ко 2 знач.).

ПРОТРА́ВА, -ы, *ж.* Препарат, к-рым протравливают (во 2 знач.) что-н.

ПРОТРАВИ́ТЕЛЬ, -я, *м.* (спец.). Протрава для обеззараживания семян и других посадочных материалов.

ПРОТРАВИ́ТЬ, -авлю́, -а́вишь; -а́вленный; *сов.* **1.** *что.* Сделать, обрабатывая химическим путём, вытравить. *П. узор на металле.* **2.** *что.* Обработать (мех, кожу) особым составом перед крашением. **3.** *что.* Обеззаразить химическим препаратом. *П. зерно.* **4.** *кого (что).* Травя¹ (зверя), упустить. *П. зайца.* ‖ *несов.* **протра́вливать**, -аю, -аешь *и* **протравля́ть**, -я́ю, -я́ешь (к 1, 2 и 3 знач.). ‖ *сущ.* **протра́вливание**, -я, *ср.* (к 1, 2 и 3 знач.) *и* **протра́вка**, -и, *ж.* (к 1, 2 и 3 знач.). ‖ *прил.* **протравно́й**, -а́я, -о́е (к 1, 2 и 3 знач.) *и* **протра́вочный**, -ая, -ое (к 1, 2 и 3 знач.).

ПРОТРА́ВЛИВАТЕЛЬ, -я, *м.* (спец.). Машина для протравливания семян и другого посадочного материала.

ПРОТРА́ЛИВАТЬ, -аю, -аешь; *несов., что* (спец.). То же, что тралить (во 2 знач.).

ПРОТРА́ЛИТЬ *см.* тралить.

ПРОТРЕЗВЕ́ТЬ, -е́ю, -е́ешь; *сов.* То же, что протрезвиться.

ПРОТРЕЗВИ́ТЬ, -влю́, -ви́шь; -влённый (-ён, -ена́); *сов., кого (что).* Сделать трезвым, привести в трезвое состояние. ‖ *несов.* **протрезвля́ть**, -я́ю, -я́ешь. ‖ *сущ.* **протрезвле́ние**, -я, *ср.*

ПРОТРЕЗВИ́ТЬСЯ, -влю́сь, -ви́шься; *сов.* Стать трезвым, прийти в трезвое состояние. ‖ *несов.* **протрезвля́ться**, -я́юсь, -я́ешься. ‖ *сущ.* **протрезвле́ние**, -я, *ср.*

ПРОТРУБИ́ТЬ *см.* трубить.

ПРОТУБЕРА́НЕЦ, -нца, *м.* (спец.). Плазменное образование — громадный выступ в солнечной короне. *Протуберанцы по краям Солнца.*

ПРОТУРИ́ТЬ *см.* турить.

ПРОТУХА́ТЬ (-а́ю, -а́ешь, 1 и 2 л. не употр.), -а́ет; *несов.* То же, что тухнуть². ‖ *сов.* **проту́хнуть** (-ну, -нешь, 1 и 2 л. не употр.), -нет; -ту́х, -ту́хла. ‖ *сущ.* **протуха́ние**, -я, *ср.*

ПРОТЫКА́ТЬ *см.* проткнуть.

ПРОТЯ́ВКАТЬ *см.* тявкать.

ПРОТЯ́ГИВАТЬ, -СЯ *см.* протянуть, -ся.

ПРОТЯЖЕ́НИЕ, -я, *ср.* Расстояние по одному из трёх измерений (длине, ширине, высоте). *На большом протяжении. П. в длину.* ✦ **На протяжении** *чего, предлог с род. п.* — в течение, в продолжение чего-н., пока длится, происходит что-н. *Переписывались на протяжении десяти лет.*

ПРОТЯЖЁННОСТЬ, -и, *ж.* **1.** *см.* протяжённый. **2.** Одна из основных характеристик пространства, выражающая его размеры. *П. — одно из свойств материи.*

ПРОТЯЖЁННЫЙ, -ая, -ое; -ён, -ённа. Обладающий протяжением или большим протяжением. ‖ *сущ.* **протяжённость**, -и, *ж. П. газовой сети.*

ПРОТЯ́ЖНЫЙ, -ая, -ое; -жен, -жна. О звуках: медленный, тянущийся долго. *П. стон. Протяжная песня.*

ПРОТЯНУ́ТЬ, -яну́, -я́нешь; -я́нутый; *сов.* **1.** *что.* Натянуть на каком-н. расстоянии или вдоль чего-н., проложить на какое-н. расстояние. *П. линию связи.* **2.** *что.* Вытягивая, выставить в каком-н. направлении. *П. руки к огню. П. руку помощи* (перен.: прийти на помощь; высок.). *П. ноги* (также перен.: умереть; прост.). **3.** *кого-что.* Поднести в вытянутой руке. *П. кому-н. книгу.* **4.** *что.* Растянуть, продлить какой-н. срок, выполнение чего-н. (разг.). *П. дело.* **5.** *что.* Заставить длительно звучать или произнести медленно, протяжно. *П. звук. В ответ на мои слова он протянул что-то невнятное.* **6.** Просуществовать, прожить (разг.). *Больной недолго протянет.* **7.** То же, что протащить (в 3 знач.) (прост.). **8.** *что.* Обработать резанием (поверхности заготовок) на специальном металлорежущем станке (спец.). ‖ *несов.* **протя́гивать**, -аю, -аешь (к 1, 2, 3, 5, 6, 7 и 8 знач.). ‖ *сущ.* **протя́гивание**, *-я, ср.* (к 1, 2, 3 и 4 знач.) *и* **протя́жка**, *-и, ж.* (к 8 знач.). ‖ *прил.* **протяжно́й**, -а́я, -о́е (к 8 знач.). *П. станок.*

ПРОТЯНУ́ТЬСЯ, -яну́сь, -я́нешься; *сов.* **1.** (1 и 2 л. не употр.). Растянуться на какое-н. расстояние. *Шоссе протянулось на сотни километров.* **2.** Вытягиваясь, выставиться вперёд. *В дверь протянулась рука с запиской.* **3.** Лечь, вытянув ноги (разг.). *П. на диване.* **4.** (1 и 2 л. не употр.). То же, что продлиться. *Этот разговор протянется долго.* ‖ *несов.* **протя́гиваться**, -аюсь, -аешься.

ПРОУ́ЛОК, -лка, *м.* (прост.). Переулок, маленькая узкая улица. ‖ *прил.* **проу́лочный**, -ая, -ое.

ПРОУРЧА́ТЬ *см.* урчать.

ПРОУЧИ́ТЬ, -учу́, -у́чишь; -у́ченный; *сов.* **1.** *кого (что).* Наказать для острастки (разг.). *П. озорника.* **2.** *что.* Провести какое-н. время, уча (см. учить в 1, 2 и 5 знач.) кого-что-н. *Двадцать лет проучил детей в школе. Весь вечер проучил уроки.* ‖ *несов.* **проу́чивать**, -аю, -аешь (к 1 знач.).

ПРОУЧИ́ТЬСЯ, -учу́сь, -у́чишься; *сов.* Провести какое-н. время в учении, обучении чему-н. *Три года проучился в техникуме.*

ПРОУ́ШИНА, -ы, *ж.* (спец.). Отверстие для продевания чего-н. *П. у колокола.*

ПРОФ... *Первая часть сложных слов со знач.:* 1) относящийся к профессии, профессиональный, напр. *профобразование, профориентация, профотбор, профтехучилище;* 2) относящийся к профсоюзу, профсоюзный, напр. *профактив, профбилет, профделегат, профработа, профдвижение, профсобрание, профбюро, профгрупорг.*

ПРОФА́Н, -а, *м.* (книжн.). Человек, совершенно не сведущий в какой-н. области. *В музыке он полный п.*

ПРОФАНА́ЦИЯ, -и, *ж.* (книжн.). Искажение чего-н. невежественным, оскорбительным отношением, опошление. *П. искусства.*

ПРОФАНИ́РОВАТЬ, -рую, -руешь; -анный; *сов.* и *несов., что* (книжн.). Подвергнуть (-гать) профанации. *П. лучшие чувства.*

ПРОФЕССИОНА́Л, -а, *м.* Человек, к-рый (в отличие от любителя) занимается каким-н. делом как специалист, владеющий профессией. *Фотограф-п. В конкурсе участвуют только профессионалы. Шофёр-п. высокого класса.* ‖ *ж.* **профессиона́лка**, -и (разг.).

ПРОФЕССИОНАЛИ́ЗМ, -а, *м.* **1.** Хорошее владение своей профессией. *Высокий п.* **2.** В языкознании: слово или выражение, свойственное профессиональной речи и употребляемое в общелитературном языке.

ПРОФЕССИОНА́ЛЬНО-ТЕХНИ́ЧЕСКИЙ, -ая, -ое. Относящийся к техническим профессиям. *Профессионально-техническое образование. Профессионально-техническое училище* (училище, дающее техническое образование, ПТУ).

ПРОФЕССИОНА́ЛЬНЫЙ, -ая, -ое; -лен, -льна. **1.** *см.* профессия. **2.** *полн. ф.* Занимающийся чем-н. как профессией, а также являющийся профессией. *П. революционер. П. бокс.* **3.** Такой, к-рый полностью отвечает требованиям данного производства, данной области деятельности. *Сделано вполне профессионально* (нареч.). ‖ *сущ.* **профессиона́льность**, -и, *ж.* (к 3 знач.).

ПРОФЕ́ССИЯ, -и, *ж.* Основной род занятий, трудовой деятельности. *По профессии инженер. Производственные профессии. Выбор профессии. Лица свободных профессий* (люди умственного труда, не связанные служебными обязанностями или занимающиеся частной практикой). *Самая древняя п.* (о проституции). ‖ *прил.* **профессиона́льный**, -ая, -ое. *Профессиональное мастерство. Профессиональные интересы. П. союз* (массовая добровольная организация, объединяющая работников какой-н. отрасли производства, сферы обслуживания и культуры).

ПРОФЕ́ССОР, -а, *мн.* -а́, -о́в, *м.* Высшее учёное звание преподавателя высшего учебного заведения или научного сотрудника исследовательского института, а также лицо, имеющее это звание. ‖ *прил.* **профе́ссорский**, -ая, -ое.

ПРОФЕ́ССОРСКАЯ, -ой, *ж.* Комната в высшем учебном заведении для отдыха профессоров и преподавателей в перерывах между лекциями.

ПРОФЕССУ́РА, -ы, *ж.* **1.** Должность профессора (книжн.). *Получить профессуру.* **2.** *собир.* Профессора.

ПРОФИЛА́КТИКА, -и, *ж.* Совокупность предупредительных мероприятий, направленных на сохранение и укрепление нормального состояния, порядка. *П. заболеваний. П. преступлений.* ‖ *прил.* **профилакти́ческий**, -ая, -ое. *П. ремонт машин.*

ПРОФИЛАКТО́РИЙ, -я, *м.* Профилактическое или лечебно-профилактическое учреждение. *Заводской п. Шахтёрский п.*

ПРОФИЛИ́РОВАТЬ, -рую, -руешь; -анный; *сов.* и *несов., что* (спец.). **1.** Придать (-авать) чему-н. правильный профиль (во 2 знач.); изготовить (-влять) профиль (в 5 знач.). *П. путь. П. металл. П. детали.* **2.** Придать (-авать) профиль (в 4 знач.), соответствовать профилю (в 4 знач.). *Профилирующие дисциплины.* ‖ *сущ.* **профили́рование**, -я, *ср.* и **профилиро́вка**, -и, *ж.* (к 1 знач.). ‖ *прил.* **профилиро́вочный**, -ая, -ое (к 1 знач.). *П. стан.*

ПРО́ФИЛЬ, -я, *м.* **1.** Вид сбоку (лица, предмета). *Красивый п. лица. Сфотографироваться в п.* **2.** Сечение, разрез чего-н. (спец.). *П. дороги. П. стали.* **3.** Разрез земной поверхности — место, где осуществляется геологическая разведка (спец.). *Начальник партии уехал на п.* **4.** Совокупность специфических черт, характеризующих какую-н. сферу деятельности, а также характер производственного или учебного уклона (книжн.). *Вузы инженерного профиля. Район сельскохозяйственного профиля. П. предприятия. Специалисты широкого профиля.* **5.** Изделие, полученное прокаткой, прессованием, формовкой между валками (спец.). *Металлический п.* ‖ *прил.* **про́фильный**, -ая, -ое (к 1, 2, 3 и 5 знач.). *П. портрет. Профильная прокатка металла. Профильная сталь.*

ПРОФИЛЬТРОВА́ТЬ *см.* фильтровать.

ПРОФИНТИ́ТЬ, -нчу́, -нти́шь; *сов., что* (прост.). Промотать, растратить. *П. денежки.*

ПРОФИ́Т, -а (-у), *м.* (устар. и прост.). Выгода, интерес. *Какой мне от этого п.? Никакого профиту нету.*

ПРОФКО́М, -а, *м.* Сокращение: профсоюзный комитет — выборный орган первичной профсоюзной организации. ‖ *прил.* **профко́мовский**, -ая, -ое (разг.).

ПРОФНЕПРИГО́ДНОСТЬ, -и, *ж.* Сокращение: профессиональная непригодность. *Освобождён от работы из-за профнепригодности.*

ПРОФО́РГ, -а, *м.* Сокращение: профсоюзный организатор — руководитель группы внутри первичной профсоюзной организации. ‖ *прил.* **профо́рговский**, -ая, -ое (разг.).

ПРОФО́РМА, -ы, *ж.* Внешняя формальность, видимость. *Соблюсти проформу. Сделать что-н. для проформы или ради проформы.*

ПРОФСОЮ́З, -а, *м.* Сокращение: профессиональный союз — объединение людей, связанных по профессии, по характеру деятельности. *Член профсоюза.* ‖ *прил.* **профсою́зный**, -ая, -ое.

ПРОФТЕХУЧИ́ЛИЩЕ, -а, *ср.* Сокращение: профессионально-техническое училище.

ПРОФУ́КАТЬ, -аю, -аешь *и* **ПРОФУФУ́КАТЬ**, -аю, -аешь; *сов., что* (прост.). То же, что профинтить.

ПРОХА́ЖИВАТЬСЯ *см.* пройтись.

ПРОХАРЧИ́ТЬСЯ, -чу́сь, -чи́шься; *сов.* (прост.). Потратившись на еду, остаться без денег. *П. в дороге.*

ПРОХВАТИ́ТЬ, -ачу́, -а́тишь; -а́ченный; *сов., кого-что.* **1.** (1 и 2 л. не употр.). То же, что пронизать (разг.). *Ребёнка прохватило* (безл.) *на морозе. Ветер прохватил до костей. Страх прохватил кого-н.* **2.** Прокусить, а также прорезать (прост.). *Собака прохватила сапог. П. ножом.* **3.** Раскритиковать, разбранить, пробрать хорошенько (прост.). *П. лентяя на собрании.* ‖ *несов.* **прохва́тывать**, -аю, -аешь.

ПРОХВОРА́ТЬ, -а́ю, -а́ешь; *сов.* (разг.). То же, что проболеть[1].

ПРОХВО́СТ, -а, *м.* (разг. презр.). Подлец, негодяй. ‖ *ж.* **прохво́стка**, -и.

ПРОХИНДЕ́Й, -я, *м.* (разг.). Мошенник, жулик; ловкач. *Такого прохиндея поискать* (об очень большом прохиндее). ‖ *ж.* **прохинде́йка**, -и. ‖ *прил.* **прохинде́йский**, -ая, -ое.

ПРОХЛА́ДА, -ы, *ж.* Приятный холодок, свежесть. *Летняя утренняя п. Повеяло прохладой.*

ПРОХЛА́ДЕЦ, -дца, *м.* и **ПРОХЛА́ДЦА**, -ы, *ж.*: **с прохладцем** или **с прохладцей** (разг.) — без большого усердия, вяло.

ПРОХЛАДИ́ТЕЛЬНЫЙ, -ая, -ое; -лен, -льна. Освежающий во время жары. *П. напиток.* ‖ *сущ.* **прохлади́тельность**, -и, *ж.*

ПРОХЛАДИ́ТЬСЯ, -ажу́сь, -ади́шься; *сов.* (разг.). Освежиться (во 2 знач.), выйдя на воздух или выпив чего-н. холодного. *Вышел п. на улицу.* ‖ *несов.* **прохла́ждаться**, -а́юсь, -а́ешься.

ПРОХЛА́ДНЫЙ, -ая, -ое; -ден, -дна. **1.** Умеренно холодный, дающий прохладу. *Прохладная погода. П. день. Под вечер стало прохладно* (в знач. сказ.). **2.** *перен.* Равнодушный, безразличный (разг.). *Про-*

хладное отношение. ‖ *сущ.* **прохла́дность**, -и, *ж.*

ПРОХЛАЖДА´ТЬСЯ, -а́юсь, -а́ешься, *несов.* (разг.) 1. *см.* прохладиться. 2. Проводить время в безделье или неторопливо заниматься чем-н. (неодобр.).

ПРОХЛО´ПАТЬ, -аю, -аешь; -анный; *сов., что* (прост. неодобр.). Упустить по рассеянности, невниманию, прозевать. *П. удобный случай.* ‖ *несов.* **прохло́пывать**, -аю, -аешь.

ПРОХО´Д, -а(-у), *м.* 1. *см.* пройти. 2. Место, по к-рому можно пройти или проплыть через что-н., между чем-н. *Горный п. Судоходный п. между мысами. П. между рядами в театре.* ✦ **Задний проход** — конечная часть прямой кишки. **Проходу не дает** *кто кому,* **проходу нет** *кому от кого* (разг. неодобр.) — постоянно надоедает, пристаёт. *Проходу нет от этого нахала.*

ПРОХОДИ´МЕЦ, -мца, *м.* (разг. презр.). Мошенник, негодяй, прохвост. ‖ *ж.* **проходи́мка**, -и.

ПРОХОДИ´МОСТЬ, -и, *ж.* 1. *см.* проходимый. 2. Об органах: способность пропускать что-н. через себя. *Плохая п. кишечника.* 3. О транспортных средствах: способность преодолевать препятствия пути. *П. вездеходов.*

ПРОХОДИ´МЫЙ, -ая, -ое; -и́м. Доступный для прохода. *Проходимые болота.* ‖ *сущ.* **проходи́мость**, -и, *ж.*

ПРОХОДИ´ТЬ[1], -ожу́, -о́дишь; *сов.* Провести какое-н. время ходя (см. идти в 1, 10 знач. и ходить во 2, 3, 4 и 5 знач.). *Три часа проходили по улице. Всю зиму проходил в плаще. Год проходил в старостах.*

ПРОХОДИ´ТЬ[2] *см.* пройти.

ПРОХО´ДКА, -и, *ж.* 1. *см.* пройти. 2. Разработка горных выработок; сами такие выработки (спец.). ‖ *прил.* **прохо́дческий**, -ая, -ое. *П. отсек. П. участок. Проходческая бригада.*

ПРОХОДНА´Я, -о́й, *ж.* Специальное служебное помещение, через к-рое проходят на завод, стройку, в учреждение. *Предъявить пропуск в проходной.*

ПРОХОДНО´Й, -а́я, -о́е. 1. *см.* пройти. 2. Имеющий сквозной проход, осуществляющий проход. *П. двор* (также перен.: о месте, куда постоянно приходят разные люди; неодобр.).

ПРОХО´ДЧИК, -а, *м.* 1. Работник, работающий в проходке. 2. Спелеолог, занимающийся разведкой пещеры, шахты (в 4 знач.).

ПРОХО´ЖИЙ, -ая, -ее. 1. Идущий мимо, проходящий куда-н. (устар.). *П. народ.* 2. **прохо́жий**, -его, *м.* Незнакомый человек, идущий по улице, дороге. *Случайные прохожие. Спросить у прохожего.* ‖ *ж.* **прохо́жая**, -ей (ко 2 знач.).

ПРОХРИПЕ´ТЬ *см.* хрипеть.

ПРОХУДИ´ТЬСЯ (-ужу́сь, -уди́шься, 1 и 2 л. не употр.), -у́дится; *сов.* (разг.). Стать худым, дырявым. *Сапоги прохудились.*

ПРОЦВЕТА´ТЬ, -а́ю, -а́ешь; *несов.* Успешно развиваться, преуспевать. *Страна процветает. Науки процветают.* ‖ *сов.* **процвести́**, -вету́, -ветёшь; -вёл, -вела́; -ве́тший. ‖ *сущ.* **процвета́ние**, -я, *ср. Эпоха процветания* (время благоденствия, расцвета).

ПРОЦЕДИ´ТЬ, -ежу́, -е́дишь; -е́женный; *сов., что.* 1. Пропустить (жидкость) для очистки через фильтр, цедилку. *П. раствор. П. бульон.* 2. *перен.* Произнести медленно и небрежно, невнятно. *П. сквозь зубы.* ‖ *несов.* **проце́живать**, -аю, -аешь (к 1 знач.). ‖ *сущ.* **проце́живание**, -я, *ср.* (к 1 знач.).

ПРОЦЕДУ´РА, -ы, *ж.* 1. Официальный порядок действий, выполнения, обсуждения чего-н. (книжн.). *П. составления акта.* 2. обычно *мн.* Отдельный сеанс физиотерапии (напр., ванна, душ, массаж), закаливания, ухода за телом. *Ходить в поликлинику на процедуры. Водные процедуры.* ‖ *прил.* **процеду́рный**, -ая, -ое. *П. кабинет.*

ПРОЦЕДУ´РНАЯ, -ой, *ж.* Кабинет, где производятся процедуры (во 2 знач.).

ПРОЦЕ´НТ, -а, *м.* 1. Сотая доля числа, принимаемого за целое (обозначается знаком %). 2. Количество, измеряемое в сотых долях чего-н. принятого за единицу. *100 процентов прибыли.* 3. *мн.* Плата за пользование взятыми в ссуду деньгами, уплачиваемая кредитным учреждением или заёмщиком кредитору. *Сбербанком выплачиваются проценты.* 4. *мн.* Вознаграждение, начисляемое кому-н. в зависимости от оборота, дохода предприятия. *Работа на процентах* (разг.). ✦ **На (все) сто процентов** (разг.) — полностью, совершенно. *Удовлетворён на все сто процентов.* ‖ *прил.* **проце́нтный**, -ая, -ое.

ПРОЦЕНТОМА´НИЯ, -и, *ж.* (разг. неодобр.). Погоня за высокими (в процентах) количественными показателями в ущерб качеству работы.

ПРОЦЕ´СС, -а, *м.* 1. Ход, развитие какого-н. явления, последовательная смена состояний в развитии чего-н. *П. роста. Творческий п. Производственный п.* 2. Развивающаяся болезнь. *П. в лёгких. Воспалительный п.* 3. Порядок разбирательства судебных и административных дел, а также само такое дело. *Уголовный п. Выступать на процессе.* ✦ **В процессе** *чего, в знач. предлога с род. п.* — в ходе чего-н., во время протекания чего-н. *В процессе переговоров.* ‖ *прил.* **процессуа́льный**, -ая, -ое (к 3 знач., спец.). *П. кодекс.*

ПРОЦЕ´ССИЯ, -и, *ж.* Торжественное шествие. *Похоронная п.*

ПРОЦЕ´ССОР, -а, *м.* (спец.). Центральное устройство ЭВМ, выполняющее заданные программой преобразования информации, управляющее вычислительным процессом и координирующее работу периферийных устройств. ‖ *прил.* **проце́ссорный**, -ая, -ое.

ПРОЦИТИ´РОВАТЬ *см.* цитировать.

ПРО´ЧЕРК, -а, *м.* (разг.). Прочёркнутое место, обозначающее отсутствие или пропуск чего-н. *П. в документе.*

ПРОЧЕРКНУ´ТЬ, -ну́, -нёшь; -чёркнутый; *сов., что.* Провести черту по чему-н., подчеркнуть во всю длину. *П. графу в анкете* (сделать прочерк). ‖ *несов.* **прочёркивать**, -аю, -аешь.

ПРО´ЧЕРНЬ, -и, *ж.* (разг.). Примесь чёрного цвета. *Серый с прочернью.*

ПРОЧЕРТИ´ТЬ, -ерчу́, -е́ртишь; -е́рченный; *сов., что.* 1. Чертя, провести (линию), вычертить. *П. кривую.* 2. Провести какое-н. время, занимаясь черчением. ‖ *несов.* **проче́рчивать**, -аю, -аешь (к 1 знач.).

ПРОЧЕСА´ТЬ, -ешу́, -е́шешь; -чёсанный; *сов., что.* 1. Расчесать как следует, до конца. *П. лён.* 2. *перен.* Тщательно осмотреть, обследовать (какое-н. пространство, участок) (разг.). *Пехота прочесала лес.* ‖ *несов.* **прочёсывать**, -аю, -аешь. ‖ *сущ.* **прочёсывание**, -я, *ср.* и **прочёс**, -а, *м.* (к 1 знач.; спец. и ко 2 знач.).

ПРОЧЕ´СТЬ *см.* читать.

ПРО´ЧИЙ, -яя, -ее. Остальной, другой. *Прочие люди. Помимо всего прочего* (кроме того). *Не в пример прочим* (сущ.; в отличие от других). *И прочее* (употр. в конце перечисления в знак того, что оно может быть продолжено).

ПРОЧИ´СТИТЬ, -и́щу, -и́стишь; -и́щенный; *сов., что.* 1. Вычистить изнутри. *П. канал ствола. П. мундштук. П. горло* (прокашляться). 2. Провести нек-рое время, очищая что-н., в чистке чего-н. ‖ *несов.* **прочища́ть**, -а́ю, -а́ешь (к 1 знач.). ‖ *сущ.* **прочи́стка**, -и, *ж.* (к 1 знач.).

ПРОЧИТА´ТЬ, -а́ю, -а́ешь; -и́танный; *сов., что.* 1. *см.* читать. 2. Провести какое-н. время читая.

ПРОЧИ´ТЫВАТЬ, -аю, -аешь; *несов., что* (разг.). То же, что читать (в 1, 3, 4 и 5 знач.).

ПРО´ЧИТЬ, -чу, -чишь; *несов., кого-что* (разг.). Предсказывать, заранее предназначать. *П. успех кому-н. П. кого-н. в женихи.*

ПРОЧИХА´ТЬСЯ, -а́юсь, -а́ешься; *сов.* Чиханием прочистить носоглотку.

ПРО´ЧНЫЙ, -ая, -ое; -чен, -чна́, -чно, -чны́ *и* -чны. 1. С трудом поддающийся разрушению, порче, крепкий (в 1 знач.). *П. мост. П. материал. Прочно* (нареч.) *сработано.* 2. Надёжный, не подверженный переменам, постоянный. *П. мир. Прочное счастье.* ‖ *сущ.* **про́чность**, -и, *ж. Испытание на п.* (также перен.: проверка кого-н. на стойкость, выдержку). *Запас прочности* (спец.; также перен.: степень надёжности).

ПРОЧТЕ´НИЕ, -я, *ср.* 1. *см.* читать. 2. Истолкование, трактовка. *Новое режиссёрское п. пьесы.*

ПРОЧУ´ВСТВОВАННЫЙ, -ая, -ое; -ан. Исполненный искренних и добрых чувств. *Прочувствованная речь.* ‖ *сущ.* **прочу́вствованность**, -и, *ж.*

ПРОЧУ´ВСТВОВАТЬ, -твую, -твуешь; -анный; *сов., что.* Глубоко поняв, проникнуть чувством в смысл чего-н. *П. свою роль.*

ПРОЧЬ, *нареч.* В сторону, дальше от кого-чего-н.; долой. *Уйти п. Пошёл п. отсюда! П. от меня! П. все сомнения! П. с дороги!* ✦ **Руки прочь!** — убери руки, не трогай руками; вообще требование не вмешиваться в чьи-н. дела. **Не прочь** *с неопр.* (разг.) — охотно, согласен (что-н. сделать). *Не прочь отдохнуть. Прогуляемся? — Я не прочь!*

ПРОШВЫРНУ´ТЬСЯ, -ну́сь, -нёшься; *сов.* (прост.). Пройтись, прогуляться. *Пойдем прошвырнёмся по набережной?*

ПРОШЕ´ДШИЙ, -ая, -ее. Прошлый, минувший. *Прошедшим летом. Вспоминать прошедшее* (сущ.). ✦ **Прошедшее время** — в грамматике: форма глагола, означающая действие, происходящее до момента речи или до какого-н. другого действия в прошлом.

ПРОШЕ´НИЕ, -я, *ср.* (устар.). Письменное ходатайство. *Подать п.*

ПРОШЕПТА´ТЬ, -шепчу́, -ше́пчешь; -шёптанный; *сов., что.* Сказать шёпотом. *П. ласковое слово.*

ПРОШЕ´СТВИЕ, -я, *ср.*: **по прошествии** *чего, в знач. предлога с род. п.* (книжн.) — по истечении, после того, как миновало какое-н. время. *По прошествии года.*

ПРОШИБИ´ТЬ, -бу́, -бёшь; -ши́б, -ши́бла; -ши́бленный; *сов., кого-что* (разг.). 1. Пробить ударом. *П. дверь.* 2. (1 и 2 л. не употр.). Охватить, проникнуть внутрь кого-н. *Озноб прошиб кого-н. Страх прошиб. Прошибло* (безл.) *морозом до костей.* 3. То же, что пронять (во 2 знач.). *Его не прошибёшь ни грубостью, ни лаской.* ✦ **Слеза прошибла** *кого* — потекли слёзы. **Пот прошиб** *кого* — выступил пот. ‖ *несов.* **прошиба́ть**, -а́ю, -а́ешь.

ПРОШИ´ВКА, -и, *ж.* 1. *см.* прошить. 2. Узкая кружевная вставка или кружева для

40*

этой вставки. ‖ *прил.* **проши́вочный,** -ая, -ое.

ПРОШИ́ТЬ, -шью́, -шьёшь; -ше́й; -ши́тый; *сов.* **1.** *что.* Сшить сквозным швом, сделать шов, швы на чём-н. *П. подошву. П. воротник. П. поковку.* **2.** *кого-что.* Пробить пулей, снарядом; изрешетить пулями, осколками снарядов (разг.). *Дом прошило* (безл.) *снарядом. П. пулемётной очередью.* **3.** *что.* Провести какое-н. время за шитьём. *П. до ночи.* ‖ *несов.* **прошива́ть,** -а́ю, -а́ешь (к 1 и 2 знач.). ‖ *сущ.* **прошива́ние,** -я, *ср.* (к 1 знач.) *и* **проши́вка,** -и, *ж.* (к 1 знач.). ‖ *прил.* **прошивно́й,** -а́я, -о́е (к 1 знач.; спец.). *П. стан* (в трубопрокатном производстве). *Прошивная подмётка* (прошитая насквозь).

ПРОШЛОГО́ДНИЙ, -ая, -ее. Происшедший в прошлом году или относящийся к прошлому году. *Прошлогодние события. П. запас. Как п. снег нужен кто-н.* (совершенно не нужен; разг. неодобр.).

ПРО́ШЛЫЙ, -ая, -ое. **1.** Предшествующий настоящему, минувшему. *П. год. П. раз* (о предшествующем случае, разговоре, ситуации). *Это дело прошлое* (о чём-н., что уже не имеет значения; разг.). **2. про́шлое,** -ого, *ср.* Прошедшее время, минувшие события. *Славное прошлое. Далёкое прошлое. Отойти (уйти) в прошлое* (о каких-н. явлениях: перестать существовать, миновать, забыться).

ПРОШЛЯ́ПИТЬ, -плю, -пишь; *сов., кого-что* (прост. неодобр.). Сделав оплошность, упустить, прозевать.

ПРОШМЫГНУ́ТЬ, -ну́, -нёшь; *сов.* (разг.). Шмыгнув[1] (в 4 знач.), пройти внутрь чего-н. или исчезнуть. *П. в комнату. В темноте прошмыгнула какая-то фигура.* ‖ *несов.* **прошмы́гивать,** -аю, -аешь.

ПРОШНУРОВА́ТЬ *см.* шнуровка.

ПРОШПАКЛЕВА́ТЬ, -люю, -лю́ешь; -лёванный; *сов., что.* Промазать шпаклёвкой. *П. оконные рамы.* ‖ *несов.* **прошпаклёвывать,** -аю, -аешь.

ПРОШПИГОВА́ТЬ, -гу́ю, -гу́ешь; -о́ванный; *сов., что.* Начинить шпиком[1], нашпиговать. ‖ *несов.* **прошпиго́вывать,** -аю, -аешь.

ПРОШТАМПОВА́ТЬ *см.* штамповать.

ПРОШТРА́ФИТЬСЯ, -флюсь, -фишься; *сов.* (прост.). То же, что провиниться.

ПРОШТУДИ́РОВАТЬ *см.* штудировать.

ПРОШТУКАТУ́РИТЬ, -рю, -ришь; -ренный; *сов., что.* Основательно оштукатурить. *П. стены.* ‖ *несов.* **проштукату́ривать,** -аю, -аешь.

ПРОЩА́Й(ТЕ). **1.** *частица.* Приветствие при расставании надолго или навсегда. *Прощайте, не поминайте лихом. Прощайте до весны.* **2.** *в знач. сказ.* Больше нет, не будет, исчез (разг.). *П. мои денежки! П. надежды!*

ПРОЩА́ЛЬНЫЙ, -ая, -ое; -лен, -льна. **1.** *см.* проститься *и* прощание. **2.** Выражающий прощание; последний. *П. взгляд. П. поцелуй. Прощальное письмо.*

ПРОЩА́НИЕ, -я, *ср.* **1.** *см.* проститься. **2.** Момент расставания; слова приветствия в этот момент. *Пожелания при прощании. Последнее п.* (с умершим). ✦ **На прощанье** — 1) прощаясь, расставаясь. *Пожать руку на прощанье;* 2) уходя, в момент ухода, отправления. *Подарить сувенир на прощанье.* ‖ *прил.* **проща́льный,** -ая, -ое.

ПРОЩА́ТЬ *см.* простить.

ПРОЩА́ТЬСЯ *см.* проститься.

ПРОЩЕВА́Й(ТЕ) (прост.). То же, что прощай(те) (в 1 знач.).

ПРОЩЕЛЫ́ГА, -и, *м.* и *ж.* (прост. бран.). Пройдоха, плут.

ПРОЩЕ́НИЕ, -я, *ср.* **1.** *см.* простить. **2.** То же, что извинение (во 2 знач.). ✦ **Прошу прощения** (разг.) — виноват, извините.

ПРОЩЁНЫЙ, -ая, -ое: **прощёный день, прощёное воскресенье** — последнее воскресенье перед Великим постом, когда верующие просят прощения за грехи у Бога и друг у друга.

ПРОЩУ́ПАТЬ, -аю, -аешь; -анный; *сов.* **1.** *что.* Щупая, исследовать, обнаружить. *П. опухоль.* **2.** *перен., кого-что.* Наблюдая, изучая, составить себе представление о ком-чём-н. (разг.). *П. нового работника. П. почву* (предварительно, осторожно выяснить что-н. у кого-н., прозондировать почву). ‖ *несов.* **прощу́пывать,** -аю, -аешь. ‖ *сущ.* **прощу́пывание,** -я, *ср.*

ПРОЩУ́ПАТЬСЯ (-аюсь, -аешься, 1 и 2 л. не употр.), -ается; *сов.* Обнаружиться в результате прощупывания. ‖ *несов.* **прощу́пываться** (-аюсь, -аешься, 1 и 2 л. не употр.), -ается.

ПРОЭКЗАМЕНОВА́ТЬ, -СЯ *см.* экзаменовать, -ся.

ПРОЯВИ́ТЕЛЬ, -я, *м.* Химический состав, раствор для получения явного изображения из скрытого (в кино-, фототехнике и нек-рых других производствах).

ПРОЯВИ́ТЬ, -явлю́, -я́вишь; -я́вленный; *сов., что.* **1.** Совершая, делая что-н., обнаружить наличие каких-н. качеств, свойств. *П. героизм. П. заботу. П. безразличие по отношению к товарищу. П. недомыслие. П. себя* (обнаружить свои возможности, способности). **2.** Обработать проявителем. *П. плёнку.* ‖ *несов.* **проявля́ть,** -я́ю, -я́ешь. ‖ *сущ.* **проявле́ние,** -я, *ср. и* **проя́вка,** -и, *ж.* (ко 2 знач.; спец.). ‖ *прил.* **проя́вочный,** -ая, -ое (ко 2 знач.) *и* **проя́вительный,** -ая, -ое (ко 2 знач.). *Проявочная машина* (агрегат для автоматического проявления кино- и фотоматериалов).

ПРОЯВИ́ТЬСЯ (-явлю́сь, -я́вишься, 1 и 2 л. не употр.), -я́вится; *сов.* **1.** О свойствах, внутренних состояниях: обнаружиться, стать явным. *У мальчика проявился интерес к живописи.* **2.** О кино- и фотоматериалах: стать явным после обработки проявителем. ‖ *несов.* **проявля́ться** (-я́юсь, -я́ешься, 1 и 2 л. не употр.), -я́ется. ‖ *сущ.* **проявле́ние,** -я, *ср.*

ПРОЯ́СНЕТЬ (-ею, -еешь, 1 и 2 л. не употр.), -еет и **ПРОЯ́СНЕТЬСЯ** (-еюсь, -еешься, 1 и 2 л. не употр.), -еется; *сов.* (устар.). О пасмурном дне, небе: проясни́ться. *Небо прояснело(сь). К вечеру прояснеет(ся)* (безл.). ‖ *несов.* **проя́снивать** (-аю, -аешь, 1 и 2 л. не употр.), -ает *и* **проя́сниваться** (-аюсь, -аешься, 1 и 2 л. не употр.), -ается.

ПРОЯСНЕ́ТЬ (-е́ю, -е́ешь, 1 и 2 л. не употр.), -е́ет; *сов.* Стать осмысленным, ясным или спокойным, приветливым. *Мысли прояснели. Взор прояснел.* ‖ *сущ.* **проясне́ние,** -я, *ср.*

ПРОЯСНИ́ТЬСЯ (-ню́сь, -ни́шься, 1 и 2 л. не употр.), -ни́тся; *сов.* **1.** Сделаться ясным, чистым. *Небо прояснилось. Мысли прояснились. Взор прояснился.* **2.** Освободиться от неясностей. *Обстоятельства дела прояснились.* ‖ *несов.* **проясня́ться** (-я́юсь, -я́ешься, 1 и 2 л. не употр.), -я́ется. ‖ *сущ.* **проясне́ние,** -я, *ср.*

ПРУД, -а́ *и* -а, в (на) пруду́, *мн.* -ы́, -о́в, *м.* Водоём в естественном или выкопанном углублении, а также запруженное место в реке. *П. зарос ряской. Разведение рыбы в прудах.* ‖ *прил.* **прудово́й,** -а́я, -о́е. *Прудовое рыбоводство.*

ПРУДИ́ТЬ, -ужу́, -у́дишь *и* -уди́шь; -у́женный *и* -ужённый (-ён, -ена́); *несов., что.* Перегораживать плотиной (реку, водоём). *П. ручей.* ✦ **Хоть пруд пруди** *кого-чего* (разг.) — очень много кого-чего-н. *Народу на улицах — хоть пруд пруди.* ‖ *сов.* **запруди́ть,** -ужу́, -у́дишь *и* -уди́шь; -у́женный *и* -ужённый (-ён, -ена́).

ПРУЖИ́НА, -ы, *ж.* **1.** Упругая узкая металлическая пластина или нить, согнутая преимущ. спиралью. *Витая (винтовая) п. Кольцевая п. Часовая п. Пружина матраца. Как на пружинах* (об энергичных, пружинистых движениях; разг.). **2.** *перен.* Движущая сила в каком-н. деле. *Тайная п. Главная (движущая) п.* ‖ *прил.* **пружи́нный,** -ая, -ое (к 1 знач.). *Пружинная шайба. П. матрац* (с пружинами).

ПРУЖИ́НИСТЫЙ, -ая, -ое; -ист (разг.). Упругий, как пружина. *Пружинистые мускулы. П. шаг.* ‖ *сущ.* **пружи́нистость,** -и, *ж.*

ПРУЖИ́НИТЬ, -ню, -нишь; *несов.* **1.** (1 и 2 л. не употр.). Оказывать сопротивление при сжатии и распрямляться подобно пружине. *Рессоры хорошо пружинят.* **2.** *перен., что.* Напрягать, делать пружинистым. *П. мышцы. П. шаг.* ‖ *сов.* **напружи́нить,** -ню, -нишь; -ненный (ко 2 знач.).

ПРУЖИ́НИТЬСЯ (-нюсь, -нишься, 1 и 2 л. не употр.), -нится; *несов.* **1.** Подобно пружине распрямляться после сжатия. **2.** *перен.* Напрягаться, становиться упругим, напряжённым. *Мышцы пружинятся.* ‖ *сов.* **напружи́ниться** (-нюсь, -нишься, 1 и 2 л. не употр.), -нится (ко 2 знач.).

ПРУСА́К, -а́, *м.* Рыжий таракан.

ПРУССАКИ́, -о́в, *ед.* -а́к, -а́, *м.* Немцы – уроженцы или жители бывшей немецкой провинции Пруссии. ‖ *ж.* **прусса́чка,** -и (разг.). ‖ *прил.* **пру́сский,** -ая, -ое.

ПРУ́ССКИЙ, -ая, -ое. **1.** *см.* пруссы *и* пруссаки. **2.** Относящийся к пруссам, к их языку, образу жизни, культуре, а также к территории их древнего заселения, её внутреннему устройству, истории; такой, как у пруссов. *П. язык* (древнепрусский, балтийской группы индоевропейской семьи языков). *Прусские короли. Прусское герцогство* (16—17 вв.).

ПРУССЫ, -ов, *ед.* прусс, -а, *м.* Балтийские племена, до 13 в. жившие на южном побережье Балтийского моря; люди, принадлежавшие к этим племенам. ‖ *прил.* **пру́сский,** -ая, -ое.

ПРУТ, -а́, *мн.* -тья, -тьев *и* -ы́, -о́в, *м.* **1.** (-тья, -тьев). Тонкая отломанная или срезанная ветка без листьев. *Берёзовый п.* **2.** (-ы, -о́в). Тонкий металлический стержень, кусок толстой проволоки. *Железный п.* ‖ *уменьш.* **пру́тик,** -а, *м.* (к 1 знач.) *и* **пруто́к,** -тка́, *м.* *Ивовый пруток* (также собир.). ‖ *прил.* **прутяно́й,** -а́я, -о́е (к 1 знач.). *Прутяная корзина* (из прутьев).

ПРУТО́К, -тка́, *м.* **1.** *см.* прут. **2.** *собир.* Металлический полуфабрикат — заготовки в виде длинных прутов (во 2 знач.) (спец.). *П. круглого, прямоугольного сечения.* ‖ *прил.* **прутко́вый,** -ая, -ое.

ПРЫГ, *в знач. сказ.* (разг.). Прыгнул. *П. в воду. П.-скок* или *п.-поскок* (подпрыгивает).

ПРЫ́ГАЛКИ, -лок. Детская скакалка.

ПРЫ́ГАТЬ, -аю, -аешь; *несов.* **1.** Делать прыжок, прыжки. *Высоко п. Выше головы не прыгнешь* (перен.: нельзя сделать что-н. сверх своих возможностей; разг.). *П. от одной темы к другой* (перен.: быстро менять предмет речи, разговора; разг.). *Глаза* *прыгают* (перен.: беспокойно перебегают с одного на другое; разг.). *Строчки прыгают перед глазами* (перен.: от волнения кажутся неровными). **2.** Заниматься прыжками (во 2 знач.). *П. с шестом. П. с трамплина.* **3.** (1 и 2 л. не употр.). Ударившись об землю, об пол, подскакивать вверх (разг.). *Мяч хорошо прыгает.* **4.** (1 и 2 л. не употр.). Судорожно вздрагивать. *Пальцы прыгают от волнения. Сердце прыгает от радости.* ‖ *однокр.* **пры́гнуть,** -ну, -нешь (к 1 и 3 знач.) *и* **прыгану́ть,** -ну́, -нёшь (к 1 и 3 знач.; прост.). ‖ *сущ.* **прыга́нье,** -я, *ср.* (к 1 и 3 знач.). ‖ *прил.* **пры́гательный,** -ая, -ое.

ПРЫГУ́Н, -а́, *м.* **1.** Спортсмен, занимающийся прыжками, а также вообще тот, кто прыгает, хорошо прыгает. *П. в длину. П. с шестом. П. в воду.* **2.** Очень подвижный ребёнок (разг.). ‖ *ж.* **прыгу́нья,** -и, *род. мн.* -ний.

ПРЫГУ́ЧИЙ, -ая, -ее; -у́ч. Хорошо прыгающий (в 1, 2 и 3 знач.). ‖ *сущ.* **прыгу́честь,** -и, *ж. Отличная п. спортсмена.*

ПРЫЖО́К, -жка́, *м.* **1.** Быстрое, с отталкиванием, перемещение тела. *В. один п. очутился у окна.* **2.** *мн.* Спортивные упражнения или элементы упражнений, состоящие из таких перемещений. *Прыжки в воду. Прыжки в длину. Прыжки с шестом. Прыжки на батуте. Прыжки с трамплина. Прыжки с парашютом.* ‖ *прил.* **прыжко́вый,** -ая, -ое (ко 2 знач.; спец.). *П. сектор на стадионе. Прыжковые лыжи.*

ПРЫ́СКАТЬ, -аю, -аешь *и* (устар.) -ы́щу, -ы́щешь; *несов., кого-что* или *что на кого-что* (разг.). **1.** Распространять мелкие брызги где-н., обдавать мелкими брызгами; литься мелкими каплями, струйками. *П. духами, одеколоном. Осенний дождь прыскает весь день. Лицо прыщет здоровьем* (перен.: пышет в 3 знач.). **2.** (1 и 2 л. не употр.). Литься струёй, с силой. *Кровь прыскает из раны.* **3.** Смеяться (не сдержавшись или в ответ на что-н. смешное). *П. в кулак* (пряча смех). **4.** (1 и 2 л. ед. не употр.), *перен.* Разбегаться быстро, сразу. *П. в разные стороны.* ‖ *сов.* **пры́снуть,** -ну, -нешь *и* **напры́скать,** -аю, -аешь (к 1 знач.). *Прыснули слёзы. Прыснуть со смеху. Прыснуть врассыпную.* ‖ *сущ.* **пры́сканье,** -я, *ср.* (к 1 и 3 знач.).

ПРЫ́ТКИЙ, -ая, -ое; -ток, -тка́, -тко; пры́тче (разг.). **1.** Подвижный, проворный. *П. мальчуган.* **2.** *перен.* То же, что скорый (во 2 знач.). *Уж больно ты прыток!* (неодобр.). ‖ *сущ.* **пры́ткость,** -и, *ж.*

ПРЫТЬ, -и, *ж.* (разг.). **1.** Быстрота в беге. *Убавить п.* **2.** *перен.* Подвижность, проворство. *Обнаруживать большую п. в чём-н. Откуда только п. берётся?* ✦ **Во всю прыть** (бежать, пуститься) — изо всех сил.

ПРЫЩ, -а́, *м.* Небольшой воспалённый бугорок на коже. *Вскочил п. Лицо в прыщах.* ‖ *уменьш.* **пры́щик,** -а, *м.*

ПРЫЩА́ВЕТЬ, -ею, -еешь; *несов.* (разг.). Покрываться прыщами. ‖ *сов.* **опрыща́веть,** -ею, -еешь.

ПРЫЩА́ВЫЙ, -ая, -ое; -а́в (разг.). Покрытый прыщами. *Прыщавая кожа.* ‖ *сущ.* **прыща́вость,** -и, *ж.*

ПРЫЩЕВА́ТЫЙ, -ая, -ое; -а́т (разг.). Слегка прыщавый. *П. нос.* ‖ *сущ.* **прыщева́тость,** -и, *ж.*

ПРЯ́ДАТЬ (-аю, -аешь, 1 и 2 л. не употр.), -ает; *несов.*: **прядать ушами** (устар.) — то же, что прясть[2] ушами.

ПРЯДЕ́НИЕ *см.* прясть[1].

ПРЯ́ДЕНЫЙ, -ая, -ое. Изготовленный прядением. *Пряденая шерсть.*

ПРЯДИ́ЛЬНЫЙ *см.* прясть[1].

ПРЯДИ́ЛЬНЯ, -и, *род. мн.* -лен, *ж.* (устар.). Прядильная фабрика или мастерская.

ПРЯДИ́ЛЬЩИК, -а, *м.* Рабочий, изготовляющий пряжу. ‖ *ж.* **пряди́льщица,** -ы.

ПРЯДЬ, -и, *ж.* **1.** Пучок прилегших друг к другу волос, волокон. *Седая п. Волосы свисают прядями.* **2.** Скрученная нить, верёвка (спец.). ‖ *уменьш.* **пря́дка,** -и, *ж.* (к 1 знач.).

ПРЯ́ЖА, -и, *ж.* Нити, полученные прядением. *Шерстяная п.*

ПРЯ́ЖКА, -и, *ж.* **1.** Жёсткая застёжка, обычно со шпеньком, через к-рую продевается ремень, пояс. *П. на поясе. Туфли с пряжками.* **2.** Нагрудный наградной знак (устар.). *Дослужиться до пряжки.* ‖ *прил.* **пря́жечный,** -ая, -ое (к 1 знач.).

ПРЯ́ЛКА, -и, *ж.* Приспособление для ручного прядения, приводимое в движение ножной педалью. *Сидеть за прялкой.*

ПРЯМИЗНА́ *см.* прямой.

ПРЯМИКО́М, *нареч.* (разг.). Прямо, напрямик (в 1 знач.). *Идти п.*

ПРЯМО... *Первая часть сложных слов со знач.:* 1) с прямым (в 1 знач.), напр. *прямобортный, прямозубый, прямоклювый, прямокрылый;* 2) прямой (в 1 знач.), напр. *прямоезжий* (путь, дорога), *прямоидущий, прямонаправленный, пряморастущий;* 3) прямой (в 5 знач.), напр. *прямодушный, прямодушие.*

ПРЯМОДУ́ШНЫЙ, -ая, -ое; -шен, -шна. Откровенный, прямой (в 5 знач.) по характеру. *П. человек.* ‖ *сущ.* **прямоду́шие,** -я, *ср.*

ПРЯМО́Й, -а́я, -о́е; прям, пряма́, пря́мо, пря́мы́ *и* пря́мы. **1.** Ровно идущий в каком-н. направлении, без изгибов. *Прямая линия* (линия, образом к-рой может служить бесконечная туго натянутая нить). *Провести прямую* (т. е. прямую линию; сущ.). *Дорога идёт прямо* (нареч.). *Прямые волосы* (не вьющиеся). *Прямая кишка* (последняя часть кишечного канала в виде короткой прямой трубки). *Прямая линия родства* (родословная от отца к сыну, от сына к внуку, не боковая). *П. наследник* (наследник по прямой линии родства). **2.** *полн. ф.* Непосредственно следующий куда-н., соединяющий что-н. без промежуточных пунктов. *Прямое сообщение* (беспересадочное). *По прямому проводу* (о непосредственном соединении пунктов связи). **3.** *полн. ф.* Непосредственно относящийся к кому-чему-н., непосредственно вытекающий из чего-н. *Иметь прямое отношение к делу. Прямое указание. Это прямо* (нареч.) *тебя касается. Прямые выборы. П. налог. В. прямом смысле слова* (буквально, не переносно). **4.** Явный, открытый. *П. вызов. Прямая насмешка.* **5.** Правдивый, откровенный, нелицемерный. *П. человек. П. ответ. Говорить прямо* (нареч.) *в глаза.* **6.** *полн. ф.* Действительный, настоятельно необходимый, безусловный (разг.). *П. расчёт лететь самолётом. Прямая польза.* **7.** *полн. ф.* Полный, совершенный. *Прямая противоположность.* **8.** Такой, при к-ром увеличение (уменьшение) одного вызывает увеличение (уменьшение) другого. *Прямая пропорциональность.* **9.** **пря́мо,** *нареч.* Непосредственно, минуя всё другое, всё промежуточное. *Попасть прямо в цель. Спать прямо на земле. Оказаться прямо перед незнакомцем.* **10.** **пря́мо,** *частица.* Выражение однозначности, несомненности: именно так (разг.) *Он прямо молодец. Я прямо растерялся. Прямо не знаю, как поступить.* **11.** **пря́мо,** *частица.* Выражает возражение против чего-н. в знач. как же! вот ещё! (прост.). *Он просто герой! — Прямо! (прямо уж!)* (т. е. вовсе не герой). ✦ **Прямой угол** — угол в 90°. **Прямая речь** — в грамматике: чужая речь, переданная без изменения от лица говорящего. **Прямое дополнение** — в грамматике: дополнение в винительном падеже без предлога со знач. объекта при переходном глаголе. ‖ *сущ.* **прямизна́,** -ы́, *ж.* (к 1 знач.) *и* **прямота́,** -ы, *ж.* (к 5 знач.). *Прямизна линий. Прямота ответа.*

ПРЯМОЛИНЕ́ЙНЫЙ, -ая, -ое; -е́ен, -е́йна. **1.** Идущий по прямой линии. *Прямолинейное движение.* **2.** *перен.* Откровенный, прямой, но лишённый необходимой гибкости. *П. характер. П. ответ. Действовать прямолинейно* (нареч.). ‖ *сущ.* **прямолине́йность,** -и, *ж.*

ПРЯМОТА́ *см.* прямой.

ПРЯМОУГО́ЛЬНИК, -а, *м.* **1.** Четырёхугольник, у к-рого все углы прямые. **2.** Название офицерского знака различия такой формы на петлицах в Красной Армии (с 1924 по 1943 г.).

ПРЯМОУГО́ЛЬНЫЙ, -ая, -ое. Имеющий прямой угол (или прямые углы).

ПРЯ́НИК, -а, *м.* Сладкое мягкое печенье в виде лепёшки или плоской фигурки. *Медовые пряники. Расписной п.* ‖ *прил.* **пря́ничный,** -ая, -ое. *П. петушок* (пряник в виде петушка).

ПРЯ́НИЧНЫЙ, -ая, -ое; -чен, -чна. **1.** *см.* пряник. **2.** *перен.* Разукрашенный, расписной. *П. домик.*

ПРЯ́НОСТЬ, -и, *ж.* **1.** *см.* пряный. **2.** чаще *мн.* Пряные приправы к кушаньям (горчица, тмин, корица, гвоздика, лавровый лист и др.). *Тесто с пряностями.*

ПРЯ́НУТЬ, -ну, -нешь; *сов.* (устар.). Стремительно двинуться, прыгнуть. *Кони прянули.*

ПРЯ́НЫЙ, -ая, -ое; прян. Острый и ароматный по вкусу, запаху. *Пряные приправы. Пряные блюда. П. аромат цветка.* ‖ *сущ.* **пря́ность,** -и, *ж.*

ПРЯ́СЛО, -а, *род. мн.* -сел, *ср.* (обл.). **1.** Изгородь из длинных жердей, протянутых между столбами, а также часть такой изгороди от столба до столба. *П. на околице деревни.* **2.** Приспособление из продольных жердей на столбах для сушки сена, снопов. ‖ *прил.* **пря́сельный,** -ая, -ое.

ПРЯСТЬ[1], пряду́, прядёшь; прял, пряла́ *и* пря́ла, пря́ло; пря́денный; *несов., что.* Скручивая (волокна), делать нити. *П. на прялке. П. на машине.* ‖ *сов.* **спрясть,** -яду́, -ядёшь; -ял, -яла́ *и* -я́ла, -я́ло; -я́денный *и* -ядённый (-ён, -ена́). ‖ *сущ.* **пряде́ние,** -я, *ср.* ‖ *прил.* **пряди́льный,** -ая, -ое. *Прядильное производство. Прядильная машина. Прядильные культуры* (растения, возделываемые для текстильной промышленности).

ПРЯСТЬ[2], пряду́, прядёшь; прял, пряла́, пря́ло; *несов.*: **прясть ушами** — о животном, обычно о лошади: настороженно шевелить ушами.

ПРЯ́ТАТЬ, пря́чу, пря́чешь; *несов.* **1.** *кого-что.* Убирать, помещать в скрытое, неизвестное другим место или под запор; вообще убирать в надёжное место для сохранности. *П. беглеца от преследователей. П. книги в шкаф. П. деньги в ящик. П. ключи в карман.* **2.** *что.* Жестом прикрывать, закрывать чем-н. *П. подбородок в воротник. П. руки в карманы. П. лицо в ладони. П. голову под крыло* (также перен.: трусливо и неумело пытаться укрыться от опасности, уклоняться от решительных действий). **3.** *что.* Скрывать, стараться не обнаружить.

П. свои мысли. П. улыбку. П. глаза (избегать смотреть в глаза кому-н.; *П. глаза от стыда, смущения*). ‖ *сов.* **спря́тать**, -я́чу, -я́чешь; -анный. ‖ *сущ.* **пря́танье**, -я, *ср.* (к 1 знач.).

ПРЯ́ТАТЬСЯ, пря́чусь, пря́чешься; *несов.* **1.** Скрываться от других так, чтобы нельзя было увидеть, найти. *П. в кустах. П. за чужую спину* (также перен.: стараться переложить дело, ответственность на другого; разг. неодобр.). **2.** *перен., от кого-чего.* Стараться оградить себя от чего-н., уйти от того, что тяжело, неприятно. *П. от жизни, ответственности.* ‖ *сов.* **спря́таться**, -я́чусь, -я́чешься. ‖ *сущ.* **пря́танье**, -я, *ср.*

ПРЯ́ТКИ, -ток. Детская игра, в к-рой один (водящий) ищет остальных, спрятавшихся участников игры. *В. п. играть с кем-н.* (также перен.: скрываться или скрывать что-н. от кого-н.; разг. неодобр.).

ПРЯ́ХА, -и, *ж.* Женщина, занимающаяся ручным прядением.

ПСАЛО́М, -лма́, *м.* Религиозное песнопение, входящее в псалтырь. ‖ *прил.* **псало́мский**, -ая, -ое.

ПСАЛО́МЩИК, -а, *м.* Служитель в православной церкви, помогающий священнику при совершении обрядов. ‖ *прил.* **псало́мщицкий**, -ая, -ое *и* **пасло́мщичий**, -ья, -ье.

ПСАЛТЫ́РЬ, -и, *ж.* и **ПСАЛТЫ́РЬ**, -я́, *м.* и **ПСАЛТИ́РЬ**, -и, *ж.* Часть Библии, книга псалмов. ‖ *прил.* **псалты́рный**, -ая, -ое.

ПСА́РНЯ, -и, *род. мн.* -рен, *ж.* Помещение для собак (преимущественно охотничьих). ‖ *прил.* **пса́рный**, -ая, -ое. *П. двор.*

ПСАРЬ, -я́, *м.* Слуга на псарне, ухаживающий за собаками и участвующий в охоте. *Жалует царь, да не жалует п.* (посл. о том, что расположение к кому-н. лица вышестоящего часто пересиливается нерасположением его подчинённого). ‖ *прил.* **пса́рский**, -ая, -ое.

ПСЕВДО... (книжн.). *Первая часть сложных слов со знач.* мнимый, ложный, напр. *псевдогаллюцинация, псевдогибрид, псевдонаучный, псевдоклассический, псевдоискусство.*

ПСЕВДОНИ́М, -а, *м.* Вымышленное имя писателя, артиста, политического деятеля. *Писать под псевдонимом.* ‖ *прил.* **псевдони́мный**, -ая, -ое.

ПСИ́НА, -ы (разг.). **1.** *ж.* Собачье мясо. **2.** *ж.* Запах собаки, собачьей шерсти. *Пахнет псиной.* **3.** *м. и ж.* То же, что пёс (в 1 знач.).

ПСИ́НЫЙ *см.* пёс.

ПСИХ, -а, *м.* (прост.). Психически неуравновешенный или психически больной человек. ‖ *ж.* **психи́чка**, -и (разг.).

ПСИХАНУ́ТЬ *см.* психовать.

ПСИХАСТЕ́НИК [*тэ*], -а, *м.* (спец.). Человек, страдающий психастенией. ‖ *ж.* **психастени́чка**, -и (разг.).

ПСИХАСТЕНИ́Я [*тэ*], -и, *ж.* (спец.). Невроз, характеризующийся неуверенностью в себе, навязчивыми мыслями и страхами. ‖ *прил.* **психастени́ческий**, -ая, -ое.

ПСИХИА́ТР, -а, *м.* Врач — специалист по психиатрии.

ПСИХИАТРИ́ЧКА, -и, *ж.* (разг.). Психиатрическая больница.

ПСИХИАТРИ́Я, -и, *ж.* Раздел медицины, занимающийся психическими болезнями и их лечением. ‖ *прил.* **психиатри́ческий**, -ая, -ое.

ПСИ́ХИКА, -и, *ж.* Совокупность ощущений, представлений, чувств, мыслей как отражение в сознании объективной действительности; душевный склад человека. *Здоровая п.* ‖ *прил.* **психи́ческий**, -ая, -ое. *Психическая деятельность. Психические болезни* (расстройства мозговых центров, нервной системы). *Психическая атака* (вид атаки, рассчитанной на устрашение, подавление воли, психики обороняющихся; также перен.).

ПСИХО... *Первая часть сложных слов со знач.:* 1) относящийся к психике, к психологии (во 2 и 3 знач.), напр. *психоанализ, психогенный, психоневроз, психотерапия, психогигиена;* 2) относящийся к психиатрии, к психологии (в 1 знач.), напр. *психоневрология, психофармакология, психофизиология.*

ПСИХО́ВАННЫЙ, -ая, -ое (прост.). Психически неуравновешенный, ненормальный. *Парень какой-то п.*

ПСИХОВА́ТЬ, психу́ю, психу́ешь; *несов.* (прост.). Вести себя подобно психически ненормальному, а также вести себя слишком возбуждённо, нервно. ‖ *однокр.* **психану́ть**, -ну́, -нёшь.

ПСИХО́З, -а, *м.* **1.** Психическая болезнь, а также вообще ненормальность, странность в психике человека. **2.** *перен.* Нервозность, нагнетание страха перед чем-н., истерия (во 2 знач.). *Военный п.* (раздувание милитаристских настроений под предлогом чьей-н. военной угрозы).

ПСИХО́ЛОГ, -а, *м.* **1.** Учёный — специалист по психологии (в 1 знач.). **2.** Знаток человеческой психологии. *Тонкий п.*

ПСИХОЛОГИ́ЗМ, -а, *м.* Углублённое изображение психических, душевных переживаний. *П. в литературе.*

ПСИХОЛО́ГИЯ, -и, *ж.* **1.** Наука, изучающая процессы и закономерности психической деятельности. **2.** Совокупность психических процессов, обусловливающих какой-н. род деятельности. *П. творчества.* **3.** Душевный склад, психика. *Детская п.* ‖ *прил.* **психологи́ческий**, -ая, -ое.

ПСИХОПА́Т, -а, *м.* Человек, больной психопатией; вообще человек с больной психикой. ‖ *ж.* **психопа́тка**, -и (разг.). ‖ *прил.* **психопа́тский**, -ая, -ое (разг.).

ПСИХОПАТИ́Я, -и, *ж.* (спец.). Психическая ненормальность, обычно наследственно обусловленная. ‖ *прил.* **психопати́ческий**, -ая, -ое.

ПСИХОТЕРАПИ́Я, -и, *ж.* Метод лечения больного средствами психического воздействия. ‖ *прил.* **психотерапевти́ческий**, -ая, -ое.

ПСО́ВЫЙ, -ая, -ое. **1.** *см.* пёс. **2.** **псо́вые**, -ых. Семейство хищных млекопитающих, к к-рому относятся собаки, волки, лисицы, шакалы, песцы и нек-рые другие животные, собачьи (спец.).

ПТА́ХА, -и, *ж.* (разг.). То же, что пташка. *Малая п.*

ПТА́ШКА, -и, *ж.* (разг.). Маленькая птица, птичка. *Вольная п.* (также перен.: то же, что вольная птица).

ПТЕНЕ́Ц, -нца́, *м.* Детёныш птицы. *Желторотый п.* (также перен.: о неопытном и наивном человеке; разг.). ‖ *уменьш.* **пте́нчик**, -а, *м.* ‖ *прил.* **птенцо́вый**, -ая, -ое.

ПТИФУ́Р, -а, *м.* Мелкое печенье, маленькое пирожное. *П. ассорти.*

ПТИ́ЦА, -ы, *ж.* **1.** Покрытое перьями и пухом позвоночное животное с крыльями, двумя конечностями и клювом. *Певчие птицы. Перелётные птицы. Водоплавающие птицы. Как п. небесная жить* (ни о чём не заботясь). **2.** *собир.* Такие животные как предмет разведения, охоты, продукт питания. *Домашняя п. Битая п. Мороженая п.* **3.** В нек-рых сочетаниях: о человеке (разг.). *Это что за п.?* (кто это?; ирон.). *Невелика п.* (о незначительном человеке; пренебр.). *Важная п.* (о том, кто занимает важное положение или заважничал). *П. высокого полёта* (о том, кто занимает важное положение). *Вольная п.* (о свободном, ни от кого не зависящем человеке). ✦ **Синяя птица** — 1) обитающая в горах южной Азии певчая птица сем. дроздовых с чёрно-синим оперением; 2) сказочная птица с синим оперением как символ неуловимого счастья [по названию одноимённой пьесы-сказки М. Метерлинка]. ‖ *уменьш.* **пти́чка**, -и, *ж.* (к 1 знач.). ‖ *прил.* **пти́чий**, -ья, -ье (к 1 и 2 знач.). *Птичья стая. Птичье гнездо. Птичья клетка.* ✦ **Птичий язык** (неодобр.) — непонятная, бессмысленная речь. **Птичий рынок** — рынок, где продают собак, птиц, комнатных животных.

ПТИЦЕВО́Д, -а, *м.* Специалист по птицеводству.

ПТИЦЕВО́ДСТВО, -а, *ср.* Разведение домашней птицы как отрасль животноводства. ‖ *прил.* **птицево́дческий**, -ая, -ое. *П. комплекс.*

ПТИЦЕЛО́В, -а, *м.* Человек, к-рый занимается ловлей птиц (преимущ. певчих).

ПТИЦЕФЕ́РМА, -ы, *ж.* Сокращение: птицеводческая ферма[1] (в 1 знач.). *Колхозная п.*

ПТИ́ЧИЙ, -ья, -ье. **1.** *см.* птица. **2.** *перен.* Похожий на птицу, напоминающий собой птицу. *Птичье лицо. П. носик. П. голосок.* ✦ **С птичьего полёта** — с высоты, откуда всё видно. **На птичьих правах (на птичьем положении)** — не имея прочного положения, обеспечения. *Жить где-н. на птичьих правах.* **Только птичьего молока нет (не хватает)** (разг.) — о полном изобилии.

ПТИ́ЧКА, -и, *ж.* **1.** *см.* птица. **2.** То же, что галочка (во 2 знач.) (разг.). *Поставить птичку* (сделать отметку).

ПТИ́ЧНИК, -а, *м.* **1.** Помещение для домашней птицы. **2.** Работник, занимающийся уходом за домашней птицей. ‖ *ж.* **пти́чница**, -ы (ко 2 знач.).

ПУА́НТЫ, -ов, *ед.* пуа́нт, -а, *м.* Балетные туфли с твёрдым носком. *Стоять на пуантах, танцевать на пуантах* (опираясь только на носки таких туфель).

ПУ́БЛИКА, -и, *ж.* **1.** Люди, находящиеся где-н. в качестве зрителей, слушателей, пассажиров, а также вообще — люди, общество. *Театральная п. Читающая п. На публику делать что-н.* (напоказ; разг. неодобр.). **2.** Общество или отдельные лица, объединённые по каким-н. общим признакам (разг. шутл. или неодобр.). *Знаю я эту публику — лентяи. Ну и п.!*

ПУБЛИКА́ЦИЯ, -и, *ж.* **1.** *см.* публиковать. **2.** То же, что объявление (во 2 знач.). *П. в газете.*

ПУБЛИКОВА́ТЬ, -ку́ю, -ку́ешь; -о́ванный; *несов., что.* Объявлять, предавать гласности в печатном органе. *П. в газете.* ‖ *сов.* **опубликова́ть**, -ку́ю, -ку́ешь; -о́ванный. ‖ *сущ.* **публика́ция**, -и, *ж.* и **опубликова́ние**, -я, *ср.*

ПУБЛИЦИ́СТ, -а, *м.* Писатель — автор публицистических произведений. ‖ *ж.* **публици́стка**, -и. ‖ *прил.* **публици́стский**, -ая, -ое.

ПУБЛИЦИ́СТИКА, -и, *ж.* Литература по актуальным общественно-политическим вопросам современности, текущей жизни общества. *Художественная п.* ‖ *прил.* **публицисти́ческий**, -ая, -ое.

ПУБЛИЦИСТИ́ЧНЫЙ, -ая, -ое; -чен, -чна. Характерный для публицистики. *П. стиль.* ‖ *сущ.* **публицисти́чность**, -и, *ж.*

ПУБЛИ́ЧНЫЙ, -ая, -ое; -чен, -чна. **1.** Осуществляемый в присутствии публики, открытый. *Публичное выступление. Публично* (нареч.) *заявить. Публичные торги* (то же, что аукцион). **2.** *полн. ф.* Общественный, не частный (устар.). *П. музей. Публичная библиотека.* ✦ Публичная женщина (устар.) — проститутка. Публичный дом — заведение, в к-ром проститутки принимают посетителей. ‖ *сущ.* **публи́чность**, -и, *ж.* (к 1 знач.).

ПУ́ГАЛО, -а, *ср.* **1.** То же, что чучело (во 2 знач.). **2.** *перен.* О человеке с отпугивающей, отталкивающей внешностью (разг.). *Причешись, экое ты п.!* **3.** То же, что жупел (разг.).

ПУ́ГАНЫЙ, -ая, -ое. Такой, к-рого пугали; напуганный чем-н. и всего боящийся. *Нечего меня пугать, я уже п. Пуганая ворона куста боится* (посл.).

ПУГА́ТЬ, -а́ю, -а́ешь; пу́ганный; *несов., кого (что).* **1.** Вызывать испуг, внезапное чувство страха. *П. из-за угла. П. птиц* (отпугивать). **2.** Вызывать чувство тревоги, опасения. *Пугает неизвестность.* ‖ *сов.* **испуга́ть**, -а́ю, -а́ешь; -у́ганный *и* **напуга́ть**, -а́ю, -а́ешь; -у́ганный (к 1 знач.). ‖ *однокр.* **пугну́ть**, -ну́, -нёшь (к 1 знач.; разг.) *и* **пугану́ть**, -ну́, -нёшь (к 1 знач.; прост.). ‖ *сущ.* **пуга́нье**, -я, *ср.* (к 1 знач.).

ПУГА́ТЬСЯ, -а́юсь, -а́ешься; *несов.* Испытывать страх, испуг. *П. малейшего шороха.* ‖ *сов.* **испуга́ться**, -а́юсь, -а́ешься *и* **напуга́ться**, -а́юсь, -а́ешься (разг.).

ПУГА́Ч, -а́, *м.* Детская игрушка в виде пистолета.

ПУГЛИ́ВЫЙ, -ая, -ое; -и́в. Склонный к испугу, всего боящийся, робкий. *П. ребёнок. П. взгляд. Пугливо* (нареч.) *озираться.* ‖ *сущ.* **пугли́вость**, -и, *ж.*

ПУГНУ́ТЬ *см.* пугать.

ПУ́ГОВИЦА, -ы, *ж.* Застёжка (обычно в виде твёрдого кружка), продеваемая в петлю. *Плащ на пуговицах* (с застёжкой на пуговицах). *Застегнуться на все пуговицы* (также перен.: внутренне собраться, подтянуться). ‖ *уменьш.* **пу́говка**, -и, *ж.* ‖ *прил.* **пу́говичный**, -ая, -ое.

ПУ́ГОВКА, -и, *ж.* **1.** *см.* пуговица. **2.** *перен.* Выступающий кверху, обычно округлый колпачок, кружочек. *П. звонка. Нос пуговкой* (маленький и круглый; разг.).

ПУД, -а, *мн.* -ы́, -о́в, *м.* Старая русская мера веса, равная 16,38 кг. *П. соли съесть с кем-н.* (тесно и давно общаясь, хорошо узнать кого-н.; разг.). ‖ *уменьш.* **пу́дик**, -а, *м.* ‖ *прил.* **пудо́вый**, -ая, -ое. *Пудовая гиря.*

ПУ́ДЕЛЬ, -я, *мн.* -и, -ей *и* -я́, -е́й, *м.* Комнатная собака с курчавой шерстью.

ПУ́ДИНГ, -а, *м.* Запеканка из крупы, мучных изделий, творога с фруктами, сладостями или иными приправами. *Сухарный п. Яблочный п.*

ПУДО́ВЫЙ, -ая, -ое. **1.** *см.* пуд. **2.** *перен.* Очень тяжёлый, отяжелённый. *Пудовые сапоги. Пудовые ноги* (отяжелевшие от усталости). *Пудовая тяжесть на сердце* (об угнетённом состоянии).

ПУ́ДРА, -ы, *ж.* Косметическое средство — мягкий душистый порошок. *Прессованная п.* ✦ **Сахарная пудра** — сахар в виде измельчённого порошка.

ПУ́ДРЕНИЦА, -ы, *ж.* Коробочка для пудры.

ПУ́ДРЕНЫЙ, -ая, -ое. Покрытый пудрой. *П. парик. Пудреное лицо.*

ПУ́ДРИТЬ, -рю, -ришь; -ренный; *несов., кого-что.* Покрывать пудрой. *П. лицо. П. нос.* ✦ **Пудрить мозги** *кому* (прост. неодобр.) — дурачить, обманывать. ‖ *сов.* **напу́дрить**, -рю, -ришь; -ренный *и* **попу́дрить**, -рю, -ришь; -ренный. ‖ *сущ.* **пу́дренье**, -я, *ср.*

ПУ́ДРИТЬСЯ, -рюсь, -ришься; *несов.* Покрывать себе лицо пудрой. ‖ *сов.* **напу́дриться**, -рюсь, -ришься *и* **попу́дриться**, -рюсь, -ришься. ‖ *сущ.* **пу́дренье**, -я, *ср.*

ПУЗА́Н, -а́, *м.* Человек с большим животом, толстяк. ‖ *уменьш.-ласк.* **пуза́нчик**, -а, *м.*

ПУЗАНО́К, -нка́, *м.* Рыба сем. сельдевых.

ПУЗА́ТЫЙ, -ая, -ое; -а́т (разг.). **1.** С большим животом. *П. мужчина.* **2.** *перен.* Низкий и широкий, с выдающимися боками. *Пузатая бутылка.* ‖ *сущ.* **пуза́тость**, -и, *ж.*

ПУ́ЗО, -а, *ср.* (прост.). То же, что живот[1] (в 1 знач.). *П. отрастил* (о толстом человеке; неодобр.). ✦ **От пуза** (есть, наесться) — сколько хочешь; до отвала.

ПУЗЫРЁК, -рька́, *м.* **1.** *см.* пузырь. **2.** Маленькая бутылочка, склянка. *П. с лекарством.* **3.** Бутылка вина (прост.). *Распили п.*

ПУЗЫ́РИТЬСЯ (-рюсь, -ришься, 1 и 2 л. не употр.), -рится и **ПУЗЫРИ́ТЬСЯ** (-рю́сь, -ри́шься, 1 и 2 л. не употр.), -ри́тся; *несов.* (разг.). **1.** Образовывать пузыри на поверхности, вздуваться от пузырей. *Тесто пузырится.* **2.** Об одежде, ткани: надуваться от воздуха, ветра. *Юбка пузырится.*

ПУЗЫ́РЧАТЫЙ, -ая, -ое; -ат. Покрытый пузырями, пузырьками, с пузырями внутри. *Пузырчатое стекло.* ‖ *сущ.* **пузы́рчатость**, -и, *ж.*

ПУЗЫ́РЬ, -я́, *м.* **1.** Наполненный воздухом прозрачный шарик в жидкости, жидкой массе. *Мыльный п.* (выдуваемый из мыльной пены; также перен.: о чём-н. ярком, но непрочном, о дутой величине; неодобр.). *Пускать пузыри* (захлебнувшись или набрав слюны, выпускать воздух ртом; также перен.: тонуть; разг.). *П. в стекле* (застывший). **2.** То же, что волдырь. *П. от ожога. Натереть ладони до пузырей.* **3.** Полый орган в теле человека, животного, содержащий или накапливающий какую-н. жидкость. *Мочевой п. Жёлчный п.* **4.** Резиновый или эластичный мешок, наполняемый воздухом или водой, употр. для различных целей (разг.). *Плавать с пузырями. П. с горячей водой* (грелка). *П. со льдом.* **5.** То же, что карапуз (разг. шутл.). ‖ *прил.* **пузы́рный**, -ая, -ое (ко 2 и 3 знач.; спец.). ‖ *уменьш.* **пузырёк**, -рька́, *м.* (к 1 и 2 знач.). ‖ *прил.* **пузырько́вый**, -ая, -ое (ко 2 знач.; спец.).

ПУК, -а, *мн.* пуки́, -о́в, *м.* Связка, охапка. *П. соломы. Целый п. бумаг.*

ПУ́КАТЬ, -аю, -аешь; *несов.* (разг.). Издавать звук выходящих из кишечника газов. ‖ *сов.* **пу́кнуть**, -ну, -нешь.

ПУЛЕВО́Й *см.* пуля.

ПУЛЕМЁТ, -а, *м.* Скорострельное автоматическое оружие для стрельбы пулями. *Станковый п. Ручной п. П.-автомат. Трещит как п.* (говорит громко и быстро; разг. неодобр.). ‖ *прил.* **пулемётный**, -ая, -ое. *Пулемётная лента.*

ПУЛЕМЁТЧИК, -а, *м.* Стрелок из пулемёта. ‖ *ж.* **пулемётчица**, -ы.

ПУЛЕНЕПРОБИВА́ЕМЫЙ, -ая, -ое. Такой, к-рый не пробивается пулями. *Пуленепробиваемое стекло. П. жилет.*

ПУЛО́ВЕР, -а, *м.* Трикотажная фуфайка без воротника и застёжек. ‖ *прил.* **пуло́верный**, -ая, -ое.

ПУЛЬВЕРИЗА́ТОР, -а, *м.* Прибор для разбрызгивания жидкостей или распыления порошка мельчайшими частицами. ‖ *прил.* **пульверизато́рный**, -ая, -ое.

ПУЛЬВЕРИЗА́ЦИЯ, -и, *ж.* Разбрызгивание жидкости или распыление порошка пульверизатором. ‖ *прил.* **пульверизацио́нный**, -ая, -ое.

ПУ́ЛЬКА[1], -и, *ж.* Партия игры в преферанс, а также графа в листке для записи результатов игры.

ПУ́ЛЬКА[2] *см.* пуля.

ПУЛЬНУ́ТЬ *см.* пулять.

ПУ́ЛЬПА, -ы, *ж.* (спец.). **1.** Смесь воды и грунта или горной породы, получаемая при земляных и горных работах гидравлическим способом. **2.** Рыхлая соединительная ткань в живом организме. *П. зуба. П. селезёнки.* ‖ *прил.* **пульпа́рный**, -ая, -ое (ко 2 знач.).

ПУЛЬС, -а, *м.* **1.** Ритмическое, толчками расширение стенок артерий, вызываемое сокращениями сердца. *Нормальный п. Учащённый п. П. прослушивается, не прослушивается. Щупать п.* (считать его удары, ощущаемые пальцами выше запястья). *Нет пульса* (не прощупывается). *Держать руку на пульсе* (считать удары пульса). **2.** *перен., чего.* Темп жизни, движения чего-н. *П. общественной жизни. П. времени.* ✦ **Держать руку на пульсе** *чего* — постоянно быть в курсе, неотрывно следить за происходящим. *Держать руку на пульсе событий.* ‖ *прил.* **пу́льсовый**, -ая, -ое (к 1 знач.; спец.). *Пульсовое давление.*

ПУЛЬСА́РЫ, -ов, *ед.* -а́р, -а, *м.* (спец.). Космические источники излучений, достигающих Земли в виде периодически возникающих импульсов.

ПУЛЬСИ́РОВАТЬ (-рую, -руешь, 1 и 2 л. не употр.), -рует; *несов.* **1.** О сердце, артериях: биться (в 3 знач.). *На виске пульсирует жилка.* **2.** Протекать, обнаруживаться с периодическими изменениями в силе, напряжении, степени (спец.). *Пульсирующая боль. Пульсирующий ток. Пульсирующая звезда.* ‖ *сущ.* **пульси́рование**, -я, *ср.* и **пульса́ция**, -и, *ж.*

ПУЛЬТ, -а, *м.* **1.** Пюпитр для ног на высокой ножке. *Дирижёрский п.* **2.** Пункт, устройство, откуда происходит автоматическое управление чем-н. *Диспетчерский п. П. управления. Экранный п.* (дисплей). ‖ *прил.* **пу́льтовый**, -ая, -ое (ко 2 знач.).

ПУ́ЛЬТОВАЯ, -ой, *ж.* Помещение, в к-ром находится пульт (во 2 знач.), пульты.

ПУ́ЛЯ, -и, *ж.* Заключённый в патрон небольшой снаряд для стрельбы из ружей, винтовок, пулемётов, револьверов. *Трассирующая п. Разрывная п. Бронебойная п. Пулей вылететь* (стремительно выбежать, выскочить откуда-н.; разг.). *Пуля — дура, а штык — молодец* (посл.). ✦ **Пули лить (отливать)** (разг.) — лгать, рассказывать небылицы. ‖ *уменьш.* **пу́лька**, -и, *ж.* ‖ *прил.* **пулево́й**, -а́я, -о́е. *Пулевое ранение. Пулевая стрельба.*

ПУЛЯ́РКА, -и, *ж.* Молодая курица, откормленная для стола.

ПУЛЯ́ТЬ, -я́ю, -я́ешь; *несов.* (прост.). Бросать чем-н. куда-н. или в кого-н., палить[2]. *П. камнями.* ‖ *однокр.* **пульну́ть**, -ну́, -нёшь. ‖ *сущ.* **пуля́нье**, -я, *ср.*

ПУ́МА, -ы, *ж.* Большая дикая американская кошка, кугуар.

ПУНКТ, -а, *м.* **1.** Место, предназначенное для чего-н., отличающееся чем-н. *Сборный п. Самый высокий п. местности. Наблюдательный п.* (место для наблюдения за военными действиями и за местностью). *Командный п.* (место, откуда осуществляется управление войсками в ходе военных действий). *Населённый п.* (место, где постоянно живут люди; офиц.). **2.** Учреждение или отдел учреждения с узко определённым кругом функций. *Медицинский п. Переговорный п. Приёмный п. Заготовительный п. Корреспондентский п.* (отделение органа массовой информации в каком-н. городе, стране, корпункт). **3.** Отдельное положение, раздел в составе изложения, документа. *Договор из пяти пунктов. Изложить по пунктам* (также перен.: последовательно). **4.** Отдельный момент в развитии чего-н. *Кульминационный п. событий.* **5.** То, на чём кто-н. исключительно сосредоточил все свои мысли, помыслы. *Коллекционирование — его п.* ‖ *уменьш.* **пу́нктик**, -а, *м.* (к 3 и 5 знач.).

ПУНКТИ́Р, -а, *м.* Линия, образуемая точками, короткими чёрточками. ‖ *прил.* **пункти́рный**, -ая, -ое. *Пунктирное изложение* (перен.: в самых общих чертах).

ПУНКТУА́ЛЬНЫЙ, -ая, -ое; -лен, -льна. Очень точный, аккуратный в исполнении чего-н. *П. человек. Пунктуальное исполнение. Пунктуально* (нареч.) *выполнить поручение.* ‖ *сущ.* **пунктуа́льность**, -и, *ж.*

ПУНКТУА́ЦИЯ, -и, *ж.* **1.** Правила расстановки знаков препинания. **2.** Сама такая расстановка. *Ошибки в пунктуации.* ‖ *прил.* **пунктуацио́нный**, -ая, -ое.

ПУ́НКЦИЯ, -и, *ж.* (спец.). Прокол (ткани, полости, сосуда) с лечебными или диагностическими целями. ‖ *прил.* **пункцио́нный**, -ая, -ое.

ПУ́НОЧКА, -и, *ж.* Небольшая северная птица сем. овсянковых.

ПУНЦО́ВО-... *Первая часть сложных слов со знач.* с пунцовым оттенком, напр. *пунцово-красный, пунцово-розовый.*

ПУНЦО́ВЫЙ, -ая, -ое; -о́в. Ярко-красный, багровый. *Пунцовые губы. Пунцовые маки.* ‖ *сущ.* **пунцо́вость**, -и, *ж.*

ПУНШ, -а, *м.* Напиток из рома, вскипячённого с сахаром, водой, фруктовыми приправами, соком. ‖ *прил.* **пу́ншевый**, -ая, -ое.

ПУП, -а́, *м.* (разг.). То же, что пупок (в 1 знач.). *Пупом торчит* (о чём-н. выпуклом, выпирающем; прост.). *Созерцать собственный п.* (перен.: быть поглощённым только собой, своими мелкими интересами; ирон.). ✦ **Пуп земли** (ирон.) — о том, кто считает себя значительнее, важнее всех.

ПУПОВИ́НА, -ы, *ж.* Плотный тяж, соединяющий тело плода с плацентой и служащий каналом для его питания. ‖ *прил.* **пупови́нный**, -ая, -ое.

ПУПО́К, -пка́, *м.* **1.** Впадина (у младенцев — выпуклость) на середине живота, оставшаяся после отпадения пуповины. **2.** У птиц: часть желудка. ✦ **Рвать (себе) пупок** (прост. неодобр.) — стараться изо всех сил, надрываться. ‖ *уменьш.* **пупо́чек**, -чка, *м.* ‖ *прил.* **пупо́чный**, -ая, -ое (к 1 знач.) *и* **пупко́вый**, -ая, -ое (ко 2 знач.).

ПУПС, -а, *м.* (разг.). **1.** Игрушечный малыш, кукла-голышка. **2.** *перен.* Симпатичный полный ребёнок. ‖ *уменьш.* **пу́псик**, -а, *м.* ‖ *прил.* **пу́псовый**, -ая, -ое (к 1 знач.).

ПУПЫ́РЧАТЫЙ, -ая, -ое; -ат. С пупырями (в 1 знач.), с пупырышками (в 1 знач.). *Пупырчатая кожа. П. огурец.* ‖ *сущ.* **пупы́рчатость**, -и, *ж.*

ПУПЫ́РЫШЕК, -шка, *м.* (разг.). **1.** Маленький бугорок, пупырь (в 1 знач.). *Огурец в пупырышках. Кожа в пупырышках от холода.* **2.** То же, что прыщик.

ПУПЫ́РЬ, -я́, *м.* (разг.). **1.** Округлый бугорок на поверхности чего-н. **2.** То же, что прыщ.

ПУРГА́, -и́, *ж.* Сильная вьюга, снежная буря. *Поднялась п.*

ПУРГОВА́ТЬ, -гу́ю, -гу́ешь; *несов.* (разг.). Выдерживать или пережидать пургу. *Вертолётчики пургуют на полярной станции.*

ПУРЖИ́ТЬ (-жу́, -жи́шь, 1 и 2 л. не употр.), -жи́т; *несов.* О пурге: мести, крутить.

ПУРИ́ЗМ, -а, *м.* (книжн.). Чрезмерность требований к сохранению строгости нравов, к чистоте языка, консервативное ограждение его от всего нового. ‖ *прил.* **пуристи́ческий**, -ая, -ое.

ПУРИ́СТ, -а, *м.* (книжн.). Сторонник пуризма. ‖ *ж.* **пури́стка**, -и. ‖ *прил.* **пури́стский**, -ая, -ое.

ПУРИТА́НИН, -а, *м.* **1.** *мн.* Одно из направлений протестантизма в Англии, требующее освобождения его от остатков католицизма. **2.** Человек, в своих религиозных взглядах придерживающийся такого направления. **3.** Человек, придерживающийся очень строгого образа жизни. ‖ *ж.* **пурита́нка**, -и (ко 2 и 3 знач.). ‖ *прил.* **пурита́нский**, -ая, -ое. *Пуританская мораль.*

ПУ́РПУР, -а, *м.* **1.** Тёмно- или ярко-красный цвет [*первонач.* ценное красящее вещество]. **2.** Дорогая одежда из красной ткани как признак роскоши и величия (устар.).

ПУРПУ́РНО-..., ПУ́РПУРНО-... *и* **ПУРПУ́РОВО-...** *Первая часть сложных слов со знач.:* 1) пурпурный (во 2 знач.), с пурпурным оттенком, напр. *пурпурно-красный, пурпурно-малиновый, пурпурно-розовый, пурпурно-фиолетовый;* 2) пурпурный (во 2 знач.) в сочетании с другим отдельным цветом, напр. *пурпурно-синий, пурпурно-чёрный.*

ПУРПУ́РНЫЙ, -ая, -ое, **ПУ́РПУРНЫЙ**, -ая, -ое *и* **ПУРПУ́РОВЫЙ**, -ая, -ое. Цвета пурпура, ярко-красный. *П. плащ.* ‖ *сущ.* **пурпу́рность**, -и, *ж. и* **пу́рпурность**, -и, *ж.*

ПУСК, -а, *м.* **1.** *см.* пустить. **2.** Момент приведения в движение (спец.). *Команда: П.*

ПУСКА́Й, *частица и союз* (разг.). То же, что пусть. *П. играет музыка. П. ошибётся, его поправят. Я. не прав, п. так. Тебя обманывают. — П.* ✦ **Пускай его (её, их)** (разг.) — то же, что пусть его (её, их). **Пускай бы**, *союз и частица* — то же, что пусть бы (в 1 и 2 знач). **Пускай... но**, *союз* — то же, что пусть... но. **Пускай... зато**, *союз* — то же, что пусть... зато. *Пускай неопытен, зато энергичен.*

ПУСКА́ТЬ, -СЯ *см.* пустить, -ся.

ПУСКО... *Первая часть сложных слов со знач.* относящийся к пуску (см. пустить в 3 знач.), к приведению в действие, в рабочее состояние, напр. *пусконаладочный, пускорегулировочный, пускорегулирующий.*

ПУСТЕЛЬГА́, -и́. **1.** *ж.* Хищная птица сем. соколиных. **2.** *м. и ж.* Легкомысленный, пустой человек (разг. неодобр.).

ПУСТЕ́ТЬ (-е́ю, -е́ешь, 1 и 2 л. не употр.), -е́ет; *несов.* Лишаться содержимого, становиться пустым, пустынным, пустыннее. *Ночью улицы пустеют. Пустеют поля. Взгляд пустеет* (перен.: становится отсутствующим). ‖ *сов.* **опусте́ть** (-е́ю, -е́ешь, 1 и 2 л. не употр.), -е́ет. ‖ *сущ.* **опусте́ние**, -я, *ср.*

ПУСТИ́ТЬ, пущу́, пу́стишь; пу́щенный; *сов.* **1.** *кого-что.* Перестав держать, дать кому-чему-н. свободу, выпустить. *П. птицу на волю. Пусти мою руку!* **2.** *кого-что.* Разрешить, дать возможность кому-чему-н. идти или войти куда-н. *П. стадо в поле. П. детей в театр. П. в вагон. П. ночевать. П. в отпуск* (дать отпуск). *П. жильцов* (поселить у себя). **3.** *что.* Привести в движение, в действие, в рабочее состояние. *П. часы. П. поезда. П. завод, установку.* **4.** *кого-что.* Заставить или дать возможность кому-н. двигаться каким-н. образом или куда-н. *П. лошадь шагом. П. полк в обход. П. поезд под откос.* **5.** *кого-что.* В сочетании с существительными употр. в знач. подвергнуть чему-н. или обратить для какой-н. надобности, направить в какую-н. сферу деятельности. *П. в продажу. П. поле под рожь.* **6.** *что.* Распространить, разгласить (разг.). *П. слух.* **7.** *что или чем.* Бросить в кого-что-н., направить в кого-что-н. *П. стрелу. П. камень или камнем в окно. П. себе пулю в лоб* (застрелиться). *П. деньги на ветер* (перен.: истратить зря, впустую). **8.** (1 и 2 л. не употр.), *что.* Выпустить из себя росток, корни. *П. отросток. П. корни* (также перен.: прочно обосноваться где-н.; разг.). **9.** *что.* Крася, вышивая, придать чему-н. какой-н. оттенок, прибавить какой-н. цвет (разг.). *П. колер. П. по краям зелёным.* **10.** *что.* То же, что впустить (во 2 знач.) (разг.). *П. пар в трубы. П. капли в нос.* ✦ **Пустить слезу** (разг. ирон.) — заплакать. **Пустить кровь** (устар.) — сделать кровопускание. ‖ *несов.* **пуска́ть**, -а́ю, -а́ешь. ‖ *сущ.* **пуск**, -а, *м.* (к 3 знач.). *П. ракеты.* ‖ *прил.* **пусково́й**, -а́я, -о́е (к 3 знач.). *Пусковая стройка. Пусковая установка.*

ПУСТИ́ТЬСЯ, пущу́сь, пу́стишься; *сов., во что и с неопр.* (разг.). **1.** Отправиться куда-н., а также побежать, быстро двинуться куда-н. *П. в путь, в путешествие, в плавание. П. бегом, наутёк, стремглав. П. вскачь, рысью, галопом.* **2.** Начать делать что-н. в соответствии со значением существительного или неопределённого наклонения. *П. в пляс. П. в рассуждения. П. бежать. П. спорить.* ‖ *несов.* **пуска́ться**, -а́юсь, -а́ешься.

ПУСТОБРЁХ, -а, *м.* и **ПУСТОБРЁШКА**, -и, *м. и ж.* (прост.). Враль, болтун, пустослов.

ПУСТОВА́ТЬ (-ту́ю, -ту́ешь, 1 и 2 л. не употр.), -ту́ет; *несов.* О помещении, месте: быть пустым, незанятым. *Помещение пустует. Поля пустуют.*

ПУСТОГОЛО́ВЫЙ, -ая, -ое; -о́в (разг.). Глупый, несерьёзный. *П. человек.* ‖ *сущ.* **пустоголо́вость**, -и, *ж.*

ПУСТОЗВО́Н, -а, *м.* (разг.). Пустослов, пустомеля.

ПУСТОЗВО́НИТЬ, -ню, -нишь; *несов.* (разг.). Заниматься пустыми разговорами вместо дела. ‖ *сущ.* **пустозво́нство**, -а, *ср.*

ПУСТО́Й, -а́я, -о́е; пуст, пуста́, пу́сто, пусты́ *и* пу́сты. **1.** Ничем не заполненный, полый внутри, лишённый содержимого. *П. чемодан. Пустые карманы. В комнате пусто* (в знач. сказ.). *Пустые улицы. На п. желудок* (не поевши; разг.). *Пустая горная порода* (не имеющая практической ценности; спец.). *П. взгляд* (перен.: отсутствующий, ничего не выражающий). **2.** *перен.* Бессодержательный, неосновательный, несерьёзный. *П. разговор. По-пустому* (нареч.) *тратить время. П. человек. Пустая книга. Пустая затея. Пустое дело* (незначительное). *Это пустое или пустое!* (в знач. сущ.; это мелочь, не стоит об этом говорить, обращать на это внимание). ✦ **С пустыми руками** (разг.) — ничего не принеся, а также ничего не получив. **Чтоб тебе (ему, вам) пусто было!** (прост.) — выражение досады, злобы. ‖ *сущ.* **пустота́**, -ы́, *ж. П. осенних полей.*

ПУСТОЛА́ЙКА, -и, *род. мн.* -а́ек, *ж.* Собака, лающая по-пустому, попусту. *Дворняжка-п.*

ПУСТОМЕ́ЛЯ, -и, *род. мн.* -е́ль *и* -лей, *м. и ж.* (разг.). То же, что пустослов.

ПУСТОПОРО́ЖНИЙ, -яя, -ее (разг.). То же, что пустой (во 2 знач.). *П. спор. Пустопорожняя затея.*

ПУСТОСЛО́В, -а, *м.* (разг.). Человек, к-рый занимается пустословием. ‖ *ж.* **пустосло́вка**, -и.

ПУСТОСЛО́ВИЕ, -я, *ср.* Пустые, бесплодные разговоры. *Заниматься пустословием.* ‖ *прил.* **пустосло́вный**, -ая, -ое.

ПУСТОСЛО́ВИТЬ, -влю, -вишь; *несов.* (разг.). Заниматься пустословием.

ПУСТОТА́, -ы́, *мн.* -о́ты, -о́т, -о́там, *ж.* **1.** *см.* пустой. **2.** *ед.* Отсутствие интересов, стремлений (книжн.). *Душевная п.* **3.** Пустое (в 1 знач.) пространство (спец.). *Пустоты в литье.* ‖ *прил.* **пусто́тный**, -ая, -ое (к 3 знач.).

ПУСТОТЕ́ЛЫЙ, -ая, -ое (спец.). Полый внутри. *П. кирпич. П. стебель.* ‖ *сущ.* **пустоте́лость**, -и, *ж.*

ПУСТОЦВЕ́Т, -а, *м.* **1.** Однополый тычиночный цветок, а также вообще цветок, лишённый завязи, не дающий плодов. **2.** *перен.* Человек, не сделавший в жизни ничего полезного. *Всю жизнь прожил пустоцветом.* ‖ *прил.* **пустоцве́тный**, -ая, -ое (к 1 знач.).

ПУ́СТОШЬ, -и, *ж.* Невозделанный участок земли, заросший травами, мелким кустарником. ‖ *прил.* **пу́стошный**, -ая, -ое.

ПУСТЫ́ННИК, -а, *м.* (устар.). То же, что отшельник (в 1 знач.). ‖ *ж.* **пусты́нница**, -ы. ‖ *прил.* **пусты́links**нический, -ая, -ое.

ПУСТЫ́ННЫЙ, -ая, -ое; -нен, -нна. **1.** *см.* пустыня. **2.** Безлюдный, необитаемый. *П. остров.* **3.** Тихий, малолюдный. *Пустынные улицы.* ‖ *сущ.* **пусты́нность**, -и, *ж.*

ПУ́СТЫНЬ, -и, *ж.* **1.** Небольшой монастырь в труднодоступной пустынной местности. **2.** Место, где живёт пустынник. ‖ *прил.* **пу́стынский**, -ая, -ое.

ПУСТЫ́НЯ, -и, *ж.* **1.** Большое, не заселённое людьми пространство, лишённое растительности или со скудной растительностью. *Безводная п. Ледяная, снежная п.* (перен.: о больших пространствах льда, снега). **2.** Безлюдная или малонаселённая местность (устар.). *Уединиться от молвы в деревенской пустыне. Брошенные города обратились в пустыни.* ‖ *прил.* **пусты́нный**, -ая, -ое. *Пустынные районы, зоны. Пустынные растения.*

ПУСТЫ́РЬ, -я́, *м.* Незастроенное, запущенное место близ жилья или на месте бывшего жилья. *Городской п.* ‖ *прил.* **пусты́рный**, -ая, -ое.

ПУСТЫ́ШКА, -и, *ж.* (разг.). **1.** Полый, ничем не заполненный предмет. *Орех-п. Лотерейный билетик-п.* (на к-рый не выпал выигрыш). **2.** Резиновая трубочка в виде соска́, к-рую дают сосать младенцу. **3.** О ком-чём-н. пустом и легкомысленном, о чём-н. бессодержательном (о человеке — *м.* и *ж.*; пренебр.). *У этой пустышки только наряды на уме.*

ПУСТЬ. 1. *частица.* Образует повелительное наклонение глагола и вносит в предложение значение побудительности, волеизъявления. *П. идёт. Хорошо, п. я пойду первым. П. всегда будет радость!* **2.** *союз.* Положим, допустим, хотя бы, хотя и. *П. он ошибся, ошибку можно исправить. П. он не отличник, дело не в этом.* **3.** *частица.* Выражает допущение, принятие, готовность согласиться (разг.). *Ну п., я согласен. Он берёт твои вещи. — П.* ✦ **Пусть... но,** *союз* — то же, что пусть (во 2 знач.). *Задача пусть трудная, но выполнимая.* **Пусть... зато,** *союз* — пусть (во 2 знач.), пусть... но. *Пусть устал, зато доволен.* **Пусть его (её, их)** (разг.) — выражение снисходительного или безразличного согласия, ладно, пусть себе. *Пусть его шумит. Бранятся? Пусть их!* **Пусть бы,** *частица* — выражает значение допущения или желательности (часто ирон.). *Они думают, всё так просто: пусть бы сами попробовали. Пусть бы сами поработали!* **Пусть бы ... а то,** *союз двухместный* — выражает допущение нежелательного, но не худшего по сравнению с другим. *Пусть бы ветер, а то ещё и дождь. Пусть бы ворчал, а то ещё и ругается.* **Пусть бы... лишь бы (только бы),** *союз двухместный* — выражает принятие нежелательного при условии, что состоится что-н. желательное. *Пусть бы ворчал, лишь бы (только бы) дело делал. Пусть бы бедность, лишь бы (только бы) лишь в яме.* **Пусть бы ... лишь бы не (только не, только бы не),** *союз двухместный* — выражает допущение нежелательного, но предпочитаемого другому, ещё более нежелательному. *Пусть бы ветер, лишь бы дождя не было. Пусть бы ветер, только бы не дождь.* **Пусть так** (разг.) — то же, что пусть (в 3 знач.).

ПУСТЯ́К, -а́, *м.* **1.** Мелкое, ничтожное обстоятельство, безделица (в 1 знач.). *Сердится из-за пустяков.* **2.** Незначительный, нестоящий предмет, безделица (во 2 знач.) (разг.). *Подарил какой-т. п.* **3.** обычно *мн.* *О чём-н. неважном, несущественном, не имеющем значения (разг.). Пустяки, всё уладится. Ушибся? — Пустяки!* ✦ **Пара пустяков** (разг.) — совершенный пустяк (в 1 знач.), пустяковое дело. ‖ *уменьш.* **пустячо́к**, -чка́, *м.* (ко 2 знач.).

ПУСТЯКО́ВИНА, -ы, *ж.* (прост.). То же, что пустяк (в 1 и 2 знач.).

ПУСТЯКО́ВЫЙ, -ая, -ое и **ПУСТЯ́ЧНЫЙ** [*шн*], -ая, -ое (разг.). **1.** Представляющий собой пустяк, ничтожный. *П. повод. Пустяковое дело* (легко выполнимое). **2.** О человеке: легкомысленный, несерьёзный, несолидный. *П. мужичонка.* ‖ *сущ.* **пустя́чность** [*шн*], -и, *ж.*

ПУТА́НА, -ы, *ж.* (разг.). То же, что проститутка (обычно валютная).

ПУ́ТАНИК, -а, *м.* (разг.). Человек, к-рый плохо разбирается в чём-н., путает себя и других.

ПУ́ТАНИЦА, -ы, *ж.* Нечто запутанное, неясное, бестолковое. *П. в рассуждениях, в мыслях. П. вышла (получилась).*

ПУ́ТАНЫЙ, -ая, -ое; -ан. **1.** *полн. ф.* Спутанный, запутанный; извилистый. *Путаная шевелюра. Путаные нитки. Путаная тропинка. П. звериный след.* **2.** Нелогичный, сбивающий с толку. *Путаные объяснения.* **3.** *полн. ф.* Свойственный путанику, лишённый ясности в мыслях (разг.). ‖ *сущ.* **пу́таность**, -и, *ж.* (ко 2 знач.).

ПУ́ТАТЬ, -аю, -аешь; -анный; *несов.* **1.** *что.* Приводить в беспорядок, нарушать обычное расположение чего-н. *П. пряжу. П. волосы. П. бумаги на столе.* **2.** *что.* Говорить, рассказывать сбивчиво, без логической связи (разг.). *Не путай, говори толком.* **3.** *кого (что).* Сбивать с толку, мешать ходу мысли у кого-н. *П. кого-н. вопросами.* **4.** *кого (что) во что.* Делать кого-н. соучастником в чём-н. (разг. неодобр.). *П. в неблаговидное дело.* **5.** *кого-что.* Ошибочно принимать одного (одно) за другого (другое). *П. чьи-н. имена.* **6.** *что.* Смешивать, соединять одно с другим. *П. русскую речь с французской.* ‖ *сов.* **впу́тать**, -аю, -аешь (к 4 знач.), **запу́тать**, -аю, -аешь (к 1, 2, 3 и 4 знач.), **перепу́тать**, -аю, -аешь (к 1, 2, 5 и 6 знач.) *и* **спу́тать**, -аю, -аешь (к 1, 2, 3 и 5 знач.).

ПУ́ТАТЬСЯ, -аюсь, -аешься; *несов.* **1.** (1 и 2 л. не употр.). Приходить в беспорядок, беспорядочно переплетаться. *Нитки путаются.* **2.** (1 и 2 л. не употр.), *перен.* Развиваться сбивчиво, протекать беспорядочно (разг.). *Мысли путаются.* **3.** Сбиваться с толку, теряя связь в изложении. *П. в рассказе.* **4.** *во что.* Вмешиваться во что-н. (разг. неодобр.). *П. не в своё дело.* **5.** Находиться, ходить где-н. без особой цели (разг. неодобр.). *Путался где-то весь вечер. П. под ногами* (мешать кому-н. своим присутствием). **6.** *с кем.* Общаться с каким-н. подозрительным человеком, с подозрительными людьми (прост. неодобр.). *Зачем ты путаешься с этим проходимцем?* **7.** *с кем.* Находиться в любовных отношениях (разг. неодобр.). ‖ *сов.* **впу́таться**, -аюсь, -аешься (к 4 знач.), **запу́таться**, -аюсь, -аешься (к 1, 2 и 3 знач.), **перепу́таться**, -ается (к 1 и 2 знач.) *и* **спу́таться**, -аюсь, -аешься (к 1, 2, 3, 6 и 7 знач.).

ПУТЕВОДИ́ТЕЛЬ, -я, *м.* Справочник о каком-н. историческом месте, музее, туристском маршруте. *П. по городу. П. по Подмосковью. П. по Эрмитажу.*

ПУТЕВО́ДНЫЙ, -ая, -ое (устар. и высок.). Указывающий путь, направление пути. *П. огонь. П. маяк.* ✦ **Путеводная звезда** (высок.) — о том, кто (что) определяет чей-н. жизненный путь, развитие деятельности [*первонач.*, по библейской легенде, о звезде, указавшей волхвам путь к месту рождения Христа]. **Путеводная нить** (высок.) — то, что помогает найти правильный путь, ведёт к правильному решению.

ПУТЕВО́Й, -а́я, -о́е. **1.** *см.* путь. **2.** Относящийся к путешествию (устар.). *Путевые записки. Путевые издержки.*

ПУТЕ́ЕЦ, -е́йца, *м.* Специалист по строительству, ремонту и содержанию железных дорог; работник путевого хозяйства железных дорог. *Инженер-п.*

ПУТЕ́ЙСКИЙ, -ая, -ое. Относящийся к наземным путям сообщения. *Путейское хозяйство.*

ПУТЕОБХО́ДЧИК, -а, *м.* Рабочий, следящий за исправным состоянием железнодорожных путей. ‖ *ж.* **путеобхо́дчица**, -ы.

ПУТЕПРОВО́Д, -а, *м.* Мост через сухопутные пути (или над сухопутным путём) на месте их пересечения. ‖ *прил.* **путепрово́дный**, -ая, -ое.

ПУТЕУКЛА́ДЧИК, -а, *м.* (спец.). Машина для укладки рельсового пути целыми звеньями или плетями (в 3 знач.).

ПУТЕШЕ́СТВЕННИК, -а, *м.* Тот, кто путешествует. *Знаменитые русские путешественники.* ‖ *ж.* **путеше́ственница**, -ы.

ПУТЕШЕ́СТВИЕ, -я, *ср.* Поездка или передвижение пешком по каким-н. местам, странам (обычно для ознакомления или отдыха). *Кругосветное п. П. по родной стране. Жанр путешествий* (повествовательная литература о путешествиях, странствованиях).

ПУТЕШЕ́СТВОВАТЬ, -твую, -твуешь; *несов.* Совершать путешествие. *Отправиться п. П. по стране.*

ПУТЁВКА, -и, *ж.* **1.** Удостоверение о направлении, командировании куда-н. *П. в санаторий, на курорт.* **2.** Листок у водителей транспорта с указанием маршрута и выполняемого задания. ✦ **Путёвка в жизнь** — о поворотном моменте в начале жизни, к-рый открывает новую дорогу, путь к полезной деятельности. *Старый мастер дал пареньку путёвку в жизнь.* ‖ *прил.* **путёвочный**, -ая, -ое.

ПУТЁВЫЙ, -ая, -ое (разг.). Дельный, такой, как нужно. *П. паренёк. Путёво* (нареч.) *распорядиться.*

ПУТЁМ, *нареч.* (прост.). Как следует, толком. *П. ничего не знает. Объясни п.* ✦ **Всё путём** — всё в порядке, как следует.

ПУ́ТИК, -а, *м.* (обл. и спец.). Охотничья тропа, дорожка, протоптанная или прорубленная в лесу. ‖ *прил.* **пу́тиковый**, -ая, -ое.

ПУТИ́НА, -ы, *ж.* Время промыслового лова рыбы. *Весенняя п.* ‖ *прил.* **пути́нный**, -ая, -ое.

ПУТЛЯ́ТЬ, -я́ю, -я́ешь; *несов.* (прост.). Ходить не по прямой линии, бродить без определённой цели. *П. по лесу.*

ПУ́ТНИК, -а, *м.* Тот, кто совершает далекий путь пешком, странник. *Одинокий п.* ‖ *ж.* **пу́тница**, -ы.

ПУ́ТНЫЙ, -ая, -ое (разг.). Дельный, толковый. *П. наставник. П. разговор. Ничего путного* (сущ.) *из этого не выйдет.*

ПУТЧ, -а, *м.* Попытка государственного переворота, организованного группой заговорщиков, а также сам такой переворот. ‖ *прил.* **путчи́стский**, -ая, -ое.

ПУТЧИ́СТ, -а, *м.* Участник путча. ‖ *прил.* **путчи́стский**, -ая, -ое.

ПУ́ТЫ, пут, пу́там. **1.** Верёвка или ремень, к-рыми стягивают ноги животного, чтобы ограничить свободу передвижения. **2.** Верёвка, ремни, стягивающие тело пленника, узника (устар.). *П. на руках и ногах.* **3.** *перен.* То, что сковывает, порабощает, лишает свободы (высок.). *П. рабства.*

ПУТЬ, -и́, путём, о пути́, *мн.* -и́, -е́й, -я́м, *м.* **1.** То же, что дорога (в 1 знач.). *Широкий п. На обочине пути. Каменистый п. Горные пути. Расчистить п.* (также перен., *кому-чему:* дать возможность свободно действовать, развиваться). *Куда п. держите?* (куда направляетесь?). **2.** Место, линия в пространстве, где происходит передвижение, сообщение. *Воздушные пути. Водные пути. Пути сообщения* (железнодорожные, автомобильные, воздушные, водные). **3.** Железнодорожная колея, линия. *Служба пути. Запасный п. Ремонт путей. П. открыт* (о соответствующем сигнале светофора, семафора). **4.** То же, что дорога (во 2, 3 и 4 знач.). *Жизненный п.* (перен.: жизнь человека). *Сбиться с пути* (также перен.). *В последний п. провожать кого-н.* (перен.: хоронить; высок.). *Стоять поперёк пути кому-н.* или *на пути у кого-н.* (также перен.: служить препятствием, мешать кому-н.). *Счастливого пути!* и *счастливый п.!* (прощальное пожелание уезжающему, уходящему). *Во время пути. В пути кто-н.* (едет или идёт, направляется куда-н.). *Наш п. лежит на север. Не ищет лёгких путей кто-н.* (перен.: не боится трудностей). *Идти своим путём* (также перен.: никому не подражая, действуя самостоятельно). *П. развития. Направить на п. истины. Действовать мирным путём.* **5.** Польза, толк (прост.). *В этом парне пути не будет. В мальчишке будет п.* **6.** путём, *предлог с род. п.* Посредством, при помощи чего-н. *Решить задачу путём сложных вычислений. Добиться своего путём обмана.* ✦ **Дыхательные пути** (спец.) — полые органы, проводящие воздух к лёгким. **На пути** *чего, в знач. предлога с род. п.* — в чём-н., в направлении чего-н. *Сделать многое на пути рационализации.* **На пути к** *чему, в знач. предлога с дат. п.* — по направлению к чему-н. *На пути к дому построили подземный переход. Быть на пути к истине.* **Без пути** (устар. прост.) — зря, напрасно. *Браниться без пути.* **По пути** — 1) *с кем,* по одному направлению, по той же самой дороге, по дороге (во 2 знач.). *Пойдём вместе, нам с тобой по пути. Иди один, нам не по пути;* 2) *с кем-чем,* обычно *с отриц.;* (о совпадении целей, задач, по дороге (в 3 знач.). *С рутинёрами нам не по пути.* **По пути** *чего, в знач. предлога с род. п.* — в направлении чего-н. *Идти по пути прогресса.* **Пути не будет** *кому* (разг.) — не будет удачи в пути. **Путь-дорога** (устар. разг.) — то же, что путь (в 4 знач.). **Пути-дороги** (разг.) — о чьей-н. долгой и непростой жизни, о чьих-н. сложных судьбах. **Пути** *чьи (кого)* **разошлись** — то же, что дороги разошлись (см. дорога). **Таким путём** (прост.) — так, таким образом. ‖ *прил.* **путево́й**, -ая, -ое (к 1, 2, 3 и 4 знач.). *П. обходчик. П. знак.*

ПУФ, -а, *м.* Предмет мебели — низкое мягкое сиденье без спинки.

ПУХ, -а (-у), о пу́хе, в пуху́, *м.* **1.** Мягкие и нежные волоски под шёрстным покровом животных; у птиц — разновидность перьев, ближайшие к коже мелкие пёрышки, покрытые такими волосками. *Козий п. Лебяжий п. Лёгкий как п.* **2.** Тонкие лёгкие волоски на коже. *П. на щеках у ребёнка.* **3.** Тонкие волоконца на растениях, плодах, семенах. *П. на персиках. Хлопковый п. Тополиный п.* ✦ **В пух (и прах)** (разг.) — совершенно, окончательно, до основания. *Разбить в пух и прах. Разбранить в пух и прах. Разругались в пух (и прах). Продулся в пух.* **В пух** (разодеться, разфрантиться и т. п.) (разг.) — пышно, богато. *Расфрантился в пух.* **Ни пуха ни пера (и Ни пера)!** (разг.) — пожелание удачи [*первонач.* охотнику]. **Пусть земля будет пухом** *кому* (высок.) — на похоронах: последние слова прощания с умершим. ‖ *уменьш.* **пушо́к**, -шка́, *м. П. на губах* (пробивающиеся усики). ‖ *прил.* **пухо́вый**, -ая, -ое (к 1 знач.) и **пухово́й**, -а́я, -о́е (к 1 знач.). *Пуховый платок* (из козьего пуха). *Пуховые перья* (у птиц: предохраняющие тело от холода).

ПУХЛОЩЁКИЙ, -ая, -ое; -ёк. С пухлыми щеками. *П. ребёнок.* ‖ *сущ.* **пухлощёкость**, -и, *ж.*

ПУ́ХЛЫЙ, -ая, -ое; пухл, пухла́, пу́хло. **1.** Округлый и мягкий, несколько вздутый. *Пухлые щёчки.* **2.** О рукописи, книге: толстый, большой (часто неодобр.). *П. том. Пухлое досье.* ‖ *сущ.* **пу́хлость**, -и, *ж.*

ПУ́ХНУТЬ, -ну, -нешь; пух *и* пу́хнул, пу́хла; пу́хший *и* пу́хнувший; пу́хши *и* пу́хнувши; *несов.* **1.** Становиться округлым, болезненно вздутым. *Щека пухнет. Ноги пухнут. Голова пухнет* (перен.: о состоянии умственного напряжения или невозможности что-н. воспринимать, слушать; разг.). **2.** (1 и 2 л. не употр.). Становиться пухлым (во 2 знач.) (часто неодобр.). *Диссертация пухнет.* **3.** (1 и 2 л. не употр.), *перен.* Излишне увеличиваться (разг. неодобр.). *Штаты учреждения пухнут.* ‖ *сов.* **вспу́хнуть**, -ну, -нешь; вспух, вспу́хла; вспу́хший; вспу́хши (к 1 знач.) *и* **опу́хнуть**, -ну, -нешь; опу́х, опу́хла; опу́хший; опу́хши (к 1 знач.).

ПУХО... *Первая часть сложных слов со знач.:* 1) относящийся к пуху (в 1 знач.), напр. *пуховязальный, пухоперовой, пухопрядение, пухоеды* (насекомые — паразиты птиц); 2) относящийся к пуху (в 3 знач.), напр. *пухоцвет* (злаковое растение).

ПУХОВИ́К, -а́, *м.* То же, что перина. *Спать на пуховиках.* **2.** Куртка или пальто на пуху.

ПУХО́ВКА, -и, *ж.* Род округлой мягкой распушённой кисточки для нанесения пудры.

ПУЧЕГЛА́ЗИЕ, -я, *ср.* Чрезмерная выпученность глаз.

ПУЧЕГЛА́ЗЫЙ, -ая, -ое; -а́з. С выпученными глазами. ‖ *сущ.* **пучегла́зость**, -и, *ж.*

ПУЧИ́НА, -ы, *ж.* **1.** Водоворот, а также провал в болоте. *Затянуло* (безл.) *в пучину кого-н.* **2.** Морская бездна (книжн.). **3.** *перен., чего.* Средоточие чего-н. угрожающего, гибельного (высок.). *П. бедствий.* **4.** Поднятие, вспучивание промёрзшего грунта (спец.). ‖ *прил.* **пучи́нный**, -ая, -ое (к 1 и 2 знач.).

ПУ́ЧИТЬ, -чу, -чишь; *несов.* (прост.). **1.** (1 и 2 л. не употр.), *кого-что.* Вздувать, делать выпуклым. *Река пучит льдины. Живот пучит* (безл.). **2.** *что.* То же, что таращить. *П. глаза.* ‖ *сов.* **вспу́чить**, -ит; -ченный (к 1 знач.) *и* **вы́пучить**, -чу, -чишь; -ченный (ко 2 знач.). ‖ *сущ.* **пу́ченье**, -я, *ср.* (к 1 знач.) *и* **вспу́чивание**, -я, *ср.* (к 1 знач.).

ПУ́ЧИТЬСЯ, -чусь, -чишься; *несов.* (прост.). **1.** (1 и 2 л. не употр.). Становиться выпуклым, вздутым. *Лёд на реке пучится. Живот пучится.* **2.** То же, что таращиться (неодобр.). *Глаза пучатся. Что ты на меня пучишься?* ‖ *сов.* **вспу́читься**, -ится (к 1 знач.) *и* **вы́пучиться**, -чусь, -чишься (ко 2 знач.).

ПУЧО́К, -чка́, *м.* **1.** Небольшой пук. *П. сена.* **2.** Множество чего-н. расходящегося из одной точки, источника. *П. лучей. Электронный п.* (спец.). **3.** Длинные пряди волос или коса, закрученная в узел. *П. на затылке. Уложить (свернуть, закрутить) косу в п.* ‖ *прил.* **пучко́вый**, -ая, -ое (ко 2 знач.).

ПУШБО́Л, -а, *м.* Спортивная командная игра на травяном поле с большим кожаным мячом, к-рый стараются протолкнуть в ворота соперника. *Конный п.* ‖ *прил.* **пушбо́льный**, -ая, -ое.

ПУ́ШЕЧНЫЙ *см.* пушка[1].

ПУШИ́НКА, -и, *ж.* Частичка пуха или чего-н. другого, лёгкостью напоминающего пух. *Как п. кто-что-н.* (лёгок, почти невесом).

ПУШИ́СТЫЙ, -ая, -ое; -и́ст. **1.** Покрытый мягким пухом или мягкой густой шерстью. *П. птенец. П. кот.* **2.** Очень мягкий и лёгкий, напоминающий собою пух. *Пушистые усы, волосы. Пушистая ткань* (с распушённой поверхностью). ‖ *сущ.* **пуши́стость**, -и, *ж.*

ПУШИ́ТЬ, -шу́, -ши́шь; -шённый (-ён, -ена́); *несов.* **1.** *что.* Делать пушистым. *П. шерсть. П. перья.* **2.** *перен., кого (что).* Бранить, ругать (разг.). ‖ *сов.* **распуши́ть**, -шу́, -ши́шь; -шённый (-ён, -ена́). ‖ *сущ.* **пуше́ние**, -я, *ср.* (к 1 знач.).

ПУ́ШКА[1], -и, *ж.* **1.** Длинноствольное артиллерийское орудие с отлогой траекторией для стрельбы на дальние расстояния. *Зенитная п. Противотанковая п. П.-гаубица. Пушкой не прошибёшь* (о большом количестве народа, а также об упрямом человеке, к-рого ничем не убедишь; разг.). *Из пушки по воробьям стрелять* (посл. о чрезмерных усилиях в незначительном деле). *Как из пушки* (резко и неожиданно; разг.). *Пушки вместо масла* (о наращивании военных расходов за счёт народного благосостояния; неодобр.). **2.** Аппарат специального назначения, по форме и способу действия напоминающий такое орудие (спец.). *Кобальтовая п.* (для лечения средствами радиоактивного излучения). *Пневматическая п.* (для образования акустических волн на дне моря). *Гарпунная п.* ‖ *уменьш.* **пу́шечка**, -и, *ж.* (к 1 знач.). ‖ *прил.* **пу́шечный**, -ая, -ое (к 1 знач.). *На* *п. выстрел не подпускать кого-н. куда-н.* (и близко не подпускать; разг.).

ПУ́ШКА²: на пушку (прост.) — 1) обманным путём. *На пушку взять кого-н.* (провести, обмануть); 2) даром, бесплатно. *На пушку получить что-то.*

ПУШКИНИА́НА, -ы, *ж.* Произведения литературы и искусства, посвящённые А. С. Пушкину. *Литературоведческая п. Художественная п.*

ПУШНИ́НА, -ы, *ж., собир.* Шкуры диких и разводимых в неволе зверей, идущие на мех, меховой товар. ‖ *прил.* **пушно́й**, -а́я, -о́е. *П. товар. П. промысел. П. аукцион. Пушные торги.*

ПУШНО́Й, -а́я, -о́е. **1.** *см.* пушнина. **2.** О звере: имеющий ценный мех. *Пушные звери.*

ПУШО́К *см.* пух.

ПУШТУ́НЫ, -ов, *ед.* -у́н, -а, *м.* То же, что афганцы. ‖ *ж.* **пушту́нка**, -и. ‖ *прил.* **пушту́нский**, -ая, -ое.

ПУ́ЩА, -и, *ж.* Большой и густой труднопроходимый лес. *Заповедная п.*

ПУ́ЩЕ, *нареч.* (устар. и прост.). Больше, сильнее. *Рассердился п. прежнего. П. глаза беречь* (как зеницу ока). *Охота п. неволи* (посл.). *П. прежнего* (еще сильнее; разг.).

ПУ́ЩИЙ, -ая, -ее (устар. и ирон.). В некрых сочетаниях: больший, наибольший. *К ещё пущей беде. К пущему огорчению. Для пущей важности, убедительности.*

ПУЭ́РТО-РИКА́НСКИЙ, -ая, -ое. **1.** *см.* пуэрториканцы. **2.** Относящийся к пуэрториканцам, к их языкам (испанскому, креольским языкам), национальному характеру, образу жизни, культуре, а также к Пуэрто-Рико, его территории, внутреннему устройству, истории; такой, как у пуэрториканцев, как в Пуэрто-Рико. *Пуэрто-риканский вариант испанского языка. Пуэрто-риканские округа. Пуэрто-риканский кофе* (сорт).

ПУЭРТОРИКА́НЦЫ, -ев, *ед.* -а́нец, -нца, *м.* Народ, составляющий основное население Пуэрто-Рико. ‖ *ж.* **пуэрторика́нка**, -и. ‖ *прил.* **пуэ́рто-рика́нский**, -ая, -ое.

ПФЕ́ННИГ, -а, *м.* Мелкая разменная монета в Германии.

ПЧЕЛА́, -ы́, *мн.* пчёлы, пчёл, пчёлам, *ж.* Жалящее летающее перепончатокрылое общественное насекомое, перерабатывающее нектар (во 2 знач.) в мёд. ‖ *уменьш.* **пчёлка**, -и, *ж.* ‖ *прил.* **пчели́ный**, -ая, -ое. *П. улей. Пчелиная семья* (колония медоносных пчёл, состоящая из рабочих пчёл, матки и трутней). *Пчелиное молочко* (секрет слюнных желёз рабочих пчёл, к-рым выкармливаются личинки; спец.). *П. яд* (секрет нитевидной железы жалящего аппарата рабочей пчелы).

ПЧЕЛОВО́Д, -а, *м.* Специалист по пчеловодству; человек, занимающийся разведением пчёл.

ПЧЕЛОВО́ДСТВО, -а, *ср.* Разведение пчёл как отрасль животноводства; вообще разведение пчёл. *Бортевое п.* (бортничество). ‖ *прил.* **пчелово́дный**, -ая, -ое *и* **пчелово́дческий**, -ая, -ое. *Пчеловодный инвентарь. Пчеловодческое хозяйство.*

ПЧЕЛОСЕМЬЯ́, -и́, *мн.* -се́мьи, -е́й, -ям, *ж.* (спец.). Сокращение: пчелиная семья.

ПЧЕЛОТЕРАПИ́Я, -и, *ж.* (спец.). То же, что апитерапия.

ПЧЕ́ЛЬНИК, -а, *м.* **1.** То же, что пасека. **2.** То же, что пасечник (устар.). ‖ *ж.* **пче́льница**, -ы (ко 2 знач.).

ПШЕНИ́ЦА, -ы, *ж.* Хлебный злак, а также зёрна его, из к-рых приготовляют белую муку. *Яровая п. Семенная п.* ‖ *уменьш.* **пшени́чка**, -и, *ж.* ‖ *прил.* **пшени́чный**, -ая, -ое.

ПШЕНИ́ЧНЫЙ, -ая, -ое. **1.** *см.* пшеница. **2.** *перен.* Коричневато-жёлтый и золотистый, цвета спелых колосьев пшеницы. *Пшеничные волосы. Пшеничные усы.*

ПШЕНО́, -а́, *ср.* Крупа из очищенного проса. ‖ *прил.* **пшённый**, -ая, -ое. *Пшённая каша.*

ПШИК, -а, *м.* (разг.). Ничто, пустота. *Остался один п. В п. превратилось что-н.* (ничего не осталось).

ПЫЖ, -а́, *м.* **1.** Прокладка из войлока или картона, отделяющая порох в патроне от пули, дроби. **2.** Стержень с пучком пеньки, ткани на конце для забивки заряда в дуло (устар.). ‖ *прил.* **пыжо́вый**, -ая, -ое.

ПЫ́ЖИК, -а, *м.* Телёнок северного оленя в возрасте до одного месяца, а также мех его. ‖ *прил.* **пы́жиковый**, -ая, -ое.

ПЫ́ЖИТЬСЯ, -жусь, -жишься; *несов.* (разг.). **1.** Стараться изо всех сил что-н. сделать (обычно безрезультатно). **2.** Держать себя напыщенно, важничать. ‖ *сов.* **напы́житься**, -жусь, -жишься (ко 2 знач.).

ПЫЛ, -а (-у), о пы́ле, в пылу́, *м.* **1.** Сильный жар от огня (прост.). *Пирожки с пылу, с жару.* **2.** Душевный подъём, горячность. *Юный п. В пылу сражения* (в самый разгар). *Охладить чей-н. п.* (ирон.).

ПЫЛА́ТЬ, -а́ю, -а́ешь; *несов.* **1.** (1 и 2 л. не употр.). Гореть, ярко освещая, излучая сильный жар. *Пылает огонь. Дрова пылают.* **2.** *перен.* Становиться красным, горячим от прилива крови. *Щёки пылают.* **3.** *перен., чем.* Глубоко предаваться какому-н. сильному чувству, страстно переживать что-н. *П. гневом. П. любовью.*

ПЫЛЕ... *Первая часть сложных слов со знач.* относящийся к пыли, напр. *пылевлагозащитный, пылевсасывающий, пылезащитный, пыленепроницаемый, пылеулавливающий, пылеугольный, пылезащищённость, пылеобразование, пылеотсос, пылеулавливатель.*

ПЫЛЕВИ́ДНЫЙ, -ая, -ое; -ден, -дна. Имеющий вид пыли, порошка. *Пылевидное топливо.* ‖ *сущ.* **пылеви́дность**, -и, *ж.*

ПЫЛЕСО́С, -а, *м.* Машина для удаления пыли посредством засасывания её струёй воздуха. ‖ *прил.* **пылесо́сный**, -ая, -ое.

ПЫЛЕСО́СИТЬ, -о́сю *и* -о́шу (в употреблении избегается), -о́сишь; *несов., что* (разг.). Чистить пылесосом. *П. ковёр.* ‖ *сов.* **пропылесо́сить**, -о́сю *и* -о́шу (в употреблении избегается), -о́сишь.

ПЫЛИ́НКА, -и, *ж.* Частица пыли.

ПЫЛИ́ТЬ, -лю́, -ли́шь; *несов.* **1.** Подымая, наносить пыль. *П. веником. На дороге пылит* (безл.). **2.** *что.* Покрывать пылью. *П. одежду.* ‖ *сов.* **напыли́ть**, -лю́, -ли́шь (к 1 знач.) *и* **запыли́ть**, -лю́, -ли́шь; -лённый (-ён, -ена́) (ко 2 знач.).

ПЫЛИ́ТЬСЯ, -лю́сь, -ли́шься. Покрываться пылью. *Книги пылятся.* ‖ *сов.* **запыли́ться**, -лю́сь, -ли́шься.

ПЫ́ЛКИЙ, -ая, -ое; -лок, -лка́, -лко. Обладающий пылом (во 2 знач.), страстный, увлекающийся, горячий. *П. юноша. Пылкое воображение.* ‖ *сущ.* **пы́лкость**, -и, *ж.*

ПЫЛЬ, -и, о пы́ли, в пыли́, *ж.* Мельчайшие сухие частицы, носящиеся в воздухе или скапливающиеся на поверхности чего-н. *П. столбом стоит, клубится на дороге. Смести, смахнуть п. Аллергия на п. Угольная п. Производственные пыли. Космическая п.* (частицы твёрдого вещества в космосе). ✦ **Пыль в глаза пускать** (разг.) — хвастаясь, обманывать, форсить. ‖ *увел.* **пыли́ща**, -и, *ж.* ‖ *прил.* **пылево́й** -а́я, -о́е *и* **пы́льный**, -ая, -ое. *Пылевые частицы. Пылевые очки* (для защиты от пыли). *Пыльная буря* (вихри пыли, поднимаемые ветром после сильного перегрева почвы).

ПЫ́ЛЬНИК¹, -а, *м.* (спец.). Верхняя часть тычинки цветка, содержащая пыльцу. ‖ *прил.* **пы́льниковый**, -ая, -ое.

ПЫ́ЛЬНИК², -а, *м.* Лёгкое летнее пальто без подкладки, а также накидка, плащ, защищающие от пыли.

ПЫ́ЛЬНЫЙ, -ая, -ое; -лен, -льна́, -льно. **1.** *см.* пыль. **2.** Покрытый, пропитанный пылью. *Пыльная одежда.* **3.** *перен.*, обычно *с отриц.* Трудный и неприятный (о работе, должности) (прост.). *Работа не пыльная* (лёгкая, не требующая напряжения). *Работёнка не так чтобы слишком пыльная. Ему и здесь не пыльно* (в знач. сказ.; легко, приятно). **4.** *полн. ф.* Служащий для удаления пыли. *Пыльная тряпка.* ✦ **Пыльным мешком ударенный** (разг. шутл.) — о том, кто глуповат, чудаковат.

ПЫЛЬЦА́, -ы́, *ж.* Мужские половые клетки растения, находящиеся в тычинках. ‖ *прил.* **пыльцево́й**, -а́я, -о́е.

ПЫРЕ́Й, -я, *м.* Род многолетних трав сем. злаков. ‖ *прил.* **пыре́йный**, -ая, -ое.

ПЫРЯ́ТЬ, -я́ю, -я́ешь; *несов., кого-что* (прост.). Резко толкать или ударять. *П. кулаком.* ‖ *однокр.* **пырну́ть**, -ну́, -нёшь. *П. ножом.* ‖ *сущ.* **пыря́ние**, -я, *ср.*

ПЫТА́ТЬ, -а́ю, -а́ешь; пы́танный; *несов., кого (что).* **1.** Подвергать пытке (в 1 знач.). **2.** Расспрашивать, стараясь узнать что-н. (прост.). *Пытает, куда я ходил.*

ПЫТА́ТЬСЯ, -а́юсь, -а́ешься; *несов., с неопр.* То же, что стараться (во 2 знач.). *П. понять.* ‖ *сов.* **попыта́ться**, -а́юсь, -а́ешься.

ПЫ́ТКА, -и, *ж.* **1.** Физическое насилие, истязание при допросе. *Пытки в фашистских застенках. Орудия пытки.* **2.** *перен.* Нравственное мучение, терзание (книжн.). *Не жизнь, а п.* ‖ *прил.* **пы́точный**, -ая, -ое (к 1 знач.).

ПЫТЛИ́ВЫЙ, -ая, -ое; -и́в. **1.** Любознательный, пытающийся всё знать. *П. юноша. П. ум.* **2.** То же, что испытующий. *П. взгляд.* ‖ *сущ.* **пытли́вость**, -и, *ж.*

ПЫ́ХАТЬ, пышу, пышешь; *несов., чем.* **1.** (1 и 2 л. не употр.). Излучать (жар), быть жарким (разг.). *Печь пышет жаром. Пышет летний зной.* **2.** То же, что попыхивать (устар.). **3.** *перен.* В сочетании со словами «здоровье», «румянец», «веселье», «злоба»: активно обнаруживать состояние, указываемое существительным. *Лицо пышет здоровьем. Пышет весельем кто-н. П. гневом.* ‖ *однокр.* **пыхну́ть**, -ну́, -нёшь (к 1 и 2 знач.).

ПЫХТЕ́ТЬ, -хчу́, -хти́шь; *несов.* **1.** Тяжело дышать, напрягаясь. *П. от усталости.* **2.** *перен.* Трудиться, старательно делать что-н. (разг.). *П. над задачей.* **3.** (1 и 2 л. не употр.). Издавать звуки, выпуская газ, пар. *Труба пыхтит.*

ПЫ́ШЕЧНАЯ, -ой, *ж.* Закусочная с продажей пышек.

ПЫ́ШКА, -и, *ж.* **1.** Пышная круглая булочка. *Кому пышки, а кому синяки и шишки* (посл.: кому хорошее, а кому — одни неприятности). **2.** *перен.* О толстом пухлом ребёнке или женщине (разг.). ‖ *уменьш.* **пы́шечка**, -и, *ж.* ‖ *прил.* **пы́шечный**, -ая, -ое (к 1 знач.).

ПЫ́ШНЫЙ, -ая, -ое; -шен, -шна́, -шно, -шны́ *и* -шны. **1.** Лёгкий, как бы взбитый; пушистый. *Пышные волосы. П. мех. Пышное тесто. Расцвести пышным цветом* (об обильном цветении; также перен.: сильно разрастись, развиться). **2.** Роскошный, великолепный. *П. дворец. П. приём. Пышные слова* (напыщенные; неодобр.). ‖ *сущ.* **пы́шность, -и,** *ж.*

ПЬЕДЕСТА́Л, -а, *м.* **1.** Постамент, подножие статуи, декоративной вазы. *П. памятника. Свергнуть с пьедестала* (также перен.: лишить высокого положения, авторитета). *Поднять на п.* (также перен.: возвеличить, возвысить). **2.** Возвышение, на которое поднимается победитель (напр. в спортивных соревнованиях). *Подняться на п. почёта.* ‖ *прил.* **пьедеста́льный,** -ая, -ое.

ПЬЕ́СА, -ы, *ж.* **1.** Драматическое произведение для театрального представления. **2.** Небольшое музыкальное инструментальное лирическое или виртуозное сочинение. *П. для баяна.*

ПЬЯНЕ́ТЬ, -е́ю, -е́ешь; *несов.* Становиться пьяным (в 1 и 2 знач.). *П. от одной рюмки. П. от счастья.* ‖ *сов.* **запьяне́ть,** -е́ю, -е́ешь (по 1 знач. прил. пьяный; разг.) *и* **опьяне́ть,** -е́ю, -е́ешь. ‖ *сущ.* **опьяне́ние,** *-я, ср. Алкогольное о.*

ПЬЯНИ́ТЬ, -ню́, -ни́шь; -нённый (-ён, -ена́); *несов., кого-что.* Делать пьяным (в 1 и 2 знач.). *Вино пьянит. Радость пьянит. Пьянящий запах. Пьянящие звуки.* ‖ *сов.* **опьяни́ть,** -ню́, -ни́шь; -нённый (-ён, -ена́).

ПЬЯ́НИЦА, -ы, *м.* и *ж.* Человек, к-рый пьянствует, алкоголик. *Горький п.*

ПЬЯ́НКА, -и, *ж.* (прост. неодобр.). **1.** Распивание спиртных напитков. *Устроить пьянку.* **2.** Пьяное состояние, пьянство. *Прогулял по пьянке.*

ПЬЯ́НСТВО, -а, *ср.* Постоянное и неумеренное употребление спиртных напитков. *Борьба с пьянством.*

ПЬЯ́НСТВОВАТЬ, -твую, -твуешь; *несов.* Заниматься пьянством.

ПЬЯНЧУ́ГА, -и, *м.* и *ж.* (прост. презр.). То же, что пьяница. ‖ *уменьш.-уничи.* **пьянчу́жка,** -и, *м.* и *ж.*

ПЬЯ́НЫЙ, -ая, -ое; пьян, пьяна́, пья́но, пьяны́ и пья́ны. **1.** Возбуждённый от вина, одурманенный вином. *Пьяному* (сущ.) *море по колено* (посл.). *Пьяней вина* (совершенно пьян). **2.** *перен.* Вообще возбуждённый, как бы одурманенный. *Пьян любовью.* **3.** Свойственный нетрезвому человеку. *П. разговор. В пьяном угаре.* **4.** Приводящий в опьянение (разг.). *Пьяная брага.* ✦ **Под пьяную руку** (прост.) — будучи пьяным. **По пьяному делу или по пьяной лавочке** (прост.) — будучи пьяным, спьяну. **С пьяных глаз** (прост.) — спьяну. **Пьяны́м-пьяно́** (прост.) — кругом все пьяны.

ПЬЯНЬ, -и, *ж., собир.* (прост. презр.). Пьяные, пьющие люди.

ПЭР, -а, *м.* Высший дворянский титул в Англии, Франции, а также лицо, имеющее этот титул. ‖ *прил.* **пэ́рский,** -ая, -ое.

ПЭТЭУ́ШНИК, -а, *м.* (прост.). Учащийся профессионально-технического училища (ПТУ). ‖ *ж.* **пэтэу́шница,** -ы.

ПЮПИ́ТР, -а, *м.* Подставка для нот в виде наклонной рамы, доски, а также настольная подставка для книг.

ПЮРЕ́ [рэ], *нескл., ср.* Приправа к кушанью из протёртых овощей, а также вообще протёртая масса из фруктов, ягод или овощей. *Морковное п. Суп-п.*

ПЯДЕ́НИЦА, -ы, *ж.* Сумеречная или ночная бабочка, вредитель деревьев.

ПЯДЬ, -и, *мн.* и, -е́й и -ей, *ж.* Старинная русская мера длины, равная расстоянию между раздвинутыми большим и указательным пальцами. ✦ **Ни пяди** (не отдать, не уступить) — даже самой малой части. **Семи пядей во лбу** (разг.) — о том, кто очень умён.

ПЯ́ЛИТЬ, -лю, -лишь; *несов.*: **пялить глаза** *на кого-что* (прост. неодобр.) — смотреть напряжённо, не отрываясь, таращиться.

ПЯ́ЛИТЬСЯ, -люсь, -лишься; *несов.* (прост. неодобр.). **1.** *на кого-что.* То же, что пялить глаза. *П. на прохожих.* **2.** Высовываясь, тянуться куда-н. *П. из окна.*

ПЯ́ЛЬЦЫ, -лец. Рама для натягивания ткани для вышивания. *Сидеть за пяльцами.*

ПЯСТЬ, -и, *ж.* Часть кисти[2] между запястьем и основными фалангами пальцев (у животных — часть передней пятипалой конечности). ‖ *уменьш.* **пястка,** -и, *ж.* ‖ *прил.* **пя́стный,** -ая, -ое (спец.). *Пястные кости.*

ПЯТА́, -ы́, *мн.* пя́ты, пят, пята́м, *ж.* **1.** Пятка, а также ступня (вне устойчивых сочетаний с предлогами — устар.). *До пят* (об очень длинной, почти до земли одежде или косе). *По пятам ходить, гнаться за кем-н.* (следом за кем-н., не отставая). *Под пятой у кого-н.* (под гнётом, под властью; высок.). *С (от) головы до пят* (то же, что с головы до ног). **2.** Конец чего-н., являющийся опорой (спец.). *П. свода.* ‖ *прил.* **пя́товый,** -ая, -ое (ко 2 знач.) *и* **пя́тный,** -ая, -ое (ко 2 знач.).

ПЯТА́К, -а́, *м.* (разг.). То же, что пятачок (в 1 знач.). *П. цена кому-чему-н.* (то же, что грош цена кому-чему-н.). ‖ *прил.* **пятако́вый,** -ая, -ое.

ПЯТАЧО́К, -чка́, *м.* **1.** Монета или сумма в 5 копеек. **2.** Круглый кончик рыла у свиньи, кабана, медведя и нек-рых других животных. **3.** *перен.* Маленькая круглая площадка, а также вообще тесное, ограниченное пространство (разг.). *Вертолёт сел на бетонный п. Ютиться на пятачке.* ‖ *прил.* **пятачко́вый,** -ая, -ое (к 1 знач.).

ПЯТЕРИ́К, -а́, *м.* Старая русская мера в пять единиц веса или длины, а также предмет, содержащий пять каких-н. единиц. *Гиря-п. П. муки. П. свечей. Верёвка-п.* (в пять прядей). ‖ *прил.* **пятерико́вый,** -ая, -ое.

ПЯТЕРИ́ЧНЫЙ, -ая, -ое (устар.). В пять раз больший; состоящий из пяти каких-н. единиц.

ПЯТЕРНЯ́, -и́, *мн.* -и́, -е́й, *ж.* (разг.). Пять пальцев руки вместе с ладонью. *Залез в карман всей пятернёй.*

ПЯ́ТЕРО, -ы́х, -ы́м, *числит. собир.* **1.** С существительными мужского рода, обозначающими лиц, с личными местоимениями мн. ч. и без зависимого слова: количество пять. *П. братьев. П. помощников. П. слуг. П. детей. Нас п. Повстречал пятерых. Пятерым предлагал.* **2.** только *им.* и *вин. п.* С существительными, имеющими обычно мн. ч.: пять предметов. *П. суток. П. саней. П. щипцов. П. брюк.* **3.** обычно *им.* и *вин. п.* С нек-рыми существительными, обозначающими предметы, существующие или носимые в паре: пять пар. *П. сапог. Мороз, хоть п. рукавиц надевай.* ✦ **За пятерых** — так, как могут только пятеро. *Один за пятерых работает.*

ПЯТЁРКА, -и, *ж.* **1.** Цифра 5, а также (о сходных или однородных предметах) количество пять (разг.). *П. выведена тушью. Сливы разделили поровну: п. тебе, п. ему. Вся п. уселась в лодку* (т.е. все пять человек). **2.** Школьная учебная оценка «отлично». *Учиться на одни пятёрки.* **3.** Название чего-н., содержащего пять одинаковых единиц. *П. треф* (игральная карта). *Ходить с пятёрки* (т. е. с игральной карты в пять очков). **4.** Название чего-н. (обычно транспортного средства), обозначенного цифрой 5 (разг.). *Остановка пятёрки перенесена* (т. е. трамвая, троллейбуса, автобуса под номером 5). **5.** Пять рублей (разг.). ‖ *уменьш.* **пятёрочка,** -и, *ж.* ‖ *прил.* **пятёрочный,** -ая, -ое (ко 2 знач. и в нек-рых сочетаниях к 3 знач.).

ПЯТЁРОЧНИК, -а, *м.* (разг.). Ученик, постоянно получающий пятёрки, отличник. *Круглый п.* ‖ *ж.* **пятёрочница,** -ы.

ПЯТИ... *Первая часть сложных слов со знач.:* 1) содержащий пять каких-н. единиц, состоящий из пяти единиц, напр. *пятибалльный, пятиглавый, пятидневный, пятикопеечный, пятивёрстный, пятирублёвый, пятиугольный, пятиконечный;* 2) относящийся к пяти или к пятому, напр. *пятичасовой* (поезд), *пятиклассник, пятикурсник.*

ПЯТИАЛТЫ́ННЫЙ, -ого, *м.* (устар.). Монета или сумма в 15 копеек.

ПЯТИБО́РЕЦ, -рца, *м.* Спортсмен, участвующий в пятиборье, а также занимающийся современным пятиборьем. ‖ *ж.* **пятибо́рка,** -и.

ПЯТИБО́РЬЕ, -я, *ср.* Спортивное состязание по пяти видам спорта или по пяти видам упражнений в одном виде спорта. *Военно-прикладное п. Легкоатлетическое п. Современное пятиборье* (вид спорта, включающий конкур, фехтование на шпагах, стрельбу из пистолета, плавание и легкоатлетический кросс).

ПЯТИГОДИ́ЧНЫЙ, -ая, -ое. Продолжительностью в пять лет. *П. срок.*

ПЯТИДЕСЯТИЛЕ́ТИЕ, -я, *ср.* **1.** Срок в пятьдесят лет. *Прошло целое п.* **2.** *чего.* Годовщина события, бывшего пятьдесят лет тому назад. *П. события. П. театра.* **3.** *кого.* Чья-н. пятидесятая годовщина. *Праздновать своё п.* (пятидесятый день рождения). ‖ *прил.* **пятидесятиле́тний,** -яя, -ее.

ПЯТИДЕСЯТИЛЕ́ТНИЙ, -яя,-ее. **1.** *см.* пятидесятилетие. **2.** Существующий или просуществовавший, проживший пятьдесят лет.

ПЯТИДЕСЯ́ТНИК, -а, *м.* **1.** *мн.* Христианская секта, близкая к баптизму. **2.** Член такой секты. ‖ *ж.* **пятидеся́тница,** -ы (ко 2 знач.).

ПЯТИДНЕ́ВКА, -и, *ж.* (разг.). Часть недели в пять дней; пять рабочих дней недели. *Ребёнок в детском саду на пятидневке* (проводит там полные пять суток). ‖ *прил.* **пятидне́вочный,** -ая, -ое.

ПЯТИКЛА́ССНИК, -а, *м.* Ученик пятого класса. ‖ *ж.* **пятикла́ссница,** -ы.

ПЯТИКЛА́ШКА, -и, *м.* и *ж.* (прост.). То же, что пятиклассник, пятиклассница.

ПЯТИКНИ́ЖИЕ, -я, *ср.* В Библии: первые пять книг Ветхого Завета.

ПЯТИКО́МНАТНЫЙ, -ая, -ое. О доме, квартире: имеющий пять жилых комнат. *Пятикомнатная квартира.*

ПЯТИКОНЕ́ЧНЫЙ, -ая, -ое: **пятиконечная звезда** — один из символов безопасности, охраны; военная эмблема.

ПЯТИКРА́ТНЫЙ, -ая, -ое. Повторяющийся пять раз, увеличенный в пять раз. *Пятикратное напоминание. В пятикратном размере. П. чемпион* (пять раз завоевавший это звание). ‖ *сущ.* **пятикра́тность,** -и, *ж.*

ПЯТИЛЕ́ТИЕ, -я, *ср.* **1.** Срок в пять лет. **2.** *чего.* Годовщина события, бывшего пять лет тому назад. *П. завода* (пять лет со дня основания). ‖ *прил.* **пятиле́тний,** -яя, -ее.

ПЯТИЛЕ'ТКА, -и, *ж.* **1.** Пятилетний план развития экономики. **2.** То же, что пятилетие (в 1 знач.). *Перспективы на ближайшую пятилетку.*

ПЯТИЛЕ'ТНИЙ, -яя, -ее. **1.** *см.* пятилетие. **2.** Существующий или просуществовавший, проживший пять лет. *Пятилетнее отсутствие.*

ПЯТИМИНУ'ТКА, -и, *ж.* (разг.). **1.** Короткое совещание по производственным вопросам. *П. перед началом рабочего дня.* **2.** Кушанье, приготовляемое очень быстро. *Варенье-п.*

ПЯТИМИНУ'ТНЫЙ, -ая, -ое. Продолжительностью в пять минут. *П. перерыв. Пятиминутное дело* (непродолжительное).

ПЯТИПА'ЛЫЙ, -ая, -ое; -а́л. С пятью пальцами на руке, на ноге (о животном — на лапе).

ПЯТИРУБЛЁВКА, -и, *ж.* (разг.). Денежный знак достоинством в пять рублей.

ПЯТИСО'ТЕННЫЙ, -ая, -ое (разг.). **1.** Достоинством в пятьсот рублей. *Пятисотенная купюра.* **2.** Ценою в пять сотен. *П. ужин.*

ПЯТИСОТЛЕ'ТИЕ, -я, *ср.* **1.** Срок в пятьсот лет. **2.** *чего.* Годовщина события, бывшего пятьсот лет тому назад. *П. города* (пятьсот лет со дня основания). ‖ *прил.* **пятисотле́тний,** -яя, -ее.

ПЯТИСОТЛЕ'ТНИЙ, -яя, -ее. **1.** *см.* пятисотлетие. **2.** Существующий или просуществовавший пятьсот лет.

ПЯТИСТЕ'НКА, -и, *ж.* Деревенская изба, разгороженная внутри рубленой бревенчатой стеной. *Дом-п.*

ПЯТИТО'НКА, -и, *ж.* (разг.). Грузовой автомобиль грузоподъёмностью в пять тонн.

ПЯТИТЫ'СЯЧНЫЙ, -ая, -ое. **1.** *числит. порядк.* к пять тысяч. **2.** Ценою в пять тысяч. *Пятитысячное кольцо.* **3.** Состоящий из пяти тысяч единиц.

ПЯ'ТИТЬ, пя́чу, пя́тишь; *несов., кого-что* (разг.). Толкая, двигать назад. *П. лошадь.* ‖ *сов.* **попя́тить,** -я́чу, -я́тишь; -я́ченный.

ПЯ'ТИТЬСЯ, пя́чусь, пя́тишься; *несов.* Медленно идти назад, повернувшись спиной по направлению к движению. *П. задом.* ‖ *сов.* **попя́титься,** -я́чусь, -я́тишься.

ПЯТИУГО'ЛЬНИК, -а, *м.* Геометрическая фигура, ограниченная пятью пересекающимися прямыми, образующими пять внутренних углов, а также всякий предмет такой формы.

ПЯТИУГО'ЛЬНЫЙ, -ая, -ое. В форме пятиугольника, имеющий пять углов.

ПЯТИЧАСОВО'Й, -а́я, -о́е. **1.** Продолжительностью в пять часов. *Пятичасовое ожидание.* **2.** Назначенный на пять часов. *П. поезд.*

ПЯТИЭТА'ЖКА, -и, *ж.* (разг.). Стандартный дом в пять этажей.

ПЯ'ТКА, -и, *ж.* **1.** Задняя часть ступни, а также часть чулка или обуви, закрывающая её. *Пятки гудят* (от ходьбы, усталости; разг.). *Рваные пятки* (на чулках). *Показать пятки* (также перен.: обратиться в бегство; разг.). *Наступать на пятки кому-н.* (также перен.: догонять, настигать; разг.). *Только пятки сверкают или засверкали у кого-н.* (перен.: быстро бежит; разг.). **2.** Нижний, задний конец какого-н. устройства, приспособления (спец.). *П. косы.* ✦ **Левой пяткой** (делать что-н.) (прост. неодобр.) — плохо, кое-как. ‖ *прил.* **пя́точный,** -ая, -ое.

ПЯТНА'ДЦАТЬ, -и, *числит. колич.* Число и количество 15. ‖ *порядк.* **пятна́дцатый,** -ая, -ое.

ПЯТНА'ТЬ, -а́ю, -а́ешь; пя́тнанный; *несов.* **1.** *кого-что.* Оставлять пятна на чём-н. *П. грязью, краской.* **2.** *перен., кого-что.* Позорить, бесчестить. *П. репутацию.* **3.** *кого (что).* В игре в пятнашки: салить. ‖ *сов.* **запятна́ть,** -а́ю, -а́ешь; -я́тнанный. *Запятнан кровью чей-н. путь* (перен.: о том, кто убивал, истязал).

ПЯТНА'ШКИ, -шек. Детская игра, в к-рой один из участников бегает, бросая в других мячом или, догнав, касается рукой, салки. *Играть в п.*

ПЯТНИ'СТЫЙ, -ая, -ое; -и́ст. С пятнами, по цвету отличающимися от основной окраски. *П. олень. П. тюлень. Пятнистая сыпь* (в виде пятен). ‖ *сущ.* **пятни́стость,** -и, *ж.*

ПЯ'ТНИЦА, -ы, *ж.* Пятый день недели. *Семь пятниц на неделе у кого-н.* (о том, кто часто меняет свои мнения, решения; разг. шутл.). *Из-под пятницы суббота* (из-под верхней одежды видна нижняя; разг. шутл.). ‖ *прил.* **пя́тничный,** -ая, -ое (разг.).

ПЯТНО', -а́, *мн.* пя́тна, -тен, -тнам, *ср.* **1.** Место иной окраски на какой-н. поверхности, а также место, запачканное чем-н. *Красное п. на теле. Сальное п. на скатерти. Пятна крови на полу. Лицо пошло пятнами* (покрылось красными пятнами от волнения, гнева). *Белое п.* (на географической карте: обозначение неисследованной местности; также перен.: о чём-н. неизвестном, неизученном). *И на солнце бывают пятна* (даже у великих людей есть недостатки; часто ирон.). **2.** *перен.* Нечто позорящее, крайне неприятное. *П. на репутации. П. позора. Смыть п. со своего имени.* ‖ *уменьш.* **пятнышко,** -а, *ср.* (к 1 знач.).

ПЯТО'К, -тка́, *м.* (разг.). Пять одинаковых предметов, пять штук. *П. яиц.*

ПЯ'ТЫЙ, -ая, -ое. **1.** *см.* пять. **2. пя́тая,** -ой. Получаемый делением на пять. *Пятая часть. Одна пятая* (сущ.).

ПЯТЬ, пяти́, пятью́, *числит. колич.* **1.** Число, цифра и количество 5. *За́ пять дней и за пя́ть дней. На́ пять дней и на пя́ть дней. По п. дней.* **2.** *нескл.* То же, что пятёрка (во 2 знач.). *За сочинение получил п.* ✦ **Дай пять!** (прост.) — давай пожму твою руку. ‖ *порядк.* **пя́тый,** -ая, -ое. ✦ **С пятого на десятое** (рассказывать, пересказывать) (разг. шутл.) — сбивчиво, перескакивая с одного на другое. **Пятый пункт** — 1) пункт в анкете о национальности; 2) принадлежность к еврейской нации (разг. шутл.). *Не прошёл по конкурсу из-за пятого пункта.* **Пятое колесо в телеге** (разг.) — о ком-чём-н. лишнем, ненужном. **Как собаке пятая нога нужно** *что* **(нужен** *кто***)** *кому* (прост.) — совершенно не нужен, не нужно.

ПЯТЬДЕСЯ'Т, пяти́десяти, пятью́десятью, *числит. колич.* Число и количество 50. *Ему уже за п.* (больше пятидесяти лет). *Под п. кому-н.* (скоро будет 50 лет). ‖ *порядк.* **пятидеся́тый,** -ая, -ое.

ПЯТЬСО'Т, пятисо́т, пятиста́м, пятьюста́ми, о пятиста́х, *числит. колич.* Число и количество 500. ‖ *порядк.* **пятисо́тый,** -ая, -ое.

ПЯ'ТЬЮ, *нареч.* В умножении: пять раз. *П. пять — двадцать пять.*

Р

РАБ, -а́, *м.* **1.** В рабовладельческом обществе: человек, лишённый всех прав и средств производства и являющийся полной собственностью владельца, распоряжающегося его трудом и жизнью. *Труд рабов. Торговля рабами. Восстание рабов.* **2.** *перен.* Зависимый, угнетённый человек. **3.** *перен., кого-чего.* Человек, к-рый целиком подчинил кому-чему-н. себя, свою волю, поступки (книжн.). *Р. страстей. Р. своих привычек. Превратить друга в раба.* ‖ *ж.* **рабы́ня,** -и (к 1 знач.) *и* **раба́,** -ы́ (только ед.). ‖ *прил.* **ра́бский,** -ая, -ое. *Р. труд* (также перен.: по принуждению). *Рабски* (нареч.) *любить кого-н.*

РАБ... *Первая часть сложных слов со знач.* рабочий², напр. *рабкор, рабсила, рабфак.*

РАБКО'Р, -а, *м.* Сокращение: рабочий корреспондент — нештатный корреспондент (в 1 знач.) из рабочей среды. ‖ *ж.* **рабко́рка,** -и (разг.). ‖ *прил.* **рабко́ровский,** -ая, -ое (разг.) *и* **рабко́рский,** -ая, -ое (разг.).

РАБОВЛАДЕ'ЛЕЦ, -льца, *м.* Человек, владеющий рабами (в 1 знач.). ‖ *ж.* **рабовладе́лица,** -ы. ‖ *прил.* **рабовладе́льческий,** -ая, -ое. *Рабовладельческие плантации.*

РАБОВЛАДЕ'НИЕ, -я, *ср.* Владение рабами (в 1 знач.). ‖ *прил.* **рабовладе́льческий,** -ая, -ое. *Р. строй.*

РАБОЛЕ'ПНЫЙ, -ая, -ое; -пен, -пна. Рабски льстивый, угодливый. *Раболепное поведение.* ‖ *сущ.* **раболе́пие,** -я, *ср. и* **раболе́пность,** -и, *ж.*

РАБОЛЕ'ПСТВОВАТЬ, -твую, -твуешь; *несов.* Вести себя раболепно, быть раболепным. *Р. перед кем-н.* ‖ *сущ.* **раболе́пство,** -а, *ср.*

РАБО'ТА, -ы, *ж.* **1.** Процесс превращения одного вида энергии в другой (спец.); вообще нахождение в действии. *Единица работы* (джоуль). *Бесперебойная р. машины. Р. сердца. Р. мысли.* **2.** Занятие, труд, деятельность. *Физическая, умственная р. Ответственная р. Срочная р. Общественная р. Р. по специальности. Провести большую работу.* **3.** Служба, занятие как источник заработка. *Постоянная, временная р. Выйти на работу. Снять с работы. Поступить на работу.* **4.** *мн.* Производственная деятельность по созданию, обработке чего-н. *Сельскохозяйственные работы. Ремонтные работы.* **5.** Продукт труда, готовое изделие. *Печатные работы. Выставка работ художника.* **6.** Материал, подлежащий обработке, находящийся в процессе изготовления. *Надомники берут работу на́ дом.* **7.** Качество, способ исполнения. *Топорная р. Вещь превосходной работы.* ✦ **В работу взять** *кого* (разг.) — оказать решительное воздействие на кого-н. **Чья работа?** (разг.) — кто это сделал, чьих рук дело? **Моя (твоя, его и т. д.) работа** (разг.) — это сделал я (ты, он и т. д.). *Разбитое стекло — твоя работа.* ‖ *уменьш.* **рабо́тка,** -и, *ж.* (ко 2, 6 и 7 знач.), **работёнка,** -и, *ж.* (ко 2, 3 и 6 знач.; прост.) *и* **работёшка,** -и, *ж.* (ко 2 и 6 знач.; прост.). ‖ *прил.* **рабо́тный,** -ая, -ое (к 3 знач.; стар.). *Работные люди* (в старину: рабочие¹, работники).

РАБО'ТАТЬ, -аю, -аешь; *несов.* **1.** Трудиться над чем-н., а также вообще находиться в действии, в работе. *Р. у станка. Весь день р. над книгой. Машина работает. Завод работает. Магазин работает без перерыва. Сердце работает. Не мешайте р.* **2.** Заниматься чем-н., применяя свой труд, осуществлять какую-н. деятельность. *Р. по специальности. Р. над древними рукописями* (изучать их). *Р. со словарём. Р. на кроликах* (пользуясь ими для опытов). **3.** Иметь где-н. какое-н. постоянное занятие, должность, служить. *Р. на заводе, в институте, в театре. Р. слесарем.* **4.** *на кого-что.*

Обслуживать кого-что-н. своим трудом. *Р. на семью. Завод работает на оборону.* **5. чем.** Приводить в действие, управлять чем-н. *Р. рычагом. Р. локтями* (перен.: проталкиваться, распихивая других; разг.). **6.** (1 и 2 л. не употр.). В нек-рых сочетаниях: действовать, быть в действии. *Мысль работает в одном направлении. Прежние аргументы не работают. Нет информации — работают слухи.* ✦ **Работать над собой** — заниматься самоусовершенствованием. ‖ *сов.* **работну́ть**, -ну́, -нёшь (ко 2 знач.; прост. шутл.).

РАБО́ТАТЬСЯ, -ается, *безл.; несов., кому* (разг.). О желании, предрасположенности работать. *Сегодня хорошо работается.*

РАБО́ТНИК, -а, *м.* **1.** Человек, к-рый работает, трудится. *Отличный р. Дед болеет, он уже не р.* **2.** Человек, работающий в какой-н. сфере трудовой деятельности. *Научный р. Р. народного образования. Р. кооперации. Р. учреждения.* **3.** Рабочий у частного нанимателя (устар.). *Наняться в работники. Хозяин и р.* ‖ *ж.* **рабо́тница**, -ы (к 1 и 3 знач.). ‖ *прил.* **рабо́тничий**, -ья, -ье (к 3 знач.) *и* **рабо́тницкий**, -ая, -ое (к 3 знач.).

РАБО́ТНИЦА, -ы, *ж.* **1.** *см.* работник. **2.** Женщина-рабочий. *Работницы текстильной промышленности.*

РАБОТОДА́ТЕЛЬ, -я, *м.* (офиц.). Лицо, к-рое предоставляет работу, наниматель.

РАБОТОРГО́ВЕЦ, -вца, *м.* Торговец рабами.

РАБОТОРГО́ВЛЯ, -и, *ж.* Торговля рабами.

РАБОТОСПОСО́БНЫЙ, -ая, -ое; -бен, -бна. **1.** То же, что трудоспособный. *Работоспособное население. Вполне работоспособен кто-н.* **2.** Обладающий способностью много и производительно работать. *Р. ученик.* ‖ *сущ.* **работоспосо́бность**, -и, *ж.*

РАБОТЯ́ГА, -и, *м.* и *ж.* **1.** Работающий, старательный человек (разг.). *Буксир-р.* (перен.). **2.** Рабочий человек, простой труженик (прост.).

РАБОТЯ́ЩИЙ, -ая, -ее (разг.). Любящий работать, много и хорошо работающий, трудолюбивый. *Р. ученик.*

РАБО́ЧИЙ[1], -его, *м.* Человек, принадлежащий к классу наёмных работников, занятых производительным или подсобным трудом на фабрично-заводском, строительном, сельскохозяйственном или другом специализированном предприятии. *Профессиональные союзы рабочих. Подготовка квалифицированных рабочих. Потомственный р. Инженер из семьи рабочих.* ‖ *ж.* **рабо́чая**, -ей.

РАБО́ЧИЙ[2], -ая, -ее. **1.** Относящийся к рабочим[1], состоящий из рабочих[1], принадлежащий, свойственный им. *Р. класс. Рабочее движение. Рабочая молодёжь. Рабочая смекалка. Рабочая совесть* (чувство ответственности за свою работу). *По-рабочему* (нареч.; так, как свойственно рабочим). **2.** Непосредственно выполняющий работу, осуществляющий определённое действие, производящий полезную работу. *Рабочее колесо. Рабочие части машины. Рабочая лошадь. Рабочая пчела.* **3.** Живущий своим трудом (разг.). *Р. народ. Р. человек* (трудящийся). **4.** Предназначенный для работы, используемый в какой-н. работе. *Рабочее время. Р. день. Рабочее место. Р. костюм. Р. инструмент.* **5.** Служащий непосредственным руководством для проведения работы. *Р. чертёж.* **6.** Относящийся к начальной стадии работы, предварительный. *Рабочая гипотеза.* ✦ **Рабочие руки** — рабочие[1], работники (в 1 знач.). **Рабочая сила** — 1) способность человека к труду, совокупность его физических и духовных сил, применяемых им в процессе производства (спец.); 2) рабочие[1], работники (в 1 знач.). *Наём рабочей силы.* **Рабочий посёлок** — посёлок городского типа (*первонач.* для рабочих какого-н. предприятия). **Рабочая встреча** — деловая встреча, непосредственно относящаяся к делу, работе. **Рабочий поезд** — местный поезд для перевозки рабочих. **Рабочий язык** — на международных встречах, конференциях, конгрессах: язык, официально принятый для их работы. *Рабочие языки симпозиума — английский и русский.* **В рабочем порядке** (решить, сделать что-н.) — во время работы, не отрываясь от работы.

РАБОЧКО́М, -а, *м.* Сокращение: рабочий комитет, прежнее название местной рабочей профсоюзной организации, профкома. ‖ *прил.* **рабочко́мовский**, -ая, -ое (разг.).

РА́БСКИЙ, -ая, -ое. **1.** *см.* раб. **2.** *перен.* Беспрекословный, слепо следующий чему-н. *Рабское подражание. Рабски* (нареч.) *следовать моде.*

РА́БСТВО, -а, *ср.* **1.** Состояние, положение раба. *Обратить в р. кого-н.* (сделать рабом, рабами). **2.** *перен.* Состояние полной зависимости, подчинённости. *В рабстве у своего чувства. Духовное р.* **3.** Рабовладельческий строй. *Во времена рабства.*

РАБФА́К, -а, *м.* Сокращение: рабочий факультет — в 1919—1940 гг. учебное заведение для подготовки рабочих и крестьянской молодёжи к обучению в высшей школе. ‖ *прил.* **рабфа́ковский**, -ая, -ое (разг.).

РАБФА́КОВЕЦ, -вца, *м.* Слушатель рабфака. ‖ *сущ.* **рабфа́ковка**, -и.

РАБЫ́НЯ *см.* раб.

РАВВИ́Н, -а, *м.* В иудаизме: служитель культа, духовный наставник, руководитель религиозной общины. ‖ *прил.* **равви́нский**, -ая, -ое.

РА́ВЕНСТВО, -а, *ср.* **1.** Полное сходство, подобие (по величине, качеству, достоинству). *Р. сил.* **2.** Положение людей в обществе, обеспечивающее их одинаковое отношение к закону, одинаковые политические и гражданские права, равноправие. *Социальное р.* **3.** В математике: соотношение между величинами, показывающее, что одна величина равна другой. *Знак равенства* (=). *Ставить знак равенства между кем-чем-н.* (перен.: признавать равноценным, уравнивать). ‖ *прил.* **ра́венственный**, -ая, -ое (ко 2 знач.; устар.).

РАВНЕ́НИЕ *см.* равняться.

РАВНИ́НА, -ы, *ж.* Ровная, без высоких холмов земная поверхность, а также (спец.) участок дна моря или океана без резких колебаний высот. *Русские равнины.* ‖ *прил.* **равни́нный**, -ая, -ое. *Р. ландшафт.*

РАВНО́. **1.** *нареч.* Одинаково, так же (книжн.). *Р. красивы горы и леса.* **2.** *в знач. сказ., чему.* То же, что равняется (см. равняться в 4 знач.). *Три плюс два р. пяти.* ✦ **Равно как (равно как и, а равно и)**, *союз* (книжн.) — как и, так же как и. *Учебники, равно как и (а равно и) другие пособия, получены своевременно.*

РАВНО... *Первая часть сложных слов со знач.:* 1) равный, с равным, напр. *равнобокий, равновесный, равнокрылый, равноправный;* 2) одинаково, сходно, напр. *равновеликий, равновероятностный, равновозможный, равнодоступный, равнозначащий, равнопрочный.*

РАВНОБЕ́ДРЕННЫЙ, -ая, -ое: **равнобедренный треугольник** — имеющий две равные стороны. ‖ *сущ.* **равнобе́дренность**, -и, *ж.*

РАВНОВЕЛИ́КИЙ, -ая, -ое; -и́к. **1.** Равный по силе, возможностям, значению (книжн.). *Равновеликие явления.* **2. равновеликие фигуры (тела)** — в математике: фигуры (тела), равные по площади или объёму. ‖ *сущ.* **равновели́кость**, -и, *ж.*

РАВНОВЕ́СИЕ, -я, *ср.* **1.** Состояние покоя, в к-ром находится какое-н. тело, система под воздействием равных, противоположно направленных сил. *Устойчивое, неустойчивое р.* **2.** *перен.* Устойчивое соотношение между чем-н. *Экологическое р. Военное р.* (равенство противостоящих военных сил). **3.** *перен.* Состояние спокойствия, уравновешенности в настроении, в каких-н. отношениях. *Душевное р. Вывести кого-н. из равновесия.* ‖ *прил.* **равнове́сный**, -ая, -ое (к 1 знач.; спец.).

РАВНОДЕ́ЙСТВУЮЩИЙ, -ая, -ее: **равнодействующая сила** (спец.) — сила, оказывающая на твёрдое тело механическое воздействие, равное тому, к-рое оказывают на него другие приложенные к нему силы. *Найти равнодействующую* (сущ.).

РАВНОДЕ́НСТВИЕ, -я, *ср.* Время в году, когда продолжительность дня и ночи одинакова. *Весеннее р.* (21 марта). *Осеннее р.* (23 сентября).

РАВНОДУ́ШНЫЙ, -ая, -ое; -шен, -шна. **1.** Безразличный, безучастный к людям, к окружающему. *Равнодушные люди. Р. наблюдатель. Ко всему равнодушен.* **2.** *к кому-чему.* Не питающий склонности, пристрастия к кому-чему-н. *Равнодушен к балету.* ‖ *сущ.* **равноду́шие**, -я, ср.

РАВНОЗНА́ЧНЫЙ, -ая, -ое; -чен, -чна (книжн.). Имеющий такое же, одинаковое значение. *Равнозначные выражения.* ‖ *сущ.* **равнозна́чность**, -и, *ж.*

РАВНОМЕ́РНЫЙ, -ая, -ое; -рен, -рна. Одинаковый, постоянный в каком-н. отношении. *Равномерная скорость. Равномерно* (нареч.) *распределить обязанности.* ‖ *сущ.* **равноме́рность**, -и, *ж.*

РАВНОПРА́ВИЕ, -я, *ср.* Равноправное положение, равенство (во 2 знач.). *Р. граждан.*

РАВНОПРА́ВНЫЙ, -ая, -ое; -вен, -вна. Обладающий одинаковыми с кем-н. правами. *Р. гражданин. Р. член семьи.* ‖ *сущ.* **равнопра́вность**, -и, *ж.*

РАВНОСИ́ЛЬНЫЙ, -ая, -ое; -лен, -льна. Совершенно подобный чему-н., тождественный. *Молчание, равносильное отказу.* ‖ *сущ.* **равноси́льность**, -и, *ж.*

РАВНОСТОРО́ННИЙ, -яя, -ее. Имеющий равные стороны. *Р. треугольник.*

РАВНОЦЕ́ННЫЙ, -ая, -ое; -е́нен, -е́нна. Одинаковый по цене, значению, качеству. *Р. товар. Равноценные работники.* ‖ *сущ.* **равноце́нность**, -и, *ж.*

РА́ВНЫЙ, -ая, -ое; -вен, -вна. Одинаковый, совершенно сходный, такой же (по величине, значению, качеству, правам). *Равные силы. Разделить на равные доли. На равных началах. Все равны перед законом. Говорил как с равным* (сущ.). ✦ **Равным образом** (книжн.) — в любом случае; одинаково. **На равных** (разг.) — на равных правах, на равных основаниях, в равных отношениях. ‖ *сущ.* **ра́вность**, -и, *ж.*

РАВНЯ́ТЬ, -я́ю, -я́ешь; *несов., кого-что* (разг.). **1.** Делать равным, одинаковым. *Нельзя всех р. при оценке знаний.* **2.** *с кем-чем.* Сопоставляя, давать кому-чему-н. равную оценку. *Р. с собой.* ‖ *сов.* **сравня́ть**, -я́ю, -я́ешь (к 1 знач.). *Смерть всех сравняет.*

РАВНЯ́ТЬСЯ, -я́юсь, -я́ешься; *несов.* **1.** *по кому-чему.* Становиться по прямой линии в строю. *Р. по правофланговому. Равняйсь!* (команда выровнять ряд, шеренгу). **2.** *на кого-что и по кому-чему.* Следовать чьему-н. примеру. *Р. на мировой опыт.* **3.** *с кем-чем.* Сопоставляя себя с кем-н., признавать равным. *Этот ученик не может р. в знаниях с одноклассниками.* **4.** (1 и 2 л. не употр.), *чему.* Быть равным чему-н. *Трижды три равняется девяти. Небрежность иногда равняется преступлению.* ‖ *сущ.* **равне́ние**, -я, *ср.* (к 1 и 2 знач.).

РАГУ́, *нескл., ср.* Кушанье из мелких тушёных кусочков мяса, рыбы или овощей.

РАД, -а, -о, *в знач. сказ.* **1.** *кому-чему, с неопр. и с союзом «что».* О чувстве радости, удовольствия по какому-н. поводу. *Р. гостю. Р. случаю поговорить. Мать рада, что сын вернулся домой. Р. стараться* (выражение готовности сделать что-н.; часто ирон.). **2.** *с неопр.* Об охоте, готовности, желании сделать что-н. *Р. бы отдохнуть, да некогда. Чем богаты, тем и рады* (посл. о готовности угостить тем, что есть, услужить; обычно о немногом). **3.** *с отриц.,* обычно *в сочетании с «и», «уж и».* О чувстве сожаления, недовольства тем, что сделал сам (разг.). *Зазвал гостей, а теперь и сам не р. Я уж и не р., что согласился.* ✦ **Радра́дёхонек и рад-радёшенек** (разг.) — очень рад (в 1 знач.).

РАДА́Р, -а, *м.* (спец.). Радиолокационная станция. ‖ *прил.* **рада́рный**, -ая, -ое. *Радарная установка.*

РАДЕ́ТЕЛЬ, -я, *м.* (устар. и ирон.). Человек, к-рый радеет кому-н., покровитель. *Сердобольный р.* ‖ *ж.* **раде́тельница**, -ы. ‖ *прил.* **раде́тельский**, -ая, -ое.

РАДЕ́ТЬ, -е́ю, -е́ешь; *несов.* (устар.). **1.** *кому-чему и о чём.* Оказывать содействие, заботиться о ком-чём-н. *Р. о деле.* **2.** В нек-рых религиозных сектах: совершать обряд с песнопением, беганьем, кружением, вызывающими религиозный экстаз. ‖ *сов.* **пораде́ть**, -е́ю, -е́ешь (к 1 знач.). *Как не п. родному человечку* (афоризм). ‖ *сущ.* **раде́ние**, -я, *ср. Хлыстовские радения.*

РА́ДЖА, -и, *род. мн.* -ей и **РАДЖА́**, -и́, *род. мн.* -е́й, *м.* Княжеский титул в Индии, а также лицо, имеющее этот титул.

РА́ДИ *кого-чего, предлог с род. п.* **1.** Для кого-чего-н., в интересах кого-чего-н. *Р. общего дела. Сделать что-н. р. друга.* **2.** *чего.* С целью, в целях чего-н. *Р. отдыха. Р. наживы.* **3.** *чего.* Из-за, по причине чего-н. (разг.). *Р. чего ему отказываться от поездки?* ✦ **Ради того чтобы**, *союз* — для того чтобы, имея своей целью, стимулом. *Приехал ради того, чтобы увидеть друга.* **Ради смеха (ради шутки)** (разг.) — чтобы пошутить, посмеяться. **Скуки ради** (разг.) — потому что скучно или чтобы не скучать. **Чего ради?** (разг. неодобр.) — зачем, для чего. *Чего ради он явился?*

РАДИА́ЛЬНЫЙ, -ая, -ое. Направленный, расположенный по радиусу, лучевой. *Радиальная планировка города. Р. маршрут.* ‖ *сущ.* **радиа́льность**, -и, *ж.*

РАДИА́ТОР, -а, *м.* **1.** Аппарат для охлаждения в двигателях внутреннего сгорания, в полупроводниковых приборах. **2.** Нагревательный прибор в системах отопления. ‖ *прил.* **радиа́торный**, -ая, -ое.

РАДИА́ЦИЯ, -и, *ж.* Радиоактивное излучение. *Солнечная р. Проникающая р.* ‖ *прил.* **радиацио́нный**, -ая, -ое. *Радиационное давление. Радиационная защита* (защита от ионизирующего излучения).

РА́ДИЙ, -я, *м.* Химический элемент — металл, обладающий радиоактивными свойствами. ‖ *прил.* **ра́диевый**, -ая, -ое.

РАДИКА́Л[1], -а, *м.* **1.** Сторонник радикализма (в 1 знач.), член радикальной партии. **2.** Приверженец крайних, решительных действий, взглядов. ‖ *прил.* **радикали́стский**, -ая, -ое.

РАДИКА́Л[2], -а, *м.* **1.** В математике: знак, (√) обозначающий извлечение корня из числа или математического выражения, к-рое стоит под этим знаком. **2.** Устойчивая группа атомов в молекуле, переходящая без изменения из одного химического соединения в другое (спец.).

РАДИКАЛИ́ЗМ, -а, *м.* **1.** Политическое течение, ориентирующееся на проведение демократических реформ в рамках существующего строя. **2.** Решительный образ действий. ‖ *прил.* **радикали́стский**, -ая, -ое.

РАДИКА́ЛЬНЫЙ, -ая, -ое; -лен, -льна. **1.** Свойственный радикализму (в 1 знач.), состоящий из радикалов (в 1 знач.). *Радикальная партия* (выступающая за проведение демократических реформ в рамках существующего строя). **2.** Решительный, коренной; придерживающийся крайних взглядов. *Радикальные меры. Р. образ мыслей.* ‖ *сущ.* **радика́льность**, -и, *ж.*

РАДИКУЛИ́Т, -а, *м.* Заболевание корешков спинномозговых нервов. *Шейно-грудной р. Пояснично-крестцовый р.* ‖ *прил.* **радикули́тный**, -ая, -ое.

РА́ДИО, *нескл., ср.* **1.** Способ передачи на расстояние и приёма звуков, сигналов при помощи электромагнитных волн, распространяемых специальными станциями. *Телеграмма по р.* **2.** Область науки и техники, относящаяся к таким передачам и приёмам. *Специалист по р.* **3.** Устройство для приёма звуковых вещательных передач. *Провести р. Включить р.* **4.** Звуковая вещательная передача. *Слушать р.* **5.** Учреждение, осуществляющее такие передачи. *Передачи Российского р. Местное р. Работать на р.* ‖ *прил.* **ради́йный**, -ая, -ое (к 1 и 4 знач.; спец.).

РАДИО[1] ... *Первая часть сложных слов со знач.* относящийся к радио, к радиовещанию, радиопередачам, напр. *радиомаяк, радиозонд, радиолампа, радиосигнал, радиопомехи, радиосеть, радиоустановка, радиоцентр, радиокомментатор, радиожурнал, радиопоиск, радиослежение, радиотрансляционный, радиоуправляемый, радиопеленгация, радиоперекличка, радиомост.*

РАДИО[2] ... *Первая часть сложных слов со знач.* относящийся к радиоактивности, к радиации, напр. *радиотерапия, радиоизлучение, радиоизотопы, радиохимия, радиоастрономия, радиотелескоп, радиочувствительность, радиоэкология.*

РАДИОАКТИ́ВНОСТЬ, -и, *ж.* Самопроизвольный распад, разложение атомных ядер нек-рых химических элементов, сопровождающееся испусканием частиц и электромагнитным излучением.

РАДИОАКТИ́ВНЫЙ, -ая, -ое; -вен, -вна. Обладающий радиоактивностью. *Радиоактивные руды. Радиоактивные отходы.*

РАДИОВЕЩА́НИЕ, -я, *ср.* Одно из основных средств массовой информации — передача сообщений, литературных, музыкальных и других программ по радио. *Беспроволочное, проводное р. Р. для молодёжи.* ‖ *прил.* **радиовеща́тельный**, -ая, -ое.

РАДИОВОЛНА́, -ы́, *мн.* -во́лны, -во́лн, -во́лнам *и* -волна́м, *ж.* Электромагнитная волна, используемая для беспроволочной передачи сигналов на расстояние. *Частота радиоволн. Сверхдлинные, длинные, средние, короткие, ультракороткие радиоволны.* ‖ *прил.* **радиово́лновый**, -ая, -ое.

РАДИОГРА́ММА, -ы, *ж.* Телеграмма, переданная по радио.

РАДИО́ЛА, -ы, *ж.* Аппарат, соединяющий в себе радиоприёмник и проигрыватель.

РАДИОЛОКА́ТОР, -а, *м.* Устройство для радиолокации. ‖ *прил.* **радиолока́торный**, -ая, -ое.

РАДИОЛОКА́ЦИЯ, -и, *ж.* Обнаружение, распознавание, определение местонахождения различных объектов с помощью радиоволн. ‖ *прил.* **радиолокацио́нный**, -ая, -ое.

РАДИОЛЮБИ́ТЕЛЬ, -я, *м.* Человек, занимающийся радио и его техникой как любитель (во 2 знач.). ‖ *прил.* **радиолюби́тельский**, -ая, -ое.

РАДИОПЕРЕДА́ТЧИК, -а, *м.* Аппарат для передачи звуков, сигналов по радио.

РАДИОПЕРЕДА́ЧА, -и, *ж.* Передача по радио. *Слушать радиопередачи. Р. для школьников.*

РАДИОПЕРЕХВА́Т, -а, *м.* (спец.). Способ радиоразведки — обнаружение и расшифровка радиосигналов противника.

РАДИОПРИЁМНИК, -а, *м.* Аппарат для приёма звуков, сигналов по радио. *Ламповый р. Транзисторный р.*

РАДИОСВЯ́ЗЬ, -и, *ж.* Связь, осуществляемая по радио. *Прямая р. Одноканальная, многоканальная р.*

РАДИОСЛУ́ШАТЕЛЬ, -я, *м.* Слушатель передач по радио. ‖ *сущ.* **радиослу́шательница**, -ы.

РАДИОСПО́РТ, -а, *м.* Технический вид спорта — установление любительской радиосвязи на КВ и УКВ, соревнования по радиопеленгации. ‖ *прил.* **радиоспорти́вный**, -ая, -ое.

РАДИОСТА́НЦИЯ, -и, *ж.* **1.** Сооружение или аппарат для передачи и приёма радиосигналов. *Стационарная р. Мощная р.* **2.** Оборудованное специальной аппаратурой учреждение, осуществляющее радиопередачи. *Работать на радиостанции.*

РАДИОТЕЛЕГРА́Ф, -а, *м.* Система связи для передачи телеграфных сообщений с помощью радиоволн. ‖ *прил.* **радиотелегра́фный**, -ая, -ое.

РАДИОТЕЛЕФО́Н, -а, *м.* Система связи для передачи речевых сообщений посредством радиоволн. ‖ *прил.* **радиотелефо́нный**, -ая, -ое.

РАДИОТЕ́ХНИК, -а, *м.* **1.** Специалист по радиотехнике. **2.** Специалист, занимающийся установкой и ремонтом радиоаппаратуры.

РАДИОТЕ́ХНИКА, -и, *ж.* **1.** Наука об электромагнитных колебаниях высокой частоты и радиоволнах. **2.** Техника применения радиоволн для практических нужд. ‖ *прил.* **радиотехни́ческий**, -ая, -ое.

РАДИОТО́ЧКА, -и, *ж.* Сокращение: радиотрансляционная точка. *Установить радиоточку.*

РАДИОУ́ЗЕЛ, -зла́, *м.* Местная радиотрансляционная станция. *Районный р.*

РАДИОФИЦИ́РОВАТЬ, -рую, -руешь; -анный; *сов. и несов., что.* Оборудовать что-н. установками для приёма и передачи по радио. *Р. посёлок.* ‖ *сущ.* **радиофика́ция**, -и, *ж.* ‖ *прил.* **радиофикацио́нный**, -ая, -ое.

РАДИОЭЛЕКТРО́НИКА, -и, *ж.* Общее название отдельных отраслей науки и техники, развившихся из электроники и радиотехники.

РАДИОЭЛЕКТРО́ННЫЙ, -ая, -ое. Относящийся к использованию электронных явлений в газах или твёрдых телах для преобразования, передачи и излучения радиосигналов. *Радиоэлектронные приборы.*

РАДИ́РОВАТЬ, -рую, -руешь; -анный; *сов. и несов., что.* Сообщить (-щать) по радио. *Р. сообщение.* ‖ *сущ.* **радирование,** -я, *ср.*

РАДИ́СТ, -а, *м.* Специалист по передаче и приёму сообщений по радио. ‖ *сущ.* **ради́стка, -и.**

РА́ДИУС, -а, *м.* **1.** В математике: отрезок прямой, соединяющий центр шара или круга с любой точкой сферы или окружности, а также длина этого отрезка. **2.** *перен.* Охват, область распространения чего-н. *Р. действия авиации.* ‖ *прил.* **ра́диусный,** -ая, -ое (спец.).

РА́ДОВАТЬ, -дую, -дуешь; *несов., кого-что.* Возбуждать, вызывать радость в ком-чём-н., доставлять радость. *Успехи нас радуют. Р. кого-н. успехами. Цветы радуют глаз, взор* (перен.: на них приятно, радостно смотреть). ‖ *сов.* **обра́довать,** -дую, -дуешь; -анный *и* **пора́довать,** -дую, -дуешь; -анный.

РА́ДОВАТЬСЯ, -дуюсь, -дуешься; *несов., кому-чему, на кого-что.* Испытывать радость, предаваться радости. *Р. успехам. Душа радуется на кого-что-н.* (очень приятно, радостно). *Глаз радуется на кого-что-н.* (перен.: радостно, приятно смотреть на кого-что-н.). ‖ *сов.* **обра́доваться,** -дуюсь, -дуешься *и* **пора́доваться,** -дуюсь, -дуешься.

РАДО́Н, -а, *м.* Радиоактивный химический элемент — инертный газ, продукт распада радия, используемый в научной практике и в медицине. ‖ *прил.* **радо́новый,** -ая, -ое. *Радоновые ванны* (с содержанием радона).

РА́ДОСТНЫЙ, -ая, -ое; -тен, -тна. **1.** Полный радости, веселья, выражающий радость. *Радостное настроение. Радостное лицо.* **2.** Доставляющий радость. *Радостное событие. На душе радостно* (в знач. сказ.). ‖ *сущ.* **ра́достность,** -и, *ж.*

РА́ДОСТЬ, -и, *ж.* **1.** Весёлое чувство, ощущение большого душевного удовлетворения. *Испытывать р. Доставить р. Вне себя от радости* (очень рад). *С радостью помогу* (очень охотно, с полной готовностью). **2.** То, что (тот, кто) вызывает такое чувство. *Радости жизни. Дети — р. матери. Р. ты моя!* (часто в обращении). **3.** Радостное, счастливое событие, обстоятельство. *В семье р.: приехал сын. Случилась большая р.* ✦ **На радостях** (разг.) — по случаю радости, удачи. *Погуляем на радостях.* **С какой радости?** (разг. неодобр.) — чего ради, почему.

РА́ДУГА, -и, *ж.* Разноцветная дуга на небесном своде, образующаяся вследствие преломления солнечных лучей в дождевых каплях. *Цвета́ радуги* (цвета́ солнечного спектра). ‖ *прил.* **ра́дужный,** -ая, -ое.

РА́ДУЖКА, -и, *ж.* (спец.). То же, что радужная оболочка.

РА́ДУЖНЫЙ, -ая, -ое; -жен, -жна. **1.** *см.* радуга. **2.** *перен.* Приятный, сулящий радость, счастье. *Видеть всё в радужном свете. Радужные мечты, надежды.* ✦ **Радужная оболочка** (спец.) — передняя часть сосудистой оболочки глазного яблока, расположенная впереди хрусталика и определяющая собой цвет глаз. ‖ *сущ.* **ра́дужность,** -и, *ж.*

РАДУ́ШИЕ, -я, *ср.* Сердечное, ласковое и открытое отношение к людям. *Проявить р. Р. к гостям.*

РАДУ́ШНЫЙ, -ая, -ое; -шен, -шна. Исполненный радушия, выражающий радушие. *Р. хозяин. Радушно* (нареч.) *встретить гостей.*

РАЁК, райка́, *м.* **1.** В старину: ящик с передвижными картинками, показ к-рых сопровождался различными комическими прибаутками; самый такой показ, прибаутки. *Ярмарочный р.* **2.** Театральная галёрка (устар.). *Сидеть в райке.* ‖ *прил.* **раёшный,** -ая, -ое (к 1 знач.). *Раёшные стихи.*

РАЁШНИК, -а, *м.* (устар.). **1.** То же, что раёк (в 1 знач.). **2.** Человек, показывающий раёк (в 1 знач.) и сопровождающий его пояснениями, прибаутками.

РАЖ, -а, *м.* (разг.). Сильное возбуждение, неистовство. *Прийти в р.*

РАЗ[1], -а (-у), *мн.* разы́, раз, раза́м, *м.* **1.** Обозначение однократного действия (при подсчёте, указании на количество). *Семь р. отмерь, один р. отрежь* (посл.). *Несколько р. Не р.* (неоднократно). **2.** Случай, явление в ряду однородных (повторяющихся или возможных) действий, проявлений чего-н. *В первый р.* (впервые). *Во второй р.* (снова, повторно). *С первого раза (разу). На этот р. На сей р.* (в данном случае). *В тот р. В прошлый р. В следующий р. В другой р.* (не сейчас, после). *Один р.* (однажды). *Всякий р.* (всегда). *Р. от разу* (от случая к случаю). *Р. за разом* (повторяясь). *Р. на р. не приходится* (случается по-разному, по-всякому; разг.). **3. раз,** *нескл.* Один (о количестве, при подсчёте). *Р., два, три. Р., два и готово* (говорится о том, что можно очень быстро сделать, или о том, что быстро сделано; разг. шутл.). ✦ **В самый раз** (разг.) — 1) вовремя, в нужный момент. *Явился в самый раз;* 2) впору (в 1 знач.), как раз по размеру. *Платье в самый раз.* **Вот тебе (и) раз!** или **вот те раз!** (разг.) — выражение удивления, недоумения. **Ни разу** (разг.) — никогда. **Раз (и) навсегда** (разг.) — окончательно, решительно. ‖ *уменьш.* **разо́к,** -зка́, *м.* (к 1 и 2 знач.) *и* **ра́зик,** -а, *м.* (к 1 и 2 знач.).

РАЗ[2], *нареч.* (разг.). Однажды, один раз. *Р. поздно вечером. Встретил его р. на улице и не узнал.* ✦ **Ра́з как-то** (разг.) — однажды в недалёком прошлом. *Раз как-то повстречались.*

РАЗ[3], *союз* (разг.). То же, что если (в 1 знач.). *Р. обещал — сделай. Р. сказал, приду.* ✦ **Раз... то (так),** *союз* — то же, что поскольку... то (так). *Раз обещал, то сделай.* **Раз так или раз так, то,** *союз* — то же, что если так, то. *Раз так, (то) не поеду.* **Раз... то (так) значит,** *союз* — то же, что если... то (так) значит. *Раз нужно, то (так) значит сделаю.*

РАЗ[4], -а́, *м.* **1.** только *им.* и *род. п. ед.* Удар, оплеуха (прост.). *Дать раза.* **2. раз,** *в знач. сказ.* Обозначает резкое и неожиданное действие (разг.). *Р. его по руке!* (ударил). *Мальчишка р. яблоко — и бежать!* (схватил). *Громкий стук, и р. — дверь распахнулась!* (сразу).

РАЗ[1]..., *приставка.* **I.** Образует глаголы со знач.: 1) деления на части, распределения по частям, по местам, по поверхности, напр. *разделить, раздробить, разбросать, разложить, размазать;* 2) усиления, напряжённости, интенсивности в проявлении действия, напр. *разукрасить, разгуливать;* 3) вместе с постфиксом -ся: начала длительного и интенсивного действия, напр. *раззудеться, разбегаться, разволноваться;* 4) вместе с постфиксом -ся: направления движения многих в разные стороны, напр. *разбежаться, разбрестись, разлететься;* 5) вместе с постфиксом -ся или без него: прекращения действия, состояния, напр. *разморозиться, раззнакомиться, разлюбить;* 6) обратного действия, напр. *разбинтовать, разминировать, размагнитить, разбронировать;* 7) всесторонности действия, напр. *раззвонить, разнести* (слух); 8) собственно предела действия, напр. *разбудить, разбить.* **II.** Образуют существительные со знач. разделения, расхождения, напр. *разводье, разножка* (распорка; спец.).

РАЗ[2]..., *приставка* (разг.). Означает высшую степень признака, напр. *развесёлый, разнесчастный, разудалый, размолодец.*

РАЗАГИТИ́РОВАТЬ, -рую, -руешь; -анный; *сов., кого (что).* **1.** Агитируя, убедить в чём-н. **2.** Отговорить, разубедить (разг.). *Он меня разагитировал уезжать.*

РАЗА́ХАТЬСЯ, -аюсь, -аешься; *сов.* (разг.). Начать ахать (от огорчения, удивления). *Услышала о беде и разахалась.*

РАЗБА́ВИТЬ, -влю, -вишь; -вленный; *сов., что.* Прибавить чего-н., сделать менее крепким, более жидким. *Р. спирт водой. Р. краску. Р. рассказ подробностями* (перен.). ‖ *несов.* **разбавля́ть,** -я́ю, -я́ешь. ‖ *сущ.* **разба́вка,** -и, *ж. и* **разбавле́ние,** -я, *ср.*

РАЗБАЗА́РИТЬ, -рю, -ришь; -ренный; *сов., кого-что* (разг. неодобр.). Распродать, раздать по мелочам, бесхозяйственно растратить. *Р. средства.* ‖ *несов.* **разбаза́ривать,** -аю, -аешь.

РАЗБА́ЛИВАТЬСЯ[1-2] *см.* разболеться[1-2].

РАЗБАЛОВА́ТЬ, -лу́ю, -лу́ешь; -о́ванный; *сов.* (разг.), *кого (что).* Сильно избаловать. *Р. внука. Р. подачками.*

РАЗБАЛОВА́ТЬСЯ, -лу́юсь, -лу́ешься; *сов.* (разг.). **1.** То же, что расшалиться. **2.** Слишком избаловаться. *Р. от безделья.*

РАЗБА́ЛТЫВАТЬ[1-2], -СЯ *см.* разболтать[1-2], -ся[1].

РАЗБЕ́ГАТЬСЯ, -аюсь, -аешься; *сов.* (разг.). Начать много, усиленно бегать где-н. *Под окнами разбегались ребятишки.*

РАЗБЕЖА́ТЬСЯ, -егу́сь, -ежи́шься, -егу́тся; *сов.* **1.** Пробежав нек-рое пространство, усилить бег, а также пробежать нек-рое пространство, приготовляясь к прыжку. *Лошади разбежались по гладкой дороге. Разбежался и прыгнул.* **2.** (1 и 2 л. не употр.). О многих: бегом направиться в разные стороны. *Дети с криком разбежались. Ручьи разбежались по оврагу* (перен.). **3.** (1 и 2 л. не употр.), *перен.* О мыслях: утратить способность сосредоточиться на чём-н. **4.** То же, что разлететься (в 6 знач.) (разг.). ✦ **Глаза разбежались** *у кого* (разг.) — не знает, что выбрать, на чём остановиться. ‖ *несов.* **разбега́ться,** -а́юсь, -а́ешься. ‖ *сущ.* **разбе́г,** -а, м. (к 1 знач.). *Взять р.* (также перен.: достичь быстроты в работе, действиях). *Прыгнуть с разбега. Р. самолёта* (длина пути, проходимого по земле до момента взлёта).

РАЗБЕРЕДИ́ТЬ *см.* бередить.

РАЗБИВА́ТЬ, -СЯ *см.* разбить, -ся.

РАЗБИНТОВА́ТЬ, -ту́ю, -ту́ешь; -о́ванный; *сов., кого-что.* Развязать, размотать бинт на ком-чём-н. *Р. руку.* ‖ *несов.* **разбинто́вывать,** -аю, -аешь.

РАЗБИРА́ТЕЛЬСТВО, -а, *ср.* Рассмотрение, разбор, обсуждение (преимущ. судебного дела). *Судебное р.*

РАЗБИРА́ТЬ, -а́ю, -а́ешь; *несов.* **1.** *см.* разобрать. **2.** *кого-что.* Выбирая, разборчиво, подробно рассматривать. *Брать всё, не разбирая.* **3.** *кого-что.* Критически обсуждать (чьё-н. поведение, проступки) (разг.). *Р. кого-н. на собрании.*

РАЗБИРА́ТЬСЯ, -а́юсь, -а́ешься; *несов.* **1.** *см.* разобраться. **2.** *в чём.* Знать толк в чём-н. (разг.). *Не разбирается в музыке.*

РАЗБИТНО́Й, -а́я, -о́е (разг.). Бойкий и развязный, а также (устар.) расторопный. *Р. парень.*

РАЗБИ́ТЫЙ, -ая, -ое; -и́т (разг.). Утративший бодрость, утомленный, обессиленный. *Чувствовать себя разбитым.* ‖ *сущ.* **разби́тость**, -и, *ж.*

РАЗБИ́ТЬ, -зобью́, -зобьёшь; -бе́й; -и́тый; *сов.* **1.** *см.* бить. **2.** *кого-что.* Разделить, расчленить. *Р. поле на участки. Р. учащихся на группы (по группам).* **3.** *что.* Планируя, устроить, а также вообще расположить что-н. *Р. сад, виноградник. Р. клумбы, грядки. Р. лагерь. Р. палатку.* **4.** *кого-что.* Повредить, разрушить, нарушить. *Бурей разбило* (безл.) *корабль. Р. голову. Разбит параличом* (парализован). *Р. чьё-н. счастье* (перен.). **5.** *кого-что.* Победить, нанеся поражение. *Р. врагов. Р. доводы противников* (перен.). ‖ *несов.* **разбива́ть**, -а́ю, -а́ешь. ‖ *сущ.* **разбие́ние**, -я, *ср.* (ко 2 знач.) *и* **разби́вка**, -и, *ж.* (ко 2 и 3 знач.). ‖ *прил.* **разби́вочный**, -ая, -ое (ко 2 и 3 знач.; спец.).

РАЗБИ́ТЬСЯ, -зобью́сь, -зобьёшься; -бе́йся; *сов.* **1.** Расколоться, раздробиться на куски от удара. *Чашка разбилась. Лодка разбилась о камни.* **2.** (1 и 2 *л.* ед. не употр.). Разделиться на части, группы. *Р. на бригады.* **3.** Сильно ушибиться, пораниться, а также погибнуть, упав с высоты. *Р. при падении.* ‖ *несов.* **разбива́ться**, -а́юсь, -а́ешься. ‖ *сущ.* **разби́вка**, -и, *ж.* (ко 2 знач.).

РАЗБЛА́ГОВЕСТИТЬ, -вещу, -вестишь; -вещенный; *сов., что* (устар. и разг.). Раззвонить, растрезвонить.

РАЗБОГАТЕ́ТЬ *см.* богатеть.

РАЗБО́Й, -я, *м.* Нападение с целью ограбления, убийства. *Р. на большой дороге* (также перен.: неприкрытое насилие или обман). *Морской р.* (пиратство). *Международный р.* (ничем не прикрытая агрессия). ‖ *прил.* **разбо́йный**, -ая, -ое. *Разбойное нападение.*

РАЗБО́ЙНИК, -а, *м.* **1.** Человек, к-рый занимается разбоем, грабитель. *Р. с большой дороги* (также перен.: отъявленный негодяй; разг.). *Серый р.* (перен.: о волке). **2.** Шалун, баловник, негодник (обычно в обращении) (разг.). *Ах, р., что ты наделал?* ‖ *ж.* **разбо́йница**, -ы. ‖ *прил.* **разбо́йничеcкий**, -ая, -ое (к 1 знач.) *и* **разбо́йничий**, -ья, -ье (к 1 знач.).

РАЗБО́ЙНИЧАТЬ, -аю, -аешь; *несов.* Заниматься разбоем, быть разбойником (в 1 знач.).

РАЗБО́ЙНЫЙ, -ая, ое. **1.** *см.* разбой. **2.** *перен.* Открыто дерзкий (во 2 знач.) и наглый. *Р. поступок.*

РАЗБОЛЕ́ТЬСЯ[1], -е́юсь, -е́ешься; *сов.* (разг.). Сильно, надолго заболеть. *Наш дедушка совсем разболелся.* ‖ *несов.* **разба́ливаться**, -аюсь, -аешься.

РАЗБОЛЕ́ТЬСЯ[2] (-лю́сь, -ли́шься, 1 и 2 *л.* не употр.), -ли́тся; *сов.* Начать сильно болеть[2]. *Голова разболелась.* ‖ *несов.* **разба́ливаться** (-аюсь, -аешься, 1 и 2 *л.* не употр.), -ается.

РАЗБО́ЛТАННЫЙ, -ая, -ое; -ан (разг.). **1.** Лишённый устойчивости, твёрдости. *Р. замок. Разболтанная походка.* **2.** Недисциплинированный, несобранный. *Р. подросток.* ‖ *сущ.* **разбо́лтанность**, -и, *ж.*

РАЗБОЛТА́ТЬ[1], -а́ю, -а́ешь; -о́лтанный; *сов.* **1.** *что.* Размешать, взбалтывая (разг.). *Р. яйцо в молоке.* **2.** *что.* Ослабить, сделать неустойчивым, болтающимся (разг.). *Р. гайку.* **3.** *кого-что.* Распустить; ослабить (во 2 знач.) (прост.). *Р. подростка. Р. дисциплину.* ‖ *несов.* **разба́лтывать**, -аю, -аешь. ‖ *сущ.* **разба́лтывание**, -я, *ср. и* **разбо́лтка**, -и, *ж.* (к 1 и 2 знач.).

РАЗБОЛТА́ТЬ[2], -а́ю, -а́ешь; -о́лтанный; *сов., что* (разг. неодобр.). Рассказать всем, повсюду (что-н. тайное), разгласить. *Р. секрет.* ‖ *несов.* **разба́лтывать**, -аю, -аешь.

РАЗБОЛТА́ТЬСЯ[1], -а́юсь, -а́ешься; *сов.* (разг.). **1.** (1 и 2 *л.* не употр.). Размешаться при взбалтывании. *Мука разболталась в воде.* **2.** (1 и 2 *л.* не употр.). Ослабнуть, расшататься. *Гайка разболталась.* **3.** Стать распущенным, разболтанным (неодобр.). *Ученик разболтался.* ‖ *несов.* **разба́лтываться**, -аюсь, -аешься.

РАЗБОЛТА́ТЬСЯ[2], -а́юсь, -а́ешься; *сов.* (разг. неодобр.). Начав болтать, говорить не переставая. *Разболтались наши кумушки.*

РАЗБОМБИ́ТЬ, -блю́, -би́шь; -блённый (-ён, -ена́); *сов., кого-что.* Разбить, разрушить бомбёжкой. *Р. здание, переправу.*

РАЗБО́Р, -а (-у), *м.* **1.** *см.* разобрать. **2.** Выбор, отбор, разборчивое отношение к кому-чему-н. *Брать всё без разбора.* **3.** Сорт, качество (устар.). *Мука второго разбора.* ✦ **К шапочному [шн] разбору** (поспеть, прийти) (разг.) — к концу, когда все уходят, всё кончилось.

РАЗБО́РКА, -и, *ж.* **1.** *см.* разобрать, -ся. **2.** Крупная ссора с дракой между враждующими лицами, группами (обычно преступными) (разг.).

РАЗБО́РНЫЙ, -ая, -ое. **1.** *см.* разобрать. **2.** Такой, к-рый можно разобрать и вновь собрать, поддающийся разборке. *Р. домик.*

РАЗБО́РЧИВЫЙ, -ая, -ое; -ив. **1.** Строгий в выборе, требовательный. *Р. покупатель. Р. вкус.* **2.** Легко понимаемый, чёткий. *Р. почерк. Разборчиво* (нареч.) *писать.* ‖ *сущ.* **разбо́рчивость**, -и, *ж.*

РАЗБРАНИ́ТЬ, -ню́, -ни́шь; -нённый (-ён, -ена́); *сов., кого-что* (разг.). Сильно выбранить, а также раскритиковать. *Р. за шалость. Р. скучную пьесу.*

РАЗБРАНИ́ТЬСЯ, -ню́сь, -ни́шься; *сов., с кем* (разг.). Побранившись, рассориться. ‖ *несов.* **разбра́ниваться**, -аюсь, -аешься.

РАЗБРА́СЫВАТЬ *см.* разбросить.

РАЗБРА́СЫВАТЬСЯ, -аюсь, -аешься; *несов.* (разг.). **1.** *см.* разбросаться. **2.** *кем-чем.* То же, что бросаться (в 3 знач.). **3.** *перен.* Одновременно заниматься многим, не сосредотачиваясь на чём-н. основном. ‖ *сущ.* **разбра́сывание**, -я, *ср.*

РАЗБРЕСТИ́СЬ (-бреду́сь, -бредёшься, 1 и 2 *л.* ед. не употр.), -бредётся; -брёлся, -брела́сь; -брéдшийся; -бредя́сь; *сов.* О многих: бредя, разойтись в разные стороны. *Стадо разбрелось. Р. по домам.* ‖ *несов.* **разбреда́ться** (-а́юсь, -а́ешься, 1 и 2 *л.* ед. не употр.), -а́ется.

РАЗБРО́Д, -а, *м.* Разлад, разногласие. *Идейный р.*

РАЗБРОНИ́РОВАТЬ, -рую, -руешь; -анный; *сов., кого-что.* Освободить от бро́ни, снять бро́ню. *Р. специалиста. Квартира разбронирована за истечением срока.*

РАЗБРОСА́ТЬ, -а́ю, -а́ешь; -о́санный; *сов.* **1.** *что.* Бросая, разместить по поверхности равномерно или в беспорядке в разных направлениях. *Р. сено. Р. бумаги. Р. руки* или *ноги* (широко раскинуть). **2.** *перен., кого-что.* Разместить в разных местах далеко друг от друга. *Жизнь разбросала друзей по разным городам. Посёлки разбросаны по побережью.* ‖ *несов.* **разбра́сывать**, -аю, -аешь. ‖ *сущ.* **разбра́сывание**, -я, *ср.* (к 1 знач.), **разбро́ска**, -и, *ж.* (к 1 знач.) *и* **разбро́с**, -а, *м.* (к 1 знач.). *Разброс семян.* ‖ *прил.* **разбросно́й**, -а́я, -о́е (к 1 знач.; спец.). *Р. посев семян.*

РАЗБРОСА́ТЬСЯ, -а́юсь, -а́ешься; *сов.* **1.** То же, что раскинуться (в 1 знач.). *Больной в жару разбросался на постели.* **2.** Разложить вокруг себя в беспорядке свои вещи (разг.). ‖ *несов.* **разбра́сываться**, -аюсь, -аешься.

РАЗБРЫ́ЗГАТЬ, -аю, -аешь; -анный; *сов., что.* **1.** Рассеять мелкими брызгами. *Р. одеколон.* **2.** Брызгая, израсходовать. *Р. всю воду.* ‖ *несов.* **разбры́згивать**, -аю, -аешь.

РАЗБРЫ́ЗГАТЬСЯ (-аюсь, -аешься, 1 и 2 *л.* не употр.), -ается; *сов.* Расплескаться брызгами. ‖ *несов.* **разбры́згиваться** (-аюсь, -аешься, 1 и 2 *л.* не употр.), -ается.

РАЗБРЮЗЖА́ТЬСЯ, -зжу́сь, -зжи́шься; *сов.* (разг.). Начав брюзжать, продолжать не переставая. *Старик разбрюзжался.*

РАЗБУДИ́ТЬ *см.* будить.

РАЗБУ́ХНУТЬ, -ну, -нешь; -у́х, -у́хла; -у́хший; -у́хши; *сов.* **1.** Раздаться[2] (во 2 знач.), расшириться от влаги. *Доска разбухла. Почки на деревьях разбухли* (набухли). **2.** (1 и 2 *л.* не употр.), *перен.* Сильно увеличиться, разрастись (разг.). *Рукопись разбухла.* ‖ *несов.* **разбуха́ть**, -а́ю, -а́ешь. ‖ *сущ.* **разбуха́ние**, -я, *ср.*

РАЗБУШЕВА́ТЬСЯ, -шу́юсь, -шу́ешься; *сов.* Начать бушевать. *Вьюга разбушевалась. Разбушевались страсти. Разбушевался кто-н.* (разбуянился; разг.).

РАЗБУЯ́НИТЬСЯ, -нюсь, -нишься; *сов.* (разг.). Начать буянить, прийти в буйство. *Скандалист разбуянился.*

РАЗВА́ЖНИЧАТЬСЯ, -аюсь, -аешься; *сов.* (разг.). Начать вести себя чересчур важно, заважничать.

РАЗВА́Л, -а, *м.* **1.** *см.* развалить, -ся. **2.** Полное расстройство, беспорядок, разруха, упадок. *Р. в делах. В комнате р.* **3.** Открытая торговля старыми вещами, книгами (обычно разложенными прямо на земле). *На развале купил редкую книгу.* ‖ *прил.* **разва́льный**, -ая, -ое (к 3 знач.).

РАЗВА́ЛЕЦ, -льца, *м.*: **с развальцем** (разг.) — о походке: качающийся и неторопливый. *Идти с развальцем.*

РАЗВА́ЛИНА, -ы, *ж.* **1.** *мн.* Остатки разрушенного строения, поселения. *Развалины города. Груда развалин.* **2.** *перен.* О дряхлом или разбитом болезнью человеке (разг.). *Превратился в развалину.*

РАЗВАЛИ́ТЬ, -алю́, -а́лишь; -а́ленный; *сов., что.* **1.** Разрушая, повалить или раскидать. *Р. поленницу. Р. стену.* **2.** Привести в упадок. *Р. хозяйство.* ‖ *несов.* **разва́ливать**, -аю, -аешь. ‖ *сущ.* **разва́л**, -а, *м. и* **разва́лка**, -и, *ж.* (к 1 знач.).

РАЗВАЛИ́ТЬСЯ, -алю́сь, -а́лишься; *сов.* **1.** (1 и 2 *л.* не употр.). Повалившись, рассыпаться, распасться. *Стена развалилась.* **2.** (1 и 2 *л.* не употр.). Прийти в упадок. *Дело развалилось.* **3.** Сесть, небрежно раскинув руки и ноги (разг.). *Р. на диване.* ‖ *несов.* **разва́ливаться**, -аюсь, -аешься. ‖ *сущ.* **разва́л**, -а, *м.* (ко 2 знач.).

РАЗВАЛЮ́ХА, -и, *ж.* (прост. пренебр.). О чём-н. ветхом, почти разваливающемся. *Жил в развалюхе. Не машина, а р.* ‖ *уменьш.* **развалю́шка**, -и, *ж.*

РАЗВАЛЯ́ТЬ, -я́ю, -я́ешь; -я́лянный; *сов., что* (разг.). Раскатать пластом. *Р. тесто.* ‖ *несов.* **разва́ливать**, -аю, -аешь.

РАЗВАРИ́ТЬ, -арю́, -а́ришь; -а́ренный; *сов., что.* Довести варкой до мягкости или до излишней мягкости. *Р. мясо.* ‖ *несов.* **разва́ривать**, -аю, -аешь.

РАЗВАРИ́ТЬСЯ (-арю́сь, -а́ришься, 1 и 2 л. не употр.), -а́рится; *сов.* Варясь, стать совсем мягким или чересчур мягким. *Яблоки разварились.* ‖ *несов.* **разва́риваться** (-аюсь, -аешься, 1 и 2 л. не употр.), -ается.

РАЗВАРНО́Й, -а́я, -о́е. Сваренный до полной мягкости. *Разварная рыба. Р. картофель.*

РА́ЗВЕ. 1. *частица.* Употр. при вопросе, выражая сомнение, недоверие, так ли, правда ли. *Р. он уже приехал? Он уезжает. — Р.? Р. можно?!* (выражение резкого неодобрения, осуждения; разг.). **2.** *частица.* Выражает колебание и неуверенную готовность решиться, согласиться (разг.). *Р. съездить?* (может быть, стоит съездить). *Никогда этого не ел. Попробовать р.?* **3.** *частица.* Выражение неуверенного предположения о чём-н. как единственно возможном (разг.). *Денег нет, премию р. дадут. Гостей не будет, дедушка р. зайдёт.* **4.** *союз.* Выражает допущение, возможность (разг.). *Сегодня не поеду, р. завтра. Сад всё тот же, р. разросся.* **5.** *союз.* В случае, если не, если только не (разг.). *Обязательно приду, р. заболею.* ✦ **Разве только (разве что)** — 1) *союз,* то же, что разве (в 4 и 5 знач.) (разг.). *Сегодня не поеду, разве только (разве что) завтра. Обязательно приду, разве только (разве что) заболею;* 2) то же, что разве (во 2 и 3 знач.). **А что разве** (прост.) — то же, что а то́.

РАЗВЕВА́ТЬ (-а́ю, -а́ешь, 1 и 2 л. не употр.), -а́ет; *несов., что.* **1.** Вея (в 1 знач.), заставлять колыхаться, виться (во 2 знач.). *Ветер развевает флаги.* **2.** Движением воздуха разносить в разные стороны. *Ветром развевает* (безл.) *пламя.*

РАЗВЕВА́ТЬСЯ (-а́юсь, -а́ешься, 1 и 2 л. не употр.), -а́ется; *несов.* Колыхаться, виться (во 2 знач.), полоскаться (во 2 знач.). *Развеваются знамена. Волосы развеваются на ветру.*

РАЗВЕД... *Первая часть сложных слов со знач.:* 1) относящийся к разведке (в 1 знач.), напр. *разведпоиск;* 2) относящийся к разведке (во 2 знач.), напр. *разведгруппа, разведдозор;* 3) относящийся к разведке (в 4 знач.), напр. *разведслужба, разведцентр, разведшкола.*

РАЗВЕ́ДАТЬ, -аю, -аешь; -анный; *сов.* **1.** *что* или *о ком-чём.* То же, что разузнать (разг.). *Р. о чьих-н. намерениях.* **2.** *что.* Произвести разведку (в 1 и 2 знач.) чего-н. *Разведанные запасы руд. Р. местность. Р. расположение сил противника.* ‖ *несов.* **разве́дывать**, -аю, -аешь. ‖ *сущ.* **разве́дывание**, -я, *ср.* ‖ *прил.* **разве́дывательный**, -ая, -ое (ко 2 знач.). *Р. полёт.*

РАЗВЕДЕ́НЕЦ, -нца, *м.* (прост. неодобр.). Человек к-рый находится в разводе[3]. ‖ *ж.* **разведёнка**, -и.

РАЗВЕ́ДКА, -и, *ж.* **1.** Обследование чего-н. со специальной целью. *Р. месторождений полезных ископаемых. Р. на нефть. Р. рыбы с вертолёта.* **2.** Действия, осуществляемые войсковыми группами, подразделениями, дозорами для получения сведений о противнике и занимаемой им местности. *Выслать взвод в разведку. Воздушная р. Р. боем. В разведку не пойдёшь с кем-н.* (также перен.: о ком-н., кому нельзя довериться, на кого нельзя полностью положиться). **3.** Войсковая группа, подразделение, осуществляющее такие действия. *Командир разведки.* **4.** Организация, ведающая специальным изучением экономической и политической жизни других стран, их военного потенциала. ‖ *прил.* **разве́дочный**, -ая, -ое. *Разведочные выработки* (горные).

РАЗВЕ́ДРИТЬ (-рю, -ришь, 1 и 2 л. не употр.), -ит и **РАЗВЕ́ДРИТЬСЯ** (-рюсь, -ришься, 1 и 2 л. не употр.), -ится; *сов.* (обл.). О погоде: то же, что разгуляться. *Погода разведрилась. К вечеру разведрит* (безл.). ‖ *несов.* **разве́дривать** (-аю, -аешь, 1 и 2 л. не употр.), -ает *и* **разве́дриваться** (-аюсь, -аешься, 1 и 2 л. не употр.), -ается.

РАЗВЕ́ДЧИК, -а, *м.* **1.** Специалист по разведке недр, полезных ископаемых. **2.** Военнослужащий разведки (в 3 знач.); тот, кто идёт в разведку (во 2 знач.). **3.** Сотрудник, работник разведки (в 4 знач.). **4.** Самолёт или корабль, ведущий разведку (в 1 и 2 знач.). ‖ *ж.* **разве́дчица**, -ы (ко 2 знач.).

РАЗВЕЗТИ́[1], -зу́, -зёшь; -ёз, -езла́; -ёзший; -зённый (-ён, -ена́); -езя́; *сов., кого-что.* Везя многое (многих), доставить в разные места. *Р. посылки. Р. всех по домам.* ‖ *несов.* **развози́ть**, -ожу́, -о́зишь. ‖ *сущ.* **разво́з**, -а, *м.* и **разво́зка**, -и, *ж.* ‖ *прил.* **развозно́й**, -а́я, -о́е. *Развозная торговля.*

РАЗВЕЗТИ́[2], -зу́, -зёшь; -ёз, -езла́; -ёзший; -зённый (-ён, -ена́); -езя́; *сов.* (разг.). **1.** *безл., кого (что).* Привести в состояние слабости, изнеможения. *От жары гуляющих развезло.* **2.** *безл., что.* О пути: сделать грязным, мало пригодным для езды. *Осенью дорогу развезло.* **3.** *что.* Излагая, рассказывая, слишком растянуть (неодобр.). *Р. доклад на два часа.* ‖ *несов.* **развози́ть**, -ожу́, -о́зишь.

РАЗВЕНЧА́ТЬ, -а́ю, -а́ешь; -е́нчанный; *сов., кого-что.* Лишить уважения, общественного признания. *Р. знаменитость. Развенчанный идеал.* ‖ *несов.* **развéнчивать**, -аю, -аешь. ‖ *сущ.* **развенча́ние**, -я, *ср.*

РАЗВЕРЕДИ́ТЬ *см.* вередить.

РАЗВЕ́РЗНУТЬ, -ну, -нешь; -е́рз *и* -е́рзнул, -е́рзла; -е́рзший; -е́рстый; -е́рзши; *сов., что* (устар.). Широко открыть, раздвинуть. *Р. пасть.* ‖ *несов.* **развераа́ть**, -а́ю, -а́ешь.

РАЗВЕ́РЗНУТЬСЯ (-нусь, -нешься, 1 и 2 л. не употр.), -нется; -е́рзся *и* -е́рзнулся, -е́рзлась; -е́рзшийся; -е́рзшись; *сов.* (устар. высок.). Широко раскрыться, раздвинуться. *Разверзлась бездна.* ‖ *несов.* **развераа́ться** (-а́юсь, -а́ешься, 1 и 2 л. не употр.), -а́ется.

РАЗВЕРНУ́ТЬ, -ну́, -нёшь; -вёрнутый; *сов.* **1.** *кого-что.* Раскрыть (свёрнутое, завёрнутое, сложенное). *Р. знамя. Р. карту. Р. ковёр, свёрток.* **2.** *кого-что.* Расположить, установить в определённой позиции, привести в боевой порядок. *Р. полк. Р. строй.* **3.** *перен., что.* Проявить, осуществить в полной мере, в широких размерах. *Р. активную деятельность. Р. свой талант. Р. аргументацию. Р. строительство.* **4.** *что.* То же, что повернуть (во 2 знач.). *Р. машину, самолёт.* **5.** *что.* Выпрямить и развести в стороны. *Р. плечи, носки.* **6.** *что.* Организовать, открыть (какое-н. временное учреждение, пункт). *Р. походный госпиталь. Р. палаточный городок. Р. экспозицию, выставку.* ‖ *несов.* **развёртывать**, -аю, -аешь *и* **развора́чивать**, -аю, -аешь. ‖ *сущ.* **развёртывание**, -я, *ср.*, **разворо́т**, -а, *м.* (к 4, 5 и 6 знач.) *и* **развёртка**, -и, *ж.* (к 1 и 5 знач.; спец.). ‖ *прил.* **разворо́тный**, -ая, -ое (к 4 и 5 знач.).

РАЗВЕРНУ́ТЬСЯ, -ну́сь, -нёшься; *сов.* **1.** (1 и 2 л. не употр.). О чём-н. свёрнутом, завёрнутом, сложенном: раскрыться. *Знамя развернулось. Развернулся свёрток, ковёр.* **2.** (1 и 2 л. ед. не употр.). Расположиться в определённой позиции, в боевом порядке. *Строй развернулся.* **3.** *перен.* Проявить себя, осуществиться в полной мере, в широких размерах. *Развернулась предпринимательская деятельность. Талант развернулся.* **4.** (1 и 2 л. не употр.), *перен.* Быть видимым на большом расстоянии, вширь и вдаль. *Перед глазами развернулась живописная долина.* **5.** Повернуться, сделать поворот. *Грузовик развернулся.* ‖ *несов.* **развёртываться**, -аюсь, -аешься *и* **развора́чиваться**, -аюсь, -аешься. ‖ *сущ.* **разворо́т**, -а, *м.* (к 3 и 5 знач.), **развёртывание**, -я, *ср.* (ко 2 и 5 знач.; спец.) *и* **развёртка**, -и, *ж.* (к 1 знач.). *Силы быстрого развёртывания* (специальные формирования, предназначенные для быстрой переброски куда-н. в целях осуществления военных действий). ‖ *прил.* **разворо́тный**, -ая, -ое (к 5 знач.). *Разворотная площадка.*

РАЗВЕРСТА́ТЬ, -а́ю, -а́ешь; -вёрстанный; *сов., что* (офиц.). То же, что распределить (в 1 знач.). *Р. средства на строительство.* ‖ *несов.* **развёрстывать**, -аю, -аешь. ‖ *сущ.* **развёрстка**, -и, *ж.* ‖ *прил.* **развёрсточный**, -ая, -ое.

РАЗВЕ́РСТЫЙ, -ая, -ое; -е́рст (устар. высок.). Открытый, раскрытый. *Разверстая пропасть.*

РАЗВЕРТЕ́ТЬ, -ерчу́, -е́ртишь; -е́рченный; *сов., что.* **1.** Вертя, ослабить, развинтить. *Р. винт.* **2.** Вертя, расширить (дыру, отверстие). **3.** Повертев, привести в круговое движение. *Р. колесо.* ‖ *несов.* **разве́рчивать**, -аю, -аешь. ‖ *сущ.* **развёртка**, -и, *ж.* (к 1 и 2 знач.).

РАЗВЕРТЕ́ТЬСЯ (-ерчу́сь, -е́ртишься, 1 и 2 л. не употр.), -е́ртится; *сов.* **1.** Ослабнуть от верчения. *Винт развертелся.* **2.** Расшириться от верчения. *Отверстие развертелось.* **3.** Начать быстро вращаться. *Колесо развертелось.* ‖ *несов.* **разве́рчиваться** (-аюсь, -аешься, 1 и 2 л. не употр.), -ается.

РАЗВЕСЕЛИ́ТЬ *см.* веселить.

РАЗВЕСЕЛИ́ТЬСЯ, -лю́сь, -ли́шься; *сов.* Стать весёлым, прийти в весёлое настроение. *Дети развеселились.*

РАЗВЕ́СИСТЫЙ, -ая, -ое; -ист. С широкими нависшими ветвями. *Развесистая ель.* ‖ *сущ.* **разве́систость**, -и, *ж.*

РАЗВЕ́СИТЬ[1], -е́шу, -е́сишь; -е́шенный; *сов., что.* Разделить на части по весу. *Р. муку.* ‖ *несов.* **разве́шивать**, -аю, -аешь. ‖ *сущ.* **разве́с**, -а, *м.* и **разве́ска**, -и, *ж.* ‖ *прил.* **разве́сочный**, -ая, -ое.

РАЗВЕ́СИТЬ[2], -е́шу, -е́сишь; -е́шенный; *сов., что.* **1.** То же, что развешать (разг.). *Р. бельё.* **2.** Широко раскинуть, распустить. *Берёза развесила свои ветви.* ✦ **Развесить уши** (разг. ирон.) — доверчиво слушать, принимать всерьёз то, чему нельзя верить. ‖ *несов.* **разве́шивать**, -аю, -аешь.

РАЗВЕСНО́Й, -а́я, -о́е. Такой, к-рым торгуют вразвес, не штучно. *Развесное печенье.*

РАЗВЕСТИ́[1], -еду́, -едёшь; -ёл, -ела́; -е́дший; -едённый (-ён, -ена́); -едя́; *сов.* **1.** *кого (что).* Ведя, доставить (многих) в разные места. *Р. детей по домам. Р. часовых* (расставить по постам). **2.** *кого (что).* То же, что разъединить. *Судьба развела друзей.* **3.** *кого (что).* Расторгнуть чей-н. брак[1]. *Р. супругов. Разведённая жена.* **4.** *что.* Направить части чего-н. в разные стороны. *Р. мост. Р. пилу* (дать зубьям небольшой наклон в сторону). ✦ **Развести руками** — повести руками в стороны в знак удивления, а также вообще выразить недоумение, удивление по поводу чего-н. *Чужую беду руками разведу* (посл. о том, что чужая беда кажется не страшной). ‖ *несов.* **разводи́ть**, -ожу́, -о́дишь. ‖ *сущ.* **разведе́ние**, -я, *ср.* (к 4 знач.), **разво́д**, -а, *м.* (к 1 и 4 знач.) *и* **разво́дка**, -и, *ж.* (к 4 знач.; спец.). ‖ *прил.* **раз-**

водной, -ая, -ое (к 4 знач.). *Р. ключ. Р. мост* (с подвижным пролётным строением).

РАЗВЕСТИ́², -еду́, -едёшь; -ёл, -ела́; -е́дший; -еде́нный (-ён, -ена́); -едя́; *сов., что.* То же, что растворить² (в 1 знач.). *Р. краску олифой.* ‖ *несов.* **разводи́ть**, -ожу́, -о́дишь. ‖ *сущ.* **разведе́ние**, -я, *ср.*

РАЗВЕСТИ́³, -еду́, -едёшь; -ёл, -ела́; -е́дший; -еде́нный (-ён, -ена́); -едя́; *сов.* **1.** *кого-что.* Дать расплодиться кому-н., разрастись чему-н. *Р. кроликов. Р. сад.* **2.** *перен., что.* Начать делать что-н. длительное, нудное, неприятное (разг.). *Р. пустые разговоры. Р. канитель. Из-за пустяков развёл целую философию.* **3.** *что.* Разжечь, довести до нужной степени (пары, огонь). *Р. костёр. Р. огонь. Р. пары.* ‖ *несов.* **разводи́ть**, -ожу́, -о́дишь. ‖ *сущ.* **разведе́ние**, -я, *ср.* (к 1 и 3 знач.) *и* **разво́д**, -а, *м.* (к 1 знач.). *Оставить что-н. на р.* (чтобы разводилось; разг.). ‖ *прил.* **разво́дочный**, -ая, -ое (спец.). *Р. бассейн.*

РАЗВЕСТИ́СЬ¹, -еду́сь, -едёшься; -ёлся, -ела́сь; -е́дшийся; -едя́сь; *сов., с кем.* Расторгнуть свой брак¹. *Р. с женой.* ‖ *несов.* **разводи́ться**, -ожу́сь, -о́дишься. ‖ *сущ.* **разво́д**, -а, *м.*

РАЗВЕСТИ́СЬ² (-еду́сь, -едёшься, 1 и 2 л. не употр.), -едётся; -ёлся, -ела́сь; -е́дшийся; -едя́сь; *сов.* Расплодиться, размножиться. *На реках развелись бобры.* ‖ *несов.* **разводи́ться** (-ожу́сь, -о́дишься, 1 и 2 л. не употр.), -о́дится.

РАЗВЕТВИ́ТЬ, -влю́, -ви́шь; -влённый (-ён, -ена́); *сов., что.* Образовать ответвления, сделать разветвлённым. *Р. сеть каналов. Р. учреждение.* ‖ *несов.* **разветвля́ть**, -я́ю, -я́ешь. ‖ *сущ.* **разветвле́ние**, -я, *ср.*

РАЗВЕТВИ́ТЬСЯ (-влю́сь, -ви́шься, 1 и 2 л. не употр.), -ви́тся; *сов.* **1.** Разойтись из одного места в разные стороны ветвями, подобно ветвям. *Куст разветвился. Ручей разветвился.* **2.** *перен.* Образовать ответвления (в 3 знач.), стать разветвлённым. *Институт разветвился.* ‖ *несов.* **разветвля́ться** (-я́юсь, -я́ешься, 1 и 2 л. не употр.), -я́ется. ‖ *сущ.* **разветвле́ние**, -я, *ср.*

РАЗВЕТВЛЕ́НИЕ, -я, *ср.* **1.** *см.* разветвить, -ся. **2.** Место, где что-н. разветвляется, расходится в разные стороны. *На разветвлении дорог. Рога с разветвлениями.* **3.** *перен.* Ответвление (в 3 знач.), ветвь (во 2 знач.).

РАЗВЕТВЛЁННЫЙ, -ая, -ое; -ён. Со многими разветвлениями, ответвлениями или отделениями. *Разветвлённая сеть железных дорог. Р. аппарат управления.* ‖ *сущ.* **разветвлённость**, -и, *ж.*

РАЗВЕ́ШАТЬ, -аю, -аешь; -анный; *сов., что.* Повесить по разным местам. *Р. картины.* ‖ *несов.* **разве́шивать**, -аю, -аешь.

РАЗВЕ́ШИВАТЬ¹·²·³ *см.* развесить¹·² *и* развешать.

РАЗВЕ́ЯТЬ, -е́ю, -е́ешь; -янный; *сов., что.* **1.** (1 и 2 л. не употр.). Разбросать, разнести в стороны (ветром, дуновением). *Ветер развеял облака.* **2.** *перен.* Уничтожить, рассеять. *Р. грусть, тоску, сомнения.* ‖ *несов.* **разве́ивать**, -аю, -аешь.

РАЗВЕ́ЯТЬСЯ, -е́юсь, -е́ешься. **1.** (1 и 2 л. не употр.). Разнестись в стороны от дуновения, ветра. *Туман развеялся.* **2.** (1 и 2 л. не употр.), *перен.* Рассеяться (в 4 знач.), исчезнуть. *Тоска развеялась.* **3.** Отвлечься от забот, дум, развлечься. ‖ *несов.* **разве́иваться**, -аюсь, -аешься.

РАЗВЁРНУТЫЙ, -ая, -ое; -ут. Полный и подробный. *Развёрнутые тезисы.* ‖ *сущ.* **развёрнутость**, -и, *ж.*

РАЗВЁРСТКА, -и, *ж.* **1.** *см.* разверстать. **2.** Плановое распределение кого-чего-н.; документ о таком распределении. *Получить что-н. по развёрстке.*

РАЗВЁРТКА, -и, *ж.* **1.** *см.* развернуть, -ся *и* развертеть. **2.** Металлорежущий инструмент (спец.).

РАЗВИ́ЛИНА, -ы, *ж.* **1.** Разветвление на конце сука, ствола. **2.** То же, что разветвление (во 2 знач.). *Р. дороги.*

РАЗВИ́ЛИСТЫЙ, -ая, -ое; -ист. С развилиной, с развилинами. *Р. сук. Развилистая дорога.* ‖ *сущ.* **разви́листость**, -и, *ж.*

РАЗВИ́ЛКА, -и, *ж.* и **РАЗВИ́ЛОК**, -лка, *м.* (разг.). То же, что разветвление (во 2 знач.). *На развилке дорог.*

РАЗВИНТИ́ТЬ, -нчу́, -нти́шь *и* (разг.) -и́нтишь; -и́нченный; *сов., что.* Разобрать (свинченное). *Р. замок.* ‖ *несов.* **разви́нчивать**, -аю, -аешь.

РАЗВИНТИ́ТЬСЯ, -нчу́сь, -нти́шься *и* (разг.) -и́нтишься; *сов.* **1.** (1 и 2 л. не употр.). Ослабнуть в соединениях (о свинченном), отвинтиться. *Крепления развинтились.* **2.** *перен.* Утратить выдержку, дисциплинированность, собранность; расстроиться (разг.). *Ученик развинтился. Нервы развинтились.* ‖ *несов.* **разви́нчиваться**, -аюсь, -аешься.

РАЗВИ́НЧЕННЫЙ, -ая, -ое; -ен (разг.). **1.** Не умеющий вести себя выдержанно, дисциплинированно, разболтанный. *Р. юнец.* **2.** О движениях: нетвёрдый, пошатывающийся, вихляющийся. *Развинченная походка.* ‖ *сущ.* **разви́нченность**, -и, *ж.*

РАЗВИ́ТИЕ, -я, *ср.* **1.** *см.* развить², -ся². **2.** Процесс закономерного изменения, перехода из одного состояния в другое, более совершенное; переход от старого качественного состояния к новому, от простого к сложному, от низшего к высшему. *Законы общественного развития.* **3.** Степень сознательности, просвещённости, культурности. *Высокое умственное р.*

РАЗВИТО́Й, -а́я, -о́е; -ит, -ита́, -ито. **1.** Достигший высокой степени развития. *Развитая промышленность.* **2.** Духовно зрелый, просвещённый и культурный. *Р. юноша.* ‖ *сущ.* **ра́звитость**, -и, *ж.*

РАЗВИ́ТЬ¹, -зовью́, -зовьёшь; -и́л, -ила́, -и́ло; -ве́й; -и́тый *и* -ито́й (-и́т *и* -ит, -ита́ *и* разг. -и́та, -и́то *и* -ито); *сов., что.* Разделить, распрямить части чего-н. свитого, свившегося. *Р. верёвку. Р. локон.* ‖ *несов.* **развива́ть**, -а́ю, -а́ешь.

РАЗВИ́ТЬ², -зовью́, -зовьёшь; -и́л, -ила́, -и́ло; -ве́й; -и́тый *и* -итый (-и́т *и* -ит, -ита́, -и́то *и* -ито); *сов.* **1.** *что.* Усилить, дать чему-н. окрепнуть, укрепиться. *Р. мускулатуру упражнениями. Р. память. Р. в ребёнке интерес к музыке.* **2.** *кого-что.* Довести до определённой степени духовной, умственной зрелости, сознательности, культурности. *Р. ребёнка. Р. свой ум.* **3.** *что.* Довести до определённой степени силы, мощности, совершенства, поднять уровень чего-н. *Р. производство.* **4.** *что.* Предпринять что-н. с широким размахом, с энергией развернуть что-н. *Р. агитацию, деятельность. Р. наступление. Р. скорость* (довести скорость до значительной степени). **5.** *что.* Распространить, расширить, углубить содержание или применение чего-н. *Р. чью-н. мысль. Р. идею, аргументацию.* ‖ *несов.* **развива́ть**, -а́ю, -а́ешь. ‖ *сущ.* **разви́тие**, -я, *ср.*

РАЗВИ́ТЬСЯ¹ (-зовью́сь, -зовьёшься, 1 и 2 л. не употр.), -зовьётся; -и́лся, -ила́сь, -ило́сь *и* -и́лось; -ве́йся; *сов.* О чём-н. свитом, завитом, свившемся: разделиться, стать прямым. *Шпагат развился. Волосы развились.* ‖ *несов.* **развива́ться** (-а́юсь, -а́ешься, 1 и 2 л. не употр.), -а́ется.

РАЗВИ́ТЬСЯ², -зовью́сь, -зовьёшься; -и́лся, -ила́сь, -ило́сь *и* -и́лось; -ве́йся; *сов.* **1.** Стать сильнее, окрепнуть, укрепиться. *Мускулы развились. Подросток развился физически. Талант развился.* **2.** Созреть духовно, умственно, стать сознательнее, культурнее. *Ученик заметно развился. Ум развился.* **3.** (1 и 2 л. не употр.). Дойти до высокой степени силы, мощности, совершенства. *Развилось производство.* **4.** (1 и 2 л. не употр.). Усилиться, дойти до значительной степени. *Развилась большая скорость.* ‖ *несов.* **развива́ться**, -а́юсь, -а́ешься. ‖ *сущ.* **разви́тие**, -я, *ср.*

РАЗВЛЕКА́ТЕЛЬНЫЙ, -ая, -ое; -лен, -льна. **1.** *см.* развлечь, развлекательство. **2.** Доставляющий только развлечение, без глубокого содержания. *Развлекательное чтение.* ‖ *сущ.* **развлека́тельность**, -и, *ж.*

РАЗВЛЕКА́ТЕЛЬСТВО, -а, *ср.* Стремление к развлекательности в ущерб глубине содержания, идейности. *Пустое р.* ‖ *прил.* **развлека́тельный**, -ая, -ое.

РАЗВЛЕКУ́ХА, -и, *ж.* (прост. неодобр.). Непритязательное зрелище, предназначенное только для развлечения.

РАЗВЛЕЧЕ́НИЕ, -я, *ср.* **1.** *см.* развлечь, -ся. **2.** Занятие, времяпрепровождение, доставляющее удовольствие, развлекающее. *Массовые развлечения.*

РАЗВЛЕ́ЧЬ, -еку́, -ечёшь, -еку́т; -ёк, -екла́; -ёкший; -ечённый (-ён, -ена́); -ёкши; *сов., кого (что).* **1.** Повеселить, доставить кому-н. удовольствие. *Р. гостей.* **2.** Занимая чем-н., отвлечь от каких-н. мыслей, переживаний. ‖ *несов.* **развлека́ть**, -а́ю, -а́ешь. ‖ *сущ.* **развлече́ние**, -я, *ср.* ‖ *прил.* **развлека́тельный**, -ая, -ое (к 1 знач.). *Развлекательная программа. Р. комплекс в парке. Развлекательные аппараты.*

РАЗВЛЕ́ЧЬСЯ, -еку́сь, -ечёшься, -еку́тся; -ёкся, -екла́сь; -еки́сь; -ёкшийся; -ёкшись; *сов.* **1.** Повеселиться, провести приятно и весело время. *Р. после трудового дня.* **2.** Занимаясь чем-н., отвлечься от каких-н. мыслей, переживаний. *Ты устал, тебе надо р.* ‖ *несов.* **развлека́ться**, -а́юсь, -а́ешься. ‖ *сущ.* **развлече́ние**, -я, *ср.*

РАЗВО́Д¹, -а, *м.* (спец.). Проверка готовности караулов перед отправлением их на смену, на посты. *Р. караулов.*

РАЗВО́Д² *см.* развести³.

РАЗВО́Д³, -а, *м.* **1.** *см.* развести¹, -сь¹. **2.** Расторжение, расторгнутость брака¹. *Супруги давно в разводе* (развелись). *Дать р.* (согласиться на развод; разг.). *Подать на р.* (подать в суд заявление о разводе; разг.). ‖ *прил.* **разво́дный**, -ая, -ое.

РАЗВОДИ́ТЬ¹·²·³, -СЯ¹·² *см.* развести¹·²·³, -сь¹·².

РАЗВО́ДКА *см.* развести¹.

РАЗВОДНО́Й *см.* развести¹.

РАЗВО́ДЫ, -ов. **1.** Крупный узор с неопределённым, размытым рисунком. *Ткань с разводами.* **2.** Пятна, потёки (разг.). *На стенах р. от сырости.*

РАЗВО́ДЬЕ, -я, *род. мн.* -ьев *и* -дий, *ср.* Пространство чистой воды между льдами, после таяния снегов.

РАЗВОДЯ́ЩИЙ, -его, *м.* (спец.). Военнослужащий, осуществляющий развод¹, проверку, смену постов. *Назначить разводящего.*

РАЗВОЕВА́ТЬСЯ, -ою́юсь, -оюёшься; *сов.* (разг. шутл.). Придя в возбуждение, начать вести себя шумно, разбуяниться.

РАЗВО́З *см.* развезти¹.

РАЗВОЗИ́ТЬ[1-2] *см.* развезти[1-2].

РАЗВОЗИ́ТЬСЯ, -ожу́сь, -о́зишься; *сов.* (разг.). Поднять шумную и продолжительную возню. *Дети развозились.*

РАЗВО́ЗКА, РАЗВОЗНО́Й *см.* развезти[1].

РАЗВОЛНОВА́ТЬ, -ну́ю, -ну́ешь; -о́ванный; *сов., кого-что* (разг.). Сильно взволновать, растревожить. *Р. неожиданным известием.*

РАЗВОЛНОВА́ТЬСЯ, -ну́юсь, -ну́ешься; *сов.* (разг.). Сильно взволноваться. *Р. после встречи.*

РАЗВОРА́ЧИВАТЬ *см.* развернуть *и* разворотить.

РАЗВОРА́ЧИВАТЬСЯ *см.* развернуться.

РАЗВОРОВА́ТЬ, -ру́ю, -ру́ешь; -о́ванный; *сов., кого-что.* Расхитить, украсть многое. *Р. имущество.* ‖ *несов.* **разворо́вывать,** -аю, -аешь.

РАЗВОРО́Т, -а, *м.* **1.** *см.* развернуть, -ся. **2.** Две смежные страницы раскрытой книги, журнала, тетради. *Репродукция во весь р.* ‖ *прил.* **разворо́тный,** -ая, -ое.

РАЗВОРОТИ́ТЬ, -очу́, -о́тишь; -о́ченный; *сов., что* (прост.). Разбросать, разломать, разрушить (обычно что-н. сложенное, построенное). *Р. кучу камней. Р. мостовую. Миной разворотило* (безл.) *вагон.* ‖ *несов.* **развора́чивать,** -аю, -аешь.

РАЗВОРО́ТНЫЙ *см.* развернуть, -ся *и* разворот.

РАЗВОРОШИ́ТЬ, -шу́, -ши́шь; -шённый (-ён, -ена́); *сов., что.* Вороша, разбросать, раскинуть. *Р. стог сена. Р. воспоминания* (перен.: растревожить, разбередить; разг.).

РАЗВОРЧА́ТЬСЯ, -чу́сь, -чи́шься; *сов.* (разг.). Начав ворчать, продолжать не переставая. *Старик разворчался.*

РАЗВРА́Т, -а, *м.* **1.** Половая распущенность. *Впасть в р.* **2.** Испорченность нравов, низкий моральный уровень поведения, отношений.

РАЗВРАТИ́ТЕЛЬ, -я, *м.* (книжн.). Тот, кто развратил, развращает кого-н. ‖ *сущ.* **развратительница,** -ы.

РАЗВРАТИ́ТЬ, -ащу́, -ати́шь; -ащённый (-ён, -ена́); *сов., кого (что).* **1.** Приучить к разврату (в 1 знач.). *Р. несовершеннолетнего.* **2.** Испортить, довести до полного разложения. *Славословие развратило начинающего поэта.* ‖ *несов.* **развраща́ть,** -а́ю, -а́ешь. ‖ *сущ.* **развраще́ние,** -я, *ср.*

РАЗВРАТИ́ТЬСЯ, -ащу́сь, -ати́шься; *сов.* **1.** Приучиться к разврату (в 1 знач.). **2.** Испортиться, дойти до полного морального разложения. *Нравственно р.* ‖ *несов.* **развраща́ться,** -а́юсь, -а́ешься. ‖ *сущ.* **развраще́ние,** -я, *ср.*

РАЗВРА́ТНИК, -а, *м.* Человек, предающийся разврату (в 1 знач.). ‖ *ж.* **развра́тница,** -ы. ‖ *прил.* **развра́тнический,** -ая, -ое.

РАЗВРА́ТНИЧАТЬ, -аю, -аешь; *несов.* (разг.). Быть развратником, предаваться разврату (в 1 знач.).

РАЗВРА́ТНЫЙ, -ая, -ое; -тен, -тна. Занимающийся развратом, проникнутый развратом. *Развратно* (нареч.) *вести себя. Развратные мысли.* ‖ *сущ.* **развра́тность,** -и, *ж.*

РАЗВРАЩЁННОСТЬ, -и, *ж.* Развратный образ мыслей, поведения.

РАЗВЬЮ́ЧИТЬ, -чу, -чишь; -ченный; *сов., кого-что.* Освободить от вьюков. *Р. верблюда.* ‖ *несов.* **развью́чивать,** -аю, -аешь.

РАЗВЯЗА́ТЬ, -яжу́, -я́жешь; -я́занный; *сов.* **1.** *кого-что.* Разъединить (концы связанного), освободить от завязки. *Р. узел. Р. тюк. Р. руки кому-н.* (также перен.: то же, что развязать в 3 знач.; разг.). **2.** *перен., что.* Начать, дав возможность существовать, длиться. *Р. войну.* **3.** *перен., кого (что).* Дать возможность свободно действовать, освободить от каких-н. обязательств (прост.). **4.** *что.* О потоках транспорта: направить в стороны, расчленить, распределить (спец.). ✦ **Развязать язык** (разг.) — начать говорить свободнее, охотнее, а также заставить говорить. ‖ *несов.* **развя́зывать,** -аю, -аешь. ‖ *сущ.* **развя́зка,** -и, *ж.* (к 1, 3 и 4 знач.) *и* **развя́зывание,** -я, *ср.* ‖ *прил.* **развя́зочный,** -ая, -ое (к 4 знач.; спец.).

РАЗВЯЗА́ТЬСЯ, -яжу́сь, -я́жешься; *сов.* **1.** (1 и 2 л. не употр.). О концах связанного: разъединиться. *Узел развязался. Пояс развязался.* **2.** *с кем-чем.* Освободиться от того, кто (что) лишает свободы действия, связывает (в 7 знач.) (разг.). *Р. с неприятными делами, с кредиторами.* ✦ **Развязался язык** *у кого* (разг.) — кто-н. начал говорить свободнее, охотнее. ‖ *несов.* **развя́зываться,** -аюсь, -аешься. ‖ *сущ.* **развя́зка,** -и, *ж.*

РАЗВЯ́ЗКА, -и, *ж.* **1.** *см.* развязать, -ся. **2.** Конец, завершение (обычно решительное, действенное) каких-н. сложных событий, ситуаций; заключительная часть драматического или иного литературного произведения. *Дело идёт к развязке. Счастливая, неожиданная, трагическая р.* **3.** Дорожное сооружение — разветвление для распределения потоков транспорта (спец.). *Транспортная р.*

РАЗВЯ́ЗНЫЙ, -ая, -ое; -зен, -зна. Излишне свободный и непринуждённый в обращении с другими. *Р. юноша. Р. тон. Развязно* (нареч.) *вести себя.* ‖ *сущ.* **развя́зность,** -и, *ж.*

РАЗГАДА́ТЬ, -а́ю, -а́ешь; -а́данный; *сов.* **1.** *что.* Найти правильный ответ на загадку, загаданное. *Р. загадку.* **2.** *кого-что.* Понять смысл, уяснить характер кого-чего-н. *Р. чьи-н. мысли, намерения. Этого человека я разгадал.* ‖ *несов.* **разга́дывать,** -аю, -аешь. ‖ *сущ.* **разга́дка,** -и, *ж.*

РАЗГА́ДКА, -и, *ж.* **1.** *см.* разгадать. **2.** Решение загадки. *Правильная р.* ‖ *прил.* **разга́дочный,** -ая, -ое.

РАЗГА́ДЧИК, -а, *м.* (разг.). Человек, к-рый разгадывает что-н., умеет находить правильный ответ на загаданное. *Хороший р.* ‖ *ж.* **разга́дчица,** -ы.

РАЗГА́Р, -а (-у), *м.* **1.** О горении, свечении: полная сила. *Пожар в самом разгаре. Р. зари.* **2.** *перен.* Наиболее полное проявление, наивысшая точка в развитии чего-н. *Р. битвы. В разгаре спора. Жатва в самом разгаре.*

РАЗГИ́Б, -а, *м.* **1.** *см.* разогнуть, -ся. **2.** Место, где что-н. разогнуто, разогнулось. *Страницы потёрлись на разгибе.*

РАЗГИБА́ТЬ, -СЯ *см.* разогнуть, -ся.

РАЗГИБНО́Й *см.* разогнуть, -ся.

РАЗГИЛЬДЯ́Й, -я, *м.* (разг.). Нерадивый, небрежный в делах, разболтанный человек. ‖ *ж.* **разгильдя́йка,** -и. ‖ *прил.* **разгильдя́йский,** -ая, -ое.

РАЗГИЛЬДЯ́ЙНИЧАТЬ, -аю, -аешь; *несов.* (разг.). Быть, вести себя разгильдяем.

РАЗГИЛЬДЯ́ЙСТВО, -а, *ср.* (разг.). Поведение разгильдяя. *Недопустимое р.*

РАЗГЛАГО́ЛЬСТВОВАТЬ, -твую, -твуешь; *несов.* (разг.). Говорить многословно и бессодержательно. *Хватит р., нужно действовать.* ‖ *сущ.* **разглаго́льствование,** -я, *ср.*

РАЗГЛА́ДИТЬ, -а́жу, -а́дишь; -а́женный; *сов., что.* Расправить, сделать гладким, уничтожить складки, неровности на чём-н. *Р. швы. Р. платье утюгом. Р. бородку. Радость разгладит морщины* (перен.). ‖ *несов.* **разгла́живать,** -аю, -аешь.

РАЗГЛА́ДИТЬСЯ (-а́жусь, -а́дишься, 1 и 2 л. не употр.), -а́дится; *сов.* **1.** О складках, неровностях на чём-н.: расправиться, уничтожиться. *Морщины разгладились.* **2.** Стать гладким (освободившись от складок, неровностей). *Платье разгладилось.* ‖ *несов.* **разгла́живаться,** -ается.

РАЗГЛАСИ́ТЬ, -ашу́, -аси́шь; -ашённый (-ён, -ена́); *сов., что.* **1.** Рассказав, оповестив, сделать известным всем (что-н. тайное). *Р. чужую тайну, секрет.* **2.** Всем, повсюду объявить, рассказать о чём-н., распространить что-н. *Р. новость во все концы* (повсюду). ‖ *несов.* **разглаша́ть,** -а́ю, -а́ешь. ‖ *сущ.* **разглаше́ние,** -я, *ср.*

РАЗГЛЯДЕ́ТЬ, -яжу́, -яди́шь; *сов., кого-что.* **1.** То же, что рассмотреть (в 1 знач.). **2.** *перен.* То же, что распознать. *Подхалима не разглядели.* ‖ *несов.* **разгля́дывать,** -аю, -аешь.

РАЗГНЕ́ВАННЫЙ, -ая, -ое; -ан (устар. и ирон.). Находящийся в гневе, выражающий гнев. *Р. властелин. Разгневанные речи.* ‖ *сущ.* **разгне́ванность,** -и, *ж.*

РАЗГНЕ́ВАТЬ, -аю, -аешь; -анный; *сов., кого (что)* (устар. и ирон.). Привести в состояние сильного гнева. *Р. отца.*

РАЗГНЕ́ВАТЬСЯ, -аюсь, -аешься; *сов.* (устар. и ирон.). Прийти в состояние сильного гнева.

РАЗГОВА́РИВАТЬ, -аю, -аешь; *несов.* Вести разговор, беседовать. *Р. с товарищем. Р. по телефону. Р. о музыке. Не разговаривает кто-н. с кем-н.* (поссорившись, не общается). *Разговоры р.* (заниматься болтовнёй, пустыми разговорами; разг.). *Не р.!* (молчать, не возражать!).

РАЗГОВЕ́ТЬСЯ, -е́юсь, -е́ешься; *сов.* У христиан: поесть скоромного впервые после поста. *Р. куличом и пасхой.* ‖ *несов.* **разговля́ться,** -я́юсь, -я́ешься. ‖ *сущ.* **ро́зговенье,** -я, *ср. и* **разгове́нье,** -я, *ср.*

РАЗГОВО́Р, -а (-у), *м.* **1.** Словесный обмен сведениями, мнениями, беседа. *Вести р. Вступить в р. Р. по телефону. Крупный р.* (серьёзный, напряжённый и неприятный). *Переменить р.* (начать говорить о другом). *Вот это другой р.!* (это меняет дело, это хорошо; разг.). *Без разговоров* или *без всяких разговоров* (требование не обсуждать; разг.). *Об этом и разговору нет* или *не может быть* (исключается всякая возможность возражать против чего-н.; разг.). *О чём р.!, Какой р.!, Что за р.!* (то же, что о чём речь; разг.). *Это не р.* (это несерьёзно, несерьёзный разговор). *Вот (и) весь р.* (больше говорить не о чем; разг.). *Р. короткий* (также перен.: об отсутствии долгих объяснений, выяснений; разг.). **2.** *мн.* Толки, пересуды (разг.). *Пойдут разговоры. Не хочется лишних разговоров.* **3.** Обсуждение чего-н. (разг.). *Серьёзный р. на страницах газеты.* ‖ *уменьш.* **разгово́рчик,** -а, *м.* (к 1 и 2 знач.). ‖ *прил.* **разгово́рный,** -ая, -ое (к 1 знач.; в нек-рых сочетаниях).

РАЗГОВОРИ́ТЬ, -рю́, -ри́шь; -рённый (-ён, -ена́); *сов., кого (что)* (прост.). **1.** Отговорить от чего-н. *Приятель разговорил меня ехать.* **2.** Вызвать в ком-н. желание вступить в беседу, в разговор. *Наконец-то удалось р. этого молчуна.*

РАЗГОВОРИ́ТЬСЯ, -рю́сь, -ри́шься; *сов.* **1.** Начав говорить, постепенно увлечься разговором (разг.). *Разговорился и забыл о времени.* **2.** *с кем.* Завязать беседу, разговор с кем-н. *Р. с попутчиком.*

РАЗГОВО́РНИК, -а, *м.* **1.** Пособие для общения с иностранцами — двуязычные (или многоязычные) образцы диалогов на определённые, обычно обиходные темы, с краткими словариками. *Русско-чешский р.* **2.** Артист разговорного жанра.

РАЗГОВО́РНЫЙ, -ая, -ое. **1.** *см.* разговор. **2.** Свойственный устной речи, обиходным выражениям. *Р. стиль. Разговорная речь* (речь носителей литературного языка при их непосредственном и непринуждённом общении). **3.** Имеющий характер диалога. *Р. жанр* (в искусстве эстрады). ‖ *сущ.* **разгово́рность**, -и, *ж.* (ко 2 знач.).

РАЗГОВО́РЧИВЫЙ, -ая, -ое; -ив. Словоохотливый, любящий поговорить. *Разговорчивая девица.* ‖ *сущ.* **разгово́рчивость**, -и, *ж.*

РАЗГОВО́РЧИК, -а, *м.* (разг.). **1.** *см.* разговор. **2.** обычно *мн.* Праздный, пустой или вредный разговор. *Прекратить разговорчики! Это ещё что за разговорчики? Разговорчики!* (резкое требование замолчать).

РАЗГОВО́РЫ, -ов. Поперечные нашивки-застёжки на груди красноармейской шинели в годы гражданской войны. *Шинель с разговорами.*

РАЗГО́Н, -а, *м.* **1.** *см.* разогнать, -ся. **2.** Выговор, взбучка, разнос (во 2 знач.) (разг.). *Дать, устроить р. кому-н.*

РАЗГО́НИСТЫЙ, -ая, -ое; -ист (разг.). **1.** О почерке, письме, печатном тексте: неубористый. *Р. набор.* **2.** О ветре, волне: широкий и свободный. ‖ *сущ.* **разго́нистость**, -и, *ж.*

РАЗГО́ННЫЙ *см.* разогнать.

РАЗГОНЯ́ТЬ, -СЯ *см.* разогнать, -ся.

РАЗГОРЕ́ТЬСЯ, -рю́сь, -ри́шься; *сов.* **1.** Начать сильно гореть (в 1, 2, 4 и 5 знач.). *Дрова разгорелись. Огонь разгорелся. Щёки разгорелись. Сердце разгорелось.* **2.** (1 и 2 л. не употр.), *перен.* Усиливаясь, дойти до высокой степени напряжения, развития. *Битва разгорелась. Спор разгорелся. Страсти разгорелись.* ✦ **Глаза разгорелись на что** (разг.) — очень захотелось иметь что-н. **Глаза и зубы разгорелись** *на что* (разг. неодобр.) — то же, что глаза разгорелись. ‖ *несов.* **разгора́ться**, -а́юсь, -а́ешься.

РАЗГОРОДИ́ТЬ, -ожу́, -о́дишь *и* -оди́шь; -о́женный; *сов.*, *что.* Разделить оградой, перегородкой. *Р. участок, комнату.* ‖ *несов.* **разгора́живать**, -аю, -аешь.

РАЗГОРОДИ́ТЬСЯ, -ожу́сь, -о́дишься *и* -оди́шься; *сов.*, *с кем.* Отделиться друг от друга оградой, перегородкой. *Р. с соседями. Р. ширмой.* ‖ *несов.* **разгора́живаться**, -аюсь, -аешься.

РАЗГОРЯЧИ́ТЬ *см.* горячить.

РАЗГОРЯЧИ́ТЬСЯ, -чу́сь, -чи́шься; *сов.* **1.** *см.* горячиться. **2.** Почувствовать возбуждение, жар. *Р. от быстрой ходьбы.*

РАЗГОСУДА́РСТВЛЕНИЕ, -я, *ср.* (офиц.). Передача государственной собственности в собственность коллективных или частных владельцев.

РАЗГРА́БИТЬ, -блю, -бишь; -бленный; *сов.*, *что.* Подвергнуть грабежу, расхитить. *Р. селение.* ‖ *несов.* **разграбля́ть**, -я́ю, -я́ешь. ‖ *сущ.* **разграбле́ние**, -я, *ср.* *Отдать что-н. на р.* (на уничтожение, на разорение).

РАЗГРАНИ́ЧИТЬ, -чу, -чишь; -ченный; *сов.*, *что.* **1.** Разделить, обозначая границы. *Р. лесосеки.* **2.** Точно определить, отделив одно от другого. *Р. понятия. Р. обязанности.* ‖ *несов.* **разграни́чивать**, -аю, -аешь. ‖ *сущ.* **разграниче́ние**, -я, *ср.* ‖ *прил.* **разграничи́тельный**, -ая, -ое.

РАЗГРАФИ́ТЬ *см.* графить.

РАЗГРЕСТИ́, -ребу́, -ребёшь; -рёб, ребла́; -рёбший; -ребённый (-ён, -ена́); -рёбши *и* -ребя́; *сов.*, *что.* Отгребая что-н. в стороны, рассыпать, разрыть. *Р. сено. Р. кучу снега.* ‖ *несов.* **разгреба́ть**, -а́ю, -а́ешь.

РАЗГРО́М, -а, *м.* **1.** *см.* разгромить. **2.** Разорение, опустошение. *Учинить р. В квартире р.* (полнейший беспорядок).

РАЗГРОМИ́ТЬ, -млю́, -ми́шь; -млённый (-ён, -ена́) *и* -о́мленный; *сов.*, *кого-что.* Громя, полностью победить или уничтожить, а также подвергнуть уничтожающей критике. *Р. соперника. Р. бездарную книгу.* ‖ *сущ.* **разгро́м**, -а, *м.* *Идейный р.* ‖ *прил.* **разгро́мный**, -ая, -ое. *Р. счёт* (в игре).

РАЗГРУЗИ́ТЬ, -ужу́, -у́зишь *и* -узи́шь; -у́женный *и* -ужённый (-ён, -ена́); *сов.* **1.** *что.* Освободить от груза. *Р. вагон.* **2.** *что.* То же, что сгрузить. *Р. товар.* **3.** *перен.*, *кого-что.* Освободить от чего-н. чрезмерного, от части обязанностей (разг.). *Р. работника. Р. школьную программу.* ‖ *несов.* **разгружа́ть**, -а́ю, -а́ешь. ‖ *сущ.* **разгру́зка**, -и, *ж.* ‖ *прил.* **разгру́зочный**, -ая, -ое (к 1 и 2 знач.). *Разгрузочные работы.*

РАЗГРУЗИ́ТЬСЯ, -ужу́сь, -у́зишься *и* -узи́шься; *сов.* **1.** Освободить от груза. *Вагон разгрузился.* **2.** *перен.* Освободиться от чего-н. чрезмерного, от части обязанностей (разг.). ‖ *несов.* **разгружа́ться**, -а́юсь, -а́ешься. ‖ *сущ.* **разгру́зка**, -и, *ж.* ‖ *прил.* **разгру́зочный**, -ая, -ое (к 1 знач.).

РАЗГРУ́ЗОЧНЫЙ, -ая, -ое. **1.** *см.* разгрузить, -ся. **2. разгрузочный день** — день, в к-рый тучным людям, нек-рым больным рекомендуется облегчённая диета.

РАЗГРЫЗА́ТЬ, -а́ю, -а́ешь; *несов.*, *что.* Грызть, раздробляя, расчленяя. *Р. кость.*

РАЗГРЫ́ЗТЬ *см.* грызть.

РАЗГУ́Л, -а, *м.* **1.** *см.* разгуляться. **2.** *чего.* Ничем не сдерживаемое проявление чего-н. (обычно отрицательного). *Р. шовинизма.* **3.** Безудержное пьянство, кутёж. *Предаться разгулу.*

РАЗГУ́ЛИВАТЬ, -аю, -аешь; *несов.* **1.** *см.* разгулять. **2.** Непринуждённо прогуливаться, а также вообще проводить время где-н., чувствуя себя свободно и независимо (разг.). *Р. по парку. Разгуливает, как у себя дома. Преступник разгуливает на свободе* (перен.; неодобр.).

РАЗГУ́ЛЬЕ, -я, *род. мн.* -лий, *ср.* (прост.). Буйное веселье, весёлое препровождение времени. *В доме праздничное р.*

РАЗГУ́ЛЬНЫЙ, -ая, -ое; -лен, -льна. Предавшийся буйному веселью, разгулявшийся (в 4 знач.). *Разгульная компания. Р. ветер* (перен.). ‖ *сущ.* **разгу́льность**, -и, *ж.*

РАЗГУЛЯ́ТЬ, -я́ю, -я́ешь; -у́лянный; *сов.* (разг.). **1.** *кого (что).* Развлечь, развеселить (того, кто собирался уснуть, лечь спать). *Р. ребёнка.* **2.** *что.* Рассеять, отогнать (какое-н. чувство, настроение). *Р. тоску.* ‖ *несов.* **разгу́ливать**, -аю, -аешь.

РАЗГУЛЯ́ТЬСЯ, -я́юсь, -я́ешься; *сов.* (разг.). **1.** Дать себе волю, начать действовать без ограничения. *Есть где р. молодым силам. Разгулялась метель, непогода* (перен.). **2.** Развлёкшись, перестать хотеть спать. *Ребёнок разгулялся.* **3.** (1 и 2 л. не употр.). О пасмурной, дождливой погоде: стать яснее, лучше. *К вечеру разгулялось* (безл.). **4.** Предаться шумному веселью. *Р. на пиру.* ‖ *несов.* **разгу́ливаться**, -аюсь, -аешься. ‖ *сущ.* **разгу́л**, -а, *м.* (к 1 знач.; устар.). *Р. стихии.*

РАЗДАВИ́ТЬ *см.* давить.

РАЗДА́ИВАТЬ, -СЯ *см.* раздоить, -ся.

РАЗДАРИ́ТЬ, -арю́, -а́ришь; -а́ренный; *сов.*, *кого-что.* Раздать (многое) в качестве подарков. *Р. свои рисунки друзьям.* ‖ *несов.* **разда́ривать**, -аю, -аешь.

РАЗДА́ТЧИК, -а, *м.* **1.** Работник, занимающийся раздачей чего-н. *Р. инструментов, материалов. Р. блюд в столовой.* **2.** Машина для раздачи, распределения чего-н. *Р. кормов.* ‖ *ж.* **разда́тчица**, -ы (к 1 знач.).

РАЗДА́ТЬ[1], -а́м, -а́шь, -а́ст, -ади́м, -ади́те, -аду́т; ро́здал *и* разда́л, раздала́, ро́здало *и* разда́ло; разда́й; -а́вший; ро́зданный (ро́здан, раздана́ *и* ро́здана, ро́здано); *сов.*, *кого-что.* Дать многим (многое). *Р. зарплату. Р. подарки детям. Р. поручения.* ‖ *несов.* **раздава́ть**, -даю́, -даёшь. ‖ *сущ.* **разда́ча**, -и, *ж.* ‖ *прил.* **разда́точный**, -ая, -ое (спец.). *Раздаточная ведомость. Р. пункт.*

РАЗДА́ТЬ[2], -а́м, -а́шь, -а́ст, -ади́м, -ади́те, -аду́т; ро́здал *и* разда́л, раздала́, ро́здало *и* разда́ло; разда́й; -а́вший; ро́зданный (ро́здан, раздана́ *и* ро́здана, ро́здано); *сов.*, *что* (разг.). Растянуть, расширить. *Р. сапоги на колодке.* ‖ *несов.* **раздава́ть**, -даю́, -даёшь.

РАЗДА́ТЬСЯ[1] (-а́мся, -а́шься, 1 и 2 л. не употр.), -а́стся, -аду́тся; -а́лся, -ала́сь, -ало́сь *и* -а́лось; -а́йся; -а́вшийся; *сов.* О звуках: стать слышным. *Раздался гудок.* ‖ *несов.* **раздава́ться** (-даю́сь, -даёшься, 1 и 2 л. не употр.), -даётся.

РАЗДА́ТЬСЯ[2], -а́мся, -а́шься; -а́лся, -ала́сь, -ало́сь *и* -а́лось; -а́йся; -а́вшийся; *сов.* (разг.). **1.** (1 и 2 л. ед. не употр.). Расступиться, раздвинуться в стороны. *Толпа раздалась.* **2.** (1 и 2 л. не употр.). Растянуться, расшириться. *Сапоги раздались на колодке.* **3.** Потолстеть, пополнеть. *Р. в талии.* ‖ *несов.* **раздава́ться**, -даю́сь, -даёшься.

РАЗДВА́ИВАТЬ, -СЯ *см.* раздвоить, -ся.

РАЗДВИЖНО́Й, -а́я, -о́е. Такой, к-рый можно раздвинуть. *Р. стол.*

РАЗДВИ́НУТЬ, -ну, -нешь; -нутый; *сов.* **1.** *что.* Двигая в разные стороны, расставить, разъединить, поставить врозь. *Р. ноги. Р. ветки. Р. занавески на окне. Р. стол* (вставить в середину запасную доску). **2.** *что.* Расширить пределы, границы чего-н. *Р. рамки исследования.* **3.** *кого-что.* Заставить расступиться. *Р. толпу.* ‖ *несов.* **раздвига́ть**, -а́ю, -а́ешь. ‖ *сущ.* **раздвиже́ние**, -я, *ср.* (к 1 и 2 знач.) *и* **раздви́жка**, -и, *ж.* (к 1 знач.).

РАЗДВИ́НУТЬСЯ (-нусь, -нешься, 1 и 2 л. ед. не употр.), -нется; *сов.* **1.** Двигаясь в стороны, разъединиться, расступиться. *Занавес раздвинулся. Толпа раздвинулась.* **2.** (1 и 2 л. не употр.). Стать шире в своих границах, пределах. *Рамки исследования раздвинулись.* ‖ *несов.* **раздвига́ться** (-а́юсь, -а́ешься, 1 и 2 л. ед. не употр.), -а́ется. ‖ *сущ.* **раздвиже́ние**, -я, *ср.* (ко 2 знач.).

РАЗДВО́ЕННЫЙ, -ая, -ое; -ен. **1.** Разделившийся надвое. *Раздвоенное копыто.* **2.** *перен.* Утративший цельность, раздвоившийся (во 2 знач.). *Раздвоенное сознание.* ‖ *сущ.* **раздво́енность**, -и, *ж.*

РАЗДВОИ́ТЬ, -ою́, -ои́шь; -о́енный *и* -оённый (-ён, -ена́); *сов.*, *что.* Разделить, расчленить надвое. *Р. прядь.* ‖ *несов.* **раздва́ивать**, -аю, -аешь. ‖ *сущ.* **раздвое́ние**, -я, *ср.*

РАЗДВОИ́ТЬСЯ, -ою́сь, -ои́шься; *сов.* **1.** Разделиться надвое. *Ручей раздвоился.* **2.** *перен.* Утратить цельность, ясность, стать внутренне противоречивым. *Мысли, чувства раздвоились. Жизнь его как-то странно раздвоилась. Сознание раздвоилось* (о болезненном психическом состоянии).

|| *несов.* раздва́иваться, -аюсь, -аешься. || *сущ.* раздвое́ние, -я, *ср.*

РАЗДЕВА́ЛЬНЯ, -и, *род. мн.* -лен и (разг.) **РАЗДЕВА́ЛКА**, -и, *род. мн.* -лок, *ж.* Помещение, в к-ром раздеваются, гардероб (во 2 знач.). *Школьная р.*

РАЗДЕВА́ТЬ, -СЯ *см.* раздеть.

РАЗДЕ́Л, -а, *м.* **1.** *см.* делить, -ся. **2.** Часть какого-н. текста. *Р. книги.* **3.** *чего.* Специальная область какой-н. науки. *Р. математики.*

РАЗДЕ́ЛАТЬ, -аю, -аешь; -анный; *сов., что.* Обработав, привести в рабочее состояние. *Р. панель под дуб. Р. тушу. Р. грядки.* || *несов.* **разде́лывать**, -аю, -аешь. || *сущ.* **разде́лывание**, -я, *ср.* и **разде́лка**, -и, *ж.* || *прил.* **разде́лочный**, -ая, -ое.

РАЗДЕ́ЛАТЬСЯ, -аюсь, -аешься; *сов., с кем-чем* (разг.). **1.** Покончить с кем-н. счёты, дела, освободиться от чего-н. неприятного, долгого. *Р. с кредиторами. Р. с поручением. Р. с надоевшим делом.* **2.** *перен., с кем.* Отплатить кому-н. за обиду, расправиться[2] (в 1 знач.) с кем-н. *Р. с обидчиком.* || *несов.* **разде́лываться**, -аюсь, -аешься.

РАЗДЕЛЕ́НИЕ, -я, *ср.* **1.** *см.* делить, -ся *и* разделяться. **2. разделение труда** — дифференцированное распределение трудовых процессов в обществе, в том или ином виде производства. *Общественное разделение труда.*

РАЗДЕЛИ́ТЕЛЬНЫЙ, -ая, -ое. **1.** *см.* делить. **2.** В грамматике и логике: выражающий выбор между двумя или более мыслями, возможностями. *Разделительные отношения. Разделительное суждение.*

РАЗДЕЛИ́ТЬ, -елю́, -е́лишь; -елённый (-ён, -ена́); *сов.* **1.** *см.* делить. **2.** *что.* Со словами «мнение», «убеждение», «взгляды»: присоединиться к чьему-н. мнению, обнаружить солидарность, согласие с кем-чем-н. *Р. чью-н. точку зрения.* || *несов.* **разделя́ть**, -я́ю, -я́ешь.

РАЗДЕЛИ́ТЬСЯ, -елю́сь, -е́лишься; *сов.* **1.** *см.* делиться. **2.** (1 и 2 л. ед. не употр.), *перен.* Обнаружить разномыслие, несогласие. *При обсуждении мнения разделились.* || *несов.* **разделя́ться**, -я́ется.

РАЗДЕ́ЛЬНЫЙ, -ая, -ое; -лен, -льна. **1.** *полн. ф.* Осуществляющийся не совместно с кем-чем-н., отдельный, обособленный. *Раздельное проживание. Раздельная уборка хлебов* (скашивание и просушка с последующей подборкой и обмолотом). *Раздельное написание слов.* **2.** Отчётливый, чётко обнаруживающий составные части. *Раздельное произношение.* || *сущ.* **разде́льность**, -и, *ж.*

РАЗДЕЛЯ́ТЬ, -я́ю, -я́ешь; *несов.* **1.** *см.* разделить. **2.** То же, что делить (в 1 и 4 знач.). *Р. на части. Р. радость с кем-н.*

РАЗДЕЛЯ́ТЬСЯ, -я́юсь, -я́ешься. **1.** *см.* разделиться. **2.** То же, что делиться (во 2 знач.). || *сущ.* **разделе́ние**, -я, *ср.*

РАЗДЕ́ТЬ, -е́ну, -е́нешь; -де́тый; *сов., кого (что).* Снять с кого-н. одежду. *Р. ребёнка. Грабители раздели прохожего* (отняли одежду). || *несов.* **раздева́ть**, -а́ю, -а́ешь. || *возвр.* **разде́ться**, -е́нусь, -е́нешься; *несов.* **раздева́ться**, -а́юсь, -а́ешься. || *сущ.* **раздева́ние**, -я, *ср.* || *прил.* **раздева́льный**, -ая, -ое.

РАЗДЁРГАТЬ, -аю, -аешь; -анный; *сов., что.* Дёргая, разнять на части. *Р. лоскут на нитки.* || *несов.* **раздёргивать**, -аю, -аешь.

РАЗДЁРНУТЬ, -ну, -нешь; -утый; *сов., что* (разг.). Дёрнув, разъединить. *Р. занавески.* || *несов.* **раздёргивать**, -аю, -аешь.

РАЗДИРА́ТЬ, -а́ю, -а́ешь; *несов.* **1.** *см.* разодрать. **2.** *перен., что.* Терзать, причинять боль, страдание. *Тоска раздирает сердце. Крики, раздирающие душу.* **3.** (1 и 2 л. не употр.), *перен., кого-что.* Вызвать острый разлад, разрушение. *Противоречия раздирают кого-н., что-н.*

РАЗДИРА́ТЬСЯ *см.* разодраться.

РАЗДИРА́ЮЩИЙ, -ая, -ее. Мучительный и страшный, выражающий и причиняющий страдание. *Р. вопль. Раздирающие сцены. Раздирающе* (нареч.) *кричать.*

РАЗДОБРЕ́ТЬ *см.* добреть.

РАЗДО́БРИТЬСЯ, -рюсь, -ришься; *сов.* (разг. ирон.). Проявить доброту, щедрость. || *несов.* **разда́бриваться**, -аюсь, -аешься.

РАЗДОБЫ́ТЬ, -бу́ду, -бу́дешь; -бы́л, -была́; -бытый; *сов., кого-что* (разг.). Добыть, достать после поисков. *Р. нужную книгу.* || *несов.* **раздобыва́ть**, -а́ю, -а́ешь.

РАЗДОИ́ТЬ, -ою́, -о́ишь *и* -ои́шь; -о́енный; *сов., кого (что).* Добиться увеличения удоя. *Р. коров.* || *несов.* **разда́ивать**, -аю, -аешь. || *сущ.* **раздо́й**, -я, *м.* || *прил.* **раздо́йный**, -ая, -ое.

РАЗДОИ́ТЬСЯ (-ою́сь, -о́ишься *и* -ои́шься, 1 и 2 л. не употр.), -о́ится *и* -ои́тся; *сов.* Начать давать нужный удой. || *несов.* **разда́иваться** (-аюсь, -аешься, 1 и 2 л. не употр.), -ается.

РАЗДОЛБА́ТЬ, -а́ю, -а́ешь; *сов., кого-что* (прост.). Разгромить, раздраконить.

РАЗДОЛБИ́ТЬ, -блю́, -би́шь; -блённый (-ён, -ена́); *сов., что.* **1.** Расширить, долбя чем-н. *Р. ломом отверстие.* **2.** Долбя, испортить или разрушить. *Р. глыбу.* || *несов.* **разда́лбливать**, -аю, -аешь.

РАЗДО́ЛЬЕ, -я, *род. мн.* -лий, *ср.* **1.** Простор, широкое свободное пространство. *Р. полей, лугов. На р.* **2.** Свобода поступать посвоему (разг.). *Летом ребятам р.*

РАЗДО́ЛЬНЫЙ, -ая, -ое; -лен, -льна (разг.). Полный раздолья. *Раздольная степь. Раздольная жизнь.* || *сущ.* **раздо́льность**, -и, *ж.*

РАЗДО́Р, -а, *м.* Разногласие, ссора, вражда. *Домашние раздоры. Сеять раздоры.* || *прил.* **раздо́рный**, -ая, -ое (устар.).

РАЗДОСА́ДОВАТЬ, -дую, -дуешь; -анный; *сов., кого (что)* (разг.). Раздражить, вызвать досаду. *Р. отказом.*

РАЗДРАЖЕ́НИЕ, -я, *ср.* **1.** *см.* раздражить, -ся. **2.** Вызванное чем-н. состояние досады, недовольства. *Ответить с раздражением. В голосе сквозит р.*

РАЗДРАЖЁННЫЙ, -ая, -ое; -ён. Выражающий раздражение, досаду. *Р. тон. Ответить раздражённо* (нареч.). || *сущ.* **раздражённость**, -и, *ж.*

РАЗДРАЖИ́ТЕЛЬ, -я, *м.* (спец.). Фактор, вызывающий в организме какую-н. реакцию, раздражение. *Болевой р. Внешний р.*

РАЗДРАЖИ́ТЕЛЬНЫЙ, -ая, -ое; -лен, -льна. **1.** *см.* раздражить. **2.** Быстро раздражающийся; обнаруживающий раздражение, предрасположенный к раздражению. *Р. характер. Р. тон.* || *сущ.* **раздражи́тельность**, -и, *ж.*

РАЗДРАЖИ́ТЬ, -жу́, -жи́шь; -жённый (-ён, -ена́); *сов.* **1.** *кого (что).* Рассердить, раздосадовать. *Р. неуместными шутками.* **2.** *что.* Воздействовать (на организм) чем-н. неблагоприятным, вредным; вызвать боль, растревожить (во 2 знач.). *Р. глаза. Р. слизистую оболочку.* || *несов.* **раздража́ть**, -а́ю, -а́ешь. || *сущ.* **раздраже́ние**, -я, *ср.* || *прил.* **раздражи́тельный**, -ая, -ое (ко 2 знач.; спец.).

РАЗДРАЖИ́ТЬСЯ, -жу́сь, -жи́шься; *сов.* **1.** Прийти в состояние досады, рассердиться. *Р. отказом. Р. на бестактность собеседника.* **2.** (1 и 2 л. не употр.). Стать воспалённым. *Веки раздражились.* || *несов.* **раздража́ться**, -а́юсь, -а́ешься. || *сущ.* **раздраже́ние**, -я, *ср.*

РАЗДРАЗНИ́ТЬ, -азню́, -а́знишь; -азнённый (-ён, -ена́); *сов.* (разг.). **1.** *кого (что).* Дразня (в 1 знач.), привести в раздражение, рассердить. *Р. до слёз. Раздразнили так, что чуть не с кулаками полез. Р. собаку.* **2.** *что.* Дразня (в 3 знач.), внушить какое-н. желание. *Р. аппетит.* || *несов.* **раздра́знивать**, -аю, -аешь.

РАЗДРА́Й, -я, *м.* (разг.). Шумный и скандальный разброд в мнениях, поведении.

РАЗДРАКО́НИТЬ, -ню, -нишь; -ненный; *сов., кого-что* (прост.). То же, что разгромить. || *несов.* **раздрако́нивать**, -аю, -аешь.

РАЗДРОБИ́ТЬ *см.* дробить.

РАЗДРОБИ́ТЬСЯ *см.* дробиться.

РАЗДРО́БЛЕННЫЙ, -ая, -ое; -лен и **РАЗДРОБЛЁННЫЙ**, -ая, -ое; -лён. Некрупный и разобщённый, разъединённый. *Раздробленные княжества.* || *сущ.* **раздро́бленность**, -и, *ж.* и **раздроблённость**, -и, *ж.*

РАЗДРУЖИ́ТЬ, -ужу́, -у́жишь *и* -ужи́шь; -у́женный; *сов., кого (что) с кем* (разг.). Прекратить чью-н. дружбу.

РАЗДРУЖИ́ТЬСЯ, -ужу́сь, -у́жишься *и* -ужи́шься; *сов., с кем* (разг.). Прекратить дружбу. *Р. со старым приятелем.*

РАЗДУ́МАТЬ, -аю, -аешь; *сов., с неопр.* Отказаться от задуманного, перерешить. *Р. ехать.* || *несов.* **разду́мывать**, -аю, -аешь.

РАЗДУ́МАТЬСЯ, -аюсь, -аешься; *сов., о ком-чём* (разг.). Впасть в раздумье. *Р. о своей беде.* || *несов.* **разду́мываться**, -аюсь, -аешься.

РАЗДУ́МЫВАТЬ, -аю, -аешь; *несов.* **1.** *см.* раздумать. **2.** Думать, долго не приходя к какому-н. заключению, к решению. *Р. о случившемся. Хватит р., соглашайся.*

РАЗДУ́МЬЕ, -я, *род. мн.* -мий, *ср.* Состояние сосредоточенности, задумчивости. *Глубокое р. Впасть в р. Вывести кого-н. из раздумья.*

РАЗДУ́ТЬ, -у́ю, -у́ешь; -у́тый; *сов., что.* **1.** Усилить притоком воздуха, разжечь. *Р. огонь. Р. пламя вражды* (перен.). **2.** Увеличить объём, наполнив, надув чем-н. *Р. пузырь. Щёку раздуло* (безл.; щека распухла). *Раздутый живот* (вздутый). *Р. ноздри* (расширить). **3.** *перен.* Чрезмерно увеличить, расширить (разг. неодобр.). *Р. штаты.* **4.** *перен.* Намеренно преувеличить размеры или значение чего-н. (разг. неодобр.). *Р. чью-н. ошибку.* **5.** (1 и 2 л. не употр.). Дуновением разнести в стороны (разг.). *Ветром раздуло* (безл.) *пепел.* || *несов.* **раздува́ть**, -а́ю, -а́ешь. || *сущ.* **раздува́ние**, -я, *ср.* (к 1, 2, 3 и 4 знач.). || *прил.* **раздувно́й**, -ая, -о́е (к 1 знач.) *и* **раздува́льный**, -ая, -ое (к 1 знач.; спец.).

РАЗДУ́ТЬСЯ, -у́юсь, -у́ешься; *сов.* Увеличиться в объёме, наполнившись чем-н., надуться. *Пузырь раздулся. Щека раздулась* (распухла). *Раздулся от важности кто-н.* (перен.; разг.). || *несов.* **раздува́ться**, -а́юсь, -а́ешься. || *сущ.* **разду́тие**, -я, *ср.* (спец.).

РАЗДУШИ́ТЬ, -ушу́, -у́шишь; -у́шенный *и* -ушённый (-ён, -ена́); *сов., кого-что* (прост.). Сильно надушить.

РАЗДУШИ́ТЬСЯ, -ушу́сь, -у́шишься; *сов.* (прост.). Сильно надушиться.

РАЗЕВА́ТЬ *см.* разинуть.

РАЗЖА́ЛОБИТЬ, -блю, -бишь; -бленный; *сов., кого (что).* Вызвать в ком-н. сочувствие, жалость к себе. *Р. слушателей.* || *несов.* **разжа́лобливать**, -аю, -аешь.

РАЗЖА́ЛОБИТЬСЯ, -блюсь, -бишься; *сов.* (разг.). Поддаться чувству жалости. *Р. от чувствительного рассказа.* ‖ *несов.* **разжа́лобливаться,** -аюсь, -аешься.

РАЗЖА́ЛОВАТЬ, -лую, -луешь; -анный; *сов., кого (что).* В армии: в наказание понизить в чине, в должности. *Р. в рядовые. Разжалован за преступление. В роте двое разжалованных* (сущ.). ‖ *сущ.* **разжа́лование,** -я, *ср.*

РАЗЖА́ТЬ, -зожму́, -зожмёшь; -а́тый; *сов., что.* Раскрыть, распустить сжатое. *Р. руки. Р. пружину.* ‖ *несов.* **разжима́ть,** -а́ю, -а́ешь. ‖ *сущ.* **разжима́ние,** -я, *ср.,* **разжа́тие,** -я, *ср. и* **разжи́м,** -а, *м.* ‖ *прил.* **разжимно́й,** -а́я, -о́е (спец.) *и* **разжи́мный,** -ая, -ое (спец.).

РАЗЖА́ТЬСЯ (-зожму́сь, -зожмёшься, 1 и 2 л. не употр.), -зожмётся; *сов.* О сжатом: распрямиться, расправиться[1]. *Губы разжались. Пружина разжалась.* ‖ *несов.* **разжима́ться** (-а́юсь, -а́ешься, 1 и 2 л. не употр.), -а́ется. ‖ *сущ.* **разжима́ние,** -я, *ср. и* **разжа́тие,** -я, *ср.*

РАЗЖЕВА́ТЬ, -жую́, -жуёшь; -жёванный; *сов., что.* **1.** Жуя, размельчить. *Р. пищу. Р. и в рот положить* (также перен.: растолковать всё, до мелочей; разг. неодобр.). **2.** *перен.* Разъяснить, растолковать до мелочей, до полного упрощения (разг.). *Р. мысль.* ‖ *несов.* **разжёвывать,** -аю, -аешь. ‖ *сущ.* **разжёвывание,** -я, *ср.*

РАЗЖЕ́ЧЬ, -зожгу́, -зожжёшь, -зожгу́т; -зжёг, -зожгла́; -зжёгший; -зожжённый (-ён, -ена́); -зжёгши; *сов., что.* **1.** Заставить гореть. *Р. огонь, костёр.* **2.** *перен.* Довести до высокой степени, крайне усилить (книжн.). *Р. страсти. Р. неприязнь.* ‖ *несов.* **разжига́ть,** -а́ю, -а́ешь. ‖ *сущ.* **разжига́ние,** -я, *ср. и* **ро́зжиг,** -а, *м.* (к 1 знач.; спец.).

РАЗЖЕ́ЧЬСЯ (-зожгу́сь, -зожжёшься, 1 и 2 л. не употр.), -зожжётся; -зжёгся, -зожгла́сь; *сов.* **1.** Начать гореть. *Дрова разожглись.* **2.** *перен.* Дойти до высокой степени, усилиться. *Вражда разожглась.* ‖ *несов.* **разжига́ться** (-а́юсь, -а́ешься, 1 и 2 л. не употр.), -а́ется.

РАЗЖИДИ́ТЬ, -жижу́, -жиди́шь; -жижённый (-ён, -ена́) *и* -жи́женный; *сов., что* (разг.). Сделать жидким, жиже, разбавить. *Р. сироп.* ‖ *несов.* **разжижа́ть,** -а́ю, -а́ешь. ‖ *сущ.* **разжиже́ние,** -я, *ср.*

РАЗЖИДИ́ТЬСЯ (-жижу́сь, -жиди́шься, 1 и 2 л. не употр.), -жиди́тся; *сов.* (разг.). Стать жидким, жиже, слабее. *Кисель разжидился.* ‖ *несов.* **разжижа́ться** (-а́юсь, -а́ешься, 1 и 2 л. не употр.), -а́ется. ‖ *сущ.* **разжиже́ние,** -я, *ср.*

РАЗЖИМА́ТЬ, -СЯ *см.* разжать, -ся.

РАЗЖИМНО́Й, РАЗЖИ́МНЫЙ *см.* разжать.

РАЗЖИРЕ́ТЬ *см.* жиреть.

РАЗЖИ́ТЬСЯ, -иву́сь, -ивёшься; -и́лся, -ила́сь, -ило́сь *и* -и́лось; -и́вшийся; *сов.* (прост.). **1.** Нажиться, разбогатеть. *Р. на спекуляциях.* **2.** *чем.* Раздобыть чего-н. *Р. деньжатами.* ‖ *несов.* **разжива́ться,** -а́юсь, -а́ешься. ‖ *сущ.* **разжи́ва,** -ы, *ж.* (устар.). *На разживу* (чтобы разжиться для начала; разг.).

РАЗЗАВО́Д: на раззавод (прост.) — для разведения, на развод. *Купить цыплят на раззавод. Оставить пару кроликов на раззавод.*

РАЗЗАДО́РИТЬ, -рю, -ришь; -ренный; *сов., кого (что)* (разг.). Подстрекая, возбудить сильное желание к чему-н. *Р. игроков. Р. спорщиков.* ‖ *несов.* **раззадо́ривать,** -аю, -аешь.

РАЗЗАДО́РИТЬСЯ, -рюсь, -ришься; *сов.* (разг.). Прийти в состояние задора. ‖ *несов.* **раззадо́риваться,** -аюсь, -аешься.

РАЗЗВОНИ́ТЬ, -ню́, -ни́шь; *сов., о чём* (разг. неодобр.). Разгласить (во 2 знач.), всем рассказать. ‖ *несов.* **раззва́нивать,** -аю, -аешь.

РАЗЗНАКО́МИТЬСЯ, -млюсь, -мишься; *сов., с кем* (разг.). Прекратить знакомство (вследствие ссоры, обиды).

РАЗЗОЛО́ЧЕННЫЙ, -ая, -ое; -чен (разг.). Покрытый позолотой; тканый золотом. *Картина в раззолоченной раме. Раззолоченная ткань.* ‖ *сущ.* **раззоло́ченность,** -и, *ж.*

РАЗЗУДЕ́ТЬСЯ (-ужу́сь, -уди́шься, 1 и 2 л. не употр.), -уди́тся; *сов.* (разг.). **1.** Начать болеть ноющей болью. *Больная нога раззуделась.* **2.** Раззадориться, разохотиться. *Руки раззуделись на работу.* ‖ *несов.* **раззу́живаться** (-аюсь, -аешься, 1 и 2 л. не употр.), -ается.

РАЗЗЯ́ВА, -ы, *м.* и *ж.* (прост. пренебр.). То же, что разиня.

РАЗЗЯ́ВИТЬ, -влю, -вишь; *сов., что* (прост. неодобр.). То же, что разинуть. *Р. рот.*

РАЗИ́НУТЬ, -ну, -нешь; -нутый; *сов., что* (разг.). Широко раскрыть (рот, пасть). *Р. пасть. Слушать, разинув рот* (также перен.: с удивлением, с большим интересом). ‖ *несов.* **разева́ть,** -а́ю, -а́ешь.

РАЗИ́НЯ, -и, *род. мн.* -и́нь *и* -и́ней, *м.* и *ж.* (разг. пренебр.). Рассеянный, невнимательный человек.

РАЗИ́ТЕЛЬНЫЙ, -ая, -ое; -лен, -льна. Поражающий, удивительный. *Р. пример. Разительное сходство.* ‖ *сущ.* **рази́тельность,** -и, *ж.*

РАЗИ́ТЬ[1], разу́, рази́шь; *несов., кого-что* (книжн.). Бить, нанося удар оружием; громить. *Р. врага. Р. штыком. Разящие удары. Р. пороки* (перен.). ‖ *сов.* **порази́ть,** -ажу́, -ази́шь; -ажённый (-ён, -ена́). *Как громом поразило* (безл.) *кого-н.* (онемел от ужаса, неожиданности; разг.). ‖ *сущ.* **пораже́ние,** -я, *ср.*

РАЗИ́ТЬ[2], -и́т; *безл.; несов., чем* (прост.). Сильно па́хнуть (чем-н. плохим). *Из ямы разит гнилью. Р. перегаром.*

РАЗЛАГА́ТЬ, -СЯ *см.* разложить[2], -ся[2].

РАЗЛА́Д, -а, *м.* **1.** Отсутствие порядка, согласованности. *Р. в работе.* **2.** Раздор, разногласие. *Семейный р.*

РАЗЛА́ДИТЬ, -а́жу, -а́дишь; -а́женный; *сов., что.* **1.** Вывести из рабочего состояния. *Р. станок.* **2.** Расстроить, разрушить (разг.). *Р. дело.* ‖ *несов.* **разла́живать,** -аю, -аешь.

РАЗЛА́ДИТЬСЯ (-а́жусь, -а́дишься, 1 и 2 л. не употр.), -а́дится; *сов.* **1.** О налаженном: выйти из рабочего состояния. *Машина разладилась.* **2.** Расстроиться, нарушиться (разг.). *Дело разладилось.* ‖ *несов.* **разла́живаться** (-аюсь, -аешься, 1 и 2 л. не употр.), -ается.

РАЗЛА́КОМИТЬ, -млю, -мишь; -мленный; *сов., кого (что)* (разг.). **1.** Дав попробовать что-н., возбудить желание ещё полакомиться. *Р. конфетой.* **2.** *перен., на что.* Взманить, разохотить.

РАЗЛА́КОМИТЬСЯ, -млюсь, -мишься; *сов.* (разг.). **1.** Попробовав вкусного, захотеть ещё. *Р. мёдом.* **2.** *перен., на что.* То же, что разохотиться. *Р. на выгодное предложение.*

РАЗЛА́МЫВАТЬ *см.* разломать *и* разломить.

РАЗЛА́МЫВАТЬСЯ (-аюсь, -аешься, 1 и 2 л. не употр.), -ается; *несов.* **1.** *см.* разломаться *и* разломиться. **2.** О состоянии сильной боли, ломоты. *Голова разламывается. Спина, поясница разламывается.*

РАЗЛА́ПИСТЫЙ, -ая, -ое; -ист *и* **РАЗЛА́ПЫЙ,** -ая, -ое; -а́п. С широкими, раскинувшимися ветвями, листьями. *Разлапистая (разлапая) ель.* ‖ *сущ.* **разла́пистость,** -и, *ж. и* **разла́пость,** -и, *ж.*

РАЗЛА́ТЫЙ, -ая, -ое; -а́т (прост.). Раздавшийся в ширину, расширяющийся. *Разлатое кресло.*

РАЗЛЕЖА́ТЬСЯ, -жу́сь, -жи́шься; *сов.* (разг.). Полежав какое-н. время, почувствовать желание лежать ещё. *Р. в постели.*

РАЗЛЕ́ЗТЬСЯ (-зусь, -зешься, 1 и 2 л. не употр.), -зется; -е́зся, -е́злась; *сов.* (прост.). То же, что расползтись (в 3 знач.). *Сукно разлезлось.* ‖ *несов.* **разлеза́ться** (-а́юсь, -а́ешься, 1 и 2 л. не употр.), -а́ется.

РАЗЛЕНИ́ТЬСЯ, -еню́сь, -е́нишься; *сов.* (разг.). То же, что облениться. ‖ *несов.* **разле́ниваться,** -аюсь, -аешься.

РАЗЛЕПИ́ТЬ, -леплю́, -ле́пишь; -ле́пленный; *сов., что* (разг.). Разъединить (слепившееся, склеенное). *Р. листы.* ‖ *несов.* **разлепля́ть,** -я́ю, -я́ешь.

РАЗЛЕПИ́ТЬСЯ (-леплю́сь, -ле́пишься, 1 и 2 л. не употр.), -ле́пится; *сов.* (разг.). О слепившемся, склеенном: разъединиться. ‖ *несов.* **разлепля́ться** (-я́юсь, -я́ешься, 1 и 2 л. не употр.), -я́ется.

РАЗЛЕТА́ЙКА, -и, *ж.* (разг.). Одежда свободного покроя, расширяющаяся книзу. *Блузка-р.*

РАЗЛЕТА́ТЬСЯ, -а́юсь, -а́ешься; *сов.* **1.** *см.* разлететься. **2.** (1 и 2 л. ед. не употр.). О многих: начать летать усиленно в разных направлениях (разг.). *Ласточки разлетались перед грозой.*

РАЗЛЕТЕ́ТЬСЯ, -лечу́сь, -лети́шься; *сов.* **1.** (1 и 2 л. ед. не употр.). О многих, многом, о сплошной массе: улететь в разные стороны; рассеяться. *Птицы разлетелись. Сыновья разлетелись из родного дома* (перен.). *Клочья дыма разлетелись.* **2.** (1 и 2 л. не употр.), *перен.* Рассыпаться, разбившись (разг.). *Тарелка разлетелась вдребезги.* **3.** (1 и 2 л. не употр.), *перен.* Исчезнуть, уничтожиться (разг.). *Надежды разлетелись.* **4.** В полёте или на бегу набрать большую скорость (разг.). *Разлетевшись, удариться о столб.* **5.** (1 и 2 л. не употр.), *перен.* О новости, сообщении: быстро распространиться. *Весть разлетелась по всей округе.* **6.** Прийти, явиться спешно (обычно с какой-н. просьбой, предложением) (разг. неодобр.). *Р. с непрошеными советами.* ‖ *несов.* **разлета́ться,** -а́юсь, -а́ешься. ‖ *сущ.* **разлёт,** -а, *м.* (к 1 знач.).

РАЗЛЕ́ЧЬСЯ, -ля́гусь, -ля́жешься; -лёгся, -легла́сь; *сов.* (разг.). Лечь, раскинувшись или свободно, непринуждённо, бесцеремонно. *Р. на траве. Разлёгся на чужой постели.*

РАЗЛЁЖИВАТЬСЯ, -аюсь, -аешься; *несов.* (разг. неодобр.). Лежать, валяться в праздности. *Довольно тебе р.!*

РАЗЛИ́В, -а, *м.* **1.** *см.* разлить, -ся. **2.** То же, что половодье, а также место, в половодье залитое водой. *Переправляться через реку в самый р. Р. огней* (перен.: множество ярких огней). ‖ *прил.* **разли́вный,** -ая, -ое.

РАЗЛИВА́ННЫЙ, -ая, -ое: **разливанное море** (разг.) — о хмельном веселье, обилии вина, а также (перен.) об обилии чего-н. веселящего, яркого. *Разливанное море шампанского. Разливанное море веселья, огней.*

РАЗЛИВА́ТЬСЯ, -а́юсь, -а́ешься; *несов.* **1.** *см.* разлиться. **2.** Петь с переливами (разг.). *Соловьи разливаются в кустах.* **3.** *перен.*

Говорить увлечённо и красноречиво (разг. ирон.). *Р. соловьём.* **4.** Плакать горько, сильно (разг.). *Р. ручьём.*

РАЗЛИВНО́Й, -ая, -ое. **1.** *см.* разлить. **2.** О вине, молоке, жидкости: продаваемый прямо из бочек, бидонов в разлив. *Разливное молоко.*

РАЗЛИНОВА́ТЬ, -ну́ю, -ну́ешь; -о́ванный; *сов., что.* Провести на чём-н. линейки[1] (в 1 знач.) для письма. *Р. лист.* ‖ *несов.* **разлино́вывать,** -аю, -аешь. ‖ *сущ.* **разлино́вывание,** -я, *ср.* и **разлино́вка,** -и, *ж.* ‖ *прил.* **разлино́вочный,** -ая, -ое.

РАЗЛИТО́Й, -ая, -ое (спец.). Охвативший большую поверхность чего-н. *Р. бронхит. Разлитая краснота.*

РАЗЛИ́ТЬ, разолью́, разольёшь; разли́л, -ила́, -и́ло; -ле́й; -и́тый (-и́т, -ита́, -и́то); *сов.* **1.** *что.* Налить из большого сосуда в меньшие. *Р. молоко по бутылкам.* **2.** *что.* Расплескать по поверхности чего-н. *Р. воду по́ полу.* **3.** *кого (что).* Разъединить струёй воды; разнять, окатив водой. *Р. сцепившихся собак.* **4.** (1 и 2 л. не употр.), *перен.* Распространить во все стороны, по всему пространству чего-н. *Луна разлила слабый свет. По лицу разлита улыбка. Цветы разлили аромат.* ✦ **Водой не разольёшь (не разлить)** *кого* (разг.) — очень дружны. **Не разлей вода** (прост.) — то же, что водой не разольёшь. *Уж такие были друзья — не разлей вода.* ‖ *несов.* **разлива́ть,** -а́ю, -а́ешь. ‖ *сущ.* **разли́в,** -а, *м.* (к 1 знач.), **ро́злив,** -а, *м.* (к 1 знач.; спец.), **разли́вка,** -и, *ж.* (к 1 знач.; спец.), **разлива́ние,** -я, *ср.* и **разли́тие,** -я, *ср.* (к 1 и 2 знач.). *Продажа вина в разлив и в розлив. Продажа молока в разлив.* ‖ *прил.* **разливно́й,** -а́я, -о́е (к 1 знач.), **разли́вочный,** -ая, -ое (к 1 знач.) и **разлива́тельный,** -ая, -ое (к 1 знач.). *Разливной (разливочный) аппарат. Разливательная ложка* (половник).

РАЗЛИ́ТЬСЯ (разолью́сь, разольёшься, 1 и 2 л. не употр.), разольётся; -и́лся, -ила́сь, -ило́сь и -и́лось; -ле́йся; *сов.* **1.** Расплескаться, пролиться. *Молоко разлилось по скатерти.* **2.** О реке, водоёме: выйти из берегов. *Река разлилась.* **3.** *перен.* Распространиться во все стороны, по всему пространству чего-н. *Разлились потоки света. По лицу разлилась улыбка.* ‖ *несов.* **разлива́ться** (-а́юсь, -а́ешься, 1 и 2 л. не употр.), -а́ется. ‖ *сущ.* **разли́тие,** -я, *ср.* (к 1 знач.) и **разли́в,** -а, *м.* (ко 2 знач.).

РАЗЛИЧА́ТЬСЯ, -а́юсь, -а́ешься; *несов., чем.* Иметь различия в чём-н. *Р. длиной. Р. по возрасту, по способностям.* ‖ *прил.* **различи́тельный,** -ая, -ое. *Различительные черты.*

РАЗЛИ́ЧИЕ, -я, *ср.* Разница, несходство между кем-чем-н. *Существенное р. Без различия* (не учитывая разницы, несходства).

РАЗЛИЧИ́ТЬ, -чу́, -чи́шь; -чённый (-ён, -ена́); *сов., кого-что.* **1.** Распознать зрением. *С трудом р. в темноте что-н.* **2.** Установить различие между кем-чем-н. *Р. по цвету.* ‖ *несов.* **различа́ть,** -а́ю, -а́ешь. ‖ *сущ.* **различе́ние,** -я, *ср.* ‖ *прил.* **различи́тельный,** -ая, -ое (ко 2 знач.). *Различительные признаки.*

РАЗЛИ́ЧНЫЙ, -ая, -ое; -чен, -чна. **1.** Содержащий различия, несходный. *Наши мнения различны.* **2.** Разнообразный, всевозможный. *Занят различными делами.* ‖ *сущ.* **разли́чность,** -и, *ж.* (к 1 знач.).

РАЗЛОЖИ́ТЬ[1], -ожу́, -о́жишь; -о́женный; *сов., что.* **1.** Положить по разным местам, в определённом порядке. *Р. вещи. Р. карты.* **2.** Положить или поместить, распластав, раздвинув. *Р. ковёр. Р. складной стул.* **3.** Распределить между кем-чем-н. (какую-н. сумму). *Р. поровну.* **4.** Сложив (горючий материал), зажечь. *Р. костёр.* ‖ *несов.* **раскла́дывать,** -аю, -аешь. ‖ *сущ.* **раскла́дка,** -и, *ж.* (к 1, 2 и 3 знач.). ‖ *прил.* **раскла́дочный,** -ая, -ое (к 1 знач.; спец.).

РАЗЛОЖИ́ТЬ[2], -ожу́, -о́жишь; -о́женный; *сов.* **1.** *что.* Разделить на составные части (спец.). *Р. воду на кислород и водород. Р. число на множители.* **2.** *перен., кого (что).* Дезорганизовать, деморализовать, довести до полного морального падения. *Р. вражескую группировку.* ‖ *несов.* **разлага́ть,** -а́ю, -а́ешь. *Разлагающее влияние.* ‖ *сущ.* **разложе́ние,** -я, *ср.*

РАЗЛОЖИ́ТЬСЯ[1], -ожу́сь, -о́жишься; *сов.* (разг.). Разместить, положить (что-н. своё) в нужном порядке. *Разложился и сел писать* (т. е. положил около себя всё необходимое). ‖ *несов.* **раскла́дываться,** -аюсь, -аешься.

РАЗЛОЖИ́ТЬСЯ[2], -ожу́сь, -о́жишься; *сов.* **1.** (1 и 2 л. не употр.). Разделиться на составные части, распасться. *Р. на элементы.* **2.** (1 и 2 л. не употр.). Подвергнуться гниению, распаду. *Падаль разложилась.* **3.** *перен.* Дезорганизоваться, деморализоваться, дойти до полного морального падения. ‖ *несов.* **разлага́ться,** -а́юсь, -а́ешься. ‖ *сущ.* **разложе́ние,** -я, *ср.*

РАЗЛО́М, -а, *м.* **1.** *см.* разломать, -ся и разломить, -ся. **2.** Место, где что-н. разломлено, переломлено. *По линии разлома. На разломе.* **3.** *перен.* Внутренняя раздвоенность, надломленность.

РАЗЛОМА́ТЬ, -а́ю, -а́ешь; -о́манный; *сов., что.* Ломая, разделить на части или разрушить. *Р. палку. Р. старый сарай.* ‖ *несов.* **разла́мывать,** -аю, -аешь. ‖ *сущ.* **разло́м,** -а, *м.* (спец.) и **разло́мка,** -и, *ж.*

РАЗЛОМА́ТЬСЯ (-а́юсь, -а́ешься, 1 и 2 л. не употр.), -а́ется; *сов.* Ломаясь, разделиться на части, разрушиться. *Льдина разломалась.* ‖ *несов.* **разла́мываться** (-аюсь, -аешься, 1 и 2 л. не употр.), -ается. ‖ *сущ.* **разло́м,** -а, *м.* (спец.). ‖ *прил.* **разло́мный,** -ая, -ое (спец.).

РАЗЛОМИ́ТЬ, -омлю́, -о́мишь; -о́мленный; *сов.* **1.** *что.* Переломить, разделить на части. *Р. кусок хлеба.* **2.** (1 и 2 л. не употр.), обычно *безл., кого-что.* О состоянии сильной ломоты, боли (прост.). *Спину, поясницу разломило* (безл.). ‖ *несов.* **разла́мывать,** -аю, -аешь. ‖ *сущ.* **разло́м,** -а, *м.* (к 1 знач.). ‖ *прил.* **разло́мный,** -ая, -ое (к 1 знач.; спец.).

РАЗЛОМИ́ТЬСЯ (-омлю́сь, -о́мишься, 1 и 2 л. не употр.), -о́мится; *сов.* Переломиться, разделиться на части. *Льдина легко разломилась.* ‖ *несов.* **разла́мываться** (-аюсь, -аешься, 1 и 2 л. не употр.), -ается. ‖ *сущ.* **разло́м,** -а, *м.* ‖ *прил.* **разло́мный,** -ая, -ое (спец.).

РАЗЛОХМА́ТИТЬ, -СЯ *см.* лохматить, -ся.

РАЗЛУ́КА, -и, *ж.* **1.** *см.* разлучиться. **2.** Жизнь вдали от того, кто близок, дорог. *В разлуке любишь горячей. Не вынести разлуки.* ‖ *прил.* **разлу́чный,** -ая, -ое (устар.).

РАЗЛУЧИ́ТЬ, -чу́, -чи́шь; -чённый (-ён, -ена́); *сов., кого (что) с кем.* Разъединить, удалить друг от друга (друзей, близких). *Р. отца с сыном. Р. друзей.* ‖ *несов.* **разлуча́ть,** -а́ю, -а́ешь. ‖ *сущ.* **разлуче́ние,** -я, *ср.*

РАЗЛУЧИ́ТЬСЯ, -чу́сь, -чи́шься; *сов., с кем.* О друзьях, близких: расстаться, удалиться друг от друга. *Р. надолго.* ‖ *несов.* **разлуча́ться,** -а́юсь, -а́ешься. ‖ *сущ.* **разлу́ка,** -и, *ж. Час разлуки.*

РАЗЛУ́ЧНИК, -а, *м.* (устар.). Тот, кто разлучил, разлучает близких, любящих. ‖ *сущ.* **разлу́чница,** -ы.

РАЗЛЮБИ́ТЬ, -юблю́, -ю́бишь; -ю́бленный; *сов., кого-что* и *с неопр.* Перестать любить. *Р. жену. Разлюбил стихи. Разлюбил гулять.* ‖ *несов.* **разлюбля́ть,** -я́ю, -я́ешь (разг.).

РАЗЛЮЛИ́: **разлюли малина** (прост.) — о хорошем, привольном житье, времяпрепровождении.

РАЗМАГНИ́ТИТЬ, -и́чу, -и́тишь; -и́ченный; *сов.* **1.** *что.* Лишить магнитных свойств. *Р. ферросплав.* **2.** *перен., кого (что).* Лишить собранности, целеустремлённости, энергии (разг.). ‖ *несов.* **размагни́чивать,** -аю, -аешь. ‖ *сущ.* **размагни́чивание,** -я, *ср.*

РАЗМАГНИ́ТИТЬСЯ, -и́чусь, -и́тишься; *сов.* **1.** (1 и 2 л. не употр.). Лишиться магнитных свойств. *Сталь размагнитилась.* **2.** *перен.* Лишиться собранности, целеустремлённости, энергии (разг.). ‖ *несов.* **размагни́чиваться,** -аюсь, -аешься. ‖ *сущ.* **размагни́чивание,** -я, *ср.*

РАЗМА́ЗАТЬ, -а́жу, -а́жешь; -а́занный; *сов., что.* **1.** Распространить по всей поверхности (мажущее, красящее). *Р. грязь по лицу. Р. замазку.* **2.** *перен.* Длинно, с излишними подробностями рассказать или описать (разг. неодобр.). ‖ *несов.* **разма́зывать,** -аю, -аешь. ‖ *сущ.* **разма́зывание,** -я, *ср.* и **разма́зка,** -и, *ж.* (к 1 знач.).

РАЗМА́ЗАТЬСЯ (-а́жусь, -а́жешься, 1 и 2 л. не употр.), -а́жется; *сов.* О мажущем, красящем: распространиться по всей поверхности. *Краска размазалась по бумаге.* ‖ *несов.* **разма́зываться** (-аюсь, -аешься, 1 и 2 л. не употр.), -ается.

РАЗМАЗНЯ́, -и́, *род. мн.* -е́й (разг.). **1.** *ж.* Жидкая каша. *Гречневая р.* **2.** *м.* и *ж.* Вялый, нерешительный человек (пренебр.). **3.** *ж.* О чём-н. неопределённом, неотчётливом, неясно выраженном (неодобр.). *Написал какую-то сентиментальную размазню.*

РАЗМАЛЕВА́ТЬ, -лю́ю, -лю́ешь; -лёванный; *сов., кого-что* (разг.). Грубо, неискусно раскрасить. *Р. стены.* ‖ *несов.* **размалёвывать,** -аю, -аешь. ‖ *сущ.* **размалёвка,** -и, *ж.*

РАЗМА́ЛЫВАТЬ *см.* размолоть.

РАЗМА́РИВАТЬ, -СЯ *см.* разморить, -ся.

РАЗМА́ТЫВАТЬ, -СЯ *см.* размотать, -ся.

РАЗМА́Х, -а (-у), *м.* **1.** *см.* размахнуть, -ся. **2.** (род. -а). Расстояние между крайними точками чего-н. распростёртого, расставленного, раскрытого. *Широкий р. рук, крыльев, рогов. Р. плоскостей самолёта.* **3.** (род. -а). Предел колебания, качания, амплитуда (спец.). *Р. маятника.* **4.** *перен.* Широта, объём деятельности, работ. *Р. строительства.*

РАЗМАХА́ТЬСЯ, -ашу́сь, -а́шешься и -а́юсь, -а́ешься; *сов.* (разг.). Начать махать не переставая. *Размахался палкой.*

РАЗМА́ХИВАТЬ, -аю, -аешь; *несов., чем.* Махать то в ту, то в другую сторону. *Р. флажком. Р. руками* (оживлённо или резко жестикулировать).

РАЗМАХНУ́ТЬ, -ну́, -нёшь; -а́хнутый; *сов.* **1.** *что.* Широко расставить, распростереть, раздвинуть. *Р. руки. Р. крылья.* **2.** *чем.* Сделать сильный взмах (перед ударом, бросанием). *Р. кнутом.* **3.** *что.* Широко раскрыть (прост.). *Р. дверь, ворота.* ‖ *несов.* **разма́хивать,** -аю, -аешь. ‖ *сущ.* **разма́х,** -а (-у), *м.* (к 1 и 2 знач.).

РАЗМАХНУ́ТЬСЯ, -ну́сь, -нёшься; *сов.* **1.** С силой отвести руку назад и в сторону для удара, броска, толчка. *Р. для броска.* **2.** *перен.* Предпринять что-н. в слишком широких размерах (разг.). *Размахнулся и назвал гостей.* **3.** Стать размахнутым (в 1 и 3 знач.), распахнуться. *Крылья размахнулись. Дверь размахнулась* (прост.). ‖ *несов.* **разма́хиваться**, -аюсь, -аешься. ‖ *сущ.* **разма́х**, -а (-у), *м.* ◆ **С размаху (-а) или со всего размаху (-а)** (разг.) — сильно размахнувшись или оттолкнувшись. *Ударить с размаху. Прыгнуть со всего размаху.*

РАЗМА́ЧИВАТЬ *см.* размочить.

РАЗМА́ШИСТЫЙ, -ая, -ое; -ист (разг.). **1.** Производимый широким движением рук или ног. *Р. жест. Р. шаг.* **2.** О рисунке, почерке: широкий и несколько небрежный. *Р. почерк. Размашистые мазки. Размашистая подпись. Р. стиль* (перен.). ‖ *сущ.* **разма́шистость**, -и, *ж.*

РАЗМЕЖЕВА́ТЬ, -жу́ю, -жу́ешь; -жёванный; *сов., что.* **1.** Межуя, разделить. *Р. участки.* **2.** *перен.* Определить пределы ве́дения, деятельности (книжн.). *Р. обязанности.* ‖ *несов.* **размежёвывать**, -аю, -аешь. ‖ *сущ.* **размежева́ние**, -я, *ср.* и **размежёвка**, -и, *ж.* (к 1 знач.; разг.).

РАЗМЕЖЕВА́ТЬСЯ, -жу́юсь, -жу́ешься; *сов., с кем.* **1.** Разделиться, установив границы, межи между землями, владениями. *Р. с соседом.* **2.** *перен.* Разграничить между собой пределы деятельности. **3.** *перен.* Выявив противоречия во взглядах, деятельности, отстраниться от кого-н., отмежеваться. *Р. с идейными противниками.* ‖ *несов.* **размежёвываться**, -аюсь, -аешься. ‖ *сущ.* **размежева́ние**, -я, *ср.*

РАЗМЕЛЬЧИ́ТЬ *см.* мельчить.

РАЗМЕНЯ́ТЬ, -я́ю, -я́ешь; -ённый; *сов., что.* **1.** Обменять (крупный денежный знак) на более мелкие. *Р. сто рублей. Разменял шестой десяток* (перен. о возрасте: уже исполнилось пятьдесят лет; разг. шутл.). *Р. талант на мелочи* (перен.: израсходовать впустую). **2.** Обменять общую жилую площадь, разделив её как минимум на две (разг.). *Р. большую квартиру на две.* ‖ *несов.* **разме́нивать**, -аю, -аешь. ‖ *сущ.* **разме́н**, -а, *м.* ‖ *прил.* **разме́нный**, -ая, -ое. *Р. автомат* (для размена монет). *Разменная монета* (мелкая, для размена).

РАЗМЕНЯ́ТЬСЯ, -я́юсь, -я́ешься; *сов.* (разг.). **1.** *чем.* В игре: произвести между собой обмен чем-н. *Р. фигурами.* **2.** *перен.* Израсходовать свои силы, способности на мелкие дела. *Р. на мелочи.* **3.** О живущих вместе: обменяться, разделив свою общую жилую площадь. ‖ *несов.* **разме́ниваться**, -аюсь, -аешься. ‖ *сущ.* **разме́н**, -а, *м.* (к 1 и 3 знач.). *Р. фигур в шахматной игре.*

РАЗМЕ́Р, -а, *м.* **1.** Величина чего-н. в каком-н. измерении. *Р. участка. Р. заработной платы. Р. обуви, костюма.* **2.** Степень развития, величина, масштаб какого-н. явления. *Р. наводнения, землетрясения.* **3.** Способ звуковой организации стиха, а также расположение ритмических единиц в музыкальном такте (спец.). *Ямб — двудольный р. Вальсы пишутся размером в три четверти.* ‖ *прил.* **разме́рный**, -ая, -ое (к 1 и 3 знач.).

РАЗМЕ́РЕННЫЙ, -ая, -ое; -ен. Плавный, ритмичный, неторопливый. *Размеренная походка. Размеренно* (нареч.) *говорить.* ‖ *сущ.* **разме́ренность**, -и, *ж.*

РАЗМЕ́РИТЬ, -рю, -ришь; -ренный; *сов., что.* **1.** Измеряя, установить, обозначить размеры чего-н. *Р. площадку для постройки.* **2.** Определить степень, величину чего-н. *Р. свои силы.* ‖ *несов.* **размеря́ть**, -я́ю, -я́ешь.

РАЗМЕСИ́ТЬ, -ешу́, -е́сишь; -ешенный; *сов., что.* Перемешать и размять (густое, вязкое). *Р. тесто. Р. глину.* ‖ *несов.* **разме́шивать**, -аю, -аешь. ‖ *сущ.* **разме́шивание**, -я, *ср.* и **разме́ска**, -и, *ж.* ‖ *прил.* **разме́сочный**, -ая, -ое (спец.).

РАЗМЕСТИ́, -мету́, -метёшь; -мёл, -мела́; -мётший; -метённый (-ён, -ена́); -метя́; *сов., что.* Метя, очистить от чего-н. или отмести что-н. в стороны. *Р. снег. Ветром размело* (безл.) *сухие листья.* ‖ *несов.* **размета́ть**, -а́ю, -а́ешь.

РАЗМЕСТИ́ТЬ, -ещу́, -ести́шь; -ещённый (-ён, -ена́); *сов.* **1.** *кого-что.* Распределить, поместить, разложить по местам. *Р. пассажиров. Р. товары по полкам.* **2.** *что.* Распределить между многими. *Р. лотерейные билеты.* ‖ *несов.* **размеща́ть**, -а́ю, -а́ешь. ‖ *сущ.* **размеще́ние**, -я, *ср.*

РАЗМЕСТИ́ТЬСЯ, -ещу́сь, -ести́шься; *сов.* Занять места; поместиться. *Пассажиры разместились в вагоне. Библиотека разместилась на первом этаже.* ‖ *несов.* **размеща́ться**, -а́юсь, -а́ешься. ‖ *сущ.* **размеще́ние**, -я, *ср.*

РАЗМЕТА́ТЬ[1], -ечу́, -е́чешь; -мётанный; *сов., кого-что.* Разбросать в разные стороны. *Ветер разметал листву. Р. руки во сне* (широко раскинуть). *Жизнь разметала друзей по разным городам.* ‖ *несов.* **размётывать**, -аю, -аешь.

РАЗМЕТА́ТЬ[2] *см.* размести.

РАЗМЕТА́ТЬСЯ, -ечу́сь, -е́чешься; *сов.* **1.** Начать усиленно метаться. *Больной разметался в бреду.* **2.** Лечь, раскинувшись. *Р. на постели, во сне.* ‖ *несов.* **размётываться**, -аюсь, -аешься (ко 2 знач.).

РАЗМЕ́ТИТЬ, -ме́чу, -ме́тишь; -ченный; *сов., что.* Расставить значки, метки. *Р. шрифты* (для типографского набора). ‖ *несов.* **размеча́ть**, -а́ю, -а́ешь. ‖ *сущ.* **разме́тка**, -и, *ж.* ‖ *прил.* **разме́точный**, -ая, -ое. *Р. инструмент.*

РАЗМЕ́ТЧИК, -а, *м.* Работник, занимающийся разметкой чего-н. *Р. деталей. Р. кож. Р. по дереву.* ‖ *ж.* **разме́тчица**, -ы.

РАЗМЕЧТА́ТЬСЯ, -а́юсь, -а́ешься; *сов.* (разг.). Предаться мечтам, увлечься мечтами. *Р. о будущем.*

РАЗМЕША́ТЬ, -а́ю, -а́ешь; -е́шанный; *сов., что.* Мешая, растворить, развести. *Р. сахар в чае.* ‖ *несов.* **разме́шивать**, -аю, -аешь. ‖ *сущ.* **разме́шивание**, -я, *ср.*

РАЗМЕ́ШИВАТЬ *см.* размесить и размешать.

РАЗМЕЩА́ТЬ, -СЯ *см.* разместить, -ся.

РАЗМЕЩЕ́НИЕ, -я, *ср.* **1.** *см.* разместить, -ся. **2.** Порядок, система в расположении чего-н. *Рациональное р. средств.*

РАЗМИНА́ТЬ, -а́ю, -а́ешь; *несов., что.* **1.** *см.* размять. **2.** То же, что мять (в 1 знач.). ‖ *прил.* **разми́ночный**, -ая, -ое (спец.).

РАЗМИНА́ТЬСЯ *см.* размяться.

РАЗМИНИ́РОВАТЬ, -рую, -руешь; -анный; *сов.* и *несов., что.* Очистить (очищать) от мин, от взрывоопасных устройств. *Р. участок.* ‖ *сущ.* **разминиро́вание**, -я, *ср.*

РАЗМИ́НКА, -и, *ж.* **1.** *см.* размять, -ся. **2.** Физические упражнения перед спортивным выступлением, перед тренировкой. *Р. фигуристов.* ‖ *прил.* **разми́ночный**, -ая, -ое.

РАЗМИНУ́ТЬСЯ, -ну́сь, -нёшься; *сов.* (прост.). **1.** *с кем.* Разойтись в пути, не встретиться. *Р. с товарищем.* **2.** Разойтись при встрече на дороге, не столкнувшись. *На горной тропе двоим не р.*

РАЗМНОЖА́ТЬСЯ (-а́юсь, -а́ешься, 1 и 2 л. не употр.), -а́ется; *несов.* **1.** *см.* размножиться. **2.** Осуществлять способность к размножению (во 2 знач.). *Р. половым, бесполым путём. Р. спорами.*

РАЗМНОЖЕ́НИЕ, -я, *ср.* **1.** *см.* размножить, -ся. **2.** Свойство организмов воспроизводить себе подобных. *Половое, бесполое р. Вегетативное р.*

РАЗМНО́ЖИТЬ, -жу, -жишь; -женный; *сов.* **1.** *что.* Увеличить в числе, количестве. **2.** *что.* Распечатать во многих экземплярах. *Р. тезисы на ксероксе.* **3.** *кого-что.* Развести[3] (в 1 знач.), расплодить. *Р. нутрий.* ‖ *несов.* **размножа́ть**, -а́ю, -а́ешь. ‖ *сущ.* **размноже́ние**, -я, *ср.*

РАЗМНО́ЖИТЬСЯ, 1 и 2 л. не употр., -ится; *сов.* Развестись[2], расплодиться. *Размножились бобры.* ‖ *несов.* **размножа́ться**, -а́ется. ‖ *сущ.* **размноже́ние**, -я, *ср.*

РАЗМОЗЖИ́ТЬ, -жу́, -жи́шь; -жённый (-ён, -ена́); *сов., что* (разг.). Ударом раздробить, раздавить. *Р. кость.*

РАЗМО́ИНА, -ы, *ж.* Размытое водой углубление в земле, на дне водоёма.

РАЗМО́КНУТЬ (-ну, -нешь, 1 и 2 л. не употр.), -нет; -о́к, -о́кла; *сов.* Разбухнуть или размягчиться, напитавшись влагой. *Картон размок.* ‖ *несов.* **размока́ть** (-а́ю, -а́ешь, 1 и 2 л. не употр.), -а́ет. ‖ *сущ.* **размока́ние**, -я, *ср.*

РАЗМОКРОПОГО́ДИТЬ, -ит; *безл.* и **РАЗМОКРОПОГО́ДИТЬСЯ**, -ится; *безл.; сов.* (разг.). О погоде: стать ненастной, дождливой. *К осени размокропогодило.*

РАЗМО́Л, -а (-у), *м.* **1.** *см.* размолоть. **2.** То же, что помол (во 2 знач.). *Крупный р.*

РАЗМО́ЛВКА, -и, *ж.* Небольшая ссора. *Р. друзей (между друзьями).*

РАЗМОЛО́ТЬ, -мелю́, -ме́лешь; -о́лотый; *сов., что.* Смолов, измельчить, мелко растереть. *Р. зерно. Р. в порошок.* ‖ *несов.* **разма́лывать**, -аю, -аешь. ‖ *сущ.* **размо́л**, -а (-у), *м.* ‖ *прил.* **размо́льный**, -ая, -ое.

РАЗМОРИ́ТЬ (-рю́, -ри́шь, 1 и 2 л. не употр.), -ри́т; -рённый (-ён, -ена́); *сов.*, обычно *безл., кого (что)* (разг.). Зноем или духотой довести до изнеможения, слабости. *Ребёнка разморило* (безл.) *на солнце.* ‖ *несов.* **разма́ривать** (-аю, -аешь, 1 и 2 л. не употр.), -ает.

РАЗМОРИ́ТЬСЯ, -рю́сь, -ри́шься; *сов.* (разг.). От зноя, духоты почувствовать слабость, изнеможение. *Р. на солнцепёке. Р. в бане.* ‖ *несов.* **разма́риваться**, -аюсь, -аешься.

РАЗМОРО́ЗИТЬ, -о́жу, -о́зишь; -о́женный; *сов., что.* **1.** Вывести из замороженного состояния. *Р. мясо.* **2.** Прекратив доступ холода, освободить от шубы (в 3 знач.). *Р. холодильник.* ‖ *несов.* **размора́живать**, -аю, -аешь. ‖ *сущ.* **размора́живание**, -я, *ср.* и **размoро́зка**, -и, *ж.* (разг.).

РАЗМОРО́ЗИТЬСЯ (-о́жусь, -о́зишься, 1 и 2 л. не употр.), -о́зится; *сов.* **1.** Выйти из замороженного состояния. *Рыба разморозилась.* **2.** Под действием тепла освободиться от шубы (в 3 знач.). *Холодильник разморозился.* ‖ *несов.* **размора́живаться** (-аюсь, -аешься, 1 и 2 л. не употр.), -ается. ‖ *сущ.* **размора́живание**, -я, *ср.*

РАЗМОТА́ТЬ, -а́ю, -а́ешь; -о́танный; *сов., что.* Распутать, снять намотанное. *Р. клубок. Р. шарф.* ‖ *несов.* **разма́тывать**, -аю, -аешь. ‖ *сущ.* **разма́тывание**, -я, *ср.* и **размо́тка**, -и, *ж.*

РАЗМОТА́ТЬСЯ (-а́юсь, -а́ешься, 1 и 2 л. не употр.), -а́ется; *сов.* О намотанном, смотанном: разъединиться. *Клубок размотался.* ‖ *несов.* **разма́тываться** (-аюсь, -аешься, 1 и 2 л. не употр.), -ается. ‖ *сущ.* **разма́тывание, -я,** *ср.*

РАЗМОЧА́ЛИТЬ, -лю, -лишь; -ленный; *сов.* **1.** Ударами или трепаньем расчленить на волокна, пряди. *Р. конец верёвки.* **2.** *кого (что).* Измучить, лишить сил (прост.). *От зноя размочалило* (безл.). ‖ *несов.* **размоча́ливать, -аю, -аешь.**

РАЗМОЧА́ЛИТЬСЯ, -люсь, -лишься; *сов.* **1.** (1 и 2 л. не употр.). Расчлениться на волокна, пряди, растрепаться. *Конец верёвки размочалился.* **2.** Измучиться, лишиться сил (прост.). ‖ *несов.* **размоча́ливаться, -аюсь, -аешься.**

РАЗМОЧИ́ТЬ, -очу́, -о́чишь; -о́ченный; *сов., что.* Поместив в жидкость, размягчить, дать разбухнуть. *Р. сухари.* ✦ **Размочить счёт** (разг.) — в спортивной игре: открыть счёт, получив первое очко. ‖ *несов.* **разма́чивать, -аю, -аешь.** ‖ *сущ.* **разма́чивание, -я,** *ср.* и **размо́чка, -и,** *ж.*

РАЗМУСО́ЛИТЬ, -лю, -лишь; -ленный; *сов., что* (прост.). **1.** Мусоля, размазать, испачкать. **2.** *перен.* Рассказать, изобразить с излишними подробностями (неодобр.). ‖ *несов.* **размусо́ливать, -аю, -аешь.** *Говори короче, не размусоливай!*

РАЗМЫ́В, -а, *м.* **1.** *см.* размыть, -ся². **2.** Размытое водой место.

РАЗМЫ́КАТЬ, -аю, -аешь; -анный; *сов., что* (устар. и разг.). Рассеять, понемногу забыть. *Р. горе, печаль.* ‖ *несов.* **размы́кивать, -аю, -аешь.**

РАЗМЫКА́ТЬ, -СЯ *см.* разомкнуть, -ся.

РАЗМЫ́СЛИТЬ, -лю, -лишь; *сов., о ком-чём* (устар.). Подумать, мысленно рассудить. *Р. о своих делах.*

РАЗМЫ́ТЫЙ, -ая, -ое; -ы́т. Неясный, нечёткий по своим очертаниям. *Р. рисунок ткани.* ‖ *сущ.* **размы́тость, -и,** *ж.*

РАЗМЫ́ТЬ, -мо́ю, -мо́ешь; -ы́тый; *сов., что.* **1.** Смачивая, увлажняя, сделать неясным, блёклым. *Дождём размыло* (безл.) *надпись.* **2.** Струёй, течением разрушить, изрыть. *Река размыла берег.* ‖ *несов.* **размыва́ть, -а́ю, -а́ешь.** ‖ *сущ.* **размы́в, -а,** *м.* и **размыва́ние, -я,** *ср.* ‖ *прил.* **размывно́й, -а́я, -о́е.**

РАЗМЫ́ТЬСЯ¹, -мо́юсь, -мо́ешься; *сов.* (разг.). Начать мыться долго, тщательно. ‖ *несов.* **размыва́ться, -а́юсь, -а́ешься.**

РАЗМЫ́ТЬСЯ² (-мо́юсь, -мо́ешься, 1 и 2 л. не употр.), -мо́ется; *сов.* Расшириться или разрушиться, а также стереться под действием воды. *Берег размылся. Надпись размылась от дождя.* ‖ *несов.* **размыва́ться** (-а́юсь, -а́ешься, 1 и 2 л. не употр.), -а́ется. ‖ *сущ.* **размы́в, -а,** *м.*

РАЗМЫ́ЧКА *см.* разомкнуть.

РАЗМЫШЛЕ́НИЕ, -я, *ср.* **1.** *см.* размышлять. **2.** Дума, мысль. *Размышления о прошлом. Погрузиться в размышления.*

РАЗМЫШЛЯ́ТЬ, -я́ю, -я́ешь; *несов.* Углубляться мыслью во что-н., раздумывать. *Р. о своём будущем.* ‖ *сущ.* **размышле́ние, -я,** *ср.*

РАЗМЯГЧИ́ТЬ, -чу́, -чи́шь; -чённый (-ён, -ена́); *сов.* **1.** *что.* Сделать мягким, мягче. *Р. пластилин.* **2.** *перен., кого-что.* Привести в состояние душевной мягкости, сострадательного отношения к кому-н. *Р. чьё-н. сердце.* ‖ *несов.* **размягча́ть, -а́ю, -а́ешь.** ‖ *сущ.* **размягче́ние, -я,** *ср.* ‖ *прил.* **размягчи́тельный, -ая, -ое** (к 1 знач.).

РАЗМЯГЧИ́ТЬСЯ, -чу́сь, -чи́шься; *сов.* **1.** (1 и 2 л. не употр.). Стать мягким, мягче под действием чего-н. *Пластилин размягчился.* **2.** *перен.* Прийти в состояние душевной мягкости, сострадательного отношения к кому-н. *Сердце размягчилось.* ‖ *несов.* **размягча́ться, -а́юсь, -а́ешься.** ‖ *сущ.* **размягче́ние, -я,** *ср.*

РАЗМЯКА́ТЬ, -а́ю, -а́ешь; *несов.* **1.** *см.* размякнуть. **2.** То же, что мякнуть. *Земля размякает от дождя.* ‖ *сущ.* **размяка́ние, -я,** *ср.*

РАЗМЯ́КНУТЬ, -ну, -нешь; -я́к, -я́кла; -я́кший и -я́кнувший; -я́кши и -я́кнувши; *сов.* **1.** *см.* мякнуть. **2.** *перен.* Стать расслабленным, вялым, а также душевно размягчённым (разг.). *Р. от жары. Р. от похвал.* ‖ *несов.* **размяка́ть, -а́ю, -а́ешь.**

РАЗМЯ́ТЬ, разомну́, разомнёшь; -я́тый; *сов.* **1.** *см.* мять. **2.** *кого-что.* Делая движения или заставляя двигаться, привести в состояние физической бодрости (разг.). *Р. ноги. Р. мышцы.* ‖ *несов.* **размина́ть, -а́ю, -а́ешь.** ‖ *сущ.* **разми́нка, -и,** *ж.*

РАЗМЯ́ТЬСЯ, разомну́сь, разомнёшься; *сов.* **1.** (1 и 2 л. не употр.). Стать мягким, мягче (от давления, растирания). *Жёсткая кожа размялась. Пластилин размялся в пальцах.* **2.** Движениями привести тело в состояние физической бодрости (разг.). *Побегать, чтобы р.* ‖ *несов.* **размина́ться, -а́юсь, -а́ешься.** ‖ *сущ.* **разми́нка, -и,** *ж.* (ко 2 знач.). *Потратить время на разминку* (также перен.: на слишком долгие приготовления). ‖ *прил.* **разми́ночный, -ая, -ое** (ко 2 знач.). *Разминочная дорожка.*

РАЗНАРЯ́ДКА, -и, *ж.* (спец.). Распределение нарядов² (в 1 знач.), а также документ о таком распределении. *Получить по разнарядке.*

РАЗНА́ШИВАТЬ, -СЯ *см.* разносить¹, -ся¹.

РАЗНЕ́ЖИТЬ, -жу, -жишь; -женный; *сов., кого (что)* (разг.). **1.** Приучив к неге, комфорту, избаловать. **2.** Возбудить чувство нежности, заставить расчувствоваться (ирон.). ‖ *несов.* **разне́живать, -аю, -аешь.**

РАЗНЕ́ЖИТЬСЯ, -жусь, -жишься; *сов.* (разг.). **1.** Привыкнув к неге, комфорту, избаловаться. **2.** Предаться неге, удовольствиям, лени. *Р. в тепле.* **3.** Перейти в слишком нежное, благодушное настроение, расчувствоваться (ирон.). *Прочитал её письмо и разнежился.* ‖ *несов.* **разне́живаться, -аюсь, -аешься.**

РАЗНЕ́ЖНИЧАТЬСЯ, -аюсь, -аешься; *сов.* (разг. неодобр.). Проявить чрезмерную нежность, ласковость.

РАЗНЕ́РВНИЧАТЬСЯ, -аюсь, -аешься; *сов.* (разг.). Начать сильно нервничать. *Р. из-за пустяков.*

РАЗНЕСТИ́, -су́, -сёшь; -ёс, -есла́; -ёсший; -есённый (-ён, -ена́); -еся́; *сов.* **1.** *кого-что.* Неся (многое, многих), доставить в разные места. *Р. письма по адресам. Ветер разнёс тучи* (перен.: рассеял). **2.** *что.* Распространить среди многих. *Р. слух. Р. инфекцию.* **3.** *что.* Записывая, разместить, а также вообще расположить в каком-н. порядке. *Р. сведения по графам.* **4.** *что.* Разбить, разрушить (разг.). *Буря разнесла лодку в щепки. Ураганом разнесло* (безл.) *постройки.* **5.** *кого-что.* Разбранить, сделать выговор кому-н. (прост.). *Р. нерадивого работника. Р. плохой проект.* **6.** *безл., кого-что.* Раздуть, сделать пухлым (разг.). *Щёку разнесло.* ‖ *несов.* **разноси́ть, -ошу́, -о́сишь.** ‖ *сущ.* **разно́с, -а,** *м.* (к 1, 3 и 5 знач.), **разно́ска, -и,** *ж.* (к 1 и 3 знач.; разг.) и **разнесе́ние, -я,** *ср.* (к 1, 2 и 3 знач.). ‖ *прил.* **разно́сный, -ая, -ое** (к 1 знач.). *Разносная торговля* (вразнос).

РАЗНЕСТИ́СЬ (-су́сь, -сёшься, 1 и 2 л. не употр.), -сётся; -ёсся, -есла́сь; -ёсшийся; -еся́сь; *сов.* Быстро распространиться (в 1 знач.). *Разнеслись слухи. Разнёсся звон.* ‖ *несов.* **разноси́ться** (-ошу́сь, -о́сишься, 1 и 2 л. не употр.), -о́сится.

РАЗНИМА́ТЬ *см.* разнять.

РА́ЗНИТЬСЯ, -нюсь, -нишься; *несов., с кем-чем* (книжн.). Различаться, иметь отличия друг от друга. *Братья разнятся по взглядам на жизнь.*

РА́ЗНИЦА, -ы, *ж.* **1.** Несходство, различие в чём-н. *Р. в возрасте. Р. в образовании, во взглядах. Р. в цене, в весе.* **2.** Величина, являющаяся разностью между двумя другими. *Р. в окладах. Получить, выплатить разницу.* ✦ **Какая разница?** (разг.) — не всё ли равно? **Две большие разницы** (разг. шутл.) — очень большая разница. **Без разницы** *что кому* (разг.) — безразлично, всё равно, не имеет никакого значения. *Ехать или оставаться, ему без разницы.*

РАЗНО... *Первая часть сложных слов со знач.:* 1) разный, с разным (в 1 знач.), несходный, напр. *разноглубинный, разнокрылый, разномыслящий, разновеликий;* 2) разный (во 2 знач.), не один и тот же, напр. *разновременный, разновысокий, разномасштабный;* 3) разный (в 3 знач.), напр. *разноголосый, разнокалиберный, разномастный, разнорабочий, разнотравье;* 4) разный (в 4 знач.), всякий, напр. *разнотолки.*

РАЗНОБО́Й, -я, *м.* Несогласованность в действиях, отсутствие единообразия. *Устранить р. в работе. Р. в правописании.* ‖ *прил.* **разнобо́йный, -ая, -ое.**

РАЗНОВЕ́С, -а, *м., собир.* Мелкие гири для весов. ‖ *прил.* **разнове́сный, -ая, -ое.**

РАЗНОВИ́ДНОСТЬ, -и, *ж.* Предмет, являющийся как вид² (во 2 знач.), видоизменение чего-н. *Разновидности растений.*

РАЗНОВРЕМЕ́ННЫЙ, -ая, -ое; -е́нен, -е́нна. Происходящий в разное время. *Разновременные события.* ‖ *сущ.* **разновреме́нность, -и,** *ж.*

РАЗНОГЛА́СИЕ, -я, *ср.* **1.** Отсутствие согласия из-за несходства во мнениях, взглядах. *Р. по основным вопросам. Разногласия между супругами.* **2.** Противоречие, несогласованность. *Р. в показаниях свидетелей.*

РАЗНОГОЛО́СИЦА, -ы, *ж.* (разг.). **1.** Несогласное, нестройное пение. **2.** *перен.* Наличие многих несогласованных мнений. *Р. в суждениях.*

РАЗНОГОЛО́СЫЙ, -ая, -ое; -о́с. **1.** О звуках: нестройный, несогласованный. *Р. гомон.* **2.** С разными голосами. *Р. хор голосов. Разноголосые птицы* (певчие из отряда воробьиных; спец.). ‖ *сущ.* **разноголо́сость, -и,** *ж.*

РАЗНОКАЛИ́БЕРНЫЙ, -ая, -ое; -рен, -рна. **1.** *полн. ф.* Различный по калибру (в 1 и 2 знач.). *Разнокалиберное оружие.* **2.** *перен.* Разный по стилю, размеру, разношёрстный (во 2 знач.) (разг.). *Разнокалиберная сервировка.* ‖ *сущ.* **разнокали́берность, -и,** *ж.* (ко 2 знач.).

РАЗНОЛИ́КИЙ, -ая, -ое; -и́к (книжн.). Различный по составу, пёстрый (во 2 знач.). *Разноликая толпа.* ‖ *сущ.* **разноли́кость, -и,** *ж.*

РАЗНОМА́СТНЫЙ, -ая, -ое; -тен, -тна. **1.** С разной мастью, окраской. *Разномастные лошади. Разномастные карты.* **2.** *перен.* То же, что разношёрстный (во 2 знач.). ‖ *сущ.* **разнома́стность, -и,** *ж.*

РАЗНОМЫ́СЛИЕ, -я, *ср.* (книжн.). Несогласие во мнениях, несходство убеждений.

РАЗНООБРА́ЗИТЬ, -а́жу, -а́зишь; *несов., что.* Делать разнообразным, разнообразнее. *Р. методы воспитания. Р. меню.*

РАЗНООБРА́ЗИТЬСЯ (-а́жусь, -а́зишься, 1 и 2 л. не употр.), -а́зится; *несов.* (книжн.). Делаться разнообразным, разнообразнее. *Впечатления разнообразятся.*

РАЗНООБРА́ЗНЫЙ, -ая, -ое; -зен, -зна. Различный, неодинаковый по каким-н. признакам. *Разнообразные предметы. Разнообразные впечатления.* ‖ *сущ.* **разнообра́зие, -я,** *ср.* и **разнообра́зность, -и,** *ж.* *Для разнообразия* (чтобы не было однообразия; разг.).

РАЗНОПЁРЫЙ, -ая, -ое (разг.). То же, что разношёрстный.

РАЗНОПЛЕМЁННЫЙ, -ая, -ое (устар. и книжн.). Неоднородный по племенной, этнической принадлежности, состоящий из разных племён. *Разноплемённое население.* ‖ *сущ.* **разноплемённость, -и,** *ж.*

РАЗНОПО́ЛЫЙ, -ая, -ое. Относящийся к разным полам[2] *Разнополые близнецы.* ‖ *сущ.* **разнопо́лость, -и,** *ж.*

РАЗНОРАБО́ЧИЙ, -его, *м.* Рабочий на разных подсобных работах, не требующих специальной подготовки. ‖ *сущ.* **разнорабо́чая, -ей.**

РАЗНОРЕЧИ́ВЫЙ, -ая, -ое; -и́в. Не согласованный один с другим, содержащий в себе противоречия. *Разноречивые слухи. Разноречивые показания.* ‖ *сущ.* **разноречи́вость, -и,** *ж.*

РАЗНОРЕ́ЧИЕ, -я, *ср.* (книжн.). Противоречие в словах, в содержании. *Разноречия в суждениях, в оценках.*

РАЗНОРО́ДНЫЙ, -ая, -ое; -ден, -дна. Различный по составу, разнообразный. *Разнородные вещества.* ‖ *сущ.* **разноро́дность, -и,** *ж.*

РАЗНО́С, -а, *м.* **1.** *см.* разнести. **2.** Строгий, не допускающий оправданий выговор, а также уничтожающая критика (разг.). *Устроить р. кому-н. Р. книги в печати.*

РАЗНОСИ́ТЬ[1], -ошу́, -о́сишь; -о́шенный; *сов., что.* Нося, сделать удобным, просторным (обувь). *Р. ботинки.* ‖ *несов.* **разна́шивать, -аю, -аешь.** ‖ *сущ.* **разна́шивание, -я,** *ср.* и **разно́ска, -и,** *ж.* (разг.).

РАЗНОСИ́ТЬ[2] *см.* разнести.

РАЗНОСИ́ТЬСЯ[1] (-ошу́сь, -о́сишься, 1 и 2 л. не употр.), -о́сится; *сов.* Стать удобным, просторным после носки (об обуви). *Туфли разносились.* ‖ *несов.* **разна́шиваться** (-аюсь, -аешься, 1 и 2 л. не употр.), -ается.

РАЗНОСИ́ТЬСЯ[2] *см.* разнестись.

РАЗНО́СКА *см.* разнести *и* разносить[1].

РАЗНОСКЛОНЯ́ЕМЫЙ, -ая, -ое: **разносклоняемые имена существительные** — в грамматике: существительные, в своей парадигме совмещающие падежные формы разных склонений, напр. *путь, время.*

РАЗНО́СНЫЙ, -ая, -ое; -сен, -сна. **1.** *см.* разнести. **2.** *полн. ф.* Служащий для регистрации разносимых писем, документов. *Разносная книга.* **3.** Ругательный, имеющий резко критическое содержание (разг.). *Разносная рецензия.* ‖ *сущ.* **разно́сность, -и,** *ж.* (к 3 знач.).

РАЗНОСО́Л, -а, *м.* **1.** Различными способами заготовленное впрок соленье, маринад (устар.). **2.** *мн.* Разнообразная, изысканная еда (разг.). *Есть, готовить, кормить кого-н. без разносолов.* ‖ *прил.* **разносо́льный, -ая, -ое.**

РАЗНОСПРЯГА́ЕМЫЙ, -ая, -ое: **разноспрягаемые глаголы** — в грамматике: глаголы, в своей парадигме совмещающие формы двух разных спряжений, напр. *хотеть, чтить.*

РАЗНОСТОРО́ННИЙ, -яя, -ее; -о́нен, -о́ння. **1.** *полн. ф.* С неодинаковыми сторонами. *Р. треугольник.* **2.** Охватывающий разные стороны чего-н., многообразный. *Разностороннее образование. Разносторонняя деятельность.* ‖ *сущ.* **разносторо́нность, -и,** *ж.* (ко 2 знач.).

РА́ЗНОСТЬ, -и, *ж.* **1.** *см.* разный. **2.** Результат, итог вычитания. ‖ *прил.* **ра́зностный, -ая, -ое.**

РАЗНО́СЧИК, -а, *м.* **1.** Работник, занимающийся разноской, доставкой чего-н. *Р. газет.* **2.** Тот, кто распространяет что-н. *Р. инфекции.* ‖ *ж.* **разно́счица, -ы.**

РАЗНОТИ́ПНЫЙ, -ая, -ое; -пен, -пна. Разный, несходный по типу, по устройству. *Разнотипные агрегаты.* ‖ *сущ.* **разноти́пность, -и,** *ж.*

РАЗНОТО́ЛКИ, -ов (разг.). Различные толки, пересуды. *Пошли р.*

РАЗНОТРА́ВЬЕ, -я, *ср.* Растущие вместе разные травы, травянистые растения (кроме злаков, бобовых и осоковых). ‖ *прил.* **разнотра́вный, -ая, -ое.**

РАЗНОТЫ́К, -а, *м.* (прост.). Несогласованность, полное расхождение в поведении, в поступках. *Всё пошло в р.*

РАЗНОХАРА́КТЕРНЫЙ, -ая, -ое; -рен, -рна (книжн.). Разнородный, различный по характеру, содержанию. *Разнохарактерные явления.* ‖ *сущ.* **разнохара́ктерность, -и,** *ж.*

РАЗНОЦВЕ́ТНЫЙ, -ая, -ое; -тен, -тна. С окраской разных цветов, содержащий разные цвета. *Разноцветные ткани.* ‖ *сущ.* **разноцве́тность, -и,** *ж.*

РАЗНОЧИ́НЕЦ, -нца, *м.* В дореволюционной России: выходец из непривилегированных сословий, из мелкого чиновничества, занимающийся умственным трудом, обычно носитель демократической идеологии. *Писатели-разночинцы.* ‖ *прил.* **разночи́нный, -ая, -ое** и **разночи́нский, -ая, -ое.**

РАЗНОЧТЕ́НИЕ, -я, *ср.* (спец.). Одна из редакций (во 2 знач.) какой-н. части текста, произведения. *Анализ разночтений в памятнике письменности.*

РАЗНОШЁРСТНЫЙ, -ая, -ое; -тен, -тна. **1.** *полн. ф.* С шерстью разного цвета или неодинаковый с другими по масти. *Разношёрстные лошадки. Разношёрстная собака.* **2.** *перен.* Разнообразный, случайный по составу (разг.). *Разношёрстная публика.* ‖ *сущ.* **разношёрстность, -и,** *ж.* (ко 2 знач.).

РАЗНОЯЗЫ́КИЙ, -ая, -ое; -ы́к (книжн.). О многих: говорящий на разных языках. *Разноязыкие племена. Разноязыкая толпа.* ‖ *сущ.* **разноязы́чие, -я,** *ср.* и **разноязы́кость, -и,** *ж.*

РАЗНОЯЗЫ́ЧНЫЙ, -ая, -ое; -чен, -чна. Состоящий из людей, говорящих на разных языках, а также написанный на разных языках. *Разноязычное население. Разноязычные тексты.* ‖ *сущ.* **разноязы́чность, -и,** *ж.*

РАЗНУ́ЗДАННЫЙ, -ая, -ое; -ан (разг.). Дошедший до крайней распущенности, беззастенчивый. *Разнузданное поведение. Разнузданная ложь.* ‖ *сущ.* **разну́зданность, -и,** *ж.*

РАЗНУЗДА́ТЬ, -а́ю, -а́ешь; -у́зданный; *сов., кого (что).* Снимая узду с животного, вынуть удила из его рта. *Р. коня, мула.* ‖ *несов.* **разну́здывать, -аю, -аешь.**

РАЗНУЗДА́ТЬСЯ, -а́юсь, -а́ешься; *сов.* **1.** О животном: освободиться от удил. **2.** *перен.* Стать разнузданным (разг.). *Хулиган разнуздался.* ‖ *несов.* **разну́здываться, -аюсь, -аешься.**

РА́ЗНЫЙ, -ая, -ое. **1.** чаще *мн.* Неодинаковый, несходный в чём-н. *Разные взгляды. Они разные люди. Разное мировоззрение.* **2.** чаще *мн.* Не один и тот же, другой. *Жить в разных квартирах.* **3.** Разнообразный, различный по составу. *Букет из разных цветов. Знакомые у него — самые разные.* **4.** Всякий, какой угодно (разг.). *Р. хлам. Последний пункт повестки собрания — разное* (сущ.). ◆ **Разные разности** (разг.) — о многом и разнообразном. ‖ *сущ.* **ра́зность, -и,** *ж.* (к 1 знач.). *Р. взглядов.*

РАЗНЮ́НИТЬСЯ, -нюсь, -нишься; *сов.* (прост. неодобр.). Расплакаться, расхныкаться, раскиснуть (в 3 знач.). ‖ *несов.* **разню́ниваться, -аюсь, -аешься.**

РАЗНЮ́ХАТЬ, -аю, -аешь; -анный; *сов.* **1.** *что.* Распознать обонянием, по запаху (разг.). **2.** *перен., что* и *о чём.* Разведать, разузнать исподволь, тайком (прост.). *Р. все новости.* ‖ *несов.* **разню́хивать, -аю, -аешь.**

РАЗНЯ́ТЬ, -ниму́, -ни́мешь; -я́л, -яла́, -я́ло; -ними́; -я́тый (-я́т, -ята́, -я́то); *сов., кого-что.* **1.** Разделить, разъединить, отделить одно от другого. *Р. сжатые пальцы.* **2.** Развести силой в стороны (разг.). *Р. драчунов.* ‖ *несов.* **разнима́ть, -аю, -аешь.**

РАЗО..., *приставка.* То же, что раз[1]...; употр. вместо «раз» перед *й* (j) и нек-рыми сочетаниями согласных, напр. *разойтись, разобью, разогнуть, разорвать, разонравиться, разочту,* а также *разошёлся, разошедшийся.*

РАЗОБИ́ДЕТЬ, -и́жу, -и́дишь; -и́женный; *сов., кого (что)* (разг.). Сильно обидеть. *Р. отказом.*

РАЗОБИ́ДЕТЬСЯ, -и́жусь, -и́дишься; *сов., на кого-что* (разг.). Сильно обидеться. *Р. на насмешников.*

РАЗОБЛАЧИ́ТЕЛЬ, -я, *м.* (книжн.). Тот, кто разоблачил (в 3 знач.), разоблачает кого-что-н. *Р. пороков.* ‖ *ж.* **разоблачи́тельница, -ы.** ‖ *прил.* **разоблачи́тельский, -ая, -ое.**

РАЗОБЛАЧИ́ТЕЛЬНЫЙ, -ая, -ое; -лен, -льна. Содержащий в себе разоблачение, раскрывающий что-н. тайное, скрытое. *Разоблачительная речь.* ‖ *сущ.* **разоблачи́тельность, -и,** *ж.*

РАЗОБЛАЧИ́ТЬ, -чу́, -чи́шь; -чённый (-ён, -ена́); *сов.* **1.** *кого (что).* После богослужения снять (со священнослужителя облачение). *Р. архиерея.* **2.** *кого (что).* Снять одежду с кого-н. (разг. шутл.). **3.** *кого-что.* Раскрыть чьи-н. тайные замыслы, ложь, злоупотребления. *Р. обманщика.* ‖ *несов.* **разоблача́ть, -а́ю, -а́ешь.** ‖ *возвр.* **разоблачи́ться, -чу́сь, -чи́шься;** *несов.* **разоблача́ться, -а́юсь, -а́ешься.** ‖ *сущ.* **разоблаче́ние, -я,** *ср.*

РАЗОБРА́ТЬ, разберу́, разберёшь; -а́л, -ала́, -а́ло; разбери́; разо́бранный; *сов.* **1.** *что.* Разъединяя части, разнять. *Р. механизм. Р. сарай. Р. постель* (приготовить для спанья; разг.). **2.** *кого-что.* Взять всё (всех) по одному, по частям, а также (разг.) раскупить. *Все учебники в библиотеке разобраны. Товар ходовой, быстро разобрали.* **3.** *что.* Привести в порядок, распределить, расположить в каком-н. порядке. *Р. бумаги.* **4.** *что.* Исследуя, изучая, выяснить, определить, дать оценку чему-н. *Р. дело. Р. ссору.* **5.** *что.* Понять, распознать. *Не разобрал вкуса яблок. Не разобрал, что он говорит. Р. почерк.* **6.** (1 и 2 л. не употр.), *кого (что).* Овладеть (в 3 знач.), взять, охватить (разг.). *Смех разобрал кого-н. Охота разобрала кого-н.* **7.** (1 и 2 л. не употр.), *обычно безл., кого (что).* О состоянии сильного опьянения (прост.). *Разобрало* (безл.) *от вина кого-н.* ✦ **Разобрать по косточкам** *кого-что* (разг. неодобр.) — подробно, до мелочей обсудить. **Не разбери-поймёшь** (разг.) — о чём-н. неопределённом и непонятном. *Натащил в дом всякой рухляди, не разбери-поймёшь откуда и зачем.* ‖ *несов.* **разбира́ть**, -а́ю, -а́ешь. *Бежит, не разбирая дороги* (прямиком, не по дороге). ‖ *сущ.* **разбо́р**, -а, *м.* (к 1, 2, 3 и 4 знач.) *и* **разбо́рка**, -и, *ж.* (к 1 и 3 знач.; разг.). ‖ *прил.* **разбо́рный**, -ая, -ое (к 1 знач.).

РАЗОБРА́ТЬСЯ, разберу́сь, разберёшься; -а́лся, -ала́сь, -ало́сь *и* -а́лось; разбери́сь; *сов.* **1.** Привести в порядок свои вещи, устроиться (разг.). *Приехал, разобрался и лёг отдохнуть.* **2.** *в ком-чём* и (разг.) *с кем-чем.* Изучив, хорошо понять кого-что-н. *Р. в деле. Р. в вопросе (с вопросом).* ‖ *несов.* **разбира́ться**, -а́юсь, -а́ешься. ‖ *сущ.* **разбо́рка**, -и, *ж.* (к 1 знач.).

РАЗОБЩЁННЫЙ, -ая, -ое; -ён. Лишённый связи с кем-чем-н., разъединённый. *Разобщённые хутора.* ‖ *сущ.* **разобщённость**, -и, *ж.*

РАЗОБЩИ́ТЬ, -щу́, -щи́шь; -щённый (-ён, -ена́); *сов., кого-что.* Лишить связи друг с другом, разъединить, прекратить общение. *Жизнь разобщила старых друзей.* ‖ *несов.* **разобща́ть**, -а́ю, -а́ешь. ‖ *сущ.* **разобще́ние**, -я, *ср.*

РАЗОБЩИ́ТЬСЯ, -щу́сь, -щи́шься; *сов., с кем-чем.* Разъединиться, лишиться связи, общения. ‖ *несов.* **разобща́ться**, -а́юсь, -а́ешься. ‖ *сущ.* **разобще́ние**, -я, *ср.*

РА́ЗОВЫЙ, -ая, -ое. Совершаемый один раз, употребляемый, годный один раз, одноразовый. *Р. билет. Разовая оплата. Разовое пользование.* ‖ *сущ.* **ра́зовость**, -и, *ж.*

РАЗОГНА́ТЬ, разгоню́, разго́нишь; -а́л, -ала́, -а́ло; разгони́; -о́гнанный; *сов.* **1.** *кого (что).* Гоня, заставить разойтись, разбежаться. *Р. толпу зевак. Ветер разогнал облака* (перен.). **2.** *кого (что).* Выгнать, уволить (многих). *Р. бездельников.* **3.** *кого-что.* Довести движение до большой скорости. *Р. автомобиль.* **4.** *что.* Увеличивая, занять чем-н. много места, времени (разг.). *Р. статью на целый лист.* ✦ **Разогнать тоску, печаль** (разг.) — 1) перестать грустить; 2) развеселить, развлечь. ‖ *несов.* **разгоня́ть**, -я́ю, -я́ешь. ‖ *сущ.* **разго́н**, -а (к 1 и 2 знач.) *и* -а (-у) (к 3 знач.). *В разгоне* (об автомашинах, лошадях: в разъезде; разг.). ‖ *прил.* **разго́нный**, -ая, -ое (к 3 знач.; спец.). *Р. старт.*

РАЗОГНА́ТЬСЯ, разгоню́сь, разго́нишься; -а́лся, -ала́сь, -ало́сь *и* -а́лось; разгони́сь; *сов.* (разг.). Довести своё движение до большой скорости. *Р. на велосипеде.* ‖ *несов.* **разгоня́ться**, -я́юсь, -я́ешься. ‖ *сущ.* **разго́н**, -а (-у), *м. Взять р.* (то же, что разогнаться). *С разгону* (разогнавшись).

РАЗОГНУ́ТЬ, -ну́, -нёшь; -о́гнутый; *сов., кого-что.* Распрямить (согнутое). *Р. спину. Р. лист.* ‖ *несов.* **разгиба́ть**, -а́ю, -а́ешь. *Работать не разгибая спины* (перен.: много и тяжело; разг.). ‖ *сущ.* **разгиба́ние**, -я, *ср. и* **разги́б**, -а, *м.* ‖ *прил.* **разгибно́й**, -а́я, -о́е (в нек-рых сочетаниях).

РАЗОГНУ́ТЬСЯ, -ну́сь, -нёшься; *сов.* О согнутом: распрямиться, расправиться[1]. ‖ *несов.* **разгиба́ться**, -а́юсь, -а́ешься. ‖ *сущ.* **разги́б**, -а, *м.* ‖ *прил.* **разгибно́й**, -а́я, -о́е (в нек-рых сочетаниях) *и* **разгиба́тельный**, -ая, -ое. *Разгибательная поверхность сустава.*

РАЗОГРЕ́ТЬ, -е́ю, -е́ешь; -ре́тый; *сов., что.* Грея, согревая, сделать тёплым, горячим. *Р. мотор. Р. обед.* ‖ *несов.* **разогрева́ть**, -а́ю, -а́ешь. ‖ *сущ.* **разогрева́ние**, -я, *ср. и* **разогре́в**, -а, *м.* (спец.).

РАЗОГРЕ́ТЬСЯ, -е́юсь, -е́ешься; *сов.* Греясь, согреваясь, стать тёплым, горячим. *Мотор разогрелся. Суп разогрелся. Р. от ходьбы.* ‖ *несов.* **разогрева́ться**, -а́юсь, -а́ешься. ‖ *сущ.* **разогрева́ние**, -я, *ср. и* **разогре́в**, -а, *м.* (спец.).

РАЗОДЕ́ТЬ, -е́ну, -е́нешь; -де́тый; *сов., кого (что)* (разг.). Нарядно одеть, нарядить. *Р. как куколку* (очень нарядно). ‖ *возвр.* **разоде́ться**, -е́нусь, -е́нешься.

РАЗОДОЛЖИ́ТЬ, -жу́, -жи́шь; -жённый (-ён, -ена́); *сов., кого (что)* (разг. ирон.). Удивить чем-н. неожиданным. *Р. своим приездом.* ‖ *несов.* **разодолжа́ть**, -а́ю, -а́ешь.

РАЗОДРА́ТЬ, раздеру́, раздерёшь; -а́л, -ала́, -а́ло; раздери́; -о́дранный; *сов., кого-что* (разг.). То же, что разорвать (в 1 знач.). *Р. бумагу. Р. брюки. Р. руки в кровь* (исцарапать). ‖ *несов.* **раздира́ть**, -а́ю, -а́ешь.

РАЗОДРА́ТЬСЯ, раздеру́сь, раздерёшься; -а́лся, -ала́сь, -ало́сь *и* -а́лось; *сов.* **1.** (1 и 2 л. не употр.). То же, что разорваться (в 1 знач.) (разг.). **2.** Сильно подраться (прост.). *Собаки разодрались. Р. в кровь.* ‖ *несов.* **раздира́ться**, -а́юсь, -а́ешься (к 1 знач.).

РАЗОЗЛИ́ТЬ, -СЯ *см.* злить, **-ся**.

РАЗОЙТИ́СЬ, -ойду́сь, -ойдёшься; -ошёлся, -ошла́сь, -ойди́сь; -оше́дшийся; -ойдя́сь; *сов.* **1.** (1 и 2 л. ед. не употр.). О многих, многом, о сплошной массе: уйти в разные стороны; рассеяться. *Публика разошлась. Тучи разошлись. Наши дороги (пути) разошлись* (также перен.: мы расстались). *Вести разошлись повсюду* (перен.). **2.** (1 и 2 л. не употр.). Оказаться распроданным; израсходоваться. *Тираж разошёлся. Запасы разошлись.* **3.** (1 и 2 л. не употр.). Растаять, раствориться. *Масло разошлось в тесте.* **4.** *с кем.* Идя навстречу, не столкнуться, не встретиться, разминуться. *Р. с кем-н. в темноте.* **5.** *с кем.* Покинуть друг друга, расстаться, прервать отношения. *Р. с женой. Старые друзья разошлись.* **6.** (1 и 2 л. не употр.). Разъединиться, раздвинуться в стороны. *Полы разошлись. Р. по швам* (распороться). **7.** *с кем в чём.* Стать несогласным, обнаружить несогласие, оказаться различным. *Р. во взглядах. Слово не должно р. с делом.* **8.** Приобрести бо́льшую скорость в движении (разг.). *Поезд разошёлся под уклон.* **9.** Усилиться, дойти до высокой степени в проявлении чего-н. (разг.). *Дождь разошёлся. Разойтись в пляске.* **10.** Начать вести себя несдержанно или шумно, буйно. *Скандалист разошёлся.* ‖ *несов.* **расходи́ться**, -ожу́сь, -о́дишься. ‖ *сущ.* **расхожде́ние**, -я, *ср.* (к 7 знач.).

РА́ЗОМ, *нареч.* (прост.). **1.** В один приём. *Сделать всё р.* **2.** Сразу, мгновенно, одновременно. *Р. покончить с чем-н. Р. замолчали.*

РАЗОМКНУ́ТЬ, -ну́, -нёшь; -о́мкнутый; *сов., что.* Разъединить (сомкнутое). *Р. цепь.* ‖ *несов.* **размыка́ть**, -а́ю, -а́ешь. ‖ *сущ.* **размыка́ние**, -я, *ср. и* **размы́чка**, -и, *ж.*

РАЗОМКНУ́ТЬСЯ, 1 и 2 л. ед. не употр., -нётся; *сов.* О со́мкнутом: разъединиться. *Кольцо разомкнулось.* ‖ *несов.* **размыка́ться**, -а́ется. ‖ *сущ.* **размыка́ние**, -я, *ср.*

РАЗОМЛЕ́ТЬ, -е́ю, -е́ешь; *сов.* (разг.). Прийти в состояние расслабления, истомы, а также (ирон.) разнежиться (во 2 знач.). *Р. от жары. Р. от похвал.* ‖ *несов.* **разомлева́ть**, -а́ю, -а́ешь.

РАЗОПРЕ́ТЬ, -е́ю, -е́ешь; *сов.* **1.** (1 и 2 л. не употр.). Прея, разбухнуть, размякнуть. *Горох разопрел в воде.* **2.** То же, что распариться (во 2 знач.) (прост.). *Р. после бани.* ‖ *несов.* **разопрева́ть**, -а́ю, -а́ешь.

РАЗО́Р, -а, *м.* (прост.). То же, что разорение. *В р. разорить* (совсем, окончательно).

РАЗОРА́ТЬСЯ, -ру́сь, -рёшься; *сов.* (прост. неодобр.). То же, что раскричаться.

РАЗОРВА́ТЬ, -ву́, -вёшь; -а́л, -ала́, -а́ло; -о́рванный; *сов.* **1.** *кого-что.* Резким движением, рывком разделить на части, нарушить цельность чего-н. *Р. письмо. Р. цепи рабства* (перен.). *Р. на части кого-н.* (также перен.: обременить делами, поручениями, а также пригласить сразу во многие места; разг.). **2.** *перен., что.* Прекратить, прервать. *Р. связи, знакомство. Р. дипломатические отношения.* **3.** *что.* Взорвать изнутри, разнести на части. *Котёл разорвало* (безл.). ‖ *несов.* **разрыва́ть**, -а́ю, -а́ешь. ‖ *сущ.* **разры́в**, -а, *м.* (ко 2 и 3 знач.). *Р. дипломатических отношений.* ‖ *прил.* **разрывно́й**, -а́я, -о́е (к 3 знач.). *Разрывная сила снаряда.*

РАЗОРВА́ТЬСЯ, -ву́сь, -вёшься; -а́лся, -ала́сь, -ало́сь *и* -а́лось; *сов.* **1.** (1 и 2 л. не употр.). Разделиться на части от резкого движения, рывка. *Цепь разорвалась.* **2.** (1 и 2 л. не употр.). Изорваться, износиться до дыр. *Разорвавшаяся одежда.* **3.** (1 и 2 л. не употр.), *перен.* Об отношениях, связях: прерваться, пресечься. *Знакомство разорвалось.* **4.** (1 и 2 л. не употр.). Взорваться изнутри. *Снаряд разорвался.* **5.** Попытаться сразу успеть сделать много дел, сразу попасть во многие места (разг.). *Дел хоть разорвись! Р. мне что ли? Разорвись на́двое, скажут: а почему не на́четверо?* (посл. о том, что чем больше стараешься, хлопочешь, тем больше от тебя требуют). ‖ *несов.* **разрыва́ться**, -а́юсь, -а́ешься. *Душа или сердце разрывается* (перен.: тяжко на душе от сострадания, от горя). ‖ *сущ.* **разры́в**, -а, *м.* (к 1, 3 и 4 знач.). ‖ *прил.* **разрывно́й**, -а́я, -о́е (к 1 и 4 знач.). *Разрывное напряжение* (спец.).

РАЗОРИ́ТЕЛЬ, -я, *м.* Тот, кто разорил, разоряет, производит разорение. ‖ *ж.* **разори́тельница**, -ы. ‖ *прил.* **разори́тельский**, -ая, -ое.

РАЗОРИ́ТЕЛЬНЫЙ, -ая, -ое; -лен, -льна. Приносящий убыток, разоряющий. *Разорительные траты.* ‖ *сущ.* **разори́тельность**, -и, *ж.*

РАЗОРИ́ТЬ, -рю́, -ри́шь; -рённый (-ён, -ена́); *сов.* **1.** *кого (что).* Нарушить, разрушить чьё-н. материальное благополучие, довести до нищеты. *Р. семью.* **2.** *что.* Опустошить, разрушить. *Р. гнездо.* ‖ *несов.* **разоря́ть**, -я́ю, -я́ешь. ‖ *сущ.* **разоре́ние**, -я, *ср.*

РАЗОРИ́ТЬСЯ, -рю́сь, -ри́шься; *сов.* Потерять богатство, достаток, обнищать. *Богач разорился. Р. на покупки* (истратить все свои деньги; разг. шутл.). ‖ *несов.* **разоря́ться**, -я́юсь, -я́ешься. ‖ *сущ.* **разоре́ние**, -я, *ср.*

РАЗОРУЖЕ́НИЕ, -я, *ср.* **1.** *см.* разоружить, -ся. **2.** Система мероприятий, направленных к ликвидации или сокращению средств ведения войны и создающих предпосылки для устранения угрозы её возникновения. *Всеобщее и полное р.* (направленное на ликвидацию или значительное ограничение вооружений разных государств). ‖ *прил.* **разоруже́нческий**, -ая, -ое.

РАЗОРУЖИ́ТЬ, -жу́, -жи́шь; -жённый (-ён, -ена́); *сов.* **1.** *кого-что.* Отобрать у кого-н. оружие, лишить средств вооружения. *Р. пленных.* **2.** *перен., кого (что).* Отнять у кого-н. возможность активно действовать, ослабить волю к борьбе. *Идейно р. противника.* ‖ *несов.* **разоружа́ть,** -аю, -аешь. ‖ *сущ.* **разоруже́ние,** -я, *ср.*

РАЗОРУЖИ́ТЬСЯ, -жу́сь, -жи́шься; *сов.* **1.** Освободиться от оружия, снять с себя оружие, а также уничтожить свои средства ведения войны. **2.** *перен.* Отказаться от активных действий, утратить волю к борьбе. *Идейно р.* ‖ *несов.* **разоружа́ться,** -аюсь, -аешься. ‖ *сущ.* **разоруже́ние,** -я, *ср.*

РАЗОРЯ́ТЬСЯ, -яюсь, -яешься; *несов.* **1.** *см.* разориться. **2.** Много и долго говорить (прост. неодобр.). *Целый час р. о пустяках.*

РАЗОСЛА́ТЬ, -ошлю́, -ошлёшь; -ошли́; -о́сланный; *сов.* **1.** *кого-что.* Послать в разные места. *Р. извещения. Р. специалистов по бригадам.* **2.** *кого (что).* Послать всех, никого не оставив. *Все курьеры разосланы.* ‖ *несов.* **рассыла́ть,** -а́ю, -а́ешь. ‖ *сущ.* **рассы́лка,** -и, *ж.* (к 1 знач.). ‖ *прил.* **рассы́лочный,** -ая, -ое (к 1 знач.; в нек-рых сочетаниях) *и* **рассыльный,** -ая, -ое (к 1 знач.; спец.). *Рассыльная книга* (для записи того, что рассылается с курьером).

РАЗОСПА́ТЬСЯ, -плю́сь, -пи́шься; -а́лся, -ала́сь *и* -а́лось; *сов.* (разг.). Погрузиться в крепкий и длительный сон.

РАЗОСТЛА́ТЬ, расстелю́, расстéлешь; -о́стланный и **РАССТЕЛИ́ТЬ,** расстелю́, расстéлешь; -е́ленный; *сов., что.* Развернув полностью или распределив по поверхности, разложить. *Р. ковёр. Р. сеть. Р. лён.* ‖ *несов.* **расстила́ть,** -а́ю, -а́ешь. ‖ *сущ.* **расстилка,** -и, *ж. и* **расстил,** -а, *м.* (спец.). *Расстилка сетей. Расстил льна.* ‖ *прил.* **расстилочный,** -ая, -ое (спец.).

РАЗОСТЛА́ТЬСЯ *см.* расстилаться.

РАЗОТКРОВЕ́ННИЧАТЬСЯ, -аюсь, -аешься; *сов.* (разг.). Вступить в слишком откровенные разговоры, начать откровенничать. *Р. с попутчиком.*

РАЗО́ХАТЬСЯ, -аюсь, -аешься; *сов.* (разг.). Начать охать (от боли, огорчения, удивления). *Старик разохался к ненастью.*

РАЗОХО́ТИТЬ, -о́чу, -о́тишь; -о́ченный; *сов., кого (что) на что и с неопр.* (разг.). Возбудить в ком-н. желание, охоту к чему-н. *Р. на покупку* (купить).

РАЗОХО́ТИТЬСЯ, -о́чусь, -о́тишься; *сов., на что и с неопр.* (разг.). Почувствовать желание, охоту к чему-н. *Р. на чай* (пить чай).

РАЗОЧАРОВА́НИЕ, -я, *ср.* Чувство неудовлетворённости по поводу чего-н. несбывшегося, неудавшегося, не оправдавшего себя. *Глубокое р. Р. в прежних идеалах.*

РАЗОЧАРО́ВАННЫЙ, -ая, -ое; -ан. Испытывающий или выражающий разочарование. *Р. человек. Р. тон. Разочарован в любви.* ‖ *сущ.* **разочаро́ванность,** -и, *ж.*

РАЗОЧАРОВА́ТЬ, -ру́ю, -ру́ешь; -о́ванный; *сов., кого (что).* Заставить разочароваться, вызвать разочарование. *Р. в себе друга.* ‖ *несов.* **разочаро́вывать,** -аю, -аешь.

РАЗОЧАРОВА́ТЬСЯ, -ру́юсь, -ру́ешься; *сов., в ком-чём.* Почувствовать разочарование, впасть в разочарование. *Р. в любви.* ‖ *несов.* **разочаро́вываться,** -аюсь, -аешься.

РАЗРАБО́ТАТЬ, -аю, -аешь; -анный; *сов., что.* **1.** Обрабатывая, возделывая, сделать пригодным для чего-н. *Почва разработана.* **2.** Тщательно, всесторонне исследовать, подготовить, обработать во всех подробностях. *Р. план. Р. тему.* **3.** Упражнениями, работой привести в нормальное, рабочее состояние. *Р. механизм.* **4.** Исчерпать добычу ископаемого в каком-н. месте (спец.). *Золотой прииск разработан до конца.* ‖ *несов.* **разраба́тывать,** -аю, -аешь. ‖ *сущ.* **разрабо́тка,** -и, *ж.*

РАЗРАБО́ТКА, -и, *ж.* **1.** *см.* разработать. **2.** Способ добычи ископаемых, а также место такой добычи (спец.). *Подземная р. Открытая р.* ‖ *прил.* **разрабо́точный,** -ая, -ое (спец.).

РАЗРАБО́ТЧИК, -а, *м.* Специалист, занимающийся разработкой схемы, механизма, аппаратуры. *Р. электрооборудования.*

РАЗРА́ВНИВАТЬ *см.* разровнять.

РАЗРАЗИ́ТЬ, -и́т; *сов., кого (что)*: **разрази (пусть разразит) меня гром!** (прост.) — клятвенное уверение. *Разрази меня гром, если я вру!*

РАЗРАЗИ́ТЬСЯ, -ажу́сь, -ази́шься; *сов.* **1.** (1 и 2 л. не употр.). О чём-н. стихийном, грозном: произойти, возникнуть резко, с силой. *Разразилась гроза, война, катастрофа.* **2.** *чем.* Бурно выразить, проявить то, что названо следующим далее существительным (разг.). *Р. хохотом. Р. проклятиями. Р. речью.* ‖ *несов.* **разража́ться,** -а́юсь, -а́ешься.

РАЗРАСТИ́СЬ (-ту́сь, -тёшься, 1 и 2 л. не употр.), -тётся; -ро́сся, -росла́сь; -ро́сшийся; -ро́сшись; *сов.* **1.** Давая ростки, стать ветвистым, густым, большим или ветвистее, гуще, больше. *Сирень разрослась.* **2.** Увеличиться, расшириться. *Город разросся. Дело разрослось.* ‖ *несов.* **разраста́ться** (-а́юсь, -а́ешься, 1 и 2 л. не употр.), -а́ется. ‖ *сущ.* **разраста́ние,** -я, *ср.*

РАЗРЕВЕ́ТЬСЯ, -ву́сь, -вёшься; *сов.* (разг.). Громко заплакать, поднять рёв. *Малыш разревелся.*

РАЗРЕГУЛИ́РОВАТЬСЯ (-руюсь, -руешься, 1 и 2 л. не употр.), -руется; *сов.* Утратить регулировку, выйти из рабочего состояния. *Линия разрегулировалась.*

РАЗРЕДИ́ТЬ, -ежу́, -еди́шь; -ежённый (-ён, -ена́); *сов., что.* **1.** Сделать редким (в 1 знач.), реже, разделив промежутками. *Р. посадки. Р. рассаду.* **2.** Сделать менее плотным, менее густым. *Разрежённый воздух.* ‖ *несов.* **разрежа́ть,** -а́ю, -а́ешь. ‖ *сущ.* **разреже́ние,** -я, *ср.*

РАЗРЕДИ́ТЬСЯ (-ежу́сь, -еди́шься, 1 и 2 л. не употр.), -еди́тся; *сов.* **1.** Стать редким (в 1 знач.), реже, образовав промежутки. *Всходы разредились.* **2.** Стать менее плотным, менее густым. *Туман разредился.* ‖ *несов.* **разрежа́ться** (-а́юсь, -а́ешься, 1 и 2 л. не употр.), -а́ется. ‖ *сущ.* **разреже́ние,** -я, *ср.*

РАЗРЕ́З, -а, *м.* **1.** *см.* разреза́ть. **2.** Разрезанное место; прорезанное отверстие. *Р. на пальце. Глубокий р. платья.* **3.** Поверхность, по к-рой разрезан, рассечён предмет. *Поперечный р. Профильный р. пути.* **4.** Открытая горная разработка (спец.). *Работать на разрезе.* ✦ **В разрезе** *чего, предлог с род. п.* (книжн.) — с точки зрения чего-н., имея в виду что-н. *Судить о чём-н. в разрезе новых данных.* **В таком разрезе** (разг. шутл.) — так, таким образом. **Разрез глаз** — форма, очертания глазного отверстия.

РАЗРЕ́ЗАТЬ *см.* резать.

РАЗРЕЗА́ТЬ, -а́ю, -а́ешь; *несов., что.* То же, что резать (в 1 знач.). *Р. на части.* ‖ *сущ.* **разреза́ние,** -я, *ср. и* **разре́з,** -а, *м.* ‖ *прил.* **разреза́тельный,** -ая, -ое *и* **разрезно́й,** -а́я, -о́е. *Р. нож. Разрезные картинки* (предназначенные для разрезания).

РАЗРЕЗНО́Й, -а́я, -о́е. **1.** *см.* разреза́ть. **2.** С прорезанным отверстием, с разрезами. *Р. рукав.*

РАЗРЕКЛАМИ́РОВАТЬ, -рую, -руешь; -анный; *сов., кого-что* (разг.). Рекламируя, расхвалить. *Р. новый фильм.*

РАЗРЕША́ТЬСЯ, -а́юсь, -а́ешься; *несов.* **1.** *см.* разрешиться. **2.** (1 и 2 л. не употр.). Быть позволенным, допускаться. *Здесь курить не разрешается.*

РАЗРЕШЕ́НИЕ, -я, *ср.* **1.** *см.* разрешить, -ся. **2.** Право на совершение чего-н., а также документ, удостоверяющий такое право. *Получить р. на работу в архивах. Попросить разрешения (чтобы разрешили). Р. на отстрел кабанов.* **3.** Степень различимости изображения чего-н. (спец.). *Фотография поверхности с большим разрешением деталей.* ✦ **С вашего (его, моего и т. д.)** разрешения — то же, что с вашего (его, моего и т. д.) позволения. **С вашего разрешения,** *вводн. сл.* — то же, что с вашего позволения.

РАЗРЕШИ́МЫЙ, -ая, -ое; -и́м. Такой, к-рый можно разрешить (во 2 и 3 знач.). *Легко р. вопрос.* ‖ *сущ.* **разреши́мость,** -и, *ж.*

РАЗРЕШИ́ТЬ, -шу́, -ши́шь; -шённый (-ён, -ена́); *сов.* **1.** *что* или *с неопр.* Дать право на что-н., согласие на совершение чего-н. *Р. поездку (поехать).* **2.** *что.* Исследуя, найти правильный ответ. *Р. проблему.* **3.** *что.* Найдя решение чего-н., разъяснить, рассудить. *Р. конфликт. Р. сомнения* (устранить). **4. разреши́(те).** Требование или просьба дать возможность сделать что-н., воспользоваться чем-н., предоставить что-н. *Разреши(те), не стой(те) в дверях. Разрешите ваши документы. Разреши твой карандаш на минутку.* **5. разреши́(те).** Требование посторониться, дать пройти. ‖ *несов.* **разреша́ть,** -а́ю, -а́ешь (к 1, 2 и 3 знач.). ‖ *сущ.* **разреше́ние,** -я, *ср.* (к 1, 2 и 3 знач.). *С чьего-н. разрешения* (получив чьё-н. разрешение). ‖ *прил.* **разреши́тельный,** -ая, -ое (к 1 знач.; спец.). *Р. порядок. Р. билет на лов рыбы.*

РАЗРЕШИ́ТЬСЯ, -шу́сь, -ши́шься; *сов.* **1.** (1 и 2 л. не употр.). Стать ясным, решённым. *Загадка разрешилась. Сомнения разрешились* (устранились). **2.** (1 и 2 л. не употр.), *чем.* Закончиться, завершиться чем-н. (устар.). *Дело разрешилось. Болезнь разрешилась кризисом.* **3.** *кем.* То же, что родить (в 1 знач.) (устар. и прост.). *Благополучно разрешилась. Р. мальчиком.* ✦ **Разрешиться от бремени** (устар.) — родить, разрешиться (в 3 знач.). ‖ *несов.* **разреша́ться,** -а́юсь, -а́ешься. ‖ *сущ.* **разреше́ние,** -я, *ср.*

РАЗРИСОВА́ТЬ, -су́ю, -су́ешь; -о́ванный; *сов., кого-что.* Украсить узорами, рисунками. *Р. наличники.* ‖ *несов.* **разрисо́вывать,** -аю, -аешь. ‖ *сущ.* **разрисо́вка,** -и, *ж.*

РАЗРОВНЯ́ТЬ, -я́ю, -я́ешь; -о́вненный; *сов., что.* Уничтожая неровности, сделать гладким. *Р. грядку.* ‖ *несов.* **разра́внивать,** -аю, -аешь. ‖ *сущ.* **разра́внивание,** -я, *ср.*

РАЗРОДИ́ТЬСЯ, -ожу́сь, -оди́шься; *сов.* (прост.). То же, что родить (обычно о трудных, длительных родах).

РАЗРО́ЗНЕННЫЙ, -ая, -ое; -знен. **1.** Несогласованный, лишённый единства; разобщённый, разъединённый. *Разрозненные действия. Разрозненные группы.* **2.** Не имеющий полного комплекта (каких-н. частей, экземпляров). *Разрозненные тома. Р. сервиз.* ‖ *сущ.* **разро́зненность,** -и, *ж.*

РАЗРО́ЗНИТЬ *см.* рознить.

РАЗРО́ЗНИТЬСЯ (-нюсь, -нишься, 1 и 2 л. не употр.), -нится; *сов.* Стать разрозненным. *Комплект разрознился.*

РАЗРОНЯ́ТЬ, -я́ю, -я́ешь; -о́ненный; *сов., что* (разг.). Выронить одно за другим, постепенно. *Р. все свёртки.*

РАЗРУ́Б, -а, *м.* **1.** *см.* разрубить. **2.** Место, где что-н. разрублено. *На разрубе выступила смола.*

РАЗРУБИ́ТЬ, -ублю́, -у́бишь; -у́бленный; *сов., кого-что.* Рубя, разделить на части. *Р. тушу. Р. узел* (также перен.: то же, что разрубить гордиев узел; *см.* гордиев). ‖ *несов.* **разруба́ть**, -а́ю, -а́ешь. ‖ *сущ.* **разруба́ние**, -я, *ср.*, **разру́бка**, -и, *ж.* и **разру́б**, -а, *м.* (спец.). *Р. мяса.* ‖ *прил.* **разру́бочный**, -ая, -ое.

РАЗРУГА́ТЬ, -а́ю, -а́ешь; -у́ганный; *сов., кого-что* (разг.). То же, что разбранить. ‖ *несов.* **разру́гивать**, -аю, -аешь.

РАЗРУГА́ТЬСЯ, -а́юсь, -а́ешься; *сов., с кем* (разг.). Рассориться, разбраниться. *Разругались из-за пустяков.* ‖ *несов.* **разру́гиваться**, -аюсь, -аешься.

РАЗРУМЯ́НИТЬ, -ню, -нишь; -ненный; *сов., кого-что.* Покрыть румянами или румянцем. *Р. лицо. Мороз разрумянил щёки.* ‖ *несов.* **разрумя́нивать**, -аю, -аешь.

РАЗРУМЯ́НИТЬСЯ, -нюсь, -нишься; *сов.* Покрыться ярким румянцем. *Лицо разрумянилось от мороза.* ‖ *несов.* **разрумя́ниваться**, -аюсь, -аешься.

РАЗРУ́ХА, -и, *ж.* Полное расстройство, разрушение (обычно о хозяйстве, экономике). *Справиться с разрухой. Выйти из разрухи.*

РАЗРУШИ́ТЕЛЬ, -я, *м.* (книжн.). Тот, кто разрушил, разрушает что-н. *Разрушители традиций.* ‖ *ж.* **разруши́тельница**, -ы. ‖ *прил.* **разруши́тельский**, -ая, -ое.

РАЗРУШИ́ТЕЛЬНЫЙ, -ая, -ое; -лен, -льна. **1.** *см.* разрушить. **2.** Производящий разрушение, губительный. *Р. ураган.* ‖ *сущ.* **разруши́тельность**, -и, *ж.*

РАЗРУ́ШИТЬ, -шу, -шишь; -шенный; *сов., что.* **1.** Ломая, уничтожить, превратить в развалины. *Р. мост взрывом.* **2.** Нарушить, расстроить, уничтожить. *Р. семью. Р. замыслы врага.* ‖ *несов.* **разруша́ть**, -а́ю, -а́ешь. ‖ *сущ.* **разруше́ние**, -я, *ср.* ‖ *прил.* **разруши́тельный**, -ая, -ое (к 1 знач.). *Разрушительные действия паводка.*

РАЗРУ́ШИТЬСЯ (-шусь, -шишься, 1 и 2 л. не употр.), -шится; *сов.* **1.** Развалиться, сломаться. *Старая постройка разрушилась.* **2.** Нарушиться, расстроиться. *Все его планы разрушились.* ‖ *несов.* **разруша́ться** (-а́юсь -а́ешься, 1 и 2 л. не употр.), -а́ется. ‖ *сущ.* **разруше́ние**, -я, *ср.*

РАЗРЫ́В, -а, *м.* **1.** *см.* разорвать, **-ся. 2.** Место, где что-н. разорвано; промежуток, образовавшийся между чем-н. *Найти р. провода. Р. линии обороны.* **3.** Несоответствие, нарушение связи, согласованности между чем-н. *Р. между спросом и предложением.*

РАЗРЫВА́ТЬ *см.* разорвать.

РАЗРЫВА́ТЬСЯ, -а́юсь, -а́ешься; *несов.* **1.** *см.* разорваться. **2.** Стараться успеть сделать сразу многое (разг.). *Р. с делами.*

РАЗРЫВНО́Й, -а́я, -о́е. **1.** *см.* разорвать, -ся. **2.** Производящий взрыв. *Р. снаряд. Разрывная пуля.*

РАЗРЫДА́ТЬСЯ, -а́юсь, -а́ешься; *сов.* Начать сильно рыдать.

РАЗРЫ́ТЬ, -ро́ю, -ро́ешь; -ы́тый; *сов., что.* Роя или роясь, раскидать. *Р. землю. Р. нору. Р. все бумаги на столе.* ‖ *несов.* **разрыва́ть**, -а́ю, -а́ешь. ‖ *сущ.* **разры́тие**, -я, *ср.* (спец.). *Зона разрытия.*

РАЗРЫХЛИ́ТЕЛЬ, -я, *м.* **1.** Машина, аппарат для рыхления, разрыхления чего-н. **2.** Вещество, придающее чему-н. рыхлость, пористость.

РАЗРЫХЛИ́ТЬ *см.* рыхлить.

РАЗРЫХЛЯ́ТЬ, -я́ю, -я́ешь; *несов., что.* То же, что рыхлить. *Р. почву.*

РАЗРЮ́МИТЬСЯ, -млюсь, -мишься; *сов.* (прост. неодобр.). То же, что разнюниться.

РАЗРЯ́Д[1], -а, *м.* **1.** Подразделение внутри какого-н. класса. *Р. растений.* **2.** То же, что класс[2] (в 1 знач.). *Гостиница, ателье, парикмахерская первого (второго) разряда.* **3.** Степень, официально утверждённый уровень квалификации в профессии, спорте. *Токарь седьмого разряда. Высший р. Спортсмен первого разряда. Сдать экзамен на р.* **4.** В математике: место, занимаемое цифрой при записи числа. *Единица второго разряда.* ‖ *прил.* **разря́дный**, -ая, -ое.

РАЗРЯ́Д[2] *см.* разрядить[2], -ся[2].

РАЗРЯДИ́ТЬ[1], -яжу́, -я́дишь; -я́женный; *сов., кого (что)* (разг.). Нарядить во всё лучшее. *Р. детей.* ‖ *несов.* **разряжа́ть**, -а́ю, -а́ешь.

РАЗРЯДИ́ТЬ[2], -яжу́, -яди́шь и -я́дишь; -яжённый (-ён, -ена́) и -я́женный; *сов., что.* **1.** Освободить от заряда (оружие). *Р. ружьё.* **2.** Освободить от электрического заряда. *Р. батарею.* **3.** Со словами «обстановка», «атмосфера»: сделать менее напряжённым, обострённым. *Р. обстановку в семье.* ‖ *несов.* **разряжа́ть**, -а́ю, -а́ешь. ‖ *сущ.* **разря́дка**, -и, *ж.* и **разря́д**, -а, *м.* (к 1 и 2 знач.). *Разрядка международной напряжённости.*

РАЗРЯДИ́ТЬСЯ[1], -яжу́сь, -я́дишься; *сов.* (разг.). Нарядиться во всё лучшее. *Куда это ты так разрядился?* ‖ *несов.* **разряжа́ться**, -а́юсь, -а́ешься.

РАЗРЯДИ́ТЬСЯ[2] (-яжу́сь, -яди́шься, 1 и 2 л. не употр.), -ядится; *сов.* **1.** Освободиться от заряда (об оружии). **2.** Освободиться от электрического заряда. **3.** Об отношениях, обстановке: стать менее напряжённым, более спокойным. *Атмосфера в доме разрядилась.* ‖ *несов.* **разряжа́ться** (-а́юсь, -а́ешься, 1 и 2 л. не употр.), -а́ется. ‖ *сущ.* **разря́дка**, -и, *ж.* и **разря́д**, -а, *м.* (к 1 и 2 знач.).

РАЗРЯ́ДКА, -и, *ж.* **1.** *см.* разрядить[2], -ся[2]. **2.** Успокоение, ослабление (напряжённых отношений, нервного состояния). *Нервная р.* **3.** В отношениях между странами: отказ от политики недоверия и напряжённости, от вмешательства во внутренние дела, от использования силы и угрозы силой, от накопления вооружений, укрепление взаимопонимания и сотрудничества. *Политика разрядки.* **4.** Более редкая, чем обычно, постановка букв для выделения слова в тексте. *Набрать заголовок разрядкой.*

РАЗРЯ́ДНИК, -а, *м.* Спортсмен, имеющий тот или иной спортивный разряд. ‖ *ж.* **разря́дница**, -ы.

РАЗУБЕДИ́ТЬ, -ежу́, -еди́шь; -еждённый (-ён, -ена́); *сов., кого (что) в чём.* Заставить изменить убеждение, намерение, убедить в обратном. *Упрямца трудно р.* ‖ *несов.* **разубежда́ть**, -а́ю, -а́ешь. ‖ *сущ.* **разубежде́ние**, -я, *ср.*

РАЗУБЕДИ́ТЬСЯ, -ежу́сь, -еди́шься; *сов., в чём.* Изменить своё убеждение, намерение, убедиться в обратном. ‖ *несов.* **разубежда́ться**, -а́юсь, -а́ешься. ‖ *сущ.* **разубежде́ние**, -я, *ср.*

РАЗУВА́ТЬ, -СЯ *см.* разуть, -ся.

РАЗУВЕ́РИТЬ, -рю, -ришь; -ренный; *сов., кого (что) в чём.* Побудить отказаться от своего убеждения в чём-н., уверить в обратном. ‖ *несов.* **разуверя́ть**, -я́ю, -я́ешь. ‖ *сущ.* **разувере́ние**, -я, *ср.*

РАЗУВЕ́РИТЬСЯ, -рюсь, -ришься; *сов., в ком-чём.* Потерять веру в кого-что-н., убеждение в чём-н. *Р. в дружбе, в друзьях.* ‖ *несов.* **разуверя́ться**, -я́юсь, -я́ешься. ‖ *сущ.* **разувере́ние**, -я, *ср.*

РАЗУЗНА́ТЬ, -а́ю, -а́ешь; *сов., что или о ком-чём* (разг.). Узнать, выведать. *Всё разузнал о новом соседе. Р. всю подноготную.* ‖ *несов.* **разузнава́ть**, -наю́, -наёшь.

РАЗУКОМПЛЕКТОВА́ТЬ, -ту́ю, -ту́ешь; -о́ванный; *сов.* **1.** *что.* Сняв или изъяв части оборудования, привести (предприятие, механизм) в состояние невозможности работать, действовать. **2.** *кого-что.* Нарушить целостность чего-н. укомплектованного, скомплектованного. *Р. библиотеку. Р. бригаду.* ‖ *несов.* **разукомплекто́вывать**, -аю, -аешь. ‖ *сущ.* **разукомплектова́ние**, -я, *ср.*

РАЗУКРА́СИТЬ, -а́шу, -а́сишь; -а́шенный; *сов., кого-что* (разг.). Украсить обильно или во многих местах. *Р. новогоднюю ёлку. Р. рассказ подробностями* (перен.). ‖ *несов.* **разукра́шивать**, -аю, -аешь.

РАЗУКРА́СИТЬСЯ, -а́шусь, -а́сишься; *сов.* (разг.). Украситься обильно или во многих местах. ‖ *несов.* **разукра́шиваться**, -аюсь, -аешься.

РАЗУКРУПНИ́ТЬ, -ню́, -ни́шь; -нённый (-ён, -ена́); *сов., что.* Сделать менее крупным, разделить на менее крупные единицы. *Р. комбинат.* ‖ *несов.* **разукрупня́ть**, -я́ю, -я́ешь. ‖ *сущ.* **разукрупне́ние**, -я, *ср.*

РАЗУКРУПНИ́ТЬСЯ (-ню́сь, -ни́шься, 1 и 2 л. не употр.), -ни́тся; *сов.* Стать менее крупным, разделиться на менее крупные единицы. *Фирма разукрупнилась.* ‖ *несов.* **разукрупня́ться** (-я́юсь, -я́ешься, 1 и 2 л. не употр.), -я́ется. ‖ *сущ.* **разукрупне́ние**, -я, *ср.*

РА́ЗУМ, -а, *м.* **1.** Способность человека логически и творчески мыслить, обобщать результаты познания, ум (в 1 знач.), интеллект. **2.** Ум (во 2 знач.), умственное развитие. *Ни ума, ни разума у кого-н.* (совсем глуп; разг.).

РАЗУМЕ́НИЕ, -я, *ср.* **1.** Способность понимать (устар.). *Лишиться всякого разумения.* **2.** Мнение, понимание, точка зрения. *Сделать что-н. по своему разумению.* ✦ **Выше моего (твоего и т. д.) разумения** *что* — о том, что невозможно понять, объяснить.

РАЗУМЕ́ТЬ, -е́ю, -е́ешь; *несов., что.* **1.** Понимать, постигать умом (устар.). *Р. дело* (хорошо знать, разбираться). *Сытый голодного не разумеет* (посл.). *Дитя не плачет — мать не разумеет* (посл.). **2.** *под чем.* То же, что подразумевать. *Что разумеют под этим выражением?*

РАЗУМЕ́ТЬСЯ (-е́юсь, -е́ешься, 1 и 2 л. не употр.), -е́ется; *несов.* **1.** *под чем.* То же, что подразумеваться. *Под этим намёком многое разумеется.* **2.** **разуме́ется**, *в знач. сказ.* Несомненно, можно быть уверенным. *Разумеется, что он придёт.* **3.** **разуме́ется**, *вводн. сл.* Выражает уверенность, конечно. *Он, разумеется, согласится.* **4.** **разуме́ется**, *частица.* Выражает уверенное подтверждение, да, конечно. *Мы едем? — Разумеется.* ✦ **Само собой разумеется** — то же, что разумеется (во 2, 3 и 4 знач.). *Само собой разумеется, что он согласится. Он, само собой разумеется, будет рад. Ты идёшь? — Само собой разумеется.*

РАЗУ́МНИК, -а, *м.* (разг.). То же, что умник (в 1 знач.). *Уж такой он у меня умник, такой р.!* ‖ *ж.* **разу́мница**, -ы.

РАЗУ́МНЫЙ, -ая, -ое; -мен, -мна. **1.** Обладающий разумом. *Человек — существо разумное.* **2.** Толковый (в 1 знач.), рассудительный. *Он юноша р.* **3.** Логичный, основанный на разуме, целесообразный. *Р. по-*

ступок. *Поступить разумно* (нареч.). ‖ *сущ.* **разу́мность**, -и, *ж.*

РАЗУ́ТЬ, -у́ю, -у́ешь; -у́тый; *сов., кого-что.* Снять с кого-чего-н. обувь. *Р. ребёнка. Р. правую ногу. Разуты-раздеты* (о том, кто беден, не имеет одежды; разг.). ✦ **Разуй глаза!** (прост. неодобр.) — посмотри хорошенько, неужели не видишь? ‖ *несов.* **разува́ть**, -а́ю, -а́ешь.

РАЗУ́ТЬСЯ, -у́юсь, -у́ешься; *сов.* Снять с себя обувь. ‖ *несов.* **разува́ться**, -а́юсь, -а́ешься.

РАЗУХА́БИСТЫЙ, -ая, -ое; -ист (прост.). **1.** Молодцеватый, задорный. *Разухабистая песня.* **2.** Слишком вольный, развязный (неодобр.). *Разухабистые манеры.* ‖ *сущ.* **разуха́бистость**, -и, *ж.*

РАЗУЧИ́ТЬ, -учу́, -у́чишь; -у́ченный; *сов., что.* Выучить с целью исполнения, воспроизведения. *Р. романс. Р. роль.* ‖ *несов.* **разу́чивать**, -аю, -аешь. ‖ *сущ.* **разу́чивание**, -я, *ср.*

РАЗУЧИ́ТЬСЯ, -учу́сь, -у́чишься; *сов., с неопр.* Утратить навыки, уменье что-н. делать. *Р. танцевать.* ‖ *несов.* **разу́чиваться**, -аюсь, -аешься.

РАЗЪ[1-2] ..., *приставка.* Пишется вместо раз[1-2] перед *е, ё, я* (потенциально также перед *ю*), напр. *разъехаться, разъёмный, разъяриться, разъяснить.*

РАЗЪЕДА́ТЬ, -а́ю, -а́ешь; *несов., кого-что.* **1.** *см.* разъесть. **2.** (1 и 2 л. не употр.), *перен.* Разрушать изнутри, точить (в 5 знач.). *Разъедают сомнения.*

РАЗЪЕДА́ТЬСЯ *см.* разъесться.

РАЗЪЕДИНИ́ТЬ, -ню́, -ни́шь; -нённый (-ён, -ена́); *сов., кого-что.* Прервать соединение, связь между кем-чем-н. *Судьба разъединила друзей. Р. концы провода.* ‖ *несов.* **разъединя́ть**, -я́ю, -я́ешь. ‖ *сущ.* **разъедине́ние**, -я, *ср.*

РАЗЪЕДИНИ́ТЬСЯ, -ню́сь, -ни́шься; *сов.* Потерять соединение, связь с кем-чем-н. *Провода разъединились. Семья разъединилась.* ‖ *несов.* **разъединя́ться**, -я́юсь, -я́ешься. ‖ *сущ.* **разъедине́ние**, -я, *ср.*

РАЗЪЕ́ЗД, -а, *м.* **1.** *см.* разъехаться. **2.** *мн.* Поездки в разные места. *Провести месяц в разъездах.* **3.** Небольшое кавалерийское подразделение, высылаемое для разведки или для выполнения других задач (охранения, связи) в условиях военных действий. *Кавалерийский р.* **4.** Раздвоение однолейного железнодорожного пути, позволяющее разъехаться встречным поездам, а также остановочный пункт на месте такого раздвоения. *Поезд остановился на разъезде.* ‖ *прил.* **разъездно́й**, -а́я, -о́е (ко 2 и 4 знач.) *и* **разъе́здный**, -ая, -ое (к 4 знач.).

РАЗЪЕ́ЗДИТЬ, -зжу, -здишь; -зженный; *сов., что* (разг.). Ездой испортить (дорогу, путь), сделать малопригодным для дальнейшей езды. *Разъезженная колея.* ‖ *несов.* **разъе́зживать**, -аю, -аешь.

РАЗЪЕ́ЗДИТЬСЯ, -зжусь, -здишься; *сов.* (разг.). Начать много, усиленно ездить где-н. *По улице разъездились велосипедисты.*

РАЗЪЕЗЖА́ТЬ, -а́ю, -а́ешь; *несов.* **1.** Путешествовать, совершать поездки в разные места. *Р. по стране. Р. по делам службы.* **2.** Ездить (на каком-н. транспортном средстве) много, с удобствами, с удовольствием. *Р. на новом велосипеде. Р. на тройке.* ‖ *прил.* **разъездно́й**, -а́я, -о́е (к 1 знач.).

РАЗЪЕ́СТЬ (-е́м, -е́шь, 1 и 2 л. не употр.), -е́ст, -едя́т; -ел, -е́ла; -е́денный; *сов., что.* О едком, кислом: причинять вред чему-н., испортить. *Кожу разъело* (безл.) *кислотой. Ржавчина разъела железо.* ‖ *несов.* **разъеда́ть** (-а́ю, -а́ешь, 1 и 2 л. не употр.), -а́ет. ‖ *сущ.* **разъеда́ние**, -я, *ср.*

РАЗЪЕ́СТЬСЯ, -е́мся, -е́шься, -е́стся, -еди́мся, -еди́тесь, -едя́тся; -е́лся, -е́лась; -е́шься; -е́вшийся; -е́вшись; *сов.* (разг.). Потолстеть от обильной пищи. *Разъевшийся боров.* ‖ *несов.* **разъеда́ться**, -а́юсь, -а́ешься.

РАЗЪЕ́ХАТЬСЯ, -е́дусь, -е́дешься; *в знач. пов.* употр. разъезжа́йся; *сов.* **1.** (1 и 2 л. не употр.). О многих: уехать в разные стороны. *Гости разъехались по домам.* **2.** *с кем.* Уехать друг от друга, перестать жить вместе. *Супруги разъехались.* **3.** *с кем.* О едущих: двигаясь навстречу, не столкнуться, не зацепить друг друга. *На узкой дороге двум машинам не р.* **4.** *с кем.* Едучи навстречу друг другу, не встретиться, не увидеться. **5.** (1 и 2 л. не употр.). Скользя, разойтись в разные стороны (разг.). *Лыжи разъехались. Ноги разъехались на льду.* **6.** (1 и 2 л. не употр.). Расползтись (в 3 знач.), разлезться (прост.). *Пиджак разъехался по швам.* ‖ *несов.* **разъезжа́ться**, -а́юсь, -а́ешься. ‖ *сущ.* **разъе́зд**, -а, *м.* (к 1, 2 и 3 знач.).

РАЗЪЁМ, РАЗЪЁМНЫЙ *см.* разъять.

РАЗЪЯРИ́ТЬ, -рю́, -ри́шь; -рённый (-ён, -ена́); *сов., кого (что).* Привести в ярость. *Р. зверя.* ‖ *несов.* **разъяря́ть**, -я́ю, -я́ешь.

РАЗЪЯРИ́ТЬСЯ, -рю́сь, -ри́шься; *сов.* Прийти в ярость. *Лев разъярился.* ‖ *несов.* **разъяря́ться**, -я́юсь, -я́ешься.

РАЗЪЯ́СНЕТЬ (-ею, -еешь, 1 и 2 л. не употр.), -еет и **РАЗЪЯ́СНЕТЬСЯ** (-еюсь, -еешься, 1 и 2 л. не употр.), -еется; *сов.* (разг.). Стать ясным после ненастья, просветлеть. *Погода разъяснела(сь). К вечеру разъяснело(сь)* (безл.).

РАЗЪЯСНИ́ТЬ, -ню́, -ни́шь; -нённый (-ён, -ена́); *сов., что.* Объяснить, сделать ясным, яснее, понятным. *Р. задачу.* ‖ *несов.* **разъясня́ть**, -я́ю, -я́ешь. ‖ *сущ.* **разъясне́ние**, -я, *ср.* ‖ *прил.* **разъясни́тельный**, -ая, -ое.

РАЗЪЯСНИ́ТЬСЯ (-ню́сь, -ни́шься, 1 и 2 л. не употр.), -ни́тся; *сов.* Стать понятным, ясным, яснее. *Дело разъяснилось. Недоразумение разъяснилось* (стали ясны его причины). ‖ *несов.* **разъясня́ться**, -я́ется.

РАЗЪЯ́ТЬ, разойму́ *и* (устар.) разъе́млю, разоймёшь *и* (устар.) разъе́млешь; -я́тый; *сов., что.* Разъединить, разделить на части, разнять. ‖ *несов.* **разыма́ть**, -а́ю, -а́ешь. ‖ *сущ.* **разъём**, -а, *м.* (спец.). ‖ *прил.* **разъёмный**, -ая, -ое. *Разъёмная конструкция. Разъёмные детали.*

РАЗЫГРА́ТЬ, -а́ю, -а́ешь; -ы́гранный; *сов.* **1.** *что.* Играя, исполнить или разучить (музыкальное произведение, театральную пьесу). *Р. сценку. Р. квартет. Р. как по нотам* (о том, что осуществлено чётко, без ошибок, без отступлений). **2.** *перен., кого (что).* Представить, изобразить собой. *Р. простачка. Р. перед всеми шута* (действовать подобно шуту). **3.** *что.* Сыграть, привести игру к концу. *Р. партию в шахматы.* **4.** *что.* Распределить, присудить посредством лотереи, жребия. *Р. выигрыш.* **5.** *кого (что).* Подшучивая над кем-н., поднять на смех, одурачить (разг.). *Р. приятеля.* ‖ *несов.* **разы́грывать**, -аю, -аешь. ‖ *сущ.* **ро́зыгрыш**, -а, *м.* (к 3, 4 и 5 знач.).

РАЗЫГРА́ТЬСЯ, -а́юсь, -а́ешься; *сов.* **1.** Увлечься игрой, затеять продолжительную игру. *Дети разыгрались.* **2.** Начать играть энергично, энергичнее, с большим увлечением. *Гармонист разыгрался. Футболисты разыгрались.* **3.** (1 и 2 л. не употр.), *перен.* Проявиться бурно, с силой, ярко. *Буря разыгралась. На небе разыгралась радуга. Разыгралась целая драма.* ‖ *несов.* **разы́грываться**, -аюсь, -аешься.

РАЗЫСКА́НИЕ, -я, *ср.* **1.** *см.* разыскать, -ся. **2.** Исследование, научное сочинение (книжн.). *Р. о русских летописях.*

РАЗЫСКА́ТЬ, -ыщу́, -ы́щешь; -ыщи́; -ы́сканный; *сов., кого-что.* Найти после поисков. *Р. родственников. Р. пропавшую книгу.* ‖ *несов.* **разы́скивать**, -аю, -аешь. ‖ *сущ.* **разы́скивание**, -я, *ср.,* **разыска́ние**, -я, *ср. и* **ро́зыск**, -а, *м.*

РАЗЫСКА́ТЬСЯ, -ыщу́сь, -ы́щешься; -ыщи́сь; *сов.* Найтись, обнаружиться после поисков. *Пропажа разыскалась. Разыскались свидетели давних событий.* ‖ *несов.* **разы́скиваться**, -аюсь, -аешься. ‖ *сущ.* **разыска́ние**, -я, *ср.*

РАЙ, -я, о ра́е, в раю́, *м.* **1.** В религиозных представлениях: место, где души умерших праведников пребывают в вечном блаженстве. *Как в раю* (очень хорошо). *И рад бы в р., да грехи не пускают* (посл.). *На чужом горбу в р. въехать хочет кто-н.* (хочет воспользоваться чужими заслугами, плодами чужого труда; разг. неодобр.). **2.** *перен.* Лёгкие и радующие условия, обстановка. *Летом в лесу р. Земной р.* (красивое, приятное место). *С милым р. и в шалаше* (посл.). ✦ **Иди к богу в рай!** (прост.) — уйди, отстань. ‖ *прил.* **ра́йский**, -ая, -ое (к 1 знач.).

РАЙ... *Первая часть сложных слов со знач.* районный, напр. *райсовет, райисполком, райсобес, райцентр.*

РАЙКО́М, -а, *м.* Сокращение: районный комитет. ‖ *прил.* **райко́мовский**, -ая, -ое (разг.).

РАЙО́Н [ён], -а, *м.* **1.** Местность, выделяющаяся по каким-н. признакам, особенностям. *Угольные районы. Р. наводнения.* **2.** Административно-территориальная единица внутри страны или большого города. **3.** То же, что райцентр (разг.). *Директива из района.* ✦ **В районе** *чего, в знач. предлога с род. п.* — около, близ, в окружности чего-н. *Живёт в районе метро.* ‖ *прил.* **райо́нный**, -ая, -ое (ко 2 и 3 знач.).

РАЙОНИ́РОВАТЬ, -рую, -руешь; -анный; *сов. и несов., что.* **1.** Произвести (-водить) деление на районы (в 1 и 2 знач.). **2.** Распределить (-лять), предназначить (-чать) для определённых районов (в 1 знач.). *Семена районированных сортов пшеницы.* ‖ *сущ.* **райони́рование**, -я, *ср.*

РА́ЙСКИЙ, -ая, -ое. **1.** *см.* рай. **2.** *перен.* Очень хороший, прекрасный. *Райская жизнь. Райские условия.* ✦ **Райская птица** — птица сем. воробьиных с ярким красивым оперением.

РАЙСОВЕ́Т, -а, *м.* Сокращение: районный Совет народных депутатов — представительный орган государственной власти в районе. ‖ *прил.* **райсове́тский**, -ая, -ое (разг.).

РАЙЦЕ́НТР, -а, *м.* Сокращение: районный центр — город или село, населённый пункт, центр административно-территориального района (во 2 знач.). ‖ *прил.* **райце́нтровский**, -ая, -ое (разг.).

РАК[1], -а, *м.* Покрытое панцирем пресноводное или морское членистоногое с клешнями и брюшком. *Речной р. Р.-отшельник* (живущий в раковине). *Красный как р. кто-н.* (по цвету варёного рака). *Как р. на мели* (о беспомощном состоянии; разг.). *Показать, где раки зимуют* (о выражении угрозы; разг.). *Когда р. свистнет* (неизвестно когда или никогда; разг. шутл.). ‖ *уменьш.* **рачо́к**, -чка́, *м.* ‖ *прил.* **ра́ковый**, -ая, -ое *и* **ра́чий**, -ья, -ье. *Раковая шейка* (брюшко речного рака). *Рачья икра. Рачьи глаза* (также перен.: выпученные; разг.).

РАК[2], -а, *м.* Злокачественная опухоль из эпителиальных и кроветворных клеток, канцер. *Р. желудка. Р. крови.* ‖ *прил.* **ра́ковый**, -ая, -ое.

РАКЕ́ТА, -ы, *ж.* **1.** Применяемый для фейерверков и сигнализации снаряд с гильзой, начинённой пороховым составом, к-рый после выстрела ярко светится в воздухе. *Сигнальная р.* **2.** Беспилотный летательный аппарат с реактивным двигателем. *Боевые ракеты* (стратегическая, оперативно-тактическая, тактическая). *Космическая р. Геофизическая р. Р.-носитель* (баллистическая ракета, выводящая объект в космическое пространство). *Крылатая р.* **3.** Быстроходное речное пассажирское судно на подводных крыльях. *Плыть на ракете.* ‖ *прил.* **раке́тный**, -ая, -ое (к 1 и 2 знач.). *Ракетное оружие. Ракетное топливо. Ракетные войска стратегического назначения. Р. пуск.*

РАКЕ́ТКА, -и, *ж.* Спортивный снаряд в виде овальной, деревянной или с натянутой сеткой, лопатки для удара по мячу, волану при игре в теннис, бадминтон. *Первая р.* (перен.: лучший игрок). ‖ *прил.* **ракéточный**, -ая, -ое.

РАКЕ́ТНИЦА, -ы, *ж.* Сигнальный пистолет для пуска сигнальных и осветительных ракет.

РАКЕТО... *Первая часть сложных слов со знач.* относящийся к ракетам (во 2 знач.), напр. *ракетодром, ракетоносец, ракетостроение, ракетостроитель, ракетоносный.*

РАКЕТОДРО́М, -а, *м.* Комплекс сооружений и технических средств для запуска ракет (во 2 знач.). ‖ *прил.* **ракетодро́мный**, -ая, -ое.

РАКЕТОНО́СЕЦ, -сца, *м.* Самолёт, корабль или подводная лодка, оснащённые ракетами (во 2 знач.).

РАКЕТОНО́СНЫЙ, -ая, -ое. Вооружённый боевыми ракетами. *Ракетоносная авиация.*

РАКЕ́ТЧИК, -а, *м.* **1.** Военнослужащий ракетных войск. **2.** Человек, к-рый подаёт сигналы, выпуская ракеты (в 1 знач.). ‖ *ж.* **раке́тчица**, -ы (ко 2 знач.).

РАКИ́ТА, -ы, *ж.* Дерево или кустарник сем. ивовых, растущие обычно по берегам рек. ‖ *прил.* **раки́товый**, -ая, -ое. *Р. куст.*

РАКИ́ТНИК, -а, *м.* Ракитовый куст, а также (собир.) заросль ракит.

РА́КОВИНА, -ы, *ж.* **1.** Твёрдый защитный покров (наружный скелет) нек-рых беспозвоночных животных. *Р. моллюска. Двустворчатая р.* **2.** Название вместилищ, предметов, сооружений овально-вогнутой формы, напоминающих своим видом раковину (в 1 знач.). *Р. под краном* (водопроводная). *Концертная р.* (в летнем саду, парке). **3.** Пустота в бетоне, отлитом металле (спец.). ✦ **Ушная раковина** — наружная часть уха. ‖ *уменьш.* **ра́ковинка**, -и, *ж.* ‖ *прил.* **ра́ковинный**, -ая, -ое. *Р. моллюск.*

РА́КОВЫЙ[1-2] *см.* рак[1-2].

РАКООБРА́ЗНЫЕ, -ых, *ед.* -ое, -ого, *ср.* Класс обитающих преимущ. в воде членистоногих животных с телом, покрытым панцирем.

РА́КУРС, -а и **РАКУ́РС**, -а, *м.* **1.** Положение изображаемого предмета в перспективе, с резким укорочением удалённых от переднего плана частей (спец.). **2.** В фото- и киносъёмке: необычная перспектива, получаемая путём резкого наклона оси объектива. **3.** (ра́курс), *перен.* Точка зрения, угол зрения (книжн.). *Увидеть что-н. в новом ракурсе.* ‖ *прил.* **ра́курсный**, -ая, -ое *и* **ракурсный**, -ая, -ое (к 1 и 2 знач.).

РАКУ́ШЕЧНИК, -а и **РАКУ́ШНИК**, -а, *м.* Пористая известковая порода, состоящая из скопления морских раковин, скреплённых известковым илом. ‖ *прил.* **раку́шечниковый**, -ая, -ое *и* **раку́шниковый**, -ая, -ое.

РАКУ́ШКА, -и, *ж.* **1.** Маленькая раковина (в 1 знач.). *Речная р.* **2.** Передвижной металлический гараж для одного автомобиля (разг.). ‖ *прил.* **раку́шечный**, -ая, -ое *и* **раку́шковый**, -ая, -ое.

РА́ЛЛИ, *нескл., ср.* Авто- или мотогонки на специальных спортивных машинах. *Многодневное автомобильное, мотоциклетное р.* ‖ *прил.* **ралли́йный**, -ая, -ое.

РА́МА, -ы, *ж.* **1.** Четырёхугольное, овальное или иной формы скрепление для обрамления чего-н. (стекла, картины). *Оконная р. Картина в раме.* **2.** Несущая часть машины, станина; техническое приспособление в виде скреплённых под углом друг к другу брусьев, балок. *Лесопильная р.* (станок для пилы). *Р. автомобиля. Велосипедная р.* **3.** Оконный переплёт вместе со стеклом. *Двойные рамы. Выставить зимние рамы.* ‖ *прил.* **ра́мный**, -ая, -ое.

РА́МКА, -и, *ж.* **1.** Небольшая рама (в 1 знач.). *Фотокарточка в рамке. Р. с сотами* (в улье). **2.** Прямоугольное обрамление текста или рисунка. *Объявление в траурной рамке.* **3.** *перен., мн., чего.* Пределы, границы чего-н. *Строгие рамки дискуссии.* ✦ **В рамки** *чего, в знач. предлога с род. п.* — то же, что в пределы чего-н. *Ввести в рамки дозволенного.* **В рамках** *чего, в знач. предлога с род. п.* — в пределах, в границах чего-н., ограничивая(сь) чем-н. *Действовать в рамках закона.* **За рамками** *чего, в знач. предлога с род. п.* — то же, что за пределами чего-н. **За рамки** *чего, в знач. предлога с род. п.* — за пределы, за границы чего-н. *Выйти за рамки приличия.* **Из рамок** *чего, в знач. предлога с род. п.* — за пределы, из границ чего-н. *Поведение выходит из рамок допустимого.* ‖ *прил.* **ра́мочный**, -ая, -ое (к 1 и 2 знач.). *Рамочная антенна* (в форме рамки; спец.).

РА́МПА, -ы, *ж.* Низкий барьер вдоль авансцены, закрывающий от зрителей осветительные приборы, направленные на сцену. *Пьеса увидела рампу* (перен.: поставлена на сцене). ‖ *прил.* **ра́мповый**, -ая, -ое.

РА́МЧАТЫЙ, -ая, -ое (спец.). С рамами, рамками или имеющий вид рамы, рамки. *Р. улей* (с рамками для сот).

РА́НА, -ы, *ж.* Открытое повреждение в тканях тела от внешнего воздействия, поражение. *Глубокая р. Огнестрельная, осколочная, колотая р. Душевная, сердечная р.* (перен.). ‖ *уменьш.* **ра́нка**, -и, *ж.* ‖ *прил.* **ранево́й**, -а́я, -о́е (спец.) *и* **ра́нный**, -ая, -ое (спец.). *Раневые боли. Р. канал.*

РАНГ, -а, *м.* **1.** Категория, разряд, класс[2] (в 4 знач.). *Высший р.* **2.** Звание, чин. *Дипломатические ранги. В ранге посла. Капитан второго ранга.* ✦ **В ранге** *кого-чего, в знач. предлога с род. п.* (книжн.) — в качестве кого-н., как кто-н. *Оказаться в ранге посредника.* **В ранг** *кого, в знач. предлога с род. п.* (книжн.) — приписывая ту или иную роль, значение. *Возводить своё мнение в ранг неоспоримой истины.* ‖ *прил.* **ра́нговый**, -ая, -ое.

РАНГО́УТ, -а, *м.* (спец.). На судах: совокупность частей, предназначенных для постановки парусов, для подъёма сигналов, для установки судовых огней, антенн. ‖ *прил.* **рангоу́тный**, -ая, -ое. *Рангоутные деревья* (то же, что рангоут).

РАНДЕВУ́ [дэ], *нескл., ср.* То же, что свидание (во 2 знач.).

РА́НЕЕ (книжн.). **1.** *см.* рано. **2.** *нареч.* То же, что раньше (в 3 и 4 знач.). *Р. мы с ним встречались. Не встретимся р. осени.*

РАНЕ́НИЕ, -я, *ср.* **1.** *см.* ранить. **2.** Наличие раны. *Тяжёлое р. Выбыть по ранению.*

РА́НЕНЫЙ, -ая, -ое. Имеющий рану. *Р. боец. Перевязка раненых* (сущ.).

РАНЕ́Т, -а, *м.* Сорт сладких яблок.

РА́НЕЦ, -нца, *м.* Жёсткая четырёхугольная заплечная сумка с откидывающейся крышкой и запором. *Ученический р. Солдатский р.* ‖ *прил.* **ра́нцевый**, -ая, -ое.

РАНЖИ́Р, -а, *м.* (спец.). Построение в шеренге по росту. *Выстроить по ранжиру.* ✦ **По ранжиру** (разг.) — упорядоченно, в строгом порядке. *Разложить, разместить что-н. по ранжиру.* ‖ *прил.* **ранжи́рный**, -ая, -ое.

РАНИ́МЫЙ, -ая, -ое; -и́м. Остро воспринимающий любую обиду, несправедливость. *Ранимая душа.* ‖ *сущ.* **рани́мость**, -и, *ж.*

РА́НИТЬ, -ню, -нишь; -ненный; *сов.* и *несов., кого-что.* Нанести (-носить) рану кому-н. *Р. осколком снаряда. Ранен в бою. Р. душу кому-н.* (перен.). ‖ *сущ.* **ране́ние**, -я, *ср. Огнестрельное р. Осколочное р.*

РАННЕ... *Первая часть сложных слов со знач.*: 1) ранний (в 1 знач.), напр. *ранневизантийский, раннеземледельческий, раннекапиталистический, раннерабовладельческий, раннезимний, ранневесенний, раннелетний, раннеосенний;* 2) ранний (во 2 знач.), напр. *раннеспелый* (сорт), *раннеспелость, раннецветущий.*

РА́ННИЙ, -яя, -ее. **1.** Принадлежащий, относящийся к начальному периоду, начальной поре чего-н. *Ранняя весна* (начало весны). *Р. час* (в начале утра). *Р. феодализм. Ранние рассказы Л. Толстого.* **2.** Наступающий, происходящий рано, раньше обычного срока. *Р. сев. В этом году зима ранняя. Ранняя гроза* (весенняя). *Ранняя старость. Ранняя птичка, пташка* (также перен.: о том, кто просыпается очень рано; разг.). **3.** Бывающий, появляющийся раньше всех других. *Ранние сорта яблок. Ранние овощи.* ✦ **Из молодых да ранний** (разг.) — о молодом выскочке, а также вообще о молодом человеке, рано обнаруживающем какие-н. способности, возможности.

РА́НО, ра́ньше *и* (книжн.) ра́нее, *нареч.* **1.** (сравн. ст. не употр.). В сочетании с нареч.: в начале того времени, поры, к-рые названы наречием (без него — об утренней поре или о непозднем вечере). *Р. вечером. Р. утром. Вышел из дому р. Проснулся, встал р. Дети ложатся р.* **2.** В начале жизни. *Р. познал труд. Читать научился р.* **3.** До обычного срока, преждевременно. *Весна наступила р. Р. начали сев. Р. состарился. Ему р.* (в знач. сказ.) *читать эту книгу.* ✦ **Рано или поздно** (разг.) — о том, что обязательно произойдёт: когда-нибудь, в будущем. ‖ *уменьш.* **ране́нько**.

РАНТ, -а, о ра́нте, на ранту́, *м.* Узкая полоска кожи, соединяющая верх обуви с подошвой. *Ботинки на ранту.* ‖ *прил.* **ранто́вый**, -а́я, -о́е.

РАНТЬЕ́, *нескл., м.* Человек, к-рый живёт на ренту.

РА́НЧО, *нескл., ср.* В Америке: усадьба, земельное владение.

РАНЬ, -и, *ж.* (разг.). Раннее утреннее время. *В этакую р. поднялся!*

РА́НЬШЕ. 1. *см.* рано. **2.** *нареч.* Сначала (в 1 знач.), сперва (разг.). *Р. подумай, а потом говори.* **3.** *нареч.* В прежнее время, прежде. *Р. здесь был лес.* **4.** *чего, предлог с род. п.* До какого-н. момента, прежде какого-н. времени. *Не вернусь р. вечера.* **5.** *кого-чего, предлог с род. п.* Прежде, опережая кого-что-н., перед кем-чем-н., до кого-чего-н. *Пришёл р. всех. Телеграмма придёт р. письма.* ✦ **Раньше чем,** *союз* — прежде чем, до того как. *Раньше чем говорить, подумай.* **Где ты (я, он и т. д.) раньше был?** (разг. неодобр.) — почему своевременно не сделал, не предупредил?

РАПИ́РА, -ы, *ж.* Колющее холодное оружие с длинным гибким четырёхгранным клинком, употр. в фехтовании. *Биться на рапирах. Спортивная р.*

РАПИРИ́СТ, -а, *м.* Спортсмен — фехтовальщик на рапирах. *Поединок рапиристов.* ‖ *ж.* **рапири́стка,** -и.

РА́ПОРТ, -а, *мн.* -ы, -ов *и* (разг.) -а́, -о́в, *ж.* Служебное сообщение, донесение младшего по званию старшему военному начальнику; вообще служебное или официальное сообщение о чём-н. *Подать р.*

РАПОРТИ́ЧКА, -и, *ж.* Краткая ведомость о поступлении или движении каких-н. материалов, о выполнении чего-н. *Кассовая р.*

РАПОРТОВА́ТЬ, -ту́ю, -ту́ешь; *сов. и несов.* **1.** Представить (-влять) рапорт о чём-н., обратиться (-ащаться) с рапортом. *Р. командиру.* **2.** *перен.* Сообщить (-щать) о результатах работы, о выполнении чего-н. *Р. о выполнении задания.* ‖ *сов.* также **отрапортова́ть,** -ту́ю, -ту́ешь.

РАПС, -а, *м.* Однолетнее травянистое растение сем. крестоцветных, родственное капусте. ‖ *прил.* **ра́псовый,** -ая, -ое.

РАПСО́ДИЯ, -и, *ж.* Музыкальное произведение на темы народных песен, эпических сказаний. *Венгерская р. Листа.*

РАРИТЕ́Т, -а, *м.* (книжн.). Очень редкая вещь, явление. ‖ *прил.* **рарите́тный,** -ая, -ое.

РАС[1-2] ..., *приставка.* То же, что раз[1-2]...; пишется вместо «раз» перед глухими согласными, напр. *раскусить, раскряхтеться, распищаться, расфуфыриться, расшвырять, рассесться, распрекрасный, раскрасавец, распороть.*

РА́СА, -ы, *ж.* Исторически сложившаяся группа человечества, объединённая общностью наследственных физических признаков (цветом кожи, глаз, волос, формой черепа и др.), обусловленных общностью происхождения и первоначального расселения. *Европеоидная, монголоидная, негроидная р.* ‖ *прил.* **ра́совый,** -ая, -ое. *Расовые признаки. Расовые теории. Расовая исключительность. Расовая дискриминация.*

РАСИ́ЗМ, -а, *м.* Реакционная теория и политика, утверждающая превосходство одной расы над другой. *Проповедники расизма.* ‖ *прил.* **раси́стский,** -ая, -ое. *Р. режим.*

РАСИ́СТ, -а, *м.* Сторонник расизма. ‖ *ж.* **раси́стка,** -и. ‖ *прил.* **раси́стский,** -ая, -ое.

РАСКАЛИ́ТЬ, -лю́, -ли́шь; -лённый (-ён, -ена́); *сов., что.* Сильно накалить (в 1 знач.). *Р. металл докрасна. Раскалённая игла.* ‖ *несов.* **раскаля́ть,** -я́ю, -я́ешь.

РАСКАЛИ́ТЬСЯ (-лю́сь, -ли́шься, 1 и 2 л. не употр.), -и́тся; *сов.* Сильно накалиться. *Р. докрасна.* ‖ *несов.* **раскаля́ться** (-я́юсь, -я́ешься, 1 и 2 л. не употр.), -я́ется.

РАСКА́ЛЫВАТЬ, -СЯ *см.* расколоть, -ся.

РАСКА́ПЫВАТЬ *см.* раскопать.

РАСКА́РКАТЬСЯ, -аюсь, -аешься; *сов.* (разг.). **1.** Начать громко каркать (в 1 знач.). *Ворона раскаркалась.* **2.** *перен.* Начать долго, много говорить, предвещая неприятное (неодобр.). ‖ *несов.* **раска́ркиваться,** -аюсь, -аешься.

РАСКА́РМЛИВАТЬ *см.* раскормить.

РАСКАССИ́РОВАТЬ, -рую, -руешь; -анный; *сов., кого-что* (спец.). Расформировать, ликвидировать. *Р. объединение.*

РАСКА́Т, -а, *м.* **1.** *см.* раскатать и раскатить, -ся. **2.** Раскатанное, гладкое или скользкое место. *Ледяные раскаты на дороге.* **3.** Прерывистые и громкие звуки, прерывистый длительный гул, грохот. *Раскаты грома.* ‖ *прил.* **раска́тный,** -ая, -ое (ко 2 и 3 знач.).

РАСКАТА́ТЬ, -а́ю, -а́ешь; -а́танный; *сов., что.* **1.** Развернуть (скатанное). *Р. ковёр, рулон.* **2.** Раскатить (во 2 знач.) в несколько приёмов. *Р. шары по всему бильярду.* **3.** Катая (в 4 знач.), разгладить, выровнять или расплющить. *Р. бельё. Р. дорожки. Р. тесто.* **4.** Ездой или катаньем сделать гладким, скользким. *Дорога раскатана.* ‖ *несов.* **раска́тывать,** -аю, -аешь. ‖ *сущ.* **раска́т,** -а, *м.* (к 1 и 2 знач.) *и* **раска́тка,** -и, *ж.* ‖ *прил.* **раска́тный,** -ая, -ое (к 3 и 4 знач.; спец.) *и* **раска́точный,** -ая, -ое (к 3 знач.; спец.). *Раскатный стан.*

РАСКАТА́ТЬСЯ[1] (-а́юсь, -а́ешься, 1 и 2 л. не употр.), -а́ется; *сов.* **1.** О скатанном: развернуться. *Ковёр, рулон раскатался.* **2.** Стать тонким, плоским от катанья. *Тесто раскаталось.* ‖ *несов.* **раска́тываться** (-аюсь, -аешься, 1 и 2 л. не употр.), -ается.

РАСКАТА́ТЬСЯ[2], -а́юсь, -а́ешься; *сов.* Катаясь (во 2 знач.), приобрести скорость, свободу и лёгкость движений. *Фигуристы раскатались.* ‖ *несов.* **раска́тываться,** -аюсь, -аешься. ‖ *сущ.* **раска́тка,** -и, *ж.*

РАСКА́ТИСТЫЙ, -ая, -ое; -ист. С раскатом (в 3 знач.), с раскатами. *Раскатистые звуки. Раскатисто* (нареч.) *смеяться.* ‖ *сущ.* **раска́тистость,** -и, *ж.*

РАСКАТИ́ТЬ, -ачу́, -а́тишься; -а́ченный; *сов.* **1.** *кого-что.* Катя́ (в 1 знач.), придать скорость. *Р. колесо. Р. тележку, тачку, санки.* **2.** *что.* Катя́ (в 1 знач.), направить в разные стороны. *Р. шары, мячи.* ‖ *несов.* **раска́тывать,** -аю, -аешь. ‖ *сущ.* **раска́т,** -а, *м.* (к 1 знач.) *и* **раска́тка,** -и, *ж.* (ко 2 знач.).

РАСКАТИ́ТЬСЯ, -ачу́сь, -а́тишься; *сов.* **1.** Катясь, приобрести скорость. *Колесо раскатилось. Р. на велосипеде.* **2.** (1 и 2 л. ед. не употр.). О многих, многом: покатиться в разные стороны. *Конькобежцы раскатились по катку. Мячи раскатились в разные стороны.* **3.** (1 и 2 л. не употр.). Прозвучать громко, раскатисто. *Эхо раскатилось в горах.* ‖ *несов.* **раска́тываться,** -аюсь, -аешься. ‖ *сущ.* **раска́т,** -а, *м.* (к 1 и 3 знач.).

РАСКА́ТЫВАТЬ, -аю, -аешь; *несов.* **1.** *см.* раскатать *и* раскатить. **2.** Много кататься, ездить, разъезжать (во 2 знач.) (разг.). *Р. на машине. Р. по всей стране.*

РАСКАЧА́ТЬ, -а́ю, -а́ешь; -а́чанный; *сов.* **1.** *кого-что.* Толкая, колебля, заставить качаться. *Р. качели.* **2.** *что.* То же, что расшатать (в 1 знач.). *Р. столб.* **3.** *перен., кого (что).* Вывести из состояния бездеятельности, заставить действовать (разг.). *Р. лентяя.* ‖ *несов.* **раска́чивать,** -аю, -аешь. ‖ *сущ.* **раска́чивание,** -я, *ср.* (к 1 и 2 знач.) *и* **раска́чка,** -и, *ж.* (к 1 и 3 знач.).

РАСКАЧА́ТЬСЯ, -а́юсь, -а́ешься; *сов.* **1.** Начать сильно качаться. *Качели раскачались. Р. на качелях.* **2.** (1 и 2 л. не употр.). То же, что расшататься (в 1 знач.). *Столб раскачался.* **3.** *перен.* Выйти из состояния бездействия, начать действовать (разг.). *Пора лентяю р.* ‖ *несов.* **раска́чиваться,** -аюсь, -аешься. ‖ *сущ.* **раска́чивание,** -я, *ср.* (к 1 и 2 знач.) *и* **раска́чка,** -и, *ж.* (к 1 и 3 знач.).

РАСКА́ШИВАТЬ *см.* раскосить.

РАСКА́ШЛЯТЬСЯ, -яюсь, -яешься; *сов.* Начать сильно кашлять. *Больной раскашлялся.* ‖ *несов.* **раска́шливаться,** -аюсь, -аешься.

РАСКА́ЯНИЕ, -я, *ср.* Чувство сожаления по поводу своего поступка, проступка. *Чувство раскаяния. Испытать р. Позднее р.*

РАСКА́ЯТЬСЯ, -а́юсь, -а́ешься; *сов., в чём.* Почувствовать сожаление по поводу своего поступка, проступка. *Р. в своих словах, в своём поведении.* ‖ *несов.* **раска́иваться,** -аюсь, -аешься.

РАСКВАРТИРОВА́ТЬ, -ру́ю, -ру́ешь; -о́ванный; *сов., кого-что* (спец.). Разместить по квартирам (в 3 знач.). *Р. полк, отряд.* ‖ *несов.* **расквартиро́вывать,** -аю, -аешь. ‖ *возвр.* **расквартирова́ться,** -ру́юсь, -ру́ешься; *несов.* **расквартиро́вываться,** -аюсь, -аешься. ‖ *сущ.* **расквартиро́вка,** -и, *ж.*

РАСКВА́СИТЬ, -а́шу, -а́сишь; -а́шенный; *сов., что* (прост.). Разбить, расшибить до крови. *Р. нос.* ‖ *несов.* **расква́шивать,** -аю, -аешь.

РАСКВИТА́ТЬСЯ, -а́юсь, -а́ешься; *сов., с кем.* **1.** Расплатиться, покончить взаимные денежные расчёты. *Р. с кредиторами.* **2.** *перен.* Отплатить кому-н. за причинённое зло, обиду (разг.). *Р. с обидчиком.*

РАСКИДА́ТЬ, -а́ю, -а́ешь; -и́данный; *сов., кого-что.* То же, что разбросать. *Р. вещи. Жизнь раскидала друзей по разным городам.* ‖ *несов.* **раски́дывать,** -аю, -аешь.

РАСКИДА́ТЬСЯ, -а́юсь, -а́ешься; *сов.* (разг.). То же, что разбросаться. ‖ *несов.* **раски́дываться,** -аюсь, -аешься.

РАСКИ́ДИСТЫЙ, -ая, -ое; -ист. С широко разросшимися ветвями; широко расходящийся в стороны. *Р. дуб. Раскидистые рога.* ‖ *сущ.* **раски́дистость,** -и, *ж.*

РАСКИДНО́Й, -а́я, -о́е. Такой, к-рый можно раскинуть (в 3 знач.). *Раскидное кресло.*

РАСКИ́НУТЬ, -ну, -нешь; -нутый; *сов., что.* **1.** Широко расставить, развести в стороны. *Р. руки.* **2.** Развернув, разостлать, занять чем-н. какое-н. пространство. *Р. ковёр на полу.* **3.** Раздвинув что-н. (составное), приспособить для чего-н.; расставить. *Р. шатёр.* ✦ **Раскинуть умом (мозгами)** (разг.) — сообразить, подумать хорошенько. ‖ *несов.* **раски́дывать,** -аю, -аешь.

РАСКИ́НУТЬСЯ, -нусь, -нешься; *сов.* **1.** Лечь или сесть, раскинув руки и ноги (разг.). *Р. в кресле, на диване.* **2.** (1 и 2 л. не употр.). Расположиться на большом пространстве. *Под горой раскинулось село. Раскинулось море широко.* ‖ *несов.* **раски́дываться,** -аюсь, -аешься.

РАСКИПЯТИ́ТЬСЯ *см.* кипятиться.

РАСКИСЕ́ЛИТЬСЯ, -люсь, -лишься; *сов.* (прост. неодобр.). Раскиснуть (в 3 знач.), разнюниться.

РАСКИ́СНУТЬ, -ну, -нешь; -и́с, -и́сла; *сов.* **1.** (1 и 2 л. не употр.). Сильно закиснуть, вспучиться от брожения. *Тесто раскисло. Раскисшая земля* (вязкая, напитанная влагой). **2.** Утомившись, ослабев, стать вялым, апатичным (разг.). *Р. от духоты.* **3.** Впасть в излишнюю чувствительность, сентиментальность (разг. неодобр.). *Р. от похвал и поздравлений.* ‖ *несов.* **раскиса́ть,** -а́ю, -а́ешь.

РАСКЛА́Д, -а, *м.* Расположение, наличие чего-н. разложенного, розданного. *Р. карт при игре. Р. сил, средств* (перен.). *Вот такой р.* (перен.: вот так получилось, так сложилось; разг.).

РАСКЛА́ДКА, -и, *ж.* **1.** *см.* разложить[1]. **2.** Пропорция, по к-рой что-н. распределяется. *Р. продуктов* (при приготовлении пищи). **3.** То же, что расклад (разг.). ‖ *прил.* **раскла́дочный**, -ая, -ое.

РАСКЛАДНО́Й, -а́я, -о́е. Такой, к-рый можно раздвинуть, разложить. *Раскладная кровать. Раскладное кресло.*

РАСКЛА́ДОЧНЫЙ *см.* разложить[1] *и* раскладка.

РАСКЛАДУ́ШКА, -и, *ж.* (разг.). Лёгкая раскладная кровать. ‖ *прил.* **раскладу́шечный**, -ая, -ое.

РАСКЛА́ДЫВАТЬ, -СЯ *см.* разложить[1], -ся[1].

РАСКЛА́НЯТЬСЯ, -яюсь, -яешься; *сов., с кем.* Поклониться друг другу при встрече или расставании. *Вежливо р.* ‖ *несов.* **раскла́ниваться**, -аюсь, -аешься.

РАСКЛАССИФИЦИ́РОВАТЬ *см.* классифицировать.

РАСКЛЕВА́ТЬ, -люю́, -люёшь; -лёванный; *сов., что.* **1.** Разбить, продырявить клювом. *Птица расклевала шишку.* **2.** Склевать всё (о многих). *Воробьи расклевали крошки.* ‖ *несов.* **расклёвывать**, -аю, -аешь.

РАСКЛЕ́ИТЬ, -е́ю, -е́ишь; -е́енный; *сов., что.* **1.** Разнять, разъединить, разлепить (склеенное). *Р. конверт.* **2.** Приклеить во многих местах. *Р. объявления.* ‖ *несов.* **раскле́ивать**, -аю, -аешь. ‖ *сущ.* **раскле́йка**, -и, *ж. и* **раскле́ивание**, -я, *ср.*

РАСКЛЕ́ИТЬСЯ, -е́юсь, -е́ишься; *сов.* **1.** (1 и 2 л. не употр.). О склеенном: распасться на части или разлепиться. *Коробка расклеилась. Конверт расклеился.* **2.** (1 и 2 л. не употр.), *перен.* Разладиться, расстроиться (разг.). *Дело расклеилось.* **3.** *перен.* Расхвораться, стать вялым, слабым (разг.). *Старик совсем расклеился.* ‖ *несов.* **раскле́иваться**, -аюсь, -аешься. ‖ *сущ.* **раскле́йка**, -и, *ж.* (к 1 знач.) *и* **раскле́ивание**, -я, *ср.* (к 1 знач.).

РАСКЛЕ́ЙЩИК, -а, *м.* Человек, к-рый занимается расклейкой чего-н. *Р. газет. Р. афиш.* ‖ *сущ.* **раскле́йщица**, -ы.

РАСКЛЕПА́ТЬ, -а́ю, -а́ешь; -клёпанный; *сов., что.* **1.** Разнять, разъединить (склёпанное). *Р. конструкцию.* **2.** Забивая, ударяя, расплющить (что-н. металлическое). *Р. заклёпку.* ‖ *несов.* **расклёпывать**, -аю, -аешь. ‖ *сущ.* **расклёпывание**, -я, *ср. и* **расклёпка**, -и, *ж.* ‖ *прил.* **расклёпочный**, -ая, -ое (к 1 знач.).

РАСКЛЁШИТЬ, -шу, -шишь; -шенный; *сов., что.* Скроить клёшем, расширить книзу. *Р. юбку, брюки, пальто.* ‖ *несов.* **расклёшивать**, -аю, -аешь.

РАСКЛИ́НИТЬ, -ню, -нишь; -ненный и **РАСКЛИНИ́ТЬ**, -ню́, -ни́шь; -нённый (-ён, -ена́); *сов., что.* **1.** Выбить вколоченный клин из чего-н. **2.** Вбив клин, расщепить. ‖ *несов.* **раскли́нивать**, -аю, -аешь. ‖ *сущ.* **раскли́нивание**, -я, *ср.*

РАСКЛИ́НИТЬСЯ (-нюсь, -нишься, 1 и 2 л. не употр.), -нится *и* **РАСКЛИНИ́ТЬСЯ** (-ню́сь, -ни́шься, 1 и 2 л. не употр.), -ни́тся; *сов.* Расщепиться от вбитого клина. ‖ *несов.* **раскли́ниваться** (-аюсь, -аешься, 1 и 2 л. не употр.), -ается. ‖ *сущ.* **раскли́нивание**, -я, *ср.*

РАСКО́ВАННЫЙ, -ая, -ое; -ан. Свободный и непринуждённый в обращении с людьми, в поведении. *Чувствовать себя раскованно* (нареч.). ‖ *сущ.* **раско́ванность**, -и, *ж.*

РАСКОВА́ТЬ, -кую́, -куёшь; -ку́й; -о́ванный; *сов.* **1.** *кого-что.* Освободить от подков. *Р. лошадь.* **2.** *кого-что.* Освободить от оков, кандалов. *Р. узника.* **3.** *что.* Сплющить ковкой (спец.). *Р. железо.* ‖ *несов.* **раско́вывать**, -аю, -аешь. ‖ *сущ.* **раско́вка**, -и, *ж.*

РАСКОВА́ТЬСЯ (-кую́сь, -куёшься, 1 и 2 л. не употр.), -куётся; *сов.* О ездовом животном: потерять подкову, подковы. *Лошадь расковалась.* ‖ *несов.* **раско́вываться** (-аюсь, -аешься, 1 и 2 л. не употр.), -ается. ‖ *сущ.* **раско́вка**, -и, *ж.*

РАСКОВЫРЯ́ТЬ, -я́ю, -я́ешь; -ы́рянный; *сов., что.* Ковыряя, сделать или увеличить дыру, а также, ковыряя, содрать поверхность с чего-н. *Р. засохшую глину. Р. ранку.* ‖ *несов.* **расковы́ривать**, -аю, -аешь.

РАСКО́КАТЬ, -аю, -аешь; -анный; *сов., что* (прост.). Уронив, разбить. *Р. стакан.*

РАСКО́Л, -а, *м.* **1.** *см.* расколоть, -ся. **2.** В России с середины 17 в.: религиозно-общественное движение, направленное против официальной церкви, возглавлявшейся патриархом Никоном (изменившим по греческим образцам нек-рые обряды и тексты богослужебных книг), и к концу 17 в. получившее название старообрядчества. *Уйти в р.*

РАСКОЛОТИ́ТЬ, -очу́, -о́тишь; -о́ченный; *сов., что.* **1.** Расширить или разбить, расплющить, колотя по чему-н. *Р. ссохшиеся комья.* **2.** Ударяя, открыть что-н. заколоченное. *Р. ящик.* **3.** Разбить, разломать (разг.). *Р. всю посуду.* ‖ *несов.* **расколо́чивать**, -аю, -аешь.

РАСКОЛО́ТЬ, -олю́, -о́лешь; -о́лотый; *сов.* **1.** *см.* колоть[1]. **2.** *перен., кого-что.* Расчленить, нарушить единство, внеся разногласия в какую-н. среду. *Р. коллектив.* **3.** Заставить говорить правду (обычно преступника) (прост.). ‖ *несов.* **раска́лывать**, -аю, -аешь. ‖ *сущ.* **раска́лывание**, -я, *ср.* (ко 2 знач.) *и* **раско́л**, -а, *м.* (ко 2 знач.).

РАСКОЛО́ТЬСЯ, -олю́сь, -о́лешься; *сов.* **1.** (1 и 2 л. не употр.). Разделиться на части от ударов чем-н. острым, колющим. *Полено раскололось.* **2.** (1 и 2 л. ед. не употр.), *перен.* Расчлениться, распасться на части вследствие разногласий. *Организация раскололась.* **3.** *перен.* Перестать скрывать что-н., начать говорить правду (обычно о преступнике) (прост.). *Р. на допросе.* ‖ *несов.* **раска́лываться**, -аюсь, -аешься. *Голова раскалывается* (перен.: сильно болит; разг.). ‖ *сущ.* **раска́лывание**, -я, *ср.* (к 1 и 2 знач.), **раско́лка**, -и, *ж.* (к 1 знач.) *и* **раско́л**, -а, *м.* (ко 2 знач.).

РАСКОЛУПА́ТЬ, -а́ю, -а́ешь; -у́панный; *сов., что* (прост.). То же, что расковырять. ‖ *несов.* **расколу́пывать**, -аю, -аешь.

РАСКО́ЛЬНИК, -а, *м.* **1.** Последователь раскола, старообрядец. **2.** Человек, к-рый вносит раскол, разлад в какое-н. общее дело (неодобр.). ‖ *ж.* **раско́льница**, -ы (к 1 знач.). ‖ *прил.* **раско́льнический**, -ая, -ое *и* **раско́льничий**, -ья, -ье (к 1 знач.). *Раскольническая политика. Раскольничий скит.*

РАСКОПА́ТЬ, -а́ю, -а́ешь; -о́панный; *сов., кого-что.* **1.** Копая, раскидать или найти, отрыть. *Р. землю. Р. древние погребения.* **2.** *перен.* Найти, разыскать (разг.). *Где ты раскопал такого работника?* ‖ *несов.* **раска́пывать**, -аю, -аешь. ‖ *сущ.* **раска́пывание**, -я, *ср. и* **раско́пка**, -и, *ж.* (к 1 знач.).

РАСКО́ПКА, -и, *ж.* **1.** *см.* раскопать. **2.** *мн.* Работы по вскрытию пластов земли в поисках памятников, предметов древности, а также место, где ведутся такие работы. *Археологические раскопки. На раскопках.* ‖ *прил.* **раско́почный**, -ая, -ое. *Р. сезон.*

РАСКОРМИ́ТЬ, -ормлю́, -о́рмишь; -о́рмленный; *сов., кого (что).* Обильной пищей довести до тучности. *Р. гусей.* ‖ *несов.* **раска́рмливать**, -аю, -аешь. ‖ *сущ.* **раска́рмливание**, -я, *ср. и* **раско́рмка**, -и, *ж.*

РАСКОРЧЕВА́ТЬ, -чу́ю, -чу́ешь; -чёванный; *сов., что.* Корчуя, очистить от пней. ‖ *несов.* **раскорчёвывать**, -аю, -аешь. ‖ *сущ.* **раскорчёвывание**, -я, *ср. и* **раскорчёвка**, -и, *ж.*

РАСКОРЯ́КА, -и, *м. и ж.* (прост.). Человек с раскоряченными ногами. *Стоять раскорякой. Диван-р.* (перен.: нескладный, с растопыренными ножками).

РАСКОРЯ́ЧИТЬ, -чу, -чишь; -ченный; *сов., что* (прост.). Раздвинуть неуклюже врозь, растопырить (ноги), а также (перен.) вообще неуклюже раздвинуть, расставить. *Старая ель раскорячила лапы.* ‖ *несов.* **раскоря́чивать**, -аю, -аешь.

РАСКОРЯ́ЧИТЬСЯ, -чусь, -чишься; *сов.* (прост.). Раскорячить ноги, а также (перен.) вообще неуклюже растопыриться. *На берегу раскорячились старые вётлы.* ‖ *несов.* **раскоря́чиваться**, -аюсь, -аешься.

РАСКО́С, -а, *м.* (спец.). Косо поставленная распорка, подпорка. ‖ *прил.* **раско́сный**, -ая, -ое.

РАСКОСИ́ТЬ, -ошу́, -оси́шь; -ошённый (-ён, -ена́) *и* -о́шенный; *сов., что.* **1.** Укрепить раскосами (спец.). **2.** Направить в стороны (глаза) (разг.). ‖ *несов.* **раска́шивать**, -аю, -аешь.

РАСКОСМА́ТИТЬ *см.* косматить.

РАСКО́СЫЙ, -ая, -ое; -о́с. **1.** С расходящимся косоглазием (с неправильным направлением зрачка или зрачков в сторону от носа). **2.** О глазах: с косым разрезом. ‖ *сущ.* **раско́сость**, -и, *ж.*

РАСКОЧЕГА́РЕННЫЙ, -ая, -ое (прост. разг.). Возмущённый, сердитый до крайности. *Звонил мне весь р.*

РАСКОШЕ́ЛИТЬСЯ, -люсь, -лишься; *сов.* (разг., часто ирон.). Перестав скупиться, пойти на издержки, траты. *Р. на подарок.* ‖ *несов.* **раскоше́ливаться**, -аюсь, -аешься.

РАСКРА́ДЫВАТЬ *см.* раскрасть.

РАСКРА́ИВАТЬ *см.* раскроить.

РАСКРА́СИТЬ, -а́шу, -а́сишь; -а́шенный; *сов., кого-что.* Расписать разными красками. *Р. картинку.* ‖ *несов.* **раскра́шивать**, -аю, -аешь. ‖ *сущ.* **раскра́шивание**, -я, *ср. и* **раскра́ска**, -и, *ж.* ‖ *прил.* **раскра́сочный**, -ая, -ое.

РАСКРА́СКА, -и, *ж.* **1.** *см.* раскрасить. **2.** Цветной узор, расцветка. *Красивая р. обоев.* **3.** Детская книжка с картинками для раскрашивания (разг.). ‖ *прил.* **раскра́сочный**, -ая, -ое.

РАСКРАСНЕ́ТЬСЯ, -е́юсь, -е́ешься; *сов.* То же, что разрумяниться. *Р. на морозе.*

РАСКРА́СТЬ, -аду́, -адёшь; -а́л, -а́ла; -а́денный; *сов., кого-что* (разг.). Разворовать, расхитить. ‖ *несов.* **раскра́дывать**, -аю, -аешь.

РАСКРЕПИ́ТЬ, -плю́, -пи́шь; -плённый (-ён, -ена́); *сов., что* (спец.). Укрепить, ставя распорки, делая подпоры из чего-н. *Р. откосы.* ‖ *несов.* **раскрепля́ть**, -я́ю, -я́ешь. ‖ *сущ.* **раскрепле́ние**, -я, *ср.*

РАСКРЕПИ́ТЬСЯ (-плю́сь, -пи́шься, 1 и 2 л. не употр.), -пи́тся; *сов.* О чём-н. скреплённом: разъединиться, стать свободным от закрепления. *Балки раскрепились.* ‖ *несов.* **раскрепля́ться** (-я́юсь, -я́ешься, 1 и 2 л. не употр.), -я́ется. ‖ *сущ.* **раскрепле́ние, -я,** *ср.*

РАСКРЕПОСТИ́ТЬ, -ощу́, -ости́шь; -ощённый (-ён, -ена́); *сов., кого-что.* **1.** Освободить от крепостной зависимости. *Р. крестьян.* **2.** *перен.* Освободить от какого-н. гнёта, зависимости, сделать свободным. *Р. чьи-н. духовные силы, ум.* ‖ *несов.* **раскрепоща́ть,** -а́ю, -а́ешь. ‖ *возвр.* **раскрепости́ться,** -ощу́сь, -ости́шься; *несов.* **раскрепоща́ться,** -а́юсь, -а́ешься. ‖ *сущ.* **раскрепоще́ние, -я,** *ср.*

РАСКРИТИКОВА́ТЬ, -ку́ю, -ку́ешь; -о́ванный; *сов., кого-что.* Подвергнуть резкой критике. *Р. статью.*

РАСКРИЧА́ТЬ, -чу́, -чи́шь; *сов.* (разг. неодобр.). Широко разгласить, объявить. *Р. везде о своих мнимых заслугах.*

РАСКРИЧА́ТЬСЯ, -чу́сь, -чи́шься; *сов.* Поднять сильный крик. *Воробьи раскричались. Ребёнок раскричался. Р. на шалунов.*

РАСКРОВЕНИ́ТЬ, -ню́, -ни́шь; -нённый (-ён, -ена́); *сов., кого-что* (прост.). Разбить, повредить до крови. *Р. руки о камни.*

РАСКРОИ́ТЬ, -ою́, -ои́шь; -ои́; -о́енный; *сов., что.* **1.** Кроя, разрезать. *Р. ткань по выкройке.* **2.** То же, что рассечь (в 1 и 2 знач.) (прост.). *Р. бровь. Р. ударом сабли.* ‖ *несов.* **раскра́ивать,** -аю, -аешь. ‖ *сущ.* **раскро́й, -я,** *м.* (к 1 знач.) *и* **раскро́йка, -и,** *ж.* (к 1 знач.). ‖ *прил.* **раскро́йный,** -ая, -ое.

РАСКРО́Й, -я, *м.* **1.** *см.* раскроить. **2.** То, что раскроено, скроено (спец.). *Платье в раскрое* (в купоне во 2 знач.).

РАСКРОШИ́ТЬ, -СЯ *см.* крошить, -ся.

РАСКРУТИ́ТЬ, -учу́, -у́тишь; -у́ченный; *сов., что.* **1.** Развить (скрученное). *Р. шнур.* **2.** Крутя, придать чему-н. вращательное движение. *Р. колесо.* ‖ *несов.* **раскру́чивать,** -аю, -аешь. ‖ *сущ.* **раскру́чивание, -я,** *ср. и* **раскру́тка, -и,** *ж.* (к 1 знач.; разг.).

РАСКРУТИ́ТЬСЯ, -учу́сь, -у́тишься; *сов.* **1.** (1 и 2 л. не употр.). О скрученном: развиться. *Верёвка раскрутилась.* **2.** Начать быстро крутиться, вертеться. *Колесо раскрутилось.* ‖ *несов.* **раскру́чиваться,** -аюсь, -аешься.

РАСКРЫ́ТЬ, -ро́ю, -ро́ешь; -ы́тый; *сов.* **1.** *что.* То же, что открыть (в 1 и 4 знач.). *Р. чемодан. Р. окно, ворота. Р. зонт. Р. книгу. Р. душу перед кем-н.* (перен.: полностью открыться). *Р. объятия кому-н.* (о жесте, готовом для объятия; также перен.: встретить радостно, радушно). *Р. глаза* (также перен.: 1) удивиться; разг.; 2) *кому на кого-что,* разубедив, показать кого-что-н. в истинном свете). **2.** *кого-что.* Обнаружить, сделать известным, объяснить (что-н. тайное, неизвестное). *Р. подробности происшествия. Р. тайну. Р. существо дела.* ‖ *несов.* **раскрыва́ть,** -а́ю, -а́ешь. ‖ *сущ.* **раскры́тие, -я,** *ср.*

РАСКРЫ́ТЬСЯ, -ро́юсь, -ро́ешься; *сов.* **1.** (1 и 2 л. не употр.). Стать раскрытым. *Окно раскрылось.* **2.** Перестать быть укрытым (во 2 знач.). *Малыш раскрылся во сне.* **3.** Стать до конца откровенным или совершенно понятным. *Р. перед другом. Его характер раскрылся для всех.* ‖ *несов.* **раскрыва́ться,** -а́юсь, -а́ешься.

РАСКУДА́ХТАТЬСЯ, -хчусь, -хчешься; *сов.* (разг.). **1.** Начать громко кудахтать. *Куры раскудахтались.* **2.** *перен.* Начать говорить долго, бестолково и взволнованно (обычно о женщине) (неодобр.). ‖ *несов.* **раскуда́хтываться,** -аюсь, -аешься.

РАСКУЛА́ЧИТЬ, -чу, -чишь; -ченный; *сов., кого-что.* В годы коллективизации сельского хозяйства: лишить крестьянина, считавшегося кулаком², средств производства, права пользоваться землёй и политических прав. ‖ *несов.* **раскула́чивать,** -аю, -аешь. ‖ *сущ.* **раскула́чивание, -я,** *ср.*

РАСКУПИ́ТЬ (-уплю́, -у́пишь, 1 и 2 л. ед. не употр.), -у́пит; -у́пленный; *сов., что.* О многих: купить всё. *Р. книги. Весь товар раскуплен.* ‖ *несов.* **раскупа́ть** (-а́ю, -а́ешь, 1 и 2 л. ед. не употр.), -а́ет.

РАСКУ́ПОРИТЬ, -рю, -ришь; -ренный; *сов., что.* Раскрыть (закупоренное). *Р. бутылку.* ‖ *несов.* **раску́поривать,** -аю, -аешь. ‖ *сущ.* **раску́порка, -и,** *ж. и* **раску́поривание, -я,** *ср.*

РАСКУ́ПОРИТЬСЯ (-рюсь, -ришься, 1 и 2 л. не употр.), -рится; *сов.* О закупоренном: раскрыться. ‖ *несов.* **раску́пориваться** (-аюсь, -аешься, 1 и 2 л. не употр.), -ается. ‖ *сущ.* **раску́поривание, -я,** *ср.*

РАСКУРИ́ТЬ, -урю́, -у́ришь; -у́ренный; *сов., что.* Затягиваясь (в 4 знач.), заставить гореть, куриться. *Р. трубку.* ‖ *несов.* **раску́ривать,** -аю, -аешь. ‖ *сущ.* **раску́ривание, -я,** *ср. и* **раску́рка, -и,** *ж.* (разг.).

РАСКУРИ́ТЬСЯ (-урю́сь, -у́ришься, 1 и 2 л. не употр.), -у́рится; *сов.* О табаке, сигарете, трубке: разжечься. ‖ *несов.* **раску́риваться** (-аюсь, -аешься, 1 и 2 л. не употр.), -ается. ‖ *сущ.* **раску́ривание, -я,** *ср. и* **раску́рка, -и,** *ж.* (разг.).

РАСКУСИ́ТЬ, -ушу́, -у́сишь; -у́шенный; *сов., кого-что.* **1.** Разъединить, кусая. *Р. баранку.* **2.** *перен.* Понять, хорошо узнать (разг.). *Р. хитреца. Р., в чём дело.* ‖ *несов.* **раску́сывать,** -аю, -аешь. ‖ *сущ.* **раску́сывание, -я,** *ср.*

РАСКУ́ТАТЬ, -аю, -аешь; -анный; *сов., кого-что.* Освободить от чего-н. закутывающего. *Р. ребёнка.* ‖ *несов.* **раску́тывать,** -аю, -аешь. ‖ *возвр.* **раску́таться,** -аюсь, -аешься; *несов.* **раску́тываться,** -аюсь, -аешься.

РАСКУТИ́ТЬСЯ, -учу́сь, -у́тишься; *сов.* (разг.). Начать сильно кутить. ‖ *несов.* **раску́чиваться,** -аюсь, -аешься.

РА́СОВЫЙ *см.* раса.

РАСПА́Д, -а, *м.* **1.** *см.* распасться. **2.** То же, что распадение атомного ядра (спец.).

РАСПАДА́ТЬСЯ (-а́юсь, -а́ешься, 1 и 2 л. не употр.), -а́ется; *несов.* **1.** *см.* распасться. **2.** *на что.* Состоять из частей, разделов (книжн.). *Исследование распадается на две части.*

РАСПА́ДОК, -дка, *м.* (обл.). Узкая долина в горах, ложбина.

РАСПАКОВА́ТЬ, -ку́ю, -ку́ешь; -о́ванный; *сов., что.* Освободить от упаковки. *Р. багаж.* ‖ *несов.* **распако́вывать,** -аю, -аешь. ‖ *сущ.* **распако́вывание, -я,** *ср. и* **распако́вка, -и,** *ж.*

РАСПАКОВА́ТЬСЯ, -ку́юсь, -ку́ешься; *сов.* **1.** Распаковать свои вещи (разг.). *Приехав домой, распаковались.* **2.** (1 и 2 л. не употр.). Освободиться от упаковки, развязаться. *Пакет распаковался.* ‖ *несов.* **распако́вываться,** -аюсь, -аешься. ‖ *сущ.* **распако́вывание, -я,** *ср. и* **распако́вка, -и,** *ж.* (к 1 знач.).

РАСПАЛИ́ТЬ, -лю́, -ли́шь; -лённый (-ён, -ена́); *сов.* **1.** *что.* Нагреть сильно, до жара (разг.). *Р. печурку. Лицо распалило* (безл.) *на солнце.* **2.** *перен., кого-что.* Привести в сильное возбуждение. *Р. воображение.* ‖ *несов.* **распаля́ть,** -я́ю, -я́ешь.

РАСПАЛИ́ТЬСЯ, -лю́сь, -ли́шься; *сов.* **1.** (1 и 2 л. не употр.). Нагреться сильно, до жара (разг.). *Плита распалилась. Лицо распалилось от бега.* **2.** *перен.* Прийти в сильное возбуждение. *Р. гневом. Воображение распалилось.* ‖ *несов.* **распаля́ться,** -я́юсь, -я́ешься.

РАСПА́РИТЬ, -рю, -ришь; -ренный; *сов.* **1.** *что.* Размягчить паром, горячей водой. *Р. тело в бане. Р. сухари.* **2.** (1 и 2 л. не употр.), *кого-что.* Разогреть до пота (разг.). *Распарило* (безл.) *от горячего чая.* ‖ *несов.* **распа́ривать,** -аю, -аешь. ‖ *сущ.* **распа́ривание, -я,** *ср. и* **распа́рка, -и,** *ж.* (к 1 знач.).

РАСПА́РИТЬСЯ, -рюсь, -ришься; *сов.* **1.** (1 и 2 л. не употр.). Размягчиться от пара или горячей воды. *Овощи распарились.* **2.** Разогреться до пота (разг.). *Р. в бане.* ‖ *несов.* **распа́риваться,** -аюсь, -аешься. ‖ *сущ.* **распа́ривание, -я,** *ср. и* **распа́рка, -и,** *ж.* (к 1 знач.).

РАСПА́РЫВАТЬ, -аю, -аешь; *несов., что.* То же, что пороть¹ (в 1 знач.). *Р. швы.*

РАСПА́РЫВАТЬСЯ (-аюсь, -аешься, 1 и 2 л. не употр.), -ается; *несов.* То же, что пороться. *Р. по швам.*

РАСПА́СТЬСЯ (-аду́сь, -адёшься, 1 и 2 л. не употр.), -адётся; -а́лся, -а́лась; -а́вшийся; -а́вшись; *сов.* **1.** Разделиться на составные части; развалиться. *Вещество распалось. Ветхие страницы распались.* **2.** *перен.* Разделившись на отдельные части, прекратить существование (о чём-н. целостном). *Коалиция распалась. Кружок распался.* ‖ *несов.* **распада́ться** (-а́юсь, -а́ешься, 1 и 2 л. не употр.), -а́ется. ‖ *сущ.* **распаде́ние, -я,** *ср. и* **распа́д, -а,** *м.* (ко 2 знач. и спец. к 1 знач.). *Р. атомного ядра* (его деление). *Распад колониальной системы.*

РАСПАТРО́НИТЬ, -ню, -нишь; -ненный; *сов.* (прост.). **1.** *что.* Распаковать, разворошить. *Р. посылку.* **2.** *кого* (*что*). Разругать, разбранить. ‖ *несов.* **распатро́нивать,** -аю, -аешь.

РАСПАХА́ТЬ, -ашу́, -а́шешь; -а́ханный; *сов., что.* Вспахать (преимущ. впервые). *Р. целину.* ‖ *несов.* **распа́хивать,** -аю, -аешь. ‖ *сущ.* **распа́шка, -и,** *ж. и* **распа́хивание, -я,** *ср.* ‖ *прил.* **распашно́й,** -а́я, -о́е. *Распашная земля* (под распашку).

РАСПАХНУ́ТЬ, -ну́, -нёшь; -а́хнутый; *сов., что.* Широко раскрыть, растворить, раздвинуть. *Р. ворота. Р. шубу. Р. крылья* (при взмахе). *Р. душу перед кем-н.* (перен.: полностью открыться). *Широко распахнутые глаза* (перен.). ‖ *несов.* **распа́хивать,** -аю, -аешь. ‖ *сущ.* **распа́хивание, -я,** *ср.*

РАСПАХНУ́ТЬСЯ, -ну́сь, -нёшься; *сов.* **1.** (1 и 2 л. не употр.). Широко раскрыться, раствориться, раздвинуться. *Окно распахнулось. Крылья распахнулись.* **2.** Распахнуть полы своей одежды. *Идти распахнувшись.* **3.** (1 и 2 л. не употр.), *перен.* Широко простереться перед глазами. *Перед взором распахнулись поля.* ‖ *несов.* **распа́хиваться,** -аюсь, -аешься. ‖ *сущ.* **распа́хивание, -я,** *ср.*

РАСПАШНО́Й¹, -а́я, -о́е (спец.). Относящийся к гребле непарно расположенными длинными вёслами (каждым из к-рых гребёт один гребец). *Распашное весло. Распашная лодка.*

РАСПАШНО́Й², -а́я, -о́е. Об одежде: с разрезом сверху донизу (на застёжке или запахивающийся). *Распашная блуза.*

РАСПАШНО́Й³ *см.* распахать.

РАСПАШО́НКА, -и, *ж.* **1.** Рубашка для младенца с разрезом от ворота донизу. **2.** Рубашка или кофта свободного покроя (разг.).

РАСПАЯ́ТЬ, -я́ю, -я́ешь; -я́янный; *сов., что.* Расплавить на месте спайки, а также вообще расплавить, разрушив, испортив (металлическое). *Р. детали. Р. самовар, чайник.* ‖ *сущ.* **распа́йка, -и,** *ж.*

РАСПАЯ́ТЬСЯ (-я́юсь, -я́ешься, 1 и 2 л. не употр.), -я́ется; *сов.* Расплавиться на месте спайки, а также вообще, расплавившись, деформироваться. *Самовар распаялся.* ‖ *несов.* **распа́иваться** (-аюсь, -аешься, 1 и 2 л. не употр.), -ается. ‖ *сущ.* **распа́йка,** -и, *ж.*

РАСПЕВА́ТЬ, -а́ю, -а́ешь; *несов.* **1.** *см.* распеть. **2.** *что.* Петь громко, весело (разг.). *Р. песни.*

РАСПЕЛЕНА́ТЬ, -а́ю, -а́ешь; -ёнатый *и* -ёнутый; *сов., кого-что.* Освободить от пелёнок. *Р. ребёнка.* ‖ *несов.* **распелёнывать,** -аю, -аешь. ‖ *возвр.* **распелена́ться,** -а́юсь, -а́ешься; *несов.* **распелёнываться,** -аюсь, -аешься.

РАСПЕРЕ́ТЬ, разопру́, разопрёшь; -пёр, -пёрла; -пёрший; -пёртый; -перёв *и* -пёрши; *сов., что.* **1.** Напором заставить расшириться, раздаться, лопнуть (прост.). *Льдом распёрло* (безл.) *бочку.* **2.** Поставить распорку, распорки. ‖ *несов.* **распира́ть,** -а́ю, -а́ешь. *Распирает* (безл.) *от самодовольства кого-н.* (перен.: слишком самодоволен; неодобр.). ‖ *прил.* **распо́рный,** -ая, -ое (ко 2 знач.). *Распорное бревно.*

РАСПЕТУШИ́ТЬСЯ *см.* петушиться.

РАСПЕ́ТЬ, -пою́, -поёшь; -пе́тый; *сов., что* (спец.). **1.** Пропеть, разучивая или репетируя. *Р. дуэт.* **2.** Упражняя, заставить хорошо звучать (голос). ‖ *несов.* **распевать,** -а́ю, -а́ешь. ‖ *сущ.* **распе́в,** -а, *м.*

РАСПЕ́ТЬСЯ, -пою́сь, -поёшься; *сов.* (разг.). **1.** Начав петь, увлечься. *Дети распелись.* **2.** Пропев нек-рое время, начать петь хорошо. *Певец распелся.* ‖ *несов.* **распева́ться,** -а́юсь, -а́ешься.

РАСПЕЧА́ТАТЬ, -аю, -аешь; -анный; *сов., что.* **1.** Вскрыть заклеенное, запечатанное, опечатанное. *Р. конверт. Р. письмо. Р. помещение.* **2.** Напечатать (на множительном аппарате) во многих экземплярах. *Р. программу конференции.* ‖ *несов.* **распеча́тывать,** -аю, -аешь. ‖ *сущ.* **распеча́тывание,** -я, *ср. и* **распеча́тка,** -и, *ж.* (ко 2 знач.).

РАСПЕЧА́ТАТЬСЯ (-аюсь, -аешься, 1 и 2 л. не употр.), -ается; *сов.* О заклеенном, запечатанном: раскрыться. ‖ *несов.* **распеча́тываться** (-аюсь, -аешься, 1 и 2 л. не употр.), -ается.

РАСПЕ́ЧЬ, -еку́, -ечёшь, -еку́т; -ёк, -екла́; -ёкший; -ечённый (-ён, -ена́); -ёкши; *сов., кого (что)* (разг.). Сделать выговор, разбранить. *Р. обманщика.* ‖ *несов.* **распека́ть,** -а́ю, -а́ешь. ‖ *сущ.* **распека́ние,** -я, *ср.*

РАСПИВА́ТЬ *см.* распить.

РАСПИ́ВОЧНЫЙ, -ая, -ое. Относящийся к распитию алкогольных напитков на месте продажи. *Продажа вина распивочно* (нареч.).

РАСПИЛИ́ТЬ, -илю́, -и́лишь; -и́ленный; *сов., что.* Пиля, разрезать, разъединить на части. *Р. доску.* ‖ *несов.* **распи́ливать,** -аю, -аешь. ‖ *сущ.* **распи́ливание,** -я, *ср.,* **распи́лка,** -и, *ж.,* **распи́л,** -а, *м.* (спец.) *и* **распило́вка,** -и, *ж.* (спец.). ‖ *прил.* **распи́лочный,** -ая, -ое *и* **распило́вочный,** -ая, -ое (спец.).

РАСПИНА́ТЬ *см.* распять.

РАСПИНА́ТЬСЯ, -а́юсь, -а́ешься; *несов.* (разг. неодобр.). Тратить много усилий, слов, доводов ради кого-чего-н. *Р. за приятеля. Р. перед кем-н.* (угодничать).

РАСПИРА́ТЬ *см.* распереть.

РАСПИСА́НИЕ, -я, *ср.* График, содержащий сведения о времени, месте и последовательности совершения чего-н. *Р. уроков, лекций. Поезда идут по расписанию. Вывесить р.* ◆ **Штатное расписание** (спец.) — документ, определяющий структуру аппарата учреждения, описывающий его штаты[1] (во 2 знач.), устанавливающий размеры окладов.

РАСПИСА́ТЬ, -ишу́, -и́шешь; -и́санный; *сов.* **1.** *кого-что.* Записать в разные места, а также сделать выписки из разных мест. *Р. сведения по графам.* **2.** *кого-что.* Распределить между кем-чем-н., предназначить для кого-чего-н., сделав запись об этом (разг.). *Все дни расписаны — ни одного свободного.* **3.** *что.* Разрисовать красками, покрыть рисунками. *Р. стены. Р. вазу.* **4.** *перен., кого-что.* Подробно и красочно, обычно с преувеличением, рассказать, изобразить (разг.). *Р. свои приключения. Его расписали как прекрасного работника.* **5.** *кого (что).* Зарегистрировать вступление в брак (разг.). *В загсе молодых расписали.* ‖ *несов.* **распи́сывать,** -аю, -аешь. ‖ *сущ.* **распи́сывание,** -я, *ср.* (к 1, 2, 4 и 5 знач.), **ро́спись,** -и, *ж.* (к 3 знач.) *и* **распи́ска,** -и, *ж.* (к 1 знач.).

РАСПИСА́ТЬСЯ, -ишу́сь, -и́шешься; *сов.* **1.** Поставить свою подпись в подтверждение чего-н. *Р. в получении телеграммы. Р. в собственной беспомощности* (перен.: признать свою беспомощность, неспособность действовать). **2.** *с кем.* Зарегистрировавшись, оформить своё вступление в брак (разг.). **3.** Начав писать, увлечься (разг.). *Так расписался, что не остановишь.* ‖ *несов.* **распи́сываться,** -аюсь, -аешься. ‖ *сущ.* **распи́сывание,** -я, *ср.* (ко 2 знач.) *и* **распи́ска,** -и, *ж.* (к 1 знач.).

РАСПИ́СКА, -и, *ж.* **1.** *см.* расписать, -ся. **2.** Документ с подписью, удостоверяющий получение чего-н. *Дать расписку кому-н. Р. в получении аванса.*

РАСПИСНО́Й, -а́я, -о́е. Разрисованный красками, украшенный живописью. *Р. потолок.*

РАСПИ́ТЬ, разопью́, разопьёшь; распи́л, распила́, распи́ло; распи́тый (распи́т *и* ро́спит, распита́ *и* распи́та, распи́то *и* ро́спито); *сов., что* (разг.). Выпить сообща (обычно о спиртном). *Р. бутылку вина.* ‖ *несов.* **распива́ть,** -а́ю, -а́ешь.

РАСПИХА́ТЬ, -а́ю, -а́ешь; -и́ханный; *сов.* (разг.). **1.** *кого (что).* Толкаясь, заставить расступиться. *Р. собравшихся.* **2.** *кого-что.* То же, что рассовать. *Р. мелкие вещи по карманам.* ‖ *несов.* **распи́хивать,** -аю, -аешь.

РАСПЛА́В, -а, *м.* **1.** *см.* плавить. **2.** Вещество в расплавленном состоянии (спец.).

РАСПЛА́ВИТЬ, -СЯ *см.* плавить, -ся.

РАСПЛА́КАТЬСЯ, -а́чусь, -а́чешься; *сов.* Начать сильно плакать. *Р. от досады.* ‖ *несов.* **распла́киваться,** -аюсь, -аешься.

РАСПЛАНИ́РОВАТЬ, РАСПЛАНИРОВА́ТЬ *см.* планировать.

РАСПЛАНИРО́ВКА *см.* планирова́ть.

РАСПЛАСТА́ТЬ, -а́ю, -а́ешь; -а́станный; *сов., кого-что.* **1.** *см.* пластать. **2.** Широко раскрыть; растянуть плашмя, в горизонтальном положении. *Р. крылья.* ‖ *несов.* **распла́стывать,** -аю, -аешь.

РАСПЛАСТА́ТЬСЯ, -а́юсь, -а́ешься; *сов.* Лечь, растянуться пластом. *Р. по земле.* ‖ *несов.* **распла́стываться,** -аюсь, -аешься.

РАСПЛА́ТА, -ы, *ж.* **1.** *см.* расплатиться. **2.** *перен.* Кара, возмездие (высок.). *Настал час расплаты.*

РАСПЛАТИ́ТЬСЯ, -ачу́сь, -а́тишься; *сов.* **1.** *с кем-чем.* Уплатить полностью. *Р. с кредиторами. Р. с долгами.* **2.** *перен., с кем.* Отомстить, наказать кого-н. в возмездие за что-н., рассчитаться (во 2 знач.). *Р. с обидчиком.* **3.** *перен.* Понести наказание за что-н. *Р. за преступление.* ‖ *несов.* **распла́чиваться,** -аюсь, -аешься. ‖ *сущ.* **распла́та,** -ы, *ж.*

РАСПЛЕВА́ТЬСЯ, -плюю́сь, -плюёшься; *сов.* (прост.). **1.** *с чем.* Покончить с чем-н. неприятным. *Р. с делами.* **2.** *с кем.* Поссорившись, расстаться. *Р. с дружками.* ‖ *несов.* **расплёвываться,** -аюсь, -аешься.

РАСПЛЕСКА́ТЬ, -ещу́, -е́щешь *и* (разг.) -а́ю, -а́ешь; -ёсканный; *сов., что.* Плеща, разбрызгать. *Р. воду из стакана.* ‖ *несов.* **расплёскивать,** -аю, -аешь. ‖ *сов.* также **расплесну́ть,** -ну́, -нёшь; -ёснутый.

РАСПЛЕСКА́ТЬСЯ (-ещу́сь, -е́щешься *и* разг. -а́юсь, -а́ешься, 1 и 2 л. не употр.), -е́щется *и* (разг.) -а́ется; *сов.* Плещась, разлиться. *Вода расплескалась по полу.* ‖ *несов.* **расплёскиваться** (-аюсь, -аешься, 1 и 2 л. не употр.), -ается. ‖ *сов.* также **расплесну́ться** (-ну́сь, -нёшься, 1 и 2 л. не употр.), -нётся.

РАСПЛЕСТИ́, -лету́, -летёшь; -лёл, -лела́; -лётший; -летённый (-ён, -ена́); -летя́; *сов., что.* Распустить, развить[1] (сплетённое.). *Р. косу. Р. верёвку.* ‖ *несов.* **расплета́ть,** -а́ю, -а́ешь.

РАСПЛЕСТИ́СЬ (-лету́сь, -летёшься, 1 и 2 л. не употр.), -летётся; -лёлся, -лела́сь; -лётшийся; -летя́сь; *сов.* О сплетённом: распуститься, развиться[1]. *Коса расплелась.* ‖ *несов.* **расплета́ться** (-а́юсь, -а́ешься, 1 и 2 л. не употр.), -а́ется.

РАСПЛОДИ́ТЬ, -СЯ *см.* плодить, -ся.

РАСПЛЫ́ВЧАТЫЙ, -ая, -ое; -ат. **1.** Неотчётливый, с неясными контурами. *Р. рисунок. Расплывчатые очертания гор.* **2.** *перен.* Неясный, неопределённо выраженный. *Р. ответ. Расплывчато* (нареч.) *выражаться.* ‖ *сущ.* **расплы́вчатость,** -и, *ж.*

РАСПЛЫ́ТЬСЯ, -ыву́сь, -ывёшься; -ы́лся, -ыла́сь, -ыло́сь *и* -ы́лось; *сов.* **1.** (1 и 2 л. не употр.). О жидкостях, жидких красках: растечься. *Чернила расплылись на плохой бумаге. Краски расплылись. Фигуры людей расплылись в темноте* (перен.: утратили отчётливые очертания). **2.** Раздаться в стороны. *Отёк расплылся. Расплылся кто-н. к старости* (потолстел; разг.). **3.** (1 и 2 л. не употр.), *перен.* О выражении на лице чувства радости, довольства: появиться. *Улыбка расплылась по лицу. По лицу расплылось довольство.* **4.** О лице: измениться от широкой, радостной улыбки (разг.). *Лицо расплылось в улыбке (в улыбку).* **5.** Широко, радостно улыбнуться (разг.). *Р. от удовольствия.* **6.** (1 и 2 л. ед. не употр.). О многих, многом, о сплошной массе: уплыть в разные стороны; рассеяться. *Гуси расплылись по пруду. Туман расплылся по лощине.* ‖ *несов.* **расплыва́ться,** -а́юсь, -а́ешься.

РАСПЛЮ́ЩИТЬ, -щу, -щишь; -щенный; *сов., кого-что.* Давлением или ударами сделать плоским, раздавить. *Р. шляпку гвоздя.* ‖ *несов.* **расплю́щивать,** -аю, -аешь.

РАСПЛЮ́ЩИТЬСЯ, -щусь, -щишься; *сов.* Стать плоским под давлением или под ударами. *Р. в лепёшку* (совершенно, полностью). ‖ *несов.* **расплю́щиваться,** -аюсь, -аешься.

РАСПОГО́ДИТЬСЯ, -ится; обычно *безл.; сов.* О погоде: стать ясной, яснее. *После дождя вдруг распогодилось.*

РАСПОЗНА́ТЬ, -а́ю, -а́ешь; -о́знанный; *сов., кого-что.* Узнать по каким-н. признакам, определить. *Р. болезнь. Р. чьи-н. намерения. В темноте не распознал знакомого* (не узнал). ‖ *несов.* **распознава́ть,** -наю́, -наёшь. ‖ *сущ.* **распозна́ние,** -я, *ср. и* **распознава́ние,** -я, *ср.* ‖ *прил.* **распознава́тельный,** -ая, -ое.

РАСПОЛАГА́ТЬ[1], -а́ю, -а́ешь; *несов.* (книжн.). **1.** *кем-чем.* Иметь у себя кого-что-н., обладать кем-чем-н. *Р. интересными* *фактами, новыми сведениями, данными. Р. свободным временем.* **2.** *кем.* То же, что распоряжаться (во 2 знач.). *Р. людьми по своему усмотрению. Можете мной р.* **3.** *с неопр.* Намереваться, предполагать (устар.). *Р. встретиться.*

РАСПОЛАГА́ТЬ[2] *см.* расположить[1-2].

РАСПОЛАГА́ТЬСЯ *см.* расположиться[1-2].

РАСПОЛАГА́ЮЩИЙ, -ая, -ее. Внушающий симпатию, расположение[2] (в 1 знач.), приятный. *Располагающая внешность. Располагающие манеры.*

РАСПО́ЛЗАТЬСЯ, -аюсь, -аешься; *сов.* (разг.). Начать много, усиленно ползать где-н. *По дорожке расползались муравьи.*

РАСПОЛЗТИ́СЬ, -зу́сь, -зёшься; -о́лзся, -олзла́сь; *сов.* **1.** (1 и 2 л. ед. не употр.). О многих, многом, о сплошной массе: уползти в разные стороны; рассеяться. *Раки расползлись из корзины. Клочья тумана расползлись по оврагу.* **2.** (1 и 2 л. не употр.). Потерять точные очертания, расплыться (разг.). *Колеи расползлись от дождя. Письмо намокло, строчки расползлись.* **3.** (1 и 2 л. не употр.). Разорваться, развалиться от ветхости, от натяжения (о ткани, одежде), разлезться (разг.). *Мешок расползся.* **4.** Потолстеть, раздаться (прост.). *С годами расползлась, обрюзгла.* ‖ *несов.* **располза́ться**, -а́юсь, -а́ешься.

РАСПОЛОЖЕ́НИЕ[1], -я, *ср.* **1.** *см.* расположить[1]. **2.** Место, занимаемое войсками, лагерем. *Проникнуть в р. противника.* **3.** Порядок размещения чего-н. *Р. предметов в интерьере.*

РАСПОЛОЖЕ́НИЕ[2], -я, *ср.* **1.** Хорошее отношение, тяготение, симпатия к кому-чему-н. *Чувствовать к кому-н. р. Сердечное р.* **2.** Желание, настроение. *Нет расположения читать.* **3.** Наклонность, восприимчивость к чему-н. *Р. к простуде.* ✦ **Расположение духа** (книжн.) — то же, что настроение. *В хорошем расположении духа кто-н.*

РАСПОЛО́ЖЕННЫЙ, -ая, -ое; -ен, -ена. **1.** *к кому-чему.* Имеющий расположение[2] (в 1 знач.) к кому-н. *Расположен к собеседнику.* **2.** *к чему* или *с неопр.* Имеющий желание сделать что-н. *Не расположен ехать.* **3.** *к чему.* Склонный к чему-н. *Ребёнок, р. к простуде.* ‖ *сущ.* **располо́женность**, -и, *ж.*

РАСПОЛОЖИ́ТЬ[1], -ожу́, -о́жишь; -о́женный; *сов., кого-что.* Разместить, распределить. *Р. отряд в деревне. Р. рисунки в тексте.* ‖ *несов.* **располага́ть**, -а́ю, -а́ешь. ‖ *сущ.* **расположе́ние**, -я, *ср.*

РАСПОЛОЖИ́ТЬ[2], -ожу́, -о́жишь; -о́женный; *сов., кого-что к кому-чему.* Вызвать в ком-н. благоприятное отношение к кому-чему-н. *Р. к себе новых знакомых.* ‖ *несов.* **располага́ть**, -а́ю, -а́ешь.

РАСПОЛОЖИ́ТЬСЯ[1], -ожу́сь, -о́жишься; *сов.* Разместиться, занять место. *Р. на опушке леса. Р. в купе.* ‖ *несов.* **располага́ться**, -а́юсь, -а́ешься.

РАСПОЛОЖИ́ТЬСЯ[2], -ожу́сь, -о́жишься; *сов., с неопр.* (устар.). Вознамериться, собраться (в 4 знач.). *Расположился идти в театр.* ‖ *несов.* **располага́ться**, -а́юсь, -а́ешься.

РАСПОЛОСОВА́ТЬ *см.* полосовать.

РАСПО́Р, -а, *м.* (спец.). В сооружениях: давление, действующее в горизонтальном направлении под влиянием сил, приложенных вертикально. ‖ *прил.* **распо́рный**, -ая, -ое.

РАСПО́РКА, -и, *ж.* Брус, планка для придания устойчивости частям сооружений, для сохранения чего-н. в определённом положении. *Поставить распорку. Р. для лыж.* ‖ *прил.* **распо́рочный**, -ая, -ое.

РАСПОРО́ТЬ, -СЯ *см.* пороть[1], -ся.

РАСПОРЯДИ́ТЕЛЬ, -я, *м.* Лицо, распоряжающееся чем-н. или где-н. *Р. кредитов. Р. церемониала.* ‖ *ж.* **распоряди́тельница**, -ы. ‖ *прил.* **распоряди́тельский**, -ая, -ое.

РАСПОРЯДИ́ТЕЛЬНЫЙ, -ая, -ое; -лен, -льна. **1.** *см.* распорядиться. **2.** Умеющий распоряжаться делом, хозяйством, энергичный. *Р. начальник.* ‖ *сущ.* **распоряди́тельность**, -и, *ж.*

РАСПОРЯДИ́ТЬСЯ, -яжу́сь, -яди́шься; *сов.* **1.** То же, что приказать. *Директор распорядился о чём-н.* **2.** Позаботиться об устройстве, использовании, применении чего-н. *Р. отпущенными суммами.* ‖ *несов.* **распоряжа́ться**, -а́юсь, -а́ешься. ‖ *сущ.* **распоряже́ние**, -я, *ср.* ‖ *прил.* **распоряди́тельный**, -ая, -ое (ко 2 знач.; офиц.). *Р. комитет.*

РАСПОРЯ́ДОК, -дка, *м.* Установленный порядок в каком-н. деле, в течении дел. *Правила внутреннего распорядка. Р. дня.*

РАСПОРЯЖА́ТЬСЯ, -а́юсь, -а́ешься; *несов.* **1.** *см.* распорядиться. **2.** Вести дело, хозяйство, управлять чем-н. *В доме всем распоряжается бабушка.* **3.** Вести себя как хозяин, начальнически. *Р. в чужом доме.*

РАСПОРЯЖЕ́НИЕ, -я, *ср.* **1.** *см.* распорядиться. **2.** Приказ, постановление. *Отдать р. Официальное р. На стене вывешено новое р.* ✦ **В распоряжение** *кого-чего, в знач. предлога с род. п.* (офиц.) — кому-н., для кого-н., для выполнения каких-н. функций. *Командировать кого-н. в распоряжение министерства. Помещение предоставлено в распоряжение клуба.* **В распоряжении** *чьём* — кто-н. имеет что-н., обладает чем-н. *Иметь в своём распоряжении. В нашем распоряжении два часа. Я в вашем распоряжении* (вежливое выражение в знач. можете мной распоряжаться, я целиком вам принадлежу).

РАСПОЯ́САТЬ, -я́шу, -я́шешь; -анный; *сов., кого-что.* Снять пояс с кого-чего-н. *Р. ребёнка. Р. куртку.* ‖ *несов.* **распоя́сывать**, -аю, -аешь.

РАСПОЯ́САТЬСЯ, -я́шусь, -я́шешься; *сов.* **1.** Развязать на себе пояс. **2.** Стать распущенным, утратить всякую сдержанность (разг.). *Наглец распоясался.* ‖ *несов.* **распоя́сываться**, -аюсь, -аешься.

РАСПРА́ВА, -ы, *ж.* Насилие над кем-н. с целью отомстить; жестокое наказание. *Р. за непокорность. Р. над (с) темнокожими. Кулачная р.* (битьём, кулаками). *Р. коротка у кого-н.* (о том, кто наказывает сурово и решительно; разг.). ✦ **Творить суд и расправу** (неодобр.) — 1) судить и приводить приговор в исполнение (устар.); 2) свободно распоряжаться, прощать и наказывать по своему усмотрению (разг.).

РАСПРА́ВИТЬ, -влю, -вишь; -вленный; *сов., что.* **1.** Выпрямить, сделать ровным и гладким. *Р. складки одежды. Р. крылья* (о птице: приготовиться взлететь; также перен.: ободриться, обрести способность действовать). **2.** Потягиваясь, вытянуть (руки, ноги, тело). *Р. плечи* (также перен.: обрести уверенность в себе). *Р. спину* (также перен.: обрести уверенность в себе, ободриться). ‖ *несов.* **расправля́ть**, -я́ю, -я́ешь. ‖ *сущ.* **распра́вка**, -и, *ж.* (спец.).

РАСПРА́ВИТЬСЯ[1] (-влюсь, -вишься, 1 и 2 л. не употр.), -вится; *сов.* Выпрямиться, сделаться ровным и гладким. *Складки расправились. Крылья расправились.* ‖ *несов.* **расправля́ться** (-я́юсь, -я́ешься, 1 и 2 л. не употр.), -я́ется.

РАСПРА́ВИТЬСЯ[2], -влюсь, -вишься; *сов.* **1.** *с кем.* Произвести расправу. *Р. с предателями.* **1.** *с кем-чем.* Распорядиться (во 2 знач.), покончить, управиться (разг.). *Р. с делами: Р. с обедом* (съесть без остатка; шутл.). ‖ *несов.* **расправля́ться**, -я́юсь, -я́ешься.

РАСПРЕДЕЛИ́ТЕЛЬ, -я, *м.* **1.** *чего.* Работник, к-рый распределяет (в 1 знач.) что-н. *Р. корреспонденции. Р. инструментов. Р. вагонов.* **2.** Устройство, регулирующее подачу чего-н. (энергии, газа, воды). *Р. электроэнергии.* **3.** Учреждение, ведающее распределением кого-чего-н. по определённым местам или распределяющее что-н. между кем-чем-н.

РАСПРЕДЕЛИ́ТЬ, -лю́, -ли́шь; -лённый (-ён, -ена́); *сов.* **1.** *кого-что.* Разделить между кем-н., предоставив каждому определённую часть. *Р. доходы.* **2.** *кого-что.* Разместить, расположить в определённой последовательности, порядке. *Р. учеников по классам. Р. часы занятий.* **3.** *кого (что).* Направить (молодых специалистов) на места работы после окончания учебного заведения (разг.). *Распределены на производство.* ‖ *несов.* **распределя́ть**, -я́ю, -я́ешь. ‖ *сущ.* **распределе́ние**, -я, *ср.* ‖ *прил.* **распредели́тельный**, -ая, -ое (к 1 и 2 знач.). *Распределительная сеть* (электрическая). *Р. пункт.*

РАСПРЕДЕЛИ́ТЬСЯ, -лю́сь, -ли́шься; *сов.* **1.** (1 и 2 л. ед. не употр.). Разместиться, разделившись в определённом порядке. *Студенты распределились по группам.* **2.** Получить направление на работу после окончания учёбы (разг.). *Выпускники распределились в разные города.* ‖ *несов.* **распределя́ться**, -я́юсь, -я́ешься.

РАСПРО́БОВАТЬ, -бую, -буешь; -ованный; *сов., что* (разг.). Пробуя, хорошенько определить вкус. *Р. новое кушанье.*

РАСПРОДА́ТЬ, -а́м, -а́шь, -а́ст, -ади́м, -ади́те, -аду́т; -о́дал и -ода́л, -одала́, -о́дало; -о́данный; *сов., кого-что.* Продать всё многим. *Р. имущество, скот.* ‖ *несов.* **распродава́ть**, -даю́, -даёшь. ‖ *сущ.* **распрода́жа**, -и, *ж.* *Сезонная р. товаров.* ‖ *прил.* **распрода́жный**, -ая, -ое (спец.).

РАСПРОПАГАНДИ́РОВАТЬ, -рую, -руешь; -анный; *сов., кого (что).* То же, что разагитировать (в 1 знач.).

РАСПРОСТЕРЕ́ТЬ, -тру́, -трёшь; -тёр, -тёрла; -тёрший; -тёртый; -терёв и -тёрши; *сов.* (книжн.). **1.** *что.* Широко раздвинув, развести в стороны, раскинуть (в 1 знач.). *Р. крылья. Распростёртое тело* (о лежащем с раскинутыми руками; разг.). **2.** *на кого-что.* Распространить, охватить своим действием. *Р. своё влияние на кого-н.* ✦ **С распростёртыми объятиями** (встретить) — радушно, радостно. ‖ *несов.* **распростира́ть**, -а́ю, -а́ешь.

РАСПРОСТЕРЕ́ТЬСЯ, -тру́сь, -трёшься; -тёрся, -тёрлась; -тёршийся; -тёршись; *сов.* (книжн.). **1.** (1 и 2 л. не употр.). Широко простереться (в 1 знач.). *Перед взором распростёрлась степь. Над болотом распростёрся туман.* **2.** Лечь, упасть, раскинув руки, раскинуться (в 1 знач.). *Р. на земле.* **3.** (1 и 2 л. не употр.), *перен., на кого-что.* Простереться (в 3 знач.), распространиться (в 1 знач.). *Полномочия комиссара распростёрлись на многое.* ‖ *несов.* **распростира́ться**, -а́юсь, -а́ешься.

РАСПРОСТИ́ТЬСЯ, -ощу́сь, -ости́шься; *сов., с кем-чем* (разг.). Попрощаться (обычно расставаясь надолго или навсегда). *Р. со старыми друзьями. С заветной мечтой пришлось р.* (перен.).

РАСПРОСТРАНЁННЫЙ[1], -ая, -ое; -ён. Широко известный, обычный, часто встречающийся. *Р. взгляд. Р. предрассудок.* ‖ *сущ.* **распространённость**, -и, *ж.*

РАСПРОСТРАНЁННЫЙ², -ая, -ое: **распространённое предложение** — в грамматике: предложение с второстепенными членами.

РАСПРОСТРАНИ´ТЕЛЬ, *-я, м., чего.* Тот, кто распространяет (в 3 знач.) что-н. *Р. газет, журналов. Телевидение — р. знаний.* ‖ *ж.* **распространи́тельница**, -ы.

РАСПРОСТРАНИ´ТЕЛЬНЫЙ, -ая, -ое; -лен, -льна (книжн.). Расширяющий буквальный смысл чего-н. *Распространительное толкование текста.* ‖ *сущ.* **распространи́тельность**, *-и, ж.*

РАСПРОСТРАНИ´ТЬ, -ню́, -ни́шь; -нённый (-ён, -ена́); *сов., что.* **1.** Увеличить, сделать более обширным (книжн.). *Р. свои владения.* **2.** Расширить круг действия чего-н. *Р. действующий распорядок на всех сотрудников.* **3.** Сделать доступным, известным для многих. *Р. учение. Р. газету. Р. опыт новаторов.* **4.** Наполнить окружающий воздух запахом чего-н. *Р. вокруг себя запах духов. Р. благоухание.* ‖ *несов.* **распространя́ть**, -я́ю, -я́ешь. ✦ **Распространяющие члены предложения** — в грамматике: то же, что второстепенные члены предложения. ‖ *сущ.* **распростране́ние**, *-я, ср.*

РАСПРОСТРАНЯ´ТЬСЯ, -я́юсь, -я́ешься; *несов.* **1.** (1 и 2 л. не употр.). Помещаясь где-н. и перемещаясь, расширить свои пределы. *Огонь распространяется по лесу. Распространяется резкий запах. Распространяется ночная прохлада. Слухи быстро распространяются* (перен.). **2.** (1 и 2 л. не употр.). То же, что простираться¹ (в 1 знач.). *Леса распространяются далеко на север. Озёра распространяются до самых гор.* **3.** Говорить о чём-н. подробно и длинно, многословно (разг. неодобр.). *Р. о своих успехах. Особенно об этом не распространяйся* (совет не разглашать что-н., не болтать). **4.** (1 и 2 л. не употр.). Простираться (в 3 знач.), распространяться (в 3 знач.). *Сила закона распространяется на всех.* ‖ *сов.* **распространи́ться**, -ню́сь, -ни́шься. ‖ *сущ.* **распростране́ние**, *-я, ср.* (к 1 и 4 знач.).

РАСПРОЩА´ТЬСЯ, -а́юсь, -а́ешься; *сов., с кем-чем* (разг.). То же, что распроститься. *Р. с друзьями. Р. с мечтой* (перен.).

РАСПРЫ´СКАТЬ, -аю, -аешь; -анный; *сов., что* (разг.). То же, что разбрызгать (в 1 знач.). *Р. духи.* ‖ *несов.* **распры́скивать**, -аю, -аешь.

РА´СПРЯ, -и, *род. мн.* -ей, *ж.* Ссора, раздоры. *Междоусобная р.* (устар.). *Р. между соседями. Старая р.*

РАСПРЯМИ´ТЬ, -млю́, -ми́шь; -млённый (-ён, -ена́); *сов., что.* Сделать прямым, выровнять (согнутое, искривлённое). *Р. железный прут. Р. спину.* ‖ *несов.* **распрямля́ть**, -я́ю, -я́ешь. ‖ *сущ.* **распрямле́ние**, *-я, ср.*

РАСПРЯМИ´ТЬСЯ, -млю́сь, -ми́шься; *сов.* Стать прямым, ровным; принять прямое положение. *Ветви распрямились. Спина распрямилась.* ‖ *несов.* **распрямля́ться**, -я́юсь, -я́ешься. ‖ *сущ.* **распрямле́ние**, -я, *ср.*

РАСПРЯ´ЧЬ, -ягу́, -яжёшь, -ягу́т; -я́г, -ягла́; -яги́; -я́гший; -яжённый (-ён, -ена́); -я́гши; *сов., кого (что).* Освободить (ездовое животное) от упряжки, выпрячь. *Р. волов, лошадей.* ‖ *несов.* **распряга́ть**, -а́ю, -а́ешь. ‖ *сущ.* **распря́жка**, *-и, ж.*

РАСПРЯ´ЧЬСЯ (-ягу́сь, -яжёшься, 1 и 2 л. не употр.), -яжётся, -ягу́тся; -я́гся, -ягла́сь; -я́гшийся; -я́гшись; *сов.* **1.** Освободиться от упряжки. *Лошадь распряглась.* **2.** Развязаться, расстегнуться (об упряжке). ‖ *несов.* **распряга́ться** (-а́юсь, -а́ешься, 1 и 2 л. не употр.), -а́ется.

РАСПСИХОВА´ТЬСЯ, -психу́юсь, -психу́ешься; *сов.* (прост. неодобр.). Прийти в возбуждённое, нервное состояние.

РАСПУГА´ТЬ, -а́ю, -а́ешь; -у́ганный; *сов., кого-что* (разг.). Напугав, разогнать. *Р. птиц.* ‖ *несов.* **распу́гивать**, -аю, -аешь.

РАСПУСТЁХА, *-и, м. и ж.* (прост. пренебр.). То же, что неряха. *Ходить распустёхой.*

РАСПУСТИ´ТЬ, -ущу́, -у́стишь; -у́щенный; *сов.* **1.** *кого-что.* Отпустить (многих), освободив от обязанностей, занятий. *Р. учеников на каникулы. Р. парламент. Комиссия распущена* (расформирована). **2.** *что.* Развернуть, развязать, ослабить (свёрнутое, скрученное, туго стянутое). *Р. паруса. Р. ремень. Р. косы.* **3.** *что.* Развив петли (в вязке), расплести (связанное). *Р. старый свитер.* **4.** *кого-что.* Ослабив требовательность, сделать своевольным, распущенным (в 1 знач.). *Р. ученика.* **5.** *что.* Растворить в жидкости. *Р. краску в воде.* **6.** *что.* Распространить, рассказать многим (разг. неодобр.). *Р. слухи, сплетню.* ✦ **Распустить язык** (разг. неодобр.) — начать говорить лишнее. ‖ *несов.* **распуска́ть**, -а́ю, -а́ешь. ‖ *сущ.* **ро́спуск**, *-а, м.* (к 1 знач.) *и* **распуска́ние**, *-я, ср.* (к 3, 5 и 6 знач.).

РАСПУСТИ´ТЬСЯ, -ущу́сь, -у́стишься; *сов.* **1.** (1 и 2 л. не употр.). О цветках, почках: раскрыться. *Сирень распустилась.* **2.** (1 и 2 л. не употр.). О свёрнутом, скрученном, туго стянутом: развернуться, развязаться, ослабнуть. *Завязки распустились. Коса распустилась.* **3.** (1 и 2 л. не употр.). О вязанье, связанной вещи: разъединиться, развиться. *Шарф распустился.* **4.** Стать распущенным (в 1 знач.). *Подростки распустились.* **5.** (1 и 2 л. не употр.). Раствориться в жидкости. *Сахар распустился в чае.* ‖ *несов.* **распуска́ться**, -а́юсь, -а́ешься. ‖ *сущ.* **распуска́ние**, *-я, ср.* (к 1 знач.).

РАСПУ´ТАТЬ, -аю, -аешь; -анный; *сов.* **1.** *что.* Разделить, разъединить (спутанное), размотать. *Р. узел, клубок* (также перен.: разобраться в сложном, запутанном деле). **2.** *кого-что.* Освободить от пут. *Р. лошадь.* **3.** *перен., что.* Разобрав, рассмотрев, привести в ясность. *Р. сложный вопрос.* ‖ *несов.* **распу́тывать**, -аю, -аешь. ‖ *сущ.* **распу́тывание**, *-я, ср.*

РАСПУ´ТАТЬСЯ, -аюсь, -аешься; *сов.* **1.** (1 и 2 л. не употр.). Разделиться, разъединиться (о спутанном), размотаться. *Клубок распутался.* **2.** Освободиться от пут. *Лошадь распуталась.* **3.** (1 и 2 л. не употр.), *перен.* О чём-н. сложном, запутанном: стать ясным, вполне понятным (разг.). *Дело распуталось.* **4.** *перен., с кем-чем.* Освободиться от кого-чего-н. неприятного, от чего-н. трудного (разг.). *Р. с долгами.* ‖ *несов.* **распу́тываться**, -аюсь, -аешься.

РАСПУ´ТИЦА, *-ы, ж.* Время, когда дороги становятся малопроезжими от грязи. *Весенняя, осенняя р. Поехал в самую распутицу.*

РАСПУ´ТНИК, -а, *м.* Человек, к-рый ведёт распутную жизнь. ‖ *ж.* **распу́тница**, -ы. ‖ *прил.* **распу́тнический**, -ая, -ое.

РАСПУ´ТНИЧАТЬ, -аю, -аешь; *несов.* Вести распутный образ жизни.

РАСПУ´ТНЫЙ, -ая, -ое; -тен, -тна. Разгульный, развратный. *Р. парень. Распутная жизнь.* ‖ *сущ.* **распу́тность**, *-и, ж.*

РАСПУ´ТСТВО, -а, *ср.* Распутный образ жизни.

РАСПУ´ТСТВОВАТЬ, -твую, -твуешь; *несов.* (устар.). То же, что распутничать.

РАСПУ´ТЬЕ, *-я, род. мн.* -тий, *ср.* Перекрёсток двух или нескольких дорог. *На р.* (также перен.: в раздумье о том, как действовать дальше, в нерешительности).

РАСПУ´ХНУТЬ, -ну, -нешь; -у́х, -у́хла; -у́хший; -у́хши; *сов.* **1.** Вздуться вследствие воспаления, болезни; вспухнуть. *Палец распух. Распух от самодовольства кто-н.* (перен.; ирон.). **2.** (1 и 2 л. не употр.). Стать пухлым (во 2 знач.). *Папка распухла от бумаг.* **3.** (1 и 2 л. не употр.), *перен.* Излишне увеличиться (разг. неодобр.). *Штаты учреждения распухли.* ‖ *несов.* **распуха́ть**, -а́ю, -а́ешь. ‖ *сущ.* **распуха́ние**, *-я, ср.*

РАСПУШИ´ТЬ *см.* пушить.

РАСПУ´ЩЕННЫЙ, -ая, -ое; -ен. **1.** Недисциплинированный, своевольный. *Р. ученик.* **2.** Развратный, безнравственный. *Распущенные нравы.* ‖ *сущ.* **распу́щенность**, -и, *ж.*

РАСПЫ´Л: **на распыл пустить** *что*, **на распыл пошло** *что* (прост.) — о трате, расходах: зря, без всякого толку. *Деньги на распыл пошли. Пустил наследство на распыл.*

РАСПЫЛИ´ТЕЛЬ, *-я, м.* Аппарат для распыления, рассеивания, разбрызгивания порошков или жидкостей.

РАСПЫЛИ´ТЬ, -лю́, -ли́шь; -лённый (-ён, -ена́); *сов.* **1.** *что.* Рассеять, разбрызгать струей (порошок, жидкость). *Р. краску.* **2.** *кого-что.* То же, что раздробить (по 2 знач. глаг. дробить). *Р. силы. Р. средства.* ‖ *несов.* **распыля́ть**, -я́ю, -я́ешь. ‖ *сущ.* **распыле́ние**, *-я, ср.* ‖ *прил.* **распыли́тельный**, -ая, -ое.

РАСПЫЛИ´ТЬСЯ (-лю́сь, -ли́шься, 1 и 2 л. не употр.), -ли́тся; *сов.* **1.** Рассеяться, разбрызгаться мелкими частицами. *Краска распылилась.* **2.** То же, что раздробиться (по 2 знач. глаг. дробиться). *Средства распылились.* ‖ *несов.* **распыля́ться** (-я́юсь, -я́ешься, 1 и 2 л. не употр.), -я́ется. ‖ *сущ.* **распыле́ние**, *-я, ср.*

РАСПЯ´ЛИТЬ, -лю, -лишь; -ленный; *сов., что.* **1.** Растянуть, туго натягивая. *Р. холст.* **2.** Широко раскрыть (глаза, рот) (прост. неодобр.). ‖ *несов.* **распя́ливать**, -аю, -аешь.

РАСПЯ´ЛКА, *-и, ж.* Приспособление для распяливания, растягивания. *Растянуть шкуру на распялках.* ‖ *прил.* **распя́лочный**, -ая, -ое.

РАСПЯ´ТИЕ, *-я, ср.* **1.** *см.* распять. **2.** Крест с изображением распятого Христа. *Золочёное р.*

РАСПЯ´ТЬ, -пну́, -пнёшь; -я́тый; *сов., кого (что).* Казнить, пригвоздив руки и ноги к крестообразно соединённым брусьям. *Р. на кресте.* ‖ *несов.* **распина́ть**, -а́ю, -а́ешь. *Р. нравственно* (перен.: мучить, терзать; высок.). ✦ **Распни его!** (книжн.) — бессмысленное и жестокое требование казни, уничтожения кого-чего-н. [по библейской легенде о толпе, требовавшей распятия Иисуса Христа]. ‖ *сущ.* **распя́тие**, *-я, ср.*

РАССА´ДА, -ы, *ж., собир.* Молодые растения, выращенные в защищённом грунте и предназначенные для пересадки на гряды, в открытый грунт. *Капустная р.* ‖ *прил.* **расса́дный**, -ая, -ое. *Рассадные горшки* (формочки для выращивания рассады).

РАССАДИ´ТЬ, -ажу́, -а́дишь; -а́женный; *сов.* **1.** *кого (что).* Усадить по местам. *Р. гостей.* **2.** *кого (что).* Посадить порознь друг от друга. *Р. шалунов* (в классе). **3.** *что.* Пересаживая (растения), посадить реже. *Р. клубнику.* **4.** *что.* Сильно поранить или расшибить, разломать (прост.). *Р. колено. Р. дверь.* ‖ *несов.* **расса́живать**, -аю, -аешь. ‖ *сущ.* **расса́дка**, -и, *ж.* (к 3 знач.) *и* **расса́живание**, -я, *ср.* (к 1, 2 и 3 знач.).

РАССА́ДНИК, -а, *м.* **1.** Место, где выращивают молодые растения, питомник. *Р. многолетних цветов.* **2.** *перен., чего.* Источник, средоточие чего-н. (обычно чего-н. плохого). *Р. инфекции.*

РАССА́ЖИВАТЬСЯ *см.* рассесться[1].

РАССА́СЫВАТЬСЯ *см.* рассосаться.

РАССВЕРЛИ́ТЬ, -лю́, -ли́шь; -лённый (-ён, -ена́); *сов., что.* Сверля, расширить; обработать сверлом. *Р. отверстие.* ‖ *несов.* **рассве́рливать**, -аю, -аешь. ‖ *сущ.* **рассверло́вка**, -и, *ж.* *и* **рассве́рливание**, -я, *ср.*

РАССВЕСТИ́, -ветёт; -вело́; *безл.; сов.* О рассвете: начаться, появиться. ‖ *несов.* **рассвета́ть**, -ает. *Летом рано рассветает. Прокукарекал, а там хоть и не рассветай* (посл. в знач. я своё сделал, а остальное меня не касается).

РАССВЕ́Т, -а, *м.* **1.** Время перед восходом солнца, начало утра. *Встать на рассвете.* **2.** *перен., чего.* Ранний период, начало чего-н. (книжн.). *На рассвете жизни.* ‖ *прил.* **рассве́тный**, -ая, -ое.

РАССВИРЕПЕ́ТЬ *см.* свирепеть.

РАССВОБО́ДИТЬСЯ, -о́жусь, -о́дишься; *сов.* (разг. неодобр.). Начать вести себя своевольно, крайне недисциплинированно, распуститься (в 4 знач.).

РАССЕДА́ТЬСЯ *см.* рассесться[2].

РАССЕДЛА́ТЬ, -а́ю, -а́ешь; -ёдланный; *сов., кого (что).* Снять седло (с осёдланного животного). *Р. лошадь.* ‖ *несов.* **рассёдлывать**, -аю, -аешь. ‖ *сущ.* **расседло́вка**, -и, *ж.* *и* **рассёдлывание**, -я, *ср.*

РАССЕДЛА́ТЬСЯ (-а́юсь, -а́ешься, 1 и 2 л. не употр.), -а́ется; *сов.* Об осёдланном животном: освободиться от седла. *Лошадь расседлалась.* ‖ *несов.* **рассёдлываться** (-аюсь, -аешься, 1 и 2 л. не употр.), -ается. ‖ *сущ.* **рассёдлывание**, -я, *ср.*

РАССЕКА́ТЬ *см.* рассечь.

РАССЕКРЕ́ТИТЬ, -е́чу, -е́тишь; -е́ченный; *сов., что.* Снять запрет на разглашение чего-н. *Р. работу, исследования.* ‖ *несов.* **рассекре́чивать**, -аю, -аешь.

РАССЕ́ЛИНА, -ы, *ж.* Глубокая трещина, узкое ущелье в горах, в земле. *Горная р.*

РАССЕЛИ́ТЬ, -лю́, -ли́шь *и* (разг.) -е́лишь; -лённый (-ён, -ена́); *сов., кого-что.* **1.** Поселить в разных местах. *Р. всех приехавших.* **2.** Поселить порознь (живущих вместе). *Р. семейство бобров.* ‖ *несов.* **расселя́ть**, -я́ю, -я́ешь. ‖ *сущ.* **расселе́ние**, -я, *ср.*

РАССЕЛИ́ТЬСЯ (-лю́сь, -ли́шься *и* разг. -е́лишься, 1 и 2 л. ед. не употр.), -ели́тся *и* (разг.) -е́лится; *сов.* **1.** Поселиться в разных местах. *Р. по берегам рек.* **2.** Поселиться порознь (о живущих вместе). ‖ *несов.* **расселя́ться** (-я́юсь, -я́ешься, 1 и 2 л. ед. не употр.), -я́ется. ‖ *сущ.* **расселе́ние**, -я, *ср.*

РАССЕРДИ́ТЬ, -СЯ *см.* сердить, -ся.

РАССЕРЧА́ТЬ *см.* серчать.

РАССЕ́СТЬСЯ[1], -ся́дусь, -ся́дешься; -се́лся, -се́лась; -се́вшийся; -се́вшись; *сов.* **1.** (1 и 2 л. ед. не употр.). Сесть по своим местам. *Ученики расселись по партам.* **2.** Сесть в непринуждённой позе, заняв слишком много места (разг. неодобр.). *Р. на диване.* ‖ *несов.* **расса́живаться**, -ается (к 1 знач.).

РАССЕ́СТЬСЯ[2] (-ся́дусь, -ся́дешься, 1 и 2 л. не употр.), -ся́дется; -ёлся, -ёлась; *сов.* Оседая, дать трещины. *Стена расселась.* ‖ *несов.* **расседа́ться** (-а́юсь, -а́ешься, 1 и 2 л. не употр.), -а́ется.

РАССЕ́ЧЬ, -еку́, -ечёшь, -еку́т; -ёк, -екла́; -сёкший; -чённый (-ён, -ена́); -сёкши *и* -се́кши; *сов.* **1.** *кого-что.* То же, что разрубить. *Р. тушу.* **2.** *что.* Глубоко поранить чем-н. острым, режущим. *Р. губу.* **3.** *перен., что.* Сильным движением прорезать, разъединить, резкой чертой разделить. *Катер рассёк волну. Р. армию противника. Луч прожектора рассёк небо.* ‖ *несов.* **рассека́ть**, -аю, -аешь. ‖ *сущ.* **рассече́ние**, -я, *ср.*

РАССЕ́ЯННЫЙ, -ая, -ое; -ян, -янна. Не умеющий сосредоточиться, невнимательный и несобранный. *Р. человек. Р. взгляд. Рассеянно* (нареч.) *отвечать.* ‖ *сущ.* **рассе́янность**, -и, *ж.*

РАССЕ́ЯТЬ, -е́ю, -е́ешь; -янный; *сов.* **1.** *что.* Посеять, сделать посев. *Р. семена.* **2.** *кого-что.* Расположить, разместить на большом пространстве. *Рассеянное население* (редкое, не густое). **3.** *что.* Ослабить, сделать менее сосредоточенным. *Р. лучи. Рассеянный свет.* **4.** *кого-что.* Разогнать в разные стороны, заставить разбежаться. *Р. отряд нападающих.* **5.** *что.* Устранить, уничтожить (что-н. неблагоприятное). *Р. ложные слухи. Р. сомнения, подозрения.* **6.** *кого-что.* Отвлечь от неблагоприятных, тяжёлых мыслей; заставить рассеяться (в 4 и 5 знач.), развеяться. *Р. огорчённого друга. Р. чьё-н. горе, грусть, тоску, печаль.* ‖ *несов.* **рассева́ть**, -а́ю, -а́ешь (к 1 знач.) *и* **рассе́ивать**, -аю, -аешь (ко 2, 3, 4, 5 и 6 знач.). ‖ *сущ.* **рассе́в**, -а, *м.* (к 1 знач.), **рассева́ние**, -я, *ср.* (к 1 знач.) *и* **рассе́ивание**, -я, *ср.* (к 1, 3, 4 и 5 знач.).

РАССЕ́ЯТЬСЯ, -е́юсь, -е́ешься; *сов.* **1.** (1 и 2 л. ед. не употр.). Распространиться, расположиться на большом пространстве, в разных местах. *Сухие листья рассеялись по земле. Выпускники рассеялись по всей стране* (перен.). **2.** (1 и 2 л. не употр.). Ослабеть, стать менее плотным, ярким, сосредоточенным. *Лучи рассеялись. Туман рассеялся.* **3.** (1 и 2 л. ед. не употр.). В беспорядке разойтись, разбежаться в разные стороны. *Колонна неприятеля рассеялась.* **4.** (1 и 2 л. не употр.). О чём-н. неблагоприятном, о неприятном переживании: исчезнуть, пройти. *Слухи рассеялись. Сомнения рассеялись.* **5.** Развлечься, развеяться (в 3 знач.). *Р. после занятий.* ‖ *несов.* **рассе́иваться**, -аюсь, -аешься. ‖ *сущ.* **рассе́яние**, -я, *ср.* (ко 2 и 5 знач.) *и* **рассе́ивание**, -я, *ср.* (ко 2, 3 и в нек-рых сочетаниях к 1 знач.). *Рассеяние света, микрочастиц.*

РАССИДЕ́ТЬСЯ, -ижу́сь, -иди́шься; *сов.* (разг. неодобр.). Расположившись где-н., просидеть долгое время. *Р. в гостях.* ‖ *несов.* **расси́живаться**, -аюсь, -аешься. *Некогда р.*

РАССКА́З, -а, *м.* **1.** Малая форма эпической прозы, повествовательное произведение небольшого размера. *Сборник рассказов.* **2.** Словесное изложение каких-н. событий. *Р. очевидца.*

РАССКАЗА́ТЬ, -ажу́, -а́жешь; -а́занный; *сов., что* и *о ком-чём.* Словесно сообщить, изложить что-н. *Р. о случившемся. В повести рассказано о молодёжи. Расскажи кому-н. другому* (выражение недоверия; разг. ирон.). ‖ *несов.* **расска́зывать**, -аю, -аешь.

РАССКА́ЗЧИК, -а, *м.* Тот, кто рассказывает что-н. *Хороший р.* (человек, умеющий интересно рассказывать). *Образ рассказчика* (в сказе во 2 знач., в художественном повествовании от чьего-н. лица: образ того, от чьего лица ведётся рассказ). ‖ *ж.* **расска́зчица**, -ы. ‖ *прил.* **расска́зчицкий**, -ая, -ое.

РАССКАКА́ТЬСЯ, -скачу́сь, -ска́чешься; *сов.* (разг.). Сильно разогнаться на скаку.

РАССКРИПЕ́ТЬСЯ, -плю́сь, -пи́шься; *сов.* (разг.). Начать сильно скрипеть (в 1 знач.). *Колесо расскрипелось. О чём это там наш старик расскрипелся?* (перен.).

РАССЛАБЕ́ТЬ, -е́ю, -е́ешь; *сов.* (разг.). То же, что расслабнуть. ‖ *несов.* **расслабева́ть**, -а́ю, -а́ешь.

РАССЛА́БИТЬ, -блю, -бишь; -бленный; *сов.* **1.** *кого-что.* Сильно ослабить; подорвать (силы, волю). *Болезнь расслабила организм.* **2.** *что.* Сделать ненапряжённым. *Р. мышцы, тело.* ‖ *несов.* **расслабля́ть**, -я́ю, -я́ешь. ‖ *сущ.* **расслабле́ние**, -я, *ср.*

РАССЛА́БИТЬСЯ, -блюсь, -бишься; *сов.* **1.** Утратить силы, ослабеть. *Р. от волнения.* **2.** Ослабить напряжение мышц, а также вообще внутреннее напряжение. *Р. после тренировки.* ‖ *несов.* **расслабля́ться**, -я́юсь, -я́ешься. ‖ *сущ.* **расслабле́ние**, -я, *ср.*

РАССЛА́БЛЕННЫЙ, -ая, -ое; -ен. Лишённый силы, энергии, слабый. *Р. голос. Р. организм.* ‖ *сущ.* **рассла́бленность**, -и, *ж.*

РАССЛА́БНУТЬ, -ну, -нешь; -а́б, -а́бла; *сов.* (разг.). Сильно ослабеть, устать. *Р. от жары.*

РАССЛА́ВИТЬ, -влю, -вишь; -вленный; *сов., кого-что.* **1.** Чрезмерно расхвалить (устар.). *Р. стихотворца.* **2.** Рассказать многим (что-н. плохое о ком-чём-н.). *Р. по всему городу.* ‖ *несов.* **расславля́ть**, -я́ю, -я́ешь.

РАССЛЕ́ДОВАТЬ, -дую, -дуешь; -дуй; -анный; *сов.* и *несов., что.* **1.** Подвергнуть (-гать) всестороннему рассмотрению, изучению. *Р. факты, обстоятельства дела.* **2.** Осуществить (-влять) следствие[2] (спец.). *Р. преступление.* ‖ *сущ.* **рассле́дование**, -я, *ср.*

РАССЛОИ́ТЬ, -ою́, -ои́шь; -оённый (-ён, -ена́); *сов.* **1.** *что.* Разделить на слои (в 1 знач.). *Р. слюду.* **2.** *перен., кого-что.* Разделить на социальные группы, слои, прослойки. *Р. группировку.* ‖ *несов.* **рассла́ивать**, -аю, -аешь. ‖ *сущ.* **расслое́ние**, -я, *ср.*, **рассло́йка**, -и, *ж.* (к 1 знач.) *и* **рассла́ивание**, -я, *ср.*

РАССЛОИ́ТЬСЯ (-ою́сь, -ои́шься, 1 и 2 л. ед. не употр.), -ои́тся; *сов.* **1.** (1 и 2 л. не употр.). Разделиться на слои (в 1 знач.). *Слюда расслоилась.* **2.** *перен.* Разделиться на социальные группы, слои, прослойки. ‖ *несов.* **рассла́иваться** (-аюсь, -аешься, 1 и 2 л. ед. не употр.), -ается. ‖ *сущ.* **расслое́ние**, -я, *ср.*, **рассло́йка**, -и, *ж.* (к 1 знач.) *и* **рассла́ивание**, -я, *ср.*

РАССЛУ́ШАТЬ, -аю, -аешь; -анный; *сов., кого-что* (устар.). То же, что расслышать.

РАССЛЫ́ШАТЬ, -шу, -шишь; -анный; *сов., кого-что.* Ясно воспринять слухом. *Не р. слов собеседника из-за шума.*

РАССЛЮНЯ́ВИТЬСЯ, -влюсь, -вишься; *сов.* (прост. неодобр.). Раскиснуть (в 3 знач.), разнюниться.

РАССМА́ТРИВАТЬ, -аю, -аешь; *несов., кого-что.* **1.** *см.* рассмотреть. **2.** В сочетании с «как», «в качестве»: давать ту или иную оценку кому-чему-н., воспринимать. *Свою работу я рассматриваю как предварительную (в качестве предварительной).*

РАССМЕШИ́ТЬ *см.* смешить.

РАССМЕЯ́ТЬСЯ, -ею́сь, -еёшься; *сов.* Начать сильно смеяться. *Р. в глаза кому-н.* (ответить смехом). ‖ *несов.* **рассме́иваться**, -аюсь, -аешься.

РАССМОТРЕ́ТЬ, -отрю́, -о́тришь; -о́тренный; *сов.* **1.** *кого-что.* Всматриваясь, распознать, осмотреть. *Р. надпись. Р. в бинокль.*

2. *что.* Вникнув, разобрать, обсудить. *Р. дело, ходатайство. Тщательно р. все данные.* ‖ *несов.* **рассма́тривать**, -аю, -аешь. ‖ *сущ.* **рассма́тривание**, -я, *ср.* (к 1 знач.) *и* **рассмотре́ние**, -я, *ср.* (ко 2 знач.). *Передать вопрос на рассмотрение комиссии.*

РАССОВА́ТЬ, -сую́, -суёшь; -о́ванный; *сов., кого-что* (разг.). Разместить, засовывая, помещая в разные места. *Р. вещи по чемоданам.* ‖ *несов.* **рассо́вывать**, -аю, -аешь.

РАССО́Л, -а (-у), *м.* **1.** Жидкость, насыщенная соками засоленных в ней продуктов. *Огуречный, капустный р.* **2.** (-а). Насыщенная минералами вода лиманов, солёных озёр и других водоёмов (спец.) *Металлоносный рассол.* **3.** (-а). Раствор солей, употр. для разных технических надобностей (спец.). ‖ *прил.* **рассо́льный**, -ая, -ое.

РАССО́ЛЬНИК, -а (-у), *м.* Мясной или рыбный суп, сваренный с солёными огурцами.

РАССО́РИТЬ, -рю, -ришь; -ренный; *сов., кого (что).* Окончательно поссорить друг с другом. *Р. приятелей.*

РАССОРИ́ТЬ, -рю́, -ри́шь; -рённый (-ён, -ена́); *сов., что* (разг.). Соря, роняя, рассыпать в разных местах. *Р. окурки, мусор.*

РАССО́РИТЬСЯ, -рюсь, -ришься; *сов., с кем.* Окончательно поссориться с кем-н. *Р. с соседями.* ‖ *несов.* **рассо́риваться**, -аюсь, -аешься.

РАССОРТИРОВА́ТЬ *см.* сортировать.

РАССОСА́ТЬСЯ, -сётся; *сов.* **1.** (1 и 2 л. не употр.). Об опухолях, болезненных наростах: опасть, исчезнуть. *Отёк рассосался.* **2.** (1 и 2 л. не употр.), *перен.* Постепенно разойтись, уничтожиться (разг.). *Толпа рассосалась.* ‖ *несов.* **расса́сываться**, -ается. ‖ *сущ.* **расса́сывание**, -я, *ср.* (к 1 знач.).

РАССО́ХНУТЬСЯ (-нусь, -нешься, 1 и 2 л. не употр.), -нется; -о́хся, -о́хлась; *сов.* Потрескаться от сухости. *Рама рассохлась.* ‖ *несов.* **рассыха́ться** (-а́юсь, -аешься, 1 и 2 л. не употр.), -а́ется.

РАССПРОСИ́ТЬ, -ошу́, -о́сишь; -о́шенный; *сов., кого (что).* Задать кому-н. вопросы с целью узнать, выяснить что-н. *Р. встречного о дороге.* ‖ *несов.* **расспра́шивать**, -аю, -аешь. ‖ *сущ.* **расспро́с**, -а, обычно *мн., м. и* **расспра́шивание**, -я, *ср.* ‖ *прил.* **расспро́сный**, -ая, -ое (стар.). *Расспросные речи* (показания, полученные на допросе).

РАССРЕДОТО́ЧИТЬ, -чу, -чишь; -ченный; *сов., кого-что.* Разместить небольшими частями на большом пространстве, в разных местах. *Р. объекты.* ‖ *несов.* **рассредото́чивать**, -аю, -аешь. ‖ *сущ.* **рассредото́чение**, -я, *ср.*

РАССРЕДОТО́ЧИТЬСЯ (-чусь, -чишься, 1 и 2 л. ед. не употр.), -чится; *сов.* Разместиться небольшими частями на большом пространстве, в разных местах. *Дивизия рассредоточилась.* ‖ *несов.* **рассредото́чиваться** (-аюсь, -аешься, 1 и 2 л. ед. не употр.), -ается. ‖ *сущ.* **рассредото́чение**, -я, *ср.*

РАССРО́ЧИТЬ, -чу, -чишь; -ченный; *сов., что.* Распределить на несколько сроков. *Р. платежи.* ‖ *несов.* **рассро́чивать**, -аю, -аешь. ‖ *сущ.* **рассро́чивание**, -я, *ср. и* **рассро́чка**, -и, *ж.*

РАССРО́ЧКА, -и, *ж.* **1.** *см.* рассрочить. **2.** Выплата не за один раз, по частям, в несколько сроков. *Предоставить рассрочку. Купить в рассрочку.*

РАССТАВА́НИЕ, -я, *ср.* **1.** *см.* расстаться. **2.** Момент разлуки. *Грустное р. Р. — не свидание* (из песни).

РАССТА́ВИТЬ, -влю, -вишь; -вленный; *сов.* **1.** *кого-что.* Разместить, поставить на нужных местах. *Р. книги.* **2.** *что.* Раздвинуть, увеличив расстояние между чем-н. *Широко р. ноги.* **3.** *что.* Расширить (сшитое). *Р. юбку.* ‖ *несов.* **расставля́ть**, -я́ю, -я́ешь. ‖ *сущ.* **расста́вка**, -и, *ж.* (ко 2 и 3 знач.; спец.) *и* **расстано́вка**, -и, *ж.* (к 1 знач.).

РАССТА́ВИТЬСЯ (-влюсь, -вишься, 1 и 2 л. не употр.), -вится; *сов.* Поместиться, встать на нужных местах. *Мебель удобно расставилась.* ‖ *несов.* **расставля́ться** (-я́юсь, -я́ешься, 1 и 2 л. не употр.), -я́ется.

РАССТАНО́ВКА, -и, *ж.* **1.** *см.* расставить. **2.** Порядок, последовательность в размещении чего-н. *Правильная р. сил.* **3.** Короткая пауза при чтении, в речи (разг.). *Читать с расстановкой.* ‖ *прил.* **расстано́вочный**, -ая, -ое (к 3 знач.).

РАССТАРА́ТЬСЯ, -а́юсь, -а́ешься; *сов.* (разг.). Очень постараться. *Р. для приятеля.*

РАССТА́ТЬСЯ, -а́нусь, -а́нешься; *сов., с кем-чем.* **1.** Уйти от кого-н., откуда-н., перестать видеться, встречаться или разойтись, попрощавшись. *Р. навсегда. Р. с друзьями, с родным селом. Р. до вечера.* **2.** *перен.* Лишиться кого-чего-н. *Р. с любимой книгой. Со щенком придётся р.* ‖ *несов.* **расстава́ться**, -таю́сь, -таёшься. ‖ *сущ.* **расстава́ние**, -я, *ср.* (к 1 знач.).

РАССТЕГА́Й, -я, *м.* Большой круглый открытый сверху пирог с начинкой (обычно из рыбного фарша); вообще пирожок с открытой начинкой. ‖ *уменьш.* **расстега́йчик**, -а, *м.*

РАССТЕГНУ́ТЬ, -ну́, -нёшь; -ёгнутый; *сов., что.* Раскрыть (застёгнутое), освободить от застёжки. *Р. ворот, пальто. Р. ремень, молнию.* ‖ *несов.* **расстёгивать**, -аю, -аешь.

РАССТЕГНУ́ТЬСЯ, -ну́сь, -нёшься; *сов.* **1.** (1 и 2 л. не употр.). Раскрыться (о застёгнутом). *Ворот расстегнулся.* **2.** Расстегнуть на себе что-н. *Идти расстегнувшись* (в расстёгнутой одежде). ‖ *несов.* **расстёгиваться**, -аюсь, -аешься.

РАССТЕЛИ́ТЬ, -СЯ *см.* разостлать, расстилаться.

РАССТИЛА́ТЬ, РАССТИ́ЛКА *см.* разостлать.

РАССТИЛА́ТЬСЯ, -а́юсь, -а́ешься; *несов.* **1.** (1 и 2 л. не употр.). То же, что простираться (в 1 знач.). *Перед глазами расстилается озеро.* **2.** (1 и 2 л. не употр.), *перен.* Растекаясь, стелясь по поверхности чего-н., распространяться. *Туман расстилается по реке. Над горами расстилается колокольный звон. Дым расстилается по земле.* **3.** (1 и 2 л. не употр.), *перен.* То же, что стелиться (в 4 знач.). **4.** *перен.* Раболепствовать, угождать (разг.). *Хозяин расстилался перед именитым гостем.* ‖ *сов.* **разостла́ться** и **расстели́ться** (расстелю́сь, рассте́лишься, 1 и 2 л. не употр.), рассте́лется (к 1, 2 и 3 знач.).

РАССТОЯ́НИЕ, -я, *ср.* Пространство, разделяющее два пункта, промежуток между чем-н. *Кратчайшее р. Держать кого-н. на почтительном расстоянии от себя* (ирон.; также перен.: не допускать близости, сближения). *На расстоянии столетий от чего-н.* (перен.: будучи отделено столетиями).

РАССТРА́ИВАТЬ, -СЯ *см.* расстроить, -ся.

РАССТРЕ́Л, -а, *м.* **1.** *см.* расстрелять. **2.** Смертная казнь посредством выстрела (выстрелов). *Р. — исключительная мера наказания.* ‖ *прил.* **расстре́льный**, -ая, -ое. *Расстрельные списки.*

РАССТРЕЛЯ́ТЬ, -я́ю, -я́ешь; -е́лянный; *сов.* **1.** *кого (что).* Подвергнуть расстрелу (во 2 знач.). *Р. предателей.* **2.** *кого-что.* Подвергнуть сильному обстрелу на коротком расстоянии. *Р. танки врага.* **3.** *что.* Израсходовать при стрельбе. *Р. все снаряды.* ‖ *несов.* **расстре́ливать**, -аю, -аешь. ‖ *сущ.* **расстре́л**, -а, *м.* (к 1 и 2 знач.).

РАССТРИ́ГА, -и, *м.* Священнослужитель или монах, исключённый из духовного звания или добровольно вышедший из него. *Поп-р. Монах-р.*

РАССТРИ́ЧЬ, -игу́, -ижёшь, -игу́т; -и́г, -и́гла; -иги́; -и́гший; -и́женный; -и́гши; *сов.* **1.** *что.* Разрезать ножницами (разг.). *Р. бумагу на полосы.* **2.** *кого (что).* У христиан: лишить духовного сана, монашества. *Расстриженный поп.* ‖ *несов.* **расстрига́ть**, -а́ю, -а́ешь. ‖ *сущ.* **расстриже́ние**, -я, *ср.* (ко 2 знач.).

РАССТРО́ИТЬ, -о́ю, -о́ишь; -о́енный; *сов.* **1.** *кого-что.* Нарушить строй² (в 1 и 2 знач.), порядок построения чего-н. *Р. ряды.* **2.** *что.* Причинить ущерб чему-н., нарушить порядок, нормальное состояние чего-н. *Р. хозяйство. Р. здоровье.* **3.** *что.* Помешать осуществлению чего-н. *Р. чьи-н. планы, замыслы.* **4.** *кого (что).* Огорчить, привести в плохое душевное состояние. *Р. неприятным письмом.* **5.** *что.* Нарушить строй¹ (музыкального инструмента). *Р. рояль.* ‖ *несов.* **расстра́ивать**, -аю, -аешь. ‖ *сущ.* **расстро́йство**, -а, *ср.* (к 1, 2, 3 и 4 знач.).

РАССТРО́ИТЬСЯ, -о́юсь, -о́ишься; *сов.* **1.** (1 и 2 л. не употр.). Потерять строй² (в 1 и 2 знач.), стать беспорядочным. *Ряды расстроились.* **2.** (1 и 2 л. не употр.). Стать неисправным, плохим. *Хозяйство расстроилось. Здоровье расстроилось.* **3.** (1 и 2 л. не употр.). Не осуществиться вследствие каких-н. помех. *План поездки расстроился.* **4.** Огорчиться, сильно опечалиться. *Р. из-за неудачи.* **5.** (1 и 2 л. не употр.). Потерять свой строй¹ (о музыкальном инструменте), разладиться (в 1 знач.). *Рояль расстроился. Прибор расстроился.* ‖ *несов.* **расстра́иваться**, -аюсь, -аешься. ‖ *сущ.* **расстро́йство**, -а, ср. (ко 2 и 4 знач.) *и* **расстро́йка**, -и, *ж.* (к 5 знач.).

РАССТРО́ЙСТВО, -а, *ср.* **1.** *см.* расстроить, -ся. **2.** Полный беспорядок вследствие нарушения строя² (в 1 и 2 знач.). *Внести р. в ряды противника.* **3.** Неисправное состояние вследствие ущерба, нарушения порядка. *Дела пришли в р.* **4.** Заболевание, нарушающее нормальные функции какого-н. органа, организма. *Р. желудка. Нервное р.* (расстройство нервной системы). *Р. сознания.* **5.** Плохое настроение, утрата душевного равновесия (разг.). *Он сегодня в расстройстве.* **6.** То же, что понос (разг.). *У ребёнка сильное р.*

РАССТУПИ́ТЬСЯ, -уплю́сь, -у́пишься; *сов.* **1.** (1 и 2 л. ед. не употр.). О многих: отойдя в сторону, освободить место для прохода, проезда. *Толпа расступилась.* **2.** (1 и 2 л. не употр.), *перен.* О земле, скалах, волнах: расколоться, образовать трещину, раздвинуться. *Скала расступилась.* **3.** Перестать скупиться, расщедриться (прост. ирон.). *Расступился — полтинник выложил.* ‖ *несов.* **расступа́ться**, -а́юсь, -а́ешься.

РАССТЫКОВА́ТЬСЯ, -ку́юсь, -ку́ешься; *сов.* О стыкованном: разъединиться. ‖ *несов.* **расстыко́вываться**, -аюсь, -аешься. ‖ *сущ.* **расстыко́вка**, -и, *ж.*

РАССУДИ́ТЕЛЬНЫЙ, -ая, -ое; -лен, -льна. Руководствующийся требованиями рассудка, благоразумный; обдуманный. *Р. собеседник. Рассудительно* (нареч.) *поступить.* ‖ *сущ.* **рассуди́тельность**, -и, *ж.*

РАССУДИ́ТЬ, -ужу́, -у́дишь; -у́женный; *сов.* 1. *кого-что.* Разобрав обстоятельства, вынести решение по поводу чего-н. *Р. спор, спорщиков.* 2. Обдумать, сообразить, заключить. *Рассуди сам, прав ли ты.*

РАССУ́ДОК, -дка, *м.* 1. Способность к мыслительной деятельности, к осмыслению чего-н. *Деятельность рассудка. Лишиться рассудка* (сойти с ума). 2. Здравый смысл, разумность. *С рассудком поступать. Голос рассудка* (разумная мысль). ‖ *прил.* **рассу́дочный**, -ая, -ое (к 1 знач.).

РАССУ́ДОЧНЫЙ, -ая, -ое; -чен, -чна. 1. *см.* рассудок. 2. Отличающийся преобладанием рассудка над чувством. *Рассудочная любовь. Р. поступок.* ‖ *сущ.* **рассу́дочность**, -и, *ж.*

РАССУЖДА́ТЬ, -а́ю, -а́ешь; *несов.* 1. Мыслить, строить умозаключения. *Р. логически. Научиться р.* 2. Последовательно излагать свои суждения о чём-н., обсуждать что-н., вести беседу *Р. об искусстве. Р. на разные темы. Не рассуждать!* (окрик в знач. молчать, не возражать!).

РАССУЖДЕ́НИЕ, -я, *ср.* 1. Умозаключение, ряд мыслей, изложенных в логически последовательной форме. *Правильное р.* 2. обычно *мн.* Высказывание, обсуждение. *Пуститься в рассуждения. Выполнять приказ без рассуждений* (не возражая, не обсуждая). ✦ **В рассуждении** *кого-чего, в знач. предлога с род. п.* (устар. и шутл.) — что касается до, относительно кого-чего-н. *Как дела в рассуждении поездки?*

РАССУПО́НИТЬ, -ню, -нишь; -ненный; *сов., кого-что.* Выпрягая (лошадь), развязать супонь. ‖ *несов.* **рассупо́нивать**, -аю, -аешь.

РАССУПО́НИТЬСЯ, -нюсь, -нишься; *сов.* 1. (1 и 2 л. не употр.). О супони: развязаться. 2. *перен.* Расстегнуть на себе одежду, раздеться (прост.). ‖ *несов.* **рассупо́ниваться**, -аюсь, -аешься.

РАССУСО́ЛИВАТЬ, -аю, -аешь; *несов.* (прост. неодобр.). Говорить, рассказывать о чём-н. длинно, с излишними подробностями. *Говори короче, не рассусоливай!* ‖ *сов.* **рассусо́лить**, -лю, -лишь.

РАССУЧИ́ТЬ, -учу́, -у́чишь *и* -учи́шь; -у́ченный; *сов., что.* 1. Расплести (скрученное). *Р. верёвку.* 2. Опустить (засученное). *Р. рукава.* ‖ *несов.* **рассу́чивать**, -аю, -аешь.

РАССУЧИ́ТЬСЯ (-учу́сь, -у́чишься *и* -учи́шься, 1 и 2 л. не употр.), -у́чится *и* -учи́тся; *сов.* 1. О скрученном: расплестись. *Верёвка рассучилась.* 2. О засученном: опуститься. *Рукава рассучились.* ‖ *несов.* **рассу́чиваться** (-аюсь, -аешься, 1 и 2 л. не употр.), -ается.

РАССЧИТА́ТЬ, -а́ю, -а́ешь; -и́танный; *сов.* 1. *что.* Произвести исчисление чего-н., учесть данные или возможности совершения чего-н. *Р. стоимость чего-н. Р. предстоящие расходы. Р. конструкцию* (вычислить данные при проектировании). *Р. прыжок.* 2. *с союзом «что».* Предусмотреть, задумать, заранее определить. *Рассчитал, что всё обойдётся благополучно.* 3. *кого (что).* Уволить, дать расчёт (во 2 знач.). *Р. прогульщика.* 4. *кого-что.* Приказать рассчитаться (в 3 знач.) (спец.). *Р. взвод.* ‖ *несов.* **рассчи́тывать**, -аю, -аешь. ‖ *сущ.* **расчёт**, -а, *м.* ‖ *прил.* **расчётный**, -ая, -ое (к 1 знач.). *Расчётные цифры.*

РАССЧИТА́ТЬСЯ, -а́юсь, -а́ешься; *сов.* 1. *с кем.* Полностью расплатиться с кем-н. *Р. с кредиторами.* 2. *перен., с кем.* То же, что расплатиться (во 2 знач.) (разг.). *Р. с обидчиком.* 3. О стоящих в строю, шеренге: называть свой порядковый номер для общего подсчёта. *По порядку номеров рассчитайсь!* (команда). 4. Уволиться, взять расчёт (разг.). ‖ *несов.* **рассчи́тываться**, -аюсь, -аешься. ‖ *сущ.* **расчёт**, -а, *м.*

РАССЧИ́ТЫВАТЬ, -аю, -аешь; *несов.* 1. *см.* рассчитать *и* расчесть. 2. *на что* или *с неопр.* Предполагать, надеяться, считать возможным. *Р. на помощь. Рассчитывал застать тебя дома.* 3. *на кого-что.* Возлагать надежды, полагаться. *Р. на старого друга. Можете на меня р.* (я вам помогу).

РАССЫЛА́ТЬ, РАССЫ́ЛКА, РАССЫ́ЛОЧНЫЙ *см.* разослать.

РАССЫ́ЛЬНЫЙ, -ая, -ое. 1. *см.* разослать. 2. **рассы́льный**, -ого, *м.* Курьер, разносящий пакеты, письма. *Послать извещение с рассыльным.* ‖ *ж.* **рассы́льная**, -ой.

РАССЫ́ПАТЬ, -плю, -плешь *и* (разг.) -пешь, -пем, -пете, -пят; рассы́пь; -анный; *сов.* 1. *что.* Просыпать или, сыпля, раскидать по поверхности, разронять. *Р. соль. Р. крошки по столу. Р. приманку для птиц.* 2. *что.* Насыпая, разместить. *Р. крупу по пакетам.* 3. *перен., кого-что.* Рассредоточив, расположить на каком-н. расстоянии друг от друга. *Р. бойцов. Р. роту в цепь.* ‖ *несов.* **рассыпа́ть**, -а́ю, -а́ешь. ‖ *сущ.* **рассыпа́ние**, -я, *ср. и* **рассы́пка**, -и, *ж.* (ко 2 знач.; разг.).

РАССЫ́ПАТЬСЯ, -плюсь, -плешься *и* (разг.) -пешься, -пется, -пемся, -петесь, -пятся; рассы́пься; *сов.* 1. (1 и 2 л. не употр.). Просыпавшись, рассеяться, раскатиться по поверхности. *Мука рассыпалась. Картофель рассыпался по земле. Волосы рассыпались по плечам* (перен.: легли беспорядочными прядями). 2. (1 и 2 л. не употр.), *перен.* Расположиться на расстоянии один от другого, разойтись по какому-н. пространству. *Рота рассыпалась в цепь. Ребята рассыпались по лугу.* 3. (1 и 2 л. не употр.). Дробясь, разрушиться, распасться. *Камень рассыпался от удара молота.* 4. (1 и 2 л. не употр.), *перен.* Распасться (во 2 знач.), разрушиться (разг.). *Компания рассыпалась.* 5. *в чём.* Подчёркнуто льстиво и многословно высказать то, что названо следующим существительным. *Р. в похвалах, в благодарностях, в комплиментах.* 6. *чем.* Издать переливчатые звуки. *Соловей рассыпался звонкой трелью. Р. весёлым смехом.* ✦ **Не рассыплешься!** (прост. пренебр.) — ничего тебе не сделается, ничего не случится. ‖ *несов.* **рассыпа́ться**, -а́юсь, -а́ешься. ‖ *сущ.* **рассыпа́ние**, -я, *ср.*

РАССЫПНО́Й, -а́я, -о́е. Хранимый, получаемый, продаваемый россыпью, без упаковки. *Р. товар. Р. корм.* ✦ **Рассыпной строй** — по старым уставам: боевой порядок, при к-ром стрелки располагаются цепью на каком-н. расстоянии друг от друга.

РАССЫ́ПЧАТЫЙ, -ая, -ое; -ат. Легко рассыпающийся, легко крошащийся. *Рассыпчатая каша. Рассыпчатое печенье.* ‖ *сущ.* **рассы́пчатость**, -и, *ж.*

РАСТА́ЛКИВАТЬ *см.* растолкать.

РАСТА́ПЛИВАТЬ$^{1-2}$ *см.* растопить$^{1-2}$.

РАСТА́ПЛИВАТЬСЯ$^{1-2}$ *см.* растопиться$^{1-2}$.

РАСТА́ПТЫВАТЬ *см.* растоптать.

РАСТАСКА́ТЬ, -а́ю, -а́ешь; -а́сканный; *сов., кого-что* (разг.). То же, что растащить (в 1 и 3 знач.). *Р. вещи по разным углам. Р. сарай по брёвнышку. Всё имущество растаскали.* ‖ *несов.* **раста́скивать**, -аю, -аешь.

РАСТАСОВА́ТЬ, -су́ю, -су́ешь; -о́ванный; *сов.* 1. *что.* Стасовать (карты). *Р. колоду.* 2. *перен., кого-что.* Разъединить, разместить по разным местам (разг.). *Р. людей.* ‖ *несов.* **растасо́вывать**, -аю, -аешь. ‖ *сущ.* **растасо́вка**, -и, *ж.*

РАСТА́ЧИВАТЬ *см.* расточить^{1}.

РАСТАЩИ́ЛОВКА, -и, *ж.* (прост.). Воровство, хищения из-за бесхозяйственности.

РАСТАЩИ́ТЬ, -ащу́, -а́щишь; -а́щенный; *сов.* (разг.). 1. *кого-что.* Унести по частям, в разное время, в разные места; таща разъединить. *Р. горящие брёвна.* 2. *кого (что).* Оттащить одного от другого, разнять. *Р. драчунов.* 3. *кого-что.* Разворовать, украсть. *Воры растащили всё в доме.* ‖ *несов.* **раста́скивать**, -аю, -аешь.

РАСТА́ЯТЬ *см.* таять.

РАСТВО́Р^{1}, -а, *м.* 1. Угол, образуемый раздвинутыми концами какого-н. инструмента (лезвиями ножниц, ножками циркуля). *Широкий р.* 2. Отверстие между двумя открытыми створками окна, дверей, ворот. *Стоять в растворе дверей.*

РАСТВО́Р^{2}, -а (-у), *м.* 1. Жидкость в к-рой растворено другое жидкое, твёрдое или газообразное вещество. *Насыщенный, перенасыщенный р. Идеальный р.* 2. Вязкая, тестообразная смесь цемента (или других вяжущих веществ) с песком и водой. *Строительный р.* ‖ *прил.* **раство́рный**, -ая, -ое.

РАСТВОРИ́МЫЙ, -ая, -ое; -и́м. Способный растворяться в жидкости. *Растворимые вещества. Р. кофе.* ‖ *сущ.* **раствори́мость**, -и, *ж.*

РАСТВОРИ́ТЕЛЬ, -я, *м.* Вещество, растворяющее в себе какое-н. другое вещество. *Р. лака.*

РАСТВОРИ́ТЬ^{1}, -орю́, -о́ришь; -рённый (-ён, -ена́) *и* -о́ренный; *сов., что.* Раскрыть (затворенное). *Р. окно, дверь, ворота.* ‖ *несов.* **растворя́ть**, -я́ю, -я́ешь.

РАСТВОРИ́ТЬ^{2}, -рю́, -ри́шь; -рённый (-ён, -ена́); *сов., что.* 1. Заставить раствориться^{2}. *Р. соль в воде.* 2. То же, что замесить. *Р. тесто.* ‖ *несов.* **растворя́ть**, -я́ю, -я́ешь. ‖ *сущ.* **растворе́ние**, -я, *ср.*

РАСТВОРИ́ТЬСЯ^{1} (-орю́сь, -о́ришься, 1 и 2 л. не употр.), -о́рится; *сов.* О затворённом: раскрыться. *Калитка растворилась.* ‖ *несов.* **растворя́ться** (-я́юсь, -я́ешься, 1 и 2 л. не употр.), -я́ется.

РАСТВОРИ́ТЬСЯ^{2} (-рю́сь, -ри́шься, 1 и 2 л. не употр.), -ри́тся; *сов.* Разойдясь в жидкости, образовать с ней однородную смесь. *Соль растворилась в воде. Фигура незнакомца растворилась в темноте* (перен.: стала незаметной, исчезла). ‖ *несов.* **растворя́ться** (-я́юсь, -я́ешься, 1 и 2 л. не употр.), -ря́ется. ‖ *сущ.* **растворе́ние**, -я, *ср.*

РАСТЕКА́ТЬСЯ *см.* растечься.

РАСТЕ́НИЕ, -я, *ср.* Организм, обычно развивающийся в неподвижном состоянии, получающий питание (в отличие от животных) из воздуха (путем фотосинтеза) и почвы. *Царство растений* (одна из четырёх высших сфер органического мира; спец.). *Высшие растения* (с корнем, стеблем и листьями). *Низшие растения* (не расчленённые на корень, стебель и листья). *Древовидные растения. Цветковые, клубневые растения. Водные, земноводные растения. Дикорастущие, лесные, полевые, луговые, болотные растения. Культурные, сельскохозяйственные, технические, кормовые, лекарственные растения. Декоративные, оранжерейные, садовые, комнатные растения. Полезные, сорные растения.* ‖ *уменьш.* **расте́ньице**, -а, *ср.* ‖ *прил.* **расти́тельный**, -ая, -ое. *Р. покров* (растительность). *Р. мир* (мир растений). *Растительная пища. Растительное масло. Р. орнамент* (с изображением растений или их элементов).

РАСТЕНИЕВО́Д, -а, *м.* Специалист по растениеводству.

РАСТЕНИЕВО́ДСТВО, -а, *ср.* Наука о разведении культурных сельскохозяйственных растений, а также само такое разведение. ‖ *прил.* **растениево́дческий,** -ая, -ое.

РАСТЕРЕБИ́ТЬ, -блю́, -би́шь; -блённый (-ён, -ена́); *сов.* (разг.). **1.** *что.* Раздёргать, расщепить. *Р. пеньку. Р. копну.* **2.** *что.* Теребя, привести в беспорядок. *Р. причёску.* **3.** *кого (что).* Заставить действовать, побудить к активности, расшевелить (во 2 знач.). *Р. соню. Р. бездельников.*

РАСТЕРЕ́ТЬ, разотру́, разотрёшь; -тёр, -тёрла; -тёрший; -тёртый; -терев *и* -тёрши; *сов.* **1.** *что.* Трением размельчить. *Р. мел в порошок.* **2.** *что.* Трением размазать по поверхности. *Р. мазь.* **3.** *кого-что.* Крепко потереть (во 2 знач.); натереть. *Р. ушибленное место. Р. грудь мазью.* ‖ *несов.* **растира́ть,** -а́ю, -а́ешь. ‖ *сущ.* **расти́рка,** -и, *ж.* (к 1 и 2 знач.) *и* **растира́ние,** -я, *ср.* ‖ *прил.* **расти́рочный,** -ая, -ое (к 1 знач.; спец.).

РАСТЕРЕ́ТЬСЯ, разотру́сь, разотрёшься; -тёрся, -тёрлась; -тёршийся; -тёршись; *сов.* **1.** (1 и 2 л. не употр.). От трения превратиться в порошок. *Табак растёрся в труху.* **2.** Натереть себя чем-н. *Р. спиртом.* **3.** Обтереть себя, массируя. *Р. полотенцем. Р. докрасна.* ‖ *несов.* **растира́ться,** -а́юсь, -а́ешься. ‖ *сущ.* **растира́ние,** -я, *ср.* (ко 2 и 3 знач.).

РАСТЕ́РЗАННЫЙ, -ая, -ое; -ан. Находящийся в полном беспорядке, растрёпанный. *Р. вид. Растерзанная причёска.* ‖ *сущ.* **расте́рзанность,** -и, *ж.*

РАСТЕРЗА́ТЬ, -а́ю, -а́ешь; -е́рзанный; *сов., кого-что.* **1.** Разорвать на части. *Волк растерзал ягнёнка.* **2.** *перен.* Нравственно измучить (книжн.). *Р. душу сомнениями. Растерзанное сердце.* ‖ *несов.* **расте́рзывать,** -аю, -аешь. ‖ *сущ.* **растерза́ние,** -я, *ср. Отдать на р.*

РАСТЕ́РЯННЫЙ, -ая, -ое; -ян. Беспомощный от волнения, сильного потрясения. *Р. вид. Растерянно* (нареч.) *оглядываться по сторонам.* ‖ *сущ.* **расте́рянность,** -и, *ж.*

РАСТЕРЯ́ТЬ, -я́ю, -я́ешь; -е́рянный; *сов., кого-что.* Потерять постепенно (многих, многое). *Р. все вещи. Р. знания, навыки. Р. старых друзей.* ‖ *несов.* **растеривать,** -аю, -аешь.

РАСТЕРЯ́ТЬСЯ[1] (-я́юсь, -я́ешься, 1 и 2 л. не употр.), -я́ется; *сов.* Пропасть, потеряться постепенно (о многих, многом). *Вещи растерялись. Растерялись старые друзья.* ‖ *несов.* **расте́риваться** (-аюсь, -аешься, 1 и 2 л. не употр.), -ается.

РАСТЕРЯ́ТЬСЯ[2], -я́юсь, -я́ешься; *сов.* Прийти в состояние растерянности, нерешительности, не знать, как поступить. *Р. от неожиданности. Не р. перед лицом опасности.* ‖ *несов.* **расте́риваться,** -аюсь, -аешься.

РАСТЕРЯ́ХА, -и, *м.* и *ж.* (прост.). Человек, к-рый постоянно всё теряет, забывает, растрёпа (во 2 знач.).

РАСТЕРЯ́ША, -и, *м.* и *ж.* То же, что растеряха (обычно о ребёнке). ‖ *уменьш.* **растеря́шка,** -и, *м.* и *ж.*

РАСТЕ́ЧЬСЯ (-еку́сь, -ечёшься, 1 и 2 л. не употр.), -ечётся, -еку́тся; -ёкся, -екла́сь; -ёкшийся; -ёкшись; *сов.* **1.** Потечь в разных направлениях. *По полям растеклись весенние ручьи. Вода растеклась по полу.* **2.** (1 и 2 л. ед. не употр.), *перен.* Двигаясь, распространиться в разных направлениях. *Толпа растеклась по площади.* **3.** *перен.* Появиться, распространиться, занимая собою какое-н. пространство. *Из сада растёкся запах цветов. Над селом растёкся звук колокола. По лесу растеклась мгла.* **4.** Расшириться, теряя очертания. *Синяк растёкся по руке.* **5.** Образовать потёки. *Краска растеклась. Строчки растеклись по бумаге.* ‖ *несов.* **растека́ться** (-а́юсь, -а́ешься, 1 и 2 л. не употр.), -а́ется. ◆ **Растекаться мыслию по древу** (книжн. ирон.) — беспорядочно переходить от одного к другому в мыслях, словах.

РАСТИ́, -ту́, -тёшь; рос, росла́; ро́сший; ро́сши; *несов.* **1.** О живых существах, организмах: живя, увеличиваться. *Дети быстро растут. Трава растёт.* **2.** (1 и 2 л. не употр.). О растениях: водиться, произрастать. *В лесу растут грибы. Кипарисы растут на юге.* **3.** (1 и 2 л. не употр.). О растениях: быть, находиться. *В саду растёт яблоня.* **4.** Проводить где-н. своё детство, ранние годы жизни. *Рос в городе. Ребёнок растёт в дружной семье.* **5.** (1 и 2 л. не употр.). Увеличиваться в числе, в размерах, развиваться. *Растёт интерес к искусству. Растёт спрос на товары. Город растёт. Новостройка растёт на глазах.* **6.** (1 и 2 л. не употр.). Крепнуть, усиливаться. *Популярность спортсмена растёт.* **7.** Развиваясь, совершенствоваться. *Талант растёт. Художник растёт. Растущий специалист. Р. в чьих-н. глазах* (приобретать всё большее уважение, авторитет). ‖ *сов.* **вы́расти,** -ту, -тешь (к 1, 3, 4, 5, 6 и 7 знач.). ‖ *прил.* **расти́тельный,** -ая, -ое (к 1 знач.; спец.). *Р. процесс.*

РАСТИРА́ТЬ, -СЯ *см.* растереть, -ся.

РАСТИ́РКА *см.* растереть.

РАСТИ́ТЕЛЬНОСТЬ, -и, *ж.* **1.** Совокупность растений, растительный покров какой-н. местности. *Богатая, бедная р. Р. Кавказа.* **2.** Волосы на теле, голове, лице. *Густая, жидкая р.*

РАСТИ́ТЕЛЬНЫЙ, -ая, -ое. **1.** *см.* растение *и* расти. **2.** *перен.* Чисто физиологический, лишённый духовных интересов. *Р. образ жизни.*

РАСТИ́ТЬ, ращу́, расти́шь; *несов.* **1.** *кого-что.* Содействовать росту кого-чего-н., выращивать. *Р. цветы. Р. поросят.* **2.** *кого-что.* То же, что воспитывать (в 1 и 2 знач.). *Р. детей. Заботливо р. кадры.* **3.** *что.* То же, что совершенствовать. *Р. талант. Р. своё дарование.* ‖ *сущ.* **раще́ние,** -я, *ср.* (к 1 знач.).

РАСТЛЕ́ННЫЙ, -ая, -ое; -лён, -ле́нна. Безнравственный, морально разложившийся. *Р. совратитель.* ‖ *сущ.* **растле́нность,** -и, *ж.*

РАСТЛИ́ТЕЛЬ, -я, *м.* (книжн.). Человек, к-рый растлил, растлевает кого-что-н. *Р. души.* ‖ *ж.* **растли́тельница,** -ы. ‖ *прил.* **растли́тельский,** -ая, -ое.

РАСТЛИ́ТЬ, -лю́, -ли́шь; -лённый (-ён, -ена́); *сов.* (книжн.). **1.** *кого (что).* Лишить девственности (малолетнюю) путём насилия (устар.). **2.** *кого-что.* Нравственно развратить. *Р. душу.* ‖ *несов.* **растлева́ть,** -а́ю, -а́ешь. ‖ *сущ.* **растле́ние,** -я, *ср.*

РАСТОЛКА́ТЬ, -а́ю, -а́ешь; -о́лканный; *сов.* (разг.). **1.** *кого-что.* Толкаясь, освободить место для прохода. *Р. толпу.* **2.** *кого (что).* Толкая, разбудить. *Р. спящего.* ‖ *несов.* **раста́лкивать,** -аю, -аешь.

РАСТОЛКНУ́ТЬ, -ну́, -нёшь; -о́лкнутый; *сов., кого-что* (разг.). Толкнув, разъединить, разнять. *Р. драчунов.*

РАСТОЛКОВА́ТЬ, -ку́ю, -ку́ешь; -о́ванный; *сов., что.* Объяснить, сделать понятным. *Р. задачу. Растолкуй мне этого человека* (объясни, что он за человек; разг.). ‖ *несов.* **растолко́вывать,** -аю, -аешь.

РАСТОЛО́ЧЬ *см.* толочь.

РАСТОЛСТЕ́ТЬ, -е́ю, -е́ешь; *сов.* Стать толстым. *К старости растолстел, обрюзг.*

РАСТОПИ́ТЬ[1], -оплю́, -о́пишь; -о́пленный; *сов., что.* Развести огонь (в печи, камине). *Р. плиту.* ‖ *несов.* **раста́пливать,** -аю, -аешь. ‖ *сущ.* **расто́пка,** -и, *ж.* *и* **раста́пливание,** -я, *ср. Береста на растопку.*

РАСТОПИ́ТЬ[2], -оплю́, -о́пишь; -о́пленный; *сов., что.* Разогревая, сделать жидким. *Р. сало. Р. лёд недоверия* (перен.). ‖ *несов.* **раста́пливать,** -аю, -аешь. ‖ *сущ.* **раста́пливание,** -я, *ср.*

РАСТОПИ́ТЬСЯ[1] (-оплю́сь, -о́пишься, 1 и 2 л. не употр.), -о́пится; *сов.* Начать топиться[1], гореть. *Печь растопилась.* ‖ *несов.* **раста́пливаться** (-аюсь, -аешься, 1 и 2 л. не употр.), -ается.

РАСТОПИ́ТЬСЯ[2] (-оплю́сь, -о́пишься, 1 и 2 л. не употр.), -о́пится; *сов.* Стать жидким от нагревания. *Сургуч растопился.* ‖ *несов.* **раста́пливаться** (-аюсь, -аешься, 1 и 2 л. не употр.), -ается.

РАСТО́ПКА, -и, *ж.* **1.** *см.* растопить[1]. **2.** *собир.* Сухая лучина, кора, сучья для разжигания топлива. *Р. для костра.* ‖ *прил.* **расто́почный,** -ая, -ое.

РАСТО́ПТАННЫЙ, -ая, -ое; -ан (разг.). Сильно разношенный (об обуви). *Растоптанные туфли.*

РАСТОПТА́ТЬ, -опчу́, -о́пчешь; -о́птанный; *сов., кого-что.* Топча, раздавить, уничтожить, испортить. *Р. цветок. Р. чьё-н. чувство* (перен.). ‖ *несов.* **раста́птывать,** -аю, -аешь.

РАСТОПЫ́РИТЬ, -рю, -ришь; -ренный; *сов., что* (разг.). Расставить, раздвинуть в стороны, торчком. *Р. пальцы. Р. крылья.* ‖ *несов.* **растопы́ривать,** -аю, -аешь.

РАСТОПЫ́РИТЬСЯ, -рюсь, -ришься; *сов.* (разг.). Раздвинуться в стороны. *Пальцы растопырились.* ‖ *несов.* **растопы́риваться,** -аюсь, -аешься.

РАСТО́РГНУТЬ, -ну, -нешь; -о́рг *и* -о́ргнул, -о́ргла; -о́ргнутый; *сов., что* (офиц.). Прекратить действие чего-н. (договора, соглашения). *Р. брак.* ‖ *несов.* **расторга́ть,** -а́ю, -а́ешь. ‖ *сущ.* **расторже́ние,** -я, *ср.*

РАСТОРГОВА́ТЬСЯ, -гу́юсь, -гу́ешься; *сов.* (прост.). **1.** Начать успешно торговать. **2.** Продать весь товар. ‖ *несов.* **расторго́вываться,** -аюсь, -аешься.

РАСТОРМОШИ́ТЬ, -шу́, -ши́шь; -шённый (-ён, -ена́); *сов., кого (что)* (разг.). **1.** Тормоша, разбудить. **2.** *перен.* Побудить к действиям, расшевелить (во 2 знач.).

РАСТОРО́ПНЫЙ, -ая, -ое; -пен, -пна. Быстрый и ловкий в деле. *Р. помощник.* ‖ *сущ.* **расторо́пность,** -и, *ж.*

РАСТОЧА́ТЬ, -а́ю, -а́ешь; *несов.* **1.** *кого-что.* Рассеивать, разгонять (многих) (устар.). *Р. вражеские орды.* **2.** *что.* Безрассудно тратить (устар. и книжн.). *Р. богатства. Р. время.* **3.** *перен., что.* Проявлять неумеренность в выражении каких-н. чувств (книжн.). *Р. похвалы.* ‖ *сов.* **расточи́ть,** -чу́, -чи́шь; -чённый (-ён, -ена́) (к 1 и 2 знач.). ‖ *сущ.* **расточе́ние,** -я, *ср.*

РАСТОЧИ́ТЕЛЬ, -я, *м.* (книжн.). Человек, к-рый расточает, расточил, безрассудно тратит что-н. ‖ *ж.* **расточи́тельница,** -ы. ‖ *прил.* **расточи́тельский,** -ая, -ое.

РАСТОЧИ́ТЕЛЬНЫЙ, -ая, -ое; -лен, -льна. Много и нецелесообразно тратящий, расходующий что-н. *Расточительно* (нареч.) *расходовать средства.* ‖ *сущ.* **расточи́тельность,** -и, *ж.*

РАСТОЧИ́ТЕЛЬСТВО, -а, *ср.* Расточительные траты, мотовство.

РАСТОЧИ́ТЬ[1], -очу́, -о́чишь; -о́ченный; *сов., что.* Расширить, обработать резцом. *Р. отверстие.* ‖ *несов.* **раста́чивать**, -аю, -аешь. ‖ *сущ.* **расто́чка**, -и, *ж. Р. деталей.* ‖ *прил.* **расто́чный**, -ая, -ое. *Р. станок.*

РАСТОЧИ́ТЬ[2] *см.* расточать.

РАСТРАВИ́ТЬ, -авлю́, -а́вишь; -а́вленный; *сов.* **1.** *что.* То же, что раздражить (во 2 знач.). *Р. рану. Р. старое горе* (перен.: заставить вспомнить и вновь пережить). **2.** *кого-что.* То же, что раздразнить (прост.). *Р. собак.* **3.** *что.* Кислотой углубить или подтравить рельеф (в 1 знач.) (спец.). *Р. рисунок.* ‖ *несов.* **растра́вливать**, -аю, -аешь *и* **растравля́ть**, -я́ю, -я́ешь (к 1 знач.). ‖ *сущ.* **растравле́ние**, -я, *ср.* (к 1 и 3 знач.).

РАСТРАНЖИ́РИВАТЬ, -аю, -аешь; *несов., что* (разг.). То же, что транжирить. ‖ *сущ.* **растранжи́ривание**, -я, *ср.*

РАСТРАНЖИ́РИТЬ *см.* транжирить.

РАСТРА́ТА, -ы, *ж.* **1.** *см.* растратить. **2.** Незаконно растраченная сумма, имущество. *Большая р. Возместить, покрыть растрату.*

РАСТРА́ТИТЬ, -а́чу, -а́тишь; -а́ченный; *сов., что.* **1.** Тратя, израсходовать. *Р. деньги на покупки. Р. силы. Р. себя на пустяки* (перен.: потратить свои силы, усилия на мелкие дела). **2.** Израсходовать незаконно, с корыстной целью доверенные кем-н. деньги, имущество. *Р. казённые деньги.* ‖ *несов.* **растра́чивать**, -аю, -аешь. ‖ *сущ.* **растра́та**, -ы, *ж.* (ко 2 знач.).

РАСТРА́ТИТЬСЯ, -а́чусь, -а́тишься; *сов.* **1.** Растратить свои деньги (разг.). *Р. на покупки. Р. до копейки.* **2.** *перен.* Потратить свои усилия, силы на мелкие дела. *Р. по мелочам.* ‖ *несов.* **растра́чиваться**, -аюсь, -аешься.

РАСТРА́ТЧИК, -а, *м.* Человек, к-рый растратил (во 2 знач.) чужие деньги, произвёл растрату. ‖ *ж.* **растра́тчица**, -ы.

РАСТРЕВО́ЖИТЬ, -жу, -жишь; -женный; *сов.* (разг.). **1.** *кого-что.* Сильно встревожить. *Р. всех неприятным сообщением. Р. душу.* **2.** *перен., что.* Неосторожным прикосновением вызвать боль, раздражить (во 2 знач.). *Р. больное место. Р. заживающую рану* (также перен.: вызвать тяжёлое воспоминание). ‖ *несов.* **растрево́живать**, -аю, -аешь.

РАСТРЕВО́ЖИТЬСЯ, -жусь, -жишься; *сов.* (разг.). Сильно встревожиться. ‖ *несов.* **растрево́живаться**, -аюсь, -аешься.

РАСТРЕЗВО́НИТЬ, -ню, -нишь; -ненный; *сов., что* и *о чём* (разг. неодобр.). То же, что раззвонить. *Р. везде о своих успехах.* ‖ *несов.* **растрезво́нивать**, -аю, -аешь.

РАСТРЕПА́ТЬ, -треплю́, -тре́плешь *и* (разг.) -тре́пешь, -тре́пет, -тре́пем, -тре́пете, -тре́пят; -трёпанный; *сов., что* **1.** *см.* трепать. **2.** Небрежно обращаться, привести в беспорядок, сделать потрёпанным (в 1 знач.). *Р. книгу. Р. причёску.* **3.** Разболтать, рассказать всем (прост. неодобр.). ‖ *несов.* **растрёпывать**, -аю, -аешь.

РАСТРЕПА́ТЬСЯ, -треплю́сь, -тре́плешься *и* (разг.) -тре́пешься, -тре́пется, -тре́пемся, -тре́петесь, -тре́пятся; *сов.* **1.** (1 и 2 л. не употр.). Прийти в полный беспорядок, стать растрёпанным. *Книга растрепалась.* **2.** Стать лохматым (во 2 знач.), разлохматиться (разг.). *Причёска растрепалась на ветру.* ‖ *несов.* **растрёпываться**, -аюсь, -аешься.

РАСТРЕ́СКАТЬСЯ (-аюсь, -аешься, 1 и 2 л. не употр.), -ается; *сов.* Образовать много трещин. *Кожа растрескалась. Сухая земля растрескалась.* ‖ *несов.* **растре́скиваться** (-аюсь, -аешься, 1 и 2 л. не употр.), -ается.

РАСТРЁПА, -ы, *м.* и *ж.* (прост.). **1.** Небрежно и грязно одетый, лохматый человек. **2.** То же, что растеряха.

РАСТРЁПАННЫЙ, -ая, -ое; -ан. Неаккуратный, беспорядочный. *Р. вид. Растрёпанная внешность. Растрёпанные мысли. В растрёпанных чувствах* (в сильном волнении; разг.). ‖ *сущ.* **растрёпанность**, -и, *ж.*

РАСТРО́ГАННЫЙ, -ая, -ое; -ан. Взволнованный и умилённый; выражающий сочувствие. *Растроганно* (нареч.) *благодарить. Р. голос.* ‖ *сущ.* **растро́ганность**, -и, *ж.*

РАСТРО́ГАТЬ, -аю, -аешь; -анный; *сов., кого-что.* Тронуть[2], заставить расчувствоваться. *Р. жалостной историей.*

РАСТРО́ГАТЬСЯ, -аюсь, -аешься; *сов.* Прийти в состояние умиления. *Р. до слёз.*

РАСТРУ́Б, -а, *м.* Расширение в виде воронки. *Труба с раструбом. Юбка, сапоги с раструбом.* ‖ *прил.* **растру́бный**, -ая, -ое (спец.).

РАСТРУБИ́ТЬ, -блю́, -би́шь; *сов., что* и *о чём* (разг. неодобр.). Раззвонить, растрезвонить. *Р. по всему свету.*

РАСТРУСИ́ТЬ, -ушу́, -уси́шь; -у́шенный; *сов., что* (разг.). То же, что растрясти (в 1 знач.). *Р. сено.* ‖ *сущ.* **растру́ска**, -и, *ж.*

РАСТРЯСТИ́, -су́, -сёшь; -я́с, -ясла́; -ясённый (-ён, -ена́); -я́сши; *сов.* **1.** *что.* Раскидать, рассыпать. *Р. сено для просушки. В городе растряс все деньги* (перен.: растратил; разг.). **2.** *кого (что).* Разбудить, тряся, расталкивая, растормошить (прост.). *Еле растряс этого соню.* **3.** *кого-что.* Тряской утомить, повредить. *В машине больного растрясло* (безл.). ‖ *несов.* **растря́сывать**, -аю, -аешь (к 1 и 3 знач.). ‖ *сущ.* **растря́ска**, -и, *ж.* (к 1 знач.).

РАСТУШЕВА́ТЬ, -шу́ю, -шу́ешь; -шёванный; *сов., что* (спец.). Растереть равномерно тушь, карандаш, положенные в теневых местах рисунка, изображения. *Р. фотографию.* ‖ *несов.* **растушёвывать**, -аю, -аешь. ‖ *сущ.* **растушёвка**, -и, *ж.* ‖ *прил.* **растушёвочный**, -ая, -ое.

РАСТЯЖЕ́НИЕ, -я, *ср.* **1.** *см.* растянуть. **2.** Вызванное сильным напряжением, ударом повреждение мышц, связок, нервов без нарушения целостности ткани. *Р. связок.*

РАСТЯЖИ́МЫЙ, -ая, -ое; -и́м. **1.** Такой, к-рый можно растянуть, растягивающийся. *Р. материал.* **2.** *перен.* Допускающий различное понимание, различное толкование. *Растяжимое понятие.* ‖ *сущ.* **растяжи́мость**, -и, *ж.*

РАСТЯ́НУТЫЙ, -ая, -ое; -ут. Излишне длинный. *Растянутая повесть. Спектакль растянут.* ‖ *сущ.* **растя́нутость**, -и, *ж.*

РАСТЯНУ́ТЬ, -яну́, -я́нешь; -я́нутый; *сов.* **1.** *кого-что.* Натягивая, увеличить в размере, а также разложить[1] (во 2 знач.), распластать на какой-н. поверхности. *Р. узкие перчатки. Р. шкуру. Р. сеть на кольшках. Р. ковёр на полу.* **2.** *что.* Постоянным натягиванием лишить упругости. *Р. подтяжки.* **3.** *что.* Сделать слишком длинным. *Р. фронт. Фасад дома растянут.* **4.** *что.* Повредить сильным напряжением, ударом. *Р. сухожилие.* **5.** *что.* Сделать слишком длительным, длинным. *Р. работу на месяц. Р. изложение.* ‖ *несов.* **растя́гивать**, -аю, -аешь. ‖ *сущ.* **растя́гивание**, -я, *ср.*, **растяже́ние**, -я, *ср.* (к 1 и 4 знач.) *и* **растя́жка**, -и, *ж.* (к 1, 2 и 5 знач.; разг.).

РАСТЯНУ́ТЬСЯ, -яну́сь, -я́нешься; *сов.* **1.** Лечь, вытянув ноги. *Р. на диване.* **2.** Упасть всем телом (разг.). *Споткнувшись, р. во весь рост.* **3.** (1 и 2 л. не употр.). От постоянного натягивания стать менее упругим. *Резинка растянулась.* **4.** (1 и 2 л. ед. не употр.). Стать слишком длинным, расположиться на большом пространстве. *Фронт растянулся. Обоз растянулся по дороге.* **5.** (1 и 2 л. не употр.). Стать слишком длительным. *Работа растянулась на неделю.* ‖ *несов.* **растя́гиваться**, -аюсь, -аешься.

РАСТЯ́ПА, -ы, *м.* и *ж.* (разг. неодобр.). Неловкий человек, делающий всё невнимательно, плохо.

РАСФАСОВА́ТЬ, РАСФАСО́ВКА *см.* фасовать.

РАСФОРМИРОВА́ТЬ, -ру́ю, -ру́ешь; -о́ванный; *сов., что.* Прекратить существование чего-н. как организационной единицы, как целого. *Р. бригаду. Р. поезд* (отцепляя вагоны). ‖ *несов.* **расформиро́вывать**, -аю, -аешь. ‖ *сущ.* **расформирова́ние**, -я, *ср.* *и* **расформиро́вка**, -и, *ж.* (разг.).

РАСФРАНТИ́ТЬСЯ, -нчу́сь, -нти́шься; *сов.* (разг.). Одеться нарядно, по-модному, франтовски. *Расфрантился как жених.*

РАСФРАНЧЁННЫЙ, -ая, -ое; -ён (разг.). Одетый франтовски. *Расфранчённая публика.* ‖ *сущ.* **расфранчённость**, -и, *ж.*

РАСФУФЫ́РЕННЫЙ, -ая, -ое; -ен (прост. неодобр.). Одетый слишком нарядно, крикливо и безвкусно.

РАСФУФЫ́РИТЬСЯ, -рюсь, -ришься; *сов.* (прост. неодобр.). Слишком нарядно, крикливо и безвкусно одеться. ‖ *несов.* **расфуфы́риваться**, -аюсь, -аешься.

РАСХА́ЖИВАТЬ, -аю, -аешь; *несов.* (разг.). Не спеша ходить взад и вперёд, а также (неодобр.) ходить где-н. непринуждённо, с независимым видом. *Р. под окнами. Р. в гостях как у себя дома. Р. на свободе* (перен.: о том, кто должен находиться в заключении).

РАСХВАЛИ́ТЬ, -алю́, -а́лишь; -а́ленный; *сов., кого-что.* Сильно похвалить. *Р. ученика.* ‖ *несов.* **расхва́ливать**, -аю, -аешь.

РАСХВА́СТАТЬСЯ, -аюсь, -аешься; *сов.* (разг.). Начать сильно хвастаться. *Р. своими успехами.*

РАСХВАТА́ТЬ, -а́ю, -а́ешь; -а́танный; *сов., кого-что* (разг.). Хватая, разобрать (во 2 знач.). *Птицы расхватали корм. Р. ходовой товар.* ‖ *несов.* **расхва́тывать**, -аю, -аешь.

РАСХВОРА́ТЬСЯ, -а́юсь, -а́ешься; *сов.* (разг.). То же, что разболеться[1]. *Р. после дороги.* ‖ *несов.* **расхва́рываться**, -аюсь, -аешься.

РАСХИТИ́ТЕЛЬ, -я, *м.* Человек, к-рый расхищает, занимается хищениями. *Расхитители общественной собственности.* ‖ *ж.* **расхити́тельница**, -ы.

РАСХИ́ТИТЬ, -и́щу, -и́тишь; -и́щенный; *сов., что.* Похитить по частям, в разное время. *Р. чужие деньги.* ‖ *несов.* **расхища́ть**, -а́ю, -а́ешь. ‖ *сущ.* **расхище́ние**, -я, *ср.*

РАСХЛЕБА́ТЬ, -а́ю, -а́ешь; -хлёбанный; *сов., что.* **1.** (1 и 2 л. ед. не употр.). Хлебая, съесть всё (о многих) (прост.). *Р. похлёбку.* **2.** *перен.* Разобраться в чём-н., с трудом распутав что-н. сложное, неприятное (разг.). *Этой путаницы никому не р.* ✦ **Расхлебать кашу** (разг.) — распутать хлопотливое дело. ‖ *несов.* **расхлёбывать**, -аю, -аешь. *Заварили кашу, а я расхлёбывай.*

РАСХЛОПОТА́ТЬСЯ, -очу́сь, -о́чешься; *сов.* (разг.). Начать усердно хлопотать, суетиться.

РАСХЛЯ́БАННЫЙ, -ая, -ое; -ан (разг.). То же, что разболтанный. *Расхлябанная дверь.*

Расхлябанные движения. Расхлябанное поведение. ‖ *сущ.* **расхля́банность, -и,** *ж.*

РАСХЛЯ́БАТЬСЯ (-аюсь, -аешься, 1 и 2 л. не употр.), -ается; *сов.* (прост.). То же, что расшататься (в 1 знач.). *Гайка расхлябалась. Колесо расхлябалось.* ‖ *несов.* **расхля́бываться** (-аюсь, -аешься, 1 и 2 л. не употр.), -ается.

РАСХНЫ́КАТЬСЯ, -ы́чусь, -ы́чешься; *сов.* (разг.). Начать хныкать, ныть (в 3 знач.). *Ребёнок расхныкался. Р. из-за пустяков.*

РАСХО́Д, -а, *м.* **1.** обычно *мн.* Затрата, издержки. *Деньги на домашние расходы. Ввести в р. кого-н. Записать в р.* (в соответствующую графу учёта). *Накладные расходы* (спец.). **2.** Потребление, затрата чего-н. для определённой цели. *Р. горючего, электроэнергии.* ✦ **В расход вывести (пустить, списать)** — 1) *кого-что,* уничтожить, ликвидировать (разг.); 2) *кого (что),* то же, что расстрелять (в 1 знач.). ‖ *прил.* **расхо́дный, -ая, -ое.**

РАСХОДИ́ТЬСЯ[1], -ожу́сь, -о́дишься; *сов.* (разг.). **1.** Проходив какое-то время, привыкнуть к ходьбе, перестать чувствовать усталость от неё. **2.** Начать много, усиленно ходить где-н. *Под окнами расходились гуляющие.* **3.** Дойти до крайней степени в проявлении чего-н., разойтись (в 9 знач.). *Нервы расходились. Драчун расходился* (разбуянился).

РАСХОДИ́ТЬСЯ[2] *см.* разойтись.

РАСХО́ДОВАТЬ, -дую, -дуешь; -анный; *несов., что.* **1.** Тратить, употреблять на что-н. *Р. деньги, материалы, средства.* **2.** (1 и 2 л. не употр.). Потреблять для своей работы, движения. *Двигатель расходует много бензина. Обогреватель расходует мало электроэнергии.* ‖ *сов.* **израсхо́довать, -дую, -дуешь; -анный.** ‖ *сущ.* **расхо́дование, -я,** *ср.*

РАСХО́ДОВАТЬСЯ, -дуюсь, -дуешься; *несов.* **1.** Тратить деньги на что-н. (разг.). *Р. на развлечение.* **2.** *перен., на что.* Тратить свои силы, способности на дела, отвлекающие от основного, главного. *Р. на пустые разговоры, пустяки.* **3.** (1 и 2 л. не употр.). Тратиться, использоваться. *Материалы расходуются экономно.* ‖ *сов.* **израсхо́доваться, -дуюсь, -дуешься.** ‖ *сущ.* **расхо́дование, -я,** *ср.*

РАСХОЖДЕ́НИЕ, -я, *ср.* **1.** *см.* разойтись. **2.** Несовпадение, противоречие, несогласие. *Расхождения во взглядах.*

РАСХО́ЖИЙ, -ая, -ее; -о́ж. 1. Ходкий, быстро распродающийся (прост.). *Р. товар.* **2.** Находящийся в постоянном употреблении (прост.). *Расхожая одежда.* **3.** Предназначенный для каждодневных расходов. *Расхожие деньги* (разг.). **4.** Общеизвестный и широко распространённый (неодобр.). *Расхожая истина. Расхожее представление о чём-н.*

РАСХОЛОДИ́ТЬ, -ожу́, -оди́шь; -ожённый (-ён, -ена́); *сов., кого-что.* Разочаровать, заставить отнестись более холодно к чему-н. *Плохая игра расхолодила болельщиков. Р. чей-н. пыл.* ‖ *несов.* **расхола́живать, -аю, -аешь.** ‖ *сущ.* **расхола́живание, -я,** *ср.*

РАСХОТЕ́ТЬ, -очу́, -о́чешь, -о́чет, -оти́м, -оти́те, -отя́т; *сов., чего, что* (с конкретн. сущ., разг.), *с неопр.* и *с союзом «чтобы».* Перестать хотеть. *Расхотел есть. Р. чаю. Расхотел конфетку. Расхотел, чтобы он рассказывал.*

РАСХОТЕ́ТЬСЯ, -о́чется; *безл.; сов., чего* и *с неопр.* (разг.). Перестать хотеться. *Расхотелось чаю. Расхотелось спать.*

РАСХОХОТА́ТЬСЯ, -очу́сь, -о́чешься; *сов.* Начать громко хохотать. *Р. в лицо кому-н.* (об откровенной насмешке).

РАСХРАБРИ́ТЬСЯ, -рю́сь, -ри́шься; *сов.* (разг.). Набраться храбрости; осмелев, решиться.

РАСХРИ́СТАННЫЙ, -ая, -ое; -ан (прост.). То же, что растерзанный. *Р. вид.*

РАСЦАРА́ПАТЬ, -аю, -аешь; -анный; *сов., кого-что.* Царапая, поранить, покрыть царапинами. *Р. руки.* ‖ *несов.* **расцара́пывать, -аю, -аешь.** ‖ *возвр.* **расцара́паться, -аюсь, -аешься;** *несов.* **расцара́пываться, -аюсь, -аешься.**

РАСЦВЕСТИ́, -вету́, -ветёшь; -вёл, -вела́; -ве́тший; -ветя́ *и* **-ве́тши;** *сов.* **1.** (1 и 2 л. не употр.). Распустив бутоны, дать цветки. *Розы расцвели.* **2.** *перен.* Стать лучше, сильнее, выше в каком-н. отношении. *Расцвела девичья красота. Талант расцвёл. Расцвели науки и искусства.* **3.** *перен.* Стать радостным, просиять. *Лицо расцвело улыбкой (в улыбке).* ‖ *несов.* **расцвета́ть, -а́ю, -а́ешь.** ‖ *сущ.* **расцве́т, -а,** *м.* (к 1 знач.).

РАСЦВЕ́Т, -а, *м.* **1.** *см.* расцвести. **2.** Высшая степень развития чего-н., подъём. *Р. культуры. В расцвете сил.*

РАСЦВЕТИ́ТЬ, -вечу́, -вети́шь; -ве́ченный; *сов., что.* Раскрасить в разные цвета, украсить чем-н. разноцветным. *Р. красками. Р. флагами.* ‖ *несов.* **расцве́чивать, -аю, -аешь.** ‖ *сущ.* **расцве́тка, -и,** *ж.* и **расцве́чивание, -я,** *ср. Флаги расцвечивания на судах* (поднимаемые в торжественных случаях).

РАСЦВЕ́ТКА, -и, *ж.* **1.** *см.* расцветить. **2.** Сочетание цветов, подбор красок. *Яркая р. Ковёр оригинальной расцветки.*

РАСЦЕЛОВА́ТЬ, -лу́ю, -лу́ешь; -о́ванный; *сов., кого-что.* Поцеловать крепко, много раз.

РАСЦЕЛОВА́ТЬСЯ, -лу́юсь, -лу́ешься; *сов.* Поцеловаться с кем-н. крепко, несколько раз.

РАСЦЕНИ́ТЬ, -еню́, -е́нишь; -енённый (-ён, -ена́); *сов.* **1.** *что.* Установить стоимость, цену чего-н. *Р. товар.* **2.** *перен., кого-что.* Определив своё отношение к кому-н., дать оценку, оценить. *Высоко р. чей-н. талант. Р. чей-н. поступок как ошибку.* ‖ *несов.* **расце́нивать, -аю, -аешь.** ‖ *сущ.* **расце́нка, -и,** *ж.* (к 1 знач.). ‖ *прил.* **расце́ночный, -ая, -ое** (к 1 знач.).

РАСЦЕ́НКА, -и, *ж.* **1.** *см.* расценить. **2.** Установленная на что-н. цена, размер оплаты чего-н. *Снизить расценки.* ‖ *прил.* **расце́ночный, -ая, -ое** (ко 2 знач.).

РАСЦЕ́ПИТЬ, -цеплю́, -це́пишь; -це́пленный; *сов., кого-что.* Разъединить (сцепленное, сцепившихся). *Р. вагоны. Р. драчунов.* ‖ *несов.* **расцепля́ть, -я́ю, -я́ешь.** ‖ *сущ.* **расце́пка, -и,** *ж.* (спец.).

РАСЦЕПИ́ТЬСЯ (-цеплю́сь, -це́пишься, 1 и 2 л. ед. не употр.), -це́пится; *сов.* О сцепленном, сцепившихся: разъединиться. *Вагоны расцепились.* ‖ *несов.* **расцепля́ться** (-я́юсь, -я́ешься, 1 и 2 л. ед. не употр.), -я́ется. ‖ *сущ.* **расце́пка, -и,** *ж.* (спец.).

РАСЧЕКА́НИТЬ *см.* чеканить[1].

РАСЧЕРТИ́ТЬ, -ерчу́, -е́ртишь; -е́рченный; *сов., что.* Нанести на что-н. черты, линии в нужных направлениях. *Р. лист бумаги. Р. карту на квадраты.* ‖ *несов.* **расче́рчивать, -аю, -аешь.**

РАСЧЕСА́ТЬ, -ешу́, -е́шешь; -ёсанный; *сов., что.* **1.** Расправить, разгладить, разровнять гребнем. *Р. волосы. Р. лён.* **2.** Повредить чесанием. *Р. царапину.* ‖ *несов.* **расчёсывать, -аю, -аешь.** ‖ *сущ.* **расчёсывание, -я,** *ср.* и **расчёска, -и,** *ж.* (к 1 знач.; разг.).

РАСЧЕСА́ТЬСЯ, -ешу́сь, -е́шешься; *сов.* (разг.). **1.** Расчесать себе волосы. *Р. гребешком.* **2.** Сильно расчесать (во 2 знач.) себе что-н. *Р. после укусов комаров.* **3.** (1 и 2 л. не употр.). Начать сильно чесаться (во 2 знач.). *Всё тело расчесалось.* ‖ *несов.* **расчёсываться, -аюсь, -аешься.** ‖ *сущ.* **расчёсывание, -я,** *ср.*

РАСЧЕ́СТЬ, разочту́, разочтёшь; расчёл, разочла́; расчётший; разочтённый (-ён, -ена́); **разочтя́;** *сов., кого-что* (разг.). То же, что рассчитать (в 1, 3 и устар. во 2 знач.). *Р. расходы. Р. всё заранее. Р. с работы.* ‖ *несов.* **рассчи́тывать, -аю, -аешь.** ‖ *сущ.* **расчёт, -а,** *м.*

РАСЧЕ́СТЬСЯ, разочту́сь, разочтёшься; расчёлся, разочла́сь; расчётшийся; разочтя́сь; *сов.* (устар. и разг.). То же, что рассчитаться (в 1 и 2 знач.). *Р. с заимодавцами. Р. за все обиды.*

РАСЧЕХЛИ́ТЬ, -лю́, -ли́шь; -лённый (-ён, -ена́); *сов., что.* Снять чехол (чехлы) с чего-н. *Р. орудия.* ‖ *несов.* **расчехля́ть, -я́ю, -я́ешь.**

РАСЧЁСКА, -и, *ж.* **1.** *см.* расчесать. **2.** Гребёнка для расчёсывания волос.

РАСЧЁТ, -а, *м.* **1.** *см.* рассчитать, -ся *и* расчесть. **2.** Увольнение с полной выплатой заработанного. *Дать р. кому-н. Взять, получить р. Потребовать расчёта.* **3.** Намерение, предположение. *Поездка не входит в мои расчёты.* **4.** Выгода, польза. *Нет никакого расчёта ехать.* **5.** Экономия (в 1 знач.), бережливость. *Во всём соблюдать р.* **6.** Воинская группа, обслуживающая орудие, пулемёт и нек-рые другие боевые средства. *Орудийный р. Миномётный р.* ✦ **В расчёте** — 1) *кто с кем,* больше не должен, не обязан кому-н., рассчитался (в 1 знач.). *Мы с ним в расчёте;* 2) *в знач. предлога с вин. п., с неопр.,* то же, что в расчёте на кого-что-н. (устар.). *Приехал в расчёте встретить друга.* **В расчёте на** *кого-что, предлог с вин. п.* — предвидя, рассчитывая, полагаясь на кого-что-н., намереваясь сделать, получить что-н. *Действовать в расчёте на удачу. Остался в расчёте на угощение.* **С расчётом на** *кого-что, предлог с вин. п.* — то же, что в расчёте на кого-что-н. **Из расчёта на** *кого-что, предлог с вин. п.* — то же, что в расчёте на кого-что-н. **Принять в расчёт** *кого-что* — учесть, принять во внимание. ‖ *прил.* **расчётный, -ая, -ое** (ко 2 знач.).

РАСЧЁТЛИВЫЙ, -ая, -ое; -ив. Бережливый, действующий с расчётом. *Р. хозяин. Расчётливо* (нареч.) *вести дело.* ‖ *сущ.* **расчётливость, -и,** *ж.*

РАСЧЁТНЫЙ *см.* рассчитать *и* расчёт.

РАСЧЁТЧИК, -а, *м.* (спец.). Специалист по техническим расчётам. *Р. нарядов. Техник-р.* ‖ *ж.* **расчётчица, -ы.**

РАСЧИ́СЛИТЬ, -лю, -лишь; -ленный; *сов., что.* Распределить согласно подсчёту, вычислениям. ‖ *несов.* **расчисля́ть, -я́ю, -я́ешь.**

РАСЧИ́СТИТЬ, -и́щу, -и́стишь; -и́щенный; *сов., что.* Очистить, освободить от чего-н. засоряющего, загромождающего; очищая, удалить что-н. *Р. дорожки. Р. путь, дорогу* (также перен.: дать возможность свободно действовать, развиваться). *Р. сугробы.* ‖ *несов.* **расчища́ть, -а́ю, -а́ешь.** ‖ *сущ.* **расчи́стка, -и,** *ж.*

РАСЧИ́СТИТЬСЯ (-и́щусь, -и́стишься, 1 и 2 л. не употр.), -и́стится; *сов.* Освободиться от чего-н. засоряющего, загромождающего, затемняющего. *Путь расчистился. Небо расчистилось* (ушли тучи, облака). ‖ *несов.*

расчища́ться (-а́юсь, -а́ешься, 1 и 2 л. не употр.), -а́ется.

РАСЧИХА́ТЬСЯ, -а́юсь, -а́ешься; *сов.* (разг.). Начать чихать, чихнуть много раз подряд. *Р. на сквозняке.*

РАСЧИХВО́СТИТЬ, -о́щу, -о́стишь; *сов., кого-что* (прост.). Разгромить, раздраконить.

РАСЧЛЕНИ́ТЬ, -СЯ *см.* членить, -ся.

РАСЧЛЕНЯ́ТЬ, -я́ю, -я́ешь; *несов., что.* То же, что членить. ‖ *сущ.* **расчлене́ние**, -я, *ср.*

РАСЧЛЕНЯ́ТЬСЯ (-я́юсь, -я́ешься, 1 и 2 л. ед. не употр.), -я́ется; *несов.* То же, что члениться. ‖ *сущ.* **расчлене́ние**, -я, *ср.*

РАСЧУ́ВСТВОВАТЬСЯ, -твуюсь, -твуешься; *сов.* (разг. ирон.). То же, что растрогаться. *Р. от похвал.*

РАСЧУ́ХАТЬ, -аю, -аешь; -анный; *сов., что* (прост.). Определить на вкус, по запаху или понять, разобраться в чём-н. *Расчухал, что вкусно. Р., в чём дело.*

РАСШАЛИ́ТЬСЯ, -лю́сь, -ли́шься; *сов.* Начать сильно шалить. *Дети расшалились.*

РАСША́РКАТЬСЯ, -аюсь, -аешься; *сов.* **1.** Раскланяться, шаркнув ногой. *Вежливо р.* **2.** *перен., перед кем-чем.* Проявить льстивое, угодливое отношение к кому-чему-н. (разг.). *Р. перед вышестоящими.* ‖ *несов.* **расша́ркиваться**, -аюсь, -аешься.

РАСШАТА́ТЬ, -а́ю, -а́ешь; -а́танный; *сов., что.* **1.** Шатая, сделать неустойчивым, слабым. *Р. столб.* **2.** *перен.* Поколебать, расстроить. *Р. нервы, здоровье.* ‖ *несов.* **расша́тывать**, -аю, -аешь.

РАСШАТА́ТЬСЯ (-а́юсь, -а́ешься, 1 и 2 л. не употр.), -а́ется; *сов.* **1.** Ослабнуть, перестать крепко держаться. *Забор расшатался.* **2.** *перен.* Поколебаться, расстроиться. *Нервы расшатались.* ‖ *несов.* **расша́тываться** (-аюсь, -аешься, 1 и 2 л. не употр.), -ается.

РАСШВЫРЯ́ТЬ, -я́ю, -я́ешь; -ы́рянный; *сов., кого-что* (разг.). Разбросать, раскидать. *Р. поленья. Р. своё наследство* (перен.: промотать). ‖ *несов.* **расшвы́ривать**, -аю, -аешь.

РАСШЕВЕЛИ́ТЬ, -елю́, -ели́шь *и* -е́лишь; -лённый (-ён, -ена́); *сов., кого-что* (разг.). **1.** Трогая, шевеля, изменить положение чего-н., вывести из спокойного, неподвижного состояния. *Р. сено. Р. муравейник.* **2.** *перен.* Побудить к деятельности, к активности, к активному восприятию чего-н. *Р. зрителей.* ‖ *несов.* **расшеве́ливать**, -аю, -аешь.

РАСШЕВЕЛИ́ТЬСЯ, -елю́сь, -ели́шься *и* -е́лишься; *сов.* (разг.). **1.** (1 и 2 л. ед. не употр.). Начать шевелиться, двигаться. *Муравьи расшевелились.* **2.** *перен.* Пробудиться к деятельности, стать деятельнее, активнее. *Наконец-то бездельники расшевелились.* ‖ *несов.* **расшеве́ливаться**, -аюсь, -аешься.

РАСШИБИ́ТЬ, -бу́, -бёшь; -ши́б, -ши́бла; -ши́бленный; *сов.* **1.** *что.* Повредить ушибом (разг.). *Р. ногу об камень.* **2.** *кого-что.* Сильно ударив, разломать, изувечить (прост.). *Р. в щепки. Не подходи, расшибу!* ‖ *несов.* **расшиба́ть**, -а́ю, -а́ешь.

РАСШИБИ́ТЬСЯ, -бу́сь, -бёшься; -ши́бся, -ши́блась; *сов.* (разг.). **1.** Упав или ударившись, сильно ушибиться. *Р. о притолоку.* **2.** *перен.* Проявить крайнее усердие, готовность любой ценой сделать что-н. *Готов р. для приятеля. Р. в лепёшку* (перен.: о крайнем усердии, готовности услужить). ‖ *несов.* **расшиба́ться**, -а́юсь, -а́ешься.

РАСШИ́ВА, -ы, *ж.* В старое время на Волге, на Каспийском море: большое плоскодонное парусное судно для перевозки грузов.

РАСШИВНО́Й, -а́я, -о́е. Расшитый узорами. *Расшивное полотенце.*

РАСШИКОВА́ТЬСЯ, -ку́юсь, -ку́ешься; *сов.* (прост.). Начать шиковать, роскошничать.

РАСШИРЕ́НИЕ, -я, *ср.* **1.** *см.* расширить, -ся. **2.** Расширенная часть чего-н. *Труба с расширением на конце.*

РАСШИ́РЕННЫЙ, -ая, -ое; -ен. Увеличенный, более полный по составу, содержанию. *Р. пленум. Расширенная программа.* ‖ *сущ.* **расши́ренность**, -и, *ж.*

РАСШИРИ́ТЕЛЬ, -я, *м.* (спец.). Приспособление, прибор для расширения чего-н.

РАСШИРИ́ТЕЛЬНЫЙ, -ая, -ое; -лен, -льна. Не буквальный, широко объясняющий, широко понимаемый. *Расширительное толкование текста.* ‖ *сущ.* **расшири́тельность**, -и, *ж.*

РАСШИ́РИТЬ, -рю, -ришь; -ренный; *сов., что.* **1.** Сделать более широким, более обширным. *Р. проход, отверстие. Р. границы* (продвинуть их дальше, вовне). **2.** Увеличить в числе, в объёме. *Р. производство.* **3.** Сделать более широким по содержанию, усилить, углубить. *Р. кругозор.* ‖ *несов.* **расширя́ть**, -я́ю, -я́ешь. ‖ *сущ.* **расшире́ние**, -я, *ср.*

РАСШИ́РИТЬСЯ, -рюсь, -ришься; *сов.* **1.** Стать более широким, более обширным. *Отверстие расширилось. Посевные площади расширились.* **2.** (1 и 2 л. ед. не употр.). Увеличиться в числе, в объёме. *Сеть курортов расширилась. Производство расширилось.* **3.** (1 и 2 л. не употр.), *перен.* Стать более широким по содержанию, усилиться, углубиться. *Кругозор расширился.* ‖ *несов.* **расширя́ться**, -я́юсь, -я́ешься. ‖ *сущ.* **расшире́ние**, -я, *ср.*

РАСШИ́ТЬ, разошью́, разошьёшь; расше́й; -и́тый; *сов., что.* **1.** Распороть, разрезая (сшитые места). *Р. тюк. Р. листы.* **2.** Украсить узорным шитьём. *Р. шёлком.* ‖ *несов.* **расшива́ть**, -а́ю, -а́ешь. ‖ *сущ.* **расши́вка**, -и, *ж. и* **расшива́ние**, -я, *ср.*

РАСШИФРОВА́ТЬ, -ру́ю, -ру́ешь; -о́ванный; *сов., что.* Разобрать, прочитать зашифрованное, закодированное. *Р. шифровку. Р. чьи-н. слова* (перен.: угадать скрытый смысл). ‖ *несов.* **расшифро́вывать**, -аю, -аешь. ‖ *сущ.* **расшифро́вка**, -и, *ж.* ‖ *прил.* **расшифро́вочный**, -ая, -ое.

РАСШИФРО́ВЩИК, -а, *м.* Специалист, занимающийся расшифровкой. ‖ *ж.* **расшифро́вщица**, -ы.

РАСШНУРОВА́ТЬ, -ру́ю, -ру́ешь; -о́ванный; *сов., что.* Развязать зашнурованное, освободить от шнуровки. *Р. ботинки.* ‖ *несов.* **расшнуро́вывать**, -аю, -аешь. ‖ *сущ.* **расшнуро́вка**, -и, *ж. и* **расшнуро́вывание**, -я, *ср.*

РАСШНУРОВА́ТЬСЯ, -ру́юсь, -ру́ешься; *сов.* **1.** (1 и 2 л. не употр.). О зашнурованном: развязаться. *Ботинки расшнуровались.* **2.** Расшнуровать на себе зашнурованную одежду, обувь. ‖ *несов.* **расшнуро́вываться**, -аюсь, -аешься. ‖ *сущ.* **расшнуро́вывание**, -я, *ср.*

РАСШУМЕ́ТЬСЯ, -млю́сь, -ми́шься; *сов.* (разг.). **1.** Начать сильно шуметь. *Дети расшумелись.* **2.** *перен.* Начать шумно спорить, браниться. *Р. из-за пустяков.*

РАСЩЕ́ДРИТЬСЯ, -рюсь, -ришься; *сов.* (разг. ирон.). Проявить щедрость, дать больше того, на что кто-н. рассчитывал. ‖ *несов.* **расще́дриваться**, -аюсь, -аешься.

РАСЩЕ́ЛИНА, -ы, *ж.* **1.** Узкое ущелье в горах. **2.** Глубокая щель, трещина в дереве, в камне.

РАСЩЕМИ́ТЬ, -млю́, -ми́шь; -млённый (-ён, -ена́); *сов., что* (разг.). Разжать (защемлённое, сжатое). *Р. капкан. Р. стиснутые зубы.* ‖ *несов.* **расщемля́ть**, -я́ю, -я́ешь. ‖ *сущ.* **расщемле́ние**, -я, *ср.*

РАСЩЕ́П, -а, *м.* (спец.). Место, где что-н. расщеплено, разрезано в длину. *Доска с расщепом.*

РАСЩЕПИ́ТЬ, -плю́, -пи́шь; -плённый (-ён, -ена́); *сов., что.* **1.** Щепая, разделить на части. *Р. дощечку, полено.* **2.** Раздробить, заставить распасться на части (спец.). *Р. волокно.* **3.** Разделить на части, заставить распасться на части (спец.). *Р. атом.* ‖ *несов.* **расщепля́ть**, -я́ю, -я́ешь. ‖ *сущ.* **расщепле́ние**, -я, *ср.* (ко 2 и 3 знач.) *и* **расще́пка**, -и, *ж.* (к 1 знач.). *Расщепление атомного ядра.*

РАСЩЕПИ́ТЬСЯ (-плю́сь, -пи́шься, 1 и 2 л. не употр.), -пи́тся; *сов.* **1.** Расколоться, разделиться на части по продольной линии. *Дощечка расщепилась.* **2.** Раздробиться, распасться на части (спец.). *Волокно расщепилось.* **3.** Разделиться, распасться на части (спец.). *Эфир расщепился.* ‖ *несов.* **расщепля́ться** (-я́юсь, -я́ешься, 1 и 2 л. не употр.), -я́ется. ‖ *сущ.* **расщепле́ние**, -я, *ср.*

РАСЩЁЛКНУТЬ, -ну, -нешь; -нутый; *сов., что* (разг.). Слегка ударив, нажав, со щелчком разбить или раскрыть что-н. *Р. орех. Р. замок.* ‖ *несов.* **расщёлкивать**, -аю, -аешь.

РАСЩИПА́ТЬ, -иплю́, -и́плешь *и* (разг.) -и́пешь, -и́пет, -и́пем, -и́пете, -и́пят; -и́панный; -ипли́ *и* (разг.) -ипи́; *сов., что.* Щипками разделить на части. *Р. паклю, кудель.* ‖ *несов.* **расщи́пывать**, -аю, -аешь. ‖ *сущ.* **расщи́пка**, -и, *ж.*

РА́ТАЙ, -я, *м.* (устар.). В народной словесности: крестьянин-пахарь.

РАТИФИКА́ЦИЯ, -и, *ж.* Утверждение верховной властью международного договора, заключённого её уполномоченными. *Р. мирного договора.* ‖ *прил.* **ратификацио́нный**, -ая, -ое. *Ратификационная грамота.*

РАТИФИЦИ́РОВАТЬ, -рую, -руешь; -анный; *сов. и несов., что.* Подвергнуть (-гать) ратификации.

РА́ТНИК, -а, *м.* **1.** То же, что воин (стар.). **2.** В царской России: солдат государственного ополчения. *Р. первого разряда.*

РА́ТНЫЙ, -ая, -ое (устар. и высок.). Военный, боевой. *Р. труд. Р. подвиг. Ратная слава. Ратные люди* (в старину: ратники).

РА́ТОВАТЬ, -тую, -туешь; *несов., за кого-что или против кого-чего* (устар. и высок.). Действовать и говорить в защиту или против кого-чего-н. *Р. за правду.*

РА́ТУША, -и, *ж.* В средневековой Европе и в России 18 — нач. 19 в., в нек-рых странах Западной Европы: орган городского самоуправления, а также здание такого самоуправления. ‖ *прил.* **ра́тушный**, -ая, -ое.

РАТЬ, -и, *ж.* (стар.). **1.** То же, что войско. *Могучая р.* **2.** Битва, война. *Не хвались, идучи на р., а хвались, идучи с рати* (посл.).

РА́УНД, -а, *м.* **1.** В боксе: одна из схваток, вместе составляющих бой. *Бой из трёх раундов.* **2.** *перен.* Цикл, серия каких-н. действий. *Очередной р. переговоров.*

РА́УТ, -а, *м.* Большой званый вечер, приём. *Светский р. Приглашение на р.*

РА́ФИК, -а, *м.* (разг.). Микроавтобус марки РАФ (Рижского автомобильного завода, *первонач.* фабрики).

РАФИНА́Д, -а (-у), *м.* Очищенный сахар в кусках. ‖ *прил.* **рафина́дный**, -ая, -ое.

РАФИНИ́РОВАННЫЙ, -ая, -ое; -ан. **1.** *полн. ф.* Очищенный от примесей. *Рафинированное растительное масло.* **2.** *перен.* Изысканный, утончённый (книжн.). *Р. вкус.* ‖ *сущ.* **рафини́рованность**, -и, *ж.* (ко 2 знач.).

РАФИНИ́РОВАТЬ, -рую, -руешь; -анный; *сов.* и *несов.*, *что* (спец.). **1.** Очистить (-ищать) от примесей. *Р. металлический сплав.* **2.** Обработкой превратить (-ащать) в рафинад. *Р. сахар.* ‖ *сущ.* **рафина́ция**, -и, *ж.*

РАХА́Т-ЛУКУ́М, -а, *м.* Восточное кондитерское изделие из сахара, муки и крахмала с орехами, миндалём, фруктовыми соками.

РАХИ́Т, -а, *м.* Детская болезнь — нарушение развития костей вследствие недостатка в организме необходимых витаминов. ‖ *прил.* **рахити́ческий**, -ая, -ое. *Рахитическое сложение.*

РАХИ́ТИК, -а, *м.* Больной рахитом. ‖ *ж.* **рахити́чка**, -и (разг.).

РАХИТИ́ЧНЫЙ, -ая, -ое; -чен, -чна. Больной рахитом; выглядящий болезненно, как рахитик. *Р. ребёнок. Рахитичная внешность.* ‖ *сущ.* **рахити́чность**, -и, *ж.*

РАЦИО́Н, -а, *м.* Пищевой паёк или порция пищи, корма на определённый срок. *Суточный р.* ‖ *прил.* **рацио́нный**, -ая, -ое.

РАЦИОНАЛИЗА́ТОР, -а, *м.* Работник, занимающийся рационализацией производства, производственных процессов. *Изобретатели и рационализаторы.* ‖ *прил.* **рационализа́торский**, -ая, -ое. *Рационализаторское предложение.*

РАЦИОНАЛИЗИ́РОВАТЬ, -рую, -руешь; -анный; *сов.* и *несов.*, *что.* Совершенствуя, организовать что-н. более рационально, производительно. *Р. производство.* ‖ *сущ.* **рационализа́ция**, -и, *ж.*

РАЦИОНАЛИ́ЗМ, -а, *м.* **1.** Философское направление, отрывающее мышление от чувственного опыта и считающее единственным источником познания разум. **2.** Рассудочное, без эмоций отношение к жизни (книжн.). ‖ *прил.* **рационалисти́ческий**, -ая, -ое.

РАЦИОНАЛИ́СТ, -а, *м.* **1.** Последователь рационализма (в 1 знач.). **2.** Рационалистичный человек (книжн.). ‖ *ж.* **рационали́стка**, -и (ко 2 знач.). ‖ *прил.* **рационали́стский**, -ая, -ое.

РАЦИОНАЛИСТИ́ЧЕСКИЙ, -ая, -ое. **1.** *см.* рационализм. **2.** То же, что рационалистичный.

РАЦИОНАЛИСТИ́ЧНЫЙ, -ая, -ое; -чен, -чна (книжн.). Рассудочный, опирающийся только на требования рассудка. *Р. поступок. Мыслить рационалистично* (нареч.). ‖ *сущ.* **рационалисти́чность**, -и, *ж.*

РАЦИОНА́ЛЬНЫЙ, -ая, -ое; -лен, -льна. **1.** Относящийся к разуму. *Рациональное познание.* **2.** Разумно обоснованный, целесообразный. *Рациональное использование средств. Рациональное питание.* **3. рациональное число** — в математике: целое или дробное число; *противоп.* иррациональное число. ‖ *сущ.* **рациона́льность**, -и, *ж.* (к 1 и 2 знач.).

РА́ЦИЯ, -и, *ж.* Переносная радиостанция. *Передать по рации.*

РАЦПРЕДЛОЖЕ́НИЕ, -я, *ср.* Сокращение: рационализаторское предложение. *Внедрить р. Вознаграждение за р.*

РА́ЧИЙ *см.* рак[1].

РАЧИ́ТЕЛЬ, -я, *м.* (устар.). Человек, рачительно заботящийся о ком-чём-н. ‖ *ж.* **рачи́тельница**, -ы. ‖ *прил.* **рачи́тельский**, -ая, -ое.

РАЧИ́ТЕЛЬНЫЙ, -ая, -ое; -лен, -льна. Старательный, усердный в исполнении чего-н., разумно бережливый. *Р. хозяин.* ‖ *сущ.* **рачи́тельность**, -и, *ж.*

РАЧО́К, -чка́, *м.* **1.** *см.* рак[1]. **2.** *мн.* Общее название группы мелких морских ракообразных животных. ‖ *прил.* **рачко́вый**, -ая, -ое.

РА́ШПИЛЬ, -я, *м.* Напильник с крупной насечкой. ‖ *прил.* **ра́шпильный**, -ая, -ое.

РАЩЕ́НИЕ *см.* растить.

РВАНИ́НА, -ы, *ж.*, также *собир.* (разг. пренебр.). То же, что рвань (в 1 знач.). *Одет в какую-то рванину.*

РВАНУ́ТЬ, -ну́, -нёшь; *сов.* **1.** *см.* рвать[1]. **2.** *кого-что.* Дёрнуть резко, схватить рывком (разг.). *Р. за ворот.* **3.** Резко тронуться с места (разг.). *Лошади рванули. Беглецы рванули в лес.* **4.** (1 и 2 л. не употр.). О ветре, громком звуке: стремительно возникнуть. *Рванул ветер, ураган. Рванул взрыв. Рвнула канонада. Рванули звуки марша, оркестра.* **5.** *что.* Начать стремительно делать что-н. (прост.). *Гармонист рванул плясовую.*

РВАНУ́ТЬСЯ, -ну́сь, -нёшься; *сов.* **1.** Резким движением устремиться куда-н., дёрнуться. *Лошади рванулись в сторону.* **2.** То же, что взорваться (в 1 знач.) (прост.). *Рванулся снаряд.*

РВА́НЫЙ, -ая, -ое. **1.** Разорванный на части. *Рваная бумага. Рваные нитки.* **2.** С дырками, изорванный. *Рваная обувь.* **3.** *перен.* С неровными краями. *Рваная рана. Рваные облака.* **4.** *перен.* Резкий и нестройный, прерывистый. *Рваные ритмы.*

РВАНЬ, -и, *ж.* **1.** также *собир.* Нечто рваное, изодранное, потрёпанное (разг.). *Носит всякую р.* **2.** *собир.* Остатки пряжи, ниток (спец.). **3.** *перен.*, также *собир.* Негодный человек, шваль (прост. презр.). *Дружит со всякой рванью.*

РВАНЬЁ, -я́, *ср.* **1.** *см.* рвать[1]. **2.** *собир.* То же, что рвань (в 1 знач.) (разг.).

РВАТЬ[1], рву, рвёшь; рвал, рвала́, рва́ло; *несов.* **1.** *что.* Выдёргивать резким движением, с силой отделяя от чего-н. *Р. из рук что-н. у кого-н. Р. зубы.* **2.** *что.* Брать, отделяя от корня, обламывая стебель, ветку. *Р. цветы. Р. яблоки.* **3.** *кого-что.* Разделять на части резким движением. *Р. письма. Р. на части* (также перен.: чрезмерно обременять разными поручениями, делами, а также звать сразу во многие места; разг.). *Р. кольцо блокады* (перен.). **4.** *что.* Производить взрыв чего-н. *Р. динамитом. Р. мины.* **5.** *перен.*, *что* и *с кем-чем.* Прекращать, порывать. *Р. отношения. Р. со своим прошлым.* **6.** (1 и 2 л. не употр.), обычно *безл.* О чувстве острой, дёргающей (см. дёргать в 3 знач.) боли. *Рану рвёт* (безл.). **7.** (1 и 2 л. не употр.). О ветре: дуть резко, с порывами. *Ветер так и рвёт.* ♦ **Рвать и метать** (разг.) — находиться в сильном гневе, раздражении. ‖ *однокр.* **рвану́ть**, -ну́, -нёшь (к 4, 7 и, в нек-рых сочетаниях, к 1 знач.; прост.). ‖ *сущ.* **рваньё**, -я́, *ср.* (к 1 знач.; прост.).

РВАТЬ[2], рвёт; рва́ло и рвало́; *безл.*; *несов.*, *кого (что)* (разг.). О рвоте. *Больного рвёт.* ‖ *сов.* **вы́рвать**, -вет.

РВА́ТЬСЯ[1], рвусь, рвёшься; рва́лся, рвала́сь, рвало́сь и рва́лось; *несов.* **1.** (1 и 2 л. не употр.). От резкого движения разделяться на части; становиться рваным (в 1 знач.). *Бумага легко рвётся. Где тонко, там и рвётся* (посл.). *Сердце рвётся от тоски* (перен.). *Рвутся старые связи* (перен.). **2.** (1 и 2 л. не употр.). Приходить в негодность, становиться рваным (во 2 знач.). *Обувь рвётся от ходьбы.* **3.** (1 и 2 л. не употр.). То же, что взрываться (в 1 знач.). *Снаряды рвутся.* **4.** В спешке, волнении делать сразу много дел, разрываться (во 2 знач.) (разг.). ♦ **Рваться на части** (разг.) — то же, что рваться (в 4 знач.).

РВА́ТЬСЯ[2], рвусь, рвёшься; рва́лся, рвала́сь, рвало́сь и рва́лось; *несов.* **1.** Стремиться куда-н. *Р. в бой. Войска рвутся вперёд. Всем сердцем р. на родину.* **2.** Делать резкие, порывистые движения. *Р. из чьих-н. рук* (стараться вырваться). *Собака рвётся на цепи.*

РВАЧ, -а́, *м.* (разг. презр.). Человек, к-рый в ущерб общему делу стремится извлечь из своей работы как можно больше личных выгод, урвать побольше для себя. ‖ *прил.* **рва́ческий**, -ая, -ое.

РВА́ЧЕСТВО, -а, *ср.* (разг. презр.). Поведение рвача.

РВЕ́НИЕ, -я, *ср.* Крайнее усердие в чём-н. *Работать с большим рвением.*

РВО́ТА, -ы, *ж.* Спазматическое выбрасывание содержимого желудка через рот. *Позыв на рвоту.* ‖ *прил.* **рво́тный**, -ая, -ое.

РДЕТЬ, -е́ю, -е́ешь; *несов.* (книжн.). **1.** Краснеть, становиться красным. *Лицо рдеет от удовольствия. Р. от стыда.* **2.** (1 и 2 л. не употр.). О чём-н. красном: резко выделяться, отливать красным цветом. *Рдеют знамёна. Рдеет румянец.* ‖ *сущ.* **рде́ние**, -я, *ср.*

РДЕ́ТЬСЯ (-е́юсь, -е́ешься, 1 и 2 л. не употр.), -е́ется; *несов.* (книжн.). То же, что рдеть (во 2 знач.).

РЕ..., *приставка.* Образует глаголы и существительные со знач. повторности или противоположности, напр. *реорганизовать, реэвакуировать, ретрансляция, рекультивация, ретрансплантация.*

РЕАБИЛИТА́ЦИЯ, -и, *ж.* **1.** *см.* реабилитировать. **2.** Устранение последствий, вызванных тяжёлой болезнью или травмой (спец.). *Медицинская р.* ‖ *прил.* **реабилитацио́нный**, -ая, -ое. *Р. центр.*

РЕАБИЛИТИ́РОВАТЬ, -рую, -руешь; -анный; *сов.* и *несов.*, *кого-что.* Восстановить (-навливать) прежнюю хорошую репутацию или в прежних правах. ‖ *возвр.* **реабилити́роваться**, -руюсь, -руешься. ‖ *сущ.* **реабилита́ция**, -и, *ж.*

РЕАГИ́РОВАТЬ, -рую, -руешь; *несов.*, *на что.* **1.** Отзываться каким-н. образом на раздражение, воздействие извне. *Глаз реагирует на свет.* **2.** Проявлять своё отношение к чему-н. *Правильно р. на критику.* ‖ *сов.* **прореаги́ровать**, -рую, -руешь, **среаги́ровать**, -рую, -руешь и **отреаги́ровать**, -рую, -руешь (ко 2 знач.; разг.). ‖ *сущ.* **реаги́рование**, -я, *ср.* и **реа́кция**, -и, *ж.* *Р. глаза на свет. Бурная реакция собрания на предложение докладчика.* ‖ *прил.* **реакти́вный**, -ая, -ое (к 1 знач.; спец.).

РЕАКТИ́ВНЫЙ[1], -ая, -ое; -вен, -вна (спец.). **1.** *см.* реактивы. **2.** *полн. ф.* Относящийся к образованию такого движения, при к-ром на движущееся тело действует сила вытекающей из него струи газа, пара, направленная в сторону, противоположную движению. *Р. двигатель. Реактивное движение. Р. самолёт* (с реактивным двигателем). *Реактивная артиллерия.* **3.** Способный отвечать на воздействие извне, наступающий под влиянием внешнего воздействия. *Реактивное состояние* (расстройство психической деятельности, вызванное эмоциональным потрясением). ‖ *сущ.* **реакти́вность**, -и, *ж.* (к 3 знач.).

РЕАКТИ́ВНЫЙ[2] *см.* реагировать.

РЕАКТИ́ВЫ, -ов, *ед.* -и́в, -а, *м.* (спец.). Вещества, применяемые для осуществления химической реакции. *Химические р.* || *прил.* **реакти́вный**, -ая, -ое.

РЕА́КТОР, -а, *м.* Аппарат или установка, в к-рой протекает физическая (ядерная) или химическая реакция. *Ядерный р. Химический р.* || *прил.* **реа́кторный**, -ая, -ое.

РЕАКЦИОНЕ́Р, -а, *м.* Сторонник политической реакции, враг прогресса, демократии. *Крайний р.* || *ж.* **реакционе́рка**, -и (разг.).

РЕАКЦИО́ННЫЙ, -ая, -ое; -о́нен, -о́нна. Осуществляющий реакцию[2], действующий в интересах реакции[2]. *Реакционная печать. Реакционные режимы.* || *сущ.* **реакцио́нность**, -и, *ж.*

РЕА́КЦИЯ[1], -и, *ж.* **1.** *см.* реагировать. **2.** Превращение одних веществ в другие (химическая реакция) или преобразование атомных ядер вследствие их взаимодействия с другими элементарными частицами (ядерная реакция). *Цепная р.* (саморазвивающийся процесс преобразования атомов — в химической реакции или атомных ядер — в ядерной реакции; также перен.: о ряде действий, событий, вызываемых одно другим; книжн.). **3.** Резкая перемена в самочувствии, упадок, слабость после подъёма, напряжения. *Р. после сильного возбуждения.*

РЕА́КЦИЯ[2], -и, *ж.* Политика активного сопротивления прогрессу, направленная на сохранение или возврат отживших социальных установлений. *Политическая р. Годы реакции.*

РЕА́Л, -а, *м.* В Испании, Португалии, Италии, в нек-рых странах Латинской Америки, Нидерландах: старинная серебряная (в Испании, Португалии — также медная) монета разного достоинства.

РЕАЛИ́ЗМ, -а, *м.* **1.** Направление в искусстве, ставящее целью правдивое воспроизведение действительности в её типических чертах. *Критический р. Р. русской литературы 19 века.* **2.** Ясное и трезвое понимание действительности при осуществлении чего-н. *Политический р.* || *прил.* **реалисти́ческий**, -ая, -ое. *Реалистическое искусство. Р. стиль. Р. взгляд на жизнь.*

РЕАЛИЗОВА́ТЬ, -зу́ю, -зу́ешь; -о́ванный; *сов.* и *несов.*, *что.* **1.** Осуществить (-влять), исполнить (-нять) (книжн.). *Р. все планы.* **2.** То же, что продать (-давать) (в 1 знач.) (спец.). *Выгодно р. товар.* || *сущ.* **реализа́ция**, -и, *ж.*

РЕАЛИЗОВА́ТЬСЯ (-зу́юсь, -зу́ешься, 1 и 2 *л.* не употр.), -зу́ется; *сов.* и *несов.* **1.** Осуществиться (-вляться), исполниться (-няться) (книжн.). *Намеченный план реализовался.* **2.** Обратиться (-ащаться) в деньги (о ценностях) (спец.). || *сущ.* **реализа́ция**, -и, *ж.*

РЕАЛИ́СТ[1], -а, *м.* **1.** Художник — последователь реализма (в 1 знач.). *Великие русские реалисты.* **2.** Человек, правильно учитывающий в своей деятельности условия реальной действительности. *Трезвый р.* || *ж.* **реали́стка**, -и (ко 2 знач.).

РЕАЛИ́СТ[2], -а, *м.* В России до 1917 г.: ученик реального училища.

РЕАЛИСТИ́ЧЕСКИЙ, -ая, -ое. **1.** *см.* реализм. **2.** То же, что реалистичный.

РЕАЛИСТИ́ЧНЫЙ, -ая, -ое; -чен, -чна. Вполне практический, соответствующий действительности. *Р. подход к делу. Реалистично* (нареч.) *смотреть на вещи.* || *сущ.* **реалисти́чность**, -и, *ж.*

РЕА́ЛИЯ, -и, *ж.* (книжн.). Единичный предмет, вещь; то, что есть, существует.

РЕА́ЛЬНЫЙ, -ая, -ое; -лен, -льна. **1.** Действительно существующий, не воображаемый. *Реальная действительность.* **2.** Осуществимый, отвечающий действительности. *Реальная задача. Наши планы реальны.* **3.** Практический, исходящий из понимания подлинных условий действительности. *Реальная политика. Р. взгляд на вещи.* ✦ **Реальная заработная плата** (спец.) — покупательная способность номинальной заработной платы. **Реальное училище** — в России до 1917 г.: общеобразовательное среднее учебное заведение без преподавания древних языков, с преобладанием в учебном плане естественнонаучных предметов. || *сущ.* **реа́льность**, -и, *ж.*

РЕАНИМА́ТОР, -а, *м.* Врач — специалист по реанимации. || *прил.* **реанима́торский**, -ая, -ое (разг.).

РЕАНИМА́ЦИЯ, -и, *ж.* Оживление организма в период агонии и клинической смерти. || *прил.* **реанимацио́нный**, -ая, -ое. *Реанимационное отделение больницы.*

РЕАНИМИ́РОВАТЬ, -рую, -руешь; -анный; *сов.* и *несов.*, *кого (что).* Произвести (-водить) реанимацию. *Р. организм. Р. отжившие предрассудки* (перен.).

РЕБЁНОК, -нка, *в знач. мн. употр.* **де́ти**, -е́й и (разг.) **ребя́та**, -я́т, *м.* Мальчик или девочка в раннем возрасте, до отрочества. *Грудной р. Р. дошкольного возраста. В семье двое детей. Как маленький р. кто-н.* (неопытен или наивен, доверчив). *Он уже не р.* (о том, кто повзрослел, взрослеет). *Ребёнку ясно* (о чём-н. совершенно очевидном). *Взять ребёнка из детдома* (усыновить). *Дом ребёнка* (лечебно-профилактическое учреждение для содержания малолетних — до 3 лет — детей, лишённых возможности воспитываться в семье). || *уменьш.-ласк.* **ребёночек**, -чка, *м.*; *мн.* **ребяти́шки**, -шек, -шкам; **ребя́тки**, -ток, -ткам. || *прил.* **ребя́чий**, -ья, -ье (разг.). *Р. возраст.*

РЕБРИ́СТЫЙ, -ая, -ое; -и́ст. Неровный, с частыми параллельными выступами, гранями. *Ребристая поверхность.* || *сущ.* **ребри́стость**, -и, *ж.*

РЕБРО́, -а́, *мн.* рёбра, рёбер, рёбрам, *ср.* **1.** Одна из нескольких парных дугообразных плоских костей, идущих от позвоночника к грудной кости и составляющих грудную клетку. *Грудинные рёбра. Шейное р. Поясничное р. Одни рёбра остались у кого-н.* (перен.: очень исхудал; разг.). *Пересчитать рёбра кому-н.* (перен.: поколотить; прост.). **2.** В геометрии: отрезок прямой, лежащий на пересечении двух граней многогранника. **3.** Узкий край или сторона предмета. *Поставить доску на р.* **4.** Дугообразно изогнутая скрепляющая часть остова какого-н. сооружения (спец.). ✦ **Поставить вопрос ребром** (разг.) — заявить о чём-н. со всей решительностью. || *уменьш.* **рёбрышко**, -а, *ср.* (к 1 знач.). || *прил.* **рёберный**, -ая, -ое (к 1 знач.) и **ребро́вый**, -ая, -ое (ко 2 и 3 знач.; спец.).

РЕ́БУС, -а, *м.* Загадка, в к-рой искомое слово или фраза изображены комбинацией фигур, букв или знаков. *Разгадать р. Говорить ребусами* (перен.: непонятно, с намёками). || *прил.* **ребусный**, -ая, -ое.

РЕБЯ́ТА, -я́т (разг.). **1.** *см.* ребёнок. **2.** Молодые люди, парни (употр. также в обращении). *Девушки и р. Р., вперёд!* ✦ **Свои ребята** (прост.) — приятели, свои люди. *В бригаде свои ребята, помогут.* || *уменьш.-ласк.* **ребя́тки**, -ток, -ткам; *ласк.* **ребя́тушки**, -шек, -шкам (прост.).

РЕБЯТЁНОК, -нка, *м.* (прост.). То же, что ребёнок.

РЕБЯТНЯ́, -и́, *ж.*, *собир.* (разг.). Дети, ребята.

РЕБЯ́ЧЕСКИЙ, -ая, -ое. **1.** Детский, свойственный ребёнку. *Ребяческие годы.* **2.** Не такой, к-рый должен быть у взрослого человека, несерьёзный. *Ребяческое поведение. Ребяческие выходки.*

РЕБЯ́ЧЕСТВО, -а, *ср.* **1.** То же, что детство (устар.). *В ребячестве.* **2.** Ребяческое (во 2 знач.) поведение. *Непростительное р.*

РЕБЯ́ЧИЙ, -ья, -ье. **1.** *см.* ребёнок. **2.** *перен.* То же, что ребяческий (во 2 знач.) (разг.). *Ребячьи рассуждения. Ребячья выходка.*

РЕБЯ́ЧИТЬСЯ, -чусь, -чишься; *несов.* (разг.). Вести себя по-ребячески. *Перестаньте р.!* (ведите себя серьёзно).

РЕБЯ́ЧЛИВЫЙ, -ая, -ое; -ив (разг.). Склонный вести себя по-ребячески, не по-взрослому. || *сущ.* **ребя́чливость**, -и, *ж.*

РЕВАЛЬВА́ЦИЯ, -и, *ж.* (спец.). Официальное повышение золотого содержания национальной денежной единицы или фактическое повышение её валютного курса. || *прил.* **ревальвацио́нный**, -ая, -ое.

РЕВА́НШ, -а, *м.* Отплата за поражение (в войне, в игре). *Дать р. Взять р. Матч-р.* || *прил.* **рева́ншный**, -ая, -ое (книжн.).

РЕВАНШИ́ЗМ, -а, *м.* Агрессивная политика реванша после поражения в войне. || *прил.* **реванши́стский**, -ая, -ое.

РЕВАНШИ́СТ, -а, *м.* Сторонник реваншизма. || *прил.* **реванши́стский**, -ая, -ое.

РЕВЕ́НЬ, -я́ (-ю́), *м.* Травянистое растение сем. гречишных с толстым корневищем и крупными листьями, употр. в медицине, кулинарии. *Кисель из ревеня.* || *прил.* **реве́нный**, -ая, -ое и **ревéневый**, -ая, -ое.

РЕВЕРА́НС, -а, *м.* **1.** Почтительный поклон с приседанием. **2.** *перен.*, обычно *мн.* Проявление почтительности, подобострастия (ирон.). *Делать реверансы в чей-н. адрес* (расшаркиваться во 2 знач.).

РЕВЕ́ТЬ, -ву́, -вёшь; *несов.* **1.** Издавать рёв (в 1 знач.). *Бык ревёт. Ревут моторы. Буря ревёт. Толпа ревёт.* **2.** Громко плакать, а также вообще плакать (разг.). *Дети ревут. Р. из-за пустяков.*

РЕВИЗИОНИ́ЗМ, -а, *м.* Политическое течение, утверждающее необходимость пересмотра основных положений марксизма-ленинизма. || *прил.* **ревизиони́стский**, -ая, -ое.

РЕВИЗИОНИ́СТ, -а, *м.* Последователь ревизионизма. || *ж.* **ревизиони́стка**, -и. || *прил.* **ревизиони́стский**, -ая, -ое.

РЕВИ́ЗИЯ, -и, *ж.* **1.** Обследование чьей-н. деятельности для установления правильности и законности действий. *Провести ревизию.* **2.** Пересмотр чего-н. с целью внесения коренных изменений (книжн.). *Р. взглядов, учения.* **3.** В России в 18 — 1-й половине 19 в.: перепись податного населения для исчисления налогов. || *прил.* **ревизио́нный**, -ая, -ое (к 1 знач.) и **реви́зский**, -ая, -ое (к 3 знач.; устар.). *Ревизионная комиссия. Ревизские сказки* (списки лиц, подлежавших обложению подушной податью, составлявшиеся при ревизии). *Ревизские души* (подлежавшие податному обложению).

РЕВИЗОВА́ТЬ, -зу́ю, -зу́ешь; -о́ванный; *сов.* и *несов.* **1.** *кого-что.* Произвести (-водить) ревизию (в 1 знач.) кого-чего-н. *Р. кассу.* **2.** *что.* Подвергнуть (-гать) ревизии (во 2 знач.) (книжн.). *Р. чьи-н. взгляды, учение.* || *сов.* также **обревизова́ть**, -зу́ю, -зу́ешь; -о́ванный (к 1 знач.).

РЕВИЗО́Р, -а, *м.* **1.** Должностное лицо, производящее ревизию (в 1 знач.). **2.** В отдельных отраслях железнодорожной службы: то же, что контролёр. *Р. по безопасности движения поездов. Р. движения. Дорожный р.* ‖ *ж.* **ревизо́рша**, -и (к 1 знач.; разг.). ‖ *прил.* **ревизо́рский**, -ая, -ое.

РЕВКО́М, -а, *м.* Сокращение: революционный комитет — временный чрезвычайный орган советской власти во время гражданской войны (1918—1920 гг.). ‖ *прил.* **ревко́мовский**, -ая, -ое (разг.).

РЕВМАТИ́ЗМ, -а, *м.* Инфекционно-аллергическая болезнь с поражением суставов, сердечно-сосудистой системы, обычно сопровождающаяся острыми болями. *Хронический р.* ‖ *прил.* **ревмати́ческий**, -ая, -ое *и* **ревмато́идный**, -ая, -ое.

РЕВМА́ТИК, -а, *м.* Человек, страдающий ревматизмом. ‖ *ж.* **ревмати́чка**, -и (разг.).

РЕВМАТО́ЛОГ, -а, *м.* Врач — специалист по ревматологии.

РЕВМАТОЛО́ГИЯ, -и, *ж.* Раздел медицины, занимающийся изучением и лечением ревматизма. ‖ *прил.* **ревматологи́ческий**, -ая, -ое.

РЕВМОКАРДИ́Т, -а, *м.* Воспалительное поражение сердца при ревматизме.

РЕВМЯ́: **ревмя реветь** (прост.) — очень сильно реветь (во 2 знач.).

РЕВНИ́ВЕЦ, -вца, *м.* Ревнивый человек. ‖ *ж.* **ревни́вица**, -ы.

РЕВНИ́ВЫЙ, -ая, -ое; -и́в. **1.** Склонный ревновать, охваченный ревностью; выражающий ревность. *Р. муж. Р. взор.* **2.** Придирчиво-настороженный и заботливый. *Ревниво* (нареч.) *охранять свою тайну.* ‖ *сущ.* **ревнивость**, -и, *ж.* (к 1 знач.).

РЕВНИ́ТЕЛЬ, -я, *м., чего* (книжн.). Человек, к-рый ревностно заботится о чём-н. *Р. просвещения.* ‖ *ж.* **ревни́тельница**, -ы.

РЕВНОВА́ТЬ, -ную, -ну́ешь; *несов., кого (что) к кому.* Испытывать чувство ревности[1]. *Р. жену. Р. мужа к подруге.* ‖ *сов.* **приревнова́ть**, -ну́ю, -ну́ешь (разг.).

РЕ́ВНОСТНЫЙ, -ая, -ое; -тен, -тна (книжн.). Старательный, очень усердный. *Р. поборник добра, справедливости. Ревностно* (нареч.) *относиться к своим обязанностям.* ‖ *сущ.* **ре́вностность**, -и, *ж.*

РЕ́ВНОСТЬ[1], -и, *ж.* Мучительное сомнение в чьей-н. верности, любви. *Семейная драма на почве ревности.*

РЕ́ВНОСТЬ[2], -и, *ж.* (устар.). Усердие, рвение. *С ревностью взяться за дело.*

РЕВОЛЬВЕ́Р, -а, *м.* Многозарядное ручное огнестрельное оружие с магазином в виде вращающегося барабана. *Р. системы Нагана. Спортивный р.* ‖ *прил.* **револьве́рный**, -ая, -ое. ✦ **Револьверный станок** (спец.) — токарный или сверлильный станок с вращающейся головкой, в к-рой закрепляется несколько режущих инструментов.

РЕВОЛЬВЕ́РЩИК, -а, *м.* Токарь, работающий на револьверном станке. ‖ *ж.* **револьве́рщица**, -ы.

РЕВОЛЮЦИОНЕ́Р, -а, *м.* **1.** Участник революционного движения, революции (в 1 знач.), сторонник революционных методов борьбы. *Профессиональный р.* (посвятивший всего себя революционной борьбе). **2.** Человек, к-рый производит переворот, открывает новые пути в какой-н. области жизни, науки, производства. *Р. в науке.* ‖ *ж.* **революционе́рка**, -и (к 1 знач.).

РЕВОЛЮЦИОНИЗИ́РОВАТЬ, -рую, -руешь; -анный; *сов.* и *несов.* **1.** *кого (что).* Распространить (-нять) революционные идеи среди кого-н. **2.** *что.* Изменить (-нять) коренным образом. *Р. производство.*

РЕВОЛЮЦИОНИЗИ́РОВАТЬСЯ, -руюсь, -руешься; *сов.* и *несов.* **1.** Проникнуться (-каться) революционными идеями. **2.** (1 и 2 л. не употр.). Измениться (-няться) коренным образом. *Техника революционизировалась.*

РЕВОЛЮЦИО́ННЫЙ, -ая, -ое; -нен, -нна. **1.** *см.* революция. **2.** Выражающий идеи революции, направленный к осуществлению революции. *Революционная борьба. Революционная ситуация.* **3.** Вносящий революцию (во 2 знач.) в какую-н. область жизни, науки, производства. *Революционные преобразования.* ‖ *сущ.* **революцио́нность**, -и, *ж.* (к 3 знач.).

РЕВОЛЮ́ЦИЯ, -и, *ж.* **1.** Коренной переворот в жизни общества, к-рый приводит к ликвидации предшествующего общественного и политического строя и установлению новой власти. *Буржуазная р.* (свергающая феодальный строй и устанавливающая власть буржуазии). *Великая французская р.* (1789—1794 гг.). **2.** Коренной переворот, резкий скачкообразный переход от одного качественного состояния к другому. *Научно-техническая р.* ‖ *прил.* **революцио́нный**, -ая, -ое (к 1 знач.). *Революционные годы. Революционное правительство. Р. переворот.*

РЕВЮ́, *нескл., ср.* Театральное обозрение — представление из отдельных сцен, эпизодов и номеров. *Музыкальное р.*

РЕГА́ЛИЯ, -и, *ж.* **1.** Предмет, являющийся символом монархической власти, напр. корона, скипетр (устар.). *Царские регалии.* **2.** обычно *мн.* Орден, знак отличия (устар. и разг.). *Явиться при всех регалиях.*

РЕГА́ТА, -ы, *ж.* Традиционно проводимые большие гонки спортивных судов. *Парусная р.*

РЕ́ГБИ, *нескл., ср.* Спортивная командная игра, состоящая в том, что игроки стараются забросить большой овальный мяч в ворота соперника или вбежать туда с мячом, а также соответствующий вид спорта. ‖ *прил.* **регби́йный**, -ая, -ое.

РЕГБИ́СТ, -а, *м.* Спортсмен, занимающийся регби.

РЕГЕНЕРА́ЦИЯ, -и, *ж.* (спец.). Восстановление, возобновление, возмещение чего-н. в процессе развития, деятельности, обработки. *Внутриклеточная р. Р. материалов. Р. воздуха.* ‖ *прил.* **регенерацио́нный**, -ая, -ое *и* **регенерати́вный**, -ая, -ое.

РЕ́ГЕНТ, -а, *м.* **1.** Временный правитель монархического государства. **2.** Дирижёр хора, преимущ. церковного. ‖ *ж.* **ре́гентша**, -и (разг.). ‖ *прил.* **ре́гентский**, -ая, -ое.

РЕГИО́Н, -а, *м.* Большая область, группа соседствующих стран или территории, районы, объединённые по каким-н. общим признакам. *Экономический р. Географический р.* ‖ *прил.* **региона́льный**, -ая, -ое. *Р. пакт.*

РЕГИОНА́ЛЬНЫЙ, -ая, -ое. **1.** *см.* регион. **2.** Местный, относящийся к какой-н. определённой области, региону. *Региональные цены.*

РЕГИ́СТР, -а, *м.* (спец.). **1.** Список, указатель чего-н., книга для записей. **2.** Степень высоты голоса, музыкального инструмента. *Бас — голос низкого регистра.* **3.** В нек-рых музыкальных инструментах: группа труб или группа язычковых одинакового тембра. **4.** Род регулятора, преобразователя в машинах и приборах. *Р. команд в ЭВМ.* **5.** Ряд клавиш в пишущей машинке, в счётных и иных машинах. *Верхний, нижний р.* **6.** Название государственного органа, осуществляющего надзор над постройкой и эксплуатацией судов. *Морской р. Речной р.* ‖ *прил.* **регистровый**, -ая, -ое (к 1, 2, 3, 4 и 5 знач.).

РЕГИСТРА́ТОР, -а, *м.* Работник, производящий регистрацию кого-чего-н. *Р. корреспонденции.* ‖ *ж.* **регистра́торша**, -и (разг.). ‖ *прил.* **регистраторский**, -ая, -ое.

РЕГИСТРАТУ́РА, -ы, *ж.* Отдел учреждения, занимающийся регистрацией кого-чего-н.

РЕГИСТРИ́РОВАТЬ, -рую, -руешь; -анный; *несов., кого-что.* Записывать, отмечать с целью учёта, систематизации, придания законной силы чему-н. *Р. поступающую корреспонденцию. Приборы регистрируют подземные толчки.* ‖ *сов.* **зарегистри́ровать**, -рую, -руешь; -анный. ‖ *возвр.* **регистри́роваться**, -руюсь, -руешься; *сов.* **зарегистри́роваться**, -руюсь, -руешься. ‖ *сущ.* **регистра́ция**, -и, *ж.* *и* **регистри́рование**, -я, *ср.* ‖ *прил.* **регистрацио́нный**, -ая, -ое.

РЕГЛА́МЕНТ, -а, *м.* **1.** Правила, регулирующие порядок какой-н. деятельности. *Р. заседания. Р. работы комиссии. Соблюдать р. Нарушение регламента.* **2.** Время, отведённое на собрании для речи, выступления. *Р. для выступающих десять минут.* ‖ *прил.* **регла́ментный**, -ая, -ое.

РЕГЛАМЕНТИ́РОВАТЬ, -рую, -руешь; -анный; *сов.* и *несов., что* (книжн.). Подчинить(-нять) регламенту. ‖ *сущ.* **регламента́ция**, -и, *ж.* ‖ *прил.* **регламентацио́нный**, -ая, -ое.

РЕГЛА́Н. **1.** -а, *м.* Одежда, у к-рой рукав составляет одно целое с плечом. **2.** *неизм.* Об одежде: такого покроя. *Пальто, куртка, платье р.*

РЕГРЕ́СС, -а, *м.* (книжн.). Упадок в развитии чего-н., движение назад; *противоп.* прогресс.

РЕГРЕССИ́ВНЫЙ, -ая, -ое; -вен, -вна (книжн.). Являющийся регрессом, ведущий к регрессу. *Р. процесс.* ‖ *сущ.* **регресси́вность**, -и, *ж.*

РЕГРЕССИ́РОВАТЬ, -рую, -руешь; *несов.* (книжн.). Идти по пути регресса, ухудшения.

РЕГУЛИ́РОВАТЬ, -рую, -руешь; -анный; *несов., что.* **1.** Упорядочивать, налаживать. *Р. взаимные отношения.* **2.** Направлять развитие, движение чего-н. с целью привести в порядок, в систему. *Р. цены. Р. дорожное движение.* **3.** Приводить (механизмы и их части) в такое состояние, к-рое обеспечивает нормальную и правильную работу. *Р. двигатель.* ‖ *сов.* **урегули́ровать**, -рую, -руешь; -анный (к 1 знач.), **отрегули́ровать**, -рую, -руешь; -анный (ко 2 и 3 знач.) *и* **зарегулировать**, -рую, -руешь; -анный (к 3 знач.; спец.). ‖ *сущ.* **регули́рование**, -я, *ср.*, **регуля́ция**, -и, *ж.* (ко 2 знач.) *и* **регулиро́вка**, -и, *ж.* (к 3 знач.). ‖ *прил.* **регуляцио́нный**, -ая, -ое , **регуля́торный**, -ая, -ое (ко 2 и 3 знач.) *и* **регулиро́вочный**, -ая, -ое (ко 2 и 3 знач.). *Регуляционный процесс. Регуляторные функции гормонов. Регулировочный пост.*

РЕГУЛИРО́ВЩИК, -а, *м.* Работник, специалист, занимающийся регулировкой чего-н. *Р. дорожного движения. Р. механизмов.* ‖ *ж.* **регулиро́вщица**, -ы. ‖ *прил.* **регулиро́вщицкий**, -ая, -ое.

РЕГУЛЯ́РНЫЙ, -ая, -ое; -рен, -рна. **1.** Осуществляемый равномерно и правильно, через определённые промежутки времени. *Р. осмотр. Регулярная доставка газет.* **2.** *полн. ф.* Имеющий правильную и постоянную организацию. *Регулярные войска* (войска постоянной армии, имеющие штатную организацию). ‖ *сущ.* **регуля́рность, -и,** *ж.* (к 1 знач.).

РЕГУЛЯ́ТОР, -а, *м.* **1.** Прибор для регулирования чего-н. (спец.). **2.** То, что регулирует, направляет развитие чего-н. *Р. цен.*

РЕД... *Первая часть сложных слов со знач.* редакционный, напр. *редколлегия, редсовет, редподготовка.*

РЕДАКТИ́РОВАТЬ, -рую, -руешь; -анный; *несов., что.* **1.** Проверять и исправлять текст при подготовке к печати. *Р. рукопись.* **2.** Руководить изданием чего-н. *Р. журнал.* ‖ *сов.* **отредакти́ровать,** -рую, -руешь; -анный (к 1 знач.). ‖ *сущ.* **редакти́рование,** -я, *ср.,* **реда́кция,** -и, *ж. и* **редакту́ра,** -ы, *ж. Редактирование текста. Книга под редакцией известного специалиста.* ‖ *прил.* **редакцио́нный,** -ая, -ое. *Редакционная коллегия.*

РЕДА́КТОР, -а, *мн.* -ы, -ов *и* (разг.) -а́, -о́в, *м.* Человек, к-рый редактирует что-н.; специалист по редактированию. *Р. журнала. Ответственный р. Технический р.* ‖ *ж.* **реда́кторша,** -и (разг.). ‖ *прил.* **реда́кторский,** -ая, -ое.

РЕДА́КЦИЯ, -и, *ж.* **1.** *см.* редактировать. **2.** Разновидность текста какого-н. произведения. *Новая р. повести.* **3.** Та или иная формулировка, выражение мысли. *Изменить редакцию документа.* **4.** Группа работников, редактирующих какое-н. издание, а также отдел издательства, готовящий рукописи к печати. *Главная р. Техническая р. Р. словарей.* ‖ *прил.* **редакцио́нный,** -ая, -ое.

РЕДЕ́ТЬ, 1 и 2 л. ед не употр., -е́ет; *несов.* Становиться редким (в 1 знач.), реже; уменьшаться в числе. *Волосы редеют. Редеет круг друзей.* ‖ *сов.* **поре́деть,** -е́ет. ‖ *сущ.* **поре́дение,** -я, *ср.*

РЕ́ДЕЧНЫЙ *см.* редька.

РЕДИ́С, -а, *м.* Вид редьки — овощ с небольшим округлым или продолговатым корнем, покрытым тонкой белой, розовой или яркой красной кожицей.

РЕДИ́СКА, -и, *ж.* **1.** То же, что редис. **2.** Отдельный корешок редиса. ‖ *прил.* **реди́сочный,** -ая, -ое.

РЕ́ДКИЙ, -ая, -ое; -док, -дка́, -дко, -дки́ *и* -дки; ре́же; редча́йший. **1.** Состоящий из далеко расположенных друг от друга частей, не густой; не плотный. *Редкая бородка. Редкие зубы. Р. лес* (не густой). *Редкая ткань* (не плотная). **2.** Расположенный на большом расстоянии друг от друга. *Редкие станции.* **3.** Состоящий из отдалённых друг от друга моментов. *Редкие выстрелы. Р. пульс.* **4.** Повторяющийся, появляющийся через большие промежутки времени. *Р. случай. Р. гость. Редкие металлы. Человек редкой доброты. Редко* (нареч.) *видеться.* ‖ *сущ.* **ре́дкость,** -и, *ж.* (к 1, 2, 3 и в нек-рых сочетаниях к 4 знач.).

РЕДКОЛЕ́СЬЕ, -я, *ср., собир.* Редкий, не сплошной лес.

РЕ́ДКОСТНЫЙ, -ая, -ое; -тен, -тна. Редко встречающийся, исключительный (во 2 знач.). *Редкостное явление. Р. случай. Р. специалист* (очень хороший). ‖ *сущ.* **ре́дкостность,** -и, *ж.*

РЕ́ДКОСТЬ, -и, *ж.* **1.** *см.* редкий. **2.** Редкое явление. *Услышать эту птицу — большая р.* **3.** Редкий предмет, музейная, антикварная вещь. *Библиографическая р. Коллекция редкостей.* ✦ **На редкость** — о ком-чём-н. исключительном, редкостном. *На редкость смелый человек.* **Не редкость** — обычно, часто бывает. *Такие случаи — не редкость.*

РЕДУ́КЦИЯ, -и, *ж.* (спец.). **1.** Переход, сведе́ние сложного к простому. **2.** Уменьшение, ослабление чего-н. *Р. давления пара. Р. безударных гласных.* ‖ *прил.* **редукцио́нный,** -ая, -ое.

РЕДУ́Т, -а, *м.* В старых армиях: сомкнутое прямоугольное, многоугольное или круглое полевое укрепление с наружным рвом и бруствером. ‖ *прил.* **реду́тный,** -ая, -ое.

РЕДУЦИ́РОВАТЬ, -рую, -руешь; -анный; *сов. и несов., что* (спец.). Подвергнуть(-гать) редукции.

РЕДУЦИ́РОВАТЬСЯ (-руюсь, -руешься, 1 и 2 л. не употр.), -руется; *сов. и несов.* (спец.). Подвергнуться (-гаться) редукции.

РЕ́ДЬКА, -и, *ж.* Корнеплод с толстым и светлым (в тёмной кожице) корнем, с острым вкусом и запахом. ✦ **Хуже горькой редьки** (прост.) — о ком-чём-н. очень надоевшем, противном. ‖ *прил.* **ре́дечный,** -ая, -ое.

РЕЕ́СТР, -а, *м.* Опись, письменный перечень. *Р. имущества.* ‖ *прил.* **рее́стровый,** -ая, -ое.

РЕ́ЕЧНЫЙ *см.* рейка.

РЕЖИ́М, -а, *м.* **1.** Распорядок дел, действий. *Р. дня. Правильный р. питания. Школьный р. Больничный р. Соблюдать р. Р. экономии* (система хозяйствования, направленная на экономию средств, удешевление и рационализацию производства). **2.** Условия деятельности, работы, существования чего-н. *Рабочий р. машины. Водный р. озера. В автоматическом режиме* (о работе автомата). **3.** Государственный строй (обычно об антинародном, антидемократическом строе). *Реакционные режимы.* ‖ *прил.* **режи́мный,** -ая, -ое (к 1 и 2 знач.).

РЕЖИ́МНЫЙ, -ая, -ое. **1.** *см.* режим. **2.** Находящийся на особом режиме, подчиняющийся специальному режиму. *Режимное предприятие.*

РЕЖИССЁР, -а, *м.* Творческий работник, художественный организатор, руководитель театральной, кино- или телевизионной постановки, вообще зрелищных программ. *Р.-постановщик.* ‖ *прил.* **режиссёрский,** -ая, -ое. *Новое режиссёрское решение пьесы.*

РЕЖИССИ́РОВАТЬ, -рую, -руешь; -анный; *несов., что* (спец.). Руководить постановкой спектакля, фильма, вообще зрелищной программы в качестве режиссёра.

РЕЖИССУ́РА, -ы, *ж.* **1.** Деятельность, профессия режиссёра. **2.** Режиссёрское решение (трактовка) спектакля, фильма. *Удачная р.* **3.** *собир.* Режиссёры. *В театры пришла молодая р.*

РЕЗА́К, -а́, *м.* **1.** Большой широкий нож. **2.** Режущая часть машины, орудия или приспособление, инструмент для резки (спец.). *Газовый р.*

РЕ́ЗАНЫЙ, -ая, -ое. Нарезанный; с нарезами. *Резаные овощи. Р. орнамент. Кричит как р.* (сущ.; как будто его режут, прост.).

РЕ́ЗАТЬ, ре́жу, ре́жешь; -анный; *несов.* **1.** *кого-что.* Разделять на части, отделять от целого чем-н. острым. *Р. хлеб, сыр. Р. на куски. Р. ломтями. Р. металл. Режущий инструмент. Р. коммуникации* (перен.: прерывать, нарушать). *Р. по живому* (также перен.: действовать жёстко, жестоко). **2.** *кого-что.* Делая надрез, вскрывать, а также (разг.) оперировать. *Р. нарыв.* **3.** *кого (что).* Убивать острым орудием. *Р. гусей. Волк режет овец* (загрызает). *Без ножа режет кто-н. кого-н.* (перен.: ставит в тяжёлое, безвыходное положение; разг.). **4.** *перен., кого-что.* Ставить в безвыходное положение, губить (прост.). *Р. чей-н. проект.* **5.** *что, по чему.* Делать изображение на поверхности чего-н. острым инструментом; изготовлять вырезыванием. *Р. по металлу. Р. ложки.* **6.** (1 и 2 л. не употр.), *что.* Причинять резкую боль, врезаться. *Ремень режет плечо. Пиджак режет в проймах.* **7.** *безл., что.* Об ощущении рези. *Режет в животе. От яркого света режет глаза. Режущая боль.* **8.** (1 и 2 л. не употр.), *что.* Производить неприятное впечатление чем-н. резким. *Яркие краски режут глаз. Режущий звук.* **9.** *что.* Говорить прямо, открыто (разг.). *Р. правду в глаза.* **10.** *кого (что).* Проваливать на экзамене (прост.). **11.** *что.* Ударять по касательной, направляя вбок, в косой полёт (спец.). *Р. мяч.* ‖ *сов.* **разре́зать,** -е́жу, -е́жешь; -анный (к 1 и 2 знач.), **заре́зать,** -е́жу, -е́жешь; -анный (к 3 и 4 знач.), **наре́зать,** -е́жу, -е́жешь; -анный (к 6 знач.) *и* **сре́зать,** -е́жу, -е́жешь; -анный (к 10 и 11 знач.). ‖ *однокр.* **резну́ть,** -ну́, -нёшь (к 1, 6 и 7 знач.) *и* **резану́ть,** -ну́, -нёшь (к 1, 6, 7, 8 и 9 знач.; разг.). ‖ *сущ.* **ре́зание,** -я, *ср.* (к 1, 3 и 5 знач.), **ре́зка,** -и, *ж.* (к 1 и 3 знач.), **резьба́,** -ы́, *ж.* (к 5 знач.) *и* **разре́зка,** -и, *ж.* (к 1 знач.). *Обработка металлов резанием. Резьба по дереву. Резка соломы.* ‖ *прил.* **ре́зательный,** -ая, -ое (к 1 и 5 знач.; спец.) *и* **резно́й,** -а́я, -о́е (к 5 знач.). *Резательный автомат. Резные работы.*

РЕ́ЗАТЬСЯ, ре́жусь, ре́жешься; *несов.* **1.** (1 и 2 л. не употр.). О зубах, рогах: прорезаться. **2.** *во что.* Азартно играть в какую-н. игру (прост.). *Р. в карты. Р. в домино.*

РЕЗВИ́ТЬСЯ, -влю́сь, -ви́шься; *несов.* **1.** Играть и веселиться, находясь в движении. *Дети резвятся в саду.* **2.** *перен.* Вести себя шумно и развязно (разг. неодобр.). *Газеты резвятся вокруг нового скандала.*

РЕЗВУ́Н, -а́, *м.* (разг.). Резвый, живой ребёнок. ‖ *ж.* **резву́нья,** -и, *род. мн.* -ний; *уменьш.-ласк.* **резву́шка,** -и, *ж.*

РЕ́ЗВЫЙ, -ая, -ое; резв, резва́, ре́зво, ре́звы *и* резвы́. **1.** Подвижный и весёлый. *Р. ребёнок.* **2.** Быстрый, проворный в беге. *Резвая рысь. Резво* (нареч.) *побежать. Резвые ноги. Резвые кони.* ‖ *сущ.* **ре́звость,** -и, *ж.*

РЕЗЕДА́, -ы́, *ж.* Садовое травянистое растение с конусообразными пахучими соцветиями. ‖ *прил.* **резедо́вый,** -ая, -ое. *Семейство резедовых* (сущ.).

РЕЗЕ́КЦИЯ, -и, *ж.* (спец.). Операция удаления органа или части органа. *Р. желудка. Р. сустава.* ‖ *прил.* **резекцио́нный,** -ая, -ое. *Р. скальпель.*

РЕЗЕ́РВ, -а, *м.* **1.** Запас, откуда черпаются новые силы, ресурсы. *Производственные резервы. Использовать все резервы.* **2.** Воинские формирования, предназначенные для создания новых и усиления действующих группировок. *Стратегический, тактический, оперативный р. Отвести полк в р.* **3.** В армиях нек-рых стран: то же, что запас (в 3 знач.) ✦ **Трудовые резервы** — о молодёжи, получающей в специальных учебных заведениях профессии квалифицированных рабочих. ‖ *прил.* **резе́рвный,** -ая, -ое.

РЕЗЕРВА́ЦИЯ, -и, *ж.* В нек-рых странах: территория, отведённая для проживания сохранившихся в стране аборигенов. *Р. индейцев в США.* ‖ *прил.* **резервацио́нный,** -ая, -ое.

РЕЗЕРВИ́РОВАТЬ, -рую, -руешь; -анный; *сов. и несов., что* (книжн.). Сохранить (-нять) в резерве (в 1 знач.) что-н. *Р. запасы. Р. своё мнение* (оставить за собой право высказаться позднее). ‖ *сов.* также **зарезерви́ровать,** -рую, -руешь; -анный.

РЕЗЕРВИ́СТ, -а, *м.* В армиях нек-рых стран: военнообязанный резерва (в 3 знач.). *Призыв резервистов.* ‖ *прил.* **резерви́стский**, -ая, -ое.

РЕЗЕРВУА́Р, -а, *м.* Вместилище для жидкостей и газов. *Металлический, железобетонный, стеклянный р.* ‖ *прил.* **резервуа́рный**, -ая, -ое.

РЕЗЕ́Ц, -зца́, *м.* **1.** Инструмент для резания. *Токарный, резьбовой р. Алмазный р.* (алмаз во 2 знач.). *Р. скульптора.* **2.** Один из парных плоских передних зубов. *Верхние, нижние резцы.* ‖ *прил.* **резцо́вый**, -ая, -ое.

РЕЗИДЕ́НТ, -а, *м.* (спец.). **1.** Представитель колониальной державы в протекторате. **2.** В нек-рых государствах: иностранец, постоянно проживающий в данной стране. **3.** Тайный представитель разведки в каком-н. районе иностранного государства. ‖ *прил.* **резиде́нтский**, -ая, -ое.

РЕЗИДЕ́НЦИЯ, -и, *ж.* (офиц.). Местопребывание правительства, высокопоставленного лица. *Летняя р. президента.*

РЕЗИ́НА, -ы, *ж.* **1.** Эластичный материал, получаемый путём вулканизации каучука. **2.** Покрышка (во 2 знач.) из такого материала (прост.). ✦ **Резину тянуть** (прост. неодобр.) — затягивать какое-н. дело, решение чего-н. ‖ *прил.* **рези́новый**, -ая, -ое (к 1 знач.). *Р. мяч. Резиновая тесьма* (прорезиненная).

РЕЗИ́НКА, -и, *ж.* **1.** То же, что ластик (во 2 знач.). **2.** Тесёмка на резиновой основе или резиновая нитка. **3.** Особый вид растягивающейся вязки. *Чулки в резинку.* ‖ *прил.* **рези́ночный**, -ая, -ое.

РЕЗИ́НОВЫЙ, -ая, -ое. **1.** *см.* резина. **2.** *перен.* О решении, резолюции: допускающий различное понимание, различные истолкования, растяжимый (разг. неодобр.). *Резиновое постановление.*

РЕ́ЗКА *см.* резать.

РЕ́ЗКИЙ, -ая, -ое; -зок, -зка́, -зко, -зки *и* -зки́; ре́зче. **1.** Проявляющийся с большой силой, остротой. *Р. ветер. Р. холод.* **2.** Внезапный и очень значительный. *Р. спад. Резкое похолодание. Резкая боль.* **3.** Чересчур сильный. *Р. свет, за́пах. Р. голос.* **4.** Лишённый мягкости, плавности, порывистый. *Резкое движение.* **5.** Чётко и грубо очерченный. *Резкие линии. Резкие черты лица.* **6.** Прямой и жёсткий, нелицеприятный. *Резкая критика. Резкие выражения.* ‖ *сущ.* **ре́зкость**, -и, *ж.*

РЕ́ЗКОСТЬ, -и, *ж.* **1.** *см.* резкий. **2.** Резкое, грубое слово, выражение. *Говорить резкости.*

РЕЗНО́Й, -а́я, -о́е. **1.** *см.* резать. **2.** Сделанный путём вырезывания, резьбы. *Резные наличники.* **3.** С неровными, как будто вырезанными краями, очертаниями. *Резные листья клёна.*

РЕЗНЯ́, -и́, *ж.* Массовое жестокое избиение, массовые убийства. *Кровавая р.*

РЕЗОЛЮТИ́ВНЫЙ, -ая, -ое (книжн.). Содержащий в себе выводы, резолюцию, резюмирующий. *Резолютивная часть документа.*

РЕЗОЛЮ́ЦИЯ, -и, *ж.* **1.** Постановление, принятое в результате обсуждения какого-н. вопроса. *Принять, вынести резолюцию.* **2.** Решение, распоряжение начальника в форме надписи на бумагах. *Наложить резолюцию.* ‖ *прил.* **резолюцио́нный**, -ая, -ое (к 1 знач.).

РЕЗО́Н, -а (-у), *м.* (устар. и разг.). Разумное основание, смысл, довод. *Привести резоны в пользу чего-н. В этом есть свой р. Нет резона (резону) так поступать.*

РЕЗОНА́НС, -а, *м.* **1.** Возбуждение колебаний одного тела колебаниями другого той же частоты, а также ответное звучание одного из двух тел, настроенных в унисон (спец.). **2.** Способность усиливать звук, свойственная резонаторам или помещениям, стены к-рых хорошо отражают звуковые волны. *Р. скрипки.* **3.** *перен.* Отзвук, отголосок, впечатление, произведённое на многих. *Доклад получил широкий общественный р.* ‖ *прил.* **резона́нсный**, -ая, -ое (к 1 и 2 знач.). *Резонансная ель* (для изготовления музыкальных инструментов; спец.).

РЕЗОНА́ТОР, -а, *м.* (спец.). Полое тело или особое приспособление, воспроизводящее звуки определённой высоты и обычно усиливающее их. ‖ *прил.* **резона́торный**, -ая, -ое.

РЕЗОНЁР, -а, *м.* **1.** Человек, к-рый любит рассуждать длинно и нравоучительно. **2.** Действующее лицо пьесы, романа, обычно выражающее отношение автора к событиям; соответствующее амплуа актёра (спец.). ‖ *ж.* **резонёрка**, -и (к 1 знач.; разг.). ‖ *прил.* **резонёрский**, -ая, -ое. *Р. тон.*

РЕЗОНЁРСТВОВАТЬ, -твую, -твуешь; *несов.* (книжн.). Вести себя резонёром (в 1 знач.), рассуждать длинно и нравоучительно. ‖ *сущ.* **резонёрство**, -а, ср.

РЕЗОНИ́РОВАТЬ (-рую, -руешь, 1 и 2 л. не употр.), -рует; *несов.* Находиться в состоянии резонанса (в 1 и 2 знач.). *Стены зала хорошо резонируют.*

РЕЗО́ННЫЙ, -ая, -ое; -о́нен, -о́нна. Основательный и разумный. *Р. довод. Резонно* (нареч.) *рассуждать.* ‖ *сущ.* **резо́нность**, -и, *ж.*

РЕЗУЛЬТА́Т, -а, *м.* **1.** То, что получено в завершение какой-н. деятельности, работы, итог. *Результаты исследования. Результаты конкурса.* **2.** Показатель мастерства (обычно спортивного). *Р. пловца. Р. в беге на 100 м. Улучшить свои результаты. Лучший р. дня.* ✦ **В результате** *чего, предлог с род. п.* — вследствие чего-н., из-за чего-н. *Ущерб в результате аварии. Пострадал в результате неосторожности.* **В результате того что**, *союз* (книжн.) — вследствие того что, из-за того что. *Всегда опаздывает, в результате того что не может рассчитать время.* **А (и) в результате**, *в знач. союза* — и потому, и вследствие этого. *Не рассчитали время, а (и) в результате опоздали.* ‖ *прил.* **результа́тный**, -ая, -ое.

РЕЗУЛЬТАТИ́ВНЫЙ, -ая, -ое; -вен, -вна. Дающий хороший результат, имеющий хорошие результаты. *Результативная встреча. Самый р. игрок.* ‖ *сущ.* **результати́вность**, -и, *ж.*

РЕ́ЗУС, -а, *м.* **1.** Обезьяна рода макак. **2.** То же, что резус-фактор (разг.). *Отрицательный р. Положительный р.* ‖ *прил.* **ре́зусный**, -ая, -ое.

РЕЗУ́С-ФА́КТОР, -а, *м.* (спец.). Сложное органическое вещество, содержащееся в крови обезьян вида резус и у людей, обусловливающее совместимость или несовместимость крови донора и того, кто получает его кровь, или беременной женщины и плода.

РЕ́ЗЧИК, -а, *м.* **1.** Мастер по резьбе; художник, занимающийся резьбой. *Р. по дереву, по кости, по металлу.* **2.** Рабочий, занимающийся резкой, разрезанием чего-н. **3.** То же, что резец (в 1 знач.) (спец.). ‖ *ж.* **ре́зчица** -ы (к 1 и 2 знач.). ‖ *прил.* **ре́зчицкий**, -ая, -ое.

РЕЗЬ, -и, *ж.* Острая режущая боль, колики. *Рези в животе.*

РЕЗЬБА́, -ы́, *ж.* **1.** *см.* резать. **2.** Рисунок, вырезанный на твёрдом материале. *Узорчатая р. Ларец с резьбой.* **3.** Спиральная винтовая нарезка. ‖ *прил.* **резьбово́й**, -а́я, -о́е (к 3 знач.; спец.). *Резьбовое крепление.*

РЕЗЬБА́РЬ, -я́, *м.* Мастер по художественной резьбе.

РЕЗЮМЕ́, *нескл.*, *ср.* (книжн.). Краткий вывод из сказанного, написанного. *Р. доклада.*

РЕЗЮМИ́РОВАТЬ, -рую, -руешь; -анный; *сов.* и *несов.*, *что* (книжн.). Сделать (делать) резюме, вывод из сказанного, написанного. *Р. свою мысль.*

РЕЙ, -я, *м.* (спец.). Подвижной поперечный брус на мачте, служащий для крепления парусов, для установки антенн и для подъёма сигналов.

РЕЙД[1], -а, *м.* Водное пространство (у морского берега), удобное для стоянки судов. *Внешний р.* (на подходах к порту). *Внутренний р.* (внутри порта). *Стоять на рейде.* ‖ *прил.* **рейдовый**, -ая, -ое.

РЕЙД[2], -а, *м.* **1.** Набег, стремительное продвижение в тыл противника с целью осуществления боевых действий. *Р. партизанских отрядов.* **2.** *перен.* Осуществляемое группой общественников обследование каких-н. объектов, деятельности предприятия. *Р. контролёров.* ‖ *прил.* **ре́йдовый**, -ая, -ое.

РЕ́ЙДЕР [дэ], -а, *м.* Военный корабль, ведущий на морских путях самостоятельные операции по уничтожению транспортных судов противника. ‖ *прил.* **ре́йдерский**, -ая, -ое.

РЕ́ЙКА, -и, *ж.* **1.** Плоский брусок, узкая тонкая доска. **2.** Брус с делениями для определения высоты (при нивелировке), уровня воды, глубины снежного покрова (спец.). ‖ *прил.* **ре́ечный**, -ая, -ое.

РЕЙНВЕ́ЙН, -а (-у), *м.* Сорт виноградного вина.

РЕЙС, -а, *м.* Путь транспортного средства (судна, самолёта, автомашины) по определённому маршруту. *Совершать рейсы. Обратный р.* ‖ *прил.* **ре́йсовый**, -ая, -ое.

РЕ́ЙСОВЫЙ, -ая, -ое. **1.** *см.* рейс. **2.** О транспортном средстве: следующий по одним и тем же определённым рейсам, имеющий постоянный маршрут. *Р. автобус. Р. самолёт.*

РЕЙСФЕ́ДЕР [дэ], -а, *м.* Чертёжный инструмент для проведения линий тушью, жидкой краской. ‖ *прил.* **рейсфе́дерный**, -ая, -ое.

РЕЙСШИ́НА, -ы, *ж.* Длинная чертёжная линейка для нанесения параллельных линий с поперечной планкой на одном конце.

РЕ́ЙТИНГ, -а, *м.* Показатель популярности какого-н. лица, а также фильма, представления, периодического издания; степень такой популярности. *Р. президента растёт. Падает р. газеты.* ‖ *прил.* **ре́йтинговый**, -ая, -ое.

РЕЙТУ́ЗЫ, -у́з. **1.** Длинные, узкие, плотно обтягивающие брюки (*первонач.* для верховой езды). *Кавалерийские р.* **2.** Длинные женские или детские узкие трикотажные штаны. *Шерстяные р.* ‖ *прил.* **рейту́зный**, -ая, -ое.

РЕЙХСТА́Г, -а, *м.* В Германии до 1945 г.: название парламента, а также здание, в к-ром заседал этот парламент. *Член рейхстага.*

РЕКА́, -и́, *вин.* ре́ку *и* реку́, *мн.* ре́ки, рек, ре́кам *и* (устар.) река́м, *ж.* **1.** Постоянный водный поток значительных размеров с естественным течением по руслу от истока до устья. *Северные реки. Москва-р. Пойти на́ реку, за́ реку. Любоваться на реку. Подводная р.* (глубинное течение в море, океане). *Р. забвения* (в греческой мифологии: река Ле́та, погружение в к-рую означало полное забвение, исчезновение; высок.). **2.** *перен.* Поток, большое количество, масса. *Людские реки заполнили улицы. Слёзы льются рекой.* ‖ *ласк.* **ре́ченька,** -и, *ж.* (к 1 знач.; в народной словесности). ‖ *прил.* **речно́й,** -а́я, -о́е (к 1 знач.). *Р. транспорт. Р. порт.*

РЕ́КВИЕМ [рэ], -а, *м.* **1.** У католиков: богослужение по умершему. *Служить р.* **2.** Траурное вокальное или вокально-инструментальное музыкальное произведение. *Р. Моцарта.*

РЕКВИЗИ́РОВАТЬ, -рую, -руешь; -анный; *сов.* и *несов., кого-что* (спец.). Отобрать (отбирать) в принудительном порядке в пользу государства или на военные нужды. ‖ *сущ.* **реквизи́ция,** -и, *ж.* ‖ *прил.* **реквизицио́нный,** -ая, -ое.

РЕКВИЗИ́Т, -а, *м.* (спец.). **1.** Совокупность подлинных или бутафорских предметов для представления, зрелищной постановки. *Театральный р.* **2.** обычно *мн.* В официальном документе: обязательно входящие в него сведения. ‖ *прил.* **реквизи́тный,** -ая, -ое. *Р. цех. Реквизитные данные.*

РЕКЛА́МА, -ы, *ж.* **1.** Оповещение различными способами для создания широкой известности, привлечения потребителей, зрителей. *Торговая р. Театральная р. Сделать рекламу кому-н.* (перен.: неумеренно расхвалить, разрекламировать). **2.** Объявление с таким оповещением. *Световая р.* ‖ *прил.* **рекла́мный,** -ая, -ое. *Р. характер статьи* (перен.: рекламирующий её содержание, хвалебный).

РЕКЛАМА́ЦИЯ, -и, *ж.* (спец.). Претензия на низкое качество товара с требованием возмещения убытков. *Предъявить рекламацию.* ‖ *прил.* **рекламацио́нный,** -ая, -ое.

РЕКЛАМИ́РОВАТЬ, -рую, -руешь; -анный; *сов.* и *несов., кого-что.* **1.** Объявить (-влять) о ком-чём-н., пользуясь рекламой. *Р. новые товары.* **2.** *перен.* То же, что расхвалить (-ливать) (разг.). *Р. свои успехи.* ‖ *сущ.* **реклами́рование,** -я, *ср.*

РЕКЛАМИ́СТ, -а, *м.* Составитель реклам. ‖ *ж.* **реклами́стка,** -и.

РЕКОГНОСЦИ́РОВАТЬ, -рую, -руешь; -анный; *сов.* и *несов., что* (спец.). Произвести (-водить) рекогносцировку. *Р. местность.* ‖ *прил.* **рекогносциро́вочный,** -ая, -ое.

РЕКОГНОСЦИРО́ВКА, -и, *ж.* (спец.). **1.** Разведка для получения сведений о противнике, производимая лично командиром и офицерами штабов перед предстоящими боевыми действиями. **2.** *перен.* Предварительное обследование местности для каких-н. специальных работ.

РЕКОМЕНДА́ТЕЛЬНЫЙ, -ая, -ое. Содержащий рекомендацию (во 2 знач.). *Рекомендательное письмо. Р. список литературы.*

РЕКОМЕНДА́ЦИЯ, -и, *ж.* **1.** *см.* рекомендовать. **2.** Благоприятный отзыв о ком-чём-н. *Дать рекомендацию кому-н.* **3.** Совет, пожелание (книжн.). *Р. врача.*

РЕКОМЕНДОВА́ТЬ, -ду́ю, -ду́ешь; -о́ванный; *сов.* и *несов.* **1.** *кого-что.* Дать (давать) благоприятный отзыв о ком-чём-н., предложить (-лагать) использовать, принять куда-н. *Р. работника. Р. кого-н. как хорошего специалиста. Лекарственный препарат рекомендован министерством здравоохранения.* **2.** *что* и *с неопр.* Дать (давать) совет (книжн.). *Врачи рекомендуют отдохнуть (отдых).* **3.** *кого (что).* Знакомя с кем-н., назвать (-зывать), представить (-влять) (устар.). *Позвольте р. вам моё семейство: жена и дочь.* ‖ *сов.* также **порекомендова́ть,** -ду́ю, -ду́ешь; -о́ванный (к 1 и 2 знач.) и **отрекомендова́ть,** -ду́ю, -ду́ешь; -о́ванный (к 1 и 3 знач.). ‖ *сущ.* **рекоменда́ция,** -и, *ж.* ‖ *прил.* **рекомендацио́нный,** -ая, -ое (к 1 знач.).

РЕКОМЕНДОВА́ТЬСЯ, -ду́юсь, -ду́ешься; *сов.* и *несов.* (книжн.). Назвать (-зывать) себя при знакомстве. *Рекомендуюсь: ваш сосед.* ‖ *сов.* также **отрекомендова́ться,** -ду́юсь, -ду́ешься.

РЕКОНСТРУИ́РОВАТЬ, -рую, -руешь; -анный; *сов.* и *несов., что.* Произвести (-водить) реконструкцию чего-н. *Р. завод. Р. памятник архитектуры.* ‖ *прил.* **реконструкцио́нный,** -ая, -ое.

РЕКОНСТРУИ́РОВАТЬСЯ (-руюсь, -руешься, 1 и 2 л. не употр.), -руется; *сов.* и *несов.* Подвергнуться (-гаться) реконструкции.

РЕКОНСТРУ́КЦИЯ, -и, *ж.* **1.** Коренное переустройство, организация чего-н. на новых основах. *Р. завода.* **2.** Восстановление чего-н. по сохранившимся остаткам, описаниям. *Р. старинного здания.* ‖ *прил.* **реконструкцио́нный,** -ая, -ое и **реконструкти́вный,** -ая, -ое (устар. и спец.).

РЕКО́РД, -а, *м.* Высший показатель, достигнутый в труде, в спорте, в соревновании. *Ставить, устанавливать новый р. Побить чей-н. р. Новые спортивные рекорды. Р. храбрости* (перен.: высшая степень храбрости).

РЕКОРДИ́СТ, -а, *м.* **1.** То же, что рекордсмен (устар.). **2.** Домашнее животное, к-рое по своим качествам обладает рекордными показателями. *Конь-р.* ‖ *ж.* **рекорди́стка,** -и.

РЕКО́РДНЫЙ, -ая, -ое. Являющийся рекордом, наивысший. *Рекордные показатели. Закончить работу в рекордно* (нареч.) *короткий срок. Рекордная выработка.*

РЕКОРДСМЕ́Н, -а, *м.* Спортсмен, установивший рекорд. ‖ *ж.* **рекордсме́нка,** -и. ‖ *прил.* **рекордсме́нский,** -ая, -ое.

РЕКРЕА́ЦИЯ, -и, *ж.* **1.** Отдых, восстановление сил после труда (спец.). **2.** В учебных заведениях: зал для отдыха учащихся (разг.). ‖ *прил.* **рекреацио́нный,** -ая, -ое. *Р. лес* (предназначенный для отдыха, восстановления сил). *Р. зал* (в учебном заведении; устар.).

РЕ́КРУТ, -а, *м.* В России с 1705 по 1874 гг.: солдат-новобранец. *Сдать в рекруты* (по воинской обязанности). *Пойти в рекруты* (по найму). ‖ *прил.* **рекру́тский,** -ая, -ое. *Р. набор.*

РЕКРУ́ТЧИНА, -ы, *ж.* В России с 1705 по 1847 гг.: рекрутская воинская повинность.

РЕКТИФИКА́Т, -а, *м.* (спец.). Продукт ректификации. ‖ *прил.* **ректифика́тный,** -ая, -ое.

РЕКТИФИЦИ́РОВАТЬ, -рую, -руешь; -анный; *сов.* и *несов., что* (спец.). Очистить (-ищать) (жидкость) перегонкой. *Р. спирт.* ‖ *сущ.* **ректифика́ция,** -и, *ж.* ‖ *прил.* **ректификацио́нный,** -ая, -ое.

РЕ́КТОР, -а, *мн.* -ы, -ов, *м.* Лицо, стоящее во главе управления университетом и некрыми другими высшими учебными заведениями. ‖ *прил.* **ре́кторский,** -ая, -ое.

РЕКТОРА́Т, -а, *м.* **1.** Административный орган, возглавляемый ректором. *Распоряжение ректората.* **2.** Помещение, где находится этот орган. ‖ *прил.* **ректора́тный,** -ая, -ое.

РЕЛЕ́, *нескл., ср.* (спец.). Устройство для замыкания и размыкания электрической цепи. *Электромагнитное р.* ‖ *прил.* **реле́йный,** -ая, -ое.

РЕЛИГИОВЕ́Д, -а, *м.* Специалист по религиоведению.

РЕЛИГИОВЕ́ДЕНИЕ, -я, *ср.* Наука, занимающаяся изучением религий. ‖ *прил.* **религиове́дческий,** -ая, -ое.

РЕЛИГИО́ЗНЫЙ, -ая, -ое; -зен, -зна. **1.** *см.* религия. **2.** То же, что верующий. *Р. человек.* ‖ *сущ.* **религио́зность,** -и, *ж.*

РЕЛИ́ГИЯ, -и, *ж.* **1.** Одна из форм общественного сознания — совокупность духовных представлений, основывающихся на вере в сверхъестественные силы и существа (богов, ду́хов), к-рые являются предметом поклонения. **2.** Одно из направлений такого общественного сознания. *Мировые религии* (буддизм, ислам, христианство). **3.** *перен.* Сложившиеся непоколебимые убеждения, безусловная преданность какой-н. идее, принципу, нравственному закону, ценности. *Преклонение перед разумом — его р. Любовь к ближнему — р. гуманиста.* ‖ *прил.* **религио́зный,** -ая, -ое (к 1 и 2 знач.).

РЕЛИ́КВИЯ, -и, *ж.* Вещь, свято хранимая как память о прошлом. *Семейная р. Воинские реликвии.* ‖ *прил.* **рели́квийный,** -ая, -ое (спец.). *Реликвийные экспонаты музея.*

РЕЛИ́КТ, -а, *м.* (спец.). Животный или растительный организм, сохранившийся как пережиток древних эпох. ‖ *прил.* **рели́ктовый,** -ая, -ое. *Реликтовые формы растений. Р. лес.*

РЕЛЬЕ́Ф, -а, *м.* **1.** Строение земной поверхности, совокупность неровностей суши, океанского и морского дна. *Горный р. Р. местности.* **2.** Выпуклость, выпуклое изображение на плоскости. *Глобус с рельефами.* **3.** Вид скульптуры, в к-ром изображение является выпуклым или углублённым по отношению к плоскости фона (спец.). ‖ *прил.* **релье́фный,** -ая, -ое.

РЕЛЬЕ́ФНЫЙ, -ая, -ое; -фен, -фна. **1.** *см.* рельеф. **2.** Выпуклый, выступающий над поверхностью, с рельефами. *Рельефные буквы.* **3.** *перен.* Отчётливый, выразительный (книжн.). *Рельефная речь. Рельефное изложение.* ‖ *сущ.* **релье́фность,** -и, *ж.*

РЕЛЬС, -а, *мн.* -ы, -ов, *м.* **1.** На железнодорожном пути: узкий стальной брус, по к-рому катятся колёса. *Крепление рельсов к шпалам. Подвесной р.* (на монорельсовой дороге). **2.** *перен.* В нек-рых сочетаниях: направление, путь. *На рельсах интенсификации. Встать на новые рельсы.* ✦ **На рельсы** *чего, в знач. предлога с род. п.* — на какой-н. путь, на определённое направление. *Перевести производство на рельсы автоматизации.* **На рельсы поставить** *что* — пустить в ход, наладить. **Лечь (положить голову) на рельсы** — отчаянным и опасным поступком выразить свою решимость, протест. *Клянусь это сделать, а не то, готов лечь (положить голову) на рельсы.* ‖ *прил.* **ре́льсовый,** -ая, -ое (к 1 знач.). *Р. путь* (железнодорожный). ✦ **Рельсовая война** — диверсионные акты на железных дорогах на территории противника.

РЕ́ЛЬСА, -ы, *ж.* (устар. и разг.). То же, что рельс (в 1 знач.). *В рельсу бить* (ударами в подвешенный кусок рельса подавать сигнал тревоги, сзывать людей; также перен.: то же, что бить в набат).

РЕЛЬСОПРОКА́ТНЫЙ, -ая, -ое. Относящийся к производству сортового проката

— стальных балок специального профиля. *Р. стан. Р. завод.*

РЕЛЯТИВИ́ЗМ, -а, *м.* В философии: методологическая позиция, сторонники к-рой, абсолютизируя относительность и условность всех наших знаний, считают невозможным объективное познание действительности. ‖ *прил.* **релятиви́стский**, -ая, -ое.

РЕЛЯТИВИ́СТ, -а, *м.* Сторонник релятивизма. ‖ *ж.* **релятиви́стка**, -и. ‖ *прил.* **релятиви́стский**, -ая, -ое.

РЕЛЯТИ́ВНЫЙ, -ая, -ое; -вен, -вна (книжн.). То же, что относительный (в 1 знач.). ‖ *сущ.* **реляти́вность**, -и, *ж.*

РЕЛЯ́ЦИЯ, -и, *ж.* (устар.). Письменное донесение о действиях войск. *Победные реляции* (также перен.: шумные сообщения о собственных успехах; ирон.).

РЕМ... *Первая часть сложных слов со знач.* относящийся к ремонту, напр. *ремзавод, рембригада, ремконтора.*

РЕМА́РКА, -и, *ж.* **1.** Отметка, примечание (устар.). *Ремарки на полях книги.* **2.** В пьесе: пояснение автора к тексту, касающееся обстановки, поведения действующих лиц, их внешнего вида. ‖ *прил.* **рема́рочный**, -ая, -ое (ко 2 знач.).

РЕ́МЕЗ, -а, *м.* Синичка, обитающая по берегам водоёмов. *Гнездо ремеза* (закрытое гнездо с трубчатым входом).

РЕМЕ́НЬ, -мня́, *м.* **1.** Длинная полоса кожи, плотного материала, употр. для связывания, закрепления чего-н., в качестве пояса, для передачи движения от шкива. *Привязные ремни* (в самолёте, автомашине). *Приводной р. Р. для правки бритв. Поясной р. Ремни портупеи. Дать ремня* (отстегать ремнём; прост.). **2.** *мн.* Две соединённые перемычкой полоски кожи (или плотной ткани, заменителя) с пряжками и ручкой для увязывания ручного багажа. *Упаковать тючок в ремни.* ‖ *уменьш.* **ремешо́к**, -шка́, *м.* (к 1 знач.). ‖ *прил.* **реме́нный**, -ая, -ое (к 1 знач.). *Р. кнут. Ременная упряжь. Ременная передача.*

РЕМЕ́СЛЕННИК, -а, *м.* **1.** Человек, к-рый занимается, владеет профессиональным ремеслом. *Мелкий р. Гончар-р. Сословие ремесленников.* **2.** *перен.* Человек, к-рый работает по шаблону, без творческой инициативы. *Р. в искусстве.* **3.** Ученик ремесленного училища. ‖ *ж.* **реме́сленница**, -ы. ‖ *прил.* **реме́сленнический**, -ая, -ое.

РЕМЕ́СЛЕННИЧАТЬ, -аю, -аешь; *несов.* (разг.). Быть ремесленником (в 1 знач.), заниматься ремеслом. ‖ *сущ.* **реме́сленничество**, -а, ср.

РЕМЕ́СЛЕННЫЙ, -ая, -ое. **1.** *см.* ремесло. **2.** Шаблонный, не творческий. *Рисунок сделан ремесленно* (нареч.). **3. ремесленное училище** — 1) в 1940—1959 гг.: специальное училище, готовящее квалифицированных рабочих; 2) в дореволюционной России: низшее техническое профессиональное училище.

РЕМЕСЛО́, -а́, *мн.* ремёсла, -сел, -слам, *ср.* **1.** Профессиональное занятие — изготовление изделий ручным, кустарным способом. **2.** Вообще профессия, занятие (разг.). *Тайны писательского ремесла.* ✦ **За старое ремесло приняться** (разг. неодобр.) — вернуться к прежним неблаговидным делам, поступкам. ‖ *прил.* **реме́сленный**, -ая, -ое (к 1 знач.).

РЕМЕШО́К, -шка́, *м.* **1.** *см.* ремень. **2.** Узкая ременная полоска, плотная ленточка для наручных часов. *Часы на ремешке.* ‖ *прил.* **ремешко́вый**, -ая, -ое.

РЕМИ́З, -а, *м.* **1.** В карточной игре: недобор установленного числа взяток, а также штраф за такой недобор. **2.** В фехтовании: повторный предупреждающий укол.

РЕМИ́ЗИТЬСЯ, -и́жусь, -и́зишься; *несов.* В карточной игре: проигрывать из-за ремиза (в 1 знач.). ‖ *сов.* **обреми́зиться**, -и́жусь, -и́зишься (также перен.: ошибиться, оконфузиться; прост.).

РЕМИЛИТАРИЗОВА́ТЬ, -зу́ю, -зу́ешь; -о́ванный; *сов. и несов., что.* Вновь создать (-авать) где-н. армию, военную промышленность после происшедшей ранее демилитаризации. ‖ *сов.* также **ремилитаризи́ровать**, -рую, -руешь. ‖ *сущ.* **ремилитариза́ция**, -и, *ж.* ‖ *прил.* **ремилитаризацио́нный**, -ая, -ое.

РЕМИНИСЦЕ́НЦИЯ, -и, *ж.* (книжн.). **1.** Смутное воспоминание. *Реминисценции прошлого.* **2.** Отголосок, отражение влияния чего-н. творчества в художественном произведении. *Реминисценции романтизма.*

РЕМО́НТ, -а, *м.* **1.** Починка, устранение неисправностей. *Капитальный р. Текущий р. Р. домов. Р. тракторов. Р. обуви. Магазин закрыт на р.* **2.** Пополнение стада молодняком (спец.), а также (устар.) пополнение убыли лошадей в войсках. ‖ *прил.* **ремо́нтный**, -ая, -ое.

РЕМОНТЁР, -а, *м.* (устар.). Офицер, занимающийся закупкой лошадей, ремонтом (во 2 знач.). ‖ *прил.* **ремонтёрский**, -ая, -ое.

РЕМОНТИ́РОВАТЬ, -рую, -руешь; -анный; *несов., что.* Производить ремонт (в 1 знач.), починку чего-н. *Р. дом. Р. электроприборы. Р. одежду.* ‖ *сов.* **отремонти́ровать**, -рую, -руешь; -анный.

РЕМО́НТНИК, -а, *м.* Ремонтный рабочий. ‖ *ж.* **ремо́нтница**, -ы.

РЕМО́НТНО-... *Первая часть сложных слов* со знач. относящийся к ремонту, напр.: *ремонтно-восстановительный, ремонтно-инструментальный, ремонтно-реставрационный, ремонтно-строительный, ремонтно-тракторный.*

РЕНЕГА́Т, -а, *м.* (книжн.). Отступник, изменник. ‖ *ж.* **ренега́тка**, -и. ‖ *прил.* **ренега́тский**, -ая, -ое. *Р. поступок.*

РЕНЕГА́ТСТВО, -а, *ср.* (книжн.). Отступничество, поведение ренегата.

РЕНЕССА́НС, -а, *м.* То же, что Возрождение (во 2 знач.). *Искусство Ренессанса.* ‖ *прил.* **ренесса́нсный**, -ая, -ое.

РЕНКЛО́Д, -а, *м.* Сорт крупной сладкой сливы. ‖ *прил.* **ренкло́дный**, -ая, -ое *и* **ренкло́довый**, -ая, -ое.

РЕНОМЕ́ [*мэ́*], *нескл., ср., кого* (устар. и книжн.). Установившаяся репутация. *Сохранить своё р. Р. порядочного человека.*

РЕ́НТА, -ы, *ж.* Регулярный доход в форме процентов (в 3 знач.), получаемый с капитала, имущества или земли. *Жить на ренту (рентой). Земельная р.* ‖ *прил.* **ре́нтный**, -ая, -ое. *Р. фонд.*

РЕНТА́БЕЛЬНЫЙ, -ая, -ое; -лен, -льна. Оправдывающий расходы, не убыточный, доходный. *Рентабельное предприятие, хозяйство.* ‖ *сущ.* **ента́бельность**, -и, *ж.*

РЕНТГЕ́Н [*нг*], -а, *род. мн.* рентге́нов *и* при счёте преимущ. рентге́н, *м.* **1.** Просвечивание рентгеновскими лучами. *Назначить больного на р.* **2.** Единица дозы рентгеновского или гамма-излучения.

РЕНТГЕНО... [*нг*]. *Первая часть сложных слов со знач.* относящийся к рентгену (в 1 знач.), к рентгеновским лучам, напр. *рентгенологический, рентгеноаппаратура, рентгенодиагностика, рентгенокардиограф, рентгенометр, рентгенооборудование, рентгенопалеонтология, рентгенотерапия, рентгеночувствительный.*

РЕНТГЕ́НОВ [*нг*]: **рентгеновы лучи** — то же, что рентгеновские лучи.

РЕНТГЕ́НОВСКИЙ [*нг*], -ая, -ое. **1. рентгеновские лучи** — невидимые лучи, являющиеся короткими электромагнитными волнами, способными проникнуть через непрозрачные предметы. **2.** Относящийся к применению таких лучей. *Р. снимок. Р. кабинет.*

РЕНТГЕНОГРА́ММА [*нг*], -ы, *ж.* Фотографический снимок при помощи рентгеновских лучей.

РЕНТГЕНОГРА́ФИЯ [*нг*], -и, *ж.* Фотографирование внутреннего строения непрозрачных предметов при помощи рентгеновских лучей. ‖ *прил.* **рентгенографи́ческий**, -ая, -ое.

РЕНТГЕНО́ЛОГ [*нг*], -а, *м.* Врач — специалист по рентгенологии, рентгенотерапии.

РЕНТГЕНОЛО́ГИЯ [*нг*], -и, *ж.* Раздел медицины, занимающийся изучением применения рентгеновских лучей для исследования внутренних органов, для диагностики заболеваний и их лечения. ‖ *прил.* **рентгенологи́ческий**, -ая, -ое.

РЕНТГЕНОСКОПИ́Я [*нг*], -и, *ж.* Просвечивание рентгеновскими лучами непрозрачных предметов и рассматривание их теневого изображения. ‖ *прил.* **рентгеноскопи́ческий**, -ая, -ое.

РЕНТГЕНОТЕРАПИ́Я [*нг*], -и, *ж.* Лечение рентгеновскими лучами. ‖ *прил.* **рентгенотерапевти́ческий**, -ая, -ое.

РЕОРГАНИЗОВА́ТЬ, -зу́ю, -зу́ешь; -о́ванный; *сов. и несов.* (в прош. вр. только сов.), *что.* Организовать на новых началах, преобразовать (-зовывать). ‖ *сущ.* **реорганиза́ция**, -и, *ж.* ‖ *прил.* **реорганизацио́нный**, -ая, -ое.

РЕОСТА́Т, -а, *м.* (спец.). Прибор для регулирования силы тока и его напряжения. ‖ *прил.* **реоста́тный**, -ая, -ое.

РЕ́ПА, -ы, *ж.* Корнеплод с округлым корнем светло-жёлтого цвета. *Кормовая р. Дешевле пареной репы* (очень дёшево; разг. шутл.). *Проще пареной репы* (очень просто; разг. шутл.). ‖ *уменьш.* **ре́пка**, -и, *ж.* ‖ *прил.* **ре́пный**, -ая, -ое *и* **ре́повый**, -ая, -ое.

РЕПАРА́ЦИЯ, -и, обычно *мн., ж.* (спец.). Возмещение за причинённые войной убытки, выплачиваемое стране-победительнице тем побеждённым государством, к-рое виновно в войне. ‖ *прил.* **репарацио́нный**, -ая, -ое.

РЕПАТРИА́НТ, -а, *м.* (книжн.). Лицо, подвергшееся репатриации. ‖ *ж.* **репатриа́нтка**, -и. ‖ *прил.* **репатриа́нтский**, -ая, -ое.

РЕПАТРИИ́РОВАТЬ, -рую, -руешь; -анный; *сов. и несов., кого (что)* (книжн.). Возвратить (-ащать) на родину военнопленных, гражданских лиц, беженцев, эмигрантов. ‖ *сущ.* **репатриа́ция**, -и, *ж.* ‖ *прил.* **репатриацио́нный**, -ая, -ое.

РЕПЕ́Й, -пья́, *м.* (разг.). То же, что репейник. *Пристал как р.* (о том, кто ведёт себя навязчиво, надоедливо). ‖ *прил.* **репе́йный**, -ая, -ое.

РЕПЕ́ЙНИК, -а, *м.* Сорное растение с цепкими, колючими соцветиями или плодами, а также такое соцветие или плод, лопух.

РЕПЕРТУА́Р, -а, *м.* **1.** Совокупность пьес, музыкальных и иных произведений, идущих в театре, в кино, исполняемых в концертных залах, на эстраде, в цирке. *Новый р. Привычный р. развлечений* (перен.: набор, подбор). **2.** Совокупность исполняемых кем-н. театральных ролей, музыкальных произведений. *Обширный р. артиста. В своём репертуаре кто-н.* (также перен.: как свойственно кому-н., как всегда поступает кто-н.; ирон.). ‖ *прил.* **репертуа́рный**, -ая, -ое.

РЕПЕТИ́РОВАТЬ, -рую, -руешь; -анный; *несов.* **1.** *что.* Проводить репетицию чего-н., разучивать. *Р. роль. Р. пьесу.* **2.** *кого (что).* Помогать кому-н. в прохождении учебного курса, в учении. *Р. ученика.* ‖ *сов.* **отрепети́ровать**, -рую, -руешь; -анный (к 1 знач.), **прорепети́ровать**, -рую, -руешь; -анный (к 1 знач.) *и* **срепети́ровать**, -рую, -руешь; -анный (к 1 знач.; спец.). ‖ *прил.* **репетицио́нный**, -ая, -ое.

РЕПЕТИ́ТОР, -а, *м.* **1.** Учитель, обычно домашний, репетирующий кого-н. **2.** Опытный специалист, проводящий групповые или индивидуальные репетиции с актёрами. *Р. по вокалу. Р. по балету. Педагог-р.* ‖ *ж.* **репети́торша**, -и (разг.). ‖ *прил.* **репети́торский**, -ая, -ое.

РЕПЕТИ́ЦИЯ, -и, *ж.* **1.** Предварительное исполнение спектакля, представления, какого-н. зрелищного мероприятия, парада во время их подготовки. *Р. концерта. Р. парада. Генеральная р.* **2.** *перен.* Событие, действия как подготовка чего-н. в будущем. *Р. праздника, новоселья.* **3.** В карманных часах: механизм для боя, а также самый бой (устар.). *Часы с репетицией.* ‖ *прил.* **репетицио́нный**, -ая, -ое (к 1 знач.).

РЕ́ПИЦА, -ы, *ж.* У позвоночных животных: выступающая у хвоста конечная часть позвоночника. ‖ *прил.* **ре́пичный**, -ая, -ое.

РЕ́ПЛИКА, -и, *ж.* **1.** Ответ, возражение, замечание на слова собеседника, говорящего. *Подать реплику. Реплики с мест* (на собрании). *Колкие реплики. Обменяться репликами.* **2.** В сценическом диалоге: текст, заключающий в себе слова одного из действующих лиц. **3.** На судебном процессе: возражение одной из сторон (спец.). **4.** Краткая газетная или журнальная статья как возражение, выражение несогласия с кем-чем-н.

РЕПОЛО́В, -а, *м.* Певчая птичка сем. вьюрковых, коноплянка.

РЕПОРТА́Ж, -а, *м.* **1.** Сообщение о местных событиях, о событиях дня, информация (в печати, по радио, телевидению). *Р. о футбольном матче. Р. с места события.* **2.** Работа корреспондента, пишущего такие сообщения. *Заниматься репортажем.* ‖ *прил.* **репорта́жный**, -ая, -ое (к 1 знач.).

РЕПОРТЁР, -а, *м.* Корреспондент, пишущий репортажи. ‖ *ж.* **репортёрша**, -и (разг.). ‖ *прил.* **репортёрский**, -ая, -ое.

РЕПРЕЗЕНТИ́РОВАТЬ, -рую, -руешь; -анный; *сов. и несов., кого-что* (книжн.). Представить (-влять), обнаружить (-ивать), показать (-зывать). ‖ *сущ.* **репрезента́ция**, -и, *ж.*

РЕПРЕССИ́РОВАТЬ, -рую, -руешь; -анный; *сов. и несов., кого (что).* Подвергнуть (-гать) репрессии, репрессиям.

РЕПРЕ́ССИЯ, -и, *ж.*, обычно *мн.* Карательная мера, исходящая от государственных органов. *Подвергнуться репрессиям. Жертвы репрессий.* ‖ *прил.* **репресси́вный**, -ая, -ое. *Репрессивные меры.*

РЕПРИ́ЗА, -ы, *ж.* (спец.). **1.** Повторение какой-н. части музыкального произведения, а также новый знак такого повторения. **2.** В цирке, на эстраде: короткая шуточная сценка, исполняемая между основными номерами. *Клоун для реприз. Репризы коферансье.* **3.** В цирке: движение лошади одним и тем же аллюром, возобновление прежнего аллюра. ‖ *прил.* **репри́зный**, -ая, -ое.

РЕПРОДУ́КТОР, -а, *м.* В радиовещании: громкоговоритель. ‖ *прил.* **репроду́кторный**, -ая, -ое.

РЕПРОДУ́КЦИЯ, -и, *ж.* **1.** Воспроизведение картин, рисунков путём фотографии, клише (спец.). **2.** Картина, рисунок, воспроизведённые типографским способом. *Яркие репродукции.* **3.** Размножение, производство потомства (от животных) (спец.). *Р. племенных животных.* ‖ *прил.* **репродукцио́нный**, -ая, -ое (к 1 знач.; спец.).

РЕПС, -а (-у), *м.* Плотная хлопчатобумажная или шёлковая ткань с мелкими рубчиками. ‖ *прил.* **ре́псовый**, -ая, -ое.

РЕПТИ́ЛИЯ, -и, *ж.* (спец.). То же, что пресмыкающееся.

РЕПУТА́ЦИЯ, -и, *ж.* Приобретаемая кем-чем-н. общественная оценка, общее мнение о качествах, достоинствах и недостатках кого-чего-н. *Хорошая, плохая р. Незапятнанная р. Порочить чью-н. репутацию.*

РЕ́ПЧАТЫЙ, -ая, -ое. По виду похожий на репу. *Репчатая форма плода. Р. лук.*

РЕСКРИ́ПТ, -а, *м.* (устар.). Письмо монарха к подчинённому с каким-н. предписанием, объявлением о награде, выражением благодарности. *Царский р.*

РЕСНИ́ЦЫ, -и́ц, *ед.* -а, -ы, *ж.* Волоски, растущие по краям век. *Длинные, густые р.* ‖ *уменьш.* **ресни́чки**, -чек, *ед.* -а, -и, *ж.* ‖ *прил.* **ресни́чный**, -ая, -ое.

РЕСНИ́ЧКИ, -чек, *ед.* -а, -и, *ж.* **1.** *см.* ресницы. **2.** Тонкие нитевидные отростки на клетках животных, растений (спец.). ‖ *прил.* **ресни́чный**, -ая, -ое.

РЕСПЕКТА́БЕЛЬНЫЙ, -ая, -ое; -лен, -льна (книжн.). Почтенный, вызывающий уважение, солидный (во 2 знач.). *Р. вид. Респектабельная фирма.* ‖ *сущ.* **респекта́бельность**, -и, *ж.*

РЕСПИРА́ТОР, -а, *м.* (спец.). Прибор для защиты дыхательных органов (а также глаз, ушей) от пыли. *Пылезащитный р.* ‖ *прил.* **респира́торный**, -ая, -ое.

РЕСПИРАТО́РНЫЙ, -ая, -ое (спец.). Относящийся к дыхательным путям, к дыханию. *Острое респираторное заболевание* (инфекционное заболевание дыхательных путей).

РЕСПОНДЕ́НТ, -а, *м.* (офиц.). Лицо, отвечающее на вопросы анкеты или дающее интервью. ‖ *прил.* **респонде́нтский**, -ая, -ое.

РЕСПУ́БЛИКА, -и, *ж.* **1.** Форма государственного правления, при к-рой верховная власть принадлежит выборным представительным органам. *Буржуазная р.* **2.** Страна с выбранными на определённый срок представительными органами власти. ‖ *прил.* **республика́нский**, -ая, -ое. *Республиканские партии* (название нек-рых партий).

РЕСПУБЛИКА́НЕЦ, -нца, *м.* **1.** Сторонник республиканского строя. **2.** Член республиканской партии. ‖ *ж.* **республика́нка**, -и.

РЕССО́РА, -ы, *ж.* Пружинящая гнутая полоса (или устройство из таких полос) между осью и кузовом экипажа, автомобиля, вагона, смягчающая толчки при езде. ‖ *прил.* **рессо́рный**, -ая, -ое.

РЕСТАВРА́ТОР, -а, *м.* **1.** Специалист по реставрации памятников старины, искусства. *Художник-р. Архитектор-р.* **2.** Сторонник реставрации (во 2 знач.). ‖ *прил.* **реставра́торский**, -ая, -ое.

РЕСТАВРА́ЦИЯ, -и, *ж.* **1.** Восстановление обветшалых или разрушенных памятников старины, искусства в прежнем, первоначальном виде. **2.** Восстановление прежнего свергнутого политического строя (книжн.). ‖ *прил.* **реставрацио́нный**, -ая, -ое (к 1 знач.). *Реставрационные работы.*

РЕСТАВРИ́РОВАТЬ, -рую, -руешь; -анный; *сов. и несов., что.* Подвергнуть (-гать) реставрации. ‖ *сов.* **отреставри́ровать**, -рую, -руешь; -анный (по 1 знач. сущ. реставрация).

РЕСТОРА́Н, -а, *м.* Открытая до ночи или и ночью, хорошо обставленная столовая с подачей дорогих заказных блюд и напитков, обычно с музыкальной эстрадой. *Заказать столик в ресторане.* ‖ *уменьш.* **рестора́нчик**, -а, *м.* ‖ *прил.* **рестора́нный**, -ая, -ое. *Ресторанные цены.*

РЕСТОРА́ЦИЯ, -и, *ж.* **1.** То же, что ресторан (устар.). **2.** В нек-рых странах: столовая, небольшой ресторан.

РЕСУ́РС, -а, *м.* **1.** *мн.* Запасы, источники чего-н. *Природные ресурсы. Экономические ресурсы. Трудовые ресурсы* (часть населения страны, к-рая способна работать, участвовать в процессе производства). **2.** Средство, к к-рому обращаются в необходимом случае (книжн.). *Испробовать последний р.* ‖ *прил.* **ресу́рсный**, -ая, -ое (к 1 знач.; спец.).

РЕСУРСОСБЕРЕЖЕ́НИЕ, -я, *ср.* (спец.). Сокращение: сбережение ресурсов.

РЕТИВО́Е, -о́го, *ср.* В народной словесности: сердце (во 2 знач.). *Взыграло, заговорило р.* (о возникновении сильного чувства, возбуждения).

РЕТИ́ВЫЙ, -ая, -ое; -и́в (разг.). Усердный и исполнительный, быстрый. *Р. помощник. Ретиво* (нареч.) *взяться за дело.* ‖ *сущ.* **рети́вость**, -и, *ж.*

РЕТИРОВА́ТЬСЯ, -ру́юсь, -ру́ешься; *сов. и несов.* (устар. и ирон.). Уйти (уходить) незаметно или скрытно. *Благоразумно р.*

РЕТОРОМА́НСКИЙ, -ая, -ое: **ретороманские языки** — относительно архаичная подгруппа романских языков, один из к-рых входит в число четырёх официальных языков Швейцарии.

РЕТО́РТА, -ы, *ж.* (спец.). Грушевидный лабораторный сосуд с длинным изогнутым горлом, употр. главным образом для перегонки. ‖ *прил.* **рето́ртный**, -ая, -ое.

РЕТРАНСЛЯ́ЦИЯ, -и, *ж.* Приём и передача радио- или телевизионной программы через промежуточный пункт. ‖ *прил.* **ретрансляцио́нный**, -ая, -ое.

РЕ́ТРО. **1.** *нескл., ср.* Всё старинное, воспроизводящее старину, прошлое. *Мода на р.* **2.** *неизм.* Старинный, воспроизводящий старину. *Мебель в стиле р.*

РЕТРОГРА́Д, -а, *м.* Противник прогресса, человек ретроградных взглядов. ‖ *ж.* **ретрогра́дка**, -и. ‖ *прил.* **ретрогра́дский**, -ая, -ое.

РЕТРОГРА́ДНЫЙ, -ая, -ое; -ден, -дна. Реакционный, отсталый. *Ретроградные взгляды.* ‖ *сущ.* **ретрогра́дность**, -и, *ж.*

РЕТРОСПЕКТИ́ВА, -ы, *ж.* (книжн.). Взгляд в прошлое, обозрение того, что было в прошлом.

РЕТРОСПЕКТИ́ВНЫЙ, -ая, -ое; -вен, -вна (книжн.). Обращённый к прошлому, в ретроспективу. *Р. взгляд. Р. показ фильмов.* ‖ *сущ.* **ретроспекти́вность**, -и, *ж.*

РЕТУШЁР, -а, *м.* Специалист по ретушированию. ‖ *прил.* **ретушёрский**, -ая, -ое.

РЕТУШИ́РОВАТЬ, -рую, -руешь; -анный; *сов. и несов., что.* Обработать (-батывать) ретушью. ‖ *сов.* также **отретушировать,** -рую, -руешь; -анный. ‖ *сущ.* **ретуширование,** *-я, ср. и* **ретушёвка,** *-и, ж.*

РЕ́ТУШЬ, -и, *ж.* Подрисовка для исправления рисунка, изображения на фотографических негативах и снимках, их специальная обработка для улучшения при печатании.

РЕФЕРА́Т, -а, *м.* Краткое изложение содержания книги, статьи, исследования, а также доклад с таким изложением. ‖ *прил.* **рефера́тный,** -ая, -ое *и* **реферати́вный,** -ая, -ое. *Реферативный журнал* (печатающий рефераты научных публикаций).

РЕФЕРЕ́НДУМ, -а, *м.* Всенародный опрос, голосование для решения важного государственного вопроса. *Провести р.*

РЕФЕРЕ́НТ, -а, *м.* Должностное лицо — докладчик и консультант по текущим вопросам. *Р. директора.* ‖ *прил.* **референ́тский,** -ая, -ое.

РЕ́ФЕРИ и **РЕФЕРИ́,** *нескл., м.* В нек-рых спортивных состязаниях: то же, что судья.

РЕФЕРИ́РОВАТЬ, -рую, -руешь; -анный; *сов.* и *несов., что* (книжн.). Составить (-влять) реферат чего-н. *Р. статью.* ‖ *сов.* также **прореферировать,** -рую, -руешь; -анный.

РЕФЛЕ́КС, -а, *м.* Непроизвольная реакция организма на внешние или внутренние раздражители. *Рефлексы головного мозга. Условный р.* (приобретённый в результате неоднократного воздействия раздражителей). *Безусловный р.* (врождённый). ‖ *прил.* **рефлекто́рный,** -ая, -ое *и* **рефлекти́вный,** -ая, -ое. *Рефлекторная реакция. Рефлективные движения.*

РЕФЛЕ́КСИЯ, -и, *ж.* (книжн.). Размышление о своём внутреннем состоянии, самоанализ. *Склонность к рефлексии.* ‖ *прил.* **рефлекси́вный,** -ая, -ое.

РЕФЛЕ́КТОР, -а, *м.* **1.** Телескоп с вогнутым зеркалом или системой зеркал. **2.** Отражатель лучей в форме вогнутой полированной поверхности. *Лампа с рефлектором.* ‖ *прил.* **рефле́кторный,** -ая, -ое.

РЕФО́РМА, -ы, *ж.* **1.** Преобразование, изменение, переустройство чего-н. *Р. школьного образования. Р. орфографии.* **2.** Преобразование в какой-н. области государственной, экономической и политической жизни, не касающееся основ существующего социального строя. *Политические реформы.* ‖ *прил.* **рефо́рменный,** -ая, -ое (ко 2 знач.; устар.).

РЕФОРМА́ТОР, -а, *м.* Человек, к-рый осуществляет реформу чего-н., преобразователь в какой-н. области. ‖ *прил.* **реформа́торский,** -ая, -ое.

РЕФОРМИ́ЗМ, -а, *м.* Течение в революционном движении, провозглашающее политику социальных реформ, сотрудничество классов. ‖ *прил.* **реформи́стский,** -ая, -ое.

РЕФОРМИ́РОВАТЬ, -рую, -руешь; -анный; *сов.* и *несов., что.* Изменить (-нять) путём реформ. *Р. школу.*

РЕФОРМИ́СТ, -а, *м.* (книжн.). Сторонник реформизма. ‖ *ж.* **реформи́стка,** -и.

РЕФРА́КТОР, -а, *м.* (спец.). Телескоп с линзовым объективом. ‖ *прил.* **рефра́кторный,** -ая, -ое.

РЕФРА́КЦИЯ, -и, *ж.* (спец.). Преломление светового луча в атмосфере, а также изменение направления звуковых колебаний из-за неоднородности среды. *Р. света. Р. звука.* ‖ *прил.* **рефракцио́нный,** -ая, -ое. *Рефракционные явления.*

РЕФРЕ́Н, -а, *м.* (спец.). **1.** Стих[1] или строфа, в определённом порядке повторяющиеся в стихотворении. *Однообразный р.* (также перен.: о частом повторении одного и того же). **2.** Тема музыкального произведения, повторяющаяся в нём и скрепляющая его строение. ‖ *прил.* **рефре́нный,** -ая, -ое.

РЕФРИЖЕРА́ТОР, -а, *м.* (спец.). **1.** Часть холодильной машины, в к-рой за счёт испарения жидкости образуется низкая температура, охладитель. **2.** Судно, вагон или автомобиль, снабжённые холодильными установками. ‖ *прил.* **рефрижера́торный,** -ая, -ое.

РЕХНУ́ТЬСЯ, -ну́сь, -нёшься; *сов.* (прост.). То же, что помешаться. *С ума р.* (устар.). *Рехнулся от радости. Р. на модных нарядах.*

РЕЦЕНЗЕ́НТ, -а, *м.* Автор рецензии. ‖ *ж.* **рецензе́нтка,** -и (разг.). ‖ *прил.* **рецензе́нтский,** -ая, -ое.

РЕЦЕНЗИ́РОВАТЬ, -рую, -руешь; -анный; *несов., что.* Писать рецензию о чём-н. *Р. статью.* ‖ *сов.* **прорецензи́ровать,** -рую, -руешь; -анный *и* **отрецензи́ровать,** -рую, -руешь; -анный (разг.).

РЕЦЕ́НЗИЯ, -и, *ж.* Критический отзыв о каком-н. сочинении, спектакле, фильме. *Р. на книгу или о книге. Отдать статью на рецензию. Отрицательная, положительная р.* ‖ *прил.* **рецензио́нный,** -ая, -ое.

РЕЦЕ́ПТ, -а, *м.* **1.** Предписание врача о составе лекарства, об изготовлении какого-н. лечебного средства и о способе применения его больным. *Выписать р. на микстуру. Продажа лекарств по рецептам. Р. на очки.* **2.** Способ приготовления чего-н. *Кулинарные рецепты. Р. засолки грибов.* **3.** *перен.* Совет, рекомендация, как следует поступать в том или ином случае. *В воспитании нет готовых рецептов.* ‖ *прил.* **реце́птный,** -ая, -ое (к 1 знач.). *Р. бланк.*

РЕЦЕ́ПТОРЫ, *мн., ед.* реце́птор, -а, *м.* (спец.). В организме животного и человека: специальные чувствительные образования, воспринимающие внешние и внутренние раздражения и преобразующие их в нервные возбуждения, к-рые передаются в центральную нервную систему.

РЕЦЕПТУ́РА, -ы, *ж.* (спец.). **1.** Раздел фармации, занимающийся правилами выписывания рецептов. **2.** Способ изготовления лекарственных веществ, каких-н. смесей. ‖ *прил.* **рецепту́рный,** -ая, -ое (ко 2 знач.). *Р. отдел.*

РЕЦИДИ́В, -а, *м.* (книжн.). **1.** Возврат болезни после кажущегося её прекращения. *Р. радикулита.* **2.** Повторное проявление чего-н. (отрицательного). *Р. преступления. Рецидивы тоски.* ‖ *прил.* **рецидиви́ый,** -ая, -ое.

РЕЦИДИВИ́СТ, -а, *м.* Преступник, отбывший наказание и вновь совершающий преступление (преступления). *Вор-р.* ‖ *ж.* **рецидиви́стка,** -и. ‖ *прил.* **рецидиви́стский,** -ая, -ое.

РЕЧЕ́НИЕ, -я, *ср.* (книжн.). Устойчивое сочетание слов, выражение, а также меткое, образное слово. *Старинные речения.*

РЕЧИ́СТЫЙ, -ая, -ое; -и́ст (устар. и прост.). Красноречивый, говорливый. *Р. парень.* ‖ *сущ.* **речи́стость,** -и, *ж.*

РЕЧИТАТИ́В, -а, *м.* (спец.). Напевная речь в вокально-музыкальном произведении. *Читать речитативом* (нараспев). ‖ *прил.* **речитати́вный,** -ая, -ое.

РЕ́ЧКА, -и, *ж.* Небольшая река. ‖ *уменьш.* **речу́шка,** -и, *ж.* ‖ *ласк.* **ре́ченька,** -и, *ж.* (в народной словесности). ‖ *уничи.* **рэчо́нка,** -и, *ж.* ‖ *прил.* **речно́й,** -а́я, -о́е.

РЕЧНИ́К, -а́, *м.* Работник речного транспорта. ‖ *ж.* **речни́ца,** -ы (разг.).

РЕЧНО́Й *см.* река *и* речка.

РЕЧУ́ГА, -и, *ж.* (прост. шутл.). То же, что речь (в 5 знач.). *Закатил целую речугу.*

РЕЧЬ, -и, *мн.* ре́чи, -е́й, *ж.* **1.** Способность говорить, говорение. *Владеть речью. Затруднённая р. Отчётливая р. Дар речи* (умение говорить, а также красноречие). **2.** Разновидность или стиль языка. *Устная и письменная р. Разговорная р. Стихотворная р.* **3.** Звучащий язык. *Русская р. музыкальна. Звучит многоязычная р. Язык и р.* (противопоставление системы языка и её функционирования). **4.** Разговор, беседа. *Умные речи приятно и слушать. Об этом речи не было* (ничего не говорилось). *О чем идёт р.?* (о чём разговор?). *Об этом не может быть и речи* (этого не будет, нельзя). *О чём р.!* (само собой разумеется, нет никакого сомнения в чём-н.; разг.). **5.** Публичное выступление. *Выступить с речью. Поздравительные речи. Р. на собрании.* ✦ **Части речи** — в грамматике: основные лексико-грамматические классы слов, характеризующиеся каждый общностью отвлечённого значения, грамматических категорий и синтаксических функций. *Знаменательные и служебные части речи.* ‖ *прил.* **речево́й,** -а́я, -о́е (к 1, 2 и 3 знач.).

РЕША́ТЬ, -СЯ *см.* решить, -ся.

РЕША́ЮЩИЙ, -ая, -ее. Главный, важнейший. *Р. момент.* ✦ **Решающий голос** — право голосовать при принятии решения.

РЕШЕ́НИЕ, -я, *ср.* **1.** *см.* решить, -ся. **2.** То же, что постановление. *Р. горсовета. Р. дирекции. Судебное р.* (постановление суда первой инстанции, разрешающее гражданское дело по существу). **3.** Заключение, вывод из чего-н. *Прийти к окончательному решению.* **4.** Ответ к задаче, искомые числа или функции. *Найти, получить р. Ошибка в решении.* **5.** Осуществление творческого замысла; сам такой замысел. *Режиссёрское р. пьесы. Смелое инженерное р.*

РЕШЕ́ТИНА, -ы, *ж.* (спец.). То же, что обрешетина.

РЕШЕ́ТНИК, -а, *м., собир.* (спец.). Решетины, укреплённые на кровле поперёк стропил.

РЕШЕТО́, -а́, *мн.* решёта, -ёт, -ётам, *ср.* **1.** Предмет обихода — широкий обруч с натянутой на него частой сеткой для просеивания чего-н. *Просеять муку сквозь, через р. Решетом воду носить* (перен.: заниматься пустяками, бессмысленным делом; разг.). *Голова как р. у кого-н.* (о том, кто всё забывает, забывчив; разг.). *В решете горох мочили, дурака писать учили* (посл. о том, что учить тупицу бессмысленно). **2.** Просеивающее устройство. *Решёта в комбайне.* ✦ **Чудеса в решете** (разг. шутл.) — о чём-н. необычном или непонятном. ‖ *прил.* **решётный,** -ая, -ое.

РЕШЁТКА, -и, *ж.* Заграждение из планок, прутьев, проволоки (обычно переплетающихся); устройство из таких переплетений или с чередующимися отверстиями. *Оконная р. Садовая р. За решётку попасть* (в тюрьму; разг.). *За решёткой* (в тюрьме; разг.). *Колосниковая р.* (то же, что колосники в 1 знач.; спец.). ✦ **Кристаллическая решётка** — повторяющееся расположение атомов или ионов в кристалле. ‖ *прил.* **решёточный,** -ая, -ое.

РЕШЁТЧАТЫЙ, -ая, -ое; -ат и **РЕШЕ́ТЧАТЫЙ,** -ая, -ое; -ат. Представляющий собой решётку, а также снабжённый решёткой. *Решётчатая ограда. Решётчатое окно. Решётчатая конструкция.*

РЕШИ́МОСТЬ, -и, *ж.* Смелость, готовность принять и осуществить своё решение. *Проявить р. Полон решимости кто-н.*

РЕШИ́ТЕЛЬНЫЙ, -ая, -ое; -лен, -льна. **1.** Твёрдый в поступках, не колеблющийся. *Р. характер. Действовать решительно* (нареч.). **2.** Исполненный твёрдости, непреклонности. *Р. ответ. Решительные меры. Р. тон.* **3.** Относящийся ко времени, когда должно что-н. решиться, произойти; окончательный, самый важный. *Р. момент.* **4. реши́тельно**, *нареч.* Вовсе, совсем. *Решительно ничего не понял.* **5. реши́тельно**, *частица.* Выражает исчерпанность, предельность, полноту охвата чего-н. *Нужен решительно всем. Подросток решительно отбился от рук.* ‖ *сущ.* **реши́тельность**, -и, *ж.* (к 1, 2 и 3 знач.).

РЕШИ́ТЬ, -шу́, -ши́шь; -шённый (-ён, -ена́); *сов.* **1.** *с неопр. и с союзом что.* Обдумав, прийти к какому-н. выводу, к необходимости каких-н. действий. *Р. учиться. Решил, что пора действовать.* **2.** *что и с неопр.* Сделать окончательное заключение, вывод; вынести постановление о чём-н. *Дело решено судом. Решили созвать собрание. Решено и подписано* (окончательно решено; разг. шутл.). **3.** *что.* Найти ответ к задаче, искомые числа и функции. *Р. задачу. Р. уравнение.* **4.** *что.* Предопределить будущее, исход чего-н. *Р. чью-н. судьбу, участь. Сражение решило исход войны. Воля отца решила судьбу подростка. Всё решили минуты* (т. е. короткое действие, событие определило исход чего-н.). **5.** *с союзом что.* Подумать, допустить какую-н. мысль, предположение. *Почему он решил, что я обиделся?* ✦ **Решить дело** — предопределить исход чего-н. *Его согласие решило дело.* ‖ *несов.* **реша́ть**, -а́ю, -а́ешь. ‖ *сущ.* **реше́ние**, -я, *ср.*

РЕШИ́ТЬСЯ, -шу́сь, -ши́шься; *сов.* **1.** *на что и с неопр.* Избрать какой-н. способ действия после обдумывания, сомнений; отважиться на что-н. *Р. ехать. Р. на отчаянный поступок.* **2.** (1 и 2 л. не употр.). Получить тот или иной исход, заключение. *Дело решилось в пользу истца.* **3.** *чего.* То же, что лишиться чего-н. (устар. прост.). *Ума решился. Р. жизни. Р. сна, покоя.* ‖ *несов.* **реша́ться**, -а́юсь, -а́ешься. ‖ *сущ.* **реше́ние**, -я, *ср.* (к 1 знач.).

РЕ́ШКА, -и, *ж.* (прост.). Сторона монеты, обратная гербовому изображению.

РЕ́Я, -и, *ж.* То же, что рей.

РЕ́ЯТЬ, ре́ю, ре́ешь; *несов.* (высок.). **1.** Летать плавно, парить. *Орёл реет в вышине.* **2.** (1 и 2 л. не употр.). Плавно развеваться. *Реют знамёна.*

РЁВ, -а, *м.* **1.** Протяжный громкий крик (обычно о крике животного), а также вообще протяжный громкий звук, вой. *Звериный р. Р. моторов. Р. бури. Р. толпы.* **2.** Громкий плач (разг.). *Дети подняли р.*

РЁВА, -ы, *м.* и *ж.* (разг. неодобр.). Человек, к-рый склонен часто плакать. ‖ *уменьш.-ласк.* **рёвушка**, -и, *м.* и *ж.*

РЖА, ржи, *ж.* (устар. и прост.). То же, что ржавчина. *Р. ест железо.*

РЖА́ВЕТЬ (-ею, -еешь, 1 и 2 л. не употр.), -еет и **РЖАВЕ́ТЬ** (-е́ю, -е́ешь, 1 и 2 л. не употр.), -е́ет; *несов.* Покрываться ржавчиной. *Железо ржавеет.* ✦ **Старая любовь не ржавеет** (разг.) — давняя любовь, привязанность не забывается, не проходит. ‖ *сов.* **заржа́веть** (-ею, -еешь, 1 и 2 л. не употр.), -еет *и* **заржаве́ть** (-е́ю, -е́ешь, 1 и 2 л. не употр.), -е́ет. ✦ **Не заржавеет** *что за кем* (прост.) — не пропадёт, не останется в долгу кто-н. у кого-н. ‖ *сущ.* **ржа́вление**, -я, *ср.*

РЖА́ВЧИНА, -ы, *ж.* **1.** Красно-бурый налёт на железе, образующийся вследствие окисления и ведущий к разрушению металла, а также след на чём-н. от такого налёта. *В душе появилась какая-то р.* (перен.: что-то разъедающее, мучащее). **2.** Бурая плёнка на болотной воде. **3.** Бурое пятно на растениях в местах, где развиваются споры паразитных грибков (спец.). *Хлебная р.* ‖ *прил.* **ржа́вчинный**, -ая, -ое (спец.).

РЖА́ВЫЙ, -ая, -ое; ржав. Покрытый ржавчиной, содержащий окислы железа. *Р. гвоздь. Ржавая вода. Р. цвет* (красно-бурый). *Ржавая селёдка* (с бурыми пятнами от окислившегося жира). ‖ *сущ.* **ржа́вость**, -и, *ж.*

РЖАНО́Й *см.* **рожь.**

РЖАТЬ, ржу, ржёшь; *несов.* **1.** О лошади: издавать характерные звуки. **2.** Громко смеяться (прост.). ‖ *сущ.* **ржа́ние**, -я, *ср.*

РИА́Л, -а, *м.* Денежная единица в Иране и в нек-рых других странах.

РИ́ГА, -и, *ж.* Сарай для сушки снопов и молотьбы.

РИГОРИ́ЗМ, -а, *м.* (книжн.). Чрезмерная строгость, прямолинейность в соблюдении нравственных принципов, в поведении. ‖ *прил.* **ригористи́ческий**, -ая, -ое.

РИГОРИ́СТ, -а, *м.* (книжн.). Человек, отличающийся ригоризмом. ‖ *ж.* **ригори́стка**, -и.

РИГОРИСТИ́ЧНЫЙ, -ая, -ое; -чен, -чна (книжн.). Склонный к ригоризму, проявляющий ригоризм. *Р. тон.* ‖ *сущ.* **ригористи́чность**, -и, *ж.*

РИДИКЮ́ЛЬ, -я, *м.* (устар.). Ручная женская сумочка. ‖ *прил.* **ридикю́льный**, -ая, -ое.

РИ́ЗА, -ы, *ж.* **1.** Облачение, одежда священника при богослужении. *Парчовая р.* **2.** Оклад[2] на иконе. *Золочёная р.* ✦ **До положения риз** (напиться, напоить) (прост.) — допьяна. ‖ *прил.* **ри́зный**, -ая, -ое.

РИ́ЗНИЦА, -ы, *ж.* Помещение при церкви для хранения риз и церковной утвари. ‖ *прил.* **ри́зничный**, -ая, -ое.

РИКОШЕ́Т, -а, *м.* Отражённое прямолинейное движение, полёт под углом после удара о какую-н. поверхность. *Пуля отскочила рикошетом.* ‖ *прил.* **рикоше́тный**, -ая, -ое.

РИ́КША, -и, *м.* В странах Юго-Восточной Азии: человек, к-рый, впрягшись в лёгкую двухколёсную тележку, бегом перевозит седоков, грузы, а также сама такая тележка.

РИНГ, -а, *м.* Огороженная канатами площадка для бокса. *Выйти на р. Покинуть р.* (также перен.: перестать заниматься боксом).

РИ́НУТЬСЯ, -нусь, -нешься; *сов.* Стремительно броситься, устремиться. *Р. вперёд. Р. в атаку. Р. спасать кого-н. С гор ринулась лавина. Р. в работу* (перен.).

РИС, -а (-у), *м.* Злак с белыми продолговатыми зёрнами, идущими в пищу, а также его зёрна. *Плантации риса. Пирог с рисом.* ‖ *прил.* **ри́совый**, -ая, -ое. *Рисовые чеки. Рисовая каша.*

РИСК, -а, *м.* **1.** Возможность опасности, неудачи. *Идти на р. Без всякого риска. С риском для жизни. Группа риска* (группа лиц, наиболее подверженных риску). **2.** Действие наудачу в надежде на счастливый исход. *На свой р. или на свой страх и р. действовать, поступать* (полностью на свою ответственность). ✦ **Риск — благородное дело** (разг. шутл.) — можно, стоит рискнуть, попробовать. ‖ *прил.* **рисково́й**, -а́я, -о́е (к 1 знач.; спец.).

РИСКО́ВАННЫЙ, -ая, -ое; -ан, -анна. **1.** Содержащий в себе риск, опасный. *Р. шаг. Так поступать рискованно* (в знач. сказ.). **2.** *перен.* Не совсем приличный, двусмысленный. *Р. туалет. Рискованные шутки. Рискованная тема.* ‖ *сущ.* **риско́ванность**, -и, *ж.*

РИСКОВА́ТЬ, -ку́ю, -ку́ешь; *несов.* **1.** Действовать, зная об имеющемся риске, опасности. *Не боится р. кто-н.* **2.** *кем-чем.* Подвергать кого-что-н. риску (в 1 знач.). *Р. своим здоровьем.* **3.** *с неопр.* Подвергаться риску, ставить себя перед возможной неприятностью. *Рискуем опоздать.* ‖ *однокр.* **рискну́ть**, -ну́, -нёшь (к 1 и 2 знач.).

РИСКО́ВЫЙ, -ая, -ое (прост.). Рискованный (в 1 знач.), а также не боящийся рисковать. *Рисковое дело. Р. парень.*

РИ́СЛИНГ, -а (-у), *м.* Сорт белого столового виноградного вина. ‖ *прил.* **ри́слинговый**, -ая, -ое.

РИСО... *Первая часть сложных слов со знач.* относящийся к рису, к его выращиванию и обработке, напр. *рисообдирочный, рисообрабатывающий, рисоочистительный, рисопосадочный, рисосеяние, рисоуборочный.*

РИСОВА́ЛЬЩИК, -а, *м.* **1.** Художник, владеющий искусством рисунка. *Хороший р., но плохой живописец.* **2.** Художник-график, специалист по рисованию карандашом, пером. **3.** Любитель рисования. *Страстный р.* ‖ *ж.* **рисова́льщица**, -ы.

РИСО́ВАННЫЙ, -ая, -ое. Нарисованный, выполненный в рисунке. *Р. фильм* (о мультфильме: графический, живописный).

РИСОВА́ТЬ, -су́ю, -су́ешь; -о́ванный; *несов., кого-что.* **1.** Изображать предметы на плоскости при помощи графических средств (штрихов, контурных линий, пятен, а также акварелью, гуашью, пастелью). *Р. карандашом, углём, красками. Р. с натуры. Р. портрет.* **2.** *перен.* Изображать, представлять в образах. *Воображение рисует будущее.* **3.** *перен.* То же, что обрисовывать (см. обрисовать во 2 знач.). *Р. сложившуюся обстановку.* ‖ *сов.* **нарисова́ть**, -су́ю, -су́ешь; -о́ванный. ‖ *сущ.* **рисова́ние**, -я, *ср.* (к 1 знач.). ‖ *прил.* **рисова́льный**, -ая, -ое (к 1 знач.). *Рисовальные принадлежности.*

РИСОВА́ТЬСЯ, -су́юсь, -су́ешься; *несов.* **1.** (1 и 2 л. не употр.). Виднеться, казаться. *Вдали рисовались очертания гор. В воображении рисуются мирные картины* (перен.). **2.** Вести себя жеманно, стараясь показать себя с выгодной стороны. *Р. на людях.* ‖ *сущ.* **рисо́вка**, -и, *ж.* (ко 2 знач.).

РИСОВО́Д, -а, *м.* Специалист по рисоводству.

РИСОВО́ДСТВО, -а, *ср.* Разведение риса как отрасль растениеводства. ‖ *прил.* **рисово́дческий**, -ая, -ое. *Рисоводческое хозяйство.*

РИСТА́ЛИЩЕ, -а, *ср.* (стар.). Площадь для гимнастических, конных и других состязаний, а также само такое состязание. ‖ *прил.* **риста́лищный**, -ая, -ое.

РИСУ́НОК, -нка, *м.* **1.** Нарисованное изображение, воспроизведение чего-н. *Карандашный р. Р. углём.* **2.** Совокупность графических элементов в картине, в противоп. колориту, краскам (спец.). *Художник — мастер рисунка.* **3.** Искусство рисования. *Урок рисунка.* **4.** Сочетание линий, красок и теней, узор. *Ткань пёстрого рисунка. Вязка в рисунок* (узорчатая). ‖ *прил.* **рису́-**

ночный, -ая, -ое (к 1, 2 и 4 знач.). *Рисуночное письмо* (древнейший вид письма — передача сообщения рисунком, рисунками, пиктография).

РИСУ́НЧАТЫЙ, -ая, -ое. С рисунком (в 4 знач.), с узором. *Рисунчатая ткань.*

РИТМ, -а, *м.* **1.** Равномерное чередование каких-н. элементов (в звучании, в движении). *Музыкальный р. Р. стиха. Р. движений. Чувство ритма. Сердечный р.* **2.** *перен.* Налаженный ход чего-н., размеренность в протекании чего-н. *Р. работы, производства. Р. жизни. Войти в рабочий р.* ‖ *прил.* **ритми́ческий**, -ая, -ое *и* **ри́тменный**, -ая, -ое (к 1 знач.).

РИТМИЗИ́РОВАТЬ, -рую, -руешь; -анный и **РИТМИЗОВА́ТЬ**, -зу́ю, -зу́ешь; -о́ванный; *сов. и несов., что* (спец.). Сделать (делать) ритмичным. *Ритмизованные движения.* ‖ *сущ.* **ритмиза́ция**, -и, *ж.*

РИ́ТМИКА, -и, *ж.* **1.** Система, характер ритма. *Р. стиха.* **2.** Учение о ритме (в музыке, стихосложении). **3.** Ритмические движения с музыкальным сопровождением. *Урок ритмики.*

РИТМИ́ЧЕСКИЙ, -ая, -ое. **1.** *см.* ритм. **2.** То же, что ритмичный. *Ритмическая гимнастика.*

РИТМИ́ЧНЫЙ, -ая, -ое; -чен, -чна. **1.** Подчинённый ритму (в 1 знач.), равномерно чередующийся. *Ритмичные движения.* **2.** *перен.* Равномерный, налаженный, размеренный. *Ритмичная работа.* ‖ *сущ.* **ритми́чность**, -и, *ж.*

РИ́ТОР, -а, *м.* **1.** В Древней Греции и Риме: оратор, а также учитель красноречия. **2.** Оратор, говорящий много и высокопарно (устар.). *Велеречивый р.* ‖ *прил.* **ри́торский**, -ая, -ое. *Риторское искусство.*

РИТО́РИКА, -и, *ж.* **1.** Теория ораторского искусства. **2.** *перен.* Напыщенная и бессодержательная речь. *Пустая р. Впасть в риторику.* ‖ *прил.* **ритори́ческий**, -ая, -ое. *Р. вопрос* (приём ораторской речи — утверждение в форме вопроса).

РИТОРИ́ЧНЫЙ, -ая, -ое; -чен, -чна (книжн.). Напыщенный, словесно украшенный. *Р. стиль.* ‖ *сущ.* **ритори́чность**, -и, *ж.*

РИТУА́Л, -а, *м.* (книжн.). **1.** Порядок обрядовых действий. *Р. погребения.* **2.** Установленный порядок действий при совершении церковного таинства. *Церковные ритуалы: р. венчания, крещения, соборования.* **3.** То же, что церемониал. *Воинские ритуалы. Р. приёма посла.* ‖ *прил.* **ритуа́льный**, -ая, -ое.

РИФ[1], -а, *м.* Ряд подводных или выступающих из воды скалистых возвышений морского дна. *Коралловые рифы.* ‖ *прил.* **ри́фовый**, -ая, -ое.

РИФ[2], -а, *м.* (спец.). Отверстие или петля на парусе, в к-рые продевается завязка для стягивания его. *Брать рифы* (уменьшать площадь паруса при сильном ветре). ‖ *прил.* **ри́фовый**, -ая, -ое.

РИФЛЕ́НИЕ, -я, *ср.* (спец.). Обработка поверхности для придания ей шероховатости — нанесение узких острых бороздок (рифлей).

РИФЛЁНЫЙ, -ая, -ое (спец.). О поверхности: негладкий, с правильными рядами углублений и выступов. *Рифлёное железо, стекло. Рифлёные подошвы.*

РИ́ФМА, -ы, *ж.* Созвучие концов стихотворных строк. *Мужская р.* (с ударением на последнем слоге стиха). *Женская р.* (с ударением на предпоследнем слоге стиха). *Точная р. Говорить в рифму.* ‖ *прил.* **ри́фменный**, -ая, -ое.

РИФМОВА́ТЬ, -му́ю, -му́ешь; -о́ванный; *несов.* **1.** (1 и 2 л. не употр.). То же, что рифмоваться (спец.). **2.** *что.* Подбирать (слова) для получения рифмы. ‖ *сов.* **срифмова́ть**, -му́ю, -му́ешь; -о́ванный (ко 2 знач.) *и* **зарифмова́ть**, -му́ю, -му́ешь; -о́ванный (ко 2 знач.). ‖ *сущ.* **рифмо́вка**, -и, *ж.* (ко 2 знач.).

РИФМОВА́ТЬСЯ (-му́юсь, -му́ешься, 1 и 2 л. не употр.), -му́ется; *несов.* Образовывать рифму. *Эти слова рифмуются между собой.*

РИФМО́ВКА, -и, *ж.* **1.** *см.* рифмовать. **2.** Порядок, система чередования рифм в стихе[1]. *Свободная р.*

РИФМОПЛЁТ, -а, *м.* (разг. пренебр.). То же, что стихоплёт.

РИШЕЛЬЕ́. **1.** *нескл., ср.* Ажурная вышивка с обмётанным контуром рисунка. *Салфетка с р.* **2.** *неизм.* Об ажурной вышивке с таким контуром. *Вышивка р.*

РО́БА, -ы, *ж.* Грубая рабочая одежда (обычно парусиновая или брезентовая). *Матросская р.*

РО́ББЕР, -а, *м.* В нек-рых сложных карточных играх: законченный круг игры. *Р. виста.*

РОБЕ́ТЬ, -е́ю, -е́ешь; *несов.* Испытывать робость, пугаться, стесняться. *Робеет идти ночью. Р. перед старшими.* ‖ *сов.* **оробе́ть**, -е́ю, -е́ешь.

РО́БКИЙ, -ая, -ое; -бок, -бка́, -бко; ро́бче. Несмелый, боязливый, опасливый. *Р. характер. Р. вопрос. Робко* (нареч.) *возразить.* ‖ *сущ.* **ро́бость**, -и, *ж. Р. в характере.*

РО́БОСТЬ, -и, *ж.* **1.** *см.* робкий. **2.** Ощущение страха, боязни. *Испытывать р. Р. охватила кого-н.*

РО́БОТ, -а, *м.* Автомат, осуществляющий действия, подобные действиям человека. *Промышленный р.* (автоматический манипулятор).

РОБОТИЗИ́РОВАТЬ, -рую, -руешь; -анный; *сов. и несов., что.* Внедрить (-рять) робототехнику в производство. ‖ *сущ.* **роботиза́ция**, -и, *ж.*

РОБОТО... *Первая часть сложных слов со знач.* относящийся к роботу, напр. *роботостроение, робототехника.*

РОБОТОТЕ́ХНИКА, -и, *ж.* Производственная техника, основанная на применении роботов. *Внедрение робототехники.* ‖ *прил.* **робототехни́ческий**, -ая, -ое.

РОВ, рва, *мн.* рвы, рвов, *м.* Длинное, с высокими откосами углубление в земле. *Вырыть р. Глубокий р. Р., заполненный водой. Противотанковый р.* ‖ *уменьш.* **ро́вик**, -а, *м.*

РОВЕ́СНИК, -а, *м., кого.* Человек одинакового возраста с кем-н., сверстник. *Он мой р. Мы с ним ровесники.* ‖ *ж.* **рове́сница**, -ы.

РО́ВНИЦА, -ы, *ж.* (спец.). Пушистый жгут из волокон, идущий на изготовление пряжи. ‖ *прил.* **ро́вничный**, -ая, -ое.

РО́ВНО (прост.). **1.** *союз.* Выражает сравнение, как (в 6 знач.). *Рычит, р. зверь.* **2.** *частица.* Выражает неуверенное предположение, будто (в 3 знач.), словно. *Р. кто стучит? Р. кто-то зовёт.* ✦ **Ровно бы**, *союз и частица* — то же, что ровно. *Притаился, ровно бы спит. Ровно бы я тебя где-то видел?*

РО́ВНЫЙ, -ая, -ое; -вен, -вна́, -вно, -вны́ *и* -вны. **1.** Гладкий, прямой, не имеющий возвышений, утолщений, изгибов. *Ровная местность. Дорога идёт ровно* (нареч.). *Р. ряд зубов. Ровная пряжа.* **2.** Равномерный, спокойный. *Р. пульс. Ровно* (нареч.) *дышать. Р. тон, голос.* **3.** Постоянно одинаковый и спокойный, уравновешенный. *Ровная жизнь. Р. характер.* **4.** Совершенно одинаковый по величине. *Ровные доли. Разделить ровно* (нареч.; поровну). **5.** **ро́вно**, *нареч.* Точно, как раз. *Ровно в десять часов.* **6.** **ро́вно**, *нареч.* Совершенно, совсем (разг.). *Ровно ничего не понял.* ✦ **Ровный счёт** — счёт круглыми цифрами, без дробей, без копеек. **Ровным счётом** (разг.) — ровно столько, не больше и не меньше. *Пришло ровным счётом сто человек.* **Ровным счётом ничего** (разг.) — вовсе, совсем ничего. *Ровным счётом ничего не знает.* **Не ровён час** (прост.) — выражение опасения, возможности чего-н. нежелательного, неприятного. *Не ровён час — заболеешь.* **Не ровно дышит** *кто к кому* (прост. шутл.) — неравнодушен кто-н. к кому-н. *Он к ней не ровно дышит.* ‖ *сущ.* **ро́вность**, -и, *ж.* (к 1, 2 и 3 знач.).

РО́ВНЯ, -и и **РОВНЯ́**, -и́, *м. и ж.* (прост.). Человек, равный другому, равноценный с другим. *Р. ли он тебе?* (т. е. он тебе неровня).

РОВНЯ́ТЬ, -я́ю, -я́ешь; *несов., что.* Делать ровным, гладким. *Р. дорожки.* ‖ *сов.* **сровня́ть**, -я́ю, -я́ешь; сро́вненный. *С. с землёй* (также перен.: разрушить до основания).

РОГ[1], -а, *мн.* рога́, рого́в, *м.* Вырост (парный или непарный) из костного вещества на черепе у нек-рых животных, а также вырост на голове у нек-рых насекомых, моллюсков. *Рога быка, козла. Р. носорога. Оленьи рога. Рога жука, улитки.* ✦ **Обломать (сломать) рога** *кому* (разг.) — укротить, усмирить, сделать покорным. **Взять быка за рога** (разг.) — смело и сразу взяться за самое главное в трудном деле. **Рога наставить** *кому* (разг. ирон.) — обмануть мужа (о жене, а также о любовнике жены). **Согнуть (скрутить, свернуть) в бараний рог** *кого* (разг.) — смирить, подчинить кого-н. строгостью, жестокостью. **Бодливой корове бог рог не даёт** (рог — стар. форма род. мн.) — посл. о том, кто хотел бы сделать что-н., но не имеет для этого возможности, сил. ‖ *уменьш.* **рожо́к**, -жка́, *мн.* ро́жки, -жек. *Рожки да ножки остались от кого-чего-н.* (ничего не осталось; разг. шутл.). ‖ *прил.* **рогово́й**, -а́я, -о́е. ✦ **Роговая оболочка** — то же, что роговица.

РОГ[2], -а, *мн.* рога́, рого́в *и* ро́ги, ро́гов. **1.** Вместилище, сосуд, по форме напоминающий полый рог[1] животного или сделанный из такого рога. *Р., наполненный вином. Серебряный р.* **2.** (рога́). Музыкальный или сигнальный инструмент в виде изогнутой трубы с расширяющимся концом. *Медный р. Охотничий р. Трубить в р.* **3.** (рога́). Остро торчащая загнутая часть чего-н. *Рога якоря. Мыс выдался в залив рогом. Р. луны* (о молодом месяце). ✦ **Рог изобилия** (книжн.) — неиссякаемый источник богатства, благ [по символическому изображению изобилия в виде высыпающихся из большого рога плодов, цветов]. *Как из рога изобилия.* ‖ *уменьш.* **рожо́к**, -жка́, *мн.* ро́жки, -жек. ‖ *прил.* **рогово́й**, -а́я, -о́е. *Роговая музыка.*

РОГА́ЛИК, -а и **РО́ГЛИК**, -а, *м.* То же, что рожок (в 6 знач.).

РОГА́СТЫЙ, -ая, -ое; -а́ст (разг.). С большими рогами[1].

РОГА́ТИНА, -ы, *ж.* **1.** В старину: ручное оружие в виде копья с длинным древком (позднее — такое оружие для охоты на медведей, с перекладиной перед остриём). *Брать медведя на рогатину.* **2.** Большая палка с развилиной на конце.

РОГА́ТКА, -и, *ж.* **1.** обычно *мн.* Несколько крестообразно сколоченных кольев, преграждающих путь, проход. *Рогатки ставить кому-чему-н.* (перен.: создавать препятствия, помехи; разг. неодобр.). **2.** Небольшая деревянная развилина с привязанной к концам резинкой для метания, стрельбы. *Стрелять из рогатки.* **3.** Деревянная мутовка с остатками сучков на конце. *Пахтать масло рогаткой.*. **4.** Род большого деревянного ошейника, не дающего скотине идти через узкий проход. *Коровья р.* ‖ *прил.* **рогаточный**, -ая, -ое (к 1 знач.).

РОГА́ТЫЙ, -ая, -ое; -ат. **1.** С рогами или с большими рогами. *Р. бык. Крупный р. скот.* **2.** Имеющий форму рога. *Р. месяц.* **3.** О муже: обманутый женой, такой, к-рому изменила жена (разг. шутл.).

РОГА́Ч, -а́, *м.* **1.** То же, что жук-олень. *Семейство рогачей.* **2.** Крупный взрослый самец-олень (а также лось, тур). **3.** То же, что ухват (обл.).

РОГОВЕ́ТЬ (-е́ю, -е́ешь, 1 и 2 л. не употр.), -е́ет; *несов.* Затвердеть, покрываясь роговыми чешуйками. ‖ *сов.* **ороговéть** (-е́ю, -е́ешь, 1 и 2 л. не употр.), -е́ет. ‖ *сущ.* **орогове́ние**, -я, *ср.*

РОГОВИ́ДНЫЙ, -ая, -ое; -ден, -дна. Сходный по виду с рогом[1] или с роговым веществом. *Роговидные сучья.* ‖ *сущ.* **рогови́дность**, -и, *ж.*

РОГОВИ́ЦА, -ы, *ж.* Прозрачная наружная оболочка глаза. *Пересадка роговицы.*

РОГОВО́Й *см.* рог.

РОГО́ЖА, -и, *ж.* Грубый плетёный из мочала материал для упаковки. ‖ *уменьш.* **рого́жка**, -и, *ж.* ✦ **Из кулька в рогожку попасть** (разг.) — из одного неприятного положения попасть в ещё более неприятное. ‖ *прил.* **рого́жный**, -ая, -ое.

РОГО́ЖИНА, -ы, *ж.* (разг.). Кусок рогожи.

РОГО́ЖКА, -и, *ж.* **1.** *см.* рогожа. **2.** Ткань редкого полотняного переплетения. *Хлопчатобумажная, льняная р.*

РОГО́З, -а, *м.* Многолетняя высокая болотная трава, копьевидный тростник. ‖ *прил.* **рого́зовый**, -ая, -ое. *Рогозовое волокно* (из листьев рогоза). *Р. крахмал* (из корневища рогоза). *Семейство рогозовых* (сущ.).

РОГОНО́СЕЦ, -сца, *м.* (разг. шутл.). Муж, к-рому изменяет жена.

РОГУ́ЛИНА, -ы, *ж.* (разг.). То же, что рогуля.

РОГУ́ЛЬКА, -и, *ж.* (разг.). **1.** *см.* рогуля. **2.** Небольшой крендель в форме рога.

РОГУ́ЛЯ, -и, *ж.* (разг.). Всякий предмет, имеющий разветвление в виде рогов[1]. ‖ *уменьш.* **рогу́лька**, -и, *ж.*

РОД[1], -а (-у), *предл.* о (в) ро́де и в (на) роду́, *мн.* -ы, -о́в, *м.* **1.** Основная общественная организация первобытнообщинного строя, объединённая кровным родством. *Старейшина рода.* **2.** Ряд поколений, происходящих от одного предка, а также вообще поколение. *Старинный р. Вести свой р. от кого-н.* (происходить от кого-н.). *Родом крестьянин. Из рода в р.* (из поколения в поколение). *Без роду без племени* (о человеке неизвестного происхождения; устар. и разг.). *Ни роду ни племени* (о человеке одиноком, не имеющем родни; устар. и разг.). *Это у нас в роду* (передаётся наследственно). **3.** (*род.* -а, *предл.* о ро́де, в ро́де, *мн.* -ы, -о́в). В систематике: группа, объединяющая близкие виды. *Роды и виды растений, животных. Роды литературы* (эпос, лирика, драма). ✦ **Род людской** (устар. и ирон.) — люди, человечество. **От роду** (разг.) — о возрасте: считая с рождения. *Мальчик семи лет от роду.* **Не дурак, а родом так** (прост. шутл.) — погов. о дураке. **На роду написано** *кому что* или *с неопр.* (разг.) — такая судьба, так предопределено. ‖ *прил.* **родово́й**, -а́я, -о́е. *Родовая община. Р. строй* (первобытнообщинный). *Р. быт. Родовые привилегии. Родовые и видовые понятия.*

РОД[2], -а, *мн.* -а́, -о́в, *м., чего.* **1.** Разновидность чего-н., обладающая каким-н. качеством, свойством. *Р. войск* (воинские формирования, имеющие свойственные только им оружие и военную технику). **2.** Нечто (некто) вроде кого-чего-н., подобие кого-чего-н. *Эта гостиница — р. пансионата.* ✦ **Род занятий** (офиц.) — постоянное занятие, вид деятельности. **В некотором роде** (разг.) — до известной степени, отчасти. **В своём роде** — 1) с известной точки зрения. *Он в своём роде талантлив;* 2) своеобразен. *Два брата, и каждый в своём роде.* **В этом (таком) роде** (разг.) — приблизительно такой, приблизительно так. **Всякого (разного) рода** — всякие, разные. *Всякого рода посетители.* **Своего рода** — своеобразный, как бы. *Своего рода оригинал.* **Такого рода** (разг.) — такой. *Дело такого рода, что нужно подумать.*

РОД[3], -а, *мн.* -ы, -о́в, *м.* В грамматике: 1) грамматическая категория — класс имён (в 6 знач.), характеризующийся определёнными падежными окончаниями, особенностями согласования и способный (в части слов, называющих одушевлённые предметы) обозначать отнесённость к мужскому или женскому полу. *Имена существительные мужского, женского и среднего рода;* 2) категория глаголов в формах единственного числа прошедшего времени и сослагательного наклонения, выражающая отнесённость действия к имени (в 6 знач.) одного из трёх родов, либо к лицу мужского или женского пола. *Глагол в форме прошедшего времени мужского (женского, среднего) рода.* ‖ *прил.* **родово́й**, -а́я, -о́е.

РОДДО́М, -а, *м.* Сокращение: родильный дом (см. родить). ‖ *прил.* **роддо́мовский**, -ая, -ое.

РОДЕ́О [дэ], *нескл., ср.* Ковбойские состязания, включающие поимку дикой лошади или быка, их укрощение, верховую езду на них. ✦ **Автомобильное родео (автородео)** — выполнение опасных трюков на автомобилях.

РОДИ́ЛЬНИЦА, -ы, *ж.* То же, что роженица (устар.), а также (спец.) женщина в послеродовом периоде.

РОДИ́ЛЬНЫЙ *см.* родить.

РОДИ́МЧИК, -а, *м.* (разг.). У младенцев, беременных и рожениц: припадок, сопровождающийся судорогами и потерей сознания.

РОДИ́МЫЙ, -ая, -ое. **1.** Свой, родной (разг.). *Р. дом, край.* **2.** Родной, милый, любезный (в обращении) (прост.). *Отдохни, р.* ✦ **Родимое пятно** — врождённое пигментированное (обычно тёмное) пятно на коже. **Родимые пятна** *чего* — остатки, пережитки. *Родимые пятна прошлого.*

РО́ДИНА, -ы, *ж.* **1.** Отечество, родная страна. *Любовь к родине. Защита родины.* **2.** Место рождения, происхождения кого-чего-н., возникновения чего-н. *Москва — его р. Индия — р. шахмат.* ✦ **Вторая родина** — место, давшее кому-н. приют, ставшее родным.

РО́ДИНКА, -и, *ж.* Врождённое пятнышко на коже, обычно выпуклое. *Р. на щеке.*

РОДИ́НЫ, -и́н (прост.). Празднование рождения младенца.

РОДИ́ТЕЛИ, -ей. Отец и мать по отношению к своим детям. *Р. с детьми. Помогать родителям.* ‖ *прил.* **роди́тельский**, -ая, -ое. *Родительская любовь.*

РОДИ́ТЕЛЬ, -я, *м.* (устар. и прост.). То же, что отец (в 1 знач.).

РОДИ́ТЕЛЬНИЦА, -ы, *ж.* (устар. и прост.). То же, что мать (в 1 знач.).

РОДИ́ТЕЛЬНЫЙ: **родительный падеж** — падеж, отвечающий на вопрос кого-чего?

РОДИ́ТЬ, рожу́, роди́шь; -и́л, -ила́ (*несов.* -и́ла), -и́ло; рождённый (-ён, -ена́); *сов.* и *несов.* **1.** *кого (что).* О женщине, самке: произвести (-водить) на свет младенца, детёныша. *Р. сына, дочь. Р. двойню.* **2.** *перен., кого-что.* Дать (давать) начало чему-н., создать (-авать) кого-что-н. *Страна родила героев. Ум правду родит* (посл.). **3.** (1 и 2 л. не употр.), *что.* О почве: принести (-носить) плоды, урожай. *Земля хорошо родит.* ‖ *несов.* также **рожа́ть**, -а́ю, -а́ешь (к 1 знач.) и **рожда́ть**, -а́ю, -а́ешь (к 1 и 2 знач.). ‖ *сущ.* **рожде́ние**, -я, *ср.* (к 1 и 2 знач.). ‖ *прил.* **роди́льный**, -ая, -ое (к 1 знач.). *Р. дом* (стационарное медицинское учреждение, оказывающее помощь женщинам при родах, в дородовой и послеродовой период, а также выхаживающее новорождённых во время пребывания матери в таком учреждении). *Родильное отделение на ферме. Родильная горячка* (устар.).

РОДИ́ТЬСЯ, рожу́сь, роди́шься; *сов.* и *несов.* (сов. -и́лся и -ился́, -ила́сь и -и́лась; *несов.* -и́лся, -и́лась). **1.** Появиться (-вляться) на свет (о человеке, животном). *Родился сын. Что ни родится, всё пригодится* (посл.: кто бы ни родился, семья будет рада). *Родился в рубашке кто-н.* (об удачливом, счастливом человеке; разг.). **2.** (1 и 2 л. не употр.), *перен.* Появиться (-вляться), возникнуть (-кать). *Родились новые традиции. Родилась блестящая идея.* **3.** (1 и 2 л. не употр.). Вырасти (-астать), произрасти (-астать), давая урожай. *Пшеница родилась хорошо.* ‖ *несов.* также **рожда́ться**, -а́юсь, -а́ешься (к 1 и 2 знач.). ‖ *сущ.* **рожде́ние**, -я, *ср.* (к 1 и 2 знач.). *От рождения* (с самого раннего детства). *День рождения* (число, день, когда кто-н. родился, отмечаемый как праздник). *Подарок ко дню рождения.* ✦ **С самого рождения** — то же, что от рождения.

РО́ДИЧ, -а, *м.* **1.** Член рода[1] (в 1 знач.). **2.** То же, что родственник (устар. и ирон.).

РОДНИ́К, -а́, *м.* Водный источник, текущий из глубины земли, ключ[2]. *Напиться из родника.* ‖ *уменьш.* **родничо́к**, -чка́, *м.* ‖ *прил.* **роднико́вый**, -ая, -ое. *Родниковая вода.*

РОДНИ́ТЬ, -ню́, -ни́шь; *несов., кого-что с кем-чем.* Делать сходным, подобным, сближать. *Многие признаки роднят животных одного вида.* ‖ *сов.* **породни́ть**, -ню́, -ни́шь; -нённый (-ён, -ена́).

РОДНИ́ТЬСЯ, -ню́сь, -ни́шься; *несов.* Вступать в отношения родства. *Р. с семьёй старого друга.* ‖ *сов.* **породни́ться**, -ню́сь, -ни́шься.

РОДНИЧО́К[1], -чка́, *м.* У младенцев: неокостеневшие участки на верхней части черепа. ‖ *прил.* **родничко́вый**, -ая, -ое.

РОДНИЧО́К[2] *см.* родник.

РОДНО́Й, -а́я, -о́е. **1.** Состоящий в прямом (кровном) родстве, а также вообще в родстве. *Родная сестра. Р. дядя. Гостить у родных* (сущ.). **2.** Свой по рождению, по духу, по привычкам. *Р. край. Родная страна. Р. язык* (язык своей родины, на к-ром говорят с детства). **3.** Дорогой, милый (в обращении). ✦ **Родная душа** *кто* — о том, кто близок, во всём понимает тебя. ‖ *ласк.* **ро́дненький**, -ая, -ое (к 3 знач.).

РОДНЯ́, -и́, *ж.* **1.** *собир.* То же, что родственники. *Многочисленная р.* **2.** То же, что родственник или родственница (разг.). *Он мне р.*

РОДОВИ́ТЫЙ, -ая, -ое; -и́т. Принадлежащий к старинному роду[1] (во 2 знач.). *Р. боярин.* ‖ *сущ.* **родови́тость**, **-и**, *ж.*

РОДОВО́Й[1] *см.* род[1,3].

РОДОВО́Й[2] *см.* роды.

РОДОВСПОМОЖЕ́НИЕ, -я, *ср.* (спец.). Медицинская помощь женщинам во время беременности, родов и в послеродовой период. ‖ *прил.* **родовспомога́тельный**, -ая, -ое.

РОДОДЕ́НДРОН [*дэ*], -а, *м.* Кустарник или небольшое дерево сем. вересковых с плотными листьями и крупными красивыми цветками, разводимое как декоративное. ‖ *прил.* **рододе́ндровый**, -ая, -ое.

РОДОНАЧА́ЛЬНИК, -а, *м.* **1.** Предок, от к-рого ведёт своё начало род[1] (во 2 знач.). **2.** *перен.* То же, что основоположник. *Р. учения.* ‖ *ж.* **родонача́льница**, **-ы**.

РОДОСЛО́ВИЕ, -я, *ср.* (книжн.). То же, что генеалогия (во 2 знач.). ‖ *прил.* **родосло́вный**, -ая, -ое. *Родословная таблица. Родословное дерево* (то же, что генеалогическое дерево).

РОДОСЛО́ВНЫЙ, -ая, -ое. **1.** *см.* родословие. **2. родосло́вная**, **-ой**, *ж.* Перечень поколений одного рода, устанавливающий происхождение и степени родства. *Славная р.*

РО́ДСТВЕННИК, -а, *м.* Человек, к-рый находится в родстве с кем-н. *Дальний, близкий р. Р. со стороны отца. Бедный р.* (также перен.: человек, к-рому покровительствуют, помогают из милости). ‖ *ж.* **ро́дственница**, **-ы**.

РО́ДСТВЕННЫЙ, -ая, -ое; -вен, -венна. **1.** *см.* родство. **2.** Близкий другому (другим) по происхождению, содержанию, каким-н. признакам. *Родственные народы. Родственные языки. Родственные науки.* **3.** Свойственный родственникам, душевно расположенный. *Родственное расположение к кому-н. По-родственному* (нареч.) *отнестись к кому-н.* ‖ *сущ.* **ро́дственность**, -и, *ж.*

РОДСТВО́, -а́, *ср.* **1.** Связь между людьми, основанная на происхождении одного лица от другого (прямое родство), или разных лиц от общего предка, а также на брачных семейных отношениях. *Дальнее р. Не помнящий родства* (тот, кто не знает или не даёт сведений о своём происхождении, месте рождения; устар. офиц.). *Иван, не помнящий родства* (о человеке, не дорожащем старыми связями, а также прошлым своего народа, родины; презр.). **2.** *собир.* Родня, родственники (устар.). Многочисленное р. **3.** Близость по общности происхождения, по непосредственному сходству. *Р. славянских народов. Р. идей. Р. душ.* ‖ *прил.* **ро́дственный**, -ая, -ое. *Родственные связи, отношения.*

РО́ДЫ, -ов. Физиологический процесс появления на свет младенца, детёныша. *Первые р. Тяжёлые, лёгкие роды.* ‖ *прил.* **родово́й**, -а́я, -о́е. *Родовые схватки.*

РОЕ́ВНЯ, -и, *род. мн.* -вен, *ж.* (спец.). Обтянутое холстом лукошко, сетка для пересадки пчелиного роя в новый улей.

РОЕ́НИЕ *см.* роиться.

РО́ЖА[1], -и, *ж.* Инфекционная болезнь, характеризующаяся воспалением кожи или слизистой оболочки. ‖ *прил.* **ро́жистый**, -ая, -ое. *Рожистое воспаление.*

РО́ЖА[2], -и, *ж.* (прост.). **1.** То же, что лицо (в 1 знач.). **2.** Некрасивое, безобразное лицо, а также (бран.) о человеке с таким лицом. *Не лицо, а р. Ах ты, бесстыжая р.!* ✦ **Строить рожи** (разг.) — гримасничать. **Ни кожи ни рожи** (прост. пренебр.) — о худом некрасивом человеке. ‖ *уменьш.-ласк.* **ро́жица**, -ы, *ж.* (к 1 знач.).

РОЖА́ТЬ *см.* родить.

РОЖДА́ЕМОСТЬ, -и, *ж.* Количество рождений. *Рост рождаемости.*

РОЖДА́ТЬ, **-СЯ** *см.* родить, -ся.

РОЖДЕ́НИЕ, -я, *ср.* **1.** *см.* родить, -ся. **2.** День, число, когда кто-н. родился, а также (разг.) то же, что день рождения. *Пригласить на р. У дочки завтра р.*

РОЖДЕСТВО́, -а́, *ср.* **1.** (Р прописное). Один из христианских (у православных — один из двенадцати основных) праздников в память рождения Иисуса Христа (25 декабря/7 января). *Ночная служба под Р. Торжественное богослужение на Р. В ночь перед Рождеством* или *под Рождество.* **2.** Само рождение Иисуса Христа. *Великое событие — р. Христово.* ✦ **Рождество Богородицы** — один из двенадцати основных православных праздников в память рождения девы Марии — матери Иисуса Христа (8/21 сентября). ‖ *прил.* **рожде́ственский**, -ая, -ое (к 1 знач.). *Р. пост. Рождественские морозы. Р. дед* (то же, что Дед Мороз).

РОЖЕ́НИЦА, -ы и **РОЖЕНИ́ЦА**, -ы, *ж.* Рожающая или только что родившая женщина.

РОЖЕ́ЧНИК, -а, *м.* Музыкант, играющий на роге (к 3 знач.), на рожке. *Ансамбль рожечников.*

РОЖКО́ВЫЙ, -ая, -ое. **1.** *см.* рожок. **2. рожковое дерево** — южное вечнозелёное дерево сем. бобовых со съедобными плодами-бобами, заключёнными в стручки.

РОЖО́К, -жка́, *мн.* рожки́, -о́в, *м.* **1.** *см.* рог. **2.** То же, что рог (в 3 знач.). *Пастуший р. Играть на рожке.* **3.** Название различных изделий, предметов в форме рога, расширяющейся трубки. *Газовый р.* (устар.). *Бумажный р.* (фунтик; устар.). *Вафельные рожки.* **4.** Бутылочка с соской для кормления младенцев (устар.). *Поить из рожка.* **5.** Выгнутый по форме пятки предмет из твёрдого материала для оттягивания жёсткого задника при обувании. *Металлический, костяной, пластмассовый р.* **6.** Небольшой узкий белый хлебец в форме полукруга. **7.** *мн.* Макаронное изделие в виде коротких трубочек. **8.** чаще *мн.* Длинный узкий плод рожкового дерева, стручок наполненный тёмно-коричневыми овальными семенами; сами такие семена — крупные бобы со сладкой сочной мякотью. ‖ *прил.* **рожко́вый**, -ая, -ое.

РОЖО́Н, -жна́, *м.* (стар.). То же, что кол (в 1 знач.). *С рожном идти на кого-н.* (вооружившись колом). ✦ **На рожон лезть (идти)** (разг. неодобр.) — предпринимать что-н. заведомо рискованное. **Против рожна переть (идти)** (прост. неодобр.) — действовать против силы с негодными средствами. **Какого рожна надо (недостаёт)?** *кому* (прост. неодобр.) — что ещё нужно, чего не хватает?

РОЖЬ, ржи, *тв.* ро́жью, *ж.* **1.** Злак, из молотых зёрен к-рого выпекают чёрный хлеб. *Озимая, яровая р.* **2.** Зёрна этого злака. *Пуд ржи.* ‖ *уменьш.-ласк.* **ржи́ца**, -ы, *ж.* ‖ *прил.* **ржано́й**, -а́я, -о́е. *Ржаное поле. Ржаная мука. Р. хлеб. Ржаные волосы* (цвета спелой ржи, золотисто-жёлтые).

РОЗ..., *приставка.* То же, что раз[1]...; употр. в тех случаях, когда на неё падает ударение, напр. *ро́здая, ро́зданный, ро́злив.*

РО́ЗА, -ы, *ж.* **1.** Кустарниковое растение сем. розоцветных с красивыми крупными душистыми цветками и со стеблем, обычно покрытым шипами, а также сам такой цветок. *Алая, белая, розовая р. Букет роз. Усеять (усыпать) чей-н. путь розами* (перен.: сделать чью-н. жизнь лёгкой, счастливой). **2.** Архитектурное или ювелирное украшение, схематически воспроизводящее форму такого цветка (спец.). ✦ **Роза ветро́в** (спец.) — 1) графическое изображение повторяемости направления ветров в каком-н. определённом месте; 2) ветры, дующие одновременно в разных направлениях. ‖ *уменьш.* **ро́зочка**, -и, *ж.* ‖ *прил.* **ро́зовый**, -ая, -ое (к 1 знач.) *и* **ро́занный**, -ая, -ое (спец.). *Розовое масло* (из лепестков роз). *Подсемейство розанных* (сущ.).

РО́ЗАН, -а, *м.* (устар.). Цветок розы. ‖ *уменьш.* **ро́занчик**, -а, *м.*

РО́ЗАНЧИК, -а и **РОЗА́НЧИК**, -а, *м.* **1.** *см.* розан. **2.** Булочка с верхушкой в виде сходящихся лепестков.

РОЗА́РИЙ, -я, *м.* Питомник, где выращивают розы, а также цветник из роз.

РО́ЗВАЛЬНИ, -ей. Низкие и широкие сани с расходящимся по бокам облучком.

РО́ЗГА, -и, *род. мн.* ро́зог, *ж.* **1.** Срезанная тонкая ветка, прут как орудие телесного наказания. *Наказать розгой.* **2.** *мн.* Удары таким прутом (устар.). *Дать розог.* ‖ *прил.* **ро́зговый**, -ая, -ое (к 1 знач.).

РО́ЗГОВЕНЬЕ, -я и **РАЗГОВЕ́НЬЕ**, -я, *ср.* **1.** *см.* разговеться. **2.** У верующих: первый день после поста[1], когда разговляются.

РО́ЗДЫХ, -а, *м.* (прост.). Кратковременный отдых, передышка. *Р. дать кому-н.*

РОЗЕ́ТКА, -и, *ж.* **1.** Устройство для присоединения электроприборов к сети. **2.** Блюдечко для варенья. **3.** Небольшой предмет в форме кружка. *Р. на подсвечнике* (предохраняющая от капающего воска, стеарина). *Лепестки расходятся розеткой* (по кругу веерообразно). **4.** Нашивка из лент, тесьмы в форме цветка. **5.** Архитектурное или ювелирное украшение в виде расходящихся из центра листьев, цветочных лепестков (спец.). ‖ *уменьш.* **розе́точка**, -и, *род. мн.*, -чек, *ж.* ‖ *прил.* **розе́точный**, -ая, -ое (к 1, 2, 3 и 5 знач.).

РО́ЗЖИГ *см.* разжечь.

РО́ЗЛИВ *см.* разлить.

РОЗМАРИ́Н, -а, *м.* **1.** Южный вечнозелёный кустарник или полукустарник, из к-рого добывают душистое масло. **2.** Сорт сладких яблок. ‖ *прил.* **розмари́новый**, -ая, -ое.

РО́ЗНИТЬ, -ню, -нишь; *несов.*, *что* (устар. и разг.). Отделяя часть, нарушать цельность, полноту, единство чего-н. *Р. комплект журнала.* ‖ *сов.* **разро́знить**, -ню, -нишь; -ненный. *Р. колоду карт.*

РО́ЗНИТЬСЯ (-нюсь, -нишься, 1 и 2 л. не употр.), -нится; *несов.* (устар. и прост.), *чем от кого-чего.* То же, что разниться. *Р. ростом. Умом р. друг от друга.*

РО́ЗНИЦА, -ы, *ж.* (спец.). Товар, продаваемый поштучно или небольшими количествами. ✦ **В розницу** — о продаже товаров: поштучно или небольшими количествами. *Оптом и в розницу.* ‖ *прил.* **ро́зничный**, -ая, -ое. *Розничные цены.*

РО́ЗНО, *нареч.* (прост.). Врозь, отдельно. *Сыновья живут р.*

РОЗНЬ, -и, *ж.* **1.** Вражда, ссоры. *Религиозно-общинная р.* **2.** *в знач. сказ.*, *кто-что* *кому-чему.* Далеко не одно и то же, различны (разг.). *Работник работнику р.*

РОЗОВА́РНЯ, -и, *род. мн.* -рен, *ж.* Предприятие, перерабатывающее лепестки роз в розовое масло.

РОЗОВЕ́ТЬ, -е́ю, -е́ешь; *несов.* **1.** Становиться розовым, розовее. *Щеки розовеют на морозе.* **2.** (1 и 2 л. не употр.). О розовом: виднеться. *Розовеют цветы.* || *сов.* **порозове́ть**, -е́ю, -е́ешь, (к 1 знач.).

РО́ЗОВО-... *Первая часть сложных слов со знач.* с розовым оттенком, напр. *розово-красный, розово-пурпурный, розово-фиолетовый.*

РО́ЗОВЫЙ[1], -ая, -ое; -ов; розове́е. **1.** Цвета недозрелой мякоти арбуза, цветков яблони, белый с красноватым оттенком. *Розовая заря. Розовые щечки* (румяные). *Розовые перья фламинго.* **2.** *перен.* То же, что радужный (во 2 знач.) (разг.). *Розовые мечты.* **3. розовое дерево** — древесина нек-рых тропических деревьев, окрашенная в розовый цвет. ✦ **Сквозь розовые очки смотреть** *на кого-что* — представлять всё в приятном виде, смотреть на всё жизнерадостно, не замечая плохого. **В розовом свете видеть** *кого-что* — то же, что сквозь розовые очки смотреть. || *сущ.* **ро́зовость**, -и, *ж.* (к 1 знач.).

РО́ЗОВЫЙ[2] *см.* роза.

РОЗОЦВЕ́ТНЫЕ, -ых (спец.). Семейство двудольных растений, к к-рому относятся яблоня, груша, вишня, шиповник, малина, ежевика, боярышник, роза и др.

РО́ЗОЧКА, -и, *ж.* **1.** *см.* роза. **2.** Ювелирное украшение в виде розы (во 2 знач.).

РО́ЗЫГРЫШ, -а, *м.* **1.** *см.* разыграть. **2.** В нек-рых играх: окончание вничью. || *прил.* **ро́зыгрышный**, -ая, -ое.

РО́ЗЫСК, -а, *м.* **1.** *см.* разыскать. **2.** обычно *мн.* Поиски, разыскивание кого-чего-н. *Отправиться на розыски* (отправиться искать). **3.** Деятельность специальных органов по установлению местонахождения уклоняющихся от суда обвиняемых, осуждённых лиц, а также лиц, пропавших без вести (спец.). *Объявить р. Преступник находится в розыске.* **4.** Предшествующее суду дознание, собирание улик (спец.). ✦ **Уголовный розыск** — милицейская служба, занимающаяся раскрытием и пресечением уголовных преступлений. || *прил.* **розыскно́й**, -а́я, -о́е (к 3 знач.). *Розыскное дело. Розыскная собака.*

РОИ́ТЬСЯ (рою́сь, рои́шься, 1 и 2 л. не употр.), рои́тся; *несов.* **1.** Образовывать рой (во 2 знач.). *Пчёлы роятся.* **2.** Летать роем (в 1 знач.). *Роятся комары.* **3.** *перен.* Следовать друг за другом вереницей. *Роятся мысли, воспоминания.* || *сов.* **срои́ться** (-ою́сь, -ои́шься, 1 и 2 л. не употр.), -и́тся (к 1 знач.). || *сущ.* **рое́ние**, -я, *ср.* (к 1 знач.).

РОЙ, ро́я, о ро́е, в рою́, *мн.* рои́, роёв, *м.* **1.** Стая летающих насекомых. *Р. комаров, мошек.* **2.** Семья пчёл (или других летающих насекомых), образующих во главе с маткой обособленную группу. *Пчелиный р.* **3.** *перен.* Множество, вереница. *Р. воспоминаний. Р. землетрясений* (повторяющиеся подземные толчки; спец.). || *прил.* **роево́й**, -а́я, -о́е (к 1 и 2 знач.). *Роевые пчёлы. Роевая пасека* (выращивающая пчелиные рои).

РОК[1], -а, *м.* (высок.). Несчастливая судьба (в 1 знач.). *По воле рока. Злой р. тяготеет над кем-н.*

РОК[2]. **1.** -а, *м.* Обычно эксцентрическая эстрадная музыка, насыщенная социально-драматической экспрессией, исполняемая в быстрых ритмах, чаще на электронных инструментах, с участием голоса (голосов). *Электронный р. Тяжёлый р.* (с усиленным звуком, особо энергичный, жёсткий и динамичный, вызывающий агрессивное возбуждение слушателей). **2.** -а, *м.* То же, что рок-н-ролл (разг.). **3.** *неизм.* Относящийся к рок-музыке. *Танец в стиле р. Джаз-р.* || *прил.* также **ро́ковый**, -ая, -ое. *Роковая музыка.*

РОК-... *Первая часть сложных слов со знач.* относящийся к року[2], напр. *рок-музыка, рок-ансамбль, рок-группа, рок-опера, рок-певица.*

РОКА́ДА, -ы, *ж.* (спец.). Путь сообщения, линия связи, проходящие вдоль линии фронта. || *прил.* **рока́дный**, -ая, -ое. *Рокадная дорога.*

РО́КЕР, -а, *м.* Участник молодёжной группировки, члены к-рой на мотоциклах или автомобилях нарушают правила дорожного движения и нормы поведения на улицах города. || *прил.* **ро́керский**, -ая, -ое.

РОКИРОВА́ТЬСЯ, -ру́юсь, -ру́ешься; *сов.* и *несов.* (спец.). Сделать (делать) рокировку.

РОКИРО́ВКА, -и, *ж.* В шахматах: одновременный ход королём и ладьёй, при к-ром король переставляется через одно поле по направлению к ладье, а затем ладья ставится рядом с королем по другую его сторону. || *прил.* **рокиро́вочный**, -ая, -ое.

РОК-МУ́ЗЫКА, -и, *ж.* То же, что рок[2] (в 1 знач.).

РОК-Н-РО́ЛЛ, -а, *м.* Импровизационный парный танец, исполняемый в быстром эксцентрическом темпе. || *прил.* **рок-н-ро́лльный**, -ая, -ое.

РОКОВО́Й, -а́я, -о́е. **1.** Приносящий горе, как бы предопределённый роком[1]. *Роковая любовь.* **2.** Решающий, определяющий собой поворот к чему-н. плохому, к несчастью. *Р. миг.* **3.** Имеющий тяжёлые или гибельные последствия. *Роковая ошибка. Роковое стечение обстоятельств. Роковая случайность.*

РОКОКО́. **1.** *нескл., м.* и *ср.* Стиль в искусстве 18 в., отличающийся изысканной сложностью форм и причудливыми орнаментами. **2.** *неизм.* Характеризующийся таким стилем, выполненный в таком стиле. *Архитектура р. Мебель р.*

РО́КОТ, -а, *м.* Однообразный раскатистый звук. *Глухой р. волн. Р. прибоя.*

РОКОТА́ТЬ (-очу́, -о́чешь, 1 и 2 л. не употр.), -о́чет; *несов.* Издавать рокот. *Море рокочет.* || *сущ.* **рокота́ние**, -я, *ср.*

РОКФО́Р, -а (-у), *м.* Сорт сыра с плесневым грибком, отличающийся особой остротой вкуса и запаха.

РОЛ, -а, *м.* (спец.). **1.** Цилиндр, вал в механизмах. **2.** То же, что рулон. *Р. бумаги.* || *прил.* **ролево́й**, -а́я, -о́е *и* **ро́льный**, -ая, -ое. *Ролевая* или *рольная бумага.*

РОЛЕВО́Й[1-2] *см.* рол *и* роль[1-2].

РО́ЛИК, -а, *м.* **1.** Вращающаяся часть механизма в виде небольшого цилиндра, катушки (спец.). *Накатный р.* **2.** Фарфоровый изолятор в виде катушки для укрепления на нём электрического провода. **3.** *мн.* То же, что роликовые коньки (разг.). *Кататься на роликах.* **4.** Небольшое металлическое колёсико на мебельной ножке для лёгкости передвижения. *Кресло на роликах.* **5.** Небольшой рулон. *Р. бумаги. Р. киноплёнки.* **6.** Короткометражный теле- или кинофильм. *Рекламный р.* || *прил.* **ро́ликовый**, -ая, -ое (к 1, 2, 3 и 4 знач.). *Роликовые подшипники.*

РОЛИКОБЕ́ЖНЫЙ, -ая, -ое: **роликобежный спорт** — спортивные упражнения и состязания на роликовых коньках: скоростной бег, хоккей, фигурное катание.

РО́ЛИКОВЫЙ, -ая, -ое. **1.** *см.* ролик. **2. роликовые коньки** — спортивный снаряд для катания на роликах, укрепляемый на ступне. **3. роликовые лыжи** — спортивный снаряд в форме широких лыж, укреплённых на роликах.

РОЛЬ[1], -и, *мн.* -и, -е́й, *ж.* **1.** Художественный образ, созданный драматургом в пьесе, сценарии и воплощаемый в сценической игре актёром. *Трагические, комические роли. Р. Гамлета. Играть (исполнять) р. Хлестакова. Играть р. благодетеля. Главная р.* (также перен.: главенствующее положение). *На вторых ролях быть* (на второстепенных ролях; также перен.: в подчинённом, зависимом положении). *Войти в р.* (также перен.: освоить какую-н. линию поведения). *Выйти из роли* (также перен.: отступить от избранной линии поведения). **2.** *перен.* Чьё-н. качество, обычно непостоянное, проявляющееся внешне. *Выдержать р.* (перен.: не отступить от избранной линии поведения). *Роли переменились* (перен.: изменились взаимоотношения людей, соотношение их сил). *Поменяться ролями с кем-н.* (также перен.: о таком положении, когда один встал на место другого во взаимных отношениях, связях). **3.** Совокупность реплик одного действующего лица в пьесе, фильме. *Учить р.* **4.** Род, характер и степень чьего-н. участия в чём-н. *Р. личности в истории.* ✦ **В роли** *кого-чего, предлог с род. п.* — в качестве кого-чего-н., как кто-что-н. *Выступать в роли консультанта.* **Играть роль** *кого* или *какую* — 1) действовать как кто-н., в качестве кого-н., вести себя каким-н. образом. *Играть роль лидера. Играть ведущую роль в коллективе*; 2) иметь значение. *Такая мелочь роли не играет.* || *прил.* **ролево́й**, -а́я, -о́е (к 1 знач. в нек-рых сочетаниях и ко 3 знач.; спец.). *Ролевая игра* (с распределением ролей между участниками).

РОЛЬ[2], -я, *м.* (спец.). То же, что рол (во 2 знач.). || *прил.* **ролево́й**, -а́я, -о́е *и* **ро́льный**, -ая, -ое.

РОМ, -а (-у), *м.* Крепкий алкогольный напиток, получаемый из сока сахарного тростника. || *прил.* **ро́мовый**, -ая, -ое.

РОМА́Н[1], -а, *м.* Повествовательное произведение со сложным сюжетом и многими героями, большая форма эпической прозы. *Исторический р. Р.-эпопея.* || *прил.* **рома́нный**, -ая, -ое (спец.) *и* **романи́ческий**, -ая, -ое (устар.).

РОМА́Н[2], -а, *м.* Любовные отношения между мужчиной и женщиной. *У неё с ним р. Р. крутить с кем-н.* (находиться в любовных отношениях; разг.). || *прил.* **романи́ческий**, -ая, -ое. *Романическая история.*

РОМАНИЗИ́РОВАТЬ, -рую, -руешь; -анный и **РОМАНИЗОВА́ТЬ**, -зую, -зу́ешь; -о́ванный; *сов.* и *несов., кого-что* (книжн.). Привить (-вивать) кому-чему-н. романскую культуру. || *сущ.* **романиза́ция**, -и, *ж.*

РОМАНИ́СТ[1], -а, *м.* Писатель — автор романа[1], романов. || *ж.* **романи́стка**, -и.

РОМАНИ́СТ[2], -а, *м.* Учёный — специалист по романской филологии, романской культуре. || *ж.* **романи́стка**, -и.

РОМАНИ́СТИКА, -и, *ж.* Совокупность наук о романских языках, литературе и фольклоре.

РОМА́НОВСКИЙ, -ая, -ое. Относящийся к высокопроизводительной породе нетонкорунных овец, дающей мясо и шубную овчину. *Романовская овца. Романовское овцеводство. Р. полушубок.*

РОМА́НС, -а, *м.* Небольшое лирическое музыкально-поэтическое произведение для голоса с музыкальным сопровождением. *Старинные русские романсы.* ‖ *прил.* **рома́нсный,** -ая, -ое (спец.). *Романсная лирика.*

РОМА́НСКИЙ, -ая, -ое. Относящийся к народам, исторически связанным с Древним Римом, к их языкам, культуре, а также к территории их проживания, её внутреннему устройству, истории. *Романские народы. Романские языки* (испанский, итальянский, каталанский, молдавский, португальский, румынский, французский и другие языки индоевропейской семьи языков, развившиеся из латинского языка). *Романская культура. Романская филология* (романистика). *Р. стиль в архитектуре* (в средневековой Европе: архитектура массивных, тяжёлых и суровых форм).

РОМАНТИ́ЗМ, -а, *м.* **1.** Направление в искусстве конца 18 — первой четверти 19 в., выступающее против канонов классицизма и характеризующееся стремлением к национальному и индивидуальному своеобразию, к изображению идеальных героев и чувств. **2.** Направление в искусстве, проникнутое оптимизмом и стремлением показать в ярких образах высокое назначение человека. *Революционный р.* **3.** Умонастроение, мироощущение, проникнутое идеализацией действительности, мечтательной созерцательностью (книжн.). ‖ *прил.* **романти́ческий,** -ая, -ое.

РОМА́НТИК, -а, *м.* **1.** Последователь романтизма (в 1 и 2 знач.). **2.** Человек, склонный к романтизму (в 3 знач.). **3.** Человек, проникнутый романтикой, высокими чувствами.

РОМА́НТИКА, -и, *ж.* То, что содержит идеи и чувства, эмоционально возвышающие человека; условия жизни, обстановка, содействующие эмоционально-возвышенному мироощущению. *Р. творческих исканий. Р. трудных путей. Р. Севера.* ‖ *прил.* **романти́ческий,** -ая, -ое.

РОМАНТИ́ЧЕСКИЙ, -ая, -ое. **1.** *см.* романтизм *и* романтика. **2.** То же, что романтичный. *Романтическая личность.*

РОМАНТИ́ЧНЫЙ, -ая, -ое; -чен, -чна. Проникнутый романтизмом (в 3 знач.), мечтательно-созерцательный. *Романтичное настроение.* ‖ *сущ.* **романти́чность,** -и, *ж.*

РОМА́ШКА, -и, *ж.* **1.** Травянистое растение сем. сложноцветных с цветками, у к-рых лепестки обычно белые, а середина жёлтая. *Полевая, садовая р. Гадать на ромашке* (гадать о любви, выдёргивая один за другим лепестки цветка и повторяя при этом: «любит?», «не любит?»). **2.** Лекарственный настой или порошок из высушенных цветков одного из видов такого растения. *Лекарственная (аптечная) р. Полоскание из ромашки.* ‖ *прил.* **рома́шковый,** -ая, -ое. *Р. луг* (покрытый цветущими ромашками). *Р. настой.*

РОМБ, -а, *м.* **1.** В математике: параллелограмм, все стороны к-рого равны. **2.** Название высшего офицерского знака различия такой формы на петлицах в Красной Армии (с 1919 по 1943 г.). *Р. в петлице.* ‖ *прил.* **ромби́ческий,** -ая, -ое (к 1 знач.) *и* **ро́мбовый,** -ая, -ое (к 1 знач.).

РО́МОВЫЙ *см.* ром.

РОМШТЕ́КС [тэ], -а, *м.* Кушанье в виде отбитого и зажаренного в сухарях куска говядины. ‖ *прил.* **ромште́ксный,** -ая, -ое.

РО́НДО, *нескл., ср.* (спец.). Музыкальная пьеса, в к-рой несколько раз повторяется рефрен.

РОНДО́ (спец.). **1.** *нескл., ср.* Стихотворение из пятнадцати строк со сложным чередованием рифм и повторяющимся нерифмуемым рефреном. **2.** *нескл., ср.* Закруглённый рукописный и печатный шрифт. **3.** *неизм.* О пере[2]: со срезанным концом для писания таким шрифтом. *Перо р.*

РОНЯ́ТЬ, -я́ю, -я́ешь; ро́ненный; *несов.* **1.** *кого-что.* Непроизвольно, нечаянно давать выпасть или упасть откуда-н. *Р. вещи из рук. Р. книги с полки. Р. слова* (перен.: говорить медленно, небрежно, с паузами). *Р. слёзы* (перен.: плакать). **2.** *что.* Бессильно опускать вниз. *Р. голову на грудь. Р. ослабевшие руки.* **3.** *что.* Лишаться чего-н. (перьев, волос, листьев). *Р. оперение. Деревья роняют последние листья.* **4.** *перен., кого-что.* Принижать, унижать. *Р. себя в чьих-н. глазах. Р. своё достоинство. Р. свой авторитет.* ‖ *сов.* **урони́ть,** -оню́, -о́нишь; -о́ненный (к 1, 2 и 4 знач.).

РОПА́К, -а́, *м.* (спец.). Льдина в торосах, стоящая ребром.

РО́ПОТ, -а, *м.* **1.** Недовольство, выражаемое в приглушённой форме, негромкими голосами. *Глухой р. Среди собравшихся прошёл р.* **2.** *перен.* Неясный шум, неясные, негромкие звуки. *Р. листвы. Р. прибоя.*

РОПТА́ТЬ, ропщу́, ро́пщешь; *несов.* Выражать недовольство, обиду, сетовать. *Р. на судьбу.* ‖ *сущ.* **ропта́ние,** -я, *ср.*

РОСА́, -ы́, *мн.* ро́сы, рос, ро́сам, *ж.* Мелкие капли влаги, оседающие на растениях, почве при наступлении утренней или вечерней прохлады. *Выпала р. Косить по росе* (рано утром, пока не высохла роса). *Коси, коса, пока р.* ✦ **Медвяная или медовая роса** (спец.) — слизистое выделение на растениях. ‖ *прил.* **росяно́й,** -а́я, -о́е *и* **ро́сный,** -ая, -ое. *Росяная капля. Росные травы* (покрытые росой).

РОСИ́НКА, -и, *ж.* Капелька росы. ✦ **Маковой росинки или ни росинки во рту не было** (разг.) — очень голоден, ничего не пил, не ел.

РОСИ́СТЫЙ, -ая, -ое; -и́ст. Покрытый росой, с обильной росой. *Росистая трава. Росистое утро.* ‖ *сущ.* **роси́стость,** -и, *ж.*

РОСКО́ШЕСТВО, -а, *ср.* **1.** Пристрастие к роскоши (в 1 и 2 знач.). *Р. в пище.* **2.** Излишество, дорогостоящая затея. *Отказаться от всяких роскошеств.*

РОСКО́ШЕСТВОВАТЬ, -твую, -твуешь; *несов.* Жить в роскоши, а также позволять себе лишнее в чём-н. *Р. в нарядах.*

РОСКО́ШНИЧАТЬ, -аю, -аешь; *несов.* (разг.). То же, что роскошествовать.

РОСКО́ШНЫЙ, -ая, -ое; -шен, -шна. **1.** Отличающийся роскошью, богатством. *Р. кабинет. Р. образ жизни.* **2.** Очень хороший, замечательный (разг.). *Роскошные волосы. Роскошно* (нареч.) *отдохнули.* ‖ *сущ.* **роско́шность,** -и, *ж.*

РО́СКОШЬ, -и, *ж.* **1.** Богатство и великолепие. *Р. обстановки.* **2.** Излишества в комфорте, в удовольствиях. *Жить в роскоши. Предметы роскоши.* **3.** Изобилие, природное богатство. *Р. южной природы.* ✦ **Остатки прежней роскоши** (разг. шутл.) — о том, что осталось от чего-н., вообще об остатках (обычно небогатых). **Позволить себе роскошь** — не воздержаться от чего-н., что не является необходимым. *Позволил себе роскошь проспать до обеда.*

РО́СЛЫЙ, -ая, -ое; ро́сла; росле́е. Высокого роста. *Р. парень. Рослая лошадь.* ‖ *сущ.* **ро́слость,** -и, *ж.*

РО́СНЫЙ[1], -ая, -ое: **росный ладан** — род растительной ароматической смолы.

РО́СНЫЙ[2] *см.* роса.

РОСОМА́ХА, -и, *ж.* Хищное млекопитающее сем. куньих с ценным мехом, а также самый мех его. ‖ *прил.* **росома́ший,** -ья, -ье.

РО́СПИСЬ, -и, *ж.* **1.** *см.* расписать. **2.** Письменный перечень чего-н. *Р. имущества. Р. расходов.* **3.** Живопись на стенах, потолках, предметах быта. *Художественная р. Древнерусские росписи.*

РО́СПУСК *см.* распустить.

РО́СПУСКИ, -ов. Крестьянская повозка без кузова для возки брёвен, досок.

РОССИ́ЙСКИЙ, -ая, -ое. Относящийся к россиянам, к русским, а также к России, её территории, внутреннему устройству, истории; такой, как у россиян, как у русских, как в России. *Российская история. Российская Федерация. Р. флаг. Р. герб. Российские просторы. По-российски* (нареч.).

РОССИЯ́НЕ, -я́н, *ед.* -я́нин, -я́нина, *м.* **1.** То же, что русские (устар., обычно высок.). **2.** Общее название населения России. ‖ *ж.* **россия́нка,** -и.

РО́ССКАЗНИ, -ей (разг.). Измышления, выдумки. *Бабьи р.*

РО́ССЫПЬ, -и, *ж.* **1.** То, что рассеялось, расположилось где-н. во множестве. *Целые россыпи маслят. Россыпи звезд. Р. голосов* (перен.). **2.** Рассыпной товар, груз (разг.). **3.** *мн.* Скопление ценных минералов в рыхлых обломочных отложениях. *Платиновые, изумрудные россыпи. Золотые россыпи* (также перен.: об обилии чего-н. ценного, хорошего). ‖ *прил.* **ро́ссыпный,** -ая, -ое (к 3 знач.; спец.). *Россыпное месторождение* (не коренное).

РО́ССЫПЬЮ, *нареч.* Без упаковки, в рассыпанном состоянии. *Кирпич р.*

РОСТ, -а (-у), *мн.* роста́, -о́в (к 5 знач.; спец.), *м.* **1.** Увеличение организма или отдельных органов в процессе развития. *Быстрый р. Весна и лето — время роста растений. Трава пошла в р.* (растёт). **2.** Увеличение в числе, в размерах, развитие. *Р. городов. Р. промышленности.* **3.** Усиление, укрепление. *Р. активности.* **4.** Совершенствование в процессе развития. *Р. таланта. Р. мастерства. Творческий, научный р.* **5.** Размеры человека или животного в высоту. *Высокий, низкий, средний р. Костюм не по росту* (велик или мал). *Костюмы разных ростов* (разных размеров по росту). **6.** То же, что проценты (в 3 знач.) (устар.). *Давать деньги в р.* ✦ **Во весь рост** — 1) выпрямившись. *Подняться, встать во весь рост;* 2) полностью, во всём своём значении. *Во весь рост встали новые проблемы.* **На рост** — об одежде: большего размера, чем нужно в данный момент, в предвидении роста, на вырост. *Пальто на рост.* ‖ *уменьш.* **росто́чек,** -чка, *м.* (к 5 знач.). *Росточком не вышел кто-н.* (мал ростом; разг.). ‖ *прил.* **ростово́й,** -а́я, -о́е (к 1, 5 и 6 знач.; спец.). *Ростовая пора. Ростовые вещества* (влияющие на рост растений). *Р. гормон. Ростовые деньги. Р. оборот.*

РО́СТБИФ, -а, *м.* Кусок жареной говядины из хребтовой части туши или вырезки.

РО́СТЕПЕЛЬ, -и, *ж.* То же, что оттепель. ‖ *прил.* **ро́степельный,** -ая, -ое.

РОСТОВЩИ́К, -а́, *м.* Человек, к-рый даёт деньги в рост, в долг под большие проценты. ‖ *ж.* **ростовщи́ца,** -ы. ‖ *прил.* **ростовщи́ческий,** -ая, -ое.

РОСТОВЩИ́ЧЕСКИЙ, -ая, -ое. **1.** *см.* ростовщик. **2.** *перен.* Такой, как у ростовщика, грабительский, разорительный. *Ростовщические проценты.*

РОСТО́К, -тка́, *м.* **1.** Стебель растения в самом начале его развития из семени или корневища, клубня. *Семена дали ростки.* **2.** Отрезок ветки с почками для посадки. **3.** *перен.*, обычно *мн.*, *чего.* Проявление начинающегося развития чего-н. *Ростки нового.* ‖ *прил.* **ростко́вый**, -ая, -ое (к 1 и 2 знач.; спец.).

РО́СТРА, -ы, *ж.* (спец.). Архитектурное украшение в виде носовой части древнего судна. ‖ *прил.* **ростра́льный**, -ая, -ое. *Ростральная колонна* (с рострами).

РО́СТРЫ, ростр (спец.). Решётчатый настил для установки шлюпки, складывания вёсел на борту корабля.

РО́СЧЕРК, -а, *м.* Дополнительная чёрточка или завиток у последней буквы в подписи. *Подпись с росчерком. Размашистый р. Одним росчерком пера решить что-н.* (перен.: быстро и не вникая в суть дела). ‖ *прил.* **ро́счерковый**, -ая, -ое.

РОСЯ́НКА, -и, *ж.* Болотное насекомоядное растение. ‖ *прил.* **craftся́нковый**, -ая, -ое. *Семейство росянковых* (сущ.).

РОСЯНО́Й *см.* роса.

РОТ, рта, изо рта́ *и* и́зо рту, о рте, во рту, *м.* **1.** Полость между верхней и нижней челюстями, снаружи закрытая губами. *Полость рта. Дышать ртом. Дыхание рот в рот* (вид искусственного дыхания; спец.). *Открыть р.* (также перен.: крайне удивиться; разг.). *В. р. нейдёт что-н. кому-н.* (не хочет или не может есть; разг.). *Не брать в р. чего-н.* (не есть или не пить, не употреблять; разг. *В рот не берёт спиртного*). *В р. не возьмёшь* (о чём-н. невкусном; разг.). *Мимо рта прошло* (перен.: не удалось получить; разг. шутл.). *Разинуть р.* (также перен.: то же, что открыть рот, прост.). *Не сметь рта раскрыть* (*бояться р. открыть*) (перен.: бояться спорить, высказаться; разг.). *Зажать* (*заткнуть*) *р. кому-н.* (также перен.: не дать свободно высказаться; заставить молчать; разг.). *Не закрывая рта говорить* (без умолку; разг.). *Замазать р. кому-н.* (перен.: подкупом, подарками заставить молчать, не говорить правду; разг. неодобр.). *В р. смотреть кому-н.* (также перен.: подобострастно слушать или слушаться кого-н.; разг. неодобр.). *Хлопот полон р.* (очень много; разг.). **2.** Очертание и разрез губ. *Большой р. Красивый р. Р. до ушей* (очень большой; шутл.). **3.** У животных: то же, что пасть². *Рыбий р.* **4.** *перен.* Едок, иждивенец (прост.). *Пять ртов кормлю. Лишний р. в семье.* ‖ *уменьш.* **ро́тик**, -а, *м.* (к 1 и 2 знач.) *и* **рото́к**, -тка́, *м.* (к 1 и 2 знач.). *Маленький ротик. На чужой роток не накинешь платок* (посл.: другого не заставишь молчать, чужую болтовню не остановишь). ‖ *увел.* **рти́ще**, -а, *м.* (к 1, 2 и 3 знач.). ‖ *прил.* **ротово́й**, -а́я, -о́е (к 1 и 3 знач.; спец.). *Ротовая полость.*

РО́ТА, -ы, *ж.* Воинское подразделение, входящее обычно в состав батальона. *Стрелковая, мотопехотная, танковая, миномётная, сапёрная р. Целая р. кого-н.* (перен.: очень много). *Вся р. не в ногу, один ты в ногу* (шутл. погов. о том, кто самоуверенно противопоставляет себя другим). ‖ *прил.* **ро́тный**, -ая, -ое. *Р. командир. Приказ ротного* (сущ.).

РОТАПРИ́НТ, -а, *м.* (спец.). Небольшая машина для печатания малотиражных изданий с машинописного текста, а также способ такого печатания (офсетный). *Печатать на ротапринте.* ‖ *прил.* **ротапри́нтный**, -ая, -ое.

РОТА́ТОР, -а, *м.* Множительный аппарат для печатания копий с машинописи, с рукописей, документов, чертежей. ‖ *прил.* **рота́торный**, -ая, -ое. *Р. вал.*

РОТАЦИО́ННЫЙ, -ая, -ое: **ротационная машина** (спец.) — высокопроизводительная печатная машина с вращающейся типографской формой.

РО́ТМИСТР, -а, *м.* В царской армии: офицерский чин в кавалерии, равный капитану, а также лицо, имеющее этот чин. ‖ *прил.* **ро́тмистрский**, -ая, -ое.

РОТОВО́Й *см.* рот.

РОТОЗЕ́Й, -я, *м.* (разг. неодобр.). **1.** То же, что зевака. *Толпа ротозеев.* **2.** Беспечный человек, разиня. *Р. ты этакий!* ‖ *ж.* **ротозе́йка**, -и (ко 2 знач.). ‖ *прил.* **ротозе́йский**, -ая, -ое.

РОТОЗЕ́ЙНИЧАТЬ, -аю, -аешь; *несов.* (разг. неодобр.). Быть ротозеем.

РОТОЗЕ́ЙСТВО, -а, *ср.* (разг.). Крайняя невнимательность и беспечность. ‖ *прил.* **ротозе́йский**, -ая, -ое.

РОТОЗЕ́ЙСТВОВАТЬ, -твую, -твуешь; *несов.* (устар.). То же, что ротозейничать.

РОТО́НДА¹, -ы, *ж.* (спец.). Круглое или полукруглое небольшое здание, обычно с куполом. ‖ *прил.* **рото́ндовый**, -ая, -ое.

РОТО́НДА², -ы, *ж.* Верхняя тёплая женская одежда без рукавов в виде длинной накидки. ‖ *прил.* **рото́ндовый**, -ая, -ое.

РО́ТОР, -а, *м.* (спец.). **1.** Вращающаяся часть в машинах. **2.** Автоматически управляемая машина (транспортное устройство, прибор), в к-рой заготовки двигаются вместе с обрабатывающими их орудиями по дугам окружности. ‖ *прил.* **ро́торный**, -ая, -ое. *Роторная линия* (комплекс роторов во 2 знач.).

РО́ХЛЯ, -и, *род. мн.* -ей, *м.* и *ж.* (разг. неодобр.). Медлительный, нерасторопный человек.

РО́ЩА, -и, *ж.* Небольшой, чаще лиственный лес. *Берёзовая р.* ‖ *уменьш.* **ро́щица**, -ы, *ж.*

РОЯЛИ́ЗМ, -а, *м.* (книжн.). Приверженность к королевской власти, монархизм. ‖ *прил.* **рояли́стский**, -ая, -ое.

РОЯЛИ́СТ, -а, *м.* (книжн.). Сторонник королевской власти, монархист, приверженец роялизма. ‖ *ж.* **рояли́стка**, -и. ‖ *прил.* **рояли́стский**, -ая, -ое.

РОЯ́ЛЬ, -я, *м.* Клавишный музыкальный инструмент со стоячим треугольным корпусом и горизонтально натянутыми струнами, разновидность фортепьяно. *Концертный р.* ‖ *прил.* **роя́льный**, -ая, -ое.

РТУТЬ, -и, *ж.* Химический элемент — жидкий металл серебристо-белого цвета. *Живой как р.* (очень подвижный). ‖ *прил.* **рту́тный**, -ая, -ое. *Ртутная руда. Р. столбик* (в термометре). *Ртутная мазь.*

РУБА́КА, -и, *м.* (разг.). Храбрый и опытный боец, отлично владеющий холодным оружием (саблей, шашкой). *Лихой р.*

РУБА́НОК, -нка, *м.* Столярный строгальный инструмент в виде деревянной колодки с широким, наклонно поставленным лезвием внутри. ‖ *прил.* **руба́ночный**, -ая, -ое.

РУБАНУ́ТЬ *см.* рубить.

РУБА́ТЬ, -а́ю, -а́ешь; *несов.*, *что* (прост.). То же, что есть¹ (в 1 знач.). *Уха готова, рубайте, ребята!*

РУБА́ХА, -и, *ж.* То же, что рубашка (в 1 знач.). ✦ **Рубаха-парень** (разг.) — открытый, простой в обращении человек.

РУБА́ШКА, -и, *ж.* **1.** Одежда из лёгкой ткани, надеваемая на верхнюю часть тела (мужская) или как нижнее бельё (женская). *Нижняя, нательная р. Русская р.* (косоворотка). *Ночная р. В одной рубашке* (без верхней одежды). *Раздеться до рубашки* (остаться в одной рубашке). *Снимать с кого-н. последнюю рубашку* (перен.: доводить до нищенского состояния; разг. неодобр.). *Своя р. ближе к телу* (посл.). **2.** Цвет шерсти, масть (спец.). *Пятнистая р.* **3.** Обратная сторона игральной карты. **4.** Верхний, покрывающий слой, оболочка (спец.). *Р. плода, зерна, кокона, луковицы.* ✦ **В рубашке родился** *кто* (разг.) — об удачливом, счастливом человеке. ‖ *уменьш.* **руба́шечка**, -и, *ж.* (к 1 знач.). ‖ *уничиж.* **рубашо́нка**, -и, *ж.* (к 1 знач.). ‖ *прил.* **руба́шечный**, -ая, -ое (к 1 знач.). *Рубашечное полотно.*

РУБЕ́Ж, -а́, *м.* **1.** То же, что граница (в 1 знач.). *Естественный р. За рубежом* (за границей). *Уехать за р.* (за границу). *Зорко охранять рубежи Родины. На рубеже двух эпох* (перен.). **2.** Участок или полоса местности, удобные или оборудованные для ведения боевых действий. *Оборонительный р. На укреплённых рубежах. Выйти на новые рубежи* (также перен.: приступить к решению новых больших задач). ‖ *прил.* **рубе́жный**, -ая, -ое.

РУБЕРО́ИД, -а, *м.* (спец.). Пропитанный битумом картон, применяемый как кровельный и изоляционный материал. ‖ *прил.* **руберо́идовый**, -ая, -ое *и* **рубeróидный**, -ая, -ое. *Рубероидовая* (*рубероидная*) *крыша.*

РУБЕ́Ц¹, -бца́, *м.* **1.** Плотное образование из соединительной ткани, след на теле, на каком-н. органе от зажившей раны, язвы, разрыва, разреза. *Рубцы от ран. Послеоперационный, послеинфарктный р. Р. на душе, на сердце* (перен.: о чём-н. тяжёлом, навсегда оставшемся в памяти). **2.** Углублённый след, зарубка на чём-н. *Рубцы на стволе дерева.* **3.** Утолщённый шов (в 1 знач.). *Заутюжить рубцы.* ‖ *уменьш.* **ру́бчик**, -а, *м.* ‖ *прил.* **рубцо́вый**, -ая, -ое (к 1 и 3 знач.; спец.).

РУБЕ́Ц², -бца́, *м.* **1.** У жвачных животных: начальный отдел желудка. **2.** Кушанье, приготовленное из этой части желудка.

РУБИ́ЛЬНИК, -а, *м.* Простейший электрический выключатель с ручным приводом. *Включить, выключить р.*

РУБИ́Н, -а, *м.* Драгоценный камень красного цвета, прозрачная разновидность корунда. ‖ *прил.* **руби́новый**, -ая, -ое. *Рубиновое кольцо* (с рубином).

РУБИ́НОВЫЙ, -ая, -ое. **1.** *см.* рубин. **2.** Густо-красный, цвета рубина. *Рубиновые зёрна граната.*

РУБИ́ТЬ, рублю́, ру́бишь; ру́бленный; *несов.* **1.** *кого-что.* Ударяя чем-н. острым, разделять на части, отсекать, размельчать. *Р. ветки. Р. лес* (валить деревья). *Рубящее оружие. Р. шашкой. Р. капусту сечкой. Р. сплеча* (также перен.: действовать решительно и необдуманно). **2.** *что.* То же, что строить (из брёвен). *Р. избу. Р. колодец.* **3.** *что.* Со словами «уголь», «руда»: то же, что добывать. **4.** *что.* Действовать прямо, говорить прямо, резко (разг.). *Р. правду-матку в глаза. Так и рубит* (говорит без обиняков, действует напрямик). ‖ *сов.* **сруби́ть**, -ублю́, -у́бишь; -у́бленный (ко 2 знач.). ‖ *однокр.* **рубну́ть**, -ну́, -нёшь (к 1 знач.;

разг.) *и* **рубану́ть**, -ну́, -нёшь (к 1 и 4 знач.; разг.). ‖ *сущ.* **ру́бка**, -и, *ж.* (к 1, 2 и 3 знач.). *Р. деревьев. Р. избы.* ‖ *прил.* **руби́льный**, -ая, -ое (к 1 знач.; спец.). *Рубильная машина.*

РУБИ́ТЬСЯ, рублю́сь, ру́бишься; *несов.* Сражаться холодным оружием. *Р. с врагом.*

РУ́БИЩЕ, -а, *ср.* Ветхая, рваная, изношенная одежда. *Ходить в р. Жалкое р.*

РУ́БКА[1], -и, *ж.* Надстройка на палубе судна разного назначения, в том числе для управления, а также помещение сходного назначения в дирижабле, на радиостанции. *Ходовая р.* (из к-рой управляется ход судна). *Рулевая р. Боевая р.*

РУ́БКА[2] *см.* рубить.

РУ́БЛЕНЫЙ, -ая, -ое. **1.** Мелко нарубленный. *Рубленая капуста. Рубленое мясо. Рубленые котлеты* (из мелко нарубленного мяса). **2.** То же, что бревенчатый. *Рубленая изба.*

РУБЛЁВИК, -а, *м.* **1.** Старинная русская монета достоинством в один рубль. **2.** То же, что рубль (прост.).

РУБЛЁВКА, -и, *ж.* (прост.). О денежном знаке: то же, что рубль.

РУБЛЁВЫЙ, -ая, -ое. **1.** *см.* рубль. **2.** Дешёвый, недорогой по цене (разг.). *Рублёвая вещица.*

РУБЛЬ, -я́, *м.* В России (с 1917 по 1991 г. в СССР): основная денежная единица, равная 100 копейкам, а также денежный знак и монета этой стоимости. *Валютный курс рубля.* ✦ **Как рублём подари́л** *кто кого* (устар. разг.) — обрадовал, осчастливил. ‖ *уменьш.* **ру́блик**, -а, *м.* ‖ *унич.* **рубли́шко**, -а, *м.* ‖ *прил.* **рублёвый**, -ая, -ое. *Рублёвая бумажка. Рублёвое экономическое пространство* (экономические регионы, где платёжной единицей является рубль; спец.).

РУ́БРИКА, -и, *ж.* **1.** Раздел, подразделение чего-н., графа. *Разнести сведения по рубрикам.* **2.** Заголовок раздела (в газете, журнале).

РУБРИКА́ЦИЯ, -и, *ж.* (спец.). Распределение по рубрикам (в 1 знач.).

РУБЦЕВА́ТЬСЯ (-цу́юсь, -цу́ешься, 1 и 2 л. не употр.), -цу́ется; *несов.* О ране, разрезе, язве: заживать, образуя рубец[1] (в 1 знач.). ‖ *сов.* **зарубцева́ться** (-цу́юсь, -цу́ешься, 1 и 2 л. не употр.), -цу́ется. ‖ *сущ.* **рубцева́ние**, -я, *ср.*

РУ́БЧАТЫЙ, -ая, -ое; -ат. **1.** То же, что ребристый. *Рубчатое покрытие.* **2.** С рубцами, с рубчиками (во 2 знач.). *Рубчатая ткань.* ‖ *сущ.* **ру́бчатость**, -и, *ж.*

РУ́БЧИК, -а, *м.* **1.** *см.* рубец[1]. **2.** Выпуклая полоска на ткани, на какой-н. поверхности. *Ткань в р.* ‖ *прил.* **ру́бчиковый**, -ая, -ое.

РУ́БЩИК, -а, *м.* Рабочий, занимающийся рубкой[2] (в 1 знач.). *Р. сахарного тростника. Р. корья. Р. мяса.* ‖ *ж.* **ру́бщица**, -ы.

РУ́ГАНЬ, -и, *ж.* Грубые, бранные слова, а также ссора, сопровождаемая такими словами. *Непристойная р. Р. из-за пустяков.*

РУГА́ТЕЛЬ, -я, *м.* (разг.). **1.** Человек, к-рый постоянно ругается. **2.** *перен.* Грубый и пристрастный критик. ‖ *ж.* **руга́тельница**, -ы (к 1 знач.). ‖ *прил.* **руга́тельский**, -ая, -ое.

РУГА́ТЕЛЬНЫЙ, -ая, -ое. То же, что бранный. *Ругательные слова. Ругательная рецензия.*

РУГА́ТЕЛЬСТВО, -а, *ср.* Грубое, бранное слово, выражение. *Выкрикивать ругательства.*

РУГА́ТЬ, -а́ю, -а́ешь; ру́ганный; *несов., кого-что.* Грубо бранить. *Р. за ложь. Пьесу ругают в газетах.* ‖ *сов.* **вы́ругать**, -аю, -аешь; -анный, **обруга́ть**, -а́ю, -а́ешь; -у́ганный *и* **отруга́ть**, -а́ю, -а́ешь; -у́ганный (по 1 знач. глаг. бранить). ‖ *однокр.* **ругну́ть**, -ну́, -нёшь (по 1 знач. глаг. бранить; разг.). ‖ *прил.* **руга́тельский**, -ая, -ое (разг.). *Ругательские слова. Ругательски* (нареч.) *ругать* (сильно ругать; прост.).

РУГА́ТЬСЯ, -а́юсь, -а́ешься; *несов.* (разг.). То же, что браниться. *Р. с соседкой. Р. за небрежность.* ‖ *сов.* **поруга́ться**, -а́юсь, -а́ешься. ‖ *однокр.* **ругну́ться**, -ну́сь, -нёшься.

РУГНЯ́, -и́ *и* **РУГОТНЯ́**, -и́, *ж.* (прост.). То же, что ругань. *Непристойная р. Между соседями идёт р.*

РУДА́, -ы́, *мн.* ру́ды, руд, ру́дам, *ж.* Минеральное соединение, горная порода, содержащая металлы, а также другие полезные простые вещества (неметаллы). *Медная, железная р.* (технологические сорта руд). ‖ *прил.* **ру́дный**, -ая, -ое. *Рудное тело.*

РУДИМЕ́НТ, -а, *м.* **1.** Недоразвитый, остаточный орган, бывший полноценным на предшествующих стадиях существования организма (спец.). *Орган-р.* **2.** *перен.* Пережиток исчезнувшего явления (книжн.). ‖ *прил.* **рудимента́рный**, -ая, -ое.

РУДИМЕНТА́РНЫЙ, -ая, -ое; -рен, -рна. **1.** *см.* рудимент. **2.** Находящийся в зачаточном состоянии (книжн.). ‖ *сущ.* **рудимента́рность**, -и, *ж.*

РУДНИ́К, -а́ (у горняков: ру́дник, -а), *м.* Горнопромышленное предприятие для добычи руды, полезных ископаемых. *Медные рудники.* ‖ *прил.* **руднико́вый**, -ая, -ое *и* **рудни́чный**, -ая, -ое. *Рудничная крепь. Р. газ* (метан).

РУДОВО́З, -а, *м.* Судно, предназначенное для перевозки насыпью руды и каменного угля. ‖ *прил.* **рудово́зный**, -ая, -ое.

РУДОКО́П, -а, *м.* (устар.). Горнорабочий на руднике. ‖ *прил.* **рудоко́пский**, -ая, -ое.

РУДОНО́СНЫЙ, -ая, -ое; -сен, -сна. Содержащий залежи руды. *Р. пласт.* ‖ *сущ.* **рудоно́сность**, -и, *ж.*

РУЖЕ́ЙНИК, -а, *м.* Мастер, изготовляющий ружья.

РУЖЬЁ, -я́, *мн.* ру́жья, -жей, -жьям, *ср.* Ручное огнестрельное или пневматическое оружие с длинным стволом. *Боевое, охотничье р. Гладкоствольное, нарезное р. Противотанковое р. Быть под ружьём* (об армии: быть на военном, боевом положении). *В р. стать* (стать в строй; устар.) *В р.!* (команда: стать в строй с винтовками). *Призвать под р.* (призвать на военную службу). ‖ *уменьш.* **ружьецо́**, -а́, *ср.* ‖ *прил.* **руже́йный**, -ая, -ое.

РУИ́НА, -ы, *ж.* **1.** обычно *мн.* Развалина (*первонач.* старинного сооружения) (книжн.). *Руины за́мка. Город лежит в руинах* (разрушен). *Восстать из руин* (о разрушенном: возродиться; высок.). **2.** *перен.* Старый, совершенно немощный человек. *Старик превратился в руину.* ‖ *прил.* **руи́нный**, -ая, -ое (к 1 знач.).

РУКА́, -и́, *вин.* ру́ку, *мн.* ру́ки, рук, рука́м, *ж.* **1.** Одна из двух верхних конечностей человека от плеча до кончиков пальцев, а также от запястья до кончиков пальцев. *Правая, левая р. Выронить из рук. Пожать руку кому-н.* (в знак приветствия, благодарности). *Поздороваться за́ руку* (о рукопожатии). *Руки́ не подавать кому-н.* (в знак презрения не обмениваться рукопожатием). *Вести за́ руку* (держа за руку). *Взяться за́ руки. По́д руки вести* (поддерживая с двух сторон под согнутые локти). *По́д руку идти с кем-н.* (опираясь на чью-н. согнутую в локте руку). *На́ руки взять кого-н.* (посадить к себе на колени или, подняв, прижать к себе, обычно о ребёнке). *На руках держать кого-н.* (взяв на руки). *На руках носить кого-н.* (также перен.: холить, лелеять; разг.). *Руки опустились у кого-н.* (также перен.: пропало желание действовать, быть активным). *В руки отдать кому-н.* (самому́, лично). *На́ руку надеть. Не по руке перчатки* (велики или малы). *Золотые руки у кого-н.* (умелые; разг.). *Рукам воли не давай* (не дерись, убери руки; разг.). *Из рук выпустить* (также перен.: упустить что-н., не воспользоваться чем-н. выгодным; разг.). *Руки греть на чём-н.* (перен.: наживаться на каком-н. деле; разг. неодобр.). *Руки прочь от кого-чего-н.!* (также перен.: требование не вмешиваться в чьи-н. дела). *Р. не дрогнет у кого-н.* (также перен.: легко решиться на что-н. плохое). *За́ руку схватить кого-н.* (также перен.: уличить, поймать на месте преступления; разг.). *Твёрдая р. у кого-н.* (перен.: уверен в себе, строг). *В руках у кого-н.* (также перен.: 1) имеется, наличествует. *Доказательство в руках у следователя;* 2) в полном подчинении, зависимости. *Вся семья у неё в руках;* 3) пойман. *Преступник в руках у правосудия*). *В руках или в своих руках держать, иметь что-н.* (также перен.: держать в своей власти, обладая чем-н.). *В руках держать кого-н.* (также перен.: в строгости; разг.). *Руку приложить* (также перен.: поставить свою подпись; устар.). *В руки или в свои руки захватить, взять что-н.* (также перен.: взять себе или под своё наблюдение, руководство). *В руки взять кого-н.* (также перен.: сделать более дисциплинированным, заставить повиноваться; разг.). *В наших (моих, его) руках* (также перен.: в нашей власти, возможностях; разг.). *Всё или дело валится из рук* (перен.: за что ни возьмись, ничего не получается, ни на что нет сил; разг.). *В хорошие, плохие, чужие руки отдать, попасть или в хороших, плохих, чужих руках быть, находиться* (перен.: к хорошим, плохим, чужим людям или у хороших, плохих, чужих людей; разг.). *В одни руки продать, отпустить* (перен.: одному покупателю; разг.). *В руки само (сам) идёт* (перен.: оказывается легко доступным, достижимым; разг.). *В четыре руки играть* (играть на рояле вдвоём). *Голыми руками не возьмёшь кого-н.* (перен.: о том, кто хитёр, увёртлив; разг.). *Из рук в руки или с рук на руки передать кого-что-н.* (перен.: непосредственно передать кому-н.). *Из рук в руки переходить* (перен.: переходить в обладание то к одному, то к другому попеременно). *Под горячую руку попасть* (в сердитую минуту, когда кто-н. раздражён, рассержен; разг.). *По́д руку попасть* (перен.: 1) случайно попасться. *Под руку попала интересная статья;* 2) то же, что под горячую руку попасть; разг.). *Под рукой* (также перен.: в непосредственной близости, так, что удобно воспользоваться; разг.). *По́д руку говорить кому-н.* (перен.: говорить, мешая тому, кто занят делом; разг.). *По рукам бить или ударить* (также перен.: заключить сделку, договориться; прост.). *По рукам дать кому-н.* (также перен.: дать кому-н. острастку; разг.). *На руках умереть чьих-н. или у кого-н.* (перен.: в присутствии того, кто был рядом, близко). *Подать, протянуть руку помощи* (перен.: помочь; высок.). *Поднять руку на кого-н.* (перен.: покуситься ударить или убить кого-н.). *Руками и ногами отбиваться, отпихиваться* (также перен.: категорически отказываться; разг.). *С руками и ногами* (перен.: весь, целиком; разг.). *Р. о́б руку идти* (взявшись за руки; также перен.: действовать дружно, совместно). *Рукой не* *достанешь кого-н.* (также перен.: о том, кто достиг высокого положения, а также о том, кто далеко; разг.). *Руку наложить на что-н.* (перен.: завладеть чем-н.; разг. неодобр.). *Р. не поднимается у кого на кого-что-н.* (перен.: не хватает смелости, решительности сделать что-н.; разг.). *Руки развязать кому-н.* (также перен.: дать возможность свободно действовать; разг.). *Руки чешутся у кого-н.* (также перен.: 1) хочется подраться; разг.; 2) *на что и с неопр.*, хочется заняться каким-н. делом; разг. *Руки чешутся на работу*). *Пройти через чьи-н. руки* (перен.: быть предметом чьей-н. деятельности, воздействия, внимания). *Р. руку моет* (посл. о тех, кто прикрывает неблаговидные дела друг друга). *Чистыми руками делать что-н.* (также перен.: не кривя душой, с чистой совестью). **2.** *перен.* Почерк, подпись. *Разобрать чью-н. руку. Неразборчивая р.* **3.** *перен.* Сторона, направление (разг.). *На левой руке* (слева). *По правую руку от кого-чего-н.* (справа). **4.** *перен.* Человек, а также вообще те, кто оказывает кому-н. уверенную, но неявную помощь. *Своя р. в министерстве у кого-н. У одного из кандидатов есть р. среди сильных мира сего.* **5. руки́** *какой.* Употр. в нек-рых выражениях в знач. того или иного вида, сорта, качества (разг.). *Товар средней руки. Большой руки негодяй.* ✦ **Взять себя в руки** — заставить себя успокоиться. **Дело рук человеческих** — о том, что вполне осуществимо. **Дело рук** *чьих* — о том, кто виноват в чём-н. **Держать руку** *чью* (устар. и разг.) — быть чьим-н. сторонником, поддерживать кого-н. в чём-н. **Живой рукой** (прост.) — быстро, живо. *Беги живой рукой!* **Из вторых (третьих) рук** (узнать, получить сведения) — не непосредственно от кого-н. **Из первых рук** (узнать, получить сведения) — из первоисточника, непосредственно от кого-н. **Из рук вон (плохо)** (разг.) — очень плохо, никуда не годится. **Из чужих рук смотреть** (разг. неодобр.) — быть в зависимости от других. **К рукам прибрать** *кого-что* — 1) присвоить или завладеть, захватить (разг. неодобр.). *Прибрать к рукам чьё-н. наследство;* 2) всецело подчинить себе кого-н. (разг.). *Прибрать к рукам подчинённых.* **Как рукой сняло** *что* (разг.) — совершенно прошло (обычно о боли). **На все руки мастер** (разг.) — всё умеет делать. **На руках** — 1) быть, иметься в наличии. *Документы на руках;* 2) *у кого*, на чьём-н. попечении. *У него на руках большая семья.* **На́ руки выдать** *что кому* — вручить. **На́ руку** *кому что* (разг.) — совпадает с чьими-н. интересами, выгодно кому-н. **На́ руку нечист** (разг.) — нечестен, ворват. **Не покладая рук** (разг.) — усердно, без устали. **Не рука** *кому, с неопр.* (прост.) — не нужно, некстати, не следует. *Ссориться с ним — мне сейчас не рука.* **Не с руки** (разг.) — 1) *кому*, о неудобном положении руки при каком-н. занятии. *Писать лёжа — не с руки;* 2) не следует, не годится, не рука. **От руки написать** — пером, карандашом, в отличие от машинописного, печатного текста. **По рукам пойти (ходить)** (разг.) — переходить от одного к другому. **Просить чьей руки** — сделать предложение[1] (в 3 знач.). **Руку (и сердце) предложить** *кому* (устар.) — то же, что просить чьей-н. руки. **Руки не доходят** *до чего* (разг.) — не успевает кто-н. сделать что-н. из-за множества других дел. *До уборки руки не доходят.* **Рукой подать** (разг.) — очень близко. *До дому рукой подать.* **Свобода рук** (книжн.) — свобода действий. **Сон в руку** (разг.) — о сбывшемся сне. **С рук сбыть** *кого-что* (разг.) — избавиться от кого-чего-н. **С рук сойти** (разг.) — остаться безнаказанным. *Шалость сошла с рук.* ‖ *уменьш.* **ру́чка, -и,** *ж.* (к 1 знач.). *Сделать ручкой кому-н.* (проститься; также перен.: исчезнуть, скрыться; разг. шутл.). *За ручку водить кого-н.* (также перен.: излишне опекать, лишать возможности действовать самостоятельно; неодобр.). ✦ **До ручки дойти** (разг.) — до нищеты или до совершенно безвыходного состояния. ‖ *ласк.* **ру́ченька, -и,** *ж.* (к 1 знач.). ‖ *уменьш.-ласк.* **ручо́нка, -и,** *ж.* (к 1 знач.). ‖ *увел.* **ручи́ща, -и,** *ж.* (к 1 знач.). ‖ *прил.* **ручно́й, -а́я, -о́е** (к 1 знач.).

РУКА́В, -а́, *мн.* **-а́, -о́в,** *м.* **1.** Часть одежды, покрывающая руку. *Длинные рукава* (до кисти). *Короткие рукава* (закрывающие плечо). **2.** Ответвление от главного русла реки, гл. обр. в её устье. *Р. Волги.* **3.** Шланг для подачи жидкостей, сыпучих или вязких веществ, газов. *Напорный р. Всасывающий р. Пожарный р.* ‖ *уменьш.* **рука́вчик, -а,** *м.* (к 1 знач.). ‖ *прил.* **рука́вный, -ая, -ое** (к 1 и 3 знач.).

РУКАВИ́ЦА, -ы, *ж.* Предмет одежды, закрывающий всю кисть и большой палец отдельно. *Меховые рукавицы. Брезентовые рукавицы* (рабочие). ✦ **Держать в ежовых рукавицах** *кого* (разг.) — обходиться с кем-н. строго, сурово. ‖ *уменьш.* **рукави́чка, -и,** *ж.* ‖ *прил.* **рукави́чный, -ая, -ое.**

РУКА́ВЧИК, -а, *м.* **1.** *см.* рукав. **2.** обычно *мн.* Род пришивной манжеты на рукаве. *Платье с белыми рукавчиками.*

РУКА́СТЫЙ, -ая, -ое; -а́ст (прост.). **1.** С длинными, большими руками. **2.** *перен.* Умелый, а также деловой, предприимчивый. *Р. хозяйственник.* ‖ *сущ.* **рука́стость, -и,** *ж.* (ко 2 знач.).

РУКОБИ́ТИЕ, -я, *ср.* (устар.). Сильное, с хлопком рукопожатие в знак заключения сделки.

РУКОВОДИ́ТЕЛЬ, -я, *м.* Лицо, к-рое руководит кем-чем-н. *Р. учреждения. Классный р. Научный р. Р. кружка.* ‖ *ж.* **руководи́тельница, -ы.** ‖ *прил.* **руководи́тельский, -ая, -ое.**

РУКОВОДИ́ТЬ, -ожу́, -оди́шь; *несов., кем-чем.* **1.** Направлять чью-н. деятельность. *Р. кружком. Р. аспирантами.* **2.** Управлять, заведовать. *Р. учреждением.* ‖ *сущ.* **руково́дство, -а,** *ср. Под руководством чьим-н.* (имея кого-н. в качестве руководителя).

РУКОВОДИ́ТЬСЯ, -ожу́сь, -оди́шься; *несов., чем* (книжн.). Направлять свою деятельность сообразно с чем-н. *Р. чувством долга.*

РУКОВО́ДСТВО, -а, *ср.* **1.** *см.* руководить. **2.** То, чем следует руководствоваться в работе, в деятельности. *Принять постановление к руководству. План — р. к действию.* **3.** Учебное пособие по какому-н. предмету, специальности. *Р. по фотографии.* **4.** *собир.* Руководители. *Новое р. учреждения.*

РУКОВО́ДСТВОВАТЬСЯ, -твуюсь, -твуешься; *несов., чем.* Действовать согласно каким-н. правилам, указаниям. *Р. правилами, инструкцией.*

РУКОВОДЯ́ЩИЙ, -ая, -ее. Такой, к-рым следует руководствоваться. *Руководящая линия. Руководящие указания.*

РУКОДЕ́ЛИЕ, -я, *ср.* **1.** Ручной труд (преимущ. о шитье, вышивании, вязании). **2.** Вещь, искусно выполненная руками (преимущ. о вышитом, связанном). *Выставка рукоделий.* ✦ **От безделья рукоделье** (разг. шутл.) — о какой-н. ручной работе, поделке. ‖ *прил.* **рукоде́льный, -ая, -ое.**

РУКОДЕ́ЛЬНИЦА, -ы, *ж.* (разг.). Искусница в рукоделии. ‖ *м.* **рукоде́льник, -а.**

РУКОДЕ́ЛЬНИЧАТЬ, -аю, -аешь; *несов.* (разг.). Заниматься рукоделием.

РУКОКРЫ́ЛЫЕ, -ых, *ед.* **-ое, -ого,** *ср.* (спец.). Отряд млекопитающих с приспособленными для полёта передними конечностями (крыланы и летучие мыши).

РУКОМЕСЛО́, -а́, *ср.* (устар. прост.). То же, что ремесло (в 1 знач.). *Знает всякое р.*

РУКОМО́ЙНИК, -а, *м.* Небольшой висячий умывальник. *Сине море в рукомойнике* (погов. о шуме, ссоре из-за пустяков; шутл.).

РУКОПА́ШНЫЙ, -ая, -ое. **1.** О бое, схватке: производимый холодным оружием, штыками, прикладами. *Р. бой.* **2. рукопа́шная, -ой,** *ж.* Такая схватка, бой. *Сойтись в рукопашной.*

РУ́КОПИСЬ, -и, *ж.* **1.** Подлинник или копия текста, написанные от руки или переписанные на пишущей машинке. *Рукописи Чехова. Машинописная р. Передать р. в издательство. Рукописи не горят* (афоризм; говорится в знач.: произведение творческого труда не может пропасть, погибнуть; высок.). **2.** Памятник письменности, относящийся преимущ. ко времени до возникновения книгопечатания. *Древние русские рукописи.* ‖ *прил.* **рукопи́сный, -ая, -ое.** *Р. текст. Р. фонд.*

РУКОПЛЕСКА́НИЯ, -ий, *ед.* **рукоплеска́ние, -я,** *ср.* Хлопки в ладоши в знак одобрения. *Раздались р. Приветствовать кого-н. рукоплесканиями. Гром рукоплесканий* (овация).

РУКОПЛЕСКА́ТЬ, -ещу́, -е́щешь; *несов., кому-чему.* Аплодировать (обычно о многих). *Зал рукоплещет оратору. Народ рукоплещет героям* (перен.).

РУКОПОЖА́ТИЕ, -я, *ср.* Пожатие друг другу правой руки в знак приветствия, благодарности. *Крепкое, дружеское р. Обменяться рукопожатиями.*

РУКОПОЛОЖИ́ТЬ, -жу́, -о́жишь; *сов., кого (что).* В христианской церкви: посвятить в духовный сан возложением руки епископа на голову посвящаемого. *Рукоположен в иереи.* ‖ *несов.* **рукополага́ть, -а́ю, -а́ешь.** ‖ *сущ.* **рукоположе́ние, -я,** *ср.* и **рукополага́ние, -я,** *ср. Обряд рукоположения.*

РУКОПРИКЛА́ДСТВО, -а, *ср.* Нанесение побоев. *Дело дошло до рукоприкладства.*

РУКОТВО́РНЫЙ, -ая, -ое; -рен, -рна (устар. и высок.). Сделанный человеческими руками. *Рукотворное море. Р. дождь.* ‖ *сущ.* **рукотво́рность, -и,** *ж.*

РУКОЯ́ТКА, -и, *ж.* **1.** Ручка[1] (в 1 знач.) оружия, ручного инструмента. *Р. кинжала. Р. молотка, заступа.* **2.** Часть механизма, прибора, за к-рую берутся рукой для управления, поворота. *Р. штурвала, рулевого колеса.* ‖ *прил.* **рукоя́точный, -ая, -ое.**

РУКОЯ́ТЬ, -и, *ж.* То же, что рукоятка (в 1 знач.).

РУЛА́ДА, -ы, *ж.* Раскатистый и виртуозный пассаж[2] в пении — исполненная в быстром темпе часть мелодии. *Р. в партии колоратурного сопрано. Рулады соловья* (перен.).

РУЛЕВО́Й, -а́я, -о́е. **1.** *см.* руль. **2. рулево́й, -о́го,** *м.* На судне: человек, к-рый правит рулём, а также специалист, регулирующий управление рулём. *Этот человек — наш р.* (перен.: ведёт нас вперёд). ✦ **Рулевые перья** — у птиц: хвостовые перья, направляющие полёт. ‖ *ж.* **рулева́я, -о́й.**

РУЛЕ́Т, -а, *м.* **1.** Запечённое кушанье в виде батона (во 2 знач.) с начинкой. *Мясной р. Р. с маком.* **2.** Освобождённый от кости окорок, к-рому придана удлинённая и округлая форма. || *прил.* **руле́тный**, -ая, -ое.

РУЛЕ́ТКА, -и, *ж.* **1.** Инструмент для измерения длины — свёртывающаяся в ролик лента с делениями. **2.** Устройство для азартной игры — вращающийся круг с нумерованными лунками, в к-рые попадает катящийся шарик, а также сама такая игра. *Играть в рулетку.* || *прил.* **руле́точный**, -ая, -ое.

РУЛИ́ТЬ, -лю́, -ли́шь; *несов.* **1.** *что.* Управляя рулём, направлять ход машины (судна, самолёта). *Р. вправо. Р. к ангару.* **2.** О машине: двигаясь по земле, направляться куда-н. || *сов.* **вы́рулить**, -лю, -лишь; -ленный. || *сущ.* **руле́ние**, -я, *ср.* и **рулёжка**, -и, *ж.* (прост.). || *прил.* **рулёжный**, -ая, -ое (спец.). *Рулёжная дорожка, полоса* (на взлётном поле, аэродроме).

РУЛО́Н, -а, *м.* Трубка гибкого материала, свёрнутого для хранения. *Бумага, клеёнка, линолеум в рулонах. Р. обоев.* || *прил.* **руло́нный**, -ая, -ое.

РУЛЬ, -я́, *м.* Приспособление, устройство для управления движущейся машиной, судном, самолётом. *Р. автомобиля, комбайна, трактора. Воздушный р.* (у летательного аппарата). *Ручной р. Ножной р. Сесть, встать за р. Сидеть, стоять за рулём. Стоять у руля* (также перен.: руководить, управлять; высок.). ✦ **Без руля и без ветрил** (книжн.) — о чём-н. неуправляемом, подчиняющемся случайным обстоятельствам. || *прил.* **рулево́й**, -а́я, -о́е. *Рулевое колесо. Рулевое управление.*

РУМБ, -а, *м.* (спец.). **1.** Направление к точкам видимого горизонта относительно стран света или угол между двумя такими направлениями. **2.** Деление на круге компаса, соответствующее 1/32 части окружности горизонта. || *прил.* **ру́мбовый**, -ая, -ое.

РУ́МБА, -ы, *ж.* Бальный парный танец мексиканского происхождения, а также музыка в ритме этого танца. || *прил.* **ру́мбовый**, -ая, -ое.

РУМЫ́НСКИЙ, -ая, -ое. **1.** *см.* румыны. **2.** Относящийся к румынам, к их языку, национальному характеру, образу жизни, культуре, а также к Румынии, её территории, внутреннему устройству, истории; такой, как у румын, как в Румынии. *Р. язык* (романской группы индоевропейской семьи языков). *Румынская лея* (денежная единица).

РУМЫ́НЫ, -ы́н, *ед.* -ы́н, -а, *м.* Народ, составляющий основное население Румынии. || *ж.* **румы́нка**, -и. || *прил.* **румы́нский**, -ая, -ое.

РУМЯ́НА, -я́н. Розово-красное косметическое втирание (или пудра) для лица. *Наложить р. Р. и белила.* || *прил.* **румя́нный**, -ая, -ое.

РУМЯ́НЕЦ, -нца, *м.* Розово-красный цвет лица, щёк. *Покрыться румянцем. Здоровый р. Р. зари* (перен.).

РУМЯ́НИТЬ, -ню, -нишь; -ненный; *несов.* **1.** *кого-что.* Красить румянами. *Р. себе щёки.* **2.** (1 и 2 л. не употр.), *перен., кого-что.* Покрывать румянцем. *Мороз румянит лица. Заря румянит небо.* || *сов.* **нарумя́нить**, -ню, -нишь; -ненный (к 1 знач.) и **зарумя́нить**, -ню, -нишь; -ненный (ко 2 знач.). || *возвр.* **румя́ниться**, -нюсь, -нишься (к 1 знач.); *сов.* **нарумя́ниться**, -нюсь, -нишься (к 1 знач.).

РУМЯ́НИТЬСЯ, -нюсь, -нишься; *несов.* **1.** *см.* румянить. **2.** Покрываться румянцем. *Лицо румянится на морозе.* **3.** (1 и 2 л. не употр.). Пропекаясь, приобретать коричневатый оттенок. *Пирог начал р.* || *прил.* **зарумя́ниться**, -нюсь, -нишься.

РУМЯ́НЫЙ, -ая, -ое; -я́н. **1.** Покрытый румянцем. *Румяные щёки.* **2.** *перен.* Алый, красный. *Р. закат. Румяные облака.* **3.** О печёном: с поверхностью коричневатого оттенка (разг.). *Р. пирожок. Румяная корочка.* || *сущ.* **румя́ность**, -и, *ж.*

РУНДУ́К, -а́, *м.* **1.** Большой ларь с поднимающейся крышкой (устар.). **2.** Металлический сундук в корабельном помещении. || *прил.* **рунду́чный**, -ая, -ое.

РУНО́, -а́, *ср.* (спец.). Овечья шерсть. *Тонкое р. Золотое р.* (перен.: о богатстве [по древнегреческому мифу о героях, совершивших путешествие в Колхиду в поисках руна волшебного барана]). || *прил.* **ру́нный**, -ая, -ое.

РУ́НЫ, рун, ру́нам, *ед.* ру́на, -ы, *ж.* **1.** Древние письмена скандинавов, сохранившиеся в надписях на камнях и других предметах. **2.** Древние карельские, финские и эстонские народные эпические песни. || *прил.* **руни́ческий**, -ая, -ое (к 1 знач.). *Руническое письмо.*

РУ́ПИЯ, -и, *ж.* Денежная единица в Индии, Индонезии и в нек-рых других странах. || *прил.* **ру́пиевый**, -ая, -ое.

РУ́ПОР, -а, *мн.* -ы, -ов и (разг.) -а́, -о́в, *м.* **1.** Труба с расширяющимся концом, служащая для усиления звука. *Говорить в р. Сложить ладони рупором* (соединить у рта в виде расширяющейся трубки). **2.** *перен., чего.* Распространитель чьих-н. идей, мнений (книжн.). *Р. чужих идей.* || *прил.* **ру́порный**, -ая, -ое (к 1 знач.).

РУСА́К, -а́, *м.* Серый заяц, сохраняющий одинаковую окраску зимой и летом. || *прил.* **руса́чий**, -ья, -ье.

РУСА́ЛКА, -и, *ж.* В славянской мифологии, а также в народных поверьях, сказках: существо в образе обнажённой женщины с длинными распущенными волосами и рыбьим хвостом, живущее в воде. || *уменьш.-ласк.* **руса́лочка**, -и, *ж.* || *прил.* **руса́лочий**, -ья, -ье.

РУСА́ЛОЧИЙ, -ья, -ье. **1.** *см.* русалка. **2.** *перен.* Такой, как у русалки, загадочный и холодный. *Русалочьи глаза* (светлые и таинственные). *Р. взгляд* (холодный и манящий). *Русалочья кровь* (холодная).

РУСА́ЛОЧКА, -и, *ж.* **1.** *см.* русалка. **2.** В народных поверьях и сказках: девочка-русалка.

РУСИ́ЗМ, -а, *м.* Слово или оборот речи в каком-н. языке, заимствованные из русского языка или созданные по образцу русского слова или выражения.

РУСИ́СТ, -а, *м.* Учёный — специалист по русистике. || *ж.* **руси́стка**, -и. || *прил.* **руси́стский**, -ая, -ое.

РУСИ́СТИКА, -и, *ж.* Совокупность наук о русской культуре, языке, литературе и фольклоре.

РУ́СЛО, -а, *мн.* ру́сла, ру́сел, *ср.* **1.** Углубление в грунте, по к-рому течёт водный поток. *Р. реки.* **2.** *перен.* Направление, путь развития чего-н. *Мысли пошли по новому руслу. Жизнь вошла в своё обычное р.* || *прил.* **руслово́й**, -а́я, -о́е (к 1 знач.) и **ру́словый**, -ая, -ое (к 1 знач.). *Русловой поток.*

РУСО[1]... *Первая часть сложных слов со знач.* относящийся к русским, к русскому, напр. *русофил* (человек, любящий всё русское), *русофоб* (человек, ненавидящий всё русское).

РУСО[2]... *Первая часть сложных слов со знач.* с русым, напр. *русоголовый, русокосый, русокудрый, русобородый.*

РУСОВОЛО́СЫЙ, -ая, -ое; -о́с. С русыми волосами. *Русоволосая девочка.* || *сущ.* **русоволо́сость**, -и, *ж.*

РУ́ССКАЯ, -ой, *ж.* **1.** *см.* русские. **2.** Общее название медленных и быстрых русских народных танцев (хороводов, импровизационных переплясов, барыни), а также музыка в ритме этих танцев. *Плясать русскую.*

РУ́ССКИЕ, -их, *ед.* -ий, -ого, *м.* Народ, составляющий основное коренное население России. || *ж.* **ру́сская**, -ой.

РУ́ССКИЙ, -ая, -ое. **1.** *см.* русские. **2.** Относящийся к русскому народу, к его языку, национальному характеру, образу жизни, культуре, а также к России, её территории, внутреннему устройству, истории; такой, как у русских, как в России. *Р. язык* (восточнославянской группы индоевропейской семьи языков). *Русская философская мысль. Р. критический реализм Р. богатырский эпос. Русское деревянное зодчество. Русская крестьянская община. Русские народные песни. Р. романс. Русское гостеприимство. Русская кухня. Р. национальный костюм. Русская тройка. Русская зима. Русская рубашка* (косоворотка). *Р. рысак* (порода лошадей). *По-русски* (нареч.). ✦ **Русским языком говорю кому** (разг.) — раздражённое требование послушать, понять.

РУССКОЯЗЫ́ЧНЫЙ, -ая, -ое. Относящийся к людям, живущим вне России, для к-рых русский язык является родным или вторым родным языком. *Русскоязычное население. Русскоязычные писатели* (писатели нерусской национальности, пишущие на русском языке).

РУ́СЫЙ, -ая, -ое; рус. Светло-коричневый (о волосах); со светло-коричневыми волосами. *Русая борода.*

РУТИ́НА, -ы, *ж.* Консерватизм и застой в делах, в образе жизни. || *прил.* **рути́нный**, -ая, -ое.

РУТИНЁР, -а, *м.* Человек рутинных взглядов, консерватор (в 1 знач.). || *ж.* **рутинёрка**, -и. || *прил.* **рутинёрский**, -ая, -ое.

РУТИ́ННЫЙ, -ая, -ое. **1.** *см.* рутина. **2.** *перен.* О труде: утомительный и однообразный.

РУ́ХЛЯДЬ, -и, *ж., собир.* (разг.). Всякий старый домашний скарб, пожитки.

РУ́ХНУТЬ, -ну, -нешь; *сов.* **1.** С шумом упасть, обвалиться (о чём-н. тяжёлом, громоздком). *Крыша рухнула. Р. на землю.* **2.** (1 и 2 л. не употр.), *перен.* Сразу исчезнуть; полностью разрушиться. *Надежды рухнули.*

РУЧА́ТЕЛЬСТВО, -а, *ср.* Принятая на себя ответственность за выполнение, исправность чего-н. *Дать р. С ручательством делать что-н.* (с гарантией).

РУЧА́ТЬСЯ, -а́юсь, -а́ешься; *несов., за кого-что.* Принимать на себя ответственность за кого-что-н. *Р. за точность сведений. Р. за работника. Р. головой* (со всей ответственностью, безусловно; разг.). || *сов.* **поручи́ться**, -учу́сь, -у́чишься.

РУЧЕ́Й, -чья́, *м.* Водный поток, текущий струёй. *Горный р. Журчание ручья. Бегут весенние ручьи. Ручьи слёз* (перен.). *Кровь льёт ручьём* (перен.). || *уменьш.* **ручеёк**, -ейка́, *м.*; *прил.* **ручейко́вый**, -ая, -ое. || *прил.* **ручьево́й**, -а́я, -о́е.

РУ́ЧКА[1], -и, *ж.* **1.** Часть предмета, за к-рую его держат или берутся рукой. *Дверная р. Р. чайника, чемодана, пилы.* **2.** Часть мебели, служащая опорой для рук, подлокотник. *Р. кресла. Ручки дивана.* **3.** Письменная принадлежность — удлинённый держатель для пера, стержня. *Автоматическая р.* (с резервуаром для чернил, автоматически подающихся к перу). *Шариковая р.* ‖ *прил.* **ру́чечный**, -ая, -ое.

РУ́ЧКА² *см.* рука.

РУЧНИ́К, -а́, *м.* (разг.). **1.** Тяжёлый ручной молот. **2.** То же, что ручнист. ‖ *ж.* **ручни́ца**, -ы (ко 2 знач.). *Швея-р.*

РУЧНИ́СТ, -а, *м.* Работник, выполняющий ручную работу или занимающийся ручной продажей. ‖ *ж.* **ручни́стка**, -и.

РУЧНО́Й, -а́я, -о́е. **1.** *см.* рука. **2.** Предназначенный, приспособленный для рук. *Ручные часы* (наручные). *Ручное полотенце* (для вытирания рук). *Ручная кладь* (багаж, к-рый можно везти при себе). **3.** Производимый руками; приводимый в действие руками. *Ручная работа. Ручное оружие. Р. набор* (типографский). *Ручная швейная машина. Ручная граната* (для метания рукой). **4.** О работе, подсчётах: не автоматический (спец.). *Ручные вычисления.* **5.** О звере, птице: прирученный, привыкший к человеку. *Ручная белка. Р. скворец.* ✦ **Ручная продажа** — 1) торговля с рук. *Разносная ручная продажа;* 2) в аптеке: продажа без рецептов.

РУ́ШИТЬ¹, -шу, -шишь; -шенный; *несов., что.* **1.** Ломая, разрушая, валить вниз (что-н. большое, громоздкое). *Р. стены.* **2.** *перен.* Губить, разрушать (разг.). *Р. семью.* ‖ *сов.* **обру́шить**, -шу, -шишь; -шенный (к 1 знач.) *и* **пору́шить**, -шу, -шишь; -шенный (устар. и прост.). ‖ *сущ.* **ру́шенье**, -я, *ср.*, **обруше́ние**, -я, *ср. и* **обру́шение**, -я, *ср.* (к 1 знач., спец.).

РУ́ШИТЬ², -шу, -шишь; -шенный; *несов., что* (спец.). Очищать зерно, перерабатывая в крупу. *Р. просо.* ‖ *сущ.* **ру́шение**, -я, *ср.* ‖ *прил.* **рушильный**, -ая, -ое.

РУ́ШИТЬСЯ (-шусь, -шишься, 1 и 2 л. не употр.), -шится; *несов.* **1.** Валиться, падать, разламываясь (о чём-н. построенном или большом, громоздком). *Рушится здание.* **2.** *перен.* Не осуществляться, гибнуть. *Планы рушатся.* ‖ *сов.* **обру́шиться** (-шусь, -шишься, 1 и 2 л. не употр.), -ится (к 1 знач.) *и* **пору́шиться** (-шусь, -шишься, 1 и 2 л. не употр.), -ится (устар. и прост.). ‖ *сущ.* **ру́шенье**, -я, *ср.*, **обруше́ние**, -я, *ср. и* **обру́шение**, -я, *ср.* (к 1 знач.; спец.). *О. стены.*

РЫБ... *Первая часть сложных слов со знач.* **рыбный**, напр. *рыбнадзор, рыбинспекция.*

РЫ́БА, -ы, *ж.* **1.** Позвоночное водное животное с конечностями в виде плавников, дышащее жабрами. *Хрящевые рыбы. Костные рыбы. Промысловая р. Морская, речная р. Нем как р.* (молчит, ничего не говорит). *Как р. в воде чувствовать себя где-н.* (непринуждённо, хорошо; разг.). *Ни р. ни мясо* (перен.: о ком-чём-н. безличном, невыразительном; разг.). *Как р. об лёд биться* (мучительно искать выход из трудного положения; разг.). *В мутной воде рыбу ловить* (перен.: извлекать выгоду для себя, пользуясь неясностью обстановки, чьими-н. затруднениями; разг. неодобр.). **2.** Часть туши (тушки) такого животного, употр. в пищу. *Варёная, жареная, копчёная р. Сырая р. На второе — р.* **3.** *перен.* Вялый, холодный человек (разг.). **4.** То, что сделано (собрано, соединено) для обмана (прост.). *Вместо машинописи подсунули рыбу.* ‖ *уменьш.* **ры́бка**, -и, *ж.* (к 1 и 2 знач.) *и* **ры́бонька**, -и, *ж.* (к 1 знач.; ласковое обращение к женщине, ребёнку; прост.). *Рыбкой скользнуть* (легко и плавно). ‖ *унич.* **рыбёшка**, -и, *ж.* (к 1 знач.). *Мелкая р.* (также перен.: о незначительном, невлиятельном человеке, людях; разг.). ‖ *прил.* **ры́бный**, -ая, -ое (к 1 и 2 знач.) *и* **ры́бий**, -ья, -ье (к 1 и 3 знач.). *Рыбная ловля. Рыбная промышленность. Рыбный садок. Рыбный суп. Рыбный день* (в к-рый готовятся рыбные, но не мясные блюда). *Рыбий хвост. Рыбий жир* (жидкий жир из печени тресковых рыб). *Рыбья натура* (холодная).

РЫБА́К, -а́, *м.* Специалист по добыче рыбы, а также любитель рыбной ловли; вообще тот, кто ловит рыбу. *Р. рыбака видит издалека* (посл.). ‖ *ж.* **рыба́чка**, -и. ‖ *прил.* **рыба́цкий**, -ая, -ое *и* **рыба́чий**, -ья, -ье. *Рыбацкий посёлок. Рыбачьи сети.*

РЫБА́ЛИТЬ, -лю, -лишь; *несов.* (прост.). Ловить рыбу.

РЫБА́ЛКА, -и, *ж.* (разг.). Рыбная ловля (у рыбаков-любителей). *Пойти на рыбалку. Вернуться с рыбалки.*

РЫ́БАРЬ, -я и **РЫБА́РЬ**, -я́, *м.* (стар.). Рыбак — добытчик рыбы.

РЫБА́ЧИТЬ, -чу, -чишь; *несов.* (разг.). Быть рыбаком, заниматься рыбной ловлей.

РЫБЕ́Ц, -бца́, *м.* Промысловая рыба сем. карповых.

РЫ́БИЙ *см.* рыба.

РЫ́БИНА, -ы, *ж.* (разг.). Одна большая рыба.

РЫ́БНИК, -а, *м.* **1.** Специалист по рыбному хозяйству, работник рыбной промышленности. **2.** Торговец рыбой (устар.). **3.** Пирог с рыбной начинкой.

РЫ́БНЫЙ *см.* рыба.

РЫБО... *Первая часть сложных слов со знач.:* 1) относящийся к рыбе, её лову, к разведению, обработке рыбы, напр. *рыболокация, рыборазведение, рыбоохрана, рыботитомник, рыбообработчик, рыбопромышленный, рыбопромысловый, рыбохозяйственный, рыбоядный;* 2) относящийся к рыбе (во 2 знач.), к рыбным продуктам, напр. *рыбозасольный, рыбоконсервы, рыбокоптильный, рыбоморозильный, рыбопосольный, рыбопродукты.*

РЫБОВО́Д, -а, *м.* Специалист по рыбоводству.

РЫБОВО́ДСТВО, -а, *ср.* Разведение рыб и улучшение их пород как отрасль народного хозяйства, хозяйственной деятельности. ‖ *прил.* **рыбово́дческий**, -ая, -ое *и* **рыбово́дный**, -ая, -ое. *Рыбоводческое хозяйство. Рыбоводный завод.*

РЫБОВО́З, -а, *м.* Транспортное средство (судно, автомобиль) для перевозки живой рыбы. ‖ *прил.* **рыбово́зный**, -ая, -ое.

РЫБОЛО́В, -а, *м.* Человек, занимающийся рыбной ловлей; вообще тот, кто ловит рыбу. *Р.-любитель. Р.-спортсмен* (в любительском рыболовном спорте).

РЫБОЛОВЕ́ЦКИЙ, -ая, -ое. Относящийся к рыболовному промыслу. *Рыболовецкая артель.*

РЫБОЛО́ВНЫЙ, -ая, -ое. Относящийся к ловле рыбы. *Р. сезон. Рыболовные принадлежности.*

РЫБОЛО́ВСТВО, -а, *ср.* Ловля рыбы как отрасль хозяйства. ‖ *прил.* **рыболове́цкий**, -ая, -ое. *Р. колхоз. Р. траулер.*

РЫБОНАДЗО́Р, -а и **РЫБНАДЗО́Р**, -а, *м.* (офиц.). Надзор за соблюдением правил рыболовства, ловли рыбы. *Государственный р.* ‖ *прил.* **рыбонадзо́рный**, -ая, -ое *и* **рыбнадзо́рный**, -ая, -ое.

РЫБОХО́Д, -а, *м.* (спец.). Сооружение для прохода рыбы в плотинах. ‖ *прил.* **рыбохо́дный**, -ая, -ое.

РЫВО́К, -вка́, *м.* **1.** Резкое, порывистое движение руками или телом. *Р. вперёд.* **2.** В тяжёлой атлетике: поднятие тяжести над головой на вытянутых руках одним непрерывным движением. *Результат в рывке.* **3.** *перен.* Резкое усиление, нарушающее общий ритм работы. *Работать без рывков.* ‖ *прил.* **рывко́вый**, -ая, -ое (к 1 и 2 знач.; спец.).

РЫГА́ТЬ, -а́ю, -а́ешь; *несов.* (прост.). Издавать громкий звук при отрыжке. ‖ *однокр.* **рыгну́ть**, -ну́, -нёшь. ‖ *сущ.* **рыга́нье**, -я, *ср.*

РЫДА́ТЬ, -а́ю, -а́ешь; *несов.* Громко, судорожно плакать. *Р. над умершим. Рыдающие звуки* (перен.). ‖ *сущ.* **рыда́ние**, -я, *ср.*

РЫДВА́Н, -а, *м.* **1.** В старину: большая дорожная карета. **2.** Старая громоздкая повозка, драндулет (разг. пренебр.).

РЫЖЕБОРО́ДЫЙ, -ая, -ое; -о́д. С рыжей бородой.

РЫЖЕВОЛО́СЫЙ, -ая, -ое; -о́с. С рыжими волосами. *Рыжеволосая голова.*

РЫЖЕ́ТЬ, -е́ю, -е́ешь; *несов.* **1.** Становиться рыжим, рыжее. *Волосы рыжеют.* **2.** (1 и 2 л. не употр.). О чём-н. рыжем: виднеться. *Под ногами рыжеет прошлогодняя хвоя.* ‖ *сов.* **порыже́ть**, -е́ю, -е́ешь (к 1 знач.).

РЫ́ЖИЙ, -ая, -ее; рыж, рыжа́, ры́же. **1.** Цвета меди, красно-жёлтый. *Рыжая белка. Рыжая лиса. Р. парик.* **2.** С волосами такого цвета, рыжеволосый. **3.** **ры́жий**, -его, *м.* То же, что клоун [*первонач.* всегда выступавший в парике рыжего цвета] (разг.). ✦ **Что я — рыжий?** (разг.) — вопрос, означающий: не дурак, не глупее, не хуже других. ‖ *сущ.* **ры́жесть**, -и, *ж.* (к 1 и 2 знач.).

РЫ́ЖИК, -а, *м.* Съедобный пластинчатый гриб с рыжей шляпкой и загнутыми вниз краями. ‖ *прил.* **ры́жиковый**, -ая, -ое.

РЫЖИНА́, -ы́, *ж.* Рыжий цвет, оттенок.

РЫК, -а, *м.* Дикий, грозный рёв, рычанье. *Львиный р.*

РЫКА́ТЬ, -а́ю, -а́ешь и **РЫ́КАТЬ**, -аю, -аешь; *несов.* Издавать рык, рявкать. *Рыкающий зверь.* ‖ *однокр.* **рыкну́ть**, -ну́, -нёшь *и* **ры́кнуть**, -ну, -нешь. ‖ *сущ.* **рыка́ние**, -я, *ср. и* **ры́канье**, -я, *ср.*

РЫ́ЛО, -а, *ср.* **1.** Вытянутая вперёд передняя часть головы у нек-рых животных. *Свиное р. Рыбье р.* **2.** То же, что лицо (в 1 знач.) (прост. бран.). *Рылом не вышел* (очень некрасив, а также перен.: не годится куда-н., не подходит). *Р. воротит кто-н. от кого-чего-н.* (не хочет знать, видеть, выражает недовольство, брезгливость). ✦ **Ни уха ни рыла (не смыслит, не знает)** (прост.) — совершенно ничего не знает, не понимает. ‖ *уменьш.* **ры́льце**, -а, *мн. род.* -лец, *ср.* (к 1 знач.). *Р. в пушку́ у кого-н.* (перен.: кто-н. замешан в каком-н. неблаговидном, нечестном деле; разг.).

РЫ́ЛЬЦЕ, -а, *род. мн.* -лец, *ср.* **1.** *см.* рыло. **2.** Носик сосуда (устар.). *Р. кувшина, чайника.* **3.** Верхняя часть пестика в цветке, на к-рую переносится пыльца (спец.). ‖ *прил.* **ры́льцевый**, -ая, -ое (к 3 знач.).

РЫ́НДА¹, -ы, *м.* На Руси в 15—17 вв.: воин придворной охраны.

РЫ́НДА², -ы, *ж.:* **рынду бить** (спец.) — на торговых судах в старое время, а также в парусном флоте: трижды ударять в колокол ровно в полдень.

РЫ́НОК, -нка, *м.* **1.** Сфера товарного обращения, товарооборота. *Внутренний р. Внешний р. Рынки сбыта* (районы реализации товаров; спец.). **2.** Место розничной торговли под открытым небом или в торговых рядах, базар. *Идти на р., с рынка. Торговать на рынке. Крытый р. Блошиный р.* (рынок, на к-ром продаются старые поношенные вещи, мелкие товары с рук; разг.). ‖ *прил.* **ры́ночный**, -ая, -ое. *Рыноч-*

ная стоимость. Р. торговец. Рыночная баба (перен.: то же, что базарная баба; прост.).

РЫСА́К, -а́, *м.* Породистая рысистая лошадь. *Рысаки русских пород. Орловские рысаки.* ‖ *прил.* **рыса́чий**, -ья, -ье.

РЫСЁНОК, -нка, *мн.* -ся́та, -ся́т, *м.* Детёныш рыси.

РЫ́СИЙ *см.* рысь².

РЫСИ́СТЫЙ, -ая, -ое; -и́ст. Обладающий хорошей, резвой рысью¹. *Рысистая лошадь.* ‖ *сущ.* **рыси́стость**, -и, *ж.*

РЫСИ́ТЬ (-шу́, 1 л. не употр.), -си́шь; *несов.* (разг.). **1.** Бежать рысью¹, а также ехать рысью на лошади. **2.** О человеке: бежать, часто перебирая ногами.

РЫСИ́ХА, -и, *ж.* Самка рыси.

РЫ́СКАТЬ, рыщу, ры́щешь *и* ры́скаю, ры́скаешь; *несов.* **1.** Торопливо бегать в поисках чего-н. *Волк рыщет по лесу. Р. глазами* (перен.: беспокойно озираться, переводить взгляд с одного на другое). *Смерть рыщет по городам и весям* (перен.: настигает многих). **2.** (1 и 2 л. не употр.). О транспортных средствах: двигаться, уклоняясь от курса то в одну, то в другую сторону (спец.). ‖ *сущ.* **ры́скание**, -я, *ср.*

РЫСЦА́, -ы́, *ж.* Мелкая рысь¹, мелкий бег. *Бежать рысцой.*

РЫСЬ¹, -и, о ры́си, на рыси́, *ж.* **1.** Способ бега лошади (или другого животного), при к-ром одновременно выносятся вперёд ноги передняя левая и задняя правая или передняя правая и задняя левая. *Ехать рысью. На рысях* (рысью). *Резвая р.* **2.** Частый и неторопливый бег человека.

РЫСЬ², -и, *ж.* Хищное млекопитающее сем. кошачьих с очень острым зрением. ‖ *прил.* **ры́сий**, -ья, -ье. *Р. взгляд* (также перен.: острый, зоркий).

РЫ́ТВИНА, -ы, *ж.* Углубление, выбитое колёсами или промытое водой. *Дорога в рытвинах.*

РЫТЬ, ро́ю, ро́ешь; ры́тый; *несов.* **1.** *что.* То же, что копать (в 1, 2 и 3 знач.). *Р. землю. Р. яму. Р. картошку.* **2.** *перен., что.* Перебирать, ворошить, ища что-н. (разг.). *Р. бумаги на столе.* ‖ *сов.* **вы́рыть**, -рою, -роешь; -ытый (к 1 знач.) *и* **отры́ть**, -ро́ю, -ро́ешь; -ы́тый (к 1 знач.; спец.). *Вырыть канаву. Отрыть окоп.* ‖ *сущ.* **рытьё**, -я́, *ср.*

РЫ́ТЬСЯ, ро́юсь, ро́ешься; *несов., в чём.* **1.** Рыть, раскапывать что-н. (обычно ища что-н.). *Р. в песке. Р. в старых журналах* (перен.). *Р. в памяти, воспоминаниях* (перен.). **2.** *перен.* То же, что рыть (во 2 знач.) (разг.). *Р. в чемодане. Р. у себя в карманах.*

РЫХЛЕ́ТЬ, -е́ю, -е́ешь; *несов.* Становиться рыхлым, рыхлее. *Весной снег рыхлеет.* ‖ *сов.* **порыхле́ть**, -е́ю, -е́ешь.

РЫХЛИ́ТЕЛЬ, -я, *м.* Прицепное или навесное орудие для разрыхления грунта.

РЫХЛИ́ТЬ, -лю́, -ли́шь; -лённый (-ён, -ена́); *несов., что.* Делать рыхлым (обычно о вскапывании). *Р. землю.* ‖ *сов.* **взрыхли́ть**, -лю́, -ли́шь; -лённый (-ён, -ена́) *и* **разрыхли́ть**, -лю́, -ли́шь; -лённый (-ён, -ена́). ‖ *сущ.* **рыхле́ние**, -я, *ср.*, **взрыхле́ние**, -я, *ср. и* **разрыхле́ние**, -я, *ср.*

РЫ́ХЛЫЙ, -ая, -ое; рыхл, рыхла́, ры́хло. **1.** Неплотный, рассыпчатый, пористый. *Рыхлая земля. Р. снег.* **2.** *перен.* О стиле, изложении: расплывчатый и вялый. *Рыхлая композиция сочинения.* **3.** *перен.* С тучным и дряблым телом (разг.). *Р. мужчина.* ‖ *сущ.* **ры́хлость**, -и, *ж.*

РЫ́ЦАРСКИЙ, -ая, -ое. **1.** *см.* рыцарь. **2.** *перен.* Благородный и самоотверженный. *Рыцарское поведение. Р. поступок.*

РЫ́ЦАРСТВО, -а, *ср.* **1.** *собир.* В феодальной Европе: привилегированное военно-землевладельческое сословие, рыцари (в 1 знач.). **2.** Самоотверженность, благородство (книжн.). *Проявить р.*

РЫ́ЦАРЬ, -я, *м.* **1.** В средневековой Европе: феодал, тяжело вооружённый конный воин, находящийся в вассальной зависимости от своего сюзерена. *Р. со своим оруженосцем. Рыцари-крестоносцы. Турнир рыцарей. Р. печального образа* (о Дон-Кихоте, герое романа Сервантеса). **2.** *перен.* Самоотверженный, благородный человек (высок.). *Р. науки. Р. на час* (о том, чьей самоотверженности, чьего благородства хватает ненадолго). ✦ **Рыцарь без страха и упрёка** (высок.) — о смелом, во всём безупречном человеке. **Рыцари плаща и кинжала** (книжн.) — тайные грабители и убийцы. ‖ *прил.* **ры́царский**, -ая, -ое. *Рыцарские доспехи. Р. замок.*

РЫЧА́Г, -а́, *м.* **1.** Устройство, имеющее точку опоры и служащее для уравновешивания большей силы при помощи меньшей, а также для совершения какой-н. работы. *Поднять рычагом. Плечо рычага. Рычаги управления.* **2.** *перен.* Средство, к-рым можно возбудить деятельность, привести что-н. в действие. *Найти рычаги воздействия на кого-н.* ‖ *уменьш.* **рычажо́к**, -жка́, *м.* (к 1 знач.). ‖ *прил.* **рыча́жный**, -ая, -ое (к 1 знач.). *Р. механизм.*

РЫЧА́ТЬ, -чу́, -чи́шь; *несов.* **1.** О животных: издавать громкие злобные звуки низкого тона. *Собаки рычат. Рычащий лев.* **2.** *перен.* Говорить грубо, злобно (прост.). *Р. на домашних.* ‖ *сущ.* **рыча́ние**, -я, *ср.*

РЬЯ́НЫЙ, -ая, -ое; рьян (разг.). Очень усердный. *Рьяно* (нареч.) *взяться за дело.* ‖ *сущ.* **рья́ность**, -и, *ж.*

РЭ, *нескл., м.* (разг. шутл.) То же, что рубль (только о сумме денег). *Купил за десять рэ. Покупка обойдётся в пятьсот рэ.*

РЭ́КЕТ, -а и **РЕ́КЕТ**, -а, *м.* Преступное (путём угроз, шантажа) вымогательство чужих доходов.

РЭКЕТИ́Р, -а и **РЕКЕТЁР**, -а, *м.* Человек, к-рый занимается рэкетом. ‖ *прил.* **рэкети́рский**, -ая, -ое и **рекетёрский**, -ая, -ое.

РЮКЗА́К, -а́, *м.* Заплечный вещевой мешок с карманами. *Туристский р.* ‖ *прил.* **рюкза́чный**, -ая, -ое.

РЮ́МКА, -и, *ж.* Небольшой на тонкой ножке сосуд для вина. *Стеклянная, хрустальная р.* ‖ *уменьш.* **рю́мочка**, -и, *ж. и* (прост.) **рюма́шка**, -и, *ж. В рюмочку заглядывает кто-н.* (о том, кто частенько выпивает; разг.). *Нос чешется — в рюмочку смотреть* (шутл. примета). *Пропустить рюмашку* (выпить спиртного). ‖ *прил.* **рю́мочный**, -ая, -ое.

РЮ́МОЧКА, -и, *ж.* **1.** *см.* рюмка. **2.** Узкий удлинённый предмет с тонким перехватом посередине. *Каблучки-рюмочки. Талия рюмочкой* (очень тонкая). *Затянуться в рюмочку* (туго по талии).

РЮ́МОЧНАЯ, -ой, *ж.* Торговое заведение с распивочной продажей вина рюмками.

РЮ́ХА, -и, *ж.* **1.** То же, что городок (в 3 знач.). **2.** *мн.* Похожая на городки русская народная игра, в к-рой из города битой выбиваются распиленные вдоль небольшие столбики (рюхи). *Играть в рюхи* (в городки). ‖ *уменьш.* **рю́шка**, -и, *ж.* (к 1 знач.). ‖ *прил.* **рю́шный**, -ая, -ое.

РЮШ, -а, *м.* и **РЮ́ШКА**, -и, *ж.* Сборчатая обшивка из лёгкой ткани. *Воротничок с рюшем (с рюшкой).* ‖ *прил.* **рю́шечный**, -ая, -ое.

РЯБЕ́ТЬ (-е́ю, -е́ешь, 1 и 2 л. не употр.), -е́ет; *несов.* **1.** Становиться рябым, рябее; покрываться рябью. *Рябеют осенние листья. Рябеет поверхность пруда.* **2.** О чём-н. рябом, пёстром: виднеться. ‖ *сов.* **поря́бе́ть** (-е́ю, -е́ешь, 1 и 2 л. не употр.), -е́ет (к 1 знач.).

РЯБИ́НА¹, -ы, *ж.* Дерево или кустарник сем. розоцветных с собранными в кисти горьковатыми оранжево-красными плодами (ягодами), а также самые ягоды. *Тонкая, одинокая р.* (также перен. в песнях: символ одинокой женщины). ‖ *уменьш.* **ряби́нка**, -и, *ж.* ‖ *прил.* **ряби́нный**, -ая, -ое *и* **ряби́новый**, -ая, -ое. *Рябинная ягода. Рябиновый куст. Рябиновая настойка.*

РЯБИ́НА², -ы, *ж.* (разг.). Маленькое углубление, щербина или тёмное пятнышко на чём-н. *Лицо в рябинах. Рябины на птичьих перьях.* ‖ *уменьш.* **ряби́нка**, -и, *ж.*

РЯБИ́ННИК¹, -а, *м., собир.* Заросль рябины¹.

РЯБИ́ННИК², -а, *м.* Большой серый дрозд.

РЯБИ́НОВКА, -и, *ж.* Настойка (во 2 знач.) на ягодах рябины.

РЯБИ́НОВЫЙ, -ая, -ое. **1.** *см.* рябина¹. **2.** Оранжево-красный, цвета зрелых ягод рябин.

РЯБИ́ТЬ (-блю́, -би́шь, 1 и 2 л. не употр.), -би́т; *несов.* **1.** *что.* Делать рябым, негладким. *Ветерок рябит водную гладь.* **2.** *безл.* Об ощущении ряби в глазах. *В глазах рябит от множества огней.*

РЯБО́Й, -а́я, -о́е; ряб, ряба́, ря́бо, ря́бы *и* рябы́. **1.** С рябинами². *Рябое лицо.* **2.** С пятнами другого цвета на основном фоне, пёстрый. *Рябая курица. Рябая шкурка.* ✦ **Курочка-ряба**, курочки-рябы — в сказках: рябая курочка, снесшая золотое яичко. ‖ *сущ.* **рябизна́**, -ы́, *ж.*

РЯ́БЧИК, -а, *м.* Лесная птица сем. тетеревиных с пёстрым оперением. ‖ *прил.* **ря́бчиковый**, -ая, -ое.

РЯБЬ, -и, *ж.* **1.** Мелкое волнение водной поверхности. *Озеро подёрнулось рябью.* **2.** Ощущение в глазах пестроты, множества разноцветных точек. *В глазах р.*

РЯ́ВКАТЬ, -аю, -аешь; *несов.* **1.** О животных: издавать громкий рык, рычание. **2.** *перен., на кого (что).* Грубо и зло кричать на кого-н. (прост.). ‖ *однокр.* **ря́вкнуть**, -ну, -нешь. ‖ *сущ.* **ря́вканье**, -я, *ср.*

РЯД, -а (-у) (с числит. «два», «три», «четыре» — ряда́), в ря́де *и* в ряду́, *мн.* ряды́, -о́в, *м.* **1.** (в ряду́). Линия ровно расположенных однородных предметов. *Р. домов. Первый р. партера. Построиться в ряды. Идти рядами. В первых рядах* (также перен.: в числе первых, среди передовиков). **2.** (в ряду́). Совокупность каких-н. явлений, следующих или расположенных в определённой последовательности. *Р. поколений.* **3.** (в ря́де). Некоторое количество чего-н. *Р. случаев. Есть р. исключений.* **4.** *мн.* Состав, среда. *В рядах борцов.* **5.** (в ряду́). Ларьки, магазины, лотки, рыночные прилавки, расположенные в одну линию. *Овощной р. Торговые ряды.* **6.** То же, что прокос (во 2 знач.). ✦ **Из ряда вон выходить** — резко отличаться от других (обычно в плохую сторону). *Из ряда вон выходящий поступок.* **Из ряда вон** (разг.) — очень плохо, никуда не годится. *Такое поведение — из ряда вон.* ‖ *уменьш.* **рядо́к**, -дка́, *м.* (к 1 и 6 знач.); *прил.* **рядко́вый**, -ая, -ое (спец.). ‖ *прил.* **рядово́й**, -а́я, -о́е (к 1 знач.), **ря́довый**, -ая, -ое (к 1 знач.; устар. и спец.), **ря́дный**, -ая, -ое (к 1 знач.; спец. и к 6 знач.) *и* **рядско́й**, -а́я, -о́е (к 5 знач.; устар.). *Рядовой посев. Рядовая сеялка* (рассевающая семена рядами). *Рядские торговцы.*

РЯДИ́ТЬ[1], ряжу́, ря́дишь; *несов., кого (что)* (прост.). То же, что наряжать[1]. *Р. в новое платье.* ✦ **Рядить шутом** *кого* — выставлять в смешном, глупом виде. ‖ *возвр.* **ряди́ться,** ряжу́сь, ря́дишься. *Р. цыганом* (о ряженом).

РЯДИ́ТЬ[2], ряжу́, ряди́шь *и* ря́дишь; ря́женный; *несов.* **1.** Устанавливать порядок, управлять (стар.). *Воевода судит и рядит. Судить да р.* (обсуждать, толковать; разг.). **2.** *кого (что).* Нанимать, уговариваясь об условиях, цене (устар. прост.). *Р. извозчика.*

РЯДИ́ТЬСЯ[1], ряжу́сь, ряди́шься *и* ря́дишься; *несов.* (устар. прост.). **1.** *с кем.* Нанимая, уговариваться об условиях, цене. *Р. с извозчиком.* **2.** Нанимаясь, брать на себя какую-н. обязанность. *Р. в дворники.*

РЯДИ́ТЬСЯ[2] *см.* рядить[1].

РЯДКО́М, *нареч.* (разг.). **1.** В один ряд. *Избы стоят р.* **2.** То же, что рядом (в 1 знач.). *Сядем р., поговорим ладком* (погов.).

РЯДНО́, -а́, *мн.* ря́дна, -ден, -днам, *ср.* Толстый холст домашнего производства.

РЯ́ДНОСТЬ, -и, *ж.* (спец.). Установленный порядок разделения на ряды. *Соблюдать р.* (на дорогах, автострадах). *Нарушить р.*

РЯДОВО́Й, -а́я, -о́е. **1.** *см.* ряд. **2.** Не связанный с ответственной работой; ничем не выдающийся, не отличающийся от других. *Р. член организации. Р. работник.* **3.** Не принадлежащий к командному и начальствующему составу. *Р. боец. Р. состав.* **4. рядово́й,** -о́го, *м.* Воинское звание солдата, предшествующее ефрейтору, а также лицо, имеющее это звание. *Гвардии р.*

РЯ́ДОМ, *нареч.* **1.** Один подле другого. *Сесть р.* **2.** По соседству, близко. *Живёт совсем р.* ✦ **Рядом с** *кем-чем, предлог с тв. п.* — 1) вблизи, около кого-чего-н. *Сесть рядом с отцом. Жить рядом с вокзалом;* 2) по сравнению, в сравнении с кем-чем-н. *Рядом с его бедой мои заботы — ничто.* ‖ *уменьш.* ря́дышком.

РЯЖ, -а, *м.* (спец.). Опора моста, плотины, набережной в виде сруба из брёвен, балок, заполненного камнями, грунтом. ‖ *прил.* **ря́жевый,** -ая, -ое. *Ряжевая плотина.*

РЯ́ЖЕНКА, -и, *ж.* То же, что варенец.

РЯ́ЖЕНЫЙ, -ая, -ое. Одетый в маскарадный костюм, переодетый в необычную одежду. *Новогодний бал с ряжеными* (сущ.).

РЯ́ЖЕНЬЕ, -я, *ср.* (устар.). Одевание ряженых, а также праздник с ряжеными. *Р. на святках.*

РЯ́ПУШКА, -и, *ж.* Небольшая рыбка рода сигов.

РЯ́СА, -ы, *ж.* У православного духовенства: верхняя длинная одежда с широкими рукавами. *Поповская р.*

РЯ́СКА, -и, *ж.* Водяное травянистое растение, имеющее форму мельчайших зелёных пластинок и образующее сплошной слой на поверхности стоячей воды. *Пруд зарос ряской.* ‖ *прил.* **ря́сковый,** -ая, -ое. *Семейство рясковых* (сущ.).

С

С, *предлог.* **I.** *с род. п., кого-чего.* **1.** Употр. при обозначении места, предмета, от к-рого отделяется, удаляется, отходит что-н. *Упасть с лестницы. Снять с полки. Сбросить с плеч. Уйти с работы.* **2.** Употр. при обозначении места, сферы действия, откуда исходит что-н., откуда приходит кто-н. *Шум с улицы. Вернуться с вокзала. Вход с переулка.* **3.** Употр. при обозначении лица или предмета по его происхождению, пребыванию где-н. *Письмо с родины. Рабочий с инструментального завода.* **4.** *чего.* Употр. при обозначении места, с к-рым связано совершение действия. *Стрелять с горы. Обойти с фланга.* **5.** Употр. при обозначении того, с чего (с кого) начинается, от чего (от кого) исходит что-н. *Привязан с детства. Начнём с вас. Занят с утра. Вступить в бой с марша. Влюбиться с первого взгляда. Ходить с туза.* **6.** Употр. при обозначении того, что (кто) подвергается чему-н., от чего (кого) отнимается что-н. или что (кто) служит единицей счёта. *Пошлина с товара. Получить с кого-н. деньги. Урожай с гектара.* **7.** Употр. при обозначении того, что (кто) служит образцом, оригиналом, источником чего-н. *Писать портрет с кого-н. Копия с картины. Перевод с польского языка.* **8.** *кого.* Употр. при указании на достаточность чего-н. для кого-н. *Довольно с тебя. Хватит с вас.* **9.** *чего.* На основании чего-н., следуя чему-н. *Делать что-н. с чьего-н. разрешения, позволения, одобрения. Уехать с позволения руководителя.* **10.** *чего.* По причине, вследствие чего-н. *Сгорать со стыда. Сказать со злости. Устать с дороги.* **11.** *чего.* При помощи, посредством чего-н., каким-н. способом. *Взять с боя. Кормить с ложечки.* **II.** *с вин. п., кого-что.* Указывает на приблизительность меры, количества. *Прожить с месяц. Величиной с дом. Ростом с меня.* **III.** *с тв. п., кем-чем.* **1.** Указывает на совместность, участие в одном и том же действии или состоянии двух или более лиц и предметов, а также на сопровождение одного лица или предмета другими при совершении какого-н. действия, при каком-н. состоянии. *Мы с ним. Отец с матерью. Взять с собой. Говорить с друзьями. Согласиться с кем-н. Поссориться с кем-н.* **2.** Указывает на соединение, скрепление одного и другого, а также на смежность, близость. *Граничить с Францией. Связать один пакет с другим. Соединить концы провода друг с другом.* **3.** Указывает на наличие чего-н. в чём-н., обладание чем-н. *Пирог с начинкой. Хлеб с маслом. Человек с талантом. Девочка с косичками. Идти со знаменем. Приехать с поручением.* **4.** *чем.* Употр. при обозначении явления или состояния, к-рым сопровождается какое-н. действие. *Слушать с улыбкой. Читать с удовольствием. Найти с трудом.* **5.** При посредстве кого-чего-н., используя кого-что-н. *Послать с курьером. Уехать с первым поездом.* **6.** Указывает на то (того), что (кто) является объектом действия или состояния. *Справиться с трудностями. Внимательно обойтись с посетителем. Поспешить с отъездом. С работой обстоит хорошо. Плохо с сердцем.* **7.** Употр. при обозначении субъекта состояния. *С ним случилась беда. С женщиной обморок.* **8.** *чем.* При наступлении чего-н. *С годами вкусы меняются. С приездом отца жизнь изменилась. С возрастом характер исправился.* **9.** *чем.* Употр. при обозначении цели действия. *Пришёл с просьбой. Явиться с докладом.*

-С, *частица* (устар.). Присоединяется к слову для придания речи оттенка подобострастия, вежливости, а также иногда для придания иронического оттенка. *Разрешите посмотреть документ? — Извольте-с. Чего изволите-с?* (что вам угодно?). *Ну-с, рассказывайте, что у вас тут произошло.*

С..., *приставка.* **I.** Образует глаголы со знач.: 1) движения с разных сторон к одной точке, соединения в одном месте, напр. *связать, сгрести, спаять, сплести, скрепить;* 2) движения сверху вниз, напр. *спрыгнуть, слезть, ссадить, сбросить;* 3) удаления чего-н. с какого-н. места, с поверхности, напр. *скосить, срезать, сбрить;* 4) вместе с постфиксом -ся — взаимного действия или соединения, напр. *сработаться, сговориться, списаться, слипнуться, смерзнуться;* 5) воспроизведения чего-н. по какому-н. образцу, напр. *срисовать, скопировать, счертить;* 6) придания признака, напр. *скособочить, снизить, скривить;* 7) вместе с суффиксом -ну- — однократности, напр. *сболтнуть, сбрехнуть, сполоснуть;* 8) собственно предела действия, напр. *сделать, спеть, сыграть;* то же — с постфиксом -ся и суффиксом -и-, напр., *сжалиться, смилостивиться.* **II.** Образует наречия, напр. *сполна, сперва, слегка, сгоряча; смолоду, спьяну, сдуру, сбоку, сверху, снизу, сряду; свыше.*

САА́МИ. 1. *нескл., мн., ед.* саа́ми, *нескл., м. и ж.* Народ, живущий на Кольском полуострове, на севере Норвегии, Финляндии и Швеции [прежнее название — лопари]. **2.** *неизм.* Относящийся к этому народу, к его языку, национальному характеру, образу жизни, культуре, а также к территории его проживания, её внутреннему устройству, истории; такой, как у саами. ‖ *ж.* также **саа́мка,** -и. ‖ *прил.* также **саа́мский,** -ая, -ое.

САА́МСКИЙ, -ая, -ое. **1.** *см.* саами *и* саамы. **2.** То же, что саами (во 2 знач.). *С. язык* (финно-угорской семьи языков). *По-саамски* (нареч.).

САА́МЫ, -ов, *ед.* саа́м, -а, *м.* (устар.). То же, что саами (в 1 знач.). ‖ *ж.* **саа́мка,** -и. ‖ *прил.* **саа́мский,** -ая, -ое.

САБАНТУ́Й, -я, *м.* **1.** Традиционный татарский и башкирский весенний праздник. **2.** *перен.* Шумное веселье (разг. шутл.).

САБЛИ́СТ, -а, *м.* Спортсмен — фехтовальщик на саблях.

СА́БЛЯ, -и, *род. мн.* -бель, *ж.* Рубящее и колющее оружие с длинным изогнутым клинком. *Кавалерийская с. Эскадрон в двести сабель* (т. е. состоящий из двухсот кавалеристов). *Спортивная с.* (эспадрон). ‖ *уменьш.* **са́бельный,** -ая, -ое.

САБО́, *нескл., мн., ед. м.* и *ср.* Обувь на деревянной подошве.

САБОТА́Ж, -а, *м.* Преднамеренное расстройство или срыв работы при соблюдении видимости её выполнения, а также вообще скрытое противодействие исполнению, осуществлению чего-н. ‖ *прил.* **сабота́жный,** -ая, -ое.

САБОТА́ЖНИК, -а, *м.* (разг.). Тот, кто занимается саботажем. ‖ *ж.* **сабота́жница,** -ы. ‖ *прил.* **сабота́жнический,** -ая, -ое.

САБОТА́ЖНИЧАТЬ, -аю, -аешь; *несов.* (прост.). То же, что саботировать.

САБОТИ́РОВАТЬ, -рую, -руешь; -анный; *сов. и несов., кого-что.* Устроить (-раивать) саботаж, заняться (-ниматься) саботажем. ‖ *сущ.* **саботи́рование,** -я, *ср.*

СА́ВАН, -а, *м.* Широкое одеяние, покров из белой ткани для покойников. *Снежный с.* (перен.: о белизне снега, о широком снежном пространстве). ‖ *прил.* **са́ванный,** -ая, -ое.

САВА́ННЫ, -а́нн, *ед.* сава́нна, -ы, *ж.* Тропические степные равнины с редко растущими деревьями и кустарниками. ‖ *прил.* **сава́нновый,** -ая, -ое *и* **сава́нный,** -ая, -ое.

САВРА́СКА, -и, *ж.* Саврасая деревенская лошадка [по распространённой кличке].

САВРА́СЫЙ, -ая, -ое. О масти лошадей: светло-гнедой с чёрными гривой и хвостом.

СА́ГА, -и, *ж.* **1.** Древнескандинавское и древнеирландское народное эпическое сказание о богах и героях. *Саги о викингах.* **2.** *перен.* Нечто легендарное и поэтическое (высок.). *Таинственные саги прошлого.*

САГИТИ́РОВАТЬ *см.* агитировать.

САГО́, *нескл., ср.* Крупа из зернистого крахмала, добываемого из саговых пальм, а также сходная по виду крупа из картофельного или кукурузного крахмала. ‖ *прил.* **саговый**, -ая, -ое.

СА́ГОВЫЙ, -ая, -ое. **1.** *см.* саго. **2. саговая пальма** — пальма, из сердцевины ствола к-рой добывается крахмал для производства саго.

САД, -а, о са́де, в саду́, *мн.* -ы́, -о́в, *м.* **1.** Участок земли, засаженный деревьями, кустами, цветами; сами растущие здесь деревья, растения. *Фруктовый с. Цветущий с. Расцвели сады. Зимний с.* (помещение в доме, здании, имитирующее сад, с живыми деревьями, растениями, цветами). **2.** В нек-рых названиях: учреждение, коллекционирующее, разводящее и изучающее растения, животных. *Ботанический с. Зоологический с.* **3.** То же, что детский сад. *С.-ясли.* ✦ **Детский сад** — воспитательное учреждение для детей дошкольного возраста. ‖ *уменьш.* **са́дик**, -а, *м.* (к 1 знач.). ‖ *прил.* **садо́вый**, -ая, -ое (к 1 знач.) *и* **са́довский**, -ая, -ое (к 3 знач.; разг.). *Садовая ограда. Садовый инвентарь. Садовские ребятишки.* ✦ **Голова садовая** (прост.) — о глупом человеке, разине (обычно при обращении).

САДАНУ́ТЬ, -ну́, -нёшь; *сов., кого-что* (прост.). Сильно ударить. *С. по спине. С. ножом. С. из винтовки* (выстрелить).

САДИ́ЗМ, -а, *м.* **1.** Половое извращение, при к-ром половое чувство удовлетворяется причинением физической боли другому лицу. **2.** Извращённая и изощрённая жестокость. ‖ *прил.* **сади́стский**, -ая, -ое.

СА́ДИК, -а, *м.* **1.** *см.* сад. **2.** То же, что детский сад (разг.). *Отвести ребёнка в с., взять из садика.*

САДИ́СТ, -а, *м.* Человек, одержимый садизмом. ‖ *ж.* **сади́стка**, -и. ‖ *прил.* **сади́стский**, -ая, -ое.

САДИ́ТЬ, сажу́, са́дишь; са́женный; *несов.* (прост.). **1.** *что.* То же, что сажать (в 1 знач.). *С. картошку. С. огород.* **2.** Употр. вместо любого глагола для обозначения быстрого, энергичного действия. *Мальчишка так и садит по дороге* (быстро бежит). *С. пулю за пулей* (стрелять беспрерывно). *С. на гармошке. С. матом* (грубо ругаться).

САДИ́ТЬСЯ[1-2] *см.* сесть[1-2].

СА́ДНИТЬ, -ит и **САДНИ́ТЬ**, -и́т; *безл.; несов.* Об ощущении зуда, царапающей боли при раздражении кожи, слизистой оболочки. *Саднит в горле.*

САДО́ВНИК, -а, *м.* Работник, занимающийся уходом за садом (в 1 знач.). ‖ *ж.* **садо́вница**, -ы. ‖ *прил.* **садо́внический**, -ая, -ое *и* **садо́вничий**, -ья, -ье.

САДОВО́Д, -а, *м.* Специалист по садоводству; человек, разводящий сад, сады.

САДОВО́ДСТВО, -а, *ср.* Разведение садов как отрасль растениеводства; выращивание сада, садов. ‖ *прил.* **садово́дческий**, -ая, -ое.

СА́ДОВСКИЙ *см.* сад.

САДО́ВЫЙ *см.* сад.

САДО́К, -дка́, *м.* Помещение или водоём для содержания и разведения животных. *С. для птиц. Кроличий с. Живорыбный с.* ‖ *прил.* **садко́вый**, -ая, -ое. *Садковое хозяйство.*

СА́ЖА, -и, *ж.* **1.** Чёрный налёт от неполного сгорания топлива, оседающий в печах и дымоходах. *Дела как с. бела́* (погов. о плохом состоянии дел; шутл.). **2.** Химический продукт, получаемый при неполном сгорании или нагревании углеводородов. *Чёрные сажи.* ‖ *прил.* **са́жевый**, -ая, -ое (ко 2 знач.). *Сажевое производство.*

САЖА́ЛКА, -и, *ж.* Сельскохозяйственная машина для посадки картофеля, овощей, семян кукурузы, сеянцев.

САЖА́ТЬ, -а́ю, -а́ешь; *несов.* **1.** *что.* Закапывать корнями в землю или сеять для выращивания. *С. цветы. С. огурцы. С. леса, сады* (разводить, выращивать). *С. огород* (возделывать). **2.** *кого (что).* Просить, заставлять или давать возможность сесть. *С. гостя. С. кого-н. за стол. С. пассажиров в вагон. С. самолёт* (приземлять). **3.** *кого (что).* Помещать куда-н. на длительное время. *С. птицу в клетку. С. в тюрьму. С. кур на яйца.* **4.** *кого (что).* Принуждать к какому-н. длительному действию, занятию, состоянию. *С. за работу. С. за парту* (заставлять учиться). *С. на хлеб и воду* (наказывать голодом; устар.). **5.** *что.* Ставить в печь для выпечки. *С. хлебы, пироги.* **6.** *что.* Наносить на поверхность или прикреплять к какой-н. поверхности (разг.). *С. пятна. С. кляксы. С. заплатки.* ‖ *сов.* **посади́ть**, -ажу́, -а́дишь; -а́женный. ‖ *сущ.* **сажа́ние**, -я, *ср.* (к 1, 3, 4 и 5 знач.) *и* **поса́дка**, -и, *ж.* (к 1 знач. и, о помещении в вагон, транспортное средство, ко 2 знач.). ‖ *прил.* **поса́дочный**, -ая, -ое (к 1 и 2 знач.) *и* **сажа́льный**, -ая, -ое (к 1 знач.; спец.). *Посадочный материал* (саженцы, рассада, клубни; в рыбном хозяйстве — личинки). *Посадочный талон* (для посадки на самолёт, в поезд). *Посадочная площадка* (для самолётов, вертолётов). *Посадочное место* (в столовой, кафе: на одного посетителя). *Сажальный инвентарь.*

СА́ЖЕНЕЦ, -нца, *м.* Молодое растение, пересаженное из другого места (напр. из питомника), в отличие от сеянца. *Саженцы дуба. Лук-с.* ‖ *прил.* **са́женцевый**, -ая, -ое (спец.).

СА́ЖЕНЫЙ, -ая, -ое. Выросший из саженца, не сеяный. *С. лес.*

САЖЕ́НЬ, -и, *мн.* саже́ни, саже́ней, саже́ням и **СА́ЖЕНЬ**, -и, *мн.* са́жени, са́жен *и* сажене́й, сажени́м, *ж.* **1.** Старая русская мера длины, равная трём аршинам (2,13 м). *Жердь длиною в с.* (сажень погонная). *Маховая с.* (в размах обеих рук). **2.** Количество чего-н., измеряемого такой мерой. *С. земли* (сажень квадратная). *С. дров* (сажень кубическая). **3.** Линейка, планка такой длины для измерения. *Измерить что-н. саженью.* ✦ **Косая сажень в плечах** (разг.) — о широкоплечем высоком человеке [косая сажень — расстояние от пятки до конца поднятой с другой стороны руки]. ‖ *уменьш.* **са́женка**, -и, *ж.* ‖ *прил.* **саже́нный**, -ая, -ое *и* **сажённый**, -ая, -ое. *Человек сажённого роста* (очень большой).

САЖЁНКИ, -нок. Способ плавания с попеременным выбрасыванием вперёд то одной, то другой руки. *Плыть сажёнками.*

САЗА́Н, -а, *м.* Промысловая рыба сем. карповых с крупной чешуёй. ‖ *прил.* **саза́ний**, -ья, -ье.

САЙГА́К, -а, *м.* и **САЙГА́**, -и́, *ж.* Степное парнокопытное полорогое животное, родственное антилопе. ‖ *прил.* **сайга́чий**, -ья, -ье.

СА́ЙДА, -ы, *ж.* Северная морская рыба сем. тресковых. ‖ *прил.* **са́йдовый**, -ая, -ое.

СА́ЙКА, -и, *ж.* Продолговатый или круглый пшеничный хлебец. ‖ *прил.* **са́ечный**, -ая, -ое.

СА́ЙРА, -ы, *ж.* Тихоокеанская промысловая рыба. ‖ *прил.* **са́йровый**, -ая, -ое.

САКВОЯ́Ж, -а, *м.* Род дорожной сумки с запором, обычно кожаной. ‖ *прил.* **саквоя́жный**, -ая, -ое.

СА́КЛЯ, -и, *род. мн.* -ей, *ж.* Русское название жилища кавказских горцев.

САКРАМЕНТА́ЛЬНЫЙ, -ая, -ое; -лен, -льна (книжн.). **1.** Связанный с религиозным обрядом, ритуальный. *Сакраментальные слова* (также перен.: звучащие как заклинание). **2.** *перен.* Закрепившийся в традиции, ставший обычным. ‖ *сущ.* **сакрамента́льность**, -и, *ж.*

САКСАУ́Л, -а, *м.* Небольшое, с крепкой древесиной дерево (или кустарник) азиатских пустынь и полупустынь. ‖ *прил.* **саксау́ловый**, -ая, -ое *и* **саксау́льный**, -ая, -ое.

САКСОФО́Н, -а, *м.* Медный духовой мундштучный музыкальный инструмент, по тембру близкий к кларнету. ‖ *прил.* **саксофо́нный**, -ая, -ое.

САКСОФОНИ́СТ, -а, *м.* Музыкант, играющий на саксофоне.

САКТИ́РОВАТЬ, -рую, -руешь; -анный; *сов., что* (офиц.). Составить акт о списании (см. списать в 5 знач.) чего-н.

САЛА́ГА, -и, *м.* (прост.). **1.** Молодой, неопытный матрос. **2.** *перен.* Неопытный, неумелый человек (неодобр.). ‖ *уменьш.* **салажо́нок**, -нка, *мн.* -жа́та, -жа́т, *м.*

САЛА́ЗКИ, -зок. **1.** Маленькие деревянные ручные санки. *Кататься на салазках.* **2.** Скользящая деталь в нек-рых машинах (спец.). ✦ **Загнуть салазки** *кому* (прост.) — ради забавы притянуть лежащему на спине человеку ноги к голове. ‖ *прил.* **сала́зочный**, -ая, -ое *и* **сала́зковый**, -ая, -ое (ко 2 знач.).

САЛА́КА, -и, *ж.* Маленькая рыба сем. сельдевых.

САЛАМА́НДРА, -ы, *ж.* Хвостатое земноводное. *Чёрная, огненная с. Исполинская с. Очковая с. Семейство саламандр.* ‖ *прил.* **салама́ндровый**, -ая, -ое.

САЛА́Т, -а (-у), *м.* **1.** Травянистое овощное растение, листья к-рого идут в пищу в сыром виде. **2.** Холодное кушанье из мелко нарезанных овощей, яиц, мяса или рыбы с приправой. ‖ *прил.* **сала́тный**, -ая, -ое *и* **сала́товый**, -ая, -ое.

САЛА́ТНИК, -а, *м.* и **САЛА́ТНИЦА**, -ы, *ж.* Столовая посуда — род широкой чашки для салата (во 2 знач.).

САЛА́ТНЫЙ, -ая, -ое и **САЛА́ТОВЫЙ**, -ая, -ое. **1.** *см.* салат. **2.** Бледно-зелёный, цвета листьев салата.

СА́ЛИТЬ, -лю, -лишь; *несов.* **1.** *что.* Пропитывать, намазывать или пачкать салом, каким-н. жирным веществом. **2.** *кого (что).* В нек-рых детских играх: догнав одного из участников, ударять его рукой или мячом. ‖ *сов.* **оса́лить**, -лю, -лишь (ко 2 знач.).

САЛИЦИ́ЛКА, -и, *ж.* (разг.). Салициловая кислота.

САЛИЦИ́ЛОВЫЙ, -ая, -ое: **салициловая кислота** — органическая кислота, применяемая в медицине, технике.

СА́ЛКИ, -лок. Детская игра, в к-рой участники догоняют и салят друг друга. *Играть в с.* ‖ *уменьш.* **са́лочки**, -чек.

СА́ЛО[1], -а, *ср.* **1.** Жировое отложение в теле животного. **2.** Продукт из этого вещества. *Топлёное с.* ‖ *уменьш.-ласк.* **са́льце**, -а, *ср.*

(ко 2 знач.). ‖ *прил.* **са́льный, -ая, -ое.** *Сальная свеча* (из сала).

СА́ЛО[2], -а, *ср.* Мелкий лёд или пропитанный водой снег на поверхности воды перед ледоставом. *По реке идёт с.*

САЛО́Н, -а, *м.* **1.** Помещение для выставок, демонстрации товаров, а также магазин, где продаются художественно изготовленные товары, произведения искусства, или ателье, где работа выполняется художественно. *Художественный с. С.-парикмахерская. С. дамской обуви.* **2.** Комната для приёма гостей в богатом доме (устар.), а также общая гостиная в отеле. **3.** Политический или литературно-художественный кружок из людей избранного круга, собирающийся в доме какого-н. частного лица (устар.). **4.** Внутреннее помещение для пассажиров в автобусе, троллейбусе, самолёте, а также зал ожидания в ателье, парикмахерской. ✦ **Вагон-салон** — пассажирский вагон, в одной половине к-рого находятся купе, а в другой — общее (рабочее или для отдыха) помещение. ‖ *прил.* **сало́нный, -ая, -ое.** *Салонное воспитание* (перен.: великосветски чопорное; устар.).

САЛО́П, -а, *м.* (устар.). Широкое женское пальто с пелериной, с прорезями для рук или с короткими рукавами. *Лисий с.* ‖ *прил.* **сало́пный, -ая, -ое.**

САЛО́ПНИЦА, -ы, *ж.* (устар.). Женщина из мещанской, обедневшей среды в изношенном платье, в старом салопе, ходящая по богатым домам и живущая подачками; также перен.: о сплетнице (пренебр.).

САЛОТО́ПЕННЫЙ, -ая, -ое и **САЛОТО́ПНЫЙ**, -ая, -ое. Относящийся к вытопке сала[1].

САЛТЫ́К: на свой салтык (устар. разг.) — на свой лад, по своему вкусу. *Норовит поступать на свой салтык.*

САЛФЕ́ТКА, -и, *ж.* **1.** Предмет столового белья: платок для вытирания губ после еды. *Крахмальная с. Бумажные салфетки.* **2.** Небольшая скатерть. **3.** Кусок ткани для медицинских или гигиенических целей. *Стерильные салфетки.* ‖ *прил.* **салфе́точный, -ая, -ое.** *Салфеточное полотно.*

САЛЬВАДО́РСКИЙ, -ая, -ое. **1.** *см.* сальвадорцы. **2.** Относящийся к сальвадорцам, к их языку (испанскому), национальному характеру, образу жизни, культуре, а также к Сальвадору, его территории, её внутреннему устройству, истории; такой, как у сальвадорцев, как в Сальвадоре.

САЛЬВАДО́РЦЫ, -ев, *ед.* -о́рец, -рца, *м.* Латиноамериканский народ, составляющий основное население Сальвадора. ‖ *ж.* **сальвадо́рка, -и.** ‖ *прил.* **сальвадо́рский, -ая, -ое.**

СА́ЛЬДО, *нескл., ср.* Остаток, разность между приходом и расходом счёта (в бухгалтерском учёте); разность между суммой экспорта и импорта (во внешнеторговых операциях). *Дебетовое, кредитовое с. С. платёжного баланса.* ‖ *прил.* **са́льдовый, -ая, -ое.**

СА́ЛЬНИК, -а, *м.* (спец.). **1.** Жировая складка в брюшине. **2.** Деталь, герметически закрывающая зазор между подвижной и неподвижной частями машины. ‖ *прил.* **са́льниковый, -ая, -ое.**

СА́ЛЬНОСТЬ[1], -и, *ж.* **1.** *см.* сальный[1]. **2.** Непристойное, сальное выражение. *Говорить сальности.*

СА́ЛЬНОСТЬ[2], -и, *ж.* **1.** *см.* сальный[2]. **2.** Содержание сала[1] (в 1 знач.). *Высокая с. свиней.*

СА́ЛЬНЫЙ[1], -ая, -ое; -лен, -льна. Непристойный, циничный. *С. анекдот. Сальная улыбка. Сальные шутки.* ‖ *сущ.* **са́льность, -и, *ж.***

СА́ЛЬНЫЙ[2], -ая, -ое; -лен, -льна. **1.** *см.* сало[1]. **2.** Жирный, лоснящийся от грязи, засалившийся. *Сальные волосы. С. воротник.* ‖ *сущ.* **са́льность, -и, *ж.***

СА́ЛЬТО, *нескл.* и **СА́ЛЬТО-МОРТА́ЛЕ**, *нескл., ср.* Прыжок с перевёртыванием тела в воздухе. *Двойное с. Тройное с.*

САЛЮ́Т, -а, *м.* **1.** Военное приветствие или отдание почестей выстрелами, ракетами, флагами, поднятием обнажённой сабли, а также стрельба и фейерверк в ознаменование торжественной даты, события. *Произвести с. Отдать с. Артиллерийский с. С. в День Победы.* **2. салю́т!**, *частица.* То же, что привет (во 2 знач.) (разг.). ‖ *прил.* **салю́тный, -ая, -ое** (к 1 знач.).

САЛЮТОВА́ТЬ, -ту́ю, -ту́ешь; *сов.* и *несов.* Произвести (-водить), отдать (-давать) салют. *С. победителям.* ‖ *сов.* также **отсалютова́ть, -ту́ю, -ту́ешь.**

САЛЯ́МИ, *нескл., ж.* Сорт твёрдой копчёной колбасы.

САМ, самого́; *ж.* сама́, само́й, *вин.* самоё *и* саму́; *ср.* само́, самого́; *мн.* са́ми, сами́х, *мест. определит.* **1.** Обозначает, что кто-н. лично производит действие или испытывает его. *Он с. это сделал. Скажите это ему самому.* **2.** Своими силами, без помощи или требования со стороны. *С. справился. Само за себя говорит что-н.* (настолько очевидно, что не нуждается в объяснении, доказательстве). **3.** Подчёркивает, что речь идёт как раз о данном лице (обычно значительном, важном) или предмете, в знач. именно он, не кто иной, как он. *С. директор распорядился.* **4.** *ед.* В сочетании с существительными, называющими внутреннее свойство, качество, означает: воплощённый, олицетворённый. *Человек этот — сама справедливость.* **5.** То же, что самый (в 3 знач.). *Сам его приезд уже означает примирение.* **6. сам, -ого́, *м.*, сама́, -о́й, *ж.*** Хозяин (хозяйка), глава (разг.). *Спрашивайся у самого. Кто велел? — Сама.* **7. сам, сама́, само́, са́ми**, *в знач. союза* — выражает совместность, сопоставление или противопоставление действий или состояний одного и того же лица (разг.). *Рассказывает, сама плачет. Обещал, сам обманул.* ✦ **Сам (сама, само) по себе** (разг.) — самостоятельно, отдельно от других. *Действует сам по себе кто-н. Сама по себе эта мысль хороша.* **Само (сам, сама) собой** (разг.) — о том, что имеет самостоятельное значение, не связано с другим. *Работа выполнена, а это поручение — само собой.* **Само собой** — 1) непроизвольно (разг.). *Всё разрешилось как-то само собой.* 2) то же, что само собой разумеется (прост.). *Ты согласен? — Само собой.* **Само (сам, сама) собой разумеется** — понятно без объяснений. *Такие вещи сами собой разумеются.* **Само собой разумеется** — конечно, ясно, несомненно. *Само собой разумеется, что он придёт. Ему, само собой разумеется, помогут.* **Сам не свой** *кто* (разг.) — в расстройстве, потерял самообладание. **А сам (сама, само, сами)**, *в знач. союза* (разг.) — то же, что сам (в 7 знач.). *Шутит, а сам расстроен.*

САМ-... (устар. и прост.). *Первая часть неизменяемых сложений с количественными словами:* «друг», «третéй», «четверг», «пят», «шест», «сем», «осьмо́й», «девя́т», «деся́т» — *со знач.:* 1) больше во столько раз, сколько указано количественным словом. *Урожай сняли сам-друг, сам-пят* (т. е. вдвое, впятеро больше того, что было посеяно); 2) столько-то (сколько указано количественным словом), считая вместе с говорящим или вместе с тем, о ком идёт речь. *Остался с ним сам-друг* (вдвоём). *Семья у него — сам-шест* (т. е. в семье у него шестеро, считая с ним самим).

САМА́Н, -а, *м.* В южных областях: кирпич-сырец с примесью навоза, соломы или каких-н. волокнистых веществ. ‖ *прил.* **сама́нный, -ая, -ое.** *С. домик.*

СА́МБА, -ы, *ж.* Бальный парный танец бразильского происхождения, а также музыка в быстром и экспрессивном темпе этого танца. ‖ *прил.* **са́мбовый, -ая, -ое.**

САМБИ́СТ, -а, *м.* Спортсмен, занимающийся самбо.

СА́МБО, *нескл., ср.* Спортивная борьба, отличающаяся большим разнообразием эффективных приёмов [из сокращения словосочетания «самозащита без оружия»].

САМЕ́Ц, -мца́, *м.* **1.** Особь животного мужского пола. *С. во главе стада.* **2.** О чрезмерно чувственном мужчине.

СА́МКА, -и, *ж.* **1.** Особь животного женского пола. *С. с детёнышами.* **2.** О чрезмерно чувственной женщине.

САМО... *Первая часть сложных слов со знач.:* 1) направленности чего-н. на себя, исхождения от себя или осуществления для себя, напр. *самовосхваление, самозащита, самоснабжение, самоконтроль, самовыражение, самовыявление, самозаготовки, самофинансирование;* 2) обращённости к самому себе, в самого себя или направленности на самого себя, напр. *самовлюблённый, самомнение, самонаблюдение, самонадеянность, самообладание, самопознание, самоуверенный, самоуглублённый, самоудовлетворение, самоуважение, самоунижение, самоутверждение, самочувствие;* 3) совершения чего-н. без посторонней помощи; без постороннего участия, напр. *самодеятельность, самолечение, самоучитель, самоделка, самоклеящийся;* 4) совершения чего-н. автоматически, непроизвольно или само по себе, напр. *самоблокирование, самовентиляция, самовыгружатель, самовоспламенение, самозарядный, самокормушка, самонаведение, самопишущий;* 5) единовластный, напр. *самовластие, самовластительный, самодержавие;* 6) самый (в 4 знач.), напр. *самоважнейший, самомалейший, самомоднейший, самоновейший, самонужнейший.*

САМОАНА́ЛИЗ, -а, *м.* Анализ, оценка своих собственных поступков, переживаний.

САМОБИЧЕВА́НИЕ, -я, *ср.* (книжн.). Причинение себе нравственных страданий, раскаяние и обвинение самого себя. *Заниматься самобичеванием.*

САМОБРА́НКА, -и, *ж.:* **скатерть-самобранка** — в сказках: волшебная скатерть, чудесным образом уставляемая кушаньями. ‖ *прил.* **самобра́ный, -ая, -ое.**

САМОБЫ́ТНЫЙ, -ая, -ое; -тен, -тна. Своеобразный, идущий своими путями, самостоятельный в своём развитии. *С. талант. Самобытная культура.* ‖ *сущ.* **самобы́тность, -и, *ж.***

САМОВА́Р, -а, *м.* Металлический сосуд для кипячения воды с краном и внутренней топкой — высокой трубкой, наполняемой древесными углями. *Жаровой с. Электрический с.* (электроприбор такой формы). *Медный, лужёный с. Ведёрный с.* (вмещающий ведро воды). *Пить чай из самовара. Сидеть у самовара. Поставить с.* (начать кипятить в нём воду). *Беседа за самоваром или у самовара* (во время чаепития). *С. вскипел. С. заглох, остыл.* ✦ **В**

Тулу со своим самоваром ехать (разг. неодобр.) — отправляться или обращаться куда-н., имея при себе то, что заведомо и в достатке есть там на месте [говорится, имея в виду Тулу как город, производящий самовары]. ‖ *уменьш.* **самова́рчик, -а,** *м.* ‖ *прил.* **самова́рный,** -ая, -ое. *С. кран. Самоварная труба* (наставляемая на самовар для тяги). ✦ **Золото самоварное** — о чём-н. недорогом и ненастоящем.

САМОВА́РНИЧАТЬ, -аю, -аешь; *несов.* (разг.). Пить чай, сидя у самовара, за самоваром.

САМОВЛА́СТИЕ, -я, *ср.* (устар.). Единоличная неограниченная власть. ‖ *прил.* **самовла́стный,** -ая, -ое. *Самовластное правление.*

САМОВЛА́СТНЫЙ, -ая, -ое; -тен, -тна. **1.** *см.* самовластие. **2.** Не терпящий ограничений своей власти, властный (в 1 знач.). *С. характер. Самовластно* (нареч.) *поступить.* ‖ *сущ.* **самовла́стность,** -и, *ж.*

САМОВНУШЕ́НИЕ, -я, *ср.* Внушение чего-н. самому себе.

САМОВОЗГОРЕ́ТЬСЯ (-рю́сь, -ри́шься, 1 и 2 л. не употр.), -ри́тся; *сов.* (спец.). То же, что самовоспламениться. ‖ *несов.* **самовозгора́ться** (-а́юсь, -а́ешься, 1 и 2 л. не употр.), -а́ется. ‖ *сущ.* **самовозгора́ние,** -я, *ср.*

САМОВО́ЛКА, -и, *ж.* (прост.). У военнослужащих: самовольная отлучка. *Наказать за самоволку.*

САМОВО́ЛЬНИЧАТЬ, -аю, -аешь; *несов.* (разг.). Поступать самовольно.

САМОВО́ЛЬНЫЙ, -ая, -ое; -лен, -льна. Поступающий только по своему усмотрению, прихоти; совершаемый без разрешения, произвольно. *С. ребёнок. Самовольная отлучка.* ‖ *сущ.* **самово́лие,** -я, *ср.,* **самово́льность,** -и, *ж.* и **самово́льство,** -а, *ср.*

САМОВО́ЛЬЩИК, -а, *м.* (прост.). **1.** Человек, к-рый поступает самовольно, допускает самовольные поступки. **2.** Тот, кто находится в самовольной отлучке. ‖ *ж.* **самово́льщица,** -ы.

САМОВОСПИТА́НИЕ, -я, *ср.* Воспитание самого себя.

САМОВОСПЛАМЕНИ́ТЬСЯ (-ню́сь, -ни́шься, 1 и 2 л. не употр.), -ни́тся; *сов.* (спец.). Зажечься, воспламениться самопроизвольно, в результате внутреннего нагревания. ‖ *несов.* **самовоспламеня́ться** (-я́юсь, -я́ешься, 1 и 2 л. не употр.), -я́ется. ‖ *сущ.* **самовоспламене́ние,** -я, *ср. С. газов. С. угля, торфа.*

САМОВОСХВАЛЕ́НИЕ, -я, *ср.* (книжн.). Похвальба, восхваление самого себя.

САМОГО́Н, -а, *м.* и (разг.) **САМОГО́НКА,** -и, *ж.* Алкогольный напиток, изготовляемый кустарным способом из хлеба, картофеля, корнеплодов. *Варить, гнать самогон (самогонку).* ‖ *прил.* **самого́нный,** -ая, -ое. *С. аппарат.*

САМОГОНОВАРЕ́НИЕ, -я, *ср.* Изготовление самогона. *С. запрещено законом.*

САМОГО́НЩИК, -а, *м.* (прост.). Человек, к-рый занимается самогоноварением. ‖ *ж.* **самого́нщица,** -ы.

САМОДВИ́ЖУЩИЙСЯ, -аяся, -ееся (спец.). Движущийся при помощи собственного механизма, самоходный. *С. транспорт. Самодвижущееся устройство.*

САМОДЕ́ЛКА, -и, *ж.* (разг.). Самодельная вещь.

САМОДЕ́ЛЬНЫЙ, -ая, -ое. Сделанный не на производстве, а дома, своими руками. *Самодельная игрушка.*

САМОДЕ́ЛЬЩИНА, -ы, *ж.* (разг.). Плохо сделанная, неискусная самодельная вещь.

САМОДЕРЖА́ВИЕ, -я, *ср.* В дореволюционной России: монархия. *Свержение самодержавия.* ‖ *прил.* **самодержа́вный,** -ая, -ое.

САМОДЕ́РЖЕЦ, -жца, *м.* (устар. высок.). Самодержавный правитель, монарх. ‖ *ж.* **самоде́ржица,** -ы.

САМОДЕ́ЯТЕЛЬНОСТЬ, -и, *ж.* **1.** Проявление личного почина в каком-н. общественном деле. **2.** Непрофессиональная театральная, исполнительская, художественная деятельность. *Студенческая с. Вечер самодеятельности. Художественная с. на селе. Солист пришёл на оперную сцену из самодеятельности.* **3.** Самовольные действия (неодобр.). *Неуместная с.* ‖ *прил.* **самоде́ятельный,** -ая, -ое. *С. коллектив. С. кружок.*

САМОДЕ́ЯТЕЛЬНЫЙ, -ая, -ое; -лен, -льна. **1.** *см.* самодеятельность. **2.** Способный к самостоятельности, к труду (спец.). *Самодеятельная часть населения.*

САМОДИ́ЙСКИЙ, -ая, -ое. **1.** *см.* самодийцы. **2.** Относящийся к самодийцам (самоедам), к их языку, национальному характеру, образу жизни, культуре, а также к территории их проживания, её внутреннему устройству, истории; такой, как у самодийцев (самоедов). *Самодийские народы. Самодийские языки* (группа языков уральской генетической общности).

САМОДИ́ЙЦЫ, -ев, *ед.* -и́ец, -и́йца, *м.* Общее название нек-рых малочисленных народов Севера (ненцев и др.). ‖ *ж.* **самоди́йка,** -и. ‖ *прил.* **самоди́йский,** -ая, -ое.

САМОДОВЛЕ́ЮЩИЙ, -ая, -ое (книжн.). Достаточно значительный сам по себе, имеющий вполне самостоятельное значение. *Самодовлеющая величина.*

САМОДОВО́ЛЬНЫЙ, -ая, -ое; -лен, -льна. Полный довольства, любования самим собой, выражающий довольство собой. *С. человек. С. вид. Самодовольно* (нареч.) *улыбаться.* ‖ *сущ.* **самодово́льство,** -а, *ср.*

САМОДОСТА́ТОЧНЫЙ, -ая, -ое; -чен, -чна (книжн.). То же, что самодовлеющий.

САМОДУ́Р[1], -а, *м.* Человек, к-рый действует по своей прихоти, по своему произволу, унижая достоинство других. ‖ *ж.* **самоду́рка,** -и (разг.). ‖ *прил.* **самоду́рский,** -ая, -ое. *Самодурские замашки.*

САМОДУ́Р[2], -а, *м.* Рыболовная снасть в виде длинной лески с несколькими крючками для ловли без насадки.

САМОДУ́РСТВОВАТЬ, -твую, -твуешь и (разг.) **САМОДУ́РНИЧАТЬ,** -аю, -аешь; *несов.* Быть самодуром[1], вести себя подобно самодуру[1]. ‖ *сущ.* **самоду́рство,** -а, *ср.*

САМОЕ́ДСКИЙ, -ая, -ое (устар.). **1.** *см.* самоеды. **2.** То же, что самодийский (во 2 знач.).

САМОЕ́ДСТВО, -а, *ср.* (разг.). Излишняя самокритичность, недовольство своими поступками, поведением. *Заниматься самоедством.*

САМОЕ́ДЫ, -ов, *ед.* -е́д, -а, *м.* Прежнее название ненцев и нек-рых других северных народов. ‖ *ж.* **самое́дка,** -и. ‖ *прил.* **самое́дский,** -ая, -ое.

САМОЗАБВЕ́НИЕ, -я, *ср.* **1.** Крайняя степень увлечённости, воодушевления. *Увлечён до самозабвения. С. в творчестве.* **2.** Забвение своих личных интересов ради любви к другим, самопожертвование (устар.). *С. ради ближних.*

САМОЗАБВЕ́ННЫЙ, -ая, -ое; -е́нен, -е́нна (высок.). Полный самозабвения. *С. труд. Самозабвенно* (нареч.) *любить.* ‖ *сущ.* **самозабве́нность,** -и, *ж.*

САМОЗАРЯ́ДНЫЙ, -ая, -ое. Перезаряжающийся автоматически. *Самозарядное оружие.*

САМОЗВА́НЕЦ, -нца, *м.* Тот, кто выдает себя за другого человека, присвоив его имя, звание. ‖ *ж.* **самозва́нка,** -и.

САМОЗВА́НСТВО, -а, *ср.* Незаконное присвоение себе чужого имени, звания с целью обмана.

САМОЗВА́НЫЙ, -ая, -ое. **1.** Являющийся самозванцем. **2.** Взявший на себя какие-н. обязанности без назначения, самовольно. *С. советчик.*

САМОКА́Т, -а, *м.* **1.** Во время первой мировой и гражданской войны: армейское название велосипеда, механической повозки. **2.** У детей: планка для катания со стоячей ручкой на колёсиках или роликах. ‖ *прил.* **самока́тный,** -ая, -ое (к 1 знач.). *Самокатная часть.*

САМОКА́ТЧИК, -а, *м.* (устар.). Военнослужащий самокатной части. *Рота самокатчиков.*

САМОКОНТРО́ЛЬ, -я, *м.* Контроль над своими действиями, поступками.

САМОКРИ́ТИКА, -и, *ж.* Критика собственной работы, вскрытие своих недостатков, ошибок. ‖ *прил.* **самокрити́ческий,** -ая, -ое.

САМОКРИТИ́ЧНЫЙ, -ая, -ое; -чен, -чна. Относящийся к самому себе критически; содержащий самокритику. *Самокритичное выступление.* ‖ *сущ.* **самокрити́чность,** -и, *ж.*

САМОКРУ́ТКА, -и, *ж.* (прост.). Самодельная папироса. *Свернуть самокрутку.*

САМОЛЁТ, -а, *м.* Летательный аппарат тяжелее воздуха с силовой установкой и крылом, создающим подъёмную силу, аэроплан. *Военный с. Гражданский с. Сверхзвуковой с. Реактивный с. Спортивный с. Лететь в самолёте (на самолёте, самолётом).* ✦ **Ковёр-самолёт** — в сказках: летающий ковёр, переносящий героев из одного места в другое. ‖ *прил.* **самолётный,** -ая, -ое. *С. спорт.*

САМОЛЁТО... *Первая часть сложных слов со знач.* относящийся к самолётам, напр. *самолётостроение, самолётостроитель, самолёторемонтный.*

САМОЛЁТОВОЖДЕ́НИЕ, -я, *ср.* Теория и практика вождения самолётов.

САМОЛИ́ЧНЫЙ, -ая, -ое; -чен, -чна. Осуществляемый лично кем-н. *Самоличная проверка. Самолично* (нареч.) *решить.*

САМОЛО́В, -а, *м.* Ловушка для зверей и птиц, а также род рыболовной снасти. *С. на белку, соболя.* ‖ *прил.* **самоло́вный,** -ая, -ое. *Самоловная снасть.*

САМОЛЮБИ́ВЫЙ, -ая, -ое; -и́в. Обладающий обострённым самолюбием. *С. человек. С. характер.*

САМОЛЮ́БИЕ, -я, *ср.* Чувство собственного достоинства, самоуважения, самоутверждения. *Болезненное с.* (обострённое). *Оскорблённое с. Щадить чьё-н. с.* (не давать повода для возникновения чувства обиды, оскорблённого самолюбия).

САМОМНЕ́НИЕ, -я, *ср.* Преувеличенно высокое мнение о самом себе.

САМОНАДЕ́ЯННЫЙ, -ая, -ое; -ян, -янна. Чрезмерно уверенный в самом себе, выражающий такую чрезмерную уверенность. *С. тон. Вести себя самонадеянно* (нареч.). ‖ *сущ.* **самонаде́янность,** -и, *ж.*

САМОНАЗВА́НИЕ, -я, *ср.* Имя, к-рым какой-н. народ называет сам себя.

САМООБЛАДА́НИЕ, *-я, ср.* Способность владеть собой, выдержка и хладнокровие. *Проявить с.*

САМООБЛОЖЕ́НИЕ, *-я, ср.* (спец.). Установленный самим населением добровольный сбор средств для удовлетворения местных общественных нужд.

САМООБМА́Н, -а, *м.* Обман самого себя, внушение себе того, чего нет в действительности.

САМООБОЛЬЩЕ́НИЕ, *-я, ср.* (книжн.). Самообман, необоснованная уверенность в том, что всё хорошо, благополучно. *Пустое с.*

САМООБОРО́НА, *-ы, ж.* Оборона самого (самих) себя собственными силами и средствами.

САМООБРАЗОВА́НИЕ, *-я, ср.* Приобретение знаний путём самостоятельных занятий, без помощи преподавателя. ‖ *прил.* **самообразова́тельный**, -ая, -ое.

САМООБСЛУ́ЖИВАНИЕ, *-я, ср.* Обслуживание самого (самих) себя, без помощи обслуживающего персонала. *Столовая самообслуживания. С. в магазине.*

САМООГОВО́Р, -а, *м.* Ложное обвинение самого себя, взятие на себя чужой вины.

САМООКУПА́ЕМОСТЬ, -и, *ж.* (спец.). Способ ведения производства, хозяйства, при к-ром расходы покрываются доходами самого предприятия. *С. предприятия.*

САМООПРЕДЕЛЕ́НИЕ, *-я, ср.* **1.** *см.* самоопределиться. **2.** Определение, выявление народом своей воли в отношении своего национального и государственного устройства. *Свободное с. наций.*

САМООПРЕДЕЛИ́ТЬСЯ, -лю́сь, -ли́шься; *сов.* Определить своё место в жизни, в обществе, осознать свои общественные, классовые, национальные интересы. ‖ *несов.* **самоопределя́ться**, -я́юсь, -я́ешься. ‖ *сущ.* **самоопределе́ние**, *-я, ср.*

САМООТВЕ́РЖЕННЫЙ, -ая, -ое; -жен, -женна. Жертвующий своими интересами ради других, ради общего блага. *С. характер. С. поступок. С. труд.* ‖ *сущ.* **самоотве́рженность**, -и, *ж.* и **самоотверже́ние**, -я, *ср.* (устар.).

САМООТВО́Д, -а, *м.* Отвод своей кандидатуры от выдвижения на какую-н. общественную работу с объяснением причин отказа. *Заявить с. на собрании. Принять, отклонить чей-н. с.*

САМООТДА́ЧА, -и, *ж.* Отдача (в 3 знач.) своих усилий, способностей, знаний. *Работать с полной самоотдачей.*

САМООТРЕЧЕ́НИЕ, *-я, ср.* (книжн.). Сознательный отказ от личных благ. *С. ради высокой цели.*

САМООЦЕ́НКА, -и, *ж.* Оценка самого себя, своих достоинств и недостатков, своих поступков. *Трезвая с.*

САМОПИ́СЕЦ, -сца, *м.* Прибор, автоматически записывающий какую-н. информацию. *Чёрный ящик — с.*

САМОПИ́СКА, -и, *ж.* (прост.). То же, что авторучка.

САМОПОЖЕ́РТВОВАНИЕ, *-я, ср.* Жертвование своими личными интересами ради других.

САМОПРОВОЗГЛАШЁННЫЙ, -ая, -ое (офиц.). О государстве: провозгласивший себя суверенным, но не признанный мировым сообществом.

САМОПРОИЗВО́ЛЬНЫЙ, -ая, -ое; -лен, -льна. Возникающий произвольно, сам собой, без видимых внешних воздействий. *Самопроизвольные движения.* ‖ *сущ.* **самопроизво́льность**, -и, *ж.*

САМОРЕКЛА́МА, -ы, *ж.* Рекламирование, восхваление самого себя. *Заниматься саморекламой.*

САМОРО́ДНЫЙ, -ая, -ое; -ден, -дна. **1.** Встречающийся в природе в химически чистом виде. *Самородные элементы. С. металл.* **2.** О даровании, таланте: природный, прирождённый. *С. поэт.*

САМОРО́ДОК, -дка, *м.* **1.** Кусок или крупное зерно ископаемого металла в химически чистом виде. *Золотой с.* **2.** Человек с большими природными дарованиями. *Изобретатель-с. Художник-с.* ‖ *прил.* **самоpо́дковый**, -ая, -ое (к 1 знач.).

САМОСА́Д, -а, *м.* (разг.). Табак собственного посева и домашней выделки. *Курить с.* ‖ *прил.* **самоса́дный**, -ая, -ое.

САМОСВА́Л, -а, *м.* Грузовой автомобиль с механически опрокидывающимся кузовом, а также саморазгружающийся вагон. *Восьмидесятитонный с. Вагон-с.* ‖ *прил.* **самосва́льный**, -ая, -ое.

САМОСЕ́В, -а, *м.* (спец.). **1.** Естественный посев растений осыпающимися семенами. **2.** Растение, выросшее в результате такого посева. *Мак-с.*

САМОСЕ́Й, -я, *м.* и **САМОСЕ́ЙКА**, -и, *ж.* То же, что самосев (во 2 знач.).

САМОСОЖЖЕ́НИЕ, *-я, ср.* Сожжение самого себя как одно из проявлений фанатизма.

САМОСОЗНА́НИЕ, *-я, ср.* Полное понимание самого себя, своего значения, роли в жизни, обществе. *Классовое с.*

САМОСОХРАНЕ́НИЕ, *-я, ср.* Стремление сохранить свою жизнь, обезопасить себя от чего-н. *Инстинкт самосохранения.*

САМОСТИ́ЙНЫЙ, -ая, -ое; -и́ен, -и́йна (книжн.). Независимый, самостоятельный (обычно о государственном образовании, власти). ‖ *сущ.* **самости́йность**, -и, *ж.*

САМОСТОЯ́ТЕЛЬНЫЙ, -ая, -ое; -лен, -льна. **1.** Существующий отдельно от других, независимый. *Самостоятельная организация. Жить самостоятельно* (нареч.). **2.** Решительный, обладающий собственной инициативой. *С. человек. Самостоятельное поведение.* **3.** Совершаемый собственными силами, без посторонних влияний, без чужой помощи. *С. учёный труд.* ‖ *сущ.* **самостоя́тельность**, -и, *ж.*

САМОСТРЕ́Л[1], -а, *м.* (устар.). Лук с механическим устройством для натягивания и спуска тетивы. ‖ *прил.* **самостре́льный**, -ая, -ое.

САМОСТРЕ́Л[2], -а, *м.* **1.** Намеренное ранение самого себя для того, чтобы уклониться от военной службы. **2.** Солдат, к-рый умышленно ранил самого себя (разг.)

СА́МОСТЬ, -и, *ж.* (книжн.). Индивидуальность, самобытность, своеобразие. *Духовная с. С. личности.*

САМОСУ́Д, -а, *м.* Самочинная расправа с кем-н. без ведома властей, суда. *Устранить с.* ‖ *прил.* **самосу́дный**, -ая, -ое.

САМОТЁК, -а, *м.* **1.** Течение жидкости или сыпучих тел, совершающееся силой собственной тяжести, по уклону. **2.** *перен.* Стихийный ход дела, работы без плана, без организационного руководства. *Пустить дело на с. Не полагаться на с.* ‖ *прил.* **самотёчный**, -ая, -ое (к 1 знач.; спец.). *С. водовод. Самотёчные оросительные каналы. Самотёчное орошение.*

САМОТЁКОМ, *нареч.* **1.** О движении жидкости или сыпучих тел; силой собственной тяжести, по уклону. *Вода идёт с.* **2.** *перен.* Стихийно, неорганизованно. *Работа не должна идти с.*

САМОУБИ́ЙСТВЕННЫЙ, -ая, -ое; -вен, -венна. **1.** *см.* самоубийство. **2.** *перен.* Губительный, опасный для самого себя (книжн.). *С. поступок. Самоубийственное решение.* ‖ *сущ.* **самоуби́йственность**, -и, *ж.*

САМОУБИ́ЙСТВО, -а, *ср.* Намеренное лишение себя жизни. *Покончить жизнь самоубийством. Политическое с.* (перен.: поступок, ведущий к совершенному прекращению своей политической деятельности). ‖ *прил.* **самоуби́йственный**, -ая, -ое (спец.). *С. акт.*

САМОУБИ́ЙЦА, -ы, *м.* и *ж.* Тот, кто совершил самоубийство.

САМОУВАЖЕ́НИЕ, *-я, ср.* Уважение к самому себе.

САМОУВЕ́РЕННЫЙ, -ая, -ое; -ен, -енна. Слишком уверенный в самом себе, в своей непогрешимости. *С. юноша. С. тон. Держаться самоуверенно* (нареч.). ‖ *сущ.* **самоуве́ренность**, -и, *ж.*

САМОУНИЖЕ́НИЕ, *-я, ср.* (книжн.). Унижение самого себя.

САМОУНИЧИЖЕ́НИЕ, *-я, ср.* (книжн.). Уничижение самого себя.

САМОУПРА́ВЕЦ, -вца, *м.* (устар.). Тот, кто поступает самоуправно.

САМОУПРАВЛЕ́НИЕ, *-я, ср.* **1.** То же, что автономия. **2.** Внутреннее, своими собственными силами управление делами в какой-н. организации, коллективе. *Студенческое с.* ‖ *прил.* **самоуправле́нческий**, -ая, -ое (ко 2 знач.).

САМОУПРА́ВНЫЙ, -ая, -ое; -вен, -вна (устар.). Являющийся самоуправством. *С. поступок. Поступать самоуправно* (нареч.).

САМОУПРА́ВСТВО, *-я, ср.* **1.** Произвол, грубое самоволие. **2.** Противозаконное и приносящее вред осуществление своего действительного или предполагаемого права (спец.). *С. должностного лица.*

САМОУПРА́ВСТВОВАТЬ, -твую, -твуешь и (разг.) **САМОУПРА́ВНИЧАТЬ**, -аю, -аешь; *несов.* Поступать произвольно, самочинно.

САМОУСПОКОЕ́НИЕ, *-я, ср.* и **САМОУСПОКО́ЕННОСТЬ**, -и, *ж.* Необоснованная успокоенность, легкомысленная уверенность в благополучном ходе дел. *Нет оснований для самоуспокоения.*

САМОУСПОКО́ИТЬСЯ, -о́юсь, -о́ишься; *сов.* Предаться самоуспокоенности. ‖ *несов.* **самоуспока́иваться**, -аюсь, -аешься.

САМОУСТРАНИ́ТЬСЯ, -ню́сь, -ни́шься; *сов., от чего.* Самовольно устраниться от своих обязанностей, перестать заботиться о порученном деле, о ходе работы. ‖ *несов.* **самоустраня́ться**, -я́юсь, -я́ешься. ‖ *сущ.* **самоустране́ние**, *-я, ср.*

САМОУТВЕРЖДЕ́НИЕ, *-я, ср.* (книжн.). Утверждение себя, своей личности, своего значения.

САМОУЧИ́ТЕЛЬ, -я, *м.* Руководство для самостоятельного изучения какого-н. предмета, для самостоятельного приобретения каких-н. навыков, мастерства. *Изучать язык по самоучителю. С. игры на гитаре.*

САМОУ́ЧКА, -и, *м.* и *ж.* Человек, к-рый выучился чему-н. самостоятельно, без систематического обучения и без руководителя. *Художник-с.*

САМОХВА́Л, -а, *м.* (разг.). Человек, к-рый занимается самохвальством, бахвал. ‖ *ж.* **самохва́лка**, -и. ‖ *прил.* **самохва́льский**, -ая, -ое.

САМОХВА́ЛЬСТВО, -а, *ср.* (разг.). Расхваливание самого себя.

САМОХО́Д, -а, *м.* и (разг.) **САМОХО́ДКА**, -и, *ж.* Самоходная машина, механизм.

САМОХО́ДНЫЙ, -ая, -ое. Движущийся собственной тягой. *Самоходная артиллерия. Самоходные орудия. С. комбайн. Самоходная артиллерийская установка* (до конца второй мировой войны: название самоходного артиллерийского орудия).

САМОХО́ДОМ, *нареч.* (разг.). Двигаясь своим ходом, на собственной тяге.

САМОЦВЕ́Т, -а, *м.* Самоцветный камень. *Уральские самоцветы.*

САМОЦВЕ́ТНЫЙ, -ая, -ое. О драгоценных и полудрагоценных минералах, поделочных камня блестящий, с красивой окраской. *С. кам .*

САМОЦЕ́ЛЬ, -и, *ж.* Цель, достижение к-рой не предполагает дальнейших устремлений, новых задач. *Для музыканта техника не с.*

САМОЧИ́ННЫЙ, -ая, -ое; -нен, -нна (книжн.). Совершаемый незаконно, самоуправный. *Самочинные действия.* ‖ *сущ.* **самочи́нность**, -и, *ж.*

САМОЧИ́НСТВОВАТЬ, -твую, -твуешь; *несов.* (устар.). Поступать самочинно, самоуправствовать. ‖ *сущ.* **самочи́нство**, -а, ср.

САМОЧУ́ВСТВИЕ, -я, *ср.* Состояние физических и душевных сил человека. *Плохое с. Как ваше с.?*

САМУ́М, -а, *м.* Сухой, знойный ветер пустынь, налетающий шквалом и образующий песчаные вихри. ‖ *прил.* **саму́мный**, -ая, -ое.

САМУРА́Й, -я, *м.* **1.** В феодальной Японии: член военно-феодального сословия, а также его светской верхушки. **2.** *мн.* Вообще о японских военных (разг.). ‖ *прил.* **самура́йский**, -ая, -ое.

САМШИ́Т, -а, *м.* Небольшое южное вечнозелёное дерево или кустарник с очень плотной и тяжёлой древесиной. *Кавказский с.* ‖ *прил.* **самши́товый**, -ая, -ое. *Семейство самшитовых* (сущ.).

СА́МЫЙ, -ая, -ое, *мест. определит.* **1.** Употр. для уточнения при словах «этот», «тот», а также (прост.) при личном местоимении в знач. именно. *Эта самая книга. В этом самом месте. Так это вы и есть Петров? — Я с.* **2.** Употр. для уточнения места и времени в знач. прямо, как раз, непосредственно. *У самого моря. На с. верх забрался. С самого утра. Самое время учиться. Сейчас самая пора обедать.* **3.** Подчёркивает определяемое существительное в знач. взятый сам по себе, как таковой. *Достаточен с. факт согласия.* **4.** При прилагательном образует его превосходную степень, а при существительном указывает на крайнюю степень количества или качества. *С. хороший. С. модный. Самая малость. Самые пустяки. В самом разгаре событий.* **5. са́мое**, *частица.* Означает своевременность: самое подходящее время, самая подходящая пора, именно сейчас (прост.). *Сейчас бы самое пообедать. Самое разведать, пока темно.* ✦ **В самом деле** — действительно, точно. *Он в самом деле настоящий друг.* **На самом деле** — в действительности, так, как оно есть. *Уверяет в дружбе, а на самом деле равнодушен.* **В самый раз** (разг.) — 1) вовремя, именно в нужный момент. *Успел в самый раз;* 2) впору (в 1 знач.), как раз по размеру. *Сапоги в самый раз.* **Самый-самый** (**самая-самая, самое-самое**) (разг. шутл.) — самый хороший, лучше всех. *Она самая-самая!*

САН, -а, *м.* **1.** Звание, связанное с почётным положением (книжн.). *Носить высокий с. В сане посла.* **2.** Звание служителя христианского религиозного культа. *Духовный с. С. дьякона.*

САН... Сокращение в знач. санитарный, напр. *санврач, санинспектор, санобработка, санпропускник, сантехника, санбат* (санитарный батальон), *санинструктор, санпост, санчасть.*

САНАТО́РИЙ, -я, *м.* Стационарное учреждение для лечения, профилактики заболеваний и отдыха. *Бальнеологический с. Путёвка в с. Поехать в с. Вернуться из санатория.* ‖ *прил.* **санато́рный**, -ая, -ое *и* **санато́рский**, -ая, -ое. *Санаторный режим. Санаторский автобус.*

САНГВИ́НИК, -а, *м.* Человек сангвинического темперамента. ‖ *ж.* **сангвини́чка**, -и (разг.).

САНГВИНИ́ЧЕСКИЙ, -ая, -ое: **сангвинический темперамент** (спец.) — темперамент, характеризующийся живостью, лёгкой возбудимостью, быстрой сменой эмоций.

САНДА́Л, -а, *м.* **1.** Дерево южных стран с ароматической древесиной. **2.** Краска (обычно красная), добываемая из древесины этого и нек-рых других деревьев. ‖ *прил.* **санда́ловый**, -ая, -ое. *Сандаловое дерево. Сандаловое масло.*

САНДАЛЕ́ТЫ, -е́т, *ед.* **сандале́та**, -ы, *ж.* Род лёгких туфель. *Мужские, женские с.*

САНДА́ЛИИ, -ий, *ед.* **санда́лия**, -и, *ж.* Лёгкие летние туфли без каблуков [*первонач.* подошвы на ремнях, охватывающих ногу]. ‖ *прил.* **санда́льный**, -ая, -ое.

САНДА́ЛИТЬ, -лю, -лишь; -ленный; *несов.*, *что.* **1.** Красить сандалом. **2.** Натирать до блеска (прост.). ‖ *сов.* **насанда́лить**, -лю, -лишь; -ленный (ко 2 знач.).

СА́НДВИЧ, -а, *м.* Бутерброд, покрытый ломтиком хлеба. *С. с сыром.*

СА́НИ, -е́й. **1.** Зимняя повозка на полозьях. *Ехать в санях* или *на санях. Не в свои с. не садись* (посл.). **2.** Спортивный снаряд на полозьях для скоростного спуска по специально оборудованной ледяной трассе. *Гоночные с. Одноместные, двухместные с.* ‖ *прил.* **са́нный**, -ая, -ое. *С. обоз. С. путь. С. спорт.*

САНИНСТРУ́КТОР, -а, *м.* Сокращение: санитарный инструктор — младший медицинский работник в армии, имеющий специальную подготовку. ‖ *прил.* **санинстру́кторский**, -ая, -ое.

САНИ́РОВАТЬ, -рую, -руешь; -анный; *сов.* и *несов.*, *что.* Оздоровить (-влять) что-н. ‖ *сущ.* **сани́рование**, -я, *ср.* и **сана́ция**, -и, *ж. С. полости рта.*

САНИТА́Р, -а, *м.* Младший медицинский работник, занимающийся гигиеническим уходом за больными и ранеными, уборкой помещений лечебного учреждения. *Животные-санитары* (перен.: животные, уничтожающие вредных насекомых, грызунов, сорняки, падаль). *Санитары леса* (перен.: то же, что животные-санитары). ‖ *ж.* **санита́рка**, -и. ‖ *прил.* **санита́рский**, -ая, -ое (разг.).

САНИТАРИ́Я, -и, *ж.* Относящиеся к системе здравоохранения меры по поддержанию чистоты, соблюдению правил гигиены. ‖ *прил.* **санита́рный**, -ая, -ое.

САНИТА́РНЫЙ, -ая, -ое. **1.** *см.* санитария. **2.** Осуществляющий мероприятия по санитарии; связанный с требованиями санитарии. *С. надзор. С. врач. Санитарное состояние города.* **3.** В армии: относящийся к медицинской службе. *Санитарная часть. С. пункт. С. поезд. С. инструктор.* **4.** Оздоровительный, очищающий. *Санитарная рубка леса.* ✦ **Санитарная техника** — 1) название отраслей техники, обеспечивающих благоустройство жилищ, помещений, территорий, отвечающее требованиям санитарии; 2) *собир.*, технические средства водоснабжения, канализации, теплоснабжения, газоснабжения, очистки населённых мест.

СА́НКИ, -нок, -нкам. **1.** То же, что сани (в 1 знач.). **2.** Небольшие ручные сани (в 1 знач.). *Детские с. Кататься с горы на санках.* ‖ *уменьш.* **са́ночки**, -чек, -чкам. ‖ *прил.* **са́ночный**, -ая, -ое.

САНКЦИОНИ́РОВАТЬ, -рую, -руешь; -анный; *сов. и несов.*, *что* (книжн.). Дать (давать) санкцию (в 1 знач.) чему-н. *С. чьё-н. решение.*

СА́НКЦИЯ, -и, *ж.* **1.** *на что.* Утверждение чего-н. высшей инстанцией, разрешение (книжн.). *Получить санкцию директора на проведение эксперимента.* **2.** Мера, принимаемая против стороны, нарушившей соглашение, договор, а также вообще та или иная мера воздействия по отношению к правонарушителю (спец.). *Уголовные, административные, дисциплинарные санкции. Применить экономические санкции против кого-н. Политические санкции.*

СА́ННЫЙ *см.* сани.

САНОВИ́ТЫЙ, -ая, -ое; -и́т (устар.). **1.** То же, что сановный. **2.** Свойственный человеку высокого сана (в 1 знач.). *Сановитая внешность.* ‖ *сущ.* **санови́тость**, -и, *ж.*

САНО́ВНИК, -а, *м.* Крупный чиновник, занимающий высокое положение. *Царский с.* ‖ *прил.* **сано́внический**, -ая, -ое.

САНО́ВНЫЙ, -ая, -ое; -вен, -вна. Обладающий высоким саном (в 1 знач.). ‖ *сущ.* **сано́вность**, -и, *ж.*

СА́НОЧНИК, -а, *м.* Спортсмен, занимающийся санным спортом. ‖ *ж.* **са́ночница**, -ы.

СА́НОЧНЫЙ *см.* санки.

САНПРОПУСКНИ́К, -а́, *м.* Сокращение: санитарный пропускник — санитарно-профилактическое дезинфекционное учреждение. *Пройти обработку в санпропускнике.*

САНСКРИ́Т, -а, *м.* Литературный язык Древней Индии. ‖ *прил.* **санскри́тский**, -ая, -ое.

СА́НТА-КЛА́УС, Са́нта-Кла́уса, *м.* В нек-рых зарубежных странах: традиционный персонаж рождественских и новогодних праздников — седобородый старик, приносящий подарки. ‖ *прил.* **са́нта-кла́усовский**, -ая, -ое.

САНТЕ́ХНИК, -а, *м.* Сокращение: санитарный техник — специалист по санитарной технике. *Инженер-с. Слесарь-с.* (специалист по обслуживанию тепловой, водопроводной и канализационной техники в домах).

САНТЕ́ХНИКА, -и, *ж.* Сокращение: санитарная техника. *Магазин сантехники* (собир.). ‖ *прил.* **сантехни́ческий**, -ая, -ое.

САНТИ... *Первая часть сложных слов со знач.* единицы, равной одной сотой доле той единицы, к-рая названа во второй части сложения, напр. *сантиметр, сантиграмм.*

САНТИ́М, -а, *м.* Мелкая монета во Франции, Бельгии, Швейцарии и нек-рых других странах, сотая часть франка.

САНТИМЕ'НТЫ, -ов (разг. ирон.). Проявление излишней чувствительности в словах, поступках. *Разводить с.*

САНТИМЕ'ТР, -а, *м.* **1.** Единица длины, сотая часть метра. **2.** Измерительная линейка, лента с делениями такой меры. ‖ *прил.* **сантиметро́вый**, -ая, -ое (к 1 знач.).

САНУ'ЗЕЛ, -зла́, *м.* Сокращение: санитарный узел — ванная (умывальник, душ) и туалет. *Совмещённый с.* (туалет и ванная или душ в одном помещении).

САНЭПИДСТА'НЦИЯ, -и и **САНЭПИДЕМСТА'НЦИЯ**, -и, *ж.* Сокращение: санитарно-эпидемиологическая станция — учреждение, осуществляющее санитарный надзор и санитарно-противоэпидемическое обслуживание.

САП[1], -а, *м.* Инфекционная болезнь лошадей и нек-рых других животных, передающаяся человеку. ‖ *прил.* **сапно́й**, -а́я, -о́е.

САП[2], -а, *м.* (разг.). Сопение, густые свистящие звуки при тяжёлом дыхании. *Раздаётся с. спящих. Лошадиный с.*

СА'ПА, -ы, *ж.* (устар.). Глубокий окоп в сторону противника для постепенного приближения к нему при наступлении. *Вести сапу.* ✦ **Тихой сапой** (прост.) — тайно и постепенно. *Действовать тихой сапой.*

САПЁР, -а, *м.* Военнослужащий инженерных войск. *Сапёры обезвредили мину. С. ошибается один раз* (о минёрах). ‖ *прил.* **сапёрский**, -ая, -ое.

САПЁРНЫЙ, -ая, -ое. Относящийся к военно-инженерным работам, к работе сапёров. *Сапёрные работы. С. взвод. С. инструмент.*

САПОГИ', сапо́г, *ед.* сапо́г, -а́, *м.* Высокая обувь, охватывающая голени. *Кожаные с. Валяные с.* (валенки). *Резиновые с.* ✦ **Два сапога пара** (разг. ирон.) — о двух людях, вполне сходных, подходящих друг к другу, в особенности по своим недостаткам. **Сапоги всмятку** (разг. шутл.) — бессмыслица, чепуха. **Под сапогом** *у кого* — то же, что под пятой у кого-н. ‖ *уменьш.* **сапо́жки**, -жек, -жкам *и* **сапожки́**, -жко́в, -жка́м, *ед.* сапожо́к, -жка́, *м.* ‖ *прил.* **сапо́жный**, -ая, -ое. *Сапожная щётка* (для чистки обуви).

САПО'ЖНИК, -а, *м.* **1.** Мастер, занимающийся шитьём и починкой обуви. *Холодный с.* (работающий на улице упрощённым способом; устар.). **2.** О том, кто плохо, неумело работает (устар. и прост.). ✦ **Сапожник без сапог** (разг. шутл.) — о том, кто, умея что-н. делать или имея что-н. для других, не может сделать этого для себя или не имеет у себя. ‖ *прил.* **сапо́жницкий**, -ая, -ое (к 1 знач.) *и* **сапо́жничий**, -ья, -ье (к 1 знач.). *С. инструмент.*

САПО'ЖНЫЙ, -ая, -ое. **1.** *см.* сапог. **2.** Относящийся к работе сапожника (в 1 знач.). *Сапожное ремесло. Сапожная мастерская.*

САПСА'Н, -а, *м.* Хищная птица сем. соколиных, род сокола. *Ловчий с. Охота с сапсаном. Вольерное разведение сапсанов.*

САПФИ'Р, -а, *м.* Драгоценный камень синего или голубого цвета, прозрачная разновидность корунда. ‖ *прил.* **сапфи́рный**, -ая, -ое *и* **сапфи́ровый**, -ая, -ое.

САПФИ'РНЫЙ, -ая, -ое и **САПФИ'РОВЫЙ**, -ая, -ое. **1.** *см.* сапфир. **2.** Синий, цвета сапфира.

САРА'Й, -я, *м.* Крытое нежилое строение, обычно без потолочных перекрытий. *С. для дров. Сенной с. Держать овец в сарае. Не комната, а какой-то с.* (перен.: о большой и неуютной комнате). ‖ *уменьш.* **сара́йчик**, -а, *м.* ‖ *уничч.* **сараю́шка**, -и, *ж.* ‖ *прил.* **сара́йный**, -ая, -ое.

САРАНЧА', -и́, *ж.*, также *собир.* Стадное насекомое, вредитель сельского хозяйства, перелетающее большими массами. *Наброситься (налететь) как с.* (с жадностью, опустошая всё; разг.). ‖ *прил.* **саранчо́вый**, -ая, -ое. *Семейство саранчовых* (сущ.).

САРАФА'Н, -а, *м.* **1.** В старое время: женская крестьянская одежда, род платья без рукавов, надеваемая поверх рубашки с длинными рукавами. **2.** Род женского платья с большим вырезом, без рукавов. ‖ *уменьш.* **сарафа́нчик**, -а, *м.* ‖ *прил.* **сарафа́нный**, -ая, -ое.

САРДЕ'ЛЬКА, -и, *ж.* Толстая короткая сосиска. ‖ *прил.* **сарде́лечный**, -ая, -ое.

САРДИ'НА, -ы и **САРДИ'НКА**, -и, *ж.* Небольшая морская рыбка сем. сельдевых, употр. обычно в консервированном виде. *Сардины в масле.* ‖ *прил.* **сарди́нный**, -ая, -ое, **сарди́новый**, -ая, -ое *и* **сарди́ночный**, -ая, -ое.

САРДОНИ'ЧЕСКИЙ, -ая, -ое (книжн.). Злобно-насмешливый, язвительный. *С. смех. С. взгляд.*

СА'РЖА, -и, *ж.* Хлопчатобумажная или шёлковая ткань с диагональным переплетением нитей, идущая обычно на подкладку. ‖ *прил.* **са́ржевый**, -ая, -ое.

СА'РИ, *нескл., ср.* В Южной Азии: женская одежда из длинного куска ткани, оборачиваемого вокруг бёдер и накидываемого на голову и верхнюю часть тела. *Индийское с.*

САРКА'ЗМ, -а, *м.* (книжн.). **1.** Язвительная насмешка, злая ирония. *В голосе звучит с.* **2.** Едкое, насмешливое замечание.

САРКАСТИ'ЧЕСКИЙ, -ая, -ое. Проникнутый сарказмом (в 1 знач.). *Саркастическая улыбка.*

САРКАСТИ'ЧНЫЙ, -ая, -ое; -чен, -чна. То же, что саркастический. ‖ *сущ.* **саркасти́чность**, -и, *ж.*

САРКО'МА, -ы, *ж.* Злокачественная опухоль из соединительной ткани. ‖ *прил.* **саркомато́зный**, -ая, -ое.

САРКОФА'Г, -а, *м.* Массивный гроб, гробница.

САРМА'ТСКИЙ, -ая, -ое. **1.** *см.* сарматы. **2.** Относящийся к сарматам, к их образу жизни, культуре, а также к местам их кочевания, истории; такой, как у сарматов. *Сарматские кочевники. Сарматские племена.*

САРМА'ТЫ, -а́т *и* -а́тов, *ед.* -ма́т, -а, *м.* Древние ираноязычные племена, с 3 в. до н. э. по 4 в. н. э. кочевавшие в степях от Тобола до Дуная и вытеснившие из Северного Причерноморья скифов. ‖ *ж.* **сарма́тка**, -и. ‖ *прил.* **сарма́тский**, -ая, -ое.

САРПИ'НКА, -и, *ж.* Тонкая хлопчатобумажная ткань в клетку или в полоску. ‖ *прил.* **сарпи́нковый**, -ая, -ое.

САРЫ'Ч, -а́, *м.* Хищная птица сем. ястребиных.

САТАНА', -ы́, *м.* В религиозной мифологии: то же, что дьявол, а также (прост., *м.* и *ж.*) бранно о человеке. *С. там правит бал* (там действуют силы зла; книжн.). *Муж и жена — одна с.* (посл.: их мысли, поведение одинаковы). ‖ *прил.* **сатани́нский**, -ая, -ое (книжн.).

САТАНЕ'ТЬ, -е́ю, -е́ешь; *несов.* (прост.). Становиться яростно-злым, злее. ‖ *сов.* **осатане́ть**, -е́ю, -е́ешь.

САТАНИ'НСКИЙ, -ая, -ое. **1.** *см.* сатана. **2.** *перен.* Злобный, коварный. *С. смех. Сатанинская злость.* **3.** *перен.* Очень сильный, дьявольский. *Сатанинские морозы. Сатанинское тщеславие.*

САТЕЛЛИ'Т, -а, *м.* **1.** В Древнем Риме: вооружённый слуга-телохранитель. **2.** *перен.* Приспешник, исполнитель чужой воли (книжн.). **3.** Спутник планеты (спец.). *Луна — с. Земли.* **4.** Государство, формально независимое, но по существу подчинённое другому, более сильному государству.

САТИ'Н, -а, *м.* Плотная глянцевитая хлопчатобумажная или шёлковая ткань. ‖ *прил.* **сати́новый**, -ая, -ое.

САТИ'Р, -а, *м.* **1.** В древнегреческой мифологии: низшее божество, существо с хвостом, рогами и козлиными ногами, развратный спутник бога вина и веселья. **2.** *перен.* Развратный и лукавый человек (устар.).

САТИ'РА, -ы, *ж.* **1.** Художественное произведение, остро и беспощадно обличающее отрицательные явления действительности. **2.** Обличающее, бичующее осмеяние. ‖ *прил.* **сатири́ческий**, -ая, -ое. *С. жанр. С. стиль.*

САТИ'РИК, -а, *м.* Писатель — автор сатирических произведений.

САТРА'П, -а, *м.* **1.** В Древнем Персидском государстве: наместник шаха. **2.** *перен.* Деспот, самодур, управляющий по собственному произволу. ‖ *прил.* **сатра́пский**, -ая, -ое (ко 2 знач.).

САТУРА'ТОР, -а, *м.* Аппарат для газирования жидкостей. ‖ *прил.* **сатура́торный**, -ая, -ое.

САТУРНИА'НСКИЙ, -ая, -ое (спец.). Относящийся к планете Сатурн. *Сатурнианские луны.*

СА'УНА, -ы, *ж.* Финская баня с горячим сухим воздухом в парной и холодным бассейном.

САФА'РИ. **1.** *нескл., ср.* Одежда прямого покроя из светлой плотной тк[ан]и с карманами и отстрочкой, имитирующая костюм охотников в Африканских заповедниках. **2.** *неизм.* Об одежде: такого покроя, фасона. *Платье с. Куртка с.*

САФЬЯ'Н, -а, *м.* Тонкая и мягкая козья или овечья кожа, специально выделанная и окрашенная в яркий цвет. ‖ *прил.* **сафья́новый**, -ая, -ое *и* **сафья́нный**, -ая, -ое.

СА'ХАР, -а (-у), *мн.* (спец.) -ы, -ов *и* -а́, -о́в, *м.* **1.** *ед.* Кристаллическое питательное белое сладкое вещество, получаемое из сахарной свёклы или из сахарного тростника. *С.-рафинад. С.-песок. Производство сахара. Кило сахару. Чай с сахаром.* **2.** (род. ед. -а). Название нек-рых органических соединений из группы углеводов (спец.). *Виноградный с. Рафинированные сахара. Анализ мочи на содержание сахара.* ✦ **Не сахар** *кто-что* (разг.) — о ком-чём-н. неприятном, трудном, не мёд, не подарок. *Характерец у тебя не сахар.* ‖ *уменьш.* **сахаро́к**, -рка́ (-рку́), *м.* (к 1 знач.). ‖ *прил.* **са́харный**, -ая, -ое. *Сахарное производство. Сахарное тесто, печенье* (с большим количеством сахара). *Сахарная боле[знь]* (то же, что сахарный диабет; устар.).

САХАРИ'Н, -а, *м.* Белый сладкий порошок — заменитель сахара. ‖ *прил.* **сахари́новый**, -ая, -ое.

СА'ХАРИСТЫЙ, -ая, -ое; -ист и **САХАРИ'СТЫЙ**, -ая, -ое; -и́ст. **1.** Похож[ий] на сахар; сладкий. **2.** Содержащий в себе, выделяющий из себя сахар. *Сахаристая свёкла. Сахаристые кондитерские изделия* (не мучные; спец.). ‖ *сущ.* **са́харистость**, -и, *ж. и* **сахари́стость**, -и, *ж.*

СА'ХАРИТЬ, -рю, -ришь; *несов., что.* Добавлять к чему-н. сахар, посыпать сахаром. *С. кашу.* ‖ *сов.* **посаха́рить**, -рю, -ришь; -ренный.

СА́ХАРНИЦА, -ы, *ж.* Предмет чайной посуды для сахара.

СА́ХАРНО-БЕ́ЛЫЙ, -ая, -ое. Белый, как сахар, чисто-белый.

СА́ХАРНЫЙ, -ая, -ое. **1.** *см.* сахар. **2.** *перен.* Чисто-белый, цвета сахара. *Сахарные зубы.* **3.** *перен.* Слащавый, нежный, умильный (устар.). *Сахарные уста. Сахарные речи.* ✦ **Сахарный песок** — сахар в мелких кристалликах, в отличие от пилёного, колотого. **Сахарная свёкла** — техническая культура, свёкла с белым корнем, из к-рого добывается сахар. **Сахарный тростник** — многолетний злак, из стеблей к-рого добывается сахар. **Сахарная кость** — с губчатым строением ткани (о кости животного как продукте для варки). **Не сахарный** *кто* (разг. шутл.) — не размокнет, не растает (о том, кто попал под дождь). *С утра льёт, но ничего, дойдём, не сахарные.*

САХАРО... *Первая часть сложных слов со знач.:* 1) относящийся к сахару (в 1 знач.), напр. *сахаропаточный, сахаропроизводство, сахарорафинадный;* 2) относящийся к сахару (во 2 знач.), напр. *сахароснижающий, сахаромер.*

САХАРОВА́Р, -а, *м.* Специалист по сахароварению.

САХАРОВАРЕ́НИЕ, -я, *ср.* Промышленное изготовление сахара (в 1 знач.). ‖ *прил.* **сахарова́рный**, -ая, -ое *и* **сахарова́ренный**, -ая, -ое.

САХАРО́ЗА, -ы, *ж.* (спец.). Тростниковый или свекловичный сахар, образуемый остатками глюкозы и фруктозы. ‖ *прил.* **сахаро́зный**, -ая, -ое.

САХАРОЗАВО́ДЧИК, -а, *м.* Владелец сахарного завода. ‖ *ж.* **сахарозаво́дчица**, -ы.

САЧКОВА́ТЬ, -ку́ю, -ку́ешь; *несов.* (прост.). Уклоняясь от работы, бездельничать, лентяйничать.

САЧО́К[1], -чка́, *м.* Конусообразный сетчатый мешок на ручке для ловли рыб, летающих насекомых. ‖ *прил.* **сачко́вый**, -ая, -ое.

САЧО́К[2], -чка́, *м.* (прост.). Бездельник, лентяй, уклоняющийся от работы.

СБА́ВИТЬ, -влю, -вишь; -вленный; *сов., что и чего.* То же, что убавить (в 1 и 2 знач.). *С. цену. С. скорость. С. рубль* (уступить в цене на рубль). *Больной сбавил в весе* (похудел). *С. спеси кому-н.* (сбить спесь). ‖ *несов.* **сбавля́ть**, -я́ю, -я́ешь. ‖ *сущ.* **сбавле́ние**, -я, *ср. и* **сба́вка**, -и, *ж.* ‖ *прил.* **сба́вочный**, -ая, -ое (спец.).

СБА́ГРИТЬ, -рю, -ришь; *сов., кого-что* (прост.). То же, что сплавить[2] (во 2 знач.). ‖ *несов.* **сба́гривать**, -аю, -аешь.

СБАЛАНСИ́РОВАТЬ, -рую, -руешь; -анный; *сов., что.* **1.** см. балансировать. **2.** *перен.* Уравновесить (во 2 знач.), согласовать, соразмерить. *С. силы, возможности.* ‖ *сущ.* **сбаланси́рованность**, -и, *ж.*

СБА́ЛТЫВАТЬ *см.* сболтать.

СБЕ́ГАТЬ, -аю, -аешь; *сов.* (разг.). Сходить куда-н. быстро, бегом. *С. в магазин.*

СБЕЖА́ТЬ, сбегу́, сбежи́шь, сбегу́т; *сов.* **1.** *с чего.* Бегом спуститься вниз, а также (перен.) быстро спуститься откуда-н. *С. с лестницы. Потоки сбежали с гор.* **2.** Убежать тайком. *С. от преследователей. С. из дома.* **3.** (1 и 2 л. не употр.), *перен.* Исчезнуть, удалиться. *С лица сбежал румянец. Улыбка сбежала с губ. Со стен сбежала краска.* ‖ *несов.* **сбега́ть**, -а́ю, -а́ешь.

СБЕЖА́ТЬСЯ (сбегу́сь, сбежи́шься, 1 и 2 л. ед. не употр.), сбежи́тся; *сов.* О многих, многом: бегом собраться в одном месте, а также (перен.) вообще быстро собраться вместе. *С. на крик. Сбежалась вся улица.* ‖ *несов.* **сбега́ться** (-а́юсь, -а́ешься, 1 и 2 л. ед. не употр.), -а́ется.

СБЕР... Сокращение в знач. сберегательный, напр. *сберкасса, сбербанк, сберкнижка.*

СБЕРЕЖЕ́НИЕ, -я, *ср.* **1.** *см.* **сберечь**. **2.** *мн.* Накопленная сумма денег. *Трудовые сбережения. Хранить сбережения на сберкнижке.*

СБЕРЕ́ЧЬ, -егу́, -ежёшь, -егу́т; -ёг, -егла́; -ёгший; -ежённый (-ён, -ена́); -ёгши; *сов., кого-что.* **1.** Не истратить, не израсходовать напрасно, без необходимости. *С. деньги. С. своё имущество. С. здоровье.* **2.** Не дать исчезнуть или не дать потерпеть ущерб. *С. семью. С. молодняк. С. чужую тайну.* ‖ *несов.* **сберега́ть**, -а́ю, -а́ешь. ‖ *сущ.* **сбереже́ние**, -я, *ср.* ‖ *прил.* **сберега́тельный**, -ая, -ое (к 1 знач. в нек-рых сочетаниях). *С. банк* (кредитное учреждение, хранящее сбережения и производящее операции со свободными денежными средствами населения). *Сберегательная книжка* (документ, выдаваемый вкладчику сберегательной кассой, банком).

СБЕРЕ́ЧЬСЯ (-егу́сь, -ежёшься, 1 и 2 л. не употр.), -егу́тся; -ёгся, -егла́сь; -ёгшийся; -ёгшись; *сов.* Сохраниться неповреждённым, неутраченным, неизрасходованным. ‖ *несов.* **сберега́ться** (-а́юсь, -а́ешься, 1 и 2 л. не употр.), -а́ется.

СБИВА́ТЬ[1-3] *см.* сбить[1-3].

СБИВА́ТЬСЯ, -а́юсь, -а́ешься; *несов.* **1.** *см.* сбиться[1-2]. **2.** *перен., на что.* Становиться похожим на что-н., напоминая собой что-н. (разг.). *Рассказ сбивается на сказку.*

СБИВНО́Й *см.* сбить[2].

СБИ́ВЧИВЫЙ, -ая, -ое; -ив. Запутанный, непоследовательный. *С. ответ.* ‖ *сущ.* **сби́вчивость**, -и, *ж.*

СБИРА́ТЬ, -а́ю, -а́ешь; *несов., что* (устар. и разг.). То же, что собирать (в 1, 3, 6, 7, 10 и 11 знач.). *С. народ. С. ягоды. С. в дорогу. С. в сборку. С. обедать.*

СБИ́ТЕНЩИК, -а, *м.* В старину: продавец сбитня. ‖ *ж.* **сби́тенщица**, -ы.

СБИ́ТЕНЬ, -тня, *м.* В старину: горячий напиток из мёда с пряностями. ‖ *прил.* **сби́тенный**, -ая, -ое.

СБИТЬ[1], собью́, собьёшь; сбей; сби́тый; *сов.* **1.** *кого-что.* Заставить упасть, сшибить, ударом сдвинуть с места. *С. с ног. С. вражеский самолёт. С. яблоко с дерева. С. запоры.* **2.** *что.* Стоптать, скривить. *С. каблуки. Сбитые туфли.* **3.** *что.* Повредить себе ударами или ходьбой, стереть (во 2 знач.). *С. ноги.* **4.** *что.* Снизить, убавить (разг.). *С. цену. С. спесь. С. температуру.* **5.** *кого (что).* Отклонить от правильного пути; запутать. *С. с дороги. С. с толку. С. трудным вопросом.* ‖ *несов.* **сбива́ть**, -а́ю, -а́ешь. ‖ *сущ.* **сбива́ние**, -я, *ср. и* **сби́вка**, -и, *ж.* (к 1 знач.).

СБИТЬ[2], собью́, собьёшь; сбей; сби́тый; *сов.* **1.** *что.* Ударами соединить, составить. *С. ящик из досок.* **2.** *что.* Ударами превратить в плотную массу. *С. масло. С. сливки.* **3.** *кого-что.* Собрать вместе, соединить (разг.). *С. всех в кучу.* ‖ *несов.* **сбива́ть**, -а́ю, -а́ешь. ‖ *сущ.* **сбива́ние**, -я, *ср.* (к 1 и 2 знач.), **сби́вка**, -и, *ж.* (к 1 и 2 знач.) *и* **сбой**, -я, *м.* (к 1 знач.; спец.). *С. щитов.* ‖ *прил.* **сбивно́й**, -а́я, -о́е (к 1 и 2 знач.) *и* **сбо́йный**, -ая, -ое (к 1 знач.; спец.).

СБИ́ТЬСЯ[1], собью́сь, собьёшься; сбе́йся; *сов.* **1.** (1 и 2 л. не употр.). Сдвинуться с места. *Шляпа сбилась набок. Повязка сбилась.* **2.** Отклониться от правильного хода мыслей, ошибиться, спутаться. *Сначала отвечал хорошо, а потом сбился. С. в счёте. С. в показаниях* (впасть в противоречия). *С. с толку.* **3.** Дать перебой в работе, в движении. *График сбился. Движение транспорта сбилось.* **4.** То же, что заблудиться (разг.). *С. с дороги, с пути* (также перен.: вступить на неправильный, ошибочный путь в поведении, в жизни). **5.** (1 и 2 л. не употр.). Стоптаться, скривиться. *Каблуки сбились.* **6.** (1 и 2 л. не употр.). Повредиться от ударов, трения, ходьбы. *Ноги сбились в сапогах.* ✦ **Сбиться с ног** (разг.) — очень устать от беготни, хлопот. **Сбиться с ноги** — начать идти не в ногу. ‖ *несов.* **сбива́ться**, -а́юсь, -а́ешься. ‖ *сущ.* **сбой**, -я, *м.* (к 3 знач.). *Дать с. С. графика. С. радиосвязи.*

СБИ́ТЬСЯ[2] (собью́сь, собьёшься, 1 и 2 л. ед. не употр.), собьётся; *сов.* **1.** Сгуститься от взбалтывания, превратиться в плотную массу. *Масло хорошо сбилось.* **2.** Соединиться вместе, плотно. *С. в стаю. Люди сбились в кучу.* ‖ *несов.* **сбива́ться** (-а́юсь, -а́ешься, 1 и 2 л. ед. не употр.), -а́ется.

СБЛИ́ЗИТЬ, -и́жу, -и́зишь; -и́женный; *сов., кого-что.* Сделать близким (в 1, 4, 5 и 6 знач.), ближе. *С. ножки циркуля. С. разные точки зрения, разные взгляды. Общая работа всех сблизила.* ‖ *несов.* **сближа́ть**, -а́ю, -а́ешь. ‖ *сущ.* **сближе́ние**, -я, *ср.*

СБЛИ́ЗИТЬСЯ, -и́жусь, -и́зишься; *сов.* Сделаться близким (в 1, 4, 5 и 6 знач.), ближе. *Противники сблизились. Дети быстро сблизились. Интересы сблизились.* ‖ *несов.* **сближа́ться**, -а́юсь, -а́ешься. ‖ *сущ.* **сближе́ние**, -я, *ср.*

СБОЙ[1], -я, *м.* **1.** *см.* сбиться[1]. **2.** Заминка в беге лошади, а также скачок при переходе на рысь (спец.). *В конце дистанции у скакуна вышел с.*

СБОЙ[2], -я, *м.* (спец.). Голова, ноги и внутренности убитого животного, употр. как пища. *Говяжий с.* ‖ *прил.* **сбо́йный**, -ая, -ое.

СБОЙ[3] *см.* сбить[2].

СБО́ЙНЫЙ[1-2] *см.* сбить[2] *и* сбой[2].

СБО́КУ. **1.** *нареч.* С боковой стороны чего-н. *Встать с.* **2.** *кого-чего, предлог с род. п.* Около, рядом с кем-чем-н. (разг.). *Стоять сбоку стола.* ✦ **Сбоку от** *кого-чего, предлог с род. п.* — то же, что сбоку (во 2 знач.). *Калитка сбоку от ворот.*

СБОЛТА́ТЬ, -а́ю, -а́ешь; сбо́лтанный; *сов., что с чем.* Перемешать, соединить взбалтывая. *С. молоко с желтками.* ‖ *несов.* **сба́лтывать**, -аю, -аешь. ‖ *сущ.* **сба́лтывание**, -я, *ср.*

СБОЛТНУ́ТЬ, -ну́, -нёшь; *сов., что* (разг.). Сказать то, чего не следовало, проболтаться. *С. глупость. С. лишнее.*

СБОР, -а, *м.* **1.** *см.* собрать, -ся. **2.** То, что добыто, получено и собрано вместе. *Большой с. ягод. Лекарственный с.* (смесь лечебных трав, растений). **3.** Взимаемые или собранные за что-н. или на что-н. деньги. *Таможенный с. В кассе театра полный с.* **4.** Кратковременное пребывание военнообязанных в распоряжении военного ведомства для обучения, а также (обычно мн.) пребывание где-н. группы спортсменов для тренировок. *Лагерный с. Учебный с. Тренировочные сборы.* **5.** В нек-рых сочетаниях: то же, что собрание. *С. труппы. С. ветеранов* (встреча). **6.** *мн.* Приготовления собирающегося куда-н. *Сборы к путешествию. Сборы в дорогу.*

СБО́РИЩЕ, -а, *ср.* (разг. неодобр.). Собрание людей; толпа. *Тайное с. Шумное с. Что здесь у вас за с.?*

СБО́РКА, -и, *ж.* **1.** *см.* собрать. **2.** Прошитая мелкая волнистая складка на материи, одежде. *Кофта со сборками. Юбка в сборку.*

СБО́РНАЯ, -ой, *ж.* (разг.). То же, что сборная команда. *С. по футболу. Капитан сборной. Победила наша с.*

СБО́РНИК, -а, *м.* Книга, в к-рой собраны какие-н. произведения, материалы, документы. *С. стихов. С. постановлений.*

СБО́РНЫЙ, -ая, -ое. **1.** *см.* собрать, -ся. **2.** Состоящий из разнородных частей, предметов, лиц. *Сборная обстановка в квартире. Сборная команда* (в спорте: из лучших игроков разных команд). **3.** Составленный из отдельных готовых элементов, деталей; основанный на применении таких деталей. *С. дом. Сборные конструкции. Сборное домостроение.* ‖ *сущ.* **сбо́рность,** -и, *ж.* (к 3 знач.; спец.).

СБО́РОЧНЫЙ *см.* собрать.

СБО́РЧАТЫЙ, -ая, -ое. Со сборками, в сборку. *С. сарафан.*

СБО́РЩИК, -а, *м.* **1.** Человек, к-рый производит сбор чего-н., собирает что-н. *С. хлопка. С. взносов.* **2.** Работник, к-рый производит сборку чего-н. *С. моторов.* ‖ *ж.* **сбо́рщица,** -ы.

СБРА́СЫВАТЬ, -СЯ *см.* сбросить, -ся.

СБРЕ́НДИТЬ, -дю, -дишь; *сов.* (прост.). **1.** Струсить, а также оплошать. *Сначала расхрабрился, а потом сбрендил.* **2.** Потерять рассудок, а также вообще сделать или сказать глупость.

СБРЕСТИ́СЬ (сбреду́сь, сбредёшься, 1 и 2 л. ед. не употр.), сбредётся; сбрёлся, сбрела́сь; сбре́дшийся; сбредя́сь; *сов.* (разг.). О многих: бредя, сойтись в одно место. *Грибники сбрелись к опушке.* ‖ *несов.* **сбреда́ться** (-а́юсь, -а́ешься, 1 и 2 л. ед. не употр.), -а́ется.

СБРЕХНУ́ТЬ, -ну́, -нёшь; *сов., что* (прост.). Сказать неправду, соврать. *С. сдуру.*

СБРИТЬ, сбре́ю, сбре́ешь; сбри́тый; *сов., что.* Срезать бритвой. *С. бороду.* ‖ *несов.* **сбрива́ть,** -а́ю, -а́ешь.

СБРОД, -а, *м., собир.* (презр.). Люди, принадлежащие к разложившимся, преступным, антиобщественным элементам. *Всякий с.*

СБРО́ДНЫЙ, -ая, -ое (разг. презр.). Случайно сошедшийся вместе. *Сбродная компания.*

СБРО́СИТЬ, -о́шу, -о́сишь; -о́шенный; *сов.* **1.** *кого-что.* Бросить вниз с чего-н. *С. снег с крыши. С. иго рабства* (перен.; высок.). **2.** *что.* Небрежно снять, скинуть. *С. плащ. С. платок с плеч. С. хандру* (перен.). **3.** *что.* Дать отток (воде), отвести из водоёма. *С. воды в озеро.* ‖ *несов.* **сбра́сывать,** -аю, -аешь. ‖ *сущ.* **сброс,** -а, *м.* (к 1 и 3 знач.; спец.) *и* **сбро́ска,** -и, *ж.* (к 3 знач.; спец.). ‖ *прил.* **сбро́совый,** -ая, -ое (к 1 и 3 знач.; спец.), **сбросно́й,** -а́я, -о́е (к 3 знач.; спец.) *и* **сбро́сный,** -ая, -ое (к 3 знач.; спец.). *Сбросовые воды. С. коллектор.*

СБРО́СИТЬСЯ, -о́шусь, -о́сишься; *сов.* **1.** Броситься, спрыгнуть вниз. *С. с моста.* **2.** То же, что сложиться[1] (прост.). *С. по рублю.* ‖ *несов.* **сбра́сываться,** -аюсь, -аешься.

СБРОШЮРОВА́ТЬ *см.* брошюровать.

СБРУ́Я, -и, *ж.* Принадлежности для упряжи, запряжки. ‖ *прил.* **сбру́йный,** -ая, -ое.

СБРЫ́ЗНУТЬ, -ну, -нешь; -утый; *сов., что.* Смочить брызгами, опрыскать. *С. бельё перед глаженьем.* ‖ *несов.* **сбры́згивать,** -аю, -аешь. ‖ *сущ.* **сбры́згивание,** -я, *ср.*

СБЫВА́ТЬ[1-2], -СЯ *см.* сбыть[1-2], -ся.

СБЫТ, -а, *м.* Продажа готовой продукции, изделий. *Отдел сбыта.* ‖ *прил.* **сбытово́й,** -а́я, -о́е (спец.). *Сбытовая контора.*

СБЫ́ТОЧНЫЙ, -ая, -ое: **сбыточное ли это дело?** (прост.) — возможно ли это? (при выражении сомнения, недоверия).

СБЫТЬ[1], сбу́ду, сбу́дешь; сбыл, сбыла́, сбы́ло; сбудь; сбы́тый; *сов., кого-что* (разг. неодобр.). **1.** Найти сбыт чему-н., продать. *С. залежалый товар.* **2.** Избавиться, отделаться от кого-чего-н. *Еле сбыл навязчивого посетителя.* ✦ **Сбыть с рук** — то же, что сбыть (во 2 знач.). ‖ *несов.* **сбыва́ть,** -а́ю, -а́ешь.

СБЫТЬ[2] (сбу́ду, сбу́дешь, 1 и 2 л. не употр.), сбу́дет; сбыл, сбыла́, сбы́ло; *сов.* О поднявшейся воде: пойти на убыль. ‖ *несов.* **сбыва́ть** (-а́ю, -а́ешь, 1 и 2 л. не употр.), -а́ет.

СБЫ́ТЬСЯ (сбу́дусь, сбу́дешься, 1 и 2 л. не употр.), сбу́дется; сбы́лся, сбыла́сь; *сов.* **1.** Осуществиться, стать действительным. *Надежды сбылись. Сбылась заветная мечта.* **2.** Случиться, произойти (устар.). *Что с ним сбудется?* ‖ *несов.* **сбыва́ться** (-а́юсь, -а́ешься, 1 и 2 л. не употр.), -а́ется (к 1 знач.).

СБЫ́ЧИТЬСЯ *см.* бычиться.

СВА́ДЬБА, -ы, *род. мн.* -деб, *ж.* Брачный обряд. *Справить* или (устар. и прост.) *сыграть свадьбу. До свадьбы заживёт* (говорится в утешение тому, кто ушибся, кому больно; разг. шутл.). *На Маланьину свадьбу наготовить* (очень много, так, что всего не съесть; прост.). ✦ **Серебряная свадьба** — двадцатипятилетие супружеской жизни. **Золотая свадьба** — пятидесятилетие супружеской жизни. **Бриллиантовая свадьба** — семидесятипятилетие супружеской жизни. ‖ *уменьш.-ласк.* **сва́депка,** -и, *род. мн.* -бок, *ж.* ‖ *прил.* **сва́дебный,** -ая, -ое.

СВА́ЙКА, -и, *ж.* **1.** Старая русская народная игра, в к-рой большой толстый гвоздь бросают так, чтобы попасть его острым концом в середину кольца, лежащего на земле. **2.** Гвоздь для этой игры. ‖ *прил.* **сва́ечный,** -ая, -ое.

СВА́ЙНЫЙ *см.* свая.

СВАЛ *см.* валить[1].

СВА́ЛИВАТЬ, -аю, -аешь; *несов., кого-что* (разг.). То же, что валить[1]. *С. снег с крыши. С. всё в кучу. С. лес. С. вину на другого.*

СВАЛИ́ТЬ, -алю́, -а́лишь; -а́ленный; *сов.* **1.** *см.* валить[1]. **2.** (1 и 2 л. не употр.). О жаре, зное: уменьшиться, ослабеть (прост.).

СВАЛИ́ТЬСЯ, -алю́сь, -а́лишься; *сов.* **1.** *см.* валиться[1]. **2.** Заболев, слечь в постель (разг.). *Будет ходить с температурой, пока не свалится.* ‖ *несов.* **сва́ливаться,** -аюсь, -аешься.

СВА́ЛКА, -и, *ж.* **1.** *см.* валить[1] . **2.** Место, куда выбрасывают, сваливают что-н. *Вывезти мусор на свалку.* **3.** Общая драка (разг.). *Вмешаться в свалку.* ‖ *прил.* **сва́лочный,** -ая, -ое (ко 2 знач.).

СВА́ЛОЧНЫЙ *см.* валить[1] *и* свалка.

СВА́ЛЬНЫЙ *см.* валить[1].

СВАЛЯ́ТЬ *см.* валять.

СВАЛЯ́ТЬСЯ (-я́юсь, -я́ешься, 1 и 2 л. не употр.), -я́ется; *сов.* О волосах, шерсти, войлоке: спутаться, сбиться. ‖ *несов.* **сва́ливаться** (-аюсь, -аешься, 1 и 2 л. не употр.), -ается.

СВА́НСКИЙ, -ая, -ое. **1.** *см.* сваны. **2.** Относящийся к сванам, к их языку, национальному характеру, образу жизни, культуре, а также к местам их проживания, истории; такой, как у сванов, как в Сванетии. *С. язык* (картвельской группы кавказских языков). *По-свански* (нареч.).

СВА́НЫ, -ов, *ед.* сван, -а, *м.* Этническая группа грузин, составляющих коренное население Сванетии — исторической области в Западной Грузии. ‖ *ж.* **сва́нка,** -и. ‖ *прил.* **сва́нский,** -ая, -ое.

СВА́РА, -ы, *ж.* (прост.). Шумная перебранка, ссора. *Затеять свару.*

СВАРГА́НИТЬ *см.* варганить.

СВАРИ́ТЬ, сварю́, сва́ришь; сва́ренный; *сов.* **1.** *см.* варить. **2.** *что.* Соединить, заполняя промежутки расплавленным металлом или сжимая, сковывая в раскалённом виде. *С. рельсы.* ‖ *несов.* **сва́ривать,** -аю, -аешь. ‖ *сущ.* **сва́ривание,** -я, *ср. и* **сва́рка,** -и, *ж.* *Сварка газовая, электродуговая. Холодная, точечная сварка. Сварка лазерным лучом, ультразвуком.* ‖ *прил.* **сва́рочный,** -ая, -ое. *Сварочные работы. С. аппарат.*

СВАРИ́ТЬСЯ, сварю́сь, сва́ришься; *сов.* **1.** *см.* вариться. **2.** (1 и 2 л. не употр.). Соединиться путём сварки. ‖ *несов.* **сва́риваться,** -ается.

СВАРЛИ́ВЫЙ, -ая, -ое; -и́в. Ворчливый, склонный к ссорам. *С. характер. С. старик.* ‖ *сущ.* **сварли́вость,** -и, *ж.*

СВАРНО́Й, -а́я, -о́е. Полученный путём сварки. *С. шов. Сварные трубы. Сварная конструкция.*

СВА́РЩИК, -а, *м.* Рабочий, занимающийся сваркой. ‖ *ж.* **сва́рщица,** -ы.

СВА́СТИКА, -и, *ж.* **1.** Знак в виде креста с загнутыми под прямым углом концами — орнаментальный мотив в древних культурах, в искусстве нек-рых народов. **2.** Эмблема фашизма.

СВАТ, -а, *м.* **1.** Человек, к-рый сватает (в 1 знач.) кого-н. кому-н. *Засылать сватов.* **2.** Отец одного из супругов по отношению к родителям другого супруга (разг.). *Он мне ни с. ни брат* (совершенно чужой, никто; неодобр.). ‖ *ж.* **сва́ха,** -и (к 1 знач.).

СВА́ТАТЬ, -аю, -аешь; *несов., кого (что).* **1.** Предлагать в мужья или *(за кого)* в жёны. *Ему сватают невесту. За него сватают вдову.* **2.** Просить себе (или для кого-н.) в жёны. *Сваты приехали к купцу с. у него дочь. С. дочь соседа (у соседа).* **3.** *перен.* Усиленно рекомендовать (занять какую-н. должность, выступить в качестве кого-н. или использовать в качестве кого-н.) (разг.). *Его сватают к нам в руководители.* ‖ *сов.* **посва́тать,** -аю, -аешь (к 1 и 2 знач.) *и* **сосва́тать,** -аю, -аешь. ‖ *сущ.* **сватовство́,** -а́, *ср.* (к 1 и 2 знач.) *и* **сва́танье,** -я, *ср.*

СВА́ТАТЬСЯ, -аюсь, -аешься; *несов., к кому и за кого.* Просить себе в жёны, предлагать себя в мужья. *С. к дочери соседа (за дочь соседа).* ‖ *сов.* **посва́таться,** -аюсь, -аешься. ‖ *сущ.* **сватовство́,** -а́, *ср. и* **сва́танье,** -я, *ср.*

СВА́ТЬЯ, -и, *род. мн.* -тий, *ж.* (разг.). Мать одного из супругов по отношению к родителям другого супруга.

СВА́ХА, -и, *ж.* **1.** *см.* сват. **2.** Женщина, занимающаяся сватаньем, устройством браков.

СВА́Я, -и, *ж.* Столб, брус или бревно, забиваемые в грунт для опоры в сооружениях. *Забить сваю. Мост на сваях.* ‖ *прил.* **сва́йный,** -ая, -ое. *С. молот. С. фундамент. Свайные постройки* (на воде, на заболоченных местах).

СВЕ́ДЕНИЕ, -я, *ср.* **1.** *мн.* Познания в какой-н. области. *Обладать большими сведениями.* **2.** обычно *мн.* Известие, сообщение. *Получить важные сведения. Представить сведения о чём-н.* **3.** В нек-рых сочетаниях: знание, представление о чём-н. *Принять к сведению* (узнав, усвоить). *Довести до чьего-н. сведения* (сообщить, уведомить). *Довести что-н. до всеобщего сведения* (сделать известным всем). ✦ **К вашему сведению,** *вводн. сл.* — чтобы вы знали. пусть будет вам известно. *Этот человек, к вашему сведению, знает своё дело.*

СВЕ́ДУЩИЙ, -ая, -ее; -ущ. Имеющий большие сведения (в 1 знач.) в чём-н., хорошо осведомлённый о чём-н. *С. специалист. Сведущие лица.*

СВЕЖЕ... *Первая часть сложных слов со знач.:* 1) недавно, только что, напр. *свежевыбритый, свежевыглаженный, свежевыкрашенный, свежевыпавший* (снег), *свежескошенный;* 2) в свежем виде, напр. *свежезамороженный, свежемороженый.*

СВЕЖЕВА́ЛЬЩИК, -а, *м.* Работник, к-рый свежует убитых животных. ‖ *ж.* **свежева́льщица**, -ы.

СВЕЖЕВА́ТЬ, -жу́ю, -жу́ешь; -жёванный; *несов., кого-что.* Снимать шкуру и потрошить (убитое животное). *С. тушу.* ‖ *сов.* **освежева́ть**, -жу́ю, -жу́ешь; -жёванный. ‖ *сущ.* **свежева́ние**, -я, *ср.*

СВЕЖЕЗАМОРО́ЖЕННЫЙ, -ая, -ое и **СВЕЖЕМОРО́ЖЕНЫЙ**, -ая, -ое. Замороженный в свежем виде. *Свежезамороженные фрукты. Свежемороженая рыба.*

СВЕЖЕИСПЕЧЁННЫЙ, -ая, -ое. **1.** Только что испечённый. *С. хлеб.* **2.** *перен.* Только что ставший кем-н., только что появившийся, полученный (разг. шутл.). *С. инженер. Свежеиспечённая новость.*

СВЕЖЕПРОСО́ЛЬНЫЙ, -ая, -ое. Недавно посоленный, малосольный. *Свежепросольные огурцы.*

СВЕ́ЖЕСТЬ, -и, *ж.* **1.** *см.* свежий. **2.** Прохладный, чистый воздух, прохлада. *Пахнуло свежестью. Вечерняя с.*

СВЕЖЕ́ТЬ, -е́ю, -е́ешь; *несов.* **1.** (1 и 2 л. не употр.). Становиться свежим (в 4 знач.), свежее. *К ночи свежеет* (безл.). **2.** Становиться здоровее, ярче, румянее. *Ребёнок свежеет на воздухе.* ‖ *сов.* **посвеже́ть**, -е́ю, -е́ешь.

СВЕ́ЖИЙ, -ая, -ее; свеж, свежа́, свежо́, све́жи и свежи́. **1.** Недавно добытый или приготовленный, не испортившийся. *Свежая рыба. С. хлеб. Свежие цветы* (только что сорванные, срезанные). **2.** Идущий в пищу в своём натуральном виде, без приготовления. *Свежие фрукты. Свежие овощи.* **3.** О воздухе: прохладный и чистый, не спёртый. *На свежем воздухе* (вне помещения). **4.** О ветре, погоде: холодный. *С. ветер. По ночам свежо* (в знач. сказ.). **5.** Не утративший ясности, яркости. *Свежие краски. События ещё свежи в памяти* (перен.: хорошо помнятся). **6.** Не бывший ещё в употреблении, незапачканный, чистый. *Свежая рубашка. Свежее бельё.* **7.** Недавно возникший, новый или (о силах, возможностях) обновлённый. *По свежим следам* (также перен.). *Свежие новости. Со свежими силами. Свежая мысль. На свежую голову сделать что-н.* (отдохнувши, пока не устал). *С. вид, свежее лицо у кого-н.* (отдохнувшие, поздоровевшие). ‖ *сущ.* **све́жесть**, -и, *ж.* (к 1, 3, 4, 5, 6 и 7 знач.). *Не первой свежести* (не вполне свежий в 1 и 6 знач.).

СВЕЗТИ́, -зу́, -зёшь; свёз, свезла́; свёзший; -зённый (-ён, -ена́); свезя́; *сов., кого-что.* **1.** Везя, доставить куда-н. *С. зерно на элеватор. С. больного в больницу.* **2.** Везя, спустить сверху вниз. *С. с горы.* **3.** Увезти куда-н. *С. со двора мусор.* **4.** Везя, доставить в одно место (многое, многих). *На выставку свезли экспонаты со всего мира.* ‖ *несов.* **свози́ть**, -ожу́, -о́зишь. ‖ *сущ.* **своз**, -а, *м.* (к 4 знач.).

СВЕКЛО... *Первая часть сложных слов со знач.* относящийся к свёкле, к свекловице, напр. *свекловодство, свеклокомбайн, свеклокопатель, свеклорезка, свеклосахарный, свеклосеющий, свеклосеяние, свеклоуборка, свеклоуборочный.*

СВЕКЛОВИ́ЦА, -ы, *ж.* Сахарная свёкла. ‖ *прил.* **свеклови́чный**, -ая, -ое. *С. сахар.*

СВЕКЛОВО́Д, -а, *м.* Специалист по свекловодству.

СВЕКЛОВО́ДСТВО, -а, *ср.* Разведение свёклы как отрасль растениеводства. ‖ *прил.* **свеклово́дческий**, -ая, -ое.

СВЕКО́ЛЬНИК, -а, *м.* **1.** Холодный суп из свёклы. **2.** *собир.* Свекольная ботва.

СВЕКО́ЛЬНЫЙ, -ая, -ое. **1.** *см.* **свёкла**. **2.** Лилово-красный, цвета свёклы. *С. румянец.*

СВЕКРО́ВЬ, -и, *ж.* Мать мужа. ‖ *ласк.* **свекро́вушка**, -и, *ж.*

СВЕЛИКОДУ́ШНИЧАТЬ *см.* великодушничать.

СВЕРБЕ́ТЬ (-блю́, -би́шь, 1 и 2 л. не употр.), -би́т; *несов.* (прост.). Саднить, зудеть[1]. *Рана свербит.* ‖ *сущ.* **свербёж**, -ежа́, *м.*

СВЕ́РГНУТЬ, -ну, -нешь; сверг и све́ргнул, све́ргла; све́ргнувший и све́ргший; све́ргнутый; све́ргнув и све́ргши; *сов., кого-что* (высок.). **1.** Сбросить вниз (большое, тяжёлое) (устар.). *С. статую с пьедестала.* **2.** Лишив власти, уничтожить, прекратить существование чего-н., низложить кого-н. *С. существующий строй. С. царя.* ‖ *несов.* **сверга́ть**, -аю, -а́ешь. ‖ *сущ.* **сверже́ние**, -я, *ср.*

СВЕ́РГНУТЬСЯ, -нусь, -нешься; све́ргся и све́ргнулся, све́рглась; све́ргшийся; све́ргшись; *сов.* Тяжело упасть вниз. ‖ *несов.* **сверга́ться**, -а́юсь, -а́ешься. *С горы свергается водопад.*

СВЕ́РЗИТЬСЯ, -ржусь, -рзишься; *сов., с чего* (разг.). Неловко, тяжело упасть вниз. *С. с лестницы.*

СВЕ́РИТЬ, -рю, -ришь; све́ренный; *сов., что с чем.* Проверить, сличив с чем-н., взятым за образец. *С. копию с оригиналом.* ‖ *несов.* **сверя́ть**, -я́ю, -я́ешь. ‖ *сущ.* **све́рка**, -и, *ж.* ‖ *прил.* **све́рочный**, -ая, -ое.

СВЕ́РИТЬСЯ, -рюсь, -ришься; *сов., с чем.* Навести справку где-н. (в каком-н. справочнике, книге, каталоге). *С. со словарём.* ‖ *несов.* **сверя́ться**, -я́юсь, -я́ешься.

СВЕРКА́ТЬ, -а́ю, -а́ешь; *несов.* **1.** Ярко сиять переливчатым светом. *Сверкает молния. Сверкают языки огня.* **2.** Блестеть, выражая сильные чувства, страсть (обычно о глазах). *Глаза сверкают гневом. В глазах сверкает радость.* **3.** Выражать, обнаруживать какие-н. яркие, впечатляющие качества. *С. талантом, остроумием.* ‖ *однокр.* **сверкну́ть**, -ну́, -нёшь. *Сверкнула мысль, догадка, надежда* (перен.: внезапно появилась). ‖ *сущ.* **сверка́ние**, -я, *ср. С. снегов.*

СВЕРЛИ́ТЬ, -лю́, -ли́шь; -лённый (-ён, -ена́); *несов.* **1.** *что.* Сверлом делать в чём-н. отверстие. *С. доску. С. глазами, взглядом кого-н.* (перен.: смотреть пристально и недоброжелательно). **2.** *что.* Протачивать отверстие, ход. *Насекомые сверлят древесину.* **3.** (1 и 2 л. не употр.), *перен., кого-что.* Причинять непрерывную боль, страдание, неприятность. *В ухе сверлит* (безл.). *Мысль сверлит мозг* (о неотступной, тяжёлой мысли). ‖ *сов.* **просверли́ть**, -лю́, -ли́шь; -лённый (-ён, -ена́) (к 1 и 2 знач.). ‖ *сущ.* **сверле́ние**, -я, *ср.* (к 1 знач.) и **сверло́вка**, -и, *ж.* (к 1 знач.). ‖ *прил.* **сверли́льный**, -ая, -ое (к 1 знач.) и **сверло́вочный**, -ая, -ое (к 1 знач.; спец.). *Сверлильный станок.*

СВЕРЛО́, -а́, *мн.* свёрла, свёрл, свёрлам, *ср.* Режущий вращающийся инструмент для получения отверстий. *Спиральное (винтовое) с. Центровочное с.* ‖ *прил.* **сверлово́й**, -а́я, -о́е.

СВЕРЛО́ВЩИК, -а, *м.* Рабочий, занимающийся сверлильными работами. *С. плит. С. по камню.* ‖ *ж.* **сверло́вщица**, -ы. ‖ *прил.* **сверло́вщицкий**, -ая, -ое.

СВЕРНУ́ТЬ, -ну́, -нёшь; свёрнутый; *сов.* **1.** *что.* Скатать трубкой, скрутить, а также вообще плотно завернуть. *С. ковёр. С. тючок.* **2.** (1 и 2 л. не употр.), *что.* О растениях: закрыть, сжать (лепестки, листья). **3.** *перен., что.* Суживая, ограничивая, разместить на меньшем пространстве; сократить. *С. фланги. С. производство.* **4.** Повернуть в сторону. *С. с дороги. С. направо. С. разговор на прежнее* (перен.; разг.). **5.** *что.* Ударив, толкнув или нажав, сбить, резко отвернуть в сторону, сломать. *С. ключ. Ураганом свернуло* (безл.) *крышу. С. себе шею* (также перен.: действуя неосмотрительно, рискуя, потерпеть неудачу, плохо кончить, пропасть; разг. неодобр.). *С. голову кому-н.* (умертвить, резко повернув голову в сторону, обычно о птице; также перен.: вообще убить, умертвить; прост.). ‖ *несов.* **свёртывать**, -аю, -аешь и **свора́чивать**, -аю, -аешь (разг.). ‖ *сущ.* **свёртывание**, -я, *ср.*, **свора́чивание**, -я, *ср.* и **свёртка**, -и, *ж.* (к 1 знач.).

СВЕРНУ́ТЬСЯ, -ну́сь, -нёшься; *сов.* **1.** (1 и 2 л. не употр.). Сложиться, скрутиться трубкой. *Береста свернулась на огне.* **2.** (1 и 2 л. не употр.). О лепестках, листьях: загнувшись с краёв, закрыться. **3.** Лечь, согнувшись. *Кошка свернулась клубком.* **4.** (1 и 2 л. не употр.). О жидком продукте, составе: разделиться, выделив мелкие твёрдые части, комки. *Молоко свернулось. Кровь свернулась.* **5.** (1 и 2 л. не употр.), *перен.* Разместиться теснее, плотнее; сократиться. *Фронт свернулся. Производство свернулось.* **6.** (1 и 2 л. не употр.). От верчения, нажима, толчка испортиться, сломаться. *Ключ свернулся.* ‖ *несов.* **свёртываться**, -аюсь, -аешься и **свора́чиваться**, -аюсь, -аешься (разг.). ‖ *сущ.* **свёртывание**, -я, *ср.* и **свора́чивание**, -я, *ср.*

СВЕРСТА́ТЬ *см.* верстать.

СВЕ́РСТНИК, -а, *м.* То же, что ровесник. *Мой с. Мы с ним сверстники.* ‖ *ж.* **све́рстница**, -ы. ‖ *прил.* **све́рстнический**, -ая, -ое (устар.).

СВЕРХ, *предлог с род. п.* **1.** *кого-чего.* Поверх кого-чего-н., на что-н. *Положить книгу с. тетрадей. Надеть плащ с. пиджака.* **2.** *чего.* Указывает на превышение какой-н. меры, нормы; свыше чего-н. *Стараться с. сил. Продукция с. задания.* **3.** *кого-чего.* Вдобавок к кому-чему-н., кроме (во 2 знач.). *Красив, образован и с. всего очень умён.* **4.** *чего.* Вопреки чему-н., не в соответствии с чем-н. *С. ожидания.*

СВЕРХ..., *приставка.* Образует существительные и прилагательные со знач. высокой степени или превышения признака, напр. *сверхзадача, сверхпроводимость, сверхготовность, сверхмарафон, сверхбоевик; сверхнизкий, сверхновый, сверхпрочный, сверхдальнобойный, сверхштатный, сверхметкий, сверхмощный, сверхкомплектный.*

СВЕРХГО́РОД, -а, *мн.* -а́, -о́в, *м.* Гигантский город с многомиллионным населением. *Современные сверхгорода.*

СВЕРХЗВУКОВО́Й, -а́я, -о́е. Превышающий скорость распространения звука, а также движущийся со скоростью, превышающей скорость звука. *Сверхзвуковая скорость. С. самолёт.*

СВЕРХНО́ВЫЙ, -ая, -ое: **сверхновая звезда** (спец.) — звезда, дающая внезапную вспышку с ярчайшим блеском.

СВЕРХПЛА́НОВЫЙ, -ая, -ое. Сделанный, производимый сверх плана. *Сверхплановая продукция.*

СВЕРХПРИ́БЫЛЬ, -и, *ж.* Прибыль, значительно превышающая среднюю прибыль. *Сверхприбыли монополий.*

СВЕРХСРО́ЧНИК, -а, *м.* То же, что сверхсрочнослужащий.

СВЕРХСРОЧНОСЛУ́ЖАЩИЙ, -его, *м.* Военнослужащий (солдат, матрос, сержант, старшина), добровольно оставшийся на сверхсрочную действительную военную службу.

СВЕРХСРО́ЧНЫЙ, -ая, -ое. Длящийся дольше положенного срока. *Сверхсрочная военная служба.*

СВЕ́РХУ. **1.** *нареч.* По направлению вниз. *Спуститься с. С. вниз смотреть на кого-н.* (также перен.: относиться к кому-н. высокомерно, с пренебрежением). *С. донизу.* **2.** *нареч.* На поверхности, в верхней части чего-н. *Жир плавает с. Пирог подрумянился с.* **3.** *нареч., перен.* Со стороны руководящих органов. *Директива с.* **4.** *нареч.* С верховьев реки. *Теплоход идёт с.* **5.** *кого-чего, предлог с род. п.* То же, что сверх (в 1 знач.). *Повязать платок с. шапки.*

СВЕРХУРО́ЧНЫЙ, -ая, -ое. **1.** Длящийся долее установленного рабочего времени. *Сверхурочная работа.* **2.** **сверхуро́чные,** -ых. *Получить сверхурочные.*

СВЕРХЧЕЛОВЕ́К, -а, *мн.* -и, -ов, *м.* В нек-рых философских учениях: сильная личность, чьи воля, желания и поступки не подчиняются никаким ограничениям. *Возомнил себя сверхчеловеком.*

СВЕРХЪЕСТЕ́СТВЕННЫЙ, -ая, -ое; -вен и -венен, -венна. **1.** Необъяснимый естественным образом, чудесный. *Сверхъестественные силы.* **2.** Превышающий обычную меру чего-н., поразительный (разг.). *Сверхъестественная скорость.* ‖ *сущ.* **сверхъесте́ственность,** -и, *ж.*

СВЕРЧО́К, -чка́, *м.* Прямокрылое насекомое, издающее стрекочущие звуки. *С. на печи. Всяк с. знай свой шесток* (посл.). ‖ *прил.* **сверчко́вый,** -ая, -ое. *Семейство сверчковых* (сущ.).

СВЕРШЕ́НИЕ, -я, *ср.* **1.** *см.* свершить, -ся. **2.** Великое дело, высокий поступок (высок.). *Великие свершения.*

СВЕРШИ́ТЬ, -шу́, -ши́шь; -шённый (-ён, -ена́); *сов., что* (высок.). Совершить (что-н. большое, важное). *С. подвиг.* ‖ *несов.* **сверша́ть,** -а́ю, -а́ешь. ‖ *сущ.* **сверше́ние,** -я, *ср.*

СВЕРШИ́ТЬСЯ (-шу́сь, -ши́шься, 1 и 2 л. не употр.), -ши́тся; *сов.* (высок.). То же, что совершиться. *Свершилось историческое событие. Свершилось злое дело.* ‖ *несов.* **сверша́ться** (-а́юсь, -а́ешься, 1 и 2 л. не употр.), -а́ется и **верши́ться** (-шу́сь, -ши́шься, 1 и 2 л. не употр.), -ши́тся. ‖ *сущ.* **сверше́ние,** -я, *ср.*

СВЕ́РЩИК, -а, *м.* Работник, занимающийся сверкой. ‖ *ж.* **све́рщица,** -ы.

СВЕРЯ́ТЬ *см.* сверить.

СВЕ́СИТЬ, све́шу, све́сишь; све́шенный; *сов., что.* Держа или укрепив на весу, опустить книзу. *С. верёвочную лестницу из окна. Сидеть, свесив ноги* (не доставая ногами до пола, до земли). ‖ *несов.* **свеши́вать,** -аю, -аешь.

СВЕ́СИТЬСЯ, све́шусь, све́сишься; *сов.* **1.** Перегнувшись через что-н., наклониться вниз. *С. через перила.* **2.** (1 и 2 л. не употр.). Низко склониться, опуститься. *Ветви свесились до земли.* ‖ *несов.* **све́шиваться,** -аюсь, -аешься.

СВЕСТИ́, сведу́, сведёшь; свёл, свела́; све́дший; сведённый (-ён, -ена́); сведя́; *сов.* **1.** *кого (что).* Ведя, доставить куда-н., отвести. *С. детей в театр. С. гостей на выставку.* **2.** *кого (что).* Ведя, спустить сверху вниз. *С. старика с лестницы.* **3.** *кого-что.* Удалить, направив в другую сторону. *С. лошадь с дороги.* **4.** *что.* Соединить, сблизить, заставить коснуться друг друга. *С. ветви дерева. С. чьи-н. руки. С. брови.* **5.** *кого (что).* Собрать в одно место, помочь, побудить встретиться или сойтись с кем-н. *С. друзей.* **6.** *что.* Установить, завязать (знакомство, отношения) (разг.). *С. дружбу с соседом.* **7.** *кого-что во что.* Соединить в нечто целое. *С. данные в таблицу.* **8.** *что к чему* или *на что.* Довести до чего-н. небольшого, несложного, несущественного. *С. расходы к самому необходимому. С. рассказ к немногим словам. С. разговор к пустякам.* **9.** *что на что.* Перенести (изображение), обводя, прочерчивая контуры, перевести (в 7 знач.). *С. рисунок на кальку.* **10.** *что.* Очистить от чего-н., вывести что-н. *С. веснушки. С. пятно.* **11.** Уничтожить (лес, деревья) рубкой, валкой. *С. сад.* **12.** (1 и 2 л. не употр.), *кого-что.* Согнуть, стянуть, скорчить. *Судорогой свело* (безл.) *ногу.* ‖ *несов.* **своди́ть,** -ожу́, -о́дишь (ко 2, 3, 4, 5, 6, 7, 8, 9, 10, 11 и 12 знач.). ‖ *сущ.* **сведе́ние,** -я, *ср.* (ко 2, 3, 4, 7, 8, 9, 10, 11 и 12 знач.), **свод,** -а, *м.* (к 4 и 7 знач.) и **сво́дка,** -и, *ж.* (к 4, 7 и 11 знач.).

СВЕСТИ́СЬ (сведу́сь, сведёшься, 1 и 2 л. не употр.), сведётся; свёлся, свела́сь; све́дшийся; сведя́сь; *сов., к чему* и *на что.* Сократившись, упростившись, выразиться в чём-н. малом, несложном, несущественном. *Дело свелось к пустякам. Спор свёлся к перебранке.* ‖ *несов.* **своди́ться** (свожу́сь, сво́дишься, 1 и 2 л. не употр.), сво́дится.

СВЕТ[1], -а (-у), *м.* **1.** Лучистая энергия, делающая окружающий мир видимым; электромагнитные волны в интервале частот, воспринимаемых глазом. *Солнечный с. Электрический с. С. от фонаря. С. правды* (перен.). *Лицо осветилось внутренним светом* (перен.: стало одухотворённым). **2.** Тот или иной источник освещения. *Зажечь с. Принести с.* (лампу, свечу). *Подойти поближе к свету. Стать против света. Посмотреть что-н. на с.* (так, чтобы просвечивало). *При дневном свете.* **3.** Освещённость, состояние, когда светло. *На свету́* (при свете, при освещении). *В окнах с.* **4.** В нек-рых выражениях: рассвет, восход солнца (разг.). *До́ свету* и *до све́ту* (перед рассветом). *Ни с. ни заря* (очень рано утром; разг.). *Чуть с.* (едва начало рассветать). **5.** Употр. как ласкательное обращение (устар. и в народной словесности). *С. ты мой ясный!* ✦ **В два света** — о помещении: с расположенными друг над другом двумя рядами окон. *Зал в два света.* **В свете** *чего, предлог с род. п.* — с точки зрения чего-н., имея в виду что-н. *Пересмотреть решение в свете последних событий.* **В свете** *каком* (видеть, представлять) — в том или ином виде. *Представить что-н. в радужном свете.* **Пролить или бросить свет** *на что* (книжн.) — разъясняя, сделать понятным, ясным. **Свет увидеть** (разг.) — почувствовать облегчение. *При новом начальнике свет увидели.* **Ученье свет, а неученье тьма** — посл. о пользе знаний, ученья. **В белый свет как в копеечку** (разг. шутл) — о действиях наугад, без всякой цели, обычно неудачных. **Чем свет** (прост.) — очень рано утром. *Чем свет отправились в путь.* **Только и свету в окошке, что...** (разг.) — только это и радует. *Только и свету в окошке, что внучка.* **Свет очей (моих)** (устар. и в народной словесности) — о том, кто дорог, любим (обычно в обращении). ‖ *прил.* **светово́й,** -а́я, -о́е (к 1 знач.). *Световые волны. С. год* (единица измерения звёздных расстояний, равная пути, к-рый свет проходит за один год).

СВЕТ[2], -а (-у), *м.* **1.** Земля, Вселенная, а также люди, её населяющие. *Путешествие вокруг света. Хорошо жить на свете. Произвести на с.* (родить, дать жизнь). *Явиться, появиться на с.* (родиться). *Увидеть с.* (возникнуть, осуществиться). *С. не без добрых людей* (посл.). *На краю света* (очень далеко; разг.). *Сжить со света* или *со́ свету, со све́ту* (погубить; разг.). *Нет на свете кого-н.* (умер). *Всему свету известно* (всем известно). *Выпустить в с.* (опубликовать, издать). **2.** В дворянском обществе: избранный круг, высшее общество. *Высший* или *большой с. Выезжать в с. Вывозить в с. Вращаться в высшем свете.* ✦ **Ни за что на свете** (разг.) — ни в коем случае. **Белый свет** (разг.) — то же, что свет[2] (в 1 знач.). **На чём свет стоит** (браниться, ругаться) (прост.) — очень сильно, не стесняясь в выражениях. **Белый свет не мил** *кому* (прост.) — ничто не радует, не веселит. **Не ближний (не близкий) свет** (разг.) — далеко, не близко. *Ехать туда — не ближний свет.* **Тот свет** — у верующих: загробная жизнь. *На том свете* (после смерти). *На тот свет отправить* (убить). **Конец света** — в религиозных представлениях: конец мира[1], гибель всего живого. ‖ *прил.* **све́тский,** -ая, -ое (ко 2 знач.).

СВЕТА́ТЬ, -а́ет; *безл.; несов.* О рассвете: начинаться. *Осенью поздно светает.*

СВЕТЕ́Ц, -тца́, *м.* В старину: подставка для лучины, освещающей жильё, избу.

СВЕТЁЛКА, -и, *ж.* (устар.). Небольшая комната, обычно в верхней части жилья.

СВЕ́ТИК, -а, *м.* (разг.). Ласково о человеке (обычно в обращении). *С. ты мой!*

СВЕТИ́ЛО, -а, *ср.* **1.** Светящееся небесное тело. *Движение небесных светил. Дневное с.* (солнце; устар.). *Ночное с.* (луна; устар.). **2.** *перен.* Знаменитый человек, прославленный деятель (высок.). *С. науки.*

СВЕТИ́ЛЬНИК, -а, *м.* **1.** Осветительный прибор, лампа. **2.** В старину: лампада, плошка с горящим маслом.

СВЕТИ́ЛЬНЯ, -и, *род. мн.* -лен, *ж.* (устар.). **1.** То же, что фитиль (в 1 знач.). *С. лампадки.* **2.** То же, что светильник (во 2 знач.).

СВЕТИ́ТЬ, свечу́, све́тишь; *несов.* **1.** (1 и 2 л. не употр.). Излучать свет. *Солнце светит. Светит, да не греет* (посл. о том, кто красив, но холоден, бездушен). **2.** Направлять свет так, чтобы кому-н. было видно. *С. кому-н. фонарём.* **3.** (1 и 2 л. не употр.), *перен.* Казаться или быть привлекательным, заманчивым (прост.). *Это дело мне не светит.* **4.** (1 и 2 л. не употр.), *перен., кому.* О желаемом: предстоять, предвидеться (разг.). *Светит интересная поездка кому-н. Ничего хорошего не светит* (безл.). ‖ *сов.* **посвети́ть,** -свечу́, -све́тишь (ко 2 знач.). ‖ *прил.* **свети́льный,** -ая, -ое (к 1 знач.). *С. газ* (прежнее название смеси горючих газов).

СВЕТИ́ТЬСЯ, свечу́сь, све́тишься; *несов.* **1.** (1 и 2 л. не употр.). Излучать ровный свет, свой или отражённый. *Светится маяк. В окнах светятся огоньки. В кольце светится рубин.* **2.** *перен.* Проявляться (о радостном чувстве, к-рое обнаруживает себя выражением лица, взглядом), а также обнарвать такое чувство. *В глазах светится любовь, радость. Весь светится от счастья кто-н. Лицо светится улыбкой.* ‖ *сущ.* **свече́ние**, -я, *ср.* (к 1 знач.).

СВЕТЛЕ́ЙШИЙ, -ая, -ее. В старой России: составная часть княжеского титула, присваивавшегося за особые государственные заслуги. *С. князь. Титул светлейшего* (сущ.).

СВЕТЛЕ́ТЬ, -е́ю, -е́ешь; *несов.* **1.** Становиться светлым (во 2, 3 и 4 знач.), светлее. *Светлеет* (безл.) *после грозы. Краски светлеют. Волосы светлеют.* **2.** (1 и 2 л. не употр.). О наступлении рассвета, светлого времени дня. *Весной рано светлеет* (безл.). *За окнами светлеет* (безл.). **3.** *перен.* Становиться радостным, приветливым, радостнее, приветливее. *Взгляд светлеет.* **4.** (1 и 2 л. не употр.), *перен.* О мыслях, сознании: становиться яснее, нормальнее. *Ум светлеет.* **5.** (1 и 2 л. не употр.). О чём-н. светлом: виднеться. *В лесу светлеют стволы берёз.* ‖ *сов.* **посветле́ть**, -е́ю, -е́ешь (к 1, 2 и 3 знач.) *и* **просветле́ть**, -е́ю, -е́ешь (к 1, 2, 3 и 4 знач.). *Небо просветлело. После дождя посветлело* (безл.). *Лицо просветлело. Сознание просветлело.* ‖ *сущ.* **просветле́ние**, -я, *ср.* (к 1, 2, 3 и 4 знач.).

СВЕТЛЕ́ТЬСЯ (-е́юсь, -е́ешься, 1 и 2 л. не употр.), -е́ется; *несов.* То же, что светлеть (в 5 знач.). *Вдали что-то светлеется.*

СВЕТЛИ́ЦА, -ы, *ж.* В старину: светлая парадная комната в доме. ‖ *прил.* **светли́чный**, -ая, -ое.

СВЕТЛО... и **СВЕ́ТЛО-...** *Первая часть сложных слов со знач.:* 1) светлого оттенка, напр. *светло-голубой, светло-жёлтый, светло-синий;* 2) со светлым (в 4 знач.), напр. *светлоглазый, светловолосый, светлокожий.*

СВЕ́ТЛОСТЬ, -и, *ж.* **1.** *см.* светлый. **2.** С местоимениями «ваша», «его», «её», «их» — титулование младших членов императорской фамилии, светлейших князей и членов их семей, а также нек-рых владетельных особ.

СВЕ́ТЛЫЙ, -ая, -ое; -тел, -тла́. **1.** Излучающий сильный свет. *Светлая лампочка.* **2.** Хорошо освещённый; яркий. *Светлая комната. С. день. На улице светло* (в знач. сказ.). **3.** Ясный, прозрачный. *С. ручеёк.* **4.** Менее яркий по цвету по сравнению с другими, бледный, не тёмный. *Светлые волосы. Светлые краски. Светлое платье.* **5.** Радостный, ничем не омрачённый, приятный. *С. миг. Светлое будущее. Светлое воспоминание.* **6.** Ясный, проницательный. *С. ум.* ✦ **Светлы́м-светло́** (разг.) — очень светло, ярко освещено. ‖ *сущ.* **све́тлость**, -и, *ж.*

СВЕТЛЫ́НЬ, -и, *ж.* (разг.). Обилие света, яркая освещённость.

СВЕТЛЯ́К, -а́ и **СВЕТЛЯЧО́К**, -чка́, *м.* Жучок (а также его личинки и яйца), светящийся в темноте.

СВЕТО... *Первая часть сложных слов со знач.* относящийся к свету[1] (в 1, 2 и 3 знач.), напр. *светобоязнь, световод, светозатемнение, светозащитный, светознак, светолечение, светолюбивый, светокопия, светоотдача, светостойкий, светоцифровой.*

СВЕТОБОЯ́ЗНЬ, -и, *ж.* Болезненная чувствительность глаза к свету.

СВЕТОВО́Д, -а и **СВЕТОПРОВО́Д**, -а, *м.* (спец.). Полая металлическая трубка или прозрачный стержень, нить, по к-рым передаются световые лучи. *Передача изображения по световодам.* ‖ *прил.* **светово́дный**, -ая, -ое *и* **светопрово́дный**, -ая, -ое.

СВЕТОЗА́РНЫЙ, -ая, -ое; -рен, -рна (высок.). Сияющий, яркий. *Светозарное солнце. Светозарное будущее.* (перен.). ‖ *сущ.* **светоза́рность**, -и, *ж.*

СВЕТОКОПИРОВА́ЛЬНЫЙ, -ая, -ое. Служащий для получения светокопий. *С. аппарат.*

СВЕТОКО́ПИЯ, -и, *ж.* Копия чего-н. на светочувствительной бумаге.

СВЕТОЛЕЧЕ́НИЕ, -я, *ср.* Лечение искусственно получаемыми инфракрасными, видимыми и ультрафиолетовыми лучами. ‖ *прил.* **светолече́бный**, -ая, -ое.

СВЕТОЛЮБИ́ВЫЙ, -ая, -ое; -и́в. Растущий и нормально развивающийся только при ярком солнечном освещении. *Светолюбивые растения.* ‖ *сущ.* **светолюби́вость**, -и, *ж. и* **светолю́бие**, -я, *ср.*

СВЕТОМАСКИРО́ВКА, -и, *ж.* Маскировка светящихся, освещённых предметов. ‖ *прил.* **светомаскиро́вочный**, -ая, -ое.

СВЕТОМУ́ЗЫКА, -и, *ж.* То же, что цветомузыка. ‖ *прил.* **светомузыка́льный**, -ая, -ое.

СВЕТОПРЕСТАВЛЕ́НИЕ, -я, *ср.* **1.** В христианском вероучении: конец мира, гибель всего существующего. **2.** *перен.* О полной неразберихе, беспорядке (разг. шутл.). *В доме шум, гам, с.!*

СВЕТОСИ́ЛА, -ы, *ж.* (спец.). Отношение освещённости изображения, создаваемого оптической системой, к яркости изображаемого предмета.

СВЕТОТЕ́НЬ, -и, *ж.* В живописи и графике: распределение различных по яркости цветов и оттенков, светлых и тёмных штрихов. ‖ *прил.* **светотенево́й**, -а́я, -о́е.

СВЕТОТЕ́ХНИК, -а, *м.* Специалист по светотехнике. *Инженер-с.*

СВЕТОТЕ́ХНИКА, -и, *ж.* Область науки и техники — теория и практика способов применения света, а также преобразования энергии света в другие виды энергии. ‖ *прил.* **светотехни́ческий**, -ая, -ое.

СВЕТОФО́Р, -а, *м.* Световое сигнальное устройство для регулирования движения на улицах, автомобильных и железных дорогах. *С. открыт, закрыт* (путь свободен, занят). ‖ *прил.* **светофо́рный**, -ая, -ое.

СВЕ́ТОЧ, -а, *м.* **1.** В старину: большая свеча, факел. **2.** *перен., чего.* Носитель высоких идей свободы, истины, просвещения (высок.). *С. мира. С. разума.*

СВЕТОЧУВСТВИ́ТЕЛЬНЫЙ, -ая, -ое; -лен, -льна. В фототехнике: обладающий чувствительностью к свету. *Светочувствительная бумага, плёнка* (способная под действием света и последующей обработки давать изображение). ‖ *сущ.* **светочувстви́тельность**, -и, *ж.*

СВЕ́ТСКИЙ, -ая, -ое. **1.** *см.* свет[2]. **2.** Отвечающий понятиям и требованиям света[2] (во 2 знач.), принадлежащий к свету[2]. *Светская жизнь. Светские манеры.* **3.** Не церковный, мирской, гражданский; *противоп.* духовный. *Светское образование.* ✦ **Светская хроника** — сообщения (в печати, по радио, телевидению) о событиях в личной жизни известных, популярных личностей. ‖ *сущ.* **све́тскость**, -и, *ж.* (ко 2 знач.).

СВЕЧА́, -и́, *мн.* -и, -е́й, *ж.* **1.** Палочка из жирового вещества с фитилем внутри, служащая источником освещения. *Стеариновая, восковая с. Зажечь свечу. Тает как с. кто-н.* (быстро худеет). **2.** Приспособление для воспламенения чего-н. (спец.). *С. зажигания* (в двигателях внутреннего сгорания). **3.** Прежнее название единицы силы света. *Электрическая лампочка в 100 свечей.* **4.** Лекарственная форма — вводимая в прямую кишку или во влагалище небольшая размягчающаяся палочка. **5.** Крутой взлёт, крутой подъём (спец.). *Самолёт сделал свечу. Взлетать свечой. Дать свечу* (в играх с мячом: высоко подбросить мяч). ‖ *прил.* **свечно́й**, -а́я, -о́е (к 1 и 2 знач.).

СВЕЧЕ́НИЕ *см.* светиться.

СВЕ́ЧКА, -и, *ж.* То же, что свеча (в 1, 4 и 5 знач.). ✦ **Поставить Богу свечку** (разг.) — поблагодарить Бога за что-н. *Ты должен Богу свечку поставить, что цел остался.*

СВЕ́ШАТЬ, -СЯ *см.* вешать[2], -ся[2].

СВЕ́ШИВАТЬ, -СЯ *см.* свесить, -ся.

СВЁКЛА, -ы, *ж.* Корнеплод с толстым сладким корнем, идущим в пищу. *Столовая с.* (с красным корнем). *Кормовая с. Сахарная с.* ‖ *прил.* **свеко́льный**, -ая, -ое.

СВЁКОР, -кра, *м.* Отец мужа.

СВЁРТОК, -тка, *м.* **1.** Завёрнутые во что-н. вещи. *С. с бельём.* **2.** То же, что сгусток (спец.). *С. крови.*

СВЁРТЫВАЕМОСТЬ, -и, *ж.* (спец.). Способность свёртываться (в 4 знач.). *С. крови.*

СВИВА́ЛЬНИК, -а, *м.* (устар.). Длинная узкая полоса ткани для обвивания младенца поверх пелёнок.

СВИВА́ТЬ, -а́ю, -а́ешь; *несов.* **1.** *что.* То же, что вить. *С. канат.* **2.** *кого-что.* Обвивать свивальником (устар.). *С. младенца.* ‖ *сущ.* **свива́ние**, -я, *ср. и* **сви́вка**, -и, *ж.* (к 1 знач.). ‖ *прил.* **свива́льный**, -ая, -ое. *С. цех.*

СВИВА́ТЬСЯ *см.* свиться.

СВИДА́НИЕ, -я, *ср.* **1.** Встреча, преимущ. условленная, двух или нескольких лиц. *С. друзей. С. с родными. Деловое с.* **2.** Заранее условленная встреча двух влюблённых, вообще встреча мужчины и женщины, ищущих знакомства, взаимных отношений. *Идти на с. Она ему назначила с.* ✦ **До свидания** или **до скорого свидания** — приветствие при прощании.

СВИДЕ́ТЕЛЬ, -я, *м.* **1.** Тот, кто лично присутствовал, присутствует при каком-н. событии, очевидец. *Быть свидетелем чего-н. Призвать в свидетели кого-н.* (сослаться на кого-н. в оправдание своих слов). **2.** Человек, располагающий сведениями об обстоятельствах дела и вызванный для дачи показаний суду или следствию. *Проходить по делу свидетелем. С. защиты. С. обвинения.* ✦ **Свидетели Иеговы** — христианская секта, признающая Иисуса Христа сыном Бога Иеговы, Царём и исполнителем его воли. **Бог свидетель** (разг.) — уверение в собственной правоте. *Бог свидетель, я не виноват!* ‖ *ж.* **свиде́тельница**, -ы. ‖ *прил.* **свиде́тельский**, -ая, -ое (ко 2 знач.). *Свидетельские показания.*

СВИДЕ́ТЕЛЬСТВО, -а, *ср.* **1.** Показание свидетеля. *С. очевидцев.* **2.** То, что подтверждает, удостоверяет какое-н. событие. *Исторические свиде́тельства.* **3.** Документ, удостоверяющий что-н. *Брачное с. С. о рождении.*

СВИДЕ́ТЕЛЬСТВОВАТЬ, -твую, -твуешь; *несов.* **1.** *о чём.* Удостоверять в качестве свидетеля, очевидца. *С. о краже.* **2.** *о чём.* Подтверждать, доказывать. *Цифры свидетельствуют об успехах.* **3.** *что.* Удостоверять подлинность чего-н. (офиц.). *С. подпись.* **4.** *кого-что.* Осматривать с целью определения чего-н. (офиц.). *С. больных.* ✦ **Свидетельствовать почтение** *кому* (устар.) — выражать своё почтение кому-н. ‖ *сов.* **засвиде́тельствовать**, -твую, -твуешь (к 3 знач.) *и* **освиде́тельствовать**, -твую, -твуешь (к 4 знач.). ‖ *сущ.* **свиде́-**

тельствование, -я, *ср.* (к 1, 2 и 3 знач.) *и* **освиде́тельствование**, -я, *ср.* (к 4 знач.).

СВИ́ДЕТЬСЯ *см.* видеться.

СВИЛЕВА́ТЫЙ, -ая, -ое; -а́т (спец.). О дереве: со свилью. *Свилеватая берёза.* ‖ *сущ.* **свилева́тость**, -и, *ж.*

СВИЛЬ, -и, *ж.* (спец.). **1.** Место в древесине с волнистым, сильно изогнутым или спутанным расположением волокон. **2.** Волнистая прослойка в стекле, керамике.

СВИНА́РНИК, -а, *м.* и **СВИНА́РНЯ**, -и, *род. мн.* -рен, *ж.* Помещение для свиней. ‖ *прил.* **свина́рный**, -ая, -ое.

СВИНА́РЬ, -я́, *м.* Работник, занимающийся уходом за свиньями. ‖ *ж.* **свина́рка**, -и.

СВИНЕ́Ц, -нца́, *м.* Мягкий, ковкий, тяжёлый металл синевато-серого цвета. *Врагов встретили свинцом* (перен.: стрельбой, пулями). *Лечь свинцом на сердце* (перен.: о чём-н. тяжёлом, гнетущем). *Голова как свинцом налита* (об ощущении тяжести, боли в голове; разг.). ‖ *прил.* **свинцо́вый**, -ая, -ое. *С. блеск* (минерал класса сульфидов).

СВИНИ́НА, -ы, *ж.* Свиное мясо как пища.

СВИ́НКА[1], -и, *ж.* Вирусное (обычно детское) заболевание — воспаление околоушных желез. ‖ *прил.* **свину́шный**, -ая, -ое. *С. менингит.*

СВИ́НКА[2] *см.* свинья.

СВИНОВО́Д, -а, *м.* Специалист по свиноводству; работник на свиноферме.

СВИНОВО́ДСТВО, -а, *ср.* Разведение свиней как отрасль животноводства. *Мясное с. Беконное с.* ‖ *прил.* **свиново́дческий**, -ая, -ое.

СВИНОМА́ТКА, -и, *ж.* Самка домашней свиньи, дающая приплод. ‖ *прил.* **свинома́точный**, -ая, -ое.

СВИНОПА́С, -а, *м.* (устар.). Пастух свиного стада.

СВИНОФЕ́РМА, -ы, *ж.* Свиноводческая ферма.

СВИ́НСКИЙ, -ая, -ое (разг.). **1.** Грязный, некультурный. *Жить по-свински* (нареч.). **2.** Подлый, являющийся свинством. *С. поступок. Поступить по-свински* (нареч).

СВИ́НСТВО, -а, *ср.* (разг.). **1.** Низкий поступок, подлость. *Это с. с его стороны — обманывать.* **2.** Грязь, полное отсутствие порядка.

СВИНТИ́ТЬ, -нчу́, -нти́шь *и* -и́нтишь; -и́нченный; *сов., что.* **1.** Соединить, скрепляя винтом, винтами. *С. раму.* **2.** Снять, вращая по винтовой нарезке (разг.). *С. гайку.* ‖ *несов.* **сви́нчивать**, -аю, -аешь. ‖ *сущ.* **сви́нчивание**, -я, *ср.*

СВИ́НТУС, -а, *м.* (прост. шутл.). Тот, кто поступил, поступает по-свински (говорится с дружеской укоризной). *Ах ты с. этакий!*

СВИНУ́ХА, -и и **СВИНУ́ШКА**, -и, *ж.* Пластинчатый гриб с жёлто-бурой вдавленной шляпкой.

СВИНЦО́ВЫЙ, -ая, -ое; -о́в. **1.** *см.* свинец. **2.** *перен.* Синевато-серый, цвета свинца. *Свинцовые тучи. Свинцовые волны.* **3.** *перен.* Очень тяжёлый. *С. удар. Свинцовые кулаки* (очень сильные). *С. сон* (непробудный). *Свинцовая голова* (о тяжести и боли в голове). *С. взгляд* (пристальный и недобрый). *Свинцовая тоска* (давящая). ‖ *сущ.* **свинцо́вость**, -и, *ж.*

СВИНЧА́ТКА, -и, *ж.* **1.** Кость для игры в бабки, налитая свинцом. **2.** Слиток, кусок свинца.

СВИНЬЯ́, -и́, *мн.* сви́ньи, свине́й, сви́ньям, *ж.* **1.** Парнокопытное нежвачное животное с крупным телом и короткими ногами. *Семейство свиней. Дикие свиньи. Домашние свиньи.* **2.** Домашнее животное такого семейства, разводимое для получения мяса, сала, щетины. *Пасти свиней. С. под дубом* (о ком-н. неблагодарном и глупом). *Посади свинью за стол, она и ноги на стол* (посл. о том, кто ведёт себя распущенно, развязно). **3.** Самка такого животного. *Супоросая с.* **4.** *перен.* О том, кто поступает низко, подло, а также (грубо) о грязном человеке, неряхе (разг.). *Ну и с. же ты!* ✦ **Подложить свинью** *кому* (разг.) — устроить неприятность. **К свинья́м (ко всем свинья́м)!** (прост.) — грубое выражение возмущения, брань. **К свинья́м собачьим!** (прост.) — то же, что ко всем свиньям. **Бог не выдаст — свинья не съест** — посл., выражающая надежду на везение, удачу в рискованном и трудном деле. **Свинья грязь (везде, всегда) найдёт** (разг. неодобр.) — о том, кто всегда найдёт себе подходящую компанию. ‖ *уменьш.* **сви́нка**, -и, *ж.* (к 1, 2 и 3 знач.). ✦ **Морская свинка** — небольшой южноамериканский грызун. ‖ *прил.* **свино́й**, -а́я, -о́е (к 1 и 2 знач.) *и* **свиня́чий**, -ья, -ье (к 1, 2 и 4 знач.; прост.). *Свиное мясо* (свинина). *Свиная кожа. Свиное сало. Свиная отбивная* (из свинины). *Свинячье хрюканье.*

СВИНЯ́ЧИТЬ, -чу, -чишь; *несов.* (прост.). Вести себя по-свински. ‖ *сов.* **насвиня́чить**, -чу, -чишь.

СВИРЕ́ЛЬ, -и, *ж.* Народный музыкальный инструмент в виде дудки (чаще — спаренных дудок) из дерева, тростника. *Пастушья с.* ‖ *прил.* **свире́льный**, -ая, -ое.

СВИРЕПЕ́ТЬ, -е́ю, -е́ешь; *несов.* Становиться свирепым, свирепее. ‖ *сов.* **рассвирепе́ть**, -е́ю, -е́ешь.

СВИРЕ́ПСТВОВАТЬ, -твую, -твуешь; *несов.* **1.** Быть свирепым, поступать свирепо. **2.** (1 и 2 л. не употр.), *перен.* О стихийном бедствии, а также о чём-н. тяжёлом, грозном, распространяющемся на многое, многих: проявляться с большой силой. *Ураган свирепствует. Свирепствует эпидемия.*

СВИРЕ́ПЫЙ, -ая, -ое; -е́п. **1.** Зверский, жестокий, неукротимый; выражающий жестокость. *С. палач. С. взгляд.* **2.** *перен.* Очень сильный, пагубный (разг.). *С. мороз.* ‖ *сущ.* **свире́пость**, -и, *ж.*

СВИРИСТЕ́ЛЬ, -я, *м.* Лесная птица отряда воробьиных. ‖ *прил.* **свиристе́левый**, -ая, -ое. *Семейство свиристелевых* (сущ.).

СВИРИСТЕ́ТЬ, -рищу́, -ристи́шь; *несов.* Издавать свистящие звуки с шипением, скрипом.

СВИСА́ТЬ, -а́ю, -а́ешь; *несов.* **1.** Быть опущенным вниз, находиться в висячем положении. *Волосы свисают на лоб.* **2.** (1 и 2 л. не употр.). Висеть неровно, спускаться ниже чего-н. *Подол свисает.* ‖ *сов.* **сви́снуть**, -ну, -нешь; свис, сви́сла (разг.).

СВИСТ, -а, *м.* **1.** Резкий и высокий звук, производимый без участия голоса (через неплотно сомкнутые губы или при помощи специального приспособления). *Издавать с. Пронзительный с. Художественный с.* (искусство насвистывать мелодии). **2.** Голос нек-рых птиц и животных такого тембра и высоты. *С. дрозда.* **3.** Звук, производимый быстро рассекающим воздух предметом, резким движением воздуха. *С. ветра. С. пуль.*

СВИСТА́ТЬ, -ищу́, -и́щешь; -ищи́; -и́щущий; -а́вший; -ища́; *несов.* То же, что свистеть. *Свищет соловей. Ветер свищет. С. всех наверх!* (команда во флоте для вызова экипажа корабля к бою, на работу; также перен.: мобилизовать все силы, всех на какое-н. дело). ✦ **Ищи-свищи** (разг. ирон.) — не найдёшь, пропал, исчез. ‖ *сов.* **просвиста́ть**, -ищу́, -и́щешь.

СВИСТЕ́ТЬ, -ищу́, -исти́шь; -исти́; -истя́щий; -исте́вший; -истя́; *несов.* **1.** Издавать свист. *С. в свисто́к. Свисток свистит. Свистящее дыхание* (тяжёлое, с присвистом). **2.** *кого (что).* Подзывать свистом. *С. собаку.* ✦ **Свистеть в кулак** (прост. шутл.) — прожившись, сидеть без денег. **Свистит в кармане** (прост. шутл.) — нет денег. ‖ *сов.* **просвисте́ть**, -ищу́, -исти́шь (к 1 знач.). ‖ *однокр.* **сви́стнуть**, -ну, -нешь. *Только свистни!* (тебе стоит только позвать, потребовать чего-н.; разг. шутл.). *Когда рак свистнет* (неизвестно когда или никогда; разг. шутл.).

СВИ́СТНУТЬ, -ну, -нешь; *сов.* **1.** *см.* свистеть. **2.** *кого (что).* Сильно, с размаху ударить (прост.). **3.** *кого-что.* То же, что украсть (прост.). *Свистнули с вешалки плащ.* ‖ *однокр.* также **свистану́ть**, -ну́, -нёшь (прост.).

СВИСТО́К, -тка́, *м.* **1.** Приспособление, при помощи к-рого производят свист. *Сигнал свистком. Милицейский с.* **2.** Свист, произведённый таким приспособлением. *Тревожный с.* ‖ *прил.* **свистко́вый**, -ая, -ое (к 1 знач.).

СВИСТОПЛЯ́СКА, -и, *ж.* Разнузданное проявление чего-н. отрицательного. *Безудержная с.*

СВИСТУ́ЛЬКА, -и, *ж.* (разг.). То же, что свисток (в 1 знач.). *Глиняная с. Детская с.* (игрушка).

СВИСТУ́Н, -а́, *м.* (разг.). **1.** Человек, к-рый любит свистеть; тот кто свистит. **2.** Пустой и легкомысленный человек, пустышка (в 3 знач.) (устар.). ‖ *ж.* **свисту́нья**, -и, *род. мн.* -ний.

СВИ́ТА[1], -ы, *ж.* Лица, сопровождающие какую-н. важную особу. *С. короля. Вокруг этой девицы всегда целая с.* (перен.: много ухаживающих, поклонников.). ‖ *прил.* **сви́тский**, -ая, -ое. *С. офицер* (в царской России: офицер свиты царя).

СВИ́ТА[2], -ы и **СВИ́ТКА**, -и, *ж.* В старое время: верхняя длинная распашная одежда из домотканого сукна. ‖ *прил.* **сви́тковый**, -ая, -ое.

СВИ́ТЕР [тэ], -а, *мн.* -ы, -ов *и* -а́, -о́в, *м.* Тёплая вязаная фуфайка без застёжек с высоким воротом.

СВИ́ТОК, -тка, *м.* Свёрнутая трубкой, валиком рукопись на полосе бумаги или другого писчего материала. *Папирусный с. Древняя рукопись в свитке.*

СВИТЬ *см.* вить.

СВИ́ТЬСЯ, совью́сь, совьёшься; сви́лся, свила́сь, свило́сь *и* сви́лось; свёйся; *сов.* **1.** Свернуться кольцом. *Змея свилась клубком.* **2.** (1 и 2 л. не употр.). О чём-н. гибком, вьющемся: плотно соединиться, сцепиться. ‖ *несов.* **свива́ться**, -а́юсь, -а́ешься. ‖ *сущ.* **свива́ние**, -я, *ср.*

СВИХНУ́ТЬ, -ну́, -нёшь; сви́хнутый; *сов., что* (разг.). То же, что вывихнуть. *С. ногу. С. себе шею* (также перен.: то же, что свернуть себе шею; разг. неодобр.). ✦ **Свихнуть с ума** (устар. и прост.) — помешаться, свихнуться (в 1 знач.). ‖ *несов.* **свихивать**, -аю, -аешь.

СВИХНУ́ТЬСЯ, -ну́сь, -нёшься; *сов.* (прост.). **1.** То же, что помешаться. *К старости свихнулся. С. на тряпках.* **2.** Сбиться с правильного жизненного пути, с правильных позиций. ‖ *несов.* **сви́хиваться**, -аюсь, -аешься.

СВИЩ, -á, *м.* **1.** Изъян в чём-н. в виде скважины. *С. в орехе.* **2.** Скрытая пустота, раковина в металлическом литье (спец.). **3.** Канал, образовавшийся или искусственно образованный в тканях организма (выходящий на поверхность тела или соединяющий полые органы между собой). *С. в десне.* ‖ *прил.* **свищевóй**, -áя, -óе.

СВИЩЕВА́ТЫЙ, -ая, -ое; -áт. Со свищом, свищами. ‖ *сущ.* **свищевáтость**, -и, *ж.*

СВИЯ́ЗЬ, -и, *ж.* Птица сем. утиных.

СВОБО́ДА, -ы, *ж.* **1.** В философии: возможность проявления субъектом своей воли на основе осознания законов развития природы и общества. *С. воли* (философская категория, отражающая понятие свободы или предопределённости действий, поступков субъекта). **2.** Отсутствие стеснений и ограничений, связывающих общественно-политическую жизнь и деятельность какого-н. класса, всего общества или его членов. *С. совести* (право исповедовать любую религию или не придерживаться никакого вероисповедания). *С. слова. С. печати. С. личности* (неприкосновенность личности, жилища, тайна переписки, телефонных и телеграфных сообщений, свобода совести). *С. собраний, митингов, уличных шествий и демонстраций. Борцы за свободу народа. Завоевать свободу.* **3.** Вообще — отсутствие каких-н. ограничений, стеснений в чём-н. *Дать детям больше свободы.* **4.** Состояние того, кто не находиться в заключении, в неволе. *Выпустить на свободу.* ✦ **На свободе** — на досуге, в свободное от работы, занятий время. *Побеседуем как-н. на свободе, не торопясь.* **Свобода рук** (книжн.) — ничем не ограниченная возможность действовать.

СВОБО́ДНЫЙ, -ая, -ое; -ден, -дна. **1.** Пользующийся свободой (во 2 знач.). *С. народ. С. труд.* **2.** *полн ф.* Не запрещённый, беспрепятственный. *С. проезд. Вход с.* (без билетов). **3.** Не затруднённый, совершающийся легко, без помех. *Свободные движения. Свободное дыхание. Свободно* (нареч.) *говорить по-французски.* **4.** Непринуждённый, не испытывающий стеснения. *Слишком свободное поведение.* **5.** Никем или ничем не занятый. *Свободное место в вагоне. Телефон свободен. Здесь свободно?* (в знач. сказ.; это место не занято?). **6.** Просторный, не тесный. *Свободное платье. В комнатах светло и свободно* (в знач. сказ.). **7.** Относящийся к досугу, не к рабочему времени; не занятый работой, служебными обязанностями. *Свободное время. С. вечер. Свободен по вечерам.* **8.** Не имеющий чего-н., такой, к-рому не присуще что-н. (книжн.). *Спектакль свободен от недостатков.* **9.** **свобо́ден**, *кто.* Может идти, его больше не задерживают. *Разговор окончен, вы свободны. Я свободен? — Можете идти, благодарю вас.* **10.** **свобо́дно**, *нареч.* Просто, легко, без помех (прост.). *Здесь свободно можно спрятаться. В таком лесу свободно заблудиться.* ✦ **Свободный перевод** — вольный, не следующий строго за оригиналом. **Свободное распределение** или **свободный диплом** (разг.) — у выпускников специальных учебных заведений: предоставляемая им возможность поступить на работу не по назначению, а по собственному выбору. ‖ *сущ.* **свобо́дность**, -и, *ж.* (к 1, 3, 4 и 8 знач.).

СВОБОДОЛЮБИ́ВЫЙ, -ая, -ое; -и́в. Любящий свободу, проникнутый стремлением к свободе, к независимости. *С. народ* ‖ *сущ.* **свободолю́бие**, -я, *ср.*

СВОБОДОМЫ́СЛИЕ, -я, *ср.* **1.** Независимый и свободный образ мыслей (книжн.). **2.** Отрицание религии с позиций разума и науки (устар.).

СВОБОДОМЫ́СЛЯЩИЙ, -ая, -ее. Отличающийся свободомыслием (в 1 знач.). *Свободомыслящая личность.*

СВОД, -а, *м.* **1.** *см.* свести. **2.** Сведённые в одно целое и расположенные в известном порядке сведения, материалы, тексты. *С. законов. Летописный с.* **3.** Дугообразное перекрытие, соединяющее стены, опоры какого-н. сооружения, а также внутренняя верхняя часть чего-н., напоминающая такое перекрытие. *Каменный, деревянный с. Готический с. С. пещеры, грота. Под сводом ветвей* (перен.). ✦ **Небесный свод** — то же, что небосвод. **Свод стопы** — верхняя дугообразно изогнутая часть стопы[1].

СВОДИ́ТЬ[1], свожу́, сво́дишь; *сов., кого (что).* Отвести и привести обратно. *С. детей в театр.*

СВОДИ́ТЬ[2], **-СЯ** *см.* свести, -сь.

СВО́ДКА, -и, *ж.* **1.** *см.* свести. **2.** Документ, содержащий свод каких-н. сведений, данных; информация, суммирующая такие сведения. *Составить, принять сводку. Оперативная с.* (о боевых действиях). *С. погоды.*

СВО́ДНИК, -а, *м.* (разг.). Человек, занимающийся сводничеством. ‖ *ж.* **сво́дница**, -ы. ‖ *прил.* **сво́днический**, -ая, -ое.

СВО́ДНИЧАТЬ, -аю, -аешь; *несов.* (разг.). Заниматься сводничеством.

СВО́ДНИЧЕСТВО, -а, *ср.* Корыстное посредничество между мужчиной и женщиной для содействия вступлению их в любовные отношения. ‖ *прил.* **сво́днический**, -ая, -ое.

СВОДНО́Й, -а́я, -óе. Такой, к-рый можно свести (в 9 знач.), переводной. *Сводные картинки* (покрытые особым составом и при смачивании переводимые на другую поверхность).

СВО́ДНЫЙ, -ая, -ое. **1.** Собранный из разных мест, составленный из чего-н., из различных частей. *Сводная таблица. С. батальон. С. духовой оркестр.* **2.** Приходящийся кому-н. братом или сестрой по отчиму или мачехе. *Сводные дети.*

СВО́ДНЯ, -и, *род. мн.* -ей, *ж.* (прост.). То же, что сводница.

СВО́ДЧАТЫЙ, -ая, -ое. Образующий свод, своды, со сводами (в 3 знач.). *С. потолок.*

СВОЕВЛА́СТНЫЙ, -ая, -ое; -тен, -тна (устар.). То же, что своевольный. ‖ *сущ.* **своевла́стие**, -я, *ср.* и **своевла́стность**, -и, *ж.*

СВОЕВО́ЛЬНИК, -а, *м.* (разг.). Своевольный человек. ‖ *ж.* **своево́льница**, -ы.

СВОЕВО́ЛЬНИЧАТЬ, -аю, -аешь; *несов.* (разг.). Поступать своевольно.

СВОЕВО́ЛЬНЫЙ, -ая, -ое; -лен, -льна. Поступающий по своей прихоти; совершаемый по произволу. *С. характер. С. поступок.* ‖ *сущ.* **своево́лие**, -я, *ср.*, **своево́льность**, -и, *ж.* и **своево́льство**, -а, *ср.*

СВОЕВРЕ́МЕННЫЙ, -ая, -ое; -менен, -менна. Осуществляемый в своё время, в нужный момент, кстати. *Своевременная помощь. Своевременно* (нареч.) *предупредить.* ‖ *сущ.* **своевре́менность**, -и, *ж.*

СВОЕКОРЫ́СТНЫЙ, -ая, -ое; -тен, -тна. Преследующий только свои, личные выгоды, корыстный (в 1 знач.). *Своекорыстные цели.* ‖ *сущ.* **своекоры́стие**, -я, *ср.* и **своекоры́стность**, -и, *ж.*

СВОЕКО́ШТНЫЙ, -ая, -ое (устар.). Об учащихся: содержащийся и обучаемый на свой кошт; *противоп.* казённокоштный. *С. студент.*

СВОЕНРА́ВНЫЙ, -ая, -ое; -вен, -вна. Упрямый, капризный, поступающий так, как вздумается. *С. человек. Поступить своенравно* (нареч.). ‖ *сущ.* **своенра́вие**, -я, *ср.* и **своенра́вность**, -и, *ж.*

СВОЕОБРА́ЗНЫЙ, -ая, -ое; -зен, -зна. **1.** Отличный от других, не похожий на обычное, оригинальный. *С. человек. Своеобразная красота. Своеобразная мысль.* **2.** *полн. ф.* В чём-то сходный с кем-чем-н. по своим качествам, особенностям, нечто вроде, своего рода. *Этот человек стал среди нас своеобразным учителем и даже судьёй.* ‖ *сущ.* **своеобра́зие**, -я, *ср.* (к 1 знач.) и **своеобра́зность**, -и, *ж.* (к 1 знач.).

СВОЕОБЫ́ЧНЫЙ, -ая, -ое; -чен, -чна. То же, что своеобразный (в 1 знач.). *Своеобычное народное искусство.* ‖ *сущ.* **своеобы́чность**, -и, *ж.*

СВОЗ, СВОЗИ́ТЬ[1] *см.* свезти.

СВОЗИ́ТЬ[2], свожу́, сво́зишь; *сов., кого-что.* Отвезти и привезти обратно. *С. ребёнка на юг. С. в больницу.*

СВОЙ, своего́, *м.*; *ж.* своя́, своеи́; *ср.* своё, своего́; *мн.* свои́, свои́х, *мест. притяж.* **1.** Принадлежащий себе, имеющий отношение к себе. *Любить свою Родину. Сделать что-н. своими руками. Делать своё дело. Жить своим трудом. Не в своём уме* (сошёл с ума; разг.). *Не своим голосом кричать* (громко и отчаянно; разг.). *Называть вещи своими именами* (говорить прямо, не скрывая истины). **2.** Собственный, составляющий чьё-н. личное достояние. *У них свой дом. Надел не своё пальто.* **3.** Своеобразный, свойственный только чему-н. одному, данному. *В этой музыке есть своя прелесть.* **4.** Подходящий, свойственный чему-н., предназначенный именно для данного обстоятельства, предмета. *Всему своё время* (всё должно делаться вовремя, своевременно). *На всё есть свои правила.* **5.** Родной или связанный близкими отношениями, совместной деятельностью. *Свои люди — сочтёмся* (посл.). *С. человек. Он парень с. В кругу своих* (сущ.). *Своих* (сущ.) *не узнаёшь* (угроза; разг.). **6.** **своё**, своего, *ср.* То, что принадлежит, свойственно или присуще кому-чему-н. *Своё и чужое. Добиться своего* (добиться выполнения своих требований; разг.). *Приняться за своё* (опять начать то же самое; разг. неодобр.). *Стоять на своём* (твёрдо держаться своего мнения, убеждения, настаивать на чём-н.; разг.). *Остаться при своём* (не изменить своего мнения, решения; разг.). *Он своё возьмет* (добьётся желаемого; разг.). ✦ **По-своему** (нареч.) — 1) по своему желанию, усмотрению. *Поступить по-своему;* 2) сообразно со своими особыми свойствами. *Эта картина по-своему хороша;* 3) на своём языке (прост.). *Лопочет что-то по-своему.* **Остаться при своих** (разг.) — 1) в азартных играх: не проиграть; 2) не получить ничего, остаться с тем, что имел.

СВО́ЙСКИЙ, -ая, -ое (разг.). О человеке: простой и доступный. *Он парень с.*

СВО́ЙСТВЕННИК, -а, *м.* Человек, к-рый состоит в свойстве́ с кем-н. *Он мне (мой) с.* ‖ *ж.* **сво́йственница**, -ы.

СВО́ЙСТВЕННЫЙ, -ая, -ое; -вен, -венна, *кому-чему.* Составляющий чьё-н. свойство, привычный для кого-чего-н. *Со свойственным ему талантом. Человеку свойственно* (в знач. сказ.) *ошибаться.* ‖ *сущ.* **сво́йственность**, -и, *ж.*

СВО́ЙСТВО, -а, *ср.* Качество, признак, составляющий отличительную особенность кого-чего-н. *Химические свойства вещества. Обладать особыми свойствами. Это* *дело деликатного свойства* (особого рода, требует тонкого подхода).

СВОЙСТВО́, -а́, *ср.* Отношение между людьми, возникающее из брачного союза одного из родственников (отношения между супругом и кровными родственниками другого супруга, а также между родственниками супругов). *Быть в свойстве с кем-н.*

СВОЛОТА́, -ы́, *ж.* (прост. бран.). То же, что сволочь (во 2 знач.).

СВОЛОЧИ́ТЬ, -очу́, -о́чишь *и* -очи́шь; -о́ченный *и* -очённый (-ён, -ена́); *сов., кого-что* (прост.). То же, что своло́чь. ‖ *несов.* **свола́кивать**, -аю, -аешь.

СВОЛОЧНО́Й, -а́я, -о́е (прост.). Подлый, негодный, дрянной. *Ну и с. народ подобрался в этой компании!*

СВО́ЛОЧЬ, -и, *мн.* -и, -е́й, *ж.* (прост. бран.). **1.** Негодяй, мерзавец. **2.** *собир.* Сброд, подлые люди. *Всякая с.*

СВОЛО́ЧЬ, -оку́, -очёшь, -оку́т; -о́к, -окла́; -о́кший; -очённый (-ён, -ена́); -о́кши; *сов., кого-что* (прост.). **1.** Волоча, снять с чего-н. *С. мешок с крыльца.* **2.** Волоча, снести в одно место. *С. все вещи в кучу.* ‖ *несов.* **свола́кивать**, -аю, -аешь.

СВО́РА, -ы, *ж.* **1.** Две борзых или две пары борзых собак на сворке. **2.** Борзые собаки, принадлежащие одному хозяину, а также вообще несколько собак, сошедшихся вместе. **3.** То же, что сворка. **4.** *перен.* Сборище, шайка (разг. презр.). *С. мошенников.* ‖ *прил.* **сво́рный**, -ая, -ое (к 1 знач.).

СВОРА́ЧИВАТЬ, -СЯ *см.* свернуть, -ся *и* своротить.

СВО́РКА, -и, *ж.* Ремень, на к-ром водят охотничьих собак.

СВОРОТИ́ТЬ, -очу́, -о́тишь; -о́ченный; *сов.* **1.** *кого-что.* Ворочая, сдвинуть с места (разг.). *С. большой камень. Гору с.* (перен.: сделать непомерно много). **2.** *кого-что.* Направить вбок, в сторону (прост.). *С. лошадь.* **3.** *кого-что.* Свалить или сбросить вниз (прост.). *С. мешок с воза.* **4.** *что.* Свихнуть, повредить ударом (какую-н. часть тела) (прост.). *С. скулу. Щёку на́ сторону своротило* (безл.; перен.: перекосило лицо). **5.** То же, что свернуть (в 4 знач.) (прост.). *С. с дороги.* ‖ *несов.* **свора́чивать**, -аю, -аешь.

СВОЯ́К, -а́, *м.* Муж свояченицы, а также (разг.) вообще свойственник.

СВОЯ́ЧЕНИЦА, -ы, *ж.* Сестра жены.

СВЫ́КНУТЬСЯ, -нусь, -нешься; свы́кся, свы́клась; *сов., с кем-чем.* Освоившись, привыкнуть к кому-чему-н. *С. с обстановкой.* ‖ *несов.* **свыка́ться**, -а́юсь, -а́ешься. ‖ *сущ.* **свыка́ние**, -я, *ср. и* **свы́чка**, -и, *ж.* (устар.).

СВЫСОКА́, *нареч.* Надменно, высокомерно. *Относиться к кому-н. с. Судить о чём-н. с.*

СВЫ́ШЕ. 1. *нареч.* От высших властей, от вышестоящих лиц (книжн., часто ирон.). *По предписанию с.* **2.** *нареч.* По религиозным представлениям: с небес, от Бога. **3.** *чего, предлог с род. п.* Больше, сверх какой-н. меры. *Приехало с. ста человек. С. сил* (сверх чьих-н. возможностей).

СВЯ́ЗАННЫЙ, -ая, -ое; -ан. **1.** Затруднённый, не свободный. *Связанные движения. Связанная речь.* **2.** *полн. ф.* Такой, проявление к-рого обусловлено чем-н. (спец.). *Связанные колебания.* ‖ *сущ.* **свя́занность**, -и, *ж.*

СВЯЗА́ТЬ, свяжу́, свя́жешь; свя́занный; *сов.* **1.** *см.* вязать. **2.** *что.* Завязывая, соединить одно с другим. *С. концы верёвки. С. вещи в узел* (увязать). **3.** *кого-что.* Соединить, установить связь, общение, близость между кем-чем-н. *С. посёлки железнодорожной веткой. Свяжите меня с вашим руководством. Друзья связаны на всю жизнь.* **4.** **свя́занный**, *с чем.* Сопряжённый с чем-н., влекущий за собой что-н. *Дело, связанное с риском. Поездка связана с расходами.* **5.** **свя́занный**, *с кем-чем.* Близкий кому-чему-н., непосредственно относящийся к кому-чему-н. *Места, связанные с памятью поэта. Личные интересы связаны с общественными.* **6.** *что с чем.* Установить, открыть связь, зависимость между чем-н. *С. одно явление с другим.* **7.** *кого-что.* Лишить свободы действий, деятельности, стеснить чем-н. *С. инициативу. С. кого-н. обещанием.* ✦ **Двух слов связать не может** *кто* (разг. неодобр.) — о том, кто не умеет понятно изложить свою мысль. **Связать по рукам и ногам** *кого* (разг. неодобр.) — лишить возможности действовать, поступать по своему усмотрению. ‖ *несов.* **свя́зывать**, -аю, -аешь (ко 2, 3, 6 и 7 знач.). ‖ *сущ.* **свя́зывание**, -я, *ср.* (ко 2, 3, 6 и 7 знач.).

СВЯЗА́ТЬСЯ, свяжу́сь, свя́жешься; *сов.* **1.** Обвязавшись чем-н., соединиться друг с другом. *Альпинисты связались в связку.* **2.** *с кем-чем.* Установить связь, общение с кем-чем-н. *С. по телефону с директором. С. с заводом.* **3.** *с кем-чем.* Войти в какие-н. (невыгодные или предосудительные) отношения с кем-н. (разг.). *С. с подозрительными людьми.* **4.** *с кем-чем.* Взяться за что-н. трудное или предосудительное (разг.). *С. с невыгодным заказом.* ‖ *несов.* **свя́зываться**, -аюсь, -аешься. *Отойди от драчунов, не связывайся!* ‖ *сущ.* **свя́зывание**, -я, *ср.* (к 1 знач.).

СВЯЗИ́СТ, -а, *м.* Работник связи (в 6 знач.), а также военнослужащий войск связи. ‖ *ж.* **связи́стка**, -и.

СВЯ́ЗКА, -и, *ж.* **1.** *см.* вязать. **2.** Несколько однородных предметов, связанных вместе. *С. ключей. С. книг.* **3.** Плотное тканевое (см. ткань в 4 знач.) волокнистое образование, соединяющее отдельные части скелета, отдельные органы. *Мышечные связки. Голосовые связки.* **4.** Группа движущихся друг за другом людей, соединившихся верёвкой для страховки. *Идти в одной связке с кем-н. С. альпинистов (скалолазов, спелеологов).* **5.** В грамматике: служебное слово, соединяющее подлежащее со сказуемым. ‖ *прил.* **свя́зочный**, -ая, -ое (к 3 и 5 знач.).

СВЯЗНИ́К, -а́, *м.* (разг.) То же, что связной (в 3 знач.).

СВЯЗНО́Й, -а́я, -о́е. **1.** Служащий для поддержания связи (в 5 знач.). *С. самолёт. Связная радиостанция. Связные собаки.* **2.** **связно́й**, -о́го, *м.* Военнослужащий (обычно из рядовых), осуществляющий связь между командиром и его начальником, между воинскими частями, боевыми группами. *Послать связного с донесением. С. партизанского отряда.* **3.** **связно́й**, -о́го, *м.* Человек, к-рый связывает разведчика (в 1 знач.) с центром разведки. ‖ *ж.* **связна́я**, -о́й (ко 2 и 3 знач.).

СВЯ́ЗНЫЙ, -ая, -ое; -зен, -зна. Хорошо изложенный, логически стройный. *С. рассказ. Связно* (нареч.) *ответить.* ‖ *сущ.* **свя́зность**, -и, *ж.*

СВЯЗУ́ЮЩИЙ, -ая, -ее (книжн.). Связывающий, соединяющий. *Связующее звено.*

СВЯЗЬ, -и, о свя́зи, в свя́зи *и* в связи́, *ж.* **1.** (в свя́зи). Отношение взаимной зависимости, обусловленности, общности между чем-н. *С. теории и практики. Причинная с.* **2.** (в свя́зи). Тесное общение между кем-чем-н. *Дружеская с. Укреплять международные связи.* **3.** (в свя́зи и в связи́). Любовные отношения, сожительство. *Любовная с. Быть в связи с кем-н.* **4.** *мн.* Близкое знакомство с кем-н., обеспечивающее поддержку, покровительство, выгоду. *Иметь связи во влиятельных кругах. Большие связи.* **5.** (в свя́зи). Сообщение с кем-чем-н., а также средства, к-рые дают возможность сноситься, сообщаться. *Космическая с. Живая с.* (через связных). *Воздушная с. Междугородная телефонная с.* **6.** (в свя́зи). Отрасль народного хозяйства, относящаяся к средствам такого сообщения (почта, телеграф, телефон, радио), а также совокупности таких средств, сосредоточенные в соответствующих учреждениях. *Служба связи. Работники связи.* **7.** (в свя́зи), обычно *мн.* Часть строительной конструкции, соединяющая её основные элементы (спец.). ✦ **В связи́ с** *чем, предлог с тв. п.* — вследствие чего-н., из-за чего-н., будучи обусловлено чем-н. *Опоздание в связи с заносами.* **В связи́ с тем что**, *союз* — по той причине что, на основании того что. *Осведомился, в связи с тем что нужны точные сведения.*

СВЯТЕ́ЙШЕСТВО, -а, *ср.* С местоимениями «ваше», «его», «их» — титулование православного патриарха, Папы Римского, иногда также других высших церковных иерархов.

СВЯТЕ́ЙШИЙ, -ая, -ее. Составная часть титула нек-рых патриархов, а также Папы Римского. ✦ **Святейший Синод** — то же, что Синод.

СВЯТИ́ЛИЩЕ, -а, *ср.* (устар. и высок.). То же, что храм. *С. богов. С. науки.*

СВЯТИ́ТЕЛЬ, -я, *м.* **1.** Торжественное наименование высших лиц в церковной иерархии. **2.** То же, что святой (в 4 знач.) (устар.). *Поставить свечку своему святителю.*

СВЯТИ́ТЬ, свячу́, святи́шь; свячённый (-ён, -ена́); *несов., что.* В православии: совершать над чем-н. церковный обряд очищения, придания святости. *С. воду. С. куличи.* ‖ *сов.* **освяти́ть**, -ящу́, -яти́шь; -ящённый (-ён, -ена́). *О. собор. О. трапезу.* ‖ *сущ.* **освяще́ние**, -я, *ср.*

СВЯ́ТКИ, -ток, -ткам. В православии: праздничные дни между Рождеством и Крещением. *Ряженые на святках.* ‖ *прил.* **свя́точный**, -ая, -ое. *С. рассказ* (с сюжетом, относящимся к святкам).

СВЯТО́Й, -а́я, -о́е; свят, свята́, свя́то. **1.** В религиозных представлениях: обладающий божественной благодатью. *С. старец. С. источник. Святая вода* (освящённая). **2.** Проникнутый высокими чувствами, возвышенный, идеальный (высок.). *Святая любовь к Родине.* **3.** Истинный, величественный и исключительный по важности (высок.). *Святое дело. Святая обязанность.* **4.** **свято́й**, -о́го, *м.* В христианстве и нек-рых других религиях: человек, посвятивший свою жизнь церкви и религии, а после смерти признанный образцом праведной жизни и носителем чудодейственной силы. *Культ святых. Причислить к лику святых.* ✦ **Святая истина** — о чём-н. бесспорном, неоспоримом. **Святая святых** (высок.) — нечто самое дорогое, сокровенное [*первонач.* место в Иерусалимском храме, в к-ром хранились заповеди Моисея]. **Святые места** — места, связанные с представлениями о божественных деяниях, чудесах, жизни святых угодников. *Паломничество к святым местам.* **Хоть святых выноси** (разг.) — о невообразимом шуме, беспорядке. **Свя́то место пусто не бывает** (разг. ирон.) — всегда найдётся тот, кто займёт какое-н. освободившееся место, должность. Свят-свят-свят! (устар. разг.) — заклинание, ограждающее себя от чего-н. опасного, страшного. **Как Бог свят** (устар. разг.) — божба. ‖ *ж.* **свята́я**, -о́й (к 4 знач.). ‖ *сущ.* **свя́тость**, -и, *ж.* (к 1, 2 и 3 знач.).

СВЯТОТА́ТЕЦ, -тца, *м.* (книжн.). Человек, к-рый совершает, совершил святотатство.

СВЯТОТА́ТСТВО, -а, *ср.* (книжн.). Поругание, оскорбление чего-н. заветного, святого [*первонач.* оскорбление религиозной святыни]. ‖ *прил.* **святота́тственный**, -ая, -ое. *С. поступок.*

СВЯТОТА́ТСТВОВАТЬ, -твую, -твуешь; *несов.* (книжн.). Совершать святотатство.

СВЯТО́ША, -и, *м.* и *ж.* Богомольный лицемер, ханжа.

СВЯ́ТЦЫ, -ев. Церковная книга с перечнем праздников и святых по дням их поминовения. *Не посмотрев в с., бух в колокол* (погов. об опрометчивом поступке).

СВЯТЫ́НЯ, -и, *ж.* **1.** То, что является особенно дорогим, любовно хранимым и чтимым (высок.). *Народные святыни. Национальная с.* **2.** Предмет или место религиозного поклонения. *Поклониться святыням.*

СВЯЩЕ́ННИК, -а, *м.* Служитель церкви, исполняющий церковные службы и требы (в православии: иерей; в других христианских религиях: ксёндз, кюре, пастор, патер). ‖ *прил.* **свяще́ннический**, -ая, -ое. *С. сан. Священническое облачение.*

СВЯЩЕННОДЕ́ЙСТВОВАТЬ, -твую, -твуешь; *несов.* **1.** Отправлять богослужение, совершать какое-н. церковное таинство. *С. в соборе.* **2.** *перен.* Делать что-н. с многозначительностью, с важным, торжественным видом (обычно ирон.). *Хозяйка священнодействует над кофе.* ‖ *сущ.* **священноде́йствие**, -я, *ср.*

СВЯЩЕННОСЛУЖИ́ТЕЛЬ, -я, *м.* (книжн.). Служитель церкви, отправляющий богослужения и требы. ‖ *прил.* **священнослужи́тельский**, -ая, -ое.

СВЯЩЕ́ННЫЙ, -ая, -ое; -е́н *и* -е́нен, -е́нна. **1.** В религии: обладающий святостью, божественный; соответствующий религиозному идеалу. *С. сан.* **2.** Относящийся к религиозному культу. *С. обряд. Священная утварь.* **3.** Чрезвычайно почётный и исключительный по важности, святой (в 3 знач.) (высок.). *Священная обязанность. С. долг.* **4.** Исполненный благоговения. *С. трепет. С. восторг.* ◆ **Священное писание** — религиозные книги. *Христианское Священное писание* (признанные Православной Церковью как канонические 27 книг Нового Завета и 38 книг Ветхого Завета). *Иудейское Священное писание* (Ветхий Завет). *Священное писание ислама* (Коран). ‖ *сущ.* **свяще́нность**, -и, *ж.* (к 1, 3 и 4 знач.).

СВЯЩЕ́НСТВО, -а, *ср.* **1.** Принадлежность к священному, духовному сану. *Три степени священства: епископы, пресвитеры, диаконы.* **2.** *собир.* Священнослужители. *Православное, католическое с.* **3.** Христианский обряд (таинство у католиков и православных) посвящения в священнослужители.

СГИБ, -а, *м.* Место, по к-рому что-н. согнуто или сгибается. *С. локтя. Переплёт лопнул на сгибе.*

СГИБА́ТЬ, -а́ю, -а́ешь; *несов., кого-что.* То же, что гнуть (в 1 и 2 знач.). *С. в дугу. С. спину. Ветер сгибает деревья.*

СГИБА́ТЬСЯ, -а́юсь, -а́ешься; *несов.* То же, что гнуться.

СГИ́НУТЬ, -ну, -нешь; *сов.* (разг.). Пропасть, исчезнуть. *Сгинь с глаз долой!* (уйди, провались ты!; прост.).

СГЛА́ДИТЬ, -а́жу, -а́дишь; -а́женный; *сов., что.* **1.** Выровнять, уничтожить, разглаживая, ровняя. *С. неровности. С. шероховатость.* **2.** *перен.* Сделать менее заметным, смягчить. *С. неприятное впечатление. С. (острые) углы* (перен.: устранить разногласия, споры, внести успокоение). ‖ *несов.* **сгла́живать**, -аю, -аешь. ‖ *сущ.* **сгла́живание**, -я, *ср.*

СГЛА́ДИТЬСЯ (-а́жусь, -а́дишься, 1 и 2 л. не употр.), -а́дится; *сов.* **1.** Выровняться, уничтожиться после разглаживания. *Неровность сгладилась.* **2.** *перен.* Смягчиться, стать менее заметным. *Первое впечатление сгладилось. Острые углы сгладились* (перен.: устранились разногласия, наступило успокоение). ‖ *несов.* **сгла́живаться** (-аюсь, -аешься, 1 и 2 л. не употр.), -ается. ‖ *сущ.* **сгла́живание**, -я, *ср.*

СГЛА́ЗИТЬ, -а́жу, -а́зишь; *сов., кого-что.* **1.** В старых народных представлениях: навредить кому-н. дурным глазом (взглядом, приносящим неблагополучие, несчастье). *Ведьма сглазила корову.* **2.** Похвалами, предсказанием чего-н. хорошего накли́кать плохое (разг.). *Не хвали, а то сглазишь. Пока, не с. бы, все здоровы, всё хорошо.* ‖ *сущ.* **сглаз**, -а (-у), *м.* (к 1 знач.). *В старину боялись сглазу.*

СГЛОДА́ТЬ, -ожу́, -о́жешь; -о́данный; *сов., кого-что.* **1.** Съесть, глодая (разг.). *Собака сглодала кость.* **2.** Измучить, извести (в 3 знач.) (прост.). *Тоска сгложет кого-н.* ‖ *несов.* **сгла́дывать**, -аю, -аешь (к 1 знач.).

СГЛУПА́, *нареч.* (прост.). То же, что сдуру. *Он с. ляпнул, а ты обиделся.*

СГЛУПИ́ТЬ *см.* глупить.

СГНИВА́ТЬ, -а́ю, -а́ешь; *несов.* Гнить, подвергаться гниению.

СГНИТЬ *см.* гнить.

СГНОИ́ТЬ *см.* гноить.

СГО́ВОР, -а и (устар.) **СГОВО́Р**, -а (-у), *м.* **1.** (сго́вор). Соглашение в результате переговоров (обычно неодобр.). *Действовать по сговору с кем-н. Преступный с.* **2.** Помолвка, соглашение между родителями жениха и невесты (устар.). ‖ *прил.* **сгово́рный**, -ая, -ое (ко 2 знач.).

СГОВОРИ́ТЬ, -рю́, -ри́шь; -рённый (-ён, -ена́); *сов., кого (что)* (устар. разг.). Дать (или получить) согласие на чей-н. брак (дочери, сына, сестры), осуществить сговор. *С. дочь за купеческого сына.* ‖ *несов.* **сгова́ривать**, -аю, -аешь.

СГОВОРИ́ТЬСЯ, -рю́сь, -ри́шься; *сов.* **1.** *с кем о чём* и *с неопр.* Условиться, согласиться относительно каких-н. действий. *С. о встрече (встретиться).* **2.** *с кем.* Достигнуть взаимного понимания, соглашения в беседе. *С этим человеком трудно с.* ‖ *несов.* **сгова́риваться**, -аюсь, -аешься.

СГОВО́РЧИВЫЙ, -ая, -ое; -ив. Такой, с к-рым легко сговориться (во 2 знач.), покладистый. *С. человек.* ‖ *сущ.* **сгово́рчивость**, -и, *ж.*

СГОДИ́ТЬСЯ, сгожу́сь, сгоди́шься; *сов.* (прост.). То же, что пригодиться.

СГОН, СГО́НКА *см.* согнать.

СГОНЯ́ТЬ[1], -я́ю, -я́ешь; *сов.* (прост.). **1.** Быстро сбе́гать или съездить куда-н. *С. в магазин на велосипеде.* **2.** *кого (что).* Послать с поручением. *С. мальчишку за хлебом.*

СГОНЯ́ТЬ[2] *см.* согнать.

СГОРА́ТЬ, -а́ю, -а́ешь; *несов.* То же, что гореть (в 1, 6, 7, 8 и 9 знач.). *Сгорают деревья. Сгорает много топлива. С. со стыда. Сено сгорает в копнах.* ‖ *сущ.* **сгора́ние**, -я, *ср.* (по 1 знач. глаг. гореть). *Двигатель внутреннего сгорания* (в к-ром топливо сгорает внутри двигателя).

СГО́РБИТЬ, -СЯ *см.* горбить, -ся.

СГОРЕ́ТЬ *см.* гореть.

СГОРЯЧА́, *нареч.* В порыве сильного чувства, погорячившись и не подумав. *С. сказать дерзость.*

СГОТО́ВИТЬ *см.* готовить.

СГРЕСТИ́, сгребу́, сгребёшь; сгрёб, сгребла́; сгрёбший; сгребённый (-ён, -ена́); сгрёбши *и* сгребя́; *сов.* **1.** *что.* Гребя[1], собрать в одно место (что-н. сыпучее, рассыпающееся). *С. сено. С. сор в кучу.* **2.** *что.* Гребя[1], скинуть. *С. снег с крыши.* **3.** *кого-что.* Неловко, неуклюже схватить, обхватить (прост.). *С. в охапку. С. в свои объятия* (шутл.). ‖ *несов.* **сгреба́ть**, -а́ю, -а́ешь.

СГРУДИ́ТЬСЯ (сгружу́сь, сгруди́шься, 1 и 2 л. ед. не употр.), сгруди́тся и **СГРУ́ДИТЬСЯ** (сгру́жусь, сгру́дишься, 1 и 2 л. ед. не употр.), сгру́дится; *сов.* (разг.). Собраться в тесную группу, в кучу, образовать толпу. *С. у входа. Вдали сгрудились горы* (перен.).

СГРУЗИ́ТЬ, -ужу́, -у́зишь *и* -узи́шь; -у́женный *и* -ужённый (-ён, -ена́); *сов., что.* Снять груз с чего-н. *С. ящики с машины.* ‖ *несов.* **сгружа́ть**, -а́ю, -а́ешь. ‖ *сущ.* **сгру́зка**, -и, *ж.*

СГРУППИРОВА́ТЬ, -СЯ *см.* группировать, -ся.

СГРЫЗТЬ, -зу́, -зёшь; сгрыз, сгры́зла; сгры́зший; -зенный; сгрызя́ *и* сгры́зши; *сов., что.* Съесть, грызя. *С. сухарь.* ‖ *несов.* **сгрыза́ть**, -а́ю, -а́ешь.

СГУБИ́ТЬ *см.* губить.

СГУСТИ́ТЬ, сгущу́, сгусти́шь; сгущённый (-ён, -ена́); *сов., что.* Сделать густым, гуще. *Сгущённое молоко* (получаемое пастеризацией и выпариванием части воды). *С. краски* (также перен.: изображая, рассказывая, представить что-н. в слишком мрачном свете). ‖ *несов.* **сгуща́ть**, -а́ю, -а́ешь. ‖ *сущ.* **сгуще́ние**, -я, *ср.*

СГУСТИ́ТЬСЯ (сгущу́сь, сгусти́шься, 1 и 2 л. не употр.), сгусти́тся; *сов.* Стать густым, гуще. *Туман сгустился.* ‖ *несов.* **сгуща́ться** (-а́юсь, -а́ешься, 1 и 2 л. не употр.), -а́ется. ‖ *сущ.* **сгуще́ние**, -я, *ср.*

СГУ́СТОК, -тка, *м.* Комок сгустившейся жидкости. *С. крови. С. энергии* (перен.: об очень энергичном человеке). ‖ *прил.* **сгу́стковый**, -ая, -ое.

СГУЩЁНКА, -и, *ж.* (разг.). Сгущённое молоко. *Банка сгущёнки.*

СДА́БРИВАТЬ *см.* сдобрить.

СДАВА́ТЬ, -СЯ[1] *см.* сдать, -ся[1].

СДАВА́ТЬСЯ[2], сдаётся; *безл.; несов., кому* (прост.). Думаться, казаться. *Сдаётся мне, что он прав.* ‖ *сов.* **сда́ться**, буд. не употр.; сдало́сь (устар. и прост.). *Сдалось мне, что он хитрит.*

СДАВИ́ТЬ, сдавлю́, сда́вишь; сда́вленный; *сов., кого-что.* Давя, сжать с силой. *С. кого-н. в толпе. С. горло. Тоска давила грудь* (перен.). ‖ *несов.* **сда́вливать**, -аю, -аешь.

СДА́ВЛЕННЫЙ, -ая, -ое; -ен. О голосе, стоне: приглушённый, ослабленный. *Сдавленное рыдание.* ‖ *сущ.* **сда́вленность**, -и, *ж.*

СДА́ТЧИК, -а, *м.* (офиц.). Лицо, производящее сдачу продукции, имущества. *С. зерна. С. хлопка, шерсти. С. вещей на комиссию.* ‖ *ж.* **сда́тчица**, -ы.

СДАТЬ, сдам, сдашь, сдаст, сдади́м, сдади́те, сдаду́т; сдал, сдала́, сда́ло; сдай; сда́нный (сдан, сдана́); *сов.* **1.** *кого-что.* Передать кому-н. (имеющееся, исполненное, порученное). *С. вещи на хранение. С. в архив. С. изделие заказчику. С. дела* (оставляя должность, ввести другого в курс передаваемых ему дел). **2.** *что.* Отдать внаём. *С. дачу. С. комнату.* **3.** *что.* Уступить, отдать неприятелю (в результате неудачного боя или без боя). *С. крепость. С. свои позиции* (также перен.: отступить от своего мнения, решения). **4.** *что.* Ослабить, уменьшить. *С. ход, темп.* **5.** *что.* Возвратить излишек при денежном расчёте. *С. рубль сдачи. С. с рубля мелочью.* **6.** *что.* Раздать играющим (карты). **7.** *что.* Выдержать испытание на знания, умение. *С. экзамен. С. историю. С. на спортивный разряд.* **8.** Стать слабее, тише, хуже (разг.). *Мороз сдал. Старик сдал. Сдали нервы, сердце. Мотор сдал.* ‖ *несов.* **сдава́ть,** сдаю́, сдаёшь; сдава́й. ‖ *сущ.* **сда́ча,** -и, *ж.* (к 1, 2, 3, 4, 5, 6 и 7 знач.). ‖ *прил.* **сда́точный,** -ая, -ое (к 1 знач.; спец.). *Сдаточная ведомость. С. пункт. С. вес скота.*

СДА́ТЬСЯ[1], сда́мся, сда́шься, сда́стся, сдади́мся, сдади́тесь, сдаду́тся; сда́лся, сдала́сь, сдало́сь *и* сда́лось; сда́йся; *сов.* **1.** Прекратив сопротивление, признать себя побеждённым. *С. в плен.* **2.** Уступить под влиянием чего-н. *С. на просьбы, на уговоры.* ‖ *несов.* **сдава́ться,** сдаю́сь, сдаёшься; сдава́йся. ‖ *сущ.* **сда́ча,** -и, *ж.* (к 1 знач.).

СДА́ТЬСЯ[2], буд. не употр.; сда́лся, сдала́сь; *сов.* (прост. неодобр.). Понадобиться, стать нужным для чего-н. *На что мне сдались твои советы?*

СДА́ТЬСЯ[3] *см.* сдаваться[2].

СДА́ЧА[1], -и, *ж.* **1.** *см.* сдать. **2.** Излишек денег, возвращаемый при расчёте. *Получить сдачу. С. с рубля.* ✦ **Дать сдачи** (разг.) — ответить ударом на удар. **Получить сдачи** (разг.) — ударив, получить ответный удар.

СДА́ЧА[2] *см.* сдаться[1].

СДВА́ИВАТЬ *см.* сдвоить.

СДВИГ, -а, *м.* **1.** *см.* сдвинуть, -ся. **2.** *перен.* Заметное улучшение, изменение в состоянии, развитии чего-н. *С. в работе. Наметился с.* **3.** Горизонтальное смещение геологического слоя (спец.). *С. земной коры.* **4.** То же, что отклонение (во 2 знач.) (прост.). *Со сдвигом кто-н.* (не совсем нормален). ‖ *прил.* **сдви́говый,** -ая, -ое (к 3 знач.).

СДВИ́НУТЬ, -ну, -нешь; -нутый; *сов., кого-что.* **1.** Двигая, переместить. *С. с места что-н.* **2.** Двигая, сблизить. *С. столы. С. брови.* ‖ *несов.* **сдвига́ть,** -а́ю, -а́ешь. ‖ *сущ.* **сдвига́ние,** -я, *ср.,* **сдвиг,** -а, *м.* (к 1 знач.) *и* **сдви́жка,** -и, *ж.*

СДВИ́НУТЬСЯ, -нусь, -нешься; *сов.* **1.** Переместиться, двигаясь. *С. с места. Дело сдвинулось с мёртвой точки* (перен.). **2.** (1 и 2 л. не употр.). Двигаясь, сблизиться. *Брови сдвинулись.* ‖ *несов.* **сдвига́ться,** -а́юсь, -а́ешься. ‖ *сущ.* **сдвига́ние,** -я, *ср.,* **сдвиг,** -а, *м.* (к 1 знач.) *и* **сдви́жка,** -и, *ж.* ‖ *прил.* **сдвижно́й,** -а́я, -о́е (ко 2 знач.). *Сдвижные створки* (сдвигающиеся).

СДВОИ́ТЬ, -ою́, -ои́шь; -о́енный *и* **СДВО́ИТЬ,** -о́ю, -о́ишь; -о́енный; *сов., что.* **1.** Сделать что-н. двойным. *Сдвоенная нить.* **2.** (сдвои́ть). То же, что вздвоить. *С. ряды.* ‖ *несов.* **сдва́ивать,** -аю, -аешь. ‖ *сущ.* **сдвое́ние,** -я, *ср. и* **сдва́ивание,** -я, *ср.*

СДВУРУ́ШНИЧАТЬ *см.* двурушничать.

СДЕ́ЛАТЬ, -СЯ *см.* делать, -ся.

СДЕ́ЛКА, -и, *ж.* **1.** Договор о выполнении чего-н. *Заключить сделку. Двусторонняя с. Торговая с.* **2.** Неблаговидный, предосудительный сговор (в 1 знач.). *Тайная с. Пойти на сделку с собственной совестью* (перен.: поступить против совести).

СДЕ́ЛЬНЫЙ, -ая, -ое. Оплачиваемый или исчисляемый по количеству сделанного, не повременно. *Сдельная работа. Сдельная оплата.* ‖ *сущ.* **сде́льность,** -и, *ж.*

СДЕ́ЛЬЩИК, -а, *м.* Работник, выполняющий сдельную работу. ‖ *ж.* **сде́льщица,** -ы. ‖ *прил.* **сде́льщицкий,** -ая, -ое.

СДЕ́ЛЬЩИНА, -ы, *ж.* (разг.). Сдельная работа.

СДЕ́РЖАННЫЙ, -ая, -ое; -ан. Владеющий собой, умеющий сдерживаться; ровный, без резкостей. *С. человек. С. характер. Ответить сдержанно* (нареч.). ‖ *сущ.* **сде́ржанность,** -и, *ж. С. в словах.*

СДЕРЖА́ТЬ, сдержу́, сде́ржишь; сде́ржанный; *сов.* **1.** *кого-что.* Остановить, ослабить то, что движется, развивается с силой. *С. лошадей. С. натиск противника. С. гонку вооружений.* **2.** *перен., кого-что.* Не дать обнаружиться полностью, затаить. *С. слёзы. С. смех. С. себя* (то же, что сдержаться). **3.** *что.* Исполнить (обещанное). *С. обещание, клятву. С. своё слово* (сделать то, что обещал). ‖ *несов.* **сде́рживать,** -аю, -аешь.

СДЕРЖА́ТЬСЯ, сдержу́сь, сде́ржишься; *сов.* Удержать себя от проявления какого-н. чувства, реакции. *Хотел возразить, но сдержался.* ‖ *несов.* **сде́рживаться,** -аюсь, -аешься.

СДЁРНУТЬ, -ну, -нешь; -утый; *сов., кого-что.* Дёрнув, стащить, стянуть. *С. одеяло с кого-н.* ‖ *несов.* **сдёргивать,** -аю, -аешь.

СДИРА́ТЬ, -а́ю, -а́ешь; *несов., что.* **1.** То же, что драть (во 2 знач.). *С. кожуру, кору.* **2.** Списывать (в 3 знач.), сдувать (во 2 знач.) (прост.). *С. задачки у товарищей.* ‖ *сущ.* **сдира́ние,** -я, *ср. и* **сди́рка,** -и, *ж.* (к 1 знач.; спец.). ‖ *прил.* **сди́рочный,** -ая, -ое (к 1 знач.; спец.).

СДИРА́ТЬСЯ *см.* содраться.

СДО́БА, -ы, *ж.* **1.** Жир, сахар и яйца, добавляемые в тесто. *С. для кулича.* **2.** *собир.* Изделия из сдобного теста. *Продажа сдобы.*

СДО́БНЫЙ, -ая, -ое; -бен, -бна́, -бно. **1.** Со сдобой (в 1 знач.). *Сдобные булочки. Сдобное тесто.* **2.** *перен.* О теле: полный, пышный (разг. шутл.). *Сдобная блондинка.* ‖ *сущ.* **сдо́бность,** -и, *ж.*

СДО́БРИТЬ, -рю, -ришь; -ренный; *сов., что чем* (разг.). Прибавить к чему-н. что-н. для улучшения качества, для вкуса. *С. щи сметаной. С. рассказ шуткой* (перен.). ‖ *несов.* **сда́бривать,** -аю, -аешь.

СДО́ХНУТЬ *см.* до́хнуть.

СДРЕ́ЙФИТЬ *см.* дрейфить.

СДРУЖИ́ТЬ, -ужу́, -у́жишь *и* -ужи́шь; -жённый (-ён, -ена́); *сов., кого (что).* Соединить дружбой, сблизить. *Людей сдружила общая работа.*

СДРУЖИ́ТЬСЯ, -ужу́сь, -у́жишься *и* -ужи́шься; *сов.* Сблизиться, стать друзьями. *Дети сдружились.*

СДУБЛИ́РОВАТЬ *см.* дублировать.

СДУ́РУ, *нареч.* (прост.). По глупости, не сообразив в чём дело. *С. проболтался.*

СДУТЬ, сду́ю, сду́ешь; сду́тый; *сов.* **1.** *кого-что.* Удалить дуновением, струёй воздуха, ветром. *С. пыль с полки. Как ветром сдуло кого-н.* (в знач. сказ.; исчез быстро, сразу; разг.). **2.** *что.* То же, что списать (в 3 знач.) (прост.). *С. задачку у одноклассника. С. сочинение.* ‖ *несов.* **сдува́ть,** -а́ю, -а́ешь. ‖ *однокр.* **сду́нуть,** -ну, -нешь (к 1 знач.). ‖ *сущ.* **сдува́ние,** -я, *ср.*

СДЫХА́ТЬ, -а́ю, -а́ешь; *несов.* То же, что до́хнуть (о человеке — прост. пренебр.).

СДЮ́ЖИТЬ, -жу, -жишь; *сов.* (обл. и прост.). Смочь, суметь, оказаться в силах сделать что-н. *Взялся, да не сдюжил.*

СЕА́НС, -а, *м.* **1.** Исполнение чего-н. в определённый промежуток времени без перерыва. *С. одновременной игры в шахматы. Портрет написан в пять сеансов (за пять сеансов). С. гипноза. С. связи* (по радио, телевидению). **2.** Один из нескольких (в разное время дня) показов фильма в кинотеатре. *Утренний, дневной, вечерний сеансы.*

СЕБЕ́[1], *частица* (разг.). Относится к глаголу-сказуемому, внося значение продолжающегося свободного, независимого и как бы противопоставляемого другому действия. *Сидит с. (он с. сидит), ничего не замечая. Иди с.! Тебя не трогают, и молчи с.* ✦ **Ничего себе** (разг.) — 1) сносно, довольно хорошо. *Обед был ничего себе;* 2) выражение иронического отношения, недоверия, неодобрения. *Опять поругались. — Ничего себе!* **Так себе** (разг.) — 1) ни плохо ни хорошо, средне. *Фильм этот — так себе;* 2) о ком-чём-н. неважном, весьма посредственном. *Помощник он так себе.* **Пускай (пусть) себе** (разг.) — выражение принятия, согласия с оттенком безразличия, незаинтересованности. *Он настаивает на своём. — Пускай себе.*

СЕБЕ́[2] *см.* себя.

СЕБЕСТО́ИМОСТЬ, -и, *ж.* Издержки предприятия при производстве товара (или его транспортировке, приобретении). *С. продукции. Снижение себестоимости.*

СЕБЯ́, себе́, собо́й (собо́ю), о себе́, *мест. возвр.* **1.** Указывает на обращённость действия на самого производителя действия, заменяя по смыслу личные местоимения. *Знать самого с.* (свой характер или свои силы, возможности). *Поставить себе какую-н. цель. Представить себе что-н.* (вообразить). *Обратить на с. внимание. Взять, принять на с. что-н.* (на свою ответственность или к исполнению). *Испытать на себе. Думает только о себе* (эгоистичен). *За собой* (1) позади себя. *Услышать за собой шаги;* 2) о себе, относительно себя. *Чувствовать за собой вину). Под с.* или *под с. мочиться* (в постель; разг.). **2.** **собо́й (собо́ю).** Употр. в знач. лицом, фигурой, внешностью. *Хороша собой. Собой невелик, худощав.* ✦ **Быть самим собой** — сохранять естественность в поведении, верность своим привычкам, представлениям. **Выйти из себя** — в гневе утратить самообладание. **Вывести из себя** *кого* — рассердив, лишить самообладания. **Про себя** (разг.) — не вслух, не произнося. *Читать про себя.* **Про себя знать (говорить)** (разг.) — знать и помалкивать о чём-н. **Из себя** (прост.) — то же, что собой (см. себя во 2 знач.). *Из себя красавец.* **К себе** — 1) в направлении к тому, кто стоит лицом к чему-н. *Дверь отворяется к себе;* 2) в своё помещение или домой, к месту своего обычного пребывания. *Пригласить к себе. Директор пошёл к себе.* **Не в себе** *кто* (разг.) — в душевном расстройстве. **Не по себе** *кому* (разг.) — неприятно или нездоровится кому-н. **От себя** — 1) в направлении от того, кто стоит лицом к чему-н. *Дверь отворяется от себя;* 2) лично, от своего имени. *Говорю от себя.* **По себе** (разг.) — 1) по своим силам. *Взять работу по себе;* 2) после себя. *Оставить по себе добрую память.* **При себе** (иметь, держать, носить) — не расставаясь с кем-чем-н., храня у себя. **Прийти в себя** — опомниться. **Себе на уме** *кто* (разг.) — скрытен, хитёр, имеет заднюю мысль. **У себя** *кто* — в своём помещении или дома, на месте своего обычного пребывания. *Ди-*

ректор у себя? **Уйти в себя** — стать замкнутым, необщительным.

СЕБЯЛЮ́БЕЦ, -бца, *м.* Себялюбивый человек.

СЕБЯЛЮБИ́ВЫЙ, -ая, -ое; -и́в. Любящий только себя, эгоистичный. || *сущ.* **себялю́бие**, -я, *ср.*

СЕВ, -а, *м.* **1.** *см.* сеять. **2.** Время посева, сеяния. *Наступил с.*

СЕ́ВЕР, -а, *м.* **1.** Одна из четырёх стран света и направление, противоположные югу; сторона, в к-рую направлена намагниченная стрелка компаса. **2.** Местность, лежащая в этом направлении. *На севере России.* **3.** Местность с холодным, суровым климатом, холодные края. *В условиях севера. Надбавка за работу на севере.* || *прил.* **се́верный**, -ая, -ое. *Северное лето.*

СЕ́ВЕРНЫЕ, -ых (разг.). Надбавка к зарплате за работу в условиях севера (в 3 знач.).

СЕВЕРОАМЕРИКА́НСКИЙ, -ая, -ое. **1.** *см.* североамериканцы. **2.** Относящийся к народам Северной Америки, к их языкам, образу жизни, культуре, а также к странам Северной Америки, их территории, внутреннему устройству, истории, флоре и фауне; такой, как у североамериканцев, как в Северной Америке. *Североамериканские государства. Североамериканские национальные парки. Североамериканские бизоны.*

СЕВЕРОАМЕРИКА́НЦЫ, -цев, *ед.* -а́нец, -нца, *м.* Население Северной Америки (за исключением Центральной). || *ж.* **североамерика́нка**, -и. || *прил.* **североамерика́нский**, -ая, -ое.

СЕ́ВЕРО-ВОСТО́К, -а, *м.* Направление между севером и востоком. || *прил.* **се́веро-восто́чный**, -ая, -ое.

СЕ́ВЕРО-ЗА́ПАД, -а, *м.* Направление между севером и западом. || *прил.* **се́веро-за́падный**, -ая, -ое.

СЕВЕРОМО́РЕЦ, -рца, *м.* Моряк Северного флота.

СЕВЕРЯ́НИН, -а, *мн.* -я́не, -я́н, *м.* Уроженец или житель севера. || *ж.* **северя́нка**, -и.

СЕВООБОРО́Т, -а, *м.* Последовательная смена сельскохозяйственных культур на определённых земельных участках. *Полевые, кормовые, травопольные севообороты.* || *прил.* **севооборо́тный**, -ая, -ое.

СЕВРЮ́ГА, -и, *ж.* Крупная промысловая рыба сем. осетровых. || *уменьш.* **севрю́жка**, -и, *ж.* || *прил.* **севрю́жий**, -ья, -ье.

СЕВРЮ́ЖИНА, -ы, *ж.* Мясо севрюги как пища.

СЕГМЕ́НТ, -а, *м.* **1.** В математике: то же, что отрезок прямой. **2.** В геометрии: часть круга, ограниченная дугой и её хордой, а также часть шара, отделённая секущей плоскостью. **3.** Один из многих однородных члеников тела нек-рых животных, а также один из однородных участков какого-н. органа (спец.). *С. червя. С. позвонка.* || *прил.* **сегме́нтный**, -ая, -ое (к 1 и 2 знач.) *и* **сегмента́рный**, -ая, -ое (к 3 знач.).

СЕГО́ДНЯ [вд]. **1.** *нареч.* В этот, сейчас идущий день. *С. холодно. Встретимся с. или завтра.* **2.** *перен., нареч.* Теперь, в настоящее время. *Вчера был учеником, с. стал строителем.* **3.** *нескл., ср.* Этот, сейчас идущий день. *Договорились на с. встретиться.* **4.** *перен., нескл., ср.* Настоящее время, текущий момент. *На с.* (сейчас, в настоящее время). *Наше с.* ✦ **Не сегодня завтра** (разг.) — очень скоро, в ближайшие дни, не нынче завтра. || *прил.* **сего́дняшний**, -яя, -ее. *Сегодняшняя встреча. Сегодняшняя погода* (на сегодня). *Простить за сегодняшнее* (сущ.).

СЕГО́ДНЯШНИЙ [вд], -яя, -ее. **1.** *см.* сегодня. **2.** *перен.* Относящийся к настоящему времени, происходящий сейчас. *Сегодняшнее лето. Сегодняшние учителя. Сегодняшняя молодёжь. Неспокойное сегодняшнее* (сущ.). ✦ **На сегодняшний день** — на сегодня. **Жить сегодняшним днём** — не думая о будущем.

СЕГОЛЕ́ТКИ, *ед.* сеголе́ток, -тка, *род. мн.* -тков, *м. и* сеголе́тка, -и, *род. мн.* -ток, *ж.* (спец.). Молодняк (рыбы, зверя) текущего года. *В водоёмы выпущены тысячи сеголеток щуки.*

СЕГРЕГА́ЦИЯ, -и, *ж.* (книжн.). Один из видов расовой дискриминации — ограничение в правах на основании цвета кожи или национальной принадлежности. *С. негров в США.* || *прил.* **сегрегацио́нный**, -ая, -ое.

СЕДА́ЛИЩЕ, -а, *ср.* **1.** То же, что ягодицы. **2.** Кресло, трон, а также вообще место для сидения (стар. и шутл.). || *прил.* **седа́лищный**, -ая, -ое (к 1 знач.). *С. нерв* (крупный нервный ствол в области таза и верхней части бедра).

СЕДЕ́ЛЬНИК, -а, *м.* Мастер, изготовляющий сёдла. || *прил.* **седе́льницкий**, -ая, -ое.

СЕДЕ́ЛЬНЫЙ *см.* седло.

СЕДЕ́ЛЬЩИК, -а, *м.* То же, что седельник. || *прил.* **седе́льщицкий**, -ая, -ое.

СЕДЕ́ТЬ, -е́ю, -е́ешь; *несов.* Становиться седым (в 1 знач.), седее. *Волосы седеют. Рано начал с.* || *сов.* **поседе́ть**, -е́ю, -е́ешь. || *сущ.* **поседе́ние**, -я, *ср.*

СЕДЁЛКА, -и, *ж.* Часть упряжи — кожаная подушка, служащая опорой для чересседельника. || *прил.* **седёлочный**, -ая, -ое *и* **седёлковый**, -ая, -ое.

СЕДИНА́, -ы́, *мн.* (в знач. ед.; высок.) -и́ны, -и́н, -и́нам, *ж.* **1.** Седые волосы. *С. на висках. Дожить до седин* (до старости). *С. в бороду, а бес в ребро* (посл. о старике, ухаживающем за женщинами). **2.** Проседь в мехе. *Шерсть с сединой.*

СЕДЛА́ТЬ, -а́ю, -а́ешь; сёдланный; *несов., кого (что).* Укреплять седло на спине животного. *С. коней.* || *сов.* **оседла́ть**, -а́ю, -а́ешь; осёдланный. || *сущ.* **седла́ние**, -я, *ср. и* **седло́вка**, -и, *ж.* (спец.).

СЕДЛО́, -а́, *мн.* сёдла, сёдел, сёдлам, *ср.* **1.** Часть сбруи — род сиденья, укрепляемого для езды на спине животного. *С. для верховой езды. Вьючное с.* (для вьюков). *Верблюжье с. Сесть в с. Ходить под седлом* (о ездовом животном: служить для верховой езды). *Вышибить (выбить) из седла кого-н.* (также перен.: вывести из равновесия, лишить спокойствия, стойкости; разг.). **2.** Кожаное сиденье у велосипеда, мотоцикла, мотороллера. **3.** То же, что седловина (во 2 знач.). || *уменьш.* **седе́льце**, -а, *ср.* (к 1 знач.) *и* **сёдлышко**, -а, *ср.* (к 1 знач.). || *прил.* **седе́льный**, -ая, -ое (к 1 и 2 знач.).

СЕДЛОВИ́НА, -ы, *ж.* **1.** Выгиб в спине животного (спец.). **2.** Понижение между двумя вершинами в горном хребте.

СЕДЛО́ВКА, -и, *род. мн.* -вок, *ж.* **1.** *см.* седлать. **2.** Способ, к-рым осёдлано животное (спец.). *Спортивная с.*

СЕДО... *Первая часть сложных слов со знач.* с седым, напр. *седоголовый, седоусый, седокудрый.*

СЕДОБОРО́ДЫЙ, -ая, -ое; -о́д. С седой бородой. *С. старик.*

СЕДОВЛА́СЫЙ, -ая, -ое; -а́с (устар.) и **СЕДОВОЛО́СЫЙ**, -ая, -ое; -о́с. С седыми волосами.

СЕДО́Й, -а́я, -о́е; сед, седа́, се́до. **1.** Белый вследствие потери окраски (о волосах); с такими волосами. *Седая борода. С. старик. До седых волос дожить* (состариться; разг.). **2.** *перен.* Белёсый, тускло-серый. *С. туман. Седая пена моря.* **3.** *перен.* О времени, эпохе: очень далёкий, давний. *Седая старина. Седые времена.* **4.** С примесью белёсой шерсти, белёсых перьев. *С. бобёр. С. орёл.* || *сущ.* **седость**, -и, *ж.* (к 1 и 4 знач.).

СЕДО́К, -а́, *м.* **1.** Пассажир, едущий в экипаже, а также в автомобиле, на мотоцикле. **2.** Всадник, верховой. *Конь несёт седока.*

СЕДЬМО́Й, -а́я, -о́е. **1.** *см.* семь. **2.** **седьма́я**, -о́й. Получаемый делением на семь. *Седьмая часть. Одна седьмая* (сущ.).

СЕЗО́Н, -а, *м.* **1.** Одно из времён года, характеризующееся какими-н. климатическими признаками. *Климатические сезоны. Весенний, летний, осенний, зимний с. С. дождей, сухой с.* (в муссонных тропических областях). *Одеться по сезону. Моды сезона. Яблокам сейчас ещё не с.* (не созрели). **2.** Часть года, подходящая для какой-н. деятельности, работы. *С. охоты. Строительный с. Театральный с. Купальный с.* || *прил.* **сезо́нный**, -ая, -ое.

СЕЗО́НКА, -и, *ж.* (разг.). Сезонный проездной билет.

СЕЗО́ННИК, -а, *м.* Рабочий на сезонных работах. || *ж.* **сезо́нница**, -ы.

СЕЗО́ННЫЙ, -ая, -ое; -нен, -нна. **1.** *см.* сезон. **2.** Осуществляющийся в определённый сезон, соответствующий определённому сезону. *Сезонная работа. С. товар. Сезонная обувь. С. проездной билет* (действительный на какой-то сезон, на определённый отрезок времени). || *сущ.* **сезо́нность**, -и, *ж.*

СЕЙ, сего́; *ж.* сия́, сей; *ср.* сие́, сего́, *мн.* сии́, сих, *мест. указат.* (устар. и ирон., а также в нек-рых выражениях). То же, что этот (в 1 и 2 знач.). *На с. раз. По с. день* (до сих пор; книжн.). *Сию минуту* или *секунду* (сейчас, очень скоро или только что). *Первого июля сего года* (офиц.). *С получением сего* (сущ.; получив то, что послано; офиц.). ✦ **До сих пор** — до этого времени или до этого места. **От сих до сих** — 1) о границах прочитанного или заданного: точно отсюда досюда. *Выучить от сих до сих;* 2) о выполнении чего-н. в строго заданных пределах, без инициативы и без интереса (неодобр.). **По сю (сию) пору** — до сего времени, до сих пор. **О сю пору** (устар. и обл.) — в это время.

СЕЙМ, -а, *м.* В нек-рых странах: название парламента. || *прил.* **се́ймовый**, -ая, -ое.

СЕ́ЙНЕР, -а, *м.* Рыболовное судно с кошельковым неводом. || *прил.* **се́йнерный**, -ая, -ое.

СЕЙСМИ́ЧЕСКИЙ, -ая, -ое. Относящийся к колебаниям земной поверхности, к землетрясениям. *Сейсмические волны. Сейсмическая станция. Сейсмическая разведка* (изучение строения земной коры посредством наблюдения за искусственно возбуждаемыми упругими волнами).

СЕЙСМО... *Первая часть сложных слов со знач.:* 1) сейсмический, напр. *сейсмоактивность, сейсмозона, сейсморазведка, сейсмопрофилирование, сейсмостойкий;* 2) относящийся к сейсмографии, напр. *сейсмозаписывающий, сейсмозондирование;* 3) относящийся к сейсмологии, напр. *сейсмогеология, сейсмогидроакустика, сейсмостанция.*

СЕЙСМО́ГРАФ, -а, *м.* Прибор для записи колебаний земной поверхности во время землетрясений или при взрывах.

СЕЙСМОГРА́ФИЯ, -и, *ж.* Запись колебаний земной поверхности сейсмографом. ‖ *прил.* **сейсмографи́ческий**, -ая, -ое.

СЕЙСМО́ЛОГ, -а, *м.* Специалист по сейсмологии.

СЕЙСМОЛО́ГИЯ, -и, *ж.* Раздел геофизики, изучающий колебания земной поверхности. ‖ *прил.* **сейсмологи́ческий**, -ая, -ое.

СЕЙФ, -а, *м.* Несгораемый шкаф, ящик или особое помещение в банковских и других учреждениях для хранения документов, ценностей. ‖ *прил.* **се́йфовый**, -ая, -ое.

СЕЙЧА́С, *нареч.* **1.** В настоящее время, теперь. *Я с. занят. Как с. вижу* или *помню* (очень хорошо помню). **2.** *нареч.* Очень скоро, немедленно. *С. приду. Делай с. же!* **3.** *нареч.* Только что, совсем недавно (разг.). *Он с. здесь был.* **4.** *нареч.* Сразу, с первого взгляда (разг.). *С. видно, в чём дело.* **5.** *нареч.*, обычно *в сочетании с частицей «же».* Непосредственно рядом с чем-н., следуя за чем-н. (разг.). *С. же за деревней начинается лес.* **6.** **сейча́с!** Насмешливое выражение уверенности в том, что чего-н. не произойдёт, не нужно и ждать. *Будет хорошее угощение. — Сейчас!* (т. е. конечно не будет).

СЕКАНУ́ТЬ *см.* сечь[2].

СЕКА́ТОР, -а, *м.* Садовые ножницы для обрезки ветвей, нарезки черенков. ‖ *прил.* **сека́торный**, -ая, -ое.

СЕКА́Ч, -а́, *м.* **1.** Острый нож, инструмент, механизм для рубки, сечки, резания. **2.** Взрослый, с сильными нижними клыками самец кабана, морского котика.

СЕКВЕ́СТР, -а, *м.* В праве нек-рых стран: запрещение пользования каким-н. имуществом, налагаемое органами власти. *Наложить с. на имущество.*

СЕКВО́ЙЯ, -и, *ж.* Гигантское реликтовое хвойное дерево, произрастающее в Калифорнии.

СЕКИ́РА, -ы, *ж.* Старинное оружие в виде топора на длинной рукояти. ‖ *прил.* **секи́рный**, -ая, -ое.

СЕКРЕ́Т[1], -а, *м.* **1.** То, что держится в тайне, скрывается от других. *Держать в секрете. Сказать под большим секретом. Выдать чей-н. с. По секрету всему свету* (так, что знают все; разг. шутл.). *Не с., что...* (т. е. известно, что...) **2.** *чего.* Тайный способ. *Секреты производства. Знать с. приготовления чего-н.* **3.** Скрытая причина, тайна (в 3 знач.). *С. успеха. В чём с. её неувядающей красоты?* **4.** Потайное устройство в механизме. *Замок с секретом.* ‖ *прил.* **секре́тный**, -ая, -ое (к 1 и 4 знач.). *Секретное донесение. Секретное устройство.*

СЕКРЕ́Т[2], -а, *м.* Военный наблюдательный сторожевой пост, сторожевой патруль. *Назначить бойцов в с. Выставить с.*

СЕКРЕ́Т[3], -а, *м.* (спец.). Вещество, вырабатываемое и выделяемое железистыми клетками. *С. щитовидной железы.* ‖ *прил.* **секрето́рный**, -ая, -ое.

СЕКРЕТАРИА́Т, -а, *м.* **1.** Отдел учреждения, ведающий текущим делопроизводством, осуществляющий секретарскую работу, а также (собир.) совокупность сотрудников такого отдела. **2.** Орган, выполняющий организационную, руководящую работу, а также (собир.) совокупность сотрудников такого органа. *С. правления международной ассоциации.*

СЕКРЕТА́РЬ, -я́, *м.* **1.** Работник, ведающий деловой перепиской, текущими делами отдельного лица или учреждения. *Личный с. С.-машинистка.* **2.** Лицо, ведущее протокол собрания, заседания. **3.** Выборный руководитель организации. **4.** Ответственный, должностной руководитель текущей работы учреждения или какого-н. органа. *Учёный с. института.* ✦ **Генеральный секретарь** — главное должностное или главное выборное лицо, возглавляющее секретариат (во 2 знач.). *Генеральный секретарь ООН.* **Государственный секретарь** — в нек-рых странах: одна из высших государственных должностей; лицо, занимающее эту должность. ‖ *ж.* **секрета́рша**, -и (к 1 знач.; разг.). ‖ *прил.* **секрета́рский**, -ая, -ое.

СЕКРЕТЕ́Р [тэ], -а, *м.* Род небольшого письменного стола, с ящиками и полками, а также шкаф с выдвигающейся или откидывающейся доской для писания.

СЕКРЕ́ТНИЧАТЬ, -аю, -аешь; *несов.* (разг.). **1.** Держать что-н. в секрете[1] (в 1 знач.). *Ты не секретничай, расскажи.* **2.** Разговаривать в присутствии других тихо, по секрету. *О чём это вы там секретничаете?*

СЕКРЕ́ТНЫЙ, -ая, -ое; -тен, -тна. **1.** *см.* секрет[1]. **2.** Содержащийся в тайне, не сообщаемый другим. *С. разговор. Гриф "секретно" и "совершенно секретно"* (нареч.; грифы на секретных документах). ‖ *сущ.* **секре́тность**, -и, *ж. В обстановке повышенной секретности.*

СЕКРЕ́ЦИЯ, -и, *ж.* (спец.). Выделение секрета[3] клетками железы. *Внутренняя секреция* (с выделением секрета[3] во внутреннюю среду организма). *Внешняя секреция* (с выделением секрета[3] на поверхность эпителия). ‖ *прил.* **секрето́рный**, -ая, -ое. *Секреторная деятельность.*

СЕКС, -а, *м.* Всё то, что относится к сфере половых отношений. ‖ *прил.* **сексуа́льный**, -ая, -ое.

СЕКС-БО́МБА, -ы, *ж.* (ирон.). О женщине с ярко выраженной сексуальностью [*первонач.* на Западе о кинозвезде].

СЕКСО́ЛОГ, -а, *м.* Специалист по сексологии.

СЕКСОЛО́ГИЯ, -и, *ж.* Наука, изучающая биолого-медицинский, социальный и психологический аспекты половой жизни. ‖ *прил.* **сексологи́ческий**, -ая, -ое.

СЕКСО́Т, -а, *м.* Сокращение: секретный сотрудник. ‖ *прил.* **сексо́товский**, -ая, -ое.

СЕ́КСТА, -ы, *ж.* В музыке: шестая ступень гаммы, а также интервал, охватывающий шесть ступеней звукоряда. *Большая с. Малая с.*

СЕКСТА́НТ, -а, *м.* (спец.). Угломерный инструмент для определения угловых высот небесных светил.

СЕКСТЕ́Т, -а, *м.* **1.** Музыкальное произведение для шести исполнителей с самостоятельными партиями для каждого. **2.** Ансамбль из шести исполнителей. *С. домбр.* ‖ *прил.* **сексте́тный**, -ая, -ое.

СЕКСУА́ЛЬНЫЙ, -ая, -ое; -лен, -льна. **1.** *см.* секс. **2.** То же,что чувственный (во 2 знач.). ‖ *сущ.* **сексуа́льность**, -и, *ж.*

СЕ́КТА, -ы, *ж.* **1.** Религиозное течение (община), отделившееся от какого-н. вероучения и ему противостоящее. *С. духоборов.* **2.** *перен.* Группа лиц, замкнувшихся в своих мелких, узких интересах (книжн. неодобр.).

СЕКТА́НТ, -а, *м.* **1.** Последователь секты (в 1 знач.). **2.** *перен.* Человек, склонный к сектантству (во 2 знач.) (книжн. неодобр.). ‖ *ж.* **секта́нтка**, -и. ‖ *прил.* **секта́нтский**, -ая, -ое.

СЕКТА́НТСТВО, -а, *ср.* **1.** Общее название отделившихся от господствующей церкви религиозных течений, противоборствующих ей и образующих отдельные секты (в 1 знач.). *Христианское с. Идеологи сектантства.* **2.** *перен.* Общественная замкнутость и узость во взглядах, свойственные людям, ограничивающимся своими мелкими групповыми интересами (книжн. неодобр.).

СЕ́КТОР, -а, *мн.* -ы, -ов *и* -а́, -о́в, *м.* **1.** В математике: часть круга, ограниченная дугой и двумя радиусами. **2.** Участок, ограниченный радиальными линиями. *С. стадиона. С. обстрела.* **3.** Отдел учреждения, организации. *С. учёта. Словарный с.* **4.** Отрасль, область государственной, хозяйственной деятельности. *Промышленный с. Частный с.* ‖ *прил.* **се́кторный**, -ая, -ое (к 1 и 2 знач.), **сектора́льный**, -ая, -ое (ко 2 знач.) *и* **се́кторский**, -ая, -ое (к 3 знач.).

СЕКУ́НДА, -ы, *ж.* **1.** 1/60 часть минуты, основная единица времени в Международной системе единиц. *Подожди одну секунду* (очень недолго). *Сию секунду* (сейчас, очень скоро или только что). **2.** В математике: единица измерения углов, равная 1/3600 части градуса. **3.** В музыке: вторая ступень гаммы, а также интервал, охватывающий две ступени звукоряда. *Малая с. Большая с.* ‖ *уменьш.* **секу́ндочка**, -и, *ж.* (к 1 знач.). *Секундочку!* (вежливая просьба немного подождать). ‖ *прил.* **секу́ндный**, -ая, -ое.

СЕКУНДА́НТ, -а, *м.* **1.** Посредник, сопровождающий каждого из участников дуэли, её свидетель. **2.** В спорте: посредник и помощник участника состязания (напр., в боксе, в шахматах). ‖ *прил.* **секунда́нтский**, -ая, -ое.

СЕКУНДОМЕ́Р, -а, *м.* Точный прибор, показывающий время в долях секунды, секундах, минутах и часах. *Электрический с.* ‖ *прил.* **секундоме́рный**, -ая, -ое.

СЕКУ́ЩАЯ, -ей, *ж.* В математике: прямая, пересекающая кривую.

СЕ́КЦИЯ, -и, *ж.* **1.** Подразделение в составе какого-н. учреждения, организации, в работе конференции, съезда. *Спортивная с. клуба. Секции симпозиума.* **2.** Один из участков, одна из частей какого-н. целого, напр. сооружения, машины, блок[2] (в 3 знач.). *С. здания. С. трубопровода. С. радиатора.* ‖ *прил.* **секцио́нный**, -ая, -ое.

СЕЛАДО́Н, -а, *м.* (устар.). Человек, обычно пожилой, к-рый любит ухаживать за женщинами, волокита.

СЕЛЕ... *Первая часть сложных слов со знач.* относящийся к селю, к селям, напр. *селеопасный, селезащитный, селепровод, селесброс.*

СЕ́ЛЕЗЕНЬ, -зня, *м.* Самец утки. ‖ *прил.* **селезнёвый**, -ая, -ое.

СЕЛЕЗЁНКА, -и, *ж.* У животных и человека: расположенный в брюшной полости орган, участвующий в кроветворении и обмене веществ. ‖ *прил.* **селезёночный**, -ая, -ое.

СЕЛЕ́КТОР, -а, *м.* Электромагнитный аппарат, включённый в сеть с другими аппаратами для осуществления оперативной телефонной связи нескольких пунктов с центром. *Связь по селектору.* ‖ *прил.* **селе́кторный**, -ая, -ое.

СЕЛЕКЦИОНЕ́Р, -а, *м.* Специалист по селекции.

СЕЛЕ́КЦИЯ, -и, *ж.* **1.** Наука о методах создания сортов и гибридов растений, пород животных и культур микроорганизмов. **2.** Улучшение сортов растений или пород животных и выведение новых сортов и пород путём искусственного отбора, скрещивания. *Розы отечественной селекции.* ‖ *прил.* **селекцио́нный**, -ая, -ое. *Селекцион-*

ная станция. Селекционные семена (улучшенные).

СЕЛЕ́НИЕ, -я, *ср.* (книжн.). Населённый пункт — село, посёлок.

СЕЛЕНО... *Первая часть сложных слов со знач.* относящийся к Луне, напр. *селенология, селенография, селеноцентрический.*

СЕЛЁДКА, -и, *ж.* То же, что сельдь (чаще как о приготовленном продукте). ‖ *уменьш.* **селёдочка**, -и, *ж.* ‖ *прил.* **селёдочный**, -ая, -ое.

СЕЛЁДОЧНИЦА, -ы, *ж.* Столовая посуда — продолговатая тарелка для селёдки.

СЕЛИ́ТРА, -ы, *ж.* Азотнокислая соль калия, натрия, аммония, употр. в технике взрывчатых веществ, в агрономии. *Калийная с.* ‖ *прил.* **сели́тряный**, -ая, -ое *и* **сели́тровый**, -ая, -ое.

СЕЛИ́ТЬ, -лю́, -ли́шь *и* (разг.) се́лишь; -лённый (-ён, -ена́); *несов., кого (что).* Предоставлять для жительства в незанятых помещениях, в незаселённых местностях; давать возможность расселиться где-н. *С. бобров по рекам.* ‖ *сов.* **посели́ть**, -лю́, -ли́шь *и* (разг.) -се́лишь; -лённый (-ён, -ена́). ‖ *сущ.* **поселе́ние**, -я, *ср.*

СЕЛИ́ТЬБА, -ы, *род. мн.* -и́тьб, *ж.* (спец.). Земельная площадь, занятая городками и населёнными пунктами городского типа. ‖ *прил.* **сели́тебный**, -ая, -ое. *Селитебная территория.*

СЕЛИ́ТЬСЯ, -лю́сь, -ли́шься *и* (разг.) се́лишься; *несов.* Устраивать себе жильё на новом или на свободном, незанятом месте; расселяться где-н. *В парке селятся птицы.* ‖ *сов.* **посели́ться**, -лю́сь, -ли́шься *и* (разг.) -се́лишься. ‖ *сущ.* **поселе́ние**, -я, *ср.*

СЕЛИ́ЩЕ, -а и **СЕ́ЛИЩЕ**, -а, *ср.* (спец.). Место, на к-ром в древности было расположено неукреплённое селение.

СЕЛО́, -а́, *мн.* сёла, сёл, сёлам, *ср.* **1.** Большое крестьянское селение (в настоящее время — административный центр сельского района). *Богатое сибирское с. Труженики сёл и городов.* **2.** *ед.* Сельская, деревенская местность. *Культурная работа на селе.* ✦ **Ни к селу ни к городу** (разг.) — некстати, не к месту. ‖ *прил.* **се́льский**, -ая, -ое.

СЕЛЬ, -я, *м.* Бурный грязе-каменный поток, возникающий в горах во время сильных дождей или таяния снегов. *С гор сошёл с.* ‖ *прил.* **селево́й**, -а́я, -о́е *и* **се́левый**, -ая, -ое. *С. вал.*

СЕЛЬ... *Первая часть сложных слов со знач.* сельский, напр. *сельсовет, сельмаг* (сельский магазин).

СЕЛЬДЕРЕ́Й, -я, *м.* Огородное растение сем. зонтичных, корень и листья к-рого употр. в пищу как приправа. ‖ *прил.* **сельдере́йный**, -ая, -ое.

СЕЛЬДЬ, -и, *мн.* -и, -е́й, *ж.* Небольшая морская промысловая рыба. *Каспийская с. Как сельди в бочке* (о людях, теснящихся в маленьком помещении; разг.). ‖ *прил.* **се́льдевый**, -ая, -ое *и* **сельдяно́й**, -а́я, -о́е. *Семейство сельдевых* (сущ.). *Сельдяная бочка.*

СЕЛЬКО́Р, -а, *м.* Сокращение: сельский корреспондент. *Заметка селькора.* ‖ *ж.* **селько́рка**, -и (разг.). ‖ *прил.* **селько́ровский**, -ая, -ое (разг.) *и* **селько́рский**, -ая, -ое (разг.).

СЕЛЬПО́, *нескл., ср.* Сельский магазин (сокращение: сельское потребительское общество). *Купил в нашем с.* ‖ *прил.* **сельпо́вский**, -ая, -ое (разг.).

СЕ́ЛЬСКИЙ, -ая, -ое. **1.** *см.* село. **2.** Относящийся к жизни и деятельности вне городских поселений, деревенский. *С. клуб. Сельская интеллигенция. С. учитель. Сельская местность.* ✦ **Сельское хозяйство** — отрасль народного хозяйства — выращивание культурных растений и разведение животных для получения продукции растениеводства и животноводства, а также первичная переработка этой продукции.

СЕЛЬСКОХОЗЯ́ЙСТВЕННЫЙ, -ая, -ое. Относящийся к сельскому хозяйству. *Сельскохозяйственные машины.*

СЕЛЬСОВЕ́Т, -а, *м.* Сокращение: сельский Совет народных депутатов — представительный орган государственной власти в сельском районе. *Председатель сельсовета.* ‖ *прил.* **сельсове́тский**, -ая, -ое (разг.).

СЕ́ЛЬТЕРСКИЙ, -ая, -ое: **сельтерская вода** (устар.) — минеральная соляноуглекислая вода, а также аналогичная искусственная столовая вода. *Выпить сельтерской* (сущ.).

СЕЛЬХОЗ... *Первая часть сложных слов со знач.* сельскохозяйственный, напр. *сельхозтехника, сельхозинвентарь, сельхозбанк.*

СЕЛЬЦО́, -а́, *ср.* В старину: небольшая деревня при помещичьей усадьбе; сейчас вообще небольшая деревня.

СЕЛЬЧА́НИН, -а, *мн.* -а́не, -а́н, *м.* Житель села. ‖ *ж.* **сельча́нка**, -и.

СЕЛЯНИ́Н, -а, *мн.* -ля́не, -я́н, *м.* (книжн.). То же, что крестьянин. ‖ *ж.* **селя́нка**, -и. ‖ *прил.* **селя́нский**, -ая, -ое.

СЕЛЯ́НКА[1], -и, *ж.* (устар.). То же, что солянка. *Сборная с.* (также перен.: о разнообразной и неоднородной смеси чего-н.; разг. неодобр.).

СЕЛЯ́НКА[2] *см.* **селянин.**

СЕМ... *Первая часть сложных слов со знач.* относящийся к семенам (во 2 знач.), напр. *семзерно, семфонд.*

СЕМА́НТИКА, -и, *ж.* **1.** То же, что семасиология. **2.** В языкознании: значение, смысл (языковой единицы). *С. слова. С. предложения.* ‖ *прил.* **семанти́ческий**, -ая, -ое.

СЕМАСИОЛО́ГИЯ, -и, *ж.* Раздел языкознания, занимающийся значениями языковых единиц. ‖ *прил.* **семасиологи́ческий**, -ая, -ое.

СЕМАФО́Р, -а, *м.* **1.** Сигнальное устройство в виде подвижных крыльев или (у морских, речных семафоров) рея на столбе, мачте. *Железнодорожный с. Речной с. С. открыт* (путь свободен). **2.** Во флоте: способ зрительной сигнализации (флажками, руками или при помощи специального аппарата). *Дать с. встречному кораблю.* ‖ *прил.* **семафо́рный**, -ая, -ое.

СЕМЕ́ЙНЫЙ, -ая, -ое; -е́ен, -е́йна. **1.** *см.* семья. **2.** *полн. ф.* Имеющий семью. *С. человек.* **3.** *полн. ф.* Предназначенный для семьи, семей. *С. вечер в клубе.* **4.** То же, что семейственный (во 2 знач.) (неодобр.). ‖ *сущ.* **семе́йность**, -и, *ж.* (ко 2 и 4 знач.).

СЕМЕ́ЙСТВЕННЫЙ, -ая, -ое. **1.** Приверженный к семье, к семейной жизни. *С. человек.* **2.** Основанный на предоставлении льгот родственникам, устройстве их на работу под своим начальством (неодобр.). *Семейственные отношения на работе.* ‖ *сущ.* **семе́йственность**, -и, *ж.*

СЕМЕ́ЙСТВО, -а, *ср.* **1.** То же, что семья (в 1 знач.). *Отец семейства. Приехали всем семейством. Прибавление семейства* (рождение в семье ребёнка). **2.** В систематике животных и растений: группа из нескольких родов, сходных по строению и близких по происхождению. *С. кошачьих. С. сосновых.*

СЕМЕНИ́ТЬ, -ню́, -ни́шь; *несов.* Идти частыми, мелкими шагами.

СЕМЕНИ́ТЬСЯ (-ню́сь, -ни́шься, 1 и 2 л. не употр.), -ни́тся; *несов.* (спец.). Поспевать, входить в период образования семян. *Мак семенится.*

СЕМЕННИ́К, -а́, *м.* (спец.). **1.** Растение, посаженное или оставленное на корню для получения семян. *Клевер-с.* **2.** Участок, где выращиваются растения на семена. **3.** Мужская половая железа. ‖ *прил.* **семенико́вый**, -ая, -ое.

СЕМЕННО́Й, -а́я, -о́е. **1.** *см.* семя. **2.** Предназначенный для посева. *С. картофель. С. фонд.* **3.** Содержащий или выделяющий сперматозоиды (спец.). *Семенные железы.*

СЕМЕНО... *Первая часть сложных слов со знач.:* 1) относящийся к семенам (в 1 знач.), напр. *семенодоля, семенозачаток, семеноносный;* 2) относящийся к семенам (во 2 знач.), напр. *семеносушилка, семенохранилище.*

СЕМЕНОВО́Д, -а, *м.* Специалист по семеноводству.

СЕМЕНОВО́ДСТВО, -а, *ср.* Отрасль растениеводства — разведение семенных растений и улучшение семян. ‖ *прил.* **семеново́дческий**, -ая, -ое.

СЕМЕРИ́К, -а́, *м.* **1.** Старая русская мера (веса, объёма, счёта), содержащая семь каких-н. единиц, а также предмет, содержащий в себе семь каких-н. единиц. *Куль-с.* (весом в семь пудов). *Верёвка-с.* (из семи прядей). **2.** Семь лошадей в одной упряжке. *Ехать семериком.* ‖ *прил.* **семерико́вый**, -ая, -ое (к 1 знач.) *и* **семери́чный**, -ая, -ое (к 1 знач.).

СЕ́МЕРО, -ы́х, -ы́м, *числит. собир.* **1.** С существительными мужского рода, обозначающими лиц, с личными местоимениями мн. ч. и без зависимого слова: семь. *С. братьев. Их пришло с. С. незнакомцев. С. одного не ждут* (посл.). *С. ребят. У него не с. по лавкам* (он не связан семьей, детьми; разг.). **2.** обычно *им.* и *вин. п.* С существительными, имеющими только мн. ч.: семь предметов. *С. суток. С. саней. С. брюк.* **3.** обычно *им.* и *вин. п.* С нек-рыми существительными, обозначающими предметы, существующие или носимые в паре: семь пар. *На меня смотрело с. глаз. Ребят много: одних башмаков нужно с.* ✦ **За семерых** — так, как могут только семеро. *Не могу я один за семерых работать.*

СЕМЕ́СТР, -а, *м.* Учебное полугодие в высших или специальных средних учебных заведениях. *Третий (трудовой) с.* (о летней работе студентов в стройотрядах). ‖ *прил.* **семестро́вый**, -ая, -ое.

СЕ́МЕЧКО, -а, *мн.* -чки, -чек, -чкам, *ср.* **1.** *см.* семя. **2.** Одно семя в плоде растения. *Яблочное с. С. арбуза.* **3.** *мн.* Семена подсолнуха, к-рые едят как лакомство. *Жареные семечки. Грызть семечки.* **4.** **се́мечки!** Пустяки, ерунда, ничего не стоит, не заслуживает внимания (прост.). ‖ *прил.* **се́мечковый**, -ая, -ое (ко 2 знач.; спец.).

СЕМЁРКА, -и, *ж.* **1.** Цифра 7, а также (о сходных или однородных предметах) количество семь (разг.). *На майке футболиста — с. С. катеров. Группа журналистов разбилась на семёрки.* **2.** Название чего-н. содержащего семь одинаковых единиц. *Козырная с.* (игральная карта в семь очков). **3.** Название чего-н. (обычно транспортного средства), обозначенного цифрой 7 (разг.). *Где с. останавливается?* (о трамвае, автобусе, троллейбусе под номером 7). *Поеду на семёрке.* ‖ *уменьш.* **семёрочка**, -и, *ж.* ‖ *прил.* **семёрочный**, -ая, -ое (ко 2 и 3 знач.).

СЕМИ... *Первая часть сложных слов со знач.:* 1) состоящий из семи каких-н. единиц, содержащий семь единиц, напр. *семибалльный, семиглавый, семигранный, семидневный, семикопеечный, семирублёвый, семиструнный;* 2) относящийся к семи, к седьмому, напр. *семичасовой* (поезд), *семиклассник.*

СЕМИБО́РЬЕ, *-я, ср.* Спортивное состязание по семи видам лёгкой атлетики.

СЕМИДЕСЯТИЛЕ́ТИЕ, *-я, ср.* **1.** Срок в семьдесят лет. *За последнее с.* **2.** *чего.* Годовщина события, бывшего семьдесят лет тому назад. *С. завода* (семьдесят лет со дня основания). **3.** *кого.* Чья-н. семидесятая годовщина. *Праздновать своё с.* (семидесятый день рождения). ‖ *прил.* **семидесятиле́тний**, -яя, -ее.

СЕМИДЕСЯТИЛЕ́ТНИЙ, -яя, -ее. **1.** *см.* семидесятилетие. **2.** Существующий или просуществовавший, проживший семьдесят лет.

СЕМИЖИ́ЛЬНЫЙ, -ая, -ое (разг.). Очень выносливый, сильный.

СЕМИКЛА́ССНИК, -а, *м.* Ученик седьмого класса. ‖ *ж.* **семикла́ссница**, -ы.

СЕМИКРА́ТНЫЙ, -ая, -ое. Произведённый, осуществляющийся семь раз, увеличенный в семь раз. *С. чемпион* (семь раз завоевавший это звание). *В семикратном размере.* ‖ *сущ.* **семикра́тность**, -и, *ж.*

СЕМИЛЕ́ТИЕ, *-я, ср.* **1.** Срок в семь лет. **2.** *чего.* Годовщина события, бывшего семь лет тому назад. *С. кружка* (семь лет со дня основания). ‖ *прил.* **семиле́тний**, -яя, -ее.

СЕМИЛЕ́ТКА, *-и, ж.* **1.** Семилетний план развития народного хозяйства. **2.** Неполная средняя школа с семью годами обучения.

СЕМИЛЕ́ТНИЙ, -яя, -ее. **1.** *см.* семилетие. **2.** Существующий или просуществовавший, проживший семь лет. *С. школьник.*

СЕМИМЕ́СЯЧНЫЙ, -ая, -ое. **1.** Продолжительностью в семь месяцев. *Семимесячное путешествие.* **2.** Возрастом в семь месяцев. *С. младенец.* **3.** О младенце: родившийся недоношенным, через семь месяцев после зарождения. *Выхаживание семимесячных* (сущ.).

СЕМИМИ́ЛЬНЫЙ: семимильными шагами идти (книжн.) — продвигаться вперёд, развиваться очень быстро.

СЕМИНА́Р, -а, *м.* **1.** Групповые практические занятия под руководством преподавателя в высшем учебном заведении. **2.** Групповые занятия, кружок для какой-н. специальной подготовки, для повышения квалификации. *С. экологов.* ‖ *прил.* **семина́рский**, -ая, -ое.

СЕМИНАРИ́СТ, -а, *м.* Ученик семинарии. ‖ *прил.* **семинари́стский**, -ая, -ое.

СЕМИНА́РИЯ, -и, *ж.* Название нек-рых специальных средних учебных заведений. *Духовная с.* (для подготовки служителей культа). *Учительская с.* (для подготовки учителей; устар.). ‖ *прил.* **семина́рский**, -ая, -ое.

СЕМИО́ТИКА, -и, *ж.* Наука о знаковых системах (см. знак). ‖ *прил.* **семиоти́ческий**, -ая, -ое.

СЕМИСОТЛЕ́ТИЕ, *-я, ср.* **1.** Срок в семьсот лет. **2.** *чего.* Годовщина события, бывшего семьсот лет тому назад. *С. города* (семьсот лет со дня основания). ‖ *прил.* **семисотле́тний**, -яя, -ее.

СЕМИСОТЛЕ́ТНИЙ, -яя, -ее. **1.** *см.* семисотлетие. **2.** Существующий или просуществовавший семьсот лет.

СЕМИТО́ЛОГ, -а, *м.* Специалист по семитологии.

СЕМИТОЛО́ГИЯ, -и, *ж.* Общее название наук, изучающих семитские языки и культуру. ‖ *прил.* **семитологи́ческий**, -ая, -ое.

СЕМИ́ТСКИЙ, -ая, -ое и **СЕМИТИ́ЧЕСКИЙ**, -ая, -ое. **1.** *см.* семиты. **2.** Относящийся к семитам, к их языкам, образу жизни, культуре, а также к территории их проживания, её внутреннему устройству, истории; такой, как у семитов. *Семитские языки* (арабский, ассирийский, древнееврейский, иврит, сирийский и нек-рые другие афразийской семьи языков). *Семитские народы.*

СЕМИ́ТЫ, -ов, *ед.* -и́т, -а, *м.* Группа близких по языкам народов юго-западной Азии и северной Африки, к к-рым относились древние вавилоняне, ассирийцы, финикийцы, иудеи и нек-рые другие народы и к к-рым принадлежат современные арабы, евреи и нек-рые другие народы. ‖ *ж.* **семи́тка**, -и. ‖ *прил.* **семити́ческий**, -ая, -ое *и* **семи́тский**, -ая, -ое.

СЕМИТЫ́СЯЧНИК, -а, *м.* (спец.). Гора высотой в семь тысяч метров.

СЕМИТЫ́СЯЧНЫЙ, -ая, -ое. **1.** *Числит. порядк. к* семь тысяч. **2.** Ценой в семь тысяч. **3.** Состоящий из семи тысяч единиц.

СЕМИЧАСОВО́Й, -а́я, -о́е. **1.** Продолжительностью в семь часов. *С. рабочий день.* **2.** Назначенный на семь часов. *С. поезд.*

СЕМНА́ДЦАТЬ, -и, *числит. колич.* Число и количество 17. ‖ *порядк.* **семна́дцатый**, -ая, -ое.

СЕМЬ, семи́, семью́, *числит. колич.* Число, цифра и количество 7. *С. бед — один ответ* (посл.). ‖ *порядк.* **седьмо́й**, -а́я, -о́е.

СЕ́МЬДЕСЯТ, семи́десяти, семью́десятью, *числит. колич.* Число и количество 70. *С. одёжек, и все без застёжек* (загадка о кочане капусты). *За с. кому-н.* (больше семидесяти лет). *Под с. кому-н.* (скоро будет семьдесят лет.). ‖ *порядк.* **семидеся́тый**, -ая, -ое.

СЕМЬСО́Т, семисо́т, семьюста́ми, о семиста́х, *числит. колич.* Число и количество 700. ‖ *порядк.* **семисо́тый**, -ая, -ое.

СЕ́МЬЮ, *нареч.* В умножении: семь раз. *С. семь — сорок девять.*

СЕМЬЯ́, -и́, *мн.* се́мьи, -ме́й, се́мьям, *ж.* **1.** Группа живущих вместе близких родственников. *Многодетная с. Глава семьи. Член семьи. В семье трое детей.* **2.** *перен.* Объединение людей, сплочённых общими интересами (высок.). *Дружная школьная с. Студенческая с.* **3.** Группа животных, птиц, состоящая из самца, самки и детёнышей, а также обособленная группа нек-рых животных, растений или грибов одного вида. *С. медведей. С. бобров. Пчелиная с.* (группа из рабочих пчёл, матки и трутней). *С. берёз. С. груздей.* ✦ **Семья языков** — в языкознании: группа родственных языков. ‖ *уменьш.* **семе́йка**, -и, *ж.* (к 1 и 3 знач.). ‖ *прил.* **семе́йный**, -ая, -ое (к 1 знач.).

СЕМЬЯНИ́Н, -а, *мн.* -ы, -ов, *м.* **1.** Человек, обладающий качествами, необходимыми для семейной жизни. *Хороший, плохой с.* **2.** Человек, имеющий семью, а также глава семьи (устар.). ‖ *ж.* **семьяни́нка**, -и (к 1 знач.).

СЕ́МЯ, -мени, *мн.* -мена́, -мя́н, -мена́м, *ср.* **1.** Орган размножения у растений, зерно. *Конопляное с.* **2.** *мн.* Зёрна, предназначенные для посева. *Огородные семена. Оставить растение на семена* (чтобы получить из него семена для посева). **3.** *перен., чего.* Зародыш, источник чего-н. *Семена раздора. В душе появилось с. сомнения.* **4.** *ед.* То же, что сперма. ‖ *уменьш.* **се́мечко**, -а, *ср.* (к 1 знач.). ‖ *прил.* **семенно́й**, -а́я, -о́е (к 1, 2 и 4 знач.).

СЕМЯДО́ЛЯ, -и, *род. мн.* -ей, *ж.* (спец.). Зародыш листьев в семени. ‖ *прил.* **семядо́льный**, -ая, -ое.

СЕМЯНО́ЖКА, -и, *ж.* (спец.). Нитевидный отросток, прикрепляющий семя к стенке плода.

СЕМЯПО́ЧКА, -и, *ж.* (спец.). Зародыш семени в растении.

СЕНА́Ж, -а́, *м.* Богатый витаминами пресный корм для скота: провяленная измельчённая трава, сохраняемая в герметически закрытых хранилищах. *Клеверный с. С. из люцерны.* ‖ *прил.* **сена́жный**, -ая, -ое.

СЕНА́Т, -а, *м.* **1.** В Древнем Риме: государственный совет, высший орган власти. **2.** В царской России с 1711 по 1917 г.: высшее законодательное и судебно-административное учреждение. **3.** В США, Франции и нек-рых других государствах: верхняя законодательная палата парламента. ‖ *прил.* **сена́тский**, -ая, -ое.

СЕНА́ТОР, -а, *м.* Член сената. ‖ *прил.* **сена́торский**, -ая, -ое.

СЕНБЕРНА́Р [сэ], -а, *м.* Длинношёрстная крупная и сильная собака.

СЕ́НИ, сене́й. В деревенских избах и в старину в городских домах: помещение между жилой частью дома и крыльцом. *Холодные с.* ‖ *уменьш.* **се́нцы**, -ев. ‖ *прил.* **се́нечный**, -ая, -ое *и* **сенно́й**, -а́я, -о́е. *Сенечная, сенная дверь. Сенная девушка* (в старину: прислуга в барском доме).

СЕННИ́К, -а́, *м.* **1.** Мешок для спанья, набитый сеном или соломой. **2.** Сарай для сена, сеновал.

СЕ́НО, -а, *ср.* Скошенная и высушенная трава для корма скота. *Косить с.* (траву на сено). ‖ *уменьш.-ласк.* **сенцо́**, -а́, *ср.* ‖ *прил.* **сенно́й**, -а́я, -о́е. *Сенная лихорадка* (аллергия на весеннее цветение растений).

СЕНО... *Первая часть сложных слов со знач.* относящийся к сену, напр. *сеноуборка, сенокошение, сенокопнитель, сеноподъёмник, сенофураж, сенозаготовки.*

СЕНОВА́Л, -а, *м.* Помещение (обычно верхнее — в сарае, конюшне) для хранения сена. *На сеновале.*

СЕНОГНО́Й, -я, *м.* (обл.). Дождливая погода во время покоса.

СЕНОКО́С, -а, *м.* **1.** Косьба травы на сено. *Начался с.* **2.** Время косьбы травы. *В с. стояла сухая погода.* **3.** Место косьбы травы. *Пойти на с.* ‖ *прил.* **сеноко́сный**, -ая, -ое.

СЕНОКОСИ́ЛКА, -и, *ж.* Машина для кошения травы.

СЕНОСУШИ́ЛКА, -и, *ж.* Установка для искусственной сушки сена.

СЕНСАЦИО́ННЫЙ, -ая, -ое; -о́нен, -о́нна. Являющийся сенсацией (в 1 знач.), производящий сенсацию. *Сенсационное сообщение.* ‖ *сущ.* **сенсацио́нность**, -и, *ж.*

СЕНСА́ЦИЯ, -и, *ж.* **1.** Волнующее всех сильное впечатление от какого-н. события *Новость вызвала сенсацию.* **2.** Событие или сообщение, производящее такое впечатление. *Газетная с.*

СЕНСО́РНЫЙ, -ая, -ое (спец.). Относящийся к чувственному восприятию, ощущениям.

СЕНСУАЛИ́ЗМ, -а, *м.* Философское направление, признающее ощущения, восприятия единственным источником познания. ‖ *прил.* **сенсуалисти́ческий**, -ая, -ое.

СЕНСУАЛИ́СТ, -а, *м.* Последователь сенсуализма. ‖ *ж.* **сенсуали́стка**, -и.

СЕНСУА́ЛЬНЫЙ, -ая, -ое; -лен, -льна (книжн.). Основанный на субъективных чувствах, ощущениях. ‖ *сущ.* **сенсуа́льность**, -и, *ж.*

СЕНТЕ́НЦИЯ [*тэ*], -и, *ж.* (книжн.). Нравоучительное изречение. *Изрекать сентенции.* ‖ *прил.* **сентенцио́зный**, -ая, -ое. *С. рассказ.*

СЕНТИМЕНТАЛИ́ЗМ, -а, *м.* **1.** Художественное направление (в России — в конце 18 и нач. 19 в.), характеризующееся вниманием к душевной жизни человека, чувствительностью и идеализированным изображением людей, жизненных ситуаций, природы. **2.** Сентиментальное (во 2 знач.) отношение к чему-н. (книжн.). ‖ *прил.* **сентименталисти́ческий**, -ая, -ое.

СЕНТИМЕНТАЛИ́СТ, -а, *м.* Последователь сентиментализма (в 1 знач.). ‖ *прил.* **сентименталисти́ческий**, -ая, -ое.

СЕНТИМЕНТА́ЛЬНИЧАТЬ, -аю, -аешь; *несов.* (разг.). **1.** Быть сентиментальным (во 2 знач.)., вести себя сентиментально, нежничать. **2.** *перен., с кем.* Обращаться с кем-н. чересчур мягко, снисходительно. *Нечего с. с лентяем.*

СЕНТИМЕНТА́ЛЬНОСТЬ, -и, *ж.* **1.** *см.* сентиментальный. **2.** Сентиментальный поступок, сентиментальное выражение. *Отбросить сентиментальности.*

СЕНТИМЕНТА́ЛЬНЫЙ, -ая, -ое; -лен, -льна. **1.** *полн. ф.* Основанный на принципах сентиментализма (в 1 знач.). *Сентиментальная повесть.* **2.** Слащавый, а также такой, к-рым легко растрогать, умилить. *С. стишок. С. романс.* **3.** Способный легко растрогаться, расчувствоваться. *С. человек.* ‖ *сущ.* **сентимента́льность**, -и, *ж.* (ко 2 знач.).

СЕНТЯ́БРЬ, -я́, *м.* Девятый месяц календарного года. ✦ **Смотреть (глядеть) сентябрём** (устар. разг.) — быть мрачным, хмурым. ‖ *прил.* **сентя́брьский**, -ая, -ое.

СЕНЬ, -и, о се́ни, в сени́, *ж.* (устар.). То, что покрывает, укрывает кого-что-н. *Под сенью деревьев. Могильная с.* ✦ **Под сень** *чего, в знач. предлога с род. п.* — под укрытие, под защиту чего-н. *Под сень закона.* **Под сенью** *чего, в знач. предлога с род. п.* — под укрытием, под защитой чего-н. *Под сенью закона. Под сенью дружбы.*

СЕНЬО́Р [*ньё*], -а, *м.* **1.** В средневековой Европе: землевладелец, имеющий в своих владениях права государя. **2.** В Испании: господин, а также форма вежливого обращения или упоминания (обычно перед именем, фамилией). ‖ *ж.* **сеньо́ра**, -ы, (ко 2 знач.).

СЕПАРАТИ́ВНЫЙ, -ая, -ое; -вен, -вна (книжн.). Проникнутый сепаратизмом. *Сепаративные настроения.* ‖ *сущ.* **сепарати́вность**, -и. *ж.*

СЕПАРАТИ́ЗМ, -а, *м.* (книжн.). Стремление к отделению, обособлению. *Политика сепаратизма.* ‖ *прил.* **сепарати́стский**, -ая, -ое.

СЕПАРАТИ́СТ, -а, *м.* (книжн.). Сторонник сепаратизма. ‖ *ж.* **сепарати́стка**, -и. ‖ *прил.* **сепарати́стский**, -ая, -ое.

СЕПАРА́ТНЫЙ, -ая, -ое; -тен, -тна. Отдельный, обособленный от других. *Сепаратное совещание. С. мир* (заключённый отдельно от военных союзников). ‖ *сущ.* **сепара́тность**, -и, *ж.*

СЕПАРА́ТОР, -а, *м.* Аппарат для отделения жидких или твёрдых частиц от газа, твёрдых — от жидкости, а также для разделения смесей на составные части. *Магнитный с. Отстойный с. Молочный с.* ‖ *прил.* **сепара́торный**, -ая, -ое.

СЕ́ПИЯ [*сэ*], -и, *ж.* **1.** То же, что каракатица (в 1 знач.). **2.** Коричневое красящее вещество, выделяемое этим моллюском. **3.** Сорт серо-коричневой краски, а также рисунок, сделанный такой краской, или фотография коричневого тона.

СЕ́ПСИС [*сэ*], -а, *м.* (спец.). Инфекционное заболевание — заражение крови болезнетворными микробами. ‖ *прил.* **септи́ческий**, -ая, -ое.

СЕ́ПТИМА [*сэ*], -ы, *ж.* В музыке: седьмая ступень гаммы, а также интервал, охватывающий семь ступеней звукоряда. *Большая с. Малая с.*

СЕ́РА, -ы, *ж.* **1.** Химический элемент — жёлтое горючее вещество, применяемое в технике и медицине. **2.** Жёлтое жирное вещество, образующееся в ушном канале. ‖ *прил.* **се́рный**, -ая, -ое.

СЕРА́ЛЬ, -я, *м.* **1.** Дворец турецкого султана. **2.** То же, что гарем.

СЕРАФИ́М, -а, *м.* В христианстве: ангел, относящийся к одному из высших ангельских ликов[2]. ‖ *прил.* **серафи́мский**, -ая, -ое.

СЕРБОЛУ́ЖИЦКИЙ, -ая, -ое. **1.** *см.* серболужичане. **2.** То же, что лужицкий. *Серболужицкая литература* (на верхне- и нижнелужицком литературных языках).

СЕРБОЛУЖИЧА́НЕ, -а́н, *ед.* серболужича́нин, -а, *м.* То же, что лужичане. ‖ *ж.* **серболужича́нка**, -и. ‖ *прил.* **серболу́жицкий**, -ая, -ое.

СЕ́РБСКИЙ, -ая, -ое. **1.** *см.* сербы. **2.** Относящийся к сербам, к их языку, национальному характеру, образу жизни, культуре, а также к Сербии, её территории, внутреннему устройству, истории; такой, как у сербов, как в Сербии. *С. язык* (южнославянской группы индоевропейской семьи языков). *Сербское нагорье* (в восточной части Сербии). *По-сербски* (нареч.).

СЕ́РБЫ, -ов, *ед.* серб, -а, *м.* Народ, составляющий основное население Сербии. ‖ *ж.* **се́рбка**, -и и **сербия́нка**, -и (устар.). ‖ *прил.* **се́рбский**, -ая, -ое.

СЕРВА́НТ, -а, *м.* Род шкафа для посуды и столового белья. ‖ *прил.* **серва́нтный**, -ая, -ое.

СЕРВЕЛА́Т, -а, *м.* Сорт копчёной колбасы.

СЕРВИ́З, -а, *м.* Полный набор столовой, чайной, кофейной или другой подающейся на стол посуды на определённое количество человек. *С. на двенадцать персон.* ‖ *прил.* **серви́зный**, -ая, -ое.

СЕРВИРОВА́ТЬ, -ру́ю, -ру́ешь; -о́ванный; *сов.* и *несов., что.* Приготовить (-влять), расставить (-влять) на столе для еды (посуду, кушанья). *С. стол. С. обед.* ‖ *сущ.* **сервиро́вка**, -и, *ж.* ‖ *прил.* **сервиро́вочный**, -ая, -ое.

СЕРВИРО́ВКА, -и, *ж.* **1.** *см.* сервировать. **2.** *собир.* Убранство стола: посуда, столовые приборы. *Дорогая с.*

СЕ́РВИС, -а, *м.* То же, что обслуживание (в 1 знач.). *Гостиничный с. Автомобильный с.* ‖ *прил.* **се́рвисный**, -ая, -ое.

СЕРДЕ́ЧКО, -а, *ср.* **1.** *см.* сердце[1] . **2.** То же, что сердце[1] (в 4 знач.). *Медальон в виде сердечка. Резное с.* (вырез в ставне, наличнике). *Губы сердечком* (о жеманно подобранных губах).

СЕРДЕ́ЧНИК[1], -а, *м.* (спец.). Стержень, к-рый является внутренней частью чего-н., на к-рый навивается, надевается что-н. *С. троса, каната. С. электромагнита.*

СЕРДЕ́ЧНИК[2], -а, *м.* (разг.). **1.** Человек, страдающий болезнями сердца[1]. **2.** То же, что кардиолог. ‖ *ж.* **серде́чница**, -ы (к 1 знач.).

СЕРДЕ́ЧНЫЙ, -ая, -ое; -чен, -чна. **1.** *см.* сердце[1]. **2.** Задушевный, искренний; добрый. *Оказать с. приём. Сердечно* (нареч.) *рад. Сердечная благодарность. Сердечная дружба. С. человек.* **3.** *полн. ф.* Относящийся к любви между мужчиной и женщиной, любовный (разг.). *Сердечные тайны.* **4.** **серде́чный** [*шн*], -ого, *м.* Употр. как ласковое обращение с оттенком жалости, сострадания (прост.). *Устал, с., отдохни.* ‖ *сущ.* **серде́чность**, -и, *ж.* (ко 2 знач.) ‖ *ж.* **серде́чная** [*шн*], -ой (к 4 знач.).

СЕРДИ́ТЫЙ, -ая, -ое; -ит. **1.** Склонный сердиться, раздражительный. *С. сосед. С. нрав. На сердитых воду возят* (посл.: выражение иронического отношения к тому, кто сердится). **2.** Выражающий раздражение, гнев. *С. окрик, взгляд. Говорить сердито* (нареч.). **3.** *на кого-что.* Такой, к-рый сердится, рассержен. *Сердит на сына.* **4.** *перен.* Сильно действующий, крепкий, забористый (разг. шутл.). *С. табак. Сердитая горчица.* **5.** О ветре, морозе: очень сильный. ✦ **Дёшево и сердито** (разг.) — о чём-н. дешёвом, доступном и в то же время вполне отвечающем своему назначению. **Под сердитую руку** (разг.) — когда сердит, в раздражении, в сердцах. *Попасться кому-н. под сердитую руку. Побил под сердитую руку.* **В сердитую минуту** (разг.) — когда кто-н. сердит, рассержен. *Обругал в сердитую минуту.* ‖ *сущ.* **серди́тость**, -и, *ж.* (ко 2 знач.).

СЕРДИ́ТЬ, сержу́, се́рдишь; *несов., кого (что).* Раздражать, заставлять сердиться. ‖ *сов.* **рассерди́ть**, -ержу́, -е́рдишь; -е́рженный.

СЕРДИ́ТЬСЯ, сержу́сь, се́рдишься; *несов., на кого (что).* Быть в раздражении, гневе, чувствовать злобу к кому-н. *С. на ученика. С. из-за пустяков.* ‖ *сов.* **рассерди́ться**, -ержу́сь, -е́рдишься.

СЕРДОБО́ЛЬНИЧАТЬ, -аю, -аешь; *несов.* (разг. неодобр.). Быть излишне сердобольным.

СЕРДОБО́ЛЬНЫЙ, -ая, -ое; -лен, -льна (разг.). Сострадательный, жалостливый. *Сердобольная женщина.* ‖ *сущ.* **сердобо́льность**, -и, *ж.*

СЕРДОЛИ́К, -а, *м.* Полудрагоценный камень красного или оранжевого цвета, разновидность халцедона. ‖ *прил.* **сердолико́вый**, -ая, -ое.

СЕ́РДЦЕ[1] [*рц*], -а, *мн.* -дца́, -де́ц, -дца́м, *ср.* **1.** Центральный орган кровеносной системы в виде мышечного мешка (у человека в левой стороне грудной полости). *С. бьётся. Порок сердца.* **2.** *перен.* Этот орган как символ души, переживаний, чувств, настроений. *Доброе, чуткое, отзывчивое с. Чёрствое с. Золотое с. у кого-н.* (об очень добром человеке). *У него нет сердца* (о злом, чёрством человеке). *Отдать своё с. кому-н.* (полюбить). *С. сердцу весть подаёт* (о любящих, вспоминающих, думающих друг о друге; разг.). **3.** *перен.* Важнейшее место чего-н., средоточие. *Москва — с. нашей Родины.* **4.** Символическое изображение средоточия чувств в виде вытянутого по бокам овала, мягко раздвоенного сверху, книзу сужающегося и заострённого. *С., пронзённое стрелой.* ✦ **Положа руку на сердце** (разг.) — совершенно откровенно. **От всего сердца или от чистого сердца** — от всей души, искренне. **Всем сердцем** — то же, что от всего сердца, всей душой. **Сердце радуется** *на кого-что* (разг.) — очень приятно, радостно, душа радуется на кого-что-н. **Сердце кровью обливается** (разг.) — о сильном чувстве сострадания, горести. **Сердце не лежит к** *кому-чему* (разг.) — нет расположения к кому-чему-н., душа не лежит к кому-чему-н. **Сердце не камень** (разг.) — говорится о том, кто пожалел кого-н., перестал сердиться. **Принять близко к сердцу** *что* — отнестись к чему-н. с большим вниманием, сочувствием. **Брать (хватать) за́ сердце и за се́рдце** (разг.) — волновать, брать за́ душу. **Вырвать из сердца** *кого-что* (разг.) — решить навсегда забыть кого-что-н., перестать думать о ком-чём-н. **По́ сердцу и по се́рдцу** *кто-что кому* (разг.) — по нраву, нравится, по душе. **От сердца отлегло** (разг.) — почувствовалось облегчение, отлегло от души. ‖ *уменьш.* **серде́чко**, -а, *мн.* -чки, -чек, -чкам, *ср.* (к 1, 2 и 4 знач.) *и* **сердчи́шко** [*рч*], -а, *мн.* -шки, -шек, -шкам, *ср.* (к 1 и 2 знач.; ласк.). *Сердечко ты моё!* (ласковое обращение). *Сердчишко забилось.* ‖ *прил.* **серде́чный**, -ая, -ое (к 1 и 2 знач.). *С. клапан. С. приступ. Сердечная недостаточность* (неспособность сердца обеспечить нормальное кровоснабжение органов; спец.). *Сердечные страдания.*

СЕ́РДЦЕ² [*рц*], -а, *предл. мн.* в сердца́х, *м.* (разг.). В нек-рых выражениях: гнев, раздражение. *Сказать с сердцем* (сердито, раздражённо). *Иметь с. на (против) кого-н.* (затаить гнев, обиду; прост.). *В сердцах* (рассердившись). *Сорвать с. на ком-н.* (излить свою злобу, раздражение на кого-н.; прост.).

СЕРДЦЕБИЕ́НИЕ [*рц*], -я, *ср.* **1.** Биение, ритм сердца¹. *Нормальное с.* **2.** Ощущение учащённых и усиленных сокращений сердца¹ (от волнения, болезни). *У больного сильный жар, началось с.*

СЕРДЦЕВЕ́Д [*рц*], -а, *м.* (шутл.). Знаток человеческой души. ‖ *ж.* **сердцеве́дка**, -и.

СЕРДЦЕВИ́ДНЫЙ [*рц*], -ая, -ое; -ден, -дна. По очертаниям похожий на сердце¹ (в 4 знач.). *С. лист.* ‖ *сущ.* **сердцеви́дность**, -и, *ж.*

СЕРДЦЕВИ́НА [*рц*], -ы, *ж.* **1.** Средняя, рыхлая часть стебля, ствола, корня растения. **2.** Внутренняя, средняя часть чего-н., напр. плода. *С. ореха. С. яблока. Гнилая с.* (также перен.: о порочной сущности кого-чего-н.). **3.** *перен.* Средоточие, центр. *С. событий.* ‖ *прил.* **сердцеви́нный**, -ая, -ое.

СЕРДЦЕЕ́Д [*рц*], -а, *м.* (разг. шутл.). Человек, к-рый легко влюбляет в себя, покоритель сердец. *Ты у нас известный с.* ‖ *ж.* **сердцее́дка**, -и.

СЕРЕБРЁНЫЙ, -ая, -ое. Подвергшийся серебрению, покрытый слоем серебра. *Серебрёные украшения.*

СЕРЕБРИ́СТО-... *Первая часть сложных слов со знач.* серебристый (в 1 знач.), с серебристым оттенком, напр. *серебристо-белый, серебристо-голубой, серебристо-жемчужный, серебристо-золотистый, серебристо-перламутровый, серебристо-серо-голубой.*

СЕРЕБРИ́СТЫЙ, -ая, -ое; -и́ст. **1.** Цвета серебра, отливающий серебром, с серебряным оттенком, отливом. *С. ландыш. С. свет луны. Серебристая борода* (с сединой). *С. тополь* (порода тополя, у к-рого листья с нижней стороны покрыты светлым пушком). **2.** *перен.* То же, что серебряный (в 3 знач.). *С. голосок.* ‖ *сущ.* **серебри́стость**, -и, *ж.*

СЕРЕБРИ́ТЬ, -рю́, -ри́шь; -рённый (-ён, -ена́); *несов., что.* **1.** Покрывать тонким слоем серебра. *С. ложки.* **2.** Окрашивать в серебристый цвет. *Луна серебрит озеро.* ‖ *сов.* **высеребрить**, -рю, -ришь; -ренный (к 1 знач.) *и* **посеребри́ть**, -рю́, -ри́шь; -рённый (-ён, -ена́). *Высеребрить (посеребрить) ложки. Седина посеребрила виски.* ‖ *сущ.* **серебре́ние**, -я, *ср.* (к 1 знач.).

СЕРЕБРИ́ТЬСЯ (-рю́сь, -ри́шься, 1 и 2 л. не употр.), -ри́тся; *несов.* **1.** Становиться серебристым. *Серебрятся виски* (появляется седина). **2.** О серебряном, серебристом: виднеться. *Вдали с. река. Серебрятся вершины гор.*

СЕРЕБРО́, -а́, *ср.* **1.** Драгоценный блестящий металл серовато-белого цвета. *Чистое с. Ювелирные изделия из серебра. С. снегов* (перен.). *С. седины* (перен.). *Голосок звенит серебром* (перен.: мелодично и звонко). **2.** Изделия из такого металла. *Столовое с.* (посуда, столовые приборы). *Российским гимнастам досталось с.* (серебряные медали; разг.). **3.** Мелкие разменные монеты из сплава с таким металлом или никелем. *Дать сдачи серебром.* **4.** Посеребрённые нити. *Шить серебром.* ‖ *прил.* **сере́бряный**, -ая, -ое. *С. слиток. С. призёр* (получивший серебряную медаль). ✦ **Серебряная свадьба** — двадцатипятилетие супружеской жизни.

СЕРЕБРО... *Первая часть сложных слов со знач.:* 1) относящийся к серебру (в 1 знач.), напр. *серебросодержащий, сереброплавильный, серебросвинцовый;* 2) серебристый, цвета серебра, напр. *серебролистный.*

СЕРЕБРОНО́СНЫЙ, -ая, -ое; -сен, -сна. О горных породах, пластах: содержащий в себе серебро. ‖ *сущ.* **сереброно́сность**, -и, *ж.*

СЕРЕ́БРЯНИК, -а, *м.* Мастер по серебрению.

СЕРЕ́БРЯНЫЙ, -ая, -ое. **1.** *см.* серебро. **2.** Блестяще-белый, цвета серебра. *С. свет луны. Серебряная борода* (серебристо-седая). **3.** *перен.* О звуке, голосе: мелодично-звонкий, высокого тона. *Серебряные трели жаворонка. С. смех.*

СЕРЕДИ́НА, -ы, *ж.* **1.** Средняя часть чего-н., равно отстоящая от границы, краёв или от начала и конца чего-н. *С. круга. С. дня.* **2.** Промежуток между приблизительно равными частями чего-н. *В середине пути. Бросить дело на середине. Держаться середины* (также перен.: воздерживаться от решительных действий). ✦ **В середине** *чего, в знач. предлога с род. п.* — то же, что посередине (во 2 и 3 знач.). *Оказаться в середине собравшихся. Запнуться в середине рассказа.* ‖ *уменьш.* **середи́нка**, -и, *ж.* ✦ **Серединка на половинку** (прост.) — говорится о чём-н. неопределённом, среднем, ни хорошем, ни дурном. ‖ *прил.* **середи́нный**, -ая, -ое.

СЕРЕДНЯ́К, -а́, *м.* **1.** Крестьянин-единоличник среднего достатка, обрабатывающий землю своими силами, не прибегая к наёмному труду. **2.** Человек посредственных способностей, ничем не выдающийся (разг.). ‖ *уменьш.* **середнячо́к**, -чка́, *м.* ‖ *ж.* **середня́чка**, -и (к 1 знач.). ‖ *прил.* **середня́цкий**, -ая, -ое (к 1 знач.).

СЕРЕНА́ДА, -ы, *ж.* **1.** В Западной Европе (*первонач.* средневековой): приветственная песня под аккомпанемент лютни, мандолины или гитары, преимущ. в честь возлюбленной. **2.** Род лирического музыкального произведения.

СЕРЕ́ТЬ, -е́ю, -е́ешь; *несов.* **1.** Становиться серым, серее. **2.** (1 и 2 л. не употр.). О чём-н. сером: виднеться. ‖ *сов.* **посере́ть**, -е́ю, -е́ешь (к 1 знач.).

СЕРЁДКА, -и, *ж.* (прост.). Внутренняя часть чего-н., середина. *С. яблока.* ✦ **Серёдка на половинку** — то же, что серединка на половинку.

СЕРЁЖКА, -и, *ж.* **1.** *см.* серьга. **2.** Соцветие в виде поникающей кисти мелких цветов. *Серёжки березы. Ивовые серёжки.*

СЕРЖА́НТ, -а, *м.* Звание младшего начальствующего состава в армии, а также лицо, имеющее это звание. *Младший с. Старший с.* ‖ *прил.* **сержа́нтский**, -ая, -ое. *Сержантское звание.*

СЕРИА́Л, -а, *м.* На телевидении, в кино: многосерийный фильм с несколькими сюжетными линиями, а также вообще многосерийная программа. *Телевизионный с.* ‖ *прил.* **сериа́льный**, -ая, -ое.

СЕРИ́ЙНЫЙ, -ая, -ое; -и́ен, -и́йна. Относящийся к изготовлению сериями. *Серийное производство машин. С. самолёт.* ‖ *сущ.* **сери́йность**, -и, *ж.*

СЕ́РИЯ, -и, *ж.* **1.** Последовательный ряд чего-н., что обладает общим признаком, объединено общим назначением, составляет одну группу. *С. популярных брошюр. С. опытов. Изделие выпускается малыми сериями.* **2.** Разряд, категория ценных бумаг, документов. *С. и номер паспорта. С. облигаций.* **3.** Одна из относительно самостоятельных частей большого фильма. *Фильм в двух сериях.*

СЕРМЯ́ГА, -и, *ж.* (устар.). Грубое некрашеное сукно, а также кафтан из такого сукна. ‖ *прил.* **сермя́жный**, -ая, -ое.

СЕРМЯ́ЖНЫЙ, -ая, -ое. **1.** *см.* сермяга. **2.** *перен.* Относящийся к бедному крестьянскому быту старой России. *Сермяжная Русь.* ✦ **Сермяжная правда** (шутл.) — безыскусственная, идущая от самого существа чего-н. *В его словах есть своя сермяжная правда.*

СЕ́РНА, -ы, *ж.* Парнокопытное животное сем. полорогих, горная антилопа.

СЕРНИ́СТЫЙ, -ая, -ое. Содержащий серу (в 1 знач.). *С. натрий. Сернистые минералы.*

СЕРНОКИ́СЛЫЙ, -ая, -ое (спец.). Относящийся к солям серной кислоты.

СЕ́РНЫЙ *см.* сера.

СЕ́РО-... *Первая часть сложных слов со знач.:* 1) серый (в 1 знач.), с серым оттенком, напр. *серо-голубой, серо-жемчужный, серо-зелёный;* 2) серый (в 1 знач.) в сочетании с другим отдельным цветом, напр. *серо-жёлтый.*

СЕ́РО-БУ́РО-МАЛИ́НОВЫЙ, -ая, -ое (разг. шутл.). Неопределённого цвета. *Что это на ней за платье: серо-буро-малиновое в крапинку?*

СЕРОВОДОРО́Д, -а, *м.* Бесцветный газ с резким неприятным запахом, образующийся при разложении белковых веществ. ‖ *прил.* **сероводоро́дный**, -ая, -ое.

СЕРОГЛА́ЗЫЙ, -ая, -ое; -а́з. С серыми глазами.

СЕ́РОСТЬ, -и, *ж.* **1.** *см.* серый. **2.** *перен.* Нечто маловыразительное, посредственное, серое (в 3 знач.); также о ком-н. некультурном, необразованном (пренебр.). *Незачем читать эту с. Эх ты с.!*

СЕРОУГЛЕРО́Д, -а, *м.* Бесцветная летучая ядовитая горючая жидкость с неприятным эфирным запахом. ‖ *прил.* **сероуглеро́дный**, -ая, -ое.

СЕРП, -а́, *м.* **1.** Ручное орудие — изогнутый полукругом мелко зазубренный нож для срезывания злаков с корня. *Жать серпом.* **2.** *перен.* Предмет, своими очертаниями напоминающий такой нож. *С. луны или лун-*

ный с. (луна в начальной или последней фазе, молодой месяц).

СЕРПАНТИ́Н, -а, *м.* **1.** Длинная и узкая завивающаяся лента из цветной бумаги, к-рую бросают в танцующих на балах, маскарадах. **2.** *перен.* Извилистая дорога в горах. *Высокогорные серпантины.* ‖ *прил.* **серпанти́нный**, -ая, -ое *и* **серпанти́новый**, -ая, -ое (к 1 знач.).

СЕРПЕНТА́РИЙ, -я, *м.* Змеиный питомник.

СЕРПОВИ́ДНЫЙ, -ая, -ое; -ден, -дна. По форме, очертаниям напоминающий серп. *Серповидное крыло. Серповидные рога.* ‖ *сущ.* **серпови́дность**, -и, *ж.*

СЕРПЯ́НКА, -и, *ж.* Лёгкая бумажная ткань очень редкого плетения. ‖ *прил.* **серпя́нковый**, -ая, -ое.

СЕРСО́, *нескл., ср.* Игра в тонкий и лёгкий обруч, к-рый подкидывается и ловится палочкой, а также этот обруч и палочка. *Играть в с.*

СЕРТИФИКА́Т, -а, *м.* (спец.). **1.** Заёмное финансовое обязательство государственных органов, а также название билетов нек-рых государственных займов. **2.** Официальное письменное удостоверение о чём-н. *С. качества* (документ, удостоверяющий качество товара). ‖ *прил.* **сертифика́тный**, -ая, -ое.

СЕРЧА́ТЬ, -а́ю, -а́ешь; *несов.* (прост.). То же, что сердиться. ‖ *сов.* **осерча́ть**, -а́ю, -а́ешь *и* **рассерча́ть**, -а́ю, -а́ешь.

СЕ́РЫЙ, -ая, -ое; сер, сера́, се́ро. **1.** Цвета пепла, дыма. *Серые тучи. Серая шинель. С. волк. Серые глаза. С. хлеб* (из пшеничной муки грубого помола). **2.** *перен.* Болезненно бледный. *Серое лицо.* **3.** *перен.* Посредственный, ничем не замечательный. *Серое существование. Серая повесть.* **4.** *перен.* Малокультурный, необразованный (разг.). *С. человек.* **5.** О погоде: пасмурный. *Серая погода. С. день.* ✦ **Серое вещество мозга** (спец.) — нервная ткань мозга, скопление его нервных клеток. *Серого вещества не хватает у кого-н.* (глуповат, несообразителен; разг. шутл.). ‖ *сущ.* **се́рость**, -и, *ж.* (к 3 и 4 знач.).

СЕРЬГА́, -и́, *мн.* се́рьги, серёг, серьга́м *и* се́рьгам, *ж.* Украшение, обычно с драгоценным камнем, продеваемое в мочку уха. *Бриллиантовые серьги. Всем сестра́м по серьга́м* (посл.: всем, каждому досталось, каждый получил что-н.). ‖ *уменьш.* **серёжка**, -и, *ж.* *Для милого дружка и серёжка (серёжку) из ушка́* (посл.).

СЕРЬЁЗ: **на полном серьёзе** (прост.) — всерьёз, не шутя. *Разговор идёт на полном серьёзе.*

СЕРЬЁЗНЕТЬ, -ею, -еешь; *несов.* (разг.). Становиться серьёзным (в 1 и 2 знач.), серьёзнее. ‖ *сов.* **посерьёзнеть**, -ею, -еешь.

СЕРЬЁЗНИЧАТЬ, -аю, -аешь; *несов.* (разг.). Держаться с напускной серьёзностью.

СЕРЬЁЗНЫЙ, -ая, -ое; -зен, -зна. **1.** Вдумчивый и строгий, не легкомысленный. *Серьёзные люди. Серьёзное отношение к делу. Серьёзно* (нареч.) *взяться за учёбу.* **2.** О выражении лица: глубокомысленный, сосредоточенный. *С. вид.* **3.** Существенный и важный по содержанию, не легковесный, не шуточный. *Серьёзная книга. С. разговор.* **4.** Требующий пристального к себе внимания, чреватый важными последствиями, опасный. *Серьёзное положение. Серьёзная болезнь.* **5.** **серьёзно**, *вводн. сл.* В самом деле, действительно (разг.). *Нет, серьёзно, ты согласен?* ‖ *сущ.* **серьёзность**, -и, *ж.* (к 1, 2, 3 и 4 знач.).

СЕРЯ́ТИНА, -ы, *ж.* (разг. пренебр.). То же, что серость (во 2 знач.).

СЕ́ССИЯ, -и, *ж.* **1.** Периодически повторяющиеся рабочие заседания какого-н. учреждения, организации, органа. *С. парламента. С. научного общества. На сессии.* **2.** Период сдачи экзаменов в вузах, техникумах, специальных училищах. *Экзаменационная с. Во время сессии. Сдать сессию* (т. е. все экзамены сессии; разг.). ‖ *прил.* **сессио́нный**, -ая, -ое.

СЕСТРА́, -ы́, *мн.* сёстры, сестёр, сёстрам, *ж.* **1.** Дочь тех же родителей или одного из них по отношению к другим их детям. *Родная с. Двоюродная с.* (дочь дяди или тёти). *Троюродная с.* (дочь двоюродного дяди или двоюродной тёти). *Сводная с.* (дочь отчима или мачехи от другого брака). *Молочные сёстры* (неродные, вскормленные молоком одной женщины). *Названая с.* (та, с к-рой кто-н. побратался). **2.** Единомышленница, товарищ в каком-н. общем деле (высок.). **3.** Лицо среднего медицинского персонала в лечебных, детских учреждениях. *Медицинская с. Хирургическая с.* (в операционной). *С.-хозяйка* (служащая, на к-рой лежат хозяйственные обязанности в лечебных, детских учреждениях, в санаториях). **4.** Монахиня (обычно в обращении, чаще при имени). ✦ **Сестра милосердия** — женщина с медицинским образованием, ухаживающая за больными, ранеными. **Ваша (наша, их) сестра** (разг.) — снисходительно о женщинах: вы (мы, они) и другие подобные. *Наша сестра* (т. е. мы, женщины) *за себя постоит.* ‖ *ласк.* **сестри́ца**, -ы, *ж.* (к 1 и 3 знач.) *и* **сестри́чка**, -и, *ж.* (к 1 и 3 знач.). ‖ *прил.* **се́стринский**, -ая, -ое (к 1 и 3 знач.) *и* **се́стрин**, -а, -о (к 1 и 3 знач.). *Сестринские чувства* (также перен.: такие, как у сестры к брату).

СЕСТРЁНКА, -и, *ж.* **1.** Малолетняя сестра (в 1 знач.) (разг.), а также вообще сестра (в 1 знач.) (прост.). **2.** Фамильярное и дружеское обращение нестарого мужчины к нестарой женщине (прост.).

СЕСТРУ́ХА, -и, *ж.* (прост. и обл.). То же, что сестра (в 1 знач.).

СЕСТЬ[1], ся́ду, ся́дешь; сел, се́ла; сядь; се́вший; сев; *сов.* **1.** Принять сидячее положение. *С. на стул. С. за стол. Сел и сидит* (давно сидит). *С. на престол* (перен.: начать царствовать). *С. на яйца* (о птицах: начать высиживать птенцов). *Так и сел!* (о выражении крайнего удивления; разг.). **2.** *во что и на что.* Войдя, поместиться где-н. (для поездки). *С. в автомобиль. С. в поезд. С. на теплоход. С. на извозчика* (поехать в извозчичьем экипаже). **3.** *за что, на что и с неопр.* Приняв сидячее положение, начать делать что-н.; вообще начать заниматься чем-н. усидчиво. *С. за учебник. С. работать (за работу). С. на вёсла* (занять место гребца). *С. на телефон* (начать звонить длительно или во многие места; разг.). *С. за книги.* **4.** Опуститься с высоты, прекратив движение, полёт. *Птица села на дерево. Самолёт сел на льдину.* **5.** (1 и 2 л. не употр.). Опуститься, углубиться в землю. *Дом от старости покосился и сел.* **6.** *на что.* Подчинить себя какому-н. режиму, ограничениям (разг.). *С. на диету. С. на хлеб и воду* (также перен.: начать жить впроголодь). *С. на стипендию* (начать жить только на стипендию). **7.** Оказаться в заключении по приговору суда (обычно об уголовном преступнике) (разг.). *С. за кражу. С. на три года.* ✦ **Солнце село** — скрылось за горизонтом. **Сесть на шею** *кому* (разг. неодобр.) — обременить собой, заботами о себе. ‖ *несов.* **сади́ться**, сажу́сь, сади́шься.

СЕСТЬ[2] (ся́ду, ся́дешь, 1 и 2 л. не употр.), ся́дет; сел, се́ла; се́вший; сев; *сов.* **1.** Укоротиться, сузиться от влаги. *Костюм сел после чистки.* **2.** Потерять силу, напряжение; ослабеть. *Батарейки сели. Аккумулятор сел. Голос сел* (стал хриплым). ‖ *несов.* **сади́ться** (сажу́сь, сади́шься, 1 и 2 л. не употр.), сади́тся.

СЕТ [*сэ*], -а, *м.* В теннисе: одна партия во встрече теннисистов. *Одержать победу в двух сетах.*

СЕТЕВО́Й *см.* сетка *и* сеть.

СЕ́ТКА, -и, *ж.* **1.** Небольшая сеть (в 1 и 2 знач.). *С. от комаров. С. для волос* (для сохранения причёски, завивки). *Кровать с сеткой. Волейбольная с. Сплошная с. дождя.* **2.** Сумка для ношения продуктов, мелких вещей, сплетённая в виде мелкой сети из шнурков, нитей. **3.** Расчерченная, обычно в клетку, поверхность. *Географическая с.* (линии, обозначающие долго́ты и широ́ты). **4.** Расписание, шкала (спец.). *Тарифная с.* ‖ *уменьш.* **се́точка**, -и, *ж.* (к 1 и 2 знач.). ‖ *прил.* **се́точный**, -ая, -ое *и* **сетево́й**, -а́я, -о́е (к 4 знач.). *Сетевой график.*

СЕ́ТОВАТЬ, -тую, -туешь; *несов., на кого-что* (книжн.). Жаловаться, роптать. *С. на невзгоды.* ‖ *сов.* **посе́товать**, -тую, -туешь. ‖ *сущ.* **се́тование**, -я, *ср.*

СЕ́ТОЧКА, -и, *ж.* **1.** *см.* сетка. **2.** То же, что ситечко (разг.).

СЕ́ТТЕР [*сэ́, тэ*], -а, *мн.* -ы, -ов *и* -а́, -о́в, *м.* Длинношёрстная собака легавой породы. *Ирландский с.*

СЕТЧА́ТКА, -и, *ж.* (спец.). Внутренняя оболочка глазного яблока, содержащая клетки, чувствительные к свету.

СЕТЧАТОКРЫ́ЛЫЕ, -ых, *ед.* -ое, -ого, *ср.* (спец.). Отряд насекомых с крыльями, покрытыми густой сетью мелких жилок.

СЕ́ТЧАТЫЙ, -ая, -ое. Имеющий вид сетки, сети; представляющий собой сетку. *Сетчатые крылья. С. черпак. С. узор.*

СЕТЬ, -и, о се́ти, в сети́, *мн.* се́ти, сете́й, *ж.* **1.** Приспособление, изделие из закреплённых на равных промежутках, перекрещивающихся нитей, верёвок, проволоки. *Рыболовная с. Тральная с. С. для ловли птиц. Паук сплёл свою с.* (паутину). *Плести сети* (также перен.: заниматься интригами). *Расставлять сети* (также перен.: хитрыми уловками стремиться поставить кого-н. в трудное, опасное положение). **2.** *ед. перен.*, О множестве переплетённых, скрещённых черт, линий. *С. дождя. С. морщин.* **3.** Система коммуникаций, расположенных на каком-н. пространстве. *Железнодорожная с. Электрическая с. Газовая с. Телефонная с.* **4.** Совокупность расположенных где-н. однородных учреждений, организаций. *Торговая с. Курортная с. Школьная с.* ‖ *прил.* **сетево́й**, -а́я, -о́е (к 1, 3 и 4 знач.; спец.), **сетно́й**, -а́я, -о́е (к 1 знач.; спец.) *и* **се́тный**, -ая, -ое (к 1 знач.; спец.). *Сетевой рубильник. Сетевое снабжение. Сетевой (сетной) лов рыбы.*

СЕ́ЧА, -и, *ж.* (стар.). То же, что сражение. *Кровавая с.*

СЕЧЕ́НИЕ[1], -я, *ср.* **1.** *см.* сечь[2]. **2.** Место, по к-рому что-н. рассечено, разрез. *Поперечное с. Коническое с.*

СЕЧЕ́НИЕ[2] *см.* сечь[1].

СЕЧЁНЫЙ[1], -ая, -ое (разг.). Такой, к-рого секли[1].

СЕЧЁНЫЙ[2], -ая, -ое. О камне: высеченный, обтёсанный. *С. гранит. Сечёные мраморные украшения.*

СЕ́ЧКА, -и, *ж.* **1.** *см.* сечь². **2.** Широкий полукруглый нож на отвесной ручке для рубки капусты. **3.** Корм из мелко нарубленной соломы с отрубями. **4.** Дроблёная крупа.

СЕЧЬ¹, секу́, сечёшь, секу́т; сёк, секла́ *и* (устар.) сёк, се́кла; се́кший *и* сёкший; сечённый (-ён, -ена́) *и* (устар.) се́ченный; се́кши *и* сёкши; *несов., кого-что.* Бить в наказание (прутьями, ремнём). *С. розгами. Дождь сечёт по лицу* (перен.: с силой хлещет). ‖ *сов.* **высечь**, -еку, -ечешь; -еченный. *Сам себя высек* (сам себя поставил в глупое, смешное положение, поступил во вред самому себе; разг. ирон.). ‖ *сущ.* **сече́ние**, -я, *ср.*

СЕЧЬ², секу́, сечёшь, секу́т; сёк, секла́; се́кший; сечённый (-ён, -ена́); се́кши; *несов.* **1.** *кого-что.* Рубить на части. *С. капусту.* **2.** *что.* Срубать, отрубать. *Повинную голову меч не сечёт* (посл.). **3.** *что.* Высекая, обтёсывать (камень). ‖ *однокр.* **секану́ть**, -ну́, -нёшь (к 1 и 2 знач.; прост.). ‖ *сущ.* **се́чка**, -и, *ж.* (к 1 знач.) *и* **сече́ние**, -я, *ср.* (к 3 знач.).

СЕЧЬ³, секу́, сечёшь, секу́т; сёк, секла́; сёкший; *несов.* (прост.). Понимать, разуметь. *Не сечёт кто-н.* (ничего не понимает). *Сечёшь?* (понимаешь? уразумел?).

СЕ́ЧЬСЯ (секу́сь, сечёшься, 1 и 2 л. не употр.), сечётся, секу́тся; се́кся, секла́сь; се́кшийся; *несов.* **1.** О волосах: расщепляясь, ломаться. **2.** О тканях: рваться по нитке, расползаться. ‖ *сов.* **посе́чься**, (-секу́сь, -сечёшься, 1 и 2 л. не употр.), -сечётся, -секу́тся; -е́кся, -екла́сь.

СЕ́ЯЛКА, -и, *ж.* Машина для высева семян. *Зернотравная, кукурузная, овощная, лесная с.* ‖ *прил.* **се́ялочный**, -ая, -ое. *С. агрегат.*

СЕ́ЯЛЬЩИК, -а, *м.* Работник, занимающийся высевом семян. ‖ *ж.* **се́яльщица**, -ы.

СЕ́ЯНЕЦ, -нца, *м.* Растение, выращенное из семян (в отличие от саженца). *Лук-с.*

СЕ́ЯНЫЙ, -ая, -ое. **1.** Такой, к-рый просеян. *Сеяная мука. С. хлеб* (из такой муки). **2.** Выросший в результате посева, не саженый. *Сеяные травы.*

СЕ́ЯТЕЛЬ, -я, *м.* (высок.). Человек, к-рый сеет семена, а также (перен.) человек, к-рый распространяет какие-н. идеи, знания. *Сеятели и хранители земли. С. знаний, добра.*

СЕ́ЯТЬ, се́ю, се́ешь; се́янный; *несов., что.* **1.** Рассыпая, заделывать семена в почву. *С. рожь. С. клевер.* **2.** *перен.* Распространять, внедрять (какие-н. идеи, мысли, взгляды) (высок.). *С. знания. С. добро. С. раздоры, слухи, ложь.* **3.** То же, что просеивать. *С. муку.* **4.** (1 и 2 л. не употр.). О мелком и долгом дожде, снеге: идти. *С утра сеет холодный дождь. Сеет* (безл.) *ледяной крупой.* ‖ *сов.* **посе́ять**, -се́ю, -се́ешь; -се́янный (к 1 и 2 знач.). *Посеешь поступок — пожнёшь привычку, посеешь привычку — пожнёшь характер* (посл.). ‖ *сущ.* **се́яние**, -я, *ср.*, **сев**, -а, *м.* (к 1 знач.) *и* **посе́в**, -а, *м.* (к 1 знач.). *Сеяние раздоров. Сеяние муки. Сев колосовых. Произвести посев ржи.*

СЁ, сего́, *мест. указ.* Употр. в нек-рых выражениях в знач. это. *То да сё* (разное, всякое; разг.). *Ни с того ни с сего* (неожиданно и некстати; разг.). *Поговорим о том о сём* (о разном и незначительном; разг.). *Ни то ни сё* (нечто неопределённое; разг. неодобр.)

СЁМ, *частица* (устар. прост. и обл.). То же, что дай (см. дать в 9 знач.). *С. (сём-ка) сыграю с ним в шашки. С. (сём-ка) посижу отдохну.*

СЁМГА, -и, *ж.* Промысловая рыба сем. лососевых с мясом розового цвета. *Лов сёмги.* ‖ *уменьш.* **сёмужка**, -и, *ж.* ‖ *прил.* **сёмговый**, -ая, -ое *и* **сёмужий**, -ья, -ье.

СЖА́ЛИТЬСЯ, -люсь, -лишься; *сов., над кем-чем.* Почувствовав или проявив жалость, простить, помочь или сделать что-н. нужное для кого-н. *С. над беднягой. Судьба сжалилась над кем-н.* (перен.: миновала беда, наступило облегчение).

СЖА́ТЫЙ, -ая, -ое; сжат. Очень краткий, небольшой по времени, объёму. *В сжатые сроки. Сжатое изложение.* ‖ *сущ.* **сжа́тость**, -и, *ж.*

СЖАТЬ¹, сожму́, сожмёшь; сжа́тый; *сов.* **1.** *что.* Сдавить, заставив уплотниться, уменьшиться в объёме. *С. пружину.* **2.** *кого-что.* Охватив, сдавить, стиснуть. *С. чью-н. руку. С. кого-н. в объятиях. Тоска сжала сердце* (перен.). **3.** *что.* Плотно соединив, прижать друг к другу. *С. губы. С. пальцы в кулак. С. зубы.* **4.** *перен., что.* Сократить, ограничить. *С. текст.* ‖ *несов.* **сжима́ть**, -а́ю, -а́ешь. ‖ *сущ.* **сжима́ние**, -я, *ср.* (к 1, 2 и 3 знач.) *и* **сжа́тие**, -я, *ср.* (к 1 и 2 знач.). ‖ *прил.* **сжи́мный**, -ая, -ое (к 1 знач.).

СЖАТЬ² *см.* жать².

СЖА́ТЬСЯ, сожму́сь, сожмёшься; *сов.* **1.** То же, что съёжиться. *С. от холода.* **2.** (1 и 2 л. не употр.). О чём-н. сдавливаемом, сжимаемом: плотно сдвинуться, уплотниться. *Губы сжались. Пальцы сжались в кулак. Сердце сжалось* (перен.: об ощущении тоски, страха). ‖ *несов.* **сжима́ться**, -а́юсь, -а́ешься. ‖ *сущ.* **сжима́ние**, -я, *ср. и* **сжа́тие**, -я, *ср. Сжатие льдов.*

СЖЕВА́ТЬ, сжую́, сжуёшь; сжёванный; *сов., что* (разг.). Разжевав, съесть, проглотить. ‖ *несов.* **сжёвывать**, -аю, -аешь.

СЖЕЧЬ *см.* жечь.

СЖИВА́ТЬ *см.* сжить.

СЖИГА́ТЬ, -а́ю, -а́ешь; *несов., кого-что.* То же, что жечь (в 1 знач.). ‖ *сущ.* **сжига́ние**, -я, *ср.*

СЖИДИ́ТЬ, сжижу́, сжиди́шь; сжи́женный; *сов., что* (спец.). Превратить в жидкое состояние. *Сжиженный газ.* ‖ *несов.* **сжижа́ть**, -а́ю, -а́ешь. ‖ *сущ.* **сжиже́ние**, -я, *ср.*

СЖИМА́ТЬ, -СЯ *см.* сжать¹, -ся.

СЖИНА́ТЬ, -а́ю, -а́ешь; *несов., что.* То же, что жать².

СЖИТЬ, сживу́, сживёшь; сжил, сжила́, сжи́ло; сжи́тый (сжит, сжита́, сжи́то); *сов., кого (что) с чего* (разг.). Создав невыносимые условия, не дать жить кому-н. где-н. *С. с квартиры. С. со света* (погубить). ‖ *несов.* **сжива́ть**, -а́ю, -а́ешь. ‖ *сущ.* **сжива́ние**, -я, *ср.*

СЖИ́ТЬСЯ, сживу́сь, сживёшься; сжи́лся, сжила́сь, сжило́сь *и* сжи́лось; *сов.* **1.** *с кем.* Живя вместе, привыкнуть, сдружиться. *С. с новыми товарищами.* **2.** *перен., с чем.* Постоянно имея дело с чем-н., привыкнуть. *С. с обстановкой. С. со своим горем. С. с ролью* (об актёре: войти в роль). ‖ *несов.* **сжива́ться**, -а́юсь, -а́ешься. ‖ *сущ.* **сжива́ние**, -я, *ср.*

СЖУ́ЛИТЬ *см.* жулить.

СЖУ́ЛЬНИЧАТЬ *см.* жульничать.

СЗА́ДИ. 1. *нареч.* С задней стороны. *Пальто разорвалось с.* **2.** *кого-чего, предлог с род. п.* То же, что позади кого-чего-н. *Огород с. дома. Встать с. товарища.*

СЗЫВА́ТЬ *см.* созвать.

СИА́МСКИЙ, -ая, -ое. **1.** *см.* сиамцы. **2.** Относящийся к сиамцам, к их языку (китайско-тибетской семьи), национальному характеру, образу жизни, культуре, а также к Сиаму (прежнее название Таиланда), его территории, её внутреннему устройству, истории; такой, как у сиамцев, как в Сиаме. *Сиамские близнецы* (соединённые друг с другом какой-н. частью тела). *Сиамская кошка* (порода). *По-сиамски* (нареч.).

СИА́МЦЫ, -цев, *ед.* -а́мец, -мца, *м.* Народ, составляющий более половины населения Таиланда. ‖ *ж.* **сиа́мка**, -и. ‖ *прил.* **сиа́мский**, -ая, -ое. *С. язык.*

СИБАРИ́Т, -а, *м.* (книжн.). Человек, склонный к праздности, изнеженный роскошью. ‖ *ж.* **сибари́тка**, -и. ‖ *прил.* **сибари́тский**, -ая, -ое.

СИБАРИ́ТНИЧАТЬ, -аю, -аешь; *несов.* (разг.). То же, что сибаритствовать. ‖ *сущ.* **сибари́тничанье**, -я, *ср.*

СИБАРИ́ТСТВО, -а, *ср.* (книжн.). Поведение сибарита.

СИБАРИ́ТСТВОВАТЬ, -твую, -твуешь; *несов.* (книжн.). Вести себя сибаритом, как сибарит.

СИБИРЯ́К, -а́, *м.* Житель, уроженец Сибири. *Коренной с.* ‖ *ж.* **сибиря́чка**, -и. ‖ *прил.* **сибиря́цкий**, -ая, -ое.

СИ́ВКА, -и, *м.* и *ж.*, **СИ́ВКО**, -а, *м.* и **СИВКО́**, -а́, *м.* (устар. и обл.). Лошадь сивой масти; также распространённая кличка деревенской лошадки. ◆ **Сивка-бурка** — в сказках: лошадь как персонаж, помогающий герою. *Сивка-бурка, вещая каурка.*

СИВОДУ́ШКА, -и, *ж.* Цветная лисица, выведенная путем скрещивания серебристо-чёрной и красной лисиц, а также мех её.

СИВОЛА́ПЫЙ, -ая, -ое; -а́п (прост.). Грубый, неуклюжий, неловкий. ‖ *сущ.* **сивола́пость**, -и, *ж.*

СИВУ́ХА, -и, *ж.* (прост.). Плохо очищенная водка. ‖ *прил.* **сиву́шный**, -ая, -ое. *С. запах* (запах перегара).

СИВУ́Ч, -а́, *м.* Крупное морское млекопитающее сем. ушастых тюленей. ‖ *прил.* **сиву́чий**, -ья, -ье.

СИВУЧИ́ХА, -и, *ж.* Самка сивуча.

СИВУ́ШНЫЙ, -ая, -ое. **1.** *см.* сивуха. **2. сивушное масло** — побочный продукт перегонки этилового спирта.

СИ́ВЫЙ, -ая, -ое; сив, сива́ *и* си́ва, си́во. **1.** О масти животных, обычно лошадей: серовато-сизый. **2.** Седой, с проседью. *Сивая борода.* ‖ *сущ.* **си́вость**, -и, *ж.*

СИГ, -а, *м.* Северная промысловая рыба. ‖ *уменьш.* **сижо́к**, -жка́, *м.* ‖ *прил.* **сиго́вый**, -ая, -ое. *Семейство сиговых* (сущ.).

СИГА́РА, -ы, *ж.* **1.** Плотно скрученная и сужающаяся на концах трубочка из сухих табачных листьев. *Курить сигару.* **2.** *перен.* Предмет в форме удлинённой, сужающейся на концах трубы, трубки. *С. аэростата.* ‖ *уменьш.* **сига́рка**, -и, *ж.* (к 1 знач.). ‖ *прил.* **сига́рный**, -ая, -ое (к 1 знач.).

СИГАРЕ́ТА, -ы, *м.* Папироса без мундштука. ‖ *уменьш.* **сигаре́тка**, -и, *ж.* ‖ *прил.* **сигаре́тный**, -ая, -ое *и* **сигаре́точный**, -ая, -ое.

СИГАРЕ́ТНИЦА, -ы, *ж.* Портсигар для сигарет.

СИГАРООБРА́ЗНЫЙ, -ая, -ое; -зен, -зна. Имеющий форму сигары. *С. корпус автомобиля.* ‖ *сущ.* **сигарообра́зность**, -и, *ж.*

СИГА́ТЬ, -а́ю, -а́ешь; *несов.* (прост.). Делать прыжок, прыжки (обычно на бегу). *С. через изгородь.* ‖ *однокр.* **сигану́ть**, -ну́, -нёшь. *С. в кусты. С. с берега в воду.*

СИГНА́Л, -а, *м.* **1.** Условный знак для передачи на расстояние каких-н. сведений, сообщений. *Звуковой, визуальный, световой с. Дать с. С. SOS* (от терпящих бедствие в море; также перен.: призыв о помощи в беде). **2.** *перен.* То, что служит толчком к началу какого-н. действия. *Статья послу-*

жила сигналом к дискуссии. **3.** *перен.* Предупреждение, сообщение о чём-н. нежелательном. *Прислушиваться к сигналам с мест. Сигналы общественности.* ‖ *прил.* **сигна́льный,** -ая, -ое (к 1 знач.). *Сигнальные огни. Сигнальная связь. С. пистолет* (ракетница). *С. экземпляр* (первый, до тиража, готовый экземпляр произведения печати).

СИГНАЛИЗА́ЦИЯ, *-и, ж.* **1.** *см.* сигнализировать. **2.** Устройство для подачи сигналов (в 1 знач.). *Автоматическая с.* **3.** Система сигналов (в 1 знач.), применяемая где-н. *Морская с.*

СИГНАЛИЗИ́РОВАТЬ, -рую, -руешь; *сов.* и *несов.* **1.** Подать (-давать) сигнал (в 1 знач.), сигналы. *С. флагом.* **2.** *перен., о чём.* Предупредить (-еждать), предостерегая от чего-н. *С. об опасности.* ‖ *сов.* также **просигнализи́ровать,** -рую, -руешь (к 1 знач.). ‖ *сущ.* **сигнализа́ция,** *-и, ж.* (к 1 знач.). ‖ *прил.* **сигнализацио́нный,** -ая, -ое (к 1 знач.).

СИГНА́ЛИТЬ, -лю, -лишь; *несов.* (разг.). То же, что сигнализировать (в 1 знач.). ‖ *сов.* **просигна́лить,** -лю, -лишь; -ленный.

СИГНА́ЛЬНЫЙ, -ая, -ое. **1.** *см.* сигнал. **2.** **первая сигнальная система** (спец.) — система условнорефлекторных связей, формирующихся у животных и человека при воздействии конкретных раздражителей; **вторая сигнальная система** (спец.) — свойственная человеку система условнорефлекторных связей, формирующихся при воздействии речевых сигналов.

СИГНА́ЛЬЩИК, -а, *м.* Человек, к-рый подаёт сигналы (в 1 знач.). *Матрос-с.*

СИГНАТУ́РА, -ы, *ж.* (спец.). Часть рецепта с указанием способа употребления лекарства, а также копия рецепта, прилагаемая аптекой к изготовленному лекарству. ‖ *уменьш.* **сигнату́рка,** -и, *ж.* ‖ *прил.* **сигнату́рный,** -ая, -ое.

СИДЕ́ЛКА, -и, *ж.* Женщина, дежурящая у постели тяжелобольного. *Больничная с.*

СИ́ДЕНЬ, -дня, *м.* (разг.). Человек, к-рый ведёт малоподвижную, сидячую жизнь. *Сиднем сидеть* (сидеть не вставая или находиться где-н., никуда не выходя, не выезжая).

СИДЕ́НЬЕ, -я, *род. мн.* -ний, *ср.* Предназначенный для сидения предмет, часть мебели. *С. стула, кресла, дивана. Откидное с.*

СИДЕ́ТЬ, сижу́, сиди́шь; си́дя; *несов.* **1.** Находиться, не передвигаясь, в таком положении, при к-ром туловище опирается на что-н. нижней своей частью, а ноги согнуты или вытянуты. *С. на стуле. С. верхо́м на лошади. Заяц сидит под кустом. С. у моря и ждать погоды* (погов. о бесполезном ожидании чего-н. неопределённого). **2.** О птицах, насекомых: находиться неподвижно на одном месте. *Пчела сидит на цветке. Птица сидит на ветке.* **3.** Находиться в каком-н. месте, внутри чего-н.; быть помещённым куда-н. *С. целый день дома. Зверь сидит в клетке. С. в тюрьме. Пирог сидит в печи. Гвоздь крепко сидит в стене. Одна мысль сидит в голове* (перен.). **4.** Находиться, пребывать в каком-н. состоянии или усидчиво заниматься чем-н. *С. без дела. С. без копейки* (без денег). *С. за книгой. С. с шитьём. С. над задачей. С ребёнком сидит бабушка* (т. е. находится при нём, смотрит за ним). **5.** (1 и 2 л. не употр.). Иметь какую-н. осадку, углубляться в воду. *Корабль сидит глубоко.* **6.** (1 и 2 л. не употр.). Об одежде: находиться на фигуре, подходя или не подходя к её формам. *Платье хорошо сидит. Костюм плохо сидит. Пиджак сидит горбом. Костюм плохо скроен: не сидит. Свитер сидит как влитой.* **7.** Отбывать наказание в тюрьме (разг.). *Сидит за хулиганство.* ✦ **Сидеть в девках** (разг.) — о девушке: долго не выходить замуж. **Глаза сидят глубоко** — углублены в глазницы. **Вот где сидит** *кто-что у кого* (разг. неодобр.) — о ком-чём-н. доставляющем постоянные заботы, неприятности. ‖ *многокр.* **си́живать,** наст. вр. не употр. (к 1, 3, 4 и 7 знач.). ‖ *сущ.* **сиде́ние,** *-я, ср.* (к 1, 2, 3, 4 и 7 знач.).

СИДЕ́ТЬСЯ, -и́тся; *безл.; несов., кому,* обычно *с отриц.* (разг.). О желании, настроенности сидеть. *Не сидится на месте. Не сидится дома.*

СИДМЯ́ и **СИ́ДМЯ: сидмя сидеть** (прост.) — то же, что сиднем сидеть (см. сидень).

СИ́ДОР, -а, *м.* (прост.). Солдатский вещевой мешок.

СИДР, -а, *м.* Вино из яблочного сока. ‖ *прил.* **си́дровый,** -ая, -ое.

СИДЯ́ЧИЙ, -ая, -ее. **1.** Такой, какой бывает, когда сидят, связанный с сидением. *В сидячем положении. Сидячая забастовка* (при к-рой бастующие сидят на мостовой у входа куда-н., в каком-н. помещении, отказываясь уходить, пока не будут удовлетворены их требования). **2.** Связанный с пребыванием на одном месте или с работой, не требующей подвижности. *С. образ жизни. Сидячая работа.* **3.** Предназначенный для сидения. *Сидячие места в вагоне.*

СИЕ́ *см.* сей.

СИ́ЖИВАТЬ *см.* сидеть.

СИЗА́РЬ, -я́, *м.* (разг.). Сизый голубь.

СИЗИ́ФОВ: сизифов труд (книжн.) — бесконечный и бесплодный труд [по имени мифического царя Сизифа, в наказание за оскорбление богов вкатывавшего в гору камень, к-рый тотчас скатывался вниз].

СИЗО́, *нескл., ср.* (разг.). Сокращение: следственный изолятор.

СИ́ЗО-... *Первая часть сложных слов со знач.* сизый, с сизым оттенком, напр. *сизоголубой, сизо-зелёный, сизо-серый, сизо-чёрный.*

СИЗОКРЫ́ЛЫЙ, -ая, -ое; -ы́л. Имеющий сизые крылья. *С. голубь.*

СИ́ЗЫЙ, -ая, -ое; сиз, сиза́, си́зо. Тёмно-серый с синеватым оттенком. *С. туман. Сизая мгла.* ‖ *сущ.* **си́зость,** -и, *ж.*

СИ́ЛА, -ы, *ж.* **1.** Величина, являющаяся мерой механического взаимодействия тел, вызывающего их ускорение или деформацию; характеристика интенсивности физических процессов (спец.). *Единица силы. Центробежная с. С. тяжести. С. тока. С. света. С. инерции. С. ветра. Землетрясение силой в шесть баллов.* **2.** Способность живых существ напряжением мышц производить физические действия, движения; вообще — физическая или моральная возможность активно действовать. *Большая с. в руках. Толкнуть с силой. Нет больше сил. Это свыше моих сил. Лишиться сил. Выбиться из сил. Собраться с силами. Приняться за работу со свежими силами. Применить силу* (физическое воздействие). *Силой заставили* (насильно). *Действовать убеждением, а не силой. Политика с позиции силы* (об агрессивной политике). **3.** обычно *мн.* Материальное или духовное начало как источник энергии, деятельности. *Силы природы. Творческие силы народа.* **4.** *чего.* Способность проявления какой-н. деятельности, состояния, отличающаяся определённой степенью напряжённости, устремлённости. *С. воли. С. воображения.* **5.** Могущество, влияние, власть. *Могучая с. слова. С. убеждения. Непобедимая с. народа.* **6.** Сущность, смысл (разг.). *Вся с. в том, что он знает это лучше меня.* **7.** Действенность, правомочность (закона, решения, правила). *Закон вступил в силу. Закон обратной силы не имеет. Старое решение потеряло (утратило) силу.* **8.** *мн.* Общественная группа, общественный слой, а также вообще люди, обладающие какими-н. характерными для них признаками. *Соотношение классовых сил. Лучшие артистические силы.* **9.** *мн.* Вооружённые силы, а также различные их виды. *Военно-морские силы. Военно-воздушные силы. Главные силы* (основная часть воюющих войск). **10.** *ед.* Большое количество, множество (прост.). *Народу там — с.* **11.** **си́лами** *кого-чего, в знач. предлога с род. п.* Используя кого-что-н., при помощи кого-чего-н. *Построено силами студентов.* **12.** **сила!**, *в знач. сказ.* О чём-н. очень хорошем, впечатляющем (прост.). *Фильм — с.!* ✦ **В силах** — 1) в состоянии, может что-н. делать, активно действовать. *Пока в силах, буду трудиться;* 2) *с неопр.*, мочь, располагать возможностью. *Никто не в силах повлиять на него.* **В силе** (разг.) — в таком состоянии, когда есть власть, влияние. *Этот человек сейчас в большой силе.* **В силу** *чего, предлог с род. п.* (книжн.) — по причине чего-н., из-за чего-н. *Не смог явиться в силу сложившихся обстоятельств.* **В силу того что,** *союз* (книжн.) — из-за того что, по причине того что. *Ответ задерживается, в силу того что отсутствуют необходимые сведения.* **Изо всей силы** или **изо всех сил** — применяя всю свою силу, энергию. *Старался изо всех сил.* **От силы** (разг.) — самое большее. *Отсюда до города от силы тридцать километров. Весит от силы десять килограмм.* **По силам, по силе** или **под силу** *кому* — соответствует чьим-н. возможностям, силам. **По силе возможности** (прост.) — по мере возможности. *Помогает по силе возможности.* **Своими силами** — самостоятельно, без посторонней помощи. **Сил нет** (разг.) — очень, чрезвычайно. *Сил нет, как он мне надоел.* **Силою в** (до, от... до...), *в знач. предлога с вин.* и *род. п.* — в количестве, численностью. *Отряд силою в пятьсот штыков (до пятисот штыков, от четырёхсот до пятисот штыков).* **Силою вещей** — по причине сложившихся обстоятельств. *Так получилось силою вещей.* **Через силу** — сверх имеющихся возможностей, сил. *Делать что-н. через силу.* **Что есть силы** (разг.) — применяя всю свою физическую силу. *Толкнул что есть силы.* ‖ *уменьш.* **силёнка,** -и, *ж.* (ко 2 знач.). *Силёнки не хватает!* ‖ *увел.* **си́лища,** -и, *ж.* (ко 2, 10 и 12 знач.). ‖ *прил.* **силово́й,** -а́я, -о́е (к 1 и 2 знач.). *Силовое поле* (спец.). *С. приём. Силовая борьба. Силовое решение* (волевое). *Силовые министерства* (уполномоченные в необходимых случаях на силовые воздействия, на применение оружия).

СИЛА́Ч, -а́, *м.* Человек, к-рый обладает чрезмерно большой физической силой. *Состязание сельских силачей.* ‖ *ж.* **сила́чка,** -и.

СИЛИКА́ТЫ, -ов, *ед.* силика́т, -а, *м.* (спец.). Минералы, составляющие основную массу земной коры; промышленные материалы для изготовления цемента, стекла, огнеупоров, кирпича, керамики. ‖ *прил.* **силика́тный,** -ая, -ое. *С. кирпич. Силикатные краски.*

СИЛИКО́З, -а, *м.* Болезнь, вызываемая проникновением в дыхательные пути и лёгкие угольной пыли, мелких твёрдых частиц. ‖ *прил.* **силико́зный,** -ая, -ое.

СИ́ЛИТЬСЯ, -люсь, -лишься; *несов., с неопр.* (разг.). Стараться, совершать усилия. *С. улыбнуться.*

СИЛКО́М, *нареч.* (разг.) и **СИЛО́М**, *нареч.* (прост.). Силой, насильно. *С. заставить.*

СИЛЛАБИ́ЧЕСКИЙ, -ая, -ое (спец.). О стихе[1]: основанный на определённом количестве слогов независимо от расположения ударений в словах. *Силлабическое стихосложение.*

СИЛЛОГИ́ЗМ, -а, *м.* В логике: умозаключение, в к-ром из двух данных суждений (посылок) получается третье (вывод). ‖ *прил.* **силлогисти́ческий**, -ая, -ое *и* **силлоги́ческий**, -ая, -ое.

СИЛОВО́Й, -а́я, -о́е **1.** *см.* сила. **2.** Относящийся к энергетическим устройствам (вырабатывающий, передающий или использующий энергию) (спец.). *Ядерная силовая установка. С. кабель. Силовая станция.*

СИ́ЛОЙ, *нареч.* (разг.). Насильно, против воли. *Лентяя с. усаживают за уроки.*

СИЛО́К, -лка́, *м.* Петля для ловли птиц, мелких животных. ‖ *прил.* **силко́вый**, -ая, -ое.

СИЛОМЕ́Р, -а, *м.* То же, что динамометр. ‖ *прил.* **силоме́рный**, -ая, -ое.

СИ́ЛОС, -а, *м.* **1.** Сочный корм для скота — зелёные части растений (ботва, листья, стебли), приготавливаемые заквашиванием. **2.** Сооружение в виде башни или ямы для хранения кормов, зерна (спец.). ‖ *прил.* **си́лосный**, -ая, -ое. *Силосная башня, траншея, яма* (хранилища для силоса).

СИЛОСОВА́ТЬ, -сую́, -суешь; -о́ванный; *сов.* и *несов., что.* Обратить (-ащать) в силос. *С. ботву.* ‖ *сов.* также **засилосова́ть**, -сую́, -су́ешь; -о́ванный. ‖ *сущ.* **силосова́ние**, -я, *ср.*

СИЛУЭ́Т, -а, *м.* **1.** Одноцветное плоскостное изображение предмета на фоне другого цвета. *С. лица в профиль.* **2.** *перен.* Очертания чего-н., виднеющиеся в темноте, тумане. *С. горного хребта.* **3.** Линии, контур одежды. *Модный с. одежды.* ‖ *прил.* **силуэ́тный**, -ая, -ое.

СИЛЬНО... *Первая часть сложных слов со знач.:* 1) сильный (в 4 знач.), напр. *сильнодействующий, сильнорадиоактивный, сильнофокусирующий, сильноточный* (спец.); 2) очень, в высокой степени, напр. *сильновлажный, сильновязкий, сильногорький, сильнозагрязнённый;* 3) с большим количеством чего-н., напр. *сильноветвистый, сильножелезистый, сильнопористый, сильнопятнистый;* 4) большой, напр. *сильнорослый* (о растениях: большой высоты; спец.).

СИЛЬНОДЕ́ЙСТВУЮЩИЙ, -ая, -ее. Оказывающий сильное действие на кого-что-н. *С. яд. Сильнодействующее средство.*

СИ́ЛЬНЫЙ, -ая, -ое; силён *и* си́лен, сильна́, си́льно, сильны́ *и* си́льны. **1.** Обладающий большой физической силой, мощный. *С. человек. С. удар. Сильная машина. Сильная армия.* **2.** Очень основательный, убедительный. *Сильные доводы. Сильная речь.* **3.** Обладающий твёрдой волей, стойкий. *С. характер. Сильная натура.* **4.** Значительный (по величине, степени). *С. ветер. Сильная боль. Сильное впечатление. Сильное горе.* **5.** Сведущий, талантливый. *С. специалист. С. ученик. Силён в математике кто-н.* **6.** **силён** *на что* и *с неопр.* Горазд на что-н., ловок в чём-н. (прост.). *Силён врать.* **7.** *полн. ф.* О сорте пшеницы: с высоким содержанием клейковины. *Сильные сорта. Сильные пшеницы.* ✦ **Сильные мира сего** (книжн. ирон.) — о влиятельных, пользующихся властью людях.

СИМБИО́З, -а, *м.* (спец.). Сожительство двух организмов разных видов, обычно приносящее им взаимную пользу. *С. муравья и тли.* ‖ *прил.* **симбиоти́ческий**, -ая, -ое.

СИ́МВОЛ, -а, *м.* **1.** То, что служит условным знаком какого-н. понятия, явления, идеи. *Голубь — с. мира. Якорь — с. надежды. Этот подарок — с. верности.* **2.** Принятое в науке условное обозначение какой-н. единицы, величины. ✦ **Символ веры** — 1) краткое изложение основных догматов христианства в православии, кратко сформулированных в тексте, начинающемся словами «Верую во Единого Бога Отца, Вседержителя...»; 2) то же, что кредо. **Символы государства** — государственный герб, флаг, гимн. ‖ *прил.* **символи́ческий**, -ая, -ое *и* **си́мвольный**, -ая, -ое (ко 2 знач.; спец.). *Символическое изображение. Символьная информация.*

СИМВОЛИЗИ́РОВАТЬ, -рую, -руешь; *несов., кого-что* (книжн.). Служить символом (в 1 знач.). *Якорь символизирует надежду.* ‖ *сущ.* **символиза́ция**, -и, *ж.*

СИМВОЛИ́ЗМ, -а, *м.* Направление в литературе и искусстве конца 19 — начала 20 в., проникнутое индивидуализмом и мистицизмом и отражающее действительность как идеальную сущность мира в условных и отвлечённых формах. ‖ *прил.* **символисти́ческий**, -ая, -ое *и* **символи́стский**, -ая, -ое.

СИМВО́ЛИКА, -и, *ж.* (книжн.). **1.** Символическое значение, приписываемое чему-н. *С. цветов.* **2.** *собир.* Совокупность каких-н. символов. ‖ *прил.* **символи́ческий**, -ая, -ое.

СИМВОЛИ́СТ, -а, *м.* Последователь символизма. ‖ *ж.* **символи́стка**, -и. ‖ *прил.* **символи́стский**, -ая, -ое.

СИМВОЛИ́ЧЕСКИЙ, -ая, -ое. **1.** *см.* символ *и* символика. **2.** О платах, суммах: ничтожно малый. *Оплата проезда — чисто символическая. С. взнос.*

СИМВОЛИ́ЧНЫЙ, -ая, -ое; -чен, -чна. Имеющий скрытый смысл, наводящий на ассоциации (во 2 знач.). *Судьба героя символична.* ‖ *сущ.* **символи́чность**, -и, *ж.*

СИММЕТРИ́ЧЕСКИЙ, -ая, -ое. То же, что симметричный.

СИММЕТРИ́ЧНЫЙ, -ая, -ое; -чен, -чна. Обладающий симметрией. *С. узор.* ‖ *сущ.* **симметри́чность**, -и, *ж.*

СИММЕ́ТРИЯ, -и и **СИММЕТРИ́Я**, -и, *ж.* Соразмерность, одинаковость в расположении частей чего-н. по противоположным сторонам от точки, прямой или плоскости. *С. в строении кристаллов. Соблюдать симметрию.*

СИМПАТИЗИ́РОВАТЬ, -рую, -руешь; *несов., кому-чему.* Испытывать чувство симпатии, хорошо относиться к кому-чему-н.

СИМПАТИ́ЧЕСКИЙ, -ая, -ое (спец.). **1.** Отражённо возникающий в другом, симметрически или рядом расположенном месте. *Симпатические боли.* **2.** Вызывающий моральное облегчение, удовлетворение у больного и обычно нейтральный по своим медицинским свойствам. *Симпатические средства.* ✦ **Симпатические чернила** — бесцветные чернила, становящиеся видными после специальной обработки написанного. **Симпатическая нервная система** — отдел нервной системы, участвующий в регулировании кровообращения, обмена веществ и других функций организма.

СИМПАТИ́ЧНЫЙ, -ая, -ое; -чен, -чна. Вызывающий симпатию, расположение к себе, привлекательный. *С. человек. Симпатичная внешность. Этот юноша мне чем-то симпатичен.* ‖ *сущ.* **симпати́чность**, -и, *ж.*

СИМПА́ТИЯ, -и, *ж.* **1.** Влечение, внутреннее расположение к кому-чему-н. *Чувствовать к кому-н. большую симпатию.* **2.** О человеке как предмете чьего-н. расположения, любви (разг.). *Эта женщина — его давняя с.*

СИМПАТЯ́ГА, -и, *м.* и *ж.* (разг.). Симпатичный человек.

СИМПО́ЗИУМ, -а, *м.* (книжн.). Совещание, конференция по специальному научному вопросу. *Международный с. На симпозиуме.*

СИМПТО́М, -а, *м.* Внешний признак, внешнее проявление чего-н. *С. болезни.* ‖ *прил.* **симптомати́ческий**, -ая, -ое.

СИМПТОМАТИ́ЧЕСКИЙ, -ая, -ое. **1.** *см.* симптом. **2.** Уничтожающий внешние признаки, симптомы болезни, а не основную причину её (спец.). *Симптоматическое действие лекарства.*

СИМПТОМАТИ́ЧНЫЙ, -ая, -ое; -чен, -чна. Являющийся симптомом, обнаруживающий в себе признаки чего-н. ‖ *сущ.* **симптомати́чность**, -и, *ж.*

СИМУЛИ́РОВАТЬ, -рую, руешь; -анный; *сов.* и *несов., что.* Притворяясь, создать (-авать) ложное представление о наличии чего-н. *С. болезнь. С. ограбление.* ‖ *сущ.* **симуля́ция**, -и, *ж.* и **симули́рование**, -я, *ср. С. опьянения.*

СИМУЛЯ́НТ, -а, *м.* Человек, к-рый симулирует болезнь. ‖ *ж.* **симуля́нтка**, -и. ‖ *прил.* **симуля́нтский**, -ая, -ое.

СИМУЛЯ́ЦИЯ, -и, *ж.* **1.** *см.* симулировать. **2.** Притворство, ложное утверждение или изображение чего-н. с целью ввести в обман, в заблуждение. *Злостная с.*

СИМФО́НИЯ, -и, *ж.* **1.** Большое (обычно из четырёх частей) музыкальное произведение для оркестра. **2.** *перен.* Гармоническое соединение, сочетание чего-н. (книжн.). *С. цветов. С. красок. С. звуков.* ‖ *прил.* **симфони́ческий**, -ая, -ое (к 1 знач.). *С. оркестр* (включающий смычковые, духовые и ударные инструменты).

СИНАГО́ГА, -и, *ж.* Иудаистский храм. ‖ *прил.* **синагога́льный**, -ая, -ое.

СИНДИКА́Т, -а, *м.* **1.** Крупное монополистическое объединение предпринимателей, в к-ром участники, сохраняя производственную самостоятельность, осуществляют совместную коммерческую деятельность (определение цен, закупку сырья, сбыт товаров). **2.** В нек-рых странах: название профессиональных союзов. **3.** В СССР до конца 20-х гг.: хозяйственная организация, объединяющая группу трестов. ‖ *прил.* **синдика́тный**, -ая, -ое (к 1 знач.) *и* **синдика́тский**, -ая, -ое.

СИНДРО́М, -а, *м.* (спец.). Сочетание симптомов, характерных для какого-н. заболевания. *Болевой с. Астматический с.*

СИ́НЕ-... *Первая часть сложных слов со знач.:* 1) синий (в 1 знач.), с синим оттенком, напр. *сине-голубой, сине-зелёный, сине-лиловый, сине-серый, сине-фиолетовый, сине-чёрный;* 2) синий (в 1 знач.), в сочетании с другим отдельным цветом, напр. *сине-бело-красный, сине-красный.*

СИНЕВА́, -ы́, *ж.* Синий цвет, синеватая окраска. *С. неба. С. воды. Бледный до синевы. С. под глазами* (тёмные круги под глазами от усталости, болезни).

СИНЕГЛА́ЗЫЙ, -ая, -ое; -а́з. С синими глазами.

СИНЕ́КДОХА, -и, *ж.* (спец.). Вид метонимии — название части вместо названия целого, частного вместо общего и наоборот, напр. «голубые мундиры» о царских жандармах.

СИНЕКУ́РА, -ы, *ж.* (книжн.). Хорошо оплачиваемая должность, не требующая большого труда [*первонач.* в средневековой Европе: церковная должность, не связанная ни с какими обязанностями].

СИНЕ́ЛЬ, -и, *ж.* Бархатистый шнурок для бахромы, вышивания. ‖ *уменьш.* **сине́лька**, -и, *ж.* ‖ *прил.* **сине́льный**, -ая, -ое.

СИ́НЕНЬКИЕ, -их (прост.). То же, что баклажаны.

СИНЕ́ТЬ, -е́ю, -е́ешь; *несов.* **1.** Становиться синим, синее. *С. от холода.* **2.** (1 и 2 л. не употр.). О чём-н. синем: виднеться. *Во ржи синеют васильки.* ‖ *сов.* **посине́ть**, -е́ю, -е́ешь (к 1 знач.). ‖ *сущ.* **посине́ние**, -я, *ср.* (к 1 знач.). *Купается до посинения* (пока не замёрзнет; разг.).

СИНЕ́ТЬСЯ (-е́юсь, -е́ешься, 1 и 2 л. не употр.), -е́ется; *несов.* (разг.). То же, что синеть (во 2 знач.).

СИНЁНЫЙ, -ая, -ое. Подвергшийся синьке, синению (см. синить во 2 знач.), подсинённый. *Синёное бельё.*

СИ́НИЙ, -яя, -ее; синь, синя́, си́не. **1.** Имеющий окраску одного из основных цветов спектра — среднего между фиолетовым и зелёным. *Синее небо. Синие васильки.* **2.** О коже: сильно побледневший, приобретший оттенок этого цвета. *Синие от холода руки. Синее лицо. Синие губы.* ◆ **Синий чулок** (неодобр.) — о женщине, погружённой в книги, умственные занятия, лишённой женственности. **Ни синь пороха** (нет, не осталось) (устар. прост.) — совсем ничего.

СИНИ́ЛЬНЫЙ, -ая, -ое; **синильная кислота** — бесцветная ядовитая жидкость с запахом горького миндаля, цианистый водород.

СИНИ́ТЬ, -ню́, -ни́шь; -нённый (-ён, -ена́); *несов., что.* **1.** Делать синим, красить в синий цвет. **2.** Полоскать в воде с разведённой синькой (во 2 знач.). *С. бельё.* ‖ *сов.* **подсини́ть**, -ню́, -ни́шь; -нённый (-ён, -ена́) (ко 2 знач.). ‖ *сущ.* **си́нька**, -и, *ж.* (ко 2 знач.), **подси́нивание**, -я, *ср.* (ко 2 знач.) *и* **подси́нька**, -и, *ж.* (ко 2 знач.).

СИНИ́ЦА, -ы, *ж.* Небольшая пёстрая птица отряда воробьиных. ‖ *уменьш.* **сини́чка**, -и, *ж.* ‖ *прил.* **сини́чий**, -ья, -ье *и* **сини́цевый**, -ая, -ое (спец.). *Семейство синицевых* (сущ.).

СИНКЛИ́Т, -а, *м.* (книжн. ирон.). Собрание, заседание избранных или высокопоставленных лиц [*первонач.* собрание высших сановников в Древней Греции]. *Собрался весь с.*

СИНКРЕТИ́ЗМ, -а, *м.* (книжн.). **1.** Слитность, нерасчленённость, характерная для первоначального состояния в развитии чего-н. *С. первобытного искусства.* **2.** То же, что эклектизм. *С. воззрений.* ‖ *прил.* **синкрети́ческий**, -ая, -ое.

СИНКРЕТИ́ЧЕСКИЙ, -ая, -ое (книжн.). **1.** *см.* синкретизм. **2.** Слитный, нерасчленённый в своём исходном, первоначальном состоянии. *Синкретические языческие ритуалы.* **3.** Отличающийся эклектизмом, внешней соединённостью того, что внутренне не соединимо. *Синкретические теории.*

СИНКРЕТИ́ЧНЫЙ, -ая, -ое; -чен, -чна (книжн.). То же, что синкретический (во 2 и 3 знач.).

СИНО́Д, -а, *м.* (С прописное). В старой России: высшее учреждение, управляющее православной церковью; в настоящее время — совещательный орган при патриархе Московском и Всея Руси. ‖ *прил.* **синода́льный**, -ая, -ое *и* **сино́дский**, -ая, -ое.

СИНО́ДИК, -а, *м.* В церковном обиходе: книга записи имён умерших для поминовения во время богослужения.

СИНО́НИМ, -а, *м.* В языкознании: слово или выражение, совпадающее или близкое по значению с другим словом, выражением, напр. «путь» и «дорога», «повесить голову» и «понурить голову». ‖ *прил.* **синоними́ческий**, -ая, -ое.

СИНОНИ́МИКА, -и, *ж.* (спец.). Совокупность синонимов какого-н. языка. *Русская с.*

СИНОНИМИ́ЧЕСКИЙ, -ая, -ое. **1.** *см.* синоним *и* синонимия. **2.** То же, что синонимичный.

СИНОНИМИ́ЧНЫЙ, -ая, -ое; -чен, -чна. Относящийся к отношениям между синонимами; являющийся синонимом. *Синонимичные выражения.* ‖ *сущ.* **синоними́чность**, -и, *ж.*

СИНОНИМИ́Я, -и, *ж.* В языкознании: отношения, существующие между синонимами. *Лексическая с. Синтаксическая с.* ‖ *прил.* **синоними́ческий**, -ая, -ое.

СИНО́ПТИК, -а, *м.* Специалист по синоптике, по прогнозированию погоды.

СИНО́ПТИКА, -и, *ж.* Раздел метеорологии, занимающийся изучением физических процессов в атмосфере, определяющих состояние погоды. ‖ *прил.* **синопти́ческий**, -ая, -ое. *Синоптическая карта. Синоптическая метеорология* (синоптика).

СИ́НТАКСИС, -а, *м.* **1.** Раздел грамматики — наука о законах соединения слов и о строении предложений. **2.** Система языковых категорий, относящихся к соединениям слов и строению предложений. *С. словосочетания. С. предложения. С. текста. С. разговорной речи.* ‖ *прил.* **синтакси́ческий**, -ая, -ое.

СИ́НТЕЗ [тэ], -а, *м.* **1.** Метод исследования явления в его единстве и взаимной связи частей, обобщение, сведе́ние в единое целое данных, добытых анализом. **2.** Получение сложных химических соединений из более простых (спец.). *С. органических веществ.* **3.** Единство, неразрывная целостность частей. *С. традиции и новаторства.* ‖ *прил.* **синтети́ческий**, -ая, -ое.

СИНТЕЗИ́РОВАТЬ [тэ], -рую, -руешь; -анный; *сов.* и *несов., что.* **1.** Произвести (-водить) синтез (в 1 знач.), обобщение (книжн.). **2.** Получить (-чать) путём синтеза (во 2 знач.) (спец.). *С. жидкое топливо.*

СИНТЕ́ТИКА [тэ], -и, *ж., собир.* Синтетические материалы, а также изделия из них.

СИНТЕТИ́ЧЕСКИЙ [тэ], -ая, -ое. **1.** *см.* синтез. **2.** Получаемый в результате синтеза (во 2 знач.). *С. каучук. Синтетические материалы.* **3.** В языкознании: такой, при к-ром грамматические отношения в предложении выражаются формами самих слов. *С. строй. Синтетические языки.*

СИ́НУС, -а, *м.* (спец.). Тригонометрическая функция угла, в прямоугольном треугольнике равная отношению катета, лежащего против данного острого угла, к гипотенузе.

СИНХРОНИЗА́ТОР, -а, *м.* (спец.). Механизм, устройство, обеспечивающее синхронное действие чего-н. *С. звука и изображения* (в кино, телевидении).

СИНХРОНИЗИ́РОВАТЬ, -рую, -руешь; -анный; *сов.* и *несов., что* (спец.). Привести (-водить) к синхронизму. *С. работу агрегатов.* ‖ *сущ.* **синхрониза́ция**, -и, *ж.* ‖ *прил.* **синхронизацио́нный**, -ая, -ое.

СИНХРОНИ́ЗМ, -а, *м.* (спец.). Совпадение и связь во времени чего-н. совершающегося, параллельность в действии чего-н. *С. киносъёмки и звукозаписи. С. хода двух механизмов.* ‖ *прил.* **синхрони́ческий**, -ая, -ое.

СИНХРОНИ́СТКА, -и, *ж.* Спортсменка, занимающаяся синхронным плаванием.

СИНХРОНИ́Я, -и, *ж.* (спец.). Состояние взаимосвязанных явлений, их системы в определённый момент развития. *Языковая с.* ‖ *прил.* **синхрони́ческий**, -ая, -ое *и* **синхро́нный**, -ая, -ое. *Синхронические таблицы* (хронологические таблицы одновременно происходивших событий). *Синхронный анализ.*

СИНХРО́ННЫЙ, -ая, -ое; -нен, -нна (книжн.). **1.** *см.* синхрония. **2.** Осуществляющийся одновременно, совпадающий во времени. *Синхронная скорость. Действовать синхронно* (нареч.). *С. перевод* (осуществляемый одновременно со звучащим текстом). *Синхронное плавание* (женский вид спорта — согласованные движения в воде с элементами балета, гимнастики и акробатики). ‖ *сущ.* **синхро́нность**, -и, *ж.*

СИНХРОТРО́Н, -а, *м.* (спец.). Ускоритель электронов. ‖ *прил.* **синхротро́нный**, -ая, -ое.

СИНХРОФАЗОТРО́Н, -а, *м.* (спец.). Ускоритель протонов. ‖ *прил.* **синхрофазотро́нный**, -ая, -ое.

СИНЬ, -и, *ж.* **1.** То же, что синева. **2.** Синяя краска (спец.). *Кубовая с.*

СИ́НЬКА, -и, *ж.* **1.** *см.* синить. **2.** Синяя краска для подкрашивания тканей, бумаги. *С. для белья.* **3.** Светочувствительная копировальная бумага, а также чертёж, отпечатанный с кальки на такой бумаге (спец.).

СИНЬО́Р [нье], -а, *м.* В Италии: господин, а также форма вежливого обращения или упоминания (обычно перед именем, фамилией). ‖ *ж.* **синьо́ра**, -ы.

СИНЮ́ХА, -и, *ж.* Посинение кожи при нек-рых болезнях. ‖ *прил.* **синю́шный**, -ая, -ое.

СИНЮ́ШНЫЙ, -ая, -ое. **1.** *см.* синюха. **2.** О цвете кожи: сине-фиолетовый. ‖ *сущ.* **синю́шность**, -и, *ж.* *С. губ.*

СИНЯ́К, -а́, *м.* Посиневший кровоподтёк на теле. *Всё тело в синяках. Синяки и шишки достались кому-н.* (о неприятных последствиях чего-н.; разг.).

СИОНИ́ЗМ, -а, *м.* Возникшее в 19 в. еврейское национальное движение, проповедующее объединение евреев разных стран на основе их исторической родины. ‖ *прил.* **сиони́стский**, -ая, -ое *и* **сионисти́ческий**, -ая, -ое.

СИОНИ́СТ, -а, *м.* Последователь сионизма. ‖ *ж.* **сиони́стка**, -и. ‖ *прил.* **сиони́стский**, -ая, -ое.

СИП[1], -а, *м.* Хищная птица сем. ястребиных.

СИП[2], -а, *м.* Звук сипения. *Простуженный с.*

СИПЕ́ТЬ, -плю́, -пи́шь; *несов.* Издавать сиплые звуки. *Рожок сипит. Говорить сипя. В горле сипит* (безл.). ‖ *сущ.* **сипе́ние**, -я, *ср.*

СИ́ПЛЫЙ, -ая, -ое; сипл. Приглушённо-хриплый, несколько шипящий. *С. голос. Сиплые звуки. Сипло* (нареч.) *говорить.* ‖ *сущ.* **си́плость**, -и, *ж.*

СИ́ПНУТЬ, -ну, -нешь; сип *и* си́пнул, си́пла; *несов.* Становиться сиплым, приобретать сиплость. *Голос сипнет.* ‖ *сов.* **осипнуть,** -ну, -нешь; осип, осипла.

СИПОТА́, -ы́, *ж.* Сиплость голоса.

СИРЕ́НА, -ы, *ж.* **1.** В греческой мифологии: демоническое существо, полуптица-полуженщина, обитающее на морских скалах и своим сладкогласным пением завлекающее мореплавателей в гибельные места. **2.** Отряд водных млекопитающих, обитающих в тёплых морях и нек-рых реках. **3.** Прибор для получения звуков различной высоты (спец.). **4.** Сигнальный гудок, дающий резкий завывающий звук, а также самый такой звук. *Автомобиль с сиреной. Раздалась автомобильная с.*

СИРЕ́НЕВО-... *Первая часть сложных слов со знач.* сиреневый (во 2 знач.), с сиреневым, светло-лиловым оттенком, напр. *сиренево-розовый, сиренево-синий, сиренево-фиолетовый.*

СИРЕ́НЕВЫЙ, -ая, -ое. **1.** *см.* сирень. **2.** Светло-лиловый, цвета сирени. ‖ *сущ.* **сире́невость,** -и, *ж.*

СИРЕ́НЬ, -и, *ж.* Крупный садовый кустарник сем. маслиновых с лиловыми, белыми или розовыми душистыми соцветиями. *Букет сирени.* ‖ *прил.* **сире́невый,** -ая, -ое.

СИ́РЕЧЬ, *союз* (стар.). То есть иными словами. *Хула, с. поношение.*

СИРИ́ЙСКИЙ, -ая, -ое. **1.** *см.* сирийцы. **2.** Относящийся к сирийцам, к их языку, национальному характеру, образу жизни, культуре, а также к Сирии, её территории, внутреннему устройству, истории; такой, как у сирийцев, как в Сирии. *С. диалект арабского языка. Сирийская пустыня* (в Сирии, Ираке, Иордании и Саудовской Аравии). *По-сирийски* (нареч.).

СИРИ́ЙЦЫ, -ев, *ед.* -и́ец, -и́йца, *м.* Население Сирии. ‖ *ж.* **сири́йка,** -и. ‖ *прил.* **сири́йский,** -ая, -ое. *С. язык* (семитской ветви; культовый язык христианских сект в Иране, Ираке, Сирии).

СИ́РИН, -а, *м.* В древнерусской мифологии: сладкозвучно поющая птица с женским лицом и грудью.

СИРО́ККО, *нескл., м.* Сухой и знойный африканский ветер, дующий в средиземноморских странах.

СИРО́П, -а, *м.* **1.** Концентрированный раствор сахара. *Сахарный с.* **2.** Жидкость из фруктовых, ягодных соков с сахаром. *Малиновый с.* ‖ *прил.* **сиро́пный,** -ая, -ое.

СИРОТА́, -ы́, *мн.* -о́ты, -о́т, -о́там, *м.* и *ж.* Ребёнок или несовершеннолетний, у к-рого умер один или оба родителя. *Круглый с.* (без отца и матери). ✦ **Казанская сирота** (разг. ирон.) — о том, кто прикидывается несчастным, жалким. ‖ *уменьш.-ласк.* **сиро́тка,** -и, *м.* и *ж. и* **сироти́нка,** -и, *м.* и *ж.* (также ирон.). ‖ *прил.* **сиро́тский,** -ая, -ое. *Зима нынче сиротская* (перен.: мягкая, без сильных морозов; разг.).

СИРОТЕ́ТЬ, -е́ю, -е́ешь; *несов.* Становиться сиротой. ‖ *сов.* **осироте́ть,** -е́ю, -е́ешь.

СИРОТЛИ́ВЫЙ, -ая, -ое; -и́в. Тоскливо-одинокий, унылый. *С. вид. Сиротливая жизнь. Одинокому сиротливо* (в знач. сказ.). ‖ *сущ.* **сиротли́вость,** -и, *ж.*

СИРО́ТСТВО, -а, *ср.* Состояние сироты; одиночество. *Жить в сиротстве.*

СИ́РЫЙ, -ая, -ое; сир, сира́ *и* си́ра, си́ро (устар.). **1.** Ставший сиротой. **2.** *перен.* Одинокий, бедный. *Сирые странники.* ‖ *сущ.* **си́рость,** -и, *ж.*

СИСТЕ́МА, -ы, *ж.* **1.** Определённый порядок в расположении и связи действий. *Привести в систему свои наблюдения. Работать по строгой системе.* **2.** Форма организации чего-н. *Избирательная с. С. земледелия.* **3.** Нечто целое, представляющее собой единство закономерно расположенных и находящихся во взаимной связи частей. *Грамматическая с. языка. Периодическая с. элементов* (Д. И. Менделеева). *С. взглядов. Философская с.* (учение). *Педагогическая с. Ушинского. С. каналов.* **4.** Общественный строй, форма общественного устройства. *Социальная с. Капиталистическая с.* **5.** Совокупность организаций, однородных по своим задачам, или учреждений, организационно объединённых в одно целое. *Работать в системе Академии наук.* **6.** Техническое устройство, конструкция. *Самолёт новой системы.* **7.** То, что стало нормальным, обычным, регулярным (разг.). *Зарядка по утрам превратилась в систему (вошла в систему, стала системой).* ✦ **Нервная система** (спец.) — система нейронов и вспомогательных элементов, осуществляющая (в тесной связи с эндокринной системой) регулирование и координацию функций всех других органов и систем организма. **Речная система** — река с её притоками, совокупность рек данного речного бассейна. **Оросительная система** — комплекс гидротехнических и эксплуатационных сооружений, расположенный на определённом участке и служащий для его орошения и полива. **Солнечная система** (спец.) — Солнце и обращающиеся вокруг него большие планеты, их спутники, множество малых планет, кометы и метеорное вещество. ‖ *прил.* **систе́мный,** -ая, -ое (к 3 и 6 знач.).

СИСТЕМАТИЗИ́РОВАТЬ, -рую, -руешь; -анный; *сов.* и *несов., что.* Привести (-водить) в систему (в 1 знач.). *С. материалы.* ‖ *сущ.* **систематиза́ция,** -и, *ж.*

СИСТЕМА́ТИКА, -и, *ж.* Приведение в систему (в 1 знач.) чего-н., а также системная классификация кого-чего-н. *С. растений. С. животных.*

СИСТЕМАТИ́ЧЕСКИЙ, -ая, -ое. **1.** Следующий определённой системе (в 1 знач.). *Систематическое описание.* **2.** Постоянно повторяющийся, не прекращающийся. *Систематические занятия. Систематически* (нареч.) *опаздывает.*

СИСТЕМАТИ́ЧНЫЙ, -ая, -ое; -чен, -чна. **1.** То же, что систематический (в 1 знач.). *Систематично* (нареч.) *работать.* **2.** Склонный к порядку и последовательности в действиях, поступках (устар.). *С. человек.* ‖ *сущ.* **системати́чность,** -и, *ж.*

СИСТЕМОТЕ́ХНИКА, -и, *ж.* (спец.). Научно-техническая дисциплина, занимающаяся созданием и эксплуатацией сложных систем (в 3 знач.). ‖ *прил.* **системотехни́ческий,** -ая, -ое.

СИ́ТЕЦ, -тца (-тцу), *м.* Лёгкая хлопчатобумажная ткань. *Набивной с.* ‖ *уменьш.* **си́тчик,** -а (-у), *м. Весёленький с.* (с ярким и приятным рисунком). ‖ *прил.* **си́тцевый,** -ая, -ое.

СИ́ТЕЧКО, -а, *ср.* **1.** *см.* сито. **2.** Предмет утвари — род маленького сита для процеживания, просеивания чего-н. *Наливать чай через с.*

СИ́ТНИК, -а (-у), *м.* (разг.). Ситный хлеб.

СИ́ТНЫЙ, -ая, -ое. **1.** О муке: просеянный сквозь сито. **2.** Испечённый из такой муки. *С. хлеб. Купить буханку ситного* (сущ.). ✦ **Друг ситный** (разг.) — шутливо-фамильярное обращение к кому-н.

СИ́ТО, -а, *ср.* **1.** Предмет утвари — обруч с натянутой на него частой мелкой сеткой для процеживания, просеивания. *Просеять муку сквозь (через) с. Процедить отвар сквозь (через) с. Протереть овощи на сите. Дождь идёт как сквозь с.* (о мелком частом дожде). **2.** Устройство с сеткой для просеивания сыпучих материалов (спец.). *Плоское с. Вращающееся с.* ‖ *уменьш.* **си́течко,** -а, *ср.* (к 1 знач.). ‖ *прил.* **си́точный,** -ая, -ое (ко 2 знач.), **ситовый,** -ая, -ое (ко 2 знач.) *и* **ситово́й,** -а́я, -о́е (ко 2 знач.).

СИТРО́, *нескл., ср.* Фруктовый прохладительный напиток.

СИТУАТИ́ВНЫЙ, -ая, -ое; -вен, -вна (книжн.). Относящийся к отдельной ситуации, ограниченный определёнными условиями. ‖ *сущ.* **ситуати́вность,** -и, *ж.*

СИТУА́ЦИЯ, -и, *ж.* Совокупность обстоятельств, положение, обстановка. *Острая с. Благоприятная с. Вот с.!* (о трудном, запутанном положении; разг.). ‖ *прил.* **ситуацио́нный,** -ая, -ое.

СИ́ФИЛИС, -а, *м.* Инфекционная венерическая болезнь. ‖ *прил.* **сифилити́ческий,** -ая, -ое.

СИФИЛИ́ТИК, -а, *м.* Человек, больной сифилисом. ‖ *ж.* **сифилити́чка,** -и (разг.).

СИФО́Н, -а, *м.* **1.** Изогнутая трубка для переливания из сосуда в сосуд жидкостей с разными уровнями (спец.). **2.** Устройство для газирования питьевой воды. ‖ *прил.* **сифо́нный,** -ая, -ое.

СИЦИЛИ́ЙСКИЙ, -ая, -ое. **1.** *см.* сицилийцы. **2.** Относящийся к сицилийцам, к их языку, национальному характеру, образу жизни, культуре, а также к Сицилии, её территории, внутреннему устройству, истории; такой, как у сицилийцев, как в Сицилии. *С. диалект итальянского языка. По-сицилийски* (нареч.).

СИЦИЛИ́ЙЦЫ, -ев, *ед.* -и́ец, -и́йца, *м.* Этническая группа итальянцев, составляющая основное население Сицилии. ‖ *ж.* **сицили́йка,** -и. ‖ *прил.* **сицили́йский,** -ая, -ое.

СИЮМИНУ́ТНЫЙ, -ая, -ое; -тен, -тна. Касающийся только настоящего момента. *Сиюминутные потребности. С. успех.* ‖ *сущ.* **сиюмину́тность,** -и, *ж.*

СИЯ́ *см.* сей.

СИЯ́НИЕ, -я, *ср.* **1.** *см.* сиять. **2.** Яркий свет, излучаемый или отражаемый чем-н. *В лунном сиянии. С. лучей. Северное с.* (в полярной области: быстро меняющееся свечение отдельных участков ночного неба). *В сиянии славы* (перен.).

СИЯ́ТЕЛЬСТВО, -а, *ср.* С местоимениями «ваше», «его», «их» — титулование князей и графов в России (с местоимениями «ваше», «её», «их» — также их жён).

СИЯ́ТЬ, -я́ю, -я́ешь; *несов.* **1.** Испускать сияние. *Сияют звезды. На груди сияют ордена. Сияет свобода* (перен.). **2.** *перен., чем.* Блестеть, выражая какие-н. радостные чувства (о глазах), или светиться радостью, счастьем, любовью (о лице). *Глаза сияют. Лицо сияет любовью. С. от радости.* ‖ *сущ.* **сия́ние,** -я, *ср.*

СКАБРЁЗНИЧАТЬ, -аю, -аешь; *несов.* (разг.). Допускать в речи неприличности, непристойности.

СКАБРЁЗНОСТЬ, -и, *ж.* **1.** *см.* скабрёзный. **2.** Скабрёзное слово, выражение. *Говорить скабрёзности.*

СКАБРЁЗНЫЙ, -ая, -ое; -зен, -зна. Неприличный, непристойный. *С. анекдот.* ‖ *сущ.* **скабрёзность,** -и, *ж.*

СКАЗ, -а, *м.* **1.** Народное эпическое повествование. *С. о народных героях.* **2.** В литературоведении: повествование, имитирующее речь рассказчика и ведущееся от его лица. *Сказы Лескова.* ✦ **Вот (тебе) и весь сказ** (разг.) — сказано окончательно, нечего больше разговаривать. ‖ *прил.* **ска́зовый**, -ая, -ое.

СКАЗА́НИЕ, -я, *ср.* Рассказ (преимущ. народный) исторического или легендарного содержания. *Сказания о киевских богатырях.*

СКАЗАНУ́ТЬ, -ну́, -нёшь; *сов., что* (прост.). Сказать, произнести (что-н. неуместное, неподходящее). *Такое сказанул, что повторить невозможно.*

СКАЗА́ТЬ, скажу́, ска́жешь; ска́занный; *сов.* **1.** *см.* говорить. **2. ска́жем**, *вводн. сл.* Выражает допущение (разг.). *Ну поезжай, скажем, завтра.* **3. скажи́(те)**, *вводн. сл.* Выражает удивление, скажи(те) пожалуйста (разг.). *Скажите, какой молодец!* **4. ска́жешь! (ска́жет! сказа́л!).** Выражение несогласия, недоверия (разг.). *Ты этого не поймёшь. — Скажешь! (сказал!, скажешь только!). Я да не пойму?* ✦ **Сказать по совести (по правде, по чести)**, *вводн. сл.* — говоря откровенно. **Лучше (вернее, точнее, проще) сказать**, *вводн. сл.* — употр. при поправке, уточнении. *Времени у нас мало, лучше сказать, нет совсем.* **А лучше (вернее, точнее) сказать**, *в знач. союза* — вводит уточнение. *Он умён, а лучше (вернее, точнее) сказать хитёр.* **Мало сказать**, *вводн. сл.* — этого ещё недостаточно, это ещё не всё, слишком слабо сказано. *Мало сказать, бездельник, он ещё и обманщик.* **Можно сказать**, *вводн. сл.* (разг.) — выражение уверенности, можно утверждать. *Зима, можно сказать, мягкая.* **И то́ сказать** (разг.) — нужно признать, действительно. **Не сказать чтобы** (разг.) — употр. при выражении смягченного отрицания. *Характер у него не сказать чтобы ангельский.* **Не скажи(те), не скажу** (разг.) — выражение сомнения, готовности возражать. *Он хороший человек. — Не скажите!* **Ничего не скажешь** (разг.) — выражение уверенного согласия, безусловно, нечего и говорить. **Кто сказал?** (разг.) — выражение уверенного несогласия, отрицания. *Он согласится. — Кто сказал?* (т. е., конечно, не согласится). *Кто сказал, что я согласен?* (т. е. я, безусловно, не согласен). **Сказано — сделано** (разг. шутл.) — о скором исполнении задуманного. **Что скажешь (скажете)?** — недовольный или фамильярный вопрос вошедшему: зачем пришёл (пришли)?, что нужно? **Этим всё сказано** — этим всё объясняется, благодаря этому всё ясно. *Он талантлив, этим всё сказано.* **Не скажешь, что** (разг.) — судя по виду, поведению, нельзя поверить, что. *Совсем молодой, не скажешь, что уже профессор.*

СКАЗА́ТЬСЯ, скажу́сь, ска́жешься; *сов.* **1.** *кому.* Предупредить о каких-н. своих действиях (прост.). *Уйти не сказавшись.* **2.** *кем.* Сообщить о себе какие-н. сведения (обычно ложные), назваться (разг.). *С. больным.* **3.** (1 и 2 л. не употр.), *на ком-чём, в ком-чём.* Обнаружиться, проявиться каким-н. образом как результат чего-н. *Сказались усталость, переутомление.* ‖ *несов.* **ска́зываться**, -аюсь, -аешься.

СКАЗИ́ТЕЛЬ, -я, *м.* Рассказчик народных сказок, исполнитель былин. *Народные сказители.* ‖ *ж.* **сказительница**, -ы. ‖ *прил.* **сказительский**, -ая, -ое.

СКА́ЗКА[1], -и, *ж.* **1.** Повествовательное, обычно народно-поэтическое произведение о вымышленных лицах и событиях, преимущ. с участием волшебных, фантастических сил. *Русские народные сказки. Сказки Пушкина.* **2.** Выдумка, ложь (разг.). *Бабьи сказки* (пустые слухи, сплетни; пренебр.). **3. ска́зка.** То же, что чудо (в 3 знач.) (разг.). *Костюм получился — с.!* ✦ **Ни в сказке сказать, ни пером описать** — в народной словесности: о ком-чём-н. очень хорошем, красивом. ‖ *уменьш.* **ска́зочка**, -и, *ж.* (к 1 знач.). ‖ *прил.* **ска́зочный**, -ая, -ое (к 1 знач.). *С. жанр. Сказочные герои.*

СКА́ЗКА[2], -и, *ж.* Список лиц, подлежащих обложению подушной податью. *Ревизские сказки* (составлявшиеся при ревизии).

СКА́ЗОЧНИК, -а, *м.* Сочинитель или рассказчик сказок[1] (в 1 знач.). ‖ *ж.* **ска́зочница**, -ы.

СКА́ЗОЧНЫЙ, -ая, -ое; -чен, -чна. **1.** *см.* сказка[1]. **2.** *перен.* Прекрасный, необычайный и небывалый. *Сказочная красота. Сказочные перемены.* ‖ *сущ.* **ска́зочность**, -и, *ж.*

СКАЗУ́ЕМОЕ, -ого, *ср.* В грамматике: главный член предложения, обозначающий признак субъекта, названный в подлежащем, и вместе с подлежащим образующий грамматическую основу простого предложения. ‖ *прил.* **сказу́емостный**, -ая, -ое.

СКА́ЗЫВАТЬСЯ, -аюсь, -аешься; *несов.* **1.** *см.* сказаться. **2.** (1 и 2 л. не употр.). Произноситься, рассказываться (устар. и обл.). *Скоро сказка сказывается, да не скоро дело делается* (посл.).

СКАК: на скаку́ или на всём скаку́ — скача, во время движения вскачь. *Выхватить шашку на всём скаку.*

СКАКА́ЛКА, -и, *ж.* В детских играх, гимнастических упражнениях: шнур, через к-рый прыгают, вертя его и перекидывая через себя. *Упражнения со скакалкой.* ‖ *уменьш.* **скака́лочка**, -и, *ж.*

СКАКА́ТЬ, скачу́, ска́чешь; *несов.* **1.** Передвигаться, быстро бежать скачками; прыгать. *Заяц скачет через поле. С. на одной ноге. Разговор скачет с одного предмета на другой* (перен.). **2.** Ехать вскачь. *С. верхом.* **3.** Участвовать в конных ска́чках. *Скачут жокеи.* **4.** (1 и 2 л. не употр.), *перен.* Резко изменяться (разг.). *Температура у больного скачет. Барометр скачет. Цены скачут.* ‖ *однокр.* **скакну́ть**, -ну́, -нешь (к 1 и 4 знач.) *и* **скакану́ть**, -ну́, -нёшь (к 1 знач.; прост.). ‖ *сущ.* **скака́нье**, -я, *ср.* (к 1, 2 и 3 знач.), **ска́чка**, -и, *ж.* (ко 2 и 3 знач.) *и* **скок**, -а, *м.* (к 1 и 2 знач.). ‖ *прил.* **скака́тельный**, -ая, -ое (к 1 знач.; спец.).

СКАКОВО́Й *см.* скачки.

СКАКУ́Н, -а́, *м.* **1.** Резвая в беге лошадь чистокровной породы. *Донские скакуны.* **2.** Тот, кто скачет (в 1 и 2 знач.), умеет быстро скакать. ‖ *ж.* **скаку́нья**, -и, *род. мн.* -ний (ко 2 знач.; разг.).

СКАЛА́, -ы́, *мн.* ска́лы, скал, ска́лам, *ж.* Каменная гора с острыми выступами, отвесными крутыми склонами. *Подводная с.* ‖ *прил.* **ска́льный**, -ая, -ое. *С. монолит. Скальные птицы* (живущие на скалах).

СКАЛАМБУ́РИТЬ *см.* каламбурить.

СКАЛИ́СТЫЙ, -ая, -ое; -и́ст. Обильный скалами; с каменистыми выступами. *С. берег.* ‖ *сущ.* **скали́стость**, -и, *ж.*

СКА́ЛИТЬ, -лю, -лишь; *несов.:* **скалить зубы** — 1) то же, что скалиться. *Волк скалит зубы;* 2) смеяться, хохотать (прост. неодобр.). *У человека неприятность, а ты зубы скалишь.* ‖ *сов.* **оска́лить**, -лю, -лишь; -ленный (к 1 знач.).

СКА́ЛИТЬСЯ, -люсь, -лишься; *несов.* (разг.). Показывать зубы из-за раздвинутых, растянутых губ, из раскрытой пасти. *Зверь злобно скалится.* ‖ *сов.* **оска́литься**, -люсь, -лишься.

СКА́ЛКА, -и, *ж.* **1.** Длинный деревянный валик для раскатывания, катания чего-н. *Раскатывать тесто скалкой. Катать бельё на скалке* (вальком и скалкой). **2.** Приспособление или инструмент такой формы (спец.). *Поршневая с.* (деталь поршневого насоса). ‖ *уменьш.* **ска́лочка**, -и, *ж.* (к 1 знач.). ‖ *прил.* **ска́лочный**, -ая, -ое.

СКАЛОЛА́З, -а, *м.* Спортсмен, занимающийся скалолазанием. ‖ *ж.* **скалола́зка**, -и.

СКАЛОЛА́ЗАНИЕ, -я, *ср.* Вид спорта — подъём на крутые скалы. ‖ *прил.* **скалола́зный**, -ая, -ое.

СКА́ЛЫВАТЬ[1-2] *см.* сколоть[1-2].

СКАЛЬД, -а, *м.* Древнескандинавский певец-поэт.

СКАЛЬКИ́РОВАТЬ *см.* калькировать.

СКАЛЬКУЛИ́РОВАТЬ *см.* калькулировать.

СКА́ЛЬНЫЙ, -ая, -ое. **1.** *см.* скала. **2.** Каменистый, состоящий из каменных горных пород (спец.). *С. грунт* (породы, залегающие в виде цельного массива). *Скальные работы* (в скальном грунте). *Скальные осыпи.*

СКАЛЬП, -а, *м.* Срезанная с головы кожа с волосами (в прошлые времена — военный трофей диких североамериканских индейцев). *Снять с.*

СКА́ЛЬПЕЛЬ, -я, *м.* Небольшой хирургический нож. ✦ **Световой скальпель** (спец.) — лазерный луч, применяемый в хирургии для рассечения тканей. ‖ *прил.* **ска́льпельный**, -ая, -ое.

СКАЛЬПИ́РОВАТЬ, -рую, -руешь; -анный; *сов. и несов., кого-что.* Снять (снимать) скальп. ‖ *сов.* также **оскальпи́ровать**, -рую, -руешь; -анный. ‖ *сущ.* **скальпи́рование**, -я, *ср.*

СКАМЕ́ЙКА, -и, *ж.* Предмет мебели в виде доски, плиты (в 1 знач.) на ножках, стойках. *Садовая с.* (род деревянного дивана). ✦ **Скамейка штрафников** — в спорте: скамья, на к-рую садятся штрафники (во 2 знач.). ‖ *уменьш.* **скаме́ечка**, -и, *ж. С. для ног.* ‖ *прил.* **скаме́ечный**, -ая, -ое.

СКАМЬЯ́, -и́, *мн.* скамьи́ *и* ска́мьи, скаме́й, скамья́м *и* ска́мьям, *ж.* То же, что скамейка. ✦ **Скамья подсудимых** — место, на к-ром сидят подсудимые в зале суда. *Попасть на скамью подсудимых* (под суд). **Со школьной (институтской, студенческой, университетской) скамьи** — 1) со времени учения в школе (институте, университете). *Со школьной скамьи помнить что-н.;* 2) сразу по окончании школы (института, университета). *Прямо с университетской скамьи стал руководителем.* **На школьной (студенческой, институтской, университетской) скамье** — во время учения в школе (институте, университете). *Ещё на школьной скамье были знакомы.*

СКАНДА́Л, -а, *м.* **1.** Случай, происшествие, позорящее его участников. *Разразился с. Политический с.* **2.** Происшествие, громкая ссора, нарушающие порядок. *Устроить кому-н. с. У соседей опять с.* ‖ *прил.* **сканда́льный**, -ая, -ое. *Скандальная хроника* (в газете). *Скандальная ругань.*

СКАНДАЛИЗИ́РОВАТЬ, -рую, -руешь; -анный; *сов. и несов., кого (что)* (книжн.). Своим поведением вызвать (вызывать) у кого-н. чувство неловкости, возмущения.

СКАНДАЛИ́СТ, -а, *м.* Человек, постоянно устраивающий скандалы (во 2 знач.), склонный к ссорам. ‖ *ж.* **скандали́стка**, -и.

СКАНДА́ЛИТЬ, -лю, -лишь; *несов.* (разг.). **1.** Устраивать скандалы (во 2 знач.), безобразничать. **2.** *кого (что).* Позорить, ставить в неловкое положение (устар.). *Старика-отца не скандальте!* ‖ *сов.* **поскanда́лить**, -лю, -лишь (к 1 знач.) *и* **осканда́лить**, -лю, -лишь; -ленный (ко 2 знач.). ‖ *возвр.*

сканда́литься, -люсь, -лишься (ко 2 знач.); *сов.* **осканда́литься**, -люсь, -лишься.

СКАНДА́ЛЬНЫЙ, -ая, -ое; -лен, -льна. **1.** *см.* скандал. **2.** Позорный, постыдный. *С. поступок. Скандальное поведение. Скандальная история.* **3.** *полн. ф.* Постоянно устраивающий скандалы (во 2 знач.), склонный к ссорам (разг.). *С. характер.* ‖ *сущ.* **сканда́льность**, -и, *ж.* (ко 2 знач.).

СКАНДИНА́ВСКИЙ, -ая, -ое. **1.** *см.* скандинавы. **2.** Относящийся к скандинавам, к их языкам, образу жизни, культуре, а также к странам Скандинавии, их территориям, внутреннему устройству, истории; такой, как у скандинавов, как в Скандинавии. *Скандинавские страны. Скандинавские языки* (германской группы индоевропейской семьи языков: датский, исландский, норвежский, фарерский, шведский). *Скандинавские руны* (древние письмена скандинавов). *С. полуостров* (самый большой в Европе).

СКАНДИНА́ВЫ, -ов, *ед.* -а́в, -а, *м.* Население Скандинавского полуострова и нек-рых островов на севере Европы. ‖ *ж.* **сканди- на́вка**, -и. ‖ *прил.* **скандина́вский**, -ая, -ое.

СКАНДИ́РОВАТЬ, -рую, -руешь; -анный; *несов., что.* **1.** Отчётливо выделять при произнесении составные части стиха (сто́пы, слоги) ударениями, интонацией. **2.** Отчётливо произносить слова, выделяя каждый слог. *Весь стадион скандировал: «Шай-бу! Шай-бу!».* ‖ *сущ.* **сканди́рование**, -я, *ср.*

СКАНЬ, -и, *ж.*, также *собир.* (спец.). То же, что филигрань (в 1 знач.).

СКА́ПЛИВАТЬ, -аю, -аешь; *несов., что.* То же, что копить. ‖ *сущ.* **ска́пливание**, -я, *ср.*

СКА́ПЛИВАТЬСЯ (-аюсь, -аешься, 1 и 2 л. ед. не употр.), -ается; *несов.* То же, что накапливаться. *Скапливаются средства. У входа скапливается народ.* ‖ *сущ.* **ска́пливание**, -я, *ср.*

СКАПУ́СТИТЬСЯ, -у́щусь, -у́стишься; *сов.* (прост.). То же, что скапутиться.

СКАПУ́ТИТЬСЯ, -у́чусь, -у́тишься; *сов.* (прост.). Погибнуть, умереть.

СКА́ПЫВАТЬ *см.* скопать.

СКАРБ, -а, *м.* Пожитки, всякие домашние вещи. *Старый с.*

СКА́РЕД, -а, *м.*, **СКА́РЕДА**, -ы, *м.* и *ж.* и **СКА́РЕДНИК**, -а, *м.* (разг.). То же, что скряга.

СКА́РЕДНИЧАТЬ, -аю, -аешь; *несов.* (разг.). Скряжничать, скупиться.

СКА́РЕДНЫЙ, -ая, -ое; -ден, -дна (разг.). Очень скупой, жадный. *С. старик.* ‖ *сущ.* **ска́редность**, -и, *ж.*

СКАРЛАТИ́НА, -ы, *ж.* Инфекционная болезнь, преимущ. детская, сопровождающаяся воспалением миндалин, сыпью и последующим шелушением кожи. ‖ *прил.* **скарлати́нный**, -ая, -ое и **скарлатино́зный**, -ая, -ое. *Скарлатинный больной. Скарлатинозная сыпь.*

СКА́РМЛИВАТЬ *см.* скормить.

СКАТ[1], -а, *м.* Наклонная поверхность чего-н., пологий спуск. *С. крыши. На скате холма.*

СКАТ[2], -а, *м.* (спец.). **1.** Ось с насаженными на неё колёсами. *Вагонный с.* **2.** чаще *мн.* Колесо автомобиля. ‖ *прил.* **ска́тный**, -ая, -ое.

СКАТ[3], -а, *м.* Крупная хищная морская рыба с плоским телом и острым хвостом.

СКАТА́ТЬ, -а́ю, -а́ешь; ска́танный; *сов.* **1.** *см.* катать. **2.** *что.* Свёртывая, придать трубчатую форму. *С. бумагу в трубку. С. ковёр в рулон.* **3.** *что.* То же, что списать (в 3 знач.) (прост.). ‖ *несов.* **ска́тывать**, -аю, -аешь. ‖ *сущ.* **ска́тывание**, -я, *ср.* (ко 2 знач.) и **ска́тка**, -и, *ж.* (ко 2 знач.).

СКА́ТЕРТЬ, -и, *мн.* -и, -е́й, *ж.* Изделие из плотной ткани, к-рым покрывают стол. *Обеденная с. Льняная с. Бархатная с.* ✦ **Скатертью дорога** *кому* (разг.) — выражение безразличия к чьему-н. уходу, отъезду, а также пожелание убираться вон, куда угодно [*первонач.* пожелание счастливого пути]. ‖ *уменьш.* **скатёрка**, -и, *ж.* ‖ *прил.* **ска́тертный**, -ая, -ое. *Скатертное полотно.*

СКАТИ́ТЬ, скачу́, ска́тишь; ска́ченный; *сов.* **1.** *кого-что.* Катя по наклону, спустить. *С. камень с горы.* **2.** То же, что скатиться (в 1 знач.) (разг.). *Лихо с. с горы на лыжах.* ‖ *несов.* **ска́тывать**, -аю, -аешь. ‖ *сущ.* **ска́тывание**, -я, *ср.* ‖ *прил.* **ска́тный**, -ая, -ое (к 1 знач., спец.).

СКАТИ́ТЬСЯ, скачу́сь, ска́тишься; *сов.* **1.** Катясь по наклону, спуститься. *Камень скатился с горы. С. с горки на санках.* **2.** *перен.* В нек-рых выражениях: в своём поведении, поступках дойти до чего-н. предосудительного, до крайности (разг.). *С. в болото обывательщины.* ‖ *несов.* **ска́тываться**, -аюсь, -аешься.

СКА́ТКА, -и, *ж.* **1.** *см.* скатать. **2.** Солдатская шинель, свёрнутая в трубку и связанная в кольцо для ношения через плечо. *Солдатская с.*

СКА́ТЫВАТЬ[1], -аю, -аешь; *несов., что.* То же, что катать (в 3 знач.).

СКА́ТЫВАТЬ[2] *см.* скатить.

СКА́ТЫВАТЬ[3] *см.* скатать.

СКАФА́НДР, -а, *м.* Герметический костюм, обеспечивающий жизнедеятельность человека во время пребывания под водой, на большой высоте, в космосе. *Космический с. Высотно-спасательный с. Водолазный с.* ‖ *прил.* **скафа́ндровый**, -ая, -ое.

СКА́ЧКА *см.* скакать.

СКА́ЧКИ, -чек. Вид конного спорта — состязание верховых лошадей. *С. с препятствиями* (также перен.: о чём-н., что достигается с большим трудом, с препятствиями; шутл.). ‖ *прил.* **скаково́й**, -а́я, -о́е. *Скаковая лошадь.*

СКАЧКООБРА́ЗНЫЙ, -ая, -ое; -зен, -зна. Развивающийся скачками, переходящий скачка́ми от одного состояния к другому. *Скачкообразное развитие.* ‖ *сущ.* **скачкообра́зность**, -и, *ж.*

СКАЧО́К, -чка́, *м.* **1.** Быстрое движение прыжком. *С. вверх.* **2.** *перен.* Резкое изменение чего-н. *Резкий с. цен. С. температуры.* **3.** Переход от старого качественного состояния к новому в результате количественных изменений (книжн.). ‖ *прил.* **скачко́вый**, -ая, -ое (к 1 знач.; спец.). *С. механизм* (в киноаппаратуре: скачкообразно, рывками перемещающий киноленту при смене кадров).

СКА́ШИВАТЬ[1], -аю, -аешь; *несов., что.* То же, что косить[1] (в 1 знач.).

СКА́ШИВАТЬ[2], -аю, -аешь; *несов., что.* То же, что косить[2] (в 1 знач.).

СКА́ЩИВАТЬ *см.* скостить.

СКВА́ЖИНА, -ы, *ж.* **1.** Узкое отверстие, щель. *Замочная с.* (отверстие для ключа). **2.** Глубокое цилиндрическое отверстие в земле, сделанное буровым инструментом. *Нефтяная с.* **3.** Мельчайшее отверстие в веществе, по́ра (во 2 знач.). ‖ *прил.* **сква́жинный**, -ая, -ое (ко 2 и 3 знач.).

СКВА́ЖИСТЫЙ, -ая, -ое; -ист и (спец.) **СКВА́ЖНЫЙ**, -ая, -ое. Имеющий скважины (в 3 знач.). *Скважистая порода. Скважистый грунт.* ‖ *сущ.* **сква́жистость**, -и, *ж.* и **сква́жность**, -и, *ж.*

СКВАЛЫ́ГА, -и, *м.* и *ж.* и **СКВАЛЫ́ЖНИК**, -а, *м.* (прост.). То же, что скряга. ‖ *ж.* **сквалы́жница**, -ы. ‖ *прил.* **сквалы́жнический**, -ая, -ое.

СКВАЛЫ́ЖНИЧАТЬ, -аю, -аешь; *несов.* (прост.). То же, что скаредничать.

СКВАЛЫ́ЖНЫЙ, -ая, -ое; -жен, -жна (прост.). То же, что скаредный. ‖ *сущ.* **сквалы́жность**, -и, *ж.*

СКВА́СИТЬ *см.* квасить.

СКВЕР, -а, *м.* Небольшой общественный сад в городе. *Разбить с. Гулять в сквере.* ‖ *уменьш.* **скве́рик**, -а, *м.*

СКВЕ́РНА, -ы, *ж.* (устар.). Нечто гнусное, порочное. *Очиститься от скверны.*

СКВЕРНОСЛО́В, -а, *м.* Человек, к-рый сквернословит. ‖ *ж.* **скверносло́вка**, -и.

СКВЕРНОСЛО́ВИЕ, -я, *ср.* Речь, наполненная скверными, непристойными словами.

СКВЕРНОСЛО́ВИТЬ, -влю, -вишь; *несов.* Употреблять скверные, непристойные слова.

СКВЕ́РНЫЙ, -ая, -ое; -рен, -рна́, -рно, -рны и -рны́. **1.** Гадкий, недостойный. *С. человек. С. поступок.* **2.** Очень плохой (в 1 знач.) (разг.). *Скверная погода. Скверное настроение. Скверно* (в знач. сказ.) *на душе.* ‖ *сущ.* **скве́рность**, -и, *ж.*

СКВИТА́ТЬ, -а́ю, -а́ешь; *сов., что* (разг.). Произвести расчёт, рассчитаться. *С. долг. С. обиду* (перен.). *С. счёт* (в спорте: уравнять счёт). *С. мяч, гол* (забить ответный мяч, гол).

СКВИТА́ТЬСЯ, -а́юсь, -а́ешься; *сов., с кем-чем* (разг.). То же, что расплатиться (в 1 и 2 знач.). *С. с долгами. С. за обиду, оскорбление.*

СКВОЗИ́ТЬ (-ожу́, -ози́шь, 1 и 2 л. не употр.), -ози́т; *несов.* **1.** О чём-н. неплотном, прозрачном: пропускать свет (устар.). *Вуаль сквозит.* **2.** Просвечивать, виднеться. *Через щель сквозит свет.* **3.** *перен.* Слегка обнаруживаться, замечаться. *В ответе сквозит раздражение.* **4.** *безл.* О сквозном ветре, движении воздуха: дуть насквозь. *Здесь сквозит.*

СКВОЗНО́Й, -а́я, -о́е. **1.** Проходящий насквозь (в 1 знач.). *Сквозное отверстие. Сквозная рана. С. график* (планирующий весь ход текущего производственного процесса). *Сквозная атака* (с прохождением через боевые порядки противника; спец.). **2.** Идущий прямо от одного пункта до другого, без пересадок (разг.). *Сквозное сообщение. С. поезд.* **3.** Неплотный, просвечивающий. *Сквозная зелень берёз.* **4.** О ветре: дующий из отверстий, расположенных друг напротив друга.

СКВОЗНЯ́К, -а́, *м.* Сквозной ветер, сквозная струя воздуха. *Не сиди на сквозняке — простудишься.* ‖ *прил.* **сквозняко́вый**, -ая, -ое.

СКВОЗЬ *что, предлог с вин. п.* **1.** Через что-н., через внутреннюю часть чего-н. *Смотреть с. щель. Пробираться с. толпу.* **2.** Употр. при обозначении действия, состояния, сопровождаемого или прерываемого другим действием, состоянием, одновременно с другим действием, состоянием. *Смех с. слёзы. Услышать с. сон. С. рев моторов.*

СКВОРЕ́Ц, -рца́, *м.* Небольшая перелётная певчая птица отряда воробьиных с тёмным оперением. ‖ *ласк.* **скво́рушка**, -и, *м.* ‖ *прил.* **скворцо́вый**, -ая, -ое, **скворе́чий**,

-ья, -ье *и* **скворчи́ный**, -ая, -ое. *Семейство скворцовых* (сущ.).

СКВОРЕ́ЧНИК [*шн*], -а, *м.*, **СКВОРЕ́ЧНИЦА** [*шн*], -ы, *ж. и* **СКВОРЕ́ЧНЯ** [*шн*], -и, *род. мн.* -чен, *ж.* Маленькая деревянная будочка для скворечьего гнезда, укрепляемая на шесте или на дереве недалеко от дома.

СКВОРЧИ́ХА, -и, *ж.* Самка скворца.

СКВОРЧО́НОК, -нка, *мн.* -ча́та, -ча́т, *м.* Птенец скворца.

СКЕЛЕ́Т, -а, *м.* **1.** Совокупность твёрдых образований, составляющих опору, остов тела человека и животного. *С. человека. Кости скелета. Наружный с.* (у беспозвоночных животных). *Как с. кто-н.* (очень худ, исхудал). **2.** *перен.* Остов (в 1 знач.), каркас. *Железобетонный с. здания.* ‖ *прил.* **скеле́тный**, -ая, -ое (к 1 знач.).

СКЕ́ПСИС, -а, *м.* (книжн.). То же, что скептицизм (во 2 знач.).

СКЕ́ПТИК, -а, *м.* **1.** Последователь скептицизма (в 1 знач.). **2.** Человек, к-рый ко всему относится скептически, недоверчиво.

СКЕПТИЦИ́ЗМ, -а, *м.* **1.** Философское направление, подвергающее сомнению возможность познания объективной действительности. **2.** Критически-недоверчивое, исполненное сомнения отношение к чему-н.

СКЕПТИ́ЧЕСКИЙ, -ая, -ое. Проникнутый скептицизмом (во 2 знач.), выражающий скептицизм. *С. ум. Скептическая улыбка.*

СКЕПТИ́ЧНЫЙ, -ая, -ое; -чен, -чна (устар.). То же, что скептический. ‖ *сущ.* **скепти́чность**, -и, *ж.*

СКЕ́РЦО, *нескл.*, *ср.* Небольшое музыкальное произведение в оживлённом темпе. ‖ *прил.* **скерцо́зный**, -ая, -ое (спец.) *и* **скерцио́зный**, -ая, -ое (спец.).

СКЕТЧ, -а, *м.* Короткая эстрадная пьеса шутливого содержания. ‖ *прил.* **ске́тчевый**, -ая, -ое.

СКИДА́ТЬ, -а́ю, -а́ешь; ски́данный; *сов.*, *что* (прост.). **1.** Скинуть с чего-н. в несколько приёмов. *С. сено с сеновала.* **2.** Бросая, сложить в одно место. *С. камни в кучу.* ‖ *несов.* **ски́дывать**, -аю, -аешь. ‖ *сущ.* **ски́дывание**, -я, *ср. и* **ски́дка**, -и, *ж.* (к 1 знач.).

СКИ́ДКА, -и, *ж.* **1.** *см.* скидать *и* скинуть. **2.** Сумма, на к-рую понижена цена чего-н. *Большая с.* **3.** *перен.*, *на что.* Пониженное требование к кому-чему-н., послабление, оправдываемое чем-н. *Работать без скидок на трудности.*

СКИ́НУТЬ, -ну, -нешь; -утый; *сов.* **1.** *кого-что.* То же, что сбросить (в 1 и 2 знач.). *С. снег с крыши. С. шаль с плеч. С. заботы* (перен.). **2.** *что.* Сбавить, уменьшить, уступить в цене (разг.). *С. рубль.* **3.** *кого (что).* То же, что выкинуть (в 3 знач.) (прост.). ‖ *несов.* **ски́дывать**, -аю, -аешь. ‖ *сущ.* **ски́дывание**, -я, *ср.* (к 1 и 3 знач.) *и* **ски́дка**, -и, *ж.* (к 1 и 2 знач.). *Продажа товаров со скидкой.*

СКИ́НУТЬСЯ, -нусь, -нешься; *сов.* (прост.). То же, что сложиться[1]. *С. по рублю. С. на подарок.* ‖ *несов.* **ски́дываться**, -аюсь, -аешься.

СКИ́ПЕТР, -а, *м.* Украшенный жезл — эмблема власти, одна из регалий монарха.

СКИПЕ́ТЬСЯ (-плю́сь, -пи́шься, 1 и 2 л. не употр.), -пи́тся; *сов.* При кипении или плавлении превратиться в комки, в твёрдую массу. ‖ *несов.* **скипа́ться** (-а́юсь, -а́ешься, 1 и 2 л. не употр.), -а́ется.

СКИПИДА́Р, -а (-у), *м.* Жидкость с едким запахом, получаемая гл. образом путём перегонки живицы. ‖ *прил.* **скипида́рный**, -ая, -ое.

СКИРД, -а́, *мн.* -ы́, -о́в, *м. и* **СКИРДА́**, -ы́, *мн.* ски́рды, скирд, -ам *и* -ы́, -а́м, *ж.* Большой, обычно продолговатый стог сена (соломы) или сложенные по особому способу снопы хлеба для хранения под открытым небом. *Хлеб в скирдах.* ‖ *прил.* **ски́рдный**, -ая, -ое (спец.).

СКИРДОВА́ТЬ, -ду́ю, -ду́ешь; -о́ванный; *несов.*, *что.* Складывать в скирды. ‖ *сов.* **заскирдова́ть**, -ду́ю, -ду́ешь; -о́ванный. ‖ *сущ.* **скирдова́ние**, -я, *ср. и* **скирдо́вка**, -и, *ж.* ‖ *прил.* **скирдова́льный**, -ая, -ое (спец.).

СКИРДОПРА́В, -а, *м.* Укладчик снопов, соломы или сена в скирды.

СКИ́СНУТЬ, -ну, -нешь; скис, ски́сла; *сов.* **1.** (1 и 2 л. не употр.). Стать кислым, прокиснуть; забродить. *Молоко скисло.* **2.** *перен.* Стать скучным, вялым, впасть в уныние (разг.). *Скис после первой же неудачи.* ‖ *несов.* **скиса́ть**, -а́ю, -а́ешь. ‖ *сущ.* **скиса́ние**, -я, *ср.* (к 1 знач.).

СКИТ, -а́, о ските́, в скиту́, *м.* **1.** Небольшой посёлок монахов-отшельников в отдалении от монастыря; жилище монаха-отшельника. **2.** Небольшой отдельный, чаще старообрядческий, монастырь в глухой местности. ‖ *прил.* **ски́тский**, -ая, -ое.

СКИТА́ЛЕЦ, -льца, *м.* (книжн.). Человек, к-рый скитается. ‖ *ж.* **скита́лица**, -ы. ‖ *прил.* **скита́льческий**, -ая, -ое. *Скитальческая жизнь.*

СКИТА́ЛЬЧЕСТВО, -а, *ср.* (книжн.). Скитальческий образ жизни.

СКИТА́ТЬСЯ, -а́юсь, -а́ешься; *несов.* Странствовать без цели, вести бродячий образ жизни. *С. по белу свету. С. по чужим углам* (жить у чужих людей, переходя от одного к другому). ‖ *сущ.* **скита́ние**, -я, *ср.*

СКИФ, -а, *м.* (спец.). Узкая длинная и лёгкая гоночная лодка для академической гребли.

СКИ́ФСКИЙ, -ая, -ое. **1.** *см.* скифы. **2.** Относящийся к скифам, к их племенным языкам, образу жизни, культуре, а также к территории их кочевания и проживания, её внутреннему устройству, истории; такой, как у скифов. *С. язык* (группа родственных наречий и говоров иранской группы индоевропейской семьи языков). *Скифские городища. Скифские курганы* (древние могильные холмы). *Скифское государство* (4 в. до н. э.—3 в. н. э.). *По-скифски* (нареч.).

СКИ́ФЫ, -ов, *ед.* скиф, -а, *м.* Древние ираноязычные племена, за несколько веков до н. э. кочевавшие или жившие оседло в Северном Причерноморье и прилегающих к нему областях. ‖ *ж.* **ски́фка**, -и. ‖ *прил.* **ски́фский**, -ая, -ое.

СКЛАД[1], -а, *мн.* -ы, -ов, *м.* **1.** Специальное помещение для хранения чего-н. *Заводской с.* **2.** Запас товаров, материалов, сложенных в одном месте. *С. оружия. Дровяной с.* ‖ *прил.* **складско́й**, -а́я, -о́е. *Складское помещение. Складское хранение материалов.*

СКЛАД[2], -а (-у), *м.* **1.** Образ мыслей и привычек, характер поведения. *С. ума. Национальный с. характера. Человек особенного склада.* **2.** Логическая связь, стройность. *Ни складу ни ладу нет в чём-н.* (нет ни ясности, ни порядка; разг.).

СКЛАД[3], -а, *мн.* -ы́, -о́в, *м.*: **читать по складам** — произнося раздельно слоги, не бегло, неумело.

СКЛА́ДЕНЬ, -дня, *м.* **1.** Складной, складывающийся предмет. *Железный аршин-с. Нож-с.* **2.** Двух- или трёхстворчатая икона.

СКЛАДИ́РОВАТЬ, -рую, -руешь; -анный; *сов. и несов.*, *что* (спец.). Поместить (-ещать) на склад, в хранилище. *С. зерно.* ‖ *сущ.* **склади́рование**, -я, *ср.*

СКЛА́ДКА, -и, *ж.* **1.** Ровно сложенная вдвое и загнутая полоска на изделии из ткани, бумаги. *Заложить складку. Распороть складку. Юбка со складками или в складку.* **2.** Прямолинейный сгиб на ткани. *Брюки с отутюженными складками.* **3.** Морщина, отвислость на коже. *Глубокие складки под подбородком. Складки на шее.* **4.** Изгиб в слоях горных пород (спец.). *С. земной коры.* ‖ *уменьш.* **скла́дочка**, -и, *ж.* (к 1, 2 и 3 знач.).

СКЛАДНО́Й, -а́я, -о́е. Такой, к-рый можно складывать. *С. нож. С. стул. Складная кровать.*

СКЛА́ДНЫЙ, -ая, -ое; -ден, -дна́ *и* -дна, -дно. **1.** Статный, стройный (в 1 знач.) (разг.). *С. парень. Складная фигура.* **2.** Толковый, стройный (в 3 знач.) (разг.). *Складная речь. Говорить складно* (нареч.). **3.** Хорошо сделанный, удобный (прост.). *Складное кресло.* ‖ *сущ.* **скла́дность**, -и, *ж.*

СКЛА́ДОЧНЫЙ, -ая, -ое. Приспособленный для склада[1], складывания чего-н. *Складочные помещения. Складочное место.*

СКЛАДСКО́Й *см.* склад[1].

СКЛА́ДЧАТЫЙ, -ая, -ое; -ат. Образованный складками, со складками. *Складчатая кожа. Складчатые горы.* ‖ *сущ.* **скла́дчатость**, -и, *ж.*

СКЛА́ДЧИНА, -ы, *ж.* Внесение денег или продуктов несколькими участниками для совместного пользования, на общее дело. *Купить что-н. в складчину. Устроить складчину.* ‖ *прил.* **скла́дчинный**, -ая, -ое.

СКЛА́ДЫВАТЬ, -СЯ[1-2] *см.* сложить, **-ся**[1-2].

СКЛЕВА́ТЬ, склюю́, склюёшь; склёванный; *сов.*, *кого-что.* Клюя, съесть. *Птицы склевали ягоды.* ‖ *несов.* **склёвывать**, -аю, -аешь.

СКЛЕ́ИТЬ, -е́ю, -е́ишь; -е́енный; *сов.* **1.** *см.* клеить. **2.** *что.* Скрепить клеем, чем-н. клейким. *С. листы.* **3.** *перен.*, *кого-что.* Соединить, скрепить; восстановить (разг.). *С. семью.* ‖ *несов.* **скле́ивать**, -аю, -аешь. ‖ *сущ.* **скле́ивание**, -я, *ср. и* **скле́йка**, -и, *ж.* (ко 2 знач.).

СКЛЕ́ИТЬСЯ (-е́юсь, -е́ишься, 1 и 2 л. не употр.), -е́ится; *сов.* **1.** Скрепиться при помощи клея, слипнуться. *Листы склеились.* **2.** *перен.* Скрепиться, наладиться (разг.). *Отношения не склеились.* ‖ *несов.* **скле́иваться** (-аюсь, -аешься, 1 и 2 л. не употр.), -ается.

СКЛЕП, -а, *м.* Внутреннее помещение гробницы, обычно ниже уровня земли, под церковью или на кладбище. *Фамильный с. С. в скале.* ‖ *прил.* **скле́пный**, -ая, -ое.

СКЛЕПА́ТЬ, -а́ю, -а́ешь; склёпанный; *сов.*, *что.* Соединить, скрепить клёпкой. *С. железные полосы.* ‖ *несов.* **склёпывать**, -аю, -аешь. ‖ *сущ.* **склёпывание**, -я, *ср. и* **склёпка**, -и, *ж.* ‖ *прил.* **склёпочный**, -ая, -ое.

СКЛЕРО́З, -а, *м.* Уплотнение органов вследствие перерождения их ткани в твёрдую соединительную ткань, в плотную массу. *С. сосудов. С. почки. Рассеянный с.* (хроническая прогрессирующая болезнь, характеризующаяся возникновением склеротических очагов в белом веществе головного и спинного мозга; спец.). ‖ *прил.* **склеро́зный**, -ая, -ое *и* **склероти́ческий**,

-ая, -ое. *Склерозные явления. Склеротический процесс.*

СКЛЕРО́ТИК, -а, *м.* Человек, страдающий склерозом. ‖ *ж.* **склероти́чка**, -и (разг.).

СКЛИКА́ТЬ, -а́ю, -а́ешь; *несов., кого (что)* (прост.). Криком собирать, сзывать. *С. соседей. С. кур.* ‖ *сов.* **скли́кать**, -ичу, -и́чешь.

СКЛО́КА, -и, *ж.* (разг.). Ссора, враждебные отношения из-за мелких интриг, борьбы личных интересов. *Устроить или развести склоку.*

СКЛОН, -а, *м.* Наклонная поверхность (горы, холма, берега). ✦ **На склоне лет (или жизни, дней)** (книжн.) — при приближении старости, в старости. ‖ *прил.* скло́новый, -ая, -ое (спец.).

СКЛОНЕ́НИЕ, -я, *ср.* **1.** *см.* склонить *и* склонять[1], -ся[1]. **2.** В грамматике: класс имён существительных с одинаковыми формами словоизменения; а также словоизменение прилагательных, представленное в его парадигмах. *Существительные первого, второго, третьего склонения. С. полных прилагательных, порядковых числительных, местоимений.*

СКЛОНИ́ТЬ, -оню́, -о́нишь *и* -они́шь; -нённый (-ён, -ена́); *сов.* **1.** *что.* Нагнуть, опустить. *С. ветки. С. знамёна перед могилами павших бойцов* (высок.). *С. голову* (также перен.: 1) *перед чем,* утратив волю к сопротивлению, подчиниться, поддаться чему-н.; высок. *С. голову перед судьбой;* 2) *перед кем-чем,* отдать дань уважения, благодарности; высок.). **2.** *перен., кого (что) к чему* или *на что.* Убедить в необходимости какого-н. поступка, решения. *С. к побегу. С. на свою сторону.* ‖ *несов.* **склоня́ть**, -я́ю, -я́ешь. ‖ *сущ.* **склоне́ние**, -я, *ср.* (к 1 знач.).

СКЛОНИ́ТЬСЯ, -оню́сь, -о́нишься *и* -они́шься; *сов.* **1.** Нагнуться, опуститься. *С. над постелью больного. Ветви склонились над водой. С. перед судьбой* (перен.: подчиниться обстоятельствам, утратить волю к сопротивлению, борьбе; (высок.). **2.** *перен., к чему.* Согласившись с чем-н. или обдумав что-н., прийти к какому-н. мнению, выводу. *С. к прежнему решению.* ‖ *несов.* **склоня́ться**, -я́юсь, -я́ешься.

СКЛО́ННОСТЬ, -и, *ж.* **1.** Постоянное влечение, расположение к чему-н. *С. к самоанализу.* **2.** Предрасположенность, наклонность к чему-н. *С. к полноте.*

СКЛО́ННЫЙ, -ая, -ое; -о́нен, -онна́ *и* -о́нна, -о́нно. **1.** *к чему.* Имеющий склонность к чему-н. *С. к научным занятиям. С. к простуде.* **2.** *кратк. ф., к чему* или *с неопр.* Расположенный к каким-н. действиям, мнениям, к принятию каких-н. решений. *Склонен согласиться.*

СКЛОНЯ́ТЬ[1], -я́ю, -я́ешь; *несов.* **1.** *что.* В грамматике: изменять имена (в 6 знач.) по их грамматическим формам. *С. по падежам.* **2.** *перен., кого-что.* Постоянно упоминать, делать предметом обсуждений, разговоров (разг. неодобр.). *Его склоняют на всех собраниях.* ‖ *сов.* **просклоня́ть**, -я́ю, -я́ешь (к 1 знач.). ‖ *сущ.* **склоне́ние**, -я, *ср.* (к 1 знач.).

СКЛОНЯ́ТЬ[2] *см.* склонить.

СКЛОНЯ́ТЬСЯ[1], -я́юсь, -я́ешься; *несов.* **1.** (1 и 2 л. не употр.). В грамматике об именах (в 6 знач.): изменяться по грамматическим формам. *Слово «пальто» не склоняется.* **2.** *перен.* Постоянно упоминаться, быть предметом обсуждений, разговоров (разг.). *На собрании опять склонялась его фамилия.* ‖ *сущ.* **склоне́ние**, -я, *ср.* (к 1 знач.).

СКЛОНЯ́ТЬСЯ[2] *см.* склониться.

СКЛО́ЧНИК, -а, *м.* (разг.). Человек, занимающийся склоками. ‖ *ж.* **скло́чница**, -ы. ‖ *прил.* **скло́чнический**, -ая, -ое.

СКЛО́ЧНИЧАТЬ, -аю, -аешь; *несов.* (разг.). Устраивать склоки.

СКЛО́ЧНИЧЕСТВО, -а, *ср.* Поведение склочника.

СКЛО́ЧНЫЙ, -ая, -ое; -чен, -чна (разг.). **1.** Склонный к склокам, к склочничеству. *С. сосед.* **2.** Сопровождаемый склоками, являющийся склокой. *Склочные отношения.* ‖ *сущ.* **скло́чность**, -и, *ж.*

СКЛЯ́НКА[1], -и, *ж.* (устар. и разг.). Небольшой стеклянный сосуд с горлышком. *Аптечная с.* ‖ *уменьш.* **скля́ночка**, -и, *ж.* ‖ *прил.* **скля́ночный**, -ая, -ое.

СКЛЯ́НКА[2], -и, *ж.* (спец.). **1.** У моряков: полчаса времени. *Шесть склянок* (три часа). *Бой склянок* (удары колокола, отмечающие время). *Отбивать склянки.* **2.** обычно *мн.* В старом парусном флоте: судовые песочные часы, измеряющие время по получасам. *Получасовая с. Отбивать склянки* (ударом вахтенного матроса в колокол отмечать время с интервалом в полчаса). *Бьют склянки.* ‖ *прил.* **скля́ночный**, -ая, -ое.

СКОБА́, -ы́, *мн.* ско́бы, скоб, -а́м *и* -ам, *ж.* **1.** Подковообразный инструмент для измерения деталей машин (спец.). *Измерительная с.* **2.** Изогнутая под углом железная полоса для скрепления деревянных частей постройки. **3.** Изогнутая полукругом металлическая полоса, служащая ручкой у дверей, сундуков. *Потянуть за скобу.* ‖ *прил.* **ско́бочный**, -ая, -ое.

СКО́БЕЛЬ, -я, *м.* Большой нож с двумя поперечными ручками для строгания, снимания коры с брёвен. ‖ *прил.* **ско́бельный**, -ая, -ое.

СКО́БКА[1], -и, *ж.* Письменный или печатный знак, обычно парный, служащий для обособления какой-н. части текста, а в математике — для обозначения порядка выполнения математических действий. *Круглые скобки* (полукруглые). *Квадратные скобки ([]). Фигурные скобки ({}). Ломаные скобки (< >). Поставить слово в скобки. Взять в скобки, вынести за скобки. Раскрыть скобки. Сказать, заметить в скобках* (перен.: упомянуть попутно, между прочим). ‖ *уменьш.* **ско́бочка**, -и, *ж.* ‖ *прил.* **ско́бочный**, -ая, -ое.

СКО́БКА[2], -и, *ж.* Способ стрижки волос, при к-ром они срезаются ровно вокруг всей головы и лба. *Стричься в скобку.* ‖ *уменьш.* **ско́бочка**, -и, *ж.*

СКО́БКА[3], -и, *ж.* То же, что скоба (во 2 и 3 знач.). ‖ *прил.* **ско́бочный**, -ая, -ое.

СКОБЛЁНЫЙ, -ая, -ое. Подвергшийся скоблению. *Скоблёные доски.*

СКОБЛИ́ТЬ, скоблю́, ско́блишь *и* скобли́шь; скобля́щий; ско́бленный; *несов., что.* Скрести лезвием, ножом, очищая, снимая что-н. с поверхности или измельчая. *С. доску. С. сыр.* ‖ *сущ.* **скобле́ние**, -я, *ср.* ‖ *прил.* **скобли́льный**, -ая, -ое (спец.).

СКОБЯ́НКА, -и, *ж., собир.* (прост.). Скобяные изделия, товары.

СКОБЯНО́Й, -а́я, -о́е. Относящийся к производству или продаже лёгких железных изделий (скоб, крюков, задвижек, костылей). *С. товар. Скобяная лавка.*

СКО́ВАННЫЙ, -ая, -ое; -ан. Затруднённый, лишённый лёгкости в действиях, в проявлении чего-н. *Скованная мысль. Скованные движения. Чувствовать себя скованно* (нареч.). ‖ *сущ.* **ско́ванность**, -и, *ж.*

СКОВА́ТЬ, скую́, скуёшь; ско́ванный; *сов.* **1.** *см.* ковать. **2.** *что.* Соединить, скрепить ковкой. *С. железные полосы.* **3.** *кого-что.* Заключить в оковы или совместно в одни оковы. *Жандармы сковали заключённых.* **4.** *перен., кого-что.* Лишить свободы действий. *С. силы противника.* **5.** (1 и 2 л. не употр.), *перен., что.* Сделать твёрдым, неподвижным. *Льды сковали реку. Морозом сковало* (безл.) *землю.* ‖ *несов.* **ско́вывать**, -аю, -аешь.

СКОВОРОДА́, -ы́, *вин.* сковороду́ *и* (устар.) ско́вороду, *мн.* ско́вороды, сковоро́д, сковорода́м, *ж.* и (разг.) **СКОВОРО́ДКА**, -и, *ж.* Мелкая, с загнутыми краями, круглая металлическая посуда для жаренья. *Жарить на сковороде. Как на раскалённой сковороде чувствовать себя* (о состоянии крайнего беспокойства, стыда, волнения; разг.). ‖ *прил.* **сковоро́дный**, -ая, -ое *и* **сковоро́дочный**, -ая, -ое.

СКОВОРО́ДНИК, -а, *м.* Род крючка на рукоятке для захватывания горячей сковороды.

СКОВЫРНУ́ТЬ, -ну́, -нёшь; -ы́рнутый и (прост.) **СКОВЫРЯ́ТЬ**, -я́ю, -я́ешь; -ы́рянный; *сов., что.* Ковыряя, сорвать, удалить. *С. прыщик.* ‖ *несов.* **сковы́ривать**, -аю, -аешь.

СКОК. **1.** *см.* скакать. **2.** *в знач. сказ.* Вскочил, скакнул (разг.). *С.-с.!, с.-поскок! и прыг-с.!* (о скачках, скачущем движении).

СКОЛ, -а, *м.* (спец.). Место, где что-то сколото[1], откололось. *С. на мраморе.*

СКОЛА́ЧИВАТЬ *см.* сколотить.

СКОЛИО́З, -а, *м.* (спец.). Искривление позвоночника. ‖ *прил.* **сколио́зный**, -ая, -ое.

СКО́ЛОК, -лка, *м.* **1.** Отколовшийся или отколотый кусок чего-н. *С. камня.* **2.** *перен.* Явление, в к-ром имеются черты сходства с чем-н. другим, подобие. *Сколки чужих мыслей.*

СКОЛОПЕ́НДРА, -ы, *ж.* Небольшое членистоногое ядовитое животное. ‖ *прил.* **сколопе́ндровый**, -ая, -ое.

СКОЛОТИ́ТЬ, -очу́, -о́тишь; -о́ченный; *сов.* **1.** *что.* Колотя, соединить, сбить[2] (в 1 знач.) или изготовить. *С. половицы. С. ящик.* **2.** *перен., кого-что.* Создать, собрать, организовать (прост.). *С. крепкий актив.* **3.** *перен., что.* Набрать, накопить (прост.). *С. сто рублей.* ‖ *несов.* **скола́чивать**, -аю, -аешь. ‖ *сущ.* **скола́чивание**, -я, *ср.* (к 1 и 2 знач.). ‖ *прил.* **сколо́точный**, -ая, -ое (к 1 знач.; спец.). *С. цех.*

СКОЛО́ТЬ[1], сколю́, ско́лешь; ско́лотый; *сов., что.* Коля[1], снять, удалить с поверхности чего-н. *С. лёд ломом.* ‖ *несов.* **ска́лывать**, -аю, -аешь. ‖ *сущ.* **ска́лывание**, -я, *ср.* *и* **ско́лка**, -и, *ж.*

СКОЛО́ТЬ[2], сколю́, ско́лешь; ско́лотый; *сов., что.* Соединить вместе, прикалывая. *С. ленты булавками.* ‖ *несов.* **ска́лывать**, -аю, -аешь. ‖ *сущ.* **ска́лывание**, -я, *ср.* *и* **ско́лка**, -и, *ж.*

СКОЛУПНУ́ТЬ, -ну́, -нёшь; -у́пнутый; *сов., что* (прост.). Сковырнуть, колупая. *С. наклейку.* ‖ *несов.* **сколу́пывать**, -аю, -аешь.

СКОЛЬ, *мест. нареч.* (устар. и прост.). Насколько, как. *С. красивы горы!* ✦ **Сколь... столь (же)**, *союз* — то же, что насколько.. настолько (же). *Сколь неожиданно, столь (же) и неприятно.*

СКОЛЬЗИ́ТЬ, -льжу́, -льзи́шь; *несов.* **1.** Плавно двигаться по гладкой, скользкой поверхности. *С. по льду. С. на коньках, на лыжах.* **2.** *перен.* Быстро и плавно, не задерживаясь, распространяться, двигаться. *Луч скользит по воде. Взгляд скользит по строчкам.* **3.** Не имея твёрдой опоры на скользкой поверхности, терять устойчивость. *Ноги скользят по мокрой глине. Пешеход на льду скользит и падает.* **4.** (1 и 2 л. не употр.). О чём-н. скользком: не удерживаться, выскальзывать (в 1 знач.). *Рыба скользит в руках.* ‖ *однокр.* **скользну́ть**, -ну́, -нёшь. ‖ *сущ.* **скольже́ние**, -я, *ср.* (к 1, 2 и 3 знач.).

СКО´ЛЬЗКИЙ, -ая, -ое; -зок; -зка́ *и* -зка, -зко. **1.** Гладкий, не создающий трения. *Скользкая поверхность. С. паркет. На льду скользко* (в знач. сказ.). **2.** *перен.* Неустойчивый, ненадёжный, сомнительный. *Создалось скользкое положение. Вступить на с. путь. С. аргумент.* **3.** *перен.* То же, что двусмысленный (во 2 знач.). *Скользкая тема.* ‖ *сущ.* **ско́льзкость, -и, *ж.***

СКОЛЬЗНУ´ТЬ, -ну́, -нёшь. **1.** *см.* скользить. **2.** *перен., сов.* Быстро и незаметно пройти, промелькнуть (разг.). *С. в дверь. С. из комнаты. Скользнула чья-то тень.*

СКОЛЬЗУ´ЧИЙ, -ая, -ее (прост.). Скользкий, скользящий. *Скользучие полозья.*

СКОЛЬЗЯ´ЩИЙ, -ая, -ее. **1.** Плавный, лёгкий. *Скользящая походка. Скользящие движения.* **2.** *перен.* Меняющийся, непостоянный. *С. график.*

СКО´ЛЬКО. 1. *мест. нареч.* и *союзн. сл.* Как много, каково количество. *С. стоит? С. времени? Ешь, с. хочешь.* **2.** (ско́льких, ско́лькими, по ско́льку), *числит. неопр.-колич.* Обозначает общее указание на количество. *Во скольких городах побывал! В скольких томах это сочинение? По скольку дней отдыхали?* **3.** *нареч.* В какой мере, насколько. *С. помню, он всегда был такой.* **4.** (ско́льких, ско́льким, по ско́льку), *числит. неопр.-колич.* Сколь многие, какое большое количество. *С. народу! Скольким людям он помог! С. времени потеряли! С. раз повторять* (выражение недовольства по поводу чьего-н. непослушания). ✦ **Сколько можно!** (разг. неодобр.) — восклицание в знач. до каких пор, до каких пределов (делать, терпеть что-н.). *Сколько можно болтать!* (т. е. довольно, пора перестать). **Сколько лет, сколько зим!** (разг.) — радостное приветствие при встрече с тем, кого давно не видел. **Хоть сколько (сколечко)** (прост.) — немного, чуть-чуть. *Дай хоть сколько!* **Хоть бы сколько (сколечко)** (прост.) — нисколько, ничуть. *Хоть бы сколько помогал!* (т. е. совсем не помогает). ‖ *уменьш.* **ско́лечко** (к 4 знач.).

СКО´ЛЬКО-ЛИБО, *мест. нареч.* В некоторой степени, в какой-то мере. *Сколько-либо приемлемое решение.*

СКО´ЛЬКО-НИБУДЬ. 1. *мест. нареч.* Некоторое, неопределённое количество, немного; в некоторой степени, в какой-то мере. *Дать сколько-нибудь денег. Сколько-нибудь удовлетворительное объяснение.* **2.** (ско́льких-нибудь, ско́льким-нибудь, по ско́льку-нибудь), *числит. неопр.-колич.* Обозначает общее указание на неопределённое количество. *Ты хоть скольким-нибудь людям в жизни помог?*

СКО´ЛЬКО-ТО, *мест. нареч.* и *числит. неопр.-колич.* То же, что сколько-нибудь. *Сколько-то денег получил. Хоть сколько-то разумный поступок. Скольких-то друзей сохранил.*

СКОМА´НДОВАТЬ *см.* командовать.

СКОМБИНИ´РОВАТЬ *см.* комбинировать.

СКО´МКАТЬ *см.* комкать.

СКОМОРО´Х, -а, *м.* **1.** В Древней Руси: певец-музыкант, бродячий комедиант, острослов и акробат. *Всяк спляшет, да не как с.* (стар. посл.). **2.** *перен.* Несерьёзный человек, потешающий других своими шутовскими выходками (разг. неодобр.). ‖ *прил.* **скоморо́ший, -ья, -ье** *и* **скоморо́шеский, -ая, -ое.**

СКОМОРО´ШЕСТВО, -а и СКОМОРО´ШНИЧЕСТВО, -а, *ср.* (разг. неодобр.). Шутовство, паясничество. ‖ *прил.* **скоморо́шеский, -ая, -ое** *и* **скоморо́шнический, -ая, -ое.**

СКОМОРО´ШНИЧАТЬ, -аю, -аешь; *несов.* (разг. неодобр.). Вести себя несерьёзно, подобно шуту, паясничать. ‖ *сущ.* **скоморо́шничанье, -я, *ср.***

СКОМПИЛИ´РОВАТЬ *см.* компилировать.

СКОМПЛЕКТОВА´ТЬ *см.* комплектовать.

СКОМПОНОВА´ТЬ *см.* компоновать.

СКОМПРОМЕТИ´РОВАТЬ *см.* компрометировать.

СКОНДЕНСИ´РОВАТЬ *см.* конденсировать.

СКОНСТРУИ´РОВАТЬ *см.* конструировать.

СКОНФУ´ЗИТЬ, -СЯ *см.* конфузить, -ся.

СКОНЦЕНТРИ´РОВАТЬ, -СЯ *см.* концентрировать, -ся.

СКОНЧА´НИЕ, -я, *ср.* **1.** *см.* скончаться. **2. до скончания века** (книжн.) — навсегда, на всю последующую жизнь.

СКОНЧА´ТЬСЯ, -а́юсь, -а́ешься; *сов.* (высок.). То же, что умереть (в 1 знач.). ‖ *сущ.* **сконча́ние, -я, *ср.*** (устар.).

СКООПЕРИ´РОВАТЬ, -СЯ *см.* кооперировать, -ся.

СКООРДИНИ´РОВАТЬ *см.* координировать.

СКОПА´ТЬ, -а́ю, -а́ешь; ско́панный; *сов., что.* Копая, сре́зать, снести. *С. кочку.* ‖ *несов.* **ска́пывать, -аю, -аешь.**

СКОПЕ´Ц, -пца́, *м.* То же, что кастрат. ‖ *прил.* **ско́пческий, -ая, -ое.**

СКОПИДО´М, -а, *м.* (разг.). Человек, бережливый до скупости. ‖ *ж.* **скопидо́мка, -и.** ‖ *прил.* **скопидо́мский, -ая, -ое.**

СКОПИДО´МНИЧАТЬ, -аю, -аешь; *несов.* (разг.) и **СКОПИДО´МСТВОВАТЬ,** -твую, -твуешь; *несов.* (устар. разг.). Быть скопидомом. ‖ *сущ.* **скопидо́мничество, -а,** ср., **скопидо́мство, -а,** ср. *и* **скопидо́мничанье, -я, *ср.*** ‖ *прил.* **скопидо́мнический, -ая, -ое** *и* **скопидо́мский, -ая, -ое.**

СКОПИДОМО´К, -мка́, *м.* (разг. шутл.). О том, кто склонен запасать, припасать, копить что-н.

СКОПИ´РОВАТЬ *см.* копировать.

СКОПИ´ТЬ, -СЯ *см.* копить, -ся.

СКО´ПИЩЕ, -а, *ср.* (неодобр.). Толпа, сборище; скопление (во 2 знач.). *Целое с. зевак.*

СКОПЛЕ´НИЕ, -я, *ср.* **1.** *см.* копиться. **2.** *кого-чего.* Большое количество скопившихся где-н. людей, предметов, веществ. *С. народа. С. автомашин на перекрёстке. Удар по скоплениям врага. С. жидкости.*

СКОПНИ´ТЬ *см.* копнить.

СКО´ПОМ, *нареч.* (разг.). Все вместе, сообща. *Пошли с.* ✦ **Всем скопом** — то же, что скопом. *Всем скопом взялись за дело.*

СКОРБЕ´ТЬ, -блю́, -би́шь; *несов., о ком-чём, по кому-чему* и (устар.) *по ком-чём* (высок.). Испытывать скорбь, горевать. *С. о близких.*

СКО´РБНЫЙ, -ая, -ое; -бен, -бна. Печальный, испытывающий или выражающий скорбь. *Скорбная минута. Скорбное лицо. С. взгляд.* ‖ *сущ.* **ско́рбность, -и, *ж.***

СКОРБЬ, -и, *мн.* -и, -е́й, *ж.* (высок.). Крайняя печаль, горесть, страдание. *Глубокая с.*

СКОРЁЖИТЬ, -СЯ *см.* корёжить, -ся.

СКОРЛУПА´, -ы́, *мн.* -у́пы, -у́п, -у́пам, *ж.* Твёрдая оболочка (яйца, ореха). *Яичная с. Содрать скорлупу. Уйти в свою скорлупу* (перен.: замкнуться в узком кругу своих интересов, переживаний). ‖ *уменьш.* **скорлу́пка, -и, *ж.***

СКОРМИ´ТЬ, скормлю́, ско́рмишь; ско́рмленный; *сов., что.* Израсходовать на корм кому-н. *С. сено скоту.* ‖ *несов.* **ска́рмливать, -аю, -аешь.**

СКОРНЯ´ЖНЫЙ, -ая, -ое. Относящийся к работе скорняка. *Скорняжное дело.*

СКОРНЯ´К, -а́, *м.* Мастер, занимающийся производством меховых изделий, выделкой мехов. ‖ *прил.* **скорня́цкий, -ая, -ое.**

СКОРО´БИТЬСЯ *см.* коробиться.

СКОРОВА´РКА, -и, *ж.* Герметически закрывающаяся кастрюля для быстрого приготовления пищи.

СКОРОГОВО´РКА, -и, *ж.* **1.** Быстрая речь. *Неразборчивая с. Говорить скороговоркой.* **2.** Специально придуманная фраза с труднопроизносимым подбором звуков, быстро проговариваемая шуточная прибаутка (напр.: на дворе — трава, на траве — дрова). ‖ *прил.* **скороговоро́чный, -ая, -ое** (ко 2 знач.).

СКОРО´МИТЬСЯ, -млюсь, -мишься и **СКОРО´МНИЧАТЬ**, -аю, -аешь; *несов.* (устар.). Есть в пост[1] скоромную пищу. ‖ *сов.* **оскоро́миться, -млюсь, -мишься.**

СКОРО´МНЫЙ, -ая, -ое; -мен, -мна (устар.). **1.** *полн. ф.* О пище: не употребляемый во время поста[1], мясной, молочный. *Скоромная еда. Скоромное масло* (животное масло). *Есть скоромное* (сущ.). **2.** *перен.* Нескромный, сальный. *Скоромные шутки.* ‖ *сущ.* **скоро́мность, -и, *ж.*** (ко 2 знач.).

СКОРОПАЛИ´ТЕЛЬНЫЙ, -ая, -ое; -лен, -льна (разг., часто неодобр.). Слишком поспешный. *Скоропалительное решение.* ‖ *сущ.* **скоропали́тельность, -и, *ж.***

СКО´РОПИСЬ, -и, *ж.* Вид письма — беглый почерк, преимущ. старинных рукописей. ‖ *прил.* **скоропи́сный, -ая, -ое.**

СКОРОПО´РТЯЩИЙСЯ, -аяся, -ееся. Быстро поддающийся порче. *Скоропортящиеся продукты. С. груз.*

СКОРОПОСТИ´ЖНЫЙ, -ая, -ое; -жен, -жна (книжн.). О смерти: внезапный. *Скоропостижная смерть. Скоропостижно* (нареч.) *скончался.* ‖ *сущ.* **скоропости́жность, -и, *ж.***

СКОРОПРЕХОДЯ´ЩИЙ, -ая, -ее (книжн.). Недолговечный, непродолжительный. *Скоропреходящее счастье.*

СКОРОСПЕ´ЛКА, -и, *ж.* (разг.). **1.** Скороспелый фрукт, овощ. *Картофель-с.* **2.** *перен.* О ком-чём-н. скороспелом (в 3 знач.) (неодобр.).

СКОРОСПЕ´ЛЫЙ, -ая, -ое; -е́л. **1.** Быстро и рано созревающий, развивающийся (о растениях и спец. о животных). *С. сорт яблок. Скороспелые породы овец.* **2.** Легко и быстро приготавливаемый. *Скороспелые блины.* **3.** *перен.* Слишком быстро сформировавшийся, недостаточно подготовленный, непродуманный (разг.). *Скороспелое решение.* ‖ *сущ.* **скороспе́лость, -и, *ж.*** (к 1 и 3 знач.). *С. животных. С. растений. С. выводов.*

СКОРОСТНИ´К, -а́, *м.* Специалист по движению на больших скоростях, а также вообще тот, кто применяет в работе скоростные методы. *Лётчик-с. Водитель-с. Бригада скоростников.*

СКОРОСТНО´Й, -а́я, -о́е. **1.** *см.* скорость. **2.** Действующий или производимый с большой скоростью. *С. маршрут. Скоростное строительство. Скоростное вождение поездов.*

СКОРОСТРЕ́ЛЬНЫЙ, -ая, -ое. Дающий выстрелы, быстро следующие друг за другом; способный производить определённое (обычно большое) количество выстрелов в минуту. *Скорострельная пушка.* ‖ *сущ.* **скорострéльность**, -и, *ж.*

СКО́РОСТЬ, -и, *мн.* -и, -éй, *ж.* **1.** Степень быстроты движения, распространения, действия. *Развить с. Рекорд скорости бега. Двигаться на больших скоростях. С. звука* (скорость распространения звуковых волн в среде). *С. света* (скорость распространения электромагнитных волн). **2.** Та или иная быстрота доставки грузов (спец.). *Отправить груз пассажирской скоростью, малой скоростью.* **3.** В механике: отношение проходимого телом пути ко времени, за к-рое этот путь проходится. *Средняя с. Равномерная с.* ‖ *прил.* **скоростнóй**, -áя, -óе (к 1 и 3 знач.). *С. режим.*

СКОРОСШИВА́ТЕЛЬ, -я, *м.* Папка с устройством для скрепления бумаг.

СКОРОТА́ТЬ *см.* коротать.

СКОРОТЕ́ЧНЫЙ, -ая, -ое; -чен, -чна (книжн.). Быстро протекающий, скоропреходящий. *Скоротечные радости. Скоротечно* (в знач. сказ.) *северное лето. Скоротечная чахотка* (быстро развивающийся туберкулёз лёгких; устар.). ‖ *сущ.* **скоротéчность**, -и, *ж. С. жизни.*

СКОРОХО́Д, -а, *м.* **1.** Человек, к-рый очень быстро ходит, а также спортсмен, занимающийся ходьбой, бегом на коньках, на лыжах. **2.** В старину: слуга, бегущий впереди экипажа, а также гонец, посыльный. ✦ **Сапоги-скороходы** — в сказках: волшебные сапоги, в к-рых можно шагать через горы и леса.

СКОРПИО́Н, -а, *м.* Ядовитое паукообразное членистоногое животное. ‖ *прил.* **скорпиóний**, -ья, -ье.

СКОРРЕКТИ́РОВАТЬ *см.* корректировать.

СКО́РЧИТЬ *см.* корчить.

СКО́РЧИТЬСЯ, -чусь, -чишься; *сов.* Сжаться в комок, съёжиться (от боли, неудобного положения, испуга).

СКО́РЫЙ, -ая, -ое; скор, скорá, скóро. **1.** Совершающийся, осуществляющийся быстро, в короткий промежуток времени; обладающий большой скоростью. *С. ход. Скорая расправа. Скоро* (нареч.) *бежит. Скоро* (нареч.) *хорошо не бывает* (посл.). *С. поезд. Скорая (медицинская) помощь* (1) медицинское учреждение, оказывающее экстренную помощь при состояниях, угрожающих жизни и здоровью; 2) автомашина этого учреждения, приезжающая с врачом к пострадавшему или больному). *Скорее!* (побуждение действовать с большей скоростью). **2.** Слишком спешащий, нетерпеливый (разг. ирон.) *Какой ты с.!* (неодобрительное замечание тому, кто спешит, торопит, выражает нетерпение). **3.** Близкий по времени, такой, к-рый наступит через короткий промежуток времени. *В скором времени* (в недалёком будущем). *Скоро* (в знач. сказ.) *праздник. До скорого свидания!* (приветствие при прощании). *Скоро* (нареч.) *приеду.* **4.** **скóрая**, -ой, *ж.* То же, что скорая помощь (разг.). *Скорая работает круглосуточно. Врач со скорой. Приехала скорая.* **5.** **скорéе**, *вводн. сл.* Выражает уточнение; вернее сказать. *Он не зол, скорее, эгоистичен.* ✦ **На скорую руку** (сделать что-н). (разг.) — быстро и небрежно, а также вообще торопливо. *Сшить на скорую руку. Закуска на скорую руку.* **Скор нá руку** (разг.) — 1) быстро делает что-н.; 2) быстро и легко раздаёт удары, колотушки. **А скорее (а скорее сказать)**, *в знач. союза* — то же, что а вернее (а вернее сказать). **Скорее... чем (нежели)**, *союз* — выражает: 1) предпочтительность. *Скорее умрём, чем сдадимся;* 2) уточнение. *Похож скорее на отца, чем на мать.* **Скорее всего**, *вводн. сл.* — очень вероятно. *Он, скорее всего, сегодня не придёт.* **Скорее бы**, *в знач. частицы* (разг.) — выражает желание быстрейшего осуществления чего-н. *Скорее бы каникулы! Скорее бы от пришёл!*

СКОСИ́ТЬ$^{1\text{-}2}$ *см.* косить$^{1\text{-}2}$.

СКОСОБО́ЧИТЬСЯ *см.* кособочиться.

СКОСТИ́ТЬ, скощý, скостѝшь; скощённый (-ён, -енá); *сов., что* (прост.). Скинуть сколько-н. со счёта, убавить. *С. сто рублей. С. срок.* ‖ *несов.* **скáщивать**, -аю, -аешь.

СКОТ, -á, *м.* **1.** Сельскохозяйственные млекопитающие животные. *Домашний с. и птица. Крупный рогатый с. Племенной с. Молочный с. Рабочий с. Загон для скота.* **2.** *перен.* То же, что скотина (во 2 знач.) (прост. бран.). *С. ты этакий!* ‖ *прил.* **скóтный**, -ая, -ое (к 1 знач.) *и* **скóтский**, -ая, -ое. *Скотный двор. Скотский вагон.*

СКОТИ́НА, -ы. **1.** *ж., собир.* Крупные сельскохозяйственные млекопитающие животные, а также (прост.) одно такое животное, скот (в 1 знач.). *Сарай для скотины. Бессловесная с.* (также перен.: сочувственно о том, кого заставляют тяжело трудиться, безропотно подчиняться; разг.). **2.** *перен., м.* и *ж.* Грубый, подлый человек (прост. бран.). ‖ *уменьш.-ласк.* **скотѝнка**, -и, *ж.* (к 1 знач.) *и* **скотѝнушка**, -и, *ж.* (к 1 знач.). ‖ *прил.* **скотѝний**, -ья, -ье (к 1 знач.) *и* **скотѝнный**, -ая, -ое (к 1 знач.: устар.).

СКО́ТНИК, -а, *м.* Работник, занимающийся уходом за скотом. ‖ *ж.* **скóтница**, -ы. ‖ *прил.* **скóтницкий**, -ая, -ое.

СКОТО... *Первая часть сложных слов со знач.:* 1) относящийся к скоту (в 1 знач.), напр. *скотозаготовительный, скотозаготовки, скотооткормочный, скотопоголовье, скотоприёмный, скотовоз, скотоместо* (место для одного животного; спец.); 2) такой, как у скота (в 1 знач.), скотский, напр. *скотоподобный* (низменный, грубый; устар.), *скотоподобие* (устар.).

СКОТОБО́ЙНЯ, -и, *род. мн.* -óен, *ж.* То же, что бойня. ‖ *прил.* **скотобóйный**, -ая, -ое.

СКОТОВО́Д, -а, *м.* Человек, к-рый занимается скотоводством. ‖ *прил.* **скотовóдческий**, -ая, -ое.

СКОТОВО́ДСТВО, -а, *ср.* Разведение крупного рогатого скота как отрасль животноводства. ‖ *прил.* **скотовóдческий**, -ая, -ое.

СКОТОЛО́ЖСТВО, -а, *ср.* Половое извращение — сексуальное влечение к животным.

СКОТОПРОМЫ́ШЛЕННИК, -а, *м.* Частный предприниматель — владелец стад; торговец скотом.

СКО́ТСКИЙ, -ая, -ое. **1.** *см.* скот. **2.** *перен.* Грубый, низкий, отвратительный (разг.). *Скотское поведение. Скотское отношение. По-скотски* (нареч.) *жить* (грязно, неряшливо или недостойно, не по-человечески). ‖ *сущ.* **скóтство**, -а, *ср.*

СКРА́ДЫВАТЬ, -аю, -аешь; *несов., что.* **1.** То же, что утаивать (устар.). **2.** (1 и 2 л. не употр.). Делать менее заметным, скрывать. *Платье скрадывает недостатки фигуры.*

СКРА́ДЫВАТЬСЯ (-аюсь, -аешься, 1 и 2 л. не употр.), -ается; *несов.* Делаться менее заметным. *Очертания деревьев скрадываются в темноте.*

СКРА́СИТЬ, -áшу, -áсишь; -áшенный; *сов., что.* Сделать (что-н. отрицательное, неприятное) менее заметным, менее неприятным. *С. недостатки. Письма скрасили разлуку.* ‖ *несов.* **скрáшивать**, -аю, -аешь.

СКРА́СИТЬСЯ (-áшусь, -áсишься, 1 и 2 л. не употр.), -асится; *сов.* О чём-н. отрицательном: стать менее заметным, менее неприятным. ‖ *несов.* **скрáшиваться** (-аюсь, -аешься, 1 и 2 л. не употр.), -ается.

СКРЕБНИ́ЦА, -ы, *ж.* Жёсткая щётка для чистки лошадей.

СКРЕБО́К, -бкá, *м.* Орудие, лопатка для соскабливания чего-н. ‖ *прил.* **скребкóвый**, -ая, -ое.

СКРЕ́ЖЕТ, -а, *м.* Скрежещущий звук. *Громкий с. С. металла.*

СКРЕЖЕТА́ТЬ, -ещý, -éщешь; *несов.* Издавать резкий скрипящий звук при трении. *Цепь скрежещет. Колёса скрежещут о рельсы. С. зубами* (также перен.: о крайнем раздражении, ярости). ‖ *сущ.* **скрежетáние**, -я, *ср.*

СКРЕ́ПА, -ы, *ж.* Приспособление, скрепляющее части чего-н. *Медные скрепы.*

СКРЕ́ПЕР, -а, *мн.* -ы, -ов *и* (разг.) -á, -óв, *м.* Землеройно-транспортная машина для срезания, перевозки и укладки грунта. *Прицепной с. Самоходный с.* ‖ *прил.* **скрéперный**, -ая, -ое.

СКРЕПЕРИ́СТ, -а, *м.* Машинист скрепера.

СКРЕПИ́ТЬ, -плю́, -пѝшь; -плённый (-ён, -енá); *сов., что.* **1.** Прочно соединить. *С. брусья. С. листы.* **2.** *перен.* Укрепить, закрепить. *С. дружбу клятвой.* **3.** *чем.* Удостоверить что-н. (офиц.). *С. документ подписью. С. подпись печатью.* ✦ **Скрепя сердце** (разг.) — преодолевая нежелание, превозмогая себя. *Согласился скрепя сердце.* ‖ *несов.* **скреплять**, -яю, -яешь. ‖ *сущ.* **скреплéние**, -я, *ср. и* **скрéпка**, -и, *ж.* (к 1 знач.; разг.). ‖ *прил.* **скрéпочный**, -ая, -ое (к 1 знач.; спец.).

СКРЕ́ПКА, -и, *ж.* **1.** *см.* скрепить. **2.** Зажим для скрепления бумаг. *Металлическая с.* ‖ *прил.* **скрéпочный**, -ая, -ое.

СКРЕПЛЕ́НИЕ, -я, *ср.* **1.** *см.* скрепить. **2.** Приспособление, скрепляющее что-н. (спец.). *Рельсовые скрепления* (для прикрепления рельсов к шпалам или соединения рельсов в стыках). **3.** Скреплённые вместе части чего-н. (спец.).

СКРЕСТИ́, скребý, скребёшь; скрёб, скреблá; скрёбший; скребённый (-ён, -енá); скребя́; *несов.* **1.** *кого-что.* Царапать чем-н. жёстким. *С. когтями.* **2.** *кого-что.* Чистя, тереть чем-н. жёстким. *С. пол. С. песком.* **3.** *перен.*, обычно *безл.* Об ощущении тревоги, беспокойства. *На сердце скребёт у кого-н.*

СКРЕСТИ́СЬ, скребýсь, скребёшься; скрёбся, скребláсь; скрёбшийся; скребя́сь *и* скрёбшись; *несов.* Производить скребущие звуки, царапаясь, скребя чем-н. обо что-н. *С. в дверь. Скребётся мышь.*

СКРЕСТИ́ТЬ, -ещý, -естѝшь; -éщенный *и* -ещённый (-ён, -енá); *сов.* **1.** (- ещённый), *что.* Положить, поместить крест-накрест. *С. руки на груди. С. мечи, копья, шпаги* (о поединке; также перен.: вступить в открытый спор, борьбу). **2.** (-éщенный), *кого-что.* Соединить разные породы, сорта (животных, растений) для получения улучшенных пород, сортов, а также гибридов. ‖ *несов.* **скрéщивать**, -аю, -аешь. ‖ *сущ.* **скрéщивание**, -я, *ср. и* **скрещéние**, -я, *ср.* (к 1 знач.).

СКРЕСТИ́ТЬСЯ (-ещýсь, -естѝшься, 1 и 2 л. не употр.), -ѝтся; *сов.* **1.** Расположиться крест-накрест. *Аллеи скрестились. Наши пути скрестились* (также перен.: пересеклись жизненные дороги, судьбы). 2. *перен.* Оказаться в противоречии, столкнуться. *Интересы скрестились.* 3. *перен.* О чём-н. разнородном: сочетаться, соединиться, слиться (книжн.). *Скрестившиеся диалекты, племена.* 4. О разных породах, сортах: соединиться для получения потомства, оказаться скрещенными (во 2 знач.). ‖ *несов.* **скре́щиваться** (-аюсь, -аешься, 1 и 2 л. не употр.), -ается. ‖ *сущ.* **скре́щивание**, -я, *ср. и* **скреще́ние**, -я, *ср.* (к 1, 2 и 3 знач.).

СКРЕЩЕ́НИЕ, -я, *ср.* 1. *см.* скрестить, -ся. 2. Место, в к-ром что-н. пересекается, скрещивается. *У скрещения дорог.*

СКРИВИ́ТЬ, -СЯ *см.* кривить, -ся.

СКРИЖА́ЛИ, -ей, *ед.* скрижа́ль, -и, *ж.* (стар.). По библейскому сказанию: каменные доски с написанными на них десятью божественными заповедями. *События запечатлены на скрижалях истории* (перен.; высок.).

СКРИП, -а, *м.* Резкий с металлическим оттенком звук, возникающий при трении. *С. дверей. С. колёс.* ✦ **Со скрипом или с большим скрипом** (разг.) — с трудом или неохотно. *Дела идут со скрипом. Учиться со скрипом.*

СКРИПА́Ч, -а́, *м.* Музыкант, играющий на скрипке. ‖ *ж.* **скрипа́чка**, -и.

СКРИПЕ́ТЬ, -плю́, -пи́шь; *несов.* 1. Производить скрип. *Сапоги скрипят. Перо скрипит о бумагу. С. зубами. Старик никого не слушает и ворчливо скрипит своё* (перен.: говорит скрипучим голосом; разг.). 2. *перен.* Продолжать жить, еле поддерживая своё существование (разг.). *Наша бабка ещё скрипит.* ‖ *однокр.* **скри́пнуть**, -ну, -нешь (к 1 знач.). ‖ *сущ.* **скрипе́ние**, -я, *ср.* (к 1 знач.).

СКРИ́ПКА, -и, *ж.* Четырёхструнный смычковый музыкальный инструмент высокого регистра. *Концерт для скрипки с оркестром. Играть на скрипке. Первая с.* (ведущий скрипач в оркестре; также перен.: о человеке, к-рому принадлежит руководящая роль в чём-н.). ‖ *прил.* **скрипи́чный**, -ая, -ое. *С. мастер. С. класс.* ✦ **Скрипичный ключ** (спец.) — знак на нотном стане, устанавливающий высоту и название следующих за ним нот высокого и среднего регистра.

СКРИПУ́ЧИЙ, -ая, -ее; -у́ч (разг.). Производящий скрип. *Скрипучие колёса. Скрипучая дверь. С. голос* (перен.). ‖ *сущ.* **скрипу́честь**, -и, *ж.*

СКРОИ́ТЬ *см.* кроить.

СКРО́МНИК, -а, *м.* (разг.). Скромный или скромничающий человек. ‖ *ж.* **скро́мница**, -ы.

СКРО́МНИЧАТЬ, -аю, -аешь; *несов.* (разг.). Действовать, вести себя с излишней скромностью. ‖ *сов.* **поскро́мничать**, -аю, -аешь.

СКРО́МНЫЙ, -ая, -ое; -мен, -мна́, -мно, -мны́ *и* -мны. 1. Сдержанный в обнаружении своих достоинств, заслуг, не хвастливый. *Учёный скромен.* 2. Сдержанный, умеренный, простой и пристойный. *Скромное поведение. Скромная внешность. Скромно* (нареч.) *одеваться. Скромная квартира.* 3. *перен.* Небольшой, ограниченный, едва достаточный. *С. заработок. Весьма с. результат.* ‖ *сущ.* **скро́мность**, -и, *ж.* ✦ **Без ложной скромности** (ирон.) — не скромничая, не преуменьшая своих положительных качеств. *Скажу без ложной скромности, что я очень популярен.*

СКРОМНЯ́ГА, -и, *м.* и *ж.* (прост.). Очень скромный человек.

СКРОПА́ТЬ *см.* кропать.

СКРУПУЛЁЗНЫЙ, -ая, -ое; -зен, -зна. Точный до мелочей, чрезвычайно тщательный. *С. анализ. Скрупулёзно* (нареч.) *подсчитывать.* ‖ *сущ.* **скрупулёзность**, -и, *ж.*

СКРУТИ́ТЬ, -учу́, -у́тишь; -у́ченный; *сов.* 1. *см.* крутить. 2. Крутя, соединить. *С. верёвки.* 3. (1 и 2 л. не употр.), *перен., кого (что).* О болезни, тяжёлых жизненных обстоятельствах: одолеть, овладеть (прост.). *Жизнь его скрутит. Радикулит скрутил. Здорово тебя скрутило* (безл.). ‖ *несов.* **скру́чивать**, -аю, -аешь. ‖ *сущ.* **скру́чивание**, -я, *ср.* (ко 2 знач.) *и* **скрутка**, -и, *ж.* (ко 2 знач.).

СКРУТИ́ТЬСЯ (-учу́сь, -у́тишься, 1 и 2 л. не употр.), -у́тится; *сов.* Крутясь, соединиться; переплестись. *Провода скрутились. Стебли скрутились.* ‖ *несов.* **скру́чиваться** (-аюсь, -аешься, 1 и 2 л. не употр.), -ается. ‖ *сущ.* **скру́чивание**, -я, *ср.*

СКРЫ́ТНИЧАТЬ, -аю, -аешь; *несов.* (разг.). Быть скрытным, вести себя скрытно. *С. перед товарищами.* ‖ *сущ.* **скры́тничанье**, -я, *ср.*

СКРЫ́ТНЫЙ, -ая, -ое; -тен, -тна. Избегающий откровенности, не рассказывающий другим о себе. *С. человек. Действовать скрытно* (нареч.). ‖ *сущ.* **скры́тность**, -и, *ж.*

СКРЫ́ТЫЙ, -ая, -ое; -ыт. 1. О том, что содержится, заключается в ком-чём-н. *Огромные возможности скрыты в ком-чём-н. Скрытые силы.* 2. Тайный, не обнаруживающийся явно. *Скрытая угроза в голосе. В глазах — скрытая насмешка.* 3. *полн. ф.* В нек-рых сочетаниях: производимый незаметно для того, кого снимают (о съёмке). *Скрытая съёмка. Снимать скрытой камерой.* ‖ *сущ.* **скры́тость**, -и, *ж.* (ко 2 знач.).

СКРЫТЬ, скро́ю, скро́ешь; -ытый; *сов.* 1. *кого-что.* Спрятать, чтобы кто-н. не обнаружил. *С. беглеца.* 2. *что.* Утаить, сделать незаметным. *С. свои намерения от друзей.* ‖ *несов.* **скрыва́ть**, -а́ю, -а́ешь. ‖ *сущ.* **скры́тие**, -я, *ср.* (устар.).

СКРЫ́ТЬСЯ, скро́юсь, скро́ешься; *сов.* 1. Спрятаться, исчезнуть. *Прохожий скрылся за углом. Месяц скрылся за тучу. От него ничего не скроется* (перен.: всё станет известно). *Преступник скрылся. Корабль скрылся из виду. С. под псевдонимом* (т. е. писать под псевдонимом). 2. Уйти откуда-н. незаметно. *С. из дому.* ‖ *несов.* **скрыва́ться**, -а́юсь, -а́ешься.

СКРЮ́ЧИТЬ, -СЯ *см.* крючить, -ся.

СКРЯ́ГА, -и, *м.* и *ж.* (разг.). Очень скупой человек. ‖ *прил.* **скря́жнический**, -ая, -ое.

СКРЯ́ЖНИЧАТЬ, -аю, -аешь; *несов.* (разг.). Быть скрягой, скупиться.

СКРЯ́ЖНИЧЕСТВО, -а, *ср.* Поведение скряги. ‖ *прил.* **скря́жнический**, -ая, -ое.

СКУДЕ́ТЬ, -е́ю, -е́ешь; *несов.* (книжн.). Становиться скудным, бедным, скуднее, беднее. *Запасы не скудеют. С. разумом кто-н.* (неумён, несмышлён). ‖ *сов.* **оскуде́ть**, -е́ю, -е́ешь. *Не оскудеет рука дающего* (афоризм). ‖ *сущ.* **оскуде́ние**, -я, *ср.*

СКУ́ДНЫЙ, -ая, -ое; -ден, -дна́, -дно, -дны́ *и* -дны. 1. Недостаточный, убогий (в 1 знач.). *Скудные средства. Скудная степная растительность. Скудно* (нареч.) *обставленная комната.* 2. *кем-чем.* Бедный в каком-н. отношении. *Озеро скудно рыбой. Скуден разумом кто-н.* (неумён, несмышлён). ‖ *сущ.* **ску́дность**, -и, *ж. и* **ску́дость**, -и, *ж.* *Скудность обстановки. Скудость мыслей.*

СКУДОУ́МНЫЙ, -ая, -ое; -мен, -мна. Умственно ограниченный, неумный. ‖ *сущ.* **скудоу́мие**, -я, *ср.*

СКУ́КА, -и, *ж.* 1. Томление от отсутствия дела или интереса к окружающему. *Томиться скукой. С. одолела кого-н. Нагонять скуку на кого-н. Разогнать скуку.* 2. Отсутствие веселья, занимательности (разг.). *На вечеринке была ужасная с.* ✦ **От скуки на все руки** (разг. шутл.) — говорится о том, кто за всё берется, всё умеет. ‖ *увел.* **скучи́ща**, -и, *ж.* (ко 2 знач.).

СКУКО́ЖИТЬСЯ *см.* кукожиться.

СКУКОТА́, -ы́, *ж.* (прост.). То же, что скука (во 2 знач.).

СКУ́КСИТЬСЯ *см.* кукситься.

СКУЛА́, -ы́, *мн.* ску́лы, скул, ску́лам, *ж.* Парная лицевая кость под глазницей, а также соответствующее место на лице под глазом. *Широкие, выпуклые скулы.* ‖ *прил.* **скулово́й**, -а́я, -о́е (спец.).

СКУЛА́СТЫЙ, -ая, -ое; -а́ст. С широко поставленными выпуклыми скулами. *Скуластое лицо.* ‖ *сущ.* **скула́стость**, -и, *ж.*

СКУЛЁМАТЬ *см.* кулёмать.

СКУЛИ́ТЬ, -лю́, -ли́шь; *несов.* 1. О животном: жалобно повизгивать, выть. *Собака скулит.* 2. *перен.* Докучать жалобами, ныть, плакаться на что-н. (разг. неодобр.). ‖ *сущ.* **скулёж**, -а́, *м.*

СКУ́ЛЬПТОР, -а, *м.* Художник, занимающийся скульптурой. ‖ *ж.* **ску́льпторша**, -и (разг.). ‖ *прил.* **ску́льпторский**, -ая, -ое.

СКУЛЬПТУ́РА, -ы, *ж.* 1. Искусство создания объёмных художественных произведений путём резьбы, высекания, лепки или отливки, ковки, чеканки. *Заниматься скульптурой.* 2. Произведение такого искусства, а также (собир.) совокупность таких произведений. *Античные скульптуры. Древнерусская деревянная с.* ✦ **Лесная скульптура** — создание художественных произведений (фигурок, композиций) из корней, коры, сухих веток с сохранением их форм; сами такие произведения. ‖ *прил.* **скульпту́рный**, -ая, -ое. *Скульптурная группа* (скульптура, изображающая группу).

СКУ́МБРИЯ, -и, *ж.* Небольшая морская промысловая рыба, макрель. ‖ *прил.* **ску́мбриевый**, -ая, -ое. *Семейство скумбриевых* (сущ.).

СКУНС, -а, *м.* Хищный зверёк сем. куньих с ценным длинным коричневым или чёрным мехом (вонючка), а также мех этого зверька. ‖ *прил.* **ску́нсовый**, -ая, -ое. *С. воротник.*

СКУПЕРДЯ́Й, -я, *м.* (прост.). То же, что скряга. ‖ *ж.* **скупердя́йка**, -и. ‖ *прил.* **скупердя́йский**, -ая, -ое.

СКУПЕРДЯ́ЙНИЧАТЬ, -аю, -аешь; *несов.* (прост. неодобр.). Вести себя скупердяем, скаредничать. *Нечего с.: с собой в могилу ничего не возьмёшь.* ‖ *сущ.* **скупердя́йство**, -а, *ср.*

СКУПЕ́Ц, -пца́, *м.* Скупой человек.

СКУПИ́ТЬ, скуплю́, ску́пишь; ску́пленный; *сов., кого-что.* Купить много, в разных местах. *С. весь тираж книги.* ‖ *несов.* **скупа́ть**, -а́ю, -а́ешь. *С. картины.* ‖ *сущ.* **ску́пка**, -и, *ж.* ‖ *прил.* **скупно́й**, -а́я, -о́е (спец.) *и* **ску́почный**, -ая, -ое (спец.). *С. пункт. Скупочные операции.*

СКУПИ́ТЬСЯ, -плю́сь, -пи́шься; *несов., на что и с неопр.* Проявлять скупость, жалеть отдать что-н. *Скупец скупится на каждую копейку. Не с. на обещания, похвалы* (перен.: легко обещать что-н., с лёгкостью хвалить кого-что-н.). ‖ *сов.* **поскупи́ться**, -плю́сь, -пи́шься.

СКУ́ПКА, -и, *ж.* **1.** *см.* скупить. **2.** Магазин, в к-ром принимают вещи на комиссию (во 2 знач.) (прост.). *Отнести пальто в скупку.*

СКУПО́Й, -а́я, -о́е; скуп, скупа́, ску́по, скупы́ *и* ску́пы. **1.** Чрезмерно, до жадности бережливый, избегающий расходов. *С. старик. Скупо* (нареч.) *тратить деньги. Скупой* (сущ.) *платит дважды* (посл.). **2.** Свидетельствующий о чрезмерной бережливости, жадности. *С. подарок.* **3.** *перен.* Недостаточный, слабый; умеренный, сдержанный. *С. свет лампы. Скупая похвала. Скупые мужские слёзы. Скуп на слова* (молчалив). ‖ *сущ.* **ску́пость**, -и, *ж.*

СКУ́ПЩИК, -а, *м.* Человек, к-рый скупает что-н. для перепродажи. *С. подержанных вещей.* ‖ *ж.* **ску́пщица**, -ы. ‖ *прил.* **ску́пщицкий**, -ая, -ое.

СКУ́ПЩИНА, -ы, *ж.* Выборный представительный орган государственной власти в Югославии.

СКУ́ТЕР [тэ], -а, *мн.* -ы, -ов *и* -а́, -о́в, *м.* Одноместная спортивная лодка с подвесным двигателем. ‖ *прил.* **ску́терный**, -ая, -ое.

СКУФЬЯ́, -и́, *род. мн.* -фе́й, *ж.* У православного духовенства: остроконечная бархатная чёрная или фиолетовая мягкая шапочка. ‖ *уменьш.* **скуфе́йка**, -и, *ж.*

СКУЧА́ТЬ, -а́ю, -а́ешь; *несов.* **1.** Испытывать скуку. *С. от безделья. Работы много, с. некогда.* **2.** *о ком-чём, по кому-чему* и (устар. и прост.) *по ком-чём.* Томиться из-за отсутствия кого-чего-н. *С. о матери (по матери). С. по детям. С. о доме (по дому).*

СКУ́ЧЕННЫЙ, -ая, -ое; -ен. Помещающийся кучно на ограниченном пространстве, в тесноте. *Скученные постройки. Жить скученно* (нареч.). ‖ *сущ.* **ску́ченность**, -и, *ж.*

СКУ́ЧИТЬ, -чу, -чишь; -ченный; *сов., кого-что* (разг.). Собрать (многих, многое) в кучу, в одно место. ‖ *несов.* **ску́чивать**, -аю, -аешь. ‖ *сущ.* **ску́чиванье**, -я, *ср.*

СКУ́ЧИТЬСЯ (-чусь, -чишься, 1 и 2 л. ед. не употр.), -чится; *сов.* (разг.). Собраться в одно место, в кучу (о многих, многом). *С. в вагоне. Облака скучились.* ‖ *несов.* **ску́чиваться** (-аюсь, -аешься, 1 и 2 л. не употр.), -ается. ‖ *сущ.* **ску́чиванье**, -я, *ср.*

СКУЧНЕ́ТЬ, -е́ю, -е́ешь; *несов.* Становиться скучным (в 1 знач.), скучнее; проникаться скукой. *Лица скучнеют. Слушатели постепенно скучнеют.* ‖ *сов.* **поскучне́ть**, -е́ю, -е́ешь.

СКУ́ЧНЫЙ, -ая, -ое; -чен, -чна́, -чно, -чны *и* -чны́. **1.** Испытывающий скуку, невесёлый. *Больной сегодня скучен. С. взгляд. Скучные глаза. Мне скучно* (в знач. сказ.). **2.** Наводящий скуку, неинтересный. *Скучная книга.* ‖ *сущ.* **ску́чность**, -и, *ж.* (ко 2 знач.).

СКУ́ШАТЬ *см.* кушать.

СЛАБА́К, -а́, *м.* (прост. пренебр.). Слабосильный, слабовольный или слабонервный человек. ‖ *ж.* **слаба́чка**, -и.

СЛАБЕ́ТЬ, -е́ю, -е́ешь; *несов.* Становиться слабым (в 1, 2, 3, 4 и 7 знач.), слабее. *Больной слабеет. Здоровье слабеет. Ветер слабеет. Воля слабеет. С. памятью. Трос слабеет.* ‖ *сов.* **ослабе́ть**, -е́ю, -е́ешь. ‖ *сущ.* **ослабле́ние**, -я, *ср.*

СЛАБИНА́, -ы́, *ж.* **1.** Слабое место в чём-н. (менее крепкое, менее натянутое) (прост. и спец.). *С. фала. Выбирать слабину* (подтягивать отвисшую часть каната). **2.** Слабость, недостаток (прост.). *С. в характере.*

СЛАБИ́ТЕЛЬНЫЙ, -ая, -ое. Такой, от к-рого слабит. *Слабительные таблетки. Принять слабительное* (сущ.).

СЛА́БИТЬ (-блю, -бишь, 1 и 2 л. не употр.), -бит; обычно *безл.; несов., кого-что.* О ненормальном действии кишечника, расстройстве желудка. *Больного слабит. Касторка хорошо слабит.* ‖ *сов.* **просла́бить** (-блю, -бишь, 1 и 2 л. не употр.), -бит.

СЛА́БНУТЬ, -ну, -нешь; сла́бнул, сла́бла *и* сла́бнула; сла́бнувший; сла́бнув; *несов.* (разг.). То же, что слабеть (по 1, 2, 3, 4 и 7 знач. прил. слабый). *Силы слабнут. Голос слабнет. Воля слабнет. Канат слабнет.* ‖ *сов.* **осла́бнуть**, -ну, -нешь; осла́б, -бла; осла́бнувший; осла́бнув.

СЛАБО... и **СЛА́БО-...** *Первая часть сложных слов со знач.:* 1) слабый (в 1 знач.), напр. *слабоактивный, слабовыраженный, слаботочный* (спец.); 2) слабый (во 2 знач.), напр. *слабовидящий, слабовидение* (спец.), *слабослышащий* (спец.); 3) слабый (в 6 знач.), напр. *слабосолёный, слабопросоленный, слабоалкогольный;* 4) с малым количеством чего-н., напр. *слабоветвистый, слабоглинистый, слабожелезистый, слабоводоносный;* 5) слегка или недостаточно, напр. *слабо-жёлтый, слабо-зелёный, слабозагрязнённый, слабозаселённый, слабопосещаемый, слаборазвитый, слаборастворимый;* 6) малый, напр. *слаборослый* (о растениях: малой высоты; спец.).

СЛАБОВО́ЛЬНЫЙ, -ая, -ое; -лен, -льна. Со слабой волей. *С. характер.* ‖ *сущ.* **слабово́лие**, -я, *ср.*

СЛАБОГРУ́ДЫЙ, -ая, -ое; -у́д (устар.). Имеющий нездоровые, слабые лёгкие. *С. ребёнок.* ‖ *сущ.* **слабогру́дость**, -и, *ж.*

СЛАБОНЕ́РВНЫЙ, -ая, -ое; -вен, -вна (часто ирон.). Со слабыми нервами, лишённый хладнокровия, слишком нервный. ‖ *сущ.* **слабоне́рвность**, -и, *ж.*

СЛАБОСИ́ЛЬНЫЙ, -ая, -ое; -лен, -льна. **1.** Недостаточно сильный, слабый. *С. человек.* **2.** Не сильный, не мощный (спец.). *С. двигатель.* ‖ *сущ.* **слабоси́лие**, -я, *ср.* (к 1 знач.) *и* **слабоси́льность**, -и, *ж.* (ко 2 знач.).

СЛА́БОСТЬ, -и, *ж.* **1.** *см.* слабый. **2.** Недостаток физических сил, энергии. *С. после болезни. С. в ногах.* **3.** Недостаточная твёрдость и последовательность в проведении чего-н. *Непростительная с.* **4.** *перен.* Необременительная привычка, наклонность (разг.). *Балет — его с. У каждого свои маленькие слабости.*

СЛАБОУ́МИЕ, -я, *ср.* Пониженная умственная деятельность, оскудение психики. *Врождённое с. Старческое с.*

СЛАБОУ́МНЫЙ, -ая, -ое; -мен, -мна. Страдающий слабоумием.

СЛАБОХАРА́КТЕРНЫЙ, -ая, -ое; -рен, -рна. Отличающийся слабым характером, безвольный. *С. человек.* ‖ *сущ.* **слабохара́ктерность**, -и, *ж.* *Проявить с.*

СЛА́БЫЙ, -ая, -ое; слаб, слаба́, сла́бо, сла́бы *и* слабы́. **1.** Отличающийся малой силой, мощностью. *С. человек. С. голос. С. мотор. Слабые токи.* **2.** Болезненный, нездоровый, а также (о здоровье) плохой. *С. ребёнок. Слабые лёгкие. Слабое здоровье. Слабое зрение.* **3.** Малый, незначительный. *С. ветер. Слабая боль. Слабая надежда. Слабые признаки жизни.* **4.** Лишённый твёрдости, устойчивости, последовательности. *С. характер. Слабая воля.* **5.** Неискусный, плохой. *С. писатель. С. работник. С. ученик. Слабая книга. Слаб в науках кто-н.* **6.** Не крепкий, не насыщенный. *С. чай. С. раствор.* **7.** Не тугой, не плотный. *Верёвка слабо* (нареч.) *натянута.* **8.** **сла́бо́** *в знач. сказ., кому, с неопр.* Не может кто-н., не хватает сил, умения, решительности у кого-н. (прост.). *Слабо тебе с ним справиться!* ✦ **Слабая сторона** или **слабое место** *кого-чего* или *чьё* (разг.) — свойство, черта, к-рые наиболее уязвимы. *Этот тезис — слабое место доклада.* ‖ *сущ.* **сла́бость**, -и, *ж.* (к 1, 2, 3, 4, 5, 6 и 7 знач.).

СЛА́ВА, -ы, *ж.* **1.** Почётная известность как свидетельство всеобщего уважения, признания заслуг, таланта. *Неувядаемая с. С. героям! Литературная с. Орден Славы.* **2.** Слухи, молва (разг.). *Идёт с. о ком-чём-н. Добрая с. лежит, а худая по дорожке бежит* (посл.). **3.** Общепринятое мнение, репутация. *Хорошая, дурная с. Он пользуется славой выдающегося оратора.* ✦ **Во славу** *кого-чего, в знач. предлога с род. п.* (высок.) — ради прославления кого-чего-н. *Подвиг во славу Родины.* **На славу** (разг.) — очень хорошо. *Удалось на славу.* **Только слава, что...** **(одна слава, что...)** (разг. неодобр.) — только считается, говорят так, а на деле совсем иначе. **Слава Богу** (разг.) — 1) благополучно, хорошо. *Как поживаете? — Да всё слава Богу. Опять у него дома что-то не слава Богу* (неблагополучно); 2) *вводн. сл.*, выражает удовлетворение. *Дети, слава Богу, здоровы.*

СЛАВИ́РОВАТЬ *см.* лавировать.

СЛАВИ́СТ, -а, *м.* Специалист по славяноведению. ‖ *ж.* **слави́стка**, -и. ‖ *прил.* **слави́стский**, -ая, -ое.

СЛАВИ́СТИКА, -и, *ж.* То же, что славяноведение. ‖ *прил.* **слависти́ческий**, -ая, -ое.

СЛА́ВИТЬ, -влю, -вишь; -вленный; *несов., кого-что.* **1.** Создавать славу (в 1 знач.) кому-чему-н., воздавать хвалу, честь (высок.). *Народ славит своих лучших сынов.* **2.** Распространять дурные слухи о ком-чём-н. (прост.). *С. кого-н. по всему городу.* ‖ *сов.* **осла́вить**, -влю, -вишь; -вленный (ко 2 знач.).

СЛА́ВИТЬСЯ, -влюсь, -вишься; *несов., чем.* Пользоваться известностью в каком-н. отношении. *Город славится садами.*

СЛА́ВКА, -и, *ж.* Небольшая певчая птица отряда воробьиных. ‖ *прил.* **сла́вковый**, -ая, -ое. *Семейство славковых* (сущ.).

СЛАВНЕ́ЦКИЙ, -ая, -ое (прост.). Очень хороший, славный².

СЛА́ВНЫЙ¹, -ая, -ое; -вен, -вна́, -вно (высок.). Пользующийся славой, достойный славы. *Славные страницы истории русского народа. Славные имена.*

СЛА́ВНЫЙ², -ая, -ое (разг.). Очень хороший, приятный, симпатичный. *С. ребёнок. Славно* (нареч.) *повеселились.*

СЛАВОЛЮ́БИЕ, -я, *ср.* Любовь к славе (в 1 знач.), жажда славы.

СЛАВОСЛО́ВИЕ, -я, *ср.* Неумеренное восхваление кого-чего-н.

СЛАВОСЛО́ВИТЬ, -влю, -вишь; *несов., кого-что.* Неумеренно восхвалять.

СЛАВЯ́НЕ, -я́н, *ед.* -яни́н, -а, *м.* Одна из крупнейших в Европе групп родственных по языку и культуре народов, составляющих три ветви: восточнославянскую (русские, украинцы, белорусы), западнославянскую (поляки, чехи, словаки, лужичане) и южнославянскую (болгары, сербы, хорваты, словенцы, македонцы, черногорцы). ‖ *ж.* **славя́нка**, -и. ‖ *прил.* **славя́нский**, -ая, -ое.

СЛАВЯНИ́ЗМ, -а, *м.* **1.** Слово или оборот речи в каком-н. неславянском языке, заимствованные из какого-н. славянского языка или созданные по образцу слова или выражения такого языка. **2.** Слово или оборот речи, вошедшие в русский язык из церковнославянского языка.

СЛАВЯНОВЕ́ДЕНИЕ, -я, *ср.* Совокупность наук о славянах, их истории, языках, фольклоре, литературах, материальной и духовной культуре. ‖ *прил.* **славянове́дческий**, -ая, -ое.

СЛАВЯНОФИ́Л, -а, *м.* Сторонник славянофильства. ‖ *ж.* **славянофи́лка**, -и. ‖ *прил.* **славянофи́льский**, -ая, -ое.

СЛАВЯНОФИ́ЛЬСТВО, -а, *ср.* В России в середине 19 в.: идейно-политическое течение, представители к-рого противопоставляли исторический путь развития России развитию стран Западной Европы и идеализировали патриархальные черты русского быта и культуры. ‖ *прил.* **славянофи́льский**, -ая, -ое.

СЛАВЯ́НСКИЙ, -ая, -ое. **1.** *см.* славяне. **2.** Относящийся к славянам, к их языкам, образу жизни, культуре, а также к территории их проживания, её внутреннему устройству, истории; такой, как у славян. *Славянские народы. С. мир. Славянские языки* (индоевропейской семьи языков). *С. эпос. По-славянски* (нареч.).

СЛАВЯ́НСТВО, -а, *ср., собир.* Славянские народы.

СЛАГА́ЕМОЕ, -ого, *ср.* **1.** Число или выражение, к-рое складывается с другим (с другими). **2.** *перен.* Составная часть, вместе с другими образующая целое. *Слагаемые успеха.*

СЛАГА́ТЬ *см.* сложить.

СЛАД, -а (-у), *м.*: **сладу нет** *с кем-чем* (разг.) — нет возможности справиться, сладить с кем-чем-н. *Мальчишка разболтался, никакого сладу с ним нет.*

СЛА́ДИТЬ, сла́жу, сла́дишь; сла́женный; *сов.* **1.** *что.* Хорошо устроить, упорядочить (прост.). *С. дело.* **2.** *с кем-чем.* Справиться, привести кого-н. к соглашению, послушанию (разг.). *Не может с. с озорником.* ‖ *несов.* **сла́живать**, -аю, -аешь (к 1 знач.).

СЛА́ДИТЬСЯ *см.* ладиться.

СЛА́ДКИЙ, -ая, -ое; -док, -дка́, -дко; сла́ще; сладча́йший. **1.** Имеющий приятный вкус, свойственный сахару или мёду. *С. пирог. Любить сладкое* (сущ.). *Слишком сладко* (в знач. сказ.; о чём-н. переслащённом). **2.** *перен.* Приятный, доставляющий удовольствие. *Сладкая жизнь. С. сон. Сладкие мечты. Сладко* (нареч.) *живётся кому-н.* **3.** *перен.* Приторно-нежный, умильный (разг. неодобр.). *Сладкая улыбка. С. голос.* **4.** *перен.* Льстивый, лицемерный. *Сладкие речи.* **5.** **сла́дкое**, -ого, *ср.* Десерт, третье блюдо. *На сладкое — мороженое.* ‖ *сущ.* **сла́дость**, -и, *ж.* (к 1, 2, 3 и 4 знач.).

СЛАДКОЕ́ЖКА, -и, *м.* и *ж.* (разг.). То же, что сластёна.

СЛАДКОЗВУ́ЧНЫЙ, -ая, -ое; -чен, -чна (устар.). Издающий приятные, нежные звуки. *Сладкозвучная лира.* ‖ *сущ.* **сладкозву́чие**, -я, *ср.* и **сладкозву́чность**, -и, *ж.*

СЛАДКОРЕЧИ́ВЫЙ, -ая, -ое; -и́в (устар.). Говорящий приятно и льстиво. *С. обольститель.* ‖ *сущ.* **сладкоре́чие**, -я, *ср.*

СЛА́ДОСТНЫЙ, -ая, -ое; -тен, -тна (устар.). То же, что сладкий (во 2 знач.). *Сладостные мечты.* ‖ *сущ.* **сла́достность**, -и, *ж.*

СЛАДОСТРА́СТИЕ, -я, *ср.* **1.** Сильное влечение к удовлетворению полового чувства, чувственность. **2.** *перен.* Наслаждение, страстная увлечённость. *Делать что-н. со сладострастием.*

СЛАДОСТРА́СТНЫЙ, -ая, -ое; -тен, -тна. Отличающийся сладострастием, выражающий сладострастие. *Сладострастное чувство.* ‖ *сущ.* **сладостра́стность**, -и, *ж.*

СЛА́ДОСТЬ, -и, *ж.* **1.** *см.* сладкий. **2.** Сладкий вкус (разг.). *В пироге мало сладости.* **3.** *мн.* Кондитерские изделия. *Восточные сладости.*

СЛА́ЖЕННЫЙ, -ая, -ое; -ен. Упорядоченный, согласованный. *Слаженная работа.* ‖ *сущ.* **сла́женность**, -и, *ж.*

СЛА́ЖИВАТЬ *см.* сладить.

СЛА́ЖИВАТЬСЯ, -аюсь, -аешься; *несов.* (прост.). **1.** (1 и 2 л. не употр.). То же, что ладиться (в 1 знач.). *Дело слаживается.* **2.** То же, что ладиться (во 2 знач.).

СЛА́ЗИТЬ, СЛА́ЗАТЬ *см.* лазить, лазать.

СЛАЙД, -а, *м.* То же, что диапозитив. ‖ *прил.* **сла́йдовый**, -ая, -ое. *Слайдовая фотография.*

СЛА́ЛОМ, -а, *м.* В спорте: скоростное движение по заданному извилистому маршруту. *С.-гигант* и *гигантский с.* (спуск с гор на лыжах по протяжённой трассе). *Воднолыжный с. Воздушный с.* (на вертолётах). *Водный с.* (на байдарках и каноэ). ‖ *прил.* **сла́ломный**, -ая, -ое. *Слаломная дистанция.*

СЛАЛОМИ́СТ, -а, *м.* Спортсмен, занимающийся слаломом. ‖ *ж.* **слаломи́стка**, -и.

СЛА́НЕЦ, -нца, *м.* Слоистые горные породы, обладающие способностью раскалываться на тонкие пластины, слои. *Горючие сланцы. Осадочные сланцы. Кристаллические сланцы.* ‖ *прил.* **сла́нцевый**, -ая, -ое.

СЛАСТЁНА, -ы, *м.* и *ж.* (разг.). Человек, к-рый любит сладкое, сладости.

СЛАСТИ́ТЬ, -ащу́, -асти́шь; -ащённый (-ён, -ена́); *несов., что.* Делать сладким, прибавляя какое-н. сладкое вещество. *С. наливку.* ‖ *сов.* **посласти́ть**, -ащу́, -асти́шь; -ащённый (-ён, -ена́).

СЛАСТОЛЮ́БЕЦ, -бца, *м.* (устар.). Сластолюбивый человек.

СЛАСТОЛЮБИ́ВЫЙ, -ая, -ое; -и́в (устар.). То же, что сладострастный. ‖ *сущ.* **сластолю́бие**, -я, *ср.*

СЛАСТЬ, -и, *мн.* -и, -е́й, *ж.* **1.** *мн.* То же, что сладость (в 3 знач.). *Накупить сластей.* **2.** *перен.* Что-н. очень приятное, хорошее (прост.). *Какая с. искупаться в жару! Что за с. сидеть дома? Нагулялись в полную с.*

СЛАТЬ, шлю, шлёшь; слал, сла́ла; *несов., кого-что.* То же, что посылать (в 1, 2 и 3 знач.). *С. с поручениями. С. письма. Шлю привет.*

СЛАЩА́ВЫЙ, -ая, -ое; -а́в. **1.** Сладковатый, приторный. *С. вкус.* **2.** *перен.* Излишне нежный, льстивый. *Слащавая речь. Слащавая улыбка.* ‖ *сущ.* **слаща́вость**, -и, *ж.* *Сентиментальная с.*

СЛАЩЁНЫЙ, -ая, -ое (прост.). Приготовленный с добавлением чего-н. сладкого. *Слащёная наливка.*

СЛЕ́ВА, *нареч.* С левой стороны. *Проходите с. С. от дороги.*

СЛЕВА́ЧИТЬ *см.* левачить.

СЛЕГА́, -и́, *мн.* сле́ги, слег, слега́м, *ж.* Толстая жердь, брус.

СЛЕГКА́, *нареч.* Не сильно, немного, чуть-чуть. *С. усмехнуться. С. знобит.*

СЛЕД[1], следа́ *и* сле́да (сле́ду), сле́дом, в (на) сле́де *и* следу́, *мн.* -ы́, -о́в, *м.* **1.** Отпечаток чего-н. на какой-н. поверхности, а также полоса, оставшаяся после движения чего-н. *С. ноги на песке. С. самолёта в небе. С. лодки на воде. Заячий с. С. саней. Собака взяла с.* (найдя чьи-н. следы, начала поиск, преследование). *Напасть на чей-н. с.* (также перен.: после розысков узнать, где кто-н. находится, где его искать). *Следы ведут куда-н.* (также перен.: о признаках, помогающих обнаружить что-н.). *Идти по чьим-н. следам* (также перен.: следуя учению или примеру кого-н.). **2.** (следа́), *перен., чего.* Остаток или сохраняющийся признак чего-н. *Следы преступления. Следы болезни. Следа́ нет чего-н.* (уже совсем нет). *Без следа́* (бесследно). *По горячим (свежим) следам* (сразу после чего-н., не откладывая). **3.** (следа́). Нижняя часть ступни, подошва ноги (разг.). ✦ **И след простыл** *кого* (разг.) — убежал, исчез, а также пропал совершенно. *Озорника везде ищут, а его и след простыл.* ‖ *прил.* **следово́й**, -а́я, -о́е (к 1 знач.). *Контрольная следовая полоса* (на границе). *Следовое воздействие препарата.*

СЛЕД[2]: **не след**, *с неопр.* (прост.) — не следует, не нужно. *Не след тебе туда ходить.*

СЛЕДИ́ТЬ[1], слежу́, следи́шь; *несов., за кем-чем* и (устар.) *что.* **1.** Смотреть, наблюдая. *С. за полётом птиц. С. движения звёзд.* **2.** Наблюдать, вникая в развитие чего-н., ход чего-н. *С. за успехами науки. С. за чьей-н. мыслью. С. за литературой. Следящие системы* (системы автоматического управления; спец.). **3.** Наблюдая, заботиться. *С. за детьми. С. за собой* (заботиться о своей внешности или здоровье). **4.** Наблюдать чьи-н. действия с целью собрать какие-н. сведения, разоблачить, поймать. *С. за нарушителем границы.* **5.** Охранять, оберегать. *С. за стадом. С. за бахчой.* ‖ *сущ.* **слеже́ние**, -я, *ср.* (к 1 и 4 знач.; спец.) *и* **сле́жка**, -и, *ж.* (к 4 знач.; разг.). *Корабли слежения* (специальные суда, осуществляющие во время полёта связь с космическим аппаратом, космонавтами).

СЛЕДИ́ТЬ[2], слежу́, следи́шь; *несов.* Оставлять следы на полу, пачкая его, а также вообще оставлять свои следы на чём-н. *С. сапогами. Вытри ноги, не следи.* ‖ *сов.* **наследи́ть**, -слежу́, -следи́шь.

СЛЕ́ДОВАТЕЛЬ, -я, *м.* Должностное лицо, производящее предварительное следствие[2]. *Судебный с.* ‖ *прил.* **сле́довательский**, -ая, -ое.

СЛЕ́ДОВАТЕЛЬНО и (устар.) **СЛЕ́ДСТВЕННО**. **1.** *вводн. сл.* Значит, стало быть. *Допущены ошибки, оценка, с., снижается.* **2.** *союз.* Значит, вследствие этого, поэтому. *Ты сердишься, с., ты неправ.* ✦ **А (и) следовательно**, *союз* — то же, что следовательно (во 2 знач.).

СЛЕ́ДОВАТЬ, -дую, -дуешь; *несов.* **1.** *за кем-чем.* Идти следом. *Следуйте за мной. События следуют одно за другим* (перен.). **2.** Отправляться, ехать, двигаться (офиц.). *Поезд следует до Москвы. Колонна демонстрантов следует через площадь.* **3.** *кому-чему.* Руководствоваться чем-н., поступать подобно кому-н. (книжн.). *С. велению долга. Во всём с. учителю. С. моде.* **4.** (1 и 2 л. не употр.). Быть результатом чего-н., вытекать из чего-н. *Отсюда следует вывод. Из того, о чём он говорил, ещё ничего не следует.* **5.** *безл., с неопр.* Нужно, должно. *Не следует так поступать. Следует распространять передовой опыт. Сообщить кому следует.* **6.** *безл., с кого-чего.* Причитаться к уплате (офиц.). *Сколько с меня следует?* ✦ **Как следует** (разг.) — 1) так, как нужно, как полагается. *Работай как следует;* 2) то же, что хорошенько. *Проучить бы его как следует.* ‖ *сов.* **после́довать**, -дую, -дуешь (к 1, 3 и 4 знач.). ‖ *сущ.* **сле́дование**, -я, *ср.* (к 1, 2 и 3 знач.).

СЛЕ́ДОМ, *нареч.* Непосредственно за кем-чем-н. *Идти с.* ✦ **Следом за** *кем-чем, предлог с тв. п.* — после кого-чего-н., вслед за кем-чем-н. *Выступать следом за докладчиком. Следом за отпуском — командировка.*

СЛЕДОПЫ́Т, -а, *м.* **1.** Охотник, выслеживающий зверя по следам. *Зверолов-с.* **2.** Человек (обычно член ученического коллектива), к-рый собирает материалы о былых исторических событиях, об исторических лицах. *Юные следопыты отправились в поход по местам боевой славы отцов.* ✦ **Красные следопыты** — то же, что следопыты (во 2 знач.). ‖ *прил.* **следопы́тский**, -ая, -ое.

СЛЕ́ДСТВИЕ[1], -я, *ср.* То, что следует, вытекает из чего-н., результат чего-н., вывод. *Причина и с. Пожар был следствием небрежного обращения с огнем.* ‖ *прил.* **сле́дственный**, -ая, -ое (книжн.). *Причинная и следственная связь.*

СЛЕ́ДСТВИЕ[2], -я, *ср.* Выяснение, расследование обстоятельств, собирание и проверка данных, связанных с преступлением. *Предварительное с.* (до суда). *Судебное с. Вести с. Находиться под следствием.* ‖ *прил.* **сле́дственный**, -ая, -ое. *Следственные органы. Следственное действие. С. эксперимент.*

СЛЕ́ДУЕМЫЙ, -ая, -ое (офиц.). Причитающийся, такой, какой полагается кому-н. *Получить следуемые деньги.*

СЛЕ́ДУЮЩИЙ, -ая, -ее. **1.** Наступающий непосредственно вслед за чем-н., ближайший после кого-чего-н. *На с. день. В с. раз. Кто следующий?* (сущ.; чья очередь). *Следующий!* (сущ.; вызов того, чья очередь). **2.** *в знач. мест. определит.* Такой, к-рый входит в последующее перечисление или называется в последующей речи, такой-то и такой-то. *Вызываются следующие лица: Иванов, Петров, Сидоров. От вас требуется следующее* (сущ.):... (т. е. то-то и то-то).

СЛЕЖА́ТЬСЯ (-жу́сь, -жи́шься, 1 и 2 л. не употр.), -жи́тся; *сов.* Уплотниться или смяться от долгого лежания. *Сено слежалось. Одежда в чемодане слежалась.* ‖ *несов.* **слёживаться** (-аюсь, -аешься, 1 и 2 л. не употр.), -ается. ‖ *сущ.* **слёживание**, -я, *ср.*

СЛЕ́ЖКА *см.* следить[1].

СЛЕЗА́, -ы́, *мн.* слёзы, слёз, слеза́м, *ж.* **1.** *мн.* Прозрачная солоноватая жидкость, выделяемая слёзными железами. *Текут слёзы. Плакать горькими слезами. Залиться слезами* (горько заплакать; разг.). *Слезами обливаться* (горько, неутешно плакать; разг.). **2.** Одна капля этой жидкости. *С. покатилась по щеке. Не пролить или не проронить ни единой слезы* (не заплакать, оставшись твёрдым или равнодушным). *Пролить* или (разг.) *пустить слезу* (заплакать; ирон.). **3.** *мн.* То же, что плач (в 1 знач.). *Довести до слёз. Обидно до слёз. Говорить сквозь слёзы. Счастливые слёзы* (от радости). *Не рыбалка, а слёзы* (о плохой рыбалке; разг.). **4.** *перен.* Капля влаги на свежем разрезе, разрубе чего-н. *Сыр со слезой.* ‖ *уменьш.* **слези́нка**, -и, *ж.* (ко 2 знач.) *и* **слёзка**, -и, *ж.* (ко 2 и 4 знач.). ‖ *прил.* **слёзный**, -ая, -ое (к 1 знач.). *Слёзная жидкость* (спец.).

СЛЕЗИ́ТЬСЯ, 1 л. ед. не образ.(-и́шься, 2 л. не употр.), -и́тся; *несов.* О глазах: наполняться слезами. *Глаза слезятся от дыма.*

СЛЕЗЛИ́ВЫЙ, -ая, -ое; -и́в. **1.** Склонный часто плакать. *Слезливая женщина.* **2.** Плачущий, жалобный. *С. голос.* ‖ *сущ.* **слезли́вость**, -и, *ж.*

СЛЕЗНИ́ЦА, -ы, *ж.* (устар. и ирон.). Письмо со слёзной просьбой, жалобой.

СЛЕЗООТДЕЛЕ́НИЕ, -я, *ср.* (спец.). Выделение слёз слёзными железами. ‖ *прил.* **слезоотдели́тельный**, -ая, -ое.

СЛЕЗОТЕЧЕ́НИЕ, -я, *ср.* (спец.). Повышенное слезоотделение.

СЛЕЗОТОЧИ́ВЫЙ, -ая, -ое; -и́в. **1.** Страдающий слезотечением. *Слезоточивые глаза.* **2.** Вызывающий слезотечение. *С. газ.* ‖ *сущ.* **слезоточи́вость**, -и, *ж.* (к 1 знач.).

СЛЕЗОТОЧИ́ТЬ (-чу́, -чи́шь, 1 и 2 л. не употр.), -чи́т; *несов.* Выделять слёзы, страдать слезотечением. *Глаза слезоточат.*

СЛЕЗТЬ, -зу, -зешь; слез, сле́зла; сле́зший; сле́зши; *сов.* **1.** *с кого-чего.* Спуститься, держась, цепляясь за что-н. *С. со стремянки. С. с лошади.* **2.** *с чего.* То же, что сойти[1] (в 4 знач.) (разг.). *С. с трамвая, автобуса.* **3.** (1 и 2 л. не употр.). Отделиться, отпасть. *Кожа слезла. Краска слезла.* ‖ *несов.* **слеза́ть**, -а́ю, -а́ешь.

СЛЕПЕ́НЬ, -пня́, *м.* Двукрылое насекомое сем. кровососущих.

СЛЕПЕ́Ц, -пца́, *м.* **1.** Слепой человек. **2.** *перен.* Человек, обманывающийся в чём-н., не замечающий того, что очевидно для всех (книжн.).

СЛЕПИ́ТЬ[1], слеплю́, слепи́шь; *несов., кого-что.* Ослеплять (см. ослепить во 2 знач.), мешать видеть, смотреть. *Белизна снега слепит глаза. Глаза слепит* (безл.) *песком.*

СЛЕПИ́ТЬ[2], слеплю́, сле́пишь; сле́пленный; *сов., что.* **1.** Соединить (липкое, клейкое); скрепить, намазав липким, клейким. *С. черепки. С. колобок из теста* (тесто в колобок). **2.** Изготовить, соединяя что-н. клеем (разг.). *С. конвертик.* ‖ *несов.* **слепля́ть**, -я́ю, -я́ешь.

СЛЕПИ́ТЬ[3] *см.* лепить.

СЛЕПИ́ТЬСЯ (слеплю́сь, сле́пишься, 1 и 2 л. не употр.), сле́пится; *сов.* О чём-н. клейком, липком: соединиться. *Марки слепились.* ‖ *несов.* **слепля́ться** (-я́юсь, -я́ешься, 1 и 2 л. не употр.), -я́ется.

СЛЕ́ПНУТЬ, -ну, -нешь; слеп, сле́пла; *несов.* Становиться слепым, терять зрение. *С. к старости.* ‖ *сов.* **осле́пнуть**, -ну, -нешь; осле́п, осле́пла.

СЛЕПОГЛУХОНЕМО́Й, -а́я, -о́е (спец.). Лишённый зрения, слуха и немой. *Школа-интернат для слепоглухонемых* (сущ.).

СЛЕПО́Й, -а́я, -о́е; слеп, слепа́, сле́по. **1.** Лишённый зрения, способности видеть, незрячий. *С. старик. Школа для слепых* (сущ.). **2.** *перен.* Безрассудный, действующий или совершающийся без разумного основания. *Слепо* (нареч.) *верить кому-н. Слепая любовь.* **3.** Неотчётливый, плохо различаемый (спец.). *С. шрифт.* **4.** Совершаемый вслепую, без участия зрения, без видимых ориентиров. *С. полёт на самолёте* (прежнее название полёта, совершаемого только по приборам). *С. метод печатания на машинке* (не глядя на клавиши). ✦ **Слепое орудие** *чьё* или **в** *чьих* **руках** — о том, кто покорно и беспрекословно исполняет чью-н. волю. **Слепая кишка** — начальная часть толстой кишки с червеобразным отростком.

СЛЕ́ПОК, -пка, *м.* **1.** Точное воспроизведение чего-н., выполненное литьём или из затвердевающего материала. *С. со статуи. Гипсовый с. с лица* (маска в 4 знач.). **2.** *перен.* То же, что копия (во 2 знач.). ‖ *прил.* **сле́почный**, -ая, -ое (к 1 знач.: спец.).

СЛЕПОРОЖДЁННЫЙ, -ая, -ое (спец.). Слепой от рождения. *Обучение слепорождённых* (сущ.).

СЛЕПОТА́, -ы́, *ж.* **1.** Отсутствие зрения. *Грозит с. кому-н.* **2.** *перен.* Неумение понимать, разбираться в чём-н., правильно судить о чём-н. *Политическая с.*

СЛЕСА́РНЫЙ, -ая, -ое. Относящийся к работе слесаря. *Слесарное дело. С. инструмент. Слесарная мастерская.*

СЛЕ́САРЬ, -я, *мн.* -и, -ей *и* (разг.) -я́, -е́й, *м.* Рабочий — специалист по обработке, сборке и ремонту металлических изделий, деталей. *С.-инструментальщик. С.-лекальщик. С.-сантехник. С.-сборщик.* ‖ *прил.* **сле́сарский**, -ая, -ое. *Пошёл по слесарскому делу* (стал слесарем).

СЛЕТА́ТЬ[1], -а́ю, -а́ешь; *сов.* **1.** Летая, побывать где-н. и возвратиться обратно. *С. в Москву.* **2.** Быстро сходить, сбегать куда-н. (прост.). *Мигом слетаю в магазин.*

СЛЕТА́ТЬ[2], **-СЯ**[1] *см.* слететь, -ся.

СЛЕТА́ТЬСЯ[2], -а́юсь, -а́ешься; *сов.* Приобрести навык к совместным полётам, выработать слётанность. *Лётчики звена хорошо слетались.*

СЛЕТЕ́ТЬ, слечу́, слети́шь; *сов., с кого-чего.* **1.** Летя, спуститься. *Орёл слетел со скалы.* **2.** Упасть сверху, свалиться (разг.). *С. с лестницы. Слетела шапка с головы.* **3.** Взлетев, покинуть какое-н. место. *Бабочка слетела с цветка. Неосторожное слово слетело с языка* (перен.). **4.** То же, что соскочить (в 3 знач.) (разг.). *Гонор слетел с кого-н. Спесь слетела с кого-н.* ‖ *несов.* **слета́ть**, -а́ю, -а́ешь.

СЛЕТЕ́ТЬСЯ (слечу́сь, слети́шься, 1 и 2 л. ед. не употр.), слети́тся; *сов.* О многих: прилететь в одно место с разных сторон. *Осы слетелись на варенье.* ‖ *несов.* **слета́ться** (-а́юсь, -а́ешься, 1 и 2 л. не употр.), -а́ется. ‖ *сущ.* **слёт**, -а, *м.*

СЛЕЧЬ, сля́гу, сля́жешь; слёг, слегла́; слёгший; слёгши; *сов.* (разг.). Заболев, стать лежачим больным, не вставать с постели. *Долго перемогался, наконец всё-таки слёг.*

СЛЁЗНЫЙ, -ая, -ое. **1.** *см.* слеза. **2.** Жалобный, имеющий цель разжалобить (разг.). *Слёзная просьба. Слёзно* (нареч.). *умолять.* **3. слёзные железы** (спец.) — выделяющие слёзную жидкость парные сложные железы, расположенные у верхнего наружного края глазницы, а также в наружной оболочке глаза.

СЛЁТ, -а, *м.* **1.** *см.* слететься. **2.** Массовое собрание прибывших из разных мест членов какой-н. организации, производственных коллективов. *С. работников сельского хозяйства. С. туристов.*

СЛЁТАННОСТЬ, -и, *ж.* Навык к совместным полётам. *Боевая с. экипажей эскадрильи.*

СЛЁТОК, -тка, *м.* Птенец, выпорхнувший из гнезда и ещё не умеющий летать.

СЛИБЕРА́ЛЬНИЧАТЬ *см.* либеральничать.

СЛИВ, -а, *м.* **1.** *см.* слить[1]. **2.** Устройство для стока жидкости (спец.). *Бетонный с.*

СЛИ́ВА, -ы, *ж.* Фруктовое дерево сем. розоцветных с небольшими сочными плодами, а также самый такой плод с крупной косточкой. ‖ *прил.* **сли́вовый**, -ая, -ое.

СЛИВА́ТЬ, **-СЯ** *см.* слить[1], -ся.

СЛИ́ВКИ, -вок, -вкам. Густой жирный верхний отстой молока. *С. снимать* (также перен.: брать себе лучшее; неодобр.). ✦ **Сливки общества** (устар. и ирон.) — лучшая часть общества. ‖ *прил.* **сли́вочный**, -ая, -ое *и* **сли́вковый**, -ая, -ое (спец.). *Сливочное масло* (из сливок). *Сливочный крем.*

СЛИВНО́Й, -а́я, -о́е (спец.). **1.** *см.* слить[1]. **2.** Смешанный, слитый из разных сосудов в один. *Сливное молоко.* **3.** Относящийся к сдаче и приёму жидких продуктов. *С. молочный пункт.*

СЛИ́ВОЧНИК, -а, *м.* Кувшинчик для сливок.

СЛИВЯ́НКА, *-и, ж.* Наливка, настоянная на сливах.

СЛИЗА́ТЬ, **слижу́**, **сли́жешь**; сли́занный; *сов., что.* Счистить, подобрать языком; подобрав языком, съесть. *С. варенье с блюдца.* ‖ *несов.* **сли́зывать**, -аю, -аешь. ‖ *однокр.* **слизну́ть**, -ну́, -нёшь; сли́знутый. *Как корова языком слизнула кого-что-н.* (исчез бесследно, неизвестно где находится; разг. шутл.).

СЛИ́ЗЕНЬ, -зня, *м.* Род моллюска, не имеющего раковины. ‖ *прил.* **сли́зневый**, -ая, -ое.

СЛИ́ЗИСТЫЙ, -ая, -ое; -ист. Покрытый слизью, содержащий или выделяющий слизь. *Слизистые стенки колодца. Слизистая шляпка гриба. Слизистая железа. Слизистая оболочка* (увлажнённый слизью тонкий слой соединительной ткани, покрывающий внутренние части нек-рых органов человека, позвоночных животных). *Воспаление слизистой* (сущ.). ‖ *сущ.* **сли́зистость**, -и, *ж.*

СЛИЗНЯ́К, -а́, *м.* **1.** То же, что слизень. **2.** *перен.* О безвольном, ничтожном человеке (разг. презр.). ‖ *прил.* **слизняко́вый**, -ая, -ое (к 1 знач.).

СЛИЗЬ, -и, *ж.* **1.** Тягучая, вязкая масса, выделяемая нек-рыми клетками живых организмов, слизистыми железами. *Студенистая с.* **2.** Скользкий налёт на чём-н. (от сырости, грязи). *Стенки колодца покрылись слизью.* ‖ *прил.* **слизево́й**, -а́я, -о́е (к 1 знач.; спец.)

СЛИНЯ́ТЬ *см.* линять.

СЛИ́ПНУТЬСЯ (-нусь, -нешься, 1 и 2 л. не употр.), -нется; сли́пся, сли́плась; сли́пшийся; сли́пшись; *сов.* **1.** Соединиться, прилипнув друг к другу, слепиться. *Листы бумаги слиплись. Слипшиеся пряди волос.* **2.** *перен.* О глазах, веках: закрыться (при сильном желании спать). ‖ *несов.* **слипа́ться** (-а́юсь, -а́ешься, 1 и 2 л. не употр.), -а́ется. *Глаза слипаются от усталости.*

СЛИ́ТНЫЙ, -ая, -ое; -тен, -тна. **1.** Соединившийся, слившийся в одно, сплошной. *Слитная масса. С. гул.* **2.** *полн. ф.* О написании слов: не раздельный, не через чёрточку (дефис). *Слитное написание наречий.* ✦ **Слитное предложение** — в грамматике: старое название предложения с несколькими однородными членами, главными или второстепенными. ‖ *сущ.* **сли́тность**, -и, *ж.*

СЛИ́ТОК, -тка, *м.* **1.** Литая металлическая заготовка (спец.). *Стальной с.* **2.** Золотой или серебряный самородок (в 1 знач.). *С. золота.* ‖ *прил.* **сли́тковый**, -ая, -ое.

СЛИТЬ[1], солью́, сольёшь; слил, слила́, сли́ло; слей; сли́тый (слит, слита́, сли́то); *сов., что.* **1.** Отделяя, отлить сверху. *С. сливки с молока.* **2.** Вылить, чтобы опорожнить сосуд, ёмкость. *С. бензин.* **3.** Смешать, налив из разных мест. *С. молоко от разных коров.* **4.** Соединить, объединить. *Голоса слиты в хоре. С. цехи. Души слиты воедино* (перен.). ‖ *несов.* **слива́ть**, -а́ю, -а́ешь. ‖ *сущ.* **слива́ние**, -я, *ср.* (к 1, 2 и 3 знач.), **слив**, -а, *м.* (к 1, 2 и 3 знач.; спец.) *и* **слия́ние**, -я, *ср.* (к 4 знач.). ‖ *прил.* **сливно́й**, -а́я, -о́е (к 1 и 3 знач.; спец.).

СЛИТЬ[2] *см.* лить[2].

СЛИ́ТЬСЯ, солью́сь, сольёшься; сли́лся, слила́сь, слило́сь *и* сли́лось; сле́йся; *сов.* **1.** (1 и 2 л. не употр.). О жидком, текучем: соединиться. *Ручьи слились в один поток.* **2.** Объединиться, составив одно целое, растворившись одно в другом. *Голоса слились в общий гул. Наши усилия слились. Небольшие хозяйства слились в одно.* ‖ *несов.* **слива́ться**, -а́юсь, -а́ешься. ‖ *сущ.* **слия́ние**, -я, *ср.*

СЛИЧИ́ТЬ, -чу́, -чи́шь; -чённый (-ён, -ена́); *сов., что.* Сопоставить одно с другим для проверки. *С. копию с подлинником.* ‖ *несов.* **слича́ть**, -а́ю, -а́ешь. ‖ *сущ.* **сличе́ние**, -я, *ср.* ‖ *прил.* **сличи́тельный**, -ая, -ое (спец.). *Сличительные ведомости.*

СЛИ́ШКОМ, *нареч.* Свыше меры, свыше какого-н. предела. *С. дорого. С. подробно. Это уж с.* (выходит за пределы допустимого; разг. неодобр.).

СЛИЯ́НИЕ, -я, *ср.* **1.** *см.* слить[1], -ся. **2.** Место, где сливаются реки, потоки. *У слияния двух рек.*

СЛОБОДА́, -ы́, *мн.* сло́боды, -о́д, -да́м, *ж.* **1.** В России до отмены крепостного права: большое село с некрепостным населением, а также торговый или ремесленный посёлок (до 17 в. — поселение, освобождённое от княжеских повинностей). *Стрелецкая, ямская с. Торговая, ремесленная с.* **2.** Посёлок около города, пригорода (устар.). ‖ *уменьш.* **слобо́дка**, -и, *ж.* (ко 2 знач.). ‖ *прил.* **слободско́й**, -а́я, -о́е.

СЛОБО́ДКА, -и, *ж.* (устар.). **1.** *см.* слобода. **2.** Рабочая или ремесленная слобода.

СЛОБОЖА́НИН, -а, *мн.* -а́не, -а́н, *м.* Житель слободы, слободки. ‖ *ж.* **слобожа́нка**, -и.

СЛОВА́КИ, -ов, *ед.* -а́к, -а, *м.* Народ, составляющий основное население Словакии. ‖ *ж.* **слова́чка**, -и. ‖ *прил.* **слова́цкий**, -ая, -ое.

СЛОВА́РНИК, -а, *м.* То же, что лексикограф. ‖ *ж.* **слова́рница**, -ы (разг.).

СЛОВА́РЬ, -я́, *м.* **1.** Собрание слов (обычно в алфавитном порядке), устойчивых выражений с пояснениями, толкованиями или с переводом на другой язык. *Толковый с. Энциклопедический с. Фразеологический с. Двуязычный с. Терминологический с. Словари синонимов, омонимов, антонимов. С. морфем* (толкующий значимые части слов). **2.** *ед.* Совокупность слов какого-н. языка, а также слов, употреблённых в каком-н. одном произведении, в произведениях какого-н. писателя или вообще употребляемых кем-н. *Богатство русского словаря. Поэтический с. Пушкина. Он изъясняется по-английски с трудом: его с. очень беден.* ‖ *уменьш.* **слова́рик**, -а, *м.* (к 1 знач.). ‖ *прил.* **слова́рный**, -ая, -ое. *Словарная статья* (главка словаря, посвящённая отдельному слову или фразеологизму, вынесенному в её заглавие). *С. запас.*

СЛОВА́ЦКИЙ, -ая, -ое. **1.** *см.* словаки. **2.** Относящийся к словакам, к их языку, национальному характеру, образу жизни, культуре, а также к Словакии, её территории, внутреннему устройству, истории; такой, как у словаков, как в Словакии. *С. язык* (западнославянской группы индоевропейской семьи языков). *По-словацки* (нареч.).

СЛОВЕ́НСКИЙ, -ая, -ое. **1.** *см.* словенцы. **2.** Относящийся к словенцам, к их языку, национальному характеру, образу жизни, культуре, а также к Словении, её территории, внутреннему устройству, истории; такой, как у словенцев, как в Словении. *С. язык* (южнославянской группы индоевропейской семьи языков). *По-словенски* (нареч.).

СЛОВЕ́НЦЫ, -ев, *ед.* -нец, -нца, *м.* Народ, составляющий основное население Словении. ‖ *ж.* **слове́нка**, -и. ‖ *прил.* **слове́нский**, -ая, -ое.

СЛОВЕСА́, -е́с, -еса́м (устар. и ирон.). Слова, речь. *Его посулы — пустые с. Плетение словес* (о многословном и бессодержательном говорении).

СЛОВЕ́СНИК, -а, *м.* Преподаватель русского языка и литературы в школе. *Методическое объединение словесников.* ‖ *ж.* **слове́сница**, -ы.

СЛОВЕ́СНОСТЬ, -и, *ж.* **1.** Художественное литературное творчество и словесный фольклор (книжн.). *Изящная с.* (устарелое название художественной литературы). *Устная народная с.* **2.** Слова, разговоры, подменяющие дело (неодобр.). *Все его обещания — пустая с.* ‖ *прил.* **слове́сный**, -ая, -ое (к 1 знач.). *Словесные науки* (филологические).

СЛОВЕ́СНЫЙ, -ая, -ое. **1.** *см.* словесность и слово. **2.** То же, что устный. *С. приказ. Словесное заявление. Передать словесно* (нареч.).

СЛО́ВНИК, -а, *м.* (спец.). Алфавитный список, реестр слов в словаре.

СЛО́ВНО. **1.** *союз.* Выражает сравнение, как (в 6 знач.) (прост. и поэт.). *Плывёт с. лебедь.* **2.** *частица.* Как будто, кажется, будто (прост.). *С. кто стучится?* ✦ **Словно бы** (прост.) — то же, что словно. *Говорит, словно бы ручей журчит. Словно бы зовёт кто.* **Словно как** (прост.) — то же, что словно.

СЛО́ВО, -а, *мн.* слова́, слов, слова́м, *ср.* **1.** Единица языка, служащая для наименования понятий, предметов, лиц, действий, состояний, признаков, связей, отношений, оценок. *Знаменательные и служебные слова. Происхождение слов. С. в с.* (о переводе, пересказе: буквально). *Не нахожу слов* или *не хватает (нет) слов для чего-н.* (не в состоянии выразить что-н. от волнения, возмущения). *С. за́ с.* (о постепенном развитии разговора, спора; разг.). *В одно с.* (употр. в случаях, когда двое или многие сказали одновременно одно и то же; разг.). *Сло́ва не добиться от кого-н.* (трудно вызвать на разговор). *Словом не обмолвился кто-н.* (не произнёс ни слова, промолчал; разг.). *Двух слов связать не может кто-н.* (перен.: о том, кто не умеет понятно изложить свою мысль; разг. неодобр.). **2.** *ед.* Речь, способность говорить. *Дар слова.* **3.** обычно *мн.* Разговор, беседа, что-н. сказанное. *Понять друг друга без слов. Рассказать в немногих словах. Спасибо на добром слове* (за хорошие, добрые слова). *Перейти от слов к делу. Передать что-н. на словах* (устно). *Взять свои слова обратно* (отказаться от сказанного). *Добр только на словах* (на самом деле не добр). *Со слов кого-н.* (как сказал кто-н.). *На́ слове и на сло́ве ловить кого-н.* (требовать исполнения обещанного, а также подмечать ошибку, несообразность в том, что сказано). *Рассказать своими словами* (не буквально, передавая только содержание). *По словам кого-н.* (как говорит или как выражается кто-н.). *С. ранит, с. лечит* (посл.). **4.** *ед.* Публичное выступление, речь. *Вступительное с. Заключительное с. докладчика. Последнее с. подсудимого.* **5.** Речь на какую-н. тему, повествование, рассказ (устар. и высок.). *«С. о пользе стекла» Ломоносова. «С. о полку Игореве».* **6.** *ед.* Право, позволение говорить публично. *Свобода слова. Взять с.* (выступить перед собравшимися). *Дать с. кому-н. Лишить кого-н. слова. Прошу слова* (заявление о желании высказаться). **7.** *ед.*, *с определением.* Мнение, вывод (часто о достижениях в какой-н. области). *Сказать своё веское с. С. за вами* (вы должны высказать своё мнение, решить). *Новое с. в технике. По последнему слову науки.* **8**, *ед.* То же, что обещание. *Дать с. сделать что-н. Верить на́ с. Не сдержать слова. Взял с него с. молчать. Не давши слова крепись, а давши — держись* (посл.). **9.** *мн.* Текст к музыкальному произведению. *Романс на слова Пушкина.* ✦ **Вначале было слово** (книжн.) — утверждение примата мысли, разума, слова [по евангельскому сказанию о проповеди Иоанна Богослова, начинавшейся словами о первичности разума, слова, мысли, об их божественном начале]. **Слово и дело!** — в Русском государстве до 1762 г.: возглас в знач.: вот преступник против государя, знаю это, готов донести на него в сыскную службу. **К слову пришлось** (разг.) — о том, что сказано кстати, по поводу чего-н. **К слову сказать,** *вводн. сл.* — то же, что кстати (в 3 знач.). **Не то слово!** (разг.) — реплика, выражающая одновременно подтверждение и мысль о необходимости более сильной, категорической оценки. *Устал? — Не то слово! Я просто с ног валюсь.* **Нет слов!** (разг.) — выражение крайнего удивления, одобрения или осуждения. *Так поступать с друзьями! Просто нет слов!* **Одним словом,** *вводн. сл.* — то же, что словом. **Слов нет,** *вводн. сл.* — конечно, это так, но... *Слов нет, он красив, но не в моём вкусе.* ‖ *уменьш.* **слове́чко,** -а, *ср.* (к 1 знач.). ‖ *прил.* **слове́сный,** -ая, -ое (к 1, 2 и 3 знач.).

СЛОВОБЛУ́ДИЕ, -я, *ср.* (презр.). Бессодержательные, пустые разговоры. *Заниматься словоблудием.*

СЛОВОИЗВЕРЖЕ́НИЕ, -я, *ср.* (ирон.). Пустое многословие, бестолковая и длинная речь.

СЛОВОИЗМЕНЕ́НИЕ, -я, *ср.* В грамматике: изменение слов по их грамматическим формам, по парадигмам. *С. глагола. С. существительного.* ‖ *прил.* **словоизмени́тельный,** -ая, -ое.

СЛО́ВОМ, *вводн. сл.* В итоге, в общем, короче говоря. *С., всё обошлось благополучно.*

СЛОВООБРАЗОВА́НИЕ, -я, *ср.* **1.** Система языковых категорий, относящихся к производству и строению слов (спец.). *Глагольное, именное с.* **2.** Раздел языкознания, изучающий такие категории, законы образования производных слов и их строение. ‖ *прил.* **словообразова́тельный,** -ая, -ое.

СЛОВООХО́ТЛИВЫЙ, -ая, -ое; -ив. Любящий поговорить, разговорчивый. *С. рассказчик.* ‖ *сущ.* **словоохо́тливость,** -и, *ж.*

СЛОВОПРЕ́НИЕ, -я, *ср.* (устар. и неодобр.). Спор, препирательство. *Прекратить пустое с.*

СЛОВОПРОИЗВО́ДСТВО, -а, *ср.* В словообразовании: образование производных слов. ‖ *прил.* **словопроизво́дственный,** -ая, -ое.

СЛОВОСЛОЖЕ́НИЕ, -я, *ср.* В словообразовании: способ образования слов путём сложения основ.

СЛОВОСОЧЕТА́НИЕ, -я, *ср.* В грамматике: сочетание двух или нескольких слов, объединённых подчинительной связью. ‖ *прил.* **словосочета́тельный,** -ая, -ое.

СЛОВОТВО́РЧЕСТВО, -я, *ср.* Создание новых слов. *С. Маяковского.* ‖ *прил.* **словотво́рческий,** -ая, -ое.

СЛОВОУПОТРЕБЛЕ́НИЕ, -я, *ср.* Употребление слов в речи. *Правильное литературное с.*

СЛОВОФО́РМА, -ы, *ж.* В грамматике: форма отдельного слова (напр. стол, стола, столу, столом — словоформы слова «стол»).

СЛОВЦО́, -а́, *род. мн.* -ве́ц, *ср.* (разг. ирон.). То же, что слово (в 1 и 3 знач.). *Ввернуть с. Крепкое с.* (резкое выражение, брань). *Для (ради) красного словца* (ради остроумного хлёсткого замечания). *Для (ради) красного словца не пожалеет родного отца* (посл.).

СЛОВЧИ́ТЬ *см.* **ловчить.**

СЛОГ[1], -а, *мн.* -и, -о́в, *м.* Звук или сочетание звуков, произносимые одним толчком выдыхаемого воздуха. *Делить слова на слоги. Читать по слогам. Ударный с. Открытый с.* (оканчивающийся на гласный звук). *Закрытый с.* (оканчивающийся на согласный звук). ‖ *прил.* **слогово́й,** -а́я, -о́е. *Слоговое письмо* (в к-ром знаками изображаются слоги, а не звуки). *Слоговые звуки* (слогообразующие).

СЛОГ[2], -а, *м.* То же, что стиль[1] (в 3 знач.). *Писать хорошим слогом. Высокий с.*

СЛОГООБРАЗУ́ЮЩИЙ, -ая, -ее. О звуке: образующий собою слог[1].

СЛОГОРАЗДЕ́Л, -а, *м.* В языкознании: граница между слогами в слове.

СЛОЁНЫЙ, -ая, -ое. О тесте и изделиях из него: такой, к-рый расслаивается после выпечки. *Слоёное тесто. С. пирожок.*

СЛОЖЕ́НИЕ[1], -я, *ср.* **1.** *см.* **сложить. 2.** Математическое действие, посредством к-рого из двух или нескольких чисел (или величин) получают новое, содержащее столько единиц (или величин), сколько было во всех данных числах (величинах) вместе. *Задача на с.* **3.** Слово, образованное по способу словосложения (спец.).

СЛОЖЕ́НИЕ[2], -я, *ср.* То же, что телосложение. *Богатырское с.*

СЛОЖЁННЫЙ, -ая, -ое; -ён, -ена́. Обладающий тем или иным телосложением. *Она хорошо сложена.*

СЛОЖИ́ТЬ, сложу́, сло́жишь; сло́женный; *сов., что.* **1.** *см.* **класть. 2.** Положить вместе в определённом порядке. *С. книги. С. вещи. С. чемоданы.* (также перен.: окончательно подготовиться к отъезду). **3.** Прибавить одно к другому, произвести сложение[1] (во 2 знач.). *С. два числа.* **4.** Перегнув, свернув, положить, уложить в каком-н. виде, придать какую-н. форму. *С. лист пополам. С. платье. С. раскладушку.* **5.** Сочинить, придумать. *С. песню.* **6.** Сняв, положить куда-н. *С. ношу с плеч. С. оружие* (также перен.: прекратить сопротивление, борьбу; высок.). ✦ **Сложить с себя обязанности (полномочия, ответственность)** (офиц.) — освободить себя от обязанностей (полномочий, ответственности). **Сложа руки** (сидеть, ждать) (разг.) — ничего не делая. **Сложить руки** — перестать действовать. **Сложить голову** — погибнуть, пасть в бою. ‖ *несов.* **скла́дывать,** -аю -аешь *и* **слага́ть,** -а́ю -а́ешь (к 5 и в нек-рых сочетаниях к 6 знач.). ‖ *сущ.* **сложе́ние,** -я, *ср.* (к 3 и 5 знач.) и **скла́дывание,** -я *ср.* (ко 2, 3, 4, 5 и 6 знач.). ‖ *прил.* **склада́льный,** -ая, -ое (ко 2 знач.; спец.).

СЛОЖИ́ТЬСЯ[1], сложу́сь, сло́жишься; *сов.* Устроить складчину, собрать деньги на какое-н. общее дело. *С. на подарок юбиляру.* ‖ *несов.* **скла́дываться,** -аюсь, -аешься.

СЛОЖИ́ТЬСЯ[2], сложу́сь, сло́жишься; *сов.* **1.** (1 и 2 л. не употр.). Образоваться, создаться. *Обстоятельства сложились благоприятно. Сложилось определённое мнение.* **2.** Стать вполне зрелым в духовном и физическом отношении, сформироваться. *Вполне сложившийся человек.* ‖ *несов.* **скла́дываться,** -аюсь, -аешься.

СЛОЖНОПОДЧИНЁННЫЙ, -ая, -ое. В грамматике: относящийся к построению сложных предложений по способу подчинения. *Сложноподчинённое предложение.*

СЛОЖНОСОКРАЩЁННЫЙ, -ая, -ое: сложносокращённое слово (спец.) — то же, что аббревиатура.

СЛОЖНОСОЧИНЁННЫЙ, -ая, -ое. В грамматике: относящийся к построению сложных предложений по способу сочинения. *Сложносочинённое предложение.*

СЛО́ЖНОСТЬ, -и, *ж.* **1.** *см.* **сложный. 2.** обычно *мн.* Трудность, осложняющее обстоятельство. *Возникли сложности с оформлением.*

СЛОЖНОЦВЕ́ТНЫЕ, -ых, *ед.* -ое, -ого, *ср.* (спец.). Семейство двудольных растений с мелкими цветками, собранными в соцветие, похожее на одиночный цветок.

СЛО́ЖНЫЙ, -ая, -ое; -жен, -жна́, -жно, -жны́ *и* -жны. **1.** Состоящий из нескольких частей, многообразный по составу частей и связей между ними. *Сложные вещества. Механизм сложного устройства.* **2.** Трудный, запутанный. *Сложная задача. Сложное положение.* ‖ *сущ.* **сло́жность,** -и, *ж.* ✦ **В общей сложности** — в итоге, принимая во внимание всё.

СЛОИ́СТЫЙ, -ая, -ое; -и́ст. Состоящий из слоёв, разделяющийся на слои. *Слоистые пластики. Слоистые облака.* ‖ *сущ.* **слои́стость,** -и, *ж.*

СЛОИ́ТЬ, слою́, слои́шь; *несов., что.* Делать слои из чего-н., приготовлять слоями. *С. тесто.* ‖ *сущ.* **слое́ние,** -я, *ср.* и **сло́йка,** -и, *ж.* (спец.).

СЛОИ́ТЬСЯ (слою́сь, слои́шься, 1 и 2 л. не употр.), слоится; *несов.* Разделяться на слои, расслаиваться. *Слюда слоится.*

СЛОЙ, -я, *мн.* -и́, -ёв, *м.* **1.** Плоская масса вещества, лежащая между или поверх других подобных. *С. чернозёма. С. краски.* **2.** обычно *мн.* Та или иная группа людей, населения, общества. *Социальный с. Широкие слои населения.* ‖ *прил.* **слoeво́й,** -а́я, -о́е (к 1 знач.; спец.).

СЛО́ЙКА, -и, *ж.* **1.** *см.* **слоить. 2.** Булочка из слоёного теста.

СЛОМ, -а, *м.* **1.** *см.* **ломать** *и* **сломиться. 2.** Место, где что-н. сломано, сломлено. *Ствол потемнел на сломе.* ✦ **На слом** — для разрушения, уничтожения, разборки. *Здание предназначается на слом. Купить избу на слом.*

СЛОМА́ТЬ *см.* **ломать.**

СЛОМА́ТЬСЯ, -а́юсь, -а́ешься; *сов.* **1.** *см.* **ломаться**[1]. **2.** Не выдержав чего-н. тяжёлого, трудного, утратить силы, проявить слабость, сломиться (во 2 знач.) (прост.). *С. на неудаче.*

СЛОМИ́ТЬ, сломлю́, сло́мишь; сло́мленный; *сов.* **1.** *что.* Ломая, обломать, свалить. *Буря сломила дерево.* **2.** *перен., кого-что.* Лишить силы, энергии; преодолев, подавить. *С. волю. С. сопротивление врага.* **3.** В нек-рых сочетаниях: повредить, сломать (разг.). *С. хребет кому-н.* (также перен.: силой заставить подчиниться). ✦ **Сломя голову** (бежать) (разг.) — очень быстро, опрометью. ‖ *несов.* **сла́мывать,** -аю, -аешь.

СЛОМИ́ТЬСЯ, сломлю́сь, сло́мишься; *сов.* **1.** Сломаться, обломиться. *Сук сломился.* **2.** *перен.* Под влиянием тяжёлых обстоятельств лишиться силы, энергии, пасть духом. *Воля сломилась. С. от невзгод.* ‖ *несов.* **сла́мываться,** -аюсь, -аешься. ‖ *сущ.* **слом,** -а, *м.* (к 1 знач.; спец.).

СЛОН, -а́, *м.* **1.** Крупное с двумя большими бивнями хоботное млекопитающее тропических стран. *Африканский с. Индийский с. Слона-то и не приметить* (перен.: не заметить главного; разг. шутл.). *С. в посудной лавке* (о большом и нескладном человеке, оказавшемся в тесноте, среди ломких, хрупких вещей; разг. шутл.). *С. и моська* (говорится, когда маленький задира нападает на кого-н. сильного и невозмутимо спокойного; разг.). *Как слону дробина что-н. кому-н.* (совершенно нечувствительно; разг. шутл.). *Как с. кто-н.* (неуклюж, громоздок, неповоротлив; разг.). **2.** В шахматах: фигура, передвигающаяся на любое число клеток по диагонали, офицер (во 2 знач.). ✦ **Морской слон** — крупное животное сем. тюленей. **Слонов гонять** (прост.) — слоняться без дела, лодырничать. **Россия — родина слонов** (разг. ирон.) — о необоснованном приписывании себе, своей стране приоритета в какой-н. области. ‖ *уменьш.* **сло́ник**, -а, *м.* (к 1 знач.). ‖ *прил.* **слоно́вый**, -ая, -ое *и* **слоно́вий**, -ья, -ье (к 1 знач.). *Изделия из слоновой кости* (из бивней слона). *Цвет слоновой кости* (кремовый). *Слоновья сила* (также перен.: очень большая). ✦ **Слоновая болезнь** — то же, что слоновость.

СЛОНЁНОК, -нка, *мн.* **-ня́та**, -ня́т, *м.* Детёныш слона.

СЛОНИ́ХА, -и, *ж.* Самка слона.

СЛОНО́ВОСТЬ, -и, *ж.* (спец.). Болезненное утолщение кожи и подкожной клетчатки, чаще на ногах.

СЛОНОПОДО́БНЫЙ, -ая, -ое; -бен, -бна. Очень большой и толстый. *Слоноподобная фигура.* ‖ *сущ.* **слоноподо́бность**, -и, *ж.*

СЛОНЯ́ТЬ, -я́ю, -я́ешь; *несов.*: **слонов (слоны) слонять** (прост.) — то же, что слонов гонять (см. слон).

СЛОНЯ́ТЬСЯ, -я́юсь, -я́ешься; *несов.* (разг.). Ходить взад и вперёд, бродить без дела. *С. из угла в угол.*

СЛО́ПАТЬ *см.* лопать.

СЛУГА́, -и́, *мн.* слу́ги, слуг, слу́гам, *м.* **1.** Работник в частном доме, в каком-н. заведении для выполнения различных услуг. *Слуги в барском доме, в гостинице, в ресторане. Крепостной, наёмный с. Держать слуг. Слуги и господа. Помещения для слуг* (в старое время: дворовая изба, людская, девичья, лакейская, привратницкая, швейцарская). *Трактирный с.* (то же, что половой[1]; устар.) *Царь без слуг, как без рук* (стар. посл.). **2.** *перен.* Человек, посвятивший себя полностью служению кому-чему-н. (высок.). *С. общества. С. науки.* ✦ **Слуга двух господ** (неодобр.) — о том, кто угождает сразу двоим, действует в пользу и того и другого. **Слуга покорный** (устар. и ирон.) — выражение несогласия, отказа. *Опять мне ехать? Нет уж, слуга покорный!* **Ваш (покорный) слуга** (книжн. и ирон.) — 1) заключительная формула письма, предваряющая подпись; 2) в обращённой к кому-н. речи — вежливая формула упоминания говорящего или пишущего о самом себе.

СЛУЖА́КА, -и, *м.* (устар. разг.). Опытный и усердный служащий (обычно о военных). *Старый с.*

СЛУЖА́НКА, -и, *ж.* Женщина, исполняющая обязанности слуги (в 1 знач.).

СЛУ́ЖАЩИЙ, -его, *м.* Работник, занятый интеллектуальным, нефизическим трудом в разных сферах деятельности: государственной, административной, хозяйственной и др. *Правительственные служащие. С. министерства, банка, фирмы. С. санатория, больницы, гостиницы. Служащие завода, фабрики* (работники управления, инженерно-технического состава). *Рабочие и служащие* (при советской власти: сословное противопоставление). ‖ *ж.* **слу́жащая**, -ей.

СЛУ́ЖБА, -ы, *род. мн.* служб, *ж.* **1.** *см.* служить. **2.** *ед.* Работа, занятия служащего, а также место его работы. *Место службы. Поступить на службу. Уйти со службы.* **3.** *ед.* Исполнение воинских обязанностей. *Действительная военная с. Срок службы.* **4.** *чего.* Какая-н. специальная область работы с относящимися к ней учреждениями. *Федеральная служба безопасности* (министерство). *С. связи. С. погоды* (метеорологическая). *Медицинская с.* (в армии). *С. пути* (на железной дороге). **5.** *мн.* Постройки для хозяйственных надобностей (устар.). *Дом со службами.* **6.** То же, что богослужение. *С. отошла.* ✦ **Не в службу, а в дружбу** (разг.) — не по обязанности, а из дружеского расположения. ‖ *прил.* **служе́бный**, -ая, -ое (ко 2 и 3 знач.). *С. долг. Служебные обязанности. С. вход* (для служащих).

СЛУЖБИ́СТ, -а, *м.* (разг.). Человек, к-рый старательно, но с большим формализмом относится к служебным обязанностям. ‖ *ж.* **служби́стка**, -и. ‖ *прил.* **служби́стский**, -ая, -ое.

СЛУЖЕ́БНО-РОЗЫСКНО́Й, -а́я, -о́е. О служебных собаках: обученный для уголовного розыска (во 2 знач.). *Служебно-розыскная овчарка.*

СЛУЖЕ́БНЫЙ, -ая, -ое; -бен, -бна. **1.** *см.* служба *и* служить. **2.** *полн. ф.* О собаках, собаководстве: относящийся к породам, дрессируемым для выполнения каких-н. специальных работ, служб. *Служебное собаководство. Выставка служебных собак.* **3.** Вспомогательный, подсобный, второстепенный. *Подсчёты имеют чисто служебное значение.* **4. служебные слова** — в языкознании: слова, предназначенные для выражения грамматических связей и отношений, не знаменательные. *Служебные части речи.* ‖ *сущ.* **служе́бность**, -и, *ж.* (к 3 и 4 знач.).

СЛУЖИ́ВЫЙ, -ого, *м.* (устар. разг.). Военнослужащий (обычно о солдате в обращении).

СЛУЖИ́ЛЫЙ, -ая, -ое (стар.). **1.** В России 14—17 вв.: относящийся к военной службе, несущий такую службу. *Служилые люди* (стрельцы, пушкари, городовые казаки и другие, набиравшиеся из крестьян и посадских людей). *Служилое войско.* **2.** Находящийся на государственной, административной службе. *Служилое боярство, дворянство. Служилая аристократия.* **3.** То же, что служивый.

СЛУЖИ́ТЕЛЬ, -я, *м.* **1.** Работник, слуга (в 1 знач.) (устар.). *Нанять служителя.* **2.** Низший служащий в нек-рых учреждениях. *С. в музее. С. в зоопарке.* **3.** *перен., чего.* То же, что слуга (во 2 знач.) (высок.). *С. науки.* ✦ **Служитель церкви** — лицо, принадлежащее к духовенству. **Служитель культа** — 1) то же, что служитель церкви (устар.); 2) служитель божества, исполнитель соответствующих обрядовых, культовых действий. *Жрецы — служители древних культов.* ‖ *ж.* **служи́тельница**, -ы (к 1 и 2 знач.). ‖ *прил.* **служи́тельский**, -ая, -ое (к 1 и 2 знач.).

СЛУЖИ́ТЬ, служу́, слу́жишь; *несов.* **1.** Нести, исполнять службу (во 2, 3 и 6 знач.). *С. в министерстве. С. в армии. С. обедню.* **2.** *перен., кому-чему.* Делать что-н. для кого-чего-н., выполняя чью-н. волю, приказания, направлять свою деятельность на пользу чего-н. (высок.). *С. своему народу. С. искусству.* **3.** *чем.* Иметь своим назначением что-н., быть пригодным для чего-н. *Диван служит постелью. С. примером. С. доказательством.* **4.** (1 и 2 л. не употр.). Выполнять своё назначение. *Старый костюм пока ещё служит.* **5.** О собаках: стоять на задних лапах. *Шарик, служи!* ✦ **Чем могу служить?** (офиц.) — вежливый вопрос в знач. что Вам угодно?, что Вы хотите? **Рад служить** (офиц.) — вежливое выражение готовности оказать услугу. ‖ *сов.* **послужи́ть**, -жу́, -у́жишь (ко 2, 3, 4 и 5 знач.). ‖ *сущ.* **слу́жба**, -ы, *ж.* (ко 2 знач.) *и* **служе́ние**, -я, *ср.* (ко 2 знач. и к 1 знач. по 6 знач. сущ. служба; высок.). ‖ *прил.* **служе́бный**, -ая, -ое (к 1 знач. по 2 и 3 знач. сущ. служба).

СЛУ́ЖКА, -и, *м.* Слуга в монастыре или у архиерея.

СЛУКА́ВИТЬ *см.* лукавить.

СЛУПИ́ТЬ *см.* лупить[1].

СЛУХ, -а, *м.* **1.** Одно из внешних чувств человека и животного, органом к-рого служит ухо, способность воспринимать звуки. *Острый с. Воспринимать на с. Превратился (обратился) в с. кто-н.* (начал внимательно слушать). **2.** Способность правильно воспринимать и воспроизводить музыкальные звуки. *Музыкальный с. Абсолютный с. Играть по слуху* или *на с.* (без нот). **3.** Молва, известие о ком-чём-н. (обычно ещё ничем не подтверждённое). *Пустить с. Ложные слухи. Не всякому слуху верь* (посл.). *Слухом земля полнится* (посл.). ✦ **Ни слуху ни духу** *о ком-чём* (разг.) — нет никаких известий. **На слуху́** *что* (разг.) — о том, что постоянно звучит, слышится в речи, в разговорах. ‖ *прил.* **слухово́й**, -а́я, -о́е (к 1 и 2 знач.). *С. нерв. С. аппарат* (для людей с ослабленным слухом). ✦ **Слуховое окно** — окно на чердаке, в крыше.

СЛУХА́Ч, -а́, *м.* **1.** Специалист, принимающий на слух сигналы по радио. **2.** Человек с тонким музыкальным слухом; музыкант, способный воспроизводить музыку по слуху (разг.).

СЛУ́ЧАЕМ, *вводн. сл.* (прост.). То же, что случайно (см. случайный в 3 знач.). *Ты, с., с ним не знаком?*

СЛУ́ЧАЙ, -я, *м.* **1.** То, что произошло, случилось, происшествие. *С. из жизни. Его величество с.* (о всесильности независящих от человека случайных обстоятельств; книжн. ирон.). **2.** Подходящее время, обстоятельство. *Упустить с. Представился с. Стихи на с.* (к подходящему обстоятельству; устар.). **3.** То же, что случайность (во 2 знач.). *Успех работы не может зависеть от случая.* ✦ **В таком случае** — при таком условии, при данных обстоятельствах. *Он не может, в таком случае сделаю я.* **В любом случае** — при любых обстоятельствах, независимо ни от чего. *Он поможет в любом случае.* **В отдельных случаях** — иногда. *В отдельных случаях ошибается.* **В крайнем случае** — при крайней необходимости. *В лучшем случае* — при благоприятных обстоятельствах. **В случае** *чего, в знач. предлога с род. п.* — указывает на наличие каких-н. обстоятельств, при (в 4 знач.). *Обеспечение в случае болезни.* **В (том) случае если (бы)**, *союз* — выражает условие совершения чего-н. в будущем или в неопределённом временном плане. *В том случае если он задержится (если бы он задержался), он нас известит (он бы нас известил).* **В случае чего**, *вводн. сл.* (разг.) — если что-н. случится. *В случае чего, сообщи мне.* **Во всяком случае** — 1) то же, что в любом случае. *Что бы ни случилось, во всяком случае приду;* 2) союз, но всё-таки (разг.). *Пусть она некрасива, (но) во всяком случае мила.* **На всякий случай** — в предвидении неожиданного. *На всякий случай захватил зонтик.* **На крайний случай** (разг.) — то же, что в крайнем случае. **Ни в коем случае** — ни за что, ни при каких обстоятельствах. *Ни в коем случае не согласится.* **На случай** *чего, в знач. предлога с род. п.* — в предвидении чего-н., имея в виду что-н. *Взять зонт на случай дождя.* **На (тот) случай если (бы),** *союз* — то же, что если бы. *На (тот) случай если он откажется (если бы он отказался), поеду (поехал бы) я.* **От случая к случаю** — иногда, не постоянно. *Видимся от случая к случаю.* **По случаю** — о случайной продаже, покупке чего-н. *Купить по случаю.* **По случаю** *чего, предлог с род. п.* — из-за, по причине чего-н., по поводу чего-н. *Не поехали по случаю дождя. Гости по случаю дня рождения.* **При случае** (разг.) — когда будет возможность. *При случае поговорим.* **Тяжёлый случай** (разг., часто шутл.) — о чём-н. сложном или неприятном.

СЛУЧА́ЙНОСТЬ, -и, *ж.* **1.** *см.* случайный. **2.** Случайное обстоятельство. *Помешала с. По счастливой случайности.*

СЛУЧА́ЙНЫЙ, -ая, -ое **1.** Возникший, появившийся непредвиденно. *Случайная ошибка. С. гость. Случайное знакомство. Случайно* (нареч.) *встретиться.* **2.** Бывающий лишь иногда, от случая к случаю. *Случайные поручения.* **3. случа́йно,** *вводн. сл.* Выражает предложение, часто неодобрительное (прост.). *Ты, случайно, не домой идёшь? А он, случайно, не жулик ли?* ✦ **Не случайно** — не без причины, понятно почему. ‖ *сущ.* **случа́йность,** -и, *ж.* (к 1 и 2 знач.).

СЛУЧИ́ТЬ, -чу́, -чи́шь; -чённый (-ён, -ена́); *сов., кого (что).* Заставить (животных) совершить половой акт для получения приплода, спарить. ‖ *несов.* **случа́ть,** -а́ю, -а́ешь. ‖ *сущ.* **слу́чка,** -и, *ж.* ‖ *прил.* **случно́й,** -а́я, -о́е. *С. пункт.*

СЛУЧИ́ТЬСЯ, -чу́сь, -чи́шься; *сов.* **1.** (1 и 2 л. не употр.). Произойти, совершиться. *Что случилось? Случилась неприятность.* **2.** *безл., с неопр.* Прийтись, выпасть на чью-н. долю (разг.). *Случилось ночевать в лесу. Приятелям снова случилось встретиться. Приедешь снова? — Как случится* (т. е. будет зависеть от обстоятельств). **3.** Случайно оказаться, обнаружиться (разг.). *У меня не случилось* (безл.) *денег. Если случишься в городе, позвони. Приятеля не случилось* (безл.) *дома.* ‖ *несов.* **случа́ться,** -а́юсь, -а́ешься.

СЛУ́ШАТЕЛЬ, -я, *м.* **1.** Тот, кто слушает кого-что-н. *Внимательный с.* **2.** В нек-рых учебных заведениях: учащийся, студент. *С. военной академии. С. курсов.* ‖ *ж.* **слу́шательница,** -ы. ‖ *прил.* **слу́шательский,** -ая, -ое. *Слушательская аудитория.*

СЛУ́ШАТЬ, -аю, -аешь; -анный; *несов.* **1.** *кого-что.* Направлять слух на что-н. *С. музыку. Слушай, что тебе говорят* (т. е. принимай во внимание). **2.** *что.* Публично разбирать, обсуждать (офиц.). *С. дело в суде.* **3.** *кого-что.* Изучать, посещая лекции; посещать чьи-н. лекции. *С. высшую математику. В университете слушал лучших профессоров.* **4.** *кого-что.* Исследовать на слух. *Врач слушает больного.* **5.** *кого-что.* Следовать чьим-н. советам, приказам. *Не слушайте глупцов.* **6. слу́шай(те),** *вводн. сл.* Употр. как побуждающее обращение к кому-н. в начале речи (разг.). *Слушай, останься здесь!* **7.** *кого-что.* То же, что слышать (в 3 знач.). *С. Лемешева. С. оперу.* **8. слу́шаю,** *частица.* То же, что слушаюсь (см. слушаться во 2 знач.). ‖ *сов.* **прослу́шать,** -аю, -аешь (к 3 и 4 знач.) *и* **послу́шать,** -аю, -аешь (к 5 и 6 знач.). ‖ *сущ.* **слу́шание,** -я, *ср.* (к 1, 2 и 3 знач.) *и* **прослу́шивание,** -я, *ср.* (к 4 знач.). *Общественные слушания. Слушания в конгрессе. Прослушивание лёгких.*

СЛУ́ШАТЬСЯ, -аюсь, -аешься; *несов.* **1.** *кого* и (устар.) *чего.* Поступать согласно чьим-н. советам, распоряжениям, повиноваться. *С. родителей. С. добрых советов.* **2. слу́шаюсь,** *частица.* Ответ подчинённого в знач.: хорошо, будет исполнено, есть[3] (офиц.). ‖ *сов.* **послу́шаться,** -аюсь, -аешься (к 1 знач.).

СЛУШО́К, -шка́, *м.* (разг. неодобр.). То же, что слух (в 3 знач.). *Пустить с. Есть с., что... Обывательский с.*

СЛЫТЬ, слыву́, слывёшь; слыл, слыла́, слы́ло; *несов., кем-чем и за кого-что* (разг.). Быть известным в качестве кого-чего-н. *С. знатоком или за знатока.* ‖ *сов.* **прослы́ть,** -ыву́, -ывёшь; -ы́л, -ыла́, -ы́ло.

СЛЫ́ХАННЫЙ, -ая, -ое (разг.). **1. слыханное ли (слыхано ли) это дело?** — выражение удивления и неодобрения, осуждения. **2. где это слыхано?** — разве так можно, разве так бывает, делается?

СЛЫХА́ТЬ, наст. нет; *несов.* **1.** *кого-что.* То же, что слышать (в 1 и 4 знач.). *Слыхал выстрел? Я этого никогда не слыхал.* **2. слыха́ть,** *в знач. сказ. и вводн. сл.* То же, что слышно (см. слышный в 3, 4 и 5 знач.) (прост.). *Тихо в лесу, далеко слыхать. Ничего не слыхать. Слыхать, как дятел стучит. Что у вас слыхать? У него, слыхать, хорошие дела.* **3. слыхал? (слыхали?!).** Возглас, выражающий удивление и неодобрение, несогласие со сказанным (разг.). *Больше с тобой не дружу! — Слыхали?! Ну и ну!* ✦ **Слыхом не слыхать** *о ком-чём* (разг.) — совершенно ничего не известно о ком-чём-н. ‖ *сов.* **услыха́ть,** -ы́шу, -ы́шишь (к 1 знач.). ‖ *многокр.* **слы́хивать,** наст. не употр. *О таком у нас и не слыхивали.*

СЛЫ́ШАТЬ, -шу, -шишь; -анный; *несов.* **1.** *кого-что.* Различать, воспринимать что-н. слухом. *Слышишь: зовут. С. голоса спорящих.* **2.** Обладать слухом. *Старик не слышит* (глух). **3.** *кого-что.* Интеллектуально воспринимать на слух (оперу, пьесу, певца, музыканта, чтеца). *С. Шаляпина, Качалова. С. оперу «Пиковая дама».* **4.** *о ком-чём и с союзом «что».* Получать какие-н. сведения, узнавать. *Я слышал, что он скоро приедет.* **5.** *перен., что и с союзами «что», «как».* Замечать, чувствовать (разг.). *Слышу, что по руке ползёт муравей. Не слышит запахов.* **6. слы́шишь (слы́шите),** *вводн. сл.* Употр. для подтверждения сказанного (разг.). *Приходи непременно, слышишь!* ‖ *сов.* **услы́шать,** -шу, -шишь; -анный (к 1, 3 и 4 знач.).

СЛЫ́ШАТЬСЯ (-шусь, -шишься, 1 и 2 л. не употр.), -шится; *несов.* **1.** Быть слышным, звучать. *Слышится музыка.* **2.** Восприниматься (слухом или обонянием). *В голосе слышится тревога. Слышится запах сена.* ‖ *сов.* **послы́шаться** (-шусь, -шишься, 1 и 2 л. не употр.), -шится (не о запахе) *и* **услы́шаться** (-шусь, -шишься, 1 и 2 л. не употр.), -шится. *Послышалось* (безл.), *что кто-то стучит.*

СЛЫ́ШИМОСТЬ, -и, *ж.* **1.** Степень отчётливости звучания. *Хорошая, плохая с.* **2.** Возможность слышать, слушать кого-что-н. *Радиостанция вне зоны слышимости.*

СЛЫ́ШНЫЙ, -ая, -ое; -шен, -шна́, -шно, -шны́ *и* -шны. **1.** Такой, что можно слышать (в 1 знач.). *Еле с. шёпот.* **2.** *кр. ф.* Слышится, звучит; чувствуется. *Слышны шаги. В его словах слышна насмешка. Слышен запах духов.* **3. слы́шно,** *в знач. сказ., кого-что* и *с союзом «как».* Можно слышать (в 1 знач.). *Отсюда хорошо слышно музыку. Говорите громче, вас не слышно. Слышно, как поют птицы.* **4. слы́шно,** *в знач. сказ., о ком-чём.* Есть сведения, доходят вести (разг.). *Что слышно нового? О нём давно ничего не слышно. Слышно, что будут перемены.* **5. слы́шно,** *вводн. сл.* Кажется, как будто, есть сведения, что... (разг.). *У него, слышно, дела идут на лад.*

СЛЫШЬ и **СЛЫШЬ-КА,** *вводн. сл.* (прост.). **1.** Имей в виду, послушай. *С., он правду говорит. Они, слышь-ка, часто встречаются.* **2.** Кажется, как будто. *Он, с., сам придёт.* ✦ **Слышь ты,** *вводн. сл.* — то же, что слышь. слышь-ка. *Он, слышь ты, правду говорит. Он, слышь ты, сам едет.*

СЛЮБИ́ТЬСЯ (слюблю́сь, слю́бишься, 1 и 2 л. ед. не употр.), слю́бится; *сов.* (прост.) Полюбить друг друга. ✦ **Стерпится — слюбится** — посл. в знач.: притерпевшись, привыкнешь, полюбишь.

СЛЮДА́, -ы́, *ж.* Прозрачный слоистый минерал. ‖ *прил.* **слюдяно́й,** -а́я, -о́е. *Слюдяная жила. Слюдяное окошко* (в старину: со вставленными в рамы пластинами слюды).

СЛЮНА́, -ы́, *ж.* Бесцветная жидкость, выделяемая в полости рта человека и животного и смачивающая пищу при жевании. *Обильная с. Брызгать слюной* (также перен.: говорить взволнованно, с жаром, с гневом). ‖ *прил.* **слю́нный,** -ая, -ое. *Слюнные железы.*

СЛЮ́НИ, -е́й (разг.). То же, что слюна. *С. текут. С. распустить* (также перен.; прост. презр.: 1) проявить безволие, нерешительность. *При первой же неудаче раскис, с. распустил;* 2) расплакаться. *С ним пошутили, а он уж и с. распустил)* ‖ *уменьш.* **слю́нки,** -нок. *С. текут* (также перен.: о предвкушении чего-н. вкусного, заманчивого). *С. глотать* (также перен.: с завистью смотреть на то, чего у тебя нет чего очень хочется).

СЛЮНИ́ТЬ, -ню́, -ни́шь; -нённый (-ён, -ена́); *несов., что.* **1.** Смачивать слюной. *С. пальцы.* **2.** Пачкать слюной. *Не слюни страницы!* ‖ *сов.* **заслюни́ть,** -ню́, -ни́шь; -нённый (-ён, -ена́) (ко 2 знач.), **наслюни́ть,** -ню́, -ни́шь; -нённый (-ён, -ена) (к 1 знач.) *и* **послюни́ть,** -ню́, -ни́шь; -нённый (-ён, -ена́) (к 1 знач.).

СЛЮНООТДЕЛЕ́НИЕ, -я, *ср.* (спец.). Выделение слюны. *Обильное с.* ‖ *прил.* **слюноотдели́тельный,** -ая, -ое.

СЛЮНОТЕЧЕ́НИЕ, -я, *ср.* (спец.). Усиленное выделение слюны.

СЛЮНТЯ́Й, -я, *м.* (разг. презр.). Безвольный, бесхарактерный человек. ‖ *ж.* **слюнтя́йка,** -и. ‖ *прил.* **слюнтя́йский,** -ая, -ое.

СЛЮНЯ́ВИТЬ, -влю, -вишь; -вленный; *несов.* (разг.). То же, что слюнить. ‖ *сов.* **наслюня́вить,** -влю, -вишь; -вленный *и* **заслюня́вить,** -влю, -вишь; -вленный.

СЛЮНЯ́ВЫЙ, -ая, -ое; -я́в (разг.). **1.** Выпускающий слюни, с текущими слюнями. *С. ребёнок. С. рот.* **2.** Испачканный слюнями. *С. нагрудник.* ‖ *сущ.* **слюня́вость,** -и, *ж.* (к 1 знач.).

СЛЯ́КОТНЫЙ, -ая, -ое; -тен, -тна (разг.). Полный слякоти, со слякотью. *Слякотная зима, погода. Слякотная дорога. На улице* *слякотно* (в знач. сказ.). ‖ *сущ.* **слякотность**, -и, *ж.*

СЛЯ́КОТЬ, -и, *ж.* Жидкая грязь на земле, на дорогах. *Осенняя с. Поехали в самую с.* (когда на дорогах слякоть).

СЛЯ́МЗИТЬ, слямзю (редко), слямзишь; *сов., что* (прост.). Украсть, стащить. *Слямзили кошелёк.* ‖ *несов.* **лямзить**, лямзю (редко), лямзишь.

СЛЯ́ПАТЬ *см.* ляпать.

СМА́ЗАТЬ, смажу, смажешь; смажь; смазанный; *сов.* **1.** *кого-что.* Покрыть слоем какого-н. раствора, слоем чего-н. жирного, липкого, густого. *С. царапину йодом. С. лыжи мазью.* **2.** *что.* Размазав, стереть. *С. рукавом краску.* **3.** *перен., что.* Лишить чёткости, определённости, остроты (разг.). *С. вопрос при обсуждении.* **4.** *кого (что).* То же, что ударить (прост.). *С. по физиономии.* ‖ *несов.* **смазывать**, -аю, -аешь. ‖ *сущ.* **смазывание**, -я, *ср.* (к 1, 2 и 3 знач.) *и* **смазка**, -и, *ж.* (к 1 знач.). ‖ *прил.* **смазочный**, -ая, -ое (к 1 знач.).

СМА́ЗАТЬСЯ (смажусь, смажешься, 1 и 2 л. не употр.), смажется; *сов.* **1.** О краске, о чём-н. намазанном: сойти от трения, прикосновения. *Мазь смазалась.* **2.** *перен.* Лишиться чёткости, определённости, остроты (разг.). *Обсуждение вопроса смазалось.* ‖ *несов.* **смазываться** (-аюсь, -аешься, 1 и 2 л. не употр.), -ается. ‖ *сущ.* **смазывание**, -я, *ср.*

СМА́ЗКА, -и, *ж.* **1.** *см.* смазать. **2.** Состав, употр. для смазывания (в целях уменьшения трения, защиты от коррозии, для герметизации). *С. для колёс. Твёрдые смазки.* ‖ *прил.* **смазочный**, -ая, -ое. *Смазочные масла.*

СМАЗЛИ́ВЫЙ, -ая, -ое; -ив (разг.). Миловидный, хорошенький. *Смазливое личико.* ‖ *сущ.* **смазливость**, -и, *ж.*

СМАЗНО́Й, -ая, -ое (устар.). О кожевенных изделиях: смазываемый ворванью, дёгтем. *Смазные сапоги.*

СМА́ЗЧИК, -а, *м.* Рабочий, занимающийся смазкой чего-н. *С. колёс.* ‖ *ж.* **смазчица**, -ы.

СМАК, -а (-у), *м.* (разг.). **1.** Приятное вкусовое ощущение. *Есть со смаком. Рассказывать со смаком* (перен.: испытывая удовольствие от собственного рассказа). **2.** *перен.* Смысл, интерес, острота чего-н. *В этом эпизоде весь с. рассказа.*

СМАКОВА́ТЬ, -кую, -куешь; -ованный; *несов., что* (разг.). **1.** Есть, пить со смаком (в 1 знач.). *С. каждый кусок. С. апельсиновый сок.* **2.** *перен.* Делать, рассказывать, переживать что-н., испытывая особенное удовольствие. *С. новость.*

СМА́ЛЕЦ, -льца, *м.* Вытопленное нутряное свиное сало. ‖ *прил.* **смальцевый**, -ая, -ое.

СМАЛОДУ́ШЕСТВОВАТЬ *см.* малодушествовать.

СМАЛОДУ́ШНИЧАТЬ *см.* малодушничать.

СМА́ЛЬТА, -ы, *ж., собир.* Кубики или пластинки цветного непрозрачного стекла для мозаичных работ. ‖ *прил.* **смальтовый**, -ая, -ое.

СМАНЕВРИ́РОВАТЬ *см.* маневрировать.

СМАНИ́ТЬ, сманю, сманишь; сманенный *и* сманённый (-ён, -ена); *сов., кого (что).* **1.** Созвать в одно место, привлекая приманкой. *С. птиц в сеть.* **2.** То же, что переманить (разг.). *С. кого-н. на другую работу, на новое место.* ‖ *несов.* **сманивать**, -аю, -аешь. ‖ *сущ.* **сманивание**, -я, *ср.*

СМАРА́ГД, -а, *м.* (устар.). То же, что изумруд. ‖ *прил.* **смарагдовый**, -ая, -ое.

СМАСТЕРИ́ТЬ *см.* мастерить.

СМА́ТЫВАТЬ, -СЯ *см.* смотать, -ся.

СМА́ХИВАТЬ[1], -аю, -аешь; *несов., на кого-что* (разг.). Быть похожим на кого-что-н. *С. на жулика. Его остроты смахивают на грубость.*

СМА́ХИВАТЬ[2] *см.* смахнуть.

СМАХНУ́ТЬ, -ну, -нёшь; смахнутый; *сов., кого-что.* Быстрым, резким движением удалить с поверхности чего-н. или уронить. *С. крошки со стола. С. пыль щёткой. Ветром смахнуло* (безл.) *бумаги.* ‖ *несов.* **смахивать**, -аю, -аешь.

СМА́ЧИВАТЬ *см.* смочить.

СМА́ЧНЫЙ, -ая, -ое; -чен, -чна *и* -чна, -чно (разг.). **1.** Вкусный (в 1 знач.) (обычно о жирном, сладком). *С. кусок.* **2.** *перен.* Выразительный, сочный (в 4 знач.). *Смачное словцо.* ‖ *сущ.* **смачность**, -и, *ж.*

СМЕЖИ́ТЬ, -жу, -жишь; -жённый (-ён, -ена); *сов., что* (книжн.). Сомкнуть, закрыть (глаза, веки, уста). *Сон смежил глаза.* ‖ *несов.* **смежать**, -аю, -аешь.

СМЕ́ЖНИК, -а, *м.* Предприятие, а также лицо, связанное с другим в производстве продукции. *Заводы-смежники.*

СМЕ́ЖНЫЙ, -ая, -ое; -жен, -жна. **1.** Находящийся непосредственно рядом, имеющий общую границу. *Смежные участки. Смежные комнаты* (также о комнатах, соединённых дверью). *Смежные углы* (в геометрии: у к-рых одна сторона общая, а две другие лежат на одной прямой). **2.** *перен.* Тесно соприкасающийся, близкий. *Смежные профессии. Смежные понятия.* ‖ *сущ.* **смежность**, -и, *ж.*

СМЕКА́ЛИСТЫЙ, -ая, -ое; -ист (разг.). Сообразительный, с хорошей смекалкой, сметливый. *С. парень.* ‖ *сущ.* **смекалистость**, -и, *ж.*

СМЕКА́ЛКА, -и, *ж.* (разг.). Сообразительность, сметливость. *Рабочая с.*

СМЕКА́ТЬ, -аю, -аешь; *несов., в чём или что* (прост.). Соображать, догадываться о чём-н. *Он смекает в этом деле* или *это дело.* ‖ *сов.* **смекнуть**, -ну, -нёшь.

СМЕЛЕ́ТЬ, -ею, -еешь; *несов.* Становиться смелым, решительным, смелее, решительнее. ‖ *сов.* **осмелеть**, -ею, -еешь.

СМЕ́ЛОСТЬ, -и, *ж.* **1.** *см.* смелый. **2.** Смелое поведение, решимость. *Не хватило смелости.* ✦ **Взять на себя смелость (сделать)** *что* — осмелиться, решиться на что-н.

СМЕ́ЛЫЙ, -ая, -ое; смел, смела, смело, смелы *и* смелы. **1.** Не знающий страха, решительный. *С. человек. С. поступок. Действовать смело* (нареч.) *и решительно.* **2.** Отличающийся новизной и оригинальностью, новаторский. *Смелая мысль. Смелое решение.* **3.** *перен.* Выходящий за границы принятого, приличного, вызывающий. *Смелая шутка. С. туалет.* **4. смело,** *нареч.* С лёгкостью, без помехи, затруднений (разг.). *За столом смело поместятся пять человек.* **5. смело,** *нареч.* С полной уверенностью (разг.). *Можно смело утверждать что-н. Кончил дело — гуляй смело* (посл.). ✦ **Кто смел, тот и съел** — посл. в знач.: выигрывает тот, кто действует решительно, без стеснения. ‖ *сущ.* **смелость**, -и, *ж.* (к 1, 2 и 3 знач.).

СМЕЛЬЧА́К, -а, *м.* (разг.). Смелый человек. *Такого смельчака поискать!* (т. е. такие смельчаки редки).

СМЕ́НА, -ы, *ж.* **1.** *см.* сменить, -ся. **2.** Промежуток времени, по истечении к-рого сменяются работающие, какие-н. группы людей. *Завод работает в две смены. Дежурить в ночную смену.* **3.** Группа людей, работающая, действующая в такой промежуток. *Пришла вечерняя с.* **4.** Тот (те), кто приходит, возникает, заменяя собой кого-что-н. *Ветеранам подрастает достойная с. Готовить себе смену.* **5.** Комплект периодически сменяемой одежды. *Две смены белья.* ✦ **На смену** (прийти, появиться) — чтобы сменить, заменить собою. *Он устал, я иду на смену.* **На смену** *кому-чему, в знач. предлога с дат. п.* — вслед за кем-чем-н., заменяя собой кого-что-н. *На смену дождям пришли солнечные дни.* ‖ *прил.* **сменный**, -ая, -ое (ко 2 и 3 знач.).

СМЕНИ́ТЬ, сменю, сменишь; сменённый (-ён, -ена); *сов.* **1.** *что.* Использовав, переменить, заменить одно другим. *С. бельё. С. обувь.* **2.** *кого-что.* Заменить другим. *С. заведующего. С. работу.* **3.** *кого (что).* Начать действовать вместо другого, заняв чьё-н. место. *С. сиделку у постели больного. С. дежурного.* **4.** *кого-что.* Появиться вслед за кем-чем-н., заменяя собой кого-что-н. *Ветеранов сменили молодые. Прохлада сменила зной.* ‖ *несов.* **сменять**, -яю, -яешь. ‖ *сущ.* **смена**, -ы, *ж.* ‖ *прил.* **сменный**, -ая, -ое (к 1 и 3 знач.).

СМЕНИ́ТЬСЯ, сменюсь, сменишься; *сов.* **1.** Замениться другим, другими (на какой-н. должности, месте). *На заводе сменилось руководство.* **2.** Освободиться, дождавшись того (тех), кто должен прийти на смену. *С. с дежурства.* **3.** (1 и 2 л. не употр.). Пройти, исчезнуть, заменившись чем-н. *Зной сменился прохладой.* ‖ *несов.* **сменяться**, -яюсь, -яешься. ‖ *сущ.* **смена**, -ы, *ж.* ‖ *прил.* **сменный**, -ая, -ое (ко 2 знач.).

СМЕ́ННОСТЬ, -и, *ж.* **1.** *см.* сменный. **2.** Работа по сменам (во 2 знач.). *Установить с. на работе.*

СМЕ́ННЫЙ, -ая, -ое. **1.** *см.* смена *и* сменить, -ся. **2.** Подлежащий замене, время от времени сменяемый. *Сменное оборудование.* ‖ *сущ.* **сменность**, -и, *ж.* *Коэффициент сменности оборудования.*

СМЕ́НЩИК, -а, *м.* Работник, исполняющий свои обязанности посменно с другим (с другими). *Передать станок сменщику.* ‖ *ж.* **сменщица**, -ы. ‖ *прил.* **сменщицкий**, -ая, -ое.

СМЕНЯ́ЕМЫЙ, -ая, -ое; -ем. Такой, к-рый сменяется другим, заменяется. *Сменяемые детали.* ‖ *сущ.* **сменяемость**, -и, *ж.*

СМЕНЯ́ТЬ[1], -яю, -яешь; сменянный; *сов., кого-что* (разг.). Произвести обмен кого-чего-н. на кого-что-н. *С. кукушку на ястреба* (посл.: сменять плохое на худшее).

СМЕНЯ́ТЬ[2] *см.* сменить.

СМЕРД, -а, *м.* В Древней Руси: крестьянин, земледелец. *Свободные смерды. Закабаление смердов.*

СМЕРДЕ́ТЬ, -ржу, -рдишь; *несов.* Испускать зловоние, смрад. *Смердящая падаль.*

СМЕ́РИТЬ *см.* мерить.

СМЕРКА́ТЬСЯ, -ается; *безл.; несов.* О наступлении сумерек. *На дворе смеркается.* ‖ *сов.* **смеркнуться**, -нется; -клось.

СМЕРТЕ́ЛЬНЫЙ, -ая, ое; -лен, -льна. **1.** *см.* смерть. **2.** Приводящий к смерти. *Смертельная рана.* **3.** Крайне ожесточённый, такой, к-рый ведёт к полному поражению (высок.). *Нанести с. удар по врагу. Смертельная борьба.* **4.** Предельный в своём проявлении. *Смертельная вражда, ненависть. С. враг* (ненавистный, с к-рым не может быть примирения). **5.** *перен.* О чём-н. отрицательном, неприятном: очень сильный, крайний (разг.). *Смертельная скука. Смертельно* (нареч.) *устал.* ‖ *сущ.* **смертельность**, -и, *ж.*

СМЕ́РТНИК, -а, *м.* **1.** Человек, к-рый приговорён к смертной казни. *Камера смертников.* **2.** Тот, кто обречён или обрекает себя на близкую смерть. ‖ *ж.* **сме́ртница**, -ы.

СМЕ́РТНОСТЬ, -и, *ж.* Количество смертей. *Сокращение смертности.*

СМЕ́РТНЫЙ, -ая, -ое; -тен, -тна. **1.** *см.* смерть. **2.** Живущий не вечно, такой, к-рого ждёт смерть. *Все люди смертны. Простой или обыкновенный с.* (сущ.; обыкновенный человек). **3.** *перен.* То же, что смертельный (в 3 знач.) (высок.). *Подняться на с. бой.* **4.** *перен.* То же, что смертельный (в 5 знач.) (разг.). *Скука смертная. Смертным боем бить* (очень сильно, жестоко). ✦ **Смертная казнь** — то же, что казнь. **Смертный грех** — самый тяжёлый грех, непростительный поступок.

СМЕРТОНО́СНЫЙ, -ая, -ое; -сен, -сна (высок.). Лишающий жизни, несущий смерть. *С. яд. Смертоносное оружие.* ‖ *сущ.* **смертоно́сность**, -и, *ж.*

СМЕРТОУБИ́ЙСТВО, -а, *ср.* (устар.). То же, что убийство.

СМЕРТЬ, -и, *мн.* -и, -е́й, *ж.* **1.** Прекращение жизнедеятельности организма. *Клиническая с.* (короткий период после прекращения дыхания и сердечной деятельности, в к-рый ещё сохраняется жизнеспособность тканей). *Биологическая с.* (необратимое прекращение биологических процессов в клетках и тканях организма). *Насильственная с.* (убийство). *Скоропостижная с. Погибнуть смертью героя. Быть при́ смерти* (умирать). *Смерти в глаза смотреть* (смерть близка; высок.). *Его (тебя) только за смертью посылать* (о том, кто выполняет поручение медленно, с большой задержкой; разг. неодобр. и шутл.). *Своей смертью умереть* (умереть естественной смертью). *Двум смертям не бывать, а одной не миновать* (посл.). *Бледен как с.* (очень бледен). **2.** *перен.* Конец, полное прекращение какой-н. деятельности. *Политическая с. Творческая неудача для него — с.* **3.** *в знач. сказ.* и *нареч.* Очень, в высшей степени, очень много, ужас (в 5 знач.) (прост.). *Народу с. сколько! Устали с.! С. пить хочется.* ✦ **Смерть как (какой)** (прост.) — то же, что ужас как (какой). *Смерть как устал. С. какой голодный.* **До́ смерти** (разг.) — очень, крайне. *Устал до смерти.* ‖ *прил.* **смерте́льный**, -ая, -ое *и* **сме́ртный**, -ая, -ое (к 1 знач.; устар. и высок.). *Смертельный исход болезни. Смертельный случай. Смертный час. На смертном одре* (об умирающем).

СМЕРЧ, -а, *м.* Вихрь, возникающий в грозовом облаке, поднимающий столбом воду, песок. ‖ *прил.* **смерчево́й**, -а́я, -о́е. *Смерчевая туча.*

СМЕСИ́ТЕЛЬ, -я, *м.* Аппарат, приспособление для приготовления смесей, для смешивания.

СМЕСИ́ТЬ, СМЕСИ́ТЕЛЬНЫЙ *см.* месить.

СМЕСТИ́, смету́, сметёшь; смёл, смела́; смётший; сметённый (-ён, -ена́); сметя́; *сов., что.* **1.** Метя́, разметывая (см. разметать[1]), сбросить с поверхности чего-н., отбросить. *С. крошки со стола. Ураган смёл всё на своём пути. С. (стереть) с лица земли кого-что-н.* (перен.: уничтожить, истребить совершенно; высок.). **2.** Метя́, сгрести в одно место, в кучу. *С. мусор в угол.* ‖ *несов.* **смета́ть**, -а́ю, -а́ешь. ‖ *сущ.* **смета́ние**, -я, *ср.*

СМЕСТИ́ТЬ, смещу́, смести́шь; смещённый (-ён, -ена́); *сов.* **1.** *что.* Сдвинуть, изменить положение чего-н. *С. точку наблюдения.* **2.** *кого (что).* Уволить с занимаемого места, должности. *С. заведующего.* ‖ *несов.* **смеща́ть**, -а́ю, -а́ешь. ‖ *сущ.* **смеще́ние**, -я, *ср.*

СМЕСТИ́ТЬСЯ, смещу́сь, смести́шься; *сов.* Сдвинуться с места, изменить своё положение. *Пласты горных пород сместились.* ‖ *несов.* **смеща́ться**, -а́юсь, -а́ешься. ‖ *сущ.* **смеще́ние**, -я, *ср.*

СМЕСЬ, -и, *ж.* **1.** Совокупность чего-н. разного, разнородного, собранного вместе. *Конфеты-с. С. всякой всячины.* **2.** Продукт смешения, механического соединения каких-н. веществ. *Горючая с.* ‖ *прил.* **смесе́вый**, -ая, -ое (ко 2 знач.; спец.) *и* **сме́совый**, -ая, -ое (ко 2 знач.; спец.). *Смесевая пряжа. Смесовые ткани.*

СМЕ́ТА, -ы, *ж.* Исчисление предстоящих расходов и доходов. *Составить смету. С. расходов. С. на строительство.* ‖ *прил.* **сме́тный**, -ая, -ое. *Сметная стоимость.*

СМЕТА́НА, -ы, *ж.* Молочный продукт из кислых сливок. *Щи со сметаной.* ‖ *прил.* **смета́нный**, -ая, -ое.

СМЕТА́ТЬ[1-2] *см.* метать[1-2].

СМЕТА́ТЬ[3] *см.* смести.

СМЕ́ТЛИВЫЙ, -ая, -ое; -ив *и* **СМЕТЛИ́ВЫЙ**, -ая, -ое; -и́в. Обладающий смёткой[1], догадливый. *С. ученик.* ‖ *сущ.* **сме́тливость**, -и, *ж. и* **сметли́вость**, -и, *ж.*

СМЕ́ТЧИК, -а, *м.* Специалист по составлению производственных смет. *Инженер-с.* ‖ *ж.* **сме́тчица**, -ы.

СМЕТЬ, сме́ю, сме́ешь; *несов., с неопр.* **1.** Иметь смелость, осмеливаться. *Не с. спорить.* **2.** Иметь право. *Никто не смеет нарушать закон.* ✦ **Не смей(те)!** (разг.) — строгое запрещение что-н. делать. *Не смей брать мои вещи!* ‖ *сов.* **посме́ть**, -е́ю, -е́ешь. ✦ **Посмей только!** (разг.). — угрожающее предупреждение не делать чего-н.

СМЕХ, -а (-у), *м.* **1.** Короткие характерные голосовые звуки, выражающие веселье, радость, удовольствие, а также насмешку, злорадство и другие чувства. *Весёлый с. С. сквозь слёзы* (печальный смех). *Покатиться со́ смеху* (расхохотаться; разг.). *Со́ смеху умирали* (очень сильно смеялись; разг.). *Не до смеху* (нет ничего смешного, весёлого в чём-н.; разг.). **2.** Нечто смешное, достойное насмешки (разг.). *Это не занятие, а просто с. Такой ответ — прямо с. С. да и только!* ✦ **Без смеху** (разг.) — серьёзно, не шутя. **И смех и грех** (разг.) — и смешно и досадно. **На́ смех** (разг. неодобр.) — ради насмешки. *Сказать на смех.* **На́ смех поднять кого** (разг.) — посмеяться, насмеяться над кем-н. *Поднять на смех невежду.* **Смеху подобно** — смешно и нелепо. *Такое утверждение смеху подобно.* **Смеху ради (для смеха)** (разг.) — ради шутки, насмешки. ‖ *прил.* **смехово́й**, -а́я, -о́е (к 1 знач.; спец.).

СМЕХОТА́, -ы́, *ж.* (прост.). То же, что смех (во 2 знач.).

СМЕХОТВО́РНЫЙ, -ая, -ое; -рен, -рна. Совершенно неосновательный, способный возбудить только смех, смешной (в 3 знач.). *Смехотворные оправдания. С. случай.* ‖ *сущ.* **смехотво́рность**, -и, *ж.*

СМЕ́ШАННЫЙ, -ая, -ое; -ан. **1.** Образовавшийся путём смешения чего-н.; являющийся помесью. *Смешанные породы.* **2.** Состоящий из разнородных, разных частей, элементов, участников. *С. лес.* ‖ *сущ.* **сме́шанность**, -и, *ж.*

СМЕША́ТЬ *см.* мешать[2] *и* смешивать.

СМЕША́ТЬСЯ[1], -а́юсь, -а́ешься; *сов.* **1.** *см.* мешаться[2]. **2.** (1 и 2 л. не употр.). Соединиться с чем-н., образуя смесь (во 2 знач.), перемешаться. *Краски смешались.* **3.** Слиться с кем-чем-н. в одно целое. *С. с толпой.* ‖ *несов.* **сме́шиваться**, -аюсь, -аешься (ко 2 и 3 знач.). ‖ *сущ.* **смеше́ние**, -я, *ср.* (ко 2 знач.).

СМЕША́ТЬСЯ[2], -а́юсь, -а́ешься; *сов.* **1.** *см.* мешаться. **2.** Смутиться, прийти в замешательство. *Рассказчик смешался и замолчал.*

СМЕ́ШИВАТЬ, -аю, -аешь; *несов.* **1.** *что с чем.* Соединять, составляя смесь. *С. песок с водой.* **2.** *кого-что с кем-чем.* Путать, принимая одного (одно) за другого (другое). *Близнецы так похожи, что мать их смешивает.* ‖ *сов.* **смеша́ть**, -а́ю, -а́ешь (к 1 знач.). ‖ *сущ.* **сме́шивание**, -я, *ср.* (к 1 знач.).

СМЕШИ́НКА, -и, *ж.* (разг.). Усмешка, лёгкий смех. *Произнести со смешинкой. С. в рот попала* (о смешливом настроении, о желании всё время смеяться; шутл.).

СМЕШИ́ТЬ, -шу́, -ши́шь; *несов., кого (что).* Возбуждать в ком-н. смех. *С. шутками. Ты меня смешишь* (ты не прав, говоришь глупости; разг.). ‖ *сов.* **насмеши́ть**, -шу́, -ши́шь *и* **рассмеши́ть**, -шу́, -ши́шь; -шённый (-ён, -ена́). *Поспешишь — людей насмешишь* (посл.).

СМЕШЛИ́ВЫЙ, -ая, -ое; -и́в. Склонный к смеху. *Смешливая девушка. Смешливое настроение.* ‖ *сущ.* **смешли́вость**, -и, *ж.*

СМЕШНО́Й, -а́я, -о́е; -шо́н, -шна́. **1.** Вызывающий смех. *С. анекдот. Смешно* (нареч.) *рассказывать.* **2.** Достойный насмешки. *С. наряд. Наивен до смешного* (сущ.). *Смешно* (в знач. сказ.) *спрашивать!* (само собой разумеется). *Смешно* (в знач. сказ.) *сказать, но...* (как ни странно, но...). **3.** *перен.* Нелепый, ни с чем не сообразный (разг.). *Смешные требования, претензии.*

СМЕШО́К, -шка́, *м.* (разг.). Короткий, не сильный смех. *Среди собравшихся прошёл с. Нервный с.*

СМЕЩА́ТЬ, -СЯ *см.* сместить, -ся.

СМЕЯ́ТЬСЯ, смею́сь, смеёшься; *несов.* **1.** Издавать смех. *С. от души* (искренне). *С. до упаду, до слёз. Смеётся тот, кто смеётся последний* (посл. о том, что лишь конец дела решит, кто был прав, на чьей стороне успех). **2.** *над кем-чем.* То же, что насмехаться. *С. над глупостью. С., право, не грешно над тем, что кажется смешно* (афоризм). *Не смейся горох, не лучше бобов* (стар. посл.: совет вести себя скромно, не смеяться над другими). **3.** *перен., над кем-чем.* Пренебрегать кем-чем-н., не знать страха перед кем-чем-н. *С. над опасностью или перед лицом опасности.* **4.** *перен.* Говорить в шутку, несерьёзно. *Не принимай всерьёз: он смеётся.* ‖ *сов.* **посмея́ться**, -ею́сь, -еёшься (ко 2, 3 и 4 знач.).

СМЁРЗНУТЬСЯ (-нусь, -нешься, 1 и 2 л. не употр.), -нется; смёрзся, смёрзлась; смёрзшийся; смёрзшись; *сов.* Соединиться, примёрзнув друг к другу. *Куски льда смёрзлись. Смёрзшийся грунт.* ‖ *несов.* **смерза́ться** (-а́юсь, -а́ешься, 1 и 2 л. не употр.), -а́ется. ‖ *сущ.* **смерза́ние**, -я, *ср.*

СМЁТКА[1], -и, *ж.* (разг.). Способность быстро соображать, рассчитывать. *Рабочая с.*

СМЁТКА[2], **СМЁТОЧНЫЙ** *см.* метать[2].

СМИ́ЛОВАТЬСЯ, -луюсь, -луешься *и* **СМИ́ЛОСТИВИТЬСЯ**, -влюсь, -вишься; *сов., над кем-чем* (устар.). Сжалиться, проявить милосердие. *С. над виноватым.*

СМИНА́ТЬ, -а́ю, -а́ешь; *несов.* **1.** *см.* смять. **2.** *что.* То же, что мять (во 2 знач.).

СМИРЕ́НИЕ, -я, *ср.* **1.** *см.* смириться. **2.** Отсутствие гордости, готовность подчиняться чужой воле. *Показное с.*

СМИРЕ́ННИК, -а, *м.* (ирон.). Смиренный человек. ‖ *ж.* **смире́нница**, -ы. ‖ *прил.* **смире́ннический**, -ая, -ое.

СМИРЕ́ННЫЙ, -ая, -ое; -е́н, -е́нна. Проникнутый смирением. *С. вид. Смиренно* (нареч.) *просить.* ‖ *сущ.* **смире́нность**, **-и**, *ж.*

СМИРИ́ТЬ, -рю́, -ри́шь; -рённый (-ён, -ена́); *сов., кого-что* (книжн.). Усмирить, укротить. *С. дикого зверя. С. непокорных. С. свою гордость.* ‖ *несов.* **смиря́ть**, **-я́ю**, **-я́ешь**. ‖ *прил.* **смири́тельный**, **-ая**, **-ое** (устар.). ✦ **Смирительная рубашка** — одежда для буйных душевнобольных, лишающая их возможности двигаться.

СМИРИ́ТЬСЯ, -рю́сь, -ри́шься; *сов., с кем-чем и перед кем-чем* (книжн.). Примириться с кем-чем-н., покориться кому-чему-н. *С. с судьбой. С. перед неизбежностью.* ‖ *несов.* **смиря́ться**, **-я́юсь**, **-я́ешься**. ‖ *сущ.* **смире́ние**, **-я**, *ср.* (устар.).

СМИ́РНЫЙ, -ая, -ое; -рен; -рна́, -рно, -рны *и* -рны́. Спокойный, тихий, покорный. *Смирная лошадь. Смирно* (нареч.) *вести себя. Смирно!* (команда: стоять навытяжку, неподвижно). ‖ *сущ.* **сми́рность**, **-и**, *ж.*

СМОГ, -а, *м.* В больших городах: удушливый туман, смешанный с выхлопными газами, дымом и копотью. *Над городом повис с.* ‖ *прил.* **смо́говый**, **-ая**, **-ое**.

СМОДЕЛИ́РОВАТЬ *см.* моделировать.

СМО́КВА, -ы, *ж.* Плод смоковницы, винная ягода. ‖ *прил.* **смоко́вный**, -ая, -ое *и* **смо́квичный**, **-ая**, **-ое**.

СМО́КИНГ, -а, *м.* Вечерний чёрный пиджак с открытой грудью и длинными, обшитыми шёлком лацканами. ‖ *прил.* **смо́кинговый**, -ая, -ое.

СМОКО́ВНИЦА, **-ы**, *ж.* То же, что инжир. ✦ **Бесплодная смоковница** (устар. неодобр.) — бездетная женщина. ‖ *прил.* **смоко́вничный**, -ая, -ое.

СМОЛА́, -ы́, *мн.* смо́лы, смол, смо́лам, *ж.* **1.** Липкий, твердеющий на воздухе сок хвойных и нек-рых других растений. *Сосновая с. Ископаемая с.* (янтарь). *Пристал как с.* (о неотвязном, назойливом человеке; разг.). *Синтетическая с.* **2.** *перен.* Приставала, тот кто липнет (во 2 знач.), неотвязно пристаёт к кому-н. (прост.). ‖ *прил.* **смоляно́й**, **-а́я**, **-о́е** (к 1 знач.) *и* **смолево́й**, **-а́я**, **-о́е** (к 1 знач.).

СМОЛЁНЫЙ, -ая, -ое. Подвергшийся смолению. *Смолёная лодка.*

СМОЛИ́СТЫЙ, -ая, -ое; -и́ст. **1.** Содержащий смолу или много смолы. *Смолистое вещество. Смолистое дерево.* **2.** Пахнущий, отдающий смолой. *С. запах. С. воздух.* ‖ *сущ.* **смоли́стость**, **-и**, *ж.*

СМОЛИ́ТЬ, -лю́, -ли́шь; -лённый (-ён, -ена́); *несов., что.* **1.** Покрывать или пропитывать смолой, смолистым веществом. *С. канат, лодку, лыжи.* **2.** То же, что курить (в 1 знач.) (прост.). *С. цигарку.* ‖ *сов.* **вы́смолить**, **-лю**, **-лишь**; -ленный (к 1 знач.) *и* **осмоли́ть**, -лю́, -ли́шь; -лённый (-ён, -ена́) (к 1 знач.). ‖ *сущ.* **смоле́ние**, **-я**, *ср.* (к 1 знач.).

СМО́ЛКНУТЬ, -ну, -нешь; смолк *и* смо́лкнул, смо́лкла; смо́лкший *и* смо́лкнувший; смо́лкнув *и* смо́лкши; *сов.* Перестать звучать или перестать говорить. *Голоса смолкли. Рассказчик смолк.* ‖ *несов.* **смолка́ть**, -а́ю, -а́ешь. *Споры не смолкают.*

СМО́ЛОДУ, *нареч.* С молодого возраста. *Береги честь с.* (посл.).

СМОЛОКУ́Р, -а, *м.* Работник, занимающийся смолокурением.

СМОЛОКУРЕ́НИЕ, -я, *м.* Выгонка смолы из хвойных деревьев.

СМОЛОКУ́РЕННЫЙ, -ая, -ое. Относящийся к курению смолы, к работе смолокура.

СМОЛОКУ́РНЯ, -и, *род. мн.* -рен, *ж.* Предприятие для смолокурения.

СМОЛО́ТЬ *см.* молоть[1].

СМОЛЧА́ТЬ, -чу́, -чи́шь; *сов.* Не возразить, промолчать в ответ на что-н. *С. в ответ на упрёк.*

СМОЛЬ: **как смоль** — смоляной (о волосах). *Борода как смоль. Волосы, чёрные как смоль.*

СМОЛЯНО́Й, -а́я, -о́е. **1.** *см.* смола. **2.** О волосах: очень чёрный. *Смоляная борода.*

СМОНТИ́РОВАТЬ *см.* монтировать.

СМОРГНУ́ТЬ, -ну́, -нёшь; *сов., что.* Моргнув, удалить. *С. слезу.* ✦ **Глазом не сморгнуть** (разг.) — не обнаружить никакого смущения. *Соврёт и глазом не сморгнёт.* ‖ *несов.* **сма́ргивать**, -аю, -аешь.

СМОРИ́ТЬ, -рю́, -ри́шь; -рённый (-ён, -ена́); *сов., кого-что* (разг.). Изнурить, одолеть, осилить. *Усталость, жара сморила путников. Сон сморил кого-н.* (не стало сил бороться со сном). ‖ *несов.* **сма́ривать**, -аю, -аешь.

СМОРКА́ТЬ, -а́ю, -а́ешь; *несов., что.* Резким выдыхательным движением очищать (нос) от слизи. *С. нос. С. кровь из носа.* ‖ *однокр.* **сморкну́ть**, -ну́, -нёшь. ‖ *сов.* **вы́сморкать**, -аю, -аешь. ‖ *сущ.* **сморка́нье**, *-я, ср.*

СМОРКА́ТЬСЯ, -а́юсь, -а́ешься; *несов.* Резким выдохом очищать нос от слизи. *С. в носовой платок.* ‖ *однокр.* **сморкну́ться**, -ну́сь, -нёшься. ‖ *сов.* **вы́сморкаться**, -аюсь, -аешься. ‖ *сущ.* **сморка́нье**, *-я, ср.*

СМОРО́ДИНА, -ы, *ж.* Кустарник со съедобными кисловато-сладкими ягодами, а также самые ягоды. *Красная, чёрная, белая с.* ‖ *прил.* **сморо́динный**, -ая, -ое *и* **сморо́диновый**, -ая, -ое. *Смородинное варенье. Смородиновый куст.*

СМОРО́ДИННИК, -а, *м., собир.* Заросль смородины.

СМОРО́ЗИТЬ, -о́жу, -о́зишь; *сов., что* (прост.). Сказать (какой-н. вздор, глупость). *Сморозил какую-то чушь.*

СМОРЧО́К, -чка́, *м.* **1.** Весенний съедобный сумчатый гриб с толстой и удлинённой сморщенной шляпкой. **2.** *перен.* Малорослый и невзрачный человек (разг. пренебр.). ‖ *прил.* **сморчко́вый**, -ая, -ое (к 1 знач.).

СМО́РЩИТЬ, **-СЯ** *см.* морщить, -ся.

СМОТА́ТЬ, -а́ю, -а́ешь; смо́танный; *сов., что.* Мотая, собрать, намотать. *С. пряжу. С. провод. С. удочки* (также перен.: то же, что смотаться в 1 знач.; прост.). ‖ *несов.* **сма́тывать**, **-аю**, **-аешь**. ‖ *сущ.* **сма́тывание**, **-я**, *ср.* *и* **смо́тка**, **-и**, *ж.*

СМОТА́ТЬСЯ, -а́юсь, -а́ешься; *сов.* (прост.). **1.** Уйти, уехать откуда-н., убраться куда-н. **2.** То же, что сходить[1] (во 2 знач.). ‖ *несов.* **сма́тываться**, -аюсь, -аешься (к 1 знач.).

СМОТР, -а, *м.* **1.** (на смотру́, *мн.* -ы́, -о́в). Официальный осмотр чего-н., ознакомление с чем-н., проверка. *С. войск. Строевой с.* **2.** (на смо́тре, *мн.* -ы, -ов). Публичный показ результатов деятельности, общественная проверка чего-н. *С. коллективов художественной самодеятельности. С.-конкурс.* ‖ *прил.* **смотрово́й**, -а́я, -о́е. *Смотровая выправка. Смотровая комиссия.*

СМОТРЕ́ТЬ, смотрю́, смо́тришь; смо́тренный; *несов.* **1.** *на кого-что и во что.* Направлять взгляд, чтобы увидеть кого-что-н., глядеть. *С. на собеседника. С. в окно. С. в глаза кому-н.* (также перен.: о правдивом, честном взгляде). *С. вперёд* (также перен.: думать о будущем, о том, что предстоит). **2.** *кого-что.* Присутствуя где-н. и рассматривая, знакомиться с кем-чем-н., изучать. *С. картины. С. выставку. С. объявление.* **3.** *что.* То же, что видеть (в 7 знач.). *С. пьесу, фильм, телепередачу.* **4.** *кого-что.* Производить осмотр, обследование. *Врач смотрит больного. С. пусковой объект.* **5.** *за кем-чем.* Иметь попечение, заботиться о ком-чём-н. *С. за детьми. С. за порядком.* **6.** *на кого-что.* Брать пример с кого-н., считаться с кем-н. (разг.). *Не смотрите на лентяев.* **7.** *на кого-что.* Так или иначе относиться к кому-чему-н., оценивать кого-что-н. *С. на вещи просто. Как ты смотришь на это дело?* **8.** *кем-чем.* Иметь какой-н. вид (разг.). *С. молодцом.* **9.** (1 и 2 л. не употр.). Быть обращённым, повёрнутым куда-н. *Окна смотрят в сад. Дом смотрит в переулок.* **10.** **смотри́** **(-те)**, обычно *с отриц., в знач. частицы.* Выражает предостережение, предупреждение. *Смотрите, не опоздайте! Смотри у меня!* (угроза). *Смотри не трусь! (не трусить!). Смотри же приходи, я жду.* **11.** **смотрю́**, **смо́тришь**, *вводн. сл.* Как видно, как можно заключить (разг.). *Ты, смотрю, совсем ослабел. Он, смотришь, всех перегонит.* ✦ **Смотреть не́ на что** (разг.) — о ком-чём-н. невзрачном, непривлекательном. *Домишко — смотреть не на что. Мужичонка плюгавенький — смотреть не на что.* **Куда смотрит** *кто?* (разг. неодобр.) — почему не замечает, не реагирует так, как нужно? *Подросток курит, куда смотрят родители?* **На тебя (на меня, на него) смотрит** *что* (разг. шутл.) — говорится тому, кто потерял или ищет что-н.: вот оно, и искать нечего. *Ищу шапку, а она на меня смотрит.* **Смотря по чему**, *предлог с дат. п.* — в зависимости от чего-н., применительно к чему-н. *Действовать смотря по обстоятельствам.* **Смотря кто (что, как, где, когда, зачем и др.)** — обозначает зависимость выбора от того, на что указывает мест. слово. *Ты любишь гулять? — Смотря где. Хотите варенья? — Смотря какого.* **Смотря по тому как (что, где, когда, откуда и др.)**, *в знач. союза* — в зависимости от того, на что указывает мест. слово. *Действуйте, смотря по тому, как сложится обстановка. Поеду смотря по тому, когда пришлют вызов.* ‖ *сов.* **посмотре́ть**, -отрю́, -о́тришь (к 1, 2, 3, 4, 5, 6, 7 и 11 знач.). ‖ *прил.* **смотрово́й**, -а́я, -о́е (ко 2 знач.). *Смотровая щель в танке. Смотровое стекло. Смотровая площадка* (для осмотра местности). *С. ордер* (на осмотр получаемой квартиры, помещения).

СМОТРЕ́ТЬСЯ, смотрю́сь, смо́тришься; *несов.* **1.** *во что.* Рассматривать своё отражение в чём-н. *С. в зеркало.* **2.** (1 и 2 л. не употр.). О фильме, спектакле: хорошо с интересом восприниматься (разг.). *Фильм хорошо смотрится.* **3.** Хорошо выглядеть, обнаруживая свои лучшие стороны (чаще о вещи, предмете) (разг.). *Носить костюм надо так, чтобы он смотрелся.* ‖ *сов.* **посмотре́ться**, -отрю́сь, -о́тришься (к 1 знач.).

СМОТРИ́НЫ, -и́н. Старинный обряд знакомства жениха и его родственников с невестой [неправильно употр. в знач. смотр, показ]. *Прийти на с.*

СМОТРИ́ТЕЛЬ, -я, *м.* Должностное лицо, выполняющее обязанности по надзору, охране, а также (устар.) по управлению чем-н. *Техник-с. С. маяка. С. музейного зала. Станционный с.* (начальник почтовой станции; устар.). *С. училищ* (устар.). ‖ *ж.* **смотри́тельница**, -ы. ‖ *прил.* **смотри́тельский**, -ая, -ое.

СМОТРОВО́Й *см.* смотр *и* смотреть.

СМОЧИ́ТЬ, смочу́, смо́чишь; смо́ченный; *сов., кого-что.* Немного намочить. *С. волосы.* ‖ *несов.* **сма́чивать**, -аю, -аешь. ‖ *сущ.* **сма́чивание**, *-я, ср.*

СМОЧЬ *см.* мочь[1].

СМОШЕ́ННИЧАТЬ *см.* мошенничать.

СМРАД, -а, *м.* **1.** Отвратительный запах, вонь. *Болотный с.* **2.** То же, что чад (в 1 знач.). *В кухне стоит с.*

СМРА́ДНЫЙ, -ая, -ое; -ден, -дна. Издающий смрад, полный смрада. *С. дым.* ‖ *сущ.* **смра́дность**, *-и, ж.*

СМУГЛЕ́ТЬ, -е́ю, -е́ешь; *несов.* Становиться смуглым, смуглее. ‖ *сов.* **посмугле́ть**, -е́ю, -е́ешь.

СМУГЛОЛИ́ЦЫЙ, -ая, -ее; -и́ц. Со смуглым лицом. *С. южанин.*

СМУ́ГЛЫЙ, -ая, -ое; смугл, смугла́, сму́гло, смуглы́ *и* сму́глы. О коже лица, тела: темноватой окраски. *Смуглое лицо. С. человек.* ‖ *сущ.* **сму́глость**, *-и, ж.*

СМУГЛЯ́НКА, *-и, ж.* (разг.). Смуглая женщина, девушка.

СМУДРИ́ТЬ *см.* мудрить.

СМУ́ТА, *-ы, ж.* **1.** Мятеж, народные волнения (стар.). *Крестьянские смуты.* **2.** Раздоры, ссоры, беспорядок. *Сеять смуту.*

СМУТИ́ТЬ, смущу́, смути́шь; смущённый (-ён, -ена́); *сов.* **1.** *кого (что).* Привести в смущение. *С. похвалой.* **2.** *кого-что.* Растревожить, привести в смятение (книжн.). *С. чей-н. покой.* ‖ *несов.* **смуща́ть**, -а́ю, -а́ешь.

СМУТИ́ТЬСЯ, смущу́сь, смути́шься; *сов.* Прийти в смущение. *С. от неожиданного вопроса.* ‖ *несов.* **смуща́ться**, -а́юсь, -а́ешься.

СМУ́ТНЫЙ, -ая, -ое; -тен, -тна́ *и* -тна, -тно. **1.** Неясный, неотчётливый. *Смутные очертания гор. Смутно* (нареч.) *помнить что-н.* **2.** Беспокойный, тревожный. *Смутная пора. Смутные времена. Смутно* (в знач. сказ.) *на душе.* ‖ *сущ.* **сму́тность**, *-и, ж.*

СМУТЬЯ́Н, *-а, м.* (разг. неодобр.). Человек, к-рый вносит смуту, раздоры. ‖ *ж.* **смутья́нка**, *-и.* ‖ *прил.* **смутья́нский**, -ая, -ое.

СМУТЬЯ́НИТЬ, -ню, -нишь; *несов.* (устар. прост.). Производить смуту, раздор.

СМУХЛЕВА́ТЬ *см.* мухлевать.

СМУ́ШКА, *-и, ж.* Шкурка новорождённого ягнёнка нек-рых ценных пород. ‖ *прил.* **сму́шковый**, -ая, -ое. *Смушковая шапка.*

СМУЩА́ТЬ, -СЯ *см.* смутить, -ся.

СМУЩЕ́НИЕ, *-я, ср.* Замешательство, состояние застенчивости, стыда. *Прийти в с. Покраснеть от смущения.*

СМУЩЁННЫЙ, -ая, -ое; -ён. Полный смущения, выражающий смущение. *Смущённая улыбка.* ‖ *сущ.* **смущённость**, *-и, ж.*

СМЫВА́ТЬ, -СЯ *см.* смыть, -ся.

СМЫКА́ТЬ, -СЯ *см.* сомкнуть, -ся.

СМЫСЛ, *-а, м.* **1.** Содержание, сущность, суть, значение чего-н. *Понять с. происходящего. С. слова, высказывания.* **2.** Цель, разумное основание чего-н. *В этом поступке нет смысла. Жизнь получила новый с.* **3.** В нек-рых сочетаниях: разум, разумность. *Здравый с. Действовать со смыслом. Нет смысла (не вижу смысла) в таком решении.* ◆ **В смысле** *чего, предлог с род. п.* — в отношении, относительно чего-н. *Неопределённость в смысле сроков.* **В том смысле что**, *союз* — выражает пояснение. *Высказался в том смысле, что пора отдохнуть.* **В полном смысле слова** (разг.) — в подлинном значении слова, действительно. *Он в полном смысле слова одержимый.* ‖ *прил.* **смыслово́й**, -а́я, -о́е (к 1 знач.).

СМЫ́СЛИТЬ, -лю, -лишь; *несов., в чём* (разг.). Понимать, знать. *Ничего не с. в музыке. Ни уха ни рыла не смыслит кто-н. в чём-н.* (совершенно не смыслит; прост.).

СМЫТЬ, смо́ю, смо́ешь; смы́тый; *сов.* **1.** *что.* Мытьём удалить. *С. грязь с чего-н. С. с себя позор, пятно* (перен.). **2.** (1 и 2 л. не употр.), *кого-что.* Снести, унести течением. *Водой смыло* (безл.) *лодку.* ‖ *несов.* **смыва́ть**, -а́ю, -а́ешь. ‖ *сущ.* **смыва́ние**, *-я, ср.* (к 1 знач.), **смыв**, *-а, м.* (ко 2 знач.; спец.) *и* **смы́вка**, *-и, ж.* (к 1 знач.). ‖ *прил.* **смы́вочный**, -ая, -ое (к 1 знач.; спец.), **смывно́й**, -а́я, -о́е *и* **смыва́льный**, -ая, -ое (к 1 знач.; спец.).

СМЫ́ТЬСЯ, смо́юсь, смо́ешься; *сов.* **1.** (1 и 2 л. не употр.). От мытья сойти, исчезнуть. *Пятно смылось.* **2.** Уйти откуда-н., исчезнуть (обычно тайком, незаметно) (прост.). *С. с урока.* ‖ *несов.* **смыва́ться**, -а́юсь, -а́ешься.

СМЫ́ЧКА, *-и, ж.* **1.** *см.* сомкнуть, -ся. **2.** Место, где что-н. смыкается, соединяется (спец.). *На смычке сводов.* **3.** *перен.* Союз, единение.

СМЫЧО́К[1], -чка́, *м.* Слегка изогнутая деревянная палочка с натянутым вдоль нее пучком конских волос, к-рой водят по струнам для извлечения звуков. *Скрипичный с.* ‖ *прил.* **смычко́вый**, -ая, -ое. *Смычковые инструменты.*

СМЫЧО́К[2], -чка́, *м.* (спец.). Цепочка, к-рой соединяются ошейники двух гончих при отправлении на охоту. *Собаки на смычке.* ‖ *прил.* **смычко́вый**, -ая, -ое.

СМЫШЛЁНЫЙ, -ая, -ое; -ён (разг.). Сообразительный, понятливый. *С. ученик.* ‖ *сущ.* **смышлёность**, *-и, ж.*

СМЯГЧИ́ТЬ, -чу́, -чи́шь; -чённый (-ён, -ена́); *сов.* **1.** *что.* Сделать мягким (в 1, 2, 4, 5, 7 и 9 знач.), мягче. *С. кожу. С. полимеры* (повысить их пластичность, эластичность). *С. свет. С. резкий тон. С. приговор.* **2.** *что.* Ослабить, умерить. *С. удар. С. боль.* **3.** *кого (что).* Умерить чью-н. суровость, заставить быть ласковее. *С. строгого отца.* ‖ *несов.* **смягча́ть**, -а́ю, -а́ешь. *Смягчающее вину обстоятельство.* ‖ *сущ.* **смягче́ние**, *-я, ср.* ‖ *прил.* **смягчи́тельный**, -ая, -ое (к 1 знач., по 1 знач. прил. мягкий; спец.).

СМЯГЧИ́ТЬСЯ, -чу́сь, -чи́шься; *сов.* **1.** (1 и 2 л. не употр.). Стать мягким (в 1, 2, 4, 5, 7 и 9 знач.), мягче. **2.** (1 и 2 л. не употр.). Ослабеть, стать более умеренным. *Удар смягчился.* **3.** Стать менее суровым. *Отец смягчился.* ‖ *несов.* **смягча́ться**, -а́юсь, -а́ешься. ‖ *сущ.* **смягче́ние**, *-я, ср.*

СМЯ́КНУТЬ, -ну, -нешь; смяк, смя́кла; смя́кший; смя́кши; *сов.* (прост. неодобр.). То же, что размякнуть (во 2 знач.). ‖ *несов.* **смяка́ть**, -а́ю, -а́ешь.

СМЯТЕ́НИЕ, *-я, ср.* Паническая растерянность, тревога. *С. в рядах неприятеля. Душевное с. С. чувств.*

СМЯТЕ́ННЫЙ, -ая, -ое; -е́н, -е́нна (устар.). Находящийся в смятении, волнении. *С. дух.* ‖ *сущ.* **смяте́нность**, *-и, ж.*

СМЯТЬ, сомну́, сомнёшь; смя́тый; *сов.* **1.** *см.* мять. **2.** *перен., кого (что).* Быстрым натиском сломить сопротивление, рассеять, обратить в бегство. *С. вражеские войска.* **3.** (1 и 2 л. не употр.), *перен.* Нравственно сломить (во 2 знач.), подавить. *Смят горем кто-н.* ‖ *несов.* **смина́ть**, -а́ю, -а́ешь.

СМЯ́ТЬСЯ *см.* мяться[1].

СНАБДИ́ТЬ, -бжу́, -бди́шь; -бжённый (-ён, -ена́); *сов., кого-что чем.* Дать, предоставить кому-чему-н. что-н. нужное; сопроводить (в 3 знач.). *С. одеждой, продовольствием, снаряжением. С. книгу примечаниями.* ‖ *несов.* **снабжа́ть**, -а́ю, -а́ешь. ‖ *сущ.* **снабже́ние**, *-я, ср.*

СНАБЖЕ́НЕЦ, -нца, *м.* Работник, ведающий снабжением (во 2 знач.).

СНАБЖЕ́НИЕ, *-я, ср.* **1.** *см.* снабдить. **2.** Удовлетворение материальных потребностей населения, каких-н. организаций. *Управление снабжения. Продовольственное с.* ‖ *прил.* **снабже́нческий**, -ая, -ое.

СНА́ДОБЬЕ, *-я, род. мн.* -бий, *ср.* (разг.). Целебный состав, смесь.

СНА́ЙПЕР, *-а, м.* **1.** Специально обученный стрелок, поражающий цель с первого выстрела, в совершенстве владеющий маскировкой и наблюдением. **2.** О том, кто действует метко и чётко (обычно о спортсмене). *С. футбольной команды.* ‖ *прил.* **сна́йперский**, -ая, -ое. *С. удар, бросок* (меткий, бьющий прямо в цель).

СНАРУ́ЖИ. 1. *нареч.* С внешней, наружной стороны. *Запереть ворота с.* **2.** *чего, предлог с род. п.* На внешней стороне чего-н. *Приколоть записку с. двери.*

СНАРЯ́Д, *-а, м.* **1.** Вид боеприпасов для стрельбы из артиллерийских орудий, имеющий цилиндрический корпус и заострённую головную часть, а также летательный аппарат с боевым зарядом. *С. бронебойный, зажигательный, осколочный, трассирующий. Ранен осколком снаряда. Управляемый с.* (несущий в себе средства управления полётом). **2.** Машина, прибор, инструмент, приспособление. *С. для бурения. Спортивные снаряды* (предметы, приспособления, аппараты, необходимые для спортивных упражнений). **3.** Полный набор, комплект инструментов, приспособленных для чего-н. (устар.). *Рыболовный с.* ‖ *прил.* **снаря́дный**, -ая, -ое (к 1 и 2 знач.).

СНАРЯДИ́ТЬ, -яжу́, -яди́шь; -яжённый (-ён, -ена́); *сов., кого-что.* Снабдить всем необходимым при отправлении куда-н. *С. в поход. С. экспедицию.* ‖ *несов.* **снаряжа́ть**, -а́ю, -а́ешь. ‖ *сущ.* **снаряже́ние**, *-я, ср.*

СНАРЯДИ́ТЬСЯ, -яжу́сь, -яди́шься; *сов.* (разг.). Запастись всем необходимым при отправлении куда-н. *С. в путь.* ‖ *несов.* **снаряжа́ться**, -а́юсь, -а́ешься. ‖ *сущ.* **снаряже́ние**, *-я, ср.*

СНАРЯЖЕ́НИЕ, *-я, ср.* **1.** *см.* снарядить, -ся. **2.** Предметы, приспособления, к-рыми снаряжают кого-что-н., снаряжается кто-н. *Военное с. Туристское с.*

СНАСТЬ, *-и, мн.* -и, -е́й, *ж.* **1.** *собир.* Приборы, инструменты, снаряд (в 3 знач.). *Рыболовная с. Плотницкая с.* **2.** обычно *мн.* На судне: тросы, канаты, цепи специального назначения, такелаж. *Стальные снасти.*

СНАХА́ЛЬНИЧАТЬ *см.* нахальничать.

СНАЧА́ЛА, *нареч.* **1.** Прежде, вначале, раньше чего-н. *С. подумай, потом отвечай.* **2.** Снова, ещё раз, опять. *Начать с.*

СНА́ШИВАТЬ *см.* сносить[1].

СНЕГ, -а (-у), *мн.* -а́, -о́в, *м.* Атмосферные осадки — белые пушинки, хлопья, представляющие собой кристаллики льда, а также сплошная масса этих осадков, покрывающая землю зимой. *Идёт с. Выпал с. Мокрый с. С. слепит глаза. Белый как с. Вечные снега* (на вершинах высоких гор). *Сугробы снега. Идти по́ снегу или по снегу. Нужен как прошлогодний с.* (совершенно не нужен; разг. неодобр.). *Как с. на́ голову* (совершенно неожиданно; разг.). *Зимой снега не допросишься* (о том, кто очень жаден; разг.). ‖ *уменьш.* **снежо́к**, -жка́ (-жку́), *м.* ‖ *прил.* **снегово́й**, -а́я, -о́е *и* **сне́жный**, -ая,

-ое. *Снеговая нагрузка* (нагрузка на сооружение от лежащего на нем снега). *Снежные заносы. Снежная зима* (обильная снегом). *Снежный человек* (по нек-рым данным: реликтовое человекообразное существо, живущее в Гималаях, в горах Средней Азии и в горных районах нек-рых других стран).

СНЕГИ́РЬ, -я́, *м.* Небольшая певчая птичка сем. вьюрковых, серая, с красной грудью (у самцов).

СНЕГО... *Первая часть сложных слов со знач.* относящийся к снегу, напр. *снегоочистка, снегоуборка, снегоуборочный, снеголавинный, снеготаялка.*

СНЕГОВИ́К, -а́, *м.* То же, что снежная баба (см. баба).

СНЕГОЗАДЕРЖА́НИЕ, -я, *ср.* Искусственное задержание снега на полях для сохранения влаги и защиты растений от замерзания.

СНЕГОЗАЩИ́ТА, -ы, *ж.* Защита железнодорожных путей, автомобильных дорог от снежных заносов. ‖ *прил.* **снегозащи́тный**, -ая, -ое.

СНЕГООЧИСТИ́ТЕЛЬ, -я, *м.* Машина для расчистки улиц, путей от снега, от снежных заносов.

СНЕГОПА́Д, -а, *м.* Выпадение снега (обычно обильное). *Сильный, умеренный с.*

СНЕГОПА́Х, -а, *м.* Орудие для снегозадержания, для образования снежных валов.

СНЕГОПОГРУ́ЗЧИК, -а, *м.* Машина для погрузки в автомобильный кузов снега, собранного в кучи.

СНЕГОСТУ́ПЫ, -ов, *ед.* -у́п, -а, *м.* Род обуви для хождения по глубокому снегу.

СНЕГОТА́ЯНИЕ, -я, *ср.* Таяние снега. *Весеннее с.*

СНЕГОХО́Д, -а, *м.* Автомобиль для передвижения по глубокому снегу. ‖ *прил.* **снегохо́дный**, -ая, -ое.

СНЕГУ́РКА, -и, *ж.* В сказках: то же, что снегурочка.

СНЕГУ́РОЧКА, -и, *ж.* Сказочная снежная девушка, тающая под весенними лучами солнца. *Дед Мороз и С.* (традиционные персонажи новогодних праздников).

СНЕДА́ТЬ, -а́ю, -а́ешь; *несов.* **1.** *что.* То же, что есть^1 (в 1 знач.) (стар. и обл.). **2.** (1 и 2 л. не употр.), *перен., кого-что.* В нек-рых сочетаниях: терзать, мучить нравственно (высок). *Снедает зависть. Тоска снедает. Жажда славы снедает кого-н.* (часто ирон.).

СНЕДЬ, -и, *ж., собир.* (разг.). Пища, еда. *В корзинку уложена всякая с.*

СНЕЖИ́НКА, -и, *ж.* Пушинка, кристаллик снега. *Порхают снежинки.*

СНЕЖНИ́ЦА, -ы, *ж.* (обл.). **1.** Талая вода, образующаяся весной на поверхности льда. **2.** Снежная слепота, болезненное состояние глаз, вызванное раздражением от яркого освещённого солнцем снега.

СНЕ́ЖНЫЙ, -ая, -ое; -жен, -жна. **1.** *см.* снег. **2.** *перен.* По белизне подобный снегу, белоснежный. *Снежная белизна. Снежная кипень облаков.* ‖ *сущ.* **сне́жность**, -и, *ж.*

СНЕЖО́К, -жка́, *м.* **1.** *см.* снег. **2.** Небольшой, плотно скатанный комок снега, а также (мн.) игра, участники к-рой бросаются такими комками. *Слепить с. Играть в снежки.*

СНЕСТИ́^{1}, -су́, -сёшь; снёс, снесла́; снёсший; -сённый (-ён, -ена́); снеся́; *сов.* **1.** *кого-что.* То же, что отнести (в 1 знач.). *С. письмо на почту.* **2.** *кого-что.* Отнести сверху вниз. *С. вещи в подвал.* **3.** *кого-что.* С силою сбросить, скинуть, сдвинуть с чего-н., откуда-н. *Бурей снесло* (безл.) *крышу. С. игрока* (в нек-рых спортивных играх: сбить с ног). **4.** *что.* Сломать, разрушить. *С. старый дом.* **5.** *что.* Срезать, срубить. *С. голову саблей.* **6.** обычно *безл., кого-что.* Отвести, отклонить в сторону. *Судно снесло* (безл.) *течением.* **7.** *кого-что.* Принести, доставить в одно место (многое, многих). *С. чемоданы к автобусу.* **8.** *что.* Стерпеть, не выразить протеста против чего-н. *С. обиду.* ‖ *несов.* **сноси́ть**, сношу́, сно́сишь (ко 2, 3, 4, 5, 6, 7 и 8 знач.). ‖ *сущ.* **снос**, -а, *м.* (к 4 и 6 знач.). *Старый дом предназначен на с. С. плота течением.*

СНЕСТИ́^{2} *см.* нести^2.

СНЕСТИ́СЬ^1, снесу́сь, снесёшься; снёсся, снесла́сь; снёсшийся; снеся́сь; *сов.* Установить связь с кем-чем-н., сообщить что-н. друг другу. *С. по телефону, по радио, по почте.* ‖ *несов.* **сноси́ться**, сношу́сь, сно́сишься.

СНЕСТИ́СЬ^2 *см.* нестись^2.

СНЕТО́К, -тка́, *м.* Небольшая озёрная рыбка сем. корюшковых. *Щи со снетками.* ‖ *прил.* **снетко́вый**, -ая, -ое *и* **снето́чный**, -ая, -ое.

СНИ́ЗИТЬ, сни́жу, сни́зишь; сни́женный; *сов., кого-что.* **1.** Сделать низким (в 1 в нек-рых сочетаниях, 3 и 4 знач.), ниже. *С. полёт, высоту полёта. С. давление. С. себестоимость. С. шум. Сниженные цены.* **2.** Спустить ниже, уменьшить высоту (напр. полёта). *С. самолёт.* ‖ *несов.* **снижа́ть**, -а́ю, -а́ешь. ‖ *сущ.* **сниже́ние**, -я, *ср.*

СНИ́ЗИТЬСЯ, сни́жусь, сни́зишься; *сов.* **1.** Стать низким (в 1 в нек-рых сочетаниях, 3 и 4 знач.), ниже. **2.** Спуститься ниже, снизить высоту (напр. своего полёта). *Самолёт снизился.* ‖ *несов.* **снижа́ться**, -а́юсь, -а́ешься. ‖ *сущ.* **сниже́ние**, -я, *ср.* *Пойти на с.* (начать снижаться во 2 знач.).

СНИЗОЙТИ́, -йду́, -йдёшь; -ошёл, -ошла́; -оше́дший; -ойдя́; *сов.* **1.** (1 и 2 л. не употр.), *на кого-что.* Охватить кого-н., овладеть кем-н. (устар. и высок.). *Снизошла благодать на кого-н.* **2.** *к кому-чему* и *до кого-чего.* Благосклонно, но свысока обратить внимание на кого-что-н., проявить участие к кому-чему-н. (ирон.). *С. к чьей-н. просьбе.* ‖ *несов.* **снисходи́ть**, -ожу́, -о́дишь.

СНИ́ЗУ. **1.** *нареч.* По направлению вверх. *Подняться с. вверх. С. доверху. Смотреть с. вверх на кого-н.* (также перен.: относиться к кому-н. с подобострастием, почтением). **2.** *нареч.* С нижней стороны, у основания, внизу. *Пирог подрумянился с.* **3.** *нареч., перен.* Со стороны широких масс народа, трудящихся. *Критика с.* **4.** *нареч.* С низовий реки. *Теплоход идёт с.* **5.** *чего, предлог с род. п.* Внизу, на нижней части чего-н. *Оборки с. юбки.*

СНИ́КНУТЬ, -ну, -нешь; *сов.* **1.** *см.* никнуть. **2.** Ослабеть, упасть духом (разг.). *С. от неудачи.* ‖ *несов.* **сника́ть**, -а́ю, -а́ешь. ‖ *сущ.* **сника́ние**, -я, *ср.*

СНИМА́ТЬ, -СЯ *см.* снять, -ся.

СНИ́МОК, -мка, *м.* Фотографическое изображение кого-чего-н. *Семейный с.*

СНИСКА́ТЬ, снищу́, сни́щешь; сни́сканный; *сов., что* (устар. книжн.). Приобрести, найти. *С. себе пропитание. С. чьё-н. расположение.* ‖ *несов.* **сни́скивать**, -аю, -аешь.

СНИСХОДИ́ТЕЛЬНЫЙ, -ая, -ое; -лен, -льна. **1.** Не строгий, не взыскательный. *Снисходительно* (нареч.) *отнестись к кому-н.* **2.** Обидно высокомерный. *С. тон.* ‖ *сущ.* **снисходи́тельность**, -и, *ж.*

СНИСХОДИ́ТЬ *см.* снизойти.

СНИСХОЖДЕ́НИЕ, -я, *ср.* Снисходительное (в 1 знач.) отношение, обращение. *Виновен, но заслуживает снисхождения.*

СНИ́ТЬСЯ, снюсь, сни́шься; *несов.* Представляться, казаться во сне. *Снится хороший сон. Снилось* (безл.), *будто я опять дома.* ‖ *сов.* **присни́ться**, -снюсь, -снишься.

СНОБ, -а, *м.* (книжн.). Человек, считающий себя носителем высшей интеллектуальности и изысканных вкусов. ‖ *прил.* **сноби́стский**, -ая, -ое.

СНОБИ́ЗМ, -а, *м.* (книжн.). Взгляды, поведение, манеры, присущие снобу. ‖ *прил.* **сноби́стский**, -ая, -ое.

СНО́ВА, *нареч.* Ещё раз, опять. *С. пошёл дождь.* ✦ **Снова-здоро́во** (прост. неодобр.) — выражение недовольства по поводу повторения того, что уже было, опять повторяется.

СНОВА́ТЬ^1, сную́, снуёшь; *несов.* Торопливо двигаться туда и сюда. *Народ снуёт по улице.* ‖ *сущ.* **снова́ние**, -я, *ср.*

СНОВА́ТЬ^2, сную́, снуёшь; *несов., что* (спец.). Подготовлять основы для тканья. *С. пряжу.* ‖ *сущ.* **снова́ние**, -я, *ср.* ‖ *прил.* **снова́льный**, -ая, -ое. *Сновальная машина.*

СНОВИДЕ́НИЕ, -я, *ср.* (книжн.). Образы, картины, возникающие во время сна, во сне, сон (во 2 знач.). *Спать без сновидений.*

СНОГСШИБА́ТЕЛЬНЫЙ, -ая, -ое; -лен, -льна (разг. шутл.). Поразительный, потрясающий неожиданностью. *Сногсшибательная новость.* ‖ *сущ.* **сногсшиба́тельность**, -и, *ж.*

СНОП, -а́, *м.* **1.** Связка срезанных стеблей с колосьями (хлебных злаков и нек-рых других растений). *Вязать снопы. Ржаной с. С. риса. Упал как с.* (тяжело повалился, рухнул). **2.** *перен.* Излучение в виде лучей, искр, исходящих из одного центра. *С. света. С. лучей.* ‖ *прил.* **снопо́вый**, -ая, -ое (к 1 знач.).

СНОПОВЯЗА́ЛКА, -и, *ж.* Механизм для скашивания стеблей злаков и вязки их в снопы.

СНОРОВИ́СТЫЙ, -ая, -ое; -и́ст и **СНОРО́ВИСТЫЙ**, -ая, -ое; -ист (разг.). Ловкий и расторопный, обладающий сноровкой в чём-н. ‖ *сущ.* **сноруви́стость**, -и, *ж.* *и* **сноро́вистость**, -и, *ж.*

СНОРО́ВКА, -и, *ж.* Навык, умение в каком-н. деле. *С. в работе. Приобрести сноровку.*

СНОС^1: **сносу нет** *чему* (разг.) — очень прочен, не изнашивается (обычно об одежде, обуви).

СНОС^2 *см.* снести^1.

СНО́СИ: **на сно́сях** (прост.) — о беременной женщине: скоро родит, дохаживает последние дни беременности.

СНОСИ́ТЬ^1, сношу́, сно́сишь; сно́шенный; *сов.* (разг.). **1.** *кого-что.* Снести куда-н. и принести обратно. *С. ребёнка к врачу.* **2.** *что.* То же, что износить. *С. обувь.* ✦ **Не сносить головы** *кому* (разг.) — не уцелеть, не спастись из-за собственного озорства, неосторожности. ‖ *несов.* **сна́шивать**, -аю, -аешь (ко 2 знач.).

СНОСИ́ТЬ^2, **-СЯ** *см.* снести^1, -сь^1.

СНО́СКА, -и, *ж.* Дополнительный текст, помещаемый в самом низу страницы, отдельно от основного, примечание. *Сделать сноску. Примечание в сноске.*

СНО́СНЫЙ, -ая, -ое; -сен, -сна (разг.). Удовлетворительный, достаточный, терпимый. *Сносные условия.* ‖ *сущ.* **сно́сность**, -и, *ж.*

СНОТВО́РНЫЙ, -ая, -ое; -рен, -рна. **1.** *полн. ф.* О лекарственном средстве: вызывающий сон (в 1 знач.). *Принять снотворное* (сущ.). **2.** *перен.* Скучный, вызываю щий сонливость. *С. рассказ.* ‖ *сущ.* **снотво́рность**, -и, *ж.* (ко 2 знач.).

СНОХА́, -и́, *мн.* сно́хи, снох, сно́хам, *ж.* Женщина по отношению к отцу и матери её мужа, невестка. ‖ *ласк.* **сно́шенька**, -и, *ж.*

СНОХОЖДЕ́НИЕ, -я, *ср.* (спец.). То же, что сомнамбулизм.

СНОШЕ́НИЕ, -я, *ср.* **1.** обычно *мн.* Связь, общение. *Вступить в сношения с кем-н. Дипломатические сношения.* **2.** Половой акт, совокупление. *Половое с.*

СНУ́ЛЫЙ, -ая, -ое (спец.). О рыбе: мёртвый, заснувший. ‖ *сущ.* **сну́лость**, -и, *ж.*

СНЮ́ХАТЬСЯ, -аюсь, -аешься; *сов.* **1.** Узнать друг друга по нюху (разг.). *Собаки снюхались.* **2.** *перен., с кем.* Вступить в близкие отношения (прост. презр.). ‖ *несов.* **сню́хиваться**, -аюсь, -аешься.

СНЯТО́Й, -а́я, -о́е: **снятое молоко** — молоко, с к-рого сняты сливки.

СНЯТЬ, сниму́, сни́мешь; снял, сняла́, сня́ло; сня́тый (снят, снята́, сня́то); *сов.* **1.** *кого-что.* Достать, взять, убрать, отделить находящееся сверху, на поверхности или где-н. укреплённое. *С. картину со стены. С. скатерть. С. крышку с кастрюли. С. очки. С. кольцо. С. сливки с молока.* **2.** *что.* Удалить с тела (надетую одежду), раздеваясь или раздевая кого-н. *С. пальто, шапку, туфли.* **3.** *кого (что).* Удалить, заставить покинуть место, пост. *С. больного с поезда. С. охранение. С. вражеского часового* (убить, связать). **4.** *кого (что).* Лишить чего-н., освободить от чего-н. *С. с работы. С. с довольствия. С. с учёта.* **5.** *что.* Устранить, отменить, отказаться от чего-н. *С. своё предложение. С. запрет. С. выговор. С. судимость с кого-н.* (по постановлению суда перестать считать судимым до истечения установленного законом срока). **6.** *что.* Устранить, преодолев, разрешив. *С. противоречия. С. боль.* **7.** *что.* Изготовить (сделав копию, обмерив кого-что-н.). *С. копию. С. мерку с чего-н. С. план местности.* **8.** *кого-что.* Изготовить фото-, кино- или телеизображение. *С. фильм. С. на карточку.* **9.** *что.* Получить путём опроса (спец.). *С. показания с кого-н.* **10.** *что.* Взять внаём. *С. комнату.* **11.** *что.* То же, что снять урожай (разг.). *С. по 30 ц с гектара.* ✦ **Снять урожай** — собрать урожай. ‖ *несов.* **снима́ть**, -а́ю, -а́ешь. ‖ *сущ.* **сня́тие**, -я, *ср.* (к 1 в нек-рых сочетаниях, 3, 4, 5, 6 и 9 знач.), **снима́ние**, -я, *ср.* (к 1, 2 и 7 знач.), **съём**, -а, *м.* (к 1 знач.; спец.) *и* **съёмка**, -и, *ж.* (к 7, 8 и 10 знач.). *Съём грунта. Съёмка фильма.* ‖ *прил.* **съёмочный**, -ая, -ое (к 7 и 8 знач.). *Съёмочные работы. С. аппарат. Съёмочная группа.*

СНЯ́ТЬСЯ, сниму́сь, сни́мешься; сня́лся, сняла́сь, сняло́сь *и* сня́лось; *сов.* **1.** (1 и 2 л. не употр.). Отделиться, открепиться от чего-н. *Крышка легко снялась с ящика.* **2.** Тронуться с места, отправиться в путь. *С. с якоря. Отряд снялся. С. с гнезда* (о птицах). **3.** То же, что сфотографироваться. *С. для паспорта. С. группой.* **4.** Сыграть роль в кино- или телефильме. *С. в главной роли.* ‖ *несов.* **снима́ться**, -а́юсь, -а́ешься.

СО, *предлог.* Употр. вместо «с» перед нек-рыми сочетаниями согласных, напр. *со стола, со зла, со всяким, со мной, со счёта.*

СО..., *приставка.* **1.** Употр.: 1) вместо «с...» перед й (j) и нек-рыми сочетаниями согласных, напр. *сойду, совью, сотру, созвать, сослепу, сошло,* а также *сошёл, сошедший;* 2) наряду с «с...» при образовании слов, различающихся стилистически, напр. *созывать* при *сзывать, сокрыть* при *скрыть.* **2.** Служит для образования существительных, прилагательных и глаголов, означая общее участие в чём-н., совместность, напр. *соавторство, соарендатор, совладелец, согражданин, содоклад, сомножитель, сонаследник, сопредседатель, соученик, сотоварищ, сожитель, соучастие, соплеменный, совиновный* (спец.), *сопредельный, сочувствовать, соуправлять, сопереживать.*

СОА́ВТОР, -а, *м.* Человек, к-рый совместно с кем-н. является автором какого-н. произведения. ‖ *ж.* **соа́вторша**, -и (прост.). ‖ *прил.* **соа́вторский**, -ая, -ое.

СОА́ВТОРСТВО, -а, *ср.* Совместное авторство, работа соавторов.

СОБА́КА, -и, *ж.* **1.** Домашнее животное сем. псовых. *Служебные собаки. Комнатные собаки. Дворовая с. Охотничья с. Сторожевая с. С собаками не сыщешь кого-н.* (трудно найти кого-н.; разг.). *Собаке собачья смерть* (посл. о том, кто, прожив недостойную жизнь, не заслужил достойного конца; прост.). *С. на сене* (о том, кто, имея что-н., не пользуется этим сам и не даёт пользоваться другим; разг. неодобр.). *Как собаке пятая нога нужен кто-н. (нужно что-н.)* (совершенно не нужен, не нужно; прост. неодобр.). *Собака лает, ветер носит* (посл.: пусть говорят, бранят, не нужно обращать внимания). **2.** *перен.* О злом, грубом человеке (разг.). **3.** *на что, в чём и с неопр.* Знаток, ловкий в каком-н. деле человек (прост.). *Он у нас плясать с. Хорошо поет, с., заслушаешься.* **4.** В нек-рых сочетаниях: название хищных млекопитающих сем. псовых. *Енотовидная с. Дикая с. динго.* ✦ **Вот где собака зарыта!** — вот в чём суть дела, в чём причина. **Как собак нерезаных** *кого* (разг. неодобр.) — очень много кого-н. **Всех собак вешать** *на кого* (разг. неодобр.) — неосновательно возводить обвинения на кого-н. **Как собака устал (голоден, замёрз, зол** и о других неприятных состояниях, ситуациях) (прост.) — очень сильно. *Продрог, есть хочу как собака. Надоел ты мне как собака.* **Ни одна собака** (прост. неодобр.) — никто. **Каждая или любая собака** (прост. неодобр.) — о людях: любой, каждый. **Собаку съел** *на чём и в чём* (разг.) — приобрёл большой навык в чём-н., знания. **У попа была собака** (разг. шутл. и неодобр.) — о бесконечном повторении одних и тех же слов, поступков (*первонач.* начало шуточной присказки, построенной на повторении одного и того же). ‖ *уменьш.* **соба́чка**, -и, *ж.* (к 1 знач.). ‖ *унич.* **собачо́нка**, -и, *ж.* (к 1 знач.). ‖ *прил.* **соба́чий**, -ья, -ье (к 1, 2 и 4 знач.). *Гонки на собачьих упряжках. Собачья преданность, привязанность, покорность* (также перен.). *С. нюх* (также перен.: об обострённом чутье).

СОБАКОВО́Д, -а, *м.* Специалист по собаководству.

СОБАКОВО́ДСТВО, -а, *ср.* Разведение собак и улучшение их пород. *Служебное с.* (разведение и улучшение пород служебных собак). ‖ *прил.* **собаково́дческий**, -ая, -ое.

СОБАЧЕ́Й, -я, *м.* (разг.). То же, что собачник.

СОБА́ЧИЙ, -ья, -ье. **1.** *см.* собака. **2.** В нек-рых сочетаниях: очень плохой, трудный, тяжёлый, а также (о морозе, холоде) очень сильный (разг.). *Собачья жизнь. С. холод.* **3.** **соба́чьи**, -ьих. То же, что псовые (спец.). *Семейство собачьих.* ✦ **Ерунда (чушь) собачья** (прост.) — полная ерунда. **К чертям собачьим** — то же, что ко всем чертям. **Какое твоё собачье дело?** (прост. неодобр.) — тебе что за дело?, тебя не касается.

СОБА́ЧИТЬСЯ, -чусь, -чишься; *несов.* (прост.). Браниться, ссориться.

СОБА́ЧКА[1], -и, *ж.* **1.** Спусковой крючок в охотничьем ружье. *Нажать (на) собачку.* **2.** Приспособление в виде зубца, пластинки, препятствующее обратному движению чего-н. (спец.).

СОБА́ЧКА[2] *см.* собака.

СОБА́ЧНИК, -а, *м.* (разг.). **1.** Любитель собак. **2.** Работник, занятый отловом бродячих собак. ‖ *ж.* **соба́чница**, -ы (к 1 знач.).

СОБЕЗЬЯ́ННИЧАТЬ *см.* обезьянничать.

СОБЕ́С, -а, *м.* **1.** Сокращение: социальное обеспечение. *Органы собеса.* **2.** Учреждение, ведающее социальным обеспечением. *Обратиться в с.* ‖ *прил.* **собе́совский**, -ая, -ое (разг.).

СОБЕСЕ́ДНИК, -а, *м.* Тот, кто участвует в беседе (в 1 знач.). *Мой с. Интересный с.* ‖ *ж.* **собесе́дница**, -ы.

СОБЕСЕ́ДОВАНИЕ, -я, *ср.* **1.** То же, что беседа (устар.). *Дружеское с.* **2.** Специально организованная беседа на общественные, научные, учебные темы. *Провести с. Экзамен в форме собеседования.*

СОБИРА́ЕМОСТЬ, -и, *ж.* (офиц.). Степень осуществления сбора каких-н. платежей. *С. налогов.*

СОБИРА́ТЕЛЬ, -я, *м., чего.* Человек, к-рый занимается собиранием, коллекционированием чего-н. *С. предметов старины. С. редкостей. С. народных сказок.* ‖ *ж.* **собира́тельница**, -ы. ‖ *прил.* **собира́тельский**, -ая, -ое.

СОБИРА́ТЕЛЬНЫЙ, -ая, -ое; -лен, -льна (книжн.). Обобщённый, относящийся ко многим. *С. образ. Говорить о чём-н. в собирательном смысле* или *собирательно* (нареч.). ✦ **Собирательные существительные** — в грамматике: имена существительные, называющие совокупность однородных предметов и выражающие это значение при помощи специальных суффиксов (напр. *вороньё, беднота, учительство, бюрократия* и др.). ‖ *сущ.* **собира́тельность**, -и, *ж.*

СОБИРА́ТЬ, -СЯ *см.* собрать, -ся.

СОБКО́Р, -а, *м.* Сокращение: собственный корреспондент. ‖ *прил.* **собко́ровский**, -ая, -ое (разг.).

СОБЛАГОВО́ЛИТЬ, -лю, -лишь; *сов., с неопр.* (устар. и ирон.). Изъявить согласие, желание; соизволить. *Соблаговолите повиноваться. Не соблаговолил ответить.*

СОБЛА́ЗН, -а, *м.* Нечто прельщающее, влекущее, искушение. *Подальше от соблазна. Ввести кого-н. в с. Не устоять против соблазна.*

СОБЛАЗНИ́ТЕЛЬ, -я, *м.* Тот, кто соблазнил, соблазняет кого-н. ‖ *ж.* **соблазни́тельница**, -ы.

СОБЛАЗНИ́ТЕЛЬНЫЙ, -ая, -ое; -лен, -льна. Содержащий соблазн, заманчивый, привлекающий. *Соблазнительное предложение. Соблазнительная улыбка.* ‖ *сущ.* **соблазни́тельность**, -и, *ж.*

СОБЛАЗНИ́ТЬ, -ню́, -ни́шь; -нённый (-ён, -ена́); *сов., кого (что).* **1.** *чем и с неопр.* Прельстить, побудить[2], вызвать желание что-н. сделать. *С. кого-н. выгодой. С. поехать.* **2.** Лишить женской чести, обесчестить. *С. девушку.* ‖ *несов.* **соблазня́ть**, -я́ю, -я́ешь.

СОБЛАЗНИ́ТЬСЯ, -ню́сь, -ни́шься; *сов., чем и с неопр.* Прельститься чем-н., склониться к чему-н. *С. заманчивым предложе-*

нием. С. поехать на юг. ‖ *несов.* **соблазня́ться,** -я́юсь, -я́ешься.

СОБЛЮДА́ТЬ, -а́ю, -а́ешь; *несов., что.* **1.** *см.* соблюсти. **2.** Строго придерживаться чего-н., оберегать что-н. *С. очерёдность. С. чистоту. С. дисциплину.*

СОБЛЮСТИ́, -юду́, -юдёшь; -ю́л, -юла́; -ю́дший; -юдённый (-ён, -ена́); -юдя́; *сов.* **1.** *см.* блюсти. **2.** *что.* Исполнить в точности, строго. *С. закон. С. правила приличия.* ‖ *несов.* **соблюда́ть,** -а́ю, -а́ешь. ‖ *сущ.* **соблюде́ние,** -я, *ср.*

СОБОЛЕ́ЗНОВАНИЕ, -я, *ср.* (книжн.). Сочувствие, выражение сочувствия, сожаления. *Выразить с. Примите мои соболезнования.*

СОБОЛЕ́ЗНОВАТЬ, -ную, -нуешь; *несов., кому-чему* (книжн.). Испытывать или выражать соболезнование. *С. чужому горю. Соболезнующий тон.*

СОБОЛЁНОК, -нка, *мн.* -ля́та, -ля́т, *м.* Щенок соболя.

СО́БОЛЬ, -я, *мн.* -и, -ей *и* -я́, -е́й, *м.* **1.** Хищный зверёк сем. куньих с ценной шелковистой буро-коричневой шерстью. **2.** (*мн.* -я́, -е́й). Мех этого зверька. *Ходить в соболях.* ‖ *прил.* **собо́лий,** -ья, -ье *и* **соболи́ный,** -ая, -ое. *Соболья шапка. Соболиные брови* (перен.: густые, шелковистые).

СОБОЛЯ́ТНИК, -а, *м.* **1.** Охотник на соболей. **2.** Питомник, в к-ром разводятся, выращиваются соболя. ‖ *ж.* **соболя́тница,** -ы (к 1 знач.).

СОБО́Р, -а, *м.* **1.** Собрание, съезд (устар. и спец.). *Земский с. Церковный с. Поместный с.* (съезд служителей христианской церкви). **2.** Главная или большая церковь в городе, в монастыре. ‖ *прил.* **собо́рный,** -ая, -ое.

СОБО́РНОСТЬ, -и, *ж.* (высок.). Духовная общность многих совместно живущих людей.

СОБО́РОВАНИЕ, -я, *ср.* Одно из таинств христианской церкви: чтение молитв, помазание елеем больного или умирающего.

СОБО́РОВАТЬ, -рую, -руешь; -анный; *сов. и несов., кого (что).* У христиан: совершить (-шать) над умирающим, больным таинство соборования. *С. перед кончиной.*

СОБРА́НИЕ, -я, *ср.* **1.** Совместное присутствие где-н. членов коллектива для обсуждения, решения каких-н. вопросов. *Общее с. сотрудников. С. избирателей. Профсоюзное с. Выступить на собрании.* **2.** Название нек-рых выборных учреждений. *Законодательное с.* (в нек-рых странах — парламент). **3.** *чего.* Совокупность собранного (вещей, произведений и т. п.). *С. редкостей. С. сочинений. С. законов.*

СО́БРАННЫЙ, -ая, -ое; -ан. Сосредоточенный; подтянутый. ‖ *сущ.* **со́бранность,** -и, *ж. В. работе требуется с.*

СОБРА́Т, -а, *мн.* -тья, -тьев, *м.* (высок.). Близкий товарищ по занятию, по роду деятельности. *С. по оружию.*

СОБРА́ТЬ, -беру́, -берёшь; -а́л, -ала́, -а́ло; со́бранный; *сов.* **1.** *кого (что).* Сосредоточить, соединить в одном месте, созвав или велев прибыть куда-н. *С. людей. С. всех участников похода.* **2.** *что.* Сосредоточить где-н., добывая, приобретая или разыскивая. *С. много книг. С. членские взносы. С. коллекцию.* **3.** *что.* Снять, сорвать, убирая. *С. ягоды с кустов. С. хороший урожай.* **4.** *что.* Узнав из разных источников, сосредоточить в одном месте. *С. сведения. С. мнения.* **5.** *что.* Соединив в одном месте, сложить, приготовить. *С. вещи в дорогу.* **6.** *кого (что).* Приготовить (уезжающего, отбывающего куда-н.), снабдив чем-н. *С. сына в дорогу.* **7.** *что.* Создать, восстановить (что-н. целое), соединив отдельные части. *С. автомат. С. радиоприёмник.* **8.** *что.* Напрячь, приведя в активное состояние (свои способности, душевные силы). *С. всё своё мужество. С. последние силы. С. мысли.* **9.** *что.* В нек-рых сочетаниях: сделать складки, сборки на чём-н. (спец.). *С. платье в талии.* **10.** *что и с неопр.* Приготовить всё необходимое для еды, подать на стол (разг.). *Собери поесть. С. на стол. С. ужин.* ✦ **Собрать голоса** — на выборах, при голосовании: получить голоса избирателей в пользу своей кандидатуры. *Собрать 50% голосов.* ‖ *несов.* **собира́ть,** -а́ю, -а́ешь. ‖ *сущ.* **сбор,** -а, *м.* (к 1, 2, 3, 4, 5 и 7 знач.), **сбо́рка,** -и, *ж.* (к 8 знач.) *и* **собира́ние,** -я, *ср.* (к 1, 2, 4, 6 и 11 знач.). *Сбор урожая. Сбор сведений. Сборка машин. Собирание коллекции.* ‖ *прил.* **сбо́рный,** -ая, -ое (к 1 и 8 знач.) *и* **сбо́рочный,** -ая, -ое (к 8 знач.). *Сборные конструкции. Сборочный цех.*

СОБРА́ТЬСЯ, -беру́сь, -берёшься; -а́лся, -ала́сь, -ало́сь *и* -а́лось; *сов.* **1.** (1 и 2 л. ед. не употр.). Сойтись, сосредоточиться в одном месте. *Собрались все участники похода.* **2.** (1 и 2 л. не употр.). Соединиться в одном месте, скопиться. *Собралось много книг. На горизонте собрались тучи.* **3.** Снарядиться, приготовиться (чтобы отправиться куда-н.). *С. в гости. С. в поход.* **4.** *с неопр.* Решить что-н. сделать. *Собрался позавтракать. Собрался уехать.* **5.** *перен., с чем.* Привести свои душевные или физические силы в состояние собранности, активности. *С. с мыслями. С. с силами. С. с духом* (набраться решимости, смелости). **6.** (1 и 2 л. не употр.). О грозе, дожде, метели: приблизиться, надвинуться. *К вечеру собрался дождь.* ✦ **Собраться в комок** (разг.) — съёжиться, сжаться, согнувшись всем телом. ‖ *несов.* **собира́ться,** -а́юсь, -а́ешься. ‖ *сущ.* **сбор,** -а, *м.* (к 1 знач.). *Трубить или бить с.* (давать сигнал собраться). ‖ *прил.* **сбо́рный,** -ая, -ое (к 1 знач. в нек-рых сочетаниях). *С. пункт.*

СО́БСТВЕННИК, -а, *м.* **1.** Владелец имущества. *Крупный земельный с. Мелкий с.* **2.** Человек, к-рый стремится больше иметь, поглощен собственническими интересами. *С. по натуре.* ‖ *ж.* **со́бственница,** -ы.

СО́БСТВЕННИЧЕСКИЙ, -ая, -ое. Свойственный владельцу собственности, связанный со стремлением к наживе, обогащению. *Собственническая психология.*

СОБСТВЕННОРУ́ЧНЫЙ, -ая, -ое; -чен, -чна. Написанный собственной рукой. *Собственноручная подпись.* ‖ *сущ.* **собственнору́чность,** -и, *ж.*

СО́БСТВЕННОСТЬ, -и, *ж.* **1.** Материальные ценности, имущество, принадлежащие кому-н. или находящиеся в полном распоряжении кого-чего-н. *Личная, частная, государственная, коллективная с.* **2.** Право на владение кем-чем-н. *С. на землю. С. на усадьбу, на имение. С. на рукописное наследство.* ✦ **Находиться в собственности** *кого или чьей* — принадлежать кому-н. или быть предметом чьего-н. распоряжения, права.

СО́БСТВЕННЫЙ, -ая, -ое. **1.** Принадлежащий кому-чему-н. по праву собственности. *С. дом.* **2.** Свой, личный. *Видеть собственными глазами. В собственные руки. Чувство собственного достоинства* (чувство уважения к самому себе). *По собственному желанию.* **3.** Находящийся в непосредственном ве́дении, распоряжении, подчинении кого-чего-н. *С. корреспондент.* **4.** Буквальный, настоящий. *В. собственном смысле слова.* **5.** Свойственный только кому-чему-н., без посторонних добавлений (спец.). *С. вес тела.* **6.** **со́бственно,** *вводн. сл.* Выражаясь точнее, в сущности. *Я, собственно, и не спорю.* **7.** **со́бственно,** *частица.* Выражает ограничение: без чего-н., другого, постороннего. *Волжскую систему составляют собственно Волга и её притоки.* ✦ **Собственно говоря,** *вводн. сл.* — то же, что собственно (в 6 знач.). **Собственной персоной** (ирон.) — сам, лично. *Явился собственной персоной.* **Имя собственное** — в грамматике: имя существительное, являющееся личным, индивидуальным названием кого-чего-н.; *противоп.* имя нарицательное. *Москва — имя собственное.*

СОБУТЫ́ЛЬНИК, -а, *м.* (разг. неодобр.). Человек, к-рый пьянствует вместе с кем-н.

СОБЫ́ТИЕ, -я, *ср.* То, что произошло, то или иное значительное явление, факт общественной, личной жизни. *Историческое с. Неожиданное с. Международные события.* ‖ *прил.* **событи́йный,** -ая, -ое (книжн.). *Событийная линия пьесы* (последовательность описываемых событий).

СОВА́, -ы́, *мн.* со́вы, сов, со́вам, *ж.* **1.** Хищная птица с большими глазами и крючковатым клювом. *Отряд сов.* **2.** *перен.* Человек, чувствующий себя вечером, ночью бодрее, чем утром. ‖ *прил.* **сови́ный,** -ая, -ое. *Семейство совиных* (сущ.).

СОВА́ТЬ, сую́, суёшь; суй; сую́щий; со́ванный; суя́; *несов.* **1.** *кого-что.* Вкладывать, помещать куда-н. с трудом, а также небрежно или незаметно. *С. руки в карманы. С. вещи в чемодан. С. что-н. кому-н. в руки.* **2.** *перен., что.* Давать взятку (прост.). ✦ **Совать нос** *куда, во что* (разг.) — 1) назойливо вмешиваться во что-н. (неодобр.). *Не суй нос не в своё дело;* 2) тщательно вникать во что-н. (неодобр.). *Новое начальство во всё нос суёт;* 3) пытаться войти, попасть, заглянуть куда-н. *Не суй нос в мою комнату. Сунь нос за дверь: кто там шумит?* ‖ *сов.* **су́нуть,** -ну, -нешь; -утый.

СОВА́ТЬСЯ, -сую́сь, суёшься; су́йся; сую́щийся; суя́сь; *несов.* (разг.). **1.** Лезть, устремляться куда-н. *С. вперёд.* **2.** *перен.* Вмешиваться во что-н., назойливо стремиться принять в чём-н. участие (неодобр.). *С. в чужие дела. С. со своими советами.* ‖ *сов.* **су́нуться,** -нусь, -нешься.

СОВЕРЕ́Н, -а, *м.* В Англии с 1489 г., а также в Нидерландах с 16 в.: старинная золотая монета (с середины 20 в. специально чеканящаяся для продажи как предмет накопления).

СОВЕРШЕННОЛЕ́ТИЕ, -я, *ср.* Возраст, по достижении к-рого человек становится дееспособным гражданином. *Достигнуть совершеннолетия.*

СОВЕРШЕННОЛЕ́ТНИЙ, -яя, -ее. Достигший совершеннолетия. *Совершеннолетние дети. Права и обязанности совершеннолетних* (сущ.).

СОВЕРШЕ́ННЫЙ[1], -ая, -ое; -е́нен, -е́нна. **1.** Являющийся совершенством, превосходный. *Совершенное творение. Совершенная красота.* **2.** Полный, несомненный. *Совершенная правда. С. нахал.* **3.** **соверше́нно,** *нареч.* Полностью, в полной мере. *Совершенно справедливый. Совершенно верно. Совершенно секретно.* ‖ *сущ.* **соверше́нность,** -и, *ж.* (к 1 знач.).

СОВЕРШЕ́ННЫЙ[2]: **совершенный вид** — в грамматике: категория глагола, выражающая ограниченность протекания действия по отношению к пределу, целостность действия (напр. законченность действия, его начало или завершение, результативность, один из моментов действия); *противоп.* несовершенный вид.

СОВЕРШЕ́НСТВО, -а, *ср.* Полнота всех достоинств, высшая степень какого-н. положительного качества. *В совершенстве владеть иностранным языком. Довести до совершенства. Верх совершенства* (о чём-н. самом совершенном).

СОВЕРШЕ́НСТВОВАТЬ, -твую, -твуешь; -анный; *несов., кого-что.* Делать лучше, совершеннее. *С. проект. С. свой талант.* ‖ *сов.* **усоверше́нствовать,** -твую, -твуешь; -анный. ‖ *сущ.* **совершенствование,** -я, *ср.* и **усовершенствование,** -я, *ср.*

СОВЕРШЕ́НСТВОВАТЬСЯ, -твуюсь, -твуешься; *несов.* Становиться лучше, совершеннее; повышать свои знания, мастерство. *С. в игре на скрипке.* ‖ *сов.* **усоверше́нствоваться,** -твуюсь, -твуешься. ‖ *сущ.* **соверше́нствование,** -я, *ср.* и **усоверше́нствование,** -я, *ср.*

СОВЕРШИ́ТЬ, -шу́, -ши́шь; -шённый (-ён, -ена́); *сов., что.* **1.** Сделать, осуществить (книжн.). *С. подвиг. С. преступление. Самолёт совершил посадку.* **2.** Заключить, оформить (офиц.). *С. сделку.* ‖ *несов.* **соверша́ть,** -а́ю, -а́ешь. ‖ *сущ.* **соверше́ние,** -я, *ср.*

СОВЕРШИ́ТЬСЯ (-шу́сь, -ши́шься, 1 и 2 л. не употр.), -ши́тся; *сов.* (книжн.). Произойти, осуществиться. *Совершилось важное событие.* ‖ *несов.* **соверша́ться** (-а́юсь, -а́ешься, 1 и 2 л. не употр.), -а́ется. ‖ *сущ.* **соверше́ние,** -я, *ср.*

СО́ВЕСТИТЬ, -ещу, -естишь; *несов., кого (что)* (устар. разг.). То же, что стыдить. ‖ *сов.* **усо́вестить,** -ещу, -естишь; -ещенный.

СО́ВЕСТИТЬСЯ, -ещусь, -естишься; *несов., кого-чего* и *с неопр.* (разг.). Стесняясь, стыдясь, удерживаться от чего-н., от дурного поступка. *С. просить денег.* ‖ *сов.* **посо́веститься,** -ещусь, -естишься. *Хоть бы людей посовестился.*

СО́ВЕСТЛИВЫЙ, -ая, -ое; -ив. Обладающий чувством нравственной ответственности перед другими, поступающий по совести. *С. человек.* ‖ *сущ.* **со́вестливость,** -и, *ж.*

СО́ВЕСТНО, *в знач. сказ., кому, с неопр.* или *с союзом «что»* (разг.). Стыдно, неловко от сознания неправоты или от чувства стеснения. *С. просить. Как вам не с.!* (неужели не стыдно?).

СО́ВЕСТЬ, -и, *ж.* Чувство нравственной ответственности за своё поведение перед окружающими людьми, обществом. *Люди с чистой совестью. С. нечиста у кого-н. Со спокойной совестью делать что-н.* (будучи уверенным в своей правоте). *Угрызения совести. Поступить по совести* (как требует совесть). *Этот поступок лежит (остается) на его совести* (он несёт за это моральную ответственность). *Надо и с. знать* (о чём-н. предосудительном: нельзя так делать, пора прекратить; разг.). *И как только у него совести хватило!* (как он не постыдился, не постеснялся). ✦ **Свобода совести** (офиц.) — право исповедовать любую религию или быть атеистом. **На совесть** (сделать) (разг.) — добросовестно, хорошо. *Сработано на совесть.* **Для очистки совести** (разг.) — чтобы не обвинять потом себя в чём-н. **По совести, по совести говоря,** *вводн. сл.* — говоря откровенно. ‖ *прил.* **со́вестный,** -ая, -ое (устар.).

СОВЕ́Т[1], -а, *м.* **1.** Мнение, высказанное кому-н. по поводу того, как ему поступить, что сделать; наставление, указание. *Дать хороший с. Просить совета. Последовать чьему-н. совету.* **2.** Совместное обсуждение чего-н., совещание для такого обсуждения. *Семейный с. Держать с.* (совместно обсуждать что-н., советоваться). **3.** *чего.* Название различных коллегиальных органов. *С. безопасности ООН. Государственный с. Учёный с. института. Военный с.* (коллегиальный орган военного руководства). *С. трудового коллектива. Педагогический с.* (в общеобразовательной школе). **4.** Согласие, дружба (устар.). *Жить в любви и совете. С. да любовь!* (пожелание счастья молодожёнам).

СОВЕ́Т[2], -а, *м.* Представительный орган государственной власти, одна из форм политической организации общества. *Совет Федерации* (верхняя палата парламента России). *Советы народных депутатов. Верховный С. РСФСР* (постоянно действовавший законодательный, распорядительный и контрольный орган государственной власти в РСФСР). *Городской с.* (горсовет). *Сельский с.* (сельсовет). *Поселковый с.* (поссовет). ‖ *прил.* **сове́тский,** -ая, -ое.

СОВЕ́ТНИК, -а, *м.* **1.** Название нек-рых должностных лиц, а также (в царской России) нек-рых гражданских чинов и лиц, имеющих такие чины. *С. юстиции. С. таможенной службы. С. посольства. Военный с. С. президента. Статский, титулярный, надворный с.* **2.** То же, что советчик (устар.). *Нашлись советники-доброхоты.* ‖ *ж.* **сове́тница,** -ы (ко 2 знач.). ‖ *прил.* **сове́тнический,** -ая, -ое (ко 2 знач.).

СОВЕ́ТОВАТЬ, -тую, -туешь; *несов., кому что* или *с неопр.* Давать совет[1] (в 1 знач.), советы. *Советую тебе отдохнуть. Не советую курить. Врачи советуют лечение.* ‖ *сов.* **посове́товать,** -тую, -туешь и **присове́товать,** -тую, -туешь; -анный (прост.).

СОВЕ́ТОВАТЬСЯ, -туюсь, -туешься; *несов., с кем.* Просить у кого-н. совета[1] (в 1 знач.); обмениваться советами, совещаться о чём-н. *С. с доктором. С. с друзьями. С. о делах.* ‖ *сов.* **посове́товаться,** -туюсь, -туешься.

СОВЕТО́ЛОГ, -а, *м.* Специалист по советологии.

СОВЕТОЛО́ГИЯ, -и, *ж.* В зарубежной политологии: изучение жизни Советского Союза. ‖ *прил.* **советологи́ческий,** -ая, -ое.

СОВЕ́ТСКИЙ, -ая, -ое. **1.** *см.* совет[2]. **2.** Относящийся к государственной власти Советов, свойственный, принадлежащий СССР. *Советское правительство. Советская власть. С. народ. Советская армия.*

СОВЕ́ТЧИК, -а, *м.* Тот, кто советует, даёт советы[1] (в 1 знач.). *Гнев — плохой с.* (посл.). ‖ *ж.* **сове́тчица,** -ы.

СОВЕЩА́НИЕ, -я, *ср.* Заседание, собрание, посвящённое обсуждению какого-н. специального вопроса. *Всероссийское с. учителей. Производственное с.*

СОВЕЩА́ТЕЛЬНЫЙ, -ая, -ое (книжн.). **1.** *см.* совещаться. **2.** Относящийся к праву обсуждения каких-н. вопросов, но не к праву их решения. *С. орган. Делегаты с правом совещательного голоса.*

СОВЕЩА́ТЬСЯ, -а́юсь, -а́ешься; *несов.* Совместно обсуждать что-н. *С. со специалистами.* ‖ *прил.* **совеща́тельный,** -ая, -ое (книжн.). *Совещательная комната* (в суде).

СОВЁНОК, -нка, *мн.* -вя́та, -вя́т, *м.* Птенец совы.

СОВИ́НЫЙ *см.* сова.

СО́ВКА, -и, *ж.* **1.** Небольшая птица отряда сов. **2.** Серая ночная бабочка, вредитель растений.

СОВКО́ВЫЙ, -ая, -ое. **1.** *см.* совок. **2.** Уходящий корнями в официальную идеологию советского строя, образа жизни (прост. пренебр.). *Совковое мышление.* ‖ *сущ.* **совко́вость,** -и, *ж.*

СОВЛАДА́ТЬ, -а́ю, -а́ешь; *сов., с кем-чем* (разг.). Овладеть, справиться[2]. *Не совладаю с озорниками. С. с собой* (добиться самообладания).

СОВЛАДЕ́ЛЕЦ, -льца, *м.* Человек, владеющий чем-н. совместно с кем-н. ‖ *ж.* **совладе́лица,** -ы. ‖ *прил.* **совладе́льческий,** -ая, -ое.

СОВЛЕ́ЧЬ, -еку́, -ечёшь; -ёк, -екла́; -еки́; -ёкший; -ечённый (-ён, -ена́); -ёкши; *сов., кого-что* (устар. и высок.). То же, что снять (в 1 и 2 знач.). *С. покровы, одежды. С. кого-н. с правильного пути* (перен.). ‖ *несов.* **совлека́ть,** -а́ю, -а́ешь. ‖ *сущ.* **совлече́ние,** -я, *ср.*

СОВМЕСТИ́МЫЙ, -ая, -ое; -и́м (книжн.). Такой, к-рый можно совместить с чем-н. *Совместимые понятия.* ‖ *сущ.* **совмести́мость,** -и, *ж. С. тканей* (биохимическое свойство органических тканей, содействующее их приживлению к тканям другого организма; спец.). *Психологическая с.* (между людьми).

СОВМЕСТИ́ТЕЛЬ, -я, *м.* Должностное лицо, работающее по совместительству. ‖ *ж.* **совмести́тельница,** -ы. ‖ *прил.* **совмести́тельский,** -ая, -ое.

СОВМЕСТИ́ТЕЛЬСТВО, -а, *ср.* Одновременная работа в двух или более местах, учреждениях или в нескольких должностях. *Работать по совместительству* (в дополнение к основной службе, работе).

СОВМЕСТИ́ТЬ, -ещу́, -ести́шь; -ещённый (-ён, -ена́); *сов., что.* Сочетать, соединить вместе. *Нельзя с. несовместимое. С. в себе писателя и живописца.* ‖ *несов.* **совмеща́ть,** -а́ю, -а́ешь. ‖ *сущ.* **совмеще́ние,** -я, *ср. С. профессий* (у одного работника).

СОВМЕСТИ́ТЬСЯ (-ещу́сь, -ести́шься, 1 и 2 л. не употр.), -ести́тся; *сов.* **1.** То же, что совпасть (во 2 знач.). *Линии при наложении совместились.* **2.** Оказаться одновременно, совместно существующим в ком-чём-н. *В характере этого человека совместились самые разные черты.* ‖ *несов.* **совмеща́ться** (-а́юсь, -а́ешься, 1 и 2 л. не употр.), -а́ется. ‖ *сущ.* **совмеще́ние,** -я, *ср.*

СОВМЕ́СТНЫЙ, -ая, -ое; -тен, -тна. Осуществляемый вместе с кем-чем-н., общий. *Совместные усилия. Совместное обучение мальчиков и девочек.* ✦ **Совместно с** *кем-чем, предлог с тв. п.* — вместе с кем-чем-н., объединяя действия с кем-н. *Действовать совместно с общественными организациями.* ‖ *сущ.* **совме́стность,** -и, *ж.*

СОВМЕЩА́ТЬ, -а́ю, -а́ешь; *несов., что.* **1.** *см.* совместить. **2.** Выполнять работу по совместительству. *С. две должности* (разг.). *Преподаёт в школе и совмещает в техникуме.*

СОВМИ́Н, -а, *м.* Сокращение: совет министров. ‖ *прил.* **совми́новский,** -ая, -ое (разг.).

СОВНАРКО́М, -а, *м.* Сокращение: Совет Народных Комиссаров — в СССР в 1917—1946 гг.: название высшего исполнительного и распорядительного органа государственной власти СССР, союзных и автономных республик. ‖ *прил.* **совнарко́мовский,** -ая, -ое (разг.).

СОВНАРХО́З, -а, *м.* Сокращение: Совет народного хозяйства — название местного органа управления промышленностью и строительством (в 1917—1932 гг. и в

1957—1965 гг.). ‖ *прил.* **совнархо́зовский,** -ая, -ое (разг.).

СОВО́К, -вка́, *м.* Предмет в форме лопатки с загнутыми кверху боковыми краями. *С. для мусора. С. для муки.* ‖ *уменьш.* **сово́чек,** -чка, *м.* ‖ *прил.* **совко́вый,** -ая, -ое. *Совковая лопата.*

СОВОКУПИ́ТЬ, -плю́, -пи́шь; -плённый (-ён, -ена́); *сов., что* (книжн.). То же, что совместить. *С. разнородные понятия.* ‖ *несов.* **совокупля́ть,** -я́ю, -я́ешь. ‖ *сущ.* **совокупле́ние,** -я, *ср.*

СОВОКУПИ́ТЬСЯ, -плю́сь, -пи́шься; *сов.* **1.** То же, что соединиться (устар.). *Силы соратников совокупились.* **2.** Совершить половой акт (книжн.). ‖ *несов.* **совокупля́ться,** -я́юсь, -я́ешься. ‖ *сущ.* **совокупле́ние,** -я, *ср.* ‖ *прил.* **совокупи́тельный,** -ая, -ое (ко 2 знач.).

СОВОКУ́ПНОСТЬ, -и, *ж.* (книжн.). **1.** *см.* совокупный. **2.** Сочетание, соединение, общий итог чего-н. *С. признаков. Всё в совокупности. С. статистических данных.*

СОВОКУ́ПНЫЙ, -ая, -ое; -пен, -пна (книжн.). Соединённый, совместный. *Совокупные усилия многих людей. С. общественный продукт* (вся продукция общества за определённый период; спец.). ✦ **Совокупно с** *кем-чем, предлог с тв. п.* (устар.) — то же, что совместно с кем-чем-н. *Действовать совокупно со своими единомышленниками.* ‖ *сущ.* **совоку́пность,** -и, *ж.*

СОВПАДЕ́НИЕ, -я, *ср.* **1.** *см.* совпасть. **2.** Случайная совмещённость каких-н. событий, явлений. *Неожиданное с. Я не хотел прийти вместе с ним: это просто с.*

СОВПА́СТЬ (-аду́, -адёшь, 1 и 2 л. не употр.), -адёт; -а́л, -а́ла; *сов., с чем.* **1.** Произойти в одно время с чем-н. *Экзамены совпали с отпуском.* **2.** В геометрии: при наложении покрыть друг друга. *Геометрические фигуры совпали.* **3.** Оказаться общим, тождественным. *Показания свидетелей совпали. Предположение совпало с действительностью.* ‖ *несов.* **совпада́ть** (-а́ю, -а́ешь, 1 и 2 л. не употр.), -а́ет. ‖ *сущ.* **совпаде́ние,** -я, *ср.*

СОВРАТИ́ТЕЛЬ, -я, *м.* (книжн.). Тот, кто совратил, совращает кого-н. ‖ *ж.* **соврати́тельница,** -ы. ‖ *прил.* **соврати́тельский,** -ая, -ое.

СОВРАТИ́ТЬ, -ащу́, -ати́шь; -ащённый (-ён, -ена́); *сов., кого (что)* (книжн.). **1.** Побудить сделать ложный шаг, проступок, сбить с правильного пути. *С. с пути истинного.* **2.** Лишить женской чести, обесчестить. ‖ *несов.* **совраща́ть,** -а́ю, -а́ешь. ‖ *сущ.* **совраще́ние,** -я, *ср.*

СОВРА́ТЬ *см.* врать.

СОВРЕМЕ́ННИК, -а, *м., кого-чего.* Человек, к-рый живёт в одно время с кем-чем-н. *Наш с. Современники великих событий. С. Пушкина.* ‖ *ж.* **совреме́нница,** -ы.

СОВРЕМЕ́ННОСТЬ, -и, *ж.* **1.** *см.* современный. **2.** Действительность в её настоящем непосредственном состоянии, то, что происходит, существует сейчас. *Передовые идеи современности. Отражение современности в литературе.*

СОВРЕМЕ́ННЫЙ, -ая, -ое; -е́нен, -е́нна. **1.** *полн. ф., кому-чему.* Относящийся к одному времени, к одной эпохе с кем-чем-н. *Современные Пушкину поэты.* **2.** *полн. ф.* Относящийся к настоящему времени, теперешний. *Современная русская литература. Современное состояние науки.* **3.** Стоящий на уровне своего века, не отсталый. *Современная техника. Вполне с. человек.* ‖ *сущ.* **совреме́нность,** -и, *ж.* (к 3 знач.).

СОВСЕ́М, *нареч.* **1.** Совершенно, вполне. *С. новое решение. С. готов. Не с. здоров. Не с. вас понял.* **2.** *перед отриц.* Ни в какой степени, нисколько (разг.). *С. не смешно. Сказал с. не в насмешку. Ты шутишь? — С. нет.*

СОВХО́З, -а, *м.* Сокращение: советское хозяйство — крупное государственное сельскохозяйственное предприятие. *Зерновые совхозы. Животноводческий с. С.-техникум* (среднее учебное заведение на базе такого предприятия). ‖ *прил.* **совхо́зный,** -ая, -ое.

СОГБЕ́ННЫЙ, -ая, -ое; -е́н, -е́нна (устар. и высок.). О людях: сгорбленный, согнутый. *С. старец.* ‖ *сущ.* **согбе́нность,** -и, *ж.*

СОГЛА́СИЕ, -я, *ср.* **1.** Одно из течений внутри старообрядческого толка (спец.). **2.** Разрешение, утвердительный ответ на просьбу. *Дать с. на что-н. С согласия начальника* (имея его согласие). *Молчание — знак согласия* (посл.). **3.** Единомыслие, общность точек зрения. *Прийти к согласию. Гражданское с.* (отсутствие конфронтации в обществе). **4.** Дружественные отношения, единодушие. *В семье царит полное с.* **5.** Соразмерность, стройность, гармония. *В оркестре нет согласия.* ✦ **В согласии с** *чем, предлог с тв. п.* (книжн.) — согласно с чем-н., в соответствии с чем-н. *Действовать в согласии с принятым решением. Решение в согласии с законом.*

СОГЛАСИ́ТЬ, -ашу́, -аси́шь; -ашённый (-ён, -ена́); *сов., что* (устар. и книжн.). Примирить, объединить (разные мнения, интересы). *Нельзя с. противоречивые мнения.* ‖ *несов.* **соглаша́ть,** -а́ю, -а́ешь. ‖ *прил.* **согласи́тельный,** -ая, -ое (офиц.). *Согласительная комиссия. Согласительная процедура* (в Думе).

СОГЛАСИ́ТЬСЯ, -ашу́сь, -аси́шься; *сов.* **1.** *на что и с неопр.* Дать согласие (в 1 знач.) на что-н. *С. на какое-н. предложение. С. поехать.* **2.** *с кем-чем.* Выразить, подтвердить своё согласие (во 2 знач.) с кем-чем-н. *С. с мнением специалиста. Не могу с. с кем-чем-н.* (форма возражения: *Не могу с., что этот человек — хороший работник).* **3.** *о чем и на чём.* Сговориться, договориться, сойтись (в 8 знач.) (устар. и прост.). *С. о цене (на сходной цене).* ‖ *несов.* **соглаша́ться,** -а́юсь, -а́ешься. ‖ *прил.* **согласи́тельный,** -ая, -ое (офиц.).

СОГЛА́СНЫЙ[1], -ая, -ое; -сен, -сна. **1.** *на что.* Выражающий, дающий согласие на что-н. *Согласен на все условия.* **2.** *с кем-чем.* Придерживающийся одинакового с кем-чем-н. мнения, образа действий. *Я с тобой вполне согласен.* **3.** *с чем.* Сходный, совпадающий с чем-н., соответствующий чему-н. (устар.). *Поступок, с. с требованиями долга.* **4.** Стройный, гармонический. *С. хор. Согласное пение.* **5.** Единодушный, дружный (устар.). *Согласная семья. Жить согласно* (нареч.). **6. согла́сно** *чему, предлог с дат. п.* Соответственно, сообразно с чем-н., на основании чего-н. *Согласно предписанию. Согласно закону.* ✦ **Согласно с** *чем, предлог с тв. п.* — то же, что согласно чему (см. согласный[1] в 6 знач.). *Действовать согласно с законом.* ‖ *сущ.* **согла́сность,** -и, *ж.* (к 4 и 5 знач.).

СОГЛА́СНЫЙ[2], -ая, -ое. О звуках речи: при своём образовании встречающий препятствия со стороны органов речи, образуемый с участием шума; также о буквах, изображающих такой звук. *Глухие согласные звуки* (образуемые без участия голоса). *Звонкие согласные звуки* (образуемые с участием голоса). *Звонкие и глухие согласные* (сущ.).

СОГЛАСОВА́НИЕ, -я, *ср.* **1.** *см.* согласовать, -ся. **2.** В грамматике: подчинительная связь, при к-рой грамматически зависимое слово уподобляется грамматически главенствующему слову в роде, числе и падеже. *Полное с. Неполное с.*

СОГЛАСО́ВАННЫЙ, -ая, -ое; -ан. Такой, в к-ром достигнуто единство, согласие (во 2 знач.). *Согласованные действия.* ‖ *сущ.* **согласо́ванность,** -и, *ж.*

СОГЛАСОВА́ТЬ, -су́ю, -су́ешь; -о́ванный; *сов.* **1.** *что и что с чем.* Привести в надлежащее соотношение, соответствие с чем-н. *С. расписание поездов с движением автобусов.* **2.** *что с кем-чем.* Обсудив, выработать единое мнение о чём-н., получить согласие на что-н. *С. вопрос с дирекцией.* **3.** *что с чем.* В грамматике: осуществить связь согласования. *С. прилагательное с существительным.* ‖ *несов.* **согласо́вывать,** -аю, -аешь. ‖ *сущ.* **согласова́ние,** -я, *ср.* ‖ *прил.* **согласова́тельный,** -ая, -ое (к 3 знач.; спец.).

СОГЛАСОВА́ТЬСЯ (-су́юсь, -су́ешься, 1 и 2 л. не употр.), -су́ется; *сов. и несов., с чем.* **1.** Оказаться (быть) в соответствии с чем-н. *Это решение не согласуется с прежним.* **2.** В грамматике: вступить (вступать) в связь согласования. *Прилагательное согласуется с существительным.* ‖ *сущ.* **согласова́ние,** -я, *ср.*

СОГЛАША́ТЕЛЬ, -я, *м.* **1.** Беспринципный политик, идущий на уступки, компромиссы своим противникам. *Оппортунисты-соглашатели.* **2.** Человек, склонный к компромиссам, приспособленец. ‖ *прил.* **соглаша́тельский,** -ая, -ое. *Соглашательская политика. Соглашательское поведение.*

СОГЛАША́ТЕЛЬСТВО, -а, *ср.* Политика и поведение соглашателя, соглашателей. ‖ *прил.* **соглаша́тельский,** -ая, -ое.

СОГЛАША́ТЬ, -СЯ *см.* согласить, -ся.

СОГЛАШЕ́НИЕ, -я, *ср.* **1.** Взаимное согласие (во 2 знач.), договорённость. *Прийти к соглашению. Тайное с.* **2.** Договор, устанавливающий какие-н. условия, взаимоотношения, права и обязанности сторон. *Заключить с. Трудовое с.* (договор между трудящимся и предприятием о выполнении работы и о её оплате).

СОГЛЯДА́ТАЙ, -я, *м.* Тот, кто тайно наблюдает, шпионит за кем-чем-н.

СОГНА́ТЬ, сгоню́, сго́нишь; -а́л, -ала́, -а́ло; со́гнанный; *сов.* **1.** *кого (что).* Гоня, удалить откуда-н. *С. с места.* **2.** *что.* Удалить, уничтожить. *С. улыбку с лица. С. лишний вес.* **3.** *кого-что.* Гоня, собрать в одно место. *С. коров на луг.* ‖ *несов.* **сгоня́ть,** -я́ю, -я́ешь. ‖ *сущ.* **сгон,** -а, *м.* (к 1 и 3 знач.) и **сго́нка,** -и, *ж.* (ко 2 знач.; спец.). *Сгон аборигенов с их земель.* ‖ *прил.* **сго́нный,** -ая, -ое (к 3 знач.; спец.).

СОГНУ́ТЬ, -СЯ *см.* гнуть, -ся.

СОГРАЖДАНИ́Н, -а, *мн.* согра́ждане, -ан, *м.* (книжн.). Человек, объединённый с другим (другими) общим гражданством. ‖ *ж.* **согра́жданка,** -и.

СОГРЕ́ТЬ, -ре́ю, -ре́ешь; -ре́тый; *сов.* **1.** *что.* Сделать тёплым, горячим. *С. воду. Солнце согрело землю.* **2.** *кого-что.* Передать свою теплоту кому-чему-н. *С. котенка за пазухой. С. своей лаской* (перен.). ‖ *несов.* **согрева́ть,** -а́ю, -а́ешь. ‖ *сущ.* **согрева́ние,** -я, *ср.* (к 1 знач.). ‖ *прил.* **согрева́тельный,** -ая, -ое (к 1 знач.; спец.).

СОГРЕ́ТЬСЯ, -ре́юсь, -ре́ешься; *сов.* **1.** Согреть своё тело. *С. у костра.* **2.** (1 и 2 л. не употр.). Стать тёплым, горячим от жара, огня. *Вода согрелась.* ‖ *несов.* **согрева́ться,** -а́юсь, -а́ешься. ‖ *сущ.* **согрева́ние,** -я, *ср.* и **согре́в,** -а, *м.* (к 1 знач.; прост.).

СОГРЕШЕ́НИЕ, -я, *ср.* (устар.). Грех, проступок. *Прости мое с.*

СОГРЕШИ́ТЬ *см.* грешить.

СО́ДА, -ы, *ж.* Белое щелочное кристаллическое вещество. *Каустическая с. Питьевая с.* ‖ *прил.* **со́довый**, -ая, -ое. *С. раствор. Содовая вода* (газированная вода с раствором питьевой соды).

СОДЕ́ЙСТВИЕ, -я, *ср.* Деятельное участие в чьих-н. делах с целью облегчить, помочь, поддержка в какой-н. деятельности. *Оказать с. Товарищеское с. Комиссия содействия.*

СОДЕ́ЙСТВОВАТЬ, -твую, -твуешь; *сов.* и *несов., кому-чему.* Оказать (-зывать) содействие, способствовать. *С. успеху.* ‖ *сов.* также **посоде́йствовать**, -твую, -твуешь (разг.).

СОДЕРЖА́НИЕ, -я, *ср.* **1.** *см.* содержать. **2.** Единство всех основных элементов целого, его свойств и связей, существующее и выражаемое в форме (в 1 знач.) и неотделимое от неё. *Единство формы и содержания.* **3.** Основная суть изложения; фабула. *Пересказать с. доклада. Книга с интересным содержанием.* **4.** Перечень разделов в начале или в конце книги, оглавление. *С. — в конце книги.* **5.** Количество чего-н., находящегося в чём-н. другом. *С. витаминов в чёрной смородине.* **6.** Заработная плата, жалованье (офиц.). *Отпуск с сохранением содержания.* **7.** Средства, к-рые даются кому-н. для обеспечения существования, иждивение (устар.). *Назначить с. кому-н. Жить у кого-н. на содержании.* ‖ *прил.* **содержа́тельный**, -ая, -ое (ко 2 знач.).

СОДЕРЖА́НКА, -и, *ж.* (разг.). Женщина, живущая на содержании у своего любовника.

СОДЕРЖА́ТЕЛЬ, -я, *м.* (устар.). Владелец, лицо, к-рое содержит какое-н. заведение. *С. трактира.* ‖ *ж.* **содержа́тельница**, -ы.

СОДЕРЖА́ТЕЛЬНЫЙ, -ая, -ое; -лен, -льна. **1.** *см.* содержание. **2.** Имеющий богатое содержание (в 3 знач.), с большим внутренним смыслом, значением. *Содержательная беседа. С. доклад. Содержательно* (нареч.) *изложить статью.* ‖ *сущ.* **содержа́тельность**, -и, *ж.*

СОДЕРЖА́ТЬ, -ержу́, -е́ржишь; *несов.* **1.** *кого (что).* Обеспечивать кого-н. средствами к жизни. *С. свою семью.* **2.** *кого (что).* Заставлять находиться, помещаться где-н., в каком-н. положении. *С. под арестом.* **3.** *кого-что в чём.* Иметь кого-что-н. в том или ином виде. *С. вещи в порядке. С. детей в чистоте.* **4.** *кого (что).* То же, что держать (в 6 знач.). *С. овец. Уток не содержим: вода далеко.* **5.** (1 и 2 л. не употр.), *что.* Иметь, заключать в себе. *Лекарство содержит мышьяк. Книга содержит в себе много интересного.* **6.** *что.* Быть распорядителем, хозяином, владельцем чего-н. *С. кафе. С. оперную труппу. Завод содержит своё подсобное хозяйство.* ‖ *сущ.* **содержа́ние**, -я, *ср.*

СОДЕРЖА́ТЬСЯ, -ержу́сь, -е́ржишься; *несов.* **1.** Находиться, помещаться где-н., в каком-н. положении. *С. под стражей.* **2.** (1 и 2 л. не употр.). Иметься, находиться в том или ином состоянии. *Одежда содержится в порядке.* **3.** (1 и 2 л. не употр.), *в чём.* Заключаться внутри чего-н. *В книге содержатся нужные сведения. В молоке содержится жир.*

СОДЕРЖИ́МОЕ, -ого, *ср.* То, что вмещается, заключается в чём-н. *С. папки. Вытряхнул на стол всё с. кошелька.*

СОДЕ́ЯТЬ, -е́ю, -е́ешь; преимущ. в форме *прич.* -янный; *сов., что* (устар., высок. и офиц.). То же, что совершить (в 1 знач.). *Ответственность за содеянные преступления. Юридическая квалификация содеянного* (сущ.).

СОДЕ́ЯТЬСЯ (-е́юсь, -е́ешься, 1 и 2 л. не употр.), -е́ется; *сов.* (устар. и прост.). Совершиться, сделаться. *Что с тобой содеялось?* (что случилось, почему ты стал такой?). ‖ *несов.* **де́яться** (де́юсь, де́ешься, 1 и 2 л. не употр.), де́ется.

СО́ДОВЫЙ, -ая, -ое. **1.** *см.* сода. **2. со́довая**, -ой, *ж.* То же, что содовая вода. *Выпить стакан содовой. Виски с содовой.*

СОДОКЛА́Д, -а, *м.* Дополнительный доклад другого лица по каким-н. вопросам основного доклада.

СОДОКЛА́ДЧИК, -а, *м.* Тот, кто выступает с содокладом. ‖ *ж.* **содокла́дчица**, -ы.

СОДО́М, -а, *м.* (разг.). Беспорядок, шум, суматоха. *Поднять с.* ✦ **Содом и Гоморра** (книжн.) — полный беспорядок, хаос [от названий городов, по библейской легенде, разрушенных и испепелённых Богом за распутство их жителей].

СОДРА́ТЬ *см.* драть.

СОДРА́ТЬСЯ (сдеру́сь, сдерёшься, 1 и 2 л. не употр.), сдерётся; -а́лся, -ала́сь, -ало́сь и -а́лось; *сов.* О тонком слое чего-н., кожуре: отделиться от поверхности. ‖ *несов.* **сдира́ться** (-а́юсь, -а́ешься, 1 и 2 л. не употр.), -а́ется.

СОДРОГА́НИЕ, -я, *ср.* (книжн.). **1.** *см.* содрогнуться. **2.** Судорожное движение от сильного чувства; волнение, трепет. *Жестокость вызывает с.*

СОДРОГНУ́ТЬСЯ, -ну́сь, -нёшься; *сов.* **1.** Прийти в резкое колебательное движение, задрожать. *Здание содрогнулось от взрыва.* **2.** Вздрогнуть, затрепетать от крайнего волнения. *С. от ужаса.* ‖ *несов.* **содрога́ться**, -а́юсь, -а́ешься. ‖ *сущ.* **содрога́ние**, -я, *ср.*

СОДРУ́ЖЕСТВО, -а, *ср.* (книжн.). **1.** Взаимная дружба, дружеское единение. *Боевое с. Творческое с.* **2.** Объединение кого-чего-н., основанное на дружбе, на общности интересов. *Содружество независимых государств. С. художников.*

СО́ЕВЫЙ *см.* соя.

СОЕДИНЕ́НИЕ, -я, *ср.* **1.** *см.* соединить, -ся. **2.** Место, где что-н. соединено. *Обрыв провода на соединении.* **3.** Войсковое формирование, состоящее из отдельных воинских частей и нек-рых других самостоятельных войсковых единиц. *Танковое с.* **4.** Химическое индивидуальное вещество, в к-ром атомы одного или различных элементов соединены между собой тем или иным видом химической связи. *Химическое с.*

СОЕДИНИ́МЫЙ, -ая, -ое; -и́м. Такой, к-рый можно соединить, объединить. *Соединимые понятия.* ‖ *сущ.* **соедини́мость**, -и, *ж.*

СОЕДИНИ́ТЕЛЬНЫЙ, -ая, -ое. **1.** *см.* соединить. **2.** Служащий для соединения, скрепления чего-н. *Соединительная ткань* (ткань животного организма, содержащая большое количество межклеточного вещества). *Соединительные гласные* (в сложных словах: гласные, которые соединяют две простые основы — основы, содержащие не более одного корня, напр. «е» в слове мышеловка).

СОЕДИНИ́ТЬ, -ню́, -ни́шь; -нённый (-ён, -ена́); *сов.* **1.** *кого-что.* Составить из многого (многих) одно целое, объединить, слить воедино. *С. свои силы. С. усилия. С. отряды.* **2.** *что.* Скрепить одно с другим. *С. провода.* **3.** *что с чем.* То же, что сочетать. *С. теорию с практикой.* **4.** *кого-что с кем-чем.* Установить сообщение, связь между кем-чем-н. *С. два города автострадой. С. кого-н. с кем-н. по телефону.* ‖ *несов.* **соединя́ть**, -я́ю, -я́ешь. ‖ *сущ.* **соедине́ние**, -я, *ср.* ‖ *прил.* **соедини́тельный**, -ая, -ое (ко 2 знач.).

СОЕДИНИ́ТЬСЯ, -ню́сь, -ни́шься; *сов.* **1.** Образовать одно целое, слиться воедино. *Отряды соединились. С. браком.* **2.** (1 и 2 л. не употр.). Придя в соприкосновение, скрепиться, связаться. *Провода соединились.* **3.** (1 и 2 л. не употр.). То же, что сочетаться. *В этом человеке соединились храбрость и великодушие.* **4.** *с кем-чем.* Вступить в общение, установить связь. *С. с Москвой по телефону.* ‖ *несов.* **соединя́ться**, -я́юсь, -я́ешься. ‖ *сущ.* **соедине́ние**, -я, *ср.*

СОЖАЛЕ́НИЕ, -я, *ср.* **1.** *о ком-чём.* Чувство печали, огорчения, вызванное утратой, сознанием невозможности изменить или осуществить что-н. *Сожаления об ушедшей молодости. Расстаться без сожаления.* **2.** *к кому-чему.* Жалость, сострадание. *Почувствовать с. к пострадавшему.* ✦ **К (большому, великому, крайнему) сожалению,** *вводн. сл.* — очень жаль, приходится пожалеть. *К сожалению, я вынужден вам отказать.*

СОЖАЛЕ́ТЬ, -е́ю, -е́ешь; *несов., о ком-чём и с союзом «что».* Испытывать сожаление по поводу чего-н., жалеть (во 2 знач.). *С. о допущенных ошибках. Сожалею, но помочь не могу.*

СОЖЖЕ́НИЕ *см.* жечь.

СОЖИ́ТЕЛЬ, -я, *м.* **1.** Человек, к-рый живёт с кем-н. вместе (устар.). *С. по квартире.* **2.** То же, что любовник (в 1 знач.) (прост.). ‖ *ж.* **сожи́тельница**, -ы (к 1 знач.).

СОЖИ́ТЕЛЬНИЦА, -ы, *ж.* **1.** *см.* сожитель. **2.** То же, что любовница (во 2 знач.) (прост.).

СОЖИ́ТЕЛЬСТВО, -а, *ср.* **1.** Совместная жизнь, проживание (устар.). **2.** Интимные отношения между мужчиной и женщиной. *Состоять в сожительстве с кем-н.*

СОЖРА́ТЬ *см.* жрать.

СОЗВА́ТЬ, -зову́, -зовёшь; -а́л, -ала́, -а́ло; со́званный (-ан, -ана и устар. -ана́); *сов.* **1.** *кого (что).* Позвав, пригласив, собрать в одно место (многих). *С. гостей. С. друзей на день рожденья.* **2.** *кого-что.* Пригласив участников, организовать, начать их совместную деятельность. *С. парламент. С. консилиум врачей. С. войско, рать* (устар.). ‖ *несов.* **созыва́ть**, -а́ю, -а́ешь (к 1 знач.) и **созыва́ть**, -а́ю, -а́ешь. ‖ *сущ.* **созы́в**, -а, *м.* (ко 2 знач.; офиц.).

СОЗВЕ́ЗДИЕ, -я, *ср.* **1.** Один из 88 участков, на к-рые разделено звёздное небо для удобства ориентировки и обозначения звёзд (спец.); отдельная группа звёзд. *Яркое с.* **2.** *перен.* Соединение (знаменитостей, талантов) (высок.). *С. имён. С. талантов.*

СОЗВОНИ́ТЬСЯ, -ню́сь, -ни́шься; *сов., с кем* (разг.). Сговориться, договориться по телефону. *С. с приятелем.* ‖ *несов.* **созва́ниваться**, -аюсь, -аешься.

СОЗВУ́ЧИЕ, -я, *ср.* В музыке: сочетание нескольких звуков разной высоты.

СОЗВУ́ЧНЫЙ, -ая, -ое; -чен, -чна. **1.** О музыкальных звуках: образующий созвучие. **2.** *перен.* Имеющий соответствие, близкое сходство (книжн.). *Созвучные образы.* **3.** *перен.* Вполне соответствующий, отвечающий каким-н. интересам, потребностям. *Произведение, созвучное эпохе.* ✦ **Созвучно** *с чем, в знач. предлога с тв. п.* — соответствуя чему-н., в соответствии с чем-н. *Дей-*

ствовать созвучно с требованиями времени.

СОЗДА́НИЕ, -я, *ср.* **1.** *см.* создать. **2.** То, что создано, произведение. *Бессмертные создания художника.* **3.** *с определением.* Отдельный человек или вообще живое существо (разг., обычно шутл.). *Прелестное с. Милое с. Уморительное с. Несносное с. Небесное с.* (о человеке чистом и праведном).

СОЗДА́ТЕЛЬ, -я, *м.* **1.** Творец, тот, кто создал что-н. *Народ — с. художественных ценностей.* **2.** (С прописное). То же, что Творец (во 2 знач.). *С. Вселенной.* ✦ **Ах (мой) создатель!** (устар.) — выражение удивления и оценки; боже мой. ‖ *ж.* **созда́тельница,** -ы (к 1 знач.).

СОЗДА́ТЬ, -а́м, -а́шь, -а́ст, -ади́м, -ади́те, -аду́т; со́здал *и* созда́л, создала́, со́здало *и* созда́ло; созда́й; со́зданный (-ан, -ана́ *и* -ана, -ано); *сов., кого-что.* Сделать существующим, произвести, основать. *С. шедевр. С. теорию. С. государство. С. благоприятные условия для работы. С. авторитет кому-н. Эти люди созданы друг для друга* (близки во всём, вполне подходят друг другу). ‖ *несов.* **создава́ть,** -даю́, -даёшь; -дава́й; -дава́я. ‖ *сущ.* **созда́ние,** -я, *ср.*

СОЗДА́ТЬСЯ (-а́мся, -а́шься, 1 и 2 л. не употр.), -а́стся, -аду́тся; -а́лся, -ала́сь, -ало́сь *и* -а́лось; *сов.* Стать существующим, возникнуть. *Создалось сложное положение.* ‖ *несов.* **создава́ться** (-аю́сь, -аёшься, 1 и 2 л. не употр.), -даётся; -дава́ясь. ‖ *сущ.* **созда́ние,** -я, *ср.*

СОЗЕРЦА́НИЕ, -я, *ср.* **1.** *см.* созерцать. **2.** В философии: процесс непосредственного восприятия действительности, начальная, чувственная ступень познания. *От живого созерцания — к абстрактному мышлению.*

СОЗЕРЦА́ТЕЛЬ, -я, *м.* (книжн.). Человек, склонный к бездеятельному созерцанию, пассивный наблюдатель. ‖ *ж.* **созерца́тельница,** -ы.

СОЗЕРЦА́ТЕЛЬНЫЙ, -ая, -ое; -лен, -льна (книжн.). Погружённый в бездеятельное созерцание, пассивный. *Созерцательное отношение к действительности.* ‖ *сущ.* **созерца́тельность,** -и, *ж.*

СОЗЕРЦА́ТЬ, -а́ю, -а́ешь; *несов., кого-что* (книжн.). Рассматривать, пассивно наблюдать. *С. природу.* ‖ *сущ.* **созерца́ние,** -я, *ср.*

СОЗИДА́ТЕЛЬ, -я, *м.* (высок.). То же, что создатель (в 1 знач.). ‖ *ж.* **созида́тельница,** -ы.

СОЗИДА́ТЕЛЬНЫЙ, -ая, -ое; -лен, -льна (высок.). Создающий что-н., творческий. *Созидательная деятельность. Мирный с. труд.* ‖ *сущ.* **созида́тельность,** -и, *ж.*

СОЗИДА́ТЬ, -а́ю, -а́ешь; *несов.* (устар. и высок.). То же, что создавать. *С. великие творения.* ‖ *сущ.* **созида́ние,** -я, *ср.*

СОЗНАВА́ТЬ, -наю́, -наёшь; -нава́й; -наю́щий; -нава́я; *несов., что.* **1.** *см.* сознать. **2.** Воспринимать сознанием, усваивать, понимая. *Ребёнок начал с. окружающее.*

СОЗНАВА́ТЬСЯ *см.* сознаться.

СОЗНА́НИЕ, -я, *ср.* **1.** *см.* сознать, -ся. **2.** Человеческая способность к воспроизведению действительности в мышлении; психическая деятельность как отражение действительности. *Бытие определяет с. Общественное с.* **3.** Состояние человека в здравом уме и памяти, способность отдавать себе отчёт в своих поступках, чувствах. *Потерять с. Лишиться сознания. Прийти в с. Больной без сознания. До потери сознания* (до полного изнеможения). **4.** Мысль, чувство, ясное понимание чего-н. *Его мучило с., что он ошибся. С. собственной вины.* **5.** То же, что сознательность (во 2 знач.) (прост.).

СОЗНА́ТЕЛЬНОСТЬ, -и, *ж.* **1.** *см.* сознательный. **2.** Умение, способность правильно разбираться в окружающей действительности, определять своё поведение. *Проявить с.*

СОЗНА́ТЕЛЬНЫЙ, -ая, -ое; -лен, -льна. **1.** Обладающий сознанием (во 2 знач.). *Человек — существо сознательное.* **2.** Правильно оценивающий, вполне понимающий окружающее. *Сознательное отношение к чему-н.* **3.** Намеренный, совершенный по размышлении, обдуманный. *С. обман. Сделать что-н. сознательно* (нареч.). ‖ *сущ.* **созна́тельность,** -и, *ж.* (ко 2 и 3 знач.).

СОЗНА́ТЬ, -а́ю, -а́ешь; со́знанный; *сов., что.* То же, что осознать. *С. свой долг. С. свою ошибку.* ‖ *несов.* **сознава́ть,** -наю́, -наёшь; -нава́й; -нава́я. ‖ *сущ.* **созна́ние,** -я, *ср.*

СОЗНА́ТЬСЯ, -а́юсь, -а́ешься; *сов., в чём.* **1.** Сознав неправильность своего поступка, мнения, сказать об этом. *Сознайтесь, что вы были неправы. С. в своей ошибке. Нельзя не с.* или *надо с.* (приходится признать что-н.). **2.** Признать свою вину. *После долгих запирательств преступник сознался.* ‖ *несов.* **сознава́ться,** -наю́сь, -наёшься; -нава́йся; -нава́ясь. ‖ *сущ.* **созна́ние,** -я, *ср.*

СОЗОРНИЧА́ТЬ *см.* озорничать.

СОЗРЕВА́ТЬ, -а́ю, -а́ешь; *несов.* То же, что зреть[1]. *Помидоры начали с. Сыр созревает долго. Созревает новое решение.* ‖ *сущ.* **созрева́ние,** -я, *ср.*

СОЗРЕ́ТЬ *см.* зреть[1].

СОЗЫВА́ТЬ *см.* созвать.

СОИЗВО́ЛИТЬ, -лю, -лишь; *сов., с неопр.* (устар. офиц. и ирон.). Изволить, соблаговолить, пожелать. *Соизволил приказать. Не соизволили прийти.* ‖ *несов.* **соизволя́ть,** -я́ю, -я́ешь. ‖ *сущ.* **соизволе́ние,** -я, *ср. С вашего соизволения.*

СОИЗМЕРИ́МЫЙ, -ая, -ое; -и́м. **1.** Такой, к-рый можно измерить одинаковой с чем-н. другим мерой. *Соизмеримые величины.* **2.** То же, что сопоставимый. *Соизмеримые понятия.* ‖ *сущ.* **соизмери́мость,** -и, *ж.*

СОИЗМЕ́РИТЬ, -рю, -ришь; *сов., что с чем.* Сопоставить, установить какие-н. возможности, меру. ‖ *несов.* **соизмеря́ть,** -я́ю, -я́ешь. *С. свои потребности со своими возможностями.* ‖ *сущ.* **соизмере́ние,** -я, *ср.*

СОИСКА́ТЕЛЬ, -я, *м.* (офиц.). Лицо, представляющее или готовящееся представить свой труд на соискание учёной степени. ‖ *ж.* **соиска́тельница,** -ы. ‖ *прил.* **соиска́тельский,** -ая, -ое.

СОИСКА́ТЬ, -ищу́, другие формы не употр.; *сов., что* (устар. книжн.). То же, что снискать. *С. себе славу героя.* ‖ *сущ.* **соиска́ние,** -я, *ср.* ✦ **На соискание** *чего* (офиц.) — в целях получения (учёной степени, звания). *Диссертация на соискание учёной степени доктора наук. На соискание академической премии.*

СОИ́ТИЕ, -я, *ср.* То же, что совокупление.

СО́ЙКА, -и, *ж.* Пёстрая лесная птица сем. вороновых.

СОЙТИ́[1], сойду́, сойдёшь; сошёл, сошла́; сойди́; соше́дший; сойдя́; *сов.* **1.** *с чего.* Идя (в 1 и в нек-рых сочетаниях во 2 знач.), покинуть своё место, спуститься. *С. с горы. С. с лошади. С. с тротуара на мостовую. Автомобиль сошёл с конвейера. Поезд сошёл с рельсов. С гор сошёл сель. Ночь сошла на землю* (перен.). **2.** *с чего.* Уйти с места, освободив его. *С. с дороги* (также перен.). *Не с. мне с этого места!* (клятвенное уверение в своей правоте; прост.). **3.** (1 и 2 л. не употр.), *с кого-чего.* Исчезнуть с поверхности чего-н. *Загар сошёл с лица. Снег сошёл с полей. Кожа сошла.* **4.** *с чего.* О пассажире: выйти на остановке (из вагона, автобуса, троллейбуса) (разг.). *Сойдёте на следующей остановке?* **5.** Перестать демонстрироваться (о фильме, спектакле), а также (разг.) вообще перестать быть популярным, действовать активно. *Фильм сошёл с экрана. Артист рано сошёл* (т. е. перестал играть). ✦ **Сойти с ума** — потерять рассудок, помешаться. **С ума сойдёшь! С ума сойти!** (разг.) — выражение удивления и оценки. *Костюм купил — с ума сойти!* **Сойти в могилу** (высок.) — умереть. ‖ *несов.* **сходи́ть,** схожу́, схо́дишь. ✦ **Не сходи с ума** (разг.) — призыв вести себя благоразумно. ‖ *сущ.* **схожде́ние,** -я, *ср.* (к 1 знач.), **сход,** -а, *м.* (к 1 знач.) *и* **соше́ствие,** -я, *ср.* (к 1 знач.; устар. высок.). *Схождение с вершины. Сход снежных лавин.*

СОЙТИ́[2], сойду́, сойдёшь; сошёл, сошла́; сойди́; соше́дший; сойдя́; *сов.* (разг.). **1.** *за кого-что.* Оказаться (быть) принятым в качестве кого-чего-н., признанным за кого-что-н. *С. за иностранца.* **2.** (1 и 2 л. не употр.). Оказаться приемлемым, пройти, закончиться удачно, благополучно (в то время как ожидалось обратное). *Сойдёт и так. Все сошло хорошо. Сойдёт с рук что-н. кому-н.* (останется безнаказанным). ‖ *несов.* **сходи́ть,** схожу́, схо́дишь.

СОЙТИ́СЬ, сойду́сь, сойдёшься; сошёлся, сошла́сь; сойди́сь; соше́дшийся; сойдя́сь; *сов.* **1.** Достигнув какого-н. места, встретиться. *С. на перекрёстке. Линии сошлись. Сошлись два борца* (встретились для борьбы). **2.** (1 и 2 л. ед. не употр.). О многих, многом: идя, двигаясь, соединиться, сплотиться. *Слушатели сошлись в кружок вокруг рассказчика. Ученики сошлись в доме учителя.* **3.** *с кем.* Сблизиться, подружиться. *Приятели сошлись в школьные годы.* **4.** *с кем.* Вступить в сожительство (во 2 знач.). **5.** *в чём* и *чем.* Оказаться единодушным или похожим в чём-н. *С. во мнениях. С. характерами.* **6.** (1 и 2 л. не употр.). Сблизиться, соприкоснувшись. *Концы пояса сошлись.* **7.** (1 и 2 л. не употр.). Совпасть, оказаться в соответствии с чем-н. *Подсчёты сошлись. Показания свидетелей сошлись.* **8.** *с чем* и *на чём.* Условиться, договориться, согласиться (разг.). *Сошлись на выгодных условиях. С. в цене.* ‖ *несов.* **сходи́ться,** схожу́сь, схо́дишься. ‖ *сущ.* **схожде́ние,** -я, *ср.* (к 1 и 7 знач.).

СОК, -а (-у), в (на) со́ке *и* в (на) соку́, *м.* **1.** (в, на соке). Жидкость, содержащаяся в клетках, тканях и полостях растений и животных организмов. *Берёзовый с. Желудочный с. Все соки выжать из кого-н.* (перен.: окончательно измучить, истощить). *В собственном соку вариться* (также перен.: жить или работать без общения с другими, не используя чужого опыта; неодобр.). **2.** Напиток, приготовляемый из мякоти плодов. *Продажа соков. Томатный с. Фруктово-ягодные соки.* ✦ **В соку, в самом** или **полном соку** (разг.) — в полном расцвете сил, в лучшей поре развития. ‖ *прил.* **со́ковый,** -ая, -ое. *Соковые линии на консервном заводе.*

СОКА́МЕРНИК, -а, *м.* Человек, к-рый содержится или содержался вместе с кем-н. другим (другими) в одной тюремной камере. ‖ *ж.* **сока́мерница,** -ы.

СОКОВЫЖИМА́ЛКА, -и, *ж.* Прибор для выжимания сока из плодов, ягод. *Электрическая с.*

СО́КОЛ, -а, *м.* Хищная птица, отличающаяся быстрым парящим полётом. *Благород-*

ный с. (кречет). *Ловчий с. С. ясный* (в народной словесности: о мо́лодце). ✦ **Гол как соко́л** (разг.) — беден, ничего не имеет. ‖ *прил.* **соко́лий**, -ья, -ье (устар.) *и* **соколи́ный**, -ая, -ое. *Соколиная охота* (с ловчими соколами). *Очи соколиные* (перен.: в народной словесности — ясные, зоркие). *Семейство соколиных* (сущ.).

СОКОЛЁНОК, -нка, *мн.* -ля́та, -ля́т, *м.* Птенец сокола.

СОКО́ЛИК, -а, *м.* (в народной словесности и прост.). Ласковое название юноши, мужчины (обычно в обращении), а также (устар.) ласковое обращение к коню. *С. ты мой ясный! Но, соколики!*

СОКО́ЛЬНИК, -а, *м.* Охотник с ловчими птицами, обучающий их и ухаживающий за ними.

СОКРАТИ́ТЬ, -ащу́, -ати́шь; -ащённый (-ён, -ена́); *сов.* **1.** *что.* Сделать короче (в 1 и 3 знач.). *С. путь. С. статью. С. срок. С. рабочий день.* **2.** *что.* Уменьшить в количестве. *С. расходы. С. управленческий аппарат.* **3.** *кого (что).* Уволить со службы вследствие сокращения штатов, а также вообще уволить. **4. сократить дробь** — в математике: разделить числитель и знаменатель на общий делитель. ‖ *несов.* **сокраща́ть**, -а́ю, -а́ешь. ‖ *сущ.* **сокраще́ние**, -я, *ср.* ‖ *прил.* **сократи́тельный**, -ая, -ое (к 1, устар., и 2 знач.; спец.).

СОКРАТИ́ТЬСЯ, -ащу́сь, -ати́шься; *сов.* **1.** (1 и 2 л. не употр.). О времени, расстоянии: стать короче. *Путь сократился. Дни сократились.* **2.** (1 и 2 л. не употр.). Уменьшиться в количестве. *Расходы сократились.* **3.** (1 и 2 л. не употр.). О мышцах: укоротиться в длину, сжаться. **4.** Сделать короче свою речь, высказывание, сочинение (разг.). *Говорил долго, попросили с.* ‖ *несов.* **сокраща́ться**, -а́юсь, -а́ешься. ‖ *сущ.* **сокраще́ние**, -я, *ср.* ‖ *прил.* **сократи́тельный**, -ая, -ое (к 3 знач.; спец.). *Сократительная способность сердца.*

СОКРАЩЕ́НИЕ, -я, *ср.* **1.** *см.* сократить, -ся. **2.** Сокращённое обозначение чего-н. *Список условных сокращений.* **3.** Пропуск в каком-н. тексте. *Роман печатается с сокращениями.* **4.** Уменьшение штата работающих. *Уволен по сокращению штатов.* **5.** В словообразовании: усечение слова, а также часть слова или целое слово, образованное путём такого усечения. *Авиа — с. слова авиационный. Словарь сокращений.*

СОКРОВЕ́ННЫЙ, -ая, -ое; -ве́н, -ве́нна (книжн.). Свято хранимый и тайный. *Сокровенные мысли. Сокровенное желание.* ‖ *сущ.* **сокрове́нность**, -и, *ж.*

СОКРО́ВИЩЕ, -а, *ср.* **1.** Драгоценность, дорогая вещь. *Несметные сокровища. Ни за какие сокровища* (ни за что на свете). **2.** *перен.*, обычно *мн.* Ценности духовной и материальной культуры (книжн.). *Сокровища русского зодчества.* **3.** *перен.* О ком-чём-н. очень ценном, дорогом для кого-н. *Этот работник — настоящее с. Ты моё с.! Полюбуйся на своё с.: весь в грязи* (ирон.). **4.** Полноценные деньги — золотые и серебряные монеты (спец.).

СОКРО́ВИЩНИЦА, -ы, *ж.* **1.** Место хранения сокровищ (устар.). *Царская с.* **2.** *перен.* Сосредоточение чего-н. очень ценного (книжн.). *Труды Ломоносова — с. русской культуры.*

СОКРУША́ТЬСЯ, -а́юсь, -а́ешься; *несов., о ком-чём и с союзом «что»* (разг.). Очень печалиться, горевать. *С. о своей беде.*

СОКРУШЕ́НИЕ[1], -я, *ср.* (устар.). Печаль, скорбь. *Впасть в с.*

СОКРУШЕ́НИЕ[2] *см.* сокрушить.

СОКРУШЁННЫЙ, -ая, -ое; -ён. Испытывающий или выражающий сокрушение[1], печальный. *Говорить с сокрушённым видом.* ‖ *сущ.* **сокрушённость**, -и, *ж.*

СОКРУШИ́ТЕЛЬНЫЙ, -ая, -ое; -лен, -льна (высок.). Уничтожающий, разрушительный. *С. удар.* ‖ *сущ.* **сокруши́тельность**, -и, *ж.*

СОКРУШИ́ТЬ, -шу́, -ши́шь; -шённый (-ён, -ена́); *сов., кого-что.* **1.** Нанести полное поражение, уничтожить (высок.). *С. врага.* **2.** Привести в состояние печали, в отчаяние. *Сокрушён тяжёлым известием.* ‖ *несов.* **сокруша́ть**, -а́ю, -а́ешь. *Сокрушающий удар.* ‖ *сущ.* **сокруше́ние**, -я, *ср.* (к 1 знач.).

СОКРЫ́ТЬ, -ро́ю, -ро́ешь; -ы́тый; *сов., кого-что* (устар.). То же, что скрыть. *Что сокрыто в её сердце?* (заключено). ‖ *сущ.* **сокры́тие**, -я, *ср.* (книжн.). *С. преступления.*

СОЛГА́ТЬ *см.* лгать.

СОЛДА́Т, -а, *род. мн.* солда́т, *м.* **1.** Военнослужащий, принадлежащий к некомандному и к station неначальствующему составу (в России — рядовой, ефрейтор). *С. спит, а служба идёт* (шутл. посл. о том, что дело делается само собой). **2.** *перен.* Военный человек, воин. *Наш генерал — старый с.* ‖ *уменьш.-ласк.* **солда́тик**, -а, *м.* (к 1 знач.). *Прыгнуть в воду солдатиком* (стоя навытяжку). ‖ *прил.* **солда́тский**, -ая, -ое (к 1 знач.).

СОЛДА́ТИКИ, -ов, *ед.* солда́тик, -а, *м.* **1.** *см.* солдат. **2.** Маленькие игрушечные фигурки солдат и офицеров для игры в сражение. *Оловянные с.* **3.** Игра в сражение такими фигурками. *Играть в с.*

СОЛДА́ТКА, -и, *ж.* В дореволюционной России: жена солдата (сейчас обычно о жене солдата, ушедшего на войну; разг.).

СОЛДАТНЯ́, -и́, *ж., собир.* и **СОЛДАТЬЁ**, -я́, *ср., собир.* (пренебр.). Солдаты.

СОЛДА́ТЧИНА, -ы, *ж.* (устар.). Солдатская служба.

СОЛДАФО́Н, -а, *м.* (разг. пренебр.). Грубый, некультурный человек из военных. ‖ *прил.* **солдафо́нский**, -ая, -ое.

СОЛЕ... *Первая часть сложных слов со знач.* относящийся к соли, солям (в 1, 2 и 5 знач.), напр. *солебрикет, солевар, солеварение, солевоз, соленосный* (бассейн), *солеобразование, солерастворитель, солесодержание, солемер, солефабрика.*

СОЛЕВАРЕ́НИЕ, -я, *ср.* Добыча пищевой соли вываркой её из воды. ‖ *прил.* **солева́ренный**, -ая, -ое *и* **солева́рный**, -ая, -ое.

СОЛЕВА́РНЯ, -и, *род. мн.* -рен и **СОЛЕВА́РНИЦА**, -ы, *ж.* Предприятие по выварке соли.

СОЛЕВО́Й *см.* соль.

СОЛЕ́НЬЕ, -я, *ср.* Солёный продукт питания. *Запас солений. Домашнее с.*

СОЛЁНОСТЬ, -и, *ж.* **1.** *см.* солёный. **2.** Насыщенность солью. *Степень солёности. С. океанской воды.*

СОЛЁНЫЙ, -ая, -ое; -ён; -ёна (в знач. *кратк. ф.* употр. также со́лон, солона́ *и* со́лоны; солоне́е). **1.** *полн. ф.* Содержащий соль (в 1 знач.). *Солёная морская вода. Солёные озёра.* **2.** Обладающий вкусом соли. *С. суп.* **3.** *полн. ф.* Приготовленный, консервированный в растворе соли (во 2 знач.). *Солёные огурцы. Больному нельзя есть солёное* (сущ.). **4.** *перен.* Выразительный и резкий до грубости, непристойный (разг.). *С. анекдот. Солёное словцо.* ‖ *сущ.* **солёность**, -и, *ж.* (к 1, 2 и 4 знач.).

СОЛИДАРИЗИ́РОВАТЬСЯ, -руюсь, -руешься; *сов. и несов., с кем-чем* (книжн.). Изъявить (-влять) своё единодушие, согласие с кем-чем-н. *С. с мнением докладчика.* ‖ *сущ.* **солидариза́ция**, -и, *ж.*

СОЛИДА́РНОСТЬ, -и, *ж.* **1.** *см.* солидарный. **2.** Деятельное сочувствие каким-н. мнениям или действиям, общность интересов, единодушие. *День международной солидарности трудящихся* (праздник Первого мая).

СОЛИДА́РНЫЙ, -ая, -ое; -рен, -рна. **1.** *с кем-чем.* Обнаруживающий согласие, единодушие с кем-чем-н. *Солидарен с докладчиком.* **2.** Общий, совместный (спец.). *Солидарная материальная ответственность.* ‖ *сущ.* **солида́рность**, -и, *ж.*

СОЛИ́ДНЫЙ, -ая, -ое; -ден, -дна. **1.** Прочный, надёжный, основательный. *Солидная постройка. Весьма солидные знания.* **2.** Важный, представительный. *С. вид. Солидное учреждение. С. учёный* (авторитетный, известный). **3.** О возрасте: немолодой, пожилой (разг.). *Человек солидного возраста.* **4.** Значительный, большой (разг.). *Солидная сумма.* **5.** О человеке: большой, полный (прост.). *Мужчина с.: высокий, толстый.* ‖ *сущ.* **соли́дность**, -и, *ж.*

СОЛИПСИ́ЗМ, -а, *м.* В философии: крайний субъективизм, признающий единственной реальностью индивидуальное сознание, собственное «я» и отрицающий существование внешнего мира. ‖ *прил.* **солипси́ческий**, -ая, -ое.

СОЛИ́РОВАТЬ, -рую, -руешь; *несов.* Выступать соло (в 4 знач.). ‖ *сущ.* **соли́рование**, -я, *ср.*

СОЛИ́СТ, -а, *м.* Артист, танцовщик, выступающий соло (в 4 знач.). *С. оперы. С. балета.* ‖ *ж.* **соли́стка**, -и.

СОЛИТЕ́Р [тэ], -а, *м.* Крупный бриллиант.

СОЛИТЁР, -а, *м.* Ленточный червь, паразитирующий в теле человека и животных.

СОЛИ́ТЬ, солю́, со́лишь *и* соли́шь; со́ленный; *несов., что.* **1.** Класть во что-н. соль для вкуса. *С. кушанье.* **2.** Готовить, консервировать в солёном растворе. *С. грибы, огурцы. Зачем тебе столько вещей, с. что ли?* (т. е. зачем тебе так много; разг. ирон.). ‖ *сов.* **посоли́ть**, -олю́, -о́лишь *и* -оли́шь; -о́ленный *и* **засоли́ть**, -олю́, -о́лишь *и* -оли́шь; -о́ленный (ко 2 знач.). ‖ *сущ.* **соле́ние**, -я, *ср.*, **со́лка**, -и, *ж.* (ко 2 знач.), **засо́л**, -а, *м.* (ко 2 знач.) *и* **засо́лка**, -и, *ж.* (ко 2 знач.). ‖ *прил.* **соли́льный** -ая, -ое (ко 2 знач.; спец.), **засо́лочный**, -ая, -ое (ко 2 знач.) *и* **засо́льный**, -ая, -ое.

СО́ЛНЕЧНЫЙ, -ая, -ое; -чен, -чна. **1.** *см.* солнце. **2.** *полн. ф.* Основанный на использовании энергии солнца. *С. телескоп. С. опреснитель. Солнечные ванны* (род лечения — согревание тела солнечным теплом на открытом воздухе). *Солнечные часы* (прибор для определения времени по тени, отбрасываемой стержнем (пластиной) на освещённый солнцем циферблат). **3.** С ярким светом солнца. *С. день. Солнечная погода. Солнечная сторона дома* (обращённая на юг). **4.** *перен.* Ясный, радостный, счастливый. *Солнечная улыбка. Солнечные перспективы.* ✦ **Солнечное сплетение** (спец.) — совокупность нервных узлов, расположенных в брюшной полости вокруг начала артерий. ‖ *сущ.* **со́лнечность**, -и, *ж.* (к 3 и 4 знач.).

СО́ЛНЦЕ [*он*], -а, *ср.* **1.** (в терминологическом значении С прописное). Небесное светило — раскалённое плазменное тело шарообразной формы, вокруг к-рого обращается Земля и другие планеты. *С. — звезда-карлик. Определять время по солнцу* (по его положению в небе). *Есть правда под солнцем* (т. е. на земле, у людей). *Найти своё* *место под солнцем* (т. е. положение, место в жизни, среди людей). *До солнца* (до восхода солнца). *С. на лето, зима на мороз* (о зимнем времени, когда удлиняется день, но усиливаются морозы; разг.). *И на с. бывают пятна* (говорится в знач. даже великие люди не безупречны). **2.** Свет, тепло, излучаемые этим светилом. *Не сиди на солнце. В. комнате много солнца.* **3.** *перен., чего.* То, что является источником, средоточием чего-н. ценного, высокого, жизненно необходимого (высок.). *С. правды.* **4.** Гимнастическое упражнение — вращение тела вокруг перекладины (во 2 знач.). (разг.). *Крутить с.* **5.** Раскрой одежды в виде круга (разг.). *Юбка с.* ‖ *ласк.* **со́лнышко**, -а, *ср.* (к 1 и 2 знач.). ‖ *прил.* **со́лнечный**, -ая, -ое (к 1 и 2 знач.). *Солнечные пятна. Солнечная система. С. год* (промежуток времени между двумя последовательными прохождениями центра Солнца через точку весеннего равноденствия). *С. удар* (тепловой удар от перегрева лучами солнца).

СОЛНЦЕ... *Первая часть сложных слов со знач.:* 1) относящийся к солнцу (в 1 знач.), напр. *солнцеворот* (народное название солнцестояния), *солнцепоклонничество;* 2) относящийся к солнцу (во 2 знач.), напр. *солнцезащитный, солнцелечение, солнцелюбивый;* 3) похожий на солнце (в 1 знач.), напр. *солнцевидный* (у растений), *солнцецвет* (растение).

СОЛНЦЕПЁК [*он*], -а, *м.* Место, где сильно печёт солнце. *Сидеть на солнцепёке.*

СОЛНЦЕСТОЯ́НИЕ [*он*], -я, *ср.* (спец.). Период времени, когда полуденная высота Солнца остаётся почти неизменной (наибольшей или наименьшей). *Летнее с.* (с максимальной высотой Солнца над горизонтом; 21—22 июня). *Зимнее с.* (с минимальной высотой Солнца над горизонтом; 21—22 декабря).

СО́ЛНЫШКО, -а, *ср.* **1.** *см.* солнце. **2.** Ласково о человеке (обычно в обращении). *С. ты моё!*

СО́ЛО. 1. *нескл., ср.* Музыкальное произведение или его часть, предназначенные для одного исполнителя. *С. для виолончели с оркестром.* **2.** *нескл., ср.* Исполнение такого произведения одним человеком. *С. на виолончели.* **3.** *неизм.* Относящийся к такому произведению, исполнению. *Соната для скрипки с.* **4.** *нареч.* Без участия других, в одиночку (об исполнении музыкальных произведений, танцев). *Играть, петь, танцевать с. Выступать с.* ‖ *прил.* **со́льный**, -ая, -ое (к 1 и 2 знач.). *С. номер.*

СОЛОВЕ́Й, -вья́, *м.* Буро-серая птичка сем. дроздовых, отличающаяся красивым пением. *Трели соловья. Соловья баснями не кормят* (посл.). *Соловьём разливается кто-н.* (говорит красноречиво, увлечённо; ирон.). ‖ *уменьш.-ласк.* **солове́йчик**, -а, *м.* ‖ *ласк.* **соло́вушка**, -и, *м.* и **соловейко**, -и, *м.* ‖ *прил.* **соловьи́ный**, -ая, -ое. *Соловьиное пение. С. сад* (в к-ром поют соловьи).

СОЛОВЕ́ТЬ, -е́ю, -е́ешь; *несов.* (разг.). Становиться вялым, сонным. ‖ *сов.* **осолове́ть**, -е́ю, -е́ешь и **посолове́ть**, -е́ю, -е́ешь.

СОЛО́ВЫЙ, -ая, -ое; -о́в. О масти лошадей; желтоватый (в сочетании со светлым хвостом и светлой гривой).

СО́ЛОД, -а (-у), *м.* Продукт из проросших и смолотых зёрен хлебных злаков, употр. при изготовлении пива, кваса, спиртных напитков, дрожжей. *Ячменный с.* ‖ *прил.* **солодо́вый**, -ая, -ое и **солодо́венный**, -ая, -ое. *Солодовые дрожжи. Солодовенный цех.*

СОЛО́ДКА, -и, *ж.* Травянистое влаголюбивое растение, сладкий корень к-рого употр. в медицине, в пищевой и химической промышленности, в технике, лакричник. ‖ *прил.* **солодко́вый**, -ая, -ое. *С. корень.*

СОЛО́МА, -ы, *ж.* Полые стебли злаков, остающиеся после обмолота. *Ржаная с. Льняная с.* ‖ *уменьш.* **соло́мка**, -и, *ж.* *Соломку подостлать* (также перен.: смягчить, ослабить что-н. неприятное; разг. шутл.). ‖ *прил.* **соло́менный**, -ая, -ое. *Соломенная шляпа* (из соломки). ♦ **Соломенный вдовец** (шутл.) — муж, к-рый живёт во временной разлуке с женой. **Соломенная вдова** (шутл.) — жена, к-рая живёт во временной разлуке с мужем.

СОЛО́МЕННЫЙ, -ая, -ое. **1.** *см.* солома. **2.** Светло-жёлтый, цвета соломы. *Соломенные волосы.*

СОЛО́МИНА, -ы, *ж.* Полый стебель хлебного злака. ‖ *уменьш.* **соло́минка**, -и, *ж.* *Утопающий за соломинку хватается* (посл.).

СОЛО́МКА, -и, *ж.* **1.** *см.* солома. **2.** Специально обработанные полые стебли злаков, употр. для художественных поделок, сумок, шляп, а также (собир.) сами такие изделия. *Шляпка из соломки. Художественная с.* **3.** Кондитерское или мучное изделие в виде отдельных или соединённых вместе узких длинных палочек, трубочек. **4.** *собир.* Тонкие и короткие палочки-лучинки для изготовления спичек (спец.). **5.** Узкая длинная трубочка, через к-рую втягивают питьё, жидкость. *Пить коктейль через соломку.* ‖ *прил.* **соло́мковый**, -ая, -ое (ко 2 и 4 знач.).

СОЛОМО... *Первая часть сложных слов со знач.* относящийся к соломе, напр. *соломоизмельчительный, соломокопнитель, соломоподъёмник, соломопресс, соломособиратель, соломотранспортёр.*

СОЛОМО́НОВ, -о: **соломоново решение** (книжн.) — мудрое и простое решение трудноразрешимого вопроса [по библейскому сказанию о суде царя Соломона, к-рый определил, кто их двух претендующих на ребёнка женщин — его настоящая мать, предложив рассечь дитя пополам и услышав отказ одной из них и согласие другой].

СОЛОМОРЕ́ЗКА, -и, *ж.* Машина для резки соломы.

СО́ЛОН, -а́, -о; -е́е (разг.). Содержащий много соли. *Морская вода солона. Во рту солоно* (в знач. сказ.: солёный вкус). ♦ **Солоно придётся** *кому* — будут неприятности, крепко достанется кому-н.

СОЛОНИ́НА, -ы, *ж.* Засоленное мясо. ‖ *прил.* **солони́нный**, -ая, -ое.

СОЛО́НКА, -и, *ж.* Небольшой сосуд для столовой соли.

СОЛОНЦЫ́, -о́в, *ед.* -не́ц, -нца́, *м.* Почвы степных, пустынных и полупустынных зон с содержанием легкорастворимых солей натрия. ‖ *прил.* **солонцо́вый**, -ая, -ое.

СОЛОНЧАКИ́, -о́в, *ед.* -а́к, -а́, *м.* Почвы степных, пустынных и полупустынных зон, обычно содержащие природные соли. ‖ *прил.* **солончако́вый**, -ая, -ое.

СОЛЬ, -и, *мн.* -и, -е́й, *ж.* **1.** *ед.* Белое кристаллическое вещество с острым вкусом, растворяющееся в воде. *Природная с. Поваренная с. Морская с. Добыча соли.* **2.** Такое вещество, употр. как приправа к пище. *Столовая с. Пуд соли съесть с кем-н.* (перен.: тесно и долго общаясь, хорошо узнать кого-н.; разг.). **3.** *перен., ед.* То, что придаёт особенный интерес, остроту чему-н. *В этом и состоит вся с. рассказа.* **4.** *перен., ед.* О лучших представителях какого-н. общества, общественной группы. *Эти моряки — с. русского флота. С. земли* (о лучших представителях общества; книжн.). **5.** В химии: соединение, в к-ром водород кислоты замещён металлом. *Почвенные соли.* ‖ *уменьш.* **сольца́**, -ы́, *ж.* (ко 2 знач.). ‖ *прил.* **солево́й**, -а́я, -о́е (к 1, 2 и 5 знач.) и **соляно́й**, -а́я, -о́е (к 1, 2 и 5 знач.). *Солевой раствор. Соляные пласты. Соляные копи.*

СО́ЛЬНЫЙ *см.* соло.

СОЛЬФЕ́ДЖИО, *нескл.* и **СОЛЬФЕ́ДЖО**, *нескл., ср.* (спец.). Упражнение в пении без слов, вместо к-рых произносятся названия нот.

СОЛЯ́НКА, -и, *ж.* **1.** Густой суп из рыбы или мяса с острыми приправами. *Сборная с.* (также перен.: то же, что сборная селянка; см. селянка[1]). **2.** Кушанье из тушёной капусты с мясом, рыбой или грибами.

СОЛЯНО́Й *см.* соль.

СОЛЯ́НЫЙ, -ая, -ое: **соляная кислота** — раствор хлористого водорода в воде.

СОЛЯ́Р, -а, *м.* Продукт перегонки нефти, используемый как топливо. ‖ *прил.* **соля́ровый**, -ая, -ое. *Соляровое масло.*

СОЛЯ́РИЙ, -я, *м.* Площадка для принятия солнечных ванн.

СОЛЯ́РКА, -и, *ж.* (разг.). То же, что соляр. ‖ *прил.* **соля́рочный**, -ая, -ое.

СОМ, -а́, *м.* Крупная пресноводная бесчешуйчатая хищная рыба. ‖ *прил.* **сомо́вий**, -ья, -ье.

СОМАЛИ́. 1. *нескл., мн., ед.* сомали́, *м.* и *ж.* Народ, составляющий основное население Сомали. **2.** *неизм.* Относящийся к этому народу, к его языку, национальному характеру, образу жизни, культуре, а также к Сомали, его территории, ее внутреннему устройству, истории; такой, как у сомали, как в Сомали. *С. язык* (афразийской семьи языков). ‖ *прил.* также **сомали́йский**, -ая, -ое.

СОМАЛИ́ЙСКИЙ, -ая, -ое. **1.** *см.* сомали и сомалийцы. **2.** То же, что сомали (во 2 знач.). *С. шиллинг* (денежная единица).

СОМАЛИ́ЙЦЫ, -ев, *ед.* -и́ец, -и́йца, *м.* **1.** То же, что сомали (в 1 знач.). ‖ *ж.* **сомали́йка**, -и. ‖ *прил.* **сомали́йский**, -ая, -ое.

СОМАТИ́ЧЕСКИЙ, -ая, -ое (спец.). Относящийся к телу человека. *Соматическая больница* (многопрофильная больница, занимающаяся лечением внутренних органов).

СОМБРЕ́РО [*рэ*], *нескл., ср.* Лёгкая широкополая шляпа (у жителей Латинской Америки, Испании).

СОМКНУ́ТЬ, -ну́, -нёшь; со́мкнутый; *сов., что.* **1.** Соединить вплотную; сделать сплошным, цельным. *С. трубы. С. ряды. Сомкнутый строй.* **2.** Закрыть, смежить (глаза, веки). ‖ *несов.* **смыка́ть**, -а́ю, -а́ешь. *Не смыкая глаз* (бодрствуя; также перен.: неустанно, постоянно). ‖ *сущ.* **смыка́ние**, -я, *ср.* и **смы́чка**, -и, *ж.* (к 1 знач.; спец.).

СОМКНУ́ТЬСЯ (-ну́сь, -нёшься, 1 и 2 л. ед. не употр.), -нётся; *сов.* **1.** Соединиться вплотную; стать сплошным, цельным. *Кольцо сомкнулось. Ряды сомкнулись.* **2.** О глазах, веках: закрыться. ‖ *несов.* **смыка́ться** (-а́юсь, -а́ешься, 1 и 2 л. ед. не употр.), -а́ется. ‖ *сущ.* **смыка́ние**, -я, *ср.* и **смы́чка**, -и, *ж.* (к 1 знач.; спец.).

СОМЛЕ́ТЬ, -е́ю, -е́ешь; *сов.* (устар. и прост.). Ослабеть (от усталости, жары); лишиться чувств. *С. от зноя. С. от страха.*

СОМНА́МБУЛА, -ы, *м.* и *ж.* Больной сомнамбулизмом, лунатик.

СОМНАМБУЛИ́ЗМ, -а, *м.* (спец.). Расстройство сознания, при к-ром во сне автоматически совершаются привычные действия, лунатизм, снохождение. ‖ *прил.* **сомнамбули́ческий**, -ая, -ое.

СОМНЕВА́ТЬСЯ, -а́юсь, -а́ешься; *несов., в ком-чём и с союзами «что» и «чтобы».* Испытывать сомнение относительно кого-чего-н. *С. в успехе дела. Сомневаюсь в том, что он придёт (чтобы он пришёл). Не сомневайтесь, не подведу* (будьте совершенно уверены, спокойны).

СОМНЕ́НИЕ, -я, *ср.* **1.** Неуверенность в истинности чего-н., отсутствие твёрдой веры в кого-что-н. *Испытывать с. Взять под с. что-н.* (начать сомневаться). **2.** Затруднение, недоумение при разрешении какого-н. вопроса. *Разрешить все сомнения.* ✦ **Вне (всякого) или без (всякого) сомнения** (книжн.) — несомненно, безусловно.

СОМНИ́ТЕЛЬНЫЙ, -ая, -ое; -лен, -льна. **1.** Вызывающий сомнение, подозрение в чём-н., непроверенный. *Сомнительная теория. Сомнительная личность. Человек с сомнительным прошлым* (с тёмным прошлым). **2.** Двусмысленный, такой, к-рый может быть понят в противоположном смысле; небесспорный, неочевидный. *С. комплимент. Блузка сомнительной белизны. Сомнительное удовольствие.* ‖ *сущ.* **сомни́тельность**, -и, *ж.*

СОМНО́ЖИТЕЛЬ, -я, *м.* Число или выражение, к-рое перемножается с другим (другими).

СОМО́ и (устар.) **СОМО́Н**, *неизм.* Розовато-жёлтый.

СОН, сна, *м.* **1.** Наступающее через определённые промежутки времени физиологическое состояние покоя и отдыха, при к-ром почти полностью прекращается работа сознания, снижаются реакции на внешние раздражения. *Здоровый с. Спать крепким (мёртвым) сном. Видеть что-н. во сне* (о сновидении). *Пробудиться от сна. Погрузиться в с.* (заснуть). *Уснуть вечным сном* (перен.: умереть; высок.). *Сквозь с. слышать* (во время сна). *И во сне не снилось что-н. кому-н.* (совершенно не думал, не догадывался; разг.). *Как во сне* (1) бессознательно. *Действовать как во сне;* 2) смутно, туманно. *Помнить как во сне).* **2.** То, что снится, грезится спящему, сновидение. *Снятся сны. Приснился страшный с. Видеть с. С. в руку* (о сбывшемся сне; разг.). ✦ **Что сей сон значит?** (разг. ирон.) — как это нужно понимать? **Ни сном ни духом** (разг.) — совершенно; нисколько. *Ни сном ни духом не знать, не ведать чего-н. Ни сном ни духом не виноват, не повинен в чём-н.* **Со сна или со́ сну** (разг.) — только что проснувшись. **Сна ни в одном глазу нет** (разг.) — совсем не хочется спать. ‖ *прил.* **со́нный**, -ая, -ое. *Сонные виде́ния.*

СОНА́ТА, -ы, *ж.* Музыкальное произведение для одного или нескольких инструментов, состоящее из нескольких контрастирующих частей, объединённых общим замыслом. *Сонаты Скрябина.* ‖ *прил.* **сона́тный**, -ая, -ое. *Сонатная форма.*

СОНАТИ́НА, -ы, *ж.* (спец.). Небольшая соната.

СОНЕ́Т, -а, *м.* Стихотворение в 14 строк из двух четверостиший и двух трёхстиший. *Сонеты Петрарки.* ‖ *прил.* **соне́тный**, -ая, -ое.

СОНЛИ́ВЕЦ, -вца, *м.* (устар. разг.). Сонливый человек, соня. ‖ *ж.* **сонли́вица**, -ы.

СОНЛИ́ВЫЙ, -ая, -ое; -и́в. Склонный ко сну, вялый. *С. бездельник. Сонливое лицо. Сонливое состояние.* ‖ *сущ.* **сонли́вость**, -и, *ж.*

СОНМ, -а, *м.* (стар. высок.). Скопление, множество кого-н. *С. ангелов, духов. Целый с. поклонников* (ирон.).

СО́НМИЩЕ, -а, *ср.* (обычно неодобр.). Большое скопление, множество кого-н. *Целое с. комаров.*

СО́ННИК, -а, *м.* Книга, содержащая толкования снов (во 2 знач.).

СО́ННЫЙ, -ая, -ое; -нен, -нна. **1.** *см.* сон. **2.** Погружённый в сон, спящий. *Разбудить сонных детей. В доме сейчас сонное царство* (все спят; разг. шутл.). **3.** Вялый от желания спать, находящийся как бы в полусне. *Сонное состояние. Весь вечер он сидел с.* **4.** *перен.* Бездеятельный, неподвижный. *Сонная жизнь.* **5.** То же, что заспанный. *Сонные глаза. С. вид. Сонное лицо.* **6.** То же, что снотворный (в 1 знач.) (устар.). *Сонные капли. Сонное зелье* (также об отраве). **7.** Находящийся в состоянии спячки. *Сонные мухи. Как сонная муха* (вял и сонлив; разг. неодобр.). ✦ **Сонная артерия** — парная артерия по обеим сторонам шеи. **Сонная болезнь** — инфекционное заболевание, вызываемое укусом мухи цеце. ‖ *сущ.* **со́нность**, -и, *ж.* (к 3, 4 и 5 знач.).

СОНО́РНЫЙ, -ая, -ое: **сонорный согласный звук** (спец.) — согласный звук, произносимый с преобладанием голоса над шумом (напр. *м, н*).

СО́НЯ, -и. **1.** *м.* и *ж.* Сонливый, любящий много спать человек (разг.). **2.** *ж.* Похожее на белку животное, грызун, проводящий зиму в спячке.

СООБРАЖА́ТЬ, -а́ю, -а́ешь; *несов.* **1.** *см.* сообразить. **2.** Понимать, думать. *Голова сегодня плохо соображает. Соображай, что ты говоришь!* (упрёк).

СООБРАЖЕ́НИЕ, -я, *ср.* **1.** *см.* сообразить. **2.** Ясное понимание, способность соображать (разг.). *Поступать без соображения* (необдуманно). **3.** Мысль, продуманное предложение. *Высказать свои соображения. По тактическим соображениям. Принять в с.* (во внимание, в расчёт).

СООБРАЗИ́ТЕЛЬНЫЙ, -ая, -ое; -лен, -льна. Хорошо соображающий, понятливый. *С. ребёнок.* ‖ *сущ.* **сообрази́тельность**, -и, *ж.*

СООБРАЗИ́ТЬ, -ажу́, -ази́шь; -ажённый (-ён, -ена́); *сов.* **1.** *что.* Сопоставить в уме, взвесить (во 2 знач.) (устар.). *С. все обстоятельства.* **2.** *что и с союзом «что».* Понять, догадаться о смысле чего-н. *Ты хоть это сообрази. С., в чём дело. Сообразил, что над ним смеются.* **3.** *что, с неопр.* Сделать, устроить что-н. (прост.). *Сообрази-ка нам яичницу!* **4.** Выпить спиртного (прост. шутл.). *С утра уже успел с. С. на троих* (распить втроём бутылку вина). ‖ *несов.* **соображать**, -а́ю, -а́ешь. ‖ *сущ.* **соображе́ние**, -я, *ср.* (к 1 знач.).

СООБРА́ЗНЫЙ, -ая, -ое; -зен, -зна (книжн.). **1.** Согласующийся с чем-н., соответствующий чему-н. *Ни с чем не сообразное решение.* **2. сообра́зно** *чему, предлог с дат. п.* В соответствии с чем-н., согласно чему-н., сообразуясь с чем-н. *Поступать сообразно правилам.* ✦ **Сообразно с** *чем, предлог с тв. п.* — то же, что сообразно чему-н. *Действовать сообразно с законом. Сообразно с обстоятельствами.* ‖ *сущ.* **сообра́зность**, -и, *ж.* (к 1 знач.).

СООБРАЗОВА́ТЬ, -зу́ю, -зу́ешь; -о́ванный; *сов. и несов., что с чем* (книжн.). Согласовать (-вывать) одно с другим, сделать (делать) одно соответствующим другому. *С. расходы с доходами.* ‖ *несов.* также **сообразо́вывать**, -аю, -аешь. ‖ *сущ.* **сообразова́ние**, -я, *ср.*

СООБРАЗОВА́ТЬСЯ, -зу́юсь, -зу́ешься; *сов. и несов., с чем* (книжн.). Согласовать (-вывать) свои действия с чем-н., сделать (делать) их соответствующими чему-н. *С. с обстоятельствами.* ‖ *несов.* **сообразо́вываться**, -аюсь, -аешься.

СООБЩА́, *нареч.* Вместе, совместно. *Действовать с.* ✦ **Сообща с** *кем, предлог с тв. п.* — совместно, вместе с (в 1 знач.). *Действовать сообща с другими.*

СООБЩА́ТЬСЯ, -а́юсь, -а́ешься; *несов.* **1.** *см.* сообщиться. **2.** *с кем-чем.* Иметь какую-н. связь, возможность соединиться, связаться. *С. по телефону. С городом сообщаемся на электричке.* **3.** (1 и 2 л. не употр.). О предметах: быть соединённым друг с другом. *Сообщающиеся сосуды* (соединённые друг с другом в нижней части).

СООБЩЕ́НИЕ, -я, *ср.* **1.** *см.* сообщить. **2.** То, что сообщается, известие, информация (во 2 знач.). *По последним сообщениям. Экстренное с.* **3.** Способ передвижения, связи. *Пути сообщения. Удобное с.*

СОО́БЩЕСТВО, -а, *ср.* **1.** Объединение людей, народов, государств, имеющих общие интересы, цели. *Международное с. Мировое с.* (страны всего мира). **2.** Группа растительных или животных организмов, живущих вместе (спец.). *Муравьиное с.* ✦ **В сообществе с** *кем, предлог с тв. п.* (книжн.) — то же, что совместно с кем-н.

СООБЩИ́ТЬ, -щу́, -щи́шь; -щённый (-ён, -ена́); *сов.* **1.** *кому что, о ком-чём.* Уведомить, известить, довести до чьего-н. сведения. *С. о прибытии поезда. С. последнее известие.* **2.** *кому-чему что.* Передать или придать (какое-н. качество, свойство) (книжн.). *С. материалу водонепроницаемость.* ‖ *несов.* **сообща́ть**, -а́ю, -а́ешь. ‖ *сущ.* **сообще́ние**, -я, *ср.*

СООБЩИ́ТЬСЯ (-щу́сь, -щи́шься, 1 и 2 л. не употр.), -щи́тся; *сов., кому-чему* (книжн.). Передаться, перейти (в 3 знач.) к другому. *Веселье сообщилось окружающим.* ‖ *несов.* **сообща́ться** (-а́юсь, -а́ешься, 1 и 2 л. не употр.), -а́ется.

СОО́БЩНИК, -а, *м.* Соучастник преступления. *Назвать своих сообщников.* ‖ *ж.* **соо́бщница**, -ы. ‖ *прил.* **соо́бщнический**, -ая, -ое.

СООРУДИ́ТЬ, -ужу́, -уди́шь; -ужённый (-ён, -ена́); *сов., что.* **1.** Построить, воздвигнуть. *С. монумент.* **2.** Устроить, смастерить; приготовить (разг.). *С. шалаш. С. ужин.* ‖ *несов.* **сооружа́ть**, -а́ю, -а́ешь. ‖ *сущ.* **сооруже́ние**, -я, *ср.* (к 1 знач.).

СООРУЖЕ́НИЕ, -я, *ср.* **1.** *см.* соорудить. **2.** Всякая значительная постройка (различного вида и назначения). *Архитектурное с. Гидротехнические сооружения.*

СООТВЕ́ТСТВЕННЫЙ, -ая, -ое; -вен, -венна. **1.** Заключающий в себе соответствие чему-н. *Успех, с. ожиданиям.* **2. соотве́тственно**, *нареч.* Соответствующим образом, так, как требуется. *Узнай о решении и поступай соответственно.* **3. соотве́тственно** *чему, предлог с дат. п.* Согласно с чем-н., в зависимости от чего-н., на основании чего-н. *Действовать соответственно приказу.* ✦ **Соответственно с** *чем, предлог с тв. п.* — то же, что соответственно чему. *Действовать соответственно с обстоятельствами.* ‖ *сущ.* **соотве́тственность**, -и, *ж.* (к 1 знач.).

СООТВЕ́ТСТВИЕ, -я, *ср.* Соотношение между чем-н., выражающее согласованность, равенство в каком-н. отношении. *Полное с. интересов.* ✦ **В соответствии с**

чем, предлог с тв. п. — соответственно чему-н., в согласии с чем-н. *Поступать в соответствии с уставом.*

СООТВЕ́ТСТВОВАТЬ, -твую, -твуешь; *несов., кому-чему.* Находиться в соответствии с кем-чем-н., отвечать (в 3 знач.) чему-н. *С. истине. С. своему назначению.*

СООТВЕ́ТСТВУЮЩИЙ, -ая, -ее. Подходящий к данному случаю, должный, такой, какой следует. *Поступить соответствующим образом. Обратиться в соответствующие организации.*

СООТЕ́ЧЕСТВЕННИК, -а, *м.* (книжн.). Человек, имеющий общее отечество с кем-н. *Мой с.* ‖ *ж.* **соотéчественница**, -ы.

СООТНЕСЁННЫЙ, -ая, -ое; -ён. Находящийся в соотношении, соотнесении друг с другом. *Соотнесённые понятия.* ‖ *сущ.* **соотнесённость**, -и, *ж.*

СООТНЕСТИ́, -сý, -сёшь; -ёс, -еслá; -ёсший; -есённый (-ён, -енá); -еся́; *сов., что* (книжн.). Установить соотношение между чем-н. *С. два понятия. С. факты.* ‖ *несов.* **соотноси́ть**, -ошý, -óсишь. ‖ *сущ.* **соотнесéние**, -я, *ср.*

СООТНОСИ́ТЕЛЬНЫЙ, -ая, -ое; -лен, -льна. Находящийся в соотношении с чем-н. *Соотносительные понятия.* ‖ *сущ.* **соотноси́тельность**, -и, *ж.*

СООТНОСИ́ТЬСЯ (-ошýсь, -óсишься, 1 и 2 л. не употр.), -óсится; *несов.* (книжн.). Находиться в соотношении с чем-н. *Эти два понятия соотносятся между собой.* ‖ *сов.* **соотнести́сь** (-сýсь, -сёшься, 1 и 2 л. не употр.), -сётся.

СООТНОШЕ́НИЕ, -я, *ср.* Взаимная связь между чем-н., отношение. *С. борющихся сил. С. понятий.*

СОПА́ТКА, -и, *ж.* (прост.). То же, что нос (в 1 знач.). *Не лезь, получишь по сопатке.*

СОПЕ́ЛКА, -и, *ж.* То же, что сопель. *Ивовая с.*

СОПЕ́ЛЬ, -и, *ж.* Народный музыкальный инструмент, род свистковой флейты, свирели. ‖ *прил.* **сопéльный**, -ая, -ое.

СОПЕРЕЖИВА́ТЬ, -áю, -áешь; *несов.* (книжн.). Сочувствуя другому, переживать вместе с ним его душевное состояние. *С. вместе с другом.* ‖ *сов.* **сопережи́ть**, -ивý, -ивёшь. ‖ *сущ.* **сопереживáние**, -я, *ср. Способность к сопереживанию.*

СОПЕРИ́РОВАТЬ *см.* оперировать[1].

СОПЕ́РНИК, -а, *м.* Человек, к-рый соперничает с кем-н. в чём-н. *Достойный с. чемпиона. Нет соперников у кого-н. в чём-н.* (нет равных). *Счастливый с.* (о том, кто победил в соперничестве, обычно о любовной ситуации). ‖ *ж.* **сопéрница**, -ы. ‖ *прил.* **сопéрнический**, -ая, -ое.

СОПЕ́РНИЧАТЬ, -аю, -аешь; *несов., с кем-чем в чём.* То же, что состязаться. *С. в знаниях. Немногие могут с ним с.* (мало таких, как он). ‖ *сущ.* **сопéрничество**, -а, ср. *Трудовое с.* (соревнование в труде).

СОПЕ́ТЬ, -плю́, -пи́шь; *несов.* Тяжело дыша, издавать носом свистящие звуки. *С. во сне.* ‖ *сущ.* **сопéние**, -я, *ср.*

СО́ПКА, -и, *ж.* Небольшая гора с округлой вершиной, холм, курган, а также (на Дальнем Востоке) вулкан. ‖ *прил.* **сóпочный**, -ая, -ое.

СОПЛЕМЕ́ННИК, -а, *м.* Человек одного с кем-н. племени, а также (устар. и высок.) одного народа, одной национальности. ‖ *ж.* **соплемéнница**, -ы.

СОПЛЕМЕ́ННЫЙ, -ая, -ое (высок.). О народах, племенах: родственный. *Соплеменные народы.*

СО́ПЛИ, -éй, *ед.* -я́, -и́, *ж.* (прост.). Слизь, вытекающая из носа. ✦ **На соплях** (держится, построено) (неодобр.) — непрочно, ненадёжно, кое-как. **Соплёй перешибёшь** *кого* (пренебр.) — о том, кто очень слаб, бессилен. ‖ *уменьш.* **соплю́шки**, -шек.

СОПЛИ́ВЫЙ, -ая, -ое; -и́в (прост.). Такой, у к-рого текут сопли, с соплями. *С. нос. С. мальчишка* (также перен.: о молодом, неопытном человеке; пренебр.). ‖ *сущ.* **сопли́вость**, -и, *ж.*

СОПЛО́, -á, *мн.* сóпла, сóпел *и* сопл, *ср.* (спец.). Коническая часть трубы или коническая насадка для регулирования выходящей струи жидкости, газа. *Суживающееся с. Расширяющееся с. Реактивное с.* ‖ *прил.* **сóпловый**, -ая, -ое *и* **сопловóй**, -áя, -óе. *С. аппарат. Сопловое отверстие.*

СОПЛО́ДИЕ, -я, *ср.* (спец.). Группа тесно соединившихся или сросшихся плодов, развившихся из соцветия и представляющих вместе как бы один плод. *С. ананаса.*

СОПЛЯ́, -и́, *м.* и *ж.* (прост. пренебр.). **1.** *см.* сопли. **2.** Молокосос, сопляк.

СОПЛЯ́К, -á, *м.* (прост. пренебр.). То же, что молокосос. ‖ *ж.* **сопля́чка**, -и. ‖ *прил.* **сопля́ческий**, -ая, -ое.

СОПОДЧИНИ́ТЬ, -ню́, -ни́шь; -нённый (-ён, -енá); *сов., кого-что кому-чему* (книжн.). Одновременно, на равных основаниях подчинить кому-чему-н. *Соподчинённые придаточные предложения* (в грамматике: каждое в отдельности подчинённое одному и тому же главному предложению). ‖ *несов.* **соподчиня́ть**, -я́ю, -я́ешь. ‖ *сущ.* **соподчинéние**, -я, *ср.* ‖ *прил.* **соподчини́тельный**, -ая, -ое.

СОПОЛОЖИ́ТЬ, -жý, -óжишь; *сов., что* (книжн.). Сопоставить, сравнить. *С. близкие понятия.* ‖ *несов.* **сополагáть**, -áю, -áешь. ‖ *сущ.* **сopoложéние**, -я, *ср.*

СОПОСТАВИ́МЫЙ, -ая, -ое; -и́м. Такой, к-рый может быть сопоставлен с кем-чем-н. *Сопоставимые понятия, явления.* ‖ *сущ.* **сопостави́мость**, -и, *ж.*

СОПОСТА́ВИТЬ, -влю, -вишь; -вленный; *сов., кого-что с кем-чем.* Сравнивая, соотнести друг с другом для получения какого-н. вывода. *С. показания свидетелей.* ‖ *несов.* **сопоставля́ть**, -я́ю, -я́ешь. ‖ *сущ.* **сопоставлéние**, -я, *ср.* ✦ **В сопоставлении** *с кем-чем, предлог с тв. п.* (книжн.) — сравнительно с кем-чем-н., в сравнении с кем-н. ‖ *прил.* **сопостави́тельный**, -ая, -ое. *С. анализ.*

СОПРА́НО, *нескл.* **1.** *ср.* Наиболее высокий женский голос. **2.** *ж.* Певица с таким голосом. ‖ *прил.* **сопрáнный**, -ая, -ое (к 1 знач.).

СОПРЕДЕ́ЛЬНЫЙ, -ая, -ое; -лен, -льна (книжн.). Смежный, пограничный. *Сопредельные понятия. Сопредельные страны.* ‖ *сущ.* **сопредéльность**, -и, *ж.*

СОПРЕ́ТЬ *см.* преть.

СОПРИКАСА́ТЬСЯ, -áюсь, -áешься; *несов., с кем-чем.* **1.** Иметь смежные, касающиеся друг друга границы, части. *Земельные участки соприкасаются. Наши интересы не соприкасаются* (перен.). **2.** Взаимно касаться, дотрагиваться (книжн.). *С. локтями.* **3.** *перен.* Вступать в сношения, общаться (книжн.). *С. с разными людьми.* ‖ *сов.* **соприкоснýться**, -нýсь, -нёшься. ‖ *сущ.* **соприкосновéние**, -я, *ср. Точки соприкосновения. Линия соприкосновения. Передовые части вошли в с. с противником. Войти (вступить) в с. с реальностью* (перен.: непосредственно узнать, познать). ✦ **В соприкосновении с** *чем, в знач. предлога с тв. п.* (книжн.) — оказавшись рядом, близко перед чем-н. *В соприкосновении с реальностью.*

СОПРИЧА́СТНЫЙ, -ая, -ое; -тен, -тна, *чему* (книжн.). Взаимно причастный. *Лица, сопричастные преступлению.* ‖ *сущ.* **сопричáстность**, -и, *ж.*

СОПРОВОДИ́ЛОВКА, -и, *ж.* (прост.). Сопроводительная бумага, письмо.

СОПРОВОЖДА́ТЬ, -áю, -áешь; *несов.* **1.** *кого-что.* Следовать вместе с кем-н., находясь рядом, ведя куда-н. или идя за кем-н. *Иностранных гостей сопровождает переводчик. С. делегацию. Делегация с сопровождающим* (сущ.). **2.** *что.* Производить одновременно с чем-н., сопутствовать чему-н. *С. пение музыкой. Успех сопровождает его выступление. С. речь жестами.* **3.** (1 и 2 л. не употр.). Служить приложением, дополнением к чему-н. *Текст сопровождают комментарии. Посылку сопровождает извещение.* ‖ *сов.* **сопроводи́ть**, -ожý, -оди́шь; -ождённый (-ён, -енá) (к 1, 3 и, о словах, жестах, ко 2 знач.). *С. свои слова выразительным жестом.* ‖ *сущ.* **сопровождéние**, -я, *ср.* ‖ *прил.* **сопроводи́тельный**, -ая, -ое (к 3 знач.). *Сопроводительное письмо.*

СОПРОВОЖДА́ТЬСЯ (-áюсь, -áешься, 1 и 2 л. не употр.), -áется; *несов., чем* (книжн.). **1.** Происходить одновременно с чем-н. *Гроза сопровождалась градом.* **2.** Влечь зá собой как непосредственное продолжение или следствие. *Болезнь сопровождалась осложнениями.* ‖ *сущ.* **сопровождéние**, -я, *ср.*

СОПРОВОЖДЕ́НИЕ, -я, *ср.* **1.** *см.* сопровождать, -ся. **2.** То, что сопровождает какое-н. явление, действие. *Музыкальное с.* (аккомпанемент). **3.** *собир.* Специальная группа, сопровождающая кого-что-н. *Истребители сопровождения.* ✦ **В сопровождении** *кого-чего, предлог с род. п.* — вместе с кем-чем-н., имея при себе кого-что-н. *Явиться в сопровождении друзей. Груз в сопровождении накладной.*

СОПРОМА́Т, -а, *м.* (разг.). Сокращение: сопротивление материалов (название науки). *Экзамен по сопромату.* ‖ *прил.* **сопромáтский**, -ая, -ое *и* **сопромáтовский**, -ая, -ое.

СОПРОТИВЛЕ́НИЕ, -я, *ср.* **1.** *см.* сопротивляться. **2.** (С прописное). В странах Западной Европы в годы фашистской оккупации: народное движение против захватчиков. *Участник Сопротивления. В годы Сопротивления.*

СОПРОТИВЛЯ́ЕМОСТЬ, -и, *ж.* Способность сопротивляться, степень сопротивления. *С. организма болезням.*

СОПРОТИВЛЯ́ТЬСЯ, -я́юсь, -я́ешься; *несов., кому-чему.* Противодействовать натиску, нападению, воздействию кого-чего-н. *С. врагу. С. болезни.* ‖ *сущ.* **сопротивлéние**, -я, *ср. Оказать с.* ✦ **Сопротивление материалов** — свойство материалов противодействовать изменению их формы, а также наука, исследующая прочность и деформируемость материалов (деталей, машин, сооружений), применяемых для технических целей. **По линии наименьшего сопротивления** — стараясь найти лёгкий путь, избежать трудностей. *Идти по линии наименьшего сопротивления.*

СОПРЯЖЁННЫЙ, -ая, -ое; -ён, *с чем* (книжн.). Взаимно связанный, сопровождаемый чем-н. *Переезд сопряжён с затруднениями.* ‖ *сущ.* **сопряжённость**, -и, *ж.*

СОПРЯ́ЧЬ, -ягý, -яжёшь, -ягýт; -я́г, -яглá; -яги́; -я́гший; -яжённый (-ён, -енá); -я́гши; *сов., что* (книжн.). Соединить, связать, сочленить одно с другим. *С. близкие понятия.*

|| *несов.* сопряга́ть, -а́ю, -а́ешь. || *сущ.* **сопряже́ние**, -я, *ср.*

СОПУ́ТСТВОВАТЬ, -твую, -твуешь; *несов.* **1.** *кому-чему.* Идти вместе с кем-чем-н., сопровождать кого-что-н. *С. больному в прогулке* (устар.). *Сопутствующие товары* (нужные для пользования предметами, составляющими основной товар). **2.** (1 и 2 л. не употр.), *чему.* Происходить одновременно с чем-н. (книжн.). *Болезни сопутствует жар.* || *сущ.* **сопу́тствие**, -я, *ср.* и **сопу́тствование**, -я, *ср.*

СОР, -а (-у), *м.* Мелкие сухие отбросы, мелкий мусор. *Вымести с.* ✦ **Сор из избы выносить** — разглашать неприятности, ссоры, касающиеся только узкого круга лиц. || *прил.* **со́рный**, -ая, -ое. *Сорная куча. В подвале сорно* (в знач. сказ.; грязно, много сора).

СОРАЗМЕ́РИТЬ, -рю, -ришь; -ренный; *сов., что с чем.* Сделать соразмерным, соответствующим чему-н. *С. свои потребности со своими возможностями.* || *несов.* **соразмеря́ть**, -я́ю, -я́ешь. || *сущ.* **соразмере́ние**, -я, *ср.*

СОРАЗМЕ́РНЫЙ, -ая, -ое; -рен, -рна. **1.** *чему* и *с чем.* Соответствующий какой-н. мере, соответственный чему-н. *Траты, соразмерные заработку.* **2.** Правильный в соотношении своих размеров, частей, в своём строении, пропорциональный. *Соразмерное сложение. Соразмерная фигура.* **3.** **соразме́рно** *чему, предлог с дат. п.* В соответствии с чем-н., соизмеряя с чем-н. *Тратить деньги соразмерно доходам.* ✦ **Соразмерно с** *чем, предлог с тв. п.* — то же, что соразмерно чему (см. соразмерный в 3 знач.). *Поступать соразмерно со своими возможностями.* || *сущ.* **соразме́рность**, -и, *ж.* (к 1 и 2 знач.).

СОРА́ТНИК, -а, *м., кого* (высок.). Испытанный, надёжный боевой товарищ, а также вообще товарищ по борьбе, деятельности. || *ж.* **сора́тница**, -ы.

СОРБИ́Т, -а, *м.* Пищевой продукт, получаемый из глюкозы и заменяющий собою сахар. *Варенье на сорбите.* || *прил.* **сорби́тный**, -ая, -ое.

СО́РБСКИЙ, -ая, -ое. То же, что лужицкий. *По-сорбски* (нареч.).

СОРВАНЕ́Ц, -нца́, *м.* (разг.). Большой проказник, озорник. *Мальчишка растёт сорванцом.* || *прил.* **сорванцо́вский**, -ая, -ое.

СОРВА́ТЬ, -ву́, -вёшь; -а́л, -ала́, -а́ло; со́рванный; *сов.* **1.** *кого-что.* Рывком отделить, снять, сдёрнуть. *С. яблоко. Ветер сорвал шапку. С. крючок с двери. С. одежду с кого-н.* **2.** *что.* Нарушить, прекратить что-н., сделав невозможным дальнейшее течение, осуществление. *С. график. С. чьи-н. планы. С. урок.* **3.** *что.* Получить, добиться чего-н. (обычно нечестно, незаслуженно или против чьей-н. воли) (разг.). *С. хороший куш. С. поцелуй. С. аплодисменты* (вызвать их; часто ирон.). **4.** *что на ком-чём.* Со словами «гнев», «злоба», «зло», «сердце» и под.: выместить на ком-н. злое чувство (разг.). *С. раздражение на домашних.* ✦ **Сорвать с места или с работы (с учёбы)** *кого (что)* (разг. неодобр.) — заставить уйти, уехать откуда-н., покинуть что-н. **Сорвать голос (глотку, горло)** — потерять голос от крика, громкого пения. **Сорвать банк** — в картёжной игре: выиграть все деньги, находившиеся в банке[2]. || *несов.* **срыва́ть**, -а́ю, -а́ешь. || *сущ.* **срыва́ние**, -я, *ср.* (к 1 и 4 знач.) *и* **срыв**, -а, *м.* (ко 2 знач.).

СОРВА́ТЬСЯ, -ву́сь, -вёшься; -а́лся, -ала́сь, -ало́сь *и* -а́лось; *сов.* **1.** Оторвавшись, не удержавшись, упасть. *Дверь сорвалась с петель. С. с обрыва.* **2.** Рывком отделиться, освободиться. *Собака сорвалась с цепи.* **3.** (1 и 2 л. не употр.). Резко сместиться, соскользнуть. *Топор сорвался и ударил по ноге.* **4.** (1 и 2 л. не употр.). Неожиданно не удаться (разг.). *Задуманное дело сорвалось.* **5.** Утратить самоконтроль, власть над своими поступками, действиями (разг.). *Сорвался и накричал на детей.* **6.** (1 и 2 л. не употр.). О словах, звуках, о стихийном явлении: появиться сразу, невольно. *Сорвались аплодисменты. Сорвалось грубое слово, ругательство. С гор сорвалось эхо. Сорвался ураган, шторм.* ✦ **Сорваться с места** (разг. неодобр.) — быстро и неожиданно пойти, отправиться куда-н. **Как с цепи сорвался** (разг. неодобр.) — 1) о шумном, буйном поведении, стремительных движениях; 2) о действиях очень рассерженного человека, потерявшего самообладание. **С языка сорвалось** *что у кого* (разг.) — сказал нечаянно, не подумав. || *несов.* **срыва́ться**, -а́юсь, -а́ешься. || *сущ.* **срыв**, -а, *м.* (к 1, 3 и 4 знач.) *и* **срыва́ние**, -я, *ср.* (к 1 и 3 знач.).

СОРВИГОЛОВА́, -ы́, *вин.* -у́, *мн.* -го́ловы, -голо́в, -голова́м, *м.* и *ж.* (разг.). Отчаянный (во 2 знач.) человек, удалец, а также большой озорник.

СОРГАНИЗОВА́ТЬ, -СЯ *см.* организовать, -ся.

СО́РГО, *нескл., ср.* Крупный южный злак с метельчатым соцветием, употр. в пищу, для корма и для технических нужд. || *прил.* **со́рговый**, -ая, -ое.

СОРЕВНОВА́НИЕ, -я, *ср.* Форма деятельности (работы, игры), при к-рой участвующие стремятся превзойти друг друга. *Вступить в с. Спортивные соревнования. С. в стрельбе. Соревнования по фигурному катанию.*

СОРЕВНОВА́ТЬСЯ, -ну́юсь, -ну́ешься; *несов., с кем.* Участвовать в состязании, соревновании. *С. в беге. С. в остроумии* (перен.: стараться превзойти друг друга в остротах, шутках). || *прил.* **соревнова́тельный**, -ая, -ое (спец.).

СОРИГИНА́ЛЬНИЧАТЬ *см.* оригинальничать.

СОРИЕНТИ́РОВАТЬ, -СЯ *см.* ориентировать, -ся.

СОРИ́НКА, -и, *ж.* Маленькая частичка сора. *В комнате ни соринки* (т. е. очень чисто). *Вынуть соринку из глаза.*

СОРИ́ТЬ, -рю́, -ри́шь; *несов.* **1.** Бросать сор, загрязнять сором. *С. на полу. Не сорить!* (запрет). **2.** *перен., что* и *чем.* Тратить безрассудно что-н. в большом количестве (разг.). *С. деньгами.* || *сов.* **насори́ть**, -рю́, -ри́шь (к 1 знач.).

СО́РНЫЙ, -ая, -ое. **1.** *см.* сор. **2.** Дикорастущий, заглушающий культурные посевы. *Сорное растение. Сорную траву с поля вон* (посл.). **3.** Засорённый, неочищенный. *Сорное зерно.* **4.** О нек-рых породах: малоценный (спец.). *Сорные сорта. Сорная рыба* (мелкая). || *сущ.* **со́рность**, -и, *ж.*

СОРНЯ́К, -а́, *м.* Сорное растение. *Выполоть сорняки.* || *прил.* **сорняко́вый**, -ая, -ое.

СОРО́ДИЧ, -а, *м.* **1.** Родственник, родич (во 2 знач.) (устар. и ирон.). **2.** Человек, близкий с кем-н. по происхождению, национальной принадлежности, месту рождения. **3.** *перен.* Животное или растение, принадлежащее к одному роду. *Домашняя кошка и её дикие сородичи.*

СО́РОК[1], сорока́, *числит. колич.* Число и количество 40. *За с. кому-н.* (больше сорока лет). *Под с. кому-н.* (скоро будет сорок лет). || *порядк.* **сороково́й**, -а́я, -о́е. ✦ **Огневые сороковые** (высок.) — о годах Великой Отечественной войны (1941—1945 гг.).

СО́РОК[2], -а, *м.* (стар.). **1.** Церковный округ, объединяющий сорок церквей. *В Москве сорок сороков.* **2.** Мешок с сорока собольими шкурками (обычно как единица счёта, расчёта). *Одарить сороком на шубу.* ✦ **Сорок сороко́в** (устар. разг.) — об очень большом количестве чего-н. *Рассказал сорок сороков небылиц.*

СОРО́КА, -и, *ж.* **1.** Птица сем. вороновых с белыми перьями в крыльях. *С.-воровка* (по свойственной сорокам повадке прятать в своём гнезде блестящие предметы). *Трещит как с.* (говорит быстро и громко; разг. неодобр.). *С. на хвосте принесла* (погов. о неизвестно откуда полученных сведениях, непроверенных слухах; неодобр.). *Как с. на колу* (о том, кто сидит, находится на торчке, а также о неустроенном, неприкаянном человеке; разг.). **2.** То же, что трещотка (в 3 знач.) (разг.). ✦ **Сорока-белобока**, сороки-белобоки — народно-поэтическое название сороки. || *прил.* **соро́чий**, -ья, -ье.

СОРОКА... *Первая часть сложных слов со знач.* содержащий сорок единиц чего-н., напр. *сорокавёдерный, сорокаградусный, сорокарублёвый.*

СОРОКАЛЕ́ТИЕ, -я, *ср.* **1.** Срок в 40 лет. *В течение последнего сорокалетия.* **2.** *чего.* Годовщина события, бывшего 40 лет тому назад. *С. общественной деятельности* (сорок лет со времени её начала). **3.** *кого.* Чья-н. сороковая годовщина. *Отмечать своё с.* (сороковой день рождения). || *прил.* **сорокале́тний**, -яя, -ее.

СОРОКАЛЕ́ТНИЙ, -яя, -ее. **1.** см. сорокалетие. **2.** Существующий, просуществовавший, проживший сорок лет.

СОРОКОНО́ЖКА, -и, *ж.* То же, что многоножка.

СОРОКОУ́СТ, -а, *м.* В православии: церковная служба, молитвы об умершем в течение сорока дней после смерти. *Отслужить с.* || *прил.* **сорокоу́стный**, -ая, -ое.

СОРО́ЧКА, -и, *ж.* То же, что рубашка (в 1 и 3 знач.). *Ночная с. Мужская с.* || *прил.* **соро́чечный**, -ая, -ое. *Сорочечное полотно.*

СОРТ, -а, *мн.* -а́, -о́в, *м.* **1.** Категория (во 2 знач.), разряд[1] (в 1 знач.) товара, продукции. *Высший с. Первый с.* (также перен.: о ком-чём-н. самом хорошем). *Второй с.* (также перен.: о ком-чём-н. не самом лучшем). *Третий с.* (также перен.: о ком-чём-н. весьма посредственном, плохом). **2.** Разновидность культурных растений, обладающих одинаковыми свойствами и признаками. *Ранний с. яблок.* || *прил.* **сортово́й**, -а́я, -о́е (спец.) *и* **со́ртный**, -ая, -ое (к 1 знач.; спец.).

СОРТА́МЕНТ, -а и **СОРТИМЕ́НТ**, -а, *м.* (спец.). Номенклатура сортов выпускаемых изделий. *Сортамент проката. Сортимент лесоматериалов.* || *прил.* **сорта́ментный**, -ая, -ое *и* **сортиме́нтный**, -ая, -ое.

СОРТИ́Р, -а, *м.* (прост.). То же, что уборная (во 2 знач.). || *прил.* **сорти́рный**, -ая, -ое.

СОРТИРОВА́ТЬ, -ру́ю, -ру́ешь; -о́ванный; *несов., что.* Распределять, разбирать по сортам, качеству, размерам, по сходным признакам. *С. товар. С. зерно. С. корреспонденцию.* || *сов.* **рассортирова́ть**, -ру́ю, -ру́ешь; -о́ванный. || *сущ.* **сортиро́вка**, -и, *ж.* || *прил.* **сортирова́льный**, -ая, -ое *и* **сортиро́вочный**, -ая, -ое. *Сортировальный стол. Сортировальная машина. Сортировочная установка. Сортировочная горка* (место на железнодорожных путях, где формируются составы; спец.).

СОРТИРО́ВКА, -и, *ж.* **1.** *см.* сортировать. **2.** Сортировочная установка, сортировальная машина (разг.).

СОРТИРО́ВЩИК, -а, *м.* Работник, производящий сортировку чего-н. ‖ *ж.* **сортиро́вщица**, -ы.

СО́РТНЫЙ, -ая, -ое (спец.). **1.** *см.* сорт. **2.** Высокого сорта. *Сортные изделия.* ‖ *сущ.* **со́ртность**, -и, *ж. С. моторных топлив. Повышение сортности семян.*

СОРТОВО́Й, -а́я, -о́е. **1.** *см.* сорт. **2.** Относящийся к производству продукции определённых сортов (преимущ. высоких). *Сортовое семеноводство.* ✦ **Сортовой стан** (спец.) — прокатный стан для производства непустотелых изделий разнообразных сечений. **Сортовой прокат** (спец.) — продукция, изготовляемая на сортовых станах.

СОСА́ТЬ, -су́, -сёшь; со́санный; *несов., что.* **1.** Втягивать в рот губами и языком (жидкое). *С. из соски. С. грудь матери* (высасывать из неё молоко). *С. матку* (о животном). **2.** Держать во рту, постепенно разминая, размягчая. *С. леденец.* **3.** О насекомых и нек-рых других животных: вбирать в себя (текучее). *Пчела сосёт хоботком. С. кровь из кого-н.* (также перен.: то же, что пить чью-н. кровь). **4.** Держа что-н. во рту, делать втягивающие движения. *С. соску. С. лапу. С. папиросу.* **5.** обычно *безл.* Об ощущении тянущей боли, а также об ощущении голода (разг.). *Сосёт* (безл.) *под ложечкой. Тоска сосёт сердце* (перен.). ‖ *сущ.* **соса́ние**, -я, *ср.* (к 1, 2, 3 и 4 знач.). ‖ *прил.* **соса́тельный**, -ая, -ое (к 1, 2, 3 и 4 знач.; спец.). *Сосательные движения.*

СОСВА́ТАТЬ *см.* сватать.

СОСЕ́Д, -а, *мн.* -и, -ей, -ям, *м.* **1.** Человек, к-рый живёт вблизи, рядом с кем-н. *С. по квартире. Не купи дом, купи соседа* (посл.). **2.** Тот, кто занимает ближайшее к кому-н. место, находится рядом. *С. по купе.* ‖ *ж.* **сосе́дка**, -и. ‖ *ласк.* **сосе́душка**, -и, *м.* и *ж.* (к 1 знач., обычно в обращении). ‖ *прил.* **сосе́дский**, -ая, -ое (к 1 знач.; разг.).

СОСЕ́ДИТЬ, 1 л. ед. не употр., -ишь; *несов., с кем-чем* (устар. и прост.). Быть в соседстве. *Наши огороды соседят.*

СОСЕ́ДНИЙ, -яя, -ее. Расположенный вблизи, рядом с кем-чем-н. *С. дом. Соседние страны.*

СОСЕ́ДСТВО, -а, *ср.* Смежность, близость с кем-чем-н. по месту жительства или по месту расположения. *Жить по соседству* (рядом).

СОСИ́СКА, -и, *ж.* Небольшая тонкая колбаска, употр. обычно в варёном виде. ‖ *прил.* **соси́сочный**, -ая, -ое.

СОСИ́СОЧНАЯ, -ой, *ж.* Закусочная, где торгуют горячими сосисками.

СО́СКА, -и, *ж.* **1.** Полый мягкий наконечник, через к-рый младенец (или выкармливаемый детёныш) сосёт из бутылки. **2.** То же, что пустышка (во 2 знач.). ‖ *уменьш.* **со́сочка**, -и, *ж.* ‖ *прил.* **со́сочный**, -ая, -ое.

СОСКО́Б, -а, *м.* То, что соскоблено с чего-н.; место, с к-рого что-н. соскоблено. *Диагностический с.* ‖ *прил.* **соско́бный**, -ая, -ое.

СОСКОБЛИ́ТЬ, -облю́, -о́блишь и -облишь; -о́бленный; *сов., что.* Скобля, удалить или очистить. *С. старую краску со стены.* ‖ *несов.* **соска́бливать**, -аю, -аешь. ‖ *сущ.* **соска́бливание**, -я, *ср.*

СОСКОЛЬЗНУ́ТЬ, -ну́, -нёшь; *сов.* Спуститься вниз, упасть, скользнув. *Лыжа соскользнула с ноги.* ‖ *несов.* **соска́льзывать**, -аю, -аешь. ‖ *сущ.* **соска́льзывание**, -я, *ср.*

СОСКОЧИ́ТЬ, -очу́, -о́чишь; *сов.* **1.** Спрыгнуть, скачком переместиться вниз. *С. с коня.* **2.** (1 и 2 л. не употр.). Отделившись от чего-н., свалиться (разг.). *Дверь соскочила с петель.* **3.** (1 и 2 л. не употр.), *перен., с кого.* В нек-рых сочетаниях: исчезнуть сразу, внезапно (под воздействием чего-н. неожиданного) (разг.). *Хмель соскочил с кого-н. Гонор соскочит. Хандра соскочила.* ‖ *несов.* **соска́кивать**, -аю, -аешь. ‖ *сущ.* **соска́кивание**, -я, *ср.* и **соско́к**, -а, *м.* (к 1 знач.; разг.).

СОСКРЕСТИ́, -ребу́, -ребёшь; -рёб, -ребла́; -рёбший; -ребённый (-ён, -ена́); -ребя́ и -рёбши; *сов., что.* То же, что соскоблить. *С. лёд со ступенек.* ‖ *несов.* **соскреба́ть**, -а́ю, -а́ешь.

СОСКУ́ЧИТЬСЯ, -чусь, -чишься; *сов.* **1.** Прийти в тоскливое состояние, почувствовать скуку. *С. в одиночестве. С тобой (с ним и т. д.) не соскучишься* (о том, кто ведёт себя странно, от кого можно ждать всяких неожиданностей; разг. шутл.). **2.** *о ком-чём, по кому-чему* и (разг.) *по ком-чём.* Почувствовать тоску из-за отсутствия кого-чего-н. *С. по отцу* или *по отце. С. по родным. С. по работе, по книгам.*

СОСЛАГА́ТЕЛЬНЫЙ, -ая, -ое: **сослагательное наклонение** — в грамматике: глагольная категория, выражающая возможность действия и оформляющаяся в русском языке сочетанием формы на *-л* и частицы «бы», напр.: *пошёл бы, сходил бы.*

СОСЛА́ТЬ, сошлю́, сошлёшь; со́сланный; *сов., кого (что).* В наказание принудительно переселить (осуждённого) с места жительства на поселение (в 3 знач.). ‖ *несов.* **ссыла́ть**, -а́ю, -а́ешь. ‖ *сущ.* **ссы́лка**, -и, *ж.* ‖ *прил.* **ссы́лочный**, -ая, -ое.

СОСЛА́ТЬСЯ, сошлю́сь, сошлёшься; *сов., на кого-что.* Указать на кого-что-н. в оправдание чего-н. или в подтверждение чего-н. *С. на чьи-н. слова. С. на верные источники. С. на авторитет.* ‖ *несов.* **ссыла́ться**, -а́юсь, -а́ешься. ‖ *сущ.* **ссы́лка**, -и, *ж.* ‖ *прил.* **ссы́лочный**, -ая, -ое.

СО́СЛЕПА и **СО́СЛЕПУ**, *нареч.* (разг.). По близорукости, по слепоте. *С. не узнал гостя.*

СОСЛО́ВИЕ, -я, *ср.* **1.** Сложившаяся на основе феодальных отношений общественная группа со своими наследственными правами и обязанностями, закреплёнными обычаями или законами. *Податные сословия* (в России до середины 19 в.: крестьяне, мещане). *Привилегированные сословия* (дворянство, духовенство, в нек-рых странах гильдейское купечество). **2.** В дореволюционной России: группа лиц, объединённых профессиональными интересами. *Чиновничье с.* **3.** Группа, разряд лиц, объединённых по какому-н. признаку (разг. шутл.). *Знаю я ваше женское с.* ‖ *прил.* **сосло́вный**, -ая, -ое (к 1 и 2 знач.). *Сословные интересы.*

СОСЛУЖИ́ВЕЦ, -вца, *м.* Человек, к-рый служит вместе с кем-н., работает с кем-н. в одном учреждении. *Мы с ним сослуживцы. Бывшие сослуживцы.* ‖ *прил.* **сослужи́вица**, -ы.

СОСЛУЖИ́ТЬ, -ужу́, -у́жишь; *сов.*: **сослужить службу** *кому* (устар. и разг.) — 1) оказать услугу. *Сослужить службу старому другу;* 2) принести пользу. *Старые вещи ещё сослужат свою службу.*

СОСНА́, -ы́, *мн.* со́сны, со́сен, со́снам, *ж.* Вечнозелёное хвойное дерево (реже — стелющийся кустарник) с длинными иглами и округлыми шишками. *Сибирская с.* (то же, что сибирский кедр). ✦ **В трёх соснах заблудиться** (разг. неодобр.) — не суметь найти выхода в простом, несложном положении. ‖ *уменьш.* **со́сенка**, -и, *ж.* ‖ *уничи.* **сосёнка**, -и, *ж.* ‖ *прил.* **сосно́вый**, -ая, -ое. *Семейство сосновых* (сущ.).

СОСНУ́ТЬ, -ну́, -нёшь; *сов.* (разг.). Поспать немного. *С. часок.*

СОСНЯ́К, -а́, *м., собир.* Сосновый лес.

СОСО́К, -ска́, *м.* Выступающая в виде шишечки, трубочки наружная часть молочной железы, на конце которой открываются молочные протоки. *Сосать молоко из сосков. Недоразвитые соски* (у мужчин). ‖ *уменьш.* **сосо́чек**, -чка, *м.* ‖ *прил.* **со́сочный**, -ая, -ое и **соско́вый**, -ая, -ое.

СОСО́ЧЕК, -чка, *м.* **1.** *см.* сосок. **2.** Небольшой вырост на поверхности кожи, слизистой оболочки, на растении (спец.). ‖ *прил.* **сосо́чковый**, -ая, -ое.

СОСРЕДОТО́ЧЕННЫЙ, -ая, -ое; -ен. **1.** Направленный из разных пунктов в одно место. *С. удар авиации.* **2.** Напряжённый, устремлённый на что-н. одно. *Сосредоточенное внимание. Заниматься сосредоточенно* (нареч.). ‖ *сущ.* **сосредото́ченность**, -и, *ж.*

СОСРЕДОТО́ЧИТЬ, -чу, -чишь; -ченный; *сов.* **1.** *кого-что.* Собрав, соединить в одном месте. *С. отряды у переправы.* **2.** *что.* Направить, напрячь, устремляя на что-н. одно. *С. мысли. С. внимание на чём-н.* ‖ *несов.* **сосредото́чивать**, -аю, -аешь. ‖ *сущ.* **сосредото́чение**, -я, *ср.*

СОСРЕДОТО́ЧИТЬСЯ, -чусь, -чишься; *сов.* **1.** (1 и 2 л. ед. не употр.). Собравшись, соединиться в одном месте. *Войска сосредоточились у границы.* **2.** Устремить на что-н. одно свои мысли, ум, внимание. *С. на работе.* ‖ *несов.* **сосредото́чиваться**, -аюсь, -аешься. ‖ *сущ.* **сосредото́чение**, -я, *ср.*

СОСТА́В, -а, *м.* **1.** *чего.* Совокупность людей, предметов, образующих какое-н. целое. *Входить в с. президиума. Личный с. С. исполнителей. Офицерский с. армии.* **2.** Продукт смеси, соединения чего-н. *Лекарственный с. Химический с.* **3.** Сцепленные друг с другом железнодорожные вагоны, поезд. *Тяжеловесный с. Подать с. на станцию. С. пойдёт в депо.* ✦ **В составе** *кого-чего, предлог с род. п.* — 1) то же, что из (в 7 знач.). *Комиссия в составе пяти человек;* 2) внутри какого-н. множества. *Находиться в составе делегатов.* **Состав преступления** (спец.) — совокупность установленных законом признаков, характеризующих то или иное деяние, преступление.

СОСТАВИ́ТЕЛЬ, -я, *м.* Человек, к-рый составляет, формирует что-н. *С. хрестоматии. С. поездов* (работник, формирующий поездные составы). ‖ *ж.* **составительница**, -ы. ‖ *прил.* **состави́тельский**, -ая, -ое.

СОСТА́ВИТЬ, -влю, -вишь; -вленный; *сов., что.* **1.** Собрав, соединив, объединив что-н., образовать нечто целое. *С. текст, сборник, задачник. С. список участников. С. хор. С. большую библиотеку. С. зелёную краску из жёлтой и синей.* **2.** Приставив, поставив рядом, соединить. *С. две лестницы. С. столы.* **3.** Поставить где-н., поместить где-н. (многое). *С. посуду на полку.* **4.** Переставить сверху вниз. *С. книги с полки.* **5.** (1 и 2 л. не употр.). Образовать собой (какое-н. количество, целое). *Расход составит сто рублей.* **6.** Создать путём наблюдений, заключений (какое-н. мнение). *С. определённое мнение. С. себе представление о чём-н.* **7.** Создать, устроить что-н. (книжн.). *С. чьё-н. счастье. Это не составит большого труда.* **8.** обычно со словом «себе». Постепенно достичь, добиться чего-н. (книжн.). *С. себе имя, карьеру, состояние.* ‖ *несов.* **составля́ть**, -я́ю, -я́ешь. ‖ *сущ.* **составле́ние**, -я, *ср.* (к 1, 2, 3, 4 и 6 знач.).

СОСТА́ВИТЬСЯ (-влюсь, -вишься, 1 и 2 л. не употр.), -вится; *сов.* (книжн.). **1.** О каком-н. целом: соединившись, собравшись, образоваться. *Составилась большая библиотека. Составился хороший хор. Составился целый капитал.* **2.** О мнении, впечатлении: создаться, возникнуть. *Составилось благоприятное мнение.* ‖ *несов.* **составля́ться** (-я́юсь, -я́ешься, 1 и 2 л. не употр.), -я́ется. ‖ *сущ.* **составле́ние**, -я, *ср.* (ко 2 знач.).

СОСТАВНО́Й, -а́я, -о́е. **1.** Составленный из нескольких частей. *Составная лестница.* **2.** Входящий в состав чего-н. *Составная часть смеси.*

СОСТА́РИТЬ, -СЯ *см.* старить, -ся.

СОСТОЯ́НИЕ, -я, *ср.* **1.** *см.* состоять. **2.** Положение, внешние или внутренние обстоятельства, в к-рых находится кто-что-н. *В состоянии войны. С. погоды. С. здоровья. В состоянии покоя.* **3.** Физическое самочувствие, а также расположение духа, настроение. *Больной в тяжёлом состоянии. Обморочное с. Находиться в состоянии восторга.* **4.** Звание, социальное положение (устар.). *Купеческое с. Лишение прав состояния.* **5.** Имущество, собственность. *Ваша библиотека — целое с. Нажить с. Человек с состоянием.* ◆ **В состоянии** *с неопр.* — о возможности делать что-н. *Сейчас я не в состоянии читать.*

СОСТОЯ́ТЕЛЬНЫЙ, -ая, -ое; -лен, -льна. **1.** Богатый, обеспеченный. *С. человек.* **2.** Доказательный, обоснованный (книжн.). *С. довод.* ‖ *сущ.* **состоя́тельность**, -и, *ж.*

СОСТОЯ́ТЬ, -ою́, -ои́шь; *несов.* **1.** (1 и 2 л. ед. не употр.), *из кого-чего.* Иметь кого-что-н. в своём составе. *Роман состоит из двух частей. Бригада состоит из пяти человек.* **2.** (1 и 2 л. не употр.), *в чём.* Иметь содержанием, сутью что-н. *В чём состоят его обязанности?* **3.** *кем-чем, в ком-чём.* Пребывать, находиться (в качестве кого-н. или где-н., в составе кого-чего-н.). *С. заведующим* (в должности, в качестве заведующего). С. при командире. С. на чьём-н. иждивении. С. в запасе. С. в учениках. ‖ *сущ.* **состоя́ние**, -я, *ср.* (к 3 знач.; устар.).

СОСТОЯ́ТЬСЯ, -ою́сь, -ои́шься; *сов.* **1.** (1 и 2 л. не употр.). Произойти, осуществиться. *Спектакль не состоится.* **2.** Стать кем-н. полноценным, оправдать возлагавшиеся надежды. *Как поэт он не состоялся.*

СОСТРАДА́НИЕ, -я, *ср.* Жалость, сочувствие, вызываемые чьим-н. несчастьем, горем. *С. к сиротам. Сделать что-н. из сострадания.*

СОСТРАДА́ТЕЛЬНЫЙ, -ая, -ое; -лен, -льна. Склонный к состраданию, исполненный сострадания. *С. взгляд.* ‖ *сущ.* **сострада́тельность**, -и, *ж.*

СОСТРИ́ТЬ *см.* острить².

СОСТРИ́ЧЬ, -игу́, -ижёшь, -игу́т; -и́г, -и́гла; -иги́; -и́гший; -и́женный; -и́гши; *сов., что.* Стрижкой снять. *С. шерсть с овец. С. волосы.* ‖ *несов.* **сострига́ть**, -а́ю, -а́ешь.

СОСТРОГА́ТЬ, -а́ю, -а́ешь; -о́ганный и **СОСТРУГА́ТЬ**, -а́ю, -а́ешь; -у́ганный; *сов., что.* Строгая, удалить, счистить. *С. рубанком верхний слой доски.* ‖ *несов.* **сострагивать**, -аю, -аешь и **состру́гивать**, -аю, -аешь.

СОСТРО́ИТЬ *см.* строить¹.

СОСТРЯ́ПАТЬ *см.* стряпать.

СОСТЫКОВА́ТЬ, -ку́ю, -ку́ешь; -о́ванный; *сов., что.* **1.** То же, что стыковать. **2.** *перен.* Соединить, согласовать (разг.). ‖ *несов.* **состыко́вывать**, -аю, -аешь. ‖ *сущ.* **состыко́вка**, -и, *ж.* ‖ *прил.* **состыко́вочный**, -ая, -ое (к 1 знач.).

СОСТЫКОВА́ТЬСЯ, -ку́юсь, -ку́ешься; *сов.* **1.** То же, что стыковаться. **2.** *перен.* Соединиться, сочетаться друг с другом (разг.). ‖ *сущ.* **состыко́вка**, -и, *ж.* ‖ *прил.* **состыко́вочный**, -ая, -ое (к 1 знач.).

СОСТЯЗА́НИЕ, -я, *ср.* **1.** *см.* состязаться. **2.** Спортивное соревнование за первенство. *С. пловцов. С. в беге. Конькобежные состязания.* **2.** Вообще соревнование в чём-н. *С. в остроумии.* ‖ *прил.* **состяза́тельный**, -ая, -ое.

СОСТЯЗА́ТЬСЯ, -а́юсь, -а́ешься; *несов., с кем в чём.* **1.** Стремиться превзойти кого-н. в чём-н. *С. в красноречии.* **2.** Соревноваться (в 1 знач.), участвовать в состязании. *С. в плавании.* ‖ *сущ.* **состяза́ние**, -я, *ср.* ‖ *прил.* **состяза́тельный**, -ая, -ое (спец.). *С. судебный процесс* (такой, при к-ром обе стороны имеют равные активные процессуальные права при исключительных полномочиях суда).

СОСУ́Д, -а, *м.* **1.** Вместилище для жидких и сыпучих тел. *Стеклянный с.* **2.** Трубчатый орган (в животных или растительных организмах), по к-рому движется жидкое вещество. *Кровеносные сосуды. Лимфатические сосуды.* ‖ *прил.* **сосу́дистый**, -ая, -ое (ко 2 знач.; спец.). *С. шов* (накладываемый на стенку сосуда). *С. протез* (искусственный сосуд). *Сосудистая хирургия.*

СОСУ́ДО... *Первая часть сложных слов со знач.* относящийся к сосудам (во 2 знач.), напр. *сосудорасширяющий, сосудосуживающий, сосудорасширитель, сосудосуживатель.*

СОСУ́ЛЬКА, -и, *ж.* Обледеневшая при стоке жидкость в виде удлинённого конуса. *С крыши свисают ледяные сосульки. Как с. кто-н.* (очень замерз; разг.). *Волосы свисают сосульками* (слипшимися прядями).

СОСУ́Н, -а́, *м.* Ребёнок грудного возраста, а также вообще детёныш млекопитающего, ещё сосущий матку. *Жеребёнок-с.* ‖ *уменьш.* **сосуно́к**, -нка́, *м.* ‖ *прил.* **сосунко́вый**, -ая, -ое.

СОСУЩЕСТВОВА́ТЬ, -тву́ю, -тву́ешь; *несов.* (книжн.). Существовать одновременно или совместно с кем-чем-н. *Сосуществующие явления.* ‖ *сущ.* **сосуществова́ние**, -я, *ср. Мирное с. государств.*

СОСЦЫ́, -о́в, *ед.* -се́ц, -сца́, *м.* То же, что соски (у животных; по отношению к человеку устар.). ‖ *прил.* **сосцо́вый**, -ая, -ое (спец.).

СОСЧИТА́ТЬ, -СЯ *см.* считать¹, -ся.

СОТВОРИ́ТЬ *см.* творить¹.

СОТВОРИ́ТЬСЯ *см.* твориться.

СОТЕ́ЙНИК, -а, *м.* Сковородка с высокими прямыми боками.

СО́ТЕННЫЙ *см.* сотня.

СО́ТКА, -и, *ж.* (разг.). **1.** Единица земельной площади, равная одной сотой части гектара. *Огород в 5 соток.* **2.** Сотая часть какой-н. меры, а также предмет, вмещающий такую часть (устар.). *С. водки* (сотая часть ведра). ‖ *прил.* **со́тковый**, -ая, -ое.

СОТКА́ТЬ *см.* ткать.

СО́ТНИК, -а, *м.* **1.** В старину: командир сотни (во 2 знач.). *Стрелецкий с.* **2.** В царской армии: казачий офицерский чин, равный поручику, а также лицо, имеющее этот чин. ‖ *прил.* **со́тницкий**, -ая, -ое и **со́тничий**, -ья, -ье.

СО́ТНЯ, -и, *род. мн.* -тен, *ж.* **1.** Сто каких-н. единиц, предметов. *Продажа яиц сотнями. Истратил две сотни рублей. Сотни людей* (очень много). **2.** Войсковое подразделение, состоявшее *первонач.* из ста человек. *Стрелецкая с. Казачья с.* (подразделение, соответствовавшее эскадрону). **3.** Сто рублей (прост.). *Заплатил две сотни.* ‖ *уменьш.* **сотенка**, -и, *ж.* (к 1 знач.). ‖ *прил.* **со́тенный**, -ая, -ое. *Сотенные весы* (на к-рых взвешиваемый предмет уравновешивается во сто раз более лёгкой гирей; спец.). *С. командир. Сотенная бумажка* (сто рублей; разг.). *Заплатил две сотенных* (сущ.; прост.).

СОТОВА́РИЩ, -а, *м.* (устар.). Товарищ в каком-н. деле.

СО́ТОВЫЙ, -ая, -ое. **1.** *см.* соты. **2.** Относящийся к связи, действующей на основе радиопередатчиков, симметрически расположенных на разных участках территории в виде системы ячеек («сот»). *Сотовая связь. С. телефон.*

СОТРУ́ДНИК, -а, *м.* **1.** Человек, к-рый работает вместе с кем-н., помощник. *Выполнить работу без сотрудников.* **2.** В нек-рых названиях: работник, а также вообще служащий. *Научный с. С. газеты. Литературный с.* (в редакции). ‖ *ж.* **сотру́дница**, -ы. ‖ *прил.* **сотру́днический**, -ая, -ое.

СОТРУ́ДНИЧАТЬ, -аю, -аешь; *несов.* **1.** *с кем.* Работать, действовать вместе, принимать участие в общем деле. **2.** Быть сотрудником (во 2 знач.). *С. в газете.* ‖ *сущ.* **сотру́дничество**, -а, *ср. Полезное с.*

СОТРЯСТИ́, -су́, -сёшь; -я́с, -ясла́; -я́сший; -ясённый (-ён, -ена́); -я́сши; *сов., что.* То же, что потрясти (в 3 знач.). *Взрыв сотряс воздух.* ‖ *несов.* **сотряса́ть**, -а́ю, -а́ешь. ‖ *сущ.* **сотрясе́ние**, -я, *ср.*

СОТРЯСТИ́СЬ, -ясусь, -ясёшься; -я́сся, -ясла́сь; -я́сшийся; -я́сшись; *сов.* То же, что содрогнуться (в 1 знач.). *Земля сотряслась от взрыва.* ‖ *несов.* **сотряса́ться**, -а́юсь, -а́ешься. ‖ *сущ.* **сотрясе́ние**, -я, *ср. С. мозга* (закрытая травма головного мозга).

СО́ТСКИЙ, -ого, *м.* В царской России: крестьянин, выбиравшийся сельским сходом для выполнения общественных обязанностей, надзора за порядком.

СО́ТЫ, -ов, *ед.* сот, -а, *м.* У пчёл, ос: симметрически расположенные ряды шестигранных ячеек для хранения мёда и кладки яиц. *Рамка с сотами* (в пчелином улье). *Мёд в сотах.* ‖ *прил.* **со́товый**, -ая, -ое. *С. мёд* (находящийся в сотах).

СО́ТЫЙ, -ая, -ое. **1.** *см.* сто. **2.** **со́тая**, -ой. Получаемый делением на сто. *Сотая часть. И сотой доли нет чего-н. у кого-н.* (перен.: совершенно нет). *Одна сотая* (сущ.).

СОУМЫ́ШЛЕННИК, -а, *м.* (книжн.). Сообщник в преступном замысле. *Назвать соумышленников.* ‖ *ж.* **соумы́шленница**, -ы.

СО́УС, -а (-у), *м.* Жидкая приправа, подливка к кушанью. *Томатный с. Рыба под соусом. Под другим соусом* (также перен.: в ином виде, в другой форме; разг. неодобр.). ‖ *прил.* **со́усный**, -ая, -ое.

СО́УСНИК, -а, *м.* и **СО́УСНИЦА**, -ы, *ж.* Предмет столовой посуды с широким носиком для соуса, подливки.

СОУЧА́СТИЕ, -я, *ср.* (офиц.). Совместное участие в чём-н. (обычно неблаговидном). *С. в преступлении.*

СОУЧА́СТНИК, -а, *м.* (офиц.). Человек, к-рый участвует вместе с кем-н. в совершении чего-н. (обычно неблаговидного). *С. преступления или в преступлении.* ‖ *ж.* **соуча́стница**, -ы.

СОУЧЕНИ́К, -а́, *м.* Человек, к-рый учится или учился где-н. вместе с кем-н. *Мой с. Мы с ним соученики.* ‖ *ж.* **соучени́ца**, -ы.

СОФА́, -ы́, *мн.* со́фы, соф, со́фам, *ж.* Низкий широкий диван.

СОФИ́ЗМ, -а, *м.* (книжн.). Формально кажущееся правильным, но по существу ложное умозаключение, основанное на преднамеренно неправильном подборе исходных положений. ‖ *прил.* **софисти́ческий**, -ая, -ое.

СОФИ́СТ, -а, *м.* (книжн.). Человек, к-рый в своих рассуждениях прибегает к софизмам. ‖ *ж.* **софи́стка**, -и. ‖ *прил.* **софи́стский**, -ая, -ое.

СОФИ́СТИКА, -и, *ж.* (книжн.). Софистический способ рассуждений.

СОФИ́Т, -а, *м.* (спец.). Светильник рассеянного света, освещающий сцену спереди и сверху. ‖ *прил.* **софи́тный**, -ая, -ое.

СОХА́, -и́, *мн.* со́хи, сох, со́хам, *ж.* **1.** Примитивное сельскохозяйственное орудие для вспашки земли. **2.** В старину на Руси: мера земли, являвшаяся единицей налогового обложения. ✦ **От сохи** (разг.) — о том, кто вошёл в круг интеллигенции непосредственно из среды простых тружеников, крестьян. ‖ *уменьш.* **со́шка**, -и, *ж.* (к 1 знач.). *Один с сошкой, а семеро с ложкой* (посл. о тех, кто пользуется плодами чужого труда). ‖ *прил.* **со́шный**, -ая, -ое.

СОХА́ТЫЙ, -ая, -ое; -а́т. (обл.). **1.** С ветвистыми рогами. *С. олень.* **2.** **соха́тый**, -ого, *м.* То же, что лось.

СО́ХЛЫЙ, -ая, -ое. Засохший, высохший. *Сохлая трава.*

СО́ХНУТЬ, -ну, -нешь; сох *и* со́хнул, со́хла; со́хший; *несов.* **1.** Становиться сухим, теряя влагу. *Бельё сохнет. Губы сохнут* (пересыхают). **2.** То же, что вянуть. *Цветы сохнут.* **3.** Становиться чахлым, болезненно худеть (прост.). *С. от тоски.* **4.** *по кому* или *по ком.* Страдать от любви к кому-н. (прост.). *Все видят, как она по нему сохнет.* ‖ *сов.* **вы́сохнуть**, -ну, -нешь; -охший (к 1 и 3 знач.) *и* **засо́хнуть**, -ну, -нешь; -о́хший (ко 2 знач.).

СОХРАНИ́ТЬ, -ню́, -ни́шь; -нённый (-ён, -ена́); *сов.* **1.** *кого-что.* Сберечь, не дать кому-чему-н. пропасть, утратиться или потерпеть ущерб. *С. имущество. С. здоровье. С. продукты от плесени. С. воспоминание* (перен.: не забыть). **2.** *что.* Не утратить, оставить в силе, в действии. *С. следы былой красоты. Платок сохранил запах духов. С. за собой право выбора.* **3.** *что.* Не нарушить чего-н. *С. верность присяге. С. спокойствие.* ‖ *несов.* **сохраня́ть**, -я́ю, -я́ешь. ‖ *сущ.* **сохране́ние**, -я, *ср.* ‖ *прил.* **сохра́нный**, -ая, -ое (к 1 знач.; устар.). *Сохранная расписка.*

СОХРАНИ́ТЬСЯ, -ню́сь, -ни́шься; *сов.* **1.** (1 и 2 л. не употр.). Сберечься, уцелеть, остаться непотревоженным, нерастраченным. *Старинное здание хорошо сохранилось. Здоровье сохранилось. Запасы сохранились. Сбережения сохранились.* **2.** (1 и 2 л. не употр.). Не исчезнуть, остаться в силе. *Хорошие обычаи сохранились. Сохранились все права.* **3.** Сохранить свои силы, моложавую внешность (разг.). *Старик хорошо сохранился.* ‖ *несов.* **сохраня́ться**, -я́юсь, -я́ешься. ‖ *сущ.* **сохране́ние**, -я, *ср.* (к 1 и 2 знач.).

СОХРА́ННЫЙ, -ая, -ое; -а́нен, -а́нна. **1.** *см.* сохранить. **2.** Такой, где можно надёжно сохранить что-н. *Спрятать в сохранном месте.* **3.** *полн. ф.* Обеспечивающий целость, отсутствие повреждений. *Сохранная доставка грузов. Вещи доставлены сохранно* (нареч.). ‖ *сущ.* **сохра́нность**, -и, *ж.* (к 3 знач.). *В полной сохранности.*

СОХРАНЯ́ТЬ, -я́ю, -я́ешь; *несов.* **1.** *см.* сохранить. **2.** *что.* Имея у себя, содержать (в 3 знач.). *С. книги в порядке.*

СОХРАНЯ́ТЬСЯ, -я́юсь, -я́ешься; *несов.* **1.** *см.* сохраниться. **2.** (1 и 2 л. не употр.). То же, что содержаться (во 2 знач.). *Книги сохраняются в порядке.*

СОЦ... *Первая часть сложных слов со знач.:* 1) социалистический, напр. *соцобязательство, соцсоревнование, соцстраны;* 2) социальный, напр. *соцобеспечение, соцстрах, соцбытсектор* (в профкоме: социально-бытовой сектор).

СОЦВЕ́ТИЕ, -я, *ср.* Верхняя часть стебля со сближенными цветками и видоизменёнными листьями. *Простое с. Сложное с.*

СОЦИА́Л-... *Первая часть сложных слов со знач.* социал-демократический, напр. *социал-демократ, социал-реформизм.*

СОЦИА́Л-ДЕМОКРА́Т, -а, *м.* Член социал-демократической партии.

СОЦИА́Л-ДЕМОКРА́ТИЯ, -и, *ж.* Возникшее в конце 19 в. идейно-политическое течение, первоначально ставившее своей целью революционную борьбу, позднее перешедшее к политике реформ и сейчас объединяющее левые силы в их стремлении к социально-экономическим преобразованиям, в их борьбе за мир и международную безопасность. ‖ *прил.* **социа́л-демократи́ческий**, -ая, -ое.

СОЦИАЛИ́ЗМ, -а, *м.* Социальный строй, в к-ром основой производственных отношений является общественная собственность на средства производства и провозглашаются принципы социальной справедливости, свободы и равенства. *Утопический с.* (восходящее к «Утопии» Т. Мора учение об идеальном переустройстве общества на основе общности имущества, равенства всех людей, обязательности труда, стирания различий между городом и деревней, умственным и физическим трудом). *Христианский с.* (в 19 в.: направление общественной мысли, стремящееся придать христианской религии социалистическую окраску и частично смыкающееся с социальными доктринами современного католицизма). ‖ *прил.* **социалисти́ческий**, -ая, -ое. *С. реализм* (провозглашённый в 30-ые годы 20 в. как единственно отвечающий интересам социализма метод в литературе и искусстве, требующий оптимистического изображения действительности в духе коммунистической идеологии).

СОЦИАЛИ́СТ, -а, *м.* Член социалистической (во 2 знач.) партии. *Левые социалисты.Правые социалисты. Социалисты-революционеры* (эсеры). ‖ *ж.* **социали́стка**, -и.

СОЦИАЛИСТИ́ЧЕСКИЙ, -ая, -ое. **1.** *см.* социализм. **2.** Относящийся к социал-демократии. *С. интернационал.*

СОЦИАЛИ́СТ-РЕВОЛЮЦИОНЕ́Р, социали́ста-революционе́ра, *м.* Член демократической партии, образовавшейся в России на основе народнических групп (сокращённо «эсер»).

СОЦИА́ЛЬНЫЙ, -ая, -ое. **1.** *см.* социум. **2.** Общественный, относящийся к жизни людей и их отношениям в обществе. *Социальная среда. Социальное положение. Социально* (нареч.) *опасен. Социальное обеспечение* (государственная система материального обеспечения граждан в старости, а также в случае болезни или нетрудоспособности). *Социальная сфера.*

СОЦИО... *Первая часть сложных слов со знач.* относящийся к обществу, к наукам об обществе, напр. *социопсихология, социолингвистика.*

СОЦИО́ЛОГ, -а, *м.* Специалист по социологии.

СОЦИОЛО́ГИЯ, -и, *ж.* Наука о закономерностях развития и функционирования общества. *С. города. С. семьи.* ‖ *прил.* **социологи́ческий**, -ая, -ое. *Социологические исследования.*

СО́ЦИУМ, -а, *м.* (книжн.). То же, что общество. ‖ *прил.* **социа́льный**, -ая, -ое. *С. переворот. Социальное законодательство. Социальная революция.*

СОЦКУЛЬТБЫ́Т, -а, *м.* Сокращение: социальная культурно-бытовая сфера. *Объекты соцкультбыта* (все объекты, учреждения, относящиеся к этой сфере). ‖ *прил.* **соцкультбы́товский**, -ая, -ое (разг.).

СОЦСТРА́Х, -а, *м.* **1.** Сокращение: социальное страхование. *Органы соцстраха.* **2.** Учреждение, ведающее социальным страхованием. *Агент соцстраха.* ‖ *прил.* **соцстра́ховский**, -ая, -ое (разг.). *Соцстраховская путёвка в дом отдыха.*

СОЧЕ́ЛЬНИК, -а, *м.* Канун церковного праздника Рождества, а также Крещения. *Церковная служба в сочельник.*

СО́ЧЕНЬ, -чня, *м.* Сложенная в форме пирожка лепёшка с начинкой. *Сочни с творогом.* ‖ *прил.* **со́чневый**, -ая, -ое.

СОЧЕТА́НИЕ, -я, *ср.* **1.** *см.* сочетать, -ся. **2.** Соединение, расположение чего-н., образующее единство, целое. *С. звуков. Красивое с. цветов.* ✦ **В сочетании с** *кем-чем, в знач. предлога с тв. п.* — вместе, рядом с кем-чем-н. *Талант в сочетании с работоспособностью.*

СОЧЕТА́ТЬ, -а́ю, -а́ешь; *сов. и несов., что с чем.* Сделать (делать) существующим вместе, одно наряду с другим в каком-н. единстве, согласовании. *С. теорию с практикой.* ‖ *сущ.* **сочета́ние**, -я, *ср.*

СОЧЕТА́ТЬСЯ (-а́юсь, -а́ешься, 1 и 2 л. не употр.), -а́ется; *сов. и несов.* **1.** Стать (становиться) совместно существующим в каком-н. единстве, согласовании. *В юноше сочетаются талант певца и музыканта.* **2.** *несов.* Соответствовать чему-н., гармонировать. *Эти цвета хорошо сочетаются.* ✦ **Сочетаться браком** (устар.) — жениться. ‖ *сущ.* **сочета́ние**, -я, *ср.* ‖ *прил.* **сочета́тельный**, -ая, -ое (к 1 знач.; спец.).

СОЧИНЕ́НИЕ, -я, *ср.* **1.** *см.* сочинить. **2.** То, что сочинено, художественное, научное произведение. *Собрание сочинений Маяковского. Музыкальное с.* **3.** Вид письменной школьной работы — изложение своих мыслей, знаний на заданную тему. *Классное с. Домашнее с.* **4.** В грамматике: соединение нескольких словоформ или простых предложений по способу сочинительной связи. *С. и подчинение предложений.*

СОЧИНИ́ТЕЛЬ, -я, *м.* **1.** То же, что писатель (устар.). **2.** Выдумщик, лгун, придумщик (разг.). ‖ *ж.* **сочини́тельница**, -ы. ‖ *прил.* **сочини́тельский**, -ая, -ое (к 1 знач.).

СОЧИНИ́ТЕЛЬСТВО, -а, *ср.* **1.** Невысокое по качеству литературное творчество, писание. **2.** Придумывание, выдумывание чего-н. неправдоподобного (разг.).

СОЧИНИ́ТЬ, -ню́, -ни́шь; -нённый (-ён, -ена́); *сов.* **1.** *что.* Создать какое-н. литературное или музыкальное произведение. *С. пьесу. С. стихотворение.* **2.** *что.* Составить, написать какой-н. текст (разг.). *Сочинили трогательную телеграмму.* **3.** *с союзами «что», «будто».* Выдумать, придумать (во 2 знач.); солгать (разг.). *Сочинил, что его* *отпустили с уроков.* **4.** *что.* В грамматике: соединить (словоформы или предложения) на основе грамматической равноправности. *Предложения сочинены посредством союза «и».* ‖ *несов.* **сочиня́ть**, -я́ю, -я́ешь. ‖ *сущ.* **сочине́ние**, -я, *ср.* (к 1 и 2 знач.). ‖ *прил.* **сочини́тельный**, -ая, -ое (к 4 знач.). *С. союз. Сочинительная связь.*

СОЧИ́ТЬ (-чу́, -чи́шь, 1 и 2 л. не употр.), -чи́т; *несов., что.* Испускать, выделять из себя по капле (жидкость). *Рана сочит кровь.*

СОЧИ́ТЬСЯ (-чу́сь, -чи́шься, 1 и 2 л. не употр.), -чи́тся; *несов.* **1.** Течь по капле из чего-н. *Смола сочится. Кровь сочится из раны.* **2.** *чем.* Испускать из себя (жидкость) по капле. *Рана сочится кровью. Берёза сочится соком.*

СОЧЛЕНЕ́НИЕ, -я, *ср.* **1.** *см.* сочленить. **2.** То, что сочленено, предмет из сочленённых частей (книжн.). *Суставы — подвижные сочленения.*

СОЧЛЕНИ́ТЬ, -ню́, -ни́шь; -нённый (-ён, -ена́); *сов., что* (книжн.). Соединить, составить вместе. *С. части конструкции.* ‖ *несов.* **сочленя́ть**, -я́ю, -я́ешь. ‖ *сущ.* **сочлене́ние**, -я, *ср.*

СО́ЧНИК, -а, *м.* То же, что сочень.

СО́ЧНЫЙ, -ая, -ое; -чен, -чна́, -чно, -чны́ *и* -чны. **1.** Обильный соком. *Сочное яблоко. Сочная трава. Сочные корма* (с повышенным содержанием влаги). **2.** *перен.* Яркий, свежий. *Сочные краски. Сочная зелень лугов. Сочные губы.* **3.** *перен.* Звучный и мелодичный. *С. голос.* **4.** *перен.* О речи: меткий, выразительный (разг.). *Сочное выражение. С. юмор.* ‖ *сущ.* **со́чность**, -и, *ж.*

СОЧУ́ВСТВЕННЫЙ, -ая, -ое; -вен, -венна. Выражающий, заключающий в себе сочувствие. *С. отзыв. Сочувственное отношение. Сочувственно* (нареч.) *улыбнуться.* ‖ *сущ.* **сочу́вственность**, -и, *ж.*

СОЧУ́ВСТВИЕ, -я, *ср.* **1.** Отзывчивое, участливое отношение к переживаниям, несчастью других. *С. чужому горю.* **2.** Одобрительное, благожелательное отношение. *Его поддерживало с. сына.*

СОЧУ́ВСТВОВАТЬ, -твую, -твуешь; *несов., кому-чему.* Относиться к кому-чему-н. сочувственно. *С. чужому горю. С. чьему-н. мнению.*

СОШЕ́СТВИЕ *см.* сойти[1].

СО́ШКА, -и, *ж.* **1.** *см.* соха. **2.** обычно *мн.* Подставка для ружья, пулемёта при стрельбе с упора. *Пулемёт на сошке.* ◆ **Мелкая сошка** (разг.) — о незначительном, невлиятельном человеке.

СОШНИ́К, -а́, *м.* **1.** Часть сельскохозяйственного орудия — острый наконечник, подрезающий пласт земли, проводящий в почве бороздки. *С. сохи, плуга* (лемех). *С. сеялки, посадочной машины* (устройство для образования в почве бороздки и заделки семян). **2.** Широкая стальная пластина, прикреплённая к хоботу лафета, к-рая, упираясь в землю, препятствует откату орудия после выстрела. ‖ *прил.* **сошнико́вый**, -ая, -ое.

СО́ШНЫЙ *см.* соха.

СОЩУ́РИТЬ, -СЯ *см.* щурить, -ся.

СОЮ́З[1], -а, *м.* **1.** Тесное единение, связь классов, групп, отдельных лиц. *С. демократических сил.* **2.** Объединение, соглашение для каких-н. совместных целей. *Военный с. Заключить с.* **3.** Государственное объединение. *Австралийский с. С. кантонов* (в Швейцарии до 1848 г.). **4.** Общественное объединение, организация. *Профессиональный с. С. писателей.* ‖ *прил.* **сою́зный**, -ая, -ое.

СОЮ́З[2], -а, *м.* В грамматике: служебное слово, соединяющее предложения и словоформы внутри предложения. *Двухместный с.* (союз, состоящий из двух позиционно разобщённых служебных единиц, совместно выполняющих служебную функцию). ‖ *прил.* **сою́зный**, -ая, -ое. *Союзная связь. Союзное слово* (местоимение, способное быть связующим средством при подчинении предложений, напр., *как, какой, что, чей, куда, когда и др.*).

СОЮ́ЗКА, -и, *ж.* (спец.). Кожаная нашивка на носок и подъём сапога, а также передняя часть заготовки обуви.

СОЮ́ЗНИК, -а, *м.* **1.** Тот, кто находится в союзе[1] (в 1 и 2 знач.), в тесном единении с кем-н.. *Верный, надёжный с.* **2.** Государство, заключившее военный союз с кем-н. *Армии союзников.* ‖ *ж.* **сою́зница**, -ы (к 1 знач.). ‖ *прил.* **сою́знический**, -ая, -ое.

СО́Я, -и, *ж.* Бобовое растение, семена к-рого используются в пищевой промышленности и в технике. *С. обыкновенная, дикорастущая.* ‖ *прил.* **со́евый**, -ая, -ое. *Соевая мука. Соевые конфеты* (с соевой мукой).

СПАГЕ́ТТИ, *мн., нескл.* Изделие из пшеничной муки в виде длинных нитей, отвариваемых целиком. *Итальянские с. С. с тёртым сыром, с томатным соусом* (блюдо).

СПАД, -а, *м.* **1.** *см.* спасть. **2.** Ослабление хозяйственной деятельности или общественной активности. *Экономический с. Политический с.*

СПАДА́ТЬ (-а́ю, -а́ешь, 1 и 2 л. не употр.), -а́ет; *несов.* **1.** *см.* спасть. **2.** Плавно опускаться вниз, ниспадать. *Пряди волос спадают на плечи. Складки одежды спадают до земли.*

СПАЗМ, -а, *м.* и **СПА́ЗМА**, -ы, *ж.* Судорога, судорожное сжатие, сокращение мышц конечностей или мышечной стенки полого органа. *Спазмы в горле. С. сосудов.* ‖ *прил.* **спазмати́ческий**, -ая, -ое *и* **спасти́ческий**, -ая, -ое.

СПА́ИВАТЬ[1] *см.* споить.

СПА́ИВАТЬ[2], **-СЯ** *см.* спаять, -ся.

СПА́ЙКА, -и, *ж.* **1.** *см.* спаять, -ся. **2.** Врождённое или возникшее после болезни, травмы сращение соседних органов или оболочек, выстилающих внутренние полости тела. *Спайки плевры.* **3.** *перен., ед.* Тесная связь, единение людей (разг.). *Рабочая с.* ‖ *прил.* **спа́ечный**, -ая, -ое (ко 2 знач.).

СПАЛИ́ТЬ *см.* палить[1].

СПА́ЛЬНАЯ, -ой, *ж.* (устар.). То же, что спальня (в 1 знач.).

СПА́ЛЬНИК[1], -а, *м.* В средневековой России: придворный слуга, состоявший при великом князе, царе для личных услуг.

СПА́ЛЬНИК[2], -а, *м.* (разг.). То же, что спальный мешок.

СПА́ЛЬНЯ, -и, *род. мн.* -лен, *ж.* **1.** Комната, предназначенная для спанья. *Детская с.* **2.** Комплект мебели для такой комнаты. *С. красного дерева.* ‖ *уменьш.* **спа́ленка**, -и, *ж.* (к 1 знач.).

СПАНИЕ́ЛЬ [иэ], -я, *м.* Порода охотничьих собак.

СПАРАШЮТИ́РОВАТЬ *см.* парашютировать.

СПА́РЖА, -и, *ж.* Травянистое растение сем. лилейных с тонкими чешуйчатыми листьями, толстые беловатые молодые побеги к-рого, выросшие под землей, употребляются в пищу. ‖ *прил.* **спа́ржевый**, -ая, -ое.

СПА́РИТЬ, -рю, -ришь; -ренный; *сов.* **1.** *кого-что.* Соединить в пару, вместе с кем-чем-н. *С. трубы. Спаренная езда* (на транспорте: такая, при к-рой две обслуживающие бригады последовательно сменяют одна другую). *Спаренные телефоны* (два аппарата с разными номерами, включённые в одну абонентскую сеть). **2.** *кого (что).* То же, что случить. ‖ *несов.* **спа́ривать**, -аю, -аешь. ‖ *сущ.* **спа́ривание**, -я, *ср.*

СПА́РИТЬСЯ, -рюсь, -ришься; *сов.* **1.** *с кем-чем.* Соединиться в пару, вместе с кем-чем-н. **2.** (1 и 2 л. не употр.). О животных: совершить половой акт, осуществить случку. ‖ *несов.* **спа́риваться**, -аюсь, -аешься. ‖ *сущ.* **спа́ривание**, -я, *ср.*

СПАРТАКИА́ДА, -ы, *ж.* Массовое соревнование по различным видам спорта. *Летняя с. Зимняя с.* ‖ *прил.* **спартакиа́дный**, -ая, -ое.

СПАРТА́НЕЦ, -нца, *м.* Закаляющий себя в лишениях человек, довольствующийся в жизни самым необходимым. ‖ *ж.* **спарта́нка**, -и. ‖ *прил.* **спарта́нский**, -ая, -ое. *С. образ жизни.*

СПА́РХИВАТЬ *см.* спорхнуть.

СПА́РЫВАТЬ *см.* спороть.

СПАС[1], -а, *м.* (С прописное). Название трёх летних праздников, посвящённых Иисусу Христу (Спасителю). *Медовый Спас. Яблочный Спас. Спас Нерукотворного образа* (в память о перенесении в Константинополь холста с отпечатлевшимся на нём ликом Иисуса Христа).

СПАС[2], -а (-у), *м.*: **спасу нет** (прост.) — 1) *от кого-чего,* не избавиться, не спастись от кого-чего-н. *Спасу нет от комаров;* 2) об очень сильном проявлении чего-н. *Спасу нет, как жарко.*

СПАСА́ТЕЛЬ, -я, *м.* **1.** Специалист по спасательным работам. **2.** Спасательное судно. ‖ *прил.* **спаса́тельский**, -ая, -ое (к 1 знач.).

СПАСЕ́НИЕ, -я, *ср.* **1.** *см.* спасти, -сь. **2.** Избавление от опасности, несчастья. *С. пришло неожиданно. Ложь во с.* (оправданная необходимостью, с благой целью; книжн.). ◆ **Спасенья** нет *от кого-чего* (разг. неодобр.) — о том, кого (чего) очень много; некуда деваться от кого-чего-н. *Спасенья нет от курильщиков, от табачного дыму.*

СПАСИ́БО. **1.** Выражает благодарность. *С. за угощение. С. за внимание* (формула вежливого заключения доклада, выступления). **2.** *в знач. сказ., кому-чему.* Надо быть благодарным за что-н. *С. соседу, что помог. С. дождику, будут хорошие всходы.* **3.** *частица.* Хорошо, удачно, что... (разг.). *Трудно было бы с деньгами, да с. сын работает.* **4.** **спаси́бо**, *нескл., ср.* **и** (прост.) **спаси́бо**, -а (других форм нет), *ср.* Слово благодарности (разг.). *Спасиба не сказал. Из спасиба шубы не сошьёшь* (посл.). ◆ **Спасибо и на том** (разг.) — благодарность за что-н. немногое, хорошо, что хоть так сделал, что хоть это есть. **За (одно) спасибо** (сделать что-н.) (разг.) — бесплатно, не получив никакой выгоды. **Некрасиво, да спасибо** (прост.) — о чём-н. не очень красивом, но удобном, прочном. ‖ *уменьш.* **спаси́бочко** (к 1 знач.).

СПАСИ́ТЕЛЬ, -я, *м.* **1.** Тот, кто спас, спасает кого-что-н. **2.** (С прописное). В христианстве и иудаизме: божественный избавитель человечества от его грехов. *Пришествие Спасителя. Христос-С.* ‖ *ж.* **спаси́тельница**, -ы (к 1 знач.).

СПАСИ́ТЕЛЬНЫЙ, -ая, -ое; -лен, -льна. Несущий спасение. *Спасительное средст-*

во. *Найти с. выход из затруднений.* ‖ *сущ.* **спаси́тельность, -и,** *ж.*

СПАСОВА́ТЬ *см.* пасовать[1].

СПАСТИ́, -су́, -сёшь; спас, спасла́; спа́сший; -сённый (-ён, -ена́); спа́сши; *сов., кого-что.* **1.** Избавить от чего-н. (опасного, страшного). *С. утопающего. С. из огня. С. от смерти.* **2.** Сохранить в целости, уберечь. *С. ценную коллекцию. С. кому-н. жизнь* (не дать погибнуть). ✦ **Спасти положение** — найти выход из затруднительного положения. ‖ *несов.* **спаса́ть,** -а́ю, -а́ешь. ‖ *сущ.* **спаса́ние, -я,** *ср.* (к 1 знач.) *и* **спасе́ние,** -я, *ср.* ‖ *прил.* **спаса́тельный,** -ая, -ое (к 1 знач.). *Спасательная шлюпка. Спасательная станция. С. круг, пояс. Спасательные работы* (по спасению терпящих бедствие). *Спасательное судно* (предназначенное для аварийно-спасательных и судоподъёмных работ).

СПАСТИ́СЬ, спасу́сь, спасёшься; спа́сся, спасла́сь; спа́сшийся; спа́сшись; *сов.* Уберечься, избавиться от чего-н. опасного, угрожающего. *С. от смерти. С. бегством.* ‖ *несов.* **спаса́ться,** -а́юсь, -а́ешься. ‖ *сущ.* **спасе́ние,** -я, *ср. Нет спасенья* (спастись невозможно).

СПАСТЬ (спаду́, спадёшь, 1 и 2 *л.* не употр.), спадёт; спал, спа́ла; спа́вший; спав; *сов.* **1.** *с кого-чего.* Упасть вниз, отделившись от чего-н. *Шаль спала с плеч. Одеяло спало на пол.* **2.** Пойти на убыль, уменьшиться в объёме, силе. *Вода в реке спала. Жара спала.* **3.** *перен., кого-чего.* Исчезнуть (обычно о чём-н. тяжёлом, плохом). *С души спала тяжесть. С юноши спало всё наносное. С глаз спала пелена* (о внезапном нравственном прозрении). ✦ **Спасть с голоса** (разг.) — потерять звучность голоса. **Спасть с тела или с лица** (прост.) — то же, что похудеть. ‖ *несов.* **спада́ть** (-а́ю, -а́ешь, 1 и 2 *л.* не употр.), -а́ет. ‖ *сущ.* **спада́ние,** -я, *ср.* (к 1 знач.) *и* **спад,** -а, *м.* (ко 2 знач.). *Пойти на с.* (начать спадать, убывать).

СПАТЬ, сплю, спишь; спал, спала́, спа́ло; *несов.* **1.** Находиться в состоянии сна (в 1 знач.). *Крепко с. С. пора* (время ложиться спать). *С. хочется* (клонит ко сну). *С. глубоким или мёртвым сном* (очень крепко). *На ходу спит кто-н.* (о том, кто очень устал, не выспался; разг.). *Город спит* (т. е. спят его жители). *Спящий вулкан* (притихший). *Чувства спят в ком-н.* (перен.: заглушены). *Спит вечным сном кто-н.* (перен.: об умершем; высок.). **2.** *перен.* Быть бездеятельным, вялым (разг. неодобр.). *Надо было не с., а действовать решительно.* **3.** *с кем.* Находиться в половых отношениях (разг.). *С. с чужой женой.* ✦ **Спит и видит** *кто что* (разг.) — только об этом думает, только этого и желает. *Спит и видит, что станет чемпионом.* **Спать не даёт** *что кому* (разг. шутл.) — не даёт покоя, волнует. *Чужой успех ему спать не даёт.* ‖ *сущ.* **спаньё,** -я́, *ср.* (к 1 знач.). *Место для спанья.* ‖ *прил.* **спа́льный,** -ая, -ое (к 1 знач). *С. мешок. С. вагон* (с лежачими местами). *Спальная пижама.* ✦ **Спальный район** (разг.) — жилой городской район без больших промышленных предприятий.

СПА́ТЬСЯ, спи́тся; *безл.; несов., кому,* обычно *с отриц.* (разг.). О желании спать. *Не спалось ночью. Плохо спится.*

СПА́ЯННЫЙ, -ая, -ое; -ян. Дружный, сплочённый, прочно объединённый. *С. коллектив.* ‖ *сущ.* **спа́янность,** -и, *ж.*

СПАЯ́ТЬ, -я́ю, -я́ешь; спа́янный; *сов.* **1.** *что.* Паяя, соединить. *С. концы проволоки.* **2.** *перен., кого-что.* Прочно, неразрывно объединить, сделать дружным. *С. коллектив.* ‖ *несов.* **спа́ивать,** -аю, -аешь. ‖ *сущ.* **спа́йка,** -и, *ж. С. труб.*

СПАЯ́ТЬСЯ (-я́юсь, -я́ешься, 1 и 2 *л.* ед. не употр.), -я́ется; *сов.* **1.** (1 и 2 *л.* не употр.). Соединиться, сочлениться. *Концы проволоки спаялись.* **2.** *перен.* Образовать прочное единство, стать целостным. *Коллектив спаялся.* ‖ *несов.* **спа́иваться** (-аюсь, -аешься, 1 и 2 *л.* ед. не употр.), -ается. ‖ *сущ.* **спа́йка,** -и, *ж.*

СПЕ́ВКА, -и, *ж.* Репетиция хора.

СПЕКТА́КЛЬ, -я, *м.* **1.** Театральное представление. *Ставить с. Любительский с.* (в исполнении любителей). **2.** *перен.* Смешное, занятное зрелище (разг.). *Разыграли с. на кухне.*

СПЕКТР, -а, *м.* (спец.). **1.** Совокупность всех значений какой-н. величины, характеризующей систему или процесс. *Оптический с. Акустический с.* **2.** Совокупность цветовых полос, получающихся при прохождении светового луча через преломляющую среду. *Солнечный с. Все цвета спектра.* ‖ *прил.* **спектра́льный,** -ая, -ое. *С. анализ.*

СПЕКТРО... *Первая часть сложных слов со знач.* относящийся к спектру (во 2 знач.), к спектральным лучам, напр. *спектроскопия, спектрограф, спектрометр, спектрограмма.*

СПЕКУЛИ́РОВАТЬ, -рую, -руешь; *несов.* **1.** Заниматься биржевыми спекуляциями[1] (в 1 знач.) (спец.). *С. ценными бумагами.* **2.** *чем.* Заниматься спекуляцией[1] (во 2 знач.), скупкой, перепродажей с целью наживы. *С. дефицитными изделиями.* **3.** *перен., на чём.* Умышленно использовать что-н. в своих целях (неодобр.). *С. на временных затруднениях.* ‖ *однокр.* **спекульну́ть,** -ну́, -нёшь (ко 2 знач.; прост.).

СПЕКУЛЯ́НТ, -а, *м.* **1.** Человек, к-рый занимается спекуляцией[1] (во 2 знач.). **2.** Делец, к-рый занимается биржевыми спекуляциями (в 1 знач.) (спец.). *Биржевой с.* ‖ *ж.* **спекуля́нтка,** -и (к 1 знач.). ‖ *прил.* **спекуля́нтский,** -ая, -ое (к 1 знач.).

СПЕКУЛЯ́ЦИЯ[1], -и, *ж.* **1.** Покупка и продажа биржевых ценностей (акций, облигаций, валюты) с целью получения прибыли от разницы между покупной и продажной ценой (курсом) (спец.). **2.** *чем.* Скупка и перепродажа имущества, ценностей, товаров с целью наживы. **3.** *перен., на чём.* Расчёт, умысел, направленный на использование чего-н. в своих корыстных целях. *С. на трудностях.* ‖ *прил.* **спекуляти́вный,** -ая, -ое.

СПЕКУЛЯ́ЦИЯ[2], -и, *ж.* (устар. книжн.). Философское умозрительное построение. *Идеалистические спекуляции.* ‖ *прил.* **спекуляти́вный,** -ая, -ое. *Спекулятивная философия.*

СПЕЛЕНА́ТЬ *см.* пеленать.

СПЕЛЕО́ЛОГ, -а, *м.* Специалист по спелеологии. *Спортсмен-с. Секция спелеологов.*

СПЕЛЕОЛО́ГИЯ, -и, *ж.* Наука, изучающая пещеры — их происхождение, существование и использование их человеком. ‖ *прил.* **спелеологи́ческий,** -ая, -ое.

СПЕ́ЛЫЙ, -ая, -ое; спел, спела́, спе́ло, спелы́ *и* спе́лы. Вполне зрелый, пригодный к употреблению, использованию. *Спелое яблоко. Спелая рожь. С. лес. Спелая почва* (готовая к обработке, посеву и посадке). ‖ *сущ.* **спе́лость,** -и, *ж.*

СПЕРВА́, *нареч.* (прост.). Сначала, вначале, раньше. *С. подумай, потом говори.*

СПЕРВОНАЧА́ЛА и **СПЕРВОНАЧА́ЛУ,** *нареч.* (прост.). Сначала, вначале. *С. было трудновато.*

СПЕ́РЕДИ (разг.). **1.** *нареч.* С передней стороны. *Пришить бант с.* **2.** *нареч.* То же, что впереди (в 1 знач.). *Иди с., я за тобой.* **3.** *кого-чего, предлог с род. п.* То же, что перед кем-чем-н. (в 1 знач.). *Пристройка с. сарая.*

СПЕРЕ́ТЬ[1] (сопру́, сопрёшь, 1 и 2 *л.* не употр.), сопрёт; спёр, спёрла; спёрший; спёртый; сперёв *и* спёрши; *сов., что* (прост.). Сдавить, сжать. *Дыхание спёрло* (безл.). ‖ *несов.* **спира́ть** (-а́ю, -а́ешь, 1 и 2 *л.* не употр.), -а́ет.

СПЕРЕ́ТЬ[2] *см.* переть.

СПЕ́РМА, -ы, *ж.* (спец.) Семенная жидкость, вырабатываемая мужскими половыми органами и содержащая половые клетки.

СПЕРМАТОЗО́ИД, -а, *м.* (спец.). Мужская половая клетка животного организма и нек-рых растений.

СПЕСИ́ВЕЦ, -вца, *м.* (устар.). Спесивый человек. ‖ *ж.* **спеси́вица,** -ы.

СПЕСИ́ВИТЬСЯ, -влюсь, -вишься; *несов.* (устар.). Быть спесивым, вести себя спесиво.

СПЕСИ́ВЫЙ, -ая, -ое; -ив. Исполненный спеси, чванный, гордый (в 4 знач.). *С. человек. Вести себя спесиво* (нареч.). *С. ответ.* ‖ *сущ.* **спеси́вость,** -и, *ж.*

СПЕСЬ, -и, *ж.* Надменность, высокомерие. *Много спеси в ком-н. Сбавить (убавить) спеси* (стать или сделать кого-н. менее спесивым). *Сбить с. с кого-н.* (разг.).

СПЕТЬ[1] (спе́ю, спе́ешь, 1 и 2 *л.* не употр.), спе́ет; *несов.* Зреть[1], созревать. *Спеют лесные ягоды.* ‖ *сов.* **поспе́ть** (-е́ю, -е́ешь, 1 и 2 *л.* не употр.), -е́ет.

СПЕТЬ[2] *см.* петь.

СПЕ́ТЬСЯ, споюсь, споёшься; *сов.* **1.** Достичь согласованности в совместном пении. *Хор спелся.* **2.** *перен., с кем.* Достичь полного согласия в чём-н. (разг. неодобр.). ‖ *несов.* **спева́ться,** -а́юсь, -а́ешься.

СПЕХ, -а (-у), *м.* (разг.). Поспешность, торопливость. *Что за с.? Не к спеху* и *спеху нет* (успеется, можно не спешить с чем-н.).

СПЕЦ, -а́, *м.* **1.** В первые годы советской власти: опытный специалист из интеллигенции (разг.). *Старые спецы.* **2.** *на что, в чём* или *с неопр.* Мастер на что-н., человек, к-рый умеет хорошо и ловко делать что-н. (прост.). *Он в этом деле с. С. на выдумки.*

СПЕЦ... *Первая часть сложных слов со знач.:* 1) специальный, напр. *спецзаказ, спецотдел, спецодежда, спецшкола, спецрейс, спецзадание, спецслужба, спецгруппа;* 2) специализированный, напр. *спецхозяйство.*

СПЕЦИАЛИЗИ́РОВАТЬ, -рую, -руешь; -анный; *сов.* и *несов.* **1.** *кого (что).* Подготовить (готовить) для работы по какой-н. определённой специальности. *С. студентов в области палеографии.* **2.** *что.* Предназначить (-чать) для специального использования. *С. издательства. Специализированный магазин.* ‖ *сущ.* **специализа́ция,** -и, *ж.*

СПЕЦИАЛИЗИ́РОВАТЬСЯ, -руюсь, -руешься; *сов.* и *несов., в чём* и *по чему.* Приобрести (-ретать) какие-н. специальные познания, какую-н. специальность. *С. в области табаководства. С. по дизайну.* ‖ *сущ.* **специализа́ция,** -и, *ж.*

СПЕЦИАЛИ́СТ, -а, *м.* Работник в области какой-н. определённой специальности. *Подготовка специалистов. Узкий с. С. широкого профиля. Молодой с.* (выпускник вуза или техникума, начинающий самостоятельную работу). *С. по сосудистой хирургии.* ‖ *ж.* **специали́стка,** -и.

СПЕЦИА́ЛЬНОСТЬ, -и, *ж.* **1.** Отдельная отрасль науки, техники, мастерства или искусства. *Избрать своей специальностью историю.* **2.** То же, что профессия. *По специальности инженер. Получить, приобрести с.*

СПЕЦИА́ЛЬНЫЙ, -ая, -ое; -лен, -льна. **1.** *полн. ф.* Особый, исключительно для чего-н. предназначенный. *Специальное оборудование. Специальное задание* (особо важное). *С. корреспондент.* **2.** Относящийся к отдельной отрасли чего-н., присущий той или иной специальности. *Специальное образование. С. термин.*

СПЕ́ЦИИ, -ий, *ед.* спе́ция, -и, *ж.* Острые приправы для кушаний, маринадов.

СПЕЦИ́ФИКА, -и, *ж.* Совокупность специфических особенностей. *С. научной работы.*

СПЕЦИФИКА́ЦИЯ, -и, *ж.* (книжн.). **1.** *см.* специфицировать. **2.** Определение и перечень специфических особенностей, уточнённая классификация чего-н. **3.** Один из основных компонентов технической документации. ‖ *прил.* **специфика́цио́нный**, -ая, -ое (ко 2 знач.).

СПЕЦИФИЦИ́РОВАТЬ, -рую, -руешь; -анный; *сов.* и *несов., что* (книжн.). Определить (-лять) и перечислить (-лять) специфические особенности чего-н., уточнить (-нять) классификацию. ‖ *сущ.* **специфика́ция**, -и, *ж.*

СПЕЦИФИ́ЧЕСКИЙ, -ая, -ое. Особенный, отличительный, свойственный только данному предмету, явлению. *С. запах. Специфические приметы чего-н.*

СПЕЦИФИ́ЧНЫЙ, -ая, -ое; -чен, -чна. То же, что специфический. ‖ *сущ.* **специфи́чность**, -и, *ж.*

СПЕЦКО́Р, -а, *м.* Сокращение: специальный корреспондент. ‖ *прил.* **спецко́ровский**, -ая, -ое (разг.).

СПЕЦО́ВКА, -и, *ж.* (разг.). Специальная одежда для работы, обычно в виде куртки. *Рабочая с.*

СПЕЦОДЕ́ЖДА, -ы, *ж.* Сокращение: специальная одежда — одежда для работы. *Выдать спецодежду.*

СПЕЧЬ, спеку́, спечёшь; спёк, спекла́; спеки́; спёкший; -чённый (-ён, -ена́); спёкши; *сов., что* (спец.). Под влиянием высокой температуры соединить в одно твёрдое целое. *С. глины.* ‖ *несов.* **спека́ть**, -а́ю, -а́ешь. ‖ *сущ.* **спека́ние**, -я, *ср.*

СПЕ́ЧЬСЯ (спеку́сь, спечёшься, 1 и 2 л. не употр.), спечётся, спеку́тся; спёкся, спекла́сь; спёкшийся *и* спёкшийся; спёкшись *и* спёкшись; *сов.* **1.** То же, что запечься (во 2 и 3 знач.). *Кровь спеклась сгустком. Губы спеклись.* **2.** (спёкшийся, спёкшись). Под влиянием высокой температуры соединиться в комки, в одно твёрдое целое (спец.). *Уголь спёкся.* ‖ *несов.* **спека́ться** (-а́юсь, -а́ешься, 1 и 2 л. не употр.), -а́ется. ‖ *сущ.* **спека́ние**, -я, *ср.* (ко 2 знач.). *С. металлического порошка.*

СПЕ́ШИТЬ, -шу, -шишь; -шенный; *сов., кого* (*что*). Заставить спешиться. *С. всадника. Спешенный строй.* ‖ *несов.* **спе́шивать**, -аю, -аешь. ‖ *сущ.* **спе́шивание**, -я, *ср.* (спец.).

СПЕШИ́ТЬ, -шу́, -ши́шь; *несов.* **1.** Стараться сделать что-н., попасть куда-н. как можно скорее, торопиться. *Спешу рассказать. С. с окончанием работы. С. на помощь. С. на поезд. Не нужно с. Делать что-н. не спеша* (медленно, размеренно). *Спешите медленно* (шутл. совет). **2.** (1 и 2 л. не употр.). О часах: показывать более позднее время, чем в действительности, из-за убыстрённого хода механизма. *Часы спешат на десять минут.* ‖ *сов.* **поспеши́ть**, -шу́, -ши́шь (к 1 знач.). *Поспешишь — людей насмешишь* (посл.). ‖ *сущ.* **спе́шка**, -и, *ж.* (к 1 знач.; разг.). *В спешке забыл взять книгу.*

СПЕ́ШИТЬСЯ, -шусь, -шишься; *сов.* Слезть с лошади, а также (о бойцах) с боевой машины; начать действовать в пешем строю (о бойцах моторизованных войск, кавалеристах). ‖ *несов.* **спе́шиваться**, -аюсь, -аешься. ‖ *сущ.* **спе́шивание**, -я, *ср.* (спец.).

СПЕ́ШКА, -и, *ж.* (разг.). **1.** *см.* спешить. **2.** Торопливость в делах, поступках. *Ненужная с.*

СПЕ́ШНЫЙ, -ая, -ое; -шен, -шна. Требующий быстрого исполнения. *Спешное дело. Спешная почта* (срочно доставляемая). *Спешно* (нареч.) *доставить.* ‖ *сущ.* **спе́шность**, -и, *ж.*

СПЁРТЫЙ, -ая, -ое; спёрт (разг.). О воздухе: душный, несвежий. ‖ *сущ.* **спёртость**, -и, *ж.*

СПИВА́ТЬСЯ *см.* спиться.

СПИД, -а, *м.* Сокращение: синдром приобретённого иммунодефицита — болезнь, конечная стадия развития ВИЧ-инфекции. *Диагностика спида. Анализ крови на с.* ‖ *прил.* **спи́довый**, -ая, -ое.

СПИДВЕ́Й, -я, *м.* Вид спорта — мотогонки на специальных треках.

СПИДО́МЕТР, -а, *м.* Прибор в транспортной машине — указатель скорости движения и пройденного расстояния.

СПИ́КЕР, -а, *м.* Председатель парламента или (в парламентах нек-рых стран) его нижней палаты. ‖ *прил.* **спи́керский**, -ая, -ое.

СПИКИ́РОВАТЬ *см.* пикировать.

СПИЛИ́ТЬ, спилю́, спи́лишь; спи́ленный; *сов., что.* Пиля, отделить, снять (у основания или сверху). *С. дерево. С. верхушку, сук.* ‖ *несов.* **спи́ливать**, -аю, -аешь. ‖ *сущ.* **спи́ливание**, -я, *ср.* и **спи́лка**, -и, *ж.*

СПИНА́, -ы́, *вин.* спи́ну, *мн.* спи́ны, спин, спи́нам, *ж.* **1.** Часть туловища от шеи до крестца. *Широкая с. Лежать на спине. Заложить руки за́ спину* (скрестить их сзади). *Работать не разгибая спины* (перен.: много и тяжело; разг.). *Распрямить спину* (также перен.: обрести уверенность в себе, ободриться). *Повернуться спиной к кому-чему-н.* (также перен.: отвернуться от кого-чего-н., перестать общаться с кем-н.). *Делать что-н. за спиной у кого-н.* (также перен.: тайком от кого-н.). *Нож в спину* или *удар в спину* (также перен.: предательский поступок). *Прятаться за чужую спину* (также перен.: перекладывать свои обязанности или ответственность на кого-н.; разг. неодобр.). *Спину показать* (также перен.: уйти, убежать; разг. неодобр.). *Стоять за чьей-н. спиной* (также перен.: тайно, скрытно руководить кем-н.). **2.** Часть одежды или кроя, закрывающая тело от плеч до талии или ниже. *Покрой спины.* ✦ **За спиной** *у кого* — в чьём-н. прошлом. *За спиной — богатая событиями жизнь.* **На собственной спине узнать** *что* (разг.) — на собственном горьком опыте. **Ехать на чужой спине** (прост.) — выезжать на ком-н., использовать кого-н. ‖ *уменьш.* **спи́нка**, -и, *ж.* *Застёжка на спинке.* ‖ *прил.* **спинно́й**, -а́я, -о́е. *С. хребет. С. мозг* (отдел центральной нервной системы, расположенный в позвоночном канале).

СПИ́НКА, -и, *ж.* **1.** *см.* спина. **2.** У предметов мебели: верхняя опорная часть, а также тыльная сторона. *С. стула, дивана. С. кровати* (одна из опор — в ногах и в изголовье). *С. шкафа.* **3.** Часть одежды, покрывающая спину (спец.). *Выкроить спинку.*

СПИ́ННИНГ, -а, *м.* Рыболовная снасть, состоящая из удилища с катушкой и блесны. *Ловить на с.* ‖ *прил.* **спи́нниноговый**, -ая, -ое.

СПИННОМОЗГОВО́Й, -а́я, -о́е. Относящийся к спинному мозгу. *С. нерв. Спинномозговая жидкость.*

СПИРА́ЛЬ, -и, *ж.* **1.** Винтообразная кривая, образующая ряд оборотов вокруг точки или оси. *По спирали* (винтообразно). **2.** Проволока, пружина или другой предмет в форме такой кривой. ‖ *уменьш.* **спира́лька**, -и, *ж.* (ко 2 знач.). ‖ *прил.* **спира́льный**, -ая, -ое. *Спиральная антенна.*

СПИРА́ТЬ *см.* спереть[1].

СПИРИ́Т, -а, *м.* Человек, к-рый занимается спиритизмом. ‖ *ж.* **спири́тка**, -и. ‖ *прил.* **спири́тский**, -ая, -ое.

СПИРИТИ́ЗМ, -а, *м.* Мистическое течение, основанное на вере в возможность непосредственного общения с душами умерших, а также само такое воображаемое общение при помощи различных условных приёмов (верчения столов, стуков). ‖ *прил.* **спиритически́й**, -ая, -ое. *С. сеанс.*

СПИРТ, -а (-у), *мн.* -ы́, -о́в, *м.* **1.** *ед.* Горючая и обычно опьяняющая жидкость, добываемая особой перегонкой веществ, содержащих сахар или крахмал. *Винный с.* **2.** Органическое соединение, углеводород, в к-ром атом водорода замещён водным остатком (спец.). *Древесный с.* ‖ *прил.* **спиртно́й**, -а́я, -о́е (к 1 знач.) *и* **спиртово́й**, -а́я, -о́е. *Спиртной напиток. Спиртного* (сущ.) *в рот не берёт* (не употребляет алкоголя; разг.). *Спиртовое брожение. Спиртовые лаки.*

СПИРТО́ВКА, -и, *ж.* Спиртовой нагревательный прибор. ‖ *прил.* **спирто́вочный**, -ая, -ое.

СПИСА́ТЬ, спишу́, спи́шешь; спи́санный; *сов.* **1.** *что.* Написать, копируя (оригинал), воспроизводя с оригинала (с какого-н. текста). *С. стихи в тетрадь.* **2.** *что.* Нарисовать, воспроизводя с оригинала. *С. копию с картины.* **3.** *что.* Написать, позаимствовав у другого и выдав за своё. *С. решение задачи у товарища.* **4.** *кого-что.* Изобразить, воспользовавшись кем-чем-н. как оригиналом, прототипом. *Действующие лица списаны с реальных лиц.* **5.** *что.* Записать в расход. *С. сто рублей. С. устаревшую технику.* **6.** *кого-что.* У моряков: уволить, отчислить. *С. с корабля. С. на берег.* ‖ *несов.* **спи́сывать**, -аю, -аешь. ‖ *сущ.* **спи́сывание**, -я, *ср.* (к 1, 2, 3 и 4 знач.) *и* **списа́ние**, -я, *ср.* (к 5 и 6 знач.).

СПИСА́ТЬСЯ, спишу́сь, спи́шешься; *сов.* **1.** *с кем.* Установить связь путём переписки. *С. с родными о встрече.* **2.** У моряков: уволиться, отчислиться. *С. с корабля. С. на берег.* ‖ *несов.* **спи́сываться**, -аюсь, -аешься. ‖ *сущ.* **списа́ние**, -я, *ср.* (ко 2 знач.).

СПИ́СОК, -ска, *м.* **1.** Воспроизведённый с оригинала текст, рукописная копия. *Древнейшие списки летописи. Рассказ ходит по рукам в списках.* **2.** Письменный перечень кого-чего-н. *Списки избирателей. С. книг.* **3.** Документ, содержащий перечень каких-н. сведений. *Послужной с.* ‖ *прил.* **спи́сочный**, -ая, -ое (ко 2 знач.). *С. состав участников.*

СПИТО́Й, -а́я, -о́е (разг.). О заваренном чае: много раз разбавлявшийся, утративший крепость. *С. чай.*

СПИ́ТЬСЯ, сопью́сь, сопьёшься; -и́лся, -ила́сь, -ило́сь *и* -и́лось; спе́йся; *сов.* (разг.).

Стать пьяницей. ‖ *несов.* **спива́ться**, -а́юсь, -а́ешься.

СПИХНУ́ТЬ, -ну́, -нёшь; спи́хнутый; *сов.* **1.** *кого-что.* Пихая, сдвинуть с места, столкнуть (в 1 знач.), сбросить (разг.). *С. с берега. С. в яму.* **2.** *кого-что.* Пихая, столкнуть (во 2 знач.), сблизить (разг.). *С. друг с другом.* **3.** *перен., кого (что).* Заставить уйти с должности, сместить (прост.). *С. заведующего.* **4.** *перен., что.* Передать, отдать что-н. (плохое или нежелательное, трудное) (разг.). *С. неходовой товар. С. невыгодный заказ.* ‖ *несов.* **спи́хивать**, -аю, -аешь. ‖ *сущ.* **спи́хивание**, -я, *ср.*

СПИ́ЦА, -ы, *ж.* **1.** Тонкий, длинный, заострённый с двух сторон стержень, игла для вязания. *Стальные, деревянные спицы. Вязальные спицы. Вязать на спицах.* **2.** Один из стержней, соединяющих ступицу колеса с ободом. *Колёсные спицы. Последняя (пятая) с. в колеснице* (о том, кто не имеет никакого влияния, значения; разг.). ‖ *прил.* **спи́цевый**, -ая, -ое *и* **спицево́й**, -а́я, -о́е.

СПИЧ, -а, *м.* (книжн.). Краткая приветственная застольная речь. *Произнести с.*

СПИ́ЧЕЧНИЦА, -ы, *ж.* Футляр или подставка для коробки со спичками.

СПИ́ЧКА, -и, *ж.* Тонкая палочка с головкой из воспламеняющегося вещества для получения огня. *Чиркнуть спичкой. Как с. кто-н.* (очень худ; разг.). ‖ *прил.* **спи́чечный**, -ая, -ое. *С. коробок.*

СПЛАВ[1], -а, *м.* Однородная смесь, образовавшаяся вследствие затвердения расплава двух или нескольких отдельных веществ. *Металлические сплавы* (из двух или нескольких металлов или из металла и неметалла). *Неметаллические сплавы* (гранит, базальт, стекло, шлаки).

СПЛАВ[2] *см.* сплавить[2].

СПЛА́ВАТЬ, -аю, -аешь; *сов.* (разг.). Плавая (во 2 знач.), побывать где-н. и возвратиться назад. *С. на дальний остров.*

СПЛА́ВИТЬ[1], -влю, -вишь; -вленный; *сов., что.* Соединить посредством плавления. ‖ *несов.* **сплавля́ть**, -я́ю, -я́ешь. ‖ *сущ.* **сплавле́ние**, -я, *ср.*

СПЛА́ВИТЬ[2], -влю, -вишь; -вленный; *сов.* **1.** *что.* Отправить (лес, брёвна) вплавь по течению реки. **2.** *перен., кого-что.* Избавиться от кого-чего-н., удалив от себя (прост.). *Еле сплавил надоевшего гостя.* ‖ *несов.* **сплавля́ть**, -я́ю, -я́ешь. ‖ *сущ.* **сплав**, -а, *м.* (к 1 знач.). ‖ *прил.* **сплавно́й**, -а́я, -о́е (к 1 знач.). *Сплавная река. С. лес. Сплавная контора.*

СПЛА́ВИТЬСЯ (-влюсь, -вишься, 1 и 2 л. не употр.), -вится; *сов.* Соединиться посредством плавления. ‖ *несов.* **сплавля́ться** (-я́юсь, -я́ешься, 1 и 2 л. не употр.), -я́ется. ‖ *сущ.* **сплавле́ние**, -я, *ср.*

СПЛА́ВЩИК, -а, *м.* Работник, занимающийся сплавом леса. ‖ *ж.* **спла́вщица**, -ы.

СПЛАНИ́РОВАТЬ *см.* планировать[1].

СПЛА́ЧИВАТЬ, -СЯ *см.* сплотить, -ся.

СПЛЕСНУ́ТЬ, -ну́, -нёшь; -ёснутый; *сов., что* (разг.). **1.** Плеснув, слить сверху. *С. пену.* **2.** Плеснув на что-н., обрызгать, слегка обмыть. *С. лицо водой.* ‖ *несов.* **сплёскивать**, -аю, -аешь.

СПЛЕСТИ́, сплету́, сплетёшь; сплёл, сплела́; сплётший; сплетённый (-ён, -ена́); сплетя́; *сов., что.* **1.** *см.* плести. **2.** Плетя, соединить концы чего-н. *С. две ленты.* **3.** *перен.* Соединив, сцепить. *С. пальцы.* ‖ *несов.* **сплета́ть**, -а́ю, -а́ешь. ‖ *сущ.* **сплете́ние**, -я, *ср.*

СПЛЕСТИ́СЬ, сплету́сь, сплетёшься; сплёлся, сплела́сь; сплётшийся; сплетя́сь; *сов.* **1.** О чём-н. гибком, вьющемся: плотно соединиться друг с другом, сцепиться. *Лианы сплелись.* **2.** *перен.* Соединившись, сцепиться. *Пальцы сплелись.* ‖ *несов.* **сплета́ться**, -а́юсь, -а́ешься. ‖ *сущ.* **сплете́ние**, -я, *ср.*

СПЛЕТЕ́НИЕ, -я, *ср.* **1.** *см.* сплести, -сь. **2.** Соединение, образовавшееся из чего-н. сплётшегося, сплетённого. *С. нервов. С. корней.*

СПЛЕ́ТНИК, -а, *м.* Человек, к-рый сплетничает. ‖ *ж.* **спле́тница**, -ы.

СПЛЕ́ТНИЧАТЬ, -аю, -аешь; *несов.* Заниматься сплетнями.

СПЛЕ́ТНЯ, -и, *род. мн.* -тен, *ж.* Слух о ком-чём-н., основанный на неточных или заведомо неверных сведениях. *Пустить сплетню. Ползут обывательские сплетни.*

СПЛЕЧА́, *нареч.* **1.** Наотмашь, сильным отрывистым движением руки́. *Ударить с.* **2.** *перен.* Не подумав, сразу (разг.). *Решать с.*

СПЛЁВЫВАТЬ *см.* сплюнуть.

СПЛИН, -а, *м.* (устар.). Уныние, хандра. *Впасть в с.*

СПЛОТИ́ТЬ, -очу́, -оти́шь; -очённый (-ён, -ена́); *сов.* **1.** *что.* Плотно соединить продольными сторонами (спец.). *С. доски пола.* **2.** *перен., кого-что.* Добившись единства, сплочённости, объединить. *С. коллектив.* ‖ *несов.* **спла́чивать**, -аю, -аешь. ‖ *сущ.* **сплотка**, -и, *ж.* (к 1 знач.; спец.) *и* **сплоче́ние**, -я, *ср.* (ко 2 знач.). *Сплотка брёвен. Сплочение коллектива.*

СПЛОТИ́ТЬСЯ (-чу́сь, -ти́шься, 1 и 2 л. ед. не употр.), -оти́тся; *сов.* **1.** О многих, многом, о сплошной массе: тесно сблизиться, соединиться. *Толпа сплотилась у входа. Снег сплотился в комки.* **2.** *перен.* Стать сплочённым, прийти к единодушию. *С. вокруг лидера.* ‖ *несов.* **спла́чиваться**, -ается. ‖ *сущ.* **сплоче́ние**, -я, *ср.*

СПЛОХОВА́ТЬ, сплоху́ю, сплоху́ешь; *сов.* (разг.). Допустить оплошность, промах в чём-н.

СПЛОЧЁННЫЙ, -ая, -ое; -ён. Дружный, единодушный, организованный. *С. коллектив.* ‖ *сущ.* **сплочённость**, -и, *ж.*

СПЛОША́ТЬ, -а́ю, -а́ешь; *сов.* (прост.). То же, что оплошать.

СПЛОШНО́Й, -а́я, -о́е. **1.** Идущий без перерывов, занимающий собой что-н. сплошь или сплошь состоящий из чего-н. *С. лёд. Люди идут сплошным потоком.* **2.** Охватывающий собой всех, всё, целиком. *Сплошная радиофикация.* **3.** Чрезвычайный, очень сильный (разг.). *С. восторг. С. ужас.*

СПЛОШЬ, *нареч.* **1.** Без промежутков, по всей поверхности. *Доска с. заклеена объявлениями.* **2.** Целиком, без исключения (разг.). *Все с. участвуют в чём-н.* ✦ **Сплошь и (да) рядом** (разг.) — почти всегда, очень часто. *Такое случается сплошь да рядом.*

СПЛУТОВА́ТЬ *см.* плутовать.

СПЛЫТЬ (-ву́, -вёшь, 1 и 2 л. не употр.), -вывет; -ы́л, -ыла́, -ы́ло; *сов.* (разг.). **1.** Оторвавшись, уплыть (по течению). *Мостки сплыли в половодье.* **2.** Стечь, перелившись через край. ✦ **Было да сплыло** — погов. о том, что исчезло безвозвратно. ‖ *несов.* **сплыва́ть** (-а́ю, -а́ешь, 1 и 2 л. не употр.), -а́ет.

СПЛЫ́ТЬСЯ, -ывётся; -ы́лся, -ыла́сь, -ыло́сь *и* -ы́лось; *сов.* **1.** (1 и 2 л. ед. не употр.). О многих, многом, о сплошной массе: плывя, соединиться, сплотиться. *Утки сплылись в стайку. Облака сплылись в тучу.* **2.** (1 и 2 л. не употр.). Слиться в одно, смешаться, утратить первоначальную чистоту, яркость. *Краски сплылись. Очертания домов сплылись в темноте.* ‖ *несов.* **сплыва́ться**, -а́ется.

СПЛЮ́НУТЬ, -ну, -нешь; -утый; *сов.* **1.** Сделать плевок. *С. в сторону.* **2.** *что.* То же, что выплюнуть (разг.). *С. шелуху.* ‖ *несов.* **сплёвывать**, -аю, -аешь.

СПЛЮ́СНУТЬ, -ну, -нешь; -утый; *сов., что* (разг.). То же, что сплющить.

СПЛЮ́СНУТЬСЯ (-нусь, -нешься, 1 и 2 л. не употр.), -нется; *сов.* (разг.). То же, что сплющиться.

СПЛЮ́ЩИТЬ, -щу, -щишь; -щенный; *сов., кого-что.* **1.** *см.* плющить. **2.** Сильно сжать, сдавить. *С. кого-н. в толпе.* ‖ *несов.* **сплю́щивать**, -аю, -аешь. ‖ *сущ.* **сплю́щивание**, -я, *ср.*

СПЛЮ́ЩИТЬСЯ (-щусь, -щишься, 1 и 2 л. не употр.), -щится; *сов.* От удара, давления сделаться плоским; сильно сжаться. *Гайка сплющилась.* ‖ *несов.* **сплю́щиваться**, -ается.

СПЛЯСА́ТЬ *см.* плясать.

СПОДВИ́ЖНИК, -а, *м., кого* (высок.). Помощник в деятельности на каком-н. поприще, соратник. *Сподвижники полководца.* ‖ *ж.* **сподви́жница**, -ы.

СПО́ДЛИЧАТЬ *см.* подличать.

СПОДО́БИТЬ (-блю, -бишь, 1 и 2 л. не употр.), -бит; *сов., кого (что) с неопр.*, обычно *безл.* (разг. шутл.). То же, что угораздить. *Как это его сподобило упасть?*

СПОДО́БИТЬСЯ, -блюсь, -бишься; *сов., чего и с неопр.* (разг. шутл.). Оказаться в каком-н. положении, удостоившись чего-н. *С. чьего-н. внимания. Сподобился беседовать с важным гостем.*

СПОДРУ́ЧНИК, -а, *м., кого* (устар.). То же, что помощник. ‖ *ж.* **сподру́чница**, -ы.

СПОДРУ́ЧНЫЙ[1], -ая, -ое; -чен, -чна (прост.). Удобный, подходящий, легко исполняемый. *Сподручное дело. Мне сподручно* (в знач. сказ.) *здесь работать.*

СПОДРУ́ЧНЫЙ[2], -ого, *м.* (устар. и прост.). То же, что помощник. *Пошёл в сподручные к столяру.*

СПОЗАРА́НКУ и **СПОЗАРА́НОК**, *нареч.* (устар. и разг.). С раннего утра, рано утром. *Встать с.*

СПОЗНА́ТЬСЯ, -а́юсь, -а́ешься; *сов., с кем* (устар. и прост.). Познакомиться, сойтись. *С. с недобрым человеком.* ‖ *несов.* **спознава́ться**, -наю́сь, -наёшься.

СПОИ́ТЬ, спою́, спо́ишь *и* спои́шь; спои́; спо́енный; *сов.* (прост.). **1.** *что.* Давая пить, израсходовать (питьё). *С. молоко телёнку.* **2.** *кого (что).* Принудить к пьянству, сделать пьяницей. *Споили парня дружки.* ‖ *несов.* **спа́ивать**, -аю, -аешь.

СПОКО́ЙНЫЙ, -ая, -ое; -о́ен, -о́йна. **1.** Находящийся в состоянии покоя, малоподвижный или неподвижный. *Море спокойно. Стоять спокойно* (нареч.). *Спокойно!* (призыв не волноваться или не двигаться). **2.** Исполненный спокойствия (во 2 знач.), лишённый тревог, забот. *Спокойная совесть. Спокойная улыбка. На душе спокойно* (в знач. сказ.). *С. образ жизни. Спокоен за семью кто-н. Будьте спокойны* (будьте уверены, не сомневайтесь). **3.** Ведущий себя тихо, не беспокоящий, не раздражающий. *С. ребёнок. С. сосед.* **4.** Удобный (об одежде, мебели, жилье). *Спокойная обувь. Спокойное кресло. С. уголок.* **5.** О цвете, краске: приятный для глаз, мягкий (во 2 знач.). *Спокойные тона.* ‖ *сущ.* **споко́йность**, -и, *ж.*

СПОКО́ЙСТВИЕ, -я, *ср.* **1.** Покой (во 2 знач.), тишина, отсутствие волнения, шума. *В лесу царило с.* **2.** Уравновешенное, спокойное состояние духа, отсутствие забот, тревог. *Сохранять с.*

СПОКО́Н: **спокон веку и спокон веков** (разг.) — то же, что испокон веку (веков). *Спокон веку известно.*

СПОЛЗТИ́, -зу́, -зёшь; сполз, сползла́; спо́лзший; спо́лзши; *сов.* **1.** Спуститься ползком или медленно, с трудом. *С. с горы. С. с кровати.* **2.** (1 и 2 л. не употр.). Съехать (в 4 знач.), сдвинуться (разг.). *Повязка сползла. Шапка сползла на лоб.* **3.** *перен.* Постепенно отходя от правильных позиций, оказаться на ложном пути (неодобр.). *С. к национализму.* ‖ *несов.* **сполза́ть**, -а́ю, -а́ешь. ‖ *сущ.* **сполза́ние**, -я, *ср.*

СПОЛЗТИ́СЬ (-зу́сь, -зёшься, 1 и 2 л. ед. не употр.), -зётся; спо́лзся, сползла́сь; спо́лзшийся; спо́лзшись; *сов.* О многих, многом: ползя, собраться в одно место. *Муравьи сползлись к пню.* ‖ *несов.* **сполза́ться** (-а́юсь, -а́ешься, 1 и 2 л. ед. не употр.), -а́ется.

СПОЛНА́, *нареч.* То же, что полностью. *Расплатиться с.*

СПОЛОСНУ́ТЬ, -ну́, -нёшь; -о́снутый; *сов., что.* Немного пополоскать или обмыть, облить водой. *С. бельё. С. фрукты.* ‖ *несов.* **спола́скивать**, -аю, -аешь. ‖ *сущ.* **спола́скивание**, -я, *ср.*

СПОЛО́ХИ, -ов, *ед.* споло́х, -а, *м.* Народное название северного сияния, а также зарницы. *В небе играют с.*

СПОНДЕ́Й [дэ], -я, *м.* (спец.). В ямбе и хорее: утяжелённая стопа из двух ударных слогов. ‖ *прил.* **спондеи́ческий**, -ая, -ое.

СПОНСИ́РОВАТЬ, -рую, -руешь; *сов.* и *несов., кого-что.* Быть спонсором.

СПО́НСОР, -а, *м.* Лицо, организация, фирма, выступающие как поручитель, заказчик, устроитель, финансирующая сторона. *С. художественной выставки.* ‖ *прил.* **спо́нсорский**, -ая, -ое.

СПО́НСОРСТВО, -а, *ср.* Деятельность спонсора.

СПОНТА́ННЫЙ, -ая, -ое; -а́нен, -а́нна (книжн.). Возникающий вследствие внутренних причин, без непосредственного воздействия извне, самопроизвольный. *Спонтанное излучение.* ‖ *сущ.* **спонта́нность**, -и, *ж.*

СПОР, -а (-у), *м.* **1.** Словесное состязание, обсуждение чего-н., в к-ром каждый отстаивает своё мнение. *Вести с. Учёные споры. Вступить в с. со стихией* (перен.: в борьбу). **2.** Разногласие, разрешаемое судом. *С. о наследстве. Судебный с.* ✦ **Спору нет** (разг.) — конечно, безусловно. **На спор** (разг.) — на пари.

СПО́РА, -ы, *ж.* Служащий для размножения и выживания в неблагоприятных условиях зачаток растительного организма, гриба, а также нек-рых простейших животных. ‖ *прил.* **спо́ровый**, -ая, -ое. *Споровые растения* (размножающиеся спорами).

СПОРАДИ́ЧЕСКИЙ, -ая, -ое (книжн.). Непостоянный, случайный, являющийся иногда, от случая к случаю. *Спорадическое явление.*

СПОРАДИ́ЧНЫЙ, -ая, -ое; -чен, -чна (книжн.). То же, что спорадический. ‖ *сущ.* **спорадичность**, -и, *ж.*

СПО́РИТЬ, -рю, -ришь; *несов.* **1.** *с кем.* Вести спор (в 1 знач.), возражать, доказывая что-н. *С ним трудно с. О вкусах не спорят.* **2.** *с кем о чём и за что.* Вести спор (во 2 знач.). *С. о наследстве. С. за земельные участки.* **3.** *с кем.* Держать пари. *Спорим (давай с.), что он победит?* ‖ *сов.* **поспо́рить**, -рю, -ришь (к 1 и 3 знач.).

СПО́РИТЬСЯ (-рюсь, -ришься, 1 и 2 л. не употр.), -рится и **СПОРИ́ТЬСЯ** (-рю́сь, -ри́шься, 1 и 2 л. не употр.), -ри́тся; *несов.* (разг.). О деле, работе: удаваться, протекать успешно. *У него в руках всё спорится.*

СПО́РНИЦА, -ы, *ж.*: **наша горница с богом не спорница** или (обл.) **не спорится** (т. е. не спорит) (разг. шутл.) — о жилье, в к-ром так же холодно, как и на улице.

СПО́РНЫЙ, -ая, -ое; -рен, -рна. Вызывающий споры, связанный со спорами. *Спорное дело. Спорное наследство. С. вопрос* (требующий обсуждения). ‖ *сущ.* **спо́рность**, -и, *ж.*

СПО́РОК, -рка, *м.* Споротый верх с поношенного верхнего платья.

СПОРО́ТЬ, спорю́, спо́решь; спо́ротый; *сов., что.* Отпоров, отделить, снять. *С. карманы.* ‖ *несов.* **спа́рывать**, -аю, -аешь.

СПОРТ, -а, *м.* **1.** Составная часть физической культуры — комплексы физических упражнений для развития и укрепления организма, соревнования по таким упражнениям и комплексам, а также система организации и проведения этих соревнований. *Заниматься спортом. Национальные виды спорта. Профессиональный с. Лыжный с. Конный с.* **2.** *перен.* Азартное увлечение чем-н., каким-н. занятием. *Коллекционирование превратилось для него в с.* ‖ *прил.* **спорти́вный**, -ая, -ое. *С. комплекс. Спортивные игры. С. инвентарь. С. костюм. Из (чисто) спортивного интереса делать что-н.* (будучи увлечённым чем-н.).

СПОРТ... *Первая часть сложных слов в знач.* относящийся к спорту (в 1 знач.), напр. *спортинвентарь, спортплощадка, спортсовет, спортзал, спортсооружения, спорттовары, спортгородок, спортлото* (род спортивной лотереи).

СПОРТИ́ВНЫЙ, -ая, -ое; -вен, -вна. **1.** *см.* спорт. **2.** С качествами, внешностью спортсмена, такой, как у спортсменов. *Спортивная фигура. С. юноша. Костюм спортивного покроя.* ‖ *сущ.* **спорти́вность**, -и, *ж.*

СПОРТСМЕ́Н [рцм], -а, *м.* Человек, занимающийся спортом и владеющий его высокими достижениями. ‖ *ж.* **спортсме́нка**, -и. ‖ *прил.* **спортсме́нский**, -ая, -ое (разг.).

СПОРХНУ́ТЬ, -ну́, -нёшь; *сов.* Порхнув, слететь откуда-н. *Птица спорхнула с ветки. Девочка спорхнула с крыльца* (перен.). ‖ *несов.* **спа́рхивать**, -аю, -аешь.

СПО́РЩИК, -а, *м.* (разг.). Человек, к-рый любит спорить (в 1 знач.), а также вообще тот, кто спорит. *Утихомирить спорщиков. Страстный с.* ‖ *ж.* **спо́рщица**, -ы.

СПО́РЫЙ, -ая, -ое; спор, спора́, спо́ро (прост.). О работе, деятельности: быстрый и успешный. *Спорая работа. Скоро, да не спо́ро* (посл. о быстрой, но плохой работе). ‖ *сущ.* **спо́рость**, -и, *ж.*

СПОРЫНЬЯ́, -и́, *ж.* Паразитический грибок, образующий в колосе ржи и нек-рых других злаков чёрные удлинённые рожки́, а также болезнь злаков, вызываемая этим грибком.

СПО́СОБ, -а, *м.* Действие или система действий, применяемые при исполнении какой-н. работы, при осуществлении чего-н. *Механический с. обработки. С. изготовления. С. употребления полуфабриката.*

СПОСО́БНОСТЬ, -и, *ж.* **1.** Природная одарённость, талантливость. *Человек с большими способностями. Умственные способности. С. к музыке.* **2.** Умение, а также возможность производить какие-н. действия. *С. двигаться. Пропускная с. железных дорог.* ✦ **Покупательная способность денег** (спец.) — способность денежной единицы обмениваться на определённое количество товаров.

СПОСО́БНЫЙ, -ая, -ое; -бен, -бна. **1.** Обладающий способностями к чему-н., одарённый. *С. ученик. Способен к математике.* **2.** *на что* и *с неопр.* Могущий что-н. сделать; обладающий каким-н. свойством. *Способен трудиться. Балка способна выдержать большое давление. Этот человек способен на всё* (ни перед чем не остановится).

СПОСО́БСТВОВАТЬ, -твую, -твуешь; *несов.* **1.** *кому-чему в чём.* Оказывать помощь, содействовать. *В этом деле я готов вам всячески с.* **2.** (1 и 2 л. не употр.), *чему.* Быть причиной, помогать возникновению, развитию чего-н. *Влага способствует росту растений.* ‖ *сов.* **поспосо́бствовать**, -твую, -твуешь (к 1 знач.).

СПОТКНУ́ТЬСЯ, -ну́сь, -нёшься и (прост.) **СПОТЫКНУ́ТЬСЯ**, -ну́сь, -нёшься; *сов.* **1.** Зацепив за что-н. ногой, покачнуться, потерять равновесие. *С. о порог.* **2.** *перен.* Внезапно прекратить что-н. делать, остановиться, испытав неожиданное затруднение (прост.). *С. на трудном деле. С. при чтении трудного слова.* **3.** *перен.* То же, что оступиться (во 2 знач.) (разг.). ‖ *несов.* **спотыка́ться**, -а́юсь, -а́ешься. *Конь о четырёх ногах, да и тот спотыкается* (посл. о том, что ошибиться может каждый). ‖ *сущ.* **спотыка́нье**, -я, *ср.* (к 1 знач.).

СПОХВАТИ́ТЬСЯ, -ачу́сь, -а́тишься; *сов.* (разг.). Внезапно заметить упущение, вспомнить о чём-н. забытом. *С. вовремя. Спохватился, что не запер дверь.* ‖ *несов.* **спохва́тываться**, -аюсь, -аешься.

СПРА́ВА, *нареч.* С правой стороны. *С. от дороги.*

СПРАВЕДЛИ́ВОСТЬ, -и, *ж.* **1.** *см.* справедливый. **2.** Справедливое отношение к кому-н., беспристрастие. *Чувство справедливости. Поступить по справедливости.* ✦ **Отдать справедливость** *кому-чему* (книжн.) — признать за кем-чем-н. какие-н. достоинства, правоту, отдать должное.

СПРАВЕДЛИ́ВЫЙ, -ая, -ое; -и́в. **1.** Действующий беспристрастно; соответствующий истине. *С. судья. С. поступок. Справедливое решение. Справедливо* (нареч.) *оценить.* **2.** Осуществляемый на законных и честных основаниях. *Справедливое требование.* **3.** Истинный, правильный. *Полученные сведения оказались справедливыми. Ваше возмущение вполне справедливо.* ‖ *сущ.* **справедли́вость**, -и, *ж.*

СПРА́ВИТЬ, -влю, -вишь; -вленный; *сов., что.* **1.** Отпраздновать по обычаю. *С. день рождения.* **2.** Приобрести, купить (прост.). *С. костюм.* ‖ *несов.* **справля́ть**, -я́ю, -я́ешь.

СПРА́ВИТЬСЯ[1], -влюсь, -вишься; *сов.* **1.** *с чем.* Сделать, выполнить что-н., суметь сделать, выполнить что-н. *С. с работой. Не с. с поручением.* **2.** *с кем-чем.* Одолеть в борьбе, побороть кого-что-н. *С. с противником. С. с болезнью.* ‖ *несов.* **справля́ться**, -я́юсь, -я́ешься.

СПРА́ВИТЬСЯ[2], -влюсь, -вишься; *сов., о ком-чём.* Навести справку о ком-чём-н., осведомиться. *С. о здоровье больного. С. в словаре о значении слова. С. по телефону.* ‖ *несов.* **справля́ться**, -я́юсь, -я́ешься. ‖ *прил.* **спра́вочный**, -ая, -ое. *Справочное пособие. Справочное бюро. Справочные цены* (публикуемые в специальных справочниках сведения об оптовых ценах на различные промышленные товары).

СПРА́ВКА, -и, *ж.* **1.** Сведение о чём-н., полученное кем-н. после поисков, в ответ на запрос. *Обратиться за справкой. Навести справку* (офиц.). *Навести справки* (узнать, разведать). **2.** Документ с такими сведениями. *С. с места работы.*

СПРА́ВОЧНИК, -а, *м.* Справочная книга. *Телефонный с. С. по правописанию.*

СПРА́ШИВАТЬ *см.* спросить.

СПРА́ШИВАТЬСЯ, -аюсь, -аешься; *несов.* **1.** *см.* спроситься. **2. спра́шивается.** Требуется ответить. *Что спрашивается в задаче?* **3. спра́шивается,** *вводн. сл.* Употр. для подчёркивания вопроса, недоумения (разг.). *И что ему нужно, спрашивается? Какой же из него, спрашивается, руководитель?*

СПРЕССОВА́ТЬ *см.* прессовать.

СПРЕССОВА́ТЬСЯ (-у́юсь, -у́ешься, 1 и 2 л. не употр.), -у́ется; *сов.* Слежавшись, уплотниться (в 1 знач.). *Сено спрессовалось.* ‖ *несов.* **спрессо́вываться** (-аюсь, -аешься, 1 и 2 л. не употр.), -ается. ‖ *сущ.* **спрессо́вывание**, -я, *ср.*

СПРИНТ, -а, *м.* Соревнование по бегу (а также по плаванию, катанию на коньках или езде на велосипеде) на короткие дистанции.

СПРИ́НТЕР, -а, *м.* Спортсмен, занимающийся спринтом. ‖ *прил.* **спри́нтерский**, -ая, -ое.

СПРИНЦЕВА́ТЬ, -цу́ю, -цу́ешь; -цо́ванный; *несов., кого-что.* Обрызгивать мелкими струйками жидкости из особого прибора. ‖ *возвр.* **спринцева́ться**, -цу́юсь, -цу́ешься. ‖ *сущ.* **спринцева́ние**, -я, *ср.* и **спринцо́вка**, -и, *ж.* ‖ *прил.* **спринцева́льный**, -ая, -ое.

СПРИНЦО́ВКА, -и, *ж.* **1.** *см.* спринцевать. **2.** Прибор для спринцевания. ‖ *прил.* **спринцо́вочный**, -ая, -ое.

СПРОВА́ДИТЬ, -а́жу, -а́дишь; -а́женный; *сов., кого (что)* (разг.). Выпроводить, заставить удалиться. *С. непрошеного гостя.* ‖ *несов.* **спрова́живать**, -аю, -аешь.

СПРОВОЦИ́РОВАТЬ *см.* провоцировать.

СПРОЕКТИ́РОВАТЬ *см.* проектировать[1].

СПРОЕЦИ́РОВАТЬ *см.* проецировать.

СПРОС, -а (-у), *м.* **1.** *с кого.* Требования к тому, кто должен нести ответственность, отвечать за что-н. (разг.). *С руководителя особый с. С тебя и спросу нет.* **2.** *на что.* Требование на товары со стороны покупателя. *С. на книги. С. и предложение.* ✦ **Без спроса (спросу)** (разг.) — не спросившись, не получив разрешения. *Взял без спросу.* **Что за спрос?** *кто* (разг. неодобр.) — какое имеет право спрашивать? *Ты что за спрос?* **Попытка не пытка, а спрос не беда** (посл.) — спросить или попытаться можно, это ничему не повредит.

СПРОСИ́ТЬ, -ошу́, -о́сишь; -о́шенный; *сов.* **1.** *кого (что).* Обратиться с вопросом. *Спроси, когда он будет дома. Спроси что полегче* (говорится, когда ответить нельзя или затруднительно; разг.). **2.** *что* или *чего.* Попросить разрешения взять что-н., попросить дать что-н. *С. книгу у кого-н. С. совета.* **3.** *кого (что).* Вызвать кого-н., выразить желание видеть кого-н. *Постучали в дверь и спросили нового жильца.* **4.** *кого (что).* Вызвать (ученика) для проверки его знаний, для ответа (разг.). *С. у доски. С. по истории. Меня сегодня не спросят.* **5.** *что с кого.* Взыскать, потребовать. *Эти деньги с меня спросят.* **6.** *с кого.* Призвать к ответу, потребовать отчёта. *Строго с. с работника за брак. За это с тебя будет спрошено.* ‖ *несов.* **спра́шивать**, -аю, -аешь. *Спрашиваешь!* (выражение уверенного утверждения, да, конечно; разг. *Устал? — Спрашиваешь!*). ‖ *сущ.* **спра́шивание**, -я, *ср.* (ко 2 и 4 знач.).

СПРОСИ́ТЬСЯ, -ошу́сь, -о́сишься; *сов.* (разг.). **1.** *кого или у кого.* Попросить разрешения сделать что-н. *Ушёл не спросясь. Пойдем гулять? — Спрошусь у мамы.* **2. спро́сится,** *с кого.* Будет потребован отчёт в совершённых действиях. *За ложь с тебя строго спросится. Кому много дано, с того много и спросится* (посл. о том, что от одарённого человека ожидается многое). ‖ *несов.* **спра́шиваться**, -аюсь, -аешься.

СПРОСО́НОК и **СПРОСО́НЬЯ**, *нареч.* (разг.). Будучи в полусонном состоянии, не совсем проснувшись. *Не расслышал с.*

СПРОСТА́, *нареч.* (разг.). Без всякого умысла, простодушно. *Спросить с.*

СПРУТ, -а, *м.* Обиходное название крупного осьминога, иногда также гигантского кальмара.

СПРЫ́ГНУТЬ, -ну, -нешь; *сов.* Прыгнуть сверху вниз. *С. с крыльца.* ‖ *несов.* **спры́гивать**, -аю, -аешь. ‖ *сущ.* **спры́гивание**, -я, *ср.*

СПРЫ́СНУТЬ, -ну, -нешь; -утый; *сов., что* (разг.). То же, что вспрыснуть. *С. бельё. С. покупку.* ‖ *несов.* **спры́скивать**, -аю, -аешь. ‖ *сущ.* **спры́скивание**, -я, *ср.* (по 1 знач. глаг. вспрыснуть) *и* **спры́ски**, -ов (по 2 знач. глаг. вспрыснуть; прост.).

СПРЯГА́ТЬ, -а́ю, -а́ешь; *несов., что.* В грамматике: изменять глагол по его грамматическим формам — лицам, числам, временам и наклонениям, в прош. времени и сослагательном накл. — также по родам. *С. по лицам.* ‖ *сов.* **проспряга́ть**, -а́ю, -а́ешь. ‖ *сущ.* **спряже́ние**, -я, *ср.*

СПРЯГА́ТЬСЯ (-а́юсь, -а́ешься, 1 и 2 л. не употр.), -а́ется; *несов.* В грамматике о глаголе: изменяться по лицам, числам, временам и наклонениям.

СПРЯЖЕ́НИЕ, -я, *ср.* **1.** *см.* спрягать. **2.** В грамматике: класс глаголов с одинаковыми окончаниями личных форм. *Глаголы первого, второго спряжения.*

СПРЯМИ́ТЬ, -млю́, -ми́шь; -млённый (-ён, -ена́); *сов., что.* Выпрямить, сделать прямым. *С. путь.* ‖ *несов.* **спрямля́ть**, -я́ю, -я́ешь. ‖ *сущ.* **спрямле́ние**, -я, *ср.*

СПРЯСТЬ *см.* прясть[1].

СПРЯ́ТАТЬ, -СЯ *см.* прятать, -ся.

СПУГНУ́ТЬ, -ну́, -нёшь; спу́гнутый; *сов., кого (что).* Испугав, согнать откуда-н., заставить удалиться. *С. птиц.* ‖ *несов.* **спу́гивать**, -аю, -аешь.

СПУД, -а, *м.* 1) **под спудом** — в скрытом месте, а также вообще без применения, без употребления. *Хранить запасы под спудом. Держать под спудом хорошую идею;* 2) **из-под спуда** — из скрытого места, а также вообще из состояния бездействия. *Извлечь из-под спуда свои старые знания.*

СПУСК, -а, *м.* **1.** *см.* спустить, -ся. **2.** Место, по к-рому спускаются. *Крутой с. к реке.* **3.** Приспособление, приводящее в действие курок, затвор (во 2 знач.). *Держать палец на спуске.* ✦ **Спуску не давать** *кому* (разг.) — не прощать, не оставлять без последствий какого-н. упущения, вины. *Лодырям спуску не даём.*

СПУСКА́ТЬ *см.* спустить.

СПУСКА́ТЬСЯ, -а́юсь, -а́ешься; *несов.* **1.** *см.* спуститься. **2.** (1 и 2 л. не употр.). Располагаться по наклонной плоскости сверху вниз. *Берег спускается обрывом. Дорога спускается к морю.* **3.** (1 и 2 л. не употр.). То же, что свисать (в 1 знач.). *Борода спускается на грудь.*

СПУСТИ́ТЬ, спущу́, спу́стишь; спущенный; *сов.* **1.** *кого-что.* Переместить сверху вниз. *С. флаг. С. петлю* (при вязанье: дать петле соскочить с крючка, со спицы). *С. кого-н. с лестницы* (также перен.: грубо выгнать; разг.). **2.** *что.* Поставить на воду (судно). *С. корабль со стапелей.* **3.** *что.* Переслать, отправить нижестоящим организациям (разг.). *С. директиву. С. указания.* **4.** *кого (что).* Пустить, освободив от привязи. *С. собаку с цепи.* **5.** *что.* Выпустить из какого-н. вместилища (жидкость, газ). *С. воду из пруда. С. пары.* **6.** *что.* Освободить (какое-н. вместилище) от жидкости, газа. *С. пруд. С. баллон.* **7.** *что.* Потерять в весе, похудев (прост.). *С. два килограмма.* **8.** (1 и 2 л. не употр.), *что.* О накачиваемых газом предметах: выпустить из себя газ. *Шина спустила.* **9.** *что.* Полностью растратить (разг.). *С. все деньги до копейки.* **10.** *что кому.* Простить, оставить проступок без внимания или наказания (разг.). *Этого я ему не спущу!* ✦ **Спустить курок** — нажать на спусковой крючок огнестрельного оружия для производства выстрела. **Спустя рукава** (разг.) — кое-как, небрежно. *Весёлая голова живёт спустя рукава* (посл.). ‖ *несов.* **спуска́ть**, -а́ю, -а́ешь. *Спускаемый аппарат* (часть космического летательного аппарата для спуска с торможением и мягкой посадки). ✦ **Не спускать глаз** *с кого-чего* (разг.) — смотреть пристально, не отрываясь. ‖ *сущ.* **спуска́ние**, -я, *ср.* (к 1, 3 и 7 знач.) *и* **спуск**, -а, *м.* (к 1, 2, 4, 5, 6 и 8 знач.). ‖ *прил.* **спусково́й**, -а́я, -о́е (к 1, 2, 5 и 6 знач.) *и* **спускно́й**, -а́я, -о́е (к 1 знач.). *Спусковой механизм. Спусковой крючок. Спускной трап.*

СПУСТИ́ТЬСЯ, спущу́сь, спу́стишься; *сов.* **1.** *с чего.* Переместиться сверху вниз. *С. с горы. С. вниз по течению. С. с облаков* (перен.: от мечтаний обратиться к действительности; ирон.). **2.** (1 и 2 л. не употр.), *перен.* О ночи, тумане: настать. *Спустился мрак.* **3.** (1 и 2 л. не употр.). О петле в вязанье: выпасть из ряда, раскрепиться. ‖ *несов.* **спуска́ться**, -а́юсь, -а́ешься. ‖ *сущ.* **спуск**, -а, *м.* (к 1 и 3 знач.).

СПУСТЯ́ *что, предлог с вин. п.* По прошествии чего-н., по истечении какого-н. времени. *Узнал с. год. Приехал с. неделю.*

СПУ́ТАТЬ, -СЯ *см.* путать, -ся.

СПУ́ТНИК, -а, *м.* **1.** Тот, кто совершает путь вместе с кем-н. *Весёлый с. С. жизни* (перен.: о муже). **2.** *перен.* То, что сопутствует чему-н., появляется вместе с чем-н. *Улыбка — с. хорошего настроения.* **3.** Небесное тело, обращающееся вокруг планеты. *Луна — с. Земли.* **4.** Космический аппарат, запускаемый на околопланетную, окололунную или гелиоцентрическую орбиту с помощью ракетных устройств. *Искусственный с. Земли (Луны, Венеры, Марса). Искусственный с. Солнца.* ✦ **Город-спутник** — город, соседствующий с большим городом и связанный с ним тесными производственными, хозяйственными и культурными отношениями. ‖ *ж.* **спу́тница**, -ы (к 1 знач.). *С. жизни* (перен.: о жене). ‖ *прил.* **спу́тниковый**, -ая, -ое (к 4 знач.; спец.). *Спутниковая радиосвязь. Спутниковая метеорология.*

СПЬЯ́НА и **СПЬЯ́НУ**, *нареч.* (разг.). Будучи пьяным. *Накуролесил с.*

СПЯ́ТИТЬ, спя́чу, спя́тишь; *сов.* (прост.). Сойти с ума. *Чуть не спятил от радости.* ✦ **Спятить с ума** — то же, что спятить.

СПЯ́ЧКА, -и, *ж.* У нек-рых животных (медведей, сурков, барсуков, летучих мышей, енотовидных собак и других): физиологическое состояние, сходное с длительным сном. *Зимняя с. Залечь в спячку.* ‖ *прил.* **спя́чечный**, -ая, -ое.

СРАБО´ТАННОСТЬ[1], -и, *ж.* Согласованность в работе между её участниками.

СРАБО´ТАННОСТЬ[2] *см.* сработанный.

СРАБО´ТАННЫЙ, -ая, -ое; -ан (спец.). Износившийся от работы, стёршийся. *С. напильник.* ‖ *сущ.* **срабо́танность**, -и, *ж.*

СРАБО´ТАТЬ, -аю, -аешь; -анный; *сов.* **1.** *что.* Сделать, изготовить (разг.). *Добротно сработанная вещь. Хорошо сработано!* (также перен.: выражение одобрения по поводу какого-н. действия, поступка). **2.** Произвести какое-н. действие, движение. *С. рычагом. Аппарат хорошо сработал. Сработал инстинкт.* ‖ *несов.* **сраба́тывать**, -аю, -аешь (ко 2 знач.). ‖ *сущ.* **сраба́тывание**, -я, *ср.* (ко 2 знач.) *и* **сработка**, -и, *ж.* (ко 2 знач.; спец.). *Срабатывание оригинальной системы.*

СРАБО´ТАТЬСЯ[1] (-аюсь, -аешься, 1 и 2 л. не употр.), -ается; *сов.* (спец.). Износиться от работы. *Резец сработался.* ‖ *несов.* **сраба́тываться** (-аюсь, -аешься, 1 и 2 л. не употр.), -ается. ‖ *сущ.* **сраба́тывание**, -я, *ср.*

СРАБО´ТАТЬСЯ[2], -аюсь, -аешься; *сов., с кем-чем.* Достигнуть сработанности[1]. *Хорошо сработавшийся коллектив. Рабочий не сработался с бригадиром.* ‖ *несов.* **сраба́тываться**, -аюсь, -аешься.

СРАВНЕ´НИЕ, -я, *ср.* **1.** *см.* сравнить. **2.** Слово или выражение, содержащее уподобление одного предмета другому, одной ситуации — другой. *Остроумное с.* ✦ **По сравнению с** *кем-чем, предлог с тв. п.* — сравнительно, сравнивая, сопоставляя кого-что-н. с кем-чем-н. *Вырос по сравнению с прошлым годом. По сравнению с другими он достаточно начитан.* **В сравнении с** *кем-чем, предлог с тв. п.* — то же, что по сравнению с кем-чем-н.

СРА´ВНИВАТЬ[1], -аю, -аешь; *несов., что с чем.* То же, что ровнять. *С. с землёй.*

СРА´ВНИВАТЬ[2] *см.* сравнить.

СРА´ВНИВАТЬ[3] *см.* сравнять.

СРАВНИ´МЫЙ, -ая, -ое; -и́м. Такой, к-рый можно сравнивать[2]. *Сравнимые величины.* ‖ *сущ.* **сравни́мость**, -и, *ж. С. показателей.*

СРАВНИ´ТЕЛЬНЫЙ, -ая, -ое; -лен, -льна. **1.** *см.* сравнить. **2.** *полн. ф.* Осуществляемый на основе сравнения, сопоставления. *С. метод. Сравнительная грамматика* (исследование общих черт грамматического, а также звукового или словообразовательного строя родственных языков). *Сравнительное славяноведение.* **3.** То же, что относительный (в 1 знач.). *Наступило сравнительное спокойствие.* **4.** **сравни́тельно**, *нареч.* Более или менее, в достаточной мере. *Сравнительно небольшой срок. Сравнительно недорого.* ✦ **Сравнительная степень** — в грамматике: то же, что степень сравнения (см. степень). **Сравнительно с** *кем-чем, предлог с тв. п.* — по сравнению, в сравнении с кем-чем-н. *Нынче теплее сравнительно с прошлым годом.*

СРАВНИ´ТЬ, -ню́, -ни́шь; -нённый (-ён, -ена́); *сов., кого-что с кем-чем.* **1.** Установить черты сходства или различия, сопоставить. *С. две величины. Не с. кого-что-н. с кем-чем-н.* (не идёт ни в какое сравнение; разг.). **2.** Образно уподобить, приравнять. *С. молодость с весной.* ‖ *несов.* **сра́внивать**, -аю, -аешь. ‖ *сущ.* **сравне́ние**, -я, *ср. и* **сра́внивание**, -я, *ср. Не идёт в сравнение (ни в какое сравнение) с кем-чем-н.* (нельзя сравнивать, равнять, несравнимо лучше). ‖ *прил.* **сравни́тельный**, -ая, -ое (к 1 знач.). *Сравнительные данные.*

СРАВНИ´ТЬСЯ, -ню́сь, -ни́шься; *сов., с кем-чем, обычно с отриц.* При сравнении оказаться равным кому-чему-н. в каком-н. отношении. *Хорошая книга ни с чем не сравнится* (нет ничего лучше). ‖ *несов.* **сра́вниваться**, -аюсь, -аешься.

СРАВНЯ´ТЬ *см.* равнять.

СРАВНЯ´ТЬСЯ, -я́юсь, -я́ешься; *сов.* **1.** *с кем-чем.* Стать равным кому-чему-н. в чём-н. *С. с кем-н. в знаниях, в умении.* **2.** (1 и 2 л. не употр.). То же, что исполниться (во 2 знач.) (прост.). *Сыну сравнялся годик. Двадцать лет сравнялось, как поженились.*

СРАЖА´ТЬ *см.* сразить.

СРАЖА´ТЬСЯ, -а́юсь, -а́ешься; *несов.* **1.** *с кем-чем.* Вести сражение. *С. с врагами. С. с предрассудками* (перен.). **2.** *перен.* Играть азартно, с увлечением (разг. шутл.). *С. в карты, в домино. Сражаются футбольные команды.* ‖ *сов.* **срази́ться**, сражу́сь, срази́шься.

СРАЖЕ´НИЕ, -я, *ср.* **1.** Крупное боевое столкновение войск, армий. *Генеральное с. Дать с. Выиграть с. Проиграть с.* **2.** *перен.* Горячий спор, ссора (разг.).

СРАЗИ´ТЬ, сражу́, срази́шь; сражённый (-ён, -ена́); *сов., кого (что).* То же, что убить (в 1 и 2 знач.). *Пуля сразила бойца. С. горестной вестью.* ‖ *несов.* **сража́ть**, -а́ю, -а́ешь.

СРАЗИ´ТЬСЯ *см.* сражаться.

СРА´ЗУ, *нареч.* **1.** В один приём, очень быстро. *Съел всё с. Москва не с. строилась* (посл. о том, что осуществляется постепенно, не вдруг). **2.** Немедленно, в тот же момент. *С. сообразил.* **3.** Тут же рядом, в непосредственной близости (разг.). *С. за лесом начинаются поля.*

СРАМ, -а (-у), *м.* (разг.). Позор, стыд. *Какой с.! Не уйти от срама. С. смотреть* (стыдно смотреть). *Сраму не оберёшься* (будет много сраму). *Стыд и с.!* (упрёк: какой стыд, как стыдно!).

СРАМИ´ТЬ, -млю́, -ми́шь; *несов.* **1.** *кого-что.* Позорить, порочить (разг.). *С. себя своим поведением.* **2.** *кого (что).* Укорять, стыдить, бранить (прост.). *С. при людях. С. на всю улицу.* ‖ *сов.* **осрами́ть**, -млю́, -ми́шь; -млённый (-ён, -ена́) (к 1 знач.). ‖ *возвр.* **срами́ться**, -млю́сь, -ми́шься (к 1 знач.); *сов.* **осрами́ться**, -млю́сь, -ми́шься.

СРАМНИ´К, -а́, *м.* (прост.). То же, что бесстыдник. ‖ *ж.* **срамни́ца**, -ы.

СРАМНО´Й, -а́я, -о́е (устар.). Бесстыдный, неприличный. *Срамные слова.*

СРАМОТА´, -ы́, *ж.* (прост.). Постыдный поступок, срам. *Это просто с.!*

СРАСТИ´СЬ, -ту́сь, -тёшься; сро́сся, сросла́сь; сро́сшийся; сро́стись; *сов.* **1.** (1 и 2 л. не употр.). Соединиться, образовав одно целое в процессе роста. *Срослись две сосны. Корни деревьев срослись. Сломанная кость срослась.* **2.** *перен.* Прочно соединиться; окончательно свыкнуться. *С. с новой обстановкой. С. с мыслью о неизбежности разлуки.* ‖ *несов.* **сраста́ться**, -а́юсь, -а́ешься. ‖ *сущ.* **сраще́ние**, -я, *ср.* (к 1 знач.) *и* **сраста́ние**, -я, *ср.* (к 1 знач.).

СРАСТИ´ТЬ, сращу́, срасти́шь; сращённый (-ён, -ена́); *сов., что.* **1.** Заставить срастись. *С. сломанные кости.* **2.** Соединить вплотную, связать (спец.). *С. концы каната.* ‖ *несов.* **сра́щивать**, -аю, -аешь. ‖ *сущ.* **сра́щивание**, -я, *ср.*

СРАЩЕ´НИЕ, -я, *ср.* **1.** *см.* срастись. **2.** То, что соединилось в целое, образовалось в результате срастания. *Фразеологическое с.* (идиома).

СРЕАГИ´РОВАТЬ *см.* реагировать.

СРЕ´БРЕНИК, -а, *м.*: **за тридцать сребреников продать (предать)** *кого-что* (высок. презр.) — предать из низких соображений, корыстных интересов [по библейскому сказанию — цена предательства Иуды Искариота].

СРЕБРО´, -а́, *ср.* (устар.). То же, что серебро (в 1 знач.). *С. и злато.*

СРЕБРО... *Первая часть сложных слов со знач.:* 1) относящийся к серебру (в 1 и 4 знач.), серебряный, напр. *сребровидный, среброносный, сребротканый;* 2) серебристый, по цвету напоминающий серебро, напр. *среброголовый, сребрbelieveкудрый.*

СРЕБРОЛЮ´БЕЦ, -бца, *м.* (устар.). Сребролюбивый человек.

СРЕБРОЛЮБИ´ВЫЙ, -ая, -ое; -и́в (устар.). Отличающийся сребролюбием.

СРЕБРОЛЮ´БИЕ, -я, *ср.* (устар.). Жадность к деньгам.

СРЕБРОНО´СНЫЙ, -ая, -ое; -сен, -сна. О горных породах: содержащий серебро. ‖ *сущ.* **сребронóсность**, -и, *ж.*

СРЕДА´[1], -ы́, *вин.* среду́, *мн.* сре́ды, сред, среда́м, *ж.* **1.** Вещество, заполняющее пространство, а также тела́, окружающие что-н. *Воздушная с. Питательная с.* (жидкая или твёрдая смесь веществ, на к-рой выращиваются микроорганизмы; также перен.: условия, благоприятные для существования, порождения чего-н.). **2.** *ед.* Окружение, совокупность природных условий, в к-рых протекает деятельность человеческого общества, организмов. *Географическая с. Охрана окружающей среды.* **3.** *ед.* Окружающие социально-бытовые условия, обстановка, а также совокупность людей, связанных общностью этих условий. *Социальная с. Из рабочей среды. В нашей среде. С. заела кого-н.* (о невозможности расти, развиваться из-за неблагоприятного окружения; устар. и шутл.). ‖ *прил.* **средово́й**, -а́я, -о́е (к 1 и 2 знач.; спец.). *Средовые факторы.*

СРЕДА´[2], -ы́, *вин.* сре́ду, *мн.* сре́ды, сред, среда́м *и* сре́дам, *ж.* Третий день недели.

СРЕДИ´, *предлог с род. п.* **1.** *кого-чего.* Внутри, в центре какого-н. пространства. *Лужайка с. леса. С. толпы.* **2.** *чего.* Между концом и началом какого-н. периода времени, в середине. *Проснуться с. ночи.* **3.** *кого-чего.* В числе других предметов, лиц, явлений. *Первый с. равных.* **4.** *кого (чего).* В среде кого-н., в составе какого-н. множества. *Воспитательная работа с. молодёжи. Герои с. нас.* **5.** *кого (чего).* Употр. при обозначении субъекта, у кого-н., в кругу кого-н. *С. специалистов возникли сомнения.*

СРЕДИ..., *приставка.* Образует прилагательные со знач. находящийся в середине, посередине, напр. *средиземный, срединедельный, средисезонный.*

СРЕДИ´НА, -ы, *ж.* (устар.). То же, что середина. *С. лета.* ‖ *прил.* **среди́нный**, -ая, -ое.

СРЕДНЕ... *Первая часть сложных слов со знач.:* 1) средний (во 2 знач.), напр. *среднегодовой, среднесуточный, среднестатистический, среднеарифметический;* 2) находящийся в середине, средний (в 1 знач.), напр. *среднегорье, среднегорный, среднепролётный, среднерасположенный, среднетаёжный;* 3) средний (в 3 знач.), напр. *средневосприимчивый, среднеупитанный, среднеуспевающий;* 4) относящийся к средним векам, среднему периоду какого-н. исторического развития, напр. *средневековый, среднечетвертичный, среднепалеолитический;* 5) относящийся к среднему образованию, напр. *среднетехнический.*

СРЕДНЕВЕКО́ВЫЙ, -ая, -ое. Относящийся к средним векам. *Средневековое искусство.*

СРЕДНЕВЕКО́ВЬЕ, -я, *ср.* Средние века. *Раннее с.*

СРЕДНЕВИ́К, -а́, *м.* (разг.). Спортсмен — бегун на средние дистанции, а также спортсмен средней весовой категории.

СРЕДНЕВО́ЛНОВЫЙ, -ая, -ое и **СРЕДНЕВОЛНО́ВЫЙ**, -ая, -ое. Работающий на средних радиоволнах. *Средневолновая радиостанция.*

СРЕ́ДНИЙ, -яя, -ее. **1.** Находящийся в середине, между какими-н. крайними точками, величинами, промежуточный. *Среднее течение реки. Человек среднего роста. С. возраст. Средние волны* (радиоволны длиной от 100 до 1000 м). *Выше среднего* (сущ.; выше какой-н. нормы). *Ниже среднего* (сущ.; ве ма посредственно). **2.** Представляющий собой величину, полученную делением суммы нескольких величин на их количество. *Средняя годовая температура. С. заработок. Средняя скорость поезда. Среднее* (сущ.) *арифметическое.* **3.** То же, что посредственный. *С. ученик. Весьма средние способности. Отвечал урок средне* (нареч.). ✦ **Средний род** — грамматическая категория: 1) у имён (в 6 знач.): характеризующийся своими особенностями склонения и согласования класс слов, к кому относятся такие слова, как напр. *(большое) окно, (зелёное) поле, (весёлое) дитя;* 2) у глаголов: форма ед. числа прош. времени и сослагательного наклонения, обозначающая отнесённость действия к имени (в 6 знач.) такого класса, напр. *поле зеленело, дитя играло (играло бы).* **В среднем** — беря за норму среднюю величину. **Средняя школа** — общеобразовательная. **Среднее образование** — образование, получаемое в средней школе, в специальном училище или в техникуме. **Средние века** — в истории разных стран: период времени, совпадающий с эпохой феодализма. **Средний палец** — на руке между указательным и безымянным. **Среднее ухо** — полость за барабанной перепонкой, перед внутренним ухом.

СРЕДОСТЕ́НИЕ, -я, *ср.* (спец.). Место в средней части грудной полости, где находятся сердце, трахея, пищевод, нервные стволы. ‖ *прил.* **средосте́нный**, -ая, -ое.

СРЕДОТО́ЧИЕ, -я, *ср.* (книжн.). Место, где сосредоточено что-н. *Университеты — с. культуры.*

СРЕ́ДСТВО, -а, *ср.* **1.** Приём, способ действ ия для достижения чего-н. *Простое с. Всеми средствами добиваться чего-н. Все средства хороши для кого-н.* (ничем не брезгует кто-н. для достижения своих целей, успеха; неодобр.). **2.** Орудие (предмет, совокупность приспособлений) для осуществления какой-н. деятельности. *Средства передвижения. Средства защиты.* **3.** Лекарство, предмет, необходимый при лечении, а также предмет косметики (во 2 знач.). *Лекарственные средства. С. от кашля. Перевязочные средства. Косметические средства.* **4.** *мн.* Деньги, кредиты. *Оборотные средства. Отпустить средства на что-н.* **5.** *мн.* Капитал, состояние. *Человек со средствами. Жить не по средствам* (тратя больше, чем позволяют доход, состояние). ✦ **Средства производства** (спец.) — совокупность средств и предметов труда. **Средства труда** (спец.) — совокупность орудий труда, производственных помещений, средств перемещений грузов и связи. **Средства существования (к существованию)** — доходы, а также вообще всё то, что обеспечивает возможность жить, существовать. *Остаться без средств к существованию.*

СРЕДЬ *кого-чего, предлог с род. п.* То же, что среди. *С. гор. Любимейший с. друзей. Шум с. собравшихся. С. бела дня* (днём, когда совсем светло, а также, неодобр., открыто, у всех на виду, не стесняясь; разг.).

СРЕЗ, -а, *м.* **1.** *см.* срезать. **2.** Место, где что-н. срезано, а также сам срезанный кусок, то, что срезано. *С. на стволе. С. древесины.* **3.** *перен.* Состояние чего-н. в определённый момент развития, движения. *Хронологический с.*

СРЕ́ЗАННЫЙ, -ая, -ое; -ан. О части головы, лица: прямой и укороченный, скошенный. *С. подбородок. С. затылок.* ‖ *сущ.* **сре́занность**, -и, *ж.*

СРЕ́ЗАТЬ, сре́жу, сре́жешь; сре́занный; *сов.* **1.** *см.* резать. **2.** *что.* Отре́зать или обре́зать сверху, с краёв. *С. ветку. С. корку сыра. С. угол* (перен.: двигаясь по диагонали, сократить путь). **3.** *перен., что.* Сократить, уменьшить, урезать (во 2 знач.). *С. фонды, ассигнования.* **4.** *кого (что).* Оборвать, резко прервать (говорящего). *С. обидным замечанием.* ‖ *несов.* **среза́ть**, -а́ю, -а́ешь *и* **сре́зывать**, -аю, -аешь (ко 2 знач.). ‖ *сущ.* **сре́зывание**, -я, *ср.* (ко 2 и 3 знач.), **среза́ние**, -я, *ср.* (к 1 и 3 знач.), **сре́зка**, -и, *ж.* (ко 2 знач.) *и* **сре́з**, -а, *м.* (ко 2 знач.). ‖ *прил.* **срезно́й**, -а́я, -о́е (ко 2 знач.).

СРЕ́ЗАТЬСЯ, -жусь, -жешься; *сов.* Потерпеть неудачу, провалиться (в 3 знач.). *С. на экзамене.* ‖ *несов.* **сре́зываться**, -аюсь, -аешься *и* **среза́ться**, -а́юсь, -а́ешься.

СРЕПЕТИ́РОВАТЬ *см.* репетировать.

СРЕ́ТЕНИЕ, -я, *ср.* (С прописное). Один из двенадцати основных православных праздников в память о том, как праведник Симеон встретил у дверей храма Марию и Иосифа, несущих младенца Иисуса на руках для посвящения Богу. *Заутреня на С.*

СРИСОВА́ТЬ, -су́ю, -су́ешь; -о́ванный; *сов., кого-что.* Рисуя, сделать копию с чего-н. *С. картинку, узор. Герой романа срисован с натуры* (перен.). ‖ *несов.* **срисо́вывать**, -аю, -аешь. ‖ *сущ.* **срисо́вывание**, -я, *ср. и* **срисо́вка**, -и, *ж.* (разг.).

СРИФМОВА́ТЬ *см.* рифмовать.

СРОВНЯ́ТЬ *см.* ровнять.

СРОДНИ́. **1.** *нареч. и в знач. сказ., кому.* Связан родством, состоит в родстве (разг.). *Он нашему семейству с. или приходится с.* **2.** *кому-чему, предлог с дат. п.* То же, что сходно с кем-чем-н., похоже на кого-что-н. *Страсть с. безумию. Старый человек с. больному. Такое отношение с. безответственности.*

СРОДНИ́ТЬ, -ню́, -ни́шь; -нённый (-ён, -ена́); *сов., кого-что с кем-чем.* Сделать своим, близким, привычным. *Людей сроднило общее дело.*

СРОДНИ́ТЬСЯ, -ню́сь, -ни́шься; *сов., с кем-чем.* Сблизиться, сдружиться, свыкнуться. *С. на общей работе. С. с делом.*

СРО́ДНЫЙ, -ая, -ое; -ден, -дна (книжн.). Обладающий сродством, сходный, близкий. *Сродные явления.* ‖ *сущ.* **сро́дность**, -и, *ж.*

СРО́ДСТВЕННИК, -а, *м.* (прост.). То же, что родственник. ‖ *ж.* **сро́дственница**, -ы.

СРОДСТВО́, -а́, *ср.* (книжн.). Сходство по основным свойствам или по общности происхождения. *С. явлений. С. душ* (духовная близость).

СРО́ДУ, *нареч.*, обычно *при отрицании* (прост.). Никогда, ни разу. *С. не видал, не слыхал, не встречал.*

СРОИ́ТЬ *см.* роить.

СРОК, -а (-у), *м.* **1.** Определённый промежуток времени. *На короткий с. По истечении срока. В установленные сроки. Обмундирование первого срока службы* (носится первый срок, установленный для пользования). **2.** Момент наступления, исполнения чего-н. *Пропустить с. платежа. Представить работу в с.* **3.** Тюремное заключение определённой продолжительности по приговору суда (прост.). *Получить с. Дать с. кому-н.* ✦ **Дай(те) срок** (разг.) — 1) подожди(те), дай(те) возможность, время сделать что-н. *Дай срок, всё наладится;* 2) употр. как угроза. *Дай срок, я с тобой разделаюсь.* **Ни отдыху, ни сроку не давать** *кому* (разг.) — не давать покою, торопить с исполнением чего-н. ‖ *прил.* **сро́чный**, -ая, -ое (к 1 и 2 знач.; устар.). *Срочное время. Срочное число.*

СРО́ЧНЫЙ, -ая, -ое; -чен, -чна. **1.** *см.* срок. **2.** Совершаемый спешно, безотлагательно, в короткий срок. *Срочное сообщение. С. заказ. Срочно* (нареч.) *выехать.* **3.** *полн. ф.* Рассчитанный на определённый срок. *Срочная ссуда. С. вклад.* **4.** Протекающий в положенные для чего-н. сроки. *Срочная военная служба* (обязательная военная служба граждан призывных возрастов в течение сроков, установленных законом). ‖ *сущ.* **сро́чность**, -и, *ж.*

СРУБ, -а, *м.* **1.** *см.* срубить. **2.** Четырёхугольное сооружение из венцов (в 7 знач.). *С. избы. Колодезный с.* ‖ *прил.* **сру́бный**, -ая, -ое *и* **сру́бовый**, -ая, -ое. *Срубный колодец. Срубовое крепление.*

СРУБИ́ТЬ, срублю́, сру́бишь; сру́бленный; *сов., что.* **1.** *см.* рубить. **2.** Рубя, свалить или отсечь. *С. дерево. С. сук. С. голову кому-н.* ‖ *несов.* **сруба́ть**, -а́ю, -а́ешь. ‖ *сущ.* **сруба́ние**, -я, *ср. и* **сруб**, -а, *м. На сруб* (для вырубки; спец.).

СРЫВ, СРЫВА́ТЬ[1], **-СЯ** *см.* сорвать, -ся.

СРЫВА́ТЬ[2] *см.* срыть.

СРЫГНУ́ТЬ, -ну́, -нёшь; сры́гнутый; *сов., что.* Внезапно и без усилия выпустить через рот часть содержимого желудка. *Ребёнок срыгнул молоко.* ‖ *несов.* **сры́гивать**, -аю, -аешь. ‖ *сущ.* **сры́гивание**, -я, *ср.*

СРЫТЬ, сро́ю, сро́ешь; сры́тый; *сов., что.* Рытьём уничтожить. *С. холм.* ‖ *несов.* **срыва́ть**, -а́ю, -а́ешь. ‖ *сущ.* **сры́тие**, -я, *ср. и* **срыва́ние**, -я, *ср.*

СРЯ́ДУ, *нареч.* (устар. и прост.). То же, что подряд[2]. *Три дня с.*

ССА́ДИНА, -ы, *ж.* Место на теле, где оцарапана, содрана кожа. *Кровавые ссадины.*

ССАДИ́ТЬ, ссажу́, сса́дишь; сса́женный; *сов.* **1.** *кого (что).* Помочь сойти (сидящему на чём-н.). *Ссадить ребёнка со стула.* **2.** *кого (что).* Высадить, заставить выйти (из транспортного средства). *С. безбилетного пассажира.* **3.** *что.* Поцарапать, содрать кожу на чём-н. (разг.). *С. ногу до крови.* ‖ *несов.* **сса́живать**, -аю, -аешь. ‖ *сущ.* сса́живанье, -я, *ср.* (к 1 и 2 знач.).

ССЕЛИ́ТЬ, -лю́, -ли́шь *и* (разг.) -лишь; -лённый (-ён, -ена́); *сов., кого-что.* Переселить из разных мест в одно. *С. хутора́.* ‖ *несов.* **ссел́ять**, -я́ю, -я́ешь. ‖ *возвр.* **ссели́ться**, -и́тся *и* (разг.) -ится; *несов.* **ссел́яться**, -я́ется. ‖ *сущ.* **ссел́ение**, -я, *ср.*

ССЕЧЬ, ссеку́, ссечёшь, ссеку́т; ссёк *и* (устар.) ссек, ссекла́ *и* (устар.) ссе́кла; ссе́кший *и* ссёкший; ссечённый (-ён, -ена́) *и* ссе́ченный; ссе́кши *и* ссёкши; *сов., что.*

Отсечь (обычно верх чего-н.). *С. ветку саблей.* ‖ *несов.* **ссекáть**, -áю, -áешь.

ССО́РА, -ы, *ж.* **1.** Состояние взаимной вражды, серьёзная размолвка. *Быть в ссоре с кем-н.* **2.** Взаимная перебранка. *Шумная с.*

ССО́РИТЬ, -рю, -ришь; *несов., кого (что) с кем.* Побуждать к отношениям открытой взаимной неприязни. *С. приятелей.* ‖ *сов.* **поссóрить**, -рю, -ришь.

ССО́РИТЬСЯ, -рюсь, -ришься; *несов., с кем.* Вступать в отношения открытой взаимной неприязни; браниться, пререкаться, препираться. *С. из-за пустяков. С. с соседом.* ‖ *сов.* **поссóриться**, -рюсь, -ришься. *П. со старым приятелем.*

ССО́ХНУТЬСЯ (-нусь, -нешься, 1 и 2 л. не употр.), -нется; ссóхся, ссóхлась; ссóхшийся; ссóхшись; *сов.* **1.** Высохнув, съёжиться, покоробиться. *Листья ссохлись.* **2.** Высохнув, обратиться в твёрдый комок. *Грязь ссохлась в комки.* ‖ *несов.* **ссыхáться** (-áюсь, -áешься, 1 и 2 л. не употр.), -áется. ‖ *сущ.* **ссыхáние**, -я, *ср.*

ССУ́ДА, -ы, *ж.* Средства, предоставляемые в кредит юридическому или физическому лицу. *Денежная с. Долгосрочная с. Краткосрочная с. Безвозмездная с. Дать, выдать ссуду. Погашение ссуды. Банковская с.* (ссуда целевого назначения, представляемая юридическому или физическому лицу банком). ‖ *прил.* **ссýдный**, -ая, -ое. *С. процент. Ссудная касса.*

ССУДИ́ТЬ, ссужý, ссýдишь; ссýженный; *сов., кого (что) чем* или *кому что.* Дать в долг, в качестве ссуды. *С. кого-н. деньгами. С. небольшую сумму.* ‖ *несов.* **ссужáть**, -áю, -áешь.

ССУТУ́ЛИТЬ, -СЯ *см.* сутулить, -ся.

ССУЧИ́ТЬ *см.* сучить.

ССЫЛА́ТЬ, -СЯ *см.* сослать, -ся.

ССЫ́ЛКА[1], -и, *ж.* **1.** *см.* сослать. **2.** Пребывание ссыльного на поселении, а также время такого пребывания. *Жить в ссылке.*

ССЫ́ЛКА[2], -и, *ж.* **1.** *см.* сослаться. **2.** Выдержка из текста или указание источника, на к-рый ссылаются. *С. на первоисточник. С. внизу страницы.*

ССЫ́ЛОЧНЫЙ[1] *см.* сослать.

ССЫ́ЛОЧНЫЙ[2] *см.* сослаться.

ССЫ́ЛЬНЫЙ, -ого, *м.* Человек, находящийся в ссылке[1], на поселении. ‖ *ж.* **ссы́льная**, -ой.

ССЫ́ПАТЬ, -плю, -плешь *и* (разг.) -пешь, -пет, -пем, -пете, -пят; ссыпь; -анный; *сов., что.* **1.** Насыпать или всыпать куда-н. *С. муку в мешок.* **2.** Доставить (зерно) куда-н. для передачи, хранения. *С. пшеницу на элеватор.* ‖ *несов.* **ссыпáть**, -áю, -áешь. ‖ *сущ.* **ссыпáние**, -я, *ср. и* **ссы́пка**, -и, *ж.* ‖ *прил.* **ссыпнóй**, -áя, -óе. *С. пункт.*

ССЫХА́ТЬСЯ *см.* ссохнуться.

СТАБИЛИЗА́ТОР, -а, *м.* (спец.). **1.** Прибор, устройство для придания устойчивости, постоянного положения, состояния чего-н. (в автоматике, в авиации), для стабилизации какого-н. процесса. *С. летательного аппарата. С. тока. С. напряжения.* **2.** Вещество, состав, задерживающий процесс изменения чего-н. (напр. процесс окисления). *Фотографический с. С. полимеров.* ‖ *прил.* **стабилизáторный**, -ая, -ое.

СТАБИЛИЗИ́РОВАТЬ, -рую, -руешь; -ованный и **СТАБИЛИЗОВА́ТЬ**, -зýю, -зýешь; -óванный; *сов. и несов., что.* Привести (-водить) в устойчивое положение, состояние. *С. грунт. Стабилизировать обстановку.* ‖ *сущ.* **стабилизáция**, -и, *ж.*

СТАБИЛИЗИ́РОВАТЬСЯ (-руюсь, -руешься, 1 и 2 л. не употр.), -руется и **СТАБИЛИЗОВА́ТЬСЯ** (-зýю, -зýешь, 1 и 2 л. не употр.), -зýется; *сов. и несов.* Прийти (приходить) в устойчивое положение, состояние. *Цены стабилизовались, стабилизировались.* ‖ *сущ.* **стабилизáция**, -и, *ж.*

СТАБИ́ЛЬНЫЙ, -ая, -ое; -лен, -льна. Прочный, устойчивый, постоянный. *Стабильное положение. Стабильные цены.* ‖ *сущ.* **стабúльность**, -и, *ж.*

СТА́ВЕНЬ, -вня, *род. мн.* -вней, *м.* и **СТА́ВНЯ**, -и, *род. мн.* -вен, *ж.* Дощатая или железная створка для прикрытия окна. *Закрыть ставни.* ‖ *уменьш.* **стáвенка**, -и, *ж.* ‖ *прил.* **стáвенный**, -ая, -ое.

СТА́ВИТЬ, -влю, -вишь; -вленный; *несов.* **1.** *что.* Помещать, укреплять стоймя, в стоячем положении, не лёжа. *С. столбы. С. книги на полки. С. портрет на стол.* **2.** *кого (что).* Заставлять стать[1] (в 1 знач.), занять где-н. место в стоячем положении. *С. людей в строй. С. кого-н. на колени. С. часового на пост. С. к станку* (также перен.: поручать работу у станка). **3.** *кого (что).* Назначать, определять (разг.). *С. кого-н. на работу. С. нового завхоза.* **4.** *что.* Помещать на определённое место, в определённом положении. *С. автомобиль в гараж. С. вещи на место. С. тарелки в буфет. С. кастрюлю на огонь. С. хлеб на стол.* **5.** *что.* В нек-рых выражениях: придавать чему-н. нужное положение, форму, приводить в нужное состояние. *Правильно с. ногу при ходьбе. С. руку* (пианисту). *С. голос* (начинающему певцу). **6.** *что.* Сооружать; устанавливать. *С. памятник герою. С. телефон.* **7.** *что.* Накладывать, прикладывать, вкладывать. *С. компресс. С. термометр. С. горчичник. С. банки.* **8.** *что.* Изображать письменно, писать. *С. свою подпись. С. знаки препинания. С. отметку.* **9.** *что.* В азартных играх: вносить, вкладывать в игру (деньги). *С. в банк. С. на туза.* **10.** *что.* Устраивать, организовывать, налаживать. *С. спектакль. С. опыты.* **11.** *что.* Предлагать для решения, выполнения, обсуждения. *С. задачу перед кем-н. С. твёрдые сроки. Правильно с. вопрос. С. на голосование.* **12.** *кого-что.* Создавать для кого-чего-н. условия, обстановку, приводить в какое-н. состояние, положение. *С. в затруднение. С. в трудное положение. С. под контроль. С. перед совершившимся фактом. С. себя на чьё-н. место* (представлять себя в положении другого). **13.** *кого-что.* В сочетании с существительным с предлогом выражает действие по знач. данного существительного. *С. в известность кого-н.* (извещать). *С. в вину что-н. кому-н.* (обвинять в чём-н.). *С. в связь что-н. с чем-н.* (устанавливать связь между чем-н.). *С. в упрёк что-н. кому-н.* (упрекать). **14.** *что.* Производить, делать (то, что обозначает существительное). *С. диагноз. С. рекорд. С. подножку кому-н.* **15.** *кого-что во что* или *за что.* Расценивать, считать, относиться к кому-чему-н. каким-н. образом. *С. за правило. С. в пример кого-что-н. кому-н. Ни во что не с. кого-н.* (совершенно не ценить). ‖ *сов.* **постáвить**, -влю, -вишь; -вленный. ‖ *сущ.* **постанóвка**, -и, *ж.* (к 1, 5, 10 и 11 знач.).

СТА́ВКА, -и, *ж.* **1.** Место расположения высшего военачальника, стратегического руководства во время войны. *С. Верховного Главнокомандования. С. Верховного Главнокомандующего.* **2.** Высший орган руководства вооружёнными силами во время войны. *Приказ ставки.* **3.** В азартных играх: денежная сумма, к-рую игрок вкладывает в игру и теряет при проигрыше. *Крупная с. Ваша с. бита* (также перен.: ваши расчёты не оправдались, ваша карта бита). **4.** *перен., на кого-что.* Расчёт на кого-что-н., стремление основать свои действия на чём-н. *Делать ставку на молодых. С. на новую технику.* **5.** Размер заработной платы, оклад. *Повышение ставок учителям.* **6.** Норма взимания налога, оплаты чего-н. (спец.). *Ставки налога.*

СТА́ВЛЕННИК, -а, *м.* Тот, кто получил должность по чьему-н. желанию, протекции, стараниями кого-н. *С. прежнего руководства.* ‖ *ж.* **стáвленница**, -ы.

СТАВНО́Й, -áя, -óе (спец.). Укрепляемый на месте, неподвижный. *С. невод. Ставные рыболовные сети.*

СТАВРИ́ДА, -ы, *ж.* Небольшая морская промысловая рыба отряда окунеобразных. ‖ *прил.* **ставрúдовый**, -ая, -ое.

СТАДИА́ЛЬНЫЙ, -ая, -ое; -лен, -льна (книжн.). Осуществляющийся по стадиям. *Стадиальное развитие.* ‖ *сущ.* **стадиáльность**, -и, *ж.*

СТАДИО́Н, -а, *м.* Комплексное спортивное сооружение с трибунами для зрителей и со специально оборудованными площадками для тренировок, состязаний. ‖ *прил.* **стадиóнный**, -ая, -ое.

СТА́ДИЯ, -и, *ж.* Период, ступень в развитии чего-н. *С. роста. С. болезни.* ‖ *прил.* **стадиáйный**, -ая, -ое (спец.).

СТА́ДНЫЙ, -ая, -ое; -ден, -дна. **1.** *см.* стадо. **2.** *полн. ф.* Живущий стадом, свойственный стаду. *Стадное животное. С. инстинкт. С. образ жизни.* **3.** *перен.* Основанный на бессознательном подчинении толпе, большинству. *Стадное чувство.* ‖ *сущ.* **стáдность**, -и, *ж.*

СТА́ДО, -а, *мн.* стадá, стад, стадáм, *ср.* **1.** Группа животных одного вида, а также пасущийся вместе скот. *Олени стада. С. голубых песцов* (на звероферме). *Рыбное с.* **2.** *ед.* То же, что поголовье. *Рост племенного стада.* ‖ *прил.* **стáдный**, -ая, -ое (к 1 знач.).

СТАЖ, -а, *м.* **1.** Продолжительность деятельности в какой-н. области. *Трудовой с. С. работы на заводе.* **2.** Срок, в течение к-рого вновь поступившие работают для приобретения опыта в своей специальности, а также для общей оценки стажирующегося. *Кандидатский с.*

СТАЖЁР, -а, *м.* Лицо, к-рое проходит стаж (во 2 знач.). *С.-исследователь.* ‖ *ж.* **стажёрка**, -и (разг.). ‖ *прил.* **стажёрский**, -ая, -ое.

СТАЖИ́РОВАТЬ, -рую, -руешь и **СТАЖИРОВА́ТЬ**, -рýю, -рýешь; *несов.* Проходить стаж (во 2 знач.). ‖ *сущ.* **стажирóвка**, -и, *ж.*

СТАЖИ́РОВАТЬСЯ, -руюсь, -руешься и **СТАЖИРОВА́ТЬСЯ**, -рýюсь, -рýешься; *несов.* То же, что стажировать. ‖ *сущ.* **стажирóвка**, -и, *ж.*

СТА́ИВАТЬ *см.* стаять.

СТА́ЙЕР, -а, *м.* Спортсмен-бегун (а также пловец, конькобежец, велосипедист) на длинные дистанции. ‖ *прил.* **стáйерский**, -ая, -ое.

СТА́ЙКА, СТА́ЙНЫЙ *см.* стая.

СТАКА́Н, -а, *м.* **1.** Стеклянный цилиндрический сосуд без ручки, служащий для питья. *Гранёный с. С. чаю. С. в подстаканнике.* **2.** Цилиндрическая металлическая оболочка, корпус артиллерийского снаряда (спец.). **3.** Название различных деталей в форме полого цилиндра (спец.). ‖ *уменьш.* **стакáнчик**, -а, *м.* (к 1 знач.) *и* **стакáшек**, -шка, *м.* (к 1 знач.; прост.). ‖ *прил.* **стакáнный**, -ая, -ое.

СТАЛАГМИ́Т, -а, *м.* Поднимающийся кверху известковый нарост на дне пещеры, образованный падающими с потолка каплями и имеющий форму стоящей сосульки. ‖ *прил.* **сталагми́товый**, -ая, -ое.

СТАЛАКТИ́Т, -а, *м.* Имеющий форму сосульки спускающийся с потолка пещеры известковый нарост, образованный просачивающимися каплями. ‖ *прил.* **сталакти́товый**, -ая, -ое.

СТАЛЕВА́Р, -а, *м.* Рабочий, занимающийся выплавкой стали.

СТАЛЕЛИТЕ́ЙНЫЙ, -ая, -ое. Относящийся к получению отливок из стали. *С. цех.*

СТАЛЕПЛАВИ́ЛЬНЫЙ, -ая, -ое. Относящийся к выплавке стали. *Сталеплавильное производство.*

СТАЛЕПРОКА́ТНЫЙ, -ая, -ое. Относящийся к производству стального проката. *С. цех.*

СТА́ЛКИВАТЬ, -СЯ *см.* столкнуть, -ся.

СТАЛЬ, -и, *ж.* Твёрдый серебристый металл, сплав железа с углеродом и другими упрочняющими элементами. *Нержавеющая с. Листовая с.* (в листах[2]). *Как с. кто-н.* (твёрд, непоколебим). *С. осенних вод* (перен.: о серых холодных водах). ‖ *прил.* **стально́й**, -а́я, -о́е. *Стальные конструкции.*

СТАЛЬНО́Й, -а́я, -о́е. **1.** *см.* сталь. **2.** *перен.* О цвете: серебристо-серый. *Стальные воды залива.* **3.** *перен.* Очень сильный, крепкий (высок.). *Стальные мышцы. Стальные нервы. Стальная воля.*

СТАМЕ́СКА, -и, *ж.* Столярный и плотничный инструмент со стальным плоским заточенным концом. *Строгать, стёсывать, подрезать стамеской.* ‖ *прил.* **стаме́сочный**, -ая, -ое.

СТАН[1], -а, *м.* Туловище человека. *Девичий с. Стройный с. Полнеющий с.*

СТАН[2], -а, *м.* **1.** Лагерь, место стоянки. *Воинский с. Расположиться станом. Полевой с.* (пункт с жилыми и производственными помещениями на отдалённых полях в период полевых сельскохозяйственных работ). *Тракторный с.* **2.** *перен.* Воюющая, борющаяся сторона, общественно-политическая группировка (высок.). *В стане идейных противников.* **3.** В царской России: административно-полицейское подразделение уезда, состоящее из нескольких волостей. ‖ *прил.* **станово́й**, -а́я, -о́е (к 3 знач.). *С. пристав* (начальник стана в уезде). *Распоряжение станового* (сущ.).

СТАН[3], -а, *м.* **1.** Большая машина или система машин для изготовления крупных металлических изделий. *Прокатный с. Рельсопрокатный с. Волочильный с.* **2.** Машина или прибор для тканья. *Ткацкий с.*

СТАНДА́РТ, -а, *м.* **1.** Образец, к-рому должно соответствовать, удовлетворять что-н. по своим признакам, свойствам, качествам, а также документ, содержащий в себе соответствующие сведения (офиц.). *Соответствие изделий стандарту. Государственный с.* (ГОСТ). *Нормативно-технический с.* **2.** *ед.* Нечто шаблонное, трафаретное, не заключающее в себе ничего оригинального, творческого. *Действовать по стандарту.* ◆ **Золотой стандарт** (спец.) — в мировой валютной системе с конца 19 в. до нач. 30-х гг. 20 в.: система обращения денег, при к-рой в качестве меры их стоимости функционирует золото. ‖ *прил.* **станда́ртный**, -ая, -ое (к 1 знач.).

СТАНДАРТИЗИ́РОВАТЬ, -рую, -руешь; -ованный и **СТАНДАРТИЗОВА́ТЬ**, -зую, -зу́ешь; -о́ванный; *сов.* и *несов.*, *что.* **1.** Установить (-навливать) стандарты (в 1 знач.); придать (-авать) чему-н. однообразие, стандартные формы. **2.** Изготовить (-влять) по стандарту (в 1 знач.). ‖ *сущ.* **стандартиза́ция**, -и, *ж.*

СТАНДА́РТНЫЙ, -ая, -ое; -тен, -тна. **1.** *см.* стандарт. **2.** Удовлетворяющий, соответствующий стандарту (в 1 знач.). *Стандартные коттеджи.* **3.** Являющийся стандартом (во 2 знач.), шаблонный, трафаретный. *С. ответ.* ‖ *сущ.* **станда́ртность**, -и, *ж.*

СТАНИ́НА, -ы, *ж.* (спец.). **1.** Неподвижное основание машины, станка, рама (во 2 знач.). **2.** То же, что станок[1] (во 2 знач.). ‖ *прил.* **стани́нный**, -ая, -ое.

СТАНИ́ЦА[1], -ы, *ж.* Большое казачье селение. *Донские станицы.* ‖ *прил.* **стани́чный**, -ая, -ое.

СТАНИ́ЦА[2], -ы, *ж.* (устар.). То же, что стая. *Журавли летят станицей.*

СТАНИ́ЧНИК, -а, *м.* Казак, житель станицы. ‖ *ж.* **стани́чница**, -ы.

СТАНКО́ВЫЙ[1], -ая, -ое. Относящийся к изобразительному искусству, произведения к-рого не имеют специального декоративного и утилитарного назначения. *Станковое искусство. С. рисунок. Станковая графика. Станковая скульптура.*

СТАНКО́ВЫЙ[2] *см.* станок[1].

СТАНКОСТРОЕ́НИЕ, -я, *ср.* Производство станков[1] (в 1 знач.). ‖ *прил.* **станкострои́тельный**, -ая, -ое.

СТАНКОСТРОИ́ТЕЛЬ, -я, *м.* Специалист по станкостроению.

СТАНОВИ́ТЬСЯ *см.* стать[1-2].

СТАНОВИ́ЩЕ, -а и **СТАНО́ВИЩЕ**, -а, *ср.* (устар. и спец.). Место стоянки. *С. кочевников. С. птичьей стаи.*

СТАНОВЛЕ́НИЕ, -я, *ср.* (книжн.). Возникновение, образование чего-н. в процессе развития. *С. нового человека. С. характера, личности. В процессе становления чего-н.*

СТАНОВО́Й[1], -а́я, -о́е: **становой хребет** *чего* (книжн.) — основа чего-н., нечто главное, центральное в каком-н. вопросе [*первонач.* то же, что позвоночник].

СТАНОВО́Й[2] *см.* стан[2].

СТАНО́К[1], -нка́, *м.* **1.** Машина для обработки (металла, дерева, твёрдых материалов), изготовления чего-н. *Токарный с. Печатный с. С.-автомат. Станки с числовым программным управлением. От станка кто-н.* (непосредственно из рабочей среды; разг.). **2.** Основание, на к-ром укреплено орудие, пулемёт, станина (во 2 знач.). **3.** Название различных специальных приспособлений, имеющих вид опоры, подставки. *С. для холста* (у живописцев). *Упражняться у станка* (в спорте, балете). **4.** То же, что стойло. **5.** Приспособление, в к-рое ставят животное (при ковке, лечении, дойке), чтобы лишить его свободы движения (спец.). *Доильный с.* ‖ *прил.* **станко́вый**, -ая, -ое (ко 2, 3, 4 и 5 знач.) и **стано́чный**, -ая, -ое (к 1 знач.). *Станковый пулемёт. Станочный парк завода.*

СТАНО́К[2], -нка́, *м.* **1.** В старину в Сибири: почтовая ямская станция. **2.** В Сибири: небольшой посёлок. ‖ *прил.* **стано́чный**, -ая, -ое.

СТАНО́ЧНИК, -а, *м.* Рабочий, работающий на станке[1] (в 1 знач.). ‖ *ж.* **стано́чница**, -ы.

СТА́НСЫ, -ов, *ед.* станс, -а, *м.* **1.** *мн.* Стихотворение, каждая строфа к-рого представляет законченное смысловое и синтаксическое целое. **2.** *ед.* Отдельная строфа такого стихотворения.

СТАНЦЕВА́ТЬ *см.* танцевать.

СТА́НЦИЯ, -и, *ж.* **1.** Пункт, место остановки на железных дорогах и нек-рых других сухопутных путях сообщения; сооружения и службы, относящиеся к этому пункту. *Железнодорожная с. Узловая с. С. метро. С. назначения. Почтовая с.* (остановочный пункт почты в 4 знач.; устар.). **2.** Расстояние между двумя такими соседними пунктами, перегон (устар.). *Проехать две станции.* **3.** Название нек-рых учреждений, предприятий, пунктов или групп научно-исследовательских учреждений специального назначения. *Телефонная с. Электрическая с. Семеноводческая с. Метеорологическая с. Дрейфующая с. на полюсе.* **4.** Космический летательный аппарат с научной аппаратурой на борту. *Межпланетная автоматическая с. Беспилотная с. Пилотируемая с.* ‖ *прил.* **станцио́нный**, -ая, -ое (к 1 и 3 знач.).

СТА́ПЕЛЬ, -я, *мн.* -я́, -е́й и -и, -ей, *м.* (спец.). Наклонная площадка на верфях для постройки, ремонта судов и спуска их на воду. *Корабль сошёл со стапелей.* ‖ *прил.* **ста́пельный**, -ая, -ое.

СТА́ПТЫВАТЬ *см.* стоптать.

СТАРА́НИЕ, -я, *ср.* Стремление выполнить что-н. хорошо, добросовестно. *Приложить с. С большим старанием делать что-н.*

СТАРА́ТЕЛЬ, -я, *м.* Рабочий, занимающийся кустарной добычей золота. ‖ *ж.* **стара́тельница**, -ы. ‖ *прил.* **стара́тельский**, -ая, -ое. *Старательская артель.*

СТАРА́ТЕЛЬНЫЙ, -ая, -ое; -лен, -льна. Делающий что-н. со старанием. *С. ученик. Старательно* (нареч.) *готовить уроки.* ‖ *сущ.* **стара́тельность**, -и, *ж.*

СТАРА́ТЬСЯ, -а́юсь, -а́ешься; *несов.* **1.** Делать что-н. со старанием. *С. изо всех сил.* **2.** *с неопр.* Стремиться, хотеть сделать что-н. *С. понять.* ‖ *сов.* **постара́ться**, -а́юсь, -а́ешься.

СТАРЕ́ЙШИНА, -ы, *м.* **1.** В родовом обществе: глава общины. **2.** Самый старый и уважаемый член какого-н. коллектива. *С. театра.* ◆ **Совет старейшин** — в нек-рых государственных организациях: один из выборных органов.

СТАРЕ́ТЬ, -е́ю, -е́ешь; *несов.* **1.** Становиться старым (в 1 знач.), старее, старше. *Отец заметно стареет.* **2.** (1 и 2 л. не употр.). Становиться устарелым. *Мода стареет.* **3.** (1 и 2 л. не употр.). Распространяться на старых, охватывать собою более старых. *Население стареет* (увеличивается процент старых людей). ‖ *сов.* **постаре́ть**, -е́ю, -е́ешь (к 1 знач.) и **устаре́ть**, -е́ет (ко 2 знач.). ‖ *сущ.* **старе́ние**, -я, *ср.* (к 1 и 3 знач.). *С. металлов* (изменение строения и свойств металлов и сплавов под действием времени или нагревания; спец.).

СТА́РЕЦ, -рца, *м.* **1.** Старик (обычно о человеке уважаемом, почитаемом; высок.). *Мудрый, почтенный с.* **2.** Пожилой монах, отшельник (устар.). ‖ *ж.* **ста́рица**, -ы (устар. и к 1 знач. стар.).

СТАРИ́К, -а́, *м.* **1.** Мужчина, достигший старости. *Дряхлый с. Ещё не с. кто-н.* **2.** *мн.* Старые люди, а также вообще люди старших поколений. *Мы с женой уже старики. Старикам у нас почёт.* **3.** *мн.* Состарившиеся родители, родственники (разг.). *Навестить своих стариков.* **4.** Опытный, знающий дело человек (по отношению к новичкам) (разг.). *Эти парни уже старики на стройке.* **5.** Дружеское обращение к приятелю (разг.). ‖ *уменьш.-ласк.* **старичо́к**, -чка́, *м.* (к 1 и в нек-рых сочетаниях ко 2 знач.) и **старика́н**, -а, *м.* (к 1 и 5 знач.; ласк. разг. шутл.). ‖ *унич.* **старика́шка**, -и, *м.* (к 1 знач.). ‖ *прил.* **стари́ковский**, -ая, -ое (к 1, 2 и 3 знач.). *Стариковские немощи. Моё* *дело стариковское* (я старик и чувствую, веду себя соответственно).

СТА́РИНА, -ы, *ж.* В речи сказителей: эпическое сказание, былина.

СТАРИНА́[1], -ы́, *ж.* **1.** Давнее, давно минувшее время. *Глубокая с. От руин веет стариной. Бывало в старину.* **2.** Старые обычаи, обряды. *Жить по старине.* **3.** Далёкое прошлое в чьей-н. жизни (разг.). *Тряхнуть стариной* (поступить по-молодому, вспомнив прошлые хорошие годы, весёлые молодецкие дела). **4.** *собир.* Старинные предметы. *Коллекционировать старину.*

СТАРИНА́[2], -ы́, *м.* (разг.). То же, что старик (в 1 и 5 знач.), преимущ. в обращении. ‖ *ласк.* **стари́нушка**, *-и, м.* (в народной словесности).

СТАРИ́НКА, -и, *ж.* (разг.): 1) **по старинке** — как в старину, без новшеств, консервативно. *Работать по старинке;* 2) **держаться старинки** — действовать по-старому, консервативно.

СТАРИ́ННЫЙ, -ая, -ое; -и́нен, -и́нна. **1.** Древний, сохранившийся от давних времён. *Старинная книга. С. обычай.* **2.** *полн. ф.* Давнишний, старый (во 2 знач.). *С. друг.* ‖ *сущ.* **стари́нность**, -и, *ж.* (к 1 знач.).

СТА́РИТЬ, -рю, -ришь; *несов., кого (что).* **1.** Делать старым (в 1 знач.), старше. *Горе старит.* **2.** (1 и 2 л. не употр.). Придавать старый вид. *Борода тебя старит.* ‖ *сов.* **состари́ть**, -рю, -ришь (к 1 знач.).

СТА́РИТЬСЯ, -рюсь, -ришься; *несов.* То же, что стареть (в 1 знач.). *Старое старится, молодое растёт* (посл.). ‖ *сов.* **состари́ться**, -рюсь, -ришься. ‖ *сущ.* **старе́ние**, *-я, ср.*

СТА́РИЦА[1], -ы, *ж.* Участок старого русла реки, текущей по новому руслу.

СТА́РИЦА[2] *см.* старец.

СТА́РКА, -и, *ж.* Сорт крепкой водки.

СТАРО... *Первая часть сложных слов со знач.:* 1) старый (в 5 знач.), напр. *старомосковский, староболгарский, старопечатный* (о богослужебных книгах: напечатанный до исправления их во второй половине 17 в.); 2) старый (во 2 знач.), напр. *старопахотный* (о земле: издавна вспахиваемый); 3) относящийся к старине, к древности, напр. *старозаветный, стародавний, старославянизм;* 4) не современный, старый (в 6 знач.), напр. *старомодный, старорежимный;* 5) старый (в 8 знач.), напр. *старослужащий;* 6) старый (в 7 знач.), напр. *староречье* (то же, что старица[1]).

СТАРОВЕ́Р, -а, *м.* **1.** То же, что старообрядец. **2.** *перен.* Человек, придерживающийся старых мнений, старых привычек (устар. и разг. шутл.). ‖ *ж.* **старове́рка**, -и. ‖ *прил.* **старове́рский**, -ая, -ое *и* **старове́рческий**, -ая, -ое (к 1 знач.).

СТАРОВЕ́РЧЕСТВО, -а, *ср.* То же, что старообрядчество.

СТАРОДА́ВНИЙ, -яя, -ее. **1.** Давно минувший. *Стародавние времена.* **2.** Существующий или сохранившийся с давних пор. *С. обычай.*

СТАРОЖИ́Л, -а, *м.* Человек, к-рый много лет живёт в каком-н. одном месте. *Московский с. Старожилы не запомнят* (о чём-н. редком, необычном, чего никогда не бывало; разг.). *Старожилы зоопарка* (перен.: о животных). ‖ *ж.* **старожи́лка**, -и. ‖ *прил.* **старожи́льческий**, -ая, -ое *и* **старожи́льский**, -ая, -ое. *Старожильские деревни.*

СТАРОЗАВЕ́ТНЫЙ, -ая, -ое; -тен, -тна. То же, что патриархальный (во 2 знач.). *Старозаветные нравы.* ‖ *сущ.* **старозаве́тность**, -и, *ж.*

СТАРОМО́ДНЫЙ, -ая, -ое; -ден, -дна. Сделанный по старой моде, а также следующий старой моде. *С. костюм. Старомодно* (нареч.) *одеваться. Старомодные взгляды* (перен.). ‖ *сущ.* **старомо́дность**, *-и, ж.*

СТАРООБРА́ЗНЫЙ, -ая, -ое; -зен, -зна. Имеющий старческий вид. *Старообразное лицо. Старообразная внешность.* ‖ *сущ.* **старообра́зность**, *-и, ж.*

СТАРООБРЯ́ДЕЦ, -дца, *м.* Последователь старообрядчества. ‖ *ж.* **старообря́дка**, -и. ‖ *прил.* **старообря́дческий**, -ая, -ое.

СТАРООБРЯ́ДЧЕСТВО, -а, *ср.* Общее название религиозных течений, возникших в России с конца 17 в. вследствие религиозного раскола (впоследствии распавшихся на несколько толков[2]) и стремящихся к сохранению старых церковных правил (старой веры), прежних устоев жизни. *Течения старообрядчества.* ‖ *прил.* **старообря́дческий**, -ая, -ое. *С. монастырь.*

СТАРОРЕЖИ́МНЫЙ, -ая, -ое; -мен, -мна. Относящийся к старому режиму; дореволюционный. *Старорежимные времена. Старорежимные привычки.* ‖ *сущ.* **старорежи́мность**, -и, *ж.*

СТАРОСВЕ́ТСКИЙ, -ая, -ое (стар.). Не современный по образу жизни, патриархальный (во 2 знач.), старозаветный. *«Старосветские помещики»* (название повести Н. В. Гоголя).

СТАРОСЛАВЯ́НСКИЙ, -ая, -ое. Относящийся к первому литературно-письменному языку славян эпохи 9—11 вв. *С. язык. Старославянская письменность.*

СТАРОСЛУ́ЖАЩИЙ, -его, *м.* Солдат или матрос после первого года службы.

СТА́РОСТА, -ы, *м.* Выборное или назначаемое лицо для ведения дел какого-н. небольшого общества, коллектива. *С. класса* (в школе). *С. курса* (в учебном заведении). *С. кружка. Сельский с.* (в дореволюционной деревне).

СТА́РОСТЬ, -и, *ж.* **1.** Сменяющий зрелость возраст, в к-рый происходит постепенное ослабление деятельности организма; период жизни в таком возрасте. *С. не радость* (посл.). *Под с. На старости лет* (в старости; разг.). **2.** *перен.* О старых людях, стариках (высок.). *С. осмотрительна.*

СТАРПО́М, -а, *м.* Сокращение: старший помощник (капитана во 2 знач.). ‖ *прил.* **старпо́мовский**, -ая, -ое (разг.).

СТАРТ, -а, *м.* **1.** Начальный момент спортивного состязания, момент взлёта летательного аппарата, а также (перен.) вообще начальный момент какой-н. деятельности. *Дать с.* (дать знак к началу состязания; также перен.: санкционировать начало какой-н. деятельности). *Взять с.* (также перен.: о начале какой-н. деятельности). *Динамический с.* (подготовительное движение тяжелоатлета). **2.** Место, откуда начинается состязание. *Выйти на с. Отметить с. и финиш флажками.* ‖ *прил.* **ста́ртовый**, -ая, -ое. *Стартовая площадка. С. вес ракеты.*

СТА́РТЕР, -а, *м.* (спец.). Устройство в двигателе внутреннего сгорания, служащее для его механического пуска. ‖ *прил.* **ста́ртерный**, -ая, -ое.

СТАРТЁР, -а, *м.* Человек, к-рый подаёт знак о старте (в 1 знач.). ‖ *прил.* **стартёрский**, -ая, -ое.

СТАРТОВА́ТЬ, -ту́ю, -ту́ешь; *сов.* и *несов.* Взять (брать) старт (в 1 знач.). *Стартовали велогонщики. Спартакиада стартовала* (перен.: началась).

СТА́РТОВЫЙ, -ая, -ое. **1.** *см.* старт. **2.** *перен.* В нек-рых сочетаниях: начальный, исходный. *С. капитал. Стартовые цены.*

СТАРУ́ХА, -и, *ж.* Женщина, достигшая старости. *Дряхлая с. Превратиться в старуху* (сразу постареть). ‖ *уменьш.-ласк.* **стару́шка**, -и, *ж.* ‖ *уничиж.* **старушо́нка**, -и, *ж.* (разг.) *и* **старуше́нция**, -и, *ж.* (разг. шутл.). ‖ *прил.* **стару́шечий**, -ья, -ье. *С. смех* (как у старухи). *Одеваться по-старушечьи* (нареч.; как старуха).

СТА́РЧЕСКИЙ, -ая, -ое. Свойственный старикам, старым людям, такой, как у стариков. *С. кашель. С. маразм.*

СТАРШЕКЛА́ССНИК, -а, *м.* Ученик старшего класса. ‖ *ж.* **старшекла́ссница**, -ы.

СТАРШЕКУ́РСНИК, -а, *м.* Студент старшего курса. ‖ *ж.* **старшеку́рсница**, -ы.

СТА́РШИЙ, -ая, -ее; ста́рше. **1.** Имеющий больше лет сравнительно с кем-н., более старый или самый старый по возрасту. *Старшее поколение. С. брат. С. в семье.* **2.** **ста́рший**, -его, *м.* То же, что взрослый (во 2 знач.). *Слушаться старших.* **3.** Стоящий выше других по званию, должности, служебному положению. *С. научный сотрудник. С. войсковой начальник. С. лейтенант. Пойдёшь за старшего* (сущ.). **4.** Высший по степени, значению. *Старшая карта.* **5.** О классе, учебной группе, ученике: близкий к выпуску, к окончанию учебного курса. *Студенты старших курсов.* ‖ *ласк.* **ста́ршенький**, -ая, -ое (к 1 знач., о ребёнке в семье; разг.). *Это мой с.* (сущ.).

СТАРШИНА́, -ы́, *мн.* -и́ны, -и́н, -и́нам, *м.* **1.** В нек-рых армиях: звание младшего начальствующего состава (сержантского, подофицерского, унтерофицерского), а также лицо, имеющее такое звание. *Главный корабельный с.* (в военно-морском флоте). **2.** В России до 1917 г.: выборное лицо, руководящее делами какой-н. сословной организации, профессионального объединения. *Волостной с. С. присяжных заседателей* (в суде). ◆ **Войсковой старшина** — в русской армии до 1917 г.: казачий офицерский чин, равный подполковнику. ‖ *прил.* **старши́нский**, -ая, -ое (к 1 знач.). *С. состав.*

СТАРШИНСТВО́, -а́, *ср.* Первенство перед другими по возрасту, по сроку службы или по положению, званию. *Соблюдать с. По старшинству* (в порядке старшинства).

СТАРШО́Й, -а́я, -о́е (прост.). Старший по возрасту или по должности. *Старшой* (сущ.) *приказал. Жена старшого* (сущ.; т. е. старшего сына).

СТА́РЫЙ, -ая, -ое; стар, стара́, ста́ро *и* старо́. **1.** Достигший старости. *С. человек. И стар и млад* (все без исключения — и старые и молодые; устар.). **2.** Давний, существующий с давнего времени, долго. *С. друг. С. долг. Старая истина. Старые пашни.* **3.** Долго бывший в употреблении. *Покупка старых учебников. С. дом. Старое платье.* **4.** *полн. ф.* Уже не действительный, негодный. *С. билет.* **5.** Старинный, древний. *Старые манускрипты.* **6.** Прежний, не современный, устаревший. *С. порядок. Старые времена. С. режим. Старая мода. Смело ломать старое* (сущ.). **7.** *полн. ф.* Бывший прежде чего-н. другого, предшествующий. *Вернуться на старую квартиру. Восстановить с. вариант текста.* **8.** *полн. ф.* Не являющийся новичком, давно где-н. находящийся, живущий, работающий. *Старые ученики вместе с новичками. С. солдат* (давно служащий). **9.** **старо́**, *в знач. сказ.* О том, что давно известно, не ново (разг.). *Старо как мир* (давно известно всем; книжн.).

СТАРЬЁ, *-я́, ср., собир.* (разг.). **1.** Старые, подержанные вещи. *Выбросить с. Из старья сшито.* **2.** О чём-н. старом, давно известном (пренебр.). **3.** Старые люди, старики (пренебр.). *Собралось одно с.*

СТАРЬЁВЩИК, -а, *м.* Человек, к-рый собирает старьё (в 1 знач.), торгует им. ‖ *ж.* **старьёвщица**, -ы. ‖ *прил.* **старьёвщицкий**, -ая, -ое.

СТАСКА́ТЬ, -а́ю, -а́ешь; ста́сканный; *сов., кого-что.* Стащить (во 2 и 3 знач.) в несколько приёмов. *С. доски в подвал, в сарай.* ‖ *несов.* **ста́скивать**, -аю, -аешь.

СТА́СКИВАТЬ, -аю, -аешь; *несов.* **1.** *см.* стаскать и стащить. **2.** *что.* Снимать, стягивать с трудом (разг.). *С. промокшую одежду.*

СТАСОВА́ТЬ *см.* тасовать.

СТА́ТИКА, -и, *ж.* **1.** Раздел механики, изучающий законы равновесия тел под действием приложенных к ним сил. *С. и динамика. С. твёрдого тела. С. жидкостей. С. газов.* **2.** Состояние покоя в какой-н. определённый момент (книжн.). *Описывать явление в статике.* ‖ *прил.* **стати́ческий**, -ая, -ое.

СТАТИ́СТ, -а, *м.* **1.** Актёр, исполняющий второстепенные роли без слов. **2.** *перен.* Человек, чьё участие в каких-н. действиях ограничивается только присутствием. *В политических событиях не согласен на положение статиста кто-н.* ‖ *ж.* **стати́стка**, -и.

СТАТИ́СТИК, -а, *м.* Специалист по статистике.

СТАТИ́СТИКА, -и, *ж.* **1.** Наука, изучающая количественные показатели развития общества и общественного производства. *Общая теория статистики. Экономическая с. Сельскохозяйственная с.* **2.** *чего.* Количественный учёт всякого рода массовых случаев, явлений. *С. рождаемости. С. знает всё* (афоризм). **3.** Научный метод количественных исследований в нек-рых областях знания. *Математическая с.* (наука о математических методах систематизации и использования статистических данных). *Лингвистическая с.* (раздел лингвистики, занимающийся количественными закономерностями естественного языка). ‖ *прил.* **статисти́ческий**, -ая, -ое. *Статистические наблюдения. Статистические данные.*

СТАТИ́ЧЕСКИЙ, -ая, -ое. **1.** *см.* статика. **2.** Рассматривающий внутреннее соотношение явлений в отрыве от их развития, движения (об исследовательском методе, описании) (книжн.).

СТАТИ́ЧНЫЙ, -ая, -ое; -чен, -чна (книжн.). Такой, в к-ром нет движения, действия. *Статичная поза. С. сюжет.* ‖ *сущ.* **стати́чность**, -и, *ж.*

СТА́ТНЫЙ, -ая, -ое; -тен, -тна́ *и* -тна, -тно. Стройный, хороший, пропорционального телосложения. *Статная фигура.* ‖ *сущ.* **ста́тность**, -и, *ж.*

СТА́ТОР, -а, *м.* (спец.). Неподвижная часть электрической машины роторного типа. ‖ *прил.* **ста́торный**, -ая, -ое.

СТА́ТОЧНЫЙ, -ая, -ое: **статочное ли дело?** (устар. неодобр.) — может ли это быть, статься?

СТА́ТСКИЙ, -ая, -ое (устар.). **1.** То же, что штатский. *С. костюм.* **2.** Первая часть составных названий нек-рых гражданских чинов в царской России. *С. советник.*

СТАТС-СЕКРЕТА́РЬ, -я́, *м.* В нек-рых странах: одна из высших государственных должностей, а также лицо, занимающее эту должность. ‖ *прил.* **статс-секрета́рский**, -ая, -ое.

СТА́ТУС, -а, *м.* **1.** Сложившееся состояние, положение (книжн.). *С. общественных отношений, жизни общества.* **2.** Правовое положение (спец.). *Правовой с. гражданина. Посёлку присвоен с. города.* ✦ **Статус-кво** (книжн.) — сложившееся, существующее положение вещей. **В статусе** *кого-чего, в знач. предлога с род. п.* (книжн.) — то же, что в качестве кого-чего-н., в роли кого-чего-н.

СТАТУ́Т, -а, *м.* (офиц.). Установленное, узаконенное положение. *Юридический с. С. ООН.* ‖ *прил.* **стату́тный**, -ая, -ое.

СТАТУЭ́ТКА, -и, *ж.* Маленькая скульптурная фигурка, обычно служащая комнатным украшением. *Фарфоровая с.* ‖ *прил.* **статуэ́точный**, -ая, -ое.

СТА́ТУЯ, -и, *ж.* Скульптурное (обычно в полный рост или более) изображение человека, животного, реже — фантастического существа. *Мраморная, бронзовая с. С. грифона, сфинкса. Конная с.* (изображение всадника). *С. на постаменте. Как с. стоит кто-н.* (совершенно неподвижно). ‖ *прил.* **статуа́рный**, -ая, -ое (спец.) *и* **стату́йный**, -ая, -ое (устар.). *С. мрамор.*

СТАТЬ[1], ста́ну, ста́нешь; стань; *сов.* **1.** Встать, принять вертикальное положение. *С. на цыпочки. Волосы стали дыбом у кого-н.* (также перен.: о состоянии сильного испуга, ужаса; разг.). *Ни с., ни сесть* (о невозможности свободно двигаться, шевельнуться; разг.). **2.** (1 и 2 л. не употр.). Остановиться, прекратить движение. *Лошадь стала. Часы стали. Река стала* (покрылась льдом). **3.** Ступив на какое-н. место, остановиться на нём стоя. *С. на ковёр. Стань сюда.* **4.** Расположиться, поместиться. *С. лагерем. С. на якорь* (о судне). *Стул здесь не станет.* **5.** Приступить к работе, деятельности (в соответствии со значением следующего далее существительного). *С. за станок. С. в караул. С. на защиту кого-н. С. у власти. С. на путь совершенствования* (начать совершенствоваться). ‖ *несов.* **станови́ться**, -овлю́сь, -о́вишься (к 1, 3, 4 и 5 знач.).

СТАТЬ[2], ста́ну, ста́нешь; стань; *сов.* **1.** (1 и 2 л. не употр.). Совершиться, оказаться, сделаться. *Что такое с ним стало после болезни? На дворе совсем весна стала.* **2.** *с неопр.* Вспомогательный глагол со знач. начала действия или перехода от одного действия к другому, в буд. вр. — со знач. собственно будущего. *Учился, теперь стал работать. Стало светать. Не стану читать. Что ты станешь делать?* (также выражение неодобрения, неудовольствия; разг.). **3.** *кем-чем и безл.* Сделаться, перейти из одного состояния в другое. *Он стал умнее. Он стал писателем. Стало* (безл.) *светло.* **4.** (1 и 2 л. не употр.), *во что.* Обойтись в какую-н. цену (разг.). *Пальто мне стало в кругленькую сумму.* **5.** *кого-что.* Хватить[2], оказаться достаточным (устар.). *Запасов станет до весны.* **6. стать**, *всегда вслед за неопр., имеющим при себе отрицание.* Выражение уверенности в общем позитивном или негативном смысле высказывания. *Трудиться ему не привыкать стать* (т. е. он привык, привычен к труду). *Силы ему не занимать стать* (т. е. он достаточно силён). *Мне его не уговаривать стать* (т. е. не буду, не собираюсь уговаривать). *Пахарю работы не занимать стать. Для тягости родин жениху не отказывать стать* (посл.). ✦ **Во что бы то ни стало** — непременно, несмотря ни на что. **Не стало** — 1) чего, о том, что кончилось, пришло к концу. *Не стало сил, терпения. Не стало средств, запасов. Житья не стало кому-н. от кого-н.* (не даёт спокойно жить, мучает кто-н. кого-н.; разг.); 2) кого, умер кто-н. (высок.). *Героя не стало.* **Стало быть** (разг.) — 1) *вводн. сл.*, следовательно, значит, выходит. *Он, стало быть, прав;* 2) *союз*, то же, что следовательно. *Известие подтвердилось, стало быть он был прав.* **С него (с неё, с тебя и т. д.) станет** (разг.) — от него (от неё, от тебя) можно ожидать всего (обычно о плохом). ‖ *несов.* **станови́ться**, -овлю́сь, -о́вишься (к 1, 3 и 4 знач.).

СТАТЬ[3], -и, *мн.* -и, -ей, *ж.* **1.** Телосложение, общий склад фигуры (о животном; о человеке — устар.). *Рысистые стати* (у лошади). **2.** *перен.* Характер, внутренний склад (устар.). *У этого человека своя, особенная с. Все эти люди — на одну с.* ✦ **Под стать** *кому-чему* (разг.) — в полном соответствии с кем-чем-н. *Невесту нашли под стать жениху.* **С какой стати?** (разг. неодобр.) — зачем?

СТА́ТЬСЯ (ста́нусь, ста́нешься, 1 и 2 л. не употр.), ста́нется; обычно *безл., сов.* (разг.). Сделаться, случиться, сбыться. *Ничего с ним не станется: не маленький. Может с.* (может быть). ✦ **С него (с неё, с тебя и т. д.) станется** (разг.) — то же, что **с него** (с неё, с тебя) станет (см. стать[2]).

СТАТЬЯ́, -и́, *род. мн.* -те́й, *ж.* **1.** Научное или публицистическое сочинение небольшого размера. *Газетная, журнальная с. Критическая с.* **2.** Глава, раздел в каком-н. документе, перечне, справочнике. *С. закона. Расходные и доходные статьи в смете. Словарная с.* **3.** Разряд, группа (спец.). *Старшина первой, второй статьи* (воинские звания в Военно-Морском Флоте). **4.** Занятие, дело (устар. разг.). *Зубоскалить — не хитрая это с. Это дело — особая с.* (это сюда не относится; разг.). *По всем статьям* (со всех сторон, полностью; разг.). **5.** Наказание на основании закона (по статье закона; прост.). *За сопротивление милиции получил статью.* ‖ *уменьш.* **статейка**, -и, *ж.* (к 1 знач.). ‖ *прил.* **стате́йный**, -ая, -ое (к 1 и 2 знач.).

СТАХА́НОВЕЦ, -вца, *м.* В 30–40 гг.: рабочий, добившийся высокой производительности труда [по имени шахтёра А. Стаханова]. ‖ *ж.* **стаха́новка**, -и. ‖ *прил.* **стаха́новский**, -ая, -ое. *Стахановское движение.*

СТАЦИОНА́Р, -а, *м.* **1.** Стационарное учреждение. *Профилакторий-с.* **2.** Лечебное учреждение с больничными койками (в отличие от поликлиники). *Поместить больного в с.*

СТАЦИОНА́РНЫЙ, -ая, -ое. **1.** Постоянный, не связанный с передвижением. *Стационарная библиотека.* **2.** Относящийся к пребыванию в больнице, не амбулаторный. *С. больной. Стационарное лечение.*

СТАЧА́ТЬ *см.* тачать.

СТА́ЧЕЧНИК, -а, *м.* Участник стачки, забастовщик. ‖ *ж.* **ста́чечница**, -ы.

СТА́ЧИВАТЬ, -СЯ *см.* сточить, -ся.

СТА́ЧКА, -и, *ж.* То же, что забастовка. *С. докеров.* ‖ *прил.* **ста́чечный**, -ая, -ое. *С. комитет.*

СТАЧКО́М, -а, *м.* Сокращение: стачечный комитет. ‖ *прил.* **стачко́мовский**, -ая, -ое (разг.).

СТАЧНО́Й *см.* тачать.

СТАЩИ́ТЬ, стащу́, ста́щишь; ста́щенный; *сов.* **1.** *см.* тащить. **2.** *кого-что.* Таща волоком, переместить, унести куда-н. *С. мешок в подвал.* **3.** *кого-что.* О многом, многих:

таща, принести куда-н., сосредоточить в одном месте. *С. хворост в кучу.* ‖ *несов.* ста́скивать, -аю, -аешь.

СТА́Я, -и, *ж.* **1.** Группа животных одного вида, держащихся вместе. *С. воробьев. С. волков. Собачья с. С. рыбок. С. саранчи.* **2.** *перен.* О движущемся, подвижном скоплении кого-чего-н. *Весёлая с. ребятишек. С. облаков, туч. Целая с. воспоминаний.* ‖ *уменьш.* **ста́йка**, -и, *ж.* ‖ *прил.* **ста́йный**, -ая, -ое (к 1 знач.; спец.). *Стайные птицы. Стайная охота* (у животных, напр. у волков).

СТА́ЯТЬ (ста́ю, ста́ешь, 1 и 2 л. не употр.), ста́ет; *сов.* О снеге, льде: тая, исчезнуть, превратиться в воду. ‖ *несов.* **ста́ивать** (-аю, -аешь, 1 и 2 л. не употр.), -ает.

СТВОЛ, -а́, *м.* **1.** Основная часть дерева или кустарника от корней до вершины, несущая на себе ветви. **2.** В огнестрельном оружии: основная часть в виде трубы, через к-рую проходит, получая направление полёта, пуля, снаряд (спец.). *Нарезной с. Гладкоствольный с. Канал ствола. В батарее восемь стволов* (т. е. восемь орудий). **3.** То же, что шахта (в 1 знач.) (спец.). *Шахтный с. Разведочный, эксплуатационный с. Проходка ствола.* **4.** Название различных предметов или органов, имеющих форму трубы, стержня (спец.). *Ручной, лафетный, пожарный с. С. колонны. С. нерва. С. волоса.* ‖ *прил.* **стволово́й**, -а́я, -о́е (к 1, 3 и 4 знач.) *и* **ство́льный**, -ая, -ое (к 1, 2 и 4 знач.). *Стволовая древесина. Ствольная артиллерия* (спец.).

СТВОЛИ́СТЫЙ, -ая, -ое; -и́ст. Имеющий много стволов (в 1 знач.), а также имеющий большой крепкий ствол или стебель. ‖ *сущ.* **стволи́стость**, -и, *ж.*

СТВОЛОВО́Й, -а́я, -о́е. **1.** *см.* ствол. **2.** **стволово́й**, -о́го, *м.* Рабочий, управляющий механизмами ствола шахты. ‖ *ж.* **стволова́я**, -о́й.

СТВОР, -а, *м.* **1.** Створка в каком-н. сооружении, затвор (во 2 знач.). *С. шлюза.* **2.** Участок реки, на к-ром располагаются сооружения, регулирующие подъём воды (спец.). **3.** Идущая от глаза наблюдателя прямая линия, на к-рой сходятся два ориентира (две вехи, два огня маяка) (спец.). *Идти по створу.* ‖ *прил.* **ство́рный**, -ая, -ое (ко 2 и 3 знач.). *Створные знаки* (парные береговые навигационные знаки).

СТВО́РКА, -и, *ж.* Каждая из двух растворяющихся и затворяющихся половинок какого-н. предмета. *Створки дверей, ворот, ставней. Створки раковины моллюска.*

СТВОРО́ЖИТЬСЯ (-жусь, -жишься, 1 и 2 л. не употр.), -жится; *сов.* Превратиться в творожистую массу. *Молоко створожилось.* ‖ *несов.* **створа́живаться** (-аюсь, -аешься, 1 и 2 л. не употр.), -ается. ‖ *сущ.* **створа́живание**, -я, *ср.*

СТВО́РЧАТЫЙ, -ая, -ое. Состоящий из створок, со створками, створами. *Створчатые ставни. Створчатая раковина.*

СТЕАРИ́Н, -а (-у), *м.* Белое или желтоватое жировое вещество, идущее на изготовление свечей, а также употр. в мыловарении и других областях техники. ‖ *прил.* **стеари́новый**, -ая, -ое.

СТЕ́БЕЛЬ, -бля, *мн.* -бли, -бле́й *и* -блей, *м.* **1.** Часть растения (у травянистого — от корня до вершины), имеющая ответвления, несущая листья, почки и цветки. *С. травы. Деревянистый с.* **2.** Тонкая, маленькая веточка-отросток. *С. листа.* ‖ *уменьш.* **стебелёк**, -лька́, *м.*; *прил.* **стебелько́вый**, -ая, -ое (спец.). ‖ *прил.* **сте́бельный**, -ая, -ое, **стеблёвый**, -ая, -ое *и* **стеблево́й**, -а́я, -о́е.

СТЕБЕ́ЛЬЧАТЫЙ, -ая, -ое. Со стеблем, имеющий форму отебля (в 1 знач.). ✦ **Стебельчатый шов** — в вышивании: шов в виде находящих друг на друга стежков.

СТЕБЛИ́СТЫЙ, -ая, -ое; -и́ст. Со многими стеблями. *Стеблистая трава.* ‖ *сущ.* **стебли́стость**, -и, *ж.*

СТЕГА́ТЬ[1], -а́ю, -а́ешь; стёганный; *несов.*, *кого (что).* Хлестать, бить чем-н. гнущимся, тонким. *С. кнутом.* ‖ *однокр.* **стегну́ть**, -ну́, -нёшь; стёгнутый *и* **стегану́ть**, -ну́, -нёшь (прост.). ‖ *сущ.* **стега́нье**, -я, *ср.*

СТЕГА́ТЬ[2], -а́ю, -а́ешь; стёганный; *несов.*, *что.* Прошить насквозь два куска ткани и положенный между ними слой ватина, ваты. *С. одеяло.* ‖ *сов.* **вы́стегать**, -аю, -аешь; -анный *и* **простега́ть**, -а́ю, -а́ешь; -ёганный. ‖ *сущ.* **стёжка**, -и, *ж.* *С. ватников.* ‖ *прил.* **стега́льный**, -ая, -ое (спец.).

СТЕЖО́К, -жка́, *м.* В шитье, вышивании: расстояние между двумя проколами иглы. *Мелкие стежки.*

СТЕЗЯ́, -и́, *род. мн.* -е́й, *ж.* (стар. высок.). Путь, дорога. *Горная с. Стезёю славы* (перен.). *По стезе правды и добра* (перен.).

СТЕК [тэ], -а, *м.* Твёрдый хлыст[1] (в 1 знач.).

СТЕКА́ТЬ, -СЯ *см.* стечь, -ся.

СТЕКЛЕНЕ́ТЬ (-е́ю, -е́ешь, 1 и 2 л. не употр.), -е́ет; *несов.* Застывая, становиться похожим на стекло. *Вода в озере стекленеет. Глаза стекленеют* (перен.: делаются неподвижными). ‖ *сов.* **остеклене́ть** (-е́ю, -е́ешь, 1 и 2 л. не употр.), -е́ет.

СТЕКЛО́, -а́, *мн.* стёкла, стёкол, стёклам, *ср.* **1.** Прозрачный твёрдый материал, получаемый из кварцевого песка и окислов ряда металлов. *Бесцветное с. Окрашенное с.* **2.** Тонкий лист или другой формы изделие из этого материала. *Оконное с. Стёкла для очков* (линзы). *Выставка художественного стекла* (собир.). ✦ **Органическое стекло** (спец.) — прозрачная пластмасса. ‖ *уменьш.* **стёклышко**, -а, *ср.* (ко 2 знач., не об изделиях). ‖ *прил.* **стекля́нный**, -ая, -ое *и* **стеко́льный**, -ая, -ое. *Стеклянный графин* (из стекла). *Стеклянная дверь* (застеклённая). *Стеклянное волокно* (из расплавленного стекла). *Стеклянный взгляд* (перен.: неподвижный и пустой). *Стекольное производство. Стекольные работы* (по остеклению). *Стекольный завод.*

СТЕКЛО... *Первая часть сложных слов со знач.:* 1) относящийся к стеклу, содержащий стекло, напр. *стеклоткань, стеклопластик, стеклонить, стеклоцемент, стеклорубероид, стекложелезобетон;* 2) сделанный из стекла, напр. *стеклоизделия, стеклопосуда, стеклотара, стеклотовары.*

СТЕКЛОВА́ТА, -ы, *ж.* Лёгкий и плотный изоляционный материал из стеклянных волокон.

СТЕКЛОВИ́ДНЫЙ, -ая, -ое; -ден, -дна. По виду напоминающий стекло; прозрачный. *Стекловидное тело* (прозрачное вещество, заполняющее полость глаза между сетчаткой и хрусталиком; спец.). ‖ *сущ.* **стекловидность**, -и, *ж.*

СТЕКЛОВОЛОКНО́, -а́, *ср.* Сокращение: стеклянное волокно. ‖ *прил.* **стекловолокни́стый**, -ая, -ое.

СТЕКЛО́ГРАФ, -а, *м.* Предшествовавший ротапринту аппарат для печатания — смачиваемое клейкой жидкостью матовое стекло, на к-ром делается оттиск оригинала.

СТЕКЛОГРА́ФИЯ, -и, *ж.* Печатание на стеклографе. ‖ *прил.* **стеклографи́ческий**, -ая, -ое.

СТЕКЛОДУ́В, -а, *м.* Рабочий, изготовляющий стеклянные изделия дутьём.

СТЕКЛОДУ́ВНЫЙ, -ая, -ое. Относящийся к изготовлению стеклянных изделий дутьём. *Стеклодувное производство.*

СТЕКЛЯ́РУС, -а, *м.*, *собир.* Род бисера — разноцветные короткие стеклянные трубочки. *Бусы из стекляруса.* ‖ *прил.* **стекля́русный**, -ая, -ое.

СТЕКЛЯ́ШКА, -и, *ж.* (разг.). **1.** Маленькая стеклянная вещица или кусочек стекла. **2.** Небольшое здание со стеклянными стенами. *Кафе-с. Магазин-с.*

СТЕКО́ЛЬЩИК, -а, *м.* **1.** Работник стекольной промышленности. **2.** Рабочий, выполняющий стекольные работы. ‖ *ж.* **стеко́льщица**, -ы (к 1 знач.).

СТЕ́ЛА [тэ́], -ы, *ж.* Вертикальный памятный знак (плита, столб), обычно с надписью, рельефным изображением. *Мраморная с. Надгробная с.*

СТЕЛИ́ТЬ *см.* стлать.

СТЕЛИ́ТЬСЯ, стелю́сь, сте́лешься; *несов.* **1.** (1 и 2 л. не употр.). Расти, простираясь низко по земле, по поверхности чего-н. *Мох стелется по камням. Стелющиеся растения.* **2.** (1 и 2 л. не употр.), *перен.* Распространяться, слабо растекаясь понизу. *Дым стелется над кострищем. В низине стелется туман. Под ветром стелется ковыль* (низко клонится к земле). **3.** (1 и 2 л. не употр.), *перен.* Лежать, занимая собою большую поверхность. *Степь стелется до самого моря. Перед глазами стелется водная гладь. Кругом стелется снежная равнина.* **4.** (1 и 2 л. не употр.), *перен.* Передвигаться быстро и близко к земле. *Перед грозой ласточки стелются по земле. Всадники стелются в стремительной атаке. Стая гончих стелется за зайцем.* **5.** Стелить себе постель, приготовляясь ко сну (разг.). *Пора спать, давай стелиться.* ‖ *сов.* **постели́ться**, -елю́сь, -е́лешься (к 5 знач.).

СТЕЛЛА́Ж, -а́, *м.* **1.** Ряд полок в несколько ярусов. *Книжные стеллажи.* **2.** Приспособление для размещения чего-н. в стоячем положении. *Поставить вёсла в стеллажи.* ‖ *прил.* **стелла́жный**, -ая, -ое.

СТЕ́ЛЬКА, -и, *ж.* Тонкая подстилка на внутренней части обувной подошвы. *Тёплые стельки.* ✦ **Как стелька или в стельку пьян** (прост.) — очень пьян. ‖ *прил.* **сте́лечный**, -ая, -ое.

СТЕ́ЛЬНАЯ, *м.* и *ср.* не употр., -льна. О корове, буйволице, лани, моржихе, слонихе и самках нек-рых других животных: беременная. ‖ *сущ.* **сте́льность**, -и, *ж.*

СТЕМНЕ́ТЬ *см.* темнеть.

СТЕНА́, -ы́, *вин.* сте́ну, *мн.* сте́ны, стен, сте́нам *и* (устар.) стена́м, *ж.* **1.** Вертикальная часть здания, помещения. *Наружная, внутренняя с. Бетонная, кирпичная, деревянная с.* **2.** Высокая ограда. *Крепостная с. Под стенами Москвы* (перен.: на подступах к городу, обычно о битве; высок.). *Отгородиться китайской стеной от кого-чего-н.* (перен.: полностью обособиться от кого-чего-н.). *Как за каменной стеной* (под надёжной защитой). *Между ними выросла с.* (перен.: стало невозможно общение). **3.** *перен.* В сражении, кулачном бою: тесный, сомкнутый ряд людей. *Идти в бой стеною.* **4.** *перен.*, *ед.*, *чего.* Сплошная масса чего-н., образующая преграду, завесу. *С. деревьев. С. тумана, дождя. С. огня. С. народа. Людская с.* **5.** *перен.* То, что невозможно преодолеть, осилить. *С. равнодушия, безразличия, непонимания, эгоизма, себялюбия.* ✦ **В стена́х** *чего*, *в знач. предлога с род. п.* —

внутри (какого-н. здания, учреждения, места, где что-н. происходит). *В стенах университета. Вырос в стенах родного дома.* **В четырёх стена́х** (сидеть, жить) — не выходя из дома, не общаясь ни с кем. **Как об стену горох** *кому что* (разг. неодобр.) — бесполезны, не доходят слова, уговоры, внушения. *Говорить с ним — как об стену горох.* **На́ стену (на стенку) лезть** (разг.) — приходить в крайнее раздражение, исступление. **Стеной стоять** *за кого-что* — защищать, отстаивать упорно, ни в чём не уступая. ‖ *уменьш.* **сте́нка**, *-и, ж.* (к 1 и 2 знач.). ‖ *прил.* **стенно́й**, *-а́я, -о́е* (к 1 и 2 знач.) *и* **стеново́й**, *-а́я, -о́е* (к 1 и 2 знач.; спец.). *Стенная живопись. Стенная газета* (стенгазета). *Стеновые блоки, панели.*

СТЕНА́ТЬ, -а́ю, -а́ешь; стена́ющий *и* (стар.) стеня́щий; стеная *и* (стар.) стеня́; *несов.* (устар.). Стонать, кричать со стоном. ‖ *сущ.* **стена́ние**, *-я, ср.*

СТЕНГАЗЕ́ТА, -ы, *ж.* Сокращение: стенная газета — вывешиваемая на стене рукописная или машинописная газета — орган местной общественной организации. ‖ *прил.* **стенгазе́тный**, -ая, -ое.

СТЕНД [тэ], -а, *м.* **1.** То же, что щит (в 4 знач.). *Стенды с книгами. Стенды в музеях. Тексты докладов вывешены на стендах.* **2.** Устройства для сборки или испытаний машин, механизмов (спец.). *Контрольно-проверочный с.* **3.** Стрелковый охотничий тир (устар.), а также площадка для спортивной ружейной стрельбы (спец.). ‖ *прил.* **сте́ндовый**, -ая, -ое. *Стендовая информация. Стендовая сборка. Стендовая стрельба. С. доклад* (на конференциях, симпозиумах: доклад, не произносимый устно, а размещаемый на листах на стенде для последующего обсуждения).

СТЕНИ́ЧЕСКИЙ [тэ], -ая, -ое. Сильный волей и жизненно активный. *С. склад личности.*

СТЕНИ́ЧНЫЙ [тэ], -ая, -ое. То же, что стенический. ‖ *сущ.* **стени́чность**, *-и, ж.*

СТЕ́НКА, -и, *ж.* **1.** *см.* стена. **2.** Боковая сторона какого-н. вместилища; оболочка. *С. ящика. С. стакана. Стенки желудка.* **3.** То же, что стена (в 3 знач.). *Идти с. на стенку.* **4.** Предмет мебели — занимающий стену плоский шкаф со многими секциями разнообразного назначения. *Полированная с.* ◆ **К стенке поставить** (разг.) — расстрелять.

СТЕНОБИ́ТНЫЙ, -ая, -ое. В старину: служащий для пролома крепостных стен. *Стенобитные орудия.*

СТЕНОГРА́ММА, -ы, *ж.* Стенографическая запись. *С. доклада.* ‖ *прил.* **стеногра́ммный**, -ая, -ое.

СТЕНОГРАФИ́РОВАТЬ, -рую, -руешь; -анный; *несов., что.* Производить стенографическую запись. *С. лекцию.* ‖ *сов.* **застенографи́ровать**, -рую, -руешь; -анный. ‖ *сущ.* **стенографи́рование**, *-я, ср.*

СТЕНОГРАФИ́СТКА, -и, *ж.* Специалистка по стенографической записи. ‖ *м.* **стено́граф**, -а *и* **стенографи́ст**, -а (устар.).

СТЕНОГРА́ФИЯ, -и, *ж.* Способ скоростной записи особыми знаками, дающий возможность быстро и точно записывать устную речь. ‖ *прил.* **стенографи́ческий**, -ая, -ое.

СТЕНОКАРДИ́Я, -и, *ж.* Одна из форм ишемической болезни сердца, заболевание артерий сердца. ‖ *прил.* **стенокарди́ческий**, -ая, -ое.

СТЕ́НОПИСЬ, -и, *ж.* Настенная живопись. ‖ *прил.* **стенопи́сный**, -ая, -ое.

СТЕПЕ́ННЫЙ, -ая, -ое; -е́нен, -е́нна. **1.** Рассудительно-серьёзный, важный. *С. вид. Степенное поведение. Степенно* (нареч.) *поклониться.* **2.** Немолодой, приближающийся к старости (устар. и прост.). *С. возраст.* ‖ *сущ.* **степе́нность**, *-и, ж.*

СТЕПЕ́НСТВО, -а, *ср.* В соединении с местоимениями «ваше», «его», «их» — почтительное обращение к купцам в дореволюционной России (в соединении с «ваше», «её», «их» — также и к их жёнам).

СТЕ́ПЕНЬ, -и, *мн.* -и, -е́й, *ж.* **1.** Мера, сравнительная величина чего-н. *С. подготовленности. С. загрязнения.* **2.** То же, что звание (в 1 знач.), а также (устар.) ранг, чин. *Учёная с. доктора наук. Достичь высоких степеней.* **3.** обычно *с порядк. числит.* Разряд, категория. *Орден Отечественной войны 1-й и 2-й степени. Орден Славы 3-й степени.* **4.** В математике: число (или величина), получающееся повторным умножением другого числа (или величины) на самого себя. *Возведение в с.* **5.** В математике: то же, что показатель степени. ◆ **В высшей степени** — очень, весьма. *В высшей степени осмотрителен.* **В слабой степени** — недостаточно, слабо. *Признаки проявляются в слабой степени.* **До известной (некоторой, какой-то) степени** — отчасти, в какой-то мере. *До известной степени он прав.* **До какой степени** — в какой мере, насколько. *До какой степени можно доверять этому человеку?* **До такой степени что**, *в знач. союза* — так сильно что, до того что. *Освоился до такой степени, что может работать самостоятельно.* **Степень сравнения** — в грамматике: форма прилагательного и наречия, указывающая на бо́льшую по сравнению с чем-н. степень (в 1 знач.), меру признака, напр. *веселее, умнее, лучше, хуже.* ‖ *прил.* **степенно́й**, *-а́я, -о́е* (к 4 знач.).

СТЕПНЯ́К, -а́, *м.* **1.** Степная выносливая лошадь или иное степное животное. **2.** Житель степной местности. ‖ *ж.* **степня́чка**, -и (ко 2 знач.).

СТЕПЬ, -и *и* -и́, о сте́пи, в степи́, из степи́, по степи́, *мн.* -и, -е́й, *ж.* Безлесное, бедное влагой и обычно ровное пространство с травянистой растительностью в зоне сухого климата. *Бескрайние степи.* ◆ **Не в ту степь** (разг.) — совершенно не к месту, не то, не о том. ‖ *прил.* **степно́й**, *-а́я, -о́е. Степная растительность.*

СТЕ́РВА, -ы, *ж.* (прост. бран.). То же, что стервец.

СТЕРВЕНЕ́ТЬ, -е́ю, -е́ешь; *несов.* (разг.). Приходить в крайнюю ярость, возбуждение, свирепеть. ‖ *сов.* **остервене́ть**, -е́ю, -е́ешь. ‖ *сущ.* **остервене́ние**, *-я, ср.*

СТЕРВЕ́Ц, -а́, *м.* (прост. бран.). Подлый человек, негодяй.

СТЕРВО́ЗА, -ы, *ж.* (прост. бран.). То же, что стерва.

СТЕРВО́ЗНЫЙ, -ая, -ое (прост.). Подлый, гадкий.

СТЕРВЯ́ТНИК, -а, *м.* **1.** Родственная грифу хищная птица сем. ястребиных, питающаяся падалью. **2.** Вообще животное, питающееся падалью. *Орёл-с. Медведь-с.*

СТЕРЕО... *Первая часть сложных слов со знач.:* 1) относящийся к стереоскопическому изображению, напр. *стереокино, стереомикроскоп, стереорентгенограмма, стереосъёмка, стереотелевидение, стереофильм;* 2) относящийся к стереофонии, напр. *стереозвук, стереозвучание, стереомагнитофон, стереоприставка;* 3) относящийся к стереометрии, напр. *стереообмер;* 4) относящийся к стереотипии, напр. *стереотипограф.*

СТЕРЕОМЕ́ТРИЯ, -и, *ж.* Раздел геометрии, изучающий фигуры, лежащие в пространстве. ‖ *прил.* **стереометри́ческий**, -ая, -ое.

СТЕРЕОСКО́П, -а, *м.* Оптический прибор, в к-ром два плоских изображения предмета сливаются в одно объёмное изображение. ‖ *прил.* **стереоско́пный**, -ая, -ое.

СТЕРЕОСКОПИ́ЧЕСКИЙ, -ая, -ое (спец.). Об изображении: объёмный, рельефный. *Стереоскопическая киносъёмка. С. дальномер. С. фильм.*

СТЕРЕОТИ́П, -а, *м.* **1.** Типографская печатная форма — рельефная копия с набора или клише (спец.). *Литой с. Металлический, пластмассовый, резиновый с.* **2.** *перен.* Прочно сложившийся, постоянный образец чего-н., стандарт (книжн.). *Действовать по стереотипу.* ‖ *прил.* **стереоти́пный**, -ая, -ое (к 1 знач.). *Стереотипная копия. Стереотипное издание книги* (со стереотипа).

СТЕРЕОТИ́ПИЯ, -и, *ж.* (спец.). Техника изготовления стереотипов (в 1 знач.), а также печатание со стереотипов. ‖ *прил.* **стереотипи́ческий**, -ая, -ое.

СТЕРЕОТИ́ПНЫЙ, -ая, -ое; -пен, -пна. **1.** *см.* стереотип. **2.** Повторяющийся в неизменном виде, шаблонный, стандартный (во 2 знач.) (книжн.) *Стереотипные фразы.* ‖ *сущ.* **стереоти́пность**, *-и, ж.*

СТЕРЕОФОНИ́Я, -и, *ж.* (спец.). Передача или воспроизведение звука, при к-рых воспринимается пространственное расположение его источника. ‖ *прил.* **стереофони́ческий**, -ая, -ое. *Стереофоническая запись.*

СТЕРЕ́ТЬ, сотру́, сотрёшь; стёр, стёрла; стёрший; стёртый; стере́в *и* стёрши; *сов., что.* **1.** Трением удалить с поверхности или уничтожить. *С. пыль с полки. С. резинкой рисунок. С. с лица земли* (перен.: уничтожить, истребить; высок.). *С. из памяти* (перен.: изгладить). **2.** Трением повредить, сделать ссадину на чём-н. *С. ногу.* **3.** Трением измельчить. *С. что-н. в порошок.* ‖ *несов.* **стира́ть**, -а́ю, -а́ешь. ‖ *сущ.* **стира́ние**, *-я, ср.*

СТЕРЕ́ТЬСЯ (сотру́сь, сотрёшься, 1 и 2 л. не употр.), сотрётся; стёрся, стёрлась; стёршийся; стёршись; *сов.* **1.** Исчезнуть от трения или от воздействия каких-н. внешних причин. *Краска стёрлась. Надпись стёрлась.* **2.** Уменьшиться в объёме, потерять выпуклость от трения. *Монета стёрлась.* **3.** Повредиться от трения. *Пальцы стёрлись до крови.* **4.** *перен.* То же, что изгладиться. *Воспоминания стёрлись. Подробности стёрлись в памяти.* ‖ *несов.* **стира́ться** (-а́юсь, -а́ешься, 1 и 2 л. не употр.), -а́ется. ‖ *сущ.* **стира́ние**, *-я, ср.*

СТЕРЕ́ЧЬ, -егу́, -ежёшь, -егу́т; -ёг, -егла́; -еги́; -ёгший; -ежённый (-ён, -ена́); *несов.* **1.** *кого-что.* Охранять, следить за сохранностью кого-чего-н. *С. стадо. С. вещи. С. костёр* (не давать погаснуть огню). *С. чей-н. сон, покой* (не давать нарушать; оберегать). **2.** *кого (что).* Выжидать появления кого-чего-н., выслеживая. *Охотник стережёт зверя.* **3.** (1 и 2 л. не употр.), *перен., кого (что).* Подкарауливать, поджидать, подстерегать. *Стережёт разочарование кого-н.*

СТЕРЕ́ЧЬСЯ, -егу́сь, -ежёшься, -егу́тся; -ёгся, -егла́сь; -еги́сь; -ёгшийся; -ёгшись; *несов., кого-чего и с неопр.* (разг.). То же, что остерегаться. *Стерегись!* (возглас, призывающий к осторожности, предупреждающий об опасности).

СТЕ́РЖЕНЬ, -жня, *мн.* -и, -е́й *и* -ей, *м.* **1.** Предмет удлинённой формы, являющийся осью, серединой или основой чего-н.; вообще предмет удлинённой формы. *Металлический с. Литейный с. С. в шариковой ручке* (наполненной чернильной пастой). **2.** *перен., чего.* Основная часть, содержательный центр чего-н. *С. всей работы. Человек без стержня* (бесхарактерный, слабый, нецелеустремлённый). ‖ *уменьш.* **стерженёк**, -нька́, *м.* (к 1 знач.). ‖ *прил.* **стержнево́й**, -а́я, -о́е. *С. молниеотвод* (заземлённый металлический стержень).

СТЕРЖНЕВО́Й, -а́я, -о́е. **1.** *см.* стержень. **2.** *перен.* Самый главный, основной. *С. вопрос. Стержневая тема.*

СТЕРИЛИЗА́ТОР, -а, *м.* Аппарат для стерилизации (по 1 знач. глаг. стерилизовать).

СТЕРИЛИЗОВА́ТЬ, -зу́ю, -зу́ешь; -о́ванный; *сов.* и *несов.* **1.** *что.* Сделать (делать) стерильным, обеззаразить (-раживать). *С. молоко. С. хирургические инструменты.* **2.** *кого-что.* Сделать (делать) неспособным к воспроизведению потомства путём особой операции на половых органах (спец.). ‖ *сущ.* **стерилиза́ция**, -и, *ж. Половая с.* ‖ *прил.* **стерилизацио́нный**, -ая, -ое.

СТЕРИ́ЛЬНЫЙ, -ая, -ое; -лен, -льна. **1.** Полностью обеззараженный, очищенный от микроорганизмов. *С. халат. С. бинт.* **2.** Лишённый способности к воспроизведению потомства (спец.). *Стерильная клетка.* ‖ *сущ.* **стери́льность**, -и, *ж.*

СТЕ́РЛИНГ, -а, *м.*: **фунт стерлингов** — денежная единица в Великобритании, равная (с 1971 г.) 100 пенсам. ‖ *прил.* **сте́рлинговый**, -ая, -ое.

СТЕ́РЛЯДЬ, -и, *мн.* -и, -е́й, *ж.* Промысловая рыба сем. осетровых. ‖ *уменьш.* **стерля́дка**, -и, *ж.* ‖ *прил.* **стерля́жий**, -ья, -ье. *Стерляжья уха.*

СТЕРНЯ́, -и́ и **СТЕРНЬ**, -и, *ж.* То же, что жнивьё. ‖ *прил.* **стернево́й**, -а́я, -о́е. *Стерневая сеялка* (для посева семян по стерне).

СТЕРПЕ́ТЬ, стерплю́, сте́рпишь; *сов., что.* Терпеливо отнестись к чему-н., вытерпеть. *С. обиду.*

СТЕРПЕ́ТЬСЯ, стерплю́сь, сте́рпишься; *сов., с чем* (разг.). Привыкнув, смириться, освоиться с чем-н. неприятным, неудобным. *С. с обстановкой. Стерпится — слюбится* (посл.).

СТЕРХ, -а, *м.* Крупный белый журавль, гнездящийся в тундре и лесотундре Сибири.

СТЕСА́ТЬ, стешу́, сте́шешь; стёсанный; *сов., что.* Тесанием снять с поверхности чего-н. *С. топором неровности.* ‖ *несов.* **стёсывать**, -аю, -аешь. ‖ *сущ.* **стёсывание**, -я, *ср.*

СТЕСНЕ́НИЕ, -я, *ср.* **1.** *см.* стеснить, -ся. **2.** Проявление стеснительности (в 1 знач.), застенчивости. *Вести себя без всяких стеснений.*

СТЕСНЁННЫЙ, -ая, -ое; -ён. С ограниченной свободой в чём-н., затруднительный, трудный. *В стеснённых обстоятельствах. Стеснённое дыхание* (затруднённое). *Со стеснённым сердцем, душой* (с тяжёлым чувством). ‖ *сущ.* **стеснённость**, -и, *ж.*

СТЕСНИ́ТЕЛЬНЫЙ, -ая, -ое; -лен, -льна. **1.** Застенчивый, стесняющийся. *С. юноша.* **2.** То же, что стеснённый (устар.). *Жить в стеснительных условиях.* ‖ *сущ.* **стесни́тельность**, -и, *ж.*

СТЕСНИ́ТЬ, -ню́, -ни́шь; -нённый (-ён, -ена́); *сов.* **1.** *см.* теснить. **2.** *кого (что).* Ограничить свободу в чём-н. *С. себя в расходах.* **3.** *кого (что).* Вынудить потесниться. *С. соседей.* ‖ *несов.* **стесня́ть**, -я́ю, -я́ешь. *Не с. себя в средствах (в выборе средств)* (то же, что не стесняться в средствах, в выборе средств; неодобр.). *Не с. себя в выражениях* (то же, что не стесняться в выражениях; неодобр.). ‖ *сущ.* **стесне́ние**, -я, *ср.* (ко 2 знач.).

СТЕСНИ́ТЬСЯ, -ню́сь, -ни́шься; *сов.* **1.** *см.* тесниться. **2.** (1 и 2 л. не употр.). О дыхании: стать стеснённым. *Стеснилось* (безл.) *в груди.* ‖ *несов.* **стесня́ться**, -я́ется. ‖ *сущ.* **стесне́ние**, -я, *ср.*

СТЕСНЯ́ТЬСЯ, -я́юсь, -я́ешься; *несов.* **1.** *см.* стесниться. **2.** *кого-чего* и *с неопр.* Испытывать стеснение (во 2 знач.), чувство неловкости. *С. незнакомых. С. просить.* ✦ **Не стесняться в средствах (в выборе средств)** (неодобр.) — использовать любые средства, возможности для достижения своей цели. **Не стесняться в выражениях** (неодобр.) — говорить, пренебрегая вежливостью, пристойностью. **Ничем не стесняться** — то же, что не стесняться в средствах. ‖ *сов.* **постесня́ться**, -я́юсь, -я́ешься.

СТЕТОСКО́П, -а, *м.* (спец.). Деревянная или пластмассовая трубка для выслушивания сердца, сосудов, лёгких. ‖ *прил.* **стетоско́пный**, -ая, -ое.

СТЕЧЕ́НИЕ, -я, *ср.* **1.** *см.* стечься. **2.** *кого-чего.* Скопление в одном месте, в одно время. *С. народа.* ✦ **Стечение обстоятельств** — сложившаяся обстановка, ход событий, обусловивший собой что-н. *Неблагоприятное стечение обстоятельств.*

СТЕЧЬ (стеку́, стечёшь, 1 и 2 л. не употр.), стечёт, стеку́т; стёк, стекла́; стёкший; *сов.* О жидкости: переместиться вниз. *Вода стекла по желобу.* ‖ *несов.* **стека́ть** (-а́ю, -а́ешь, 1 и 2 л. не употр.), -а́ет. ‖ *сущ.* **стека́ние**, -я, *ср.* и **сток**, -а, *м.* ‖ *прил.* **сто́чный**, -ая, -ое. *Сточная труба. Сточные воды* (стекающие после дождя, а также воды, загрязнённые отбросами, нечистотами, отходами производства).

СТЕ́ЧЬСЯ, стечётся; стёкся, стекла́сь; *сов.* **1.** (1 и 2 л. не употр.). Притекая, стекая, соединиться. *Струи стеклись в один поток.* **2.** (1 и 2 л. ед. не употр.), *перен.* Скопиться, сойтись в одно место. *Тысячи людей стеклись к трибунам.* ‖ *несов.* **стека́ться**, -а́ется. *Народ стекается на площадь.* ‖ *сущ.* **стече́ние**, -я, *ср.*

СТЁГАНКА, -и, *ж.* (разг.). Куртка из стёганого материала.

СТЁГАНЫЙ, -ая, -ое. Прошитый стёжкой (см. стегать[2]). *Стёганое одеяло. Стёганая безрукавка.*

СТЁЖКА[1], -и, *ж.* **1.** *см.* стегать[2]. **2.** Шов, а также прошитое швом место. *Крупная с.*

СТЁЖКА[2], -и, *ж.* (обл. и прост.). То же, что тропинка. *С. во ржи. Позарастали стёжки-дорожки* (о том, что прошло, забыто).

СТЁКЛЫШКО, -а, *ср.* **1.** *см.* стекло. **2.** Кусочек или небольшой лист стекла. ✦ **Как стёклышко** *кто* (разг. шутл.) — 1) безупречно чист, честен; 2) совершенно трезв.

СТЁРТЫЙ, -ая, -ое; стёрт. **1.** Повреждённый трением или изменившийся от трения, стёршийся. *Стёртая монета. Стёртая надпись. Стёртые пальцы.* **2.** *перен.* Слабо выраженный, неотчётливый, неясный. *Стёртые очертания холмов. Болезнь протекает в стёртой форме.* ‖ *сущ.* **стёртость**, -и, *ж.*

СТИЛЕ́Т, -а, *м.* Небольшой кинжал с тонким трёхгранным клинком.

СТИЛИЗА́ТОР, -а, *м.* Человек, к-рый занимается стилизацией. ‖ *прил.* **стилиза́торский**, -ая, -ое.

СТИЛИЗА́ЦИЯ, -и, *ж.* **1.** *см.* стилизовать. **2.** Художественное произведение, представляющие собой стилистическое, жанровое или другое подражание чему-н.

СТИЛИЗОВА́ТЬ, -зу́ю, -зу́ешь; -о́ванный; *сов.* и *несов., что.* **1.** Придать (-давать) чему-н. признаки, черты какого-н. стиля (в 1 знач.), имитировать черты какой-н. эпохи, жизни народа, жанра. **2.** В изобразительном искусстве: представить (-влять) предметы, фигуры в условно упрощённой форме. *Стилизованный орнамент.* ‖ *сущ.* **стилиза́ция**, -и, *ж. С. под старину. С. народных сказок.*

СТИЛИ́СТ, -а, *м.* Человек, владеющий искусством литературного стиля, пишущий хорошим стилем. *Блестящий с.* ‖ *ж.* **стили́стка**, -и.

СТИЛИ́СТИКА, -и, *ж.* Наука о стиле или стилях языка и художественной речи. *С. русского литературного языка.* ‖ *прил.* **стилисти́ческий**, -ая, -ое. *С. анализ.*

СТИЛЬ[1], -я, *м.* **1.** Совокупность черт, близость выразительных художественных приёмов и средств, обусловливающие собой единство какого-н. направления в творчестве. *Национальный с. в живописи. Архитектурные стили.* **2.** Метод, совокупность приёмов какой-н. работы, деятельности, поведения. *С. в работе. С. руководства. С. плавания. С. — это человек* (афоризм). **3.** Совокупность приёмов использования языковых средств для выражения тех или иных идей, мыслей в различных условиях речевой практики, слог[2]. *Научный, публицистический с. Высокий с.* **4.** Совокупность приёмов использования языковых средств, а также вообще средства художественной выразительности, определяющие своеобразие творчества писателя, отдельного произведения. *С. Достоевского. С. комедии Грибоедова «Горе от ума». С. басен Крылова.* **5.** Общность художественных приёмов, характерных для какого-н. литературного жанра, направления, школы, эпохи. *С. сатирической публицистики. Одический, элегический, эпический с. С. литературы романтизма. С. поэтов пушкинской плеяды. С. «натуральной школы».* ✦ **В стиле** *кого-чего, в знач. предлога с род. п.* — в духе кого-чего-н., сходно с кем-чем-н., соответственно кому-чему-н. *Действовать в стиле своего учителя.* ‖ *прил.* **стилево́й**, -а́я, -о́е (к 1, 3, 4 и 5 знач.) и **стилисти́ческий**, -ая, -ое (к 3, 4 и 5 знач.). *Стилистический приём. Стилевые категории. Стилистические принципы литературы классицизма.*

СТИЛЬ[2], -я, *м.* Способ летосчисления. *Старый с.* (так наз. юлианский календарь). *Новый с.* (так наз. григорианский календарь). *По новому стилю.*

СТИ́ЛЬНЫЙ, -ая, -ое; -лен, -льна. Выдержанный в определённом стиле[1] (в 1 и в нек-рых сочетаниях во 2 знач.). *Стильная мебель. Стильное плавание.* ‖ *сущ.* **сти́льность**, -и, *ж.*

СТИЛЯ́ГА, -и, *м* и *ж.* (разг.). Молодой человек, слепо подражающий крикливой моде. ‖ *унич.* **стиля́жка**, -и, *м.* и *ж.* ‖ *прил.* **стиля́жий**, -ья, -ье.

СТИЛЯ́ЖНИЧАТЬ, -аю, -аешь; *несов.* (разг.). Быть стилягой, вести себя подобно стиляге.

СТИ́МУЛ, -а, *м.* (книжн.). Побудительная причина, толчок[1] (в 4 знач.); заинтересованность в совершении чего-н. *С. для развития.*

СТИМУЛИ́РОВАТЬ, -рую, -руешь; -анный; *сов.* и *несов.* (книжн.). **1.** *кого-что.* Дать (давать) стимул к чему-н.; заинтересовать (-вывать) в чём-н. *С. ра ту нова-*

тора. **2.** *что.* Активизировать деятельность организма, какого-н. его органа (спец.). *С. работу сердца.* ‖ *сущ.* **стимули́рование**, -я, *ср.* (к 1 знач.) *и* **стимуляция**, -и, *ж.* (ко 2 знач.). *Материальное стимулирование. Стимуляция родов.*

СТИМУЛЯ́ТОР, -а, *м.* (спец.). **1.** Устройство для стимуляции чего-н. *Электрический с.* **2.** Природное или синтетическое вещество, стимулирующее рост, развитие чего-н., какую-н. деятельность. *С. роста растений. С. нервной деятельности.*

СТИПЕНДИА́Т, -а, *м.* Учащийся, получающий стипендию. *Студенты-стипендиаты. Гумбольдтовский с.* (получающий стипендию им. Гумбольдта). ‖ *ж.* **стипендиа́тка**, -и. ‖ *прил.* **стипендиа́тский**, -ая, -ое.

СТИПЕ́НДИЯ, -и, *ж.* Постоянное денежное пособие, выплачиваемое учащимся высших и специальных учебных заведений. *Именная с.* (присуждаемая за особые успехи повышенная стипендия имени какого-н. учёного, общественного деятеля. *С. имени М. В. Ломоносова. Ломоносовская с.*). ‖ *прил.* **стипендиа́льный**, -ая, -ое (спец.).

СТИ́РАНЫЙ, -ая, -ое; -ан (разг.). **1.** *полн. ф.* Чистый, подвергшийся стирке. *Полка для стираного белья.* **2.** Уже бывший в стирке, не новый. *Кофточка стираная, но ещё нарядная. Платьице стирано-перестирано* (стирано много раз).

СТИРА́ТЬ[1], -а́ю, -а́ешь; сти́ранный; *несов., что.* Мыть (одежду, изделия из ткани). *С. бельё. С. в машине.* ‖ *сов.* **вы́стирать**, -аю, -аешь; -анный. ‖ *сущ.* **сти́рка**, -и, *ж. Отдать рубашки в стирку.* ‖ *прил.* **стира́льный**, -ая, -ое. *Стиральная машина. С. порошок.*

СТИРА́ТЬ[2], **-СЯ** *см.* стереть, -ся.

СТИ́СНУТЬ, -ну, -нешь; -утый; *сов., кого-что.* Сдавить, сжать. *С. кого-н. в толпе. Стиснутые пальцы. С. в объятиях* (крепко обнять). *С. зубы* (также перен.: заставить себя сдержаться, смолчать, стерпеть). ‖ *несов.* **сти́скивать**, -аю, -аешь.

СТИ́СНУТЬСЯ, -нется; *сов.* **1.** (1 и 2 л. не употр.). Сжаться, плотно соединиться. *Зубы стиснулись.* **2.** (1 и 2 л. ед. не употр.). О многих: стесниться в одном месте (разг.). *Пассажиры стиснулись в автобусе.* ‖ *несов.* **сти́скиваться**, -а́ется.

СТИХ[1], -а́, *м.* **1.** Единица ритмически организованной художественной речи, строка стихотворения; сама так организованная художественная речь. *Стихи и проза. Роман в стихах. Тонический с.* **2.** *мн.* (ед. разг.). Художественное произведение, написанное такими строками, стихотворение. *Стихи Пушкина. Сборник стихов. Выучить с. наизусть.* **3.** Произведение старинной устной народной поэзии на библейскую, религиозную тему. *Духовные стихи. С. о Егории Храбром.* **4.** Короткий абзац, подразделение главы (в стихотворном произведении, в Библии) (спец.). ‖ *уменьш.* **стишо́к**, -шка́, *м.* (ко 2 знач.). ‖ *унич.* **стиша́та**, -а́т (ко 2 знач.; разг.). ‖ *прил.* **стихово́й**, -а́я, -о́е. *Стиховая речь.*

СТИХ[2], *с определением:* **стих нашёл** *на кого* (разг.) — о возникновении какого-н. настроения, душевного состояния. *Весёлый, грустный стих нашёл на кого-н. Такой уж на него стих нашёл.*

СТИХА́РЬ, -я́, *м.* Длинная, с широкими рукавами одежда для богослужения у дьяконов, дьячков, а также нижнее облачение у священников, архиереев.

СТИХИ́ЙНЫЙ, -ая, -ое; -и́ен, -и́йна. **1.** Вызываемый действием стихии (во 2 знач.). *Стихийное бедствие* (наводнение, землетрясение, ураган, сель, цунами и др.). **2.** *перен.* Неорганизованный, без правильной организации, руководства. *С. бунт.* ‖ *сущ.* **стихи́йность**, -и, *ж.*

СТИХИ́Я, -и, *ж.* **1.** В древних натурфилософских учениях: один из основных элементов природы. *Стихии природы — огонь, вода, воздух, земля.* **2.** Явление природы, обнаруживающееся как ничем не сдерживаемая разрушительная сила. *Люди вступили в борьбу со стихией. С. разбушевалась.* **3.** *перен.* Неорганизованная сила, действующая в социальной среде. *Обывательская с.* **4.** *перен.* Окружающая привычная среда, обстановка. *Быть в своей стихии. Море — его родная с.*

СТИ́ХНУТЬ, -ну, -нешь; стих, сти́хла; сти́хший; сти́хши *и* сти́хнув; *сов.* Стать тише (в 1 и 4 знач.), утихнуть. *Звуки стихли.* ‖ *несов.* **стиха́ть**, -а́ю, -а́ешь.

СТИХОВЕ́ДЕНИЕ, -я, *ср.* Раздел литературоведения — наука о стихе[1] (в 1 знач.), о стихосложении. ‖ *прил.* **стихове́дческий**, -ая, -ое.

СТИХОПЛЁТ, -а, *м.* (разг.). Плохой, бездарный сочинитель стихов, рифмоплёт. ‖ *прил.* **стихоплётский**, -ая, -ое.

СТИХОСЛОЖЕ́НИЕ, -я, *ср.* Построение стихотворной речи. *Тоническое с.*

СТИХОТВОРЕ́НИЕ, -я, *ср.* Небольшое поэтическое произведение в стихах. *Стихотворения Пушкина. С. в прозе* (небольшое эмоционально насыщенное лирическое произведение в прозе).

СТИХОТВО́РЕЦ, -рца, *м.* (устар.). Поэт, сочинитель стихов. ‖ *прил.* **стихотво́рческий**, -ая, -ое.

СТИХОТВО́РНЫЙ, -ая, -ое. Относящийся к стихам, написанный стихами, не прозаический. *Стихотворная речь. С. размер.*

СТИХОТВО́РСТВО, -а и **СТИХОТВО́РЧЕСТВО**, -а, *ср.* (устар.). Сочинение стихов. ‖ *прил.* **стихотво́рческий**, -ая, -ое.

СТЛА́НИК, -а, *м., собир.* Низкорослые, стелющиеся по земле деревья, кустарники. *Кедровый с.*

СТЛАТЬ, стелю́, сте́лешь; стлал, -ла и **СТЕЛИ́ТЬ**, стелю́, сте́лешь; стели́л, -ла; -ленный; *несов., что.* **1.** Расправляя, расстилать, раскладывать по поверхности. *С. скатерть. С. постель* (приготовляя для сна). *Мягко стелет, да жёстко спать* (посл. о том, кто доброжелателен лишь внешне). *С. лён.* **2.** Сооружать, делать, укладывая плотно рядом составные части (доски, плиты). *С. пол. С. паркет.* ‖ *сов.* **постла́ть**, -телю́, -те́лешь; по́стланный *и* **постели́ть**, -телю́, -те́лешь; -те́ленный (к 1 знач.), **настла́ть**, -телю́, -те́лешь; на́стланный *и* **настели́ть**, -телю́, -те́лешь; -те́ленный (ко 2 знач.). ‖ *сущ.* **пости́лка**, -и, *ж.* (к 1 знач.), **насти́л**, -а, *м. и* **насти́лка**, -и, *ж.* (ко 2 знач.). ‖ *прил.* **пости́лочный**, -ая, -ое (к 1 знач.) *и* **насти́лочный**, -ая, -ое (ко 2 знач.).

СТЛА́ТЬСЯ (стело́сь, стелёшься, 1 и 2 л. не употр.), сте́лется; *несов.* То же, что стелиться (в 1, 2, 3 и 4 знач.). *По стене стлался плющ. Над рекой стлался пар. Вокруг корабля стлалось море. По заснеженному полю стелется лиса.*

СТО, ста, *числит. колич.* **1.** Число и количество 100. *За́ с. кому-н.* (больше ста лет). **2.** (*косв. п. мн.* сот, стам, ста́ми, стах), *со словами «много», «несколько».* Такое количество каких-н. единиц, предметов. *Много сот рублей. Обойтись несколькими стами рублей. С. раз говорил* (много раз; разг.). ✦ **На все сто** (прост.) — 1) очень хорошо. *Отдохнул на все сто;* 2) полностью, совершенно, на все сто процентов. *Прав на все сто.* ‖ *порядк.* **со́тый**, -ая, -ое.

СТО... *Первая часть сложных слов со знач.:* 1) содержащий сто каких-н. единиц, напр. *сторублёвый, стокилометровый, стограммовый, стодневный, стоклеточный* (о шашках), стометровый; 2) имеющий сотни, очень много чего-н., напр. *стоглавый, стоглазый, столикий, сторукий, стоязыкий.*

СТОГ, -а, в (на) сто́ге *и* в (на) стогу́, *мн.* стога́, -о́в, *м.* Большая высокая и округлая или с прямыми сторонами куча плотно уложенного сена, соломы или снопов. *Метать стога.* ‖ *уменьш.* **стожо́к**, **-жка́**, *м.* ‖ *прил.* **стогово́й**, -а́я, -о́е.

СТО́ГНА, -ы, *ж.* (стар. высок.). Городская площадь или улица.

СТОГОВА́НИЕ, -я и **СТОГОМЕТА́НИЕ**, -я, *ср.* (спец.). Складывание сена (или соломы, снопов) в стога.

СТОГОМЕТА́ТЕЛЬ, -я, *м.* Устройство для механизированной укладки сена, соломы (в стога или в скирды), а также для погрузки копен, зерна, силоса.

СТОЕРО́СОВЫЙ, -ая, -ое: **дубина стоеросовая** или **болван, дурак стоеросовый** (прост. бран.) — о глупом, тупом человеке.

СТО́ИК, -а, *м.* **1.** Последователь стоицизма (в 1 знач.). **2.** *перен.* Человек, к-рый стоически переносит жизненные испытания.

СТО́ИМОСТЬ, -и, *ж.* **1.** В политэкономии: количество общественно необходимого труда, затраченного на производство товара и овеществлённого в этом товаре. *Прибавочная с.* (часть стоимости, к-рая производится наёмными рабочими сверх стоимости рабочей силы). *Меновая с. Потребительная с.* (полезность вещи, её способность удовлетворять какую-н. потребность человека). **2.** Денежное выражение ценности вещи, цена. *С. купленной вещи. С. перевозок.* ‖ *прил.* **сто́имостный**, -ая, -ое (к 1 знач.; спец.). *Стоимостные показатели.*

СТО́ИТЬ, -о́ю, -о́ишь; *несов.* **1.** *что, чего и с нареч.* Иметь ту или иную цену, стоимость (во 2 знач.). *Билет стоит два рубля. С. больших денег. Дорого стоит.* **2.** *кого-чего.* Заслуживать, быть достойным кого-чего-н., соответствовать кому-чему-н. *Стоит внимания. Один стоит семерых. Она его не стоит* (т. е. недостойна). **3.** (1 и 2 л. не употр.), *чего и с нареч.* Требовать для своего осуществления. *Это дело стоило большого труда. Ничего не стоит помочь* (не составляет труда). **4.** *безл., с неопр.* Имеет смысл. *Пьесу стоит посмотреть. Об этом предложении стоит подумать.* ✦ **Стоит** (сделать что-н.), **(как...)** — только, едва, не успеет..., как. *Стоит задуматься, (как) нахлынут воспоминания. Стоило заговорить, (как) он начинал спорить.* **Не стоит** — 1) вежливый ответ на благодарность. *Спасибо за подарок. — Не стоит;* 2) то же, что не стоит того. **Не стоит того** — не следует думать о чём-н. (незначительном), волноваться из-за этого. *Думаю о нашем вчерашнем разговоре. — Не стоит того.* **Чего стоит** (разг.) — о чём-н. очень важном, ценном, интересном или, напротив, заслуживающем осуждения, порицания. *Чего стоят его замечательные труды! Одна его самоуверенность чего стоит!*

СТОИЦИ́ЗМ, -а, *м.* **1.** В Древней Греции и Риме: философское учение, утверждающее телесность мира как живого организма, органическую связь его с космосом и равенство всех людей как граждан космоса, в своих этических нормах требующее сознательного подчинения человека господствующей в мире необходимости и победы над своими страстями. 2. *перен.* Твёрдость и мужество в жизненных испытаниях. *Проявить с.* ‖ *прил.* стои́ческий, -ая, -ое.

СТО́ЙБИЩЕ, -а, *ср.* 1. Становище кочевников. 2. Место отдыха пасущегося стада. ‖ *прил.* **сто́йбищный**, -ая, -ое.

СТО́ЙКА[1], -и, *ж.* 1. В спорте, в строю[2] (в 1 знач.): положение тела стоящего. *С. смирно* (положение, при к-ром руки опущены, корпус прям, ноги вытянуты и пятки сдвинуты). *Низкая с.* (в спорте). 2. В гимнастике: положение с опорой на вытянутые руки, при к-ром тело вертикально, а ноги вытянуты вверх. *Сделать стойку. С. на руках.* 3. Напряжённая неподвижная поза охотничьей собаки, обнаружившей дичь. *Сделать стойку над птицей.*

СТО́ЙКА[2], -и, *ж.* 1. Подпорка, брус, служащий опорой для чего-н.; неподвижное звено в каком-н. сооружении. 2. Высокий прилавок для продажи закусок, напитков. *Буфетная с.* 3. Стоячий воротник в виде узкой облегающей шею полоски. ‖ *уменьш.* **сто́ечка**, -и, *ж.* ‖ *прил.* **сто́ечный**, -ая, -ое (к 1 и 2 знач.).

СТО́ЙКИЙ, -ая, -ое; сто́ек, стойка́ *и* сто́йка, сто́йко. 1. Прочный, неослабевающий. *С. кирпич. С. запах. Стойкая инфекция.* 2. *перен.* Непоколебимый, упорный, твёрдый (в 4 знач.). *С. характер. Стойко* (нареч.) *защищаться.* ‖ *сущ.* **сто́йкость**, -и, *ж.*

СТО́ЙЛО, -а, *ср.* Отгороженное место для одного животного. *С. в хлеву, конюшне, на скотном дворе.* ‖ *прил.* **сто́йловый**, -ая, -ое (спец.). *Стойловое содержание скота.*

СТОЙМЯ́, *нареч.* (разг.). В стоячем, вертикальном положении. *Поставить бревно с.*

СТОК, -а, *м.* 1. *см.* стечь. 2. Место, приспособление, по к-рому стекает жидкость. *Искусственные стоки.* 3. Сама стёкшая куда-н. жидкость. *Промышленные стоки.* ‖ *прил.* **сто́чный**, -ая, -ое *и* **сто́ковый**, -ая, -ое. *Сточный водоём* (со стоком, стоками).

СТОКРА́Т, *нареч.* (устар. и высок.). Сто раз, многократно; во много раз (больше). *С. благословен поэт. Счастливее с.*

СТОКРА́ТНЫЙ, -ая, -ое. Повторяющийся сто раз, увеличенный в сто раз; многократный (книжн.). *Стократное напоминание. В стократном размере. Стократно* (нареч.) *увеличить.*

СТОЛ[1], -а́, *м.* 1. Предмет мебели в виде широкой горизонтальной пластины на опорах, ножках. *Обеденный, письменный, рабочий, кухонный, садовый с. Овальный, круглый, квадратный с. Сесть за с. Встать из-за стола. Сесть за с. переговоров* (перен.: начать равноправные переговоры). 2. Предмет специального оборудования или часть станка сходной формы. *Операционный с. Поднять с. станка.* 3. *ед.* Питание, пища. *Сдаётся комната со столом. Диетический с. Мясной с. Однообразный с.* 4. Отделение в учреждении или учреждение, ведающее каким-н. специальным кругом дел. *Адресный с. Справочный с. С. находок. С. заказов* (отдел в магазине, где покупатели делают предварительные заказы на покупки). *С. гражданской палаты* (в царской России). ✦ **Круглый стол** — собрание, совещание, участники к-рого обсуждают специальные вопросы в форме непосредственной беседы, обмена мнениями. *Переговоры за круглым столом.* ‖ *уменьш.* **сто́лик**, -а, *м.* (к 1 знач.). ‖ *прил.* **столо́вый**, -ая, -ое (к 1 и устар. к 3 знач.). *Столовая доска. Столовые деньги.*

СТОЛ[2], -а, *м.* В Древней Руси: престол, княжение. *Киевский с.* ‖ *прил.* **сто́льный**, -ая, -ое. *С. град* (столица; стар.).

СТОЛБ, -а́, *м.* 1. Бревно, толстый брус, укреплённый стоймя. *Телеграфный с. Пограничный с.* (пограничный знак). *Стоять столбом* (перен.: неподвижно; разг. неодобр.). 2. *перен.* Масса чего-н. движущегося, летучего, поднимающаяся прямо вверх. *С. дыма. С. огня. С. насекомых. Пыль стоит столбом.* ✦ **Позвоночный столб** — то же, что позвоночник. ‖ *уменьш.* **сто́лбик**, -а, *м.* ‖ *прил.* **столбово́й**, -а́я, -о́е (к 1 знач.). *Столбовое крепление.* ✦ **Столбовая дорога** — 1) большая дорога с верстовыми столбами (устар.); 2) главная линия развития чего-н.

СТОЛБЕНЕ́ТЬ, -е́ю, -е́ешь; *несов.* Терять способность двигаться от душевного потрясения, цепенеть, каменеть. *С. от ужаса.* ‖ *сов.* **остолбене́ть**, -е́ю, -е́ешь. ‖ *сущ.* **остолбене́ние**, -я, *ср. О. нашло на кого-н.*

СТОЛБЕ́Ц, -бца́, *м.* 1. *см.* столбцы. 2. Ряд коротких строк, расположенных одна под другой и образующих узкую и длинную полосу текста. *Газетные столбцы. Столбцы цифр.*

СТО́ЛБИК, -а, *м.* 1. *см.* столб. 2. Ряд предметов, расположенных друг на друге в виде небольшого столба, а также то, что имеет такую форму. *С. монет. Ртутный с.* (в термометре: заключённая в прозрачную трубку ртуть, поднимающаяся или опускающаяся в зависимости от изменения температуры). 3. Текст, цифры, написанные в виде столбца (во 2 знач.). *Умножать столбиком* (в арифметике).

СТОЛБНЯ́К, -а́, *м.* 1. Инфекционное заболевание, сопровождающееся резкими судорогами. 2. Состояние полной неподвижности из-за сильного потрясения, испуга (разг.). *С. нашёл на кого-н.* ‖ *прил.* **столбня́чный**, -ая, -ое (к 1 знач.) *и* **столбняко́вый**, -ая, -ое (ко 2 знач.). *Столбнячный микроб.*

СТОЛБОВО́Й[1], -а́я, -о́е: **столбовой дворянин** (устар.) — дворянин, относящийся к древнему потомственному дворянскому роду, в 16 в. заносившемуся в специальные столбцы (родословные книги). *Столбовое дворянство. С. дворянский род. С. боярин.*

СТОЛБОВО́Й[2] *см.* столб.

СТОЛБЦЫ́, -о́в, *ед.* -бе́ц, -бца́, *м.* Старинный документ в виде свитка из подклеенных листов.

СТОЛЕ́ТИЕ, -я, *ср.* 1. То же, что век (в 1 знач.). *Начало двадцатого столетия. Середина столетия. Конец столетия. В первой половине столетия. Ко второй половине столетия. На пороге 21 столетия. На рубеже двух столетий.* 2. То же, что век (во 2 знач.). *Дворец простоял три столетия. История города насчитывает несколько столетий.* 3. *чего.* Годовщина события, бывшего сто лет тому назад. *С. университета* (сто лет со дня его основания). 4. *кого.* Чья-н. сотая годовщина. *Долгожитель отпраздновал своё с.* (сотый день рождения). ‖ *прил.* **столе́тний**, -яя, -ее (ко 2, 3 и 4 знач.). *Столетняя сосна. С. юбилей. Столетняя годовщина.*

СТОЛЕ́ТНИЙ, -яя, -ее. 1. *см.* столетие. 2. Существующий или просуществовавший, проживший сто лет. *С. дуб. С. старец.*

СТОЛЕ́ТНИК, -а, *м.* Древовидное комнатное растение, разновидность алоэ.

СТОЛЕ́ШНИЦА, -ы, *ж.* Верхняя плоская часть стола, его крышка. *Дубовая с. Раздвижная с. С. на ножках, на тумбах.*

СТО́ЛИК, -а, *м.* 1. *см.* стол[1]. 2. Небольшой стол для посетителей в ресторане, столовой, для служебных надобностей. *Заказать с. в кафе. С. на двоих. С. консультанта, кассира.*

СТОЛИ́ЦА, -ы, *ж.* Главный город государства, как правило, место пребывания правительства и правительственных учреждений. *Москва — с. России.* ‖ *прил.* **столи́чный**, -ая, -ое. *С. вид у кого-н.* (такой, как у жителей столицы).

СТОЛКА́ТЬ, -а́ю, -а́ешь; сто́лканный; *сов.*, *кого-что* (разг.). Столкнуть (в 1 знач.) в несколько приёмов.

СТОЛКНОВЕ́НИЕ, -я, *ср.* 1. *см.* столкнуться. 2. Стычка, бой. *Вооружённое с.* (военные действия; книжн.). 3. Спор, ссора.

СТОЛКНУ́ТЬ, -ну́, -нёшь; сто́лкнутый; *сов.* 1. *кого-что.* Толчком сбросить, сдвинуть откуда-н. *С. с крыльца. С. лодку в воду.* 2. *кого-что.* Толкая навстречу друг другу, заставить столкнуться. *С. бильярдные шары. С. лбами кого-н.* (также перен.: заставить вступить в открытое столкновение, спор; разг.). 3. *перен., кого (что).* Заставить вступить в какие-н. отношения, в соприкосновение (разг.). *Случай вновь столкнул бывших друзей.* 4. *перен., кого (что).* Поссорить, вызвать враждебные отношения. *С. соседей.* ‖ *несов.* **ста́лкивать**, -аю, -аешь.

СТОЛКНУ́ТЬСЯ, -ну́сь, -нёшься; *сов.* 1. *с кем-чем.* Двигаясь навстречу, удариться друг о друга или тесно сблизиться. *Грузовики столкнулись. С. носом к носу* (перен.: встретиться, чуть не столкнувшись друг с другом; разг.). 2. *перен., с кем.* Неожиданно встретиться (разг.). *С. со старым знакомым.* 3. *перен., с чем.* Встретиться, познакомиться с чем-н. (новым, неожиданным) (разг.). *С. с неизвестным явлением. С. с трудностями.* 4. *перен., с кем-чем.* Вступить в конфликт, во враждебные отношения. *Столкнулись разные характеры. С. из-за наследства.* ‖ *несов.* **ста́лкиваться**, -аюсь, -аешься. ‖ *сущ.* **столкнове́ние**, -я, *ср.* (к 1, 3 и 4 знач.). *С. интересов.*

СТОЛКОВА́ТЬСЯ, -ку́юсь, -ку́ешься; *сов.*, *с кем* (разг.). Сговориться, прийти к соглашению. *С ним не с.* (т. е. невозможно столковаться). ‖ *несов.* **столко́вываться**, -аюсь, -аешься.

СТОЛОВА́ТЬСЯ, -лу́юсь, -лу́ешься; *несов.* Питаться (во 2 знач.). **где-н.** *С. у родных.*

СТОЛО́ВАЯ, -ой, *ж.* 1. Комната в квартире, в доме с обеденным столом, где едят и пьют. 2. Комплект мебели для такой комнаты. *С. орехового дерева.* 3. Учреждение общественного питания с подачей горячих обедов. *Заводская с. Благотворительная с.* (бесплатная, для неимущих). ‖ *прил.* **столо́вский**, -ая, -ое (к 3 знач.; разг.). *Столовская еда.*

СТОЛОВЕРЧЕ́НИЕ, -я, *ср.* Верчение стола во время спиритического сеанса.

СТОЛО́ВКА, -и, *ж.* (прост.). То же, что столовая (в 3 знач.).

СТОЛО́ВЫЙ, -ая, -ое. 1. *см.* стол. 2. Употребляемый за столом во время еды. *Столовая соль. Столовое вино* (виноградное вино без всяких примесей). *Столовая вода* (минеральная). 3. Предназначенный для еды (не для питья). *Столовая ложка. С. сервиз.*

СТОЛОНАЧА́ЛЬНИК, -а, *м.* В дореволюционной России: чиновник, начальник стола[1] (в 4 знач.). ‖ *прил.* **столоначальнический**, -ая, -ое.

СТОЛО́ЧЬ, -лку́, -лчёшь, -лку́т; -ло́к, -лкла́; -ло́кший; -лчённый (-ён, -ена́); -ло́кши; *сов.*, *что.* 1. *см.* толочь. 2. *с чем.* Растолочь что-н. вместе с чем-н. другим. *С. сахар с корицей.*

СТОЛП, -а́, *м.* 1. В архитектуре: башня, колонна. 2. *перен.* О выдающемся деятеле (устар. высок. и ирон.). *Столпы общества.* ◆ **До геркулесовых столпов дойти** (книжн.) — дойти до крайних пределов, до абсурда [по древнему названию Гибралтарского пролива, считавшегося концом суши].

СТОЛПИ́ТЬСЯ (-плю́сь, -пи́шься, 1 и 2 л. ед. не употр.), -пи́тся; *сов.* Собраться в одном месте в большом количестве, толпой. *С. у входа.*

СТО́ЛПНИК, -а, *м.* Отшельник, совершающий молитвы, стоя на небольшом столпе, либо затворясь в тесной башенной келье. ‖ *ж.* **сто́лпница**, -ы.

СТОЛПООБРА́ЗНЫЙ, -ая, -ое; -зен, -зна. Имеющий вид башни, столпа. *Столпообразные сооружения. С. смерч.* ‖ *сущ.* **столпообра́зность**, *-и, ж.*

СТОЛПОТВОРЕ́НИЕ, -я, *ср.* Бестолковый шум, беспорядок при большом стечении народа. *В доме целое с.* ◆ **Вавилонское столпотворение** (разг.) — полнейший беспорядок и неразбериха [по библейскому сказанию о возгордившихся жителях Вавилона, решивших построить башню до небес и наказанных за это Богом, к-рый лишил их общего языка и возможности понимать друг друга].

СТОЛЬ, *мест. нареч.* (устар. и книжн.). Так, в такой степени. *Это не с. важно.* ◆ **Столь (же)... сколь (и) и столь же... как**, *союз* — то же, что настолько (же)... насколько. *Столь же умен, сколь и образован.*

СТО́ЛЬКО. 1. *мест. нареч.* и *союзн. сл.* Так много, в таком количестве. *Сколько взял, с. и отдал. Он с. пережил!* 2. (сто́льких, сто́льким, по сто́льку), *числит. неопр.-колич.* Такое количество (преимущ. значительное). *Стольким людям я обязан! Где ты был с. времени? Во стольких странах побывал!* ◆ **Не столько... сколько**, *союз* — выражает сопоставление при ограничении, не в такой мере как. *Не столько силен, сколько ловок.* **Столько (же)... сколько (и)**, *союз* — то же, что настолько (же)... насколько. *Столько же удивлен, сколько и обрадован.* **Хоть столько (столечко)** (прост.) — то же, что хоть сколько (сколечко). *Удели хоть столечко.* **Хоть бы столько (столечко)** (прост.) — то же, что хоть бы сколько (сколечко). *Хоть бы столько понимал* (т. е. совсем не понимает). ‖ *уменьш.* **сто́лечко** (к 1 знач.). *Вот ни с. не съел.*

СТО́ЛЬКО-ТО. 1. *мест. нареч.* Указывает на определённое количество. *Пиши: столько-то получил, столько-то отдал. Это столько-то ты успел сделать?* (т. е. так мало?). 2. (сто́льких-то, сто́льким-то, по сто́льку-то), *числит. неопр.-колич.* Обозначает количество. *Укажите точно: направлены письма стольким-то лицам, во столько-то мест.*

СТО́ЛЬНИК[1], -а, *м.* На Руси до 17 в.: придворный [*первонач.* прислуживающий за княжеским или царским столом]. ‖ *прил.* **сто́льничий**, -ья, -ье.

СТО́ЛЬНИК[2], -а, *м.* (прост.). То же, что сто рублей.

СТО́ЛЬНЫЙ *см.* **стол**[2].

СТОЛЯ́Р, -а́, *м.* Рабочий, специалист по обработке дерева и изготовлению изделий из него. *С.-краснодеревщик.* ‖ *прил.* **столя́рский**, -ая, -ое.

СТОЛЯ́РНЫЙ, -ая, -ое. Относящийся к обработке дерева, к работе столяра. *Столярное дело. С. клей. Столярные изделия.*

СТОМАТО́ЛОГ, -а, *м.* Врач — специалист по стоматологии.

СТОМАТОЛО́ГИЯ, -и, *ж.* Раздел медицины, занимающийся заболеваниями полости рта, зубов, челюстей и граничащих с ними областей. ‖ *прил.* **стоматологи́ческий**, -ая, -ое.

СТОМЕТРО́ВКА, -и, *ж.* В спорте: дистанция в сто метров. *Хорошо прошёл стометровку.*

СТОН, -а, *м.* Протяжный звук, издаваемый при сильной боли, страдании. *Стоны раненых. Жалобный с.* ◆ **Стон стоит** (разг.) — о неумолкающем шуме, гуле. *От стука топоров в лесу стон стоит.*

СТОНА́ТЬ, стону́ *и* (устар.) стона́ю, сто́нешь *и* (устар.) стона́ешь; сто́нущий; стоня́ *и* (устар.) стона́я; *несов.* 1. Издавать стоны. *С. от боли. Под ветром стонут провода* (перен.). 2. (стону́), *перен.* Жаловаться, сетовать (разг. неодобр.). *Вечно он стонет, всё ему плохо.*

СТОП. 1. *межд.* Призыв остановиться. *С., ни с места! С. машина* (об остановке мотора, двигателей на судне; также перен.: об остановке, прекращении чего-н.; разг. шутл.). 2. *неизм.* Относящийся к остановке движения, требующий такой остановки. *Линия с. Сигнал с.*

СТОП-... *Первая часть сложных слов со знач.* относящийся к остановке, прекращению движения, работы, напр. *стоп-кадр, стоп-сигнал, стоп-кран, стоп-цилиндр.*

СТОПА́[1], -ы́, *мн.* стопы́, стоп, стопа́м, *ж.* 1. Часть ноги, состоящая из предплюсны, плюсны и пальцев. *Плоская с.* (плоскостопие). 2. *перен.* Нога, шаг (устар. и ирон.). *Направить куда-н. свои стопы. Смелыми стопами отправиться куда-н.* ◆ **По стопам** *кого* (идти, следовать), *в знач. предлога с род. п.* (книжн.) — вслед за кем-н., имея кого-н. примером, образцом. *Следовать по стопам своего предшественника.* **Припасть к стопам** *кого* (устар. высок. и ирон.) — обратиться с просьбой, мольбой.

СТОПА́[2], -ы́, *мн.* сто́пы, стоп, сто́пам, *ж.* В стихосложении: повторяющаяся единица стиха[1] (в 1 знач.), состоящая из двух и более слогов, один из к-рых обычно долгий или ударный. *Трёхсложная с.*

СТОПА́[3], -ы́, *мн.* сто́пы, стоп, сто́пам, *ж.* 1. Ряд одинаковых по размеру, ровных предметов, наложенных один на другой. *С. книг.* 2. Мера бумаги, прежде равная 480 листам, а в метрической системе — 1000 листам. ‖ *прил.* **стопово́й**, -а́я, -о́е.

СТОПА́[4], -ы́, *мн.* сто́пы, стоп, сто́пам, *ж.* (устар.). Сосуд для вина. *Серебряная с.*

СТО́ПКА[1], -и, *ж.* Маленький стакан для вина. ‖ *уменьш.* **сто́почка**, -и, *ж.*

СТО́ПКА[2], -и, *ж.* То же, что стопа[3] (в 1 знач.). *С. тетрадей.*

СТОП-КРА́Н, -а, *м.* Тормозной кран в вагоне для экстренной остановки поезда.

СТО́ПОР, -а, *мн.* -ы, -ов *и* (разг.) -а́, -о́в, *м.* (спец.). Приспособление для остановки, закрепления частей механизма в каком-н. положении. ‖ *прил.* **сто́порный**, -ая, -ое.

СТО́ПОРИТЬ, -рю, -ришь; *несов., что.* 1. Останавливать движение чего-н. (спец.). *С. машину.* 2. *перен.* Задерживать, замедлять развитие, движение чего-н. (разг.). *С. дело.* ‖ *сов.* **засто́порить**, -рю, -ришь; -ренный.

СТО́ПОРИТЬСЯ (-рюсь, -ришься, 1 и 2 л. не употр.), -рится; *несов.* (разг.). 1. О машине: останавливаться. *Двигатель стопорится.* 2. *перен.* Задерживаться, замедляться в развитии, движении. *Дело, работа стопорится.* ‖ *сов.* **засто́пориться** (-рюсь, -ришься, 1 и 2 л. не употр.), -рится. *Переговоры застопорились.*

СТОПРОЦЕ́НТНЫЙ, -ая, -ое; -тен, -тна. 1. *полн. ф.* Содержащий в себе сто процентов чего-н. *С. шёлк* (без примесей). 2. Дающий доход в сто процентов. 3. Составляющий сто процентов чего-н. *Стопроцентная выгода. Стопроцентная явка.* 4. *перен.* То же, что полный (в 4 знач.) (разг.). *С. идиот, дурак, бюрократ. С. отличник. Стопроцентная истина. Стопроцентное невежество.* ‖ *сущ.* **стопроце́нтность**, -и, *ж.* (ко 2 знач.).

СТОПТА́ТЬ, стопчу́, сто́пчешь; сто́птанный; *сов.* 1. *см.* топтать. 2. *что.* Нося, искривить на одну сторону (обувь). *С. сапоги.* ‖ *несов.* **ста́птывать**, -аю, -аешь.

СТОРГОВА́ТЬ, -СЯ *см.* торговать, **-ся**.

СТОРИ́ЦЕЙ и **СТОРИ́ЦЕЮ**, *нареч.* (устар. и книжн.). Во много раз больше. *Земля родит с.* (о хорошем урожае). *Воздать(ся) с. кому за что-н.* (об очень щедром вознаграждении или, напротив, об отмщении кому-н.).

СТОРНОВА́ТЬ, -ну́ю, -ну́ешь; -о́ванный; *несов., что.* Молотить (хлеб) в снопах, не сминая солому. ‖ *сущ.* **сторно́вка**, **-и**, *ж.*

СТО́РОЖ, -а, *мн.* -а́, -е́й, *м.* Работник, к-рый сторожит, охраняет что-н. *С. на складе. Ночной с.* ‖ *ж.* **сторожи́ха**, -и (разг.).

СТОРОЖЕВИ́К, -а́, *м.* Сторожевой катер, судно.

СТОРОЖЕВО́Й, -а́я, -о́е. Предназначенный для охраны чего-н., дозора. *Сторожевая вышка. Сторожевое охранение. С. корабль.*

СТОРОЖИ́ТЬ, -жу́, -жи́шь; -жённый (-ён, -ена́); *несов., кого-что.* То же, что стеречь. *С. сад. С. зверя.*

СТОРО́ЖКА, -и, *ж.* Помещение для сторожа, жильё сторожа. *Ночная с. Лесная с.*

СТОРО́ЖКИЙ, -ая, -ое; -жек, -жка (обл. и прост.). Осторожный, настороженный. *С. взгляд. Сторожкая тишина* (перен.).

СТОРОНА́, -ы́, *вин.* сто́рону, *мн.* сто́роны, сторо́н, сторона́м, *ж.* 1. Направление, а также пространство, место, расположенное в каком-н. направлении от кого-чего-н. *Подъехать с левой стороны. Две стороны. Обе стороны́ и сто́роны. Отпустить на все четыре стороны* (дать полную свободу идти куда угодно; разг.). *Смотреть по сторонам. Отойди в сторону, не мешай!* 2. Страна (обычно как место, где кто-н. живёт) (устар.). *Родная с. Дальняя с. Жить на чужой стороне* (на чужбине). *Отдать дочку на чужую сторону.* 3. Пространство, расположенное по бокам, краям чего-н., не середина. *По другую сторону шоссе. Солнечная с. улицы. Осмотреть со всех сторон. Идти стороной* (сбоку, с краю, а также в обход чего-н.). 4. *перен.* Положение вне главных событий, развития чего-н. *Смотреть со стороны* (не будучи участником чего-н.). 5. Одна из поверхностей, один из боков чего-н. *Лицевая, оборотная с. медали.* 6. В математике: отрезок прямой, являющийся частью границы многоугольника. *С. квадрата.* 7. *перен.* Точка зрения, взгляд на что-н. *Обсудить со всех сторон. С одной стороны, он прав, а с другой стороны — виноват.* 8. *перен.* То, что составляет одну из особенностей, черт чего-н. *Положительная с. дела. Показная с.* 9. *перен.* Свойство, качество. *Показать себя с выгодной стороны. В его характере много хороших сторон.* 10. Человек, группа лиц, противопоставленных другим (офиц.). *Прения сторон на суде. Выслушать обе стороны́ и сто́роны. Обязательства сторон. Высокие договаривающиеся стороны.* ◆ **Брать (взять, принять) сторону** *чью* — поддерживать чью-н.

точку зрения в споре, чьи-н. интересы. **В стороне от** *кого-чего, в знач. предлога с род. п.* — в отдалении, на расстоянии от кого-чего-н. *Держаться в стороне от распрей. Дом в стороне от дороги.* **В сторону** *кого-чего, в знач. предлога с род п.* — в направлении, по направлению к кому-чему-н. *Повернуться в сторону говорящего.* **В сторону от** *кого-чего, в знач. предлога с род. п.* — в направлении от кого-чего-н. *Двинуться в сторону от толпы.* **В сторону сказать** — немного отвернувшись и тихо. **Моё (твоё, его) дело сторона** (разг.) — это меня (тебя, его) не касается. **На стороне** — 1) не у себя, в другом месте (разг.). *Работать на стороне;* 2) *кого-чего, предлог с род. п.*, у кого-н., соблюдая интересы кого-н. *Закон на стороне истца. Правда на стороне автора письма.* **На́ сторону** (разг.) — в другое место. *Отдавать работу на сторону.* **По ту сторону** — 1) с другой стороны, на другой стороне. *По ту сторону шоссе;* 2) о том, что противостоит чему-н. как далёкое, чуждое. *По ту сторону добра.* **Со стороны** — 1) откуда-н., не из данного места. *Человек со стороны* (чужой, посторонний); 2) *кого*, о действиях, исходящих от кого-чего-н. *С его стороны так поступать — непорядочно. Некрасиво с твоей стороны;* 3) *кого*, по линии родства. *Дядя со стороны матери* (с материнской стороны); 4) *кого-чего, предлог с род. п.*, от кого-чего-н. как источника действия. *Возражения со стороны общественных организаций.* ‖ *уменьш.-ласк.* **сторо́нка**, -и, *ж.* (к 1, 2, 3, 4 и 5 знач.) *и* **сторо́нушка**, -и, *ж.* (ко 2 знач.). *Родимая сторонушка.*

СТОРОНИ́ТЬСЯ, -оню́сь, -о́нишься *и* -они́шься; *несов.* **1.** Отходить в сторону, освобождая место для прохода, проезда. *Сторонись, а то задавят.* **2.** *перен., кого-чего.* Избегать, не желать встречаться, сталкиваться с кем-чем-н. *С. незнакомых людей.* ‖ *сов.* **посторони́ться**, -оню́сь, -о́нишься *и* -они́шься (к 1 знач.).

СТОРО́ННИЙ, -яя, -ее. Посторонний, чужой. *С. наблюдатель* (наблюдающий со стороны). *С. взгляд. Стороннее влияние.*

СТОРО́ННИК, -а, *м., кого-чего.* Последователь каких-н. взглядов, учения, чей-н. приверженец. *Сторонники мира. С. новой теории.* ‖ *ж.* **сторо́нница**, -ы.

СТОСКОВА́ТЬСЯ, -ку́юсь, -ку́ешься; *сов., о ком-чём, по кому-чему* и (разг.) *по ком-чём.* Соскучиться, впасть в тоску. *С. по родным местам. С. в одиночестве.*

СТОУ́СТЫЙ, -ая, -ое; -у́ст (устар. и высок.). О мнениях, речах: распространяемый множеством людей. *Стоустая молва.*

СТОЧИ́ТЬ, сточу́, сто́чишь; сто́ченный; *сов., что.* **1.** Точа, срезать, уничтожить. *С. неровности на металле.* **2.** Сделать тонким, узким от длительного употребления (нож, лезвие). ‖ *несов.* **ста́чивать**, -аю, -аешь. ‖ *сущ.* **ста́чивание**, *-я, ср. и* **сто́чка**, -и, *ж.*

СТОЧИ́ТЬСЯ (сточу́сь, сто́чишься, 1 и 2 л. не употр.), сто́чится; *сов.* О ноже, лезвии: стать узким, тонким от точки или длительного употребления. *Нож сточился.* ‖ *несов.* **ста́чиваться** (-аюсь, -аешься, 1 и 2 л. не употр.), -ается.

СТО́ЧНЫЙ *см.* стечь *и* сток.

СТОШНИ́ТЬ *см.* тошнить.

СТО́Я, *нареч.* В стоячем положении. *Читать с. С. спит кто-н.* (также перен.: то же, что на ходу спит).

СТОЯ́К, -а́, *м.* Вертикальный брус, служащий опорой для чего-н.; вертикальная труба. *Водопроводный с. Печной с.* (с проходящим внутри дымоходом). ‖ *уменьш.* **стоячо́к**, -чка́, *м.* ‖ *прил.* **стояко́вый**, -ая, -ое.

СТОЯ́ЛЫЙ, -ая, -ое (разг.). **1.** Застоявшийся или выстоявшийся. *Стоялая вода. Стоялая настойка.* **2.** Долго стоявший на месте, без движения. *С. конь.*

СТОЯ́НКА, -и, *ж.* **1.** Остановка во время движения. *С. теплохода.* **2.** Место, где располагаются на время остановки, на временное жительство. *Оленеводческая с. С. геологов.* **3.** Место, где временно стоит транспорт. *С. машин. С. такси.* **4.** Место поселения первобытного человека. *С. каменного века.* ‖ *прил.* **стоя́ночный**, -ая, -ое. *Стояночное время судов.*

СТОЯ́ТЬ, стою́, стои́шь; сто́я; *несов.* **1.** Находиться в вертикальном положении, упершись конечностями (ногами) в твёрдую опору, не передвигаясь. *Часовой стоит на посту. С. на коленях. С. на голове* (вверх ногами). *Аист стоит на одной ноге. Собака стоит над дичью в стойке. Крепко с. на ногах* (также перен.: чувствовать себя уверенно). **2.** Находиться неподвижно в вертикальном положении. *Столб стоит прямо. Мост стоит на опорах. Диван стоит на ножках. Шерсть стоит дыбом* (поднялась торчком). **3.** (1 и 2 л. не употр.). Быть поставленным, расположенным где-н., находиться где-н. *Дом стоит у реки. Стол стоит на балконе. Посуда стоит в шкафу.* **4.** Быть, находиться, занимая какое-н. положение, выполняя какую-н. работу, обязанности. *С. у власти. С. во главе учреждения. С. на страже общественных интересов.* **5.** (1 и 2 л. не употр.). Быть, находиться, иметь место где-н. или в какое-н. время; вообще существовать. *Дом стоит у реки. В комнате стоит запах табака. На конверте стоит штемпель. В доме стоит шум. В глазах стоят слёзы. Стоит время отпусков. Стоит последняя неделя поста. Так стоит* (безл.) *испокон веку. Русским Богом русская земля стоит* (стар. посл.). **6.** (1 и 2 л. не употр.). Иметься в наличии, нуждаясь в решении. *Перед нами стоят важные задачи. Стоит вопрос о постройке нового завода.* **7.** Иметь местопребывание. *Полки стоят за рекой. С. лагерем.* **8.** *перен., за кого-что.* Действовать в чьих-н. интересах, в каком-н. направлении, защищать, ограждать кого-что-н. *С. за справедливость.* **9.** *на чём.* Настаивать, стоять на своём (разг.). *С. на своём решении, мнении.* **10.** Не двигаться, бездействовать. *Поезд стоит у светофора. Часы стоят. Дело стоит на месте* (перен.). **11.** (1 и 2 л. не употр.). Сохраняться, не портиться. *Сметана долго не стоит. Варенье будет с. всю зиму.* **12.** То же, что стоять в очереди. *С. за билетами. За кем стоите?* (т. е. кто в очереди перед вами?). **13. сто́й(те).** Призыв остановиться, не торопиться. *Стой(те), давай(те) сначала всё хорошенько обдумаем.* **14. сто́й(те).** Выражение удивления и припоминания, напоминания (разг.). *Стой, но вчера ты говорил совсем другое.* ✦ **Не стоять** *за чем* (прост.) — не жалеть чего-н., не скупиться на что-н. *Не стою за расходами.* **Стоять на своём** (разг.) — твёрдо держаться своего мнения, убеждения, настаивать на чём-н. **На том стоим** (разг.) — говорится, когда кто-н. утверждает или подтверждает свою силу, знание, умение. *Поработал ты хорошо. — На том стоим.* **Стоять в очереди** — иметь, занимать место в очереди (во 2 и 3 знач.). *Стоять в очереди на посадку. Стоять в очереди на получение квартиры.* **Хоть стой, хоть падай** (разг. шутл.) — выражение крайнего удивления, недоумения, растерянности. **Стой там пойди** сюда (разг. ирон.) — о чьих-н. словах, поступках, несовместимых один с другим. ‖ *сов.* **постоя́ть**, -ою́, -ои́шь (к 8 знач.). *П. за себя* (не дать себя в обиду). ‖ *многокр.* **ста́ивать** (*наст.* не употр.) -ал (к 1 и 2 знач.). ‖ *сущ.* **стоя́ние**, -я, *ср.* (к 1, 2, 7, 10 и 12 знач.).

СТОЯ́ЧИЙ, -ая, -ее. **1.** Вертикальный, относящийся к положению стоя. *В стоячем положении. Стоячие часы. С. воротник.* **2.** Не проточный, не текущий. *Стоячее болото. С. пруд. С. воздух* (неподвижный). **3.** Предназначенный для стояния (разг.). *Стоячие места* (по входным билетам, без обозначения места для сидения).

СТО́ЯЩИЙ, -ая, -ее; -ящ (разг.). Имеющий ценность, заслуживающий внимания. *Стоящее предложение. С. специалист.*

СТРАВИ́ТЬ, -авлю́, -а́вишь; -а́вленный; *сов.* **1.** *см.* травить[1]. **2.** *кого (что).* Натравив друг на друга, заставить подраться, напасть. *С. собак.* ‖ *несов.* **стра́вливать**, -аю, -аешь *и* **стравля́ть**, -яю, -яешь.

СТРА́ГИВАТЬ, -СЯ *см.* стронуть, -ся.

СТРАДА́, -ы́, *мн.* стра́ды, страд, стра́дам, *ж.* Напряжённая летняя работа в период косьбы, уборки урожая. *Деревенская с. Боевая с.* (перен.: о напряжённых боевых действиях). ‖ *прил.* **стра́дный**, -ая, -ое. *Страдная пора.*

СТРАДА́ЛЕЦ, -льца, *м.* Человек, к-рый много страдал, страдает. ‖ *ж.* **страда́лица**, -ы. ‖ *прил.* **страда́льческий**, -ая, -ое.

СТРАДА́ЛЬЧЕСКИЙ, -ая, -ое. **1.** *см.* страдалец. **2.** Полный страданий, выражающий страдание. *Страдальческая жизнь. Страдальческое лицо.*

СТРАДА́НИЕ, -я, *ср.* **1.** Физическая или нравственная боль, мучение. *Испытывать страдания. Умереть в страданиях.* **2.** обычно *мн.* Частушка на любовную тему.

СТРАДА́ТЕЛЬНЫЙ, -ая, -ое (книжн.). Подвергающийся чему-н. (неприятному), пассивно испытывающий что-н. *Он в этом деле лицо страдательное.* ✦ **Страдательный залог** — в грамматике: глагольная категория, представляющая действие как пассивно направленное от объекта к субъекту (напр.: *дом строится рабочими, дом построен рабочими*). *Причастия страдательного залога.*

СТРАДА́ТЬ, -а́ю, -а́ешь *и* (стар.) стра́жду, стра́ждешь; стра́ждущий; стра́ждя; *несов.* **1.** Испытывать страдание. *С. от боли. С. от любви.* **2.** *чем.* Иметь какую-н. болезнь. *С. головными болями. С. самомнением* (перен.). **3.** *за кого-что.* Сочувствуя, болезненно переживать чьё-н. горе, неудачу. *С. за больного друга.* **4.** *от чего* и *за что.* Подвергаться чему-н. неприятному, терпеть ущерб, урон от чего-н. *С. за правду. Посевы страдают от сорняков.* **5.** (1 и 2 л. не употр.). Быть плохим, не на должном уровне (разг.). *Аргументация страдает односторонностью.* ‖ *сов.* **пострада́ть**, -а́ю, -а́ешь (к 4 знач.).

СТРАЖ, -а, *м.* **1.** То же, что сторож (устар. и ирон.). **2.** Человек, к-рый охраняет кого-что-н., защитник (высок.). *С. закона.* ✦ **Страж порядка** (ирон.) — блюститель порядка.

СТРА́ЖА, -и, *ж., собир.* (устар.). Вооружённая охрана. *Конвойная с. Пограничная с. Тюремная с.* ✦ **На страже** *чего* (быть или стоять) (высок.) — охраняя и защищая что-н. *На страже законности.* **На стражу** *чего* (высок.) — на защиту. *Встать на стражу интересов Родины.* **Под стражей** (офиц.) — под арестом. **Взять под стражу** (офиц.) — арестовать.

СТРА́ЖНИК, -а, *м.* В царской России: низший полицейский чин в нек-рых видах охраны, стражи. *Таможенный с. Сельский с.*

СТРА́ИВАТЬ *см.* строить.

СТРАНА́, -ы́, *мн.* стра́ны, стран, стра́нам, *ж.* **1.** Территория, имеющая собственное государственное управление или управляемая другим государством. *Европейские, азиатские страны. Индустриальная, аграрная с. Развивающиеся страны* (независимые, преимущ. бывшие колониальные и полуколониальные страны, в силу своего исторического развития отставшие от других стран в социальном и экономическом отношениях). *Колониальные страны* (зависимые). **2.** Местность, территория. *Южные страны. Сибирь — с. неограниченных возможностей. Неведомые страны.* ✦ **Страны света** — четыре главные точки горизонта: север, юг, восток, запад.

СТРАНИ́ЦА, -ы, *ж.* **1.** Одна сторона листа бумаги в книге, тетради. *Перелистывать страницы. Читать страницу за страницей. На страницах журнала* (в журнале). **2.** *перен.* Период, отрезок времени в жизни, в развитии чего-н. (высок.). *Страницы истории. С. жизни.* ‖ *уменьш.* **страни́чка**, -и, *ж.* ‖ *прил.* **страни́чный**, -ая, -ое (к 1 знач.).

СТРА́ННИК, -а, *м.* (устар.). **1.** Странствующий человек (обычно бездомный или гонимый). *С. в мире* (одинокий и бесприютный человек). **2.** Человек, идущий пешком на богомолье, богомолец. ✦ **Небесный странник** (высок.) — о метеорите. ‖ *ж.* **стра́нница**, -ы. ‖ *прил.* **стра́ннический**, -ая, -ое.

СТРА́ННИЧАТЬ, -аю, -аешь; *несов.* (устар.). Вести жизнь странника.

СТРА́ННОСТЬ, -и, *ж.* **1.** *см.* странный. **2.** Странный поступок, странное поведение. *За этим человеком водятся странности.*

СТРА́ННЫЙ, -ая, -ое; -а́нен, -анна́, -а́нно. Необычный, непонятный, вызывающий недоумение. *С. характер. С. вид. Мне странно его поведение. Странно* (в знач. сказ.), *что он не звонит.* ‖ *сущ.* **стра́нность**, -и, *ж.*

СТРАНОВЕ́ДЕНИЕ, -я, *ср.* Комплексное изучение отдельных стран, их природы, географии, экономики, социального устройства. ‖ *прил.* **странове́дческий**, -ая, -ое.

СТРА́НСТВИЕ, -я, *ср.* (книжн.). Странствование, путешествие. *Далёкое с. Пуститься в странствия.*

СТРА́НСТВОВАТЬ, -твую, -твуешь; *несов.* (книжн.). **1.** То же, что путешествовать. *С. по свету.* **2.** Постоянно менять место пребывания. *Странствующий цирк.* ‖ *сущ.* **стра́нствование**, -я, *ср.*

СТРАСТНО́Й, -а́я, -о́е: **страстная неделя** — последняя неделя перед Пасхой.

СТРА́СТНЫЙ, -ая, -ое; -тен, -тна. **1.** Проникнутый сильным чувством. *С. порыв. Страстная речь.* **2.** Увлечённый чем-н., целиком отдающийся какому-н. занятию. *С. шахматист. С. охотник.* **3.** Проникнутый страстью[1] (в 1 знач.), чувством любви; чувственный. *С. взгляд. С. поцелуй.* ‖ *сущ.* **стра́стность**, -и, *ж.* (к 1 и 3 знач.).

СТРАСТЬ[1], -и, *мн.* -и, -е́й, *ж.* **1.** Сильная любовь, сильное чувственное влечение. *Воспылать страстью к кому-н.* **2.** Сильно выраженное чувство, воодушевлённость. *Страсти у спорщиков разгорелись. Со страстью делать что-н.* **3.** Крайнее увлечение, пристрастие к чему-н. *Театр — его с. Увлечён до страсти чем-н. С. к картам.* ‖ *уничт.* **страсти́шка**, -и, *ж.* (к 3 знач.).

СТРАСТЬ[2], -и, *мн.* -и, -е́й, *ж.* (прост.). **1.** Страх, ужас. *Рассказывать про всякие страсти. Натерпелся страстей.* **2. страсть**, *в знач. сказ.* и *нареч.* То же, что страх (в 3 знач.). *С. устал. Влюблён — с.! Народу на улицах — с.* ✦ **До страсти** — очень сильно или очень много. *До страсти перепугался. Народу собралось — до страсти.* **Страсти-мордасти** (разг. шутл.) — о чём-н. очень страшном. **Страсть как (какой)** — то же, что страх как (какой). *Страсть как перепугался. Народу страсть как много. Мороз страсть какой!*

СТРАТЕ́Г, -а, *м.* Человек, владеющий стратегией (в 1 и 2 знач.). *С. социально-экономических преобразований.*

СТРАТЕГИ́ЧЕСКИЙ, -ая, -ое. **1.** *см.* стратегия. **2.** *перен.* О спортивной игре: такой, в к-ром отдельные комбинации подчинены заранее обдуманному плану. *Шахматы — стратегическая игра.*

СТРАТЕ́ГИЯ, -и, *ж.* **1.** Наука о ведении войны, искусство ведения войны. *Теория военной стратегии.* **2.** Общий план ведения войны, боевых операций. *Победоносная с.* **3.** *перен.* Искусство руководства общественной, политической борьбой, а также вообще искусство планирования руководства, основанного на правильных и далеко идущих прогнозах. *С. научного поиска.* ‖ *прил.* **стратеги́ческий**, -ая, -ое. *Стратегические резервы. Стратегические наступательные вооружения. С. план. Стратегическое сырьё* (имеющее военное значение).

СТРАТО[1]... *Первая часть сложных слов со знач.* относящийся к стратосфере, напр. *стратоплавание, стратоплаватель.*

СТРАТО[2]... *Первая часть сложных слов со знач.* относящийся к последовательности формиро́вания горных пород, напр. *стратовулкан, стратотип.*

СТРАТОНА́ВТ, -а, *м.* Человек, к-рый совершает полёт в стратосферу.

СТРАТОСТА́Т, -а, *м.* Аэростат для полётов в стратосферу. ‖ *прил.* **стратоста́тный**, -ая, -ое.

СТРАТОСФЕ́РА, -ы, *ж.* (спец.). Верхний слой земной атмосферы, лежащий над тропосферой. ‖ *прил.* **стратосфе́рный**, -ая, -ое.

СТРА́УС, -а, *м.* Самая крупная бегающая (не летающая) птица жарких стран с красивым оперением. *С. прячет голову под крыло.* ‖ *прил.* **стра́усовый**, -ая, -ое. *Страусовое перо. Страусовая политика* (перен.: трусливое стремление уйти от решений).

СТРАХ, -а (-у), *м.* **1.** Очень сильный испуг, сильная боязнь. *Задрожать от страха (со страху). Навести с. на кого-н. Нагнать страху* (напугать; разг.). *Держать кого-н. в страхе* (в полном повиновении и постоянной боязни). *Под страхом чего-н.* (под угрозой). *На с. врагам* (чтобы боялись враги). *У страха глаза велики* (посл. о том, кто, раз испугавшись, всего боится, преувеличивает опасность). *С. за детей* (тревога). *Навязчивый с.* (психическое заболевание; спец.). **2.** *мн.* События, предметы, вызывающие чувство боязни, ужаса (разг.). *Рассказать о всяких страхах. Насмотреться страхов.* **3. страх**, *в знач. сказ.* и *нареч.* Очень, в высшей степени, очень много, ужас (в 5 знач.) (прост.). *Грибов в лесу с.! (с. сколько!). Устали с.! С. люблю купаться!* ✦ **Страх как (какой)** (прост.) — то же, что страх (в 3 знач.). *Страх как испугался! Страх какой сердитый. Страх какой дождик.* **На свой страх или на свой страх и риск** (действовать, поступать) — полностью на свою ответственность. **Не за страх, а за совесть** (работать, делать что-н.) (разг.) — вполне добросовестно, на совесть.

СТРАХОВА́ТЕЛЬ, -я, *м.* (офиц.). Лицо или учреждение, к-рое страхуется (в 1 знач.). ‖ *ж.* **страхова́тельница**, -ы.

СТРАХОВА́ТЬ, страху́ю, страху́ешь; -о́ванный; *несов.* **1.** *кого-что.* Предотвращать материальные потери путём выплаты взносов учреждению, к-рое берёт на себя обязательство возместить возможный ущерб, понесённый в специально оговариваемых случаях. *С. имущество от пожара. С. жизнь.* **2.** *перен., кого (что).* Предохранять от чего-н. неприятного, нежелательного. *С. себя от излишнего риска.* **3.** *перен., кого (что).* Оберегать, обеспечивать безопасность (при выполнении спортивных упражнений, опасной работы). ‖ *сов.* **застрахова́ть**, -страху́ю, -страху́ешь; -о́ванный (к 1 и 2 знач.). ‖ *возвр.* **страхова́ться**, страху́юсь, страху́ешься; *сов.* **застрахова́ться**, -страху́юсь, -страху́ешься (к 1 и 2 знач.). ‖ *сущ.* **страхова́ние**, -я, *ср.* (к 1 знач.), **страхо́вка**, -и, *ж.* (разг.) *и* **застрахова́ние**, -я, *ср.* (устар.). *Страхование жизни* (на случай смерти). *Социальное страхование* (для обеспечения старости, на случай нетрудоспособности, необходимости длительного лечения). *Страховка имущества.* ‖ *прил.* **страхово́й**, -а́я, -о́е (к 1 знач.) *и* **страхо́вочный**, -ая, -ое (к 3 знач.). *Страховой случай. Страховая организация. Страховой взнос. Страховая премия* (взнос страхователя страхующему учреждению за тот риск, к-рому оно себя подвергает; спец.). *Страховочное снаряжение альпинистов. Страховочная техника.*

СТРАХОВИ́ДНЫЙ, -ая, -ое; -ден, -дна (прост.). Очень страшный, неприятный по виду. *Страховидная физиономия.* ‖ *сущ.* **страхови́дность**, -и, *ж.*

СТРАХО́ВКА, -и, *ж.* (разг.). **1.** *см.* страховать. **2.** Денежное возмещение, выплачиваемое страховым учреждением страхователю. *Получить страховку.* **3.** То же, что страховая премия. *Заплатить страховку.* **4.** Гарантия от чего-н. неприятного, нежелательного. *Для страховки сделать что-н.*

СТРАХО́ВЩИК, -а, *м.* (разг.). Страховое учреждение, принимающее на себя обязательство выплатить денежное возмещение страхователю.

СТРАХОЛЮ́ДИНА, -ы, *м.* и *ж.* (прост.). Урод, страшилище.

СТРАХОЛЮ́ДНЫЙ, -ая, -ое; -ден, -дна (прост.). То же, что страховидный. ‖ *сущ.* **страхолю́дность**, -и, *ж.*

СТРАШИ́ЛИЩЕ, -а, *род. мн.* -ищ. **1.** *ср.* То, что наводит страх, ужас (устар.). **2.** *м.* Очень некрасивый человек, урод (во 2 знач.) (разг.).

СТРАШИ́ЛО, -а, *м.* и *ср.* и **СТРАШИ́ЛА**, -ы, *м.* и *ж.* (прост.). То же, что страшилище.

СТРАШИ́ТЬ, -шу́, -ши́шь; *несов., кого (что).* Пугать, вызывать страх. *Страшит исход болезни.*

СТРАШИ́ТЬСЯ, -шу́сь, -ши́шься; *несов., кого-чего.* Бояться, чувствовать страх в ожидании чего-н. неприятного, опасного. *С. ответственности. С. смерти.*

СТРА́ШНЫЙ, -ая, -ое; -шен, -шна́, -шно, -шны́ *и* -шны. **1.** Вызывающий чувство страха. *С. рассказ. Угрозы не страшны кому-н. С. сон* (тяжёлое, гнетущее сновидение). *С. человек* (такой, от к-рого можно ожидать всего самого плохого). *Страшно* (в знач. сказ.) *вспоминать о случившемся* (т. е. воспоминания тяжелы, мучительны). **2.** Очень сильный по степени проявления, весьма значительный (разг.). *С. шум. Обрушиться со страшной силой.* **3.** То же, что исключительный (в 3 знач.) (разг.). *С.*

нахал. Страшно (нареч.) *мил.* ✦ **Ничего страшного** (разг.) — о том, что несерьёзно, из-за чего не следует волноваться. *Он болен? — Ничего страшного.*

СТРАЩА´ТЬ, -а́ю, -а́ешь; *несов., кого (что)* (прост.). То же, что пугать. *Глаза стращают, а руки делают* (посл.).

СТРЕ´ЖЕНЬ, -жня, *м.* Глубокая часть речного русла с быстрым течением. ‖ *прил.* **стрежнево́й**, -а́я, -о́е.

СТРЕКА´Ч, -а́, *м.*: **дать (задать) стрекача** (прост. шутл.) — стремительно убежать.

СТРЕКОЗА´, -ы́, *мн.* -о́зы, -о́з, -о́зам, *ж.* **1.** Перепончатокрылое насекомое с длинным тонким телом. *Отряд стрекоз. Стрекозы вьются над водой.* **2.** *перен.* О живом, подвижном ребёнке, непоседе (обычно о девочке) (разг.). **3.** О вертолёте (прост. шутл.). ‖ *прил.* **стреко́зий**, -ья, -ье (к 1 знач.).

СТРЕ´КОТ, -а, *м.* Резкие короткие и частые звуки, напоминающие треск. *С. кузнечиков. С. мотоцикла.*

СТРЕКОТА´ТЬ, -очу́, -о́чешь; стреко́чущий; *несов.* Издавать стрекот. *Стрекочет сверчок. Стрекочет как сорока кто-н.* (говорит быстро и без умолку). ‖ *сущ.* **стрекота́ние**, -я, *ср.*

СТРЕКОТНЯ´, -и́, *ж.* (разг.). То же, что стрекот.

СТРЕКУЛИ´СТ, -а, *м.* (устар. прост.). Пронырливый человек, ловкач [*первонач.* о мелком чиновнике, а также о бойком писаке]. ‖ *прил.* **стрекули́стский**, -ая, -ое.

СТРЕЛА´, -ы́, *мн.* -е́лы, -е́л, -е́лам, ж. **1.** Тонкий длинный стержень с заострённым наконечником для стрельбы из лука². *Колчан со стрелами. Ранить стрелой. Летит как с.* (очень быстро). *Прямой как с.* (совершенно прямой). *Стрелой вылететь, выбежать* (стремительно). *Стрелы сатиры* (перен.). **2.** То же, что стрелка (в 3 знач.). **3.** Подвижная часть подъёмного крана, а также приспособление для подъёма тяжестей (спец.). *Грузовая с.* **4.** Название различных узких длинных частей механизмов, устройств, сооружений (спец.). **5.** В названии поезда: то же, что экспресс. *Билет на стрелу.* ‖ *уменьш.* **стре́лка**, -и, *ж.* (к 1 знач.). ‖ *прил.* **стрелово́й**, -а́я, -о́е (к 3 знач.).

СТРЕЛЕВА´ТЬ *см.* трелевать.

СТРЕЛЕ´Ц, -льца́, *м.* **1.** В Русском государстве 16—17 вв.: военнослужащий особого постоянного войска. **2.** То же, что стрелок (стар.). ‖ *прил.* **стреле́цкий**, -ая, -ое. *Стрелецкая слобода. С. бунт.*

СТРЕ´ЛКА, -и, *ж.* **1.** *см.* стрела. **2.** Тонкая и узкая, вращающаяся на оси пластинка, служащая указателем в различных измерительных приборах, часах. *С. компаса. Минутная с.* **3.** Знак в виде черты, от конца к-рой под острым углом отходят две коротких черточки ⟶. *Указательная с.* **4.** Безлистный тонкий стебель травянистого растения с цветком или соцветием наверху (спец.). *С. тюльпана. С. одуванчика.* **5.** Узкий и длинный намывной выступ суши, коса³. *С. Васильевского острова в Санкт-Петербурге.* **6.** Устройство на рельсовых путях для перевода подвижного состава с одного пути на другой. *Автоматическая с. Перевести стрелку.* ‖ *уменьш.* **стре́лочка**, -и, *ж.* (ко 2, 3 и 4 знач.). ‖ *прил.* **стре́лочный**, -ая, -ое (ко 2, 5 и 6 знач.). *С. перевод. Стрелочные устройства.*

СТРЕЛКО´ВЫЙ, -ая, -ое. Относящийся к стрельбе из оружия, заряжаемого пулями (из автоматов, пулемётов, пистолетов, револьверов, ружей). *С. спорт. Стрелковые войска* (сменившиеся мотострелковыми).

СТРЕЛОВИ´ДНЫЙ, -ая, -ое; -ден, -дна. Похожий на стрелу. *С. лист.* ‖ *сущ.* **стрелови́дность**, -и, *ж.*

СТРЕЛО´К, -лка́, *м.* **1.** Человек, к-рый умеет стрелять; тот, кто стреляет. *С. из пистолета, из лука. Искусный с.* **2.** Военнослужащий стрелковых или мотострелковых войск. *Горный с. С.-гранатомётчик.* **3.** Военнослужащий, ведущий огонь из танка или с самолёта. *Башенный с. С.-радист.* **4.** Служащий военизированной охраны.

СТРЕ´ЛОЧНИК, -а, *м.* **1.** Рабочий, ведающий переводом стрелки (в 6 знач.). **2.** *перен.* Простой исполнитель, на к-рого стремятся переложить ответственность за случившееся (разг. ирон.). *С. виноват. Ищут стрелочника* (т. е. того, на кого можно переложить ответственность, кого можно обвинить в случившемся). ‖ *ж.* **стре́лочница**, -ы (к 1 знач.).

СТРЕЛЬБА´, -ы́, *мн.* **стре́льбы, стрельб**, *ж.* **1.** *см.* стрелять. **2.** Учебные занятия по ведению огня из различных видов оружия. *Учебная с.* **3.** Вид спорта — ведение огня из спортивного стрелкового оружия, а также метание стрел из лука. *Пулевая с. Стендовая с. С. из пистолета. С. из лука.*

СТРЕ´ЛЬБИЩЕ, -а, *ср.* Участок, оборудованный для учебной или спортивной стрельбы. *Войсковое с.* ‖ *прил.* **стре́льбищный**, -ая, -ое.

СТРЕ´ЛЬЧАТЫЙ, -ая, -ое. **1.** Имеющий форму арки, завершающейся острым углом. *Стрельчатые окна. С. свод.* **2.** Имеющий, пустивший стрелку (в 4 знач.). *С. лук.*

СТРЕ´ЛЯНЫЙ, -ая, -ое (разг.). **1.** О дичи: застреленный, не давленый. *Стреляные куропатки.* **2.** Такой, в к-рого стреляли. *С. воробей* (перен.: опытный, бывалый человек; шутл.). *Стреляная птица* (также перен.: то же, что стреляный воробей; шутл.). **3.** Бывавший в боях, обстрелянный. *Солдат с.* **4.** Использованный для стрельбы. *Стреляные гильзы.*

СТРЕЛЯ´ТЬ, -я́ю, -я́ешь; стре́лянный; *несов.* **1.** *в кого-что.* Производить выстрел, выпускать (стрелу, камень, ядро) из метательного оружия. *С. в цель. С. по самолёту. С. из лука. Стреляющий лыжник* (биатлонист). **2.** *кого (что).* Убивать из огнестрельного оружия. *С. уток.* **3.** (1 и 2 л. не употр.), *перен.* Издавать резкие отрывистые звуки. *Дрова стреляют в печи.* **4.** *безл.* О повторяющейся колющей боли (разг.). *Стреляет в ухе, в боку.* **5.** *что.* Доставать, добывать, прося у кого-н. (прост.). *С. сигареты у сослуживцев.* ✦ **Стрелять глазами** (разг.) — зорко и быстро взглядывать и сразу отводить глаза. ‖ *однокр.* **стрельну́ть**, -ну́, -нёшь (к 1, 3, 4 и 5 знач.). ‖ *сущ.* **стрельба́**, -ы́, *ж.* (к 1 знач.). *Боевая с. Испытательная с.*

СТРЕЛЯ´ТЬСЯ, -я́юсь, -я́ешься; *несов.* **1.** Стрелять в себя с целью самоубийства (разг.). *Хоть стреляйся!* (о полной безвыходности). **2.** *с кем.* Стрелять друг в друга на дуэли (устар.). *С. на шести шагах* (т. е. на расстоянии в шесть шагов от барьера для каждого из стрелков). *Офицер с лакеем не стреляется* (афоризм).

СТРЕМГЛА´В, *нареч.* О падении или беге: очень быстро, стремительно. *Падать с. Бросился бежать с.*

СТРЕМЕННО´Й *см.* стремя *и* стремянный.

СТРЕ´МЕЧКО, -а, *ср.* **1.** *см.* стремя. **2.** То же, что стремя (во 2 знач.) (спец.).

СТРЕМИ´ТЕЛЬНЫЙ, -ая, -ое; -лен, -льна. Очень быстрый и резкий в движении, в развитии. *С. поток. С. рост.* ‖ *сущ.* **стреми́тельность**, -и, *ж.*

СТРЕМИ´ТЬ, -млю́, -ми́шь; -млённый (-ён, -ена́); *несов., что* (книжн.). Устремлять, направлять. *Река стремит свои воды к морю.* ‖ *сущ.* **стремле́ние**, -я, *ср.*

СТРЕМИ´ТЬСЯ, -млю́сь, -ми́шься; *несов.* **1.** *к кому-чему и с неопр.* Настойчиво добиваться, сильно желать чего-н. *С. к самостоятельности. С. к знаниям. С. понять что-н.* **2.** Быстро направляться куда-н., устремляться (книжн.). *Полк стремится в атаку. Поток стремится к морю. В долинах стремятся полноводные реки* (т. е. текут мощно, плавно). ‖ *сущ.* **стремле́ние**, -я, *ср.*

СТРЕМЛЕ´НИЕ, -я, *ср.* **1.** *см.* стремить, -ся. **2.** Настойчивое желание чего-н. добиться, что-н. осуществить; устремлённость к чему-н. *Душевные стремления. Юношеские стремления.*

СТРЕМНИ´НА, -ы, *ж.* **1.** Место в реке, потоке с бурным стремительным течением. **2.** Крутой скалистый обрыв; глубокое ущелье (устар.). ‖ *прил.* **стремни́нный**, -ая, -ое.

СТРЕМНИ´СТЫЙ, -ая, -ое; -и́ст (устар.). Крутой, скалистый. *С. берег.*

СТРЕ´МЯ, *род., дат. и предл.* -мени, *тв.* -менем, *мн.* -мена́, -мя́н, -мена́м, *ср.* **1.** Железная дужка, подвешиваемая к седлу для упора ног всадника. *Вдеть ноги в стремена.* **2.** Слуховая косточка среднего уха (спец.). ‖ *уменьш.* **стре́мечко**, -а, *ср.* (к 1 знач.). ‖ *прил.* **стремянно́й**, -а́я, -о́е (к 1 знач.) *и* **стремя́нный**, -ая, -ое (ко 2 знач.).

СТРЕМЯ´НКА, -и, *ж.* Легкая переносная или подвесная лестница. *Складная с.*

СТРЕМЯ´ННЫЙ, -ая, -ое и **СТРЕМЕННО´Й**, -а́я, -о́е. **1.** *см.* стремя. **2.** **стремя́нный**, -ого, *м.* и **стремянно́й**, -о́го, *м.* В старину: конюх-слуга, ухаживающий за верховой лошадью, а также придворный, находящийся у царского стремени при торжественных выездах.

СТРЕНО´ЖИТЬ *см.* треножить.

СТРЕ´ПЕТ, -а, *мн.* -ы, -ов, *м.* Степная птица сем. дроф. ‖ *прил.* **стрепети́ный**, -ая, -ое.

СТРЕПТОКО´КК, -а, *м.* Бактерия, возбудитель гнойных воспалений и нек-рых других заболеваний. ‖ *прил.* **стрептоко́кковый**, -ая, -ое.

СТРЕСС, -а, *м.* Вызванное каким-н. сильным воздействием состояние повышенного нервного напряжения, перенапряжения. ‖ *прил.* **стре́ссовый**, -ая, -ое.

СТРЕХА´, -и́, *мн.* -е́хи, стрех, -е́хам, *ж.* Нижний, свисающий край крыши деревянного дома, избы, а также (обл.) сама крыша, кровля, обычно соломенная. *Гнездо под стрехой.*

СТРЕЧО´К, -чка́, *м.*: **дать (задать) стречка** (прост. шутл.) — то же, что дать (задать) стрекача.

СТРИГА´ЛЬ, -я́, *м.* Рабочий, занимающийся стрижкой сельскохозяйственных животных. *Конкурс стригалей.*

СТРИГА´ЛЬНЫЙ, -ая, -ое. Относящийся к стрижке животных, к работе стригаля. *С. пункт. Стригальная машинка.*

СТРИГУ´Н, -а́ и **СТРИГУНО´К**, -нка́, *м.* Годовалый жеребёнок, к-рому обычно подстригают гриву.

СТРИЖ, -а́, *м.* Небольшая птица отряда длиннокрылых. ‖ *прил.* **стрижи́ный**, -ая, -ое.

СТРИ´ЖЕНЫЙ, -ая, -ое. **1.** С остриженными волосами или шерстью. *С. мальчик. Стриженые овцы.* **2.** О волосах, шерсти:

коротко остриженный. *Стриженая борода.* **3.** О ветвях, траве: подрезанный, укороченный. *Стриженые деревья* (с подрезанными ветвями). *С. газон.*

СТРИ́ЖКА, -и, *ж.* **1.** *см.* стричь. **2.** Причёска, к-рую делают, подстригая волосы. *Модная с.*

СТРИПТИ́З, -а, *м.* Танцевальный, эстрадный номер с раздеванием. *Кабаре со стриптизом.* ‖ *прил.* **стриптизный,** -ая, -ое.

СТРИПТИЗЁР, -а, *м.* Артист, выступающий в стриптизе. *Клубный с.* ‖ *ж.* **стриптизёрка,** -и *и* **стриптизёрша,** -и. ‖ *прил.* **стриптизёрский,** -ая, -ое.

СТРИХНИ́Н, -а (-у), *м.* Ядовитое вещество растительного происхождения, алкалоид, в малых дозах употр. в медицине.

СТРИЧЬ, -игу́, -ижёшь, -игу́т; стриг, -игла; -игши; -иженный; *несов.* **1.** *что.* Срезать или укорачивать, подрезая. *С. волосы. С. бороду. С. ногти. С. газон. С. ворс.* **2.** *кого (что).* Укорачивать кому-н. волосы, шерсть, подрезая. *С. овец. С. верблюдов. С. всех под одну гребёнку* (перен.: уравнивать всех в каком-н. отношении; неодобр.). ✦ **Стричь купоны** — жить на ренту. ‖ *сов.* **обстри́чь,** -игу́, -ижёшь; -и́женный *и* **остри́чь,** -игу́, -ижёшь; -и́женный. ‖ *возвр.* **стри́чься,** -игу́сь, -ижёшься (ко 2 знач.); *сов.* **обстри́чься,** -игу́сь, -ижёшься *и* **остри́чься,** -игу́сь, -ижёшься. ‖ *сущ.* **стри́жка,** -и, *ж.*

СТРОГА́ЛЬ, -я́ *и* **СТРОГА́ЛЬЩИК,** -а, *м.* Рабочий, занимающийся обработкой чего-н. строганием. *С. по дереву.*

СТРОГАНИ́НА, -ы, *ж.* (обл.). На Севере: строганое мороженое мясо или рыба.

СТРО́ГАНЫЙ, -ая, -ое. **1.** Выструганный, обработанный строганием. *Строганые доски.* **2.** Измельчённый в тонкие ломти, настроганный. *Строганая мороженая рыба, мясо.*

СТРОГА́ТЬ, -а́ю, -а́ешь; -о́ганный *и* **СТРУГА́ТЬ,** -а́ю, -а́ешь; -у́ганный; *несов., что.* **1.** Срезать с поверхности чего-н. тонкие слои острым инструментом. *С. доску рубанком.* **2.** (строга́ть). Измельчая, превращать в стружку, в очень тонкие ломтики. *С. мороженое мясо. С. сыр.* ‖ *сов.* **выстрогать,** -аю, -аешь; -анный (к 1 знач.) *и* **выстругать,** -аю, -аешь; -анный (к 1 знач.). ‖ *сущ.* **строга́ние,** -я, *ср.* (к 1 знач.) *и* **стро́жка,** -и, *ж.* (к 1 знач.; спец.). ‖ *прил.* **строга́льный,** -ая, -ое (к 1 знач.). *С. станок.*

СТРОГА́Ч, -а́, *м.* (прост.). Строгий выговор как мера наказания. *Получил строгача с предупреждением. Дали строгача.*

СТРО́ГИЙ, -ая, -ое; строг, строга́, стро́го, стро́ги *и* строги́; стро́же; строжа́йший. **1.** Очень требовательный, взыскательный. *С. начальник. С. экзаменатор.* **2.** Суровый, жёсткий. *Строгое обращение. С. тон. Строгое предупреждение. С. выговор.* **3.** Не допускающий никаких отклонений от нормы, совершенно точный. *Строгая диета. С. учёт.* **4.** Не допускающий отступлений от правил поведения, от общепринятых моральных норм. *Строгие нравы. Человек строгих правил.* **5.** Правильный, не отклоняющийся от лучших образцов. *С. художественный вкус. Строгая красота.* **6.** Об одежде, внешности, обстановке: простой, без украшений, но свидетельствующий о хорошем вкусе. *С. костюм. Строгая причёска.* ✦ **Строго-настрого** (разг.) — очень строго. *Строго-настрого запретил.* **Строго говоря,** *вводн. сл.* — по существу. ‖ *сущ.* **стро́гость,** -и, *ж.*

СТРО́ГОСТЬ, -и, *ж.* **1.** *см.* строгий. **2.** обычно *мн.* Строгая мера, строгое правило. *Начальник ввёл новые строгости.*

СТРОЕВИ́К, -а́, *м.* Военнослужащий строевых частей.

СТРОЕВО́Й[1], -а́я, -о́е. О деревьях: высокий и прямой, годный для построек. *С. лес.*

СТРОЕВО́Й[2] *см.* строй[2].

СТРОЕ́НИЕ, -я, *ср.* **1.** Здание, постройка. *Деревянное с.* **2.** Взаимное расположение частей, составляющих одно целое, структура. *С. земной коры. С. вещества. С. организма.* ‖ *уменьш.* **строе́ньице,** -а, *ср.* (к 1 знач.).

СТРОИ́ТЕЛЬ, -я, *м.* **1.** Специалист по строительству (в 1 и 2 знач.), по строительным работам. *Инженер-с. Строители возводят новое здание.* **2.** *перен., чего.* Человек, к-рый создает что-н., деятель (высок.). *С. новой жизни.* ‖ *прил.* **строи́тельский,** -ая, -ое (к 1 знач.).

СТРОИ́ТЕЛЬНЫЙ, -ая, -ое. **1.** *см.* строить. **2.** Относящийся к строительству (в 1, 2 и 3 знач.), к стройке, к работе строителя. *Строительная механика. Строительная индустрия. Строительная техника. С. факультет. Строительные работы.*

СТРОИ́ТЕЛЬСТВО, -а, *ср.* **1.** Отрасль науки и техники, занимающаяся возведением и реконструкцией зданий, сооружений. **2.** Возведение зданий, сооружений. *Новые методы строительства. С. жилых домов. С. плотин и электростанций. Зелёное с.* (перен.: озеленение городов). **3.** То же, что стройка (во 2 знач.). *Работать на строительстве.* **4.** *перен.* Создание, организация чего-н. *Культурное с.*

СТРО́ИТЬ[1], -о́ю, -о́ишь; -о́енный; *несов.* **1.** *что.* Возводить, создавать какое-н. сооружение, здание, а также конструкцию, машину. *С. дом. С. плотину. С. корабли, локомотивы. Ломать — не с.* (посл.). **2.** *что.* Созидать, создавать, организовывать. *С. новый быт, новую жизнь. С. своё благополучие на чём-н. С. семью.* **3.** *что.* Мысленно создавать. *С. планы. С. разные предложения. С. гипотезу. С. себе иллюзии.* **4.** *что.* Организовывать, основываясь на чём-н. *С. доклад на точных данных. С. свою тактику на чём-н.* **5.** *что.* Выражать, формулировать. *Правильно с. фразу. С. систему доказательств.* **6.** *что.* Вычерчивать на основании заданных размеров (спец.). *С. треугольник. С. усечённый конус.* **7.** *что.* Делать что-н. (в соответствии со знач. следующего далее существительного) (разг.). *С. гримасы* (гримасничать). *С. глазки* (кокетничать, играя глазами). *С. рожи* (гримасничая, придавать лицу какое-н. неестественное выражение). **8.** *кого (что) из кого.* Представлять, изображать себя или кого-н. кем-н. (разг. неодобр.). *С. из себя простака, дурачка. С. из ребёнка вундеркинда.* ‖ *сов.* **выстроить,** -ою, -оишь; -оенный (к 1 знач.), **постро́ить,** -о́ю, -о́ишь; -о́енный (к 1, 2, 3, 4, 5 и 6 знач.) *и* **состро́ить,** -о́ю, -о́ишь; -о́енный (к 7 и 8 знач.). ‖ *сущ.* **стро́йка,** -и, *ж.* (к 1 знач.), **построе́ние,** -я, *ср.* (к 1 устар., ко 2, 4, 5 и 6 знач.) *и* **постро́йка,** -и, *ж.* (к 1 знач.). ‖ *прил.* **строи́тельный,** -ая, -ое (к 1 знач.). *С. сезон. Строительные материалы. Строительная площадка.*

СТРО́ИТЬ[2], -о́ю, -о́ишь; -о́енный; *несов., кого-что.* Ставить в строй[2] (в 1 знач.). *С. полк. С. школьников в две шеренги.* ‖ *сов.* **выстроить,** -ою, -оишь; -оенный *и* **постро́ить,** -о́ю, -о́ишь; -о́енный. ‖ *сущ.* **построе́ние,** -я, *ср.*

СТРОИ́ТЬ, -ою́, -ои́шь; -оённый (-ён, -ена́); *сов., что.* Соединить вместе (три части чего-н., три предмета). *С. нить.* ‖ *несов.* **стра́ивать,** -аю, -аешь.

СТРО́ИТЬСЯ[1], -о́юсь, -о́ишься; *несов.* **1.** (1 и 2 л. не употр.). О здании, конструкции, о каком-н. комплексе: возводиться, сооружаться. *Строится завод, магистраль. Строятся новые города.* **2.** Строить себе дом или другие постройки. *С. за городом.* ‖ *сов.* **постро́иться,** -о́юсь, -о́ишься *и* **выстроиться,** -ится (к 1 знач.).

СТРО́ИТЬСЯ[2], -о́юсь, -о́ишься; *несов.* Становиться в строй[2] (в 1 знач.). *Батальон строится.* ‖ *сов.* **выстроиться,** -оюсь, -оишься *и* **постро́иться,** -о́юсь, -о́ишься. ‖ *сущ.* **построе́ние,** -я, *ср.*

СТРОЙ[1], -я, о стро́е, в стро́е, *мн.* -и, -ёв, *м.* **1.** Система государственного или общественного устройства. *Социальный с. Демократический с. Первобытнообщинный с. Феодальный с. Капиталистический с.* **2.** Система чего-н., образованная внутренней связью, зависимостью соотносящихся частей. *Грамматический с. языка.* **3.** В музыке: соотношение тонов по высоте, образующих определённую систему. *С. инструмента. Мажорный, минорный с.*

СТРОЙ[2], -я, о стро́е, в строю́, *мн.* -и́, -ёв, *м.* **1.** Шеренга, а также воинская часть, построенная согласно уставу. *Поставить в с. Прочесть приказ перед строем. Выйти из строя* (выступить вперёд). **2.** Порядок, определённое расположение таких шеренг, воинских единиц (а также вообще действующие войска, состав действующих войск). *Походный с. Сомкнутый, развёрнутый с. Самолёты в боевом строю. Ранен, но остался в строю.* **3.** Действующий состав чего-н. *Вступают (входят, вводятся) в с. новые мощности.* ✦ **Из строя выйти** — 1) сломавшись, испортившись, нарушив ход своих действий, перестать работать. *Старое оборудование вышло из строя;* 2) утратить работоспособность, силы, энергию. **Из строя вывести** — 1) *что,* сломав, испортив, нарушив ход действий, лишить возможности работать, действовать. *Вывести из строя агрегат;* 2) *кого (что),* лишить работоспособности, сил, энергии. *Болезнь надолго вывела его из строя.* **Остаться (оставаться) в строю** — продолжать работать, действовать. ‖ *прил.* **строево́й,** -а́я, -о́е (к 1 и 2 знач.). *С. шаг. С. командир. Строевая подготовка войск* (выработка у военнослужащих строгой выправки, выносливости, умения выполнять команды, слаженности в боевых действиях). *Строевая служба.*

СТРОЙ... *Первая часть сложных слов со знач.* относящийся к строительству, к стройке, строительный, напр. *стройдетали, стройконтора, стройорганизация, стройплощадка, стройтрест.*

СТРОЙБА́Т, -а, *м.* Сокращение: строительный батальон. ‖ *прил.* **стройба́товский,** -ая, -ое (разг.).

СТРО́ЙКА, -и, *род. мн.* -о́ек, *ж.* **1.** *см.* строить. **2.** Место, где производится постройка, а также само строящееся сооружение. *Работать на стройке.*

СТРОЙМАТЕРИА́ЛЫ, -ов. Сокращение: строительные материалы.

СТРО́ЙНЫЙ, -ая, -ое; -о́ен, -ойна́, -о́йно, -о́йны́ *и* -о́йны. **1.** Красиво и правильно сложенный, хорошего телосложения. *Стройная девушка. Стройная фигура.* **2.** Правильно и красиво расположенный. *Стройные ряды.* **3.** Имеющий правильное соотношение между своими частями, логичный. *С. доклад. Стройная фраза.* **4.** О звуках: согласованный, гармоничный. *Стройное пение. Стройные звуки органа. С. хор голосов.* ‖ *сущ.* **стро́йность,** -и, *ж.*

СТРОЙОТРЯ́Д, -а, *м.* Сокращение: строительный отряд — студенческий строительный отряд. *Бойцы стройотряда. Командир стройотряда.* ‖ *прил.* **стройотря́довский**, -ая, -ое (разг.).

СТРОЙОТРЯ́ДОВЕЦ, -вца, *м.* (разг.). Боец стройотряда. ‖ *ж.* **стройотря́довка**, -и (разг.).

СТРОКА́[1], -и́, *мн.* **стро́ки**, **строк**, **строка́м**, *ж.* **1.** Ряд слов, букв или иных знаков (напр. нотных), написанных в одну линию. *Печатная с. С. в строку* (о переписанном, переведённом: дословно, слово в слово). ***Читать между строк*** (перен.: догадываясь о скрытом смысле написанного). **2.** То же, что пункт (в 3 знач.). *В резолюции записано что-н. отдельной строкой* (т. е. выделено в качестве самостоятельного пункта). ✦ **Приказная строка** (устар. пренебр.) — о чиновнике, писце. ‖ *прил.* **стро́чный**, -ая, -ое.

СТРОКА́[2], -и́, *ж.:* **не всякое лыко в стро́ку** — посл. о том, что не всякую ошибку нужно ставить в вину [*первонач.* строка — ряд лык, соединённых вместе при плетении лаптей].

СТРО́НУТЬ, -ну, -нешь; -утый; *сов., кого-что.* Тронув, нажав, сдвинуть. *С. с места.* ‖ *несов.* **стра́гивать**, -аю, -аешь.

СТРО́НУТЬСЯ, -нусь, -нешься; *сов.* Сдвинуться с места. *Дело стронулось с мёртвой точки* (перен.). ‖ *несов.* **стра́гиваться**, -аюсь, -аешься.

СТРО́НЦИЙ, -я, *м.* Химический элемент, лёгкий серебристо-белый металл. *Радиоактивный изотоп стронция.* ‖ *прил.* **стро́нциевый**, -ая, -ое.

СТРОП, -а, *м.* (спец.). Устройство для захвата и подвешивания груза к крюку, скобе или человека, груза к куполу парашюта, гондолы к дирижаблю, аэростату. *Автоматический с.* ‖ *прил.* **стро́повый**, -ая, -ое.

СТРОПИ́ЛО, -а, *ср.* Опора для кровли — два бруса, соединённые верхними концами под углом, а нижними упирающиеся в стену здания. ‖ *прил.* **стропи́льный**, -ая, -ое.

СТРОПТИ́ВЕЦ, -вца, *м.* Строптивый человек. ‖ *ж.* **строптйвица**, -ы.

СТРОПТИ́ВЫЙ, -ая, -ое; -и́в. Упрямый, любящий действовать наперекор кому-чему-н., непокорный. *С. старик. С. характер.* ‖ *сущ.* **стропти́вость**, -и, *ж.*

СТРОФА́, -ы́, *мн.* **стро́фы**, **строф**, **строфа́м** *и* **стро́фам**, *ж.* В стихотворном произведении: часть текста с повторяющейся организацией ритма и рифмы, содержательно объединяющая несколько стихов. ‖ *прил.* **строфи́ческий**, -ая, -ое.

СТРО́ФИКА, -и, *ж.* Раздел стиховедения — учение о сочетании стихов[1] (в 1 знач.), о строении строф.

СТРОЧЕВЫШИВА́ЛЬНЫЙ, -ая, -ое (спец.). Относящийся к производству строчевышитых изделий. *Строчевышивальная фабрика.*

СТРОЧЕВЫ́ШИТЫЙ, -ая, -ое (спец.). Украшенный вышивкой или ажурной строчкой. *Строчевышитые изделия.*

СТРОЧЁНЫЙ, -ая, -ое. Прошитый, вышитый строчкой[1], в строчку[1]. *С. воротник.*

СТРОЧИ́ТЬ, -очу́, -очи́шь *и* -о́чишь; -о́ченный; *несов.* **1.** *что.* Шить на швейной машине, а также (устар.) шить на руках сплошным швом. *С. на машинке. С. сбрую.* **2.** *перен., что.* Быстро, наскоро писать (разг. шутл.). *С. письмо.* **3.** *перен.* Стрелять (из автоматического оружия) (разг.). *С. из автомата.* ‖ *сов.* **настрочи́ть**, -очу́, -очи́шь *и* -о́чишь; -о́ченный (ко 2 знач.) *и* **прострочи́ть**, -очу́, -очи́шь *и* -о́чишь; -о́ченный (к 1 знач.). ‖ *сущ.* **стро́чка**, -и, *ж.* (к 1 знач.) *и* **простро́чка**, -и, *ж.* (к 1 знач.).

СТРО́ЧКА[1], -и, *ж.* **1.** *см.* строчить. **2.** Сплошной шов на поверхности материала. *Мелкая, крупная с. Цветная с.* ✦ **Ажурная строчка** — род узкой сетчатой вышивки.

СТРО́ЧКА[2], -и, *ж.* То же, что строка[1]. *Стихотворение в восемь строчек. С. в строчку* (то же, что строка[1] в строку). ‖ *прил.* **стро́чечный**, -ая, -ое.

СТРОЧНО́Й, -а́я, -о́е. О буквах: не выступающий над строкой[1]; *противоп.* прописной.

СТРОЧО́К, -чка́, *м.* Весенний съедобный сумчатый гриб, похожий на сморчок. ‖ *прил.* **строчко́вый**, -ая, -ое.

СТРУГ[1], -а, *мн.* -и́, -о́в *и* -и, -ов, *м.* (спец.). **1.** Ручной инструмент для грубой обработки древесины строганием. **2.** Землеройная машина для срезания и перемещения грунта. ‖ *прил.* **стругово́й**, -а́я, -о́е (к 1 знач.) *и* **стру́говый**, -ая, -ое (ко 2 знач.).

СТРУГ[2], -а, *мн.* -и, -ов *и* -и́, -о́в, *м.* Старинное речное деревянное плоскодонное судно. ‖ *прил.* **струговой**, -а́я, -о́е.

СТРУ́ЖКА, -и, *ж.* Тонкий, узкий, обычно свернувшийся в завиток, слой дерева, металла, какого-н. твёрдого материала, срезанный острым инструментом при обработке. *Древесная, металлическая с.* (также собир.). *Мыльная с.* (мелко настроганное мыло). ✦ **Стружку снимать** *с кого* (прост. шутл.) — строго критиковать. ‖ *прил.* **стру́жечный**, -ая, -ое *и* **стру́жковый**, -ая, -ое. *Стружечные плиты* (из спрессованных деревянных стружек). *Стружковый металлический порошок* (из стружек). *Стружковые отходы.*

СТРУИ́ТЬ, -ую́, -уи́шь; -уённый (-ён, -ена́); *несов., что* (книжн.). Распространять струей; испускать (жидкость, свет, аромат). *С. потоки слёз* (устар.). *Лампы струят свет.*

СТРУИ́ТЬСЯ (-ую́сь, -уи́шься, 1 и 2 л. не употр.), -и́тся; *несов.* (книжн.). **1.** О потоке, жидкости: течь, распространяя струи. *Потоки дождя струятся по крыше. Струятся весенние ручьи. Слёзы струятся из глаз. Кровь струится из ран.* **2.** *перен.* О воздушной струе, запахе, звуке, свете: распространяться плавно, мягко. *Струятся ароматы. От костров струится дымок. В лесу струятся птичьи трели. Струится лунный свет.* **3.** *перен.* Ниспадать волноообразно, свободно. *Локоны струятся по плечам. Струятся ухоженные гривы коней. Струятся складки мантии. Струится шёлк знамён.*

СТРУКТУ́РА, -ы, *ж.* Строение (во 2 знач.), внутреннее устройство. *Социальная с. Организационная с. С. почвы. С. белка́. С. посевов. Геологическая с. С. языка.* ‖ *прил.* **структу́рный**, -ая, -ое.

СТРУНА́, -ы́, *мн.* **стру́ны**, **струн**, **стру́нам**, *ж.* **1.** В музыкальном инструменте: упруго натянутая нить, при колебаниях издающая звук определённой высоты. *Металлическая, жильная, шёлковая с. Перебирать струны. Как натянутая с. кто-н.* (о крайнем нервном напряжении). **2.** Натягиваемая на что-н. тугая прочная нить. *Занавес на струне. Струны ракетки.* **3.** *перен., какая или чья.* Черта, особенность характера. *Слабая с.* (черта, к-рую легко задеть, уязвить). *Хорошая с. в человеке.* ✦ **В струне держать** *кого* (разг.) — держать строго, в постоянном напряжении. **Спинная струна** (спец.) — то же, что хорда[2]. ‖ *уменьш.* **стру́нка**, -и, *ж.* ✦ **В струнку стать или вытянуться** (разг.) — стать прямо, опустив руки по швам. **По струнке ходить** *перед кем* (разг.) — во всём подчиняться (тому, кто строг, требователен). *Ученики у него по струнке ходят.* ‖ *прил.* **стру́нный**, -ая, -ое (к 1 и 2 знач.). *Струнные музыкальные инструменты. С. оркестр* (состоящий из таких инструментов).

СТРУП, -а, *мн.* -пья, -пьев, *м.* Сухая корочка, образующаяся на заживающей ссадине, ране, ожоговой поверхности. ‖ *прил.* **стру́пный**, -ая, -ое.

СТРУ́СИТЬ *см.* тру́сить.

СТРУХНУ́ТЬ, -ну́, -нёшь; *сов.* (разг.). Испугаться, струсить. *Струхнул порядком.*

СТРУЧО́К, -чка́, *м.* **1.** У нек-рых растений: длинная и узкая двустворчатая оболочка, заключающая в себе семена и раскрывающаяся при их созревании. *Стручки акации. Стручки гороха.* **2.** Удлинённый и сужающийся книзу плод нек-рых растений. *С. перца.* ‖ *прил.* **стручко́вый**, -ая, -ое. *С. перец. Стручковая фасоль.*

СТРУЯ́, -и́, *мн.* **стру́и**, **струй**, **стру́ям** *и* (устар.) **струи́**, **струя́м**, *ж.* **1.** Узкий поток жидкости, света, газа. *С. воды. Воздушная с. Струи слёз* (перен.: об обильных слезах; устар.). **2.** *перен.* Направление в развитии какой-н. деятельности, настроений. *Свежая с. в работе. Бодрая с.* **3.** Вода, во́ды (устар.). *Холодные струи реки.* ✦ **В струю попасть** (разг.) — приспособиться к главному направлению какого-н. движения, деятельности. ‖ *уменьш.* **стру́йка**, -и, *ж.* (к 1 знач.). ‖ *прил.* **стру́йный**, -ая, -ое (к 1 знач.; спец.). *Струйное течение. С. аппарат. С. насос.*

СТРЯ́ПАТЬ, -аю, -аешь; -анный; *несов., что* (разг.). **1.** Готовить пищу. *С. на кухне.* **2.** *перен.* Делать, устраивать что-н. плохо, наспех. *С. бездарные рассказы.* ‖ *сов.* **состря́пать**, -аю, -аешь. ‖ *сущ.* **стря́панье**, -я, *ср. и* **стряпня́**, -и́, *ж.*

СТРЯПНЯ́, -и́, *ж.* (разг.). **1.** *см.* стряпать. **2.** Состряпанная пища (пренебр.). *Невкусная с.* **3.** *перен.* О чём-н. наскоро, грубо и неискусно сочинённом, придуманном. *Бездарная с.*

СТРЯПУ́ХА, -и, *ж.* (устар. и прост.). То же, что кухарка.

СТРЯ́ПЧИЙ, -его, *м.* В дореволюционной России: название нек-рых должностных лиц (напр. с 16 до 18 в. — лица́, нёсшего хозяйственные обязанности при дворе, в 19 в. — чиновника по судебному надзору). *Присяжный с.* (ходатай по делам).

СТРЯСТИ́, -су́, -сёшь; **стряс**, **-сла́**; -сённый (-ён, -ена́); *сов., что.* Тряся, сбросить, отделить от чего-н. *С. груши с дерева.* ‖ *несов.* **стряса́ть**, -а́ю, -а́ешь.

СТРЯСТИ́СЬ (-су́сь, -сёшься, 1 и 2 л. не употр.), -сётся; -я́сся, -ясла́сь; *сов.* (разг.). О несчастье: произойти, случиться. *Стряслась беда. Что с тобой стряслось?* (что с тобой? что случилось?).

СТРЯХНУ́ТЬ, -ну́, -нёшь; -я́хнутый; *сов.* **1.** *кого-что.* Тряхнув, сбросить. *С. крошки со скатерти.* **2.** *перен., что,* обычно *в сочетании с «с себя».* Освободиться (от какого-н. тяжёлого, неприятного состояния, сонливости). *С. с себя оцепенение, страх. С. с себя усталость, сон.* ‖ *несов.* **стря́хивать**, -аю, -аешь.

СТУДЕНЕ́ТЬ, -е́ю, -е́ешь; *несов.* **1.** Становиться холодным; стынуть (прост. и обл.). *Вода студенеет.* **2.** (1 и 2 л. не употр.). Становиться студенистым, студенистее. *Заливное студенеет.* ‖ *сов.* **застудене́ть**, -е́ю, -е́ешь.

СТУДЕНИ́СТЫЙ, -ая, -ое; -и́ст. Загустевший, похожий на студень. *Студенистая масса.* ‖ *сущ.* **студени́стость**, -и, *ж.*

СТУДЕ́НТ, -а, *м.* Учащийся высшего учебного заведения (университета, института, консерватории). *Международный день студентов.* ‖ *ж.* **студе́нтка**, -и. ‖ *прил.* **студе́нческий**, -ая, -ое. *С. строительный отряд* (добровольный трудовой коллектив студентов, во время летних каникул участвующий в хозяйственном строительстве и других работах).

СТУДЕ́НЧЕСТВО, -а, *ср.* **1.** *собир.* Студенты. **2.** Пребывание в высшем учебном заведении в качестве студента. *Годы студенчества.* ‖ *прил.* **студе́нческий**, -ая, -ое.

СТУ́ДЕНЬ, -дня, *м.* Холодное кушанье из сгустившегося мясного или рыбного навара с кусочками мяса, рыбы, холодец.

СТУДЁНЫЙ, -ая, -ое; -ён (прост. и обл.). Очень холодный. *Студёная вода. На дворе студёно* (в знач. сказ.).

СТУДИ́ЕЦ, -и́йца, *м.* (разг.). Ученик студии (во 2 знач.), а также актёр студии (в 3 знач.). *Студийцы театрального училища.* ‖ *ж.* **студи́йка**, -и.

СТУДИ́ТЬ, стужу́, сту́дишь; сту́женный; *несов., что.* Охлаждать, давать остынуть. *С. молоко. С. помещение.* ‖ *сов.* **остуди́ть**, -ужу́, -у́дишь; -у́женный.

СТУ́ДИЯ, -и, *ж.* **1.** Мастерская живописца или скульптора. **2.** Школа, готовящая художников или актёров. *Цирковая с.* **3.** Название нек-рых театральных коллективов молодых актёров. *Театр-с.* **4.** Предприятие по производству кино- или телефильмов, киностудия или телестудия. **5.** Специальное помещение, откуда производятся радио- или телевизионные передачи. *Работать в студии.* ‖ *прил.* **студи́йный**, -ая, -ое (ко 2, 3, 4 и 5 знач.).

СТУ́ЖА, -и, *ж.* (разг.). Сильный холод, мороз. *Зимняя с. В стужу* (во время стужи).

СТУК[1], -а, *м.* Звук, шум от удара, ударов, от падения твёрдого предмета. *С. колёс о рельсы. С. в дверь* (знак, чтобы открыли). *Войти без стука* (не постучав в дверь). *Слышать с. собственного сердца.*

СТУК[2], *в знач. сказ.* (разг.). Стукнул. *Он с. кулаком в дверь. С. по лбу. Стук-стук-стук* (воспроизведение коротких последовательных ударов).

СТУ́КАТЬ, -аю, -аешь; *несов.* (разг.). То же, что стучать (в 1 и 2 знач.). *С. молотком. С. кулаком по столу. Сердце стукает.* ‖ *однокр.* **сту́кнуть**, -ну, -нешь. ‖ *сущ.* **сту́канье**, -я, *ср.*

СТУКА́Ч, -а́, *м.* (прост. презр.). То же, что доносчик.

СТУ́КНУТЬ, -ну, -нешь; -утый; *сов.* **1.** *см.* стукать *и* стучать. **2.** *безл.* О возрасте, сроке: минуть, исполниться (разг.). *Ему сорок стукнуло.* **3.** (1 и 2 л. не употр.). О неожиданном и неприятном событии: произойти, совершиться (прост.). *Стукнула беда.*

СТУ́КНУТЬСЯ, -нусь, -нешься; *сов.* **1.** То же, что удариться (в 1 знач.). *С. о косяк. С. лбами.* **2.** Постучать в дверь (прост.). *С. к соседке.* ‖ *несов.* **сту́каться**, -аюсь, -аешься (к 1 знач.).

СТУКОТНЯ́, -и́, *ж.* (разг.). Звуки ударов, шум. *Поднялась с.*

СТУЛ[1], -а, *мн.* -лья, -льев, *м.* Предмет мебели — сиденье на ножках со спинкой, на одного человека. *Жёсткий, мягкий с. Сесть на с. Встать со стула. Сидеть между двух стульев* (перен.: в каком-н. деле, споре занимать колеблющуюся, двусмысленную позицию; разг. неодобр.). ✦ **Электрический стул** — орудие казни в виде стула, убивающее током высокого напряжения. *Кончить жизнь на электрическом стуле.* ‖ *уменьш.* **сту́льчик**, -а, *м.*

СТУЛ[2], -а, *м.* (спец.). Действие кишечника, испражнение. *Нормальный с. У больного был с.*

СТУЛЬЧА́К, -а́, *м.* В уборной: сиденье с отверстием в середине.

СТУ́ПА, -ы, *ж.* Тяжёлый металлический, деревянный или каменный сосуд, в к-ром толкут что-н. пестом. *Толочь зерно в ступе. Воду в ступе толочь* (перен.: заниматься пустыми разговорами, бесполезным делом; разг.). *С. с бабою-ягой* (в сказках о бабе-яге, к-рая летает в ступе и с метлой).

СТУПА́ТЬ, -а́ю, -а́ешь; *несов.* **1.** *см.* ступить. **2. ступа́й(те)!** Требование или просьба уйти, идти. *Ступай(те) отсюда! Ступай вон.*

СТУПЕ́НЧАТЫЙ, -ая, -ое; -ат. **1.** Расположенный ступенями. *С. спуск.* **2.** Осуществляемый поочерёдно, последовательно. *Ступенчатые цены* (оптовые цены, снижаемые по мере устаревания продукции; спец.). ‖ *сущ.* **ступе́нчатость**, -и, *ж. С. посевов.*

СТУПЕ́НЬ, -и, *мн.* -и, -ей *и* -е́й, *ж.* **1.** (-ей). Один из выступов, составляющих лестницу, а также поперечная плита, доска, на к-рую ступают при подъёме или спуске. *Подняться на две ступени.* **2.** (-е́й), *перен.* Уровень в развитии чего-н. *Поднять работу на новую с. На низшей ступени развития.* **3.** В музыке: любой из тонов звукоряда. ✦ **Ступень ракеты** — отделяемая составная часть многоступенчатой ракеты (во 2 знач.), обеспечивающая её полёт на определённом участке траектории. *Последняя ступень ракеты-носителя.* **Школа первой ступени** — прежнее название начальной школы. **Школа второй ступени** — прежнее название старших классов средней школы.

СТУПЕ́НЬКА, -и, *ж.* Небольшая ступень (в 1 знач.). *Ступеньки крыльца, лестницы. С. трамвая* (подножка). *С. перед порогом* (приступок).

СТУПИ́ТЬ, ступлю́, сту́пишь; *сов.* Шагнуть, стать ногой куда-н. *Не может с. на больную ногу. Шагу с. не может без кого-чего-н.* (также перен.: несамостоятелен, беспомощен; разг.). ‖ *несов.* **ступа́ть**, -а́ю, -а́ешь. *Легко с. Нога человека не ступала куда-н.* (о девственном, нетронутом месте, местности).

СТУПИ́ЦА, -ы, *ж.* Центральная часть колеса с отверстием для насадки на ось или вал, соединённая с ободом спицами или диском. ‖ *прил.* **ступи́чный**, -ая, -ое.

СТУ́ПКА, -и, *ж.* Небольшая ступа. *Медная с. С. с пестиком.*

СТУПНЯ́, -и́, *ж.* **1.** То же, что стопа[1] (в 1 знач.). *Узкая с.* **2.** Нижняя часть стопы[1] (в 1 знач.), подошва. *Следы ступней на песке.*

СТУЧА́ТЬ, -чу́, -чи́шь; *несов.* **1.** Производить стук, шум ударами. *С. в дверь. С. молотком. Зубы стучат* (постукивают друг о друга от холода, волнения). *С. в домино* (играть со стуком; разг.). **2.** (1 и 2 л. не употр.). Об ощущении частого и сильного пульсирования. *Стучит* (безл.) *в висках, в голове. Сердце стучит. Ненависть стучит в сердца.* **3.** *на кого.* То же, что доносить[2] (во 2 знач.) (прост.). ‖ *сов.* **постуча́ть**, -чу́, -чи́шь (к 1 знач.) *и* **настуча́ть**, -чу́, -чи́шь (к 3 знач.). ‖ *однокр.* **сту́кнуть**, -ну, -нешь.

СТУЧА́ТЬСЯ, -чу́сь, -чи́шься; *несов.* Стучать в дверь (в окно, в ворота), подавая этим знак, чтобы открыли, впустили. *С. у дверей. С. к соседям. Старость стучится в дверь* (перен.: наступает, приближается). ‖ *сов.* **постуча́ться**, -чу́сь, -чи́шься.

СТУШЕВА́ТЬСЯ, -шу́юсь, -шу́ешься; *сов.* **1.** (1 и 2 л. не употр.). Стать неясным, утратить чёткие очертания. *Вершины холмов стушевались во мгле. Подробности рассказа стушевались в памяти.* **2.** Незаметно исчезнуть, удалиться. *Гость потихоньку стушевался.* **3.** Оробеть, смутиться (разг.). ‖ *несов.* **стушёвываться**, -аюсь, -аешься (к 1 и 2 знач.) *и* **тушева́ться**, -шу́юсь, -шу́ешься (к 3 знач.). *Не тушуйся!* (подбадривающий возглас: бодрись, не робей!).

СТУШИ́ТЬ *см.* тушить[2].

СТЫД, -а́, *м.* **1.** Чувство сильного смущения от сознания предосудительности поступка, вины. *Испытывать с. Гореть (сгорать) от стыда* (испытывать сильный стыд; разг.). *Ни стыда, ни совести нет у кого-н.* (совершенно бессовестен; разг.). *К стыду своему* (признаваясь в своей неправоте). **2.** Позор, бесчестье. *С. и срам так поступать!*

СТЫДИ́ТЬ, -ыжу́, -ыди́шь; -ыжённый (-ён, -ена́); *несов., кого (что).* Укорять, чтобы вызвать в ком-н. чувство стыда, раскаяния. *С. за обман.* ‖ *сов.* **пристыди́ть**, -ыжу́, -ыди́шь; -ыжённый (-ён, -ена́) *и* -ы́женный.

СТЫДИ́ТЬСЯ, -ыжу́сь, -ыди́шься; *несов., кого-чего* или *с неопр.* Испытывать стыд, стесняться. *С. окружающих. С. сына* (за его поступок). *С. попросить что-н. Стыдись!* (т. е. как тебе не стыдно). ‖ *сов.* **постыди́ться**, -ыжу́сь, -ыди́шься. *Хоть бы людей постыдился!*

СТЫДЛИ́ВЫЙ, -ая, -ое; -и́в. **1.** Испытывающий чувство стыда, застенчивый, стеснительный. *С. юноша.* **2.** Выражающий стыд, смущение. *С. жест. Стыдливо* (нареч.) *улыбнуться.* ‖ *сущ.* **стыдли́вость**, -и, *ж.*

СТЫ́ДНЫЙ, -ая, -ое; -ден, -дна. **1.** Вызывающий чувство стыда; постыдный. *Стыдные воспоминания. Стыдные слова. С. поступок.* **2. сты́дно**, *в знач. сказ.* Об испытываемом чувстве стыда. *Стыдно окружающих или перед окружающими. Стыдно за кого-н. Стыдно обманывать. Как тебе не стыдно?* (т. е. тебе должно быть стыдно, стыдись).

СТЫДО́БА, -ы, *ж.* (прост.). О чём-н. стыдном, предосудительном. *Расшумелись, подрались — с.!* ‖ *уменьш.* **стыдо́бушка**, -и, *ж.*

СТЫК, -а, *м.* **1.** Место, где вплотную соединяются, сходятся два конца, две крайние части чего-н. *С. участков. С. рельсов, панелей.* **2.** *перен.* Линия соприкосновения чего-н. *На стыке наук. На стыке двух эпох.* ‖ *прил.* **стыково́й**, -а́я, -о́е (к 1 знач.; спец.). *Стыковая электросварка.*

СТЫКОВА́ТЬ, -ку́ю, -ку́ешь; -о́ванный; *сов.* и *несов., что.* **1.** Вплотную соединить (-нять) на стыках концами, частями. *С. звенья понтонного моста.* **2.** *перен.* Соединить (-нять), сочетать одно с другим (прост.). ‖ *несов.* также **стыко́вывать**, -аю, -аешь. ‖ *сущ.* **стыко́вка**, -и, *ж. С. космических кораблей.* ‖ *прил.* **стыко́вочный**, -ая, -ое (к 1 знач.).

СТЫКОВА́ТЬСЯ (-ку́юсь, -ку́ешься, 1 и 2 л. ед. не употр.), -ку́ется; *сов.* и *несов.* (спец.). Вплотную соединиться (-няться) на стыках концами, частями. *Космические корабли стыковались на орбите.* ‖ *несов.* также **стыко́вываться** (-аюсь, -аешься, 1 и 2 л. не употр.), -ается. ‖ *сущ.* **стыкова́ние**, -я, *ср.* и **стыко́вка**, -и, *ж.* ‖ *прил.* **стыко́вочный**, -ая, -ое.

СТЫ́ЛЫЙ, -ая, -ое. Остывший; холодный. *Стылая землянка. С. воздух.*

СТЫТЬ, стыну, стынешь и **СТЫ́НУТЬ**, стыну, стынешь; стыл *и* стынул; *несов.* **1.** (1 и 2 л. не употр.). Теряя тепло, становиться холодным. *Чай стынет. Кровь в жилах стынет* (охватывает ужас; высок.). *Любовь стынет* (перен.). **2.** Мёрзнуть, коченеть от холода. *С. на ветру.* ‖ *сов.* **остыть**, -ыну, -ынешь (к 1 знач.) *и* **остынуть**, -ыну, -ынешь (к 1 знач.).

СТЫ́ЧКА, -и, *ж.* **1.** Небольшой бой. *Стычка передовых частей.* **2.** Небольшая ссора, столкновение (разг.). *С. между оппонентами.*

СТЮА́РД, -а и **СТЮ́АРД**, -а, *м.* То же, что бортпроводник [*первонач.* официант на морских пассажирских судах].

СТЮАРДЕ́ССА [*дэ*], -ы, *ж.* То же, что бортпроводница, а также служащая на морских пассажирских судах, выполняющая обязанности проводницы.

СТЯГ, -а, *м.* (высок.). То же, что знамя. *Веют алые стяги.*

СТЯ́ГИВАТЬ$^{1-2}$, **-СЯ** *см.* стянуть$^{1-2}$, -ся.

СТЯЖА́ТЕЛЬ, -я, *м.* Корыстолюбивый, стремящийся к наживе человек. ‖ *ж.* **стяжательница**, -ы. ‖ *прил.* **стяжательский**, -ая, -ое.

СТЯЖА́ТЕЛЬСТВО, -а, *ср.* Корыстолюбие, стремление к наживе. ‖ *прил.* **стяжательский**, -ая, -ое.

СТЯЖА́ТЬ, -аю, -аешь; *сов., что* (высок.). Приобрести, достигнуть чего-н. *С. себе любовь окружающих. С. славу.*

СТЯ́ЖКА, -и, *ж.* **1.** *см.* стянуть^1 *и* стянуться. **2.** Тонкий и прочный слой в многослойных конструкциях перекрытий и покрытий. *Монолитная с. Сборная с.*

СТЯНУ́ТЬ^1, стяну, стянешь; стянутый; *сов.* **1.** *кого-что.* Сжимая, туго перевязать, связать, затянуть. *С. тюк ремнём. С. куртку поясом.* **2.** *кого-что.* Собрать, свести в одно место (многое, многих). *С. отряды к переправе.* **3.** *что.* Натягивая, сблизить, соединить концы чего-н. *С. концы дуги, лука.* **4.** (1 и 2 л. не употр.), *кого-что.* То же, что свести (в 12 знач.) (разг.). *Судорогой стянуло* (безл.) *тело.* ‖ *несов.* **стягивать**, -аю, -аешь. ‖ *сущ.* **стяжение**, -я, *ср.* (к 4 знач.), **стягивание**, -я, *ср.* (к 1, 2 и 3 знач.) *и* **стяжка**, -и, *ж.* (к 1 знач.; спец.). ‖ *прил.* **стяжной**, -ая, -ое (к 1 и 3 знач.; спец.).

СТЯНУ́ТЬ^2, стяну, стянешь; стянутый; *сов., кого-что.* **1.** Снять с трудом; волоча, стащить. *С. чехол с машины. С. с себя одежду.* **2.** Утащить, украсть (прост.). *С. кошелёк.* ‖ *несов.* **стягивать**, -аю, -аешь (к 1 знач.). ‖ *сущ.* **стягивание**, -я, *ср.* (к 1 знач.).

СТЯНУ́ТЬСЯ, стянусь, стянешься; *сов.* **1.** (1 и 2 л. не употр.). Сжимаясь, укоротиться. *Ткань от сырости стянулась.* **2.** Туго подпоясаться (разг.). *С. ремнём.* **3.** (1 и 2 л. ед. не употр.). О многих, многом: постепенно собраться, сойтись в одно место. *Войска стянулись к переправе.* **4.** (1 и 2 л. не употр.). Уплотниться, сжаться. *Лицо, губы стянулись от холода.* ‖ *несов.* **стягиваться**, -аюсь, -аешься. ‖ *сущ.* **стягивание**, -я, *ср.* (к 1, 2 и 3 знач.) *и* **стяжка**, -и, *ж.* (к 1 знач.).

СУ, *нескл., ср.* **1.** Во Франции до 1793 г.: разменная монета, равная 1/20 ливра; сейчас во Франции: народное название монеты достоинством в пять сантимов. **2.** Разменная монета во Вьетнаме, равная 1/100 донга.

СУ..., *приставка.* Образует: 1) существительные со знач. подобия, напр. *супесок, супесь, суглинок, сукровица;* 2) прилагательные со знач. наличия признака, напр. *суягная, супоросая.*

СУБ..., *приставка.* Образует существительные и прилагательные со знач.: 1) вторичности, побочности, подчинённости, малости по сравнению с тем, что названо в производящей основе, напр. *субподрядчик, субинспектор, субпрефект, субаренда, субпродукты, субконтинент, субъединица, субклеточный, субъядерный, субмикронный;* 2) нахождения около чего-н., поблизости к чему-н., под чем-н., напр. *субстратосфера, субальпийский, субарктический, субсветовой.*

СУББО́ТА, -ы, *ж.* Шестой день недели, перед воскресеньем. *Родительские субботы* (у верующих: субботние дни, в к-рые по установлению церкви совершается поминовение умерших). ‖ *прил.* **субботний**, -яя, -ее.

СУББО́ТНИК, -а, *м.* Добровольная коллективная безвозмездная для каждого отдельного участника работа в один из субботних дней или в другое нерабочее время.

СУБМАРИ́НА, -ы, *ж.* То же, что подводная лодка.

СУБОРДИНА́ЦИЯ, -и, *ж.* (книжн.). Система строгого служебного подчинения младших старшим. *Соблюдать, нарушить субординацию.* ‖ *прил.* **субординационный**, -ая, -ое.

СУБРЕ́ТКА, -и, *ж.* В старинных комедиях и водевилях: весёлая, плутоватая служанка, поверенная своей госпожи.

СУБСИДИ́РОВАТЬ, -рую, -руешь; -анный; *сов. и несов., кого-что* (книжн.). Предоставить (-влять) субсидию кому-чему-н. *С. строительство.* ‖ *сущ.* **субсидирование**, -я, *ср.*

СУБСИ́ДИЯ, -и, *ж.* (книжн.). Денежное или натуральное пособие со стороны государства, учреждения. *Правительственные субсидии. С. из общественных фондов.* ‖ *прил.* **субсидиарный**, -ая, -ое (спец.).

СУБСТА́НЦИЯ, -и, *ж.* В философии: первооснова, сущность всех вещей и явлений. ‖ *прил.* **субстанциональный**, -ая, -ое *и* **субстанциальный**, -ая, -ое.

СУБСТИТУ́ЦИЯ, -и, *ж.* (книжн.). Замещение одного другим, обычно сходным по назначению, по функции.

СУБСТРА́Т, -а, *м.* (спец.). **1.** То, что лежит в основе каких-н. явлений, состояний. *Языковый с.* (в системе языка: усвоенные ею элементы языка населения, первонач. жившего на данной территории). **2.** Питательная среда для прикреплённых к ней организмов, а также вещество, подвергающееся воздействию фермента. ‖ *прил.* **субстратный**, -ая, -ое.

СУБТИ́ЛЬНЫЙ, -ая, -ое; -лен, -льна (разг., часто ирон.). Очень тонкий, нежный, кажущийся хрупким. *Субтильная фигурка.* ‖ *сущ.* **субтильность**, -и, *ж.*

СУБТИ́ТР, -а, *м.* В кино, на телевидении: надпись под изображением внутри кадра. *Фильм с субтитрами.* ‖ *прил.* **субтитровый**, -ая, -ое.

СУБТРО́ПИКИ, -ов. Области, лежащие к северу и югу от тропиков, по климату приближающиеся к жаркому, тропическому поясу. ‖ *прил.* **субтропический**, -ая, -ое. *Субтропические пояса.*

СУБЪЕ́КТ, -а, *м.* **1.** В философии: познающий и действующий человек, существо, противостоящее внешнему миру как объекту познания. **2.** Человек как носитель каких-н. свойств (книжн.). *С. права* (физическое или юридическое лицо как носитель юридических прав и обязанностей; спец.). **3.** Вообще о человеке (обычно отрицательно характеризуемом) (разг.). *Подозрительный, странный с. Болезненный с.* **4.** В логике: предмет суждения. **5.** В грамматике: семантическая категория со значением производителя действия или носителя состояния. ‖ *прил.* **субъектный**, -ая, -ое (к 1, 4 и 5 знач.).

СУБЪЕКТИВИ́ЗМ, -а, *м.* **1.** В философии: мировоззрение, в основе к-рого лежит отрицание объективных законов развития и утверждение главенствующей роли отдельного субъекта в процессе познания и в общественной деятельности. **2.** Личное, субъективное (во 2 знач.) отношение к чему-н. *С. в оценке событий.* ‖ *прил.* **субъективистский**, -ая, -ое.

СУБЪЕКТИВИ́СТ, -а, *м.* Последователь субъективизма (в 1 знач.). ‖ *прил.* **субъективистский**, -ая, -ое.

СУБЪЕКТИ́ВНЫЙ, -ая, -ое; -вен, -вна. **1.** Присущий только данному субъекту, лицу. *Субъективное ощущение.* **2.** Пристрастный, предвзятый, лишённый объективности. *Субъективная оценка. Слишком субъективное мнение.* ‖ *сущ.* **субъективность**, -и, *ж.*

СУВЕНИ́Р, -а, *м.* **1.** Подарок на память. **2.** Художественное изделие, вещь как память о посещении страны, какого-н. места. *Магазин сувениров.* ‖ *прил.* **сувенирный**, -ая, -ое (ко 2 знач.).

СУВЕРЕНИТЕ́Т, -а, *м.* Полная независимость государства от других государств в его внутренних делах и во внешней политике. *Соблюдать с. Государственный с.*

СУВЕРЕ́ННЫЙ, -ая, -ое; -ренен, -ренна (книжн.). **1.** Обладающий суверенитетом. *Суверенные государства.* **2.** *полн. ф.* Осуществляющий верховную власть. *С. правитель.* ‖ *сущ.* **суверенность**, -и, *ж.* (к 1 знач.).

СУВО́РОВЕЦ, -вца, *м.* Воспитанник суворовского училища. ‖ *прил.* **суворовский**, -ая, -ое.

СУВО́РОВСКИЙ, -ая, -ое. **1.** *см.* суворовец. **2. суворовское училище** — специальное среднее военное учебное заведение, готовящее воспитанников к поступлению в высшие военные училища.

СУГЛИ́НОК, -нка, *м.* Почва, содержащая глину и песок, с преобладанием глины. ‖ *прил.* **суглинистый**, -ая, -ое.

СУГРЕ́В, -а, *м.*: **для сугреву** (прост.) — чтобы согреться (о питье вина). *Распили бутылку для сугреву.*

СУГРО́Б, -а, *м.* Наметённая ветром большая куча снега, а также вообще чего-н. сыпучего, мелкого. *Провалиться в с. Намело сугробы. Песчаные сугробы.*

СУГУ́БЫЙ, -ая, -ое; -уб. **1.** Вдвое больший, двойной (устар.). **2.** Очень большой, особенный. *Проявить сугубое внимание.*

СУД, -а́, *м.* **1.** Государственный орган, ведающий разрешением гражданских (между отдельными лицами, учреждениями) споров и рассмотрением уголовных дел. *С. присяжных. Верховный с.* **2.** *с определением.* Общественный орган, рассматривающий проступки членов какого-н. коллектива. *Товарищеский с. Офицерский с.* или *с. чести* (общественная организация, состоящая из высших офицеров и рассматривающая проступки офицеров, несовместимые с их воинским достоинством). **3.** Разбирательство дел в таких органах. *Выступать в суде. Отдать под с. Попасть под с. Предать суду. Под судом не бывал.* **4.** *собир.* Судьи, те, кто судит. *Встать, с. идёт! С. удаляется на совещание.* **5.** *кого-чего.* Мнение, заключение. *Отдать что-н.*

на с. общества (для общественного обсуждения, решения). *С. совести. С. истории* (мнение и оценки будущих поколений; высок.). ✦ **Страшный суд** — в религиозных представлениях: ожидающий людей после конца света божий суд, согласно к-рому праведники получат место в раю, а грешники — в аду. **Суд божий** — в религиозных представлениях: наказание от Бога за грехи людей. **Конституционный суд** — высший судебный орган, осуществляющий контроль законов и других нормативных актов с точки зрения их соответствия конституции. **На нет и суда нет** (посл.) — если нет (чего-н.), ничего не поделаешь, приходится примириться. **Пока суд да дело** (разг.) — пока что-н. происходит, длится, тянется. ‖ *прил.* **суде́бный**, -ая, -ое (к 1, 2 и 3 знач.) *и* (стар.) **су́дный**, -ая, -ое (к 1 и 3 знач.). *Судебное разбирательство. Судебная практика* (деятельность судов). *С. исполнитель* (должностное лицо, осуществляющее принудительное исполнение судебных решений, определений). ✦ **Судный день** (высок.) — день Страшного суда.

СУДА́К, -а́, *м.* Промысловая рыба сем. окунёвых. ‖ *уменьш.* **судачо́к**, -чка́, *м.* ‖ *прил.* **судако́вый**, -ая, -ое *и* **суда́чий**, -ья, -ье.

СУ́ДАРЬ, -я, *м.* (устар.). Форма вежливого, учтивого, иногда ирон. обращения, господин (в 4 знач.). ‖ *ж.* **суда́рыня**, -и.

СУДА́ЧИТЬ, -чу, -чишь; *несов.* (прост.). Заниматься пересудами, сплетнями. *Кумушки судачат.*

СУДЕ́БНЫЙ *см.* суд.

СУДЕ́ЙСКИЙ *см.* судья.

СУДЕ́ЙСТВОВАТЬ, -твую, -твуешь; *несов.* Исполнять обязанности судьи (во 2 знач.). ‖ *сущ.* **суде́йство**, -а, *ср. Квалифицированное с.*

СУДИ́ЛИЩЕ, -а, *ср.* (неодобр.). Пристрастное разбирательство, подобное суду. *Целое с. устроили над кем-н.*

СУДИ́МОСТЬ, -и, *ж.* (спец.). Последствия, связанные с вынесением обвинительного приговора, действующие после отбытия наказания. *Снять с. с кого-н. Сроки погашения судимости.*

СУДИ́ТЬ¹, сужу́, су́дишь; су́дящий *и* судя́щий; су́женный; судя́; *несов.* **1.** *о ком-чём.* Составлять, высказывать какое-н. мнение, суждение. *С. о литературе. С. о ком-н. по внешности. Судите сами, прав ли я.* **2.** *кого (что).* Рассматривать чьё-н. дело в судебном порядке, а также в общественном суде. *С. преступника. С. судом чести.* **3.** *кого (что).* Осуждать, укорять, обвинять в чём-н. *Строго с. за ошибки. Победителей не судят* (посл.). **4.** *что.* В спортивных состязаниях: следить за соблюдением правил игры и разрешать возникающие споры. *С. футбольный матч.* ✦ **Судить да рядить** (разг.) — обсуждать, толковать. **Су́дя** *по кому-чему, предлог с дат. п.* — заключая на основании чего-н., принимая во внимание что-н. *Поступать судя по обстоятельствам. Судя по твоему виду дела идут неплохо.*

СУДИ́ТЬ² (сужу́, су́дишь, 1 и 2 *л.* не употр.), су́дит; суждённый (-ён, -ена́); *сов. и несов., кому что и с неопр.* (устар. и высок.). Предназначить (-чать) (нечто непредвиденное, как бы не зависящее от воли человека). *Так рок судил или судьба судила. Суждено* (в знач. сказ.) *судьбой. Нам не суждено* (в знач. сказ.) *больше встретиться.*

СУДИ́ТЬСЯ, сужу́сь, су́дишься; *несов., с кем.* Иметь с кем-н. гражданское судебное дело, судебное разбирательство. *С. с наследниками за дом.*

СУДИЯ́, -и́, *род. мн.* -ий, *м.* (устар. высок.). Тот, кто вершит высший суд, вершитель судеб. *Высший с.* (о Боге).

СУ́ДНО¹, -а, *мн.* су́дна, -ден, -днам, *ср.* Сосуд для испражнений, для мочи. *Подкладное с.* (для лежачих больных). ‖ *прил.* **су́дновый**, -ая, -ое.

СУ́ДНО², -а, *мн.* суда́, -о́в, *ср.* Плавучее транспортное средство для перевозки людей и грузов, для военных целей, водного промысла, спортивных состязаний. *Самоходное с. Несамоходное с.* (буксируемое, парусное или гребное). *Морское с. Торговое с. Парусное с. С. на воздушной подушке. Научно-исследовательское с. Плавать на судне. С.-завод.* ✦ **Воздушное судно** — то же, что самолёт. ‖ *уменьш.-унич.* **судёнышко**, -а, *мн.* -шки, -шек, -шкам, *ср.* ‖ *прил.* **судово́й**, -а́я, -о́е. *С. ход. С. журнал. Судовая команда.*

СУДО¹... *Первая часть сложных слов со знач.* относящийся к судам², плавучим транспортным средствам, напр. *судомеханик, судооборот, судоотправитель, судоподъёмный, судопромышленный, судопропускник, судопропускной, судорадист, судоремонт, судоремонтный, судосборочный, судосборщик, судостроитель.*

СУДО²... *Первая часть сложных слов со знач.* относящийся к суду, судебный, напр. *судове́дение, судоисполнитель, судоревизионный, судоустройство.*

СУДОВЕ́РФЬ, -и, *ж.* Сокращение: судостроительная верфь. ‖ *прил.* **судове́рфенный**, -ая, -ое.

СУДОВОДИ́ТЕЛЬ, -я, *м.* Специалист по судовождению. ‖ *прил.* **судоводи́тельский**, -ая, -ое.

СУДОВОЖДЕ́НИЕ, -я, *ср.* Круг научных дисциплин, относящийся к вождению судов, а также само такое вождение. *Искусство судовождения.* ‖ *прил.* **судоводи́тельский**, -ая, -ое.

СУДОГОВОРЕ́НИЕ, -я, *ср.* (спец.). Изложение дела сторонами и прения сторон в судебном заседании.

СУ́ДО-ГО́Д, -а, *род. мн.* су́до-ле́т, *м.* (спец.). Единица рабочего времени судна², исчисляемая работой, к-рая выполняется одним судном² за один год плавания.

СУДО́К, -дка́, *м.* **1.** Столовая посуда для подливки, соуса, соусник. **2.** *мн.* Приспособление для переноски кушаний в виде нескольких кастрюль, поставленных одна на другую и скреплённых ручкой. *Обед в судках.* ‖ *прил.* **судко́вый**, -ая, -ое.

СУДОМОДЕЛИ́ЗМ [де], -а, *м.* Постройка и запуск моделей судов². ‖ *прил.* **судомоде́льный**, -ая, -ое. *С. кружок.*

СУДОМОДЕЛИ́СТ [дэ], -а, *м.* Человек, занимающийся судомоделизмом. ‖ *ж.* **судомодели́стка**, -и. ‖ *прил.* **судомодели́стский**, -ая, -ое.

СУДОМОДЕ́ЛЬ [дэ], -и, *ж.* Модель судна².

СУДОМО́ЙКА, -и, *ж.* Работница, занимающаяся мытьём посуды, посудомойка.

СУДОПРОИЗВО́ДСТВО, -а, *ср.* (спец.). Рассмотрение дел в суде. *Гражданское, уголовное с.* ‖ *прил.* **судопроизво́дственный**, -ая, -ое.

СУ́ДОРОГА, -и, *ж.* Резкое и непроизвольное, обычно болезненное, сокращение мышц. *Судорогой свело ногу. Биться в судорогах* (в болезненном припадке, сопровождающемся судорогами). ‖ *прил.* **су́дорожный**, -ая, -ое.

СУ́ДОРОЖНЫЙ, -ая, -ое; -жен, -жна. **1.** *см.* судорога. **2.** *перен.* О движении: непроизвольный и резкий, похожий на судороги. *Судорожное движение. Судорожно* (нареч.) *рыдать.* **3.** *перен.* Слишком суетливый, беспокойный. *Судорожные сборы в дорогу.* ‖ *сущ.* **су́дорожность**, -и, *ж.*

СУДОСБО́РЩИК, -а, *м.* Рабочий, занимающийся сборкой корпуса судна² на судоверфи. ‖ *ж.* **судосбо́рщица**, -ы. ‖ *прил.* **судосбо́рщицкий**, -ая, -ое.

СУДОСТРОЕ́НИЕ, -я, *ср.* Теория и практика постройки судна². ‖ *прил.* **судострои́тельный**, -ая, -ое.

СУДОУСТРО́ЙСТВО, -а, *ср.* (спец.). Система судебных учреждений, организация судебной системы.

СУДОХО́ДНЫЙ, -ая, -ое; -ден, -дна. Доступный для судоходства. *Судоходные реки. С. канал.* ‖ *сущ.* **судохо́дность**, -и, *ж.*

СУДОХО́ДСТВО, -а, *ср.* Плавание судов². *Морское, речное с.*

СУДЬБА́, -ы́, *мн.* су́дьбы, су́деб *и* (устар.) суде́б, су́дьбам, *ж.* **1.** Стечение обстоятельств, не зависящих от воли человека, ход жизненных событий. *С. столкнула старых друзей. Избранник судьбы* (счастливец; книжн.). *Удары, превратности судьбы.* **2.** Доля, участь. *Счастливая с. Узнать о судьбе родных.* **3.** История существования кого-чего-н. *У этой рукописи интересная с.* **4.** Будущее, то, что случится, произойдёт (книжн.). *Судьбы человечества.* **5.** *в знач. сказ., кому с неопр.*, обычно *с отриц.* То же, что суждено (см. судить²). *Видно, не с. с ним увидеться.* ✦ **Какими судьба́ми?!** (разг.) — радостное восклицание при неожиданной встрече в знач. как получилось, что мы встретились? **Судьба — индейка** (разг. шутл.) — о незадачливой доле, трудной судьбе.

СУДЬБИ́НА, -ы, *ж.* (устар. высок). То же, что судьба (в 1 знач.) (обычно о несчастливой судьбе, тяжёлой участи). *Горькая с.*

СУДЬЯ́, -и́, *мн.* су́дьи, суде́й *и* су́дей, су́дьям, *м.* **1.** Должностное лицо, разрешающее дела в суде (в 1 знач.). *Народный с. Выборность судей.* **2.** (суде́й). В спортивных играх, состязаниях: человек к-рый судит (в 4 знач.). *С. международной категории.* **3.** (су́дей). Тот, кто судит (в 1 знач.), высказывает мнение, даёт оценку. *Он в этом деле не с. А судьи кто?* (говорится в знач.: эти люди не могут осуждать кого-н., они сами не лучше; книжн.). *Бог тебе с.* (выражение прощения, нежелания осуждать). ‖ *прил.* **суде́йский**, -ая, -ое (к 1 и 2 знач.). *Судейская коллегия.*

СУЕВЕ́Р, -а, *м.* (устар.). Суеверный человек. ‖ *ж.* **суеве́рка**, -и.

СУЕВЕ́РИЕ, -я, *ср.* Вера во что-н. сверхъестественное, таинственное, в предзнаменования, в приметы. *Старинные суеверия.*

СУЕВЕ́РНЫЙ, -ая, -ое; -рен, -рна. Проникнутый суеверием, основанный на суеверии. *С. человек. С. страх.* ‖ *сущ.* **суеве́рность**, -и, *ж.*

СУЕСЛО́ВИЕ, -я, *ср.* (книжн.). То же, что пустословие.

СУЕТА́, -ы́, *мн.* -ы́, суе́т, -а́м, *ж.* **1.** Всё тщетное, пустое, не имеющее истинной ценности, прах (во 2 знач.) (устар. и книжн.). *Перед лицом смерти всё стало прах и с.* **2.** Торопливые и беспорядочные хлопоты, излишняя торопливость в движениях, в работе, в поведении. *Работать без суеты. Предпраздничная с.* ✦ **Суета сует** (устар. высок.) — мелочные повседневные волнения, суета (в 1 знач.). **Суета сует и всяческая суета** (устар. высок.) — то же, что суета (в 1 знач.).

СУЕТИ́ТЬСЯ, суечу́сь, суети́шься; *несов.* Двигаться, действовать суетливо. *С. с утра до ночи.*

СУЕТЛИ́ВЫЙ, -ая, -ое; -и́в. Склонный к суете (во 2 знач.), полный суеты. *С. человек. Суетливая обязанность. Суетливо* (нареч.) *двигаться.* ‖ *сущ.* **суетли́вость**, -и, *ж.*

СУ́ЕТНЫЙ, -ая, -ое; -тен, -тна (устар.). Исполненный суеты (в 1 знач.). *Суетные интересы. Суетная жизнь.* ‖ *сущ.* **су́етность**, -и, *ж.*

СУЕТНЯ́, -и́, *ж.* (разг.). То же, что суета (во 2 знач.). *В доме поднялась с. Действовать без суетни.*

СУЖДЕ́НИЕ, -я, *ср.* **1.** В логике: форма мышления, представляющая собой сочетание понятий, из к-рых одно (субъект) определяется и раскрывается через другое (предикат). **2.** Мнение, заключение (книжн.). *Высказывать своё с. Каково ваше с. по этому поводу?*

СУ́ЖЕНЫЙ, -ого, *м., чей.* В народной словесности: человек, с к-рым суждено вступить в брак[1]. *Найти своего суженого. Суженого конём не объедешь* (посл.). ‖ *ж.* **су́женая**, -ой.

СУ́ЗИТЬ, су́жу, су́зишь; су́женный; *сов., что.* Сделать узким (в 1, 2, 3 и 5 знач.), уже. *С. проход. С. юбку. С. круг задач.* ‖ *несов.* **сужа́ть**, -а́ю, -а́ешь *и* **су́живать**, -аю, -аешь. ‖ *сущ.* **суже́ние**, -я, *ср.* (по 1 и 3 знач. прил. узкий) *и* **су́живание**, -я, *ср.* (по 1 и 2 знач. прил. узкий).

СУ́ЗИТЬСЯ (су́жусь, су́зишься, 1 и 2 л. не употр.), су́зится; *сов.* Стать узким (в 1, 2 и 3 знач.), уже. *Тропинка сузилась. Рукав сузился. Круг интересов сузился.* ‖ *несов.* **сужа́ться** (-а́юсь, -а́ешься, 1 и 2 л. не употр.), -а́ется *и* **су́живаться** (-аюсь, -аешься, 1 и 2 л. не употр.), -ается. ‖ *сущ.* **суже́ние**, -я, *ср.* (по 1 и 3 знач. прил. узкий) *и* **су́живание**, -я, *ср.* (по 1 и 2 знач. прил. узкий). *Сужение пищевода. Суживание русла.*

СУК, -а́, о суке́, в (на) суку́, *мн.* су́чья, -ьев *и* суки́, -о́в, *м.* **1.** Крупный боковой отросток от ствола дерева. *Сухие сучья. Птица сидит на суку. С. под собой рубить или рубить с., на котором сидишь* (перен.: своими действиями лишать себя опоры, вредить самому себе). **2.** В бревне, доске: остаток от срезанного бокового отростка ствола. *Доска без сучьев.*

СУ́КА, -и, *ж.* **1.** Самка домашней собаки, а также вообще животного сем. собачьих. **2.** Негодяй, мерзавец (прост. бран.). ‖ *уменьш.* **су́чка**, -и, *ж.* ‖ *прил.* **су́кин**, -а, -о. ✦ **Сукин сын (сукины дети)** (прост. бран.) — о негодяе, негодяях.

СУКНО́, -а́, *мн.* су́кна, су́кон, су́кнам, *ср.* Шерстяная или хлопчатобумажная плотная ткань с гладкой поверхностью. *Солдатское с.* (серое шинельное сукно). *Стол покрыт зелёным сукном.* ✦ **Под сукно положить** *что* — оставить без исполнения (дело, жалобу), не дать ходу. **В сукнах** (спец.) — о спектакле: без декораций, с полотнищами, висящими на сцене перед кулисами. *Спектакль идёт в сукнах.* ‖ *уменьш.* **суко́нце**, -а, *мн.* -а, -цев *и* -нец, *ср. и* **сукнецо́**, -а́, *ср.* ‖ *прил.* **суко́нный**, -ая, -ое. ✦ **Суконный язык** (разг.) — невыразительная и сухая речь. **С суконным рылом да в калачный [шн] ряд** (неодобр.) — погов. о том, кто пытается занять неподобающее ему место.

СУКНОВА́ЛЬНЫЙ, -ая, -ое (спец.). Относящийся к изготовлению сукна. *Сукновальная машина.*

СУКНОДЕ́ЛИЕ, -я, *ср.* Производство сукон. ‖ *прил.* **сукноде́льный**, -ая, -ое.

СУКОВА́ТЫЙ, -ая, -ое; -а́т. Имеющий много суков, сучков. *С. ствол. Суковатая палка.* ‖ *сущ.* **сукова́тость**, -и, *ж.*

СУКО́НКА, -и, *ж.* Лоскут сукна или другой шерстяной ткани для протирки, чистки чего-н. *Протереть пол суконкой.*

СУКО́ННЩИК, -а, *м.* **1.** Специалист по сукноделию. **2.** Торговец сукнами (устар.).

СУКО́ТНАЯ; -тна. О кошке, львице, рыси, зайчихе и самках нек-рых других животных: беременная. ‖ *сущ.* **суко́тность**, -и, *ж.*

СУ́КРОВИЦА, -ы, *ж.* Жидкость желтоватого цвета, вытекающая вместе с кровью, а также гнойная кровянистая жидкость, вытекающая из нарывов, язв. ‖ *прил.* **сукровичный**, -ая, -ое.

СУЛЕМА́, -ы́, *ж.* Ядовитый белый порошок хлористой ртути, а также раствор его, употр. в технике и медицине. *Раствор сулемы.* ‖ *прил.* **сулемо́вый**, -ая, -ое.

СУЛЁНЫЙ, -ая, -ое (прост., часто ирон.). Такой, что посулили, обещанный.

СУЛИ́ТЬ, -лю́, -ли́шь; -лённый (-ён, -ена́); *несов.* **1.** *кого-что и с неопр.* То же, что обещать (в 1 знач.) (прост.). *Сулил прийти вечером.* **2.** *что.* Предвещать, предсказывать. *Ничто не сулило несчастья.* ‖ *сов.* **посули́ть**, -лю́, -ли́шь; -ённый (-ён, -ена́) (к 1 знач.).

СУЛИ́ТЬСЯ, -лю́сь, -ли́шься; *несов., с неопр.* (прост.). То же, что обещать (в 1 знач.). *Сулится приехать на побывку.* ‖ *сов.* **посули́ться**, -лю́сь, -ли́шься.

СУЛТА́Н[1], -а, *м.* В нек-рых мусульманских странах: титул монарха, а также лицо, носящее этот титул. ‖ *прил.* **султа́нский**, -ая, -ое.

СУЛТА́Н[2], -а, *м.* **1.** Пучок перьев или стоячих конских волос — украшение на головном уборе (преимущ. форменном), а также на оголовье лошади. *Кивер с султаном.* **2.** *перен.* Расширяющийся кверху столб (во 2 знач.) чего-н. *С. огня.* **3.** Соцветие у нек-рых растений. *С. сирени. С. иван-чая. С. кукурузы.* ‖ *уменьш.* **султа́нчик**, -а, *м.*

СУЛТАНА́Т, -а, *м.* Монархическое государство, возглавляемое султаном[1]. ‖ *прил.* **султана́тский**, -ая, -ое.

СУЛЬФА́ТЫ, -ов, *ед.* **сульфа́т**, -а, *м.* (спец.). Соли серной кислоты. ‖ *прил.* **сульфа́тный**, -ая, -ое.

СУЛЬФИ́ДЫ, -ов, *ед.* **сульфи́д**, -а, *м.* (спец.). Химические соединения серы с металлами и нек-рыми неметаллами. *Органические с. Природные с.* ‖ *прил.* **сульфи́дный**, -ая, -ое.

СУМА́, -ы́, *ж.* (устар.). Мешок из ткани, кожи для ношения, перевозки чего-н. *Вьючная с. С сумой пустить кого-н.* (заставить нищенствовать; устар.; также перен.: довести до разорения). ✦ **Сума перемётная** (разг. презр.) — о том, кто меняет свои убеждения, переходит на сторону противника.

СУМАСБРО́Д, -а, *м.* Сумасбродный человек. ‖ *ж.* **сумасбро́дка**, -и. ‖ *прил.* **сумасбро́дский**, -ая, -ое.

СУМАСБРО́ДНЫЙ, -ая, -ое; -ден, -дна. Безрассудный, действующий по случайной прихоти. *С. поступок. Сумасбродно* (нареч.) *вести себя.* ‖ *сущ.* **сумасбро́дность**, -и, *ж.*

СУМАСБРО́ДСТВО, -а, *ср.* Сумасбродное поведение, сумасбродный поступок.

СУМАСБРО́ДСТВОВАТЬ, -твую, -твуешь, **СУМАСБРО́ДНИЧАТЬ**, -аю, -аешь (разг.) и **СУМАСБРО́ДИТЬ**, -о́жу, -о́дишь (прост.); *несов.* Вести себя сумасбродно, действовать по собственной прихоти. *С. в семье.* ‖ *сущ.* **сумасбро́дничанье**, -я, *ср.*

СУМАСШЕ́ДШИЙ, -ая, -ее. **1.** Страдающий психическим расстройством. *С. человек. Дом для сумасшедших* (сущ.). **2.** Предназначенный для душевнобольных (разг.). *С. дом. Сумасшедшая рубаха* (смирительная; устар.). **3.** *перен.* Крайне безрассудный, безумный (во 2 знач.). *Сумасшедшие планы. Сумасшедшая идея.* **4.** *перен.* Крайний, исключительный (по величине, степени) (разг.). *С. успех. Сумасшедшая скорость. Сумасшедшие деньги* (очень большие). ✦ **Как сумасшедший** (разг.) — очень сильно. *Хохочет как сумасшедший. Ветер дует как сумасшедший.*

СУМАСШЕ́СТВИЕ, -я, *ср.* **1.** Психическое расстройство, умопомешательство. *Внезапное с.* **2.** *перен.* Неистовство, исступление. *С. страсти.* **3.** *перен.* То же, что безрассудство (разг.). *Поступать так — с.!* ✦ **До сумасшествия** (разг.) — крайне, очень сильно. *Устал до сумасшествия.*

СУМАСШЕ́СТВОВАТЬ, -твую, -твуешь; *несов.* (разг.). Поступать безрассудно, подобно сумасшедшему.

СУМАТО́ХА, -и, *ж.* Беспорядочная беготня, беспокойная торопливость в действиях. *Поднялась с.*

СУМАТО́ШИТЬСЯ, -шусь, -шишься; *несов.* (разг.). Суетиться, вести себя суматошливо, излишне торопливо. *С. перед отъездом. Не суматошься, а обдумай сначала, что надо делать.*

СУМАТО́ШЛИВЫЙ, -ая, -ое; -ив и **СУМАТО́ШНЫЙ**, -ая, -ое; -шен, -шна. **1.** Беспокойно-торопливый в действиях, легко поддающийся суматохе. *С. характер.* **2.** Полный суматохи, суетни. *Суматошные дни.* ‖ *сущ.* **сумато́шливость**, -и, *ж.* (к 1 знач.) *и* **сумато́шность**, -и, *ж.*

СУМБУ́Р, -а, *м.* Крайний беспорядок, полная путаница. *С. в делах. С. в голове.*

СУМБУ́РНЫЙ, -ая, -ое; -рен, -рна. Представляющий собой сумбур, беспорядочный, запутанный. *Сумбурное изложение.* ‖ *сущ.* **сумбу́рность**, -и, *ж.*

СУ́МЕРКИ, -рек, -ркам. Полутьма между заходом солнца и наступлением ночи, а также (устар.) утренняя предрассветная полутьма. *Ранние с.* ‖ *прил.* **сумеречный**, -ая, -ое. *Сумеречные бабочки, птицы* (активно ведущие себя в сумерках). *Сумеречное время* (также перен.: о смутной, неясной поре, безвременье). ✦ **Сумеречное состояние** (спец.) — помрачение сознания при нек-рых психических заболеваниях.

СУ́МЕРНИЧАТЬ, -аю, -аешь; *несов.* (разг.). Сидеть без огня в сумерках.

СУМЕ́ТЬ, -е́ю, -е́ешь; *сов., с неопр.* **1.** Оказаться достаточно умелым, способным для чего-н. *Сумеешь починить замок? Не сумел решить задачу.* **2.** Смочь, оказаться в состоянии сделать что-н. (разг.). *Завтра я не сумею вам позвонить. Вряд ли сумею чем-н. помочь.*

СУ́МКА, -и, *ж.* **1.** Небольшое вместилище из ткани, кожи или другого плотного материала для ношения чего-н. *Санитарная, охотничья с. Хозяйственная с. Дамская с.* **2.** У сумчатых животных: полость, глубокая кожная складка в виде подбрюшного мешка, в к-рой донашиваются и развиваются детёныши; у нек-рых растений, грибов: клетка, в к-рой развиваются споры (спец.). *С. кенгуру.* **3.** Название нек-рых органов из соединительной ткани, окружающих собой или вмещающих в себя другие органы, суставы (спец.). *Околосердечная с. Суставная с.* ‖ *уменьш.* **су́мочка, -и,** *ж.* (к 1 знач.). ‖ *прил.* **су́мочный,** -ая, -ое.

СУ́ММА, -ы, *ж.* **1.** Результат, итог сложения. **2.** *перен.* Совокупность каких-н. явлений, черт. *С. всех данных. Вся с. человеческих знаний.* **3.** Определённое, то или иное количество денег. *Затрачены крупные суммы.* ‖ *прил.* **суммово́й,** -а́я, -о́е (к 1 знач.; спец.).

СУММА́РНЫЙ, -ая, -ое; -рен, -рна (книжн.). **1.** Получившийся в результате сложения, представляющий собой сумму (в 1 и 2 знач.). *Суммарное количество.* **2.** *перен.* Обобщённый, итоговый, без подробностей. *С. обзор событий. Суммарно* (нареч.) *описать.* ‖ *сущ.* **сумма́рность,** -и, *ж.*

СУММИ́РОВАТЬ, -рую, -руешь; -анный; *сов. и несов., что* (книжн.). **1.** Установить (-навливать), определить (-лять) сумму (в 1 знач.), сложить (складывать). **2.** *перен.* Подвести (-водить) итог чему-н. *С. все данные.*

СУ́МНИЧАТЬ *см.* умничать.

СУ́МРАК, -а, *м.* Полумрак, неполная темнота. *Вечерний с.*

СУ́МРАЧНЫЙ, -ая, -ое; -чен, -чна. **1.** Охваченный сумраком. *С. лес.* **2.** *перен.* Угрюмый, печальный. *С. вид. Сумрачно* (нареч.) *смотреть.* ‖ *сущ.* **су́мрачность,** -и, *ж.*

СУ́МЧАТЫЙ, -ая, -ое. Имеющий сумку (во 2 знач.). *Сумчатые животные. С. барсук, крот. Сумчатая крыса. Отряд сумчатых* (сущ.). *Сумчатые грибы.*

СУМЯ́ТИЦА, -ы, *ж.* (разг.). Суматоха, неразбериха. *Поднять сумятицу.*

СУНДУ́К, -а́, *м.* Тяжёлый напольный ящик для хранения вещей с крышкой на петлях и с замком. *Кованый с.* (обитый железом). *Полны сундуки добра.* ‖ *уменьш.* **сундучо́к,** -чка́, *м.* ‖ *прил.* **сунду́чный,** -ая, -ое.

СУННИ́Т, -а, *м.* Последователь одного из двух основных направлений в исламе (суннизма), расходящихся в вопросе о высшей мусульманской власти и об отношении к священным преданиям о Мухаммеде. ‖ *прил.* **сунни́тский,** -ая, -ое.

СУ́НУТЬ, -СЯ *см.* совать, -ся.

СУП, -а, (у), в су́пе *и* в супу́, *мн.* -ы́, -о́в, *м.* Жидкое кушанье — отвар из мяса, рыбы, овощей, крупы с приправами. *Мясной с. Молочный с. Тарелка супу. На первое — с.* ‖ *уменьш.* **су́пчик,** -а, *м. и* **супе́ц,** -пца́, *м.* (прост.). ‖ *прил.* **супово́й,** -а́я, -о́е.

СУПЕР..., *приставка.* Образует: 1) существительные со знач. повышенности качества или усиленности действия, главенствования, напр. *суперцемент, суперфильтр, супертанкер, суперэкспресс, суперэлита, супертяжеловес, супербоевик, суперартиллерия, суперарбитр, суперинтендант;* 2) существительные со знач. находящийся на поверхности чего-н. или идущий вслед за чем-н., напр. *суперобложка, суперинфекция;* 3) прилагательные со знач. высокой степени признака, напр. *суперсовременный, супермодный, суперэластичный.*

СУПЕРМЕ́Н [*мэ*], -а, *м.* (ирон.). Человек, к-рый считает себя стоящим выше других. ‖ *прил.* **суперме́нский,** -ая, -ое (разг.).

СУПЕРОБЛО́ЖКА, -и, *ж.* Бумажная обложка поверх переплёта книги.

СУПЕРФОСФА́Т, -а, *м.* Химическое удобрение, содержащее фосфор. ‖ *прил.* **суперфосфа́тный,** -ая, -ое.

СУ́ПЕСОК, -ска, *м.* и **СУ́ПЕСЬ,** -и, *ж.* Рыхлая почва, содержащая песок и глину, с преобладанием песка. ‖ *прил.* **супесча́ный,** -ая, -ое *и* **су́песный,** -ая, -ое.

СУПИНА́ТОР, -а, *м.* (спец.). Плотная стелька с утолщением под средней частью стопы. ‖ *прил.* **супина́торный,** -ая, -ое.

СУ́ПИТЬ, -плю, -пишь; -пленный; *несов., что* (разг.). Хмурить, насупливать.

СУ́ПИТЬСЯ, -плюсь, -пишься; *несов.* (разг.). Хмуриться, насупливаться.

СУ́ПНИЦА, -ы, *ж.* Столовая посуда, из к-рой суп разливается по тарелкам. *Фарфоровая с.*

СУПО́НЬ, -и, *ж.* Ремень, стягивающий хомут.

СУПОРО́САЯ -о́са и **СУПОРО́СНАЯ** -сна. О свинье, медведице, барсучихе, ежихе и самках нек-рых других животных: беременная. *Супоросые матки.* ‖ *сущ.* **супоро́сость,** -и, *ж. и* **супоро́сность,** -и, *ж.*

СУПОСТА́Т, -а, *м.* (стар. и высок.). Противник, недруг. ‖ *ж.* **супоста́тка,** -и (стар.).

СУ́ППОРТ, -а, *м.* (спец.). Подвижное приспособление для укрепления режущего инструмента или изделия в металлорежущих станках. ‖ *прил.* **су́ппортный,** -ая, -ое.

СУПРУ́Г, -а, *м.* **1.** То же, что муж (в 1 знач.) (устар., теперь офиц. и прост. или ирон.). **1.** *мн.* Муж и жена. *Счастливые супруги.* ‖ *прил.* **супру́жеский,** -ая, -ое (ко 2 знач.).

СУПРУ́ГА, -и, *ж.* (устар., теперь офиц. и прост. или ирон.). То же, что жена (в 1 знач.). *Посол с супругой. Собрался было на рыбалку, да с. ругается.*

СУПРУ́ЖЕСТВО, -а, *ср.* Брак, брачная жизнь. *Счастливое с.* ‖ *прил.* **супру́жеский,** -ая, -ое.

СУПРУ́ЖНИК, -а, *м.* (прост. шутл.). То же, что муж (в 1 знач.).

СУПРУ́ЖНИЦА, -ы, *ж.* (прост. шутл). То же, что жена (в 1 знач.).

СУ́РА, -ы, *ж.* Глава Корана.

СУРГУ́Ч, -а́, *м.* Цветная твёрдая смесь смолистых веществ и воска, в расплавленном виде употр. для заклеивания, накладывания печатей. ‖ *прил.* **сургу́чный,** -ая, -ое. *Сургучная печать.*

СУРДИ́НА, -ы, *ж.* и **СУРДИ́НКА,** -и, *ж.* В музыкальных инструментах: приспособление для приглушения и уменьшения силы звуков и частичного изменения их тембра. ◆ **Под сурдинку** (сделать, сказать) *что* (разг.) — тайком, втихомолку, незаметно.

СУРДОКА́МЕРА, -ы, *ж.* (спец.). Звуконепроницаемое помещение для проведения физиологических и психологических исследований, а также для специальных тренировок. ‖ *прил.* **сурдока́мерный,** -ая, -ое.

СУРДОПЕДАГО́ГИКА, -и, *ж.* Раздел дефектологии, занимающийся обучением и развитием детей с дефектами слуха. ‖ *прил.* **сурдопедагоги́ческий,** -ая, -ое.

СУРЕ́ПИЦА, -ы, *ж.* **1.** Травянистое растение сем. крестоцветных, из семян к-рого добывается техническое и пищевое масло. 2. То же, что сурепка. ‖ *прил.* **суре́пный,** -ая, -ое. *Сурепное масло.*

СУРЕ́ПКА, -и, *ж.* Сорное травянистое растение сем. крестоцветных с жёлтыми цветками.

СУ́РИК, -а (-у), *м.* Минеральная красно-оранжевая или красно-коричневая краска. *Свинцовый с. Железный с.* ‖ *прил.* **су́риковый,** -ая, -ое.

СУРО́ВЕТЬ, -ею, -еешь; *несов.* Становиться суровым (в 1 и 3 знач.), суровее. *Зима суровеет. Взгляд суровеет.* ‖ *сов.* **посуро́веть,** -ею, -еешь.

СУРО́ВЫЙ, -ая, -ое; -о́в. **1.** Холодный, неблагодарный для жизни. *С. климат. Суровая зима.* **2.** Очень тяжёлый, трудный, тяжкий. *Суровые дни войны. Суровое испытание.* **3.** Угрюмый, сердитый. *С. взгляд.* **4.** Очень строгий, серьёзный. *С. приговор. Подвергнуть суровой критике.* **5.** *полн. ф.* О ткани: грубый, небелёный. *Суровое полотно. Суровая скатерть.* ‖ *сущ.* **суро́вость,** -и, *ж.* (к 1, 2, 3 и 4 знач.).

СУРОВЬЁ, -я́, *ср.* (спец.). Неотделанная, необработанная ткань, пряжа.

СУРО́К, -рка́, *м.* Небольшое животное сем. беличьих, зимой впадающее в спячку. *Спит как с. кто-н.* (крепко, не просыпаясь; разг.). ‖ *прил.* **сурко́вый,** -ая, -ое, **суро́чий,** -ья, -ье *и* **сурчи́ный,** -ая, -ое. *Сурковая шкурка. Сурочья норка. Сурчиный жир.*

СУРРОГА́Т, -а, *м.* Продукт, предмет, лишь по нек-рому сходству являющийся заменой натурального. *С. кофе. Суррогаты жиров. С. счастья* (перен.). ‖ *прил.* **суррога́тный,** -ая, -ое.

СУРЬМА́, -ы́, *ж.* **1.** Химический элемент, серебристо-белый металл, употр. в различных сплавах в технике, в типографском деле. **2.** Краска для чернения волос (устар.). ‖ *прил.* **сурьмя́ный,** -ая, -ое (к 1 знач.). *Сурьмяные руды.*

СУРЬМИ́ТЬ, -млю́, -ми́шь; -млённый (-ён, -ена́); *несов., что* (устар.). Красить сурьмой (во 2 знач.). *С. брови.* ‖ *сов.* **насурьми́ть,** -млю́, -ми́шь. ‖ *возвр.* **сурьми́ться,** -млю́сь, -ми́шься; *сов.* **насурьми́ться,** -млю́сь, -ми́шься.

СУСА́ЛЬНЫЙ, -ая, -ое; -лен, -льна. **1.** *полн. ф.* Относящийся к изготовлению из различных металлов (золота, серебра, меди, олова) тонких плёнок для золочения или серебрения каких-н. изделий. *Сусальное золото. С. пряник* (в старину: золочёный или серебрёный). **2.** *перен.* Слащавый, сентиментальный (устар. разг.). *Сусальные речи.* ‖ *сущ.* **суса́льность,** -и, *ж.* (ко 2 знач.).

СУСЕ́К, -а, *м.* (обл.). То же, что закром (в 1 знач.). *Зерно, мука в сусеках.*

СУ́СЛИК, -а, *м.* Небольшое животное сем. беличьих, вредитель посевов, а также мех его. ‖ *прил.* **су́сликовый,** -ая, -ое *и* **су́сличий,** -ья, -ье. *Сусликовые шкурки. Сусличья нора.*

СУ́СЛИТЬ, -лю, -лишь; *несов., что* (прост.). **1.** Обсасывать, мусолить. *С. леденец.* **2.** Пачкать слюной. ‖ *сов.* **засу́слить,** -лю, -лишь; -ленный (ко 2 знач.).

СУ́СЛО, -а, *ср.* **1.** Неперебродивший отвар крахмалистых и сахаристых веществ, употр. для изготовления пива, кваса. **2.** Сок винограда, получаемый после его отжимки, прессования. ‖ *прил.* **су́словый,** -ая, -ое *и* **су́сляный,** -ая, -ое.

СУСО́ЛИТЬ, -лю, -лишь; -ленный; *несов., что* (прост.). То же, что суслить. *С. палец. С. нагрудник.* ‖ *сов.* **засусо́лить,** -лю, -лишь; -ленный (по 2 знач. глаг. суслить).

СУСПЕ́НЗИИ, -ий, *ед.* суспе́нзия, -и, *ж.* (спец.). Жидкости со взвешенными в них мелкими твёрдыми частицами. ‖ *прил.* **суспензио́нный,** -ая, -ое.

СУСТА́В, -а, *м.* Подвижное соединение концов костей у человека, животных. *Боль в суставах.* ‖ *прил.* **суставно́й,** -а́я, -о́е. *С. ревматизм.*

СУСТА́ВЧАТЫЙ, -ая, -ое (спец.). Имеющий членистое строение, состоящий из отдельных звеньев, частей. *С. стебель. Суставчатые конечности.*

СУТА́Ж, -а́, *м.* Род тонкого шнура для отделки одежды, плетения. *Шёлковый с.* ‖ *прил.* **сута́жный**, -ая, -ое.

СУТА́НА, -ы, *ж.* У католического духовенства: верхняя длинная одежда.

СУТЕНЁР, -а, *м.* Человек, живущий на средства своей любовницы-проститутки. ‖ *прил.* **сутенёрский**, -ая, -ое.

СУ́ТКИ, -ток. Промежуток времени от одной полуночи до другой, 1/7 часть недели, а также вообще промежуток времени в 24 часа. *Увольнительная на двое суток. Круглые с.* (все 24 часа, и день и ночь). *День да ночь — с. прочь* (посл.). ‖ *прил.* **су́точный**, -ая, -ое. *Суточное довольствие. Получить, выплатить суточные* (сущ.; деньги, выплачиваемые посуточно).

СУ́ТОЛОКА, -и, *ж.* Беспорядочное хождение, толкотня.

СУ́ТОЛОЧНЫЙ, -ая, -ое; -чен, -чна. Полный сутолоки, суетни. ‖ *сущ.* **су́толочность**, -и, *ж.*

СУТУ́ЛИТЬ, -лю, -лишь; *несов., что.* То же, что горбить. *С. плечи, спину.* ‖ *сов.* **ссуту́лить**, -лю, -лишь; -ленный.

СУТУ́ЛИТЬСЯ, -люсь, -лишься; *несов.* То же, что горбиться. *Не сутулься, сиди прямо!* ‖ *сов.* **ссуту́литься**, -люсь, -лишься.

СУТУ́ЛЫЙ, -ая, -ое; -у́л. Ссутуленный, слегка сгорбленный. *Сутулая спина. С. подросток.* ‖ *сущ.* **суту́лость**, -и, *ж.*

СУТЬ[1], -и, *ж.* Самое главное и существенное в чём-н., существо[1], сущность. *Войти в с. дела. Вникнуть в с. вопроса. Самую с. узнал.* ✦ **По сути** и **по сути дела** — в сущности, в действительности. *По сути (дела), спорить нам не о чем.*

СУТЬ[2], 3 л. мн. ч. наст. вр. от глаг. быть (стар.), теперь (книжн.). Обычно употр. как связка в составе именного сказуемого при подлежащем со знач. множественности: есть[2], является, представляет собой. *Теория и практика с. альфа и омега познания.* ✦ **Не суть важно** (разг.) — не столь существенно.

СУТЯ́ГА, -и, *м.* и *ж.* (разг. неодобр.). То же, что сутяжник.

СУТЯ́ЖНИК, -а, *м.* (разг. неодобр.). Человек, к-рый занимается сутяжничеством. ‖ *ж.* **сутя́жница**, -ы. ‖ *прил.* **сутя́жнический**, -ая, -ое.

СУТЯ́ЖНИЧАТЬ, -аю, -аешь; *несов.* (разг. неодобр.). Заниматься тяжбами, имея к этому вкус, склонность, интерес. ‖ *сущ.* **сутя́жничество**, -а, *ср.*

СУТЯ́ЖНЫЙ, -ая, -ое (разг. неодобр.). **1.** Склонный сутяжничать, занимающийся сутяжничеством. *С. характер.* **2.** Связанный с сутяжничеством. *Сутяжное дело.*

СУФЛЕ́, *нескл., ср.* **1.** Кушанье из пюре со взбитыми белками. *С. из яблок. Ягодное с.* **2.** Сливки или молоко с сахаром для приготовления мороженого.

СУФЛЁР, -а, *м.* Работник театра, суфлирующий актёрам. ‖ *прил.* **суфлёрский**, -ая, -ое. *Суфлёрская будка* (на сцене).

СУФЛИ́РОВАТЬ, -рую, -руешь; *несов., кому.* Подсказывать актёрам слова роли во время представления.

СУ́ФФИКС, -а, *м.* В грамматике: морфема, находящаяся между корнем и окончанием. *Словообразовательный с.* (напр. *чит-а-ю, стрел-к-а, гром-к-ий*). *Словоизменительный с.* (напр. *чита-л-а, чита-ющ-ий, скоре-е*). ‖ *прил.* **суффикса́льный**, -ая, -ое.

СУХА́РНИЦА, -ы, *ж.* Ваза, блюдо для сухарей, печенья.

СУХА́РЬ, -я́, *м.* **1.** Засушенный кусок хлеба, а также кондитерское изделие, печенье в виде сухого ломтика. *Суши сухари!* (предупреждение тому, кому не миновать тюрьмы; прост. шутл.). **2.** *перен.* Сухой, неотзывчивый, эгоистичный человек (разг.). *Терпеть не могу этого сухаря.* ‖ *уменьш.* **суха́рик**, -а, *м.* (к 1 знач.). ‖ *прил.* **суха́рный**, -ая, -ое (к 1 знач.). *С. квас.*

СУХМЕ́НЬ, -и, *ж.* (прост. и обл.). **1.** Очень сухая погода, а также сухой ветер. **2.** Сухая, пересохшая почва. ‖ *прил.* **сухме́нный**, -ая, -ое.

СУХО... *Первая часть сложных слов со знач.:* 1) сухой (в 1 знач.), относящийся к сухости (в 1 знач.), напр. *суховей, сухолюбивый, сухоядение;* 2) с сухим (в 4 знач.), в сухом виде, напр. *сухопрессованный, сухосолёный, сухофрукты;* 3) с сухим (в 5 знач.), напр. *сухобокий, суховерхний, сухоногий, сухорукий, сухостой.*

СУХОВЕ́Й, -я, *м.* Сухой горячий ветер, приносящий продолжительную засуху. ‖ *прил.* **сухове́йный**, -ая, -ое.

СУХОГРУ́З, -а, *м.* Сухогрузное судно.

СУХОГРУ́ЗНЫЙ, -ая, -ое (спец.). О судах: предназначенный для перевозки сухих грузов — насыпных, штучных, а также жидких грузов в таре. *Сухогрузные баржи.*

СУХОДО́Л, -а, *м.* (спец. и обл.). Долина, местность в водоразделах, заполняемая лишь талыми водами. ‖ *прил.* **суходо́льный**, -ая, -ое.

СУХОЖИ́ЛИЕ, -я, *ср.* Плотная и упругая соединительная ткань мышцы. ‖ *прил.* **сухожи́льный**, -ая, -ое.

СУХО́Й, -а́я, -о́е; сух, суха́, су́хо, су́хи *и* сухи́; суше. **1.** Не содержащий влаги, не мокрый, не замоченный. *Сухое полотенце. Сухие грузы* (насыпные, штучные, а также жидкие в таре). *Сухим из воды выйти* (перен.: остаться безнаказанным или незапятнанным, не пострадать; разг. неодобр.). *Сухая ложка рот дерёт* (посл.: то же, что не подмажешь — не поедешь). **2.** Лишённый влажности, не сырой. *Сухое помещение. С. воздух. Сухая местность. Сухие дрова.* **3.** Лишённый воды, грязи. *Сухое русло. Сухая дорога.* **4.** Лишённый или лишившийся свежести, сочности, мягкости; высохший или высушенный. *С. хлеб. Сухая корка. Сухие фрукты* (сухофрукты). *Сухое молоко* (в порошке). *Сухая пища* (не жидкая). **5.** Лишённый питательных соков; омертвевший, безжизненный. *Сухая ветка. Сухая рука* (с атрофированными мышцами). *Сухие волосы, кожа.* **6.** Совершающийся, действующий или производимый при отсутствии влаги, жидкости. *С. кашель* (без мокроты). *С. док* (без воды). **7.** То же, что худощавый (разг.). *Сухая фигура. С. старик.* **8.** Лишённый мягкости, доброты; безучастный, неласковый. *С. человек. С. приём. С. голос.* **9.** Скупой, лаконичный. *С. перечень. С. пересказ. Сухие цифры.* **10.** О звуках: лишённый мелодичности, мягкости. *Сухое щёлканье костяшек.* **11.** *полн. ф.* О счёте в игре: такой, при к-ром проигравший не получил ни одного очка. *С. счёт. Сухая ничья* (при игре, закончившейся со счётом «ноль-ноль»). ✦ **Сухое вино** — столовое вино, в к-ром почти полностью закончилось брожение виноградного сахара. **Сухой закон** — запрет употреблять спиртные напитки. ‖ *уменьш.* **су́хонький**, -ая, -ое (к 1 и 7 знач.). ‖ *сущ.* **су́хость**, -и, *ж.* (к 1, 2, 3, 4, 5, 6, 7, 8, 9 и 10 знач.).

СУХОЛЮБИ́ВЫЙ, -ая, -ое; -и́в. О растениях: не любящий влаги, приспособленный к жизни в засушливой местности. ‖ *сущ.* **сухолюби́вость**, -и, *ж.*

СУХОМЯ́ТКА, -и, *ж.* (разг.). Сухая пища, без жидкого и горячего. *Весь день сидеть на сухомятке.*

СУХОПА́РЫЙ, -ая, -ое; -а́р (разг.). Худощавый, поджарый. *С. старик.* ‖ *сущ.* **сухопа́рость**, -и, *ж.*

СУХОПУ́ТНЫЙ, -ая, -ое. Относящийся к действиям на суше, к движению по суше. *Сухопутные войска. Сухопутное путешествие.*

СУХОПУ́ТЬЕ, -я, *ср.* (обл.). Путь по суше (в противоп. водному пути).

СУХОРУ́КИЙ, -ая, -ое; -у́к (разг.). Такой, у к-рого высохла и отнялась рука, с сухой (в 5 знач.) рукой. ‖ *сущ.* **сухору́кость**, -и, *ж.*

СУХОСТО́Й[1], -я, *м., собир.* Засохшие на корню деревья. ‖ *прил.* **сухосто́йный**, -ая, -ое.

СУХОСТО́Й[2], -я, *м.* (спец.). Время перед отёлом, когда молочный скот перестаёт доиться. ‖ *прил.* **сухосто́йный**, -ая, -ое.

СУХОТА́, -ы́, *ж.* **1.** Ощущение сухости, отсутствия влажности (разг.). *С. в горле.* **2.** То же, что сушь (в 1 знач.) (прост.). **3.** В народной словесности: тоска, грусть или забота, беспокойство. *С. напала.*

СУХО́ТКА, -и, *ж.* (прост.). Болезненная худоба. ✦ **Сухотка спинного мозга** (спец.) — заболевание нервной системы на почве сифилиса. ‖ *прил.* **сухо́точный**, -ая, -ое.

СУХОФРУ́КТЫ, -ов. Сушёные фрукты. *Компот из сухофруктов.*

СУХОЩА́ВЫЙ, -ая, -ое; -а́в. Худой[1], сухопарый. ‖ *сущ.* **сухоща́вость**, -и, *ж.*

СУХОЯДЕ́НИЕ, -я, *ср.* **1.** Скудная и сухая еда, еда всухомятку (разг.). *Сегодня мы на сухоядении.* **2.** Исключение жидкости из пищевого рациона на сутки (спец.).

СУЧЁНЫЙ, -ая, -ое. Скрученный, свитый сучением. *Сучёные нитки.*

СУЧИ́ТЬ, сучу́, су́чишь *и* сучи́шь; су́ченный; *несов.* **1.** *что.* Свивать в одну нить (несколько прядей). *С. пряжу.* **2.** *чем.* Двигать, перебирая и задевая одним **за** другое. *Ребёнок сучит ножками.* ‖ *сов.* **ссучи́ть**, ссучу́, ссу́чишь *и* ссучи́шь; **ссу́ченный** (к 1 знач.). ‖ *сущ.* **суче́ние**, -я, *ср.* ‖ *прил.* **сучи́льный**, -ая, -ое (к 1 знач.).

СУ́ЧКА *см.* сука.

СУЧКОВА́ТЫЙ, -ая, -ое; -а́т. То же, что суковатый. *Сучковатая палка.* ‖ *сущ.* **сучкова́тость**, -и, *ж.*

СУЧКОРУ́Б, -а, *м.* Рабочий, обрубающий сучья, ветви у спиленных деревьев.

СУЧО́К, -чка́, *мн.* сучки́, -о́в, *м.* **1.** Боковой отросток от ствола дерева, от сука. **2.** То же, что сук (во 2 знач.). *Доска с сучком. Без сучка без задоринки* или *ни сучка ни задоринки* (перен.: 1) без всяких помех и неприятностей; разг.; 2) так хорошо, что не к чему придраться; разг.). ✦ **В чужом глазу сучок видит, а у себя бревна не замечает** *кто* — о том, кто замечает любой чужой недостаток, не видя своих собственных. ‖ *прил.* **сучко́вый**, -ая, -ое.

СУ́ША, -и, *ж.* Земля в противоп. морю, водному пространству. *На суше и на море.*

СУШЁНЫЙ, -ая, -ое. Приготовленный сушкой, вялением. *Сушёные фрукты. Сушёная рыба.*

СУШИ́ЛКА, -и, *ж.* **1.** Аппарат, устройство для сушки чего-н. *С. для зерна.* **2.** Помещение, где производится сушка чего-н.

СУШИ́ЛЬНЯ, -и, *род. мн.* -лен, *ж.* То же, что сушилка (во 2 знач.).

СУШИ́ТЬ, сушу́, су́шишь; су́шащий; су́шенный; *несов., что.* Делать сухим (в 1, 2, 3 и 4 знач.). *С. бельё. С. траву. Суши* *вёсла!* (кончай грести). *Табак сушит горло* (создаёт ощущение сухости). *В горле сушит* (безл.). *Горе сушит* (перен.: иссушает). ‖ *сов.* **высушить**, -ушу, -ушишь; -ушенный. ‖ *сущ.* **суше́ние**, *-я, ср. и* **су́шка**, -и, *ж.* (по 1, 2 и 4 знач. прил. сухой). ‖ *прил.* **суши́льный**, -ая, -ое (по 1, 2 и 4 знач. прил. сухой). *С. шкаф. Сушильная печь.*

СУШИ́ТЬСЯ, сушу́сь, су́шишься; *несов.* **1.** Сушить свою намокшую одежду. *С. у костра.* **2.** (1 и 2 л. не употр.). Сохнуть (в 1 знач.), подвергаться сушению. *Бельё сушится на дворе. Грибы сушатся в печи.* ‖ *сов.* **вы́сушиться**, -шусь, -шишься.

СУ́ШКА[1], -и, *ж.* Маленькая тонкая и очень сухая баранка. *Сушки с маком. Ванильные сушки.* ‖ *прил.* **су́шечный**, -ая, -ое.

СУ́ШКА[2] *см.* сушить.

СУШНЯ́К, -а́ (-у́), *м., собир.* Сухие деревья, хворост. *Собрать сушняку для костра. Топить сушняком.*

СУШЬ, -и, *ж.* (разг.). **1.** Жаркая, сухая пора. *Стоит июльская с.* **2.** *собир.* То же, что сушняк. **3.** О чём-н. очень сухом, пересохшем. *Земля — сплошная с.*

СУЩЕ́СТВЕННЫЙ, -ая, -ое; -вен, -венна. Составляющий сущность чего-н., важный, необходимый. *С. признак чего-н. С. вопрос.* ‖ *сущ.* **суще́ственность**, -и, *ж.*

СУЩЕСТВИ́ТЕЛЬНОЕ, -ого, *ср.* **или имя существительное** — в грамматике: часть речи, обозначающая предмет и выражающая значение предметности в формах рода, числа и падежа. *Склонение имён существительных. Существительные конкретные и абстрактные. Существительные собственные и нарицательные. Существительные одушевлённые и неодушевлённые.*

СУЩЕСТВО́[1], -а́, *ср.* Сущность, внутреннее содержание чего-н., суть[1]. *С. дела. Понять с. вопроса. Говорить по существу* (касаясь самого существенного). ✦ **По существу** и **по существу говоря**, *вводн. сл.* — то же, что в сущности (в сущности говоря).

СУЩЕСТВО́[2], -а́, *ср.* Живая особь, человек или животное. *Не видно ни одного живого существа. Странное с. Жалкое с.*

СУЩЕСТВОВА́НИЕ, -я, *ср.* **1.** *см.* существовать. **2.** Жизнь, бытие. *Средства к существованию. Влачить нищенское с. Борьба за с.* (за то, чтобы выжить). *Отравить кому-н. с.* (помешать жить, нарушить покой, сделать жизнь несносной).

СУЩЕСТВОВА́ТЬ, -тву́ю, -тву́ешь; *несов.* **1.** Быть живым, пребывать в состоянии бытия, жизни. *Мамонты существовали в доисторические времена. Где-то существуют счастливые люди. Не живу, а существую* (т. е. живу неинтересно, скучно). **2.** Наличествовать, иметься, иметь место. *Существует ли жизнь на Марсе? Книгопечатание существует давно. Существуют разные мнения по одному и тому же вопросу.* **3.** *чем или на что.* Поддерживать свою жизнь, обеспечивать её. *С. своим трудом. С. на случайные заработки.* ‖ *сущ.* **существова́ние**, -я, *ср. Фирма прекратила своё с.* (ликвидирована).

СУ́ЩИЙ, -ая, -ее. **1.** Имеющийся, существующий (устар. высок.). *Сохранить всё сущее* (сущ.) *на Земле.* **2.** *перен.* Истинный, самый настоящий. *Сущая правда. Сущие пустяки.*

СУ́ЩНОСТЬ, -и, *ж.* **1.** В философии: внутреннее содержание предмета, обнаруживающееся во внешних формах его существования. *С. и явление.* **2.** То же, что суть[1]. *Вникнуть в с. вопроса.* ✦ **В сущности** и **в сущности говоря**, *вводн. сл.* — касаясь самой сущности дела, в действительности. *В сущности, он прав. В сущности говоря, дело это ясное.* ‖ *прил.* **сущностный**, -ая, -ое (к 1 знач.; спец.).

СУЯ́ТНАЯ; -я́гна. Об овце, козе, сайге и самках нек-рых других животных: беременная. *Суягные матки.* ‖ *сущ.* **суя́гность**, -и, *ж.*

СФАБРИКОВА́ТЬ *см.* фабриковать.

СФАЛЬЦЕВА́ТЬ *см.* фальцевать.

СФАЛЬШИ́ВИТЬ *см.* фальшивить.

СФАНТАЗИ́РОВАТЬ *см.* фантазировать.

СФЕ́РА, -ы, *ж.* **1.** Область, пределы распространения чего-н. *С. деятельности. С. влияния.* **2.** Среда, общественное окружение. *В своей сфере. Высшие сферы* (о правящих, аристократических кругах). **3.** Замкнутая поверхность, все точки к-рой равно удалены от центра; поверхность и внутреннее пространство шара (спец.). ✦ **В сфере** *чего, предлог с род. п.* (книжн.) — в деле (во 2 знач.), в области чего-н.; в кругу чьей-н. деятельности. *Хорошо осведомлён в сфере судопроизводства. Успехи в сфере науки.* **Небесная сфера** (спец.) — воображаемая вспомогательная сфера (в 3 знач.) произвольного радиуса, на к-рую проецируются небесные светила. **Сфера услуг или сфера обслуживания** — весь круг бытовых услуг населению. ‖ *прил.* **сфери́ческий**, -ая, -ое (к 3 знач.).

СФЕРИ́ЧЕСКИЙ, -ая, -ое. **1.** *см.* сфера. **2.** Шарообразный, шаровидный. *Сферическая поверхность. Сферические тела.*

СФЕРИ́ЧНЫЙ, -ая, -ое; -чен, -чна. То же, что сферический (во 2 знач.). ‖ *сущ.* **сфери́чность**, -и, *ж.*

СФИНКС, -а, *м.* **1.** В Древнем Египте: каменное изваяние лежащего льва с человеческой головой; вообще скульптурное изображение такой фигуры. **2.** В древнегреческой мифологии: крылатое существо с туловищем льва, с головой и грудью женщины, задававшее людям неразрешимые загадки. **3.** *перен.* О непонятном, загадочном существе, странном человеке (книжн.). *Этот человек для меня — с.*

СФОКУСИ́РОВАТЬ *см.* фокусировать.

СФОРМИРОВА́ТЬ, -СЯ *см.* формировать, -ся.

СФОРМОВА́ТЬ *см.* формовать.

СФОРМУЛИ́РОВАТЬ *см.* формулировать.

СФОТОГРАФИ́РОВАТЬ, -СЯ *см.* фотографировать, -ся.

СФУГОВА́ТЬ *см.* фуговать.

СХАЛТУ́РИТЬ *см.* халтурить.

СХВАТИ́ТЬ, -ачу́, -а́тишь; -а́ченный; *сов.* **1.** *см.* хватать[1]. **2.** *перен., что.* Усвоить, понять (разг.). *Быстро схватил чужую мысль.* **3.** *перен., что.* Приобрести, получить какую-н. болезнь (разг.). *С. сильный насморк.* **4.** *что.* Скрепить, соединить. *С. брёвна скобами. Льдом схватило* (безл.) *воду.* **5.** (1 и 2 л. не употр.), *кого-что.* Об ощущении внезапной сильной боли (прост.). *Живот схватило* (безл.). ‖ *несов.* **схва́тывать**, -аю, -аешь.

СХВАТИ́ТЬСЯ, -ачу́сь, -а́тишься; *сов.* **1.** *см.* хвататься. **2.** Сцепиться, соединиться, начиная борьбу, спор (разг.). *Борцы схватились. С. врукопашную. Спорщики схватились.* ‖ *несов.* **схва́тываться**, -аюсь, -аешься.

СХВА́ТКА, -и, *ж.* Столкновение в бою, борьбе, а также вообще состязание, спор. *Жаркая с.*

СХВА́ТКИ, -ток, *ед.* -тка, -и, *ж.* Судорожные болезненные сокращения мышц живота, матки. *Родовые с.*

СХЕ́МА, -ы, *ж.* **1.** Совокупность взаимосвязанных частей какого-н. устройства, прибора, узла, а также чертёж, разъясняющий принципы работы такого устройства. *Общая с. работы узла. С. радиоприёмника. С. телефонного аппарата.* **2.** Изложение, описание, изображение чего-н. в главных чертах. *С. сочинения. Герой фильма — ходячая с.* (перен.: представлен схематически, упрощённо). ‖ *прил.* **схе́мный**, -ая, -ое (к 1 знач.).

СХЕМАТИЗИ́РОВАТЬ, -рую, -руешь; -анный; *сов. и несов., кого-что.* Представить (-влять) в виде схемы (во 2 знач.), в упрощённом, излишне обобщённом виде. ‖ *сущ.* **схематиза́ция**, -и, *ж.*

СХЕМАТИ́ЗМ, -а, *м.* Склонность мыслить готовыми схемами (во 2 знач.), упрощённость в изложении, в изображении чего-н.

СХЕМАТИ́ЧЕСКИЙ, -ая, -ое. **1.** Представленный в виде схемы (в 1 знач.). *Схематическое изображение телевизора.* **2.** Представленный лишь в главных, общих чертах, в упрощённом и обобщённом виде. *Схематическое изложение.*

СХЕМАТИ́ЧНЫЙ, -ая, -ое; -чен, -чна. То же, что схематический (во 2 знач.). ‖ *сущ.* **схемати́чность**, -и, *ж.*

СХИ́МА, -ы, *ж.* В православии: монашеский обет вести аскетический образ жизни. *Принять схиму. Малая с.* (вступление в иночество). *Великая с.* (с особо суровыми и строгими обетами).

СХИМИ́ЧИТЬ *см.* химичить.

СХИ́МНИК, -а, *м.* Инок, принявший великую схиму. ‖ *ж.* **схи́мница**, -ы. ‖ *прил.* **схи́мнический**, -ая, -ое.

СХИТРИ́ТЬ *см.* хитрить.

СХЛЕСТНУ́ТЬСЯ, -ну́сь, -нёшься; *сов.* **1.** (1 и 2 л. не употр.). О чём-н. гибком и длинном: соединиться, сцепиться (разг.). *Ветки схлестнулись.* **2.** *перен., с кем.* То же, что сцепиться (во 2 знач.) (прост.). *С. в споре.* ‖ *несов.* **схлёстываться**, -аюсь, -аешься.

СХЛОПОТА́ТЬ, -очу́, -о́чешь; -о́танный; *сов., что* (прост.). **1.** Добиться чего-н., выхлопотать. *С. отсрочку.* **2.** Получить (обычно о чём-н. неприятном). *С. выговор. Отстань, а то схлопочешь* (т. е. ударю, побью).

СХЛЫ́НУТЬ (-ну, -нешь, 1 и 2 л. не употр.), -нет; *сов.* **1.** Хлынув, стечь, устремиться с поверхности чего-н. *Вода схлынула с палубы. Схлынула тревога* (перен.). **2.** *перен.* О массе людей: стать меньше, заметно убавиться. *Народ схлынул. Схлынул первый поток пассажиров.*

СХОД, -а, *м.* **1.** *см.* сойти[1]. **2.** Место, по к-рому сходят, спуск (разг.). *Крутой с. С. с мостков.* **3.** Собрание (обычно сельское) (устар. и разг.). *Сельский с.*

СХОДИ́ТЬ[1], -ожу́, -о́дишь; *сов.* **1.** *см.* ходить. **2.** Пойти куда-н. и, побыв, вернуться обратно. *С. в гости. С. за хлебом.*

СХОДИ́ТЬ[2-3], **-СЯ** *см.* сойти[1-2], -сь.

СХО́ДКА, -и, *ж.* (устар., теперь неодобр.). То же, что собрание (в 1 знач.). *Крестьянская с. Студенческие сходки в царской России. Сходки нацистов.*

СХО́ДНИ, -ей, *ед.* -я, -и, *ж.* Передвижные мостки для перехода с судна на берег, для спуска и подъёма на лесах[1]. *Деревянные с.*

СХО́ДНЫЙ, -ая, -ое; -ден, -дна́ *и* -дна, -дно. **1.** *с кем-чем.* Похожий, подобный кому-чему-н. *Сходные характеры. Сходные по значению слова.* **2.** Подходящий, недорогой (разг.). *Сходная цена.* ‖ *сущ.* **схо́дность**, -и, *ж.*

СХО́ДСТВО, -а, *ср.* Подобие, соответствие в чём-н. *Внешнее с. С. характеров.*

СХО́ДСТВОВАТЬ, -твую, -твуешь; *несов., с кем-чем* (устар.). Иметь сходство, быть сходным в чём-н. *С. по характерам.*

СХО́ЖИЙ, -ая, -ее; схож. Похожий, сходный (о чьей-н. внешности устар. и прост.). *Схож лицом с братом.* ‖ *сущ.* **схо́жесть,** -и, *ж.*

СХОЛА́СТ, -а, *м.* (книжн.). **1.** Последователь схоластики (в 1 знач.). **2.** Человек, к-рый рассуждает схоластически, занимается схоластикой (во 2 знач.). ‖ *ж.* **схола́стка,** -и (ко 2 знач.).

СХОЛА́СТИКА, -и, *ж.* **1.** Средневековая философия, создавшая систему искусственных, чисто формальных логических аргументов для теоретического обоснования догматов церкви. **2.** Знания, оторванные от жизни, основывающиеся на отвлечённых рассуждениях, не проверяемых опытом. ‖ *прил.* **схоласти́ческий,** -ая, -ое.

СХОЛАСТИ́ЧЕСКИЙ, -ая, -ое. **1.** *см.* схоластика. **2.** Проникнутый схоластикой (во 2 знач.), оторванный от жизни. *Схоластические рассуждения.*

СХОЛАСТИ́ЧНЫЙ, -ая, -ое; -чен, -чна. То же, что схоластический (во 2 знач.). ‖ *сущ.* **схоласти́чность,** -и, *ж.*

СХОРОНИ́ТЬ, -СЯ *см.* хоронить, -ся.

СЦА́ПАТЬ *см.* цапать.

СЦАРА́ПАТЬ, -аю, -аешь; -анный; *сов., что.* Царапая, соскрести. *С. краску.* ‖ *несов.* **сцара́пывать,** -аю, -аешь. ‖ *однокр.* **сцара́пнуть,** -ну, -нешь.

СЦЕДИ́ТЬ, сцежу́, сце́дишь; сце́женный; *сов., что.* **1.** Сливая, отделить (жидкость) от осевшей гущи или слить[1] (в 1 знач.) (часть жидкости) осторожно, не взбалтывая. *С. через сито. С. сыворотку с творога.* **2.** Оттягивающим движением выцедить молоко из сосков. *С. грудное молоко.* ‖ *несов.* **сце́живать,** -аю, -аешь. ‖ *сущ.* **сце́живание,** -я, *ср.*

СЦЕМЕНТИ́РОВАТЬ *см.* цементировать.

СЦЕ́НА, -ы, *ж.* **1.** Специальная площадка, на к-рой происходит представление (в 3 знач.). *Вращающаяся с. Освещение сцены.* **2.** *перен.* Театр, театральная деятельность. *Деятель сцены. Жизнь, отданная сцене. Сойти со сцены* (также перен.: оставить поле деятельности). **3.** Отдельная часть действия, эпизод в пьесе, повести, романе. *Драма в четырёх действиях, в двенадцати сценах.* **4.** Происшествие, эпизод. *Наблюдать за уличной сценой.* **5.** Крупный разговор, объяснение. *Семейная с.* ‖ *уменьш.* **сце́нка,** -и, *ж.* (к 1 и 4 знач.). ‖ *прил.* **сцени́ческий,** -ая, -ое (к 1 и 2 знач.). *Сценическое искусство* (искусство театра).

СЦЕНА́РИЙ, -я, *м.* **1.** Драматическое произведение с подробным описанием действия и реплик, предназначенное для создания кино- или телефильма, а также краткая сюжетная схема театрального представления, спектакля. *Игровой, документальный с. С. кинокомедии. Оперный, балетный, пантомимический с.* (либретто). *Отступление от сценария во время съёмок.* **2.** Список действующих лиц пьесы с указанием порядка и времени выхода на сцену (спец.). **3.** Заранее подготовленный детальный план проведения какого-н. зрелища, вообще (перен.) осуществления чего-н. *С. спортивного праздника. Не по сценарию* (перен.: не так, как было задумано, не так, как должно было быть; ирон.). ✦ **Режиссёрский сценарий** — режиссёрское описание, содержащее интонационно-жестовую и пространственную детализацию текста пьесы. ‖ *прил.* **сцена́рный,** -ая, -ое (к 1 и 2 знач.). *С. факультет.*

СЦЕНАРИ́СТ, -а, *м.* Автор сценария фильма. ‖ *ж.* **сценари́стка,** -и. ‖ *прил.* **сценари́стский,** -ая, -ое.

СЦЕНИ́ЧНЫЙ, -ая, -ое; -чен, -чна. Пригодный, подходящий для игры в театре. *Сценичная внешность. Пьеса не сценична.* ‖ *сущ.* **сцени́чность,** -и, *ж.*

СЦЕ́НКА, -и, *ж.* **1.** *см.* сцена. **2.** Небольшое драматическое произведение или маленький рассказ, изображающие живые, житейские эпизоды. *Сценки из сельской жизни.*

СЦЕНО́ГРАФ, -а, *м.* Театральный художник, специалист по сценографии.

СЦЕНОГРА́ФИЯ, -и, *ж.* (спец.). Искусство художественного оформления театральной сцены, а также само такое оформление. ‖ *прил.* **сценографи́ческий,** -ая, -ое.

СЦЕП, -а, *м.* (спец.). **1.** *см.* сцепить. **2.** Приспособление, при помощи к-рого сцепляют, соединяют что-н. *Вагонные сцепы.* **3.** Несколько железнодорожных платформ, несколько сельскохозяйственных орудий или машин, сцеплённых вместе. *С. из трёх платформ. С. цистерн. Сеялки идут в сцепе.*

СЦЕПИ́ТЬ, сцеплю́, сце́пишь; сце́пленный; *сов., что.* **1.** Скрепить, прицепив одно к другому. *С. вагоны.* **2.** Крепко соединить (пальцы, руки). *Сцепленные пальцы.* ‖ *несов.* **сцепля́ть,** -я́ю, -я́ешь. ‖ *сущ.* **сцепле́ние,** -я, *ср.,* **сцеп,** -а, *м.* (к 1 знач.; спец.) *и* **сце́пка,** -и, *ж.* (к 1 знач.). ‖ *прил.* **сцепно́й,** -а́я, -о́е (к 1 знач.).

СЦЕПИ́ТЬСЯ, сцеплю́сь, сце́пишься; *сов.* **1.** Соединиться, зацепившись друг за друга. *Ветви сцепились.* **2.** *перен., с кем.* Начать спорить, драться с кем-н. (прост.). *С. в драке. Спорщики сцепились.* ‖ *несов.* **сцепля́ться,** -я́юсь, -я́ешься. ‖ *сущ.* **сцепле́ние,** -я, ср. (к 1 знач.).

СЦЕ́ПКА, -и, *ж.* **1.** *см.* сцепить. **2.** То же, что сцеп (во 2 и 3 знач.) (спец.).

СЦЕПЛЕ́НИЕ, -я, *ср.* **1.** *см.* сцепить, -ся. **2.** Механизм в транспортной машине для соединения или разъединения валов[2], сцепная муфта (спец.). **3.** *перен.* Совокупность, скопление (устар.). *Случайное с. обстоятельств.*

СЦЕПНО́Й, -а́я, -о́е. **1.** *см.* сцепить. **2.** Такой, к-рый сцепляется, к-рый можно сцепить. *Сцепное устройство.*

СЦЕ́ПЩИК, -а, *м.* Рабочий, занимающийся сцепкой (по 1 знач. глаг. сцепить). *С. вагонов.* ‖ *ж.* **сце́пщица,** -ы.

СЧА́ЛИТЬ, -лю, -лишь; -ленный; *сов., что* (спец.). Скрепить, соединить чалкой, канатом. *С. баржи.* ‖ *несов.* **сча́ливать,** -аю, -аешь. ‖ *сущ.* **сча́лка,** -и, *ж.*

СЧАСТЛИ́ВЕЦ, -вца, *м.* Счастливый (в 1 знач.) человек. ‖ *ж.* **счастли́вица,** -ы.

СЧАСТЛИ́ВЧИК, -а, *м.* (разг.). Человек, к-рому сопутствует счастье (во 2 знач.), удача.

СЧАСТЛИ́ВЫЙ, -ая, -ое; сча́стлив *и* счастли́в. **1.** Полный счастья, такой, к-рому благоприятствует удача, успех; выражающий счастье. *Счастливая жизнь. Счастливое детство. Если хочешь быть счастливым, будь им* (шутл.). *Счастлив, как дитя. Счастливое лицо. С. игрок* (удачливый). **2.** Приносящий счастье, удачу. *С. билет. Счастливая рука у кого-н.* (говорится о человеке, чьи действия, почин приносят удачу; разг.). **3.** Благополучный, удачный. *Счастливого пути!* и *Счастливый путь!* (прощальное пожелание отправляющемуся в путь). *Счастливая мысль. С. конец повести* (благополучная развязка). *Счастливо* (нареч.) *отделаться от чего-н.* (удачно избавиться от чего-н. неприятного; разг.). **4. счастли́во!** Пожелание удачи при прощании (разг.). ✦ **Счастли́во оставаться** (разг.) — прощальное приветствие остающемуся.

СЧА́СТЬЕ, -я, *ср.* **1.** Чувство и состояние полного, высшего удовлетворения. *С. созидания. Стремление к счастью. Семейное с.* **2.** Успех, удача. *Во всём с. кому-н. Не бывать бы счастью, да несчастье помогло* (посл.). ✦ **К счастью** или **по счастью,** *вводн. сл.* — выражает удовлетворение по поводу чего-н. **На счастье** — 1) *вводн. сл.,* то же, что к счастью. *На моё счастье, всё кончилось благополучно;* 2) чтобы была удача. *Дай руку на счастье.* **Твоё** (**моё, его** и т. д.) **счастье, что...** (разг.) — тебе (мне, ему и т. д.) повезло, что... *Твоё счастье, что всё обошлось благополучно.*

СЧЕРТИ́ТЬ, сверчу́, сче́ртишь; сче́рченный; *сов., что* (разг.). Чертя, сделать копию (с чертежа, карты, схемы). ‖ *несов.* **сче́рчивать,** -аю, -аешь.

СЧЕСА́ТЬ, счешу́, сче́шешь; счёсанный; *сов., что.* Счистить, снять чесанием (см. чесать в 3 знач.). *С. пух.* ‖ *несов.* **счёсывать,** -аю, -аешь. ‖ *сущ.* **счёсывание,** -я, *ср.,* **счёс,** -а, м. *и* **счёска,** -и, *ж.*

СЧЕСТЬ, сочту́, сочтёшь; счёл, сочла́; сочти́; счётший *и* счётший; сочтённый (-ён, -ена́); сочтя́; *сов., кого-что.* **1.** *см.* считать[1]. **2.** (счётший). Сосчитать, посчитать (см. считать[1] в 1 и 2 знач.). *Не сочтёт и до трёх кто-н.* (не умеет считать). ✦ **Не счесть** *кого-чего* — очень много. ‖ *сущ.* **счёт,** -а, *м.*

СЧЕ́СТЬСЯ, сочту́сь, сочтёшься; счёлся, сочла́сь; сочти́сь; счётшийся; сочтя́сь; *сов., с кем.* То же, что сосчитаться (см. считаться в 1 знач.). *Платите, потом сочтёмся. С. за обиду.*

СЧЕТВЕРИ́ТЬ, -рю́, -ри́шь; -рённый (-ён, -ена́); *сов., что.* Соединить вместе (четыре части чего-н., четыре предмета). *Счетверённые зенитные установки.*

СЧЕТОВО́Д, -а, *м.* Специалист по счетоводству. *Курсы счетоводов.* ‖ *прил.* **счетово́дческий,** -ая, -ое.

СЧЕТОВО́ДСТВО, -а, *ср.* Ведение бухгалтерского учёта операций по счетам (в 4 знач.). ‖ *прил.* **счетово́дный,** -ая, -ое *и* **счетово́дческий,** -ая, -ое.

СЧЁТ, -а (-у), на счёте *и* на счету́, *мн.* счета́, -о́в, *м.* **1.** *см.* счесть *и* считать[1]. **2.** *ед.* Результат чего-н. (напр. игры), выраженный в числах. *Закончить матч со счётом 3:1. Какой с.?* **3.** Документ с указанием причитающихся денег за отпущенный товар, за выполненную работу. *Подать с. Уплатить по счетам.* **4.** Документ, отражающий состояние взаимных расчётов и обязательств, фиксирующих наличие денежных вкладов. *Открыть с. в банке. Записать на чей-н. с. На счету учреждения что-н. Закрыть с.* (изъять вклад или прекратить выплату по счёту). ✦ **Без счёту** или **счёту нет** *кому-чему* (разг.) — очень много. **В конечном** или **последнем счёте** — в конце концов, в итоге. **В счёт** *чего, предлог с род. п.* — 1) включая во что-н., относя к чему-н. *Аванс в счёт зарплаты;* 2) в покрытие, в возмещение чего-н. *Работать в счёт четвёртого квартала.* **За счёт** *кого-чего* — 1) перенося оплату на кого-что-н. *Ремонт за счёт учреждения;* 2) *предлог с род. п.,* используя что-н. для чего-н. *Экономия за счёт сокращения штатов.* **За счёт того что,** *союз* — благодаря тому что, из-за того что. *Справился с заданием за счёт того, что много работал.* **На счёт чей** — 1) на чьи-н. средства, деньги. *Угощаться на чужой счёт;* 2) в отношении кого-н., касаясь кого-н. *Принять намёк на свой счёт.* **На этот счёт** (разг.) — в отношении этого, по поводу этого. *На этот счёт существуют разные мнения.* **На счету** — 1) принимается в расчёт, учитывается (разг.). *Каждая копейка на счету;* 2) *у кого,* о том, что сделано кем-н., у кого-н. *На счету хирурга сотни операций.* **На хорошем (плохом) счету** *кто* — считается хорошим (плохим). *Этот специалист на хорошем счету у руководства.* **Не в счёт** — не принимается в расчёт, во внимание. *Мелкие погрешности не в счёт.* **Терять счёт** *кому-чему* — о том, кого-чего-н. очень много, невозможно сосчитать. *Терять счёт неудачам.* **По большому счёту** — исходя из самых строгих требований. *Разговор идёт по большому счёту.* **Ровным счётом** (разг.) — ровно столько, не больше и не меньше. *Ровным счётом ничего* (т. е. совсем ничего).

СЧЁТНО... и **СЧЁТНО-...** *Первая часть сложных слов со знач.* относящийся к счёту (по 2 знач. глаг. считать[1]), к вычислениям, напр. *счётно-аналитический, счётно-запоминающий, счётнозначный, счётно-измерительный, счётно-клавишный, счётно-машинный, счётно-решающий, счётно-суммирующий.*

СЧЁТНЫЙ, -ая, -ое. **1.** Служащий для счёта, предназначенный для подсчитывания чего-н. *Счётная линейка. Счётная комиссия. Счётная машина.* **2.** Относящийся к счетоводству. *С. работник.*

СЧЁТЧИК, -а, *м.* **1.** Лицо, производящее подсчёт кого-чего-н. *Счётчики при переписи населения.* **2.** Прибор для подсчёта чего-н. *Электрический с. Газовый с. С. Гейгера* (прибор для регистрации радиоактивных и других ионизирующих излучений). ‖ *ж.* **счётчица,** -ы (к 1 знач.).

СЧЁТЫ[1], -ов. **1.** Денежные, деловые расчёты, отношения. *Свести с кем-н. с.* (также перен.: отплатить за обиду). **2.** *перен.* Взаимные отношения, связанные с прошлыми обидами, неприязнью. *Личные с. У нас с ним старые с. Свести (покончить) с. с жизнью* (кончить жизнь самоубийством). ✦ **Что за счёты!** (разг.) — не стоит говорить, вспоминать о чём-н., не стоит считаться (в 1 знач.).

СЧЁТЫ[2], -ов. Простое приспособление для подсчёта — четырёхугольная рама с прутками, на к-рых нанизаны подвижные костяшки. *Считать на счётах. Сбросить со счето́в что-н.* (также перен.: перестать принимать во внимание что-н.).

СЧИСЛЕ́НИЕ, -я, *ср.* (спец.). Совокупность обозначений чисел и приёмов вычисления. *Десятичная система счисления.*

СЧИ́СТИТЬ, счи́щу, счи́стишь; счи́щенный; *сов., что.* Очищая, снять с поверхности чего-н. *С. грязь с сапог.* ‖ *несов.* **счища́ть,** -а́ю, -а́ешь. ‖ *сущ.* **счистка,** -и, *ж.*

СЧИ́СТИТЬСЯ (счи́щусь, счи́стишься, 1 и 2 л. не употр.), счи́стится; *сов.* О слое чего-н., о грязи: сойти с поверхности. *Грязь счистилась с одежды.* ‖ *несов.* **счища́ться** (-а́юсь, -а́ешься, 1 и 2 л. не употр.), -а́ется.

СЧИТА́ЛКА, -и, *ж.* (разг.). В детских играх: произносимый нараспев стишок, к-рым сопровождается распределение участников игры. ‖ *уменьш.* **счита́лочка,** -и, *ж.*

СЧИ́ТАННЫЙ, -ая, -ое; *мн.* Очень немногий, единичный. *Остались считанные минуты* (т. е. всего несколько минут).

СЧИТА́ТЬ[1], -а́ю, -а́ешь; счи́танный; *несов.* **1.** Называть числа в последовательном порядке. *С. до десяти.* **2.** *кого-что.* Определять точное количество кого-чего-н. *С. деньги. Цыплят по осени считают* (посл.). **3.** *кого-что.* Принимать в расчёт, во внимание. *Если не с. погоду, то отпуск прошёл хорошо.* **4.** *кого-что кем-чем, за кого-что* или *с союзом «что».* Делать какое-н. заключение о ком-чём-н., признавать, полагать. *С. кого-н. хорошим человеком. Считаю, что ты неправ.* **5. считая** *кого-что, предлог с вин. п.* Включая в число кого-чего-н., принимая в расчёт. *Считая новичков, в классе сорок человек.* **6. счита́й(те),** *вводн. сл.* Выражает близость к истинности; почти, почти что, как (прост.). *Мы с ним, считай, земляки. Мы, считай, уже дома.* ✦ **Считая от** *кого-чего, предлог с род. п.* — начиная с (в 1 знач.), ведя отсчёт от чего-н. *Через год считая от этого дня.* **Считая с** *кого-чего, предлог с род. п.* — то же, что считая от. **Не считая** *кого-чего* и (разг.) *кого-что, предлог с род. и вин. п.* — за исключением, помимо кого-чего-н. *В семье четверо детей не считая племянников.* ‖ *сов.* **сосчита́ть,** -а́ю, -а́ешь; -и́танный (к 1 и 2 знач.), **посчита́ть,** -а́ю, -а́ешь; -и́танный (ко 2 и прост. к 4 знач.) *и* **счесть,** сочту́, сочтёшь; счёл, сочла́; сочти́; счётший; сочтённый (-ён, -ена́); сочтя́ (к 4 знач.). *Счесть чьи-н. слова за оскорбление. Не сочти за труд* (просьба сделать что-н.). ‖ *сущ.* **счита́ние,** -я, *ср.* (к 1 и 2 знач.) *и* **счёт,** -а (-у), *м.* (к 1 и 2 знач.). *Сбиться со счёта* (ошибиться при счёте). *Деньги счёт любят* (посл.). *Счёта не знает кому-чему-н.* (имеет очень много кого-чего-н.).

СЧИТА́ТЬ[2], -а́ю, -а́ешь; счи́танный; *сов., что с чем.* Читая, сличить и проверить (какой-н. текст), сверить. *С. машинописный текст.* ‖ *несов.* **счи́тывать,** -аю, -аешь. ‖ *сущ.* **счи́тка,** -и, *ж.*

СЧИТА́ТЬСЯ, -а́юсь, -а́ешься; *несов.* **1.** *с кем.* Производить расчёты, расплачиваться (разг.). *Плачу за всех, потом будем с.* **2.** *с кем-чем.* Принимать в расчёт, во внимание, уважать кого-что-н. *С. с чужим мнением.* **3.** *кем-чем.* Слыть, быть известным в качестве кого-н. *Он считается хорошим инженером.* **4.** Числиться, полагаться (разг.). *Я считаюсь в отпуску.* ✦ **Это не считается!** (разг.) — это не в счёт, не принимается в расчёт, во внимание. **Не считаясь с** *чем* — пренебрегая чем-н. *Не считаясь с опасностью. Не считаясь со временем.* ‖ *сов.* **сосчита́ться,** -а́юсь, -а́ешься (к 1 знач.) *и* **посчита́ться,** -а́юсь, -а́ешься (ко 2 знач.).

СЧИ́ТЧИК, -а, *м.* Работник, занимающийся считкой. ‖ *ж.* **счи́тчица,** -ы.

СЧИЩА́ТЬ, -СЯ *см.* счистить, -ся.

СШИБИ́ТЬ, -бу́, -бёшь; сшиб, сши́бла; сши́бленный; *сов., кого-что.* **1.** Сбить ударом (разг.). *С. с ног кого-н. С. с кого-н. спесь* (перен.: сбить спесь). **2.** То же, что столкнуть (во 2 знач.) (прост.). *С лбами кого-н.* (также перен.: то же, что столкнуть лбами). ‖ *несов.* **сшиба́ть,** -а́ю, -а́ешь.

СШИБИ́ТЬСЯ, -бу́сь, -бёшься; сши́бся, сши́блась; *сов.* (прост.). Столкнуться, вступить в бой или затеять спор, ссору. ‖ *несов.* **сшиба́ться,** -а́юсь, -а́ешься. ‖ *сущ.* **сши́бка,** -и, *ж.*

СШИВНО́Й, -а́я, -о́е. Сшитый не из целого куска, со швом. *С. ворот.*

СШИТЬ, сошью́, сошьёшь; сшей; сши́тый; *сов., что.* **1.** *см.* шить. **2.** Соединить посредством шитья. *С. два куска кожи.* **3.** Прибить, приколотить. *Крепко сшитые доски палубы.* ✦ **Неладно скроен, да крепко сшит** (посл.) — неказист, зато крепок, здоров. ‖ *несов.* **сшива́ть,** -а́ю, -а́ешь. ‖ *сущ.* **сшива́ние,** -я, *ср.* (ко 2 знач.) *и* **сши́вка,** -и, *ж.* (к 3 знач.; разг.).

СЪ..., *приставка.* То же, что с...; употр. вместо «с» перед *е, ё, ю, я,* напр. *съехать, съесть, съютить* (соединить с трудом; устар.), *съязвить.*

СЪЕДА́ТЬ, -а́ю, -а́ешь; *несов.* **1.** *кого-что.* То же, что есть[1] (в 1 и 2 знач.). *Быстро с. обед. С. много хлеба за обедом. Ржавчина съедает железо.* **2.** (1 и 2 л. не употр.), *перен., что.* О затратах: поглощать. *Дача съедает много денег.*

СЪЕДЕ́НИЕ, -я, *ср.:* **на съедение** (отдать, оставить, бросить), *кому* — 1) чтобы быть съеденным, чтобы кто-н. съел. *На съедение волкам;* 2) в полное распоряжение, чтобы делали, что хотят с кем-н. (разг.). *Отдать на съедение старой ворчунье кого-н.*

СЪЕДО́БНЫЙ, -ая, -ое; -бен, -бна. Употребляемый в пищу, такой, к-рый можно есть. *С. гриб.* ‖ *сущ.* **съедо́бность,** -и, *ж.*

СЪЕЗД[1], -а, *м.* **1.** *см.* съехаться. **2.** Собрание представителей каких-н. организаций, групп населения. *С. народных депутатов России. С. демократической партии. С. композиторов, кинематографистов.* ‖ *прил.* **съездовский,** -ая, -ое.

СЪЕЗД[2], -а, *м.* **1.** *см.* съехать. **2.** Место, по к-рому съезжают, спуск. *Мощёный с. С. к реке.*

СЪЕ́ЗДИТЬ, -зжу, -здишь; *сов.* **1.** Поехать куда-н. и, побыв, вернуться обратно. *С. к родным. С. за покупками.* **2.** Сильно ударить (прост.). *С. по роже кому-н.*

СЪЕЗЖА́ТЬ, -СЯ *см.* съехать, -ся.

СЪЕ́ЗЖИЙ, -ая, -ее (устар.). **1.** Съехавшийся из разных мест. *С. народ.* **2.** Такой, куда съезжаются, собираются. *Съезжая изба* (в России в 17 в.: канцелярия воеводы, куда съезжались служилые люди). **3. съезжая,** -ей, *ж.* В России до революции: полицейская управа, а также помещение при полиции для арестованных. *Посадить на съезжую кого-н.*

СЪЕСТНО́Й [*сн*], -а́я, -о́е. Пищевой, идущий в пищу. *Съестные припасы. Запастись съестным* (сущ.).

СЪЕСТЬ *см.* есть[1].

СЪЕ́ХАТЬ, съе́ду, съе́дешь; *в знач. пов.* употр. съезжа́й; *сов.* **1.** Спуститься с чего-н. (при езде). *С. с горки.* **2.** Свернуть в сторону (при езде). *Машина съехала на обочину.* **3.** Покинуть какое-н. жильё, переселившись (разг.). *Жильцы съехали.* **4.** *перен.* Сдвинуться с места (разг.). *Галстук съехал набок. Шапка съехала на глаза.* **5.** *перен.* Отвлёкшись от основного, обратиться к другой теме, к другому предмету разговора (разг. неодобр.). *С. на любимую тему. С. на своего конька.* ‖ *несов.* **съезжа́ть,** -а́ю, -а́ешь. ‖ *сущ.* **съезжа́ние,** -я, *ср.* (к 1 и 2 знач.) *и* **съезд,** -а, *м.* (к 1, 2 и 3 знач.).

СЪЕ́ХАТЬСЯ, съе́дусь, съе́дешься; *в знач. пов.* употр. съезжа́йся; *сов.* **1.** О едущих: столкнуться, встретиться. *С. на перекрёстке.* **2.** (1 и 2 л. ед. не употр.). О многих: собраться в одно место, приехав откуда-н. *Делегаты съехались со всех концов страны.* ‖ *несов.* **съезжа́ться,** -а́юсь, -а́ешься. ‖ *сущ.* **съезд,** -а, *м.* (ко 2 знач.).

СЪЕХИ́ДНИЧАТЬ *см.* ехидничать.

СЪЁЖИТЬ, -жу, -жишь; съёженный; *сов.* (разг.). Сжать, стянуть. *Съёженная кожа.* ‖ *несов.* **съёживать,** -аю, -аешь.

СЪЁЖИТЬСЯ, -жусь, -жишься; *сов.* (разг.). **1.** *см.* ёжиться. **2.** Сжаться, стянуться. *Сухие листья съёжились. С. в комочек* (лечь, тесно прижав к телу согнутые руки и ноги). ‖ *несов.* **съёживаться,** -аюсь, -аешься.

СЪЁМ *см.* снять.

СЪЁМКА, -и, *ж.* **1.** *см.* снять. **2.** Производство кинематографического изображения. ‖ *прил.* **съёмочный**, -ая, -ое. *Съёмочная группа.*

СЪЁМНЫЙ, -ая, -ое. Такой, к-рый можно снимать, не прикреплённый к чему-н. *Съёмная крышка. Съёмные детали. С. протез.*

СЪЁМОЧНЫЙ *см.* снять *и* съёмка.

СЪЁМЩИК, -а, *м.* **1.** Лицо или организация, к-рые снимают квартиру, арендуют помещение. *Ответственный с. квартиры* (жилец, ответственный за её состояние). **2.** Тот, кто делает съёмку местности (спец.). ‖ *ж.* **съёмщица**, -ы.

СЪЯЗВИ́ТЬ *см.* язвить.

СЫ́ВОРОТКА, -и, *ж.* **1.** Жидкий отстой свернувшегося молока. *Творожная с.* **2.** Жидкость, получаемая при свёртывании крови вне организма, а также название нек-рых лечебных и диагностических препаратов из крови. *Противодифтерийная с. Противостолбнячная с.* ‖ *прил.* **сы́вороточный**, -ая, -ое.

СЫГРАННЫЙ, -ая, -ое; -ан. Согласованный, слаженный в игре (исполнительской, спортивной). *Отлично с. оркестр. Сыгранная футбольная команда.* ‖ *сущ.* **сыгранность**, -и, *ж.*

СЫГРА́ТЬ *см.* играть.

СЫГРА́ТЬСЯ, -а́юсь, -а́ешься; *сов.* Играя, упражняясь вместе, достигнуть согласованности в игре (исполнительской, спортивной). *Музыканты сыгрались. Команда сыгралась.* ‖ *несов.* **сыгрываться**, -аюсь, -аешься. ‖ *сущ.* **сыгро́вка**, -и, *ж.* (спец.).

СЫЗ..., *приставка* (прост.). Образует наречия со знач. начальности, напр. *сыздавна* (начиная с давних пор), *сыздетства* (начиная с детства), *сызнова, сызмала, сызмальства.*

СЫ́ЗМАЛА и **СЫ́ЗМАЛЬСТВА**, *нареч.* (прост.). С малых лет, с малолетства. *С. пристрастился к книжкам.*

СЫ́ЗНОВА, *нареч.* (прост.). Снова, опять. *Начать всё с.*

СЫМИТИ́РОВАТЬ *см.* имитировать.

СЫМПРОВИЗИ́РОВАТЬ *см.* импровизировать.

СЫН, -а, *мн.* сыновья́, -е́й *и* сыны́, -о́в, *м.* **1.** (мн. сыновья́ и устар. и обл. сыны́). Лицо мужского пола по отношению к своим родителям. *Отец с сыном. Мой старший с. Выросли сыновья.* **2.** (мн. обычно сыны́), *перен., чего.* Мужчина как носитель характерных черт своего народа, своей среды (высок.). *Отважные сыны Родины. С. своего времени. С. степей. С. гор. С. Земли.* ‖ *уменьш.-ласк.* **сыно́к**, -нка́, *м.* (к 1 знач.), **сыни́шка**, -и, *род. мн.* -шек, -шкам, *м.* (к 1 знач.) *и* **сыну́ля**, -и, *м.* (к 1 знач.). ‖ *прил.* **сыно́вний**, -яя, -ее. *С. долг. Сыновнее чувство* (такое, как у сына). *По-сыновнему* (нареч.) *добр к старику.*

СЫНО́К, -нка́, *м.* **1.** *см.* сын. **2.** Ласковое обращение пожилого человека к мальчику, молодому мужчине (прост.).

СЫ́ПАТЬ, -плю, -плешь *и* (разг.) -пешь, -пет, -пем, -пете, -пят; сыпь; -анный; *несов.* **1.** *что.* Ронять или заставлять падать (сыпучее, мелкое). *С. муку в мешок. Всё сыплешь из рук* (роняешь; разг. неодобр.). *С. деньгами* (перен.: тратить не считая, сорить деньгами; разг.). *С. из пулемёта* (перен.: непрерывно стрелять; разг.). **2.** *перен.* О мелком дожде, снеге: идти, выпадать. *С утра сыплет осенний дождик.* **3.** *перен., что и чем.* Говорить быстро и много (разг.). *С. прибаутками.* **4.** (обычно пов.). Употр. для обозначения быстрого энергичного действия (обычно при побуждении) (прост.). *Сыпь скорее за сигаретами! Сыпь отсюда!* (уходи, убирайся; неодобр.). ‖ *однокр.* **сыпну́ть**, -ну́, -нёшь (к 1, 2 и 4 знач.; разг.) *и* **сыпану́ть**, -ну́, -нёшь (к 1, 2 и 4 знач.; прост.).

СЫ́ПАТЬСЯ, -плется *и* (разг.) -пется, -пемся, -петесь, -пятся; сы́пьтесь; *несов.* **1.** (1 и 2 л. ед. не употр.). О чём-н. сыпучем, мелком: падать, валиться. *Мука сыплется из мешка. Всё из рук сыплется* (всё роняет кто-н.; также перен.: ничего не ладится, не получается; разг.). *Искры сыплются во все стороны* (перен.). *С крыльца сыплется ребятня* (перен.). **2.** (1 и 2 л. не употр.), *перен.* То же, что сыпать (во 2 знач.). *Сыплется снежок.* **3.** (1 и 2 л. не употр.), *перен.* О частых звуках, словах: слышаться, распространяться (разг.). *Сыплется весёлый говорок. Сыплются упрёки. Сыплется соловьиная трель.* **4.** (1 и 2 л. не употр.). О ткани: разрушаться вследствие выпадения ниток по обрезанному краю или от ветхости (разг.). ✦ **Сыпься отсюда!** (прост. неодобр.) — то же, что сыпь отсюда.

СЫПНО́Й: **сыпной тиф** — острое инфекционное заболевание, тиф, сопровождающийся появлением сыпи. ‖ *прил.* **сыпнотифо́зный**, -ая, -ое.

СЫПНЯ́К, -а́, *м.* (разг.). То же, что сыпной тиф.

СЫПУ́ЧИЙ, -ая, -ее; -у́ч. **1.** Состоящий из многих, очень мелких отдельных частиц. *Сыпучие вещества.* **2.** Легко рассыпающийся, сыплющийся. *Сыпучие пески.* ‖ *сущ.* **сыпу́честь**, -и, *ж.*

СЫПЬ, -и, *ж.* Мелкие пятнышки или прыщики, появляющиеся на теле при нек-рых болезнях. *Аллергическая с. Скарлатинная с.*

СЫР, -а (-у), в сы́ре *и* в сыру́, *мн.* -ы́, -о́в, *м.* Пищевой продукт — твёрдая или полутвёрдая масса, получаемая путём специальной обработки молока. *Швейцарский, голландский, российский с. Плавленый с.* (очень мягкий или пастообразный сыр, изготовленный с добавлением творога, масла и других молочных продуктов). *Тёртый с. Как с. в масле кататься* (жить в полном довольстве; разг.). ‖ *уменьш.* **сыро́к**, -рка́, (-рку́), *м.* ‖ *прил.* **сы́рный**, -ая, -ое.

СЫР-БОР: **откуда (из-за чего) сыр-бор загорелся** (разг., часто ирон.) — из-за чего всё произошло, началось. *Весь сыр-бор загорелся из-за пустяков.*

СЫРЕ́ТЬ (-е́ю, -е́ешь, 1 и 2 л. не употр.), -е́ет; *несов.* Становиться сырым (в 1 знач.), сыреe. *Помещение сыреет.*

СЫРЕ́Ц, -рца́, *м.* Не до конца выделанный продукт, полуфабрикат. *Шёлк-с. Хлопок-с.* ‖ *прил.* **сырцо́вый**, -ая, -ое. *С. кирпич.*

СЫ́РНИК, -а, *м.* То же, что творожник. *Сырники со сметаной.*

СЫРО[1] ... *Первая часть сложных слов со знач.:* 1) сырой (во 2 знач.), в сыром виде, напр. *сыровяленый, сырокопчёный, сыроядение;* 2) сырой (в 4 знач.), напр. *сыродутный* (относящийся к древнему способу изготовления железа непосредственно из руды; спец.), *сыромять.*

СЫРО[2] ... *Первая часть сложных слов со знач.* относящийся к сыру, сыроделию, напр. *сыровидный, сыродел, сыроизготовитель.*

СЫРОВА́Р, -а, *м.* То же, что сыродел. ‖ *прил.* **сырова́рческий**, -ая, -ое.

СЫРОВАРЕ́НИЕ, -я, *ср.* Изготовление сыра. ‖ *прил.* **сырова́ренный**, -ая, -ое *и* **сырова́рный**, -ая, -ое. *С. завод.*

СЫРОДЕ́Л, -а, *м.* Специалист по изготовлению сыра. ‖ *прил.* **сыроде́льческий**, -ая, -ое.

СЫРОДЕ́ЛИЕ, -я, *ср.* Промышленное изготовление сыра. ‖ *прил.* **сыроде́льный**, -ая, -ое. *Сыродельное производство.*

СЫРОЕ́ЖКА, -и, *ж.* Съедобный пластинчатый гриб, обычно с ярко окрашенной шляпкой. ‖ *прил.* **сырое́жечный**, -ая, -ое.

СЫРО́Й, -а́я, -о́е; сыр, сыра́, сы́ро. **1.** Влажный, не сухой. *Сырая земля. С. климат. Здесь сыро* (в знач. сказ.). **2.** *полн. ф.* О пищевых продуктах: не подвергшийся горячей обработке (варке, жарению) или вялению. *Сырое тесто. Сырая рыба. Сырые овощи. Есть морковь в сыром виде.* **3.** О приготовляемых для еды продуктах, изделиях: ещё не дошедший до готовности. *Картошка ещё сырая* (недоварилась). **4.** *полн. ф.* О материалах: подвергшийся лишь первичной обработке. *Сырое литьё. Сырые кожи.* **5.** *перен.* Недоработанный, недоделанный, недодуманный до конца. *С. доклад. Рассказ ещё очень с.* **6.** Тучный, с нездоровой полнотой (разг.). *С. мужчина.* ‖ *сущ.* **сырость**, -и, *ж.* (к 1, 5 и 6 знач.).

СЫРО́К, -рка́, *м.* **1.** *см.* сыр. **2.** Плавленый сыр в небольшой упаковке. **3.** Кушанье в виде мягкой массы из творога, обычно с пряностями. *Ванильный с. с изюмом.* ‖ *прил.* **сырко́вый**, -ая, -ое (к 3 знач.). *Сырковая масса.*

СЫ́РОМЯТЬ, -и и **СЫРОМЯ́ТЬ**, -и, *ж.*, также *собир.* Недублёная кожа (рогатого скота, свиней, верблюдов, лосей), идущая на производство упряжи, технических изделий. ‖ *прил.* **сыромя́тный**, -ая, -ое.

СЫ́РОСТЬ, -и, *ж.* **1.** *см.* сырой. **2.** Влажность, большое содержание влаги в чём-н. (в воздухе, в помещении). *С. в комнате. Больному вредна с. С. разводить* (плакать; разг. шутл.).

СЫРОЯДЕ́НИЕ, -я, *ср.* (спец.). Употребление в пищу только сырых овощей, плодов.

СЫРЬЁ, -я́, *ср., собир.* Сырые материалы, предназначенные для дальнейшей обработки. *Стратегическое с. Сельскохозяйственное с. Вторичное с.* ‖ *прил.* **сырьево́й**, -а́я, -о́е. *Сырьевая база.*

СЫРЬЁМ, *нареч.* (разг.). **В сыром** (во 2 знач.) виде.

СЫСК, -а, *м.* Выслеживание и розыск преступников. *Заниматься сыском.* ‖ *прил.* **сыскно́й**, -а́я, -о́е. *Сыскная полиция.*

СЫСКА́ТЬ, сыщу́, сы́щешь; сы́сканный; *сов., кого-что* (прост.). Найти, отыскать. *Днём с огнём не сыщешь кого-чего-н.* (трудно, невозможно найти; разг.). ‖ *несов.* **сыскивать**, -аю, -аешь.

СЫСКА́ТЬСЯ, сыщу́сь, сы́щешься; *сов.* (прост.). То же, что найтись (в 1 и 2 знач.). *Сыскалась пропажа. Сыскались доброхоты. Тоже мне, советчик сыскался!* (перен.). ‖ *несов.* **сы́скиваться**, -аюсь, -аешься.

СЫТА́, -ы́, *ж.* (устар. и обл.). Медовый напиток. ‖ *прил.* **сыто́вый**, -ая, -ое.

СЫТЕ́ТЬ, -е́ю, -е́ешь; *несов.* (разг.). Становиться сытым (в 1, 3 и 4 знач.), сытее.

СЫ́ТНЫЙ, -ая, -ое; -тен, -тна́, -тно. Питательный, хорошо насыщающий. *С. обед. Сытно* (нареч.) *позавтракать.* ‖ *сущ.* **сы́тность**, -и, *ж.*

СЫ́ТЫЙ, -ая, -ое; сыт, сыта́, сы́то. **1.** Вполне утоливший свой голод. *Сыт по горло* (совершенно сыт; разг.; также перен.: о том, чего много до пресыщения; разг. неодобр.

Сыт по горло обещаниями). И сыт, и пьян, и нос в табаке (погов.: всем совершенно доволен). *Сытый* (сущ.) *голодного не разумеет* (посл.). **2.** *перен., полн. ф.* Выражающий удовлетворённость, пресыщенность. *С. смех. Сытая улыбка.* **3.** *перен., полн. ф.* Не знающий нужды, живущий в достатке (обычно в противопоставлении бедности, нужде). *Сытая жизнь. Сытое мещанство.* **4.** Отъевшийся, откормленный. *С. скот.* ‖ *сущ.* **сытость, -и,** *ж.*

СЫЧ, -а́, *м.* **1.** Ночная птица отряда сов. **2.** *перен.* Угрюмый и нелюдимый человек (разг.). *Сычом живёт кто-н.* ‖ *прил.* **сычи́ный,** -ая, -ое (к 1 знач.).

СЫЧУ́Г, -а́, *м.* **1.** Один из отделов желудка жвачных животных. **2.** Кушанье из фаршированного коровьего, свиного желудка (устар.). ‖ *прил.* **сычу́жный,** -ая, -ое (к 1 знач.). *С. фермент* (так наз. сычужина — вещество, употр. для свёртывания молока, приготовления сыра).

СЫ́ЩИК, -а, *м.* Тайный агент, занимающийся выслеживанием, слежкой. *Полицейский с.* ‖ *ж.* **сы́щица, -ы.** ‖ *прил.* **сы́щицкий,** -ая, -ое.

СЭКОНО́МИТЬ *см.* экономить.

СЭР, -а, *м.* В англоязычных странах: почтительное обращение к мужчине [*первонач.* в Англии: один из дворянских титулов, а также лицо, носящее этот титул].

СЮДА́, *мест. нареч.* В это место, в эту сторону. *Иди с.! Посылают туда и с.* (в разные стороны, во все концы; разг.).

СЮЖЕ́Т, -а, *м.* В литературном или сценическом произведении — последовательность и связь описания событий; в произведении изобразительного искусства — предмет изображения. *Увлекательный с.* ‖ *прил.* **сюже́тный,** -ая, -ое. *Сюжетная линия романа.*

СЮЗЕРЕ́Н [*зэ*], -а, *м.* В средневековой Европе: крупный земельный собственник-феодал, государь по отношению к зависящим от него вассалам. ‖ *прил.* **сюзере́нный,** -ая, -ое.

СЮИ́ТА, -ы, *ж.* Музыкальное произведение из нескольких разнохарактерных пьес, объединённых единством замысла. *Восточная с.* ‖ *прил.* **сюи́тный,** -ая, -ое. *С. цикл.*

СЮРПРИ́З, -а, *м.* **1.** То же, что неожиданность. *Его приезд — приятный с. Вот так с.!* (выражение удивления). **2.** Неожиданный подарок. *Преподнести с. ко дню рождения.* ‖ *прил.* **сюрпри́зный,** -ая, -ое (ко 2 знач.).

СЮРТУ́К, -а́, *м.* Род длинного двубортного пиджака, обычно в талию. *Форменный с.* ‖ *уменьш.* **сюртучо́к,** -чка́, *м.* ‖ *прил.* **сюрту́чный,** -ая, -ое. *Сюртучная пара.*

СЮСЮ́КАТЬ, -аю, -аешь; *несов.* (разг.). **1.** Говорить, заменяя шипящие звуки свистящими. **2.** *перен.* Подделываться под детскую речь (неодобр.). *С. с детьми.* ‖ *сущ.* **сюсю́канье,** -я, *ср.*

СЮСЮ́КАТЬСЯ, -аюсь, -аешься; *несов., с кем* (разг. неодобр.). Нянчиться (во 2 знач.), возиться, как с маленьким. *Довольно с. с бездельником.* ‖ *сущ.* **сюсю́канье,** -я, *ср.*

СЯК: и так и сяк (разг.) — разными способами, по-всякому. *Пробовал делать и так и сяк.*

СЯКО́Й, -а́я, -о́е (разг., обычно шутл.). В сочетании с «такой» выражает отрицательную оценку кого-чего-н. *Ругает меня: я и такой, я и с. Ах ты такой-с.!*

СЯМ: и там и сям (разг.) — в разных местах, повсюду. *Искали и там и сям.*

Т

ТАБА́К, -а́ (-у́), *м.* **1.** Травянистое и кустарниковое растение сем. паслёновых, обычно с крупными листьями. *Сушка табака.* **2.** Содержащие никотин высушенные и изрезанные или растёртые листья этого растения. *Курительный, нюхательный, жевательный т. И сыт, и пьян, и нос в табаке* (погов.: всем совершенно доволен). **3.** Декоративное травянистое садовое растение с крупными душистыми цветками. ✦ **Дело табак!** (прост.) — плохо дело. ‖ *уменьш.* **табачо́к,** -чку́ (-чка́), *м.* (ко 2 знач.). ‖ *увел.* **табачи́ще,** -а, *м.* (ко 2 знач.; неодобр.). ‖ *прил.* **таба́чный,** -ая, -ое (к 1 и 2 знач.). *Т. лист.* ✦ **Табачное** [*шн*] **с калачным** [*шн*] **мешать** (прост.) — смешивать то, что невозможно соединить, что никак не связано одно с другим.

ТАБАКА́: цыплёнок табака — тушка цыплёнка, разрезанная вдоль и приготовленная со специями.

ТАБАКЕ́РКА, -и, *ж.* Коробочка для табака (во 2 знач.). ‖ *прил.* **табаке́рочный,** -ая, -ое.

ТАБАКОВО́Д, -а, *м.* Специалист по табаководству.

ТАБАКОВО́ДСТВО, -а, *ср.* Разведение табака (в 1 знач.) как отрасль растениеводства. ‖ *прил.* **табаково́дческий,** -ая, -ое.

ТАБАКОКУРЕ́НИЕ, -я, *ср.* (спец.). Привычка к курению табака.

ТАБА́НИТЬ, -ню, -нишь; *несов.* (спец. и обл.). Грести в обратную сторону для движения лодки кормой вперёд, для поворота. *Табань одним левым!*

ТАБА́ЧНИК, -а, *м.* **1.** Работник табачной промышленности. **2.** Человек, к-рый курит или нюхает табак, курильщик (во 2 знач.) (устар. и прост.). ‖ *ж.* **таба́чница,** -ы.

ТАБА́ЧНО-... *Первая часть сложных слов со знач.* табачный (во 2 знач.), с табачным оттенком, напр. *табачно-жёлтый, табачно-зелёный.*

ТАБА́ЧНЫЙ, -ая, -ое. **1.** *см.* табак. **2.** Зеленовато-коричневый, цвета высушенных листьев табака.

ТА́БЕЛЬ, -я, *мн.* -и, -ей *и* (разг.) -я́, -е́й, *м.* и (устар.) **ТА́БЕЛЬ,** -и, *ж.* **1.** Расписание или список чего-н. в определённом порядке. *Т. постам* (документ о составе караула и количестве постов; спец.). *Т. срочных донесений* (вышестоящему командиру; спец.). **2.** *м.* Специальная доска с номерками для учёта явки на работу и ухода с работы рабочих и служащих. **3.** *м.* Номерок, к-рый снимается с такой доски по приходе и вешается обратно при уходе с работы. **4.** В среднем учебном заведении: ведомость об успеваемости (по четвертям года и за год). ✦ **Табель о рангах** — утверждённый Петром I законодательный акт, устанавливающий систему военных, гражданских и придворных чинов и порядок прохождения службы. *Записано в табели о рангах.* ‖ *прил.* **та́бельный,** -ая, -ое. ✦ **Табельный день** — официально отмечаемый праздничный день.

ТА́БЕЛЬЩИК, -а, *м.* Работник, ведущий учёт по табелю (во 2 знач.). ‖ *ж.* **та́бельщица,** -ы.

ТАБЛЕ́ТКА, -и, *ж.* Твёрдая лекарственная форма — лепёшечка, шарик из прессованного дозированного порошка. *Препарат в таблетках.* ‖ *прил.* **табле́точный,** -ая, -ое.

ТАБЛИ́ЦА, -ы, *ж.* Сведения о чём-н., данные, расположенные по графикам. *Тиражная т. Т. умножения* (перечень помножаемых друг на друга чисел в пределах первого десятка с произведением от каждой пары.). *Как таблицу умножения знать что-н.* (назубок.). ‖ *уменьш.* **табли́чка,** -и, *ж.* ‖ *прил.* **табли́чный,** -ая, -ое.

ТАБЛИ́ЧКА, -и, *ж.* **1.** *см.* таблица. **2.** Небольшая пластина с информирующей о чём-н. надписью. *Т. на дверях лаборатории. Т. у кассы.*

ТАБЛО́, *нескл., ср.* Световой сигнальный информационный щит. *Световое т. Электронное т. Информационное т.*

ТАБЛЬДО́Т, -а, *м.* В нек-рых странах: обеденный стол с общим меню в пансионах, в гостиницах, на курортах.

ТА́БОР, -а, *м.* **1.** В России в старину: войсковой лагерь с обозом. *Казачий т. Разбить т.* **2.** Группа кочующих вместе цыганских семейств. *Цыганский т. Пришли целым табором* (перен.: гурьбой). **3.** Стоянка группы охотников, скотоводов, вообще какой-н. группы людей. *Т. переселенцев. Т. оленеводов.* ‖ *прил.* **та́борный,** -ая, -ое.

ТАБУ́, *нескл., ср.* **1.** В первобытном обществе: запрет, налагаемый на какое-н. действие, слово, предмет, употребление или упоминание к-рых неминуемо карается сверхъестественной силой. **2.** *перен.* Вообще запрет, запрещение. *Наложить т. на что-н.*

ТАБУ́Н, -а́, *м.* Стадо лошадей, а также оленей и нек-рых других животных. *Ходить табуном* (перен.: беспорядочной группой, толпой; разг. неодобр.). ‖ *прил.* **табу́нный,** -ая, -ое.

ТАБУ́НЩИК, -а, *м.* Пастух при табуне. ‖ *ж.* **табу́нщица,** -ы.

ТАБУРЕ́Т, -а, *м.* и **ТАБУРЕ́ТКА,** -и, *ж.* Сиденье на четырёх ножках без спинки на одного человека. *Деревянная табуретка.* ‖ *прил.* **табуре́тный,** -ая, -ое *и* **табуре́точный,** -ая, -ое.

ТАВЕ́РНА, -ы, *ж.* В нек-рых странах на Западе: небольшой трактир, кабачок.

ТА́ВОЛГА, -и, *род. мн.* -олг, *ж.* Луговое травянистое растение сем. розоцветных с крупными соцветиями душистых цветков. ‖ *прил.* **та́волговый,** -ая, -ое.

ТАВРЁНЫЙ, -ая, -ое (спец.). С тавром (в 1 знач.), клеймёный (о скоте). *Таврёные лошади.*

ТАВРИ́ТЬ, -рю́, -ри́шь; -рённый (-ён, -ена́); *несов., кого-что* (спец.). Накладывать тавро (в 1 знач.), клеймить (скот). ‖ *сов.* **затаври́ть,** -рю́, -ри́шь; -рённый (-ён, -ена́).

ТАВРО́, -а́, *мн.* та́вра, тавр, тавра́м, *ср.* **1.** Клеймо, выжигаемое на теле животного. **2.** Орудие для выжигания такого клейма. ‖ *прил.* **тавро́вый,** -ая, -ое.

ТАВРО́ВЫЙ[1], -ая, -ое. (спец.). Имеющий поперечное сечение в форме буквы «Т». *Т. профиль изделия.*

ТАВРО́ВЫЙ[2] *см.* тавро.

ТАВТОЛО́ГИЯ, -и, *ж.* (книжн.). Повторение того же самого другими словами, не уточняющее смысла. ‖ *прил.* **тавтологи́ческий,** -ая, -ое.

ТАГА́Н, -а́, *м.* Металлический обруч на ножках, служащий подставкой для котла, чугуна при приготовлении пищи на огне. ‖ *уменьш.* **тагано́к,** -нка́, *м.* ‖ *прил.* **тага́нный,** -ая, -ое.

ТАДЖИ́КИ, -ов, *ед.* -и́к, -а, *м.* Народ, составляющий основное коренное население Таджикистана. ‖ *ж.* **таджи́чка,** -и. ‖ *прил.* **таджи́кский,** -ая, -ое.

ТАДЖИ́КСКИЙ, -ая, -ое. **1.** *см.* таджики. **2.** Относящийся к таджикам, к их языку, национальному характеру, образу жизни, культуре, а также к Таджикистану, его территории, внутреннему устройству, истории; такой, как у таджиков, как в Таджикистане. *Т. язык* (иранской группы индоевропейской семьи языков). *По-таджикски* (нареч.).

ТАЁЖНИК, -а, *м.* Человек, к-рый живёт и промышляет в тайге. ‖ *ж.* **таёжница,** -ы. ‖ *прил.* **таёжнический,** -ая, -ое.

ТАЁЖНЫЙ *см.* тайга.

ТАЗ[1], -а, в тазу́, *мн.* -ы́, -о́в, *м.* Широкий и неглубокий округлённый сосуд. *Медный, эмалированный т. Т. для варенья.* ‖ *уменьш.* **та́зик,** -а, *м.*

ТАЗ[2], -а, в та́зе *и* в тазу́, *мн.* -ы́, -о́в, *м.* Часть скелета, костный пояс в нижней части туловища человека (у животных в задней части туловища). *Большой т.* (верхний отдел пояса). *Малый т.* (нижний отдел пояса). ‖ *прил.* **та́зовый,** -ая, -ое. *Тазовая полость. Тазовые кости.*

ТАЗОБЕ́ДРЕННЫЙ, -ая, -ое. Соединяющий бедро с тазовой костью или расположенный на месте их соприкосновения. *Т. сустав.*

ТАИЛА́НДЦЫ [*нц*], -цев, *ед.* -а́ндец, -дца, *м.* Население Таиланда. ‖ *ж.* **таила́ндка** [*нк*], -и. ‖ *прил.* **таила́ндский** [*нс*], -ая, -ое.

ТАИ́НСТВЕННЫЙ, -ая, -ое; -вен, -венна. **1.** Заключающий в себе тайну, нечто неразгаданное, загадочный. *Т. шорох.* **2.** Являющийся секретом, скрытый, скрываемый. *Приехал с таинственной целью.* **3.** Многозначительный и загадочный. *С таинственным видом.* ‖ *сущ.* **таи́нственность,** -и, *ж.*

ТА́ИНСТВО, -а, *ср.* В христианстве: церковный обряд, предназначенный для приобщения верующего к божественной благодати. *Таинства православной и католической церкви* (крещение, бракосочетание, исповедь, соборование, причащение, миропомазание, священство). *Таинства лютеранской церкви* (крещение и причащение). *Таинства англиканской церкви* (крещение, причащение, церковный брак). ‖ *прил.* **та́инственный,** -ая, -ое.

ТАИ́ТЬ, таю́, таи́шь; таённый (-ён, -ена́); *несов., что.* **1.** Скрывать, держать в тайне, не обнаруживать. *Т. злобу. Т. своё горе.* **2.** (1 и 2 л. не употр.), *перен.* Заключать в себе возможность каких-н. нежелательных, пока неявных последствий. *Этот шаг таит опасные последствия.* ✦ **Таить в себе** — то же, что таить. *Таить в себе грусть. Война таит в себе гибель.* **Что греха таить** (разг.) — нужно, следует признаться. *Что греха таить, я поторопился.*

ТАИ́ТЬСЯ, таю́сь, таи́шься; *несов.* **1.** Скрывать что-н. от других, молчать об этом. *Говорить не таясь.* **2.** Скрываться, прятаться. *Ландыш таится под кустом.* **3.** (1 и 2 л. не употр.), *в ком-чём.* Иметься, не обнаруживаясь. *В душе таится сомнение.*

ТАЙГА́, -и́, *ж.* На севере Европы, Азии и Северной Америки: дикий хвойный лес. *Сибирская т. Непроходимая т.* ‖ *прил.* **таёжный,** -ая, -ое *и* **тайго́вый,** -ая, -ое. *Таёжный житель. Таёжные реки. Тайговые заросли.*

ТАЙКО́М, *нареч.* Тайно, скрытно. *Пробраться т.*

ТАЙМ, -а, *м.* В спортивной игре: определённая часть, период. *Перерыв между таймами.*

ТАЙМ-А́УТ, тайм-а́ута, *м.* Полагающийся по правилам спортивной игры кратковременный перерыв по просьбе игрока, тренера. *Взять тайм-аут.*

ТАЙМЕ́НЬ, -я, *м.* Крупная хищная рыба сем. лососёвых. ‖ *прил.* **тайме́невый,** -ая, -ое.

ТА́ЙНА, -ы, *ж.* **1.** Нечто неразгаданное, ещё не познанное. *Тайны Вселенной.* **2.** Нечто скрываемое от других, известное не всем, секрет. *Хранить тайну. Держать в тайне. Сердечные тайны.* **3.** Скрытая причина чего-н. *Т. успеха. В чём т. её обаяния?*

ТАЙНИ́К, -а́, *м.* Помещение, место, служащее тайным убежищем или хранилищем. *Тайники старинных крепостей. Т. под полом. В тайниках души* (перен.: глубоко в себе, в душе). ‖ *прил.* **тайнико́вый,** -ая, -ое.

ТА́ЙНОПИСЬ, -и, *ж.* Условное тайное письмо [первонач. в древних рукописях], криптография. ‖ *прил.* **тайнопи́сный,** -ая, -ое.

ТА́ЙНЫЙ, -ая, -ое. **1.** Составляющий тайну для других, не известный другим, не явный, не открытый. *Тайное свидание. Тайное голосование* или *тайные выборы* (голосование подачей анонимных бюллетеней или опусканием шаров). *Действовать тайно* (нареч.). **2.** Таящий в ком-н., не обнаруживаемый или не совсем осознанный. *Тайная мечта. Тайная надежда. Тайное желание.* **3.** Предназначенный для секретных дел (устар.). *Тайная канцелярия. Т. советник, действительный т. советник* (высшие гражданские чины в царской России). ‖ *сущ.* **та́йность,** -и, *ж.* (к 1 и 2 знач.).

ТАЙФУ́Н, -а, *м.* Ураган большой разрушительной силы, преимущ. в западной части Тихого океана, тропический циклон. ‖ *прил.* **тайфу́нный,** -ая, -ое.

ТАК. 1. *мест. нареч.* Указывает на определённый, известный образ, способ действия, обстоятельство, именно таким образом, не как-нибудь иначе. *Действовать т., как нужно. Т. рассказывал, что все смеялись. Сделай т. же. Он всё делает не т. Пусть всё останется т.* (как есть). *Т. да не т.* (не совсем так, не совсем точно; разг.). **2.** *мест. нареч.* Указывает на степень признака, а также вообще подчёркивает признак, настолько, до чего. *Т. много ходил, что устал. Друзья т. давно не виделись. Т. мало похож на других. Не т. страшен чёрт, как его малюют* (посл.). **3.** *мест. нареч.* Без последствий, безрезультатно, даром (разг.). *Т. тебе это не пройдёт.* **4.** *мест. нареч.* Без особого намерения. *Сказал т., не подумавши. Зачем ты пришёл? — Да т.* **5.** *мест. нареч.* Без применения каких-н. средств, усилий (разг.). *Болезнь не пройдёт т.* (сама, без лечения). **6.** *частица.* Употр. в репликах для обозначения невысокой оценки кого-чего-н. или безразличия, несущественности. *Что с тобой? — Т.* (т. е. ничего особенного). *Он т., какой-то жалкий человек.* **7.** [*безударн.*], *союз.* Значит, то, в таком случае. *Обещал, т. сделай.* **8.** [*безударн.*] *в знач. союза.* В начале реплики: следовательно, итак, в таком случае. *Всё готово. — Т. едем? Т. согласен?* **9.** [*безударн.*], *союз.* Употр. при противопоставлении в знач. но, да. *Поехал бы, т. денег нет.* **10.** *частица.* Да, действительно. *Ты решил окончательно? — Т. Т., это он.* **11.** [*без удар.*], *частица.* В предложении выделяет слово, обозначающее то, что является предметом противопоставления другому, остальному (разг.). *А я т. люблю зиму* (т. е. кто-то не любит, а я люблю). *В озере т. ещё можно купаться* (т. е. в озере можно, а в других местах нельзя). **12.** *частица.* Употр. для выражения приблизительности (разг.). *Лет т. десять тому назад. От вокзала до дома километра т. два.* **13.** *частица.* Вносит значение разъяснения, уточнения, иллюстрации того, что сказано. *Климат там суровый, т., морозы доходят до 40°.* **14.** [*безударн.*] *частица.* При лексическом повторе выражает интенсивность, полноту действия, признака (разг.). *На юге жара т. (уж) жара. Она если полюбит, т. полюбит.* **15.** [*безударн.*], *частица.* При лексическом повторе выражает разумность или единственность принятого решения, нецелесообразность колебания (разг.). *Делать т. делать. Нечего раздумывать: жениться т. жениться. Мне всё равно: щи т. щи, каша т. каша.* **16.** [*обычно произносится протяжно*], *частица.* Вот (в 6 знач.), хорошо (см. хороший в 12 знач.) (разг.). *Поселились в деревне. Т. Завели своё хозяйство. Стали жить.* ✦ **За та́к** (получить, взять, делать что-н.) (прост.) — даром, без вознаграждения. *Отдал за так.* **И так** (разг.) — и без того уже (см. тот). *Не брани, он расстроен и так.* **Не так ли?** — не правда ли, ведь действительно так? (при ожидании подтверждения). *Ты согласен, не так ли?* **Та́к бы (и)...** (разг.) — усиливает значение желания сделать что-н. *Так бы и полетел!* **Так во́т и** (разг.) — то же, что так во́т (в 1 знач.). **Так во́т** (разг.) — 1) выражение перехода от сказанного к тому, что из этого следует, что будет дальше, итак. *Понял? Так вот: веди себя как следует;* 2) выражение противопоставления ожидаемому, но, однако. *Ты думаешь он раскаялся? Так вот, ничего подобного.* **Так же как (и),** *союз* — выражает присоединение. *Я, так же как и ты, против этого решения.* **Та́к и** — употр. при глаголах для выражения интенсивности или неожиданности действия. *Слёзы так и льются. От испуга так и замер.* **Так и** [*«так» всегда безударн.*], *союз* — выражает следствие, и поэтому. *Не знаешь, так и не говори. Маленький, так и напугался.* **Так (оно) и быть** (разг.) — ладно уж, пусть будет так. *Так и быть, я тебя прощаю.* **Так и есть** (разг.) — в самом деле, действительно так. **Так и так (мол)** (разг.) — употр. при передаче чьей-н. речи как форма её обобщения, вместо подробного изложения. *Уверяет, что так и так мол, сам всё видел.* **Так-то и так-то** (разг.) — употр. при передаче чужой речи, рассказа вместо изложения подробностей. *По его словам, всё произошло так-то и так-то.* **Так или иначе** — во всяком случае, как бы не сложились обстоятельства. *Так или иначе, истина будет установлена.* **И так и сяк или и так и этак** (разг.) — разными способами, по-всякому. *Пробовал и так и сяк.* **Так как,** *союз* — потому что, по той причине что. *Не пойду, так как меня не звали.* **Так на так** (обменять, получить) (прост.) — одно на другое, без убытка и без придачи. *Поменяться так на так.* **Так не́т (же),** *союз* (разг.) — употр. при выражении неодобрения в знач. несмотря ни на что, всё-таки. *Все его уговаривают, так нет (же), он не желает.* **Та́к себе** (разг.) — 1) ни плохо ни хорошо, средне. *Как поживаешь? — Так себе;* 2) о ком-чём-н. неважном, весьма посредственном. *Он так себе работник.* **Так сказать,** *вводн. сл.* — употр. как оговорка, смягчающая решительность какого-н. утверждения. *Сделал случайно, так сказать, по ошибке.* **Так только** (разг.) — без серьёзного намерения. *Сказал так только, ради шутки.* **Так-то (оно) та́к, но (да)...** (разг.) — верно, но... *Так-то (оно) так, да не совсем.* **Так точно** — выражение уверенного подтверждения, да (обычно у военных). **Так что,** *союз* — и поэтому, следовательно. *Ты сам просил рассказать, так что слушай.* **Так чтобы,** *союз* — для того чтобы, с той целью чтобы. *Выехали пораньше, так* *чтобы не опоздать.* Не так чтобы (разг.) — выражение неуверенного отрицания, нельзя сказать чтобы. *Не так чтобы умён.*

ТА́КАТЬ¹, -аю, -аешь; *несов.* (прост.). Поддакивать собеседнику, произнося «так». ‖ *сущ.* **та́канье**, *-я, ср.*

ТА́КАТЬ², -аю, -аешь; *несов.* (разг.). Издавать быстрые и частые стучащие звуки. *Пулемёт такает.* ‖ *однокр.* **та́кнуть**, -ну, -нешь. ‖ *сущ.* **та́канье**, *-я, ср.*

ТАКЕЛА́Ж, -а, *м.* (спец.). **1.** Совокупность снастей судна. **2.** Совокупность приспособлений (тросов, цепей) для подъёма и перемещения грузов. *Т. подъёмного крана.* ‖ *прил.* **такела́жный**, -ая, -ое. *Такелажные работы.*

ТАКЕЛА́ЖНИК, -а, *м.* Рабочий, занимающийся такелажными работами (см. такелаж во 2 знач.).

ТА́КЖЕ, *союз.* Выражает добавление [не смешивать с сочетанием наречия «так» и частицы «же»]. *Он не возражает, мы т. согласны.*

ТАКИ [*всегда безударн.*], *частица* (разг.). Обозначает осуществление чего-н. вопреки какой-н. помехе или вопреки желаемому, целесообразному. *Успел-т. на поезд. Т. навязался к нам в компанию. Не звали его, т. (т. да) пришёл.*

ТАКО́В, -а́, -о́, косв. падежи не образуются, *мест. указат., в знач. сказ.* Указывает на определённое, присущее качество, свойство, состояние. *Таково общее мнение. Т. его характер. Кто он т.?* (то же, что кто такой). ✦ **И был таков** (разг.) — скрылся, исчез, сделав что-н. *Набедокурил и был таков.*

ТАКОВО́Й, -а́я, -о́е, *мест. указат.* (устар. и офиц.). Такой, этот. ✦ **Как таковой** — взятый сам по себе. *Вопрос важен как таковой.*

ТАКО́ВСКИЙ, -ая, -ое (прост. ирон. и пренебр.). Такой, к-рый не заслуживает уважения, серьёзного отношения, одобрения. *Не на таковского напал* (не на такого уж простака).

ТАКО́Й, -а́я, -о́е, *мест.* **1.** *указат.* Именно этот, подобный данному или тому, о чём говорилось. *Т. работник нам нужен. Т., какой есть. До т. степени* (настолько). *Таким образом* (1) так, таким способом; 2) значит, следовательно). *Кто т.?* (вопрос о ком-н. неизвестном). *И всё такое прочее* (это и всё подобное этому; разг.). **2.** *определит.* Употр. для усиления степени качества. *Т. красивый. Он т. силач!* **3.** *неопред.* Тот, о к-ром можно что-н. сообщить или о к-ром пойдёт речь (разг.). *Есть т. Петров, к нему и обратитесь. Что значит таволга? — А это такая трава.* **4.** *с отриц.* и *с мест.* «какой-то». Соответствующий обычному, обычный (разг.). *Ты сегодня какой-то не т. Всё мне здесь не нравится: и погода плохая, и речка какая-то не такая.* **5. тако́е**, -о́го, *ср.* То, на что обращается внимание (обычно о плохом). *Что же тут такого? Что я такого сделал?* **6. тако́е**, *частица.* Употр. после местоименных наречий, выражая недовольство по поводу какого-н. сообщения, факта (разг.). *Почему такое ты не согласен? Как это такое не пойдёшь? Не понимаю, как такое (это такое) можно отца не уважать?*

ТАКО́Й-СЯКО́Й, така́я-сяка́я, тако́е-сяко́е (разг., обычно шутл.). Нехороший во всех отношениях. *Ах он такой-сякой!*

ТА́КСА¹, -ы, *ж.* Установленная расценка товаров или норма оплаты чего-н. *Плата по таксе.* ‖ *прил.* **та́ксовый**, -ая, -ое.

ТА́КСА², -ы, *ж.* Небольшая охотничья собака с длинным туловищем и короткими кривыми ногами. *Породы такс.*

ТАКСИ́, *нескл., ср.* Автомобиль с оплатой по таксе (по счётчику). *Взять т. Ехать на т. Легковое, грузовое т. Маршрутное т.*

ТАКСИ́РОВАТЬ, -рую, -руешь; -анный; *сов. и несов., что* (спец.). **1.** Установить (-навливать) таксу¹ на что-н. **2.** Определить (-лять) размеры, состав, качество чего-н. *Т. лес* (определять количество и качество древесных насаждений, запас древесины, прирост). *Т. земельные площади.* ‖ *сущ.* **такса́ция**, -и, *ж.* ‖ *прил.* **таксацио́нный**, -ая, -ое.

ТАКСИ́СТ, -а, *м.* Водитель такси. ‖ *ж.* **такси́стка**, -и (разг.). ‖ *прил.* **такси́стский**, -ая, -ое.

ТАКСОМОТО́Р, -а, *м.* То же, что такси. ‖ *прил.* **таксомото́рный**, -ая, -ое. *Т. парк.*

ТАКСОНО́МИЯ, -и, *ж.* Наука о классификации сложных объектов действительности (живой природы, строения Земли, этнических общностей, языка и др.). ‖ *прил.* **таксономи́ческий**, -ая, -ое. *Таксономические категории.*

ТАКСОПА́РК, -а, *м.* Сокращение: таксомоторный парк. ‖ *прил.* **таксопа́рковый**, -ая, -ое.

ТА́К-СЯ́К, *мест. нареч.* (разг.). Ничего, сойдёт, сносно. *Ну это ещё так-сяк.*

ТАКТ¹, -а, *м.* **1.** Метрическая музыкальная единица — каждая из долей, обычно равных по длительности, на к-рые делится музыкальное произведение по числу метрических ударений в нём. *Сбиться с такта.* **2.** Равномерно следующие один за другим удары, движения, ритм. *Отбивать т.* (мерными ударами или взмахами указывать ритм чего-н.). *В т.* (ритмично). **3.** Часть рабочего цикла какого-н. механизма (спец.). *Т. двигателя.* ‖ *прил.* **та́ктовый**, -ая, -ое (к 1 и 3 знач.).

ТАКТ², -а, *м.* Умение вести себя пристойно, уважая других, чувство меры в поведении, в поступках. *Врождённый т. Отсутствие такта. С тактом* (тактично).

ТА́К-ТАКИ, *частица* (разг.). **1.** То же, что таки. *Так-таки уезжаешь? Так-таки и не согласился.* **2.** Именно, действительно (обычно ирон.). *Он просто гений. — Так-таки гений?*

ТА́КТИК, -а, *м.* **1.** Специалист по тактике (в 1 знач.). **2.** *перен.* Человек, умело выбирающий нужную линию поведения. *Большой т.*

ТА́КТИКА, -и, *ж.* **1.** Составная часть военного искусства — теория и практика подготовки и ведения боя. *Стратегия и т.* **2.** Общий план подготовки и ведения боя, боевых операций. **3.** *перен.* Совокупность средств и приёмов для достижения намеченной цели. *Т. предвыборной кампании. Шахматная т.* ‖ *прил.* **такти́ческий**, -ая, -ое. *Т. приём. Тактическая задача.*

ТАКТИ́ЧНЫЙ, -ая, -ое; -чен, -чна. Обладающий тактом², осуществлённый с чувством такта. *Т. собеседник. Тактично* (нареч.) *поступать.* ‖ *сущ.* **такти́чность**, -и, *ж.*

ТАЛА́НТ, -а, *м.* **1.** Выдающиеся врождённые качества, особые природные способности. *Т. актёра. Музыкальный т.* **2.** Человек, обладающий такими качествами, способностями. *Молодые таланты.* ✦ **Зарыть талант в землю** — не дать развиться таланту, дать ему заглохнуть.

ТАЛА́НТЛИВЫЙ, -ая, -ое; -ив. Обладающий талантом (в 1 знач.), проявляющий талант. *Т. писатель. Талантливо* (нареч.) *сыграть роль.* ‖ *сущ.* **тала́нтливость**, -и, *ж.*

ТАЛДЫ́ЧИТЬ, -чу, -чишь; *несов., что* (прост. неодобр.). Повторять, твердить одно и то же. *Талдычит своё.*

ТА́ЛЕР, -а, *м.* Старинная немецкая золотая и серебряная монета.

ТАЛИСМА́Н, -а, *м.* Предмет, приносящий его обладателю счастье, удачу. *Носить на груди т.*

ТА́ЛИЯ¹, -и, *ж.* **1.** Узкая часть туловища между грудью и животом, а также (устар.) прилегающая к этому месту верхняя часть туловища. *Тонкая т. Осиная т.* (очень тонкая). *Платье в талию* (облегающее талию). **2.** Часть платья, прилегающая к этому месту. *Заниженная т. платья.* ‖ *уменьш.* **та́лийка**, -и, *ж.* (к 1 знач.).

ТА́ЛИЯ², -и, *ж.* **1.** В карточной игре: две колоды². **2.** Круг карточной игры до окончания колоды у банкомета или до срыва банка. *Сыграть талию.*

ТАЛМУ́Д, -а, *м.* **1.** (Т прописное) В иудаизме: свод толкований Ветхого завета и предписания (религиозные, нравственные, бытовые), основанные на этих толкованиях. **2.** *перен.* Начётничество, схоластика (во 2 знач.) (книжн.). ‖ *прил.* **талмуди́стский**, -ая, -ое *и* **талмуди́ческий**, -ая, -ое (к 1 знач.).

ТАЛМУДИ́СТ, -а, *м.* **1.** Последователь и истолкователь Талмуда. **2.** *перен.* Начётчик, схоластически рассуждающий человек (книжн.). ‖ *прил.* **талмуди́стский**, -ая, -ое.

ТАЛО́Н, -а, *м.* Часть документа, отделяемая от целого (или остающаяся после отделения), а также контрольный листок для получения чего-н., доступа куда-н. *Отрывной т. Т. на бензин.* ‖ *прил.* **тало́нный**, -ая, -ое.

ТА́ЛЫЙ, -ая, -ое. Растаявший, оттаявший под действием тепла. *Т. снег. Талая земля. Талые воды* (образовавшиеся во время таяния снега, льда).

ТАЛЬК, -а (-у), *м.* Светлый мягкий слоистый минерал, употр. в технике и медицине. ‖ *прил.* **та́льковый**, -ая, -ое.

ТАЛЬНИ́К, -а́, *м.* Кустарниковая ива. *Заросли тальника.* ‖ *прил.* **тальнико́вый**, -ая, -ое.

ТАЛЬЯ́НКА, -и, *ж.* (разг.). Однорядная гармошка. ‖ *уменьш.* **талья́ночка**, -и, *ж.*

ТАМ. **1.** *мест. нареч.* В том месте, не здесь. *Буду т. только завтра.* **2.** *мест. нареч.* Потом, затем (разг.). *Т. видно будет, что делать. Решайся, а т. посмотрим.* **3.** *частица.* Употр. обычно при местоименных словах для придания оттенка несущественности, пренебрежения (разг.). *Что-то т. пишет, сочиняет. Что т. ни говори, а он прав. Какие т. у тебя дела!* ✦ **И там и сям** (разг.) — в разных местах, повсюду.

ТАМАДА́, -ы́, *род. мн.* не употр., *м.* Распорядитель пира, застолья. *Выбрать кого-н. тамадой.*

ТА́МБУР¹, -а, *м.* **1.** То же, что барабан (в 3 знач.) (спец.). **2.** Предохраняющее от холода отдельное небольшое помещение перед входной дверью, а также закрытая площадка железнодорожного вагона. ‖ *прил.* **та́мбурный**, -ая, -ое.

ТА́МБУР², -а, *м.* (спец.). Вышивание или вязание, при к-ром петля входит в петлю. ‖ *прил.* **та́мбурный**, -ая, -ое. *Т. шов.*

ТАМБУ́Р, -а, *м.* **1.** То же, что барабан (в 1 знач.) (устар.). **2.** То же, что танбур. ‖ *прил.* **тамбу́рный**, -ая, -ое.

ТАМБУРИ́Н, -а, *м.* **1.** Ударный музыкальный инструмент, род бубна. **2.** Барабан с удлинённым корпусом.

ТАМБУРМАЖО́Р, -а, *м.* **1.** Капельмейстер, задающий ритм оркестру на марше [*первонач.* старший барабанщик в полку]. **2.** Жезл, к-рым дирижёр задает ритм марширующему духовому оркестру. ‖ *прил.* **тамбурмажо́рский**, -ая, -ое. *Т. жезл.*

ТАМО́ЖЕННИК, -а, *м.* Служащий таможни. ‖ *ж.* **тамо́женница**, -ы.

ТАМО́ЖНЯ, -и, *ж.* Учреждение, занимающееся контролем провоза через границу грузов, багажа, почты и взиманием пошлин, сборов. ‖ *прил.* **тамо́женный**, -ая, -ое. *Т. досмотр. Таможенные тарифы. Т. кодекс.*

ТА́МОШНИЙ, -ая, -ее (разг.). Находящийся там, в том месте; не здешний. *Тамошние жители.*

ТАМПО́Н, -а, *м.* Стерильная полоска марли или кусок ваты, вкладываемый в рану или полость для остановки кровотечения, для осушения. ‖ *прил.* **тампо́нный**, -ая, -ое.

ТАМПОНИ́РОВАТЬ, -рую, -руешь; -анный; *сов. и несов., что* (спец.). Вложить (вкладывать) тампон (тампоны) в рану, полость. ‖ *сущ.* **тампона́да**, -ы, *ж.*

ТА́М-СЯ́М, *мест. нареч.* (разг.). Кое-где, в разных местах, и там и сям. *Вещи разбросаны там-сям* (в беспорядке).

ТАМТА́М, -а, *м.* Ударный музыкальный инструмент, разновидность гонга.

ТАНБУ́Р, -а, *м.* Восточный струнный щипковый музыкальный инструмент.

ТА́НГЕНС, -а, *м.* Тригонометрическая функция, равная отношению синуса к косинусу.

ТА́НГО, *нескл., ср.* Скользящий парный танец, а также музыка в ритме такого танца.

ТА́НДЕМ [дэ], -а и **ТАНДЕ́М** [дэ], -а, *м.* (спец.). Машина, механизм, в к-ром однородные устройства расположены последовательно на одной оси. *Велосипед-т.* (сдвоенный, двухместный). ‖ *прил.* **та́ндемный**, -ая, -ое *и* **танде́мный**, -ая, -ое.

ТА́НЕЦ, -нца, *м.* **1.** Искусство пластических и ритмических движений тела. *Теория танца. Мастерство танца.* **2.** Ряд таких движений, исполняемых в собственном темпе и ритме в такт музыке, а также музыкальное произведение в ритме и стиле таких движений. *Т. вальс. Классические танцы. Бальные танцы. Танцы на льду* (на коньках). *Школа танцев.* **3.** *мн.* Увеселительное собрание, вечер, на к-ром танцуют. *Ушла на танцы. Вечером в клубе танцы.* ‖ *прил.* **танцева́льный**, -ая, -ое. *Танцевальная музыка. Танцевальная площадка* (танцплощадка).

ТАНИ́Н, -а, *м.* Вяжущее вещество, добываемое из коры растений, употр. в медицине, технике. ‖ *прил.* **тани́нный**, -ая, -ое. *Т. краситель.*

ТАНК[1], -а, *м.* Бронированная самоходная боевая машина на гусеничном ходу с мощным вооружением. *Тяжелый, лёгкий т. Т.-амфибия.* ‖ *прил.* **та́нковый**, -ая, -ое. *Танковые войска* (оснащённые танками).

ТАНК[2], -а, *м.* (спец.). Специально оборудованный резервуар для хранения и перевозки жидкостей. ‖ *прил.* **та́нковый**, -ая, -ое.

ТА́НКЕР, -а, *м.* Судно для перевозки жидких грузов в танках[2]. ‖ *прил.* **та́нкерный**, -ая, -ое.

ТАНКЕ́ТКА, -и, *ж.* В Красной Армии в 30-х гг.: бронированная гусеничная боевая машина, вооружённая одним или двумя пулемётами.

ТАНКЕ́ТКИ, -ток, *ед.* -тка, -и, *ж.* Туфли на подошве, утолщающейся к пятке, а также сами такие подошвы.

ТАНКИ́СТ, -а, *м.* Военнослужащий танковых войск. ‖ *прил.* **танки́стский**, -ая, -ое.

ТАНКОДРО́М, -а, *м.* Участок местности, на к-ром производятся испытания танков и других боевых гусеничных машин, обучение управлению ими. ‖ *прил.* **танкодро́мный**, -ая, -ое.

ТАНТА́Л, -а, *м.* Тяжёлый тугоплавкий металл светло-серого цвета. ‖ *прил.* **танта́ловый**, -ая, -ое. *Танталовые руды.*

ТАНТА́ЛОВ, -а, -о: **танталовы муки** (**муки** Тантала) (книжн.) — мучения, вызываемые близостью, кажущейся достижимостью желаемого и невозможностью осуществления [по древнегреческому мифу о Тантале, в наказание от богов терпящем муки жажды и голода, к-рые невозможно было утолить, хотя рядом была и вода, и плоды].

ТАНЦ... *Первая часть сложных слов со знач.* танцевальный, напр. *танцплощадка, танцверанда, танцзал, танцкружок, танцгруппа.*

ТАНЦЕВА́ЛЬНЫЙ *см.* танец *и* танцевать.

ТАНЦЕВА́ТЬ, -цу́ю, -цу́ешь; -цо́ванный; *несов., что.* Исполнять танец; уметь исполнять танцы. *Т. вальс. Легко танцует. Конь танцует под всадником* (перен.: грациозно переступает с ноги на ногу). *Пламя свечи танцует от ветра* (перен.: колеблется). *Мошки танцуют в воздухе* (перен.: летают вверх и вниз). ‖ *сов.* **станцева́ть**, -цу́ю, -цу́ешь; -цо́ванный. ‖ *сущ.* **танцева́ние**, -я, *ср.* (устар.). ‖ *прил.* **танцева́льный**, -ая, -ое. *Т. номер. Т. зал.*

ТАНЦМЕ́ЙСТЕР, -а, *м.* (устар.). **1.** Учитель танцев. **2.** То же, что балетмейстер.

ТАНЦО́ВЩИК, -а, *м.* Артист балета, исполнитель танцев. ‖ *ж.* **танцо́вщица**, -ы.

ТАНЦО́Р, -а, *м.* Человек, к-рый умеет танцевать; тот, кто танцует. *Хороший т.* ‖ *ж.* **танцо́рка**, -и. ‖ *прил.* **танцо́рский**, -ая, -ое.

ТАНЦПЛОЩА́ДКА, -и, *ж.* Сокращение: танцевальная площадка — открытая, специально оборудованная площадка для танцев под музыку.

ТАНЦУ́ЛЬКА, -и, *ж.* (обычно *мн.*) (разг.). То же, что танцы (в 3 знач.). *Только танцульки на уме.*

ТАПЁР, -а, *м.* Музыкант, играющий в небольших ресторанах, на танцевальных вечерах. *Т. в кино* (сопровождающий немые фильмы игрой на фортепьяно). ‖ *ж.* **тапёрша**, -и (разг.). ‖ *прил.* **тапёрский**, -ая, -ое.

ТАПИ́Р, -а, *м.* Непарнокопытное млекопитающее тропических лесов с вытянутыми в хобот носом и верхней губой. *Семейство тапиров.*

ТА́ПОЧКИ, -чек, *ед.* -чка, -и, *ж.* и (разг.) **ТА́ПКИ**, -пок, *ед.* -пка, -и, *ж.* Лёгкие туфли без каблуков. *Спортивные тапочки. Домашние т. В белых тапочках я видел (хочу видеть) кого-н.* (перен.: то же, что в гробу я видел кого-н.; прост. [по обычаю класть умершего в гроб в белых тапочках]).

ТА́РА, -ы, *ж., собир.* Предметы для упаковки (ящики, бочки, мешки, кули, пакеты), а также для перевозок без упаковки (контейнеры, поддоны). ‖ *прил.* **та́рный**, -ая, -ое. *Тарная дощечка.*

ТАРАБА́НИТЬ, -ню, -нишь; *несов.* (прост.). Громко стучать, колотить (в 1 знач.). *Т. кулаками в дверь.*

ТАРАБА́РСКИЙ, -ая, -ое (разг.). Бессмысленный и непонятный. *Т. язык. Тарабарская грамота* (нечто бессмысленное и непонятное [*первонач.* вид тайнописи]).

ТАРАБА́РЩИНА, -ы, *ж.* (разг.). Нечто бессмысленное и непонятное (обычно о речи).

ТАРАКА́Н, -а, *м.* Прямокрылое всеядное насекомое, вредитель в хозяйстве. *Чёрный т. Рыжий т.* ‖ *прил.* **тарака́ний**, -ья, -ье *и* **тарака́новый**, -ая, -ое. *Тараканьи усы* (также перен.: тонкие и торчащие). *Отряд таракановых* (сущ.).

ТАРАКА́ШКА, -и, *м.* и *ж.* (разг.). Маленький таракан, а также вообще маленькое насекомое, букашка. *Всякие букашки-таракашки.*

ТАРА́Н, -а, *м.* **1.** Древнее орудие для разрушения крепостных стен — бревно с наконечником, укреплённое цепями на подвижной деревянной башне. **2.** Горизонтально действующий копёр (во 2 знач.) (спец.). **3.** Выступ в подводной носовой части судна, служащий в древности для нанесения ударов судам противника. **4.** Прямой удар самолёта, танка, корабля, наносящий пробоину, а также атака противника нанесением удара своим самолётом, танком, кораблём. *Пойти на т. Обрушиться тараном на врага.* **5.** Военная операция — прорыв фронта и глубокое продвижение в расположение противника. ‖ *прил.* **тара́нный**, -ая, -ое.

ТАРА́НИТЬ, -ню, -нишь; -ненный; *несов., что.* **1.** Бить тараном (в 1, 2 и 3 знач.). **2.** Действовать тараном (в 4 знач.), идти на таран. **3.** *также сов.* Уничтожать (-жить), действуя тараном (в 4 знач.). **4.** *перен.* Пробивать, действуя тараном (в 5 знач.). *Т. оборону врага.* ‖ *сов.* **протара́нить**, -ню, -нишь; -ненный (ко 2 и 4 знач.).

ТАРАНТА́, -ы́, *род. мн.* не употр., *м.* и *ж.* (разг.). Тот, кто тарантит. *Да замолчишь ли ты, т.!*

ТАРАНТА́С, -а, *м.* Дорожная крытая повозка на длинных дрогах. ‖ *прил.* **таранта́сный**, -ая, -ое.

ТАРАНТЕ́ЛЛА [тэ] -ы, *ж.* Итальянский народный стремительный танец, а также музыка в ритме этого танца.

ТАРАНТИ́ТЬ, -нчу́, -нти́шь; *несов.* (разг.). Говорить без умолку, быстро и оживлённо. *Рассказывай всё по порядку, не таранти!*

ТАРА́НТУЛ, -а, *м.* Крупный ядовитый паук.

ТАРА́НЬ, -и, *ж.* Небольшая морская рыба сем. карповых, разновидность плотвы. ‖ *прил.* **тара́ний**, -ья, -ье.

ТАРАРА́М, -а, *м.* (разг.). Шум, скандал. *Поднять т.*

ТАРАРА́ХНУТЬ, -ну, -нешь; *сов.* (прост.). То же, что трахнуть. *Тарарахнул гром. Т. из ружья.* ‖ *несов.* **тарара́хать**, -аю, -аешь.

ТАРАТА́ЙКА, -и, *ж.* (разг.). Лёгкая двухколёсная повозка с откидным верхом. ‖ *прил.* **тарата́ечный**, -ая, -ое.

ТАРАТО́РА, -ы и **ТАРАТО́РКА**, -и, *м.* и *ж.* (разг.). Тот, кто тараторит.

ТАРАТО́РИТЬ, -рю, -ришь; *несов.* (разг.). Говорить быстро, не останавливаясь.

ТАРАХТЕ́ТЬ, -хчу́, -хти́шь; *несов.* (разг.). **1.** Производить шум и треск. *Колёса тарахтят по булыжнику.* **2.** Трещать (в 3 знач.), тараторить.

ТАРА́ЩИТЬ, -щу, -щишь; *несов.*: **таращить глаза на кого-что** (прост. неодобр.) — смотреть широко раскрытыми глазами (в удивлении, испуге). *Т. глаза на незнакомца.* ‖ *сов.* **вы́таращить**, -щу, -щишь; -щенный.

ТАРА́ЩИТЬСЯ, -щусь, -щишься; *несов.* (прост.). **1.** (1 и 2 л. не употр.). О глазах:

широко раскрываться от удивления, страха. **2.** *на кого-что.* Смотреть, широко раскрыв глаза (неодобр.). *Что ты на неё таращишься?* ‖ *сов.* **вытаращиться,** -щусь, -щишься.

ТАРЕ́ЛКА, -и, *ж.* **1.** Столовая посуда круглой формы с приподнятыми краями и широким плоским дном. *Глубокая т.* (для супа). *Мелкая т. Десертная т.* **2.** *мн.* Ударный музыкальный инструмент — два металлических диска. *Медные тарелки.* ◆ **Летающие тарелки** — видимые в сумерках на небе движущиеся светящиеся диски, шарики, сигарообразные или линзообразные «предметы», возникающие вследствие технических экспериментов в атмосфере или физико-химических процессов в ней, неопознанные летающие объекты (НЛО). **Не в своей тарелке** *кто* (разг.) — в плохом настроении, плохо себя чувствует. ‖ *уменьш.* **таре́лочка,** -и, *ж.* ◆ **На тарелочке преподнести** *что кому* (разг. неодобр.) — то же, что на блюдечке преподнести. ‖ *прил.* **таре́лочный,** -ая, -ое.

ТАРИ́Ф, -а, *м.* Ставка (в 6 знач.) или система ставок обложения, платы за пользование чем-н. *Железнодорожный т.* ‖ *прил.* **тари́фный,** -ая, -ое. *Т. пояс.*

ТАРИФИЦИ́РОВАТЬ, -рую, -руешь; -анный; *сов. и несов., что* (спец.). Устанавливать тариф, а также ставки обложения или размеры оплаты в зависимости от квалификации, от характера работы. *Т. должностные оклады.* ‖ *сущ.* **тарифика́ция,** -и, *ж. Т. заработной платы.* ‖ *прил.* **тарификацио́нный,** -ая, -ое.

ТА́РНЫЙ *см.* тара.

ТАРПА́Н, -а, *м.* Вымершая дикая лошадь серой масти с чёрными гривой и хвостом, водившаяся в степях Восточной Европы.

ТА́РТАР, -а, *м.* В древнегреческой мифологии: ад, преисподняя. *Врата тартара.*

ТАРТАРАРЫ́: провалиться в тартарары (разг.) — употр. при пожелании деться куда-н. подальше, как бы исчезнуть совсем [букв. провалиться в преисподнюю].

ТАРТИ́НКА, -и, *ж.* Ломтик хлеба, намазанный маслом, а также вообще маленький бутерброд. ‖ *прил.* **тарти́ночный,** -ая, -ое.

ТА́РЫ-БА́РЫ, *нескл.* (прост.). Пустые разговоры, болтовня. *Тары-бары разводить.*

ТА́СКА, -и, *ж.* (прост.). Трёпка, взбучка. *Дать таску кому-н. То (где, и) лаской, то (где, и) таской* (погов. о воздействии то с помощью поощрения, то с помощью наказания).

ТАСКА́ТЬ, -аю, -аешь; *несов.* (разг.). **1.** То же, что тащить (в 1, 2, 3, 4, 5 и 7 знач., но обозначает действие, совершающееся не в одно время, не за один приём или не в одном направлении). *Т. тяжести. Т. за собой ребёнка. Т. по знакомым. Т. головешки из костра. Т. деньги* (воровать). **2.** *кого (что) за что.* То же, что трепать (в 5 знач.) (разг.). *Т. за́ волосы, за́ уши.* **3.** *что.* Носить (платье, обувь) долго или небрежно (разг.). *Т. новый костюм каждый день.* **4.** *кого-что.* Носить с собой, постоянно иметь при себе (неодобр.). *Т. в кармане паспорт.* ◆ **Еле ноги таскать** — с трудом ходить из-за усталости, болезни. ‖ *сущ.* **таска́нье,** -я, *ср.*

ТАСКА́ТЬСЯ, -а́юсь, -а́ешься; *несов.* (прост. неодобр.). Ходить (см. идти в 1 знач.) часто, постоянно. *Т. без дела по улицам. Т. на рынок через весь город. Вечно он таскается с какими-то бумагами. Всюду он за мной таскается* (неотступно ходит следом). ‖ *сущ.* **таска́нье,** -я, *ср.*

ТАСОВА́ТЬ, -су́ю, -су́ешь; -о́ванный; *несов.* **1.** *что.* Держа колоду² в руках, повторяющимся движением перекладывать в ней карты, нарушая их прежний порядок. **2.** *перен., кого-что.* То же, что перетасовывать (во 2 знач.) (разг.). ‖ *сов.* **стасова́ть,** -су́ю, -су́ешь; -о́ванный. ‖ *сущ.* **тасо́вка,** -и, *ж.*

ТАТА́КАТЬ, -аю, -аешь; *несов.* (разг.). То же, что такать². *Татакает пулемёт.* ‖ *однокр.* **тата́кнуть,** -ну, -нешь. ‖ *сущ.* **тата́канье,** -я, *ср.*

ТАТА́РНИК, -а, *м.* Сорное колючее растение сем. сложноцветных с лилово-розовыми цветками.

ТАТА́РСКИЙ, -ая, -ое. **1.** *см.* татары. **2.** Относящийся к татарам, к их языку, национальному характеру, образу жизни, культуре, а также к Татарии (Татарстану), её территории, внутреннему устройству, истории; такой, как у татар, как в Татарии (Татарстане). *Т. язык* (тюркской семьи языков). *Татарское иго* (на Руси 13—15 вв.). *По-татарски* (нареч.).

ТАТА́РЫ, -а́р, *ед.* -а́рин, -а, *м.* **1.** Народ, составляющий основное население Татарии (Татарстана), а также живущий в Поволжье, в Сибири и нек-рых других районах. *Казанские татары. Крымские татары.* **2.** Название различных племён, образовавших государство Золотой Орды (13—15 вв.). ‖ *ж.* **тата́рка,** -и. ‖ *прил.* **тата́рский,** -ая, -ое.

ТА́ТСКИЙ, -ая, -ое. **1.** *см.* таты. **2.** Относящийся к татам, к их языку, национальному характеру, образу жизни, культуре, а также к территории их проживания, её внутреннему устройству, истории; такой, как у татов. *Т. язык* (иранской группы индоевропейской семьи языков). *Татские обычаи. По-татски.*

ТАТУИ́РОВАТЬ, -рую, -руешь; -анный; *сов. и несов., кого-что.* Наколов на теле узоры, ввести (вводить) под кожу особую краску. *Татуированные лица дикарей.* ‖ *сов.* также **вытатуировать,** -рую, -руешь; -анный. ‖ *возвр.* **татуи́роваться,** -руюсь, -руешься. ‖ *сущ.* **татуиро́вка,** -и, *ж.* ‖ *прил.* **татуиро́вочный,** -ая, -ое.

ТАТУИРО́ВКА, -и, *ж.* **1.** *см.* татуировать. **2.** Вытатуированные на теле узоры. *Т. на груди.*

ТА́ТЫ, -ов, *ед.* тат, -а, *м.* Народ, живущий в прикаспийской части Азербайджана и на юге Дагестана. ‖ *ж.* **та́тка,** -и. ‖ *прил.* **та́тский,** -ая, -ое.

ТАТЬ, -я, *м.* (стар.). То же, что вор. ◆ **Как тать в ночи** — тихо, незаметно. *Прокрался как тать в ночи кто-н.*

ТАФТА́, -ы́, *ж.* Тонкая глянцевитая шёлковая или хлопчатобумажная ткань полотняного переплетения. ‖ *прил.* **тафтяно́й,** -ая, -ое.

ТАХИКАРДИ́Я, -и, *ж.* (спец.). Учащённое сердцебиение.

ТАХТА́, -ы́, *ж.* Широкий низкий диван без спинки.

ТАЧА́НКА, -и, *ж.* Рессорная четырёхколёсная парная повозка с лёгким кузовом. *Пулемётная т.* (с установленным на ней пулемётом).

ТАЧА́ТЬ, -а́ю, -а́ешь; *несов., что.* Шить сквозной строчкой. *Т. сапоги.* ‖ *сов.* **выта́чать,** -аю, -аешь; -анный *и* **стача́ть,** -а́ю, -а́ешь; **ста́чанный.** ‖ *прил.* **стачно́й,** -а́я, -о́е.

ТА́ЧКА, -и, *ж.* Ручная тележка [*первонач.* на одном переднем колесе с двумя длинными ручками]. *Толкать тачку. Садовая т.* ‖ *прил.* **та́чечный,** -ая, -ое.

ТАЩИ́ТЬ, тащу́, та́щишь; *несов.* (разг.). **1.** *кого-что.* Нести, двигать волоком. *Т. рюкзак. Т. бревно.* **2.** *кого-что.* Вообще нести, приносить или уносить куда-н. *Т. чемоданы в вагон.* **3.** *кого (что).* Вести, тянуть за собой. *Т. за́ руку.* **4.** *перен., кого (что).* Заставлять или убеждать пойти куда-н. *Т. в театр. Т. к приятелю.* **5.** *что.* Извлекать откуда-н. *Т. гвоздь из стены. Т. занозу.* **6.** *что.* Снимать (одежду) с трудом. *Т. с себя свитер. Т. сапог с ноги.* **7.** *кого-что.* То же, что красть. ‖ *сов.* **вы́тащить,** -ащу, -ащишь; -ащенный (к 4, 5 и 7 знач.) *и* **стащи́ть,** -ащу́, -а́щишь; -а́щенный (к 1, 6 и 7 знач.).

ТАЩИ́ТЬСЯ, тащу́сь, та́щишься; *несов.* (разг.). **1.** Идти или ехать медленно, с трудом. *Т. на подводе. Такую даль т.! Т. за кем-н.* (идти следом, не отставая). **2.** То же, что волочиться (в 1 знач.). *Подол тащится по́ полу.*

ТА́ЯТЬ, та́ю, та́ешь; *несов.* **1.** (1 и 2 л. не употр.). Обращаться в жидкое состояние под действием тепла. *Снег тает. Мороженое тает. Сегодня тает* (безл.; потеплело, снег начинает таять). *Печенье тает во рту* (перен.: очень нежное, вкусное). **2.** (1 и 2 л. не употр.), *перен.* Исчезать, постепенно сокращаясь, прекращаясь. *Звуки тают вдали. Силы тают. Запасы тают.* **3.** *перен.* Приходить в умилённое, томное состояние (часто ирон.). *Т. от любви. Т. от похвал.* **4.** *перен.* Худеть, чахнуть (от болезни, горя). *Больной тает на глазах.* ‖ *сов.* **раста́ять,** -а́ю, -а́ешь (к 1, 2 и 3 знач.). ‖ *сущ.* **та́яние,** -я, *ср.* (к 1 знач.). *Т. снегов.*

ТВА́РНЫЙ, -ая, -ое; -рен, -рна (высок.). В религии: сотворённый Богом, являющийся творением Бога. *Т. мир* (видимый и духовный).

ТВАРЬ, -и, *ж.* **1.** также *собир.* Всякое живое существо (устар.). *Бессловесная т.* (о животном, животных). *Всякой твари по паре* (погов.: всех понемногу; разг. шутл.). **2.** Недостойный, подлый человек (прост. презр.).

ТВЕРДЕ́ТЬ (-е́ю, -е́ешь, 1 и 2 л. не употр.), -е́ет; *несов.* Становиться твёрдым (во 2, 4, в нек-рых сочет. в 3 знач.), твёрже. *Воск твердеет. Характер у юноши твердеет.* ‖ *сов.* **затверде́ть,** (-е́ю, -е́ешь, 1 и 2 л. не употр.), -е́ет (по 1 и 2 знач. прил. твёрдый). ‖ *сущ.* **затверде́ние,** -я, *ср.* (по 1 и 2 знач. прил. твёрдый).

ТВЕРДИ́ТЬ, -ржу́, -рди́шь; -ржённый (-ён, -ена́) и -е́рженный; *несов.* (разг.). **1.** *что* и *о чём.* Постоянно говорить одно и то же. **2.** *что.* Повторять какие-н. слова с целью заучить, запомнить. *Т. стихотворение. Т. урок.* ‖ *сов.* **вы́твердить,** -ржу, -рдишь; -рженный (ко 2 знач.) *и* **затверди́ть,** -ржу́, -рди́шь; -ржённый (-ён, -ена́) и -е́рженный (ко 2 знач.).

ТВЕРДО... *Первая часть сложных слов со знач.:* 1) твёрдый (в 1 знач.), напр. *твердотопливный;* 2) твёрдый (во 2 знач.), с твёрдым (во 2 знач.), напр. *твердозём, твердолиственный, твердомёрзлый, твердоплодный, твердосемянный, твердотельный, твердочешуйные;* 3) твёрдый (в 3 знач.), напр. *твердофиксированный;* 4) с твёрдым (в 4 знач.), напр. *твердосердый;* 5) с тупым (в 4 знач.), напр. *твердоголовый, твердолобый.*

ТВЕРДОКА́МЕННЫЙ, -ая, -ое; -менен, -менна. Стойкий, упорный, твёрдый (в 4 знач.). *Твердокаменная воля.* ‖ *сущ.* **твердока́менность,** -и, *ж.*

ТВЕРДОЛО́БЫЙ, -ая, -ое; -об. Тупой и косный. *Т. консерватор.* ‖ *сущ.* **твердоло́бость,** -и, *ж.*

ТВЕРДЫ́НЯ, -и, *ж.* **1.** Крепость, прочно укреплённое место (устар. и высок.). *Неприступная т.* **2.** *перен.* Оплот, твёрдая опора (высок.). *Т. мира.*

ТВЕРДЬ, *-и, ж.* (высок.). 1. **земная твердь** — земля, суша. 2. **небесная твердь** — небо, небесный свод.

ТВЁРДОСТЬ, *-и, ж.* 1. *см.* твёрдый. 2. Стойкость, внутренняя сила в убеждениях, в характере. *Т. в поступках.*

ТВЁРДЫЙ, -ая, -ое; твёрд, тверда́, твёрдо, твёрды *и* тверды́; твёрже. 1. *полн. ф.* Сохраняющий свою форму и размер в отличие от жидкого и газообразного. *Твёрдые тела.* 2. Не поддающийся при надавливании, жёсткий, крепкий. *Т. картон. Т. грунт. Твёрдые сплавы* (сплавы высокой прочности). *Твёрдая пшеница* (с высоким содержанием белка и особым качеством клейковины). 3. Не подверженный изменениям, непоколебимый, устойчивый, прочный. *Твёрдые цены. Т. срок. Твёрдое решение. Твёрдые знания. Т. шаг. Твёрдая уверенность.* 4. Сильный и решительный. *Твёрдая воля. Т. характер. Твёрд духом кто-н. Т. тон. Твёрдая рука. Твёрдое сердце* (жестокое, не знающее жалости). 5. О согласных звуках: произносимый без приближения средней части языка к передней части нёба; *противоп.* мягкий (спец.). ✦ **Твёрдый знак** — название буквы «ъ». ‖ *сущ.* **твёрдость**, *-и, ж.*

ТВИД, -а, *м.* Пестротканая шерстяная или вигоневая ткань с диагональным переплетением нитей. ‖ *прил.* **тви́довый**, -ая, -ое.

ТВИСТ, -а, *м.* Эксцентрический парный танец.

ТВОЙ, твоего́, *м.*; *ж.* твоя́, твое́й; *ср.* твоё, твоего́; *мн.* твои́, твои́х, *мест. притяж.* Принадлежащий тебе, имеющий отношение к тебе. *Т. дом. Здесь всё твоё. Твои приехали* (сущ.; родные, близкие). *Этот т. Петров опять наделал глупостей.* ✦ **По-тво́ему** — 1) *нареч.*, по твоей воле, желанию. *Будь по-твоему;* 2) *нареч.*, так, как делаешь ты. *Буду работать по-твоему;* 3) *вводн. сл.*, по твоему мнению. *По-твоему, я лгу?* **С твоё** (разг.) — столько, так много, сколько ты. *Поживёт с твоё — поумнеет.*

ТВОРЕ́НИЕ, -я, *ср.* (высок.). Произведение, результат творчества. *Великие творения Пушкина.*

ТВОРЕ́Ц, -рца́, *м.* (высок.). 1. Человек, к-рый создает, создал что-н. творчески. *Народ — т. и созидатель.* 2. (Т прописное).В религии: Бог как создатель мира.

ТВОРИ́ТЕЛЬНЫЙ: творительный падеж — падеж, отвечающий на вопрос кем-чем?

ТВОРИ́ТЬ[1], -рю́, -ри́шь; *несов., что.* 1. Творчески создавать (высок.). *Художник творит прекрасное.* 2. Делать, совершать (какие-н. поступки), осуществлять. *Т. добро. Т. суд и расправу. Не ведает, что творит* (книжн.). *Что ты только творишь!* (вытворяешь). ‖ *сов.* **сотвори́ть**, -рю́, -ри́шь; -рённый (-ён, -ена́).

ТВОРИ́ТЬ[2], -рю́, -ри́шь; -рённый (-ён, -ена́); *несов., что.* Приготовлять (какой-н. состав), растворяя, разжижая. *Т. тесто. Т. известь.* ‖ *сов.* **затвори́ть**, -рю́, -ри́шь; -рённый (-ён, -ена́). ‖ *прил.* **твори́льный**, -ая, -ое (спец.).

ТВОРИ́ТЬСЯ (-рю́сь, -ри́шься, 1 и 2 л. не употр.), -ри́тся; *несов.* (разг.). Делаться, происходить (обычно о чём-н. странном или предосудительном). *Что тут творится? С ним творится что-то неладное.* ‖ *сов.* **сотвори́ться** (-рю́сь, -ри́шься, 1 и 2 л. не употр.), -ри́тся. *Сотворилось чудо.*

ТВОРО́Г, -а́ (-у́) и **ТВО́РОГ**, -а (-у), *м.* Пищевой продукт из сквашенного молока, освобождённого от сыворотки. *Жирный, обезжиренный т.* ‖ *прил.* **творо́жный**, -ая, -ое.

ТВОРО́ЖИСТЫЙ, -ая, -ое; -ист. Сходный по виду с творогом. *Творожистая масса.* ‖ *сущ.* **творо́жистость**, *-и, ж.*

ТВОРО́ЖНИК, -а, *м.* Жареная лепешка из творожной массы с мукой, сырник.

ТВО́РЧЕСТВО, -а, *ср.* Создание новых по замыслу культурных или материальных ценностей. *Художественное т. Народное т. Т. Пушкина. Т. новаторов.* ‖ *прил.* **тво́рческий**, -ая, -ое. *Т. дар. Т. путь писателя.*

ТЕ, *частица* (прост.). В нек-рых выражениях: подчёркивает удивление или уверенное утверждение. *Вот те раз! Вот те на!* (удивление). *Вот те крест!* (уверение). *Уговаривает его, да куда те!* (недовольство). *Вот те и пожалуйста!* (удивление и неудовольствие).

ТЕА... *Первая часть сложных слов со знач.* относящийся к театру, напр. *теаобозрение, теаревю.*

ТЕА́ТР[1], -а, *м.* 1. Искусство представления драматических произведений на сцене; само такое представление. *Музыка и т. Увлекаться театром.* 2. Зрелищное предприятие, помещение, где представляются на сцене такие произведения. *Драматический, оперный т. Т. мимики и жеста* (пантомимы). *Идти в т., из театра. Т.-кабаре* (небольшой эстрадный театр в ресторане, кафе). 3. *кого.* Совокупность драматических произведений какого-н. писателя или направления, школы. *Т. Шекспира.* ‖ *прил.* **театра́льный**, -ая, -ое (к 1 и 2 знач.).

ТЕА́ТР[2], -а, *м.* (спец.). 1. **театр военных действий** — территория, где происходят военные действия. *Континентальный, океанский театр военных действий.* 2. **театр войны** — территория, объединяющая несколько театров военных действий.

ТЕА́ТР[3], -а, *м.*: **анатомический театр** (устар.) — помещение для анатомирования трупов.

ТЕАТРА́Л, -а, *м.* Любитель театра[1], театральных зрелищ. ‖ *ж.* **театра́лка**, -и.

ТЕАТРАЛИЗОВА́ТЬ, -зу́ю, -зу́ешь; -о́ванный; *сов. и несов., что.* Приспособить (-соблять) или переделать (-лывать) для представления в театре[1]. *Театрализованная повесть.* ‖ *сущ.* **театрализа́ция**, *-и, ж.*

ТЕАТРА́ЛЬНЫЙ, -ая, -ое; -лен, -льна. 1. *см.* театр[1]. 2. *перен.* Неестественный, показной, рассчитанный на внешний эффект. *Т. жест. Театральная поза.* ‖ *сущ.* **театра́льность**, *-и, ж.*

ТЕАТРОВЕ́Д, -а, *м.* Специалист по театроведению. ‖ *прил.* **театрове́дческий**, -ая, -ое.

ТЕАТРОВЕ́ДЕНИЕ, -я, *ср.* Раздел искусствоведения, посвященный изучению театра[1]. ‖ *прил.* **театрове́дческий**, -ая, -ое.

ТЕБЕНЁВКА, *-и, ж.* (спец.). Пастьба (см. пасти) на заснеженных пастбищах. ‖ *прил.* **тебенёвочный**, -ая, -ое.

ТЕВТО́НСКИЙ, -ая, -ое. 1. *см.* тевтоны. 2. Относящийся к тевтонам, к их языку, образу жизни, культуре, а также к территории их проживания, её внутреннему устройству, истории; такой, как у тевтонов. *Т. орден*[2] (католический духовно-рыцарский орден конца 12 — начала 15 в.). *Тевтонские племена.*

ТЕВТО́НЫ, -ов, *ед.* -о́н, -а, *м.* Общее название древнегерманских племён. ‖ *прил.* **тевто́нский**, -ая, -ое.

ТЕ́ГА-ТЕ́ГА, *межд.* Возглас, к-рым подзывают гусей.

ТЕЗА́УРУС [тэ], -а, *м.* (спец.). 1. Словарь языка, ставящий задачу полного отражения всей его лексики. 2. Словарь или свод данных, полностью охватывающий термины, понятия какой-н. специальной сферы. ‖ *прил.* **теза́урусный**, -ая, -ое.

ТЕ́ЗИС [тэ], -а, *м.* 1. В логике: положение, требующее доказательства. 2. Положение, кратко излагающее какую-н. идею, а также одну из основных мыслей сочинения, доклада. *Тезисы доклада. Развёрнутые тезисы.* ‖ *прил.* **те́зисный**, -ая, -ое. *В тезисной форме.*

ТЕЗОИМЕНИ́ТСТВО, -а, *ср.* День именин члена царской семьи, высокопоставленной особы, а также (устар.) вообще день именин. *Поздравления в день тезоименитства.*

ТЕИ́ЗМ [тэ], -а, *м.* Религиозно-философское учение о Боге как о существе, создавшем мир и управляющем им. ‖ *прил.* **теисти́ческий**, -ая, -ое.

ТЕКИ́НСКИЙ, -ая, -ое. 1. *см.* текинцы. 2. Относящийся к текинцам, к их языку, национальному характеру, образу жизни, культуре, а также к территории их проживания, её внутреннему устройству, истории; такой, как у текинцев. *Т. диалект туркменского языка. Текинские ковры. По-текински* (нареч.).

ТЕКИ́НЦЫ, -цев, *ед.* -нец, -нца, *м.* Часть туркмен, восходящая к отдельному крупному племени. ‖ *ж.* **теки́нка**, -и. ‖ *прил.* **теки́нский**, -ая, -ое.

ТЕКСТ, -а, *м.* 1. Всякая записанная речь (литературное произведение, сочинение, документ, а также часть, отрывок из них). *Т. сочинений Пушкина. Подлинный т. Т. оперы. Открытым текстом сообщить, передать что-н.* (не секретно; также перен.: прямо, недвусмысленно). 2. В лингвистике: внутренне организованная последовательность отрезков письменного произведения или записанной либо звучащей речи, относительно законченной по своему содержанию и строению. *Теория текста.* 3. В полиграфии: основная часть печатного набора (без иллюстраций, чертежей, таблиц). ✦ **Нотный текст** — нотная запись музыкального произведения. ‖ *прил.* **тексто́вой**, -ая, -ое *и* **те́кстовый**, -ая, -ое.

ТЕКСТИ́ЛЬ, -я, *м., собир.* Изделия, выработанные из волокон и нитей. ‖ *прил.* **тексти́льный**, -ая, -ое. *Текстильная промышленность. Текстильные изделия* (ткани, трикотаж, нетканые материалы, сети, нитки и др.).

ТЕКСТИ́ЛЬЩИК, -а, *м.* Работник текстильной промышленности. ‖ *ж.* **тексти́льщица**, -ы.

ТЕКСТО́ВКА, *-и, ж.* (разг.). Краткий текст, поясняющий рисунок, снимок, плакат, карикатуру. *Сопроводить рисунок остроумной текстовкой.* ‖ *прил.* **тексто́вочный**, -ая, -ое.

ТЕКСТО́ЛОГ, -а, *м.* Специалист по текстологии.

ТЕКСТОЛО́ГИЯ, *-и, ж.* Раздел филологии, занимающийся изучением, проверкой и точным научным изданием текстов литературных и иных произведений. ‖ *прил.* **текстологи́ческий**, -ая, -ое.

ТЕКСТУА́ЛЬНЫЙ, -ая, -ое; -лен, -льна (книжн.). Точно воспроизводящий какой-н. текст, дословный. *Текстуальная выдержка.* ‖ *сущ.* **текстуа́льность**, *-и, ж.*

ТЕКСТУ́РА, -ы, *ж.* (спец.). Строение (твёрдого вещества, древесины, горной породы). *Т. руды. Т. дерева* (естественный рисунок древесины в разрезе). ‖ *прил.* **тексту́рный**, -ая, -ое.

ТЕКТО́НИКА, *-и, ж.* (спец.). 1. Строение земной коры. 2. Раздел геологии, изучающий структуру земной коры в связи с её движениями и деформациями. **3.** В архитектуре: то же, что архитектоника. ‖ *прил.* **тектонический**, -ая, -ое.

ТЕКУ́ЧИЙ, -ая, -ее; -у́ч. **1.** Жидкий, способный течь. *Текучая смесь.* **2.** *перен.* Часто сменяющийся, непостоянный. *Т. состав работников.* ‖ *сущ.* **теку́честь**, -и, *ж.*

ТЕКУ́ЧКА, -и, *ж.* (разг. неодобр.). Повседневные текущие дела. *Т. заедает кого-н.* (мешает заниматься большими делами, важными вопросами).

ТЕКУ́ЩИЙ, -ая, -ее. **1.** Имеющий место в данное время, теперешний. *В текущем году.* **2.** Относящийся к очередным, повседневным делам, нуждам, обязанностям. *Текущие дела. Т. ремонт* (в отличие от капитального). ✦ **Текущий счёт** — счёт вкладчика банка.

ТЕЛЕ... *Первая часть сложных слов со знач.*: 1) относящийся к телевидению, напр. *телевещание, телебашня, телеантенна, телеискусство, телепередача, телеспектакль, телерепортаж, телефильм, телеочерк, телеурок, телереклама, телемост, телеобращение, телевыступление;* 2) относящийся к телевизору, телевизорам, напр. *телеателье* (по ремонту телевизоров), *телерадиола* (телевизор, объединённый с радиолой); 3) относящийся к работе, регулируемой с дальних расстояний различными средствами связи, напр. *телеизмерение, телеметрия* (то же, что телеизмерение), *телесигнализация, телемеханика, телеуправление.*

ТЕЛЕВЕЩА́НИЕ, -я, *ср.* Одно из основных средств массовой информации — передача сообщений и других информационных программ по телевидению.

ТЕЛЕВИ́ДЕНИЕ, -я, *ср.* **1.** Передача на расстояние и приём на экран средствами радиоэлектроники изображений движущихся и неподвижных объектов и звукового сопровождения. *Вещательное т. Промышленное т.* (применяемое в технических, научных, информационных, организационных целях). *Чёрно-белое т. Цветное т.* **2.** Область науки и техники, связанная с такой передачей и приёмом. **3.** Учреждения, осуществляющие такие вещательные передачи. *Работать на телевидении.* ‖ *прил.* **телевизио́нный**, -ая, -ое.

ТЕЛЕВИЗИО́НЩИК, -а, *м.* (разг.). Специалист, работающий на телевидении (в 3 знач.). ‖ *ж.* **телевизио́нщица**, -ы.

ТЕЛЕВИ́ЗОР, -а, *м.* **1.** Аппарат для приёма телевизионных передач, телевизионный приёмник. *Чёрно-белый, цветной т. Включить, выключить т.* **2.** Телевизионная вещательная передача. *Смотреть, показывать по телевизору. Смотреть т. Реклама по телевизору.* ‖ *прил.* **телеви́зорный**, -ая, -ое.

ТЕЛЕ́ГА, -и, *ж.* **1.** Четырёхколёсная повозка для перевозки грузов живой тягой. *Запрячь лошадь в телегу. Пропади моя т., все четыре колеса* (о безвыходном положении, а также о рискованном решении в трудную минуту; разг. шутл.). **2.** То же, что жалоба (во 2 знач.) (прост.). *Накатать телегу на кого-н.* ‖ *уменьш.* **теле́жка**, -и, *ж.* (к 1 знач.). ‖ *прил.* **теле́жный**, -ая, -ое (к 1 знач.).

ТЕЛЕГРА́ММА, -ы, *ж.* Срочное сообщение, передаваемое по телеграфу, а также бланк с таким сообщением. *Дать телеграмму. Т.-молния.* ‖ *прил.* **телегра́ммный**, -ая, -ое.

ТЕЛЕГРА́Ф, -а, *м.* **1.** Система связи для передачи сообщений на расстояние при помощи электрических сигналов по проводам или по радио с записью сообщений в пункте приёма. *Беспроволочный т.* (радиотелеграф). **2.** Учреждение, где принимаются и отправляются такие сообщения. *Работать на телеграфе.* ‖ *прил.* **телегра́фный**, -ая, -ое. *Т. аппарат. Т. стиль* (перен.: крайне лаконичный). ✦ **Телеграфное агентство** — информационный орган, собирающий информацию по своей стране и за рубежом и распространяющий её через средства массовой информации.

ТЕЛЕГРАФИ́РОВАТЬ, -рую, -руешь; -анный; *сов. и несов., что* и *о чём.* Сообщить (-щать) по телеграфу. *Т. своё согласие (о своём согласии) на выезд.*

ТЕЛЕГРАФИ́СТ, -а, *м.* **1.** Специалист по телеграфии. **2.** Работник, принимающий и передающий телеграммы. ‖ *ж.* **телеграфи́стка**, -и (ко 2 знач.). ‖ *прил.* **телеграфи́стский**, -ая, -ое (ко 2 знач.).

ТЕЛЕГРАФИ́Я, -и, *ж.* Научно-техническая дисциплина, изучающая телеграфную связь.

ТЕЛЕ́ЖКА, -и, *ж.* **1.** *см.* телега. **2.** Небольшая повозка, устройство, передвигаемое ручным или механическим способом. *Транспортная т.* **3.** Подвижная часть нек-рых машин, технических устройств (спец.). *Крановая т.* ‖ *прил.* **теле́жечный**, -ая, -ое.

ТЕ́ЛЕКС, -а, *м.* **1.** Международная сеть абонентного телеграфирования. *Связаться по телексу.* **2.** Аппарат для такого телеграфирования. **3.** Текст сообщения, полученный по такому аппарату. *Получен срочный т.* ‖ *прил.* **те́лексный**, -ая, -ое. *Телексная станция.*

ТЕЛЕОБЪЕКТИ́В, -а, *м.* (спец.). Объектив, применяемый для крупномасштабной съёмки удалённых предметов.

ТЕЛЕОЛО́ГИЯ, -и, *ж.* Учение, считающее, что всё в мире осуществляется в соответствии с заранее предопределённой Богом или природой целью. ‖ *прил.* **телеологи́ческий**, -ая, -ое.

ТЕЛЕПА́ТИЯ, -и, *ж.* Научно не объяснённое парапсихологическое явление передачи мыслей и чувств на расстояние. ‖ *прил.* **телепати́ческий**, -ая, -ое.

ТЕЛЕСА́, -е́с, -еса́м (разг. шутл.). О теле толстяка, толстухи.

ТЕЛЕСКО́П, -а, *м.* Астрономический прибор для изучения небесных тел по их электромагнитному излучению. ‖ *прил.* **телеско́пный**, -ая, -ое *и* **телескопи́ческий**, -ая, -ое (спец.).

ТЕЛЕСКОПИ́ЧЕСКИЙ, -ая, -ое (спец.). **1.** *см.* телескоп. **2.** Сконструированный на основе системы выдвижных трубок, выдвижных частей. *Телескопическая антенна. Т. щуп. Телескопические очки* (сильно увеличивающие очки с линзами, вмонтированными в трубки).

ТЕЛЕ́СНЫЙ, -ая, -ое; -сен, -сна. **1.** *см.* тело. **2.** *полн. ф.* Причинённый телу, физический. *Телесные повреждения. Телесное наказание.* **3.** *перен.* Земной, материальный, в противоп. духовному (устар.). **4.** Бледно-розовый, цвета тела. ‖ *сущ.* **теле́сность**, -и, *ж.* (к 3 знач.).

ТЕЛЕСТА́НЦИЯ, -и, *ж.* Сокращение: телевизионная станция — комплекс сооружений и устройств для телевещания.

ТЕЛЕТА́ЙП, -а, *м.* Телеграфный аппарат с клавиатурой, при приёме автоматически записывающий сообщение буквами. ‖ *прил.* **телета́йпный**, -ая, -ое.

ТЕЛЕТАЙПИ́СТ, -а, *м.* Специалист, работающий на телетайпе, телетайпах. ‖ *ж.* **телетайпи́стка**, -и.

ТЕЛЕФА́КС, -а, *м.* Сеть связи, передающая по электроканалам неподвижные плоские изображения при помощи факсимильных аппаратов. *Передать сообщение по телефаксу.* ‖ *прил.* **телефа́ксный**, -ая, -ое. *Телефаксная связь.*

ТЕЛЕФО́Н, -а, *м.* **1.** Система связи для передачи речевой информации на расстояние при помощи электрических сигналов по проводам или по радио. *Городской т. Междугородный т.* **2.** Аппарат для разговора таким способом. *Т.-автомат.* **3.** Абонентский номер такого аппарата (разг.). *Записать чей-н. т. Т. изменился у кого-н.* ✦ **Испорченный телефон** (разг. шутл.) — о сведениях, до неузнаваемости искажаемых при передаче от одного к другому. ‖ *прил.* **телефо́нный**, -ая, -ое. *Телефонная станция. Телефонная книга* (с номерами абонентских телефонов).

ТЕЛЕФОНИЗИ́РОВАТЬ, -рую, -руешь; -анный; *сов. и несов., что.* Оборудовать телефонной сетью, снабдить (-бжать) телефонами. *Т. посёлок.* ‖ *сущ.* **телефониза́ция**, -и, *ж.*

ТЕЛЕФОНИ́РОВАТЬ, -рую, -руешь; -анный; *сов. и несов., что* и *о чём* (офиц.). Сообщить (-щать) по телефону. ‖ *сов.* также **протелефони́ровать**, -рую, -руешь; -анный.

ТЕЛЕФОНИ́СТ, -а, *м.* **1.** Специалист по телефонии. **2.** Работник телефонной станции. ‖ *ж.* **телефони́стка**, -и (ко 2 знач.). ‖ *прил.* **телефони́стский**, -ая, -ое (ко 2 знач.).

ТЕЛЕФОНИ́Я, -и, *ж.* Научно-техническая дисциплина, изучающая телефонную связь.

ТЕЛЕФОНОГРА́ММА, -ы, *ж.* Официальное сообщение, переданное и принятое по телефону.

ТЕЛЕ́Ц, -льца́, *м.* (стар.). То же, что телёнок. ✦ **Золотой телец** (книжн.) — золото, богатство, а также власть денег. *Поклоняться золотому тельцу* (быть одержимым страстью к наживе, к богатству).

ТЕЛЕЦЕ́НТР, -а, *м.* Сокращение: телевизионный центр — станция, создающая телевизионные программы и осуществляющая их вещание. ‖ *прил.* **телеце́нтровский**, -ая, -ое (разг.).

ТЕЛЁНОК, -нка, *мн.* -ля́та, -ля́т, *м.* Детёныш коровы, а также оленя, лося и нек-рых других парнокопытных животных. *Как т. кто-н.* (простоват и доверчив). ✦ **Куда Макар телят не гонял** (послать, отправить) *кого* (разг.) — послать, отправить очень далеко, неизвестно куда. ‖ *прил.* **теля́чий**, -ья, -ье *и* **тёлочный**, -ая, -ое (спец.). *Тёлочный комплекс* (на ферме). ✦ **Телячий восторг** (разг.) — бессмысленный, беспричинный восторг. **Телячьи нежности** (разг. неодобр.) — чрезмерные или неуместные нежности.

ТЕ́ЛИК, -а, *м.* (разг.). То же, что телевизор. *По телику передавали. Купили т.*

ТЕЛИ́ТЬСЯ (тело́сь, те́лишься, 1 и 2 л. не употр.), те́лится; *несов.* О корове, а также самке оленя, лося и нек-рых других парнокопытных животных: рождать детёныша. ✦ **Не мычит и не телится** *кто* (разг. шутл.) — не говорит и не решает ничего определённого. ‖ *сов.* **отели́ться** (отело́сь, оте́лишься, 1 и 2 л. не употр.), оте́лится.

ТЕ́ЛО, -а, *мн.* тела́, тел, тела́м, *ср.* **1.** Отдельный предмет в пространстве, а также часть пространства, заполненная материей, каким-н. веществом или ограниченная замкнутой поверхностью. *Твёрдые, жидкие и газообразные тела. Геометрическое т.* **2.** Организм человека или животного в его внешних, физических формах. *Части тела. Войти в т.* (пополнеть; прост.). *Спасть с тела* (похудеть; прост.). *В теле* (полный, тучный; прост.). *Голое т.* (без одежды). *Мёртвое т.* (труп). **3.** Часть этого организма, исключая голову и конечности, туловище. *Массаж тела.* **4.** Основная часть, корпус чего-н. (спец.). *Т. орудия* (ствол). *Т. мины. Т. поршня. Т. плотины* (её основная часть). *Вегетативное т. гриба* (грибница). *Рудное т.* (скопление руды). *Т. дерева* (ствол). ‖ *уменьш.* **тéльце**, -а, *ср.* (ко 2 знач.). ‖ *прил.* **телéсный**, -ая, -ое (ко 2 и в нек-рых сочетаниях к 1 знач.). *Телесные немощи* (устар. и ирон.). *Телесные свойства* (свойства физических тел).

ТЕЛОГРÉЙКА, -и, *ж.* **1.** То же, что душегрейка (устар.). **2.** То же, что ватник (разг.).

ТЕЛОГРÉЯ, -и, *ж.* Старинная русская женская распашная верхняя одежда, длинная, обычно с откидными рукавами. *Шёлковая т. Т. на меховой подкладке.*

ТЕЛОДВИЖÉНИЕ, -я, *ср.* Движение тела (во 2 знач.) или отдельной его части, жест. *Плавные телодвижения.*

ТЕЛÓК, -лкá, *м.* (разг.). То же, что телёнок.

ТЕЛОСЛОЖÉНИЕ, -я, *ср.* Сложение, форма тела (во 2 знач.), фигуры. *Крепкое, красивое т.*

ТЕЛОХРАНИ́ТЕЛЬ, -я, *м.* **1.** Воин, охраняющий какое-н. высокое лицо, напр. монарха (устар.). **2.** Человек, к-рый охраняет, оберегает кого-н. ‖ *ж.* **телохрани́тельница**, -ы (ко 2 знач.).

ТÉЛЬНИК, -а, *м.* и **ТЕЛЬНЯ́ШКА**, -и, *ж.* (разг.). Матросская нижняя трикотажная рубашка в синюю и белую полоску.

ТÉЛЬЦЕ, -а, *мн.* тельцá, телéц, тельцáм, *ср.* **1.** *см.* тело. **2.** обычно *мн.* Небольшое образование в составе живой ткани человека и животного. *Красные кровяные тельца* (прежнее название эритроцитов). *Белые кровяные тельца* (прежнее название лейкоцитов).

ТЕЛЯ́, теля́ти, *ср.* (стар.). В пословицах: то же, что телёнок. *Ласковое т. двух маток сосёт. Дай бог нашему теляти (да) волка поймати* (о том, кто расхрабрился, не соразмерив свои силы).

ТЕЛЯ́ТИНА, -ы, *ж.* Мясо телёнка как пища.

ТЕЛЯ́ТНИК[1], -а, *м.* Работник, занимающийся уходом за телятами. ‖ *ж.* **теля́тница**, -ы. ‖ *прил.* **теля́тницкий**, -ая, -ое.

ТЕЛЯ́ТНИК[2], -а, *м.* Помещение для телят.

ТЕЛЯ́ЧИЙ *см.* телёнок.

ТЕМ, *союз.* Вводит сравн. ст. и указывает на возрастание интенсивности как следствие того, о чём сообщается в главном предложении. *Я здесь нужен, т. труднее мне уехать.* ✦ **Тем лучше** — о том, что может быть хорошо, полезно по своим последствиям. *Он сознался, тем лучше для него.* **(И) тем самым** — союз со знач. следствия. *Он солгал, (и) тем самым настроил всех против себя.* **Тем хуже** — о том, что может быть плохо, вредно по своим последствиям. *Он ленится, тем хуже для него.*

ТÉМА, -ы, *ж.* **1.** Предмет, основное содержание рассуждения, изложения, творчества. *Перейти к другой теме. Т. рассказа.* **2.** Главный мотив музыкального произведения. *Т. с вариациями.* ‖ *прил.* **темати́ческий**, -ая, -ое (к 1 знач.). *Тематическая линия романа.*

ТЕМÁТИКА, -и, *ж.* Совокупность, круг тем (в 1 знач.). *Т. лекций. Т. художественных произведений.* ‖ *прил.* **темати́ческий**, -ая, -ое.

ТЕМАТИ́ЧЕСКИЙ, -ая, -ое. **1.** *см.* тема и тематика. **2.** Посвящённый какой-н. одной теме. *Тематическая коллекция марок. Т. вечер.*

ТЕМБР [тэ], -а, *м.* Характерная окраска звука (у голоса, инструмента), сообщаемая ему обертонами, призвуками. *Т. баяна. Приятный т. голоса.* ‖ *прил.* **тéмбровый**, -ая, -ое.

ТЕМЕННÓЙ *см.* темя.

ТÉМЕНЬ, -и, *ж.* (разг.). Темнота, темь. *Кругом непроглядная т.*

ТЕМЛЯ́К, -á, *м.* Петля с кистью на конце на эфесе холодного оружия. ‖ *прил.* **темля́чный**, -ая, -ое.

ТЕМНÉТЬ, -éю, -éешь; *несов.* **1.** Становиться тёмным (в 1 и 2 знач.), темнее. *Серебро темнеет. Небо темнеет.* **2.** (1 и 2 л. не употр.). О наступлении темноты, сумерек. *День темнеет. Зимой рано темнеет* (безл.). **3.** (1 и 2 л. не употр.). Виднеться (о чём-н. тёмном). *Вдали темнеет лес.* ‖ **потемнéть**, -éю, -éешь (к 1 и 2 знач.) *и* **стемнéть**, -éет (ко 2 знач.). ‖ *сущ.* **потемнéние**, -я, *ср.* (к 1 знач.).

ТЕМНÉТЬСЯ (-éюсь, -éешься, 1 и 2 л. не употр.), -éется; *несов.* (разг.). То же, что темнеть (в 3 знач.). *В снегу что-то темнеется.*

ТЕМНИ́ТЬ, -ню́, -ни́шь; *несов.* **1.** *кого-что.* Делать тёмным (в 1 и 3 знач.) (разг.). *Шторы темнят комнату. Недоговорённости темнят изложение.* **2.** *перен.* Путать, обманывать (прост.). *Говори правду, не темни.*

ТЕМНО... и **ТЁМНО-...** *Первая часть сложных слов со знач.*: 1) тёмного оттенка, напр. *тёмно-голубой, тёмно-зелёный, тёмно-красный, тёмно-каштановый, тёмно-лиловый, тёмно-коричневый, тёмно-серый, тёмно-синий;* 2) с тёмным (во 2 знач.) (в соответствии со знач. второй части сложения), напр. *темноволосый, темнолицый, темнокожий.*

ТЕМНОТÁ, -ы́, *ж.* То же, что тьма[1]. *Ночная т. Т. наша* (мы необразованны, несведущи; разг. шутл.).

ТЕМП, -а, *м.* **1.** Степень быстроты в исполнении музыкального произведения, а также в движениях, в исполнении чего-н., в чтении. *Быстрый, медленный т. Потеря темпа в игре.* **2.** Степень быстроты в осуществлении чего-н., в исполнении какого-н. дела, задания. *Быстрые темпы строительства.* ✦ **В темпе** (разг.) — быстро, энергично. *Игра проходит в темпе.* ‖ *прил.* **тéмповый**, -ая, -ое (к 1 знач.).

ТÉМПЕРА [тэ́], -ы, *ж.* **1.** *собир.* Краски, растёртые на эмульсии. **2.** Картина, выполненная такими красками. ‖ *прил.* **тéмперный**, -ая, -ое.

ТЕМПЕРАМÉНТ, -а, *м.* **1.** Совокупность индивидуальных психических свойств человека, характеризующих степень его возбудимости и проявляющихся в его отношении к окружающей действительности, в силе чувств, поведении. *Сангвинический, меланхолический, холерический и флегматический темпераменты.* **2.** Жизненная энергия, способность к внутреннему подъёму. *Человек с темпераментом.*

ТЕМПЕРАМÉНТНЫЙ, -ая, -ое; -тен, -тна. Очень живой, энергичный, обладающий живым, пылким темпераментом. *Т. исполнитель. Темпераментная речь.* ‖ *сущ.* **темперáментность**, -и, *ж.*

ТЕМПЕРАТУ́РА, -ы, *ж.* **1.** Величина, характеризующая тепловое состояние чего-н. *Высокая, низкая т. Средняя годовая т. Т. плавления.* **2.** Степень теплоты тела как показатель состояния здоровья. *Нормальная, повышенная т. Измерить температуру.* **3.** Повышенная теплота тела как показатель нездоровья (разг.). *У больного т. Ходить с температурой.* ‖ *прил.* **температу́рный**, -ая, -ое.

ТЕМПЕРАТУ́РИТЬ, -рю, -ришь; *несов.* (разг.). Болеть, имея повышенную температуру. *Больной по вечерам температурит.*

ТЕМЬ, -и, *ж.* (разг.). То же, что тьма[1] (в 1 знач.). *Т. непроглядная. Выехали в самую т.* (когда было совсем темно).

ТÉМЯ, -мени, *ср.* Верхняя часть черепа, головы, между лобными, затылочными и височными костями. ‖ *уменьш.* **тéмечко**, -а, *ср.* ‖ *прил.* **теменнóй**, -áя, -óе. *Т. бугор.*

ТЕНДЕНЦИÓЗНЫЙ [тэ, дэ], -ая, -ое; -зен, -зна. Пристрастный, необъективный. *Тенденциозное освещение событий.* ‖ *сущ.* **тенденциóзность**, -и, *ж.*

ТЕНДÉНЦИЯ [тэ, дэ], -и, *ж.* **1.** Направление развития, склонность, стремление. *Т. к росту. Прогрессивные тенденции.* **2.** Замысел, идея какого-н. изложения, изображения (устар.). **3.** Предвзятая, односторонняя мысль, навязываемая читателю, зрителю, слушателю (книжн.).

ТÉНДЕР [тэ́, дэ], -а, *м.* Сцеплённый с паровозом специальный вагон для топлива, воды, инструментов или приспособленная для этого задняя часть паровоза. ‖ *прил.* **тéндерный**, -ая, -ое.

ТЕНЕ... *Первая часть сложных слов со знач.* относящийся к тени (в 1 знач.), напр. *теневыносливый, тенелюб* (тенелюбивое растение).

ТЕНЕВИ́К, -á, *м.* (разг.). Делец теневой экономики.

ТЕНЕВÓЙ, -áя, -óе. **1.** *см.* тень. **2.** Находящийся в тени, менее освещённый. *Теневая сторона дома.* **3.** *перен.* Отрицательный, неблагоприятный. *В. этом деле есть свои теневые стороны.* ✦ **Теневая экономика** — нелегальная или официально не учитываемая хозяйственно-экономическая деятельность с целью незаконного извлечения доходов. **Теневой кабинет** — группа влиятельных парламентариев, имеющих свою программу и претендующих в случае победы их партии на создание нового правительства.

ТЕНЕЛЮБИ́ВЫЙ, -ая, -ое; -и́в. Растущий в местах, обильных тенью (в 1 знач.). *Тенелюбивые растения.* ‖ *сущ.* **тенелюби́вость**, -и, *ж.*

ТЕНЁК, -нькá, *м.* (разг.). Тенистое место. *Сесть в т. Спрятаться (уйти) в т.* (то же, что спрятаться в тень). ‖ *уменьш.* **тенёчек**, -чка, *м.*

ТЕНЁТА, -ёт. **1.** Сеть для ловли зверей. *Попасть в т.* (также перен.: в ловушку, в западню). **2.** То же, что паутина. ‖ *прил.* **тенётный**, -ая, -ое.

ТÉНЗОР [тэ́], -а, *м.* В математике: упорядоченное в виде строки, матрицы, параллелепипеда множество каких-н. математических элементов. *Т. деформации.* ‖ *прил.* **тéнзорный**, -ая, -ое. *Тензорное исчисление.*

ТЕНИ́СТЫЙ, -ая, -ое; -и́ст. Обильный тенью (в 1 знач.). *Т. сад.* ‖ *сущ.* **тени́стость**, -и, *ж.*

ТÉННИС [тэ́], -а, *м.* Парная спортивная игра маленьким мячом, к-рый перебрасывается ракеткой через сетку, разделяющую корт. *Играть в т. Соревнования по теннису. Настольный т.* (пинг-понг). ‖ *прил.* **тéннисный**, -ая, -ое.

ТЕННИСИ́СТ [*тэ*], -а, *м.* Спортсмен, занимающийся теннисом; игрок в теннис. ‖ *ж.* **тенниси́стка**, -и.

ТЕ́ННИСКА [*тэ*], -и, *ж.* Лёгкая верхняя рубашка с короткими рукавами, обычно трикотажная.

ТЕ́НОР, -а, *мн.* -а́, -о́в и -ы, -ов, *м.* **1.** Высокий мужской голос. *Лирический т. Драматический т.* **2.** Певец с таким голосом. ‖ *уменьш.* **теноро́к**, -рка́, *м.* (к 1 знач.). ‖ *прил.* **теноро́вый**, -ая, -ое (к 1 знач.).

ТЕНТ [*тэ*], -а, *м.* Плотный матерчатый навес (на палубе, пляже, веранде) для защиты от солнца, дождя. *Парусиновый т. Натянуть т.* ‖ *прил.* **те́нтовый**, -ая, -ое.

ТЕНЬ, -и, в тени́, *мн.* -и, -е́й и -ей, *ж.* **1.** Место, защищённое от попадания прямых солнечных лучей. *Температура +20° в тени. Сидеть в тени. Держаться в тени* (также перен.: скромно, не стараясь подчёркивать свою роль в каком-н. деле). *Спрятаться (уйти) в т.* (также перен.: в сторонку, стараясь быть незаметным, не обращать на себя внимание). **2.** Тёмное отражение на чём-н. от предмета, освещённого с противоположной стороны. *Дерево отбрасывает т. Этот человек — его т.* (перен.: неотступно следует за ним). *Театр теней* (действия теней, получаемых от плоских кукол, движущихся между источником света и экраном). **3.** Неотчётливое очертание фигуры, силуэт (во 2 знач.). *В саду мелькнула неясная т.* **4.** *перен., чего.* Отражение в движениях лица какого-н. внутреннего состояния, волнения. *Пробежала т. неудовольствия. Промелькнула т. сомнения.* **5.** *перен., чего.* Призрак, воспроизведение чего-н. (книжн.). *Тени прошлого. Встали тени былого.* **6.** *перен., чего.* Малейший признак, малейшая доля чего-н. *Нет и тени сомнения.* **7.** *перен.* Подозрение в чём-н. *Бросить т. на чьё-н. доброе имя.* **8.** *мн. (род. -ей).* Оттеняющие косметические краски для лица, век. **9.** Затемнённое, оттенённое место на рисунке, картине, изображении. *Класть тени.* ✦ **Тень наводить, наводить тень на ясный день** (разг.) — намеренно вносить неясность в дело, стараясь сбить с толку. **Только (одна) тень осталась** *от кого* (разг.) — очень исхудал. ‖ *прил.* **тенево́й**, -ая, -ое (к 1, 2, 8 и 9 знач.).

ТЕ́НЬКАТЬ, -аю, -аешь; *несов.* (разг.). Издавать звенящий прерывистый звук. ‖ *однокр.* **те́нькнуть**, -ну, -нешь. *Тенькнул колокольчик.* ‖ *сущ.* **те́ньканье**, -я, *ср.*

ТЕОДОЛИ́Т, -а, *м.* Геодезический и астрономический угломерный инструмент. ‖ *прил.* **теодоли́тный**, -ая, -ое.

ТЕОКРА́ТИЯ, -и, *ж.* Форма правления, при к-рой глава духовенства, церкви является главой государства. ‖ *прил.* **теократи́ческий**, -ая, -ое.

ТЕО́ЛОГ, -а, *м.* Специалист по теологии, богослов.

ТЕОЛО́ГИЯ, -и, *ж.* То же, что богословие. ‖ *прил.* **теологи́ческий**, -ая, -ое.

ТЕОРЕ́МА, -ы, *ж.* В математике: утверждение, истинность к-рого устанавливается путём доказательства.

ТЕОРЕТИЗИ́РОВАТЬ, -рую, -руешь; *несов.* **1.** Заниматься теоретическими вопросами, создавать теорию (в 1 и 2 знач.). **2.** Рассуждать на отвлечённые темы без пользы для дела. *Нечего т., нужно браться за работу.* ‖ *сущ.* **теоретизи́рование**, -я, *ср.*

ТЕОРЕ́ТИК, -а, *м.* **1.** Учёный, занимающийся вопросами теории. *Физик-т.* **2.** Человек с теоретическим (в 3 знач.) складом ума.

ТЕОРЕТИ́ЧЕСКИЙ, -ая, -ое. **1.** *см.* теория. **2.** Основанный на теории, относящийся к вопросам теории. *Т. вывод. Теоретическая конференция. Рассуждать теоретически* (нареч.). **3.** О складе мышления: склонный к обобщениям, к теоретизированию. *Т. ум.* **4.** Не опирающийся на реальность, на практические возможности (разг.). *Теоретически* (нареч.) *возможно, а практически вряд ли.*

ТЕОРЕТИ́ЧНЫЙ, -ая, -ое; -чен, -чна. Отвлечённый, абстрактный, не находящий практического применения. *Рассуждает теоретично* (нареч.). ‖ *сущ.* **теорети́чность**, -и, *ж.*

ТЕО́РИЯ, -и, *ж.* **1.** Учение, система научных принципов, идей, обобщающих практический опыт и отражающих закономерности природы, общества, мышления. *Философская т. Т. познания. Т. относительности.* **2.** Совокупность обобщённых положений, образующих науку или раздел какой-н. науки, а также совокупность правил в области какого-н. мастерства. *Лингвистическая т. Т. шахматной игры.* **3.** Сложившееся у кого-н. мнение, суждение, взгляд на что-н. *У него на этот счёт своя т. В оправдание своего поведения придумал целую теорию.* ‖ *прил.* **теорети́ческий**, -ая, -ое (к 1 и 2 знач.). *Теоретическая физика.*

ТЕОСО́ФИЯ, -и, *ж.* Учение о возможности непосредственного постижения божественных тайн и общения с потусторонним миром. ‖ *прил.* **теософи́ческий**, -ая, -ое.

ТЕПЕ́РЕШНИЙ, -яя, -ее (разг.). Существующий теперь, нынешний. *Теперешнее время. Теперешние люди.*

ТЕПЕ́РЬ. **1.** *нареч.* В настоящее время, сейчас. *Т. жизнь изменилась. Т. весна.* **2.** *в знач. союза.* Употр. при переходе к новому предмету мысли, повествования (разг.). *Деревню люблю, привык, т. воздух — такого в городе нет.*

ТЕПЛЕ́ТЬ (-е́ю, -е́ешь, 1 и 2 л. не употр.), -е́ет; *несов.* Становиться тёплым, теплее (см. тёплый в 1, 5, 6 и 7 знач.). *Воздух теплеет. На улице теплеет* (безл.). *Взгляд, голос теплеет. На душе теплеет* (безл.). ‖ *сов.* **потепле́ть** (-е́ю, -е́ешь, 1 и 2 л. не употр.), -е́ет. ‖ *сущ.* **потепле́ние**, -я, *ср.*

ТЕ́ПЛИТЬСЯ (-люсь, -лишься, 1 и 2 л. не употр.), -лится; *несов.* Гореть слабым пламенем, слабо светиться. *Теплится свеча. Теплится надежда* (перен.: ещё есть, не совсем пропала). *Жизнь чуть теплится в ком-н.* (перен.: очень слаб, близок к смерти).

ТЕПЛИ́ЦА, -ы, *ж.* Помещение, участок с защищённым грунтом для разведения и выращивания растений. *Зимние, весенние теплицы.* ‖ *уменьш.* **тепли́чка**, -и, *ж.* ‖ *прил.* **тепли́чный**, -ая, -ое. *Т. комбинат. Тепличное хозяйство. Тепличное растение* (также перен.: о хилом, не приспособленном к жизни человеке).

ТЕПЛИ́ЧНЫЙ, -ая, -ое; -чен, -чна. **1.** *см.* теплица. **2.** *перен.* Изнеженный, изнеживающий. *Тепличное воспитание. Ребёнок растёт в тепличных условиях.* ‖ *сущ.* **тепли́чность**, -и, *ж.*

ТЕПЛО́, -а́, *ср.* **1.** Нагретое, тёплое состояние чего-н. *Согреть теплом своего тела. От печки тянет теплом. В дом дали т.* (включено центральное отопление). **2.** Нагретость воздуха, его температура выше нуля. *На улице пять градусов тепла.* **3.** Тёплая погода, тёплое время года. *Весеннее, летнее т. После зимы пришло т. С теплом просыпается вся природа. Т. бабьего лета.* **4.** Тёплое, нагретое место, помещение. *Кошка любит спать в тепле. Держи живот в голоде, голову в холоде, а ноги в тепле* (посл.). **5.** Ощущение теплоты, согретости тела. *По всему телу разлилось приятное т.* **6.** *перен.* Сердечное, доброе отношение, отрадное чувство. *Т. дружбы. Душевное т. Окружить гостя теплом.* ‖ *прил.* **теплово́й**, -а́я, -о́е (ко 2 знач.). *Т. удар* (острое болезненное состояние, вызываемое воздействием на организм высокой температуры солнечных лучей).

ТЕПЛО... *Первая часть сложных слов со знач.* относящийся к теплу (в 1 знач.), к его получению, потреблению и излучению, к теплоте (во 2 знач.), напр. *теплоотдача, теплоизоляция, теплолечение, теплоснабжение, теплотрасса, тепловодность, тепловодный.*

ТЕПЛОВО́З, -а, *м.* Локомотив с двигателем внутреннего сгорания. ‖ *прил.* **теплово́зный**, -ая, -ое.

ТЕПЛОВО́Й, -а́я, -о́е. **1.** *см.* тепло. **2.** Относящийся к теплоте (во 2 знач.), распространяющий теплоту. *Тепловые лучи. Тепловая энергия. Т. двигатель.*

ТЕПЛОЁМКОСТЬ, -и, *ж.* (спец.). Количество теплоты (во 2 знач.), необходимое для нагревания данного тела на 1°.

ТЕПЛОКРО́ВНЫЕ, -ых, *ед.* -ое, -ого, *ср.* Животные с относительно постоянной температурой тела, не зависящей от окружающей среды (большинство млекопитающих и птицы).

ТЕПЛОЛЮБИ́ВЫЙ, -ая, -ое; -и́в. О растениях, животных: любящий тепло, произрастающий, живущий в тепле, в тёплом климате. *Теплолюбивые культуры. Теплолюбивые рыбы.* ‖ *сущ.* **теплолюби́вость**, -и, *ж.*

ТЕПЛОМЕ́Р, -а, *м.* Счётчик (во 2 знач.) тепловой энергии. ‖ *прил.* **тепломе́рный**, -ая, -ое.

ТЕПЛООБМЕ́Н, -а, *м.* (спец.). Процесс необратимого распространения тепла от более нагретых тел к менее нагретым. *Регулирование теплообмена.* ‖ *прил.* **теплообме́нный**, -ая, -ое.

ТЕПЛООБМЕ́ННИК, -а, *м.* (спец.). Аппарат для передачи тепла от греющего тела к нагреваемому.

ТЕПЛОПРОВО́Д, -а, *м.* Трубопровод для передачи на расстояние горячей воды, пара. ‖ *прил.* **теплопрово́дный**, -ая, -ое.

ТЕПЛОПРОВО́ДНОСТЬ, -и, *ж.* (спец.). Свойство передавать теплоту от нагретых участков к более холодным.

ТЕПЛОПРОВО́ДНЫЙ, -ая, -ое. **1.** *см.* теплопровод. **2.** Обладающий теплопроводностью.

ТЕПЛОТА́, -ы́, *ж.* **1.** *см.* тёплый. **2.** Форма движения материи — беспорядочное движение частиц тела; энергетическая характеристика теплообмена, определяющаяся количеством энергии, к-рое получает нагреваемое тело (отдает охлаждаемое тело) (спец.). *Т. плавления. Единица теплоты.* **3.** То же, что тепло (разг.).

ТЕПЛОТЕ́ХНИК, -а, *м.* Специалист по теплотехнике.

ТЕПЛОТЕ́ХНИКА, -и, *ж.* Раздел науки и техники, занимающийся получением и использованием тепловой энергии. ‖ *прил.* **теплотехни́ческий**, -ая, -ое.

ТЕПЛОФИЦИ́РОВАТЬ, -рую, -руешь; -анный; *сов. и несов., что.* Снабдить (-бжать) теплом (здания, предприятия). ‖ *сущ.* **теплофика́ция**, -и, *ж.* ‖ *прил.* **теплофикацио́нный**, -ая, -ое.

ТЕПЛОХО́Д, -а, *м.* Судно с двигателем внутреннего сгорания. ‖ *прил.* **теплохо́дный**, -ая, -ое.

ТЕПЛОЦЕНТРА́ЛЬ, -и, *ж.* Станция, вырабатывающая тепловую энергию для централизованного отопления.

ТЕПЛОЭЛЕКТРОЦЕНТРА́ЛЬ, -и, *ж.* Тепловая электростанция, вырабатывающая электроэнергию и тепло (горячую воду, пар) (ТЭЦ).

ТЕПЛУ́ШКА, -и, *ж.* (разг.). **1.** В военные годы: товарный вагон с печуркой, приспособленный для перевозки людей. **2.** Небольшое утеплённое помещение. *Т. на стройплощадке.* ‖ *прил.* **теплу́шечный**, -ая, -ое.

ТЕПЛЫ́НЬ, -и, *ж.* (разг.). Очень тёплая погода (реже о теплоте в помещении). *На улице т.*

ТЕПЛЯ́К, -а́, *м.* (спец.). Закрытое временное сооружение на стройке для подсобных работ зимой.

ТЕРАПЕ́ВТ, -а, *м.* Врач — специалист по терапии.

ТЕРАПИ́Я, -и, *ж.* **1.** Раздел медицины, занимающийся лечением внутренних болезней консервативными (во 2 знач.), не хирургическими методами и их профилактикой. **2.** Само такое лечение. *Интенсивная т.* (направленная на спасение жизни больного). ‖ *прил.* **терапевти́ческий**, -ая, -ое.

ТЕРЕБИ́ЛЬЩИК, -а, *м.* Тот, кто теребит лён, коноплю; работник на теребильной машине. ‖ *ж.* **теребильщица**, -ы.

ТЕРЕБИ́ТЬ, -блю́, -би́шь; -блённый; *несов.* **1.** *что.* Собирая, выдёргивать с корнем, а также разминать, раздёргивать. *Т. лён, коноплю. Т. шерсть.* **2.** *кого-что.* Частыми, повторяющимися движениями дёргать, трогать. *Т. волосы. Т. бороду.* **3.** *перен., кого (что).* Не оставляя в покое, постоянно обращаться с просьбами, требованиями, напоминаниями (разг.). *Т. кого-н. вопросами.* ‖ *сов.* **вытеребить**, -блю, -бишь; -бленный (к 1 знач.). ‖ *сущ.* **теребле́ние**, -я, *ср.* ‖ *прил.* **теребильный**, -ая, -ое (к 1 знач.; спец.). *Теребильная машина.*

ТЕ́РЕМ, -а, в те́реме *и* в терему́, *мн.* -а́, -о́в, *м.* В Древней Руси: высокий богатый дом с покатой крышей, с надворными постройками; жилое помещение в верхней части такого дома. *Боярский т.* ‖ *уменьш.* **теремо́к**, -мка́, *м.* ‖ *прил.* **теремно́й**, -ая, -ое.

ТЕРЕ́ТЬ, тру, трёшь; тёр, тёрла; тёрший; тёртый; *несов., что.* **1.** Водить взад и вперёд по чему-н., нажимая. *Т. ушибленное место. Т. губкой.* **2.** Трением превращать в порошок, в мелкие частицы. *Т. хрен на тёрке. Т. табак. Тёртые краски.* **3.** (1 и 2 л. не употр.). О неудобной обуви, одежде: причинять боль прикосновением. *Сапог трёт ногу.* ‖ *возвр.* **тере́ться**, трусь, трёшься (к 1 знач.; разг.). *Т. полотенцем.* ‖ *прил.* **тёрочный**, -ая, -ое (ко 2 знач.; спец.). *Тёрочная машина.*

ТЕРЕ́ТЬСЯ, трусь, трёшься; тёрся, тёрлась; тёршийся; *несов.* **1.** *см.* тереть. **2.** (1 и 2 л. не употр.). Соприкасаясь, тереть (в 1 знач.) друг друга при движении. *Жернова трутся один о другой.* **3.** Находясь в непосредственной близости, прикасаться, прижиматься к кому-чему-н. (разг.). *Котёнок трётся у ног. Т. о забор.* **4.** *перен.* Неотступно находиться вблизи кого-чего-н., надоедая своим присутствием (прост.). *Около нас тёрся какой-то подозрительный незнакомец.* **5.** *перен.* Быть среди кого-чего-н., общаться с кем-н. (прост.). *Много лет тёрся среди актёров.* ‖ *сов.* **потере́ться**, -трусь, -трёшься (к 3 и 5 знач.).

ТЕРЗА́НИЕ, -я, *ср.* **1.** *см.* терзать. **2.** *перен.*, обычно *мн.* Нравственное страдание, мучение (книжн.). *Душевные терзания.*

ТЕРЗА́ТЬ, -а́ю, -а́ешь; те́рзанный; *несов., кого-что* (книжн.). **1.** Разрывать, раздирать на части. *Хищник терзает свою добычу.* **2.** *перен.* Мучить, причинять страдания. *Т. упреками. Терзают подозрения кого-н.* ‖ *сущ.* **терза́ние**, -я, *ср.*

ТЕРЗА́ТЬСЯ, -а́юсь, -а́ешься; *несов.* (книжн.). Страдать, мучиться нравственно. *Т. сомнениями.*

ТЕ́РМИН, -а, *м.* Слово или словосочетание — название определённого понятия какой-н. специальной области науки, техники, искусства. *Технические термины. Термины математики. Словарь музыкальных терминов.* ‖ *прил.* **терминологи́ческий**, -ая, -ое.

ТЕРМИНА́Л, -а, *м.* (спец.). Устройство в ЭВМ, предназначенное для ввода и вывода информации. ‖ *прил.* **термина́льный**, -ая, -ое.

ТЕРМИНОЛО́ГИЯ, -и, *ж.* Совокупность, система терминов. *Научная т. Т. физики.* ‖ *прил.* **терминологи́ческий**, -ая, -ое.

ТЕРМИ́СТ, -а, *м.* Специалист по термической обработке металлов.

ТЕРМИ́Т[1], -а, *м.* (спец.). Порошкообразная смесь, дающая при горении очень высокую температуру. ‖ *прил.* **терми́тный**, -ая, -ое.

ТЕРМИ́Т[2], -а, *м.* Общественное насекомое жарких стран, живущее большими колониями, вредитель древесины, кожи, бумаги, сельскохозяйственных продуктов. ‖ *прил.* **терми́тный**, -ая, -ое.

ТЕРМИ́ТНИК, -а, *м.* Подземное или надземное гнездо термитов.

ТЕРМИ́ЧЕСКИЙ, -ая, -ое. Относящийся к применению тепловой энергии в технике, тепловой. *Термическая обработка металлов.*

ТЕРМО... *Первая часть сложных слов со знач.:* 1) относящийся к температуре (в 1 знач.), напр. *термобарокамера, термограмма, термодинамика, терморегуляция;* 2) относящийся к теплоте, теплу, напр. *термоаккумуляция, термоактивность, термогенератор, термотерапия, термохимия;* 3) относящийся к высокой температуре (в 1 знач.), напр. *термобарометр, термосваривание, термосклеивание, термоядерный.*

ТЕРМОДИНА́МИКА, -и, *ж.* Раздел физики, изучающий закономерности теплового движения и его влияние на свойства физических тел. ‖ *прил.* **термодинами́ческий**, -ая, -ое.

ТЕРМО́МЕТР, -а, *м.* Прибор для измерения температуры.

ТЕ́РМОС [тэ], -а, *м.* Специальный сосуд для хранения содержимого при постоянной температуре. *Кофе в термосе.* ‖ *прил.* **те́рмосный**, -ая, -ое.

ТЕРМОСТА́Т [тэ], -а, *м.* (спец.). Прибор для поддержания постоянной температуры. ‖ *прил.* **термоста́тный**, -ая, -ое.

ТЕРМОСТО́ЙКИЙ, -ая, -ое; -о́ек, -о́йка. Стойкий по отношению к воздействию тепла. *Термостойкая пластмасса.* ‖ *сущ.* **термосто́йкость**, -и, *ж.*

ТЕРМОЯ́ДЕРНЫЙ, -ая, -ое. Относящийся к ядерным реакциям при сверхвысоких температурах. *Термоядерная установка. Термоядерное оружие. Термоядерное топливо. Термоядерная реакция* (реакция слияния атомных ядер лёгких элементов, протекающая при сверхвысоких температурах и сопровождающаяся огромным выделением энергии).

ТЕ́РНИЕ, -я, *ср.*, обычно *собир.* (устар. книжн.). Всякое колючее растение, а также его колючка, шип. *Его путь усыпан терниями (тернием)* (перен.: о тернистом пути; высок.).

ТЕРНИ́СТЫЙ, -ая, -ое; -и́ст (устар.). Обильный терниями. *Т. куст.* ✦ **Тернистый путь** (высок.) — трудный, тяжкий жизненный путь. ‖ *сущ.* **терни́стость**, -и, *ж.*

ТЕРНО́ВНИК, -а, *м.* Колючий кустарник сем. розоцветных с терпкими синевато-чёрными плодами. ‖ *прил.* **терно́вниковый**, -ая, -ое.

ТЕРПЕЛИ́ВЫЙ, -ая, -ое; -и́в. Обладающий терпением, исполненный терпения. *Т. характер. Терпеливо* (нареч.) *ждать.* ‖ *сущ.* **терпели́вость**, -и, *ж.*

ТЕРПЕ́НИЕ, -я, *ср.* **1.** Способность терпеть (в 1 знач.). *Проявить т. Потерять всякое т. Вывести из терпения* (раздражить). *Запастись терпением* (заставить себя терпеть). *Т. лопнуло* (не хватило терпения; разг.). **2.** Настойчивость, упорство и выдержка в каком-н. деле, работе. *Учитель должен обладать терпением. Т. и труд всё перетрут* (посл.).

ТЕРПЕ́ТЬ, терплю́, те́рпишь; *несов.* **1.** *что.* Безропотно и стойко переносить что-н. (страдание, боль, неудобства). *Т. муку. Т. неприятности.* **2.** *кого-что.* Мириться с наличием, существованием кого-чего-н., поневоле допускать что-н. *Приходится т. беспокойных соседей. Не терпит возражений кто-н.* (не любит, когда возражают). **3.** *что.* Испытывать что-н. (неприятное, тяжёлое). *Т. крушение, бедствие, поражение.* **4.** (1 и 2 л. не употр.). Не требовать срочного исполнения, немедленного решения. *Время терпит* (можно не спешить). *Дело не терпит* (нужно срочно действовать, решать). ✦ **Терпеть не могу** (не может и т. д.) *кого-что и чего или с неопр.* (разг.) — очень не люблю (не любит и т. д.). *Терпеть не могу этого человека. Терпеть не может, когда ему возражают.* ‖ *сов.* **потерпе́ть**, -терплю́, -те́рпишь (к 3 знач.).

ТЕРПЕ́ТЬСЯ, те́рпится, *безл.; несов., кому* (разг.). О возможности терпеть (в 1 и 2 знач.). *Терпи, покуда терпится* (посл.). ✦ **Не терпится** *кому с неопр.* — очень хочется, не хватает терпения ждать. *Не терпится узнать.*

ТЕРПИ́МЫЙ, -ая, -ое; -и́м. **1.** Такой, что можно терпеть, с к-рым можно мириться. *Терпимые условия.* **2.** Умеющий без вражды, терпеливо относиться к чужому мнению, взглядам, поведению. *Т. характер. Терпимое отношение к людям.* ‖ *сущ.* **терпи́мость**, -и, *ж.* (ко 2 знач.). *Т. к чужим мнениям.* ✦ **Дом терпимости** — то же, что публичный дом.

ТЕ́РПКИЙ, -ая, -ое; -пок, -пка́ *и* -пка, -пко; -пче. Вяжущий на вкус. *Т. вкус крепкого чая, шиповника. Терпкое вино.* ‖ *сущ.* **те́рпкость**, -и, *ж.*

ТЕ́РПНУТЬ (-ну, -нешь, 1 и 2 л. не употр.), -нет; -пнул, -пла; *несов.* (обл.). О частях тела: неметь (во 2 знач.), затекать, деревенеть. *Руки терпнут от холода.* ‖ *сов.* **зате́рпнуть** (-ну, -нешь, 1 и 2 л. не употр.), -нет.

ТЕРРАКО́Т [тэ], *неизм.* О цвете: терракотовый.

ТЕРРАКО́ТА [тэ], -ы, *ж.* **1.** Желтая или красная обожжённая гончарная глина. *Статуэтка из терракоты.* **2.** *собир.* Изделия из такой глины, не покрытые глазурью. *Коллекция терракоты.* || *прил.* **терракóтовый**, -ая, -ое (к 1 знач.).

ТЕРРАКО́ТОВЫЙ [*тэ*], -ая, -ое. **1.** *см.* терракота. **2.** Светло-коричневый с красноватым оттенком, цвета обожжённой глины.

ТЕРРА́РИУМ [*тэ*], -а и **ТЕРРА́РИЙ** [*тэ*], -я, *м.* Специальное помещение для содержания некрупных пресмыкающихся и земноводных. *Т. в зоопарке.* || *прил.* **террáриумный**, -ая, -ое.

ТЕРРА́СА, -ы, *ж.* **1.** Летняя открытая (без стен) пристройка к дому, зданию. *Крытая т.* (с кровлей на столбах). *Застеклённая т.* **2.** Горизонтальный уступ земной поверхности (на склонах, скатах[1]) в ряду других подобных, площадка. *Берег спускается террасами.* || *прил.* **террáсный**, -ая, -ое. *Террасные сады.*

ТЕРРИКО́Н, -а, *м.* Конусообразный отвал пустой породы на поверхности земли при шахте, руднике.

ТЕРРИТО́РИЯ, -и, *ж.* Ограниченное земельное пространство. *Государственная т. Т. города. Т. завода. На территории двора.* || *прил.* **территориáльный**, -ая, -ое. *Территориальные воды* (часть моря, на к-рую распространяется власть прибрежного государства).

ТЕРРО́Р, -а, *м.* **1.** Устрашение своих политических противников, выражающееся в физическом насилии, вплоть до уничтожения. *Политический т. Индивидуальный т.* (единичные акты политических убийств). **2.** Жесткое запугивание, насилие. *Т. самодура.* || *прил.* **террористúческий**, -ая, -ое (к 1 знач.). *Т. акт.*

ТЕРРОРИЗИ́РОВАТЬ, -рую, -руешь; -анный и **ТЕРРОРИЗОВА́ТЬ**, -зую, -зуéшь; -óванный; *сов. и несов., кого (что).* **1.** Устрашить (-шать) методами террора (в 1 знач.). **2.** Запугать (-гивать) чем-н., держа в состоянии постоянного страха. *Т. домашних.* || *сущ.* **терроризúрование**, -я, *ср.*

ТЕРРОРИ́ЗМ, -а, *м.* Политика и практика террора (в 1 знач.). *Государственный т.* || *прил.* **террористúческий**, -ая, -ое.

ТЕРРОРИ́СТ, -а, *м.* Участник или сторонник актов индивидуального террора. || *ж.* **террорúстка**, -и. || *прил.* **террорúстский**, -ая, -ое.

ТЕРЦЕ́Т [*тэ*], -а, *м.* (спец.). **1.** Вокальное произведение для трёх голосов. **2.** Строфа из трех стихов[1] (в 1 знач.). || *прил.* **терцéтный**, -ая, -ое.

ТЕ́РЦИЯ [*тэ́*], -и, *ж.* В музыке: третья ступень гаммы, а также интервал (во 2 знач.), охватывающий три ступени звукоряда. *Большая т.* (интервал в три ступени и два тона). *Малая т.* (интервал в три ступени и полтора тона). || *прил.* **тéрциевый**, -ая, -ое.

ТЕРЬЕ́Р [*тэ*], -а, *м.* Общее название пород собак, используемых для охоты на мелких животных в норах.

ТЕРЯ́ТЬ, -я́ю, -я́ешь; тéрянный; *несов.* **1.** *кого-что.* Лишаться кого-чего-н. по небрежности или роняя, оставляя неизвестно где. *Т. ключи, деньги.* **2.** *кого-что.* Лишаться кого-чего-н., переставать обладать чем-н. *Т. друзей. Т. надежду. Т. авторитет. Т. доверие. Т. трудоспособность. Т. здоровье. Т. вес (в весе). Т. слух. Т. сознание. Т. почву под ногами* (перен.: лишаться уверенности в своих действиях). *Т. дорогу, направление* (сбиваться с пути). **3.** *что.* Тратить, расходовать нецелесообразно или терпеть ущерб от чего-н. *Т. время. Т. средства на перевозках.* ✦ **Терять голову** (разг.) — утрачивать самообладание, впадать в панику. **Терять из виду** *кого-что* — 1) переставать видеть. *Терять из виду очертания корабля;* 2) переставать знать, не иметь больше сведений о ком-чём-н. *Терять из виду друзей.* **Терять** *в чьём* **мнении** — утрачивать чьё-н. хорошее мнение о себе. **Терять счёт** *кому-чему* — о том, кого-чего очень много, невозможно сосчитать. **Нечего терять** *кому* — хуже, чем есть, не будет, и поэтому можно рисковать. || *сов.* **потеря́ть**, -я́ю, -я́ешь; -éрянный *и* **утеря́ть**, -я́ю, -я́ешь; -éрянный (к 1 знач.; офиц.). || *сущ.* **потéря**, -и, *ж. и* **утéря**, -и, *ж.* (к 1 знач.; офиц.).

ТЕРЯ́ТЬСЯ, -я́юсь, -я́ешься; *несов.* **1.** Пропадать, исчезать. *Теряются вещи. Т. в толпе* (затериваться). **2.** (1 и 2 л. не употр.). Утрачиваться, становиться слабее. *Теряются старые связи. Теряется уверенность. Теряется память. Теряется лёгкость движений.* **3.** (1 и 2 л. не употр.). Становиться менее заметным, переставать замечаться. *Дорожка теряется во ржи. Отдельные недостатки книги теряются рядом с её достоинствами.* **4.** Лишаться самообладания, уверенности. *Т. в незнакомом месте. Не теряйся!* (не робей!; разг.). ✦ **Теряться в догадках (в предположениях)** — недоумевая, не находить объяснения чему-н. || *сов.* **потеря́ться**, -я́юсь, -я́ешься *и* **утеря́ться**, -я́ется (к 1 знач.; офиц.). || *сущ.* **потéря**, -и, *ж.* (к 1 знач.) *и* **утéря**, -и, *ж.* (к 1 знач.; офиц.).

ТЕСА́К, -á, *м.* **1.** Рубящее и колющее оружие с широким коротким обоюдоострым клинком на крестообразной рукояти. **2.** Плотницкий топор для тесания дерева (спец.).

ТЕСА́ТЬ, тешу́, тéшешь; тёсанный; *несов., что.* **1.** Рубя, ровняя вдоль по поверхности, делать ровным (дерево, камень). *Т. бревно.* **2.** Изготовлять, разрубая, обрабатывая топором. *Т. колышки.* || *сущ.* **тесáние**, -я, *ср. и* **тёска**, -и, *ж.* (спец.).

ТЕСЁМКА, -и, *ж.* То же, что тесьма. *Прорезиненная т.* || *прил.* **тесёмочный**, -ая, -ое.

ТЕСЁМЧАТЫЙ, -ая, -ое. **1.** Сделанный из тесьмы. *Тесёмчатые нашивки.* **2.** Похожий на тесьму (спец.). *Тесёмчатые черви.*

ТЕСИ́НА, -ы, *ж.* Одна доска тёса.

ТЕСНИ́НА, -ы, *ж.* Узкий проход, обычно между возвышенностями, ущелье. *Горные теснины.*

ТЕСНИ́ТЬ, -ню́, -ни́шь; -нённый (-ён, -енá); *несов., кого-что.* **1.** Сжимать, нажимать; создавать тесноту. *Т. людей в толпе.* **2.** Надвигаясь, наступая, заставлять отходить. *Т. к стене, в угол. Т. противника.* **3.** (1 и 2 л. не употр.). Делать стеснённым, затруднённым. *Теснит* (безл.) *дыхание. Теснит* (безл.) *в груди. Тоска теснит грудь.* || *сов.* **потесни́ть**, -ню́, -ни́шь; -нённый (-ён, -енá) (ко 2 знач.) *и* **стесни́ть**, -ню́, -ни́шь; -нённый (-ён, -енá) (к 1 и 3 знач.). || *сущ.* **теснéние**, -я, *ср.* (к 3 знач.).

ТЕСНИ́ТЬСЯ, -ню́сь, -ни́шься; *несов.* **1.** (1 и 2 л. ед. не употр.). Стоять, располагаться тесно, близко друг к другу. *Народ теснится у входа.* **2.** (1 и 2 л. не употр.), *перен.* О мыслях, чувствах: сменяя друг друга, наполнить собою (книжн.). *В уме теснятся воспоминания, тяжкие думы.* **3.** Жить, постоянно находиться в тесном помещении. *Мастерская теснится в одной комнате.* **5.** Тесня других, пробираться куда-н. *Т. к выходу.* || *сов.* **стесни́ться**, -ню́сь, -ни́шься (к 1 и 3 знач.).

ТЕСНОТА́, -ы́, *ж.* **1.** *см.* тесный. **2.** Отсутствие простора. *Жить в тесноте. В тесноте, да не в обиде* (посл.). *Т. ущелья.* **3.** Скопление людей на малом пространстве. *В вагоне т.* **4.** Ощущение сдавленности, стеснённость дыхания. *Т. в груди.*

ТЕ́СНЫЙ, -ая, -ое; -сен, -снá, -сно *и* -снó. **1.** (-сно). Недостаточный по пространству, непросторный. *Т. проход. Тесная квартира. В вагоне тесно* (в знач. сказ.; теснота в 3 знач.). *Мир тесен* (о неожиданно обнаружившихся общих знакомых, связях). **2.** (-снó). Недостаточный по величине, ширине. *Т. пиджак. Ботинки тесны. Комната тесна для двоих.* **3.** Расположенный совсем близко друг к другу, плотно. *Тесные ряды демонстрантов. Тесно* (нареч.) *поставить книги.* **4.** (-сно, -сны *и* -сны́), *перен.* Близкий, непосредственный (о связях, отношениях). *Тесная дружба. Эти вопросы тесно* (нареч.) *связаны.* || *сущ.* **теснотá**, -ы́, *ж.* (к 1 знач.) *и* **тéсность**, -и, *ж.* (ко 2, 3 и 4 знач.).

ТЕСО́ВЫЙ *см.* тёс.

ТЕСТ [*тэ*], -а, *м.* (спец.). Пробное задание, исследование, испытание. *Психофизиологические тесты. Тесты (для) ЭВМ. Тесты по математике, по русскому языку. Т. на психологическую совместимость.* || *прил.* **тéстовый**, -ая, -ое.

ТЕСТИ́РОВАТЬ [*тэ*], -рую, -руешь; -анный; *сов. и несов., кого-что* (спец.). Осуществить (-влять) тест, тесты. || *сущ.* **тестúрование**, -я, *ср.*

ТЕ́СТО, -а, *ср.* **1.** Густая масса из муки, замешанной на жидкости (воде, молоке). *Дрожжевое, песочное т. Месить т. Ставить т.* (замесив, помещать в тёплое место). **2.** Густая сплошная масса из порошкообразного вещества, смешанного с жидкостью. *Бетонное т. Известковое т.* ✦ **Из того же теста** (разг.) — того же склада, сходных мнений, характера. **Из другого теста** (разг.) — совсем другой, другого склада, характера. || *прил.* **тестянóй**, -áя, -óе (к 1 знач.).

ТЕСТОВО́Д, -а, *м.* Специалист по приготовлению теста (на хлебозаводе, в пекарне).

ТЕСТООБРА́ЗНЫЙ, -ая, -ое; -зен, -зна. По консистенции похожий на тесто. *Тестообразная масса.* || *сущ.* **тестообрáзность**, -и, *ж.*

ТЕСТЬ, -я, *м.* Отец жены. || *уменьш.-ласк.* **тéстюшка**, -и, *м.*

ТЕСЬМА́, -ы́, *ж.* Узкая тканая или плетёная полоска, употр. для обшивки, украшения, скрепления чего-н. *Шёлковая т.* || *прил.* **тесьмóвый**, -ая, -ое.

ТЕТ-А-ТЕ́Т [*тэ, тэ*], *нареч.* (устар. и ирон.). С глазу на глаз, вдвоём без других. *Мы с ним остались тет-а-тет.*

ТЕ́ТЕРЕВ, -а, *мн.* -á, -óв, *м.* Крупная птица отряда куриных. *Глухой т.* (то же, что глухарь в 1 знач.; также перен.: о глухом человеке; разг. шутл.). || *прил.* **тетеревúный**, -ая, -ое. *Т. ток. Семейство тетеревиных* (сущ.).

ТЕТЕРЕВЯ́ТНИК, -а, *м.* Крупный лесной ястреб, охотящийся на тетеревов.

ТЕТЕ́РЯ, -и, *род. мн.* -ерь и -ей, *ж.* **1.** То же, что тетерев (обл.). **2.** *перен.* Нескладный, медлительный и непонятливый человек (прост. неодобр.). *Сонная т.* (о вялом, сонном человеке). *Ленивая т.* (о ленивце). *Глухая т.* (о том, кто глух, не слышит).

ТЕТЁРКА, -и, *ж.* Самка тетерева.

ТЕТИВА́, -ы́, *ж.* Туго натянутая бечева, струна (во 2 знач.). *Натянуть тетиву. Т. лука. Т. лучковой пилы. Т. невода.*

ТЕТРА́ДКА, -и, *ж.* (разг.). То же, что тетрадь (в 1 знач.). *Ученическая т.* || *прил.* **тетрáдочный**, -ая, -ое.

ТЕТРА́ДЬ, -и, *ж.* **1.** Сшитые листы чистой бумаги в обложке. *Ученическая т. Общая т.* (толстая тетрадь в плотной обложке). **2.**

Сложенный, сфальцованный печатный лист (спец.). ‖ *прил.* **тетра́дный**, -ая, -ое *и* **тетра́дочный**, -ая, -ое.

ТЕ́ФТЕЛИ, -ей и (разг.) **ТЕФТЕ́ЛИ**, -ей. Кушанье в виде шариков из мясного или рыбного фарша.

ТЕХ... *Первая часть сложных слов со знач.*: 1) относящийся к технике (во 2 знач.), напр. *техпропаганда, техучёба;* 2) относящийся к технике (в 4 знач.), напр. *техоснастка;* 3) технический (в 3 знач.), напр. *технадзор, техобслуживание, техосмотр, техперсонал, техпомощь;* 4) технический (в 4 знач.), напр. *техсекретарь.*

ТЕХА́СЫ, -ов (разг.). Облегающие, обычно с цветной строчкой брюки.

ТЕХМИ́НИМУМ, -а, *м.* Сокращение: технический минимум — совокупность знаний, необходимых для владения какой-н. технической профессией. *Сдать т. Пройти т.*

ТЕХНА́РЬ, -я́, *м.* (разг.). Специалист, работающий в области техники, технического обслуживания чего-н., а также вообще человек, к-рый знает и любит технику.

ТЕ́ХНИК, -а, *м.* **1.** Специалист в области техники (в 1 знач.), технических наук. **2.** Специалист со средним техническим образованием. *Инженеры и техники. Т.-электрик. Т.-смотритель.*

ТЕ́ХНИКА, -и, *ж.* **1.** Круг наук, связанных с изучением и созданием средств производств, орудий труда. **2.** Совокупность средств труда, знаний и деятельности, служащих для создания материальных ценностей. *Передовая т. Овладеть техникой.* **3.** Совокупность приёмов, применяемых в каком-н. деле, мастерстве. *Музыкальная т. Т. шахматной игры. Т. делопроизводства.* **4.** *собир.* Машины, механические орудия, устройства. *Ремонт техники.* ✦ **Техника безопасности** — система технических мероприятий, обеспечивающих здоровые и безопасные условия труда. **Дело техники** (разг.) — говорится, когда достижение результатов зависит только от умелого исполнения, от оперативности. *Директор согласен, остальное — дело техники.* ‖ *прил.* **техни́ческий**, -ая, -ое. *Технические науки. Т. прогресс. Т. надзор. Техническая эстетика* (в конструировании).

ТЕ́ХНИКУМ, -а, *м.* Среднее техническое или вообще специальное учебное заведение. *Торговый т. Сельскохозяйственный т.* ‖ *прил.* **те́хникумовский**, -ая, -ое (разг.).

ТЕХНИЦИ́ЗМ, -а, *м.* (книжн.). Увлечение технической стороной дела в ущерб его сущности.

ТЕХНИ́ЧЕСКИЙ, -ая, -ое. **1.** *см.* техника. **2.** Используемый в промышленности, в технике. *Технические культуры. Технические масла́. Техническая вода.* **3.** Относящийся к обслуживанию техники (во 2 знач.), к использованию техники. *Т. директор. Т. редактор.* **4.** Действующий только по указанию руководителя, не ответственный. *Т. исполнитель.* ✦ **Технические виды спорта** — виды спорта, связанные с управлением спортивными техническими снарядами, с конструированием спортивных моделей.

ТЕХНИ́ЧКА, -и, *ж.* (разг.). **1.** Уборщица в учреждении. **2.** Специальный автомобиль, выезжающий для ремонта транспортных средств на дорогах, путях сообщения, аварийная машина.

ТЕХНИ́ЧНЫЙ, -ая, -ое; -чен, -чна. Обладающий высокой техникой исполнения, искусный. *Т. игрок.* ‖ *сущ.* **техни́чность**, -и, *ж.*

ТЕХНО... *Первая часть сложных слов со знач.* технологический, напр. *техноконтроль, технорук* (технологический руководитель).

ТЕХНОКРА́Т, -а, *м.* Представитель технократии.

ТЕХНОКРА́ТИЯ, -и, *ж., собир.* Высококвалифицированные специалисты в области техники, участвующие в управлении производством и в осуществлении правительственной экономической политики. ‖ *прил.* **технократи́ческий**, -ая, -ое.

ТЕХНО́ЛОГ, -а, *м.* Специалист по технологии.

ТЕХНОЛО́ГИЯ, -и, *ж.* Совокупность производственных методов и процессов в определённой отрасли производства, а также научное описание способов производства. *Т. производства. Т. волокнистых веществ. Нарушение технологии.* ‖ *прил.* **технологи́ческий**, -ая, -ое. *Т. процесс. Технологические требования.*

ТЕХОСМО́ТР, -а, *м.* Сокращение: технический осмотр. *Машина прошла техосмотр.*

ТЕХРЕ́Д, -а, *м.* Сокращение: технический редактор — работник издательства, осуществляющий полиграфическое оформление издания. ‖ *прил.* **техре́довский**, -ая, -ое (разг.).

ТЕЧЕ́НИЕ, -я, *ср.* **1.** *см.* течь[1]. **2.** Поток воды, воздуха; направление такого потока. *Морские течения. Атмосферные течения. Быстрое т. По течению плыть* (также перен.: жить и действовать, пассивно подчиняясь ходу событий, окружающему). *Идти против течения* (также перен.: наперекор событиям, окружающему). **3.** Направление в какой-н. области деятельности. *Политические течения.* ✦ **В течение** *чего, предлог с род. п.* — во время протекания чего-н., в то время, как что-н. продолжается, длится. *Звонили в течение всего дня.* **С течением времени** — позже, со временем.

ТЕ́ЧКА, -и, *ж.* Период полового возбуждения у самок млекопитающих.

ТЕЧЬ[1] (теку́, течёшь, 1 и 2 *л.* не употр.), теку́т; теки́; тёк, текла́; тёкший; *несов.* **1.** О жидкости: перемещаться струёй, потоком (о реке, ручье, водном потоке — также вообще быть, существовать). *Вода течет из крана. Кровь течёт из раны. Текут полноводные реки, весенние ручьи.* **2.** *перен.* О звуках, запахах: распространяться. *Текут звуки вальса. Из сада текут ароматы. Течёт неторопливая беседа.* **3.** О времени, состоянии: идти, проходить, протекать. *Время течёт быстро. Жизнь течёт нормально. События текут своим чередом.* **4.** *перен.* Идти, двигаться сплошной массой. *Течёт людской поток. По улицам течёт праздничная толпа.* **5.** Пропускать жидкость вследствие неисправности. *Ведро течёт. С потолка течёт* (безл.; т. е. потолок пропускает влагу). *Сапоги текут.* ‖ *сущ.* **тече́ние**, -я, *ср.* (к 1 и 3 знач.) *и* **ток**, -а, *м.* (к 1 знач.). *Нормальное течение болезни. Ток воды в водопаде. Ток крови* (спец.).

ТЕЧЬ[2], -и, *ж.* **1.** Проникновение жидкости (внутрь какого-н. помещения или из него). *Т. в трюме. Корабль дал т.* **2.** Дыра, щель, через к-рую проникает жидкость. *Т. в днище. Заделать т.*

ТЕ́ШИТЬ, -шу, -шишь; *несов., кого-что.* Забавлять, развлекать; доставлять удовольствие чем-н. *Т. ребят. Т. чьё-н. самолюбие* (удовлетворять самолюбивое чувство, гордость). ‖ *сов.* **поте́шить**, -шу, -шишь.

ТЕ́ШИТЬСЯ, -шусь, -шишься; *несов.* **1.** Забавляться, развлекаться. *Чем бы дитя ни тешилось, лишь бы не плакало* (посл.). **2.** *над кем.* То же, что издеваться. *Т. над беззащитным.* ‖ *сов.* **поте́шиться**, -шусь, -шишься.

ТЁЗКА, -и, *м.* и *ж.* Человек, имеющий одинаковое с кем-н. имя. *Он мне (мой) т. Мы с тобой тёзки.*

ТЁЛКА, -и, *ж.* **1.** Телёнок женского пола. **2.** Молодая, ещё не телившаяся корова. ‖ *уменьш.* **тёлочка**, -и, *ж.* и **телу́шка**, -и, *ж.* (ко 2 знач.).

ТЁМНАЯ, -ой, *ж.* **1.** Помещение для арестованных, карцер (устар.). *Посадить в тёмную.* **2.** **тёмную устроить** *кому* (прост.) — избить, набросив одеяло, чтобы не было видно избивающих.

ТЁМНЫЙ, -ая, -ое; тёмен, темна́, темно́. **1.** Лишённый света; погружённый во тьму. *Тёмное помещение. На улице темно* (в знач. сказ.). **2.** По цвету близкий к чёрному, не светлый. *Тёмные волосы. Тёмные глаза. Тёмное пятно* (также перен.: то же, что пятно во 2 знач.). **3.** Неясный, смутный, непонятный. *Т. смысл. Тёмные места в летописи.* **4.** Печальный, мрачный, безрадостный. *Тёмное время. Тёмная полоса жизни.* **5.** Вызывающий подозрение, сомнительный по честности. *Тёмное прошлое. Тёмные дела.* **6.** Невежественный, отсталый. *Тёмные люди.* ✦ **Темна вода во облацех** (древнерусская форма предл. п. мн. ч. от «облако») (шутл.) — о чём-н. непонятном, необъяснимом. **Темны́м-темно́** (разг.) — очень темно, ничего не видно.

ТЁПЛЕНЬКИЙ, -ая, -ое. **1.** *см.* тёплый. **2.** *перен.* Только что приготовленный, полученный, написанный (разг. шутл.). *Стихи ещё тёпленькие.*

ТЁПЛЫЙ, -ая, -ое; тёпел, тепла́. **1.** Нагретый, дающий или содержащий тепло. *Т. луч солнца. Тёплая комната. Тёплое молоко.* **2.** *полн. ф.* Не знающий морозов, южный (о климате, местности). *Тёплые страны. Т. климат.* **3.** Хорошо защищающий тело от холода. *Тёплая одежда.* **4.** *полн. ф.* Имеющий отопление. *Тёплая дача. Тёплая половина избы.* **5.** *перен.* Ласковый, приветливый. *Тёплое чувство. Т. приём. Тёплые слова утешения.* **6.** *полн. ф.* Близкий к цвету огня. *Тёплые тона* (красный, оранжевый, жёлтый, коричневый). **7.** **тепло́**, *в знач. сказ.* Об ощущении тепла. *На улице сегодня тепло. В доме тепло. В валенках ногам тепло. Ни тепло ни холодно кому-н.* (то же, что ни жарко ни холодно; см. жаркий; разг.). *На душе тепло* (перен.). ✦ **Тёплая компания** (разг.) — компания, тесно спаянная для совместных, преимущ. предосудительных действий. **Тёплое местечко** (разг. шутл.) — выгодная должность. **Пару тёплых слов сказать** *кому* (прост.) — выразить неудовольствие, осуждение; обругать. ‖ *сущ.* **теплота́**, -ы́, *ж.* (к 1, 2, 5 и 6 знач.). ‖ *уменьш.* **тёпленький**, -ая, -ое (к 1 и 3 знач.).

ТЁРКА, -и, *ж.* **1.** Кухонный прибор — металлическая (или пластмассовая) пластина (или несколько соединённых друг с другом таких пластин) со множеством отверстиями, об острые края к-рых растирается что-н. твёрдое. *Натереть сыр на тёрке.* **2.** Вообще устройство для измельчения, раздробления чего-н. ‖ *прил.* **тёрочный**, -ая, -ое.

ТЁРН, -а, *м.* Терновник, а также плод его. ‖ *прил.* **терно́вый**, -ая, -ое. ✦ **Терновый венец** (высок.) — символ мученичества, страдания [*первонач.* венок из шипов тёрна, надетый на голову Иисуса Христа в час его казни].

ТЁРОЧНЫЙ *см.* тереть *и* тёрка.

ТЁРТЫЙ, -ая, -ое (разг.). Бывалый (в 1 знач.), видавший виды. *Человек он т.*

ТЁС, -а (-у), *м., собир.* Тонкие доски из древесины хвойных пород. *Обшить сарай тёсом.* ‖ *прил.* **тесо́вый**, -ая, -ое. *Тесовые ворота* (из тёса).

ТЁСАНЫЙ, -ая, -ое. Обработанный или изготовленный тесанием. *Тёсаные доски, плиты.*

ТЁТКА, -и, *ж.* **1.** Сестра отца или матери, а также жена дяди. *Т. по матери, по отцу. Голод не т.* (посл. о проголодавшемся; шутл.). **2.** Вообще женщина (чаще пожилая). *Уселись тётки на лавочке.* ‖ *ласк.* **тётенька**, -и, *ж. и* **тётушка**, -и, *ж.*

ТЁТЯ, -и, *род. мн.* -ей, *ж.* **1.** То же, что тётка (в 1 знач.). *Родная т.* **2.** В сочетании с именем собственным: уважительно о простой немолодой женщине (разг.). *Уборщица т. Катя.* **3.** То же, что женщина (в 1 знач. в детской речи и прост. шутл.). *Маме звонила какая-то т. Такая большая т., а плачешь!* ✦ **Здравствуйте, я ваша тётя!** (разг. шутл.) — выражение удивления и несогласия, насмешки по поводу чего-н. неожиданного. ‖ *ласк.* **тётенька**, -и, *ж.* (к 1 и 3 знач.), **тётечка**, -и, *ж. и* **тётушка**, -и, *ж.* (к 1 знач.).

ТЁХА, -и, *м. и ж.* (прост.). Нескладный и неумелый человек, растяпа.

ТЁША, -и и **ТЁШКА**, -и, *ж.* Брюшная часть осетра, белорыбицы и нек-рых других рыб. *Копчёная т.*

ТЁЩА, -и, *ж.* Мать жены. *Не к тёще на блины пришёл* (не бездельничать, а работать; прост. шутл.).

ТИА́РА, -ы, *ж.* Головной убор древних восточных царей, а также римского папы.

ТИБЕ́ТСКИЙ, -ая, -ое. **1.** *см.* тибетцы. **2.** Относящийся к тибетцам, к их языку, национальному характеру, образу жизни, культуре, а также к Тибету, его территории, внутреннему устройству, истории; такой, как у тибетцев, как в Тибете. *Т. язык* (китайско-тибетской семьи языков). *Тибетское нагорье* (в Центральной Азии, в Китае). *По-тибетски* (нареч.).

ТИБЕ́ТЦЫ, -ев, *ед.* -тец, -тца, *м.* Народ, населяющий преимущественно один из районов Центральной Азии — Тибет. ‖ *ж.* **тибе́тка**, -и. ‖ *прил.* **тибе́тский**, -ая, -ое.

ТИ́ГЕЛЬ, -гля, *м.* (спец.). Сосуд из огнеупорного материала для плавки или прокаливания чего-н. на сильном огне. ‖ *прил.* **ти́гельный**, -ая, -ое.

ТИГР, -а, *м.* Самая крупная из больших кошек с короткой рыжей (тёмными поперечными полосами) шерстью, обитающая в Индии и нек-рых районах Азии. *Уссурийский т. Дрессура тигров* (в цирке). *Наброситься на кого-н. как т.* (яростно). ✦**Тигр снегов** — почётное звание шерпа-восходителя на горные вершины и проводника. ‖ *прил.* **тигро́вый**, -ая, -ое *и* **тигри́ный**, -ая, -ое. *Тигровая шкура. Тигриный след. Тигриные повадки* (также перен.: хищные). ✦ **Тигровая акула** — крупная акула с тёмными поперечными полосами на теле.

ТИГРЁНОК, -нка, *мн.* -ря́та, -ря́т, *м.* Детёныш тигра.

ТИГРИ́ЦА, -ы, *ж.* Самка тигра.

ТИГРО́ВЫЙ, -ая, -ое. **1.** *см.* тигр. **2.** О расцветке: похожий на шкуру тигра — жёлтый с тёмными полосами, разводами. *Тигровое одеяло. Т. уж* (с такой расцветкой кожи). ✦ **Тигровый глаз** (спец.) — блестящий поделочный камень золотисто-коричневого цвета.

ТИГРОЛО́В, -а, *м.* Охотник, занимающийся отловом тигров.

ТИК¹, -а, *м.* Непроизвольное нервное подёргивание мышц лица, головы, шеи. ‖ *прил.* **тико́зный**, -ая, -ое.

ТИК², -а (-у), *м.* Плотная хлопчатобумажная или льняная ткань, обычно полосатая, употр. для обивки чехлов, тентов. ‖ *прил.* **ти́ковый**, -ая, -ое.

ТИ́КАТЬ (-аю, -аешь, 1 и 2 л. не употр.), -ает; *несов.* (разг.). О звуке работающего часового механизма: постукивать. *Тикают ходики.* ‖ *сущ.* **ти́канье**, -я, *ср.*

ТИКА́ТЬ, -а́ю, -а́ешь; *несов.* (прост.). Убегать стремительно, спасаясь от чего-н.

ТИ́К-ТА́К, *звукоподр.* (разг.). Воспроизведение тиканья часов.

ТИМОФЕ́ЕВКА, -и, *ж.* Луговой кормовой злак.

ТИМПА́Н, -а, *м.* Древний ударный музыкальный инструмент, род тарелок, литавр.

ТИМУ́РОВЕЦ, -вца, *м.* В советское время: участник детского общественного движения по оказанию помощи семьям воинов, инвалидам, больным [по имени Тимура, героя повести А. Гайдара «Тимур и его команда»]. ‖ *ж.* **тиму́ровка**, -и. ‖ *прил.* **тиму́ровский**, -ая, -ое. *Тимуровское движение.*

ТИ́НА, -ы, *ж.* **1.** Водоросли, плавающие густой массой в стоячей или малопроточной воде и при оседании образующие вместе с илом вязкое дно. *Пруд зарос тиной.* **2.** *перен.* Обстановка застоя, косности, трясина (во 2 знач.). *Т. обывательщины.* ‖ *прил.* **ти́нный**, -ая, -ое (к 1 знач.).

ТИ́НИСТЫЙ, -ая -ое; -ист. Обильный тиной (в 1 знач.). *Тинистое дно. Т. пруд.* ‖ *сущ.* **ти́нистость**, -и, *ж.*

ТИП, -а, *м.* **1.** (*вин. п.* тип). Форма, вид чего-н., обладающие определёнными признаками, а также образец, к-рому соответствует известная группа предметов, явлений. *Типы рельефов. Славянский т. лица. Т. автомобиля.* **2.** (*вин. п.* тип). Высшее подразделение в систематике животных, объединяющее близкие по происхождению классы. **3.** (*вин. п.* тип). Разряд, категория людей, объединённых общностью каких-н. внешних или внутренних черт. *Он очень замкнут — я не люблю людей этого типа.* **4.** (*вин. п.* тип). Образ, содержащий характерные, обобщённые черты какой-н. группы людей. *Гоголевские типы в русской литературе.* **5.** (*вин. п.* ти́па). Человек, отличающийся какими-н. характерными свойствами, приметами (чаще отрицательными) (разг.). *Забавный т. Отвратительный т. Приходил какой-то странный т. Ну и т. ты!* (осуждение). **6.** **ти́па** *кого-чего, в знач. предлога с род. п.* Вроде, наподобие кого-чего-н. *Устройство типа центрифуги. Гостиница типа пансионата. Люди типа Самгина.* ‖ *уменьш.* **ти́пик**, -а, *м.* (к 5 знач.) *и* **ти́пчик**, -а, *м.* (к 5 знач.). ‖ *прил.* **типово́й**, -а́я, -о́е (к 1 знач.) *и* **типи́ческий**, -ая, -ое (к 4 знач.). *Типовой проект. Типовой договор. Типический образ.*

ТИПА́Ж, -а́, *м.* **1.** Совокупность признаков, в к-рых обнаруживается какой-н. тип (в 4 знач.). **2.** Человек, обладающий такими признаками. *Яркий т. для кино.* ‖ *прил.* **типа́жный**, -ая, -ое (к 1 знач.).

ТИПИЗИ́РОВАТЬ, -рую, -руешь; -анный; *сов. и несов., что.* **1.** Специализировать, распределить (-лять), классифицировать по типам (в 1 знач.). *Т. строительные объекты.* **2.** Воплотить (-ощать) в типических чертах, формах. *Т. героическую личность.* ‖ *сущ.* **типиза́ция**, -и, *ж.*

ТИПИ́ЧЕСКИЙ, -ая, -ое. **1.** *см.* тип. **2.** То же, что типичный (в 1 знач.). *Типическая ситуация.*

ТИПИ́ЧНЫЙ, -ая, -ое; -чен, -чна. **1.** Обладающий особенностями, свойственными какому-н. типу (в 1 знач.), характерный. *У него типичное лицо. Типичное явление. Т. случай.* **2.** *полн. ф.* Самый настоящий со всеми признаками чего-н. (разг.). *У тебя типичная простуда. Он т. карьерист.* ‖ *сущ.* **типи́чность**, -и, *ж.* (к 1 знач.). *Т. характера.*

ТИПОВО́Й, -а́я, -о́е. **1.** *см.* тип. **2.** Соответствующий определённому образцу, типу (в 1 знач.), стандартный. *Типовое изделие. Типовые детали. Типовое строительство.*

ТИПОГРА́ФИЯ, -и, *ж.* Полиграфическое предприятие, изготовляющее книги, журналы, газеты и другую печатную продукцию. ‖ *прил.* **типогра́фский**, -ая, -ое.

ТИПОГРА́ФСКИЙ, -ая, -ое. **1.** *см.* типография. **2.** Относящийся к печатанию, к печатному делу. *Т. станок. Типографские краски. Типографская техника.*

ТИПОЛО́ГИЯ, -и, *ж.* (спец.). Классификация, представляющая соотношение между разными типами предметов, явлений внутри их системы в целом. *Т. языков.* ‖ *прил.* **типологи́ческий**, -ая, -ое.

ТИПУ́Н, -а́, *м.* Болезнь птиц — хрящеватый нарост на кончике языка. ✦ **Типун тебе на язык** (разг. шутл.) — выражение недовольства по поводу сказанного.

ТИР, -а, *м.* Специально оборудованное помещение или место для стрельбы по мишеням. *Стрелковый т.*

ТИРА́ДА, -ы, *ж.* (книжн. и ирон.). Длинная фраза, речь, произносимые в приподнятом тоне. *Гневные, обличительные тирады.*

ТИРА́Ж, -а́, *м.* **1.** Розыгрыш выигрышей в займе, лотерее. *Очередной т. денежно-вещевой лотереи, спортлото.* **2.** Погашение облигаций займа или иных обязательств. *Выйти в т.* (также перен.: выйти из употребления, устареть; разг.). *Сдать в т. кого-что-н.* (перен.: устранить, отстранить; разг. шутл.). **3.** Количество экземпляров выпущенного в свет печатного издания, а также (спец.) количество экземпляров какой-н. штучной (в 1 знач.) продукции. *Массовый т. учебников.* ‖ *прил.* **тира́жный**, -ая, -ое. *Тиражная комиссия.*

ТИРАЖИ́РОВАТЬ, -рую, -руешь; -анный; *сов. и несов., что.* Установить (-навливать) тираж (в 3 знач.). *Т. издание.* ‖ *сущ.* **тиражи́рование**, -я, *ср.*

ТИРА́Н, -а, *м.* **1.** В Древней Греции и средневековой Италии: правитель, захвативший власть; вообще правитель-деспот. **2.** Угнетатель, мучитель, деспот (во 2 знач.). *Домашний т.* ‖ *ж.* **тира́нка**, -и (ко 2 знач.; разг.). ‖ *прил.* **тира́нский**, -ая, -ое (ко 2 знач.).

ТИРА́НИТЬ, -ню, -нишь; *несов., кого (что).* Мучить, быть тираном (во 2 знач.). *Т. своих близких.*

ТИРАНИ́ЧЕСКИЙ, -ая, -ое (книжн.). **1.** *см.* тирания. **2.** Жестокий, свойственный тирану. *Тиранические законы. Т. характер.*

ТИРАНИ́Я, -и, *ж.* **1.** Правление, основанное на произволе и насилии. *Древнегреческая т.* **2.** Гнёт, насилие, произвол (книжн.). *Т. деспота. Фашистская т.* ‖ *прил.* **тирани́ческий**, -ая, -ое (к 1 знач.). *Тираническое правление.*

ТИРА́НСТВО, -а, *ср.* (разг.). Поведение тирана (во 2 знач.). *Замучил всех своим тиранством.*

ТИРА́НСТВОВАТЬ, -твую, -твуешь; *несов.* (разг.). Вести себя тираном (во 2 знач.) по отношению к кому-н. *Т. в семье.*

ТИРЕ́ [рэ́], *нескл., ср.* Знак препинания в виде длинной горизонтальной чёрточки (—). *Поставить т.*

ТИС, -а, *м.* Южное вечнозелёное хвойное дерево или кустарник с ценной твёрдой древесиной. ‖ *прил.* **ти́совый**, -ая, -ое. *Семейство тисовых* (сущ.).

ТИ́СКАТЬ[1], -аю, -аешь; -анный; *несов., кого что* (разг.). Давить, прижимать, мять (в 3 знач.). *Т. шапку в руках. Т. друг друга в объятиях.* ‖ *однокр.* **ти́снуть**, -ну, -нешь. ‖ *сущ.* **ти́сканье**, -я, *ср.*

ТИ́СКАТЬ[2], -аю, -аешь; -анный; *несов., что* (спец.). Отпечатывать, печатать. *Т. оттиски статьи.* ‖ *сов.* **ти́снуть**, -ну, -нешь. *Т. печать, штамп* (поставить, крепко нажав). ‖ *прил.* **ти́скальный**, -ая, -ое. *Т. станок.*

ТИ́СКАТЬСЯ, -аюсь, -аешься; *несов.* (разг.). Толкаться (в 1 знач.), пробираться в тесноте. *Т. в толпе.*

ТИСКИ́, -о́в. **1.** Приспособление для зажима обрабатываемого предмета, детали. *Слесарные т.* **2.** *перен.* То, что угнетает, сковывает, лишает возможности действовать. *В тисках противоречий. Вырваться из тисков нужды.* ◆ **Взять (зажать) в тиски** — 1) насильственно целиком подчинить себе; 2) о двустороннем охвате войск противника. ‖ *прил.* **тиско́вый**, -ая, -ое (к 1 знач.).

ТИСНЕ́НИЕ, -я, *ср.* **1.** Выдавливание изображений, узоров. *Т. по коже.* **2.** Узор, изображение, полученные таким способом. *Переплёт с тиснением.*

ТИСНЁНЫЙ, -ая, -ое. С тиснением. *Т. сафьян. Т. переплёт.*

ТИ́СНУТЬ[1-2] *см.* тискать[1-2].

ТИТА́Н[1], -а, *м.* **1.** В древнегреческой мифологии: один из богов старшего поколения — сыновей Урана и Геи, вступивших в борьбу с богами младшего поколения (олимпийцами) и побеждённых ими. *Древние титаны. Поражение титанов.* **2.** Человек огромных творческих возможностей, создавший что-н. великое (высок.). *Т. науки. Т. мысли.*

ТИТА́Н[2], -а, *м.* Химический элемент — серебристо-белый лёгкий и твёрдый металл. ‖ *прил.* **тита́новый**, -ая, -ое. *Титановые руды.*

ТИТА́Н[3], -а, *м.* Большой кипятильник для воды.

ТИТАНИ́ЧЕСКИЙ, -ая, -ое (высок.). Громадный, свойственный титану[1] (во 2 знач.). *Титанические силы народа. Т. ум.*

ТИ́ТЛО, -а, *род. мн.* **титл**, *ср.* В средневековой письменности: надстрочный знак над сокращённо написанным словом или над буквой, обозначающей цифру. ‖ *прил.* **ти́тловый**, -ая, -ое.

ТИТР, -а, *м.* Надпись на кадре в кинофильме. *Внутрикадровый т.* (субтитр). ‖ *прил.* **ти́тровый**, -ая, -ое.

ТИ́ТУЛ[1], -а, *м.* **1.** В феодальном и буржуазном обществе: почётное звание, наследственное или пожалованное. *Т. графа.* **2.** Наименование, звание, даваемое кому-н. в знак признания заслуг, успехов в какой-н. деятельности. *Т. чемпиона.*

ТИ́ТУЛ[2], -а, *м.* (спец.). Заглавие книги, а также страница, на к-рой напечатано заглавие, имя автора, год и место издания. *На обороте титула* (на обороте такой страницы). ‖ *прил.* **ти́тульный**, -ая, -ое. *Т. лист.*

ТИТУЛОВА́ТЬ, -лу́ю, -лу́ешь; -о́ванный; *сов. и несов., кого (что).* Назвать (-зывать) по титулу[1], сану, званию.

ТИТУЛЯ́РНЫЙ, -ая, -ое: **титулярный советник** — в царской России: гражданский чин 9 класса.

ТИ́ТЬКИ, -тек, *ед.* **ти́тька**, -и, *ж.* (прост.). Женская грудь, а также вообще соски матери, самки. *Говорят, что кур доят, мы пошли, да титек не нашли* (шутл. посл. о пустых разговорах, слухах).

ТИУ́Н, -а, *м.* В России до 17 в.: название нек-рых должностных лиц. ‖ *прил.* **тиу́нский**, -ая, -ое.

ТИФ, -а, в ти́фе *и* в тифу́, *м.* Острое инфекционное заболевание, характеризующееся лихорадочным состоянием и расстройством сознания. *Сыпной т. Брюшной т. Возвратный т.* ‖ *прил.* **тифо́зный**, -ая, -ое. *Палата для тифозных* (сущ.; больных тифом).

ТИФЛОПЕДАГО́ГИКА, -и, *ж.* Раздел дефектологии, занимающийся обучением слепых. ‖ *прил.* **тифлопедагоги́ческий**, -ая, -ое.

ТИ́ХИЙ, -ая, -ое; **тих, тиха́, ти́хо, ти́хи** *и* **тихи́**; ти́ше. **1.** Слабо звучащий, плохо слышный. *Т. голос, звук. Тихо* (нареч.) *шептать. Тихо!* (требование прекратить шум). **2.** Погружённый в безмолвие. *Тихая ночь. В лесу тихо* (в знач. сказ.). **3.** Спокойный, не оживлённый. *Т. городок. Тихая жизнь.* **4.** Смирный, спокойный. *Т. нрав. Тихая грусть. Тише воды, ниже травы* (погов. о том, кто держится тихо, скромно). **5.** Небольшой скорости, не быстрый. *Т. ход.* ◆ **Тихий ужас!** (разг.) — о чём-н. чрезвычайном. *Народу — тихий ужас!* (очень много). ‖ *уменьш.* **ти́хонький**, -ая, -ое. (к 1, 3 и 4 знач.). ‖ *сущ.* **ти́хость**, -и, *ж.* (к 1, 3 и 4 знач.).

ТИ́ХНУТЬ (-ну, -нешь, 1 и 2 л. не употр.), -нет; тих *и* ти́хнул, ти́хла; *несов.* Становиться тихим (в 1, 2 и 3 знач.), тише, стихать. *Тихнет шум голосов.*

ТИХОМО́ЛКОМ, *нареч.* (разг.). Совсем тихо, незаметно; втихомолку. *Действовать т.*

ТИХО́НЯ, -и, *род. мн.* тихо́нь *и* -ей, *м.* и *ж.* (разг. неодобр.). Тихий, смирный человек. *Тихоней прикинулся.*

ТИХООКЕА́НЕЦ, -нца, *м.* Моряк Тихоокеанского флота.

ТИХОХО́Д, -а, *м.* **1.** Тот, кто ходит, передвигается медленно. *Ленивцы-тихоходы* (животные). **2.** Тихоходное транспортное средство. *Судно-т.*

ТИХОХО́ДНЫЙ, -ая, -ое; -ден, -дна. С тихим, медленным ходом. *Тихоходное судно.* ‖ *сущ.* **тихохо́дность**, -и, *ж.*

ТИШИНА́, -ы́, *ж.* **1.** Отсутствие шума, безмолвие. *Соблюдать, нарушать тишину. В лесу т. Мёртвая т. Т., ты лучшее из всего, что слышал* (афоризм). *Дальше — т.* (о приближении конца, смерти). **2.** Спокойствие, умиротворённое состояние. *Мир и т.*

ТИШКО́М, *нареч.* (разг.). Незаметно, потихоньку. *Сделать что-н. т.*

ТИШЬ, -и, в тиши́, *ж.* То же, что тишина. *Ночная т. Жить в тиши.* ◆ **Тишь да гладь (да божья благодать)** (разг. ирон.) — о полном спокойствии. *Кругом тишь да гладь, да божья благодать.*

-ТКА, *частица* (прост.). То же, что -ка (в 1 знач.). *Погляди-тка сюда. Ну-тка, попробуй.*

ТКАНИ́НА, -ы, *ж.* (прост.). Кусок ткани (в 1 знач.). *Холщовая т.*

ТКА́НЫЙ, -ая, -ое. Изготовленный, выполненный на ткацком станке, тканьём. *Тканое покрывало. Тканые узоры.*

ТКАНЬ, -и, *ж.* **1.** Изделие, изготовленное тканьём (см. ткать в 1 знач.). *Шёлковая т. Льняные ткани.* **2.** Общее название для тканых, трикотажных и нек-рых нетканых материалов (в 4 знач.). *Магазин тканей.* **3.** *перен.* Основа, содержание чего-н. (книжн.). *Т. рассказа.* **4.** В животных и растительных организмах: система преимущественно однородных клеток и продуктов их жизнедеятельности. *Соединительная т. Мышечная т. Нервная т. Защитная т.* (у растений). ‖ *прил.* **тка́невый**, -ая, -ое (к 1, 2 и 4 знач.). *Тканевые изделия. Тканевая терапия. Тканевая несовместимость* (то же, что несовместимость тканей).

ТКАНЬЁ, -я́, *ср.* **1.** *см.* ткать. **2.** *собир.* Тканые изделия (разг.). **3.** Тканый узор. *Национальное т. на одежде.*

ТКАНЬЁВЫЙ, -ая, -ое. Тканый, вытканный узором. *Тканьёвая скатерть.*

ТКАТЬ, тку, ткёшь; ткал, ткала́ *и* тка́ла, тка́ло; тка́нный; *несов., что.* **1.** Изготовлять (материал, ткань) путём плотного соединения накрест переплетённых нитей, расположенных двумя рядами — продольными (основа) и поперечными (уток). *Т. на станке.* **2.** Плести, делать что-н. сетчатое. *Паук ткёт паутину.* ‖ *сов.* **сотка́ть**, -тку́, -ткёшь; -а́л, -ала́ *и* -а́ла; со́тканный. ‖ *сущ.* **тканьё**, -я́, *ср.* (к 1 знач.). ‖ *прил.* **тка́льный**, -ая, -ое (к 1 знач.; стар.). *Ткальная пряжа.*

ТКА́ЦКИЙ, -ая, -ое. Относящийся к тканью, ткачеству. *Т. станок. Ткацкая фабрика.*

ТКАЧ, -а́, *м.* Рабочий, занимающийся изготовлением тканей на ткацком станке. ‖ *ж.* **ткачи́ха**, -и.

ТКА́ЧЕСТВО, -а, *ср.* Искусство, техника изготовления тканей.

ТКНУТЬ, -СЯ *см.* тыкать[1], -ся.

ТЛЕН, -а, *м.* (устар. и высок.). Тление, а также нечто тленное. *Запах тлена.*

ТЛЕ́ННЫЙ, -ая, -ое; -е́нен, -е́нна (устар. и высок.). Подверженный тлению, разрушению, не вечный. *Тленные останки.* ‖ *сущ.* **тле́нность**, -и, *ж.*

ТЛЕТВО́РНЫЙ, -ая, -ое; -рен, -рна. **1.** Порождающий тление или порождённый тлением, гибельный (устар.). *Т. дух, запах.* **2.** *перен.* Вредный, разлагающий (книжн.). *Тлетворное влияние.* ‖ *сущ.* **тлетво́рность**, -и, *ж.*

ТЛЕТЬ (-е́ю, -е́ешь, 1 и 2 л. не употр.), -е́ет; *несов.* **1.** Гнить, разлагаться. *Навоз тлеет.* **2.** Гореть, сгорать без пламени; еле поддерживать собой горение. *Сырые дрова тлеют. В золе тлеют угольки.* **3.** *перен.* Существовать в скрытом виде, где-н. в глубине, почти не обнаруживаясь. *В душе тлеет надежда.* ‖ *сущ.* **тле́ние**, -я, *ср.* (к 1 и 2 знач.).

ТЛЕ́ТЬСЯ (-е́юсь, -е́ешься, 1 и 2 л. не употр.), -е́ется; *несов.* То же, что тлеть (во 2 и 3 знач.). *Костёр едва тлеется.*

ТЛЯ, тли, *мн.* тли, тлей, *ж.* Мелкое насекомое — вредитель, питающийся соком растений. *Табачная т.*

ТМИН, -а (-у), *м.* Травянистое растение сем. зонтичных, а также семена его, употр. как пряность. ‖ *прил.* **тми́нный**, -ая, -ое. *Тминная настойка.*

ТО, *союз.* **1.** Употр. в начале главного предложения как часть сложного союза «если...то» с условным значением. *Если поздно, то не ходи.* **2. то... то**, *союз повторяющийся.* Употр. при перечислении, противопоставлении. *То один, то другой. То снег, то дождь.* ◆ **И то**, *союз* — к тому же, и при этом. *Остался один костюм, и то плохой.* **Не то**, *союз* (разг.) — то же, что а то (в 1 знач.), а не то. *Поторопись, не то опоздаем.* Не то... не то, *союз повторяющийся* (разг.) — то же, что то ли... то ли. *Не то придёт, не то нет.* **Не то что (чтобы), а (но),** *союз* — употр. при противопоставлении, с оттенком неуверенности. *Не то что (чтобы) болен, а (но) как-то устал.* **То есть** [на письме сокращается: т. е.] — 1) *союз,* употр. для пояснения, уточнения и поправки в знач. вернее, говоря более точно. *До станции ещё сорок километров, то есть час езды;* 2) *частица,* употр. при переспросе для выражения удивления, непонимания, просьбы разъяснить сказанное. *Я не еду. — То есть как это не едешь?* **То бишь,** *союз* (устар.) — то же, что то есть (в 1 знач.) **То и дело или то и знай** (разг.) — постоянно, беспрестанно. *То и дело (то и знай) раздаются звонки.* **То ли... то ли,** *союз повторяющийся* (разг.) — выражает противопоставление с оттенком неуверенности, неясности, неопределённости. *То ли придёт, то ли нет. То ли дождик, то ли снег.* **То ли дело** (разг.) — употр. при противопоставлении в знач. гораздо лучше, совсем иначе. *В городе скучно, то ли дело в деревне.*

-ТО, *частица.* **1.** Употр. для выделения, подчеркивания. *Ночь-то какая тёплая! Читать-то читал, да ничего не понял. Где-то он сейчас? Как-то ему там живётся?* **2.** Употр. после местоименных слов вместо конкретного указания на перечисляемые предметы, действия или признаки. *Запиши: не явился тот-то и тот-то. Рассказывает: был там-то и там-то, делал то-то и то-то, встречался с такими-то такими-то людьми.*

ТОВА́Р, -а (-у), *м.* **1.** Продукт труда, изготовленный для обмена, продажи. *Потребительная стоимость товара* (создаваемая конкретным трудом). *Товары народного потребления* (все товары бытового назначения). **2.** Вообще то, что является предметом продажи, торговли. *Ходовой т. Т. лицом показать* (перен.: показать что-н. с лучшей стороны; разг.). *У вас т., у нас купец* (т. е. вы продаёте, мы покупаем; устар. разг.). ‖ *прил.* **това́рный,** -ая, -ое. *Товарное обращение. Товарные запасы. Т. знак* (знак предприятия, фирмы). *Т. вид* (хороший внешний вид продаваемого товара).

ТОВА́РИЩ, -а, *м.* **1.** Человек, близкий кому-н. по взглядам, деятельности, по условиям жизни, а также человек, дружески расположенный к кому-н. *Товарищи с детства, по школе. Т. по оружию, боевой т. Этот ученик — хороший т. Товарищи по несчастью* (о тех, кто вместе испытывает какие-н. неприятности; разг.). **2.** В советское время (обычно перед фамилией, званием, должностью, профессией): обращение к гражданину (во 2 знач.), а также его упоминание, обязательное обращение или упоминание применительно к члену коммунистической или дружественной партии. *Выделить в комиссию трёх товарищей. Пришла т. Петрова. На съезд приехали товарищи из разных стран.* **3.** *кого.* В названиях нек-рых должностей: помощник, заместитель. *Т. министра. Т. председателя. Т. прокурора.* ◆ **Со товарищи** (ирон.) — совместно с кем-н., в компании с кем-н. [товарищи — старая форма тв. п. мн. ч.]. ‖ *ж.* **това́рка,** -и (к 1 знач.; устар.).

ТОВА́РИЩЕСКИЙ, -ая, -ое. **1.** Свойственный товарищу (в 1 знач.), дружеский. *Т. поступок. Товарищеские отношения. Поступить по-товарищески* (нареч.). **2.** О спортивных встречах: происходящий вне официальных состязаний. *Т. матч. Товарищеская встреча шахматистов.* **3.** Совместный, с участием на равных правах (устар.). *Т. обед* (в складчину).

ТОВА́РИЩЕСТВО, -а, *ср.* **1.** Близость, основанная на товарищеских отношениях. *Чувство товарищества. Боевое т.* **2.** Производственная, торговая, кооперативная организация, состоящая из равноправных участников. *Кредитное т. Садоводческое т. Т. по совместной обработке земли.* **3.** Совместное участие в чём-н. на равных правах (устар.). *Вспахал огород в товариществе с соседом.*

ТОВА́РНИК, -а, *м.* (прост.). Товарный поезд.

ТОВА́РНОСТЬ, -и, *ж.* (спец.). Способность производить продукцию для рынка. *Высокая т. хозяйства.*

ТОВА́РНЫЙ, -ая, -ое. **1.** *см.* товар. **2.** Относящийся к перевозке товаров, грузов. *Т. поезд. Т. вагон. Товарная станция.* **3.** Поступающий на рынок как товар (преимущ. о продуктах сельского хозяйства) (спец.). *Товарное зерно.* **4.** Производящий продукты, к-рые идут на рынок как товар (спец.). *Товарное хозяйство. Товарное производство.*

ТОВАРНЯ́К, -а́, *м.* (прост.). То же, что товарник.

ТОВАРО... и **ТОВА́РО-...** *Первая часть сложных слов со знач.:* 1) относящийся к товару, товарам, напр. *товаропотребитель, товаропроизводитель, товароснабжение, товарооборот, товарообращение;* 2) товарный (во 2 знач.), напр. *товаро-пассажирский, товаро-транспортный.*

ТОВАРОВЕ́Д, -а, *м.* Специалист по товароведению.

ТОВАРОВЕ́ДЕНИЕ, -я, *ср.* Отрасль знаний о товаре как предмете торговли, о его свойствах, сортах, потребительном значении. ‖ *прил.* **товарове́дческий,** -ая, -ое.

ТОВАРООБМЕ́Н, -а, *м.* Обмен товарами, акты купли и продажи. *Развитие товарообмена.* ‖ *прил.* **товарообме́нный,** -ая, -ое. *Товарообменные операции.*

ТОВАРООБОРО́Т, -а, *м.* Процесс обращения товаров. *Расширение товарооборота.*

ТОВАРОПРОВОДЯ́ЩИЙ, -ая, -ее (спец.). Относящийся к продвижению товаров от производителя к потребителю. *Товаропроводящая сеть.*

ТОВАРОПРОИЗВОДИ́ТЕЛЬ, -я, *м.* Тот, кто производит товары.

ТО́ГА, -и, *ж.* Мужская одежда у граждан Древнего Рима, полотнище (обычно белое), одним концом перекидываемое через левое плечо. *Т. сенатора.* ◆ **Рядиться в тогу** *кого-чего* (книжн.) — выставлять себя в какой-н. благородной роли, не имея для этого оснований. *Рядиться в тогу миротворца.*

ТОГДА́, *мест. нареч.* **1.** В то время, о к-ром идёт речь (в настоящем, прошедшем или всегда). *Врач принимает по утрам? — Да, именно т. Приходит (пришла, придёт) старость, т. наступает (наступило, наступит) прозрение. Улыбнись мне, как т.* (т. е. как прежде). **2.** Именно в тот самый момент, непосредственно после чего-н. *Артист поклонился, т. раздались аплодисменты. Т. он был молод.* **3.** В таком случае. *Устал, т. отдохни.* **4.** Употр. в главном предложении в соответствии с «когда», «если», «раз» в придаточном. *Когда прочитаю книгу, т. и отдам. Раз (если) согласен, т. пойдём.* ◆ **Тогда как,** *союз* — 1) хотя, несмотря на то, что. *Его расхвалили, тогда как поэт он слабый;* 2) выражает противопоставление. *Ты всю зиму бездельничал, тогда как он усиленно занимался.*

ТОГДА́ШНИЙ, -яя, -ее (разг.). Бывший, происходивший тогда, в прошлом. *Тогдашнее время. Тогдашние события.*

ТОГО́ (прост.). **1.** *частица.* Служит для заполнения паузы при заминке речи, при затруднении в выборе слова. *Уж ты с ним, пожалуйста, т. — Что т.? — Поделикатней.* **2.** *в знач. сказ.* Употр. в знач. глуповат, ненормален или навеселе, пьян, а также в знач. неважен, плоховат. *Парень-то оказался т.! Табак-то т.: плохой.* ◆ **Не того** (прост.) — неважен, плоховат. *Дела-то, видно, не того. Малость не того кто-н.* (не совсем нормален).

ТОЖДЕ́СТВЕННЫЙ, -ая, -ое; -вен, -венна и **ТОЖЕ́СТВЕННЫЙ,** -ая, -ое; -вен, -венна. **1.** *см.* тождество. **2.** Такой же, вполне сходный. *Явление, тождественное описанному прежде.* ‖ *сущ.* **тожде́ственность,** -и, *ж.* и **тоже́ственность,** -и, *ж.*

ТО́ЖДЕСТВО, -а и **ТО́ЖЕСТВО,** -а, *ср.* **1.** Полное сходство, совпадение. *Т. взглядов.* **2.** (то́ждество). В математике: равенство, справедливое при любых числовых значениях входящих в него величин. ‖ *прил.* **тожде́ственный,** -ая, -ое и **тоже́ственный,** -ая, -ое (к 1 знач.). *Тождественные алгебраические выражения.*

ТО́ЖЕ [не смешивать с сочетанием местоимения «то» и частицы «же»]. **1.** *нареч.* Равным образом, так же, как и кто-что-н. *Ты устал, я т.* **2.** *союз.* То же, что также. *Ты уезжаешь, а брат? — Т.* **3.** *частица.* Выражает недоверчивое или отрицательное, ироническое отношение (прост.). *Т. умник нашёлся! Он поэт. — Поэт т. (мне)!*

ТОК[1], -а (-у), *мн.* то́ки, то́ков, *м.* **1.** *см.* течь[1]. **2.** (-а). Поток, движущаяся масса жидкости, воздуха (устар. высок.). *Водный т. Воздушный т. Слёзы льются током* (перен.). **3.** Направленное движение электрических зарядов в проводнике. *Т. проводимости* (электрический ток). *Сильные токи.* **4.** *мн.* О нервной энергии человека, воспринимаемой другими людьми. *От него шли какие-то токи, заражающие других энергией и упорством.* ‖ *прил.* **то́ковый,** -ая, -ое (ко 2 знач.; спец.).

ТОК[2], -а, о то́ке, на току́, *мн.* тока́, токо́в, *м.* Место, где токуют птицы. *Глухариный т.*

ТОК[3], -а, о то́ке, на току́, *мн.* то́ки и тока́, токо́в, *м.* **1.** Расчищенная или специально оборудованная площадка для предварительного хранения и первичной обработки зерна. *Молотьба на току. Крытый т. Механизированный т.* **2.** Расчищенная площадка, на к-рой ловят птиц при помощи силков, приманок (спец.).

ТОКА́РНЫЙ, -ая, -ое. Относящийся к обработке твёрдых материалов (металлов, дерева, кости) путём обточки, к работе токаря. *Токарное дело. Т. станок.*

ТО́КАРЬ, -я, *мн.* -и, -ей и (разг.) -я́, -е́й, *м.* Рабочий — специалист по механической обработке твёрдых материалов, по токарному делу. *Т. по металлу. Т. по дереву. Т.-фрезеровщик.*

ТОКО... *Первая часть сложных слов со знач.* относящийся к току[1] (в 3 знач.), напр. *токоограничитель, токоотвод, токораспределитель, токосъёмник, токосъёмный.*

ТОКОВА́ТЬ (-кую, -ку́ешь, 1 и 2 л. не употр.), -ку́ет; *несов.* О нек-рых птицах: особым криком подзывать самку (иногда самца). *Тетерев токует весной.* ‖ *сущ.* **токова́нье,** -я, *ср.*

ТОКОВИ́ЩЕ, -а, *ср.* То же, что ток[2].

ТОКОПРИЁМНИК, -а, *м.* (спец.). **1.** Устройство, посредством к-рого ток от провода или рельса передаётся двигателю электровоза, троллейбуса, моторного вагона, подъёмного крана. 2. Название различных приборов, в к-рых происходит преобразование электрической энергии.

ТОКСИКО́З, -а, *м.* (спец.). Болезненное состояние организма при отравлении токсинами. *Инфекционный т. Пищевой т.* ‖ *прил.* **токсико́зный**, -ая, -ое.

ТОКСИКОМА́НИЯ, -и, *ж.* Болезнь, выражающаяся во влечении к употреблению нек-рых токсичных для организма веществ, препаратов.

ТОКСИ́НЫ, -ов, *ед.* -и́н, -а, *м.* (спец.). Ядовитые вещества, образуемые микроорганизмами, а также выделяемые нек-рыми животными и растениями. ‖ *прил.* **токси́ческий**, -ая, -ое.

ТОКСИ́ЧНЫЙ, -ая, -ое; -чен, -чна. Содержащий токсины, токсический. ‖ *сущ.* **токси́чность**, -и, *ж.* *Т. отработанных газов.*

ТОЛ, -а, *м.* Взрывчатое вещество, тротил. ‖ *прил.* **то́ловый**, -ая, -ое. *Толовая шашка.*

ТО́ЛЕВЫЙ *см.* толь.

ТОЛИ́КА, -и, *ж.* : **малая (небольшая, некоторая) толика** *чего* (устар. разг.) — некрое количество, немного. *Денег малая толика.*

ТОЛК[1], -а (-у), *м.* (разг.). **1.** Смысл, разумное содержание чего-н. *Рассуждать с толком. Делать что-н. с толком.* **2.** Польза, прок. *Добиться толку* (добиться того, что нужно). *Понимать* или *знать т. в чём-н.* (быть знатоком, разбираться в чём-н.). ✦ **Бе́з толку** — напрасно, бесполезно. **Взять в толк** — понять, усвоить. **Сбить с толку** — запутать, ввести в заблуждение. **Сбиться с толку** — запутаться, впасть в заблуждение. **Что толку?** — бесполезно.

ТОЛК[2], -а, *м.* **1.** В старообрядчестве и сектантстве: разновидность религиозного направления, а также группа, секта, примыкающая к этому направлению. *Старообрядцы поморского толка.* **2.** О людях, объединённых общностью взглядов, склада, общественного направления. *Либералы разных толков. Учителя старого толка.*

ТОЛК[3], *в знач. сказ.* (разг.). Толкнул (в 1 знач.). *Незаметно под столом т. ногой соседа.*

ТОЛКА́ТЕЛЬ, -я, *м.* Спортсмен, занимающийся толканием ядра. ‖ *ж.* **толка́тельница**, -ы.

ТОЛКА́ТЬ, -а́ю, -а́ешь; *несов.* **1.** *кого-что.* Касаться резким движением, коротким ударом. *Т. в спину. Т. локтем соседа. Т. дверь.* **2.** *кого-что.* Резкими движениями, короткими ударами двигать от себя. *Т. тачку. Т. в пропасть кого-н.* (также перен.: вести к тяжёлому концу, к гибели). *Т. ядро* (в спорте: бросать вперёд). *Т. штангу* (в спорте: поднимать в два приёма — до уровня груди и вытягивая руки вверх, над головой). **3.** *перен., кого (что).* Содействовать своим вмешательством развитию чего-н., побуждать к чему-н. (обычно отрицательному). *Т. на преступление, на обман.* ✦ **Толкать речь** (прост. ирон.) — выступать с речью, произносить речь. ‖ *однокр.* **толкну́ть**, -ну́, -нёшь *и* **толкану́ть**, -ну́, -нёшь (к 1 и 2 знач.; прост.). ‖ *сущ.* **толка́ние**, -я, *ср.* (к 1 и 2 знач.). ‖ *прил.* **толка́тельный**, -ая, -ое (ко 2 знач.; спец.).

ТОЛКА́ТЬСЯ, -а́юсь, -а́ешься; *несов.* **1.** Толкать (в 1 знач.) кого-н. или друг друга. *Т. локтями. Т. в толпе.* **2.** *во что.* Ударять, нажимать (на дверь, ворота), стараясь открыть (прост.). *Т. в дверь. Т. в разные учреждения* (перен.: ходить, обращаться). **3.** Без дела, праздно ходить среди толпы (прост.). *Т. по улицам.* ‖ *сов.* **толкну́ться**, -ну́сь, -нёшься (ко 2 знач.).

ТОЛКА́Ч, -а́, *м.* **1.** Добавочный локомотив в хвосте поезда или самоходное судно, толкающее баржу (спец.). *Буксир-т.* **2.** *перен.* Человек, к-рому поручено подтолкнуть, ускорить нужное в данный момент дело (разг. неодобр.). *Послать толкача на завод.*

ТО́ЛКИ, -ов (разг.). Разговоры, слухи, пересуды. *Пошли т. Не придавать значения толкам.*

ТОЛКОВА́НИЕ, -я, *ср.* **1.** *см.* толковать. **2.** Объяснение чего-н., изложение точки зрения на что-н. *Новое т. неясного места в древней рукописи. Предложить своё т. текста.*

ТОЛКОВА́ТЕЛЬ, -я, *м.* Человек, к-рый занимается толкованием, объяснением чего-н. *Т. Корана. Толкователи Апокалипсиса. Т. снов.* ‖ *ж.* **толкова́тельница**, -ы.

ТОЛКОВА́ТЬ, -ку́ю, -ку́ешь; *несов.* **1.** *что.* Давать чему-н. какое-н. объяснение, определять смысл чего-н. *Т. законы. Т. неясные места в книге. Т. слова в словаре.* **2.** *кому.* Разъяснять, заставлять понять что-н. (разг.). *Сколько ему ни толкуй — ничего не хочет слушать.* **3.** *с кем о ком-чём.* Разговаривать, беседовать, обсуждая или рассуждая (разг.). *Т. о делах.* ‖ *сущ.* **толкова́ние**, -я, *ср.* (к 1 знач.).

ТОЛКО́ВЫЙ, -ая, -ое; -о́в. **1.** Дельный, разумный; хорошо усваивающий что-н. *Т. помощник. Т. ученик.* **2.** Ясный, понятный. *Толковое объяснение. Толково* (нареч.) *отвечать.* **3.** *полн. ф.* Содержащий в себе толкования, объяснения. *Толковая псалтырь. Т. словарь* (содержащий в себе толкования каждого слова, значения). ‖ *сущ.* **толко́вость**, -и, *ж.* (к 1 и 2 знач.).

ТО́ЛКОМ, *нареч.* (разг.). Разумно, дельно, ясно. *Объяснить всё т. Т. всё разузнай.*

ТОЛКОТНЯ́, -и́, *ж.* (разг.). Движения многих теснящихся, толкающихся людей. *В толпе т.*

ТОЛКУ́ЧИЙ: толкучий рынок (устар.) — то же, что толкучка (во 2 знач.).

ТОЛКУ́ЧКА, -и, *ж.* (прост.). **1.** Место, где толпится много народа; толкотня. **2.** Рынок, где торгуют подержанными вещами. *Купить на толкучке.*

ТОЛМА́Ч, -а́, *м.* (стар.). Переводчик во время беседы, переговоров.

ТОЛОКНО́, -а́, *ср.* Мука из поджаренного (предварительно пропаренного) очищенного овса. ‖ *прил.* **толоко́нный**, -ая, -ое *и* **толокня́ный**, -ая, -ое.

ТОЛОКНЯ́НКА, -и, *ж.* Мелкий кустарник сем. вересковых с вечнозелёными кожистыми листьями.

ТОЛО́ЧЬ, -лку́, -лчёшь, -лку́т; -ло́к, -лкла́; -лки́; -ло́кший; -лчённый (-ён, -ена́); -лча́ *и* (редко) -ло́кши; *несов., что.* Дробя, превращать в мелкие кусочки, в порошок. *Т. сахар.* ✦ **Толочь воду в ступе** (разг.) — заниматься пустыми разговорами, бесполезным делом. ‖ *сов.* **истоло́чь**, -лку́, -лчёшь; -ло́к, -лкла́; -лки́; -ло́кший; -лчённый (-ён, -ена́); -ло́кши, **растоло́чь**, -лку́, -лчёшь; -ло́к, -лкла́; -лки́;-ло́кший; -лчённый (-ён, -ена́); -ло́кши *и* **столо́чь**, -лку́, -лчёшь; -ло́к, -лкла́; -лки́; -ло́кший; -лчённый (-ён, -ена́); -ло́кши. ‖ *сущ.* **толче́ние**, -я, *ср.*

ТОЛО́ЧЬСЯ, -лку́сь, -лчёшься, -лку́тся; -ло́кся, -лкла́сь; -лки́сь; -ло́кшийся; -лча́сь *и* (редко) -ло́кшись; *несов.* (прост.). **1.** (1 и 2 л. ед. не употр.). Толпясь, тесниться. *У входа толчётся народ.* **2.** Быть, находиться где-н., действуя суматошно или непрерывно, доводя себя до усталости. *Нечего тебе т. в городе, поезжай домой. Весь день т. в кухне.*

ТОЛПА́, -ы́, *мн.* то́лпы, толп, то́лпам, *ж.* **1.** Скопление людей, сборище. *Т. народа. Стоять толпой. Затеряться в толпе.* **2.** *перен.* Безликая масса людей в её противопоставлении выдающимся личностям (устар.).

ТОЛПИ́ТЬСЯ (-плю́сь, -пи́шься, 1 и 2 л. ед. не употр.), -пи́тся; *несов.* Собираться, стоять толпой. *Т. у входа.*

ТОЛСТЕ́ТЬ, -е́ю, -е́ешь; *несов.* Становиться толстым (в 1 и 2 знач.), толще. *Фигура толстеет. Рукопись толстеет.* ‖ *сов.* **потолсте́ть**, -е́ю, -е́ешь.

ТОЛСТИ́ТЬ (-лщу́, -лсти́шь, 1 и 2 л. не употр.), -лсти́т; *несов., кого-что* (разг.). То же, что полнить. *Светлое платье толстит фигуру.*

ТОЛСТО... *Первая часть сложных слов со знач.:* 1) толстый (в 1 знач.), с толстым (в 1 знач.), напр. *толстобревенчатый, толстоволокнистый, толстодонный, толстокорый, толстолистный, толстоплёночный, толстослойный, толстоствольный, толстостенный;* 2) с толстым (во 2 знач.), напр. *толстогубый, толстозобый, толстолапый, толстолицый, толстотелый, толстощёкий.*

ТОЛСТО́ВЕЦ, -вца, *м.* Сторонник, последователь толстовства. ‖ *ж.* **толсто́вка**, -и. ‖ *прил.* **толсто́вский**, -ая, -ое.

ТОЛСТО́ВКА[1] *см.* толстовец.

ТОЛСТО́ВКА[2], -и, *ж.* Широкая сборчатая блуза с поясом.

ТОЛСТО́ВСТВО, -а, *ср.* В России в конце 19 — нач. 20 в.: религиозно-нравственное течение, возникшее под влиянием взглядов Л. Н. Толстого и развивающее идеи преобразования общества путём религиозного и нравственного совершенствования человека, всеобщей любви, непротивления злу насилием. ‖ *прил.* **толсто́вский**, -ая, -ое.

ТОЛСТОЗА́ДЫЙ, -ая, -ое; -а́д (прост.). С толстым задом (во 2 знач.). ‖ *сущ.* **толстоза́дость**, -и, *ж.*

ТОЛСТОКО́ЖИЙ, -ая, -ее; -о́ж. **1.** С толстой кожей, кожурой, а также из толстой кожи. *Т. лимон. Т. ремень.* **2.** *перен.* Не способный к тонкому восприятию, грубый, неотзывчивый (разг.). *Т. человек.* ‖ *сущ.* **толстоко́жесть**, -и, *ж.* (ко 2 знач.).

ТОЛСТОМО́РДЫЙ, -ая, -ое; -о́рд (прост.). С толстой мордой. *Т. бульдог.* ‖ *сущ.* **толстомо́рдость**, -и, *ж.*

ТОЛСТОПУ́ЗЫЙ, -ая, -ое; -у́з (прост.). С толстым, большим животом. ‖ *сущ.* **толстопу́зость**, -и, *ж.*

ТОЛСТОРО́Г, -а, *м.* Дикое горное животное сем. полорогих с густой шерстью и большими рогами, снежный баран.

ТОЛСТОСТЕ́ННЫЙ, -ая, -ое. С толстыми стенками, стенами. *Т. сосуд. Т. сруб.*

ТОЛСТОСУ́М, -а, *м.* (презр.). Богач, богатый делец. *Купец-т. Заокеанские толстосумы.*

ТОЛСТУ́ХА, -и, *ж.* (разг.). Толстая женщина. ‖ *уменьш.-ласк.* **толсту́шка**, -и, *ж.*

ТО́ЛСТЫЙ, -ая, -ое; толст, толста́, то́лсто, толсты́ *и* то́лсты; то́лще. **1.** Большой в объёме, в обхвате, в поперечнике. *Толстая палка. Т. ствол. Т. том. Толстая тетрадь* (с большим количеством листов). *Т. журнал* (большой по объёму литературно-художественный и общественно-политический журнал). **2.** О теле, туловище (или его частях): полный, тучный. *Толстая старуха. Толстые ноги. Т. нос.* **3.** (то́лсты). О голосе, звуке: густой, низкий (разг.).✦ **Тонкий намёк на толстые обстоятельства** (разг. шутл.) — намёк на что-н. серьёзное. **Толстый и тонкий** (ирон.) — о подобострастии перед прежним товарищем, высоко поднявшимся по служебной лестнице [по одноимённому рассказу Чехова]. ‖ *уменьш.* **то́лстенький**, -ая, -ое (к 1 и 2 знач.). ‖ *сущ.* **толщина́**, -ы́, *ж.* (к 1 и 2 знач.) *и* **толстота́**, -ы́, *ж.* (к 1 и 2 знач.; устар.).

ТОЛСТЯ́К, -а́, *м.* (разг.). Толстый человек. ‖ *уменьш.-ласк.* **толстячо́к**, -чка́, *м.*

ТОЛЧЕЯ́[1], -и́, *ж.* (разг.). То же, что толкотня.

ТОЛЧЕЯ́[2], -и́, *ж.* (устар.). Приспособление для толчения чего-н., небольшая мельница.

ТОЛЧЁНЫЙ, -ая, -ое. Полученный толчением, истолчённый. *Т. сахар.*

ТОЛЧО́К[1], -чка́, *м.* **1.** Резкий, короткий толкающий удар. *Т. в спину.* **2.** Резкое колебательное движение, сотрясение чего-н. *Подземные толчки.* **3.** В спорте: движение, к-рым толкают что-н. (напр. ядро, штангу) или отталкиваются от чего-н. *Т. рукой, ногой.* **4.** *перен.* То, что вызывает что-н., побуждает к чему-н. *Т. к работе. Дать т. чему-н.* (побудить к началу какого-н. действия). ‖ *прил.* **толчко́вый**, -ая, -ое (ко 2 и 3 знач.; спец.). *Толчковая нога* (дающая толчок при начале бега, прыжка).

ТОЛЧО́К[2], -чка́, *м.* (прост.). То же, что толкучка (во 2 знач.). *Купил на толчке.*

ТО́ЛЩА, -и, *ж.* Слой какого-н. вещества, имеющий большую толщину от поверхности вглубь. *Т. земной коры. Под толщей льда. Водная т. Т. атмосферы. В толще толпы* (перен.).

ТОЛЩИНА́, -ы́, *ж.* **1.** *см.* толстый. **2.** Величина, протяжённость чего-н. в поперечнике. *Т. бревна. Т. слоя.*

ТОЛЬ, -я, *м.* Пропитанный водонепроницаемым составом картон, употр. как кровельный, изоляционный материал. ‖ *прил.* **то́левый**, -ая, -ое.

ТО́ЛЬКО. 1. *частица.* Выражает ограничение: не больше, чем столько-то, ничего другого, кроме. *Вещь стоит т. (всего т.) тысячу. Он т. взглянул. Это т. начало. Т. его и видели* (т. е. не успел появиться, как уже исчез; разг.). **2.** *частица.* Выражает ограничение, выделение из множества, единственно, исключительно. *Т. в деревне отдыхаю. Т. ты меня жалеешь.* **3.** *союз.* Присоединяет временно́е или условно-временное придаточное предложение в знач. в тот момент, как..., сейчас же, как... *Т. позовёшь, я приду. Все сделаю, т. попроси.* **4.** *союз.* Однако, но. *Согласен ехать, т. не сейчас.* **5.** *союз.* При условии что, если. *Всё сделаю, т. не сердись.* **6.** *частица.* Употр. для экспрессивного подчёркивания (обычно после местоименных слов). *Подумать т., уже год прошёл! Зачем т. я сюда приехал.* **7.** *нареч.* Непосредственно перед чем-н.; совсем недавно. *Ты давно дома? — Да т. вошёл.* ✦ **Не только..., но и (а и)**, *союз* — выражает ограничение и противительность при градационных отношениях. *Не только добр, но и (а и) талантлив.* **Только бы**, *частица* — выражает желательность, предпочтительность всему другому (при отрицании — с оттенком опасения). *Только бы уехать. Только бы не война! Только бы он остался жив!* **Только и (...что)** — то же, что только (во 2 знач.). *Только и думаю (что) о детях.* **Только и всего** — всего только, только это, больше ничего. *Он устал, только и всего.* **Только-только** (разг.) — 1) то же, что только (в 7 знач.). *Он только-только пришёл;* 2) едва, еле-еле. *Денег только-только хватило на дорогу.* **Только что** — то же, что только (в 7 знач.). *Только что вошёл.* **Только что не** (разг.) — почти, немногого не хватает до чего-н. *Его только что не на руках носят.*

ТОМ, -а, *мн.* -а́, -о́в *и* (устар.) -ы, -ов, *м.* Отдельная книга какого-н. сочинения, издания. *Роман в двух томах. Написал целые то́мы* (перен.: очень много). ‖ *уменьш.* **то́мик**, -а, *м. Т. стихов.*

ТОМАГА́ВК, -а, *м.* Ударное метательное оружие у нек-рых индейских племён Северной Америки. ‖ *прил.* **томага́вковый**, -ая, -ое.

ТОМА́Т. 1. -а, м. То же, что помидор. *Сорта томатов.* **2.** -а, *м.* Пюре из помидоров. *Консервы в томате.* **3.** *неизм.* Приготовленный из помидоров. *Т.-пюре. Т.-паста.* ‖ *прил.* **тома́тный**, -ая, -ое *и* **тома́товый**, -ая, -ое (к 1 и 2 знач.). *Томатный сок.*

ТОМИ́ТЕЛЬНЫЙ, -ая, -ое; -лен, -льна. Вызывающий томление, тяжкий, изнуряющий. *Т. зной. Томительное ожидание.* ‖ *сущ.* **томи́тельность**, -и, *ж.*

ТОМИ́ТЬ, -млю́, -ми́шь; -млённый (-ён, -ена́); *несов.* **1.** *кого-что.* Мучить, изнурять. *Т. в опале. Т. голодом. Т. лишними расспросами.* **2.** *что.* Па́рить (в 3 знач.) в закрытой посуде. *Т. овощи.* ‖ *сов.* **истоми́ть**, -млю́, -ми́шь; -млённый (-ён, -ена́) (к 1 знач.). ‖ *сущ.* **томле́ние**, -я, *ср.*

ТОМИ́ТЬСЯ, -млю́сь, -ми́шься; *несов.* Мучиться, испытывать тягость от чего-н. *Т. в плену. Т. ожиданием.* ‖ *сов.* **истоми́ться**, -млю́сь, -ми́шься. ‖ *сущ.* **томле́ние**, -я, *ср.*

ТО́МНЫЙ, -ая, -ое; -мен, -мна́, -мно. Исполненный истомы. *Т. голос. Т. вздох. Т. взгляд.* ‖ *сущ.* **то́мность**, -и, *ж.*

ТОМПА́К, -а́, *м.* Сплав меди с цинком, сорт латуни. ‖ *прил.* **томпа́ковый**, -ая, -ое.

ТОН, -а, *мн.* -а́, -о́в *и* -ы, -ов, *м.* **1.** Звук определённой высоты; музыкальный звук в отличие от шума. *Низкий т. Мягкий т. скрипки. Нежный т. Тоном ниже* (также перен.: поспокойнее, не так горячо, не так громко; разг.). *Попасть в т.* (также перен.: сделать так, чтобы угодить кому-н., удовлетворить кого-н.). **2.** (мн. -ы, -ов). Звук работающего сердца, а также звук, получаемый при выстукивании вну́тренних органов. *Тоны сердца чистые.* **3.** Оттенок речи, её звучания. *Надменный т. Переменить т. На высоких (повышенных) тонах разговаривать* (раздражённо, ссорясь). **4.** (мн. -а́, -о́в). Характер, оттенок красок, цве́та по яркости, колориту. *Светлые, пастельные тона. Тёплые тона. Холодные тона.* **5.** *ед.* Характер поведения, обращения с людьми, склад жизни. *Изменился весь т. жизни. Хороший т.* (благовоспитанность). *Дурной т.* ‖ *прил.* **то́новый**, -ая, -ое (к 1 и 2 знач.; спец.) *и* **тоново́й**, -а́я, -о́е (к 4 знач.; спец.).

ТОНА́ЛЬНОСТЬ, -и, *ж.* (спец.). **1.** Высота звуков лада, определяемая положением главного тона (первой ступени гаммы). **2.** Преобладающее сочетание тонов (в 4 знач.) в картине. **3.** *перен.* Основная эмоциональная настроенность в художественном произведении. *Оптимистическая т. стиха.*

ТОНА́ЛЬНЫЙ,-ая, -ое. Придающий или имеющий определённый оттенок цвета, тон. *Тональные кремы.*

ТОНЗИЛЛИ́Т, -а, *м.* (спец.). Воспаление миндалин. *Хронический т.*

ТОНЗУ́РА, -ы, *ж.* У католических священнослужителей: выбритое место на макушке.

ТОНИЗИ́РОВАТЬ, -рую, -руешь; -анный; *сов. и несов., кого-что.* Поднять (-нимать) тонус у кого-чего-н. *Т. организм. Тонизирующие средства.* ‖ *сущ.* **тониза́ция**, -и, *ж.*

ТОНИ́ЧЕСКИЙ[1], -ая, -ое (спец.). О стихе[1]: основанный на упорядоченном чередовании ударных и неударных слогов в стихе. *Тоническое стихосложение.*

ТОНИ́ЧЕСКИЙ[2] *см.* тонус.

ТО́НКИЙ, -ая, -ое; -нок, -нка́, -нко, -нки *и* -нки́; то́ньше; тонча́йший. **1.** Небольшой в поперечнике, в обхвате. *Т. стебель. Т. слой. Тонкое сукно. Тонко* (нареч.) *нарезать сыр. Где тонко* (в знач. сказ.), *там и рвётся* (посл.). **2.** О теле, туловище (или его частях): худощавый и стройный. *Тонкая фигурка. Тонкая талия. Тонкие пальцы.* **3.** О звуках: высокий. *Т. голос.* **4.** О чертах лица: нежный, красиво очерченный. *Т. профиль.* **5.** Изысканный, не грубый. *Т. запах. Тонкая работа. Т. намёк. Тонкие различия* (основанные на частностях). *В тонких выражениях. Тонкое обращение* (деликатное, хорошего тона; ирон.). **6.** Острый, проницательный, умный. *Т. ум. Т. критик. Т. ценитель.* **7.** Чуткий, быстро воспринимающий что-н. *Т. слух. Т. сон.*✦ **Тонкая бестия** (разг.) — о хитром и ловком человеке. ‖ *уменьш.* **то́ненький**, -ая, -ое (к 1, 2 и 3 знач.). ‖ *сущ.* **то́нкость**, -и, *ж.* (к 1, 2, 4, 5, 6 и 7 знач.).

ТОНКО... *Первая часть сложных слов со знач.:* 1) тонкий (в 1 знач.), с тонким (в 1 знач.), напр. *тонковолокнистый, тонкожильный, тонкокожий, тонкокорый, тонкорунный, тонкослойный, тонкостебельный, тонкодощатый, тонкоплёночный, тонкопрядение;* 2) с тонким (во 2 знач.), напр. *тонконогий, тонкорукий, тонкотелый, тонкошеий;* 3) тонкий (в 6 знач.), напр. *тонкопсихологический;* 4) мелкий (в 1 знач.), мелко... (в 1 знач.), напр. *тонкозернистый, тонкоизмельчённый, тонкокристаллический, тонкомолотый, тонкообломочный, тонкопесчаный, тонкопросеянный, тонкораздробленный, тонкоразмолотый, тонкораспылённый, тонкоструктурный;* 5) то же, что остро... (в 1 знач.), напр. *тонкоклювый, тонкозаострённый.*

ТОНКОКО́ЖИЙ, -ая, -ое; -о́ж. С тонкой кожей, кожурой. *Т. апельсин.* ‖ *сущ.* **тонкоко́жесть**, -и, *ж.*

ТОНКОНО́ГИЙ, -ая, -ое; -о́г. С тонкими ногами, ножками. *Тонконогая цапля. Т. стул.*

ТОНКОПРЯ́ХА, -и, *ж.* (устар. и обл.). Мастерица прясть на прялке тонкую пряжу.

ТОНКОРУ́ННЫЙ, -ая, -ое. **1.** С тонким руном. *Тонкорунные овцы.* **2.** Относящийся к породам овец с тонким руном. *Тонкорунное овцеводство.* ‖ *сущ.* **тонкору́нность**, -и, *ж.*

ТОНКОСЛО́ЙНЫЙ, -ая, -ое; -о́ен, -о́йна. С тонкими слоями. *Тонкослойное дерево.* ‖ *сущ.* **тонкосло́йность**, -и, *ж.*

ТОНКОСТЕ́ННЫЙ, -ая, -ое. С тонкими стенками, стенами. *Т. сосуд.*

ТО́НКОСТЬ, -и, *ж.* **1.** *см.* тонкий. **2.** Мелкая подробность, специальная, частная сторона чего-н. *Тонкости математики. Вдаваться в тонкости. Узнать всё до тонкостей.*

ТОНКОШЁРСТНЫЙ, -ая, -ое *и* **ТОНКОШЁРСТЫЙ**, -ая, -ое. С тонкой шерстью, из тонкой шерсти. *Тонкошёрстная овца. Т. материал.* ‖ *сущ.* **тонкошёрстность**, -и, *ж. и* **тонкошёрстость**, -и, *ж.*

ТО́ННА, -ы, *ж.* Единица массы, равная 1000 кг. ‖ *прил.* **то́нный**, -ая, -ое (спец.). *Тонная мина.*

ТОННА'Ж, -а, *м.* (спец.). **1.** Объём внутренних помещений судна. *Т. теплохода.* **2.** Грузоподъёмность транспортного средства в тоннах. *Т. вагона.* ‖ *прил.* **тонна́жный,** -ая, -ое.

ТОННЕ'ЛЬ [*нэ́*], -я и **ТУННЕ'ЛЬ** [*нэ́*], -я, *м.* Сооружение в виде коридора, по к-рому проложены пути (под землей, в горах, под каким-н. другим сооружением). *Т. метрополитена. Транспортный т. Обводной т.* ‖ *прил.* **тонне́льный,** -ая, -ое и **тунне́льный,** -ая, -ое.

ТОННОКИЛОМЕ'ТР, -а, *м.* Единица учёта: количество тонн груза, перевозимых на расстояние в один километр.

ТО'ННЫЙ[1], -ая, -ое; то́нна, то́нно (устар. и ирон.). Соблюдающий во всём изысканный тон, манеры. *Тонная девица.* ‖ *сущ.* **то́нность,** -и, *ж.*

ТО'ННЫЙ[2] *см.* тонна.

ТО'НУС, -а, *м.* **1.** Длительное, не сопровождающееся утомлением возбуждение нервных центров и мышц (спец.). *Пониженный т. сердца.* **2.** Степень жизнедеятельности, жизненной активности. *Жизненный т.* ‖ *прил.* **тони́ческий,** -ая, -ое (к 1 знач.). *Т. рефлекс. Тонические реакции.*

ТОНУ'ТЬ, тону́, то́нешь; *несов.* **1.** Непроизвольно погружаться под воду на дно, а также гибнуть, погружаясь на дно. *Корабль тонет.* **2.** *в чём.* Увязая, погружаться во что-н. зыбкое, рыхлое, мягкое. *Т. в болоте, в грязи, в снегу. Т. во множестве дел* (перен.). *Т. в пуховиках* (перен.). **3.** (1 и 2 л. не употр.). Иметь свойство погружаться в воду. *Дерево не тонет.* **4.** (1 и 2 л. не употр.), *перен.* Становиться почти незаметным в массе чего-н. *Дома тонут в зелени, в садах. Слова тонут в шуме голосов.* ‖ *сов.* **потону́ть,** -ону́, -о́нешь (к 1 и 2 знач.; разг.) и **утону́ть,** -ону́, -о́нешь (к 1, 2 и 4 знач.). *Кому быть повешенному, тот не утонет* (посл.; выражает безразличие к опасности, готовность идти на риск).

ТОНЧА'ТЬ (-а́ю, -а́ешь, 1 и 2 л. не употр.), -а́ет; *несов.* (прост.). Становиться тонким (в 1 и 2 знач.), тоньше. *Лёд тончает с краёв.* ‖ *сов.* **потонча́ть** (-а́ю, -а́ешь, 1 и 2 л. не употр.), -а́ет.

ТО'НЯ, -и, *мн.* -и, -ей, *ж.* **1.** Участок водоёма, специально оборудованный для ловли рыбы закидным неводом, а также часть берега, прилегающая к этому участку. **2.** Рыбная ловля на таком участке. *Удачная т.* **3.** Невод с уловом после одной закидки. *Закинуть, вытянуть тоню.* ‖ *прил.* **тонево́й,** -а́я, -о́е и **то́невый,** -ая, -ое.

ТОП. 1. *в знач. сказ.* Топнул (в 1 знач.) (разг.). *Т. на него ногой.* **2. топ-топ,** *звукоподр.* О звуке шагов. *Топ-топ ножками!* (о шагах ребёнка).

ТОПА'З, -а, *м.* Прозрачный драгоценный камень различной окраски. *Дымчатый т.* ‖ *прил.* **топа́зовый,** -ая, -ое.

ТО'ПАТЬ, -аю, -аешь; *несов.* **1.** Стучать, бить по твёрдой поверхности ногами. *Идти, тяжело топая. Т. ногами на кого-н.* (выражая свой гнев, раздражение). **2.** Идти, направляться куда-н. (прост. шутл.). *Топай вперёд! Топай отсюда!* ‖ *сов.* **пото́пать,** -аю, -аешь. *Что потопаешь, то и полопаешь* (посл. о том, что результат дела зависит от усилий, приложенных к его достижению). ‖ *однокр.* **то́пнуть,** -ну, -нешь (к 1 знач.). ‖ *сущ.* **то́панье,** -я, *ср.* (к 1 знач.).

ТОПИ'ТЬ[1], топлю́, то́пишь; то́пленный; *несов., что.* **1.** Поддерживать огонь в очаге, в печи. *Т. камин.* **2.** Обогревать (помещение), сжигая топливо. *В доме стали т.* ‖ *сущ.* **то́пка,** -и, *ж.*

ТОПИ'ТЬ[2], топлю́, то́пишь; то́пленный; *несов., что.* **1.** Нагревая, расплавлять. *Т. воск.* **2.** Долго кипятить (молоко) на лёгком жару. ‖ *сущ.* **топле́ние,** -я, *ср.*

ТОПИ'ТЬ[3], топлю́, то́пишь; *несов., кого-что.* **1.** Заставлять тонуть. *Т. корабль.* **2.** *перен.* То же, что губить (разг.). *Т. живое дело.* ‖ *сов.* **потопи́ть,** -оплю́, -о́пишь; -о́пленный (разг.) и **утопи́ть,** -оплю́, -о́пишь; -о́пленный. ‖ *сущ.* **потопле́ние,** -я, *ср.* (к 1 знач.).

ТОПИ'ТЬСЯ[1] (топлю́сь, то́пишься, 1 и 2 л. не употр.), то́пится; *несов.* **1.** О печи: быть растопленной, гореть (в 1 знач.). *Жарко топится печь.* **2.** То же, что отапливаться (разг.). *Дача не топится.* ‖ *сущ.* **то́пка,** -и, *ж.*

ТОПИ'ТЬСЯ[2] (топлю́сь, то́пишься, 1 и 2 л. не употр.), то́пится; *несов.* **1.** То же, что плавиться. *Воск топится.* **2.** Кипятиться на лёгком жару. *Молоко топится.* ‖ *сущ.* **топле́ние,** -я, *ср.*

ТОПИ'ТЬСЯ[3], топлю́сь, то́пишься; *несов.* Лишать себя жизни, бросаться в воду. *Хоть топись!* (о безвыходном положении; разг.). ‖ *сов.* **утопи́ться,** -оплю́сь, -о́пишься.

ТО'ПКА, -и, *ж.* **1.** *см.* топить[1], -ся[1]. **2.** Часть печи или котельного агрегата, где сжигается топливо. *Камерная т.* ‖ *прил.* **топо́чный,** -ая, -ое.

ТО'ПКИЙ, -ая, -ое; -пок, -пка́ и -пка, -пко. О почве: вязкий или болотистый. *Т. берег. Топкое место. Здесь топко* (в знач. сказ.). ‖ *сущ.* **то́пкость,** -и, *ж.*

ТОПЛЁНЫЙ, -ая, -ое. **1.** Приготовленный в пищу топлением (см. топить[2] во 2 знач.). *Топлёное молоко.* **2.** Такой, к-рый растоплен. *Топлёное сало. Топлёное масло.*

ТО'ПЛИВО, -а, *ср.* Горючее вещество, дающее тепло, являющееся источником получения энергии. *Жидкое т.* (нефть и продукты её переработки). *Твёрдое т.* (древесина, уголь, сланцы, торф). *Ядерное т.* (смесь веществ, материалов для получения энергии в ядерном реакторе). ‖ *прил.* **то́пливный,** -ая, -ое. *Топливная промышленность. Топливные ресурсы.*

ТОПЛЯ'К, -а́, *м.*, также *собир.* Затонувшее при сплаве бревно, брёвна. *Река забита топляком.*

ТОПО'ГРАФ, -а, *м.* Специалист по топографии, топографической съёмке.

ТОПОГРА'ФИЯ, -и, *ж.* **1.** Раздел геодезии, занимающийся измерением участков земной поверхности и изображением местности на планах и картах. **2.** Поверхность и взаимное расположение отдельных пунктов местности (спец.). *Т. Москвы.* ‖ *прил.* **топографи́ческий,** -ая, -ое. *Топографическая съёмка. Топографическая карта.*

ТО'ПОЛЬ, -я, *мн.* -я́, -е́й и (устар.) -и, -ей, *м.* Дерево сем. ивовых с высоким и прямым стволом. *Серебристый т. Пирамидальный т.* ‖ *прил.* **то́полевый,** -ая, -ое и **тополи́ный,** -ая, -ое. *Тополевая аллея. Тополиный пух* (на цветущем тополе).

ТОПО'НИМ, -а, *м.* (спец.). Собственное название отдельного географического места (населённого пункта, реки, угодья и др.).

ТОПОНИ'МИКА, -и, *ж.* (спец.). **1.** Совокупность топонимов какой-н. местности, страны. **2.** Раздел языкознания, изучающий топонимы. ‖ *прил.* **топоними́ческий,** -ая, -ое.

ТОПОНИ'МИЯ, -и, *ж.* (спец.). То же, что топонимика (в 1 знач.). ‖ *прил.* **топоними́ческий,** -ая, -ое.

ТОПО'Р, -а́, *м.* Насаженное на рукоятку металлическое орудие для рубки с лезвием и обухом. *Плотницкий т. Рубить, тесать топором.* ✦ **Хоть топор вешай** (разг.) — о спёртом воздухе, духоте в помещении. **Как топор плавает** *кто* (разг. шутл.) — совершенно не умеет плавать. **Суп из топора** (разг. шутл.) — о том, что приготовлено из случайно нашедшихся продуктов. ‖ *уменьш.* **топо́рик,** -а, *м. Туристский т.* ‖ *прил.* **топо́рный,** -ая, -ое.

ТОПОРИ'ЩЕ, -а, *ср.* Рукоятка топора. *Тонул — топор сулил, вытащили — топорища жаль* (посл. о неблагодарности и обмане).

ТОПО'РНЫЙ, -ая, -ое; -рен, -рна. **1.** *см.* топор. **2.** Грубый и неуклюжий, как бы сделанный топором. *Топорная работа.* ‖ *сущ.* **топо́рность,** -и, *ж.*

ТОПО'РЩИТЬ, -щу, -щишь; -щенный; *несов., что* (разг.). Поднимать торчком. *Т. усы. Ёж топорщит иглы.* ‖ *сов.* **встопо́рщить,** -щу, -щишь; -щенный.

ТОПО'РЩИТЬСЯ, -щусь, -щишься; *несов.* (разг.). **1.** (1 и 2 л. не употр.). Подниматься торчком. *Усы топорщатся. Ёж топорщится* (топорщит иглы). **2.** *перен.* Упрямиться, проявлять строптивость, несговорчивость. ‖ *сов.* **встопо́рщиться,** -щусь, -щишься.

ТО'ПОТ, -а, *м.* Шум, звуки от ударов ног при ходьбе, беге, топанье. *Конский т.*

ТОПОТА'ТЬ, -очу́, -о́чешь; *несов.* (прост.). То же, что топать (в 1 знач.). *Т. ногами.* ‖ *сущ.* **топота́нье,** -я, *ср.*

ТОПОТНЯ', -и́, *ж.* (прост.). Сильный топот. *Ребята подняли топотню.*

ТОПТА'ТЬ, топчу́, то́пчешь; то́птанный; *несов.* **1.** *кого-что.* Давить, мять ногами. *Т. траву.* **2.** *что.* Снашивать при ходьбе (обувь) (прост.). *Т. сапоги.* ‖ *сов.* **потопта́ть,** -опчу́, -о́пчешь; -о́птанный (к 1 знач.) и **стопта́ть,** -опчу́, -о́пчешь; -о́птанный (ко 2 знач.). ‖ *сущ.* **топта́ние,** -я, *ср.*

ТОПТА'ТЬСЯ, топчу́сь, то́пчешься; *несов.* (разг.). **1.** Переступать с ноги на ногу, оставаясь на месте. *Т. на месте* (также перен.: бездействовать, не продвигаться вперёд в каком-н. деле). **2.** Ходить мелкими шагами туда и сюда, долго и без особой цели. *Бабушка весь день топчется по квартире.* ‖ *сущ.* **топта́ние,** -я, *ср.*

ТОПТЫ'ГИН, -а́, *м.* (разг. шутл.). То же, что медведь.

ТОПЧА'Н, -а́, *м.* Род дощатой кровати на ко́злах (во 2 знач.), ножках. ‖ *прил.* **топча́нный,** -ая, -ое.

ТОПЫ'РИТЬ, -рю, -ришь; *несов., что* (прост.). То же, что топорщить. ‖ *сов.* **встопы́рить,** -рю, -ришь.

ТОПЫ'РИТЬСЯ, -рюсь, -ришься; *несов.* (прост.). То же, что топорщиться. ‖ *сов.* **встопы́риться,** -рюсь, -ришься.

ТОПЬ, -и, *ж.* Топкое, вязкое место. *Кругом болота, т. Непролазная т.* ‖ *прил.* **топяно́й,** -а́я, -о́е.

ТО'РБА, -ы, *ж.* Мешок, сума. *Т. с овсом* (подвешиваемая к морде лошади). ✦ **Как дурак (дурень) с писаной торбой носится** *кто с кем-чем* (разг. неодобр.) — о том, кто уделяет незаслуженно много внимания кому-чему-н.

ТОРБАСА', -о́в, *ед.* то́рбас, -а и торба́с, -а, *м.* На Севере: сапоги из оленьих шкур.

ТОРГ[1], -а, о то́рге, на торгу́, *м.* **1.** *см.* торговать, -ся. **2.** Базар, рынок (устар.). *Купить на торгу.*

ТОРГ[2], -а, *м.* (спец.). Сокращение: торговое учреждение, организация. ‖ *прил.* **то́рговский,** -ая, -ое (разг.).

ТОРГА'Ш, -а, *м.* **1.** То же, что торговец (в 1 знач.) (устар. неодобр.). **2.** *перен.* Человек, к-рый выше всего ставит свою выгоду, корысть, личный интерес (презр.). ‖ *прил.* **торга́шеский**, -ая, -ое. *Т. жаргон. Т. дух.*

ТОРГА́ШЕСТВО, -а, *ср.* Поведение, образ действий, свойственные торгашу (во 2 знач.).

ТОРГИ́, -о́в. **1.** То же, что аукцион. *Международные пушные т. Продажа с торгов.* **2.** Сдача подряда тому, кто, состязаясь с другими, согласится на условия более выгодные для заказчика (устар.). *Объявить т. на постройку фабрики.*

ТОРГОВА́ТЬ, -гу́ю, -гу́ешь; *несов.* **1.** *кем-чем и с кем-чем.* Вести куплю и продажу. *Торгующие организации. Т. с другими странами. Т. оптом, в розницу.* **2.** *перен., кем-чем.* Превращать что-н. в предмет купли-продажи из соображений выгоды, материальных интересов. *Т. своей совестью* (презр.). *Т. собой, своим телом, своей красотой* (о продажной женщине). **3.** Быть торговцем или продавцом. *Т. в палатке.* **4.** О торговом предприятии: быть открытым, работать. *Магазин торгует без выходных дней.* **5.** *кого-что.* Собираясь купить что-н., сговариваться о цене (прост.). *Т. у соседа телушку.* ‖ *сов.* **приторгова́ть**, -гу́ю, -гу́ешь; -о́ванный (к 5 знач.) *и* **сторгова́ть**, -гу́ю, -гу́ешь; -о́ванный (к 5 знач.). ‖ *сущ.* **торго́вля**, -и, *ж.* (к 1, 2 и 3 знач.) *и* **торг**, -а, *м.* (к 1 знач.; разг. и к 5 знач.; устар.). ‖ *прил.* **торго́вый**, -ая, -ое (к 1 знач.). *Торговые ряды. Т. день* (базарный).

ТОРГОВА́ТЬСЯ, -гу́юсь, -гу́ешься; *несов.* (разг.). **1.** *с кем.* Собираясь купить что-н., сговариваться о цене и настаивать на уступке. *Купил не торгуясь.* **2.** *перен.* Спорить, стремясь выгадать что-н. *Т., кому мыть посуду.* ‖ *сов.* **сторгова́ться**, -гу́юсь, -гу́ешься (к 1 знач.). ‖ *сущ.* **торг**, -а, *м.* (к 1 знач.; разг.) *и* **торго́вля**, -и, *ж.* (ко 2 знач.).

ТОРГО́ВЕЦ, -вца, *м.* **1.** Человек, занимающийся частной торговлей, купец. *Торговцы пушниной.* **2.** Человек, к-рый занимается мелкой рыночной или уличной торговлей. *Т. яблоками. Т. с лотка.* ‖ *ж.* **торго́вка**, -и (ко 2 знач.). *Базарная т.* (то же, что базарная баба).

ТОРГО́ВЛЯ, -и, *ж.* **1.** *см.* торговать, -ся. **2.** Хозяйственная деятельность по обороту, купле и продаже товаров. *Государственная, частная т. Внешняя, внутренняя т. Оптовая, розничная т. Работник торговли.* ‖ *уничт.* **торго́влишка**, -и, *ж.* (ко 2 знач.; о мелкой частной торговле; прост.).

ТОРГО́ВЫЙ, -ая, -ое. **1.** Относящийся к веде́нию торговли. *Т. договор. Торговая прибыль. Т. флот* (для перевозки товаров). **2.** Ведущий торговлю, торгующий. *Торговая сеть. Торговая точка. Т. работник.*

ТОРГПРЕ́Д, -а, *м.* Сокращение: торговый представитель — глава торгпредства. ‖ *прил.* **торгпре́довский**, -ая, -ое (разг.).

ТОРГПРЕ́ДСТВО, -а, *ср.* Сокращение: торговое представительство — орган государства, осуществляющий за границей его права в области внешнеэкономической деятельности.

ТОРГСИ́Н, -а, *м.* В 30-е гг.: магазин, в к-ром товары продавались за валюту или боны [от разговорного сокращения названия Всесоюзного объединения по торговле с иностранцами]. ‖ *прил.* **торгси́новский**, -ая, -ое (разг.).

ТОРЕАДО́Р, -а и **ТОРЕ́РО**, *нескл., м.* Общее название бойцов в корриде. ‖ *прил.* **тореадорский**, -ая, -ое.

ТОРЕ́Ц, -рца́, *м.* **1.** Поперечный разрез бревна, бруса, а также вообще поперечная грань чего-н. (спец.). *Т. балки, доски. Т. стола. Т. книги* (боковой, верхний или нижний срез её листов). **2.** Брусок поперечно разрезанного бревна для мощения улиц. **3.** Мостовая из таких брусков. *Ехать по торцу.* ‖ *прил.* **торцево́й**, -а́я, -о́е *и* **торцо́вый**, -ая, -ое. *Торцевой разрез. Торцовая мостовая. Торцовая гравюра* (на дереве).

ТОРЖЕ́СТВЕННЫЙ, -ая, -ое; -вен, -венна. **1.** Относящийся к проведению торжества, празднества, сопровождающийся торжеством. *Т. день. Торжественное шествие. Торжественное собрание.* **2.** Важный, величавый и серьёзный. *Т. тон. Т. вид.* **3.** *полн. ф.* Нерушимый, священный. *Торжественное обещание. Торжественная клятва.* ‖ *сущ.* **торже́ственность**, -и, *ж.* (к 1 и 2 знач.).

ТОРЖЕСТВО́, -а́, *ср.* **1.** Большое празднество в ознаменование какого-н. события. *Т. по случаю победы. Народные торжества. Семейное т.* (семейный праздник). **2.** *кого-чего.* Победа, полный успех. *Т. победителя. Т. справедливости.* **3.** Чувство радости, удовлетворения по какому-н. случаю. *Сообщить о чём-н. с торжеством. В голосе звучит т.*

ТОРЖЕСТВОВА́ТЬ, -тву́ю, -тву́ешь; *несов.* **1.** *что.* Справлять торжество (в 1 знач.) по какому-н. поводу (устар.). *Т. победу.* **2.** *над кем-чем.* Иметь полный успех в чём-н. *Т. над своим соперником. Истина торжествует.* **3.** Испытывать торжество (в 3 знач.). *Торжествующий тон.*

ТО́РЖИЩЕ, -а, *ср.* (стар.). Место торговли, базар.

ТО́РИ, *нескл., м.* Старое название члена консервативной партии в Англии.

ТОРМА́ШКИ, -шек: **вверх тормашками** (разг.) — 1) кувырком, через голову. *Полететь, упасть вверх тормашками;* 2) в полном беспорядке, вверх дном. *В доме всё вверх тормашками.*

ТО́РМОЗ, -а, *мн.* -а́, -о́в *и* -ы, -ов, *м.* **1.** (мн. -а́, -о́в). Механизм или устройство для уменьшения скорости или остановки машины, поезда. *Автоматический т. Ручной т. Спускаться на тормозах* (тормозя). *Спустить на тормозах что-н.* (также перен.: уладить что-н. неприятное тихо, без шума; разг.). **2.** (*мн.* -ы, -ов), *перен.* Помеха, препятствие в развитии чего-н. *Т. в работе.* ‖ *прил.* **тормозно́й**, -а́я, -о́е (к 1 знач.). *Т. рычаг.*

ТОРМОЗИ́ТЬ, -ожу́, -ози́шь; -ожённый (-ён, -ена́); *несов., что.* **1.** Замедлять движение при помощи тормоза. *Т. локомотив. Машины тормозят у переезда* (прекращают движение). **2.** *перен.* Задерживать развитие, исполнение чего-н., быть тормозом (во 2 знач.) в каком-н. деле. *Т. работу.* **3.** *перен., что.* Подавлять, притуплять течение, проявление чего-н. (спец.). *Т. рефлексы. Тормозящие раздражители.* ‖ *сов.* **затормози́ть**, -ожу́, -ози́шь; -ожённый (-ён, -ена́). ‖ *однокр.* **тормозну́ть**, -ну́, -нёшь (к 1 знач., прост.). ‖ *сущ.* **торможе́ние**, -я, *ср.* ‖ *прил.* **тормозно́й**, -а́я, -о́е (к 1 знач.). *Т. путь.*

ТОРМОЗИ́ТЬСЯ (-ожу́сь, -ози́шься, 1 и 2 л. не употр.), -ози́тся; *несов.* Задерживаться в своём развитии, движении. *Дело тормозится.* ‖ *сов.* **затормози́ться** (-ожу́сь, -ози́шься, 1 и 2 л. не употр.), -ози́тся.

ТОРМОЗНО́Й, -а́я, -о́е. **1.** *см.* тормоз и тормозить. **2.** Осуществляющий торможение, тормозящий. *Тормозное устройство. Т. двигатель. Тормозные центры мозга. Т. рефлекс.*

ТОРМОШИ́ТЬ, -шу, -шишь; -шённый (-ён, -ена́); *несов., кого-что* (разг.). То же, что теребить (во 2 и 3 знач.). *Т. спящего за рукав. Т. ненужными вопросами.*

ТО́РНЫЙ, -ая, -ое. О дороге: гладкий, ровный, наезженный. *Идти по торной дорожке* (также перен.: то же, что по проторённой дорожке).✦ **Торный путь** (высок.) — образ действий, лишённый самостоятельности, новизны. *Не искать торных путей в искусстве.*

ТОРОВА́ТЫЙ, -ая, -ое; -а́т (устар.). То же, что щедрый (в 1 знач.). *Торовaт на посулы кто-н.* (не скупится на обещания; ирон.). ‖ *сущ.* **тороватость**, -и, *ж.*

ТОРОКА́, -о́в. Ремни у задней луки седла для привязывания чего-н. *Везти добычу в тороках. Приторочить тороками.*

ТОРОПИ́ТЬ, -оплю́, -о́пишь; *несов.* **1.** *кого (что), кого (что) с чем и с неопр.* Побуждать делать что-н. быстрее. *Т. коня. Т. с выполнением заказа (выполнить заказ).* **2.** *что.* Приближать наступление чего-н. *Т. события.* ‖ *сов.* **поторопи́ть**, -оплю́, -о́пишь.

ТОРОПИ́ТЬСЯ, -оплю́сь, -о́пишься; *несов., с чем и с неопр.* То же, что спешить (в 1 знач.). *Т. на поезд. Т. с выполнением задания (выполнить задание).* ‖ *сов.* **поторопи́ться**, -оплю́сь, -о́пишься.

ТОРОПЛИ́ВЫЙ, -ая, -ое; -и́в. Склонный торопиться; быстрый; поспешный. *Т. человек. Т. шаг. Торопливые суждения.* ‖ *сущ.* **торопли́вость**, -и, *ж.*

ТОРОПЫ́ГА, -и, *м. и ж.* (разг.). Торопливый, постоянно спешащий человек.

ТОРО́С, -а, *м.* Ледяная глыба, образовавшаяся при сжатии льдов в морях, озёрах, реках. *Гряда торосов.* ‖ *прил.* **торо́совый**, -ая, -ое.

ТОРО́СИСТЫЙ, -ая, -ое; -ист. Обильный торосами. *Торосистые ледяные поля.* ‖ *сущ.* **торо́систость**, -и, *ж.*

ТОРОШЕ́НИЕ, -я, *ср.* (спец.). Образование и нагромождение торосов.

ТОРПЕ́ДА, -ы, *ж.* Самодвижущийся и самоуправляемый подводный взрывной снаряд. *Противолодочная т. Реактивная т. Авиационная т.* (сбрасываемая в воду с самолёта). ‖ *прил.* **торпе́дный**, -ая, -ое. *Торпедная батарея. Т. аппарат* (для выбрасывания торпед). *Т. катер* (вооружённый торпедами). *Т. удар.*

ТОРПЕДИ́РОВАТЬ, -рую, -руешь; -анный; *сов. и несов., что.* **1.** Атаковать, поразить (-ажать) торпедой. *Т. корабль противника.* **2.** *перен.* Разрушить (-шать), подорвать (-дрывать). *Т. переговоры.* ‖ *сущ.* **торпеди́рование**, -я, *ср.*

ТОРПЕДИ́СТ, -а, *м.* Военнослужащий, обслуживающий торпедный аппарат.

ТОРПЕДОНО́СЕЦ, -сца, *м.* Самолёт или корабль, вооружённый торпедами (после второй мировой войны сменившийся ракетоносцем).

ТОРПЕДОНО́СНЫЙ, -ая, -ое. Вооружённый торпедами. *Торпедоносная авиация.*

ТОРС, -а, *м.* Туловище человека, а также скульптурное изображение туловища. *Мощный т. Античные торсы.* ‖ *прил.* **то́рсовый**, -ая, -ое.

ТОРТ, -а, *м.* Кондитерское изделие из сладкого сдобного теста с кремом, фруктами. *Шоколадный т. Т. безе. Испечь т.* ‖ *прил.* **то́ртовый**, -ая, -ое.

ТОРФ, -а (-у), *м.* Полезное ископаемое — плотная масса, образовавшаяся из перегнивших остатков болотных растений, употр. как топливо, удобрение, теплоизоляционный материал. *Добыча торфа. Т. в* *брикетах.* ‖ *прил.* **торфяно́й, -а́я, -о́е.** *Торфяное болото. Т. комбайн.*

ТОРФО... *Первая часть сложных слов со знач.* относящийся к торфу, к добыче торфа, напр. *торфобрикет, торфогрязелечение, торфоизоляция, торфокомпост, торфомелиоративный, торфонасос, торфообразование, торфоразведочный, торфоудобрение.*

ТОРФОПЕРЕГНО́ЙНЫЙ, -ая, -ое: **торфоперегнойные горшочки** — рассадные горшки, приготовленные из торфа и перегноя.

ТОРФОРАЗРАБО́ТКИ, -ток. Место добычи торфа. ‖ *прил.* **торфоразрабо́точный, -ая, -ое.**

ТОРФЯНИ́К -а́ и **ТОРФЯ́НИК, -а,** *м.* **1.** Торфяное болото. **2.** (торфя́ник). Специалист по добыче и использованию торфа. **3.** (торфя́ник). Рабочий на торфоразработках.

ТОРФЯНИ́СТЫЙ, -ая, -ое; -и́ст. Содержащий торф, богатый торфом. *Торфянистая почва.* ‖ *сущ.* **торфяни́стость, -и,** *ж.*

ТОРЦЕВА́ТЬ, -цу́ю, -цу́ешь; -цо́ванный; *несов., что* (спец.). **1.** Отпиливать концы брёвен, брусьев; обрабатывать торцы. **2.** Застилать торцами (во 2 знач.). *Т. мостовую.* ‖ *сов.* **заторцева́ть,** -цу́ю, -цу́ешь; -цо́ванный (ко 2 знач.). ‖ *сущ.* **торцо́вка, -и,** *ж.* ‖ *прил.* **торцо́вочный,** -ая, -ое.

ТОРЦЕВО́Й, ТОРЦО́ВЫЙ *см.* торец.

ТОРЧА́ТЬ, -чу́, -чи́шь; *несов.* **1.** Находиться в стоячем положении, высовываясь, выпирая откуда-н., выдаваясь из чего-н. *Вихры торчат. Бревно торчит из воды.* **2.** *перен.* Находиться, присутствовать где-н. (разг. неодобр.). *Целый день торчит у соседей.*

ТОРЧКО́М, *нареч.* (разг.) и **ТОРЧМЯ́,** *нареч.* (прост.). В торчащем положении. *Палка стоит т.*

ТОРЧО́К, -чка́, *м.* (разг.). Что-н. торчащее, выдающееся вперёд, вверх. *Торчки сухих стеблей.* ✦ **На торчке** — на неудобном, неустроенном месте. *Сидеть на торчке. Жить на торчке.*

ТОРШЕ́Р, -а, *м.* Напольный светильник на высокой подставке. ‖ *прил.* **торше́рный,** -ая, -ое.

ТОСКА́, -и́, *ж.* **1.** Душевная тревога, уныние. *Наводить тоску на кого-н. Т. берёт. Т. в глазах, во взгляде у кого-н. Т. по родине.* **2.** Скука, а также (разг.) что-н. очень скучное, неинтересное. *На даче осенью т. Не спектакль, а т. Т. зелёная* (ужасная тоска; разг.). ‖ *увел.* **тощи́ща,** -и, *ж.* (ко 2 знач.).

ТОСКЛИ́ВЫЙ, -ая, -ое; -и́в. Полный тоски; наводящий тоску. *Тоскливое настроение. Т. взгляд. Тоскливая погода.* ‖ *сущ.* **тоскли́вость, -и,** *ж.*

ТОСКОВА́ТЬ, -ку́ю, -ку́ешь; *несов.* **1.** Испытывать тоску, томиться тоской. *Т. в одиночестве. Тоскующий взгляд* (выражающий тоску). **2.** *о ком-чём, по кому-чему* и (устар. и прост.) *по ком-чём.* Сильно скучать (во 2 знач.). *Т. о друзьях. Т. по детям.*

ТОСТ[1], -а, *м.* Короткая речь с предложением выпить вина в честь кого-чего-н. за праздничным столом. *Т. за юбиляра. Произнести (провозгласить, предложить, поднять) т.*

ТОСТ[2], -а, *м.* Поджаренный или подсушенный ломтик хлеба. *Тосты с ветчиной, с сыром.*

ТО́СТЕР [тэ], -а, *м.* Электрический прибор для приготовления тостов[2]. ‖ *прил.* **то́стерный,** -ая, -ое.

ТОТ, та, то, *мн.* те. **1.** *мест. указат.* Указывает на что-н. удалённое в пространстве или во времени, а также на уже упоминавшееся в речи и уже известное. *Т. дом. В т. раз. В т. год. На том берегу. По ту сторону. В т. день было холодно.* **2.** *мест. указат.* В главном предложении указывает на предмет, обозначенный союзным словом в начале придаточного. *Спрошу у того, кто знает.* **3.** *мест. указат.* Со словами «самый», «именно», «же» и без них: такой, к-рый нужен, соответствует потребностям, ожиданиям, такой же, не какой-н. другой. *Сел в т. самый вагон. Он всё т. же. Это всё не то. Здоровье уже не то. Типичное не то* (совершенно не соответствует желаемому, тому, что нужно; разг. шутл.). **4.** *мест. указат.* В соединении с частицей «же» употр. в знач. такой, о к-ром идёт или шла сейчас речь (разг.). *Взять т. же табак, от него вред здоровью.* **5.** *мест. указат.* При перечислении противополагается словам «иной», «другой», «этот», а при повторении употр. в знач. один, другой и т. д. *Ни т. ни другой. Не те, так другие помогут. Т. уехал, а этот остался. Т. танцует, а т. поёт.* **6. то,** того́, *ср.* При наличии противоположения со словом «это» указывает на что-н. более отдалённое, а без такого противоположения употр. в знач. это. *То было вчера, а это сегодня. То был мой друг.* **7. то,** того́, *ср.* Употр. в составе сочетаний, ставших союзами: *вместо того чтобы; вслед за тем как; до того как; к тому же; с тем чтобы; до того что; и без того; вместе с тем; перед тем как; после того как.* **8. то,** того́, *ср.* Употр. в составе сочетаний, ставших вводными: *больше (более) того; кроме того; мало того; и то сказать.* **9. то,** того́, *ср.* Употр. в составе сочетаний, по значению равных наречиям или частицам: *тем лучше; не в том или не в этом дело* (нет, не так); *ни с того ни с сего* (неожиданно и некстати; разг.); *ни то ни сё* (нечто неопределённое; разг. неодобр.); *того и гляди* или *того и жди* (о чём-н. обычно неприятном, что может случиться в любой момент; разг.); *и того хуже, ещё того хуже* (совсем плохо); *и того лучше, ещё того лучше* (совсем хорошо; часто ирон.). ✦ **До того как,** *союз* — то же, что прежде чем. **До того что,** *союз* — до такой степени что, так сильно что. *Устал, до того что не может идти.* **И без того** — независимо (от того, что есть сейчас или будет), и так уже. *Не сердись, он и без того огорчён.* **К тому же,** *союз* — то же, что и вдобавок. **Не без того** (разг.) — выражение не совсем полного согласия, есть немного. *Отец сердится? — Не без того.* **Не до того** *кому* (разг.) — из-за занятости чем-н. другим не может сейчас это сделать, об этом думать. *Надо бы поговорить, да сейчас не до того.* **Перед тем как,** *союз* — то же, что прежде чем. **После того как,** *союз* — то же, что вслед за чем-н. **С тем чтобы,** *союз* — то же, что затем чтобы. *Остался с тем, чтобы узнать все подробности.* **То ли ещё будет!** (разг.) — это ещё ничего, нужно ожидать худшего (редко — о лучшем). **Тот (та, то, те) ещё** (прост.) — выражает многозначительную оценку кого-чего-н. как плохого или сложного, затруднительного. *Это тот ещё работничек!* (т. е. плохой). *Та ещё задача!* (трудная).

ТОТАЛИЗА́ТОР, -а, *м.* **1.** На бегах и скачках: счётчик, показывающий сумму, поставленную на ту или иную лошадь, а также общую сумму ставок. **2.** Игра на деньги на бегах и скачках. *Играть в т.*

ТОТАЛИТАРИ́ЗМ, -а, *м.* (книжн.). Тоталитарный режим.

ТОТАЛИТА́РНЫЙ, -ая, -ое; -рен, -рна (книжн.). Основанный на полном господстве государства над всеми сторонами жизни общества, насилии, уничтожении демократических свобод и прав личности. *Т. режим. Тоталитарное государство.* ‖ *сущ.* **тоталита́рность, -и,** *ж.*

ТОТА́ЛЬНЫЙ, -ая, -ое; -лен, -льна (книжн.). Всеобщий, всеохватывающий. *Тотальная война* (война, использующая все средства для массового уничтожения противника и мирного населения его страны). *Тотальная мобилизация* (чрезвычайные мероприятия, направленные на переключение всех ресурсов страны на нужды войны). ‖ *сущ.* **тота́льность, -и,** *ж.*

ТОТЕ́М [тэ], -а, *м.* У первобытных народов: обожествляемое животное (иногда явление природы, растение, предмет), считающееся предком рода. ‖ *прил.* **тоте́мный,** -ая, -ое.

ТОТЕМИ́ЗМ [тэ], -а, *м.* (книжн.). Первобытный культ тотемов. ‖ *прил.* **тотемисти́ческий,** -ая, -ое.

ТО́-ТО, *частица* (разг.). **1.** Со словом «вот» или без него подчёркивает главное в предшествующей речи в знач. в том-то и дело, именно. *Теперь понял? Вот то-то (ну то-то), а ты спорил.* **2.** При восклицании, выражающем какое-н. сильное чувство, оценку, употр. в знач. усилительного слова. *То-то радости! То-то повеселились! То-то страшно!* **3.** Вот почему, поэтому-то, не случайно. *Его не поняли, то-то он и обижен.* **4.** Обозначает предупреждение, угрозу в речи, заключающей вывод из предыдущего. *Ну то-то же: больше не попадайся.* ✦ **То-то и оно (оно-то)** или **то-то и есть** (разг.) — употр. в конце речи или в начале реплики как вывод, заключение по поводу сказанного.

ТО́ТЧАС и **ТОТЧА́С,** *нареч.* Сейчас же, сразу. *Т. приду. Эта улица т. за площадью.*

ТО́ЧЕЧНЫЙ, -ая, -ое. **1.** Состоящий из точек[1] (в 1 знач.). *Точечная линия.* **2.** Имеющий вид точки[1] (в 1 знач.), очень маленький. *Точечное кровоизлияние* (капиллярное). **3.** Направленный на отдельные точки[1] (в 4 знач.). *Точечная электросварка. Т. ракетный удар. Т. массаж.*

ТОЧЁНЫЙ, -ая, -ое. **1.** Острый, наточенный. *Т. нож.* **2.** Изготовленный токарной обточкой. *Точёные столбики.* **3.** *перен.* С правильными, красивыми, чётко очерченными линиями (о чертах лица, фигуре). *Т. профиль.*

ТОЧИ́ЛКА, -и, *ж.* (разг.). Приспособление, инструмент для точки. *Т. для карандашей. Т. для ножей.*

ТОЧИ́ЛО, -а, *ср.* Точильный камень или наждачный круг, а также инструмент, станок для точки, обработки чего-н. точением.

ТОЧИ́ЛЬЩИК, -а, *м.* Рабочий, занимающийся натачиванием чего-н., обточкой.

ТОЧИ́ТЬ, точу́, то́чишь; то́ченный; *несов.* **1.** *что.* Делать острым посредством трения о камень, кожу, точило. *Т. ножи, бритвы. Т. нож на (против) кого-н.* (перен.: готовиться напасть на кого-н.). **2.** *что.* То же, что чинить[2]. *Т. карандаши.* **3.** *что.* Изготовлять, обрабатывая на токарном станке. *Т. детали.* **4.** (1 и 2 л. не употр.), *что.* Делать в чём-н. дыры, изъяны. *Червь точит дерево. Ржавчина точит железо. Капля точит камень.* **5.** (1 и 2 л. не употр.), *перен., кого-что.* Мучить, изнурять, лишать сил (устар.). *Горе, тоска, болезнь точит кого-н.* ‖ *сов.* **вы́точить,** -чу, -чишь; -ченный (к 3 знач.) и **наточи́ть,** -очу́, -о́чишь; -о́ченный (к 1 знач.). ‖ *сущ.* **то́чка,** -и, *ж.* (к 1 и 2 знач.) и **точе́ние,** -я, *ср.* (к 3 знач.). ‖ *прил.* **точи́льный,** -ая, -ое (к 1 и 3 знач.). *Т. камень. Т. ремень. Т. круг.*

ТОЧИ́ТЬСЯ (точу́сь, точи́шься, 1 и 2 л. не употр.),точи́тся; *несов.* (устар.). Медленно литься, вытекать. *Кровь точится из раны.*

ТО́ЧКА[1], -и, *ж.* **1.** След от прикосновения, укола чем-н. острым (кончиком карандаша, пера, иглы), вообще маленькое круглое пятнышко. *Ситец в красных точках. «И» с точкой (i). Ставить точку (точки) над (на) «и»* (перен.: уточнять, не оставляя ничего недосказанным). **2.** Знак препинания (.), отделяющий законченное предложение, а также употр. при сокращённом написании слов, например: и пр., т. е. *Т. с запятой* (;). *Две точки* (:) (двоеточие). *Три точки* (многоточие в 1 знач., ...). *Ставить точку на чём-н.* (перен.: кончать с каким-н. делом). **3.** Основное понятие геометрии — место пересечения двух прямых, не имеющее измерения. *Т. пересечения прямых. Т. приложения сил. Т. отсчёта.* **4.** Определённое место в пространстве, на каком-н. участке, поверхности. *Самая высокая т. горы. Болевая т.* **5.** Место, пункт, в к-ром расположено, размещено что-н. *Радиотрансляционная т. Торговая т.* (магазин, ларёк, палатка). **6.** *чего.* Предел, при к-ром вещество из одного состояния переходит в другое (спец.). *Т. плавления. Т. кипения. На точке замерзания* (также перен.: без всякого продвижения вперёд; часто ирон.). **7.** **то́чка,** *в знач. сказ.* То же, что кончено (см. кончить в 5 знач.) (разг.). *Надо — и т. Больше я к нему не хожу — т.* ✦ **Бить в одну точку** (разг.) — упорно действовать в одном направлении. **В (самую) точку** (попасть, угодить) (разг.) — о том, что сделано, сказано именно так, как нужно, безошибочно. **В одну точку смотреть** — устремить куда-н. неподвижный взгляд. **До точки** (дойти, довести) (разг.) — до крайности, до крайнего предела. **Точка в точку** (разг.) — как раз, в точности. **Точка зрения** *на кого-что* — чьё-н. мнение о ком-чём-н., взгляд. *У каждого своя точка зрения.* **Точку ставить рано** — 1) *на чём,* дело, разговор ещё не кончены, к ним ещё предстоит вернуться; 2) *на ком,* о том, кто ещё может исправиться. **С точки зрения** *чего, в знач. предлога с род. п.* — в отношении чего-н., имея в виду что-н. *Полезно с точки зрения здоровья.* **Точка отправления** (книжн.) — исходный, начальный пункт рассуждения.

ТО́ЧКА[2] *см.* точить.

ТО́ЧНОСТЬ, -и, *ж.* **1.** *см.* точный. **2.** Степень истинного соответствия чему-н. *Вычислить с точностью до одной сотой.* ✦ **В точности** (разг.) — 1) совершенно точно. *Сделал в точности как приказано;* 2) точно так же, точно такой же. *Костюм в точности как у тебя.*

ТО́ЧНЫЙ, -ая, -ое; -чен, -чна́, -чно, -чны́ *и* -чны. **1.** Показывающий, передающий что-н. в полном соответствии с действительностью, с образцом, совершенно верный. *Т. перевод. Точные приборы. Точное время. Точные часы. Точно* (нареч.) *передать чьи-н. слова.* **2.** Полностью соответствующий заданному, должному. *Точное попадание в цель. Т. удар.* **3.** Действующий так, как должно, аккуратный. *Т. исполнитель.* **4.** **то́чно,** *нареч.* В соединении со словами «такой», «так» употр. в знач. вполне, совершенно. *Точно такая же вещь.* **5.** **то́чно,** *частица.* Выражает уверенное подтверждение, да, так, верно (прост.). *Вы и есть Иванов? — Точно. Точно, я здесь был.* **6.** **точно,** *вводн. сл.* Действительно, в самом деле. *Она, точно, красавица.* **7.** **точне́е,** *вводн. сл.* Употр. для уточнения большей определённости сообщения. *Приду вечером, точнее, в восемь часов.* **8.** **то́чно,** *союз.* Как будто, словно, как (в 6 знач.). *Лес точно сказка.* **9.** **то́чно,** *частица.* То же, что будто (в 3 знач.) (разг.). *Точно я вас где-то встречал?* ✦ **Точные науки** — науки, основанные на математических методах. **А точнее (а точнее сказать),** *в знач. союза* — а вернее (а вернее сказать). *Приедет осенью, а точнее (а точнее сказать) в сентябре.* **Точно так** — то же, что точно (в 5 знач.). ‖ *сущ.* **то́чность,** -и, *ж.* (к 1, 2 и 3 знач.).

ТОЧЬ: точь-в-точь (разг.) — совершенно точно, именно так. *Сделал точь-в-точь как ты велел.*

ТОШНИ́ТЬ, -и́т, *безл.; несов., кого (что).* О состоянии тошноты или о рвоте. *Больного тошнит. Тошнит от его вечных нравоучений* (перен.). ‖ *сов.* **стошни́ть,** -и́т.

ТОШНОТА́, -ы́, *ж.* Ощущение, предшествующее рвоте. *Почувствовать тошноту. Противно до тошноты* (также перен.). ‖ *прил.* **тошно́тный,** -ая, -ое. *Т. запах* (вызывающий тошноту).

ТОШНОТВО́РНЫЙ, -ая, -ое; -рен, -рна. Вызывающий тошноту. *Т. запах. Тошнотворное зрелище* (перен.). ‖ *сущ.* **тошнотво́рность,** -и, *ж.*

ТО́ШНЫЙ, -ая, -ое; -шен, -шна́, -шно. **1.** Противный, докучный (разг.). *Тошное занятие.* **2.** То же, что тошнотворный (прост.). *Т. дух.* **3.** **то́шно,** *в знач. сказ., кому.* Об ощущении тошноты (разг.). *Тошно от лекарств.* **4.** **то́шно,** *перен., в знач. сказ.* Противно, отвратительно, а также тяжело, тоскливо (разг.). *Тошно смотреть на беспорядок. Тошно слушать. Тошно на сердце.*

ТОЩА́ТЬ, -а́ю, -а́ешь; *несов.* (о человеке разг.). То же, что худеть. *Скот тощает.* ‖ *сов.* **отоща́ть,** -а́ю, -а́ешь.

ТО́ЩИЙ, -ая, -ее; тощ, тоща́, то́ще. **1.** Исхудалый, худощавый. *Т. человек.* **2.** Пустой, не наполненный. *Т. кошелёк. На т. желудок* (не поевши). **3.** То же, что скудный (в 1 знач.). *Тощая почва. Тощая растительность.*

ТПРУ, *межд.* Возглас, к-рым возница останавливает лошадей. *Т., стой!* ✦ **Ни тпру ни ну** (прост.) — ни взад ни вперёд, ничего не получается у кого-н.

ТРАВА́, -ы́, *мн.* тра́вы, трав, тра́вам, *ж.* **1.** обычно *мн.* Многолетнее или однолетнее растение с неодеревеневающим, обычно мягким и зелёным невысоким стеблем. *Лесные, луговые, сеяные травы. Кормовые травы. Сорная т. Лекарственные (целебные) травы. Как т. растёт* (о ребёнке: без всякого присмотра; разг.). *Стань передо мной, как лист перед травой* (в сказках: требование появиться сразу, вдруг). **2.** Зелёный покров земли из таких растений. *Мять траву. Косить траву. Лежать на траве. Луг покрыт травой.* **3.** обычно *мн.* Травянистые растения, обладающие лечебными свойствами, входящие в лекарственные сборы. *Лечиться травами. Целебные травы. Настой из трав.* **4.** О чём-н. не имеющем вкуса, безвкусном (разг.). *Хлеб — трава-травой.* ✦ **Порасти травой забвения** (книжн.) — оказаться давно забытым. **Тише воды, ниже травы** *кто* (разг.) — о том, кто ведёт себя тихо и скромно, притих. **Хоть трава не расти** (разг.) — выражение полного безразличия к тому, что будет, каков будет результат. ‖ *уменьш.* **травка,** -и, *ж.* (к 1, 2 и 3 знач.). ‖ *уменьш.-ласк.* **тра́вушка,** -и, *ж.* (ко 2 знач.). ‖ *прил.* **травяно́й,** -а́я, -о́е, **травяни́стый,** -ая, -ое *и* **тра́вный,** -ая, -ое (устар.). *Травяные поля* (покрытые травой). *Травяная настойка* (на травах). *Травяной бальзам. Т. покров. Травянистый стебель. Травянистые растения* (травы).

ТРАВЕНЕ́ТЬ (-е́ю, -е́ешь, 1 и 2 л. не употр.), -е́ет; *несов.* Зарастать травой. ‖ *сов.* **затравене́ть** (-е́ю, -е́ешь, 1 и 2 л. не употр.), -е́ет.

ТРА́ВЕРЗ, -а, *м.* (спец.). Направление, перпендикулярное курсу судна, самолёта. *Иметь маяк на правом траверзе* (видеть маяк справа перпендикулярно к курсу судна).

ТРА́ВЕРС, -а, *м.* (спец.). **1.** Насыпь по краю окопа, траншеи для защиты от флангового огня. **2.** Род дамбы, идущей от берега по направлению к глубокому месту реки, водоёма. ‖ *прил.* **тра́версный,** -ая, -ое.

ТРАВЕСТИ́ (спец.). **1.** *нескл., ср.* Театральная роль мальчика или юноши, исполняемая актрисой, а также амплуа актрисы, исполняющей роли подростков или роли, требующие переодевания в мужской костюм. **2.** *нескл., ж.* Актриса, исполняющая такие роли. **3.** *неизм.* Относящийся к такой роли. *Роль т.*

ТРАВИ́НКА, -и, *ж.* (разг.). Один стебелёк травы.

ТРАВИ́ТЬ[1], травлю́, тра́вишь; тра́вленный; *несов.* **1.** *кого (что).* Убивать отравой. *Т. тараканов.* **2.** *кого-что.* Причинять чем-н. вред, вызывать болезнь (разг.). *Т. организм алкоголем. Т. сознание предрассудками* (перен.). **3.** *что.* Делать потраву. *Т. посевы.* **4.** *кого (что).* На псовой охоте: преследовать. *Т. зайца.* **5.** *кого (что).* Изводить преследованиями, клеветой (разг.). *Т. соперника.* **6.** *что.* Обрабатывать химическим путём для получения рисунка, узора, клейма или для очистки. *Т. узоры на чём-н.* ‖ *сов.* **вытравить,** -влю, -вишь; -вленный (к 6 знач.), **затрави́ть,** -авлю́, -а́вишь; -а́вленный (к 4 и 5 знач.), **потрави́ть,** -авлю́, -а́вишь; -а́вленный (к 3 знач.) *и* **страви́ть,** -авлю́, -а́вишь; -а́вленный (к 3 знач.). ‖ *сущ.* **травле́ние,** -я, *ср.* (к 6 знач.) *и* **тра́вля,** -и, *ж.* (к 4 и 5 знач.). ‖ *прил.* **трави́льный,** -ая, -ое (к 6 знач.; спец.) *и* **вытравно́й,** -а́я, -о́е (к 6 знач.).

ТРАВИ́ТЬ[2], травлю́, тра́вишь; тра́вленный; *несов., что* (спец.). Ослаблять (что-н. натянутое), отпуская понемногу. *Т. канат, трос, шланг.* ‖ *сов.* **потрави́ть,** -авлю́, -а́вишь; -а́вленный.

ТРАВИ́ТЬ[3], травлю́, тра́вишь; *несов.* (прост.). Заниматься болтовнёй, рассказывать небылицы.

ТРАВИ́ТЬСЯ, травлю́сь, тра́вишься; *несов.* (разг.). Убивать себя ядом.

ТРА́ВКА, -и, *ж.* **1.** *см.* трава. **2.** Наркотик растительного происхождения (разг.). *Парень курит травку.*

ТРА́ВЛЕНЫЙ, -ая, -ое. **1.** Такой, к-рого травили[1] (в 4 знач.). *Т. волк, зверь* (также перен.: о том, кто испытал гонения, беды; разг.). **2.** Изготовленный травлением или подвергнутый травлению (см. травить[1] в 6 знач.). *Т. узор. Травленое серебро.*

ТРА́ВМА, -ы, *ж.* Повреждение органа, ткани в результате внешнего воздействия. *Получить, нанести травму. Производственная т.* (полученная на производстве в результате нарушения техники безопасности). *Бытовая т.* (полученная в бытовых условиях). *Психическая т.* (нервное потрясение). ‖ *прил.* **травмати́ческий,** -ая, -ое. *Т. невроз.*

ТРАВМАТИ́ЗМ, -а, *м.* Наличие травм. *Борьба с производственным травматизмом.*

ТРАВМАТО́ЛОГ, -а, *м.* Врач — специалист по травматологии.

ТРАВМАТОЛОГИ́ЧЕСКИЙ, -ая, -ое. **1.** *см.* травматология. **2.** Относящийся к травмам, к оказанию помощи при травмах. *Т.*

пункт (круглосуточно работающее подразделение поликлиники).

ТРАВМАТОЛО́ГИЯ, -и, *ж.* Раздел медицины, занимающийся травмами и их лечением. ‖ *прил.* **травматологи́ческий**, -ая, -ое.

ТРАВМИ́РОВАТЬ, -рую, -руешь; -анный; *сов.* и *несов.* **1.** *кого-что.* Нанести (наносить) травму. *Т. голову.* **2.** *перен., кого (что).* Вызвать (-зывать) нервное потрясение. *Т. несправедливым обвинением.*

ТРА́ВНИК, -а, *м.* Человек, к-рый занимается сбором лечебных трав, знает способы их применения. ‖ *ж.* **тра́вница**, -ы.

ТРАВНИ́К, -а́, *м.* **1.** То же, что тра́вник. **2.** Настойка на траве, травах (устар.). *Угостить травником.* **3.** Старинная книга с описанием лечебных трав и способов лечения травами. ‖ *ж.* **травни́ца**, -ы (к 1 знач.). ‖ *прил.* **травнико́вый**, -ая, -ое (ко 2 и 3 знач.).

ТРАВО... *Первая часть сложных слов со знач.* относящийся к траве, травам, напр. *травокосилка, травокосный, травообильный, травосеяние, травосмесь, травосушилка.*

ТРАВОЛЕЧЕ́НИЕ, -я, *ср.* Лечение лекарственными травами.

ТРАВОПО́ЛЬЕ, -я, *ср.* Система земледелия с периодическим травосеянием на полях для восстановления плодородия почвы. ‖ *прил.* **травопо́льный**, -ая, -ое. *Травопольные севообороты.*

ТРАВОСЕ́ЯНИЕ, -я, *ср.* Посев кормовых трав. *Полевое т.*

ТРАВОСТО́Й, -я, *м.* Травяной покров лугов, сенокосов, пастбищ.

ТРАВОЯ́ДНЫЙ, -ая, -ое. Питающийся растительной пищей, травой. *Травоядные животные.*

ТРАВЯНИ́СТЫЙ, -ая, -ое; -и́ст. **1.** *см.* трава. **2.** Поросший травой, с густой травой. *Т. луг.* **3.** *перен.* Безвкусный, как трава (в 4 знач.). (разг.). *Травянистые щи.* ‖ *сущ.* **травяни́стость**, -и, *ж.* (ко 2 знач.).

ТРАГЕДИ́ЙНЫЙ, -ая, -ое; -и́ен, -и́йна. То же что, трагический. *Т. жанр. Трагедийные события.* ‖ *сущ.* **трагеди́йность**, -и, *ж.*

ТРАГЕ́ДИЯ, -и, *ж.* **1.** Драматическое произведение, изображающее напряжённую и неразрешимую коллизию, личную или общественную катастрофу и обычно оканчивающееся гибелью героя. *Классическая т.* **2.** Потрясающее событие, тяжкое переживание, несчастье. *Семейная т.* ‖ *прил.* **траги́ческий**, -ая, -ое (к 1 знач.). *Т. стиль. Т. актёр.*

ТРАГИ́ЗМ, -а, *м.* **1.** Трагический элемент в художественном произведении. *Спектакль исполнен трагизма.* **2.** То же, что трагичность. *Т. положения.*

ТРА́ГИК, -а, *м.* **1.** Автор трагедий. **2.** Актёр, исполняющий трагические роли.

ТРАГИКОМЕ́ДИЯ, -и, *ж.* **1.** Драматическое произведение, в к-ром сочетаются черты трагедии и комедии. **2.** *перен.* Печальное и одновременно смешное событие. ‖ *прил.* **трагикоми́ческий**, -ая, -ое (к 1 знач.).

ТРАГИКОМИ́ЧЕСКИЙ, -ая, -ое. **1.** *см.* трагикомедия. **2.** Печальный и вместе с тем смешной. *Т. случай. Трагикомическое положение.*

ТРАГИКОМИ́ЧНЫЙ, -ая, -ое; -чен, -чна. То же, что трагикомический (во 2 знач.). ‖ *сущ.* **трагикоми́чность**, -и, *ж.*

ТРАГИ́ЧЕСКИЙ, -ая, -ое. **1.** *см.* трагедия. **2.** Ужасный, потрясающий; полный страдания. *Трагическое зрелище. Т. случай. Т. взгляд.*

ТРАГИ́ЧНЫЙ, -ая, -ое; -чен, -чна. То же, что трагический (во 2 знач.). *Трагичные события.* ‖ *сущ.* **траги́чность**, -и, *ж.*

ТРАДИЦИОНАЛИ́ЗМ, -а, *м.* (книжн.). Приверженность к старым традициям. ‖ *прил.* **традиционали́стский**, -ая, -ое.

ТРАДИЦИО́ННЫЙ, -ая, -ое; -о́нен, -о́нна. **1.** Сохранившийся от старины, основанный на традиции (в 1 знач.). *Т. обряд. Т. обычай.* **2.** Бывающий, существующий в силу традиции (во 2 знач.), установившегося обычая. *Традиционные встречи выпускников.* ‖ *сущ.* **традицио́нность**, -и, *ж.*

ТРАДИ́ЦИЯ, -и, *ж.* **1.** То, что перешло от одного поколения к другому, что унаследовано от предшествующих поколений (напр. идеи, взгляды, вкусы, образ действий, обычаи). *Национальные традиции. Воинские традиции.* **2.** Обычай, установившийся порядок в поведении, в быту. *Т. встречи Нового года. Вошло в традицию что-н.* (стало традиционным во 2 знач.).

ТРАЕКТО́РИЯ, -и, *ж.* (спец.). **1.** Линия движения какого-н. тела или точки. **2.** Линия полёта пули, снаряда, ракеты. ‖ *прил.* **траекто́рный**, -ая, -ое.

ТРАК, -а, *м.* Звено гусеницы (во 2 знач.).

ТРАКТ, -а, *м.* **1.** Большая наезженная дорога [*первонач.* почтовая] (устар.). *Почтовый т.* **2.** Устройства, сооружения, образующие путь следования чего-н. (спец.). *Т. связи. Т. звукопередачи.* ✦ **Пищеварительный** или **желудочно-кишечный тракт** (спец.) — пищевод, желудок, тонкая и толстая кишки. ‖ *прил.* **тра́ктовый**, -ая, -ое.

ТРАКТА́Т, -а, *м.* (книжн.). **1.** Научное сочинение. *Философский т.* **2.** Международный договор. *Мирный т.* ‖ *прил.* **тракта́тный**, -ая, -ое.

ТРАКТИ́Р, -а, *м.* Недорогая столовая (также с подачей вина, закусок) для приезжих, для широкой публики [*первонач.* гостиница с рестораном]. *Т. у городской заставы.* ‖ *уменьш.* **тракти́рчик**, -а, *м.* ‖ *прил.* **тракти́рный**, -ая, -ое. *Т. слуга* (половой; устар.).

ТРАКТИ́РЩИК, -а, *м.* (устар.). Хозяин трактира. ‖ *ж.* **тракти́рщица**, -ы. ‖ *прил.* **тракти́рщицкий**, -ая, -ое.

ТРАКТОВА́ТЬ, -ту́ю, -ту́ешь; -о́ванный; *несов.* (книжн.). **1.** *что.* Давать какое-н. истолкование чему-н. *По-новому т. роль Хлестакова.* **2.** *о чём* и (реже) *что.* Рассуждать, обсуждать, объяснять что-н. (устар.). *Т. о важных вопросах.* ‖ *сущ.* **тракто́вка**, -и, *ж.* (к 1 знач.) *и* **трактова́ние**, -я, *ср.*

ТРА́КТОР, -а, *мн.* -а́, -о́в *и* -ы, -ов, *м.* Самоходная машина для тяги и приведения в действие машин, орудий. *Колёсный, гусеничный, пропашной, садовый, трелёвочный т.* ‖ *прил.* **тра́кторный**, -ая, -ое. *Т. завод. Т. парк.*

ТРАКТОРИ́СТ, -а, *м.* Водитель трактора. ‖ *ж.* **трактори́стка**, -и. ‖ *прил.* **трактори́стский**, -ая, -ое.

ТРАКТОРОСТРОЕ́НИЕ, -я, *ср.* Отрасль машиностроения — производство тракторов. ‖ *прил.* **тракторострои́тельный**, -ая, -ое.

ТРАЛ, -а, *м.* (спец.). **1.** Большая конусообразная сеть для ловли рыбы с судов. *Донный т.* **2.** Приспособление для обнаружения и обезвреживания мин. *Минный т.* **3.** Устройство для исследования дна и захвата оттуда животных и растений. *Гидрографический т.* ‖ *прил.* **тра́ловый**, -ая, -ое. *Траловая флотилия. Т. лов.*

ТРА́ЛИ-ВА́ЛИ, *нескл.* (разг.). Ерунда, пустяки, пустая болтовня. *Этому бездельнику всё трали-вали. Трали-вали разводить.*

ТРА́ЛИТЬ, -лю, -лишь; -ленный; *несов.*, *что.* **1.** Ловить рыбу с помощью трала. *Т. камсу.* **2.** Вылавливать или обезвреживать мины с помощью тралов, а также вообще исследовать дно тралом. *Т. мины. Т. пролив.* ‖ *сов.* **протра́лить**, -лю, -лишь; -ленный (ко 2 знач.). ‖ *сущ.* **тра́ление**, -я, *ср.* и **трале́ние**, -я, *ср.* ‖ *прил.* **тра́льный**, -ая, -ое. *Тральные работы.*

ТРАЛМЕ́ЙСТЕР, -а, *м.* Специалист, руководящий траловым ловом рыбы. ‖ *прил.* **тралме́йстерский**, -ая, -ое.

ТРА́ЛЬЩИК, -а, *м.* Военное судно для траления (ранее — также то же, что траулер).

ТРАМБОВА́ТЬ, -бу́ю, -бу́ешь; -о́ванный; *несов.*, *что.* Ударяя, давя, уплотнять и выравнивать. *Т. грунт. Трамбующая машина.* ‖ *сов.* **утрамбова́ть**, -бу́ю, -бу́ешь; -о́ванный. ‖ *сущ.* **трамбо́вка**, -и, *ж.* и **утрамбо́вка**, -и, *ж.* ‖ *прил.* **трамбо́вочный**, -ая, -ое.

ТРАМБО́ВКА, -и, *ж.* **1.** *см.* трамбовать. **2.** Трамбующая машина, а также ручное орудие, к-рым трамбуют.

ТРАМВА́Й, -я, *м.* Городская наземная электрическая железная дорога, а также её вагон или поезд. *Сесть в т. (на т.). Ехать на трамвае (в трамвае).* ✦ **Речной трамвай** — пассажирское судно, совершающее рейсы в черте города, в пригород. ‖ *прил.* **трамва́йный**, -ая, -ое. *Т. парк.*

ТРАМВА́ЙЩИК, -а, *м.* (разг.). Работник трамвайного транспорта. ‖ *ж.* **трамва́йщица**, -ы.

ТРАМПЛИ́Н, -а, *м.* **1.** Спортивное приспособление или сооружение (напр. упор в виде приподнятой доски с пружинами или без них), от к-рого с разбега отталкиваются для прыжка. *Прыжок с трамплина. Лыжный т.* **2.** *перен.* Исходный пункт для каких-н. действий (книжн.). *Т. для дальнейших рассуждений.* ‖ *прил.* **трампли́нный**, -ая, -ое (к 1 знач.).

ТРАМТАРА́М, -а, *м.* (разг.). То же, что тарарам. *Устроить (поднять) т. из-за пустяков.*

ТРАНЖИ́Р, -а, *м.* (разг.). Человек, к-рый транжирит, мот. ‖ *ж.* **транжи́рка**, -и. ‖ *прил.* **транжи́рский**, -ая, -ое.

ТРАНЖИ́РА, -ы, *м.* и *ж.* (разг.). То же, что транжир.

ТРАНЖИ́РИТЬ, -рю, -ришь; -ренный; *несов.*, *что* (разг.). Тратить легкомысленно, мотать[2]. *Т. деньги.* ‖ *сов.* **растранжи́рить**, -рю, -ришь; -ренный. ‖ *сущ.* **транжи́рство**, -а, *ср.*

ТРАНЗИ́СТОР, -а, *м.* **1.** Полупроводниковый прибор, усиливающий, генерирующий и преобразующий электрические колебания. **2.** Портативный радиоприёмник с такими приборами. ‖ *прил.* **транзи́сторный**, -ая, -ое (к 1 знач.). *Т. приёмник.*

ТРАНЗИ́Т, -а, *м.* **1.** Перевозки пассажиров и грузов из одного пункта в другой через промежуточные пункты. **2.** Перевозка грузов без перегрузок на промежуточных станциях. *Груз идёт транзитом.* ‖ *прил.* **транзи́тный**, -ая, -ое. *Т. поезд* (идущий транзитом). *Т. пассажир* (едущий через данный пункт с пересадкой).

ТРАНЗИ́ТНИК, -а, *м.* (разг.). Транзитный пассажир. ‖ *ж.* **транзи́тница**, -ы.

ТРАНКВИЛИЗА́ТОР, -а, *м.* (спец.). Лекарственное средство, подавляющее нервное напряжение, расстройство. ‖ *прил.* **транквилиза́торный**, -ая, -ое.

ТРАНС, -а, *м.* (книжн.). Повышенное нервное возбуждение с потерей самоконтроля, а также помрачение сознания при гипнозе, экстазе. *Впасть в т. Больной в трансе* (в состоянии транса).

ТРАНС..., *приставка.* Образует прилагательные со знач.: 1) проходящий через большое пространство, напр. *трансарктический, трансатлантический, трансконтинентальный;* 2) расположенный за пределами чего-н., напр. *трансальпийский, трансграничный.*

ТРАНСКОНТИНЕНТА́ЛЬНЫЙ, -ая, -ое (книжн.). Относящийся к связи континентов, между континентами или проходящий через весь континент. *Т. рейс. Трансконтинентальная ракета. Трансконтинентальная железная дорога.*

ТРАНСКРИ́ПЦИЯ, -и, *ж.* В языкознании: совокупность специальных знаков, при помощи к-рых передаётся произношение, а также соответствующая запись. *Международная фонетическая т.* ‖ *прил.* **транскрипцио́нный,** -ая, -ое.

ТРАНСЛИ́РОВАТЬ, -рую, -руешь; -анный; *сов.* и *несов., что.* Передать (-авать) что-н. по радио или телевидению с места исполнения, действия. *Т. концерт. Т. парад войск.* ‖ *сущ.* **трансля́ция,** -и, *ж. Запись по трансляции.* ‖ *прил.* **трансляцио́нный,** -ая, -ое. *Т. узел.*

ТРАНСЛИТЕРА́ЦИЯ, -и, *ж.* В языкознании: побуквенная передача текстов и отдельных слов одной графической системы средствами другой графической системы. *Т. русских слов латинскими буквами.* ‖ *прил.* **транслитерацио́нный,** -ая, -ое.

ТРАНСЛЯ́ЦИЯ, -и, *ж.* **1.** *см.* транслировать. **2.** То, что транслируется. *Интересная т.* ‖ *прил.* **трансляцио́нный,** -ая, -ое.

ТРАНСМИ́ССИЯ, -и, *ж.* (спец.). Совокупность механизмов для передачи движения (вращения) от двигателя к рабочим частям станков, машин. ‖ *прил.* **трансмиссио́нный,** -ая, -ое.

ТРАНСПАРА́НТ, -а, *м.* **1.** Разлинованный лист, подкладываемый под нелинованную бумагу для ровного письма. **2.** Натянутая на раму ткань с изображениями, надписями. *Праздничные транспаранты на улицах.* ‖ *прил.* **транспара́нтный,** -ая, -ое.

ТРАНСПЛАНТА́Т, -а, *м.* (спец.). Участок ткани, орган, используемый для трансплантации. ‖ *прил.* **транспланта́тный,** -ая, -ое.

ТРАНСПЛАНТА́ЦИЯ, -и, *ж.* (спец.). **1.** Хирургическая операция пересадки тканей, органов на другое место или в другой организм. *Т. кожи. Т. почки.* **2.** Пересадка части растения на другое место материнского или другого растения. ‖ *прил.* **трансплантацио́нный,** -ая, -ое.

ТРАНСПЛАНТИ́РОВАТЬ, -рую, -руешь; -анный; *сов.* и *несов., что* (спец.). Произвести (-водить) трансплантацию.

ТРА́НСПОРТ, -а, *м.* **1.** *см.* транспортировать. **2.** Отрасль народного хозяйства, связанная с перевозкой людей и грузов, а также тот или иной вид перевозочных средств. *Наземный, водный, воздушный, подземный т. Железнодорожный т. Городской т. Пассажирский т. Грузовой т.* **3.** Партия грузов, доставляемых одновременно. *Большой т. хлеба.* **4.** Движущиеся перевозочные средства специального назначения. *Санитарный т. Т. с зерном.* **5.** Судно морского флота для перевозки грузов, людей. ‖ *прил.* **тра́нспортный,** -ая, -ое. *Транспортное машиностроение.*

ТРАНСПОРТА́БЕЛЬНЫЙ, -ая, -ое; -лен, -льна. Такой, к-рый (к-рого) можно перевозить, транспортировать. *Больной транспортабелен.* ‖ *сущ.* **транспорта́бельность,** -и, *ж.*

ТРАНСПОРТЁР, -а, *м.* **1.** Конвейер для перемещения грузов. *Роликовый т.* **2.** Гусеничная или колёсная военная машина для перевозки пехоты и грузов. ‖ *прил.* **транспортёрный,** -ая, -ое.

ТРАНСПОРТИ́Р, -а, *м.* Чертёжный прибор — разделённый на градусы полукруг для измерения углов и нанесения их на чертёж. ‖ *прил.* **транспорти́рный,** -ая, -ое.

ТРАНСПОРТИ́РОВАТЬ, -рую, -руешь; -анный; *сов.* и *несов., кого-что.* Перевезти (-возить) из одного места в другое. *Т. грузы.* ‖ *сущ.* **тра́нспорт,** -а, *м.*, **транспорти́рование,** -я, *ср.* и **транспортиро́вка,** -и, *ж.* ‖ *прил.* **транспортиро́вочный,** -ая, -ое.

ТРА́НСПОРТНИК, -а, *м.* Работник транспорта (во 2 знач.). ‖ *ж.* **тра́нспортница,** -ы.

ТРАНСФОРМА́ТОР[1], -а, *м.* Устройство для преобразования видов, форм или свойств энергии. *Электрический т.* (электромагнитный аппарат, меняющий напряжение тока). ‖ *прил.* **трансформа́торный,** -ая, -ое. *Трансформаторная подстанция.*

ТРАНСФОРМА́ТОР[2], -а, *м.* (спец.). **1.** Актёр, играющий попеременно роли нескольких или всех действующих лиц небольшой, обычно комической пьесы и быстро меняющий свой облик (костюм, грим, манеры). **2.** Фокусник, создающий оптические иллюзии превращения одних предметов в другие.

ТРАНСФОРМИ́РОВАТЬ, -рую, -руешь; -анный; *сов.* и *несов., что* (книжн.). Превратить (-ащать) из одного в другое, преобразовать (-овывать). ‖ *сущ.* **трансформа́ция,** -и, *ж.* ‖ *прил.* **трансформацио́нный,** -ая, -ое.

ТРАНСЦЕНДЕНТА́ЛЬНЫЙ, -ая, -ое; -лен, -льна. В идеалистической философии: относящийся к познанию собственно умозрительных, независимых от опыта явлений. ‖ *сущ.* **трансцендента́льность,** -и, *ж.*

ТРАНСЦЕНДЕ́НТНЫЙ, -ая, -ое; -тен, -тна. В идеалистической философии: находящийся за пределами мира. ‖ *сущ.* **трансценде́нтность,** -и, *ж.*

ТРАНШЕ́Я, -и, *ж.* **1.** Длинный ров, глубокая канава. *Т. для водопроводных труб.* **2.** Предназначенный для ведения огня, для скрытого передвижения и защиты ров с бруствером (брустверами), со стрелковыми, пулемётными и другими ячейками. ‖ *прил.* **траншe̍йный,** -ая, -ое.

ТРАП, -а, *м.* Лестница на судах, а также лестница, подаваемая к летательному аппарату для посадки и выхода. *Верёвочный т. К самолёту подан т.*

ТРА́ПЕЗА, -ы и **ТРАПЕ́ЗА,** -ы, *ж.* **1.** Общий стол для приёма пищи в монастыре. **2.** Приём пищи, еда в монастыре. ‖ *прил.* **тра́пезный,** -ая, -ое и **трапе́зный,** -ая, -ое.

ТРА́ПЕЗНАЯ, -ой и (устар.) **ТРАПЕ́ЗНАЯ,** -ой, *ж.* Монастырская столовая.

ТРАПЕ́ЦИЯ, -и, *ж.* **1.** Четырёхугольник с двумя параллельными и двумя непараллельными сторонами. *Основания трапеции* (ее параллельные стороны). **2.** Цирковой или гимнастический снаряд — перекладина, подвешенная на двух тросах.

ТРА́ССА, -ы, *ж.* **1.** Направление линии дороги, канала, трубопровода. *Т. линии электропередачи. Провести путь по новой трассе.* **2.** Путь, дорога. *Автомобильная т. Воздушная т. Горнолыжная т.* **3.** След, оставляемый в воздухе трассирующей пулей, ракетой, снарядом (спец.). ‖ *прил.* **трассо́вый,** -ая, -ое (спец.) и **тра́ссный,** -ая, -ое (к 1 знач.; спец.).

ТРАССИ́РОВАТЬ, -рую, -руешь; -анный; *сов.* и *несов.* **1.** *что.* Наметить (-ечать) трассу (в 1 знач). **2.** (1 и 2 л. не употр.). О пуле, снаряде, ракете: оставить (-влять) при полёте светящийся след. *Трассирующая пуля.* ‖ *сущ.* **трасси́рование,** -я, *ср.* (к 1 знач.) и **трассиро́вка,** -и, *ж.* (к 1 знач.).

ТРА́ТА, -ы, *ж.* **1.** *см.* тратить, -ся. **2.** То же, что затрата. *Большие траты.*

ТРА́ТИТЬ, -а́чу, -а́тишь; -а́ченный; *несов., что.* Употребляя на что-н., производя затраты, расходовать. *Т. деньги. Т. время. Т. силы.* ‖ *сов.* **истра́тить,** -а́чу, -а́тишь; -а́ченный и **потра́тить,** -а́чу, -а́тишь; -а́ченный. ‖ *сущ.* **тра́та,** -ы, *ж.*

ТРА́ТИТЬСЯ, -а́чусь, -а́тишься; *несов., на кого-что* (разг.). Тратить свои деньги. *Т. на поездку. Т. на бесполезные хлопоты* (перен.: зря растрачивать свои силы). ‖ *сов.* **истра́титься,** -а́чусь, -а́тишься (устар.) и **потра́титься,** -а́чусь, -а́тишься. ‖ *сущ.* **тра́та,** -ы, *ж.*

ТРА́УЛЕР, -а, *м.* Морское судно, оборудованное рыболовными тралами. *Морозильный т.* ‖ *прил.* **тра́улерный,** -ая, -ое.

ТРА́УР, -а, *м.* **1.** Состояние скорби по умершему (а также по поводу какого-н. бедствия, катастрофы), выражающееся в ношении особой одежды, в отмене увеселений. *В семье т. Страна в трауре.* **2.** Одежда (обычно чёрная), повязка, носимая в знак скорби. *Носить т. по матери.* ‖ *прил.* **тра́урный,** -ая, -ое. *Траурные флаги. Траурная процессия* (погребальная). *Т. марш.*

ТРА́УРНЫЙ, -ая, -ое; -рен, -рна. **1.** *см.* траур. **2.** *перен.* Печальный и мрачный. *Траурная обстановка. Т. тон.* ‖ *сущ.* **тра́урность,** -и, *ж.*

ТРАФАРЕ́Т, -а, *м.* **1.** Тонкая пластинка, в к-рой прорезаны знаки, рисунок, подлежащие воспроизведению. *Чертить по трафарету.* **2.** Знаки, рисунок, сделанные при помощи такой пластинки (спец.). **3.** *перен.* Нечто избитое, привычный образец, к-рому следуют без размышления. *Действовать, мыслить по трафарету.* ‖ *прил.* **трафаре́тный,** -ая, -ое (к 1 и 2 знач.). *Т. рисунок* (сделанный при помощи трафарета).

ТРАФАРЕ́ТКА, -и, *ж.* (разг.). То же, что трафарет (в 1 знач.).

ТРАФАРЕ́ТНЫЙ, -ая, -ое; -тен, -тна. **1.** *см.* трафарет. **2.** Являющийся трафаретом (в 3 знач.), избитый, шаблонный. *Трафаретные фразы.* ‖ *сущ.* **трафаре́тность,** -и, *ж.*

ТРАХ. 1. *межд. звукоподр.* О резком и сильном треске, шуме от падения, толчка, взрыва. *Т.! Ударил гром.* **2.** *в знач. сказ.* Трахнул (разг.). *Т. кулаком по столу.* **3.** *межд. глагол [интонационно чётко обособлен].* Предваряет сообщение о возникновении такой (сменяющей другую) ситуации, к-рая в высшей степени неожиданна. *Хотел пообедать — трах! — ресторан закрыт.*

ТРАХЕИ́Т, -а, *м.* Воспаление слизистой оболочки трахеи.

ТРАХЕ́Я, -и, *ж.* Часть дыхательных путей — хрящевая трубка между гортанью и бронхами впереди пищевода. ‖ *прил.* **трахе́йный,** -ая, -ое.

ТРА́ХНУТЬ, -ну, -нешь; *сов.* (разг.). **1.** (1 и 2 л. не употр.). О резком, громком звуке: раздаться. *Трахнул гром.* **2.** Произвести какое-н. быстрое, неожиданное действие с шумом, резко. *Т. из ружья. Т. графин* (разбить). *Т. по спине* (ударить). ‖ *несов.* **тра́хать,** -аю, -аешь.

ТРА́ХНУТЬСЯ, -нусь, -нешься; *сов.* (разг.). То же, что бахнуться. *Т. на землю. Т. головой о косяк.* ‖ *несов.* **тра́хаться,** -аюсь, -аешься.

ТРАХО́МА, -ы, *ж.* Хроническая вирусная болезнь, поражающая глаза и приводящая к слепоте. ‖ *прил.* **трахомато́зный,** -ая, -ое (спец.) *и* **трахо́мный,** -ая, -ое.

ТРЕ... То же, что трёх..., напр. *треглавый, трезубец, треногий, треугольник, треуголый, треухий.*

ТРЕ́БА, -ы, *ж.* В православии: богослужебный обряд, совершаемый по просьбе самих верующих (напр. крестины, венчание, панихида, исповедь). *Совершать, исполнять требу.*

ТРЕ́БНИК, -а, *м.* Книга с текстами церковных служб, молитвами для треб.

ТРЕ́БОВАНИЕ, -я, *ср.* **1.** *см.* требовать. **2.** Выраженная в решительной, категорической форме просьба, распоряжение. *По первому требованию.* **3.** Правило, условие, обязательное для выполнения. *Выполнение требований устава. Требования к экзаменующимся.* **4.** *мн.* Внутренние потребности, запросы. *Человек с высокими требованиями к себе.* **5.** Официальный документ с просьбой о выдаче чего-н., направлении кого-чего-н. куда-н. *Т. на запчасти.*

ТРЕ́БОВАТЕЛЬНЫЙ, -ая, -ое; -лен, -льна. **1.** Строгий, требующий многого от других. *Т. начальник.* **2.** Предъявляющий высокие требования (в 4 знач.) к чему-н., очень разборчивый. *Т. читатель.* **3.** Выражающий требование (во 2 знач.), повелительный. *Т. тон. Т. жест.* ‖ *сущ.* **тре́бовательность,** -и, *ж.*

ТРЕ́БОВАТЬ, -бую, -буешь; -анный; *несов.* **1.** *кого-чего, кого-что* (с конкретн. сущ., разг.), *с неопр.* или *с союзом «чтобы».* Просить в категорической форме. *Т. объяснений (объяснить). Т. помощника (чтобы дали помощника). Т. квитанцию.* **2.** *чего от кого-чего.* Ожидать проявления каких-н. свойств, действий. *Смешно т. сочувствия от эгоиста. Зритель требует от искусства правдивого изображения жизни.* **3.** (1 и 2 л. не употр.), *кого-чего.* Иметь потребность, нуждаться в ком-чём-н. *Болезнь требует лечения. Работа требует квалифицированного руководителя.* **4.** *кого (что).* Заставлять явиться, вызывать куда-н. *Вас требуют к начальнику.* ‖ *сов.* **потре́бовать,** -бую, -буешь; -анный. ‖ *сущ.* **тре́бование,** -я, *ср.*

ТРЕ́БОВАТЬСЯ, -буюсь, -буешься; *несов.* Быть нужным, необходимым. *Заводу требуются рабочие. Требуется* (безл.) *доказать.* ‖ *сов.* **потре́боваться,** -буюсь, -буешься.

ТРЕБУХА́, -и́, *ж.* Внутренности (кишки, желудок) убитого животного. ‖ *прил.* **требухо́вый,** -ая, -ое.

ТРЕВО́ГА, -и, *ж.* **1.** Беспокойство, волнение (обычно в ожидании опасности или чего-н. неизвестного). *Охватила т. Быть в тревоге. Постоянная т. за детей.* **2.** Шум, переполох, суматоха. *В доме поднялась т. На улицах шум, т.* **3.** Сигнал об опасности, а также состояние такой опасности. *Бить тревогу* (давать сигнал тревоги — первонач. громкими ударами в набат, в рельс, также перен.: указывая на опасность чего-н., призывать к бдительности, деятельности). **4.** Сигнал о приведении войск (команд) в готовность к действию; само такое срочное приведение в готовность. *Боевая, воздушная, учебная т. Аварийная, пожарная т. Поднять группу по тревоге.* ‖ *прил.* **трево́жный,** -ая, -ое (к 4 знач.). *Т. сигнал. Тревожная группа* (действующая по сигналу тревоги; спец.).

ТРЕВО́ЖИТЬ, -жу, -жишь; -женный; *несов., кого-что.* **1.** Приводить в состояние тревоги (в 1 знач.), волнения. *Тревожит отсутствие писем. Состояние больного тревожит врачей.* **2.** Мешать кому-н., беспокоить. *Весь день тревожат посетители. Т. рану* (перен.). ‖ *сов.* **встрево́жить,** -жу, -жишь; -женный (к 1 знач.) *и* **потрево́жить,** -жу, -жишь; -женный (ко 2 знач.).

ТРЕВО́ЖИТЬСЯ, -жусь, -жишься; *несов.* **1.** Приходить в состояние тревоги (в 1 знач.), волнения, быть в тревоге. *Т. за детей.* **2.** Затруднять себя. *Не тревожьтесь, я сам сделаю.* ‖ *сов.* **встрево́житься,** -жусь, -жишься (к 1 знач.) *и* **потрево́житься,** -жусь, -жишься (ко 2 знач.).

ТРЕВО́ЖНЫЙ, -ая, -ое; -жен, -жна. **1.** *см.* тревога. **2.** Полный тревоги (в 1 знач.), волнения, выражающий тревогу. *Т. голос, взгляд. Тревожно* (в знач. сказ.) *на душе.* **3.** Вызывающий тревогу (в 1 знач.), беспокойство. *Тревожные сведения.* ‖ *сущ.* **трево́жность,** -и, *ж.*

ТРЕВОЛНЕ́НИЕ, -я, *ср.* (книжн.). Беспокойство, волнение. *Напрасные треволнения.*

ТРЕГЛА́ВЫЙ -ая,-ое. С тремя главами[1] или головами. *Треглавая церковь. Т. змей* (в сказках).

ТРЕ́ЗВЕННИК, -а, *м.* Человек, к-рый ведёт трезвую жизнь, не употребляет спиртных напитков. ‖ *ж.* **тре́звенница,** -ы. ‖ *прил.* **тре́звеннический,** -ая, -ое.

ТРЕЗВЕ́ТЬ, -е́ю, -е́ешь; *несов.* Становиться трезвым (в 1 и 3 знач.), трезвее. ‖ *сов.* **отрезве́ть,** -е́ю, -е́ешь.

ТРЕЗВО́Н, -а (-у), *м.* **1.** Церковный звон во все колокола. *Праздничный т.* **2.** *перен.* Пересуды, толки (разг.). *Пошёл т. о странном происшествии.* **3.** *перен.* Шум, переполох, скандал (разг.). *Поднять т. Задать трезвону.* **4.** Частые, резкие звонки, сильный звон (разг.). *Т. телефонов.*

ТРЕЗВО́НИТЬ, -ню, -нишь; *несов.* **1.** Звонить в три колокола (а также вообще в несколько колоколов). *Т. к обедне.* **2.** *перен., о ком-чём.* Распускать слухи, сплетни (разг.). *Т. о событии по всему городу.* **3.** Давать частые, сильные звонки (разг.). *Т. в дверь. С утра трезвонит телефон. Т. в колокольчик.* ♦ **Трезвонить во все колокола** (разг. неодобр.) — распускать какие-н. известия, сплетни.

ТРЕ́ЗВЫЙ, -ая, -ое; трезв, -а́, -о, -ы́ *и* -ы. **1.** Не пьяный, не хмельной. *Трезвое состояние. Трезв как стёклышко* (разг. шутл.). **2.** (мн. -ы). Воздержанный в употреблении спиртных напитков, не пьющий. *Он человек т., положительный.* **3.** *перен.* Здравый, рассудительный. *Т. взгляд на события. Трезво* (нареч.) *рассуждать.* ‖ *сущ.* **тре́звость,** -и, *ж.* (к 1 и 3 знач.).

ТРЕЗУ́БЕЦ, -бца, *м.* Жезл, завершающийся тремя зубцами (книжн.), а также орудие в виде трёх острых зубцов на древке. *Т. Нептуна* (символический атрибут бога морей). *Бить рыбу трезубцем.*

ТРЕК, -а, *м.* Круговая дорожка с виражами[1] (во 2 знач.) для вело- и мотогонок, а также спортивное сооружение, имеющее такую дорожку. ‖ *прил.* **тре́ковый,** -ая, -ое. *Трековые гонки.*

ТРЕЛЕВА́ТЬ, -лю́ю, -лю́ешь; -лёванный; *несов., что* (спец.). Доставлять древесину (срубленные деревья, хлысты, брёвна) с лесосек к дорогам, к местам погрузки. ‖ *сов.* **стрелева́ть,** -лю́ю, -лю́ешь; -лёванный. ‖ *сущ.* **трелёвка,** -и, *ж. Механизированная т.* ‖ *прил.* **трелёвочный,** -ая, -ое. *Т. трактор.*

ТРЕЛЬ, -и, *ж.* В музыке: быстрое и многократное повторение звуков, близких по тону, а также вообще переливчатый, дрожащий звук. *Соловьиная т.*

ТРЕЛЬЯ́Ж, -а, *м.* **1.** Трёхстворчатое зеркало. **2.** Тонкая решётка для вьющихся растений. ‖ *прил.* **трелья́жный,** -ая, -ое.

ТРЕНА́Ж, -а и -а́, *м.* (спец.). Система тренировочных упражнений. *Балетный т.* ‖ *прил.* **трена́жный,** -ая, -ое.

ТРЕНАЖЁР, -а, *м.* (спец.). Устройство для тренажа, тренировки. *Тренировка на тренажёрах. Т. для велосипедистов.* ‖ *прил.* **тренажёрный,** -ая, -ое.

ТРЕ́НЕР, -а, *м.* Специалист по тренировке спортсменов. *Т. футбольной команды. Т. по самбо.* ‖ *ж.* **тре́нерша,** -и (разг.). ‖ *прил.* **тре́нерский,** -ая, -ое.

ТРЕ́НЗЕЛЬ, -я, *мн.* -я́, -е́й *и* -и, -ей, *м.* Приспособление в удилах. ‖ *прил.* **тре́нзельный,** -ая, -ое.

ТРЕ́НИЕ, -я, *ср.* **1.** Сила, препятствующая движению одного тела по поверхности другого (спец.). *Коэффициент трения. Кинематическое т.* (между движущимися телами). *Т. покоя* (между неподвижными телами). **2.** Движение предмета по тесно соприкасающейся с ним поверхности другого предмета. *Детали износились от трения.* **3.** *перен., мн.* Враждебные столкновения, споры, мешающие ходу дела. *Трения между сослуживцами. Трения с начальником.*

ТРЕ́НИНГ, -а, *м.* (спец.). Система, режим тренировок.

ТРЕНИРОВА́ТЬ, -ру́ю, -ру́ешь; -о́ванный; *несов.* **1.** *кого (что).* Обучая, упражнять в каком-н. деле. *Т. лошадь. Т. футболистов.* **2.** *что.* Упражняя, приучать к чему-н. *Т. память.* ‖ *сов.* **натренирова́ть,** -ру́ю, -ру́ешь; -о́ванный. ‖ *возвр.* **тренирова́ться,** -ру́юсь, -ру́ешься; *сов.* **натренирова́ться,** -ру́юсь, -ру́ешься. ‖ *сущ.* **трениро́вка,** -и, *ж.* ‖ *прил.* **трениро́вочный,** -ая, -ое. *Т. процесс. Тренировочная площадка.*

ТРЕНИРО́ВКА, -и, *ж.* **1.** *см.* тренировать. **2.** Занятие, упражнение, служащее для совершенствования навыков, умения. *Ходить на тренировки.* ‖ *прил.* **трениро́вочный,** -ая, -ое. *Т. костюм.*

ТРЕНО́ГА, -и, *ж.* То же, что треножник. *Т. фотоаппарата.*

ТРЕНО́ГИЙ, -ая, -ое. На трёх ножках, ногах. *Треногая подставка. Т. стул.*

ТРЕНО́ЖИТЬ, -жу, -жишь; -женный; *несов., кого (что).* Связывать путами обе передние ноги (животного) с одной задней или только передние. *Т. лошадь.* ‖ *сов.* **стрено́жить,** -жу, -жишь; -женный.

ТРЕНО́ЖНИК, -а, *м.* Подставка на трёх ножках.

ТРЕ́НЬКАТЬ, -аю, -аешь; *несов.* (разг.). **1.** Издавать тонкие, отрывистые звуки. *В кустах тренькает какая-то птица.* **2.** *на чём.* Неумело или тихонько играть на щипковом музыкальном инструменте. *Т. на балалайке.* ‖ *однокр.* **тре́нькнуть,** -ну, -нешь. ‖ *сущ.* **тре́нканье,** -я, *ср.*

ТРЕПА́К, -а́, *м.* Русский народный танец с дробным притоптыванием, а также музыка в ритме такого танца. *Отплясывать трепака.*

ТРЕПА́ЛО, -а, *ср.* Ручное орудие для трепания волокна (льна, пеньки, конопли), а также рабочая часть трепальной машины.

ТРЕПА́ЛЬЩИК, -а, *м.* Рабочий, занимающийся трепанием волокна. ‖ *ж.* **трепа́льщица**, -ы.

ТРЕПАНА́ЦИЯ, -и, *ж.* (спец.). Хирургическая операция вскрытия костной полости. *Т. черепа.* ‖ *прил.* **трепанацио́нный**, -ая, -ое.

ТРЕПА́НГ, -а, *м.* Морское беспозвоночное животное типа иглокожих, употр. в пищу. ‖ *прил.* **трепа́нговый**, -ая, -ое.

ТРЕПАНИ́РОВАТЬ, -рую, -руешь; -анный; *сов.* и *несов., что* (спец.). Произвести (-водить) трепанацию. *Т. череп.*

ТРЕПА́ТЬ, треплю́, тре́плешь *и* (разг.) тре́пешь, тре́пет, тре́пем, тре́пете, тре́пят; трёпанный; *несов.* **1.** *кого-что.* Тряся, приводить в беспорядок, колебать, дёргать, тормошить. *Т. волосы. Ветер треплет флаги. Океан треплет шлюпку* (перен.). *Его треплет лихорадка* (перен.: о лихорадочном состоянии). *Т. чьё-н. имя* (перен.: упоминать в связи с чем-н. предосудительным или вызывающим нездоровый интерес, сенсацию; разг.). *Т. нервы* (перен.: заставлять кого-н. нервничать; разг.). **2.** *что.* Приводить в негодное состояние небрежным обращением, небрежной или долгой ноской (разг.). *Т. обувь. Т. книги.* **3.** *кого-что.* Похлопывать, поглаживать (разг.). *Дружески т. по плечу.* **4.** *что.* Раздёргивая, разрыхлять и очищать (волокно). *Т. лён, коноплю.* **5.** *кого (что).* Драть (в 5 знач.) за волосы, за уши, бить (разг.). *Т. за вихор.* ✦ **Трепать языком** (разг.) — заниматься пустой болтовнёй. ‖ *сов.* **истрепа́ть**, -треплю́, -тре́плешь *и* (разг.) -тре́пешь, -тре́пет, -тре́пем, -тре́пете, -тре́пят; -трёпанный (ко 2 знач.), **потрепа́ть**, -треплю́, -тре́плешь *и* (разг.) -тре́пешь, -тре́пет, -тре́пем, -тре́пете, -тре́пят; -трёпанный (к 1, 2 и 3 знач.) *и* **растрепа́ть**, -треплю́, -тре́плешь *и* (разг.) -тре́пешь, -тре́пет, -тре́пем, -тре́пете, -тре́пят; -трёпанный (к 4 знач.). ‖ *сущ.* **трепа́ние**, -я, *ср.* (к 4 знач.) *и* **трёпка**, -и, *ж.* (к 1, 2 и 5 знач.). *Трепание льна. Трёпка нервов* (разг.). ‖ *прил.* **трепа́льный**, -ая, -ое (к 4 знач.; спец.). *Трепальная машина.*

ТРЕПА́ТЬСЯ, треплю́сь, тре́плешься *и* (разг.) тре́пешься, тре́пется, тре́пемся, тре́петесь, тре́пятся; *несов.* **1.** (1 и 2 л. не употр.). Колебаться от движения воздуха (разг.). *Флажки треплются в воздухе. Волосы треплются на ветру.* **2.** (1 и 2 л. не употр.). Приходить в негодность, в беспорядок от небрежного обращения, небрежной носки (разг.). *Одежда, обувь треплется.* **3.** То же, что трепать языком (разг.). *Хватит т. о пустяках!* **4.** То же, что околачиваться (прост. неодобр.). ‖ *сов.* **истрепа́ться**, -е́плется *и* (разг.) -е́пется, -е́пятся (ко 2 знач.) *и* **потрепа́ться**, -еплю́сь, -е́плешься *и* (разг.) -е́пешься, -е́пется, -е́пемся, -е́петесь, -е́пятся (ко 2, 3 и 4 знач.).

ТРЕПА́Ч, -а́, *м.* (прост.). Человек, к-рый треплется (в 3 знач.), враль. ‖ *ж.* **трепа́чка**, -и. ‖ *прил.* **трепа́ческий**, -ая, -ое.

ТРЕ́ПЕТ, -а, *м.* **1.** Колебание, дрожание. *Т. листьев.* **2.** Сильное волнение, напряжённость чувств (книжн.). *Т. восторга.* **3.** Страх, боязнь. *С трепетом ждать известия. Испытывать т. перед кем-н.*

ТРЕПЕТА́ТЬ, -ещу́, -е́щешь; *несов.* **1.** (1 и 2 л. не употр.). Колебаться, дрожать. *Листья трепещут на ветру.* **2.** Испытывать дрожь, сильное волнение. *Т. всем телом. Т. от ужаса.* **3.** Испытывать страх, боязнь. *Т. перед владыкой. Все перед ним трепещут.* ‖ *сущ.* **трепета́ние**, -я, *ср.* (к 1 знач.).

ТРЕ́ПЕТНЫЙ, -ая, -ое; -тен, -тна (книжн.). **1.** Дрожащий, колеблющийся. *Трепетные тени.* **2.** Взволнованный, выражающий трепет (во 2 знач.). *Трепетная улыбка. Трепетное ожидание.* **3.** Охваченный страхом, трепетом (в 3 знач.) (устар.). ‖ *сущ.* **тре́петность**, -и, *ж.* (ко 2 знач.).

ТРЕПЛО́, -а́, *ср.* (прост. пренебр.). То же, что трепач.

ТРЕПОТНЯ́, -и́, *ж.* (прост.). Пустая болтовня, враньё. *Все его рассказы — одна т.!*

ТРЕПЫХА́ТЬСЯ, -а́юсь, -а́ешься; *несов.* (разг.). **1.** Судорожно дёргаться, колебаться, дрожать. *Рыба трепыхается на песке. Флажки трепыхаются на ветру.* **2.** *перен.* Волноваться, нервничать. *Т. из-за пустяков.* ‖ *однокр.* **трепыхну́ться**, -ну́сь, -нёшься (к 1 знач.). ‖ *сущ.* **трепыха́нье**, -я, *ср.*

ТРЕСК, -а (-у), *м.* **1.** Резкий звук от чего-н. лопнувшего, сломавшегося. *Т. сучьев. С треском провалиться* (также перен.: потерпеть явную неудачу; разг.). **2.** Шум от повторяющихся ударов, стуков и других резких звуков. *Т. мотора. Т. выстрелов.* **3.** *перен.* Шумиха, хвастливые высокопарные речи (разг.). *Работать без шума и треска.*

ТРЕСКА́, -и́, *ж.* Промысловая рыба северных морей. ‖ *прил.* **трескó̸вый**, -ая, -ое. *Тресковое филе. Семейство тресковых* (сущ.).

ТРЕ́СКАТЬ[1], -аю, -аешь; *несов., что* (прост.). То же, что есть[1] (в 1 знач.). *Трескай, что дают.*

ТРЕ́СКАТЬ[2] *см.* треснуть.

ТРЕ́СКАТЬСЯ[1] (-аюсь, -аешься, 1 и 2 л. не употр.), -ается; *несов.* Давать трещины, раскалываться. *Сухая кожа трескается. Земля трескается от жары. Голова трескается* (перен.: то же, что голова трещит; разг.). ‖ *сов.* **потре́скаться** (-аюсь, -аешься, 1 и 2 л. не употр.), -ается.

ТРЕ́СКАТЬСЯ[2] *см.* треснуться.

ТРЕСКОТНЯ́, -и, *ж.* (разг.). **1.** То же, что треск (во 2 знач.). *Т. кузнечиков.* **2.** *перен.* Шумная болтовня, треск (в 3 знач.).

ТРЕСКУ́ЧИЙ, -ая, -ее; -у́ч. **1.** Издающий треск (в 1 и 2 знач.). *Т. валежник. Т. костёр. Т. звук.* **2.** Бессодержательный, но шумный и высокопарный (о речи, словах). *Трескучие фразы.* ✦ **Трескучий мороз** (разг.) — очень сильный мороз. ‖ *сущ.* **треску́честь**, -и, *ж.* (ко 2 знач.).

ТРЕ́СНУТЫЙ, -ая, -ое; -ут. Надколотый, с трещиной. *Т. кувшин.*

ТРЕ́СНУТЬ, -ну, -нешь; -утый; *сов.* **1.** (1 и 2 л. не употр.). Издать треск. *Треснула ветка.* **2.** (1 и 2 л. не употр.). Лопнуть, расколоться, образовать трещину. *Стакан треснул. Афера треснула* (перен.: расстроилась, не удалась; прост.). **3.** (1 и 2 л. не употр.). Потрескаться, растрескаться. *Штукатурка треснула.* **4.** *кого (что).* Сильно ударить (прост.). *Т. кулаком по столу. Т. по лбу.* ✦ **Треснуть со́ смеху** (прост.) — об очень сильном смехе. **Хоть тресни** (прост.) — то же, что хоть умри. ‖ *несов.* **тре́скать**, -аю, -аешь (к 1 и 4 знач.). ‖ *сущ.* **тре́сканье**, -я, *ср.* (к 1, 2 и 3 знач.).

ТРЕ́СНУТЬСЯ, -нусь, -нешься; *сов.* (прост.). Сильно удариться, ушибиться. *Т. головой о притолоку.* ‖ *несов.* **тре́скаться**, -аюсь, -аешься.

ТРЕСТ, -а, *м.* **1.** Объединение нескольких однотипных предприятий, а также вообще сложное производственное объединение. *Строительный т.* **2.** Объединение предприятий с централизацией производственных и коммерческих операций. ‖ *прил.* **тре́стовский**, -ая, -ое (разг.).

ТРЕСТА́, -ы́, *ж.* (спец.). Подготовленная для трепанья льняная или конопляная солома.

ТРЕТЕ́ЙСКИЙ, -ая, -ое. Относящийся к разбору спора, конфликта третьей, незаинтересованной стороной. *Т. суд. Т. судья.*

ТРЕ́ТИЙ, -ья, -ье. **1.** *см.* три. **2.** Незаинтересованный в конфликте между сторонами, беспристрастный. *Третья сторона. Я здесь лицо третье* (постороннее). **3. тре́тья**, -ей. Получаемый делением на три, одна треть. *Третья часть. Две третьих* (сущ.). **4. тре́тье**, -его, *ср.* Десерт, сладкое (в 5 знач.). *На третье — компот.* ✦ **Третьи лица** (спец.) — в гражданском юридическом процессе: лица, заинтересованные в исходе спора между истцом и ответчиком. **Третьего не дано** (книжн.) — может быть только одно из двух и никак иначе. **Третий лишний** — говорится тогда, когда дело касается только двоих. **Третий сорт** — 1) худший из трёх сортов товара, продукции; 2) о ком-чём-н. весьма посредственном, плохом. **Третьего дня** — позавчера. **Третье сословие** — во Франции до Великой французской революции: название непривилегированного населения в отличие от дворянства и духовенства. **Третье отделение** (императорской канцелярии) — в России в 1826–1880 гг.: государственный орган политического надзора и сыска. **Страны третьего мира** — развивающиеся страны.

ТРЕТИ́РОВАТЬ, -рую, -руешь; -анный; *несов., кого (что).* Обращаться с кем-н. пренебрежительно, свысока. *Т. подчинённых.* ‖ *сущ.* **трети́рование**, -я, *ср.*

ТРЕТИ́ЧНЫЙ, -ая, -ое. В составе нек-рых терминов: представляющий собой третью стадию, ступень в развитии чего-н. *Третичная форма болезни. Т. период.*

ТРЕТЬ, -и, *мн.* -и, -е́й, *ж.* Одна из трёх равных частей, на к-рые делится что-н. *Т. года. Две трети.*

ТРЕТЬЕ... *Первая часть сложных слов со знач.:* 1) относящийся к третьему по счёту, напр. *третьеклассник, третьекурсник, третьеразрядник;* 2) посредственный, не самый лучший, напр. *третьеразрядный, третьесортный;* 3) не самый существенный, маловажный, напр. *третьеочерёдный, третьестепенный.*

ТРЕТЬЕКЛА́ССНИК, -а, *м.* Ученик третьего класса. ‖ *ж.* **третьекла́ссница**, -ы.

ТРЕТЬЕКЛА́ШКА, -и, *м.* и *ж.* (прост.). То же, что третьеклассник, третьеклассница.

ТРЕТЬЕСТЕПЕ́ННЫЙ, -ая, -ое; -е́нен, -е́нна. Малозначительный; весьма посредственный. *Третьестепенная роль. Т. живописец.* ‖ *сущ.* **третьестепе́нность**, -и, *ж.*

ТРЕТЬЁВОДНИ, *нареч.* (устар. и прост.). То же, что третьего дня.

ТРЕТЬЁВОДНИШНИЙ, -яя, -ее и **ТРЕТЬЁВОШНИЙ**, -яя, -ее (устар. и прост.). То же, что позавчерашний.

ТРЕУГО́ЛКА, -и, *ж.* (устар.). Форменный головной убор, сужающийся кверху и расширяющийся с боков.

ТРЕУГО́ЛЬНИК, -а, *м.* **1.** Геометрическая фигура — многоугольник с тремя углами, а также всякий предмет, устройство такой формы. *Прямоугольный т. Деревянный т.* (для черчения). *Солдатский т.* (солдатское письмо без конверта, свёрнутое уголком; разг.). **2.** Название сержантского и старшинского знака различия такой формы на петлицах в Красной Армии (с 1919 по 1943 г.). **3.** В советском учреждении, на предприятии: совместно действующие три руководящих лица — администратор, секретарь партийной организации и председатель профсоюзного комитета (разг.). ✦ **Любовный треугольник** — трое людей (двое мужчин и женщина или две женщины и мужчина), связанных любовными отношениями.

ТРЕУГО́ЛЬНЫЙ, -ая, -ое. **1.** В форме треугольника, имеющий три угла. *Треугольная площадка.* **2.** По форме напоминающий треугольник. *Треугольное лицо* (сужающееся книзу и с острым подбородком).

ТРЕУ́Х, -а, *м.* Старое название тёплой мужской шапки с наушниками и опускающимся задком. *Заячий т.*

ТРЕ́ФЫ, треф, тре́фам. В игральных картах: название чёрной масти с условным изображением трилистника. *Дама треф.* ‖ *прил.* **тре́фовый**, -ая, -ое *и* **трефо́вый**, -ая, -ое.

ТРЕЩА́ТЬ, -щу́, -щи́шь; *несов.* **1.** (1 и 2 л. не употр.). Образуя трещины, издавать треск. *Лёд трещит. Дело трещит по всем швам* (перен.: идёт к полному развалу; разг.). **2.** Издавать треск (во 2 знач.). *Трещат кузнечики. Дрова трещат в печи. Трещащие звуки. Ест так, что за ушами трещит* (безл.; с большим аппетитом, жадно; разг. шутл.). **3.** *перен.* Говорить без умолку, тараторить (разг.). ✦ **Голова трещит** (разг.) — очень болит голова. **Мороз трещит** (разг.) — об очень сильном морозе.

ТРЕ́ЩИНА, -ы, *ж.* Щель, узкое углубление на поверхности. *Т. в стене. Льдина дала трещину. В отношениях друзей образовалась т.* (перен.: возник разлад). ‖ *уменьш.* **тре́щинка**, -и, *ж.* ‖ *прил.* **тре́щинный**, -ая, -ое (спец.).

ТРЕЩО́ТКА, -и. **1.** *ж.* Устройство, издающее треск. *Игрушка-т.* **2.** *ж.* (мн. в одном знач. с ед.). Народный ударный музыкальный инструмент — нанизанные на шнур (шнуры) деревянные пластинки, издающие сухие звонкие звуки. **3.** *м.* и *ж.* Человек, к-рый громко, без умолку говорит, таратора. ‖ *прил.* **трещо́точный**, -ая, -ое (к 1 и 2 знач.).

ТРЁП, -а (-у), *м.* (прост.). То же, что трепотня.

ТРЁПАНЫЙ, -ая, -ое. **1.** О волокне: подвергшийся трепанию. *Т. лён.* **2.** Изорванный, потрёпанный (разг.). *Трёпаная одежда. Трёпаная книга.* **3.** Растрёпанный, непричёсанный (разг.). *Трёпаные волосы.*

ТРЁПКА, -и, *ж.* **1.** *см.* трепать. **2.** Побои, выволочка (разг.). *Задать трёпку кому-н.*

ТРЁХ... *Первая часть сложных слов со знач.:* 1) содержащий три каких-н. единицы, состоящий из трёх единиц, напр. *трёхактный, трёхгодичный, трёхгранный, трёхдневный, трёхколесный, трёхкопеечный, трёхкомнатный, трёхместный, трёхсменный, трёхствольный, трёхступенчатый, трёхтактный, трёхтонный, трёхфазный, трёхъярусный;* 2) относящийся к трём, напр. *трёхчасовой* (поезд).

ТРЁХВЁРСТНЫЙ, -ая, -ое. **1.** Протяжённостью в три версты. **2.** Составленный в масштабе трёх верст в дюйме. *Трёхвёрстная карта.*

ТРЁХГОДИ́ЧНЫЙ, -ая, -ое. Продолжительностью в три года. *Трёхгодичные курсы.*

ТРЁХГОДОВА́ЛЫЙ, -ая, -ое. Возрастом в три года. *Т. ребёнок.*

ТРЁХДО́ЛЬНЫЙ, -ая, -ое (спец.). Состоящий из трёх ритмических долей. *Т. размер стиха.*

ТРЁХДЮЙМО́ВКА, -и, *ж.* **1.** Полевое трёхдюймовое орудие. **2.** Доска толщиной в три дюйма.

ТРЁХДЮЙМО́ВЫЙ, -ая, -ое. Величиной (толщиной, шириной, высотой, калибром) в три дюйма. *Трёхдюймовая доска.*

ТРЁХКИЛОМЕТРО́ВЫЙ, -ая, -ое. Протяжённостью в три километра. *Трёхкилометровая дистанция.*

ТРЁХКРА́ТНЫЙ, -ая, -ое. Повторяющийся три раза, увеличенный в три раза. *В трёхкратном размере. Т. чемпион* (трижды завоёвывавший это звание). ‖ *сущ.* **трёхкра́тность**, -и, *ж.*

ТРЁХЛЕ́ТИЕ, -я, *ср.* **1.** Срок в три года. **2.** *чего.* Годовщина события, бывшего три года тому назад. *Т. свадьбы* (три года со дня свадьбы). ‖ *прил.* **трёхле́тний**, -яя, -ее.

ТРЁХЛЕ́ТНИЙ, -яя, -ее. **1.** *см.* трёхлетие. **2.** Существующий или просуществовавший, проживший три года. *Т. труд. Т. ребёнок.*

ТРЁХЛЕ́ТОК, -тка, *м.* Животное в возрасте трёх лет. *Трёхлетки сёмги.*

ТРЁХЛИНЕ́ЙНЫЙ, -ая, -ое. Калибром в три линии (в 8 знач.). *Трёхлинейная винтовка.*

ТРЁХМЕ́РНЫЙ, -ая, -ое; -рен, -рна. **1.** Имеющий три измерения: длину, ширину, высоту. **2.** Содержащий три части, три ритмические меры. *Т. такт.*

ТРЁХПА́ЛЫЙ, -ая, -ое. Имеющий только три пальца на руке или ноге (о животных — на лапе).

ТРЁХПЕ́РСТНЫЙ, -ая, -ое. О крестном знамении православных: производимый тремя перстами.

ТРЁХПО́ЛЬЕ, -я, *ср.* До введения травопполья: севооборот с делением пашни на три поля, каждое из к-рых засеивается сначала озимыми, затем яровыми, а на третий год оставляется под паром. ‖ *прил.* **трёхпо́льный**, -ая, -ое.

ТРЁХПРОГРА́ММНЫЙ, -ая, -ое. Об аппаратах: работающий на трёх программах (в 4 знач.). *Т. громкоговоритель.*

ТРЁХПРОЦЕ́НТНЫЙ, -ая, -ое. **1.** Составляющий три процента чего-н. *Т. доход.* **2.** Дающий доход в три процента. *Т. заём.* **3.** Содержащий три процента какого-н. вещества. *Т. раствор.*

ТРЁХРА́ЗОВЫЙ, -ая, -ое. Осуществляющийся, используемый три раза. *Трёхразовое питание. Трёхразовая процедура.*

ТРЁХРУБЛЁВКА, -и, *ж.* (разг.). Денежный знак достоинством в три рубля.

ТРЁХРЯ́ДНЫЙ, -ая, -ое. **1.** Состоящий из трёх рядов, образующий три ряда (в 1 знач.). *Трёхрядная кладка. Т. шов.* **2.** О гармони: с тремя рядами клавишей. *Трёхрядная гармонь.* **3.** О сельскохозяйственных машинах: предназначенный для рассеивания семян, удобрений, а также обработки посевов в три ряда. *Трёхрядная сеялка. Т. свеклокомбайн.*

ТРЁХСМЕ́НКА, -и, *ж.* (разг.). Работа на предприятии в три смены.

ТРЁХСОТЛЕ́ТИЕ, -я, *ср.* **1.** Срок в триста лет. **2.** *чего.* Годовщина события, бывшего триста лет тому назад. *Т. города* (триста лет со дня основания). ‖ *прил.* **трёхсотле́тний**, -яя, -ее.

ТРЁХСОТЛЕ́ТНИЙ, -яя, -ее. **1.** *см.* трёхсотлетие. **2.** Просуществовавший триста лет.

ТРЁХСТВО́РЧАТЫЙ, -ая, -ое. Имеющий три створки. *Т. шкаф. Трёхстворчатое окно.*

ТРЁХСТО́ПНЫЙ, -ая, -ое (спец.). Состоящий из трёх стихотворных стоп. *Т. амфибрахий.*

ТРЁХСТОРО́ННИЙ, -яя, -ее. **1.** С тремя сторонами (в 3 и 6 знач.). **2.** С участием трёх сторон (в 10 знач.). *Т. договор.*

ТРЁХТО́ННКА, -и, *ж.* (разг.). Автомобиль грузоподъёмностью в три тонны.

ТРЁХТЫ́СЯЧНЫЙ, -ая, -ое. **1.** *Числит. порядк. к* три тысячи. **2.** Ценой в три тысячи. **3.** Состоящий из трёх тысяч единиц.

ТРЁХЦВЕ́ТНЫЙ, -ая, -ое. Трёх цветов, окрашенный в три цвета. *Трёхцветная окраска. Т. флаг. Трёхцветные фиалки* (анютины глазки). ‖ *сущ.* **трёхцве́тность**, -и, *ж.*

ТРЁХЧАСОВО́Й, -а́я, -о́е. **1.** Продолжительностью в три часа. *Т. экзамен.* **2.** Назначенный на три часа. *Т. поезд.*

ТРЁХЧЛЕ́Н, -а, *м.* Алгебраическое выражение — многочлен, состоящий из трёх одночленов. ‖ *прил.* **трёхчле́нный**, -ая, -ое.

ТРЁХЭТА́ЖНЫЙ, -ая, -ое. **1.** Высотой в три этажа. *Т. дом.* **2.** *перен.* О произносимом, написанном: очень сложный, громоздкий. *Трёхэтажная фраза. Трёхэтажная ругань* (замысловатая и забористая).

ТРЁШКА, -и, **ТРЁШНИЦА**, -ы, *ж.* и **ТРЁШНИК**, -а, *м.* (прост.). Три рубля.

ТРИ, трёх, трём, тремя́, о трёх, *числит. колич.* **1.** Число, цифра и количество 3. *За́ три дня и за три́ дня. На́ три дня и на три́ дня.* **2.** *нескл.* То же, что тройка (во 2 знач.). *За сочинение получил т.* ‖ *порядк.* **тре́тий**, -ья, -ье (к 1 знач.).

ТРИА́ДА, -ы, *ж.* (книжн.). Единство, образуемое тремя раздельными членами и частями.

ТРИБУ́Н, -а, *м.* (высок.). Общественный деятель — блестящий оратор и публицист. *Пламенный т. Народный т.*

ТРИБУ́НА, -ы, *ж.* **1.** Возвышение для оратора. *Произносить речь с трибуны.* **2.** *перен.* Место, сфера осуществления чьей-н. общественной деятельности. *Предоставить общественную трибуну кому-н.* **3.** Сооружение с рядами скамеек для публики, напр. на спортивных стадионах. ‖ *прил.* **трибу́нный**, -ая, -ое.

ТРИБУНА́Л, -а, *м.* Чрезвычайный судебный орган. *Военный т.* (суд в армии). *Попасть под т.* (разг.).

ТРИВИА́ЛЬНОСТЬ, -и, *ж.* **1.** *см.* тривиальный. **2.** Тривиальное выражение, поступок. *Говорить тривиальности.*

ТРИВИА́ЛЬНЫЙ, -ая, -ое; -лен, -льна (книжн.). Неоригинальный, банальный. *Тривиальная мысль.* ‖ *сущ.* **тривиа́льность**, -и, *ж.*

ТРИГОНОМЕ́ТРИЯ, -и, *ж.* Раздел математики, изучающий соотношения между сторонами и углами треугольника. ‖ *прил.* **тригонометри́ческий**, -ая, -ое.

ТРИДЕВЯ́ТЫЙ, -ая, -ое. В сказках: очень далёкий [в старинном счёте по девяткам двадцать седьмой]. *В тридевятом царстве.*

ТРИ́ДЕВЯТЬ: **за тридевять земель** (разг.) — в отдалённой стране, очень далеко (первонач. в сказках). *Уехал за тридевять земель.*

ТРИДЕСЯ́ТЫЙ, -ая, -ое. В сказках: очень далёкий [в старинном счёте тридцатый]. *В тридевятом царстве, в тридесятом государстве.*

ТРИДЦАТИЛЕ́ТИЕ, -я, *ср.* **1.** Срок в тридцать лет. **2.** *чего.* Годовщина события, бывшего тридцать лет тому назад. *Т. завода* (тридцать лет со дня основания). **3.** *кого.* Чья-н. тридцатая годовщина. *Праздновать своё т.* (тридцатый день рождения). ‖ *прил.* **тридцатиле́тний**, -яя, -ее.

ТРИДЦАТИЛЕ́ТНИЙ, -яя, ее. **1.** *см.* тридцатилетие. **2.** Существующий или просуществовавший, проживший тридцать лет.

ТРИДЦА́ТКА, -и, *ж.* (разг.). Тридцать рублей.

ТРИ́ДЦАТЬ, -и́, *числит. колич.* Число и количество 30. *За т. кому-н.* (больше тридцати лет). *Под т. кому-н.* (скоро будет тридцать лет). || *порядк.* **тридца́тый**, -ая, -ое.

ТРИДЦАТЬЧЕТВЁРКА, -и, *ж.* (разг.). Танк с маркой «Т-34», бывший на вооружении Советской Армии в период Великой Отечественной войны.

ТРИЕДИ́НЫЙ, -ая, -ое; -и́н (книжн.). Состоящий из трёх частей, трёх элементов и образующий единство.

ТРИ́ЕР, -а, *м.* Сельскохозяйственная машина для очистки и сортировки зерна и трав. || *прил.* **три́ерный**, -ая, -ое.

ТРИ́ЖДЫ, *нареч.* **1.** Три раза. *Т. три — девять.* **2.** Подчёркивает истинность и полноту признака. *Он т. прав* (т. е. безусловно, несомненно прав).

ТРИ́ЗНА, -ы, *ж.* **1.** У древних славян: обрядовые действия и пиршество в память умершего. *Править тризну.* **2.** У православных: обряд поминания умершего, а также (устар.) вообще поминки. *Т. по усопшему.*

ТРИКО́, *нескл., ср.* **1.** Ткань узорчатого плетения. **2.** Тонкий трикотажный костюм, плотно облегающий тело. **3.** Трикотажные женские панталоны. || *прил.* **трико́вый**, -ая, -ое (к 1 знач.).

ТРИКОТА́Ж, -а, *м.* Текстильное изделие, вырабатываемое из нитей путём образования петель и их переплетения, а также (собир.) изготовленные из такого изделия предметы одежды. *Гладкий т. Рисунчатый т. Отдел трикотажа в магазине.* || *прил.* **трикота́жный**, -ая, -ое. *Трикотажное полотно.*

ТРИКОТА́ЖНИК, -а, *м.* Работник трикотажного производства. || *ж.* **трикота́жница**, -ы.

ТРИЛИ́СТНИК, -а, *м.* Растение со сложными листьями, состоящими из трёх соединившихся листочков, а также изображение таких листьев на разных эмблемах. || *прил.* **трили́стниковый**, -ая, -ое.

ТРИ́ЛЛЕР, -а, *м.* Детективно-приключенческий фильм или книга, основанные на нагнетании напряжённости, страха, ужаса. *Американские триллеры.* || *прил.* **три́ллерный**, -ая, -ое.

ТРИЛЛИО́Н [*илио́* и разг. *илье́*], -а, *м.* Название числа, изображаемого единицей с двенадцатью или (в нек-рых странах) с восемнадцатью нулями. || *прил.* **триллио́нный**, -ая, -ое.

ТРИЛО́ГИЯ, -и, *ж.* Три произведения одного автора (писателя, музыканта), объединённые общим замыслом и преемственностью сюжета. *Т. А. Н. Толстого «Хождение по мукам». Т. Танеева «Орестея».*

ТРИМАРА́Н, -а, *м.* (спец.). Судно с тремя соединёнными в верхней части корпусами. || *прил.* **тримара́нный**, -ая, -ое.

ТРИНА́ДЦАТЬ, -и, *числит. колич.* Число и количество 13. || *порядк.* **трина́дцатый**, -ая, -ое.

ТРИ́О, *нескл., ср.* **1.** Музыкальное произведение для трёх исполнителей (музыкантов, певцов, танцовщиков) с самостоятельными партиями для каждого. **2.** Ансамбль из трёх исполнителей такого произведения. *Т. баянистов.*

ТРИ́ППЕР, -а, *м.* То же, что гонорея.

ТРИ́ПТИХ, -а, *м.* (спец.). Произведение изобразительного искусства, состоящее из трёх сюжетно или по идее объединённых частей. *Складной т.* (икона или картина-складень).

ТРИ́СТА, трёхсо́т, трёмста́м, тремяста́ми, о трёхста́х, *числит. колич.* Число и количество 300. || *порядк.* **трёхсо́тый**, -ая, -ое.

ТРИТО́Н, -а, *м.* **1.** В античной мифологии: морское божество в виде получеловека-полурыбы, вздымающее или усмиряющее волны. **2.** Хвостатое земноводное сем. саламандр, похожее на ящерицу.

ТРИУМВИРА́Т, -а, *м.* (книжн.). **1.** Союз трёх государственных деятелей для осуществления верховной власти. *Военный т.* **2.** *перен.* Соглашение трёх лиц для совместной деятельности, обычно политической.

ТРИУ́МФ, -а, *м.* Блестящий успех, торжество [*первонач.* в Древнем Риме — торжественная встреча полководца, возвращающегося с победой]. *Т. певца.* || *прил.* **триумфа́льный**, -ая, -ое. *Триумфальная арка* (построенная в ознаменование военной победы).

ТРИУМФА́ТОР, -а, *м.* (книжн.). Победитель, тот, кого встречают с триумфом. || *прил.* **триумфа́торский**, -ая, -ое.

ТРО́ГАТЕЛЬНЫЙ, -ая, -ое; -лен, -льна. Вызывающий умиление, способный растрогать. *Т. рассказ. Трогательная забота.* || *сущ.* **тро́гательность**, -и, *ж.*

ТРО́ГАТЬ[1], -аю, -аешь; *несов.* **1.** *кого-что.* Прикасаться к кому-чему-н., задевать. *Т. руками что-н.* **2.** *что.* Брать, пользоваться (разг.). *Не трогайте мои книги. Деньги целы, я их не трогал.* **3.** *кого-что.* Беспокоить, задевать, обижать (разг.). *Его никто не трогал, а он полез драться.* **4.** *кого-что.* Вмешиваться в чьи-н. дела, приставать к кому-н. (разг.). *Не трогай его, он расстроен.* **5.** обычно *с отриц., что.* Приниматься, браться за что-н. (разг.). *Гулял, а уроков ещё и не трогал.* **6.** (1 и 2 л. не употр.), *что.* О мимическом движении, внешнем проявлении каких-н. изменений: едва обнаруживаться. *Улыбка трогает губы. Седина уже трогает виски.* || *сов.* **тро́нуть**, -ну, -нешь; -утый.

ТРО́ГАТЬ[2], -аю, -аешь; *несов., кого-что.* Вызывать в ком-н. сочувствие, приводить в умиление. *Т. жалостным рассказом.* || *сов.* **тро́нуть**, -ну, -нешь; -утый. *Тронут вниманием* (растроган).

ТРО́ГАТЬ[3], -аю, -аешь; *несов.* (разг.). Отправляться в путь; понуждать к движению (понукая запряжённое животное). *Лошади трогают. Ну, трогай, поехали!* || *сов.* **тро́нуть**, -ну, -нешь.

ТРО́ГАТЬСЯ[1], -аюсь, -аешься; *несов.* Испытывать чувство умиления, сочувствия к кому-чему-н. *Т. до слез.* || *сов.* **тро́нуться**, -нусь, -нешься.

ТРО́ГАТЬСЯ[2], -аюсь, -аешься; *несов.* Сдвигаться с места, направляться куда-н. *Поезд трогается. Т. в путь. Лёд трогается* (также перен.: о том, что приходит в движение после застоя, бездействия). || *сов.* **тро́нуться**, -нусь, -нешься.

ТРОГЛОДИ́Т, -а, *м.* **1.** Первобытный пещерный человек. **2.** *перен.* Грубый, некультурный человек (бран.). || *ж.* **троглоди́тка**, -и (ко 2 знач.).

ТРО́Е, трои́х, трои́м, *числит. собир.* **1.** С существительными мужского рода, обозначающими лиц, с личными местоимениями мн. ч. и без зависимого слова: количество три. *Т. братьев. Т. носильщиков. Т. детей. Нас было т. Встретил троих. Построились по т. На троих* (на трёх участников). **2.** обычно *им.* и *вин. п.* С существительными, имеющими только мн. ч.: три предмета. *Т. суток. Т. саней. Т. часов. Т. очков. За́ трое суток и за тро́е суток. На́ трое суток и на тро́е суток.* **3.** обычно *им.* и *вин. п.* С некрыми существительными, обозначающими предметы, существующие или носимые в паре: три пары. *Т. брюк. Т. чулок. Надеть т. варежек. В т. рук взялись за дело* (втроем; разг.). ✦ **За троих** — так, как могут только трое. *Работал за троих.*

ТРОЕБО́РЕЦ, -рца, *м.* Спортсмен, участвующий в троеборье. || *ж.* **троебо́рка**, -и.

ТРОЕБО́РЬЕ, -я, *ср.* Спортивное состязание по трём видам спорта или по трём видам упражнений в одном виде спорта. *Воднолыжное т. Легкоатлетическое т.*

ТРОЕЖЕ́НЕЦ, -нца, *м.* Мужчина, состоящий в официальном браке одновременно с тремя женщинами.

ТРОЕКРА́ТНЫЙ, -ая, -ое. Повторяющийся три раза. *Троекратное напоминание.*

ТРО́ЕЧНИК, -а, *м.* (разг.). Ученик, постоянно получающий удовлетворительные оценки (тройки); вообще тот, кто учится средне, посредственно. || *ж.* **тро́ечница**, -ы.

ТРОИ́ТЬСЯ (трою́сь, трои́шься, 1 и 2 л. не употр.), трои́тся; *несов.* Разделяться на трое (устар.), а также казаться тройным. *Троится* (безл.) *в глазах у кого-н.*

ТРО́ИЦА, -ы, *ж.* **1.** (Т прописное). В христианстве: триединое божество (Бог-отец, Бог-сын и Бог-дух святой). *Святая Т.* **2.** (Т прописное). Один из двенадцати основных церковных праздников, отмечаемый в 50-й день от Пасхи (пятидесятница) в память Пресвятой Троицы и в 51-й день от Пасхи — в память сошествия святого духа на апостолов (Духов день). *Праздновать Троицу.* **3.** Трое людей, связанных между собой какими-н. отношениями (разг., часто ирон.). *Неразлучная т.* ✦ **Бог троицу любит** — посл. о том, что всё так или иначе происходит трижды, что любое дело завершается не с первого или второго, а только с третьего раза. **Без троицы дом не строится** — то же, что Бог любит троицу.

ТРО́ИЦЫН: **троицын день** — то же, что Троица (во 2 знач.). *На троицын день* (в день этого праздника).

ТРО́ЙКА, -и, *ж.* **1.** Цифра 3, а также (о сходных или однородных предметах) количество три (разг.). *Красиво выписать тройку. Т. неразлучных* (о трёх неразлучных друзьях). **2.** Школьная учебная отметка «удовлетворительно». *Учиться на тройки.* **3.** Упряжка в три лошади. *Катанье на русских тройках.* **4.** Название чего-н., содержащего три одинаковые единицы. *Т. червей* (игральная карта). *Танец «т.»* (исполняемый двумя девушками и одним танцором). **5.** Название чего-н. (обычно транспортного средства), обозначенного цифрой 3 (разг.). *Тройка изменила маршрут* (т. е. трамвай, троллейбус, автобус под номером 3). **6.** Костюм, состоящий из пиджака, брюк (или жакета, юбки) и жилета. *Мужская, женская т.* || *уменьш.* **тро́ечка**, -и, *ж.* || *прил.* **тро́ечный**, -ая, -ое (ко 2 и 3 знач.; разг.).

ТРОЙНИ́К, -а́, *м.* (спец.). Предмет, содержащий в себе три каких-н. единицы или измеряемый тремя какими-н. единицами. *Нитка-т.* (скрученная из трёх нитей). *Ружьё-т.* (трёхстволка). *Вилка-т.* (штепсельная). *Водопроводный т.* (трубка с тремя ответвлениями). *Доска-т.* (трехдюймовая). || *прил.* **тройнико́вый**, -ая, -ое.

ТРОЙНИ́ЧНЫЙ, -ая -ое (спец.). **1. тройничный нерв** — пятая пара черепномозговых нервов. **2.** В нек-рых специальных терминах: относящийся к расположению такого нерва. *Т. бугорок. Тройничная полость.*

ТРОЙНО́Й, -а́я, -о́е. **1.** Втрое больший. *В тройном размере.* **2.** Состоящий из трёх однородных частей или осуществляющийся три раза. *Т. канат. Тройные рамы. Тройное сальто.*

ТРО́ЙНЯ, -и, *род. мн.* тро́ен, *ж.* Три младенца (детёныша), одновременно рождённые одной матерью (самкой).

ТРОЙНЯ́ШКИ, -шек, *ед.* -шка, -и, *м.* и *ж.* (разг.). Трое близнецов.

ТРО́ЙСТВЕННЫЙ, -ая, -ое; -венен, -венна. **1.** То же, что тройкий. **2.** *полн. ф.* О политических соглашениях: заключённый, подписанный тремя сторонами. *Т. союз. Т. пакт. Тройственное соглашение.* ‖ *сущ.* **тро́йственность,** -и, *ж.* (к 1 знач.).

ТРОЙЧА́ТКА, -и, *ж.* **1.** Предмет, состоящий из трёх соединённых или сросшихся частей. *Серьги-тройчатки* (с тремя подвесками). *Орех-т.* **2.** Состав из трёх элементов (разг.). *Т. от головной боли* (лекарство).

ТРОЛЛЕ́ЙБУС, -а, *м.* Многоместная электрическая транспортная машина, идущая по безрельсовым путям. *Городской т. Ехать на троллейбусе (в троллейбусе). Выйти из троллейбуса. Сойти с троллейбуса. Водитель троллейбуса.* ‖ *прил.* **тролле́йбусный,** -ая, -ое. *Т. парк.*

ТРОМБ, -а, *м.* (спец.). **1.** Кровяной сгусток, образующийся в кровеносном сосуде или в полости сердца. *Шаровидный, застойный, опухолевый т.* **2.** Вообще сгусток вещества, закупоривающий сосуд, проток. *Жёлчный т. Лимфатический т.* ‖ *прил.* **тромботи́ческий,** -ая, -ое.

ТРОМБО́З, -а, *м.* (спец.). Образование тромба, тромбов. ‖ *прил.* **тромбо́зный,** -ая, -ое.

ТРОМБО́Н, -а, *м.* Медный оркестровый мундштучный духовой музыкальный инструмент низкого и резкого тембра. ‖ *прил.* **тромбо́нный,** -ая, -ое.

ТРОН, -а, *м.* Кресло — место монарха во время торжественных церемоний; употр. также как символ монархической власти. *Воссесть на т.* (также перен.: начать царствовать; высок.). *Борьба за шахматный т.* (перен.: за звание чемпиона мира по шахматам). ‖ *прил.* **тро́нный,** -ая, -ое. *Т. зал. Тронная речь* (произносимая монархом в торжественных случаях).

ТРО́НУТЫЙ, -ая, -ое (прост.). Со странностями, психически не совсем нормальный. *Он какой-то т.*

ТРО́НУТЬ[1], -ну, -нешь; -утый; *сов.* **1.** см. трогать[1]. **2.** (1 и 2 л. не употр.), *перен., что.* Слегка повредить (разг.). *Сыр тронут плесенью. Моль тронула мех. Морозом тронуло* (безл.) *всходы.*

ТРО́НУТЬ[2-3] *см.* трогать[2-3].

ТРО́НУТЬСЯ[1], -нусь, -нешься; *сов.* **1.** *см.* трогаться[2]. **2.** (1 и 2 л. не употр.), *перен.* Начать портиться (разг.). *Творог тронулся.* **3.** Стать психически не совсем нормальным (прост.). *Умом тронулся кто-н. Т. с горя.*

ТРО́НУТЬСЯ[2] *см.* трогаться[1].

ТРОП, -а, *м.* (спец.). Слово или оборот речи в переносном, иносказательном значении. *Тропы и фигуры.*

ТРОПА́, -ы́, *мн.* тро́пы, троп, тро́пам, *ж.* Узкая протоптанная дорожка. *Лесная т. Охотничьи тропы. Звериные тропы. Идти своей тропой* (перен.: своим путём). ‖ *уменьш.* **тро́пка,** -и, *ж.*

ТРО́ПИКИ, -ов, *ед.* -ик, -а, *м.* **1.** Воображаемые параллели (в 3 знач.), отстоящие на 23°07' к северу и югу от экватора. *Тропик Рака* (к северу от экватора). *Тропик Козерога* (к югу от экватора). **2.** *мн.* Местность к северу и югу от экватора между этими параллелями — наиболее жаркий пояс земного шара. *В тропиках.* ‖ *прил.* **тропи́ческий,** -ая, -ое. *Т. пояс. Тропическая растительность. Тропическая жара. Т. ливень.*

ТРОПИ́НКА, -и, *ж.* Тропа, тропка. *Лесная т. Т. во ржи. Т. к водопою.*

ТРОПОСФЕ́РА, -ы, *ж.* (спец.). Нижний слой земной атмосферы. ‖ *прил.* **тропосфе́рный,** -ая, -ое.

ТРОС, -а, *м.* Пеньковый, стальной или синтетический гибкий канат (на судах вообще верёвка). ‖ *прил.* **тро́совый,** -ая, -ое.

ТРОСТИ́НКА, -и, *ж.* Тонкий стебель тростника, камыша; вообще стебелёк, травинка. *Как т. кто-н.* (тонок, худ).

ТРОСТНИ́К, -а́, *м.* Водяное или болотное злаковое растение с коленчатым твёрдым стволом. *Сахарный т.* (многолетнее южное злаковое растение, из к-рого получают сахар). ‖ *прил.* **тростнико́вый,** -ая, -ое.

ТРО́СТОЧКА, -и, *ж.* Тонкая, лёгкая трость для опоры при ходьбе.

ТРОСТЬ, -и, *мн.* -и, -ей, *ж.* Прямая, обычно тонкая палка. *Опираться на т. Т. с набалдашником. Куклы на тростях* (в кукольном театре). ‖ *прил.* **тростево́й,** -ая, -о́е (спец.). ✦ **Тростевые куклы** (спец.) — в кукольном театре: куклы на тростях, управляемые кукловодом.

ТРОТИ́Л, -а, *м.* Органическое кристаллическое соединение — взрывчатое вещество. ‖ *прил.* **троти́ловый,** -ая, -ое.

ТРОТУА́Р, -а, *м.* Пешеходная дорожка, идущая сбоку от проезжей части улицы. *Асфальтовый т. Широкий т.* ‖ *прил.* **тротуа́рный,** -ая, -ое.

ТРОФЕ́Й, -я, *м.* Имущество, боеприпасы, техника, захваченные у противника. *Военные трофеи. Охотничьи трофеи* (перен.: убитая дичь, звери). ‖ *прил.* **трофе́йный,** -ая, -ое.

ТРОЦКИ́ЗМ, -а, *м.* Во внутрипартийной политической борьбе в коммунистической партии в 20—30 гг.: противостоящее большинству идейное направление, возглавлявшееся Л. Д. Троцким. ‖ *прил.* **троцки́стский,** -ая, -ое.

ТРОЦКИ́СТ, -а, *м.* Сторонник троцкизма. ‖ *ж.* **троцки́стка,** -и. ‖ *прил.* **троцки́стский,** -ая, -ое.

ТРОЮ́РОДНЫЙ, -ая, -ое. Находящийся в отдалённом непрямом родстве (в третьем колене). *Т. брат. Т. племянник. Троюродная бабушка.*

ТРОЯ́К, -а́, *м.* (прост.). Трёхрублевка, трёшница.

ТРОЯ́КИЙ, -ая, -ое; -я́к. Имеющий три вида, формы, значения. *Т. смысл.* ‖ *сущ.* **троя́кость,** -и, *ж.*

ТРОЯ́НСКИЙ, -ая, -ое : **троянский конь** — подаренный данайцами (греками) Трое огромный деревянный конь, укрывший в себе воинов, к-рые, выйдя из него, впустили войско, напавшее на город; символ предательства.

ТРУБА́, -ы́, *мн.* тру́бы, труб, тру́бам, *ж.* **1.** Длинный пустотелый предмет, обычно круглого сечения. *Сварные трубы. Трубы газопровода. Аэродинамическая т.* (установка для изучения явлений, связанных с обтеканием тел потоками воздуха, газа). *Водосточная т. Дымовая т.* **2.** Медный мундштучный духовой музыкальный инструмент сильного, звучного тембра. *Играть на трубе. Дуть в трубу.* **3.** Канал, соединяющий какие-н. органы (в 1 знач.) (спец.). *Маточная т.* (то же, что яйцевод). **4.** *в знач. сказ.* Плохо дело, конец приходит (прост.). *Дело т. Без тебя нам всем т.* ✦ **В трубу вылететь** (разг.) — то же, что прогореть (в 4 знач.). **Труба нетолчёная** (устар. разг.) — о тесноте, большом скоплении народа. **Хвост трубой** (прост. шутл.) — 1) о поднятом кверху хвосте; 2) о бодром, боевом настроении. ‖ *уменьш.* **тру́бка,** -и, *ж.* (к 1 знач.). ‖ *прил.* **тру́бный,** -ая, -ое (к 1, 2 и 3 знач.). *Т. завод. Т. звук.*

ТРУБАДУ́Р, -а, *м.* Средневековый провансальский (в южной Франции) певец-поэт. *Трубадуры чего-н.* (перен.: о тех, кто пропагандирует, прославляет что-н.; книжн.). ‖ *прил.* **трубаду́рский,** -ая, -ое.

ТРУБА́Ч, -а́, *м.* Музыкант, играющий на трубе.

ТРУБИ́ТЬ, -блю́, -би́шь; *несов.* **1.** *во что.* Дуя в трубу (или сходный музыкальный инструмент), извлекать из неё звуки. *Т. в рог.* **2.** (1 и 2 л. не употр.). Звучать (о трубе). *Трубы трубят.* **3.** *что.* Звуком трубы давать сигнал. *Т. сбор.* **4.** *перен., о ком-чём.* Разглашать какие-н. сведения (разг.). *Т. о своей удаче.* **5.** Долго заниматься чем-н. скучным, утомительным, однообразным (прост.). *Двадцать лет трубил в канцелярии.* ‖ *сов.* **протруби́ть,** -блю́, -би́шь. ✦ **Протрубить уши** *кому* (разг.) — то же, что прожужжать уши кому-н.

ТРУ́БКА, -и, *ж.* **1.** *см.* труба. **2.** Предмет, имеющий трубообразную форму. *Медицинская т.* (инструмент). *Приёмная т.* (кинескоп). *Свернуть чертёж в трубку. Пойти в трубку* (о злаках: образовать трубчатый стебель). **3.** Курительный прибор из мундштука с чашечкой для накладывания табака. **4.** Часть телефонного аппарата с устройством для слушания и микрофоном. *Снять трубку* (в ответ на звонок). *Положить трубку* (окончив разговор). **5.** Форма залегания горной породы магматического происхождения (в виде уходящего вглубь цилиндра) (спец.). *Алмазоносная т.* ‖ *уменьш.* **тру́бочка,** -и, *ж.* (к 1, 2, 3 и 4 знач.). ‖ *прил.* **тру́бочный,** -ая, -ое (ко 2 и 3 знач.). *Т. табак.*

ТРУБО... *Первая часть сложных слов со знач.:* 1) относящийся к трубам (в 1 знач.), напр. *труболитейный, трубонарезной, трубоочиститель, трубопровод, трубопрокатка, трубосварщик, трубопроводтранспорт, трубоукладчик;* 2) относящийся к трубе (в 3 знач.), напр. *трубоглоточный, трубонёбный;* 3) относящийся к трубке (в 3 знач.), напр. *трубокур* (человек, любящий курить трубку; разг.).

ТРУБООБРА́ЗНЫЙ, -ая, -ое; -зен, -зна. Имеющий форму трубы, похожий на трубу. ‖ *сущ.* **трубообра́зность,** -и, *ж.*

ТРУБОПРОВО́Д, -а, *м.* Сооружение или комплекс сооружений для передачи по трубам газообразных, жидких и твёрдых продуктов. *Прокладка трубопровода.* ‖ *прил.* **трубопрово́дный,** -ая, -ое.

ТРУБОПРОКА́ТНЫЙ, -ая, -ое. Относящийся к изготовлению стальных труб прокаткой. *Т. завод.*

ТРУБОУКЛА́ДЧИК, -а, *м.* **1.** Передвижной подъёмный кран для укладки труб в трубопроводе. **2.** Рабочий, занимающийся укладкой труб (в 1 знач.).

ТРУБОЧИ́СТ, -а, *м.* Рабочий, занимающийся чисткой дымоходов, печных труб. *Как т. кто-н.* (чёрен, грязен).

ТРУ́БОЧКА, -и, *ж.* **1.** *см.* трубка. **2.** Кондитерское изделие в форме трубки (во 2 знач.). *Пирожное-т. Т. с кремом.*

ТРУ́БЧАТЫЙ, -ая, -ое. **1.** Имеющий форму трубки, трубок. *Трубчатая раковина. Трубчатая кость. Трубчатая печь* (промышленная печь цилиндрической формы). **2.** Состоящий, сделанный из труб, трубок. *Т. колодец. Трубчатые грибы* (с мельчайшими трубочками, порами на обратной стороне шляпки).

ТРУД, -а́, *м.* **1.** Целесообразная деятельность человека, направленная на создание с помощью орудий производства материальных и духовных ценностей. *Умственный т. Физический т. Научная организация труда. Производительность труда. Право на т. Люди труда* (трудящиеся; высок.). *Общественное разделение труда. Охрана труда.* **2.** Работа, занятие. *Тяжёлый т. Дневные труды. Заплатить за труды.* **3.** Усилие, направленное к достижению чего-н. *Взять на себя т. сделать что-н. Не дал себе труда подумать* (не захотел подумать). *С трудом уговорил кого-н. Без труда не выловишь и рыбку из пруда* (посл.). **4.** Результат деятельности, работы, произведение. *Т. всей жизни. Научный т. Список печатных трудов.* **5.** Привитие умения и навыков в какой-н. профессиональной, хозяйственной деятельности как предмет школьного преподавания. *Уроки труда. Преподаватель по труду.* ‖ *прил.* **трудово́й,** -а́я, -о́е (к 1 и 2 знач.). *Т. коллектив. Трудовая книжка* (документ о трудовой деятельности). *Трудовое соглашение.*

ТРУДИ́ТЬСЯ, тружу́сь, тру́дишься; *несов.* **1.** Заниматься каким-н. трудом, работать. *Т. на заводе. Т. на благо Родины.* **2.** *над чем.* Прилагать усилия, чтобы сделать, создать что-н. *Т. над задачей.* **3.** *с отриц. и с неопр.*, обычно *пов.* Затруднять себя чем-н. *Не трудитесь вникать в это дело.*

ТРУДНОВОСПИТУ́ЕМЫЙ, -ая, -ое; -ем. С трудом поддающийся воспитанию. *Т. подросток.* ‖ *сущ.* **трудновоспиту́емость,** -и, *ж.*

ТРУДНОДОСТУ́ПНЫЙ, -ая, -ое; -пен, -пна. Такой, к к-рому трудно подойти, к-рого трудно достичь. *Труднодоступные высоты. Труднодоступные архивные материалы.* ‖ *сущ.* **труднодосту́пность,** -и, *ж.*

ТРУДНОПРОХОДИ́МЫЙ, -ая, -ое; -и́м. Такой, по к-рому трудно пройти. *Труднопроходимая местность.* ‖ *сущ.* **труднопроходи́мость,** -и, *ж.*

ТРУ́ДНОСТЬ, -и, *ж.* **1.** *см.* трудный. **2.** обычно *мн.* Затруднение, препятствие. *Трудности роста. Возникли трудности. Преодоление трудностей.*

ТРУ́ДНЫЙ, -ая, -ое; -ден, -дна́, -дно, -дны́ *и* -дны. **1.** Требующий большого труда, усилий, напряжения. *Трудная работа. Т. подъём. Больному трудно* (в знач. сказ.) *говорить.* **2.** Заключающий в себе затруднения, нелёгкий. *Трудное положение. Т. вопрос. Т. день.* **3.** С трудом поддающийся воздействию, доставляющий беспокойство. *Т. ребёнок. Т. характер. Т. человек.* **4.** То же, что тяжёлый (в 6 знач.). *Т. больной. Трудные роды* (с отклонениями от нормального течения). ‖ *сущ.* **тру́дность,** -и, *ж.* (к 1, 2 и 3 знач.).

ТРУДО... *Первая часть сложных слов со знач.:* 1) относящийся к труду (в 1 знач.), напр. *трудоёмкий, трудозатраты, трудоиспользование, трудоспособность, трудоустройство;* 2) относящийся к труду (во 2 знач.), напр. *трудолюбие, трудотерапия.*

ТРУДОВО́Й, -а́я, -о́е. **1.** *см.* труд. **2.** Основанный на применении труда. *Трудовое воспитание.* **3.** Живущий заработком от своего труда, труженический. *Т. народ. Трудовая семья.* **4.** Приобретённый трудом. *Трудовые деньги.* **5.** Протекающий в труде, наполненный трудом. *Т. день. Трудовые будни.*

ТРУДОДЕ́НЬ, -дня́, *м.* Единица учёта затрат труда и распределения доходов по труду в колхозах (до 1966 г., за исключением отдельных хозяйств страны).

ТРУДОЁМКИЙ, -ая, -ое; -мок, -мка. Требующий большой затраты труда. *Механизация трудоёмких работ.* ‖ *сущ.* **трудоёмкость,** -и, *ж.*

ТРУДОЛЮБИ́ВЫЙ, -ая, -ое; -и́в. Любящий трудиться. *Т. ученик.* ‖ *сущ.* **трудолю́бие,** -я, *ср.*

ТРУДОСПОСО́БНЫЙ, -ая, -ое; -бен, -бна. Способный к труду. *Трудоспособное население. Вполне трудоспособен кто-н.* ‖ *сущ.* **трудоспосо́бность,** -и, *ж. Утрата трудоспособности.*

ТРУДОТЕРАПИ́Я, -и, *ж.* Лечение трудом, трудовыми процессами. ‖ *прил.* **трудотерапевти́ческий,** -ая, -ое.

ТРУДОУСТРО́ИТЬ, -о́ю, -о́ишь; -о́енный; *сов., кого (что)* (офиц.). Предоставить работу кому-н. *Т. выпускников.* ‖ *несов.* **трудоустра́ивать,** -аю, -аешь.

ТРУДОУСТРО́ИТЬСЯ, -о́юсь, -о́ишься; *сов.* (офиц.). Найти работу, стать трудоустроенным. ‖ *несов.* **трудоустра́иваться,** -аюсь, -аешься.

ТРУДОУСТРО́ЙСТВО, -а, *ср.* (офиц.). Устройство кого-н. на работу, содействие в таком устройстве. *Т. выпускников училища.*

ТРУДЯ́ГА, -и, *м. и ж.* (прост.). Очень трудолюбивый, старательный человек, работяга (в 1 знач.).

ТРУДЯ́ЩИЙСЯ, -аяся, -ееся. Живущий заработком от своего труда, трудовой. *Т. человек. Трудящиеся* (сущ.) *города и деревни.*

ТРУ́ЖЕНИК, -а, *м.* Человек, к-рый трудится; трудолюбивый человек. *Труженики села.* ‖ *ж.* **тру́женица,** -ы. ‖ *прил.* **тру́женический,** -ая, -ое.

ТРУНИ́ТЬ, -ню́, -ни́шь; *несов., над кем-чем* (разг.). Подшучивать, добродушно высмеивать кого-что-н. *Т. над хвастуном.*

ТРУП, -а, *м.* Мёртвое тело человека или животного. *Переступить* или *перешагнуть через чей-н. т., шагать по трупам* (также перен.: не пощадить чьей-н. жизни, идти на всё для достижения успеха, своих целей; неодобр.). ✦ **Только через мой труп** — выражение категорического протеста против какого-н. действия, поступка. ‖ *прил.* **тру́пный,** -ая, -ое.

ТРУ́ППА, -ы, *ж.* Коллектив артистов театра, цирка.

ТРУС, -а, *м.* Человек, легко поддающийся чувству страха. *Жалкий т.* ✦ **Труса праздновать** (разг.) — то же, что трусить. ‖ *ж.* **труси́ха,** -и (разг.). ‖ *уменьш.* **труси́шка,** -и, *м. и ж.*

ТРУ́СИКИ, -ов (разг.). То же, что трусы́.

ТРУ́СИТЬ, тру́шу, тру́сишь; *несов.* **1.** Быть трусом, испытывать страх. *Т. в темноте.* **2.** *перед кем-чем* и *кого-чего.* Бояться кого-чего-н. *Т. перед учителем.* ‖ *сов.* **стру́сить,** -ушу, -усишь.

ТРУСИ́ТЬ[1], трушу́, труси́шь; *несов., что* (разг.). Сыпать, вытряхивая из чего-н. *Т. муку из мешка.* ‖ *сов.* **натруси́ть,** -ушу́, -уси́шь; -у́шенный.

ТРУСИ́ТЬ[2], трушу́, труси́шь; *несов.* (разг.). Ехать мелкой рысью, неторопливо бежать. *Т. трусцой. Т. по дорожке.*

ТРУСЛИ́ВЫЙ, -ая, -ое; -и́в. Легко поддающийся чувству страха, свойственный трусу. *Т. характер. Трусливое поведение.* ‖ *сущ.* **трусли́вость,** -и, *ж.*

ТРУ́СОСТЬ, -и, *ж.* Поведение труса, робость, боязливость.

ТРУСЦА́, -ы́, *ж.* (разг.). Неторопливый бег. *Мелкая т. Ехать трусцой. Бег трусцой.*

ТРУСЫ́, -о́в. Короткие штаны (купальные, спортивные или носимые как бельё).

ТРУТ, -а, *м.* Фитиль или высушенный трутник, при высекании огня зажигающийся от искры. ‖ *прил.* **тру́товый,** -ая, -ое.

ТРУ́ТЕНЬ, -тня, *м.* **1.** Самец в пчелиной семье. **2.** *перен.* Человек, живущий за счёт чужого труда. *Жить трутнем.* ‖ *прил.* **трутнево́й,** -а́я, -о́е (к 1 знач.).

ТРУ́ТНИК, -а и **ТРУТОВИ́К,** -а́, *м.* Трубчатый гриб, растущий на деревьях. ‖ *прил.* **тру́товый,** -ая, -ое *и* **трутовико́вый,** -ая, -ое.

ТРУХА́, -и́, *ж.* Сыпучая сухая масса — мелкие остатки сена, перегнившего дерева, бумаги. *Сенная т. Старые тетради превратились в труху. Т. в голове у кого-н.* (перен.: о путаных суждениях, мыслях; разг. неодобр.).

ТРУХЛЯ́ВЕТЬ (-ею, -еешь, 1 и 2 л. не употр.), -еет; *несов.* Становиться трухлявым, трухлявее. *Старый пень трухлявеет.* ‖ *сов.* **иструхля́веть** (-ею, -еешь, 1 и 2 л. не употр.), -еет.

ТРУХЛЯ́ВЫЙ, -ая, -ое; -я́в. Рассыпающийся от гнили, превращающийся в труху. *Т. пень. Трухлявая солома.* ‖ *сущ.* **трухля́вость,** -и, *ж.*

ТРУХНУ́ТЬ, -ну́, -нёшь; *сов.* (устар. и прост.). То же, что струхнуть.

ТРУЩО́БА, -ы, *ж.* **1.** Труднопроходимое, густо заросшее место. *Лесные трущобы.* **2.** Глушь, захолустье. **3.** Грязное и тесное, ветхое жильё, а также (мн.) тесно застроенная, неблагоустроенная часть города, обычно на окраинах, где живёт беднота. *Трущобы негритянского гетто.* ‖ *прил.* **трущо́бный,** -ая, -ое.

ТРЫН-ТРАВА́: **всё (всё на свете) трын-трава** *кому* (прост.) — всё безразлично, всё нипочем. *Семья бедствует, а ему всё трын-трава.*

ТРЮИ́ЗМ, -а, *м.* (книжн.). Общеизвестная, избитая истина. *Говорить трюизмы.*

ТРЮК, -а, *м.* **1.** Ловкий, искусный приём (в цирковом искусстве, в аттракционах). *Акробатический т. Трюки иллюзиониста, эксцентрика. Т. каскадёра.* **2.** *перен.* Ловкая проделка, хитрый поступок. *Мошеннический т.* ‖ *прил.* **трю́ковый,** -ая, -ое (к 1 знач.) *и* **трюково́й,** -а́я, -о́е (к 1 знач.). *Трюковая комбинация. Трюковое кино.*

ТРЮКА́Ч, -а́, *м.* **1.** Человек, выполняющий трюки. **2.** Человек, склонный к трюкачеству. ‖ *ж.* **трюка́чка,** -и. ‖ *прил.* **трюка́ческий,** -ая, -ое.

ТРЮКА́ЧЕСТВО, -а, *ср.* Пристрастие к трюкам; увлечение внешними эффектами. ‖ *прил.* **трюка́ческий,** -ая, -ое.

ТРЮМ, -а, *м.* Внутреннее помещение корабля под нижней палубой, служащее для установки механизмов, для грузов. *Течь в трюме.* ‖ *прил.* **трю́мный,** -ая, -ое.

ТРЮМО́, *нескл., ср.* Большое стоячее зеркало.

ТРЮ́ФЕЛЬ, -я, *мн.* -я́, -е́й *и* -и, -ей, *м.* **1.** Сумчатый подземный клубневидный гриб, нек-рые виды к-рого съедобны. **2.** Сорт шоколадных конфет округлой формы. ‖ *прил.* **трю́фельный, -ая, -ое.**

ТРЮХ-ТРЮ́Х, *межд. звукоподр.* О езде трусцой. *Едут себе трюх-трюх, не торопятся.*

ТРЯПИ́ЦА, -ы, *ж.* (разг.). Небольшая тряпка (в 1 знач.). *Ветхая т. Завернуть находку в тряпицу.* ‖ *прил.* **тряпи́чный, -ая, -ое.** *Т. коврик* (сплетённый из лоскутков).

ТРЯПИ́ЧНИК, -а, *м.* **1.** Человек, интересующийся только нарядами, тряпками (во 2 знач.) (разг. неодобр.). **2.** Скупщик тряпья (устар.). ‖ *ж.* **тряпи́чница, -ы.**

ТРЯПИ́ЧНЫЙ, -ая, -ое. **1.** *см.* тряпица. **2.** Сделанный из тряпки, тряпья. *Т. мячик. Т. коврик. Тряпичная кукла.* **3.** *перен.* Излишне мягкий, слабовольный (устар.). *Т. характер. Тряпичная душа.* ‖ *сущ.* **тряпи́чность, -и,** *ж.* (к 3 знач.).

ТРЯ́ПКА, -и, *ж.* **1.** Лоскут ткани (обычно старой). *Холщовая т. Половая т.* **2.** *мн.* Наряды, модная одежда (разг. неодобр.). *Думает только о тряпках.* **3.** *перен.* О бесхарактерном, слабовольном человеке (разг. пренебр.). *Не мужчина, а т.* ‖ *уменьш.* **тря́почка, -и,** *ж.* (к 1 знач.). ✦ **Молчать в тряпочку** (разг. шутл.) — то же, что помалкивать. ‖ *прил.* **тря́почный, -ая, -ое** (к 1 знач.).

ТРЯПЬЁ, -я́, *ср., собир.* Тряпки, лоскуты, старая, ветхая одежда. *Сдать т. в утиль. Одет в какое-то тряпьё.*

ТРЯСИ́НА, -ы, *ж.* **1.** Зыбкое, болотистое место. *Болотная т. Трясиной засосало кого-н.* **2.** *перен.* Среда, обстановка, порождающая косность, застой. *Т. обывательщины. В трясине нищеты.* ‖ *прил.* **тряси́нный, -ая, -ое.**

ТРЯ́СКИЙ, -ая, -ое; -сок, -ска; -сче. Трясущийся, а также вызывающий тряску. *Т. вагон. Тряская дорога.* ‖ *сущ.* **тря́скость, -и,** *ж.*

ТРЯСОГУ́ЗКА, -и, *ж.* Небольшая птица отряда воробьиных с постоянно покачивающимся длинным узким хвостом. ‖ *прил.* **трясогу́зковый, -ая, -ое.** *Семейство трясогузковых* (сущ.).

ТРЯСТИ́, -су́, -сёшь; тряс, трясла́; тря́сший; трясённый (-ён, -ена́); *несов.* **1.** *кого-что.* Толчками колебать. *Т. дерево. Т. руку кому-н.* (энергично, несколько раз пожимать). *Т. за плечи. Посёлок трясёт* (безл.; о подземных толчках; разг.). **2.** (1 и 2 л. не употр.), *кого (что).* О лихорадочном состоянии, ознобе. *Больного трясёт* (безл.). **3.** *что.* Размахивая чем-н., встряхивая, очищать или освобождать от чего-н. *Т. крошки из кармана. Т. ковёр.* **4.** *чем.* Короткими дрожащими движениями качать из стороны в сторону. *Т. головой. Т. гривой.* **5.** (1 и 2 л. не употр.). Быть тряским. *Грузовик трясёт. В автобусе трясёт* (безл.). ‖ *сов.* **вы́трясти, -су, -сешь; -сенный** (к 3 знач.). ‖ *однокр.* **тряхну́ть, -ну́, -нёшь** (к 1, 3 и 4 знач.). ‖ *сущ.* **трясе́ние, -я,** *ср.* (к 1, 3 и 4 знач.) *и* **тря́ска, -и,** *ж.* (к 1 и 2 знач.). ‖ *прил.* **трясильный, -ая, -ое** (к 1 знач.; спец.).

ТРЯСТИ́СЬ, -су́сь, -сёшься; тря́сся, трясла́сь; тря́сшийся; *несов.* **1.** Колебаться, дрожать; содрогаться всем телом. *Грузовик трясётся. Голова трясётся. Т. от смеха. Т. от страха.* **2.** Ехать на чём-н. тряском (разг.). *Т. в грузовике.* **3.** *перен., над кем-чем.* Дорожа кем-чем-н., бояться потерять, утратить кого-что-н. (разг.). *Т. над ребёнком. Т. над каждой копейкой* (экономить на всём). **4.** *перед кем-чем.* То же, что дрожать (в 4 знач.) (разг.). ‖ *однокр.* **тряхну́ться, -ну́сь, -нёшься** (к 1 знач.; разг.). ‖ *сущ.* **тря́ска, -и,** *ж.* (к 1 и 2 знач.).

ТРЯСУ́ЧИЙ, -ая, -ее; -у́ч (разг.). Трясущийся, дрожащий. *Т. вагон.* ‖ *сущ.* **трясу́честь, -и,** *ж.*

ТРЯСУ́ЧКА, -и, *ж.* (разг.). То же, что дрожь. *Т. напала на кого-н.*

ТРЯХНУ́ТЬ, -ну́, -нёшь; *сов.* **1.** *см.* трясти. **2.** *перен., чем.* В сочетании со словами «мошна», «кошелёк» и нек-рыми другими: не поскупившись, истратить много (разг.). *Т. деньгами.* ✦ **Тряхнуть стариной** (разг.) — поступить по-молодому, вспомнив прошлые хорошие годы, весёлые молодецкие дела.

ТСС!, *межд.* Призыв к тишине, к молчанию.

ТУАЛЕ́Т, -а, *м.* **1.** Предметы одежды, гардероб (в 3 знач.). *Модный т.* **2.** Одевание, приведение в порядок своего внешнего вида. *Утренний т. Совершать т.* **3.** Столик с зеркалом, за к-рым одеваются, причёсываются. *Т. из орехового дерева.* **4.** То же, что уборная (во 2 знач.). *Мужской, женский т.* ‖ *прил.* **туале́тный, -ая, -ое** (ко 2, 3 и 4 знач.). *Туалетное мыло* (душистое).

ТУ́БА[1], -ы, *ж.* (спец.). Большой тюбик. *Пищевые концентраты в тубах.* ‖ *прил.* **ту́бовый, -ая, -ое.**

ТУ́БА[2], -ы, *ж.* Медный духовой музыкальный инструмент самого низкого регистра — сильно изогнутая труба с соединяющимися цилиндрическими и коническими трубками.

ТУБЕРКУЛЁЗ, -а, *м.* Инфекционная болезнь, часто хроническая, вызываемая особой палочковидной бактерией и поражающая лёгкие, а также кости, суставы, кишечник и другие органы. *Т. лёгких. Костный т.* ‖ *прил.* **туберкулёзный, -ая, -ое.** *Т. больной. Т. диспансер. Туберкулёзная палочка* (бацилла).

ТУБЕРКУЛЁЗНИК, -а, *м.* (разг.). **1.** То же, что фтизиатр. **2.** Человек, больной туберкулёзом. ‖ *ж.* **туберкулёзница, -ы** (ко 2 знач.).

ТУБЕРО́ЗА, -ы, *ж.* Многолетнее эфироносное декоративное растение с узкой метёлкой белых душистых цветков на высоком стебле. ‖ *прил.* **туберо́зовый, -ая, -ое.**

ТУВИ́НСКИЙ, -ая, -ое. **1.** *см.* тувинцы. **2.** Относящийся к тувинцам, к их языку, национальному характеру, образу жизни, культуре, а также к Туве, её территории, внутреннему устройству, истории; такой, как у тувинцев, как в Туве. *Т. язык* (уйгурской группы тюркской семьи языков). *Тувинская котловина* (в Туве). *По-тувински* (нареч.).

ТУВИ́НЦЫ, -ев, *ед.* -нец, -нца, *м.* Народ, составляющий основное коренное население Тувы. ‖ *ж.* **туви́нка, -и.** ‖ *прил.* **туви́нский, -ая, -ое.**

ТУГОДУ́М, -а, *м.* Медленно соображающий человек. ‖ *ж.* **тугоду́мка, -и.**

ТУГО́Й, -а́я, -о́е; туг, туга́, ту́го; ту́же. **1.** Крепко натянутый, стянутый, упругий. *Т. лук. Тугая струна. Тугая пружина. Туго* (нареч.) *стянуть.* **2.** Плотно набитый. *Т. кошелёк* (также перен.: о наличии у кого-н. больших денег, капитала). *Туго* (нареч.) *набить чемодан.* **3.** Затруднительный, тяжкий (устар. и разг.; сейчас обычно в форме нареч. или в знач. сказ.). *Тугие времена. Дела у него идут туго* (нареч.). *С деньгами у него туго* (в знач. сказ.). *Туго* (в знач. сказ.) *приходится кому-н.* ✦ **Туг на́ ухо** (разг.) — плохо слышит, глуховат. **Туго-натуго** (разг.) — очень туго.

ТУГОПЛА́ВКИЙ -ая, -ое; -вок, -вка. Плавящийся при температуре, превышающей температуру плавления железа. *Т. металл.* ‖ *сущ.* **тугопла́вкость, -и,** *ж.*

ТУГОУ́ХИЙ, -ая, -ое; -у́х. Страдающий тугоухостью.

ТУГОУ́ХОСТЬ, -и, *ж.* Ослабление слуха. *Старческая т.*

ТУ́ГРИК, -а, *м.* Денежная единица Монголии.

ТУДА́, *мест. нареч.* В то место, в ту сторону. *Билет т. и обратно. Ни т. ни сюда* (ни в ту ни в другую сторону; ни с места; разг.). *Т. и дорога кому-н.* (пусть уходит, не жалко; разг. неодобр.). ✦ **Туда же,** *частица* (разг. неодобр.) — выражает пренебрежительную оценку. *Сам шагу ступить не умеет, а туда же, учит!* **(И) туда и сюда** (разг.) — в разные стороны, во все концы. *Посылают и туда и сюда.*

ТУДА́-СЮДА́, *мест. нареч.* (разг.). **1.** В разные стороны, во все концы. *Забегал туда-сюда.* **2.** *в знач. сказ.* Ничего, годится, сойдёт. *Костюм ещё туда-сюда.*

ТУ́ЕВЫЙ *см.* туя.

ТУ́ЕС, -а, *м.* Цилиндрический берестяной короб, коробок с плотно прилегающей крышкой. *Т. с мёдом, с квасом.* ‖ *уменьш.* **туесо́к, -ска́,** *м.*

ТУЖИ́ТЬ, тужу́, ту́жишь; ту́жащий; *несов.* (прост.). Горевать, кручиниться. *Т. о своей беде. Не тужи, всё образуется. Живёт — не тужит* (о том, кто живёт хорошо).

ТУ́ЖИТЬСЯ, -жусь, -жишься; *несов.* (разг.). **1.** Напрягаться, делать физические усилия. *Т. поднять камень.* **2.** *перен.* Стараться, силиться. *Как ни тужился, не мог вспомнить.*

ТУЖУ́РКА, -и, *ж.* Двубортная домашняя или форменная куртка. ‖ *прил.* **тужу́рочный, -ая, -ое.**

ТУЗ, -а́, *вин.* туза́, *м.* **1.** Старшая игральная карта с одним очком. *Козырной т. Бубновый т.* (также перен.: в прежнее время красная или жёлтая нашивка на спине одежды каторжника в виде ромба). *Ходить с туза.* **2.** *перен.* О важном, влиятельном человеке (устар. разг.). *Городской т.* ‖ *прил.* **ту́зовый, -ая, -ое** (ко 2 знач.; устар.).

ТУЗЕ́МЕЦ, -мца, *м.* (устар.). Туземный, местный житель (обычно малоцивилизованной страны) в противоп. приезжему, иностранцу. ‖ *ж.* **тузе́мка, -и.**

ТУЗЕ́МНЫЙ, -ая, -ое. Местный, коренной, свойственный данной местности, стране (обычно малоцивилизованной). *Туземное население. Т. обычай.*

ТУ́ЗИК, -а, *м.* (разг.). Дворовая собачка [по распространённой кличке].

ТУЗИ́ТЬ, тужу́, тузи́шь; *несов., кого (что)* (прост.). Бить, колотить. ‖ *сов.* **оттузи́ть, -ужу́, -узи́шь.**

ТУЗЛУ́К, -а́, *м.* (спец.). Раствор соли для засола рыбы, икры, для обработки кожевенного сырья. ‖ *прил.* **тузлу́чный, -ая, -ое.**

ТУК[1], -а, *м.* **1.** Жир, сало (стар.). **2.** Минеральное удобрение (спец.). ‖ *прил.* **ту́ковый, -ая, -ое** (ко 2 знач.).

ТУК[2] (разг.). **1.** *межд. звукоподр.* Воспроизведение короткого удара. **2.** *в знач. сказ.* Стукнул. *Т. в дверь. Дятел тук-тук клювом по дереву.*

ТУ́КАТЬ, -аю, -аешь; *несов., кого-что* (прост.). Стучать, ударять. *Тукают копыта по дороге. На сосне тукает дятел.* ‖ *однокр.* **ту́кнуть, -ну, -нешь.** ‖ *сущ.* **ту́канье, -я,** *ср.*

ТУ́КАТЬСЯ, -аюсь, -аешься; *несов.* (прост.). То же, что ударяться (в 1 и 2 знач.). ‖ *однокр.* **ту́кнуться**, -нусь, -нешься. *Т. локтем об дверь.* ‖ *сущ.* **ту́канье**, -я, *ср.*

ТУ́ЛОВИЩЕ, -а, *ср.* То же, что тело (в 3 знач.). ‖ *прил.* **ту́ловищный**, -ая, -ое.

ТУЛУ́П, -а, *м.* Долгополая меховая шуба, обычно нагольная, не крытая сукном. *Овчинный т.* ‖ *прил.* **тулу́пный**, -ая, -ое.

ТУЛЬЯ́, -и́, *род. мн.* туле́й, *ж.* Верхняя часть шляпы, шапки, фуражки (без околыша, полей, козырька). *Высокая, круглая т.* ‖ *уменьш.* **туле́йка**, -и, *ж.* ‖ *прил.* **туле́йный**, -ая, -ое.

ТУМА́К, -а́, *вин.* тума́к *и* тумака́, *м.* (прост.). Удар кулаком. *Дать тумака кому-н. Тумаки сыплются на кого-н.*

ТУМА́Н, -а (-у), *м.* **1.** Непрозрачный воздух, насыщенный водяными парами или ледяными кристалликами. *Т. стоит над болотом. Как в тумане всё* (смутно, неясно). **2.** Пелена пыли (или дыма, пара, копоти), делающая воздух непрозрачным, мгла. *Т. от лесного пожара. Т. стоит в глазах у кого-н.* (перен.: туманится во 2 знач. перед глазами). **3.** *перен.* О состоянии неясности, смешанности мыслей, представлений. *Т. в голове. Поэтический т.* ✦ **Туману напустить** (разг.) — намеренно сделать что-н. неясным, непонятным. ‖ *прил.* **тума́нный**, -ая, -ое.

ТУМА́НИТЬ (-ню, -нишь, 1 и 2 л. не употр.), -нит; -ненный; *несов., что.* **1.** Затемнять, делать невидимым. *Пелена дождя туманит поля.* **2.** *перен.* Лишать возможности ясно видеть или соображать. *Слёзы туманят взор. Вино туманит голову.* ‖ *сов.* **затума́нить** (-ню, -нишь, 1 и 2 л. не употр.), -нит; -ненный.

ТУМА́НИТЬСЯ, -нюсь, -нишься; *несов.* **1.** (1 и 2 л. не употр.). Застилаться туманом, испарениями. *Даль туманится.* **2.** (1 и 2 л. не употр.), *перен.* О взгляде, сознании: лишаться ясности. *Голова туманится. Туманится взор.* **3.** *перен.* Печалиться, омрачаться. *Лицо туманится грустью.* ‖ *сов.* **затума́ниться**, -нюсь, -нишься.

ТУМА́ННОСТЬ, -и, *ж.* **1.** *см.* туманный. **2.** Скопление тумана. **3.** Внутри нашей Галактики: облако разреженных газов и пыли (спец.). *Галактические туманности.* **4.** Вне нашей Галактики: звёздная система, видимая как туманное пятнышко (спец.). *Внегалактические туманности. Т. Андромеды.* ‖ *прил.* **тума́нностный**, -ая, -ое.

ТУМА́ННЫЙ, -ая, -ое; -а́нен, -а́нна. **1.** *см.* туман. **2.** Окутанный туманом, непрозрачный из-за тумана. *Туманная даль. Туманное утро. Сегодня туманно* (в знач. сказ.). **3.** *перен.* Невыразительный, тусклый. *Т. взгляд.* **4.** *перен.* Неясный, непонятный, неопределённый. *Т. смысл. Туманное объяснение.* ‖ *сущ.* **тума́нность**, -и, *ж.* (к 3 и 4 знач.).

ТУ́МБА, -ы. **1.** *ж.* Широкий и низкий столб у тротуара или дороги, у причала. *Чугунная т. у ворот. Причальная т.* **2.** *ж.* Широкая подставка для чего-н. *Т. письменного стола* (в форме шкафчика, поддерживающего крышку). **3.** *ж.* Род прямого и узкого, вытянутого кверху шкафа. *Кухонная т.* **4.** *ж.* Сооружение цилиндрической формы для наклеивания объявлений. *Афишная т.* **5.** *перен., м.* и *ж.* О толстом и неповоротливом человеке (прост.). *Т. ты этакая!* ‖ *уменьш.* **ту́мбочка**, -и, *ж.* (к 1, 2 и 3 знач.). *Т. у кровати* (маленький шкафчик). ‖ *прил.* **ту́мбовый**, -ая, -ое (к 1, 2 и 3 знач.).

ТУНГУ́ССКИЙ, -ая, -ое. **1.** *см.* тунгусы. **2.** То же, что эвенский (устар.). *Т. метеорит* (космическое тело, упавшее на Землю в бассейне реки Подкаменная Тунгуска в 1908 г.). **3.** То же, что эвенкийский. *Т. язык* (эвенкийский). *Т. угольный бассейн. Тунгусское плато* по правобережью Енисея). *По-тунгусски* (нареч.).

ТУНГУ́СЫ, -ов, *ед.* -у́с, -а, *м.* Прежнее название эвенков. ‖ *ж.* **тунгу́ска**, -и. ‖ *прил.* **тунгу́сский**, -ая, -ое.

ТУ́НДРА, -ы, *ж.* В приполярных областях: пространство со скудной мелкой растительностью, а также тип растительности, характерный для таких пространств. *Зона тундр.* ‖ *прил.* **ту́ндровый**, -ая, -ое *и* **ту́ндреный**, -ая, -ое. *Тундровая зона. Тундреные птицы.*

ТУНЕ́Ц, -нца́, *м.* Морская промысловая рыба сем. скумбриевых. ‖ *прил.* **тунцо́вый**, -ая, -ое.

ТУНЕЯ́ДЕЦ, -дца, *м.* Человек, к-рый живёт на чужой счёт, чужим трудом. ‖ *ж.* **тунея́дка**, -и. ‖ *прил.* **тунея́дский**, -ая, -ое.

ТУНЕЯ́ДСТВОВАТЬ, -твую, -твуешь; *несов.* Вести образ жизни тунеядца. ‖ *сущ.* **тунея́дство**, -а, *ср.*

ТУНИ́КА, -и, *ж.* **1.** В Древнем Риме: длинная одежда, носимая под тогой. **2.** Лёгкое женское платье прямого покроя, плотно облегающее фигуру. *Кисейная, муслиновая, батистовая т.* **3.** То же, что тюник (спец.).

ТУНИ́ССКИЙ, -ая, -ое. **1.** *см* тунисцы. **2.** Относящийся к тунисцам, к их языку (арабскому), национальному характеру, образу жизни, культуре, а также к Тунису, его территории, внутреннему устройству, истории; такой, как у тунисцев, как в Тунисе. *Тунисские арабы* (тунисцы). *Т. пролив* (между Тунисом и о. Сицилия). *Т. пробковый дуб. Т. динар* (денежная единица). *По-тунисски* (нареч.).

ТУНИ́СЦЫ, -ев, *ед.* -и́сец, -и́сца, *м.* Арабский народ, составляющий основное население Туниса. ‖ *ж.* **туни́ска**, -и. ‖ *прил.* **туни́сский**, -ая, -ое.

ТУННЕ́ЛЬ, ТУННЕ́ЛЬНЫЙ *см.* тоннель.

ТУПЕ́ТЬ, -е́ю, -е́ешь; *несов.* Становиться тупым (в 1, 3, 4 и 5 знач.), тупее. *Меч тупеет. Взгляд тупеет. Ум тупеет. Боль тупеет.* ‖ *сов.* **отупе́ть**, -е́ю, -е́ешь (по 4 знач. прил. тупой).

ТУПИ́К, -а́, *м.* **1.** Улица, не имеющая сквозного прохода и проезда. **2.** Железнодорожный станционный или иной путь, сообщающийся с другими путями только одним концом. **3.** *перен.* Безвыходное положение, а также вообще то, что не имеет перспективы дальнейшего развития. *Переговоры зашли в т. Поставить кого-н. в т.* (привести в недоумение, поставить в затруднительное положение). *Стать в т.* (прийти в недоумение, оказаться в затруднительном положении). ‖ *уменьш.* **тупичо́к**, -чка́, *м.* (к 1 и 2 знач.). ‖ *прил.* **тупико́вый**, -ая, -ое. *Т. путь. Тупиковая ситуация.*

ТУПИ́ТЬ, туплю́, ту́пишь; ту́пленный; *несов., что.* Делать тупым (в 1 знач.), тупее. *Т. нож.* ‖ *сов.* **затупи́ть**, -уплю́, -у́пишь; -у́пленный *и* **иступи́ть**, -уплю́, -у́пишь; -у́пленный.

ТУПИ́ТЬСЯ (туплю́сь, ту́пишься, 1 и 2 л. не употр.), ту́пится; *несов.* Становиться тупым (в 1 знач.), тупее. *Пила тупится.* ‖ *сов.* **затупи́ться** (-туплю́сь, -ту́пишься, 1 и 2 л. не употр.), -ту́пится *и* **иступи́ться** (-туплю́сь, -ту́пишься, 1 и 2 л. не употр.), -ту́пится.

ТУПИ́ЦА, -ы, *м.* и *ж.* (разг.). Тупой, плохо соображающий человек.

ТУПО... *Первая часть сложных слов со знач.:* 1) с тупым (во 2 знач.), тупой (во 2 знач.), напр. *тупоклювый, тупоколосковый, тупоконечный, тупоконический, туполистный, тупоносый, тупоусечённый;* 2) тупой (в 4 знач.), напр. *тупоголовый, туподум, туполобый, тупоумие.*

ТУПОГОЛО́ВЫЙ, -ая, -ое; -о́в (разг.). Тупой (в 4 знач.), несообразительный. *Т. парень.* ‖ *сущ.* **тупоголо́вость**, -и, *ж.*

ТУПО́Й, -а́я, -о́е; туп, тупа́, ту́по, тупы́ *и* ту́пы. **1.** Недостаточно отточенный, такой, к-рым трудно резать, колоть. *Т. нож. Т. инструмент.* **2.** Не суживающийся к концу острым углом. *Т. клюв. Т. нос лодки. Туфли с тупыми носками.* **3.** *перен.* Невыразительный, почти бессмысленный. *Т. взгляд. Тупое лицо.* **4.** Лишённый острого восприятия, несообразительный, а также свидетельствующий об умственной ограниченности. *Т. ум. Т. человек. Тупое самодовольство.* **5.** (ту́пы), *перен.* Не резкий, не очень чувствительный. *Тупая боль. Тупо* (нареч.) *стучит в виске.* **6.** (ту́пы), *перен.* Безропотный, безответный, притерпевшийся к чему-н. неприятному, отупелый. *Тупая покорность.* **7.** О звуке: глухой и низкий. *Т. стук топора.* **8.** *полн. ф.* То же, что тупиковый. *Т. переулок.* ✦ **Тупой угол** — угол более 90°. ‖ *сущ.* **ту́пость**, -и, *ж.* (к 3, 4 и 6 знач.).

ТУПОЛО́БЫЙ, -ая, -ое; -о́б (разг.). То же, что тупоумный. ‖ *сущ.* **туполо́бость**, -и, *ж.*

ТУПОНО́СЫЙ, -ая, -ое; -о́с. С широким, толстым носом, клювом, а также носком (во 2 знач.). *Т. сапог.*

ТУПОУ́МНЫЙ, -ая, -ое; -мен, -мна. Глупый, тупой (в 4 знач.). ‖ *сущ.* **тупоу́мие**, -я, *ср.*

ТУР[1], -а, *м.* **1.** Отдельный этап по отношению к другим таким же в каких-н. событиях. *Первый т. выборов* (при многостепенной избирательной системе). **2.** Отдельная часть какого-н. состязания, в к-рой каждый из участников выступает один раз. *Заключительный т. шахматного турнира.* **3.** Один круг танца. *Т. вальса.* ‖ *прил.* **ту́ровый**, -ая, -ое (ко 2 знач.; спец.).

ТУР[2], -а, *м.* **1.** Вымерший дикий бык. **2.** Горный кавказский козёл. ✦ **Буй-тур** (нар.-поэт., стар.) — приложение к имени воина в знач. могучий и храбрый. ‖ *прил.* **ту́рий**, -ья, -ье.

ТУР... *Первая часть сложных слов со знач.* туристический, туристский, напр. *турпоход, турбаза, турлагерь, турпутёвка.*

ТУРА́, -ы́, *ж.* (разг.). То же, что ладья (во 2 знач.).

ТУРБИ́НА, -ы, *ж.* Двигатель, в к-ром энергия пара, газа или движущейся воды преобразуется в механическую работу. *Паровая, газовая, гидравлическая т.* ‖ *прил.* **турби́нный**, -ая, -ое.

ТУРБИ́НЩИК, -а, *м.* Специалист по производству или обслуживанию турбин.

ТУРБО... *Первая часть сложных слов со знач.* относящийся к турбинам, к турбостроению, напр. *турбоагрегат, турбобур, турбогенератор, турбостроение, турбокомпрессор, турбовентилятор, турборакетный, турбоход.*

ТУРБОВИНТОВО́Й, -а́я, -о́е. В авиации: такой, в к-ром воздушный винт (пропеллер) приводится во вращение газовой турбиной. *Т. двигатель. Т. самолёт.*

ТУРБОВО́З, -а, *м.* Локомотив, основным двигателем к-рого является газовая турбина. ‖ *прил.* **турбово́зный**, -ая, -ое.

ТУРБОГЕНЕРА́ТОР, -а, *м.* Электрический генератор, приводимый в действие паровой или газовой турбиной. ‖ *прил.* **турбогенера́торный**, -ая, -ое.

ТУРБОРЕАКТИ́ВНЫЙ, -ая, -ое. В авиации: такой, к-рый имеет газовую турбину, участвующую в создании реактивной тяги. *Т. двигатель. Т. самолёт.*

ТУРБОСТРОЕ́НИЕ, -я, *ср.* Производство турбин. ‖ *прил.* **турбострои́тельный**, -ая, -ое.

ТУРБОЭЛЕКТРОХО́Д, -а, *м.* Электроход, снабжённый паровой или газовой турбиной в качестве первичного двигателя. ‖ *прил.* **турбоэлектрохо́дный**, -ая, -ое.

ТУРЕ́ЦКИЙ, -ая, -ое. **1.** *см.* турки. **2.** Относящийся к туркам, к их языку, национальному характеру, образу жизни, культуре, а также к Турции, её территории, внутреннему устройству, истории; такой, как у турок, как в Турции. *Т. язык* (тюркской семьи языков). *Турецкое богарное земледелие. Турецкая феска. Турецкая шаль* (с рисунком огурцами). *Турецкая лира* (денежная единица). *Кофе по-турецки* (нареч.).

ТУРИ́ЗМ, -а, *м.* **1.** Вид спорта — групповые походы, имеющие целью физическую закалку организма. *Горный т. Водный т. Лыжный т. Заниматься туризмом.* **2.** Вид путешествий, совершаемых для отдыха и самообразования. *Международный т.* ‖ *прил.* **туристи́ческий**, -ая, -ое *и* **тури́стский**, -ая, -ое. *Туристические буклеты. Туристская (туристическая) путёвка. Т. лагерь.*

ТУРИ́СТ, -а, *м.* Человек, к-рый занимается туризмом, совершает туристические путешествия. ‖ *ж.* **тури́стка**, -и. ‖ *прил.* **тури́стский**, -ая, -ое. *Туристские тропы.*

ТУРИ́ТЬ, -рю́, -ри́шь; *несов., кого (что)* (прост.). Грубо прогонять, гнать[1] (во 2 знач.). ‖ *сов.* **вы́турить**, -рю, -ришь; -ренный *и* **протури́ть**, -рю́, -ри́шь; -рённый (-ён, -ена́). ‖ *однокр.* **турну́ть**, -ну́, -нёшь.

ТУ́РКА, -и, *ж.* Открытый суживающийся кверху сосуд с длинной ручкой для варки кофе.

ТУ́РКИ, -рок, *ед.* ту́рок, -рка, *м.* Народ, составляющий основное население Турции. ‖ *ж.* **турча́нка**, -и. ‖ *прил.* **туре́цкий**, -ая, -ое.

ТУРКМЕ́НСКИЙ, -ая, -ое. **1.** *см.* туркмены. **2.** Относящийся к туркменам, к их языку, национальному характеру, образу жизни, культуре, а также к Туркмении (Туркменистану), её территории, внутреннему устройству, истории; такой, как у туркмен, как в Туркмении (Туркменистане). *Т. язык* (тюркской семьи языков). *Туркменские ковры. Туркменская лошадь* (порода). *По-туркменски* (нареч.).

ТУРКМЕ́НЫ, -ов, *ед.* -е́н, -а, *м.* Народ, составляющий основное коренное население Туркменистана. ‖ *ж.* **туркме́нка**, -и. ‖ *прил.* **туркме́нский**, -ая, -ое.

ТУ́РМАН, -а, *м.* Голубь особой породы, способный кувыркаться при полёте.

ТУРНЕ́ [нэ], *нескл., ср.* **1.** Путешествие по круговому маршруту. *Т. вокруг Африки.* **2.** Поездка по нескольким местам (артистов на гастроли, спортсменов на выступления). *Т. в Европу. Отправиться в т. Вернуться из гастрольного т.*

ТУРНЕ́ПС [нэ], -а, *м.* Кормовая репа. ‖ *прил.* **турне́псовый**, -ая, -ое.

ТУРНИ́К, -а́, *м.* Старое название перекладины (во 2 знач.). *Упражнения на турнике.* ‖ *прил.* **турнико́вый**, -ая, -ое.

ТУРНИКЕ́Т, -а, *м.* Устройство, устанавливаемое в проходах для пропуска идущих по очереди, по одному. *Пройти через т.* ‖ *прил.* **турнике́тный**, -ая, -ое.

ТУРНИ́Р, -а, *м.* **1.** В Западной Европе в средние века: состязание рыцарей. *Сразиться на турнире.* **2.** Спортивное соревнование по круговой системе, когда все участники имеют между собой по одной (иногда более) встрече. *Шахматный т.* ‖ *прил.* **турни́рный**, -ая, -ое.

ТУРНУ́ТЬ *см.* турить.

ТУРУ́СЫ, -ов (прост.). Пустые разговоры, болтовня. *Разводить т.* ✦ **Турусы на колёсах** — то же, что турусы.

ТУРУХТА́Н, -а, *м.* Болотная птица, родственная кулику.

ТУ́СКЛЫЙ, -ая, -ое; тускл, тускла́, ту́скло, тусклы́ *и* ту́склы; тусклée. **1.** Малопрозрачный, мутный. *Тусклое стекло.* **2.** Матовый, не блестящий. *Т. лак.* **3.** Слабый, не яркий. *Т. свет. Тусклая расцветка.* **4.** Безжизненный, невыразительный. *Т. взгляд. Т. стиль.* ‖ *сущ.* **ту́склость**, -и, *ж.*

ТУСКНЕ́ТЬ (-е́ю, -е́ешь, 1 и 2 л. не употр.), -е́ет; *несов.* Становиться тусклым, тусклее. *Серебро тускнеет. Его актёрская индивидуальность тускнеет.* ‖ *сов.* **потускне́ть** (-е́ю, -е́ешь, 1 и 2 л. не употр.), -е́ет.

ТУ́СКНУТЬ (-ну, -нешь, 1 и 2 л. не употр.), -нет; -кнул, -кла; *несов* (разг.). То же, что тускнеть. ‖ *сов.* **поту́скнуть** (-ну, -нешь, 1 и 2 л. не употр.), -нет.

ТУСОВА́ТЬСЯ, -у́юсь, -у́ешься, -су́ется; *несов.* (прост.). Собираться вместе для общения, совместного препровождения свободного времени. *Т. на дискотеке, в клубе.* ‖ *сущ.* **тусо́вка**, -и, *ж. Т. молодёжи.*

ТУСО́ВКА, -и, *ж.* **1.** *см.* тусоваться. **2.** Встреча, свободное собрание для знакомства, обмена мнениями. *Интересная т.* ‖ *прил.* **тусо́вочный**, -ая, -ое.

ТУТ. **1.** *мест. нареч.* То же, что здесь. *Т. много людей. Т. рассказчик замолчал. Чем т. поможешь? Я т. ни при чём.* **2.** *частица.* Употр. при нек-рых местоименных словах, подчёркивая отрицание, отрицательное отношение к чему-н. (разг.). *Он её любит — Какая т. любовь! Думал его уговорить, да где т.! Звали в кино, да какое т!* ✦ **И всё тут** (разг.) — употр. в заключение как вывод из сказанного в знач. именно так и никак иначе. **Тут как тут** (разг.) — о появлении кого-чего-н. неожиданно, вдруг. *Только что о нём говорили, а он тут как тут.* **Не тут-то было** (разг.) — вышло не так, как хотелось, как предполагалось. ‖ *уменьш.* **ту́точки** (к 1 знач.; прост.).

ТУ́ТА, -ы, *ж.* и **ТУТ**, -а, *м.* То же, что тутовое дерево. ‖ *прил.* **ту́товый**, -ая, -ое. *Т. шелкопряд. Семейство тутовых* (сущ.).

ТУ́ТОВНИК, -а и **ТУТО́ВНИК**, -а, *м.* **1.** То же, что тутовое дерево. **2.** Участок, засаженный тутовыми деревьями.

ТУ́ТОВЫЙ, -ая, -ое. **1.** *см.* тута. **2. тутовое дерево** — южное дерево с сочными съедобными плодами, листья к-рого служат кормом для шелкопряда, шелковица.

ТУ́ТОШНИЙ, -яя, -ее (прост.). То же, что здешний. *Т. народ. Он т.* (сущ.; здесь живёт, отсюда родом).

ТУФ, -а, *м.* Горная порода вулканического или осадочного происхождения, употр. как строительный материал. *Известковый, кремнистый, вулканический т.* ‖ *прил.* **ту́фовый**, -ая, -ое.

ТУ́ФЛИ, ту́фель, ту́флям, *ед.* ту́фля, -и, *ж.* Обувь, закрывающая ногу не выше щиколотки. *Дамские, мужские, детские, спортивные т.* ‖ *уменьш.* **ту́фельки**, -лек, *ед.* ту́фелька, -и, *ж.* ‖ *прил.* **ту́фельный**, -ая, -ое.

ТУФТА́, -ы, *ж.* (прост.). Грубая подделка, обман. ‖ *прил.* **туфто́вый**, -ая, -ое.

ТУХЛИ́НКА, -и, *ж.* (разг.). Лёгкий запах тухлого. *Мясо с тухлинкой.*

ТУ́ХЛЫЙ, -ая, -ое; тухл, тухла́, ту́хло; тухле́е. Протухший, с плохим запахом. *Тухлая рыба.* ‖ *сущ.* **ту́хлость**, -и, *ж.*

ТУХЛЯ́ТИНА, -ы, *ж.* (разг.). То, что протухло.

ТУ́ХНУТЬ[1] (-ну, -нешь, 1 и 2 л. не употр.), -нет; тух *и* ту́хнул, ту́хла; *несов.* То же, что гаснуть. *Костёр тухнет. Тухнущий взгляд.* ‖ *сов.* **поту́хнуть** (-ну, -нешь, 1 и 2 л. не употр.), -нет. *Потухший вулкан* (более не действующий).

ТУ́ХНУТЬ[2] (-ну, -нешь, 1 и 2 л. не употр.), -нет; тух *и* ту́хнул, ту́хла; *несов.* Загнивать, издавая плохой запах.

ТУ́ЧА, -и, *ж.* **1.** Большое, обычно тёмное густое облако, несущее дождь, снег или град. *Грозовая т. Тучи собрались (сгустились, нависли) над кем-н.* (перен.: о грозящей беде, неприятности). *Как т. кто-н.* (мрачен, гневен). **2.** *перен., чего.* Множество, густая движущаяся масса. *Т. стрел. Тучи мух. Саранча налетела тучей.* ✦ **Туча тучей** (разг.) — о человеке: мрачен и гневен. ‖ *уменьш.* **ту́чка**, -и, *ж.* (к 1 знач.). ‖ *прил.* **тучево́й**, -а́я, -о́е (к 1 знач.).

ТУЧНЕ́ТЬ, -е́ю, -е́ешь; *несов.* Становиться тучным, тучнее. *Скот тучнеет. Колос тучнеет.* ‖ *сов.* **потучне́ть**, -е́ю, -е́ешь.

ТУ́ЧНИК, -а, *м.* Болезненно тучный человек. *Гимнастика для тучников.*

ТУ́ЧНЫЙ, -ая, -ое; -чен, -чна́, -чно, -чны́ *и* -чны. **1.** Упитанный, жирный или ожиревший, очень толстый. *Тучные стада. Т. мужчина. Диета для тучных* (сущ.). **2.** Плодородный (о земле). *Т. чернозём.* **3.** Сочный и густой (о траве, лугах), налившийся, а также имеющий полновесное, налившееся зерно (о злаках, полях). *Тучные колосья, нивы. Тучные луга.* ‖ *сущ.* **ту́чность**, -и, *ж.*

ТУШ, -а, *м.* Короткое торжественное музыкальное приветствие. *Сыграть т.*

ТУ́ША, -и, *ж.* **1.** Освежёванное и выпотрошенное тело убитого крупного животного, зверя. *Коровья т.* **2.** *перен.* О большом, тучном человеке, о его теле (прост. неодобр.). *Навалиться всей тушей на кого-н.*

ТУШЕ́, *нескл., ср.* (спец.). **1.** Манера прикосновения к клавишам фортепьяно при игре. *Мягкое т. Сильное т.* **2.** В спорте: прикосновение лопатками к ковру как момент поражения борца, а также укол, нанесённый фехтовальщиком сопернику в соответствии с правилами.

ТУШЕВА́ТЬ, -шу́ю, -шу́ешь; -шёванный; *несов., что.* **1.** Накладывать тени (в 9 знач.) на что-н., покрывать тушью, делать растушёвку. *Т. рисунок, фотографию.* **2.** *перен.* То же, что вуалировать. ‖ *сов.* **затушева́ть**, -шу́ю, -шу́ешь; -шёванный. ‖ *сущ.* **тушева́ние**, -я, *ср.* (к 1 знач.), **тушёвка**, -и, *ж.* (к 1 знач.) *и* **затушёвка**, -и, *ж.* (к 1 знач.) ‖ *прил.* **тушева́льный**, -ая, -ое (к 1 знач.).

ТУШЕВА́ТЬСЯ *см.* стушеваться.

ТУШЁВКА, -и, *ж.* **1.** *см.* тушевать. **2.** Штрихи, тени на рисунке, изображении. *Густая т.*

ТУШЁНКА, -и, *ж.* (разг.). Консервированное тушёное мясо. *Говяжья, свиная т.* ‖ *прил.* **тушёночный**, -ая, -ое.

ТУШЁНЫЙ, -ая, -ое. Приготовленный в пищу тушением (см. тушить[2]). *Тушёные овощи. Тушёное мясо.*

ТУШИ́ТЬ[1], тушу́, ту́шишь; ту́шенный; *несов., что.* То же, что гасить (в 1 знач.). *Т. лампу.* ‖ *сов.* **затуши́ть**, -ушу́, -у́шишь;

-у́шенный *и* **потуши́ть,** -ушу́, -у́шишь; -у́шенный. ‖ *сущ.* **туше́ние,** *-я, ср.*

ТУШИ́ТЬ², тушу́, ту́шишь; ту́шенный; *несов., что.* Варить на медленном огне в закрытой посуде в собственном соку. *Т. мясо, овощи.* ‖ *сов.* **стуши́ть,** -ушу́, -у́шишь; -у́шенный. ‖ *сущ.* **туше́ние,** *-я, ср.*

ТУ́ШКА, *-и, ж.* Освежёванное и выпотрошенное тело убитого небольшого животного, птицы, рыбы. *Т. кролика. Куриная т.*

ТУШКА́НЧИК, *-а, м.* Грызун с длинными задними ногами и длинным хвостом, живущий в степях, пустыне. ‖ *прил.* **тушка́нчиковый,** -ая, -ое. *Семейство тушканчиковых* (сущ.).

ТУШЬ, *-и, ж.* Устойчивая краска для черчения, рисования, письма. *Чёрная, красная, зелёная т. Жидкая т. Сухая т.* (в виде твёрдых плиток). *Т. для ресниц* (косметическая краска). ‖ *прил.* **ту́шевый,** -ая, -ое.

ТУ́Я, *-и, ж.* Хвойное вечнозелёное дерево сем. кипарисовых с мелкими твёрдыми листьями. ‖ *прил.* **ту́евый,** -ая, -ое.

ТЩА́НИЕ, *-я, ср.* (устар.). Усердие, старание. *Делать что-н. с большим тщанием.*

ТЩА́ТЕЛЬНЫЙ, -ая, -ое; -лен, -льна. Старательный, а также выполненный с большой старательностью, точностью. *Тщательная работа. Тщательное изучение. Тщательно* (нареч.) *подготовиться.* ‖ *сущ.* **тща́тельность,** *-и, ж.*

ТЩЕДУ́ШНЫЙ, -ая, -ое; -шен, -шна. Хилый, слабосильный. *Т. старик. Т. вид.* ‖ *сущ.* **тщеду́шие,** *-я, ср. и* **тщеду́шность,** *-и, ж.*

ТЩЕСЛА́ВИЕ, *-я, ср.* Высокомерное стремление к славе, к почитанию. *Одержим тщеславием кто-н.*

ТЩЕСЛА́ВНЫЙ, -ая, -ое; -вен, -вна. Полный тщеславия. *Т. автор.* ‖ *сущ.* **тщесла́вность,** *-и, ж.*

ТЩЕТА́, *-ы́, ж.* (устар.). Бесполезность, безрезультатность; суетность. *Т. надежд, помыслов.*

ТЩЕ́ТНЫЙ, -ая, -ое; -тен, -тна (книжн.). Бесполезный, безрезультатный. *Тщетная надежда. Тщетные усилия.* ‖ *сущ.* **тще́тность,** *-и, ж.*

ТЩИ́ТЬСЯ, тщусь, тщи́шься; *несов.* (книжн.). Пытаться сделать что-н. (обычно невозможное, заранее обречённое на неудачу). *Преступник тщится доказать свою невиновность.*

ТЫ, тебя́, тебе́, тебя́, тобо́й (-ю), о тебе́; *мест. личн. 2 л. ед. ч.* **1.** Служит для обозначения лица, собеседника, преимущ. близкого. *Простое, сердечное «ты»* (об обращении на ты). **2. тебе́,** *частица.* То же, что тут (во 2 знач.) (разг.). *Пробовали его усовестить — да куда тебе! — и слушать не хочет.* ✦ **На ты** (быть) — 1) *с кем,* об отношениях между людьми, когда друг другу говорят «ты», а не «вы». *Мы с ним на ты. Выпить с кем-н. на ты* (на брудершафт); 2) *с чем,* о хорошей осведомлённости в какой-н. области, с каким-н. предметом (разг.). *Он с техникой на ты.* **Вот тебе (и) раз!** (разг.) — выражение удивления и недовольства. *Я же и виноват, вот тебе (и) раз!*

ТЫ́КАТЬ¹, ты́чу, ты́чешь *и* (разг.) ты́каю, ты́каешь; *несов.* **1.** *кого-что* или *в кого-что.* Ударять чем-н. острым, длинным, а также вообще наносить удар чем-н. (разг.). *Т. палкой в землю. Т. кого-н. кулаком. Т. пальцем в кого-что-н.* (слабо ударять, пробуя или показывая). *Т. пальцем на кого-что-н.* (указывать, стараясь нарочито возбудить внимание; неодобр.). **2.** *что* или *в кого-что.* Вонзать, втыкать (прост.). *Т. колья в землю.* **3.** *что* или *в кого-что.* Совать, впихивать (прост.). *Т. в карман. Т. нос в кормушку.* **4.** *перен., кого-что.* Посылать, направлять (разг. неодобр.). *Т. в неприятные дела. Т. с разными поручениями.* **5.** *перен., кого-что* или *кем-чем.* Постоянно напоминать, говорить о ком-чём-н. (прост. неодобр.). *Что вы мне всё время тычете вашего Иванова (вашим Ивановым)?* ✦ **Тыкать в нос** *кого-что* или *кем-чем кому* (прост. неодобр.) — то же, что тыкать¹ (в 5 знач.). **Тыкать носом** *кого* (прост.) — обращать чьё-н. внимание на что-н. сделанное плохо, не добросовестно. ‖ *сов.* **ткнуть,** ткну, ткнёшь (к 1, 2, 3 и 4 знач.) *и* **ты́кнуть** -ну, -нешь; (к 1 и 2 знач.; прост.). ‖ *сущ.* **ты́канье,** *-я, ср.* (к 1, 2, 4 и 5 знач.).

ТЫ́КАТЬ², ты́каю, ты́каешь *и* ты́чу, ты́чешь; *несов., кого (что)* (прост. неодобр.). Обращаться к кому-н. на «ты», а не на «вы», как полагалось бы. *Прошу не т.! Не успели познакомиться, он уже меня тыкает.* ‖ *сущ.* **ты́канье,** *-я, ср.*

ТЫ́КАТЬСЯ, ты́чусь, ты́чешься *и* ты́каюсь, ты́каешься; *несов.* (разг.) **1.** Наталкиваться на что-н. *Т. в стену.* **2.** Беспорядочно, суетливо двигаться. *Что ты тычешься по всему дому? Т. туда-сюда. Т. не в своё дело* (перен.: соваться куда не нужно). ‖ *сов.* **ткну́ться,** ткнусь, ткнёшься. ‖ *сущ.* **ты́канье,** *-я, ср.* (ко 2 знач.).

ТЫ́КВА, *-ы, ж.* Бахчевое растение с большими круглыми или овальными съедобными плодами, а также самый плод его. *Овощная т. Кормовая т.* ‖ *прил.* **ты́квенный,** -ая, -ое. *Тыквенные семена. Семейство тыквенных* (сущ.).

ТЫЛ, *-а (-у), о ты́ле, в тылу́, мн. -ы́, -о́в, м.* **1.** Задняя сторона чего-н. *Т. ладони* (её тыльная сторона). *С тылу подойти, зайти к кому-н.* (сзади; прост.). **2.** Территория позади фронта, за боевой линией. *Отвести роту в т. Выйти, ударить в т. противнику.* **3.** *обычно мн.* Организация, воинские части, обслуживающие воюющую армию, но находящиеся вне сферы непосредственных военных действий. *Подтянуть тылы к передовой.* **4.** *перен.* Во время войны: вся страна в противоп. фронту. *Труженики тыла.* ‖ *прил.* **тылово́й,** -а́я, -о́е. *Тыловая сторона* (тыльная). *Тыловая полоса. Т. госпиталь.*

ТЫЛОВИ́К, *-а́, м.* Человек, к-рый служит в тылу (в 3 знач.).

ТЫ́ЛЬНЫЙ, -ая, -ое. Находящийся сзади, являющийся задней стороной чего-н. *Тыльная сторона ладони* (поверхность кисти, противоположная ладони).

ТЫН, *-а, м.* (обл.). Забор, частокол [в старину оборонительное заграждение из врытых в землю заострённых брёвен]. ‖ *прил.* **ты́новый,** -ая, -ое.

ТЫ́СЯЦКИЙ, *-ого, м.* **1.** В Древней Руси: военачальник. **2.** Главный распорядитель в старинном свадебном обряде.

ТЫ́СЯЧА, *-и, тв. -ей и -ью, ж.* **1.** Число и количество 1000. *Т. дел* (очень много; разг.). *В тысячу раз лучше* (гораздо, во много раз лучше; разг.). **2.** Денежный знак достоинством в 1000 денежных единиц; соответствующая сумма денег. *Т. рублей. Долг в сто тысяч.* ‖ *унич.* **тысчо́нка,** *-нки, род. мн. -нок, ж.* ‖ *прил.* **ты́сячный,** -ая, -ое. *Тысячные платежи.*

ТЫСЯЧЕ... *Первая часть сложных слов со знач.:* 1) содержащий тысячу каких-н. единиц, напр. *тысячевёрстный, тысячерублёвый, тысячеградусный, тысячетонный;* 2) имеющий очень много чего-н., напр. *тысячелистник, тысяченожка, тысячеголовый.*

ТЫСЯЧЕГОЛО́СЫЙ, -ая, -ое; -о́с. Произносимый, издаваемый тысячами голосов, составляющийся из многих звуков. *Тысячеголосое ура. В весеннем лесу звенит т. птичий хор.* ‖ *сущ.* **тысячеголо́сость,** *-и, ж.*

ТЫСЯЧЕЛЕ́ТИЕ, *-я, ср.* **1.** Срок в тысячу лет. **2.** *чего.* Годовщина события, бывшего тысячу лет тому назад. *Т. города* (тысяча лет со дня основания). ‖ *прил.* **тысячеле́тний,** -яя, -ее.

ТЫСЯЧЕЛЕ́ТНИЙ, -яя, -ее. **1.** *см.* тысячелетие. **2.** Просуществовавший тысячу лет.

ТЫСЯЧЕУ́СТЫЙ, -ая, -ое; -уст (книжн.). Относящийся к бесчисленному множеству голосов. *Тысячеустое ура. Тысячеустая толпа. Тысячеустая молва.*

ТЫ́СЯЧНЫЙ, -ая, -ое. **1.** *см.* тысяча. **2.** Состоящий из тысячи или из тысяч человек. *Т. отряд. Тысячные толпы.* **3.** Измеряемый тысячами, стоимостью в тысячу или тысячи (разг.). *Тысячная шуба.* **4. ты́сячная,** *-ой.* Получаемый делением на тысячу. *Тысячная часть. Одна тысячная* (сущ.).

ТЫХ: ни в тых ни в сих (прост.) — ни то ни сё, ни туда ни сюда.

ТЫЧИ́НКА, *-и, ж.* Мужской орган цветка, содержащий пыльцу. ‖ *прил.* **тычи́нковый,** -ая, -ое *и* **тычи́ночный,** -ая, -ое.

ТЫЧО́К, *-чка́, м.* (прост.). **1.** Торчащий кверху острый предмет. *Осколок торчит тычком.* **2.** Короткий прямо́й удар. *Т. в грудь.* ✦ **На тычке** — 1) на открытом месте, у всех на виду. *Дом стоит на тычке;* 2) на неудобном месте. *Притулиться на тычке.*

ТЬМА¹, *-ы, ж.* **1.** Отсутствие света, мрак. *Ночная т. Кромешная т. Город погрузился во тьму* (погасли все огни). *Из тьмы веков* (перен.: из далёких, давних времен). **2.** *перен.* Невежество, культурная отсталость (устар.). *«Власть тьмы»* (пьеса Л. Н. Толстого). *Прозябать во тьме.*

ТЬМА², *-ы, род. мн. тем, ж.* **1.** В Древней Руси: десять тысяч. **2.** *ед. чего.* То же, что множество (в 1 знач.) (разг.). *Т. народу.* ✦ **Тьма тем** (стар.) — великое множество. **Тьма-тьмущая** (разг.) — бесчисленное множество.

ТЬФУ. 1. *межд. звукоподр.* Воспроизведение звука плевка. **2.** *межд.* и *в знач. сказ.* Выражение презрительного, раздражённого или безразличного отношения к кому-чему-н. *Т., надоел! Я на его угрозы — т.!*

ТЮБЕТЕ́ЙКА, *-и, ж.* Маленькая без тульи и полей узорчатая восточная шапочка, облегающая голову. ‖ *прил.* **тюбете́ечный,** -ая, -ое.

ТЮ́БИК, *-а, м.* Металлическая или пластмассовая трубочка, из к-рой содержимое извлекается выдавливанием. *Паста, крем, клей, мазь, краска, желе в тюбиках.*

ТЮ́БИНГ, *-а, м.* Металлическая или железобетонная дугообразно изогнутая плита, применяемая для водонепроницаемого крепления шахт, тоннелей. ‖ *прил.* **тю́бинговый,** -ая, -ое. *Тюбинговая крепь.*

ТЮК, *-а́, м.* Большой мягкий перевязанный свёрток, большая связка чего-н., обычно в упаковке. *Упаковать постели в тюки. Т. хлопка.* ‖ *уменьш.* **тючо́к,** *-чка́, м.* ‖ *прил.* **тюково́й,** -а́я, -о́е (спец.). *Тюковое сено* (в тюках).

ТЮ́КАТЬ, -аю, -аешь; *несов., кого-что* (прост.). Несильно ударять, рубить. *Т. топориком.* ‖ *однокр.* **тю́кнуть,** -ну, -нешь; -утый. ‖ *сущ.* **тю́канье,** *-я, ср.*

ТЮЛЕНЁНОК, *-нка, мн. -ня́та, -ня́т, м.* Детёныш тюленя.

ТЮЛЕ́НИНА, -ы, *ж.* Мясо тюленя как пища.

ТЮЛЕ́НЬ, -я, *м.* **1.** Морское ластоногое млекопитающее. **2.** *перен.* О неуклюжем, неповоротливом человеке (разг. шутл.). *Поворачивайся живее, т. ты этакий!* ‖ *прил.* **тюле́невый**, -ая, -ое (к 1 знач.) *и* **тюле́ний**, -ья, -ье (к 1 знач.). *Тюленевая кожа. Тюлений жир. Тюлений промысел.*

ТЮЛЬ, -я, *м.* Тонкая сетчатая ткань. *Узорчатый т. Т. на окнах.* ‖ *прил.* **тю́левый**, -ая, -ое. *Тюлевые занавески.*

ТЮ́ЛЬКА, -и, *ж.* Мелкая рыба сем. сельдевых.

ТЮЛЬПА́Н, -а, *м.* Луковичное растение сем. лилейных с крупными яркими цветками. ‖ *прил.* **тюльпа́нный**, -ая, -ое. *Тюльпанная луковица.*

ТЮНИ́К, -а, *м.* и **ТЮНИ́КА**, -и, *ж.* (спец.). Костюм танцовщицы из лифа и короткой (до колен) пышной юбки.

ТЮРБА́Н, -а, *м.* Головной убор восточных народов из полотнища лёгкой материи, обмотанного вокруг головы.

ТЮРЕ́МЩИК, -а, *м.* **1.** Надзиратель в тюрьме (устар. разг.). **2.** *перен.* Угнетатель, тот, кто попирает свободу и демократию. ‖ *ж.* **тюре́мщица**, -ы (к 1 знач.).

ТЮ́РКИ, -рок *и* -ов, *ед.* тюрк, -а *и* тю́рок, -рка, *м.* Название обширной группы родственных по языку народов, к к-рым принадлежат татары, азербайджанцы, узбеки, казахи, киргизы, башкиры, туркмены, якуты, чуваши, каракалпаки, турки и др. ‖ *прил.* **тю́ркский**, -ая, -ое.

ТЮРКИ́ЗМ, -а, *м.* Слово или оборот речи в каком-н. языке, заимствованные из какого-н. тюркского языка или созданные по образцу тюркского слова или выражения.

ТЮРКО́ЛОГ, -а, *м.* Учёный — специалист по тюркологии.

ТЮРКОЛО́ГИЯ, -и, *ж.* Комплекс наук, изучающий тюркские языки, литературу и историю. ‖ *прил.* **тюркологи́ческий**, -ая, -ое.

ТЮ́РКСКИЙ, -ая, -ое. **1.** *см.* тюрки. **2.** Относящийся к тюркам, к их языкам, образу жизни, культуре, а также к тюркоязычным странам, их территории, внутреннему устройству, истории; такой, как у тюрков, как в тюркоязычных странах. *Тюркская семья языков. Тюркские народы. Т. каганат* (государство племенного союза тюрок в 552—745 гг. на территории Центральной Азии, Северного Китая, значительной части Средней Азии).

ТЮРЬМА́, -ы́, *мн.* тю́рьмы, -рем, -рьмам, *ж.* Место содержания лиц, лишённых свободы (арестантов, заключённых), место заключения. *Сидеть в тюрьме. Посадить в тюрьму. Выпустить из тюрьмы́.* ‖ *прил.* **тюре́мный**, -ая, -ое.

ТЮ́РЯ, -и, *ж.* Кушанье из хлеба, накрошенного в квас, молоко или воду. ‖ *уменьш.* **тю́рька**, -и, *ж.*

ТЮРЯ́ГА, -и, *ж.* (прост.). То же, что тюрьма.

ТЮ́ТЕЛЬКА, -и, *ж.*: **тютелька в тю́тельку** (разг.) — совершенно точно, точь-в-точь.

ТЮ́ТЬКАТЬСЯ, -аюсь, -аешься; *несов., с кем-чем* (прост.). Проявлять излишнюю, преувеличенную, ненужную заботливость по отношению к кому-чему-н., нянчиться (во 2 знач.).

ТЮ-ТЮ́, *в знач. сказ.* (разг. шутл.). Нет кого-чего-н., исчез, пропал или кончился. *Взял денежки, а сам тю-тю! А запасы уже все тю-тю!*

ТЮТЮ́Н, -а́, *м.* (прост.). Табак низкого сорта.

ТЮФЯ́К, -а́, *м.* **1.** Мешок, набитый сеном, чем-н. мягким и служащий матрасом. *Соломенный т.* **2.** *перен.* О вялом, безвольном медлительном человеке (прост.). ‖ *уменьш.* **тюфячо́к**, -чка́, *м.* (к 1 знач.). ‖ *прил.* **тюфя́чный**, -ая, -ое (к 1 знач.).

ТЯ́ВКАТЬ, -аю, -аешь; *несов.* О собаках, лисах: отрывисто лаять. *Дворняжка тявкает на прохожих.* ‖ *сов.* **протя́вкать**, -аю, -аешь. ‖ *однокр.* **тя́вкнуть**, -ну, -нешь. ‖ *сущ.* **тя́вканье**, -я, *ср.*

ТЯ́ГА¹, -и, *ж.* **1.** *см.* тянуть. **2.** Тянущая, движущая сила. *Электрическая т. Реактивная т. Конная т. Живая т.* (силами тягловых животных). **3.** Совокупность локомотивов, обеспечивающих эксплуатацию подвижного состава (спец.). *Служба тяги.* **4.** Движение газов, дыма в топочных и вентиляционных устройствах. *Хорошая т. в печи.* **5.** *перен.* Стремление, тяготение к чему-н. *Т. к знаниям.* ‖ *прил.* **тя́говый**, -ая, -ое (ко 2, 3 и 4 знач.; спец.). *Т. двигатель.*

ТЯ́ГА², -и, *ж.* (спец.). Весенний перелёт крупных птиц (вальдшнепов, гусей, уток) в поисках самки. *Стоять на тяге* (охотиться во время такого перелёта). ✦ **Дать тягу** (прост.) — поспешно убежать, уехать.

ТЯГА́ТЬ, -а́ю, -а́ешь; *несов.* (прост.). **1.** *кого-что.* Дёргать, вытаскивать. *Т. лён. Т. морковку. Т. за волосы.* **2.** *перен., кого (что).* Привлекать к ответу, спрашивать за что-н. *Т. за недоделки.* ‖ *прил.* **тяга́льный**, -ая, -ое (к 1 знач.; спец.).

ТЯГА́ТЬСЯ, -а́юсь, -а́ешься; *несов., с кем.* **1.** Соперничать, состязаться в чём-н. (разг.). *С таким умельцем ему трудно т.* **2.** Вести тяжбу, судиться с кем-н. (устар. и прост.). *Т. с соседом за огород.* ✦ **Тяжущиеся стороны** (спец.) — в судебном гражданском споре: истец и ответчик. ‖ *сов.* **потяга́ться**, -а́юсь, -а́ешься.

ТЯГА́Ч, -а́, *м.* Трактор, автомобиль для тяги прицепных машин, платформ, повозок.

ТЯ́ГЛО¹, -а, *ср.* Рабочий скот, животные для тяги, перевозки чего-н. ‖ *прил.* **тя́гловый**, -ая, -ое. *Тягловая сила.*

ТЯ́ГЛО², -а, *мн.* тя́гла, -гол *и* тягл, -глам, *ср.* **1.** В Русском государстве до 18 в.: денежные и натуральные налоги, повинности неслужилого населения. **2.** При крепостном праве: группа хозяйств или трудоспособных людей из одной семьи как единица государственного обложения, а также обложения барщиной, оброком. **3.** Крепостная повинность — оброк или барщина, выполняемые такой группой. **4.** Участок земли, обрабатываемый такой группой. ‖ *прил.* **тя́гловый**, -ая, -ое (к 3 и 4 знач.) *и* **тя́глый**, -ая, -ое. *Тяглые крестьяне. Тягловое хозяйство. Т. участок.*

ТЯГОМО́ТИНА, -ы, *ж.* (прост.). О чём-н. нудном, надоедливом. *Тянуть тягомотину* (говорить длинно и скучно).

ТЯ́ГОСТНЫЙ, -ая, -ое; -тен, -тна (книжн.). Трудный, обременительный, мучительно-неприятный. *Тягостная обязанность. Тягостное впечатление. Жить в этом доме тягостно* (в знач. сказ.). ‖ *сущ.* **тя́гостность**, -и, *ж.*

ТЯ́ГОСТЬ, -и, *ж.* **1.** То, что обременяет, отягощает (книжн.). *Тягости войны.* **2.** Изнеможение, усталость (прост.). *Т. во всём теле.* ✦ **В тягость кому** — обременительно для кого-н. *Старик всем стал в тягость.*

ТЯГОТА́, -ы́, *мн.* тя́готы, тя́гот, тя́готам, *ж.* То же, что тягость. *Тяготы военного времени* (книжн.). *На сердце т.* (прост.).

ТЯГОТЕ́НИЕ, -я, *ср.* **1.** Свойство всех тел притягивать друг друга, притяжение (спец.). *Земное т. Закон всемирного тяготения Ньютона.* **2.** *перен., к кому-чему.* Влечение, стремление к кому-чему-н., потребность в чём-н. *Т. к технике. Испытывать душевное т. к кому-н.*

ТЯГОТЕ́ТЬ, -е́ю, -е́ешь; *несов.* **1.** *к кому-чему.* Испытывать тяготение (во 2 знач.) (книжн.). *Т. к наукам.* **2.** *перен., над кем-чем.* О чём-н. тяжёлом, опасном: угнетать, подавлять (высок.). *Рок тяготеет над кем-н.* (о чьей-н. тяжёлой судьбе, постоянных несчастьях).

ТЯГОТИ́ТЬ, 1 л. ед. не употр., -оти́шь; *несов., кого-что.* Быть в тягость кому-чему-н., обременять. *Тяготят заботы.*

ТЯГОТИ́ТЬСЯ, -ощу́сь, -оти́шься; *несов., кем-чем.* Чувствовать тягость (в 1 знач.) от кого-чего-н. *Т. своим одиночеством.*

ТЯГУ́ЧИЙ, -ая, -ее; -у́ч. **1.** Способный растягиваться, не обрываясь, не ломаясь. **2.** Густой, тянущийся. *Т. мёд.* **3.** *перен.* Медленный, неторопливый. *Тягучая речь.* ‖ *сущ.* **тягу́честь**, -и, *ж.*

ТЯЖ, -а́, *м.* (спец.). **1.** Ремень, трос, служащий для передачи тяговой силы, для стягивания, скрепления чего-н. **2.** Тканевое (см. ткань в 4 знач.) образование в виде жгута, жгутика. ‖ *прил.* **тя́жевый**, -ая, -ое.

ТЯ́ЖБА, -ы, *ж.* (устар.). Гражданское судебное дело. *Выиграть, проиграть тяжбу. Устроить целую тяжбу из-за чего-н.* (перен.: спор, разбирательство; разг.). ‖ *прил.* **тя́жебный**, -ая, -ое.

ТЯЖЕЛЕ́ННЫЙ, -ая, -ое (прост.). Очень тяжёлый (в 1 знач.). *Т. рюкзак.*

ТЯЖЕЛЕ́ТЬ, -е́ю, -е́ешь; *несов.* **1.** Становиться тяжёлым, тяжелее, прибавлять в весе. *Намокшая одежда тяжелеет. К старости тяжелеет кто-н.* (полнеет, а также становится менее подвижным). **2.** (1 и 2 л. не употр.), *перен.* Становиться тяжеловесным (во 2 знач.). *Слог писателя тяжелеет.* **3.** (1 и 2 л. не употр.). Испытывать утомление, тяжесть. *Тело, ноги тяжелеют. Голова тяжелеет. Веки тяжелеют* (набухают). ‖ *сов.* **отяжеле́ть**, -е́ю, -е́ешь (к 1 и 3 знач.) *и* **потяжеле́ть**, -е́ю, -е́ешь (к 1 и 2 знач.).

ТЯЖЕЛОАТЛЕ́Т, -а, *м.* Спортсмен, занимающийся тяжёлой атлетикой.

ТЯЖЕЛОАТЛЕТИ́ЧЕСКИЙ, -ая, -ое. Относящийся к тяжёлой атлетике. *Тяжелоатлетические соревнования.*

ТЯЖЕЛОВЕ́С, -а, *м.* Спортсмен (борец, боксёр, тяжелоатлет) тяжёлой весовой категории. *Соревнования тяжеловесов.*

ТЯЖЕЛОВЕ́СНЫЙ, -ая, -ое; -сен, -сна. **1.** То же, что тяжёлый (в 1 и 3 знач.), а также массивный, громоздкий. *Тяжеловесные двери. Тяжеловесное сооружение. Т. поезд, состав* (с большим грузом). **2.** *перен.* О словесном выражении, стиле: лишённый изящества, лёгкости, трудный для понимания. *Т. слог. Тяжеловесные остроты. Выражаться тяжеловесно* (нареч.). ‖ *сущ.* **тяжелове́сность**, -и, *ж.* (ко 2 знач.).

ТЯЖЕЛОВО́З, -а, *м.* Рабочая лошадь особой породы, способная перевозить большие тяжести.

ТЯЖЕЛОДУ́М, -а, *м.* То же, что тугодум.

ТЯ́ЖЕСТЬ, -и, *ж.* **1.** *см.* тяжёлый. **2.** Сила притяжения тела к Земле или к другому небесному телу (спец.). *Сила тяжести.* **3.** обычно *мн.* Тяжёлый предмет.

ТЯЖЁЛЫЙ, -ая, -ое; -ёл, -ела́. **1.** Имеющий большой вес, отягощающий. *Т. груз. Т. чемодан. Тяжело* (нареч.) *нагруженный авто-*

мобиль. Тяжёлая пища (перен.: трудно перевариваемая). *Тяжёлое топливо* (нефть, керосин, мазут; спец.). *Тяжёлая рука у кого-н.* (перен.: больно бьёт). *Тяжёлая голова у кого-н.* (перен.: при недомогании). *С тяжёлым сердцем* (перен.: 1) то же, что скрепя сердце; 2) с ощущением беспокойства, озабоченности). **2.** Трудный, требующий большого труда, больших усилий. *Т. труд. Тяжёлая задача. Тяжёлая обязанность.* **3.** Грузный, лишённый лёгкости. *Тяжёлые шаги. Т. ум* (перен.: медлительный). *Т. слог* (перен.: тяжеловесный). **4.** Напряжённый, затруднительный; доставляющий беспокойство, неприятность. *Тяжёлое дыхание. Т. сон. Т. воздух* (несвежий). *Т. запах* (неприятный). **5.** Суровый, очень серьёзный. *Тяжёлое наказание. Тяжёлая вина. Тяжёлое преступление.* **6.** О болезненных, физиологических состояниях: опасный, очень серьёзный. *Тяжёлая рана. Т. больной* (в опасном состоянии). *Тяжёлые роды.* **7.** Горестный, мучительно-неприятный. *Тяжёлое чувство. Тяжёлое зрелище. Т. день* (напряжённый или неудачный). **8.** *полн. ф.* Неуживчивый, трудный (в 3 знач.). *Т. человек. Т. характер.* **9.** *полн. ф.* Относящийся к машинам или средствам вооружения большой мощности, силы. *Тяжёлое машиностроение. Т. танк. Тяжёлая самоходная артиллерия. Тяжёлая кавалерия.* ✦ **Тяжёл на подъём** *кто* (разг.) — с трудом решается идти, ехать, делать что-н. **Тяжёлая промышленность** — промышленность, производящая средства производства. ‖ *сущ.* **тя́жесть,** -и, *ж.* (к 1, 2, 3, 4, 5, 6 и 7 знач.).

ТЯ́ЖКИЙ, -ая, -ое; тя́жек, тяжка́, тя́жко; тягча́йший. Очень тяжёлый (во 2, 4, 5 и 7 знач.). *Т. труд. Т. характер. Тяжкое, тягчайшее преступление. Тяжкое зрелище. Тяжкие сомнения. Тяжкое предчувствие.* ✦ **Во все тяжкие пуститься** (разг.) — 1) начать делать что-н., используя все пути, возможности; 2) начать вести себя крайне предосудительно (о злоупотреблениях, пороках). ‖ *сущ.* **тя́жкость,** -и, *ж.* (устар.).

ТЯЖКОДУ́М, -а, *м.* (разг.). Тугодум, тяжелодум.

ТЯНУ́ТЬ, тяну́, тя́нешь; тя́нутый; *несов.* **1.** *кого-что.* Натягивать, тащить или расправлять; напрягаясь, тащить к себе. *Т. невод.* **2.** *что.* Изготовлять из металла волочением или обрабатывать таким образом металл (спец.). *Т. проволоку. Т. серебро.* **3.** *что.* То же, что вести (в 4 знач.). *Т. телефонную линию. Т. нитку газопровода* (строить газопровод). **4.** *кого-что.* Тащить, направляя куда-н. *Буксир тянет баржу. Т. кого-н. за рукав.* **5.** *что.* Протягивать, вытягивать. *Т. руку. Т. шею.* **6.** *перен., кого (что).* Усиленно содействовать, вытягивать (в 8 знач.) (разг.). *Т. приятеля по службе. Т. неуспевающего ученика.* **7.** *перен., кого (что).* Настойчиво просить, убеждать пойти или поехать куда-н. (разг.). *Т. в кино. Т. в гости.* **8.** (1 и 2 л. не употр.), *кого (что).* Влечь, привлекать. *Его тянет* (безл.) *к родным местам* (тянут родные места). *Тянет* (безл.) *ко сну* (перен.: хочется спать). **9.** (1 и 2 л. не употр.). Вытягивать газ, дым. *В печи хорошо тянет* (безл.). **10.** *безл., чем.* О струе воздуха, запахе: распространяться. *Тянет холодом из окна. Тянет дымом.* **11.** *что.* Всасывать, вбирать, поглощать. *Насос тянет воду. Т. пиво* (медленно пить). *Т. трубку* (курить, затягиваясь). *Т. все силы из кого-н.* (перен.). **12.** *что* и *с чем.* Медленно делать что-н., медлить с осуществлением чего-н., а также (разг.) делать что-н. медленно и с трудом. *Т. дело. Т. с ответом. Т. время. Т. до пенсии. Больной ещё тянет* (перен.: ещё жив). **13.** *что.* Говорить или петь медленно, протяжно. *Т. слова. Т. песню.* **14.** (1 и 2 л. не употр.). То же, что весить (в 1 знач.) (разг.). *Свёрток тянет пять килограмм.* **15.** *перен., на кого-что.* Удовлетворять необходимым требованиям, соответствовать чему-н. (разг.). *Исследование вполне тянет на диссертацию. Он не тянет на бригадира.* **16.** обычно *безл., что.* Вызывать ощущение тяжести, давления или боли. *Подтяжки тянут. Тянет* (безл.) *в плечах. Тянущая боль* (постоянная и тупая). **17.** Красть, тащить, брать незаметно, понемногу (разг.). ✦ **За́ душу тянуть** *кого* (разг.) — мучить, изводить. **Тянуть к ответу** (разг.) — привлекать к ответственности. ‖ *сов.* **потяну́ть,** -яну́, -я́нешь (к 7, 12, 14, 15 и 17 знач.). ‖ *сущ.* **тя́га,** -и, *ж.* (к 9 и спец. к 4 и 11 знач.). ‖ *прил.* **тяну́льный,** -ая, -ое (ко 2 знач; спец.). *Т. стол.*

ТЯНУ́ТЬСЯ, тяну́сь, тя́нешься; *несов.* **1.** (1 и 2 л. не употр.). Увеличиваться в длину, в ширину от натягивания. *Резина тянется.* **2.** Распрямлять уставшие от однообразного положения конечности, тело. **3.** (1 и 2 л. не употр.). То же, что простираться[1] (в 1 знач.). *За деревней тянутся поля.* **4.** (1 и 2 л. не употр.). То же, что длиться. *Дело тянется месяц. Время тянется однообразно. Прошлогодние запасы пока тянутся* (перен.: ещё есть; разг.). **5.** Вытягиваясь, направляться куда-н. *Цветок тянется к солнцу. Из трубы тянется дым.* **6.** *перен.* Стремиться, направляться к кому-чему-н. *Ребёнок тянется к матери. Т. к знаниям.* **7.** Волочиться, тащиться. *Подол тянется по полу.* **8.** (1 и 2 л. не употр.). Двигаться один за другим, вереницей. *Тянутся обозы.* **9.** *перен., за кем-чем.* Стремиться сравняться с кем-н. (в знаниях, умении) (разг.). *Т. за взрослыми.* **10.** (1 и 2 л. не употр.). О струе воздуха, о запахе: слабо распространяться. *С полей тянется запах сена.* ‖ *сов.* **потяну́ться,** -яну́сь, -я́нешься (ко 2 знач.).

ТЯНУ́ЧКА, -и, *ж.* Тягучая мягкая конфета из молока и сахара. *Сливочные тянучки.*

ТЯП: тяп да ляп или тяп-ляп (прост.) — употр. для обозначения быстрой, но небрежной работы. *Тяп-ляп и готово. Всё делает тяп да ляп.*

ТЯ́ПАТЬ, -аю, -аешь; *несов., кого-что* (прост.). Ударять, рубить. *Т. топором.* ‖ *однокр.* **тя́пнуть,** -ну, -нешь; -утый.

ТЯ́ПКА, -и, *ж.* **1.** Орудие для рубки чего-н. (напр. капусты, мяса), сечка (во 2 знач.). **2.** Род лёгкой мотыги для рыхления междурядий, цапка. ‖ *прил.* **тя́почный,** -ая, -ое.

ТЯ́ПНУТЬ, -ну, -нешь; -утый; *сов.* (прост.). **1.** *см.* тяпать. **2.** *кого-что.* Укусить, схватить зубами. *Т. за палец кого-н.* **3.** *что.* То же, что ляпнуть. **4.** *что* и *чего.* Выпить спиртного. *Т. рюмочку.*

ТЯ́ТЯ, -и, *род. мн.* -ей и **ТЯ́ТЬКА,** -и, *род. мн.* -тек, *м.* (обл. и прост.). То же, что отец (в 1 знач.). ‖ *ласк.* **тя́тенька,** -и, *м.*

У

У[1], [произн. протяжно], *межд.* Выражает укоризну или угрозу, а также удивление, страх и другие эмоции. *У, безобразник!*

У[2], *предлог с род. п.* **1.** *кого-чего.* Возле, совсем около. *Дом у самого берега. Стоять у ворот. У пульта* (быть, сидеть за пультом). **2.** *кого (чего).* Употр. при указании лиц, в среде к-рых или в пределах деятельности, обладания, понимания к-рых, или же в пределах принадлежности к-рым что-н. происходит, имеется. *Шить пальто у портного. Жить у родителей. Учиться у мастера. Работать у нас хорошо. Смотри ты у меня!* (выражение угрозы; разг.). **3.** *кого-чего.* Употр. для обозначения субъекта, совершающего действие или испытывающего состояние. *У бригадира много дел. У больного жар. У певца сильный голос.* **4.** *чего.* Употр. при указании предметов, к-рым свойственно или принадлежит что-н., к-рые обладают какими-н. признаками. *Ящик у стола выдвижной. Ворота у гаража.* **5.** *кого (чего).* Указывает на источник получения, происхождения чего-н. *Узнать у товарища. Купить книгу у букиниста.*

У..., *приставка.* **I.** Образует глаголы со знач.: 1) направления движения от чего-н. в сторону, напр. *угнать, ускакать, уползти, улететь;* 2) направления действия, движения внутрь чего-н., напр. *уместить, уложить;* 3) покрытия чего-н. сплошь, со всех сторон, напр. *усыпать, усеять;* 4) убавления, сокращения чего-н., напр. *ушить, усохнуть, утесать;* 5) с постфиксом *-ся* — доведения до нежелательного состояния, напр. *убегаться, умаяться, уходиться;* 6) собственно предела действия, напр. *ужалить, укомплектовать, урегулировать, усовершенствовать.* **II.** Образует существительные со знач. совокупности продукта, напр. *удой, укос, умолот, улов,* а также отдельные существительные, напр. *усадка, угорье.*

УА́ЗИК, -а, *м.* (разг.). Автомобиль марки УАЗ.

УБА́ВИТЬ, -влю, -вишь; -вленный; *сов.* **1.** *кого-что* и *чего.* Отняв часть, уменьшить, понизить; ослабить. *У. премию. У. спеси. У. помощников.* **2.** *что* и *чего.* Уменьшить размер, вес, количество, скорость чего-н. *У. цену. У. шаг* (пойти медленнее). *У. скорость. У. вес (в весе).* **3.** *что.* Сделать у́же, короче (какую-н. часть одежды). *У. рукав. У. в плечах.* ✦ **Ни убавить, ни прибавить** (разг.) — всё так, точно, соответствует действительности. ‖ *несов.* **убавля́ть,** -я́ю, -я́ешь. ‖ *сущ.* **убавле́ние,** -я, *ср.* и **уба́вка,** -и, *ж.* (к 1 знач.; разг.).

УБА́ВИТЬСЯ (-влюсь, -вишься, 1 и 2 л. не употр.), -вится; *сов.* **1.** Стать меньше по числу, количеству. *Доходы убавились. Забот убавилось* (безл.). *Воды в озере убавилось* (безл.). **2.** Сократиться, стать меньше по величине, размеру, убыть (в 1 знач.). *К осени дни убавились. Вес убавился.* ‖ *несов.* **убавля́ться** (-я́юсь, -я́ешься, 1 и 2л. не употр.), -я́ется. ‖ *сущ.* **убавле́ние,** -я, *ср.*

УБАЮ́КАТЬ, -аю, -аешь; -анный; *сов., кого-что.* **1.** *см.* баюкать. **2.** То же, что усыпить (в 4 знач.) (разг.). *У. чью-н. совесть.*

УБАЮ́КИВАТЬ, -аю, -аешь; *несов., кого-что.* То же, что баюкать. ‖ *сущ.* **убаю́кивание,** -я, *ср.*

УБЕДИ́ТЕЛЬНЫЙ, -ая, -ое; -лен, -льна. **1.** Заставляющий убедиться в чём-н., доказательный. *У. ответ. У. довод.* **2.** *полн. ф.* Настоятельный, настойчивый. *Убедительная просьба. Убедительно* (нареч.) *прошу.* ‖ *сущ.* **убеди́тельность,** -и, *ж.* (к 1 знач.).

УБЕДИ́ТЬ, 1 л. ед. не употр., -и́шь; -еждённый (-ён, -ена́); *сов., кого (что).* **1.** *в чём.* Заставить поверить чему-н. *У. в своей правоте.* **2.** *с неопр.* и *с союзом «чтобы».* Уговаривая, склонить к чему-н., заставить сделать что-н. *У. кого-н. лечиться (чтобы лечился).* ‖ *несов.* **убежда́ть,** -а́ю, -а́ешь. ‖ *сущ.* **убежде́ние,** -я, *ср.*

УБЕДИ́ТЬСЯ, 1 л. ед. не употр., -и́шься; *сов., в чём.* Поверить во что-н., стать убеждённым в чём-н. *У. в искренности со-*

беседника. Убедился, что ты прав. ‖ *несов.* **убеждáться,** -áюсь, -áешься. ‖ *сущ.* **убеждéние,** -я, *ср.*

УБЕЖА́ТЬ, -егу́, -ежи́шь, -егу́т; *сов.* **1.** Уйти, удалиться откуда-н. бегом; бегом отправиться куда-н. *Дети убежали из дома в сад. Убежали ночные тени* (перен.). *Убежала молодость* (перен.). **2.** Уйти тайком, незаметно откуда-н.; спастись бегством. *Зверь убежал из клетки. У. из дома. У. из плена.* **3.** (1 и 2 л. не употр.). Простираясь, уходя вдаль, исчезнуть. *Ручей убежал в овраг. Тропинка убежала в низину.* **4.** (1 и 2 л. не употр.). То же, что уйти (в 10 знач.) (разг.). *Молоко убежало.* ‖ *несов.* **убегáть,** -áю, -áешь.

УБЕЖДЕ́НИЕ, -я, *ср.* **1.** *см.* убедить, -ся. **2.** Прочно сложившееся мнение, уверенный взгляд на что-н., точка зрения. *Политические убеждения. Отстаивать свои убеждения.*

УБЕЖДЁННЫЙ, -ая, -ое; -ён. **1.** Твёрдо уверенный в чём-н.; выражающий уверенность. *У. тон. Убеждён в своей правоте. Убеждённо* (нареч.) *доказывать что-н.* **2.** *полн. ф.* Непоколебимый в своих убеждениях. *У. материалист.* ‖ *сущ.* **убеждённость,** -и, *ж.*

УБЕ́ЖИЩЕ, -а, *ср.* **1.** Место, где можно укрыться, найти приют, спасение от чего-н. (книжн.). *Искать убежища. У. от дождя. У. альпинистов.* **2.** Специально оборудованное помещение или сооружение для укрытия от средств поражения — пуль, бомб, снарядов, отравляющих веществ. *Уйти в у.* ✦ **Право убежища** (спец.) — право государства разрешать въезд и пребывание на своей территории иностранцам, преследуемым за их политическую или научную деятельность.

УБЕЛИ́ТЬ (-лю́, -ли́шь, 1 и 2 л. не употр.), -ли́т; -лённый (-ён, -ена́); *сов., кого-что* (книжн.). Сделать белым (преимущ. о седине, снеге). *Седина убелила виски. Убелённый сединами. Снег убелил поля.* ‖ *несов.* **убеля́ть** (-я́ю, -я́ешь, 1 и 2 л. не употр.), -я́ет.

УБЕРЕ́ЧЬ, -егу́, -ежёшь, -егу́т; -ёг, -егла́; -ёгший; -ежённый (-ён, -ена́); -ёгши; *сов., кого-что.* Сберечь, сохранить в целости, предохранить от чего-н. опасного, нежелательного. *У. урожай от потерь. У. ребёнка от простуды.* ‖ *несов.* **уберегáть,** -áю, -áешь. ‖ *возвр.* **уберéчься,** -егу́сь, -ежёшься, -егу́тся; -ёгся, -егла́сь; *несов.* **уберегáться,** -áюсь, -áешься.

УБИВА́ТЬ *см.* убить.

УБИВА́ТЬСЯ, -áюсь, -áешься; *несов.* (прост.). **1.** *о ком-чём, по кому-чему* и *(устар.) по ком-чём.* Сильно горевать, быть в горе, в отчаянии. *У. об умершем.* **2.** Не жалея себя, отдавать все силы чему-н. *У. ради семьи.*

УБИ́ЙСТВЕННЫЙ, -ая, -ое; -вен. **1.** То же, что смертоносный (устар.). *Убийственные стрелы.* **2.** *перен.* Вредный, тяжёлый, крайне неприятный или губительный. *У. результат. Убийственная новость.* **3.** *перен.* Крайний, чрезвычайный (о чём-н. неприятном, отрицательном) (разг.). *Убийственная жара.* ‖ *сущ.* **убийственность,** -и, *ж.* (ко 2 и 3 знач.).

УБИ́ЙСТВО, -а, *ср.* Преступное, умышленное или по неосторожности, лишение жизни. *Осуждён за у. У. из-за угла. Политическое у.* (по политическим мотивам).

УБИ́ЙЦА, -ы, *м.* и *ж.* Тот, кто совершил убийство. *Наёмный у. У. брата.*

УБИРА́ТЬ, -СЯ *см.* убрать, -ся.

УБИ́ТЫЙ, -ая, -ое. **1.** *уби́тый,* -ого, *м.* Человек, к-рого убили. *В бою много раненых и убитых. Снять оружие с убитого. Как у.* (о том, кто находится в состоянии полной неподвижности, апатии, а также в потрясении, горе). *Спит как у.* (очень крепко). **2.** *перен.* Выражающий полное отчаяние. *С. убитым видом.* ‖ *ж.* **убитая,** -ой (к 1 знач.), ‖ *сущ.* **уби́тость,** -и, *ж.* (ко 2 знач.).

УБИ́ТЬ, убью́, убьёшь; убе́й; уби́тый; *сов.* **1.** *кого (что).* Лишить жизни. *У. из автомата. Грозиться у. У. зверя.* **2.** *перен., кого (что).* Привести в полное отчаяние, в состояние безнадёжности. *У. кого-н. отказом. Горестное известие его убило.* **3.** *перен., что.* Уничтожить, подавить (книжн.). *У. надежду, волю. У. талант в ком-н.* (не дать развиться). *У. интерес в ком-н.* **4.** *что.* Потратить, израсходовать непроизводительно (разг.). *Убитые деньги* (потраченные зря). *У. время* (1) потратить зря; 2) заполнить ничем не занятое время каким-н. случайным занятием). **5.** *что.* Выигрывая, покрыть карту партнёра (разг.). *У. туза.* **6.** **убе́й(те).** Употр. в отриц. предложении со знач.: 1) совершенно (разг.). *Убей, ничего не понимаю;* 2) ни за что, ни при каких обстоятельствах (разг.). *Убейте, не поеду.* ✦ **Не убий** (высок.) — одна из заповедей закона Божия, запрещающая убийство человека. **Убитый богом** или **бог убил** *кого* (устар. разг.) — о глуповатом, странном человеке. **Убей меня бог** (прост.) — клятвенное уверение в правильности своих слов. *Своими глазами видел, убей меня бог!* **Хоть убей(те)** (разг.) — то же, что убей(те)(см. убить в 6 знач.). *Хоть убей, не видно дороги. Хоть убей, не скажу.* ‖ *несов.* **убивáть,** -áю, -áешь (к 1, 2, 3, 4 и 5 знач.). ‖ *сущ.* **убивáние,** -я, *ср.* (к 3, 4 и, обычно не о людях, к 1 знач.), **убиéние,** -я, *ср.* (к 1 и 3 знач.; устар. высок.) *и* **убо́й,** -я, *м.* (к 1 знач.; не о людях; устар. и спец.). ‖ *прил.* **убо́йный,** -ая, -ое (к 1 знач.; спец.). *Убойное действие осколка.*

УБИ́ТЬСЯ, убью́сь, убьёшься; убе́йся; *сов.* (прост.). Сильно ушибиться, удариться. *У. о косяк. У. до смерти.* ✦ **Убиться можно!** — выражение крайнего удивления, положительного или отрицательного отношения к чему-н.

УБЛАГОТВОРИ́ТЬ, -рю́, -ри́шь; -рённый (-ён, -ена́); *сов., кого (что)* (устар. и шутл.). Сделать вполне довольным, удовлетворённым. ‖ *несов.* **ублаготворя́ть,** -я́ю, -я́ешь. ‖ *сущ.* **ублаготворéние,** -я, *ср.*

УБЛАЖИ́ТЬ, -жу́, -жи́шь; -жённый (-ён, -ена́); *сов., кого (что)* (разг.). Угождая, удовлетворить чем-н., доставить удовольствие. *У. старика.* ‖ *несов.* **ублажáть,** -áю, -áешь. ‖ *сущ.* **ублажéние,** -я, *ср.*

УБЛЮ́ДОК, -дка, *м.* **1.** Непородистое животное, помесь (устар.). **2.** *перен.* Незаконнорождённый ребёнок (устар. бран.). **3.** *перен.* Человек с низкими, животными инстинктами, выродок (прост. презр.). *Фашистские ублюдки.*

УБЛЮ́ДОЧНЫЙ, -ая, -ое; -чен, -чна. Уродливый и неполноценный. ‖ *сущ.* **ублю́дочность,** -и, *ж.*

УБО́ГИЙ, -ая, -ое; -óг. **1.** Крайне бедный, нищенский. *Убогое жилище. Убогое воображение* (перен.). **2.** Немощный, увечный, жалкий на вид (разг.). *Убогая старуха. Убогого* (сущ.) *обидели.* ‖ *сущ.* **убо́гость,** -и, *ж.*

УБО́ЖЕСТВО, -а, *ср.* **1.** Физический недостаток (устар.). **2.** *перен.* Ничтожность, скудость, посредственность. *У. мысли.*

УБО́Й, -я, *м.* (спец.). **1.** *см.* убить. **2.** Убивание животных для получения продуктов животноводства и звероводства. *У. скота. На у. кормить* (также перен.: сытно, обильно; разг. шутл.). *Посылать на у. кого-н.* (перен.: на бессмысленную гибель). ‖ *прил.* **убо́йный,** -ая, -ое. *У. пункт* (предприятие по убою скота). *У. вес* (вес туши без кожи, внутренностей, головы и ног).

УБО́ЙНЫЙ, -ая, -ое. **1.** *см.* убить *и* убой. **2.** Предназначенный для убоя (спец.). *У. скот.* **3.** Смертоносный, поражающий (об артиллерийском, ружейном огне). *У. артиллерийский огонь.* ‖ *сущ.* **убо́йность,** -и, *ж.*

УБО́Р, -а, *м.* (устар.). То же, что убранство (во 2 знач.). *Свадебный у. Осенний у. леса* (перен.). ✦ **Головной убор** — общее название предметов одежды для головы (фуражка, шапка, шляпа, кепка, платок).

УБО́РИСТЫЙ, -ая, -ое; -ист. Тесный (в 3 знач.), вмещающий много букв в строку. *У. почерк. У. шрифт. Убористо* (нареч.) *писать.* ‖ *сущ.* **убо́ристость,** -и, *ж.*

УБО́РКА, УБО́РОЧНЫЙ *см.* убрать, -ся.

УБО́РНАЯ, -ой, *ж.* **1.** Комната в театре, где актёры одеваются, готовятся к выходу на сцену. *Артистическая у.* **2.** Помещение для отправления естественных надобностей. *Женская, мужская у.*

УБО́РОЧНАЯ, -ой, *ж.* Время уборки урожая, уборочная пора.

УБО́РЩИК, -а, *м.* **1.** Работник, к-рый производит уборку, убирает, убирается где-н. *У. помещения.* **2.** Работник, к-рый уносит, относит, убирает что-н. в сторону от чего-н. *У. отходов.* ‖ *ж.* **убо́рщица,** -ы. ‖ *прил.* **убо́рщицкий,** -ая, -ое.

УБОЯ́ТЬСЯ, -ою́сь, -ои́шься; *сов., кого-чего* (устар. и ирон.). Устрашиться, испугаться. *У. греха. У. бездны премудрости* (отступить перед трудностями учения).

УБРА́НСТВО, -а, *ср.* **1.** Отделка, обстановка, внешний вид. *Праздничное у. города. Скромное у. дома. Богатое у. стола.* **2.** Одежда, наряд (устар.). *Странное, старомодное у. Зимнее у. леса* (перен.).

УБРА́ТЬ, уберу́, уберёшь; -áл, -ала́, -áло; у́бранный; *сов.* **1.** *что.* Унести, удалить, поместив куда-н. *У. книги в шкаф. У. посуду со стола. У. мусор* (очистить от мусора помещение, какую-н. территорию). *У. отходы.* **2.** *что.* Сжав, скосив, собрав, увезти, поместить на хранение (сельскохозяйственные культуры). *У. урожай. У. зерновые. У. огород.* **3.** *кого-что.* Исключить, изъять (о человеке — разг.). *У. из повести длинноты. Уберите от нас этого бездельника. У. предателя* (убить). **4.** *что.* Привести в порядок. *У. помещение.* **5.** *кого-что.* Украсить, нарядить (о человеке — устар.). *У. комнату цветами. У. невесту.* ‖ *несов.* **убирáть,** -áю, -áешь. ‖ *сущ.* **убо́рка,** -и, *ж.* (к 1, 2 и 4 знач.) *и* **убирáние,** -я, *ср.* (к 1, 3 и 5 знач.). ‖ *прил.* **убо́рочный,** -ая, -ое (ко 2 знач. и в нек-рых сочетаниях к 1 знач.). *Уборочная машина* (для уборки улиц). *Уборочная страда.*

УБРА́ТЬСЯ, уберу́сь, уберёшься; -áлся, -ала́сь, -ало́сь *и* -áлось; *сов.* **1.** Привести в порядок что-н., произвести уборку, убрать (в 4 знач.) что-н. (разг.). *У. в квартире. У. к празднику.* **2.** То же, что нарядиться (о человеке — устар.). *У. в праздничный наряд.* **3.** То же, что уйти (в 1 знач.) (прост.). *У. восвояси.* ‖ *несов.* **убирáться,** -áюсь, -áешься. *Убирайся отсюда!* (уходи вон, прочь, проваливай!; разг.). ‖ *сущ.* **убо́рка,** -и, *ж.* (к 1 знач.). ‖ *прил.* **убо́рочный,** -ая, -ое (к 1 знач.) *и* **убо́рный,** -ая, -ое (ко 2 знач.;

устар.). *Уборочный день* (день уборки помещения). *Уборный столик* (туалетный).

УБЫВА́ТЬ *см.* убыть.

У́БЫЛЬ, -и, *ж.* **1.** Уменьшение чего-н. (в количестве, величине, уровне). *У. воды в реке. Жара идёт на у.* (спадает). **2.** Убывшее количество кого-чего-н. *Пополнение убыли в рабочей силе.*

УБЫСТРЁННЫЙ, -ая, -ое; -ён. Осуществляющийся быстрее обычного, ускоренный. *У. темп. Убыстрённые шаги.* ‖ *сущ.* **убыстрённость**, -и, *ж.*

УБЫСТРИ́ТЬ, -рю́, -ри́шь; -рённый (-ён, -ена́); *сов., что.* То же, что ускорить (в 1 знач.). *У. шаг.* ‖ *несов.* **убыстря́ть**, -я́ю, -я́ешь. ‖ *сущ.* **убыстре́ние**, -я, *ср.*

УБЫСТРИ́ТЬСЯ (-рю́сь, -ри́шься, 1 и 2 л. не употр.), -ри́тся; *сов.* То же, что ускориться (в 1 знач.). *Пульс убыстрился. Движение убыстрилось.* ‖ *несов.* **убыстря́ться** (-я́юсь, -я́ешься, 1 и 2 л. не употр.), -я́ется. ‖ *сущ.* **убыстре́ние**, -я, *ср.*

УБЫ́ТОК, -тка (-тку), *м.* Потеря, ущерб, урон. *Терпеть или нести убытки. Возместить убытки. Продать без убытка. Быть в убытке. Себе в у.* (в ущерб самому себе; разг.).

УБЫ́ТОЧНЫЙ, -ая, -ое; -чен, -чна. Приносящий убыток, убытки. *Убыточное дело.* ‖ *сущ.* **убы́точность**, -и, *ж.*

УБЫ́ТЬ, убу́ду, убу́дешь; у́был, убыла́, у́было; убы́вший; *сов.* **1.** (1 и 2 л. не употр.). Уменьшиться (в количестве, величине, уровне). *Вода убыла. Силы убыли. Тебя от этого не убудет* (перен.: тебе это не принесёт вреда, беспокойства; разг.). **2.** Выбыть из состава чего-н. (офиц.). *У. по болезни. У. из полка.* ‖ *несов.* **убыва́ть**, -а́ю, -а́ешь. ‖ *сущ.* **убыва́ние**, -я, *ср.* (к 1 знач.) *и* **убы́тие**, -я, *ср.* (ко 2 знач.).

УВАЖА́ТЬ, -а́ю, -а́ешь; *несов.* **1.** *кого-что.* Относиться с уважением к кому-чему-н. *У. старших. У. чьи-н. седины* (т. е. старость; высок.). *Всеми уважаемый человек. Уважаемый товарищ!* (вежливое обращение). *Послушайте, уважаемый!* (фамильярное обращение). **2.** *кого-что.* Считаться (во 2 знач.) с кем-чем-н., принимать во внимание и соблюдать что-н., чьи-н. интересы. *У. чужой труд. У. окружающих.* **3.** *что.* Любить (во 2 знач.), иметь пристрастие к чему-н. (прост.). *Селёдочку уважаю.*

УВАЖЕ́НИЕ, -я, *ср.* Почтительное отношение, основанное на признании чьих-н. достоинств. *Достоин уважения кто-н. Питать у. к кому-н. Сделать что-н. из уважения (в знак уважения). Пользоваться общим уважением. Взаимное у.*

УВАЖИ́ТЕЛЬНЫЙ, -ая, -ое; -лен, -льна. **1.** Оказывающий, выражающий уважение кому-н. *Уважителен к старшим. У. тон. Уважительное отношение.* **2.** Достаточный для оправдания чего-н., основательный. *Уважительная причина.* ‖ *сущ.* **уважи́тельность**, -и, *ж.*

УВА́ЖИТЬ, -жу, -жишь; -женный; *сов.* **1.** *что.* Исполнить (чью-н. просьбу, пожелание) из уважения, расположения к кому-н. (разг.) *У. чью-н. просьбу.* **2.** *кого (что).* Оказать кому-н. уважение, выполнив его желание (прост.). *У. старика.*

УВА́Л, -а, *м.* Узкая и удлинённая возвышенность с пологими склонами и плоской вершиной. *Песчаные увалы.* ‖ *прил.* **ува́льный**, -ая, -ое.

У́ВАЛЕНЬ, -льня, *м.* (разг.). Неуклюжий и неповоротливый человек. *У. ты этакий!*

УВАРИ́ТЬ, уварю́, ува́ришь; ува́ренный; *сов., что* (разг.). Сварить до готовности. *У. мясо.* ‖ *несов.* **ува́ривать**, -аю, -аешь. ‖ *сущ.* **ува́ривание**, -я, *ср.*

УВАРИ́ТЬСЯ (уварю́сь, ува́ришься, 1 и 2 л. не употр.), ува́рится; *сов.* (разг.). **1.** Свариться до готовности. *Каша хорошо уварилась.* **2.** Уменьшиться от варки. *Грибы уварились наполовину.* ‖ *несов.* **ува́риваться** (-аюсь, -аешься, 1 и 2 л. не употр.), -ается. ‖ *сущ.* **ува́ривание**, -я, *ср. и* **ува́рка**, -и, *ж.* (ко 2 знач.).

УВЕ́ДОМИТЬ, -млю, -мишь; -мленный; *сов., кого (что) о чём* (устар. и книжн.). То же, что известить. *У. о времени приезда.* ‖ *несов.* **уведомля́ть**, -я́ю, -я́ешь; ‖ *сущ.* **уведомле́ние**, -я, *ср.* ‖ *прил.* **уведоми́тельный**, -ая, -ое.

УВЕДОМЛЕ́НИЕ, -я, *ср.* **1.** *см.* уведомить. **2.** Документ, к-рым уведомляют о чём-н. (офиц.). *Получить у. по почте. Письмо с уведомлением о вручении.*

УВЕЗТИ́, -зу́, -зёшь; -ёз, -езла́; увёзший; -зённый (-ён, -ена́); -езя́; *сов., кого-что.* Уезжая, взять с собой; везя, удалить откуда-н. *У. вещи с дачи. У. детей в деревню. Автобус увёз пассажиров.* ‖ *несов.* **увози́ть**, -ожу́, -о́зишь. ‖ *сущ.* **уво́з**, -а, *м.*

УВЕКОВЕ́ЧИТЬ, -чу, -чишь; -ченный; *сов.* (книжн.). **1.** *кого-что.* Сделать навечно памятным, прославить. *У. память героев.* **2.** *что.* Сделать неизменным, незыблемым, вечным. *Увековеченные обычаи.* ‖ *несов.* **увекове́чивать**, -аю, -аешь. ‖ *сущ.* **увекове́чение**, -я, *ср.*

УВЕЛИЧИ́ТЕЛЬНЫЙ, -ая, -ое. **1.** *см.* увеличить. **2.** В словообразовании: относящийся к образованию существительных и прилагательных, обозначающих бо́льшую величину, степень качества, а также эмоциональное отношение (напр. дом — домище, большой — большущий, здоровый — здоровенный). *У. суффикс.*

УВЕЛИ́ЧИТЬ, -чу, -чишь; -ченный; *сов., что.* **1.** Сделать больше (по величине, объёму, количеству). *У. число участников. У. выпуск товаров.* **2.** Сделать крупнее (изображение). *У. под микроскопом. У. фотоснимок.* ‖ *несов.* **увели́чивать**, -аю, -аешь. ‖ *сущ.* **увеличе́ние**, -я, *ср.* ‖ *прил.* **увеличи́тельный**, -ая, -ое (ко 2 знач.). *Увеличительное стекло.*

УВЕЛИ́ЧИТЬСЯ, -чусь, -чишься; *сов.* Стать больше (по величине, объёму, количеству), возрасти. *Численность животных увеличилась.* ‖ *несов.* **увели́чиваться**, -аюсь, -аешься. ‖ *сущ.* **увеличе́ние**, -я, *ср.*

УВЕНЧА́ТЬ *см.* венчать.

УВЕНЧА́ТЬСЯ (-а́юсь, -а́ешься, 1 и 2 л. не употр.), -а́ется; *сов., чем* (книжн.). Завершиться чем-н. хорошим. *Дело увенчалось успехом.* ‖ *несов.* **уве́нчиваться** (-аюсь, -аешься, 1 и 2 л. не употр.), -ается.

УВЕ́НЧИВАТЬ, -аю, -аешь; *несов., кого-что* (книжн.). То же, что венчать (в 1 и 2 знач.). *У. лавровым венком. Башню увенчивает звезда.* ‖ *сущ.* **уве́нчивание**, -я, *ср.*

УВЕ́РЕННОСТЬ, -и, *ж.* **1.** *см.* уверенный. **2.** Твёрдая вера в кого-что-н., убеждённость. *Чувство уверенности. У. в своих силах. У. в друзьях.*

УВЕ́РЕННЫЙ, -ая, -ое; -рен. Твёрдый, не колеблющийся, не сомневающийся. *У. шаг. У. ответ. Уверен в себе* (не сомневается в своих силах, возможностях). ✦ **Будьте уверены** (разг.) — выражение уверенного утверждения. *Он справится, будьте уверены.* ‖ *сущ.* **уве́ренность**, -и, *ж.*

УВЕ́РИТЬ, -рю, -ришь; -ренный; *сов., кого (что) в чём.* То же, что убедить (в 1 знач.). *У. в своей правоте. Смею вас у.* (заверяю вас). ‖ *несов.* **уверя́ть**, -я́ю, -я́ешь. *Уверяю тебя, что я прав.* ‖ *сущ.* **увере́ние**, -я, *ср.* ‖ *прил.* **увери́тельный**, -ая, -ое (устар.).

УВЕ́РИТЬСЯ, -рюсь, -ришься; *сов., в чём.* Убедиться, удостовериться. *У. в чьей-н. преданности.* ‖ *несов.* **уверя́ться**, -я́юсь, -я́ешься.

УВЕРНУ́ТЬСЯ, -ну́сь, -нёшься; *сов.* **1.** *от кого-чего.* Отклонившись в сторону, избегнуть чего-н. (столкновения, удара). *У. от удара.* **2.** *перен., от чего.* То же, что увильнуть (во 2 знач.) (разг.). *У. от прямого ответа.* ‖ *несов.* **увёртываться**, -аюсь, -аешься *и* **увора́чиваться**, -аюсь, -аешься.

УВЕ́РОВАТЬ, -рую, -руешь; *сов., в кого-что* (книжн.). Окончательно поверить во что-н. *У. в успех.*

УВЕРТЮ́РА, -ы, *ж.* **1.** Оркестровое вступление к опере, балету, драматическому спектаклю, фильму. *Оперная у.* **2.** Одночастное музыкальное произведение (обычно относящееся к программной музыке). ‖ *прил.* **увертю́рный**, -ая, -ое.

УВЕСЕЛЕ́НИЕ, -я, *ср.* **1.** *см.* увеселять. **2.** Развлечение, зрелище, к-рое доставляет удовольствие. *Массовые народные увеселения.*

УВЕСЕЛЯ́ТЬ, -я́ю, -я́ешь; *несов., кого (что).* Развлекать, забавлять, доставлять удовольствие. ‖ *сов.* **увесели́ть**, -лю́, -ли́шь; -лённый (-ён, -ена́) (устар.). ‖ *сущ.* **увеселе́ние**, -я, *ср.* ‖ *прил.* **увесели́тельный**, -ая, -ое.

УВЕ́СИСТЫЙ, -ая, -ое; -ист (разг.). Очень тяжёлый, большого веса. *У. камень У. том* (большой, толстый). *У. удар* (перен.: очень сильный). ‖ *сущ.* **уве́систость**, -и, *ж.*

УВЕСТИ́, -еду́, -едёшь; -ёл, -ела́; -ёдший; -едённый (-ён, -ена́); -едя́; *сов.* **1.** *кого (что).* Уходя, взять с собой, повести за собой. *У. детей с собой.* **2.** *кого (что).* Ведя, удалить откуда-н. *У. коня в конюшню. Уведи его отсюда. Дорога увела нас к реке* (перен.). **3.** *кого-что.* То же, что угнать (во 2 знач.), а также (прост. шутл.) вообще украсть. *От дверей увели велосипед. Спрячь кошелёк, а то кто-н. уведёт.* **4.** *перен., кого (что).* То же, что отбить (в 3 знач.) (прост.). ‖ *несов.* **уводи́ть**, -ожу́, -о́дишь. ‖ *сущ.* **уво́д**, -а, *м.* (к 1, 2 и 4 знач.).

УВЕ́ЧИТЬ, -чу, -чишь; *несов., кого-что.* Наносить увечья кому-н., калечить. ‖ *возвр.* **уве́читься**, -чусь, -чишься.

УВЕ́ЧНЫЙ, -ая, -ое; -чен, -чна (устар.). Имеющий увечья. *Больные и увечные* (сущ.). ‖ *сущ.* **уве́чность**, -и, *ж.*

УВЕ́ЧЬЕ, -я, *род. мн.* -чий, *ср.* Тяжёлое телесное повреждение. *Нанести у. кому-н. Трудовое у.* (полученное в результате несчастного случая на работе; спец.).

УВЕ́ШАТЬ, -аю, -аешь; -анный; *сов., кого-что.* Вешая что-н. на кого-что-н., покрыть, закрыть. *У. стены картами. Вся ёлка увешана игрушками. Грудь, увешанная орденами.* ‖ *несов.* **уве́шивать**, -аю, -аешь. ‖ *возвр.* **уве́шаться**, -аюсь, -аешься (разг.); *несов.* **уве́шиваться**, -аюсь, -аешься. ‖ *сущ.* **уве́шивание**, -я, *ср.*

УВЕЩА́НИЕ, -я, *ср.* **1.** *см.* увещать. **2.** Внушение, наставление. *Родительские увещания.*

УВЕЩА́ТЬ, -а́ю, -а́ешь; *несов., кого (что).* Уговаривать, советуя и убеждая. ‖ *сущ.* **увеща́ние**, -я, *ср.*

УВЕЩЕВА́НИЕ, -я, *ср.* (устар.). **1.** *см.* увещевать. **2.** То же, что увещание (во 2 знач.).

УВЕЩЕВА́ТЬ, -а́ю, -а́ешь; *несов., кого (что)* (устар.). То же, что увещать. ‖ *сущ.* **увещева́ние**, -я, *ср.* ‖ *прил.* **увещева́тельный**, -ая, -ое (устар.). *Увещевательные наставления. У. тон* (назидательный).

УВЁРТКА, -и, *ж.* (разг.). Хитрость, уловка. *Говори без увёрток. В ход пошли увёртки, обман.*

УВЁРТЛИВЫЙ, -ая, -ое; -ив (разг.). Умеющий увёртываться, ловкий. *У. парень.* ‖ *сущ.* **увёртливость**, -и, *ж.*

УВИВА́ТЬ *см.* увить.

УВИВА́ТЬСЯ, -а́юсь, -а́ешься; *несов.* (разг.). Постоянно быть где-н. или около кого-н., добиваясь чего-н. или ухаживая. *У. около начальства. Парни за девушкой так и увиваются.*

УВИДА́ТЬ, -СЯ *см.* видать[1], -ся.

УВИ́ДЕТЬ, -СЯ *см.* видеть, -ся.

УВИЛЬНУ́ТЬ, -ну́, -нёшь; *сов.* (разг.). **1.** *от кого-чего.* Ловко повернувшись, увернувшись, избегнуть чего-н. (столкновения, удара). *У. от удара.* **2.** *перен., от чего.* Устраниться от чего-н., прибегнув к хитрости, к уловкам, отвильнуть. *У. от ответа.* ‖ *несов.* **увиливать**, -аю, -аешь. ‖ *сущ.* **увиливание**, -я, *ср.*

УВИ́ТЬ, увью́, увьёшь; -и́л, -ила́, -и́ло; уве́й; уви́тый (-и́т, -ита́ *и* разг. -и́та, -и́то); *сов., кого-что.* Обвить по всей поверхности. *Изгородь увита плющом.* ‖ *несов.* **увива́ть**, -а́ю, -а́ешь.

УВЛАЖНИ́ТЬ, -ню́, -ни́шь; -нённый (-ён, -ена́); *сов., что.* Сделать влажным, влажнее. *Дождь увлажнил землю.* ‖ *несов.* **увлажня́ть**, -я́ю, -я́ешь. ‖ *сущ.* **увлажне́ние**, -я, *ср.* ‖ *прил.* **увлажни́тельный**, -ая, -ое.

УВЛАЖНИ́ТЬСЯ (-ню́сь, -ни́шься, 1 и 2 л. не употр.), -ни́тся; *сов.* Стать влажным. *Почва увлажнилась. Глаза увлажнились слезами* (показались слёзы; книжн.). ‖ *несов.* **увлажня́ться** (-я́юсь, -я́ешься, 1 и 2 л. не употр.), -я́ется. ‖ *сущ.* **увлажне́ние**, -я, *ср.*

УВЛЕКА́ТЕЛЬНЫЙ, -ая, -ое; -лен, -льна. Способный увлечь (во 2 и 3 знач.), занимательный. *У. рассказ. Увлекательная прогулка.* ‖ *сущ.* **увлека́тельность**, -и, *ж.*

УВЛЕЧЕ́НИЕ, -я, *ср.* **1.** Одушевление, воодушевление. *Работать с увлечением.* **2.** *кем-чем.* Большой интерес к кому-чему-н. *У. спортом. Мир чьих-н. увлечений.* **3.** Сердечное влечение к кому-н., влюблённость. *Это было у., а не любовь.*

УВЛЕЧЁННЫЙ, -ая, -ое; -ён. Целиком отдавшийся какой-н. идее, занятию, чувству. *У. исследователь.* ‖ *сущ.* **увлечённость**, -и, *ж.*

УВЛЕ́ЧЬ, -еку́, -ечёшь, -еку́т; -ёк, -екла́; -еки́; -ёкший; -ечённый (-ён, -ена́); -ёкши; *сов.* **1.** *кого-что.* Увести, унести с собой, захватив, подхватив. *Толпа увлекла гуляющих на площадь. Поток воды увлёк лодку.* **2.** *перен., кого (что).* Заставить целиком отдаться чему-н., сделать увлечённым. *Работа увлекла его.* **3.** *перен., кого (что).* Сильно заинтересовать, захватить (в 4 знач.). *У. зрителей игрой.* **4.** *кого (что).* Привлекая чем-н., заставить влюбиться. *У. девушку.* ‖ *несов.* **увлека́ть**, -а́ю, -а́ешь.

УВЛЕ́ЧЬСЯ, -еку́сь, -ечёшься, -еку́тся; -ёкся, -екла́сь; -еки́сь; -ёкшийся; -ёкшись; *сов.* **1.** *кем-чем.* Целиком отдаться какой-н. идее, занятию, чувству. *У. книгой. У. любимой работой.* **2.** *кем.* Почувствовать сердечное влечение, влюбиться. *У. красивой девушкой.* ‖ *несов.* **увлека́ться**, -а́юсь, -а́ешься.

УВО́Д, УВОДИ́ТЬ *см.* увести.

УВО́З, -а, *м.* **1.** *см.* увезти. **2.** Похищение невесты, умыкание (устар.). *Жениться увозом* (в знач. нареч.).

УВОЗИ́ТЬ *см.* увезти.

УВО́ЛИТЬ, -лю, -лишь; -ленный; *сов., кого (что).* **1.** Отстранить от исполнения служебных обязанностей, снять с работы. *У. с работы.* **2.** Освободить (военнослужащего) от несения службы. *У. в отставку. У. в запас. Уволен на берег* (о моряке). **3.** Избавить от чего-н. тяжёлого, неприятного (обычно в форме просьбы) (устар.). *Увольте меня от лишних хлопот. Нет, увольте, не пойду.* ‖ *несов.* **увольня́ть**, -я́ю, -я́ешь (к 1 и 2 знач.). ‖ *сущ.* **увольне́ние**, -я, *ср.* (к 1 и 2 знач.). *У. за прогулы. У. с действительной военной службы.* ‖ *прил.* **увольни́тельный**, -ая, -ое (ко 2 знач.).

УВО́ЛИТЬСЯ, -люсь, -лишься; *сов.* **1.** Освободиться от выполнения служебных обязанностей, уйти с работы. *У. по собственному желанию.* **2.** Освободиться от дальнейшего несения военной службы. *У. в запас.* ‖ *несов.* **увольня́ться**, -я́юсь, -я́ешься. ‖ *сущ.* **увольне́ние**, -я, *ср.* ‖ *прил.* **увольни́тельный**, -ая, -ое (ко 2 знач.).

УВОЛО́ЧЬ, -оку́, -очёшь, -оку́т; -о́к, -окла́; -о́кший; -очённый (-ён, -ена́); -о́кши; *сов., кого-что* (прост.). **1.** Утащить волоком. *У. мешок в подвал. Волк уволок ягненка.* **2.** *перен.* Унести тайком, украсть. *Воры уволокли чемодан.* ‖ *несов.* **уволакивать**, -аю, -аешь.

УВОЛЬНЕ́НИЕ, -я, *ср.* **1.** *см.* уволить, -ся. **2.** Кратковременный отпуск военнослужащего. *У. на берег. У. на сутки.* ‖ *прил.* **увольни́тельный**, -ая, -ое. *Увольнительная записка. Получить увольнительную* (сущ.).

УВОРОВА́ТЬ, -ру́ю, -ру́ешь; -о́ванный; *сов., что* (устар.). Украсть, присвоить чужое. ‖ *несов.* **уворо́вывать**, -аю, -аешь.

УВРАЧЕВА́ТЬ *см.* врачевать.

УВЫ́, *межд.* Выражает сетование, сожаление. *Былого не воротишь, у.*

УВЯДА́ТЬ, -а́ю, -а́ешь; *несов.* То же, что вянуть. *Цветы увядают. Красота увядает* (перен.). ‖ *сущ.* **увяда́ние**, -я, *ср.*

УВЯЗА́ТЬ[1], -яжу́, -я́жешь; -я́занный; *сов., что.* **1.** Связать, соединяя вместе, обматывая. *У. пожитки. У. тюк.* **2.** *перен.* Согласовать, установив связь между чем-н. *У. сроки выполнения заданий.* ‖ *несов.* **увя́зывать**, -аю, -аешь. ‖ *сущ.* **увя́зывание**, -я, *ср.* *и* **увя́зка**, -и, *ж.*

УВЯЗА́ТЬ[2], -а́ю, -а́ешь; *несов.* То же, что вязнуть. *У. в болоте, в снегу.*

УВЯЗА́ТЬСЯ[1], -яжу́сь, -я́жешься; *сов.* (прост.). Связывая вещи, уложиться (в 1 знач.). *Увязались и поехали на станцию.* ‖ *несов.* **увя́зываться**, -аюсь, -аешься. ‖ *сущ.* **увя́зывание**, -я, *ср.* *и* **увя́зка**, -и, *ж.*

УВЯЗА́ТЬСЯ[2], -яжу́сь, -я́жешься; *сов.* (разг.). Пойти, неотступно следуя за кем-чем-н. *За ребятами увязался щенок.* ‖ *несов.* **увя́зываться**, -аюсь, -аешься.

УВЯ́ЗНУТЬ *см.* вязнуть.

УВЯ́НУТЬ *см.* вянуть.

УГАДА́ТЬ, -а́ю, -а́ешь; -а́данный; *сов.* **1.** *что.* Догадавшись, понять, дать правильное решение, ответ. *У. чью-н. мысль.* **2.** *кого-что.* То же, что узнать (в 1 знач.) (прост.). *Я вас сразу угадал по походке.* **3.** *во что.* То же, что угодить (во 2 и 3 знач.) (прост.). *У. прямо в яму. У. камнем в стекло.* ‖ *несов.* **уга́дывать**, -аю, -аешь. ‖ *сущ.* **уга́дывание**, -я, *ср.* (к 1 знач.) *и* **уга́дка**, -и, *ж.* (к 1 знач.; разг.).

УГА́ДЧИК, -а, *м.* (разг.). Человек, к-рый угадывает, умеет угадывать. *Он плохой у.* ‖ *ж.* **уга́дчица**, -ы.

УГА́Р[1], -а, *м.* **1.** *см.* угореть[1]. **2.** Удушливый газ, образующийся при неполном сгорании древесного угля, угарный газ (разг.). *Пахнет угаром. В избе стоит у.* **3.** *перен.* Состояние крайнего возбуждения и помрачения чувств. *В пьяном угаре. Милитаристский у.* ‖ *прил.* **уга́рный**, -ая, -ое. *У. запах. В комнате угарно* (в знач. сказ.).

УГА́Р[2], -а, *м.* (спец.). **1.** *см.* угореть[2]. **2.** обычно *мн.* Отход при отработке волокна, пряжи, металла и нек-рых других материалов. ‖ *прил.* **уга́рный**, -ая, -ое. *Угарная пряжа.*

УГА́РНЫЙ, -ая, -ое. **1.** *см.* угар[1-2]. **2.** **угарный газ** — окись углерода.

УГАСА́ТЬ (-а́ю, -а́ешь, 1 и 2 л. не употр.), -а́ет; *несов.* То же, что гаснуть. *Заря угасает. Силы угасают* (перен.). *Жизнь угасает в ком-н.* (перен.). ‖ *сущ.* **угаса́ние**, -я, *ср.*

УГА́СНУТЬ *см.* гаснуть.

УГЛЕ[1]... *Первая часть сложных слов со знач.:* 1) относящийся к каменному углю, напр. *угледобывающий, углебогатительный, углепромышленность, углепогрузчик, углесодержащий, угледробильный;* 2) относящийся к древесному углю, напр. *углежжение, углежог, углевыжигательный.*

УГЛЕ[2]... *Первая часть сложных слов со знач.* относящийся к углероду, содержащий углерод, напр. *углеводород, углекислота, углекислотный, углепластик* (пластик, уплотнённый углеродными волокнами; спец.).

УГЛЕВОДОРО́Д, -а, *м.* Химическое соединение углерода и водорода. ‖ *прил.* **углеводоро́дный**, -ая, -ое.

УГЛЕВО́ДЫ, -ов, *ед.* углево́д, -а, *м.* Органические соединения, содержащие углерод, кислород и водород. ‖ *прил.* **углево́дный**, -ая, -ое *и* **углево́дистый**, -ая, -ое.

УГЛЕВО́З, -а, *м.* Судно для перевозки каменного угля насыпью. ‖ *прил.* **углево́зный**, -ая, -ое.

УГЛЕДОБЫ́ЧА, -и, *ж.* Добыча каменного угля.

УГЛЕЖЖЕ́НИЕ, -я, *ср.* (спец.). Изготовление древесного угля путём сжигания древесины.

УГЛЕЖО́Г, -а, *м.* Рабочий, занимающийся углежжением.

УГЛЕКИСЛОТА́, -ы́, *ж.* Обиходное название двуокиси углерода. ‖ *прил.* **углекисло́тный**, -ая, -ое.

УГЛЕКИ́СЛЫЙ, -ая, -ое. Относящийся к солям угольной кислоты.

УГЛЕКО́П, -а, *м.* (устар.). Рабочий на угольной шахте, шахтёр.

УГЛЕПРОМЫ́ШЛЕННОСТЬ, -и, *ж.* Промышленная добыча каменного угля. ‖ *прил.* **углепромы́шленный**, -ая, -ое.

УГЛЕРО́Д, -а, *м.* Химический элемент, важнейшая составная часть всех органических веществ. ‖ *прил.* **углеро́дный**, -ая, -ое.

УГЛОВА́ТЫЙ, -ая, -ое; -а́т. **1.** Неровный, с выступами и углами, без округлостей. *Угловатые очертания построек. Угловатая фигура* (с резкими очертаниями). **2.** *перен.* Неловкий и резкий в движениях. *У. подросток.* ‖ *сущ.* **углова́тость**, -и, *ж.*

УГЛОВО́Й, -а́я, -о́е. **1.** *см.* угол. **2.** Находящийся на углу или в углу. *У. дом. Угловая комната. У. удар* (в спорте: удар с угла поля).

УГЛОМЕ́Р, -а, *м.* Прибор для измерения углов (в 1 знач.). ‖ *прил.* **угломе́рный**, -ая, -ое. *Угломерные инструменты.*

УГЛУБИ́ТЬ, -блю́, -би́шь; -блённый (-ён, -ена́); *сов., что.* **1.** Сделать глубоким (в 1 и 4 знач.), глубже. *У. дно. У. свои знания.* **2.** Поместить, вбить глубоко, глубже, продвинуть вглубь. *У. сваю. У. балкон в здание.*

|| *несов.* углубля́ть, -я́ю, -я́ешь. || *сущ.* углубле́ние, -я, *ср.* || *прил.* углуби́тельный, -ая, -ое (к 1 знач.; спец.).

УГЛУБИ́ТЬСЯ, -блю́сь, -би́шься; *сов.* **1.** (1 и 2 л. не употр.). Стать глубоким (в 1 и 4 знач.), глубже. *Дно углубилось. Противоречия углубились.* **2.** *во что.* Зайти в глубь чего-н. *У. в лес.* **3.** *перен., во что.* Предаться чему-н., мысленно погрузиться во что-н. *У. в изучение литературы. У. в воспоминания. У. в себя* (в свои мысли, переживания). || *несов.* **углубля́ться,** -я́юсь, -я́ешься. || *сущ.* **углубле́ние,** -я, *ср.*

УГЛУБЛЕ́НИЕ, -я, *ср.* **1.** *см.* углубить, -ся. **2.** Выемка, впадина, ямка. *У. в земле.*

УГЛУБЛЁННЫЙ, -ая, -ое; -ён. **1.** Основательный, серьёзный. *Углублённое изучение предмета.* **2.** Всецело предавшийся чему-н., углубившийся, погрузившийся во что-н. *Углублён в себя. У. в воспоминания.* || *сущ.* **углублённость,** -и, *ж.*

УГЛЯДЕ́ТЬ, -яжу́, -яди́шь; *сов.* (разг.). **1.** *кого-что.* Всматриваясь, увидеть. *У. знакомого в толпе. У. красивый камешек в песке.* **2.** *за кем-чем.* Наблюдая, уберечь от чего-н., уследить (обычно с отриц.). *Не углядел за ребёнком.* || *несов.* **угля́дывать,** -аю, -аешь (к 1 знач.).

УГНА́ТЬ, угоню́, уго́нишь; -а́л, -ала́, -а́ло; у́гнанный; *сов., кого-что.* **1.** Гоня, увести куда-н. *У. табун в степь.* **2.** Похитить (скот или транспортное средство). *У. лошадь. У. машину, велосипед. У. самолёт* (похитив его, улететь, а также под угрозой оружия с преступной целью заставить пилота изменить курс). **3.** Услать, отправить куда-н. (прост. неодобр.). *У. на чужбину.* || *несов.* **угоня́ть,** -я́ю, -я́ешь. || *сущ.* **уго́н,** -а, *м.* (ко 2 и 3 знач.). *Автомобиль в угоне* (угнан). *У. воздушного судна* (спец.). || *прил.* **уго́нный,** -ая, -ое (к 1 и 2 знач.; спец.).

УГНА́ТЬСЯ, угоню́сь, уго́нишься; -а́лся, -ала́сь, -ало́сь *и* -а́лось; *сов., за кем-чем* (обычно с отриц.) (разг.). **1.** Догоняя, настичь. *Не у. за велосипедистом.* **2.** *перен.* Сравняться с кем-чем-н. в чём-н. *В учёбе за ним никому не у.*

УГНЕЗДИ́ТЬСЯ, 1 л. ед. не употр., -и́шься; *сов.* (разг.). Поместиться в тесном месте. *Чайки угнездились в расселине скал. Сакли угнездились в горах.*

УГНЕТА́ТЕЛЬ, -я, *м.* Человек, к-рый угнетает кого-н. || *ж.* **угнета́тельница,** -ы.

УГНЕТА́ТЕЛЬСКИЙ, -ая, -ое (книжн.). Основанный на угнетении, эксплуататорский. *У. строй.*

УГНЕТА́ТЬ, -а́ю, -а́ешь; *несов.* **1.** *кого (что).* Жестоко притеснять, эксплуатировать, не давать свободно жить. *У. рабов.* **2.** *кого-что.* Мучить, отягощать сознание, душу. *Угнетают мрачные мысли. Угнетающая обстановка* (крайне тяжёлая). **3.** (1 и 2 л. не употр.), *кого-что.* Подавлять, заглушать (спец.). *Кислород угнетает бактерии.* || *сов.* **угнести́,** -нету́, -нетёшь; -нетённый (-ён, -ена́) (устар. и спец.). || *сущ.* **угнете́ние,** -я, *ср.*

УГНЕТЕ́НИЕ, -я, *ср.* **1.** *см.* угнетать. **2.** Тяжёлое, подавленное состояние, угнетённость. *Быть в угнетении.*

УГНЕТЁННЫЙ, -ая, -ое; -ён. **1.** Такой, к-рого угнетают (в 1 знач.), эксплуатируемый. *Освобождение угнетённых народов.* **2.** Удручённый, подавленный. *Угнетённое настроение. У. вид.* || *сущ.* **угнетённость,** -и, *ж.*

УГОВО́Р, -а (-у), *м.* (разг.). **1.** *мн.* Советы, наставления. *Согласиться после долгих уговоров.* **2.** Взаимное соглашение о чём-н. *Такого уговору не было* (об этом не договаривались). *У. дороже денег* (посл.). || *прил.* **уговóрный,** -ая, -ое (ко 2 знач.; устар.).

УГОВОРИ́ТЬ, -рю́, -ри́шь; -рённый (-ён, -ена́); *сов., кого (что) с неопр.* Убеждая, склонить к чему-н. *Уговорил поехать на рыбалку.* || *несов.* **угова́ривать,** -аю, -аешь. || *сущ.* **угова́ривание,** -я, *ср.*

УГОВОРИ́ТЬСЯ, -рю́сь, -ри́шься; *сов., с кем о чем* (разг.). Прийти к взаимному соглашению, сговориться. *Уговорились пойти в театр.* || *несов.* **угова́риваться,** -аюсь, -аешься.

УГО́ДА, -ы, *ж.*: **в угоду** *кому-чему, в знач. предлога с дат. п.* — угождая (см. угодить в 1 знач.) чьим-н. желаниям, для удовлетворения чего-н., в целях чего-н. *Делать что-н. в угоду избалованному ребёнку. В угоду собственному самолюбию.*

УГОДИ́ТЬ, -ожу́, -оди́шь; *сов.* **1.** *кому (чему) и на кого (что).* Удовлетворить кого-н., сделав что-н. приятное, нужное. *У. имениннику. На всех или всем не угодишь* (разг.). **2.** *в кого-что.* Попасть куда-н., наткнуться на что-н. (разг.). *У. в яму. У. в любимчики* (перен.: неожиданно стать любимчиком). **3.** *в кого-что.* Бросая или ударяя чем-н., попасть в кого-что-н. (разг.). *У. камнем в окно. Пуля угодила в плечо.* || *несов.* **угожда́ть,** -а́ю, -а́ешь (к 1 знач.). || *сущ.* **угожде́ние,** -я, *ср.* (к 1 знач.).

УГО́ДЛИВЫЙ, -ая, -ое; -ив. Чрезмерно услужливый, льстивый, заискивающий. *У. прислужник. Угодливая улыбка.* || *сущ.* **уго́дливость,** -и, *ж.*

УГО́ДНИК, -а, *м.* **1.** Человек, к-рый угодничает (разг.). *Окружил себя подхалимами и угодниками. Дамский у.* (о том, кто любит ухаживать за женщинами; ирон.). **2.** В христианстве и нек-рых других религиях: название нек-рых святых [букв.: человек, угодивший богу]. || *ж.* **уго́дница,** -ы. || *прил.* **уго́днический,** -ая, -ое (к 1 знач.).

УГО́ДНИЧАТЬ, -аю, -аешь; *несов.* (разг.). Вести себя угодливо. *У. перед хозяином.*

УГО́ДНИЧЕСТВО, -а, *ср.* Подобострастное стремление угодить кому-н. *Низкопоклонство и у.* || *прил.* **уго́днический,** -ая, -ое.

УГО́ДНЫЙ, -ая, -ое; -ден, -дна. **1.** *кому.* Соответствующий чьей-н. воле, желанию. *Угодное кому-н. одному решение.* **2.** **уго́дно,** *в знач. сказ., кому с неопр.* Нужно, желательно. *Что вам угодно?* (вежливый вопрос в знач. что вам нужно, что вы хотите). **3.** **уго́дно.** Употр. после вопросительных местоименных слов, образуя вместе с ними устойчивые сочетания со знач. любой (любое, любым образом) из возможных, а также со знач. неожиданности и неоправданности чего-н. *Как угодно* (любым образом). *Кто угодно* (любой, всякий). *Когда угодно* (всегда, в любое время). *Куда угодно* (во все места, в любое место). *Где угодно* (везде, в любом месте). *Какой угодно* (всякий, любой). *Поступайте как вам угодно. Иди куда угодно. От него можно ожидать чего угодно, каких угодно неприятностей. Берите сколько вам угодно.* ✦ **Если угодно,** *вводн. сл.* — можно допустить, пожалуй. *Я согласен, он умён, если угодно, талантлив.* **Не угодно ли?** — 1) вежливый вопрос в знач. не хотите ли? *Не угодно ли выпить чаю?*; 2) выражение досады, недовольства. *Он опять опаздывает, не угодно ли!* **Сколько угодно** — 1) много, вдоволь. *Друзей у него сколько угодно*; 2) выражение возможности, допущения. *Неужели он может лгать? — Сколько угодно.* || *сущ.* **уго́дность,** -и, *ж.* (к 1 знач.; устар.).

УГО́ДЬЕ, -я, *род. мн.* -дий *и* (устар.) -дьев, *ср.*, обычно *мн.* **1.** Место, территория как объект сельскохозяйственного использования или как место охоты (лес, озеро, поле, болото). *Лесные угодья. Земельные, водные, болотные угодья. Охотничьи угодья.* **2.** То, что нужно, полезно, удобно для человека (устар. и обл.). *Всех угодьев не соберёшь: вода близко, ин лес далёко.* ✦ **Пьян, да умён — два угодья в нём** — посл. о том, кто выпив, сохраняет трезвость ума.

УГОЖДА́ТЬ, УГОЖДЕ́НИЕ *см.* угодить.

У́ГОЛ, угла́, об угле́, на (в) углу́, *м.* **1.** (в угле́.). В геометрии: плоская фигура, образованная двумя лучами (в 3 знач.), исходящими из одной точки. *Вершина угла. Прямой у.* (90°). *Острый у.* (меньше 90°). *Тупой у.* (более 90°). *Внешние и внутренние углы треугольника.* **2.** Место, где сходятся, пересекаются два предмета или две стороны чего-н. *На углу улицы. У. стола. Ходить по комнате из угла в угол. Повернуть за́ у. Магазин за углом. На всех углах кричать о чём-н.* (перен.: повсюду разглашать). *Из-за угла сделать что-н.* (перен.: исподтишка). *Загнать в у. кого-н.* (также перен.: поставить в безвыходное положение). *Поставить ребёнка в у.* (в наказание поставить в угол комнаты лицом к стене). **3.** Часть комнаты, сдаваемая в наём. *Снимать у.* **4.** Вообще пристанище, место, где можно жить. *Жить в своём углу. Своего угла нет.* **5.** Местность (обычно отдалённая). *В глухом углу. Медвежий у.* (захолустье). ✦ **Угол зрения** (книжн.) — взгляд, точка зрения на что-н. **Угол рта** — край рта. || *уменьш.* **уголо́к,** -лка́, *м.* (ко 2, 3, 4 и 5 знач.). *Тихий у.* (тихое место). *Уголком губ улыбнуться* (краем рта, еле заметно). || *прил.* **углово́й,** -а́я, -о́е (к 1 и 2 знач.).

УГОЛО́ВНИК, -а, *м.* Уголовный преступник. || *ж.* **уголо́вница,** -ы.

УГОЛО́ВНЫЙ, -ая, -ое. Относящийся к преступности, к преступлениям и их наказуемости. *Уголовная ответственность. Уголовное право* (совокупность правовых норм, устанавливаемых государством для борьбы с преступлениями путём применения утверждённых законом наказаний). *Уголовное дело. Уголовное преступление. У. преступник* (тот, кто совершил, совершает уголовное преступление, преступления). *У. розыск* (служба милиции, осуществляющая обнаружение преступлений, розыск преступников, а также принимающая меры для предупреждения преступлений).

УГОЛО́ВЩИНА, -ы, *ж.* (прост.). Уголовное преступление, а также всё, что имеет характер такого преступления.

УГОЛО́К, -лка́, об уголке́, в уголке́ *и* в уголку́, *м.* **1.** *см.* угол. **2.** *какой.* Помещение в учреждении, место, специально отведённое для каких-н. занятий, для просветительных целей. *Красный у.* (для культурно-просветительной работы). *У. живой природы* (то же, что живой уголок). *У. памяти* (мемориальный). **3.** Небольшой предмет специального назначения в виде двух соединённых планок, полосок, деталь такой формы. *Металлический у. Скрепить уголком.* **4.** *мн.* Угловые (ломаные) скобки (< >). ✦ **Живой уголок** — место в помещении, где стоят аквариумы, содержатся птицы, мелкие животные. || *прил.* **уголко́вый,** -ая, -ое (к 3 знач.).

У́ГОЛЬ, у́гля *и* угля́, *мн.* у́гли, -ей, угли́, -е́й *и* у́голья, -ьев, *м.* **1.** (*мн.* у́гли, -ей). Ископаемое твёрдое горючее вещество растительного происхождения. *Каменный у. Ископаемые угли. Бурый у.* **2.** (*мн.* у́гли, -ей *и* у́голь, -ьев). Горючее вещество из пережжённой древесины; кусок такой древесины. *Жечь у. Выгрести угли из печи. Разводить самовар углём. Рисунок углём* (специально обожжёнными палочками). *Как на угольях (на углях) быть* или *сидеть* (перен.: о состоянии крайнего волнения, беспокойства; разг.). ✦ **Древесный уголь** — твёрдое горючее вещество, уголь (во 2 знач.). **Белый уголь** — о движущей силе воды. ‖ *уменьш.-ласк.* **уголёк**, -лька́ (-льку́), *м.* ‖ *прил.* **у́гольный**, -ая, -ое.

УГО́ЛЬНИК, -а, *м.* Чертёжный инструмент в форме треугольника для вычерчивания углов, проведения перпендикулярных линий, для разметки.

УГО́ЛЬНЫЙ, -ая, -ое (устар.). То же, что угловой (во 2 знач.).

У́ГОЛЬЩИК, -а, *м.* **1.** Специалист в области добычи угля (в 1 знач.), шахтёр. *Профсоюз угольщиков.* **2.** То же, что углежог, а также торговец, развозящий древесный уголь (устар.). **3.** То же, что углевоз. ‖ *ж.* **у́гольщица**, -ы (ко 2 знач.). ‖ *прил.* **у́гольщицкий**, -ая, -ое (к 1 и 2 знач.).

УГОМО́Н, -а (-у), *м.*: **угомону нет** *на кого (что)* (разг.) — невозможно угомонить, утихомирить кого-н. *Нет угомону на озорников.*

УГОМОНИ́ТЬ, -ню́, -ни́шь; -нённый (-ён, -ена́); *сов., кого (что)* (разг.). Утихомирить, унять (в 1 знач.). *У. детей. У. крикуна.* ‖ *несов.* **угомоня́ть**, -я́ю, -я́ешь.

УГОМОНИ́ТЬСЯ, -ню́сь, -ни́шься; *сов.* (разг.). Утихомириться, уняться (в 1 знач.). *Дети угомонились.* ‖ *несов.* **угомоня́ться**, -я́юсь, -я́ешься.

УГО́Н, УГОНЯ́ТЬ *см.* угнать.

УГО́НЩИК, -а, *м.* Тот, кто угнал (во 2 знач.), угоняет кого-что-н. *У. велосипедов. У. машины. У. самолёта.* ‖ *ж.* **уго́нщица**, -ы.

УГОРА́ЗДИТЬ, 1 л. не образ. (-здишь, 2 л. не употр.), -здит; *безл.* или *в сочетании со словами «нелёгкая», «нечистый», «чёрт» и другими; сов., кого (что) с неопр.* (разг.). О ненужном, нелепом, необдуманном действии. *Угораздило же тебя явиться с визитом! Чёрт меня угораздил поехать!*

УГОРЕ́ЛЫЙ, -ая, -ое (устар.). Угоревший, потерявший от угара[1] (во 2 знач.). ✦ **Как угорелый** (мечется, бегает) (разг. неодобр.) — о том, кто очень спешит, суетится.

УГОРЕ́ТЬ[1], -рю́, -ри́шь; *сов.* **1.** Отравиться угаром[1] (во 2 знач.). **2.** обычно *в форме прош. времени.* Одуреть, потерять соображение (прост.). *Совсем угорел от радости. Ты что, угорел?* (выражение неодобрения по поводу чьего-н. поступка, поведения). ‖ *несов.* **угора́ть**, -а́ю, -а́ешь (к 1 знач.). ‖ *сущ.* **уга́р**, -а (-у) (к 1 знач.). *Умереть от угара.*

УГОРЕ́ТЬ[2] (-рю́, -ри́шь, 1 и 2 л. не употр.), -ри́т; *сов.* (спец.). Уменьшиться при плавке, горении, технической обработке. ‖ *несов.* **угора́ть** (-а́ю, -а́ешь, 1 и 2 л. не употр.), -а́ет. ‖ *сущ.* **уга́р**, -а, *м.*

У́ГОРЬ[1], угря́, *мн.* угри́, -е́й, *м.* Рыба со змеевидным телом. *Отряд угрей.* ‖ *прил.* **угрёвый**, -ая, -ое.

У́ГОРЬ[2], угря́, *мн.* угри́, -е́й, *м.* Небольшой воспалённый бугорок — сальная пробка в порах кожи. *Лицо в угрях.* ‖ *прил.* **угрево́й**, -а́я, -о́е.

УГОСТИ́ТЬ, -ощу́, -ости́шь; -ощённый (-ён, -ена́); *сов., кого (что) чем.* С радушием дать, предложить что-н. (поесть, выпить, закурить). *У. обедом. У. сигаретой. У. весёлым анекдотом* (перен.). ‖ *несов.* **угоща́ть**, -а́ю, -а́ешь. ‖ *сущ.* **угоще́ние**, -я, *ср.*

УГОСТИ́ТЬСЯ, -ощу́сь, -ости́шься; *сов., чем* (разг.). Поесть, выпить в своё удовольствие. *У. мороженым.* ‖ *несов.* **угоща́ться**, -а́юсь, -а́ешься.

УГОТО́ВАННЫЙ, -ая, -ое; -ан (устар. и книжн.). Уготовленный, предназначенный. *Поэту уготовано большое будущее.*

УГОТО́ВИТЬ, -влю, -вишь; -вленный; *сов., что* (устар.). Приготовить, подготовить. *У. кому-н. печальную участь.* ‖ *сущ.* **уготовле́ние**, -я, *ср.*

УГОЩЕ́НИЕ, -я, *ср.* **1.** *см.* угостить. **2.** Пища, питьё, к-рым угощают. *Богатое у. Поставить у.*

УГРЕВА́ТЫЙ, -ая, -ое; -а́т. Покрытый угрями[2]. *У. нос.* ‖ *сущ.* **угрева́тость**, -и, *ж.*

УГРЕВО́Й *см.* угорь[2].

УГРЕ́ТЬСЯ, -е́юсь, -е́ешься; *сов.* (разг.). Согреться, пригреться. *У. у печки.*

УГРЁВЫЙ *см.* угорь[1].

УГРО́БИТЬ *см.* гробить.

УГРОЖА́ЕМЫЙ, -ая, -ое; -ем. Грозящий опасностью. *Угрожаемое положение. Угрожаемое состояние.*

УГРОЖА́ТЬ, -а́ю, -а́ешь; *несов.* То же, что грозить (во 2, 3 и 4 знач.). *У. расправой. Угрожают неприятности кому-н. Угрожающее положение* (очень опасное).

УГРО́ЗА, -ы, *ж.* **1.** Запугивание, обещание причинить кому-н. вред, зло. *Действовать угрозами. Не бояться угроз.* **2.** Возможная опасность. *У. войны.*

У́ГРО-ФИ́НСКИЙ, -ая, -ое. То же, что финно-угорский.

УГРО́ХАТЬ, -аю, -аешь; *сов., что* (прост.). Потратить в большом количестве. *У. все свои сбережения.*

УГРЫЗЕ́НИЕ, -я, *ср.* (устар.). Чувство стыда и раскаяния. *Угрызения совести* (книжн.).

УГРЮ́МЫЙ, -ая, -ое; -ю́м. Мрачный, неприветливый; безотрадный. *У. старик. Угрюмо* (нареч.) *молчать. У. лес.* ‖ *сущ.* **угрю́мость**, -и, *ж.*

УГУ́, *частица* (прост.). Выражает утверждение, да[1], ага.

УДА́, -ы́, *ж.* (устар. и обл.). То же, что удочка. *Поймать на уду.*

УДА́В, -а, *м.* Большая хищная змея тропических стран, обычно обвивающая свою жертву при нападении. *Семейство удавов.* ‖ *прил.* **уда́вий**, -ья, -ье *и* **уда́вовый**, -ая, -ое. *Удавий взгляд* (также перен.: заставляющий замереть, оцепенеть).

УДАВА́ТЬСЯ *см.* удаться.

УДАВИ́ТЬ, -СЯ *см.* давить, -ся.

УДА́ВЛЕННИК, -а, *м.* (прост.). Тот, кто повесился или кого удушили. ‖ *ж.* **уда́вленница**, -ы.

УДАЛЕ́Ц, -льца́, *м.* (разг.). Удалой человек, храбрец. *Молодец против овец, а против удальца сам овца* (о том, кто показывает свою силу перед слабыми).

УДАЛЁННЫЙ, -ая, -ое; -ён. **1.** То же, что далёкий (в 1 знач.). *Удалённая местность. На удалённом расстоянии.* **2.** То же, что далёкий (во 2 знач.).Удалённые воспоминания. ‖ *сущ.* **удалённость**, -и, *ж.*

УДАЛИ́ТЬ, -лю́, -ли́шь; -лённый (-ён, -ена́); *сов.* **1.** *кого-что.* Отдалить на какое-н. расстояние, на какое-н. время. *У. момент разлуки.* **2.** *кого (что).* Заставить уйти откуда-н., покинуть какое-н. место. *У. посторонних. У. игрока с поля.* **3.** *что.* Вырвать, вынуть; изъять. *У. зуб. У. занозу. У. пятно* (отчистить). ‖ *несов.* **удаля́ть**, -я́ю, -я́ешь. ‖ *сущ.* **удале́ние**, -я, *ср.*

УДАЛИ́ТЬСЯ, -лю́сь, -ли́шься; *сов.* **1.** Отдалиться, отойти на какое-н. расстояние. *У. от дома. У. от темы* (перен.). *У. от дел* (перен.: отойти, отстраниться). **2.** Уйти откуда-н., покинув какое-н. место, направиться куда-н. *У. из зала. У. в свой кабинет.* ‖ *несов.* **удаля́ться**, -я́юсь, -я́ешься. ‖ *сущ.* **удале́ние**, -я, *ср.*

УДАЛО́Й, -а́я, -о́е и **УДА́ЛЫЙ**, -ая, -ое; -а́л, -ала́, -а́ло, -а́лы *и* -алы́; удале́е (разг.). Полный удали. *У. молодец. Мал, да удал* (посл.). ‖ *сущ.* **уда́лость**, -и, *ж.*

У́ДАЛЬ, -и, *ж.* и **УДАЛЬСТВО́**, -а́, *ср.* Безудержная, лихая смелость. *Удаль молодецкая. Сделать что-н. из удальства.*

УДА́Р, -а, *м.* **1.** Короткое и сильное движение, непосредственно направленное на кого-что-н., резкий толчок. *Нанести у. У. прикладом, кулаком. Свалить ударом. У. электрического тока* (перен.). *У. ниже пояса* (запрещённый приём в борьбе; также перен.: о недозволенном приёме в споре, полемике). **2.** Звук (звон, треск, грохот) от такого толчка, а также вообще отрывистый звук, стук. *У. грома. У. колокола. Слышны удары топора.* **3.** Стремительное нападение, атака. *Отступить под ударом противника. Вывести из-под удара. Фланговый у. Штыковой у.* **4.** *перен.* Тяжёлая неприятность, потрясение. *Испытать у. судьбы. Семья оправилась от удара.* **5.** Кровоизлияние в мозг (устар.). *Умереть от удара. У. хватил кого-н.* **6.** *чего.* Толчкообразное колебание (сердца, пульса). *Пульс — 80 ударов в минуту.* ✦ **В ударе** *кто* — о том, кто в данный момент находится в состоянии подъёма, творческого воодушевления. *Артист сегодня в ударе. Рассказчик не в ударе.* **Обрушить удар** *на кого-что* — с силой ударить (в 1, 3 и 4 знач.). **Под удар** (попасть или ставить) — в опасное положение. **Под ударом** — в опасном положении. ‖ *прил.* **уда́рный**, -ая, -ое (к 1 и 6 знач.). *Ударные приспособления. У. ток* (в электрической цепи). *У. импульс.*

УДАРЕ́НИЕ, -я, *ср.* Выделение (слога, слова) силой голоса или повышением тона, а также значок, показывающий такое выделение. *У. падает на первый слог. Поставить у. Логическое у.* (интонационное выделение важнейшего в речи).

УДА́РИТЬ, -рю, -ришь; -ренный; *сов.* **1.** *кого-что по чему* или *во что.* Нанести удар (в 1 знач.) кому-н., произвести удар обо что-н. *У. прикладом. Током ударило* (перен.; безл.). *У. кулаком по столу. У. в лицо* или *по лицу. У. по рукам* (также перен.: заключить сделку; прост.). *Война ударила по всему населению.* **2.** *что* и *во что.* Ударами обозначить что-н., известить о чём-н. *У. в барабан. У. в колокол. Часы ударили полночь.* **3.** *на кого-что* или *по кому-чему.* Напасть, обрушиться ударом (в 3 знач.). *У. на врага. У. по переправе.* **4.** *перен., по кому-чему.* Пресечь (что-н. отрицательное, чьи-н. отрицательные действия). *У. по разгильдяям.* **5.** *во что.* Сильным движением, сразу начать делать что-н. *У. в смычки* (начать играть). *У. в штыки* (вступить в штыковой бой). **6.** (1 и 2 л. не употр.). Внезапно, с силой наступить, начаться. *Ударили морозы, заморозки. Ударила беда. Ударил яркий луч света. Ударил залп, выстрел. Ударил гром.* **7.** (1 и 2 л. не употр.), *во что.* Подействовать на кого-что-н. резко, сразу. *Вино ударило в голову.* ‖ *несов.* **ударя́ть**, -я́ю, -я́ешь.

УДА́РИТЬСЯ, -рюсь, -ришься; *сов.* **1.** Натолкнувшись или столкнувшись, получить удар (в 1 знач.). *У. о камень. У. головой.* **2** *во что.* Стремительно двигаясь, летя, с силой натолкнуться на что-н., столкнуться с чем-н. *Мяч ударился в стену.* **3.** *во что или с неопр.* Начать что-н. делать стремительно, усиленно; предаться чему-н., впасть в какое-н. состояние (разг.). *У. бежать или в бегство. У. в рассуждения. У. в крайность. У. в разгул* (начать вести разгульный образ жизни). ‖ *несов.* **ударя́ться,** -я́юсь, -я́ешься.

УДА́РНИК¹, -а, *м.* **1.** Передовой работник, добивающийся высоких результатов в труде. *Звание ударника.* **2.** Военнослужащий, входящий в состав ударной войсковой группы (устар.). **3.** Музыкант, играющий на ударном инструменте, инструментах. ‖ *ж.* **уда́рница,** -ы (к 1 и 2 знач.). ‖ *прил.* **уда́рнический,** -ая, -ое (к 1 знач.).

УДА́РНИК², -а, *м.* **1.** Часть затвора стрелкового оружия или орудия для разбивания капсюля патрона при выстреле. **2.** Ударяющая деталь в механизме, инструменте.

УДА́РНЫЙ, -ая, -ое. **1.** *см.* удар. **2.** Действующий при помощи удара (в 1 знач.); возникающий в результате удара. *У. механизм. У. музыкальный инструмент* (в к-ром звук извлекается посредством ударов). *Ударная волна* (при взрыве). **3.** Наносящий решающий удар (в 3 знач.). *Ударные части.* **4.** Передовой, отличающийся высокой производительностью труда. *Ударная бригада. У. труд.* **5.** Очень важный и спешный, а также посвящённый очень важной и спешной работе. *Ударное задание.* **6.** О звуке, слоге: имеющий на себе ударение (спец.). *У. гласный.* ‖ *сущ.* **уда́рность,** -и, *ж.* (к 6 знач.).

УДАРЯ́ЕМЫЙ, -ая, -ое; -ем. То же, что ударный (в 6 знач.). ‖ *сущ.* **ударя́емость,** -и, *ж.*

УДА́ТЬСЯ, уда́мся, уда́шься, уда́стся; удади́мся, удади́тесь, удаду́тся; уда́лся *и* (устар.) удался́, удала́сь, удало́сь *и* уда́лось; *сов.* **1.** (1 и 2 л. не употр.). Осуществиться, завершиться удачно, успешно. *Дело удалось. Пирог удался на славу. Номер не удался* (также перен.: что-н. не вышло, сорвалось; разг. шутл.). **2.** *безл., с неопр.* Прийтись, довестись (о чём-н. положительном, удаче). *Удалось прийти первому. Не удалось приехать.* ‖ *несов.* **удава́ться,** удаётся.

УДА́ЧА, -и, *ж.* Успех, нужный или желательный исход дела. *Большая у. Нам во всём у. Желаю удачи!*

УДА́ЧЛИВЫЙ, -ая, -ое; -ив. Такой, к-рому всё удаётся, у к-рого во всём удача. *Удачлив в делах.* ‖ *сущ.* **уда́чливость,** -и, *ж.*

УДА́ЧНИК, -а, *м.* (разг.). Удачливый человек. ‖ *ж.* **уда́чница,** -ы.

УДА́ЧНЫЙ, -ая, -ое; -чен, -чна. **1.** Завершившийся удачей, удавшийся. *У. поход. У. рисунок.* **2.** Положительный, хороший. *У. выбор. Удачно* (нареч.) *подобрать цвета.* ‖ *сущ.* **уда́чность,** -и, *ж.*

УДВО́ИТЬ, -о́ю, -о́ишь; -о́енный; *сов., что.* Увеличить, усилить вдвое. *У. оплату. У. внимание. У. усилия.* ‖ *несов.* **удва́ивать,** -аю, -аешь. ‖ *сущ.* **удвое́ние,** -я, *ср.*

УДВО́ИТЬСЯ (-о́юсь, -о́ишься, 1 и 2 л. не употр.), -о́ится; *сов.* Увеличиться, усилиться вдвое. *Силы удвоились. Старание удвоилось.* ‖ *несов.* **удва́иваться** (-аюсь, -аешься, 1 и 2 л. не употр.), -ается. ‖ *сущ.* **удвое́ние,** -я, *ср.*

УДЕ́Л¹, -а, *м.* **1.** В феодальной Руси: отдельно управляемая часть княжества. **2.** В царской России: земли, недвижимое имущество (до 1863 г. также крестьяне), принадлежащие царской семье. ‖ *прил.* **уде́льный,** -ая, -ое. *У. князь. Удельное княжество. Удельные земли.*

УДЕ́Л², -а, *м.* (устар. и книжн.). Судьба, участь. *Достаться в у. кому-н. Счастливый у.*

УДЕЛИ́ТЬ, -лю́, -ли́шь; -лённый (-ён, -ена́); *сов., что кому-чему.* Отдать, предоставить, выделив из чего-н. *У. часть денег кому-н. У. внимание, время кому-чему-н.* ‖ *несов.* **уделя́ть,** -я́ю, -я́ешь.

УДЕ́ЛЬНЫЙ¹, -ая, -ое (спец.). Относящийся к единице объёма, массы, энергии. *У. вес* (вес единицы объёма вещества). *Удельная плотность. У. объём. Удельная теплоёмкость.*

УДЕ́ЛЬНЫЙ² *см.* удел¹.

У́ДЕРЖ, -у, *м.* (разг.): 1) **без удержу** — не сдерживаясь, неудержимо. *Плакать без удержу;* 2) **удержу нет** *кому или на кого* — не удержать, не сдержать. *Удержу нет на шалунов;* 3) **удержу не знать** *в чём* — не знать меры в чём-н., не уметь сдержаться. *Удержу не знает в кутежах кто-н.*

УДЕРЖА́НИЕ, -я, *ср.* **1.** *см.* удержать. **2.** Вычтенная, удержанная сумма (офиц.). *Выплата без удержаний. Удержания из гонорара.*

УДЕРЖА́ТЬ, -ержу́, -е́ржишь; -е́ржанный; *сов.* **1.** *кого-что.* Держа, не дать упасть кому-чему-н. *У. в руках.* **2.** *что.* Сохранить, сберечь. *У. первое место в соревновании. У. в памяти.* **3.** *что.* Не отпустить, не отдать часть чего-н. при выплате (офиц.). *У. алименты из заработной платы.* **4.** *кого (что).* Сдержав, остановить или не отпустить. *У. лошадей. У. гостя до вечера.* **5.** *кого (что) от чего.* Не дать сделать что-н. *У. от необдуманного поступка.* **6.** *что.* Не дать обнаружиться чему-н. *У. слёзы.* ‖ *несов.* **уде́рживать,** -аю, -аешь. ‖ *сущ.* **уде́рживание,** -я, *ср.* (к 1, 2, 4, 5 и 6 знач.) *и* **удержа́ние,** -я, *ср.* (к 3 знач.).

УДЕРЖА́ТЬСЯ, -ержу́сь, -е́ржишься; *сов.* **1.** Сохранить определённое положение, не упасть. *У. на ногах. У. за перила. У. на краю обрыва.* **2.** Остаться на месте, не отступить. *У. на завоёванном рубеже. У. на прежних позициях.* **3.** *от чего.* Не дать обнаружиться чему-н., заставить себя не сделать что-н. *У. от смеха. У. от упрёков.* **4.** Сохраниться, сберечься. *В народе удержались старые обычаи.* ‖ *несов.* **уде́рживаться,** -аюсь, -аешься.

УДЕСЯТЕРИ́ТЬ, -рю́, -ри́шь; -рённый (-ён, -ена́); *сов., что.* Увеличить, усилить в десять раз, во много раз. *У. своё богатство. Взяться за дело с удесятерёнными усилиями.* ‖ *несов.* **удесятеря́ть,** -я́ю, -я́ешь.

УДЕСЯТЕРИ́ТЬСЯ (-рю́сь, -ри́шься, 1 и 2 л. не употр.), -ри́тся; *сов.* Увеличиться, усилиться в десять раз, во много раз. *Доходы удесятерились. Силы удесятерились.* ‖ *несов.* **удесятеря́ться** (-я́юсь, -я́ешься, 1 и 2 л. не употр.), -я́ется.

УДЕШЕВИ́ТЬ, -влю́, -ви́шь; -влённый (-ён, -ена́); *сов., что.* Сделать дешёвым (в 1 знач.), дешевле. *У. производство. Удешевлённые товары* (продаваемые дешевле своей первоначальной цены). ‖ *несов.* **удешевля́ть,** -я́ю, -я́ешь. ‖ *сущ.* **удешевле́ние,** -я, *ср.*

УДИВИ́ТЕЛЬНЫЙ, -ая, -ое; -лен, -льна. **1.** Вызывающий удивление, необычайный. *У. случай. Удивительно* (в знач. сказ.), *как это могло произойти.* **2.** *полн. ф.* То же, что исключительный (в 3 знач.). *Удивительное здоровье. У. нахал.* ‖ *сущ.* **удиви́тельность,** -и, *ж.* (к 1 знач.).

УДИВИ́ТЬ, -влю́, -ви́шь; -влённый (-ён, -ена́); *сов., кого (что).* Привести в удивление, в недоумение. *У. неожиданным ответом. Его ничем не удивишь* (о том, кто всё знает или всё имеет; разг.). ‖ *несов.* **удивля́ть,** -я́ю, -я́ешь.

УДИВИ́ТЬСЯ, -влю́сь, -ви́шься; *сов.* Прийти в удивление, в недоумение. *У. странному вопросу.* ‖ *несов.* **удивля́ться,** -я́юсь, -я́ешься.

УДИВЛЕ́НИЕ, -я, *ср.* Впечатление от чего-н. неожиданного и странного, непонятного. *Вне себя от удивления. Смотреть с удивлением. К всеобщему удивлению* (так, что все удивлены). ✦ **На удивление** (разг.) — о ком-чём-н. удивительном (во 2 знач.). *Яблок в этом году на удивление* (т.е. очень много). *На удивление беззастенчив кто-н.*

УДИЛА́, -и́л, -ила́м. Часть сбруи — металлические стержни, вкладываемые в рот упряжного животного. *Закусить у.* (также перен.: сорваться, потерять управление над собой). ‖ *прил.* **уди́льный,** -ая, -ое.

УДИ́ЛИЩЕ, -а, *ср.* Часть удочки — длинная гибкая палка, к к-рой прикреплена леса. *Длинное у.* ‖ *прил.* **уди́лищный,** -ая, -ое.

УДИ́ЛЬЩИК, -а, *м.* Тот, кто удит рыбу, рыболов. ‖ *ж.* **уди́льщица,** -ы. ‖ *прил.* **уди́льщицкий,** -ая, -ое.

УДИРА́ТЬ *см.* удрать.

УДИ́ТЬ, ужу́, у́дишь; *несов., кого (что).* Ловить рыбу удочкой. ‖ *сущ.* **уже́ние,** -я, *ср.* ‖ *прил.* **уди́льный,** -ая, -ое.

УДИ́ТЬСЯ (ужу́сь, у́дишься, 1 и 2 л. не употр.), у́дится; *несов.* Ловиться на удочку. *Утром рыба хорошо удится.*

УДЛИНЁННЫЙ, -ая, -ое; -ён. **1.** О длине, протяжённости: длиннее, чем обычно; вытянутый в длину. *У. маршрут. Удлинённое лицо.* **2.** О времени, продолжительности какой-н. деятельности: более продолжительный, чем обычно. *У. сеанс.* ‖ *сущ.* **удлинённость,** -и, *ж.*

УДЛИНИ́ТЬ, -ню́, -ни́шь; -нённый (-ён, -ена́); *сов., что.* **1.** Сделать длинным (в 1 и 3 знач.), длиннее. *У. путь. У. перерыв.* ‖ *несов.* **удлиня́ть,** -я́ю, -я́ешь. ‖ *сущ.* **удлине́ние,** -я, *ср.*

УДЛИНИ́ТЬСЯ (-ню́сь, -ни́шься, 1 и 2 л. не употр.), -ни́тся; *сов.* Стать длинным (в 1 и 3 знач.), длиннее. *Тени на дорожках удлинились. Срок удлинился. Путь удлинился.* ‖ *несов.* **удлиня́ться** (-я́юсь, -я́ешься, 1 и 2 л. не употр.), -я́ется. ‖ *сущ.* **удлине́ние,** -я, *ср.*

УДМУ́РТСКИЙ, -ая, -ое. **1.** *см.* удмурты. **2.** Относящийся к удмуртам, к их языку, национальному характеру, образу жизни, культуре, а также к Удмуртии, её территории, внутреннему устройству, истории; такой, как у удмуртов, как в Удмуртии. *У. язык* (финно-угорской семьи языков). *По-удмуртски* (нареч.).

УДМУ́РТЫ, -ов, *ед.* -у́рт, -а, *м.* Народ, составляющий основное коренное население Удмуртии. ‖ *ж.* **удму́ртка,** -и. ‖ *прил.* **удму́ртский,** -ая, -ое.

УДО́БНЫЙ, -ая, -ое; -бен, -бна. **1.** Такой, к-рым хорошо, приятно пользоваться, вполне подходящий. *У. дом. Мне здесь удобно* (в знач. сказ.) *работать. Удобно* (нареч.) *усесться.* **2.** Благоприятный, такой, к-рый нужен. *У. случай.* **3.** Уместный, приличный. *Удобно ли* (в знач. сказ.) *задать такой вопрос?* ‖ *сущ.* **удо́бство,** -а, *ср.* (к 1 знач.) *и* **удо́бность,** -и, *ж.*

УДОБО... *Первая часть сложных слов со знач.* легко, без затруднений, напр. *удобовоспринимаемый, удобочитаемый, удобопроизносимый, удобоусвояемый, удобоисполнимый, удобопереносимый.*

УДОБОВАРИ́МЫЙ, -ая, -ое; -и́м. Легко и хорошо усваиваемый органами пищеварения. *Удобоваримая пища.* ‖ *сущ.* **удобовари́мость, -и,** *ж.*

УДОБОПОНЯ́ТНЫЙ, -ая, -ое; -тен, -тна. Легко понимаемый. *У. текст. Написано на удобопонятном языке.* ‖ *сущ.* **удобопоня́тность, -и,** *ж.*

УДОБРЕ́НИЕ, -я, *ср.* **1.** *см.* удобрить. **2.** Органическое или минеральное вещество, к-рым удобряют почву для питания растений. *Внести удобрения. Вывезти удобрения на поля.*

УДО́БРИТЬ, -рю, -ришь; -ренный; *сов., что.* Внести удобрения (во 2 знач.). *У. навозом.* ‖ *несов.* **удобря́ть, -я́ю, -я́ешь.** ‖ *сущ.* **удобре́ние, -я,** *ср.* ‖ *прил.* **удобри́тельный,** -ая, -ое. *Удобрительная смесь.*

УДО́БСТВО, -а, *ср.* **1.** *см.* удобный. **2.** обычно *мн.* Приспособление, оборудование, делающее что-н. удобным, благоустроенным. *Квартира со всеми удобствами.*

УДОВЛЕТВОРЕ́НИЕ, -я, *ср.* **1.** *см.* удовлетворить, -ся. **2.** Чувство того, кто доволен исполнением своих стремлений, желаний, потребностей. *Получить полное у. от работы. Чувство удовлетворения. Испытывать у.*

УДОВЛЕТВОРЁННЫЙ, -ая, -ое; -ён. Испытывающий удовлетворение, выражающий его. *У. исследователь. У. взгляд. Удовлетворённо* (нареч.) *улыбнуться.* ‖ *сущ.* **удовлетворённость, -и,** *ж.*

УДОВЛЕТВОРИ́ТЕЛЬНЫЙ, -ая, -ое; -лен, -льна. **1.** Достаточно хороший, удовлетворяющий определённым требованиям. *У. ответ. Работа выполнена удовлетворительно* (нареч.). **2. удовлетвори́тельно,** *нескл., ср.* Самая низкая положительная отметка (в 3 знач.). *Сдать экзамен на «удовлетворительно».* ‖ *сущ.* **удовлетвори́тельность, -и,** *ж.* (к 1 знач.).

УДОВЛЕТВОРИ́ТЬ, -рю́, -ри́шь; -рённый (-ён, -ена́); *сов.* **1.** *кого-что.* Исполнить чьи-н. требования, желания. *У. потребности населения. У. просьбу.* **2.** *чему.* Оказаться вполне отвечающим чему-н. *Проект удовлетворил всем требованиям.* **3.** *кого-что.* Снабдить чем-н. (устар. офиц.). *У. провиантом.* **4.** *кого (что).* Возместить кому-н. ущерб, сделать что-н. в возмещение обиды, оскорбления (устар.). *У. оскорблённого.* ‖ *несов.* **удовлетворя́ть, -я́ю, -я́ешь.** ‖ *сущ.* **удовлетворе́ние, -я,** *ср.*

УДОВЛЕТВОРИ́ТЬСЯ, -рю́сь, -ри́шься; *сов.* Счесть себя удовлетворённым. *У. ответом.* ‖ *несов.* **удовлетворя́ться, -я́юсь, -я́ешься.** ‖ *сущ.* **удовлетворе́ние, -я,** *ср.*

УДОВО́ЛЬСТВИЕ, -я, *ср.* **1.** Чувство радости от приятных ощущений, переживаний, мыслей. *Испытать, получить у.* **2.** Забава, развлечение. *Доставить детям много удовольствий.* ✦ **Дорогое удовольствие** (разг.) — о том, что обходится дорого, стоит больших усилий.

УДОВО́ЛЬСТВОВАТЬСЯ *см.* довольствоваться.

УДО́Д, -а, *м.* Птица с пёстрым оперением, с длинным изогнутым клювом и веерообразным хохолком. *Семейство удодов.* ‖ *прил.* **удо́довый,** -ая, -ое.

УДО́Й, -я, *м.* Количество молока, выдаиваемого за один раз или за известный срок. *Суточный у. Повышение удоев. Утренний у.* (от утренней дойки). ‖ *прил.* **удо́йный,** -ая, -ое.

УДО́ЙНОСТЬ, -и, *ж.* **1.** *см.* удойный. **2.** То же, что молочность. *Рост удойности колхозного стада.*

УДО́ЙНЫЙ, -ая, -ое; -о́ен, -о́йна. **1.** *см.* удой. **2.** С высокой молочностью. *Удойная корова.* ‖ *сущ.* **удо́йность, -и,** *ж.*

УДОРОЖА́НИЕ, -я, *ср.* Рост цен на что-н. *У. товаров.*

УДОРОЖИ́ТЬ, -жу́, -жи́шь; -жённый (-ён, -ена́); *сов., что.* Сделать дорогим (в 1 знач.), дороже. *Дальние перевозки удорожат продукцию.* ‖ *несов.* **удорожа́ть, -а́ю, -а́ешь.** ‖ *сущ.* **удороже́ние, -я,** *ср.*

УДОСТОВЕРЕ́НИЕ, -я, *ср.* **1.** *см.* удостоверить. **2.** Документ, удостоверяющий, подтверждающий что-н. *У. личности. Служебное у. Командировочное у.*

УДОСТОВЕ́РИТЬ, -рю, -ришь; -ренный; *сов., что* (офиц.). Подтвердить правильность, подлинность чего-н. *У. подпись.* ‖ *несов.* **удостоверя́ть, -я́ю, -я́ешь.** ‖ *сущ.* **удостовере́ние, -я,** *ср.*

УДОСТОВЕ́РИТЬСЯ, -рюсь, -ришься; *сов., в чём.* Убедиться на основании каких-н. несомненных данных, доказательств. *У. в правильности сообщения.* ‖ *несов.* **удостоверя́ться, -я́юсь, -я́ешься.**

УДОСТО́ИТЬ, -о́ю, -о́ишь; -о́енный; *сов.* **1.** *кого-что чего.* Наградить, признав достойным. *У. государственной награды. Учёный, удостоенный Нобелевской премии.* **2.** *кого (что) чего* (в нек-рых сочетаниях также *чем*). Оказать кому-н. внимание, сделав что-н. (устар. и ирон.). *У. ласковым взглядом. Не удостоил ответом* (не пожелал отвечать; ирон.). ‖ *несов.* **удоста́ивать, -аю, -аешь.** ‖ *сущ.* **удоста́ивание, -я,** *ср.*

УДОСТО́ИТЬСЯ, -о́юсь, -о́ишься; *сов., чего.* **1.** Оказавшись достойным, получить какую-н. награду (книжн.). *У. государственной награды.* **2.** Получить что-н. как знак чьего-н. внимания (обычно ирон.). *У. похвалы.* ‖ *несов.* **удоста́иваться, -аюсь, -аешься.** ‖ *сущ.* **удоста́ивание, -я,** *ср.*

УДОСУ́ЖИТЬСЯ, -жусь, -жишься; *сов., с неопр.* (разг.). Найти время для того, чтобы что-н. сделать. *Не удосужился позвонить.* ‖ *несов.* **удосу́живаться, -аюсь, -аешься.**

УДОЧЕРИ́ТЬ, -рю́, -ри́шь; -рённый (-ён, -ена́); *сов., кого (что).* Принять в семью (девочку) на правах родной дочери. ‖ *несов.* **удочеря́ть, -я́ю, -я́ешь.** ‖ *сущ.* **удочере́ние, -я,** *ср.*

У́ДОЧКА, -и, *ж.* Рыболовная снасть — гибкая длинная палка, к к-рой прикреплена леса с крючком. *Закинуть, забросить удочку* (также перен.: осторожно попытаться разузнать что-н.; намекнуть на что-н.; разг.). *Поймать (поддеть) на удочку кого-н.* (также перен.: обманом, хитростью выведать что-н.; разг.). *Попасться на удочку* (также перен.: дать себя обмануть, перехитрить; разг.). *Смотать удочки* (также перен.: то же, что смотаться в 1 знач.; прост.). *Сматывай удочки!* (уходи, убирайся!; прост.).

УДРА́ТЬ, удеру́, удерёшь; -а́л, -ала́, -а́ло; *сов.* (разг.). Поспешно убежать, обычно тайком. *У. из дому.* ✦ **Удрать штуку** (прост.) — устроить что-н. удивительное, необычное. ‖ *несов.* **удира́ть, -а́ю, -а́ешь.**

УДРУЖИ́ТЬ, -жу́, -жи́шь; *сов., кому* (разг.). Оказать дружескую услугу. *Рад тебе у. Вот так удружил!* (говорится иронически в знач.: причинил вред, неприятность).

УДРУЧЁННЫЙ, -ая, -ое; -ён. То же, что подавленный (во 2 знач.). *У. вид. Удручённое состояние.* ‖ *сущ.* **удручённость, -и,** *ж.*

УДРУЧИ́ТЬ, -чу́, -чи́шь; -чённый (-ён, -ена́); *сов., кого (что).* Крайне огорчить, привести в угнетённое состояние. *Удручён печальной вестью.* ‖ *несов.* **удруча́ть, -а́ю, -а́ешь.** *Удручающее известие.*

УДУ́МАТЬ, -аю, -аешь; *сов., что* (прост.). Придумать, надумать. *Вот ведь что удумал* (вот что придумал, вот что сделал; неодобр.). ‖ *несов.* **уду́мывать, -аю, -аешь.**

УДУШИ́ТЬ, -ушу́, -у́шишь; -у́шенный; *сов.* **1.** *кого (что).* Убить, лишив возможности дышать, задушить (разг.). **2.** *перен., кого-что.* Подавить, уничтожить. *Свободу не у.* ‖ *несов.* **удуша́ть, -а́ю, -а́ешь.** ‖ *сущ.* **удуше́ние, -я,** *ср.*

УДУ́ШЛИВЫЙ, -ая, -ое; -ив. **1.** Душный, стесняющий дыхание. *У. запах. Удушливая атмосфера* (также перен.: мрачная, подавляющая обстановка). **2.** Отравляющий дыхательные пути. *У. газ.* ‖ *сущ.* **уду́шливость, -и,** *ж.* (к 1 знач.).

УДУ́ШЬЕ, -я, *ср.* Состояние крайне затруднённого дыхания, расстройство дыхания. *Приступ удушья.*

УДЭГЕ́ЙСКИЙ, -ая, -ое *и* **УДЭХЕ́ЙСКИЙ,** -ая, -ое. **1.** *см.* удыгейцы *и* удэхе. **2.** Относящийся к удэгейцам (удэхэ, удэгэ), к их языку, национальному характеру, образу жизни, культуре, а также к территории их проживания, её внутреннему устройству, истории; такой, как у удэгейцев. *У. язык* (тунгусо-маньчжурской группы алтайской семьи языков). *По-удэгейски* (нареч.).

УДЭГЭ́ЙЦЫ, -ев, *ед.* -е́ец, -е́йца, *м.* То же, что удэхэ (в 1 знач.). ‖ *ж.* **удэге́йка, -и.** ‖ *прил.* **удэге́йский,** -ая, -ое.

УДЭХЭ́ и (устар.) **УДЭГЭ́.** **1.** *нескл., мн., ед.* удэхэ́, *нескл., м.* и *ж.* и (устар.) удэгэ́, *нескл., м.* и *ж.* Народ, составляющий коренное население горных районов Приморского и Хабаровского краёв. **2.** *неизм.* То же, что удэгейский. ‖ *прил.* также **удэхе́йский,** -ая, -ое *и* **удэге́йский,** -ая, -ое.

УЕДА́ТЬ *см.* уесть.

УЕДИНЕ́НИЕ, -я, *ср.* **1.** *см.* уединить, -ся. **2.** Пребывание в одиночестве. *Жить в уединении.*

УЕДИНЁННЫЙ, -ая, -ое; -ён. **1.** Одинокий, уединившийся от других. *Уединённая жизнь. Жить уединённо* (нареч.). **2.** Находящийся вдали от людных мест. *У. уголок. Уединённая хижина.* ‖ *сущ.* **уединённость, -и,** *ж.*

УЕДИНИ́ТЬ, -ню́, -ни́шь; -нённый (-ён, -ена́); *сов., кого (что)* (устар.). Удалить от общения с другими. *У. себя от окружающих.* ‖ *несов.* **уединя́ть, -я́ю, -я́ешь.** ‖ *сущ.* **уедине́ние, -я,** *ср.*

УЕДИНИ́ТЬСЯ, -ню́сь, -ни́шься; *сов.* Уйти от других в какое-н. место, а также, отдалившись, перестать общаться. *У. в кабинете. У. от друзей.* ‖ *несов.* **уединя́ться, -я́юсь, -я́ешься.** ‖ *сущ.* **уедине́ние, -я,** *ср.*

УЕ́ЗД, -а, *м.* **1.** В феодальной Руси: округа, группа волостей, тяготеющих к городу. **2.** В России до 1929 г. до выделения районов (во 2 знач.): административно-территориальная единица в составе губернии. **3.** Административно-территориальная единица в Румынии. ‖ *прил.* **уе́здный,** -ая, -ое.

УЕ́СТЬ, уе́м, уе́шь, уе́ст, уеди́м, уеди́те, уедя́т; уе́л, уе́ла; уе́шь; уе́денный; уе́в; *сов., кого (что)* (прост.). Уязвить замечанием, репликой. *У. спорщика вопросом.* ‖ *несов.* **уеда́ть, -а́ю, -а́ешь.**

УЕ́ХАТЬ, уе́ду, уе́дешь; *в знач. пов.* употр. уезжа́й; *сов.* Покинув какое-н. место, отправиться куда-н. (на транспортном средстве). *У. из города в деревню. У. на курорт.* ✦ **Далеко не уедешь** *на чём* (разг.) — многого не добьёшься, не будет толку. *На обмане далеко не уедешь.* ‖ *несов.* **уезжа́ть, -а́ю, -а́ешь.**

УЖ[1], -а́, *м.* Змея (обычно не ядовитая). *Семейство ужей. Извиваться (крутиться) ужом* (хитрить, выкручиваться; разг.). ‖ *прил.* **ужи́ный,** -ая, -ое *и* **ужо́вый,** -ая, -ое.

УЖ². **1.** *нареч.* То же, что уже́. *Он уж давно пришёл.* **2.** *частица.* Употр. для подчёркивания обычно при скрытом противопоставлении чему-н. с оттенком недовольства, осуждения или опасения. *Уж если делать, то делать хорошо. Уж ворчал он, ворчал. Очень уж много хлопот. Расскажите уж, как дело было.* **3.** *частица.* В народной поэзии: традиционный элемент зачина. *Уж как пал туман на сине море* (песня).

УЖА́К, -а́, *м.* (обл.). То же, что уж¹.

УЖА́ЛИТЬ *см.* жалить.

УЖА́РИТЬ, -рю, -ришь; -ренный; *сов., что* (разг.). Изжарить до готовности. ‖ *несов.* **ужа́ривать**, -аю, -аешь. ‖ *сущ.* **ужа́ривание**, -я, *ср.*

УЖА́РИТЬСЯ (-рюсь, -ришься, 1 и 2 л. не употр.), -рится; *сов.* (разг.). **1.** Изжариться до готовности. *Мясо хорошо ужарилось.* **2.** Уменьшиться от жаренья. *Грибы ужарились наполовину.* ‖ *несов.* **ужа́риваться** (-аюсь, -аешься, 1 и 2 л. не употр.), -ается.

У́ЖАС, -а, *м.* **1.** Чувство сильного страха, доходящее до подавленности, оцепенения. *Наводить у. на кого-н. Охватил у.* **2.** обычно *мн.* Явление, положение, вызывающее такое чувство. *Рассказывать ужасы. Ужасы войны. Фильмы ужасов.* **3.** Крайнее изумление, негодование, расстройство, вызванное чем-н. *Прийти в у. от рассказа. К ужасу слушателей* (так, что слушатели ужаснулись). **4.** Трагичность, безвыходность. *Почувствовать весь у. своего положения.* **5.** **ужас**, *в знач. сказ.* О чём-н. изумляющем, необычайном по своим положительным или отрицательным свойствам, а также о большом количестве кого-чего-н. (разг.). *Тоска — у.! Смеялись мы — у.! У. сколько времени прошло.* ✦ **Ужас как** (какой) (разг.) — то же, что ужас (в 5 знач.). *Обрадовался ужас как! Ужас какой умный.* До **ужаса** (разг.) — очень, крайне. *Ревнив до ужаса.* **Тихий ужас!** (разг.) — о чём-н. чрезвычайном. *Шумят, ссорятся — тихий ужас!*

УЖАСНУ́ТЬ, -ну́, -нёшь; *сов., кого (что).* Привести в ужас (в 1 и 3 знач.). *Ужаснула мысль о разлуке.* ‖ *несов.* **ужаса́ть**, -а́ю, -а́ешь. *Ужасающий шум* (очень сильный).

УЖАСНУ́ТЬСЯ, -ну́сь, -нёшься; *сов.* Прийти в ужас (в 1 и 3 знач.). *У. при мысли о последствиях.* ‖ *несов.* **ужаса́ться**, -а́юсь, -а́ешься.

УЖА́СНЫЙ, -ая, -ое; -сен, -сна. **1.** Вызывающий ужас (в 1 и 3 знач.). *У. рассказ. У. вид. Ужасно* (в знач. сказ.) *остаться одному.* **2.** Очень плохой (разг.). *Ужасная погода. Ужасно* (нареч.) *себя чувствую.* **3.** Крайний в своём проявлении, чрезвычайный (разг.). *У. ветер. Ужасно* (нареч.) *талантлив. У. лентяй.* ‖ *сущ.* **ужа́сность**, -и, *ж.*

УЖЕ́, *нареч.* Имеет место, сделано, осуществлено (в противоп. тому, что было ранее, до этого, а также в сопоставлении с чем-н.). *У. уехал. Он у. не маленький. Я прочитал эту книгу у. в детстве. Через год ты у. инженер. Пойдём обедать. — Я у.*

УЖЕ́ЛИ и **УЖЕ́ЛЬ**, *частица* (устар.). То же, что неужели (в 1 знач.). *У. всё кончено?*

УЖЕ́НИЕ *см.* удить.

УЖЕСТОЧИ́ТЬ, -чу́, -чи́шь; -чённый (-ён, -ена́); *сов., что.* Сделать жёстким (в 4 знач.), жёстче. *У. требования.* ‖ *несов.* **ужесточа́ть**, -а́ю, -а́ешь. ‖ *сущ.* **ужесточе́ние**, -я, *ср.*

УЖИВА́ТЬСЯ, -а́юсь, -а́ешься; *несов.* **1.** Налаживать согласную жизнь с кем-н. *У. с соседями.* **2.** Привыкать к новому месту жительства, оставаться там. *У. на новом месте.* **3.** (1 и 2 л. не употр.). Сосуществовать, сочетаться, совмещаться. *Уживаются ум и жестокость в ком-н.* ‖ *сов.* **ужи́ться**, -иву́сь, -ивёшься; -и́лся, -ила́сь.

УЖИ́ВЧИВЫЙ, -ая, -ое; -ив. Умеющий ужиться, ладить с другими. *У. сосед.* ‖ *сущ.* **ужи́вчивость**, -и, *ж.*

УЖИ́МКА, -и, *ж.* Неестественное телодвижение; гримаса. *Говорить с ужимками.*

У́ЖИН, -а, *м.* **1.** Вечерняя еда. *Поздний у. Что у нас на у.?* **2.** Пища, приготовленная для вечерней еды. *Легкий у. У. на столе.* ‖ *прил.* **у́жинный**, -ая, -ое.

У́ЖИНАТЬ, -аю, -аешь; *несов.* Есть ужин. *Пора у.* ‖ *сов.* **поу́жинать**, -аю, -аешь. *Принеси п.* (т.е. чего-н. на ужин).

УЖО́ (прост.). **1.** *нареч.* Потом, позже. *У. вечером приду.* **2.** *частица.* Употр. как угроза мести, наказания. *Вот у. тебе! У. доберусь я до тебя!*

УЖО́ВЫЙ *см.* уж¹.

УЖО́НОК, -нка, *мн.* ужа́та, ужа́т, *м.* Недавно вылупившийся уж.

УЗАКОНЕ́НИЕ, -я, *ср.* **1.** *см.* узаконить. **2.** Постановление, имеющее силу закона (устар. офиц.). *Собрание правительственных узаконений.*

УЗАКО́НИТЬ, -ню, -нишь; -ненный; *сов., что.* Придать чему-н. законную силу. *У. существующий порядок.* ‖ *несов.* **узако́нивать**, -аю, -аешь. ‖ *сущ.* **узаконе́ние**, -я, *ср.*

УЗБЕ́КИ, -ов, *ед.* -е́к, -а, *м.* Народ, составляющий основное коренное население Узбекистана. ‖ *ж.* **узбе́чка**, -и. ‖ *прил.* **узбе́кский**, -ая, -ое.

УЗБЕ́КСКИЙ, -ая, -ое. **1.** *см.* узбеки. **2.** Относящийся к узбекам, к их языку, национальному характеру, образу жизни, культуре, а также к Узбекистану, его территории, внутреннему устройству, истории; такой, как у узбеков, как в Узбекистане. *У. язык* (тюркской семьи языков). *У. хлопок. По-узбекски* (нареч.).

УЗДА́, -ы́, *мн.* у́зды, узд, у́здам, *ж.* **1.** Часть сбруи — ремни с удилами и поводьями, надеваемые на голову упряжного животного. **2.** *перен.* То, что сдерживает, строго дисциплинирует. *Держать в узде кого-н. Держать себя в узде* (вести себя сдержанно, держать себя в руках). ‖ *прил.* **уздяно́й**, -а́я, -о́е (к 1 знач.) и **узде́чный**, -ая, -ое (к 1 знач.).

УЗДЕ́ЧКА, -и, *ж.* То же, что узда (в 1 знач.). *Ременная у. Наборная у.*

УЗДЦА́: **под уздцы** — за узду, около удил. *Взять лошадь под уздцы.*

У́ЗЕЛ¹, узла́, *м.* **1.** Место, где туго соединены, связаны концы чего-н., или петля, стянутая на чём-н. *Завязать у. или узлом. Платок на шее завязан в у. Тяжёлая коса закручена узлом. Распутать, развязать у.* (также перен.: разобраться в сложном, запутанном деле). *Морской у.* (особый способ завязывания тросов у моряков). **2.** Место скрещения, связи чего-н. (магистралей, линий связи). *Железнодорожный у. Телефонный у. У. связи* (учреждение, обеспечивающее почтовые, телеграфные, телефонные услуги). **3.** Часть механизма или техническое устройство, представляющие собой сложное соединение деталей, отдельных частей (спец.). *Сборка узлов. Санитарные узлы в квартирах* (канализация, водопровод). **4.** В живом организме: скопление клеток, утолщение (спец.). *Нервный у.* (скопление нервных клеток). *Лимфатический у. У. на стебле растения.* **5.** Вещи, увязанные в кусок мягкого материала. *У. с вещами. Пассажир с узлами.* ✦ **Узел противоречий** (книжн.) — сложное сочетание противоречивых положений, взаимоисключающих ситуаций. ‖ *уменьш.* **узело́к**, -лка́, *м.* (к 1, 4 и 5 знач.). *Связать пожитки в у. У. на память* (завязанный кончик носового платка как напоминание о том, что нужно сделать). *Склеротический у.;* *прил.* **узелко́вый**, -ая, -ое (к 1 и 4 знач.). *Узелковое кружево. Узелковое разрастание тканей.* ‖ *прил.* **узлово́й**, -а́я, -о́е (к 1, 2 и 3 знач.). *Узловая вязка. У. пункт. Узловая сборка.*

У́ЗЕЛ², узла́, *м.* (спец.). Единица скорости судна, равная одной морской миле в час.

УЗИ́ЛИЩЕ, -а, *ср.* (стар.). Тюрьма, острог.

УЗИНА́, -ы́, *ж.* Узкое место, узкое пространство.

У́ЗИТЬ (у́жу, у́зишь, 1 и 2 л. не употр.), у́зит; *несов., кого-что* (разг.). Делать узким, у́же, создавать впечатление тонкости, стройности. *Платье узит фигуру.*

У́ЗКИЙ, -ая, -ое; у́зок, узка́, у́зко и узко́, у́зки и узки́; у́же. **1.** (у́зко). Небольшой в ширину, в поперечнике. *Узкая улица. Узкое место* (перен.: о трудностях в осуществлении чего-н.). **2.** (у́зко и узко́). Меньший в ширину, чем нужно. *Туфли узки. Коридор для этой квартиры узок.* **3.** (у́зко, у́зки). Очень тесный, недостаточно просторный. *У. рукав. Рубаха узка в груди.* **4.** (у́зко), *перен.* Охватывающий немногое, немногих, ограниченный. *Узкая специальность. У. круг друзей. Узкое совещание.* **5.** (у́зко), *перен.* Односторонний, лишённый широты знаний, интересов. *У. кругозор. У. практицизм.* ‖ *сущ.* **у́зость**, -и, *ж.* (к 1, 3 и 5 знач.) и **у́зкость**, -и, *ж.* (к 1, 4 и 5 знач.).

УЗКО... *Первая часть сложных слов со знач.:* 1) с узким (в 1 знач.), напр. *узкобортный, узкоглазый, узкогорлый, узкогрудый, узкоколейный, узкоплёночный, узкоплечий;* 2) узкий (в 4 знач.), напр. *узкоконкретный, узкоотраслевой, узкопрофессиональный, узкоспециальный;* 3) узкий (в 5 знач.), напр. *узкодогматический, узкокорыстный, узкоутилитарный, узкоэгоистический.*

УЗКОКОЛЕ́ЙКА, -и, *ж.* (разг.). Узкоколейная железная дорога.

УЗКОКОЛЕ́ЙНЫЙ, -ая, -ое. С узкой, менее широкой, чем обычно, железнодорожной колеёй. *У. путь.*

УЗКОЛО́БЫЙ, -ая, -ое; -о́б. **1.** С узким лбом. *Узколобое лицо.* **2.** *перен.* Недалёкий, ограниченный. *У. политик. Узколобая дипломатия.* ‖ *сущ.* **узколо́бость**, -и, *ж.* (ко 2 знач.).

УЗКОПЛЕ́ЧИЙ, -ая, -ее; -е́ч. С узкими плечами. *Узкоплечая фигура.*

У́ЗКОСТЬ, -и, *ж.* **1.** *см.* узкий. **2.** Узкое место в фарватере (спец.).

УЗЛОВА́ТЫЙ, -ая, -ое; -а́т. **1.** Неровный, имеющий узлы, узелки. *Узловатая пряжа. У. корень.* **2.** С утолщениями, уплотнениями мышечной ткани. *Узловатые пальцы. Узловатые руки.* ‖ *сущ.* **узлова́тость**, -и, *ж.*

УЗЛОВО́Й, -а́я, -о́е. **1.** *см.* узел¹. **2.** *перен.* Главный, основной, самый существенный. *Узловые вопросы.*

УЗНАВА́ЕМЫЙ, -ая, -ое; -ем (книжн.). Такой, к-рый легко узнать, характерный. *Герои повести узнаваемы.* ‖ *сущ.* **узнава́емость**, -и, *ж.*

УЗНА́ТЬ, -а́ю, -а́ешь; у́знанный; *сов.* **1.** *что.* Получить какие-н. сведения, знания о чём-н. *У. всю правду. Узнал, что едет ревизор. У. о чьих-н. проделках.* **2.** *кого-что.* Испытать, познать, понять до конца. *У. радость материнства. Хорошо у. чей-н. характер. Лучше у. друг друга.* **3.** *о чём.* Осведомиться, спросить о чём-н. *У. о самочувствии больного* (как себя чувствует больной). *У., который час. У., как пройти к вокзалу.* **4.** *кого (что).* Познакомиться с кем-н. *В столице узнал много интересных людей.* **5.** *кого-что.* Обнаружить в ком-чём-н. знакомого, знакомое. *У. старого друга в прохожем. У. старые места.* **6. узнаешь!, узнаете!** Выражение угрозы. *Ты у меня узнаешь, как обманывать!* ‖ *несов.* **узнавать,** -наю, -наёшь (к 1, 2, 3, 4 и 5 знач.). ‖ *сущ.* **узнавание,** -я, *ср.* (к 1, 2, 3, 4 и 5 знач.).

У'ЗНИК, -а, *м.* (высок.). Человек, к-рый находится под стражей, в заключении. *Узники фашистских застенков. У. совести* (человек, осуждённый за свои убеждения, обычно религиозные). ‖ *ж.* **узница,** -ы. ‖ *прил.* **узнический,** -ая, -ое (устар.).

УЗО'Р, -а, *м.* Рисунок, являющийся сочетанием линий, красок, теней. *У. ткани. Причудливый у. Кружевной у. Ледяной у. на окнах* (перен.). ‖ *прил.* **узорный,** -ая, -ое. *Узорное ткачество.*

УЗО'РНЫЙ, -ая, -ое; -рен, -рна. **1.** *см.* узор. **2.** С узором, узорами. *Узорная вязка.* ‖ *сущ.* **узорность,** -и, *ж.*

УЗО'РЧАТЫЙ, -ая, -ое; -ат. То же, что узорный (во 2 знач.). *Узорчатая скатерть.* ‖ *сущ.* **узорчатость,** -и, *ж.*

У'ЗОСТЬ, -и, *ж.* **1.** *см.* узкий. **2.** Узкий проход, самое узкое место чего-н. (спец.). *Открыть огонь по узости реки.*

УЗРЕ'ТЬ, узрю, узришь *и* (устар.) узришь; узренный; *сов.*, *что.* **1.** *см.* зреть². **2.** (узришь). Увидеть, усмотреть (разг. шутл.).

УЗУРПА'ТОР, -а, *м.* Лицо, незаконно захватившее, узурпировавшее власть, какие-н. права, полномочия. ‖ *ж.* **узурпаторша,** -и (разг.). ‖ *прил.* **узурпаторский,** -ая, -ое.

УЗУРПИ'РОВАТЬ, -рую, -руешь; -анный; *сов.* и *несов.*, *что.* Произвести (-водить) незаконный захват, присвоение чего-н. (власти, прав, полномочий). ‖ *сущ.* **узурпация,** -и, *ж.*

У'ЗУС, -а, *м.* (книжн.). Установившаяся практика, обыкновение. *Языковой у.* (употребление слов, форм, закрепившееся в речи). ‖ *прил.* **узуальный,** -ая, -ое.

У'ЗЫ, уз. **1.** Оковы, кандалы (устар.). *У. рабства* (перен.). **2.** *перен.* То, что связывает, соединяет (высок.). *У. брака. У. дружбы, любви. Братские у.*

УЙГУ'РСКИЙ, -ая, -ое. **1.** *см.* уйгуры. **2.** Относящийся к уйгурам, к их языку, национальному характеру, образу жизни, культуре, а также к территории их проживания, её внутреннему устройству, истории; такой, как у уйгуров. *У. язык* (тюркской семьи языков). *Уйгурское письмо* (буквенно-звуковое, со строками, идущими сверху вниз и читаемыми слева направо). *По-уйгурски* (нареч.).

УЙГУ'РЫ, -ов, *ед.* уйгур, -а, *м.* Народ, живущий на северо-западе Китая, в нек-рых районах Средней Азии и Афганистана. ‖ *ж.* **уйгурка,** -и. ‖ *прил.* **уйгурский,** -ая, -ое.

У'ЙМА, -ы, *ж.*, *кого-чего* (разг.). Множество, большое количество, масса (в 4 знач.), пропасть². *У. дел. У. вещей. Народу — у.*

УЙТИ', уйду, уйдёшь; ушёл, ушла; ушедший; уйдя; *сов.* **1.** Идя, удалиться; покинув какое-н. место, отправиться куда-н. *У. из школы домой. Поезд ушёл утром. У. вперёд* (оказаться впереди других; также перен.). *У., чтобы остаться* (перен.: лишь о видимости самоустранения от кого-чего-н.; книжн.). **2.** Перестать что-н. делать или заниматься чем-н. (в соответствии со знач. следующего далее существительного). *У. из политики. У. из литературы. У. от дел* (устраниться). *У. со сцены* (об актёре: перестать играть). **3.** То же, что уволиться (разг.). *У. с работы. У. на пенсию. У. в отставку. Не сам ушёл, а «его ушли»* (об уволенном; шутл.). **4.** Удалившись, спастись, избавиться от кого-чего-н. *У. от погони. У. от ответственности. У. от беды.* **5.** (1 и 2 л. не употр.), *перен.* Миновать; утратиться. *Молодость ушла. Ушли все сроки.* **6.** обычно *со словами «из жизни».* То же, что умереть (в 1 знач.) (высок.). *Ушли из жизни старые друзья.* **7.** (1 и 2 л. не употр.), *на кого-что.* Понадобиться, потребоваться, израсходоваться (разг.). *На костюм уйдёт три метра. Все деньги ушли на поездку. На сборы уйдёт какое-то время.* **8.** (1 и 2 л. не употр.), *во что.* Вдаться, глубоко войти, погрузиться. *Дорога ушла в поля. Свая ушла в землю на метр. Вода ушла под землю.* **9.** *перен.*, *во что.* Целиком отдаться чему-н. *У. в науку. Весь ушёл в решение задачи. У. в себя* (замкнуться в своих мыслях, переживаниях). **10.** (1 и 2 л. не употр.). Кипя, пенясь, перелиться через край. *Молоко ушло.* **11.** (1 и 2 л. не употр.), *со словом «вперёд»* или *без него.* О часах: показать неверное время из-за убыстрённого хода механизма. *Будильник ушёл (ушёл вперёд) на двадцать минут.* ‖ *несов.* **уходить,** -ожу, -одишь. ✦ **Уходя уходи** — афоризм: решив кончить, расстаться, не медли, порви, уходи сразу. ‖ *сущ.* **уход,** -а, *м.* (к 1, 2, 3, 4, 6 и 9 знач.).

УКА'З, -а, *м.* Постановление верховного органа власти, имеющее силу закона. *Издан (вышел) у. У. президента. У. об амнистии.* ✦ **Не указ** *кто кому* (прост.) — о том, чьи указания, наставления можно не слушать, кто не должен указывать. *Он мне не указ.* **Что за указ** *кто кому?* (прост.) — то же, что не указ. *А он мне что за указ?* ‖ *прил.* **указный,** -ая, -ое.

УКАЗА'НИЕ, -я, *ср.* **1.** *см.* указать. **2.** Наставление, разъяснение, указывающее, как действовать. *Получить, дать у. Ценное у.* (часто ирон.).

УКАЗА'ТЕЛЬ, -я, *м.* **1.** Надпись, стрелка, прибор или иное приспособление, указывающие что-н. *У. дорог. Световой у. У. скорости.* **2.** Справочная книга или справочный список в книге. *Библиографический у. Предметный, именной у.* (как приложение к книге).

УКАЗА'ТЬ, укажу, укажешь; указанный; *сов.* **1.** *на кого-что.* Движением, жестом обратить внимание на кого-что-н. *У. пальцем, рукой. У. указкой на карте. У. на ошибку* (перен.). **2.** *кого-что.* Дать узнать, показать, назвать для сведения. *У. путь. У. необходимые пособия.* **3.** *что.* Установить, определить. *У. срок уплаты. В указанный срок.* **4.** *кому.* Объявить порицание (разг.). *Коменданту указали за беспорядок. Ему строго указано.* ‖ *несов.* **указывать,** -аю, -аешь (к 1, 2 и 3 знач.). ‖ *сущ.* **указание,** -я, *ср.* (к 1, 2 и 3 знач.). ‖ *прил.* **указательный,** -ая, -ое (к 1 знач.). *У. жест. У. знак* (дорожный). ✦ **Указательный палец** — палец на руке между большим и средним. **Указательные местоимения** — в грамматике: местоименные прилагательные со знач. указания на кого-что-н., напр. *этот, тот, такой.*

УКАЗИ'ВКА, -и, *ж.* (прост. пренебр.). Документ, содержащий директивное указание. *Очередная у.*

УКА'ЗКА, -и, *ж.* **1.** Палочка, к-рой что-н. указывают. *Показывать что-н. указкой на карте.* **2.** Указание, распоряжение (разг. неодобр.). *Делать что-н. по чужой указке.*

УКАЗУ'ЮЩИЙ, -ая, -ее (устар. и книжн.). Указывающий, обозначающий указание. *У. жест.* ✦ **Указующий перст** (высок. и ирон.) — о непререкаемости чьего-н. распоряжения.

УКА'ЗЧИК, -а, *м.* (разг.). Тот, кто указывает другому, наставляет или учит, как делать. *Он мне не у. У. какой нашёлся!* ‖ *ж.* **указчица,** -ы.

УКА'ЛЫВАТЬ, -аю, -аешь; *несов.*, *кого-что.* То же, что колоть² (в 1 и 5 знач.). *У. иглой. У. насмешливым замечанием.*

УКАРАУ'ЛИТЬ, -лю, -лишь; -ленный; *сов.*, *кого-что* (прост.). Уберечь, устеречь; уследить. *У. от воров. Всех не укараулишь* (за всеми не усмотришь). ‖ *несов.* **укараўливать,** -аю, -аешь.

УКАТА'ТЬ, -аю, -аешь; -атанный; *сов.* **1.** *что.* Сделать гладким (при помощи катка или продолжительной ездой). *У. дорогу.* **2.** *кого (что).* Измучить, лишить сил, бодрости (прост.). *Жизнь укатала кого-н. Укатали сивку крутые горки* (посл.). **3.** *кого (что).* То же, что упечь² (прост.). ‖ *несов.* **укатывать,** -аю, -аешь. ‖ *сущ.* **укатывание,** -я, *ср.* и **укатка,** -и, *ж.* (к 1 знач.).

УКАТА'ТЬСЯ (-аюсь, -аешься, 1 и 2 л. не употр.), -ается; *сов.* Стать гладким (от укатки, от езды). *Дорога укаталась.* ‖ *несов.* **укатываться** (-аюсь, -аешься, 1 и 2 л. не употр.), -ается.

УКАТИ'ТЬ, -ачу, -атишь; *сов.* **1.** *что.* Катя, переместить куда-н. *У. мяч в угол.* **2.** То же, что уехать (разг.). *У. отдыхать к морю.* ‖ *несов.* **укатывать,** -аю, -аешь.

УКАТИ'ТЬСЯ (-ачусь, -атишься, 1 и 2 л. не употр.), -атится; *сов.* Катясь, попасть куда-н. *Мяч укатился за черту.* ‖ *несов.* **укатываться** (-аюсь, -аешься, 1 и 2 л. не употр.), -ается.

УКАЧА'ТЬ, -аю, -аешь; -ачанный; *сов.*, *кого (что).* **1.** Качая (в 1 знач.), довести до дремоты, до сна. *У. ребёнка на руках.* **2.** (1 и 2 л. не употр.). Качкой истомить, довести до тошноты или привести в дремотное состояние. *Укачало* (безл.) *в лодке. Укачала долгая езда.* ‖ *несов.* **укачивать,** -аю, -аешь. ‖ *сущ.* **укачивание,** -я, *ср.*

УКАЧА'ТЬСЯ, -аюсь, -аешься; *сов.* (разг.). От качки истомиться, дойти до дремотного состояния или до тошноты. *Укачался в машине.* ‖ *несов.* **укачиваться,** -аюсь, -аешься.

УКЛА'Д, -а, *м.* Установившийся порядок, сложившееся устройство (общественной жизни, быта). *Экономический, хозяйственный у. У. жизни, семьи.*

УКЛА'ДКА, -и, *ж.* **1.** *см.* уложить. **2.** То, что уложено, сложено в каком-н. порядке. **3.** Вид, способ причёски. *У. с завивкой.* **4.** Небольшой сундук (обл. и устар.).

УКЛА'ДОЧНЫЙ *см.* уложить.

УКЛА'ДЧИК, -а, *м.* **1.** Рабочий, занимающийся укладыванием, укладкой чего-н. *У. парашютов.* **2.** Приспособление, механизм для укладки чего-н. (спец.). ‖ *ж.* **укладчица,** -ы (к 1 знач.).

УКЛА'ДЫВАТЬ, -СЯ¹ *см.* уложить, -ся.

УКЛА'ДЫВАТЬСЯ² *см.* улечься.

УКЛЕ'ЙКА, -и, *ж.* Небольшая речная рыба сем. карповых.

УКЛО'Н, -а, *м.* **1.** То же, что наклон (во 2 знач.). *У. столба. Поезд идёт под у. Катиться под у.* (также перен.: то же, что катиться по наклонной плоскости). **2.** Отклонение от какого-н. направления. *У. в сторону.* **3.** *перен.* Направленность к чему-н., к какой-н. специализации. *Класс с математическим уклоном.* **4.** *перен.* Отклонение, отход от основной, правильной линии во взглядах, в политике. *Мелкобуржуазный у.* || *прил.* **уклóнный**, -ая, -ое (к 1 знач.).

УКЛОНИ́ТЬСЯ, -оню́сь, -они́шься; *сов.* **1.** *от кого-чего.* Отодвинуться, отклониться в сторону, чтобы избежать чего-н. *У. от удара.* **2.** *от чего.* Отойти от прямого направления. *Дорога уклонилась вправо. У. от основной темы* (перен.). **3.** *от чего.* Избегая чего-н., устраниться, отказаться от чего-н. *У. от ответа.* || *несов.* **уклоня́ться**, -я́юсь, -я́ешься. || *сущ.* **уклоне́ние**, -я, *ср.*

УКЛО́НЧИВЫЙ, -ая, -ое; -ив. Уклоняющийся от чего-н., непрямой, лишённый искренности. *У. ответ.* || *сущ.* **укло́нчивость**, -и, *ж.*

УКЛЮ́ЧИНА, -ы, *ж.* Приспособление в борту лодки для упора и удержания весла при гребле. *Железная у.*

УКО́КАТЬ *см.* кокать.

УКОКО́ШИТЬ, -шу, -шишь; -шенный; *сов., кого (что)* (прост.). Убить, лишить жизни.

УКО́Л, -а, *м.* **1.** *см.* колоть². **2.** То же, что инъекция. *После укола больной уснул.* **3.** *перен.* Насмешливое замечание, язвительный намёк.

УКОЛО́ТЬ, -СЯ *см.* колоть².

УКОМПЛЕКТОВА́ТЬ *см.* комплектовать.

УКО́Р, -а, *м.* Упрёк, порицание. *У. во взгляде. Посмотреть на кого-н. с укором. Укоры совести.*

УКО́РА, -ы, *ж.* (стар.). То же, что укор. *Быль молодцу не у.* (посл. о том, что не следует винить кого-н. за старые грехи, ошибки).

УКОРЕНИ́ТЬ, -ню́, -ни́шь; -нённый (-ён, -ена́); *сов., что.* Внедрить, укрепить (в быту, в сознании). *У. хорошие традиции.* || *несов.* **укореня́ть**, -я́ю, -я́ешь. || *сущ.* **укорене́ние**, -я, *ср.*

УКОРЕНИ́ТЬСЯ (-ню́сь, -ни́шься, 1 и 2 л. не употр.), -ни́тся; *сов.* **1.** Дать корни, укрепиться в почве, прорастая. *Черенки укоренились.* **2.** Укрепиться, установиться. *Укоренившаяся привычка.* || *несов.* **укореня́ться** (-я́юсь, -я́ешься, 1 и 2 л. не употр.), -я́ется. || *сущ.* **укорене́ние**, -я, *ср.*

УКОРИ́ЗНА, -ы, *ж.* То же, что укор. *Говорить что-н. с укоризной.*

УКОРИ́ЗНЕННЫЙ, -ая, -ое; -знен, -зненна. Выражающий укоризну. *У. взгляд.* || *сущ.* **укори́зненность**, -и, *ж.*

УКОРИ́ТЬ, -рю́, -ри́шь; -рённый (-ён, -ена́); *сов., кого (что).* То же, что упрекнуть. *У. в неискренности.* || *несов.* **укоря́ть**, -я́ю, -я́ешь.

УКОРО́Т, -а, *м.*: **дать укорот** *кому* (прост.) — обуздать, заставить вести себя спокойнее, сдержаннее.

УКОРОТИ́ТЬ, -очу́, -оти́шь; -о́ченный; *сов., что.* Сделать коротким (в 1 и 3 знач.), короче. *У. путь. У. сроки.* || *несов.* **укора́чивать**, -аю, -аешь. || *сущ.* **укоро́чение**, -я, *ср.*

УКОРОТИ́ТЬСЯ (-очу́сь, -оти́шься, 1 и 2 л. не употр.), -оти́тся; *сов.* Стать коротким (в 1 и 3 знач.), короче. *Платье укоротилось. С наступлением осени дни укоротились.* || *несов.* **укора́чиваться** (-аюсь, -аешься, 1 и 2 л. не употр.), -ается. || *сущ.* **укоро́чение**, -я, *ср.*

УКОРО́ЧЕННЫЙ, -ая, -ое; -ен. **1.** О длине, протяжённости: короче, чем обычно. *У. маршрут.* **2.** О времени, продолжительности какой-н. деятельности: менее продолжительный, чем обычно. *У. рабочий день. У. сеанс.* || *сущ.* **укоро́ченность**, -и, *ж.*

УКО́С, -а, *м.* **1.** *см.* косить². **2.** Количество скошенной травы, скошенного. *Большой у. Сено прошлогоднего укоса.* || *прил.* **уко́сный**, -ая, -ое.

УКРА́ДКОЙ, *нареч.* (разг.). Скрытно, тайком от других. *Заглянуть у.*

УКРАИНИ́ЗМ, -а, *м.* Слово или оборот речи в каком-н. языке, заимствованные из украинского языка или созданные по образцу украинского слова или выражения.

УКРАИ́НСКИЙ, -ая, -ое. **1.** *см.* украинцы. **2.** Относящийся к украинцам, к их языку, национальному характеру, образу жизни, культуре, а также к Украине, её территории, внутреннему устройству, истории; такой, как у украинцев, как на Украине. *У. язык* (восточнославянской группы индоевропейской семьи языков). *У. гопак* (народная пляска). *У. народный певец* (кобзарь). *Украинская гривна* (денежная единица). *По-украински* (нареч.).

УКРАИ́НЦЫ, -ев, *ед.* -нец, -нца, *м.* Народ, составляющий основное коренное население Украины. || *ж.* **украи́нка**, -и. || *прил.* **украи́нский**, -ая, -ое.

УКРА́СИТЬ, -а́шу, -а́сишь; -а́шенный; *сов., кого-что.* Придать кому-чему-н. красивый вид, сделать нарядным, наряднее. *У. зал гирляндами. У. ёлку игрушками. У. жизнь кому-н.* (перен.). || *несов.* **украша́ть**, -а́ю, -а́ешь. *Этот поступок его не украшает* (перен.: не делает ему чести). || *сущ.* **украше́ние**, -я, *ср.*

УКРА́СИТЬСЯ, -а́шусь, -а́сишься; *сов.* Приобрести красивый, нарядный вид. *Улицы украсились к празднику.* || *несов.* **украша́ться**, -а́юсь, -а́ешься.

УКРА́СТЬ *см.* красть.

УКРАШЕ́НИЕ, -я, *ср.* **1.** *см.* украсить. **2.** Предмет, украшающий собой кого-что-н. *Украшения из золота. Ёлочные украшения.* **3.** *перен., чего.* О том, кто (что) является лучшим среди других, гордостью (в 3 знач.). *Эта фигуристка — у. команды. Новая пьеса — у. всего репертуара.*

УКРЕПИ́ТЬ, -плю́, -пи́шь; -плённый (-ён, -ена́); *сов.* **1.** *что.* Сделать крепким (в 1, 2 и 3 знач.), крепче. *У. ограду. У. здоровье. У. свой дух. У. дисциплину.* **2.** *что.* Создать оборонительные сооружения где-н., снабдить средствами обороны. *У. местность. Укреплённый район* (полоса местности, оборудованная для долговременной обороны). || *несов.* **укрепля́ть**, -я́ю, -я́ешь. || *сущ.* **укрепле́ние**, -я, *ср.* || *прил.* **укрепи́тельный**, -ая, -ое.

УКРЕПИ́ТЬСЯ, -плю́сь, -пи́шься; *сов.* **1.** (1 и 2 л. не употр.). Стать крепким (в 1, 2 и 3 знач.), крепче. *Берег укрепился. Организм укрепился. Дисциплина укрепилась.* **2.** Расположиться, устроив оборонительные сооружения. *Отряд укрепился на склонах горы.* || *несов.* **укрепля́ться**, -я́юсь, -я́ешься. || *сущ.* **укрепле́ние**, -я, *ср.*

УКРЕПЛЕ́НИЕ, -я, *ср.* **1.** *см.* укрепить, -ся. **2.** Оборонительное сооружение. *Полевые укрепления. Долговременные укрепления.*

УКРО́МНЫЙ, -ая, -ое; -мен, -мна. Уединённый, укрытый от посторонних. *У. уголок. Укромное место.* || *сущ.* **укро́мность**, -и, *ж.*

УКРО́П, -а (-у), *м.* Однолетнее травянистое растение сем. зонтичных с мелкими листьями и жёлтыми соцветиями, употр. как приправа к пище, в солениях. || *прил.* **укро́пный**, -ая, -ое.

УКРОТИ́ТЕЛЬ, -я, *м.* Дрессировщик диких хищных животных. *У. тигров. У. на арене цирка.* || *ж.* **укроти́тельница**, -ы. || *прил.* **укроти́тельский**, -ая, -ое.

УКРОТИ́ТЬ, -ощу́, -оти́шь; -ощённый (-ён, -ена́); *сов.* **1.** *кого (что).* Сделать смирным, ручным, заставить повиноваться. *У. льва. У. коня. У. строптивца* (перен.). **2.** *что.* Успокоить, умерить проявление чего-н. *У. страсти. У. гнев. Укроти свой прав!* || *несов.* **укроща́ть**, -а́ю, -а́ешь. || *сущ.* **укроще́ние**, -я, *ср.* || *прил.* **укроти́тельный**, -ая, -ое (к 1 знач.).

УКРОТИ́ТЬСЯ, -ощу́сь, -оти́шься; *сов.* **1.** Стать смирным, ручным, послушным. *Зверь укротился.* **2.** Успокоиться, утихнуть. *Гнев укротился.* || *несов.* **укроща́ться**, -а́юсь, -а́ешься. || *сущ.* **укроще́ние**, -я, *ср.*

УКРУПНИ́ТЬ, -ню́, -ни́шь; -нённый (-ён, -ена́); *сов., что.* Сделать крупным (в 1 и 3 знач.), крупнее. *У. узлы механизма. У. производственный комбинат.* || *несов.* **укрупня́ть**, -я́ю, -я́ешь. || *сущ.* **укрупне́ние**, -я, *ср.* || *прил.* **укрупни́тельный**, -ая, -ое (по 1 знач. прил. крупный; спец.).

УКРУПНИ́ТЬСЯ (-ню́сь, -ни́шься, 1 и 2 л. не употр.), -ни́тся; *сов.* Стать крупным (в 1 и 3 знач.), крупнее. *Детали укрупнились. Хозяйство укрупнилось.* || *несов.* **укрупня́ться** (-я́юсь, -я́ешься, 1 и 2 л. не употр.), -я́ется. || *сущ.* **укрупне́ние**, -я, *ср.*

УКРЫВА́ТЕЛЬ, -я, *м.* Тот, кто занимается укрывательством. *У. краденого.* || *ж.* **укрыва́тельница**, -ы.

УКРЫВА́ТЕЛЬСТВО, -а, *ср.* (спец.). Умышленное сокрытие преступника, орудий преступления или преступно добытых предметов. *Наказание за у.* || *прил.* **укрыва́тельский**, -ая, -ое.

УКРЫ́ТИЕ, -я, *ср.* **1.** *см.* укрыть. **2.** Место, сооружение, укрывающее, защищающее от чего-н. *У. от пулемётного огня. Уйти, спрятаться в у.*

УКРЫ́ТЬ, -ро́ю, -ро́ешь; -ы́тый; *сов., кого-что.* **1.** Закрыть со всех сторон. *У. виноградную лозу. Снег укрыл поля* (перен.). **2.** Покрыть одеялом, чем-н. тёплым. *У. ребёнка. У. ноги пледом.* **3.** Скрыть от кого-чего-н. *У. прохожего от дождя. У. от преследователей.* || *несов.* **укрыва́ть**, -а́ю, -а́ешь. || *возвр.* **укры́ться**, -ро́юсь, -ро́ешься (ко 2 знач.); *несов.* **укрыва́ться**, -а́юсь, -а́ешься. || *сущ.* **укрыва́ние**, -я, *ср.* и **укры́тие**, -я, *ср.* (к 1 и 3 знач.). || *прил.* **укрывно́й**, -а́я, -о́е (к 1 знач.; спец.). *У. материал* (для огорода).

УКРЫ́ТЬСЯ, -ро́юсь, -ро́ешься; *сов.* **1.** *см.* укрыть. **2.** Скрыться, спрятаться. *У. от дождя под навесом. У. в лесу.* || *несов.* **укрыва́ться**, -а́юсь, -а́ешься. || *сущ.* **укры́тие**, -я, *ср.*

У́КСУС, -а (-у), *м.* Водный раствор уксусной кислоты — жидкость с резким кислым вкусом, употр. как острая приправа к пище, для консервирования продуктов. || *прил.* **у́ксусный**, -ая, -ое. *Уксусная эссенция.*

У́КСУСНИК, -а, *м.* и **У́КСУСНИЦА**, -ы, *ж.* Сосуд, в к-ром подают уксус на стол.

У́КСУСНЫЙ, -ая, -ое. **1.** *см.* уксус. **2.** **уксусная кислота** — органическое соединение, бесцветная жидкость с резким запахом.

УКУ́ПОРИТЬ, -рю, -ришь; -ренный; *сов., что.* То же, что закупорить. || *несов.* **укупо́ривать**, -аю, -аешь. || *сущ.* **уку́поривание**, -я, *ср.* и **уку́порка**, -и, *ж.* || *прил.* **уку́порочный**, -ая, -ое (спец.).

УКУ́С, -а, *м.* **1.** *см.* укусить. **2.** Укушенное место. *У. распух.*

УКУСИ́ТЬ, -ушу́, -у́сишь; -у́шенный; *сов., кого-что.* Ухватив, проткнув зубами (или жалом), ранить. *Собака укусила ногу или в ногу, за́ ногу. Змея укусила. Какая его муха укусила?* (что с ним происходит, почему он сердит, недоволен?; разг.). *Близок локоть, да не укусишь* (посл.). ‖ *сущ.* **уку́с, -а,** *м.*

УКУ́ТАТЬ, -аю, -аешь; -анный; *сов., кого-что.* Кутая, закрыть со всех сторон. *У. ребёнка в одеяло.* ‖ *несов.* **уку́тывать,** -аю, -аешь. ‖ *возвр.* **уку́таться,** -аюсь, -аешься; *несов.* **уку́тываться,** -аюсь, -аешься. *У. платком (в платок).* ‖ *сущ.* **уку́тывание,** -я, *ср.*

УЛА́ВЛИВАТЬ *см.* уловить.

УЛА́ДИТЬ, -а́жу, -а́дишь; -а́женный; *сов., что.* Привести в порядок, к желаемому концу, к согласию. *У. спорный вопрос. У. дело. Между нами всё улажено.* ‖ *несов.* **ула́живать,** -аю, -аешь. ‖ *сущ.* **ула́живание,** -я, *ср.*

УЛА́ДИТЬСЯ (-а́жусь, -а́дишься, 1 и 2 л. не употр.), -а́дится; *сов.* Прийти в порядок, к желаемому концу, к согласию. *Дело уладилось.* ‖ *несов.* **ула́живаться** (-аюсь, -аешься, 1 и 2 л. не употр.), -ается. ‖ *сущ.* **ула́живание,** -я, *ср.*

УЛА́МЫВАТЬ *см.* уломать.

УЛА́Н, -а, *род. мн.* ула́н (при собир. знач.) *и* ула́нов (при обознач. отдельных лиц), *м.* В царской и нек-рых иностранных армиях: военнослужащий из частей лёгкой кавалерии (первонач. вооружённых пиками). *Эскадрон улан. Двух уланов.* ‖ *прил.* **ула́нский,** -ая, -ое.

УЛЕЖА́ТЬ, -жу́, -жи́шь; *сов.* (разг.). Пробыть на каком-н. месте лёжа. *И часа не улежит в постели.*

У́ЛЕЙ, у́лья, *м.* Специальный ящик (или выдолбленная колода) для содержания пчёл. *На пасеке двадцать ульев.* ‖ *прил.* **уле́йный,** -ая, -ое.

УЛЕПЁТЫВАТЬ, -аю, -аешь; *несов.* (прост.). Поспешно уходить, убегать. *Эк его улепётывает!* ‖ *сов.* **улепетну́ть,** -ну́, -нёшь.

УЛЕСТИ́ТЬ, -ещу́, -ести́шь; -ещённый (-ён, -ена́); *сов., кого (что)* (прост.). Склонить к чему-н. лестью, уговорами, обещаниями. ‖ *несов.* **улеща́ть,** -аю, -а́ешь *и* **уле́щивать,** -аю, -аешь.

УЛЕТЕ́ТЬ, улечу́, улети́шь; *сов.* **1.** Летя, удалиться, направиться куда-н. *Самолёт улетел. Птицы улетели на юг.* **2.** (1 и 2 л. не употр.). Исчезнуть, миновать. *Надежда улетела. Улетело счастливое время.* ‖ *несов.* **улета́ть,** -а́ю, -а́ешь.

УЛЕТУ́ЧИТЬСЯ, -чусь, -чишься; *сов.* **1.** (1 и 2 л. не употр.). Исчезнуть, обратившись в газообразное состояние. *Эфир улетучился. Запахи улетучились.* **2.** *перен.* Уйти, пропасть (разг. шутл.). *Деньги быстро улетучились. Куда-то улетучился кто-н.* (непонятно куда делся). ‖ *несов.* **улету́чиваться,** -аюсь, -аешься.

УЛЕ́ЧЬСЯ, уля́гусь, уля́жешься, уля́гутся; улёгся, улегла́сь; уля́гся; улёгшийся; улёгшись; *сов.* **1.** Принять лежачее положение, лечь (обычно удобно или надолго). *Удобно у. У. на диван. Дети рано улеглись спать.* **2.** Уместиться где-н. в лежачем положении. *На детской кроватке взрослому не у.* **3.** (1 и 2 л. не употр.). О летучих частицах: осесть (во 2 знач.). *Пыль улеглась.* **4.** (1 и 2 л. не употр.), *перен.* Успокоиться, утихнуть. *Волнение, страсти улеглись. Метель скоро уляжется* (кончится). ‖ *несов.* **укла́дываться,** -аюсь, -аешься (к 1 и 2 знач.).

УЛЕЩА́ТЬ *см.* улестить.

УЛИЗНУ́ТЬ, -ну́, -нёшь; *сов.* (прост.). Уйти незаметно, потихоньку. *У. из дома на улицу. У. с урока.*

УЛИ́КА, -и, *ж.* Предмет или обстоятельство, уличающее кого-н. в чём-н. *Прямые улики* (непосредственные доказательства). *Косвенные улики* (не непосредственные доказательства). *Все улики налицо. Против него нет никаких улик.* ‖ *прил.* **ули́ковый,** -ая, -ое (спец.).

УЛИ́ТА, -ы, *ж.* (прост.). То же, что улитка. *У. едет, когда-то будет* (посл. о деле, к-рое осуществляется очень медленно).

УЛИ́ТКА, -и, *ж.* **1.** Медленно передвигающийся моллюск, обычно имеющий раковину. **2.** Часть внутреннего уха — спиральная трубка, в к-рой находится орган, воспринимающий звуки (спец.). ‖ *прил.* **улито́чный,** -ая, -ое (к 1 знач.) *и* **ули́тковый,** -ая, -ое.

У́ЛИЦА, -ы, *ж.* **1.** В населённых пунктах: два ряда домов и пространство между ними для прохода и проезда, а также само это пространство. *Узкая, широкая у. Главные улицы города. Оказаться на улице* (также перен.: без жилья). *Выбросить или выкинуть на улицу кого-н.* (также перен.: 1) выселив, лишить жилья; 2) лишить средств существования). *Человек с улицы* (перен.: о ком-н., кого никто не знает, о случайном человеке). *Будет и на нашей улице праздник* (посл.: и для нас наступит радость, торжество). **2.** Пространство, место вне жилых помещений, под открытым небом (разг.). *На улице жара.* **3.** *перен.* Компания (обычно праздно проводящая время вне дома), противопоставляемая семье по своему отрицательному влиянию на детей, подростков. *Дурное влияние улицы. У. виновата.* ‖ *уменьш.* **у́лочка,** -и, *ж.* (к 1 знач.) *и* **у́личка,** -и, *ж.* (к 1 знач.). ‖ *прил.* **у́личный,** -ая, -ое (к 1 и 3 знач.). *Уличное движение* (на улицах). *У. мальчишка. Уличная женщина* (проститутка).

УЛИЦЕЗРЕ́ТЬ *см.* лицезреть.

УЛИЧИ́ТЬ, -чу́, -чи́шь; -чённый (-ён, -ена́); *сов., кого (что) в чём.* Изобличить, доказать виновность. *У. во лжи.* ‖ *несов.* **улича́ть,** -а́ю, -а́ешь. ‖ *сущ.* **уличе́ние,** -я, *ср.*

УЛО́В, -а, *м.* Количество пойманной рыбы, а также (обл.) дичи, зверей. *Весенний у. Богатый у.* ‖ *прил.* **уло́вный,** -ая, -ое.

УЛОВИ́МЫЙ, -ая, -ое; -и́м. Такой, к-рый может быть уловлен, воспринят. *Едва у. аромат.*

УЛО́ВИСТЫЙ, -ая, -ое; -ист (разг.). Приносящий хороший улов, связанный с хорошим уловом. *Уловистая удочка. Уловистое место.* ‖ *сущ.* **уло́вистость,** -и, *ж.*

УЛОВИ́ТЬ, -овлю́, -о́вишь; -о́вленный; *сов., что.* **1.** Поймать (см. ловить в 4 знач.) на слух, принять. *У. звуковые сигналы.* **2.** Воспринять (что-н. малозаметное), заметить, понять. *У. слабый стон. У. насмешку в словах. С трудом у. смысл речи.* **3.** То же, что уличить (разг.). *У. подходящий момент.* ‖ *несов.* **ула́вливать,** -аю, -аешь. *Улавливаешь?* (понимаешь, в чём дело, смысл?; прост.). ‖ *сущ.* **ула́вливание,** -я, *ср.*

УЛО́ВКА, -и, *ж.* Ловкий приём, хитрость. *Пуститься на уловки.*

УЛОЖЕ́НИЕ, -я, *ср.* В царской России: собрание всех действующих законов; в 19 в. — свод законов в отдельной отрасли права. *Соборное у. 1649 г. Гражданское у.* ‖ *прил.* **уложённый,** -ая, -ое (стар.).

УЛОЖИ́ТЬ, -ожу́, -о́жишь; -о́женный; *сов.* **1.** *кого-что.* То же, что положить (по 1 знач. глаг. класть в нек-рых сочетаниях). *У. в кровать. У. спать. Врачи уложили в больницу. У. в гроб кого-н.* (также перен.: довести до смерти; разг.). **2.** *кого (что).* То же, что уложить спать (разг.). *Уложу детей и приду.* **3.** *что во что.* Складывая, уместить. *У. книги в шкаф. У. расходы в смету* (перен.). **4.** *что.* Наполнить вещами, упаковать. *У. чемодан.* **5.** *что чем.* Покрыть чем-н. на каком-н. пространстве, выложить (в 3 знач.). *У. дорожку каменной плиткой.* **6.** *что.* Положить в определённом порядке. *У. волосы* (сделать причёску). *У. дрова в поленницу. У. рельсы.* **7.** *перен., кого (что).* Убить, положить[1] (во 2 знач.) (разг.). *У. с первого выстрела. У. на месте.* ‖ *несов.* **укла́дывать,** -аю, -аешь. ‖ *сущ.* **укла́дывание,** -я, *ср.* (к 1, 2, 3, 4, 5 и 6 знач.) *и* **укла́дка,** -и, *ж.* (к 3, 4, 5 и 6 знач.). ‖ *прил.* **укла́дочный,** -ая, -ое (к 3, 5 и 6 знач.; спец.). *У. контейнер* (в парашюте).

УЛОЖИ́ТЬСЯ, -ожу́сь, -о́жишься; *сов.* **1.** Уложить, сложить свои вещи во что-н. *У. перед отъездом.* **2.** (1 и 2 л. не употр.). Уместиться во что-н. *Все вещи уложились в чемодан.* **3.** *перен.* Успеть сделать что-н. в определённый срок, занять определённые пределы (разг.). *Докладчик уложился в час. Тезисы уложились на двух страницах. У. в смету.* **4.** *во что.* В сочетании со словами «рамки», «нормы», «правила» и нек-рыми др.: оказаться соответствующим общепринятому. *У. в привычные представления.* ✦ **Уложиться в голове (в сознании)** — стать полностью осознанным, понятным. ‖ *несов.* **укла́дываться,** -аюсь, -аешься. ✦ **В голове (в сознании) не укладывается** *что* (неодобр.) — невозможно понять, поверить во что-н. ‖ *сущ.* **укла́дывание,** -я, *ср.* (к 1 знач.) *и* **укла́дка,** -и, *ж.* (к 1 знач.).

УЛОМА́ТЬ, -а́ю, -а́ешь; уло́манный; *сов., кого (что)* (разг.). Убедить, уговорить с трудом. *Еле уломали упрямца.* ‖ *несов.* **ула́мывать,** -аю, -аешь. ‖ *сущ.* **ула́мывание,** -я, *ср.*

УЛУ́С, -а, *м.* **1.** У народов Центральной и Средней Азии, Сибири при феодализме: родо-племенное объединение. **2.** В царской России на восточных и северных окраинах: административно-территориальная единица в составе округа. **3.** У нек-рых народов Сибири и Средней Азии: селение. ‖ *прил.* **улу́сный,** -ая, -ое.

УЛУЧИ́ТЬ, -чу́, -чи́шь; -чённый (-ён, -ена́); *сов., что* (разг.). Найти подходящее для чего-н. время. *У. момент. У. минутку.* ‖ *несов.* **улуча́ть,** -а́ю, -а́ешь.

УЛУЧШЕ́НИЕ, -я, *ср.* **1.** *см.* улучшить, -ся. **2.** Изменение, перемена к лучшему. *Внести улучшения в проект. У. больного наступило у.*

УЛУ́ЧШИТЬ, -шу, -шишь; -шенный; *сов., что.* Сделать хорошим (в 1 и 3 знач.), лучше. *У. работу. У. свои показатели. Квартира улучшенной планировки. У. отношения с кем-н.* ‖ *несов.* **улучша́ть,** -а́ю, -а́ешь. ‖ *сущ.* **улучше́ние,** -я, *ср.*

УЛУ́ЧШИТЬСЯ (-шусь, -шишься, 1 и 2 л. не употр.), -шится; *сов.* Стать хорошим (в 1 и 3 знач.), лучше. *Здоровье улучшилось. Отношения улучшились.* ‖ *несов.* **улучша́ться** (-а́юсь, -а́ешься, 1 и 2 л. не употр.), -а́ется. ‖ *сущ.* **улучше́ние,** -я, *ср.*

УЛЫБА́ТЬСЯ, -а́юсь, -а́ешься; *несов.* **1.** Улыбкой выражать свои чувства. *Радостно, приветливо, грустно, насмешливо у. У. сквозь слёзы* (плача от радости). **2.** (1 и 2 л. не употр.), *перен., кому.* Предстоять, предвидеться, сулить удачу (разг.). *Ему улыбается счастье. Улыбается хорошая карьера кому-н. Ничего хорошего не улыбается* (безл.). *Жизнь ему улыбается.* ✦ **Не улыбается** *что* или *с неопр. кому* (разг.) — не привлекает, не прельщает что-н. кого-н. *Ехать ночью ему не улыбается.* ‖ *сов.* **улыбну́ться,** -ну́сь, -нёшься.

УЛЫ́БКА, -и, *ж.* Мимическое движение лица, губ, глаз, показывающее расположение к смеху, выражающее привет, удовольствие или насмешку и другие чувства. *Добрая, весёлая у. Насмешливая, злая, горькая у.* ‖ *уменьш.* **улы́бочка, -и, *ж.***

УЛЫБНУ́ТЬСЯ, -ну́сь, -нёшься; *сов.* **1.** *см.* улыбаться. **2.** (1 и 2 л. не употр.), *перен., кому.* Не достаться кому-н., не стать предметом обладания (о чём-н. ожидавшемся) (разг.). *Премия улыбнулась.*

УЛЫ́БЧИВЫЙ, -ая, -ое; -ив. С улыбкой на лице; часто улыбающийся. *У. малыш.* ‖ *сущ.* **улы́бчивость, -и, *ж.***

УЛЬТИМАТИ́ВНЫЙ, -ая, -ое; -вен, -вна. Являющийся ультиматумом, категорический. *Ультимативное требование. У. тон.* ‖ *сущ.* **ультимати́вность, -и, *ж.***

УЛЬТИМА́ТУМ -а, *м.* Решительное требование с угрозой применения мер воздействия в случае отказа. *Предъявить кому-н. у.*

У́ЛЬТРА, *нескл., м.,* обычно *мн.* Крайний реакционер.

УЛЬТРА..., *приставка.* Образует существительные и прилагательные со знач. превышения признака, сверх..., напр. *ультрамодный, ультрасовременный, ультраправый, ультраконсерватор, ультрамодернизм.*

УЛЬТРАЗВУ́К, -а, *м.* Не слышимые человеком упругие волны, частоты к-рых превышают 20 кГц. ‖ *прил.* **ультразвуково́й,** -а́я, -о́е.

УЛЬТРАКОРО́ТКИЙ, -ая, -ое: **ультракороткие волны** — электромагнитные волны длиной до 10 м.

УЛЬТРАМАРИ́Н, -а, *м.* Яркая синяя краска. ‖ *прил.* **ультрамари́новый,** -ая, -ое.

УЛЬТРАФИОЛЕ́ТОВЫЙ, -ая, -ое: **ультрафиолетовые лучи** — не видимые глазом лучи, лежащие в спектре за фиолетовыми.

УЛЮЛЮ́КАТЬ, -аю, -аешь; *несов.* (разг.). **1.** Кричать «улюлю» при травле зверей собаками. **2.** *перен.* Открыто и злобно глумиться над кем-н. ‖ *сущ.* **улюлю́канье, -я, *ср.***

УМ, -а́, *м.* **1.** Способность человека мыслить, основа сознательной, разумной жизни. *Склад ума. В здравом уме и твёрдой памяти кто-н.* (совершенно нормален). *Ни уму ни сердцу не даёт ничего* (не приносит никакой пользы). *Не твоего ума дело* (ты недостаточно умён, чтобы об этом судить, не тебе это решать; разг. неодобр.). *У. хорошо, а два лучше* (посл.). *Сколько голов, столько умов* (посл.). *По одёжке встречают, по уму провожают* (посл.). **2.** Такая способность, развитая в высокой степени, высокое развитие интеллекта. *Блестящий у. Отличаться умом. Природный у. Ума палата у кого-н.* (очень умён; разг.). **3.** *перен.* О человеке как носителе интеллекта. *Лучшие умы человечества* (великие мыслители, учёные; высок.). ✦ **Без ума** *от кого-чего* (разг.) — в восторге, в восхищении. *Без ума от балета.* **В уме** — о счёте: мысленно, не записывая, не произнося. *Множить в уме. Три пишем, два в уме.* **В (своём) уме** *кто* (разг.) — вполне нормален. **В уме ли ты?** (разг.) — понимаешь ли, что делаешь? **До ума довести** *что* (прост.) — закончить как следует, как нужно. *Довести дело до ума.* **За ум взяться** — стать рассудительнее. **Из ума вон** (разг.) — совсем забыл. **Из ума выжить** (разг.) — к старости лишиться памяти, соображения. **И в уме нет** (разг.) — и не предполагал, не думал. **На уме** — в мыслях. *Одни развлечения на уме.* **На ум наставить** *кого* (разг.) — вразумить, научить чему-н. хорошему. **Не в своём уме** (разг.) — сошёл с ума. **От большого ума** (разг. ирон.) — по недомыслию, по глупости. **Раскинуть умом** (разг.) — сообразить, подумать хорошенько. **Прийти на ум** — о появлении какой-н. мысли, желания. **Сходить с ума** — 1) терять рассудок; 2) *о ком-чём, по кому-чему и по ком-чём,* очень увлекаться кем-чем-н. (разг.); 3) вести себя безрассудно (разг. неодобр.). *Не бросай семью, не сходи с ума!* 4) вести себя странно, с причудами (разг.). *Каждый по-своему с ума сходит* (погов. о том, что у каждого свои причуды). **Не сходи с ума** (разг.) — призыв вести себя благоразумно. **С ума свихнуть** (устар. и прост.) — сойти с ума, помешаться. **С ума сойдёшь! С ума сойти!** (разг.) — выражение удивления и оценки. **Свести с ума** *кого* — 1) довести до потери рассудка; 2) увлечь, очаровать (разг.). *Красота твоя с ума меня свела.* **Себе на уме** *кто* (разг.) — скрытен, хитёр, имеет заднюю мысль. **С умом** (делать что-н.) (разг.) — разумно, со знанием дела. **Ум за разум заходит** *у кого* (разг.) — не в состоянии разумно рассуждать, действовать из-за растерянности, множества дел. **Ума не приложу** (разг.) — не могу понять, сообразить, догадаться. ‖ *уменьш.* **уми́шко,** -а, *м.* (к 1 знач.; пренебр.).

УМАЛИ́ТЬ, -лю́, -ли́шь; -лённый (-ён, -ена́); *сов., что* (книжн.). Сделать или представить менее значительным, чем есть на самом деле, преуменьшить. *У. значение чего-н. У. вину.* ‖ *несов.* **умаля́ть,** -я́ю, -я́ешь. ‖ *сущ.* **умале́ние, -я, *ср.***

УМАЛИШЁННЫЙ, -ая, -ое. Душевнобольной, сумасшедший. *Дом для умалишённых* (сущ.).

УМА́ЛЧИВАТЬ *см.* умолчать.

УМА́СЛИТЬ, -лю, -лишь; -ленный; *сов., кого (что)* (разг.). Склонить к чему-н. лаской, лестью, подарками. *У. упрямца.* ‖ *несов.* **ума́сливать,** -аю, -аешь. ‖ *сущ.* **ума́сливание, -я, *ср.***

УМАСТИ́ТЬ, -ащу́, -асти́шь; -ащённый (-ён, -ена́); *сов., кого-что* (устар.). Напитать душистыми веществами. *У. благовониями.* ‖ *несов.* **умаща́ть,** -а́ю, -а́ешь. ‖ *сущ.* **умаще́ние, -я, *ср.***

УМА́ЯТЬ, -а́ю, -а́ешь; -а́янный; *сов., кого (что)* (прост.). Утомить, измучить. *Умаяла долгая дорога.* ‖ *несов.* **ума́ивать,** -аю, -аешь.

УМА́ЯТЬСЯ *см.* маяться.

УМЕ́ЛЕЦ, -льца, *м.* Умелый и искусный работник, человек с умелыми руками. *Народные умельцы.* ‖ *ж.* **уме́лица, -ы.**

УМЕ́ЛЫЙ, -ая, -ое; -е́л. Обладающий умением, обнаруживающий умение, искусный. *Умелые руки. Умелое руководство. Умелая расстановка сил.* ‖ *сущ.* **уме́лость, -и, *ж.***

УМЕ́НИЕ, -я, *ср.* **1.** *см.* уметь. **2.** Навык в каком-н. деле, опыт. *С умением взяться за дело. При умении всё можно сделать. Не числом, а уменьем* (о том, что делается немногими, но умелыми).

УМЕНЬША́ЕМОЕ, -ого, *ср.* Число или выражение, из к-рого вычитают другое.

УМЕНЬШИ́ТЕЛЬНЫЙ, -ая, -ое. **1.** *см.* уменьшить. **2.** В словообразовании: относящийся к образованию существительных, прилагательных и наречий, обозначающих меньшую величину, степень качества, а также эмоциональное отношение (напр. дом — домик, яблоко — яблочко, Ваня — Ванечка, плохой — плохонький, добрый — добренький, скоро — скоренько, тихо — тихонечко). *У. суффикс.* ‖ *сущ.* **уменьши́тельность, -и, *ж.*** (ко 2 знач.).

УМЕ́НЬШИТЬ, -шу, -шишь; -шенный; *сов., что.* **1.** Сделать меньше (по величине, объёму, количеству). *У. вес. У. нагрузку.* **2.** Сделать мельче (изображение). ‖ *несов.* **уменьша́ть,** -а́ю, -а́ешь. ‖ *сущ.* **уменьше́ние, -я, *ср.*** ‖ *прил.* **уменьши́тельный,** -ая, -ое.

УМЕ́НЬШИТЬСЯ, -шусь, -шишься; *сов.* Стать меньше (по величине, объёму, количеству); спасть. *Вес уменьшился. Боль уменьшилась.* ‖ *несов.* **уменьша́ться,** -а́юсь, -а́ешься. ‖ *сущ.* **уменьше́ние, -я, *ср.***

УМЕ́РЕННЫЙ, -ая, -ое; -ен. **1.** Средний между крайностями — не большой и не малый, не сильный и не слабый. *У. аппетит. Требования очень умеренны.* **2.** *полн. ф.* О климате: средний между жарким и холодным. *У. природный пояс* (с чёткой сезонностью температурных режимов, с холодной и снежной зимой). **3.** *полн. ф.* Занимающий среднюю, нейтральную линию между крайними политическими течениями. *У. либерал.* ‖ *сущ.* **уме́ренность, -и, *ж.*** (к 1 и 3 знач.).

УМЕРЕ́ТЬ, умру́, умрёшь; у́мер, умерла́, у́мерло; уме́рший; умере́в *и* уме́рши; *сов.* **1.** Перестать жить. *У. от ран. У. молодым, в глубокой старости. У. за Родину. У. на чьих-н. руках* (в присутствии того, кто был рядом, близок). **2.** (1 и 2 л. не употр.), *перен.* Исчезнуть, прекратиться (книжн.). *Великие идеи не умрут.* ✦ **Умереть можно** (разг.) — выражение восхищения, удивления и других сильных чувств. *Смеялись мы — умереть можно!* **Умереть со́ смеху** (разг.) — очень сильно смеяться. **Умри, Денис, лучше не напишешь** (разг. шутл.) — о том, что сделано очень хорошо, лучше некуда. **Хоть умри!** (разг.) — 1) во что бы то ни стало. *Хоть умри, а успей;* 2) ни за что, ни в какую. *Не пойду, хоть умри.* **Чуть не умер** (разг.) — выражение крайней степени какого-н. состояния. *Чуть не умер от страха. Ну и насмешил меня, я чуть не умер.* ‖ *несов.* **умира́ть,** -а́ю, -а́ешь. *Умирающий голос* (слабый, еле слышный; обычно ирон.). ‖ *сущ.* **умира́ние, -я, *ср.***

УМЕ́РИТЬ, -рю, -ришь; -ренный; *сов., что.* Ограничить степень, силу проявления чего-н. *У. требования. У. чей-н. пыл.* ‖ *несов.* **умеря́ть,** -я́ю, -я́ешь.

УМЕРТВИ́ТЬ, -рщвлю́, -ртви́шь; -рщвлённый (-ён, -ена́); *сов.* **1.** *кого-что.* Лишить жизни (в знач. убить — устар.). *У. больное животное* (усыпить). *У. пленника.* **2.** *перен., что.* Прекратить развитие чего-н., привести в пассивное состояние (устар.). *У. в себе все желания.* ‖ *несов.* **умерщвля́ть,** -я́ю, -я́ешь. ‖ *сущ.* **умерщвле́ние, -я, *ср.***

УМЕСТИ́ТЬ, -ещу́, -ести́шь; -ещённый (-ён, -ена́); *сов., кого-что.* Поместить в определённых пределах. *У. все книги на полке.* ‖ *несов.* **умеща́ть,** -а́ю, -а́ешь. ‖ *сущ.* **умеще́ние, -я, *ср.***

УМЕСТИ́ТЬСЯ, -ещу́сь, -ести́шься; *сов.* Поместиться (в 1 знач.) в определённых пределах. *Всем не у. в лодке. Эти вещи в чемодан не уместятся.* ‖ *несов.* **умеща́ться,** -а́юсь, -а́ешься. ‖ *сущ.* **умеще́ние, -я, *ср.***

УМЕ́СТНЫЙ, -ая, -ое; -тен, -тна. Соответствующий обстановке, сделанный кстати. *У. вопрос.* ‖ *сущ.* **уме́стность, -и, *ж.***

УМЕ́ТЬ, -е́ю, -е́ешь; *несов., с неопр.* **1.** Обладать навыком, полученным знаниями, быть обученным чему-н. *У. писать. У. работать. У. кататься на коньках.* **2.** Обладать способностью делать что-н. *Не у. льстить, притворяться. Умеет одеться* (хорошо одевается). *Умеет жить* (знает, как хорошо устроиться, где нажиться; разг., обычно ирон.). || *сущ.* **умение, -я, *ср.***

УМЕЩА́ТЬ *см.* уместить.

УМЕ́ЮЧИ, *нареч.* (разг.). С умением, со знанием. *Делать надо у. Долго ли у.?* (умелый сделает быстро, легко; шутл., часто ирон.).

УМИЛЕ́НИЕ, *-я, ср.* Нежное чувство, возбуждаемое чем-н. трогательным. *С умилением смотреть на ребёнка. Слёзы умиления. Прийти в у.*

УМИЛИ́ТЕЛЬНЫЙ, -ая, -ое; -лен, -льна. Вызывающий умиление. *У. ребёнок. Умилительная картина.* || *сущ.* **умилительность, -и, *ж.***

УМИЛИ́ТЬ, -лю́, -ли́шь; -лённый (-ён, -ена́); *сов., кого (что).* Привести в умиление. *У. своей непосредственностью.* || *несов.* **умилять,** -яю, -яешь.

УМИЛИ́ТЬСЯ, -лю́сь, -ли́шься; *сов.* Прийти в умиление. *У. детскому лепету (детским лепетом).* || *несов.* **умиляться,** -яюсь, -яешься.

УМИЛОСЕ́РДИТЬ, 1 л. ед. не употр., -дишь; *сов., кого (что)* (устар.). То же, что умилостивить.

УМИ́ЛОСТИВИТЬ, -влю, -вишь; -вленный; *сов., кого (что)* (устар.). Склонить к милости, к милосердию. *У. отца.* || *несов.* **умилостивлять,** -яю, -яешь. || *сущ.* **умилостивление, -я, *ср.***

УМИ́ЛЬНЫЙ, -ая, -ое; -лен, -льна. **1.** Нежный, приятный (устар.). *Умильное личико.* **2.** Льстивый, угодливый. *Умильные речи. Умильная улыбка.* || *сущ.* **умильность, -и, *ж.***

УМИНА́ТЬ, -СЯ *см.* умять, -ся.

УМИРА́ТЬ, -а́ю, -а́ешь; *несов.* **1.** *см.* умереть. **2.** *от чего.* Выражает крайнюю степень того состояния, к-рое названо существительным (разг.). *У. от любопытства* (т. е. очень хотеть узнать). *У. от нетерпения* (т. е. ждать с большим нетерпением). *У. от скуки* (т. е. очень скучать). **3.** *в форме наст. вр.* В сочетании с глаг. «хотеть» и нек-рыми другими словами, обозначающими состояние, выражает крайнюю степень состояния (разг.). *Умираю есть хочу. Умираю устал. Умираю скучно.*

УМИРОТВОРЁННЫЙ, -ая, -ое; -ён. Полный покоя, удовлетворения. *Умиротворённая улыбка.* || *сущ.* **умиротворённость, -и, *ж.***

УМИРОТВОРИ́ТЬ, -рю́, -ри́шь; -рённый (-ён, -ена́); *сов., кого-что.* Привести к миру, успокоить. *У. враждующих.* || *несов.* **умиротворять,** -яю, -яешь. || *сущ.* **умиротворение, -я, *ср.***

У́МКА, -и, *м.* (обл.). Белый медведь.

УМНЕ́ТЬ, -е́ю, -е́ешь; *несов.* Становиться умным (в 1 знач.), умнее. *Дети умнеют с годами.* || *сов.* **поумнеть,** -е́ю, -е́ешь.

У́МНИК, -а, *м.* (разг.). **1.** Умный человек, умница (во 2 знач.). **2.** Человек, к-рый умничает, старается выказать свой ум (ирон.). *Самоуверенный у.* **3.** Тот, кто поступает хорошо, разумно (обычно о детях, при выражении похвалы, одобрения). *Ты у меня у.* || *ж.* **у́мница,** -ы (к 1 и 3 знач.). || *уменьш.-ласк.* **у́мничка,** -и, *м.* и *ж.* (к 3 знач.).

У́МНИЦА, -ы. **1.** *см.* умник. **2.** *м.* и *ж.* Умный, способный человек. *Большой у.*

У́МНИЧАТЬ, -аю, -аешь; *несов.* (разг. неодобр.). **1.** Стараться выказать свой ум. **2.** Поступать по-своему, мудрить. *Не умничай, делай, как велят.* || *сов.* **су́мничать,** -аю, -аешь (ко 2 знач.).

УМНОЖА́ТЬ, -а́ю, -а́ешь; *несов., что.* То же, что множить. *У. целое число на дробь. У. успехи.*

УМНОЖА́ТЬСЯ (-а́юсь, -а́ешься, 1 и 2 л. не употр.), -а́ется; *несов.* То же, что множиться. *С каждым днём умножаются наши силы.*

УМНОЖЕ́НИЕ, -я, *ср.* **1.** *см.* множить, -ся. **2.** Математическое действие, посредством к-рого из двух чисел (или величин) получается новое число (или величина), к-рое (для целых чисел) содержит слагаемым первое число столько раз, сколько единиц во втором. *Таблица умножения. Задача на у.*

УМНО́ЖИТЬ, -СЯ *см.* множить, -ся.

У́МНЫЙ, -ая, -ое; умён, умна́, умно́. **1.** Обладающий умом, выражающий ум. *У. наставник. Умное лицо. У. взгляд. Умная машина* (перен.: выполняющая сложную, тонкую работу). *Умные книги* (перен.: глубокие по содержанию). *Умные руки* (перен.: о руках умелого человека, мастера). **2.** Порождённый ясным умом, разумный. *У. поступок. Умно* (нареч.) *говорить.* || *сущ.* **у́мность,** -и, *ж.* (ко 2 знач.).

УМОЗАКЛЮЧЕ́НИЕ, -я, *ср.* (книжн.). Вывод, заключение (в 3 знач.). *Сделать, вывести у. Правильное у.*

УМОЗАКЛЮЧИ́ТЬ, -чу́, -чи́шь; -чённый (-ён, -ена́); *сов., что* (книжн.). Сделать умозаключение. || *несов.* **умозаключать,** -а́ю, -а́ешь.

УМОЗРЕ́НИЕ, -я, *ср.* (устар. книжн.). Мыслительное представление, взгляды, основанные на пассивном созерцании, не опирающиеся на опыт.

УМОЗРИ́ТЕЛЬНЫЙ, -ая, -ое; -лен, -льна (книжн.). Отвлечённый, не опирающийся на опыт, на практику. *Умозрительные построения.* || *сущ.* **умозрительность, -и, *ж.***

УМОИССТУПЛЕ́НИЕ, -я, *ср.* (книжн.). Возбуждённое состояние с потерей способности разумного поведения. *Действовать в умоисступлении. Прийти в у. Дойти до умоисступления.*

УМОИССТУПЛЁННЫЙ, -ая, -ое (книжн.). Находящийся, производимый в умоисступлении, выражающий умоисступление. *У. взгляд.*

УМОЛИ́ТЬ, -лю́, -ли́шь; -лённый (-ён, -ена́); *сов., кого (что).* Склонить к чему-н. мольбами, просьбами, упросить. *У. простить.* || *несов.* **умолять,** -я́ю, -я́ешь. *У. о пощаде.*

У́МОЛК: без умолку (говорить, болтать) (разг.) — не умолкая, не затихая. *Тараторит без умолку.*

УМО́ЛКНУТЬ, -ну, -нешь; умо́лк *и* умо́лкнул, умо́лкла; умо́лкший *и* умо́лкнувший; умо́лкнув *и* умо́лкши; *сов.* То же, что замолкнуть. *Рассказчик умолк. Голоса умолкли.* || *несов.* **умолкать,** -а́ю, -а́ешь.

УМОЛО́Т, -а, *м.* То же, что обмолот (во 2 знач.). *Большой у.* || *прил.* **умоло́тный,** -ая, -ое.

УМОЛЧА́ТЬ, -чу́, -чи́шь; *сов., о чём.* Умышленно не сказать о чём-н. *Умолчал о самом главном. Не могу у.* (считаю себя обязанным сказать). || *несов.* **ума́лчивать,** -аю, -аешь. || *сущ.* **умолча́ние,** -я, *ср. У. о преступлении* (недонесение; спец.). *Фигура умолчания* (приём риторической речи — намеренная недомолвка, намёк; также перен.: о чём-н. невысказанном, недоговорённом; книжн., часто ирон.).

УМОЛЯ́ЮЩИЙ, -ая, -ее. Выражающий мольбу, просьбу. *У. взгляд, жест. Умоляюще* (нареч.) *посмотреть.*

УМОНАСТРОЕ́НИЕ, -я, *ср.* (книжн.). Направленность ума, интересов. *У. молодёжи.*

УМОПОМЕША́ТЕЛЬСТВО, -а, *ср.* (книжн.). То же, что сумасшествие (в 1 знач.). *В припадке умопомешательства.*

УМОПОМРАЧЕ́НИЕ, -я, *ср.* (устар.). Потеря способности понимать окружающее, умственное расстройство. *У. нашло на кого-н.* ✦ **До умопомрачения** (разг.) — 1) очень, чрезвычайно. *Устал до умопомрачения;* 2) очень много. *Народу собралось — до умопомрачения!*

УМОПОМРАЧИ́ТЕЛЬНЫЙ, -ая, -ое; -лен, -льна. Необычайный по силе, степени, чрезвычайный. *Умопомрачительная скорость. Умопомрачительная новость.* || *сущ.* **умопомрачительность, -и, *ж.***

УМО́РА, -ы, *ж.* (разг.). Уморительный случай, нечто очень смешное. *Вот у.-то была! Слушать его — у.!*

УМОРИ́ТЕЛЬНЫЙ, -ая, -ое; -лен, -льна (разг.). Очень смешной, забавный. *У. рассказ. У. вид.* || *сущ.* **уморительность, -и, *ж.***

УМОРИ́ТЬ *см.* морить.

УМОРИ́ТЬСЯ, -рю́сь, -ри́шься; *сов.* (прост.). Устать, измучиться. *У. от жары.*

УМОТА́ТЬ *см.* мотать[1].

УМОЩНИ́ТЬ, -ню́, -ни́шь; -нённый (-ён, -ена́); *сов., что* (спец.). Сделать более мощным (во 2 знач.). *У. двигатель.* || *несов.* **умощнять,** -я́ю, -я́ешь. || *сущ.* **умощнение, -я, *ср.***

У́МСТВЕННЫЙ, -ая, -ое. Относящийся к деятельности ума, сознания, мысленный. *У. труд. Умственные способности. У. взор* (мысль, сознание; книжн.). *Умственно* (нареч.) *отсталый* (недоразвитый). || *сущ.* **у́мственность,** -и, *ж.* (устар.).

У́МСТВОВАНИЕ, -я, *ср.* (книжн.). Ненужное или крайне отвлечённое рассуждение. *Бесплодные умствования.*

У́МСТВОВАТЬ, -твую, -твуешь; *несов.* Заниматься умствованиями.

УМУДРИ́ТЬ, -рю́, -ри́шь; -рённый (-ён, -ена́); *сов., кого (что).* Сделать разумным, мудрым. *Жизнь умудрила кого-н. Умудрённый опытом.* || *несов.* **умудрять,** -я́ю, -я́ешь.

УМУДРИ́ТЬСЯ, -рю́сь, -ри́шься; *сов., с неопр.* (разг.). Суметь сделать что-н. (трудное, сложное), а также (ирон.) сделать что-н. такое, чего легко можно было бы избежать. *У. пролезть в щель. Умудрился опоздать на поезд.* || *несов.* **умудряться,** -я́юсь, -я́ешься.

УМЧА́ТЬ, -чу́, -чи́шь; *сов., кого-что.* Помчав, увезти. *Кони умчали всадников. Ветер умчал обрывки газет* (перен.).

УМЧА́ТЬСЯ, -чу́сь, -чи́шься; *сов.* **1.** Помчавшись, уехать, убежать. *Мотоциклисты умчались.* **2.** (1 и 2 л. не употр.). Быстро пройти, миновать. *Умчалась юность.*

УМЫВА́ЛЬНИК, -а, *м.* Раковина с краном над ней для умывания, а также специальный сосуд для умывания.

УМЫКА́НИЕ, -я, *ср.* **1.** *см.* умыкнуть. **2.** У нек-рых народов: форма заключения брака — похищение невесты у её родителей, увоз. *Брак умыканием. Обычай умыкания.*

УМЫКНУ́ТЬ, -ну́, -нёшь; *сов., кого-что.* Похитить невесту, девушку, а также (прост.) вообще украсть. || *несов.* **умыкать,** -а́ю, -а́ешь. || *сущ.* **умыка́ние,** -я, *ср.*

У́МЫСЕЛ, -сла, *м.* **1.** Заранее обдуманное намерение (обычно предосудительное). *Злой у. Совершать что-н. без умысла, с умыслом.* **2.** Одна из форм вины (противопоставляемая неосторожности) — подготовка преступления с осознанием его общественно опасных последствий (спец.). *Заранее обдуманный у.*

УМЫ́ТЬ, умо́ю, умо́ешь; умы́тый; *сов., кого-что.* Помыть (лицо, шею, руки). *У. ребёнка. У. руки* (также перен.: отстранившись, снять с себя ответственность за что-н.; книжн. [по евангельскому сказанию о Пилате, перед казнью Иисуса Христа омывшего руки водой в знак своей непричастности к совершающемуся]). *Роща, умытая дождём* (перен.). ‖ *несов.* **умыва́ть**, -а́ю, -а́ешь. ‖ *возвр.* **умы́ться**, умо́юсь, умо́ешься; *несов.* **умыва́ться**, -а́юсь, -а́ешься. ‖ *сущ.* **умыва́ние**, *-я, ср. и* **умове́ние**, *-я, ср.* (стар.). ‖ *прил.* **умыва́льный**, -ая, -ое.

УМЫ́ШЛЕННЫЙ, -ая, -ое; -лен, -ленна. Преднамеренный, с умыслом. *Умышленное оскорбление. Умышленно* (нареч.) *умолчать о чём-н.* ‖ *сущ.* **умы́шленность**, -и, *ж.*

УМЯГЧИ́ТЬ, -чу́, -чи́шь; -чённый (-ён, -ена́); *сов., кого-что* (устар.). То же, что смягчить (в 1 и 3 знач.). *У. кожу. У. чьё-н. сердце.* ‖ *несов.* **умягча́ть**, -а́ю, -а́ешь. ‖ *сущ.* **умягче́ние**, *-я, ср.* ‖ *прил.* **умягчи́тельный**, -ая, -ое (по 1 знач. глаг. смягчить).

УМЯГЧИ́ТЬСЯ, -чу́сь, -чи́шься; *сов.* (устар.). То же, что смягчиться (в 1 и 3 знач.). ‖ *несов.* **умягча́ться**, -а́юсь, -а́ешься. ‖ *сущ.* **умягче́ние**, *-я, ср.*

УМЯ́ТЬ, умну́, умнёшь; умя́тый; *сов., что.* **1.** Уложить, приминая. *У. сено.* **2.** Съесть много (прост.). *Умял целую буханку.* ‖ *несов.* **умина́ть**, -а́ю, -а́ешь.

УМЯ́ТЬСЯ (умну́сь, умнёшься, 1 и 2 л. не употр.), умнётся; *сов.* Слежаться, примяться. *Сено умялось. Снег под ногами умялся.* ‖ *несов.* **умина́ться** (-а́юсь, -а́ешься, 1 и 2 л. не употр.), -а́ется.

УНАВА́ЖИВАТЬ, -аю, -аешь и **УНАВА́ЖИВАТЬ**, -аю, -аешь; *несов., что.* Удобрять навозом. *У. почву.*

УНАВО́ЗИТЬ *см.* наво́зить.

УНАСЛЕ́ДОВАТЬ, -дую, -дуешь; -анный; *сов., что.* **1.** *см.* наследовать. **2.** Получить какое-н. свойство, качество от родителей, от предшествующих поколений. *Унаследованные черты характера.*

УНЕСТИ́, -су́, -сёшь; -ёс, -есла́; -ёсший; -сённый (-ён, -ена́); -еся́; *сов., кого-что.* **1.** Уходя, взять с собой (неся в руках или на себе). *У. вещи в дом (из дома). Заботы унесли много здоровья* (перен.). *Воры унесли ценные вещи* (украли; разг.). **2.** (1 и 2 л. не употр.). Переместить куда-н., увлечь. *Ветром унесло* (безл.) *лодку. Воспоминания унесли его в далёкое детство* (перен.). **3.** *кого-что, безл. и в сочетании со словами «чёрт», «дьявол», «нелёгкая».* О неожиданном или нежелательном уходе, исчезновении кого-чего-н. (прост.). *Куда это его унесло* (безл.)? (куда он делся?). ✦ **Ноги унести** (разг.) — спастись бегством. *Еле ноги унёс от собак.* ‖ *несов.* **уноси́ть**, -ошу́, -о́сишь. ‖ *сущ.* **уно́с**, -а, *м.* (к 1 знач.; офиц.).

УНЕСТИ́СЬ, -су́сь, -сёшься; -ёсся, -есла́сь; -ёсшийся; -еся́сь; *сов.* **1.** Быстро удалиться куда-н., откуда-н. *Кони унеслись. Тучи унеслись на север. У. в прошлое* (перен.). **2.** (1 и 2 л. не употр.). Быстро пройти, миновать. *Годы унеслись.* ‖ *несов.* **уноси́ться**, -ошу́сь, -о́сишься.

УНИВЕРМА́Г, -а, *м.* Сокращение: универсальный магазин — магазин, торгующий разнообразными, преимущ. промышленными товарами. *Центральный у. Детский у.* ‖ *прил.* **универма́говский**, -ая, -ое (разг.).

УНИВЕРСА́Л, -а, *м.* **1.** Работник, владеющий всеми специальностями в своей профессии. *Токарь-у. Слесарь-у.* **2.** Закрытый кузов легкового автомобиля с багажником позади сидений, а также (разг.) сам такой автомобиль.

УНИВЕРСАЛИЗИ́РОВАТЬ, -рую, -руешь; -анный; *сов. и несов., что* (книжн.). Обобщить (-щать), сделать (делать) общим, универсальным; распространить (-нять) на многое, многих. *У. профессиональную подготовку.* ‖ *сущ.* **универсализа́ция**, *-и, ж.*

УНИВЕРСАЛИ́ЗМ, -а, *м.* (книжн.). Разносторонность, универсальность в знаниях, сведениях.

УНИВЕРСА́ЛИИ, -ий, *ед.* -а́лия, -и, *ж.* (спец.). Совокупность понятий, общих для всех или многих языков, но по-разному в них выражающихся. *Универсалия залоговых отношений в языках разного строя.*

УНИВЕРСА́ЛЬНЫЙ, -ая, -ое; -лен, -льна. **1.** Разносторонний, охватывающий многое. *Универсальные сведения. Универсальная подготовка.* **2.** С разнообразным назначением, для разнообразного применения. *Универсальное средство. У. магазин* (универмаг). *У. станок.* ‖ *сущ.* **универса́льность**, *-и, ж.*

УНИВЕРСА́М, -а, *м.* Сокращение: универсальный магазин самообслуживания — магазин, торгующий продовольственными товарами, а также нек-рыми товарами хозяйственного назначения. ‖ *прил.* **универса́мовский**, -ая, -ое (разг.).

УНИВЕРСИА́ДА, -ы, *ж.* Международные студенческие спортивные соревнования. ‖ *прил.* **универсиа́дный**, -ая, -ое. *Универсиадные старты.*

УНИВЕРСИТЕ́Т, -а, *м.* **1.** Высшее учебное заведение и одновременно научное учреждение с различными естественно-математическими и гуманитарными отделениями (факультетами). *Московский у. Университетов не кончал кто-н.* (мало учился, мало образован; прост.). **2.** Название учебных учреждений по повышению научно-политических знаний, образования в какой-н. области. *Вечерний у. Народный у.* **3.** *перен.* Об источнике накопленных знаний, большого опыта. *Жизнь была его университетом.* ‖ *прил.* **университе́тский**, -ая, -ое (к 1 и 2 знач.).

УНИЖЕ́НИЕ, -я, *ср.* **1.** *см.* унизить. **2.** Оскорбление, унижающее достоинство. *Терпеть унижения. Подвергать унижениям.*

УНИ́ЖЕННЫЙ, -ая, -ое; -ен. **1.** Такой, к-рого унизили, испытывающий или выражающий унижение, униженность. *У. вид. Униженное достоинство.* **2.** То же, что раболепный. *Униженная просьба.* ‖ *сущ.* **уни́женность**, -и, *ж.*

УНИЖЁННЫЙ, -ая, -ое; -ён (устар.). Угнетённый несчастьями, обидами. *Унижённые и оскорблённые.* ‖ *сущ.* **унижённость**, -и, *ж.*

УНИЗА́ТЬ, -ижу́, -и́жешь; -и́занный; *сов., что.* Нанизывая, нашивая, покрыть сплошь. *У. воротник бисером. Руки, унизанные перстнями* (перен.). *Ракушки унизали дно лодки* (перен.: облепили во множестве). ‖ *несов.* **уни́зывать**, -аю, -аешь.

УНИЗИ́ТЕЛЬНЫЙ, -ая, -ое; лен, -льна. Оскорбляющий достоинство, унижающий. *Унизительное положение.* ‖ *сущ.* **унизи́тельность**, -и, *ж.*

УНИ́ЗИТЬ, -и́жу, -и́зишь; -и́женный; *сов., кого-что.* Оскорбить чьё-н. достоинство, самолюбие. *У. насмешкой.* ‖ *несов.* **унижа́ть**, -а́ю, -а́ешь. ‖ *возвр.* **уни́зиться**, -и́жусь, -и́зишься. *У. до лжи; несов.* **унижа́ться**, -а́юсь, -а́ешься. ‖ *сущ.* **униже́ние**, *-я, ср.*

УНИКА́ЛЬНЫЙ, -ая, -ое; -лен, -льна. Единственный в своём роде, неповторимый. *У. экспонат. У. эксперимент. Уникальная профессия. У. уголок природы.* ‖ *сущ.* **уника́льность**, -и, *ж.*

У́НИКУМ, -а, *м.* (книжн.). Неповторимый, единственный в своём роде предмет, человек.

УНИМА́ТЬ, -СЯ *см.* унять, -ся.

УНИСО́Н, -а, *м.* (спец.). Созвучие из двух или нескольких звуков одинаковой высоты, воспроизводимых разными голосами или инструментами. *Петь в у.* ✦ **В унисон** (книжн.) — согласно, совместно. *Действовать в унисон.* **В унисон с** *кем-чем, в знач. предлога с тв. п.* (разг.) — в согласии, в соответствии с кем-чем-н. ‖ *прил.* **унисо́нный**, -ая, -ое.

УНИТА́З, -а, *м.* Раковина в уборной для стока испражнений, мочи. ‖ *прил.* **унита́зный**, -ая, -ое.

УНИФИЦИ́РОВАТЬ, -рую, -руешь; -анный; *сов. и несов., что* (книжн.). Привести (-водить) к единообразию. *У. правописание слов.* ‖ *сущ.* **унифика́ция**, *-и, ж. У. деталей* (стандартизация).

УНИФО́РМА, -ы, *ж.* **1.** Форменная одежда. **2.** *собир.* В цирке: одетый в форменные костюмы подсобный персонал, обслуживающий арену.

УНИФОРМИ́СТ, -а, *м.* Работник униформы (во 2 знач.). ‖ *прил.* **униформи́стский**, -ая, -ое.

УНИЧИЖА́ТЬ, -а́ю, -а́ешь; *несов., кого-что* (устар.). Унижать, оскорблять. ‖ *сов.* **уничижи́ть**, -жу́, -жи́шь; -жённый (-ён, -ена́). ‖ *возвр.* **уничижа́ться**, -а́юсь, -а́ешься; *сов.* **уничижи́ться**, -жу́сь, -жи́шься. ‖ *сущ.* **уничиже́ние**, *-я, ср.*

УНИЧИЖЁННЫЙ, -ая, -ое; -ён (устар.). То же, что унижённый. ‖ *сущ.* **уничижённость**, -и, *ж.*

УНИЧИЖИ́ТЕЛЬНЫЙ, -ая, -ое; -лен, -льна. **1.** Уничижающий, унизительный (устар.). **2.** В словообразовании: относящийся к образованию существительных — имеющий оттенок презрительности или пренебрежительности, часто в сочетании с уменьшительностью (напр. домишко, типчик, старушонка). *У. суффикс.* ‖ *сущ.* **уничижи́тельность**, -и, *ж.*

УНИЧТО́ЖИТЬ, -жу, -жишь; -женный; *сов.* **1.** *кого-что.* Прекратить существование кого-чего-н., истребить. *У. врага. У. пороки.* **2.** *перен., кого (что).* Унизить, оскорбить, поставить в безвыходное положение. *У. кого-н. язвительным словом.* ‖ *несов.* **уничтожа́ть**, -а́ю, -а́ешь. ‖ *сущ.* **уничтоже́ние**, *-я, ср.*

УНИЧТО́ЖИТЬСЯ, -жусь, -жишься; *сов.* Прекратиться, упраздниться, исчезнуть. *Уничтожились препятствия. Уничтожился сад.* ‖ *несов.* **уничтожа́ться**, -а́юсь, -а́ешься. ‖ *сущ.* **уничтоже́ние**, *-я, ср.*

У́НИЯ, -и, *ж.* (книжн.). Объединение, союз. *У. государств. Церковная у.* ‖ *прил.* **унита́рный**, -ая, -ое.

УНОСИ́ТЬ, -СЯ *см.* унести, -сь.

У́НТЕР-ОФИЦЕ́Р, -а, *м.* В царской и некрых других армиях: звание младшего командного состава, а также лицо, имеющее это звание. ‖ *прил.* **у́нтер-офице́рский**, -ая, -ое.

УНТЫ́, -о́в, *ед.* унт, -а́, *м.* и **У́НТЫ**, унт *и* у́нтов, *ед.* у́нта, -ы, *ж.* На севере: меховая обувь (обычно из оленьего меха). ‖ *уменьш.* **унта́йки**, -аек, *ед.* унтайка, -и, *ж.*

У´НЦИЯ, -и, *ж.* Старая мера аптекарского веса, равная 29,8 г; в нек-рых странах — единица массы (около 29 г).

УНЫВА´ТЬ, -а́ю, -а́ешь; *несов.* Впадать в уныние, быть унылым. *Не унывай* (призыв подбодриться). *Не нужно у. от неудач.* ‖ *сов.* **уны́ть**, употр. только в прош. вр. (устар.).

УНЫ´ЛЫЙ, -ая, -ое; уны́л. Испытывающий или наводящий уныние, выражающий уныние. *У. старик. Унылая песня. У. взгляд.* ‖ *сущ.* **уны́лость**, -и, *ж.*

УНЫ´НИЕ, -я, *ср.* Безнадёжная печаль; гнетущая скука. *Впасть в у. Наводить у. на кого-н.*

УНЯ´ТЬ, уйму́, уймёшь; -я́л, -яла́, -я́ло; уйми́; -я́вший; -ятый (-ят, -ята́, -я́то); *сов.* (разг.). **1.** *кого (что).* Успокоить, усмирить. *У. крикунов.* **2.** *что.* Прекратить, остановить. *У. боль. У. кровотечение.* ‖ *несов.* **унима́ть**, -а́ю, -а́ешь. ‖ *сущ.* **уня́тие**, -я, *ср.*

УНЯ´ТЬСЯ, уйму́сь, уймёшься; -я́лся, -яла́сь; уйми́сь; -я́вшийся; *сов.* (разг.). **1.** Успокоиться, стать смирным. *Шалуны унялись.* **2.** (1 и 2 л. не употр.). Остановиться, прекратиться. *К утру пурга унялась. Боль унялась.* ‖ *несов.* **униматься**, -а́юсь, -а́ешься.

УПА´ВШИЙ, -ая, -ее. О голосе: слабый от волнения, страха.

УПА´Д: **до упаду** (разг.) — до полного изнеможения. *Танцевать до упаду. Хохотать до упаду.*

УПАДА´ТЬ, -а́ю, -а́ешь; *несов.* **1.** То же, что падать (в 1 знач.) (устар.). *У. на грудь кому-н.* (падать в объятия). **2.** (1 и 2 л. не употр.). Свисать, падать (в 4 знач.). *Ветви упадают к воде.*

УПА´ДОК, -дка, *м.* Состояние ослабления деятельности, спада активности. *Хозяйство пришло в у. У. сил.*

УПА´ДОЧНИЧЕСТВО, -а, *ср.* Упадочные настроения в какой-н. области общественной жизни. ‖ *прил.* **упа́дочнический**, -ая, -ое.

УПА´ДОЧНЫЙ, -ая, -ое; -чен, -чна. Характеризующийся упадком; пассивно-безнадёжный. *Упадочное искусство. Упадочное настроение.* ‖ *сущ.* **упа́дочность**, -и, *ж.*

УПАКОВА´ТЬ *см.* паковать.

УПАКО´ВКА, -и, *ж.* **1.** см. паковать. **2.** Материал, к-рым пакуют. *В картонной упаковке. Старые истины в новой упаковке* (перен.: по-новому выраженные; ирон.). **3.** Содержимое пакета (коробки, пачки, ёмкости) вместе с тем, во что оно упаковано. *Две упаковки таблеток.* ‖ *прил.* **упако́вочный**, -ая, -ое (ко 2 знач.).

УПАКО´ВЩИК, -а, *м.* Работник, занимающийся упаковкой чего-н. ‖ *ж.* **упако́вщица**, -ы.

УПАКО´ВЫВАТЬ, -аю, -аешь; *несов., что.* То же, что паковать.

УПАСТИ´, -су́, -сёшь; упа́с, упасла́; -сённый (-ён, -ена́); *сов., кого-что* (прост.). Спасти, уберечь. *У. от беды.* ✦ **Упаси Бог** или **Боже упаси** (разг.) — 1) строгое предостережение. *Боже тебя упаси (упаси Бог) не послушаться!*; 2) выражение решительного отрицания, несогласия. *И ты согласился? — Боже упаси (упаси Бог)!*

УПА´СТЬ *см.* падать.

УПЕКА´ТЬ[1-2] *см.* упечь[1-2].

УПЕКА´ТЬСЯ *см.* упечься.

УПЕРЕ´ТЬ[1], упру́, упрёшь; упёр, упёрла; упёрший; упёртый; уперев и упёрши; *сов., что во что* (разг.). Опереть плотно, прижать. *У. бревно в стену. У. руки в бока. У. подбородок в кулаки.* ‖ *несов.* **упира́ть**, -а́ю, -а́ешь. ‖ *сущ.* **упо́р**, -а, *м.* ‖ *прил.* **упо́рный**, -ая, -ое.

УПЕРЕ´ТЬ[2], упру́, упрёшь; упёр, упёрла; упёрший; упёртый; упере́в и упёрши; *сов., что* (прост.). То же, что украсть. *Упёрли кошелёк.*

УПЕРЕ´ТЬСЯ, упру́сь, упрёшься; упёрся, упёрлась; упёршийся; упершись и упёршись; *сов.* **1.** *чем во что.* Опереться плотно, прижаться. *У. веслом в дно.* **2.** *в кого-что.* Идя, натолкнуться на кого-что-н., обнаружить какое-н. препятствие (разг.). *У. в забор.* **3.** *перен., на чём.* Упрямо не согласиться (прост.). *У. на своём. Упёрся: не хочу и всё тут.* ‖ *несов.* **упира́ться**, -а́юсь, -а́ешься. ‖ *сущ.* **упо́р**, -а, *м.* (к 1 знач.). ‖ *прил.* **упо́рный**, -ая, -ое (к 1 знач.). *У шест.*

УПЕ´ЧЬ[1], -еку́, -ечёшь, -еку́т; -ёк, -екла́; -ёкший; -ечённый (-ён, -ена́); -ёкши; *сов., что* (разг.). Выпечь до полной готовности. *Хлеб хорошо упечён.* ‖ *несов.* **упека́ть**, -а́ю, -а́ешь.

УПЕ´ЧЬ[2], -еку́, -ечёшь, -еку́т; -ёк, -екла́; -ёкший; -ечённый (-ён, -ена́); -ёкши; *сов., кого (что)* (прост.). Услать куда-н. далеко или против воли. *У. чуть не на край света. У. в каталажку.* ‖ *несов.* **упека́ть**, -а́ю, -а́ешь.

УПЕ´ЧЬСЯ (-еку́сь, -ечёшься, 1 и 2 л. не употр.), -ечётся, -еку́тся; -ёкся, -екла́сь; -ёкшийся; -ёкшись; *сов.* (разг.). Испечься до полной готовности. *Пирог ещё не упёкся.* ‖ *несов.* **упека́ться** (-а́юсь, -а́ешься, 1 и 2 л. не употр.), -а́ется.

УПЁРТЫЙ, -ая, -ое (разг.). Упрямо сосредоточившийся на чём-н. одном. *У., как баран. Ему не докажешь, он у.*

УПИРА´ТЬ, -а́ю, -а́ешь; *несов.* **1.** *см.* упереть[1]. **2.** *перен., на что.* Настоятельно указывать, подчёркивать что-н. (разг.). *Отказываясь, у. на занятость.*

УПИРА´ТЬСЯ, -а́юсь, -а́ешься; *несов.* **1.** *см.* упереться. **2.** (1 и 2 л. не употр.). Находить себе препятствие в чём-н. (разг.). *Дело упирается в нехватку материалов.*

УПИСА´ТЬ[1], -ишу́, -и́шешь; -и́санный; *сов., что* (разг.). Уместить на каком-н. пространстве (то, что пишется). *У. текст на одной странице.* ‖ *несов.* **упи́сывать**, -аю, -аешь.

УПИСА´ТЬ[2], -ишу́, -и́шешь; -и́санный; *сов., что* (разг.). Съесть без остатка и с аппетитом. *У. весь пирог.* ‖ *несов.* **упи́сывать**, -аю, -аешь.

УПИСА´ТЬСЯ (-ишу́сь, -и́шешься, 1 и 2 л. не употр.), -и́шется; *сов.* (разг.). Уместиться на каком-н. пространстве (о том, что пишется). *На одной странице не упишется.* ‖ *несов.* **упи́сываться** (-аюсь, -аешься, 1 и 2 л. не употр.), -ается.

УПИ´ТАННЫЙ, -ая, -ое; -ан, -анна. Полный и здоровый. *У. ребёнок. У. скот.* ‖ *сущ.* **упи́танность**, -и, *ж.* *Мясо средней упитанности.*

УПИ´ТЬСЯ, упью́сь, упьёшься; упи́лся, упила́сь, упило́сь и упи́лось; упе́йся; *сов., чем.* **1.** Напиться вдоволь (устар.). *У. квасом.* **2.** Напиться допьяна (прост.). **3.** *перен.* Насладиться до упоения (книжн.). *У. гармонией звуков.* ‖ *несов.* **упива́ться**, -а́юсь, -а́ешься.

УПЛА´ТА, УПЛАТИ´ТЬ *см.* платить.

УПЛЕТА´ТЬ, -а́ю, -а́ешь; *несов., что* (разг.). Есть с аппетитом. *У. за обе щеки.* ‖ *сов.* **уплести́**, -лету́, -летёшь; -ёл, -ела́; -летённый (-ён, -ена́); -летя́.

УПЛОТНЕ´НИЕ, -я, *ср.* **1.** *см.* уплотнить, -ся. **2.** Твёрдое, затвердевшее место в чём-н. или на чём-н. *Небольшое у. под кожей.* **3.** Устройство, предотвращающее утечку жидкости, паров или газа. *Резиновое у.*

УПЛОТНИ´ТЕЛЬ, -я, *м.* (спец.). **1.** То же, что уплотнение (в 3 знач.). **2.** Уплотнительный материал.

УПЛОТНИ´ТЬ, -ню́, -ни́шь; -нённый (-ён, -ена́); *сов.* **1.** *что.* Сделать плотным (в 1 знач.), плотнее. *У. бетон. У. посевы.* **2.** *кого-что.* Заселить (жильё) плотнее или вселить кого-н. к кому-н. дополнительно. **3.** *перен., что.* Заполнить целиком, сделать более насыщенным чем-н. *У. рабочий день. Уплотнённый график работ. Уплотнённые сроки* (очень сжатые). ‖ *несов.* **уплотня́ть**, -я́ю, -я́ешь. ‖ *сущ.* **уплотне́ние**, -я, *ср.* ‖ *прил.* **уплотни́тельный**, -ая, -ое (к 1 знач.; спец.). *Уплотнительные смазки.*

УПЛОТНИ´ТЬСЯ, -ню́сь, -ни́шься; *сов.* **1.** (1 и 2 л. не употр.). Стать плотным (в 1 знач.), плотнее. *Материал уплотнился.* **2.** Стать, оказаться уплотнённым (по 2 знач. глаг. уплотнить). *Жильцы уплотнились.* **3.** (1 и 2 л. не употр.), *перен.* Стать, оказаться целиком заполненным (о рабочем времени). *График уплотнился.* ‖ *несов.* **уплотня́ться**, -я́юсь, -я́ешься. ‖ *сущ.* **уплотне́ние**, -я, *ср.*

УПЛОЩЁННЫЙ, -ая, -ое; -ён. Уплощившийся, плоский. *Уплощённая стопа* (при плоскостопии). ‖ *сущ.* **уплощённость**, -и, *ж.*

УПЛОЩИ´ТЬСЯ (-щу́сь, -щи́шься, 1 и 2 л. не употр.), -щи́тся; *сов.* Стать плоским (в 1 знач.), площе. ‖ *несов.* **уплоща́ться** (-а́юсь, -а́ешься, 1 и 2 л. не употр.), -а́ется. ‖ *сущ.* **уплоще́ние**, -я, *ср.*

УПЛЫ´ТЬ, -ыву́, -ывёшь; -ы́л, -ыла́, -ы́ло; *сов.* **1.** Плывя, удалиться или отправиться куда-н. *У. на другой берег. Льдины уплыли.* **2.** (1 и 2 л. не употр.), *перен.* Пройти, миновать, исчезнуть (разг.). *Годы уплыли. Надежда уплыла. Деньги уплыли* (истратились; шутл.). ‖ *несов.* **уплыва́ть**, -а́ю, -а́ешь.

УПОВА´НИЕ, -я, *ср.* (книжн., часто ирон.). То же, что надежда (в 1 знач.).

УПОВА´ТЬ, -а́ю, -а́ешь; *несов., на кого-что* (книжн., часто ирон.). Иметь упование, надеяться. *У. на счастливый случай.*

УПОДО´БИТЬ, -блю, -бишь; -бленный; *сов., кого-что кому-чему.* Сделать подобным кому-чему-н.; сравнить с кем-чем-н. *У. одно явление другому. У. молодость весне.* ‖ *несов.* **уподобля́ть**, -я́ю, -я́ешь. ‖ *сущ.* **уподобле́ние**, -я, *ср.*

УПОДО´БИТЬСЯ, -блюсь, -бишься; *сов., кому-чему.* Стать подобным кому-чему-н., похожим на кого-что-н. ‖ *несов.* **уподобля́ться**, -я́юсь, -я́ешься. ‖ *сущ.* **уподобле́ние**, -я, *ср.*

УПОЕ´НИЕ, -я, *ср.* Состояние восторга, наслаждения. *Слушать музыку с упоением.*

УПОЁННЫЙ, -ая, -ое; -ён, -ена́. Испытывающий упоение. *Упоён успехом.* ‖ *сущ.* **упоённость**, -и, *ж.*

УПОИ´ТЕЛЬНЫЙ, -ая, -ое; -лен, -льна. Приводящий в упоение, восхитительный, великолепный. *Упоительная весна. У. голос.* ‖ *сущ.* **упои́тельность**, -и, *ж.*

УПОКО´ИТЬ *см.* покоить.

УПОКО´ИТЬСЯ, -о́юсь, -о́ишься; *сов.* (устар.). Умереть [*первонач.* также о состоянии полного покоя]. ‖ *сущ.* **упокое́ние**, -я, *ср.*

УПОКО´Й: **за упокой** — о молитве: «за упокоение души» умершего. *Помянуть кого-н. за упокой. За упокой души. Петь за упокой* (также перен.: говорить о чём-н. как об отжившем, ненужном; разг. неодобр.).

УПОЛЗТИ´, -зу́, -зёшь; -о́лз, -олзла́; -о́лзший; -о́лзши; *сов.* Ползя, удалиться или направиться куда-н. *Змея уползла. Туча уползла за лес* (перен.). ‖ *несов.* **уполза́ть**, -а́ю, -а́ешь.

УПОЛНОМО´ЧЕННЫЙ, -ого, *м.* Официальное лицо, действующее на основании каких-н. полномочий. *У. заготовительной конторы.* ‖ *ж.* **уполномо́ченная**, -ой.

УПОЛНОМО´ЧИЕ, -я, *ср.*: **по уполномочию** *кого, в знач. предлога с род. п.* (офиц.) — от имени кого-н., на основании чьей-н. просьбы, распоряжения, поручения. *Действовать по уполномочию избирателей.*

УПОЛНОМО´ЧИТЬ, -чу, -чишь; -ченный; *сов., кого (что) на что и с неопр.* Дать полномочия на что-н. *У. на получение груза (получить груз).* ‖ *несов.* **уполномо́чивать**, -аю, -аешь.

УПОЛО´ВНИК, -а, *м.* (прост. и обл.). То же, что половник.

УПОМИНА´НИЕ, -я, *ср.* **1.** *см.* упомянуть. **2.** Замечание, касающееся кого-чего-н. *Беглое у.*

УПО´МНИТЬ, -ню, -нишь; -ненный; *сов., кого-что* (разг.). Удержать, сохранить в памяти. *Всего не упомнишь.*

УПОМЯНУ´ТЬ, -яну́, -я́нешь; -я́нутый; *сов., кого-что, о ком-чём.* Назвать, коснуться кого-чего-н. в речи. *У. о вчерашнем событии. Случай, упомянутый выше.* ‖ *несов.* **упомина́ть**, -а́ю, -а́ешь. ‖ *сущ.* **упомина́ние**, -я, *ср.*

УПО´Р, -а, *м.* **1.** *см.* упереть[1], -ся. **2.** Предмет, место, в к-рое упираются, подпорка. *У. для ног. Стрелять с упора.* ✦ **В упор** — 1) в непосредственной близости. *Выстрелить в упор;* 2) без обиняков, прямо (разг.). *В упор спросить;* 3) пристально и близко. *В упор смотреть.* **В упор не видеть** *кого* (прост.) — намеренно не замечать. *Я его в упор не вижу* (не хочу его знать, иметь с ним дело). **Упор делать** *на кого-что* или *на ком-чём* — обращать особенное внимание на кого-что-н., подчёркивать значение кого-чего-н.

УПО´РНЫЙ[1], -ая, -ое; -рен, -рна. **1.** Последовательный и твёрдый в осуществлении чего-н.; твёрдо и неотступно осуществляемый. *У. характер. Упорная борьба. Оказывать упорное сопротивление.* **2.** *перен.* Постоянный, не проходящий, неизменный. *У. дождь.* ‖ *сущ.* **упо́рность**, -и, *ж.*

УПО´РНЫЙ[2] *см.* упереть[1], -ся.

УПО´РСТВО, -а, *ср.* **1.** Последовательность и твёрдость в осуществлении чего-н. *У. в достижении цели.* **2.** То же, что упрямство. ✦ **С упорством, достойным лучшего применения** (ирон.) — о чьей-н. непонятной и неумной настойчивости.

УПО´РСТВОВАТЬ, -твую, -твуешь; *несов.* Проявлять упорство в чём-н. *У. в своих требованиях. Не упорствуй, соглашайся. Мороз упорствует* (перен.: не ослабевает).

УПОРХНУ´ТЬ, -ну́, -нёшь; *сов.* Вспорхнув, улететь. *Птица упорхнула. Девочки упорхнули в сад* (перен.).

УПОРЯ´ДОЧИТЬ, -чу, -чишь; -ченный; *сов., что.* Навести порядок в чём-н. *У. работу. У. взаимоотношения.* ‖ *несов.* **упоря́дочивать**, -аю, -аешь. ‖ *сущ.* **упоря́дочение**, -я, *ср.*

УПОРЯ´ДОЧИТЬСЯ (-чусь, -чишься, 1 и 2 л. не употр.), -чится; *сов.* Прийти в порядок. *Движение транспорта упорядочилось. Отношения упорядочились.* ‖ *несов.* **упоря́дочиваться** (-аюсь, -аешься, 1 и 2 л. не употр.), -ается. ‖ *сущ.* **упоря́дочение**, -я, *ср.*

УПОТРЕБИ´ТЕЛЬНЫЙ, -ая, -ое; -лен, -льна. Находящийся в употреблении, общепринятый. *Употребительное слово. У. способ.* ‖ *сущ.* **употреби́тельность**, -и, *ж.*

УПОТРЕБИ´ТЬ, -блю́, -би́шь; -блённый (-ён, -ена́); *сов., кого-что.* Воспользоваться, применить что-н. для чего-н., а также (устар.) использовать кого-что-н. для каких-н. целей. *У. деньги на покупку книг. У. непонятное слово. У. что-н. в пищу. У. кого-н. в качестве посредника.* ✦ **Употребить во зло** *что* (книжн.) — злоупотребить чем-н. *Употребить во зло чьё-н. доверие.* ‖ *несов.* **употребля́ть**, -я́ю, -я́ешь. ‖ *сущ.* **употребле́ние**, -я, *ср.*

УПОТРЕБЛЯ´ТЬ, -я́ю, -я́ешь; *несов.* **1.** *см.* употребить. **2.** Иметь привычку пить спиртное (прост.). *Не употребляю* (т. е. не пью).

УПОТРЕБЛЯ´ТЬСЯ (-я́юсь, -я́ешься, 1 и 2 л. не употр.), -я́ется; *несов.* Быть употребительным. *Устарелые слова употребляются редко.* ‖ *сущ.* **употребле́ние**, -я, *ср. Войти в у. Выйти из употребления.*

УПРА´ВА, -ы, *ж.* **1.** В нек-рых сочетаниях: возможность сладить, управиться с кем-чем-н. (разг.). *Найти управу на кого-н. Управы нет на крикунов.* **2.** В России до 1917 г.: название нек-рых местных учреждений. *Земская у. Городская у.* ‖ *прил.* **упра́вский**, -ая, -ое (ко 2 знач.).

УПРАВДО´М, -а, *м.* Сокращение: управляющий домом, домами — прежнее название должностного лица, возглавляющего домоуправление. ‖ *прил.* **управдо́мовский**, -ая, -ое (разг.).

УПРАВИ´ТЕЛЬ, -я, *м.* (устар.). Управляющий, заведующий. *У. завода. У. имения.* ‖ *ж.* **управи́тельница**, -ы. ‖ *прил.* **управи́тельский**, -ая, -ое.

УПРА´ВИТЬСЯ, -влюсь, -вишься; *сов.* (разг.). **1.** *с кем-чем.* Кончить какое-н. дело, дела. *У. с уборкой. У. с огородом.* **2.** *с кем.* Одолеть, справиться каким-н. образом. *У. с озорницами.* ‖ *несов.* **управля́ться**, -я́юсь, -я́ешься.

УПРАВЛЕ´НЕЦ, -нца, *м.* (разг.). Работник управления (в 4 знач.). ‖ *прил.* **управле́нческий**, -ая, -ое.

УПРАВЛЕ´НИЕ, -я, *ср.* **1.** *см.* управлять. **2.** Деятельность органов власти. *Органы государственного управления. Местное у.* **3.** Совокупность приборов, приспособлений, устройств, посредством к-рых управляется ход машины, механизма. *Рычаги управления.* **4.** Крупное подразделение какого-н. учреждения, крупное административное учреждение. *Статистическое у. Центральное разведывательное у.* (ЦРУ) (координирующий центр гражданской и военной разведки США). **5.** В грамматике: подчинительная связь, при к-рой грамматически главенствующее слово требует от грамматически зависимого имени постановки в каком-н. определённом падеже. *Сильное у.* (при к-ром возникают объектные и нек-рые другие виды не определительных отношений). *Слабое у.* (при к-ром возникают разные виды определительных отношений). ‖ *прил.* **управле́нческий**, -ая, -ое (ко 2 и 4 знач.). *У. аппарат.*

УПРАВЛЯ´ЕМЫЙ, -ая, -ое; -ем. Такой, к-рым кто-н. управляет. *У. аппарат. У. снаряд. Управляемая реакция. Подросток вполне управляем* (подчиняется требованиям дисциплины). ‖ *сущ.* **управля́емость**, -и, *ж.*

УПРАВЛЯ´ТЬ, -я́ю, -я́ешь; *несов.* **1.** *кем-чем.* Направлять ход, движение кого-чего-н. *У. кораблём. У. конём. У. оркестром* (дирижировать). **2.** *кем-чем.* Руководить, направлять деятельность, действия кого-чего-н. *У. государством. У. хозяйством. У. производственным процессом.* **3.** *чем.* В грамматике: осуществлять связь управления (в 5 знач.). *Глагол управляет именем существительным.* ‖ *сущ.* **управле́ние**, -я, *ср.*

УПРАВЛЯ´ЮЩИЙ, -его, *м.* Лицо, ведущее дела какого-н. хозяйства, учреждения, предприятия. *У. домом. У. делами.* ‖ *ж.* **управля́ющая**, -ей.

УПРАЖНЕ´НИЕ, -я, *ср.* **1.** *см.* упражнять, -ся. **2.** Занятие для приобретения, усовершенствования каких-н. навыков; задание, выполняемое тем, кто упражняется в чём-н. *Гимнастические упражнения. Упражнения с гантелями. Упражнения на скрипке. Сборник упражнений по правописанию.*

УПРАЖНЯ´ТЬ, -я́ю, -я́ешь; *несов., что.* Постоянными действиями прививать какой-н. навык, приучать делать что-н. *У. свою память. У. мускулы.* ‖ *сущ.* **упражне́ние**, -я, *ср.*

УПРАЖНЯ´ТЬСЯ, -я́юсь, -я́ешься; *несов.* Постоянными действиями прививать себе какой-н. навык, приучать себя делать что-н. *У. в игре на рояле. У. с гантелями.* ‖ *сущ.* **упражне́ние**, -я, *ср.*

УПРАЗДНИ´ТЬ, -ню́, -ни́шь; -нённый (-ён, -ена́); *сов., что.* Отменить, ликвидировать. *У. старые правила. Ограничения упразднены.* ‖ *несов.* **упраздня́ть**, -я́ю, -я́ешь. ‖ *сущ.* **упраздне́ние**, -я, *ср.*

УПРА´ШИВАТЬ *см.* упросить.

УПРЕДИ´ТЬ, -ежу́, -еди́шь; -еждённый (-ён, -ена́); *сов., кого (что).* **1.** То же, что предупредить (устар. и прост.). *У. об опасности. У. беду. У. соперника* (опередить). **2. упредить цель** (спец.) — при стрельбе: учитывая перемещение движущейся цели, определить её будущее положение (упреждённую точку). ‖ *несов.* **упрежда́ть**, -а́ю, -а́ешь. *Упреждающий удар* (наносимый в предупреждение; также перен.; книжн.). ‖ *сущ.* **упрежде́ние**, -я, *ср. У. цели.* ‖ *прил.* **упреди́тельный**, -ая, -ое (ко 2 знач.). *Упредительное время* (в стрельбе).

УПРЕКНУ´ТЬ, -ну́, -нёшь; *сов., кого (что).* Сделать упрёк. *У. в скупости. Ни в чём не могу себя у.* (я прав, моя совесть чиста). ‖ *несов.* **упрека́ть**, -а́ю, -а́ешь.

УПРЕ´ТЬ *см.* преть.

УПРЁК, -а, *м.* Выражение неудовольствия, неодобрения, обвинение. *Бросить у. кому-н. У. в неискренности. Осыпать кого-н. упрёками. Не в у. кому-н.* (без желания упрекнуть). ✦ **Без упрёка** — безупречный. *Рыцарь без страха и упрёка* (о смелом, во всём безупречном человеке; высок.).

УПРОСИ´ТЬ, -ошу́, -о́сишь; -о́шенный; *сов., кого (что) с неопр.* Просьбами побудить сделать что-н. *У. остаться.* ‖ *несов.* **упра́шивать**, -аю, -аешь. ‖ *сущ.* **упра́шивание**, -я, *ср.*

УПРОСТИ´ТЬ, -ощу́, -ости́шь; -ощённый (-ён, -ена́); *сов., что.* **1.** Сделать простым (в 1, 2 и 3 знач.), проще. *У. конструкцию. Правила упрощены.* **2.** Представить проще, чем есть на самом деле. *У. смысл происшедшего.* ‖ *несов.* **упроща́ть**, -а́ю, -а́ешь. ‖ *сущ.* **упроще́ние**, -я, *ср.*

УПРОСТИ´ТЬСЯ (-ощу́сь, -ости́шься, 1 и 2 л. не употр.), -ости́тся; *сов.* Стать простым[1] (в 1, 2 и 3 знач.), проще. *Конструкция упростилась.* ‖ *несов.* **упроща́ться** (-а́юсь, -а́ешься, 1 и 2 л. не употр.), -а́ется. ‖ *сущ.* **упроще́ние**, -я, *ср.*

УПРО´ЧИТЬ, -чу, -чишь; -ченный; *сов., что.* **1.** Сделать прочным (во 2 знач.), прочнее. *У. мир. У. своё положение.* **2.** *перен.* Утвердить за кем-н. (оценку, репутацию). *Новый фильм упрочил популярность режиссёра.* ‖ *несов.* **упро́чивать,** -аю, -аешь. ‖ *сущ.* **упро́чение,** *-я, ср. У. международной солидарности.*

УПРО́ЧИТЬСЯ, -чусь, -чишься; *сов.* **1.** Упрочить своё положение где-н. *У. на новых позициях.* **2.** (1 и 2 л. не употр.). Стать более прочным (во 2 знач.), прочнее. *Упрочился авторитет кого-н. Дела фирмы упрочились..* **3.** (1 и 2 л. не употр.), *перен., за кем-чем.* Установиться, утвердиться. *За ним упрочилась слава хорошего организатора.* ‖ *несов.* **упро́чиваться,** -аюсь, -аешься. ‖ *сущ.* **упро́чение,** *-я, ср.*

УПРОЧНИ́ТЬ, -ню́, -ни́шь; -нённый (-ён, -ена́); *сов., что* (спец.). Сделать прочным (в 1 знач.), прочнее. *У. конструкцию.* ‖ *несов.* **упрочня́ть,** -я́ю, -я́ешь. ‖ *сущ.* **упрочне́ние,** *-я, ср.* ‖ *прил.* **упрочни́тельный,** -ая, -ое (спец.).

УПРОЩЕ́НИЕ, *-я, ср.* **1.** *см.* упростить, -ся. **2.** Изменение, упрощающее что-н. *Внести у. в конструкцию.*

УПРОЩЕ́НЧЕСТВО, -а и **УПРОЩЕ́НСТВО,** -а, *ср.* Поверхностный, слишком упрощённый подход к решению сложных вопросов. ‖ *прил.* **упроще́нческий,** -ая, -ое.

УПРОЩЁННЫЙ, -ая, -ое; -ен. Излишне упрощающий (во 2 знач.), поверхностный, неглубокий. *Упрощённое освещение фактов.* ‖ *сущ.* **упрощённость,** *-и, ж.*

УПРУ́ГИЙ, -ая, -ое; -у́т. **1.** Принимающий первоначальную форму после прекращения действия внешних сил (спец.). *Упругие тела. У. газ.* **2.** Твёрдый, но податливый на сжатие. *Упругая пружина. Упругие мышцы.* **3.** *перен.* О движениях: сильный и плавный. *У. шаг. Упругая походка.* ‖ *сущ.* **упру́гость,** *-и, ж. Теория упругости.*

УПРЯ́ЖКА, *-и, ж.* **1.** Несколько упряжных животных, запряжённых вместе. *Конная у. Собачья у. В одной упряжке* (также перен.: в постоянном и тесном рабочем общении; разг.). **2.** То же, что упряжь. ‖ *прил.* **упря́жечный,** -ая, -ое.

УПРЯЖНО́Й, -а́я, -о́е. **1.** *см.* упряжь. **2.** О ездовом животном: такой, к-рого запрягают, к-рый ходит в упряжке. *У. конь. Упряжные волы.*

У́ПРЯЖЬ, *-и, ж.* Совокупность принадлежностей для соединения животного с повозкой, сбруя. *Конская у.* ‖ *прил.* **упряжно́й,** -а́я, -о́е. ✦ **Упряжной крюк** (спец.) — на транспортной машине: крюк, за к-рый цепляется прицеп.

УПРЯ́МЕЦ, -мца, *м.* (разг.). Упрямый человек. ‖ *ж.* **упря́мица,** -ы.

УПРЯ́МИТЬСЯ, -млюсь, -мишься; *несов.* Проявлять упрямство, упрямо не соглашаться на что-н., с чем-н. *Его уговаривают, а он упрямится.*

УПРЯ́МСТВО, *-а, ср.* Крайняя неуступчивость, поведение упрямца. *Сломить чьё-н у.*

УПРЯ́МСТВОВАТЬ, -твую, -твуешь; *несов.* (устар.). То же, что упрямиться.

УПРЯ́МЫЙ, -ая, -ое; -я́м. **1.** Крайне неуступчивый, не поддающийся уговорам, настаивающий только на своём. *У. характер. Упрям как осёл* (разг. неодобр.). *Факты — упрямая вещь* (перен.: против фактов спорить нельзя). **2.** Упорный, настойчивый. *Упрямо* (нареч.) *идти к намеченной цели. У. дождь* (перен.: не прекращающийся). **3.** *полн. ф.* Выражающий упорство, решительность. *У. подбородок. На лбу легли упрямые складки.*

УПРЯ́ТАТЬ, -я́чу, -я́чешь; -анный; *сов.* (разг.). **1.** *кого-что.* Далеко или тщательно спрятать (по 1 и 2 знач. глаг. прятать). *У. в тайник. У. кошелёк в карман. У. подбородок в воротник.* **2.** *перен., кого (что).* То же, что упечь[2] ‖ *несов.* **упря́тывать,** -аю, -аешь.

УПУСТИ́ТЬ, -ущу́, -у́стишь; -у́щенный; *сов.* **1.** *кого-что.* Случайно не удержать. *У. конец троса. У. из рук что-н.* (также перен.: не получить того, что было близко, легко достижимо). **2.** *кого (что).* Непроизвольно или по ошибке дать возможность удалиться, исчезнуть. *У. зверя* (об охотнике). *У. костёр* (перен.: дать погаснуть). **3.** *перен., что.* Пропустить, не использовать что-н. вовремя. *У. подходящий случай, возможность, удобный момент. У. время* (опоздать). *Своего не упустит кто-н.* (не упустит того, что ему выгодно; разг.). **4.** *перен., кого-что.* Допустить недостатки, недосмотр в чём-н., в работе с кем-н. (разг.). *У. трудного подростка.* ‖ *несов.* **упуска́ть,** -а́ю, -а́ешь.

УПУЩЕ́НИЕ, *-я, ср.* Ошибка по небрежности, недосмотр. *Упущения в работе. Непростительное у.*

УПЫ́РЬ, -я́, *м.* То же, что вампир (во 2 знач.).

УРА́, *межд.* Боевой клич войск при атаке, а также восклицание, выражающее воодушевление, восторженное одобрение. *Грянуло ура!* ✦ **На ура** — 1) решительной атакой или в решительную атаку с криками ура; 2) с энтузиазмом, горячо (разг.). *Предложение приняли на ура;* 3) не подготовившись, в надежде на случайный успех (разг.). *Действовать на ура.*

УРАВНЕ́НИЕ, *-я, ср.* **1.** *см.* уравнять. **2.** Математическое равенство с одной или несколькими неизвестными величинами (числами или функциями), верное только для определённых наборов этих величин. *Квадратное у. Дифференциальное у.* **3. химическое уравнение** — запись реакции с помощью формул и численных коэффициентов.

УРА́ВНИВАТЬ[1-2] *см.* уравнять *и* уровнять.

УРАВНИ́ЛОВКА, *-и, ж.* (разг.). Необоснованное и неоправданное уравнивание в чём-н., уравнительный подход к чему-н. *У. в оплате труда* (независимо от его количества и качества).

УРАВНОВЕ́СИТЬ, -е́шу, -е́сишь; -е́шенный; *сов., что.* **1.** Сделать равным по весу. *У. грузы.* **2.** *перен.* Привести в равновесие, сделать равным, уравнять одно с другим. *У. силы.* ‖ *несов.* **уравнове́шивать,** -аю, -аешь.

УРАВНОВЕ́ШЕННЫЙ, -ая, -ое; -ен. Ровный, спокойный (о характере, поведении). *У. тон.* ‖ *сущ.* **уравнове́шенность,** *-и, ж.*

УРАВНЯ́ТЬ, -я́ю, -я́ешь; ура́вненный; *сов., кого-что.* Сделать равным, одинаковым. *У. концы. У. в правах.* ‖ *несов.* **ура́внивать,** -аю, -аешь. ‖ *сущ.* **уравне́ние,** *-я, ср. и* **ура́внивание,** *-я, ср.* ‖ *прил.* **уравни́тельный,** -ая, -ое. *Уравнительное распределение. У. подход.*

УРАГА́Н, -а, *м.* Ветер разрушительной силы. *У. на море. В урагане событий* (перен.). ‖ *прил.* **урага́нный,** -ая, -ое. *Ветер ураганной силы. У. огонь* (перен.: непрерывная сильная стрельба).

УРАЗУМЕ́ТЬ, -е́ю, -е́ешь; *сов., что* (часто ирон.). Понять, постигнуть. *У. значение чьих-н. слов. Уразумел, к чему он клонит.* ‖ *несов.* **уразумева́ть,** -а́ю, -а́ешь. ‖ *сущ.* **уразуме́ние,** *-я, ср.*

УРА́Н, -а, *м.* Химический элемент, серебристо-белый металл, обладающий радиоактивными свойствами. ‖ *прил.* **ура́новый,** -ая, -ое. *Урановая руда.*

УРА́-ПАТРИОТИ́ЗМ, ура́-патриоти́зма, *м.* Показной и шумный патриотизм. ‖ *прил.* **ура́-патриоти́ческий,** -ая, -ое.

УРБАНИЗИ́РОВАТЬ, -рую, -руешь; -анный; *сов. и несов., что* (книжн.). Сосредоточить (-ивать) население, материальную и духовную жизнь в городах. ‖ *сущ.* **урбаниза́ция,** *-и, ж.* ‖ *прил.* **урбанизацио́нный,** -ая, -ое.

УРБАНИ́ЗМ, -а, *м.* (спец.). **1.** Направление в искусстве, изображающее жизнь больших современных городов. **2.** Направление в градостроительстве, утверждающее необходимость создания городов-гигантов. ‖ *прил.* **урбанисти́ческий,** -ая, -ое.

УРБАНИ́СТ, -а, *м.* Сторонник, последователь урбанизма. ‖ *ж.* **урбани́стка,** -и. ‖ *прил.* **урбани́стский,** -ая, -ое.

УРВА́ТЬ, -ву́, -вёшь; -а́л, -ала́, -а́ло; у́рванный; *сов., что и чего* (прост.). Найти, добыть нек-рое количество чего-н. для себя. *У. деньжат. У. время для разговора. У. жирный кусок* (также перен.: что-н. хорошее, выгодное; неодобр.). ‖ *несов.* **урыва́ть,** -а́ю, -а́ешь.

УРЕГУЛИ́РОВАТЬ *см.* регулировать.

УРЕ́ЗАТЬ, -е́жу, -е́жешь; -анный; *сов., что.* **1.** Отрезав часть, укоротить, уменьшить (разг.). *У. края.* **2.** *перен.* Убавить, уменьшить, ограничить. *У. бюджет.* ‖ *несов.* **уре́зывать,** -аю, -аешь *и* **уреза́ть,** -а́ю, -а́ешь. ‖ *сущ.* **уреза́ние,** *-я, ср.,* **уре́зывание,** *-я, ср.,* **уре́з,** *-а, м.* (к 1 знач.; спец.) *и* **уре́зка,** *-и, ж.*

УРЕЗО́НИТЬ, -ню, -нишь; -ненный; *сов., кого (что)* (разг.). Уговорить, убедить при помощи каких-н. доводов, резонов. *У. упрямца.* ‖ *несов.* **урезо́нивать,** -аю, -аешь.

УРЕМИ́Я, *-и, ж.* Отравление организма веществами, накапливающимися в крови при болезни почек. ‖ *прил.* **уреми́ческий,** -ая, -ое.

УРИ́ЛЬНИК, -а, и **УРЫ́ЛЬНИК,** -а, *м.* (устар.). Сосуд для мочи, ночной горшок.

У́РНА, *-ы, ж.* **1.** Сосуд, ваза (устар.). *Цветочная у.* **2.** Сосуд для захоронения, хранения в колумбарии праха умерших после кремации. *Погребальная у.* **3.** Ящик с узким отверстием для опускания бюллетеней при тайном голосовании. **4.** Вместилище для мусора, окурков. *Урны на улице, на платформах.*

У́РОВЕНЬ[1], -вня, *м.* **1.** Горизонтальная плоскость, поверхность как граница, от к-рой измеряется высота. *У. воды в реке.* **2.** Степень величины, развития, значимости чего-н. *Культурный у. У. жизни* (степень удовлетворения населения материальными и духовными ценностями). *У. заработной платы. Встреча на высшем уровне* (встреча глав государств). *Переговоры на уровне послов.* **3.** Подразделение чего-н. целого, получаемое при его расчленении. *Уровни языка. Уровни энергии* (спец.). ✦ **Уровень моря** — положение поверхности Мирового океана. *Выше, ниже уровня моря.* **В уровень** *с чем* — 1) на одной высоте, на одном уровне с чем-н. *Вода в сосуде в уровень с краями;* 2) *в знач. предлога с тв. п.,* в полном соответствии с чем-н. (с какими-н. требованиями, нормами). *Жить в уровень с веком* (вполне современно). **На уровне** — 1) *кого-чего, в знач. предлога с род. п.,* в соответствии, соответствуя. *Работа на уровне современных требований;* 2) *в знач. сказ.,* соответствует требуемому, вполне удовлетворителен (разг.). *Доклад был не на уровне.* ‖ *прил.* **у́ровневый,** -ая, -ое (к 1 и 3 знач.).

У́РОВЕНЬ², -вня, *м.* Прибор для проверки горизонтальности линий и измерения малых углов наклона.

УРОВНЯ́ТЬ, -я́ю, -я́ешь; *сов., что.* Сделать ровным, гладким. *У. землю. У. дорогу. У. края.* ‖ *несов.* **ура́внивать**, -аю, -аешь.

УРО́Д, -а, *м.* **1.** Человек с физическим уродством. *У. от рождения.* **2.** Человек, некрасивый до безобразия. **3.** Человек с какими-н. дурными, отрицательными свойствами. *Нравственный у.* ‖ *уменьш.* **уро́дец**, -дца, *м.* (к 1 и 2 знач.). ‖ *ж.* **уро́дка**, -и (к 1 и 2 знач.).

УРО́ДИНА, -ы, *м.* и *ж.* (прост.). То же, что урод (во 2 знач.). *Страшная у.*

УРОДИ́ТЬ, -ожу́, -оди́шь; *сов.* **1.** (1 и 2 л. не употр.), *что.* То же, что родить (в 3 знач.). *Земля хорошо уродила.* **2.** *кого (что).* Родить (в 1 знач.), породить (устар. и прост.). *И в кого только я тебя такого уродила?* (выражение неодобрения: почему ты таким уродился?).

УРОДИ́ТЬСЯ, -ожу́сь, -оди́шься; *сов.* **1.** (1 и 2 л. не употр.). О плодах, злаках, травах: созреть, дать урожай. *Хлеб хорошо уродился. Орехи не уродились.* **2.** То же, что родиться (в 1 знач.) (устар. и прост.). *У. в мать, в отца* (родиться похожим на мать, на отца).

УРО́ДЛИВЫЙ, -ая, -ое; -ив. **1.** С физическим уродством. *Уродливые пальцы.* **2.** Некрасивый, безобразный. *Уродливая внешность. Уродливо* (нареч.) *одеваться.* **3.** *перен.* Ненормальный, нелепый до безобразия. *Уродливое воспитание. У. вкус.* ‖ *сущ.* **уро́дливость**, -и, *ж.*

УРО́ДОВАТЬ, -дую, -дуешь; *несов.* **1.** *кого-что.* Делать уродливым. *Шрамы уродуют лицо. У. себя плохой причёской. У. ребёнка дурным воспитанием.* **2.** *перен., что.* Искажать, извращать. *У. чью-н. мысль.* ‖ *сов.* **изуро́довать**, -дую, -дуешь; -анный. ‖ *сущ.* **уро́дование**, -я, *ср.*

УРО́ДОВАТЬСЯ, -дуюсь, -дуешься; *несов.* (разг.). **1.** Причинять себе увечье. **2.** Безобразить себя чем-н. ‖ *сов.* **изуро́доваться**, -дуюсь, -дуешься. ‖ *сущ.* **уро́дование**, -я, *ср.*

УРО́ДСКИЙ, -ая, -ое (разг.). То же, что уродливый (во 2 и 3 знач.).

УРО́ДСТВО, -а, *ср.* **1.** Физический недостаток, обезображивающий внешний облик. *Врождённое у. Травматическое у. Тяжёлое у.* **2.** Очень некрасивая внешность. **3.** *перен.* Нечто отрицательное, ненормальное. *Нравственное у.*

УРОЖА́Й, -я, *м.* **1.** Количество уродившихся злаков или других растений, плодов, грибов; сами такие уродившиеся плоды, злаки. *Собрать весь у. Богатый у. У. бахчевых. Убрать у. Свезти у. под крышу. Сохранить весь у.* **2.** Высокий, хороший сбор таких растений. *В этом году у. на орехи, грибы, ягоды. У. на рекордсменов* (перен.: очень много; шутл.). ‖ *прил.* **урожа́йный**, -ая, -ое (к 1 знач.).

УРОЖА́ЙНОСТЬ, -и, *ж.* Уровень урожая (в 1 знач.) с определённой площади посева. *Повышение урожайности.*

УРОЖА́ЙНЫЙ, -ая, -ое. **1.** *см.* урожай. **2.** Характеризующийся высоким урожаем, связанный с ним. *У. год. Урожайные сорта пшеницы.*

УРОЖДЁННЫЙ, -ая, -ое. **1.** Коренной, исконного происхождения, потомственный. *У. волжанин. У. землепашец.* **2.** **урождённая**, -ой. Употр. перед девичьей фамилией замужней женщины в знач. имевшая такую-то фамилию до брака. *Мария Волконская, урождённая Раевская.*

УРОЖЕ́НЕЦ, -нца, *м., чего.* Человек родом из определённой местности, родившийся в определённой местности. *У. Москвы (московский у.).* ‖ *ж.* **уроже́нка**, -и.

УРО́К, -а, *м.* **1.** Учебный час (в средних учебных заведениях), посвящённый отдельному предмету. *Учитель даёт у. У. математики. У. музыки. Звонок на у., с урока.* **2.** обычно *мн.* Учебная работа, заданная школьнику на дом. *Задать уроки. Сделать, приготовить уроки. Сидеть за уроками. Выучить у.* **3.** Нечто поучительное, то, из чего можно сделать вывод для будущего. *Уроки истории. Получить хороший у. Это ему у. на будущее. Извлечь у.* **4.** Преподавание школьных учебных предметов частным образом отдельным лицам. *Давать, брать уроки. Зарабатывать уроками. Частный у.* **5.** Работа, заданная для выполнения в определённый срок (устар.). *Выполнить дневной у.* ‖ *прил.* **уро́чный**, -ая, -ое (к 1 и 5 знач.).

УРО́ЛОГ, -а, *м.* Врач — специалист по урологии.

УРОЛО́ГИЯ, -и, *ж.* Раздел медицины, занимающийся болезнями мочевой системы (у мужчин — мочеполовых органов). ‖ *прил.* **урологи́ческий**, -ая, -ое.

УРО́Н, -а, *м.* Потеря, ущерб, убыток. *Нанести у. кому-н. Терпеть у. от кого-н.*

УРОНИ́ТЬ *см.* ронять.

УРО́ЧИЩЕ, -а, *ср.* Участок, отличный от окружающей местности, напр. болото, лесной массив [*первонач.* также участок местности как естественная граница между чем-н.].

УРО́ЧНЫЙ, -ая, -ое. **1.** *см.* урок. **2.** Определённый, условленный. *У. час.*

УРУГВА́ЙСКИЙ, -ая, -ое. **1.** *см.* уругвайцы. **2.** Относящийся к уругвайцам, к их языку (испанскому), национальному характеру, образу жизни, культуре, а также к Уругваю, его территории, внутреннему устройству, истории; такой, как у уругвайцев, как в Уругвае. *Уругвайские департаменты. Уругвайское песо* (денежная единица). *По-уругвайски* (нареч.).

УРУГВА́ЙЦЫ, -ев, *ед.* -а́ец, -а́йца, *м.* Латиноамериканский народ, составляющий основное население Уругвая. ‖ *ж.* **уругва́йка**, -и. ‖ *прил.* **уругва́йский**, -ая, -ое.

УРЧА́ТЬ, -чу́, -чи́шь; *несов.* (разг.). **1.** Издавать клокочущие, рычащие звуки, ворчать (во 2 знач.). *Пёс урчит.* **2.** (1 и 2 л. не употр.). То же, что бурчать (во 2 знач.). *В животе урчит* (безл.). ‖ *сов.* **проурча́ть**, -чу́, -чи́шь (к 1 знач.). ‖ *сущ.* **урча́ние**, -я, *ср.*

УРЫВА́ТЬ *см.* урвать.

УРЫ́ВКАМИ, *нареч.* Случайно, иногда, в перерыве между чем-н. другим. *Видеться у. Читать у.*

УРЮ́К, -а, *м.* Мелкие сушёные абрикосы с косточками. *Компот из урюка.* ‖ *прил.* **урю́ковый**, -ая, -ое и **урю́чный**, -ая, -ое.

УРЯ́ДНИК, -а, *м.* **1.** В царской армии: казачий унтер-офицер. **2.** В царской России: нижний чин уездной полиции. ‖ *прил.* **уря́дницкий**, -ая, -ое и **уря́дничий**, -ья, -ье.

УСАДИ́ТЬ, -ажу́, -а́дишь; -а́женный; *сов.* **1.** *кого (что).* Заставить или помочь усесться. *У. на место. У. в кресло.* **2.** *кого (что) за что* и *с неопр.* Заставить делать какую-н. сидячую работу. *У. за уроки (делать уроки). У. за шитьё (шить).* **3.** *что.* Сажая (растения), занять какое-н. пространство. *У. клумбы цветами.* ‖ *несов.* **уса́живать**, -аю, -аешь. ‖ *сущ.* **уса́живание**, -я, *ср.*

УСА́ДКА, УСА́ДОЧНЫЙ *см.* усесть.

УСА́ДЬБА, -ы, *ж.* **1.** Отдельный дом с примыкающими к нему строениями, угодьями. *Крестьянская у. Помещичья у.* **2.** Посёлок, место, где расположены жилые дома и хозяйственные постройки совхоза, колхоза. *Центральная у.* **3.** В сельской местности: участок земли при доме. *В деревне у него дом и у.* ‖ *уменьш.* **уса́дебка**, -и, *ж.* (к 1 и 3 знач.). ‖ *прил.* **уса́дебный**, -ая, -ое.

УСА́ЖИВАТЬСЯ *см.* усесться.

УСА́СТЫЙ, -ая, -ое; -а́ст (разг.). С большими усами. ‖ *сущ.* **уса́стость**, -и, *ж.*

УСА́ТЫЙ, -ая, -ое; -а́т. С усами или с большими усами. *У. мужчина.* ‖ *сущ.* **уса́тость**, -и, *ж.*

УСА́Ч, -а́, *м.* (разг.). Человек с большими усами.

УСВО́ИТЬ, -о́ю, -о́ишь; -о́енный; *сов., что.* **1.** Сделать свойственным, привычным для себя. *У. новый обычай. У. себе привычку.* **2.** Поняв, запомнить как следует. *У. урок.* **3.** Поглотив, переработать в себе (пищу, лекарство.) *Организм хорошо усвоил пищу.* ‖ *несов.* **усва́ивать**, -аю, -аешь. ‖ *сущ.* **усвое́ние**, -я, *ср.*

УСВОЯ́ЕМЫЙ, -ая, -ое; -ем (спец.). Такой, к-рый легко может быть усвоен (в 3 знач.). ‖ *сущ.* **усвоя́емость**, -и, *ж.* *У. пищи.*

УСЕ́ИВАТЬ *см.* усеять.

УСЕ́РДИЕ, -я, *ср.* Большое старание. *Работать с усердием. У. не по разуму* (неразумное, ненужное усердие).

УСЕ́РДНЫЙ, -ая, -ое; -ден, -дна. Отличающийся усердием. *У. ученик. У. труд.* ‖ *сущ.* **усе́рдность**, -и, *ж.*

УСЕ́РДСТВОВАТЬ, -твую, -твуешь; *несов.* Делать что-н. с усердием.

УСЕ́СТЬ (уся́ду, уся́дешь, 1 и 2 л. не употр.), уся́дет; *сов.* (спец.). Уменьшиться в объёме, размере после обработки, уплотнения. ‖ *сущ.* **уса́дка**, -и, *ж.* *У. металла, сплава. У. ткани.* ‖ *прил.* **уса́дочный**, -ая, -ое. *Усадочная раковина* (в металле, сплаве).

УСЕ́СТЬСЯ, уся́дусь, уся́дешься; усе́лся, усе́лась; уся́дься; усе́вшийся; усе́вшись; *сов.* **1.** Сесть удобно или надолго. *У. на диван (на диване). Уселся и сидит.* **2.** *за что* и *с неопр.* Сев, приняться за какое-н. дело. *У. за работу. У. читать.* ‖ *несов.* **уса́живаться**, -аюсь, -аешься.

УСЕЧЁННЫЙ, -ая, -ое. В математике: такой, у к-рого вершинная часть отделена, отсечена плоскостью, параллельной основанию. *У. конус. Усечённая пирамида.*

УСЕ́ЧЬ¹, -еку́, -ечёшь, -еку́т; -ёк, -екла́; -ёкший; -ечённый (-ён, -ена́); *сов., что.* Отсекая, укоротить, а также (устар.) вообще отсечь. ‖ *сущ.* **усече́ние**, -я, *ср.* и **усекнове́ние**, -я, *ср.* (устар. высок.).

УСЕ́ЧЬ², -еку́, -ечёшь, -еку́т; -ёк, -екла́; -ёкший; *сов.* (прост.). Понять, уразуметь. *Усёк теперь, на что он намекает?* ‖ *несов.* **усека́ть**, -а́ю, -а́ешь.

УСЕ́ЯТЬ, -е́ю, -е́ешь; -янный; *сов., что.* Покрыть множеством кого-чего-н. *Звёзды усеяли небо. Деревья усеяны галками. Путь усеян препятствиями* (перен.). ‖ *несов.* **усе́ивать**, -аю, -аешь.

УСЕ́ЯТЬСЯ (-е́юсь, -е́ешься, 1 и 2 л. не употр.), -е́ется; *сов.* Покрыться множеством кого-чего-н. *Небо усеялось звёздами. Луг усеялся цветами.* ‖ *несов.* **усе́иваться** (-аюсь, -аешься, 1 и 2 л. не употр.), -ается.

УСИДЕ́ТЬ, -ижу́, -иди́шь; *сов.* **1.** Остаться сидеть; удержаться в сидячем положении. *Еле на месте усидел от неожиданности. Минуты на месте не усидит* (очень подвижен). *Не усидел в седле.* **2.** Остаться, удержаться в каком-н. месте, на месте (разг.). *Долго в городе не усижу. В начальниках долго не усидит кто-н.* **3.** *что.* Съесть или выпить всё (многое) (прост.). *Весь пирог усидели.* ‖ *несов.* **уси́живать**, -аю, -аешь (к 3 знач.).

УСИ́ДЧИВЫЙ, -ая, -ое; -ив. Способный долго, не отрываясь, сидеть за работой. *У. ученик. Усидчив в труде, занятиях.* ‖ *сущ.* **уси́дчивость**, -и, *ж.*

У́СИКИ, -ов, *ед.* усик, -а, *м.* **1.** Маленькие усы. *У подростка уже у. пробиваются.* **2.** У растений: нитевидные образования на листьях, стебле. **3.** У членистоногих: органы чувств в виде подвижных придатков на голове. ‖ *прил.* **у́сиковый**, -ая, -ое (ко 2 и 3 знач.; спец.).

УСИ́ЛЕННЫЙ, -ая, -ое; -лен. **1.** Увеличенный, улучшенный. *Усиленное питание.* **2.** Крайне настойчивый. *Усиленные просьбы.* ‖ *сущ.* **уси́ленность**, -и, *ж.*

УСИ́ЛИЕ, -я, *ср.* Напряжение сил (физических, умственных). *Приложить усилия к чему-н., для достижения чего-н. Сделать у. над собой. С. усилием подняться.*

УСИЛИ́ТЕЛЬ, -я, *м.* Устройство для усиления мощности или напряжения чего-н. *Электрический у.*

УСИ́ЛИТЬ, -лю, -лишь; -ленный; *сов., что.* Сделать более сильным (в 1, 2 и 4 знач.). *У. аргументацию. У. звук. У. наблюдение. У. волнение.* ‖ *несов.* **усиливать**, -аю, -аешь. ‖ *сущ.* **усиле́ние**, -я, *ср.* ‖ *прил.* **усили́тельный**, -ая, -ое (в нек-рых сочетаниях по 1 знач. прил. сильный). *У. аппарат.*

УСИ́ЛИТЬСЯ (-люсь, -лишься, 1 и 2 л. не употр.), -лится; *сов.* Стать более сильным (в 1, 2 и 4 знач.). *Звук усилился. Ветер усилился. Беспокойство усилилось.* ‖ *несов.* **уси́ливаться** (-аюсь, -аешься, 1 и 2 л. не употр.), -ается. ‖ *сущ.* **усиле́ние**, -я, *ср.*

УСКАКА́ТЬ, ускачу́, ускачешь; *сов.* Удалиться вскачь, очень быстро; скача отправиться куда-н. *Кони ускакали. Ускакал с приятелями на футбол* (перен.; разг.). ‖ *несов.* **уска́кивать**, -аю, -аешь.

УСКОЛЬЗНУ́ТЬ, -ну́, -нёшь; *сов.* **1.** Скользнув, вырваться. *Рыбка ускользнула из рук.* **2.** *перен.* Быстро и внезапно уйти, скрыться, исчезнуть; незаметно, тайно отправиться куда-н. (разг.). *У. из дома. У. к приятелю. Надежда ускользнула.* **3.** (1 и 2 л. не употр.), *перен., от кого-чего.* Остаться незамеченным. *Не ускользнуть от чьего-н. внимания* (быть замеченным). ‖ *несов.* **ускольза́ть**, -а́ю, -а́ешь. ‖ *сущ.* **ускольза́ние**, -я, *ср.* (ко 2 знач.).

УСКОРЕ́НИЕ, -я, *ср.* **1.** *см.* ускорить, -ся. **2.** В физике: величина возрастания скорости движения в единицу времени. *Единица ускорения.*

УСКО́РЕННЫЙ, -ая, -ое; -ен. Осуществляющийся быстрее обычного. *Ускоренное развитие. У. темп.* ‖ *сущ.* **уско́ренность**, -и, *ж.*

УСКОРИ́ТЕЛЬ, -я, *м.* (спец.). Установка для получения заряженных частиц больших энергий с помощью электрического поля. *У. протонов.*

УСКО́РИТЬ, -рю, -ришь; -ренный; *сов., что.* **1.** Сделать скорым (в 1 знач.), скорее, убыстрить. *У. шаги. У. ход механизма. У. развитие производства.* **2.** Приблизить наступление чего-н. *У. выздоровление. У. отъезд. У. ответ.* ‖ *несов.* **ускоря́ть**, -я́ю, -я́ешь. ‖ *сущ.* **ускоре́ние**, -я, *ср.* ‖ *прил.* **ускори́тельный**, -ая, -ое (к 1 знач.; спец.).

УСКО́РИТЬСЯ (-рюсь, -ришься, 1 и 2 л. не употр.), -рится; *сов.* **1.** Стать более скорым (в 1 знач.), убыстриться. *Ход поезда ускорился. Процесс ускорился.* **2.** Наступить скорее, чем предполагалось. *Отъезд ускорился.* ‖ *несов.* **ускоря́ться** (-я́юсь, -я́ешься, 1 и 2 л. не употр.), -я́ется. ‖ *сущ.* **ускоре́ние**, -я, *ср.*

УСЛА́ВЛИВАТЬСЯ *см.* условиться.

УСЛА́ДА, -ы, *ж.* (устар.). То (тот), что (кто) услаждает, доставляет наслаждение. *Ты моя у.*

УСЛАДИ́ТЕЛЬНЫЙ, -ая, -ое; -лен, -льна (устар.). Доставляющий наслаждение. *Усладительные звуки.* ‖ *сущ.* **услади́тельность**, -и, *ж.*

УСЛАДИ́ТЬ, -ажу́, -ади́шь; -аждённый (-ён, -ена́); *сов., кого-что* (устар.). Доставить наслаждение, удовольствие. *У. слух пением.* ‖ *несов.* **услажда́ть**, -а́ю, -а́ешь. ‖ *сущ.* **услажде́ние**, -я, *ср.*

УСЛАДИ́ТЬСЯ, -ажу́сь, -ади́шься; *сов.* (устар.). Получить наслаждение, удовольствие. *У. гармонией стиха.* ‖ *несов.* **услажда́ться**, -а́юсь, -а́ешься. ‖ *сущ.* **услажде́ние**, -я, *ср.*

УСЛА́ТЬ, ушлю́, ушлёшь; -а́л, -а́ла; у́сланный; *сов., кого-что.* Послав куда-н., удалить. *У. далеко. У. с поручением.* ‖ *несов.* **усыла́ть**, -а́ю, -а́ешь.

УСЛЕДИ́ТЬ, -ежу́, -еди́шь; *сов., за кем-чем.* **1.** Следя, не потерять из виду, не упустить. *У. за зверем.* **2.** Наблюдая, устеречь, уберечь от чего-н. *У. за ребёнком. У. за костром* (не дать погаснуть). **3.** Держа в поле зрения, не потерять из виду. *У. за литературными новинками.*

УСЛО́ВИЕ, -я, *ср.* **1.** Обстоятельство, от к-рого что-н. зависит. *Требовательность к себе — у. успеха.* **2.** Требование, предъявляемое одной из договаривающихся сторон. *Назовите ваши условия. Условия перемирия.* **3.** Устное или письменное соглашение о чём-н., договорённость (устар.). *Заключить, нарушить у.* **4.** *мн., чего.* Правила, установленные в какой-н. области жизни, деятельности. *На льготных условиях. Условия проживания в общежитии.* **5.** *мн.* Обстановка, в к-рой происходит, осуществляется что-н. *Хорошие условия для работы. Природные условия. Жилищные условия. Действовать в благоприятных условиях.* **6.** обычно *мн.* Данные, требования, из к-рых следует исходить. *Условия задачи.* ✦ **При условии** *чего, в знач. предлога с род. п.* — при наличии чего-н., будучи обусловлено чем-н. *Поедем при условии хорошей погоды. Согласен действовать при условии поддержки.* **При (том) условии если (что)**, *союз* — выражает обусловливающее ограничение. *Согласен, при (том) условии если (что) ты мне поможешь.* **В условиях** *чего, в знач. предлога с род. п.* — при наличии чего-н. окружающего, обусловливающего, сопутствующего. *Работает в условиях постоянной поддержки.* **Все условия** (разг.) — благоприятная обстановка, условия жизни. *Для работы — все условия.*

УСЛО́ВИТЬСЯ, -влюсь, -вишься; *сов., с кем о чём.* Договориться, согласиться между собой относительно чего-н. *У. о встрече.* ‖ *несов.* **усло́вливаться**, -аюсь, -аешься *и* **усла́вливаться**, -аюсь, -аешься.

УСЛО́ВЛЕННЫЙ, -ая, -ое; -ен. Заранее назначенный, установленный по соглашению с кем-н. *Условленная встреча. В у. час.* ‖ *сущ.* **усло́вленность**, -и, *ж.*

УСЛО́ВЛЕНО, *в знач. сказ.* То же, что договорено. *Было условлено о встрече.*

УСЛО́ВНОСТЬ, -и, *ж.* **1.** *см.* условный. **2.** Закрепившееся в общественном поведении чисто внешнее правило. *В плену условностей. Враг всяких условностей.*

УСЛО́ВНЫЙ, -ая, -ое; -вен, -вна. **1.** *полн. ф.* Заранее условленный и понятный только тем, кто условился. *У. язык. У. знак.* **2.** Имеющий силу только при соблюдении каких-н. условий. *Условное соглашение. Условное осуждение* (спец.). *Приговорён условно* (нареч.). **3.** Воображаемый, не существующий или символический. *Условная линия. Условные декорации.* **4.** *полн. ф.* В грамматике: содержащий в себе значение условия (в 1 знач.). *Условное предложение. У. союз.* **5.** *полн. ф.* Принятый за исходную единицу счёта, расчёта. *Условное топливо* (единица сопоставления тепловой ценности различных видов топлива; спец.). ‖ *сущ.* **усло́вность**, -и, *ж.* (к 1, 2 и 3 знач.).

УСЛОЖНИ́ТЬ, -ню́, -ни́шь; -нённый (-ён, -ена́); *сов., что.* Сделать сложным, сложнее или слишком сложным. *У. конструкцию. У. обстановку.* ‖ *несов.* **усложня́ть**, -я́ю, -я́ешь. ‖ *сущ.* **усложне́ние**, -я, *ср.*

УСЛОЖНИ́ТЬСЯ (-ню́сь, -ни́шься, 1 и 2 л. не употр.), -ни́тся; *сов.* Стать сложным, сложнее или слишком сложным. *Задача усложнилась. Правила усложнились.* ‖ *несов.* **усложня́ться** (-я́юсь, -я́ешься, 1 и 2 л. не употр.), -я́ется. ‖ *сущ.* **усложне́ние**, -я, *ср.*

УСЛУ́ГА, -и, *ж.* **1.** Действие, приносящее пользу, помощь другому. *Оказать услугу. Предложить свои услуги. Дружеская у. Медвежья у.* (неловкая помощь, услуга, причиняющая только вред). **2.** *мн.* Бытовые удобства, предоставляемые кому-н. *Бюро добрых услуг. Все виды бытовых услуг. Коммунальные услуги.* ✦ **К вашим услугам** — вежливая реплика в знач. готов вас выслушать, быть вам полезным. *Можно видеть товарища Иванова? — Я к вашим услугам.*

УСЛУЖЕ́НИЕ, -я, *ср.*: **быть в услужении** (устар.) — состоять на службе у кого-н. в качестве слуги, прислуги.

УСЛУЖИ́ТЬ, -ужу́, -у́жишь; *сов., кому.* Оказать услугу. *Всегда рад вам у.* ‖ *несов.* **услу́живать**, -аю, -аешь *и* **услужа́ть**, -а́ю, -а́ешь (устар.) *Услужающий* (сущ.) *в номерах* (слуга в гостинице).

УСЛУ́ЖЛИВЫЙ, -ая, -ое; -ив. Всегда готовый оказать услугу. *У. дурак опаснее врага* (посл.). ‖ *сущ.* **услу́жливость**, -и, *ж.*

УСЛЫХА́ТЬ *см.* слыхать.

УСЛЫ́ШАТЬ, **-СЯ** *см.* слышать, -ся.

УСМА́ТРИВАТЬ *см.* усмотреть.

УСМЕХНУ́ТЬСЯ, -ну́сь, -нёшься; *сов.* Слегка засмеяться (обычно с насмешкой, недоверчиво). *У. в ответ. Криво у.* ‖ *несов.* **усмеха́ться**, -а́юсь, -а́ешься.

УСМЕ́ШКА, -и, *ж.* Улыбка, выражающая насмешку или недоверие, насмешливое движение рта. *На лице мелькнула у. Злая у.*

УСМИРИ́ТЬ, -рю́, -ри́шь; -рённый (-ён, -ена́); *сов., кого-что.* **1.** Сделать смирным, укротить. *У. зверя. У. крикунов. У. страсти* (перен.). **2.** Привести в покорность, подавить² (в 1 знач.) (устар.). *У. мятеж.* ‖ *несов.* **усмиря́ть**, -я́ю, -я́ешь. ‖ *сущ.* **усмире́ние**, -я, *ср.* ‖ *прил.* **усмири́тельный**, -ая, -ое (ко 2 знач.).

УСМОТРЕ́НИЕ, -я, *ср.* Решение, заключение, мнение. *Представить что-н. на чьё-н. у. Действовать по своему усмотрению. На ваше у.* (как решите вы).

УСМОТРЕ́ТЬ, -отрю́, -о́тришь; -о́тренный; *сов.* **1.** *кого-что.* Увидеть, заметить (разг.). *У. в толпе приятеля.* **2.** *за кем-чем.* То же, что уследить (во 2 знач.) (разг.). *За всеми сразу не усмотришь.* **3.** *что.* Установить, обнаружить; заподозрить (книжн.). *У. ошибку. У. в чьих-н. словах неуважение.* ‖ *несов.* **усма́тривать**, -аю, -аешь.

УСНАСТИ'ТЬ, -ащу́, -асти́шь; -ащённый (-ён, -ена́); *сов., что чем.* Обильно снабдить чем-н., наполнить (обычно о речи, рассказе). *У. рассказ выдумками. У. речь прибаутками.* ‖ *несов.* **уснаща́ть**, -а́ю, -а́ешь. ‖ *сущ.* **уснаще́ние**, *-я, ср.*

УСНУ'ТЬ, -ну́, -нёшь; *сов.* То же, что заснуть. *Ребёнок уснул. У. навеки* или *вечным сном* (перен.: умереть; высок.). *Рыба уснула* (умерла). *Уснувший вулкан* (перен.: не извергавшийся длительное время).

УСО'БИЦА, -ы, *ж.* (стар.). Междоусобная вражда, борьба. *Княжеские усобицы.*

УСОВЕРШЕ'НСТВОВАНИЕ, *-я, ср.* **1.** *см.* совершенствовать, -ся. **2.** Изменение, улучшающее, совершенствующее что-н. *Новые усовершенствования в машине.*

УСОВЕРШЕ'НСТВОВАТЬ, -СЯ *см.* совершенствовать, -ся.

УСО'ВЕСТИТЬ *см.* совестить.

УСО'ВЕЩИВАТЬ, -аю, -аешь; *несов., кого (что).* То же, что совестить.

УСОМНИ'ТЬСЯ, -ню́сь, -ни́шься; *сов., в ком-чём.* Почувствовать сомнение, начать сомневаться в ком-чём-н. *У. в правдивости рассказа. У. в друге.*

УСО'ПШИЙ, -ая, -ее (устар. высок.). Умерший, покойный. *Почтить память усопшего* (сущ.).

УСО'ХНУТЬ (-ну, -нешь, 1 и 2 л. не употр.), -нет; усо́х, усо́хла; усо́хший; *сов.* Высыхая, уменьшиться в весе, в объёме. *Зерно усохло. Дед сгорбился, усох* (перен.). ‖ *несов.* **усыха́ть** (-а́ю, -а́ешь, 1 и 2 л. не употр.), -а́ет. ‖ *сущ.* **усыха́ние**, *-я, ср.*

УСПЕВА'ЕМОСТЬ, -и, ж. Степень успешности усвоения учебных предметов учащимися. *Высокая у. студентов. Повысить у.*

УСПЕВА'ТЬ, -а́ю, -а́ешь; *несов.* **1.** *см.* успеть. **2.** Хорошо учиться, успешно заниматься учебными предметами. *Не успевает по математике. Успевающие ученики.*

УСПЕ'ЕТСЯ; *безл.; сов.* (разг.). Некуда торопиться, можно не спешить. *Мне пора. — У. Посидим, ещё у. с делами.*

УСПЕ'НИЕ, *-я, ср.* **1.** Смерть, кончина (устар. высок.). **2.** (У прописное). Один из двенадцати основных православных праздников (15/28 августа) в память смерти Богородицы. *У. Божьей матери.*

УСПЕ'ТЬ, -е́ю, -е́ешь; *сов.* **1.** В нужное время, в срок сделать что-н., прибыть куда-н. *У.* или *у. сходить в библиотеку. У. к обеду.* **2.** *в чем.* Достигнуть успеха, добиться чего-н. (устар.). *У. в науках, в служебной карьере.* ✦ **Не успеет** (сделать что-н.), **(как)...** — обозначает быструю смену ситуаций, сто́ит... как... *Не успеет лечь, как звонит телефон.* ‖ *несов.* **успева́ть**, -а́ю, -а́ешь. ‖ *сущ.* **успева́ние**, *-я, ср.* (ко 2 знач.).

УСПЕ'Х, -а, *м.* **1.** Удача в достижении чего-н. *Добиться успеха. Развивать у.* (поддерживать высокие темпы наступления; также перен.). **2.** Общественное признание. *Шумный у. спектакля. Книга имеет у.* **3.** *мн.* Хорошие результаты в работе, учёбе. *Хорошие, плохие успехи. Успехи в музыке. Производственные успехи.* ✦ **С успехом** — легко, успешно, без затруднений. *С успехом выполнить поручение.* **Пользоваться успехом** — быть популярным, вызывать к себе интерес. **С тем же успехом** (часто ирон.) — так же, нисколько не лучше. *С поручением не справился, дали другое — с тем же успехом.* **Как ваши успехи?** — как идут дела?

УСПЕ'ШНЫЙ, -ая, -ое; -шен, -шна. Сопровождающийся успехом, удачный. *У. ход работы. Успешно* (нареч.) *выполнить взятые обязательства.* ‖ *сущ.* **успе́шность**, *-и, ж.*

УСПОКО'ЕННОСТЬ, -и, *ж.* **1.** Состояние успокоения, умиротворённости. *Душевная у.* **2.** Беспечность (у того, кто успокоился на достигнутом) (неодобр.). *Неоправданная у.*

УСПОКО'ИТЬ, -о́ю, -о́ишь; -о́енный; *сов.* **1.** *кого-что.* Сделать спокойным (в 1, 2 и 3 знач.), внушить кому-н. спокойствие. *У. ребёнка. У. свою совесть. Успокой руки!* (перестань ими дёргать или что-н. хватать). **2.** *что.* Умерить, смягчить. *У. боль.* ‖ *несов.* **успока́ивать**, -аю, -аешь. ‖ *сущ.* **успокое́ние**, *-я, ср.* ‖ *прил.* **успокои́тельный**, -ая, -ое. *Успокоительное известие. Успокоительные лекарственные средства.*

УСПОКО'ИТЬСЯ, -о́юсь, -о́ишься; *сов.* **1.** Стать спокойным (в 1 и 3 знач.). *Ребёнок успокоился. Успокойся, не плачь. Море успокоилось. Совесть успокоилась.* **2.** (1 и 2 л. не употр.). Стать менее сильным, менее напряжённым, утихнуть. *Боль успокоилась.* **3.** Достигнув успеха, перестать думать, заботиться о деле (неодобр.). *У. на достигнутом.* ‖ *несов.* **успока́иваться**, -аюсь, -аешься. ‖ *сущ.* **успокое́ние**, *-я, ср.*

УСРЕДНЁННЫЙ, -ая, -ое; -ён (спец.). Приближающийся к средней норме, стандартный. *Усреднённые требования, представления, оценки.* ‖ *сущ.* **усреднённость**, *-и, ж.*

УСРЕДНИ'ТЬ, -ню́, -ни́шь; -нённый (-ён, -ена́); *сов., кого-что* (спец.). Приблизить к общим стандартам, к средним образцам. *У. образцы. Усреднённый тип жилого дома.* ‖ *несов.* **усредня́ть**, -я́ю, -я́ешь. ‖ *сущ.* **усредне́ние**, *-я, ср.*

УСТА', уст, уста́м (устар.). Рот, губы. *Сомкнуть, разомкнуть у. Целовать в у. Устами младенца глаголет истина* (посл.). ✦ **На устах у всех (многих)** (книжн.). — все говорят, все обсуждают. *Имя популярного поэта у всех на устах.* **На устах** *у кого* (книжн.) — готов сказать, произнести. *Признание было у него на устах.* **Из уст** *чьих* (узнать, услышать) (книжн.) — услышать от кого-н. *Из уст отца узнать печальную новость.* **Из первых уст** (узнать, услышать) (книжн.) — непосредственно от того, кто лучше других осведомлён. **Из уст в уста передавать** *что* (книжн.) — сообщать от одного к другому. **В уста** *чьи* **вложить** (какие-н. слова, мысли) (книжн.) — заставить говорить от себя, от своего имени. *Писатель вложил свои мысли в уста героя.* **Вашими бы устами да мёд пить** — говорится в знач. хорошо было бы, если бы вы оказались правы, если бы ваши предположения сбылись.

УСТА'В[1], -а, *м.* Установленный государством или каким-н. органом свод правил, регулирующих какую-н. деятельность. *У. партии. Воинский у. У. акционерного общества.* ‖ *прил.* **уста́вный**, -ая, -ое *и* **уставно́й**, -а́я, -о́е. *У. фонд* (совокупность материальных средств, фиксируемых в уставе предприятия и предназначенных для формирования основных и оборотных средств).

УСТА'В[2], -а, *м.* Вид письма: крупный почерк древних латинских, греческих и славянорусских рукописей, отличающийся тщательно выведенными буквами геометрического рисунка. ‖ *прил.* **уста́вный**, -ая, -ое.

УСТА'ВИТЬ, -влю, -вишь; -вленный; *сов.* **1.** *кого-что.* Ставя, разместить. *У. все книги на полку. У. в линейку, в шеренгу.* **2.** *что.* Ставя, занять всю поверхность чем-н. *У. полку книгами.* ✦ **Уставить глаза (взор, взгляд)** *на кого-что, во что* — остановить неподвижный взгляд на ком-чём-н. *Уставить взгляд в пространство.* ‖ *несов.* **уставля́ть**, -я́ю, -я́ешь.

УСТА'ВИТЬСЯ, -влюсь, -вишься; *сов.* **1.** (1 и 2 л. ед. не употр.). То же, что разместиться. *Книги уставились на полке. У. в шеренгу.* **2.** (1 и 2 л. не употр.). Стать заставленным чем-н. *Подоконник уставился цветами.* **3.** *на кого-что* и *в кого-что.* Начать смотреть пристально, не сводя глаз (разг.). *Что ты на меня уставился?* ‖ *несов.* **уставля́ться**, -я́юсь, -я́ешься.

УСТА'ЛОСТЬ, -и, *ж.* Чувство утомления, состояние того, кто устал. *Почувствовать у. Падать от усталости* (испытывать крайнюю усталость). ✦ **Усталость материала** (спец.) — изменение механических и физических свойств материала под воздействием постоянных нагрузок.

УСТА'ЛЫЙ, -ая, -ое; -а́л. **1.** Испытывающий слабость, упадок сил после продолжительной работы, движения. *У. путник. Усталые кони.* **2.** Обнаруживающий, выражающий усталость. *У. голос. У. вид. Усталые глаза.*

У'СТАЛЬ, -и, *ж.* (разг.). В нек-рых выражениях: то же, что усталость. *Устали не знает кто-н. Работает без устали. Болтает без устали* (не переставая).

УСТАНОВИ'ТЬ, -овлю́, -о́вишь; -о́вленный; *сов., что.* **1.** Поставить надлежащим образом; смонтировать. *У. прицел. У. приборы, оборудование.* **2.** Назначить, утвердить, ввести в действие. *У. новое расписание. У. дни отдыха. Выполнить работу в установленные сроки.* **3.** Устроить, осуществить. *У. связь с кем-н.* **4.** Доказать, выяснить, обнаружить. *У. факт. У. истину.* ‖ *несов.* **устана́вливать**, -аю, -аешь. ‖ *сущ.* **установле́ние**, *-я, ср.* (ко 2, 3 и 4 знач.) *и* **устано́вка**, *-и, ж.* (к 1 знач.). ‖ *прил.* **устано́вочный**, -ая, -ое (к 1 знач.).

УСТАНОВИ'ТЬСЯ (-овлю́сь, -о́вишься, 1 и 2 л. не употр.), -о́вится; *сов.* **1.** Наступить, наладиться. *Установился порядок. Установилась тишина. Установилась хорошая погода.* **2.** Сложиться, вполне сформироваться. *Характер у юноши ещё не установился.* ‖ *несов.* **устана́вливаться**. (-аюсь, -аешься, 1 и 2 л. не употр.), -ается. ‖ *сущ.* **установле́ние**, *-я, ср.*

УСТАНО'ВКА, -и, *ж.* **1.** *см.* установить. **2.** Установленный, смонтированный где-н. механизм, приспособление или система механизмов, приспособлений. *Заводские установки. Самоходная артиллерийская у.* **3.** Цель, направленность к чему-н. *У. на высокое качество продукции. Целевая у. программы.* **4.** Руководящее указание, директива. *У. вышестоящих органов. Дать, получить установку.* ‖ *прил.* **устано́вочный**, -ая, -ое (к 3 и 4 знач.).

УСТАНОВЛЕ'НИЕ, *-я, ср.* **1.** *см.* установить. **2.** Закон, устав[1] (устар.). *Свод установлений. Судебные установления.*

УСТАНО'ВЩИК, -а, *м.* Работник, занимающийся установкой, монтажом чего-н. *У. автоматов. У. декораций. У. радиоаппаратуры. У.-механик. У.-монтажник.* ‖ *ж.* **устано́вщица**, -ы.

УСТАРЕВА'ТЬ, -а́ю, -а́ешь; *несов.* То же, что стареть (во 2 знач.). *Устаревающая теория.*

УСТАРЕ'ЛЫЙ, -ая, -ое; -е́л. Вышедший из употребления, не соответствующий современности. *Устарелые модели, образцы. Ус-*

тарелые взгляды, обычаи. ‖ *сущ.* **устаре́лость, -и,** *ж.*

УСТАРЕ́ТЬ *см.* стареть.

УСТА́ТОК: с устатку (прост.) — уставши, чувствуя усталость. *Задремал с устатку.*

УСТА́ТЬ, -а́ну, -а́нешь; *сов.* **1.** Почувствовать усталость, утомление. *У. от ходьбы. У. с дороги* (после трудной дороги). **2.** Утратить желание делать что-н. из-за постоянного повторения, однообразия. *Устал просить. Устала ждать. У. от обещаний.* ‖ *несов.* **устава́ть,** -таю́, -таёшь.

УСТЕЛИ́ТЬ *см.* устлать.

УСТЕРЕ́ЧЬ, -егу́, -ежёшь; -ёг, -егла́; -ёгший; -ежённый (-ён, -ена́); -ёгши; *сов., кого-что* (разг.). Уберечь, охраняя от кого-чего-н. *У. стадо от волков.* ‖ *несов.* **устерега́ть,** -а́ю, -а́ешь.

УСТЕРЕ́ЧЬСЯ, -егу́сь, -ежёшься, -егу́тся; -ёгся, -егла́сь; -ёгшийся; -ёгшись; *сов.* (разг.). Уберечься, оберечься. *Не у. от простуды.* ‖ *несов.* **устерега́ться,** -а́юсь, -а́ешься.

УСТЛА́ТЬ, -телю́, -те́лешь; у́стланный и **УСТЕЛИ́ТЬ,** -телю́, -те́лешь; усте́ленный; *сов., что.* Постилая, покрыть чем-н. всю поверхность. *У. пол коврами. Жёлтые листья устлали землю* (перен.). *Путь учёного не устлан розами* (перен.). ‖ *несов.* **устила́ть,** -а́ю, -а́ешь. ‖ *сущ.* **устила́ние,** -я, *ср.* и **усти́лка,** -и, *ж.*

У́СТНЫЙ, -ая, -ое; у́стна, у́стно. Произносимый, не письменный. *Устная речь. У. ответ. Устное заявление. Передать устно* (нареч.). ‖ *сущ.* **у́стность,** -и, *ж.* (спец.). *У. судебного разбирательства.*

УСТО́Й¹, -я, *м.* **1.** Береговая опора гидротехнического сооружения, а также (устар.) вообще опора какого-н. сооружения. *Мостовые устои и быки. Кирпичные устои ворот.* **2.** *мн.* То, что сложилось, устоялось, основы (во 2 и 3 знач.). *Общественные устои. Моральные устои.*

УСТО́Й², -я, *м.* Сгустившийся слой на поверхности жидкости, напр. сливки на поверхности молока. *Снять у.* ‖ *прил.* **усто́йный,** -ая, -ое.

УСТО́ЙЧИВЫЙ, -ая, -ое; -ив. **1.** Стоящий, держащийся твёрдо, не колеблясь, не падая. *Устойчивая опора. У. плот. Устойчивое равновесие* (восстанавливающееся после незначительного отклонения; спец.). **2.** Не подверженный колебаниям, постоянный, стойкий, твёрдый. *Устойчивые урожаи. Устойчивые взгляды.* ‖ *сущ.* **усто́йчивость,** -и, *ж.*

УСТОЯ́ТЬ, -ою́, -ои́шь; *сов.* **1.** Удержаться, сохранить стоячее положение, не упасть. *У. на ногах. Дом устоял при подземном толчке.* **2.** *перен.* Остаться стойким, не поддаться чему-н. *У. в беде. У. перед испытанием, соблазном, искушением.*

УСТОЯ́ТЬСЯ (-ою́сь, -ои́шься, 1 и 2 л. не употр.), -ои́тся; *сов.* **1.** О жидкости: дать устой², а также отстояться (в 1 знач.). *Молоко устоялось. Настой устоялся.* **2.** *перен.* Стать постоянным, определённым. *Устоявшиеся взгляды.* ‖ *несов.* **уста́иваться** (-аюсь, -аешься, 1 и 2 л. не употр.), -ается.

УСТРАНИ́ТЬ, -ню́, -ни́шь; -нённый (-ён, -ена́); *сов.* **1.** *кого-что.* Убрать в сторону, удалить. *У. барьер.* **2.** *что.* Уничтожить, изжить. *У. недочёты.* **3.** *кого (что).* Уволить, отстранить. *У. от исполнения обязанностей.* ‖ *несов.* **устраня́ть,** -я́ю, -я́ешь. ‖ *сущ.* **устране́ние,** -я, *ср.*

УСТРАНИ́ТЬСЯ, -ню́сь, -ни́шься; *сов.* Остаться в стороне от какого-н. дела, отказавшись от участия в чём-н. *У. от дел.* ‖ *несов.* **устраня́ться,** -я́юсь, -я́ешься.

УСТРАШИ́ТЬ, -шу́, -ши́шь; -шённый (-ён, -ена́); *сов., кого (что)* (книжн.). Навести страх на кого-н., испугать. *Трудности его не устрашили.* ‖ *несов.* **устраша́ть,** -а́ю, -а́ешь. ‖ *сущ.* **устраше́ние,** -я, *ср.* ‖ *прил.* **устраши́тельный,** -ая, -ое (устар.).

УСТРАШИ́ТЬСЯ, -шу́сь, -ши́шься; *сов., кого-чего* (книжн.). Испугаться, почувствовать страх перед кем-чем-н. *Не у. угроз.* ‖ *несов.* **устраша́ться,** -а́юсь, -а́ешься.

УСТРЕМИ́ТЬ, -млю́, -ми́шь; -млённый (-ён, -ена́); *сов., что.* **1.** Стремительно двинуть, направить. *У. отряд на врага.* **2.** Направить, обратить на кого-что-н. *У. взгляд. У. все помыслы к единой цели.* ‖ *несов.* **устремля́ть,** -я́ю, -я́ешь. ‖ *сущ.* **устремле́ние,** -я, *ср.*

УСТРЕМИ́ТЬСЯ, -млю́сь, -ми́шься; *сов.* **1.** Стремительно направиться, двинуться. *У. в атаку.* **2.** Сосредоточиться, направиться на что-н., обратиться к чему-н. (в 3 знач.). *Взгляд устремился на собеседника. У. к цели. С гор устремились потоки* (т. е. потекли стремительно). ‖ *несов.* **устремля́ться,** -я́юсь, -я́ешься. ‖ *сущ.* **устремле́ние,** -я, *ср.*

УСТРЕМЛЕ́НИЕ, -я, *ср.* **1.** *см.* устремить, -ся. **2.** обычно *мн.* Намерение, помысел. *Передовые, идейные устремления.*

УСТРЕМЛЁННОСТЬ, -и, *ж.* (книжн.). Тяготение, направленность к чему-н. *У. к добру.*

У́СТРИЦА, -ы, *ж.* Съедобный двустворчатый морской моллюск, обитающий гл. обр. в тропических морях. ‖ *прил.* **у́стричный,** -ая, -ое.

УСТРОЖИ́ТЬ, -жу́, -жи́шь; -жённый (-ён, -ена́); *сов., что.* Сделать строгим (в 3 и 4 знач.), строже. *У. требования.* ‖ *несов.* **устрожа́ть,** -а́ю, -а́ешь. ‖ *сущ.* **устроже́ние,** -я, *ср.*

УСТРОИ́ТЕЛЬ, -я, *м.* Тот, кто устраивает, организует что-н. *У. концерта.* ‖ *ж.* **устрои́тельница,** -ы. ‖ *прил.* **устрои́тельский,** -ая, -ое.

УСТРО́ИТЬ, -о́ю, -о́ишь; -о́енный; *сов.* **1.** *что.* Сделать, создать, организовать. *У. запруду. У. концерт.* **2.** *что.* Учинить, вызвать своими действиями. *У. переполох. У. кому-н. неприятность.* **3.** *что.* Наладить, придав нужный вид, установить порядок. *У. свои дела. У. жизнь по-новому.* **4.** *что кому.* Получить, достать, осуществить что-н. нужное для кого-н. (разг.). *У. билеты на премьеру.* **5.** *кого (что).* Поместить, определить куда-н. *У. на работу. У. в интернат.* **6.** *кого (что).* Оказаться удобным, подходящим для кого-н. *Такое решение меня не устроит.* ‖ *несов.* **устра́ивать,** -аю, -аешь. ‖ *сущ.* **устрое́ние,** -я, *ср.* (к 1 и 3 знач.; книжн.) *и* **устро́йство,** -а, *ср.* (к 1, 3 и 5 знач.). ‖ *прил.* **устрои́тельный,** -ая, -ое (к 1 знач.).

УСТРО́ИТЬСЯ, -о́юсь, -о́ишься; *сов.* **1.** (1 и 2 л. не употр.). Наладиться, прийти в порядок. *Семейная жизнь устроилась.* **2.** Поступить куда-н. (на работу). *У. на завод.* **3.** Расположиться где-н., наладить свою жизнь в каком-н. месте. *Хорошо у. в новой квартире. У. спать на сеновале. Неплохо устроился* (часто ирон.). ‖ *несов.* **устра́иваться,** -аюсь, -аешься. ‖ *сущ.* **устро́йство,** -а, *ср.* (ко 2 знач.).

УСТРО́ЙСТВО, -а, *ср.* **1.** *см.* устроить, -ся. **2.** Расположение, соотношение частей, конструкция чего-н. *Удобное у. помещения. Прибор сложного устройства.* **3.** Установленный порядок, строй. *Государственное у. Общественное у.* **4.** Техническое сооружение, механизм, машина, прибор. *Решающее у. Регулирующее у.*

УСТУ́П, -а, *м.* Часть чего-н., образующая ступень, выемку. *У. в стене. У. карьера. Скалы высятся уступами.* ‖ *прил.* **усту́пный,** -ая, -ое.

УСТУПИ́ТЕЛЬНЫЙ, -ая, -ое. В грамматике: выражающий несоответствие чего-н. имеющимся условиям, не соответствующие чему-н. условия. *Уступительные отношения. У. союз. Уступительное придаточное предложение.* ‖ *сущ.* **уступи́тельность,** -и, *ж.*

УСТУПИ́ТЬ, -уплю́, -у́пишь; -у́пленный; *сов.* **1.** *кого-что кому.* Добровольно отказаться в пользу другого. *У. место. У. дорогу* (посторониться; также перен.). *У. свои позиции* (перен.: отступить во 2 знач.). **2.** *кому в чём.* Согласиться с кем-чем-н., покориться. *У. в споре.* **3.** *кому-чему в чём.* Оказаться ниже, хуже кого-чего-н. в каком-н. отношении. *Он никому не уступит в храбрости. Наше озеро не уступит настоящему морю.* **4.** *что кому.* Продать или, продавая, отдать дешевле (разг.). *Дёшево у. вещь.* ‖ *несов.* **уступа́ть,** -а́ю, -а́ешь. ‖ *сущ.* **усту́пка,** -и, *ж.* (ко 2 и 4 знач.).

УСТУ́ПКА, -и, *ж.* **1.** *см.* уступить. **2.** Отказ от чего-н. в пользу другого. *Пойти на уступки.* **3.** *перен.* Компромиссное решение, послабление в чём-н. *Никаких уступок против своих убеждений.* **4.** Скидка с назначенной цены (разг.). *Продать с уступкой.*

УСТУ́ПЧАТЫЙ, -ая, -ое; -ат. Расположенный уступами, имеющий уступы. *Уступчатая возвышенность.* ‖ *сущ.* **усту́пчатость,** -и, *ж.*

УСТУ́ПЧИВЫЙ, -ая, -ое; -ив. Готовый уступить что-н. без спора, сговорчивый. *У. характер.* ‖ *сущ.* **усту́пчивость,** -и, *ж.*

УСТЫДИ́ТЬ, -ыжу́, -ыди́шь; -ыжённый (-ён, -ена́); *сов., кого (что).* Заставить испытать чувство стыда за своё поведение, поступок. ‖ *несов.* **устыжа́ть,** -а́ю, -а́ешь. ‖ *сущ.* **устыже́ние,** -я, *ср.* (устар.).

УСТЫДИ́ТЬСЯ, -ыжу́сь, -ыди́шься; *сов., чего.* Почувствовать стыд за своё поведение, поступок. *У своих мыслей, слов.* ‖ *несов.* **устыжа́ться,** -а́юсь, -а́ешься. ‖ *сущ.* **устыже́ние,** -я, *ср.* (устар.).

У́СТЬЕ, -я, *род. мн.* -ьев *и* (устар.) -тий, *ср.* **1.** Место впадения реки (в море, озеро или другую реку). *В у. Днепра.* **2.** Выходное отверстие. *У. шахты. У. трубы.* **3.** То же, что жерло (во 2 знач.). ‖ *уменьш.* **у́стьице,** -а, *ср.* (ко 2 знач.; спец.). ‖ *прил.* **у́стьевый,** -ая, -ое *и* **устьево́й,** -а́я, -о́е.

УСУГУБИ́ТЬ, -ублю́, -уби́шь; -ублённый (-ён, -ена́) и **УСУГУ́БИТЬ,** -у́блю, -у́бишь; -у́бленный; *сов., что* (книжн.). Усилить, увеличить, сделать сугубым. *У. опасность. Усугубляющие вину обстоятельства.* ‖ *несов.* **усугубля́ть,** -я́ю, -я́ешь. ‖ *сущ.* **усугубле́ние,** -я, *ср.*

УСУГУБИ́ТЬСЯ (-ублю́сь, -уби́шься, 1 и 2 л. не употр.), -уби́тся и **УСУГУ́БИТЬСЯ** (-у́блюсь, -у́бишься, 1 и 2 л. не употр.), -у́бится; *сов.* (книжн.). Усилиться, увеличиться, стать сугубым. ‖ *несов.* **усугубля́ться** (-я́юсь, -я́ешься, 1 и 2 л. не употр.), -я́ется. ‖ *сущ.* **усугубле́ние,** -я, *ср.*

УСУ́ШКА, -и, *ж.* Потеря в весе при высыхании. *У. зерна. У. и утруска.*

УСЫ́, -о́в, *ед.* ус, у́са, *м.* **1.** Волосы над верхней губой. *Пробиваются у. Носить, брить, отпустить усы. Висячие, закрученные у.* **2.** У нек-рых животных: жёсткие волосы над верхней губой (у птиц — жёсткие короткие перья в углах клюва). *У. моржа, кошки.* **3.**

То же, что усики (во 2 и 3 знач.). ✦ **Китовый ус** — гибкие роговые пластины в пасти беззубых китов. **И в ус не дует** (разг.) — не беспокоится, не заботится ни о чём. **На ус мотать** *что* (разг.) — запоминать с какой-н. целью, принимать в соображение, примечать. **Сами с усами, сам с усам** (разг. шутл.) — сами, сам не хуже, не глупее других.

УСЫЛА́ТЬ *см.* услать.

УСЫНОВИ́ТЕЛЬ, -я, *м.* (офиц.). Человек, к-рый усыновил кого-н. ‖ *ж.* **усынови́тельница**, -ы. ‖ *прил.* **усынови́тельский**, -ая, -ое.

УСЫНОВИ́ТЬ, -влю́, -ви́шь; -влённый (-ён, -ена́); *сов., кого (что).* Принять в семью (ребёнка) на правах родного сына, дочери. *У. сироту. Усыновлённые дети.* ‖ *несов.* **усыновля́ть**, -я́ю, -я́ешь. ‖ *сущ.* **усыновле́ние**, -я, *ср.* ‖ *прил.* **усынови́тельный**, -ая, -ое (спец.).

УСЫПА́ЛЬНИЦА, -ы, *ж.* (книжн.). Склеп, помещение для погребения, обычно членов одного рода, одной семьи. *У. фараона.*

УСЫ́ПАТЬ, -плю, -плешь *и* (разг.) -пешь, -пет, -пем, -пете, -пят; усы́пь; -анный; *сов., что.* Сыпля, покрыть чем-н. всю поверхность. *У. дорожки песком. Небо усыпано звёздами* (перен.). ‖ *несов.* **усыпа́ть**, -а́ю, -а́ешь.

УСЫПИ́ТЕЛЬНЫЙ, -ая, -ое; -лен, -льна. **1.** *см.* усыпить. **2.** *перен.* Однообразный, монотонный. *У. шум дождя.* ‖ *сущ.* **усыпи́тельность**, -и, *ж.*

УСЫПИ́ТЬ, -плю́, -пи́шь; -плённый (-ён, -ена́); *сов.* **1.** *кого (что).* Заставить погрузиться в сон, заснуть. *У. больного перед операцией. У. зверя* (в целях лечения, транспортировки, безопасности). **2.** *кого (что).* Вызвать смерть специальным препаратом. *У. больную собаку.* **3.** *кого (что).* Довести до полусонного состояния. *У. монотонным чтением.* **4.** *перен., что.* Ослабить, заставить бездействовать (высок.). *У. чью-н. бдительность. У. свою совесть.* ‖ *несов.* **усыпля́ть**, -я́ю, -я́ешь. ‖ *сущ.* **усыпле́ние**, -я, *ср.* ‖ *прил.* **усыпи́тельный**, -ая, -ое (к 1 и 2 знач.; устар.).

УСЫХА́ТЬ *см.* усохнуть.

УТАИ́ТЬ, -аю́, -аи́шь; -аённый (-ён, -ена́); *сов., что.* **1.** Скрыть от кого-н., сохранить в тайне. *У. истину.* **2.** Скрыв, спрятав, не отдать, не вручить. *У. письмо. У. часть денег.* **3.** Убрать в тайное место, спрятать (устар.). *Шила в мешке не утаишь* (посл.). ‖ *несов.* **ута́ивать**, -аю, -аешь. ‖ *сущ.* **ута́ивание**, -я, *ср. и* **ута́йка**, -и, *ж.* (разг.). *Рассказать всё без утайки.*

УТА́ПТЫВАТЬ *см.* утоптать.

УТАЩИ́ТЬ, -ащу́, -а́щишь; -а́щенный; *сов.* (разг.). **1.** *кого-что.* Унести, удалить таща. *У. рюкзак в палатку. Лодку утащило* (безл.) *течением.* **2.** *перен., кого (что).* Увести или увезти с собой куда-н. против воли, вопреки желанию. *У. в гости. У. на юг.* **3.** *кого-что.* Украсть, взять без спросу, тайком. *Вор утащил кошелёк.* ‖ *несов.* **ута́скивать**, -аю, -аешь.

У́ТВАРЬ, -и, *ж., собир.* Предметы, принадлежности какого-н. обихода. *Домашняя у. Кухонная у.*

УТВЕРДИ́ТЕЛЬНЫЙ, -ая, -ое; -лен, -льна. Содержащий утверждение, согласие, положительный. *У. ответ. Высказаться утвердительно* (нареч.). *Утвердительное предложение* (в грамматике: предложение, не содержащее отрицания при сказуемом). ‖ *сущ.* **утверди́тельность**, -и, *ж.*

УТВЕРДИ́ТЬ, -ржу́, -рди́шь; -рждённый (-ён, -ена́); *сов.* **1.** *кого-что.* Окончательно установить, принять, официально оформить. *У. план работ. У. в должности.* **2.** *что.* Ставя, прочно укрепить. *У. сваи.* **3.** *кого (что) в чём.* Окончательно убедить, уверить (книжн.). *У. в мысли. У. в прежнем мнении.* ‖ *несов.* **утвержда́ть**, -а́ю, -а́ешь (к 1 и 3 знач.). ‖ *сущ.* **утвержде́ние**, -я, *ср.* (к 1 и 3 знач.).

УТВЕРДИ́ТЬСЯ, -ржу́сь, -рди́шься; *сов.* **1.** (1 и 2 л. не употр.). Прочно укрепиться, установиться. *Утвердился порядок.* **2.** *в чём.* Убедиться в чём-н., твёрдо увериться (книжн.). *У. в своём мнении.* ‖ *несов.* **утвержда́ться**, -а́юсь, -а́ешься. ‖ *сущ.* **утвержде́ние**, -я, *ср.*

УТВЕРЖДА́ТЬ, -а́ю, -а́ешь; *несов.* **1.** *см.* утвердить. **2.** *что.* Настойчиво доказывать что-н. *Все утверждают, что он прав.*

УТВЕРЖДЕ́НИЕ, -я, *ср.* **1.** *см.* утвердить, -ся. **2.** Положение, мысль, к-рой доказывают, утверждают что-н. *Правильные утверждения. Ошибочное у.*

УТЕПЛИ́ТЕЛЬ, -я, *м.* (спец.). Утеплительный материал.

УТЕПЛИ́ТЬ, -лю́, -ли́шь; -лённый (-ён, -ена́); *сов., что.* Сделать тёплым (в 1 и 3 знач.), теплее. *У. телятник. Утеплённый грунт. У. плащ, подкладку.* ‖ *несов.* **утепля́ть**, -я́ю, -я́ешь. ‖ *сущ.* **утепле́ние**, -я, *ср.* ‖ *прил.* **утепли́тельный**, -ая, -ое. *У. материал.*

УТЕРЕ́ТЬ, утру́, утрёшь; утёр, утёрла; утёрший; утёртый; утере́в *и* утёрши; *сов., кого-что* (разг.). Вытирая, удалить что-н. жидкое (слёзы, пот) или сделать кого-что-н. сухим. *У. слёзы. У. лицо. У. плачущего ребёнка. У. нос кому-н.* (также перен.: обставить, обогнать; прост.). ‖ *несов.* **утира́ть**, -а́ю, -а́ешь. ‖ *возвр.* **утере́ться**, утру́сь, утрёшься; утёрся, утёрлась; утёршийся; утёршись; *несов.* **утира́ться**, -а́юсь, -а́ешься. ‖ *прил.* **утира́льный**, -ая, -ое (устар.).

УТЕРЕ́ТЬСЯ, утру́сь, утрёшься; утёрся, утёрлась; утёршийся; утёршись; *сов.* **1.** *см.* утереть. **2.** Получить, услышать, узнать что-н. обидное, оскорбительное; обмануться в своих ожиданиях (прост.). *Ну что, получил, утёрся?* (ехидный вопрос тому, кто обманулся, остался ни с чем или тому, кого оскорбили).

УТЕРПЕ́ТЬ, утерплю́, уте́рпишь; *сов.* (разг.). Терпеливо перенести, удержаться от проявления чего-н. *Не утерпел, чтобы не возразить.*

УТЕ́РЯ, -и, *ж.* **1.** *см.* терять, -ся. **2.** То же, что потеря (во 2 знач.).

УТЕРЯ́ТЬ, -СЯ *см.* терять, -ся.

УТЕСНЕ́НИЕ, -я, *ср.* (устар.). **1.** *см.* утеснить. **2.** Притеснение, стеснение. *Терпеть всяческие утеснения.*

УТЕСНИ́ТЬ, -ню́, -ни́шь; -нённый (-ён, -ена́); *сов., кого-что* (устар.). Притеснить, стеснить. ‖ *несов.* **утесня́ть**, -я́ю, -я́ешь. ‖ *сущ.* **утесне́ние**, -я, *ср.* ‖ *прил.* **утесни́тельный**, -ая, -ое.

УТЕ́ХА, -и, *ж.* (разг.). **1.** Удовольствие, забава. *Детские утехи. Для утехи.* **2.** То же, что утешение (во 2 знач.). *Внуки — его у.*

УТЕ́ЧКА, -и, *ж.* **1.** *см.* утечь. **2.** Убыль вследствие вытекания, рассыпания. *У. зерна.*

УТЕ́ЧЬ, -еку́, -ечёшь, -еку́т; -ёк, -екла́; -ёкший; *сов.* **1.** (1 и 2 л. не употр.). Уйти, вытечь откуда-н. (о жидкости, газе). *Вода утекла.* **2.** (1 и 2 л. не употр.), *перен.* Утратиться, убыть. *Утекла ценная информация.* **3.** (1 и 2 л. не употр.). Пройти, миновать. *Утекли годы.* **4.** *перен.* Уйти, убежать (прост.). ‖ *несов.* **утека́ть**, -а́ю, -а́ешь. ‖ *сущ.* **уте́чка**, -и, *ж.* (к 1 и 2 знач.). *У. газа. У. информации. У. умов* (эмиграция людей умственного труда, высококвалифицированных специалистов).

УТЕШЕ́НИЕ, -я, *ср.* **1.** *см.* утешить. **2.** То (тот), что (кто) утешает, радует кого-н. *Найти себе у. в чём-н. Ты моё у.!*

УТЕШИ́ТЕЛЬ, -я, *м.* Тот, кто утешает, утешил кого-н. ‖ *ж.* **утеши́тельница**, -ы.

УТЕШИ́ТЕЛЬНЫЙ, -ая, -ое; -лен, -льна. Доставляющий утешение, удовлетворение. *У. ответ. Утешительная новость. У. матч, заезд* (в спорте: между теми, кто не вышел в число финалистов). ‖ *сущ.* **утеши́тельность**, -и, *ж.*

УТЕ́ШИТЬ, -шу, -шишь; -шенный; *сов., кого (что).* Успокоить чем-н. радостным, облегчить кому-н. горе, страдание. *У. хорошей новостью. У. ребёнка.* ‖ *несов.* **утеша́ть**, -а́ю, -а́ешь. ‖ *возвр.* **уте́шиться**, -шусь, -шишься; *несов.* **утеша́ться**, -а́юсь, -а́ешься. ‖ *сущ.* **утеше́ние**, -я, *ср.*

УТЁНОК, -нка, *мн.* утя́та, утя́т, *м.* Птенец утки. ✦ **Гадкий утёнок** — о ком-н., чьи красота, достоинства пока не видны, но раскроются в будущем.

УТЁС, -а, *м.* Высокая скала. *Гранитный у. Как у. стоит кто-что-н.* (твёрдо, непоколебимо).

УТЁСИСТЫЙ, -ая, -ое; -ист. Изобилующий утёсами, скалистый. *У. берег.* ‖ *сущ.* **утёсистость**, -и, *ж.*

УТИЛИЗИ́РОВАТЬ, -рую, -руешь; -анный; *сов. и несов., что.* Употребить (-реблять) с пользой (перерабатывая, используя каким-н. образом). *У. отходы производства.* ‖ *сущ.* **утилиза́ция**, -и, *ж.* ‖ *прил.* **утилизацио́нный**, -ая, -ое.

УТИЛИТАРИ́ЗМ, -а, *м.* (книжн.). Узкий практицизм, стремление извлекать из всего непосредственную материальную выгоду, пользу. ‖ *прил.* **утилитари́стский**, -ая, -ое.

УТИЛИТАРИ́СТ, -а, *м.* (книжн.). Человек, к-рый руководствуется соображениями утилитаризма. ‖ *ж.* **утилитари́стка**, -и. ‖ *прил.* **утилитари́стский**, -ая, -ое.

УТИЛИТА́РНЫЙ, -ая, -ое; -рен, -рна (книжн.). **1.** Проникнутый утилитаризмом. *Из утилитарных соображений. У. подход.* **2.** Прикладной, узкопрактический. *Утилитарные знания.* ‖ *сущ.* **утилита́рность**, -и, *ж.*

УТИ́ЛЬ, -я, *м., собир.* Отходы, вещи, негодные к употреблению, но пригодные для переработки в качестве вторичного сырья. *Сдать что-н. в у.* ‖ *прил.* **ути́льный**, -ая, -ое.

УТИЛЬСЫРЬЁ, -я́, *ср., собир.* То же, что утиль.

УТИ́НЫЙ *см.* утка.

УТИРА́ЛЬНИК, -а, *м.* (прост.). То же, что полотенце.

УТИРА́ТЬ, -СЯ *см.* утереть.

УТИ́СКАТЬ, -аю, -аешь; -анный; *сов., что* (прост.). Уместить с трудом, уложить, тиская. *У. вещи в чемодан.* ‖ *несов.* **ути́скивать**, -аю, -аешь.

УТИ́ХНУТЬ, -ну, -нешь; ути́х *и* ути́хнул, ути́хла; ути́хший; ути́хши *и* ути́хнув; *сов.* То же, что затихнуть. *Ветер утих. Боль утихла. Долго плакала, наконец утихла.* ‖ *несов.* **утиха́ть**, -а́ю, -а́ешь.

УТИХОМИ́РИТЬ, -рю, -ришь; -ренный; *сов., кого (что)* (разг.). Успокоить, укротить. *У. драчунов. У. страсти* (ирон.). ‖ *несов.* **утихоми́ривать**, -аю, -аешь.

УТИХОМИ́РИТЬСЯ, -рюсь, -ришься; *сов.* (разг.). **1.** Успокоиться, перестать шуметь, буянить. *Крикуны утихомирились.* **2.** (1 и 2 л. не употр.). Утихнуть, затихнуть. *Ме-*

тель утихомирилась. Утихомирились страсти (ирон.). ‖ *несов.* **утихоми́риваться,** -аюсь, -аешься.

У́ТИЦА, -ы, *ж.* В народной словесности: самка утки (в 1 знач.). *Селезень утицу подзывает. Утицей плывёт* (о женщине: идёт плавно, неторопливо).

УТИШИ́ТЬ, -шу́, -ши́шь; -шённый (-ён, -ена́); *сов.* **1.** *кого (что).* То же, что усмирить (устар.). **2.** *что.* Ослабить, успокоить. *У. боль.* ‖ *несов.* **утиша́ть,** -а́ю, -а́ешь.

У́ТКА, -и, *ж.* **1.** Водоплавающая птица с широким клювом, короткой шеей и короткими, широко поставленными лапами. *Дикие утки. Домашние утки.* **2.** Овальный, с удлинённым носом сосуд для мочи, даваемый лежачим больным (мужчинам). **3.** Ложный слух (разг.). *Пустить утку. Газетная у.* ‖ *уменьш.* **у́точка,** -и, *ж.* (к 1 и 2 знач.). ‖ *прил.* **ути́ный,** -ая, -ое (к 1 знач.) *и* **утя́чий,** -ья, -ье (к 1 знач.; прост.). *Семейство утиных* (сущ.). *Утячье мясо.*

УТКНУ́ТЬ, -ну́, -нёшь; -утый; *сов., что во что* (разг.). Упереть, воткнуть. *У. лопату в снег. У. лицо в воротник* (опустив лицо, закрыть его воротником). ✦ **Уткнуть нос** *во что* (разг. неодобр.) — погрузиться в рассматривание чего-н., в какое-н. занятие. *Сидит, уткнув нос в книгу.* ‖ *несов.* **утыка́ть,** -а́ю, -а́ешь.

УТКНУ́ТЬСЯ, -ну́сь, -нёшься; *сов., во что* (разг.). **1.** Ткнувшись, упереться, воткнуться. *Палка уткнулась в песок. Лодка уткнулась в берег. У. головой в подушку.* **2.** *перен.* Погрузиться в какое-н. занятие, внимательно рассматривая что-н., занимаясь чем-н. (разг. неодобр.). *У. в книгу. У. в шитьё.* ✦ **Уткнуться носом** *во что* (разг. неодобр.) — то же, что уткнуться (во 2 знач.). *У. носом в тетрадь.* ‖ *несов.* **утыка́ться,** -а́юсь, -а́ешься.

УТКОНО́С, -а, *м.* Австралийское яйцекладущее млекопитающее отряда клоачных с головой, вытянутой вперёд наподобие утиного носа.

У́ТЛЫЙ, -ая, -ое; утл. Ненадёжный, некрепкий. *У. чёлн. Утлые мостки.* ‖ *сущ.* **у́тлость,** -и, *ж.*

УТО́К, утка́, *м.* (спец.). Поперечные нити ткани, переплетающиеся с продольными (основой). ‖ *прил.* **уто́чный,** -ая, -ое.

УТОЛИ́ТЬ, -лю́, -ли́шь; -лённый (-ён, -ена́); *сов., что.* **1.** Удовлетворив, прекратить. *У. жажду, голод. У. желание.* **2.** Ослабить, умерить (книжн.). *У. тоску.* ‖ *несов.* **утоля́ть,** -я́ю, -я́ешь. ‖ *сущ.* **утоле́ние,** -я, *ср.* ‖ *прил.* **утоли́тельный,** -ая, -ое (устар.).

УТОЛСТИ́ТЬ, -лщу́, -лсти́шь; -лщённый (-ён, -ена́); *сов., что.* Сделать толстым (в 1 знач.), толще. *У. прокладку.* ‖ *несов.* **утолща́ть,** -а́ю, -а́ешь. ‖ *сущ.* **утолще́ние,** -я, *ср.*

УТОЛСТИ́ТЬСЯ (-лщу́сь, -лсти́шься, 1 и 2 л. не употр.), -лсти́тся; *сов.* Стать толстым (в 1 знач.), толще. ‖ *несов.* **утолща́ться** (-а́юсь, -а́ешься, 1 и 2 л. не употр.), -а́ется. ‖ *сущ.* **утолще́ние,** -я, *ср.*

УТОЛЩЕ́НИЕ, -я, *ср.* **1.** *см.* утолстить, -ся. **2.** Утолщённое место на чём-н. *У. ствола. У. сосуда.*

УТОЛЩЁННЫЙ, -ая, -ое; -ен. Ставший толстым (в 1 знач.), толще, утолстившийся. *У. стебель. У. слой.* ‖ *сущ.* **утолщённость,** -и, *ж.*

УТОМИ́ТЕЛЬНЫЙ, -ая, -ое; -лен, -льна. Вызывающий утомление. *У. переход. У. разговор.* ‖ *сущ.* **утоми́тельность,** -и, *ж.*

УТОМИ́ТЬ, -млю́, -ми́шь; -млённый (-ён, -ена́); *сов., кого-что.* Привести в состояние утомления, усталости. *У. глаза. У. продолжительным разговором.* ‖ *несов.* **утомля́ть,** -я́ю, -я́ешь.

УТОМИ́ТЬСЯ, -млю́сь, -ми́шься; *сов.* Почувствовать утомление, устать. ‖ *несов.* **утомля́ться,** -я́юсь, -я́ешься.

УТОМЛЕ́НИЕ, -я, *ср.* Ослабление сил, усталость. *Почувствовать у.*

УТОМЛЁННЫЙ, -ая, -ое; -ён. Испытывающий, выражающий утомление, усталость. *Больной утомлён. У. вид. Утомлённые глаза.* ‖ *сущ.* **утомлённость,** -и, *ж.*

УТОМЛЯ́ЕМОСТЬ, -и, *ж.* Свойство организма утомляться. *Повышенная у.*

УТОНУ́ТЬ *см.* тонуть.

УТОНЧЁННЫЙ, -ая, -ое; -ён, -ённа *и* **УТО́НЧЕННЫЙ,** -ая, -ое; -ен, -енна. **1.** Хорошо, тонко развитый, изысканный. *У. вкус.* **2.** Доведённый до крайности. *Утончённая жестокость.* ‖ *сущ.* **утончённость,** -и, *ж. и* **уто́нченность,** -и, *ж.*

УТОНЧИ́ТЬ, -чу́, -чи́шь; -чённый (-ён, -ена́); *сов., что.* Сделать тонким (в 1, 3, 4, 5, 6 и 7 знач.), тоньше. *У. нить. У. чей-н. вкус. У. восприятие.* ‖ *несов.* **утонча́ть,** -а́ю, -а́ешь. ‖ *сущ.* **утонче́ние,** -я, *ср.*

УТОНЧИ́ТЬСЯ (-чу́сь, -чи́шься, 1 и 2 л. не употр.), -чи́тся; *сов.* Стать тонким (в 1, 3, 4, 5, 6 и 7 знач.), тоньше. *Нить утончилась. Черты лица утончились. Утончившийся вкус.* ‖ *несов.* **утонча́ться** (-а́юсь, -а́ешься, 1 и 2 л. не употр.), -а́ется. ‖ *сущ.* **утонче́ние,** -я, *ср.*

УТО́ПАТЬ, -аю, -аешь; *сов.* (прост.). **1.** *что.* То же, что утоптать. *У. снег у крыльца.* **2.** То же, что уйти (в 1 знач.). *Утопали домой.*

УТОПА́ТЬ, -а́ю, -а́ешь; *несов.* То же, что тонуть (в 1, 2 и 4 знач.). *У. в болоте. Дом утопает в зелени. У. в роскоши, в богатстве* (перен.: жить роскошно, очень богато).

УТОПА́ЮЩИЙ, -его, *м.* Человек, к-рый тонет. *Бросить спасательный круг утопающему. У. за соломинку хватается* (посл.). *Спасение утопающих есть дело (рук) самих утопающих* (т. е. в трудный момент каждый должен заботиться сам о себе; разг. шутл.).

УТОПИ́ЗМ, -а, *м.* Несбыточные мечтания, склонность, стремление к утопиям.

УТОПИ́СТ, -а, *м.* **1.** Сторонник утопического социализма. **2.** Мечтатель, фантазёр. ‖ *ж.* **утопи́стка,** -и. ‖ *прил.* **утопи́стский,** -ая, -ое.

УТОПИ́ТЬ, -СЯ *см.* топить³, -ся³.

УТОПИ́ЧНЫЙ, -ая, -ое; -чен, -чна. Представляющий собой утопию, несбыточный. ‖ *сущ.* **утопи́чность,** -и, *ж.*

УТО́ПИЯ, -и, *ж.* Нечто фантастическое, несбыточная, неосуществимая мечта [по названию сочинения английского писателя 16 в. Т. Мора, описавшего воображаемый идеальный общественный строй будущего]. ‖ *прил.* **утопи́ческий,** -ая, -ое. *У. социализм* (восходящее к «Утопии» Т. Мора учение об идеальном переустройстве общества на основе общности имущества, равенства всех людей, обязательности труда, стирания различий между городом и деревней, умственным и физическим трудом).

УТО́ПЛЕННИК, -а, *м.* Тот, кто утонул или кого утопили. *Везёт как утопленнику* (о невезении; разг. шутл.). ‖ *ж.* **уто́пленница,** -ы.

УТОПТА́ТЬ, -опчу́, -о́пчешь; -о́птанный; *сов., что.* Умять, топча ногами. *У. землю.* ‖ *несов.* **ута́птывать,** -аю, -аешь.

УТОЧНЕ́НИЕ, -я, *ср.* **1.** *см.* уточнить, -ся. **2.** Мысль, подробности, деталь, уточняющая что-н. *Внести уточнения в проект.*

УТОЧНИ́ТЬ, -ню́, -ни́шь; -нённый (-ён, -ена́); *сов., что.* Сделать точным (в 1 знач.), точнее. *У. сведения.* ‖ *несов.* **уточня́ть,** -я́ю, -я́ешь. ‖ *сущ.* **уточне́ние,** -я, *ср.*

УТОЧНИ́ТЬСЯ (-ню́сь, -ни́шься, 1 и 2 л. не употр.), -ни́тся; *сов.* Стать точным (в 1 знач.), точнее. *Формулировки уточнились.* ‖ *несов.* **уточня́ться** (-я́юсь, -я́ешься, 1 и 2 л. не употр.), -я́ется. ‖ *сущ.* **уточне́ние,** -я, *ср.*

УТО́ЧНЫЙ *см.* уток.

УТРА́ИВАТЬ, -СЯ *см.* утроить, -ся.

УТРАМБОВА́ТЬ, УТРАМБО́ВКА *см.* трамбовать.

УТРАМБОВА́ТЬСЯ (-бу́юсь, -бу́ешься, 1 и 2 л. не употр.), -бу́ется; *сов.* **1.** Стать утрамбованным. *Земля утрамбовалась.* **2.** *перен.* Заполниться плотно, уместиться без промежутков (разг.). *Чемодан утрамбовался.* ‖ *несов.* **утрамбо́вываться** (-аюсь, -аешься, 1 и 2 л. не употр.), -ается. ‖ *сущ.* **утрамбо́вка,** -и, *ж.* (к 1 знач.).

УТРАМБО́ВЫВАТЬ, -аю, -аешь; *несов., что.* То же, что трамбовать.

УТРА́ТА, -ы, *ж.* **1.** *см.* утратить, -ся. **2.** Потеря, урон (преимущ. о чьей-н. смерти; высок.). *Невосполнимая у. Понести тяжёлую утрату.*

УТРА́ТИТЬ, -а́чу, -а́тишь; -а́ченный; *сов., кого-что.* Перестать обладать чем-н., потерять. *Утраченные рукописи. У. друг. У. трудоспособность. Документ утратил силу.* ‖ *несов.* **утра́чивать,** -аю, -аешь. ‖ *сущ.* **утра́та,** -ы, *ж.*

УТРА́ТИТЬСЯ (-а́чусь, -а́тишься, 1 и 2 л. не употр.), -а́тится; *сов.* Исчезнуть, потеряться. *Утратились старые традиции.* ‖ *несов.* **утра́чиваться** (-аюсь, -аешься, 1 и 2 л. не употр.), -ается. ‖ *сущ.* **утра́та,** -ы, *ж.*

У́ТРЕННИЙ *см.* утро.

У́ТРЕННИК, -а, *м.* **1.** Утренний спектакль, представление, зрелище (обычно для детей). *Выступление артистов на утреннике.* **2.** Утренний мороз весной или осенью. *Закрыть рассаду от утренников.*

У́ТРЕНЯ, -и, *ж.* У православных: утренняя церковная служба. *Служить утреню. Пойти к утрене. Воскресная у.*

УТРИ́РОВАТЬ, -рую, -руешь; -анный; *сов. и несов., что* (книжн.). Представить (-влять) в преувеличенном виде, исказить (-ажать) односторонним подчёркиванием чего-н. *У. чьи-н. слова. Актёр утрирует в игре.* ‖ *сущ.* **утри́рование,** -я, *ср. и* **утриро́вка,** -и, *ж.*

У́ТРО, у́тра (с утра́, до утра́, от утра́), у́тру (к утру́), *мн.* у́тра, утр, у́трам (по утра́м), *ср.* **1.** Часть суток, сменяющая ночь и переходящая в день, начало дня. *На следующее у. С самого утра. Под у., к утру* (перед рассветом). *Утра́ми* (по утрам). *От утра до утра* (круглые сутки). *С утра до́ ночи* (весь день). *В одно прекрасное у.* (однажды утром). *У. вечера мудренее* (посл.). *С утра пораньше* (рано утром; разг., часто ирон.). *У. жизни* (перен.: детство, юность; высок.). *У. года* (перен.: весна). **2.** Зрелище, представление, литературное или музыкальное собрание в первой половине дня (устар.). *Литературное у.* ‖ *уменьш.* **у́тречко,** -а, *ср.* (к 1 знач.). ‖ *прил.* **у́тренний,** -яя, -ее (к 1 знач.). *У. холодок. Утренняя гимнастика. Утренние газеты.*

УТРО́БА, -ы, *ж.* (устар. и прост.). Живот, внутренности. *Ненасытная у.* (о ком-н. прожорливом; также перен.: о жадном, алчном человеке; презр.). ✦ **В утробе матери** — ещё до рождения. ‖ *прил.* **утро́бный,** -ая, -ое.

УТРО́БНЫЙ, -ая, -ое; -бен, -бна. **1.** *см.* утроба. **2.** *перен.* О звуке: глухой и низкий. *У. смех. У. голос.*

УТРО́ИТЬ, -о́ю, -о́ишь; -о́енный; *сов., что.* Увеличить, усилить втрое, в несколько раз. *У. усилия. У. энергию.* || *несов.* **утра́ивать**, -аю, -аешь. || *сущ.* **утрое́ние**, -я, *ср.*

УТРО́ИТЬСЯ (-о́юсь, -о́ишься, 1 и 2 л. не употр.), -о́ится; *сов.* Увеличиться, усилиться втрое, в несколько раз. *Силы утроились.* || *несов.* **утра́иваться** (-аюсь, -аешься, 1 и 2 л. не употр.), -ается. || *сущ.* **утрое́ние**, -я, *ср.*

У́ТРОМ, *нареч.* В утреннее время. *Встать рано у.* || *уменьш.* **у́тречком.**

УТРУЖДА́ТЬ, -а́ю, -а́ешь; *несов., кого (что).* Затруднять, обременять чем-н. *У. кого-н. просьбами.* || *сов.* **утруди́ть**, -ужу́, -уди́шь; -уждённый (-ён, -ена́) (устар.). || *возвр.* **утружда́ться**, -а́юсь, -а́ешься; *сов.* **утруди́ться**, -ужу́сь, -уди́шься (устар.). || *сущ.* **утружде́ние**, -я, *ср.*

УТРУ́СКА, -и, *ж.* Потеря в весе при пересыпке, перевозке. *У. круп.*

УТРЯСТИ́, -су́, -сёшь; -я́с, -ясла́; -я́сший; -сённый (-ён, -ена́); -я́сши; *сов.* **1.** *что.* Тряся, уменьшить объём чего-н. (сыпучего). *У. сахар в кульке.* **2.** (1 и 2 л. не употр.), *кого (что).* Тряской утомить, привести в дремотное состояние (разг.). *Утрясло* (безл.) *в дороге. Утрясла долгая езда.* **3.** *перен., что.* Уладить, устроить (разг.). *У. вопрос.* || *несов.* **утряса́ть**, -а́ю, -а́ешь. || *сущ.* **утря́ска**, -и, *ж.*

УТРЯСТИ́СЬ (-су́сь, -сёшься, 1 и 2 л. не употр.), -сётся; -я́сся, -ясла́сь; -я́сшийся; -я́сшись; *сов.* **1.** От тряски уместиться плотнее (о сыпучем). *Горох в мешке утрясся.* **2.** *перен.* То же, что уладиться (разг.). *Недоразумения утряслись. Не горюй, всё утрясётся.* || *несов.* **утряса́ться** (-а́юсь, -а́ешься, 1 и 2 л. не употр.), -а́ется. || *сущ.* **утря́ска**, -и, *ж.* (к 1 знач.).

УТУЧНИ́ТЬ, -ню́, -ни́шь; -нённый (-ён, -ена́); *сов., что* (устар.). Сделать тучным (во 2 и 3 знач.), тучнее. *У. поля.* || *несов.* **утучня́ть**, -я́ю, -я́ешь. || *сущ.* **утучне́ние**, -я, *ср.*

УТУЧНИ́ТЬСЯ (-ню́сь, -ни́шься, 1 и 2 л. не употр.), -ни́тся; *сов.* (устар.). Стать тучным (во 2 и 3 знач.), тучнее. *Поля утучнились.* || *несов.* **утучня́ться** (-я́юсь, -я́ешься, 1 и 2 л. не употр.), -я́ется. || *сущ.* **утучне́ние**, -я, *ср.*

УТЫ́КАТЬ, -аю, -аешь; -анный; *сов., что.* **1.** Воткнуть много чего-н. на всём пространстве (разг.). *У. колышки в землю (землю колышками).* **2.** Забить, втыкая, всовывая что-н. внутрь (прост.). *У. паклю в щели (щели паклей).* || *несов.* **уты́кивать**, -аю, -аешь *и* **утыка́ть**, -а́ю, -а́ешь.

УТЫКА́ТЬ *см.* уткнуть *и* уты́кать.

УТЫКА́ТЬСЯ *см.* уткнуться.

УТЮ́Г, -а́, *м.* Нагревающийся металлический прибор для глаженья. *Электрический у. Чугунный у. (нагреваемый на огне). Духовой у.* (нагревающийся изнутри горячими углями). || *уменьш.* **утюжо́к**, -жка́, *м. Дорожный у.* || *прил.* **утю́жный**, -ая, -ое *и* **утюго́вый**, -ая, -ое.

УТЮ́ЖИТЬ, -жу, -жишь; -женный; *несов., что.* **1.** Гладить утюгом. *У. брюки.* **2.** *перен.* Нажимая, прессуя, проводить чем-н. по поверхности. *Каток утюжит асфальт. Самолёты утюжат тайгу* (летают над ней в разных направлениях). || *сов.* **выутю́жить**, -жу, -жишь; -женный (к 1 знач.) *и* **отутю́жить**, -жу, -жишь; -женный (к 1 знач.). || *сущ.* **утю́жение**, -я, *ср.* (к 1 знач.) *и* **утю́жка**, -и, *ж.* (к 1 знач.). *Отдать костюм в утюжку.*

УТЯЖЕЛИ́ТЬ, -лю́, -ли́шь; -лённый (-ён, -ена́); *сов., что.* Сделать тяжёлым (в 1, 2, 3, 4, 5 и 7 знач.), тяжелее. *У. конструкцию. У. задачу. У. обстановку. У. вину.* || *несов.* **утяжеля́ть**, -я́ю, -я́ешь. || *сущ.* **утяжеле́ние**, -я, *ср.*

УТЯЖЕЛИ́ТЬСЯ (-лю́сь, -ли́шься, 1 и 2 л. не употр.), -ли́тся; *сов.* Стать тяжёлым (в 1, 2, 3, 4, 5 и 7 знач.), тяжелее. *Конструкция утяжелилась.* || *несов.* **утяжеля́ться** (-я́юсь, -я́ешься, 1 и 2 л. не употр.), -я́ется. || *сущ.* **утяжеле́ние**, -я, *ср.*

УТЯНУ́ТЬ, -яну́, -я́нешь; -я́нутый; *сов.* (разг.). **1.** *кого-что.* Уволочь, утащить за собой куда-н. *Течением утянуло* (безл.) *сети.* **2.** (1 и 2 л. не употр.). Затянуть (в 3 знач.), втянуть (в 1 знач.). *Утянуло* (безл.) *в трясину кого-н.* **3.** *что.* Туго стянуть[1] (в 1 знач.). *У. тюк ремнями. У. поясом комбинезон.* **4.** *перен., кого-что.* Украсть, унести тайком. || *несов.* **утя́гивать**, -аю, -аешь (к 1, 2 и 3 знач.). || *сущ.* **утя́жка**, -и, *ж.* (к 3 знач.).

УТЯ́ТИНА, -ы, *ж.* (разг.). Мясо утки как пища. *Лапша с утятиной.*

УТЯ́ТНИЦА[1], -ы, *ж.* Работница, занимающаяся уходом за утками. || *прил.* **утя́тницкий**, -ая, -ое.

УТЯ́ТНИЦА[2], -ы, *ж.* Продолговатая посуда с толстыми стенками для приготовления утиной тушки.

УФ, *межд.* Выражает усталость, утомление или облегчение. *Уф, жарко!*

УФО́ЛОГ, -а, *м.* Специалист по уфологии.

УФОЛО́ГИЯ, -и, *ж.* Наука, занимающаяся изучением неопознанных летающих объектов (НЛО). || *прил.* **уфологи́ческий**, -ая, -ое.

УХ, *межд.* **1.** Выражает удивление, высокую оценку, восхищение и другие подобные чувства. *Ух, непоседа! Ух, обрадовался!* **2.** Усиливает слово, к к-рому примыкает — одно или вместе с местоименными словами **«как»**, **«какой»**. *Парень он ух какой горячий! Достанется тебе, ух (ух как, ух и) достанется!*

УХА́, -и́, *ж.* Суп из рыбы (с кореньями, специями). *Стерляжья у. Рыбацкая у.* (сваренная на костре из только что выловленной рыбы). ✦ **Демьянова уха** — о неумеренном и неотвязном угощении, навязывании чего-н. [по названию басни И. А. Крылова]. || *уменьш.* **уши́ца**, -ы, *ж.*

УХА́Б, -а, *м.* Выбоина на дороге. *Фургон трясётся на ухабах.*

УХА́БИСТЫЙ, -ая, -ое; -ист (разг.). Со многими ухабами. *У. просёлок.* || *сущ.* **уха́бистость**, -и, *ж.*

УХАЖЁР, -а, *м.* (прост.). Тот, кто ухаживает (во 2 знач.), поклонник; человек, к-рый любит ухаживать за женщинами. *Ухажёры за ней ходят хвостом.* || *прил.* **ухажёрский**, -ая, -ое.

УХАЖЁРКА, -и, *ж.* (прост.). Женщина (или девушка), за к-рой кто-н. ухаживает (во 2 знач.). *Она его у.* (т. е. он за ней волочится). || *уменьш.* **ухажёрочка**, -и, *ж.*

УХА́ЖИВАТЬ, -аю, -аешь; *несов.* **1.** *за кем-чем.* Оказывать помощь, услуги кому-н.; заботиться о ком-чём-н. *У. за больным, за ребёнком. У. за цветами, за посевами.* **2.** *за кем.* Оказывать внимание (женщине, девушке), добиваясь расположения. *У. за однокурсницей.* || *сущ.* **ухо́д**, -а, *м.* (к 1 знач.) *и* **уха́живание**, -я, *ср.* (ко 2 знач.).

У́ХАРСКИЙ, -ая, -ое (разг.). Свойственный ухарю, задорно-молодецкий. *Ухарская песня.*

У́ХАРСТВО, -а, *ср.* (разг.). Ухарское поведение, поступок. *Мальчишеское у.*

У́ХАРЬ, -я, *м.* (разг.). Человек бойкий, с задором, готовый на бесшабашные поступки. *У.-парень.*

УХВА́Т, -а, *м.* Приспособление для подхватывания в печи горшков, чугунов — железное полукольцо в виде двух рогов на длинной рукояти. *Вытащить чугун ухватом на шесток.* || *прил.* **ухва́тный**, -ая, -ое.

УХВАТИ́ТЬ, -ачу́, -а́тишь; -а́ченный; *сов.* (разг.). **1.** *кого-что.* Схватить, взять. *У. за руку, за пояс, за воротник.* **2.** *кого-что.* Захватить для себя, овладеть. *У. хороший кус.* **3.** *перен., что.* Быстро, сразу понять, уловить. *У. мысль собеседника.* || *несов.* **ухва́тывать**, -аю, -аешь.

УХВАТИ́ТЬСЯ, -ачу́сь, -а́тишься; *сов.* (разг.). **1.** *за кого-что.* Схватиться, взяться. *У. за перила. У. за рукав. У. за бока* (взять себя за бока). **2.** *перен., за что.* Взяться старательно за какое-н. дело; охотно воспользоваться чем-н. *У. за интересную мысль, за ценное предложение.* || *несов.* **ухва́тываться**, -аюсь, -аешься.

УХВА́ТКА, -и, *ж.* (разг.). **1.** Внешняя манера поведения. *Молодецкая у. Грубые ухватки.* **2.** Ловкость, сноровка. *Брать не силой, а ухваткой.*

УХИТРИ́ТЬСЯ, -рю́сь, -ри́шься; *сов., с неопр.* (разг.). То же, что умудриться. *Ухитрился проскользнуть незамеченным.* || *несов.* **ухитря́ться**, -я́юсь, -я́ешься.

УХИЩРЕ́НИЕ, -я, *ср.* Ловкий, хитрый, изобретательный приём для достижения чего-н. (обычно неблаговидного, сомнительного). *Прибегнуть к разным ухищрениям.*

УХИЩРЁННЫЙ, -ая, -ое; -ён. Ловкий, изощрённый. *У. приём.* || *сущ.* **ухищрённость**, -и, *ж.*

УХИЩРЯ́ТЬСЯ, -я́юсь, -я́ешься; *несов.* Действовать ухищрённо, с ухищрениями.

УХЛЁСТЫВАТЬ, -аю, -аешь; *несов., за кем* (прост.). То же, что ухаживать (во 2 знач.). *Ухлёстывает за девочками.*

УХЛО́ПАТЬ, -аю, -аешь; -анный; *сов.* (прост.). **1.** *кого (что).* То же, что убить (в 1 знач.). *У. из ружья.* **2.** *что.* Истратить, израсходовать (много или напрасно). *У. всю зарплату на покупки.* || *несов.* **ухло́пывать**, -аю, -аешь.

УХМЫ́ЛКА, -и, *ж.* (разг.). То же, что усмешка. *Глупая, самодовольная у. Кривая у.*

УХМЫЛЯ́ТЬСЯ, -я́юсь, -я́ешься; *несов.* (разг.). То же, что усмехаться. || *сов.* **ухмыльну́ться**, -ну́сь, -нёшься.

У́ХНУТЬ, -ну, -нешь; -утый; *сов.* **1.** Издать громкий, низкий и отрывистый звук. *Ухнул филин. Ухнул взрыв.* **2.** Крикнуть **«ух»** (разг.). *У. от удивления.* **3.** *что.* Резким движением, сразу бросить, выбросить, вылить (разг.). *У. камень в канаву. У. всю воду в таз.* **4.** Упасть, провалиться (прост.). *Ухнул в яму. От страха сердце ухнуло* (перен.: замерло). **5.** *что.* Истратить сразу, ухлопать (во 2 знач.) (прост.). *У. уйму денег на подарки.* **6.** (1 и 2 л. не употр.). Пропасть, исчезнуть (прост.). *Ухнули твои денежки.* **7.** *кого (что)* или *по чему.* С силой ударить (прост.). *У. кулаком по столу.* || *несов.* **у́хать**, -аю, -аешь. || *сущ.* **у́ханье**, -я, *ср.* (к 1, 2, 3, 4 и 7 знач.).

У́ХНУТЬСЯ, -нусь, -нешься; *сов.* (прост.). Упасть внезапно, свалиться. *У. в канаву.* || *несов.* **у́хаться**, -аюсь, -аешься.

У́ХО, у́ха, *мн.* у́ши, уше́й, *ср.* **1.** Орган слуха, а также наружная часть его (у человека — в форме раковины). *Внутреннее, среднее,* *наружное у. Шум в ушах* (болезненное ощущение шума, звона). *Взять за́ у. Почесать за́ ухом. Ударить по́ уху. Драть за́ уши* (наказывать). *Туг на́ у.* (плохо слышит, глуховат; разг.). *От уха до уха улыбаться* (широко, во весь рот; разг.). *На́ у. говорить* (тихо, у самого уха того, кто слушает). *Во все уши слушать* (очень внимательно; разг.). *В одно у. впускает, из другого выпускает* (плохо слушает, не обращает внимания на то, что говорят; разг.). *Мимо ушей пропустить что-н.* (оставить без внимания; разг.). *В ушах стоит чей-н. голос* (постоянно слышится, как бы звучит). *У. дерёт* или *режет* (о резком неприятном пении, музыке, звуке; разг.). *Как своих ушей не видать кому-н. кого-чего-н.* (никогда не увидать, не получить; разг.). *За́ уши не оттащишь кого-н. от кого-чего-н.* (очень нравится кто-что-н.; разг.). *За́ уши притянуть что-н.* (то же, что притянуть во 2 знач.; разг.). *До ушей покраснеть* (очень сильно). *Краем уха слушать* (невнимательно, вполуха). *Одним ухом (краем уха) слышать что-н.* (перен.: вскользь, мимоходом; разг.). *Выше лба уши не растут* (невозможно сделать больше того, на что способен; разг.). *У стен есть уши* (здесь могут подслушивать). *Имеющий уши да слышит* (намёк тому, кто должен услышать, к кому относится сказанное; книжн., обычно ирон. — *первонач.* евангельское выражение, означавшее: пусть сказанное поймёт тот, кто может или должен это понять). *Медведь (слон) на́ у. наступил кому-н.* (о том, кто полностью лишён музыкального слуха; разг. шутл.). **2.** *перен., ед.* Способность воспринимать звуки. *Чуткое у. музыканта.* **3.** У нек-рых предметов: выступающая боковая часть, приспособление для подвешивания, подъёма. *Уши у ушата. У. колокола.* **4.** обычно *мн.* Наушник[1] (в 1 знач.) тёплой шапки. *Шапка с ушами.* ✦ **И ухом не ведёт** (разг. неодобр.) — не обращает никакого внимания. **По́ уши** *в чём* (разг.) — полностью, совершенно (обычно о каком-н. нежелательном состоянии). *По уши в долгах, в грязи.* **По́ уши влюбиться** (разг.) — очень сильно. **Ни уха ни рыла (не смыслит, не знает)** (прост.) — совершенно ничего не знает, не понимает. **Уши навострить** (разг.) — с любопытством прислушаться. **Уши развесить** (разг. ирон.) — доверчиво слушать, принимать всерьёз то, чему нельзя верить. **Все уши прожужжать (протрубить)** *кому о ком-чём* (разг.) — надоесть долгими разговорами или разговорами об одном и том же. **Ушами хлопать** (разг. неодобр.) — 1) слушать, не вникая, не понимая; 2) ничего не делать тогда, когда нужно действовать. **За́ уши тащить** *кого* (разг.) — усиленно, преодолевая сопротивление, помогать. *За́ уши тащить двоечника.* ‖ *уменьш.* **у́шко,** -а *и* **ушко́,** -а́, *мн.* у́шки, у́шек, у́шкам, у́шках, *ср.* (к 1 знач.). ✦ **За ушко да на солнышко** (разг. ирон.) — чтобы все знали, видели того, кого надо проучить. *Вытащить за ушко да на солнышко.* **Ушки на макушке** *у кого* (разг. шутл.) — насторожился, внимательно прислушивается. ‖ *прил.* **ушно́й,** -а́я, -о́е (к 1 знач.). *Ушная раковина.*

УХОВЁРТКА, -и, *ж.* Прямокрылое насекомое с плоским длинным тельцем и с остро выступающими придатками на брюшке.

УХО́Д[1], *см.* уйти.

УХО́Д[2] *см.* ухаживать.

УХОДИ́ТЬ[1] *см.* уйти.

УХОДИ́ТЬ[2], -ожу́, -о́дишь; *сов., кого (что)* (прост.). Изнурить, измучить. *Дальняя дорога уходила кого-н.*

УХОДИ́ТЬСЯ, -ожу́сь, -о́дишься; *сов.* (прост.). **1.** Устать, измучиться. **2.** Успокоиться, смириться (после разгульной, бурной жизни или гнева). *У. к старости.*

УХО́ЖЕННЫЙ, -ая, -ое; -ен (разг.). Такой, о к-ром заботятся, за к-рым ухаживают. *У. ребёнок. Цветник хорошо ухожен. Ухоженные лицо, руки* (за внешним состоянием к-рых тщательно следят). ‖ *сущ.* **ухо́женность,** -и, *ж.*

УХУДШЕ́НИЕ, -я, *ср.* **1.** *см.* ухудшить, -ся. **2.** Изменение, перемена к худшему. *Наступило у. Врачи опасаются ухудшения.*

УХУ́ДШИТЬ, -шу, -шишь; -шенный; *сов., что.* Сделать плохим (в 1 знач.), хуже. *У. спортивный результат. У положение* (отяготить). ‖ *несов.* **ухудша́ть,** -а́ю, -а́ешь. ‖ *сущ.* **ухудше́ние,** -я, *ср.*

УХУ́ДШИТЬСЯ (-шусь, -шишься, 1 и 2 л. не употр.), -шится; *сов.* Стать плохим (в 1 знач.), хуже. *Результаты ухудшились. Состояние здоровья ухудшилось.* ‖ *несов.* **ухудша́ться** (-а́юсь, -а́ешься, 1 и 2 л. не употр.), -а́ется. ‖ *сущ.* **ухудше́ние,** -я, *ср.*

УЦЕЛЕ́ТЬ, -е́ю, -е́ешь; *сов.* Сохраниться в целости, невредимым. *Все вещи уцелели. У. в бою.*

УЦЕНИ́ТЬ, -еню́, -е́нишь; -енённый (-ён, -ена́); *сов., что.* Оценить ниже прежней стоимости. *Уценённые товары.* ‖ *несов.* **уце́нивать,** -аю, -аешь. ‖ *сущ.* **уце́нка,** -и, *ж.* ‖ *прил.* **уце́ночный,** -ая, -ое. *Уценочная комиссия.*

УЦЕПИ́ТЬ, уцеплю́, уце́пишь; уце́пленный; *сов., кого-что* (разг.). Ухватить зацепив. *У. корягу багром.* ‖ *несов.* **уцепля́ть,** -я́ю, -я́ешь.

УЦЕПИ́ТЬСЯ, уцеплю́сь, уце́пишься; *сов., за кого-что* (разг.). То же, что ухватиться. *У. за рукав. У. за чью-н. мысль.* ‖ *несов.* **уцепля́ться,** -я́юсь, -я́ешься.

УЧА́СТВОВАТЬ, -твую, -твуешь; *несов., в чём.* **1.** Принимать участие в чём-н. *У. в субботнике. У. в дискуссии, в прениях.* **2.** Иметь долю, пай в каком-н. деле, предприятии. *У. в складчине.*

УЧА́СТИЕ, -я, *ср.* **1.** Совместная с кем-н. деятельность, сотрудничество в чём-н. *Принять у. в выборах. Деятельное у. в подготовке чего-н. Коэффициент трудового участия* (количественная оценка вклада каждого работающего в конечный результат труда, доля участия). *Концерт при участии (с участием) выдающихся исполнителей.* **2.** Сочувственное отношение, помощь. *Проявить у. Отнестись с участием к чужому горю.*

УЧАСТИ́ТЬ, -ащу́, -асти́шь; -ащённый (-ён, -ена́); *сов., что.* Сделать частым (в 3 и 4 знач.), чаще. *У. посещения. У. обороты колеса.* ‖ *несов.* **учаща́ть,** -а́ю, -а́ешь. ‖ *сущ.* **учаще́ние,** -я, *ср.*

УЧАСТИ́ТЬСЯ (-ащу́сь, -асти́шься, 1 и 2 л. не употр.), -асти́тся; *сов.* Стать частым (в 3 и 4 знач.), чаще. *Удары грома участились. Пульс у больного участился.* ‖ *несов.* **учаща́ться** (-а́юсь, -а́ешься, 1 и 2 л. не употр.), -а́ется. ‖ *сущ.* **учаще́ние,** -я, *ср.*

УЧА́СТКОВЫЙ *см.* участок.

УЧАСТКО́ВЫЙ, -ая, -ое. **1.** *см.* участок. **2.** **участко́вый,** -ого, *м.* То же, что участковый инспектор (разг.).

УЧА́СТЛИВЫЙ, -ая, -ое; -ив. Проявляющий или выражающий участие (во 2 знач.). *У. взгляд. Участливое отношение.* ‖ *сущ.* **уча́стливость,** -и, *ж.*

УЧА́СТНИК, -а, *м.* Тот, кто участвует, участвовал в чём-н. *У. войны. Государства — участники международного форума.* ‖ *ж.* **уча́стница,** -ы.

УЧА́СТОК, -тка, *м.* **1.** Отдельная часть какой-н. поверхности, пути. *У. трассы. У. мышечной ткани.* **2.** Часть земельной площади, занятая чем-н. или предназначенная для чего-н. *Земельный у. Лесной у. Садовый у.* (в садоводческом товариществе). *У. него за городом дача, у.* **3.** В ряде служб, в специальных областях деятельности: административно-территориальное подразделение чего-н. *Избирательный у. У. службы пути. Врачебный у.* **4.** Зона действий какой-н. воинской части, войскового соединения. *У. обороны. У. прорыва. У. форсирования. На участке дивизии.* **5.** Область, отрасль какой-н. общественной деятельности. *Важный у. работы.* **6.** В царской России: подразделение, отделение городской полиции. *Отвести в у.* ‖ *прил.* **уча́стковый,** -ая, -ое (к 1 и 2 знач.) *и* **участко́вый,** -ая, -ое (к 3 и 6 знач.). *Уча́стковое хозяйство. Участко́вая избирательная комиссия. Участко́вый врач. Участко́вый инспектор* (офицер милиции, ответственный за порядок на вверенном ему участке в 3 знач.).

У́ЧАСТЬ, -и, *ж.* Жизненные обстоятельства, доля, судьба. *Горькая у. Счастливая у. Разделить чью-н. у.* (попасть в одинаковое с кем-н. плохое положение; книжн.).

УЧАЩЁННЫЙ, -ая, -ое; -ён. Участившийся, частый (в 3 знач.). *У. пульс.* ‖ *сущ.* **учащённость,** -и, *ж.*

УЧА́ЩИЙСЯ, -егося, *м.* Человек, к-рый учится в учебном заведении. *Учащиеся средних школ, техникумов, высших учебных заведений.* ‖ *ж.* **уча́щаяся,** -ейся.

УЧЕ́БНИК, -а, *м.* Книга для обучения какому-н. отдельному предмету. *Школьный, вузовский у. У. физики (по физике). У. русского языка (по русскому языку).* ‖ *прил.* **уче́бниковый,** -ая, -ое (разг.).

УЧЕ́БНЫЙ, -ая, -ое. **1.** Относящийся к учению, обучению. *У. год. Учебное пособие. У. предмет. У. план. У. патрон* (в отличие от боевого). **2.** Такой, где производится подготовка, тренировка для какого -н. рода службы, связанной с подготовкой, тренировкой кого-н. *Учебное судно. У. полигон. У. сбор.*

УЧЕ́НИЕ, -я, *ср.* **1.** *см.* учить, -ся. **2.** Совокупность теоретических положений о какой-н. области явлений действительности. *Философские учения. У. Дарвина.* **3.** обычно *мн.* Высшая форма воинского обучения (соединений, частей, подразделений и органов управления) в условиях, близких к боевым. *Военные учения. Стратегические, тактические, оперативные учения. На учениях.*

УЧЕНИ́К, -а́, *м.* **1.** Учащийся средней школы, профессионально-технического училища. *У. пятого класса. Первый у.* (лучший). **2.** Человек, к-рый учится чему-н. у кого-н. *У. мастера. У. слесаря. У. продавца.* **3.** Последователь какого-н. учения (во 2 знач.); тот, кто изучает, изучал что-н. под руководством кого-н. *У. Станиславского. Достойный у. своего учителя.* ‖ *ж.* **учени́ца,** -ы. ‖ *прил.* **учени́ческий,** -ая, -ое (к 1 и 2 знач.). *Ученическая производственная бригада. Ученические годы* (годы учёбы).

УЧЕНИ́ЧЕСКИЙ, -ая, -ое. **1.** *см.* ученик. **2.** *перен.* Малосамостоятельный, без творческой мысли. *Ученическая статья. Тема разработана ученически* (нареч.).

УЧЕНИ́ЧЕСТВО, -а, *ср.* Пребывание в положении ученика (в 1 и 2 знач.). *Годы ученичества.*

УЧЕ́СТЬ, учту́, учтёшь; учёл, учла́; учтённый (-ён, -ена́); учтя́; *сов.* **1.** *кого-что.* Произвести учёт (в 1 знач.). *У. товары, расходы. У. поголовье оленей.* **2.** *что.* Принять во внимание. *У. прежний опыт. Учтите!* (имейте в виду, не упустите из виду). ✦ **Учесть вексель** (спец.) — произвести его учёт. ‖ *несов.* **учи́тывать,** -аю, -аешь.

УЧЁБА, -ы, *ж.* Учение, обучение. *Годы учёбы. Школьная у. Производственная у. Взяться за у. На учёбе кто-н.* (проходит курс обучения; разг.).

УЧЁНОСТЬ, -и, *ж.* Большие познания в науках. *Выделяться своей учёностью.*

УЧЁНЫЙ, -ая, -ое; -ён. **1.** Выученный, наученный чему-н. *Учёного учить — только портить* (посл.). *Не учи учёного* (говорится в знач. знаю сам, не хуже тебя; разг.). *Учёные медведи* (дрессированные). **2.** Много знающий, образованный. *У. человек. Не очень учён кто-н.* (не получил образования). **3.** *полн. ф.* Относящийся к науке, научный. *У. спор. Учёное звание. Учёная степень. У. совет* (научный коллегиальный орган в научно-исследовательских учреждениях, вузах). **4. учёный,** -ого, *м.* Специалист в какой-н. области науки. *У. с мировым именем. У.-экспериментатор.*

УЧЁТ, -а, *м.* **1.** Установление наличия, количества чего-н. путём подсчётов. *У. населения* (перепись). *Бухгалтерский у. У. товаров. Магазин закрыт на у. У. земельных фондов.* **2.** Регистрация с занесением в списки лиц, состоящих где-н. *Военный у. Взять, поставить, встать, стать на у. Снять, сняться с учёта.* ✦ **При учёте** *чего, в знач. предлога с род. п.* — принимая во внимание что-н. *При учёте всех обстоятельств.* **С учётом** *чего, в знач. предлога с род. п.* — то же, что при учёте чего-н. *С учётом всего сделанного.* **Учёт векселей** (спец.) — покупка векселей у их держателя до наступления сроков платежей по ним. *У. векселей банком.* ‖ *прил.* **учётный,** -ая, -ое. *Учётная карточка.*

УЧЁТЧИК, -а, *м.* Работник, ведущий учёт кого-чего-н. *У. материалов. У.-весовщик.* ‖ *ж.* **учётчица,** -ы. ‖ *прил.* **учётчицкий,** -ая, -ое.

УЧИ́ЛИЩЕ, -а, *ср.* Название нек-рых низших и средних специальных, а также нек-рых высших учебных заведений. *Профессионально-техническое у. Педагогическое у. Военное у. Высшее техническое у. Приходское у.* (в России до революции). ‖ *прил.* **учи́лищный,** -ая, -ое.

УЧИНИ́ТЬ *см.* чинить³.

УЧИНЯ́ТЬ, -я́ю, -я́ешь; *несов., что* (устар. и разг.). То же, что чинить.³ *У. расправу. У. допрос.*

УЧИ́ТЕЛЬ, -я, *мн.* -я́, -е́й *и* -и, -ей, *м.* **1.** (мн. -я́, -е́й). Лицо, к-рое обучает чему-н., преподаватель. *Школьный у. У. математики. Домашний у. Заслуженный у.* (почётное звание). **2.** Глава учения (во 2 знач.), человек, к-рый учит (научил) чему-н. (высок.). *Великие учители-философы.* ‖ *ж.* **учи́тельница,** -ы (к 1 знач.). ‖ *прил.* **учи́тельский,** -ая, -ое (к 1 знач.). *У. тон* (перен.: поучающий).

УЧИ́ТЕЛЬСКАЯ, -ой, *ж.* Комната в школе, в среднем учебном заведении для отдыха учителей в перерывах между уроками.

УЧИ́ТЕЛЬСТВО, -а, *ср., собир.* Учителя (в 1 знач.).

УЧИ́ТЫВАТЬ *см.* учесть.

УЧИ́ТЬ, учу́, у́чишь; уча́щий *и* у́чащий; у́ченный; *несов.* **1.** *кого (что) чему и с неопр.* Передавать кому-н. какие-н. знания, навыки. *У. русскому языку. У. играть (игре) в шахматы. У. стрельбе (стрелять).* **2.** *перен., кого (что) чему и с неопр.* Наставлять; передавать свой опыт, свои взгляды. *У. любви ко всему живому (любить всё живое). Мать детей хорошему учит.* **3.** *что.* То же, что изучать (разг.). *У. иностранные языки. У. по учебнику.* **4.** *с союзом «что».* Высказывать, обосновывать какую-н. мысль, положение. **5.** *что.* Занимаясь, усваивать, запоминать. *У. урок. У. стихи наизусть. У. роль.* **6.** *кого (что).* Бить, наказывать (устар. прост.). *У. кулаками.* ✦**Учить уму-разуму** *кого* (разг.) делать внушение, поучать, а также наказывать. ‖ *сов.* **вы́учить,** -учу, -учишь; -ченный (к 1, 3 и 5 знач.), **научи́ть,** -учу́, -у́чишь; -ученный (к 1 и 2 знач.) *и* **обучи́ть,** -учу́, -у́чишь; -у́ченный (к 1 знач.). ‖ *сущ.* **уче́ние,** -я, *ср.*, **вы́учка,** -и, *ж.* (к 1 знач.; разг. и спец.), **науче́ние,** -я, *ср.* (ко 2 знач.; устар.) *и* **обуче́ние,** -я, *ср.* (к 1 знач.). *Ученье свет, а неученье тьма* (посл.). *Повторенье — мать ученья* (посл.). *Отдать на выучку (в выучку). Обучение мастерству.*

УЧИ́ТЬСЯ, учу́сь, у́чишься; *несов.* **1.** *чему и с неопр.* Усваивать какие-н. знания, навыки; приобретать опыт. *У. математике. У. рисованию (рисовать). У. стойкости (быть стойким). У. у мастера.* **2.** Получать образование, специальность. *У. в школе. У. на маляра. Учащаяся молодёжь.* ‖ *сов.* **вы́учиться,** -учусь, -учишься (к 1 знач.), **научи́ться,** -учу́сь, -у́чишься (к 1 знач.) *и* **обучи́ться,** -учу́сь, -у́чишься. ‖ *сущ.* **уче́ние,** -я, *ср.*

УЧРЕДИ́ТЕЛЬ, -я, *м.* (книжн.). Тот, кто учреждает, учредил что-н. *Члены — учредители акционерного общества.* ‖ *ж.* **учреди́тельница,** -ы. ‖ *прил.* **учреди́тельский,** -ая, -ое.

УЧРЕДИ́ТЬ, -ежу́, -еди́шь; -еждённый (-ён, -ена́); *сов., что.* Основать, завести, создать. *У. научное общество.* ‖ *несов.* **учрежда́ть,** -а́ю, -а́ешь. ‖ *сущ.* **учрежде́ние,** -я, *ср.* ‖ *прил.* **учреди́тельный,** -ая, -ое. *У. комитет.* ✦ **Учредительное собрание** — представительный орган, избираемый для установления формы правления или для создания конституции.

УЧРЕЖДЕ́НИЕ, -я, *ср.* **1.** *см.* учредить. **2.** Организация, ведающая какой-н. отраслью работы, деятельности. *Государственное у. Научное у. Детские учреждения* (ясли, сады, санатории, интернаты). **3.** *обычно мн.* То же, что установление (во 2 знач.) (устар.). *Социальные, политические, юридические учреждения.* ‖ *прил.* **учрежде́нческий,** -ая, -ое (ко 2 знач.). *У. аппарат.*

УЧТИ́ВЫЙ, -ая, ое; -и́в. Почтительно-вежливый. *У. посетитель. У. поклон. Учтиво* (нареч.) *ответить.* ‖ *сущ.* **учти́вость,** -и, *ж.*

УЧУДИ́ТЬ *см.* чудить.

УЧУ́ЯТЬ, -у́ю, -у́ешь; -янный; *сов., что* (разг.). Уловить чутьём, почувствовать. *Собака учуяла дичь. У. каверзу* (перен.). ‖ *несов.* **учу́ивать,** -аю, -аешь.

УЧХО́З, -а, *м.* Сокращение: учебное хозяйство — учебно-опытное хозяйство при сельскохозяйственном институте для практической подготовки студентов, а также для научно-исследовательской работы. ‖ *прил.* **учхо́зовский,** -ая, -ое (разг.).

УША́Н, -а, *м.* Летучая мышь с большими ушами.

УША́НКА, -и, *ж.* Тёплая шапка с ушами (в 4 знач.). *Кроличья у.*

УША́СТЫЙ, -ая, -ое; -а́ст (разг.). С ушами (в 1 знач.) или с большими ушами. *Ушастые тюлени* (морские львы, сивучи, котики). *У. подросток.* ‖ *сущ.* **уша́стость,** -и, *ж.*

УША́Т, -а, *м.* Небольшая кадка с ушами (в 3 знач.). *Как у. холодной воды вылить на кого-н.* (неприятно поразить; разг.). *Ушаты грязи, клеветы вылить на кого-н.* (перен.: оскорбить, оклеветать). ‖ *прил.* **уша́тный,** -ая, -ое.

УША́ТЫЙ, -ая, -ое; -а́т. С ушами (в 1 и 4 знач.) или с большими ушами. *Ушатые тюлени* (то же, что ушастые тюлени). *У треух.*

УШИ́Б, -а, *м.* **1.** *см.* ушибить, -ся. **2.** Ушибленное место. *Болит у.*

УШИБИ́ТЬ, -бу́, -бёшь; уши́б, уши́бла; уши́бленный; *сов.* **1.** *кого-что.* Причинить боль ударом. *У. руку о дверь. Ушибленное место.* **2.** (обычно в форме страд. прич.), *перен., кого (что).* Потрясти, сокрушить чем-н. *Ушиблен несчастьем.* ✦ **Богом ушиблен** *кто* (разг. часто ирон.) — о ком-н. странном, чудаковатом, не совсем нормальном. ‖ *несов.* **ушиба́ть,** -а́ю, -а́ешь. ‖ *сущ.* **ушиб,** -а, *м.* (к 1 знач.).

УШИБИ́ТЬСЯ, -бу́сь, -бёшься; уши́бся, уши́блась; *сов.* Ушибить себе какую-н. часть тела. *У. плечом о косяк.* ‖ *несов.* **ушиба́ться,** -а́юсь, -а́ешься. ‖ *сущ.* **ушиб,** -а, *м.*

УШИ́ТЬ, ушью́, ушьёшь; уше́й; уши́тый; *сов., что* (разг.). **1.** Укоротить, сузить, зашивая. *У. юбку.* **2.** Нашить что-н. на всём пространстве чего-н. *У. пояс бисером.* **3.** Зашить кругом. *У. тюк.* ‖ *несов.* **ушива́ть,** -а́ю, -а́ешь. ‖ *сущ.* **ушивка,** -и, *ж.* (к 1 и 3 знач.).

У́ШКО, УШКО́¹ *см.* ухо.

УШКО́², -а́, *мн.* -и́, -о́в, *ср.* **1.** То же, что ухо (в 3 знач.). *У. сапога* (петля, за к-рую тянут сапог, надевая его). **2.** Отверстие в иголке для продевания нитки. *Игольное у.* **3.** *мн.* Макаронное изделие в виде фигурных кусочков. *Засыпать бульон ушками.* ‖ *прил.* **ушко́вый,** -ая, -ое.

УШКУ́Й, -я, *м.* В Древней Руси: большая плоскодонная ладья с парусом и вёслами.

УШКУ́ЙНИК, -а, *м.* В Древней Руси: вольный человек, совершающий набеги с вооружённой дружиной и промышляющий на ушкуях.

У́ШЛЫЙ, -ая, -ое; ушл (прост.). То же, что дошлый. *У. парень.*

УШНИ́К, -а́, *м.* (разг.). Врач — специалист по болезням уха.

УШНО́Й *см.* ухо.

УЩЕ́ЛИСТЫЙ, -ая, -ое; -ист. Изобилующий ущельями. *Ущелистые горы.* ‖ *сущ.* **уще́листость,** -и, *ж.*

УЩЕ́ЛЬЕ, -я, *род. мн.* -лий, *ср.* Узкая и глубокая с обрывистыми склонами долина; расселина в горах. *Горное у.* ‖ *прил.* **уще́льный,** -ая, -ое.

УЩЕМИ́ТЬ, -млю́, -ми́шь; -млённый (-ён, -ена́); *сов., кого-что.* **1.** Сжав, защемить. *У. палец дверью. Ущемлённая грыжа* (сдавленная). **2.** Ограничив, стеснить. *У. чьи-н. права. Чувствовать себя ущемлённым.* **3.** Оскорбить, обидеть (разг.). *У. чьё-н. самолюбие.* ‖ *несов.* **ущемля́ть,** -я́ю, -я́ешь. ‖ *сущ.* **ущемле́ние,** -я, *ср.*

УЩЕ́РБ, -а, *м.* Потеря, убыток, урон. *Причинить, нанести у. Терпеть у.* ✦ **В ущерб** *кому-чему, предлог с дат. п.* — за счёт интересов кого-чего-н., во вред кому-чему-н. *Курить в ущерб здоровью. Действовать в ущерб другим.* **На ущербе** — 1) в упадке. *Силы его на ущербе;* 2) о луне — в той фазе, когда виден её уменьшающийся серп. *Месяц на ущербе.*

УЩЕРБЛЁННЫЙ, -ая, -ое; -ён. **1.** О месяце: ущербный. *У. серп луны.* **2.** Оскорблённый, уязвлённый. *Ущерблённое самолюбие.* ‖ *сущ.* **ущерблённость**, -и, *ж.* (ко 2 знач.).

УЩЕ́РБНЫЙ, -ая, -ое; -бен, -бна. **1.** *полн. ф.* Находящийся на ущербе. *Ущербные силы. У. месяц.* **2.** Недостаточный, ненормальный в каком-н. отношении (о характере, психике). *Ущербное мироощущение.* ‖ *сущ.* **уще́рбность**, -и, *ж.* (ко 2 знач.).

УЩИПНУ́ТЬ *см.* щипать.

УЮ́Т, -а, *м.* Удобный порядок, приятная устроенность быта, обстановки. *Создать у. в доме. Домашний у.*

УЮ́ТНЫЙ, -ая, -ое; -тен, -тна. Обладающий уютом, удобный и приятный, дающий уют. *Уютная квартира. Уютно* (нареч.) *устроился на диване. В доме уютно* (в знач. сказ). ‖ *сущ.* **ую́тность**, -и, *ж.*

УЯЗВИ́МЫЙ, -ая, -ое; -и́м. **1.** Такой, что легко уязвить, обидеть. *Уязвимое самолюбие.* **2.** Слабый, мало защищённый. *Уязвимые места. Уязвимая часть доклада* (слабая, плохо аргументированная). ‖ *сущ.* **уязви́мость**, -и, *ж.*

УЯЗВИ́ТЬ, -влю́, -ви́шь; -влённый (-ён, -ена́); *сов., кого-что.* Оскорбить, глубоко обидеть. *У. чьё-н. самолюбие.* ‖ *несов.* **уязвля́ть**, -я́ю, -я́ешь. ‖ *сущ.* **уязвле́ние**, -я, *ср.*

УЯСНИ́ТЬ, -ню́, -ни́шь; -нённый (-ён, -ена́); *сов., что.* Сделать ясным (в 4 и в некрых сочетаниях в 5 знач.), яснее. *У. себе суть дела. У. смысл чьих-н. слов.* ‖ *несов.* **уясня́ть**, -я́ю, -я́ешь. ‖ *сущ.* **уясне́ние**, -я, *ср.*

УЯСНИ́ТЬСЯ (-ню́сь, -ни́шься, 1 и 2 л. не употр.), -ни́тся; *сов.* Стать ясным (в 4 и в нек-рых сочетаниях в 5 знач.), яснее. *Смысл уяснился. Мысль уяснилась.* ‖ *несов.* **уясня́ться**, -я́ется. ‖ *сущ.* **уясне́ние**, -я, *ср.*

Ф

ФА́БРИКА, -и, *ж.* Промышленное предприятие с машинным способом производства. *Бумажная, суконная, кондитерская, ткацкая, швейная ф. Ф.-кухня. Ф.-прачечная.* ‖ *прил.* **фабри́чный**, -ая, -ое. *Фабричная марка. Забастовка фабричных* (сущ.; фабричных рабочих; устар.).

ФАБРИКА́НТ, -а, *м.* **1.** Владелец большой фабрики. **2.** Человек, к-рый фабрикует (во 2 знач.) что-н. (неодобр.). *Фабриканты лжи. Фабриканты слухов.* ‖ *ж.* **фабрика́нтша**, -и (к 1 знач.; разг.). ‖ *прил.* **фабрика́нтский**, -ая, -ое (к 1 знач.).

ФАБРИКА́Т, -а, *м.* (спец.). Готовый продукт промышленного производства.

ФАБРИКОВА́ТЬ, -ку́ю, -ку́ешь; -о́ванный; *несов., что.* **1.** Изготовлять (товары) фабричным способом (устар.). **2.** *перен.* Делать что-н. в большом количестве и плохо или создавать что-н. предосудительное. *Ф. статьи. Ф. слухи.* ‖ *сов.* **сфабрикова́ть**, -ку́ю, -ку́ешь; -о́ванный (ко 2 знач.). ‖ *сущ.* **фабрика́ция**, -и, *ж.*

ФА́БРИТЬ, -рю, -ришь; -ренный; *несов., что* (устар.). Красить особой косметической краской, так наз. фаброй, усы, бороду. ‖ *сов.* **нафа́брить**, -рю, -ришь; -ренный. ‖ *возвр.* **фа́бриться**, -рюсь, -ришься; *сов.* **нафа́бриться**, -рюсь, -ришься.

ФАБРИ́ЧНЫЙ, -ая, -ое. **1.** *см.* фабрика. **2.** Произведённый на фабрике, не кустарный. *Ковры фабричного производства.*

ФА́БУЛА, -ы, *ж.* (книжн.). Сюжетная основа литературного произведения. *Ф. повести.* ‖ *прил.* **фа́бульный**, -ая, -ое.

ФАВО́Р, -а, *м.* (устар.). Покровительство, протекция (употр. теперь в нек-рых выражениях). *Барский ф. Быть в фаворе у кого-н.* (пользоваться чьим-н. покровительством; разг.). *Он сейчас не в фаворе* (разг.). *Попасть в ф.* (разг.).

ФАВОРИ́Т, -а, *м.* **1.** Любимец высокопоставленного лица, получающий выгоды и преимущества от его покровительства. **2.** В спорте: тот, кто имеет наибольшие шансы на первенство. **3.** На бегах, скачках: лошадь (или другое животное — участник скачек), имеющая наибольшие шансы на успех. ‖ *ж.* **фавори́тка**, -и, (к 1 и разг. ко 2 знач.). ‖ *прил.* **фавори́тский**, -ая, -ое.

ФАГО́Т, -а, *м.* Деревянный духовой язычковый музыкальный инструмент низкого тембра в виде длинной, слегка расширяющейся трубы. *Играть на фаготе.* ‖ *прил.* **фаго́тный**, -ая, -ое.

ФА́ЗА, -ы, *ж.* **1.** Момент, отдельная стадия в ходе развития и изменения чего-н. (напр. положения планеты, формы или состояния вещества, периодического явления, общественного процесса), а также само положение, форма в этот момент (книжн.). *Первая ф. Луны. Жидкая ф. Газообразная ф. Ф. колебания маятника. Вступить в новую фазу развития.* **2.** Отдельная группа обмоток генератора (спец.). ‖ *прил.* **фа́зовый**, -ая, -ое (к 1 знач.) *и* **фа́зный**, -ая, -ое (ко 2 знач.). ✦ **Фазовые глаголы** — в лингвистике: глаголы со знач. начала, продолжения или окончания действия.

ФАЗА́Н, -а, *м.* Крупная птица отряда куриных с ярким оперением у самцов. ‖ *прил.* **фаза́ний**, -ья, -ье *и* **фаза́новый**, -ая, -ое. *Семейство фазановых* (сущ.).

ФАЗАНА́РИЙ, -я, *м.* Питомник, в к-ром выращиваются фазаны.

ФА́ЗИС, -а, *м.* (книжн.). То же, что фаза (в 1 знач.). ‖ *прил.* **фа́зисный**, -ая, -ое.

ФАЗОТРО́Н, -а, *м.* (спец.). Ускоритель тяжёлых заряженных частиц.

ФАЙЛ, -а, *м.* (спец.). В ЭВМ: поименованная область данных. *Имя файла. Хранение файла. Текстовые файлы* (предназначенные для чтения человеком). ‖ *прил.* **фа́йловый**, -ая, -ое. *Файловые системы.*

ФА́КЕЛ, -а, *м.* **1.** Светильник на рукоятке, обычно короткая палка с намотанной на конце просмолённой паклей. *Олимпийский ф.* (укреплённая на рукоятке чаша с горючей смесью). **2.** Поток воздуха и горящих частиц, образующийся в топке при сжигании пылевидного, жидкого или газообразного топлива, а также вообще конусообразное пламя (спец.). ‖ *прил.* **фа́кельный**, -ая, -ое. *Факельное шествие* (с факелами). *Факельная топка.*

ФАКЕЛОНО́СЕЦ, -сца, *м.* Тот, кто несёт факел.

ФА́КЕЛЬЩИК, -а, *м.* **1.** Тот, кто несёт факел в процессии. **2.** Тот, кто поджигает что-н. с помощью факела. ‖ *ж.* **фа́кельщица**, -ы (к 1 знач.). ‖ *прил.* **фа́кельщицкий**, -ая, -ое.

ФАКИ́Р, -а, *м.* **1.** Мусульманин-аскет, давший обет нищенства, дервиш. **2.** Фокусник, демонстрирующий большую физическую силу или нечувствительность к боли (устар.) [*первонач.* европейское название бродячих восточных фокусников]. ‖ *прил.* **факи́рский**, -ая, -ое.

ФАКС, -а, *м.* **1.** То же, что телефакс. **2.** Сообщение, передаваемое или получаемое по телефаксу. *Послать, получить ф.* **3.** Абонентский номер аппарата для передачи информации по телефаксу.

ФАКСИ́МИЛЕ (спец.). **1.** *нескл., ср.* Точное воспроизведение рукописи, документа, подписи, изображения; клише, воспроизводящее такую подпись, изображение. *Ф. подписи. Ф. на книге.* **2.** *неизм.* О рукописи, документе, подписи, изображении: точно воспроизведённый. *Рукопись издана ф.* (нареч.). ‖ *прил.* **факси́мильный**, -ая, -ое (к 1 знач.). *Ф. аппарат* (комплекс механических, светооптических и электронных устройств для передачи и приёма неподвижных плоских изображений). *Факсимильная связь* (передача информации при помощи такого аппарата).

ФАКТ. **1.** -а, *м.* Действительное, вполне реальное событие, явление; то, что действительно произошло, происходит, существует. *Факты говорят сами за себя. Изложить факты. Проверить факты. Поставить перед фактом кого-н.* (в такое положение, когда уже всё произошло, ничего нельзя изменить). *Факты — упрямая вещь* (против фактов спорить нельзя). **2.** **факт**, *вводн. сл.* Выражает уверенность, уверение (прост.). *Он, ф., не придёт.* **3.** **факт**, *частица.* Да, действительно, так и есть (прост.). *Неужели действительно едем? — Ф.!* ✦ **Факт, что...** (разг.) — верно, действительно, что... *Факт, что команда выигрывает.* **Факт тот, что...** (разг.) — дело в том, что... *Факт тот, что времени осталось мало.* **Невероятно, но факт** (разг. шутл.) — удивительно, трудно поверить, но так и есть на самом деле. *Он стал отличником? — Невероятно, но факт.* **Не факт** (разг.) — выражение отрицания, несогласия. *—Он обманывает. Это ещё не факт (совсем не факт).*

ФАКТИ́ЧЕСКИЙ, -ая, -ое. Отражающий действительное состояние чего-н., соответствующий фактам. *Фактические данные. Фактическое положение дел. Фактически* (нареч.) *он руководитель всей работы. Ф. брак* (официально не зарегистрированные брачные отношения).

ФАКТИ́ЧНЫЙ, -ая, -ое; -чен, -чна (книжн.). Соответствующий фактам, отвечающий требованиям документальной точности. *Фактичное изложение.* ‖ *сущ.* **факти́чность**, -и, *ж.*

ФАКТОГРА́ФИЯ, -и, *ж.* (книжн.). Описание фактов без их анализа, обобщения, освещения. ‖ *прил.* **фактографи́ческий**, -ая, -ое.

ФА́КТОР, -а, *м.* (книжн.). Момент, существенное обстоятельство в каком-н. процессе, явлении. *Немаловажный ф. Ф. времени* (роль времени, продолжительности во времени, сроков). *Ф. внезапности* (в военном искусстве: неожиданные для противника действия, способствующие его поражению).

ФАКТО́РИЯ, -и, *ж.* (устар.). **1.** В колониальных и зависимых странах: торговый посёлок и контора иностранных купцов. **2.** В отдалённых промысловых районах: торгово-снабженческий и заготовительный пункт. *Пушная ф. на Севере.*

ФАКТУ́РА, -ы, *ж.* (спец.). **1.** Своеобразное качество обрабатываемого материала, его поверхности. *Ф. дерева. Ф. мрамора.* **2.** Своеобразие, особенности художественной техники в произведениях искусства. *Ф. пушкинского стиха. Полифоническая ф. музыкального произведения.* ‖ *прил.* **факту́рный**, -ая, -ое.

ФАКУЛЬТАТИ́В, -а, *м.* (разг.). Факультативный учебный курс. *Ф. по стилистике.*

ФАКУЛЬТАТИ́ВНЫЙ, -ая, -ое; -вен, -вна (книжн.). **1.** Необязательный, а также нерегулярный. *Факультативные явления.* **2.** Служащий для дополнительной специализации. *Факультативные занятия. Ф. курс лекций* (не входящий в обязательную программу). ‖ *сущ.* **факультати́вность**, -и, *ж.*

ФАКУЛЬТЕ́Т, -а, *м.* **1.** В высшем учебном заведении: учебное, научное и административное подразделение, объединяющее кафедры какой-н. одной отрасли знания. *Биологический ф. университета. Рабочий ф.* (рабфак). **2.** Специальное отделение вуза, занимающееся подготовкой абитуриентов (во 2 знач.) или повышением квалификации специалистов. *Подготовительный ф. Ф. повышения квалификации (ФПК).* ‖ *прил.* **факульте́тский**, -ая, -ое.

ФАЛ, -а, *м.* (спец.). **1.** Снасть бегучего такелажа — трос, служащий для подъёма рангоутных деревьев, парусов. *Сигнальный ф.* (для подачи флажных сигналов, подъёма флага). **2.** Страховочный трос (у парашютистов, у космонавтов при выходе в открытый космос). *Ф. парашюта.* ‖ *прил.* **фа́ловый**, -ая, -ое. *Ф. угол* (в парусе: угол, в к-рый ввязываются фалы).

ФАЛА́НГА[1], -и, *ж.* **1.** У древних греков: сомкнутый строй пехоты. **2.** В утопическом социализме Ш. Фурье: большая община, коммуна. **3.** В Испании: название фашистской партии. ‖ *прил.* **фаланги́стский**, -ая, -ое.

ФАЛА́НГА[2], -и, *ж.* (спец.). Короткая трубчатая кость пальца. ‖ *прил.* **фала́нговый**, -ая, -ое.

ФАЛА́НГА[3], -и, *ж.* Паукообразное хищное животное.

ФА́ЛДА, -ы, *ж.* **1.** На сюртуке, фраке, мундире: одна из двух нижних частей разрезной спинки. **2.** Трубкообразная продольная складка на одежде. ‖ *прил.* **фа́лдовый**, -ая, -ое.

ФАЛДИ́ТЬ (-лжу́, -лди́шь, 1 и 2 *л.* не употр.), -лди́т; *несов.* (разг.). Об одежде, ткани: ложиться фалдами (во 2 знач.). *Платье фалдит.*

ФАЛЬСИФИКА́ТОР, -а, *м.* (книжн.). Тот, кто фальсифицирует что-н. ‖ *ж.* **фальсифика́торша**, -и (разг.). ‖ *прил.* **фальсифика́торский**, -ая, -ое.

ФАЛЬСИФИКА́ЦИЯ, -и, *ж.* (книжн.). **1.** *см.* фальсифицировать. **2.** Поддельный предмет, вещь, выдаваемая за настоящую, подделка.

ФАЛЬСИФИЦИ́РОВАТЬ, -рую, -руешь; -анный; *сов.* и *несов.*, *что* (книжн.). Подделать (-лывать), исказить (-ажать) с целью выдать за подлинное, настоящее. *Ф. историю.* ‖ *сущ.* **фальсифика́ция**, -и, *ж.* ‖ *прил.* **фальсификацио́нный**, -ая, -ое.

ФАЛЬСТА́РТ, -а, *м.* В спорте: преждевременно взятый старт.

ФАЛЬЦ, -а, *м.* (спец.). **1.** Место сгиба печатного листа. **2.** Загиб, шов на месте соединения тонких металлических листов. **3.** То же, что паз.

ФАЛЬЦЕВА́ТЬ, -цу́ю, -цу́ешь; -цо́ванный; *несов.*, *что* (спец.). **1.** Сгибать (печатный лист) в определённом порядке. *Ф. книгу. Ф. газету.* **2.** Сгибая и зажимая края, соединять (металлические листы). ‖ *сов.* **сфальцевать**, -цую, -цу́ешь; -цо́ванный. ‖ *сущ.* **фальцева́ние**, -я, *ср.* и **фальцо́вка**, -и, *ж.* ‖ *прил.* **фальцо́вочный**, -ая, -ое и **фальцева́льный**, -ая, -ое. *Фальцовочный шов. Фальцевальная машина.*

ФАЛЬЦЕ́Т, -а, *м.* В пении: очень высокий звук голоса (обычно мужского), а также вообще очень тонкий, высокий (обычно мужской) голос. ‖ *прил.* **фальце́тный**, -ая, -ое.

ФАЛЬЦО́ВЩИК, -а, *м.* Рабочий, специалист по фальцовке. ‖ *ж.* **фальцо́вщица**, -ы. *Ф.-швея* (в переплётном производстве).

ФАЛЬШИ́ВИТЬ, -влю, -вишь; *несов.* **1.** Фальшиво, не в тон петь или играть. *Актёр фальшивит.* **2.** Поступать фальшиво, лицемерно (разг.). ‖ *сов.* **сфальши́вить**, -влю, -вишь.

ФАЛЬШИ́ВКА, -и, *ж.* (разг.). Фальшивый, подложный документ.

ФАЛЬШИВОМОНЕ́ТЧИК, -а, *м.* Человек, к-рый занимается изготовлением фальшивых денег. ‖ *ж.* **фальшивомоне́тчица**, -ы.

ФАЛЬШИ́ВЫЙ, -ая, -ое; -и́в. **1.** *полн. ф.* Поддельный, ненастоящий. *Ф. документ. Фальшивые драгоценности.* **2.** Неестественный, неверный. *Фальшивая игра актёра. Фальшивая нота* (не в тон; также перен.: нек-рые проявления неискренности, неправдивости. *В его словах звучит фальшивая нота). Фальшиво* (нареч.) *спеть.* **3.** Неискренний, лицемерный. *Ф. человек. Фальшивая улыбка.* **4.** Двусмысленный, рискованный (во 2 знач.) в каком-н. отношении. *Попасть в фальшивое положение.* ‖ *сущ.* **фальши́вость**, -и, *ж.*

ФАЛЬШЬ, -и, *ж.* **1.** Несоответствие тону в пении, музыкальном исполнении. **2.** Отсутствие естественности, неестественность. *Ф. в повествовании.* **3.** Неискренность, лицемерие. *Ф. в поведении.* **4.** Обман, мошенничество. *Ф. в карточной игре.*

ФАМИ́ЛИЯ, -и, *ж.* **1.** Наследуемое семейное наименование, прибавляемое к личному имени. *Ф., имя и отчество. Как ваша ф.? Девичья ф.* (до замужества). *Ф. мужа* (принимаемая женой при вступлении в брак). **2.** То же, что род[1] (во 2 знач.). *Старинная ф.* **3.** То же, что семья (в 1 знач.) (устар.). *Всей фамилией отправились в гости.* ‖ *прил.* **фами́льный**, -ая, -ое. *Фамильное имя* (то же, что фамилия в 1 знач.; спец.). *Фамильная фотография. Фамильная черта* (наследуемая). *Фамильные драгоценности.*

ФАМИЛЬЯ́РНИЧАТЬ, -аю, -аешь; *несов.*, *с кем.* Вести себя фамильярно. *Прошу не ф.* ‖ *сущ.* **фамилья́рничание**, -я, *ср.*

ФАМИЛЬЯ́РНОСТЬ, -и, *ж.* **1.** *см.* фамильярный. **2.** Фамильярное поведение, поступок. *Допустить, позволить себе ф.*

ФАМИЛЬЯ́РНЫЙ, -ая, -ое; -рен, -рна. Неуместно развязный, слишком непринуждённый. *Ф. тон. Фамильярное обращение.* ‖ *сущ.* **фамилья́рность**, -и, *ж.*

ФАНАБЕ́РИЯ, -и, *ж.* (устар. разг.). Кичливость, спесь, мелкое чванство. *Не хотел извиниться из глупой фанаберии.*

ФАНА́Т, -а, *м.* (разг.). Фанатически, до исступления преданный поклонник кого-чего-н. *Фанаты футбольной команды. Фанаты рок-звезды.* ‖ *ж.* **фана́тка**, -и. ‖ *прил.* **фана́тский**, -ая, -ое.

ФАНАТИ́ЗМ, -а, *м.* Образ мыслей и поведение фанатика. ‖ *прил.* **фанати́ческий**, -ая, -ое.

ФАНА́ТИК, -а, *м.* **1.** Человек, до исступления преданный своей религии, вере. **2.** *перен.* Человек, страстно преданный какой-н. идее, делу. ‖ *ж.* **фанати́чка**, -и (разг.).

ФАНАТИ́ЧНЫЙ, -ая, -ое; -чен, -чна. Исполненный фанатизма, фанатический. ‖ *сущ.* **фанати́чность**, -и, *ж.*

ФАНЕ́РА, -ы, *ж.* **1.** Тонкие листы древесины для облицовки столярных изделий. *Ф. красного дерева.* **2.** Листовой древесный материал — склеенные пластины с перекрестным расположением волокон древесины. *Трёхслойная ф.* ‖ *прил.* **фане́рный**, -ая, -ое.

ФАНЕРОВА́ТЬ, -ру́ю, -ру́ешь; -о́ванный; *сов.* и *несов.*, *что.* Облицевать (-цовывать) фанерой (в 1 знач.). *Шкаф фанерован дубом.* ‖ *сущ.* **фанеро́вка**, -и, *ж.* ‖ *прил.* **фанеро́вочный**, -ая, -ое.

ФА́НЗА, -ы, *ж.* В Китае, Корее: крестьянский дом. ‖ *прил.* **фа́нзовый**, -ая, -ое.

ФАНТ, -а, *м.* (устар.). **1.** *мн.* Игра, в к-рой участники выполняют шуточное задание, назначаемое по жребию. *Играть в фанты.* **2.** Вещь, отдаваемая участником этой игры для жеребьевки. *Вынуть счастливый ф.* (также перен.). **3.** Задание, назначаемое участнику такой игры. *Трудный ф.* ‖ *уменьш.* **фа́нтик**, -а, *м.* (к 1 и 2 знач.).

ФАНТАЗЁР, -а, *м.* Человек, к-рый любит фантазировать, мечтатель. ‖ *ж.* **фантазёрка**, -и. ‖ *прил.* **фантазёрский**, -ая, -ое.

ФАНТАЗИ́РОВАТЬ, -рую, -руешь; *несов.* **1.** Предаваться фантазиям (во 2 знач.), мечтать. **2.** Выдумывать (что-н. неправдоподобное, невозможное, ненужное) (разг.). ‖ *сов.* **сфантази́ровать**, -рую, -руешь (ко 2 знач.). ‖ *сущ.* **фантази́рование**, -я, *ср.* и **фантазёрство**, -а, ср. ‖ *прил.* **фантазёрский**, -ая, -ое.

ФАНТА́ЗИЯ, -и, *ж.* **1.** Способность к творческому воображению; само такое воображение. *Богатая ф.* **2.** Мечта, продукт воображения. *Предаваться фантазиям. Полёт фантазии.* **3.** Нечто надуманное, неправдоподобное, несбыточное. *Не верить глупым фантазиям.* **4.** Прихоть, причуда (разг.). *Пришла ф. прокатиться.* **5.** Музыкальное произведение в свободной форме. *Ф. на темы русских народных песен.* ‖ *прил.* **фантази́йный**, -ая, -ое (ко 2 знач.).

ФАНТАСМАГО́РИЯ, -и, *ж.* Причудливое бредовое виде́ние. ‖ *прил.* **фантасмагори́ческий**, -ая, -ое.

ФАНТА́СТ, -а, *м.* **1.** Человек, к-рый любит предаваться фантазиям (во 2 знач.). **2.** Писатель, работающий в фантастическом жанре, в области фантастики (во 2 знач.). ‖ *ж.* **фанта́стка**, -и (к 1 знач.).

ФАНТА́СТИКА, -и, *ж.* **1.** То, что основано на творческом воображении, на фантазии, художественном вымысле. *Ф. народных сказок.* **2.** *собир.* Литературные произведения, описывающие вымышленные, сверхъестественные события. *Научная ф.* (в литературе, кинематографе: моделирующая события далёкого будущего на основе достижений науки и техники). **3.** Что-н. невообразимое, невозможное (разг.). *Найти друг друга через столько лет! Ф.!* ‖ *прил.* **фантасти́ческий**, -ая, -ое. *Фантастическая повесть. Фантастическая литература.*

ФАНТАСТИ́ЧЕСКИЙ, -ая, -ое. **1.** *см.* фантастика. **2.** Похожий на фантазию (во 2 знач.); причудливый, волшебный, сверхъестественный. *Ф. пейзаж. Фантастическое освещение.* **3.** Совершенно неправдоподобный, невероятный, несбыточный. *Фантастическая новость. Фантастически* (нареч.) *умён кто-н.* **4.** Исключительный (в 3 знач.), удивительный (во 2 знач.) (разг.). *Ф. нахал.*

ФАНТАСТИ́ЧНЫЙ, -ая, -ое; -чен, -чна. То же, что фантастический (во 2 и 3 знач.). *Ф. пейзаж. Фантастично* (нареч.) *талантлив.* ‖ *сущ.* **фантасти́чность**, -и, *ж.*

ФА́НТИК, -а, *м.* **1.** *см.* фант. **2.** У детей: конфетная обёртка как предмет игры (разг.). *Собирать фантики. Меняться фантиками.*

ФАНТО́М, -а, *м.* (книжн.). Причудливое явление, призрак. *Таинственный ф.*

ФАНФА́РА, -ы, *ж.* **1.** Медный духовой музыкальный инструмент в виде удлинённой трубы. *Под звуки фанфар* (также перен.: подчёркнуто торжественно; часто ирон.). **2.** Музыкальная фраза, короткий сигнал торжественного характера, исполняемые на таком инструменте. *Звучат фанфары.* ‖ *прил.* **фанфа́рный**, -ая, -ое.

ФАНФАРИ́СТ, -а, *м.* Музыкант, играющий на фанфаре.

ФАНФАРО́Н, -а, *м.* (разг.). Человек, к-рый выставляет напоказ свои мнимые достоинства, хвастун. ‖ *прил.* **фанфаро́нский**, -ая, -ое.

ФАНФАРО́НСТВО, -а, *ср.* (разг.). Поведение фанфарона, бахвальство.

ФА́РА, -ы, *ж.* Электрический фонарь с отражателем в передней (иногда и в задней) части автомобиля, локомотива, мотоцикла и нек-рых других машин, освещающий путь. *Передняя, задняя ф. Выключить фары.* ‖ *прил.* **фа́рный**, -ая, -ое.

ФАРАО́Н[1], -а, *м.* **1.** В Древнем Египте: титул царей, а также лицо, имеющее этот титул. *Гробницы фараонов.* **2.** То же, что полицейский (во 2 знач.) (разг. презр.).

ФАРАО́Н[2], -а, *м.* Род азартной карточной игры.

ФАРВА́ТЕР [*тэ*], -а, *м.* Часть водного пространства, достаточно глубокая для прохода судов и свободная от навигационных опасностей. *Речной ф. Судоходная обстановка фарватера* (габаритные знаки, бакены, буи, вехи, створы). *Плыть* или *быть в фарватере кого-чего-н., чьей-н. политики* (перен.: быть в сфере чьего-н. влияния; книжн.). ‖ *прил.* **фарва́терный**, -ая, -ое.

ФАРЕ́РСКИЙ, -ая, -ое. **1.** *см.* фарерцы. **2.** Относящийся к фарерцам, к их языку, национальному характеру, образу жизни, культуре, а также к Фарерским островам, их территории, внутреннему устройству, истории; такой, как у фарерцев, как на Фарерских островах. *Ф. язык* (германской группы индоевропейской семьи языков). *Фарерские фьорды.*

ФАРЕ́РЦЫ, -ев, *ед.* -е́рец, -е́рца, *м.* Скандинавский народ, составляющий основное население Фарерских островов. ‖ *ж.* **фаре́рка**, -и. ‖ *прил.* **фаре́рский**, -ая, -ое.

ФАРИСЕ́Й, -я, *м.* Лицемер, ханжа [*первонач.* член древней иудейской секты, отличавшейся религиозным фанатизмом]. *Двойная мораль фарисеев.* ‖ *ж.* **фарисе́йка**, -и. ‖ *прил.* **фарисе́йский**, -ая, -ое.

ФАРИСЕ́ЙСТВО, -а, *ср.* Поведение фарисея, лицемерие, ханжество.

ФАРИСЕ́ЙСТВОВАТЬ, -твую, -твуешь; *несов.* Лицемерить, быть фарисеем.

ФАРМАКО́ЛОГ, -а, *м.* Специалист по фармакологии.

ФАРМАКОЛО́ГИЯ, -и, *ж.* Наука о лекарственных и других биологически активных веществах и о их действии на организм человека и животного. *Биохимическая ф. Клиническая ф.* ‖ *прил.* **фармакологи́ческий**, -ая, -ое.

ФАРМАКОПЕ́Я, -и, *ж.* (спец.). Свод обязательных правил, к-рыми руководствуются при изготовлении, проверке, хранении и назначении больным лекарственных препаратов. ‖ *прил.* **фармакопе́йный**, -ая, -ое.

ФАРМАЦЕ́ВТ, -а, *м.* Аптечный работник с фармацевтическим образованием, специалист по фармацевтике.

ФАРМАЦЕ́ВТИКА, -и, *ж.* То же, что фармация. ‖ *прил.* **фармацевти́ческий**, -ая, -ое.

ФАРМАЦИ́Я, -и, *ж.* Раздел фармакологии, занимающийся изысканием, исследованием, изготовлением, стандартизацией, хранением и отпуском лекарственных средств; практическая деятельность в этой области. ‖ *прил.* **фармацевти́ческий**, -ая, -ое. *Ф. факультет.*

ФАРС, -а, *м.* **1.** Театральная пьеса лёгкого, игривого содержания с внешними комическими эффектами. **2.** *перен.* Нечто лицемерное, циничное. *Грубый ф.* ‖ *прил.* **фарсовый**, -ая, -ое (к 1 знач.).

ФАРТ, -а (-у), *м.* (прост.). Счастье, удача. *Фарту нет кому-н.*

ФАРТИ́ТЬ, -и́т; *безл.; несов.* (прост.). То же, что везти[2]. ‖ *сов.* **пофарти́ть**, -и́т *и* **подфарти́ть**, -и́т. *Не подфартило кому-н.* (не повезло).

ФАРТО́ВЫЙ, -ая, -ое (прост.). Очень хороший, замечательный, а также такой, к-рому везет[2]. *Ф. парень.*

ФА́РТУК, -а, *м.* **1.** То же, что передник. **2.** Чехол, покрышка, а также покрывающая верхняя часть какого-н. устройства. *Ф. станка* (спец.). ‖ *прил.* **фа́ртучный**, -ая, -ое.

ФАРФО́Р, -а, *м.* **1.** Белый плотный керамический материал, получаемый спеканием массы из огнеупорной глины, каолина, полевого шпата, кварца. *Ваза из фарфора.* **2.** *собир.* Изделия, посуда из такого материала. *Коллекция фарфора.* ‖ *прил.* **фарфо́ровый**, -ая, -ое.

ФАРЦО́ВЩИК, -а, *м.* (разг.). Спекулянт вещами (обычно перекупленными у приезжих иностранцев). ‖ *ж.* **фарцо́вщица**, -ы. ‖ *прил.* **фарцо́вщицкий**, -ая, -ое.

ФАРШ, -а, *м.* **1.** Мясная (или рыбная) мякоть, измельченная в мясорубке. *Говяжий ф. для котлет.* **2.** Мясная или иная рубленая начинка для кушаний. *Капустный ф.* ‖ *прил.* **фа́ршевый**, -ая, -ое.

ФАРШИРОВА́ТЬ, -ру́ю, -ру́ешь; -о́ванный; *несов., кого-что.* Заполнять фаршем, начинкой. *Ф. рыбу. Ф. яйца.* ‖ *сов.* **зафарширова́ть**, -рую, -руешь; -о́ванный. ‖ *сущ.* **фарширо́вка**, -и, *ж.*

ФАС, -а, *м.* (спец.) Вид спереди, с лица, анфас. *Сфотографироваться в ф. и в профиль. Повернуться фасом.* ‖ *прил.* **фа́сный**, -ая, -ое.

ФАСА́Д, -а, *м.* Передняя сторона здания, сооружения. *Композиция фасада. За фасадом событий* (перен.). ✦ **За фасадом** *чего, в знач. предлога с род. п.* — под прикрытием чего-н. *За фасадом красивых фраз.* ‖ *прил.* **фаса́дный**, -ая, -ое.

ФА́СКА, -и, *ж.* (спец.) Отточенная сторона лезвия, скошенный край картона, стекла.

ФАСОВА́ТЬ, -су́ю, -су́ешь; -о́ванный; *несов., что.* Развешивая[1] или раскладывая на части определённого веса, упаковывать. *Ф. крупу, масло. Фасованные товары.* ‖ *сов.* **расфасова́ть**, -су́ю, -су́ешь; -о́ванный. ‖ *сущ.* **фасо́вка**, -и, *ж. и* **расфасо́вка**, -и, *ж.* ‖ *прил.* **фасо́вочный**, -ая, -ое *и* **расфасо́вочный**, -ая, -ое. *Фасовочная машина.*

ФАСО́ВЩИК, -а, *м.* Рабочий, занимающийся фасовкой. *Ф. товаров. Аптечный ф.* ‖ *ж.* **фасо́вщица**, -ы. ‖ *прил.* **фасо́вщицкий**, -ая, -ое.

ФАСО́ЛЬ, -и, *ж.* Растение сем. бобовых с длинными узкими стручками, а также сами стручки и плоды его (зерна). ‖ *прил.* **фасо́левый**, -ая, -ое.

ФАСО́Н, -а, *м.* **1.** Покрой, образец, по к-рому сшито что-н. *Модный ф. платья. Устаревший ф.* **2.** Внешняя форма изделия. *Ф. мебели.* **3.** То же, что форс (прост.). *Держать ф.* (важничать, форсить). ‖ *прил.* **фасо́нный**, -ая, -ое (к 1 и 2 знач.)

ФАСО́НИСТЫЙ, -ая, -ое; -ист. **1.** Вычурного фасона, с претензиями на шик (прост.). *Ф. пиджак.* **2.** Любящий форсить, фасонить (прост.). *Фасонистая девица.* **3.** Имеющий сложную форму (об изделии) (спец.). *Фасонистая колба.* ‖ *сущ.* **фасо́нистость**, -и, *ж.*

ФАСО́НИТЬ, -ню, -нишь; *несов.* (прост.). То же, что форсить. *Ф. перед подружками.*

ФАСО́ННЫЙ, -ая, -ое. **1.** *см.* фасон. **2.** Относящийся к изделиям определённой модели, фасона, а также усложненной модели, фасона (спец.). *Фасонные трубы* (не прямые). *Фасонное литьё.*

ФАТ, -а, *м.* Пустой щеголь, франт.

ФАТА́, -ы́, *ж.* Закрывающее голову и верхнюю часть тела лёгкое покрывало из кисеи, кружев, шёлка. *Свадебная фата.*

ФАТАЛИ́ЗМ, -а, *м.* Вера в неотвратимость судьбы, в то, что всё в мире заранее предопределено таинственной силой, роком. ‖ *прил.* **фаталисти́ческий**, -ая, -ое.

ФАТАЛИ́СТ, -а, *м.* Человек, склонный к фатализму. ‖ *ж.* **фатали́стка**, -и.

ФАТАЛИСТИ́ЧЕСКИЙ, -ая, -ое. **1.** *см.* фатализм. **2.** То же, что фатальный.

ФАТАЛИСТИ́ЧНЫЙ, -ая, -ое; -чен, -чна. То же, что фатальный. ‖ *сущ.* **фаталисти́чность**, -и, *ж.*

ФАТА́ЛЬНЫЙ, -ая, -ое; -лен, -льна (книжн.). **1.** Предопределённый роком; загадочно-непонятный. *Фатальное совпадение. Фатальная неизбежность. Ф. случай.* **2.** Роковой, трагический по своей сути, по результатам. *Ф. исход Фатальные последствия.* ‖ *сущ.* **фата́льность**, -и, *ж.*

ФАТОВА́ТЫЙ, -ая, -ое; -а́т. Склонный к фатовству, к щегольству. ‖ *сущ.* **фатова́тость**, -и, *ж.*

ФАТОВСКО́Й, -а́я, -о́е. Свойственный фату, подчёркнуто щеголеватый. *Ф. вид.*

ФАТОВСТВО́, -а́, *ср.* Поведение фата.

ФА́УНА, -ы, *ж.* Животный мир. *Морская ф. Ф. тропиков. Фауны прошлых эпох.*

ФАШИ́ЗМ, -а, *м.* Идеология воинствующего расизма, антисемитизма и шовинизма, опирающиеся на неё политические течения, а также открытая террористическая диктатура одной господствующей партии, созданный ею репрессивный режим, направленный на подавление прогрессивных общественных движений, на уничтожение демократии и развязывание войны. *Победа над фашизмом.* ‖ *прил.* **фаши́стский**, -ая, -ое. *Фашистская оккупация. Ф режим.*

ФАШИ́НА, -ы, *ж.* (спец.). Связка прутьев, хвороста, камыша для укрепления откосов, насыпей, дорог по болоту, для вязки плотов. ‖ *прил.* **фаши́нный**, -ая, -ое.

ФАШИ́СТ, -а, *м.* Сторонник и последователь фашизма, член фашистской партии. ‖ *ж.* **фаши́стка**, -и. ‖ *прил.* **фаши́стский**, -ая, -ое.

ФАШИ́СТВУЮЩИЙ, -ая, -ее. Ведущий политику фашизма, насаждающий фашизм, действующий подобно фашистам. *Фашиствующие молодчики.*

ФАЭТО́Н[1], -а, *м.* **1.** Лёгкая коляска с откидным верхом. **2.** Тип легкового автомобиля с откидным верхом (спец.). ‖ *прил.* **фаэто́нный**, -ая, -ое.

ФАЭТО́Н[2], -а, *м.* Океаническая водоплавающая птица, родственная пеликану. *Семейство фаэтонов.*

ФАЯ́НС, -а, *м.* **1.** Мелкопористый, обычно белый керамический материал, по составу напоминающий фарфор. *Чашки из фаянса.* **2.** *собир.* Изделия, посуда из такого материала. ‖ *прил.* **фая́нсовый**, -ая, -ое.

ФЕВРА́ЛЬ, -я́, *м.* Второй месяц календарного года. ‖ *прил.* **февра́льский**, -ая, -ое.

ФЕДЕРАЛИ́ЗМ, -а, *м.* **1.** Принцип государственного устройства, основанного на федерации. **2.** Политическое течение, стремящееся к установлению такого строя. ‖ *прил.* **федерали́стский**, -ая, -ое.

ФЕДЕРАЛИ́СТ, -а, *м.* Сторонник федерализма.

ФЕДЕРА́ЦИЯ, -и, *ж.* **1.** Союзное государство, состоящее из объединившихся государств или государственных образований, сохраняющих определённую юридическую и политическую самостоятельность; соответствующая форма государственного устройства. *Российская Ф.* **2.** Союз отдельных обществ, организаций. *Всемирная ф. демократической молодёжи. Шахматная ф.* ‖ *прил.* **федерати́вный**, -ая, -ое *и* **федера́льный**, -ая, -ое (к 1 знач.). *Федеративное устройство. Федеративная единица. Федеральный канцлер.*

ФЕЕРИ́ЧЕСКИЙ, -ая, -ое (книжн.). **1.** *см.* феерия. **2.** То же, что феерический. *Феерическое зрелище.*

ФЕЕРИ́ЧНЫЙ, -ая, -ое; -чен, -чна (книжн.). Сказочно красивый, как в феерии. *Ф. вид озера в лунную ночь.* ‖ *сущ.* **фееpи́чность**, -и, *ж.*

ФЕЕ́РИЯ [*«ее» произносится как один полудолгий слог*], -и, *ж.* **1.** Театральное или цирковое представление сказочного содержания, отличающееся пышной постановкой и сценическими эффектами (спец.). **2.** *перен.* Волшебное, сказочное зрелище (книжн.). *Ф. зимнего леса.* ‖ *прил.* **феери́ческий**, -ая, -ое (к 1 знач.). *Феерические эффекты.*

ФЕЙЕРВЕ́РК, -а, *м.* Во время торжеств, празднеств: высоко взлетающие из ракеты (в 1 знач.) декоративные огни. *Устроить ф. Рассыпаться фейерверком* (также перен.: ярко, в разные стороны). *Ф. слов* (перен.: об излишнем многословии). ‖ *прил.* **фейерве́рочный**, -ая, -ое.

ФЕЙЕРВЕ́РКЕР, -а, *м.* В дореволюционной русской и нек-рых других армиях: звание военнослужащего младшего начальствующего состава в артиллерии; лицо, имеющее это звание.

ФЕЛЛА́Х, -а, *м.* В арабских странах: крестьянин-земледелец. ‖ *прил.* **фелла́хский**, -ая, -ое.

ФЕЛЬДМА́РШАЛ, -а, *м.* В дореволюционной русской и нек-рых других армиях: высший генеральский чин, а также лицо, имеющее этот чин. ‖ *прил.* **фельдма́ршальский**, -ая, -ое. *Ф. жезл.*

ФЕЛЬДФЕ́БЕЛЬ, -я, *м.* В дореволюционной русской и нек-рых других армиях: звание старшего унтер-офицера — помощника командира роты по хозяйству и внутреннему распорядку, а также лицо, имеющее это звание. ‖ *прил.* **фельдфе́бельский**, -ая, -ое. *Фельдфебельские замашки* (перен.: грубые, самоуправные).

ФЕ́ЛЬДШЕР, -а, *мн.* -а́, -о́в *и* -ы, -ов, *м.* Лицо со средним медицинским образованием, помощник врача. *Ф. скорой помощи. Военный ф.* ‖ *ж.* **фельдшери́ца**, -ы. *Ф.-акушерка.* ‖ *прил.* **фе́льдшерский**, -ая, -ое. *Фельдшерская школа.*

ФЕЛЬДЪЕ́ГЕРЬ, -я, *м.* Военный или правительственный курьер для особо важных поручений. ‖ *прил.* **фельдъе́герский**, -ая, -ое. *Фельдъегерская почтовая связь* (вид связи: приём, обработка, пересылка и доставка штабной корреспонденции).

ФЕЛЬЕТО́Н, -а, *м.* Газетная или журнальная статья на злободневную тему, использующая юмористические и сатирические приёмы изложения. ‖ *прил.* **фельето́нный**, -ая, -ое.

ФЕЛЬЕТОНИ́СТ, -а, *м.* Писатель, журналист — автор фельетонов. ‖ *ж.* **фельетони́стка**, -и. ‖ *прил.* **фельетони́стский**, -ая, -ое.

ФЕЛЮ́ГА, -и, *ж.* Небольшое парусное (теперь также и моторное) беспалубное судно на южных морях. ‖ *прил.* **фелю́жный**, -ая, -ое.

ФЕМИНИ́ЗМ, -а, *м.* Общественное движение за равноправие женщин с мужчинами.

ФЕМИНИ́СТ, -а, *м.* Сторонник феминизма. ‖ *ж.* **фемини́стка**, -и. ‖ *прил.* **фемини́стский**, -ая, -ое.

ФЕН, -а, *м.* Электрический прибор для сушки волос струёй нагретого воздуха.

ФЕ́НИКС, -а, *м.* В нек-рых древних мифологиях: птица, обладающая способностью сжигать себя и возрождаться из пепла, символ вечного обновления. *Как ф. из пепла возник кто-н.* (книжн.).

ФЕНИ́Л, -а, *м.* Радикал[2] (во 2 знач.), состоящий из пяти атомов водорода и шести атомов углерода, остаток бензола, входящий в состав многих органических соединений. ‖ *прил.* **фени́ловый**, -ая, -ое.

ФЕНО́Л, -а, *м.* Карболовая кислота. ‖ *прил.* **фено́ловый**, -ая, -ое.

ФЕНО́ЛОГ, -а, *м.* Специалист по фенологии.

ФЕНОЛО́ГИЯ, -и, *ж.* Раздел биологии, изучающий закономерность и периодичность явлений в жизни животных и растений в связи со сменой времен года. ‖ *прил.* **фенологи́ческий**, -ая, -ое.

ФЕНО́МЕН, -а, *м.* (книжн.). **1.** Явление, в к-ром обнаруживается сущность чего-н. *Ф. долголетия. Мода — социальный ф.* **2.** О человеке или явлении, выдающемся, исключительном в каком-н. отношении.

ФЕНОМЕНА́ЛЬНЫЙ, -ая, -ое; -лен, -льна (книжн.). Выдающийся, небывалый, исключительный. *Ф. успех. Ф. голос. Феноменальная сила. Феноменально* (нареч.) *умён.* ‖ *сущ.* **феномена́льность**, -и, *ж.*

ФЕ́НЯ, -и: **до фени** *что кому* (прост.) — грубое выражение безразличия: на всё наплевать.

ФЕОДА́Л, -а, *м.* При феодализме: землевладелец, представитель господствующего класса.

ФЕОДАЛИ́ЗМ, -а, *м.* Предшествующая капитализму общественно-экономическая формация, характеризующаяся существованием двух основных классов — феодалов и находящихся в личной от них зависимости крестьян. ‖ *прил.* **феода́льный**, -ая, -ое. *Феодальные порядки* (также перен.: самоуправные).

ФЕРЗЬ, -я́, *м.* В шахматах: самая сильная фигура, передвигаемая во всех направлениях по прямой и по диагонали, королева. ‖ *прил.* **фе́рзевый**, -ая, -ое *и* **ферзево́й**, -а́я, -о́е. *Ферзевый гамбит.*

ФЕ́РМА[1], -ы, *ж.* **1.** Животноводческое подразделение в хозяйстве совхоза или колхоза, а также специализированное звероводческое хозяйство. *Молочная ф. Племенная ф. Песцовая ф.* **2.** Частное хозяйство или сельскохозяйственное предприятие на собственном или арендуемом земельном участке. ‖ *прил.* **фе́рменный**, -ая, -ое.

ФЕ́РМА[2], -ы, *ж.* Сооружение из скреплённых стержней, брусьев. *Стальная ф. Мостовая ф.* ‖ *прил.* **фе́рмовый**, -ая, -ое *и* **фе́рменный**, -ая, -ое (спец.).

ФЕРМЕ́НТ, -а, *м.* (спец.). Белковый катализатор, присутствующий во всех живых клетках. ‖ *прил.* **ферме́нтный**, -ая, -ое.

ФЕ́РМЕР, -а, *м.* Владелец или арендатор фермы[1] (во 2 знач.). *Разорение фермеров.* ‖ *прил.* **фе́рмерский**, -ая, -ое.

ФЕРРОСПЛА́В, -а, *м.* (спец.). Сплав железа с другими элементами, используемый для легирования стали. ‖ *прил.* **ферроспла́вный**, -ая, -ое.

ФЕРТ, -а, *м.* **1.** Старинное название буквы «Ф». **2.** Самодовольный и развязный человек, обычно франт (прост.). ✦ **Фертом стоять или смотреть** (прост.) — подбоченившись, так, что похоже на букву **«Ф»**, развязно.

ФЕ́РЯЗЬ, -и, *ж.* Старинная русская верхняя одежда (мужская и женская), длинная и распашная, без воротника.

ФЕ́СКА, -и, *род. мн.* -сок, *ж.* Шапочка в виде усечённого конуса с кисточкой, головной убор в нек-рых странах Ближнего Востока.

ФЕСТИВА́ЛЬ, -я, *м.* Широкая общественная праздничная встреча, сопровождающаяся смотром достижений каких-н. видов искусства. *Музыкальный, театральный, кинематографический ф. Ф. искусств. Всемирный ф. молодёжи и студентов.* ‖ *прил.* **фестива́льный**, -ая, -ое.

ФЕСТО́Н, -а, *м.* Один из выступов зубчатой каймы по краям штор, занавесок, отделки женского платья, белья. *Фестоны по подолу юбки.* ‖ *уменьш.* **фесто́нчик**, -а, *м.* ‖ *прил.* **фесто́нный**, -ая, -ое.

ФЕТИ́Ш, -а *и* -а́, *м.* **1.** У первобытных народов: обожествляемая вещь. **2.** *перен.* То, что является предметом безусловного признания, слепого поклонения. *Сделать себе ф. из чего-н.*

ФЕТИШИЗИ́РОВАТЬ, -рую, -руешь; -анный; *сов.* и *несов.*, *что* (книжн.). Превратить (-ащать) что-н. в фетиш (во 2 знач.), относиться к чему-н. как к фетишу. ‖ *сущ.* **фетишиза́ция**, -и, *ж.*

ФЕТИШИ́ЗМ, -а, *м.* **1.** У первобытных народов: культ неодушевлённых предметов, наделяемых сверхъестественными свойствами. **2.** Поклонение фетишам (во 2 знач.) (книжн.). ‖ *прил.* **фетиши́стский**, -ая, -ое.

ФЕТР, -а, *м.* Плотный валяный материал из высококачественных сортов шерсти. ‖ *прил.* **фе́тровый**, -ая, -ое. *Фетровая шляпа.*

ФЕФЁЛА, -ы, *м.* и *ж.* (прост. пренебр.). Нескладный, неуклюжий человек.

ФЕХТОВА́ЛЬЩИК, -а, *м.* Спортсмен, занимающийся фехтованием; тот, кто фехтует. ‖ *ж.* **фехтова́льщица**, -ы.

ФЕХТОВА́ТЬ, -ту́ю, -ту́ешь; *несов.* Биться на рапирах, шпагах, саблях. ‖ *сущ.* **фехтова́ние**, -я, *ср. Спортивное ф.* ‖ *прил.* **фехтова́льный**, -ая, -ое.

ФЕШЕНЕ́БЕЛЬНЫЙ, -ая, -ое; -лен, -льна (книжн.). Отвечающий требованиям лучшего вкуса, вполне светский и модный. *Ф. ресторан.* ‖ *сущ.* **фешене́бельность**, -и, *ж.*

ФЕ́Я, -и, *ж.* В западноевропейской сказочной литературе: волшебница. *Добрая ф. Злая ф.*

ФИ, *межд.* Выражает презрение, отвращение. *Фи, какая гадость!*

ФИА́КР, -а, *м.* (устар.). В Западной Европе: лёгкий наёмный экипаж.

ФИА́ЛКА, -и, *ж.* Травянистое растение с фиолетовыми (или жёлтыми, белыми) цветками. ✦ **Ночная фиалка** — травянистое растение сем. крестоцветных с прямым высоким стеблем и собранными в соцветие мелкими белыми душистыми цветками. ‖ *прил.* **фиа́лковый**, -ая, -ое. *Ф. корень* (корневище ириса, пахнущее фиалками). *Семейство фиалковых* (сущ.).

ФИА́ЛКОВЫЙ, -ая, -ое. **1.** *см.* фиалка. **2.** Светло-фиолетовый, цвета фиалки.

ФИА́СКО, *нескл., ср.* (книжн.). Неуспех, полная неудача. *Потерпеть ф.*

ФИ́БРА[1], -ы, *ж.* **1.** Жилка, нерв (устар.). **2.** *мн., перен.* Употр. в нек-рых выражениях в сочет. с мест. «весь» в знач. всё существо (человека), совокупность всех сил (книжн.). *Дрожать всеми своими фибрами. Страх пронизывал все фибры его существа. Ненавидеть всеми фибрами души.*

ФИ́БРА[2], -ы, *ж.* (спец.). Гибкие и прочные листы из прессованной и пропитанной специальным составом бумажной массы, употр. как изоляционный материал и для изготовления чемоданов, коробок. ‖ *прил.* **фи́бровый**, -ая, -ое. *Ф. чемодан.*

ФИБРО́МА, -ы, *ж.* (спец.) Доброкачественная опухоль из волокнистой соединительной ткани. ‖ *прил.* **фибро́мный**, -ая, -ое *и* **фиброматóзный**, -ая, -ое.

ФИ́ГА[1], -и, *ж.* Фиговое дерево, а также плод этого дерева. ‖ *прил.* **фи́говый**, -ая, -ое. *Ф. листок* (также перен.: лицемерное прикрытие чего-н. заведомо бесстыдного, нечестного [по принятому в древнем искусстве изображению фигового листка на месте половых органов в скульптуре обнажённого мужского тела]).

ФИ́ГА[2], -и, *ж.* и **ФИГ**, -а, *м.* (прост.). То же, что кукиш. *Показать фигу кому-н.* ✦ **Фи́га (с) два** — грубое выражение отрицания, несогласия. *Фига (с) два я его послушаюсь.* **Ни фига́** — совсем ничего, ни черта. *Ни фига не заплатили.* **Иди (ты) на́ фиг** — убирайся, проваливай. **До фига́** *чего* — очень много. *Еды там до фига.* **Фиг с тобой (с ним и т. д.)** — выражение презрения, нежелания иметь дело с кем-н. *Ушёл, ну и фиг с ним.* **Фигу с маслом получишь** — ничего не получишь. ‖ *уменьш.* **фи́гушки**, -шек: 1) *в знач. частицы*, выражает насмешливое отрицание. *Пойдёшь со мной? — Фигушки!*; 2) *в знач. сказ.*, ни за что, никоим образом. *Фигушки-то я туда пойду!*

ФИ́ГЛИ-МИ́ГЛИ, фи́глей-ми́глей (разг. шутл.). Уловки, шутки, какие-н. непонятные или неблаговидные приёмы. *Знаю я ваши фигли-мигли, не проведёте!*

ФИГЛЯ́Р, -а, *м.* **1.** Фокусник, акробат (устар.). *Ярмарочный ф.* **2.** *перен.* Человек, к-рый паясничает, шут (в 3 знач.) (пренебр.). *Жалкий ф.* ‖ *прил.* **фигля́рский**, -ая, -ое.

ФИГЛЯ́РИТЬ, -рю, -ришь, **ФИГЛЯ́РНИЧАТЬ**, -аю, -аешь и **ФИГЛЯ́РСТВОВАТЬ**, -твую, -твуешь; *несов.* (разг.). Заниматься фиглярством.

ФИГЛЯ́РСТВО, -а, *ср.* Поведение, выходка фигляра (во 2 знач.).

ФИГНЯ́, -и́, *ж.* (прост.). О чём-н. негодном, гадком. *Притащил в дом какую-то фигню.*

ФИ́ГОВЫЙ, -ая, -ое. **1.** *см.* фига[1]. **2. фиговое дерево** — южное дерево сем. тутовых, плоды к-рого срастаются в шаровидные соплодия, инжир.

ФИГО́ВЫЙ, -ая, -ое (прост.). Очень плохой.

ФИГУ́РА, -ы, *ж.* **1.** В геометрии: часть плоскости, ограниченная замкнутой линией, а также совокупность определённым образом расположенных точек, линий, поверхностей или тел. **2.** Положение, принимаемое кем-чем-н. при исполнении чего-н. в движении (в танце, при полёте в воздухе). *Фигуры высшего пилотажа.* **3.** Скульптурное или живописное изображение человека или животного. *Восковая ф. На пьедестале ф. всадника.* **4.** Телосложение, а также внешние очертания тела. *Стройная ф. В темноте мелькнула чья-то ф. Облако похоже на фигуру верблюда.* **5.** *перен.* О человеке как носителе каких-н. свойств (разг.). *Подозрительная ф. Крупная политическая ф. Раньше он был фигурой* (значительным человеком). *Не велика ф.* **6.** Старшая игральная карта (валет, дама, король, туз), а также в шахматах: общее название короля, ферзя, слона, коня, ладьи в отличие от пешек. **7.** Слово или оборот речи, усиливающие выразительность (спец.). *Риторическая ф.* ‖ *уменьш.* **фигу́рка**, -и, *ж.* (к 3 и 4 знач.). ‖ *прил.* **фигу́рный**, -ая, -ое (к 6 и в нек-рых сочетаниях, спец., к 3 знач.).

ФИГУРА́ЛЬНЫЙ, -ая, -ое; -лен, -льна. Иносказательный, образный, являющийся фигурой (в 7 знач.). *Фигуральное выражение. Говорить фигурально* (нареч.). ‖ *сущ.* **фигура́льность**, -и, *ж.*

ФИГУРА́НТ, -а, *м.* (устар.). **1.** Танцовщик в групповых балетных выступлениях. **2.** То же, что статист (в 1 знач.). ‖ *ж.* **фигура́нтка**, -и.

ФИГУРИ́РОВАТЬ, -рую, -руешь; *несов.* **1.** Быть, присутствовать где-н., принимая в чём-н. участие. *Ф. на суде в качестве свидетеля.* **2.** Быть предметом внимания, обсуждения. *Этот вопрос не фигурировал в повестке дня.* ‖ *сущ.* **фигури́рование**, -я, *ср.*

ФИГУРИ́СТ, -а, *м.* Спортсмен, занимающийся фигурным катанием на коньках, а также вообще исполнением каких-н. спортивных упражнений с фигурами (во 2 знач.). ‖ *ж.* **фигури́стка**, -и. ‖ *прил.* **фигури́стский**, -ая, -ое.

ФИГУ́РИСТЫЙ, -ая, -ое; -ист (прост.). **1.** Замысловатый по форме. *Фигуристо* (нареч.) *выражаться.* **2.** Имеющий хорошую или заметную фигуру (в 4 знач.). *Фигуристая девица.*

ФИГУ́РКА, -и, *ж.* **1.** *см.* фигура. **2.** Маленькая вещичка законченной формы различного назначения; миниатюрная скульптурка. *Игральные фигурки* (в настольных играх). *Деревянные, глиняные, каменные фигурки. Ф. божка. Декоративные фигурки из корней, сучьев. Фигурки-безделушки. Ф. оленя.*

ФИГУ́РНЫЙ, -ая, -ое. **1.** *см.* фигура. **2.** Имеющий вид какой-н. геометрической фигуры, узора. *Фигурная резьба.* **3.** Исполняемый с фигурами (во 2 знач.). *Фигурное катание на коньках, на водных лыжах. Фигурное плавание. Фигурные коньки* (для фигурного катания). ‖ *сущ.* **фигу́рность**, -и, *ж.*

ФИДЕИ́ЗМ [дэ], -а, *м.* Религиозное учение, ставящее веру над разумом. ‖ *прил.* **фидеисти́ческий**, -ая, -ое. *Фидеистические взгляды.*

ФИДЕИ́СТ [дэ], -а, *м.* Последователь фидеизма. ‖ *ж.* **фидеи́стка**, -и. ‖ *прил.* **фидеи́стский**, -ая, -ое.

ФИ́ЖМЫ, фижм. В 18 — нач. 19 в.: каркас в виде обруча, вставлявшийся под юбку у бёдер, а также юбка с таким каркасом.

ФИЗ... *Первая часть сложных слов со знач.:* 1) физический (во 2 знач.), напр. *физзарядка, физкультура, физподготовка, физпроцедуры*; 2) физкультурный, напр. *физрук.*

ФИ́ЗИК, -а, *м.* Специалист по физике.

ФИ́ЗИКА[1], -и, *ж.* **1.** Одна из основных областей естествознания — наука о свойствах и строении материи, о формах её движения и изменения, об общих закономерностях явлений природы. *Теоретическая ф. Прикладная ф.* **2.** Сами такие свойства и строение, формы движения и изменения. *Ф твёрдого тела. Ф. плазмы. Ф. ядра.* ‖ *прил.* **физи́ческий**, -ая, -ое.

ФИ́ЗИКА[2], -и и **ФИ́ЗИЯ**, -и, *ж.* (прост.) То же, что лицо (в 1 знач.).

ФИЗИО́ЛОГ, -а, *м.* Специалист по физиологии (в 1 знач.).

ФИЗИОЛО́ГИЯ, -и, *ж.* **1.** Наука о жизнедеятельности организма, его клеток, органов, функциональных систем. *Ф. человека. Ф. животных. Ф. растений.* **2.** Совокупность жизненных процессов, происходящих в организме и его частях. *Ф. высшей нервной деятельности. Ф. дыхания.* **3.** *перен.* Грубая чувственность, секс (разг.). ‖ *прил.* **физиологи́ческий**, -ая, -ое.

ФИЗИОНО́МИЯ, -и, *ж.* (разг.). То же, что лицо (в 1 и 2 знач.). *Неприятная, лукавая, смешная ф. Ф. города, местности* (перен.). ‖ *прил.* **физиономи́ческий**, -ая, -ое (устар.).

ФИЗИОТЕРАПЕ́ВТ, -а, *м.* Специалист по физиотерапии. *Врач-ф.*

ФИЗИОТЕРАПИ́Я, -и, *ж.* **1.** Раздел медицины, изучающий действие на организм естественных и искусственных физических факторов. **2.** Лечебное использование физических средств (движения, тепла, воды, света, электричества). ‖ *прил.* **физиотерапевти́ческий**, -ая, -ое. *Ф. кабинет.*

ФИЗИ́ЧЕСКИЙ, -ая, -ое. **1.** *см.* физика[1]. **2.** Относящийся к работе мышц, мускулов; телесный. *Физическая сила. Ф. труд. Физическое насилие* (нанесение побоев, телесных повреждений). *Физически* (нареч.) *он очень крепок. Физическая культура* (укрепление здоровья, всестороннее совершенствование и развитие тела путём упражнения мускулов, физкультура). **3.** Относящийся к половым взаимоотношениям. *Физическая близость.* **4.** Вещественный, материальный (книжн.). *Ф. износ машин.*

ФИЗКУЛЬТУ́РА, -ы, *ж.* Сокращение: физическая культура. *Лечебная ф. Урок физкультуры.* ‖ *прил.* **физкульту́рный**, -ая, -ое. *Ф. парад.*

ФИЗКУЛЬТУ́РНИК, -а, *м.* **1.** Человек, занимающийся физической культурой, спортом. *Парад физкультурников.* **2.** Преподаватель физкультуры (разг.). ‖ *ж.* **физкульту́рница**, -ы.

ФИЗРУ́К, -а *и* -а́, *м.* (разг.). Сокращение: физкультурный руководитель; преподаватель физкультуры. ‖ *прил.* **физру́ковский**, -ая, -ое.

ФИКС: **идея фикс** (книжн.) — навязчивая, неотвязная, преследующая кого-н. мысль.

ФИКСА́Ж, -а, *м.* (спец.). Химический состав, раствор для промывки фотографического негатива или отпечатка с целью закрепления изображения. ‖ *прил.* **фикса́жный**, -ая, -ое.

ФИКСАТУА́Р, -а, *м.* Помада для волос, придающая гладкость мужской причёске.

ФИКСИ́РОВАТЬ, -рую, -руешь; -анный; *несов.* (неопр. и прош. также *сов.*), *что* (книжн.). **1.** Отмечать, замечать на бумаге или в сознании (записывать, зарисовывать, запоминать). *Ф. все высказывания. Ф что-н. в памяти.* **2.** Окончательно устанавливать. *Ф. сроки.* **3.** Сосредоточивать, направлять. *Ф. внимание. Ф. свой взгляд на чём-н.* **4.** Закреплять в определённом положении. *Фиксирующая повязка.* **5.** Обрабатывать (материал) химическим веществом для закрепления состава, вида, формы (спец.). ‖ *сов.* **зафиксировать,** -рую, -руешь; -анный (к 1 и 2 знач.). ‖ *сущ.* **фикси́рование,** *-я, ср.* (к 1, 2 и 3 знач.) *и* **фикса́ция,** -и, *ж.* (к 4 и 5 знач.).

ФИКТИ́ВНЫЙ, -ая, -ое; -вен, -вна (книжн.). Являющийся фикцией. *Ф. брак. Ф. счёт, вексель.* ‖ *сущ.* **фикти́вность,** -и, *ж.*

ФИ́КУС, -а, *м.* Тропическое вечнозелёное дерево сем. тутовых с широкими плотными овальными листьями, разводимое как комнатное декоративное растение. ‖ *прил.* **фи́кусный,** -ая, -ое.

ФИК-ФОК: фик-фок на один бок (разг. шутл.) — о чём-н. помещённом криво, сбившемся набок. *Шляпа фик-фок на один бок.*

ФИ́КЦИЯ, -и, *ж.* (книжн.). Намеренно созданное, измышленное положение, построение, не соответствующее действительности, а также вообще подделка.

ФИЛАНТРО́П, -а, *м.* Человек, к-рый занимается филантропией. ‖ *ж.* **филантро́пка,** -и.

ФИЛАНТРО́ПИЯ, -и, *ж.* Благотворительная деятельность, оказание помощи и покровительства неимущим, нуждающимся. ‖ *прил.* **филантропи́ческий,** -ая, -ое. *Филантропическое общество.*

ФИЛАРМО́НИЯ, -и, *ж.* **1.** Учреждение, занятое организацией концертов и пропагандой музыкального искусства. *Артисты филармонии.* **2.** Концертный зал такого учреждения. ‖ *прил.* **филармони́ческий,** -ая, -ое (к 1 знач.). *Ф. оркестр.*

ФИЛАТЕЛИ́СТ [тэ], -а, *м.* Человек, к-рый занимается филателией. ‖ *ж.* **филатели́стка,** -и. ‖ *прил.* **филатели́стский,** -ая, -ое.

ФИЛАТЕЛИ́Я [тэ], -и, *ж.* **1.** Коллекционирование почтовых и иных марок, почтовых знаков (прежде также бумажных денежных знаков). **2.** Магазин, торгующий таким коллекционным товаром. ‖ *прил.* **филателисти́ческий,** -ая, -ое.

ФИЛЕ́[1]. **1.** *нескл., ср.* Вышивка по нитчатой сетке. *Ажурное ф.* **2.** *неизм.* О вышивке: сделанный по такой сетке. *Вышивка-ф.* ‖ *прил.* **филе́йный,** -ая, -ое (к 1 знач.). *Филейная работа.*

ФИЛЕ́[2], *нескл., ср.* **1.** Мясо высшего сорта из хребтовой части туши, вырезка (в 3 знач.). **2.** Кусок мяса или рыбы, очищенный от костей. *Тресковое ф.* ‖ *прил.* **филе́йный,** -ая, -ое.

ФИЛЕ́Й, -я, *м.* То же, что филе[2] (в 1 знач.). ‖ *прил.* **филе́йный,** -ая, -ое. *Филейная часть.*

ФИЛЁНКА, -и, *ж.* (спец.). **1.** Тонкая доска или фанера, вставляемая в какую-н. раму. *Дверная ф.* **2.** Узкая цветная полоска, разделяющая по-разному окрашенные участки (обычно на стене). ‖ *прил.* **филёночный,** -ая, -ое.

ФИЛЁР, -а, *м.* (устар.). Полицейский агент, сыщик. ‖ *прил.* **филёрский,** -ая, -ое.

ФИЛИА́Л, -а, *м.* Самостоятельное отделение какого-н. учреждения. *Ф. банка. Ф. библиотеки, театра, музея.* ‖ *прил.* **филиа́льный,** -ая, -ое (книжн.).

ФИЛИГРА́ННЫЙ, -ая, -ое; -а́нен, -а́нна. **1.** *см.* филигрань. **2.** *перен.* Очень тщательный, требующий особенного внимания к мелочам и деталям. *Филигранная работа.* ‖ *сущ.* **филигра́нность,** -и, *ж.*

ФИЛИГРА́НЬ, -и, *ж.* **1.** также *собир.* Ювелирное узорчатое изделие из тонкой кручёной проволоки. *Серебряная ф.* **2.** Водяной знак на бумаге, а также бумага с таким знаком. ‖ *прил.* **филигра́нный,** -ая, -ое (к 1 знач.). *Филигранные изделия.*

ФИ́ЛИН, -а, *м.* Крупная птица отряда сов.

ФИЛИ́ППИКА, -и, *ж.* (книжн.). Гневная обличительная речь [от названия речей древнегреческого оратора Демосфена против царя Филиппа Македонского].

ФИЛИППИ́НСКИЙ, -ая, -ое. **1.** *см.* филиппинцы. **2.** Относящийся к филиппинцам, к их языкам, национальному характеру, образу жизни, культуре, а также к Филиппинам, их территории, внутреннему устройству, истории; такой, как у филиппинцев, как на Филиппинах. *Филиппинские языки* (австронезийской семьи языков). *Филиппинские провинции. Филиппинское песо* (денежная единица).

ФИЛИППИ́НЦЫ, -ев, *ед.* -и́нец, -и́нца, *м.* Группа народов, составляющих основное население Филиппин. ‖ *ж.* **филиппи́нка,** -и. ‖ *прил.* **филиппи́нский,** -ая, -ое.

ФИЛИ́СТЕР, -а, *м.* (книжн.). Человек с узким обывательским кругозором и ханжеским поведением. ‖ *прил.* **фили́стерский,** -ая, -ое.

ФИЛИ́СТЕРСТВО, -а, *ср.* (книжн.). Поведение филистера.

ФИЛОКАРТИ́СТ, -а, *м.* Человек, к-рый занимается филокартией. ‖ *ж.* **филокарти́стка,** -и. ‖ *прил.* **филокарти́стский,** -ая, -ое.

ФИЛОКАРТИ́Я, -и, *ж.* Коллекционирование художественных, фотографических открыток. ‖ *прил.* **филокарти́ческий,** -ая, -ое.

ФИЛО́ЛОГ, -а, *м.* Специалист по филологии.

ФИЛОЛО́ГИЯ, -и, *ж.* Совокупность наук, изучающих духовную культуру народа, выраженную в языке и литературном творчестве. *Славянская ф.* ‖ *прил.* **филологи́ческий,** -ая, -ое.

ФИЛО́Н, -а, *м.* (прост.). Лентяй, лодырь.

ФИЛО́НИТЬ, -ню, -нишь; *несов.* (прост.). Бездельничать, лодырничать.

ФИЛО́СОФ, -а, *м.* **1.** Специалист по философии, а также создатель какой-н. философской системы. **2.** *перен.* Человек, к-рый разумно, рассудительно и спокойно относится ко всем явлениям жизни, к ее невзгодам (разг.).

ФИЛОСОФИ́ЧНЫЙ, -ая, -ое; -чен, -чна (устар.). То же, что философский (в 3 знач.). *Ф. тон.* ‖ *сущ.* **философи́чность,** -и, *ж.*

ФИЛОСО́ФИЯ, -и, *ж.* **1.** Наука о наиболее общих законах развития природы, общества и мышления. *Античная ф. Гегелевская ф. Немецкая классическая философия.* **2.** *чего.* Методологические принципы, лежащие в основе какой-н. науки. *Ф. математики.* **3.** Отвлечённые, не идущие к делу рассуждения (разг.). *Целую философию развёл по пустякам.* ✦ **Мелкая философия на глубоких местах** (ирон.) — о наукообразных и бессодержательных рассуждениях. ‖ *прил.* **филосо́фский,** -ая, -ое (к 1 знач.).

ФИЛОСО́ФСКИЙ, -ая, -ое. **1.** *см.* философия. **2.** Свойственный философу (во 2 знач.), разумный, рассудительный и спокойный (разг.). *Философское спокойствие. Относиться ко всему философски* (нареч.). **3.** *перен.* Глубокомысленный, серьёзный (разг.). *Говорить с философским видом.* ✦ **Философский камень** — по представлениям средневековых алхимиков: таинственный, чудодейственный камень, якобы способный обращать все металлы в золото и излечивать все болезни.

ФИЛОСО́ФСТВОВАТЬ, -твую, -твуешь; *несов.* **1.** Заниматься философскими построениями (устар.). **2.** *перен.* Мудрено или беспочвенно рассуждать, умствовать (разг.). ‖ *сущ.* **филосо́фствование,** -я, *ср.* (ко 2 знач.).

ФИЛОФОНИ́СТ, -а, *м.* Человек, к-рый занимается филофонией. ‖ *ж.* **филофони́стка,** -и. ‖ *прил.* **филофони́стский,** -ая, -ое.

ФИЛОФОНИ́Я, -и, *ж.* Коллекционирование звукозаписей. ‖ *прил.* **филофони́ческий,** -ая, -ое.

ФИЛУМЕНИ́СТ, -а, *м.* Человек, к-рый занимается филуменией. ‖ *ж.* **филумени́стка,** -и. ‖ *прил.* **филумени́стский,** -ая, -ое.

ФИЛУМЕНИ́Я, -и, *ж.* Коллекционирование спичечных этикеток. ‖ *прил.* **филумenisти́ческий,** -ая, -ое.

ФИЛЬМ, -а, *м.* **1.** Тонкая плёнка в виде ленты со светочувствительным слоем, употр. для киносъёмок (устар. спец., *первонач.* также фи́льма, -ы, ж.). **2.** Такая лента со снимками, объединёнными единым сюжетом или задачей информации, предназначенная для проекции на экран, для показа в кино, по телевидению; произведение кино- или телеискусства. *Учебный ф. Художественный ф. Научно-популярный ф. Игровой, хроникальный ф. Телевизионный ф. Короткометражный ф. Ф.-опера.* ‖ *прил.* **фи́льмовый,** -ая, -ое.

ФИЛЬМИ́РОВАТЬ, -рую, -руешь; -анный; *сов.* и *несов., что* (спец.). Перенести (-носить) изображение (обычно печатный текст) на фильм (в 1 знач.). ‖ *сущ.* **фильми́рование,** *-я, ср.*

ФИЛЬМО... *Первая часть сложных слов со знач.* относящийся к фильмам (во 2 знач.), напр. *фильмофонд, фильмокопия.*

ФИЛЬМОСКО́П, -а, *м.* Проектор для показа диафильмов. ‖ *прил.* **фильмоско́пный,** -ая, -ое.

ФИЛЬМОТЕ́КА, -и, *ж.* Учреждение, собирающее и хранящее фильмы (во 2 знач.), а также само такое собрание. ‖ *прил.* **фильмоте́чный,** -ая, -ое.

ФИЛЬТР, -а, *м.* **1.** Прибор, устройство или сооружение для очищения жидкостей, газов от твёрдых частиц, примесей. **2.** Устройство для выделения лучей, сигналов определённой частоты из потока волн (во 2 знач.) (спец.). *Световой ф. Акустический ф. Электрический ф.* ‖ *прил.* **фильтровый,** -ая, -ое.

ФИЛЬТРА́ЦИЯ, -и, *ж.* **1.** *см.* фильтровать. **2.** Просачивание, естественное процеживание жидкостей, газов через пористые вещества (спец.).

ФИЛЬТРОВА́ТЬ, -ру́ю, -ру́ешь; -о́ванный; *несов., что.* Пропускать через фильтр. *Ф. воду.* ‖ *сов.* **отфильтрова́ть,** -рую, -руешь; -о́ванный *и* **профильтрова́ть,** -рую, -руешь; -о́ванный. ‖ *сущ.* **фильтрова́ние,** *-я, ср. и* **фильтра́ция,** -и, *ж.* ‖ *прил.* **фильтрова́льный,** -ая, -ое *и* **фильтрацио́нный,** -ая, -ое. *Фильтровальная бумага. Фильтрационные устройства.*

ФИМИА́М, -а, *м.* (устар.). Благовонное вещество для курения, а также дым, поднимающийся при таком курении. ✦ **Курить (воскурять) фимиам** *кому* (книжн. ирон.) — льстиво или преувеличенно восхвалять кого-н.

ФИН... *Первая часть сложных слов со знач.* финансовый, напр. *финотдел, фининспектор.*

ФИНА́Л, -а, *м.* **1.** Завершение, конец, заключительная часть чего-н. *Блестящий ф. Ф. пьесы. Бесславный ф.* **2.** Заключительная часть спортивных соревнований, выявляющая победителя. *Команда вышла в ф.* ‖ *прил.* **фина́льный**, -ая, -ое.

ФИНАЛИ́СТ, -а, *м.* Спортсмен (или спортивная команда), вышедший (-ая) в финал (во 2 знач.). ‖ *ж.* **финали́стка**, -и. ‖ *прил.* **финали́стский**, -ая, -ое.

ФИНАНСИ́РОВАТЬ, -рую, -руешь; -анный; *сов.* и *несов., кого-что.* Снабдить (-бжать) денежными средствами, финансами. *Ф. строительство.* ‖ *сущ.* **финанси́рование**, -я, *ср.*

ФИНАНСИ́СТ, -а, *м.* **1.** Специалист по ведению финансовых операций, по финансовым наукам. **2.** Владелец крупного финансового капитала. ‖ *ж.* **финанси́стка**, -и. ‖ *прил.* **финанси́стский**, -ая, -ое.

ФИНА́НСЫ, -ов. **1.** Совокупность денежных средств государства, предприятия; система формирования и распределения этих средств. *Государственные ф.* **2.** Деньги, денежные дела (разг.). *С финансами туго у кого-н.* ✦ **Финансы поют романсы** (разг. шутл.) — о безденежье: с деньгами туго, их нет или их не хватает. ‖ *прил.* **фина́нсовый**, -ая, -ое. *Ф. год* (годичный срок оборота финансовых средств).

ФИ́НИК, -а, *м.* Съедобный плод финиковой пальмы. ‖ *прил.* **фи́никовый**, -ая, -ое.

ФИ́НИКОВЫЙ, -ая, -ое. **1.** *см.* финик. **2. финиковая пальма** — пальма с перистыми листьями, дающая сладкие плоды — финики.

ФИНИ́ФТЬ, -и, *ж.* **1.** Эмаль, применяющаяся при художественной росписи металлических изделий. **2.** *собир.* Художественные изделия, расписанные такой эмалью, а также сама такая роспись. *Коллекция финифтей.* ‖ *прил.* **фини́фтяный**, -ая, -ое *и* **фини́фтевый**, -ая, -ое. *Финифтяное искусство. Финифтевый ларчик* (покрытый финифтью).

ФИ́НИШ, -а, *м.* **1.** Заключительная часть спортивного состязания на скорость. **2.** Конечный пункт, конец такого состязания. *Прийти к финишу* (также перен.). **3.** Некрое расстояние на спортивной дистанции перед конечным пунктом. *Хорошо пройти ф.* ‖ *прил.* **фи́нишный**, -ая, -ое. *Выйти на финишную прямую* (также перен.).

ФИНИШИ́РОВАТЬ, -рую, -руешь; *сов.* и *несов.* **1.** Прийти (приходить) к финишу (во 2 знач.). **2.** Пройти (проходить) в финише (в 3 знач.). ‖ *сущ.* **финиши́рование**, -я, *ср.*

ФИ́НКА[1], -и, *ж.* **1.** Нож с толстым коротким лезвием, так наз. финский нож (разг.). **2.** Круглая плоская шапка с меховым околышем, опускающимся сзади и с боков (устар.).

ФИ́НКА[2] *см.* финны.

ФИ́ННО-УГО́РСКИЙ, -ая, -ое. **1. финно-угорские языки** — семья языков, включающая венгерский, вепсский, водский, ижорский, карельский, коми-зырянский, коми-пермяцкий, ливский, мансийский, марийский, мокша-мордовский, саамский, удмуртский, финский, хантыйский, эстонский и нек-рые другие языки. **2. финно-угорские народы** — народы, говорящие на этих языках.

ФИ́ННО-УГРОВЕ́Д, -а, *м.* Специалист по финно-угроведению.

ФИ́ННО-УГРОВЕ́ДЕНИЕ, -я, *ср.* Совокупность наук, изучающих историю, языки, литературу, фольклор и культуру финно-угорских народов. ‖ *прил.* **финно-угрове́дческий**, -ая, -ое.

ФИ́ННЫ, -ов, *ед.* финн, -а, *м.* Народ, составляющий основное население Финляндии. ‖ *ж.* **фи́нка**, -и. ‖ *прил.* **фи́нский**, -ая, -ое.

ФИ́НСКИЙ, -ая, -ое. **1.** *см.* финны. **2.** Относящийся к финнам, их языку, национальному характеру, образу жизни, культуре, а также к Финляндии, её территории, внутреннему устройству, истории; такой, как у финнов, как в Финляндии. *Ф. язык* (финно-угорской семьи языков). *Ф. (карело-финский) народный эпос* (Калевала). *Финская баня* (сауна). *Ф. нож* (нож с толстым коротким лезвием, финка). *Финские сани* (сани на длинных металлических полозьях, с сидением в виде стула). *Ф. дом* (сборный деревянный дом). *По-фински* (нареч.).

ФИНТ, -а *и* -а́, *м.* **1.** Хитрая уловка (прост.). **2.** В спорте: обманное движение, ложный выпад.

ФИНТИ́ТЬ, -нчу́, -нти́шь; *несов.* (разг.). Хитрить, лукавить, вести себя неестественно.

ФИНТИФЛЮ́ШКА, -и, *ж.* (разг. неодобр.). **1.** Безделушка, мелкое украшение. **2.** Пуская и легкомысленная женщина.

ФИОЛЕ́ТОВО-... *Первая часть сложных слов со знач.* с фиолетовым оттенком, напр. *фиолетово-голубой, фиолетово-розовый, фиолетово-серый.*

ФИОЛЕ́ТОВЫЙ, -ая, -ое; -ов. То же, что лиловый. *Ф. ирис. Ф. аметист. Фиолетовые чернила.*

ФИО́РД *см.* фьорд.

ФИ́РМА, -ы, *ж.* **1.** Торговое или промышленное предприятие, производственное объединение. *Крупная ф. Торговая ф. Иностранная ф.* **2.** *перен.* Внешний вид, прикрытие, предлог для чего-н. (устар.). *Его сочувствие — только ф.* **3.** *собир.* Модная одежда (прост.). ✦ **Под фирмой** *чего, в знач. предлога с род. п.* — то же, что под флагом чего-н. **Секрет фирмы** (разг. шутл.) — как это удалось, как это сделано — секрет (обычно о чём-н. хорошем). ‖ *прил.* **фи́рменный**, -ая, -ое (к 1 знач.).

ФИРМА́Ч, -а́, *м.* (прост. и шутл.). Представитель или глава фирмы.

ФИ́РМЕННЫЙ, -ая, -ое. **1.** *см.* фирма. **2.** Непосредственно относящийся к той или иной промышленной отрасли или предприятию. *Ф. магазин. Ф. знак* (специальный знак предприятия). **3.** *перен.* Об изделии: очень хороший, высокого качества (прост.). *Фирменные джинсы.*

ФИРН, -а, *м.* (спец.). Плотный, крупнозернистый слежавшийся снег. ‖ *прил.* **фи́рновый**, -ая, -ое.

ФИСГАРМО́НИЯ, -и, *ж.* Клавишный духовой музыкальный инструмент с мехами.

ФИСКА́Л, -а, *м.* **1.** При Петре I: чиновник, наблюдавший за законностью действий учреждений и лиц, гл. обр. в области финансовой и судебной. **2.** *перен.* Ябедник, доносчик (разг.). ‖ *ж.* **фиска́лка**, -и (ко 2 знач.). ‖ *прил.* **фиска́льский**, -ая, -ое.

ФИСКА́ЛИТЬ, -лю, -лишь; *несов.* (разг.). Быть фискалом (во 2 знач.), ябедничать. ‖ *сущ.* **фиска́льство**, -а, ср.

ФИСТА́ШКА, -и, *род. мн.* -шек, *ж.* Южное дерево, дающее плоды в виде зеленоватых съедобных орешков, а также сам такой орешек. ‖ *прил.* **фиста́шковый**, -ая, -ое. *Фисташковые орехи. Семейство фисташковых* (сущ.).

ФИСТА́ШКОВО-... *Первая часть сложных слов со знач.* с фисташковым оттенком, напр. *фисташково-коричневый, фисташково-серый.*

ФИСТА́ШКОВЫЙ, -ая, -ое. **1.** *см.* фисташка. **2.** Светло-зелёный, цвета ядра фисташки.

ФИ́СТУЛА, -ы, *ж.* (спец.). То же, что свищ (в 3 знач.). ‖ *прил.* **фи́стульный**, -ая, -ое.

ФИСТУЛА́, -ы́, *ж.* То же, что фальцет. *Петь фистулой.*

ФИТА́, -ы́, *ж.* Буква старого русского алфавита Ѳ, писавшаяся в нек-рых заимствованных словах (напр. Федот, Федора, Фома, фимиам) и произносившаяся как «ф».

ФИТИ́ЛЬ, -я́, *м.* **1.** Лента, жгут или шнурок, служащие для горения в нек-рых осветительных и нагревательных приборах (лампах, свечах, керосинках). **2.** Жгут из мягкого материала, пропитываемый каким-н. составом (смазывающим, лекарственным). **3.** Горючий шнур для воспламенения зарядов, для передачи огня на расстояние при производстве взрывов. ✦ **Фитиль (фитиля) вставить** *кому* (устар. и прост.) — 1) сделать выговор; 2) устроить неприятность, опередив, обогнав в чём-н. ‖ *уменьш.* **фитилёк**, -лька́, *м.* (к 1 и 2 знач.). ‖ *прил.* **фити́льный**, -ая, -ое.

ФИТО-... *Первая часть сложных слов со знач.* растение, напр. *фитобиология, фитотерапия.*

ФИТЮ́ЛЬКА, -и, *ж.* (разг.). **1.** Маленькая вещичка, штучка. *Вертит в руках какую-то фитюльку.* **2.** *перен.* О маленьком или ничтожном, незначительном человеке. *Всякая ф. будет меня учить!*

ФИ́ФА, -ы, *ж.* (прост. неодобр.). Женщина, девушка обращающая на себя внимание своей внешностью, нарядом, поведением. ‖ *уменьш.* **фи́фочка**, -и, *ж.*

ФИ́ФТИ-ФИ́ФТИ, *нареч.* и *неизм.* (разг.). То же, что половина на половину.

ФИ́ШКА, -и, *ж.* В настольных играх: фигурка, кружок или кубик для счёта очков, ходов. ‖ *прил.* **фи́шечный**, -ая, -ое.

ФЛАГ, -а, *м.* Прикреплённое к древку или шнуру полотнище определённого цвета или нескольких цветов, часто с эмблемой. *Государственный ф. Российский ф. Андреевский ф.* (кормовой флаг кораблей русского военного флота — белое полотнище с голубым крестом, лежащим по диагонали). *Корабль под иностранным флагом. Поднять, спустить, вывесить ф. Белый ф.* (парламентёрский или знак капитуляции). *Сигнальный ф. Держать свой ф. где-н.* (о морском командире: иметь пребывание на каком-н. корабле). *Идти под флагом командующего эскадрой* (имея на борту командующего, к-рому присвоен свой определённый флаг). *Флаги расцвечивания* (украшающие корабли в дни больших праздников). ✦ **Под флагом** *чего, в знач. предлога с род. п.* — маскируясь, прикрывая чем-н. свои истинные цели, намерения. *Под флагом доброжелательства.* **Остаться за флагом** — не достигнуть цели, не быть допущенным куда-н. ‖ *прил.* **фла́жный**, -ая, -ое *и* **фла́говый**, -ая, -ое. *Флажный шест. Флажная сигнализация.*

ФЛАГ... и **ФЛАГ-...** *Первая часть сложных слов со знач.:* 1) в нек-рых старых названиях: относящийся к флагману (в 1 и 2 знач.), напр. *флаг-адъютант, флаг-капитан, флаг-лейтенант, флаг-офицер;* 2) относящийся к флагу, напр. *флаг-антенна, флаг-сигнал, флаг-строп, флагшток.*

ФЛА́ГМАН, -а, *м.* **1.** Командующий крупным соединением военных кораблей, эскадрой. **2.** Крупный военный корабль, на к-ром находится такой командующий. **3.** Самое крупное или лучшее судно флота данного района, специальной флотилии, данного типа судов. *Ф. рыболовецкой флотилии. Ф. воздушного флота* (перен.). ‖ *прил.* **фла́гманский**, -ая, -ое. *Ф. корабль* (корабль, с к-рого флагман (командующий) управляет подчинёнными силами).

ФЛАГШТО́К, -а, *м.* Стоячий шест для флага.

ФЛАЖО́К, -жка́, *м.* **1.** Маленький флаг, служащий для сигнализации, для расцвечивания. *Сигнальный ф.* **2.** Кусочек бумаги в виде флага, прикреплённый к булавке, к тонкому стержню, на длинную нить. *Ф. на карте. Ёлочные флажки* (гирлянда). ‖ *прил.* **флажко́вый**, -ая, -ое. *Флажковая сигнализация.*

ФЛАКО́Н, -а, *м.* Небольшая плотно закрывающаяся бутылочка (преимущ. для духов, одеколона). *Гранёный ф.* ‖ *уменьш.* **флако́нчик**, -а, *м.* ‖ *прил.* **флако́нный**, -ая, -ое.

ФЛАМИ́НГО, *нескл., м.* Южная водяная птица с нежно-розовым оперением, длинной шеей и длинными ногами. *Отряд ф.*

ФЛАНГ, -а, *м.* Левая или правая сторона шеренги, боевого порядка. *Обойти с фланга. Охват флангов. Ударить во ф. Обнажить ф.* (оставить незащищённым). ‖ *прил.* **фла́нговый**, -ая, -ое. *Ф. манёвр. Ф. удар* (с фланга или по флангу).

ФЛАНГО́ВЫЙ, -ого, *м.* Тот, кто стоит в шеренге с краю. *Равняться по фланговому.*

ФЛАНЕ́ЛЕВКА, -и и **ФЛАНЕ́ЛЬКА**, -и, *ж.* (разг.). Форменная фланелевая блуза у матросов.

ФЛАНЕ́ЛЬ, -и, *ж.* Лёгкая или бумажная шерстяная ткань, обычно с пушистым редким начёсом. ‖ *прил.* **флане́левый**, -ая, -ое *и* **флане́льный**, -ая, -ое.

ФЛА́НЕЦ, -нца, *м.* (спец.). Металлическая плоская скрепляющая часть на концах труб, валов, резервуаров, арматуры. ‖ *прил.* **фла́нцевый**, -ая, -ое.

ФЛАНЁР, -а, *м.* (устар. разг.). Тот, кто фланирует, праздно прогуливается. ‖ *прил.* **фланёрский**, -ая, -ое.

ФЛАНИ́РОВАТЬ, -рую, -руешь; *несов.* (устар.). Прогуливаться, прохаживаться без цели. *Ф. по улицам.* ‖ *сущ.* **флани́рование**, -я, *ср.*

ФЛАНКИ́РОВАТЬ, -рую, -руешь; -анный; *сов. и несов.* (спец.). Обстрелять (-ливать) с флангов продольным огнём. ‖ *сущ.* **фланки́рование**, -я, *ср.*

ФЛЕ́ГМА, -ы. **1.** *ж.* То же, что флегматизм. **2.** *м. и ж.* То же, что флегматик (разг.).

ФЛЕГМАТИ́ЗМ, -а, *м.* Невозмутимое спокойствие, граничащее с безразличием ко всему, вялость. ‖ *прил.* **флегмати́ческий**, -ая, -ое.

ФЛЕГМА́ТИК, -а, *м.* Человек флегматического темперамента.

ФЛЕГМАТИ́ЧЕСКИЙ, -ая, -ое. **1.** *см.* флегматизм. **2. флегматический темперамент** (спец.) — темперамент, характеризующийся уравновешенностью в сочетании с вялой реакцией и медлительностью в волевых проявлениях. **3.** То же, что флегматичный.

ФЛЕГМАТИ́ЧНЫЙ, -ая, -ое; -чен, -чна. Склонный к флегматизму, вялый, равнодушный. *Ф. характер. Ф. вид. Ф. темперамент* (то же, что флегматический темперамент). ‖ *сущ.* **флегмати́чность**, -и, *ж.*

ФЛЕГМО́НА, -ы, *ж.* Разлитое гнойное воспаление клетчатки. ‖ *прил.* **флегмоно́зный**, -ая, -ое.

ФЛЕ́ЙТА, -ы, *ж.* Деревянный духовой музыкальный инструмент высокого тона в виде прямой трубки с отверстиями и клапанами. *Играть на флейте.* ‖ *прил.* **фле́йтовый**, -ая, -ое.

ФЛЕЙТИ́СТ, -а, *м.* Музыкант, играющий на флейте. ‖ *ж.* **флейти́стка**, -и.

ФЛЕ́КСИЯ, -и, *ж.* В грамматике: изменяющаяся при склонении или спряжении часть слова, находящаяся в конце словоформы. ‖ *прил.* **флекти́вный**, -ая, -ое *и* **флекси́йный**, -ая, -ое. *Флективное ударение* (на флексии). *Флексийный слог.*

ФЛЕКТИ́ВНЫЙ, -ая, -ое. **1.** *см.* флексия. **2.** О языке: образующий формы словоизменения с помощью флексий. *Флективные языки. Ф. строй языка.*

ФЛЕШЬ, -и, *ж.* В старых армиях: полевое и долговременное укрепление в форме тупого угла.

ФЛЁР, -а, *м.* **1.** Прозрачная, преимущ. шёлковая ткань. **2.** *перен.* Покров, скрывающий что-н. (устар. книжн.). *Ф. таинственности. Под флёром высокопарных слов.* ‖ *прил.* **флёровый**, -ая, -ое (к 1 знач.).

ФЛЁРДОРА́НЖ, -а, *м.* (устар.). В обряде венчания: принадлежность головного убора невесты — белые искусственные цветы, похожие на цветы померанцевого дерева [*первонач.* сами такие цветы]. ‖ *прил.* **флёрдора́нжевый**, -ая, -ое.

ФЛИБУСТЬЕ́Р, -а, *м.* Пират, морской разбойник и контрабандист [*первонач.* в районе Карибского моря в 17—18 вв.]. ‖ *прил.* **флибустье́рский**, -ая, -ое.

ФЛИ́ГЕЛЬ, -я, *мн.* -я́, -е́й *и* -и, -ей, *м.* Пристройка сбоку главного здания или дом во дворе здания. ‖ *уменьш.* **флигелёк**, -лька́, *м.* ‖ *прил.* **фли́гельный**, -ая, -ое.

ФЛИ́ГЕЛЬ-АДЪЮТА́НТ, -а, *м.* В царской России с начала 19 в.: звание офицера царской свиты, а также лицо, имеющее это звание; в 18 в. — офицер для поручений при командующем армией. ‖ *прил.* **фли́гель-адъюта́нтский**, -ая, -ое.

ФЛИРТ, -а, *м.* Любовная игра, кокетство. *Легкий ф. Завести ф. с кем-н.*

ФЛИРТОВА́ТЬ, -ту́ю, -ту́ешь; *несов., с кем.* Заниматься флиртом.

ФЛОКС, -а, *м.* Декоративное садовое растение с многочисленными душистыми цветками, собранными в крупное соцветие на вершине стебля. ‖ *прил.* **фло́ксовый**, -ая, -ое.

ФЛОМА́СТЕР, -а, *м.* Принадлежность для письма, рисования — держатель с пористым стержнем, пропитанным красителем. ‖ *прил.* **флома́стерный**, -ая, -ое.

ФЛО́РА, -ы, *ж.* Растительный мир. *Тропическая ф. Среднерусская ф. Лекарственная ф.* ‖ *прил.* **флористи́ческий**, -ая, -ое.

ФЛОРИ́Н, -а, *м.* **1.** Старинная западноевропейская золотая (или серебряная) монета [*первонач.* во Флоренции]. **2.** В Нидерландах: то же, что гульден.

ФЛОРИ́СТ, -а, *м.* Художник, создающий свои произведения из засушенных растений (цветов, веток, мха).

ФЛОТ, -а, *мн.* -ы, -ов *и* -ы́, -о́в, *м.* **1.** Совокупность всех видов судов страны или отдельного моря, речного бассейна. *Военно-морской ф.* (военно-морские силы). *Черноморский ф. Речной ф. Торговый ф. Служить во флоте* (в речи моряков *на флоте*). **2.** Крупное соединение военно-морских судов. *Командир флота.* ✦ **Воздушный флот** — военно-воздушные силы страны и гражданская авиация. ‖ *прил.* **фло́тский**, -ая, -ое. *Собрались флотские* (сущ.; **моряки**; разг.).

ФЛОТИ́ЛИЯ, -и, *ж.* **1.** Совокупность военных судов данной реки, озера, закрытого моря. **2.** Отряд судов. *Рыболовецкая ф. Ф. парусников.*

ФЛОТОВО́ДЕЦ, -дца, *м.* (высок.). Морской военачальник. *Русские флотоводцы.* ‖ *прил.* **флотово́дческий**, -ая, -ое.

ФЛЮГА́РКА, -и, *ж.* (спец.). **1.** Вращающаяся часть флюгера (в 1 знач.). **2.** Флажок или иной специальный знак на шлюпке (на парусах, буйках), указывающий на принадлежность к определённому судну. **3.** Вращающаяся железная надставная труба над дымовой трубой, облегчающая выход дыма во время ветра. ‖ *прил.* **флюга́рочный**, -ая, -ое.

ФЛЮ́ГЕР, -а, *мн.* -а́, -о́в *и* -ы, -ов, *м.* **1.** (мн. -а́, -о́в). Прибор для измерения направления и скорости ветра с вращающейся на вертикальном стержне пластинкой или с флажком; устройство для определения направления ветра. **2.** (мн. -а́, -о́в). В старину: флажок на пике. **3.** (мн. -ы, -ов), *перен.* Человек, к-рый часто меняет свои взгляды, убеждения (устар. презр.). ‖ *прил.* **флю́герный**, -ая, -ое (к 1 и 2 знач.).

ФЛЮИ́ДЫ, -ов, *ед.* флюи́д, -а, *м.* (устар. и книжн.). Внешне неощутимые течения, токи[1] (в 4 знач.), исходящие от кого-чего-н. *От этого человека идут ф. добра.* ‖ *прил.* **флюи́дный**, -ая, -ое.

ФЛЮОРОГРА́ФИЯ, -и, *ж.* (спец.). Метод рентгенологического обследования — фотографирование изображения на светящемся экране. ‖ *прил.* **флюорографи́ческий**, -ая, -ое.

ФЛЮС[1], -а, *мн.* -ы, -ов, *м.* Воспаление надкостницы, сопровождающееся отёком щеки. ‖ *прил.* **флю́совый**, -ая, -ое *и* **флю́сный**, -ая, -ое.

ФЛЮС[2], -а, *мн.* -ы́, -о́в, *м.* (спец.). Материалы, вводимые в шихту для образования шлака нужного состава. ‖ *прил.* **флю́совый**, -ая, -ое, **флюсово́й**, -а́я, -о́е *и* **флю́сный**, -ая, -ое.

ФЛЯ́ГА, -и, *ж.* **1.** Плоская бутылка для ношения на ремне, тесьме. *Походная ф.* **2.** Большой сосуд для перевозки жидкостей. *Фляги с молоком.* ‖ *прил.* **фля́жный**, -ая, -ое.

ФЛЯ́ЖКА, -и, *ж.* То же, что фляга (в 1 знач.). ‖ *прил.* **фля́жечный**, -ая, -ое.

ФОЙЕ́, *нескл., ср.* Зал в театре (кинотеатре, клубе) для пребывания зрителей во время антрактов, перед началом спектакля, сеанса. *Двусветное ф.*

ФОКСТЕРЬЕ́Р [тэ], -а, *м.* Небольшая собака породы терьеров, с к-рой охотятся на мелких животных, живущих в норках.

ФОКСТРО́Т, -а, *м.* Быстрый парный танец, а также музыка в ритме этого танца. ‖ *прил.* **фокстро́тный**, -ая, -ое.

ФО́КУС[1], -а, *м.* (спец.). **1.** Точка пересечения преломлённых или отражённых лучей, падающих на оптическую систему параллельным пучком. **2.** Точка, в к-рой объектив создаёт отчётливое изображение предмета. *Быть в фокусе. Не попасть в ф.* **3.** Очаг воспалительного процесса. *Ф. в лёгких.* **4.** Средоточие, центр. *Ф. землетрясения. Попасть в ф. всеобщего внимания* (перен.; книжн.). ‖ *прил.* **фока́льный**, -ая, -ое *и* **фо́кусный**, -ая, -ое.

ФО́КУС[2], -а, *м.* **1.** Искусный трюк, основанный на обмане зрения, внимания при помощи ловкого и быстрого приёма, движения. *Показывать фокусы.* **2.** *перен.* Проделка, уловка (разг.). *Выкинуть ловкий ф.* **3.** *перен.*, обычно *мн.* Каприз, причуда (разг.). ‖ *прил.* **фо́кусный,** -ая, -ое (к 1 знач.). *Фокусное искусство.*

ФОКУСИ́РОВАТЬ, -рую, -руешь; -анный; *несов., что.* **1.** Собирать (лучи) в фокус[1] (в 1 знач.) (спец.). *Ф. лучи.* **2.** Устанавливать фокус[1] (во 2 знач.) (спец.). *Ф. изображение.* **3.** *перен.* Сосредоточивать, ставить в центр чего-н. (книжн.). *Ф. внимание, мысль на чём-н.* ‖ *сов.* **сфокуси́ровать,** -рую, -руешь; -анный. ‖ *сущ.* **фокуси́рование,** -я, *ср.*

ФО́КУСНИК, -а, *м.* Артист, показывающий фокусы[2]. *Цирковой ф. Международная ассоциация фокусников.* ‖ *ж.* **фокусница,** -ы. ‖ *прил.* **фо́куснический,** -ая, -ое.

ФО́КУСНИЧАТЬ, -аю, -аешь; *несов.* (разг.). **1.** Капризничать, привередничать. *Ешь, что дают, не фокусничай!* **2.** Хитрить, лукавить. *Говори правду, не фокусничай!* **3.** Манерничать, вести себя неестественно, непросто. *Ф. в искусстве.* ‖ *сущ.* **фо́кусничанье,** -я, *ср.*

ФОЛИА́НТ, -а, *м.* (книжн.). Толстая книга большого формата (обычно старинная). ‖ *прил.* **фолиа́нтный,** -ая, -ое.

ФОЛЬГА́, -и́ и (устар. и спец.) **ФО́ЛЬГА,** -и, *ж.* Тончайший металлический лист, употр. в технике, для тиснения, для упаковки пищевых продуктов. *Лист, рулон фольги.* ‖ *прил.* **фольго́вый,** -ая, -ое *и* **фо́льговый,** -ая, -ое (устар. и спец.).

ФОЛЬКЛО́Р, -а, *м.* Народное творчество; совокупность народных обрядовых действий. *Словесный ф. Музыкальный ф. Танцевальный ф. Древнерусский ф.* ‖ *прил.* **фолькло́рный,** -ая, -ое.

ФОЛЬКЛОРИ́СТ, -а, *м.* Специалист по фольклору. ‖ *ж.* **фольклори́стка,** -и. ‖ *прил.* **фольклори́стский,** -ая, -ое.

ФОЛЬКЛОРИ́СТИКА, -и, *ж.* Наука о фольклоре. ‖ *прил.* **фольклористи́ческий,** -ая, -ое.

ФО́МКА, -и, *ж.* (прост.). Небольшой ломик — орудие взломщика.

ФОН[1], -а, *м.* **1.** Основной цвет, тон, на к-ром пишется картина, рисуется, изображается что-н. *Светлый ф. Яркая вышивка по белому фону.* **2.** Задний план картины, а также вообще задний план чего-н., то, на чём что-н. видится, выделяется. *Корабли на фоне вечернего неба. Фигура на фоне деревьев.* **3.** *перен.* Общие условия, обстановка, в к-рой что-н. происходит, окружение (книжн.). *Общий ф. событий.* ✦ **На фоне** *кого-чего, в знач. предлога с род. п.* — в окружении кого-чего-н., при сопутствующих условиях. *Отдельные недостатки на фоне общих успехов.* ‖ *прил.* **фо́новый,** -ая, -ое (к 1 и 2 знач.).

ФОН[2], -а, *м.* (спец.). Единица уровня громкости звука.

ФОНА́РЩИК, -а, *м.* (устар.). Рабочий, зажигающий уличные фонари и наблюдающий за их исправностью.

ФОНА́РЬ, -я́, *м.* **1.** Осветительный прибор в виде стеклянного шара, коробки, трубки, в к-рой помещается источник света. *Зажечь ф. Уличные фонари. Проекционный ф.* (прежнее название проектора). *Красный ф.* (условная вывеска публичного дома). **2.** Стеклянный просвет на крыше, а также остеклённый выступ в здании, в кабине. *Ф. самолёта.* **3.** Синяк под глазом от побоев, от ушиба (разг.). *Наставить фонарей кому-н.* ✦ **До фонаря** *что кому* (прост.) — грубое выражение безразличия, до лампочки, до фени. *Этому бездельнику всё до фонаря.* **Ты что, с фонарём?** (разг. неодобр.) — выражение сомнения в том, что собеседник прав, утверждая, что что-то было, произошло. ‖ *уменьш.* **фона́рик,** -а, *м.* (к 1 и 2 знач.). *Электрический ф.* (ручной осветительный прибор на батарейках). ‖ *прил.* **фона́рный,** -ая, -ое (к 1 знач.). *Ф. столб. Фонарное освещение.*

ФОНД, -а, *м.* **1.** Денежные средства, ассигнуемые для определённой цели. *Валютный ф. Ф. заработной платы.* **2.** Ресурсы, запасы чего-н. *Земельный ф. страны. Семенной ф. Музейные фонды. Жилой ф. города* (совокупность жилых зданий, помещений). **3.** *мн.* Процентные ценные бумаги (спец.). **4.** *мн., перен.* Положение в каком-н. деле, чьи-н. шансы на что-н. (устар.). *Фонды чьи-н. упали* или *повысились.* **5.** Общественная организация, к-рая ведает (принимает и распоряжается) средствами, поступающими к ней для каких-н. социально значимых целей. *Российский ф. культуры. Детский ф. Ф. милосердия и здоровья.* ✦ **Золотой фонд** — 1) то же, что золотой запас (спец.); 2) лучшие интеллектуальные силы общества, какой-н. его части. *Изобретатели — золотой фонд страны.* ‖ *прил.* **фо́ндовый,** -ая, -ое (к 1, 2 и 3 знач.). *Фондовая биржа* (осуществляющая операции с ценными бумагами).

ФОНДИ́РОВАТЬ, -рую, -руешь; -анный; *сов. и несов., что* (спец.). Включить (-чать) в фонд (во 2 знач.). *Фондируемые материалы* (распределяемые между потребителями согласно специальному плану). ‖ *сущ.* **фонди́рование,** -я, *ср.*

ФОНЕ́МА [*нэ*], -ы, *ж.* В языкознании: абстрактная звуковая единица языка, в разных позициях обнаруживающая свои различительные признаки. ‖ *прил.* **фоне́мный,** -ая, -ое *и* **фонемати́ческий,** -ая, -ое.

ФОНЕНДОСКО́П [*нэ*], -а, *м.* Медицинский прибор для прослушивания больных, состоящий из двух гибких слуховых трубок, соединённых со звукоулавливающей камерой. ‖ *прил.* **фонендоско́пный,** -ая, -ое.

ФОНЕ́ТИКА [*нэ*], -и, *ж.* **1.** Раздел языкознания — учение о звуках речи. *Экспериментальная ф.* **2.** Звуковой состав языка. *Русская ф.* ‖ *прил.* **фонети́ческий,** -ая, -ое.

ФО́НИКА, -и, *ж.* (спец.). Звуковая организация художественной речи. *Ф. стиха.* ‖ *прил.* **фони́ческий,** -ая, -ое.

ФОНО... *Первая часть сложных слов со знач.:* 1) относящийся к звукам, напр. *фонометр, фонограф, фонограмма, фоноэлектрокардиограмма;* 2) относящийся к фонетике, фонологии, напр. *фономорфология, фоноскоп* (прибор для изучения фонетических особенностей речи), *фонохрестоматия;* 3) относящийся к звукозаписи, напр. *фонотека.*

ФОНОГРА́ММА, -ы, *ж.* Диск, плёнка или магнитная лента со звуковой записью. ‖ *прил.* **фоногра́ммный,** -ая, -ое.

ФОНОЛО́ГИЯ, -и, *ж.* **1.** Раздел языкознания — учение о фонемах. *Специалист по фонологии.* **2.** Система фонем языка. *Ф. русского языка.* ‖ *прил.* **фонологи́ческий,** -ая, -ое.

ФОНОТЕ́КА, -и, *ж.* Собрание звукозаписей. ‖ *прил.* **фоноте́чный,** -ая, -ое.

ФОНОТЕ́КАРЬ, -я, *м.* Работник фонотеки.

ФОНТА́Н, -а, *м.* **1.** Струя жидкости, газа, выбрасываемая вверх из трубы или отверстия силой давления. *Забил ф. Нефтяной ф. Газовый ф. Кровь бьёт фонтаном из раны. Ф. красноречия* (перен.). **2.** Сооружение для подачи и выбрасывания воды под напором; архитектурное, художественное обрамление такого сооружения. *Декоративные фонтаны. Каскад фонтанов.* ✦ **Не фонтан** (прост. шутл.) — о ком-чём-н. не очень хорошем, среднем по качеству. **Заткни фонтан** (разг. шутл.) — совет замолчать тому, кто говорит не останавливаясь. *Если у тебя есть фонтан, то заткни его, дай отдохнуть и фонтану* (афоризм). ‖ *прил.* **фонта́нный,** -ая, -ое. *Фонтанная нефть.*

ФОНТАНИ́РОВАТЬ (-рую, -руешь, 1 и 2 л. не употр.), -рует; *несов.* (спец.). Бить, выходить на поверхность фонтаном (в 1 знач.); испускать фонтан (в 1 знач.). *Нефть фонтанирует. Фонтанирующая скважина.* ‖ *сущ.* **фонтани́рование,** -я, *ср.*

ФО́РА, -ы, *ж.:* **фору дать** *кому* (разг.) — в нек-рых играх: заранее дать преимущество (также перен.). ‖ *прил.* **фо́ровый,** -ая, -ое (спец.).

ФО́РВАРД, -а, *м.* В футболе, хоккее и нек-рых других командных играх: игрок нападения (во 2 знач.)

ФОРДЫБА́КА, -и, *м.* и *ж.* (прост.). Упрямый и капризный человек.

ФОРДЫБА́ЧИТЬ, -чу, -чишь и **ФОРДЫБА́ЧИТЬСЯ,** -чусь, -чишься; *несов.* (прост.). Вести себя упрямо и капризно.

ФОРЕ́ЙТОР, -а, *м.* (устар.). В упряжке цугом: слуга, сидящий верхом на передней лошади. ‖ *прил.* **форе́йторский,** -ая, -ое.

ФОРЕ́ЛЬ, -и, *ж.* Небольшая рыба сем. лососей. *Речная ф.* ‖ *прил.* **форе́левый,** -ая, -ое *и* **форе́льный,** -ая, -ое.

ФО́РИНТ, -а, *м.* Денежная единица в Венгрии.

ФО́РМА, -ы, *ж.* **1.** Способ существования содержания (во 2 знач.), неотделимый от него и служащий его выражением. *Единство формы и содержания.* **2.** Внешнее очертание, наружный вид предмета. *Земля имеет форму шара. Квадратная ф. Предмет изогнутой формы.* **3.** Совокупность приёмов и изобразительных средств художественного произведения. *Повествовательная ф. Ф. стиха.* **4.** В языкознании: материальное выражение грамматического значения. *Формы слова. Формы словоизменения.* **5.** *перен.* Внешний вид, видимость (как нечто противоречащее внутреннему содержанию, действительности). *Удобная ф. для прикрытия чего-н. По форме только правильно.* **6.** Установленный образец чего-н. *Дать сведения по форме. Готовые лекарственные формы* (готовые лекарства). **7.** Приспособление для придания чему-н. тех или иных очертаний. *Литейная ф. Ветчина в форме* (спрессованная в таком приспособлении). **8.** Одинаковая по покрою, цвету одежда (у военных, у служащих одного ведомства, учащихся). *Офицерская ф. Парадная ф. Школьная ф.* **9.** *мн.* Очертания частей тела, фигура (разг.). *Красавица с пышными формами.* ✦ **В форме** — 1) в таком состоянии, что может проявить все свои силы, способности, умение; собран, подтянут. *Спортсмен сегодня в хорошей форме;* 2) *чего, в знач. предлога с род. п.*, в виде чего-н., будучи выражен, оформлен каким-н. образом. *Доклад в форме тезисов.* ‖ *прил.* **форма́льный,** -ая, -ое (к 1 — спец., 3 и 4 знач.), **фо́рмовый,** -ая, -ое (к 7 знач., спец.), **формово́й,** -а́я, -о́е (к 7 знач.; спец.), **фо́рменный,** -ая, -ое (к 6 и 8 знач.) *и* **фо́рмный,** -ая, -ое (к 7 знач.; спец.). *Формальный анализ. Форменный бланк. Форменная одежда. Формный цех.*

ФОРМАЛИ́ЗМ, -а, *м.* **1.** Соблюдение внешней формы в чём-н. в ущерб существу дела. *Бюрократический ф.* **2.** В искусстве, эстетике и других гуманитарных науках: общее название направлений, придающих первенствующее значение форме, внешнему выражению. *Ф. в литературоведении.* ‖ *прил.* **формалисти́ческий**, -ая, -ое *и* **формали́стский**, -ая, -ое.

ФОРМАЛИЗОВА́ТЬ, -зу́ю, -зу́ешь; -о́ванный; *сов.* и *несов.* (книжн.). Представить (-влять) содержательную сторону явления в виде формальной системы или исчисления. *Формализованный язык* (система специализированных языковых средств или их символов с точными правилами сочетаемости; спец.). ‖ *сущ.* **формализа́ция**, -и, *ж.* *Ф. описания.*

ФОРМАЛИ́Н, -а, *м.* Дезинфицирующий и консервирующий (во 2 знач.) раствор с острым запахом. ‖ *прил.* **формали́новый**, -ая, -ое.

ФОРМАЛИ́СТ, -а, *м.* **1.** Человек, относящийся к своей работе формально, в ущерб существу дела. **2.** Последователь формализма (во 2 знач.). ‖ *ж.* **формали́стка**, -и (к 1 знач.). ‖ *прил.* **формали́стский**, -ая, -ое.

ФОРМАЛИ́СТИКА, -и, *ж.* (разг. неодобр.). Формальное отношение к чему-н., соблюдение излишних внешних формальностей.

ФОРМА́ЛЬНОСТЬ, -и, *ж.* **1.** *см.* формальный. **2.** То же, что формализм (в 1 знач.). **3.** Действие, необходимое с точки зрения установленного порядка при выполнении, оформлении какого-н. дела. *Соблюсти все формальности.*

ФОРМА́ЛЬНЫЙ, -ая, -ое; -лен, -льна. **1.** *см.* форма. **2.** Проникнутый формализмом (в 1 знач.). *Формальное отношение к делу.* **3.** *полн. ф.* Основанный на принципах формализма (во 2 знач.). *Ф. метод.* **4.** *полн. ф.* Произведённый в принятом, в законном порядке. *Ф. отказ. Формально* (нареч.) *он прав.* **5.** Существующий только по видимости, по форме (в 5 знач.). *Формальное раскаяние.* ‖ *сущ.* **форма́льность**, -и, *ж.* (ко 2 и 5 знач.).

ФОРМА́Т, -а, *м.* Размер печатного издания, тетради, листа. *Альбом большого формата. Ф. наборной полосы.* ‖ *прил.* **форма́тный**, -ая, -ое.

ФОРМА́ЦИЯ, -и, *ж.* **1.** Определённая стадия в развитии общества, а также структура общества, присущая данной стадии развития и определяемая способом производства (книжн.). *Общественно-экономические формации. Феодальная ф.* **2.** Система взглядов, внутренний склад (книжн.). *Человек новой формации.* **3.** Совокупность горных пород, связанных общностью образования (спец.). *Геологическая ф.* ‖ *прил.* **формацио́нный**, -ая, -ое (к 1 и 3 знач.).

ФО́РМЕНКА, -и, *ж.* (разг.). Форменная верхняя рубаха. *Матросская ф.*

ФО́РМЕННЫЙ, -ая, -ое. **1.** *см.* форма. **2.** Самый настоящий, не кажущийся (разг.). *Ф. скандал.*

ФОРМИРОВА́НИЕ, -я, *ср.* **1.** *см.* формировать, -ся. **2.** Воинская часть (вновь сформированная или уже существующая) (спец.). *Подошли новые формирования. Временное ф.*

ФОРМИРОВА́ТЬ, -ру́ю, -ру́ешь; -о́ванный; *несов.* **1.** *кого-что.* Придавать определённую форму, законченность; порождать. *Ф. модель. Суровая жизнь формирует сильные характеры.* **2.** *что.* Создавать, составлять, организовывать (коллектив, воинскую часть). *Ф. полк.* **3.** *что.* Составлять (поезд, автоколонну, караван судов). *Ф. эшелон.* ‖ *сов.* **сформирова́ть**, -ру́ю, -ру́ешь; -о́ванный. ‖ *сущ.* **формирова́ние**, -я, *ср.*, **сформирова́ние**, -я, *ср.* (ко 2 знач.) *и* **формиро́вка**, -и, *ж.* (разг.). ‖ *прил.* **формиро́вочный**, -ая, -ое (ко 2 и 3 знач.; спец.). *Ф. пункт.*

ФОРМИРОВА́ТЬСЯ, -ру́юсь, -ру́ешься; *несов.* **1.** Слагаться, приобретать законченность. *Характер формируется в молодости.* **2.** (1 и 2 л. не употр.). Создаваться, организовываться; составляться. *Формируется отряд, коллектив, поездной состав.* **3.** Физически развиваться, приобретая зрелость форм. *Девушка ещё формируется.* ‖ *сов.* **сформирова́ться**, -ру́юсь, -ру́ешься. ‖ *сущ.* **формирова́ние**, -я, *ср.*, **сформирова́ние**, -я, *ср.* (ко 2 знач.) *и* **формиро́вка**, -и, *ж.* (ко 2 знач.; разг.).

ФОРМО... *Первая часть сложных слов со знач.:* 1) относящийся к форме (во 2 знач.), напр. *формоочертания;* 2) относящийся к форме (в 3 знач.), напр. *формотворчество;* 3) относящийся к форме (в 4 знач.), напр. *формоизменение, формообразование;* 4) относящийся к форме (в 7 знач.), напр. *формоукладчик;* 5) формовой (во 2 знач.), напр. *формопласт;* 6) формовочный, напр. *формоцех.*

ФОРМОВА́ТЬ, -му́ю, -му́ешь; -о́ванный; *несов., что* (спец.). **1.** Обрабатывая, изготовляя, придавать чему-н. какую-н. форму. *Ф. глину. Ф. тарелки.* **2.** Изготовлять литейную форму. ‖ *сов.* **отформова́ть**, -му́ю, -му́ешь; -о́ванный *и* **сформова́ть**, -му́ю, -му́ешь; -о́ванный. ‖ *сущ.* **формо́вка**, -и, *ж.* ‖ *прил.* **формо́вочный**, -ая, -ое.

ФОРМОВО́Й, -а́я, -о́е. **1.** *см.* форма. **2.** Пригодный для отливки и выделки предметов в формах (в 7 знач.) (спец.). *Формовая глина.* **3.** Сделанный в форме (в 7 знач.). *Ф. хлеб.* ✦ **Формовое садоводство** (спец.) — выращивание деревьев, кустов в форме, придаваемой обрезкой ветвей.

ФОРМО́ВЩИК, -а, *м.* Рабочий, специалист по формовке изделий. *Ф. брикетов. Ф. художественного литья.* ‖ *ж.* **формо́вщица**, -ы.

ФО́РМУЛА, -ы, *ж.* **1.** Краткое и точное словесное выражение, определение. *Изложить в сжатых формулах.* **2.** Комбинация математических знаков, выражающая какое-н. утверждение. *Алгебраическая ф.* **3.** Символическая запись (с помощью химических знаков) химического состава и строения веществ. *Ф. молекулы.*

ФОРМУЛИ́РОВАТЬ, -рую, -руешь; -анный; *сов.* и *несов., что.* Кратко и точно выразить (-ажать) мысли, решения. *Ф. задачу. Ф. свои требования.* ‖ *сов.* также **сформули́ровать**, -рую, -руешь; -анный. ‖ *сущ.* **формули́рование**, -я, *ср. и* **формулиро́вка**, -и, *ж.*

ФОРМУЛИРО́ВКА, -и, *ж.* **1.** *см.* формулировать. **2.** Сформулированная мысль, формула (в 1 знач.). *Новая ф. Точная ф. Изменить формулировку.* ‖ *прил.* **формулиро́вочный**, -ая, -ое.

ФОРМУЛЯ́Р, -а, *м.* (спец.). **1.** Послужной список (устар.). **2.** Лист, книга, куда вносятся сведения о состоянии и эксплуатации механизма, сооружения. *Судовой ф.* **3.** Библиотечная учётная карточка. *Читательский ф.* ‖ *прил.* **формуля́рный**, -ая, -ое.

ФОРПО́СТ, -а, *м.* **1.** Передовой пост, укреплённый пункт, аванпост. **2.** *перен.* Передовой пункт, опора чего-н. (высок.). *Ф. науки.* ‖ *прил.* **форпо́стный**, -ая, -ое (к 1 знач.).

ФОРС, -а(-у), *м.* (прост.). Важность, спесь, хвастливое щегольство. *Сбить ф. с кого-н. Форсу напустил. Задавать форсу* (форсить).

ФОРСИ́РОВАННЫЙ, -ая, -ое; -ан. Усиленный, ускоренный. *Форсированные темпы. Ф. марш* (до моторизации войск: длительный суточный переход). ‖ *сущ.* **форси́рованность**, -и, *ж.*

ФОРСИ́РОВАТЬ, -рую, -руешь; -анный; *сов.* и *несов., что.* **1.** Усилить (-ливать), ускорить (-рять) (книжн.). *Ф. работу.* **2.** Совершить (-шать) переход через какую-н. преграду, естественное препятствие (обычно с боем) (спец.). *Ф. минное заграждение. Ф. реку.* ‖ *сущ.* **форси́рование**, -я, *ср.* *Ф. переправы.*

ФОРСИ́ТЬ, -ршу́, -рси́шь; *несов.* (прост.). Держаться с форсом, важничать, выставлять что-н. напоказ. *Ф. перед подругами.*

ФОРСУ́Н, -а́, *м.* (прост.). Человек, к-рый форсит, важничает. ‖ *ж.* **форсу́нья**, -и, *род. мн.* -ний.

ФОРСУ́НКА, -и, *ж.* Прибор для распыления жидкого или порошкообразного топлива в топках паровых котлов, цилиндрах дизелей. ‖ *прил.* **форсу́ночный**, -ая, -ое.

ФОРТ, -а, о фо́рте, в форту́, *мн.* -ы́, -о́в, *м.* Отдельное долговременное укрепление в системе крепостных сооружений. ‖ *прил.* **фо́ртовый**, -ая, -ое.

ФО́РТЕ [тэ] (спец.). **1.** *нескл., ср.* Полная сила музыкального звука. *Большое ф.* **2.** *нареч.* Громко, в полную силу музыкального звука; *противоп.* пиано. *Играть ф.*

ФО́РТЕЛЬ, -я, *м.* (разг.). Ловкая проделка, неожиданная выходка. *Выкинуть ф.*

ФОРТЕПИА́НО [тэ], *нескл.* и **ФОРТЕПЬЯ́НО** [тэ], *нескл., ср.* Клавишный струнный музыкальный инструмент (рояль и пианино). *Концерт для ф. с оркестром. Играть на ф.* ‖ *прил.* **фортепиа́нный**, -ая, -ое *и* **фортепья́нный**, -ая, -ое.

ФОРТИ́ССИМО, *нареч.* (спец.). Ещё громче и сильнее, чем форте.

ФОРТИФИКА́ЦИЯ, -и, *ж.* **1.** Военно-инженерная наука об укреплении местности для ведения боя. **2.** Военно-инженерные сооружения. *Полевая ф.* ‖ *прил.* **фортификацио́нный**, -ая, -ое.

ФО́РТОЧКА, -и и (разг.) **ФО́РТКА**, -и, *ж.* Стеклянная дверца в окне для проветривания. ‖ *прил.* **фо́рточный**, -ая, -ое.

ФОРТУ́НА, -ы, *ж.* (устар.). Судьба, случайное счастье. *Ф. благоприятствует кому-н. Слепая ф. Баловень фортуны.* ✦ **Колесо фортуны** (книжн.) — изменчивое, непостоянное счастье [по изображению древнеримской богини судьбы Фортуны, стоящей с повязкой на глазах на колесе или шаре].

ФО́РУМ, -а, *м.* (высок.). Массовое собрание, съезд [*первонач.* площадь в Древнем Риме, где сосредоточивалась общественная жизнь города]. *Всемирный ф. молодёжи. Ф. учёных.*

ФОРШМА́К, -а́, *м.* Кушанье из рубленного мяса или рубленой селедки, запеченных с картофелем.

ФОСФА́ТЫ, -ов, *ед.* фосфа́т, -а, *м.* (спец.). Соли или эфиры фосфорных кислот. ‖ *прил.* **фосфа́тный**, -ая, -ое.

ФО́СФОР, -а, *м.* Химический элемент, содержащийся в нек-рых минералах, в костях животных, в животных и растительных тканях. *Красный ф. Белый ф.* (легковоспламеняющийся и светящийся в темноте). ‖ *прил.* **фо́сфорный**, -ая, -ое.

ФОСФОРИ́ЧЕСКИЙ, -ая, -ое. Светящийся бледным светом, подобно фосфору. *Ф. свет.*

ФО́ТО, *нескл., ср.* (разг.). Фотографический снимок. *Ф. в газете.*

ФОТО... *Первая часть сложных слов со знач.:* 1) относящийся к фотографии, фотографированию, напр. *фотоаппарат, фотолаборатория, фотоснимок, фотобумага, фотомакет, фотопластинка, фотомонтаж, фотодневник, фотожурналист, фотохудожник, фотокорреспондент, фотомастер;* 2) связанный со световыми явлениями, напр. *фотосинтез, фотосфера, фотоэлемент.*

ФОТОГЕНИ́ЧНЫЙ, -ая, -ое; -чен, -чна. Выразительный, благоприятный для воспроизведения на фотографии или киноэкране. *Фотогеничная внешность.* ‖ *сущ.* **фотогени́чность**, -и, *ж.*

ФОТО́ГРАФ, -а, *м.* Специалист по фотографии. *Ф.-портретист. Ф.-анималист. Ф.-любитель.*

ФОТОГРАФИ́ЗМ, -а, *м.* Внешне точное, но идейно не осмысленное изображение действительности.

ФОТОГРАФИ́РОВАТЬ, -рую, -руешь; -анный; *несов., кого-что.* Снимать фотографическим аппаратом. ‖ *сов.* **сфотографи́ровать**, -рую, -руешь; -анный. ‖ *сущ.* **фотографи́рование**, -я, *ср.*

ФОТОГРАФИ́РОВАТЬСЯ, -руюсь, -руешься; *несов.* Получать своё изображение посредством фотографического аппарата. ‖ *сов.* **сфотографи́роваться**, -руюсь, -руешься. ‖ *сущ.* **фотографи́рование**, -я, *ср.*

ФОТОГРА́ФИЯ, -и, *ж.* **1.** Получение изображений предметов на светочувствительных пластинках, плёнках. *Заниматься фотографией.* **2.** Снимок, полученный таким способом. *Удачная ф. Семейная ф.* **3.** Учреждение, мастерская для съёмки и изготовления таких снимков. ‖ *прил.* **фотографи́ческий**, -ая, -ое (к 1 и 2 знач.).

ФОТОКА́РТОЧКА, -и, *ж.* (разг.). Фотографический снимок, фотографическая карточка.

ФОТОЛЮБИ́ТЕЛЬ, -я, *м.* Фотограф-любитель. ‖ *ж.* **фотолюби́тельница**, -ы. ‖ *прил.* **фотолюби́тельский**, -ая, -ое.

ФОТОМОДЕ́ЛЬ [дэ], -и, *ж.* Натурщик, позирующий для художественных, рекламных фотографий, для модных журналов (чаще о женщине). *Профессиональная ф. Конкурс фотомоделей.*

ФОТООХО́ТА, -ы, *ж.* Фотографирование животных при помощи фоторужья.

ФОТОРЕПОРТА́Ж, -а, *м.* Репортаж средствами фотографии.

ФОТОРЕПОРТЁР, -а, *м.* Фотограф, занимающийся фоторепортажем. ‖ *прил.* **фоторепортёрский**, -ая, -ое.

ФОТОРУЖЬЁ, -я́, *мн.* -ру́жья, -жей, -жьям, *ср.* Фотоаппарат с телеобъективом, напоминающий по форме ружьё и предназначенный для фотографирования диких животных в естественных условиях.

ФОТОСИ́НТЕЗ, -а, *м.* (спец.). У растений и нек-рых микроорганизмов: биологический процесс превращения лучистой энергии Солнца в органическую (химическую) энергию. ‖ *прил.* **фотосинтети́ческий**, -ая, -ое.

ФОТОТЕЛЕГРА́ММА, -ы, *ж.* Телеграмма, передающаяся по фототелеграфу.

ФОТОТЕЛЕГРА́Ф, -а, *м.* Телеграфный аппарат для передачи изображений (рисунков, рукописей, фотоснимков), а также передача изображений посредством такого аппарата. ‖ *прил.* **фототелегра́фный**, -ая, -ое.

ФОТОТИ́ПИЯ, -и, *ж.* (спец.). Способ плоской печати со стеклянной или металлической пластины со светочувствительным слоем, а также отпечаток, полученный таким способом. ‖ *прил.* **фототипи́ческий**, -ая, -ое. *Фототипическое издание книги.*

ФОТОХРО́НИКА, -и, *ж.* Хроника событий, отражённая в фотографиях. *Журнальная ф.* ‖ *прил.* **фотохроника́льный**, -ая, -ое.

ФОТОЭЛЕМЕ́НТ, -а, *м.* (спец.). Электронный прибор, в к-ром под действием света возникает электродвижущая сила. ‖ *прил.* **фотоэлеме́нтный**, -ая, -ое.

ФРАГМЕ́НТ, -а, *м.* (книжн.). **1.** Отрывок текста, художественного, музыкального произведения. *Ф. романа. Ф. картины.* **2.** Обломок, остаток древнего произведения искусства.

ФРАГМЕНТА́РНЫЙ, -ая, -ое; -рен, -рна (книжн.). **1.** Являющийся фрагментом (во 2 знач.), сохранившийся лишь в обломках, остатках. **2.** *перен.* Отрывочный, неполный. *Фрагментарное изложение.* ‖ *сущ.* **фрагмента́рность**, -и, *ж.* (ко 2 знач.).

ФРА́ЗА, -ы, *ж.* **1.** Законченное высказывание (в 3 знач.). *Длинная, короткая ф.* **2.** Напыщенное выражение, прикрывающее бедность или лживость содержания. *Пустые фразы. Избегать фразы.* **3.** Ряд звуков или аккордов, образующий относительно законченный фрагмент музыкальной темы (спец.). ‖ *прил.* **фра́зовый**, -ая, -ое (к 1 и 3 знач.). *Фразовое ударение.*

ФРАЗЕОЛОГИ́ЗМ, -а, *м.* В языкознании: устойчивое выражение с самостоятельным значением, близким к идиоматическому.

ФРАЗЕОЛО́ГИЯ, -и, *ж.* **1.** Раздел языкознания — наука о фразеологизмах и идиомах. **2.** Совокупность фразеологизмов и идиом какого-н. языка. *Ф. русского литературного языка.* **3.** Красивые, напыщенные фразы, скрывающие бедность или лживость содержания (книжн.). *За пышной фразеологией нет никакой мысли.* ‖ *прил.* **фразеологи́ческий**, -ая, -ое (к 1 и 2 знач.). *Ф. словарь.*

ФРАЗЁР, -а, *м.* Человек, к-рый любит фразу (во 2 знач.), напыщенную речь. ‖ *ж.* **фразёрка**, -и (разг.). ‖ *прил.* **фразёрский**, -ая, -ое.

ФРАЗЁРСТВО, -а, *ср.* Пустословие, пристрастие к фразе (во 2 знач.).

ФРАЗИ́РОВАТЬ, -рую, -руешь; -анный; *несов., что* (спец.). Выделять в произношении или исполнении выразительные места фраз (в 3 знач.). ‖ *сущ.* **фразиро́вка**, -и, *ж.*

ФРАК, -а, *м.* Род парадного сюртука с вырезанными спереди полами и с длинными узкими фалдами сзади. ‖ *прил.* **фра́чный**, -ая, -ое. *Фрачная пара.*

ФРА́КЦИЯ[1], -и, *ж.* Группа членов какой-н. партии в парламенте, общественной организации или обособленная группировка внутри организации, партии. ‖ *прил.* **фракцио́нный**, -ая, -ое.

ФРА́КЦИЯ[2], -и, *ж.* (спец.). Часть жидкой смеси, сыпучего или кускового материала, отделённая по какому-н. признаку. ‖ *прил.* **фракцио́нный**, -ая, -ое.

ФРАМУ́ГА, -и, *ж.* Верхняя откидывающаяся створка окна или двери. ‖ *прил.* **фраму́жный**, -ая, -ое.

ФРАНК, -а, *м.* Денежная единица Франции, Бельгии, Швейцарии, Люксембурга и нек-рых других стран. ‖ *прил.* **фра́нковый**, -ая, -ое.

ФРАНКО... и **ФРА́НКО-...** *Первая часть сложных слов со знач.* французский, по-французски, напр. *франкоговорящий, франкоязычный, франко-русский.*

ФРАНТ, -а, *м.* Человек, любящий наряжаться, щёголь. *Ходить франтом.* ‖ *ж.* **франти́ха**, -и (разг.).

ФРАНТИ́ТЬ, -нчу́, -нти́шь; *несов.* (разг.). Быть франтом, нарядно одеваться, щеголять. *Ф. в новом костюме.*

ФРАНТОВСКО́Й, -а́я, -о́е. Свойственный франту, нарядный. *Ф. вид. Одет франтовски* (нареч.).

ФРАНТОВСТВО́, -а́, *ср.* Склонность франтить, щегольство.

ФРАНЦУ́ЗСКИЙ, -ая, -ое. **1.** *см.* французы. **2.** Относящийся к французам, к их языку, национальному характеру, образу жизни, культуре, а также к Франции, её территории, внутреннему устройству, истории; такой, как у французов, как во Франции. *Ф. язык* (романской группы индоевропейской семьи языков). *Французские просветители. Ф. импрессионизм. Французская мода, косметика. Ф. франк* (денежная единица). *По-французски* (нареч.). ✦ **Смесь французского с нижегородским** (ирон.) — о неорганическом, внешнем сочетании того, что несоединимо по стилю, уровню. **Французская болезнь** (устар.) — прежнее название венерического заболевания. **Французская булка** — прежнее название небольшой продолговатой белой булки. **Французский каблук** — у женской обуви: высокий, тонкий.

ФРАНЦУ́ЗЫ, -ов, *ед.* -у́з, -а, *м.* Народ, составляющий основное население Франции. ‖ *ж.* **францу́женка**, -и. ‖ *прил.* **францу́зский**, -ая, -ое.

ФРАХТ, -а, *м.* (спец.). **1.** Плата за перевозку груза (первонач. водным путём). **2.** Перевозимый на зафрахтованном транспортном средстве (первонач. на судне) груз, а также сама такая перевозка. ‖ *прил.* **фрахто́вый**, -ая, -ое.

ФРАХТОВА́ТЕЛЬ, -я, *м.* (спец.). Лицо или организация, к-рые фрахтуют транспортное средство.

ФРАХТОВА́ТЬ, -ту́ю, -ту́ешь; -о́ванный; *несов., что* (спец.). Нанимать транспортное средство для перевозки груза. *Ф. судно.* ‖ *сов.* **зафрахтова́ть**, -ту́ю, -ту́ешь; -о́ванный. ‖ *сущ.* **фрахто́вка**, -и, *ж.* ‖ *прил.* **фрахто́вочный**, -ая, -ое.

ФРАХТО́ВЩИК, -а, *м.* (спец.). Лицо или организация, предоставляющие транспортное средство под фрахт.

ФРА́ЧНЫЙ *см.* фрак.

ФРЕГА́Т[1], -а, *м.* **1.** Военный парусный трёхмачтовый корабль. **2.** Во флоте нек-рых стран: военный корабль для крейсерской сторожевой службы, противолодочной и противовоздушной обороны. ‖ *прил.* **фрега́тный**, -ая, -ое.

ФРЕГА́Т[2], -а, *м.* Родственная пеликану крупная океаническая водоплавающая птица с длинным хвостом и чёрным оперением. *Семейство фрегатов.*

ФРЕЗА́, -ы́, *мн.* фрёзы, фрез, фрёзам, *ж.* **1.** Инструмент в виде диска с зубьями по окружности для обработки поверхности металлов, дерева, пластмасс. **2.** Машина с вращающимся барабаном, имеющим стальные лезвия, употр. для рыхления почвы, измельчения грунта, резки торфа. *Почвенная ф.* ‖ *прил.* **фрéзерный**, -ая, -ое. *Ф. станок* (с фрезой). *Ф. барабан.*

ФРЕЗЕРОВА́ТЬ, -ру́ю, -ру́ешь; -о́ванный; *несов., что.* Обрабатывать фрезой. ‖ *сов.* **отфрезерова́ть**, -ру́ю, -ру́ешь; -о́ванный. ‖ *сущ.* **фрезеро́вка**, -и, *ж.* ‖ *прил.* **фрезе-**

рова́льный, -ая, -ое *и* **фрезеро́вочный**, -ая, -ое.

ФРЕЗЕРО́ВЩИК, -а, *м.* Рабочий, специалист по фрезеровке. *Ф. игл. Ф. камней. Ф. по дереву.* ‖ *ж.* **фрезеро́вщица**, -ы. ‖ *прил.* **фрезеро́вщицкий**, -ая, -ое.

ФРЕ́ЙЛИНА [*рэ*], -ы, *ж.* В нек-рых монархических государствах: звание состоящей при императрице (царице, королеве, принцессе) придворной дамы [*первонач.* девушки аристократического происхождения]; лицо, имеющее это звание. *Пожаловать во фрейлины. Ф. двора.* ‖ *прил.* **фре́йлинский**, -ая, -ое.

ФРЕНОЛО́ГИЯ, -и, *ж.* Теория, утверждающая наличие связи между психическими, моральными свойствами человека и строением его черепа. ‖ *прил.* **френологи́ческий**, -ая, -ое.

ФРЕНЧ, -а, *м.* Куртка военного образца в талию, с четырьмя большими накладными карманами, нашитыми спереди.

ФРЕ́СКА, -и, *ж.* **1.** Картина, написанная водяными красками по свежей, сырой штукатурке. *Древнерусские фрески.* **2.** Вид живописи — настенная роспись. ‖ *прил.* **фре́сковый**, -ая, -ое. *Фресковая живопись.*

ФРИВО́ЛЬНОСТЬ, -и, *ж.* (книжн.). **1.** *см.* фривольный. **2.** Фривольное слово, выражение. *Позволяет себе говорить фривольности.*

ФРИВО́ЛЬНЫЙ, -ая, -ое; -лен, -льна (книжн.). Не вполне пристойный. *Ф. жест, тон. Ф. танец.* ‖ *сущ.* **фриво́льность**, -и, *ж.*

ФРИКАДЕ́ЛЬКА [*дэ*], -и, *ж.* Шарик из фарша (мясного, рыбного), сваренный в бульоне.

ФРО́НДА, -ы, *ж.* **1.** Во Франции в 17 в.: дворянско-буржуазное движение против абсолютизма. **2.** *перен.* Противопоставление себя окружающему из чувства противоречия, несогласия, личного недовольства (устар. книжн.).

ФРОНДЁР, -а, *м.* (устар. книжн.). Человек, к-рый фрондирует. ‖ *прил.* **фрондёрский**, -ая, -ое.

ФРОНДЁРСТВО, -а, *ср.* (устар. книжн.). То же, что фронда (во 2 знач.).

ФРОНДИ́РОВАТЬ, -рую, -руешь; *несов.* (устар. книжн.). Заниматься фрондёрством. ‖ *сущ.* **фронди́рование**, -я, *ср.*

ФРОНТ, -а, *мн.* -ы́, -о́в, *м.* **1.** Воинский строй шеренгой. *Выстроить взвод во ф.* (лицом к командиру). **2.** Обращённая к противнику сторона боевого расположения войск, линия, по к-рой развёрнуты передовые подразделения. *Ф. полка.* **3.** Высшее оперативно-стратегическое объединение — группа действующих армий под начальством одного командующего. *Западный ф. Командующий фронтом.* **4.** Действующая армия и район, ею занимаемый; территория, на к-рой ведутся боевые действия. *Отправка пополнений на ф. Прошёл ф. кто-н., был на фронте* (воевал). **5.** *перен.* Место или отрасль какой-н. коллективной деятельности, работ. *Ф. работ.* **6.** *перен.* Объединение общественных сил для действий в каком-н. направлении. *Единый ф. сторонников мира. Действовать единым фронтом* (всем вместе). **7.** Область раздела между движущимися воздушными массами (спец.). *Атмосферный ф. Ф. грозы, облаков, тёплого воздуха.* ✦ **Во фронт стать (встать, вытянуться)** — у военных: встать навытяжку, по стойке «смирно». **На два фронта** — в двух направлениях одновременно (о чьих-н. поступках, действиях). *Действовать на два фронта.* ‖ *прил.* **фронтово́й**, -а́я, -о́е (к 1, 2, 3 и 4 знач.) *и* **фронта́льный**, -ая, -ое (ко 2 и 4 знач.; спец.). *Фронтовая операция. Фронтовая полоса. Фронтовой друг. Фронтальный удар. Фронтальная дорога* (от тыла к фронту).

ФРОНТА́ЛЬНЫЙ, -ая, -ое; -лен, -льна. **1.** *см.* фронт. **2.** Направленный в сторону фронта (во 2 знач.), лобовой. *Ф. огонь. Фронтальная атака.* **3.** *перен.* Производимый одновременно всеми или по отношению ко всем, общий (книжн.). *Фронтальная проверка.* ‖ *сущ.* **фронта́льность**, -и, *ж.*

ФРОНТИСПИ́С, -а, *м.* (спец.). Рисунок, какое-н. изображение на развороте титульного листа книги или вверху страницы перед началом текста. ‖ *прил.* **фронтиспи́сный**, -ая, -ое.

ФРОНТОВИ́К, -а́, *м.* Человек, к-рый сражается или сражался в действующих частях на фронте. *Помощь семьям фронтовиков.* ‖ *ж.* **фронтови́чка**, -и (разг.).

ФРОНТО́Н, -а, *м.* (спец.). Треугольная или циркулярная верхняя часть фасада здания, ограниченная двускатной крышей, а также подобное украшение над окнами, дверьми. ‖ *прил.* **фронто́нный**, -ая, -ое.

ФРУКТ[1], -а, *м.* Сочный съедобный плод каких-н. деревьев (обычно садовых). *Южные фрукты. Сушёные фрукты. Ваза с фруктами.* ‖ *прил.* **фрукто́вый**, -ая, -ое. *Фруктовые деревья. Ф. сад. Ф. джем.*

ФРУКТ[2], -а, *м.* (прост. пренебр.). О человеке подозрительном и ненадёжном. ‖ *уменьш.* **фру́ктик**, -а, *м.*

ФРУКТО́ЗА, -ы, *ж.* Плодовый сахар, содержащийся в растениях, мёде. ‖ *прил.* **фрукто́зный**, -ая, -ое.

ФРУНТ, -а, *м.*: **во фрунт стать (встать, вытянуться)** (устар.) — то же, что во фронт стать (встать, вытянуться).

ФРЯ, -и́, *м. и ж.* (прост. пренебр.). Кривляка, воображала.

ФТИЗИА́ТР, -а, *м.* Врач — специалист по фтизиатрии.

ФТИЗИАТРИ́Я, -и, *ж.* Раздел медицины, изучающий туберкулёз, методы его лечения и предупреждения. ‖ *прил.* **фтизиатри́ческий**, -ая, -ое.

ФТОР, -а, *м.* Химический элемент, ядовитый бесцветный газ с едким запахом. ‖ *прил.* **фто́ристый**, -ая, -ое.

ФУ, *межд.* Выражает укоризну, досаду, презрение, отвращение. *Фу, надоел! Фу, какая гадость!* ✦ **Фу́-ты** (разг. ирон.) — в сочетании с другими словами выражает насмешку, осуждение. *Фу-ты какой важный стал! Опять всё перепутал, фу-ты господи!* **Фу́-ты, ну́-ты!** (разг. ирон.) — восклицание, выражающее насмешливое удивление, неодобрение. *Нарядилась, накрасилась, фу-ты, ну-ты!*

ФУ́ГА, -и, *ж.* (спец.). Музыкальное произведение, основанное на последовательном повторении одной музыкальной темы несколькими голосами. ‖ *прил.* **фу́говый**, -ая, -ое.

ФУГА́НОК, -нка, *м.* Длинный столярный рубанок. ‖ *прил.* **фуга́ночный**, -ая, -ое.

ФУГА́С, -а, *м.* Заряд взрывчатого вещества, закладываемый в землю или под воду и взрывающийся от удара, зажигания или другого действия. ‖ *прил.* **фуга́сный**, -ая, -ое.

ФУГА́СКА, -и, *ж.* (разг.). Фугасная авиабомба, фугасный снаряд.

ФУГА́СНЫЙ, -ая, -ое. **1.** *см.* фугас. **2.** Действующий силой газов, образующихся при взрыве (в отличие от ударного или зажигательного). *Ф. снаряд. Фугасная авиабомба* (поражающая наземные цели или заглублённые объекты).

ФУГОВА́ТЬ, -гу́ю, -гу́ешь; -о́ванный; *несов., что* (спец.). **1.** Строгать фуганком. **2.** Плотно пригонять и склеивать ребром (выстроганное). ‖ *сов.* **сфугова́ть**, -гу́ю, -гу́ешь; -о́ванный (ко 2 знач.). ‖ *сущ.* **фуго́вка**, -и, *ж.* ‖ *прил.* **фугова́льный**, -ая, -ое *и* **фуго́вочный**, -ая, -ое.

ФУЖЕ́Р, -а, *м.* Большой бокал на высокой ножке. *Хрустальный ф. Фужеры для шампанского.* ‖ *прил.* **фуже́рный**, -ая, -ое.

ФУ́КНУТЬ, -ну, -нешь; *сов.* (разг.). **1.** *что или на что.* Дунуть или, дунув, задуть или сдуть. *Ф. на свечку. Ф. со стола бумажки.* **2.** *что.* В шашках: снять с доски шашку соперника при его ошибке в игре. ‖ *несов.* **фу́кать**, -аю, -аешь. ‖ *сущ.* **фу́канье**, -я, *ср.*

ФУКСИ́Н, -а, *м.* Красный анилиновый краситель. ‖ *прил.* **фукси́новый**, -ая, -ое.

ФУ́КСИЯ, -и, *ж.* Декоративное растение сем. кипрейных с яркими, преимущ. красными цветками.

ФУЛЯ́Р, -а, *м.* Лёгкая и мягкая шёлковая ткань. ‖ *прил.* **фуля́ровый**, -ая, -ое.

ФУНДА́МЕНТ, -а, *м.* **1.** Основание, служащее опорой для стен здания, для машин, сооружений. *Бетонный ф. Каменный ф. Заложить ф.* **2.** *перен.* База, опора, основа (книжн.). *Ф. знаний. Научный ф.* ‖ *прил.* **фунда́ментный**, -ая, -ое (к 1 знач.).

ФУНДАМЕНТА́ЛЬНЫЙ, -ая, -ое; -лен, -льна. **1.** Большой и прочный (книжн.). *Фундаментальное здание.* **2.** Основательный, глубокий (книжн.). *Фундаментальное исследование.* **3.** *полн. ф.* Основной, главный. *Фундаментальная библиотека.* ‖ *сущ.* **фундамента́льность**, -и, *ж.* (к 1 и 2 знач.).

ФУНДУ́К, -а́, *м.* Орешник, растущий преимущ. в южных районах, а также (собир.) его орехи.

ФУНИКУЛЁР, -а, *м.* Железная дорога с канатной тягой на крутых подъёмах, в горах. ‖ *прил.* **фуникулёрный**, -ая, -ое.

ФУНКЦИОНА́ЛЬНЫЙ, -ая, -ое; -лен, -льна. **1.** *см.* функция. **2.** Вызванный функционированием чего-н., зависящий от деятельности, а не от структуры, строения чего-н. (книжн.). *Функциональное расстройство сердечной деятельности.* ‖ *сущ.* **функциона́льность**, -и, *ж.*

ФУНКЦИОНИ́РОВАТЬ, -рую, -руешь; *несов.* (книжн.). Действовать, быть в действии, в работе. *Сердце функционирует нормально. Начал ф. новый санаторий.* ‖ *сущ.* **функциони́рование**, -я, *ср.*

ФУ́НКЦИЯ, -и, *ж.* **1.** В философии: явление, зависящее от другого и изменяющееся по мере изменения этого другого явления. **2.** В математике: закон, по к-рому каждому значению переменной величины (аргумента) ставится в соответствие нек-рая определённая величина, а также сама эта величина. *Линейная ф.* (меняющаяся прямо пропорционально изменению своего аргумента). **3.** Работа производимая органом, организмом (книжн.). *Ф. желёз.* **4.** Роль, значение чего-н. (книжн.). *Функции кредита.* **5.** Обязанность, круг деятельности (книжн.). *Служебные функции. Функции профкома.* ‖ *прил.* **функциона́льный**, -ая, -ое (к 1, 2, 3 и 4 знач.).

ФУНТ[1], -а, *м.* **1.** Старая русская мера веса, равная 409,5 г. **2.** Английская мера, равная 453,6 г, а также соответствующая старинная мера веса в других европейских странах. ✦ **Вот так фунт!** (прост.) — выражение удивления, разочарования по поводу чего-н. неожиданного. **Почём фунт лиха** (узнать, понять) (разг.) — узнать сполна горе, трудности. **Не фунт изюму** (разг. шутл.) — не пустяк, не шутка. *Сдать сразу все экзамены — это тебе не фунт изюму.* || *уменьш.* **фу́нтик**, -а, *м.* (к 1 знач.). || *прил.* **фунтово́й**, -а́я, -о́е (к 1 знач.).

ФУНТ², -а, *м.* Денежная единица в нек-рых странах. *Английский ф.* (то же, что фунт стерлингов). *Ирландский ф. Египетский ф.*

ФУ́НТИК, -а, *м.* **1.** *см.* фунт¹. **2.** Свёрнутый из бумаги конусообразный пакетик (разг.). *Конфеты, семечки в фунтике.*

ФУ́РА, -ы, *ж.* (устар.). Большая длинная (обычно крытая) повозка.

ФУРА́Ж, -а́, *м.* Корм для сельскохозяйственных животных, птицы. || *прил.* **фура́жный**, -ая, -ое. *Фуражные культуры* (травы, корнеплоды, кукуруза и др.).

ФУРАЖИ́Р, -а, *м.* (устар.). Военнослужащий, ведающий заготовкой, хранением или выдачей фуража, а также вообще тот, кто отправлен в фуражировку. || *прил.* **фуражи́рский**, -ая, -ое.

ФУРАЖИРО́ВКА, -и, *ж.* (устар.). Заготовка фуража для войск.

ФУРА́ЖКА, -и, *ж.* Мужской головной убор с жёстким околышем и козырьком. *Форменная ф. Офицерская ф.* || *прил.* **фура́жечный**, -ая, -ое.

ФУРГО́Н, -а, *м.* Крытая повозка для клади, а также крытый автомобиль для перевозки грузов. || *прил.* **фурго́нный**, -ая, -ое.

ФУ́РИЯ, -и, *ж.* (разг.). Злая, сварливая женщина [по названию богини-мстительницы в древнеримской мифологии].

ФУРНИТУ́РА, -ы, *ж.* (спец.). Вспомогательный материал, приклад, необходимый в производстве, ремесле (напр. при шитье обуви — застёжки, пряжки и т. п.). *Сапожная ф. Галантерейная ф.* || *прил.* **фурниту́рный**, -ая, -ое.

ФУРО́Р, -а, *м.* Шумный успех. *Произвести ф.*

ФУРУ́НКУЛ, -а, *м.* Гнойное воспаление сальной железы, нарыв.

ФУРУНКУЛЁЗ, -а, *м.* Заболевание, выражающееся в появлении фурункулов. || *прил.* **фурункулёзный**, -ая, -ое.

ФУРШЕ́Т, -а, *м.* Небольшой приём, обычно стоя, с лёгкой закуской, напитками. *Пригласить на ф.* ✦ **А-ля фуршет** — о небольшом приёме с лёгким угощением. *Поужинать а-ля фуршет.* || *прил.* **фурше́тный**, -ая, -ое.

ФУТ, -а, *род. мн.* -ов, *м.* Английская и старая русская мера длины, равная 30,48 см.

ФУТБО́Л, -а, *м.* Командная игра, в к-рой игроки стремятся ударами ноги забить мяч в ворота соперника, а также соответствующий вид спорта. || *прил.* **футбо́льный**, -ая, -ое. *Футбольное поле.*

ФУТБОЛИ́СТ, -а, *м.* Спортсмен, занимающийся футболом; игрок в футбол. || *ж.* **футболи́стка**, -и. || *прил.* **футболи́стский**, -ая, -ое.

ФУТБО́ЛИТЬ, -лю, -лишь; *несов., кого-что* (прост. неодобр.). Стараться избавиться от кого-чего-н., направляя от одного к другому.

ФУТБО́ЛКА, -и, *ж.* Спортивная трикотажная рубашка с рукавами.

ФУТЛЯ́Р, -а, *м.* Вместилище для хранения, для предохранения чего-н. *Ф. для очков. Ф. для скрипки.* ✦ **Человек в футляре** — человек, к-рый замкнулся в кругу своих узких интересов, боится всяких нововведений [по названию рассказа А. П. Чехова]. || *уменьш.* **футля́рчик**, -а, *м.* || *прил.* **футля́рный**, -ая, -ое.

ФУТУРИ́ЗМ, -а, *м.* Формалистическое направление в искусстве и литературе начала 20 в., отвергавшее реализм и пытавшееся создать новый стиль, к-рый должен был бы разрушить все традиции и приёмы старого искусства. || *прил.* **футуристи́ческий**, -ая, -ое. *Футуристические стихи.*

ФУТУРИ́СТ, -а, *м.* Последователь футуризма. || *ж.* **футури́стка**, -и. || *прил.* **футури́стский**, -ая, -ое.

ФУТУРО́ЛОГ, -а, *м.* Социолог, занимающийся футурологией.

ФУТУРОЛО́ГИЯ, -и, *ж.* (спец.). Применительно к современным концепциям будущего: прогнозирование социальных процессов. || *прил.* **футурологи́ческий**, -ая, -ое.

ФУФА́ЙКА, -и, *ж.* **1.** Тёплая вязаная рубашка. *Шерстяная ф. Хлопчатобумажная ф.* **2.** То же, что ватник (прост.). || *прил.* **фуфа́ечный**, -ая, -ое.

ФУФУ́: **на фуфу** (устар. прост.) — 1) кое-как, неосновательно. *Сделано на фуфу;* 2) на́ смех, в насмешку. *Поднять на фуфу кого-н.* (посмеяться над кем-н.).

ФУЭТЕ́ [тэ], *нескл., ср.* В классическом танце: группа па с характерным маховым движением ноги, помогающим повороту или вращению танцовщика.

ФЫ́РКАТЬ, -аю, -аешь; *несов.* **1.** С шумом выпускать воздух из ноздрей. *Фыркают кони.* **2.** *перен.* Смеяться, производя отрывистые звуки носом, губами (разг.). *Насмешливо ф.* **3.** *перен.* Сердиться, брюзжать, выражая недовольство чем-н. (разг.). *Всем недоволен, на всех фыркает.* || *однокр.* **фы́ркнуть**, -ну, -нешь. || *сущ.* **фы́рканье**, -я, *ср.*

ФЫРЧА́ТЬ, -чу́, -чи́шь; *несов.* (прост.). То же, что фыркать (в 1 и 3 знач.). || *сущ.* **фырча́нье**, -я, *ср.*

ФЬОРД [фьё], -а и **ФИО́РД**, -а, *м.* Узкий, глубоко вдавшийся в берег морской залив со скалистыми берегами. *Скандинавские фьорды.*

ФЬЮТЬ, *межд. звукоподр.* Воспроизведение свиста, свистка.

ФЮЗЕЛЯ́Ж, -а, *м.* (спец.). Корпус летательного аппарата. || *прил.* **фюзеля́жный**, -ая, -ое.

ФЮ́РЕР, -а, *м.* В фашистских организациях: вождь. || *прил.* **фю́рерский**, -ая, -ое.

Х

ХАВРО́НЬЯ, -и, *род. мн.* -ний, *ж.* (разг. шутл.). То же, что свинья (в 1 знач.). *Вываливалась в грязи, как х.*

ХА́ЖИВАТЬ *см.* ходить.

ХАЗА́РСКИЙ, -ая, -ое. **1.** *см.* хазары. **2.** Относящийся к хазарам, к их языку, образу жизни, культуре, а также к их государству, его территории, внутреннему устройству, истории; такой, как у хазар, как в их государстве. *Х. язык* (мёртвый язык тюркской семьи языков). *Х. каганат* (раннефеодальное государство в середине 7 — конце 10 в.). *Хазарские племена.*

ХАЗА́РЫ, -а́р, *ед.* -а́рин, -а, *м.* Древний народ, образовавший в 7—10 вв. государство, простиравшееся от нижней Волги до Кавказа и Северного Причерноморья. || *ж.* **хаза́рка**, -и. || *прил.* **хаза́рский**, -ая, -ое.

ХАЙЛО́, -а́, *мн.* ха́йла, хайл, ха́йлам, *ср.* (прост. бран.). Горло, глотка. *Заткни х.!*

ХАКА́ССКИЙ, -ая, -ое. **1.** *см.* хакасы. **2.** Относящийся к хакасам, к их языку, национальному характеру, образу жизни, культуре, а также к Хакасии, её территории, внутреннему устройству, истории; такой, как у хакасов, как в Хакасии. *Х. язык* (тюркской семьи языков). *По-хакасски* (нареч.).

ХАКА́СЫ, -ов, *ед.* -а́с, -а, *м.* Народ, составляющий основное коренное население Хакасии. || *ж.* **хака́ска**, -и. || *прил.* **хака́сский**, -ая, -ое.

ХА́КИ. **1.** *неизм.* Коричневато-зелёный, защитный. *Цвет х.* **2.** *нескл., ср.* Плотная ткань такого цвета, а также форменная одежда из такой ткани. *Одет в х.*

ХА́ЛА, -ы, *ж.* То же, что плетёнка (во 2 знач.).

ХАЛА́Т, -а, *м.* Домашняя или рабочая одежда, запахивающаяся или застёгивающаяся сверху донизу (у нек-рых азиатских народов — верхняя запахивающаяся одежда). *Домашний х. Рабочий х. Больничный х. Купальный х. Бухарский пёстрый х.* || *уменьш.* **хала́тик**, -а, *м.* || *прил.* **хала́тный**, -ая, -ое.

ХАЛА́ТНЫЙ¹, -ая, -ое; -тен, -тна. Небрежный и недобросовестный в выполнении своих обязанностей. *Халатное отношение к делу.* || *сущ.* **хала́тность**, -и, *ж.*

ХАЛА́ТНЫЙ² *см.* халат.

ХАЛВА́, -ы́, *ж.* Кондитерское изделие из растёртых орехов, семян, смешанных с карамельной массой. *Арахисовая х. Сколько ни кричи «халва», во рту сладко не станет* (посл.). || *прил.* **халво́вый**, -ая, -ое.

ХА́ЛДА, -ы и **ХАЛДА́**, -ы́, *ж.* (прост. бран.). Грубая, неряшливая, нескладная женщина.

ХАЛИ́Ф, -а, *м.* В мусульманских странах в феодальную эпоху: верховный правитель и религиозный глава, а также титул египетского и турецкого султанов; лицо, имеющее этот титул. ✦ **Халиф на час** (книжн.) — то же, что калиф на час. || *прил.* **хали́фский**, -ая, -ое.

ХАЛИФА́Т, -а, *м.* Мусульманское государство, возглавляемое халифом. || *прил.* **халифа́тский**, -ая, -ое.

ХАЛТУ́РА, -ы, *ж.* (разг.). **1.** Недобросовестная, небрежная и без знания дела работа, а также вещь, сделанная таким образом. *Заниматься халтурой. Написать халтуру.* **2.** Побочная, обычно временная работа сверх основной. *Подвернулась выгодная х.* || *уменьш.* **халту́рка**, -и, *ж.* (ко 2 знач.).

ХАЛТУ́РИТЬ, -рю, -ришь; *несов.* (разг.). Заниматься халтурой. || *сов.* **схалту́рить**, -рю, -ришь.

ХАЛТУ́РНЫЙ, -ая, -ое; -рен, -рна (разг.). Являющийся халтурой. *Халтурная работа. Х. заработок.* || *сущ.* **халту́рность**, -и, *ж.* (по 1 знач. сущ. халтура).

ХАЛТУ́РЩИК, -а, *м.* (разг.). Человек, к-рый халтурит. || *ж.* **халту́рщица**, -ы. || *прил.* **халту́рщицкий**, -ая, -ое.

ХАЛУ́ПА, -ы, *ж.* (разг.). Маленькое неблагоустроенное жилище [*первонач.* бедная хата на Украине, в Белоруссии].

ХАЛЦЕДО́Н, -а, *м.* Полудрагоценный камень, разновидность кварца. || *прил.* **халцедо́новый**, -ая, -ое.

ХАЛЯ́ВА, -ы и **ХОЛЯ́ВА**, -ы, *ж.* : **на халяву (холяву)** (прост. груб.) — 1) кое-как, небрежно; 2) бесплатно, задаром.

ХАМ, -а, *м.* (презр. и бран.). Грубый, наглый человек. || *ж.* **ха́мка**, -и.

ХАМЕЛЕО́Н, -а, *м.* **1.** Пресмыкающееся тёплых стран отряда ящериц, меняющее свою окраску при цветовых изменениях в окружающей среде. **2.** *перен.* Человек, к-рый, приспосабливаясь к обстановке, легко меняет своё поведение, взгляды, симпатии (неодобр.). ‖ *прил.* **хамелео́новый**, -ая, -ое (к 1 знач.) *и* **хамелео́нский**, -ая, -ое (ко 2 знач.).

ХАМЕ́ТЬ, -е́ю, -е́ешь; *несов.* (прост.). Становиться хамом, начинать вести себя по-хамски. ‖ *сов.* **охаме́ть**, -е́ю, -е́ешь.

ХАМИ́ТЬ, -млю́, -ми́шь; *несов.* (разг.). Вести себя грубо, нагло, по-хамски. *Х. окружающим.* ‖ *сов.* **нахами́ть**, -млю́, -ми́шь.

ХАМЛО́, -а́, *ср.* (прост. груб.). Хам, наглец.

ХАМОВА́ТЫЙ, -ая, -ое; -а́т (разг.). Склонный к хамству, грубый. ‖ *сущ.* **хамова́тость**, -и, *ж.*

ХАМСА́, -ы́, *ж.* Небольшая морская рыба сем. анчоусов. ‖ *прил.* **хамсо́вый**, -ая, -ое.

ХА́МСКИЙ, -ая, -ое (разг.). Свойственный хаму, грубый, наглый. *Хамское поведение. Х. тон. Поступать по-хамски* (нареч.).

ХА́МСТВО, -а, *ср.* (разг.). Хамское поведение, хамский поступок. *Возмутительное х.*

ХАМЬЁ, -я́, *ср., собир.* (разг. презр.). Хамы.

ХАН, -а, *м.* У нек-рых тюркских и монгольских народов: феодальный владетельный князь, монарх, а также титул князя, монарха. ‖ *прил.* **ха́нский**, -ая, -ое.

ХАНА́, *в знач. сказ., кому-чему* (прост.). То же, что капут.

ХАНДРА́, -ы́, *ж.* Мрачное, тоскливое настроение, томительная скука. *Впасть в хандру. Х. напала (накатила) на кого-н.*

ХАНДРИ́ТЬ, -рю́, -ри́шь; *несов.* Быть в состоянии хандры. *Х. в одиночестве.*

ХАНЖА́, -и́, *род. мн.* -е́й, *м.* и *ж.* Лицемер, прикрывающийся показной добродетельностью, набожностью.

ХА́НЖЕСКИЙ, -ая, -ое и **ХАНЖЕСКО́Й**, -а́я, -о́е. Свойственный ханже, лицемерный. *Ханжеское поведение. Ханжеская физиономия.*

ХА́НЖЕСТВО, -а и **ХАНЖЕСТВО́**, -а́, *ср.* Поведение, свойственное ханже.

ХАНЖИ́ТЬ, -жу́, -жи́шь; *несов.* (разг.). Вести себя как ханжа.

ХА́НСТВО, -а, *ср.* Страна, область, управляемая ханом.

ХА́НТЫ. **1.** ханты, -ов, *ед.* ха́нты, *нескл., м.* и *ж.* Народ, живущий в Тюменской области (в Ханты-Мансийском, Ямало-Ненецком округах) и в Томской области (прежнее название — остяки). **2.** *неизм.* Относящийся к этому народу, к его языку, национальному характеру, образу жизни, культуре, а также к территории его проживания, её внутреннему устройству, истории; такой, как у хантов. ‖ *прил.* также **ханты́йский**, -ая, -ое.

ХАНТЫ́ЙСКИЙ, -ая, -ое. **1.** *см.* ханты *и* хантыйцы. **2.** То же, что ханты (во 2 знач.). *Х. язык* (финно-угорской семьи языков). *По-хантыйски* (нареч.).

ХАНТЫ́ЙЦЫ, -ев, *ед.* -ы́ец, -ы́йца, *м.* То же, что ханты (в 1 знач.). ‖ *ж.* **ханты́йка**, -и. ‖ *прил.* **ханты́йский**, -ая, -ое.

ХА́ОС, -а и **ХАО́С**, -а, *м.* **1.** (ха́ос). В древнейших мифологических представлениях: беспорядочная материя, неорганизованная стихия, из к-рой образовалось впоследствии всё существующее. *Первозданный х.* **2.** (ха́ос). Отсутствие порядка, полная путаница. *Х. в делах. Х. в голове.* **3.** (ха́ос). Нагромождение, скопление чего-н. *Х. камней. Х. льдов.* **4.** (хао́с). Беспорядок (в помещении, в жилье). *В комнатах х. Как можно жить в таком хаосе?*

ХАОТИ́ЧЕСКИЙ, -ая, -ое. Беспорядочный, лишённый последовательности, стройности. *Хаотическое нагромождение цитат.*

ХАОТИ́ЧНЫЙ, -ая, -ое; -чен, -чна. То же, что хаотический. ‖ *сущ.* **хаоти́чность**, -и, *ж.*

ХАП, *в знач. сказ.* (прост.). Хапнул (в 1 знач.). *Х. кусок из рук. Х. за ногу.*

ХА́ПАТЬ, -аю, -аешь; *несов.* (прост.). **1.** *кого-что.* Быстро, резко хватать (в 1 знач.). *Не хапай руками. Х. зубами* (кусать). **2.** *что.* Брать, красть, присваивать неблаговидным способом. ‖ *однокр.* **ха́пнуть**, -ну, -нешь; -утый.

ХАПУ́ГА, -и, *м.* и *ж.* (прост. презр.). Человек, к-рый хапает (во 2 знач.).

ХАРАКИ́РИ, *нескл., ср.* У японских самураев: самоубийство путём вспарывания живота. *Сделать себе х.*

ХАРА́КТЕР, -а, *м.* **1.** Совокупность психических, духовных свойств человека, обнаруживающихся в его поведении. *Сильный, волевой, твёрдый, смирный х. Выдержать х.* (сохранить твёрдость, не уступить в чём-н.). *В характере чьём-н.* (свойственно кому-н.). *Человек с характером* (с твёрдым характером). *Человек без характера* (слабовольный). *Сильные характеры* (также перен.: люди с сильным характером). *Литературные характеры* (персонажи с их характерными чертами). **2.** Отличительное свойство, особенность, качество чего-н. *Затяжной х. болезни. Беседа делового характера. Х. местности.*

ХАРАКТЕРИЗОВА́ТЬ, -зу́ю, -зу́ешь; -о́ванный; *сов.* и *несов., кого-что.* **1.** Дать (давать) характеристику кому-чему-н. *Х. работника с положительной стороны.* **2.** (1 и 2 л. не употр.). Обнаружить (-ивать), составить (-влять) чью-н. характерную черту, особенность. *Учёного характеризует скромность.* ‖ *сов.* также **охарактеризова́ть**, -зу́ю, -зу́ешь; -о́ванный (к 1 знач.).

ХАРАКТЕРИЗОВА́ТЬСЯ, -зу́юсь, -зу́ешься; *несов.* Обладать какими-н. характерными чертами, особенностями. *Степные районы характеризуются сухим климатом.*

ХАРАКТЕРИ́СТИКА, -и, *ж.* **1.** Описание характерных, отличительных качеств, черт кого-чего-н. *Блестящая х. исследования. Х. эпохи.* **2.** Официальный документ с отзывом о служебной, общественной деятельности кого-н. *Х. с места работы.*

ХАРАКТЕРИСТИ́ЧЕСКИЙ, -ая, -ое (устар. и спец.). То же, что характе́рный.

ХАРА́КТЕРНЫЙ, -ая, -ое; -рен, -рна. **1.** Упрямый, любящий делать по-своему, с тяжёлым, своенравным характером (прост.). *Х. мужчина.* **2.** **характерная роль** — то же, что характе́рная роль.

ХАРАКТЕ́РНЫЙ, -ая, -ое; -рен, -рна. **1.** С резко выраженными особенностями, чертами. *Х. костюм. Характерное лицо.* **2.** Свойственный кому-чему-н., специфический. *Х. для севера климат. Эта черта для него характерна.* **3.** *полн. ф.* Свойственный определённому народу, эпохе, общественной среде. *Характерные танцы. Характерные роли* (у актёров: типические роли людей, принадлежащих к определённой социальной среде). ‖ *сущ.* **характе́рность**, -и, *ж.*

ХА́РИУС, -а, *м.* Пресноводная рыба сем. лососей.

ХА́РКАТЬ, -аю, -аешь; *несов.* Плевать, с шумом прочищая горло. *Х. кровью.* ‖ *однокр.* **ха́ркнуть**, -ну, -нешь. ‖ *сущ.* **ха́рканье**, -я, *ср.*

ХА́РТИЯ, -и, *ж.* **1.** Старинная рукопись, а также материал, на к-ром она написана (спец.). **2.** В составе нек-рых названий: документ важного общественно-политического значения. *Олимпийская х.*

ХАРЧЕ́ВНЯ, -и, *род. мн.* -вен, *ж.* (устар.). Трактир, закусочная с дешёвыми и простыми кушаньями. ‖ *прил.* **харче́венный**, -ая, -ое.

ХАРЧИ́, -е́й, *ед.* (в одном знач. с *мн.*) харч, -а, *м.* (прост.). Еда, пища. *На хозяйских харчах* (о работнике, к-рый столуется у хозяина; устар.). *На своих харчах.*

ХАРЧО́. **1.** *нескл., ср.* Суп из грудинки, сваренный с рисом, томатом, с острыми приправами. *Кавказское х.* **2.** *неизм.* О супе: сваренный таким образом. *Суп-х.*

ХА́РЯ, -и, *ж.* (прост. бран.). То же, что лицо (в 1 знач.). *Противная х. Ну и х.!*

ХА́ТА, -ы, *ж.* На Украине, в Белоруссии, на юге России: крестьянский дом. *Белёная х. Моя х. с краю* (перен.: это меня не касается, не моё дело; разг. неодобр.). ✦ **Хата-лаборатория** — прежнее название сельской агрономической лаборатории. ‖ *уменьш.* **ха́тка**, -и, *ж.* ‖ *пренебр.* **хатёнка**, -и, *ж.*

ХА-ХА́ и **ХА-ХА-ХА́**, *межд. звукоподр.* Воспроизведение громкого смеха.

ХА́ХАЛЬ, -я, *м.* (прост.). Тот, кто ухаживает (во 2 знач.), поклонник, любовник.

ХА́ХАНЬКИ, -нек (разг. неодобр.). Смешки, шутки. *Ему бы всё только х. Не до хаханек. Х. да хиханьки.*

ХА́ЯТЬ, ха́ю, ха́ешь; ха́янный; *несов., кого-что* (прост.). Бранить, порочить.

ХВАЛА́, -ы́, *ж.* (высок.). Высокая похвала. *Х. герою! Воздать хвалу кому-чему-н.*

ХВАЛЕ́БНЫЙ, -ая, -ое; -бен, -бна. Содержащий хвалу, похвалу. *Хвалебная песня. Х. отзыв.* ‖ *сущ.* **хвале́бность**, -и, *ж.*

ХВАЛЁНЫЙ, -ая, -ое (ирон.). Не оправдавший похвал, расхваленный напрасно. *Вот они его хвалёные достоинства!*

ХВАЛИ́ТЬ, -алю́, -а́лишь; хва́лящий *и* хваля́щий; хва́ленный; *несов., кого-что.* Выражать одобрение, похвалу кому-чему-н. за что-н. *Х. ученика за прилежание. Х. книгу. Хвалю за откровенность!* ‖ *сов.* **похвали́ть**, -алю́, -а́лишь; -а́ленный. *Не похвалят кого-н. за что-н.* (осудят или накажут, по головке не погладят; разг. ирон.). ‖ *сущ.* **хвале́ние**, -я, *ср.*

ХВАЛИ́ТЬСЯ, -алю́сь, -а́лишься; хваля́щийся; *несов.* (разг.). То же, что хвастаться. *Х. своими знаниями. Хвалится, что сам всё сделал.* ‖ *сов.* **похвали́ться**, -алю́сь, -а́лишься.

ХВА́СТАТЬ, -аю, -аешь; *несов.* **1.** То же, что хвастаться (разг.). *Х. обновами.* **2.** То же, что лгать (прост.). *Не верь ему: хвастает.* ‖ *сов.* **похва́стать**, -аю, -аешь. ‖ *однокр.* **хвастну́ть**, -ну́, -нёшь *и* **хвастану́ть**, -ну́, -нёшь (прост.). ‖ *сущ.* **хва́станье**, -я, *ср.*

ХВА́СТАТЬСЯ, -аюсь, -аешься; *несов.* **1.** *кем-чем.* Высказываться с хвастовством о себе, о чём-н. своём. *Х. успехами.* **2.** *с неопр.* и *с союзом «что».* Самонадеянно обещать что-н. сделать (прост.). *Хвастается, что любого поборет.* ‖ *сов.* **похва́статься**, -аюсь, -аешься. *П. нечем кому-н.* (нет ничего хорошего, никаких успехов; разг.). ‖ *сущ.* **хва́станье**, -я, *ср.*

ХВАСТЛИ́ВЫЙ, -ая, -ое; -и́в. **1.** Любящий хвастаться. *Х. человек.* **2.** Содержащий или выражающий хвастовство. *Х. ответ. Х. тон.* ‖ *сущ.* **хвастли́вость**, -и, *ж.*

ХВАСТОВСТВО́, -а́, *ср.* Неумеренное восхваление чего-н. своего, своих достоинств. *Беззастенчивое х.*

ХВАСТУ́Н, -а́, *м.* (разг.). Хвастливый человек. ‖ *ж.* **хвасту́нья**, -и, *род. мн.* -ний. ‖ *уничиж.* **хвастуни́шка**, -и, *м.* и *ж.*

ХВАТ, -а, *м.* (разг.). **1.** Бойкий, полный молодечества человек. **2.** То же, что ловкач.

ХВАТА́ТЬ[1], -а́ю, -а́ешь; -анный; *несов.* **1.** *кого-что.* Брать резким, быстрым движением руки или зубов, ртa. *Х. за́ руку. Х. ртом воздух. Х. клювом, пастью.* **2.** *кого (что).* Ловить, задерживать (разг.). *Х. вора.* **3.** *что.* Брать, приобретать без разбора (разг.). *Х. что попало. Х. двойки* (перен.: получать плохие отметки). ✦ **Хватать (брать) за́ сердце и за се́рдце** *кого* (разг.) — вызывать щемящую тоску, боль и радость, глубоко трогать, волновать. *Русская песня хватает за душу.* **Куда глаз хватает** — далеко, в пределах видимого, куда ни посмотришь, всюду. *Куда глаз хватает, везде поля.* ‖ *сов.* **схвати́ть**, -ачу́, -а́тишь; -а́ченный *и* **хвати́ть**, хвачу́, хва́тишь; хва́ченный (к 1 знач.; прост.). *Схватить за́ руку* (также перен.: поймать с поличным; разг.). ‖ *однокр.* **хватану́ть**, -ну́, -нёшь (к 1 и 3 знач.; прост.) ‖ *сущ.* **хвата́ние**, -я, *ср.* ‖ *прил.* **хвата́тельный**, -ая, -ое (к 1 знач.; спец.). *Х. рефлекс. Х. орган насекомых. Хватательные движения.*

ХВАТА́ТЬ[2], -а́ет; *безл.; несов.* **1.** *см.* хватить[2]. **2.** *кого-чего.* Иметься в большом количестве (разг.). *Дел хватает. Хватает забот.* ✦ **Не хватает** *кого-чего* (разг. неодобр.) — о чём-н. неожиданном и неприятном, а также о том, кто мешает, не нужен. *Этой неприятности мне ещё не хватало! Тебя тут только не хватает! Этого ещё не хватает!*

ХВАТА́ТЬСЯ, -а́юсь, -а́ешься; *несов.* **1.** *за кого-что.* Хватать рукой, руками кого-что-н., браться. *Х. за ветки. Обеими руками х. за что-н.* (также перен.: с большой охотой брать, соглашаться; разг.). *Х. за́ голову (за го́лову)* или *за́ волосы* (также перен.: ужасаться, спохватываться в страхе, отчаянии; разг.). *Х. за саблю* (также перен.: вести себя воинственно; ирон.). *Х. за соломинку* (перен.: в отчаянии прибегать к последнему и явно ненадёжному средству). **2.** *за что.* Поспешно и несистематично делать что-н., переходя от одного дела к другому (разг.). *Столько дел — не знаешь, за что х. Х. за всё сразу.* ‖ *сов.* **схвати́ться**, -ачу́сь, -а́тишься *и* **хвати́ться**, хвачу́сь, хва́тишься (ко 2 знач.; прост.).

ХВАТИ́ТЬ[1], хвачу́, хва́тишь; хва́ченный; *сов.* **1.** *см.* хватать[1]. **2.** *чего.* Выпить что-н. поспешно, разом (прост.). *Х. стаканчик. Х. горячего до слёз* (перен.: испытать много неприятного). **3.** *перен., чего.* Испытать что-н. тяжёлое, неприятное (разг.). *Х. горя. Х. страху.* **4.** (1 и 2 л. не употр.), *кого-что.* Поразить; причинить вред, ущерб кому-чему-н. (разг.). *Старика хватил паралич. Морозом хватило* (безл.) *посевы.* **5.** *кого-что.* Сильно ударить (в 1 знач.) (прост.). *Х. по плечу. Х. стулом об пол (об пол).* **6.** Увлёкшись, сделать что-н. сверх меры или сказать лишнее (прост.). *Эк куда хватил! Ну это уж ты хватил.* **7.** *что.* Сделать (сказать, спеть) что-н. неожиданное, шумное, ударить (в 5 знач.) (прост.). *Х. плясовую. Х. песню.* **8.** (1 и 2 л. не употр.). То же, что ударить (в 6 знач.) (разг.). *Хватили морозы.* ✦ **Хватить через край** (разг.) — сделать или сказать что-н. лишнее.

ХВАТИ́ТЬ[2], хва́тит; *безл.; сов.* **1.** *кого-чего.* Быть достаточным (в 3 знач.), иметься в необходимой мере, в нужном количестве. *Хватит сил. Хватит с него и этих денег.* **2.** *кого (чего).* Быть способным, быть в состоянии сделать что-н. (разг.). *Его не хватит на это дело.* **3. хва́тит**, *в знач. сказ.* и с *неопр.* Достаточно (в 4 знач.), довольно (разг.). *Хватит споров (спорить)! Долго терпели твои фокусы — хватит!* **4. хва́тит**, *частица.* Довольно, будет (во 2 знач.), достаточно (разг.). *Перестань врать! Хватит!* ‖ *несов.* **хвата́ть**, -а́ет (к 1 и 2 знач.).

ХВАТИ́ТЬСЯ[1], хвачу́сь, хва́тишься; *сов.* (разг.). **1.** *кого-чего.* Начав искать, вспомнив о ком-чём-н. нужном, обнаружить его отсутствие. *Х. ключей.* **2.** То же, что спохватиться. *Хватился, да поздно.*

ХВАТИ́ТЬСЯ[2] *см.* хвататься.

ХВА́ТКА, -и, *ж.* **1.** Способ, приём, к-рым хватают, схватывают что-н. *Цепкая х. Мёртвая х.* (сильная хватка у собак, зверя, при к-рой с трудом разжимаются челюсти; также перен.: о действиях того, кто не отступит, пока не добьётся своего). **2.** *перен.* О ловкости и быстроте в действиях, в работе (разг.). *Деловая х.*

ХВА́ТКИЙ, -ая, -ое; -ток, -тка́ *и* -тка, -тко; хва́тче. **1.** Ловко и цепко хватающий (прост.). *Хваткие руки.* **2.** *перен.* Легко постигающий, схватывающий что-н. (разг.). *Х. ум.* ‖ *сущ.* **хва́ткость**, -и, *ж.*

ХВАТЬ (разг.). **1.** *межд.* Выражает неожиданность. *Оглянуться не успел, х. — уже зима!* **2.** *в знач. сказ.* Хватил, схватил, ударил. *Х. за руку. Х. по спине!* **3.** *в знач. сказ.* Хватился[1]. *Х. — нет ключа!*

ХВОИ́НКА, -и, *ж.* Одна игла хвои.

ХВО́ЙНЫЙ, -ая, -ое. **1.** *см.* хвоя. **2.** Имеющий хвою, не лиственный. *Х. лес. Хвойные деревья* (сосна, ель, пихта, лиственница и нек-рые другие). *Подкласс хвойных* (сущ.).

ХВОРА́ТЬ, -а́ю, -а́ешь; *несов.* То же, что болеть[1] (в 1 знач.).

ХВОРО́БА, -ы, *ж.* (прост. и обл.). Хворь, хворость. *Х. одолела.*

ХВО́РОСТ, -а, *м., собир.* **1.** Сухие отпавшие ветки деревьев, высохшие тонкие сучья или стволы. *Собрать х. для костра.* **2.** Рассыпчатое печенье из тонких полосок теста, сваренных в масле. ‖ *прил.* **хворостяно́й**, -а́я, -о́е (к 1 знач.).

ХВОРОСТИ́НА, -ы, *ж.* Длинный сухой прут. *Стегать хворостиной.* ‖ *уменьш.* **хворости́нка**, -и, *ж.* ‖ *прил.* **хворости́нный**, -ая, -ое.

ХВО́РЫЙ, -ая, -ое; хвор, хво́ра *и* хвора́, хво́ро (прост.). Больной, болезненный. *Дед у нас х.*

ХВОРЬ, -и и **ХВО́РОСТЬ**, -и, *ж.* (прост.). То же, что болезнь. *Стариковские хворости.*

ХВОСТ, -а́, *м.* **1.** Придаток (обычно подвижный) на задней части тела животного или вообще задняя суженная часть тела животного. *Конский х. Рыбий х. Х. ящерицы. Хвостом вилять перед кем-н.* (также перен.: юлить, заискивать; разг. неодобр.). *Поджать х.* (также перен.: испугавшись, утратить самоуверенность; разг. пренебр.). *Хвостом накрыться* (перен.: трусливо уклониться от ответственности; прост. неодобр.). **2.** Задняя часть летательного аппарата. *Х. ракеты.* **3.** Задняя часть длинного подола (разг.). *Х. юбки.* **4.** Задняя, конечная часть чего-н. движущегося; вообще что-н. длинное, движущееся. *Х. кометы. Х. поезда. Х. обоза. Х. пыли за повозкой.* **5.** Вообще — удлинённая оконечность чего-н. *Х. бумажного змея. Х. плети. Х. рудной жилы* (спец.). **6.** Вереница людей, идущих или стоящих друг за другом (разг.). *Х. за билетами* (очередь). **7.** обычно *мн.* Отходы после обогащения полезных ископаемых (спец.). **8.** *перен.* Остаток, невыполненная часть чего-н. (обычно об экзаменационной задолженности) (разг.). *Сдавать хвосты* (об экзаменах). ✦ **Хвостом вертеть** (разг. неодобр.) — 1) хитрить, юлить. *Не верти хвостом, говори прямо;* 2) вести себя легкомысленно (о женщине). **Хвостом ходить** *за кем* (разг. неодобр.) — неотступно надоедать, приставать. **И в хвост и в гриву** (бранить, гнать) (прост. неодобр.) — что есть силы, вовсю. **Хвост трубой (морковкой, пистолетом) держать** (прост. шутл.) — бодриться, не унывать, не робеть. **Хвост вытащишь — нос завязнет** — посл.: только избавишься от одной неприятности — появляется другая. **В хвосте** (быть, плестись) (разг. неодобр.) — отставая, на последнем месте. ‖ *уменьш.* **хво́стик**, -а, *м.* (к 1 и 5 знач.) *и* **хвости́шко**, -а, *м.* (к 1 знач.). *Мамин хвостик* (о ребёнке, который не отходит от матери; шутл.). ‖ *увел.* **хвости́ще**, -а, *м.* (к 1, 2, 3, 5 и 6 знач.). ‖ *прил.* **хвосто́вой**, -а́я, -о́е (к 1, 2, 4, 5 и 7 знач.). *Хвостовое оперение* (у летательного аппарата).

ХВОСТА́СТЫЙ, -ая, -ое; -а́ст (разг.). С большим хвостом (в 1 знач.). *Х. пёс.*

ХВОСТА́ТЫЙ, -ая, -ое; -а́т. С хвостом (в 1 знач.) или с большим хвостом. *Хвостатые земноводные. Х. кот.*

ХВО́СТИК, -а, *м.* **1.** *см.* хвост. **2.** Кончик, выступающая часть чего-н. *Буква с хвостиком. Х. косички.* ✦ **С хвостиком** (разг.) — обычно о возрасте: с небольшой прибавкой. *Ему уже 40 лет с хвостиком.*

ХВОЩ, -а́, *м.* Споровое травянистое растение с мелкими чешуйчатыми листьями, сросшимися в трубку. ‖ *прил.* **хвощо́вый**, -ая, -ое.

ХВО́Я, -и, *ж.*, также *собир.* **1.** Игловидный или чешуйчатый лист нек-рых (обычно вечнозелёных) деревьев или кустарников. **2.** Ветка такого дерева, кустарника. *Гирлянды из хвои.* ‖ *прил.* **хво́йный**, -ая, -ое. *Х. настой. Хвойные ванны. Хвойная мука* (высушенная и размолотая хвоя).

ХЕК, -а, *м.* Морская промысловая рыба сем. тресковых. ‖ *прил.* **хе́ковый**, -ая, -ое.

ХЕ́РЕС, -а (-у), *м.* Сорт крепкого виноградного вина. ‖ *прил.* **хе́ресный**, -ая, -ое.

ХЕРУВИ́М, -а, *м.* В христианстве: ангел, относящийся к одному из высших ангельских ликов[2]. *Как х. кто-н.* (красив, прекрасен; устар.). ‖ *прил.* **херуви́мский**, -ая, -ое.

ХЕ-ХЕ́ и **ХЕ-ХЕ-ХЕ́**, *межд. звукоподр.* Воспроизведение негромкого смеха, смешка.

ХИБА́РА, -ы и **ХИБА́РКА**, -и, *ж.* (разг.). Убогий домик, лачуга.

ХИ́ЖИНА, -ы, *ж.* Небольшой бедный домик, избушка.

ХИЛЕ́ТЬ, -е́ю, -е́ешь; *несов.* (разг.). Становиться хилым, хилее. ‖ *сов.* **захиле́ть**, -е́ю, -е́ешь.

ХИ́ЛЫЙ, -ая, -ое; хил, хила́ *и* хи́ла, хи́ло. Слабый, болезненный. *Х. ребёнок. Хил здоровьем. Хилое растение.* ‖ *сущ.* **хи́лость**, -и, *ж.*

ХИЛЯ́К, -а́, *м.* (прост. пренебр.). Слабый, хилый человек, слабак. ‖ *ж.* **хиля́чка**, -и.

ХИМ... *Первая часть сложных слов со знач.* относящийся к химии, химический, напр. *химаппаратура, химволокно, химзавод, химкомбинат, химоборудование.*

ХИМЕ́РА, -ы, *ж.* **1.** Неосуществимая, несбыточная и странная мечта (книжн.). **2.** Скульптура фантастического чудовища (спец.) [*первонач.* в древнегреческой мифологии: опустошавшее страну огнедышащее трёхголовое чудовище, полулев-полукоза с хвостом-змеёй].

ХИМЕРИ́ЧЕСКИЙ, -ая, -ое (книжн.). Фантастический, несбыточный. *Химерическая идея.*

ХИМЕРИ́ЧНЫЙ, -ая, -ое; -чен, -чна (книжн.). То же, что химерический. ‖ *сущ.* **химери́чность**, -и, *ж.*

ХИ́МИК, -а, *м.* Специалист по химии, а также работник химической промышленности.

ХИМИКА́ЛИИ, -ий. Химические препараты, продукты.

ХИМИКА́Т, -а, *м.* Химический препарат, продукт.

ХИМИО... *Первая часть сложных слов со знач.* относящийся к химии, напр. *химиовакцина, химиолучевой, химиопрепараты, химиосинтез, химиотерапия.*

ХИМИ́ЧЕСКИЙ, -ая, -ое. **1.** *см.* химия. **2.** Относящийся к явлениям и процессам, изучаемым химией. *Х. элемент. Химическая реакция. Химическое разложение.* **3.** Относящийся к применению методов химии и к изготовлению продуктов этими методами. *Х. анализ. Химические препараты. Химическая чистка одежды. Х. завод.* **4.** Относящийся к применению в военных целях препаратов, изготовляемых средствами химии. *Химическое оружие.* **5.** О цвете: неестественный. *Леденец химического цвета. Химическая блондинка.* ✦ **Химический карандаш** — карандаш с особым графитом, к-рый при смачивании пишет, как чернила.

ХИМИ́ЧИТЬ, -чу, -чишь; *несов.* (прост.). Жульничать, обманывать. ‖ *сов.* **схими́чить**, -чу, -чишь.

ХИ́МИЯ, -и, *ж.* **1.** Наука о составе, строении, свойствах веществ и их превращениях. *Неорганическая х. Органическая х. Физическая х.* (основывающаяся на общих принципах физики). **2.** *чего.* Сам такой состав, свойства веществ и их превращения. *Х. углеводов. Х. нефти.* **3.** *собир.* Химикаты. *Бытовая х.* **4.** Способ воздействия на кого-что-н. при помощи химических средств (разг.). *Сделать химию* (завивку с помощью таких средств). *Пройти курс химии* (т.е. курс лечения с помощью таких средств, химиотерапии). *Посадки обработаны химией* (химикалиями). ‖ *прил.* **хими́ческий**, -ая, -ое.

ХИМЧИ́СТКА, -и, *ж.* (разг.). Сокращение: химическая чистка (одежды, изделий из тканей), а также пункт, мастерская, где производится приём одежды в такую чистку. *Отдать пальто в химчистку.*

ХИ́НА, -ы, *ж.* (разг.). То же, что хинин. ‖ *прил.* **хи́нный**, -ая, -ое. *Хинное дерево* (южноамериканское дерево сем. мареновых, кора к-рого содержит хинин).

ХИ́НДИ, *нескл., м.* Индоевропейский язык индийской группы, государственный язык Индии. *Западный, восточный х.*

ХИНИ́Н, -а, *м.* Белый порошок горького вкуса из коры хинного дерева, употр. как лекарство. ‖ *прил.* **хини́нный**, -ая, -ое.

ХИ́ППИ, *нескл., м.* Человек, порвавший со своей средой и ведущий (обычно с другими) бродяжнический образ жизни; вообще люди, объединившиеся в знак протеста против сложившихся отношений в обществе, бросающие ему вызов своей пассивностью и бездеятельностью.

ХИППО́ВЫЙ, -ая, -ое (прост.). О внешнем виде, одежде: подчёркнуто небрежный, своим видом бросающий вызов окружающим. *Хипповые штаны. Хипповая девица.*

ХИРЕ́ТЬ, -е́ю, -е́ешь; *несов.* Становиться хилым, хилее, чахнуть. *Старик хиреет. Растение хиреет. Талант хиреет* (перен.). ‖ *сов.* **захире́ть**, -е́ю, -е́ешь.

ХИРОМА́НТ, -а, *м.* Человек, к-рый занимается хиромантией. ‖ *ж.* **хирома́нтка**, -и.

ХИРОМА́НТИЯ, -и, *ж.* Предсказание будущего и определение характера человека по крупным линиям и бугоркам на ладонях.

ХИРУ́РГ, -а, *м.* Врач — специалист по хирургии. *Х.-онколог. Детский х.*

ХИРУРГИ́Я, -и, *ж.* **1.** Раздел медицины, занимающийся болезнями, к-рые требуют оперативных[2] методов лечения. *Х. сердца. Х. сосудов.* **2.** Само такое лечение. ‖ *прил.* **хирурги́ческий**, -ая, -ое.

ХИТО́Н, -а, *м.* **1.** У древних греков и нек-рых других народов Малой Азии и Ближнего Востока: нижняя одежда (чаще без разрезов), подпоясываемая по бёдрам. *Тканый х.* **2.** У древних греков: просторная верхняя одежда, падающая широкими складками. *Пурпурный х.* **3.** Костюм танцовщицы — длинная одежда из тонкой ткани, без рукавов, с глубокими разрезами по бокам.

ХИТРЕ́Ц, -а́, *м.* Хитрый человек. ‖ *ж.* **хитру́нья**, -и, *род. мн.* -ний (разг.). ‖ *прил.* **хитре́цкий**, -ая, -ое (разг.).

ХИТРЕЦА́, -ы́, *ж.* (разг.). Доля хитрости, лукавства. *Взглянуть с хитрецой.*

ХИТРИ́ТЬ, -рю́, -ри́шь; *несов.* **1.** Действовать с хитростью, неискренне. *Х. с собеседником. Не верь ему, он хитрит.* **2.** Придумывать что-н. хитроумное, замысловатое (разг.). *Как ни хитрил, не нашёл выхода.* ‖ *сов.* **схитри́ть**, -рю́, -ри́шь (к 1 знач.).

ХИТРОСПЛЕТЕ́НИЕ, -я, *ср.* (книжн.). **1.** Сложный замысел, хитроумная уловка. *Разгадать чьи-н. хитросплетения.* **2.** Сложное и вычурное изложение мыслей. *Словесные хитросплетения.*

ХИТРОСПЛЕТЁННЫЙ, -ая, -ое; -ён (книжн.). Очень хитроумный, замысловатый. *Хитросплетённая речь.* ‖ *сущ.* **хитросплетённость**, -и, *ж.*

ХИ́ТРОСТНЫЙ, -ая, -ое; -тен, -тна (разг.). То же, что хитрый (в 3 и 4 знач.). *Хитростное устройство.* ‖ *сущ.* **хи́тростность**, -и, *ж.*

ХИ́ТРОСТЬ, -и, *ж.* **1.** *см.* хитрый. **2.** Хитрый поступок, приём. *Пуститься на хитрости.* ✦ **Не велика хитрость! (эка хитрость!)** (разг. ирон.) — о чём-н. несложном, нетрудном, совсем простом.

ХИТРОУ́МИЕ, -я, *ср.* (книжн.). Изворотливость, хитрость ума.

ХИТРОУ́МНЫЙ, -ая, -ое; -мен, -мна (книжн.). **1.** Изобретательный и тонкий. *Х. замысел. Хитроумно* (нареч.) *придумать.* **2.** Сложно и искусно сделанный, хитро (в 4 знач.) придуманный. *Хитроумное устройство.* ‖ *сущ.* **хитроу́мность**, -и, *ж.*

ХИ́ТРЫЙ, -ая, -ое; хитёр, хитра́, хи́тро *и* хитро́. **1.** Изворотливый, скрывающий свои истинные намерения, идущий обманными путями. *Х. обманщик. Хитрая уловка.* **2.** Лукавый (в 2 знач.), обнаруживающий какой-н. скрытый умысел, намерение. *Х. взгляд. Хитрая улыбка.* **3.** Изобретательный, искусный в чём-н. *Х. ум. Голь на выдумки хитра* (посл.). **4.** Замысловатый, мудрёный. *Х. механизм. Х. вопрос. Хитро́* (нареч.) *придумано.* ‖ *сущ.* **хи́трость**, -и, *ж.* (к 1, 3 и 4 знач.).

ХИТРЮ́ГА, -и, *м.* и *ж.* (разг.). Очень хитрый человек.

ХИ́ХАНЬКИ, -нек (разг. неодобр.). То же, что хаханьки. *Х. да хаханьки.*

ХИ-ХИ́ и **ХИ-ХИ-ХИ́**, *межд. звукоподр.* Воспроизведение хихиканья.

ХИХИ́КАТЬ, -аю, -аешь; *несов.* (разг.). Смеяться тихо или исподтишка, со злорадством. *Х. над неудачником* (насмехаться). ‖ *однокр.* **хихи́кнуть**, -ну, -нешь. ‖ *сущ.* **хихи́канье**, -я, *ср.*

ХИЩЕ́НИЕ, -я, *ср.* (офиц.). Воровство, преступное присвоение имущества (преимущ. государственного, общественного). *Крупное х. Раскрыть хищения.*

ХИ́ЩНИК, -а, *м.* **1.** Хищное животное. **2.** *перен.* Хищный (во 2 знач.) человек. **3.** *перен.* Тот, кто наживается на ограблении кого-н., на расхищении общественного, народного достояния. ‖ *ж.* **хи́щница**, -ы (ко 2 знач.). ‖ *прил.* **хи́щнический**, -ая, -ое (ко 2 и 3 знач.).

ХИ́ЩНИЧЕСКИЙ, -ая, -ое. **1.** *см.* хищник. **2.** *перен.* Бесхозяйственный, преследующий цели ближайшей выгоды, обогащения. *Хищническая вырубка леса. Х. лов рыбы.*

ХИ́ЩНИЧЕСТВО, -а, *ср.* **1.** Образ существования хищных животных (спец.). **2.** *перен.* Хищнический (во 2 знач.) образ действий, хищническое отношение к чему-н.

ХИ́ЩНЫЙ, -ая, -ое; -щен, -щна; хищне́е. **1.** *полн. ф.* О животных: питающийся животными. *Хищные звери, рыбы, птицы, насекомые. Отряд хищных* (сущ.; группа семейств млекопитающих). **2.** *перен.* Жадный, полный стремления овладеть кем-чем-н.; выражающий такое стремление. *Хищная натура. Х. взгляд.* ‖ *сущ.* **хи́щность**, -и, *ж.* (ко 2 знач.).

ХЛАД, -а, *м.* (устар. высок.). То же, что холод (в 1 и 4 знач.). *Осенний х. Х. души.*

ХЛАДНОКРО́ВИЕ, -я, *ср.* Ясное спокойствие и выдержка в поведении, во взглядах. *Сохранять х.*

ХЛАДНОКРО́ВНЫЙ, -ая, -ое; -вен, -вна. Спокойный, обладающий хладнокровием; выражающий хладнокровие. *Х. характер. Хладнокровно* (нареч.) *относиться к чему-н. Х. взгляд.* ‖ *сущ.* **хладнокро́вность**, -и, *ж.*

ХЛА́ДНЫЙ, -ая, -ое; -ден, -дна (устар. высок.). То же, что холодный (в 1, 5 и 6 знач.). *Хладные струи. Х. свет. Х. ум.*

ХЛАДО... *Первая часть сложных слов со знач.:* 1) относящийся к холоду (в 1 знач.), напр. *хладолюбивый, хладостойкий, хладоустойчивый;* 2) относящийся к искусственному охлаждению чего-н., к холодильным установкам, напр. *хладобойня, хладокомбинат, хладоснабжение, хладотехника, хладотранспорт.*

ХЛАМ, -а, *м., собир.* (разг.). Негодные старые вещи, всё бесполезное, ненужное. *Выбросить из дома х. Голова забита всяким хламом* (перен.: ничтожными мыслями, ненужными знаниями). ‖ *прил.* **хла́мный**, -ая, -ое (устар.).

ХЛАМИ́ДА, -ы, *ж.* **1.** У древних греков и римлян: одежда в виде плаща. **2.** *перен.* Длинная нескладная одежда (разг. шутл.).

ХЛЕБ, -а, *мн.* хле́бы, -ов *и* хлеба́, -о́в, *м.* **1.** *ед.* Пищевой продукт, выпекаемый из муки (во 2 знач.). *Печёный х. Ржаной* или *чёрный х. Пшеничный* или *белый х. Ломоть хлеба. Кусок хлеба* (также перен.: о пропитании, пище вообще). **2.** (мн. хле́бы). Такой продукт в виде крупного выпеченного изделия. *Круглый, высокий х. Ставить хлебы в печь.* **3.** *ед.* Плоды, семена злаков, размалываемые в муку (во 2 знач.). *Сеять х. Сдача хлеба государству. Х. — всему голова* (посл.). **4.** (*мн.* хлеба́). Такие злаки. *Урожай хлебов. Уборка хлебов комбайнами. Х.*

на корню. **5.** (*мн.* хлеба́), *перен.* То же, что пропитание. *Зарабатывать себе на х. Х. насущный* (то, что необходимо для пропитания, существования). *Не хлебом единым жив человек* (посл.). *Быть на хлебах у кого-н.* (устар. и прост.). **6.** *ед.* Средства к существованию, заработок. *Эта работа — верный х.* ✦ **Хлеб да соль** (устар. и прост.) — приветствие тому, кто ест. **Второй хлеб** — о картофеле. **Хлебом не корми** *кого* (разг.) — о чьём-н. сильном увлечении, желании. *Его хлебом не корми, только пусти на каток.* **Хлеба не просит** *что* (разг.) — о вещи, к-рая хранится, никому не мешая, и может когда-н. пригодиться. **Свой хлеб есть** (разг.) — самому зарабатывать себе на жизнь. **И то хлеб** (разг.) — и за это спасибо (о чём-н. немногом). *Помог немножко — и то хлеб.* **Хлеб отбить (отнять)** *у кого* (разг.) — лишив чего-н., перебив, захватить, оказаться первым. ‖ *уменьш.-ласк.* **хле́бушко,** -а, *м.* (к 1, 2, 3 и 4 знач.; устар.), **хле́бушек,** -шка, *м.* (к 1, 2, 3 и 4 знач.) *и* **хле́бец,** -бца, *м.* (к 1, преимущ. в род., дат. и тв. п., 2, 3 и 4 знач.). ‖ *прил.* **хле́бный,** -ая, -ое (к 1, 2, 3 и 4 знач.).

ХЛЕБА́ТЬ, -а́ю, -а́ешь; хлёбанный; *несов., что* (прост.). **1.** Есть (жидкое), черпая ложкой. *Х. щи.* **2.** Пить большими глотками, причмокивая. *Х. чай.* ✦ **Несолоно хлебавши** (уйти, остаться) (разг.) — ни с чем, не получив ничего. *Ушёл, несолоно хлебавши.* ‖ *однокр.* **хлебну́ть,** -ну́, -нёшь (разг.). *Х. лишнего* (выпить много хмельного). ✦ **Хлебнуть горя** (разг.) — испытать много неприятного, тяжёлого.

ХЛЕ́БЕЦ, -бца, *м.* **1.** *см.* хлеб. **2.** Небольшой хлеб (в 1 знач.). *Круглые хлебцы.*

ХЛЕ́БНИЦА, -ы, *ж.* Тарелка или коробка для печёного хлеба. *Плетёная х.*

ХЛЕ́БНЫЙ, -ая, -ое. **1.** *см.* хлеб. **2.** Урожайный, обильный хлебом (в 3 и 4 знач.). *Х. год. Х. край.* **3.** *перен.* Выгодный, прибыльный (разг.). *Хлебное местечко. Это дело хлебное.*

ХЛЕБО... *Первая часть сложных слов со знач.:* 1) относящийся к хлебу (в 1 знач.), напр. *хлебозавод, хлебокондитерский, хлебомакаронный, хлебопёк, хлебопечение, хлебопродукты;* 2) относящийся к хлебу (во 2 знач.), напр. *хлебобулочный* (изделия), *хлеборез;* 3) относящийся к хлебу (в 3 знач.), напр. *хлебозакупки, хлебопроизводящий* (район), *хлебохранилище;* 4) относящийся к хлебу (в 4 знач.), напр. *хлебостой, хлебокопитель, хлебосеяние, хлебоуборка.*

ХЛЕБОБУ́ЛОЧНЫЙ, -ая, -ое. Относящийся к хлебным изделиям. *Хлебобулочное производство.*

ХЛЕБОЗАВО́Д, -а, *м.* Завод с механизированным замесом и выпечкой хлеба. ‖ *прил.* **хлебозаво́дский,** -ая, -ое (разг.).

ХЛЕБОПА́ШЕСТВО, -а, *ср.* Труд земледельцев, выращивающих хлеб (в 4 знач.). ‖ *прил.* **хлебопа́шеский,** -ая, -ое.

ХЛЕБОПА́ШЕЦ, -шца, *м.* То же, что земледелец.

...БОПЕКА́РНЯ, -и, *род. мн.* -рен, *ж.* То ...то пекарня.

...ПЕЧЕ́НИЕ, -я, *ср.* Выпечка хлеба. ...ческое *х.* ‖ *прил.* **хлебопека́рный,** ... *Хлебопекарные изделия. Хлебопе-* ...*качества муки.*

...К, -а, *м.* То же, что пекарь.

...-а, *м.* Резчик хлеба. ‖ *ж.* хле-

... **1.** *см.* хлеборез. **2.** ... хлеба.

...нин, выращи- ... ‖ *прил.* хле-

боро́бский, -ая, -ое (разг.). *Хлеборобская династия.*

ХЛЕБОРО́ДНЫЙ, -ая, -ое; -ден, -дна. Приносящий большой урожай хлеба. *Х. год. Х. край.* ‖ *сущ.* **хлеборо́дность,** -и, *ж.*

ХЛЕБОСО́Л, -а, *м.* (разг.). Хлебосольный человек. *Московские хлебосолы.* ‖ *ж.* **хлебосо́лка,** -и. ‖ *прил.* **хлебосо́льский,** -ая, -ое.

ХЛЕБОСО́ЛЬНЫЙ, -ая, -ое; -лен, -льна. Отличающийся хлебосольством, гостеприимный.

ХЛЕБОСО́ЛЬСТВО, -а, *ср.* Радушие при угощении, гостеприимство. *Русское х.*

ХЛЕБОСТО́Й, -я, *м.* (спец.). Хлеба (в 4 знач.) на корню. ‖ *прил.* **хлебосто́йный,** -ая, -ое.

ХЛЕБ-СОЛЬ, хле́ба-со́ли (устар. разг.). Дружеское угощение, а также вообще дружба, гостеприимство. *Хлеб-соль водить с кем-н. Чуждаться чьего-н. хлеба-соли. Хлеб-соль ешь, а правду режь* (посл.).

ХЛЕВ, -а, о хлеве, в хлеву́, *мн.* -а́, -о́в, *м.* **1.** Помещение для скота (коров, телят, овец), а также для крупной домашней птицы. *Утеплённый х. Гусиный х.* **2.** *перен.* О грязном помещении, грязи в доме (разг. неодобр.). *Развести х. в квартире.*

ХЛЕСТАКО́ВЩИНА, -ы, *ж.* (разг.). Беззастенчивое, безудержное хвастовство [по имени Хлестакова, героя комедии Гоголя «Ревизор»].

ХЛЕСТА́ТЬ, хлещу́, хле́щешь; хле́щущий; хлёстанный; хлеща́; *несов.* **1.** *кого-что.* Бить, ударять чем-н. гибким. *Х. по спине. Х. кнутом.* **2.** (1 и 2 л. не употр.), *перен.* Литься или плескаться сильно, с шумом. *Вода хлещет из крана. Дождь хлещет. Волны хлещут о берег.* **3.** *что.* Пить в большом количестве (прост. неодобр.). *Х. вино.* ‖ *однокр.* **хлестну́ть,** -ну́, -нёшь (к 1 и 2 знач.) *и* **хлестану́ть,** -ну́, -нёшь (к 1 и 2 знач.; прост.). ‖ *возвр.* **хлеста́ться,** хлещу́сь, хле́щешься (к 1 знач.). *Х. веником в бане; однокр.* **хлестну́ться,** -ну́сь, -нёшься (к 1 знач.). ‖ *сущ.* **хлеста́нье,** -я, *ср.* (к 1 и 2 знач.).

ХЛЁБОВО, -а, *ср.* (прост.). Жидкая, обычно невкусная пища, похлёбка.

ХЛЁСТКИЙ, -ая, -ое; хлёсток, хлестка́ *и* хлёстка, хлёстко; хлёстче *и* хлёстче. **1.** Сильно, ловко бьющий, хлещущий. *Х. кнут. Хлёсткие ветки.* **2.** *перен.* О дожде, ветре: сильный, резкий. **3.** *перен.* Резкий и выразительный (разг. неодобр.). *Хлёсткие фразы.* ‖ *сущ.* **хлёсткость,** -и, *ж.* (к 3 знач.).

ХЛИ́ПАТЬ, -аю, -аешь; *несов.* (прост.). Издавать всасывающие или всхлипывающие звуки. *Жалобно х.* ‖ *однокр.* **хли́пнуть,** -ну, -нешь. ‖ *сущ.* **хли́панье,** -я, *ср.*

ХЛИ́ПКИЙ, -ая, -ое; -пок, -пка́ *и* -пка, -пко (прост.). Слабый, хилый. *Х. юнец. Хлипкое здоровье.* ‖ *сущ.* **хли́пкость,** -и, *ж.*

ХЛОБЫСТА́ТЬ, -ыщу́, -ы́щешь; *несов., кого-что* (прост.). То же, что хлестать. *Х. прутом. Хлобыстает ливень.* ‖ *однокр.* **хлобыстну́ть** [сн], -ну́, -нёшь.

ХЛОП, *в знач. сказ.* (разг.). **1.** Хлопнул (в 1, 2, 4 и 5 знач.). *Х. в ладоши. Х. дверью. Х. выстрел! Х. весь стакан!* **2.** Хлопнулся. *Х. на́ пол!*

ХЛО́ПАТЬ, -аю, -аешь; *несов.* **1.** *кого (что).* Ударять, бить (обычно чем-н. плоским). *Х. по плечу кого-н.* **2.** *чем.* Производить резкие звуки, ударяя чем-н. *Х. дверьми.* **3.** *кому.* Рукоплескать, аплодировать (разг.). *Х. артисту. Х. в ладоши.* **4.** Производить короткие звуки или о таких звуках: раздаваться (разг.). *Хлопают выстрелы. Хлопают гранаты.* **5.** *что.* Пить залпом, сразу (прост.). *Х. стакан за стаканом.* ✦ **Хлопать глазами** (разг. неодобр.) — 1) бессмысленно смотреть; 2) не знать, что сказать в ответ. **Хлопать ушами** (разг. неодобр.) — 1) слушать, не вникая, не понимая; 2) ничего не делать тогда, когда нужно действовать. ‖ *однокр.* **хло́пнуть,** -ну, -нешь. ‖ *сущ.* **хло́панье,** -я, *ср.*

ХЛО́ПАТЬСЯ, -аюсь, -аешься; *несов.* (прост.). **1.** Стремительно падать, валиться. *Х. на́ пол.* **2.** То же, что ударяться (в 1 и 2 знач.). *Х. лбом о косяк. Птица хлопается о стекло.* ‖ *однокр.* **хло́пнуться,** -нусь, -нешься.

ХЛО́ПЕЦ, -пца, *м.* (прост.). Парень (в 1 знач.), а также мальчик. ‖ *уменьш.* **хло́пчик,** -а, *м.*

ХЛОПКО... *Первая часть сложных слов со знач.:* 1) относящийся к хлопку (в 1 знач.), напр. *хлопководство, хлопкозаготовки, хлопкокомбайн, хлопкоперевозка, хлопкороб, хлопкосажалка, хлопкосеющий, хлопкоуборочный;* 2) относящийся к хлопку (во 2 знач.), напр. *хлопкокрасильный, хлопколавсановый, хлопкопрядение, хлопкоткацкий.*

ХЛОПКОВО́Д, -а, *м.* Специалист по хлопководству.

ХЛОПКОВО́ДСТВО, -а, *ср.* Разведение хлопка как отрасль растениеводства. ‖ *прил.* **хлопково́дческий,** -ая, -ое. *Х. совхоз.*

ХЛОПКОКОМБА́ЙН, -а, *м.* Комбайн для уборки хлопка. ‖ *прил.* **хлопкокомба́йновый,** -ая, -ое.

ХЛОПКОПРЯДЕ́НИЕ, -я, *ср.* Производство пряжи из хлопка. ‖ *прил.* **хлопкопряди́льный,** -ая, -ое.

ХЛОПКОРО́Б, -а, *м.* Сельскохозяйственный рабочий, занимающийся выращиванием хлопка. ‖ *прил.* **хлопкоро́бский,** -ая, -ое (разг.).

ХЛО́ПОК, -пка, *м.* **1.** То же, что хлопчатник. *Посевы хлопка.* **2.** Волокно семян хлопчатника, употр. для изготовления пряжи. *Х.-волокно.* **3.** То же, что хлопчатобумажная ткань. *Платье из хлопка.* ✦ **Хлопок-сырец** — семена хлопка вместе с покрывающими их волокнами. ‖ *прил.* **хло́пковый,** -ая, -ое (к 1 и 2 знач.) *и* **хлопча́тый,** -ая, -ое (к 3 знач.). *Хлопковое масло* (из семян хлопка). *Хлопчатая ткань.*

ХЛОПО́К, -пка́, *м.* **1.** Отрывистый хлопающий звук. *Хлопки выстрелов.* **2.** Удар в ладоши. *Одобрительные хлопки.*

ХЛОПОТА́ТЬ, -очу́, -о́чешь; *несов.* **1.** Заниматься чем-н. усердно, находясь в движении, переходя от одного к другому. *Х. по хозяйству. Х. с обедом.* **2.** *о чём* или *с союзом «чтобы».* Добиваться чего-н. *Х. о пособии.* **3.** *о ком* и *за кого.* Стараться помочь кому-н. в чём-н., ходатайствуя перед кем-н. *Х. о приятеле. Х. за друга.* ‖ *сов.* **похлопота́ть,** -очу́, -о́чешь (ко 2 и 3 знач.).

ХЛОПОТЛИ́ВЫЙ, -ая, -ое; -и́в. **1.** Связанный с хлопотами, затруднительный. *Хлопотливое дело.* **2.** Суетливый, погруженный в хлопоты. *Хлопотливая хозяйка.* ‖ *сущ.* **хлопотли́вость,** -и, *ж.*

ХЛО́ПОТНЫЙ, -ая, -ое; -тен, -тна (разг.). То же, что хлопотливый (в 1 знач.). *Хлопотное занятие.* ‖ *сущ.* **хло́потность,** -и, *ж.*

ХЛОПОТНЯ́, -и́, *ж.* (разг.). Суетливые хлопоты (в 1 знач.). *Домашняя х.*

ХЛОПОТУ́Н, -а́, *м.* (разг.). Хлопотливый человек. ‖ *ж.* **хлопоту́нья,** -и, *род. мн.* -ний.

ХЛО́ПОТЫ, хлопо́т, хло́потам. **1.** Длительные занятия, связанные с многочисленными заботами. *Весь день прошёл в хлопотах. Избавить кого-н. от хлопот. Хлопот полон* *рот* (очень много; разг.). **2.** Действия, связанные с ходатайствами за кого-что-н., с просьбами. *Х. о делах.*

ХЛОПУ́ШКА, -и, *ж.* **1.** Предмет, к-рым хлопают по чему-н. *Х. для мух.* **2.** Ёлочная игрушка — трубочка, к-рая хлопает, когда её раскрывают. **3.** Приспособление, используемое во время киносъёмки для синхронизации кадров при последующем монтаже фильма. **4.** Сорная трава сем. гвоздичных.

ХЛОПЧА́ТКА, -и, *ж.* (разг.). Хлопчатобумажная ткань.

ХЛОПЧА́ТНИК, -а, *м.* Растение сем. мальвовых, семена к-рого покрыты пушистыми волосками, дающими хлопок (во 2 знач.). *Посевы хлопчатника.* ‖ *прил.* **хлопча́тниковый,** -ая, -ое.

ХЛОПЧАТОБУМА́ЖНЫЙ, -ая, -ое. **1.** Относящийся к переработке хлопка для получения ткани. *Х. комбинат.* **2.** Сделанный из хлопковой пряжи. *Хлопчатобумажная ткань.*

ХЛОПЧА́ТЫЙ, -ая, -ое. **1.** *см.* хлопок. **2. хлопчатая бумага** (устар.) — то же, что вата.

ХЛО́ПЬЯ, -ьев. **1.** Клочья, пушистые комья чего-н. *Снег идёт хлопьями. Х. ваты.* **2.** Раздробленные, размягчённые зёрна как пищевой продукт. *Овсяные х. Кукурузные х.*

ХЛОР, -а, *м.* Химический элемент, газ жёлто-зелёного цвета с резким запахом. ‖ *прил.* **хло́ристый,** -ая, -ое *и* **хло́рный,** -ая, -ое. *Хлористый кальций. Хлористый аммоний. Хлорная известь* (зернистый белый порошок, употр. в технике и санитарии).

ХЛОРЕ́ЛЛА [*рэ́*], -ы, *ж.* (спец.). Богатая белками и жирами одноклеточная зелёная водоросль, культивируемая в искусственных условиях. ‖ *прил.* **хлоре́лловый,** -ая, -ое.

ХЛОРИ́РОВАТЬ, -рую, -руешь; -анный; *сов. и несов., что* (спец.). **1.** Обеззаразить (-аживать) с помощью хлора. *Х. воду.* **2.** Обработать (-батывать) хлором. ‖ *сущ.* **хлори́рование,** -я, *ср.*

ХЛО́РКА, -и, *ж.* (разг.). То же, что хлорная известь.

ХЛОРОФИ́ЛЛ, -а, *м.* (спец.). Зелёный пигмент растений. ‖ *прил.* **хлорофи́лловый,** -ая, -ое.

ХЛОРОФО́РМ, -а, *м.* Бесцветная, содержащая хлор летучая жидкость со сладковатым запахом, наркотическое средство. ‖ *прил.* **хлорофо́рмный,** -ая, -ое.

ХЛЫ́НУТЬ, -нет; *сов.* **1.** (1 и 2 л. не употр.). Начать литься с силой, потоком. *Хлынул дождь. В окно хлынул запах цветущих яблонь* (перен.). *Хлынули воспоминания* (перен.). **2.** (1 и 2 л. ед. не употр.). То же, что устремиться (в 1 знач.). *Люди хлынули на улицы. В прорыв хлынули танки.*

ХЛЫСТ[1], -а́, *м.* **1.** Тонкий и гибкий прут или упругая плётка. *Стегать хлыстом.* **2.** Срубленное дерево вместе с вершиной, очищенное от сучьев (спец.). *Доставка леса в хлыстах.* ‖ *уменьш.* **хлыстик,** -а, *м.* (к 1 знач.). ‖ *прил.* **хлысто́вый,** -ая, -ое (ко 2 знач.).

ХЛЫСТ[2], -а́, *м.* Последователь хлыстовства. ‖ *ж.* **хлысто́вка,** -и. ‖ *прил.* **хлысто́вский,** -ая, -ое.

ХЛЫСТО́ВСТВО, -а, *ср.* Возникшая в России в конце 17 — начале 18 в. одна из сект духовных христиан (хлысты), отвергающая обряды православной церкви и требующая самобичевания. ‖ *прил.* **хлысто́вский,** -ая, -ое. *Хлыстовское вероучение.*

ХЛЫЩ, -а́, *м.* (разг.). Франтоватый и пустой молодой человек, фат.

ХЛЮ́ПАТЬ, -аю, -аешь; *несов.* (разг.). **1.** Издавать всасывающие, чмокающие звуки. *Хлюпает грязь под ногами.* **2.** Идти по чему-н. жидкому, нетвёрдому, издавая такие звуки. *Х. по болоту, по грязи.* **3.** Плача, всхлипывать. *Обиженно х.* **4.** Делать втягивающие движения носом при насморке, плаче. *Х. носом.* ‖ *однокр.* **хлю́пнуть,** -ну, -нешь (к 1, 3 и 4 знач.). ‖ *сущ.* **хлю́панье,** -я, *ср.*

ХЛЮ́ПИК, -а, *м.* (прост.). Ничтожный, слабый и безвольный человек. *Жалкий х.*

ХЛЮ́ПНУТЬСЯ, -нусь, -нешься; *сов.* (прост.). Упасть, свалиться во что-н. жидкое, вязкое. *Х. в грязь.* ‖ *несов.* **хлю́паться,** -аюсь, -аешься.

ХЛЮСТ, -а́, *м.* (прост.). Нахальный, пронырливый человек.

ХЛЯ́БАТЬ (-аю, -аешь, 1 и 2 л. не употр.), -ает; *несов.* (прост.). Шататься, качаться при неплотном соприкосновении с чем-н. *Гайка хлябает.*

ХЛЯБЬ, -и, *мн.* (в одном знач. с *ед.*) **хля́би,** -ей, *ж.* (стар.). Бездна, глубина. *Хляби морские.* ✦ **Разверзлись хляби небесные** (обычно ирон.) — о сильном дожде, ливне [по библейскому сказанию о Всемирном потопе, к-рый сопровождался ливнями сорок дней и ночей].

ХЛЯ́СТИК, -а, *м.* Полоска ткани на спинке одежды, прилегающая к талии или лежащая свободно.

ХМ, *межд.* Выражает сомнение, недоверие, заминку и другие подобные чувства.

ХМЕЛЕВО́Д, -а, *м.* Специалист по хмелеводству.

ХМЕЛЕВО́ДСТВО, -а, *ср.* Разведение хмеля как отрасль растениеводства. ‖ *прил.* **хмелево́дческий,** -ая, -ое.

ХМЕЛЕ́ТЬ, -е́ю, -е́ешь; *несов.* То же, что пьянеть. *Х. от вина. Х. от счастья.* ‖ *сов.* **захмеле́ть,** -е́ю, -е́ешь *и* **охмеле́ть,** -е́ю, -е́ешь. *Захмелеть от вина. Охмелеть от счастья.*

ХМЕЛЁК: под хмельком (разг.) — немного пьян, захмелел.

ХМЕЛЬ[1], -я (-ю), *м.* Вьющееся растение сем. тутовых с длинным тонким стеблем, а также семена нек-рых культурных видов этого растения, употр. в пивоварении, в кондитерском производстве, в промышленности. *Плантация хмеля.* ‖ *прил.* **хмелево́й,** -а́я, -о́е. *Хмелевое масло* (из хмеля).

ХМЕЛЬ[2], -я, о хме́ле, во хмелю́, *м.* Состояние опьянения. *Буен во хмелю. Х. соскочил с кого-н.* (сразу отрезвел; разг.).

ХМЕЛЬНО́Й, -а́я, -о́е; -лён, -льна́. **1.** То же, что пьяный. *Хмельные речи. Хмельной* (сущ.) *не больной: проспится* (посл.) *Хмелён от радости.* **2.** *полн. ф.* Алкогольный, пьянящий. *Хмельные напитки. Выпить хмельного* (сущ.).

ХМУ́РИТЬ, -рю, -ришь; *несов., что.* Угрюмо или задумчиво морщить (лицо, брови). *Х. лоб.* ‖ *сов.* **нахму́рить,** -рю, -ришь; -ренный.

ХМУ́РИТЬСЯ, -рюсь, -ришься; *несов.* **1.** Хмурить лицо, брови. *Недовольно, сердито х.* **2.** (1 и 2 л. не употр.), *перен.* Становиться пасмурным, сумрачным. *Погода хмурится. Небо хмурится* (собираются облака, тучи). ‖ *сов.* **нахму́риться,** -рюсь, -ришься.

ХМУ́РЫЙ, -ая, -ое; хмур. **1.** Угрюмый, насупившийся. *Х. старик. Хмуро* (нареч.) *смотреть.* **2.** Ненастный, сумрачный. *Х. денёк.* ‖ *сущ.* **хму́рость,** -и, *ж.* (к 1 знач.).

ХМЫ́КАТЬ, -аю, -аешь; *несов.* (разг.). Произносить «хм» в знак выражения недоумения, иронии, недоверия и других подобных чувств. *Неодобрительно х.* ‖ *однокр.* **хмы́кнуть,** -ну, -нешь. ‖ *сущ.* **хмы́канье,** -я, *ср.*

ХМЫРЬ, -я́, *м.* (прост. груб.). Неприятный или странный человек.

ХНА, хны, *ж.* **1.** Южное кустарниковое растение, дающее жёлто-красную краску. **2.** Краска, полученная из листьев этого растения. *Покрасить волосы хной.*

ХНЫ: хоть бы хны (прост. неодобр.) — никакого внимания, никакого впечатления. *Я ему говорю, а он хоть бы хны.*

ХНЫ́КАТЬ, хны́чу, хны́чешь *и* -аю, -аешь; *несов.* (разг.). **1.** Издавать ноющие звуки, перемежаемые плачем. *Ребёнок хнычет.* **2.** *перен.* Слезливо жаловаться, выражая свою беспомощность, слабость (неодобр.). *Х. по пустякам.* ‖ *однокр.* **хны́кнуть,** -ну, -нешь. ‖ *сущ.* **хны́канье,** -я, *ср.*

ХО́ББИ, *нескл., ср.* Увлечение, любимое занятие для себя, на досуге. *Его х. — собирание марок.*

ХО́БОТ, -а, *м.* **1.** У нек-рых млекопитающих: подвижный носовой придаток, выполняющий обонятельную, осязательную (у слонов также и хватательную) функции. *Х. слона.* **2.** У нек-рых беспозвоночных: орган хватания и защиты в виде длинного придатка в передней части тела (спец.). *Х. пиявки.* **3.** Часть станины в виде горизонтально перемещающейся консольной балки (спец.). *Х. станка.* **4.** Упирающаяся в землю задняя часть орудийного лафета или задняя часть станка пулемёта (спец.). ‖ *прил.* **хоботно́й,** -а́я, -о́е *и* **хо́ботный,** -ая, -ое. *Хоботная часть станины.*

ХОБОТНЫ́Е, -ы́х, *ед.* -о́е, -о́го, *ср.* Отряд копытных млекопитающих со сросшимися в хобот губой и носом: слоны, мамонты и мастодонты.

ХОБОТО́К, -тка́, *м.* (спец.). **1.** То же, что хобот (во 2 знач.). **2.** У членистоногих: сосущий или колюще-сосущий орган в виде вытянутых в трубку ротовых придатков. *Х. бабочки.* ‖ *прил.* **хоботко́вый,** -ая, -ое.

ХОД, -а (-у), о хо́де, в (на) хо́де *и* ходу́, *мн.* хо́ды, -ов, ходы́, -о́в *и* хода́, -о́в, *м.* **1.** *см.* ходить. **2.** (в хо́де, на ходу́). Движение в каком-н. направлении. *Два часа ходу* (т. е. ходьба займёт два часа). *На всём ходу* (также перен.: в самый разгар каких-н. действий). *Полный х.* (корабля, транспортного средства). *Задний х.* (также перен.: отступление, возвращение к прежнему). *Х. рыбы* (движение рыбьего стада). *Своим ходом идти* (передвигаться своей тягой). *Корабль потерял х.* (остановился из-за отказа двигателей). *Дать х. делу* (перен.: направить куда-н. для рассмотрения, исполнения). **3.** *ед.* (в, на хо́де), *перен.* Развитие, развёртывание чего-н. *Х. событий. Х. войны. По ходу дела* (по обстоятельствам дела). **4.** (в хо́де, на хо́де *и* на ходу́). Работа, совершае[мая] механизмом. *Х. часов. На холостом х*[оду] (в, на хо́де, хо́ды, -ов *и* ходы́, -о́в). Г[...] щение движущейся части механ[изма от] одного крайнего положения к д[ругому,] также крайние точки этого пер[емещения.] *Два хода поршня. Х. поршня ра*[...] (в хо́де, на хо́де *и* на ходу́, ходы́[...] -ов). В шахматах, картах и др[...] ных играх: очередное вы[ступление ...] *Х. шашки (шашкой)* [...] дить). *Х. конём* (т[...] шительном де[...] *и* хо́ды, -о́[...] делённую це[...]

ступок. *Рискованный х. Дипломатический х. Ловкий, хитрый х.* **8.** (в, на хо́де и ходу́, ходы́, -о́в). Место, через к-рое входят куда-н., вход. *Парадный х. Х. со двора. С чёрного хода заходить* (также перен.: действовать в обход законных путей). *Знать все ходы и выходы* (перен.: знать как действовать, добиваясь чего-н.). **9.** (в хо́де, на хо́де *и* ходу́, хо́ды *и* ходы́, -о́в). Место, по к-рому ходят, путь. *Х. сообщения* (узкий ров с бруствером, отрываемый для связи между траншеями, отдельными позиционными сооружениями, а также для сообщения с тылом; спец.). **10.** *ед.* Доступ к чему-н., возможность достижения чего-н. (разг.). *Давать х. молодым. Ходу не давать кому-н.* **11.** (в, на ходу́, ходы́ *и* хода́, -о́в). Часть повозки, транспортного средства, на к-рой укрепляется кузов. *Колёсный х. Гусеничный х.* **12.** (в, на ходу́, ходы́ *и* хода́, -о́в). Рабочая часть машины, механизма (спец.). *Цилиндрический х.* **13. ходу!** Побуждение двигаться быстрее (прост.). ✦ **В ходе** *чего, предлог с род. п.* — во время чего-н., в процессе протекания чего-н. *Разногласия в ходе переговоров.* **В ход пойти** — начать употребляться, применяться для чего-н. *В ход пошли новые товары.* **В ход пустить** — 1) привести в движение (машину, механизм); 2) ввести в употребление. *Пустить в ход новое выражение.* **В ходу или в большом ходу** — в употреблении. *Модные вещи в большом ходу.* **На ходу** — 1) во время движения. *Спрыгнуть с подножки на ходу;* 2) в движении, двигаясь. *Поздороваться на ходу;* 3) в действии, не в застое. *Дело на ходу;* 4)(также **на самом ходу**) (разг.) — там, где все ходят, где большое движение. *Уселся на самом ходу.* **Прямым ходом** (разг.) — прямо, никуда не заходя, не сворачивая. *Приехал прямым ходом ко мне.* **С ходу** — 1) не останавливаясь после движения, бега. *С ходу взбежал на лестницу;* 2) сразу, вдруг, без всякой подготовки. *Отвечать с ходу.* **Ходу дать (или прибавить, наддать)** (разг.) — быстро пойти, побежать. ‖ *прил.* **ходово́й**, -а́я, -о́е (ко 2, 11 и 12 знач.; спец.). *Ходовые качества судна. Два ходовых часа.*

ХОДА́ТАЙ, -я, *м.* **1.** Человек, к-рый ходатайствует за кого-н., защищает кого-н. (разг., часто ирон.). *Х. за провинившегося.* **2.** Поверенный, ведущий чьи-н. дела в суде (устар.). *Частный х.*

ХОДА́ТАЙСТВО, -а, *ср.* Официальная просьба. *Подать, возбудить х. Х. удовлетворено, отклонено.*

ХОДА́ТАЙСТВОВАТЬ, -твую, -твуешь; *несов.* (прош. также *сов.*), *о ком-чём* и *за кого-что.* Выступить с ходатайством о ком-чём-н., просить за кого-н. ‖ *сов.* **походáтайствовать**, -твую, -твуешь (разг.).

ХО́ДИКИ, -ов. Небольшие стенные часы упрощённого устройства с гирями.

ХОДИ́ТЬ, хожу́, хо́дишь; *несов.* **1.** То же, что идти (в 1, 2, 3, 10, 15 и, при знач. бытийности, также в 14 знач.), но обозначает [illegible]вижение, совершающееся не в одно [illegible]мя, не за один приём или не в одном на[illegible]влении. *Х. по́ полю. Х. по магазинам. Х.* [illegible]*арусами. Часы ходят верно. Х. с коро*[illegible]*пешкой. Поезда ходят по расписанию.* [illegible]*тр. Пила так и ходит. Ветер ходит* [illegible]о всех сторон). *Серебро и медь* [illegible]*ак разменные монеты. Ходят* [illegible]деваться во что-н., носить (во 2 [illegible]ть какой-н. внешний вид. [illegible]*жой. Х. в очках. Х. с бо*[illegible] Быть кем-н., испол[illegible]и, находиться в [illegible]. *Весь день хожу* *грустный. Х. в старостах. Х. в героях* (ирон.). **4.** *за кем.* Заботиться о ком-н., ухаживать (разг.). *Х. за больным. Х. за ребёнком.* **5.** (1 и 2 л. не употр.). О животных: использоваться в какой-н. упряжке, двигаться каким-н. образом. *Лошадь ходит под седлом.* **6.** Шататься, колебаться, колыхаться (разг.). *Мостки ходят под ногами.* **7.** Испражняться или мочиться (разг.). *Ребёнок ходит на горшок.* ✦ **На голове ходить** (разг. неодобр.) — безобразничать, своевольничать. **Далеко не ходить** *за кем-чем* (разг.) — о том, кто (что) рядом, совсем близко, под рукой. *За примерами далеко не ходить.* ‖ *сов.* **сходи́ть**, схожу́, схо́дишь (к 7 знач.). ‖ *многокр.* **ха́живать**, наст. не употр. (к 1 — по 1 и 3 знач. глаг. идти, ко 2, 3 и 5 знач.). ‖ *сущ.* **ход**, **-а**, *м.* (по 1, 2, 10 и 12 знач. глаг. идти), **хожде́ние**, **-я**, *ср.* (к 1 — по 1 и 3 знач. глаг. идти, ко 2, 3 и 4 знач.) и **ходьба́**, -ы́, *ж.* (к 1 знач., о передвижении на ногах). *Ход поезда. Хождение по делам. Устать от ходьбы. Спортивная ходьба* (вид спорта).

ХЛЕ[illegible]
же, [illegible]
ХЛЕБО[illegible]
Механи[illegible]
-ая, -ое.
карные к[illegible]
ХЛЕБОПЁ[illegible]
ХЛЕБОРЕ́З[illegible]
боре́зка, -и.
ХЛЕБОРЕ́ЗКА, -и, *ж.*[illegible]
Приспособление для рез[illegible]
ХЛЕБОРО́Б, -а, *м.* Крестья[illegible]
вающий хлеб, земледелец.

ХО́ДКА, -и, *ж.* (прост.). Хождение от одного пункта до другого. *Перетащили тюки в пять ходок* (пять раз ходя туда и обратно).

ХО́ДКИЙ, -ая, -ое; -док, -дка́ *и* -дка, -дко; хо́дче. **1.** Быстроходный, скорый (прост.). *Х. ялик. Х. конь. Х. шаг. Ходко* (нареч.) *шагать.* **2.** Пользующийся большим спросом (разг.). *Х. товар.* ‖ *сущ.* **хо́дкость**, -и, *ж.*

ХОДОВО́Й, -а́я, -о́е. **1.** *см.* ход. **2.** Находящийся в большом ходу, в употреблении. *Х. товар* (пользующийся спросом, ходкий). *Ходовое выражение.* **3.** Ловкий, расторопный (устар. прост.). *Парень х.* **4.** Не закреплённый в постоянном положении, подвижной (спец.). *Х. конец снасти.* **5.** То же, что рабочий² (во 2 знач.) (спец.). *Ходовое колесо. Х. винт.*

ХОДО́К, -а́, *м.* **1.** Спортсмен, занимающийся спортивной ходьбой, а также вообще тот, кто ходит пешком. *Хороший, плохой х. Он х. — быстро дойдёт* (одобрительно о хорошем ходоке). **2.** Человек, выбранный для того, чтобы идти куда-н. с ходатайством (устар.). *Крестьянские ходоки.* **3.** *перен.* Ловкий в каких-н. делах человек (устар. прост.). ✦ **Не ходок** *кто куда* (разг.) — больше не пойдёт, не хочет ходить. *В этот дом я больше не ходок.*

ХО́ДОМ, *нареч.* (прост.). О ходьбе, беге: быстро. *Х. припустил.*

ХОДУ́ЛИ, -ей *и* -у́ль, *ед.* ходу́ля, -и, *ж.* Приспособление для передвижения большими шагами — пара высоких шестов с поперечными выступами для ног. *Клоун на ходулях. Ходит как на ходулях* (неестественно прямо, не сгибая ног). ‖ *прил.* **ходу́льный**, -ая, -ое.

ХОДУ́ЛЬНЫЙ, -ая, -ое; -лен, -льна. **1.** *см.* ходули. **2.** Лишённый естественности и избитый. *Ходульное выражение.* ‖ *сущ.* **ходу́льность**, -и, *ж.*

ХОДУНО́М: **ходуном ходить** (разг.) — сильно трястись, сотрясаться. *Ступеньки ходят ходуном.*

ХОДЫ́НКА, -и, *ж.* (прост.). Давка в толпе, сопровождающаяся увечьями, жертвами [по названию Ходынского поля в Москве, где в 1896 г. в такой давке погибло множество людей, пришедших на празднование коронации Николая II].

ХОДЬБА́, -ы́, *ж.* **1.** *см.* ходить. **2. спортивная ходьба** — быстрая ходьба длинным шагом с выпрямлением опорной ноги, с согнутыми в локтях руками. *Часовая х.* (соревнования на преодоление большего расстояния в течение часа). *Чемпионат по спортивной ходьбе.*

ХО́ДЯ, -и, *м.* (устар. прост.). Прозвище китайца, китайцев.

ХОДЯ́ЧИЙ, -ая, -ее. **1.** Способный ходить, двигаться на своих ногах, а также вообще ходящий. *Х. больной* (не лежачий). *Х. портной* (переходящий из дома одного заказчика к другому; устар.). **2.** Находящийся в ходу, употребительный. *Ходячее выражение. Ходячая фраза. Ходячая истина* (избитая). **3.** О человеке: олицетворяющий собой что-н., воплощающий в себе что-н. (ирон.). *Этот человек — ходячая добродетель.*

ХОЖДЕ́НИЕ, -я, *ср.* **1.** *см.* ходить. **2.** Странствие, путешествие (обычно пешком) (устар.). *Х. по Руси.* **3.** Жанр древнерусской литературы — описание путешествий [*первонач.* хожение] (спец.). *«Х. за три моря» Афанасия Никитина.* ✦ **Иметь хождение** *где, среди кого* (книжн.) — быть в употреблении, в обращении. *Имеют хождение новые монеты.*

ХО́ЖЕНЫЙ, -ая, -ое; -ен. **1.** Такой, по к-рому ходили. *Хоженые тропы. Избегать хоженых дорог* (перен.: быть оригинальным, идти своими путями). **2. хо́жено**, *в знач. сказ.* Приходилось ходить (разг.). *Немало хожено по здешним лесам. По этим дорогам хожено-перехожено* (хожено много раз).

ХОЗ... *Первая часть сложных слов со знач.* хозяйственный, напр. *хозаппарат, хоздоговор, хозорган, хозотдел, хозсклад, хозуправление.*

ХОЗДОГОВО́Р, -а, *м.* Сокращение: хозяйственный договор — соглашение между организациями о тех или иных видах хозяйственной деятельности (поставках, подрядах, перевозках). ‖ *прил.* **хоздоговóрный**, -ая, -ое.

ХОЗРАСЧЁТ, -а, *м.* Сокращение: хозяйственный расчёт — ведéние хозяйства какого-н. предприятия, производства на основе хозяйственной самостоятельности, самофинансирования, самоокупаемости и рентабельности. *Перевести предприятие на х.* ‖ *прил.* **хозрасчётный**, -ая, -ое.

ХОЗЯ́ИН, -а, *мн.* -я́ева, -я́ев, *м.* **1.** То же, что владелец. *Х. дачи. Без хозяина дом сирота* (посл.). **2.** *перен.* Полновластный распорядитель. *Отец — х. в доме. Х. своей судьбы. Х. положения* (о том, кто может независимо действовать в данной обстановке, распоряжаться, решать сам). **3.** Человек, к-рый ведёт хозяйство, хозяйственные дела. *Хороший, расчётливый х.* **4.** Лицо, пользующееся наёмным трудом, частный наниматель. *Х. и работник.* **5.** Глава дома, семьи, хозяйства. *Х. рад гостям.* **6.** Обращение к тому, кто распоряжается, ведает чем-н. (прост.). **7.** Муж, супруг (прост.). **8.** О начальнике по отношению к подчинённым (прост.). **9.** Организм как среда обитания и источник питания паразитов (спец.). *Растение-х.* ✦ **Хозяин своего слова** — человек, к-рый верен своему слову, держит его. **Без хозяина решить (рассчитать)** (неодобр.) — решить, сделать что-н. без ведома того, кто должен решать, делать (о том, кто просчитался в своих действиях, расчётах). ‖ *ж.* **хозя́йка**, -и (к 1, 2, 3, 4, 5, 6 и 8 знач.). ‖ *прил.* **хозя́йский**, -ая, -ое (к 1, 2, 3, 4 и 5 знач.). *Х. глаз.* ✦ **Дело хозяйское** (разг.) — говорится в знач. поступай как хочешь, тебе решать.

ХОЗЯ́ЙКА, -и, *ж.* **1.** *см.* хозяин. **2.** То же, что жена (в 1 знач.) (прост.). **3.** О женщине, хорошо ведущей домашнее хозяйство (разг.). *И на работе первая, и х.* **4.** То же, что домашняя хозяйка (разг.). ✦ **Домашняя хозяйка** — женщина, к-рая нигде не служит, а занимается только домашним хозяйством, семьей. ‖ *уменьш.-ласк.* **хозя́юшка**, -и, *ж.* (к 1, 2 и 3 знач.).

ХОЗЯ́ЙНИЧАТЬ, -аю, -аешь; *несов.* **1.** Вести хозяйство (в 6 знач.). **2.** Распоряжаться по своему усмотрению где-н. (неодобр.). *Х. в чужом доме.* ‖ *сущ.* **хозя́йничанье**, -я, *ср.*

ХОЗЯ́ЙСТВЕННИК, -а, *м.* Руководитель, лицо, ведущее хозяйственные дела учреждения, предприятия. *Опытный х.*

ХОЗЯ́ЙСТВЕННЫЙ, -ая, -ое; -вен, -венна. **1.** *полн. ф.* Относящийся к веде́нию хозяйства, к экономической, производственной стороне дела. *Хозяйственная жизнь страны. Хозяйственные организации. Х. механизм* (методы хозяйствования). **2.** *полн. ф.* Относящийся к принадлежностям хозяйства, нужный для веде́ния хозяйства. *Х. инвентарь. Хозяйственные товары. Х. магазин* (торгующий хозяйственными товарами). **3.** Расчётливый, соблюдающий во всём экономию; заботящийся о своём хозяйстве. *Хозяйственно* (нареч.) *вести дела.* ‖ *сущ.* **хозя́йственность**, -и, *ж.* (к 3 знач.).

ХОЗЯ́ЙСТВО, -а, *ср.* **1.** То же, что экономика (в 1 знач.). *Натуральное, крепостническое х. Рыночное х.* **2.** Производство, экономика (во 2 знач.). *Народное х. страны. Мировое х. Сельское х.* **3.** Оборудование какого-н. производства. *Фабричное х.* **4.** Совокупность предметов, всего того, что необходимо в быту. *Обзавестись хозяйством.* **5.** Производственная единица, преимущ. сельскохозяйственная. *Крестьянское х. Фермерское х. Крупное х. Учебное х. сельхозтехникума.* **6.** Работы по дому, по устройству быта, домашней жизни семьи. *Вести х. Домашнее х. Хлопотать по хозяйству.*

ХОЗЯ́ЙСТВОВАТЬ, -твую, -твуешь; *несов.* **1.** Заниматься хозяйственной (в 1 знач.) деятельностью. *Умело х.* **2.** Вести хозяйство (в 6 знач.) (прост.). *Х. в доме.* ‖ *сущ.* **хозя́йствование**, -я, *ср.* (к 1 знач.). *Новые методы хозяйствования.*

ХОЗЯ́ЙЧИК, -а, *м.* (разг. неодобр.). **1.** Мелкий частный собственник, частный предприниматель. **2.** Об администраторе с замашками частного предпринимателя, собственника. *Вести себя хозяйчиком.*

ХОККЕИ́СТ, -а, *м.* Спортсмен, занимающийся хоккеем, а также вообще игрок в хоккей. ‖ *ж.* **хоккеи́стка**, -и. ‖ *прил.* **хоккеи́стский**, -ая, -ое.

ХОККЕ́Й, -я, *м.* Командная игра на льду на коньках (или на травяном поле) в небольшой мяч или шайбу, загоняемые в ворота ударами клюшки, а также соответствующий вид спорта. *Х. на льду. Х. на траве. Русский х.* (хоккей с мячом). *Мужской, женский х.* ‖ *прил.* **хокке́йный**, -ая, -ое.

ХО́ЛЕНЫЙ, -ая, -ое и **ХОЛЁНЫЙ**, -ая, -ое. Содержащийся в холе, ухоженный. *Х. конь. Холёные руки.*

ХОЛЕ́РА, -ы, *ж.* Острое инфекционное кишечное заболевание, сопровождающееся обезвоживанием организма, судорогами. *Эпидемия холеры.* ‖ *прил.* **холе́рный**, -ая, -ое.

ХОЛЕ́РИК, -а, *м.* Человек холерического темперамента.

ХОЛЕРИ́ЧЕСКИЙ, -ая, -ое: **холерический темперамент** (спец.) — темперамент, характеризующийся быстротой действий, быстрой сменой и силой эмоций.

ХО́ЛИТЬ, -лю, -лишь; -ленный; *несов., кого-что.* Заботливо ухаживать, нежить, лелеять. *Х. коня. Х. своё тело.*

ХО́ЛКА, -и, *ж.* У лошади, быка и нек-рых других животных: часть шеи, смежная с хребтом, а также грива, растущая на этом месте. *Лошадь набила холку. Набить (намылить, намять) холку кому-н.* (перен.: устроить нагоняй, взбучку; прост.).

ХОЛЛ, -а, *м.* **1.** Большое помещение, обычно в общественных зданиях (напр. гостиницах, театрах), предназначенное для отдыха, ожидания. *Х. отеля.* **2.** Род большой передней в квартире, в доме.

ХОЛМ, -а́, *м.* **1.** Округлая возвышенность с пологими склонами. *Лесистый х.* **2.** Небольшая отлогая горка. *Взбежать на х. Могильный х.* (насыпанный на месте древнего погребения). ‖ *уменьш.* **хо́лмик**, -а, *м.*

ХОЛМИ́СТЫЙ, -ая, -ое; -и́ст. С холмами (в 1 знач.), изобилующий холмами. *Холмистая местность.* ‖ *сущ.* **холми́стость**, -и, *ж.*

ХО́ЛОД, -а (-у), *мн.* -а́, -о́в, *м.* **1.** *ед.* Лишённое тепла, холодное состояние чего-н. *Х. металла. Х. нетопленого дома. Из-под двери тянет холодом. Дрожать от холода. Могильный х.* (также перен.: очень сильный). **2.** *ед.* Холодное состояние воздуха, его температура ниже нуля. *На улице х. Зимний х. Простудиться на холоде (на холоду́).* **3.** Холодная погода, холодное время года. *Оттепель сменилась холодом. Рано пришли холода.* **4.** *ед.* Холодное, ненагретое место, помещение. *Вынести молоко на х. С холода пришёл кто-н.* (о том, кто пришёл в дом с улицы в мороз). **5.** *ед.* Ощущение озноба. *Бросает то в жар, то в х. По всему телу пробежал х.* **6.** *ед., перен.* Холодное, неприязненное или равнодушное отношение к кому-н. *В глазах х. Сердечный х. Веет холодом от собеседника. Обдать холодом кого-н.* ‖ *уменьш.* **холодо́к**, -дка́, *м.* (к 1, 4, 5 и 6 знач.). *Выехать по холодку* (пока не жарко). *С холодком относиться к кому-н. По спине от страха пробежал х.* ‖ *увел.* **холоди́ще**, -а, *м.* (к 1 и 2 знач.). ‖ *прил.* **хо́лодовый**, -ая, -ое (к 1 знач.; спец.) *и* **холодо́вый**, -ая, -ое (к 1 знач.; спец.). *Х. раздражитель.*

ХОЛОДА́ТЬ, -а́ю, -а́ешь; *несов.* **1.** (1 и 2 л. не употр.), обычно *безл.* Становиться холоднее (в 1 знач.) (о воздухе). *Ночи холодают. К осени заметно холодает* (безл.). **2.** Страдать от холода (в 1 и 2 знач.) (прост.). *Голодали и холодали.* ‖ *сов.* **похолода́ть**, -а́ет (к 1 знач.). ‖ *сущ.* **похолода́ние**, -я, *ср.*

ХОЛОДЕ́ТЬ, -е́ю, -е́ешь; *несов.* Становиться холодным (в 1 знач.), холоднее. *Руки холодеют. Х. от ужаса* (перен.). ‖ *сов.* **похолоде́ть**, -е́ю, -е́ешь.

ХОЛОДЕ́Ц, -дца́, *м.* То же, что студень. ‖ *прил.* **холодцо́вый**, -ая, -ое.

ХОЛОДИ́ЛЬНИК, -а, *м.* **1.** Шкаф с холодильным устройством. *Домашний х.* **2.** Сооружение, предприятие для хранения чего-н. в холоде. *Промышленный х.* ‖ *прил.* **холоди́льниковый**, -ая, -ое.

ХОЛОДИ́ЛЬНЫЙ, -ая, -ое. **1.** Предназначенный для охлаждения чего-н. *Холодильные установки. Х. прилавок. Холодильная камера.* **2.** Относящийся к хранению чего-н. при искусственно пониженной температуре. *Холодильная техника.*

ХОЛОДИ́НА, -ы, *ж.* (разг.). Очень сильный холод.

ХОЛОДИ́ТЬ, -ожу́, -оди́шь; -ожённый (-ён, -ена́); *несов.* **1.** *что.* Делать холодным (в 1 знач.), охлаждать (разг.). *Х. помещение.* **2.** (1 и 2 л. не употр.), *кого-что.* Производить ощущение холода. *От мяты холодит* (безл.) *во рту. Ужас холодит сердце* (перен.). ‖ *сов.* **нахолоди́ть**, -ожу́, -оди́шь (к 1 знач.; прост.). ‖ *сущ.* **холоже́ние**, -я, *ср.* (к 1 знач.; спец.).

ХОЛО́ДНАЯ, -ой, *ж.* (устар. прост.). Помещение для арестованных. *Посадить в холодную.*

ХОЛОДНЕ́ТЬ (-е́ю, -е́ешь, 1 и 2 л. не употр.), -е́ет; обычно *безл.; несов.* То же, что холодать (в 1 знач.). *К вечеру стало х.* (безл.). ‖ *сов.* **похолодне́ть** (-е́ю, -е́ешь, 1 и 2 л. не употр.), -е́ет.

ХОЛОДНОКРО́ВНЫЕ, -ых, *ед.* -ое, -ого, *ср.* Животные (рыбы, амфибии и др.) с температурой тела, меняющейся в зависимости от температуры окружающей среды.

ХОЛО́ДНЫЙ, -ая, -ое; хо́лоден, холодна́, хо́лодно, холодны́ *и* хо́лодны. **1.** Имеющий низкую температуру; не нагретый, не дающий или не содержащий тепла. *Х. ветер. Холодная зима. Х. лоб. Сегодня холодно* (в знач. сказ.). *Холодные блюда* (кушанья, подаваемые на стол холодными, закуски). **2.** *полн. ф.* Не знающий тепла, северный (о климате, местности). *Холодные страны. Х. край.* **3.** *полн. ф.* Не имеющий отопления или плохо сохраняющий тепло, плохо отапливаемый. *Холодная дача. Холодная комната.* **4.** Мало греющий, дающий мало тепла. *Холодное зимнее солнце. Холодная одежда. Куртка для зимы холодна* (недостаточно тёплая). **5.** *полн. ф.* Близкий к цвету воды, льда, воздуха. *Холодные краски. Холодные тона* (синий, серый, голубой, фиолетовый). **6.** *перен.* Равнодушный, бесстрастный. *Холодное сердце. Х. темперамент.* **7.** Строгий и недоброжелательный. *Х. взгляд. Х. приём. Холодно* (нареч.) *ответить кому-н.* **8.** *полн. ф.* Производимый без помощи нагревания или при низких температурах. *Х. прокат стали. Холодная обработка металлов. Холодное копчение. Холодная завивка.* **9.** **хо́лодно**, *в знач. сказ.* Об ощущении холода. *Мне холодно. На земле лежать холодно.* ✦ **Холодная война** — политика, заключающаяся в нагнетании напряжённости, враждебности в отношениях между странами. **Холодное оружие** — ударное, рубящее, колющее. **Холодный сапожник** (устар.) — сапожник, работающий на улице упрощённым способом. ‖ *сущ.* **холо́дность**, -и, *ж.* (к 1, 3, 4, 5 и устар. к 6 и 7 знач.) *и* **хо́лодность**, -и, *ж.* (к 6 и 7 знач.).

ХОЛОДО... *Первая часть сложных слов,* то же, что хладо..., напр. *холодоснабжение, холодопромышленность, холодостойкий, холодоустойчивый.*

ХОЛОДО́К, -дка, *м.* **1.** *см.* холод. **2.** Прохладное место в тени, тенёк. *Отдохнуть в холодке под деревом.* ‖ *уменьш.* **холодо́чек**, -чка, *м.*

ХОЛОДРЫ́ГА, -и, *ж.* (прост.). Сильный мороз, пронизывающий холод. *Ну и х.на улице!*

ХОЛО́П, -а, *м.* **1.** В Древней Руси: человек, находящийся в зависимости, близок к рабству; в крепостнической России: крепостной крестьянин, слуга. **2.** *перен.* Человек, готовый на всё из раболепия, подхалимства, холуй (во 2 знач.) (презр.). ‖ *ж.* **холо́пка**, -и. ‖ *прил.* **холо́пий**, -ья, -ье (к 1 знач.) *и* **холо́пский**, -ая, -ое.

ХОЛО́ПСТВО, -а, *ср.* **1.** Состояние холопа (в 1 знач.). **2.** Раболепие, подхалимство (презр.).

ХОЛО́ПСТВОВАТЬ, -твую, -твуешь; *несов.* (презр.). Раболепствовать, вести себя подобно холопу (во 2 знач.).

ХОЛОСТЁЖЬ, -и, *ж., собир.* (прост.). Холостые молодые люди.

ХОЛОСТИ́ТЬ, -ощу́, -ости́шь; -ощённый (-ён, -ена́); *несов., кого (что).* То же, что кастрировать. ‖ *сов.* **вы́холостить**, -ощу, -остишь; -ощенный. ‖ *сущ.* **холоще́ние**, -я, *ср.*

ХОЛОСТО́Й[1], -а́я, -о́е; хо́лост. **1.** Неженатый (о женщине — незамужняя; прост.). *Х. мужчина.* **2.** *полн. ф.* Свойственный холостяку, холостякам. *Холостая жизнь. Холостое положение. Холостая компания* (компания холостяков). **3.** *полн. ф.* О животных: не оплодотворённый (спец.). *Холостые матки.*

ХОЛОСТО́Й[2], -а́я, -о́е. Не дающий полезной работы, не используемый для такой работы. *На холостом ходу. Х. патрон* (не боевой). *Холостая стрельба. Х. прогон машин.*

ХОЛОСТЯ́К, -а́, *м.* Холостой мужчина (обычно о немолодом мужчине). ‖ *прил.* **холостя́цкий**, -ая, -ое. *Холостяцкие привычки.*

ХОЛОСТЯ́ЧКА, -и, *ж.* (прост.). Незамужняя женщина (обычно о немолодой женщине). ‖ *прил.* **холостя́цкий**, -ая, -ое.

ХОЛОЩЁНЫЙ, -ая, -ое; -ен. Подвергнутый холощению, кастрированный. *Х. бык.*

ХОЛСТ, -а́, *м.* **1.** Льняная ткань из толстой пряжи (в прежнее время — кустарной выделки). *Домотканый х. Белить холсты.* **2.** Картина, писанная масляными красками на такой ткани (спец.). *Холсты Репина.* ‖ *прил.* **холщо́вый**, -ая, -ое (к 1 знач.).

ХОЛСТИ́НА, -ы, *ж.* То же, что холст (в 1 знач.). *Мешок из холстины.* ‖ *прил.* **холсти́нный**, -ая, -ое.

ХОЛСТИ́НКА, -и, *ж.* Холст (в 1 знач.), а также вообще лёгкая полотняная или бумажная ткань особого переплетения. ‖ *прил.* **холсти́нковый**, -ая, -ое.

ХОЛУ́Й, -я́, *м.* (презр.). **1.** Слуга, лакей (устар.). **2.** *перен.* То же, что лакей (во 2 знач.). ‖ *прил.* **холу́йский**, -ая, -ое.

ХОЛУ́ЙСТВО, -а, *ср.* (презр.). Поведение холуя (во 2 знач.), подхалимство.

ХОЛУ́ЙСТВОВАТЬ, -твую, -твуешь; *несов.* (презр.). Подхалимствовать, вести себя подобно холую (во 2 знач.).

ХО́ЛЯ, -и, *ж.* (устар. и прост.). Ласковая забота, уход. *Дитя растёт в холе. Жить в холе.*

ХОМУ́Т, -а́, *м.* **1.** Часть упряжи — надеваемый на шею лошади округлый деревянный остов с мягким валиком на внутренней стороне. *Надеть на себя или повесить себе на шею х.* (перен.: о какой-н. обузе; разг.). *Был бы х., а шея найдётся* (посл.). **2.** Приспособление кольцевой формы для скрепления, соединения чего-н., скоба (спец.). ‖ *прил.* **хому́тный**, -ая, -ое (к 1 знач.).

ХОМЯ́К, -а́, *м.* Грызун, вредитель хлебных злаков и огородных растений. *Неповоротлив, как х.* (о нерасторопном, медлительном человеке; разг.). ‖ *прил.* **хомя́чий**, -ья, -ье.

ХОП. 1. *междом.* То же, что гоп. **2.** *в знач. сказ.* Прыгнул, а также схватил, дёрнул. *Х. через забор.* **3.** *межд. глагол.* [*интонационно чётко обособлен*]. Предваряет сообщение о возникновении такой (сменяющей другую) ситуации, к-рая в высшей степени неожиданна. *Был богат, вдруг — хоп! — ни копейки.*

ХОР, -а, *мн.* хоры́, -о́в *и* хо́ры, -ов, *м.* **1.** (хоры́). Ансамбль или группа певцов. *Четырёхголосный х.* (из разных певческих голосов). *Народный х.* **2.** (хоры́). Многоголосная вокальная музыкальная пьеса (спец.). **3.** (хоры́). То же, что оркестр (устар.). *Х. трубачей.* **4.** *ед., перен.* О голосах, высказываниях множества людей. *Хвалебный х. Х. насмешек.* **5.** (хо́ры). То же, что сонм (стар.). *Звёздные хоры. Хоры светил.* ‖ *прил.* **хорово́й**, -а́я, -о́е (к 1 и 2 знач.). *Х. ансамбль. Хоровое пение* (исполняемое хором).

ХОРА́Л, -а, *м.* Церковное хоровое песнопение, а также музыкальная пьеса в такой форме. *Хоралы Баха.* ‖ *прил.* **хора́льный**, -ая, -ое. *Хоральное пение.*

ХОРВА́ТСКИЙ, -ая, -ое. **1.** *см.* хорваты. **2.** Относящийся к хорватам, к их языку, национальному характеру, образу жизни, культуре, а также к Хорватии, её территории, внутреннему устройству, истории; такой, как у хорватов, как в Хорватии. *Х. язык* (южнославянской группы индоевропейской семьи языков). *Хорватские земли. По-хорватски* (нареч.).

ХОРВА́ТЫ, -ов, *ед.* -а́т, -а, *м.* Народ, составляющий основное население Хорватии. ‖ *ж.* **хорва́тка**, -и. ‖ *прил.* **хорва́тский**, -ая, -ое.

ХО́РДА[1], -ы, *ж.* В математике: прямая, соединяющая две точки кривой, напр. дуги, окружности.

ХО́РДА[2], -ы, *ж.* (спец.). Спинная струна — первичная скелетная ось у высших животных и человека. ‖ *прил.* **хо́рдовый**, -ая, -ое. *Тип хордовых* (сущ.; тип высших животных).

ХОРЕ́Й[1], -я, *м.* (спец.). Двухсложная стихотворная стопа с ударением на первом слоге. ‖ *прил.* **хореи́ческий**, -ая -ое.

ХОРЕ́Й[2], -я, *м.* Шест, которым управляют ездовыми оленями, собаками.

ХОРЕО́ГРАФ, -а, *м.* Специалист по хореографии.

ХОРЕОГРА́ФИЯ, -и, *ж.* Искусство танца, а также постановка балетных танцев, балетного спектакля. ‖ *прил.* **хореографи́ческий**, -ая, -ое.

ХОРЁВЫЙ *см.* хорь.

ХОРЁК, -рька́, *м.* Хищный зверёк сем. куньих с ценным мехом, а также мех его. ‖ *прил.* **хорько́вый**, -ая, -ое.

ХОРИ́СТ, -а, *м.* Артист хора, а также вообще тот, кто поёт в хоре. ‖ *ж.* **хори́стка**, -и.

ХОРМЕ́ЙСТЕР, -а, *м.* Хоровой дирижёр, руководитель хора. ‖ *прил.* **хорме́йстерский**, -ая, -ое.

ХОРОВО́Д, -а, *м.* Народная игра — движение людей по кругу с пением и пляской, а также вообще кольцо взявшихся за руки людей — участников какой-н. игры, танца. *Водить х. Х. вокруг новогодней ёлки.* ‖ *прил.* **хорово́дный**, -ая, -ое. *Хороводные песни.*

ХОРОВО́ДИТЬСЯ, -о́жусь, -о́дишься; *несов., с кем-чем* (прост. неодобр.). То же, что возиться (в 3 знач.).

ХО́РОМ, *нареч.* **1.** Вместе, группой (о пении). *Петь х.* **2.** *перен.* Все вместе, единодушно (о высказываниях, мнениях). *Х. утверждать что-н.*

ХОРО́МЫ, -о́м. В старину на Руси: большой жилой дом богатого владельца [*первонач.* вообще жилой дом]. *Выстроил себе целые х.* (разг. ирон.). ‖ *прил.* **хоро́мный**, -ая, -ое.

ХОРОНИ́ТЬ, -оню́, -о́нишь; -о́ненный; *несов., кого-что.* **1.** Закапывать в землю, помещать в гробницу (тело умершего или его прах после кремации), обычно с соблюдением принятых обрядов. *Х. на кладбище. Х. в море* (умершего на корабле). **2.** *перен.* Считая отжившим, ненужным, предавать забвению. *Х. старые обычаи. Рано х. кого-н.* (о том, кто ещё может что-то делать, на что-н. способен). ‖ *сов.* **похорони́ть**, -оню́, -о́нишь; -о́ненный, **схорони́ть**, -оню́, -о́нишь; -о́ненный (к 1 знач.; прост.) *и* **захорони́ть**, -оню́, -о́нишь; -о́ненный (к 1 знач.; офиц.). ‖ *сущ.* **захороне́ние**, -я, *ср.* (к 1 знач.; офиц.).

ХОРОНИ́ТЬСЯ, -оню́сь, -о́нишься; *несов.* (прост.). Прятаться, скрываться от кого-н. ‖ *сов.* **схорони́ться**, -оню́сь, -о́нишься.

ХОРОХО́РИТЬСЯ, -рюсь, -ришься; *несов.* (разг.). Храбриться, задорно горячиться.

ХОРО́ШЕНЬКИЙ, -ая, -ое. **1.** *см.* хороший. **2.** То же, что миловидный. *Хорошенькая девушка. Хорошенькое личико.* **3.** То же, что хороший (в 6 знач.), употр. в реплике при повторяемом слове, согласуясь с этим словом или в форме ср. р. (разг.). *Он ещё ребёнок. — Х. (хорошенькое) ребёнок! Ты совсем здоров. — Хорошенькое здоров!* ✦ **Хорошенькое дело!** (разг.) — выражение неудовольствия, неодобрительного отношения к чему-н., весёленькое дело. **Хорошенького понемножку** (разг.) — говорится в знач.: в удовольствиях надо быть умеренным.

ХОРОШЕ́НЬКО, *нареч.* (разг.). Как следует, в достаточной степени. *Проверь х.* ‖ *уменьш.* **хороше́нечко.**

ХОРОШЕ́ТЬ, -е́ю, -е́ешь; *несов.* **1.** Становиться красивым, миловидным, красивее, миловиднее. *Дочка растёт и хорошеет.* **2.** Становиться лучше, привлекательнее (книжн.). *Город хорошеет.* ‖ *сов.* **похороше́ть**, -е́ю, -е́ешь.

ХОРО́ШИЙ, -ая, -ое; -о́ш, -оша́; *в знач. сравн. и превосх. ст. употр.* лу́чше, лу́чший. **1.** Вполне положительный по своим качествам, такой, как следует. *Х. работник. Х. голос. Х. характер. Хорошо* (нареч.) *поёт. В лесу хорошо* (в знач. сказ). *Мне хорошо* (в знач. сказ.). *Хорошо* (в знач. сказ.) *будет, если он придёт. Всё хорошо, что хорошо кончается* (посл.). *Договориться по-хорошему* (нареч.; мирно, спокойно). *Это пальто мне хорошо* (годится, впору). *Что такое хорошо и что такое плохо* (говорится при противопоставлении чего-н. положительного отрицательному; разг. шутл.). *Лучшего помощника мне не найти. Лучшее — враг хорошего* (посл.). **2.** Вполне достойный, приличный. *Хорошее общество. Х. тон.* **3.** Исполненный дружеских чувств, близкий. *Х. приятель. В хороших отношениях с кем-н.* **4.** Вполне достаточный, большой, значительный, добрый (в 7 знач.) (разг.). *Съел хорошую порцию. Отхватил х. куш. Дать хорошего тумака.* **5.** *кратк. ф.* Красив, миловиден. *Она удивительно хороша.* **6.** обычно *кратк. ф.* Употр. в реплике, имеющей значение возражения, отрицания чего-н., а также вообще при выражении иронического отношения к кому-чему-н. (разг.). *Хорош учёный! Ты там отдохнёшь. — Хорош отдых!* **7.** **хорошо́**, *нескл., ср.* Отметка (в 3 знач.), обозначающая сравнительно высокую оценку знаний (выше «удовлетворительно» и ниже «отлично»). *Учиться на «хорошо».* **8.** **хорошо́**, *частица.* Выражает согласие, да, ладно. *Так я тебя жду? — Хорошо.* **9.** **хорошо́**, *вводн. сл.* Итак, допустим, что так. *Я сделаю по-твоему, хорошо, что же дальше?* **10.** **хорошо́**, *частица.* Употр. как угроза в знач. постой же, погоди же (разг.). *Хорошо, это тебе припомнится! Опять не слушаешься? Ну хорошо!* **11.** **хорошо́**, *с неопр., в знач. сказ.* Легко, не трудно (разг. неодобр.). *Хорошо тебе было обещать, а мне каково? Хорошо тебе смеяться.* **12.** **хорошо́**, *частица.*

В изложении употр. для указания на нек-рый итог и переход к дальнейшему (разг.). *Вызывают меня к начальству. Хорошо. Являюсь.* **13. хорош!** Выражение удовлетворения по поводу того, что сделано дело, требовавшее усилий, напряжения (обычно физического) (прост.). *Беритесь все вместе, двигайте, ещё немножко. Хорош!* (т. е. так хорошо и достаточно). ✦ **Хорош собой** — то же, что хороший (в 5 знач.). *Умён, хорош собой.* **Не по́ хорошу мил, а по́ милу хорош** — посл.: человека любят не за то, что хорош, но, любя, видят его хорошим, прощают недостатки. **Лучше некуда (лучше не надо)** (разг.) — о ком-чём-н. очень хорошем. *Жених лучше некуда. Товар лучше не надо.* **Хорошо бы,** *частица* (разг.) — выражает желательность. *Хорошо бы он нас не заметил. Хорошо бы нам премию дали! Хорошо бы дождичек! Чайку хорошо бы!* **Хорошо же** (разг.) — то же, что хорошо (в 10 знач.). *Хорошо же, я тебе это припомню.* ‖ *уменьш.* **хоро́шенький,** -ая, -ое (к 1 и 4 знач.).

ХОРОШИ́СТ, -а, *м.* (разг.). Учащийся, получающий оценки «хорошо». ‖ *ж.* **хороши́стка,** -и.

ХОРУ́ТВЬ, -и, *ж.* **1.** В старину: войсковое знамя. **2.** Принадлежность церковных шествий — укреплённое на древке полотнище с изображением Христа, святых.

ХОРУ́НЖИЙ, -его, *м.* **1.** В царской армии: казачий офицерский чин, равный подпоручику, а также лицо, имеющее этот чин (ранее — войсковая должность в Запорожской Сечи, в казачьих общинах). **2.** То же, что знаменосец (стар.). **3.** В Войске Польском в разные годы: звание младшего офицера или военнослужащего, занимающего предофицерскую должность, а также лицо, имеющее это звание.

ХО́РЫ, -ов. Открытая галерея, балкон в верхней части большого зала [*первонач.* для помещения хора, оркестра]. *На хорах.*

ХОРЬ, -я́, *ж.* То же, что хорёк. ‖ *прил.* **хорёвый,** -ая, -ое.

ХОТЕ́НИЕ, -я, *ср.* (разг.). То же, что желание (в 1 знач.). *По моему хотению* (так, как я хочу). *На всякое хотенье есть* (или *должно иметь*) *терпенье* (посл.).

ХОТЕ́ТЬ, хочу́, хо́чешь, хо́чет, хоти́м, хоти́те, хотя́т; *пов.* (разг.) хоти́; *несов.* **1.** *кого-чего, кого-что* (с конкретн. сущ., разг.), *с неопр.* или *с союзом «чтобы».* Иметь желание, намерение (делать что-н.), ощущать потребность в ком-чём-н. *Х. помощи* (*чтобы помогли*). *Х. чаю. Х. есть. Хочешь конфетку? Зови кого хочешь* (*кого угодно*). *Есть всё что хотите* (*всё что угодно*). **2.** *кого-чего* и *с союзом «чтобы».* Стремиться к чему-н., добиваться осуществления, получения чего-н. *Х. мира. Х. понимания от собеседника. Хочет, чтобы всё было в порядке.* ✦ **Если хотите (хочешь),** *вводн. сл.* — пожалуй, конечно. *Он, если хотите, прав.* **Как хотите (хочешь)** — 1) как вам (тебе) угодно; 2) *вводн. сл.,* при возражении: а всё-таки, несмотря ни на что. *Как хотите, а я не согласен.* **Хочешь не хочешь** (разг.) — поневоле приходится. *Хочешь не хочешь, а едешь.* **Через не хочу** (разг.) — преодолевая нежелание. **Ешь (пей, бери и т.п.) — не хочу** (разг.) — в сочетании с формой пов. накл. обозначает неограниченную возможность делать что-н., свободу действий. *Пряников там ешь — не хочу. Гуляй — не хочу.*

ХОТЕ́ТЬСЯ, хо́чется; *безл.; несов., кого-чего, что* (с конкретн. сущ., разг.), *с неопр.* или *с союзом «чтобы».* То же, что хотеть (в 1 знач.). *Хочется чаю. Хочется хорошего друга. Хочется спать. Хочется, чтобы было тихо.* ✦ **И хочется и колется** (разг. шутл.) — о желании, сопряжённом с риском.

ХОТЬ. 1. *союз.* Выражает уступительные отношения, даже если, несмотря на то что. *Х. занят, всё равно придёт.* **2.** *союз., с неопр. и пов.* До такой степени что (о чём-н. крайнем в своём проявлении). *Не понимает, х. сто раз объясняй. Ничего не понимаю, х. убей* (разг.). *Х. выжми* (о чём-н. очень мокром; разг.). *Х. брось* (о чём-н. плохом, совершенно ненужном; разг.). *Х. умри* (во что бы то ни стало, а также ни за что, ни в какую; разг.; *Х. умри, а сделай! Не соглашается, х. умри!*) **3.** *союз повторяющийся.* Или... или (при обозначении свободного выбора). *Приди х. сейчас, х. завтра.* **4.** *частица.* Даже, по крайней мере. *Приходите х. все. Дай х. рубль.* **5.** *частица.* К примеру, например (разг.). *Вот х. Ваня: чем не жених?* **6.** С относит. мест. образует сочетание в знач. любой, в любое место, время (разг.). *Х. кто* (любой). *Х. куда* (в любое место). *Х. где* (везде). ✦ **Хоть и,** *союз* — то же, что хоть (в 1 знач.). *Хоть и занят, всегда поможет.* **Хоть (и)... а (но, да),** *союз* — выражает уступительные отношения с подчёркнутым противопоставлением, при том что... всё-таки. *Хоть и строг, но справедлив. Хоть видит око, да зуб неймёт* (посл.). **Хоть бы (и),** *союз* — даже если бы. *Хоть бы (и) захотел прийти, не успеет.* **Хоть бы** (разг.) — 1) по меньшей мере. *Нужно было хоть бы извиниться!* 2) *частица,* выражает желательность (при отрицании — с оттенком опасения). *Хоть бы кто-н. позвонил. Хоть бы не опоздать!* **Хоть бы и так** — выражение неполного согласия, допущения. *Хоть бы и так, всё равно он не должен был этого делать.* **Хоть бы что** (разг.) — ничего не действует на кого-н., всё безразлично. *Его стыдят, а ему хоть бы что.* **Хоть куда** (разг.) — всем хорош. *Парень хоть куда.*

ХОТЯ́, *союз.* То же, что хоть (в 1 знач.). *Еду, х. очень занят. Учился хорошо, х. и ленивался.* ✦ **Хотя и,** *союз* — то же, что хоть (в 1 знач.). **Хотя (и)... а (но, да),** *союз* — то же, что хоть (и)... а (но, да). *Хотя и не сердит, но недоволен.* **Хотя бы** — то же, что хоть бы. *Хотя бы позвонил! Приходи хотя бы завтра. Хотя бы дождя не было!* **Хотя бы (и),** *союз* — то же, что хоть бы (и).

ХОХЛА́ТКА, -и, *ж.* **1.** Хохлатая птица. *Утка-х.* **2.** То же, что курица (разг.). *Деревенские хохлатки.*

ХОХЛА́ТЫЙ, -ая, -ое; -а́т. С хохлом[1], с хохлами. *Х. голубь. Хохлатая голова.*

ХО́ХЛИТЬ, -лю, -лишь; *несов., что.* Поднимать, взъерошивать (перья). ‖ *сов.* **нахо́хлить,** -лю, -лишь; -ленный.

ХО́ХЛИТЬСЯ, -люсь, -лишься; *несов.* **1.** (1 и 2 л. не употр.). Ёжиться, взъерошивая перья. *Птицы хохлятся под дождём.* **2.** *перен.* Насупившись, хмуриться, ёжиться (разг.). *Недовольно х.* ‖ *сов.* **нахо́хлиться,** -люсь, -лишься.

ХОХЛОМА́, -ы́, *ж.* То же, что хохломская роспись, а также (собир.) так расписанные художественные изделия. *Коллекционировать хохлому.* ‖ *прил.* **хохломско́й,** -а́я, -о́е. *Хохломские ложки.*

ХОХЛОМСКО́Й, -а́я, -о́е. **1.** *см.* **хохлома. 2. хохломская роспись** — вид народной декоративной росписи на деревянных изделиях: тонкие растительные узоры золотом, чёрным и красным по золотистому фону [по названию села Хохлома Нижегородской области].

ХОХЛЫ́, -о́в, *ед.* хохо́л, -хла́, *м.* (устар. и разг.). То же, что украинцы. ‖ *ж.* **хохлу́шка,** -и. ‖ *прил.* **хохля́цкий,** -ая, -ое.

ХО́ХМА, -ы, *ж.* (прост.). Шутка, розыгрыш, что-н. смешное. *Весёлая х. Очередная х.*

ХОХМА́Ч, -а́, *м.* (прост.). Человек, к-рый любит смешить, шутить. ‖ *ж.* **хохма́чка,** -и.

ХОХМИ́ТЬ, -млю́, -ми́шь; *несов.* (прост.). Заниматься хохмами, шутить, балагурить.

ХО-ХО́ и **ХО-ХО-ХО́,** *межд. звукоподр.* Воспроизведение смеха, хохота.

ХОХО́Л, хохла́, *м.* Торчащий на голове клок волос, шерсти, перьев. ‖ *уменьш.* **хохоло́к,** -лка́, *м.*

ХО́ХОТ, -а, *м.* Громкий смех. *Оглушительный х.* ‖ *уменьш.* **хохото́к,** -тка́, *м.*

ХОХОТА́ТЬ, -очу́, -о́чешь; *несов.* Громко смеяться. *Х. до слёз, до упаду. Х. над весёлым рассказом.* ‖ *однокр.* **хохотну́ть,** -ну́, -нёшь (разг.).

ХОХОТУ́Н, -а́, *м.* (разг.). Человек, к-рый много и громко смеется. ✦ **Хохотун напал** *на кого* (разг.) — о неудержимом желании смеяться. ‖ *ж.* **хохоту́нья,** -и, *род. мн.* -ний.

ХОХОТУ́ШКА, -и, *ж.* (разг.). То же, что хохотунья.

ХРАБРЕ́ТЬ, -е́ю, -е́ешь; *несов.* (разг.). Становиться храбрым, храбрее. ‖ *сов.* **похрабре́ть,** -е́ю, -е́ешь.

ХРАБРЕ́Ц, -а́, *м.* Храбрый человек, смельчак.

ХРАБРИ́ТЬСЯ, -рю́сь, -ри́шься; *несов.* (разг.). Принимать бодрый вид, стремясь казаться уверенным в себе; стараться показать себя храбрым, на всё готовым.

ХРА́БРОСТЬ, -и, *ж.* Мужество и решительность в поступках, отсутствие страха, смелость. *Беззаветная х.*

ХРА́БРЫЙ, -ая, -ое; храбр, храбра́, хра́бро, храбры́ *и* хра́бры. Отличающийся храбростью, смелый. *Х. воин. Храбро* (нареч.) *защищаться.*

ХРАМ, -а, *м.* **1.** Здание для богослужения, церковь. *Древнерусские храмы. Буддийский х.* **2.** *перен.* Место служения науке, искусству, высоким помыслам (высок.). *Х. науки.* ✦ **Дорога к храму** (высок.) — путь к вере, к Богу. ‖ *прил.* **хра́мный,** -ая, -ое (к 1 знач.) и **храмово́й,** -а́я, -о́е (к 1 знач.). ✦ **Храмовой праздник** — праздник в честь какого-н. события или святого, именем к-рого назван храм. **Храмовая икона** — икона с изображением лика святого, именем к-рого назван храм.

ХРАНИ́ЛИЩЕ, -а, *ср.* Помещение для хранения чего-н. *Х. рукописей.*

ХРАНИ́ТЕЛЬ, -я, *м.* **1.** Человек, к-рый хранит, оберегает кого-н., бережёт что-н. (книжн.). *Х. народных преданий.* **2.** Название нек-рых должностных лиц (в библиотеках, музеях, архивах). *Х. рукописей. Главный х. «Эрмитажа». Х. органа* (в соборе, в консерватории). ‖ *ж.* **храни́тельница,** -ы.

ХРАНИ́ТЬ, -ню́, -ни́шь; -нённый; *несов.* **1.** *кого-что.* Беречь, содержать где-н. в безопасности, в целости. *Х. старые письма. Х. продукты в холоде. Х. деньги в банке. Х. в памяти* (не забывать; книжн.). *Х. предания* (помнить, передавая из поколения в поколение). *Х. в тайне* (не разглашать). *Х. обычаи* (соблюдать, поддерживать). **2.** *что.* Оберегать, защищать. *Х. чьё-н. доброе имя.* **3.** *что.* Соблюдать, поддерживать, сохранять (то, что названо следующим далее существительным) (книжн.). *Х. гордый вид. Х. печаль в сердце, на лице. Х. молчание.* ‖ *сущ.* **хране́ние,** -я, *ср.* (к 1 знач.). ‖ *прил.*

храни́тельный, -ая, -ое (к 1 и 2 знач.; устар.).

ХРАНИ́ТЬСЯ (-ню́сь, -ни́шься, 1 и 2 л. не употр.), -ни́тся; *несов.* **1.** Находиться где-н. на хранении. *Деньги хранятся в банке.* **2.** Не уничтожаться, быть в сохранности. *Рукописи хранятся много лет. В душе хранятся воспоминания* (перен.).

ХРАП¹, -а, *м.* Храпение, а также самый звук его. *Раздался громкий х. Спать с храпом. Короткие храпы.*

ХРАП², -а, *м.* (спец.). У животных: нижняя и средняя часть переносья.

ХРАПА́К, -а́: **дать (задать) храпака** (прост.) — захрапеть, заснуть.

ХРАПЕ́ТЬ, -плю́, -пи́шь; *несов.* **1.** Издавать во время сна хриплые, сопящие звуки. **2.** (1 и 2 л. не употр.). О животных: издавать резкие, хриплые звуки. *Кони храпят.* ‖ *однокр.* **храпну́ть**, -ну́, -нёшь (разг.). ‖ *сущ.* **храпе́ние**, -я, *ср.*

ХРАПОВИ́ЦКИЙ: задавать (задать) храповицкого (разг. шутл.) — спать (заснуть) крепко, с храпом.

ХРАПУ́Н, -а́, *м.* (разг.). Человек, к-рый храпит во сне. ‖ *ж.* **храпу́нья**, -и, *род. мн.* -ний.

ХРЕБЕ́Т, -бта́, *м.* **1.** Позвоночник, а также (прост.) спина. *Гнуть (ломать) х.* (перен.: тяжело работать; прост.). **2.** Горная цепь. *Гребень, склон хребта. Уральский х.* ‖ *прил.* **хребто́вый**, -ая, -ое.

ХРЕН, -а (-у), *м.* Растение сем. крестоцветных с корнем, содержащим едкое эфирное масло, а также корень этого растения, употр. как приправа к пище. ✦ **Старый хрен** (прост. бран.) — о старом человеке. **Хрен редьки не слаще** — посл. о том, что одно плохое не лучше другого такого же. ‖ *уменьш.* **хрено́к**, -нку́ (-нка́), *м.* ‖ *прил.* **хрено́вый**, -ая, -ое.

ХРЕНО́ВЫЙ, -ая, -ое. **1.** *см.* хрен. **2.** Плохой, негодный (прост. груб.).

ХРЕСТОМАТИ́ЙНЫЙ, -ая, -ое; -и́ен, -и́йна. **1.** *см.* хрестоматия. **2.** *перен.* Простой и общеизвестный. *Хрестоматийные истины.* ‖ *сущ.* **хрестомати́йность**, -и, *ж.*

ХРЕСТОМА́ТИЯ, -и, *ж.* Учебное пособие — сборник каких-н. избранных произведений или отрывков из них. *Х. по русской литературе.* ‖ *прил.* **хрестомати́йный**, -ая, -ое.

ХРИЗАНТЕ́МА [*тэ*], -ы, *ж.* Декоративное растение сем. сложноцветных с пышными махровыми цветками. ‖ *прил.* **хризанте́мный**, -ая, -ое.

ХРИЗОЛИ́Т, -а, *м.* Прозрачный драгоценный камень золотисто-зелёного цвета. ‖ *прил.* **хризоли́товый**, -ая, -ое.

ХРИП, -а, *м.* **1.** Хрипение, хриплый звук. *Предсмертный х.* **2.** *мн.* Шумы в дыхательных органах (спец.). *Хрипы в лёгких. Сухие, влажные хрипы.*

ХРИПА́ТЫЙ, -ая, -ое; -а́т (прост.). То же, что хрипливый.

ХРИПЕ́ТЬ, -плю́, -пи́шь; *несов.* **1.** Издавать сипящие, глуховатые звуки. *Хрипящий кашель. Старая пластинка хрипит.* **2.** Говорить или петь хриплым голосом. *Х. от простуды.* ‖ *сов.* **прохрипе́ть**, -плю́, -пи́шь. ‖ *сущ.* **хрипе́ние**, -я, *ср.*

ХРИПЛИ́ВЫЙ, -ая, -ое; -и́в (разг.). Немного хриплый, с хрипотой. *Х. голос.* ‖ *сущ.* **хрипли́вость**, -и, *ж.*

ХРИ́ПЛЫЙ, -ая, -ое; хрипл, хрипла́ *и* хри́пла, хри́пло. **1.** О звуке, голосе: не чистый по тону, глуховатый, сиплый. *Х. гудок. Х. крик. Хрипло* (нареч.) *говорить.* **2.** Обладающий хриплым голосом, охрипший. *Х. крикун. Х. пёс.* ‖ *сущ.* **хри́плость**, -и, *ж.*

ХРИ́ПНУТЬ, -ну, -нешь; хри́пнул, хри́пла; *несов.* Утрачивать чистоту голоса, начиная хрипеть, становиться хриплым. *Х. от крика. Голос хрипнет.* ‖ *сов.* **охри́пнуть**, -ну, -нешь; охри́п, -ла.

ХРИПОТА́, -ы́, *ж.* Хрип в голосе. *Спорить до хрипоты.*

ХРИПОТЦА́, -ы́, *ж.* (разг.). Небольшая хрипота. *Говорить со старческой хрипотцой.*

ХРИПУ́Н, -а́, *м.* (разг.). Человек, к-рый говорит хриплым голосом (в начале 19 в. в дворянской военной среде: о человеке, пытавшемся грассировать в подражание французской речи).

ХРИПУ́ЧИЙ, -ая, -ое; -у́ч (разг.). То же, что хриплый.

ХРИСТАРА́ДНИЧАТЬ, -аю, -аешь (устар. и прост.). Просить милостыню, а также (неодобр.) вообще униженно просить о чём-н.

ХРИСТИАНИ́Н, -а, *мн.* -а́не, -а́н, *м.* Последователь христианства. ✦ **Духовные христиане** — возникшее на рубеже 17—18 вв. направление в сектантстве (духоборы, молокане, хлысты и нек-рые др.), противопоставляющее себя православной церкви и провозглашающее веру в то, что святой дух может воплотиться в каждом отдельном человеке. ‖ *ж.* **христиа́нка**, -и. ‖ *прил.* **христиа́нский**, -ая, -ое.

ХРИСТИА́НСТВО, -а, *ср.* Одна из трёх мировых религий, основанная на культе Сына Божия Иисуса Христа как Богочеловека и спасителя мира, возникшая в нач. 1 в. н. э. в Римской империи и существующая в трёх основных направлениях: православии, католицизме и протестантизме. *Исповедовать х. Принятие христианства на Руси (988—989 гг.).* ‖ *прил.* **христиа́нский**, -ая, -ое. ✦ **В христианский вид привести** *кого-что* (разг. шутл.) — привести в надлежащий вид.

ХРИСТО́С, *род. п.* Христа́, *дат. п.* Христу́, *вин. п.* Христа́, *тв. п.* Христо́м, *предл. п.* о Христе́, *м.* Вошедшее в нек-рые выражения имя Иисуса Христа, культ к-рого лежит в основе христианства: **Христа ради просить** — просить милостыню, нищенствовать; **Христа ради** (разг.) — то же, что ради Бога; **Христос с тобой** (разг.) — то же, что Бог с тобой; **как у Христа за пазухой** (разг.) — спокойно и хорошо. *Живёт как у Христа за пазухой кто-н.*; **вот тебе (те) Христос!** (устар. прост.) — уверение в истинности, ей-богу; **Христом-богом просить** (устар. прост.) — молить, умолять.

ХРИСТО́СИК, -а, *м.* (разг. неодобр.). То же, что исусик. *Христосиком каким прикинулся!*

ХРИСТО́СОВАТЬСЯ, -суюсь, -суешься; *несов.* У православных: троекратно целоваться, поздравляя друг друга с праздником Пасхи, говоря при этом: «Христос воскресе! — Воистину воскресе!». ‖ *сов.* **похристо́соваться**, -суюсь, -суешься. ‖ *сущ.* **христо́сование**, -я, *ср.*

ХРОМ¹, -а, *м.* **1.** Химический элемент, твёрдый светло-серый блестящий металл. **2.** Род жёлтой краски (спец.). ‖ *прил.* **хро́мистый**, -ая, -ое (к 1 знач.) *и* **хро́мовый**, -ая, -ое. *Хромистая сталь. Хромовая руда.*

ХРОМ², -а, *м.* Сорт мягкой тонкой кожи. ‖ *прил.* **хро́мовый**, -ая, -ое. *Хромовая обувь.*

ХРОМА́ТЬ, -а́ю, -а́ешь; *несов.* **1.** Ходить, ковыляя из-за укорочения или болезни ноги, ног. *Х. на левую ногу.* **2.** *перен.* Быть в неудовлетворительном состоянии; иметь недостатки (разг.). *Знания хромают. Дело хромает.* ✦ **Хромать на обе ноги** (разг.) — иметь много недочётов, пробелов. *Дело хромает на обе ноги.*

ХРОМЕ́ТЬ, -е́ю, -е́ешь; *несов.* Становиться хромым (в 1 и 2 знач.), хромее. ‖ *сов.* **охроме́ть**, -е́ю, -е́ешь.

ХРОМЕ́Ц, -мца́, *м.* (устар.). Хромой человек. *Х. на одну ногу.*

ХРОМИ́РОВАТЬ, -рую, -руешь; -анный; *сов. и несов., что* (спец.). Покрыть (-ывать) хромом¹ (в 1 знач.) для придания твёрдости, прочности или в декоративных целях. *Хромированная сталь.* ‖ *сущ.* **хроми́рование**, -я, *ср. и* **хромиро́вка**, -и, *ж.*

ХРО́МКА, -и, *ж.* Род двухрядной гармоники.

ХРОМО... *Первая часть сложных слов со знач.*: 1) относящийся к хрому¹, напр. *хромокалиевый, хромокремнистый, хромомагнезит, хромомедный, хромосодержащий;* 2) относящийся к окраске, к цвету, напр. *хромолитография* (литографический способ печатания несколькими красками, а также отпечаток, сделанный таким способом), *хроморастительный, хромосфера* (алый слой солнечной атмосферы), *хроморетушёр.*

ХРОМО́Й, -а́я, -о́е; хром, хрома́, хро́мо. **1.** Имеющий укороченную или больную ногу, лапу, хромающий. *Хром от рождения кто-н. Костыль для хромого* (сущ.). **2.** О ноге, лапе: та, к-рая хромает (разг.). **3.** *перен.* О мебели: со сломанной или качающейся ножкой (разг.). *Х. стул.*

ХРОМОНО́ГИЙ, -ая, -ое; -о́г (разг.). То же, что хромой (в 1 и 3 знач.). *Х. старик. Хромоногая табуретка.* ‖ *сущ.* **хромоно́гость**, -и, *ж.*

ХРОМОНО́ЖКА, -и, *м. и ж.* (разг.). Хромой человек.

ХРОМОСО́МЫ, -о́м, *ед.* хромосо́ма, -ы, *ж.* (спец.). Постоянная составная часть ядра животных и растительных клеток, носители наследственной генетической информации. ‖ *прил.* **хромосо́мный**, -ая, -ое. *Х. набор клетки. Хромосомная теория наследственности.*

ХРОМОТА́, -ы́, *ж.* Хромающая походка, неправильное движение ног, вызванное укороченностью ноги или болезнью. *Врождённая х. Страдать хромотой.*

ХРО́НИК, -а, *м.* Хронический больной.

ХРО́НИКА, -и, *ж.* **1.** Вид средневековой повествовательной литературы — запись исторических событий в хронологическом порядке. *Средневековые хроники.* **2.** Литературное произведение, содержащее историю политических, общественных, семейных событий, а также вообще рассказ о таких событиях. *Х. семейной жизни. Мелкопоместная х.* **3.** Отдел сообщений в газете. *Местная х. Международная х.* **4.** Документальное сообщение в прессе, а также по радио, телевидению, в кино о текущих событиях. *Х. международной жизни. Х. дня. Х. симпозиума.Телевизионная х.* ‖ *прил.* **хроника́льный**, -ая, -ое. *Х. жанр. Хроникальные заметки.*

ХРОНИКЁР, -а, *м.* Сотрудник газеты, работающий в отделе хроники. ‖ *прил.* **хроникёрский**, -ая, -ое.

ХРОНИ́ЧЕСКИЙ, -ая, -ое. **1.** О болезни: длящийся много времени, медленно развивающийся, затяжной. *Х. ревматизм.* **2.** Страдающий постоянной, затяжной болезнью. *Х. больной.* **3.** *перен.* Длительный, затяжной (о чём-н. плохом). *Хроническое недосыпание. Хроническое безделье.*

ХРОНО... *Первая часть сложных слов со знач.* относящийся ко времени, напр. *хро-*

нобиология, хронометраж, хронометрист, хронофотография, хронофотограмма.

ХРОНО́ГРАФ[1], -а, *м.* Памятник древней письменности, излагающий всеобщую историю по библейским легендам и византийским источникам. *Византийские хронографы.* ‖ *прил.* **хронографи́ческий**, -ая, -ое.

ХРОНО́ГРАФ[2], -а, *м.* Прибор для измерения коротких отрезков времени и для точной *временной записи.* ‖ *прил.* **хронографи́ческий**, -ая, -ое.

ХРОНОЛО́ГИЯ, -и, *ж.* **1.** Раздел исторической науки, изучающий историю летосчисления. **2.** Перечень событий в их временной последовательности. *Х. русской истории.* **3.** *чего.* Последовательность появления чего-н. во времени. *Х. событий.* ‖ *прил.* **хронологи́ческий**, -ая, -ое.

ХРОНО́МЕТР, -а, *м.* Часы с очень точным ходом. *Электронный х. Контактный х.* (подающий временны́е сигналы на различные приборы). ‖ *прил.* **хронометри́ческий**, -ая, -ое.

ХРОНОМЕТРА́Ж, -а, *м.* Точное измерение продолжительности каких-н. процессов. ‖ *прил.* **хронометра́жный**, -ая, -ое.

ХРОНОМЕТРАЖИ́СТ, -а, *м.* Специалист, занимающийся хронометражем. ‖ *ж.* **хронометражи́стка**, -и.

ХРОНОМЕТРИ́РОВАТЬ, -рую, -руешь; -ованный; *сов.* и *несов., что.* Произвести (-водить) хронометраж. *Х. рабочий день.* ‖ *прил.* **хронометри́ческий**, -ая, -ое. *Хронометрическая запись.*

ХРОНОМЕТРИ́СТ, -а, *м.* Человек, к-рый хронометрирует что-н. ‖ *ж.* **хронометри́стка**, -и.

ХРОНОСКО́П, -а, *м.* (спец.). Прибор для измерения чрезвычайно малых промежутков времени, а также для сравнения показаний времени по разным приборам. ‖ *прил.* **хроноскопи́ческий**, -ая, -ое.

ХРУ́ПАТЬ, -аю, -аешь; *несов., что* (разг.). То же, что хрустеть. *Под ногами хрупает валежник. Лошади хрупают сено.* ‖ *сов.* **схру́пать**, -аю -аешь (по 2 знач. глаг. хрустеть). ‖ *однокр.* **хру́пнуть**, -ну, -нешь. ‖ *сущ.* **хру́панье**, -я, *ср.*

ХРУ́ПКИЙ, -ая, -ое; -пок, -пка́, -пко; хру́пче. **1.** Очень ломкий, легко раскалывающийся. *Хрупкое стекло. Х. лёд. Х. металл.* **2.** *перен.* Слишком слабый, нежный. *Хрупкое здоровье. Х. ребёнок.* ‖ *сущ.* **хру́пкость**, -и, *ж.*

ХРУ́ПНУТЬ, -ну, -нешь; *однокр.* (разг.). **1.** *см.* хрупать. **2.** (1 и 2 л. не употр.). Треснуть, надломиться с треском. *Лёд под санями хрупнул.*

ХРУСТ, -а, *м.* Треск при разламывании чего-н. хрупкого; негромкий трещащий звук. *Х. разбитого стекла, льдинок. Х. снега под ногами. Жевать с хрустом. Сжать пальцы до хруста.*

ХРУСТА́ЛИК, -а, *м.* Часть глаза в виде прозрачной двояковыпуклой эластичной линзы.

ХРУСТА́ЛЬ, -я́, *м.* **1.** Стекло высокого сорта с красивым блеском и игрой света. *Ваза из хрусталя.* **2.** *собир.* Посуда и другие изделия из такого стекла. *Коллекция хрусталя. Стол сервирован хрусталём.* ✦ **Горный хрусталь** — бесцветный прозрачный минерал, разновидность кварца, употр. для оптических и ювелирных изделий. ‖ *прил.* **хруста́льный**, -ая, -ое.

ХРУСТА́ЛЬНЫЙ, -ая, -ое; -лен, -льна. **1.** *см.* хрусталь. **2.** *перен.* Чистый, прозрачный (о воде, воздухе, звуке). *Х. ручей. Хрустальная синева неба. Х. звон.* ‖ *сущ.* **хруста́льность**, -и, *ж.*

ХРУСТА́ЛЬЩИК, -а, *м.* Работник хрустального производства. ‖ *ж.* **хруста́льщица**, -ы.

ХРУСТЕ́ТЬ, хрущу́, хрусти́шь; *несов.* **1.** Издавать хруст. *Снег хрустит под ногами. Пыль хрустит на зубах.* **2.** Есть с хрустом. *Х. огурцом.* ‖ *однокр.* **хру́стнуть**, -ну, -нешь.

ХРУ́СТКИЙ, -ая, -ое; -ток, -тка́ *и* -тка, -тко. **1.** Издающий хрустящий звук. *Х. снег.* **2.** Хрупкий, ломающийся с хрустом. *Х. лёд.* ‖ *сущ.* **хру́сткость**, -и, *ж.*

ХРУЩ, -а́, *м.* Жук с пластинчатыми усиками (часто вредитель растений).

ХРУЩЁВКА, -и, *ж.* (разг.). Стандартный пятиэтажный дом с малогабаритными квартирами [по имени Н. С. Хрущёва, при к-ром в городах велась массовая застройка такими домами].

ХРУЩО́БЫ, -о́б, *мн.* (прост. шутл.). Городские кварталы, застроенные хрущёвками.

ХРЫЧ, -а́, *м.* (прост. бран.). Старый человек, старик. *Старый х.* ‖ *ж.* **хрычо́вка**, -и.

ХРЮ́КАТЬ, -аю -аешь; *несов.* О свинье: издавать характерные отрывистые звуки, напоминающие «хрю-хрю»; также о нек-рых других животных: издавать подобные звуки. *Х. себе под нос* (перен.: говорить гортанно и невнятно; разг. неодобр.). ‖ *однокр.* **хрю́кнуть**, -ну, -нешь. ‖ *сущ.* **хрю́канье**, -я, *ср.*

ХРЮ́ШКА, -и, *ж.* (разг.). То же, что свинья (в 1 знач.).

ХРЯК, -а́, *м.* (спец. и обл.). **1.** То же, что кабан (во 2 знач.). **2.** То же, что боров[1].

ХРЯ́СТНУТЬ, -ну, -нешь; *сов.* (прост.). **1.** (1 и 2 л. не употр.). Треснуть, лопнуть. *Хрястнуло стекло.* **2.** *кого-что.* Сильно ударить. *Х. по спине.*

ХРЯ́СТНУТЬСЯ, -нусь, -нешься; *сов.* (прост.). Сильно удариться или упасть. *Х. головой о косяк.*

ХРЯЩ[1], -а́, *м.* У позвоночных животных и человека: разновидность соединительной ткани, отличающаяся плотностью и упругостью. ‖ *уменьш.* **хрящик**, -а, *м.* ‖ *прил.* **хрящево́й**, -а́я, -о́е. *Хрящевая ткань. Хрящевые рыбы* (со скелетом из хряща).

ХРЯЩ[2], -а́, *м.* (устар. и обл.). Крупный песок, образовавшийся из обломочных горных пород, измельчившийся камень. ‖ *прил.* **хрящево́й**, -а́я, -о́е.

ХРЯЩЕВА́ТЫЙ[1], -ая, -ое; -а́т. Имеющий много хрящей[1]; с выступающими хрящами. *Хрящеватое мясо. Х. нос.* ‖ *сущ.* **хрящева́тость**, -и, *ж.*

ХРЯЩЕВА́ТЫЙ[2], -ая, -ое (устар. и обл.). Содержащий в себе хрящ[2]. *Х. песок.*

ХУДЕ́ТЬ, -е́ю, -е́ешь; *несов.* **1.** Становиться худощавым, худощаве. **2.** Сбрасывать свой лишний вес. *Полным людям надо х.* ‖ *сов.* **похуде́ть**, -е́ю, -е́ешь. ‖ *сущ.* **похуде́ние**, -я, *ср.*

ХУДИ́ТЬ, 1 л. не образ (худи́шь, 2 л. не употр.), худи́т; *несов., кого-что* (разг.). Создавать впечатление стройности, худобы. *Эта юбка её худит.*

ХУ́ДО[1], -а, *ср.* (устар. и разг.). Зло, неприятность. *Худа не пожелает кто-н. кому-н. Нет худа без добра* (посл. о том, что следствием плохого часто бывает что-н. хорошее).

ХУ́ДО[2] *см.* **худой**[2].

ХУДОБА́, -ы́, *ж.* Сухость тела, худощавость. *Болезненная х.*

ХУДО́ЖЕСТВЕННЫЙ, -ая, -ое; -вен, -венна. **1.** *см.* художество. **2.** *полн. ф.* Относящийся к искусству, к деятельности в области искусства. *Художественное училище. Х. руководитель театра. Художественная гимнастика. Художественная самодеятельность. Художественное конструирование* (дизайн). **3.** *полн. ф.* Изображающий действительность в образах. *Художественное произведение. Художественная литература. Х. фильм.* **4.** Отвечающий требованиям искусства, эстетического вкуса; эстетический, красивый. *Художественные изделия. Художественное выполнение чего-н. Х. вкус.* ✦ **Художественная часть** — концерт после собрания, лекции. ‖ *сущ.* **худо́жественность**, -и, *ж.* (к 4 знач.).

ХУДО́ЖЕСТВО, -а, *ср.* **1.** То же, что искусство (в 1 знач.) (устар.). *Науки и художества.* **2.** Изобразительное искусство (устар.). *Академия художеств.* **3.** *перен.*, обычно *мн.* Озорная, глупая выходка, плохой поступок (прост.). *Возьмись за ум: брось свои художества.* ‖ *прил.* **худо́жественный**, -ая, -ое (к 1 и 2 знач.). *Художественная выставка. Художественные краски, кисти.*

ХУДО́ЖНИК, -а, *м.* **1.** Человек, к-рый творчески работает в какой-н. области искусства. *Гениальный х. Х. слова.* (о писателе или артисте). *Х. по свету, по костюмам* (в театре). **2.** То же, что живописец. *Х.-баталист.* **3.** *перен.* Человек, к-рый выполняет что-н. с большим художественным вкусом, мастерством. *Х. своего дела.* ‖ *ж.* **худо́жница**, -ы (ко 2 и 3 знач.). ‖ *прил.* **худо́жнический**, -ая, -ое. *Х. дар.*

ХУДО́Й[1], -а́я, -о́е; худ, худа́, ху́до, худы́ *и* ху́ды; худе́е. Не толстый, не упитанный. *Худое тело, лицо. Худые руки.* ‖ *уменьш.* **ху́денький**, -ая, -ое.

ХУДО́Й[2], -а́я, -о́е; худ, худа́, ху́до, худы́ *и* ху́ды; ху́же; ху́дший (устар. и разг.). То же, что плохой (в 1 знач.). *Худые времена. Х. мир лучше доброй ссоры* (посл.). *Худо* (нареч.) *слышит. Не говоря худого слова* (о чём-н. плохом, нежелательном: ничего не сказав, без предупреждения, сразу. *Не говоря худого слова, полез в драку). На х. конец* (в худшем случае). *Больному худо* (в знач. сказ.). *Худого* (сущ.) *никому не сделал.* ✦ **Не худо бы** *частица*, обычно *с неопр.* — не мешало бы, не плохо бы. *Не худо бы отдохнуть. Не худо бы чайку.* **Худо-бедно** (разг.) — самое меньшее, никак не меньше. *Для перевозки нужно, худо-бедно, десять вагонов.* ‖ *сущ.* **ху́дость**, -и, *ж.* (устар.).

ХУДО́Й[3], -а́я, -о́е; худ, худа́, ху́до (разг.). Дырявый, прохудившийся. *Худые ботинки.*

ХУДОРО́ДНЫЙ, -ая, -ое; -ден, -дна (устар.). **1.** Бедного рода, незнатного происхождения (о дворянах). *Х. помещик.* **2.** То же, что неплодородный. *Худородная земля.* ‖ *сущ.* **худоро́дство**, -а, *ср.* (к 1 знач.) *и* **худоро́дность**, -и, *ж.* (ко 2 знач.).

ХУДОСО́ЧИЕ, -я, *ср.* Общее болезненное истощение организма.

ХУДОСО́ЧНЫЙ, -ая, -ое; -чен, -чна. Страдающий худосочием; очень худой[1]. *Худосочная фигура. Худосочные всходы* (перен.: слабые, хилые). ‖ *сущ.* **худосо́чность**, -и, *ж.*

ХУДОЩА́ВЫЙ, -ая, -ое; -а́в. Не толстый, худой[1]. *Х. юноша.* ‖ *сущ.* **худоща́вость**, -и, *ж.*

ХУДРУ́К, -а *и* -а́, *м.* Сокращение: художественный руководитель. *Х. театральной студии.* ‖ *прил.* **худру́ковский**, -ая, -ое (разг.).

ХУ́ДШИЙ, -ая, -ее. **1.** *см.* плохой *и* худой[2]. **2.** Самого низкого качества, свойства. *Худ-*

шие сорта винограда. ✦ **В худшем виде** — о чём-н. очень плохом.

ХУДЫ́ШКА, -и, *м. и ж.* (разг.). Худощавый человек (обычно о ребёнке).

ХУ́ЖЕ. 1. *см.* плохой *и* худой². **2.** *в знач. сказ., кому.* Об ухудшении состояния больного. *Больному сегодня х.* ✦ **Хуже всего,** *вводн. сл.* — выражает отрицательную оценку чего-н. *Он болен и, хуже всего, одинок.* **И того хуже (ещё того хуже)** (разг.) — совсем плохо, никуда не годится. **Чем хуже, тем лучше** — чем хуже обстоит дело, тем невозможнее продолжать, и, значит, тем скорее что-то изменится к лучшему.

ХУЛА́, -ы́, *ж.* (устар. и книжн.). Резкое осуждение, порочащие слова. *Изрыгать хулу на кого-н.*

ХУЛИГА́Н, -а, *м.* Человек, к-рый занимается хулиганством, грубо нарушает общественный порядок. ‖ *ж.* **хулига́нка,** -и. ‖ *прил.* **хулига́нский,** -ая, -ое.

ХУЛИГА́НИТЬ, -ню, -нишь; *несов.* (разг.). Заниматься хулиганством, грубо нарушать общественный порядок, безобразничать. ‖ *сов.* **нахулига́нить,** -ню, -нишь.

ХУЛИГА́ННИЧАТЬ, -аю, -аешь; *несов.* (прост.). То же, что хулиганить. ‖ *сов.* **нахулига́нничать,** -аю, -аешь.

ХУЛИГА́НСТВО, -а, *ср.* Поведение, обнаруживающее явное неуважение к обществу, к достоинству человека, грубое нарушение общественного порядка, бесчинство. *Осуждён за х.* ‖ *прил.* **хулига́нский,** -ая, -ое.

ХУЛИГА́НСТВУЮЩИЙ, -ая, -ее. Совершающий хулиганские поступки. *Хулиганствующие молодчики.*

ХУЛИГАНЬЁ, -я́, *ср., собир.* (разг.). Хулиганы.

ХУЛИ́ТЕЛЬ, -я, *м.* (устар. и книжн.). Тот, кто хулит кого-что-н. ‖ *ж.* **хули́тельница,** -ы.

ХУЛИ́ТЕЛЬНЫЙ, -ая, -ое; -лен, -льна (устар. и книжн.). Содержащий хулу. *Хулительные речи.*

ХУЛИ́ТЬ, -лю́, -ли́шь; -ленный (-ён, -ена́); *несов., кого-что* (устар. и книжн.). Порочить, осуждать, бранить. *Х. своих критиков.*

ХУ́НТА, -ы, *ж.* **1.** В Испании и странах Латинской Америки: название различных объединений, группировок, союзов, государственных органов. **2.** Военная реакционная террористическая группировка, захватившая власть и установившая террористическую диктатуру.

ХУРА́Л, -а, *м.* В Монголии: выборный орган верховной и местной власти.

ХУРМА́, -ы́, *ж.* Южное дерево сем. эбеновых с оранжево-красными сладкими плодами, а также сами плоды.

ХУ́ТОР, -а, *мн.* -а́, -о́в, *м.* **1.** Обособленный земельный участок с усадьбой владельца. *Выселиться на х.* **2.** В южных областях: крестьянский посёлок, селение. ‖ *уменьш.* **хуторо́к,** -рка́, *м.* (к 1 знач.). ‖ *прил.* **хуторско́й,** -а́я, -о́е.

ХУТОРЯ́НИН, -а, *мн.* -я́не, -я́н, *м.* Житель хутора; владелец хутора (в 1 знач.). ‖ *ж.* **хуторя́нка,** -и. ‖ *прил.* **хуторя́нский,** -ая, -ое.

ХЫ, *межд.* Выражает недоверие, насмешку.

Ц

ЦАП, *в знач. сказ.* (разг.). Цапнул. *Ц. его за руку. Ц. яблоко из рук.*

ЦА́ПАТЬ, -аю, -аешь; *несов., кого-что* (прост.). **1.** Хватать когтями; царапать. **2.** Быстро и грубо хватать. *Ц. из рук. Не твоё, не цапай!* ‖ *сов.* **сца́пать,** -аю, -аешь; -анный (ко 2 знач.). ‖ *однокр.* **ца́пнуть,** -ну, -нешь; -утый. ‖ *сущ.* **ца́панье,** -я, *ср.*

ЦА́ПАТЬСЯ, -аюсь, -аешься; *несов.* (прост.). **1.** Хвататься когтями; царапаться. **2.** *перен.* Ссориться, браниться. *Ц. из-за пустяков.* ‖ *сов.* **поца́паться,** -аюсь, -аешься (ко 2 знач.).

ЦА́ПКА, -и, *ж.* То же, что тяпка (во 2 знач.).

ЦА́ПЛЯ, -и. *род. мн.* -пель, *ж.* Большая болотная птица отряда голенастых с длинными шеей и клювом. *Как ц. кто-н.* (высок и худ).

ЦАП-ЦАРА́П, *в знач. сказ.* (разг. шутл.). Цапнул, схватил. *Кошка мышку цап-царап.*

ЦАРА́ПАТЬ, -аю, -аешь; -анный; *несов., кого-что.* **1.** Делать царапины. *Ц. руки. Перо царапает* (задевает за бумагу). **2.** Изображать царапинами. *Ц. буквы на стене. Ц. в тетрадке* (перен.: плохо писать). ‖ *сов.* **нацара́пать,** -аю, -аешь; -анный (ко 2 знач.), **оцара́пать,** -аю, -аешь; -анный (к 1 знач.) *и* **поцара́пать,** -аю, -аешь; -анный (к 1 знач.). ‖ *однокр.* **цара́пнуть,** -ну, -нешь (к 1 знач.). ‖ *сущ.* **цара́панье,** -я, *ср.*

ЦАРА́ПАТЬСЯ, -аюсь, -аешься; *несов.* **1.** Иметь повадку царапать. *Кошки царапаются.* **2.** Наносить царапины кому-н., друг другу. *Ц. ногтями.* **3.** Царапать, скрестись, ища доступа куда-н. *Мышь царапается под полом. Ц. в дверь.* ‖ *однокр.* **цара́пнуться,** -нусь, -нешься (ко 2 и 3 знач.).

ЦАРА́ПИНА, -ы, *ж.* **1.** Полоска, нацарапанная чем-н. острым. *Ц. на стекле. Ц. в душе, на сердце* (перен.: надолго запомнившаяся обида). **2.** Ранка на оцарапанной коже. *Руки в царапинах.* ‖ *уменьш.* **цара́пинка,** -и, *ж.*

ЦАРЕ́ВИЧ, -а, *м.* Сын царя.

ЦАРЕ́ВНА, -ы, *род. мн.* -вен, *ж.* Дочь царя.

ЦАРЕДВО́РЕЦ, -рца, *м.* (устар.). Высокопоставленное лицо при дворе царя, придворный. *Лукавый ц.* ‖ *прил.* **царедво́рческий,** -ая, -ое.

ЦАРЕУБИ́ЙСТВО, -а, *ср.* Убийство царя.

ЦАРЕУБИ́ЙЦА, -ы, *м. и ж.* Убийца царя.

ЦАРЁК, -рька́, *м.* **1.** Правитель маленького незначительного государства (ирон.). **2.** Тот, кто чувствует себя неограниченным хозяином, начальником (пренебр.).

ЦАРИ́ЗМ, -а, *м.* Царский режим, форма правления, при к-рой верховная власть принадлежит царю, монархия. ‖ *прил.* **цари́стский,** -ая, -ое.

ЦАРИ́ТЬ, -рю́, -ри́шь; *несов.* **1.** Быть царём, царствовать (стар.). **2.** *перен.* Первенствовать, превосходя всех в каком-н. отношении. *Ц. в обществе, в компании. Ц. над всеми.* **3.** (1 и 2 л. не употр.), *перен.* Существовать, господствовать (во 2 знач.). *В лесу царит тишина. В квартире царит беспорядок.*

ЦАРИ́ЦА, -ы, *ж.* **1.** *см.* царь. **2.** Жена царя. **3.** Самка-производительница у насекомых, живущих сообществами (у пчёл, шершней и др.). *Самка-ц.*

ЦА́РСКИЙ, -ая, -ое. **1.** *см.* царь. **2.** Относящийся к монархии во главе с царём. *Царская Россия. Ц. режим.* **3.** *перен.* Роскошный, богатый. *Ц. ужин. Ц. подарок.* ✦ **Царская водка** (спец.) — смесь соляной и азотной кислот, растворяющая золото, платину и нек-рые другие металлы, не растворимые в обычных кислотах. **Царские врата** — средние двери в церковном иконостасе, ведущие в алтарь.

ЦА́РСТВЕННЫЙ, -ая, -ое; -вен, -венна. Величественный и горделивый, величавый. *Царственная природа. Царственная осанка.* ‖ *сущ.* **ца́рственность,** -и, *ж.*

ЦА́РСТВИЕ, -я, *ср.*: **царствие небесное** (высок.) — то же, что царство небесное.

ЦА́РСТВО, -а, *ср.* **1.** Государство во главе с царём (устар. и спец.). **2.** Правление какого-н. царя, царствование. *Избрать на ц. кого-н. Венчаться на ц.* **3.** *перен., чего.* Та или иная область действительности, средоточие каких-н. явлений, предметов. *Ц. природы. Ц. льда.* **4.** Одна из четырёх высших сфер органического мира (спец.). *Ц. животных. Ц. растений. Ц. грибов. Ц. дробянок.* ✦ **Тёмное царство** — затхлая, отсталая среда. **Сонное царство** (разг. шутл.) — о многих спящих людях или долго и много спящих. **Царство небесное** — 1) в религиозных представлениях: местопребывание душ праведников после смерти, рай; 2) *кому,* говорится при добром упоминании об умершем (устар. и прост.). *Дедушка, царство ему небесное, детей любил.*

ЦА́РСТВОВАТЬ, -твую, -твуешь; *несов.* **1.** Быть царём (в 1 знач.). **2.** *перен.* То же, что царить (в 3 знач.) (высок.). *Царствует тишина.* ‖ *сущ.* **ца́рствование,** -я, *ср.* (к 1 знач.).

ЦАРЬ, -я́, *м.* **1.** Единовластный государь, монарх, а также официальный титул монарха; лицо, носящее этот титул. **2.** *перен., чего.* Тот, кто безраздельно обладает чем-н., властитель (устар. и книжн.). *Ц. своей судьбы. Ц. моей души.* **3.** *перен., кого-чего.* О том, кто (что) является первым, лучшим среди кого-чего-н. *Дуб — ц. лесов. Лев — ц. зверей.* **4. царь-.** В сочетании с другим существительным характеризует кого-что-н. как нечто выдающееся среди других подобных (устар. и разг.). *Ц.-колокол. Ц.-пушка. Ц.-рыба. Ц.-ягода. Ц.-танк* (огромный танк, построенный в России в 1916 г.). ✦ **При царе Горохе** (разг. шутл.) — очень давно. **Царь в голове** *у кого* или **с царём в голове** *кто* (устар.) — о том, кто умён, сообразителен. **Без царя в голове** *кто* (разг.) — о том, кто глуп, взбалмошен. **Царь и бог** *кто где* — о том, кто безраздельно господствует, царит (во 2 знач.), выше, важнее всех. **Лесной царь** — сказочное существо, владыка леса. ‖ *ж.* **цари́ца,** -ы (к 1, 2 и 3 знач.). *Ц. дум. Роза — ц. цветов. Ц. бала* (лучшая из танцующих на балу). ‖ *прил.* **ца́рский,** -ая, -ое (к 1 знач.).

ЦА́ЦА, -ы, *ж.* (разг. пренебр.). Человек, к-рый важничает, много воображает о себе. *Ц. какая выискалась! Подумаешь, важная ц.!*

ЦА́ЦКАТЬСЯ, -аюсь, -аешься; *несов., с кем-чем* (прост. неодобр.). То же, что нянчиться (во 2 знач.). *Хватит ц. с лодырем!*

ЦВЕСТИ́, цвету́, цветёшь; цвёл, цвела́; цве́тший; *несов.* **1.** (1 и 2 л. не употр.). Покрываться цветками, распускаться (о цветах). *Яблоня цветёт. Розы цветут. Луг цветёт.* **2.** *перен.* Находиться в поре расцвета. *Ц. красотой. Ц. здоровьем.* **3.** *перен.* Преуспевать, процветать (высок.). *Цветёт самобытное искусство.* **4.** (1 и 2 л. не употр.). Покрываться водорослями (о поверхности воды). *Пруд цветёт.* ‖ *сущ.* **цвете́ние,** -я, *ср.* (к 1 и 4 знач.). *Пора цветения.*

ЦВЕТ¹, -а, *мн.* -а́, -о́в, *м.* Один из видов красочного радужного свечения — от красного до фиолетового, а также их сочетаний или оттенков. *Все цвета радуги. Тёмный, светлый ц. Яркий, блёклый ц. Красный ц.* (цвет крови). *Зелёный ц.* (цвет травы). *Чёрный ц.* (цвет угля). *Белый ц.* (цвет снега). *Ц. кожи* (один из признаков расы). ✦ Защищать цвета *кого или чьи* — играть в команде какого-н. спортивного общества, объединения. *Защищать цвета своего клуба.* **В цвете** — о фото-, киноизображении: цветное, не чёрно-белое. ‖ *прил.* **цветово́й**, -а́я, -о́е. *Цветовая гамма. Цветовые ощущения. Ц. контраст.*

ЦВЕТ², -а (-у), *м.* **1.** также *собир.* (в знач. *ед.* прост.).То же, что цветок (в 1 и 2 знач.) (прост.). *Липовый ц. Яблоневый ц. Расцвести пышным цветом* (об обильном цветении; также перен.: сильно разрастись, развиться). *Как маков ц.* (очень румян). **2.** *перен., ед., чего.* Лучшая часть чего-н. (высок.). *Ц. нации. Ц. науки.* **3.** То же, что цветение (разг.). *Яблони в цвету* (в поре цветения). ✦ **В цвете** или **во цвете (лет, сил)** — в лучшую пору.

ЦВЕТА́СТЫЙ, -ая, -ое; -а́ст (разг.). С пестрым, ярким узором из цветов. *Ц. сарафан. Цветастая шаль.* ‖ *сущ.* **цвета́стость**, -и, *ж.*

ЦВЕ́ТЕНЬ, -тня, *м.* (устар. и прост.). То же, что пыльца.

ЦВЕ́ТИК, -а, *м.* (устар. и прост.). То же, что цветок (во 2 знач.). *Цветики степные. Ц. ты мой ясный* (ласковое обращение).

ЦВЕТИ́СТЫЙ, -ая, -ое; -и́ст. **1.** *полн. ф.* Покрытый цветами. *Ц. луг.* **2.** Разноцветный, узорный. *Ц. ковёр.* **3.** *перен.* Витиеватый, излишне украшенный. *Ц. слог. Цветисто* (нареч.) *выражаться.* ‖ *сущ.* **цвети́стость**, -и, *ж.* (ко 2 и 3 знач.).

ЦВЕТНИ́К, -а́, *м.* Место, где посажены цветы, клумба. *Разбить ц.* ‖ *прил.* **цветнико́вый**, -ая, -ое.

ЦВЕТНО́Й, -а́я, -о́е. **1.** Окрашенный, имеющий какой-н. цвет или цвета́ (кроме чёрного и белого). *Цветная обложка. Цветные металлы* (в отличие от чёрных — железа и его сплавов). *Ц. фильм, цветное телевидение* (не чёрно-белые). **2.** О людях: принадлежащий не к белой расе. *Цветное население.*

ЦВЕТО¹... *Первая часть сложных слов со знач.* относящийся к цвету¹, напр. *цветовоспроизведение, цветомузыка, цветоощущение, цветосочетание, цветофотографический.*

ЦВЕТО²... *Первая часть сложных слов со знач.:* 1) относящийся к цветку (в 1 знач.), цветкам, напр. *цветоед* (жук), *цветолистик, цветоложе, цветоножка;* 2) относящийся к цветам (во 2 знач.), напр. *цветовод, цветоводство.*

ЦВЕТОВО́Д, -а, *м.* Специалист по цветоводству; человек, выращивающий цветы.

ЦВЕТОВО́ДСТВО, -а, *ср.* **1.** Разведение цветов (во 2 знач.) как отрасль растениеводства; занятие цветовода. *Комнатное ц.* **2.** Предприятие, занимающееся выращиванием цветов. *Купить цветы в цветоводстве.* ‖ *прил.* **цветово́дческий**, -ая, -ое.

ЦВЕТО́К, -тка́, *мн.* цветки́, -о́в и цветы́, -о́в, *м.* **1.** (*мн.* цветки́, -о́в). Орган размножения растений с венчиком из лепестков вокруг пестика и тычинок. *сидячий ц.* (без цветоножки; спец.). *Женский ц.* (только с пестиком или пестиками; спец.). *Мужской ц.* (только с тычинками; спец.). *Ц. яблони. Ц. мака.* **2.** (*мн.* цветы́, -о́в). Травянистое растение, в пору цветения имеющее яркую, часто ароматную, распускающуюся из бутона головку или соцветие. *Тепличные, комнатные цветы.* **3.** (*мн.* цветы́, -о́в). Яркая, часто ароматная головка или соцветие на стебле такого растения. *Срезать, рвать цветы. Букет цветов. Живые, искусственные цветы. Ваза с цветами.* ✦ **Цветы красноречия** (ирон.) — о высокой риторике. *Рассыпать перед слушателями цветы красноречия.* ‖ *уменьш.* **цвето́чек**, -чка, *м.* (*ко 2 и 3 знач.*). *Это ещё цветочки, а ягодки будут впереди* (посл. о чём-н. плохом: это ещё ничего, дальше будет гораздо хуже). ‖ *прил.* **цвето́чный**, -ая, -ое (ко 2 и 3 знач.) и **цветко́вый**, -ая, -ое (к 1 знач. спец.). *Цветочный наряд города. Цветочный горшок. Цветочный магазин. Цветочный мёд. Цветочный орнамент* (с узорами из цветов). *Цветковые растения.*

ЦВЕТОМУ́ЗЫКА, -и, *ж.* Исполнение музыкального произведения в сопровождении динамического цветового освещения, светомузыка. *Концерт цветомузыки.* ‖ *прил.* **цветомузыка́льный**, -ая, -ое.

ЦВЕТОНО́ЖКА, -и, *ж.* (спец.). Часть стебля, на к-рой расположен цветок.

ЦВЕТОНО́СНЫЙ, -ая, -ое; -сен, -сна (спец.). Дающий цветки. *Цветоносные растения.*

ЦВЕТО́ЧЕК, -чка, *м.* **1.** *см.* цветок. **2.** обычно *мн.* Изображение мелких цветков на ткани, узоре. *Ситец цветочками (в цветочек).*

ЦВЕТО́ЧНИЦА, -ы, *ж.* **1.** Продавщица цветов. **2.** Ящик для цветов. *Цветы в цветочнице.* ‖ *м.* **цвето́чник**, -а (к 1 знач.).

ЦВЕТУ́ЩИЙ, -ая, -ее. **1.** *полн. ф.* Такой, к-рый цветёт, имеет цветы. *Цветущие растения.* **2.** *перен.* Находящийся в расцвете. *Цветущее здоровье. Ц. юноша. Цветущая страна.*

ЦЕ́ВКА, -и, *ж.* (спец.). **1.** Деталь машины — цилиндрический стержень, часть колеса в зубчатой передаче. **2.** Желобчатая кость между пальцами и голенью у птиц, а также надкопытная кость у лошади. ‖ *прил.* **це́вочный**, -ая, -ое.

ЦЕВНИ́ЦА, -ы, *ж.* Народный духовой музыкальный инструмент в виде нескольких соединённых свирелей.

ЦЕВЬЁ, -я́, *ср.* (спец.). **1.** Верхняя часть ружейного ложа, на к-рой укрепляется ствол с механизмом. **2.** Стержень, стержневая часть чего-н. *Ц. якоря.*

ЦЕДИ́ЛКА, -и, *ж.* (разг.). Предмет утвари для процеживания жидкости. *Ц. для молока. Процедить отвар через (сквозь цедилку).*

ЦЕДИ́ТЬ, цежу́, це́дишь; це́женный; *несов., что.* **1.** Пропускать (жидкость) через сито, тонкую ткань, очищая от каких-н. частиц. *Ц. отвар через марлю.* **2.** Лить через узкое отверстие. *Ц. вино в кувшин.* **3.** Медленно пить, тянуть. *Ц. пиво из кружки. Ц. коктейль через соломинку.* **4.** *перен.* Медленно и небрежно произносить, говорить (разг.). *Ц. слова сквозь зубы.* ‖ *сущ.* **цеже́ние**, -я, *ср.* ‖ *прил.* **цеди́льный**, -ая, -ое (к 1 знач.).

ЦЕДИ́ТЬСЯ (цежу́сь, це́дишься, 1 и 2 л. не употр.), це́дится; *несов.* **1.** Литься через сито, тонкую ткань, очищаясь от каких-н. частиц. **2.** Литься через узкое отверстие. *Вода цедится из крана.* ‖ *сущ.* **цеже́ние**, -я, *ср.*

ЦЕ́ДРА, -ы, *ж.* Верхний слой корки цитруса, а также такая высушенная и размельчённая корка, употр. как пряность. *Апельсинная, лимонная ц.* ‖ *прил.* **це́дровый**, -ая, -ое.

ЦЕЖЁНЫЙ, -ая, -ое (разг.). Процеженный, пропущенный через цедилку. *Ц. квас.*

ЦЕЗУ́РА, -ы, *ж.* В стихосложении: пауза, делящая строку на части; в музыкальном исполнении: очень короткая пауза между двумя фразами или завершёнными разделами. ‖ *прил.* **цезу́рный**, -ая, -ое.

ЦЕЙТНО́Т, -а, *м.* **1.** В шахматах, шашках: положение, когда игроку не хватает времени, отведённого для обдумывания ходов. *Быть в цейтноте.* **2.** *перен.* Острый недостаток времени (разг.). *Постоянный ц.* ‖ *прил.* **цейтно́тный**, -ая, -ое (к 1 знач.).

ЦЕЙХГА́УЗ [*ейха́*], -а, *м.* (устар.). Воинский склад для хранения обмундирования, снаряжения, вооружения и продовольствия. ‖ *прил.* **цейхга́узный**, -ая, -ое.

ЦЕЛЕ́БНЫЙ, -ая, -ое; -бен, -бна. Полезный, способствующий излечению, сохранению здоровья. *Ц. источник. Целебное средство. Целебные грязи. Ц. воздух. Целебная трава.* ‖ *сущ.* **целе́бность**, -и, *ж.*

ЦЕЛЕВО́Й, -а́я, -о́е. **1.** *см.* цель. **2.** Имеющий определённое назначение (спец.). *Ц. аванс. Целевая аспирантура* (подготовка аспирантов для определённого учреждения, вуза).

ЦЕЛЕНАПРА́ВЛЕННЫЙ, -ая, -ое; -ен, -енна. Имеющий чётко поставленную цель. *Целенаправленные действия.* ‖ *сущ.* **целенапра́вленность**, -и, *ж.*

ЦЕЛЕСООБРА́ЗНЫЙ, -ая, -ое; -зен, -зна. Соответствующий поставленной цели, вполне разумный, практически полезный. *Целесообразное решение. Ц. поступок.* ‖ *сущ.* **целесообра́зность**, -и, *ж.*

ЦЕЛЕУСТРЕМЛЁННЫЙ, -ая, -ое; -ён, -ённа. Имеющий ясную и определённую цель, стремящийся к её достижению. *Ц. труд. Ц. исследователь.* ‖ *сущ.* **целеустремлённость**, -и, *ж.*

ЦЕЛИКО́М, *нареч.* **1.** В целом виде. *Зажарить тушку ц.* **2.** Без ограничений, полностью. *Ц. отдаться делу.* ✦ **Целиком и полностью** (разг.) — совершенно, без всяких ограничений или без всяких оговорок. *Целиком и полностью предан делу. Целиком и полностью согласен.*

ЦЕЛИНА́, -ы́, *ж.* **1.** Никогда не паханная, а также много лет не подвергавшаяся обработке земля. *Пахать, поднимать целину.* **2.** Такие земли в Казахстане, на Урале, в Сибири, Поволжье, в 1954—1960 гг. освоенные для земледелия. *Освоение целины. Поехать на целину* (чтобы осваивать такие земли). *Герои целины* (первоцелинники). **3.** Место, пространство, по к-рому никто не ходил и не ездил. *Снежная ц.* ‖ *прил.* **цели́нный**, -ая, -ое (к 1 и 2 знач.). *Целинные земли.*

ЦЕЛИ́ННИК, -а, *м.* Человек, к-рый освоил или осваивает целину (во 2 знач.). ‖ *ж.* **цели́нница**, -ы.

ЦЕЛИ́ТЕЛЬ, -я, *м.* (книжн.). То же, что исцелитель. *Ц. недугов.* ‖ *ж.* **цели́тельница**, -ы. ‖ *прил.* **цели́тельский**, -ая, -ое.

ЦЕЛИ́ТЕЛЬНЫЙ, -ая, -ое; -лен, -льна (книжн.). То же, что целебный. *Ц. воздух.* ‖ *сущ.* **цели́тельность**, -и, *ж.*

ЦЕ́ЛИТЬ, -лю, -лишь; *несов.* **1.** То же, что целиться. *Целил в ворону, а попал в корову* (посл. о том, кто сделал что-н. совершенно неуместное, нецелесообразное и смешное). **2.** *перен., в кого* (мн.) *(что)* или *куда.* Стремиться занять какое-н. место, метить² (во 2 знач.) (разг.). *Ц. в начальники.* ‖ *сов.* **наце́лить**, -лю, -лишь; -ленный (к 1 знач.). ‖ *сущ.* **це́ление**, -я, *ср.* (к 1 знач.; спец.).

ЦЕЛИ́ТЬ, -лю́, -ли́шь; -лённый (-ён, -ена́) (устар.). То же, что исцелять.

ЦЕ́ЛИТЬСЯ, -люсь, -лишься; *несов.* **1.** Метясь, направить оружие на кого-что-н. *Ц. в мишень. Ц. в лоб.* **2.** *с неопр.* Настраиваться, готовиться сделать что-н. (разг.). *Ц. получить что-н. Ц. на выгодное местечко.* ‖ *сов.* **наце́литься**, -люсь, -лишься. ‖ *сущ.* **це́ление**, -я, *ср.* (к 1 знач.; спец.).

ЦЕЛКО́ВЫЙ, -ого, *м.* (устар. и прост.). То же, что рубль. ‖ *уменьш.* **целко́вик**, -а, *м.* (устар.).

ЦЕЛЛОФА́Н, -а, *м.* Прозрачная плёнка из вискозы, употр. как упаковочный материал, а также в полиграфии и нек-рых других производствах. ‖ *прил.* **целлофа́новый**, -ая, -ое.

ЦЕЛЛУЛО́ИД, -а, *м.* Прозрачная пластмасса из целлюлозы. ‖ *прил.* **целлуло́идный**, -ая, -ое *и* **целлуло́идовый**, -ая, -ое.

ЦЕЛЛЮЛО́ЗА, -ы, *ж.* То же, что клетчатка (в 1 знач.). ‖ *прил.* **целлюло́зный**, -ая, -ое.

ЦЕЛОВА́ЛЬНИК, -а, *м.* **1.** В России 15—18 вв.: должностное лицо, занимающееся сбором податей и нек-рыми судебно-полицейскими делами. **2.** Продавец в питейном заведении, кабаке (устар.). ‖ *прил.* **целова́льничий**, -ья, -ье.

ЦЕЛОВА́ТЬ, -лу́ю, -лу́ешь; -о́ванный; *несов., кого-что.* Прикасаться губами к кому-чему-н. в знак любви, дружбы, преданности или благоговения. *Ц. ребёнка. Ц. в губы. Ц. руку у женщины* (в знак почтительности). ‖ *сов.* **поцелова́ть**, -лу́ю, -лу́ешь; -о́ванный. ‖ *сущ.* **целова́ние**, -я, *ср. Крестное ц.* (клятва с целованием креста; высок.).

ЦЕЛОВА́ТЬСЯ, -лу́юсь, -лу́ешься; *несов.* **1.** Целовать друг друга. *Жених целуется с невестой. Ц. при встрече.* **2.** Целовать кого-н. в лицо (разг.). *Лезет ц. кто-н.* (неодобр.). ‖ *сов.* **поцелова́ться**, -лу́юсь, -лу́ешься (к 1 знач.). ‖ *сущ.* **целова́ние**, -я, *ср.*

ЦЕЛОМУ́ДРЕННЫЙ, -ая, -ое; -рен, -ренна. Обладающий целомудрием, исполненный целомудрия. *Ц. юноша.* ‖ *сущ.* **целому́дренность**, -и, *ж.*

ЦЕЛОМУ́ДРИЕ, -я, *ср.* **1.** То же, что девственность (по 1 знач. прил. девственный). **2.** *перен.* Строгая нравственность, чистота.

ЦЕ́ЛОСТНОСТЬ, -и, *ж.* **1.** *см.* целостный. **2.** Нераздельность, единство. *Территориальная ц. государства.*

ЦЕ́ЛОСТНЫЙ, -ая, -ое; -тен, -тна (книжн.). Обладающий внутренним единством. *Целостная теория.* ‖ *сущ.* **це́лостность**, -и, *ж.*

ЦЕ́ЛЫЙ, -ая, -ое; цел, цела́, це́ло. **1.** *полн. ф.* Весь без изъятия, полный. *Трудиться по целым дням. Выпил ц. стакан.* **2.** *полн. ф.* Значительный, большой. *Ц. ворох бумаг. Ц. ряд вопросов. Вышла целая история.* **3.** Невредимый, без изъяна, ущерба. *Остался цел* (уцелел, выжил). *Все вещи целы. Цел и невредим.* **4. це́лое**, -ого, *ср.* Нечто единое, нераздельное. *Стройное целое. Единое целое.* ✦ **Целое число или целое** — число, состоящее из единиц (в 1 знач.) (не содержащее дроби). **В целом** — во всей совокупности, целиком. *Рассмотреть проблему в целом.* ‖ *сущ.* **це́лость**, -и, *ж.* (к 3 знач.). *Сохранить что-н. в целости. В целости и сохранности кто-что-н.* (цел и невредим; разг.).

ЦЕЛЬ, -и, *ж.* **1.** Место, в к-рое надо попасть при стрельбе или метании. *Попасть в ц.* (также перен.: сказать или сделать что-н. точно, верно, именно так, как надо). *Самолёты вышли на ц. Воздушная ц. Движущаяся ц. Бить в ц.* или *мимо цели* (также перен.: поступать, говорить точно, верно, именно так, как надо или, напротив, не так, как нужно, без пользы). **2.** Предмет стремления, то, что надо, желательно осуществить. *Его ц. — учиться. Ставить себе что-н. целью. Благородная ц. Достичь цели. Иметь целью что-н. Ц. оправдывает средства* (афоризм).✦ **В целях** *чего, предлог с род. п.* — имея целью, задачей что-н., для чего-н. *Эксперимент в целях проверки.* **В целях** *каких* — для выполнения каких-н. дел, задач. *В каких-то важных целях собрали всех учеников.* **С целью** *чего, предлог с род. п.* — для чего-н., в целях чего-н. *Визит с целью переговоров. Пришёл с целью поговорить.* **С той целью чтобы**, *союз* — для того чтобы, затем чтобы. *Явился раньше всех, с той целью чтобы первым узнать подробности.* ‖ *прил.* **целево́й**, -а́я, -о́е. *Целевая установка работы.*

ЦЕЛЬНО... *Первая часть сложных слов со знач.:* 1) цельный (в 1 знач.), с цельными, напр. *цельногнутый, цельнокованый, цельнокорпусный, цельнометаллический, цельнотканый, цельноголовые* (подкласс хрящевых рыб, у к-рых верхняя челюсть слита с черепом); 2) цельный (во 2 знач.), из цельного, напр. *цельномолочный.*

ЦЕЛЬНОКРО́ЕНЫЙ, -ая, -ое и **ЦЕЛЬНОКРО́ЙНЫЙ**, -ая, -ое. Выкроенный вместе с другой частью одежды. *Ц. воротник* (выкроенный вместе с бортами). *Ц. рукав* (выкроенный вместе с верхней частью одежды).

ЦЕЛЬНОМЕТАЛЛИ́ЧЕСКИЙ, -ая, -ое. Сделанный целиком из металла. *Ц. вагон.*

ЦЕ́ЛЬНЫЙ, -ая, -ое; -лен, -льна́, -льно. **1.** *полн. ф.* Состоящий из одного вещества, из одного куска, сплошной. *Пьедестал из цельного гранита.* **2.** *полн. ф.* Не разбавленный, не снятой. *Цельное молоко.* **3.** *перен.* То же, что целостный. *Ц. характер.* **4.** *полн. ф.* То же, что целый (в 1 и 2 знач.) (прост. и обл.). ‖ *сущ.* **це́льность**, -и, *ж.* (к 1 и 3 знач.).

ЦЕМЕ́НТ, -а (-у), *м.* Порошкообразный вяжущий материал, входящий в состав бетона, железобетона и строительных растворов. ‖ *прил.* **цеме́нтный**, -ая, -ое.

ЦЕМЕНТА́ЦИЯ, -и, *ж.* **1.** *см.* цементировать. **2.** Насыщение поверхностных слоёв стали или железа углеродом для создания твёрдого поверхностного слоя (спец.). **3.** Геологический процесс сцепления составных частей горных пород растворёнными минеральными веществами (спец.). ‖ *прил.* **цементацио́нный**, -ая, -ое.

ЦЕМЕНТИ́РОВАТЬ, -рую, -руешь; -анный; *сов.* и *несов.* **1.** *что.* Заполнить (-нять) (скважины, трещины) цементом для закрепления. **2.** *перен., кого-что.* Объединить (-нять), сплотить (-лачивать) (высок.). ‖ *сов.* также **зацементи́ровать**, -рую, -руешь; -анный (к 1 знач.) *и* **сцементи́ровать**, -рую, -руешь; -анный (ко 2 знач.). ‖ *сущ.* **цементи́рование**, -я, *ср. и* **цемента́ция**, -и, *ж.* (к 1 знач.).

ЦЕНА́, -ы́, *вин.* це́ну, *мн.* це́ны, цен, це́нам, *ж.* **1.** Денежное выражение стоимости товара. *Образование цен. Рост, снижение, колебание цен. Мировые цены.* **2.** Денежное возмещение за товар, услуги, плата. *Назначить цену. Ц. за проезд. Набить цену* (поднять, повысить; разг.). *Сойтись в цене* (условиться о цене, сторговаться; разг.). **3.** *перен.* То, чем окупается, возмещается что-н. (книжн.). *Любой ценой добиться чего-н.* (большими усилиями, идя на жертвы). *Ц. потерь* (то, во что обходятся потери). *Ц. предательства* (то, чем оборачивается предательство для кого-н.). **4.** *перен.* Роль, значение чего-н. *Знать цену времени. Его обещания потеряли всякую цену. Ц. любви, дружбы.* **5. ценой (-о́ю)** *чего, в знач. предлога с род. п.* Посредством чего-н., каким-н. способом. *Добиться ценой больших усилий. Спастись ценой измены.* ✦ **В цене** (разг.) — высоко ценится, очень дорог. *Кружева нынче в цене.* **Знать себе цену** (разг.) — высоко себя ценить. **Набить себе цену** (разг. неодобр.) — возвысить себя во мнении других. **Цены нет** *кому-чему* — очень ценен, очень хорош. ‖ *прил.* **ценово́й**, -а́я, -о́е (к 1 знач.; спец) *и* **це́нностный**, -ая, -ое (к 1 знач.; спец.). *Ценовая политика. Ценовые скидки.*

ЦЕНЗ, -а, *м.* (спец.). **1.** Условия, допускающие человека к пользованию теми или иными политическими правами. *Возрастной ц. Образовательный ц. Избирательный ц.* (ограничивающий право человека избирать или быть избранным). *Ц. оседлости* (установленный законом срок проживания, необходимый для приобретения каких-н. прав). **2.** В англоязычных странах: периодическая перепись. ‖ *прил.* **це́нзовый**, -ая, -ое.

ЦЕ́НЗОР, -а, *м.* Лицо, осуществляющее цензуру. ‖ *прил.* **це́нзорский**, -ая, -ое.

ЦЕНЗУ́РА, -ы, *ж.* Система государственного надзора за печатью и средствами массовой информации. *Военная ц.* (в годы войны также за частной перепиской). *Дозволено цензурой* (разрешено цензором к печати, к постановке; устар.). ‖ *прил.* **цензу́рный**, -ая, -ое.

ЦЕНЗУ́РНЫЙ, -ая, -ое; -рен, -рна. **1.** *см.* цензура. **2.** Пристойный, допустимый (о словах, речи). *Вполне цензурное выражение.* ‖ *сущ.* **цензу́рность**, -и, *ж.*

ЦЕНЗУРОВА́ТЬ, -ру́ю, -ру́ешь; -о́ванный; *сов.* и *несов., что.* Подвергнуть (-гать) цензуре.

ЦЕНИ́ТЕЛЬ, -я, *м.* Человек, к-рый умеет ценить (во 2 знач.) что-н., знаток. *Ц. живописи, балета.* ‖ *ж.* **цени́тельница**, -ы. ‖ *прил.* **цени́тельский**, -ая, -ое.

ЦЕНИ́ТЬ, ценю́, це́нишь; ценённый (-ён, -ена́); *несов., кого-что.* **1.** Назначать цену кому-чему-н. (разг.). *Дорого ц. вещь.* **2.** Признавать то или иное значение, ценность кого-чего-н. *Ц. дружбу. Высоко ц. хорошего работника.*

ЦЕНИ́ТЬСЯ (ценю́сь, це́нишься, 1 и 2 л. не употр.), це́нится; *несов.* **1.** Иметь ту или иную цену (в 1 знач.). *Предметы старины дорого ценятся.* **2.** *перен.* Иметь признание, высокую оценку. *Редкие специальности высоко ценятся.*

ЦЕ́ННИК, -а, *м.* (спец.). Справочник цен на товары или указатель цены.

ЦЕ́ННОСТНЫЙ *см.* цена *и* ценность.

ЦЕ́ННОСТЬ, -и, *ж.* **1.** *см.* ценный. **2.** Цена (в 1 знач.), стоимость. *Картина большой ценности.* **3.** *чего.* Важность, значение. *В чём ц. этого предложения? Большая ц. работы.* **4.** обычно *мн.* Ценный предмет, явление. *Хранение ценностей. Культурные ценности. Духовные ценности. Материальные ценности* (всё то, что имеет денежную цену). ‖ *прил.* **це́нностный**, -ая, -ое (ко 2 знач.; спец.).

ЦЕ́ННЫЙ, -ая, -ое; це́нен, ценна́ *и* це́нна, це́нно. **1.** Имеющий большую цену (в 1 знач.), дорогой. *Ценная вещь.* **2.** *перен.* С большими достоинствами, важный, нужный. *Ценное открытие. Ценное исследование. Ц. специалист. Ценное предложение.* **3.** *полн. ф.* С обозначенной стоимостью, ценой (в 1 знач.). *Ценное почтовое отправление* (бандероль, посылка). ✦ **Ценные бумаги** (спец.) — денежные и товарные документы: акции, облигации, купоны, чеки, векселя и нек-рые другие. *Ценные бумаги именные, ордерные, предъявительские.* ‖ *сущ.* **це́нность**, -и, *ж.* (к 3 знач.; спец.).

ЦЕНООБРАЗОВА́НИЕ, -я, *ср.* (спец.). Процесс формирования цен (в 1 знач.) и система цен в целом. *Реформа ценообразования.*

ЦЕНТ, -а, *м.* Мелкая монета в США и некрых других странах, равная одной сотой денежной единицы. ‖ *прил.* **це́нтовый,** -ая, -ое.

ЦЕ́НТНЕР, -а, *м.* Мера массы, равная 100 кг. ‖ *прил.* **це́нтнеровый,** -ая, -ое.

ЦЕНТР, -а, *м.* **1.** Точка в геометрической фигуре, теле, обладающая каким-н. только ей присущим свойством и обычно получаемая пересечением линий, осей, плоскостей. *Ц. окружности. Ц. тяжести* (точка, через к-рую проходит равнодействующая сил тяжести, действующих на данное тело; спец.; также перен.: самое главное, основное, суть). **2.** Срединная и главная часть чего-н, ядро. *Ц. региона, страны, города, села. Ц. мироздания. Ц. концепции, аргументации.* **3.** Центральная часть города, большого населённого пункта. *Жить в центре. Квартира в центре. Отправиться в ц. за покупками. Трамвайная линия от нового района до центра.* **4.** Место сосредоточения чего-н.; важный пункт чего-н. *Ц. научной мысли.* **5.** Город с административными, промышленными и другими учреждениями. *Промышленные центры страны. Областной, районный ц. Административный ц. области.* **6.** Высший руководящий орган или органы. *Директивы центра.* **7.** Группа нервных клеток, регулирующих какую-н. функцию организма (спец.). *Двигательные центры. Дыхательный ц.* **8.** Главенствующее, ведущее учреждение какой-н. отрасли. *Кардиологический ц. Онкологический ц. Телевизионный ц. Ц. подготовки космонавтов. Ц. управления полётом.* ✦ **Быть в центре внимания** — сосредоточивать на себе всеобщее внимание, интерес. **Центр нападения** — в командных играх: центральный игрок нападения. ‖ *прил.* **центрово́й,** -а́я, -о́е (к 1 знач.). *Центровая точка.*

ЦЕНТРА́Л, -а, *м.* В старой России: центральная тюрьма.

ЦЕНТРАЛИ́ЗМ, -а, *м.* Система управления, руководства, при к-рой местные учреждения, органы подчинены вышестоящим, в свою очередь управляемым, руководимым из единого центра. ‖ *прил.* **централи́стский,** -ая, -ое.

ЦЕНТРАЛИЗОВА́ТЬ, -зу́ю, -зу́ешь; -о́ванный; *сов.* и *несов., что.* Сосредоточить (-чивать) что-н. в одном центре, подчинить (-нять) одному центру (в 3 и 5 знач.). *Ц. работу.* ‖ *сущ.* **централиза́ция,** -и, *ж.*

ЦЕНТРА́ЛКА, -и, *ж.* (разг.). Охотничье ружьё центрального боя, заряжаемое с казённой части.

ЦЕНТРА́ЛЬНЫЙ, -ая, -ое; -лен, -льна. **1.** *полн. ф.* Находящийся, расположенный в центре чего-н., срединный. *Центральные улицы города. Ц. нападающий* (в командных играх: центральный игрок нападения). *Центральное отопление* (с источником тепла, общим для нескольких помещений). **2.** *полн. ф.* Главный, руководящий, непосредственно связанный с центром (в 5 и 7 знач.). *Ц. комитет. Ц. банк. Центральные газеты. Центральное телевидение.* **3.** Основной, самый существенный. *Центральная мысль книги.* ‖ *сущ.* **центра́льность,** -и, *ж.* (к 3 знач.).

ЦЕНТРИ́РОВАТЬ, -рую, -руешь; -анный; *сов.* и *несов., что* (спец.). Определить (-лять), установить (-навливать) центр, центральную точку чего-н. ‖ *сущ.* **центри́рование,** -я, *ср.*

ЦЕНТРИФУ́ГА, -и, *ж.* **1.** Аппарат для механического разделения смеси на составные части под действием центробежной силы. **2.** Устройство, создающее перегрузки под действием центробежной силы (для испытания аппаратуры, тренировки лётчиков, космонавтов). ‖ *прил.* **центрифуга́льный,** -ая, -ое.

ЦЕНТРОБЕ́ЖНЫЙ, -ая, -ое. Направляющийся в движении от центра к периферии. *Центробежные силы. Центробежное движение* (также перен.).

ЦЕНТРОВА́ТЬ, -ру́ю, -ру́ешь; -о́ванный; *сов.* и *несов., что* (спец.). **1.** Сделать (делать) отверстие в центре чего-н. **2.** То же, что центрировать. ‖ *сущ.* **центро́вка,** -и, *ж.* ‖ *прил.* **центрова́льный,** -ая, -ое и **центро́вочный,** -ая, -ое.

ЦЕНТРОВО́Й, -а́я, -о́е. **1.** *см.* центр. **2.** Находящийся в центре чего-н., в середине. *Ц. круг футбольного поля. Центровой* (сущ.) *в баскетбольной команде.*

ЦЕНТРОСТРЕМИ́ТЕЛЬНЫЙ, -ая, -ое. Направляющийся в движении от периферии к центру. *Центростремительная сила. Центростремительное движение* (также перен.).

ЦЕП, -а́, *м.* Ручное орудие для молотьбы. ‖ *прил.* **цепно́й,** -а́я, -о́е.

ЦЕПЕНЕ́ТЬ, -е́ю, -е́ешь; *несов.* Становиться неподвижным, замирать под влиянием какого-н. сильного чувства. *Кролик цепенеет перед удавом. Ц. от страха.* ‖ *сов.* **оцепене́ть,** -е́ю, -е́ешь. ‖ *сущ.* **оцепене́ние,** -я, *ср. Впасть в о.*

ЦЕ́ПКА, -и, *ж.* (прост.). То же, что цепочка (в 1 знач.).

ЦЕ́ПКИЙ, -ая, -ое; -пок, -пка́ и -пка, -пко. **1.** Крепко хватающий, цепляющийся. *Цепкая обезьяна. Цепкие когти. Ц. взгляд* (перен.). **2.** *перен.* Очень упорный, не отступающий от чего-н. намеченного (разг.). *Ц. характер. Ц. ум.* ‖ *сущ.* **це́пкость,** -и, *ж.*

ЦЕПКОХВО́СТЫЕ, -ых, *ед.* -ое, -ого, *ср.* (спец.). Семейство широконосых обезьян, цепляющихся хвостом. *Семейство цепкохвостых.*

ЦЕПЛЯ́ТЬ, -я́ю, -я́ешь; *несов., что* (разг.). То же, что зацеплять (в 1 и 2 знач.). *Ц. крючком. Ц. на крючок. Ц. пальцами за струны.*

ЦЕПЛЯ́ТЬСЯ, -я́юсь, -я́ешься; *несов.* **1.** *за кого-что.* То же, что зацепляться. *Ц. за сучья. Ц. за шею матери.* **2.** *перен., за что.* Стремиться воспользоваться чем-н. или сохранить что-н. (разг.). *Ц. за какую-н. мысль. Враг цепляется за удобные рубежи.* **3.** *перен., к кому-чему.* Приставать, придираться (прост.). *Ц. из-за каждого пустяка. К каждому слову цепляешься.* **4.** (1 и 2 л. не употр.). Будучи вызванным чем-н., связанным с чем-н., появляться следом, обычно одно за другим (разг.). *Одна неприятность цепляется за другую. Мысли цепляются друг за друга.* ‖ *прил.* **цепля́тельный,** -ая, -ое (к 1 знач.; спец.). *Ц. рефлекс обезьян.*

ЦЕПНО́Й[1], -а́я, -о́е. **1.** *см.* цепь. **2.** На цепях, с цепями. *Ц. экскаватор. Цепная передача. Ц. мост.* **3.** Привязанный на цепи. *Ц. пёс* (также перен.: чей-н. злой прислужник; презр.). **4.** О процессе, движении: такой, в к-ром отдельные следующие друг за другом моменты, этапы вызываются один другим. *Цепная реакция. Ц. рефлекс.*

ЦЕПНО́Й[2] *см.* цеп.

ЦЕПО́ЧКА, -и, *ж.* **1.** Маленькая тонкая цепь (в 1 знач.), а также вообще изделие, имеющее вид цепи. *Золотая ц. Ц. для часов. Дверная ц.* (запор, позволяющий слегка приоткрыть дверь). **2.** Ряд, вереница людей, предметов. *Растянуться в цепочку. Идти цепочкой. Передать что-н. по цепочке* (от одного к другому). *Ц. следов.* ‖ *прил.* **цепо́чечный,** -ая, -ое (к 1 знач.).

ЦЕПЬ, -и, о це́пи, в (на) цепи́, с це́пи и с цепи́, *мн.* -и, -е́й, *ж.* **1.** Ряд металлических (или других крепких) звеньев, продетых одно в другое. *Якорная ц. Собака на цепи. Посадить на́ цепь* или *на це́пь. Как с цепи сорвался кто-н.* (о шумном, буйном поведении, а также, неодобр., о действиях очень рассерженного человека, потерявшего самообладание; разг.). *Цепи рабства* (перен.). **2.** *перен., чего.* Сплошной ряд, совокупность чего-н. *Ц. событий. Ц. огней.* **3.** Ряд гор. *Горные цепи.* **4.** Линия (боевой порядок) стрелков, расположенных на некром расстоянии друг от друга. *Стрелковая ц. Рассыпаться в ц. Передать по цепи.* **5.** Последовательное соединение элементов, при к-ром последний элемент присоединяется к первому (спец.). *Замкнутая магнитная ц.* ✦ **Электрическая цепь** (спец.) — совокупность устройств, предназначенных для прохождения в них электрического тока. **Ёлочная цепь** — бумажное ёлочное украшение в виде цепочки. ‖ *прил.* **цепно́й,** -а́я, -о́е (к 1, 4 и 5 знач.). *Цепное устройство. Цепная схема.*

ЦЕ́РБЕР, -а, *м.* (книжн.). Злой, свирепый надсмотрщик, страж [*первонач.* в древнегреческой мифологии: трёхголовый пёс, стерегущий двери ада].

ЦЕРЕМОНИА́Л, -а, *м.* (офиц.). Распорядок церемонии (в 1 знач.), ритуал (во 2 знач.). *Воинские церемониалы.* ‖ *прил.* **церемониа́льный,** -ая, -ое. *Ц. марш.*

ЦЕРЕМОНИЙМЕ́ЙСТЕР, -а, *м.* Распорядитель церемоний (в 1 знач.), устроитель церемониала. *Придворный ц. Ц. на балу.* ‖ *прил.* **церемониймейстерский,** -ая, -ое.

ЦЕРЕМО́НИТЬСЯ, -нюсь, -нишься; *несов.* (разг.). **1.** Быть церемонным (во 2 знач.), стесняться. *Прошу не ц.* **2.** *с кем-чем.* Проявлять излишнюю мягкость, стеснение. *Нечего ц. с негодяем.* ‖ *сов.* **поцеремо́ниться,** -нюсь, -нишься (ко 2 знач.).

ЦЕРЕМО́НИЯ, -и, *ж.* **1.** Установленный торжественный обряд, порядок совершения чего-н. *Ц. приёма посла. Ц. принятия присяги. Свадебная ц.* **2.** *перен.,* обычно *мн.* Принуждённость, стеснение в поступках, обращении (разг.). *К чему эти церемонии? Прошу без церемоний.* ‖ *прил.* **церемониа́льный,** -ая, -ое (к 1 знач.).

ЦЕРЕМО́ННЫЙ, -ая, -ое; -о́нен, -о́нна. **1.** Торжественный и чопорный. *Ц. поклон.* **2.** Склонный к церемониям (во 2 знач.), жеманный. *Ц. человек.* ‖ *сущ.* **церемо́нность,** -и, *ж.*

ЦЕРКО́ВНИК, -а, *м.* В христианской церкви: священнослужитель или церковнослужитель.

ЦЕРКОВНО... и **ЦЕРКО́ВНО-...** *Первая часть сложных слов со знач.* относящийся к церкви, напр. *церковно-богослужебный, церковно-догматический, церковно-книжный, церковнослужитель, церковно-схоластический.*

ЦЕРКОВНОПРИХО́ДСКИЙ, -ая, -ое. В царской России: состоящий в ве́дении церкви и приходского духовенства. *Церковноприходская должность. Церковноприходская школа* (начальная школа при церковном приходе).

ЦЕРКОВНОСЛАВЯ́НСКИЙ, -ая, -ое. Относящийся к богослужебной письменности южных и восточных славян. *Ц. язык.*

ЦЕРКОВНОСЛУЖИ́ТЕЛЬ, -я, *м.* Лицо, занимающее низшую церковную должность (архиерейский служка, пономарь, псаломщик). ‖ *прил.* **церко́внослужительский**, -ая, -ое.

ЦЕ́РКОВЬ, -кви, *мн.* -и, -е́й, -а́м, *ж.* **1.** Объединение последователей той или иной религии, организация, ведающая религиозной жизнью и соответствующим культом; религиозная община. *Православная ц. Католическая ц. Протестантские церкви* (напр. лютеранская, англиканская). **2.** Православный храм. *Каменная ц. Ц. с колокольней. Ходить в ц.* ✦ **Соборная церковь** — то же, что церковный собор. ‖ *уменьш.* **це́рковка**, -и, *ж.* (ко 2 знач.), **церко́вка**, -и, *ж.* (ко 2 знач.) *и* **церкву́шка**, -и, *ж.* (ко 2 знач.). ‖ *прил.* **церко́вный**, -ая, -ое. *Церковная литература. Церковная музыка. Церковная служба. Ц. брак. Церковные праздники. Церковные действа* (обряды русской православной церкви). *Церковная паперть.* ✦ **Церковный собор** — съезд высшего духовенства христианской церкви для решения вопросов вероучения, церковного управления.

ЦЕСАРЕ́ВИЧ, -а, *м.* Титул наследника престола, а также лицо, имеющее этот титул.

ЦЕСАРЕ́ВНА, -ы, *ж.* Жена цесаревича или дочь царя [до 1797 г. титул наследницы престола].

ЦЕСА́РКА, -и, *ж.* Птица отряда куриных.

ЦЕХ, -а, в це́хе *и* в цеху́, *мн.* це́хи, -ов *и* цеха́, -о́в, *м.* **1.** Отделение завода, фабрики, занятое какой-н. частью производственного процесса. *Литейный ц. Наборный ц. Ц.-автомат. Ц. здоровья* (перен.: об оздоровительных учреждениях при предприятиях). **2.** (це́хи, -ов). В Западной Европе в эпоху феодализма: сословная организация ремесленников одной профессии. *Ц. кожевенников. Ц. столяров. Поэтический ц.* (перен.: о поэтах; высок.). ‖ *прил.* **цехово́й**, -а́я, -о́е.

ЦЕХОВЩИ́НА, -ы, *ж.* (неодобр.). Замкнутость в пределах своей профессии, профессиональная узость.

ЦЕЦЕ́, *нескл.*, *ж.* Африканская живородящая кровососущая муха — переносчик сонной и нек-рых других болезней.

ЦИА́Н, -а, *м.* Бесцветный ядовитый газ с запахом горького миндаля, соединение углерода с азотом. ‖ *прил.* **циа́новый**, -ая, -ое *и* **циа́нистый**, -ая, -ое. *Циановая кислота. Цианистый калий.*

ЦИ́БИК, -а, *м.* (устар.). Ящик с чаем весом до 2 пудов, а также вообще упаковка, пачка чая определённого веса. *Чай в цибиках.*

ЦИВИЛИЗА́ТОР, -а, *м.* (преимущ. ирон.). Тот, кто насаждает цивилизацию (во 2 знач.). ‖ *прил.* **цивилиза́торский**, -ая, -ое. *Цивилизаторская миссия.*

ЦИВИЛИЗА́ЦИЯ, -и, *ж.* **1.** Определённая ступень развития общества, его материальной и духовной культуры. *Античная ц. Современная ц. Исчезнувшие цивилизации.* **2.** *ед.* Современная мировая культура (в 1 знач.). **3.** Мыслимая как реальность совокупность живых существ со своей материальной и духовной культурой. *Внеземные цивилизации.*

ЦИВИЛИЗО́ВАННЫЙ, -ая, -ое; -ан. Являющийся носителем цивилизации (во 2 знач.). ‖ *сущ.* **цивилизо́ванность**, -и, *ж.*

ЦИВИЛИЗОВА́ТЬ, -зу́ю, -зу́ешь; -о́ванный; *сов. и несов., кого-что.* Сделать (делать) цивилизованным.

ЦИВИ́ЛЬНЫЙ, -ая, -ое (устар.). Штатский, гражданский. *Цивильная одежда.*

ЦИГА́РКА, -и, *ж.* (разг.). Свёрнутая из бумаги трубочка с табаком, самодельная папироса. *Скрутить цигарку.* ‖ *прил.* **цига́рочный**, -ая, -ое.

ЦИГЕ́ЙКА, -и, *ж.* Стриженый и крашеный мех овцы (первонач. козы). *Воротник из цигейки.* ‖ *прил.* **цигейковый**, -ая, -ое.

ЦИДУ́ЛЬКА, -и и **ЦИДУ́ЛКА**, -и, *ж.* (разг. шутл.). Письмецо, бумажка, на к-рой что-н. записано.

ЦИКА́ДА, -ы, *ж.* Прыгающее насекомое с прозрачными крыльями, издающее характерный стрекот. ‖ *прил.* **цика́дный**, -ая, -ое *и* **цика́довый**, -ая, -ое. *Цикадный стрекот. Подотряд цикадовых* (сущ.).

ЦИКЛ, -а, *м.* **1.** Совокупность явлений, процессов, составляющая кругооборот в течение определённого промежутка времени. *Годовой ц. вращения Земли. Производственный ц.* **2.** Тот или иной круг наук. *Исторический ц.* **3.** Законченный ряд каких-н. произведений, чего-н. излагаемого, исполняемого. *Ц. стихотворений. Ц. лекций.* ✦ **Нулевой цикл** — подготовительные работы на строящемся объекте; прокладка сооружений подземной части строящегося здания. ‖ *прил.* **циклово́й**, -а́я, -о́е (ко 2 и 3 знач.) *и* **цикли́ческий**, -ая, -ое (к 1 знач.).

ЦИКЛАМЕ́Н, -а, *м.* Декоративное, а также дикорастущее растение с клубнем и ярко окрашенными цветками, альпийская фиалка.

ЦИКЛЕВА́ТЬ, -лю́ю, -лю́ешь; -лёванный; *несов., что.* Выравнивать, обрабатывать (деревянную поверхность) циклей или специальным механизмом. *Ц. паркет.* ‖ *сов.* **отциклева́ть**, -лю́ю, -лю́ешь; -лёванный. ‖ *сущ.* **циклёвка**, -и, *ж. и* **циклева́ние**, -я, *ср.* ‖ *прил.* **циклева́льный**, -ая, -ое *и* **циклёвочный**, -ая, -ое.

ЦИКЛЁВЩИК, -а, *м.* Рабочий, занимающийся циклёвкой.

ЦИКЛИЗА́ЦИЯ, -и, *ж.* (книжн.). Объединение в цикл. *Ц. русских былин.*

ЦИКЛИ́ЧЕСКИЙ, -ая, -ое. **1.** *см.* цикл. **2.** То же, что цикличный.

ЦИКЛИ́ЧНЫЙ, -ая, -ое; -чен, -чна. Совершающийся циклами (в 1 знач.). *Цикличное развитие.* ‖ *сущ.* **цикли́чность**, -и, *ж.* *Ц. производственного процесса*

ЦИКЛО́Н, -а, *м.* Вихревое движение воздуха, возникающее между тёплым и холодным воздушными течениями; область движения такого вихря, характеризующаяся обильными осадками, сильным ветром. *Движется ц. Тропический ц.* (с ветром ураганной силы). ‖ *прил.* **цикло́нный**, -ая, -ое, **циклона́льный**, -ая, -ое *и* **циклони́ческий**, -ая, -ое. *Циклонный ветер. Циклоническая деятельность* (возникновение циклонов и антициклонов).

ЦИКЛО́П, -а, *м.* В древнегреческой мифологии: мощный и злой великан с одним глазом во лбу.

ЦИКЛОПИ́ЧЕСКИЙ, -ая, -ое (книжн.). О древних сооружениях: огромный, исполинский.

ЦИКЛОТРО́Н, -а, *м.* (спец.). Ускоритель протонов (или ионов). ‖ *прил.* **циклотро́нный**, -ая, -ое.

ЦИ́КЛЯ, -и, *ж.* Ручной инструмент для выравнивания, зачистки деревянных изделий — стальная пластинка, заделанная в деревянную ручку.

ЦИКО́РИЙ, -я (-ю), *м.* Травянистое растение сем. сложноцветных, сушёный корень к-рого употр. как добавка к натуральному кофе. ‖ *прил.* **цико́рный**, -ая, -ое.

ЦИКУ́ТА, -ы, *ж.* Ядовитое растение сем. зонтичных, растущее у воды.

ЦИЛИ́НДР, -а, *м.* **1.** Геометрическое тело, образованное вращением прямоугольника вокруг одной из его сторон. **2.** Колонновидный предмет, напр. часть поршневой машины. **3.** Высокая твёрдая шляпа такой формы с небольшими полями. *Чёрный ц.* ‖ *прил.* **цилиндри́ческий**, -ая, -ое (к 1 знач.) *и* **цили́ндровый**, -ая, -ое (ко 2 знач.; спец.).

ЦИМБАЛИ́СТ, -а, *м.* Музыкант, играющий на цимбалах. ‖ *ж.* **цимбали́стка**, -и.

ЦИМБА́ЛЫ, -а́л. Музыкальный инструмент в виде ящика со струнами, по к-рым ударяют деревянными молоточками. ‖ *прил.* **цимба́льный**, -ая, -ое.

ЦИНГА́, -и́, *ж.* Болезнь, вызываемая недостатком витаминов и проявляющаяся в разрыхлении и кровоточивости слизистой оболочки дёсен, в мышечно-сосудистых болях, слабости. ‖ *прил.* **цинго́тный**, -ая, -ое.

ЦИНИ́ЗМ, -а, *м.* Пренебрежение к нормам общественной морали, нравственности, наглость, бесстыдство.

ЦИ́НИК, -а, *м.* Циничный человек.

ЦИНИ́ЧЕСКИЙ, -ая, -ое. То же, что циничный.

ЦИНИ́ЧНЫЙ, -ая, -ое; -чен, -чна. Полный цинизма, бесстыдный. *Циничное поведение. Ц. жест. Ц. ответ.* ‖ *сущ.* **цини́чность**, -и, *ж.*

ЦИНК, -а, *м.* Химический элемент, ковкий металл синевато-белого цвета. ‖ *прил.* **ци́нковый**, -ая, -ое.

ЦИНКОГРА́ФИЯ, -и, *ж.* Способ изготовления фотомеханическим путём цинковых клише. ‖ *прил.* **цинкографи́ческий**, -ая, -ое.

ЦИНО́ВКА, -и, *ж.* Плотное плетёное изделие из соломы, камыша для подстилки на пол, для упаковки. *Тростниковая ц.* ‖ *прил.* **цино́вочный**, -ая, -ое.

ЦИРК, -а, *м.* **1.** Вид искусства, объединяющий выступления акробатов, гимнастов, клоунов, эквилибристов, дрессировщиков, фокусников, музыкальных эксцентриков. *Традиции русского цирка.* **2.** Зрелищное предприятие, помещение, где даются представления с участием таких артистов. *На арене цирка.Передвижной ц. Пойти в ц.* **3.** *перен.* Смешное событие, комическая ситуация, сценка, кино (в 4 знач.) (прост.). ‖ *прил.* **цирково́й**, -а́я, -о́е (к 1 и 2 знач.). *Цирковое искусство. Ц. артист.*

ЦИРКА́Ч, -а́, *м.* (разг.). Цирковой артист. ‖ *ж.* **цирка́чка**, -и. ‖ *прил.* **цирка́ческий**, -ая, -ое.

ЦИРКА́ЧЕСТВО, -а, *ср.* (разг.). Увлечение трюками и другими цирковыми приёмами в артистическом исполнении, а также (перен.; неодобр.) вообще пристрастие к внешним эффектным приёмам. ‖ *прил.* **цирка́ческий**, -ая, -ое.

ЦИРКОРА́МА, -ы, *ж.* Кино с панорамным экраном, окружающим весь зрительный зал. ‖ *прил.* **циркора́мный**, -ая, -ое. *Ц. фильм.*

ЦИРКУЛИ́РОВАТЬ (-рую, -руешь, 1 и 2 л. ед. не употр.), -рует; *несов.* (книжн.). **1.** (1 и 2 л. не употр.). Совершать круговорот, а также вообще совершать постоянное и последовательное движение в каких-н. направлениях. *Кровь циркулирует по сосудам. Циркулируют слухи.* **2.** *перен.* Ходить, двигаться взад и вперёд. *Циркулируют поезда.* ‖ *сущ.* **циркуля́ция**, -и, *ж.* (к 1 знач.). ‖ *прил.* **циркуляцио́нный**, -ая, -ое (к 1 знач.).

ЦИ́РКУЛЬ, -я, *м.* Инструмент для вычерчивания окружностей, дуг, измерения и переноса размеров на чертежи. ‖ *прил.* **ци́ркульный**, -ая, -ое.

ЦИ́РКУЛЬНЫЙ, -ая, -ое. **1.** *см.* циркуль. **2.** Имеющий форму окружности или части окружности (спец.). *Ц. зал. Циркульная пила* (круглая, дисковая).

ЦИРКУЛЯ́Р, -а, *м.* (офиц.). Директивное распоряжение подведомственным учреждениям. ‖ *прил.* **циркуля́рный**, -ая, -ое. *Циркулярное распоряжение. В циркулярном порядке.*

ЦИРКУЛЯ́РНЫЙ[1], -ая, -ое (спец.). Имеющий форму, вид диска, окружности. *Циркулярная пила* (то же, что циркульная пила). *Ц. душ.*

ЦИРКУЛЯ́РНЫЙ[2] *см.* циркуляр.

ЦИРЮ́ЛЬНИК, -а, *м.* (устар.). Парикмахер, владеющий также элементарными приёмами врачевания. ‖ *прил.* **цирю́льничий**, -ья, -ье.

ЦИРЮ́ЛЬНЯ, -и, *род. мн.* -лен, *ж.* **1.** Заведение, где работает цирюльник (стар.). **2.** То же, что парикмахерская (устар.).

ЦИСТЕ́РНА, -ы, *ж.* Большой резервуар, ёмкость, а также вагон или автомобиль с таким резервуаром для хранения и перевозки жидкостей. *Нефтяная ц.*

ЦИТАДЕ́ЛЬ [*дэ́*], -и, *ж.* **1.** В старину: крепость[1], а также её внутренняя, наиболее укреплённая часть. **2.** *перен., чего.* Оплот, опора (высок.).

ЦИТА́ТА, -ы, *ж.* Точная дословная выдержка из какого-н. текста, высказывания. *Цитаты из классиков. Выписать, привести цитату.* ‖ *прил.* **цита́тный**, -ая, -ое.

ЦИТВА́РНЫЙ, -ая, -ое: 1) **цитварная полынь** — вид полыни, из семян к-рой изготовляется лекарство против глистов; 2) **цитварное семя** — высушенные соцветия такого растения.

ЦИТИ́РОВАТЬ, -рую, -руешь; -анный; *несов., кого-что.* Приводить цитату, цитаты. *Ц. классиков.* ‖ *сов.* **процити́ровать**, -рую, -руешь; -анный. ‖ *сущ.* **цити́рование**, -я, *ср.* и **цита́ция**, -и, *ж.* (книжн.).

ЦИТОЛО́ГИЯ, -и, *ж.* Наука о клетке[2], её строении и функциях. ‖ *прил.* **цитологи́ческий**, -ая, -ое.

ЦИ́ТРА, -ы, *ж.* Небольшой щипковый музыкальный инструмент, обычно в виде фигурного ящика со струнами.

ЦИ́ТРУСОВЫЙ, -ая, -ое. **1.** *см.* цитрусы. **2.** **ци́трусовые**, -ых. То же, что цитрусы. *Плантации цитрусовых.*

ЦИ́ТРУСЫ, -ов, *ед.* -ус, -а, *м.* Вечнозелёные плодовые растения, к к-рым относятся лимон, апельсин, мандарин, грейпфрут, померанец и нек-рые другие. *Кавказские ц.* ‖ *прил.* **ци́трусовый**, -ая, -ое. *Цитрусовые культуры.*

ЦИФЕРБЛА́Т, -а, *м.* Пластинка с делениями, по к-рым движется стрелка в часах, измерительных приборах; вообще пластинка с показателями измерительных приборов. ‖ *прил.* **циферблá́тный**, -ая, -ое. *Циферблатные весы.*

ЦИФИ́РЬ, -и, *ж.* **1.** Счёт, счисление; арифметика (стар.). **2.** *собир.* То же, что цифры (устар. и ирон.). ‖ *прил.* **цифи́рный**, -ая, -ое.

ЦИ́ФРА, -ы, *ж.* **1.** Знак, обозначающий число. *Арабские цифры* (1, 2, 3 и т. д.). *Римские цифры* (I, II, III и т. д.). **2.** обычно *мн.* Показатель, расчёт чего-н., выраженный в числах. *Получилась солидная ц. Контрольные цифры. С цифрами в руках доказать что-н.* ‖ *прил.* **цифрово́й**, -а́я, -о́е.

ЦО́КАТЬ[1], -аю, -аешь; *несов.* Издавать отрывистые резкие звуки. *Подковы цокают о камень. Ц. языком* (звонко прищёлкивать). ‖ *однокр.* **цо́кнуть**, -ну, -нешь. ‖ *сущ.* **цо́канье**, -я, *ср. Ц. копыт.*

ЦО́КАТЬ[2], -аю, -аешь; *несов.* Говорить, не различая в произношении «ц» и «ч», всегда произнося на их месте звук «ц». *Цокающие русские северные говоры.* ‖ *сущ.* **цо́канье**, -я, *ср.*

ЦО́КОЛЬ, -я, *м.* **1.** Лежащая на фундаменте нижняя утолщённая часть стены, сооружения, колонны, памятника. *Гранитный ц.* **2.** Металлическая часть электрической лампы, служащая для ввинчивания в патрон (спец.). ‖ *прил.* **цо́кольный**, -ая, -ое. *Ц. этаж* (с помещениями, пол к-рых расположен ниже уровня тротуара).

ЦО́КОТ, -а, *м.* Цокающие[1] звуки, удары. *Ц. копыт.*

ЦОКОТА́ТЬ, -очу́, -о́чешь; *несов.* Издавать цокот.

ЦУГ, -а, *м.* Запряжка (лошадей, быков) гуськом или парами одна за другой. *Шестёрка запряжена цугом.* ‖ *прил.* **цугово́й**, -а́я, -о́е.

ЦУКА́Т, -а, *м.* Сваренный в сахарном сиропе и подсушенный плод или часть его (чаще цитрусовый или его корка). *Апельсиновые, арбузные цукаты. Кулич с цукатами.* ‖ *прил.* **цука́тный**, -ая, -ое.

ЦУНА́МИ. **1.** *нескл., ср.* Гигантская разрушительная океаническая волна, возникающая в результате подводного землетрясения или извержения подводных или островных вулканов. *Предупреждение о ц.* **2.** *неизм.* О гигантской волне: возникший в результате такого землетрясения или извержения. *Волны-ц. Ц.-станция* (изучающая и регистрирующая появление таких волн). *Ц.-служба.*

ЦУ́ЦИК, -а, *м.* (прост. ласк.). То же, что щенок. *Дрожит, как ц. кто-н.* (очень сильно).

ЦЫГА́НЕ, -а́н и (устар. и прост.) **ЦЫГА́НЫ**, -о́в, *ед.* -а́н, -а, *м.* Народ индийского происхождения, живущий преимущ. кочевыми и полукочевыми этническими группами в разных странах мира. *Ездить к цыганам* (т. е. к оседлым цыганам, занимающимся приёмом гостей с пением, пляской, хоровыми выступлениями). ‖ *ж.* **цыга́нка**, -и; *уменьш.* **цыга́ночка**, -и. ‖ *прил.* **цыга́нский**, -ая, -ое.

ЦЫГА́НОЧКА, -и, *ж.* **1.** *см.* цыгане. **2.** Русская народная пляска, а также музыка в ритме этой пляски.

ЦЫГА́НСКИЙ, -ая, -ое. **1.** *см.* цыгане. **2.** Относящийся к цыганам, к их языку, национальному характеру, образу жизни, культуре, а также к территории их проживания и кочевания, истории; такой, как у цыган. *Ц. язык* (индийской группы индоевропейской семьи языков). *Ц. табор. Ц. быт* (также перен.: неустроенный). *Ц. театр* (с репертуаром из циганской жизни). *Ц. романс* (русский романс, исполняемый в повышенной эмоциональной манере, с надрывными интонациями). *Цыганское лицо* (также перен.: смуглое, с тёмными глазами). *Цыганская натура* (также перен.: неспокойная, склонная к непостоянству). *По-цыгански* (нареч.).

ЦЫ́КАТЬ, -аю, -аешь; *несов.* **1.** *на кого (что).* Прикрикивать с угрозой. **2.** Издавать приглушённый свистящий звук. *Ц. языком. Цыкают пули.* ‖ *однокр.* **цы́кнуть**, -ну, -нешь. ‖ *сущ.* **цы́канье**, -я, *ср.*

ЦЫ́ПКА, -и, *ж.* (прост. и обл.). Курица или цыплёнок. ‖ *уменьш.* **цы́почка**, -и, *ж.*

ЦЫ́ПКИ, -пок (разг.). Мелкие трещинки на коже рук, ног, лица, появляющиеся при обветривании. *Босые ноги в цыпках.*

ЦЫПЛЁНОК, -нка, *мн.* -ля́та, -ля́т, *м.* Птенец курицы (а также цесарки, индейки и нек-рых других птиц из отряда куриных). *Цыплят по осени считают* (посл. о том, что лишь конец дела покажет, можно ли было, начиная, рассчитывать на удачу). ‖ *прил.* **цыпля́чий**, -ья, -ье. *Цыплячья внешность* (перен.: жалкая, тщедушная; разг.).

ЦЫ́ПОЧКА, -и, *ж.* (разг.). **1.** *см.* цыпка. **2.** Ласково о женщине, девочке (обычно в обращении). *Ц. ты моя!*

ЦЫ́ПОЧКИ: **на цыпочках (ходить) или на цыпочки (встать)** — на кончиках (или на кончики) пальцев ног. *На цыпочках ходить перед кем-н.* (также перен.: заискивать, всячески угождать; разг. неодобр.).

ЦЫ́П-ЦЫ́П, *межд.* Возглас, к-рым подзывают кур.

ЦЫЦ, *межд.* (прост.). Окрик, выражающий запрет, приказание прекратить что-н. или замолчать. *Ц., ты!*

Ч

ЧАБА́Н, -а́, *м.* Пастух, преимущ. пасущий овец. ‖ *прил.* **чаба́нский**, -ая, -ое.

ЧА́ВКАТЬ, -аю, -аешь; *несов.* **1.** Производить губами и языком громкие, причмокивающие звуки во время еды. **2.** То же, что чмокать (во 2 знач.). *Ч. сапогами по грязи.* ‖ *однокр.* **ча́вкнуть**, -ну, -нешь. ‖ *сущ.* **ча́вканье**, -я, *ср.*

ЧАВЫ́ЧА, -и, *мн.* -и, -ы́ч и **ЧАВЫЧА́**, -и́, *мн.* -и́, -е́й, *ж.* Дальневосточная рыба сем. лососей. ‖ *прил.* **чавычо́вый**, -ая, -ое.

ЧА́ГА, -и, *ж.* Чёрный гриб в виде нароста на стволе берёзы. ‖ *прил.* **ча́говый**, -ая, -ое.

ЧАД, -а (-у), о ча́де, в чаду́, *м.* **1.** Удушливый дым от недогоревшего угля, от горящего жира. *Кухонный ч. Угореть от чада.* **2.** *перен.* О чём-н. одурманивающем, затемняющем сознание (книжн.). *В чаду страстей.* ‖ *прил.* **ча́дный**, -ая, -ое (к 1 знач.).

ЧАДИ́ТЬ, чажу́, чади́шь; *несов.* Испускать чад (в 1 знач.). *Ч. головешкой. Печь чадит. Из кухни чадит* (безл.). ‖ *сов.* **начади́ть**, -ажу́, -ади́шь.

ЧА́ДНЫЙ, -ая, -ое; -ден, -дна. **1.** *см.* чад. **2.** Испускающий чад, чадящий. *Ч. огонь.* **3.** *перен.* Затемнённый, одурманенный (о сознании). ‖ *сущ.* **ча́дность**, -и, *ж.* (ко 2 знач.).

ЧА́ДО, -а, *ср.* (устар. и ирон.). Дитя, ребёнок. *Явился со всеми чадами и домочадцами. Великовозрастное ч.* ‖ *уменьш.* **ча́душко**, -а, *ср.*

ЧАДОЛЮБИ́ВЫЙ, -ая, -ое; -и́в (устар. и ирон.). Любящий своих детей. *Ч. папаша.* ‖ *сущ.* **чадолю́бие**, -я, *ср.*

ЧАДРА́, -ы́, *ж.* У мусульман: лёгкое покрывало, закрывающее голову и лицо женщины и спускающееся по плечам вниз (до ног).

ЧАЕ... *Первая часть сложных слов со знач.:* 1) относящийся к чаю[1] (в 1 знач.), напр. *чаевод, чаеводство, чаепроизводящий;* 2) относящийся к чаю[1] (во 2 знач.), напр. *чаедробилка, чаепрессовочный, чаеразвесочный, чаесушилка, чаеторговля, чаеборочный;* 3) относящийся к чаю[1] (в 3 знач.), напр. *чаепитие.*

ЧАЕВО́Д, -а, *м.* Специалист по чаеводству.

ЧАЕВО́ДСТВО, -а, *ср.* Разведение чая как отрасль растениеводства. ‖ *прил.* **чаево́дческий**, -ая, -ое.

ЧАЕВЫ´Е, -ы́х (разг.). Деньги, даваемые за мелкие услуги сверх полагающихся, на чай.

ЧАЕПИ´ТИЕ, -я, *ср.* Питьё чая. *Вечернее ч.*

ЧАЁВНИК, -а, *м.* (разг.). Любитель пить чай. ‖ *ж.* **чаёвница**, -ы.

ЧАЁВНИЧАТЬ, -аю, -аешь; *несов.* (разг.). Проводить время за чаепитием.

ЧАИ´НКА, -и, *ж.* Кусочек высушенного чайного листка.

ЧАЙ[1], -я (-ю), *мн.* (при обозначении сортов) чаи́, чаёв, *м.* **1.** Культивируемое вечнозелёное растение, высушенные и особо обработанные листья к-рого при заварке дают ароматный тонизирующий напиток. *Плантации чая. Сбор чая.* **2.** Высушенные, измельчённые и специально обработанные листья такого растения. *Китайский, индийский, грузинский, русский ч. Байховый* (рассыпной) и *прессованный ч. Чёрный, зелёный ч. Заварить ч.* **3.** Напиток, настоянный на таких листьях. *Крепкий, жидкий ч. Стакан чаю. Пригласить на чашку чая* (в гости). *Ч. пить — не дрова рубить* (посл.). **4.** Настой из заваренных сушёных листьев или плодов какого-н. растения, ягод. *Липовый ч.* (настой на цветках липы). *Малиновый ч.* (настой на сушёной малине). *Морковный ч. Брусничный ч.* **5.** То же, что чаепитие. *Вечерний ч. За чаем. Позвать к чаю.* ✦ **На чай** (давать, брать) (разг.) — о чаевых. **Чай да сахар!** (прост.) — приветствие пьющим чай. **Чаи гонять** (прост.) — распивать чай не торопясь, с удовольствием. ‖ *уменьш.* **чаёк**, чайку, *м.* (ко 2, 3, 4 и 5 знач.). ‖ *прил.* **ча́йный**, -ая, -ое. *Ч. лист. Семейство чайных* (сущ.).

ЧАЙ[2] (прост.). **1.** *частица.* Ведь, всё-таки. *Ч. мы с тобой не чужие.* **2.** *вводн. сл.* По-видимому, вероятно. *Ты, ч., его знаешь?*

ЧА´ЙКА, -и, *ж.* Живущая по берегам морей, рек, озёр птица с короткими ногами, длинными крыльями и густым оперением. *Морская ч. Белая ч.* ‖ *прил.* **ча́ячий**, -ья, -ье *и* **ча́йковый**, -ая, -ое. *Чаячьи яйца. Семейство чайковых* (сущ.).

ЧА´ЙНАЯ, -ой, *ж.* Род столовой, где подаётся горячий чай, закуски. *Колхозная ч.*

ЧАЙНВО´РД, -а, *м.* Игра-задача, в к-рой расположенные цепью клеточки заполняются словами таким образом, что последняя буква одного слова начинает собой следующее. ‖ *прил.* **чайнво́рдный**, -ая, -ое.

ЧА´ЙНИК, -а, *м.* **1.** Сосуд с ручкой и носиком для кипячения воды или для заварки чая. *Электрический ч. Эмалированный ч. Фарфоровый ч.* **2.** О неумелом, малоопытном человеке, плохо знающем своё дело, а также вообще о глупом, неумном человеке (прост.). ‖ *уменьш.* **ча́йничек**, -чка, *м.* (к 1 знач.). ‖ *прил.* **ча́йниковый**, -ая, -ое (к 1 знач.).

ЧА´ЙНИЦА, -ы, *ж.* Сосуд, коробочка для сухого рассыпного чая. *Серебряная, фарфоровая ч.*

ЧА´ЙНИЧАТЬ, -аю, -аешь; *несов.* (прост.). То же, что чаёвничать.

ЧА´ЙНЫЙ[1], -ая, -ое: **чайная роза** — сорт розы.

ЧА´ЙНЫЙ[2], -ая, -ое. **1.** *см.* чай. **2.** Предназначенный для чаепития, для питья чая. *Ч. сервиз. Чайная посуда. Чайная ложка. Чайное полотенце* (для вытирания чайной посуды).

ЧАЙХАНА´, -ы́, *ж.* В Средней Азии: чайная. ‖ *прил.* **чайха́нный**, -ая, -ое.

ЧАЛ[1], -а, *м.* Напиток из верблюжьего молока.

ЧАЛ[2] *см.* чалка.

ЧА´ЛИТЬ, -лю, -лишь; -ленный; *несов., что.* Притягивая, закреплять чалкой. *Ч. баржу. Ч. паро́м к пристани.*

ЧА´ЛКА, -и, *ж.* и (обл.) **ЧАЛ**[2], -а, *м.* Причальный канат, трос для речного судна, лодки.

ЧАЛМА´, -ы́, *ж.* У мусульман: мужской головной убор — длинный кусок ткани, туго обёртываемый вокруг головы, другого головного убора.

ЧА´ЛЫЙ, -ая, -ое. О масти животного: с белыми вкраплениями в шерсти основной окраски (обычно серой), а также (о лошади) светлый с чёрными гривой и хвостом или чёрный со светлыми гривой и хвостом.

ЧАН, -а, в ча́не *и* в чану́, *мн.* -ы́, -о́в *и* -ы, -ов, *м.* Большая деревянная или металлическая кадка, а также (спец.) железобетонный или кирпичный резервуар прямоугольной формы. *Зольный ч.* ‖ *прил.* **чаново́й**, -а́я, -о́е.

ЧА´ПАТЬ, -аю, -аешь; *несов.* (прост.). То же, что топать (во 2 знач.).

ЧА´ПЕЛЬНИК, -а, *м.* То же, что сковородник.

ЧАПЛИНИА´НА, -ы, *ж.* Серия произведений искусства, исследований, посвящённых Чарли Чаплину.

ЧАПЫ´ЖНИК, -а, *м.* (обл.). Частый кустарник.

ЧА´РА, -ы, *ж.* (стар.). То же, что чарка. *Ч. зелена вина* (в народной словесности).

ЧАРДА´Ш, -а и **ЧА´РДАШ**, -а, *м.* Венгерский народный танец со сменой медленных и стремительных движений, а также музыка в ритме этого танца.

ЧА´РКА, -и, *ж.* Небольшой сосуд для питья вина. *Серебряная ч.* ‖ *уменьш.* **ча́рочка**, -и, *ж.* ‖ *прил.* **ча́рочный**, -ая, -ое.

ЧАРЛЬСТО´Н, -а, *м.* Быстрый парный танец, а также музыка в ритме этого танца.

ЧАРОВА´ТЬ, -ру́ю, -ру́ешь; -о́ванный; *несов., кого-что.* **1.** Колдовать, наводить чары на кого-н., волшебство (стар.). **2.** *перен.* Производить неотразимое впечатление чем-н., пленять. *Ч. своим пением.* ‖ *сущ.* **чарова́нье**, -я, *ср.* (к 1 знач.).

ЧАРОДЕ´Й, -я, *м.* (устар. и книжн.). То же, что волшебник. ‖ *ж.* **чароде́йка**, -и. ‖ *прил.* **чароде́йский**, -ая, -ое.

ЧАРОДЕ´ЙСТВО, -а, *ср.* То же, что чары (в 1 знач.).

ЧА´РТЕР [тэ], -а, *м.* Договор о рейсовой перевозке (на судне, самолёте) грузов или пассажиров. *Транспортировка по чартеру.* ‖ *прил.* **ча́ртерный**, -ая, -ое. *Ч. рейс.*

ЧА´РЫ, чар. **1.** Волшебство, колдовство (устар.). *Колдовские ч.* **2.** *перен.* Обаяние, пленительность (книжн.). *Ч. любви.*

ЧАС, ча́са (ча́су) *и* (с колич. числит.) часа́, ча́су, *предл.* о ча́се, в ча́се *и* в часу́, *мн.* -ы́, -о́в, *м.* **1.** (ча́са; при колич. числит. часа́, в ча́се). Промежуток времени, равный 60 минутам, одна двадцать четвёртая часть суток. *Прошёл целый ч. Опоздать на ч., на два часа. Расти не по дням, а по часам* (очень быстро). *Часами ожидать кого-н.* (очень долго). **2.** (в часу́; при колич. числит. часа́, при порядк. и при опущении «одного» — ча́са). Одна такая часть суток сроком в 60 минут, исчисляемая от полудня или полуночи. *Ч. ночи. Который ч.?* (сколько времени?). *Два часа дня. До часу дня. В первом часу.* **3.** (ча́са; при колич. числит. часа́; на ча́се). Промежуток времени (45 или 50 минут), отводимый на урок, лекцию. *Академический ч. На первом часе* (т. е. на первом уроке или лекции). *Оплата лекций по часам.* **4.** (ча́са). Пора, время (высок.). *Грозный ч. войны. Настанет ч. расплаты. Вечерний ч. Настал последний ч.* (о смерти). *Пробил (или проби́л) чей-н. ч.* (пришёл конец кому-н или наступило время, срок чему-н.). *Бьёт ч. чего-н.* (перен.: наступает время, срок чего-н.). **5.** обычно *мн.* Время, предназначенное для чего-н. *Часы занятий. Ч. досуга. Приёмные часы. Тихий ч.* (время послеобеденного отдыха в детских, лечебных учреждениях, санаториях). ✦ **В добрый час!** — пожелание удачи. **На часах** (стоять), **на часы** (стать) — в карауле, в караул. **С часу на час** — в самое ближайшее время. **Час о́т часу и час от ча́су** — с каждым проходящим часом. *Беспокойство растёт час от часу.* **Час о́т часу не легче** (разг.) — о появлении всё новых неприятностей, трудностей. **Не ровён час** (прост.) — выражение опасения, возможности чего-н. нежелательного, неприятного. *Не ровён час опоздаем.* ‖ *уменьш.* **ча́сик**, -а, *м.* (к 1 знач.) *и* **часо́к**, -ска́, *м.* (к 1 знач.). ‖ *прил.* **часово́й**, -а́я, -о́е (к 1, 2 и 3 знач.). *Ч. пояс* (один из двадцати четырёх поясов, разделяющих поверхность Земли, занимающих каждый 15° по долготе и во времени последовательно отличающихся друг от друга на 1 час). *Ч. перерыв. Часовая оплата* (по часам). *Ч. поезд* (отходящий или прибывающий в час дня, ночи).

ЧАСО´ВЕНКА, -и, *ж.* **1.** *см.* часовня. **2.** Небольшое культовое сооружение в форме часовни в селениях, на дорогах, на кладбищах. *Каменная ч. Ч. со скульптурой богоматери. Ч. с распятием.*

ЧАСО´ВНЯ, -и, *род. мн.* -вен, *ж.* Маленькое здание для молений, богослужений с иконами и, в отличие от церкви, без алтаря. ‖ *уменьш.* **часо́венка**, -и, *ж.* ‖ *прил.* **часо́венный**, -ая, -ое.

ЧАСОВО´Й[1], -о́го, *м.* Военнослужащий, стоящий на посту, на часах. *Смена часовых.*

ЧАСОВО´Й[2] *см.* час.

ЧАСОВО´Й[3] *см.* часы[1].

ЧАСОВЩИ´К, -а́, *м.* Специалист по производству часов, а также мастер, занимающийся ремонтом часов. ‖ *ж.* **часовщи́ца**, -ы. ‖ *прил.* **часовщи́цкий**, -ая, -ое.

ЧА´СОМ (прост.). **1.** *нареч.* Иногда, иной раз. *Ч. бывает сердит.* **2.** *вводн. сл.* То же, что случайно (см. случайный в 3 знач.). *Ты, ч., не меня ищешь?*

ЧАСОСЛО´В, -а, *м.* Книга песнопений и молитв для ежедневных служб (кроме литургии) в православной церкви.

ЧАСТЕ´НЬКО, *нареч.* (разг.). Нередко, довольно часто. *Ч. к нам заходит.*

ЧАСТИ´К, -а́, *м.* (спец.). **1.** Частый невод. **2.** Промысловая рыба, ловимая таким неводом. ‖ *прил.* **частико́вый**, -ая, -ое. *Частиковая рыба.*

ЧАСТИ´ТЬ, чащу́, частишь; *несов.* **1.** Делать что-н. торопливо, чаще (в 3 знач.) чем нужно (разг.). *Ч. на гармонике. Не части, говори ясней.* **2.** Очень часто посещать кого-что-н., ходить куда-н. (прост.). *Ч. по знакомым.*

ЧАСТИ´ЦА[1], -ы, *ж.* **1.** Небольшая часть, степень, количество чего-н. *Мельчайшая ч. Ч. таланта.* **2.** То же, что элементарная частица (спец.). *Поток частиц.* ✦ **Элементарная частица** (спец.) — мельчайшая часть физической материи. *Взаимные превращения элементарных частиц. Стабильные, нестабильные элементарные частицы.* ‖ *уменьш.* **части́чка**, -и, *ж.* (к 1 знач.).

ЧАСТИ´ЦА[2], -ы, *ж.* В грамматике: 1) служебное слово, участвующее в образовании форм (напр. *бы*), оформляющее вопрос (напр. *ли, разве*) или отрицание (*не, ни*); 2) служебное слово, выражающее отношение, оценку (напр. *ведь, же, таки*) или характеризующее способ протекания действия (напр. *бывало, едва, не*). *Формообразующие частицы. Модальные частицы.*

ЧАСТИ´ЧНЫЙ, -ая, -ое; -чен, -чна. Неполный, касающийся лишь части чего-н. *Задание выполнено частично* (нареч.). *Частичная мобилизация.* ‖ *сущ.* **части́чность**, -и, *ж.*

ЧА´СТНИК, -а, *м.* (разг.). Частный торговец, предприниматель, а также вообще частный собственник. ‖ *ж.* **ча́стница**, -ы. ‖ *прил.* **ча́стнический**, -ая, -ое.

ЧАСТНОВЛАДЕ´ЛЬЧЕСКИЙ, -ая, -ое. То же, что частный (в 4 знач.). *Ч. капитал.*

ЧА´СТНОЕ, -ого, *ср.* Результат, итог деления.

ЧАСТНОПРАКТИКУ´ЮЩИЙ, -ая, -ее. Занимающийся частной практикой. *Ч. врач.*

ЧАСТНОСО´БСТВЕННИЧЕСКИЙ, -ая, -ое. Относящийся к частной собственности, частному собственнику.

ЧА´СТНОСТЬ, -и, *ж.* **1.** *см.* частный. **2.** Частное, мелкое обстоятельство, подробность. *Не вдаваться в частности.* ✦ **В частности**, *вводн. сл.* — употр. для подчёркивания чего-н. частного, отдельного в знач. например, в том числе. *Рецензент сделал замечания и, в частности, касающиеся стиля.*

ЧА´СТНЫЙ, -ая, -ое. **1.** *см.* часть. **2.** Являющийся отдельной частью чего-н., не общий, не типичный. *Ч. вывод. Ч. случай. Заключение (вывод) от общего к частному* (сущ.). **3.** Личный, не общественный, не государственный. *Частная переписка. По частному делу.* **4.** Принадлежащий отдельному лицу, не обществу, не государству. *Частная собственность. Частное владение.* **5.** Относящийся к личному, индивидуальному владению, деятельности, хозяйству и вытекающим отсюда отношениям. *Ч. собственник. Частная торговля. Частное лицо. Частная практика. Давать частные уроки* (на дому, за плату). ‖ *сущ.* **ча́стность**, -и, *ж.* (ко 2 знач.).

ЧАСТОКО´Л, -а, *м.* Забор из тесно вбитых кольев. *Ч. штыков.* (перен.: о множестве поднятых вверх штыков).

ЧАСТОТА´, -ы́, *мн.* -о́ты, -о́т, *ж.* **1.** *см.* частый. **1.** Величина, выражающая число повторений чего-н. в единицу времени (спец.). *Ч. электромагнитных волн. Ч. колебаний маятника.* ‖ *прил.* **часто́тный**, -ая, -ое.

ЧАСТО´ТНОСТЬ, -и, *ж.* (спец.). **1.** *см.* частотный. **2.** Показатель частоты (во 2 знач.) чего-н. *Определить ч. употребления слов.*

ЧАСТО´ТНЫЙ, -ая, -ое; -тен, -тна. **1.** *см.* частота. **2.** *полн. ф.* Характеризующий частоту употребления, появления чего-н. *Ч. словарь* (содержащий сведения о частоте употребления слов). **3.** То же, что частый (в 4 знач.) (спец.). ‖ *сущ.* **часто́тность**, -и, *ж.* (к 3 знач.).

ЧАСТУ´ШЕЧНИК, -а, *м.* Сочинитель частушек, а также их исполнитель. ‖ *ж.* **часту́шечница**, -ы.

ЧАСТУ´ШКА, -и, *ж.* Народная песенка — четверостишие или двустишие лирического, злободневного, задорно-шутливого содержания. *Петь, играть частушки.* ‖ *прил.* **часту́шечный**, -ая, -ое.

ЧА´СТЫЙ, -ая, -ое; част, часта́, ча́сто; чаще. **1.** Состоящий из близко расположенных друг к другу частей, густой; плотный. *Частая изгородь. Частые заросли. Частый гребень. Ч. невод* (с мелкими ячеями). *Ч. дождь* (сплошной). **2.** Расположенный на небольшом расстоянии друг от друга. *Частые станции.* **3.** Состоящий из быстро следующих одно за другим движений, моментов. *Ч. ритм. Ч. пульс. Ч. шаг. Частая стрельба.* **4.** Повторяющийся, появляющийся через короткие промежутки времени. *Частые звонки. Ч. гость. Часто* (нареч.) *встречаться.* ‖ *сущ.* **частота́**, -ы́, *ж.*

ЧАСТЬ, -и, *мн.* -и, -е́й, *ж.* **1.** Доля, отдельная единица, на к-рые подразделяется целое. *Разделить на части. Ч. заработка. Ч. публики. Ч. яблока.* **2.** Предмет как составной элемент какого-н. целого, организма, механизма. *Запасные части* (детали машин). **3.** Раздел, подраздел произведения. *Роман в трёх частях. Четыре части симфонии.* **4.** Отдел какого-н. учреждения. *Санитарная ч. Учебная ч.* (1) в учебном заведении: отдел, занимающийся непосредственной организацией учебного процесса; 2) в вооружённых силах: организация, занимающаяся подготовкой специалистов из числа сержантов, старшин, солдат, матросов). **5.** Область какой-н. деятельности, специальность (разг.). *Работать по финансовой части. Это не по моей (твоей* и т. д.) *части* (также перен.: я этим не занимаюсь, это не моё дело). **6.** Отдельная войсковая единица. *Мотопехотные части. Воинская ч.* **7.** В России до 1917 г.: административное подразделение города, а также полицейское управление такого подразделения. **8.** Районная пожарная команда в городах (устар.) *Каланча пожарной части.* **9.** (в части). Пай, доля (разг.). *Быть в части с кем-н.* **10.** Доля, участь (стар.). *Много бед выпало на чью-н. ч.* ✦ **Части света** — отдельные материки или крупные части их с прилегающими к ним островами. **По части** *чего, предлог с род. п.* (разг.) — в области, в сфере чего-н. *Он у нас мастер по части розыгрышей.* **Благую часть избрав** (книжн. ирон.) — выбрав лучшее для себя решение, наиболее спокойное положение. ‖ *прил.* **ча́стный**, -ая, -ое (к 7 знач.). *Ч. пристав.*

ЧА´СТЬЮ, *нареч.* Частично, не полностью, отчасти. *Ч. сам делал, ч. помогали.*

ЧАСЫ´[1], -о́в. Прибор, отсчитывающий время в пределах суток. *Стенные, карманные, ручные (наручные) ч. Бой часов. Песочные ч. Солнечные ч.* (со стрелкой-стержнем, отбрасывающей тень на обращённый к солнцу циферблат). *Электронные ч. Как ч.* (действовать, работать: точно, чётко). ‖ *уменьш.* **ча́сики**, -ов. ‖ *прил.* **часово́й**, -а́я, -о́е. *Часовые стрелки. Часовая мастерская. Часовых дел мастер* (часовщик).

ЧАСЫ´[2] *см.* час.

ЧА´ХЛЫЙ, -ая, -ое; чахл. **1.** Вянущий, слабый (о растительности). *Ч. куст. Ч. росток.* **2.** Болезненный, хилый, а также вообще слабый, вялый или непрочный. *Ч. ребёнок. Чахлая весна* (сырая, несолнечная). ‖ *сущ.* **ча́хлость**, -и, *ж.*

ЧА´ХНУТЬ, -ну, -нешь; чах *и* ча́хнул, ча́хла; ча́хнувший; ча́хнув; *несов.* Становиться чахлым, сохнуть (во 2 и 3 знач.). *Цветок чахнет. Ч. от тоски.* ‖ *сов.* **зача́хнуть**, -ну, -нешь; зача́х, -хла; зача́хший; зача́хнув.

ЧАХО´ТКА, -и, *ж.* (устар.). Прогрессирующее истощение организма преимущ. при туберкулёзе лёгких. *Скоротечная ч.* ‖ *прил.* **чахо́точный**, -ая, -ое. *Климат, вредный для чахоточных* (сущ.).

ЧА´ША, -и, *ж.* **1.** В старину: округлый сосуд для вина. *Серебряная ч. Пить горькую чашу* (перен.: испытывать несчастья; высок.). *Испить смертную чашу* (перен.: умереть; высок.). **2.** Вообще округлый сосуд. *Деревянная ч.* **3.** *перен.* Большой естественный или искусственный водный резервуар (спец.). *Ч. бассейна. Ч. озера.* ✦ **Чаша терпения переполнилась** (высок.) — невозможно больше терпеть. **Чаша весов склоняется в** *какую* **сторону, в** *чью* **пользу** (книжн.) — принимается то или другое решение, берёт верх тот или другой. **Дом — полная чаша** — в доме изобилие, всего много.

ЧА´ШЕЧКА, -и, *ж.* **1.** *см.* чашка. **2.** Наружный зелёный покров цветка, защищающий бутон (спец.). **3.** Вообще предмет, имеющий форму полушария. *Ч. звонка. Колпачок чашечкой.* ✦ **Коленная чашечка** — надколенная кость.

ЧА´ШКА, -и, *ж.* **1.** Небольшой, обычно округлой формы, с ручкой, сосуд для питья. *Чайная ч. Ч. с блюдцем.* **2.** Круглая и плоская тарелка у весов. **3.** В разных устройствах: предмет в форме полого полушария. *Ч. шпаги.* ‖ *уменьш.* **ча́шечка**, -и, *ж.* ‖ *прил.* **ча́шечный**, -ая, -ое. *Чашечные весы* (с чашками).

ЧА´ЩА, -и, *ж.* **1.** Густой частый лес; заросль. *Лесная ч. Продираться сквозь чащу.* **2.** *перен.* Вообще плотная масса, множество чего-н. *Добираться до смысла сквозь чащу слов.*

ЧАЩО´БА, -ы, *ж.* То же, что чаща (в 1 знач.). *Лесные чащобы.* ‖ *прил.* **чащо́бный**, -ая, -ое.

ЧА´ЯНИЕ, -я, *ср.* (высок.). Надежда, ожидание. *Чаяния народов. Сбылись чьи-н. чаяния.* ✦ **Паче чаяния** (устар. и книжн.) — вопреки ожидаемому. **Сверх всякого чаяния** (устар.) — сверх или против ожидания.

ЧА´ЯТЬ, ча́ю, ча́ешь; ча́янный; *несов., чего* и *с неопр.* (устар. и прост.). Ожидать, надеяться на что-н. *Не чаяла и в живых застать.* ✦ **Души не чаять** *в ком* (разг.) — очень любить.

ЧВА´НИТЬСЯ, -нюсь, -нишься; *несов., кем-чем* (разг. неодобр.). То же, что кичиться.

ЧВАНЛИ´ВЫЙ, -ая, -ое; -и́в (разг.) То же, что кичливый. *Чванливое поведение.* ‖ *сущ.* **чванли́вость**, -и, *ж.*

ЧВА´ННЫЙ, -ая, -ое; -а́нен, -а́нна (разг.). Полный чванства, тщеславия. *Ч. характер. Чванно* (нареч.) *вести себя.* ‖ *сущ.* **чва́нность**, -и, *ж.*

ЧВА´НСТВО, -а, *ср.* Тщеславная гордость, важничанье.

ЧЕБОТА´РЬ, -я́, *м.* (обл.). То же, что сапожник (в 1 знач.). ‖ *прил.* **чебота́рский**, -ая, -ое.

ЧЕБУРА´ХНУТЬ, -ну, -нешь; -нутый; *сов., кого-что* (прост.) Бросить или ударить с шумом.

ЧЕБУРА´ХНУТЬСЯ, -нусь, -нешься; *сов.* (прост.). Упасть или удариться с шумом. *Ч. в воду.*

ЧЕБУРА´ШКА, -и, *м.* (обл.). То же, что ванька-встанька.

ЧЕБУРЕ´К, -а, *род. мн.* -ов, *м.* Жаренный в масле плоский пирожок из тонкого пресного теста с начинкой из бараньего фарша с острыми приправами. ‖ *прил.* **чебуре́чный**, -ая, -ое.

ЧЕБУРЕ´ЧНАЯ, -ой, *ж.* Закусочная с подачей чебуреков, здесь же приготавливаемых.

ЧЕГЛО´К, -а́, *м.* Хищная птица сем. соколиных, род сокола. *Охота с чеглоком.*

ЧЕГО´ [*во*], *мест.* **1.** *нареч.* Зачем, с какой целью (разг.). *Ч. я туда пойду? Ч. с ним разговаривать?* (т. е. незачем). **2.** *нареч.* Почему, по какой причине (разг.). *Ч. остановились? Ч. загрустил?* **3.** *вопрос.* и *союзн.*

сл., нескл. То же, что что[1] (в 1 знач.) (прост.). *Ч. случилось-то? Ч. ты сказал? Узнай, ч. там случилось.* **4.** То же, что что[1] (в 7 знач.) (прост.). *Иван! — Ну ч.? (Ч. тебе?).* **5.** *в знач. частицы.* То же, что что[1] (в 9 знач.) (прост.). *Они дерутся, а мне-то ч.?* ♦ **Чего там!** (разг.) — неважно, не стоит обращать внимания. *Не расстраивайся, чего там!* **Чего и говорить!** (разг.) — то же, что что и говорить (см. говорить). **Чего изволите?** — 1) подобострастный вопрос в знач. что вам угодно, чего вы желаете? (устар.); 2) выражение подобострастного отношения, готовности услужить, приниженности (ирон).

ЧЕЙ, чья, чьё, *мест. вопрос.* и *относит.* **1.** Указывает на принадлежность кому-чему-н. *Чья это книга? Не помню, чьё это выражение.* **2.** Связывает с главным предложением придаточное, определяющее одушевлённое существительное главного предложения, который (во 2 знач.). *Герой, чьё имя известно всем* (имя которого). **3.** Из какой семьи, откуда (обл.). *Чей ты? — Ивановский.*

ЧЕ́Й-ЛИБО, чья́-либо, чьё-либо, *мест. неопр.* Принадлежащий кому-то, точно не известно кому.

ЧЕ́Й-НИБУДЬ, чья́-нибудь, чьё-нибудь, *мест. неопр.* То же, что чей-либо.

ЧЕ́Й-ТО, чья́-то, чьё-то, *мест. неопр.* Относящийся к кому-то. *Чья-то забытая книга.*

ЧЕК[1], -а, *м.* **1.** Ценная бумага, содержащая распоряжение вкладчика выдать предъявителю означенную сумму с текущего счёта. *Ч. на предъявителя.* **2.** Талон из кассы с обозначением суммы, полученной за товар, или в кассу от продавца с указанием суммы, к-рую следует уплатить. ‖ *прил.* **че́ковый,** -ая, -ое. *Чековая книжка.*

ЧЕК[2], -а, *м.* Огороженный земляными отвалами участок, засеваемый рисом. *Рисовые чеки. Кромка чека.* ‖ *прил.* **че́ковый,** -ая, -ое.

ЧЕКА́[1], -и́, *ж.* Стержень для соединения деталей в машине, механизме.

ЧЕКА́[2], *нескл., ж.* (пишется обычно ЧК). Сокращение: Чрезвычайная комиссия — существовавшая с 1917 по 1922 г. «Всероссийская чрезвычайная комиссия по борьбе с контрреволюцией и саботажем».

ЧЕКА́Н[1], -а, *м.* (спец.). **1.** Штемпель для выдавливания изображений на поверхности металлических изделий (гл. обр. монет), а также само изображение. **2.** Инструмент для чеканки.

ЧЕКА́Н[2], -а, *м.* Старинное оружие — насаженный на рукоять топорик с молоточком на обухе.

ЧЕКА́НИТЬ[1], -ню, -нишь; -ненный; *несов., что.* **1.** Изготовлять, выдавливая на поверхности (металла) изображение. *Ч. монету. Ч. надписи на монетах. Ч. картину на меди.* **2.** Обрабатывать (металлическое изделие) обжатием (спец.). **3.** *перен.* Тщательно, отчётливо делать что-н. (произносить, шагать). *Ч. слова. Ч. шаг.* ‖ *сов.* **вы́чеканить,** -ню, -нишь; -ненный (к 1 знач.), **отчека́нить,** -ню, -нишь; -ненный (к 1 и 3 знач.) *и* **расчека́нить,** -ню, -нишь; -ненный (к 1 и 2 знач.). ‖ *сущ.* **чека́нка,** -и, *ж.* (к 1 и 2 знач.) ‖ *прил.* **чека́ночный,** -ая, -ое (к 1 и 2 знач.) *и* **чека́нный,** -ая, -ое (к 1 и 2 знач.). *Чеканочный пресс. Чеканный цех.*

ЧЕКА́НИТЬ[2], -ню, -нишь; -ненный; *несов., что* (спец.). Обреза́ть (верхушки побегов или верхние побеги). *Ч. виноград, хлопок.* ‖ *сущ.* **чека́нка,** -и, *ж.*

ЧЕКА́НКА[1], -и, *ж.* **1.** *см.* чеканить[1]. **2.** Рельефное изображение, выбитое на металлическом изделии; само изделие с таким изображением. *Ружьё с чеканкой. Художественная ч. на меди.*

ЧЕКА́НКА[2] *см.* чеканить[2].

ЧЕКА́ННЫЙ, -ая, -ое; -а́нен, -а́нна. **1.** *см.* чеканить[1]. **2.** *полн. ф.* Изготовленный чеканкой[1]. *Ч. браслет.* **3.** *перен.* Ясный, отчётливый. *Ч. стих. Ч. шаг.* ‖ *сущ.* **чека́нность,** -и, *ж.* (к 3 знач.).

ЧЕКИ́СТ, -а, *м.* Работник Чека[2], а также вообще работник органов государственной безопасности. ‖ *ж.* **чеки́стка,** -и. ‖ *прил.* **чеки́стский,** -ая, -ое.

ЧЕКМЕ́НЬ, -я́, *м.* (устар.). **1.** Суконная верхняя мужская одежда халатообразного покроя, реже в виде кафтана или полукафтана. **2.** Долгополая верхняя форменная одежда казачьих офицеров. **3.** То же, что черкеска.

ЧЕКУ́ШКА, -и, *ж.* (прост.) То же, что четвертинка (во 2 знач.)

ЧЕЛНО́К, -а́, *м.* **1.** То же, что чёлн. **2.** В ткацком станке, швейной машине: овальная, продолговатая или иной формы колодка с накрученной или укреплённой внутри нитью. **3.** Перекупщик, регулярно покупающий товары в одном месте и перевозящий их в другое место для продажи (прост.). ‖ *прил.* **челно́чный,** -ая, -ое (к 1 и 2 знач.).

ЧЕЛНО́ЧНЫЙ, -ая, -ое. **1.** *см.* челнок. **2.** *перен.* Связанный с регулярным движением между двумя пунктами на короткой дистанции. *Ч. маршрут. Челночные перевозки.*

ЧЕЛО́[1], -а́, *мн.* чёла, чёл, чёлам, *ср.* (устар. высок.). То же, что лоб. *Высокое ч.* ♦ **Бить челом** (стар.) — 1) *кому,* низко до земли кланяться. *Бить челом боярину;* 2) *кому,* благодарить. *Бить челом за помощь, за защиту;* 3) *кому чем,* подносить дар, дары. *Бить челом серебром, соболями;* 4) *кому,* просить о чём-н. *Бить челом государю о защите;* 5)*кому на кого,* жаловаться. *Бить челом на обидчика.*

ЧЕЛО́[2], -а́, *мн.* чёла, чёл, чёлам, *ср.* **1.** Сводчатое топочное отверстие в большой печи, в горне. *Ч. русской печи. Ч. плавильной печи.* **2.** Входное отверстие берлоги.

ЧЕЛОБИ́ТНАЯ, -ой, *ж.* В России до начала 18 в.: письменное прошение, жалоба. *Подать челобитную.*

ЧЕЛОБИ́ТЧИК, -а, *м.* (устар.). Тот, кто подает челобитную. ‖ *ж.* **челоби́тчица,** -ы.

ЧЕЛОБИ́ТЬЕ, -я, *ср.* **1.** В Древней Руси: низкий поклон с прикосновением лбом к земле. **2.** То же, что челобитная (устар.).

ЧЕЛОВЕ́К, -а, *в знач. мн.* употр. лю́ди, -е́й (челове́ки — устар. и шутл.; *косв. п.* челове́к, челове́ками и т. д. только в сочетании с количественными словами; *зват. п.* челове́че в обращении — устар. и шутл.), *м.* **1.** Живое существо, обладающее даром мышления и речи, способностью создавать орудия и пользоваться ими в процессе общественного труда. *Ч. разумный* (в зоологической систематике: вид в отряде приматов; спец.). *Первобытный ч.* (исторический предок современного человека). *Биологическая природа человека. Духовный мир человека. Я ч., и ничто человеческое мне не чуждо* (афоризм).*Ч. — это звучит гордо* (афоризм). *Рабочий ч. Учёный ч. Честный ч. Пять человек. Ч. с большой буквы* (высоких моральных достоинств). *Молодой ч.* (о юноше, молодом мужчине, обычно в обращении). *Будь человеком!* (веди себя по-человечески; разг.). *Вот ч.!* (о том, кто вызывает удивление теми или иными своими качествами, поступками; разг.). *Все мы люди, все человеки* (никто не лишён человеческих слабостей; шутл.). **2.** В России при крепостном праве: дворовый слуга, служитель, лакей, а позднее официант, слуга. ‖ *уменьш.* **челове́чек,** -чка, *м.* (к 1 знач.). ‖ *унич.* **челове́чишка,** -и, *м.* (к 1 знач.). ‖ *прил.* **челове́ческий,** -ая, -ое (к 1 знач.) *и* **челове́чий,** -ья, -ье (к 1 знач.; разг.)

ЧЕЛОВЕКО... и ЧЕЛОВЕ́КО-... *Первая часть сложных слов со знач.:* 1) относящийся к людям, к человеку, напр. *человекоподобный, человеколюбец, человеконенавистник;* 2) относящийся к возможностям или потребностям одного человека в определённый отрезок времени, напр. *человекодоза, человеко-единица, человеко-койка* (в больнице, лечебном стационаре), *человекосмена.*

ЧЕЛОВЕ́КО-ДЕ́НЬ, -дня́, *м.* Единица учёта рабочего времени, к-рая выполняется одним человеком за один рабочий день.

ЧЕЛОВЕКОЛЮБИ́ВЫЙ, -ая, -ое; -и́в. Обладающий человеколюбием.

ЧЕЛОВЕКОЛЮ́БИЕ, -я, *ср.* Любовь к людям, гуманность. *Проявить ч. Сделать что-н. из человеколюбия. Во имя человеколюбия.*

ЧЕЛОВЕКОНЕНАВИ́СТНИК, -а, *м.* Человек, ненавидящий людей, мизантроп. ‖ *ж.* **человеконенави́стница,** -ы. ‖ *прил.* **человеконенави́стнический,** -ая, -ое.

ЧЕЛОВЕКОНЕНАВИ́СТНИЧЕСТВО, -а, *ср.* Ненависть к людям, к человечеству, мизантропия. ‖ *прил.* **человеконенави́стнический,** -ая, -ое.

ЧЕЛОВЕКООБРА́ЗНЫЙ, -ая, -ое; -зен, -зна. Похожий на человека. *Человекообразная обезьяна.* ‖ *сущ.* **человекообра́зность,** -и, *ж.*

ЧЕЛОВЕ́КО-ЧА́С, -а, *мн.* -ы́, -о́в, *м.* Единица учёта рабочего времени: количество работы, к-рая выполняется одним человеком за один рабочий час.

ЧЕЛОВЕ́ЧЕСКИЙ, -ая, -ое. **1.** *см.* человек. **2.** То же, что человечный. *Человеческое отношение. По-человечески* (нареч.) *поступил.*

ЧЕЛОВЕ́ЧЕСТВО, -а, *ср., собир.* Люди, человеческий род.

ЧЕЛОВЕ́ЧИНА, -ы, *ж.* Мясо человека как пища диких зверей или людоедов.

ЧЕЛОВЕ́ЧНЫЙ, -ая, -ое; -чен, -чна. Достойный человека, отзывчивый, гуманный. *Человечное отношение. Поступить человечно* (нареч.). ‖ *сущ.* **челове́чность,** -и, *ж.*

ЧЕЛЮ́СКИНЦЫ, -ев, *ед.* -нец, -нца, *м.* Участники арктического рейса парохода «Челюскин» (в 1934 г. затёртого льдами), высадившиеся на льдину и спасённые советскими лётчиками. *Эпопея челюскинцев.* ‖ *прил.* **челю́скинский,** -ая, -ое.

ЧЕ́ЛЮСТЬ, -и, *мн.* -и, -е́й *и* -ей, *ж.* **1.** Костная основа центрального и нижнего отделов лица у человека, лицевой части у животного; орган захватывания пищи у ряда животных. *Верхняя, нижняя ч. Ч. рыбы, птицы, пчелы, муравья.* **2.** Пластинка с искусственными зубами, зубной протез. *Искусственные челюсти. Вставить ч.* ‖ *прил.* **челюстно́й** [сн], -а́я, -о́е (спец.).

ЧЕЛЯДИ́НЕЦ, -нца, *м.* (стар.). То же, что слуга. ‖ *ж.* **челяди́нка,** -и.

ЧЕ́ЛЯДЬ, -и, *ж., собир.* **1.** При крепостном праве: дворовые слуги помещика. **2.** *перен.* Чьи-н. прислужники, приспешники (презр.).

ЧЕМ, *союз.* **1.** При наличии сравн. ст. (в главном предложении) присоединяет придаточное предложение, заключающее в себе сопоставление с главным. *Лучше поздно, ч. никогда.* **2.** То же, что вместо того чтобы. *Ч. торопиться, выйдем лучше пораньше.* ✦ **Чем бы,** *союз* (разг.) — выражает противопоставление предпочитаемому, вместо того чтобы. *Чем бы учиться, он гуляет.* **Чем... тем,** *союз* — сопоставляет взаимообусловленное возрастание чего-н. *Чем дальше в лес, тем больше дров* (посл.).

ЧЕМЕРИ'ЦА, -ы, *ж.* Многолетняя луговая и лесная трава сем. лилейных с толстым корневищем, крупными листьями и метёлками цветков. ‖ *прил.* **чемери́чный,** -ая, -ое.

ЧЕМОДА'Н, -а, *м.* Четырёхугольное, из прочного материала, вместилище для ручной перевозки вещей, с откидывающейся крышкой, запорами и ручкой. *Дорожный ч. Кожаный ч. Уложить (упаковать), разобрать (распаковать) ч. Сидеть на чемоданах* (также перен.: находиться в ожидании отъезда, быть совершенно готовым к отъезду; разг.). ‖ *уменьш.* **чемода́нчик,** -а, *м.* ✦ **Ядерный чемоданчик** — находящийся всегда у главы государства портативный пульт управления с «ядерной кнопкой», предназначенный для передачи сигнала к нанесению ответного ядерного удара. *Оператор ядерного чемоданчика* (офицер, постоянно при нём находящийся). ‖ *прил.* **чемода́нный,** -ая, -ое. *Чемоданное настроение* (перен.: когда думают уже только о сборах, об отъезде; разг. шутл.).

ЧЕМПИО'Н, -а, *м.* **1.** Спортсмен (или спортивная команда) — победитель в соревнованиях по какому-н. виду спорта на первенство города, страны, какого-н. региона, мира. *Ч. мира. Ч. Европы по прыжкам в высоту.* **2.** Животное, занявшее первое место на выставке, соревнованиях. ‖ *ж.* **чемпио́нка,** -и *и* **чемпионе́сса** [нэ], -ы (к 1 знач., в шахматах, шашках; устар.). ‖ *прил.* **чемпио́нский,** -ая, -ое.

ЧЕМПИОНА'Т, -а, *м.* **1.** Состязание, соревнование на звание чемпиона (в 1 знач.). *Шахматный ч.* **2.** Выставка животных с целью отбора из них чемпиона (во 2 знач.) (спец.). ‖ *прил.* **чемпиона́тный,** -ая, -ое.

ЧЕПЕ' [пэ], *нескл., ср.* (пишется также ЧП) (разг.). Сокращение: чрезвычайное происшествие. *Случилось, произошло ч.*

ЧЕПЕ'Ц, -пца́, *м.* Женский или детский головной убор в виде капора, закрывающего волосы и завязывающегося под подбородком. ‖ *прил.* **чепе́чный,** -ая, -ое.

ЧЕПРА'К, -а́, *м.* Мягкая подстилка под седло поверх потника. *Суконный, ковровый ч.* ‖ *прил.* **чепра́чный,** -ая, -ое.

ЧЕПУХА', -и́, *ж.* (разг.). То же, что ерунда. *Говорить, нести чепуху. Ч. на постном масле* (полнейшая чепуха; шутл.). *Больно было? — Ч.!*

ЧЕПУХО'ВИНА, -ы, *ж.* (прост.). Полнейшая чепуха, глупость.

ЧЕПУХО'ВЫЙ, -ая, -ое (разг.). То же, что ерундовый. *Чепуховые рассказы. Чепуховая услуга.*

ЧЕ'ПЧИК, -а, *м.* То же, что чепец. *Детский ч.*

ЧЕРВЕОБРА'ЗНЫЙ, -ая, -ое; -зен, -зна. Похожий на червя. *Ч. отросток.* ‖ *сущ.* **червеобра́зность,** -и, *ж.*

ЧЕ'РВИ, -е́й, -я́м и **ЧЕ'РВЫ,** черв, че́рвам. В игральных картах: название красной масти с изображением сердечек. *Король червей.* ‖ *прил.* **черво́нный,** -ая, -ое *и* **черво́вый,** -ая, -ое (разг.). *Червонная дама.*

ЧЕРВИ'ВЕТЬ (-ею, -еешь, 1 и 2 л. не употр.), -еет; *несов.* Становиться червивым, червивее. *Яблоки червивеют.* ‖ *сов.* **зачерви́веть** (-ею, -еешь, 1 и 2 л. не употр.), -еет *и* **очерви́веть** (-ею, -еешь, 1 и 2 л. не употр.), -еет.

ЧЕРВИ'ВЫЙ, -ая, -ое; -и́в. Источенный червями, с червями. *Ч. плод. Червивые грибы.* ‖ *сущ.* **черви́вость,** -и, *ж.*

ЧЕРВЛЁНЫЙ, -ая, -ое (устар.). Тёмно-красный. *Ч. стяг.*

ЧЕРВОВО'ДНЯ, -и, *ж.* (спец.). Помещение для выкормки гусениц тутового шелкопряда.

ЧЕРВО'НЕЦ, -нца, *м.* **1.** Золотая монета (достоинством в разное время в 3, 5 или 10 рублей) (устар.). **2.** С 1922 г. по 1947 г.: денежный кредитный билет в 10 рублей (теперь разг.). **3.** Сумма в десять рублей (разг.). *Красная цена — ч.* ‖ *прил.* **черво́нный,** -ая, -ое (к 1 и 2 знач.). *В червонном исчислении.*

ЧЕРВО'ННЫЙ[1], -ая, -ое (устар. и высок.). Красный, алый. ✦ **Червонное золото** — золото высокой пробы, имеющее красноватый оттенок.

ЧЕРВО'ННЫЙ[2] *см.* червонец.

ЧЕРВО'ННЫЙ[3] *см.* черви.

ЧЕРВОТО'ЧИНА, -ы, *ж.* **1.** Изъян, отверстие, проточенное в чём-н. червями, некрыми насекомыми, личинками. *Яблоко с червоточиной. Ч. в дереве.* **2.** *перен.* Испорченность, внутренняя склонность к пороку. *Человек с червоточиной.* ‖ *уменьш.* **червото́чинка,** -и, *ж.* ‖ *прил.* **червото́чный,** -ая, -ое.

ЧЕРВЬ, -я́, *мн.* -и, -е́й, *м.* **1.** Бескостное ползающее животное с вытянутым телом. *Плоские, кольчатые черви. Земляной ч. Шелковичный ч.* (гусеница шелкопряда). **2.** *перен., чего.* В сочетании со словами «сомнение», «раскаяние», «зависть» и некрыми другими: о затаённом, постоянно мучащем чувстве. *Ч. сомнения точит сердце.* ‖ *прил.* **червяно́й,** -а́я, -о́е (к 1 знач.).

ЧЕРВЯ'К, -а́, *м.* **1.** То же, что червь. *Ловить рыбу на червяка.* **2.** *перен.* О жалком, ничтожном человеке (презр). **3.** Зубчатое колесо в форме винта для передачи движения в нек-рых механизмах (спец.). ‖ *уменьш.* **червячо́к,** -чка́, *м.* (к 1 знач.). ✦ **Червячка заморить** — поев немного, слегка утолить голод. ‖ *прил.* **червя́чный,** -ая, -ое (к 1 и 3 знач.) *и* **червяко́вый,** -ая, -ое (к 1 знач.). *Червячная передача.*

ЧЕРДА'К, -а́, *м.* Помещение между потолком и крышей дома. *Жить на чердаке. Подняться на ч.* ‖ *прил.* **черда́чный,** -ая, -ое. *Чердачное перекрытие. Чердачное окно.*

ЧЕРЕВИ'КИ, -ов, *ед.* -и́к, -а, *м.* На Украине и в нек-рых областях России: женские узконосые сапожки на высоких каблуках, а также вообще обувь. ‖ *уменьш.* **черееви́чки,** -ов, *ед.* -чек, -чка, *м.*

ЧЕРЕДА'[1], -ы́, *ж.* **1.** То же, что очередь (в 1 знач.) (прост.). *Всему приходит своя ч.* **2.** То же, что вереница. *Облака идут волнистой чередой.*

ЧЕРЕДА'[2], -ы́, *ж.* Болотная трава сем. сложноцветных с жёлтыми или белыми цветками, употр. в медицине.

ЧЕРЕДОВА'ТЬ, -ду́ю, -ду́ешь; -о́ванный; *несов., что с чем.* Последовательно сменять одно другим. *Ч. работу с отдыхом.* ‖ *сущ.* **чередова́ние,** -я, *ср.*

ЧЕРЕДОВА'ТЬСЯ, -ду́юсь, -ду́ешься; *несов.* **1.** *с кем.* Последовательно, по очереди заменять один другого. *Сиделки чередуются у постели больного.* **2.** (1 и 2 л. не употр.). Последовательно сменять одно другим. *Чередуются смех и слёзы.* ‖ *сущ.* **чередова́ние,** -я, *ср. Ч. звуков* (в фонетике, морфологии: последовательная мена звуков в определённых морфемах или в определённых позициях).

ЧЕРЕЗ *кого-что, предлог с вин. п.* **1.** Пересекая что-н. с одной стороны на другую. *Мост ч. реку. Прыгнуть ч. ручей. Портупея ч. плечо.* **2.** Над поверхностью чего-н.; располагаясь, протягиваясь по чему-н., по поверхности чего-н. *Перепрыгнуть ч. забор. Улица ч. весь город.* **3.** Сквозь что-н. *Ехать ч. город. Смотреть ч. очки. Влезть ч. окно.* **4.** При помощи кого-чего-н., каким-н. способом, используя что-н. *Оповестить ч. газету. Сообщить ч. друзей. Писать слово ч. чёрточку.* **5.** Спустя какое-н. время или минуя какое-н. пространство. *Приду ч. час. Ч. годы, ч. расстоянья. Найти цитату ч. две страницы.* **6.** Повторяя в регулярные промежутки (времени, пространства). *Принимать микстуру ч. час по столовой ложке. Печатать ч. два интервала.*

ЧЕРЕЗ..., *приставка.* Образует прилагательные и существительные со знач. чередования чего-н., напр. *черезбороздый, черезрядный, череззерница* (неполное завязывание семян у злаков; спец.).

ЧЕ'РЕЗО *кого-что, предлог с вин. п.* Употр. вместо «через» перед нек-рыми сочетаниями согласных, напр. *Черезо льды.*

ЧЕРЕМИ'ССКИЙ, -ая, -ое (устар.). То же, что марийский. *По-черемисски* (нареч.).

ЧЕРЕМИ'СЫ, -ов, *ед.* -и́с, -а, *м.* Прежнее название марийцев. ‖ *ж.* **череми́ска,** -и. ‖ *прил.* **череми́сский,** -ая, -ое.

ЧЕРЕМША', -и́, *ж.* Дикорастущий лук, по вкусу напоминающий чеснок.

ЧЕРЕНКОВА'ТЬ, -ку́ю, -ку́ешь; -о́ванный; *несов., что* (спец.). Прививать черенком (в 3 знач.) или отсаживать черенок. ‖ *сов.* **отчеренкова́ть,** -ку́ю, -ку́ешь; -о́ванный. ‖ *сущ.* **черенкова́ние,** -я, *ср.*

ЧЕРЕНО'К, -нка́, *м.* **1.** Рукоятка ручного орудия. *Ч. лопаты, косы, ножа.* **2.** То же, что черешок (разг.). *Ч. листа.* **3.** Небольшой отрезок побега с почками от плодового дерева, применяемый для прививки, посадки. ‖ *прил.* **черенко́вый,** -ая, -ое.

ЧЕ'РЕП, -а, *мн.* -а́, -о́в, *м.* У позвоночных животных и человека: кости образующие твёрдую основу головы. *Мозговой ч.* (спец.). *Лицевой ч.* (спец.). *Лысый, голый ч.* (о лысой голове). ‖ *прил.* **черепно́й,** -а́я, -о́е. *Ч. свод* (спец.). *Черепная коробка.*

ЧЕРЕПА'ХА, -и, *ж.* Медленно двигающееся на коротких конечностях пресмыкающееся, покрытое (исключая кожистую черепаху) костным панцирем. *Морская ч. Изделия из черепахи* (из роговых пластинок панциря). *Тащиться (ползти) как ч.* (очень медленно; разг. неодобр.). ‖ *уменьш.* **черепа́шка,** -и, *ж.* ‖ *прил.* **черепа́ховый,** -ая, -ое *и* **черепа́ший,** -ья, -ье. *Черепаховый суп* (из мяса черепахи). *Черепашьи яйца.*

ЧЕРЕПА'ШИЙ, -ья, -ье. **1.** *см.* черепаха. **2.** *перен.* Очень медленный (разг.). *Идти черепашьим шагом. Ч. темп.*

ЧЕРЕПА'ШКА, -и, *ж.* **1.** *см.* черепаха. **2.** Род клопа — опасный вредитель злаков.

ЧЕРЕПИ'ТЧАТЫЙ, -ая, -ое. Сделанный из черепицы. *Черепитчатая кровля.*

ЧЕРЕПИ'ЦА, -ы, *ж.*, также *собир.* Пластинки из обожжёной глины или цемента для покрытия кровли. *Красная глиняная ч. Цементная ч.* ‖ *прил.* **черепи́чный,** -ая, -ое. *Черепичная крыша.*

ЧЕРЕПИ'ЧИНА, -ы, *ж.* (разг.). Одна пластинка черепицы.

ЧЕРЕПО'К, -пка́, *м.* Обломок разбитого керамического изделия. *Черепки глиняного сосуда. В черепки разлетелось что-н.* (разбилось на мелкие части). ‖ *прил.* **черепко́вый**, -ая, -ое.

ЧЕРЕПУ́ШКА, -и, *ж.* (прост.). **1.** Глиняный горшочек, миска. **2.** *перен.* Голова, череп (шутл.).

ЧЕРЕС..., *приставка.* **1.** Образует существительные и прилагательные со знач. расположения чего-н. поперёк чего-н., по чему-н. напр. *чересседельный, чересседельник, чересплечный.* **2.** То же, что через..., пишется перед глухими согласными, напр. *чересполосный, чересполосица.*

ЧЕРЕСПОЛО́СИЦА, -ы, *ж.* **1.** Расположение земельных участков одного хозяйства полосами вперемежку с чужими участками. **2.** Беспорядочно перемежающиеся действия, изложение. ‖ *прил.* **чересполо́сный**, -ая, -ое.

ЧЕРЕССЕДЕ́ЛЬНИК, -а, *м.* Ремень упряжки, идущий через седёлку от одной оглобли к другой.

ЧЕРЕССЕДЕ́ЛЬНЫЙ, -ая, -ое. Проходящий через седелку. *Ч. ремень.*

ЧЕРЕСЧУ́Р, *нареч.* (разг.). То же, что слишком. *Ч. жарко. Ч. строг кто-н. Это уж. ч.!* (выходит за пределы допустимого; неодобр.).

ЧЕРЕ́ШНЯ, -и, *род. мн.* -шен, *ж.* Плодовое дерево рода вишни, а также плод его. *Садовая ч.* ‖ *прил.* **чере́шневый**, -ая, -ое.

ЧЕРЕШО́К, -шка́, *м.* Стебелёк, узкая часть листа, соединяющая его со стеблем. ‖ *прил.* **черешко́вый**, -ая, -ое.

ЧЕРЁД, -а́, *м.* **1.** В нек-рых сочетаниях: то же, что очередь (в 1 знач.). *Пришёл наш ч. Всё идёт своим чередом* (как положено, как следует). **2.** То же, что очередь (в 3 знач.) (прост.). *Встаньте в ч., не толпитесь.*

ЧЕРЁМУХА, -и, *ж.* Дерево или кустарник сем. розоцветных с белыми душистыми цветками, собранными в кисти, а также чёрные, терпкого вкуса ягоды этого дерева. *Букет черёмухи. Пирог с черёмухой. Любовь без черёмухи* (перен.: без лирики, без нежности; разг.). ‖ *прил.* **черёмуховый**, -ая, -ое *и* **черёмушный**, -ая, -ое (разг.).

ЧЕРКА́ТЬ, -а́ю, -а́ешь; чёрканный и **ЧЁРКАТЬ**, -аю, -аешь; чёрканный; *несов., что* (разг.). Проводить черты по чему-н., зачёркивать. *Ч. рукопись.* ‖ *однокр.* **черкну́ть**, -ну́, -нёшь. ‖ *сущ.* **черка́нье**, -я, *ср. и* **чёрканье**, -я, *ср.*

ЧЕРКЕ́СКА, -и, *ж.* У кавказских горцев и казаков: узкий длинный кафтан, затянутый в талии, без ворота и с клинообразным вырезом на груди.

ЧЕРКЕ́ССКИЙ, -ая, -ое. **1.** *см.* черкесы. **2.** Относящийся к черкесам, к их языку (кабардино-черкесскому), национальному характеру, образу жизни, культуре, а также к территории их проживания (Карачаево-Черкесии), её внутреннему устройству, истории; такой, как у черкесов, как в Карачаево-Черкесии. *Ч. язык* (абхазо-адыгской группы кавказских языков). *Ч. кинжал. По-черкесски* (нареч.).

ЧЕРКЕ́СЫ, -ов, *ед.* -е́с, -а, *м.* Народ, относящийся к коренному населению Карачаево-Черкесии. ‖ *ж.* **черке́шенка**, -и. ‖ *прил.* **черке́сский**, -ая, -ое.

ЧЕРКНУ́ТЬ[1], -ну́, -нёшь; *сов., что* (разг.). Написать немного. *Черкни мне несколько строк.*

ЧЕРКНУ́ТЬ[2] *см.* черкать.

ЧЕРНЕ́ТЬ, -е́ю, -е́ешь; *несов.* **1.** Становиться чёрным, тёмным, чернее, темнее. *Серебро чернеет. Ночное небо чернеет.* **2.** (1 и 2 л. не употр.). О чём-н. чёрном, тёмном: виднеться. *Вдали чернеет лес.* ‖ *сов.* **почерне́ть**, -е́ю, -е́ешь (к 1 знач.).

ЧЕРНЕ́ТЬСЯ (-е́юсь, -е́ешься, 1 и 2 л. не употр.), -е́ется; *несов.* То же, что чернеть (во 2 знач.). *На снегу что-то чернеется.*

ЧЕРНЕ́Ц, -а́, *м.* (устар.). То же, что монах. ‖ *ж.* **черни́ца**, -ы.

ЧЕРНЁНЫЙ, -ая, -ое. Подвергшийся чернению, украшенный чернью[2]. *Чернёная сабля.*

ЧЕРНИ́КА, -и, *ж.* Кустарничек сем. брусничных с круглыми чёрно-синими сладкими ягодами, а также ягоды его. ‖ *прил.* **черни́чный**, -ая, -ое. *Ч. кисель.*

ЧЕРНИ́ЛА, -и́л. Красящая жидкость для писания. *Чёрные ч. Красные ч.* ‖ *прил.* **черни́льный**, -ая, -ое. *Ч. прибор. Ч. карандаш* (то же, что химический карандаш). *Чернильные орешки* (наросты на листьях дуба и нек-рых других деревьев, богатые дубильными веществами; спец.). *Чернильная война* (перен.: о печатной полемике; устар. ирон.). *Чернильная душа* (перен.: о канцелярском чиновнике; устар. неодобр.).

ЧЕРНИ́ЛЬНИЦА, -ы, *ж.* Небольшой сосуд для чернил. *Обмакнуть перо в чернильницу. Пьеса ещё в чернильнице* (только задумана; шутл.).

ЧЕРНИ́ЛЬНО-... *Первая часть сложных слов со знач.* с чернильным оттенком, напр. *чернильно-лиловый, чернильно-чёрный.*

ЧЕРНИ́ЛЬНЫЙ, -ая, -ое. **1.** *см.* чернила. **2.** Тёмно-фиолетовый, цвета чернил. *Кромешная, непроглядная чернильная тьма.* ‖ *сущ.* **черни́льность**, -и, *ж.*

ЧЕРНИ́ТЬ, -ню́, -ни́шь; -нённый; *несов.* **1.** *кого-что.* Делать чёрным, красить в чёрный цвет. *Ч. брови.* **2.** *перен., кого-что.* То же, что порочить. *Ч. своих прежних друзей.* **3.** *что.* Покрывать (поверхность металлического изделия) окисляющим составом для украшения или для предохранения от коррозии. *Ч. серебро. Ч. сталь* (воронить). ‖ *сов.* **зачерни́ть**, -ню́, -ни́шь; -нённый (к 1 знач.), **начерни́ть**, -ню́, -ни́шь; -нённый (к 1 знач.) *и* **очерни́ть**, -ню́, -ни́шь; -нённый (ко 2 знач.). ‖ *сущ.* **черне́ние**, -я, *ср.* (к 1 и 3 знач.). ‖ *прил.* **черни́льный**, -ая, -ое (к 1 знач.; спец.). *Чернильная железа* (у головоногих моллюсков: орган, в к-ром образуется чёрный пигмент).

ЧЕРНИ́ЧИНА, -ы, *ж.* (разг.). Одна ягода черники.

ЧЕРНИ́ЧНИК, -а, *м.* Место в лесу, где растёт черника.

ЧЕРНО... и **ЧЁРНО-...** *Первая часть сложных слов со знач.:* 1) с чёрным (в 1 знач.), чёрный (в 1 знач.), напр. *чернобородый, черноволосый, черноглазый, черногривый, чёрно-коричневый, чёрно-пегий;* 2) чёрный (во 2 знач.), напр. *чернозём, черноостый, черноплодный, чернослив, чернотроп;* 3) чёрный (в 8 знач.), напр. *чернорабочий;* 4) в старых народных представлениях: относящийся к нечистой силе, напр. *чернокнижник, чернокнижие;* 5) относящийся к чёрному лесу, напр. *чернолесье;* 6) относящийся к чёрному духовенству, напр. *черноризец* (монах, чернец), *чернорясный* (о монахе: носящий чёрную рясу); 7) относящийся к чёрной сотне, напр. *черносотенный, черносотенец;* 8) относящийся к чёрному народу (см. чёрный в 9 знач.), напр. *чернородье* (стар.); 9) относящийся к чёрным землям, к чёрному крестьянству (см. чёрный в 10 знач.), напр. *черносошный* (о крестьянах: живущих на чёрных землях; стар.).

ЧЕРНОБРО́ВЫЙ, -ая, -ое; -о́в. С чёрными бровями. *Чернобровая красавица.*

ЧЕРНОБУ́РКА, -и, *ж.* (разг.). Выделанный мех серебристо-чёрной [по старому названию «чёрно-бурой»] лисы. *Пальто с чернобуркой.*

ЧЕРНОБЫ́ЛЬНИК, -а и **ЧЕРНОБЫ́Л**, -а, *м.* Растение, разновидность полыни с красновато-бурыми или фиолетово-бурыми стеблями. ‖ *прил.* **чернобы́льный**, -ая, -ое.

ЧЕРНОВИ́К, -а́, *м.* Черновая рукопись. *Переписывать с черновика на беловик.*

ЧЕРНОВО́Й, -а́я, -о́е. **1.** Сделанный, написанный начерно. *Черновая рукопись. Ч. вариант. Ч. набросок.* **2.** Не требующий специальных знаний, квалификации (о труде). *Черновая работа.*

ЧЕРНОВОЛО́СЫЙ, -ая, -ое; -о́с. С чёрными волосами. *Черноволосая голова.*

ЧЕРНОГЛА́ЗЫЙ, -ая, -ое; -а́з. С чёрными глазами. *Ч. мальчуган.*

ЧЕРНОГОЛО́ВЫЙ, -ая, -ое; -о́в. С чёрными волосами (о человеке), с чёрной головой (о животном).

ЧЕРНОГО́РСКИЙ, -ая, -ое. **1.** *см.* черногорцы. **2.** Относящийся к черногорцам, к их языку (диалекту сербскохорватского), национальному характеру, образу жизни, культуре, а также к Черногории, её территории, внутреннему устройству, истории; такой, как у черногорцев, как в Черногории.

ЧЕРНОГО́РЦЫ, -ев, *ед.* -рец, -рца, *м.* Народ, составляющий основное население Черногории. ‖ *ж.* **черного́рка**, -и. ‖ *прил.* **черного́рский**, -ая, -ое.

ЧЕРНОЗЁМ, -а (-у), *м.* Плодородная перегнойная почва тёмного цвета. ‖ *прил.* **чернозёмный**, -ая, -ое. *Чернозёмная полоса.*

ЧЕРНОКНИ́ЖИЕ, -я, *ср.* В старину: колдовство, основанное на общении с нечистой силой, с дьяволом, посредством так наз. чёрных книг. ‖ *прил.* **чернокни́жный**, -ая, -ое.

ЧЕРНОКНИ́ЖНИК, -а, *м.* В старину: человек, занимающийся чернокнижием.

ЧЕРНОКО́ЖИЙ, -ая, -ое; -о́ж. Принадлежащий к негроидной расе, с тёмной кожей. *Белые и чернокожие* (сущ.).

ЧЕРНОЛЕ́СЬЕ, -я, *ср.* Лиственный лес.

ЧЕРНОМА́ЗЫЙ, -ая, -ое; -а́з (прост. неодобр.). Смуглый и черноволосый, чернявый. *Ч. парень.*

ЧЕРНОМО́РЕЦ, -рца, *м.* Моряк Черноморского флота.

ЧЕРНОПЛО́ДНЫЙ, -ая, -ое: **черноплодная рябина** — кустарник сем. розоцветных с собранными в кисти горьковатыми лилово-черными плодами (ягодами), а также сами ягоды.

ЧЕРНОРАБО́ЧИЙ, -его, *м.* Рабочий, используемый на физической работе, не требующей квалификации. ‖ *ж.* **чернорабо́чая**, -ей.

ЧЕРНОРУБА́ШЕЧНИК, -а, *м.* Итальянский фашист.

ЧЕРНОСЛИ́В, -а, *м.* Сушёные сливы особых сортов, обычно тёмные. ‖ *прил.* **черносли́вный**, -ая, -ое *и* **черносли́вовый**, -ая, -ое.

ЧЕРНОСЛИ́ВИНА, -ы, *ж.* (разг.). Одна ягода чернослива.

ЧЕРНОСО́ТЕНЕЦ, -нца, *м.* В России в нач. 20 в.: член шовинистической организации, так. наз. «Чёрной сотни», входящей в «Союз русского народа» [*первонач.* на Руси «чёрная сотня» — народный ополченческий отряд]. ‖ *ж.* **черносо́тенка**, -и. ‖ *прил.* **черносо́тенский**, -ая, -ое. *Черносотенские погромы.*

ЧЕРНОСО́ТЕННЫЙ, -ая, -ое. Свойственный черносотенцам, реакционно-шовинистический.

ЧЕРНОТА́Л, -а, *м.* Вид ивы. ‖ *прил.* **черното́ловый**, -ая, -ое.

ЧЕРНОТРО́П, -а, *м.* Время поздней осени до выпадения снега, а также осенние дороги, ещё не покрытые снегом. *Охотиться по чернотропу.*

ЧЕРНУ́ХА, -и, *ж.* **1.** То же, что чернушка (во 2 знач.) (обл.). **2.** Показ тёмных, мрачных сторон жизни, быта (прост. пренебр.).

ЧЕРНУ́ШКА, -и, *ж.* **1.** Смуглая черноволосая женщина или девочка (разг.). **2.** Съедобный пластинчатый гриб с тёмной вдавленной шляпкой.

ЧЕРНЬ[1], -и, *ж.* (устар.). **1.** В дворянском обществе, в высокопарно-презрительной речи: люди, принадлежащие к непривилегированным классам. **2.** Люди, далёкие от духовной жизни, высоких идеалов. *Светская ч.*

ЧЕРНЬ[2], -и, *ж.* Гравировка на металле (серебре, золоте), штрихи к-рой заполнены чёрным металлическим сплавом. *Кубок с чернью.* ‖ *прил.* **чернево́й**, -а́я, -о́е *и* **че́рневый**, -ая, -ое.

ЧЕРНЯ́ВЫЙ, -ая, -ое; -я́в (прост.). Смуглый и черноволосый.

ЧЕРНЯ́К, -а, *м.* (разг.). Чёрный баллотировочный шар. *Набросать черняков* (забаллотироваться).

ЧЕРПА́К, -а́, *м.* Приспособление для черпания — ковш на длинной рукоятке, черпающая часть механизма. ‖ *прил.* **черпако́вый**, -ая, -ое (спец.).

ЧЕРПА́ЛКА, -и, *ж.* (разг.). Сосуд для черпания.

ЧЕ́РПАТЬ, -аю, -аешь; -анный; *несов., что.* **1.** Доставать, набирать чем-н. что-н. (жидкое, сыпучее). *Ч. воду из кадки. Экскаватор черпает землю ковшом. Лодка черпает носом воду* (перен.: погружается в воду). **2.** *перен.* Приобретать, извлекать откуда-н. (книжн.). *Ч. силы. Ч. уверенность. Ч. знания.* ‖ *однокр.* **черпну́ть**, -ну́, -нёшь (к 1 знач.). ‖ *сущ.* **че́рпание**, -я, *ср.* ‖ *прил.* **черпа́льный**, -ая, -ое (к 1 знач.).

ЧЕРСТВЕ́ТЬ, -е́ю, -е́ешь; *несов.* **1.** (1 и 2 л. не употр.). Становиться чёрствым (в 1 знач.), черствее. *Хлеб черствеет.* **2.** Становиться огрубелым, чёрствым (во 2 знач.). *Душа черствеет.* ‖ *сов.* **зачерстве́ть**, -е́ет (к 1 знач.), **очерстве́ть**, -е́ю, -е́ешь (ко 2 знач.) *и* **почерстве́ть**, -е́ю, -е́ешь.

ЧЕРТА́, -ы́, *ж.* **1.** Узкая полоса. *Провести черту. Подвести черту под чем-н.* (также перен.: подвести итог, покончить с каким-н. делом). **2.** Граница, предел. *Пограничная ч. В черте города* (в его границах, внутри). *Последняя ч.* (перен.: крайний предел). **3.** Свойство, отличительная особенность. *Черты характера. Неприятная ч. в поведении.* **4.** *мн.* То же, что черты лица. *Обострившиеся черты.* ✦ **Черты лица** — очертания, облик лица. *Красивые черты лица.* **В общих чертах** — без подробностей. **Черта оседлости** — в царской России: территория, за пределами к-рой не разрешалось жить евреям. ‖ *уменьш.* **чёрточка**, -и, *ж.* (к 1, 3 и 4 знач.).

ЧЕРТЁЖ, -а́, *м.* Изображение чего-н. чертами, линиями на плоскости. *Ч. здания. Рабочие чертежи.*

ЧЕРТЁЖНИК, -а, *м.* Специалист по черчению. ‖ *ж.* **чертёжница**, -ы. ‖ *прил.* **чертёжнический**, -ая, -ое.

ЧЕРТЁНОК, -нка, *мн.* -ня́та, -ня́т, *м.* (разг.). **1.** Маленький чёртик. **2.** *перен.* О резвом и шаловливом ребёнке. ‖ *прил.* **чертеня́чий**, -ья, -ье.

ЧЕРТИ́ТЬ[1], черчу́, че́ртишь; че́рченный; *несов., что.* **1.** Проводить (черту, черты, линии). *Ч. рейсфедером.* **2.** Изготовлять чертёж чего-н. *Ч. план местности.* ‖ *сов.* **начерти́ть**, -ерчу́, -е́ртишь; -е́рченный. ‖ *сущ.* **черче́ние**, -я, *ср.* ‖ *прил.* **чертёжный**, -ая, -ое (ко 2 знач.). *Чертёжные работы. Чертёжная доска.*

ЧЕРТИ́ТЬ[2], черчу́, черти́шь; *несов.* (прост.). То же, что куролесить.

ЧЕРТО́ВКА, -и, *ж.* (прост.). Бранное слово (о женщине). *Всё эта старая ч. насплетничала.*

ЧЕРТОВНЯ́, -и́, *ж.* (прост.). То же, что чертовщина. *Закрутилась какая-то ч.*

ЧЕРТО́ВСКИЙ, -ая, -ое (прост.). **1.** *см.* чёрт. **2.** То же, что чёртов (во 2 знач.) (прост.). *Чертовская усталость. Чертовски* (нареч.) *весело.*

ЧЕРТОВЩИ́НА, -ы, *ж.* (разг.). Дьявольщина, невероятное, непонятное стечение обстоятельств. *Что за ч. здесь творится?*

ЧЕРТО́Г, -а, *мн.* также *в знач. ед., м.* (устар. высок.). Пышное, великолепное помещение или здание, дворец. *Царские чертоги.*

ЧЕРТОПОЛО́Х, -а, *м.* Сорное колючее растение сем. сложноцветных с кустистым стеблем и пунцовыми цветками. ‖ *прил.* **чертополо́ховый**, -ая, -ое.

ЧЕРТЫХА́ТЬСЯ, -а́юсь, -а́ешься; *несов.* (разг.). Ругаться, поминая чёрта. ‖ *однокр.* **чертыхну́ться**, -ну́сь, -нёшься. ‖ *сущ.* **чертыха́нье**, -я, *ср.*

ЧЕРЧЕ́НИЕ, -я, *ср.* **1.** *см.* чертить[1]. **2.** Предмет школьного преподавания — обучение построению чертежей. *Урок черчения.*

ЧЕСА́ЛКА, -и, *ж.* Приспособление для расчёсывания чего-н. (напр. льна, шерсти).

ЧЕСА́ТЬ, чешу́, че́шешь; чёсанный; чеша́; *несов.* **1.** *кого-что.* Скрести для облегчения зуда. *Ч. спину. Ч. в затылке* (также о жесте, выражающем нерешительность, затруднение; разг.). **2.** *кого-что.* Причёсывать, расчёсывать (прост.). *Ч. волосы. Ч. косу.* **3.** *что.* Очищать и разравнивать гребнем, щёткой. *Ч. лён, шерсть.* **4.** *перен.* Употр. для обозначения быстрого, энергичного действия (прост.). *Чешет по дороге* (быстро бежит). *Так и чешет стихи наизусть. Ч. на гармошке, на балалайке.* ✦ **Чесать язык** (языком) (разг.) — заниматься пустой болтовней. ‖ *сов.* **почеса́ть**, -ешу́, -е́шешь; -ёсанный; (к 1 знач.). ‖ *однокр.* **чесану́ть**, -ну́, -нёшь (к 1 и 4 знач.). ‖ *сущ.* **чеса́ние**, -я, *ср.* (к 1, 2 и 3 знач.) *и* **чёска**, -и, *ж.* (к 3 знач.; спец.). ‖ *прил.* **чеса́льный**, -ая, -ое (к 3 знач.; спец.). *Ч. цех. Чесальная машина.*

ЧЕСА́ТЬСЯ, чешу́сь, че́шешься; чеша́сь; *несов.* **1.** Чесать (в 1 знач.) себе какую-н. часть тела. *Свинья чешется о забор.* **2.** Об ощущении зуда. *Комары кусаются, весь чешусь. Руки чешутся от крапивы. Спина чешется.* **3.** Причёсываться, расчёсываться (прост.). **4.** обычно *в формах 2 и 3 л., с отриц.* Собираться, раскачиваться (в 3 знач.) (прост.). *Пора ехать, а он ещё и не чешется.* ✦ **Язык чешется** *у кого* (разг.) — о том, кому трудно молчать, не терпится сказать. **Руки чешутся** (разг.) — 1) *у кого,* хочется подраться; 2) *на что и с неопр.,* хочется, не терпится сделать что-н. *Руки чешутся на работу.* ‖ *сов.* **почеса́ться**, -ешу́сь, -е́шешься. ‖ *сущ.* **чеса́ние**, -я, *ср.*

ЧЕСНО́К, -а́ (-у́), *м.* Огородное и дикорастущее растение сем. лилейных с острым вкусом и резким запахом, а также его дольчатая луковица. ‖ *уменьш.* **чесночо́к**, -чка́ (-чку́), *м.* ‖ *прил.* **чесно́чный**, -ая, -ое.

ЧЕСО́ТКА, -и, *ж.* Болезнь кожи, вызываемая клещами и характеризующаяся сильным зудом. ‖ *прил.* **чесо́точный**, -ая, -ое. *Ч. клещ.*

ЧЕ́СТВОВАТЬ, -твую, -твуешь; *несов., кого (что).* Воздавать почести кому-н. *Ч. юбиляра.* ‖ *сущ.* **че́ствование**, -я, *ср.*

ЧЕСТИ́ТЬ, чещу́, чести́шь; *несов., кого-что* (прост.). Бранить, обзывать обидными словами. *Честит меня и дураком и неучем.*

ЧЕСТНО́Й, -а́я, -о́е (устар.). Почтенный, уважаемый. *Честное семейство.* ✦ **При всём честном народе** (разг.) — при всех, на виду у всех. **Честная компания** (разг. ирон.) — дружная или весёлая компания. **Мать честная!** (разг.) — восклицание, выражающее удивление, радость, огорчение.

ЧЕ́СТНЫЙ, -ая, -ое; -тен, -тна́, -тно, -тны́ *и* -тны. **1.** Проникнутый искренностью и прямотой, добросовестный. *Ч. человек. Ч. труд. Поступить честно* (нареч.). *Честные намерения. Ч. взгляд.* **2.** Заслуживающий уважения, безупречный. *Честная жизнь. Честное имя. Ч. заработок* (трудовой). ✦ **Честное слово** — уверение в искренности, правдивости чего-н. **На честном слове держаться** (разг. шутл.) — о чём-н., что держится непрочно, готово оторваться, упасть. ‖ *сущ.* **че́стность**, -и, *ж.*

ЧЕСТОЛЮ́БЕЦ, -бца, *м.* Излишне честолюбивый человек.

ЧЕСТОЛЮБИ́ВЫЙ, -ая, -ое; -и́в. Склонный к честолюбию, вызываемый честолюбием. *Ч. человек. Честолюбивые замыслы.*

ЧЕСТОЛЮ́БИЕ, -я, *ср.* Жажда известности, почестей, стремление к почётному положению.

ЧЕСТЬ, -и, о че́сти, в че́сти *и* в чести́, *ж.* **1.** Достойные уважения и гордости моральные качества человека; его соответствующие принципы. *Долг чести. Дело чести* (касается чьей-н. чести). *Задеть чью-н. ч. Суд чести* (офицерский). **2.** Хорошая, незапятнанная репутация, доброе имя. *Ч. семьи. Береги ч. смолоду* (посл.). *Ч. фабричной марки. Ч. мундира* (о чьём-н. официальном авторитете, репутации; ирон.). **3.** Целомудрие, непорочность. *Девичья ч.* **4.** Почёт, уважение. *Ч. по труду. Воздать ч. кому-н. Ч. и слава героям!* ✦ **Была бы честь предложена** (разг.) — говорится в ответ на отказ, как хотите, не хотите и не надо. **Ваша (твоя, его, её, их) честь** (устар.) — в России до революции: то же, что ваша (твоя и т. д.) милость. *Есть, да не про вашу честь* (погов.: есть, да не для вас). **В чести́** *кто* (разг.) — пользуется почётом. **В честь** *кого-чего, в знач. предлога с род п.* — специально ради кого-н., в знак уважения к кому-чему-н. *Приём в честь делегации.* **С честью выйти** (из какого-н. положения) — найти достойный выход. **Делать честь** *кому-чему* — 1) характеризовать с хорошей стороны. *Такой поступок делает честь его уму и сердцу;* 2) оказывать уважение. *Делать честь своим визитом.* **Честь имею** (просить, предложить, сообщить) (устар.) — формула вежливости в речи, обращённой к вышестоящему лицу. *Имею честь представить вам моего друга.* **К чести** *кого* — хорошо характеризует кого-н., делает честь кому-н. **Много чести** *кому* (разг. неодобр.) — не заслужил, не достоин кто-н. чего-н. *Мне перед ним извиняться? Много чести.* **Отдать честь** — 1) *кому,* приветствовать, прикладывая руку к головному убору. *Отдать честь офицеру;* 2) *чему,* оказывать должное внимание чему-н. (шутл.). *Отдать честь угощению.* **Поле чести** (устар. высок.) — то же, что поле брани. **Пора** (или **надо**) **и честь знать**

(разг.) — хватит, пора кончать (делать что-н.). *Погостили, пора и честь знать.* **По чести сказать,** *вводн. сл.* (разг.) — говоря откровенно. **С честью выполнить** *что* — сделать что-н. очень хорошо, успешно справиться с чем-н. **Честью просить** (прост.) — просить вежливо, не угрожая, не принуждая. **Честь и место!** (устар. разг.) — вежливое приглашение садиться. **Честь честью** (разг.) — хорошо, как следует, как полагается. **Честь по чести** (прост.) — то же, что честь честью.

ЧЕСУЧА́, -и́, *ж.* Плотная шёлковая ткань, обычно желтовато-песочного цвета. ‖ *прил.* **чесучо́вый,** -ая, -ое.

ЧЕТА́, -ы́, *ж.* (устар.). 1. Два предмета или два лица, пара (высок.). *Идти ч. за четой* (пара за парой). 2. Муж и жена или двое влюблённых. *Супружеская ч. Счастливая ч.* ✦ **Не чета** *кто-что кому-чему* (разг.) — не ровня, лучше кого-чего-н. в каком-н. отношении. *Этот работник не тебе чета.*

ЧЕТВЕ́РГ, -а́, *м.* Четвёртый день недели. *После дождичка в ч.* (шутливая погов. о том, что произойдёт не скоро или неизвестно когда). ‖ *прил.* **четвергóвый,** -ая, -ое (разг.).

ЧЕТВЕРЕ́НЬКИ, -нек. Поза, в к-рой человек стоит, одновременно опираясь на обе руки и ноги. *Опуститься на ч. На четвереньках стоять, ходить. Подняться с четверенек.*

ЧЕТВЕРИ́К, -а́, *м.* 1. Старая русская мера или предмет, содержащий четыре какие-н. единицы, напр. пачка в четыре свечи и весом в один фунт, куль в четыре пуда. 2. Старая русская мера сыпучих тел, равная 26,2 л. *Ч. ржи.* 3. То же, что четверня. *Ехать четвериком.* ‖ *прил.* **четверико́вый,** -ая, -ое.

ЧЕТВЕРНО́Й, -а́я, -о́е. В четыре раза больший. *В четверном размере.*

ЧЕТВЕРНЯ́, -и́, *род. мн.* -е́й, *ж.* Упряжка в четыре лошади. *Ехать четвернёй.*

ЧЕ́ТВЕРО, -ы́х, -ы́м, *числит. собир.* 1. С существительными мужского рода, обозначающими лиц, с личными местоимениями мн. ч. и без зависимого слова: количество четыре. *Ч. братьев. Ч. санитаров. Ч. детей. Нас ч. Встретил четверых. Делить на четверых.* 2. обычно *им.* и *вин. п.* С существительными, имеющими только мн. ч.: четыре предмета. *Ч. суток. Ч. саней. Ч. очков. Ч. ножниц. Ч. щипцов. Ч. штанов.* 3. обычно *им.* и *вин. п.* С нек-рыми существительными, обозначающими предметы, существующие или носимые в паре: четыре пары. *У меня не ч. глаз. Надела ч. носков.* ✦ **За четверых** — так, как могут только четверо. *Ест за четверых.*

ЧЕТВЕРОКЛА́ССНИК, -а, *м.* Ученик четвёртого класса. ‖ *ж.* **четверокла́ссница,** -ы.

ЧЕТВЕРОНО́ГИЙ, -ая, -ое. Имеющий четыре ноги. *Ч. друг* (о собаке).

ЧЕТВЕРОСТИ́ШИЕ, -я, *ср.* Отдельное стихотворение в четыре строки или строфа в четыре строки.

ЧЕТВЕРТА́К, -а́, *м.* (устар. и прост.). Двадцать пять копеек. ‖ *прил.* **четвертако́вый,** -ая, -ое.

ЧЕТВЕРТИ́НКА, -и, *ж.* (разг.). 1. То же, что четвертушка. *Разрезать на четвертинки.* 2. Бутылка водки или вина ёмкостью в четверть литра.

ЧЕТВЕРТИ́ЧНЫЙ, -ая, -ое (спец.). Относящийся к новейшей (кайнозойской) эре в геологической истории Земли. *Ч. период. Четвертичные отложения. Четвертичные ископаемые.*

ЧЕТВЕРТНО́Й, -а́я, -о́е. 1. *см.* четверть. 2. Ценностью в двадцать пять рублей (устар. разг.). *Ч. билет. Заплатил четвертную* (сущ.; двадцать пять рублей; прост.).

ЧЕТВЕРТОВА́ТЬ, -ту́ю, -ту́ешь; -о́ванный; *сов. и несов., кого (что).* В старину: казнить отсечением рук, ног и головы. ‖ *сущ.* **четвертова́ние,** -я, *ср.*

ЧЕТВЕРТУ́ШКА, -и, *ж.* (разг.). Четвёртая часть чего-н. *Ч. буханки. Писать на четвертушке* (т. е. на четвёртой части писчего листа). ‖ *прил.* **четверту́шечный,** -ая, -ое.

ЧЕ́ТВЕРТЬ, -и, *мн.* -и, -е́й, *ж.* 1. Четвёртая часть целого. *Ч. часа. Ч. года. 12 часов без четверти* (т. е. 11 ч. 45 м.). *Ч. такта.* 2. Четвёртая часть учебного года. *Вторая ч. Отметки за ч.* 3. Старая русская мера, первонач. равная четвёртой части какой-н. единицы измерения. *Ч. вина* (1/4 часть ведра). *Ч. ржи* (1/4 часть кади). 4. Обиходная мера длины, равная расстоянию между кончиками большого и среднего пальцев широко раздвинутой кисти (1/4 часть аршина). ‖ *прил.* **четвертно́й,** -а́я, -о́е (ко 2 и 3 знач.). *Четвертные шахматы* (на доске в 160 клеток).

ЧЕТВЕРТЬФИНА́Л, -а, *м.* В спортивных состязаниях: игра на первенство, предшествующая полуфиналу. *Выйти в ч.* ‖ *прил.* **четвертьфина́льный,** -ая, -ое. *Четвертьфинальная встреча.*

ЧЕТВЁРКА, -и, *ж.* 1. Цифра 4, а также (о сходных или однородных предметах) количество четыре (разг.). *Написать четвёрку по клеточкам тетради. Ч. свечей. Ч. конвоиров.* 2. Школьная учебная отметка «хорошо». *Учиться хорошо, на четвёрки.* 3. Название чего-н., содержащего четыре одинаковые единицы. *Ч. бубен* (игральная карта). *Карета заложена четвёркой* (т. е. упряжка в четыре лошади). *Лодка-ч.* (с четырьмя гребцами). 4. Название чего-н. (обычно транспортного средства), обозначенного цифрой 4 (разг.). *Езжу на четвёрке* (т. е. на трамвае, автобусе, троллейбусе под номером 4). ‖ *уменьш.* **четвёрочка,** -и, *ж.* ‖ *прил.* **четвёрочный,** -ая, -ое (ко 2 и в нек-рых сочетаниях к 3 знач.).

ЧЕТВЁРОЧНИК, -а, *м.* (разг.). Хороший ученик, получающий обычно четвёрки. ‖ *ж.* **четвёрочница,** -ы.

ЧЕТВЁРТКА, -и, *ж.* (устар. разг.). 1. Четверть фунта[1] (в 1 знач.). *Ч. табаку. Ч. чаю.* 2. То же, что четвертушка.

ЧЕТВЁРТЫЙ, -ая, -ое. 1. *см.* четыре. 2. **четвёртая,** -ой. Получаемый делением на четыре. *Четвёртая часть* (одна четверть). *Одна четвёртая* (сущ.).

ЧЕТЫ́РЕ, четырёх, четырём, четырьмя́, о четырёх, *числит. колич.* 1. Число, цифра и количество 4. 2. *нескл.* То же, что четвёрка (во 2 знач.). *За сочинение получил ч.* ‖ *порядк.* **четвёртый,** -ая, -ое (к 1 знач.).

ЧЕТЫ́РЕЖДЫ, *нареч.* Четыре раза. *Ч. пять — двадцать.*

ЧЕТЫ́РЕСТА, четырёхсо́т, четырёмста́м, четырьмяста́ми, о четырёхста́х, *числит. колич.* Число и количество 400. ‖ *порядк.* **четырехсо́тый,** -ая, -ое.

ЧЕТЫРЁХ... *Первая часть сложных слов со знач.:* 1) содержащий четыре какие-н. единицы, состоящий из четырёх единиц, напр. *четырёхактный, четырёхбалльный, четырёхглавый, четырёхдневный, четырёхголосный, четырёхгранный, четырёхместный, четырёхпроцентный, четырёхструнный;* 2) относящийся к четырём, напр. *четырёхчасовой* (поезд).

ЧЕТЫРЁХГОДИ́ЧНЫЙ, -ая, -ое. Продолжительностью в четыре года. *Четырёхгодичное обучение.*

ЧЕТЫРЁХКРА́ТНЫЙ, -ая, -ое. Повторяющийся четыре раза, увеличенный в четыре раза. *Четырёхкратное напоминание. В четырёхкратном размере. Ч. чемпион* (четыре раза завоевавший это звание). ‖ *сущ.* **четырёхкра́тность,** -и, *ж.*

ЧЕТЫРЁХЛЕ́ТИЕ, -я, *ср.* 1. Срок в четыре года. 2. *чего.* Годовщина события, бывшего четыре года тому назад. *Ч. завода* (четыре года со дня основания). ‖ *прил.* **четырёхле́тний,** -яя, -ее.

ЧЕТЫРЁХЛЕ́ТНИЙ, -яя, -ее. 1. *см.* четырёхлетие. 2. Существующий или просуществовавший, проживший четыре года. *Ч. стаж. Ч. ребёнок.*

ЧЕТЫРЁХПА́ЛЫЙ, -ая, -ое. Имеющий только четыре пальца на руке или ноге (о животных — четыре пальца на лапе). *Четырёхпалая рука. Четырёхпалая нога птицы.*

ЧЕТЫРЁХПО́ЛЬЕ, -я, *ср.* Севооборот, при к-ром обрабатываемая земля делится на четыре поля, последовательно засеваемые разными культурами. ‖ *прил.* **четырёхпо́льный,** -ая, -ое.

ЧЕТЫРЁХРА́ЗОВЫЙ, -ая, -ое. Осуществляющийся, используемый четыре раза. *Четырёхразовое питание.*

ЧЕТЫРЁХСКА́ТНЫЙ, -ая, -ое. Имеющий четыре ската[1] в разные стороны. *Четырёхскатная крыша.*

ЧЕТЫРЁХСОТЛЕ́ТИЕ, -я, *ср.* 1. Срок в четыреста лет. 2. *чего.* Годовщина события, бывшего четыреста лет тому назад. *Ч. города* (четыреста лет со дня основания). ‖ *прил.* **четырёхсотле́тний,** -яя, -ее.

ЧЕТЫРЁХСОТЛЕ́ТНИЙ, -яя, -ее. 1. *см.* четырёхсотлетие. 2. Просуществовавший четыреста лет.

ЧЕТЫРЁХСТО́ПНЫЙ, -ая, -ое (спец.). Состоящий из четырёх стихотворных стоп. *Ч. ямб.*

ЧЕТЫРЁХТА́КТНЫЙ, -ая, -ое (спец.). 1. Продолжительностью в четыре такта. 2. О двигателе внутреннего сгорания: работающий в четыре такта (хода), т. е. за два оборота коленчатого вала.

ЧЕТЫРЁХТЫ́СЯЧНЫЙ, -ая, -ое. 1. *числит. порядк.* к четыре тысячи. 2. Ценой в четыре тысячи. 3. Состоящий из четырёх тысяч единиц.

ЧЕТЫРЁХУГО́ЛЬНИК, -а, *м.* Геометрическая фигура — многоугольник с четырьмя углами, а также всякий предмет, устройство такой формы.

ЧЕТЫРЁХУГО́ЛЬНЫЙ, -ая, -ое. 1. В форме четырёхугольника, имеющий четыре угла. *Четырёхугольная площадка.* 2. По форме напоминающий четырёхугольник. *Четырёхугольное лицо.*

ЧЕТЫРЁХЧАСОВО́Й, -а́я, -о́е. 1. Продолжительностью в четыре часа. *Ч. промежуток.* 2. Назначенный на четыре часа. *Ч. поезд.*

ЧЕТЫ́РНАДЦАТЬ, -и, *числит. колич.* Число и количество 14. ‖ *порядк.* **четы́рнадцатый,** -ая, -ое.

ЧЕХАРДА́, -ы́, *ж.* 1. Игра, в к-рой один из игроков, разбежавшись, перепрыгивает через другого, подставляющего ему для упора согнутую спину. 2. *перен.* Частые изменения в чём-н., создающие неопределённое, неустойчивое положение (разг. неодобр.). *Министерская ч.* (частая смена министров).

ЧЕ́ХИ, -ов, *ед.* чех, -а *м.* Народ, составляющий основное население Чехии. ‖ *ж.* **че́шка**, -и. ‖ *прил.* **че́шский**, -ая, -ое.

ЧЕХЛИ́ТЬ, -лю́, -ли́шь; -лённый (-ён, -ена́); *несов., что* (спец.). Закрывать чехлом, чехлами. *Ч. орудия.* ‖ *сов.* **зачехли́ть**, -лю́, -ли́шь; -лённый (-ён, -ена́).

ЧЕХО́Л, -хла́, *м.* **1.** Покрышка из мягкого материала, сделанная по форме предмета и защищающая его от загрязнения, влаги. *Ч. для сиденья. Мягкая мебель в чехлах. Орудия в чехлах.* **2.** Род нижней одежды, надеваемой под прозрачное платье, кофту. *Атласный ч. Газовое платье на чехле.* ‖ *уменьш.* **чехо́льчик**, -а, *м.* ‖ *прил.* **чехо́льный**, -ая, -ое.

ЧЕЧЕВИ́ЦА, -ы, *ж.* Растение сем. бобовых, а также его круглые, с двух сторон выпуклые зёрна. ‖ *прил.* **чечеви́чный**, -ая, -ое. *За чечевичную похлёбку продать кого-н.* (перен.: изменить, предать из мелкой корысти, выгоды; книжн. презр. [по библейскому сказанию об Исаве, продавшем своё право первородства брату-близнецу за чечевичную похлёбку]).

ЧЕЧЕ́НСКИЙ, -ая, -ое. **1.** *см.* чеченцы. **2.** Относящийся к чеченцам, к их языку, национальному характеру, образу жизни, культуре, а также к Чечне, её территории, внутреннему устройству, истории; такой, как у чеченцев, как в Чечне. *Ч. язык* (нахской группы кавказских языков). *Чеченская шашка. По-чеченски* (нареч.).

ЧЕЧЕ́НЦЫ, -ев, *ед.* -нец, -нца *м.* Народ, составляющий основное коренное население Чечни. ‖ *ж.* **чече́нка**, -и. ‖ *прил.* **чече́нский**, -ая, -ое.

ЧЕ́ЧЕТ, -а, *м.* Самец чечётки[1].

ЧЕЧЁТКА[1], -и, *ж.* Небольшая птица сем. вьюрковых.

ЧЕЧЁТКА[2], -и, *ж.* Танец (преимущ. мужской) с частым, дробным пристукиванием. *Отбивать чечётку.* ‖ *прил.* **чечёточный**, -ая, -ое.

ЧЕ́ШКИ, -шек, -шкам, *ед.* че́шка, -и, *ж.* Гимнастические тапочки.

ЧЕ́ШСКИЙ, -ая, -ое. **1.** *см.* чехи. **2.** Относящийся к чехам, к их языку, национальному характеру, образу жизни, культуре, а также к Чехии, её территории, внутреннему устройству, истории; такой, как у чехов, как в Чехии. *Ч. язык* (западнославянской группы индоевропейской семьи языков). *Чешские области. Чешское стекло* (художественный промысел в Чехии с 14–15 вв.). *По-чешски* (нареч.).

ЧЕШУЕ... *Первая часть сложных слов со знач.* относящийся к чешуе, чешуйкам, напр. *чешуевидный, чешуекрылый, чешуеобразный, чешуеочистительный, чешуехвостый.*

ЧЕШУ́ЙКА, -и, *ж.* Пластинка чешуи. *Рыбьи чешуйки.*

ЧЕШУ́ЙЧАТЫЙ, -ая, -ое; -ат. Покрытый чешуёй, чешуйками. *Чешуйчатые пресмыкающиеся. Чешуйчатая шляпка гриба.* ‖ *сущ.* **чешу́йчатость**, -и, *ж.*

ЧЕШУЯ́, -и́, *ж.* Мелкие твёрдые пластинки, расположенные по поверхности (растения, кожи нек-рых животных) так, что каждая тесно прикрывает край соседней. *Рыбья ч.* ‖ *прил.* **чешу́йный**, -ая, -ое.

ЧЁБОТЫ, -ов, *ед.* -от, -а, *м.* (обл.). Высокая закрытая обувь (сапоги, башмаки).

ЧЁЛКА, -и, *ж.* **1.** Прядь гривы, падающая на лоб. **2.** Род причёски — зачёсанные на лоб и подстриженные пряди волос. *Носить чёлку.* ‖ *уменьш.* **чёлочка**, -и, *ж.*

ЧЁЛН, челна́ *мн.* челны́, -о́в, *м.* Выдолбленная из дерева лодка. *Плыви, мой ч., по воле волн* (пусть что-н. происходит по воле случая, как случится, само собой; разг. шутл.)

ЧЁРНО-БЕ́ЛЫЙ, -ая, -ое. **1.** Состоящий из двух отдельных цветов — чёрного и белого. **2.** О фотографии, кинофильме, телефильме: не цветной, не в цвете. *Чёрно-белый фильм. Чёрно-белое изображение.*

ЧЁРНО-БУ́РЫЙ, -ая, -ое: чёрно-бурая **лиса** — прежнее название серебристо-чёрной лисы.

ЧЁРНЫЙ, -ая, -ое; чёрен, черна́, черно́ *и* чёрно. **1.** Цвета сажи, угля. *Ч. креп* (траурный). *Чёрные фигуры* (в шахматах). *Чёрные глаза. Чёрное* (сущ.) *за белое выдавать* (лгать, искажать истину). **2.** *полн. ф.* Тёмный, в противоп. чему-н. более светлому, именуемому белым. *Ч. хлеб* (ржаной). *Ч. гриб. Ч. кофе* (без молока). **3.** Принявший тёмную окраску, потемневший. *Ч. от загара. Руки, чёрные от грязи. Лицо, чёрное от горя.* **4.** *полн. ф.* В старину: то же, что курной. *Чёрная баня. Топить по-чёрному* (нареч.). **5.** *перен.* Мрачный, безотрадный, тяжёлый. *Чёрные мысли. Чёрные дни. В чёрных красках изобразить что-н. Видеть всё в чёрном свете.* **6.** *полн. ф., перен.* Преступный, злостный. *Чёрная душа. Чёрная измена. Чёрное дело сделал кто-н. Чёрные силы реакции.* **7.** *полн. ф.* Не главный, задний (о входе, ходе). *Чёрное крыльцо. С чёрного хода заходить* (также перен.: действовать в обход законных путей). **8.** *полн. ф.* О труде: физически тяжёлый и неквалифицированный. *Чёрная работа.* **9.** *полн. ф.* Принадлежащий к непривилегированным, эксплуатируемым классам общества (устар.). *Ч. народ. Чёрная кость.* **10.** *полн. ф.* На Руси в 12–17 вв.: государственный, не частновладельческий. *Чёрные земли. Чёрные крестьяне.* **11.** *полн. ф.* С тёмной кожей (как признак расы), чернокожий. *Чёрное население США.* ✦ **В чёрном теле держать кого** — плохо обращаться с кем-н., плохо содержать кого-н. **На (про) чёрный день (отложить, копить)** (разг.) — в предвидении нужды, трудностей. **Чёрным по белому (написано)** (разг.) — ясно и недвусмысленно. **Чёрным словом** (ругать, бранить) (устар.) — упоминая чёрта. **Чёрная биржа** — неофициальная, спекулянтская биржа (в 1 знач.). **Чёрный рынок** — незаконные коммерческие операции, спекулятивная торговля. **Чёрные списки** — неофициальные или полуофициальные списки лиц, к-рым оказывается недоверие, к-рых не принимают на службу. ‖ *сущ.* **чернота́**, -ы, *ж.* (к 1 и 3 знач.).

ЧЁРСТВЫЙ, -ая, -ое; чёрств, черства́, чёрство, черствы́ *и* чёрствы. **1.** Засохший и твёрдый. *Ч. хлеб.* **2.** Не отзывчивый, бездушный. *Чёрствое отношение. Чёрствая душа.* ✦ **Чёрствые именины** (разг.) — день, следующий за именинами. ‖ *сущ.* **чёрствость**, -и, *ж.*

ЧЁРТ, -а, *мн.* че́рти, -е́й, *м.* **1.** В религии и народных поверьях: злой дух, олицетворяющее зло сверхъестественное существо в человеческом образе, с рогами, копытами и хвостом; теперь употр. как бранное слово, а также в нек-рых выражениях. *Не так страшен ч., как его малюют* (посл.). *Сам ч. не разберёт* (ничего нельзя понять; разг.). *Чёртом прошёлся, подскочил* (лихо, молодецки; разг.). *Всё к чёрту пошло* (пропало, не удалось; разг.). *К чёрту или ко всем чертям послать* (грубо прогнать, а также обругать; разг.). *Ч. принёс кого-н.* (выражение недовольства по поводу чьего-н. прихода, приезда; прост.). *Ч. возьми!* (восклицание, выражающее удивление, досаду или негодование; разг.). *Ч. дёрнул кого-н. сделать что-н.* (сделал напрасно, не надо было этого делать; прост.). *К чёрту! К чертям! Ко всем чертям. К чертям собачьим! Какого чёрта!* (выражения возмущения, брани; прост.). *Ч. дери, подери или побери!* (то же, что чёрт возьми; прост.). *До чёрта* (очень много; прост. *Грибов там до чёрта*). *К чёрту на рога или на кулички и у чёрта на рогах или на куличках* (перен.: очень далеко; разг.). *На кой ч. или на чёрта* (зачем, для чего; прост. бран.). *Ни черта́* (1) совсем ничего, нисколько; прост. *Денег ни черта́ или ни чёрта нет*; 2) выражение отрицательного отношения, пренебрежения; прост. *Тебе влетит от отца. — Ни черта!*). *Ни к чёрту* (никуда не годится, совсем плохо; прост. *Здоровье ни к чёрту.*). *Чем ч. не шутит* (мало ли что может произойти, всё может случиться; обычно о хорошем; разг.). *Чертям тошно* (очень скучно или очень плохо; разг.). *Ч. его знает* (неизвестно; не знаю, не представляю; разг. *Ч. его знает, куда деваются вещи.*). *Ч. знает что или чёрт-те что!* (восклицание, выражающее возмущение; разг.). *Чёрт-те кто (что, какой)* (неизвестно кто, что, какой; разг. неодобр.и пренебр.). *Чёрт-те где (куда, откуда, когда, зачем, почему, отчего)* (неизвестно где, куда, откуда и т. д.; разг. неодобр.). *Ч. не брат кому-н.* (о том, кто ничего не боится; разг.). *Ч. ногу сломит где-н., в чём-н.* (1) о чём-н. совершенно непонятном; разг.; 2) о полном беспорядке, неразберихе; разг.). *Что за ч.!* (восклицание, выражающее неудовольствие или сильное удивление; разг.). *Чёрта с два!* (как бы не так, ничего подобного; прост.). *Чёрта лысого получишь!* (ничего не получишь; прост.). *Ч. с кем-чем-н.!* (обычно с мест.; выражение пренебрежения или нежелания беспокоиться по поводу чего-н., иметь дело с кем-чем-н.; разг. *Не хочешь разговаривать, ну и ч. с тобой! Деньги пропали, да ч. с ними!*). *Ч. полосатый* (добродушное выражение неодобрения, порицания; прост.). *Один ч.!* (всё равно, безразлично; прост. *Придёт или не придёт — один ч.!*). *Ни один ч.!* (никто; прост. неодобр. *Ни один ч. не помог!*). **2.** *на что.* О том, кто ловок, смел, удачлив в каком-н. деле (прост.). *На праву ч. Ч. на работу. Как ч. работает кто-н.* (много, упорно; разг.). ‖ *уменьш.* **чёртик**, -а, *м.* (к 1 знач.). ‖ *прил.* **черто́вский**, -ая, -ое (к 1 знач.), **чёртов**, -а, -о (к 1 знач.) *и* **чертя́чий**, -ья, -ье (к 1 знач.; разг.). *Чертовское наваждение. Чёртов сын* (ругательство). *Чертячья морда* (также перен.: хитрая, лукавая).

ЧЁРТИК, -а, *м.* (разг.). **1.** *см.* чёрт. **2.** *мн.* В нек-рых выражениях: мелькающие в глазах точки, неясные очертания чего-н. *Чёртики в глазах бегают. До чёртиков допиться* (до галлюцинаций). ✦ **До чёртиков** (разг.) — до крайней степени, очень сильно или очень много. *Надоело до чёртиков. Грибов в лесу до чёртиков.*

ЧЁРТОВ, -а, -о. **1.** *см.* чёрт. **2.** Употр. для обозначения сильного проявления или большого количества чего-н. (прост.). *Чёртова боль. Чёртовы холода. Чёртова уйма работы. Чёртова сила в ком-н.* **3.** Употр. в нек-рых оценочных и бранных выражениях (прост.). *К чёртовой бабушке* (то же, что к чёрту). *Чёртово житьё* (плохое). ✦ **Чёртова дюжина** (шутл.) — о числе 13. **Чёртова кожа** (устар. разг.) — название тёмной и плотной хлопчатобумажной ткани.

ЧЁРТОЧКА, -и, *ж.* 1. *см.* черта. 2. Орфографический знак — то же, что дефис (-). *Слово «кто-то» пишется через чёрточку.*

ЧЁРТУШКА, -и, *м.* и *ж.* (прост. шутл.). Ласковое обращение к кому-н. *Потише ты, ч.*

ЧЁСАНЫЙ, -ая, -ое. Подвергшийся чёске. *Ч. лён.*

ЧЁТ, -а, *м.*: **чёт и не́чет** (устар.) — игра, основанная на подсчёте чётных и нечётных очков.

ЧЁТКИ, -ток. Шнурок с бусинами или узелками (в церковном обиходе для отсчитывания поклонов во время молитвы и самих прочитанных молитв).

ЧЁТКИЙ, -ая, -ое; чёток, четка́ *и* чётка, чётко. 1. Отчетливо разделяющийся, раздельный (во 2 знач.). *Чёткие движения. Ч. шаг. Ч. почерк. Ч. рисунок.* 2. Ясный, точный, вразумительный. *Чёткое изложение.* 3. *перен.* Хорошо организованный. *Чёткая работа.* || *сущ.* **чёткость**, -и, *ж.*

ЧЁТНЫЙ, -ая, -ое. Кратный двум (4, 6, 8 и т. д.). *Чётное число* (делящееся на два). *Чётные дни* (календарные дни, обозначаемые соответствующими цифрами).

ЧИ́БИС, -а, *м.* Небольшая птица, родственная кулику. || *прил.* **чи́бисовый**, -ая, -ое.

ЧИЖ, -а́, *м.* Небольшая лесная птица сем. вьюрковых. || *прил.* **чижи́ный**, -ая, -ое.

ЧИ́ЖИК[1], -а, *м.* То же, что чиж. || *прил.* **чи́жиковый**, -ая, -ое.

ЧИ́ЖИК[2], -а, *м.* В детской игре: короткая, с двух сторон заострённая палочка, к-рая ударом другой палочки забрасывается в начерченный на земле круг. *Играть в чижики (в чижика).*

ЧИК (разг.). 1. *межд. звукоподр.* Воспроизведение отрывистого и негромкого звука. 2. *в знач. сказ.* Чикнул. *Ч. ножницами!*

ЧИ́КАТЬ, -аю, -аешь; *несов.* (прост.). 1. Производить короткие отрывистые звуки. *Ч. костяшками.* 2. *что.* Резким движением отсекать, отрезать что-н. *Ч. ножом.* || *однокр.* **чи́кнуть**, -ну, -нешь. || *сущ.* **чи́канье**, -я, *ср.*

ЧИ́КАТЬСЯ, -аюсь, -аешься; *несов., с кем-чем* (прост. неодобр.). Возиться, канителиться.

ЧИК-ЧИРИ́К и **ЧИРИ́К-ЧИРИ́К** *межд. звукоподр.* Воспроизведение птичьего чириканья.

ЧИКЧИ́РЫ, -и́р (устар.). Узкие кавалерийские брюки на кожаной подкладке. *Уланские ч. Ч. с галунами.*

ЧИЛИ́ЙСКИЙ, -ая, -ое. 1. *см.* чилийцы. 2. Относящийся к чилийцам, к их языку (испанскому), национальному характеру, образу жизни, культуре, а также к Чили, её территории, внутреннему устройству, истории; такой, как у чилийцев, как в Чили. *Чилийские области. Чилийское песо* (денежная единица). *По-чилийски* (нареч.).

ЧИЛИ́ЙЦЫ, -ев, *ед.* -и́ец, -и́йца, *м.* Латиноамериканский народ, составляющий основное население Чили. || *ж.* **чили́йка**, -и. || *прил.* **чили́йский**, -ая, -ое.

ЧИН[1], -а, *мн.* -ы́, -о́в, *м.* 1. У военных и гражданских служащих: служебный разряд (класс). *Гражданские чины. Офицерские чины. Повышение в чине.* 2. обычно *мн.* Чиновник, служащий, представитель какого-н. ведомства (также ирон.). *Чины дипломатического корпуса. Явился какой-то важный ч.* 3. Порядок, обряд (устар. книжн.). *Ч. погребения.* ✦ **Чин чином** (разг.), **чин по чину** (разг.) и **чин чинарём** (прост. шутл.) — как требуется, по порядку.

ЧИН[2], -а, *м.* В иконостасе: горизонтальный ряд икон, в строгом порядке расположенных друг над другом. *Апостольский ч. «Праздничный» ч.* (с иконами, изображающими эпизоды жизни Иисуса Христа).

ЧИНА́РА, -ы, *ж.* и **ЧИНА́Р**, -а, *м.* Дерево — восточный платан. || *прил.* **чина́ровый**, -ая, -ое.

ЧИНЁНЫЙ, -ая, -ое. Не новый, бывший в починке. *Чинёное бельё.*

ЧИНИ́ТЬ[1], чиню́, чи́нишь; чи́ненный; *несов., что.* Исправляя, делать вновь пригодным. *Ч. одежду, обувь. Ч. велосипед.* || *сов.* **почини́ть**, -ню́, -и́нишь; -и́ненный. || *сущ.* **чи́нка**, -и, *ж.* и **почи́нка**, -и, *ж.* || *прил.* **почи́ночный**, -ая, -ое.

ЧИНИ́ТЬ[2], чиню́, чи́нишь; чи́ненный; *несов., что.* Делать острым (конец карандаша, первонач. гусиное перо). *Ч. карандаш.* || *сов.* **очини́ть**, -ню́, -и́нишь; -и́ненный. || *сущ.* **чи́нка**, -и, *ж.* и **очи́нка**, -и, *ж.* || *прил.* **чи́ночный**, -ая, -ое (спец.).

ЧИНИ́ТЬ[3], чиню́, чини́шь; чинённый (-ён, -ена́); *несов., что* (устар. и в нек-рых сочетаниях). Устраивать, производить (что-н. неблагоприятное). *Ч. суд и расправу. Ч. препятствия, помехи.* || *сов.* **учини́ть**, -ню́, -ни́шь; -нённый (-ён, -ена́).

ЧИНИ́ТЬСЯ[1], чиню́сь, чи́нишься; *несов.* (разг.). Чинить[1] что-н. (своё, у себя или на себе). || *сов.* **почини́ться**, -ню́сь, -и́нишься.

ЧИНИ́ТЬСЯ[2], чиню́сь, чини́шься; *несов.* (устар.). Излишне скромничать, церемониться.

ЧИ́ННЫЙ, -ая, -ое; чи́нен, чинна́ *и* чи́нна, чи́нно. Отвечающий строгим правилам поведения, степенный, пристойный. *Сели чинно* (нареч.) *в ряд.* || *сущ.* **чи́нность**, -и, *ж.*

ЧИНО́ВНИК, -а, *м.* 1. Государственный служащий (в России до 1917 г. — обязательно имеющий один из служебных разрядов табели о рангах). *Правительственный ч. Военные, полицейские чиновники. Крупный, мелкий ч.* 2. *перен.* Человек, к-рый ведёт свою работу равнодушно, без интереса, бюрократически. || *прил.* **чино́внический**, -ая, -ое *и* (разг.) **чино́вничий**, -ья, -ьи, **чино́вницкий**, -ая, -ое, **чино́вный**, -ая, -ое (к 1 знач.; устар.).

ЧИНО́ВНЫЙ, -ая, -ое; -вен, -вна. 1. *см.* чиновник. 2. *полн. ф.* Имеющий какой-н. чин, служащий (устар.). 3. Имеющий высокий чин. || *сущ.* **чино́вность**, -и, *ж.* (к 3 знач.).

ЧИНОДРА́Л, -а, *м.* (разг. презр.). Бюрократ, формалист.

ЧИНОПОЧИТА́НИЕ, -я, *ср.* (устар. и ирон.). Почитание старших по чину, по служебному положению.

ЧИНОПРОИЗВО́ДСТВО, -а, *ср.* (устар.). Производство в чины (в 1 знач.).

ЧИНУ́ША, -и, *м.* (презр.). То же, что чиновник (во 2 знач.).

ЧИ́РЕЙ, -рья, *м.* (разг.). Нарыв, фурункул. *Ч. вскочил.*

ЧИРИ́КАТЬ, -аю, -аешь; *несов.* 1. О нек-рых птицах: издавать высокие частые звуки, щебетать. *Чирикают воробьи.* 2. *перен.* Говорить тонким голосом и быстро (разг.). *Чирикающие девицы.* || *однокр.* **чири́кнуть**, -ну, -нешь (к 1 знач.). || *сущ.* **чири́канье**, -я, *ср.*

ЧИРК, *в знач. сказ.* (разг.). Чиркнул. *Ч. спичкой о коробку.*

ЧИ́РКАТЬ, -аю, -аешь; *несов., чем* (разг.). Быстро, с резким звуком проводить чем-н. по чему-н. *Ч. спичкой по коробку.* || *однокр.* **чи́ркнуть**, -ну, -нешь. *Ч. ножиком.* || *сущ.* **чи́рканье**, -я, *ср.*

ЧИРО́К, -рка́, *м.* Речная водоплавающая птица сем. утиных. || *прил.* **чирко́вый**, -ая, -ое.

ЧИ́СЛЕННОСТЬ, -и, *ж.; кого-чего* Численный состав. *Ч. населения. Стадо численностью в сто голов.*

ЧИ́СЛЕННЫЙ, -ая, -ое. 1. *см.* число. 2. Выраженный в каком-н. количестве, количественный. *Численное превосходство противника.*

ЧИСЛИ́ТЕЛЬ, -я, *м.* В математике: делимое в дроби.

ЧИСЛИ́ТЕЛЬНОЕ, -ого, *ср.* или **имя числительное** — в грамматике: слово (существительное или прилагательное), обозначающие количество или количественный признак, порядок предметов при счёте. *Количественное ч.* (обозначающее количество как число, напр. *два, пять, десять*). *Порядковое ч.* (обозначающее признак как отношение к количеству, числу, напр. *второй, пятый, десятый*).

ЧИ́СЛИТЬ, -лю, -лишь; -ленный; *несов., кого-что кем-чем, как кого-что* или *в качестве кого-чего* (офиц.). Считать состоящим где-н., в каком-н. положении, состоянии. *Ч. в отпуску. Ч. в командировке. Ч. консультантом.*

ЧИ́СЛИТЬСЯ, -люсь, -лишься; *несов., кем-чем, как кто-что* или *в качестве кого-чего* (офиц.). Считаться состоящим где-н., значиться. *Ч. в командировке. Ч. выбывшим. В списке фамилия не числится. Только числится кто-н. где-н.* (значится, но отсутствует или ничего не делает).

ЧИСЛО́, -а́, *мн.* чи́сла, -сел, -слам, *ср.* 1. Основное понятие математики — величина, при помощи к-рой производится счёт. *Целое ч. Дробное ч. Действительное ч. Комплексное ч. Натуральное ч.* (целое положительное число). *Простое ч.* (натуральное число, не имеющее других делителей, кроме самого себя и единицы). *Рациональное ч. Иррациональное ч.* 2. День календарного месяца по порядку счёта от начала к концу. *В первых числах мая. Какое сегодня ч.? Задним числом пометить* или *датировать* (уже прошедшим, более ранним числом, чем следует). *Задним числом сообщить* или *узнать* (позже чем следовало бы; разг.). 3. *кого-чего.* Количество считаемого, поддающегося счёту. *Ч. собравшихся. Значительное ч. ошибок. Отряд числом в двадцать человек* (в числе двадцати человек). *Большое ч. людей.* 4. Состав, ряд, совокупность кого-чего-н. *Пополнить ч. участников.* 5. В грамматике: категория имени и глагола, специальными системами форм (парадигмами) выражающая единичность или множественность. *Единственное ч. Множественное ч.* ✦ **В числе** *кого-чего, предлог с род. п.* — в составе какого-н. множества, среди кого-чего-н. *Быть в числе лучших.* **В число** *кого-чего, предлог с род. п.* — в состав какого-н. множества. *Попал в число отстающих.* **К числу** *кого-чего, предлог с род. п.* — обозначает включённость в состав кого-чего-н. *Принадлежать к числу учеников. Проблема относится к числу наиболее сложных.* **Из числа** *кого-чего, предлог с род. п.* — из состава какого-н. множества. *Назначить бригадира из числа рабочих.* **В том числе** (и), *союз* со знач. присоединения, включения — считая, включая. *Пошли все, в том числе и мы.* **Без числа** — о неисчислимом множестве. *Звёзд на небе без числа.* **Числа нет** *кому-чему* — очень много. *Поздравлениям нет числа.* **По первое число** (попадёт, достанется) *кому* (прост.). — о строгом выговоре, наказании. *Влетит тебе от отца по* *первое число.* ‖ *прил.* числово́й, -а́я, -о́е (к 1 знач.) *и* чи́сленный, -ая, -ое (к 1 знач.; спец.). *Числовое программное управление (ЧПУ)* (управление механизмами с помощью заранее составленных алгоритмов). *Численное решение уравнений.*

ЧИ́СТИК, -а, *м.* Северная морская птица, родственная чайке. ‖ *прил.* чи́стиковый, -ая, -ое. *Семейство чистиковых* (сущ.).

ЧИСТИ́ЛИЩЕ, -а, *ср.* В католическом вероучении: место, где души умерших очищаются от грехов, прежде чем попасть в рай. ‖ *прил.* **чисти́лищный, -ая, -ое.**

ЧИ́СТИЛЬЩИК, -а, *м.* Работник, к-рый занимается чисткой чего-н. *Ч. обуви. Ч. топок, дымоходов.* ‖ *ж.* **чи́стильщица, -ы.**

ЧИ́СТИТЬ, чи́щу, чи́стишь; чи́щенный; *несов.* **1.** *кого-что.* Удаляя грязь, какое-н. наслоение, делать чистым. *Ч. платье, обувь, посуду. Ч. коня. Ч. зубы. Птица чистит перышки.* **2.** *что.* Приготовляя в пищу, освобождать от кожуры, чешуи, оболочки, косточек (во 2 знач.) *Ч. овощи, рыбу, ягоды, грибы.* **3.** *что.* Освобождать от чего-н. накопившегося, загрязняющего. *Ч. сад, дорожки, пруд.* **4.** *что.* Удалять (то, что засоряет, загрязняет, загромождает). *Ч. снег на путях. Ч. грязь с обуви. Ч. завалы.* **5.** *кого-что.* Грабить, обворовывать (прост.). *Ч. кассу.* ‖ *сов.* **вы́чистить, -ищу, -истишь; -ищенный** (к 1 и 3 знач.), **очи́стить, -и́щу, -и́стишь; -и́щенный** (ко 2, 3 и 5 знач.) *и* **почи́стить, -и́щу, -и́стишь; -и́щенный** (к 1, 2 и 3 знач.). ‖ *сущ.* **чи́стка, -и,** *ж.* (к 1, 2, 3 и 4 знач.), **чи́щенье, -я,** *ср.* (к 1 и 2 знач.) *и* **очи́стка, -и,** *ж.* (ко 2 и 4 знач.). ‖ *прил.* **чисти́льный, -ая, -ое** (к 1 и 4 знач.; спец.).

ЧИ́СТИТЬСЯ, чи́щусь, чи́стишься; *несов.* Чистить (в 1 знач.) себя или своё платье, обувь. ‖ *сов.* **вы́чиститься, -ищусь, -истишься** *и* **почи́ститься, -и́щусь, -и́стишься.** ‖ *сущ.* **чи́щенье, -я,** *ср. и* **чи́стка, -и,** *ж.*

ЧИ́СТКА, -и, *ж.* **1.** *см.* чистить, -ся. **2.** Освобождение какой-н. общественной организации от членов, чуждых ее деятельности.

ЧИ́СТО-... и **ЧИСТО...** *Первая часть сложных слов со знач.* чистый (в 6 знач.), чистого тона, без всяких примесей, напр. *чисто-белый, чисто-голубой, чисто-золотой, чисто-красный, чисто-розовый, чистопородный.*

ЧИСТОВИ́К, -а́, *м.* (разг.). Чистовой экземпляр чего-н., беловик. *Переписать с черновика на ч.*

ЧИСТОВО́Й, -а́я, -о́е. 1. Написанный начисто, набело или служащий для писания начисто. *Ч. экземпляр. Чистовая тетрадь.* **2.** Производимый начисто, а также предназначенный, служащий для окончательной обработки, отделки чего-н. (спец.). *Чистовая обработка.*

ЧИСТОГА́Н, -а, *м.* **1.** Наличные деньги (о сумме, получаемой полностью, без вычетов) (прост.). *Получить чистоганом.* **2.** *перен.* То же, что нажива (разг. презр.). *Рыцари чистогана* (о любителях наживы).

ЧИСТОКРО́ВНЫЙ, -ая, -ое; -вен, -вна. 1. Не смешанной, чистой породы. *Ч. жеребец.* **2.** *перен., полн. ф.* Подлинный, самый настоящий. *Ч. комик.* ‖ *сущ.* **чистокро́вность, -и,** *ж.* (к 1 знач.).

ЧИСТОПИСА́НИЕ, -я, *ср.* В школьном преподавании: обучение красивому четкому письму.

ЧИСТОПЛО́ТНЫЙ, -ая, -ое; -тен, -тна. 1. Содержащий себя в чистоте, опрятный. *Чистоплотная хозяйка.* **2.** *перен.* Порядочный[1], нравственно требовательный к себе. ‖ *сущ.* **чистопло́тность, -и,** *ж.*

ЧИСТОПЛЮ́Й, -я, *м.* (разг. неодобр.). **1.** Человек, чистоплотный до брезгливости. **2.** *перен.* Человек, до крайности привередливый, отстраняющийся от неприглядных сторон жизни. ‖ *ж.* **чистоплю́йка, -и.** ‖ *прил.* **чистоплю́йский, -ая, -ое.**

ЧИСТОПЛЮ́ЙСТВО, -а, *ср.* Поведение чистоплюя.

ЧИСТОПОРО́ДНЫЙ, -ая, -ое; -ден, -дна. Племенной, чистокровный (в 1 знач.). *Ч. скот.* ‖ *сущ.* **чисопоро́дность, -и,** *ж.*

ЧИСТОПРО́БНЫЙ, -ая, -ое; -бен, -бна. 1. Имеющий высокую пробу[2]. *Чистопробное золото.* **2.** *перен.* Самый настоящий, подлинный. *Ч. мошенник.* ‖ *сущ.* **чистопро́бность, -и,** *ж.*

ЧИСТОСЕРДЕ́ЧНЫЙ, -ая, -ое; -чен, -чна. Искренний, откровенный. *Чистосердечное признание.* ‖ *сущ.* **чистосерде́чие, -я,** *ср. и* **чистосерде́чность, -и,** *ж.*

ЧИСТОСО́РТНЫЙ, -ая, -ое; -тен, -тна. Не смешанный, одного, чистого сорта. *Чистосортное зерно.* ‖ *сущ.* **чистосо́ртность, -и,** *ж.*

ЧИСТОТА́, -ы́, *ж.* **1.** *см.* чистый. **2.** Чистое состояние, вид чего-н. *Содержать в чистоте дом, детей. Охранять чистоту русского языка. Моральная ч.*

ЧИСТОТЕ́Л, -а, *м.* Растение сем. маковых с жёлтыми цветками, сок к-рого употр. в медицине, в парфюмерии.

ЧИ́СТЫЙ, -ая, -ое; чист, чиста́, чи́сто, чисты́ *и* чи́сты; чи́ще. **1.** Освобождённый от грязи, каких-н. наслоений, не имеющий грязи. *Ч. воротничок. Чистая посуда. Чистая одежда. Чистая комната. Чистыми руками делать что-н.* (также перен.: не кривя душой, с чистой совестью). **2.** *перен.* Нравственно безупречный, честный, правдивый. *Сказать от чистого сердца. С чистой совестью. Дело чистое* (без обмана; разг.). **3.** *полн. ф.* Имеющий свободную, открытую, ничем не занятую поверхность. *Чистое поле. Чистое небо* (без туч). *Ч. бланк* (не заполненный). *Чистая тетрадь* (не исписанная). **4.** *полн. ф.* О труде, работе: не тяжёлый и не грязный (разг.). **5.** *полн. ф.* Особо убранный, парадный (устар. прост. и обл.). *Ч. угол в избе. Чистая половина избы.* **6.** *полн. ф.* Не содержащий ничего постороннего, без примесей. *Чистое золото. Ч. спирт. Ч. воздух* (свежий). *Ч. тон. Чистая русская речь. Животное чистых кровей* (чистопородное). *Чистая прибыль* (в отличие от валовой). *Ч. вес* (без упаковки). **7.** *полн. ф.* Совершенный, самый настоящий (разг.). *Чистая правда. Ч. вздор. Чистая случайность.* **8.** Тщательный, аккуратный, хорошо сделанный, с хорошей отделкой. *Чисто* (нареч.) *сработано.* ◆ **Чистая отставка или чистая** (устар.) — окончательная отставка. *Дать чистую. Уволен в чистую.* **Чистые деньги** (разг.) — наличные. ‖ *сущ.* **чистота́, -ы́,** *ж.* (к 1, 2, 3, 6 и 8 знач.).

ЧИСТЮ́ЛЯ, -и, *м. и ж.* (разг.). Человек, к-рый любит чистоту, очень чистоплотен.

ЧИТА́ЛКА, -и, *ж.* (прост.). Читальня, а также читальный зал.

ЧИТА́ЛЬНЫЙ, -ая, -ое. 1. *см.* читать. **2.** **читальный зал** — в библиотеке: зал для чтения.

ЧИТА́ЛЬНЯ, -и, *род. мн.* -лен, *ж.* Учреждение, место, где посетители читают книги, периодику. *Библиотека-ч. Университетская ч.*

ЧИТА́ТЕЛЬ, -я, *м.* **1.** Человек, к-рый занят чтением каких-н. произведений, к к-рому обращены произведения письменности. *Внимательный ч. Ч. газет. Отзывы читателей о книге. Встреча автора с читателями.* **2.** Посетитель общественной библиотеки, читального зала, читальни. *Зал для читателей.* ‖ *ж.* **чита́тельница, -ы.** ‖ *прил.* **чита́тельский, -ая, -ое.** *Читательская аудитория. Ч. билет.*

ЧИТА́ТЬ, -а́ю, -а́ешь; чи́танный; *несов.* **1.** *что.* Воспринимать написанное, произнося или воспроизводя про себя. *Ч. книгу. Ч. вслух. Ч. про себя* (не вслух). *Ч. по слогам. Ч. бегло. Ч. на двух языках. Ч. с губ* (у глухонемых: воспринимать словесную речь по движениям губ). **2.** *кого-что.* Воспринимать зрительно и интеллектуально какое-н. произведение. *Юноша много читает. Ничего не читает кто-н. Ч. ноты* (перен.: различать их и воспроизводить их голосом или на музыкальном инструменте). *Ч. географические карты, чертежи* (перен.: уметь пользоваться). **3.** *перен., что.* Воспринимать, угадывать что-н. по внешним проявлениям. *Ч. настроения по лицам. Ч. в сердцах* (угадывать чьи-н. мысли, желания). *Ч. сомнение на лице у кого-н.* **4.** *кого-что.* Произносить, декламировать (какой-н. текст). *Ч. стихи с эстрады. Ч. наизусть басни Крылова.* **5.** *что.* Произносить с целью поучения, наставления. *Ч. нотации, нравоучения.* **6.** *что.* Излагать устно перед аудиторией. *Ч. лекцию. Ч. курс русской литературы.* **7.** **читай(те).** Употр. в знач.: это нужно понимать так-то, это значит то-то. *Нежелание вмешиваться — читай равнодушие.* ‖ *сов.* **проче́сть, -чту́, -чтёшь; -чтённый (-ён, -ена́)** (к 1, 2, 3, 4, 5 и 6 знач.) *и* **прочита́ть, -а́ю, -а́ешь; -и́танный** (к 1, 2, 3, 4, 5 и 6 знач.). ‖ *многокр.* **чи́тывать,** наст. не употр. (ко 2 и 4 знач.). ‖ *сущ.* **чте́ние, -я,** *ср.* (к 1, 2, 3, 4, 5 и 6 знач.), **чита́ние, -я,** *ср.* (ко 2 и 5 знач.) *и* **прочте́ние, -я,** *ср.* (к 1, 4 и 6 знач.). *Взять книгу для прочтения.* ‖ *прил.* **чита́льный, -ая, -ое** (ко 2 знач.).

ЧИТА́ТЬСЯ (-а́юсь, -а́ешься, 1 и 2 *л.* не употр.), -а́ется; *несов.* **1.** Быть таким, что можно читать (в 1 и 2 знач.); подвергаться чтению. *Надпись читается с трудом. Роман читается с интересом.* **2.** *безл., кому.* О желании читать, о настроенности к чтению (разг.). *В таком шуме не читается.*

ЧИ́ТКА, -и, *ж.* **1.** Чтение вслух перед группой слушателей (разг.). *Коллективная ч. газет.* **2.** Репетиционное чтение ролей (спец.). *Застольная ч.* (т. е. первое чтение за столом, не на сцене).

ЧИФИ́РЬ, -я, *м.* (прост.). Очень крепкий настой чая.

ЧИХ, -а, *м.* (разг.). Чихание, звук чихания.

ЧИХА́ТЬ, -а́ю, -а́ешь; *несов.* **1.** Резко, с шумом выдыхать воздух через нос из-за раздражения слизистой оболочки. *Ч. при насморке. Мотор чихает* (перен.: о прерывистых резких звуках при неисправности; разг.). **2.** *перен., на кого-что.* То же, что плевать (во 2 знач.) (прост.). *Ч. мне на него. Ч. они хотели на ваши запрещения.* ‖ *однокр.* **чихну́ть, -ну́, -нёшь** (к 1 знач.). ‖ *сущ.* **чиха́ние, -я,** *ср.* (к 1 знач.). ‖ *прил.* **чиха́тельный, -ая, -ое** (к 1 знач.; спец.). *Ч. рефлекс.*

ЧИХИ́РЬ, -я́, *м.* Кавказское домашнее красное вино.

ЧИ́ЩЕНЫЙ, -ая, -ое. Подвергнутый чищенью, чистке. *Чищеная одежда. Чищеные ягоды.*

ЧЛЕН, -а, *м.* **1.** Лицо (а также страна, организация), входящее в состав какого-н. союза, объединения, группы. *Ч. демократической партии. Ч. профсоюза. Ч. правле-*

ния. Ч. коллектива. Действительный ч. академии наук (академик). *Ч.-корреспондент Академии наук* (академическое звание, предшествующее званию академика, а также лицо, имеющее это звание). *Ч. Организации Объединённых Наций.* **2.** Одна из составных частей какого-н. целого. *Ч. пропорции* (спец.). **3.** Часть тела (чаще о конечностях). *Ни единым членом не может шевельнуть кто-н.* (от усталости, боли). *Половой ч.* (мужской наружный половой орган). **4.** То же, что артикль (спец.). *Определённый ч.* (напр. le, la во французском языке). ✦ **Член семьи** — человек, входящий в семью, связанный в ней с другими лицами родственными, семейными отношениями. **Члены предложения** — в грамматике: связанные между собой синтаксическими отношениями словоформы (а также сочетания слов, фразеологизмы), организующие грамматический и семантический строй предложения. *Главные члены предложения. Второстепенные члены предложения.* ‖ *прил.* **чле́нский, -ая, -ое** (к 1 знач.) *и* **члённый, -ая, -ое** (к 4 знач.).

ЧЛЕ́НИК, -а, *м.* (спец.). У нек-рых беспозвоночных животных: одна из частей, на к-рые членится тело; один из участков нек-рых растительных организмов.

ЧЛЕНИСТОНО́ГИЕ, -их, *ед.* -ое, -ого, *ср.* (спец.). Высший тип беспозвоночных животных с сегментированным телом и членистыми конечностями.

ЧЛЕ́НИСТЫЙ, -ая, -ое; -ист (спец.). Состоящий из члеников. *Членистые животные, растения.* ‖ *сущ.* **чле́нистость, -и,** *ж.*

ЧЛЕНИ́ТЬ, -ню́, -ни́шь; -нённый (-ён, -ена́); *несов., что* (книжн.). Делить на отдельные части, члены (во 2 знач.). *Ч. слово на основу и окончание.* ‖ *сов.* **расчлени́ть, -ню́, -ни́шь;** -нённый (-ён, -ена́). ‖ *сущ.* **члене́ние, -я,** *ср.* *и* **расчлене́ние, -я,** *ср.*

ЧЛЕНИ́ТЬСЯ (-ню́сь, -ни́шься, 1 и 2 л. не употр.), -ни́тся; *несов.* (книжн.). Делиться на отдельные части, члены (во 2 знач.). *Слово членится на корень и аффиксы.* ‖ *сов.* **расчлени́ться** (-ню́сь, -ни́шься, 1 и 2 л. не употр.), -ни́тся. ‖ *сущ.* **члене́ние, -я,** *ср. и* **расчлене́ние, -я,** *ср.*

ЧЛЕНКО́Р, -а, *м.* Сокращение: член-корреспондент Академии наук. *Ч. Российской Академии наук.* ‖ *прил.* **членко́ровский,** -ая, -ое (разг.).

ЧЛЕНОВРЕДИ́ТЕЛЬСТВО, -а, *ср.* (офиц.). Нанесение увечья кому-н. или умышленное повреждение члена, органа самому себе. ‖ *прил.* **членовреди́тельский,** -ая, -ое.

ЧЛЕНОРАЗДЕ́ЛЬНЫЙ, -ая, -ое; -лен, -льна. Отчётливо членящийся на части (о речи). *Говорить членораздельно* (нареч.; также перен.: ясно, понятно; разг.). ‖ *сущ.* **членоразде́льность, -и,** *ж.*

ЧЛЕ́НСТВО, -а, *ср.* Пребывание членом (в 1 знач.) где-н. *Оформить своё ч. в профсоюзе.*

ЧМО́КАТЬ, -аю, -аешь; -анный; *несов.* (разг.). **1.** Производить короткий звук, смыкая и размыкая вытянутые вперёд губы. *Ч. губами.* **2.** Издавать подобный звук при движении по вязкому, жидкому. *Грязь чмокает под ногами. Ч. по грязи.* **3.** *кого-что.* То же, что целовать (шутл.). *Ч. в щёку.* ‖ *сов.* **чмо́кнуть,** -ну, -нешь. ‖ *сущ.* **чмо́канье, -я,** *ср.*

ЧО́КАТЬСЯ, -аюсь, -аешься; *несов., с кем.* Прикасаться своей рюмкой (бокалом) к рюмке (бокалу) другого (при питье вина в знак приветствия, поздравления). *Ч. с соседом.* ‖ *сов.* **чо́кнуться, -нусь, -нешься.** ‖ *сущ.* **чо́канье, -я,** *ср.*

ЧО́КНУТЫЙ, -ая, -ое (прост.). Не совсем нормальный, тронутый.

ЧО́КНУТЬСЯ[1], -нусь, -нешься; *сов.* (прост.). Помешаться, свихнуться (в 1 знач.).

ЧО́КНУТЬСЯ[2] *см.* чокаться.

ЧО́ПОРНЫЙ, -ая, -ое; -рен, -рна. Чрезмерно строгий и принуждённый в поведении, в соблюдении приличий. *Ч. человек. Ч. ответ.* ‖ *сущ.* **чо́порность, -и,** *ж.*

ЧОХ, -а, *м.* (стар.). Чихание, чих. *Ч. напал на кого-н. Не верит ни в сон, ни в ч.* (погов. о том, кто несуеверен и ничего не боится).

ЧО́ХОМ, *нареч.* (прост.). Всё вместе, целиком, не разделяя. *Продать все пожитки ч.*

ЧРЕВА́ТЫЙ, -ая, -ое; -а́т, *чем* (книжн.). Способный вызвать, произвести что-н. (обычно неприятное, нежелательное). *События, чреватые тяжёлыми последствиями.* ‖ *сущ.* **чрева́тость, -и,** *ж.*

ЧРЕ́ВО, -а, *ср.* **1.** То же, что живот[1] (в 1 знач.) (устар.). *Во чреве матери* (ещё не родившись; книжн.). *Ненасытное ч.* (о том, кто много ест; шутл.). **2.** *перен.* Внутренняя часть чего-н. большого, тяжёлого (книжн.). *Ч. корабля.* ‖ *прил.* **чре́вный,** -ая, -ое (к 1 знач.; устар. и спец.). *Чревная область.*

ЧРЕВОВЕЩА́НИЕ, -я, *ср.* Способность говорить, не шевеля губами, создавая впечатление, что звуки исходят изнутри, из живота.

ЧРЕВОВЕЩА́ТЕЛЬ, -я, *м.* Человек, способный к чревовещанию. ‖ *ж.* **чревовеща́тельница, -ы.** ‖ *прил.* **чревовеща́тельский,** -ая, -ое.

ЧРЕВОУГО́ДИЕ, -я, *ср.* Неумеренность в еде, обжорство. ‖ *прил.* **чревоуго́днический,** -ая, -ое.

ЧРЕВОУГО́ДНИК, -а, *м.* Человек, отличающийся чревоугодием. ‖ *ж.* **чревоуго́дница, -ы.** ‖ *прил.* **чревоуго́днический,** -ая, -ое.

ЧРЕВОУГО́ДНИЧАТЬ, -аю, -аешь; *несов.* Предаваться чревоугодию, обжорству. ‖ *сущ.* **чревоуго́дничество, -а,** *ср.*

ЧРЕДА́, -ы́, *ж.* (устар. высок.). То же, что череда[1]. *Всему своя ч. Ч. дней. Ч. годов. Ч. облаков.*

ЧРЕЗ *кого-что, предлог с вин. п.* (устар.). То же, что через. *Перейти ч. рубеж. Лететь ч. леса. Проникнуть ч. заграждения. Узнать ч. лазутчиков. Ч. годы. Ч. равные промежутки времени.*

ЧРЕЗ..., *приставка* (устар.). То же, что через...

ЧРЕЗВЫЧА́ЙНЫЙ, -ая, -ое; -а́ен, -а́йна. **1.** Исключительный, превосходящий всё, всех; очень большой. *Чрезвычайное происшествие. Чрезвычайно* (нареч.) *мила. Ч. успех. Чрезвычайно* (нареч.) *рад.* **2.** *полн. ф.* Специально для чего-н. назначенный, не предусмотренный обычным ходом дел. *Чрезвычайная комиссия.* ✦ **Чрезвычайное законодательство** (спец.) — законы, принимаемые при особенных обстоятельствах и предоставляющие особые полномочия главе государства. **Чрезвычайное положение** (спец.) — специальные правила, вводимые по отношению к гражданам при каких-н. особых обстоятельствах. ‖ *сущ.* **чрезвыча́йность, -и,** *ж.* (к 1 знач.). *До чрезвычайности просто* (очень просто; разг.).

ЧРЕЗМЕ́РНЫЙ, -ая, -ое; -рен, -рна. Слишком большой, превосходящий всякую меру. *Чрезмерное внимание. Чрезмерно* (нареч.) *говорлив.* ‖ *сущ.* **чрезме́рность, -и,** *ж.*

ЧРЕЗО, *предлог с вин. п.* (устар.). То же, что черезо.

ЧРЕС..., *приставка.* То же, что чрез...; пишется вместо «чрез» перед глухими согласными, напр. *чресполосица* (устар.), *чрессе́дельник.*

ЧРЕ́СЛА, чресл (стар.). Поясница, бёдра. *Препоясать ч. мечом* (также перен.: приготовиться к битве).

ЧТЕ́НИЕ, -я, *ср.* **1.** *см.* читать. **2.** То, что читается, читаемое произведение, сочинение. *Интересное, занимательное ч.* **3.** обычно *мн.* Собрание, на к-ром читают вслух (устар.). *Литературные чтения.* **4.** *мн.* Цикл лекций или докладов в память выдающегося учёного, писателя. *Ломоносовские чтения в университете.*

ЧТЕЦ, -а́, *м.* **1.** Человек, к-рый читает, тот, кто занят чтением (устар.). **2.** Человек, к-рый читает кому-н. вслух, вообще тот, кто читает вслух. **3.** Артист, выступающий с художественным чтением. *Конкурс чтецов.* ‖ *ж.* **чти́ца, -ы** (ко 2 и 3 знач.). ‖ *прил.* **чте́цкий,** -ая, -ое (ко 2 и 3 знач.). *Чтецкая секция театрального общества.*

ЧТИ́ВО, -а, *ср.* (разг. пренебр.). Низкопробное, низкокачественное чтение (во 2 знач.).

ЧТИТЬ, чту, чтишь, чтят *и* чтут, чтя́щий *и* чту́щий; *несов., кого-что* (книжн.). Относится к кому-чему-н. с глубоким почтением и любовью. *Ч. память героев.*

ЧТО[1] [*шт*], чего́, чему́, чем, о чём, *мест.* **1.** *вопрос. и союзн. сл.* Указывает на предмет, явление, о к-рых идёт речь. *Ч. случилось? Скажи, ч. случилось. Ч. ни делай, на него не угодишь. Ч. вы говорите?* (употр. также как выражение удивления по поводу чего-н. сказанного: неужели? действительно так?). **2.** *нескл., в знач. сказ.* В каком положении, каков, каково? *Ч. больной? Ч. наше дело?* **3.** *нареч.* То же, что почему (в 1 знач.). *Ч. ты задумался? Ч. так поздно пришёл? Ч. же ты молчишь?* **4.** *нескл.* То же, что сколько (в 1 знач.). *Ч. стоит эта вещь? Ч. есть духу* (побежал, помчался: изо всех сил). *Ч. было сил* (изо всех сил; разг.). **5.** *нескл.* То же, что который (во 2 знач.). *Дом, ч. стоит на углу.* **6.** *нескл.* О том, что не имеет значения, не играет никакой роли. *Ч. слова? Звук пустой. Ч. ему наставления родителей? Неприятности ч., справимся. Ч. толку спорить? Ч. пользы ждать.* **7.** *неопр.* Какой-н. неопределённый предмет, явление, что-нибудь (разг.). *В случае чего* (если что-н. случится). *Нет ли чего нового? Если ч., сразу сообщи.* **8.** Употр. для выражения вопроса, переспроса: что ты сказал? что надо? в чём дело? *Подойди поближе. — Ч.? Ч. тебе?* **9.** *в знач. частицы.* Употр. для общего отнесения к ситуации или вопроса о ней. *Соседи бранятся, а нам-то ч.?* (т. е. мы не имеем отношения к этому). *Ему обо всём рассказали. — А он ч.?* (т. е. как он реагировал, как при этом вёл себя). ✦ **А что** (разг.) — ответная реплика на вопрос в знач. зачем спрашиваешь, что следует из вопроса. *Ты хочешь ехать? — А что?* **И что?** (разг.) — что из этого следует, что это значит? *Он опять звонил? И что?* **К чему** — зачем, для чего. *К чему ты мне это говоришь?* **На что (уж)... а (и то, а и то, но, но и то),** *союз* (разг.) — вводит предложение со знач. усиления и уступки. *На что он упрям, а и то уговорили. На что (уж) лучший друг, а и то отвернулся.* **На что (уж)** (разг.) — со сравн. ст. образует сочетание, соответствующее превосх. ст. *На что лучше* (т. е. самый лучший) *На что хуже* (т. е. самое худшее, хуже некуда). **Не к чему** (разг.) — то же, что незачем. *Не к чему спорить.* Ни к чему (разг.) — 1) не к чему, незачем; 2) не обратил внимания *Он объясняя, да мне ни к чему.* **Ни за что** (разг.) — 1) ни в коем случае, ни под каким видом. *Ни за что не пойду;* 2) то же, что ни за что ни про что. **Ни за что́ ни про что́** (разг.) и **ни за́ что ни про́ что** (прост.) — понапрасну, зря. *Обидел ни за что ни про что.* **Ни при чём** (разг.) — 1) не имеет отношения к чему-н., не относится к делу. *Эти объяснения тут ни при чём;* 2) не виноват в чём-н., не причастен к чему-н. *Виноват он, а я ни при чём.* **Ни при чём остаться** (разг.) — остаться обойдённым, безо всего. *Ему заплатили, а я остался ни при чём.* **Ни с чем** (остаться, уйти) (разг.) — без всего, не получив ничего. **При чём** (разг.) — какое отношение имеет, а также в чём виноват, повинен. *Он ошибся, а при чём тут я?* **С чего** (прост.) — 1) почему, по какой причине. *С чего это он рассердился?;* 2) на каком основании, откуда. *С чего ты взял, что я не согласен?* **Чего только нет (не...)!** (разг.) — есть очень много всего, вообще о чём-н, многом, разном. *В магазинах чего только нет! Чего только не услышишь!* **Чего-чего нет (не...)!** (разг.) — то же, что чего только нет (не...). **Что (же) делать! (что поделать, что поделаешь!)** (разг.) — ничего не поделаешь, приходится согласиться, так уж и останется. *Трудно, но что же делать (что поделаешь)!* **Что до... то (так),** *союз* — что касается до кого-чего-н., то... *Что до меня, то (так) я согласен.* **Что ж** (разг.) — да, приходится согласиться. *Что ж, ты прав.* **Что за...** (разг.) — то же, что какой (в 1, 2 и 3 знач.). *Узнай, что за шум. Что за чудак! Что он за советчик?* (т. е. плохой советчик). *Что за ерунда! Что за человек приехал? Что за уха!* **Что ни на е́сть** (прост.) — выражает усиление и свободную возможность выбора. *Что ни на есть лучший* (т. е. самый лучший). *Чем ни на есть поможет* (т. е. чем-н., чем будет возможно). **Что из того (с того)?** (разг.) — это не имеет значения, из этого ничего не следует. *Ошибся, ну и что из того (с того)?* **Что к чему** (разг.) — в чём сущность, смысл чего-н. *Знает, что к чему.* **Что ли,** *частица* (разг.) — выражает неуверенность (обычно при вопросе), а также (при риторическом вопросе) уверенное утверждение. *Дождь, что ли? Приходил кто-то, знакомый твой, что ли? А я тебя не выручал, что ли?* (т. е., конечно, выручал). **Что так?** (разг.) — почему, по какой причине. *Я передумал. — Что так?* **Что такое?** (разг.) — вопрос или переспрос, выражающий удивление, недоумение, недовольство. **Что́ ты (вы)!** — выражение удивления, испуга или возражения. *Завтра будет мороз. — Что ты! Не ходите, там опасно. — Что вы!* **Что́ уж там!** (разг.) — выражение сомнения, вынужденного согласия. *Не надо бы соглашаться, да что уж там.*

ЧТО² [*шт*], *союз.* **1.** Присоединяет изъяснительное придаточное предложение к главному. *Досадно, что опоздал. Такой тяжёлый, ч. не поднять. Сказал так тихо, ч. никто не услышал.* **2.** Как, словно (устар.). *Глуп, ч. пень.* **3.** *с частицей «ни» или без неё.* Указывает, что сказанное в главном предложении относится к каждому моменту, явлению, месту, названному в придаточном. *Ч. ни день, прибавляются силы. Ч. город, то норов* (посл.). *Ч. взмах, то готова копна.* **4.** При повторении указывает на одинаковость, безразличие в отношении чего-н. *Ч. ты пойдёшь, ч. я — всё равно.* ✦ **Что́ бы (что́ б)** (разг.) — частица со знач. желательности. *Что бы дождик перестал! Что б сейчас чайку!* **Не то́ что... а (но),** *союз* (разг.) — то же, что не то чтобы... а (но). *Не то что весел, но спокоен.*

ЧТОБ и ЧТО́БЫ [*шт*]. **1.** *союз.* Присоединяет к главному придаточное предложение с изъяснительным или целевым значением. *Говорите просто, ч. было понятно всем. Тороплюсь, ч. успеть на поезд.* **2.** *союз.* Присоединяет придаточное предложение, сообщающее о предполагаемом или желательном, должном, допустимом, возможном. *Сомневаюсь, ч. он остался доволен. Хочу, ч. всё было хорошо.* **3.** *частица* (всегда безударная). Выражает категорическое требование (разг.). *Ч. этого больше не было! Ч. глаза мои его больше не видели! К обеду ч. моё любимое блюдо!* ✦ **Не то (не так) чтобы... а (но),** *союз* (разг.) — выражает ослабленное противопоставление. *Не то чтобы сердит, а озабочен. Не так чтобы очень обрадовался, но доволен.* **Не так чтобы (чтоб)** (разг.) — не очень, не слишком. *Устал? — Не так чтоб очень.* **Чтобы не сказать,** *в знач. союза* — присоединяет выражение с градационным значением. *Он смешон, чтобы не сказать больше* (т. е. можно сказать о нём и более резко).

ЧТО́-ЛИБО [*шт*], чего́-либо, *мест. неопр.* То же, что что-нибудь. *Не могу сообщить чего-либо утешительного.*

ЧТО́-НИБУДЬ [*шт*], чего́-нибудь, *мест. неопр.* Какой-н. неопределённый предмет (явление) или безразлично какой. *Нет ли чего-нибудь почитать? Покажи что-нибудь из своей коллекции.*

ЧТО́-ТО¹ [*шт*], чего́-то, *мест. неопр.* Некий предмет, некое явление, нечто. *Что-то приятное. Чего-то не хватает.*

ЧТО́-ТО² [*шт*] (разг.). **1.** *мест. нареч.* Почему-то, неясно почему. *Что-то устал. Что-то холодно.* **2.** *мест. нареч.* Приблизительно. *Написал что-то около ста страниц.* **3.** *частица.* Выражает неуверенность, сомнение, необъяснённость. *Это правда? Что-то не верится. Давно нет писем что-то.*

ЧУ, *межд.* Выражает призыв обратить внимание на негромкий, неясный или далёкий звук. *Чу! Что-то зашелестело в траве.*

ЧУБ, -а, *мн.* -ы́, -о́в, *м.* **1.** Спускающаяся на лоб прядь волос. *Паны́ дерутся, а у холопов (хлопцев) чубы трясутся* (посл. о том, что ссоры начальства отражаются на подчинённых). **2.** То же, что оселедец. ‖ *уменьш.* **чу́бик,** -а, *м.* (к 1 знач.) *и* **чу́бчик,** -а, *м.* (к 1 знач.).

ЧУБА́РЫЙ, -ая, -ое; -а́р. О масти лошадей и нек-рых других животных: с тёмными пятнами по светлой шерсти или вообще с пятнами другой шерсти; об оперении птиц: пятнистый.

ЧУБА́ТЫЙ, -ая, -ое; -а́т (разг.). Лохматый, с чубом. ‖ *сущ.* **чуба́тость,** -и, *ж.*

ЧУБУ́К¹, -а́, *м.* Полый деревянный стержень, на конец к-рого насаживается курительная трубка. ‖ *прил.* **чубу́чный,** -ая, -ое.

ЧУБУ́К², -а́, *м.* (спец.). Черенок (в 3 знач.) винограда.

ЧУВАШИ́, -е́й, *ед.* -а́ш, -а́ и **ЧУВА́ШИ,** -ей, *ед.* -а́ш, -а, *м.* Народ, составляющий основное коренное население Чувашии. ‖ *ж.* **чува́шка,** -и. ‖ *прил.* **чува́шский,** -ая, -ое.

ЧУВА́ШСКИЙ, -ая, -ое. **1.** *см.* чуваши. **2.** Относящийся к чувашам, к их языку, национальному характеру, образу жизни, культуре, а также к Чувашии, её территории, внутреннему устройству, истории; такой, как у чувашей, как в Чувашии. *Ч. язык* (тюркской семьи языков). *По-чувашски* (нареч.).

ЧУ́ВСТВЕННОСТЬ, -и, *ж.* **1.** *см.* чувственный. **2.** То же, что сладострастие.

ЧУ́ВСТВЕННЫЙ, -ая, -ое; -вен, -венна. **1.** *полн. ф.* Воспринимаемый органами чувств (видимый, слышимый, осязаемый, обоняемый, воспринимаемый на вкус), относящийся к такому восприятию. *Чувственное восприятие.* **2.** Плотский, с сильно выраженным половым влечением. *Чувственные удовольствия. Ч. взгляд.* ‖ *сущ.* **чу́вственность,** -и, *ж.*

ЧУВСТВИ́ТЕЛЬНЫЙ, -ая, -ое; -лен, -льна. **1.** Обладающий повышенной восприимчивостью к внешним воздействиям, раздражениям. *Чувствительное место тела.* **2.** *перен.* Способный улавливать, отражать внешние воздействия, изменения. *Ч. прибор. Ч. элемент датчика.* **3.** *перен.* Ощутительный, значительный (в 1 знач.) (разг.). *Ч. толчок. Ч. расход.* **4.** Вызывающий сентиментальные чувства, нежный; склонный к сентиментальности. *Чувствительные стихи. Чувствительная девица.* ‖ *сущ.* **чувстви́тельность,** -и, *ж. Болевая ч.* (спец.).

ЧУ́ВСТВО, -а, *ср.* **1.** Способность ощущать, испытывать, воспринимать внешние воздействия, а также само такое ощущение. *Внешние чувства* (зрение, слух, осязание, обоняние, вкус). *Органы чувств. Ч. боли. Шестое ч.* (чутьё, интуиция). **2.** (мн. в одном знач. с ед.). Состояние, в к-ром человек способен сознавать, воспринимать окружающее. *Лишиться чувств* (упасть в обморок, впасть в бессознательное состояние). *Привести, прийти в ч. Без чувств кто-н.* (без сознания). **3.** *чего.* Эмоция, переживание. *Ч. радости. Ч. огорчения.* **4.** Осознанное отношение к чему-н. *Ч. собственного достоинства* (самоуважение). *Ч. юмора* (способность видеть и понимать смешное). *Ч. долга. Ч. ответственности. Ч. нового.* **5.** То же, что любовь (в 1 знач.). *Первое ч. Большое ч. Нежное ч.*

ЧУ́ВСТВОВАТЬ, -твую, -твуешь; -анный; *несов., что.* **1.** Испытывать какое-н. чувство (в 1, 3 и 4 знач.), ощущать. *Ч. голод. Ч. на себе чей-н. взгляд. Ч. волнение. Ч. свою ответственность.* **2.** Уметь воспринимать, понимать. *Ч. музыку. Ч. живопись.* ✦ **Чувствовать себя** — 1) *как,* испытывать те или иные ощущения. *Больной чувствует себя хорошо;* 2) *кем,* считать, ощущать себя кем-н. *Чувствовать себя хозяином.* ‖ *сущ.* **чу́вствование,** -я, *ср.* (к 1 знач.; устар.).

ЧУ́ВСТВОВАТЬСЯ (-твуюсь, -твуешься, 1 и 2 л. не употр.), -твуется; *несов.* Быть заметным, проявляться. *Во всём чувствуется порядок. Чувствуется* (безл.), *что скоро весна.*

ЧУВЯ́КИ, -ов *и* -я́к, *ед.* -я́к, -а, *м.* Кавказская мягкая кожаная обувь без каблуков. ‖ *прил.* **чувя́чный,** -ая, -ое.

ЧУГУ́Н, -а́, *м.* **1.** Сплав железа с углеродом и нек-рыми другими элементами, более хрупкий и менее ковкий, чем сталь. **2.** Сосуд округлой формы из такого сплава. *Поставить ч. в печь.* ‖ *уменьш.* **чугуно́к,** -нка́, *м.* (ко 2 знач.). *Ч. со щами.* ‖ *прил.* **чугу́нный,** -ая, -ое (к 1 знач.).

ЧУГУ́НКА, -и, *ж.* **1.** Чугунная печка (разг.). *Раскалить чугунку.* **2.** Железная дорога (устар. прост.). *Ехать по чугунке.*

ЧУГУ́ННЫЙ, -ая, -ое. **1.** *см.* чугун. **2.** *перен.* Тяжёлый (в 1 и 3 знач.), отяжелевший. *Чугунная тяжесть. Чугунные шаги. Чугунная голова* (отяжелевшая от усталости, боли). *Чугунные тучи* (низкие и тёмные).

ЧУГУНОЛИТЕ́ЙНЫЙ, -ая, -ое. Относящийся к выплавке чугуна (в 1 знач.), к изготовлению чугунных отливок. *Ч. завод.*

ЧУДА́К, -а́, *м.* Странный, чудной человек. ✦ **Чудак-человек** (разг.) — доброжелательно о чудаке (обычно в обращении). *Да пойми ты, чудак-человек, для тебя же стараюсь!* ‖ *ж.* **чуда́чка**, -и.

ЧУДАКОВА́ТЫЙ, -ая, -ое; -а́т (разг.). Чудной, со странностями (о человеке). *Ч. старик.* ‖ *сущ.* **чудакова́тость**, -и, *ж.*

ЧУДА́ЧЕСКИЙ, -ая, -ое. Свойственный чудаку, странный. *Ч. поступок.* ‖ *сущ.* **чуда́чество**, -а, *ср.*

ЧУДА́ЧЕСТВО, -а, *ср.* **1.** *см.* чудаческий. **2.** обычно *мн.* Чудаческий поступок. *Брось ты свои чудачества.*

ЧУДА́ЧИТЬ, -чу, -чишь; *несов.* (разг.). То же, что чудить.

ЧУДЕ́СИТЬ, 1 л. ед. не употр., -ишь; *несов.* (разг.). То же, что чудить.

ЧУДЕ́СНИК, -а, *м.* Волшебник, чудодей. ‖ *ж.* **чуде́сница**, -ы.

ЧУДЕ́СНЫЙ, -ая, -ое; -сен, -сна. **1.** Являющийся чудом, совершенно небывалый, необычный. *Чудесное спасение.* **2.** Чудный, очень хороший. *Ч. день.* ‖ *сущ.* **чуде́сность**, -и, *ж.*

ЧУ́ДИК, -а, *м.* (прост.). То же, что чудак.

ЧУДИ́ЛА, -ы, *м.* и *ж.* (прост.). Человек, к-рый чудит, ведёт себя чудно́. *Ч. ты этакая!*

ЧУДИ́НКА, -и, *ж.* (разг.). Доля чудаковатости, чудачества. *Человек с чудинкой.*

ЧУДИ́ТЬ, 1 л. ед. не употр., -и́шь; *несов.* (разг.). Вести себя чудно́, делать что-н. чудно́е, дурить. ‖ *сов.* **учуди́ть**, -и́шь, *что. Ну и учудил ты штуку.*

ЧУ́ДИТЬСЯ, 1 л. ед. не употр., -ишься; *несов.* (разг.). Казаться, мерещиться. *Чудятся всякие страхи.* ‖ *сов.* **почу́диться**, -ишься и **причу́диться**, -ишься.

ЧУ́ДИЩЕ, -а, *ср.* (устар.). То же, что чудовище (в 1 и 2 знач.). *Морское ч.*

ЧУДНО́Й, -а́я, -о́е; -дён, -дна́ (разг.). Странный, удивляющий своей необычностью. *Ч. человек. Ч. вопрос. Чудно* (нареч.) *одевается. Чудно* (в знач. сказ.) *слушать такие слова.*

ЧУ́ДНЫЙ, -ая, -ое; -ден, -дна. **1.** Прелестный, очаровательный. *Чудные звуки. Чудное виде́ние.* **2.** *полн. ф.* Очень хороший, великолепный (разг.). *Ч. обед. Ч. характер.*

ЧУ́ДО, -а, *мн.* чудеса́, -е́с, -еса́м, *ср.* **1.** В религиозных представлениях: явление, вызванное вмешательством божественной силы, а также вообще нечто небывалое. *Совершить ч. Свершилось ч. Надеяться на чудеса* (когда нет выхода, нет спасения). *Ч. из чудес!* (о чём-н. совершенно необыкновенном; разг.). **2.** *чего.* Нечто поразительное, удивляющее своей необычайностью. *Ч. искусства. Чудеса героизма.* **3. чу́до**, *в знач. сказ.* Удивительно, поразительно хорош (разг.). *Погода сегодня — ч.!* **4. чудо-.** В сочетании с другими существительными означает: необыкновенный, выдающийся среди себе подобных (разг.). *Ч.-ягода. Ч.-печка. Ч.-гриб. Ч.-дерево. Суворовские ч.-богатыри.* **5. чудеса!** Выражение крайнего удивления, недоверия (разг.). *Вчера утверждал одно, сегодня другое — чудеса!* ✦ **Чудо как...** (устар. разг.) — то же, что чудо (в 3 знач.). *Чудо как хорош!* **Чудеса в решете** (разг. шутл.) — о чём-н. необычном или непонятном. **Чудо-юдо** — в сказках: чудовище.

ЧУДО́ВИЩЕ, -а, *ср.* **1.** В сказках: устрашающее, уродливое существо. *Ч. о трёх головах.* **2.** Уродливый, безобразный, внушающий страх человек или животное. *Ископаемые чудовища.* **3.** *перен.* О жестоком и безнравственном человеке (книжн.).

ЧУДО́ВИЩНЫЙ, -ая, -ое; -щен, -щна. **1.** *полн.ф.* Представляющий собой чудовище (в 1 и 2 знач.), вызывающий чувство ужаса. *Ч. зверь.* **2.** *перен.* Необычайный по своим отрицательным качествам. *Чудовищное преступление.* **3.** *перен.* Крайне большой, весьма значительный (разг.). *Чудовищные размеры. Ч. аппетит.* ‖ *сущ.* **чудо́вищность**, -и, *ж.* (ко 2 и 3 знач.).

ЧУДОДЕ́Й, -я, *м.* (разг. шутл.). Человек, к-рый производит чудо, чудеса (во 2 знач.). ‖ *ж.* **чудоде́йка**, -и. ‖ *прил.* **чудоде́йский**, -ая, -ое.

ЧУДОДЕ́ЙСТВЕННЫЙ, -ая, -ое; -вен, -венна (книжн.). Производящий чудеса (во 2 знач.), необычайный по своему действию. *Чудодейственное средство. Чудодейственная сила искусства.* ‖ *сущ.* **чудоде́йственность**, -и, *ж.*

ЧУ́ДОМ, *нареч.* Непонятно как, странным образом или по счастливой случайности. *Ч. спасся.*

ЧУДОТВО́РЕЦ, -рца, *м.* **1.** В религиозных представлениях: святой (в 4 знач.), совершающий чудеса; божество, творящее чудеса. **2.** *перен.* Человек, к-рый совершает нечто поразительное, достойное удивления. *Этот врач — настоящий ч.* ‖ *ж.* **чудотво́рница**, -ы (к 1 знач.; стар.).

ЧУДОТВО́РНЫЙ, -ая, -ое; -рен, -рна. **1.** *полн. ф.* В религиозных представлениях: оказывающий чудесное воздействие, вызывающий чудо. *Ч. источник. Чудотворная икона Божией матери.* **2.** *перен.* Вызывающий нечто очень хорошее, достойное удивления (книжн.). *Ч. климат.* ‖ *сущ.* **чудотво́рность**, -и, *ж.* (ко 2 знач.).

ЧУДСКО́Й, -а́я, -о́е. **1.** *см.* чудь. **2.** Относящийся к чуди, к их языкам, образу жизни, культуре, а также к территории их проживания, её внутреннему устройству, истории; такой, как у чуди. *Чудские племена. Чудское озеро* (Чудско-Псковское).

ЧУДЬ, -и, *ж.*, *собир.* В Древней Руси: общее название нек-рых западно-финских племён. ‖ *прил.* **чудско́й**, -а́я, -о́е.

ЧУЖА́К, -а́, *м.* **1.** Пришлый, посторонний человек (также о животном). *Стая не приняла чужака.* **2.** *перен.* Чуждый какой-н. среде человек. *Чувствовать себя чужаком.* ‖ *ж.* **чужа́чка**, -и (к 1 знач.; разг.).

ЧУЖАНИ́Н, -а, *мн.* -а́не, -а́н, *м.* (стар.). Чужой человек, чужак.

ЧУЖБИ́НА, -ы, *ж.* (высок.). Чужая страна. *На чужбине.*

ЧУЖДА́ТЬСЯ, -а́юсь, -а́ешься; *несов.* **1.** *кого-чего.* Избегать общения, сторониться кого-чего-н. *Ч. старых друзей.* **2.** *перен.*, *чего.* Не проявлять интереса к чему-н., быть свободным от какого-н. чувства (книжн.). *Ч. славы, почестей.*

ЧУ́ЖДЫЙ, -ая, -ое; чужд, чужда́, чу́ждо, чу́жды *и* чужды. **1.** Далёкий (в 3 знач.), не имеющий ничего общего с кем-чем-н., инородный. *Чуждая идеология. Чуждые взгляды.* **2.** Лишённый чего-н., какого-н. (обычно отрицательного) свойства (книжн.). *Человек, ч. ревности. Чужд зависти.* ‖ *сущ.* **чу́ждость**, -и, *ж.*

ЧУЖЕЗЕ́МЕЦ, -мца, *м.* (устар.). То же, что иностранец. ‖ *ж.* **чужезе́мка**, -и.

ЧУЖЕЗЕ́МНЫЙ, -ая, -ое (книжн.). То же, что иностранный (в 1 знач.). *Чужеземная речь. Чужеземные обычаи. Чужеземные захватчики.*

ЧУЖЕРО́ДНЫЙ, -ая, -ое; -ден, -дна (книжн.). То же, что инородный. ‖ *сущ.* **чужеро́дность**, -и, *ж.*

ЧУЖЕСТРА́НЕЦ, -нца, *м.* (устар.). То же, что иностранец. ‖ *ж.* **чужестра́нка**, -и.

ЧУЖЕСТРА́ННЫЙ, -ая, -ое (устар.). То же, что иностранный (в 1 знач.).

ЧУЖЕЯ́ДНЫЙ, -ая, -ое; -ден, -дна (спец.). О растениях и животных: паразитарный. ‖ *сущ.* **чужея́дность**, -и, *ж.*

ЧУЖО́Й, -а́я, -о́е. **1.** Не свой, не собственный, принадлежащий другим. *Чужие вещи. Писать под чужим именем. Взять чужое* (сущ.). *Чужая сторона. Чужие края* (чужбина). *С чужих слов говорить, повторять* (не зная самому, со слов других). *С чужого голоса говорить, повторять* (перен.: повторяя чужие мысли, суждения; неодобр.). **2.** Не родной, не из своей семьи, посторонний. *Чужие люди. Стесняться чужих* (сущ.). **3.** Далёкий по духу, по взглядам. *Братья стали чужими. Ч. для общества человек.*

ЧУ́ЙКА, -и, *ж.* В старое время: долгополая мужская одежда, первонач. свободного покроя, позднее — сходная с кафтаном. *Суконная ч.*

ЧУКО́ТСКИЙ, -ая, -ое. **1.** *см.* чукчи. **2.** Относящийся к чукчам, к их языку, национальному характеру, образу жизни, культуре, а также к Чукотке, её территории, внутреннему устройству, истории; такой, как у чукчей, как на Чукотке. *Ч. язык* (чукотско-камчатской семьи языков). *Чукотская яранга. Чукотские косторезы. Чукотская резьба по кости* (вид народного искусства). *По-чукотски* (нареч.).

ЧУ́КЧИ, -ей, *ед.* чу́кча, -и, *м.* и *ж.* Народ, относящийся к коренному населению Чукотки. ‖ *ж.* **чукча́нка**, -и. ‖ *прил.* **чуко́тский**, -ая, -ое.

ЧУЛА́Н, -а, *м.* Помещение в доме, служащее кладовой; клеть или часть сеней в крестьянской избе. ‖ *уменьш.* **чула́нчик**, -а, *м.* ‖ *прил.* **чула́нный**, -ая, -ое.

ЧУЛО́К, -лка́, *род. мн.* чуло́к, *м.* **1.** Предмет одежды — изделие из нитей, мягкого материала, облегающее ногу. *Вязаные, трикотажные чулки. Шерстяные, шёлковые чулки. Полотняные чулки* (сшитые из ткани). *Меховые чулки* (сшитые из меха). **2.** обычно *тв. п.* О снимаемой шкуре, коже: целиком, без разрезов. *Шкурка с кролика снимается чулком.* ✦ **В чулках** — о животном: с ногами, покрытыми снизу светлой шерстью. *Лошадь в чулках.* **Синий чулок** (неодобр.) — о женщине, погружённой в книги, умственные занятия, лишённой женственности. ‖ *уменьш.* **чуло́чек**, -чка, *м.* ‖ *прил.* **чуло́чный**, -ая, -ое.

ЧУЛО́ЧНИК, -а, *м.* Работник, изготовляющий чулки; мастер чулочного производства. ‖ *ж.* **чуло́чница**, -ы.

ЧУМ, -а, *м.* Русское название переносного жилища северных народов — конической формы шатёр, покрытый шкурами, корой, войлоком. ‖ *прил.* **чу́мный**, -ая, -ое.

ЧУМА́, -ы́, *ж.* Острая эпидемическая болезнь. *Лёгочная ч. Бубонная ч. Как чумы боятся кого-чего-н.* (очень боятся). *Пир во время чумы* (перен.: веселье во время бедствия; книжн.). ‖ *прил.* **чумно́й**, -а́я, -о́е. *Чумные бактерии. Ч. карантин.*

ЧУМА́ЗЫЙ, -ая, -ое; -а́з (разг.). Грязный, испачканный. *Ч. мальчуган. Чумазая рожица.* ‖ *сущ.* **чума́зость**, -и, *ж.*

ЧУМА́К, -а́, *м.* В старое время на Украине: крестьянин, занимающийся перевозкой и продажей соли, рыбы, хлеба и других товаров. ‖ *прил.* **чума́цкий**, -ая, -ое. *Ч. обоз.*

ЧУМЕ́ТЬ *см.* очуметь.

ЧУМИ́ЗА, -ы, *ж.* Растение, род хлебного злака, близкого к просу. ‖ *прил.* чуми́зный, -ая, -ое.

ЧУМИ́ЧКА, -и. **1.** *ж.* Разливательная ложка. **2.** *м.* и *ж.* Замарашка, грязнуха (прост.). *Что ты ходишь такой чумичкой?*

ЧУМНО́Й *см.* чума.

ЧУМОВО́Й, -а́я, -о́е (прост.). Шальной, одурелый. *Прибежал как ч.*

ЧУ́НИ, -ей, *ед.* чу́ня, -и, *ж.* Верёвочные лапти.

ЧУПРИ́НА, -ы, *ж.* То же, что чуб.

ЧУПРУ́Н¹, -а́, *м.* (устар. и обл.). То же, что чуприна.

ЧУПРУ́Н², -а́, *м.* В старину: женский белый кафтан со складками сзади. *Ч. из белого сукна.*

ЧУР, *межд.* (разг.). **1.** Возглас (обычно в детских играх), к-рым запрещают касаться чего-н., переходить за какой-н. предел [*первонач.* в заклинаниях, где слово «чур» обозначает границу, межу]. *Ч. меня!* **2.** Возглас, к-рым требуют соблюдать какое-н. условие. *Ч. я первый! Только ч. я остаюсь! Ч. это секрет!*

ЧУРА́ТЬСЯ, -а́юсь, -а́ешься; *несов., кого-чего* (разг.). Боязливо избегать общения с кем-чем-н. [*первонач.* произносить «чур» (в 1 знач.), ограждая себя от чего-н.], а также вообще избегать сторониться чего-н. *Ч. соседей. Ч. знакомств. Никакой работы не чурается кто-н.* (т. е. берётся за любую работу).

ЧУРБА́К, -а́, *м.* То же, что чурбан (в 1 знач.). ‖ *уменьш.* **чурбачо́к,** -чка́, *м.* ‖ *прил.* **чурба́чный,** -ая, -ое.

ЧУРБА́Н, -а, *м.* **1.** Обрубок бревна. *Берёзовый ч.* **2.** *перен.* Неповоротливый, тупой человек, болван (разг. бран.). *Этому чурбану не втолкуешь.* ‖ *уменьш.* **чурба́нчик,** -а, *м.* (к 1 знач.).

ЧУРЕ́К, -а, *м.* На Кавказе: плоский пресный белый хлеб. ‖ *прил.* **чуре́чный,** -ая, -ое.

ЧУ́РКА, -и, *ж.* Короткий обрубок дерева. ‖ *уменьш.* **чу́рочка,** -и, *ж.* ‖ *прил.* **чу́рочный,** -ая, -ое.

ЧУР-ЧУРА́, *межд.* В детской речи: то же, что чур (в 1 знач.). *Чур-чура меня!*

ЧУ́ТКИЙ, -ая, -ое; -ток, -тка́, -тко; чу́тче. **1.** Быстро и легко воспринимающий что-н. органами чувств. *Ч. зверь. Чуткое ухо. Ч. сон* (легко нарушаемый). *Чуткие приборы* (перен.). *Ч. на несправедливость* (перен.). **2.** *перен.* Отзывчивый, сочувственный. *Чуткое отношение к людям. Чуткая душа. Чутко* (нареч.) *отнестись к кому-н.* ‖ *сущ.* **чу́ткость,** -и, *ж.*

ЧУТО́К, *нареч.* (прост.) Чуть-чуть, немного. *Подожди ч. Ч. отдохну.*

ЧУ́ТОЧКА, -и, *ж.* (разг.). **1.** То же, что капелька (во 2 знач.). *Самая ч.* (совсем немного). *Ни единой чуточки* (нисколько). **2.** **чу́точку,** *нареч.* Совсем немного. *Устал? — Чуточку.*

ЧУ́ТОЧНЫЙ [*шн*], -ая, -ое (разг.). Очень маленький, едва заметный. *Чуточная царапина.*

ЧУТЬ (разг.). **1.** *нареч.* Едва, еле. *Ч. живой. Ч. слышен шёпот.* **2.** *нареч.* Немного, слегка. *Ч. больше. Ч. пересолено.* **3.** *союз.* Как только, сразу вслед за чем-н. *Ч. кто войдёт, услышу.* ✦ **Чуть ли не** — выражение почти полной уверенности, незначительного сомнения. *Это произошло чуть ли не вчера.* **Чуть (было) не — то же, что едва (было) не.** *Чуть (было) не упал.* Чуть что́ (разг.) — по малейшему поводу. *Чуть что — он обижается.*

ЧУТЬЁ, -я́, *ср.* **1.** У животных: способность замечать, обнаруживать органами чувств, преимущ. обонянием. *Верхнее ч. у собаки* (распознавание запаха по воздуху). **2.** *перен.* Способность понимать, ценить что-н., разбираться в чём-н. *Политическое ч. Хорошее ч. языка.*

ЧУТЬ-ЧУ́ТЬ, *нареч.* (разг.). То же, что чуть (в 1 и 2 знач.). ✦ **Чуть-чуть (было) не, едва не, чуть (было) не.** *Чуть-чуть было не опоздал.*

ЧУХО́НСКИЙ, -ая, -ое (устар.). **1.** *см.* чухонцы. **2.** Относящийся к чухонцам, к их языкам (финно-угорским), национальному характеру, образу жизни, культуре, а также к территории их проживания, её внутреннему устройству, истории; такой, как у чухонцев. *Чухонское масло* (прежнее название высокосортного сливочного масла). *По-чухонски* (нареч.).

ЧУХО́НЦЫ, -ев, *ед.* -о́нец, -нца, *м.* Прежнее название эстонцев, а также карело-финского населения окрестностей Петербурга. ‖ *ж.* **чухо́нка,** -и. ‖ *прил.* **чухо́нский,** -ая, -ое.

ЧУ́ЧЕЛО, -а, *ср.* **1.** Точное воспроизведение животного — его фигура, покрытая шкурой, перьями. *Ч. медведя. Набить ч. Изготовление чучел.* **2.** В саду, в огороде: фигура наподобие человеческой для отпугивания птиц. *Огородное ч.* **3.** *перен.* О грязном, небрежно одетом или нескладном человеке (прост. пренебр.). *Ч. ты этакое!* ✦ **Чучело гороховое** (разг. неодобр.) — о том, кто выставляет себя в смешном или глупом виде. ‖ *уменьш.* **чу́челко,** -а, *ср.* (к 1 знач.). ‖ *прил.* **чу́чельный,** -ая, -ое (к 1 знач.).

ЧУ́ШКА¹, -и, *ж.* **1.** То же, что свинья (разг.). **2.** Морда свиньи (прост.).

ЧУ́ШКА², -и, *ж.* (спец.). Небольшой слиток металла, обычно предназначенный для переплавки. *Ч. чугуна.* ‖ *прил.* **чу́шковый,** -ая, -ое.

ЧУШЬ, -и, *ж.* (разг.). Ерунда, нелепость. *Ч. несёт (порет) кто-н.* (говорит полную чушь).

ЧУ́ЯТЬ, чу́ю, чу́ешь; *несов.* **1.** *кого-что.* Распознавать чутьём. *Собака чует дичь, след.* **2.** *что.* Чувствовать, ощущать (разг.). *Ч. недоброе. Чуяло моё сердце* (предчувствовал; догадывался, обычно о чём-н. недобром). *Ног (земли) не ч. под собой* (о том, кто бежит в состоянии волнения, радости, а также о том, кто очень устал от ходьбы, от бега).

ЧУ́ЯТЬСЯ (чу́юсь, чу́ешься, 1 и 2 л. не употр.), чу́ется; *несов.* (прост.). Ощущаться, быть постигаемым чутьём (во 2 знач.). *Чуется приближение весны.*

ЧХАТЬ *см.* начхать.

ЧХИ, *межд. звукоподр.* Воспроизведение звука чихания, апчхи.

Ш

ША, *межд.* (прост.). Возглас в знач. пора кончать, хватит. *Пошумели — и ша!*

ША́БАШ, -а, *м.* **1.** В иудаизме: субботний отдых. **2.** В средневековых поверьях: сборище ведьм.

ШАБА́Ш, *частица* (прост.). То же, что баста! *Больше не курю, ш.*

ШАБА́ШИТЬ, -шу, -шишь; *несов.* (прост.). Кончать работу или прерывать её. ‖ *сов.* **пошаба́шить,** -шу, -шишь.

ШАБА́ШКА, -и, *ж.* (прост.). **1.** Небольшое изделие, унесённое домой с производства [*первонач.* ненужный обрубок дерева, уносившийся домой плотниками]. **2.** То же, что левый заработок.

ШАБА́ШНИК, -а, *м.* (прост. неодобр.). Человек, к-рый выполняет строительные, ремонтные и другие работы, заключая частные сделки по высоким ценам. *Артель шабашников.* ‖ *прил.* **шаба́шнический,** -ая, -ое.

ШАБА́ШНИЧАТЬ, -аю, -аешь; *несов.* (прост. неодобр.). Быть шабашником.

ШАБЛО́Н, -а, *м.* **1.** Пластина с вырезами, по контуру к-рых изготовляются чертежи или какие-н. изделия, лекало (во 2 знач.) (спец.). *Чертить, кроить по шаблону.* **2.** *перен.* Общеизвестный, избитый образец, трафарет (в 3 знач.), к-рому подражают. *Сочинять по шаблону.* **3.** Инструмент для измерения каких-н. размеров, расстояний (спец.). *Резьбовой ш. Радиусный ш.* ‖ *прил.* **шабло́нный,** -ая, -ое (к 1 и 3 знач.).

ШАБЛО́ННЫЙ, -ая, -ое; -о́нен, -о́нна. **1.** *см.* шаблон. **2.** *перен.* Избитый, лишённый оригинальности и выразительности, трафаретный (во 2 знач.). *Шаблонная фраза. Ш. ответ.* ‖ *сущ.* **шабло́нность,** -и, *ж.*

ША́ВКА, -и, *ж.* **1.** Непородистая собака, обычно дворовая или уличная (разг.). *Лохматая ш.* **2.** *перен.* О злобном крикуне (прост. презр.).

ШАГ, -а (-у) *и* -а́, о ша́ге, на (в) шагу́, *мн.* -и́, -о́в, *м.* **1.** Движение ногой при ходьбе, беге, а также расстояние от ноги до ноги при таком движении. *Сделать ш. Отмерить шагами. Услышать чьи-н. шаги* (звуки, возникающие при ходьбе). *В нескольких или двух-трёх шагах* (очень близко). *На каждом шагу или что ни ш.* (также перен.: беспрестанно или повсюду). *Ни на ш. не отходить* (никуда не отлучаться). *Ни шагу назад!* (не отступать!). *Ш. вперёд* (также перен.: успех в какой-н. деятельности). *Ш. назад.* (также перен.: отступление, неудача). *Один ш. от или до чего-н.* (также перен.: о том, что очень близко к чему-н., непосредственно вытекает из чего-н.). *Первые шаги* (также перен.: о начале какой-н. деятельности). *Первый ш. сделать* (также перен.: начать что-н., сделать почин в чём-н.). *Ш. за шагом* (также перен.: постепенно и последовательно). *Шагу не сделать для кого-чего-н.* (перен.: ничего не предпринять, ничем не помочь; разг. неодобр.). *Шагу ступить не может, не умеет кто-н. без кого-н.* (также перен.: несамостоятелен, беспомощен; разг.). *Шагу ступить не дают* (перен.: не дают свободно действовать; разг. неодобр.). **2.** (ша́га), обычно *ед.* Движение пешим способом (о животных — не рысью, не галопом). *Замедлить ш. Прибавить шагу* (пойти быстрее). *Быстрыми шагами двигаться вперёд* (перен.). *Лошадь перешла с рыси на ш.* **3.** (ша́га), *ед.* То же, что поступь (в 1 знач.). *Твёрдый ш. Уверенный ш.* **4.** (ша́га), *перен.* Действие, поступок. *Ответственный, решительный, неосторожный ш. Предпринять новые шаги в каком-н. деле.* **5.** (ша́га), *перен.* Один из последовательно сменяющих друг друга моментов в каком-н. процессе, явлении. *Задача решается в три шага. Ш. к победе.* **6.** Повторяющееся расстояние между какими-н. элементами, деталями (спец.). *Ш. колеса. Ш. резьбы.* ✦ **В шагу** — в том месте, где штанины сшиваются друг с другом. *Брюки узки в шагу.* ‖ *уменьш.* **шажо́к,** -жка́, *м.* (к 1 знач.). ‖ *прил.* **ша́говый,** -ая, -ое (к 6 знач.).

ШАГА́ТЬ, -аю, -а́ешь; *несов.* **1.** Идти шагом, а также (прост.) вообще идти. *Ш. по дороге. Шагай отсюда!* (уходи!). **2.** Переступать, делать шаг. *Ш. через порог.* ‖ *однокр.* **шагну́ть**, -ну́, -нёшь (ко 2 знач.). *Ш. вперёд* (также перен.: продвинуться в своём развитии, сделать успех). ‖ *сущ.* **шага́ние**, -я, *ср.* (к 1 знач.).

ШАГИ́СТИКА, *-и, ж.* Обучение маршировке (в ущерб другим, более существенным военным занятиям).

ША́ГОМ, *нареч.* Мерно переступая ногами, не бегом (о животных — не рысью, не галопом) *Идти ш. Ш. марш!* (команда). ‖ *уменьш.* **шажко́м**.

ШАГОМЕ́Р, -а, *м.* **1.** Прибор для измерения в шагах расстояния, пройденного пешком. **2.** Прибор для измерения шага (в 6 знач.) в каком-н. устройстве. ‖ *прил.* **шагоме́рный**, -ая, -ое.

ШАГРЕ́НЬ, *-и, ж.* Мягкая козья или овечья (первонач. ослиная) кожа с характерным рисунком на неровной поверхности. ‖ *прил.* **шагре́невый**, -ая, -ое.

ША́ЙБА, *-ы, ж.* **1.** Плоское кольцо, пластинка с отверстием, подкладываемая под гайку или болт. **2.** Небольшой тяжёлый резиновый диск, употр. при игре в хоккей на льду. *Шайбу!* (возглас хоккейных болельщиков, поощряющий игроков). **3.** В хоккее: то же, что гол (разг.). *Выиграть с перевесом в две шайбы.* ‖ *прил.* **ша́йбовый**, -ая, -ое.

ША́ЙКА[1], *-и, ж.* Низкое и широкое деревянное или металлическое ведёрко с двумя ручками по бокам. *Банная ш.* ‖ *прил.* **ша́ечный**, -ая, -ое.

ША́ЙКА[2], *-и, ж.* Группа людей, объединившихся для какой-н. преступной деятельности. *Бандитская ш. Ш. расхитителей.* ✦ **Своя (одна) шайка-лейка** (прост. неодобр.) — своя компания, своя лавочка (в 3 знач.).

ШАЙТА́Н, -а, *м.* В исламской мифологии: злой дух, дьявол. *Ш. тебя побери!* (то же, что чёрт тебя побери; прост.).

ШАКА́Л, -а, *м.* Хищное животное сем. псовых, питающееся падалью. *Как ш. кто-н.* (хищен, злобен). ‖ *прил.* **шака́лий**, -ья, -ье. *Шакальи повадки* (также перен.: хищнические; презр.). *Ш. вой* (также перен.).

ШАЛА́НДА, *-ы, ж.* **1.** Небольшая несамоходная мелкосидящая баржа (напр. для перевозки грунта при землечерпательных караванах, для разгрузки судов на рейде). **2.** На Чёрном море: парусная плоскодонная рыбачья лодка. ‖ *прил.* **шала́ндный**, -ая, -ое.

ШАЛА́Ш, -а́, *м.* Лёгкая постройка из жердей, покрытых ветками, соломой, травой. *Ш. в лесу. Рыбачий ш.* ✦ **Милости прошу к нашему шалашу** (разг. шутл.) — приглашение войти, быть гостем. ‖ *прил.* **шала́шный**, -ая, -ое.

ШАЛЕ́ТЬ, -е́ю, -е́ешь; *несов.* (разг.). Становиться безрассудным, шалым. *Ш. от радости.* ‖ *сов.* **ошале́ть**, -е́ю, -е́ешь.

ШАЛИ́ТЬ, -лю́, -ли́шь; *несов.* **1.** Баловаться, резвиться, заниматься шалостями. *Дети шалят.* **2.** Своевольничать, поступать противозаконно, а также разбойничать (устар. разг.). *Шалят по большим дорогам.* **3.** (1 и 2 л. не употр.) Действовать, функционировать неправильно (разг.). *Часы шалят. Здоровье что-то шалит* (стало хуже, пошаливает). **4.** **шали́шь (шали́те)!** Выражение несогласия, уверенного отрицания, шутишь (см. шутить в 5 знач.), врёшь (см. врать в 4 знач.) (разг.). *Меня не проведёшь, шалишь!*

ШАЛОВЛИ́ВЫЙ, -ая, -ое; -и́в. **1.** Склонный к шалостям. *Ш. ребёнок.* **2.** Легкомысленно-игривый. *Ш. тон. Шаловливо* (нареч.) *взглянуть.* ‖ *сущ.* **шаловли́вость**, *-и, ж.*

ШАЛОПА́Й, *-я, м.* (прост.). Бездельник, повеса. ‖ *прил.* **шалопа́йский**, -ая, -ое.

ШАЛОПА́ЙНИЧАТЬ, -аю, -аешь; *несов.* (прост.). Вести себя как шалопай, быть шалопаем.

ШАЛОПУ́Т, -а, *м.* (прост.). То же, что шалопай.

ШАЛОПУ́ТНИЧАТЬ, -аю, -аешь; *несов.* (прост.). Вести себя шалопутом, проводить время сумасбродно и легкомысленно. ‖ *сущ.* **шалопу́тство**, -а, *ср.* и **шалопу́тничанье**, -я, *ср.*

ШАЛОПУ́ТНЫЙ, -ая, -ое (прост.). Сумасбродный и легкомысленный, непутёвый.

ША́ЛОСТЬ, *-и, ж.* Шутливая проделка, проказа[2]. *Детские шалости.*

ШАЛТА́Й-БОЛТА́Й, *нареч.* (разг. неодобр.). Без всякого дела, цели, занятия (о времяпрепровождении; первонач. о пустой болтовне). *Целыми днями по двору слоняется шалтай-болтай.*

ШАЛУ́Н, -а́, *м.* Тот, кто шалит (в 1 знач.) (преимущ. о детях). ‖ *уменьш.* **шалуни́шка**, *-и, м.* ‖ *ж.* **шалу́нья**, *-и, род. мн.* -ний.

ШАЛФЕ́Й, *-я, м.* Травянистое растение, один из видов к-рого применяется в медицине для лекарственных настоев, а также самый настой. *Полоскание из шалфея.* ‖ *прил.* **шалфе́йный**, -ая, -ое.

ША́ЛЫЙ, -ая, -ое; шал (разг.). **1.** Неуравновешенный, сумасбродный; ошалелый. *Ш. парень.* **2.** Беспорядочный; случайный, непостоянный. *Шалая стрельба. Шалые деньги.*

ШАЛЬ[1], *-и, ж.* **1.** Большой вязаный или тканый платок. *Ш. с каймой. Накинуть ш. на плечи. Закутаться в ш.* **2.** Отложной воротник с цельными отворотами, обычно закруглёнными. *Воротник шалью.* ‖ *уменьш.* **ша́лька**, *-и, ж.* ‖ *прил.* **ша́левый**, -ая, -ое.

ШАЛЬ[2], *-и, ж.* (прост.). Глупость, дурь, блажь. *Ш. нашла на кого-н.*

ШАЛЬНО́Й, -а́я, -о́е (разг.). То же, что шалый. *Ш. поступок. Ш. взгляд. Ш. пуля* (выпущенная наугад или случайно попавшая в кого-н.). *Шальные деньги* (добытые без особого труда; неодобр.).

ШАЛЯ́Й-ВАЛЯ́Й, *нареч.* (прост.). Кое-как, небрежно, плохо. *Уроки делает шаляй-валяй.*

ШАМА́Н, -а, *м.* У нек-рых народов, сохраняющих веру в духов и в возможность ритуального общения с ними: служитель культа; колдун-знахарь, способный приводить себя в состояние экстаза. ‖ *ж.* **шама́нка**, *-и.* ‖ *прил.* **шама́нский**, -ая, -ое.

ШАМА́НИТЬ, -ню, -нишь; *несов.* О шамане: в состоянии экстаза осуществлять ритуальное общение с духами. *Ш. над больным.*

ША́МКАТЬ, -аю, -аешь; *несов.* Говорить невнятно, пришепётывая. *Ш. беззубым ртом. Шамкающая речь.* ‖ *однокр.* **ша́мкнуть**, -ну, -нешь. ‖ *сущ.* **ша́мканье**, *-я, ср.*

ШАМО́Т, -а, *м.* (*спец.*). Обожжённая до спекания глина, а также огнеупорный кирпич из такой глины. ‖ *прил.* **шамо́тный**, -ая, -ое. *Ш. кирпич.*

ШАМПА́НСКИЙ, -ая, -ое: **шампанские ви́на** — разные сорта шампанского.

ШАМПА́НСКОЕ, -ого, *ср.* Игристое виноградное вино, насыщенное углекислым газом.

ШАМПИНЬО́Н [*ньё*], -а, *м.* Съедобный серовато-белый пластинчатый гриб. ‖ *прил.* **шампиньо́нный**, -ая, -ое.

ШАМПУ́НЬ, *-я, м.* Моющее средство — жидкость или крем. *Ш. для волос. Автомобильный ш.*

ШАМПУ́Р, -а, *м.* Заострённый металлический стержень для приготовления шашлыка. *Жарить на шампуре.* ‖ *прил.* **шампу́рный**, -ая, -ое.

ША́НЕЦ, -нца, *м.* В 17—19 вв.: отрытое в земле большое четырёхугольное полевое укрепление.

ШАНС, -а, *м.* Вероятная возможность осуществления чего-н. *Шансы на успех. Иметь ш. Упустить ш. Последний ш.*

ШАНСОНЕ́ТКА, *-и, ж.* **1.** Песенка игривого содержания, исполняемая в кафешантане. **2.** Певица, исполняющая такие песенки. ‖ *прил.* **шансоне́тный**, -ая, -ое (к 1 знач.) *и* **шансоне́точный**, -ая, -ое (к 1 знач.).

ШАНСОНЬЕ́, *нескл., м.* Во Франции: эстрадный певец (обычно исполнитель своих собственных песен).

ШАНТА́Ж, -а́, *м.* Неблаговидные или преступные действия (угроза разоблачения, разглашения компрометирующих сведений) с целью вымогательства, а также вообще угроза, запугивание чем-н. с целью создать выгодную для себя обстановку. *Заниматься шантажом.* ‖ *прил.* **шанта́жный**, -ая, -ое.

ШАНТАЖИ́РОВАТЬ, -рую, -руешь; -анный; *несов., кого (что).* Добиваться чего-н. у кого-н. путём шантажа.

ШАНТАЖИ́СТ, -а, *м.* Человек, к-рый занимается шантажом. ‖ *ж.* **шантажи́стка**, *-и.* ‖ *прил.* **шантажи́стский**, -ая, -ое.

ШАНТРАПА́, -ы́, *м. и ж.*, также *собир.* (прост. бран.). Никчёмный, никуда не годный человек. *Водится со всякой шантрапой.*

ША́НЦЕВЫЙ, -ая, -ое: **шанцевый инструмент** (спец.) — сапёрное снаряжение (лопаты, ломы, пилы, кирки и др.). *Шанцевая лопата.*

ША́ПКА, *-и, ж.* **1.** Головной убор (преимущ. тёплый, мягкий). *Меховая, вязаная ш. Ш.-ушанка. В шапке или без шапки* (также вообще с покрытой или непокрытой головой). *Шапку снять* (также перен., перед кем-чем-н.: выразить своё уважение, преклонение перед кем-чем-н.; высок.). *На воре ш. горит* (посл. о провинившемся, к-рый невольно выдаёт сам себя). *Шапками закидаем* (о шапкозакидательстве; неодобр.). *По Сеньке и ш.* (погов. о том, кто не заслуживает лучшего). **2.** *перен.* То, что покрывает что-н. куполообразно, в виде шара. *Снежные шапки гор. Ш. нагара на свече.* **3.** Заголовок крупным шрифтом, общий для нескольких статей в газете. *Статьи печатаются под общей шапкой.* **4.** Название издающего учреждения, серии, помещаемое на титульном листе над заголовком, а также (спец.) краткий заголовок, помещаемый над текстом первой полосы книги. *Издание под шапкой университета.* ✦ **По шапке дать** *кому* (прост.) — 1) ударить кого-н.; 2) прогнать кого-н., а также уволить. **По шапке получить** (прост.) — получить нагоняй, выговор. **С шапкой (по кругу) пойти** (разг. ирон.) — начать собирать с кого-н. средства, пожертвования [*первонач.* после уличного представления собирать со зрителей деньги в шапку]. **С шапкой по́ миру пустить (пойти)** (устар. разг.) — то же, что по миру пустить (пойти). **Тяжела ты, шапка Мономаха**

(книжн., обычно ирон.) — о тяжести власти, ответственности [по названию венца великого князя Владимира Мономаха]. ‖ *уменьш.* **ша́почка,** -и, *ж.* (к 1 знач.). ‖ *унич.* **шапчо́нка,** -и, *ж.* (к 1 знач.). ‖ *прил.* **ша́почный,** -ая, -ое (к 1 знач.). ♦ **К шапочному** [*шн*] *разбору (прийти, поспеть, явиться)* (разг.) — явиться, когда всё уже кончено, дело сделано. **Шапочное** [*шн*] **знакомство** — случайное, внешнее.

ШАПКОЗАКИДА́ТЕЛЬСТВО, -а, *ср.* Хвастливые и легкомысленные уверения в возможности лёгкой победы. ‖ *прил.* **шапкозакида́тельский,** -ая, -ое. *Шапкозакидательские настроения.*

ШАПОВА́Л, -а, *м.* (устар.). Мастер, изготавливающий валяные шапки, а также другие валяные изделия.

ША́ПОЧНИК, -а, *м.* Мастер, изготовляющий шапки. ‖ *ж.* **ша́почница,** -ы.

ШАР, -а *и* (с колич. числит.) -а́, *мн.* -ы́, -о́в, *м.* **1.** В математике: часть пространства, ограниченная сферой. *Радиус шара.* **2.** Предмет такой формы. *Биллиардный ш. Ш.-зонд* (наполненный водородом резиновый шар для исследования атмосферы). *Баллотировочные шары* (чёрные и белые шары, использовавшиеся при тайном голосовании; устар.). ♦ **Земной шар** — планета Земля. **Воздушный шар** — 1) летательный аппарат легче воздуха, поднимаемый вверх лёгким газом, заполняющим его шарообразную оболочку. *Путешествие на воздушном шаре;* 2) надувная игрушка — прозрачная цветная оболочка, заполняемая лёгким газом. *Воздушный ш. на ниточке. Гирлянды воздушных шаров* (на праздниках). **Пробный шар** (книжн.) — действие, имеющее целью предварительно проверить, испытать что-н. **Хоть шаро́м покати** (разг.) — ничего нет, совершенно пусто. **Чёрный шар** — чёрный баллотировочный шар, выражающий несогласие, также вообще выражение несогласия при тайном голосовании. ‖ *уменьш.* **ша́рик,** -а, *м.* (ко 2 знач.). ‖ *прил.* **шарово́й,** -а́я, -о́е (к 1 знач.).

ШАРАБА́Н, -а, *м.* Лёгкий, обычно двухколесный экипаж. ‖ *прил.* **шараба́нный,** -ая, -ое.

ШАРА́ДА, -ы, *ж.* Загадка, в к-рой загаданное слово делится на несколько частей — отдельных слов; такая загадка, представляемая в живых сценках. *Разгадать шараду. Разыграть шарады.*

ШАРА́Х, *в знач. сказ.* (прост.). **1.** Шарахнул. *Ш. по спине. Ш. камнем в забор.* **2.** Шарахнулся. *Ш. в кусты.*

ШАРА́ХНУТЬ, -ну, -нешь; *сов., кого-что.* (прост.). Сильно ударить, а также бросить ударяя, с ударом. *Ш. по спине. Ш. камнем в забор.* ‖ *несов.* **шара́хать,** -аю, -аешь. ‖ *сущ.* **шара́ханье,** -я, *ср.*

ШАРА́ХНУТЬСЯ, -нусь, -нешься; *сов.* **1.** Броситься в сторону, отпрянуть (разг.). *Толпа шарахнулась. Лошади шарахнулись в испуге.* **2.** Удариться сильно обо что-н. (прост.). *Ш. головой о косяк.* ‖ *несов.* **шара́хаться,** -аюсь, -аешься. *Ш. из стороны в сторону* (также перен.: быть непоследовательным, беспорядочно переходить от одного к другому; неодобр.). ‖ *сущ.* **шара́ханье,** -я, *ср.*

ШАРА́ШКА, -и, *ж.* (прост.). В годы сталинских репрессий: тюремное учреждение, конструкторское бюро, в к-ром работают заключённые-специалисты.

ШАРА́ШКИН, -а: **шарашкина контора (фабрика)** (прост. пренебр.) — плутовская, жульническая компания, **лавочка** (в 3 знач.), а также вообще несолидное не заслуживающее уважения учреждение.

ШАРЖ, -а, *м.* Шуточное или сатирическое изображение кого-н. с карикатурным подчёркиванием наиболее характерных внешних черт. *Рисовать шаржи. Дружеский ш.* ♦ **Впадать в шарж** (книжн.) — то же, что шаржировать. ‖ *прил.* **ша́ржевый,** -ая, -ое.

ШАРЖИ́РОВАТЬ, -рую, -руешь; -анный; *несов.* (книжн.). Изображать кого-что-н. в подчёркнуто карикатурном виде. ‖ *сущ.* **шаржи́рование,** -я, *ср.*

ШАРИА́Т, -а, *м.* В исламе: свод религиозных и юридических правил, основанных на Коране.

ША́РИК[1], -а, *м.* **1.** *см.* шар. **2.** Составной элемент крови (устар.). *Красные и белые кровяные шарики.* **3.** То же, что земной шар (разг. шутл.). *Весь ш. объехал.* **4.** *мн.* В выражениях: **шарики не работают, шариков не хватает, шариками покрутить** и нек-рых др. (прост. шутл.) — об умственных способностях человека. **5.** То же, что шариковая авторучка (разг.). ♦ **Шарики на ролики заехали** *у кого* (прост. шутл.) — о том, кто совсем сбился с толку, потерял соображение.

ША́РИК[2], -а, *м.* (разг.). Дворовая собака (по распространённой кличке).

ША́РИКОВЫЙ, -ая, -ое. Снабжённый устройством в виде шарика[1], с шариками. *Ш. подшипник. Шариковая авторучка* (с маленьким шариком для подачи чернильной массы). *Ш. метеорит* (имеющий в своей структуре маленькие шары, шарики; спец.).

ШАРИКОПОДШИ́ПНИК, -а, *м.* Шариковый подшипник. ‖ *прил.* **шарикоподши́пниковый,** -ая, -ое.

ША́РИТЬ, -рю, -ришь; *несов.* (разг.). **1.** Искать ощупью или перебирая, перекладывая что-н. *Ш. руками в темноте. Ш. по чужим карманам* (перен.: воровать; прост.). **2.** *перен.* То же, что искать (в 1 знач.). *Ш. по всему дому. Ш. глазами* (высматривать что-н. по сторонам). *Луч прожектора шарит по небу.*

ШАРК, *в знач. сказ.* (разг.). Шаркнул. *Ш. ногой.*

ША́РКАТЬ, -аю, -аешь; *несов.* **1.** Производить шорох трением (при ходьбе, движении). *Ш. туфлями. Шаркающая походка. Ш. метлой.* **2.** *со словом «ногой»* или *без него.* Придвигать одну ногу к другой, ударяя слегка каблук о каблук (знак вежливости, приветствия у мужчин). **3.** *кого (что).* Ударять, бить чем-н. (прост.). ‖ *однокр.* **ша́ркнуть,** -ну, -нешь. ‖ *сущ.* **ша́рканье,** -я, *ср.*

ШАРЛАТА́Н, -а, *м.* Невежда, выдающий себя за знатока, грубый обманщик. *Знахарь-ш.* ‖ *ж.* **шарлата́нка,** -и. ‖ *прил.* **шарлата́нский,** -ая, -ое.

ШАРЛАТА́НСТВО, -а, *ср.* Образ действий шарлатана. *Разоблачить ш.* ‖ *прил.* **шарлата́нский,** -ая, -ое.

ШАРЛО́ТКА, -и, *ж.* Кушанье из запечённого теста или сухарей с яблоками.

ШАРМ, -а, *м.* Обаяние, очарование. *Светский ш.*

ШАРМА́НКА, -и, *ж.* **1.** Переносной механический орган без клавишного механизма в виде надеваемого на плечо ящика на лямке. *Играть на шарманке* (вращая рукоятку). *Ш. бродячего музыканта. Петь под шарманку.* **2.** *перен.* О нудном, надоевшем разговоре, повторении одного и того же (прост. неодобр.). *Опять завела свою вечную шарманку.* ‖ *прил.* **шарма́ночный,** -ая, -ое (к 1 знач.).

ШАРМА́НЩИК, -а, *м.* (устар.). Бродячий музыкант, играющий на шарманке. ‖ *ж.* **шарма́нщица,** -ы.

ШАРНИ́Р, -а, *м.* Подвижное соединение частей механизма, деталей, обеспечивающее их вращение вокруг общей оси или общей точки. *Как на шарнирах кто-н.* (беспокоен и тороплив в движениях; разг.). ‖ *прил.* **шарни́рный,** -ая, -ое. *Ш. механизм.*

ШАРОВА́РЫ, -а́р. Широкие штаны, заправляемые в голенища; вообще штаны широкого, свободного покроя. *Казацкие ш. Татарские ш.* (собранные в сборки у щиколоток). *Спортивные ш.* ‖ *прил.* **шарова́рный,** -ая, -ое.

ШАРОВИ́ДНЫЙ, -ая, -ое; -ден, -дна. Имеющий вид шара, похожий на шар. *Ш. гриб.* ‖ *сущ.* **шарови́дность,** -и, *ж.*

ШАРОВО́Й, -а́я, -о́е. **1.** *см.* шар. **2.** Имеющий форму шара. *Шаровая молния.* **3.** Имеющий шаровидные устройства, детали. *Шаровая мельница.*

ШАРОМЫ́ГА, -и, *м. и ж.* и **ШАРОМЫ́ЖНИК,** -а, *м.* (прост.). Человек, к-рый любит поживиться на чужой счёт, жулик. ‖ *уменьш.* **шаромы́жка,** -и, *м. и ж.*

ШАРОМЫ́ЖНИЧАТЬ, -аю, -аешь; *несов.* (прост.). Вести себя бессовестно, быть шаромыжником.

ШАРООБРА́ЗНЫЙ, -ая, -ое; -зен, -зна. Близкий по форме к шару, шаровидный. *Ш. предмет.* ‖ *сущ.* **шарообра́зность,** -и, *ж.*

ШАРФ, -а, *м.* Предмет одежды — полоса ткани или вязания, надеваемая на шею или плечи, голову. *Шерстяной, шёлковый ш.* ‖ *уменьш.* **ша́рфик,** -а, *м.*

ШАССИ́, *нескл., ср.* (спец.). **1.** Основная часть автомобиля, трактора или другого транспортного средства — рама, на к-рой укреплены кузов, двигатель, все механизмы и детали. **2.** Взлётно-посадочное устройство самолёта. *Убрать ш. Выпустить ш.* **3.** Опорная часть прибора, на к-рой смонтированы его основные детали.

ША́СТАТЬ, -аю, -аешь; *несов.* (прост. неодобр.). Ходить, бродить, шататься (во 2 знач.).

ШАСТЬ, **1.** *в знач. сказ.* (прост.). Внезапно вошёл, появился где-н. или вышел. *Ш. в дверь. Иду, а он ш. мне навстречу.* **2.** *межд. глагол* [*интонационно чётко обособлен*]. Предваряет сообщение о такой (сменяющий другую) ситуации, к-рая в высшей степени неожиданна. *Только думал разобраться с делами, а тут — шасть! — ревизия. Возвращался с охоты ни с чем — ан шасть! — на озеро села стая гусей.*

ШАТА́НИЕ, -я, *ср.* **1.** *см.* шатать, -ся. **2.** *перен.* Колебание, отсутствие принципиальной линии в поведении, во взглядах. *Идейные шатания.*

ШАТА́ТЬ, -а́ю, -а́ешь; ша́танный; *несов., кого-что.* Раскачивать, качать, нагибать в разные стороны. *Ш. столб. Шатает* (безл.) *от усталости кого-н. Ветром шатает* (безл.) *кого-н.* (перен.: очень слаб). ‖ *однокр.* **шатну́ть,** -ну́, -нёшь. ‖ *сущ.* **шата́ние,** -я, *ср.*

ШАТА́ТЬСЯ, -а́юсь, -а́ешься; *несов.* **1.** Качаться, колебаться. *Забор шатается. Шатается от усталости кто-н.* **2.** Бродить без дела (разг.). *Ш. по городу.* ‖ *однокр.* **шатну́ться,** -ну́сь, -нёшься (к 1 знач.). ‖ *сущ.* **шата́ние,** -я, *ср.*

ШАТЕ́Н [*тэ*], -а, *м.* Человек с тёмно-русыми, каштановыми волосами. ‖ *ж.* **шате́нка,** -и.

ШАТЁР, -тра́, *м.* **1.** Большая палатка, крытая тканью, коврами. **2.** Высокая пирамидальная четырёхгранная или восьмигранная крыша (колоколен, башен, церквей) (спец.). ‖ *прил.* **шатёрный**, -ая, -ое (к 1 знач.) *и* **шатро́вый**, -ая, -ое (ко 2 знач.). *Шатёрная ткань.*

ША́ТИЯ, -и, *ж.*, *собир.* (прост. пренебр.). Компания, группа людей. *Ходит всякая ш.*

ША́ТКИЙ, -ая, -ое; -ток, -тка *и* -тка́, -тко. **1.** Неустойчивый, шатающийся. *Ш. стол.* **2.** *перен.* Ненадёжный, непрочный. *Шаткое положение. Шаткие доводы.* ✦ **Ни шатко ни валко** (разг.) — ни хорошо ни плохо, посредственно. ‖ *сущ.* **ша́ткость**, -и, *ж.*

ШАТРО́ВЫЙ, -ая, -ое. **1.** *см.* шатёр. **2.** Имеющий форму шатра (во 2 знач.). *Шатровая колокольня. Ш. купол.*

ШАТУ́Н[1], -а́, *м.* (спец.). Подвижная деталь, соединяющая поршень с валом двигателя. ‖ *прил.* **шату́нный**, -ая, -ое.

ШАТУ́Н[2], -а́, *м.* **1.** Человек, к-рый любит шататься, ходить без дела, а также тот, кто ведёт бродяжнический образ жизни (устар. и прост.). *Беспутный ш.* **2.** Дикое или одичавшее животное, к-рое, отбившись от других, живёт в одиночку. *Медведь-ш.* (не залёгший в спячку). ‖ *ж.* **шату́нья**, -и, *род. мн.* -ний (к 1 знач.).

ША́ФЕР, -а, *мн.* -а́, -о́в, *м.* В церковном свадебном обряде: человек, состоящий при женихе (или невесте) и во время венчания держащий у него (неё) над головой венец. ‖ *прил.* **ша́ферский**, -ая, -ое.

ШАФРА́Н, -а, *м.* **1.** Южное травянистое луковичное растение, а также рыльца его цветков, высушенные и измельчённые в порошок, употр. как пряность и красящее вещество. **2.** Сорт сладких яблок. ‖ *прил.* **шафра́нный**, -ая, -ое *и* **шафра́новый**, -ая, -ое (к 1 знач.).

ШАФРА́НОВЫЙ, -ая, -ое. Жёлто-оранжевый с коричневым оттенком, цвета шафрана.

ШАХ[1], -а, *м.* В нек-рых странах Востока — титул монарха, а также лицо, носящее этот титул. ‖ *прил.* **ша́хский**, -ая, -ое.

ШАХ[2], -а, *м.* В шахматах: нападение какой-н. фигурой (или пешкой) на короля соперника, создающее ему угрозу. *Объявить ш. Ш. королю.*

ШАХИ́НЯ, -и, *ж.* Жена шаха[1].

ШАХМАТИ́СТ, -а, *м.* Спортсмен, занимающийся шахматами; игрок в шахматы. *Турнир шахматистов.* ‖ *ж.* **шахмати́стка**, -и. ‖ *прил.* **шахмати́стский**, -ая, -ое.

ША́ХМАТЫ, -ат. **1.** Игра белыми и чёрными фигурами и пешками на доске в 64 клетки, состоящая в том, что каждый из двух партнёров стремится объявить мат[1] королю соперника, а также соответствующий вид спорта. *Играть в ш. Первенство мира по шахматам.* **2.** Фигуры и пешки для такой игры. *Ш. из кости. Дорожные ш.* ‖ *прил.* **ша́хматный**, -ая, -ое. *Ш. кружок. Ш. порядок* (расположение рядов одноцветных квадратов, по диагонали пересекающих шахматную доску).

ША́ХТА, -ы, *ж.* **1.** Вертикальная или наклонная горная выработка, имеющая непосредственный выход на поверхность, ствол (в 3 знач.). *Спуститься в шахту.* **2.** Горнопромышленное предприятие, ведущее подземную добычу полезного ископаемого; место добычи его. *На шахте.* **3.** Вертикальная удлинённая полость в нек-рых установках, конструкциях (спец.). *Ш. лифта.* **4.** Глубокая вертикальная пещера, подземная полость (спец.). *Ш. карстовой пещеры.* ‖ *прил.* **ша́хтный**, -ая, -ое *и* **ша́хтенный**, -ая, -ое. *Ш. ствол. Шахтная печь* (вертикальная металлургическая печь, загружаемая сверху). *Шахтная пусковая установка.*

ШАХТЁР, -а, *м.* Горнорабочий, работающий в шахтах. ‖ *ж.* **шахтёрка**, -и (устар.). ‖ *прил.* **шахтёрский**, -ая, -ое.

ША́ШЕЧКА, -и, *ж.* **1.** *см.* шашка[1]. **2.** То же, что шашка[1] (в 5 знач.). *Вязка в шашечку, шашечкой. Машина с шашечками на борту* (такси).

ША́ШЕЧНИЦА, -ы, *ж.* **1.** Доска с клетками для игры в шашки и шахматы. **2.** Коробка для шашек.

ШАШИ́СТ, -а, *м.* Спортсмен, занимающийся шашками; игрок в шашки. ‖ *ж.* **шаши́стка**, -и. ‖ *прил.* **шаши́стский**, -ая, -ое.

ША́ШКА[1], -и, *ж.* **1.** Брусок поперечно разрезанного бревна (спец.). **2.** Строительный материал для мощения дорог — расколотый кусок камня или деревянный торец (во 2 знач.) (спец.). **3.** Спрессованная взрывчатка, употр. при взрывных работах (спец.). *Подрывная ш. Тротиловая ш.* **4.** Точёный кружок для игры в шашки. **5.** Двухцветный узор в виде чередующихся квадратиков. *Паркет шашками. Вязка в шашку.* ✦ **Дымовая шашка** (спец.) — коробка, наполненная дымовой смесью (для создания дымовых завес, для окуривания растений). ‖ *уменьш.* **ша́шечка**, -и, *ж.* (к 4 знач.). ‖ *прил.* **ша́шечный**, -ая, -ое.

ША́ШКА[2], -и, *ж.* Колющее и рубящее оружие со слегка изогнутым клинком.

ША́ШКИ, -шек. Игра белыми и чёрными кружками (шашками в 4 знач.) на доске в 64 (русские шашки) или в 100 клеток (международные шашки), состоящая в том, что каждый из двух партнёров старается уничтожить шашки соперника или лишить его возможности сделать ходы, а также соответствующий вид спорта. *Играть в ш. Первенство мира по шашкам.* ‖ *прил.* **ша́шечный**, -ая, -ое. *Шашечная доска.*

ШАШЛЫ́К, -а́, *м.* Кушанье из кусочков баранины (а также говядины, свинины), зажаренных на вертеле, шампуре. *Пригласить на ш.* (на пикник с приготовлением шашлыков). ‖ *прил.* **шашлы́чный**, -ая, -ое.

ШАШЛЫ́ЧНАЯ, -ой, *ж.* Закусочная с подачей шашлыков, здесь же приготавливаемых.

ША́ШНИ, -ей (прост. неодобр.). **1.** Проделки, интриги. *Раскрыть чьи-н. ш.* **2.** Любовные интриги, ухаживание. *Завести ш. с кем-н.*

ШВА́БРА, -ы, *ж.* Метла из мочала, верёвок, вделанных в колодку. *Мыть палубу шваброй.* ‖ *прил.* **шва́бровый**, -ая, -ое.

ШВАЛЬ, -и, *ж.*, также *собир.* (прост. пренебр.). **1.** Негодная вещь, вещи. **2.** Негодный, ничтожный человек, люди, рвань (в 3 знач.). *Со всякой швалью знается.*

ШВА́ЛЬНЯ, -и, *род. мн.* -лен, *ж.* (устар.). Портняжная мастерская. *Полковая ш.*

ШВАРТО́В, -а, *м.* (спец.). Канат, трос, к-рым морское судно крепится к причалу. *Отдать швартовы* (открепить судно от причала).

ШВАРТОВА́ТЬ, -ту́ю, -ту́ешь; -о́ванный; *несов.*, *что* (спец.). Ставить (судно) на причал, на швартовы. ‖ *сов.* **пришвартова́ть**, -ту́ю, -ту́ешь; -о́ванный *и* **ошвартова́ть**, -ту́ю, -ту́ешь; -о́ванный. ‖ *сущ.* **швартóвка**, -и, *ж.* ‖ *прил.* **швартóвный**, -ая, -ое. *Швартовное устройство.*

ШВАРТОВА́ТЬСЯ, -ту́юсь, -ту́ешься; *несов.* Становиться на причал, на швартовы. ‖ *сов.* **пришвартова́ться**, -ту́юсь, -ту́ешься *и* **ошвартова́ться**, -ту́юсь, -ту́ешься. ‖ *сущ.* **швартóвка**, -и, *ж.* ‖ *прил.* **швартóвный**, -ая, -ое.

ШВАХ, *в знач. сказ* (разг.). Плох, в скверном положении. *Дела у него ш. В этом деле я ш.* (слаб, плохо разбираюсь).

ШВЕ́ДСКИЙ, -ая, -ое. **1.** *см.* шведы. **2.** Относящийся к шведам, к их языку, национальному характеру, образу жизни, культуре, а также к Швеции, её территории, внутреннему устройству, истории; такой, как у шведов, как в Швеции. *Ш. язык* (германской группы индоевропейской семьи языков). *Шведская крона* (денежная единица). *По-шведски* (нареч.). ✦ **Шведская спичка** (устар.) — спичка с фосфорной головкой. **Шведская стенка** — гимнастический снаряд в виде перекладины, укреплённый вплотную к стене на стойках. **Шведский стол** — в отелях, пансионатах, на приёмах: накрытый стол, с к-рого еда и напитки берутся по выбору, без заказа; форма такого обслуживания.

ШВЕ́ДЫ, -ов, *ед.* швед, -а, *м.* Народ, составляющий основное население Швеции. ‖ *ж.* **шве́дка**, -и. ‖ *прил.* **шве́дский**, -ая, -ое.

ШВЕ́ЙНИК, -а, *м.* Работник швейной промышленности. ‖ *ж.* **шве́йница**, -ы.

ШВЕ́ЙНЫЙ *см.* шить.

ШВЕЙЦА́Р, -а, *м.* Сторож при подъезде (в учреждении, гостинице, ресторане, богатом доме). *Звонок к швейцару* (у входной двери). ‖ *прил.* **швейца́рский**, -ая, -ое.

ШВЕЙЦА́РСКАЯ, -ой, *ж.* Помещение для швейцара.

ШВЕЙЦА́РСКИЙ, -ая, -ое. **1.** *см.* швейцарцы. **2.** Относящийся к швейцарцам, к их языкам (итальянскому, немецкому, ретророманскому, французскому), национальному характеру, образу жизни, культуре, а также к Швейцарии, её территории, внутреннему устройству, истории; такой, как у швейцарцев, как в Швейцарии. *Швейцарские альпийские луга. Швейцарские часы. Швейцарские банки. Ш. сыр* (сорт). *Ш. франк* (денежная единица).

ШВЕЙЦА́РЦЫ, -ев, *ед.* -рец, -рца, *м.* Население Швейцарии. ‖ *ж.* **швейца́рка**, -и. ‖ *прил.* **швейца́рский**, -ая, -ое.

ШВЕРТБО́Т, -а, *м.* Парусное одномачтовое мелкосидящее спортивное судно с выдвижным килем.

ШВЕЦ, -а́, *м.* (стар.). То же, что портной. *И ш., и жнец, и в дуду игрец* (погов. о том, кто всё умеет).

ШВЕЯ́, -и́, *ж.* Работница, занимающаяся шитьём, а также (устар.) вообще портниха. *Ш.-мотористка. Ш.-ручница.*

ШВО́РЕНЬ, -рня и **ШКВО́РЕНЬ**, -рня, *м.* Стержень в поворотном соединении повозки, транспортного средства, позволяющий производить повороты на ходу. ‖ *прил.* **шворнево́й**, -а́я, -о́е *и* **шкворнево́й**, -а́я, -о́е.

ШВЫРКО́М, *нареч.* (разг.). Давая, перемещая что-н.: грубо и резко. *Что ни даст, всё с попрёком, всё швырком.*

ШВЫРО́К, -рка́, *м.* **1.** Однократное движение при швырянии, бросок (разг.). **2.** также *собир.* Обрубок дерева, остающийся на лесосеке (спец.). ‖ *прил.* **швырко́вый**, -ая, -ое.

ШВЫРЯ́ТЬ, -я́ю, -я́ешь; *несов.*, *кого-что* и *чем* (разг.). С силой бросать. *Ш. снежки* или *снежками в кого-н. Ш. деньги* или *деньгами* (перен.: то же, что швыряться деньгами). ‖ *однокр.* **швырну́ть**, -ну́, -нёшь. ‖ *сущ.* **швыря́ние**, -я, *ср.*

ШВЫРЯ́ТЬСЯ, -я́юсь, -я́ешься; *несов.* (разг.). **1.** *чем.* То же, что бросаться (во 2 знач.). *Ш. камнями, снежками.* **2.** *перен., кем-чем.* Пренебрегать кем-чем-н., проявляя легкомысленное отношение к кому-чему-н., бросаться (в 3 знач.). *Ш. деньгами* (безрассудно тратить). *Нельзя ш. людьми.* ‖ *сущ.* **швыря́ние,** -я, *ср.*

ШЕВЕЛИ́ТЬ, -елю́, -ели́шь *и* -е́лишь; -лённый (-ён, -ена́); *несов.* **1.** *что.* Трогая, ворошить, переворачивать. *Ш. сено.* **2.** *чем.* Слегка сдвигать. *Ш. пальцами. Беззвучно ш. губами. Ш. мозгами* (перен.: соображать, думать хорошенько; разг.). ‖ *сов.* **пошевели́ть,** -елю́, -ели́шь *и* -е́лишь; -лённый (-ён, -ена́). ‖ *однокр.* **шевельну́ть,** -ну́, -нёшь *и* **пошевельну́ть,** -ну́, -нёшь (ко 2 знач.). *Бровью не шевельнул* (не обратил ни малейшего внимания на чьи-н. слова, действия; разг.). ‖ *сущ.* **шевеле́ние,** -я, *ср.*

ШЕВЕЛИ́ТЬСЯ, -елю́сь, -ели́шься *и* -е́лишься; *несов.* **1.** Слегка двигаться. *Листья шевелятся.* **2.** (1 и 2 л. не употр.)., *перен.* Проявляться, пробуждаться (разг.). *Шевелится надежда. Шевелятся сомнения.* **3.** То же, что пошевеливаться (во 2 знач.) (разг.). *Ну, шевелись, ребята!* ✦ **Шевелятся деньги** *у кого* (прост.) — есть, имеются деньги. ‖ *сов.* **пошевели́ться,** -елю́сь, -ели́шься *и* -е́лишься. ‖ *однокр.* **шевельну́ться,** -ну́сь, -нёшься (к 1 и 2 знач.) *и* **пошевельну́ться,** -ну́сь, -нёшься (к 1 знач.). ‖ *сущ.* **шевеле́ние,** -я, *ср.* (к 1 знач.).

ШЕВЕЛЮ́РА, -ы, *ж.* (разг.). Пышные и густые волосы на голове.

ШЕВИО́Т, -а, *м.* Мягкая, слегка ворсистая шерстяная (или из смешанной пряжи) ткань для верхней одежды. ‖ *прил.* **шевио́товый,** -ая, -ое.

ШЕВРО́, *нескл., ср.* Сорт мягкой хромовой козьей кожи. ‖ *прил.* **шевро́вый,** -ая, -ое.

ШЕВРО́Н, -а, *м.* (спец.). Нашивка из галуна, шнура или тесьмы на форменной одежде (обычно на рукаве, в виде угла). *Золотые шевроны. Ш. за ранение* (во время Великой Отечественной войны: красная или золотая нагрудная полоска как знак ранения). ‖ *прил.* **шевро́нный,** -ая, -ое.

ШЕДЕ́ВР [дэ́], -а, *м.* (книжн.). Исключительное по своим достоинствам произведение искусства, образцовое создание мастера. *Литературный ш. Шедевры архитектуры.*

ШЕЗЛО́НГ, -а, *м.* Лёгкое раздвижное кресло с длинной натягивающейся матерчатой спинкой для сидения полулежа. *Садовый, пляжный ш. Парусиновый ш.* ‖ *прил.* **шезло́нговый,** -ая, -ое.

ШЕЙК, -а, *м.* Эксцентрический парный танец.

ШЕ́ЙКА, -и, *ж.* **1.** *см.* шея. **2.** Узкая часть чего-н. *Ш. рельса. Ш. бедра. Ш. зуба.* **3.** У речных раков: брюшко. ‖ *прил.* **ше́ечный,** -ая, -ое (спец.).

ШЕ́ЙНЫЙ *см.* шея.

ШЕЙХ, -а, *м.* **1.** В арабских странах: глава рода, старейшина общины. **2.** В исламе: почётное звание представителя высшего духовенства, а также лицо, носящее это звание.

ШЕ́ЛЕСТ, -а, *м.* Звук, производимый слабым трением, касанием. *Ш. листьев. Ш. страниц.*

ШЕЛЕСТЕ́ТЬ, 1 л. ед. не употр., -ти́шь; *несов.* Издавать шелест. *Листья шелестят.* ‖ *сущ.* **шелесте́нье,** -я, *ср.*

ШЕЛКОВИ́НА, -ы, *ж.* (спец.). Шёлковое волокно, нить. ‖ *прил.* **шелкови́нный,** -ая, -ое.

ШЕЛКОВИ́НКА, -и, *ж.* Нитка, ворсинка шёлка.

ШЕЛКОВИ́СТЫЙ, -ая, -ое; -и́ст. Похожий на шёлк, гладкий, мягкий. *Шелковистая ткань. Шелковистые волосы.* ‖ *сущ.* **шелкови́стость,** -и, *ж.*

ШЕЛКОВИ́ЦА, -ы, *ж.* То же, что тутовое дерево. ‖ *прил.* **шелкови́чный,** -ая, -ое.

ШЕЛКОВИ́ЧНЫЙ, -ая, -ое. **1.** *см.* шелковица. **2.** Относящийся к получению шёлка (в 1 знач.) из коконов тутового шелкопряда. *Ш. червь* (гусеница шелкопряда). *Ш. кокон.*

ШЕЛКОВО́Д, -а, *м.* Специалист по шелководству.

ШЕЛКОВО́ДСТВО, -а, *ср.* Разведение шелкопряда как отрасль сельского хозяйства. ‖ *прил.* **шелководо́дный,** -ая, -ое *и* **шелково́дческий,** -ая, -ое.

ШЕЛКОПРЯ́Д, -а, *м.* **1.** Бабочка, гусеница к-рой вьёт коконы, идущие на изготовление шёлка (в 1 знач.). *Тутовый ш.* **2.** Бабочка, гусеница к-рой является вредителем леса. *Сибирский ш. Сосновый ш.*

ШЕЛКОТКА́НЫЙ, -ая, -ое. Вытканный шёлком. *Шелкотканые знамёна.*

ШЕЛО́М, -а, *м.* (стар.). То же, что шлем (в 1 знач.).

ШЕЛОХНУ́ТЬ, -ну́, -нёшь; *сов., что.* Слегка поколебать, шевельнуть. *Ветерок шелохнул листву.*

ШЕЛОХНУ́ТЬСЯ, -ну́сь, -нёшься; *сов.* Слегка поколебаться, прийти в лёгкое движение. *Ни один листок не шелохнётся. Стой и не шелохнись!* (не двигайся; разг.).

ШЕЛУДИ́ВЕТЬ, -ею, -еешь; *несов.* (прост.). Становиться шелудивым. ‖ *сов.* **зашелуди́веть,** -ею, -еешь *и* **ошелуди́веть,** -ею, -еешь.

ШЕЛУДИ́ВЫЙ, -ая, -ое; -и́в (прост.). Со струпьями, коростой на коже. *Ш. пёс.* ‖ *сущ.* **шелуди́вость,** -и, *ж.*

ШЕЛУХА́, -и́, *ж.* **1.** Оболочка нек-рых плодов, овощей, а также кожура семян. *Картофельная ш. Ш. подсолнуха.* **2.** *перен.* Нечто внешнее, ненужное, наносное (разг.). *Ш. случайных впечатлений.*

ШЕЛУШИ́ТЬ, -шу́, -ши́шь; -шённый (-ён, -ена́); *несов., что.* Отделять внешнюю оболочку, шелуху от чего-н.; освобождать от такой оболочки, шелухи. *Ш. зёрна.* ‖ *сущ.* **шелуше́ние,** -я, *ср.* ‖ *прил.* **шелуши́льный,** -ая, -ое (спец.).

ШЕЛУШИ́ТЬСЯ, -шу́сь, -ши́шься; *несов.* Сходить, отделяясь маленькими плёнками (о поверхности кожного покрова, коры, о высохшей краске). *Кожа на руках шелушится. Береста шелушится.* ‖ *сущ.* **шелуше́ние,** -я, *ср.*

ШЕ́ЛЬМА, -ы, *м. и ж.* и **ШЕЛЬМЕ́Ц,** -а́, *м.* (прост.). Мошенник, плут. *Большая шельма.* ‖ *прил.* **шельмовско́й,** -а́я, -о́е.

ШЕЛЬМОВА́ТЫЙ, -ая, -ое; -а́т (прост.). Плутоватый, хитрый. *Ш. вид.* ‖ *сущ.* **шельмова́тость,** -и, *ж.*

ШЕЛЬМОВА́ТЬ, -му́ю, -му́ешь; -о́ванный; *несов., кого-что.* Позорить, бесчестить. *Ш. чьё-н. честное имя.* ‖ *сов.* **ошельмова́ть,** -му́ю, -му́ешь; -о́ванный. ‖ *сущ.* **шельмова́ние,** -я, *ср.*

ШЕЛЬФ, -а, *м.* (спец.). Прибрежная мелководная зона океана (с глубинами до 200 м). *Континентальный ш.* ‖ *прил.* **ше́льфовый,** -ая, -ое. *Шельфовая зона.*

ШЕМАЯ́, -и́, *ж.* Промысловая рыба сем. карповых.

ШЕМЯ́КИН: шемякин суд (устар. разг.) — несправедливый и пристрастный суд, разбирательство.

ШЕ́НКЕЛЬ, -я, *мн.* -я́, -е́й, *м.* (спец.). Часть ноги всадника (от колена до щиколотки), обращённая к коню и помогающая управлять им. *Дать шенкеля́* (сильно нажать шенкелями).

ШЕПЕЛЕВА́ТЫЙ, -ая, -ое; -а́т. Несколько шепелявый. *Шепелеватая речь.* ‖ *сущ.* **шепелева́тость,** -и, *ж.*

ШЕПЕЛЯ́ВИТЬ, -влю, -вишь; *несов.* Говорить шепеляво.

ШЕПЕЛЯ́ВЫЙ, -ая, -ое; -я́в. Произносящий свистящие звуки («с», «з») как шипящие («ш», «ж»). *Ш. старик. Шепелявая речь.* ‖ *сущ.* **шепеля́вость,** -и, *ж.*

ШЕПТАЛА́, -ы́, *ж.*, также *собир.* Сушёные абрикосы или персики с косточками.

ШЕПТА́ТЬ, шепчу́, ше́пчешь; *несов.* Говорить шёпотом. *Ш. на́ ухо кому-н. Шепчут листья* (перен.). ‖ *однокр.* **шепну́ть,** -ну́, -нёшь. ‖ *сущ.* **шепта́ние,** -я, *ср.*

ШЕПТА́ТЬСЯ, шепчу́сь, ше́пчешься; *несов.* Говорить между собой шёпотом. *Ш. с соседкой. Шепчутся травы* (перен.). ‖ *сущ.* **шепта́ние,** -я, *ср.*

ШЕПТУ́Н, -а́, *м.* (разг.). **1.** Тот, кто шепчется. **2.** *перен.* Сплетник, распространитель слухов (неодобр.). ‖ *ж.* **шепту́нья,** -и, *род. мн.* -ний.

ШЕРБЕ́Т, -а, *м.* **1.** Восточный фруктовый прохладительный напиток. **2.** Кондитерское изделие — густая масса из фруктов или из кофе, шоколада и сахара, обычно с орехами.

ШЕРЕ́НГА, -и, *ж.* Военный строй², в к-ром люди стоят один возле другого на одной линии. *Построиться в две шеренги. Целая ш. машин* (перен.). ‖ *прил.* **шере́нговый,** -ая, -ое *и* **шере́ножный,** -ая, -ое (спец.).

ШЕРИ́Ф¹, -а, *м.* В Англии, Ирландии и США: должностное лицо, выполняющее административные, полицейские и нек-рые судебные функции.

ШЕРИ́Ф², -а, *м.* В исламе: почётное звание лица, считающегося потомком Мухаммеда, а также лицо, имеющее это звание.

ШЕРОХОВА́ТЫЙ, -ая, -ое; -а́т. Негладкий, с мелкими неровностями. *Шероховатая доска. Шероховатое изложение* (перен.). ‖ *сущ.* **шерохова́тость,** -и, *ж.*

ШЕРПА́, **1.** *нескл. мн., ед.* шерпа́, *м. и ж.* То же, что шерпы. **2.** *неизм.* Относящийся к шерпам (шерпа), к их языку (тибетскому), национальному характеру, образу жизни, культуре, а также к территории их проживания, её внутреннему устройству, истории; такой, как у шерпов (шерпа). ‖ *прил.* также **ше́рпский,** -ая, -ое.

ШЕ́РПСКИЙ, -ая, -ое. **1.** *см.* шерпа *и* шерпы. **2.** То же, что шерпа (во 2 знач.). *Шерпские проводники альпинистов.*

ШЕ́РПЫ, -ов, *ед.* шерп, -а, *м.* Народ, населяющий высокогорные районы Восточного Непала, а также соседние с ними районы Индии. *Ш.-горовосходители* (проводники альпинистов). ‖ *ж.* **ше́рпка,** -и. ‖ *прил.* **ше́рпский,** -ая, -ое.

ШЕРСТИ́НКА, -и, *ж.* Нитка, волосок, ворсинка шерсти.

ШЕРСТИ́СТЫЙ, -ая, -ое; -и́ст. Покрытый шерстью, с шёрстным покровом. *Ш. носорог* (вымершее животное). ‖ *сущ.* **шерсти́стость,** -и, *ж.*

ШЕРСТИ́ТЬ (-тю́, -ти́шь, 1 и 2 л. не употр.), -ти́т; *несов.* Раздражать кожу при прикосновении (о грубой шерсти, шерстяной ткани). *Фуфайка шерстит.*

ШЕРСТОБИ́Т, -а, *м.* Работник, взбивающий шерсть для прядения, валяния (иногда также и валяльщик).

ШЕРСТОБИ́ТНЫЙ, -ая, -ое и **ШЕРСТОБО́ЙНЫЙ**, -ая, -ое. Относящийся к обработке и взбиванию шерсти для прядения, валяния.

ШЕРСТОБО́ЙНЯ, -и, *ж.* Предприятие, помещение, где обрабатывают шерсть для прядения, валяния.

ШЕРСТОПРЯДЕ́НИЕ, -я, *ср.* Производство пряжи из шерсти. ‖ *прил.* **шерстопряди́льный**, -ая, -ое.

ШЕРСТЬ, -и, *мн.* (спец.) -и, -е́й, *ж.* **1.** Волосяной покров животного, мех (в 1 знач.). *Густая ш. Бить ш.* (готовя к обработке, взбивать, трепать). *Весь в шерсти кто-н.* (к чьей-н. одежде пристали волокна шерсти). **2.** Пряжа из таких волос. *Вязать чулки из шерсти.* **3.** Ткань из такой пряжи. *Отрез шерсти на платье.* ‖ *уменьш.* **шёрстка**, -и, *ж.* (к 1 знач.). ‖ *прил.* **шёрстный**, -ая, -ое (к 1 знач.; спец.) *и* **шерстяно́й**, -а́я, -о́е (ко 2 и 3 знач.). *Шёрстный покров* (у животных). *Шерстяная пряжа, ткань.*

ШЕРША́ВЕТЬ (-ею, -еешь, 1 и 2 л. не употр.), -еет; *несов.* Становиться шершавым, шершавее. *Руки шершавеют от холода.* ‖ *сов.* **зашерша́веть** (-ею, -еешь, 1 и 2 л. не употр.), -еет.

ШЕРША́ВЫЙ, -ая, -ое; -а́в. Шероховатый, с мелкими колющимися неровностями. *Шершавые руки. Шершавая поверхность. Ш. язык, слог* (перен.: лишённый тонкости, лёгкости). ‖ *сущ.* **шерша́вость**, -и, *ж.*

ШЕ́РШЕНЬ, -шня, *м.* Перепончатокрылое жалящее насекомое. ‖ *прил.* **шершнево́й**, -а́я, -о́е.

ШЕСТ, -а́, *м.* **1.** Длинная палка, жердь. **2.** Спортивный снаряд для прыжков в высоту. *Прыжок с шестом.* ‖ *уменьш.* **ше́стик**, -а, *м.* (к 1 знач.). ‖ *прил.* **шестово́й**, -а́я, -о́е (к 1 знач.; спец.).

ШЕ́СТВИЕ, -я, *ср.* Торжественное прохождение, процессия, манифестация. *Факельное ш.* (с факелами).

ШЕ́СТВОВАТЬ, -твую, -твуешь; *несов.* (высок.). Идти, двигаться торжественно, важно.

ШЕСТЕРЁНКА, -и, *ж.* То же, что шестерня[2]. ‖ *прил.* **шестерёночный**, -ая, -ое.

ШЕСТЕРИ́К, -а́, *м.* **1.** Старая русская мера (веса, объёма, счёта), содержащая шесть каких-н. единиц, а также предмет, содержащий в себе шесть каких-н. единиц. *Ш. овса.* **2.** Упряжка в шесть лошадей. *Ехать шестериком.* ‖ *прил.* **шестерико́вый**, -ая, -ое.

ШЕСТЕРНЯ́[1], -и́, *род. мн.* -е́й, *ж.* (устар.). То же, что шестерик (во 2 знач.).

ШЕСТЕРНЯ́[2], -и́, *род. мн.* -рён, *ж.* Малое колесо в зубчатой передаче. ‖ *прил.* **шестерённый**, -ая, -ое.

ШЕ́СТЕРО, -ы́х, -ы́м, *числит. собир.* **1.** С существительными мужского рода, обозначающими лиц, с личными местоимениями мн. ч. ... без зависимого слова: количество ... *братьев. Ш. гребцов. Ш. детей.* ... *тил шестерых.* **2.** обычно *им.* ... ествительными, имеющими ... сть предметов. *Ш. суток.* ... *иц.* **3.** обычно *им.* и *вин.* ... ествительными, обозна... существующие или ... р. *На него смот*... *реитуз.* ✦ За ... ько шесте...

... же (о ...) ко... *ета* ... че... ...

ниц. *Запрячь шестёрку цугом. Шлюпка-ш.* (с тремя парами вёсел). *Покрыть туза козырной шестёркой.* **3.** Название чего-н. (обычно транспортного средства), обозначенного цифрой 6 (разг.). *Остановка шестёрки за углом* (т. е. трамвая, троллейбуса, автобуса под номером 6). **4.** Мелкий и бессловесный исполнитель, вообще человек на побегушках (прост. пренебр.). *Ходить в шестёрках у кого-н.* ‖ *уменьш.* **шестёрочка**, -и, *ж.* ‖ *прил.* **шестёрочный**, -ая, -ое (ко 2 и в нек-рых сочетаниях к 3 знач.).

ШЕСТИ... *Первая часть сложных слов со знач.*: 1) содержащий шесть каких-н. единиц, состоящий из шести единиц, напр. *шестибалльный, шестивёсельный, шестидневный, шестиоконный, шестиместный, шестимесячный, шестиугольный, шестигранный, шестирублёвый, шестиструнный;* 2) относящийся к шести, к шестому, напр. *шестичасовой* (поезд), *шестиклассник, шестикурсник.*

ШЕСТИДЕСЯТИЛЕ́ТИЕ, -я, *ср.* **1.** Срок в шестьдесят лет. *Истекшее ш.* **2.** *чего.* Годовщина события, бывшего шестьдесят лет тому назад. *Ш. завода* (шестидесятая годовщина со дня основания). **3.** *кого.* Чья-н. шестидесятая годовщина. *Праздновать своё ш.* (шестидесятый день рождения). ‖ *прил.* **шестидесятиле́тний**, -яя, -ее.

ШЕСТИДЕСЯТИЛЕ́ТНИЙ, -яя, -ее. **1.** *см.* шестидесятилетие. **2.** Существующий или просуществовавший, проживший шестьдесят лет.

ШЕСТИДЕСЯ́ТНИК, -а, *м.* **1.** В России в 60-х гг. 19 в.: представитель прогрессивного направления в общественной мысли, литературе, искусстве. **2.** В СССР в 60-е годы: свободомыслящий интеллигент, выступающий за соблюдение прав человека, свободу личности, гласность. ‖ *ж.* **шестидеся́тница**, -ы (к 1 знач.).

ШЕСТИКЛА́ССНИК, -а, *м.* Ученик шестого класса. ‖ *ж.* **шестикла́ссница**, -ы.

ШЕСТИКРА́ТНЫЙ, -ая, -ое. Повторяющийся шесть раз, увеличенный в шесть раз. *В шестикратном размере. Ш. чемпион* (шесть раз завоевывавший это звание). ‖ *сущ.* **шестикра́тность**, -и, *ж.*

ШЕСТИЛЕ́ТИЕ, -я, *ср.* **1.** Срок в шесть лет. **2.** *чего.* Годовщина события, бывшего шесть лет тому назад. ‖ *прил.* **шестиле́тний**, -яя, -ее.

ШЕСТИЛЕ́ТНИЙ, -яя, -ее. **1.** *см.* шестилетие. **2.** Существующий или просуществовавший, проживший шесть лет. *Ш. труд. Ш. ребёнок.*

ШЕСТИПА́ЛЫЙ, -ая, -ое; -а́л. Имеющий шесть пальцев на руке, ноге (о животных — на лапе). *Ш. ребёнок.* ‖ *сущ.* **шестипа́лость**, -и, *ж.*

ШЕСТИСОТЛЕ́ТИЕ, -я, *ср.* **1.** Срок в шестьсот лет. **2.** *чего.* Годовщина события, бывшего шестьсот лет тому назад. *Ш. города* (шестьсот лет со дня основания). ‖ *прил.* **шестисотле́тний**, -яя, -ее.

ШЕСТИСОТЛЕ́ТНИЙ, -яя, -ее. **1.** *см.* шестисотлетие. **2.** Существующий или просуществовавший шестьсот лет.

ШЕСТИСТО́ПНЫЙ, -ая, -ое (спец.). Состоящий из шести стихотворных стоп. *Ш. гекзаметр.*

ШЕСТИТЫ́СЯЧНЫЙ, -ая, -ое. **1.** *Числит. порядк.* к шесть тысяч. **2.** Ценою в шесть тысяч. **3.** Состоящий из шести тысяч единиц.

ШЕСТИЧАСОВО́Й, -а́я, -о́е. **1.** Продолжительностью в шесть часов. *Ш. рабочий день.* **2.** Назначенный на шесть часов. *Ш. экспресс.*

ШЕСТНА́ДЦАТЬ, -и, *числит. колич.* Число и количество 16. ✦ **Кругом шестнадцать** (прост.) — о безвыходном положении. ‖ *порядк.* **шестна́дцатый**, -ая, -ое. *Твой номер ш.* (говорится тому, чья роль незначительна, кому лучше помалкивать; прост. шутл.).

ШЕСТОВИ́К, -а́, *м.* Спортсмен, занимающийся прыжками с шестом.

ШЕСТО́Й, -а́я, -о́е. **1.** *см.* шесть. **2.** **шеста́я**, -о́й. Получаемый делением на шесть. *Шестая часть. Одна шестая* (сущ.).

ШЕСТО́К, -тка́, *м.* В русской печи: широкая площадка между челом[2] и топкой. *Всяк сверчок знай свой ш.* (посл.).

ШЕСТЬ, шести́, шестью́, *числит. колич.* Число, цифра и количество 6. ‖ *порядк.* **шесто́й**, -а́я, -о́е. *Шестое чувство* (интуитивное ощущение).

ШЕСТЬДЕСЯ́Т, шести́десяти, шестью́десятью, *числит. колич.* Число и количество 60. *За ш. кому-н.* (больше шестидесяти лет). *Под ш. кому-н.* (скоро будет шестьдесят лет). ‖ *порядк.* **шестидеся́тый**, -ая, -ое.

ШЕСТЬСО́Т, шестисо́т, шестиста́м, шестьюста́ми, о шестиста́х, *числит. колич.* Число и количество 600. ‖ *порядк.* **шестисо́тый**, -ая, -ое.

ШЕ́СТЬЮ, *нареч.* В умножении: шесть раз. *Ш. шесть — тридцать шесть.*

ШЕФ, -а, *м.* **1.** В царской России и в нек-рых странах: начальник, глава (офиц.). *Ш. жандармов. Ш. полиции.* **2.** О начальнике по отношению к подчинённым (разг. шутл.). **3.** Лицо или организация, принявшие шефство над кем-чем-н. *Завод — ш. совхоза.* ‖ *прил.* **ше́фский**, -ая, -ое (к 3 знач.).

ШЕФ-... *Первая часть сложных слов со знач.* главный, старший, напр. *шеф-пилот, шеф-повар.*

ШЕ́ФСТВО, -а, *ср.* Общественная деятельность по оказанию хозяйственной, промышленной, культурно-просветительной помощи. *Ш. завода над интернатом. Взять ш. над кем-н.* (также перен.: взять под своё наблюдение для оказания помощи; разг.). ‖ *прил.* **ше́фский**, -ая, -ое.

ШЕ́ФСТВОВАТЬ, -твую, -твуешь; *несов.* Быть шефом (в 3 знач.). *Ш. над детским домом.*

ШЕ́Я, -и, *ж.* У позвоночных животных и человека: часть тела, соединяющая голову с туловищем. *Согнуть, вытянуть шею. Лебяжья ш.* (также перен.: высокая и красивая). *На шею вешаться кому-н.* (крепко обнимать за шею; также перен., о женщине: навязчиво добиваться внимания; разг. неодобр.). *На шее виснуть у кого-н.* (также перен.: то же, что виснуть во 2 знач.; разг. неодобр.). *Свернуть (сломать, свихнуть) себе шею* (также перен.: действуя неосмотрительно, рискуя, потерпеть неудачу, плохо кончить, пропасть; разг. неодобр.). *По шее получить* (также перен.: о нагоняе; прост.). ✦ **На свою шею** (разг.) — себе в ущерб, в тягость. **На шее сидеть** *у кого* (разг. неодобр.) — обременять собой, заботами о себе. **На шее висеть** *у кого* (разг. неодобр.) — 1) то же, что на шее сидеть у кого-н.; 2) добиваться ухаживания, виснуть (во 2 знач.). **В шею (в три шеи) гнать** *кого* (прост.) — грубо гнать, прогонять. **По шеям бить** (прост.) — бить, колотить (многих). **Шею мылить** *кому* (прост.) — сильно ругать, давать нагоняй. ‖ *уменьш.* **ше́йка**, -и, *ж.* ‖ *прил.* **ше́йный**, -ая, -ое. *Шейные позвонки. Ш. платок* (надеваемый на шею).

ШЁЛК, -а (-у), о шёлке *и* на (в) шелку́, *мн.* шелка́, -о́в, *м.* **1.** Нити, изготовляемые из выделений гусеницы шелкопряда. *Ш.-сырец* (получаемый при размотке шелковичных коконов). **2.** Ткань из таких нитей, а также из искусственного, синтетического волокна. *Натуральный ш. Искусственный ш.* **3.** обычно *мн.* Одежда из такой ткани. *Ходит в шелках.* **4.** *перен.* О чём-н. мягком, шелковистом. *Ш. волос.* ‖ *прил.* **шёлковый**, -ая, -ое (к 1, 2 и 4 знач.).

ШЁЛКОВЫЙ, -ая, -ое. **1.** *см.* шёлк. **2.** *перен.* Послушный, кроткий (разг.). *Мальчик стал шёлковым.*

ШЁЛКОПРЯДЕ́НИЕ, -я, *ср.* Производство шёлковой пряжи из коконов, не поддающихся размотке. ‖ *прил.* **шёлкопряди́льный**, -ая, -ое.

ШЁЛКОТКА́ЦКИЙ, -ая, -ое. Относящийся к тканью шёлка. *Шёлкоткацкая фабрика.*

ШЁПОТ, -а, *м.* Тихая речь, при к-рой звуки произносятся без голоса. *Говорить шёпотом. Ш. ручья* (перен.). ‖ *уменьш.* **шепото́к**, -тка́, *м.* ‖ *прил.* **шёпотный**, -ая, -ое.

ШЕ́РСТНОСТЬ, -и, *ж.* (спец.). Способность сельскохозяйственного животного давать то или иное количество шерсти. *Ш. овец.*

ШЕ́РСТНЫЙ, -ая, -ое. **1.** *см.* шерсть. **2.** Относящийся к разведению сельскохозяйственных животных, дающих шерсть (спец.). *Шёрстное козоводство.*

ШИБА́ТЬ, -а́ю, -а́ешь; *несов.* (прост.). **1.** Бить, ударять. *Ш. палкой* **2.** (1 и 2 л. не употр.). То же, что ударять (в 7 знач.). *Резкий запах шибает в нос.* ‖ *однокр.* **шибану́ть**, -ну́, -нёшь.

ШИ́БКИЙ, -ая, -ое; ши́бок, шибка́, ши́бко; ши́бче (прост.). **1.** Быстрый, скорый (в 1 знач.). *Шибкая езда. Шибко* (нареч.) *поехали.* **2.** **ши́бко**, *нареч.* То же, что очень. *Шибко загрустил. Не шибко умён.*

ШИ́ВОРОТ, -а, *м.* (разг.): 1) **за шиворот** — за ворот, за воротник. *Вода залилась за шиворот. Снег насыпался за шиворот;* 2) **за шиворот взять (схватить) кого** — уцепиться за воротник или за загривок (во 2 знач.); также перен.: применить насилие, принудить [шиворот — первонач. ворот, воротник, а также загривок]. ✦ **Шиворот-навыворот** (неодобр.) — наоборот, совсем не так, как нужно. *Всё получилось шиворот-навыворот.*

ШИ́ЗИК, -а, *м.* (прост.). То же, что шизофреник.

ШИЗОФРЕ́НИК, -а, *м.* Человек, больной шизофренией. ‖ *ж.* **шизофрени́чка**, -и.

ШИЗОФРЕНИ́Я, -и, *ж.* Психическая болезнь, характеризующаяся изменением личности, разнообразными болезненными симптомами, преимущ. хроническим течением. ‖ *прил.* **шизофрени́ческий**, -ая, -ое.

ШИИ́Т, -а, *м.* Последователь одного из двух основных направлений ислама (шиизма), расходящихся в вопросе о высшей мусульманской власти и об отношении к священным преданиям о Мухаммеде. ‖ *ж* **шии́тка**, -и. ‖ *прил.* **шии́тский**, -ая, -ое.

ШИК, -а (-у), *м.* (разг.). Показная роскошь, щегольство. *Задать шику. Пройтись с шиком* (с желанием произвести впечатление на окружающих).

ШИКА́РНИЧАТЬ, -аю, -аешь; *несов.* (разг.). Вести себя с показной роскошью, с шиком. *Наряжается во всё самое модное, шикарничает.* ‖ *сущ.* **шика́рничанье**, -я, *ср.*

ШИКА́РНЫЙ, -ая, -ое; -рен, -рна (разг.). Роскошный по внешности, убранству. *Ш. вид. Шикарно* (нареч.) *одеваться.* ‖ *сущ.* **шика́рность**, -и, *ж.*

ШИ́КАТЬ, -аю, -аешь; *несов.* (разг.). **1.** *на кого (что).* Произносить «ш-ш!», призывая к тишине. *Сам кричит, а на меня шикает.* **2.** Шуметь, произносить «ш-ш!» в знак неодобрения. *Ш. плохому актёру.* ‖ *сов.* **оши́кать**, -аю, -аешь; -анный (ко 2 знач.). ‖ *однокр.* **ши́кнуть**, -ну, -нешь. ‖ *сущ.* **ши́канье**, -я, *ср.*

ШИКОВА́ТЬ, -ку́ю, -ку́ешь; *несов.* (прост.). Проявлять в чём-н. шик, роскошничать. ‖ *однокр.* **шикну́ть**, -ну́, -нёшь *и* **шикану́ть**, -ну́, -нёшь.

ШИ́ЛЛИНГ, -а, *м.* **1.** Английская монета, равная 1/20 фунта стерлингов. **2.** Денежная единица в Австрии и нек-рых других странах.

ШИ́ЛО, -а, *мн.* ши́лья, -ев, *ср.* Инструмент для прокалывания отверстий в виде заострённой спицы на рукоятке. *Шила в мешке не утаишь* (посл.). *Ш. на мыло сменять* (погов.: прогадать, ошибиться в выборе; разг. шутл.). ‖ *уменьш.* **ши́льце**, -а, *ср.* ‖ *прил.* **ши́льный**, -ая, -ое.

ШИ́ЛОХВОСТЬ, -и, **ШИЛОХВО́СТЬ**, -и *и* **ШИЛОХВО́СТКА**, -и, *ж.* Птица сем. утиных с двумя длинными перьями в хвосте.

ШИМПАНЗЕ́ [зэ], *нескл., м.* Род человекообразных обезьян.

ШИ́НА, -ы, *ж.* **1.** Резиновый или металлический обруч, оболочка на ободе колеса. **2.** Приспособление из твёрдого материала, обеспечивающее неподвижность повреждённой части тела. *Наложить шину.* ‖ *прил.* **ши́нный**, -ая, -ое.

ШИНЕ́ЛЬ, -и, *ж.* **1.** Форменное пальто со складкой на спине и хлястиком. *Офицерская ш. Ш. железнодорожника. Серые шинели* (перен.: о солдатах; устар.). **2.** В России во 2-й половине 19 в.: мужское пальто свободного покроя с меховым воротником и пелериной (так наз. «николаевская ш.»). ‖ *уменьш.* **шине́лька**, -и, *ж.* ‖ *уничи.* **шине́лишка**, -и, *ж.* ‖ *прил.* **шине́льный**, -ая, -ое. *Шинельное сукно.*

ШИНКА́РЬ, -я́, *м.* (устар.). Содержатель шинка. ‖ *ж.* **шинка́рка**, -и. ‖ *прил.* **шинка́рский**, -ая, -ое.

ШИНКОВА́ТЬ, -ку́ю, -ку́ешь; -о́ванный; *несов., что.* Резать на мелкие, узкие кусочки. *Ш. овощи. Шинкованная капуста.* ‖ *сущ.* **шинкова́ние**, -я, *ср. и* **шинко́вка**, -и, *ж.* ‖ *прил.* **шинкова́льный**, -ая, -ое (спец.).

ШИ́ННИК, -а, *м.* (разг.). Работник шинного завода, специалист по производству шин (в 1 знач.).

ШИНО́К, -нка́, *м.* (устар.). Небольшое питейное заведение, кабачок (преимущ. в южных губерниях России, на Украине).

ШИНШИ́ЛЛА, -ы, *ж.* Животное из отряда грызунов с ценным мягким густым и длинным мехом. ‖ *прил.* **шинши́лловый**, -ая, -ое. *Семейство шиншилловых* (сущ.).

ШИНЬО́Н [ньё], -а, *ж.* Женская причёска с накладными локонами, а также сами такие локоны. ‖ *прил.* **шиньо́нный**, -ая, -ое.

ШИП[1], -а́, *м.* **1.** Колючка, вырост на растении, а также на теле нек-рых животных. *Шипы терновника. Шипы на крыльях птиц.* **2.** Небольшой выступ на чём-н. *Склеить что-н. на шипах* (вставляя шипы в пазы). *Подковные шипы.* ‖ *прил.* **шипо́вый**, -ая, -ое (к 1 знач.) *и* **шипово́й**, -а́я, -о́е (ко 2 знач.; спец.).

ШИП[2], -а́, *м.* Крупная рыба сем. осетровых.

ШИП[3], -а, *м.* Звук шипения. *Змеиный ш.*

ШИПЕ́ТЬ, -плю́, -пи́шь; *несов.* **1.** Издавать глухие звуки, напоминающие протяжное произношение звука «ш». *Змея шипит.* **2.** *перен.* Говорить сдавленным от злости голосом (разг.). **3.** *перен.* Ворчать, браниться, выражая своё недовольство, злобу (разг.). *Ш. на домашних.* ✦ **Шипящие звуки** (спец.) — согласные, при произнесении к-рых образуется характерный для них шум. *Шипящие согласные.* ‖ *сущ.* **шипе́ние**, -я, *ср.*

ШИПО́ВКИ, -вок, *ед.* -вка, -и, *ж.* (разг.). Спортивная обувь с шипами на подошвах.

ШИПО́ВНИК, -а, *м.* **1.** Дикая кустарниковая роза с простыми (обычно немахровыми) цветками. **2.** Плод этого кустарника, а также настой из его высушенных плодов. *Сушёный ш. Заварить, пить ш.* ‖ *прил.* **шипо́вниковый**, -ая, -ое.

ШИПУ́Н, -а́, *м.* (разг.). Тот, кто шипит. *Старый ш.* (ворчун). *Лебедь-ш.* (вид лебедя). ‖ *ж.* **шипу́нья**, -и, *род. мн.* -ний (о человеке).

ШИПУ́ЧИЙ, -ая, -ее; -у́ч. **1.** Издающий шипение. *Шипучая змея.* **2.** Пенящийся и слегка шипящий от обилия газов (о жидкости). *Ш. напиток. Шипучие ви́на* (искусственно газированные). ‖ *сущ.* **шипу́честь**, -и, *ж.* (ко 2 знач.).

ШИПУ́ЧКА, -и, *ж.* (разг.). Шипучий напиток.

ШИРИНА́, -ы́, *ж.* Величина, протяжённость чего-н. в том направлении, в к-ром две крайние точки плоскости, тела лежат, в отличие от длины, на наименьшем расстоянии друг от друга. *Ш. улицы. Сукно в один метр шириной или в ширину.*

ШИРИ́НКА, -и, *ж.* Полоса ткани, нашитая на разрез брюк, прикрывающая прорешку. ‖ *прил.* **шири́ночный**, -ая, -ое *и* **шири́нковый**, -ая, -ое.

ШИ́РИТЬ, -рю, -ришь; *несов., что.* Делать более широким, увеличивать, развивать. *Ш. дружеские связи. Ш. ряды бойцов.*

ШИ́РИТЬСЯ (-рюсь, -ришься, 1 и 2 л. не употр.), -рится; *несов.* Становиться более широким, возрастать, развиваться. *Ширится борьба за мир.*

ШИ́РМА, -ы, *мн.* (в одном знач. *с ед.)* ши́рмы, ширм, ши́рмам, *ж.* **1.** Комнатная складная переносная перегородка из рам, обтянутых материей, бумагой. *Сложить, расставить ширму. Кровать за ширмами. Ш. в театре кукол* (перегородка, за к-рой находятся кукловоды). **2.** *ед., перен.* Прикрытие чего-н. (обычно неблаговидного) (книжн.). *За ширмой громких слов.* ‖ *уменьш.* **ши́рмочка**, -и, *ж.* (к 1 знач.). ‖ *прил.* **ши́рменный**, -ая, -ое (к 1 знач.).

ШИ́РМОЧКА, -и, *ж.* **1.** *см.* ширма. **2.** Предмет, имеющий форму ширмы, складывающийся в виде ширмы. *Книжка-ш. Буклет ширмочкой.*

ШИРО́КИЙ, -ая, -ое; -о́к, -ока́, -око́ *и* -о́ко; ши́ре; широча́йший. **1.** Имею… ширину, большой в попер… ный. *Широкая улиц… шляпы. Широкая гру… кто-н.* (с широкими п… *Широко* (нареч.) *ра…* перен.: удивить… ком простор… размеру. *П… Шкаф и…* щий… бол… ш…

ШЛЯ́ТЬСЯ, -я́юсь, -я́ешься; *несов.* (прост. неодобр.). Ходить, шататься (во 2 знач.). *Где ты шлялся весь день?*

ШЛЯХ, -а, о шляхе, на шляху́, *мн.* -и́, -о́в *и* -и, -ов, *м.* На Украине и на юге России: наезженная дорога, путь. *Чумацкие шляхи.*

ШЛЯ́ХТА, -ы, *ж., собир.* и **ШЛЯХЕ́ТСТВО**, -а, *ср., собир.* (устар.). Польское мелкопоместное дворянство. ‖ *прил.* **шляхе́тский**, -ая, -ое.

ШЛЯ́ХТИЧ, -а, *м.* (устар.). Польский мелкопоместный дворянин. ‖ *ж.* **шляхтя́нка**, -и.

ШМАТО́К, -тка́, *м.* (прост.). Кусок (чего-н. отломанного, отрезанного), ломоть. *Ш. сала, мяса.*

ШМЕЛЬ, -я́, *м.* Родственное пчеле насекомое с толстым мохнатым тельцем. ‖ *прил.* **шмели́ный**, -ая, -ое.

ШМО́ТКИ, -ток (прост. пренебр.). Одежда, личные вещи. *У девицы одни ш. на уме.*

ШМЫГ[1], *в знач. сказ.* (разг.). Шмыгнул[1]. *Ш. в дверь. Шмыг-шмыг глазами.*

ШМЫГ[2], *в знач. сказ.* (разг.). Шмыгнул[2]. *Ш. носом.*

ШМЫ́ГАТЬ[1], -аю, -аешь; *несов.* (разг.). **1.** Двигаться шаркающей походкой. *Ш. ногами. Шмыгающая походка.* **2.** Быстро двигать чем-н. взад и вперёд по какой-н. поверхности. *Ш. щёткой.* **3.** Быстро двигаться, ходить в разных направлениях. *Мимо окон шмыгают какие-то люди. Глаза шмыгают у кого-н.* (перен.: о беспокойном, шныряющем взгляде). **4.** Проходить, удаляться быстро, незаметно. *Мышь шмыгает в щель.* ‖ *однокр.* **шмыгну́ть**, -ну́, -нёшь (ко 2 и 4 знач., к 3 знач. — о взгляде). ‖ *сущ.* **шмы́ганье**, -я, *ср.* (к 1, 2 и 3 знач.).

ШМЫ́ГАТЬ[2], -аю, -аешь; *несов.*: **шмыгать носом** (разг.) — делать носом втягивающие движения, хлопать (в 4 знач.). ‖ *однокр.* **шмыгну́ть**, -ну́, -нёшь. ‖ *сущ.* **шмы́ганье**, -я, *ср.*

ШМЯК, *в знач. сказ.* (прост.). **1.** Шмякнул. *Ш. тесто на стол.* **2.** Шмякнулся. *Ш. всем телом на пол.*

ШМЯ́КНУТЬ, -ну, -нешь; -утый; *сов., кого-что* (прост.). Уронить или бросить со шлёпающим звуком. *Ш. шапку (шапкой) о землю* (жест, выражающий досаду, возмущение или отчаяние). ‖ *несов.* **шмя́кать**, -аю, -аешь. ‖ *сущ.* **шмя́канье**, -я, *ср.*

ШМЯ́КНУТЬСЯ, -нусь, -нешься; *сов.* (прост.). Упасть, шлёпнуться. *Ш. на пол.* ‖ *несов.* **шмя́каться**, -аюсь, -аешься. ‖ *сущ.* **шмя́канье**, -я, *ср.*

ШНИ́ЦЕЛЬ, -я, *мн.* -и, -ей *и* -я́, -е́й, *м.* Тонкая отбивная или рубленая круглая котлета.

ШНУР, -а́, *м.* **1.** Кручёная или плетёная тонкая верёвка. *Ш. для занавески. Ш. с отвесом* (то же, что отвес в 1 знач.). **2.** Электрический провод в изолирующей оболочке (спец.). *Телефонный ш.* **3.** Огнепроводный жгут, передающий искру взрывчатому веществу (спец.). *Детонирующий ш.* ‖ *прил.* **шнурово́й**, -ая, -о́е.

ШНУРОВА́ТЬ, -ру́ю, -ру́ешь; -о́ванный; *несов., что.* **1.** Стягивать шнуром, шнурком. *Ш. чехол. Ш. ботинки.* **2.** Прошивать шнуром, шнурком. *Ш. инвентарную книгу.* ‖ *сов.* **зашнурова́ть**, -ру́ю, -ру́ешь; -о́ванный (к 1 знач.) *и* **прошнурова́ть**, -ру́ю, -ру́ешь; -о́ванный (ко 2 знач.). ‖ *сущ.* **шнурова́ние**, -я, *ср. и* **шнуро́вка**, -и, *ж.* ‖ *прил.* **шнурова́льный**, -ая, -ое (ко 2 знач.; спец.).

ШНУРО́ВКА, -и, *ж.* **1.** *см.* шнуровать. **2.** Шнур на одежде, обуви, чехле, а также само прошнурованное место. ‖ *прил.* **шнуро́вочный**, -ая, -ое.

ШНУРО́К, -рка́, *м.* Тонкий шнур (в 1 знач.), тесёмка. *Шнурки для ботинок.* ‖ *прил.* **шнуро́чный**, -ая, -ое.

ШНЫРЯ́ТЬ, -я́ю, -я́ешь; *несов.* (разг.). Поспешно двигаться в разных направлениях. *Ш. в толпе. Ш. глазами* (перен.: беспокойно переводить взгляд с одного на другое). ‖ *однокр.* **шныркну́ть**, -ну́, -нёшь. ‖ *сущ.* **шныря́нье**, -я, *ср.*

ШОВ, шва, *м.* **1.** Место соединения сшитых кусков ткани, кожи, мягкого материала; линия, проложенная строчкой[1]. *Машинный, ручной ш. Прочный ш. Распороть по швам. По всем швам трещит что-н.* (также перен.: приходит в полный упадок, разрушается; разг.). **2.** Хирургическое соединение тканей, краёв раны. *Наложить швы. Снять швы* (удалить нити из сросшихся краёв раны). **3.** Место соединения, скрепления чего-н. (спец.). *Черепные швы. Швы каменной кладки. Межпанельный ш.* **4.** Способ шитья, вышивки. *Намёточный шов. Стебельчатый ш.* ✦ **Руки по швам** — о позе в стойке[1] с руками, вытянутыми вдоль туловища. ‖ *прил.* **шо́вный**, -ая, -ое (к 1, 2 и 3 знач.; спец.). *Ш. материал* (в хирургии).

ШОВИНИ́ЗМ, -а, *м.* Крайний национализм, проповедующий национальную и расовую исключительность и разжигающий национальную вражду и ненависть. ‖ *прил.* **шовинисти́ческий**, -ая, -ое.

ШОВИНИ́СТ, -а, *м.* Приверженец шовинизма. ‖ *ж.* **шовини́стка**, -и. ‖ *прил.* **шовини́стский**, -ая, -ое.

ШОК, -а, *м.* Тяжёлое расстройство функций организма вследствие физического повреждения или психического потрясения. *В состоянии шока. Выйти из шока. Нервный ш.* ‖ *прил.* **шо́ковый**, -ая, -ое. *Шоковое состояние. Шоковая машина* (специально оборудованная машина «скорой помощи»).

ШОКИ́РОВАТЬ, -рую, -руешь; -анный; *сов. и несов., кого (что)* (книжн.). Привести (-водить) в смущение нарушением правил приличия, общепринятых норм. *Ш. окружающих своим поведением.*

ШОКОЛА́Д, -а, *м.* **1.** Кондитерское изделие — застывшая масса какао с сахаром. *Плитка шоколада. Ш. с орехами. Молочный ш.* (с добавлением сухого молока). **2.** Сладкий напиток из порошка этого изделия. *Чашка шоколада.* ‖ *прил.* **шокола́дный**, -ая, -ое. *Шоколадные конфеты.*

ШОКОЛА́ДКА, -и, *ж.* (разг.). Плитка шоколада или шоколадная конфета.

ШОКОЛА́ДНО-... *Первая часть сложных слов со знач.* шоколадный (во 2 знач.), с шоколадным оттенком, напр. *шоколадно-бурый, шоколадно-коричневый.*

ШОКОЛА́ДНЫЙ, -ая, ое. **1.** *см.* шоколад. **2.** Коричневый, цвета шоколада. *Ш. загар.* ✦ **Шоколадное дерево** — тропическое дерево, из семян к-рого получают какао-порошок.

ШО́МПОЛ, -а, *мн.* -а́, -о́в, *м.* Стержень для чистки и смазки канала ствола ручного стрелкового оружия или, в старину, для забивания заряда в ружья, заряжаемые с дула. *Дать шомполов* (в старой царской армии: наказать, нанося удары такими стержнями). ‖ *прил.* **шо́мпольный**, -ая, -ое.

ШОПЕНИА́НА, -ы, *ж.* Серия произведений искусства и исследований, посвящённых Фридерику Шопену.

ШО́РНИК, -а, *м.* Специалист по шорным изделиям. *Ш.-седельщик.* ‖ *прил.* **шо́рницкий**, -ая, -ое.

ШО́РНЫЙ, -ая, -ое. **1.** *см.* шоры. **2.** Относящийся к ременной упряжи и нек-рым другим ремесленным изделиям из кожи, к работе шорника. *Шорная мастерская.*

ШО́РНЯ, -и, *род. мн.* -рен, *ж.* Шорная мастерская. *Сельская ш.*

ШО́РОХ, -а, *м.* Глухой, обычно тихий звук от трения, лёгкого соприкосновения с чем-н., шуршание. *Ш. сухих листьев.*

ШО́РТЫ, шорт *и* шо́ртов. Род коротких (не доходящих до колен) брюк. *Мужские, женские ш.* ‖ *уменьш.* **шо́ртики**, -ов.

ШО́РЫ, шор. **1.** В упряжи: боковые щитки на уровне глаз животного, не дающие возможности глядеть в стороны. **2.** В парной запряжке: упряжь без дуги и хомута, со шлеёй (во 2 знач.) (спец.). **3.** *перен.* В нек-рых выражениях: то, что мешает кому-н. правильно понимать окружающее, ограниченность (книжн.). *Ш. на глазах у кого-н.* ✦ **Взять в шоры, держать в шорах** *кого* — строго ограничивать чьи-н. действия, свободу деятельности. ‖ *прил.* **шо́рный**, -ая, -ое (к 1 и 2 знач.).

ШОССЕ́ [сэ́], *нескл., ср.* Дорога, замощённая щебнем, а также всякая дорога с твёрдым покрытием. *Асфальтированное ш.* ‖ *прил.* **шоссе́йный**, -ая, -ое.

ШОТЛА́НДКА[1] [*нк*], -и, *ж.* Пёстрая клетчатая ткань.

ШОТЛА́НДКА[2] *см.* шотландцы.

ШОТЛА́НДСКИЙ [*нс*], -ая, -ое. **1.** *см.* шотландцы. **2.** Относящийся к шотландцам, к их языку, национальному характеру, образу жизни, культуре, а также к Шотландии, её территории, внутреннему устройству, истории; такой, как у шотландцев, как в Шотландии. *Ш. язык* (кельтской группы индоевропейской семьи языков). *Шотландские скотоводы. Шотландская волынка. Шотландская овчарка* (порода). *Шотландская юбка* (национальная мужская одежда). *По-шотландски* (нареч.).

ШОТЛА́НДЦЫ [*нц*], -ев, *ед.* -дец, -дца, *м.* Народ, составляющий основное население Шотландии. ‖ *ж.* **шотла́ндка** [*нк*], -и. ‖ *прил.* **шотла́ндский** [*нс*], -ая, -ое.

ШО́У, *нескл., ср.* **1.** Яркое эстрадное представление, развлекательная программа. *Телевизионное ш. Иллюзионное ш.* (в цирке). *Концерт-ш.* **2.** *перен.* Нечто показное, рассчитанное на шумный внешний эффект. *Политическое ш.*

ШО́У-БИ́ЗНЕС, шо́у-бизнеса́, *м.* Бизнес, связанный с организацией эстрадных представлений, концертов, развлекательных программ.

ШОУМЕ́Н [*нэ*], -а, *м.* Артист, ведущий эстрадное представление; вообще тот, кто ведёт развлекательную программу.

ШОФЕРНЯ́, -и́, *ж., собир.* (прост. пренебр.). Шофёры.

ШОФЁР, -а, *мн.* -ы, -ов *и* (прост.) -а́, -о́в, *м.* Водитель автомобиля. *Ш. такси.* ‖ *ж.* **шофёрка**, -и (прост.). ‖ *прил.* **шофёрский**, -ая, -ое.

ШПА́ГА, -и, *ж.* Колющее оружие с прямым длинным клинком. *Спортивная ш.* (в фехтовании: спортивный снаряд). *Скрестить шпаги* (сразиться на дуэли; также перен.: вступить в открытый спор, борьбу; книжн.). ‖ *прил.* **шпа́жный**, -ая, -ое.

ШПАГА́Т, -а, *м.* **1.** Прочная бечёвка. **2.** В гимнастике: фигура, при к-рой ноги сидящего спортсмена широко раздвинуты и вытянуты в одну прямую линию. ‖ *прил.* **шпага́тный**, -ая, -ое (к 1 знач.).

ШПАЖИ́СТ, -а, *м.* Спортсмен — фехтовальщик на шпагах. ‖ *ж.* **шпажи́стка**, -и.

ШПАКЛЕВА́ТЬ, -лю́ю, -лю́ешь; -лёванный и (спец.) **ШПАТЛЕВА́ТЬ**, -лю́ю, -лю́ешь; -лёванный; *несов., что.* Покрывать, заполнять трещины, щели шпаклёвкой. *Ш. рамы, полы перед окраской.* ‖ *сов.* **зашпаклева́ть**, -лю́ю, -лю́ешь; -лёванный. ‖ *сущ.* **шпаклёвка**, -и, *ж.* и **шпатлёвка**, -и, *ж.* (спец.). ‖ *прил.* **шпаклёвочный**, -ая, -ое.

ШПАКЛЁВКА, -и и (спец.) **ШПАТЛЁВКА**, -и, *ж.* **1.** *см.* шпаклевать. **2.** Пастообразная замазка, приготовленная на масле, клее.

ШПА́ЛА, -ы, *мн.* шпа́лы, шпал, *ж.* **1.** Массивный поперечный деревянный или железобетонный брус, на к-ром закрепляются рельсы. **2.** Неофициальное название офицерского знака различия — прямоугольника на петлицах в Красной Армии (с 1924 по 1943 г.). *У него уже две шпалы в петлицах.* ♦ **Стучать по шпалам** (разг.) — утратить самообладание, контроль за своим поведением. *С цепи сорвался, себя не помнит, стучит по шпалам.* ‖ *прил.* **шпа́льный**, -ая, -ое (к 1 знач.).

ШПАЛЕ́РА, -ы, *ж.* **1.** Шеренга войск по сторонам пути следования кого-н. **2.** Ряд деревьев, кустов по сторонам дороги (спец.). **3.** Решётка для вьющихся растений. **4.** *мн.* То же, что обои [*первонач.* ручной настенный ковёр или ручная обивочная ткань] (устар.). ‖ *прил.* **шпале́рный**, -ая, -ое.

ШПАНА́, -ы́, *ж.*, обычно *собир.* (прост. презр.). Мелкие жулики и хулиганы.

ШПАНГО́УТ, -а, *м.*, также *собир.* (спец.). Ребро корпуса судна, дирижабля или фюзеляжа самолёта, служащее основой для обшивки.

ШПАРГА́ЛКА, -и, *ж.* (разг.). **1.** У учащихся, не уверенных в своих знаниях: бумажка с записями для подглядывания во время экзамена. *Отвечать по шпаргалке.* **2.** Бумажка, записка с текстом, заранее приготовленным для выступающего. *Говорить по шпаргалке. Действовать по шпаргалке* (перен.: по чужой указке, несамостоятельно). ‖ *прил.* **шпарга́лочный**, -ая, -ое (к 1 знач.)

ШПА́РИТЬ, -рю, -ришь; -ренный; *несов.* **1.** *кого-что.* Обливать кипятком; обжигать кипятком. *Ш. веник* (в бане). *Ш. руки.* **2.** Употр. для обозначения быстрого, энергичного действия (прост.) *Ш. на гармошке. Шпарь отсюда!* (быстро уходи, беги). ‖ *сов.* **ошпа́рить**, -рю, -ришь; -ренный (к 1 знач.). *Как ошпаренный выскочил* (в крайнем волнении, страхе; разг. шутл.). ‖ *возвр.* **шпа́риться**, -рюсь, -ришься (к 1 знач.); *сов.* **ошпа́риться**, -рюсь, -ришься (к 1 знач.). ‖ *сущ.* **шпа́ренье**, -я, *ср.* (к 1 знач.).

ШПА́ТЫ, -ов, *ед.* шпат, -а, *м.* Старое название группы минералов, обладающих способностью при ударе раскалываться в определённых направлениях. *Полевой шпат. Известковый шпат.*

ШПЕНЁК, -нька́, *м.* Небольшой шип[1] (во 2 знач.), стержень. *Пряжка со шпеньком.*

ШПИГОВА́ТЬ, -гу́ю, -гу́ешь; -о́ванный; *несов.* **1.** *что.* Начинять шпиком[1], вкладывая его в надрезы. *Ш. дичь.* **2.** *перен., кого (что).* Внушать что-н. кому-н., заставлять усвоить что-н. (устар. разг.). ‖ *сов.* **нашпигова́ть**, -гу́ю, -гу́ешь; -о́ванный. ‖ *сущ.* **шпигова́ка**, -и, *ж.*

ШПИК[1], -а (-у), *м.* Солёное подкожное свиное сало.

ШПИК[2], -а́, *м.* (разг. презр.). Сыщик, тайный агент полиции.

ШПИЛЬ, -я, *м.* **1.** Остроконечный конусообразный стержень, к-рым заканчивается верхушка здания. *Ш. башни.* **2.** Длинный гвоздь (устар.). ‖ *прил.* **шпилево́й**, -а́я, -о́е (спец.).

ШПИ́ЛЬКА, -и, *ж.* **1.** Род вилочки для закалывания волос. *Роговые шпильки.* **2.** Длинная булавка с головкой для прикалывания женской шляпы (устар.). **3.** Тонкий высокий каблук на женской туфле. *Туфли на шпильках.* **4.** Крепёжная деталь в виде стержня (спец.). **5.** *перен.* Язвительное замечание (разг.). *Подпускать шпильки кому-н.* ‖ *прил.* **шпи́лечный**, -ая, -ое (к 1, 2 и 4 знач.).

ШПИНА́Т, -а, *м.* Огородное травянистое растение с узкими съедобными листьями. *Щи из шпината.* ‖ *прил.* **шпина́тный**, -ая, -ое.

ШПИНГАЛЕ́Т, -а, *м.* **1.** Задвижка для запирания окон, дверей. **2.** О маленьком бойком мальчишке (прост.). *Ш., а туда же, спорит!* ‖ *прил.* **шпингале́тный**, -ая, -ое (к 1 знач.).

ШПИО́Н, -а, *м.* **1.** Тайный агент, занимающийся шпионажем. **2.** Агент по сыску, слежке за кем-н. **3.** Вообще тот, кто тайно следит за кем-н., выслеживает кого-н. ♦ **Самолёт-шпион, спутник-шпион** — враждебный разведывательный летательный аппарат. ‖ *ж.* **шпио́нка**, -и. ‖ *прил.* **шпио́нский**, -ая, -ое.

ШПИОНА́Ж, -а, *м.* Выведывание, собирание или похищение сведений, составляющих военную или государственную тайну, с целью передачи иностранному государству. *Обвинение в шпионаже.*

ШПИО́НИТЬ, -ню, -нишь; *несов.* (разг.). **1.** Заниматься шпионажем. **2.** *за кем.* Тайно следить за кем-н., выслеживать кого-н. *Ш. за женой.* ‖ *сущ.* **шпио́нство**, -а, *ср.*

ШПИЦ[1], -а, *м.* (устар.). То же, что шпиль (в 1 знач.).

ШПИЦ[2], -а, *м.* Комнатная собака с пушистой шерстью. *Крупный, малый, карликовый ш.*

ШПО́РА, -ы, *ж.* **1.** Прикрепляемая к заднику сапога металлическая дужка с колёсиком на конце, служащая всаднику для понуждения коня к движению. *Дать шпоры коню* (нажать шпорами на его бока). **2.** Роговой шип на ногах у нек-рых птиц. *Петушиные шпоры.* **3.** Выступ на ободе колеса или на звене гусеницы (во 2 знач.) (спец.). ‖ *прил.* **шпо́рный**, -ая, -ое.

ШПРИЦ, -а, *мн.* -ы, -ев и (разг.) -ы́, -о́в, *м.* Медицинский инструмент — цилиндрик с поршнем и иглой для впрыскивания или отсасывания жидкостей. ‖ *прил.* **шпри́цевый**, -ая, -ое.

ШПРО́ТЫ, -от и -ов, *ед.* -о́та, -ы, *ж.* и -от, -а, *м.* Небольшие рыбки сем. сельдевых, обычно копчёные и законсервированные в масле. ‖ *прил.* **шпро́тный**, -ая, -ое.

ШПУ́ЛЬКА, -и, *ж.* Катушка для намотки ниток в швейных, ткацких и других машинах. ‖ *прил.* **шпу́лечный**, -ая, -ое.

ШПУНТ, -а́, *мн.* -ы́, -о́в, *м.* Выступ на кромке доски, бруса (спец.). ‖ *прил.* **шпунтово́й**, -а́я, -о́е.

ШПУР, -а и -а́, *мн.* -ы, -ов и -ы́, -о́в, *м.* (спец.). Цилиндрическое отверстие, пробуриваемое в горной породе для размещения взрывчатого вещества, а также вообще сделанная буром узкая скважина. *Шпуры для взрывчатки.* ‖ *прил.* **шпурово́й**, -ая, -о́е. *Шпуровая скважина.*

ШПЫНЯ́ТЬ, -я́ю, -я́ешь; *несов., кого (что)* (прост.). **1.** Толкать, тыкать. *Ш. в бок.* **2.** Пробирать, донимать замечаниями. *Ш. домашних.* ‖ *сущ.* **шпыня́нье**, -я, *ср.*

ШРАМ, -а, *м.* След на теле от зажившей раны, рубец[1]. *Глубокий ш. Ледниковые шрамы на поверхности земли* (перен.).

ШРАПНЕ́ЛЬ, -и, *ж.* Разрывной артиллерийский снаряд, начинённый картечными пулями или другими поражающими средствами. ‖ *прил.* **шрапне́льный**, -ая, -ое.

ШРИФТ, -а, *мн.* -ы́, -о́в и -ы, -ов, *м.* Форма письменных или печатных знаков. *Печатный, рукописный, рисованный ш. Рисунок шрифта. Наборный ш.* (полученный в результате типографского набора). *Типографский ш.* (комплект литер и других элементов для набора). ‖ *прил.* **шрифтово́й**, -а́я, -о́е.

ШТАБ, -а, *мн.* -ы́, -о́в и -ы, -ов, *м.* **1.** Орган управления войсками, а также лица, входящие в него; место расположения такого органа. *Генеральный ш. Ш. корпуса, полка.* **2.** *перен.* Руководящий орган чего-н. *Ш. подпольщиков.* ‖ *прил.* **штабно́й**, -а́я, -о́е (к 1 знач.).

ШТАБ-... *Первая часть сложных слов со знач.* относящийся к штабу (в 1 знач.), напр. *штаб-офицер, штаб-квартира, штаб-лекарь* (устар.).

ШТАБЕЛИ́РОВАТЬ, -рую, -руешь; -анный; *сов.* и *несов., что.* Уложить (укладывать) штабелями. *Ш. тёс.* ‖ *сущ.* **штабели́рование**, -я, *ср.*

ШТА́БЕЛЬ, -я, *мн.* -я́, -е́й и -и, -ей, *м.* Правильно сложенный ряд чего-н. *Ш. дров. Торф в штабелях. Укладывать штабелями.* ‖ *прил.* **шта́бельный**, -ая, -ое.

ШТАБИ́СТ, -а, *м.* (разг.). Штабной офицер. ‖ *прил.* **штаби́стский**, -ая, -ое.

ШТАБ-КВАРТИ́РА, -ы, *ж.* **1.** Место расположения штаба (в 1 знач.) в боевой обстановке. **2.** *перен.* Главное место сбора, собраний какой-н. организации. *Штаб-квартира ООН.*

ШТАБНИ́К, -а́, *м.* (разг.). То же, что штабист.

ШТАБ-ОФИЦЕ́Р, -а, *м.* В царской и нек-рых иностранных армиях: офицер в чине полковника, подполковника и майора. ‖ *прил.* **штаб-офице́рский**, -ая, -ое.

ШТАБС-КАПИТА́Н, -а, *м.* В царской и нек-рых иностранных армиях: офицерский чин в пехоте, артиллерии и инженерных войсках, рангом выше поручика и ниже капитана, а также лицо, имеющее этот чин. ‖ *прил.* **штабс-капита́нский**, -ая, -ое.

ШТАБС-РО́ТМИСТР, -а и **ШТАБ-РО́ТМИСТР**, -а, *м.* В царской и нек-рых иностранных армиях: офицерский чин в кавалерии, равный штабс-капитану, а также лицо, имеющее этот чин. ‖ *прил.* **штабс-ро́тмистрский**, -ая, -ое и **штаб-ро́тмистрский**, -ая, -ое.

ШТАКЕ́ТИНА, -ы, *ж.* (разг.). Одна планка штакетника.

ШТАКЕ́ТНИК, -а, *м.* Специальные узкие планки для садовой ограды, палисадника (собир.), а также сама такая ограда.

ШТАМП, -а, *м.* **1.** Инструмент, форма для серийного изготовления давлением или чеканкой различных предметов из заготовок. **2.** Вид печати (в 5 знач.), обычно прямоугольной, с названием учреждения, адресом; оттиск такой печати на деловой бумаге. *Ш. поликлиники на рецепте.* **3.** *перен.* То же, что трафарет (в 3 знач.). *Мыслить штампами. Речевой ш.* ‖ *прил.* **шта́мповый**, -ая, -ое (к 1 знач.). *Штамповая сталь.*

ШТАМПОВА́ТЬ, -пу́ю, -пу́ешь; -о́ванный; *несов., что.* **1.** Изготовлять с помощью штампа (в 1 знач.). *Ш. детали.* **2.** Ставить на что-н. штампы (во 2 знач.). *Ш. бланки.* **3.** *перен.* Делать что-н. быстро, не продумывая, по трафарету (разг.). *Штампованные ответы.* ‖ *сов.* **отштампова́ть**, -пу́ю, -пу́ешь; -о́ванный (к 1 знач.; спец.) *и* **проштампова́ть**, -пу́ю, -пу́ешь; -о́ванный (ко 2 и 3 знач.). ‖ *сущ.* **штампова́ние**, -я, *ср. и* **штампо́вка**, -и, *ж.* ‖ *прил.* **штампо́вочный**, -ая, -ое (к 1 знач.) *и* **штампова́льный**, -ая, -ое (к 1 знач.; спец.).

ШТА́НГА, -и, *ж.* **1.** Большой металлический стержень. *Буровая ш.* (инструмент для бурения). **2.** Спортивный снаряд — металлический стержень с тяжестями в виде съёмных дисков на концах. *Заниматься штангой* (упражнениями с таким снарядом). **3.** Перекладина, брус у футбольных или хоккейных ворот. ‖ *прил.* **шта́нговый**, -ая, -ое (к 1 знач.).

ШТАНГИ́СТ, -а, *м.* Спортсмен, занимающийся штангой.

ШТАНДА́РТ, -а, *м.* **1.** В нек-рых армиях: полковое знамя в кавалерийских частях. **2.** В нек-рых странах: флаг главы государства (монарха, президента), поднимаемый в его местопребывании. ‖ *прил.* **штанда́ртный**, -ая, -ое.

ШТАНИ́НА, -ы, *ж.* (разг.). Часть штанов, брюк, покрывающая одну ногу. *Заправить штанины в сапоги.*

ШТАНЫ́, -о́в. Одежда, покрывающая нижнюю часть туловища и каждую ногу в отдельности. ‖ *уменьш.* **штани́шки**, -шек *и* **шта́ники**, -ов. *Детские ш.* ‖ *прил.* **штанно́й**, -а́я, -о́е.

ШТА́ПЕЛЬ, -я, *м.* Штапельная ткань.

ШТА́ПЕЛЬНЫЙ, -ая, -ое. Относящийся к выработке тканей из вискозного или синтетического волокна определённой длины, равной длине хлопкового или шерстяного волокна. *Штапельное волокно.*

ШТАТ[1], -а, *м.* **1.** Постоянный состав сотрудников учреждения. *Зачислить в ш. Сокращение штатов.* **2.** обычно *мн.* Положение о числе сотрудников и должностей учреждения, их функциях и окладах. *Утверждение штатов. Полагается по штату.* ‖ *прил.* **шта́тный**, -ая, -ое. *Штатное расписание* (то же, что штат во 2 знач.).

ШТАТ[2], -а, *м.* В США, Бразилии, в Мексике, Австралии, в Индии и нек-рых других странах: входящая в федерацию государственная территориальная единица с внутренним самоуправлением.

ШТАТИ́В, -а, *м.* **1.** Складное устройство (часто тренога) для установки каких-н. аппаратов. *Ш. фотоаппарата.* **2.** Подставка, стойка для каких-н. приборов, лабораторной посуды. *Ш. микроскопа.* ‖ *прил.* **штати́вный**, -ая, -ое.

ШТА́ТСКИЙ, -ая, -ое. Гражданский, не военный. *Штатское платье. Сугубо ш. вид у кого-н.* (характерный для невоенного человека). *Военные и штатские* (сущ.).

ШТЕ́ЙГЕР [тэ́], -а, *м.* (устар.). Мастер, ведающий рудничными работами. ‖ *прил.* **ште́йгерский**, -ая, -ое.

ШТЕМПЕЛЕВА́ТЬ [тэ], -лю́ю, -лю́ешь; -лёванный; *несов., что.* Ставить штемпель на чём-н. ‖ *сов.* **заштемпелева́ть**, -лю́ю, -лю́ешь; -лёванный. ‖ *сущ.* **штемпелева́ние**, -я, *ср.*

ШТЕ́МПЕЛЬ [тэ́], -я, *мн.* -я́, -е́й *и* -и, -ей, *м.* То же, что печать (в 5 знач.). *Почтовый ш.* ‖ *прил.* **ште́мпельный**, -ая, -ое.

ШТЕ́ПСЕЛЬ [тэ́], -я, *мн.* -я́, -е́й *и* -и, -ей, *м.* Вилка (во 2 знач.) для присоединения к электрической сети переносных аппаратов. ‖ *прил.* **ште́псельный**, -ая, -ое.

ШТИБЛЕ́ТЫ, -е́т, *ед.* -е́та, -ы, *ж.* Мужские полуботинки на шнурках или с резинками по бокам. *Остроносые ш. Лакированные ш.* ‖ *прил.* **штибле́тный**, -ая, -ое.

ШТИЛЬ, -я, *м.* Полное безветрие на море. ‖ *прил.* **штилево́й**, -а́я, -о́е.

ШТИФТ, -а́, *м.* (спец.). Стержень для неподвижного соединения чего-н. (напр. деталей машины). ‖ *прил.* **штифтово́й**, -а́я, -о́е.

ШТО́ЛЬНЯ, -и, *род. мн.* -лен, *ж.* **1.** Горизонтальная или наклонная горная выработка, имеющая непосредственный выход на поверхность. *Эксплуатационная ш. Разведочная ш.* **2.** Подземный тоннель специального назначения. *Ш. для выдержки вин.* ‖ *прил.* **што́льневый**, -ая, -ое.

ШТО́ПАЛЬЩИК, -а, *м.* Мастер, занимающийся штопкой. ‖ *ж.* **што́пальщица**, -ы. ‖ *прил.* **што́пальщицкий**, -ая, -ое.

ШТО́ПАНЫЙ, -ая, -ое; -ан. Заштопанный, не новый. *Штопаные чулки.*

ШТО́ПАТЬ, -аю, -аешь; -анный; *несов., что.* Заделывать дырку в одежде, в какой-н. ткани, материале, переплетая нити, не затягивая края в рубец. *Ш. чулки. Ш. сети. Ш. ковёр.* ‖ *сов.* **зашто́пать**, -аю, -аешь; -анный. ‖ *сущ.* **што́панье**, -я, *ср. и* **што́пка**, -и, *ж.* *Художественная штопка* (искусная, незаметная для глаз). ‖ *прил.* **што́пальный**, -ая, -ое. *Штопальная игла.*

ШТО́ПКА, -и, *ж.* **1.** *см.* штопать. **2.** Нитки, к-рыми штопают. *Моток штопки.* **3.** Заштопанное место (разг.). *Чулки со штопкой.*

ШТО́ПОР, -а, *м.* **1.** Винтовой стержень для откупоривания бутылок. **2.** Падение (летательного аппарата) по винтовой линии с одновременным вращением; такая фигура высшего пилотажа (спец.). *Войти в ш.* ‖ *прил.* **што́порный**, -ая, -ое.

ШТО́РА, -ы, *ж.* Оконная занавеска, раздвигаемая в стороны или поднимаемая вверх. *Поднять, опустить шторы. Задёрнуть штору. Соломенная ш.* ‖ *уменьш.* **што́рка**, -и, *ж.* ‖ *прил.* **што́рный**, -ая, -ое.

ШТО́РКА, -и, *ж.* **1.** *см.* штора. **2.** Небольшая занавеска в виде шторы. **3.** Закрывающая что-н. или задвигающаяся часть какого-н. механизма, устройства (спец.). ‖ *прил.* **што́рный**, -ая, -ое. *Ш. затвор* (спец.).

ШТОРМ, -а, *мн.* -ы, -ов *и* -а́, -о́в, *м.* Сильная буря на море. ‖ *прил.* **штормово́й**, -а́я, -о́е. *Штормовая погода. Штормовое предупреждение* (о надвигающемся шторме; спец.).

ШТОРМИ́ТЬ (-млю́, -ми́шь, 1 и 2 л. не употр.), -ми́т; *несов.* О шторме: бушевать; о море: бушевать во время шторма. *Всю ночь штормит* (безл.). *Море штормит.*

ШТОРМОВА́ТЬ, -му́ю, -му́ешь; *несов.* О судне, его экипаже: выдерживать шторм.

ШТОРМО́ВКА, -и, *ж.* Куртка из плотной водоотталкивающей ткани. *Брезентовая ш.*

ШТОФ[1], -а, *м.* Старая русская мера водки, равная 1/10 ведра, а также бутылка такой меры. ‖ *прил.* **што́фный**, -ая, -ое.

ШТОФ[2], -а, *м.* Тяжёлая шёлковая или шерстяная ткань с тканым рисунком. ‖ *прил.* **што́фный**, -ая, -ое. *Штофная мебель* (обитая штофом).

ШТРАФ, -а, *м.* Денежное взыскание в наказание за что-н. *Наложить, взимать ш. Платить ш.* ‖ *прил.* **штрафно́й**, -а́я, -о́е. *Штрафные санкции* (спец.).

ШТРАФБА́Т, -а, *м.* Сокращение: штрафной батальон. ‖ *прил.* **штрафба́товский**, -ая, -ое (разг.).

ШТРАФНИ́К, -а́, *м.* (разг.). **1.** Военнослужащий штрафной части. **2.** В спорте: игрок, наказанный во время игры за нарушение ее правил. *Скамейка штрафников* (штрафная скамья).

ШТРАФНО́Й, -а́я, -о́е. **1.** *см.* штраф. **2.** Относящийся к взысканию за нарушение каких-н. правил. *Ш. удар* (в командных играх с мячом). *Штрафная скамья* (в спорте: для тех, кто временно удалён с поля за нарушение правил игры). *Ш. батальон, штрафная часть* (воинское формирование, составленное из военнослужащих, наказанных за уголовные или воинские преступления в военное время).

ШТРАФОВА́ТЬ, -фу́ю, -фу́ешь; -о́ванный; *несов., кого (что).* Налагать штраф. ‖ *сов.* **оштрафова́ть**, -фу́ю, -фу́ешь; -о́ванный. ‖ *однокр.* **штрафану́ть**, -ну́, -нёшь (прост.). ‖ *сущ.* **штрафова́ние**, -я, *ср. и* **штрафо́вка**, -и, *ж.* (разг.).

ШТРЕЙКБРЕ́ХЕР, -а, *м.* Человек, к-рый работает во время забастовки, предавая интересы забастовщиков. ‖ *прил.* **штрейкбре́херский**, -ая, -ое.

ШТРЕК, -а, *м.* Горизонтальная горная выработка, не имеющая непосредственного выхода на земную поверхность. *Транспортный (откаточный) ш. Вентиляционный ш.* ‖ *прил.* **штре́ковый**, -ая, -ое.

ШТРИ́ПКА, -и, *ж.* Тесёмка, проходящая под ступнёй и оттягивающая книзу край штанины (или гетры). *Рейтузы со штрипками.* ‖ *прил.* **штри́почный**, -ая, -ое.

ШТРИХ, -а́, *м.* **1.** Тонкая короткая черта. *Штрихи на рисунке.* **2.** *перен.* Характерный момент, частность. *Любопытный ш. в рассказе. Ш. к портрету кого-н.* (маленькая, но существенная черта характера). ‖ *прил.* **штрихово́й**, -а́я, -о́е (к 1 знач.). *Ш. рисунок. Штриховое клише.*

ШТРИХОВА́ТЬ, -иху́ю, -иху́ешь; -о́ванный; *несов., что.* Наносить штрихи (в 1 знач.) на что-н. *Ш. чертёж.* ‖ *сов.* **заштрихова́ть**, -иху́ю, -иху́ешь; -о́ванный. ‖ *сущ.* **штрихова́ние**, -я, *ср. и* **штрихо́вка**, -и, *ж.* ‖ *прил.* **штрихова́льный**, -ая, -ое (спец.). *Ш. прибор.*

ШТУДИ́РОВАТЬ, -рую, -руешь; -анный; *несов., кого-что* (книжн.). Тщательно изучать. *Ш. классиков. Ш. математику.* ‖ *сов.* **проштуди́ровать**, -рую, -руешь; -анный. ‖ *сущ.* **штуди́рование**, -я, *ср.*

ШТУ́КА, -и, *ж.* **1.** Отдельный предмет из числа однородных, считаемых. *Несколько штук сигарет. Пять штук яиц.* **2.** Вообще о вещи, предмете, каком-н. явлении или человеке (разг. шутл. или неодобр.). *Что это за ш.?* (что это за вещь?). *Трудная ш. математика. Сразу видно, что он за ш.* **3.** В нек-рых сочетаниях: предмет как целое (устар.). *Ш. сукна, полотна* (ткань в рулоне). *Товар продается по штукам.* **4.** *перен.* Происшествие, проделка, выдумка (разг.). *Опять взялся за старые штуки.* ✦ **Вот так штука!** (разг.) — восклицание, выражающее удивление, оценку. ‖ *уменьш.* **штучка**, -и, *ж.*

ШТУКА́РЬ, -я́, *м.* (устар. разг.). Ловкач и выдумщик. *Проделки штукаря.* ‖ *прил.* **штука́рский**, -ая, -ое.

ШТУКАТУ́Р, -а, *м.* Рабочий, специалист по штукатурным работам. ‖ *прил.* **штукату́рский**, -ая, -ое.

ШТУКАТУ́РИТЬ, -рю, -ришь; -ренный; *несов., что.* Покрывать стены, потолки слоем штукатурки. ‖ *сов.* **отштукату́рить**,

-рю, -ришь; -ренный *и* **оштукату́рить,** -рю, -ришь; -ренный. ‖ *сущ.* **штукату́рение,** -я, *ср. и* **штукату́рка,** -и, *ж.*

ШТУКАТУ́РКА, -и, *ж.* **1.** *см.* штукатурить. **2.** Масса густого известкового, цементного и гипсового раствора с песком, употр. для отделки стен, конструкций, а также засохший слой такого раствора. *Окраска по штукатурке. От стены отвалилась ш. Сухая ш.* (материал для внутренней отделки зданий — гипсовые листы, оклеенные картоном, или древесноволокнистые плиты).

ШТУКАТУ́РНЫЙ, -ая, -ое. Относящийся к штукатурению, к работе штукатура. *Штукатурные работы.*

ШТУКОВА́ТЬ, -ку́ю, ку́ешь; -о́ванный; *несов., что* (спец.). Штопать, сшивать незаметным швом. ‖ *сов.* **заштукова́ть,** -ку́ю, -ку́ешь; -о́ванный. ‖ *сущ.* **штуко́вка,** -и, *ж.*

ШТУКО́ВИНА, -ы, *ж.* (прост.). О чём-н. вызывающем удивление, любопытство или оценку. *Что это за штуковину ты принёс? Такая задача — трудная ш.*

ШТУРВА́Л, -а, *м.* Рулевое колесо на судне, самолёте, комбайне. *Ручной ш. Машинный ш. Стоять за штурвалом.* ‖ *прил.* **штурва́льный,** -ая, -ое. *Штурвальное колесо.*

ШТУРВА́ЛЬНЫЙ, -ая, -ое. **1.** *см.* штурвал. **2. штурва́льный,** -ого, *м.* Прежнее название рулевого, того, кто стоит за штурвалом.

ШТУРМ, -а, *м.* **1.** Приступ, решительная атака укреплённой позиции, крепости. *Идти на ш.* (также перен.). *Взять штурмом* (также перен.). **2.** *перен.* Вообще решительное наступление на что-н. *Ш. горной вершины.* ‖ *прил.* **штурмово́й,** -а́я, -о́е (к 1 знач.). *Штурмовая авиация* (фронтовая авиация, предназначенная для атаки с небольшой высоты). *Штурмовая лестница* (в старину: для взятия крепостных стен штурмом).

ШТУ́РМАН, -а, *мн.* -ы, -ов *и* (разг.) -а́, -о́в, *м.* Специалист по проведению по курсу судов, летательных аппаратов. ✦ **Подземный штурман** (разг.) — нивелировщик на подземных работах. ‖ *прил.* **шту́рманский,** -ая, -ое.

ШТУРМОВА́ТЬ, -му́ю, -му́ешь; -о́ванный; *несов., кого-что.* Производить штурм чего-н. *Ш. позиции врага. Ш. космос* (перен.: осваивать).

ШТУРМОВИ́К, -а́, *м.* **1.** Боевой самолёт для атаки наземных целей с небольшой высоты. **2.** Лётчик такого самолёта. **3.** В Германии в годы фашизма: член немецкой нацистской военизированной организации (первонач. член национал-социалистской партии).

ШТУРМОВЩИ́НА, -ы, *ж.* (неодобр.). Поспешная и бесплановая работа с целью наверстать упущенное. *Борьба со штурмовщиной.*

ШТУ́ЧНЫЙ, -ая, -ое. **1.** Представляющий собой отдельную вещь, не отмеряемый. *Ш. товар. Ш. паркет* (сборный, наборный). *Ш. отдел в магазине* (для торговли товарами поштучно). **2.** Относящийся к отдельно взятому предмету, индивидуальный. *Штучная работа* (изготовление каждого изделия в отдельности). *Штучная продукция. Штучная оплата* (сдельная, за каждую штуку).

ШТЫК¹, -а́, *м.* Колющее оружие, прикрепляемое на конец ствола винтовки, ружья. *Гранёный ш. Клинковый ш. Отъёмный, неотъёмный ш. Идти в штыки* (о рукопашном бое). *В штыки встретить или принять кого-что-н.* (также перен.: крайне враждебно). *Отряд в сто штыков* (т. е. состоящий из ста стрелков-пехотинцев). *Держаться на штыках, опираться на штыки* (перен.: держаться силой войск, опираться на военную силу). *Ш.-нож* (укрепляемый на дульной части автомата во 2 знач. или носимый в ножнах). *Пуля дура, ш. молодец* (посл.). ✦ **Как штык** (разг.) — совершенно точно, безусловно. *Придёшь вечером? — Как штык.* ‖ *прил.* **штыково́й,** -а́я, -о́е.

ШТЫК², -а́, *м.* (спец.). Слой земли на глубину, к-рая захватывается лопатой. *Яма глубиной в три штыка.* ‖ *прил.* **штыково́й,** -а́я, -о́е.

ШТЫКОВА́ТЬ, -ку́ю, -ку́ешь; -о́ванный; *несов., что* (спец.). Перекапывать на глубину, к-рая захватывается лопатой. *Ш. землю.* ‖ *сущ.* **штыко́вка,** -и, *ж.*

ШТЫКОВО́Й¹, -а́я, -о́е. **1.** *см.* штык². **2. штыковая лопата** — лопата для копки, с отточенным концом.

ШТЫКОВО́Й² *см.* штык¹.

ШТЫРЬ, -я́, *м.* (спец.). Гладкий цилиндрический стержень с коническим концом. ‖ *прил.* **штырево́й,** -а́я, -о́е.

ШУ́БА¹, -ы, *ж.* **1.** Зимняя верхняя одежда — меховая или на вате, ватине. *Цигейковая ш. Ш. на меху* (крытая). *Ш. с меховым воротником. Шубы не сошьёшь из чего-н.* (никакой пользы нет от чего-н.; разг. шутл.). **2.** Густой покров шерсти у животного. *Ш. овцы.* ✦ **Под шубой** *что* — о кушанье, покрытом сверху слоями разнообразного гарнира. *Селёдка под шубой.* ‖ *уменьш.* **шу́бка,** -и, *ж.* ‖ *уничи.* **шубёнка,** -и, *ж.* (к 1 знач.). ‖ *прил.* **шу́бный,** -ая, -ое. *Шубная овчина. Шубное овцеводство* (один из видов грубошёрстного овцеводства).

ШУ́БА², -ы, *ж.* (спец.). Снежный, ледяной покров, образовавшийся на чём-н. в результате охлаждения. *Снежная ш.* (в холодильных установках). ‖ *прил.* **шу́бный,** -ая, -ое.

ШУБЕ́ЙКА, -и, *ж.* Короткая, до колен, шуба (устар.), а также лёгкая шуба (обычно об изношенной или мало греющей шубке) (разг.).

ШУГА́, -и́, *ж., собир.* На реках, в водоёмах: мелкий рыхлый лёд, появляющийся перед ледоставом, во время ледохода. *По реке идёт ш.*

ШУГА́ТЬ, -а́ю, -а́ешь; *несов., кого (что)* (прост.). Пугая, прогонять, выгонять, турить. *Ш. кота с кровати.* ‖ *однокр.* **шугну́ть,** -ну́, -нёшь *и* **шугану́ть,** -ну́, -нёшь. ‖ *сущ.* **шуга́нье,** -я, *ср.*

ШУ́ЛЕР, -а, *мн.* -ы, -ов *и* (разг.) -а́, -о́в, *м.* Мошенник в карточной игре, а также (перен.) вообще мошенник. ‖ *прил.* **шу́лерский,** -ая, -ое. *Ш. приём* (также перен.: мошеннический, нечестный).

ШУМ, -а (-у), *мн.* -ы, -ов *и* (спец.) -ы́, -о́в, *м.* **1.** Звуки, слившиеся в нестройное, обычно громкое звучание. *Ш. поезда. Без шума двигаться* (бесшумно). *Дети подняли ш. Ш. в зале.* **2.** *перен.* Оживлённое обсуждение, вызванное повышенным интересом к чему-н. *Статья вызвала ш., наделала шума.* **3.** Звук с неясно выраженной тональностью (спец.). *Шумы в сердце.* **4.** Громкая ссора (разг.). *У соседей опять ш.* ✦ **Что за шум, а драки нет?** (прост. шутл.) — что случилось, почему волнение, из-за чего шум. ‖ *прил.* **шумово́й,** -а́я, -о́е (к 1 и 3 знач.).

ШУМЕ́ТЬ, -млю́, -ми́шь; *несов.* **1.** Издавать шум, протекать с шумом. *Деревья шумят на ветру. В деревне шумит свадьба. На площадке шумит митинг. За окнами шумит дождь. Самовар шумит* (закипает). *Шумит* (безл.) *в голове* (об ощущении смутной тяжести). *Шумит* (безл.) *в ушах* (об ощущении шума в ушах). **2.** *перен.* Оживлённо обсуждать что-н., делать предметом всеобщего внимания. *Ш. о своих успехах.* **3.** Громко выражать недовольство (разг.). *Ш. из-за пустяков.* **4.** *перен.* Вести себя шумно. *Дети шумят. Под окном шумят. Не шумите!* (призыв к тишине). **5.** (1 и 2 л. не употр.), *перен.* О том, что воспринимается многими, производит впечатление: существовать, находя широкий отклик. *Шумит слава. Шумит новый фильм.* ✦ **Шумим, братец, шумим!** — о видимости деятельности, пустых бесплодных разговорах [по словам Репетилова — одного из действующих лиц комедии А. С. Грибоедова «Горе от ума»].

ШУМИ́ХА, -и, *ж.* (разг. неодобр.). Оживлённые толки, разговоры по поводу чего-н., шум (во 2 знач.). *Поднять (раздуть) шумиху вокруг чего-н.*

ШУМЛИ́ВЫЙ, -ая, -ое; -и́в. Склонный шуметь, производящий шум (в 1 знач.). *Шумливые дети. Шумливая ватага.* ‖ *сущ.* **шумли́вость,** -и, *ж.*

ШУ́МНЫЙ, -ая, -ое; -мен, -мна́, -мно, -мны́ *и* -мны. **1.** Производящий шум (в 1 знач.); громкий. *Шумная компания. Ш. разговор.* **2.** Такой, где много шума (в 1 знач.), слишком оживлённый. *Ш. зал.* **3.** *перен.* Производящий шум (во 2 знач.), сенсацию. *Ш. успех.* ✦ **Шумные согласные** (спец.) — согласные, при произнесении к-рых: воздушная струя, проходя через преграды в виде смычки или щели, образует трение. ‖ *сущ.* **шу́мность,** -и, *ж.*

ШУМОВИ́К, -а́, *м.* (разг.). **1.** То же, что звукооформитель. **2.** Музыкант, играющий на шумовых музыкальных инструментах.

ШУМО́ВКА, -и, *ж.* Предмет кухонной утвари — большая ложка с частыми дырочками. *Снимать пену шумовкой.*

ШУМОВО́Й, -а́я, -о́е (спец.). **1.** *см.* шум. **2.** Производящий громкие разнохарактерные звуки. *Шумовые музыкальные инструменты* (трещотки, бубенцы, ложки, тарелки, кастаньеты и др.). *Ш. оркестр* (состоящий из ударных и шумовых инструментов). *Шумовое оформление спектакля. Шумовые аппараты* (в театре).

ШУМО́К, -мка́, *м.* (разг.). Слабый шум (в 1 и 3 знач.). *По залу прошёл ш. Ш. в сердце.* ✦ **Под шумок** (разг.) — неприметно для других, пользуясь общей занятостью, суетой. *Ускользнул под шумок.*

ШУ́РИН, -а, *м.* Брат жены.

ШУРОВА́ТЬ, -ру́ю, -ру́ешь; -о́ванный; *несов.* **1.** *что.* Перемешивать в топке горящее топливо (спец.). **2.** *перен.* Делать что-н. быстро, энергично (прост.). ‖ *сущ.* **шуро́вка,** -и, *ж.* (к 1 знач.). ‖ *прил.* **шуро́вочный,** -ая, -ое (к 1 знач.).

ШУРУ́П, -а, *м.* Винт с конусообразным стержнем для крепления деревянных деталей. ‖ *прил.* **шуру́пный,** -ая, -ое.

ШУРФ, -а *и* -а́, *мн.* -ы, -ов *и* -ы́, -о́в, *м.* (спец.). Неглубокая вертикальная или наклонная горная выработка для разведки ископаемых, для взрывных работ.

ШУРША́ТЬ, -шу́, -ши́шь; *несов.* Производить шорох *Сухие листья шуршат под ногами. Ш. страницами.* ‖ *сущ.* **шурша́ние,** -я, *ср.*

ШУ́РЫ-МУ́РЫ, *род. п.* не образуется, *дат. п.* шу́рам-му́рам (прост.). То же, что шашни (во 2 знач.). *Завела шуры-муры с соседом.*

ШУ́СТРИК, -а, *м.* (разг.). Шустрый, бойкий человек (чаще о ребёнке).

ШУ́СТРЫЙ, -ая, -ое; шустёр *и* шустр, шустра́, шу́стро, шу́стры *и* шустры́ (разг.). Бойкий, проворный, бедовый. *Ш. парнишка.* ‖ *сущ.* **шу́стрость**, -и, *ж.*

ШУТ, -а́, *м.* **1.** Острослов и шутник, специально содержащийся при дворце или при богатом барском доме для развлечения господ, гостей забавными выходками. *Придворный ш. Барский ш.* **2.** Комический персонаж в балаганных представлениях, паяц. **3.** *перен.* Тот, кто балагурит, кривляется на потеху другим (разг. неодобр.). *Разыгрывать (строить из себя) шута.* **4.** В нек-рых устойчивых сочетаниях: то же, что чёрт (прост. неодобр.). *Ш. с ним* (*с тобой, с вами* и т. д.)! *На кой ш.? Какого шута? Ни шута нет* (совсем ничего). ✦ **Шут гороховый** (разг, неодобр.) — о том, кто выставляет себя в смешном или глупом виде. ‖ *ж.* **шути́ха**, -и (к 1 знач.). ‖ *прил.* **шутовско́й**, -а́я, -о́е (к 1, 2 и 3 знач.).

ШУТЕ́ЙНЫЙ, -ая, -ое (прост.). Сделанный, сказанный в шутку. *Ш. разговор. Это я шутейно* (нареч.; пошутил).

ШУТИ́ТЬ, шучу́, шу́тишь; *несов.* **1.** Весело и забавно говорить, поступать; делать что-н. ради забавы. *Остроумно ш. Ш. с детьми. Ш. (играть) с огнём* (перен.: обращаться легкомысленно с чем-н. опасным). **2.** *над кем-чем.* Смеяться над кем-н., подшучивать. *Ш. над доверчивым человеком.* **3.** Обманывать ради шутки, говорить не всерьёз. *Завтра я уезжаю. — Ты шутишь?* **4.** *чем, с чем.* Относиться несерьёзно, пренебрегать чем-н. *Нельзя ш. своим здоровьем (со своим здоровьем).* **5. шу́тишь! (шу́тите!).** Выражение несогласия, возражения, шалишь (см. шалить в 4 знач.) (разг.). *Нет уж, шутите, больше я сюда не ходок!* **6. шутя́**, *нареч.* Легко, без труда (разг.). *Шутя троих осилит.* ✦ **Не шутит** *кто* или *что* — о ком-чём-н. серьёзном, чем нельзя пренебрегать. *Мороз не шутит.* **Не шутя** — серьёзно, всерьёз. *Рассердился не шутя.* **Чем чёрт не шутит** (разг.) — мало ли что может произойти (обычно о хорошем). *Чем чёрт не шутит, может и выиграю тысячу рублей.* **Шутить и век шутить!** — афоризм: неодобрение поверхностного отношения к жизни, несерьёзного поведения. ‖ *сов.* **пошути́ть**, -учу́, -у́тишь (к 1, 2 и 3 знач.).

ШУТИ́ХА, -и, *ж.* **1.** *см.* шут. **2.** Ракета, выпускаемая при фейерверке.

ШУ́ТКА, -и, *ж.* **1.** То, что говорится или делается не всерьёз, ради развлечения, веселья; слова, не заслуживающие доверия. *Сказать что-н. в шутку. Злую шутку сыграть с кем-н.* (причинить неприятность тому, кто её не ждал, к ней не готовился). *Шутки* или *шутку шутить* (забавляться; разг. неодобр.). **2.** Небольшая комическая пьеса. *Ш. в одном действии.* **3. шутки!** Выражение неодобрения, сомнения, удивления (ирон.). *Влезть в такие долги, а как расплачиваться? Шутки!* ✦ **Без шуток** — всерьёз. **Кроме шуток,** *вводн. сл.* — не шутя, серьёзно. *Ты женишься, кроме шуток?* **Не шутка** (разг.) — вполне серьёзно, очень важно; сложно. *Такое задание — не шутка.* **Не на шутку** (разг.) — всерьёз. *Рассердился не на шутку.* **Шутка ли** (разг.) — совсем не просто, не легко. **Шутка сказать** (разг.) — то же, что шутка ли. **Шутки в сторону** или **шутки прочь** — перейдём к серьёзному разговору, делу. **Шутки пло́хи** *с кем-чем* (разг.) — о возможных неприятных последствиях. *С болезнью шутки плохи.* ‖ *уменьш.* **шу́точка**, -и, *ж.* (к 1 знач.).

ШУТКОВА́ТЬ, -ку́ю, -ку́ешь; *несов.* (прост. и обл.). То же, что шутить.

ШУТЛИ́ВЫЙ, -ая, -ое; -и́в. **1.** Склонный к шуткам (в 1 знач.) (разг.). *Ш. характер.* **2.** То же, что шуточный (в 1 знач.). *Ш. тон. Шутливое замечание.* ‖ *сущ.* **шутли́вость**, -и, *ж.*

ШУТНИ́К, -а́, *м.* Человек, к-рый любит шутить. *Большой ш.* ‖ *ж.* **шутни́ца**, -ы.

ШУТОВСТВО́, -а́, *ср.* Поведение шута (в 3 знач.). *Глупое ш.*

ШУ́ТОЧНЫЙ, -ая, -ое; -чен, -чна. **1.** Весёлый, забавный, представляющий собой шутку (в 1 знач.). *Шуточное стихотворение.* **2.** При отрицании (скрытом или явном), а также в вопросе, предполагающем отрицательный ответ: незначительный, малый (разг.). *Деньги не шуточные* (т. е. большие). *Расстояние не шуточное* (т. е. большое). *Шуточное ли дело?* (т. е. серьёзное). ‖ *сущ.* **шу́точность**, -и, *ж.*

ШУ́ШЕРА, -ы, *ж.*, обычно *собир.* (прост. презр.). Дрянные, ничтожные люди, сброд, шпана. *Со всякой шушерой знается.*

ШУШУ́КАТЬ, -аю, -аешь; *несов.* (разг.). Шептать, говорить по секрету. ‖ *сущ.* **шушу́канье**, -я, *ср.*

ШУШУ́КАТЬСЯ, -аюсь, -аешься; *несов., с кем* (разг.). Шептаться, говорить друг с другом по секрету. *Ш. по углам.* ‖ *сущ.* **шушу́канье**, -я, *ср.*

ШУШУ́Н, -а́, *м.* Старинная женская верхняя одежда вроде кофты, телогрейки или, реже, сарафана, рубахи.

ШХЕ́РЫ, шхер. Скалы и небольшие скалистые острова у морских берегов, изрезанных фьордами. *Скандинавские ш.* ‖ *прил.* **шхе́рный**, -ая, -ое.

ШХУ́НА, -ы, *ж.* Морское судно с косыми парусами. *Двухмачтовая, многомачтовая ш.*

Ш-Ш! [произносится протяжно], *межд.* Выражает призыв к тишине, к молчанию.

Щ

ЩАВЕ́ЛЬ, -я́, *м.* Травянистое растение сем. гречишных с продолговатыми съедобными кислыми листьями. *Щи из щавеля.* ‖ *прил.* **щаве́левый**, -ая, -ое *и* **щаве́льный**, -ая, -ое. ✦ **Щавелевая кислота** (спец.) — двуосновная ядовитая кислота, содержащаяся в нек-рых растениях.

ЩАДИ́ТЬ, щажу́, щади́шь; щажённый (-ён, -ена́); *несов., кого-что.* **1.** Давать пощаду кому-чему-н. *Не щ. предателя. Годы не щадят никого* (перен.: о неизбежности старения). **2.** Относиться к кому-чему-н. бережно, с осторожностью, чтобы не повредить, не расстроить. *Щ. окружающую среду. Работать, не щадя сил. Щ. чьё-н. самолюбие. Щадящий режим* (в медицине). ‖ *сов.* **пощади́ть**, -ажу́, -ади́шь; -ажённый (-ён, -ена́).

ЩЕ́БЕНЬ, -бня, *м.* **1.** Измельчённый камень для строительных работ. *Строительный щ.* **2.** Острые обломки горных пород. *Щ. на дне реки.* ‖ *прил.* **щё́бневый**, -ая, -ое *и* **щебнево́й**, -а́я, -о́е.

ЩЕБЕТА́ТЬ, -ечу́, -е́чешь; *несов.* **1.** О птицах: петь. *Щебечут ласточки, щеглы.* **2.** *перен.* Говорить, быстро, без умолку (обычно о детях, молодых женщинах) (разг.). ‖ *сущ.* **щебета́ние**, -я, *ср. и* **щё́бет**, -а, *м.* (к 1 знач.).

ЩЕБЕТУ́Н, -а́, *м.* (разг.). **1.** Щебечущая птица (о самце — спец.). **2.** *перен.* Ребёнок, постоянно что-то лепечущий, говорящий без умолку. ‖ *ж.* **щебету́нья**, -и, *род. мн.* -ний (также о девушке, молодой женщине). *Ласточка-щ. Весёлая щ.*

ЩЕБЁНКА, -и, *ж.* То же, что щебень (в 1 знач.). ‖ *прил.* **щебёночный**, -ая, -ое.

ЩЕГЛЁНОК, -нка, *мн.* -ля́та, -ля́т, *м.* Птенец щегла.

ЩЕГЛО́ВКА, -и, *ж.* Самка щегла.

ЩЕГО́Л, -гла́, *м.* Певчая птица сем. вьюрковых с пёстрым оперением. ‖ *прил.* **щегля́чий**, -ья, -ье.

ЩЕГОЛЕВА́ТЫЙ, -ая, -ое; -а́т. **1.** Нарядный, франтовской. *Щ. костюм. Щеголевато* (нареч.) *одет.* **2.** Со щегольством одетый; красующийся. *Щ. молодой человек. Щ. вид.* ‖ *сущ.* **щеголева́тость**, -и, *ж.*

ЩЕГОЛЬСКО́Й, -а́я, -о́е. Изысканно нарядный, франтовской. *Щ. костюм. Щ. вид. Щегольски* (нареч.) *одет.*

ЩЕГОЛЬСТВО́, -а́, *ср.* Пристрастие к щегольским нарядам, франтовство.

ЩЕГОЛЯ́ТЬ, -я́ю, -я́ешь; *несов.* **1.** Щегольски одеваться, франтить. **2.** *в чём.* Ходить одетым во что-н. щегольское (разг.). *Щ. в новом платье. Щ. в лаптях* (ирон.). **3.** *перен., чем.* Выставлять что-н. напоказ (разг.). *Щ. своими знаниями.* ‖ *однокр.* **щегольну́ть**, -ну́, -нёшь.

ЩЕ́ДРОСТЬ, -и, *ж.* **1.** *см.* щедрый. **2.** Оказание бескорыстной помощи другим, отсутствие скупости. *С большой щедростью делиться с кем-н. Научная щ.* (стремление передать другим свои мысли, идеи).

ЩЕДРО́ТЫ, -о́т (устар. и ирон.). Милости, щедрые подарки. *Подарить (дать, уделить) от своих щедрот* (расщедрившись; ирон.).

ЩЕ́ДРЫЙ, -ая, -ое; щедр, щедра́, ще́дро, щедры́ *и* ще́дры. **1.** Охотно тратящийся на других, не скупой. *Щ. родственник. Щедрой рукой раздавать что-н.* (не скупясь). *Щедр на обещания кто-н.* (перен.: о том, кто с лёгкостью даёт обещания сделать что-н.; неодобр.). **2.** Ценный, богатый. *Щедрые подарки. Щедро* (нареч.) *наградить, наделить кого-н. чем-н.* **3.** *перен.* Обильный, частый. *Щедрые дожди.* ‖ *сущ.* **ще́дрость**, -и, *ж.* (к 1 и 2 знач.) *и* **щедрота́**, -ы́, *ж.* (к 1 и 2 знач.).

ЩЕКА́, -и́, *вин.* щёку, *мн.* щёки, щёк, щека́м, *ж.* **1.** Боковая часть лица от скулы до нижней челюсти; передняя боковая часть морды, головы животного. *Румяные щёки. Поцеловать в щёку. За обе щёки есть, уписывать* (жадно, с большим аппетитом; разг.). *За́ щеку засунуть* (в рот, прижав изнутри к щеке). **2.** Боковая плоская часть чего-н. (спец.). *Щ. пистолета.* ‖ *уменьш.* **щёчка**, -и, *ж.* ‖ *прил.* **щёчный**, -ая, -ое (спец.). *Щёчные мышцы.*

ЩЕКА́СТЫЙ, -ая, -ое; -а́ст (разг.). С большими щеками, толстолицый. *Щ. малыш. Щекастая физиономия.* ‖ *сущ.* **щека́стость**, -и, *ж.*

ЩЕКО́ЛДА, -ы, *ж.* Род дверного запора — металлическая пластинка с рычажком. *Закрыть дверь на щеколду. Откинуть щеколду.*

ЩЕКОТА́ТЬ, -очу́, -о́чешь; *несов.* **1.** *кого-что.* Лёгкими и частыми прикосновениями вызывать нервное раздражение, обычно сопровождающееся смехом. **2.** (1 и 2 л. не употр.). Об ощущении лёгкого раздражения, слабого зуда. *В горле, в носу щекочет* (безл.). *Пыль щекочет глаза.* **3.** *перен., что.* Приятно возбуждать, тешить. *Щ. чьё-н. самолюбие. Щ. нервы.* ‖ *сов.* **пощекота́ть**, -очу́, -о́чешь (к 1 и 3 знач.). ‖ *сущ.* **щекота́ние**, -я, *ср. и* **щеко́тка**, -и, *ж.* (к 1 знач.).

ЩЕКО́ТКА, -и, *ж.* **1.** *см.* щекотать. **2.** Ощущение, вызываемое щекотанием. *Бояться щекотки.*

ЩЕКОТЛИ́ВЫЙ, -ая, -ое;-и́в. **1.** Требующий большой осмотрительности, такта, деликатный (во 2 знач.). *Щекотливое поручение. Щекотливое положение. Щ. вопрос.* **2.** Чувствительный к щекотке (прост.). ‖ *сущ.* **щекотли́вость**, -и, *ж.* (к 1 знач.).

ЩЕКО́ТНЫЙ, -ая, -ое. Вызывающий ощущение щекотки. *Щекотное прикосновение. Босиком щекотно* (в знач. сказ.) *идти по траве.*

ЩЕЛЕВО́Й *см.* щель.

ЩЕЛИ́СТЫЙ, -ая, -ое; -и́ст (разг.). Со многими щелями. *Щ. пол.* ‖ *сущ.* **щели́стость**, -и, *ж.*

ЩЕЛКОПЁР, -а, *м.* (устар. пренебр.). Бездарный и легкомысленный писатель, писака. ‖ *прил.* **щелкопёрский**, -ая, -ое.

ЩЕЛЧО́К, -чка́, *м.* **1.** Отрывистый удар чем-н. твёрдым (обычно об ударе разгибаемым пальцем); негромкий звук короткого и резкого удара. *Дать щелчка кому-н. Щ. по́ лбу. Получить щ. Щелчки выстрелов.* **2.** *перен.* Оскорбление самолюбия, обида (разг.). *Щ. по самолюбию.*

ЩЕЛЬ, -и, *мн.* -и, -е́й, *ж.* **1.** Узкое продольное отверстие, скважина. *Щ. в полу. Смотровая щ.* (в танке). **2.** Укрытие от осколков (во 2 знач.) в виде траншеи. *Укрыться в щ.* ✦ **Голосовая щель** (спец.) — узкое пространство между голосовыми складками, образуемыми связками и мышцами. ‖ *прил.* **щелево́й**, -а́я, -о́е.

ЩЕМИ́ТЬ, щемлю́, щеми́шь; щемлённый (-ён, -ена́); *несов.* **1.** *кого-что.* Прищемляя, сжимать между чем-н.. *Жёсткая повязка щемит кожу.* **2.** (1 и 2 л. не употр.), *кого-что.* Причинять ноющую боль. *Щемит* (безл.) *грудь. Щемит* (безл.) *в боку. Щемящая боль.* **3.** (1 и 2 л. не употр.), *перен., что.* В сочетании со словами «душу», «сердце», «грудь»: наводить тоску. *Унылый напев щемит душу.* ‖ *сущ.* **щемле́ние**, -я, *ср.* (ко 2 и 3 знач.).

ЩЕНИ́ТЬСЯ (-ню́сь, -ни́шься, 1 и 2 л. не употр.), -ни́тся; *несов.* О собаке, волчице, лисе и нек-рых других животных: рождать детёныша. ‖ *сов.* **ощени́ться** (-ню́сь, -ни́шься, 1 и 2 л. не употр.), -ни́тся. ‖ *сущ.* щене́ние, -я, *ср.*

ЩЕНО́К, -нка́, *мн.* -нки́, -о́в *и* -ня́та, -ня́т, *м.* **1.** Детёныш собаки, а также лисы, волчицы, соболя, котика и нек-рых других животных. *Маленькая собачка до старости щ.* (посл.). **2.** *перен.* Мальчишка, молокосос (прост. бран.). *И ты ещё смеешь спорить со старшими, щ.!* ‖ *прил.* **щеня́чий**, -ья, -ье (к 1 знач.).

ЩЕПА́, -ы́, также *собир., мн.* ще́пы, щеп, -а́м, *ж.* **1.** То же, что щепка. *Чёлн разбился в щепы* (на мелкие части). **2.** То же, что дранка. *Дом крыт щепой.* ‖ *прил.* **щепно́й**, -а́я, -о́е.

ЩЕПА́ТЬ, щеплю́ *и* щепа́ю, ще́плешь *и* щепа́ешь; щепли́ *и* щепа́й; *несов., что.* Откалывать тонкими слоями, щепками (дерево). *Щ. лучину.* ‖ *сущ.* **щепа́ние**, -я, *ср.* ‖ *прил.* **щепа́льный**, -ая, -ое (спец.).

ЩЕПЕТИ́ЛЬНЫЙ, -ая, -ое; -лен, -льна. **1.** Строго, до мелочей последовательный и принципиальный в своих отношениях к чему-н. *Щепетилен в денежных делах.* **2.** То же, что деликатный (во 2 знач.). *Щ. вопрос. Щепетильное поручение.* **3.** Относящийся к нарядам и украшениям; щегольской (стар.). ‖ *сущ.* **щепети́льность**, -и, *ж.* (к 1 и 2 знач.).

ЩЕ́ПКА, -и, *ж.* Тонкая пластинка, отколотая по слою дерева. *Сосновые щепки. Худ как щ. кто-н.* (очень худ.). *Доска разлетелась в щепки* (раскололась на мелкие части). *Лес рубят — щепки летят* (посл.). ✦ **В щепки разбить (разнести)** (разг.) — полностью разбить, разнести, камня на камне не оставить. *В щепки разбить чьи-н. аргументы.*

ЩЕПНО́Й, -а́я, -о́е. **1.** *см.* щепа. **2.** Относящийся к мелким токарным и резным деревянным изделиям, а также к изделиям из лучины (устар.). *Щ. товар. Щ. двор* (место изготовления и продажи таких изделий).

ЩЕПО́ТКА, -и, *ж.* То же, что щепоть. *Сложить пальцы щепоткой (в щепотку). Щ. табаку. Щ. соли.*

ЩЕПО́ТЬ, -и и (устар.) **ЩЕ́ПОТЬ**, -и, *ж.* **1.** Большой указательный и средний пальцы, сжатые вместе концами. *Сложить пальцы в щ.* **2.** *чего.* Количество чего-н., зажатое между так сложенными пальцами. *Щ. соли.*

ЩЕПЯНО́Й, -а́я, -о́е (устар.). То же, что щепной (во 2 знач.). *Щ. товар. Щ. ряд.*

ЩЕРБА́ТЫЙ, -ая, -ое; -а́т. Со щербинами, щербиной. *Щ. пол. Щербатое лицо. Щ. рот.* ‖ *сущ.* **щерба́тость**, -и, *ж.*

ЩЕРБИ́НА, -ы, *ж.* **1.** Зазубрина, неровность в виде маленького углубления. *Щ. на доске, на металле.* **2.** Рябинка, маленькое углубление на коже. *Щ. на лице.* **3.** Пустота между зубами на месте отсутствующего зуба. *Рот со щербиной.* ‖ *уменьш.* **щерби́нка**, -и, *ж.*

ЩЕ́РИТЬ, -рю, -ришь; *несов., что.* **1.** Скалить, оскаливать. *Щ. зубы. Щ. пасть.* **2.** (1 и 2 л. не употр.). Топорщить, щетинить (шерсть). ‖ *сов.* **още́рить**, -рю, -ришь; -ренный.

ЩЕ́РИТЬСЯ, -рюсь, -ришься; *несов.* **1.** Оскаливать зубы (о животных). *Волк щерится.* **2.** (1 и 2 л. не употр.). Топорщить шерсть, щетиниться. **3.** То же, что улыбаться (прост. неодобр.). ‖ *сов.* **още́риться**, -рюсь, -ришься.

ЩЕТИ́НА, -ы, *ж.* **1.** У нек-рых животных: жёсткая прямая шерсть. *Свиная щ.* **2.** Такая шерсть как материал для изготовления щёток, кистей, а также сделанная из этой шерсти волосяная часть щётки, кисти. *Заготовка щетины.* **3.** Короткие жёсткие волосы на небритом лице (разг.). *Щ. отросла.* ‖ *прил.* **щети́нный**, -ая, -ое (к 1 и 2 знач.).

ЩЕТИ́НИСТЫЙ, -ая, -ое; -ист. **1.** Имеющий густую щетину (в 1 знач.). *Щ. кабан.* **2.** Жёсткий, похожий на щетину (о волосах, шерсти). *Щетинистая борода. Щетинистые брови.* **3.** Заросший щетиной (в 3 знач.). *Щетинистые щёки. Щ. подбородок.* **4.** *полн. ф.* В нек-рых названиях: с наружным покровом, подобным щетине (спец.). *Щетинистые ежи. Щ. мак. Щ овёс.* ‖ *сущ.* **щети́нистость**, -и, *ж.* (к 1 и 3 знач.).

ЩЕТИ́НИТЬ (-ню, -нишь, 1 и 2 л. не употр.), -нит; *несов., что* (разг.). Поднимать дыбом (шерсть, щетину), топорщить. *Кошка щетинит шерсть.* ‖ *сов.* **ощети́нить** (-ню, -нишь, 1 и 2 л. не употр.), -нит.

ЩЕТИ́НИТЬСЯ, -нюсь, -нишься; *несов.* **1.** (1 и 2 л. не употр.). Поднимать дыбом шерсть, щетину. *Злобно щ.* **2.** (1 и 2 л. не употр.). Подниматься кверху подобно щетине. *Шерсть щетинится.* **3.** *перен.* Сердиться, выражать недовольство (разг.). *Щ. в ответ на шутку.* ‖ *сов.* **ощети́ниться**, -нюсь, -нишься. *Отряд ощетинился штыками* (перен.).

ЩЕТИ́НКА, -и, *ж.* **1.** Один волосок щетины, а также вообще один жёсткий волос. **2.** Похожий на волос вырост на теле нек-рых членистоногих, на нек-рых растениях (спец.).

ЩЁГОЛЬ, -я, *м.* Человек, любящий наряжаться, нарядно одетый, франт. *Большой щ.* ‖ *ж.* **щеголи́ха**, -и.

ЩЁКОТ, -а, *м.* Заливистое птичье пение. *Соловьиный щ.*

ЩЁЛК, -а, *м.* **1.** *см.* щёлкать. **2.** *в знач. сказ.* Щёлкнул (разг.). *Щ. его в лоб (или по лбу).*

ЩЁЛКА, -и, *ж.* Маленькая щель (в 1 знач.). *Щ. в двери. Заглянуть в щёлку. Глаза как щёлки.* ‖ *уменьш.* **щёлочка**, -и, *ж.*

ЩЁЛКАТЬ, -аю, -аешь; -анный; *несов.* **1.** *кого-что.* Давать щелчки кому-н. *Щ. по́ лбу.* **2.** *чем.* Производить короткие, отрывистые звуки. *Соловей щёлкает в кустах. Щ. кнутом. Щ. языком. Щ. на счётах* (считать, перебрасывая костяшки; разг.). **3.** *что.* Раздроблять (скорлупу) с хрустом. *Щ. семечки. Как орехи щёлкает кто-н. что-н.* (делает что-н. быстро, легко, одно за другим; разг.). **4.** *кого-что.* Делать фотографические снимки (разг.). **5.** *кого (что).* Стреляя, убивать (прост.). ‖ *однокр.* **щёлкнуть**, -ну, -нешь *и* **щелкану́ть**, -ну́, -нёшь (к 1 и 2 знач.; прост.). ‖ *сущ.* **щёлканье**, -я, *ср.* (к 1, 2, 3 и 4 знач.) *и* **щёлк**, -а, *м.* (ко 2 знач.; разг.). *Щ. ключа. Щёлканье кнута.*

ЩЁЛОК, -а, *м.* Раствор древесной золы, а также нек-рых: щелочей. *Заварить щ. Мыть, стирать со щёлоком.* ‖ *прил.* **щелочно́й**, -а́я, -о́е.

ЩЁЛОЧЬ, -и, *мн.* -и, -е́й, *ж.* Едкое химическое соединение, дающее при реакции с кислотами соли и окрашивающее лакмусовую бумагу в синий цвет. ‖ *прил.* **щелочной**, -ая, -ое. *Щелочная реакция.*

ЩЁННАЯ; -нна. О собаке, волчице, лисе и нек-рых других животных: беременная. *Щ. сука.*

ЩЁТКА, -и, *ж.* **1.** Изделие для чистки, мытья, обметания чего-н. в виде плоской колодки с часто насаженными на неё пучками щетины, жёсткого волоса, волокон. *Половая, сапожная, платяная, зубная щ. Щ. для ногтей.* **2.** У лошадей: часть ноги над копытом и пучок волос на этом месте (спец.). **3.** Приспособление в электромашине для передачи тока от вращающихся частей к неподвижным (спец.). **4.** *перен.* Жёстко и прямо торчащие короткие волосы, тесно сидящие стебли, прутья. *Щ. сухого жнивья, высохшей стерни, стриженого газона. Волосы, стриженные ёжиком, торчат щёткой.* ‖ *уменьш.* **щёточка**, -и, *ж.* (к 1 и 4 знач.). ‖ *прил.* **щёточный**, -ая, -ое.

ЩЁЧКА, -ы, *ж.* **1.** *см.* щека. **2.** То же, что щека (во 2 знач.) (спец.). *Щёчки щипцов. Щ. замка́.*

ЩИ, -щей. Жидкое кушанье, род супа из капусты или щавеля, шпината. *Свежие щи* (из свежей капусты). *Кислые щи* (из квашеной капусты). *Зелёные щи* (из щавеля, шпината). *Тех же щей, да пожиже влей* (посл. о слегка видоизменённом повторении одного и того же). ✦ **Кислые щи** — в старину: род шипучего кваса, приготовлявшегося из пшеничного и ячменного солода, пшеничной и гречневой муки, дрожжей и квасной гущи. ‖ *уменьш.-ласк.* только *род. мн.* **щец**.

ЩИ́КОЛОТКА, -и, *ж.* То же, что лодыжка. *По щиколотку увяз.* ‖ *прил.* **щи́колоточный**, -ая, -ое.

ЩИПА́ТЬ, щиплю́, щи́плешь *и* (разг.) щи́пешь, щи́пет, щи́пем, щи́пете, щи́пят; щипли́ *и* (разг.) щипи́; щи́панный; *несов.* **1.** *кого-что.* Защемлять чем-н. (кожу) до боли. *Щ. ногтями.* **2.** (1 и 2 л. не употр.), *что.* Вызывать ощущение болезненного жжения. *Перец щиплет язык. В горле щиплет* (безл.). **3.** *что.* Защемляя чем-н., отделять. *Щ. волокно, нитки. Гуси щиплют траву.* **4.** *кого-что.* Выдёргивать перья. *Щ. птичью тушку.* ‖ *сов.* **общипа́ть,** -иплю́, -и́плешь *и* (разг.) -и́пешь, -и́пет, -и́пем, -и́пете, -и́пят (к 3 и 4 знач.) *и* **ощипа́ть,** -иплю́, -и́плешь *и* (разг.) -и́пешь, -и́пет, -и́пем, -и́пете, -и́пят (к 3 и 4 знач.). ‖ *однокр.* **щипну́ть,** -ну́, -нёшь (к 1 знач.) *и* **ущипну́ть,** -ну́, -нёшь (к 1 знач.). ‖ *сущ.* **щипа́ние,** -я, *ср.*, **щи́пка,** -и, *ж.* (к 3 и 4 знач.), **общи́пывание,** -я, *ср.* (к 3 и 4 знач.) *и* **ощи́пывание,** -я, *ср.* (к 3 и 4 знач.). ‖ *прил.* **щипа́льный,** -ая, -ое (к 3 знач.; спец.). *Щипальная машина* (в прядильном производстве).

ЩИПА́ТЬСЯ, щиплю́сь, щи́плешься *и* (разг.) щи́пешься, щи́пется, щи́пемся, щи́петесь, щи́пятся; *несов.* **1.** Иметь повадку щипать. *Гуси щиплются.* **2.** Щипать (в 1 знач.) кого-н. или друг друга. *Больно щ.* ‖ *сущ.* **щипа́ние,** -я, *ср.*

ЩИПКО́ВЫЙ, -ая, -ое. О музыкальных инструментах: такой, из к-рого звук извлекают, цепляя за струны пальцем или специальной твёрдой пластинкой. *Щипковые струнные инструменты* (напр. гитара, мандолина, арфа, гусли, балалайка).

ЩИПО́К, -пка́, *м.* Одно движение при щипании, крепком захватывании чего-н. пальцами. *Синяки от щипков. Захватить щипком.*

ЩИПЦЫ́, -о́в. Инструмент для сжимания, схватывания, раскалывания в виде двух скреплённых на шарнире стержней, заканчивающихся губами[1] (во 2 знач.). *Каминные щ. Кузнечные щ. Хирургические щ. Щ. для орехов. Сахарные щ.* ‖ *прил.* **щипцево́й,** -а́я, -о́е.

ЩИ́ПЧИКИ, -ов. Маленькие щипцы. *Щ. для ногтей.*

ЩИТ, -а́, *м.* **1.** Предмет старинного вооружения в виде округлой или с углами плоскости (из дерева, металла, жёсткой кожи) для предохранения от ударов, стрел. *На щите вернуться* (перен.: побеждённым; высок.). *Со щитом вернуться* (перен.: победителем; высок.). *Поднять на щ. кого-н.* (перен.: превознести, восхвалить; высок.). **2.** Ограждение, устройство в виде металлических плит, пластин, ряда сколоченных досок. *Щ. артиллерийского орудия* (броневые листы). *Снеговые щиты на линии железной дороги.* **3.** Большая плавучая мишень для артиллерийской стрельбы на море (спец.). **4.** Большой плотный лист[2] (в 1 знач.), на к-ром размещаются предметы для показа, обозрения, стенд. *Щ. на выставке. Щ. для стенгазеты.* **5.** Устройство, на к-ром смонтированы измерительная и сигнальная аппаратура. *Диспетчерский щ. Щ. управления. Распределительный щ.* **6.** Верхняя подвижная часть плотины для регулирования уровня воды (спец.). **7.** В строительстве сборных сооружений: готовая часть стены, перекрытия, ограждения (спец.). **8.** Механизм для проходки туннеля (спец.). *Проходческий щ.* **9.** Приспособление, на к-ром укреплена корзина для игры в баскетбол (спец.). **10.** То, что защищает собой, ограждает что-н. (спец.). *Растительный щ. пустыни.* ‖ *уменьш.* **щито́к,** -тка́, *м.* (ко 2 и 5 знач.). ‖ *прил.* **щитово́й,** -а́я, -о́е (ко 2, 3, 4, 5, 6, 7, 8 и 9 знач.).

ЩИТОВИ́ДКА, -и, *ж.* (разг.). То же, что щитовидная железа.

ЩИТОВИ́ДНЫЙ, -ая, -ое. Имеющий вид щита. *Щитовидная железа* (железа внутренней секреции, расположенная в области гортанных хрящей).

ЩИТО́К, -тка́, *м.* **1.** *см.* щит. **2.** Защитное устройство, закрывающее лицо, глаза. **3.** Приспособление, надеваемое игроками в футбол, хоккей на голень для предохранения от ушибов. ‖ *прил.* **щитко́вый,** -ая, -ое.

ЩУ́КА, -и, *ж.* Хищная пресноводная рыба отряда лососеобразных. *Пустить щуку в реку* (дать кому-н. возможность беспрепятственно совершать что-н. предосудительное; разг. неодобр.). *На то и щ. в море, чтобы карась не дремал* (посл.). ‖ *уменьш.* **щу́чка,** -и, *ж.* ‖ *прил.* **щу́чий,** -ья, -ье *и* **щу́ковый,** -ая, -ое (спец.). *Щучья пасть. Щучий рот* (перен.: об удлинённом рте, открывающем все зубы). ✦ **По щучьему велению** (разг. шутл.) — само собой, как бы по волшебству [по народной сказке о Емеле, все желания к-рого исполняла отпущенная им на волю щука].

ЩУНЯ́ТЬ, -я́ю, -я́ешь; *несов., кого (что)* (прост.). То же, что шпынять (во 2 знач.).

ЩУП, -а, *м.* (спец.). **1.** Лёгкий ручной бур для исследования неглубоко залегающих мягких пород, торфяников. **2.** Заострённый стальной стержень — инструмент для обнаружения заложенных под землёй мин, минных заграждений. **3.** Полый стержень с острым наконечником, служащий для взятия проб (зерна, муки, масла). **4.** Инструмент для измерения зазоров между деталями механизмов.

ЩУ́ПАЛЬЦА, -лец *и* -цев, *ед.* -льце, -а, *ср.* У многих беспозвоночных животных: орган осязания, дыхания, передвижения, хватания в виде подвижного удлинённого выроста. ‖ *прил.* **щу́пальцевый,** -ая, -ое. *Тип щупальцевых* (сущ.).

ЩУ́ПАТЬ, -аю, -аешь; -анный; *несов.* **1.** *кого-что.* Распознавать, обследовать что-н., прикасаясь, слегка надавливая. *Щ. мускулы. Щ. пульс. Щ. глазами кого-что-н.* (перен.: внимательно рассматривать; неодобр.). **2.** *что.* Исследовать щупом. **3.** *перен., кого-что.* То же, что прощупывать (во 2 знач.) (разг.). ‖ *сов.* **пощу́пать,** -аю, -аешь; -анный. ‖ *сущ.* **щу́панье,** -я, *ср. и* **щу́пка,** -и, *ж.* (к 1 и 2 знач.; прост.). ‖ *прил.* **щу́пальный,** -ая, -ое (спец.).

ЩУ́ПЛЫЙ, -ая, -ое; щупл, щупла́ *и* щу́пла, щу́пло (разг.). Слабосильный, худой, невзрачный. *Щ. человечек.* ‖ *сущ.* **щу́плость,** -и, *ж.*

ЩУР, -а, *м.* Небольшая северная лесная певчая птица сем. вьюрковых с ярко-красным оперением головы и груди (у самцов). *Ручной щ. Посвистывание, щебет, трели щура.* ‖ *уменьш.* **щуро́к,** -рка́, *м.*

ЩУРЁНОК, -нка, *мн.* -ря́та, -ря́т и (разг.) **ЩУРО́К,** -рка́, *м.* Молодая щука.

ЩУ́РИТЬ, -рю, -ришь; -ренный; *несов., что.* Сжимая веки, прикрывать глаза. ‖ *сов.* **сощу́рить,** -рю, -ришь; -ренный. ‖ *сущ.* **щу́ренье,** -я, *ср.*

ЩУ́РИТЬСЯ, -рюсь, -ришься; *несов.* **1.** Щурить глаза. *Щ. от солнца. Близоруко щ. на кого-н.* **2.** (1 и 2 л. не употр.). О глазах: прикрываться при сжимании век. *Глаза щурятся от яркого света.* ‖ *сов.* **сощу́риться,** -рюсь, -ришься. ‖ *сущ.* **щу́ренье,** -я, *ср.*

ЩУ́ЧИЙ *см.* щука.

ЩУ́ЧИТЬ, -чу, -чишь; *несов., кого (что)* (прост.). Шпынять, щунять.

Э

Э, *межд.* Выражает недоумение, удивление, недоверие и другие самые разные чувства. *Э, да это ты! Э нет, я не согласен!*

ЭБЕ́НОВЫЙ, -ая, -ое. Относящийся к тропическому чёрному дереву и родственным ему породам с ценной древесиной. *Семейство эбеновых* (сущ.).

ЭБОНИ́Т, -а, *м.* Твёрдый, обычно чёрного цвета материал из вулканизированных резиновых смесей, употр. для различных технических изделий, в электротехнике. ‖ *прил.* **эбони́товый,** -ая, -ое.

Э́ВА, *межд.* (прост.). Выражает удивление, несогласие, возражение и другие подобные чувства.

ЭВАКО... *Первая часть сложных слов со знач.* эвакуационный (в 1 знач.), напр. *эвакогоспиталь, эвакопункт, эвакоприёмник, эвакоспасательный.*

ЭВАКОПУ́НКТ, -а, *м.* Сокращение: эвакуационный пункт. *Э. для раненых.*

ЭВАКУА́ЦИЯ, -и, *ж.* **1.** Вывоз (или вывод) людей, учреждений, имущества из опасных местностей (во время военных действий, стихийных бедствий, с мест затопления); перевозка раненых с театра военных действий в тыл, вывод войск из ранее занимавшихся ими районов. **2.** Место, время пребывания эвакуированных там, куда они вывезены (разг.). *Жили в эвакуации.* ‖ *прил.* **эвакуацио́нный,** -ая, -ое (к 1 знач.). *Э. пункт. Э. госпиталь.*

ЭВАКУИ́РОВАТЬ, -рую, -руешь; -анный; *сов.* и *несов., кого-что.* Произвести (-водить) эвакуацию кого-чего-н. *Размещение эвакуированных* (сущ.). ‖ *возвр.* **эвакуи́роваться,** -руюсь, -руешься.

ЭВЕ́НКИ, -ов, *ед.* эве́нк, -а, *м.* Народ, живущий в Эвенкии [прежнее название — тунгусы]. ‖ *ж.* **эвенки́йка,** -и. ‖ *прил.* **эвенки́йский,** -ая, -ое.

ЭВЕНКИ́ЙСКИЙ, -ая, -ое. **1.** *см.* эвенки. **2.** Относящийся к эвенкам, к их языку, национальному характеру, образу жизни, культуре, а также к Эвенкии, её территории, внутреннему устройству, истории; такой, как у эвенков, как в Эвенкии. *Э. язык* (тунгусский; тунгусо-маньчжурской группы языков). *Эвенкийское пушное звероводство. По-эвенкийски* (нареч.).

ЭВЕ́НСКИЙ, -ая, -ое. **1.** *см.* эвены. **2.** Относящийся к эвенам, к их языку, национальному характеру, образу жизни, культуре, а также к территории их проживания, её внутреннему устройству, истории; такой, как у эвенов. *Э. язык* (тунгусо-манчьжурской группы языков). *По-эвенски* (нареч.).

ЭВЕНТУА́ЛЬНЫЙ, -ая, -ое; -лен, -льна (книжн.). Возможный при определённых обстоятельствах. ‖ *сущ.* **эвентуа́льность,** -и, *ж.*

ЭВЕ́НЫ, -ов, *ед.* эве́н, -а, *м.* Народ, родственный эвенкам, живущий в северо-восточных районах Сибири. ‖ *ж.* **эве́нка,** -и. ‖ *прил.* **эве́нский,** -ая, -ое.

ЭВКАЛИ́ПТ, -а, *м.* Достигающее гигантских размеров южное дерево (а также кустарник) сем. миртовых, древесина, кора и листья к-рого являются ценным промышленным и лекарственным сырьём. ‖ *прил.* **эвкали́птовый,** -ая, -ое. *Эвкалиптовое масло.*

ЭВОЛЮЦИОНИ́ЗМ, -а, *м.* (книжн.). Учение об эволюционном развитии жизни.

|| *прил.* **эволюционисти́ческий**, -ая, -ое *и* **эволюциони́стский**, -ая, -ое.

ЭВОЛЮЦИОНИ́РОВАТЬ, -рую, -руешь; *сов. и несов.* (книжн.). Развиться (-иваться), претерпеть (-певать) эволюцию.

ЭВОЛЮЦИОНИ́СТ, -а, *м.* (книжн.). Сторонник эволюционизма. || *ж.* **эволюциони́стка**, -и. || *прил.* **эволюциони́стский**, -ая, -ое.

ЭВОЛЮ́ЦИЯ, -и, *ж.* Процесс постепенного непрерывного количественного изменения, подготавливающий качественные изменения; вообще развитие (во 2 знач.). *Э. жизни на Земле. Э. взглядов.* || *прил.* **эволюцио́нный**, -ая, -ое. *Э. процесс. Эволюционное учение* (учение о происхождении и развитии жизни на Земле).

Э́ВОН (прост.). **1.** *мест. нареч.* и *частица.* То же, что вон². *Э. он идёт. Вас э. сколько, а я один.* **2.** *межд.* То же, что эва.

Э́ВРИКА! Восклицание в знач. нашёл, понял, открыл.

ЭВРИ́СТИКА, -и, *ж.* (спец.). **1.** Совокупность исследовательских методов, способствующих обнаружению ранее неизвестного. *Текстологическая э.* **2.** Основанный на беседах, диалогах метод обучения, стимулирующий у учеников развитие активного поиска решений. || *прил.* **эвристи́ческий**, -ая, -ое. *Эвристические методы.*

ЭВФЕМИ́ЗМ, -а, *м.* (книжн.). Слово или выражение, заменяющее другое, неудобное для данной обстановки или грубое, непристойное, напр. «уснул последним сном» вместо «умер», «неумён» вместо «глуп». || *прил.* **эвфемисти́ческий**, -ая, -ое.

ЭГЕ́ и **Э-ГЕ-ГЕ́** [*ге́* или *he*], *межд.* Употр. при обнаружении чего-н. значительного или неожиданного в знач. вот оно что, вот как. *Эге! Вот, оказывается, в чём дело-то!*

ЭГИ́ДА, -ы, *ж.*: **под эгидой** (книжн.): 1) *чего*, под защитой, покровительством чего-н. *Под эгидой закона;* 2) *кого-чего, в знач. предлога с род. п.*, под руководством, будучи подчинённым кому-чему-н. *Действовать под эгидой наблюдателей.*

ЭГОИ́ЗМ, -а, *м.* Себялюбие, предпочтение своих, личных интересов интересам других, пренебрежение к интересам общества и окружающих. || *прил.* **эгоисти́ческий**, -ая, -ое.

ЭГОИ́СТ, -а, *м.* Человек, отличающийся эгоизмом, себялюбец. *Чёрствый э.* || *ж.* **эгои́стка**, -и. || *прил.* **эгоисти́ческий**, -ая, -ое.

ЭГОИСТИ́ЧЕСКИЙ, -ая, -ое. **1.** *см.* эгоизм *и* эгоист. **2.** То же, что эгоистичный.

ЭГОИСТИ́ЧНЫЙ, -ая, -ое; -чен, -чна. Проникнутый эгоизмом, себялюбивый. *Э. поступок. Эгоистичная личность. Эгоистично* (нареч.) *поступать.* || *сущ.* **эгоисти́чность**, -и, *ж.*

ЭГОЦЕНТРИ́ЗМ, -а, *м.* (книжн.). Крайняя степень эгоизма. || *прил.* **эгоцентри́ческий**, -ая, -ое.

ЭГОЦЕ́НТРИК, -а, *м.* (книжн.). То же, что эгоцентрист.

ЭГОЦЕНТРИ́СТ, -а, *м.* (книжн.). Человек, отличающийся эгоцентризмом. || *ж.* **эгоцентри́стка**, -и. || *прил.* **эгоцентри́ческий**, -ая, -ое.

ЭГОЦЕНТРИ́ЧЕСКИЙ, -ая, -ое (книжн.). **1.** *см.* эгоцентризм *и* эгоцентрист. **2.** То же, что эгоцентричный.

ЭГОЦЕНТРИ́ЧНЫЙ, -ая, -ое; -чен, -чна (книжн.). Проникнутый эгоцентризмом. || *сущ.* **эгоцентри́чность**, -и, *ж.*

Э́ДАК, *мест. нареч.* и *вводн. сл.* (разг.). То же, что этак.

Э́ДАКИЙ, -ая, -ое, *мест. указат.* и *определит.* (разг.). Этакий, такой (в 1 и 2 знач.).

ЭДЕЛЬВЕ́ЙС, -а, *м.* Горное травянистое растение сем. сложноцветных со звездообразным серебристо-белым цветком.

ЭЗО́ПОВСКИЙ, -ая, -ое и **ЭЗО́ПОВ**, -а, -о: **эзоповский (эзопов) язык, эзоповская речь** (книжн.) — речь, изобилующая иносказаниями, недомолвками и другими приёмами для сокрытия прямого смысла [по имени древнегреческого баснописца Эзопа].

ЭЙ, *межд.* Возглас, к-рым подзывают, окликают. *Эй, кто там? Эй! Подойдите кто-нибудь!*

ЭК, *частица* (прост.). Выражает удивление, досаду, а также вносит значение интенсивности действия. *Эк куда занесло! Эк приспичило. Эк его заливается! Эк пляшет!*

ЭКВАДО́РСКИЙ, -ая, -ое. Относящийся к эквадорцам, к их языку (испанскому), национальному характеру, образу жизни, культуре, а также к Эквадору, его территории, внутреннему устройству, истории; такой, как у эквадорцев, как в Эквадоре. *Эквадорские провинции. Эквадорское сукре* (денежная единица).

ЭКВАДО́РЦЫ, -ев, *ед.* -о́рец, -рца, *м.* Латиноамериканский народ, составляющий основное население Эквадора. || *ж.* **эквадо́рка**, -и. || *прил.* **эквадо́рский**, -ая, -ое.

ЭКВА́ТОР, -а, *м.* Воображаемая линия пересечения земной поверхности плоскостью, проходящей через центр Земли, перпендикулярно к земной оси, делящая земной шар на Северное и Южное полушария. ✦ **Небесный экватор** (спец.) — большой круг небесной сферы, делящий её на северное и южное полушария. || *прил.* **экваториа́льный**, -ая, -ое. *Э. круг.*

ЭКВАТОРИА́ЛЬНЫЙ, -ая, -ое. **1.** *см.* экватор. **2.** Расположенный в тропиках, тропический. *Э. пояс. Экваториальная Африка.*

ЭКВИВАЛЕ́НТ, -а, *м.* (книжн.). Нечто равноценное другому, вполне заменяющее его. ✦ **Всеобщий эквивалент** (спец.) — золото и заменяющие его ценные бумаги (ранее также другие благородные металлы или, в прошлые эпохи, ценные продукты), находящиеся в процессе обращения. || *прил.* **эквивале́нтный**, -ая, -ое.

ЭКВИВАЛЕ́НТНЫЙ, -ая, -ое; -тен, -тна (книжн.). **1.** *см.* эквивалент. **2.** Вполне равноценный чему-н. в каком-н. отношении. *Э. обмен.* || *сущ.* **эквивале́нтность**, -и, *ж.*

ЭКВИЛИБРИ́СТ, -а, *м.* Цирковой артист, занимающийся эквилибристикой. || *ж.* **эквилибри́стка**, -и.

ЭКВИЛИБРИ́СТИКА, -и, *ж.* Вид циркового искусства — жонглирование, акробатические упражнения при неустойчивом положении тела с сохранением равновесия (напр. на канате, шаре, на руках). *Э. на шесте. Умственная э.* (перен.). || *прил.* **эквилибристи́ческий**, -ая, -ое.

ЭКЗАЛЬТА́ЦИЯ, -и, *ж.* (книжн.). Восторженно-возбуждённое состояние. *Впасть в экзальтацию.* || *прил.* **экзальтацио́нный**, -ая, -ое.

ЭКЗАЛЬТИРО́ВАННЫЙ, -ая, -ое; -ан, -анна и **ЭКЗАЛЬТИ́РОВАННЫЙ**, -ая, -ое; -ан, -анна (книжн.). Находящийся в экзальтации, проникнутый экзальтацией. *Экзальтированное поведение.* || *сущ.* **экзальтиро́ванность**, -и, *ж.* и **экзальти́рованность**, -и, *ж.*

ЭКЗА́МЕН, -а, *м.* **1.** *по чему.* Проверочное испытание по какому-н. учебному предмету. *Принять, сдать, выдержать э. Э. по физике. Государственные экзамены* (выпускные экзамены в высших и средних специальных учебных заведениях). **2.** *на кого-что.* Проверка знаний для получения какого-н. звания, специальности, должности. *Э. на домашнюю учительницу* (устар.). *Э. на чин* (устар.). **3.** *перен., на что.* Вообще проверка, испытание. *Э. на мужество.* || *прил.* **экзаменацио́нный**, -ая, -ое (к 1 и 2 знач.). *Экзаменационная сессия.*

ЭКЗАМЕНА́ТОР, -а, *м.* Преподаватель, принимающий экзамен. *Строгий э.* || *ж.* **экзамена́торша**, -и (разг.). || *прил.* **экзамена́торский**, -ая, -ое.

ЭКЗАМЕНОВА́ТЬ, -ну́ю, -ну́ешь; -о́ванный; *несов., кого (что).* Подвергать экзамену. || *сов.* **проэкзаменова́ть**, -ну́ю, -ну́ешь; -о́ванный. || *прил.* **экзаменацио́нный**, -ая, -ое. *Э. диктант.*

ЭКЗАМЕНОВА́ТЬСЯ, -ну́юсь, -ну́ешься; *несов.* Подвергаться экзамену. || *сов.* **проэкзаменова́ться**, -ну́юсь, -ну́ешься.

ЭКЗА́РХ, -а, *м.* **1.** В православной церковной организации; титул главы самостоятельной церкви (в 1 знач.) или отдельного церковного округа, а также лицо, носящее этот титул. **2.** В Древней Греции: глава жрецов при храме (позднее в Византии — правитель области, а также епископ).

ЭКЗЕКУ́ТОР, -а, *м.* **1.** В царской России: чиновник, ведающий хозяйственной частью учреждения. **2.** Тот, кто производит экзекуцию (устар.). || *прил.* **экзеку́торский**, -ая, -ое.

ЭКЗЕКУ́ЦИЯ, -и, *ж.* (устар. книжн.). Телесное наказание. || *прил.* **экзекуцио́нный**, -ая, -ое.

ЭКЗЕ́МА [*зэ*], -ы, *ж.* Кожное нервно-аллергическое заболевание, сопровождающееся зудом и сыпью. || *прил.* **экземато́зный**, -ая, -ое (спец.).

ЭКЗЕМПЛЯ́Р [*зэ*], -а, *м.* **1.** Отдельный предмет (или животное, растение) из ряда подобных. *Два экземпляра книги. Редкий э. цветка.* **2.** *перен.* То же, что тип (в 5 знач.) (разг. шутл.). *Ну и э. оказался наш новый знакомый!*

ЭКЗО́ТИКА, -и, *ж.* Предметы и явления, характерные для какой-н. местности и необычные для того, кто их воспринимает. *Восточная э.* || *прил.* **экзоти́ческий**, -ая, -ое. *Экзотические растения.*

ЭКЗОТИ́ЧЕСКИЙ, -ая, -ое. **1.** *см.* экзотика. **2.** *перен.* То же, что экзотичный. *Экзотическая внешность. Э. танец.*

ЭКЗОТИ́ЧНЫЙ, -ая, -ое; -чен, -чна. Причудливый, поражающий своей странностью. *Э. наряд. Экзотично* (нареч.) *одеваться.* || *сущ.* **экзоти́чность**, -и, *ж.*

ЭКИВО́КИ, -ов, *ед.* -о́к, -а, *м.* (разг. неодобр.). Двусмысленные намёки, увёртки. *Отвечать без экивоков. Говорить со всякими экивоками.*

Э́КИЙ, -ая, -ое; *кратк. ф. м.* не употр., -а, -о, *мест. указат.* и *определит.* (разг.). Вот какой, смотри какой (при указании на что-н., вызывающее удивление, досаду, иронию). *Э. шалун! Экая (эка) глупышка! Экое (эко) диво! Экая (эка) невидаль!*

ЭКИПА́Ж¹, -а, *м.* Лёгкая негрузовая рессорная повозка, коляска. || *прил.* **экипа́жный**, -ая, -ое.

ЭКИПА́Ж², -а, *м.* **1.** Команда корабля, самолёта, танка, а также состав специалистов, обслуживающих какой-н. движущийся механизм. *Э. космического корабля. Э. земснаряда. Э. лунохода* (управляющий с Земли). **2.** Береговая воинская часть, предназначенная для приёма, размещения, обеспечения и обслуживания прибывающего пополнения. ‖ *прил.* **экипа́жный**, -ая, -ое.

ЭКИПИРОВА́ТЬ, -ру́ю, -ру́ешь; -о́ванный; *сов. и несов., кого-что* (спец.). Снабдить (-бжать) всем необходимым, обмундировать (-вывать), снарядить (-яжать). *Э. бойцов. Э. экспедицию.* ‖ *сущ.* **экипирова́ние**, -я, *ср. и* **экипиро́вка**, -и, *ж.* ‖ *прил.* **экипиро́вочный**, -ая, -ое.

ЭКИПИРО́ВКА, -и, *ж.* (спец.). **1.** *см.* экипировать. **2.** Обмундирование, снаряжение. *Зимняя э.*

ЭКЛЕКТИ́ЗМ, -а, *м.* (книжн.). Неорганическое, чисто внешнее соединение внутренне несоединимых взглядов, точек зрения, методов. *Э. в исследовании. Э. в искусстве.* ‖ *прил.* **эклекти́ческий**, -ая, -ое.

ЭКЛЕ́КТИК, -а, *м.* (книжн.). Исследователь или художник, склонный к эклектизму, к эклектике.

ЭКЛЕ́КТИКА, -и, *ж.* (книжн.). То же, что эклектизм; то, что обнаруживает в себе эклектизм. ‖ *прил.* **эклекти́ческий**, -ая, -ое.

ЭКЛЕКТИ́ЧЕСКИЙ, -ая, -ое. **1.** *см.* эклектизм *и* эклектика. **2.** То же, что эклектичный.

ЭКЛЕКТИ́ЧНЫЙ, -ая, -ое; -чен, -чна (книжн.). Обнаруживающий эклектизм, являющийся эклектизмом, эклектикой. *Эклектичное рассуждение.* ‖ *сущ.* **экле́ктичность**, -и, *ж.*

ЭКЛЕ́Р, -а, *м.* Пирожное из заварного теста, начинённое кремом.

ЭКО... Первая часть сложных слов со знач. экологический, напр. *экоцентр, экофонд.*

ЭКО́ЛОГ, -а, *м.* Специалист по экологии.

ЭКОЛОГИ́СТ, -а, *м.* Человек, занимающийся состоянием окружающей среды, природы, их защитой. ‖ *ж.* **экологи́стка**, -и. ‖ *прил.* **экологи́стский**, -ая, -ое.

ЭКОЛОГИ́ЧЕСКИЙ, -ая, -ое. **1.** *см.* экология. **2.** Относящийся к природной среде, к среде обитания всего живого. *Э. кризис* (критическое состояние окружающей среды, вызванное её загрязнением и хищническим отношением к природе). *Экологическая война* (враждебное воздействие агрессора на природную среду страны, подвергшейся нападению). ✦ **Экологическая система** (спец.) — совокупность организмов, населяющих общую территорию и способных к длительному сосуществованию.

ЭКОЛО́ГИЯ, -и, *ж.* **1.** Наука об отношениях растительных и животных организмов друг к другу и к окружающей их среде. *Э. растений. Э. животных. Э. человека.* **2.** Состояние организмов, населяющих общую территорию, их отношения друг к другу и к окружающей среде. *Э. леса. Э. водоёма, почвы. Э. человека* или *социальная э.* (взаимодействие человека, общества и окружающей среды). *Э. культуры (перен.).* ‖ *прил.* **экологи́ческий**, -ая, -ое. *Экологические разыскания. Экологическая этика. Экологическое состояние леса, почвы. Экологически* (нареч.) *чистый воздух. Экологически* (нареч.) *чистые продукты.*

ЭКОНО́М, -а, *м.* (устар.). **1.** Бережливый, хозяйственный человек. **2.** Заведующий хозяйством. **3.** То же, что экономист. ‖ *ж.* **эконо́мка**, -и (ко 2 знач.).

ЭКОНО́МИКА, -и, *ж.* **1.** Совокупность производственных отношений, соответствующих данной ступени развития производительных сил общества, господствующий способ производства в обществе. *Рыночная э.* **2.** Организация, структура и состояние хозяйственной жизни или какой-н. отрасли хозяйственной деятельности. *Мировая э. Э. промышленности, сельского хозяйства.* **3.** Научная дисциплина, изучающая какую-н. отрасль производственной, хозяйственной деятельности. *Э. труда. Э. управления.* ‖ *прил.* **экономи́ческий**, -ая, -ое. *Э. кризис. Экономическая политика. Экономическая география* (наука о закономерностях территориального размещения общественного производства, о структуре хозяйства различных стран и районов).

ЭКОНОМИ́СТ, -а, *м.* Специалист в области экономики, экономических наук. ‖ *ж.* **экономи́стка**, -и (разг.). ‖ *прил.* **экономи́стский**, -ая, -ое.

ЭКОНО́МИТЬ, -млю, -мишь; *несов.* **1.** *что.* Расходовать экономно. *Э. деньги. Э. силы. Э. электроэнергию.* **2.** *на чём.* Расходуя бережно, выгадывать на чём-н. *Э. на материалах.* ‖ *сов.* **сэконо́мить**, -млю, -мишь; -мленный.

ЭКОНОМИ́ЧЕСКИЙ, -ая, -ое. **1.** *см.* экономика. **2.** То же, что экономичный (устар.).

ЭКОНОМИ́ЧНЫЙ, -ая, -ое; -чен, -чна. Дающий возможность что-н. сэкономить, выгодный. *Э. способ обработки.* ‖ *сущ.* **экономи́чность**, -и, *ж.*

ЭКОНО́МИЯ, -и, *ж.* **1.** Бережливость при расходовании чего-н. *Э. сырья, топлива. Соблюдать экономию.* **2.** Выгода, получающаяся при бережном расходовании чего-н. *Э. в топливе. Э. на спичках* (ничтожно малая; разг. шутл.). **3.** Помещичье хозяйство, усадьба (устар.). *Управляющий в экономии.*

ЭКОНО́МНИЧАТЬ, -аю, -аешь; *несов.* (разг.). Соблюдать экономию, быть экономным.

ЭКОНО́МНЫЙ, -ая, -ое; -мен, -мна. **1.** Бережливо расходующий что-н., соблюдающий экономию. *Э. хозяин. Экономно* (нареч.) *расходовать запасы.* **2.** Способствующий экономии (во 2 знач.), скромный в расходах. *Э. образ жизни. Экономно* (нареч.) *вести хозяйство.* ‖ *сущ.* **эконо́мность**, -и, *ж.*

ЭКОСИСТЕ́МА, -ы, *ж.* (спец.). То же, что экологическая система.

ЭКРА́Н, -а, *м.* **1.** Плоскость, поверхность, защищающая от излучения различных видов энергии или служащая для использования, отражения, преобразования энергии. *Топочный э. Э. рентгеновской установки. Световой э. Э. телевизора.* **2.** Устройство (первонач. натянутая белая ткань), на к-рое проецируются изображения. *Кинопроекционный э. Широкий э.* (шириной до 22 м). **3.** *перен.* О показе кинофильмов, о киноискусстве. *Играть для экрана. Фильм идёт первым экраном* (показывается впервые). **4.** Устройство, защищающее что-н., преграждающее путь чему-н. (спец.). *Э. плотины.* ‖ *прил.* **экра́нный**, -ая, -ое. *Э. пульт* (то же, что дисплей). *Экранное время* (время, в течение к-рого демонстрируется кинофильм).

ЭКРАНИЗА́ЦИЯ, -и, *ж.* **1.** *см.* экранизировать. **2.** Экранизированное литературное произведение (или спектакль, представление). *Удачная э.*

ЭКРАНИЗИ́РОВАТЬ, -рую, -руешь; -анный; *сов. и несов., что.* Снять (снимать) для показа в кино, по телевидению (спектакль, представление) или положить (класть) в основу создания фильма (литературное произведение). *Э. оперу. Э. роман, повесть.* ‖ *сущ.* **экраниза́ция**, -и, *ж. Э. классиков.*

ЭКС-..., *приставка.* Образует существительные со знач.: 1) прежде бывший (в обозначениях званий, должностей), напр. *экс-президент, экс-министр, экс-чемпион, экс-рекордсмен;* 2) прежде существовавший, напр. *экс-федерация, экс-империя.*

ЭКСГУМА́ЦИЯ, -и, *ж.* (спец.). Извлечение трупа из места захоронения для судебно-медицинской или криминалистической экспертизы. ‖ *прил.* **эксгумацио́нный**, -ая, -ое.

ЭКСКАВА́ТОР, -а, *м.* Землеройная машина для выемки, погрузки и отвала грунта, употр. при дорожных, горных и других работах. *Одноковшовый, многоковшовый э. Шагающий э.* (на шагающем ходу). ‖ *прил.* **экскава́торный**, -ая, -ое.

ЭКСКАВА́ТОРЩИК, -а, *м.* Машинист экскаватора. ‖ *ж.* **экскава́торщица** -ы. ‖ *прил.* **экскава́торщицкий**, -ая, -ое.

ЭКСКРЕМЕ́НТЫ, -ов (спец.). То же, что испражнения (во 2 знач.).

Э́КСКУРС, -а, *м.* (книжн.). Изучение, освещение какого-н. специального вопроса, связанного с главной темой. *Краткий э. в историю.*

ЭКСКУРСА́НТ, -а, *м.* Участник экскурсии. ‖ *ж.* **экскурса́нтка**, -и. ‖ *прил.* **экскурса́нтский**, -ая, -ое.

ЭКСКУ́РСИЯ, -и, *ж.* **1.** Коллективная поездка (прежде также индивидуальная) куда-н., посещение чего-н. с образовательной, познавательной целью. *Э. в музей. Поехать на экскурсию в заповедник.* **2.** Группа экскурсантов. *Приехала э.* ‖ *прил.* **экскурсио́нный**, -ая, -ое (к 1 знач.). *Э. автобус. Э. маршрут. Экскурсионная база.*

ЭКСКУРСОВО́Д, -а, *м.* Специалист, дающий пояснения экскурсантам. ‖ *ж.* **экскурсово́дка**, -и (разг.). ‖ *прил.* **экскурсово́дческий**, -ая, -ое.

ЭКСЛИ́БРИС, -а, *м.* На книге: художественно выполненный ярлычок с обозначением владельца или знак, виньетка с таким обозначением. ‖ *прил.* **эксли́брисный**, -ая, -ое.

ЭКСПАНСИ́ВНЫЙ, -ая, -ое; -вен, -вна (книжн.). Активно и непосредственно проявляющий свои чувства. *Экспансивная натура. Экспансивно* (нареч.) *вести себя.* ‖ *сущ.* **экспанси́вность**, -и, *ж.*

ЭКСПАНСИОНИ́ЗМ, -а, *м.* (книжн.). Политика экспансий. ‖ *прил.* **экспансиони́стский**, -ая, -ое.

ЭКСПА́НСИЯ, -и, *ж.* (книжн.). **1.** Политика, направленная на экономическое и политическое подчинение других стран, на расширение сфер влияния, на захват чужих территорий. **2.** Расширение, распространение чего-н. за первоначальные пределы. *Э. эпидемии.*

ЭКСПЕДИ́РОВАТЬ, -рую, -руешь; -анный; *сов. и несов., что* (спец.). Отправить (-влять) по назначению груз, товар, корреспонденцию. ‖ *сущ.* **экспеди́рование**, -я, *ср. и* **экспеди́ция**, -и, *ж. Э. посылок.* ‖ *прил.* **экспедицио́нный**, -ая, -ое.

ЭКСПЕДИТО́Р, -а, *м.* **1.** Лицо или учреждение, экспедирующее что-н. (спец.). **2.** Работник, ведающий приёмом, отправкой, рассылкой чего-н. **3.** В царской России в нек-рых учреждениях: чиновник, начальник отделения. ‖ *прил.* **экспеди́торский**, -ая, -ое.

ЭКСПЕДИ́ЦИЯ, -и, *ж.* **1.** *см.* экспедировать. **2.** Учреждение или отдел учреждения, ведающие отправкой, пересылкой чего-н. *Газетная э. почтамта.* **3.** Поездка группы лиц, отряда с каким-н. специальным заданием. *Научная э. Спасательная э.*

Военная э. Отправиться в экспедицию. **4.** Группа участников такой поездки. *Член экспедиции.* **5.** В царской России: название нек-рых государственных учреждений или их отделов. ‖ *прил.* **экспедицио́нный**, -ая, -ое.

ЭКСПЕРИМЕ́НТ, -а, *м.* **1.** То же, что опыт (в 3 знач.). *Химический э.* **2.** Попытка сделать, предпринять что-н. (новое, ранее не испытанное). *Смелый э. Рискованные эксперименты.* ‖ *прил.* **эксперимента́льный**, -ая, -ое (к 1 знач.). *Э. психологический тест. Экспериментальным путём установить что-н.*

ЭКСПЕРИМЕНТА́ЛЬНЫЙ, -ая, -ое. **1.** *см.* эксперимент. **2.** Осуществляющий экспериментирование. *Экспериментальная эмбриология.*

ЭКСПЕРИМЕНТА́ТОР, -а, *м.* Человек, производящий эксперимент (в 1 знач.). *Учёный-э.* ‖ *ж.* **экспериментáторша**, -и (разг. ирон.). ‖ *прил.* **экспериментáторский**, -ая, -ое.

ЭКСПЕРИМЕНТИ́РОВАТЬ, -рую, -руешь; *несов., над кем-чем* или *с кем-чем.* Производить эксперименты. *Э. с животными.* ‖ *сущ.* **экспериментúрование**, -я, *ср.*

ЭКСПЕ́РТ, -а, *м.* Специалист, дающий заключение при рассмотрении какого-н. вопроса. *Судебный э.*

ЭКСПЕРТИ́ЗА, -ы, *ж.* Рассмотрение какого-н. вопроса экспертами для вынесения заключения. *Медицинская э. Судебная э.*

ЭКСПЕ́РТНЫЙ, -ая, -ое. Относящийся к деятельности эксперта, экспертов. *Экспертная комиссия.*

ЭКСПЛУАТА́ТОР, -а, *м.* Человек, к-рый эксплуатирует других. ‖ *ж.* **эксплуатáторша**, -и (разг.). ‖ *прил.* **эксплуатáторский**, -ая, -ое. *Эксплуататорские классы.*

ЭКСПЛУАТАЦИО́ННИК, -а, *м.* (разг.). Специалист, работник, осуществляющий эксплуатацию (во 2 знач.) производственных объектов. *Очистные сооружения сданы эксплуатационникам.*

ЭКСПЛУАТА́ЦИЯ, -и, *ж.* **1.** Присвоение результатов чужого труда теми, кто владеет средствами производства. *Э. трудящихся.* **2.** Использование природных богатств, средств производства, транспорта, зданий. *Э. недр земли* (разработка). *Э. машин. Сдать объект в эксплуатацию. Служба эксплуатации на железных дорогах.* ‖ *прил.* **эксплуатацио́нный**, -ая, -ое (ко 2 знач.).

ЭКСПЛУАТИ́РОВАТЬ, -рую, -руешь; -анный; *несов.* **1.** *кого-что.* Подвергать эксплуатации (в 1 знач.). *Э. чужой труд.* **2.** *что.* Использовать, подвергать эксплуатации (во 2 знач.). *Э. машины.* ‖ *сущ.* **эксплуатúрование**, -я, *ср.* (ко 2 знач.).

ЭКСПОЗИ́ЦИЯ, -и, *ж.* **1.** Размещение экспонатов, а также их совокупность. *Музейная э.* **2.** Вступительная часть литературного или музыкального произведения, содержащая мотивы, к-рые развиваются в дальнейшем (спец.). **3.** Освещённость, соответствующая выдержке[1] (во 2 знач.) (спец.). ‖ *прил.* **экспозицио́нный**, -ая, -ое.

ЭКСПОНА́Т, -а, *м.* Экспонируемый предмет, животное. *Экспонаты выставки, музея. Музейный э.* (также перен.: о ком-чём-н. очень древнем, старом; разг. шутл.). ‖ *прил.* **экспонáтный**, -ая, -ое.

ЭКСПОНЕ́НТ, -а, *м.* (спец.). Лицо или организация, экспонирующие кого-что-н. *Экспоненты международной выставки.* ‖ *прил.* **экспонéнтский**, -ая, -ое.

ЭКСПОНИ́РОВАТЬ, -рую, -руешь; -анный; *сов. и несов., кого-что* (спец.). Выставить (-влять) для обозрения, показа. ‖ *сущ.* **экспонúрование**, -я, *ср.*

Э́КСПОРТ, -а, *м.* **1.** Вывоз товаров, капиталов, технологии за границу; *противоп.* импорт. *Э. леса. Э. станков. Изделие идёт на э.* **2.** *собир.* Вывозимые за границу товары, изделия (разг.). ‖ *прил.* **э́кспортный**, -ая, -ое.

ЭКСПОРТЁР, -а, *м.* (спец.). Лицо или организация, экспортирующие что-н. *Страны — экспортёры нефти.* ‖ *прил.* **экспортёрский**, -ая, -ое.

ЭКСПОРТИ́РОВАТЬ, -рую, -руешь; -анный; *сов. и несов., кого-что.* Вывезти (-возить) за границу. ‖ *сущ.* **экспортúрование**, -я, *ср.*

Э́КСПОРТНЫЙ, -ая, -ое. **1.** *см.* экспорт. **2.** Предназначенный для экспортирования чего-н.

ЭКСПРЕ́СС, -а, *м.* Поезд или автобус, судно, идущие с высокой скоростью без остановок или с остановками только в крупных пунктах. *Международный э. Автобус-э. Голубые экспрессы* (о поездах метро). ‖ *прил.* **экспрéссный**, -ая, -ое.

ЭКСПРЕ́СС-... *Первая часть сложных слов со знач.* моментальный, срочный, напр. *э.-диагностика, э.-анализ, э.-информация, э.-проба, э.-лаборатория* (осуществляющая срочные анализы, пробы).

ЭКСПРЕССИ́ВНЫЙ, -ая, -ое; -вен, -вна (книжн.). Содержащий экспрессию, выразительный. *Экспрессивные средства речи.* ‖ *сущ.* **экспрессúвность**, -и, *ж.*

ЭКСПРЕССИОНИ́ЗМ, -а, *м.* Направление в искусстве первой половины 20 в., провозглашающее основой художественного изображения подчёркнутую, иногда гротескную эмоциональную выразительность образа. ‖ *прил.* **экспрессионисти́ческий**, -ая, -ое.

ЭКСПРЕССИОНИ́СТ, -а, *м.* Последователь экспрессионизма. ‖ *ж.* **экспрессионúстка**, -и. ‖ *прил.* **экспрессионúстский**, -ая, -ое.

ЭКСПРЕ́ССИЯ, -и, *ж.* (книжн.). Выражение чувств, переживаний, выразительность. *Декламировать с большой экспрессией.* ‖ *прил.* **экспрессио́нный**, -ая, -ое.

ЭКСПРО́МТ, -а, *м.* Речь, стихотворение, музыкальное произведение, создаваемые без подготовки, в момент произнесения, исполнения, импровизация. *Музыкальный э.* (также название небольшой, написанной в свободной форме музыкальной пьесы). ‖ *прил.* **экспро́мтный**, -ая, -ое.

ЭКСПРО́МТОМ, *нареч.* Сразу, без подготовки. *Произнести речь э.*

ЭКСПРОПРИА́ТОР, -а, *м.* (книжн.). Лицо, к-рое экспроприирует кого-что-н. ‖ *ж.* **экспроприáторша**, -и (разг.). ‖ *прил.* **экспроприáторский**, -ая, -ое.

ЭКСПРОПРИА́ЦИЯ, -и, *ж.* (книжн.). Принудительное отчуждение, изъятие собственности. *Э. земель.* ‖ *прил.* **экспроприацио́нный**, -ая, -ое.

ЭКСПРОПРИИ́РОВАТЬ, -рую, -руешь; -анный; *сов. и несов., кого-что* (книжн.). Подвергнуть (-гать) экспроприации. *Э. имущество.*

ЭКСТА́З, -а, *м.* **1.** Исступлённо-восторженное состояние (книжн.). *Прийти в э. Говорить что-н. в экстазе.* **2.** Вид аффективного психического расстройства (спец.). ‖ *прил.* **экстати́ческий**, -ая, -ое. *Экстатическая музыка.*

ЭКСТЕНСИ́ВНЫЙ [тэ], -ая, -ое; -вен, -вна (спец.). Направленный в сторону количественного увеличения, расширения, распространения. *Экстенсивное земледелие.* ‖ *сущ.* **экстенсúвность**, -и, *ж.*

ЭКСТЕ́РН [тэ], -а, *м.* Человек, сдающий экзамены за курс учебного заведения, не обучаясь в нём. *Окончить курс экстерном.*

ЭКСТЕРНА́Т [тэ], -а, *м.* Система прохождения курса обучения экстерном.

ЭКСТЕРРИТОРИА́ЛЬНОСТЬ, -и, *ж.* (спец.). Право дипломатических представителей, находящихся в каком-н. государстве, подчиняться законам только своего государства; дипломатический иммунитет. *Э. посла.* ‖ *прил.* **экстерриториáльный**, -ая, -ое.

ЭКСТЕРЬЕ́Р [тэ], -а, *м.* (спец.). Внешний вид и телосложение животного. *Э. рысистых лошадей.* ‖ *прил.* **экстерьéрный**, -ая, -ое.

Э́КСТРА, *неизм.* То же, что лю́кс[2] (во 2 знач.) (обычно о сорте товара). *Шоколад э.*

ЭКСТРА..., *приставка.* Образует имена существительные и прилагательные со знач.: 1) высший, напр. *экстракласс, экстракристаллический;* 2) выходящий за пределы обычного, напр. *экстраординарный, экстразональный, экстрамодный;* 3) экстренный, напр. *экстрапочта, экстрафрахт.*

ЭКСТРАВАГА́НТНЫЙ, -ая, -ое; -тен, -тна (книжн.). Расходящийся с общепринятыми обычаями, слишком своеобразный; вызывающий. *Э. поступок. Э. костюм.* ‖ *сущ.* **экстравагáнтность**, -и, *ж.*

ЭКСТРА́КТ, -а, *м.* **1.** То, что извлечено из какого-н. вещества, вытяжка (во 2 знач.). *Ягодный э. Мясной э.* **2.** Краткое изложение сути какого-н. сочинения, документа, текста (книжн.). *Э. из донесения.* ‖ *прил.* **экстрáктовый**, -ая, -ое (к 1 знач.) *и* **экстрáктный**, -ая, -ое (к 1 знач.).

ЭКСТРАОРДИНА́РНЫЙ, -ая, -ое; -рен, -рна. **1.** Чрезвычайный, необыкновенный (книжн.). *Э. случай.* **2.** *полн. ф.* В названиях учёных должностей: сверхштатный, в противоп. ординарному (во 2 знач.) (устар.). *Э. профессор.* ‖ *сущ.* **экстраординáрность**, -и, *ж.* (к 1 знач.).

ЭКСТРАСЕ́НС [сэ], -а, *м.* Человек, обладающий экстрасенсорным восприятием.

ЭКСТРАСЕНСО́РНЫЙ, -ая, -ое; -рен, -рна (спец.). Относящийся к сверхчувственному восприятию. ‖ *сущ.* **экстрасенсо́рность**, -и, *ж.*

ЭКСТРЕМА́ЛЬНЫЙ, -ая, -ое; -лен, -льна (книжн.). Крайний, необычный по трудности, сложности. *В экстремальных условиях. Экстремальная ситуация.* ‖ *сущ.* **экстремáльность**, -и, *ж.*

ЭКСТРЕМИ́ЗМ, -а, *м.* Приверженность к крайним взглядам и мерам (обычно в политике). ‖ *прил.* **экстремúстский**, -ая, -ое.

ЭКСТРЕМИ́СТ, -а, *м.* Сторонник экстремизма. *Левые экстремисты.* ‖ *ж.* **экстремúстка**, -и (разг.). ‖ *прил.* **экстремúстский**, -ая, -ое. *Экстремистские группировки.*

Э́КСТРЕННЫЙ, -ая, -ое; -рен, -ренна. **1.** Срочный, спешный. *Э. отъезд. Э. вызов. Экстренно* (нареч.) *созвать собрание.* **2.** Чрезвычайный, непредвиденный. *Экстренные расходы.* ‖ *сущ.* **э́кстренность**, -и, *ж.*

ЭКСЦЕ́НТРИК, -а, *м.* Цирковой или эстрадный артист, исполняющий своеобразные комические номера, трюки, поражающие своей неожиданностью. *Клоун-э.*

ЭКСЦЕ́НТРИКА, -и, *ж.* (спец.). В театре, цирке и других видах зрелищ: острокомедийное, основанное на контрастах и неожиданностях изображение действий, поступков персонажей. *Цирковая э. Музыкальная э.* ‖ *прил.* **эксцентри́ческий**, -ая, -ое. *Э. трюк. Э. номер.*

ЭКСЦЕНТРИ́ЧЕСКИЙ¹, -ая, -ое (спец.). Не имеющий общего центра; *противоп.* концентрический. *Эксцентрические фигуры.*

ЭКСЦЕНТРИ́ЧЕСКИЙ², -ая, -ое. **1.** *см.* эксцентрика. **2.** То же, что эксцентричный.

ЭКСЦЕНТРИ́ЧНЫЙ, -ая, -ое; -чен, -чна (книжн.). Вызывающе оригинальный, необычный до странности. *Э. танец. Эксцентричное поведение.* ‖ *сущ.* **эксцентри́чность**, -и, *ж.*

ЭКСЦЕ́СС, -а, *м.* (книжн.). **1.** Крайнее проявление чего-н., преимущ. об излишествах, невоздержанности. **2.** Острая и нежелательная ситуация, нарушающая обычный порядок. *Непредвиденный э.*

ЭКУМЕНИ́ЗМ, -а, *м.* (спец.). Сотрудничество церквей различных исповеданий, целью к-рого является сближение и в конечном счёте соединение всех направлений христианства (по нек-рым теориям вообще всех вероисповеданий). ‖ *прил.* **экумени́ческий**, -ая, -ое. *Экуменическое движение.*

ЭКЮ́, *нескл., м.* и *ср.* **1.** Старинная французская золотая, с 17 в. — серебряная монета; в 19 в. монета достоинством в пять франков. **2.** В Европе с 1979 г.: региональная валютная счётная единица, используемая странами — членами европейской валютной системы.

ЭЛА́СТИК. 1. -а, *м.* Синтетическое эластичное волокно, а также изделия из него. *Чулки из эластика.* **2.** *неизм.* Сделанный из такого волокна. *Ткань э.* ‖ *прил.* **эласти́ческий**, -ая, -ое (к 1 знач.).

ЭЛАСТИ́ЧНЫЙ, -ая, -ое; -чен, -чна. **1.** Упругий и гибкий; растяжимый. *Эластичная резина. Эластичные чулки. Эластичная ткань.* **2.** *перен.* Плавный, лёгкий. *Эластичные движения.* ‖ *сущ.* **эласти́чность**, -и, *ж.*

ЭЛЕВА́ТОР, -а, *м.* **1.** Зернохранилище с механическим оборудованием для приёма, очистки, сушки, отгрузки зерна. **2.** Вертикальный или наклонный транспортёр для перемещения материалов, грузов (спец.). *Ковшовый, люлечный э.* ‖ *прил.* **элева́торный**, -ая, -ое.

ЭЛЕГА́НТНЫЙ, -ая, -ое; -тен, -тна (книжн.). Изысканный, изящный. *Элегантные манеры. Э. костюм. Элегантно* (нареч.) *одеваться.* ‖ *сущ.* **элега́нтность**, -и, *ж.*

ЭЛЕГИ́ЧЕСКИЙ, -ая, -ое. **1.** *см.* элегия. **2.** То же, что элегичный.

ЭЛЕГИ́ЧНЫЙ, -ая, -ое; -чен, -чна (книжн.). Грустный, мечтательный. *Э. тон.* ‖ *сущ.* **элеги́чность**, -и, *ж.*

ЭЛЕ́ГИЯ, -и, *ж.* **1.** Лирическое стихотворение, проникнутое грустью. *Романтическая э.* **2.** Музыкальная пьеса задумчивого, скорбного характера. ‖ *прил.* **элеги́ческий**, -ая, -ое.

ЭЛЕКТОРА́Т, -а, *м., собир.* (книжн.). Избиратели, участвующие в выборах в государственные или другие крупные общественные структуры.

ЭЛЕКТРИЗОВА́ТЬ, -зу́ю, -зу́ешь; -о́ванный; *несов.* **1.** *что.* Сообщать чему-н. электрический заряд. **2.** *перен., кого (что).* Приводить в возбуждённое состояние (книжн.). ‖ *сов.* **наэлектризова́ть**, -зу́ю, -зу́ешь; -о́ванный. ‖ *сущ.* **электриза́ция**, -и, *ж.* (к 1 знач.). *Э. трением.*

ЭЛЕ́КТРИК, -а, *м.* **1.** Специалист в области электричества, электротехники. *Инженер-э.* **2.** Электротехник, электромонтёр.

ЭЛЕКТРИ́К, *неизм.* Голубовато-синий. *Цвет э. Платье э.*

ЭЛЕКТРИФИЦИ́РОВАТЬ, -рую, -руешь; -анный; *сов.* и *несов., что.* Внедрить (-рять) электрическую энергию в производство, в хозяйственную жизнь, в быт. *Э. страну. Э. промышленность.* ‖ *сущ.* **электрифика́ция**, -и, *ж.* ‖ *прил.* **электрификацио́нный**, -ая, -ое.

ЭЛЕКТРИ́ЧЕСКИЙ, -ая, -ое. **1.** *см.* электричество. **2.** Действующий при помощи электричества (во 2 знач.), осуществляемый с применением электричества. *Э. двигатель. Электрическая печь. Электрические часы. Электрическая дойка. Электрическое взрывание* (при помощи электродетонаторов). **3.** В названиях нек-рых рыб и их органов: дающий электрический разряд. *Электрические органы* (группы видоизменённых клеток, дающих такой разряд). *Э. скат. Э. сом. Э. угорь.*

ЭЛЕКТРИ́ЧЕСТВО, -а, *ср.* **1.** Совокупность явлений, в к-рых обнаруживается существование, движение, взаимодействие заряженных частиц. *Учение об электричестве.* **2.** Энергия, получаемая в результате использования таких явлений. *Применение электричества в технике.* **3.** Освещение, получаемое на основе этой энергии. *Горит э. Провести э. Зажечь, погасить э.* ‖ *прил.* **электри́ческий**, -ая, -ое. *Э. заряд. Электрическая дуга. Э. ток. Электрическая лампа.*

ЭЛЕКТРИ́ЧКА, -и, *ж.* (разг.). **1.** Электропоезд не дальнего следования. *Пригородная э. Ехать на электричке.* **2.** Электрическая железная дорога (устар.). *Линия электрички.*

ЭЛЕКТРО... *Первая часть сложных слов со знач.:* 1) относящийся к электричеству (в 1 знач.), напр. *электробиология, электровозбудимость, электродинамика, электродуга, электромагнетизм, электростатика;* 2) относящийся к электричеству (во 2 знач.), напр. *электроавтоматика, электровооружённость, электроинкубатор, электроэнергетика, электрооборудование, электроснабжение, электропоезд, электронасос, электробур, электроплитка, электропахота, электродойка, электроплуг, электропроигрыватель, электросеть, электрокардиограмма;* 3) относящийся к электричеству (в 3 знач.), напр. *электровыключатель, электрогирлянда, электросвет, электросветильник, электросветовой;* 4) относящийся к работе с электрическими приборами, оборудованием, напр. *электромонтёр, электроремонтный.*

ЭЛЕКТРО́БУС, -а, *м.* Многоместная транспортная машина, работающая на аккумуляторных батареях без рельсов и провода. ‖ *прил.* **электро́бусный**, -ая, -ое.

ЭЛЕКТРОВО́З, -а, *м.* Локомотив, работающий от электрической сети. ‖ *прил.* **электрово́зный**, -ая, -ое.

ЭЛЕКТРОГИТА́РА, -ы, *ж.* Гитара с электрическим усилением звучания.

ЭЛЕКТРО́Д, -а, *м.* (спец.). **1.** Проводник, посредством к-рого часть электрической цепи, образуемая проводами, соединяется с частью цепи, проходящей в неметаллической среде (жидкости, газе и др.). *Положительный э.* (анод). *Отрицательный э.* (катод). **2.** Элемент конструкции, по к-рому куда-н. подводится электрический ток. *Сварочный э. Печной э.* ‖ *прил.* **электро́дный**, -ая, -ое.

ЭЛЕКТРОДВИ́ЖУЩИЙ, -ая, -ее: **электродвижущая сила** — источник энергии, вызывающий и поддерживающий электрический ток в замкнутой цепи; величина, характеризующая такой источник.

ЭЛЕКТРОДИНА́МИКА, -и, *ж.* (спец.). Теория электромагнитных процессов в различных средах и в вакууме. ‖ *прил.* **электродинами́ческий**, -ая, -ое.

ЭЛЕКТРОЛА́МПОВЫЙ, -ая, -ое. Относящийся к производству электрических ламп. *Э. завод.*

ЭЛЕКТРОЛЕЧЕ́НИЕ, -я, *ср.* Лечение путём воздействия на организм электрического тока или электромагнитного поля, электротерапия. ‖ *прил.* **электролече́бный**, -ая, -ое.

ЭЛЕКТРО́ЛИЗ, -а, *м.* (спец.). Разложение (растворение, распад) вещества на составные части при прохождении через него электрического тока. ‖ *прил.* **электро́лизный**, -ая, -ое и **электролити́ческий**, -ая, -ое.

ЭЛЕКТРОМАГНЕТИ́ЗМ, -а, *м.* Совокупность явлений, определяющих неразрывную связь между электрическими и магнитными свойствами вещества. ‖ *прил.* **электромагнети́ческий**, -ая, -ое.

ЭЛЕКТРОМАГНИ́Т, -а, *м.* Устройство для получения магнитного поля при помощи электрического тока, обычно в виде стального или железного сердечника с проволочной обмоткой, искусственный магнит. ‖ *прил.* **электромагни́тный**, -ая, -ое.

ЭЛЕКТРОМАГНИ́ТНЫЙ, -ая, -ое. **1.** *см.* электромагнит. **2.** Относящийся к электромагнитному полю. *Электромагнитные волны.* ✦ **Электромагнитное поле** (спец.) — особая форма материи, посредством к-рой осуществляется взаимодействие между заряженными частицами. *Колебания электромагнитного поля.*

ЭЛЕКТРОМОБИ́ЛЬ, -я, *м.* Автомобиль с электрическим двигателем. ‖ *прил.* **электромоби́льный**, -ая, -ое.

ЭЛЕКТРОМОНТЁР, -а, *м.* Монтёр, специалист по электрическому оборудованию.

ЭЛЕКТРОМОТО́Р, -а, *м.* Электрический двигатель. ‖ *прил.* **электромото́рный**, -ая, -ое.

ЭЛЕКТРО́Н, -а, *м.* (спец.). Элементарная частица с наименьшим отрицательным электрическим зарядом. ‖ *прил.* **электро́нный**, -ая, -ое.

ЭЛЕКТРО́НИКА, -и, *ж.* Наука о взаимодействии электронов с электромагнитными полями и о методах создания электронных приборов и устройств.

ЭЛЕКТРО́ННО-... *Первая часть сложных слов со знач.* электронный (во 2 знач.), напр. *электронно-акустический, электронно-волновой, электронно-зондовый, электронно-измерительный, электронно-микроскопический, электронно-счётный.*

ЭЛЕКТРО́ННО-ВЫЧИСЛИ́ТЕЛЬНЫЙ, -ая, -ое: **электронно-вычислительная машина (ЭВМ)** — электронная, вычислительная машина, предназначенная для обработки информации и преобразующая её из величин в виде набора цифр (чисел). *ЭВМ первого, второго поколения. Работать на ЭВМ.*

ЭЛЕКТРО́ННЫЙ, -ая, -ое. **1.** *см.* электрон. **2.** Связанный с использованием свойств электронов, основанный на их свойствах. *Электронная вычислительная машина* (ЭВМ). *Э. микроскоп. Электронная линза.*

ЭЛЕКТРО́НЩИК, -а, *м.* (разг.). Специалист по электронике, по электронным устройствам.

ЭЛЕКТРОПЕРЕДА́ЧА, -и, *ж.* **1.** Передача электрической энергии на расстояние. **2.** Совокупность сооружений для этой передачи. *Линия электропередачи.* ‖ *прил.* **электропереда́точный**, -ая, -ое (к 1 знач.).

ЭЛЕКТРОПОЛОТЁР, -а, *м.* Электрический прибор для натирки полов. ‖ *прил.* **электрополотёрный**, -ая, -ое.

ЭЛЕКТРОПРИБО́РЫ, -ов, *ед.* электроприбо́р, -а, *м.* Электрические приборы различного назначения. *Бытовые э. Нагревательные э.*

ЭЛЕКТРОПРО́ВОД, -а, *мн.* -а́, -о́в, *м.* То же, что провод.

ЭЛЕКТРОПРОВО́ДКА, -и, *ж.* То же, что проводка (во 2 знач.).

ЭЛЕКТРОПРОВО́ДНОСТЬ, -и, *ж.* Способность тела проводить электрический ток.

ЭЛЕКТРОПРОВО́ДНЫЙ, -ая, -ое; -ден, -дна. Обладающий электропроводностью.

ЭЛЕКТРОСВА́РКА, -и, *ж.* Сварка металлов при помощи электрического тока. ‖ *прил.* **электросва́рочный**, -ая, -ое. *Э. аппарат.*

ЭЛЕКТРОСВА́РЩИК, -а, *м.* Рабочий, специалист по электросварке. ‖ *ж.* **электросва́рщица**, -ы. ‖ *прил.* **электросва́рщицкий**, -ая, -ое.

ЭЛЕКТРОСО́Н, -сна́, *м.* (спец.). Метод лечения — сон, вызываемый воздействием на головной мозг слабого импульсного электрического тока.

ЭЛЕКТРОСТА́НЦИЯ, -и, *ж.* Электрическая станция — предприятие, вырабатывающее электрическую энергию.

ЭЛЕКТРОСТА́ТИКА, -и, *ж.* (спец.). Раздел электродинамики, изучающий взаимодействие покоящихся электрических зарядов и их электрического поля. ‖ *прил.* **электростати́ческий**, -ая, -ое.

ЭЛЕКТРОТЕРАПИ́Я, -и, *ж.* (спец.). То же, что электролечение. ‖ *прил.* **электротерапевти́ческий**, -ая, -ое.

ЭЛЕКТРОТЕ́ХНИК, -а, *м.* **1.** Специалист по электротехнике. **2.** То же, что электромонтёр.

ЭЛЕКТРОТЕ́ХНИКА, -и, *ж.* Наука о применении электричества для практических целей, а также само такое применение. *Курс электротехники.* ‖ *прил.* **электротехни́ческий**, -ая, -ое.

ЭЛЕКТРОХИ́МИЯ, -и, *ж.* Раздел физической химии, изучающий связь электрических и химических процессов. ‖ *прил.* **электрохими́ческий**, -ая, -ое.

ЭЛЕКТРОХО́Д, -а, *м.* Судно с электрическим двигателем, двигателями. ‖ *прил.* **электрохо́дный**, -ая, -ое.

ЭЛЕКТРОШО́К, -а, *м.* (спец.). Метод лечения психических расстройств при помощи электрических разрядов. ‖ *прил.* **электрошо́ковый**, -ая, -ое.

ЭЛЕКТРОЭНЕ́РГИЯ, -и, *ж.* Электрическая энергия.

ЭЛЕМЕ́НТ, -а, *м.* **1.** Составная часть чего-н., компонент. *Разложить целое на элементы.* **2.** Доля, нек-рая часть в составе чего-н., в чём-н. *Интернациональные элементы в русской терминологии.* **3.** *чего.* Одна из черт в чём-н., в содержании чего-н. (книжн.). *Э. драматизма в рассказе.* **4.** *вин. п.* редко; также *собир.*, обычно *с определением.* Человек как член какой-н. социальной группы. *Прогрессивные элементы. Уголовные элементы.* **5.** Простое вещество, неразложимое обычными химическими методами на составные части (спец.). *Периодическая система элементов* (Менделеева). **6.** Химический источник электрического тока. *Гальванический э. Сухой э.* ‖ *прил.* **элеме́нтный**, -ая, -ое (к 1 и 5 знач.) *и* **элемента́рный**, -ая, -ое (к 1 и 5 знач.). *Элементный анализ* (в химии). *Элементарная частица* (мельчайшая и простейшая часть физической материи).

ЭЛЕМЕНТА́РНЫЙ, -ая, -ое; -рен, -рна. **1.** *см.* элемент. **2.** *полн. ф.* Начальный, относящийся к основам чего-н. *Элементарная математика. Элементарное образование.* **3.** Простейший, такой, к-рый должен быть известен каждому. *Элементарные правила вежливости. Элементарные истины.* **4.** Упрощённый, поверхностный. *Э. взгляд на вещи.* ‖ *сущ.* **элемента́рность**, -и, *ж.* (к 3 и 4 знач.).

ЭЛЕУТЕРОКО́КК, -а, *м.* Кустарниковое растение, обладающее целебными свойствами, так наз. дикий перец. ‖ *прил.* **элеутероко́кковый**, -ая, -ое.

ЭЛИКСИ́Р, -а, *м.* Крепкий настой на спирту, кислотах, употр. в медицине, косметике. *Зубной э. Жизненный э.* или *э. жизни* (у средневековых мистиков: чудодейственный, волшебный напиток, якобы способный сохранить молодость; также перен.: о том, что вливает бодрость, желание жить). ‖ *прил.* **эликси́рный**, -ая, -ое.

ЭЛИ́ТА, -ы, *ж. собир.* **1.** Лучшие растения, семена или животные, по своим качествам наиболее пригодные для разведения, воспроизводства. **2.** Лучшие представители какой-н. части общества, группировки, а также люди, относящиеся к верхушке какой-н. организации, группировки (книжн.). *Творческая э. Политическая э. Властная э.* ‖ *прил.* **эли́тный**, -ая, -ое *и* **элита́рный**, -ая, -ое (ко 2 знач.).

Э́ЛЛИНГ, -а, *м.* (спец.). **1.** Помещение на берегу, где строится или ремонтируется корпус судна. **2.** Помещение для аэростатов, их постройки и ремонта. *Э. для дирижабля.* **3.** Специальное помещение для спортивных судов, вёсел и другого инвентаря. ‖ *прил.* **э́ллинговый**, -ая, -ое.

Э́ЛЛИНЫ, -ов, *ед.* -ин, -а, *м.* Самоназвание греков (чаще классической эпохи). ‖ *ж.* **э́ллинка**, -и. ‖ *прил.* **э́ллинский**, -ая, -ое. *Эллинская культура. Э. театр.*

Э́ЛЛИПС, -а, *м.* **1.** В математике: замкнутая кривая, образующаяся при пересечении конической поверхности плоскостью. **2.** То же, что эллипсис. ‖ *прил.* **эллипти́ческий**, -ая, -ое. *Эллиптическая орбита* (имеющая форму эллипса).

Э́ЛЛИПСИС, -а, *м.* В языкознании: пропуск в речи какого-н. легко подразумеваемого слова, члена предложения. ‖ *прил.* **эллипти́ческий**, -ая, -ое.

ЭЛЬФ, -а, *м.* В германской мифологии: сказочное существо, дух. *Светлые эльфы* (духи воздуха). *Тёмные эльфы* (гномы, подземные кузнецы, хранители горных сокровищ).

ЭМАЛИРО́ВАННЫЙ, -ая, -ое. Покрытый эмалью (в 1 знач.). *Эмалированная кастрюля.*

ЭМАЛИРОВА́ТЬ, -ру́ю, -ру́ешь; -о́ванный; *несов., что.* Покрывать эмалью (в 1 знач.). ‖ *сущ.* **эмалирова́ние**, -я, *ср. и* **эмалиро́вка**, -и, *ж.* ‖ *прил.* **эмалиро́вочный**, -ая, -ое. *Эмалировочные работы.*

ЭМАЛИРО́ВКА, -и, *ж.* **1.** *см.* эмалировать. **2.** Слой эмали (в 1 знач.) на чём-н.

ЭМА́ЛЬ, -и, *ж.* **1.** Непрозрачная цветная стекловидная масса, к-рой покрывается поверхность металлических изделий. **2.** *собир.* Художественные изделия, расписанные такой массой, а также сама соответствующая роспись, финифть (во 2 знач.). *Коллекция эмалей. Прозрачная э.* **3.** Вещество, покрывающее наружную часть зуба (спец.). ‖ *прил.* **эма́левый**, -ая, -ое *и* **эма́льный**, -ая, -ое (устар.). *Эмалевые краски* (изготовляемые на основе лаков).

ЭМАНСИПА́ЦИЯ, -и, *ж.* (книжн.). Освобождение от зависимости, угнетения, неравноправия. *Э. женщин.* ‖ *прил.* **эмансипацио́нный**, -ая, -ое.

ЭМАНСИПИ́РОВАТЬ, -рую, -руешь; -анный; *сов. и несов., кого-что* (книжн.). Произвести (-водить) эмансипацию.

ЭМБА́РГО, *нескл., ср.* (спец.). Государственное запрещение на ввоз и вывоз иностранных товаров, ценностей [*первонач.* задержание государством судов, вооружения, принадлежащих иностранному государству]. *Наложить (ввести, установить) э. на что-н. Экономическое э.*

ЭМБЛЕ́МА, -ы, *ж.* **1.** Условное изображение какого-н. понятия. *Лира — э. поэзии.* **2.** Знак какого-н. учреждения. *Э. спортивного клуба. Чайка — э. Художественного театра.* ‖ *прил.* **эмблемати́ческий**, -ая, -ое (устар.).

ЭМБРИО́ЛОГ, -а, *м.* Специалист по эмбриологии.

ЭМБРИОЛО́ГИЯ, -и, *ж.* Раздел биологии, изучающий образование и развитие эмбрионов. ‖ *прил.* **эмбриологи́ческий**, -ая, -ое.

ЭМБРИО́Н, -а, *м.* (спец.). Зародыш (в 1 знач.) на начальных стадиях развития. ‖ *прил.* **эмбриона́льный**, -ая, -ое *и* **эмбрио́нный**, -ая, -ое (устар.). *Эмбриональное развитие.*

ЭМИГРА́НТ, -а, *м.* Человек, к-рый эмигрировал, находится в эмиграции. ‖ *ж.* **эмигра́нтка**, -и. ‖ *прил.* **эмигра́нтский**, -ая, -ое.

ЭМИГРА́ЦИЯ, -и, *ж.* **1.** Вынужденное или добровольное переселение из своего отечества в другую страну по политическим, экономическим или иным причинам. **2.** Место, время пребывания после такого переселения. *Жить в эмиграции.* **3.** *собир.* Эмигранты. ‖ *прил.* **эмиграцио́нный**, -ая, -ое (к 1 и 2 знач.).

ЭМИГРИ́РОВАТЬ, -рую, -руешь; *сов. и несов.* Переселиться (-ляться) из своего отечества в другую страну.

ЭМИ́Р, -а, *м.* В нек-рых мусульманских странах Востока и Африки: титул правителя, князя, а также лицо, носящее этот титул.

ЭМИРА́Т, -а, *м.* Государство, возглавляемое эмиром, руководимое Советом эмиров.

ЭМИССА́Р, -а, *м.* (книжн.). Лицо, посылаемое с политическим поручением в другую страну. ‖ *прил.* **эмисса́рский**, -ая, -ое.

ЭМИ́ССИЯ, -и, *ж.* (спец.). Выпуск ценных бумаг, бумажных денег. ‖ *прил.* **эмиссио́нный**, -ая, -ое. *Э. банк.*

Э́МКА, -и, *ж.* (разг.). Род легкового автомобиля [по заводской марке «М»].

ЭМОЦИОНА́ЛЬНЫЙ, -ая, -ое; -лен, -льна. **1.** *см.* эмоция. **2.** Насыщенный эмоциями, выражающий их. *Эмоциональная речь.* **3.** Подверженный эмоциям, легко возбуждающийся. *Эмоциональная личность.* ‖ *сущ.* **эмоциона́льность**, -и, *ж.*

ЭМО́ЦИЯ, -и, *ж.* Душевное переживание, чувство. *Положительные, отрицательные эмоции. Э. радости.* ‖ *прил.* **эмоциона́льный**, -ая, -ое. *Эмоциональное воздействие.*

ЭМПИРЕ́Й, -я, *м.*: **в эмпиреях витать (быть, находиться)** (книжн. ирон.) — жить в отрыве от действительности, предаваться мечтам [в античной натурфилософии эмпирей — самая высокая часть неба].

ЭМПИРИ́ЗМ, -а, *м.* **1.** Философское направление, признающее чувственное восприятие и опыт единственным источником познания, недооценивающее значение понятий, теоретических обобщений при изучении отдельных фактов, явлений. **2.** Исследовательский метод, основанный на описании фактов, без последующих заключений и теоретических обобщений (книжн.). ‖ *прил.* **эмпири́ческий**, -ая, -ое.

ЭМПИ́РИК, -а, *м.* **1.** Последователь эмпиризма (в 1 знач.). 2. Учёный, основывающий свои исследования на эмпиризме (во 2 знач.) (книжн.).

ЭМПИРИОКРИТИЦИ́ЗМ, -а, *м.* В философских течениях конца 19 — начала 20 в.: субъективно-идеалистическое направление, отрицающее объективное существование материального мира и рассматривающее его как явление сознания и сочетания ощущений.

ЭМПИРИ́ЧНЫЙ, -ая, -ое; -чен, -чна (книжн.). Проникнутый эмпиризмом (во 2 знач.). *Э. способ описания. Э. вывод.* ‖ *сущ.* **эмпири́чность**, -и, *ж.*

ЭМПИРИ́Я, -и, *ж.* (книжн.). **1.** Человеческий опыт вообще, восприятие посредством органов чувств. **2.** Наблюдение в естественных условиях, в противоп. эксперименту. ‖ *прил.* **эмпири́ческий**, -ая, -ое.

Э́МУ, *нескл., м.* Крупная австралийская птица, похожая на страуса.

ЭМУ́ЛЬСИЯ, -и, *ж.* (спец.). **1.** обычно *мн.* Жидкость со взвешенными в ней частицами другой жидкости. **2.** Светочувствительный слой на фотопластинках, фото- и киноплёнке. ‖ *прил.* **эмульсио́нный**, -ая, -ое.

ЭМФА́ЗА, -ы, *ж.* (спец.). Эмоциональная выразительность, напряжённость речи. ‖ *прил.* **эмфати́ческий**, -ая, -ое. *Эмфатическое ударение.*

ЭМФИЗЕ́МА [зэ́] -ы, *ж.* (спец.). Болезнетворное скопление воздуха в каких-н. органах, тканях. *Э. лёгких. Тканевая э.* ‖ *прил.* **эмфиземато́зный**, -ая, -ое.

ЭНДОКРИ́ННЫЙ, -ая, -ое. Относящийся к железам внутренней секреции. *Эндокринные железы* (то же, что железы внутренней секреции; см. секреция). *Эндокринные заболевания. Эндокринные препараты.*

ЭНДОКРИНО́ЛОГ, -а, *м.* Врач — специалист по эндокринологии.

ЭНДОКРИНОЛО́ГИЯ, -и, *ж.* Наука о железах внутренней секреции и о болезнях, связанных с нарушением их функций. ‖ *прил.* **эндокринологи́ческий**, -ая, -ое.

ЭНДОСКО́П, -а, *м.* (спец.). Оборудованный волоконной оптикой светопроводящий прибор для визуального внутреннего обследования органов человека. ‖ *прил.* **эндоско́пный**, -ая, -ое.

ЭНДОСКОПИ́Я, -и, *ж.* (спец.). Медицинское обследование с помощью эндоскопа. *Э. бронхов.* ‖ *прил.* **эндоскопи́ческий**, -ая, -ое. *Э. осмотр.*

Э́НДШПИЛЬ, -я, *м.* Заключительная стадия шахматной, шашечной партии.

ЭНЕРГЕ́ТИК, -а, *м.* Специалист по энергетике.

ЭНЕРГЕ́ТИКА, -и, *ж.* Область экономики, охватывающая выработку, преобразование, передачу и использование разных видов энергии. *Атомная э. Солнечная э.* ‖ *прил.* **энергети́ческий**, -ая, -ое. *Энергетические ресурсы.*

ЭНЕРГИ́ЧНЫЙ, -ая, -ое; -чен, -чна. Полный энергии, решительный и активный. *Э. руководитель. Энергичные меры. Энергично* (нареч.) *работать.* ‖ *сущ.* **энерги́чность**, -и, *ж.*

ЭНЕ́РГИЯ, -и, *ж.* **1.** Одно из основных свойств материи — мера её движения, а также способность производить работу. *Солнечная, тепловая, электрическая, механическая, ядерная э. Э. воды. Затрата энергии.* **2.** Решительность и настойчивость в действиях. *Полон энергии кто-н.* ‖ *прил.* **энергети́ческий**, -ая, -ое (к 1 знач.).

ЭНЕРГО... *Первая часть сложных слов со знач.:* 1) относящийся к энергетике, напр. *энерговооружённость, энергобаза, энергогигант;* 2) относящийся к энергии (в 1 знач.), напр. *энергопитание, энергоснабжение.*

ЭНЕРГОНОСИ́ТЕЛИ, -ей, *ед.* энергоноситель, -я, *м.* Полезные ископаемые и продукты их переработки как источники энергии (уголь, газ, нефтепродукты).

Э́ННЫЙ, -ая, -ое. Некий, некоторый, любой [по обозначению латинской буквой N, n, *первонач.* в формулах]. *Энное число. Энная сумма.*

Э́НСКИЙ, -ая, -ое. Некий, намеренно не называемый [от названия латинской буквы N, употр. на месте скрываемого названия, напр. в городе N]. *Э. завод.*

ЭНТОМО́ЛОГ, -а, *м.* Специалист по энтомологии.

ЭНТОМОЛО́ГИЯ, -и, *ж.* Раздел зоологии, изучающий насекомых. ‖ *прил.* **энтомологи́ческий**, -ая, -ое.

ЭНТУЗИА́ЗМ, -а, *м.* Душевный подъём, сильная увлечённость. *Работать с энтузиазмом.* ‖ *прил.* **энтузиасти́ческий**, -ая, -ое (устар.).

ЭНТУЗИА́СТ, -а, *м.* Человек, к-рый предан делу, идее, действует с энтузиазмом. *Э. науки.* ‖ *ж.* **энтузиа́стка**, -и (разг.).

ЭНЦЕФАЛИ́Т, -а, *м.* Воспаление головного мозга. ‖ *прил.* **энцефали́тный**, -ая, -ое.

ЭНЦИКЛОПЕДИ́ЗМ, -а, *м.* (книжн.). Всесторонняя образованность, глубокая осведомлённость в различных областях знания. ‖ *прил.* **энциклопеди́ческий**, -ая, -ое. *Э. ум* (о всесторонне образованном человеке).

ЭНЦИКЛОПЕДИ́СТ, -а, *м.* **1.** Всесторонне образованный человек (книжн.). **2.** Во Франции в конце 18 в.: представитель группы передовых мыслителей, объединившихся вокруг «Энциклопедии», к-рую издавали Дидро и Д'Аламбер. ‖ *ж.* **энциклопеди́стка**, -и (к 1 знач.). ‖ *прил.* **энциклопеди́стский**, -ая, -ое.

ЭНЦИКЛОПЕДИ́ЧЕСКИЙ, -ая, -ое. **1.** *см.* энциклопедизм *и* энциклопедия. **2.** Проникнутый энциклопедизмом. *Энциклопедические знания.*

ЭНЦИКЛОПЕДИ́ЧНЫЙ, -ая, -ое; -чен, -чна. То же, что энциклопедический (во 2 знач.). ‖ *сущ.* **энциклопеди́чность**, -и, *ж.* *Э. знаний.*

ЭНЦИКЛОПЕ́ДИЯ, -и, *ж.* **1.** Научное справочное издание по всем или отдельным отраслям знания в форме словаря. *Большая э. Техническая э. Военная э. Литературная э.* **2.** Приведённое в систему обозрение различных отраслей какой-н. науки (устар. книжн.). *Э. наук. Э. права.* ◆ **Ходячая энциклопедия** (шутл.) — о человеке, к-рый обладает обширными знаниями, у к-рого можно получить сведения по любому вопросу. ‖ *прил.* **энциклопеди́ческий**, -ая, -ое. *Э. словарь.*

ЭПАТА́Ж, -а, *м.* (книжн.). Вызывающее поведение, скандальная выходка. ‖ *прил.* **эпата́жный**, -ая, -ое.

ЭПИГО́Н, -а, *м.* (книжн.). Последователь какого-н. направления в искусстве или науке, лишённый творческой оригинальности и повторяющий чужие идеи. ‖ *прил.* **эпиго́нский**, -ая, -ое.

ЭПИГО́НСТВО, -а, *ср.* (книжн.). Подражательная, лишённая творческой оригинальности деятельность в какой-н. интеллектуальной сфере. ‖ *прил.* **эпиго́нский**, -ая, -ое.

ЭПИГРА́ММА, -ы, *ж.* Короткое сатирическое стихотворение (первонач. дидактическое), высмеивающее какое-н. определённое лицо. *Э. на льстеца. Дружеская э. Обрушить на кого-н. град эпиграмм* (перен.: колкостей, язвительных насмешек). ‖ *прил.* **эпиграммати́ческий**, -ая, -ое (спец.).

ЭПИ́ГРАФ, -а, *м.* Изречение (или цитата), предпосланное произведению (или его части, главе) и сосредоточивающее мысль на его идее. *Э. к роману.* ‖ *прил.* **эпиграфи́ческий**, -ая, -ое (спец.).

ЭПИГРА́ФИКА, -и, *ж.* Наука о древних надписях. ‖ *прил.* **эпиграфи́ческий**, -ая, -ое.

ЭПИДЕМИО́ЛОГ, -а, *м.* Специалист по эпидемиологии.

ЭПИДЕМИОЛО́ГИЯ, -и, *ж.* **1.** Раздел медицины — наука об эпидемических заболеваниях, их лечении и предупреждении. **2.** Изучение распространения неэпидемических заболеваний, основанное на статистических методах (спец.). *Э. сердечно-сосудистых заболеваний.* ‖ *прил.* **эпидемиологи́ческий**, -ая, -ое.

ЭПИДЕ́МИЯ, -и, *ж.* Широкое распространение какой-н. инфекционной болезни. *Э. гриппа.* ‖ *прил.* **эпидеми́ческий**, -ая, -ое.

ЭПИЗО́Д, -а, *м.* **1.** Случай, происшествие. *Эпизоды из жизни. Интересный э.* **2.** Малозначительный, частный случай. *Это лишь э. в его жизни.* **3.** Часть литературного произведения, обладающая относительной самостоятельностью и законченностью. *Вставной э. в пьесе.* ‖ *прил.* **эпизо́дный**, -ая, -ое (к 3 знач.).

ЭПИЗОДИ́ЧЕСКИЙ, -ая, -ое. Случайный, являющийся эпизодом (в 1 и 2 знач.), бывающий не постоянно. *Эпизодическое явление. Эпизодически* (нареч.) *возникать. Эпизодическая роль в пьесе* (в коротком эпизоде).

ЭПИЗОДИ́ЧНЫЙ, -ая, -ое; -чен, -чна. То же, что эпизодический. ‖ *сущ.* **эпизоди́чность**, -и, *ж.*

ЭПИЗОО́ТИЯ [зоо́], -и, *ж.* (спец.). Широкое распространение какой-н. инфекционной болезни среди животных. *Э. сибирской язвы.* ‖ *прил.* **эпизооти́ческий**, -ая, -ое.

ЭПИКУРЕ́ЕЦ, -е́йца, *м.* Последователь, сторонник эпикуреизма. ‖ *прил.* **эпикуре́йский**, -ая, -ое.

ЭПИКУРЕИ́ЗМ, -а, *м.* **1.** В древнегреческой и римской философии, позднее во Франции в 17 в.: учение, согласно к-рому основой счастья человека является удовлетворение жизненных потребностей, разумное наслаждение и покой [по имени древнегреческого философа-материалиста Эпикура]. **2.** Мировоззрение, возникшее на почве этого учения и видящее смысл жизни в утончённых удовольствиях, в комфорте (книжн.). ‖ *прил.* **эпикуре́йский**, -ая, -ое.

ЭПИКУРЕ́ЙСТВО, -а, *ср.* (книжн.). Склонность к комфорту, стремление к жизненным удовольствиям. ‖ *прил.* **эпикуре́йский**, -ая, -ое.

ЭПИЛЕ́ПСИЯ, -и и **ЭПИЛЕПСИ́Я**, -и, *ж.* Хроническая болезнь головного мозга, сопровождающаяся судорожными припадками и потерей сознания. || *прил.* эпилепти́ческий, -ая, -ое. *Э. припадок.*

ЭПИЛЕ́ПТИК, -а, *м.* Человек, страдающий эпилепсией. || *ж.* **эпилепти́чка**, -и (разг.).

ЭПИЛО́Г, -а, *м.* Заключительная часть литературного, музыкального произведения. *Э. романа, оперы. Э. жизни* (перен.: события её последних, завершающих лет). || *прил.* **эпило́говый**, -ая, -ое.

ЭПИСТОЛЯ́РНЫЙ, -ая, -ое. **1.** Относящийся к частной переписке, к письмам. *Эпистолярное наследие поэта.* **2.** Имеющий форму письма, переписки (о литературном произведении). *Э. жанр. Э. роман* (роман в письмах).

ЭПИТАЛА́МА, -ы, *ж.* (спец.). Торжественное стихотворение, поэма или песнь в честь новобрачных. || *прил.* **эпиталами́ческий**, -ая, -ое.

ЭПИТА́ФИЯ, -и, *ж.* **1.** Стихотворение, написанное по поводу чьей-н. смерти. *Э. на смерть полководца.* **2.** Надгробная надпись. *Э. на памятнике.*

ЭПИТЕ́ЛИЙ [*тэ*], -я, *м.* (спец.). Ткань, выстилающая поверхность и полости тела, покрывающая слизистые оболочки, а также внутренняя оболочка в полостях нек-рых растений. || *прил.* **эпителиа́льный**, -ая, -ое.

ЭПИ́ТЕТ, -а, *м.* В поэтике: образное, художественное определение. *Постоянный э.* (в народной словесности, напр. *синее* море, *златы* кудри). *Нелестный э.* (перен.: о неодобрительной характеристике кого-чего-н.).

ЭПИЦЕ́НТР, -а, *м.* **1.** Область на поверхности земли, расположенная над очагом землетрясения, взрыва (спец.). **2.** *перен.* Место, где что-н. проявляется с наибольшей силой (книжн.). *Э. пожара. В эпицентре событий.* || *прил.* **эпицентри́ческий**, -ая, -ое (к 1 знач.).

ЭПИ́ЧЕСКИЙ, -ая, -ое. **1.** *см.* эпос. **2.** *перен.* Исполненный величия и героизма (книжн.). *Эпические события народной истории. Эпическое художественное полотно.* **3.** Величественно-спокойный и бесстрастный. *Э. тон. Эпическая манера изложения.*

ЭПИ́ЧНЫЙ, -ая, -ое; -чен, -чна. То же, что эпический (в 3 знач.). || *сущ.* **эпи́чность**, -и, *ж.*

ЭПОЛЕ́ТЫ, -е́т, *ед.* -а, -ы, *ж. и* (устар.) -е́т, -а, *м.* В царской и нек-рых иностранных армиях: наплечные знаки различия офицеров, генералов, адмиралов — род блестящих парадных погонов, заканчивающихся расшитым (часто с бахромой) кругом. || *прил.* **эполе́тный**, -ая, -ое.

ЭПОПЕ́Я, -и, *ж.* **1.** Крупное произведение эпического жанра, повествующее о значительных исторических событиях. *Эпопеи Гомера. Роман-э. Л. Толстого «Война и мир».* **2.** *перен.* Крупное, значительное событие, охватывающее целый исторический период. *Э. Великой Отечественной войны.* || *прил.* **эпопе́йный**, -ая, -ое.

Э́ПОС, -а, *м.* **1.** Повествовательный род литературы (в отличие от драмы и лирики) (спец.). **2.** Произведения народного творчества — героические сказания, песни. *Народный героический э. Богатырский э.* || *прил.* **эпи́ческий**, -ая, -ое. *Э. жанр. Э. стиль.*

ЭПО́ХА, -и, *ж.* Длительный период времени, выделяемый по каким-н. характерным явлениям, событиям. *Геологические эпохи. Э. феодализма. Героические эпохи русской истории. Э. в чьей-н. жизни* (перен.: важный, значительный период).

ЭПОХА́ЛЬНЫЙ, -ая, -ое; -лен, -льна (книжн.). Составляющий эпоху, знаменующий собой эпоху, важный, значительный. *События эпохального значения.* || *сущ.* **эпоха́льность**, -и, *ж.*

Э́РА, -ы, *ж.* **1.** Система летосчисления, ведущаяся от какого-н. определённого момента. *Христианская* (или *новая, наша*) *э. До нашей эры.* **2.** Крупный исторический период, эпоха (высок.). *Новая э. в истории человечества.* **3.** Самое крупное хронологическое деление, значительный этап в геологической истории Земли (спец.). *Палеозойская э.*

ЭРГ, -а, *мн.* э́рги, эрг *и* э́ргов, *м.* (спец.). Единица работы, энергии и количества теплоты.

ЭРДЕЛЬТЕРЬЕ́Р [*дэ, тэ*], -а, *м.* Порода собак — крупный служебный терьер с густой жесткой шерстью на морде, растущей в виде бороды и усов. *Порода эрдельтерьеров.*

ЭРЗА́Ц. **1.** -а, *м.* Заменитель чего-н., суррогат. *Э. кожи. Эрзацы жиров.* **2.** *неизм.* Являющийся заменителем чего-н., суррогатом. *Кофе э. Продукт э.*

Э́РЗЯ, **1.** -и, *ж. собир., ед.* э́рзя, -и, *м. и ж.* Этническая группа мордвы, составляющая коренное население восточной части Мордовии. **2.** Относящийся к этому населению, к его языку, национальному характеру, образу жизни, культуре, а также к Мордовии, её территории, внутреннему устройству, истории; такой, как у эрзя (эрзян), как в Мордовии. || *прил.* также **эрзя́нский**, -ая, -ое.

ЭРЗЯ́НЕ, -я́н, *ед.* -я́нин, -а, *м.* То же, что эрзя. || *ж.* **эрзя́нка**, -и. || *прил.* **эрзя́нский**, -ая, -ое.

ЭРЗЯ́НСКИЙ, -ая, -ое. **1.** *см.* эрзя *и* эрзяне. **2.** То же, что эрзя (во 2 знач.). *Э. язык* (эрзя-мордовский; финно-угорской семьи языков).

ЭРИТРОЦИ́ТЫ, -ов, *ед.* -и́т, -а, *м.* (спец.). Составная часть крови — красные клетки, содержащие гемоглобин. || *прил.* **эритроци́тный**, -ая, -ое *и* **эритроцита́рный**, -ая, -ое.

Э́РКЕР, -а, *м.* То же, что фонарь (во 2 знач.). || *прил.* **э́ркерный**, -ая, -ое.

ЭРО́ЗИЯ, -и, *ж.* (спец.). Полное или частичное разрушение, повреждение поверхности чего-н. *Защита берегов от ветровой и водной эрозии. Э. почвы. Э. металлов. Воспалительная э.* (слизистой оболочки, поверхности кожи). || *прил.* **эрозио́нный**, -ая, -ое *и* **эрози́йный**, -ая, -ое. *Эрозийный процесс. Эрозионная впадина* (образовавшаяся в результате эрозии).

ЭРОТИ́ЗМ, -а, *м.* (книжн.). Чрезмерная чувственность, повышенный интерес к половой жизни; проявление полового влечения. || *прил.* **эроти́ческий**, -ая, -ое.

ЭРО́ТИКА, -и, *ж.* (книжн.). Чувственность, обращённость к половой жизни, к изображению её. || *прил.* **эроти́ческий**, -ая, -ое.

ЭРОТИ́ЧЕСКИЙ, -ая, -ое (книжн.). **1.** *см.* эротизм *и* эротика. **2.** То же, что эротичный. *Эротические наклонности.*

ЭРОТИ́ЧНЫЙ, -ая, -ое; -чен, -чна (книжн.). Проникнутый эротизмом. || *сущ.* **эроти́чность**, -и, *ж.*

ЭРОТОМА́Н, -а, *м.* (книжн.). Человек, страдающий эротоманией. || *ж.* **эротома́нка**, -и. || *прил.* **эротома́нский**, -ая, -ое.

ЭРОТОМА́НИЯ, -и, *ж.* (книжн.). Болезненно повышенная сексуальность, половая возбудимость.

ЭРУДИ́РОВАННЫЙ, -ая, -ое; -ан, -анна (книжн.). Обладающий эрудицией. *Э. исследователь.* || *сущ.* **эруди́рованность**, -и, *ж.*

ЭРУДИ́Т, -а, *м.* (книжн.). Человек, обладающий большой эрудицией. || *ж.* **эруди́тка**, -и (разг.).

ЭРУДИ́ЦИЯ, -и, *ж.* (книжн.). Глубокие познания в какой-н. области. *Большая э.*

ЭСЕ́Р [*сэ*], -а, *м.* Сокращение: социалист-революционер. || *ж.* **эсе́рка**, -и. || *прил.* **эсе́ровский**, -ая, -ое.

ЭСКАВЭ́, *нескл., ж.* Сокращение: свободно конвертируемая валюта (СКВ). *Оплата в эскавэ.*

ЭСКА́ДРА, -ы, *ж.* Крупное соединение военных судов или самолётов. || *прил.* **эска́дренный**, -ая, -ое. *Э. миноносец* (боевой корабль).

ЭСКАДРИ́ЛЬЯ, -и, *род. мн.* -лий, *ж.* **1.** В военно-воздушном флоте: подразделение, входящее в состав авиационного полка и состоящее из нескольких звеньев (отрядов). *Э. бомбардировщиков.* **2.** В вооружённых силах нек-рых стран: ракетное (или зенитно-ракетное) подразделение. || *прил.* **эскадри́льный**, -ая, -ое.

ЭСКАДРО́Н, -а, *м.* В кавалерии: подразделение, соответствующее роте в пехоте. || *прил.* **эскадро́нный**, -ая, -ое. *Э. командир. Приказ эскадронного* (сущ.).

ЭСКАЛА́ТОР, -а, *м.* Вид подъёмника — движущаяся лестница. *Э. в метро. Подняться, спуститься по эскалатору* или *на эскалаторе.* || *прил.* **эскала́торный**, -ая, -ое.

ЭСКАЛА́ЦИЯ, -и, *ж.* (книжн.). Увеличение, рост, расширение. *Э. военных действий. Э. гонки вооружений.*

ЭСКА́РП, -а, *м.* (спец.). Противотанковое земляное заграждение — крутой срез на скате, на склоне высоты. || *прил.* **эска́рповый**, -ая, -ое *и* **эска́рпный**, -ая, -ое.

ЭСКИ́З, -а, *м.* Предварительный, неоконченный рисунок, набросок. *Выставка эскизов. Э. к картине. Э. декораций, костюмов* (рисунок, по к-рому будут выполнены декорации, костюмы). *Э. конструкции моста.* || *прил.* **эски́зный**, -ая, -ое.

ЭСКИ́ЗНЫЙ, -ая, -ое; -зен, -зна. **1.** *см.* эскиз. **2.** *перен.* Предварительный, неокончательный, сделанный в общих чертах. *Изобразить события эскизно* (нареч.). || *сущ.* **эски́зность**, -и, *ж.*

ЭСКИМО́. **1.** *нескл., ср.* Сливочное или молочное мороженое в шоколаде. *Порция э.* **2.** *неизм.* О мороженом: такого приготовления. *Мороженое э.*

ЭСКИМО́ССКИЙ, -ая, -ое. Относящийся к эскимосам, к их языку, национальному характеру, образу жизни, культуре, а также к территории их проживания, её внутреннему устройству, истории; такой, как у эскимосов. *Э. язык* (эскимосско-алеутской семьи языков). *Эскимосская собака* (порода). *По-эскимосски* (нареч.).

ЭСКИМО́СЫ, -ов, *ед.* -о́с, -а, *м.* Группа народов, живущих по полярному побережью Северной Америки, в Гренландии и на северо-восточной оконечности Азии. || *ж.* **эскимо́ска**, -и. || *прил.* **эскимо́сский**, -ая, -ое.

ЭСКО́РТ, -а, *м.* (спец.). Военный конвой, охрана, сопровождающие кого-что-н. *Морской, воздушный э. Почётный э.* || *прил.* **эско́ртный**, -ая, -ое. *Э. миноносец.*

ЭСКОРТИ́РОВАТЬ, -рую, -руешь; -анный; *сов. и несов., кого-что* (книжн.). Сопроводить (-вождать) эскортом. *Э. караван судов.* ‖ *сущ.* **эскорти́рование**, -я, *ср.*

ЭСКУ́ДО, *нескл., м.* Денежная единица в Португалии и в нек-рых других странах.

ЭСКУЛА́П, -а, *м.* (устар. и ирон.). Врач, лекарь [по имени бога врачевания в древнеримской мифологии]. *Уездный э.* ‖ *прил.* **эскула́пский**, -ая, -ое.

ЭСМИ́НЕЦ, -нца, *м.* Сокращение: эскадренный миноносец.

ЭСПАДРО́Н, -а, *м.* Спортивная сабля. ‖ *прил.* **эспадро́нный**, -ая, -ое.

ЭСПАНЬО́ЛКА [нье], -и, *ж.* Короткая и узкая остроконечная бородка.

ЭСПЕРАНТИ́СТ, -а, *м.* Специалист по эсперанто; человек, изучающий эсперанто. ‖ *ж.* **эсперанти́стка**, -и. ‖ *прил.* **эсперанти́стский**, -ая, -ое.

ЭСПЕРА́НТО, *нескл., м.* и ср. Международный язык, искусственно созданный на основе грамматических и лексических элементов западноевропейских языков. *Писать на э.*

ЭСПЛАНА́ДА, -ы, *ж.* (спец.). **1.** Широкая улица с аллеями. **2.** Незастроенное место между крепостью и городом (устар.). **3.** Площадь перед большим зданием.

ЭССЕ́ [сэ], *нескл., ср.* (спец.). Прозаическое сочинение небольшого объёма и свободной композиции на частную тему, трактуемую субъективно и обычно неполно. *Философское э. Литературно-критическое э.* ‖ *прил.* **эссеисти́ческий**, -ая, -ое.

ЭССЕИ́СТ [сэ], -а, *м.* Автор эссе.

ЭССЕ́НЦИЯ, -и, *ж.* Крепкий раствор летучих веществ. *Уксусная э. Цветочная э.*

ЭСТАКА́ДА, -ы, *ж.* **1.** Сооружение в виде моста для проведения одного пути над другим в месте их пересечения, для причала судов, а также вообще для создания дороги на нек-рой высоте. **2.** Подводное заграждение или опорное сооружение из свай (спец.). ‖ *прил.* **эстака́дный**, -ая, -ое. *Эстакадная железная дорога.*

ЭСТА́МП, -а, *м.* Картина — оттиск, снимок с гравюры. ‖ *прил.* **эста́мповый**, -ая, -ое *и* **эста́мпный**, -ая, -ое.

ЭСТАФЕ́ТА, -ы, *ж.* **1.** Почта, доставляемая конным нарочным (устар.). *Отправить эстафетой. Получена э.* **2.** Соревнования спортивных команд — бег, движение на дистанции, при к-ром на определённом этапе один спортсмен, сменяясь, передает другому условленный предмет. *Легкоатлетическая э. Лыжная э. Э. славы, подвига* (перен.: о славных традициях, передаваемых от одного поколения к другому; высок.). **3.** Предмет, передаваемый спортсменами друг другу при таком соревновании. ‖ *прил.* **эстафе́тный**, -ая, -ое (ко 2 и 3 знач.).

ЭСТЕ́Т [тэ], -а, *м.* **1.** Сторонник эстетизма (в 1 знач.) (книжн.). **2.** Поклонник всего изящного. ‖ *ж.* **эсте́тка**, -и. ‖ *прил.* **эсте́тский**, -ая, -ое.

ЭСТЕТИ́ЗМ [тэ], -а, *м.* **1.** Художественная манера, представляющая изображаемое в тонких и изысканных красках. *Э. любовной лирики.* **2.** Склонность к красоте, к эстетическому. *Утончённый э.*

ЭСТЕ́ТИК [тэ], -а, *м.* Специалист по эстетике.

ЭСТЕ́ТИКА [тэ], -и, *ж.* **1.** Философское учение о сущности и формах прекрасного в художественном творчестве, в природе и в жизни, об искусстве как особом виде общественной идеологии. *Курс эстетики.* **2.** Система чьих-н. взглядов на искусство. *Э. Чернышевского.* **3.** Красота, художественность в оформлении, организации чего-н. *Э. производства. Э. быта. Э. одежды. Техническая э.* (дизайн). ‖ *прил.* **эстети́ческий**, -ая, -ое. *Эстетические теории.*

ЭСТЕТИ́ЧЕСКИЙ [тэ], -ая, -ое. **1.** *см.* эстетика. **2.** Художественный, относящийся к чувству прекрасного, к красоте и её восприятию. *Эстетическое воспитание. Эстетическое удовольствие.*

ЭСТЕТИ́ЧНЫЙ [тэ], -ая, -ое; -чен, -чна. Изящный, красивый. ‖ *сущ.* **эстети́чность**, -и, *ж.*

ЭСТЕ́ТСТВО [тэ], -а, *ср.* (книжн. неодобр.). То же, что эстетизм (в 1 знач.); поведение и образ действий эстета (в 1 знач.).

ЭСТО́НСКИЙ, -ая, -ое. **1.** *см.* эстонцы. **2.** Относящийся к эстонцам, к их языку, национальному характеру, образу жизни, культуре, а также к Эстонии, её территории, внутреннему устройству, истории; такой, как у эстонцев, как в Эстонии. *Э. язык* (финно-угорской семьи языков). *Эстонская крона* (денежная единица). *По-эстонски* (нареч.).

ЭСТО́НЦЫ, -ев, *ед.* -нец, -нца, *м.* Народ, составляющий основное коренное население Эстонии. ‖ *ж.* **эсто́нка**, -и. ‖ *прил.* **эсто́нский**, -ая, -ое.

ЭСТРА́ДА, -ы, *ж.* **1.** Возвышение для исполнителей (оркестра, чтеца), выступающих перед публикой. *Выйти на эстраду.* **2.** Вид исполнительского искусства — представление на сцене небольших драматических, музыкальных, хореографических, цирковых номеров, обычно сопровождаемое конферансом. *Театр эстрады. Артист эстрады.* ‖ *прил.* **эстра́дный**, -ая, -ое. *Эстрадные жанры. Э. концерт.*

ЭСТРА́ДНИК, -а, *м.* (разг.). Артист эстрады. ‖ *ж.* **эстра́дница**, -ы.

ЭСЭ́СОВЕЦ, -вца, *м.* В фашистской Германии: нацист, член охранных отрядов национал-социалистической партии, а также военнослужащий особых частей СС. ‖ *ж.* **эсэ́совка**, -и. ‖ *прил.* **эсэ́совский**, -ая, -ое.

ЭТА́Ж, -а́, *м.* Часть здания — ряд помещений, расположенных на одном уровне. *Дом в два этажа. Верхний э. Подвальный э.* ✦ **В два (в три, четыре и т. д.) этажа или в несколько этажей** — одно над другим, ярусами (в 1 знач.). *Доски уложены в два этажа.* ‖ *прил.* **эта́жный**, -ая, -ое.

ЭТАЖЕ́РКА, -и, *ж.* **1.** Предмет мебели в виде полочек, укреплённых на стойках друг над другом. *Э. с книгами.* **2.** *перен.* Небольшой биплан простой конструкции с двумя плоскостями, расположенными одна над другой (разг.). *Летать на этажерке.* ‖ *прил.* **этаже́рочный**, -ая, -ое (к 1 знач.).

ЭТА́ЖНОСТЬ, -и, *ж.* (спец.). Количество этажей в здании. *Здания повышенной этажности.*

Э́ТАК (разг.). **1.** *мест. нареч.* То же, что так (в 1 знач.). *Э. ничего не получится. Пробовал и так и э.* (по-всякому). **2.** *вводн. сл.* Примерно, приблизительно. *Километров, э., двадцать или тридцать.*

Э́ТАКИЙ, -ая, -ое, *мест. указат.* и *определит.* (разг.). То же, что такой (в 1 и 2 знач.). *Этакого чудака не встречал. Э. красавец.*

ЭТАЛО́Н, -а, *м.* **1.** Точный образец установленной единицы измерения, сама такая точная мера. *Метр-э. Международный э. единицы массы. Радиотехнический э.* **2.** *перен.* Мерило, образец. *Э. красоты. Э. поведения.* ‖ *прил.* **этало́нный**, -ая, -ое (к 1 знач.). *Эталонное время.*

ЭТА́П, -а, *м.* **1.** Отдельный момент, стадия какого-н. процесса. *Новый э. развития.* **2.** Пункт на пути следования войск, в к-ром предоставляется ночлег, продовольствие, фураж. **3.** Пункт для ночлега в пути партий арестантов; путь следования арестантов, ссыльных, а также сама такая партия. **4.** Отдельная часть пути, а также (спец.) отрезок дистанции в спортивных соревнованиях. *Последний э. эстафеты.* ✦ **По этапу или этапом** — под конвоем (о способе пересылки арестантов, ссыльных). **Пройденный этап** — о том, что сделано, осталось позади. ‖ *прил.* **эта́пный**, -ая, -ое.

Э́ТИКА, -и, *ж.* **1.** Философское учение о морали, её развитии, принципах, нормах и роли в обществе. **2.** Совокупность норм поведения (обычно применительно к какой-н. общественной группе). *Парламентская э. Врачебная э. Э. учёного.* ‖ *прил.* **эти́ческий**, -ая, -ое. *Этические нормы.*

ЭТИКЕ́Т, -а, *м.* Установленный, принятый порядок поведения, форм обхождения. *Дипломатический э. Речевой э.* ‖ *прил.* **этике́тный**, -ая, -ое.

ЭТИКЕ́ТКА, -и, *ж.* Ярлычок с фабричным, торговым клеймом, надписью. *Э. на бутылке.* ‖ *прил.* **этике́точный**, -ая, -ое.

ЭТИ́Л, -а, *м.* Входящий в состав многих органических соединений радикал² (во 2 знач.) — группа из пяти атомов водорода и двух атомов углерода. ‖ *прил.* **эти́ловый**, -ая, -ое. *Э. спирт.*

ЭТИЛЕ́Н, -а, *м.* Бесцветный газ — один из основных продуктов нефтехимической промышленности. ‖ *прил.* **этиле́новый**, -ая, -ое.

ЭТИМОЛО́ГИЯ, -и, *ж.* **1.** Раздел языкознания, изучающий происхождение слов. **2.** Происхождение того или иного слова или выражения. *Установить этимологию слова.* ✦ **Народная этимология** (спец.) — переделка заимствованного слова по образцу близкого по звучанию слова родного языка на основе ассоциации значений (напр. у Лескова: *мелкоскоп* вместо *микроскоп*). ‖ *прил.* **этимологи́ческий**, -ая, -ое. *Э. словарь.*

ЭТИМО́Н, -а, *м.* В языкознании: восстанавливаемые изначальные формы и значение исходного слова или вообще языковой единицы, от к-рых произошло слово данного языка.

ЭТИ́ЧНЫЙ, -ая, -ое; -чен, -чна. Соответствующий правилам этики (во 2 знач.). *Э. поступок. Этично* (нареч.) *вести себя.* ‖ *сущ.* **эти́чность**, -и, *ж.*

ЭТНИ́ЧЕСКИЙ, -ая, -ое. Относящийся к происхождению какого-н. народа (народности, племени), исторически сложившейся общности людей. *Э. состав населения. Этническая группа.*

ЭТНО... *Первая часть сложных слов со знач.* относящийся к народу, напр. *этногеография, этнодемография, этнокультуроведческий, этнолингвистика, этномузыковедение, этнопсихология, этносоциология, этноязыковой.*

ЭТНОГЕНЕ́З, -а, *м.* (спец.). Происхождение народов. *Э. славян.* ‖ *прил.* **этногенети́ческий**, -ая, -ое.

ЭТНО́ГРАФ, -а, *м.* Специалист по этнографии.

ЭТНОГРА́ФИЯ, -и, *ж.* **1.** Наука, изучающая этногенез, материальную и духовную культуру, особенности быта какого-н. народа (народов). **2.** Особенности быта, нравов, культуры какого-н. народа. *Э. края.* ‖ *прил.* **этнографи́ческий**, -ая, -ое.

Э́ТНОС, -а, *м.* (спец.). Исторически сложившаяся этническая общность — племя, народность, нация.

Э́ТО. 1. *частица.* Сосредотачивает внимание на том, что является главным в сообщении (обычно в вопросе с оттенком недовольства) (разг.). *Кто э. пришёл? Э. куда же ты отправляешься? Э. учиться-то неинтересно?* **2.** Связка при сказуемом, выраженном именем, инфинитивом или предикативным наречием. *Жизнь — э. счастье. Любить — э. прощать. Спорить — э. интересно.*

ЭТО́ЛОГ, -а, *м.* Специалист по этологии.

ЭТОЛО́ГИЯ, -и, *ж.* Наука о поведении животных в естественных условиях. ‖ *прил.* **этологи́ческий**, -ая, -ое.

Э́ТОТ, э́та, э́то. **1.** *мест. указат.* Указывает на что-н. близкое в пространстве или во времени, а также на кого-что-н., только что упомянутое. *Это дело трудное. Э. или тот дом? На этом берегу.* **2.** *мест. указат.* Со словами «самый», «именно», «же» и без них: именно такой, данный, соответствующий чему-н., не другой. *Нужен э. самый человек* (именно этот). *Снова эта же проблема. Сел не в э. вагон* (не в тот, к-рый был нужен). **3.** *мест. указат.* Указывает на предмет, не упомянутый предварительно, но уже известный, определённый. *Уж эти мне капризы! Ох эти модницы!* **4. э́то**, э́того, *ср.* Указывает на предмет речи или предмет (лицо), находящийся перед говорящими. *Это был незнакомец. Как всё это случилось?* ✦ **Не до этого** (разг.) — то же, что не до того (см. тот). **При этом (и при этом)**, *союз* — вместе с тем, в то же самое время, и притом. *Талантлив и при этом скромен.*

ЭТРУ́СКИ, -ов, *ед.* -у́ск, -а, *м.* Группа древних племён, в 1 тысячелетии до н. э. населявших северо-западные территории современной Италии и создавших высокую культуру. ‖ *ж.* **этру́ска**, -и. ‖ *прил.* **этру́сский**, -ая, -ое.

ЭТРУ́ССКИЙ, -ая, -ое. **1.** *см.* этруски. **2.** Относящийся к этрускам, к их языку, образу жизни, культуре, а также к территории их проживания, её внутреннему устройству, истории; такой, как у этрусков. *Э. язык (входящий в группу средиземноморских языков — древних неиндоевропейских языков Южной Европы и островов Средиземного моря).Этрусское искусство. Этрусские вазы, амфоры* (керамические сосуды, имитирующие изделия из металла).

ЭТЮ́Д, -а, *м.* **1.** Рисунок, картина или скульптура, выполненные с натуры, обычно часть будущего большого произведения. *Э. к картине.* **2.** Небольшое по объёму произведение (научное, критическое), посвящённое частному вопросу. *Литературный э.* **3.** Музыкальное произведение виртуозного характера. *Этюды Рахманинова.* **4.** Вид упражнения (в музыке, шахматной игре). *Этюды для начинающих. Решить шахматный э.* **5.** *мн.* Рисование, писание красками с натуры для упражнения, заготовки эскизов. *Отправиться на этюды.* ‖ *прил.* **этю́дный**, -ая, -ое (к 1, 3, 4 и 5 знач.).

ЭТЮ́ДНИК, -а, *м.* Специальный плоский ящик с принадлежностями для живописи, рисования и местом для помещения этюда.

ЭФЕМЕ́РНЫЙ, -ая, -ое; -рен, -рна (книжн.). **1.** Скоропреходящий, непрочный. *Эфемерные радости.* **2.** Мнимый, призрачный, нереальный. *Эфемерная мечта.* ‖ *сущ.* **эфеме́рность**, -и, *ж.*

ЭФЕ́С, -а, *м.* Рукоятка холодного оружия (сабли, шашки, шпаги) вместе с примыкающей к ней частью клинка. ‖ *прил.* **эфе́сный**, -ая, -ое.

ЭФИО́ПСКИЙ, -ая, -ое. **1.** *см.* эфиопы. **2.** Относящийся к эфиопам, к их языкам, национальному характеру, образу жизни, культуре, а также к Эфиопии, её территории, внутреннему устройству, истории; такой, как у эфиопов, как в Эфиопии. *Э. язык*(мёртвый язык, сохранившийся как культовый язык нек-рых христианских сект).

ЭФИО́ПЫ, -ов, *ед.* -о́п, -а, *м.* Общее название населения Эфиопии. ‖ *ж.* **эфио́пка**, -и. ‖ *прил.* **эфио́пский**, -ая, -ое.

ЭФИ́Р, -а, *м.* **1.** Органическое соединение, содержащее кислород. *Простые, сложные эфиры. Этиловый э.* (бесцветная летучая жидкость с характерным запахом, употр. в медицине, в технике). **2.** В старых теориях физики: особая сплошная среда, заполняющая мировое пространство. **3.** Воздушное пространство, воздушная высь (устар. высок.). **4.** Воздушное пространство как распространитель радиоволн. *В эфире звучит музыка. Выйти в э.* (начать передавать что-н. по радио). *Прямой э.* (радио- или телепередача без предварительной записи). ‖ *прил.* **эфи́рный**, -ая, -ое. *Эфирные масла. Эфирное время.*

ЭФИ́РНЫЙ, -ая, -ое; -рен, -рна. **1.** *см.* эфир. **2.** *перен.* Бесплотный, воздушный, неземной (ирон.). *Эфирное создание.* ‖ *сущ.* **эфи́рность**, -и, *ж.*

ЭФИРОНО́С, -а, *м.* Эфироносное растение.

ЭФИРОНО́СНЫЙ, -ая, -ое; -сен, -сна. Содержащий эфирные масла. *Эфироносные растения.* ‖ *сущ.* **эфироно́сность**, -и, *ж.*

ЭФФЕ́КТ, -а, *м.* **1.** Впечатление, производимое кем-чем-н. на кого-н. *Произвести э.* **2.** Действие как результат чего-н., следствие чего-н. *Лекарство не дало желаемого эффекта. Экономический э.* **3.** Средство, с помощью к-рого создается какое-н. впечатление. *Шумовые, световые эффекты в театре.*

ЭФФЕКТИ́ВНЫЙ, -ая, -ое; -вен, -вна. Дающий эффект (во 2 знач.), действенный. *Э. способ.* ‖ *сущ.* **эффекти́вность**, -и, *ж.*

ЭФФЕ́КТНЫЙ, -ая, -ое; -тен, -тна. Производящий эффект (в 1 знач.), впечатляющий. *Э. костюм. Эффектное зрелище.* ‖ *сущ.* **эффе́ктность**, -и, *ж.*

ЭХ, *межд.* (разг.). **1.** Выражает сожаление, упрёк, озабоченность. *Эх ты, разиня!* **2.** Усиливает слово, к к-рому примыкает — одно или вместе с местоименными словами «как», «какой». *Эх побежали! Эх и песня! Эх как ты вымок!*

ЭХ-МА, *межд.* Выражает сожаление, удивление, решимость и другие подобные чувства.

Э́ХО, -а, *ср.* **1.** Отражение звука от предметов, отзвук. *Лесное э. Как э. повторять что-н.* (точно и бездумно). *Э. минувших событий* (перен.: отголосок). **2.** Электромагнитная волна, отражённая от какого-н. препятствия и принятая специальным прибором (спец.).

ЭХО... *Первая часть сложных слов со знач.* относящийся к эху (во 2 знач.), напр. *эховолна, эходальномер, эхозапись, эхокардиограмма, эхолокатор, эхолокация, эхолокационный, эхолот, эхопеленг, эхорезонатор, эхосигнал.*

ЭХОЛО́Т, -а, *м.* Прибор для измерения глубины воды электроакустическим способом. ‖ *прил.* **эхоло́тный**, -ая, -ое. *Э. промер морского дна.*

ЭШАФО́Т, -а, *м.* Помост для казни. *Взойти на э.* (также перен.: принести себя, свою жизнь в жертву чему-н.; высок.). ‖ *прил.* **эшафо́тный**, -ая, -ое.

ЭШЕЛО́Н, -а, *м.* **1.** Боевое, оперативное построение (прежде расположение войск в глубину или уступами) (спец.). **2.** Поезд (а также другой вид транспорта) специального назначения для массовых перевозок. *Воинский э. Наземный, лётный э. Начальник эшелона.* ✦ **Эшелоны власти** — правящие органы, лица, непосредственно стоящие у власти (книжн.). ‖ *прил.* **эшело́нный**, -ая, -ое.

ЭШЕЛОНИ́РОВАТЬ, -рую, -руешь; -анный; *сов. и несов., что* (спец.). Расположить (-лагать) эшелонами (в 1 знач.). *Э. оборону* (построить в глубину). *Глубоко эшелонированный фронт.* ‖ *сущ.* **эшелони́рование**, -я, *ср.*

Ю

ЮА́НЬ, -я, *м.* Денежная единица в Китае.

ЮБИЛЕ́Й, -я, *м.* **1.** Годовщина чьей-н. жизни, деятельности, существования когочего-н. (обычно о круглой дате). *Двухсотлетний ю. университета.* **2.** Празднование по этому случаю. *Приглашён на ю.* ‖ *прил.* **юбиле́йный**, -ая, -ое. *Юбилейная медаль. Юбилейное издание. Юбилейные речи* (произносимые в честь юбиляра).

ЮБИЛЯ́Р, -а, *м.* Тот, чей юбилей отмечается, празднуется. *Профессор-ю. Завод-ю. Поздравления юбиляру.* ‖ *ж.* **юбиля́рша**, -и (разг.).

Ю́БКА, -и, *ж.* **1.** Женская одежда от талии книзу, а также соответствующая часть платья. *Узкая, широкая ю. Ю. в складку. Ю. клёш. Ю. мини, макси, миди. Нижняя ю.* (предмет белья). *Держится за чью-н. юбку кто-н.* (также перен., о мужчине: совершенно несамостоятелен, полностью подчинился женщине; разг. неодобр.). **2.** *перен.* В нек-рых выражениях: о женщине как предмете ухаживания (разг. пренебр.). *За каждой юбкой бегает.* ‖ *уменьш.* **ю́бочка**, -и, *ж.* (к 1 знач.). ‖ *унич.* **юбчо́нка**, -и, *ж.* (к 1 знач.). ‖ *прил.* **ю́бочный**, -ая, -ое (к 1 знач.).

Ю́БОЧНИК, -а, *м.* (прост. неодобр.). То же, что волокита[2].

ЮВЕЛИ́Р, -а, *м.* Мастер, изготовляющий ювелирные изделия, а также продавец таких изделий. *Ю.-гравёр.*

ЮВЕЛИ́РНЫЙ, -ая, -ое; -рен, -рна. **1.** *полн. ф.* Относящийся к изделиям из драгоценных металлов и камней, к работе ювелира. *Ю. магазин. Ювелирные изделия. Ювелирное искусство.* **2.** *перен.* С тщательной, тонкой отделкой. *Ювелирная работа. Ювелирное исполнение.* ✦ **Ювелирная промышленность** — добыча и обработка драгоценных (кроме алмазов) и полудрагоценных камней, самоцветов, янтаря, производство ювелирных изделий. ‖ *сущ.* **ювели́рность**, -и, *ж.* (ко 2 знач.).

ЮГ, -а, *м.* **1.** Одна из четырех стран света и направление, противоположные северу. *Окна выходят на юг. Подъехать к городу с юга.* **2.** Местность, лежащая в этом направлении. *На юге России.* **3.** Местность с тёплым, жарким климатом, тёплые края. *Жители юга. Отдыхать на юге.* ‖ *прил.* **ю́жный**, -ая, -ое. *Ю. край. Ю. темперамент* (свойственный южанам).

Ю´ГО-ВОСТО´К, -а, *м.* Направление между югом и востоком. || *прил.* **ю́го-восто́чный**, -ая, -ое.

Ю´ГО-ЗА´ПАД, -а, *м.* Направление между югом и западом. || *прил.* **ю́го-за́падный**, -ая, -ое.

ЮГОСЛА´ВЫ, -ов, *ед.* а́в, -а, *м.* Население Югославии. || *ж.* **югосла́вка**, -и. || *прил.* **югосла́вский**, -ая, -ое.

ЮДО´ЛЬ, -и, *ж.* **1.** Долина, лог (стар.). **2.** В нек-рых выражениях: место, где страдают и мучаются, а также вообще о жизни с её заботами и печалями (устар. книжн.). *Ю. плача. Ю. печали. Ю. слёз. Земная ю.*

ЮДОФО´Б, -а, *м.* (устар.). То же, что антисемит. || *ж.* **юдофо́бка**, -и. || *прил.* **юдофо́бский**, -ая, -ое.

ЮЖА´НИН, -а, *м.* Уроженец или житель юга. *Темперамент южанина* (пылкий, легковозбудимый). || *ж.* **южа́нка**, -и.

ЮЖНОАМЕРИКА´НСКИЙ, -ая, -ое. **1.** *см.* южноамериканцы. **2.** Относящийся к народам Южной Америки, к их языкам, образу жизни, культуре, а также к странам Южной Америки, их территории, внутреннему устройству, истории; флоре и фауне; такой, как у южноамериканцев как в Южной Америке. *Южноамериканские государства. Южноамериканские индейцы. Южноамериканские каучуконосы.*

ЮЖНОАМЕРИКА´НЦЫ, -ев, *ед.* -а́нец, -нца, *м.* Население Южной Америки. || *ж.* **южноамерика́нка**, -и. || *прил.* **южноамерика́нский**, -ая, -ое.

ЮЗ, -а, *м.* Скольжение колёс, переставших вращаться. *Машина пошла юзом. Ю. на мостовой во время осеннего листопада.*

Ю´КОЛА, -ы, *ж.* На Севере и Дальнем Востоке: вяленая рыба. *Кормить ездовых собак юколой.*

ЮЛА´, -ы́. **1.** *ж.* То же, что волчок[1]. **2.** *перен., м. и ж.* Вертлявый, суетливый человек (обычно о ребёнке) (разг.). *Этот ю. минуты на месте не посидит.*

ЮЛИ´ТЬ, юлю́, юли́шь; *несов.* (разг.). **1.** Суетливо вертеться. *Сиди спокойно, не юли.* **2.** *перен., перед кем.* Заискивать, лебезить. **3.** Хитрить, изворачиваться. *Не юли, говори правду.*

Ю´МОР, -а, *м.* **1.** Понимание комического, умение видеть и показывать смешное, снисходительно-насмешливое отношение к чему-н. *Чувство юмора. Рассказывать о чём-н. с юмором.* **2.** В искусстве: изображение чего-н. в смешном, комическом виде. *Ю. и сатира. Отдел юмора в газете.* **3.** Насмешливая и шутливая речь. *Тонкий ю. Грубый, неуместный ю.* || *прил.* **юмористи́ческий**, -ая, -ое.

ЮМОРЕ´СКА, -и, *ж.* Небольшое юмористическое литературное или музыкальное произведение. *Прозаическая ю. Ю. в стихах.*

ЮМОРИ´СТ, -а, *м.* **1.** Автор юмористических произведений. **2.** Человек, ко всему относящийся с юмором. || *ж.* **юмори́стка**, -и. || *прил.* **юмори́стский**, -ая, -ое.

ЮМОРИ´СТИКА, -и, *ж.* **1.** Особый вид произведений, представляющих изображаемое в комическом виде и вместе с тем сочувственно, с юмором. *Журнальная ю.* **2.** Нечто смешное, комическое (разг.). || *прил.* **юмористи́ческий**, -ая, -ое. *Юмористические рассказы. Ю. журнал.*

ЮМОРИСТИ´ЧЕСКИЙ, -ая, -ое. **1.** *см.* юмор и юмористика. **2.** То же, что юмористичный.

ЮМОРИСТИ´ЧНЫЙ, -ая, -ое; -чен, -чна. Содержащий в себе юмор, исполненный юмора. || *сущ.* **юмористи́чность**, -и, *ж.*

ЮН... *Первая часть сложных слов со знач.:* 1) юный (в 1 знач.), напр. *юнармеец, юнкор* (юный корреспондент), *юннат* (юный натуралист); 2) юношеский, напр. *юндвижение, юнсекция* (спортивная).

Ю´НГА, -и, *м.* **1.** Подросток, обучающийся морскому делу, готовящийся стать матросом (в старом флоте — подросток, обучающийся матросскому делу на судне); в нек-рых иностранных флотах: младший матрос. *Плавать юнгой на корабле. Школа юнг* (в советском ВМФ в 1941—1943 гг. до создания нахимовских училищ). **2.** Член клуба юных моряков.

ЮНЕ´Ц, юнца́, *м.* Юноша, мальчик. *Безусые юнцы* (ирон.).

ЮНИО´Р, -а, *м.* Спортсмен-юноша, участник соревнований в своей возрастной группе. *Финальные заплывы юниоров.* || *ж.* **юнио́рка**, -и. || *прил.* **юнио́рский**, -ая, -ое.

Ю´НКЕР[1], *мн.* -а́, -о́в *и* -ы, -ов, *м.* В дореволюционной России: воспитанник военного училища. || *прил.* **ю́нкерский**, -ая, -ое. *Юнкерское училище.*

Ю´НКЕР[2], -а, *мн.* -ы, -ов, *м.* В феодальной и капиталистической Германии: крупный землевладелец-дворянин. || *прил.* **ю́нкерский**, -ая, -ое. *Юнкерское землевладение.*

ЮННА´Т, -а, *м.* Сокращение: юный натуралист — участник кружка по изучению природы. || *ж.* **юнна́тка**, -и. || *прил.* **юнна́тский**, -ая, -ое. *Юннатская работа.*

Ю´НОСТЬ, -и, *ж.* **1.** *см.* юный. **2.** Возраст, промежуточный между отрочеством и зрелостью; период жизни в таком возрасте. *Счастливая ю. В дни юности.* **3.** *перен., собир.* О юном поколении, о молодёжи (высок.). *Ю. мира против войны.*

Ю´НОША, -и, *род. мн.* -ей, *м.* Мужчина в возрасте, переходном от отрочества к зрелости. || *прил.* **ю́ношеский**, -ая, -ое.

Ю´НОШЕСТВО, -а, *ср.* **1.** То же, что юность (во 2 знач.). *Пора юношества.* **2.** *собир.* Юноши и девушки; молодёжь. *Журнал для юношества.* || *прил.* **ю́ношеский**, -ая, -ое.

Ю´НЫЙ, -ая, -ое; юн, юна́, ю́но. **1.** Не достигший зрелого возраста. *Ю. возраст. Юные годы. Ю. натуралист* (юннат). **2.** Свойственный молодости, молодым. *Юные силы.* || *сущ.* **ю́ность**, -и, *ж.*

ЮПИ´ТЕР, -а, *м.* Мощный электрический осветительный прибор. *Киносъёмка при юпитерах.*

ЮР: **на юру́** или **на самом юру́** (разг.): 1) на открытом возвышенном месте. *Дом стоит на юру;* 2) на виду у всех, где все проходят. *Уселся на самом юру.*

ЮРИДИ´ЧЕСКИЙ, -ая, -ое. **1.** Относящийся к праву[1] (в 1 знач.), правовой. *Юридические науки. Юридическое лицо* (самостоятельная организация, обладающая имущественными и другими гражданскими правами и обязанностями; спец.). *Юридическая консультация* (учреждение, оказывающее юридическую помощь населению). **2.** Относящийся к работе юриста, юристов. *Юридическая практика.*

ЮРИСДИ´КЦИЯ, -и, *ж.* (спец.). Правомочие производить суд, решать правовые вопросы. *Обладать юрисдикцией. Подлежать чьей-н. юрисдикции. Перейти под чью-н. юрисдикцию.*

ЮРИСКО´НСУЛЬТ, -а, *м.* Должностное лицо, юрист, ведающий разрешением правовых вопросов в учреждении и выступающий как защитник его интересов. *Ю. издательства.* || *прил.* **юриско́нсультский**, -ая, -ое.

ЮРИСПРУДЕ´НЦИЯ, -и, *ж.* (книжн.). Совокупность юридических наук, а также практическая деятельность юристов. *Заниматься юриспруденцией.*

ЮРИ´СТ, -а, *м.* Специалист по юридическим наукам, юридическим вопросам. *Учёный-ю. Консультироваться у юриста.* || *ж.* **юри́стка**, -и (разг.).

ЮРК, *в знач. сказ.* (разг.). Юркнул. *Ю. в норку.*

Ю´РКИЙ, -ая, -ое; ю́рок, юрка́, ю́рко; ю́рче. Быстрый, увёртливый. *Юркое движение. Ю. парнишка. Юркая рыбка.* || *сущ.* **ю́ркость**, -и, *ж.*

Ю´РКНУТЬ, -ну, -нешь и **ЮРКНУ´ТЬ**, -ну́, -нёшь; *сов.* Юрким движением скрыться куда-н., скользнуть (во 2 знач.). *Мышь юркнула в щель.* || *несов.* **ю́ркать**, -аю, -аешь.

ЮРО´ДИВЫЙ, -ая, -ое. **1.** Чудаковатый, помешанный (разг.). **2.** **юро́дивый**, -ого, *м.* Безумец, обладающий даром прорицания. || *ж.* **юро́дивая**, -ой (ко 2 знач.).

ЮРО´ДСТВО, -а, *ср.* **1.** *см.* юродствовать. **2.** Бессмысленный, нелепый поступок. *Совершать юродства.*

ЮРО´ДСТВОВАТЬ, -твую, -твуешь; *несов.* (неодобр.). Вести себя подобно юродивому (в 1 знач.). || *сущ.* **юро́дство**, -а, *ср.*

ЮРО´К, -рка́, *м.* Небольшая таёжная певчая птица, внешне сходная с зябликом, род вьюрка. || *прил.* **юрко́вый**, -ая, -ое.

Ю´РТА, -ы, *ж.* У нек-рых кочевых народов Азии и Южной Сибири: переносное, конусообразной формы жилище, крытое кошмами, звериными шкурами. || *прил.* **ю́ртовый**, -ая, -ое.

Ю´РЬЕВ, -а: **Юрьев день** — в старое время на Руси: осенний праздник святого Георгия (Юрия), в день к-рого крепостным разрешалось переходить от одного помещика к другому, — право, отменённое в конце 16 в.; теперь (разг. шутл.) — о коротком периоде полного освобождения от всяких обязательств; **вот тебе, бабушка, и Юрьев день!** (разг. шутл.) — возглас по поводу какой-н. неприятной неожиданности.

ЮС, -а, *мн.* ю́сы, -ов *и* юсы́, -о́в, *м.* Название двух букв древней славянской азбуки, обозначавших в старославянском языке носовые гласные звуки. *Юс большой* (Ѫ), обозначение «о» носового). *Юс малый* (Ѧ), обозначение «е» носового).

ЮСТИ´ЦИЯ, -и, *ж.* Сфера деятельности судебных учреждений. *Министерство юстиции. Административная ю.* (органы, осуществляющие контроль за соблюдением законности в сфере государственного управления).

ЮТИ´ТЬСЯ, ючу́сь, юти́шься; *несов.* **1.** Помещаться на небольшом пространстве (о чём-н. небольшом). *Сакли ютятся в ущелье.* **2.** Иметь пристанище (где-н. в тесном, небольшом помещении). *Ю. у знакомых. Ю. по чужим углам.* **3.** Располагаться, теснясь, близко друг к другу. *Ю. вокруг очага.*

ЮФТЬ, -и, *ж.* Сорт прочной толстой кожи. || *прил.* **ю́фтевый**, -ая, -ое *и* **юфтяно́й**, -а́я, -о́е.

Я

Я, меня́, мне, меня́, мно́й(-ю), обо мне, *мест. личн. 1 л. ед. ч.* **1.** Служит для обозначения говорящим самого себя. *Я мыслю, следовательно, существую. Если не я, то кто же.*

(говорится в знач. это мой долг, я должен действовать; высок.). *Я не я, и лошадь не моя* (посл.: ничего не знаю, ни к чему не причастен). **2.** *нескл., ср.* Индивидуум как личность, осознающая самоё себя (книжн. и спец.). *Углублённость в собственное «я». Он моё второе «я». Кроме собственного «я» ничем не интересуется. Расстройства «я»* (общее название нек-рых психических заболеваний, связанных с нарушением самосознания). ◆ **Я́ тебе (вам, им)!** или **я́ тебя (его, вас, их)!** (разг.) — выражение угрозы. **Не я буду, если...** (разг.) — употр. в контекстах с противопоставительным значением для выражения твёрдой уверенности или решительности намерения. *Не я буду, если не сдержу своего слова.*

ЯБЕ́ДА, -ы (разг.). **1.** *ж.* Мелкий донос, клевета [*первонач.* письменный донос]. *Заниматься ябедами.* **2.** *м.* и *ж.* То же, что ябедник (в 1 знач.). ‖ *прил.* **я́бедный**, -ая, -ое (к 1 знач.).

ЯБЕ́ДНИК, -а, *м.* **1.** Человек, к-рый ябедничает, наушничает (разг.). **2.** Человек, к-рый занимается сутяжничеством, кляузами (устар.). ‖ *ж.* **я́бедница**, -ы (к 1 знач.). ‖ *прил.* **ябеднический**, -ая, -ое.

ЯБЕ́ДНИЧАТЬ, -аю, -аешь; *несов., на кого (что)* (разг.). Заниматься ябедами (в 1 знач.), наушничать. ‖ *сов.* **ная́бедничать**, -аю, -аешь. ‖ *сущ.* **я́бедничанье**, -я, *ср.* и **я́бедничество**, -а, *ср.* ‖ *прил.* **я́беднический**, -ая, -ое.

Я́БЛОКО, -а, *мн.* я́блоки, я́блок, *ср.* Плод яблони. *Антоновские, анисовые, коричные яблоки. Летние сорта яблок. Сушёные, мочёные, печёные яблоки. Компот из яблок. Я. от яблони недалеко падает* (посл. о том, кто унаследовал плохое, неблаговидное поведение от отца, матери). ◆ **Яблоку негде упасть** (разг.) — о большой тесноте. *Народу в вагоне — яблоку негде упасть!* **В яблоках** — с тёмными круглыми пятнами на шерсти (о масти животных). *Серый в яблоках конь.* **Глазное яблоко** — шарообразное тело глаза. **Яблоко раздора** (книжн.) — то, что порождает ссору, раздор [по древнегреческому мифу о богине раздора Эриде, подбросившей гостям золотое яблоко с надписью «прекраснейшей» и о споре, возникшем из-за этого между богинями Герой, Афиной и Афродитой]. ‖ *уменьш.* **я́блочко**, -а, *ср.* ‖ *прил.* **я́блочный**, -ая, -ое. *Яблочное варенье. Я. пирог* (с яблоками).

Я́БЛОНЯ, -и, *ж.* Фруктовое дерево сем. розоцветных с шаровидными сладкими или кисло-сладкими плодами. *Садовая, дикая* (лесная) *я. Цветущая я.* (осыпанная бело-розовыми пахучими цветками). ‖ *уменьш.* **я́блонька**, -и, *ж.* ‖ *прил.* **я́блоневый**, -ая, -ое и **я́блонный**, -ая, -ое. *Я. цвет. Яблонная тля* (вредитель).

Я́БЛОЧКО, -а, *ср.* **1.** *см.* яблоко. **2.** Центр мишени (в 1 знач.) в виде чёрного кружка. *Попасть в я.* (также перен.: точно, правильно угадать, сказать; разг.). **3.** Название матросской песни, а также танца в ритме этой песни.

ЯВИ́ТЬ, явлю́, я́вишь; я́вленный; *сов., кого-что* (высок.). Обнаружить, показать. *Я. собой образец мужества. Я. пример патриотизма. Я. себя героем.* ‖ *несов.* **явля́ть**, -я́ю, -я́ешь.

ЯВИ́ТЬСЯ, явлю́сь, я́вишься; *сов.* **1.** Возникнуть, начаться, начать существовать. *Явились новые друзья. Явилась мысль.* **2.** Прибыть, прийти куда-н. *Домой явился только вечером. Наконец-то ты явился: где пропадал?* **3.** Прийти куда-н. по вызову, по какой-н. официальной надобности. *Я. на приём, в суд. По вашему приказанию явился.* **4.** Стать, оказаться. *Простуда явилась причиной болезни.* ◆ **Явиться взору** (книжн.) — возникнуть перед глазами. **Явился не запылился!** (разг. шутл.) — пришёл, явился неожиданно или наконец-то. ‖ *несов.* **явля́ться**, -я́юсь, -я́ешься. ‖ *сущ.* **я́вка**, -и, *ж.* (к 3 знач.) и **явле́ние**, -я, *ср.* (к 1 и 2 знач.; книжн.). *Явка с повинной* (спец.).

Я́ВКА, -и, *ж.* **1.** *см.* явиться. **2.** Место, где происходят конспиративные встречи, а также сама такая встреча или условный знак при такой встрече. *Знать явку. Дать кому-н. явку.*

ЯВЛЕ́НИЕ, -я, *ср.* **1.** *см.* явиться. **2.** В философии: проявление, выражение сущности, то, в чём она обнаруживается. *Я. и сущность.* **3.** Вообще всякое обнаруживаемое проявление чего-н. *Физическое я. Явления природы. Социальные явления.* **4.** Событие, случай. *Странное, загадочное я.* **5.** В пьесе: часть акта, в к-рой состав действующих лиц не меняется.

ЯВЛЯ́ТЬ *см.* явить.

ЯВЛЯ́ТЬСЯ, -я́юсь, -я́ешься; *несов.* **1.** *см.* явиться. **2.** *связка, кем-чем.* То же, что есть[2] (в 1 знач.) (книжн.). *Истинная наука является врагом всякого догматизма. Он является членом профсоюза.*

Я́ВНЫЙ, -ая, -ое; я́вен, я́вна. **1.** Не скрываемый, открытый, видимый. *Явные и тайные причины. Явная вражда.* **2.** Совершенно очевидный. *Явная ложь. Он явно* (нареч.) *неправ.* ‖ *сущ.* **я́вность**, -и, *ж.*

Я́ВОР, -а, *м.* Дерево сем. кленовых, белый клён. ‖ *прил.* **я́воровый**, -ая, -ое.

Я́ВОЧНЫЙ, -ая, -ое. Служащий явкой (во 2 знач.). *Явочная квартира.* ◆ **Явочным порядком** — без предварительного разрешения, согласования. *Занять помещение явочным порядком.*

Я́ВСТВЕННЫЙ, -ая, -ое; -вен, -венна. Хорошо различимый, ясный. *Я. запах. Явственные очертания корабля. Я. звук. Явственно* (нареч.) *послышался шёпот.* ‖ *сущ.* **я́вственность**, -и, *ж.*

Я́ВСТВОВАТЬ (-вую, -вуешь, 1 и 2 л. не употр.), -твует; *несов.* (книжн.). С очевидностью следовать (в 4 знач.) из чего-н. *Из дела явствует, что улики недостаточны.*

ЯВЬ, -и, *ж.* Реальная действительность (в противоп. сновидению, бреду, мечте), то, что существует наяву. *Мечта стала явью. Не сон, а я.*

ЯГА́, -и́, *ж.* В русских сказках: то же, что баба-яга.

ЯГДТА́Ш, -а и -а́, *м.* Охотничья сумка для дичи.

Я́ГЕЛЬ, -я, *м.* Род лишайника — маленькие серые кустики, растущие в тундре и на торфяных болотах, так наз. олений мох. ‖ *прил.* **я́гельный**, -ая, -ое. *Я. покров. Ягельные пастбища* (оленьи).

Я́ГЕЛЬНИК, -а, *м., собир.* Заросль ягеля.

ЯГНЁНОК, -нка, *мн.* -ня́та, -ня́т, *м.* Детёныш овцы. *Прикинулся ягнёнком* (притворился кротким, незлобивым). ‖ *прил.* **ягня́чий**, -ья, -ье.

ЯГНИ́ТЬСЯ (-ню́сь, -ни́шься, 1 и 2 л. не употр.), -ни́тся; *несов.* Об овце: рождать детёныша. ‖ *сов.* **оягни́ться** (-ню́сь, -ни́шься, 1 и 2 л. не употр.), -ни́тся и **объягни́ться** (-ню́сь, -ни́шься, 1 и 2 л. не употр.), -ни́тся. ‖ *сущ.* **ягне́ние**, -я, *ср.*

Я́ГОДА, -ы, *ж.* **1.** Небольшой сочный плод кустарников, полукустарников, кустарничков и травянистых растений. *Ягоды крыжовника, малины. Ягоды черники, клюквы.* **2.** *перен.* О здоровой и привлекательной женщине, девушке (прост.). *Девка-я. Сорок лет — бабий век, сорок два года — баба я.* (посл.). ◆ **Одного поля ягода** (разг., обычно неодобр.) — о том, кто схож с кем-н. в поведении, взглядах, принадлежит к одной компании. ‖ *уменьш.* **я́годка**, -и, *ж. Это цветочки, а ягодки будут впереди* (посл. о чём-н. плохом: это ещё ничего, дальше будет гораздо хуже). *Я. ты моя!* (ласковое обращение к ребёнку, к женщине). ‖ *прил.* **я́годный**, -ая, -ое (к 1 знач.).

Я́ГОДИЦА, -ы и **ЯГОДИ́ЦА**, -ы, *ж.* Одна из выпуклых частей тела человека между поясницей и бёдрами. ‖ *прил.* **я́годичный**, -ая, -ое и **ягоди́чный**, -ая, -ое.

Я́ГОДНИК, -а, *м.* **1.** Место, где растут, выращиваются ягоды. **2.** *собир.* Растения, дающие съедобные ягоды. **3.** Сборщик ягод или продавец их (разг.). ‖ *ж.* **я́годница**, -ы (к 3 знач.). ‖ *прил.* **я́годниковый**, -ая, -ое (к 1 и 2 знач.).

ЯГУА́Р, -а, *м.* Хищное животное сем. кошачьих с яркой жёлтой шерстью и чёрными пятнами на ней. ‖ *прил.* **ягуа́ровый**, -ая, -ое.

ЯД, -а (-у), *м.* **1.** Вещество, вызывающее отравление. *Смертельный яд. Змеиный яд. Никотин — яд. Дать яду кому-н.* (отравить). *Яд сомнений* (перен.). **2.** *перен.* Злоба и ехидство, язвительность. *Сколько яду в его словах!*

Я́ДЕРНЫЙ, -ая, -ое. **1.** *см.* ядро. **2.** Относящийся к процессам, происходящим в атомном ядре, к их изучению, использованию. *Ядерная физика. Ядерная энергия. Ядерная реакция* (реакция преобразования ядер атомов при их взаимодействии друг с другом). *Я. реактор. Ядерное топливо. Ядерное оружие.* **3.** Относящийся к ядерному оружию, к обладанию таким оружием. *Ядерные арсеналы. Ядерные державы. Ядерное разоружение.*

Я́ДЕРЩИК, -а, *м.* (разг.). Специалист по ядерной физике.

ЯДОВИ́ТЫЙ, -ая, -ое; -и́т. **1.** Являющийся ядом (в 1 знач.), причиняющий отравление. *Ядовитое вещество. Ядовитая змея. Я. газ.* **2.** *перен.* Язвительный и злобный. *Ядовитое замечание. Я. характер.* **3.** О цвете, запахе: неприятно резкий. ‖ *сущ.* **ядови́тость**, -и, *ж.*

ЯДОХИМИКА́ТЫ, -ов, *ед.* ядохимика́т, -а, *м.* Ядовитые вещества, применяемые для борьбы с сорняками, вредными насекомыми, бактериями, для протравливания семян. ‖ *прил.* **ядохимика́тный**, -ая, -ое.

ЯДРЁНЫЙ, -ая, -ое; -ён (разг.). **1.** С полным, крупным ядром. *Я. орех.* **2.** *перен.* Отличный в каком-н. отношении: сильный, здоровый и крепкий (о человеке), свежий и чистый (о воздухе), крепкий, настоявшийся (о напитке), крупный и сочный (о плодах), сильный (о морозе). *Я. старик. Я. квас. Ядрёная репа. Я. воздух. Я. морозец.* ‖ *сущ.* **ядрёность**, -и, *ж.*

Я́ДРИЦА, -ы, *ж.* Крупа из нераздробленных зёрен гречихи.

ЯДРО́, -а́, *мн.* я́дра, я́дер, я́драм, *ср.* **1.** Внутренняя часть плода, семя, заключённое в твёрдую оболочку. *Я. ореха.* **2.** Внутренняя, центральная часть чего-н. *Я. древесины* (внутренняя часть древесины, более плотная и окрашенная темнее, чем вся её масса). *Я. Земли. Я. атома* (центральная, положительно заряженная часть атома). **3.** Часть клетки животного и растительного организма, в к-рой сосредоточена основная масса нуклеиновой кислоты (спец.). **4.** *перен.* Глубинная сущностная часть чего-н., основа, суть. *Я. теории, учения, Я. лич-*

ности. **5.** *перен.* Основная часть какого-н. коллектива, группы. *Я. класса, группы.* **6.** Старинный орудийный снаряд в виде шара. *Каменное я. Пушечное чугунное я.* **7.** Спортивный снаряд — металлический шар для толкания. *Толкнуть я. на 20 м.* ‖ *уменьш.* **я́дрышко**, -а, *ср.* (к 1 знач.). ‖ *прил.* **я́дерный**, -ая, -ое (к 1, 2, 3 и 6 знач.) *и* **ядро́вый**, -ая, -ое (к 1 и 2 знач.).

Я́ДРЫШКО, -а, *ср.* **1.** *см.* ядро. **2.** Плотное тельце внутри ядра клетки (спец.).

Я́ЗВА, -ы. **1.** *ж.* Длительно не заживающее воспалённое место на коже или слизистой оболочке. *Открытые язвы. Гангренозная я.* **2.** *ж., перен.* Зло, вред. *Язвы общества.* **3.** *м. и ж., перен.* Человек, к-рый любит язвить (разг.). *Ну и я. же ты!* **4.** *ж.* Болезненное поражение слизистой оболочки полого органа (спец.). *Я. желудка. Я. двенадцатиперстной кишки.* ♦ **Сибирская язва** — острая инфекционная болезнь животных и человека. ‖ *уменьш.* **я́звочка**, -и, *ж.* (к 1 и 3 знач.). ‖ *прил.* **я́звенный**, -ая, -ое (к 1 и 4 знач.). *Язвенная болезнь.*

Я́ЗВЕННИК, -а, *м.* (разг.). Человек, больной язвой (в 4 знач.). ‖ *ж.* **я́звенница**, -ы.

ЯЗВИ́ТЕЛЬНЫЙ, -ая, -ое; -лен, -льна. Злобно-насмешливый, стремящийся досадить. *Я. критик. Язвительная усмешка. Язвительно* (нареч.) *ответить.* ‖ *сущ.* **язви́тельность**, -и, *ж.*

ЯЗВИ́ТЬ, -влю́, -ви́шь; -влённый (-ён, -ена́); *несов.* **1.** *кого-что.* Причинять боль, неприятность кому-н. (устар.). *Воспоминания язвят душу.* **2.** Говорить язвительно. *Я. на чей-н. счёт.* ‖ *сов.* **съязви́ть**, -влю́, -ви́шь (ко 2 знач.).

ЯЗЁВЫЙ *см.* язь.

ЯЗЫ́К[1], -а́, *мн.* -и́, -о́в, *м.* **1.** Подвижный мышечный орган в полости рта, воспринимающий вкусовые ощущения, у человека участвующий также в артикуляции. *Лизать языком. Попробовать на я.* (т. е. на вкус). *Змеиный я.* (такой раздвоенный на конце орган в пасти змеи). *Показать я. кому-н.* (высунуть; также в знак насмешки, пренебрежения). *Держать я. за зубами* (перен.: не говорить лишнего, помалкивать; разг.). *Длинный я. у кого-н.* (также перен.: о болтуне, о том, кто болтает лишнее; разг. неодобр.). *Злые языки* (перен.: сплетники, клеветники). *На я. остёр кто-н.* (умеет говорить остро). *Вопрос был на языке у кого-н.* (кто-н. готов был задать вопрос). *Что на уме, то и на языке у кого-н.* (что думает, то и говорит; разг.). *Придержать я.* (перен.: не сказать лишнего; разг.). *Кто тебя (меня, его и т. д.) за я. тянул?* (зачем сказал, проболтался?; разг. неодобр.). *Я. развязать* (начать говорить свободнее, охотнее, а также заставить говорить; разг.). *Я. распустить* (начать говорить лишнее; разг. неодобр.). *Я. прикусить или закусить* (также перен.: спохватившись, испугавшись, сразу замолчать; разг.). *Я. проглотил кто-н.* (молчит, не хочет говорить; разг.). *С языка сорвалось что-н. у кого-н.* (сказал нечаянно, не подумав; разг.). *Я. без костей у кого-н.* (о том, кто любит много говорить, говорит лишнее; разг. неодобр.). *Я. хорошо подвешен у кого-н.* (мастер хорошо говорить, краснобай; разг.). *Я. не повернётся сказать* (не хватит решимости сказать; разг.). *Я. или языком чесать или болтать, трепать языком* (перен.: заниматься пустой болтовнёй; разг.). *Я. чешется у кого-н.* (перен.: трудно молчать, не терпится сказать; разг.). *На языке вертится что-н. у кого-н.* (очень хочется, не терпится сказать, рассказать что-н.; разг.). *Я. проглотишь* (о чём-н. очень вкусном; разг.). **2.** Такой орган животного как кушанье. *Говяжий я. Заливной я.* **3.** В колоколе: металлический стержень, производящий звон ударами о стенки. **4.** *перен., чего или какой.* О чём-н., имеющем удлинённую, вытянутую форму. *Языки пламени. Огненные языки. Я. ледника. Я. волны.* ‖ *уменьш.* **язычо́к**, -чка́, *м.* ‖ *прил.* **языко́вый**, -ая, -ое (к 1 и 2 знач.) *и* **язы́чный**, -ая, -ое (к 1 знач.; спец.). *Языковый сосочек. Языковая колбаса* (изготовленная с языком во 2 знач.). *Язычные мышцы.*

ЯЗЫ́К[2], -а́, *мн.* -и́, -о́в, *м.* **1.** Исторически сложившаяся система звуковых, словарных и грамматических средств, объективирующая работу мышления и являющаяся орудием общения, обмена мыслями и взаимного понимания людей в обществе. *Великий русский я. Славянские языки. Литературный я. — высшая форма общенародного языка. История языка. Мёртвые языки* (известные только по письменным памятникам). *Условный я.* (арго). *Говорить на разных языках с кем-н.* (также перен.: совершенно не достигать взаимопонимания). *Найти общий я. с кем-н.* (перен.: достичь взаимопонимания, согласия). **2.** *ед.* Совокупность средств выражения в словесном творчестве, основанных на общенародной звуковой, словарной и грамматической системе, стиль[1] (в 3 знач.). *Я. Пушкина. Я. писателей. Я. художественной литературы. Я. публицистики.* **3.** *ед.* Речь, способность говорить. *Лишиться языка. Больной лежит без языка и без движений.* **4.** Система знаков (звуков, сигналов), передающих информацию. *Я. животных. Я. пчёл. Я. жестов. Я. дорожных знаков. Я. программирования. Информационные языки* (в системе обработки информации). **5.** *ед., перен., чего.* То, что выражает, объясняет собой что-н. (о предметах и явлениях). *Я. фактов. Я. цветов. Я. танца.* **6.** *перен.* Пленный, захваченный для получения нужных сведений (разг.). *Взять, привести языка.* ‖ *прил.* **языково́й**, -а́я, -о́е (к 1, 2 и 3 знач.).

ЯЗЫ́К[3], -а, *мн.* -и, -ов, *м.* (стар.). Народ, нация. *Нашествие двунадесяти* (т. е. двенадцати) *языков* (об армии Наполеона во время Отечественной войны 1812 г.). ♦ **Притча во языцех** (книжн., обычно ирон.; во языцех — старая форма предл. п.) — предмет общих разговоров. *Этот человек стал притчей во языцех.*

ЯЗЫКА́СТЫЙ, -ая, -ое; -а́ст *и* **ЯЗЫКА́ТЫЙ**, -ая, -ое; -а́т (разг.). Острый на язык, говорящий бойко, смело. *Парень я., за словом в карман не полезет.* ‖ *сущ.* **языка́стость**, -и, *ж. и* **языка́тость**, -и, *ж.*

ЯЗЫКОВЕ́Д, -а, *м.* Специалист по языкознанию, лингвист. ‖ *прил.* **языкове́дческий**, -ая, -ое.

ЯЗЫКОЗНА́НИЕ, -я *и* **ЯЗЫКОВЕ́ДЕНИЕ**, -я, *ср.* Наука о языке[2] (в 1 и 2 знач.), лингвистика. ‖ *прил.* **языкове́дческий**, -ая, -ое.

ЯЗЫКОТВО́РЧЕСТВО, -а, *ср.* (книжн.). Создание говорящими слов, выражений. *Я. народа.* ‖ *прил.* **языкотво́рческий**, -ая, -ое.

ЯЗЫ́ЧЕСТВО, -а, *ср.* Общее название первобытных нетеистических религий, основанных на многобожии. *Эпоха язычества. Культы язычества.* ‖ *прил.* **язы́ческий**, -ая, -ое. *Языческие обычаи.*

ЯЗЫ́ЧНИК, -а, *м.* Последователь язычества. ‖ *ж.* **язы́чница**, -ы.

ЯЗЫЧО́К, -чка́, *м.* **1.** *см.* язык[1]. **2.** Отросток в середине заднего края мягкого нёба. **3.** Небольшой отросток у основания пластинки листа злаков и нек-рых других растений (спец.). **4.** Подвижная, одним концом укреплённая пластинка в различных устройствах. *Я. дверного замка. Я. ботинка. Я. музыкального инструмента* (тонкая пластинка, колеблющаяся от струи вдуваемого воздуха, от защипывания или удара). ‖ *прил.* **язычко́вый**, -ая, -ое (спец.). *Язычковые музыкальные инструменты* (гобой, кларнет, фагот, саксофон, жалейка, зурна и др.).

ЯЗЬ, -я́, *м.* Пресноводная рыба сем. карповых. ‖ *прил.* **язёвый**, -ая, -ое.

ЯИ́ЧКО, -а, *ср.* **1.** *см.* яйцо. **2.** Помещающаяся в мошонке парная мужская половая железа, в к-рой развиваются сперматозоиды (спец.).

ЯИ́ЧНИК, -а, *м.* (спец.). Парная женская половая железа, в к-рой образуются и созревают яйцеклетки.

ЯИ́ЧНИЦА [*шн*], -ы, *ж.* Кушанье из поджаренных яиц. *Я.-глазунья.* ♦ **Спутать божий дар с яичницей** (разг. шутл.) — всё совершенно спутать, перепутать.

ЯИ́ЧНЫЙ *см.* яйцо.

ЯЙЦЕВИ́ДНЫЙ, -ая, -ое; -ден, -дна. Имеющий форму яйца (во 2 знач.). ‖ *сущ.* **яйцеви́дность**, -и, *ж.*

ЯЙЦЕВО́Д, -а, *м.* (спец.). Канал женских половых органов, по к-рому яйцеклетка проходит из яичника в матку, маточная труба. ‖ *прил.* **яйцево́дный**, -ая, -ое.

ЯЙЦЕЖИВОРОДЯ́ЩИЙ, -ая, -ее (спец.). Производящий детёныша, полностью развивающегося в яйце, вынашиваемом самкой, и освобождающегося от яйца после его откладки.

ЯЙЦЕКЛАДУ́ЩИЙ, -ая, -ее (спец.). **1.** Производящий потомство путём откладывания яиц, в противоп. живородящим. *Яйцекладущие животные.* **2.** **яйцекладу́щие**, -их. То же, что клоачные.

ЯЙЦЕКЛЕ́ТКА, -и, *ж.* (спец.). Женская половая клетка животных и растительных организмов.

ЯЙЦЕНО́СКИЙ, -ая, -ое; -сок, -ска (спец.). О домашних птицах: способных нестись[1], а также способный хорошо нестись. *Яйценоская порода кур. Яйценоские куры.* ‖ *сущ.* **яйцено́скость**, -и, *ж.*

ЯЙЦО́, -а́, *мн.* я́йца, яи́ц, я́йцам, *ср.* **1.** Женская половая клетка, развивающаяся в новый организм после оплодотворения, яйцеклетка. **2.** У птиц, пресмыкающихся и клоачных: такая клетка овальной формы в скорлупе, оболочке. *Нести яйца. Класть яйца. Птичьи яйца. Куриные яйца. Я. аллигатора. Черепашьи яйца. Змеиное я. Я. утконоса. Как курица с яйцом носится кто-н. с кем-чем-н.* (уделяет слишком много внимания кому-чему-н.; разг. неодобр.). *Яйца курицу не учат* (посл.: молодому не следует поучать старшего). **3.** Предмет такой формы. *Хрустальное я.* (предмет украшения). *Шоколадное я.* **4.** У насекомых: такая клетка в виде небольших крупинок. *Муравьиные яйца.* **5.** Куриное яйцо как пища. *Десяток яиц. Яйца всмятку, вкрутую, в мешочек. Крашеные яйца* (на празднике Пасхи). ‖ *уменьш.* **яи́чко**, -а, *ср.* (ко 2, 3, 4 и 5 знач.). *Дорого я. к красному дню* (посл. о том, что что-н. приятное хорошо вовремя [красный день *первонач.* праздник Пасхи]). ‖ *прил.* **яи́чный**, -ая, -ое (ко 2 и 5 знач.) *и* **яйцево́й**, -а́я, -о́е (к 1, 2 и 4 знач.; спец.). *Яичный порошок* (сухой продукт из куриных яиц). *Яйцевая оболочка.*

ЯК, -а, *м.* Крупный длинношёрстный центральноазиатский бык (в 1 знач.). *Дикий як. Домашний як.* ‖ *прил.* **я́чий**, -ья, -ье.

ЯКОБИ́НЕЦ, -нца, *м.* **1.** Во время Великой французской революции: член радикального политического клуба (политической партии), революционер. 2. *перен.* Революционно мыслящий человек, вольнодумец (устар.). ‖ *прил.* **якоби́нский**, -ая, -ое.

Я́КОБЫ. 1. *союз.* Употр. в знач. союза «что»² (в 1 знач.) для выражения неуверенности, недостоверности или ложности сообщения (устар. и книжн.). *Уверяет, я. ничего не видел. Говорили, я. приказ отменяется.* **2.** *частица.* Употр. для выражения сомнительности, мнимости. *Прочитал эту я. интересную книгу. Приходил я. затем, чтобы повидаться.*

Я́КОРЬ, -я, *мн.* -я́, -е́й, *м.* **1.** Металлический стержень с лапами, укреплённый на цепи и опускаемый на дно для удержания на месте судна, бакена, плавучего маяка. *Стать на я. Стоять на якоре. Отдать я.* (опустить). *Выбирать якоря* (поднимать). *Бросить я.* (стать на якорь; также перен.: обосноваться, закрепиться где-н.). *Сняться с якоря* (отправиться в плаванье; также перен.: вообще отправиться куда-н., двинуться в путь). *Я. спасения* (перен.: последнее средство спасения, последняя надежда). **2.** Часть электрической машины, несущая на себе обмотку (спец.). ‖ *уменьш.* **якорёк**, -рька́, *м.* (к 1 знач.). *Золотой я.* (условное изображение якоря как эмблема). ‖ *прил.* **я́корный**, -ая, -ое. *Якорная цепь. Я. механизм.*

ЯКУ́ТСКИЙ, -ая, -ое. **1.** *см.* якуты. **2.** Относящийся к якутам, к их языку, национальному характеру, образу жизни, культуре, а также к Якутии (республика Саха), её территории, внутреннему устройству, истории; такой, как у якутов, как в Якутии (республика Саха). *Я. язык* (тюркской семьи языков). *Якутские морозы. Якутские алмазы. По-якутски* (нареч.).

ЯКУ́ТЫ, -ов, *ед.* **яку́т**, -а, *м.* Народ, составляющий основное коренное население Якутии (респ. Саха). ‖ *ж.* **яку́тка**, -и. ‖ *прил.* **яку́тский**, -ая, -ое.

ЯКША́ТЬСЯ, -а́юсь, -а́ешься; *несов., с кем* (прост. неодобр.). Общаться, знаться. *Я. с кем попало.*

ЯЛ, -а, *м.* Одномачтовая рабочая или учебная корабельная шлюпка, короткая и широкая, имеющая от одной до нескольких пар вёсел.

Я́ЛИК, -а, *м.* Небольшая двухвёсельная или четырёхвёсельная шлюпка. ‖ *прил.* **я́личный**, -ая, -ое.

Я́ЛОВЕТЬ (-ею, -еешь, 1 и 2 л. не употр.), -еет; *несов.* (спец. и обл.). Оставаться яловым (в 1 знач.).

Я́ЛОВЫЙ, -ая, -ое. **1.** Оставшийся неоплодотворённым (о самках домашнего скота, а также нек-рых других животных). *Яловая корова.* **2.** О коже: выделанный из шкуры молодой коровы. *Яловые сапоги* (из такой кожи). ‖ *сущ.* **я́ловость**, -и, *ж.* (к 1 знач.).

ЯМ, -а, *м.* На Руси до 18 в.: станция на почтовом тракте, на к-рой сменялись проводники, лошади и подводы, перевозящие государственные грузы, гонцов, послов [*первонач.* селение, отбывающее ямскую повинность]. *Держать я. Стоять на яму с подводами.* ‖ *прил.* **ямско́й**, -а́я, -о́е. *Ямская повинность* (натуральная или денежная повинность городских и сельских тягловых людей по содержанию яма, по поддержанию порядка на тракте). *Ямская гоньба* (стар.). *Ямская изба.*

Я́МА, -ы, *ж.* **1.** Углубление в земле. *Вырыть яму. Провалиться в яму. Помойная, выгребная я. Рыть яму кому-н.* (перен.: готовить неприятность). *Не рой яму другому, сам в неё попадёшь* (посл.). *Вытащить из ямы кого-н.* (также перен.: избавить от тяжёлой жизни, от мрачного, порочного окружения). *Воздушная я.* (перен.: разрежённое пространство в воздухе, где самолёт резко снижается, как бы проваливается). *Зимовальные ямы* (места зимовки рыб). **2.** Оборудованное углублённое место для хранения чего-н., размещения чего-н. (спец.). *Силосная я. Оркестровая я. Смотровая я.* (для осмотра, ремонта механизмов снизу). **3.** *перен.* Впадина, низина (разг.). *Село расположено в яме.* **4.** *перен.* Тюрьма, арестное помещение (устар.). *Долговая я.* ‖ *уменьш.* **я́мка**, -и, *ж.* (к 1 знач.). ‖ *прил.* **я́мный**, -ая, -ое (к 1 и 2 знач.) *и* **я́мочный**, -ая, -ое (к 1 и 2 знач.). *Ямная формовка* (при изготовлении литейных форм). *Ямная культура* (в степях Восточной Европы в III—II тысячелетии до н. э.: культура, названная по устройству могильных ям под курганами).

ЯМБ, -а, *м.* Двухсложная стихотворная стопа с ударением на втором слоге. ‖ *прил.* **ямби́ческий**, -ая, -ое. *Ямбическая стопа.*

Я́МИНА, -ы, *ж.* (прост.). То же, что яма (в 1 и 3 знач.).

Я́МКА, -и, *ж.* **1.** *см.* яма. **2.** Небольшое углубление в чём-н. ‖ *уменьш.* **я́мочка**, -и, *ж. Ямочки на щеках.*

ЯМСКО́Й, -а́я, -о́е (устар.). **1.** *см.* ям. **2.** Относящийся к перевозке на лошадях почты, грузов и пассажиров. *Ямская тройка.*

ЯМЩИ́К, -а́, *м.* Возница на ямских лошадях, а также вообще возница. ‖ *прил.* **ямщи́цкий**, -ая, -ое.

ЯНВА́РЬ, -я́, *м.* Первый месяц календарного года. ‖ *прил.* **янва́рский**, -ая, -ое. *Январские морозы.*

Я́НКИ, *нескл., м.*, также *собир.* (разг.). Прозвище американцев.

ЯНТА́РНО-... *Первая часть сложных слов со знач.* с янтарным, прозрачно-жёлтым оттенком, напр. *янтарно-жёлтый, янтарно-коричневый, янтарно-оранжевый.*

ЯНТА́РНЫЙ, -ая, -ое. **1.** *см.* янтарь. **2.** Прозрачно-жёлтый, цвета янтаря. *Янтарные гроздья винограда.* ‖ *сущ.* **янта́рность**, -и, *ж.*

ЯНТА́РЬ, -я́, *м.* Окаменевшая живица древнейших хвойных деревьев (обычно прозрачная, цвета от бледно-воскового до тёмно-красного), обрабатываемая для украшений, а также используемая в медицине, приборостроении и других производствах. *Кольцо с янтарём. Месторождение янтаря.* ‖ *прил.* **янта́рный**, -ая, -ое. *Я. мундштук* (из янтаря).

ЯНЫЧА́РЫ, -а́р (при собир. знач.) *и* -а́ров (при обознач. отдельных лиц), *ед.* -а́р, -а, *м.* В султанской Турции: пехотинцы привилегированных войск, использовавшихся обычно в качестве карательных частей. ‖ *прил.* **янычáрский**, -ая, -ое.

ЯПОНИ́СТ, -а, *м.* Специалист по японистике. ‖ *ж.* **япони́стка**, -и.

ЯПОНИ́СТИКА, -и, *ж.* Совокупность гуманитарных наук, изучающих Японию.

ЯПОНОВЕ́ДЕНИЕ, -я, *ср.* То же, что японистика. ‖ *прил.* **японове́дческий**, -ая, -ое.

ЯПО́НСКИЙ, -ая, -ое. **1.** *см.* японцы. **2.** Относящийся к японцам, к их языку, национальному характеру, образу жизни, культуре, а также к Японии, её территории, внутреннему устройству, истории; такой, как у японцев, как в Японии. *Я. язык* (изолированный язык). *Японское письмо* (идеографически-силлабическое письмо, сочетающее в себе иероглифы и слоговые знаки). *Японское кимоно. Я. гриб* (чайный). *Японская иена* (денежная единица). *По-японски* (нареч.).

ЯПО́НЦЫ, -ев, *ед.* -нец, -нца, *м.* Народ, составляющий основное население Японии. ‖ *ж.* **япо́нка**, -и. ‖ *прил.* **япо́нский**, -ая, -ое.

ЯР, -а, о я́ре, на (в) яру́, *мн.* яры́, -о́в *и* я́ры, -ов, *м.* (обл.). **1.** (на яру́). Крутой берег, обрыв. **2.** (в яру́). Глубокий заросший овраг.

ЯРА́НГА, -и, *ж.* У нек-рых народов северо-восточной Сибири: переносное жилище с конической крышей. *Я. оленеводов.* ‖ *прил.* **яра́нговый**, -ая, -ое.

ЯРД, -а, *м.* Английская (до 1975 г. также американская) мера длины, равная 91,44 см.

ЯРЕ́М, -а, *м.* (стар.). То же, что ярмо. ‖ *прил.* **яре́мный**, -ая, -ое.

ЯРЕ́МНЫЙ *см.* ярем *и* ярмо.

ЯРИ́ТЬСЯ, ярю́сь, яри́шься; *несов.* **1.** Быть в ярости, горячиться (устар. и прост.). *Яриться бешеный зверь.* **2.** *перен.*, (*1 и 2 л. не употр.*). *О стихийном явлении, бурном потоке, битве; быть, протекать бурно, неудержимо. Ярятся волны. Ярится ураган, пожар. Ярится бой.*

Я́РКА, -и, *ж.* Молодая, ещё не ягнившаяся овца. ‖ *уменьш.* **я́рочка**, -и, *ж.*

Я́РКИЙ, -ая, -ое; я́рок, ярка́, я́рко, я́рки *и* ярки́; я́рче; ярча́йший. **1.** Дающий сильный свет, сияющий. *Яркое солнце. Я. огонь. Яркие лучи. Ярко* (нареч.) *гореть.* **2.** Резкий по чистоте и свежести тона (о цвете, краске). *Яркие краски. Я. рисунок.* **3.** *перен.* Сильный и впечатляющий. *Я. талант. Я. пример* (наглядный и убедительный). ‖ *сущ.* **я́ркость**, -и, *ж.*

ЯРКО... и **Я́РКО-...** *Первая часть сложных слов со знач.:* 1) яркий (в 1 знач.), с ярким, напр. *яркоглазый, яркосветящийся;* 2) яркий (во 2 знач.), напр. *яркоокрашенный, ярко-красный, ярко-пёстрый.*

ЯРЛЫ́К, -а́, *м.* **1.** На Руси в 13—15 вв.: грамота, письменный указ хана Золотой Орды. **2.** Листок на чём-н. с наименованием, клеймом, какими-н. специальными сведениями. *Бутылочный я. Багажный я. Я. с обозначением цены, сорта, даты изготовления.* **3.** *перен.* Шаблонная, стандартная (обычно отрицательная), очень краткая характеристика, оценка кого-чего-н. (неодобр.). *Готовые ярлыки. Любители наклеивания ярлыков.* ‖ *уменьш.* **ярлычо́к**, -чка́, *м.* (ко 2 знач.). ‖ *прил.* **ярлы́чный**, -ая, -ое (ко 2 знач.).

Я́РМАРКА, -и, *ж.* **1.** Большой торг обычно с увеселениями, развлечениями, устраиваемый регулярно, в одном месте и в одно время. *Шум как на ярмарке. С ярмарки ехать* (также перен.: приближаться к концу своих трудовых дел, деятельности; разг. шутл.). **2.** Периодически устраиваемый съезд торговых и промышленных организаций, коммерсантов, промышленников, кооператоров, преимущ. для оптовой продажи и закупки товаров по выставленным образцам. *Промышленная я. Оптовая я. Международная я.* ‖ *прил.* **я́рмарочный**, -ая, -ое.

ЯРМО́, -а́, *мн.* я́рма, ярм, я́рмам *и* ярма́м, *ср.* **1.** Деревянный хомут для рабочего рогатого скота. *Воловье я.* **2.** *перен.* Бремя, тяжесть, иго (высок.). *Я. самодержавия. Я. колониализма.* ‖ *прил.* **яре́мный**, -ая, -ое (к 1 знач.).

ЯРОВИЗИ́РОВАТЬ, -рую, -руешь; -анный; *сов.* и *несов., что.* Подвергнуть (-гать) (семена) обработке, ускоряющей процесс роста и созревания. ‖ *сущ.* **яровиза́ция**, -и, *ж.*

ЯРОВО́Й, -а́я, -о́е. **1.** Об однолетних растениях: засеваемый весной и созревающий летом или осенью в год посева. *Яровая пшеница. Я. горох. Яровые культуры. Уборка яровых* (сущ.). *Яровая солома* (от яровых злаков). **2.** Засеянный такими растениями. *Яровое поле.*

Я́РОСТНЫЙ, -ая, -ое; -тен, -тна. **1.** Полный ярости, гнева. *Яростные упрёки. Яростная брань.* **2.** *перен.* Ничем не сдерживаемый, неукротимый. *Яростная атака. Яростно* (нареч.) *нападать, защищаться. Я. порыв ветра.* ‖ *сущ.* **я́ростность**, -и, *ж.*

Я́РОСТЬ, -и, *ж.* **1.** Сильный гнев. *Прийти в я.* **2.** *перен.* Напор, неукротимость (высок.). *Я. волн.*

Я́РУС, -а, *м.* **1.** Один из рядов расположенных друг над другом предметов. *Тюки сложены ярусами.* **2.** Один из средних или верхних этажей в зрительном зале. *Ложа второго яруса. В (на) верхнем ярусе.* **3.** Пласт земной коры (спец.). **4.** То же, что уровень[1] (в 3 знач.) (книжн.). *Ярусы языковой системы.* ‖ *прил.* **я́русный**, -ая, -ое.

ЯРЫ́ГА, -и и **ЯРЫ́ЖКА**, -и, *м.* **1.** Низший полицейский служитель (стар.). **2.** Беспутный человек, пьяница (устар. и прост.).

Я́РЫЙ, -ая, -ое; яр. **1.** То же, что яростный (высок.). **2.** *полн. ф.* Страстно преданный кому-чему-н., убеждённый в чём-н. *Я. поклонник музыки. Я. сторонник.* **3.** *полн. ф.* Светлый, белый, а также яркий, сверкающий (стар.). *Я. воск. Я. мёд. Солнце ярое.*

ЯСА́К, -а́, *м.* В старину: натуральный налог, к-рым облагались нек-рые народы Поволжья, Сибири и Дальнего Востока. ‖ *прил.* **яса́чный**, -ая, -ое. *Ясачные сборы.*

Я́СЕНЬ, -я, *м.* Дерево сем. маслиновых с перистыми листьями и тяжёлой упругой древесиной. ‖ *прил.* **я́сеневый**, -ая, -ое.

Я́СЛИ[1], -ей. Кормушка для скота, наклонно прикреплённая к стене или в виде сужающегося книзу ящика. ‖ *прил.* **я́сельный**, -ая, -ое.

Я́СЛИ[2], -ей. Воспитательное и здравоохранительное учреждение для самых маленьких детей, где они находятся во время работы родителей. *Детские я. Отдать ребёнка в я.* ‖ *уменьш.* **я́сельки**, -лек. ‖ *прил.* **я́сельный**, -ая, -ое. *Я. возраст* (до трёх лет).

Я́СЛИ-СА́Д, я́слей-са́да. Воспитательное и здравоохранительное учреждение, объединяющее ясли и детский сад.

ЯСНЕ́ТЬ (-е́ю, -е́ешь, 1 и 2 л. не употр.), -е́ет; *несов.* Становиться ясным (в 1, 2, 3 и 5 знач.), яснее. *Небо яснеет. К утру яснеет* (безл.). *Взор яснеет. Мысль яснеет.*

Я́СНО-... *Первая часть сложных слов со знач.* ясный (во 2 знач.), чистого светлого тона, напр. *ясно-жёлтый, ясно-зелёный.*

ЯСНОВИ́ДЕНИЕ, -я, *ср.* (книжн.). Сверхъестественная проницательность. *Дар ясновидения.*

ЯСНОВИ́ДЕЦ, -дца, *м.* (книжн.). Человек, к-рый обладает даром ясновидения. ‖ *ж.* **ясновидица**, -ы. ‖ *прил.* **ясновидческий**, -ая, -ое.

ЯСНОВИ́ДЯЩИЙ, -его, *м.* То же, что ясновидец. ‖ *ж.* **ясновидящая**, -ей.

Я́СНЫЙ, -ая, -ое; ясен, ясна́, я́сно, ясны́ *и* я́сны. **1.** Яркий, сияющий. *Ясная заря. Я. месяц.* **2.** Светлый, ничем не затемнённый. *Ясная ночь. Ясное небо. Сегодня ясно* (в знач. сказ.; хорошая погода). **3.** Ничем не омрачённый, спокойный. *Я. взор. Ясные глаза.* **4.** Хорошо видимый, слышимый или воспринимаемый, понимаемый. *Ясные очертания гор. Я. звук. Вопрос ясен. Ясное намерение. Мне всё ясно* (в знач. сказ.). *Ясное дело!* (выражение согласия, подтверждения; разг.). **5.** Логичный, стройный, чёткий. *Я. ум. Ясная мысль. Ясное изложение.* **6.** **я́сно**, *частица.* Да, согласен, понял (разг.). *Пойдёшь и передашь пакет. — Ясно.* ‖ *уменьш.* **ясненько** (к 6 знач.; прост.). ‖ *сущ.* **я́сность**, -и, *ж.* (к 1, 2, 3, 4 и 5 знач.). *Внести я. во что-н. Привести в я. что-н.*

Я́СТВО, -а, *ср.* (устар.). Еда, кушанье. *Стол ломится от яств.*

Я́СТРЕБ, -а, *мн.* -а́, -о́в *и* -ы, -ов, *м.* **1.** Хищная птица с коротким крючковатым клювом и длинными острыми когтями. *Как я. налетел кто-н.* (стремительно и неожиданно). **2.** (-ы, -ов), *перен.*, обычно *мн.* Об агрессивно настроенных сторонниках войны, гонки вооружений. ‖ *прил.* **ястреби́ный**, -ая, -ое (к 1 знач.). *Семейство ястребиных* (сущ.). *Ястребиная охота* (с ловчим ястребом). *Я. взгляд* (перен.: острый и хищный). *Я. нос* (крючком).

ЯСТРЕБЁНОК, -нка, *мн.* -бя́та, -бя́т, *м.* Птенец ястреба.

ЯСТРЕБИ́ЦА, -ы, *ж.* Самка ястреба.

ЯСТРЕБО́К, -бка́, *м.* (разг.). **1.** Маленький ястреб (в 1 знач.). **2.** *перен.* В годы Великой Отечественной войны: обиходное название советского самолёта-истребителя марки «Як» [по имени конструктора А. С. Яковлева]. *Краснозвёздный я.*

ЯСТЫ́К, -а́, *м.* (спец.). Икра осетровых и частиковых рыб в плёнке, а также сама такая плёнка. ‖ *прил.* **ясты́чный**, -ая, -ое.

ЯТАГА́Н, -а, *м.* Большой кривой турецкий кинжал.

ЯТРЫ́ШНИК, -а, *м.* Травянистое растение, родственное орхидее, клубни к-рого употр. в медицине. ‖ *прил.* **ятры́шниковый**, -ая, -ое. *Семейство ятрышниковых* (сущ.).

ЯТЬ, -я, *м.* Название буквы «ѣ», обозначавшей в древности особый звук, впоследствии совпавший с «е». ✦ **Корову через ять пишет** (разг. шутл.) — о том, кто совершенно малограмотен, невежествен. **На ять** (прост. шутл.) — как следует, очень хорошо. *Сделано на ять.*

Я́ХОНТ, -а, *м.* Старинное название рубина, сапфира и нек-рых других драгоценных камней. *Глаза, как яхонты, горят.* ‖ *прил.* **я́хонтовый**, -ая, -ое.

ЯХТ... и **ЯХТ-...** *Первая часть сложных слов со знач.* относящийся к вождению яхт, к парусному спорту, напр. *яхт-клуб, яхтклубовец.*

Я́ХТА, -ы, *ж.* **1.** Большая и лёгкая спортивная парусная лодка. *Олимпийские яхты* (нек-рые типы швертботов, килевых яхт, катамаранов). **2.** Небольшое судно для прогулок, спорта. *Моторная я.* ‖ *прил.* **я́хтенный**, -ая, -ое *и* **я́хтовый**, -ая, -ое. *Яхтенный киль. Яхтовый клуб* (яхт-клуб).

ЯХТ-КЛУ́Б, -а, *м.* Спортивная организация, занимающаяся водным, преимущ. парусным, спортом. ‖ *прил.* **яхт-клу́бовский**, -ая, -ое (разг.).

ЯХТСМЕ́Н, -а, *м.* Спортсмен, занимающийся парусным спортом. ‖ *ж.* **яхтсме́нка**, -и. ‖ *прил.* **яхтсме́нский**, -ая, -ое.

ЯЧЕ́ИСТЫЙ, -ая, -ое; -ист. Со многими ячеями (в 1 знач.), ноздреватый. *Я. бетон.* ‖ *сущ.* **яче́истость**, -и, *ж.*

ЯЧЕ́ЙКА, -и, *ж.* **1.** То же, что ячея. *Ячейки сети. Ячейки памяти* (составная часть запоминающего устройства ЭВМ; спец.). **2.** Первичное подразделение, самая мелкая единица в составе какого-н. объединения или общественной организации. *Я. независимого профсоюза.* **3.** До 1934 г. название первичной партийной и комсомольской организации. *Бюро ячейки.* **4.** Отделение для одного стрелка в окопе, траншее (спец.). *Огневая я.* ✦ **Ячейка памяти** (спец.) — в ЭВМ: часть запоминающего устройства, хранящая определённую информацию. ‖ *прил.* **яче́йковый**, -ая, -ое (к 1, 2 и 3 знач.) *и* **яче́ечный**, -ая, -ое (к 4 знач.).

Я́ЧЕСТВО, -а, *ср.* (книжн. неодобр.). Индивидуализм, выдвижение на первый план себя, своей личности, своего «я».

ЯЧЕЯ́, -и́, *ж.* (спец.). **1.** Углубление, дырочка (преимущ. в ряде подобных). *Сотовая я.* **2.** Каждое отдельное звено в сети, в плетении. *Я. невода. Я. трала.*

ЯЧЁНОК, -нка, *мн.* яча́та, яча́т, *м.* Детёныш яка.

Я́ЧИЙ *см.* як.

ЯЧМЕ́НЬ[1], -я́, *м.* Хлебный злак, обычно яровой. *Крупа из ячменя* (перловая). ‖ *прил.* **ячме́нный**, -ая, -ое. *Ячменная мука. Я. солод.*

ЯЧМЕ́НЬ[2], -я́, *м.* Гнойное воспаление желёзок у корней ресниц.

Я́ЧНЕВЫЙ, -ая, -ое. Изготовленный из зёрен ячменя. *Ячневая крупа.*

Я́ШМА, -ы, *ж.* Непрозрачный поделочный камень с пёстрой окраской. *Уральская я.* ‖ *прил.* **я́шмовый**, -ая, -ое.

Я́ЩЕР, -а, *м.* **1.** Млекопитающее нек-рых южных стран с чешуйчатым покрытием тела, длинным хвостом и маленькой головой. **2.** Прежнее название нек-рых вымерших пресмыкающихся и земноводных. ‖ *прил.* **я́щерный**, -ая, -ое.

Я́ЩЕРИЦА, -ы, *ж.* Небольшое пресмыкающееся с удлинённым телом и длинным хвостом, покрытое мелкой роговой чешуей. ‖ *уменьш.* **я́щерка**, -и, *ж.* ‖ *прил.* **я́щеричный**, -ая, -ое.

Я́ЩИК, -а, *м.* **1.** Вместилище для чего-н., обычно четырёхугольной формы. *Деревянный я. Я. для посылки. Ящики комода, письменного стола. Музыкальный я.* (то же, что музыкальная шкатулка). **2.** То же, что телевизор (разг., обычно шутл.). *Не оттащишь от ящика кого-н.* (всё время смотрит телевизор). **3.** То же, что почтовый ящик (во 2 знач.) (разг.). *Работает в ящике.* ✦ **Зарядный ящик** (устар.) — повозка для снарядов. **Сыграть в ящик** (прост.) — умереть. **Почтовый ящик** — 1) ящик для писем, почтовой корреспонденции; 2) номерное учреждение (разг.). *Работает в почтовом ящике.* **Чёрный ящик** — в авиации: прибор-самописец, прочно защищённое устройство, фиксирующее во время полёта его технические параметры и переговоры экипажа. ‖ *уменьш.* **я́щичек**, -чка, *м.* (к 1 и 2 знач.). ‖ *прил.* **я́щичный**, -ая, -ое (к 1 знач.). *Ящичная дощечка.*

Я́ЩУР, -а, *м.* Заразная болезнь парнокопытных животных (редко человека). ‖ *прил.* **я́щурный**, -ая, -ое.

СКЛОНЕНИЕ ИМЕН
И
СПРЯЖЕНИЕ ГЛАГОЛОВ

(Краткие сведения. Таблицы)

Здесь даются краткие сведения о словоизменении имен (существительных, прилагательных, числительных, местоимений) и глаголов. Излагаются общие правила; индивидуальные отклонения от этих правил показаны при слове в соответствующей словарной статье.

СКЛОНЕНИЕ СУЩЕСТВИТЕЛЬНЫХ

В современном русском языке существуют три склонения — первое, второе и третье, различающиеся системами падежных окончаний. К 1 склонению относятся существительные муж. р. с нулевым окончанием в Им. п. ед. ч. (*дом, конь, край, шалаш, мяч*), кроме слова *путь*, и все существительные с окончанием *-о, -е* в Им. п. ед. ч. (*окно, домишко, поле, увлечение*). Ко 2 склонению относятся существительные жен., муж. и общего рода с окончанием *-а, -я* в Им. п. ед. ч. (*вода, земля, линия, сынишка, юноша, сирота*). К 3 склонению относятся существительные жен. р. с нулевым окончанием в Им. п. ед. ч. (*дверь, лошадь, печь, ночь*), муж. р. *путь*, ср. р. на *-мя* (*бремя, время, вымя, знамя, имя, пламя, племя, семя, стремя, темя*) и *дитя*.

Склонение существительных связано с принадлежностью слова к одному из трех родов, но не определяется ею последовательно. Типы склонения четко различаются окончаниями в падежных формах ед. ч., во мн. ч. значительных различий в склонении существительных нет. В основу сведений о склонении и расположения таблиц положено противопоставление ед. и мн. ч.

Единственное число

Первое склонение

Парадигма существительного состоит из шести падежных форм; у пяти из них окончания различаются, у двух (у Им. и В. п. или у Р. и В. п.) совпадают. В зависимости от падежных окончаний выделяются две разновидности склонения: твердая и мягкая. К твердой разновидности относятся существительные типа *дом, солдат, домишко, болото; шалаш, мяч, кузнец, кольцо, волчище*. К мягкой — существительные типа *конь, житель, поле; край, подмастерье, копьё*.

У неодушевленных В. п. совпадает с Им. п., у одушевленных — с Р. п. У существительных муж. р. последовательно выражена принадлежность к разряду одушевленных или неодушевленных: Им. *завод*, Р. *завода*, В. *завод*, но Им. *брат*, Р. *брата*, В. *брата*.

Твердая разновидность

Таблица № 1.

С основой на твердую согласную

Мужской род

И.	*завод*	*студент*	*домишк-о*
Р.	*завод-а*	*студент-а*	*домишк-а*
Д.	*завод-у*	*студент-у*	*домишк-у*
В.	*завод*	*студент-а*	*домишк-о*
Тв.	*завод-ом*	*студент-ом*	*домишк-ом*
Пр.	*(о) завод-е*	*(о) студент-е*	*(о) домишк-е*

Средний род

И.	*болот-о*	*окн-о*
Р.	*болот-а*	*окн-а*
Д.	*болот-у*	*окн-у*
В.	*болот-о*	*окн-о*
Тв.	*болот-ом*	*окн-ом*
Пр.	*(о) болот-е*	*(об) окн-е*

Примечание. *Кочан* образует падежные формы от вариантных основ: Р. *кочана́*, Д. *кочану́*, Тв. *кочано́м* и допускаются формы: Р. *кочна́*, Д. *кочну́*, Тв. *кочно́м*. Устарели и ненормативны вариантные формы неодушевленных существительных типа *домишко* по 2 склонению: Им. *домишка*, Р. *домишки*, Д. *домишке*, В. *домишку* и Тв. *домишкой*.

Таблица № 2.

С основой на шипящую и *ц*

Мужской род

И.	*нож*	*пляж*	*кузнец*
Р.	*нож-а*	*пляж-а*	*кузнец-а*
Д.	*нож-у*	*пляж-у*	*кузнец-у*
В.	*нож*	*пляж*	*кузнец-а*
Тв.	*нож-ом*	*пляж-ем*	*кузнец-ом*
Пр.	*(о) нож-е*	*(о) пляж-е*	*(о) кузнец-е*

И.	*месяц*	*волчищ-е*
Р.	*месяц-а*	*волчищ-а*
Д.	*месяц-у*	*волчищ-у*
В.	*месяц*	*волчищ-а*
Тв.	*месяц-ем*	*волчищ-ем*
Пр.	*(о) месяц-е*	*(о) волчищ-е*

Средний род

И.	*плеч-о*	*солнц-е*
Р.	*плеч-а*	*солнц-а*
Д.	*плеч-у*	*солнц-у*
В.	*плеч-о*	*солнц-е*
Тв.	*плеч-ом*	*солнц-ем*
Пр.	*(о) плеч-е*	*(о) солнц-е*

Примечание. Устарели и ненормативны вариантные формы одушевленных существительных типа *волчище, козлище* по 2 склонению: Р. *волчищи*, Д. *волчище*, В. *волчищу*, Тв. *волчищей*.

Мягкая разновидность

Таблица № 3.

С основой на мягкую согласную

	Мужской род			Средний род
И.	*вихрь*	*огонь*	*житель*	*пол-е*
Р.	*вихр-я*	*огн-я*	*жител-я*	*пол-я*
Д.	*вихр-ю*	*огн-ю*	*жител-ю*	*пол-ю*
В.	*вихрь*	*огонь*	*житель*	*пол-е*
Тв.	*вихр-ем*	*огн-ём*	*жител-ем*	*пол-ем*
Пр.	*(о) вихр-е*	*(об) огн-е*	*(о) жител-е*	*(о) пол-е*

Примечание. Исключения, отклонения и индивидуальные образования: *пламень* изменяется по 3 скл.: Р. *пламени,* Д. *пламени,* Тв. *пламенем*; *полдень* образует косвенные падежи, кроме В. п., от основ *пол-* и *полу-*: Р. *полдня* и *полудня,* Д. *полдню* и *полудню*; индивидуально образование падежных форм у *госпо́дь*: Р. *го́спода,* Д. *го́споду,* Тв. *го́сподом.*

Таблица № 4.

С основой на j (йот)

Мужской род

И.	*край*	*ручей*	*гений*	*подмастерь-е*
Р.	*кра-я*	*ручь-я*	*гени-я*	*подмастерь-я*
Д.	*кра-ю*	*ручь-ю*	*гени-ю*	*подмастерь-ю*
В.	*край*	*ручей*	*гени-я*	*подмастерь-я*
Тв.	*кра-ем*	*ручь-ём*	*гени-ем*	*подмастерь-ем*
Пр.	*(о) кра-е*	*(о) ручь-е*	*(о) гени-и*	*(о) подмастерь-е*

Средний род

И.	*копь-ё*	*счасть-е*	*жити-е*
Р.	*копь-я*	*счасть-я*	*жити-я*
Д.	*копь-ю*	*счасть-ю*	*жити-ю*
В.	*копь-ё*	*счасть-е*	*жити-е*
Тв.	*копь-ём*	*счасть-ем*	*жити-ем*
Пр.	*(о) копь-е*	*(о) счасть-е*	*(о) жити-и*

Примечание. Йот основы присоединяется к гласной окончания.

Отступление: У слов на *-ий, -ие* в Пр. п. *-и*: *о гении, о житии, о счастии, о подмастерии,* (исключение: Им. *остриё,* — Пр. — *на остриё*); сюда же Им. *забытьё* — Пр. — *в забыть-и́.*

Вариантные формы родительного и предложного падежей ед. ч. существительных мужского рода

У части неодушевленных существительных муж. р. наряду с формами Р. п. ед. ч. на *-а (-я)* имеются формы с окончанием *-у (-ю).* Такие формы образуют преимущественно существительные, к-рые называют вещество и употребляются при обозначении нек-рого количества этого вещества или его отсутствия. Напр.: *килограмм сахару, литр квасу, стакан чаю, тарелка супу, пакет крахмалу; положить сахару в чай, налить чаю, выпить морсу, нарезать сыру; ни капли уксусу, ни кусочка сахару.*

У большинства существительных формы на *-у (-ю)* и *-а (-я)* взаимозаменимы, напр.: *тарелка супу* и *супа, положить в чай сахару* и *сахара.* Замена формы на *-у* формой на *-а* затруднена, если существительное, называющее вещество, имеет суффикс *-ок*: *выпить чайку, коньячку, подбросить угольку, добавить сахарку, купить медку, попить кофейку.*

Формы Р. п. на *-у* и на *-а* свободно варьируются у таких слов, как *алебастр, анис, атла́с, бетон, бульон, ватин, винегрет, виноград, воздух, драп, дым, жир, квас, кефир, клей, крем, лак, лес, ликёр, маргарин, мёд, мел, мозг, перец, порох, рассол, рис, салат, ситец, снег, соус, сыр, торф, уксус, чай, шёлк.*

Формы Р. п. на *-у* от существительных, называющих не вещества, обычно выступают в сочетаниях, близких к фразеологизмам, напр.: *износу нет чему-н., наделать шуму, наговорить вздору, нагнать страху; с жиру беситься, не до жиру, быть бы живу,* а также в пословицах и поговорках: *бе́з году неделя; ни слуху ни духу; с миру по нитке — голому рубаха.*

Вариантные формы на ударные *-у́ (-ю́)* и *-е* в Пр. п. отмечены у нек-рых неодушевленных существительных муж. р. в сочетании с предлогами *в* и *на*: *в снегу́* и *в снеге, в цеху́* и *в цехе, в отпуску́* и *в отпуске*; *на дубу́* и *на дубе, на снегу́* и *на снеге.* В ряде случаев форма на *-у́* при обозначении места или состояния правильна и предпочтительна: *в аду́, в бою́, в бреду́, в быту́, в году́, в гробу́, в лесу́, в носу́, в плену́, в порту́, во рту, в саду́, в строю́* ('о воинском построении'), *в тылу́, в чаду́; на берегу́, на боку́, на борту́, на ветру́, на возу́, на лбу, на лугу́, на носу́, на пиру́*; при обозначении полноты охвата: *весь в снегу́, в поту́, руки в клею́*; при обозначении способа изготовления: *пряники на меду́, настоять на спирту́, обувь на клею́, пальто на меху́.*

Только формы на *-у (-ю)* употребительны в следующих сочетаниях: *быть в долгу́, на полном ходу́, в цвету́* ('о поре цветения'), *гнить на корню́, стоять на ветру́; в долгу́ как в шелку́* (погов.), *брань на вороту́ не виснет* (посл.). Форма на *-е* предпочтительнее, если при существительном есть согласованное определение: *на краю́* и *на переднем крае.* Только форма на *-е* — в сочетаниях: *трудиться в поте лица, во цвете лет.*

Второе склонение

Парадигма склонения состоит из шести падежных форм, у пяти из них окончания различаются, у двух совпадают (у Д. и Пр.). Второе склонение имеет две разновидности: твердую и мягкую. К твердой разновидности относятся существительные типа *карта, жена, братишка; овца, роща*, к мягкой разновидности — существительные типа *земля, кухня; семья, линия.*

В отличие от существительных первого склонения принадлежность существительных к разряду одушевленных или неодушевленных во втором склонении не выражена.

Твердая разновидность

Таблица № 5.

С основой на твердую согласную

Женский род

И.	*карт-а*	*кошк-а*
Р.	*карт-ы*	*кошк-и*
Д.	*карт-е*	*кошк-е*
В.	*карт-у*	*кошк-у*
Тв.	*карт-ой (-ою)*	*кошк-ой (-ою)*
Пр.	*о карт-е*	*о кошк-е*

	Мужской род		Общий род
И.	*воевод-а*	*братишк-а*	*сирот-а*
Р.	*воевод-ы*	*братишк-и*	*сирот-ы*
Д.	*воевод-е*	*братишк-е*	*сирот-е*
В.	*воевод-у*	*братишк-у*	*сирот-у*
Тв.	*воевод-ой (-ою)*	*братишк-ой (-ою)*	*сирот-ой (-ою)*
Пр.	*(о) воевод-е*	*(о) братишк-е*	*(о) сирот-е*

Примечание. По твердой разновидности изменяются одушевленные существительные муж. р. типа *братишка, сынишка, мальчонка* и неодушевленные существительные муж. р. типа *домина, голосина, холодина.*

Таблица № 6.

С основой на шипящую и *ц*

Женский род

И.	*госпож-а*	*тысяч-а*
Р.	*госпож-и*	*тысяч-и*
Д.	*госпож-е*	*тысяч-е*
В.	*госпож-у*	*тысяч-у*
Тв.	*госпож-ой (-ою)*	*тысяч-ей (-ею)*
Пр.	*(о) госпож-е*	*(о) тысяч-е*
И.	*овц-а*	*улиц-а*
Р.	*овц-ы*	*улиц-ы*
Д.	*овц-е*	*улиц-е*
В.	*овц-у*	*улиц-у*
Тв.	*овц-ой (-ою)*	*улиц-ей (-ею)*
Пр.	*(об) овц-е*	*(об) улиц-е*

	Мужской род	Общий род
И.	*вельмож-а*	*ханж-а́*
Р.	*вельмож-и*	*ханж-и́*
Д.	*вельмож-е*	*ханж-е́*
В.	*вельмож-у*	*ханж-у́*
Тв.	*вельмож-ей (-ею)*	*ханж-о́й (-о́ю)*
Пр.	*(о) вельмож-е*	*(о) ханж-е́*

Исключение: *тысяча* имеет в Тв. п. вариантную форму *тысячью* по типу склонения числительных (см. табл. № 30).

Мягкая разновидность

Таблица № 7.

С основой на мягкую согласную

Женский род

И.	*земл-я́*	*башн-я*
Р.	*земл-и́*	*башн-и*
Д.	*земл-е́*	*башн-е*
В.	*зе́млю*	*башн-ю*
Тв.	*земл-ёй (-ёю)*	*башн-ей (-ею)*
Пр.	*(о) земл-е́*	*о башн-е*

	Мужской род	Общий род
И.	*дяд-я*	*рохл-я*
Р.	*дяд-и*	*рохл-и*
Д.	*дяд-е*	*рохл-е*
В.	*дяд-ю*	*рохл-ю*
Тв.	*дяд-ей (-ею)*	*рохл-ей (-ею)*
Пр.	*(о) дяд-е*	*(о) рохл-е*

Таблица № 8.

С основой на j (йот)

Женский род

И.	*семь-я*	*лини-я*
Р.	*семь-и*	*лини-и*
Д.	*семь-е*	*лини-и*
В.	*семь-ю*	*лини-ю*
Тв.	*семь-ёй (-ёю)*	*лини-ей (-ею)*
Пр.	*(о) семь-е*	*(о) лини-и*

	Мужской род	Общий род
И.	*пари-я*	*каналь-я*
Р.	*пари-и*	*каналь-и*
Д.	*пари-и*	*каналь-е*
В.	*пари-ю*	*каналь-ю*
Тв.	*пари-ей (-ею)*	*каналь-ей (-ею)*
Пр.	*(о) пари-и*	*(о) каналь-е*

Отступление: у слов на *-ия* в Д. и Пр. п. окончание *-и*. Д. *линии, парии, братии, хартии*; Пр. *(о) линии, (о) парии, (о) братии, (о) хартии.*

Третье склонение

Парадигма третьего склонения состоит из шести падежных форм, но только у трех из них окончания различаются, у Им., Р. и Тв. п., у остальных трех окончания совпадают: у В. — с Им., у Д. и Пр. — с Р. п.

Таблица № 9.

Женский род

И.	*радость*	*любовь*	*дочь*
Р.	*радост-и*	*любв-и*	*дочер-и*
Д.	*радост-и*	*любв-и*	*дочер-и*
В.	*радость*	*любовь*	*дочь*
Тв.	*радость-ю*	*любовь-ю (-ию)*	*дочерь-ю*
Пр.	*(о) радост-и*	*(о) любв-и*	*(о) дочер-и*

Отступления и индивидуальные образования. *Дочь* и *мать* в косвенных падежах, кроме В. п., имеют наращение *-ер-*. В высокой и поэтической речи у существительных с отвлеченным значением возможен Тв. п. на *-ию*: *властию, жизнию, любовию, смертию, страстию*, а также *кровию, песнию*. *Полночь* в косвенных падежах имеет вариантные формы: *полночи* и *полуночи, полночью* и *полуночью*.

Примечание. Ряд слов женского рода в Пр. п. в сочетании с предлогами *в* и *на* оканчивается на *-и́*: *в крови́, на крови́, в ночи́, в глуши́, в степи́, в тиши́*. Формы Пр. п. на *-и́* нормальны в устойчивых сочетаниях: *дело на мази́* (прост.), *широк в кости́, ангел во плоти́* (ирон.), *быть в чести́, в связи́ с чем-н.* (предлог).

Таблица № 10.

Путь

И.	*путь*
Р.	*пут-и*
Д.	*пут-и*
В.	*путь*
Тв.	*пут-ём*
Пр.	*(о) пут-и*

Таблица № 11.

Средний род

И.	*врем-я*	*знам-я*	*им-я*
Р.	*времен-и*	*знамен-и*	*имен-и*
Д.	*времен-и*	*знамен-и*	*имен-и*
В.	*врем-я*	*знам-я*	*им-я*
Тв.	*времен-ем*	*знамен-ем*	*имен-ем*
Пр.	*(о) времен-и*	*(о) знамен-и*	*(об) имен-и*

Отступления и индивидуальные образования. Слова на *-мя* во всех падежных формах, кроме Им. и В. п., имеют наращение *-ен-*. В высокой речи, в поэзии употребляется слово мужского рода *пламень* (Р. *пламени*, Д. *пламени*, Тв. *пламенем*) и (редко) *темень* (Р. *темени*, Д. *темени*, Тв. *теменем*). К существительным среднего рода на *-мя* относится *полымя* (устар. и обл.) 1-го склонения (Р. *полым-я*, Д. *полым-ю*, Тв. *полым-ем*).

Таблица № 12.

Дитя

И.	*дит-я*
Р.	*дитят-и*
Д.	*дитят-и*
В.	*дит-я*
Тв.	*дитят-ей*
Пр.	*(о) дитят-и*

Во всех падежных формах, кроме Им. и В. п., наращение *-ят-*.

Склонение существительных с первым компонентом *пол-*

Сложные существительные с первым компонентом *пол-* (*полчаса, полдела, полведра, полдюжины, полпути*) принадлежат к тому же грамматическому роду и типу склонения что и слово, форма Р. п. к-рого выступает во втором компоненте. Напр.: *полчаса* — муж. р., *полведра* — ср. р., *полдюжины* — жен. р. (*в течение долгого получаса, с полуведром воды, с полдюжиной стаканов*). Слова *полчаса* и *полведра* имеют те же окончания, что и слова *час* и *ведро*; *полдюжины* и *полбутылки* — те же окончания, что *дюжина* и *бутылка*, *полночи* и *полпути* — те же окончания, что *ночь* и *путь*.

Некоторые из сложных слов имеют устойчивый компонент *пол-*, к-рый сохраняется во всех падежах. Это сложения 1) со вторым компонентом одушевленным существительным (*ползайца, полбарана, полкурицы*); 2) со вторым компонентом собственным именем (*пол-Москвы*); 3) сложения, формы косвенных падежей к-рых с компонентом *пол-* совпадают с такими же формами слов с *полу-* и нулевым окончанием в Им. п.: *пол-этажа* и *полуэтаж, пол-кустарника* и *полукустарник*; сюда же сложения *полдюжины, полставки, пол-оклада*.

У нек-рых неодушевленных существительных первая часть *пол-* принимает в косвенных падежах (кроме В. п.) форму *полу-*: Р. *полувека*, Тв. *полугодом*, Пр. *в получасе ходьбы*. У других — возможны вариантные формы с *пол-* и *полу-*, напр.: Р. *пол-литра* и *полулитра*, Тв. *полмесяцем позже* и *полумесяцем позже*; см. также: *полметра, полнедели, пол-оборота, полслова, полшага*.

Множественное число

Во множественном числе не сохраняется характерная для изменения существительных в ед. ч. различие склонений, только две формы Им. и Р. п. имеют флексии, иногда различающиеся по типам склонений. Парадигма мн. ч. состоит из пяти различающихся падежных форм, две формы (Им. и В. п. или Р. и В. п.) совпадают; формы Д., Тв. и Пр. п. для существительных всех родов и склонений одинаковы. Во мн. ч. последовательно выражается принадлежность слов к разряду существительных одушевленных или неодушевленных. У неодушевленных существительных В. п. совпадает с Им. п. (Им. *заводы*, В. *заводы*), у одушевленных существительных В. п. совпадает с Р. п. (Р. *жителей*, В. *жителей*).

Таблица № 13.

Первое склонение

Мужской род

И.	*завод-ы*	*нож-и*	*жител-и*
Р.	*завод-ов*	*нож-ей*	*жител-ей*
Д.	*завод-ам*	*нож-ам*	*жител-ям*
В.	*завод-ы*	*нож-и*	*жител-ей*
Тв.	*завод-ами*	*нож-ами*	*жител-ями*
Пр.	*(о) завод-ах*	*(о) нож-ах*	*(о) жител-ях*

Средний род

И.	*болот-а*	*пол-я*
Р.	*болот*	*пол-ей*
Д.	*болот-ам*	*пол-ям*
В.	*болот-а*	*пол-я*
Тв.	*болот-ами*	*пол-ями*
Пр.	*о болот-ах*	*о пол-ях*

Таблица № 14.

Второе склонение

И.	*сёстр-ы*	*зéмл-и*	*воевод-ы*
Р.	*сестёр*	*земéль*	*воевод*
Д.	*сёстр-ам*	*зéмл-ям*	*воевод-ам*
В.	*сестёр*	*зéмл-и*	*воевод*
Тв.	*сёстр-ами*	*зéмл-ями*	*воевод-ами*
Пр.	*(о) сёстр-ах*	*(о) зéмл-ях*	*(о) воевод-ах*

Таблица № 15.

Третье склонение

И.	*радост-и*	*мыш-и*	*пут-и́*
Р.	*радост-ей*	*мыш-éй*	*пут-éй*
Д.	*радост-ям*	*мыш-áм*	*пут-я́м*
В.	*радост-и*	*мыш-éй*	*пут-и́*
Тв.	*радост-ями*	*мыш-áми*	*пут-я́ми*
Пр.	*(о) радост-ях*	*о мыш-áх*	*о пут-я́х*

Отступления и индивидуальные образования.

1. Существительные ср. р. на *-ко* (кроме *войско, облако, облачко*): *личико, очко, пёрышко, яблоко*, а также *брюхо*, имеют в Им. п. окончание *-и* (а не *-а*): *личики, очки, пёрышки, яблоки; брюхи.*

2. Существительные ср. р. на *-ко* с согласной в основе непосредственно перед *к* (кроме уменьш. *ушкó*): *брюшкó, озеркó, очкó, ушкó* ('отверстие'), *древко, облачко*, а также слова с гласной перед *-к*: *колёсико, личико, плечико, облако* имеют в Р. п. окончание *-ов* (а не нулевое).

3. Формы Р. п. на *-ев*, наряду с нулевым окончанием образуют существительные ср. р. на *-це*: *ведёрце* (*ведёрцев* и *ведёрец*), *веретёнце* (*веретёнцев* и *веретёнец*), а также *волоконце, дельце, донце, дульце, коленце, копытце, корытце, одеяльце, оконце, поленце, рыльце, шильце, щупальце*; слово *дéревце — деревцó* при Им. п. мн. ч. *деревцá* имеет в Р. п. варианты *деревцóв* и *деревéц*. Существительные ср. р. на *-це* и *-цо* имеют в Р. п. нулевое окончание: *блюдец, зеркалец, полотенец, колец, сердец; болотце* имеет форму *болотцев*. Формы Р. п. на *-ов, -ев* имеют также слова *плоскогубцы, плоскозубцы, святцы, сенцы, сосцы, щипцы*; сюда же *голубцы* ('блюдо').

4. Существительные ср. р. *переносье, устье* и муж. р. *подмастерье* имеют в Р. п. окончание *-ев, -ёв*; сюда же *остриё — остриёв.*

5. Существительные *верховье, низовье, подполье, разводье* и существительные муж. р. *пария* имеют вариантные формы: *верховий* и *верховьев, низовий* и *низовьев, парий* и *париев.*

6. Три слова имеют вариантные окончания в Тв. п. *дверьми* и *дверями, дочерьми* и *дочерями, лошадьми* и *лошадями*; формы на *-ми* (наряду с *-ами*) сохраняются у слов *кость* и *плеть* в сочетаниях: *лечь костьми, бить плетьми*, сюда же устар. *зверьми.*

7. Слово *церковь* в Д., Тв. и Пр. п. имеет вариантные формы: *церквам, церквами, (о) церквах* и *церквям, церквями, о церквях.*

8. О слове *гроздь* см. Исключения на с. 927.

Формы именительного падежа на *-á* существительных муж. р.

Окончание *-á, -я́* (всегда ударное) в Им. п. имеет ряд существительных муж. р. как с односложной, так и с неодносложной основой: *бок — бокá, борт — бортá, век — векá, глаз — глазá, дом, корм, край, лес, лог, луг, мех, рог, сорт, стог, ток* ('место для молотьбы'), *том, хлеб* ('злак'), *хлев, шёлк; áдрес* (почтовый) — *адресá, бéрег, вензель, вертел, вечер, город, голос, директор, доктор, жёлоб, жёрнов, закром, катер, клевер, колокол, купол, лагерь, орден* ('знак отличия'), *остров, отпуск, парус, паспорт, перепел, повар, погреб, пояс, провод, пропуск* ('документ'), *профессор, рукав, сторож, терем, тетерев, тормоз* ('механизм'), *холод, хутор, череп, якорь.*

Форму на *-á, -я́* образуют, как правило, существительные муж. р. с неодносложной основой и с ударением в Им. п. ед. ч. на втором слоге от конца основы: *áдрес — адресá, гóрод — городá, профéссор — профессорá.* При другом типе ударения формы на *-á, -я́* не отвечают современной норме: *инженéр — инженéры* (не *инженерá*), *офицéр — офицéры* (не *офицерá*), *шофёр — шофёры* (прост. *шоферá*).

Окончание *-и, -ы* может выступать как вариант окончания *-á, -я́*. При этом возможны семантические разграничения: *годы* и *года*, но только *годы* — об историческом периоде: *двадцатые годы, годы юности, тяжких испытаний; цеха* и *цехи* (на предприятии).

Формы на *-а́, -я́* предпочтительнее у слов: *а́дрес, бункер, вексель, ворох, егерь, инспектор, инструктор, китель, кондуктор, корректор, крейсер, кузов, лемех, овод, омут, пекарь, прожектор, пойнтер, пудель, слесарь, тенор, трактор, трюфель, фельдшер, флигель, флюгер, штабель, штемпель, ястреб.*

Формы на *-ы, -и* предпочтительнее у небольшой группы слов: *гром (громы* и в поэтической речи *грома́), глиссер (глиссеры* и *глиссера́) джемпер, дьякон, мех* 'мешок из шкуры животного' (*мехи́* и *меха́*); *писарь, полюс, рапорт, рупор, свитер, сектор, шницель, шторм.*

У многих слов форма на *-а, -я* — стилистически окрашена и употребительна в просторечии или в профессиональной речи: *ба́мперы* и (прост.) *бампера́, танкеры* и (у моряков) *танкера́, сахара́* (у химиков).

Особенности при склонении некоторых групп существительных во мн. ч.

Склонение существительных муж. р. — названий лиц на *-анин, -янин* и на *-ин*

Все формы мн. ч. у названий лиц на *-анин, -янин* или на *-ин* образуются (за нек-рым исключением) от усеченной основы, в Им. п. они имеют особое окончание *-е.*

Таблица 16.

Существительные на *-анин, -янин* и на *-ин*

И.	*горожан-е*	*крестьян-е*	*бояр-е*
Р.	*горожан*	*крестьян*	*бояр*
Д.	*горожан-ам*	*крестьян-ам*	*бояр-ам*
В.	*горожан*	*крестьян*	*бояр*
Тв.	*горожан-ами*	*крестьян-ами*	*бояр-ами*
Пр.	*(о) горожан-ах*	*(о) крестьян-ах*	*(о) бояр-ах*

Исключения: *семьянин — семьянины, семьянинов; барин — баре* и *бары; болгарин — болгары, болгар; татарин — татары, татар; господин — господа́, господ;* индивидуальные образования: *цыган — цыгане, цыган* и (устар. и прост.) *цыганы, цыган; хозяин — хозя́ева, хозяев.*

Склонение существительных муж. и ср. р. с основой на j (йот)

Таблица № 17.

Мужской род

И.	*князь-я*	*брать-я*
Р.	*князей*	*брать-ев*
Д.	*князь-ям*	*брать-ям*
В.	*князей*	*брать-ев*
Тв.	*князь-ями*	*брать-ями*
Пр.	*(о) князь-ях*	*(о) брать-ях*

Средний род

И.	*перь-я*	*донь-я*	*звень-я*
Р.	*перь-ев*	*донь-ев*	*звень-ев*
Д.	*перь-ям*	*донь-ям*	*звень-ям*
В.	*перь-я*	*донь-я*	*звень-я*
Тв.	*перь-ями*	*донь-ями*	*звень-ями*
Пр.	*(о) перь-ях*	*(о) донь-ях*	*(о) звень-ях*

Исключения: *сын* и *кум* образуют формы с наращением: *сын — сыновья, кум — кумовья*

Вариантные парадигмы у слов: *гроздь — гро́зди, гро́здей* и *гро́здья, гро́здьев; сук — суки́, суко́в* и *су́чья, су́чьев; уголь: у́гли, угле́й* и (собир.) *уголья, угольев; дядя* ('брат отца или матери') — *дя́ди, дядей* и *дядья́, дядьёв.*

Склонение названий невзрослых существ на *-ёнок, -онок*

Формы мн. ч. названий невзрослых существ образуются от основы на *-ат, -ят.*

Таблица № 18.

И.	*ребят-а*	*цыплят-а*	*чертенят-а*
Р.	*ребят*	*цыплят*	*чертенят*
Д.	*ребят-ам*	*цыплят-ам*	*чертенят-ам*
В.	*ребят*	*цыплят*	*чертенят*
Тв.	*ребят-ами*	*цыплят-ами*	*чертенят-ами*
Пр.	*(о) ребят-ах*	*(о) цыплят-ах*	*(о) чертенят-ах*

И.	*лягушат-а*
Р.	*лягушат*
Д.	*лягушат-ам*
В.	*лягушат*
Тв.	*лягушат-ами*
Пр.	*(о) лягушат-ах*

Исключения: по этому же образцу образуют формы мн. ч. *маслёнок — маслята, опёнок — опята* (и *опёнки*); у слов *бесёнок, чертёнок, лисёнок,* а также *щенок* — усекается *-ок* основы: *бесёнок — бесенята, чертёнок — чертенята, лисёнок — лисенята* (и *лисята*), *щенок — щенята* (и *щенки*).

Существительные, не образующие отдельных форм мн. ч.

Не образуют Р. п. мн. ч.: *башка, мга, мгла, мечта, мзда, мольба, тьма* ('мрак'), слова на согласную перед *-ца: гнильца, ленца, пыльца, рысца, сольца, хрипотца,* а также *казна, камка, тоска, треска.* Отклонения от общего правила и индивидуальные образования у слов: *небо, чудо, судно, цветок, курица.* См. соответствующие словарные статьи.

Существительные, склоняющиеся по образцу имен прилагательных

По образцу склонения прилагательных изменяются существительные с окончаниями *-о́й* и *-ий; -ый* (муж. р.), *-ое, -ее* (ср. р.), *-ая, -яя* (жен. р.) и *-ые, -ие* (мн. ч.), напр.: *портно́й, вожатый; насекомое, горючее; запятая, передняя; отпускные, чаевые, авторские.*

У неодушевленных существительных В. п. совпадает с Им. п., у одушевленных — с Р. п.

Таблица № 19.

Единственное число

Мужской род

И.	*выходн-ой*	*двугривенн-ый*	*рабоч-ий*
Р.	*выходн-ого*	*двугривенн-ого*	*рабоч-его*
Д.	*выходн-ому*	*двугривенн-ому*	*рабоч-ему*
В.	*выходн-ой*	*двугривенн-ый*	*рабоч-его*
Тв.	*выходн-ым*	*двугривенн-ым*	*рабоч-им*
Пр.	*о выходн-ом*	*о двугривенн-ом*	*о рабоч-ем*

Средний род

И.	*животн-ое*	*подлежащ-ее*
Р.	*животн-ого*	*подлежащ-его*
Д.	*животн-ому*	*подлежащ-ему*
В.	*животн-ое*	*подлежащ-ее*
Тв.	*животн-ым*	*подлежащ-им*
Пр.	*о животн-ом*	*о подлежащ-ем*

Женский род

И.	*запят-ая*	*горничн-ая*	*заведующ-ая*
Р.	*запят-ой*	*горничн-ой*	*заведующ-ей*
Д.	*запят-ой*	*горничн-ой*	*заведующ-ей*
В.	*запят-ую*	*горничн-ую*	*заведующ-ую*
Тв.	*запят-ой (ою)*	*горничн-ой (ою)*	*заведующ-ей (ею)*
Пр.	*о запят-ой*	*о горничн-ой*	*о заведующ-ей*

Множественное число

Мужской род

И.	*выходн-ые*	*двугривенн-ые*	*рабоч-ие*
Р.	*выходн-ых*	*двугривенн-ых*	*рабоч-их*
Д.	*выходн-ым*	*двугривенн-ым*	*рабоч-им*
В.	*выходн-ые*	*двугривенн-ые*	*рабоч-их*
Тв.	*выходн-ыми*	*двугривенн-ыми*	*рабоч-ими*
Пр.	*о выходн-ых*	*о двугривенн-ых*	*о рабоч-их*

Средний род

И.	*животн-ые*	*подлежащ-ие*
Р.	*животн-ых*	*подлежащ-их*
Д.	*животн-ым*	*подлежащ-им*
В.	*животн-ых*	*подлежащ-ие*
Тв.	*животн-ыми*	*подлежащ-ими*
Пр.	*о животн-ых*	*о подлежащ-их*

Женский род

И.	*запят-ые*	*горничн-ые*	*заведующ-ие*
Р.	*запят-ых*	*горничн-ых*	*заведующ-их*
Д.	*запят-ым*	*горничн-ым*	*заведующ-им*
В.	*запят-ые*	*горничн-ых*	*заведующ-их*
Тв.	*запят-ыми*	*горничн-ыми*	*заведующ-ими*
Пр.	*о запят-ых*	*о горничн-ых*	*о заведую-их*

Ряд существительных изменяется по смешанному склонению (Им. п. — как у существительных; косвенные падежи — как у прилагательных). По смешанному склонению изменяются слова, имеющие в Им. п. ед. ч. окончание, характерное для форм Им. п. существительных 1-го (муж. и ср. р.) или 2-го (жен. р.) склонения и в ряде форм (или в одной форме) косвенных падежей — окончания, характерные для склонения прилагательных.

К существительным, изменяющимся по смешанному склонению, относятся *девичья, ничья, третье* ('блюдо'); *кабельтов* (морск.), *швартов* (морск.).

Таблица № 20.

Единственное число

	Средний род	Женский род
И.	*треть-е*	*ничь-я*
Р.	*треть-его*	*ничь-ей*
Д.	*треть-ему*	*ничь-ей*
В.	*треть-е*	*ничь-ю*
Тв.	*треть-им*	*ничь-ей*
Пр.	*о треть-ем*	*о ничь-ей*

Множественное число

И.	*треть-и*	*ничь-и*
Р.	*треть-их*	*ничь-их*
Д.	*треть-им*	*ничь-им*
В.	*треть-и*	*ничь-и*
Тв.	*треть-ими*	*ничь-ими*
Пр.	*о треть-их*	*о ничь-их*

СКЛОНЕНИЕ ПРИЛАГАТЕЛЬНЫХ

Имя прилагательное обозначает непроцессуальный признак (качество, свойство) и выражает это значение в категориях рода, числа и падежа. Все прилагательные делятся на склоняемые, т. е. изменяющиеся по падежам, и несклоняемые. Падежные значения у прилагательных выражаются в ед. ч. формами муж., ср. и жен. рода, а во мн. ч. — формами, общими для всех трех родов. Склонение прилагательных представлено четырьмя парадигмами: тремя — в ед. ч. и одной — во мн. ч. Каждая из парадигм имеет шесть падежных форм. Прилагательные последовательно обозначают одушевленность или неодушевленность тех существительных, с к-рыми они согласуются: при одушевленных форма В. п. ед. ч. муж. р. и мн. ч. всех родов совпадает с формой Р. п., а при неодушевленных — с формой Им. п. Напр.: Им. *старый друг*, Р. *старого друга*, В. *старого друга*, но Им. *старый дом*, Р. *старого дома*, В. *старый дом*.

Различаются два склонения прилагательных: 1) склонение собственно-прилагательных (так наз. адъективное) и 2) смешанное склонение, в к-ром сочетаются черты склонения существительных и прилагательных. По первому склонению изменяются все прилагательные, кроме притяжательных, по второму — притяжательные прилагательные.

В первом случае в зависимости от падежных окончаний выделяются две разновидности: твердая и мягкая. К твердой разновидности относятся прилагательные с основой на твердую согласную и *ц* со следующими окончаниями в Им. п. ед. и мн. ч.: ед. ч. муж. р. — *-ый* (под удар. *-óй*), жен. р. *-ая*, ср. р. *-ое*; мн. ч.: *-ые*. К мягкой разновидности относятся прилагательные с основой на мягкую согласную со следующими окончаниями в Им. п. ед. и мн. ч.: ед. ч. муж. р. — *-ий*, жен. р. — *-яя*, ср. р. *-ее*; мн. ч. *-ие*. В отдельные группы выделяются прилагательные с основой на шипящую и на *г, к, х* (см. ниже).

Твердая разновидность

Таблица № 21.

Единственное число

	Мужской род		Средний род	
И.	*нов-ый*	*молод-ой*	*нов-ое*	*молод-ое*
Р.	*нов-ого*	*молод-ого*	*нов-ого*	*молод-ого*
Д.	*нов-ому*	*молод-ому*	*нов-ому*	*молод-ому*
Р.	*нов-ый* или *нов-ого*	*молод-ой* *молод-ого*	*нов-ое*	*молод-ое*
Тв.	*нов-ым*	*молод-ым*	*нов-ым*	*молод-ым*
Пр.	*(о) нов-ом*	*(о) молод-ом*	*(о) нов-ом*	*(о) молод-ом*

Женский род

И.	*нов-ая*	*молод-ая*
Р.	*нов-ой*	*молод-ой*
Д.	*нов-ой*	*молод-ой*
В.	*нов-ую*	*молод-ую*
Тв.	*нов-ой (-ою)*	*молод-ой (-ою)*
Пр.	*(о) нов-ой*	*(о) молод-ой*

Множественное число

И.	*нов-ые*	*молод-ые*
Р.	*нов-ых*	*молод-ых*
Д.	*нов-ым*	*молод-ым*
В.	*нов-ые* или *нов-ых*	*молод-ые* *молод-ых*
Тв.	*нов-ыми*	*молод-ыми*
Пр.	*(о) нов-ых*	*молод-ых*

Мягкая разновидность

Таблица № 22.

Единственное число

	Мужской род		Средний род	
И.	*син-ий*	*домашн-ий*	*син-ее*	*домашн-ее*
Р.	*син-его*	*домашн-его*	*син-его*	*домашн-его*
Д.	*син-ему*	*домашн-ему*	*син-ему*	*домашн-ему*
В.	*син-ий* или *син-его*	*домашн-ий* *домашн-его*	*син-ее*	*домашн-ее*
Тв.	*син-им*	*домашн-им*	*син-им*	*домашн-им*
Пр.	*(о) син-ем*	*(о) домашн-ем*	*(о) син-ем*	*(о) домашн-ем*

Женский род

И.	*син-яя*	*домашн-яя*
Р.	*син-ей*	*домашн-ей*
Д.	*син-ей*	*домашн-ей*
В.	*син-юю*	*домашн-юю*
Тв.	*син-ей (-ею)*	*домашн-ей (-ею)*
Пр.	*(о) син-ей*	*(о) домашн-ей*

Множественное число

И.	*син-ие*	*домашн-ие*
Р.	*син-их*	*домашн-их*
Д.	*син-им*	*домашн-им*
В.	*син-ие* или *син-их*	*домашн-ие* *домашн-их*
Тв.	*син-ими*	*домашн-ими*
Пр.	*(о) син-их*	*(о) домашн-их*

Прилагательное *бескрайний* имеет устар. вариантные формы по твердой разновидности: *бескрайный, бескрайного, бескрайному...*; *междугородный* допускает вариантные формы по мягкой разновидности: *междугородний: междугороднего, междугороднему.* В 19 — первой половине 20 в. круг прилагательных, допускающих подобную вариативность, был достаточно широк, напр.: *внутренний* и *внутренный, давний* и *давный, дальний* и *дальный, долголетний* и *долголетный, ежегодный* и *ежегодний, исконный* и *исконний, искренный* и *искренний* и нек-рые другие. В современном языке *внутренный, давный, дальный, долголетный, ежегодний, исконний* и *искренный* — ненормативны.

Склонение прилагательных с основой на шипящую и на *г, к, х*

Эти прилагательные имеют в склонении свои особенности.

Таблица № 23.

С основой на шипящую

Единственное число

	Мужской род		Средний род	
И.	*свеж-ий*	*больш-ой*	*свеж-ее*	*больш-ое*
Р.	*свеж-его*	*больш-ого*	*свеж-его*	*больш-ого*
Д.	*свеж-ему*	*больш-ому*	*свеж-ему*	*больш-ому*
В.	*свеж-ий* или *свеж-его*	*больш-ой* *больш-ого*	*свеж-ее*	*больш-ое*
Тв.	*свеж-им*	*больш-им*	*свеж-им*	*больш-им*
Пр.	*(о) свеж-ем*	*(о) больш-ом*	*(о) свеж-ем*	*(о) больш-ом*

Женский род

И.	*свеж-ая*	*больш-ая*
Р.	*свеж-ей*	*больш-ой*
Д.	*свеж-ей*	*больш-ой*
В.	*свеж-ую*	*больш-ую*
Тв.	*свеж-ей (-ею)*	*больш-ой (-ою)*
Пр.	*(о) свеж-ей*	*(о) больш-ой*

Множественное число

И.	*свеж-ие*	*больш-ие*
Р.	*свеж-их*	*больш-их*
Д.	*свеж-им*	*больш-им*
В.	*свеж-ие* или *свеж-их*	*больш-ие* *больш-их*
Тв.	*свеж-ими*	*больш-ими*
Пр.	*(о) свеж-их*	*(о) больш-их*

Таблица № 24.

С основой на *г, к, х*

Единственное число

Мужской род

И.	*строг-ий*	*мелк-ий*	*сух-ой*
Р.	*строг-ого*	*мелк-ого*	*сух-ого*
Д.	*строг-ому*	*мелк-ому*	*сух-ому*
В.	*строг-ий* или *строг-ого*	*мелк-ий* *мелк-ого*	*сух-ой* *сух-ого*
Тв.	*строг-им*	*мелк-им*	*сух-им*
Пр.	*(о) строг-ом*	*(о) мелк-ом*	*(о) сух-ом*

Средний род

И.	*строг-ое*	*мелк-ое*	*сух-ое*
Р.	*строг-ого*	*мелк-ого*	*сух-ого*
Д.	*строг-ому*	*мелк-ому*	*сух-ому*
В.	*строг-ое*	*мелк-ое*	*сух-ое*
Тв.	*строг-им*	*мелк-им*	*сух-им*
Пр.	*(о) строг-ом*	*(о) мелк-ом*	*(о) сух-ом*

Женский род

И.	*строг-ая*	*мелк-ая*	*сух-ая*
Р.	*строг-ой*	*мелк-ой*	*сух-ой*
Д.	*строг-ой*	*мелк-ой*	*сух-ой*
В.	*строг-ую*	*мелк-ую*	*сух-ую*
Тв.	*строг-ой (-ою)*	*мелк-ой (-ою)*	*сух-ой (-ою)*
Пр.	*(о) строг-ой*	*(о) мелк-ой*	*(о) сух-ой*

Множественное число

И.	*строг-ие*	*мелк-ие*	*сух-ие*
Р.	*строг-их*	*мелк-их*	*сух-их*
Д.	*строг-им*	*мелк-им*	*сух-им*
В.	*строг-ие* или *строг-их*	*мелк-ие* *мелк-их*	*сух-ие* *сух-их*
Тв.	*строг-ими*	*мелк-ими*	*сух-ими*
Пр.	*(о) строг-их*	*(о) мелк-их*	*(о) сух-их*

Смешанное склонение

По смешанному склонению изменяются притяжательные прилагательные; выделяются три его разновидности: 1) с суффиксом *-ий*; 2) с суффиксами *-ин, -нин*; 3) с суффиксом *-ов.*

Таблица № 25.

С суффиксом *-ий*

Единственное число

Мужской род

И.	*казачий*	*олений*	*волчий*
Р.	*казачь-его*	*олень-его*	*волчь-его*
Д.	*казачь-ему*	*олень-ему*	*волчь-ему*
В.	*казачий* или *казачь-его*	*олений* *олень-его*	*волчий* *волчь-его*
Тв.	*казачь-им*	*олень-им*	*волчь-им*
Пр.	*(о) казачь-ем*	*(об) олень-ем*	*(о) волчь-ем*

Средний род

И.	*казачь-е*	*олень-е*	*волчь-е*
Р.	*казачь-его*	*олень-его*	*волчь-его*
Д.	*казачь-ему*	*олень-ему*	*волчь-ему*
В.	*казачье*	*оленье*	*волчье*
Тв.	*казачь-им*	*олень-им*	*волчь-им*
Пр.	*(о) казачь-ем*	*(об) олень-ем*	*(о) волчь-ем*

Женский род

И.	*казачь-я*	*олень-я*	*волчь-я*
Р.	*казачь-ей*	*олень-ей*	*волчь-ей*
Д.	*казачь-ей*	*олень-ей*	*волчь-ей*
В.	*казачь-ю*	*олень-ю*	*волчь-ю*
Тв.	*казачь-ей (-ею)*	*олень-ей (-ею)*	*волчь-ей (-ею)*
Пр.	*(о) казачь-ей*	*(об) олень-ей*	*(о) волчь-ей*

Множественное число

И.	*казачь-и*	*олень-и*	*волчь-и*
Р.	*казачь-их*	*олень-их*	*волчь-их*
Д.	*казачь-им*	*олень-им*	*волчь-им*
В.	*казачь-и* или *казачь-их*	*олень-и* / *олень-их*	*волчь-и* / *волчь-их*
Тв.	*казачь-ими*	*олень-ими*	*волчь-ими*
Пр.	*(о) казачь-их*	*(об) олень-их*	*(о) волчь-их*

Нормальны варианты: Им. *раб Божий*, Р. *раба Божия* (-ья), Д. *рабу Божию* (-ью) и Р. *раба Божьего*, Д. *рабу Божьему*; сюда же: *По щучью веленью* (устар.) и *По щучьему веленью*.

С суффиксом *-ин, -нин*

Притяжательные прилагательные с суф. *-ин, -нин* муж., жен. и ср. р. в ед. ч. в Им. и В. п. имеют те же окончания, что и существительные первого и второго склонения, формы косвенных падежей ед. ч. образуются по типу прилагательных. Во мн. ч. по типу склонения существительных образуются только формы Им. и В. п. Формы косвенных падежей (за исключением В. п., в тех случаях, когда он совпадает с Им. п.) совпадают с формами склонения прилагательных.

Таблица № 26.

Единственное число

Мужской род

И.	*мамин*	*братнин*	*сестрин*
Р.	*мамин-ого*	*братнин-ого*	*сестрин-ого*
Д.	*мамин-ому*	*братнин-ому*	*сестрин-ому*
В.	*мамин* или *мамин-ого*	*братнин* / *братнин-ого*	*сестрин* / *сестрин-ого*
Тв.	*мамин-ым*	*братнин-ым*	*сестрин-ым*
Пр.	*о мамин-ом*	*о братнин-ом*	*о сестрин-ом*

Средний род

И.	*мамин-о*	*братнин-о*	*сестрин-о*
Р.	*мамин-ого*	*братнин-ого*	*сестрин-ого*
Д.	*мамин-ому*	*братнин-ому*	*сестрин-ому*
В.	*мамин-о*	*братнин-о*	*сестрин-о*
Тв.	*мамин-ым*	*братнин-ым*	*сестрин-ым*
Пр.	*о мамин-ом*	*о братнин-ом*	*о сестрин-ом*

Женский род

И.	*мамин-а*	*братнин-а*	*сестрин-а*
Р.	*мамин-ой*	*братнин-ой*	*сестрин-ой*
Д.	*мамин-ой*	*братнин-ой*	*сестрин-ой*
В.	*мамин-у*	*братнин-у*	*сестрин-у*
Тв.	*мамин-ой (-ою)*	*братнин-ой (-ою)*	*сестрин-ой (-ою)*
Пр.	*(о) мамин-ой*	*о братнин-ой*	*о сестрин-ой*

Множественное число

И.	*мамин-ы*	*братнин-ы*	*сестрин-ы*
Р.	*мамин-ых*	*братнин-ых*	*сестрин-ых*
Д.	*мамин-ым*	*братнин-ым*	*сестрин-ым*
В.	*мамин-ы* или *мамин-ых*	*братнин-ы* / *братнин-ых*	*сестрин-ы* / *сестрин-ых*
Тв.	*мамин-ыми*	*братнин-ыми*	*сестрин-ыми*
Пр.	*о мамин-ых*	*о братнин-ых*	*о сестрин-ых*

В языке 19 — первой половины 20 в. в формах Р. и Д. п. ед. ч. нормальна была вариативность типа *мамина — маминого, мамину — маминому; тетина — тетиного, тетину — тетиному*. В современном языке формы типа *мамина, мамину* устарели. Они закрепились за прилагательными, входящими в состав названий, напр. *венерин башмачок* (растение), или в устойчивые сочетания, напр.: *Шемякин суд, Тришкин кафтан, Ильин день, Фомина неделя.*

С суффиксом *-ов*

Притяжательные прилагательные с суффиксом *-ов* муж. и ср. рода в ед. ч. во всех падежах, кроме Тв. и Пр. п., имеют те же окончания, что и существительные первого склонения (см. табл. № 1—4), прилагательные жен. р. в ед. ч. имеют окончания второго склонения существительных только в Им. и В. п. (см. табл. № 5—8). Во мн. ч. по типу склонения существительных образуются только формы Им. и В. п. Все остальные формы (кроме В. п., если он совпадает с Им. п.) совпадают с формами склонения прилагательных.

Таблица № 27.

Единственное число

	Мужской род		Средний род	
И.	*отцов*	*царёв*	*отцов-о*	*царёв-о*
Р.	*отцов-а*	*царёв-а*	*отцов-а*	*царёв-а*
Д.	*отцов-у*	*царёв-у*	*отцов-у*	*царёв-у*
В.	*отцов* или *отцов-а*	*царёв* / *царёв-а*	*отцов-о*	*царёв-о*
Тв.	*отцов-ым*	*царёв-ым*	*отцов-ым*	*царёв-ым*
Пр.	*(об) отцов-ом*	*(о) царёв-ом*	*(об) отцов-ом*	*(о) царёв-ом*

Женский род

И.	*отцов-а*	*царёв-а*
Р.	*отцов-ой*	*царёв-ой*
Д.	*отцов-ой*	*царёв-ой*
В.	*отцов-у*	*царёв-у*
Тв.	*отцов-ой (-ою)*	*царёв-ой (-ою)*
Пр.	*(об) отцов-ой*	*(о) царёв-ой*

Множественное число

И.	*отцов-ы*	*царёв-ы*
Р.	*отцов-ых*	*царёв-ых*
Д.	*отцов-ым*	*царёв-ым*
В.	*отцов-ы* или *отцов-ых*	*царёв-ы* *царёв-ых*
Тв.	*отцов-ыми*	*царёв-ыми*
Пр.	*(об) отцов-ых*	*(о) царёв-ых*

СКЛОНЕНИЕ ЧИСЛИТЕЛЬНЫХ

Термин «числительное» употребляется для наименования всех слов с количественно-числовым и счетно-порядковым значением. К первым относятся, напр.: *один, два, три, оба, обе, шестеро, несколько, столько, много, мало;* ко вторым, напр.: *первый, второй, двадцатый, сотый.*

В зависимости от значения числительные делятся на количественные, обозначающие собственно количество или число, напр.: *один, два, пять, пятнадцать, тридцать, семьдесят, двести, триста, пятьсот, сто шестьдесят два,* и собирательные, обозначающие количество как совокупность, напр.: *двое, трое, шестеро, оба, обе.* Числительные со счетно-порядковым значением именуются порядковыми.

Количественные числительные разделяются на определенно-количественные, напр.: *пять, двенадцать, полтораста, триста,* и неопределенно-количественные, напр.: *несколько, сколько, сколько-нибудь, сколько-либо, сколько-то, столько, столько-то* и несклоняемые: *мало, немало, много, немного.*

По своему строению количественные числительные делятся на простые, сложные и составные. Простые числительные — это слова с простой основой (с одним корнем), напр.: *один, два, пять, десять, сорок, сто, сколько, столько, пятнадцать, тридцать.* Сложные числительные — это слова со сложной основой, состоящей из двух частей, напр.: *пятьдесят, шестьдесят, двести, триста, пятьсот.* Составные числительные состоят из нескольких слов, каждое из к-рых само является простым или сложным числительным, напр.: *двадцать пять, восемьсот тридцать восемь;* в составное числительное могут входить существительные со значением числа, такие, как *тысяча, миллион, миллиард, биллион, триллион* и др., напр.: *одна тысяча девятьсот восемьдесят шесть, два миллиона семьсот тысяч двести двадцать один.*

Количественные и собирательные числительные склоняются по образцу существительных или прилагательных. По образцу существительных ед. или мн. ч. склоняются 1) числительные от *пяти* до *десяти,* числительные на *-дцать* (напр.: *одиннадцать, двенадцать, тридцать*) и на *-десят* (напр.: *пятьдесят, шестьдесят*); 2) числительные *двести, триста* и все числительные на *-сот;* 3) числит. *сорок, девяносто, сто, полтора, полторы* и *полтораста.* По образцу прилагательных склоняются числительные *два, три, четыре,* собирательные, включая *оба, обе,* и неопределенно-количественные числительные *сколько, столько* и такие, как *сколько-нибудь, столько-то.*

Количественные числительные

Таблица № 28.

Один (одна, одно)

	Мужской род	Средний род	Женский род
И.	*один*	*одн-о*	*одн-а*
Р.	*одн-ого*	*одн-ого*	*одн-ой*
Д.	*одн-ому*	*одн-ому*	*одн-ой*
В.	*один* или одн-ого	*одн-о*	*одн-у*
Тв.	*одн-им*	*одн-им*	*одн-ой (-ою)*
Пр.	*(об) одн-ом*	*(об) одн-ом*	*(об) одн-ой*

Таблица № 29.

Два

	Мужской и средний род	Женский род
И.	*дв-а*	*дв-е*
Р.	*дв-ух*	*дв-ух*
Д.	*дв-ум*	*дв-ум*
В.	*дв-а* или *дв-ух*	*дв-а* или *дв-ух*
Тв.	*дв-умя*	*дв-умя*
Пр.	*(о) дв-ух*	*(о) дв-ух*

	Три	Четыре
И.	*тр-и*	*четыр-е*
Р.	*тр-ёх*	*четыр-ёх*
Д.	*тр-ём*	*четыр-ём*
В.	*тр-и* или *тр-ёх*	*четыр-е* *четыр-ёх*
Тв.	*тр-емя*	*четырь-мя*
Пр.	*(о) тр-ёх*	*(о) четыр-ёх*

Таблица № 30.

	Пять	Пятнадцать	Пятьдесят
И.	*пять*	*пятнадцать*	*пятьдесят*
Р.	*пят-и*	*пятнадцат-и*	*пятидесят-и*
Д.	*пят-и*	*пятнадцат-и*	*пятидесят-и*
В.	*пять*	*пятнадцать*	*пятьдесят*
Тв.	*пять-ю*	*пятнадцать-ю*	*пятьюдесятью*
Пр.	*(о) пят-и*	*(о) пятнадцат-и*	*(о) пятидесят-и*

У всех числительных на *-десят* склоняются обе части сложения: Им. *шестьдесят*, Р. *шестидесяти*, Тв. *шестьюдесятью*; числительные *восемь* и *восемьдесят* в Тв. п. имеют вариантные формы: *восемью* и *восьмью; восемьюдесятью* и *восьмьюдесятью*.

Таблица № 31.

	Двести	Триста
И.	*двест-и*	*трист-а*
Р.	*двухсот*	*трёхсот*
Д.	*двумста-м*	*трёмст-ам*
В.	*двест-и*	*трист-а*
Тв.	*двумяст-ами*	*тремяст-ами*
Пр.	*(о) двухст-ах*	*(о) трёхст-ах*

	Четыреста	Пятьсот
И.	*четырест-а*	*пятьсот*
Р.	*четырёхсот*	*пятисот*
Д.	*четырёмст-ам*	*пятист-ам*
В.	*четырест-а*	*пятьсот*
Тв.	*четырьмяст-ами*	*пятьюст-ами*
Пр.	*(о) четырёхст-ах*	*(о) пятист-ах*

У всех числительных на *-сот* склоняются обе части сложения; *восемьсот* в Тв. п. имеет вариантные формы *восемьюстами* и *восьмьюстами*.

Числительные *сорок, девяносто, сто* имеют только две различающиеся падежные формы: форму им. и вин. п. и форму, единую для всех косвенных падежей, кроме вин. п.

Таблица № 32.

	Сорок	Девяносто	Сто
И.	*сорок*	*девяност-о*	*ст-о*
Р.	*сорок-а*	*девяност-а*	*ст-а*
Д.	*сорок-а*	*девяност-а*	*ст-а*
В.	*сорок*	*девяност-о*	*ст-о*
Тв.	*сорок-а*	*девяност-а*	*ст-а*
Пр.	*(о) сорок-а*	*(о) девяност-а*	*(о) ст-а*

По этому образцу склоняются числит. *полтора, полторы* и *полтораста*; особенность: формы косвенных падежей, кроме В. п., образуются от основы *полутор-*.

Таблица № 33.

	Полтора	Полторы	Полтораста
И.	*полтор-а*	*полтор-ы*	*полтораст-а*
Р.	*полутор-а*	*полутор-а*	*полутораст-а*
Д.	*полутор-а*	*полутор-а*	*полутораст-а*
В.	*полтор-а*	*полтор-ы*	*полтораст-а*
Тв.	*полутор-а*	*полутор-а*	*полутораст-а*
Пр.	*(о) полутор-а*	*(о) полутор-а*	*(о) полутораст-а*

У составных числительных склоняется каждое входящее в них слово.

Таблица № 34.

И.	*тысяч-а двести восемьдесят семь*
Р.	*тысяч-и двухсот восьмидесят-и сем-и*
Д.	*тысяч-е двумст-ам восьмидесят-и сем-и*
В.	*тысячу двест-и восемьдесят семь*
Тв.	*тысячь-ю (тысяч-ей) двумяст-ами восьмьюдесять-ю (восемьюдесять-ю) семь-ю*
Пр.	*(о) тысяч-е двухст-ах восьмидесят-и сем-и*

И.	*пятьсот тридцать два*
Р.	*пятисот тридцат-и дв-ух*
Д.	*пятист-ам тридцат-и дв-ум*
В.	*пятьсот тридцать дв-а*
Тв.	*пятьюст-ами тридцать-ю дв-умя*
Пр.	*(о) пятист-ах тридцат-и дв-ух*

В сочетании с *одна* в Тв. п — только *тысячей: с одной тысячей двумястами бойцов.*

Таблица № 35.

Собирательные числительные

	Двое	Четверо
И.	*дво-е*	*четвер-о*
Р.	*дво-их*	*четвер-ых*
Д.	*дво-им*	*четвер-ым*
В.	*дв-ое* или *дв-ух*	*четвер-о* / *четвер-ых*
Тв.	*дво-ими*	*четвер-ыми*
Пр.	*(о) дво-их*	*(о) четвер-ых*

	Оба	Обе
И.	*об-а*	*об-е*
Р.	*обо-их*	*обе-их*
Д.	*обо-им*	*обе-им*
В.	*об-а* или *обо-их*	об-е / *обе-их*
Тв.	*обо-ими*	*обе-ими*
Пр.	*(об) обо-их*	*(об) обе-их*

Неопределенно-количественные числительные

Таблица № 36.

	сколько	несколько	столько
И.	*скольк-о*	*нескольк-о*	*стольк-о*
Р.	*скольк-их*	*нескольк-их*	*стольк-их*
Д.	*скольк-им*	*нескольк-им*	*стольк-им*
В.	*скольк-о* или *скольк-их*	*нескольк-о* *нескольк-их*	*стольк-о* *стольк-их*
Тв.	*скольк-ими*	*нескольк-ими*	*стольк-ими*
Пр.	*(о) скольк-их*	*(о) нескольк-их*	*(о) стольк-их*

Формы косвенных падежей неопределенно-количественных числительных совпадают с формами косвенных падежей прилагательных, склоняющихся по твердой разновидности (с основой на *к, г, х*, см. табл. № 24). По данному образцу склоняются все остальные неопределенно-количественные числительные с компонентом *сколько, столько* в первой части сложения, напр.: *Скольких-то знакомых повидал; Без скольких-нибудь недостатков; Со столькими-то достоинствами.*

Порядковые числительные

Порядковые числительные склоняются по образцу прилагательных твердой разновидности (см. таблицу № 21). Исключение: *третий*, изменяющийся по смешанному склонению (см. таблицу № 25); Им. *третий*, Р. *треть-его*, Д. *треть-ему*, Тв. *треть-им.*

СКЛОНЕНИЕ МЕСТОИМЕНИЙ

Термин местоимение применяется к широкому кругу слов, объединенных общей функцией указания на предмет или признак. Местоимения делятся на личные, возвратное, притяжательные, вопросительно-относительные, указательные, определительные, отрицательные и неопределенные.

В каждом из выделенных разрядов объединены слова с разными грамматическими признаками, слова изменяемые и неизменяемые (местоименные наречия). Изменяемые местоимения, кроме *я, ты, мы, вы* (см. табл. № 37), не имеют собственной системы словоизменения: они склоняются по типу существительных или прилагательных.

Личные местоимения

К личным местоимениям относятся *я, мы* (первое лицо), *ты, вы* (второе лицо), *он (она, оно — они)*; третье лицо. Для мест. *я, ты, мы* и *вы* характерно образование пад. форм от разных основ. В. п. личных мест. всегда совпадает с Р. п.

Таблица № 37.

	я	ты	мы	вы
И.	*я*	*ты*	*мы*	*вы*
Р.	*мен-я*	*теб-я*	*н-ас*	*в-ас*
Д.	*мн-е*	*теб-е*	*н-ам*	*в-ам*
В.	*мен-я*	*теб-я*	*н-ас*	*в-ас*
Тв.	*мн-ой (-ою)*	*тоб-ой (-ою)*	*н-ами*	*в-ами*
Пр.	*(обо) мн-е*	*(о) теб-е*	*(о) н-ас*	*(о) в-ас*

Таблица № 38.

	Он	Оно	Она (Они)
И.	*он*	*он-о*	*он-а (он-и)*
Р.	*его*	*её*	*их*
Д.	*ему*	*ей*	*им*
В.	*его*	*её*	*их*
Тв.	*им*	*ей(ею)*	*ими*
Пр.	*(о) нём*	*(о) ней*	*(о) них*

Местоимения 3 л. склоняются по смешанному склонению прилагательных (см. табл. № 25). Формы косвенных падежей ед. и мн. ч. образуются от основы на j (йот) (йот сливается с гласной окончания); при употреблении с предлогом образуются так наз. приредложные формы с начальным «н»: *от него, к ней, с ним, между ними, о нём, при ней, о них.*

Возвратное местоимение

Именительного падежа нет. Косвенные падежи образуются по образцу местоимения *ты* при чередовании основ *себ-, соб-*. В. п. совпадает с Р. п.

Таблица № 39.

И.	—
Р.	*себ-я*
Д.	*себ-е*
В.	*себ-я*
Тв.	*соб-ой (-ою)*
Пр.	*(о) себ-е*

По своей функции к возвратному местоимению примыкает фразеологизм *друг друга* с взаимно-возвратным значением. Им. п. нет, Р. п. *друг друг-а*; Д. п. *друг друг-у*, В. п. *друг друг-а*, Тв. п. *друг друг-ом*, Пр. п. *о друг друг-е, друг о друг-е.*

Притяжательные местоимения

К притяжательным местоимениям относятся *мой, твой, наш, ваш, свой*, прост. *ихний* и несклоняемые *его, её, их.*

Таблица № 40.

Единственное число

Мужской род

И.	*мой*	*твой*	*свой*
Р.	*мо-его*	*тво-его*	*сво-его*
Д.	*мо-ему*	*тво-ему*	*сво-ему*
В.	*мой*	*твой*	*свой*
	или		
	мо-его	*тво-его*	*сво-его*
Тв.	*мо-им*	*тво-им*	*сво-им*
Пр.	*(о) мо-ём*	*(о) тво-ём*	*(о) сво-ём*

Средний род

И.	*мо-ё*	*тво-ё*	*сво-ё*
Р.	*мо-его*	*тво-его*	*сво-его*
Д.	*мо-ему*	*тво-ему*	*сво-ему*
В.	*мо-ё*	*тво-ё*	*сво-ё*
Тв.	*мо-им*	*тво-им*	*сво-им*
Пр.	*(о) мо-ём*	*(о) тво-ём*	*(о) сво-ём*

Женский род

И.	*мо-я*	*тво-я*	*сво-я*
Р.	*мо-ей*	*тво-ей*	*сво-ей*
Д.	*мо-ей*	*тво-ей*	*сво-ей*
В.	*мо-ю*	*тво-ю*	*сво-ю*
Тв.	*мо-ей (-ею)*	*тво-ей (-ею)*	*сво-ей (-ею)*
Пр.	*(о) мо-ей*	*(о) тво-ей*	*(о) сво-ей*

Множественное число

И.	*мо-и*	*тво-и*	*сво-и*
Р.	*мо-их*	*тво-их*	*сво-их*
Д.	*мо-им*	*тво-им*	*сво-им*
В.	*мо-и*	*тво-и*	*сво-и*
	или		
	мо-их	*тво-их*	*сво-их*
Тв.	*мо-ими*	*тво-ими*	*сво-ими*
Пр.	*(о) мо-их*	*(о) тво-их*	*(о) сво-их*

Местоимения притяжательные *мой, твой, свой* склоняются по смешанному склонению прилагательных (см. табл. № 28). Местоимения *наш, ваш* образуют формы Р., Д., Тв. и Пр. п. ед. и мн. ч. по типу склонения прилагательных с основой на шипящую (см. табл. № 23): Ед. ч. Р. *наш-его, ваш-его; наш-ей, ваш-ей*; Д. *наш-ему, ваш-ему; наш-ей, ваш-ей*; Тв. *наш-им, ваш-им; наш-ей (-ею), ваш-ей (-ею)*; Пр. *(о) наш-ем, (о) ваш-ем; (о) наш-ей, (о) ваш-ей*; Мн. ч. Им. *наш-и, ваш-и*; Р. *наш-их, ваш-их*; Д. *наш-им, ваш-им*; Тв. *наш-ими, ваш-ими*; Пр. *(о) наш-их, (о) ваш-их.*

Вопросительно-относительные местоимения

К вопросительно-относительным местоимениям относятся *кто, что, какой, каковой, который, чей* и несклоняемое местоимение *каков*. Местоимения *кто* и *что* не имеют форм мн. ч. В Им. п. основа местоимения *кто — кт-*, местоимения *что — чт-*. Формы косвенных падежей, кроме В. п. местоимения *что*, образуются от основ *к-* (у *кто*) и *ч-* (у *что*). В Тв. п. *кто* и *что* имеют окончание *-ем (кем, чем)*.

Таблица № 41.

	кто	**что**
И.	*кт-о*	*чт-о*
Р.	*к-ого*	*ч-его*
Д.	*к-ому*	*ч-ему*
В.	*к-ого*	*чт-о*
Тв.	*к-ем*	*ч-ем*
Пр.	*(о) к-ом*	*(о) ч-ём*

Местомения *который* и *каковой* склоняются по твердой разновидности склонения прилагательных (см. табл. № 21). Местоимение *какой* — по образцу склонения прилагательных с основой на *г, к, х* (см. табл. № 24). Местоимение *чей (чьё, чья, чьи)* — по смешанному склонению прилагательных (тип *олений*, см. табл. № 25). Ед. ч.: Р. *чьего, чьей;* Д. *чьему, чьей;* Тв. *чьим, чьей*; Пр. *(о) чьём, (о) чьей*. Мн. ч.: Р. *чьих;* Д. *чьим*; Тв. *чьими;* Пр. *о чьих.*

Указательные местоимения

К указательным местоимениям относятся *этот, тот, такой, таковой, сей*, указательно-определительные *экий, этакий, эдакий* и несклоняемое указательное местоимение *таков*.

Таблица № 42.

Единственное число

Мужской род

И.	*этот*	*тот*	*сей*
Р.	*эт-ого*	*т-ого*	*с-его*
Д.	*эт-ому*	*т-ому*	*с-ему*
В.	*этот*	*тот*	*сей*
	или		
	эт-ого	*т-ого*	*с-его*
Тв.	*эт-им*	*т-ем*	*с-им*
Пр.	*(об) эт-ом*	*(о) т-ом*	*(о) с-ём*

Средний род

И.	*эт-о*	*т-о*	*си-ё*
Р.	*э-того*	*т-ого*	*с-его*
Д.	*эт-ому*	*т-ому*	*с-ему*
В.	*эт-о*	*т-о*	*с-ие*
Тв.	*эт-им*	*т-ем*	*с-им*
Пр.	*(об) эт-ом*	*(о) т-ом*	*(о) с-ём*

Женский род

И.	*эт-а*	*т-а*	*си-я*
Р.	*эт-ой*	*т-ой*	*с-ей*
Д.	*эт-ой*	*т-ой*	*с-ей*
В.	*эт-у*	*т-у*	*си-ю*
Тв.	*эт-ой (-ою)*	*т-ой (-ою)*	*с-ей (-ею)*
Пр.	*(об) эт-ой*	*(о) т-ой*	*(о) с-ей*

Множественное число

И.	*эт-и*	*т-е*	*си-и*
Р.	*эт-их*	*т-ех*	*с-их*
Д.	*эт-им*	*т-ем*	*с-им*
В.	*эт-и*	*т-е*	*си-и*
	или		
	эт-их	*т-ех*	*с-их*
Тв.	*эт-ими*	*т-еми*	*с-ими*
Пр.	*(об) эт-их*	*(о) т-ех*	*(о) с-их*

Местоимение *этот* последовательно склоняется по смешанному склонению (см. табл. № 25); *тот* в Тв. п. ед. ч. имеет окончание *-ем* (а не *-им*), во мн. ч. — в Им. п. *-е*, в Р., Д., Тв. и Пр. п. *-ех, -ем, -еми*; *сей* имеет в основе Им. и В. п. j (йот): *сей, си-ё, си-я; си-ю*; остальные формы образует от основы *с-* (см. табл. № 42). Местоимение *таковой* склоняется по твердой разновидности склонения прилагательных (см. табл. № 21), а *такой, экий, этакий* и *эдакий* — по образцу склонения прилагательных с основой на *г, к, х* (см. табл. № 24); Ед. ч. *такого, такому; экого, экому; этакого, этакому*; Мн. ч. *таких, таким; экких, экким, этаких, этаким.*

Определительные местоимения

К определительным местоимениям относятся *сам, самый, весь, всякий, всяческий, каждый.* Местоимение *сам, сама, само* склоняется по смешанному склонению прилагательных (см. табл. № 25); местоимение *весь, вся, всё — все* склоняется по смешанному склонению, отличаясь от принятого образца в Тв. п. ед. ч., окончанием *-ем* и системой окончаний форм мн. ч.

Таблица № 43.

Единственное число

	Мужской род		Средний род	
И.	*сам*	*весь*	*сам-о́*	*вс-ё*
Р.	*сам-ого*	*вс-его*	*сам-ого*	*вс-его*
Д.	*сам-ому*	*вс-ему*	*сам-ому*	*вс-ему*
В.	*сам*	*весь*	*сам-о́*	*вс-ё*
	или			
	сам-ого	*вс-его*		
Тв.	*сам-им*	*вс-ем*	*сам-им*	*вс-ем*
Пр.	*(о) сам-ом*	*(обо) вс-ём*	*(о) сам-ом*	*(обо) вс-ём*

Женский род

И.	*сам-а*	*вс-я*
Р.	*сам-ой*	*вс-ей*
Д.	*сам-ой*	*вс-ей*
В.	*сам-у, самоё*	*вс-ю*
Тв.	*сам-ой (-ою)*	*вс-ей (-ею)*
Пр.	*(о) сам-ой*	*(обо) вс-ей*

Множественное число

И.	*сам-и*	*вс-е*
Р.	*сам-их*	*вс-ех*
Д.	*сам-им*	*вс-ем*
В.	*сам-и*	*вс-е*
	или	
	сам-их	*вс-ех*
Тв.	*сам-ими*	*вс-еми*
Пр.	*(о) сам-их*	*(обо) вс-ех*

Местоимения *самый* и *каждый* склоняются по твердой разновидности склонения прилагательных. В русском литературном языке 19 в. и первой половины 20 в. косвенные падежи местоимений *сам* и *самый* совпадали, а в Им. п. возможны были вариантные формы *сам* и *самый, само* и *самое, сама* и *самая*; в В. п., кроме форм *саму* и *самоё*, употребляется также *самую* (или *самою*). Местоимения *всякий* и *всяческий* склоняются по образцу прилагательных с основой на *г, к, х* (см. табл. № 24).

Отрицательные местоимения

К отрицательным местоимениям относятся местоимения, образованные от вопросительных с помощью приставок *ни* и *не: никто, ничто, ничей, никакой, никоторый* (разг.); *не́кого, не́чего.*

Склонение отрицательных местоимений с компонентами *кто* и *что* следует образцу склонения этих вопросительных местоимений (см. табл. № 41); у местоимений с компонентом *кто* В. п. совпадает с Р., а с компонентом *что* В. п. совпадает с Им. п. Местоимения *не́кого* и *не́чего* не имеют формы Им. п. Формы косвенных падежей образуются по образцу склонения местоимений *кто* и *что*: Р. *некого, нечего*; Д. *некому, нечему*; Тв. *некем, нечем*; Пр. *не о ком, не о чем.*

Местоимения *никакой* и *никоторый* склоняются по образцу прилагательных твердой разновидности (см. табл. №№ 21, 24). Местоимение *ничей* — по смешанному склонению: *ничья, ничьё; ничьего, ничьей* (см. табл. № 25).

В косвенных падежах отрицательных местоимений *никто, ничто, некого, нечего, никакой* и *ничей* позиция предлога после отрицания; напр. *Не для кого стараться; Не с кем дружить; Не о чем поговорить; Ни о чём не спрашивай; Ни у какой сестры не был; Ни с каким студентом не встречался; Ни о каких заседаниях речи не было; Ни в чьих домах не бывал.*

Неопределенные местоимения

К неопределенным местоимениям относятся слова: *нечто, нечто, некоторый*, а также местоимения, образованные от вопросительных с помощью компонента *кое-*, постфиксов — *-то, -либо* и *-нибудь*: *кто-то, что-то, какой-то; чей-то; кто-либо, что-либо; какой-либо, чей-либо; кто-нибудь, что-нибудь, какой-нибудь, чей-нибудь; кое-кто, кое-что, кое-какой, кое-чей.*

Местоимения *некто* и *нечто* не склоняются. Местоимение *некоторый* склоняется по образцу прилагательных твердой разновидности (см. табл. № 21). Все местоимения с компонентами *кто, что, какой, чей* в первой или второй части сложения склоняются по образцу этих местоимений. Местоимение *некий* под влиянием склонения устар. местоимения *кой* имеет в ед. и мн. ч. вариативные формы (см. в соответствующей словарной статье).

В косвенных падежах неопределенных местоимений с компонентом *кое-* предлог может стоять между частями сложения: *кое без кого, кое к кому, кое в кого; кое для чего, кое к чему, кое на что.* В сложениях с *кое-* (*кое-какой, кое-чей*) постановка предлога возможна как после *кое-*, так и перед ним: *с кое-каким поручением; в кое-каком доме* и — реже — *кое с каким поручением, кое в каком доме.*

СПРЯЖЕНИЕ ГЛАГОЛОВ

Спряжение — это изменение глагола по лицам, временам, наклонениям, числам и — в прошедшем времени и сослагательном наклонении — по родам. К формам спряжения таким образом принадлежат формы настоящего и будущего времени с их изменениями по лицам и числам, формы прош. времени с изменениями в роде и числе и формы повелит. и сослагат. наклонений с их изменениями. В узком смысле спряжением называют только изменения по лицам. В зависимости от системы окончаний в личных формах ед. и мн. ч. настоящего и будущего простого времени все глаголы, за исключением так наз. изолированных (см. ниже) разделяются на два спряжения: первое и второе.

К первому спряжению относятся глаголы со следующими окончаниями. Ед. ч.: 1 л. *-у* и *-ю*; 2 л. *-ёшь* и *-ешь*; 3 л. *-ёт* и *-ет*; Мн. ч.: 1 л. *-ём* и *-ем*; 2 л. *-ёте* и *-ете*; 3 л. *-ут* и *-ют*.

Ко второму спряжению относятся глаголы со следующими окончаниями. Ед. ч.: 1 л. *-у* и *-ю*; 2 л. *-ишь*; 3 л. *-ит*; Мн.ч.: 1 л. *-им*; 2 л. *-ите*; 3 л. *-ат* и *-ят*.

Таблица № 44.

Первое спряжение		
Единственное число		
1 л.	бер-у	кол-ю
2 л.	бер-ёшь	кол-ешь
3 л.	бер-ёт	кол-ет
Множественное число		
1 л.	бер-ём	кол-ем
2 л.	бер-ёте	кол-ете
3 л.	бер-ут	кол-ют
Второе спряжение		
Единственное число		
1 л.	реш-у	любл-ю
2 л.	реш-ишь	люб-ишь
3 л.	реш-ит	люб-ит
Множественное число		
1 л.	реш-им	люб-им
2 л.	реш-ите	люб-ите
3 л.	реш-ат	люб-ят

Все глаголы как первого, так и второго спряжения различаются не только по системам окончаний личных форм, но и по характеру конечной согласной основы и по характеру чередования согласных в конце основы.

За основу глагола принимается основа прош. времени или неопределенного наклонения, совпадающие у большей части глаголов и обычно оканчивающиеся на гласную. Основа наст. времени глаголов обоих спряжений всегда оканчивается на согласную. В первом спряжении — на твердую согласную, шипящую, *j* (йот), а также на мягкие *р* и *л*. Во втором спряжении — на мягкую согласную, шипящую и *j* (йот).

Все глаголы, за небольшими исключениями (см. ниже), по признаку одинакового соотношения основ прошедшего и настоящего времени объединяются в классы и группы.

В классах объединены глаголы с таким соотношением основ прош. и наст. времени, к-рое характерно для глагольных суффиксальных новообразований. В группах же сосредоточены глаголы с индивидуальным соотношением основ, с беглыми гласными в основах, к-рые не типичны для вновь образуемых глаголов. В классах объединено большое количество глаголов, не поддающееся счету, в группах — всего около четырехсот простых глаголов (т. е. не осложненных приставками и суффиксами).

В качестве показателя класса или группы выступает соотношение конечных частей основ прош. и наст. вр. Первый элемент представляет конечную часть основы прош. вр., второй — конечную часть основы наст. времени.

В современном русском языке по соотношению основ все глаголы разделяются на 5 продуктивных классов и ряд непродуктивных групп.

Продуктивные классы следующие.

1 класс — глаголы с соотношением основ *á—áj*; например: *зна-л-а — зна-ют, игра-л-а — игра-ют, купа-л-а — купа-ют, меша-л-а — меша-ют.*

2 класс — глаголы с соотношением основ *é—éj*; например: *беле-л-а — беле-ют, хороше-л-а — хороше-ют, владе-л-а — владе-ют.*

3 класс — глаголы с соотношением основ *-ова—у́j*; например: *рисова-л-а — рису-ют, заведова-л-а — заведу-ют, советова-л-а — совету-ют, стилизова-л-а — стилизу-ют.*

4 класс — глаголы с соотношением *ну—н*; например: *двину-л-а — двин-ут, кольну-л-а — кольн-ут, прыгну-л-а — прыгн-ут, резану-л-а — резан-ут.*

5 класс — глаголы с соотношением *и*-нуль; например: *вари-л-а — вар-ят, люби-л-а — люб-ят, купи-л-а — куп-ят.*

Таблица № 45.

Настоящее время

Единственное число

	1 кл.	2 кл.	3 кл.	4 кл.	5 кл.
1 л.	игра-ю	беле-ю	рису-ю	толкн-у	любл-ю́
2 л.	игра-ешь	беле-ешь	рису-ешь	толкн-ешь	лю́б-ишь
3 л.	игра-ет	беле-ет	рису-ет	толкн-ет	лю́б-ит

Множественное число

1 л.	игра-ем	беле-ем	рису-ем	толкн-ем	лю́б-им
2 л.	игра-ете	беле-ете	рису-ете	толкн-ете	люб-ите
3 л.	игра-ют	беле-ют	рису-ют	толкн-ут	люб-ят

Прошедшее время

Единственное число

	1 кл.	2 кл.	3 кл.	4 кл.	5 кл.
м. р.	игра-л	беле-л	рисов-а-л	толкну-л	люби-л
ж. р.	игра-л-а	беле-л-а	рисова-л-а	толкну-л-а	люби-л-а
с.р.	игра-л-о	беле-л-о	рисова-л-о	толкну-л-о	люби-л-о

Множественное число

игра-л-и беле-л-и рисова-л-и толкну-л-и люби-л-и

Глаголы первых четырех классов изменяются по первому спряжению. Глаголы пятого класса — по второму. Образование личных форм у глаголов первого-четвертого классов не встречает затруднений. У глаголов пятого класса образование первого лица ед. ч. вследствие чередования согласных происходит не всегда свободно; см. например: *лебежу (лебезить), переубежу (переубедить), еложу (елозить).* Формы первого лица у ряда глаголов оказываются обычно неупотребительными, например, у глаголов *победить, убедить, ерундить, очутиться, чудить, шерстить* и нек-рых других.

Глаголы, объединенные в пяти продуктивных классах, оказывают воздействие на глаголы других групп. Особенно это характерно для глаголов I класса на *-ать* (типа *играть, знать*), воздействующих на глаголы непродуктивной группы с инфинитивом на *-ать* (типа *писать, плакать, вязать*). В результате взаимодействия появляются вариантные формы как одинаково нормативные, например: *колышу* и *колыхаю, плещу* и *плескаю, полощу* и *полоскаю, рыщу* и *рыскаю,* так и семантически разошедшиеся, как например: *брызжет* (‘осыпает брызгами’) и *брызгает* (‘опрыскивает’, ‘брызгается’), *каплет* (‘падает каплями’) и *капает* (‘наливает каплями’), *движет* (о чувствах, мыслях) и *двигает* (‘передвигает’, о мебели).

Изменения в образовании личных форм возможны под воздействием глаголов других классов и групп. Так, у глаголов *сыпать, трепать, щипать*; под влиянием личных форм 2 и 3 л. ед. ч. глаголов *сипеть, крепить* употребляются формы *сыпет, трепет* (вместо *сыплет, треплет*), у глаголов *мерить, мучить* под влиянием глаголов 1 класса образуются формы *меряю, мучаю.* Все отклонения от нормы отмечены в словарных статьях.

Большим количеством индивидуальных особенностей, слабо поддающихся систематизации, отличаются глаголы непродуктивных групп. К таким особенностям принадлежат чередования согласных и групп согласных в конце основы наст. времени; чередования гласных в основах наст. и прош. времени, например: *петь, пел,* но *пою, поёшь*; появление беглых гласных: *брать,* но *беру, берут.* Различие основ наст. и прош. вр., например: *жать, жал,* но *жну, жнут* или *жать, жал,* но *жму, жмут.*

Все такие индивидуальные особенности показаны в соответствующих словарных статьях.

Кроме названных пяти продуктивных классов и многих непродуктивных групп в русском языке выделяются три группы так наз. изолированных глаголов, объединяемых на основе сходства образования личных форм или индивидуальных особенностей такого образования. Это глаголы: 1) *хотеть, бежать, чтить*; 2) *есть, надоесть, дать, создать*; 3) *быть* и *ехать* (а также все глаголы с компонентами *-быть*, *-ехать*, например, *забыть, убыть, уехать*).

1. Глаголы *хотеть, бежать* и *чтить* одни свои личные формы образуют по первому спряжению, а другие — по второму.

Таблица № 46.

Формы настоящего времени

Единственное число

1 л.	хоч-у	бег-у	чт-у
2 л.	хоч-ешь	беж-ишь	чти-шь
3 л.	хоч-ет	беж-ит	чт-ит

Множественное число

1 л.	хот-им	беж-им	чт-им
2 л.	хот-ите	беж-ите	чт-ите
3 л.	хот-ят	бег-ут	чт-ят/ут

Формы прошедшего времени

Единственное число

м. р.	хоте-л	бежа-л	чти-л
ж. р.	хоте-л-а	бежа-л-а	чти-л-а
ср. р.	хоте-л-о	бежа-л-о	чти-л-о

Множественное число

	хоте-л-и	бежа-л-и	чти-л-и

2. Глаголы *есть, надоесть, дать, создать* имеют в формах ед. ч. особые окончания: 1 л. — *-м*, 2 л. — *-шь*, 3 л. — *-ст*.

Таблица № 47.

Формы настоящего времени

	Единственное число		Множественное число	
1 л.	е-м	да-м	ед-им	дад-им
2 л.	е-шь	да-шь	ед-ите	дад-ите
3 л.	е-ст	да-ст	ед-ят	дад-ут

Формы прошедшего времени

Единственное число		Множественное число	
е-л	да-л	е-л-и	да-л-и
е-л-а	да-л-а		
е-л-о	да-л-о		

3. Глаголы *быть, ехать* и *идти* имеют индивидуальное соотношение основ: *бы- — буд-; еха- — ед-*. Глагол *идти* (а также все глаголы с компонентом *-йти*, например: *найти, пройти, уйти*) имеет супплетивные основы *ш-* (в форме муж. р. *шё-*) — *ид-(-йд-): ш-л-а (шё-л) — ид-ут; на-ш-л-а (на-шё-л) — на-йд-ут.*

Таблица № 48.

Формы настоящего времени

Единственное число

1 л.	буд-у	ед-у	ид-у
2. л.	буд-ешь	ед-ешь	ид-ёшь
3. л.	буд-ет	ед-ет	ид-ёт

Множественное число

1 л.	буд-ем	ед-ем	ид-ём
2 л.	буд-ете	ед-ете	ид-ёте
3 л.	буд-ут	ед-ут	ид-ут

Формы прошедшего времени

Единственное число

бы-л	еха-л	шё-л
бы-л-а	еха-л-а	ш-л-а
бы-л-о	еха-л-о	ш-л-о

Множественное число

бы-л-и	еха-л-и	ш-л-и

Список замеченных опечаток

Страница	Столбец	Строки	Напечатано	Должно быть
23	правый	26 сверху	взрывчатое	взрывчатое
37	правый	8—9 сверху	территории	территории,
38	средний	39 сверху	(сменяющий)	(сменяющей)
48	средний	8 сверху	(спец.). З.	(спец.). *Лесная б.* З.
48	средний	9 сверху	(устар.). *Лесная б.*	(устар.)
93	средний	18 сверху	преваном	прерванном.
104	левый	29—30 снизу	**Всего то**	**Всего-то**
130	левый	20 сверху	океаерв	океанов
130	средний	35—36 сверху	гъперчувствительный	гиперчувствительный
135	правый	37 снизу	внутреннему, устройству	внутреннему устройству,
149	средний	5 снизу	**ГУ'НСКИЙ**	**ГУ'ННСКИЙ**
151	левый	2 сверху	вадолго	задолго
154	правый	35—36 сверху	Воскресение)	воскресенье)
161	средний	1 снизу	Взять	Взяв
185	правый	16—17 сверху	евангелия	Евангелия
188	правый	18 снизу	еж	ёж
198	средний	4 снизу	выгоды. м	выгоды.
202	средний	12 сверху	заготовительный напр.	заготовительный, напр.
208	средний	28 сверху	З. яму	*З. яму*
208	средний	37 снизу	копью	копотью
220	средний	31—32 снизу	Завсить	Зависть
232	левый	21 снизу	интесивно	интенсивно
233	средний	15 снизу	Жёстокий	Жестокий
239	правый	15 сверху	*И кого-н.*	*И. кого-н.*
245	левый	7 сверху	быть"). заседание. ◆	быть"). ◆
248	левый	36 сверху	проживании	проживания
258	левый	30 сверху	такой как	такой, как
262	правый	25—26 сверху	Оджеда	Одежда
265	правый	22 сверху	*По каракалпакски*	*По-каракалпакски*
289	средний	32 сверху	То же что,	То же, что
405	правый	16 снизу	*не здешний*	*нездешний*
633	средний	32—33 сверху	*О чём-н. неважном, несущественном, не имеющем значения (разг.).*	О чём-н. неважном, несущественном, не имеющем значения (разг.).
773	левый	16 снизу	(®)	(→)
817	правый	1 сверху	-ы	-ы'
907	правый	13 снизу	ЭКСПЕДИТО'Р	ЭКСПЕДИ'ТОР

ДЛЯ ЗАМЕТОК

ДЛЯ ЗАМЕТОК

СОДЕРЖАНИЕ

Ожегов Сергей Иванович
Шведова Наталия Юльевна

Толковый словарь русского языка

Молодый Валерий Николаевич: оригинал-макет и компьютерная верстка.

ISBN 5-89285-004-8

9 785892 850049

Издательство "Азбуковник".
121019, Москва, ул. Волхонка, 18/2
Лицензия ЛР № 064513 от 22.03.1996.
тел.: (095) 202-65-43

Подписано в печать 15.03.1997. Формат 84x108/16.
Бумага типографская, печать высокая, гарнитура "Петербург".
Усл. печ. л. 99, 12. Уч.-изд. л. 145, 17. Заказ № 1683 . Тираж 100.000 экз.

Отпечатано с оригинала-макета в Московской типографии №2
Комитета Российской Федерации по печати.
129085, Москва, пр. Мира, 105.